CONCISE KOREAN-JAPANESE DICTIONARY

한일사전

운평어문연구소 편

금성출판사

머 리 말

30여 년 간 국민 대중의 정신 교육과 문화 향상을 사명으로 일로매진해 온 금성출판사는 아동의 학습서로부터 성인의 교양서, 그리고 각종 사전류에까지 범주를 넓혀 바야흐로 명실상부한 종합 출판사로서 굳건히 자리잡게 되었다.

특히, 자라나는 세대의 교육에는 좋은 사전이 필수적이며, 그러한 사전을 우리가 기필코 만들어 내겠다는 굳은 신념 아래, 십 수년 전부터 중·고생의 학습용 사전을 시작으로 본격적인 사전 편찬 작업을 추진시켜 왔다. 그 숭고한 정신과 원대한 목표의 결실로서 1991년 마침내 금성판 〈국어 대사전〉과 〈영어 대사전〉이 빛을 보게 된 것이다.

일본어 사전의 편찬에 있어서도 우리 금성인의 생각은 남달랐다. 사실, 지리적으로 이웃한 일본은 오랜 역사를 거치면서 진보된 학문과 문물을 전수해 주는 등 상호 밀접한 교류가 있었는가 하면, 불행하고 굴절된 역사의 앙금도 채 가시지 않은 나라이다. 그러나 세계인이 한 지구 가족이 되어 가는 오늘날, 이 문제는 인류 공영과 호혜 평등의 도도한 세계적 조류에 동참하기 위해서 우리가 대승적으로 극복해야만 할 과제이다.

이러한 전제 아래, 우리는 '일본을 이해하기 위한' 일본어 사전의 편찬 작업에 착수하였다. 그런데 외국어란, 그 나라에서 태어나 그들의 관습과 문화 속에서 자라난 原語民이 아니면, 도저히 이해하거나 감지해 낼 수 없는 어법 내지 뉘앙스가 있게 마련이다. 그것은 일본어에 있어서도 예외가 아니다. 이러한 문제를 해결하기 위하여 우리는 일본의 유수한 출판사인 小學館과 손잡고 日韓辭典과 韓日辭典을 공동 편집으로 발간한 바 있다.

한편, 새로운 밀레니엄에 접어들면서 우리는 일본과 더불어 월드컵 축구대회를 공동 개최하게 되고 또 일본 문화의 개방 정책으로, 두 나라 사이에는 정치·경제·문화·학술 등의 면에서 어느 때보다도 긴밀한 협력과 선린 관계가 유지되고 있으며 인적 교류도 날로 증대되고 있다. 이에 따라 일본어 학습의 필요성도 크게 늘어나면서 휴대가 간편한 일본어 사전을 기대하는 목소리가 높다.

우리는 이러한 시대의 요청에 부응하여, 그 동안 쌓아 온 사전 편찬, 특히 일본어 사전 편찬의 노하우를 바탕으로 '작으면서도 알찬 사전' 즉 휴대하기에 간편하도록 작은 판형에 큰 사전 못지않은 풍부한 어휘와 용례를 담은 혁신적인 체제의 사전을 만들기에 심혈을 기울여 왔다. 그리하여 〈콘사이스 日韓辭典〉에 이어 마침내 〈콘사이스 韓日辭典〉을 독자들 앞에 내놓는 바이다. 이 소사전은 小學館과 공동 개발한 〈뉴에이스 韓日辭典〉을 중심으로 내용을 신중하게 간추리고 다듬어서, 일본어의 학습자나 실무자에게 적합한 필수 휴대 사전이 되도록 꾸몄다.

아무쪼록 이 사전이 학술·무역·관광 등을 위한 수많은 일본어 학습자들에게 좋은 반려가 되어 많은 도움을 줄 수 있기를 기대한다. 그리고 그들로부터 사랑과 애호의 질정을 받아 날이 갈수록 살이 붙고 윤택해져 가는 모습을 보이고 싶다.

2001년 1월

(주)금성출판사 사전편찬실

일 러 두 기

1. 표제어

1.1 표제어의 수록 범위

일반 사회생활 및 학습용으로 필요한 현대어를 중심으로 하였으며, 특히 현대를 살아가는 데 필요한 기본어, 외래어, 신어, 약어, 전문어, 백과어, 관용구 및 속담, 동식물명을 망라하여 수록하였다.

1.2 표제어의 배열 순서

① 이 사전의 표제어는 다음과 같은 한글의 자모순에 따라 배열하였다.

초성 ㄱ ㄲ ㄴ ㄷ ㄸ ㄹ ㅁ ㅂ ㅃ ㅅ ㅆ ㅇ ㅈ ㅉ ㅊ ㅋ ㅌ ㅍ ㅎ

중성 ㅏ ㅐ ㅑ ㅓ ㅔ ㅕ ㅖ ㅗ ㅘ ㅙ ㅚ ㅛ ㅜ ㅝ ㅞ ㅟ ㅡ ㅢ ㅣ

종성 ㄱ ㄲ ㄳ ㄴ ㄶ ㄷ ㄹ ㄺ ㄻ ㄼ ㄽ ㄾ ㄿ ㅁ ㅂ ㅄ ㅅ ㅆ ㅇ ㅈ ㅊ ㅋ ㅌ ㅍ ㅎ

② 한글 맞춤법·표준어 및 외래어는 국립 국어 연구원의 표준 국어 대사전(1999년판)에 따랐다.

1.3 하이픈

접두사에는 표제어 뒤에 하이픈을 붙였고, 어미와 접미사에는 표제어 앞에 하이픈을 붙였다.

새-[5] 接頭 〔빛깔이 짙고 산뜻함〕…

-니까 語尾 **1** 〔'-니[1]'의 힘줌말〕…

-거리다 接尾 〔소리나 동작이 계속됨을 나타냄〕…

1.4 동의어

① 뜻이 같은 동의어 중 현재 잘 쓰이지 않는 표제어는 삭제했고, 사용 빈도가 대등한 단어쌍은 대역어를 모두 삽입했다.

비자〔visa〕 名 ビザ. 査証さしょう. … **사증**〔査證〕 名 査証. ビザ. …

② 표제어가 전문어인 경우나 국어 문법 관계 표제어의 의뢰 때에는 따로 어의를 설명하지 않고 검색해야 할 표제어를 ☞ 다음에 보였다.

오랑캐꽃 名 〘植〙 ☞제비꽃 **-는다고** 語尾 ☞-ㄴ다고

③ 비표준어일 경우 어의를 설명하지 않고 ⇨표를 하고, 그 해당 표제어를 밝혀 두었다.

오도방정 名 ⇨오두방정

1.5 관용구 표제어

관용구에서 조사(助詞)가 탈락하여 이루어진 표제어는 사용 빈도가 높은 쪽에서 그 역어를 다뤘다.

1.6 한자 표제어

① 온전히 한자로 된 표제어에는 한글 표제 다음에 〔 〕 안에 해당하는 한자를 보였다.

단체〔團體〕 名 団体だんたい. …

② 한자와 한글이 복합된 표제어에는 한글 표제 다음에 〔 〕 안에 해당하는 한자를 넣고, 한글은 「一」로 나타내었다.

바장조〔一長調〕 名 〘樂〙 へ長調ちょうちょう.

1.7 한자어의 어원

한자어 중 실제음과 많이 달라진 경우에는 ←로 나타낸 다음 실제

음을 표기하였다.

나인〔←內人〕 名 …　　　**나발**〔←喇叭〕 名 …

1.8 표제어의 간략화

① 일부 명사에 '-하다'가 붙어 동사가 되는 단어는, 일부 예외적인 것을 빼고는 따로 표제어로 내세우지 않고 품사 표시 자리에 (하自) (하他) (하自他)로 나타냈다. 용례에서 그 형태를 보여 주었다.

거부〔拒否〕 名 (하他) …　　　**마취**〔痲醉〕 名 (하自他) …

② '-거리다'형의 동사와 같은 뜻으로 쓰는 '-대다'형 동사는 따로 표제어로 내세우지 않고, '-거리다'형의 표제어나 부표제어 뒤에 그 어형만 보였다. 또한 '-뜨리다[-트리다]' '-스름하다[-스레하다]'도 이와 같이 처리하였다. 단, '-이다'형 동사는 사용 빈도가 높은 것에 한해서 부표제어로 내보였다.

가물거리다[**-대다**] 自 …　　　**깨뜨리다**[**-트리다**] 他 …

둥그스름하다[**-스레하다**] 形 …

1.9 동음이의어

동음이의어(同音異義語)의 배열 순서는 다음 원칙에 따르고, 어깨번호(1, 2, 3, …)를 표제어의 오른쪽 위에 붙였다.

① 표제어는 다음에 보인 품사의 순서에 따라 배열하였다. 명사·의존 명사·대명사·수사·자동사·타동사·형용사·관형사·보조 동사·보조 형용사·부사·감탄사·축약형·활용형·조사·조사와 어미의 결합형·어미·어미와 조사의 결합형·접두사·접미사

나[1] 名 〔'나이'의 준말〕 年とし. …　　　**나**[2] **I** 代 わたし. …

나[3] 助 《모음 아래》 …

② 품사가 같은 표제어에서는 어류(語類)의 차례에 따랐다. 어류는 고유어·한자어·외래어의 차례로 배열하였다.

③ 한자 표제어는 총획수가 적은 것에서 많은 것의 차례로 배열하였다.

사[1] 名 穴あながかり.　　　**사**[6]〔私〕 名 私し. …

사[2] 名 〖樂〗 …　　　**사**[7]〔邪〕 名 邪じゃ. …

사[3]〔士〕 名 士し. …　　　**사**[8]〔社〕 名 社しゃ. …

사[4]〔巳〕 名 〖民俗〗 巳み. …　　　**사**[9]〔紗〕 名 紗しゃ. …

사[5]〔死〕 名 死し. …

1.10 기타

우리말과 의미나 쓰임이 달라 주의해야 하는 경우에는, 그 표제어 풀이 끝에 ◈표를 하고 간결하게 주석을 붙였다.

동해[1]〔東海〕 名 **1** … **2** 〖地〗 東海トンヘ.

◈동해 2를 일본에서는 일본해(日本海にほんかい)라 부름.

2. 부표제어

① 표제어의 반복형, 표제어가 다른 말과 결합하여 이루어진 관용구와 합성어를 부표제어로 수록하였다.

가득[1] 副 …

　가득가득 副 …

명산[2]〔名產〕 名 …

　명산물〔一物〕 名 …

　명산지〔一地〕 名 …

② 형용사의 부사형(-이, -히, -없이, -스레) 접미사가 붙어서 부사로 된 단어는 표제어로 내세우지 않고, 표제어의 해설로부터 역

어를 쉽사리 알 수 있는 경우라도 해당 표제어의 풀이 끝에 그 형태 및 역어를 일일이 보여 주었다.

따사롭다 形 … **따사로이** 副 やや暖かく.
매끈하다 形 … **매끈히** 副 すんなりと.
시름없다 形 … **시름없이** 副 ぼんやりと.
거북스럽다 形 … **거북스레** 副 気まずく. …

3. 풀이·대응어·용례 기타

3.1 풀이

① 풀이의 번호는 품사가 다른 경우 Ⅰ, Ⅱ, Ⅲ, …으로, 같은 품사에는 1, 2, 3, …, 더욱 세분한 경우에는 ①, ②, ③, …으로 나타내었다.

② 풀이의 배열은 원칙적으로 사용 빈도순으로 하였다.

3.2 대응어

① 대응어가 둘 이상 있을 때는 「.」로 구분하였고, 주된 대응어를 먼저 내세웠다.

② 문법적인 해설은 《 》 속에 우리말로 담아, 학습자들의 편의를 도모했다.

③ 뜻갈래가 여럿인 경우, 어의(語義)가 효과적으로 변별되도록 〔 〕 안에 우리말 유의어를 제시했다.

④ 대응어에 정확한 정의를 내리기 위해 필요에 따라 〈 〉를 사용하여 보충적 설명을 하였다.

⑤ 우리 고유 명사나 고유어는 우리 음을, 정부 기구명은 일본음에 따랐다. 또 역사 용어는 우리와 일본이 서로 다를 때 두 가지를 함께 실었다.

신라〔新羅〕 名 〘史〙 新羅シンラ·しらぎ.

3.3 용례

① 용례 중에서 표제어에 해당하는 부분은 「~」로 나타내었고, 표제어와 다른 꼴로 나타나는 것은 전부 표기하였다. 부표제어의 경우 역시 표제어를 무시하고 부표제어에 해당하는 부분은 「~」로, 부표제어와 다른 꼴로 나타나는 것은 전부 표기하였다.

사다 他 …… ¶ 차표를 ~ 乗車券じょうしゃけんを買う / …
막대하다〔莫大一〕 形 …… ¶ 막대한 손해 莫大な損害そんがい / …

② 용례가 여러 개 나열될 때는 각 용례 사이에 「/」를 넣었다.

③ 용례의 마침표는 한글 예문 다음에 이어지는 일본어 예문 맨 끝에만 찍었다.

3.4 관용구

관용구는 앞에 ◆표를 붙여서 풀이 끝에 몰아서 실었다.

3.5 속담

속담은 〘속담〙을 앞에 두고 관용구 다음에 실었다.

3.6 외래어의 어원

① 외래어는 원칙적으로 풀이 앞에 그 말의 국적(영어 이외의 것)과 원어를 밝혔고, 표제어와 같이 〔 〕로 나타냈다.
이 때, 「프랑스어」「독일어」 등은 각각 「㊘」「㊙」 등의 생략형을 사용하였다.

망토〔㊘manteau〕 名 マント. … **나트륨〔㊙Natrium〕** 名 〘化〙 …

② 우리 나라에서만 쓰이는 조어식 외래어는 두 요소 사이에 「+」 기호를 넣었다.

음을 표기하였다.

나인〔←內人〕 名 …　　**나발**〔←喇叭〕 名 …

1.8 표제어의 간략화

① 일부 명사에 '-하다'가 붙어 동사가 되는 단어는, 일부 예외적인 것을 빼고는 따로 표제어로 내세우지 않고 품사 표시 자리에 하|自 하|他 하|自他로 나타냈다. 용례에서 그 형태를 보여 주었다.

거부〔拒否〕 名 하|他 …　　**마취**〔痲醉〕 名 하|自他 …

② '-거리다'형의 동사와 같은 뜻으로 쓰는 '-대다'형 동사는 따로 표제어로 내세우지 않고, '-거리다'형의 표제어나 부표제어 뒤에 그 어형만 보였다. 또한 '-뜨리다[-트리다]' '-스름하다[-스레하다]'도 이와 같이 처리하였다. 단, '-이다'형 동사는 사용 빈도가 높은 것에 한해서 부표제어로 내보였다.

가물거리다[-대다] 自 …　　**깨뜨리다[-트리다]** 他 …

둥그스름하다[-스레하다] 形 …

1.9 동음이의어

동음이의어(同音異義語)의 배열 순서는 다음 원칙에 따르고, 어깨번호(1, 2, 3, …)를 표제어의 오른쪽 위에 붙였다.

① 표제어는 다음에 보인 품사의 순서에 따라 배열하였다. 명사·의존 명사·대명사·수사·자동사·타동사·형용사·관형사·보조 동사·보조 형용사·부사·감탄사·축약형·활용형·조사·조사와 어미의 결합형·어미·어미와 조사의 결합형·접두사·접미사

나[1] 名 〔'나이'의 준말〕 年とし. …　　**나**[2] **I** 代 わたし. …

나[3] 助 《모음 아래》…

② 품사가 같은 표제어에서는 어류(語類)의 차례에 따랐다. 어류는 고유어·한자어·외래어의 차례로 배열하였다.

③ 한자 표제어는 총획수가 적은 것에서 많은 것의 차례로 배열하였다.

사[1] 名 穴あながかり.

사[2] 名 〖樂〗 …

사[3]〔士〕 名 士し. …

사[4]〔巳〕 名 〖民俗〗 巳み. …

사[5]〔死〕 名 死し. …

사[6]〔私〕 名 私し. …

사[7]〔邪〕 名 邪じゃ. …

사[8]〔社〕 名 社しゃ. …

사[9]〔紗〕 名 紗しゃ. …

1.10 기타

우리말과 의미나 쓰임이 달라 주의해야 하는 경우에는, 그 표제어 풀이 끝에 ◇표를 하고 간결하게 주석을 붙였다.

동해[1]〔東海〕 名 **1** … **2** 〖地〗 東海とうかい.

◇동해 2를 일본에서는 일본해(日本海にほんかい)라 부름.

2. 부표제어

① 표제어의 반복형, 표제어가 다른 말과 결합하여 이루어진 관용구와 합성어를 부표제어로 수록하였다.

가득[1] 副 …

　가득가득 副 …

명산[2]〔名産〕 名 …

　명산물〔一物〕 名 …

　명산지〔一地〕 名 …

② 형용사의 부사형(-이, -히, -없이, -스레) 접미사가 붙어서 부사로 된 단어는 표제어로 내세우지 않고, 표제어의 해설로부터 역

어를 쉽사리 알 수 있는 경우라도 해당 표제어의 풀이 끝에 그 형태 및 역어를 일일이 보여 주었다.

따사롭다 形 … **따사로이** 副 やや暖かく.
매끈하다 形 … **매끈히** 副 すんなりと.
시름없다 形 … **시름없이** 副 ぼんやりと.
거북스럽다 形 … **거북스레** 副 気まずく. …

3. 풀이·대응어·용례 기타

3.1 풀이

① 풀이의 번호는 품사가 다른 경우 Ⅰ, Ⅱ, Ⅲ, …으로, 같은 품사에는 1, 2, 3, …, 더욱 세분한 경우에는 ①, ②, ③, …으로 나타내었다.

② 풀이의 배열은 원칙적으로 사용 빈도순으로 하였다.

3.2 대응어

① 대응어가 둘 이상 있을 때는 「.」로 구분하였고, 주된 대응어를 먼저 내세웠다.

② 문법적인 해설은 《 》 속에 우리말로 담아, 학습자들의 편의를 도모했다.

③ 뜻갈래가 여럿인 경우, 어의(語義)가 효과적으로 변별되도록 〔 〕안에 우리말 유의어를 제시했다.

④ 대응어에 정확한 정의를 내리기 위해 필요에 따라 〈 〉를 사용하여 보충적 설명을 하였다.

⑤ 우리 고유 명사나 고유어는 우리 음을, 정부 기구명은 일본음에 따랐다. 또 역사 용어는 우리와 일본이 서로 다를 때 두 가지를 함께 실었다.

신라〔新羅〕 名 《史》 新羅(シンラ)·(しらぎ).

3.3 용례

① 용례 중에서 표제어에 해당하는 부분은 「~」로 나타내었고, 표제어와 다른 꼴로 나타나는 것은 전부 표기하였다. 부표제어의 경우 역시 표제어를 무시하고 부표제어에 해당하는 부분은 「~」로, 부표제어와 다른 꼴로 나타나는 것은 전부 표기하였다.

사다 他 …… ¶ 차표를 ~ 乗車券(じょうしゃけん)を買う / …
막대하다〔莫大一〕 形 …… ¶ 막대한 손해 莫大な損害(そんがい) / …

② 용례가 여러 개 나열될 때는 각 용례 사이에 「/」를 넣었다.

③ 용례의 마침표는 한글 예문 다음에 이어지는 일본어 예문 맨 끝에만 찍었다.

3.4 관용구

관용구는 앞에 ◆표를 붙여서 풀이 끝에 몰아서 실었다.

3.5 속담

속담은 〔속담〕을 앞에 두고 관용구 다음에 실었다.

3.6 외래어의 어원

① 외래어는 원칙적으로 풀이 앞에 그 말의 국적(영어 이외의 것)과 원어를 밝혔고, 표제어와 같이 〔 〕로 나타냈다.
이 때, 「프랑스어」「독일어」 등은 각각 「㊂」「㊈」 등의 생략형을 사용하였다.

망토〔㊂manteau〕 名 マント. … **나트륨**〔㊈Natrium〕 名 《化》 …

② 우리 나라에서만 쓰이는 조어식 외래어는 두 요소 사이에 「+」 기호를 넣었다.

리어카〔rear+car〕 名 リヤカー.

3.7 단어장

單語帳 이라는 표시 아래 표제어와 관련이 있는 어휘들을 한데 모았다. 이것을 이용함으로써 일상 생활에서 흔히 쓰이는 단어의 정리나 작문을 할 때 도움이 되도록 하였다.

3.8 호칭·지칭

호칭·지칭 란을 만들어 혼동되기 쉬운 낱말들에 대해, 그 느낌과 뉘앙스를 일목요연하게 설명하여 표제어의 쓰임새를 더 자세하게 보여 주었다.

4. 위상(位相)

다음과 같은 기호를 써서 낱말의 위상을 나타내었다.

〈俗〉 속어 〈卑〉 비어 〈方〉 방언 〈幼〉 유아어 〈宮廷〉 궁정어
〈隱〉 은어 〈蔑〉 경멸어 〈辱〉 욕 〈尊〉 존경어 〈謙〉 겸양어

5. 기호 일람

5.1 기호

【 】 표제어에 대한 한자 표기, 외래어의 원어
〖 〗 전문 용어·속담
[ ] 관용어의 동의어 관계, 표제어 어미 '-거리다'에 '-대다'를 함께 나타낸다.
/ 용례의 구분
' ' 강조 및 인용
- 표제어의 결합 관계(어간·어미·접두사·접미사의 앞뒤)
… 생략을 나타낸다.
《 》 문법·어법·어형 등 간략한 국어 정보에 사용한다.
[ ] 앞뒤의 말을 대체할 수 있음을 나타낸다.
¶ 용례의 시작
← 어형의 유래
〈 〉 위상을 나타낸다.
( ) 본문내 한글에 대한 한자 표기, 생략 가능을 나타낸다.
~ 표제어[부표제어] 상당 부분
〔 〕 • 어의(語義)의 변별을 위한 우리말 유의어 제시
• 표제어의 문법적 위상 및 사용 제시
• 상징어의 개념을 우리말로 제시
⇨ 비표준어
〈 〉 보충 설명
◆ 관용구
▷ 참조
+ 외래어가 조어임을 나타낸다.
>< 큰말·작은말 표시
☞ 그 표제어에서 풀이
◈ 우리말과 의미나 쓰임이 달라 주의할 사항 및 참고 사항

5.2 약호(略號)

名 명사	依名 의존 명사	代 대명사	數 수사
自 자동사	他 타동사	形 형용사	冠 관형사
補動 보조 동사	補形 보조 형용사	副 부사	感 감탄사

助 조사 語尾 어미 接頭 접두사 接尾 접미사
㉫ 반대어
되自 표제어에 「되다」가 붙어서 자동사가 된다.
하自 표제어에 「하다」가 붙어서 자동사가 된다.
하他 표제어에 「하다」가 붙어서 타동사가 된다.
하自他 표제어에 「하다」가 붙어서 자동사 및 타동사가 된다.
하形 표제어에 「하다」가 붙어서 형용사가 된다.
하自形 표제어에 「하다」가 붙어서 형용사 및 자동사가 된다.
하他形 표제어에 「하다」가 붙어서 형용사 및 타동사가 된다.

5.3 언어·약어

㉠그리스어
㉭네덜란드어
㉯노르웨이어
㉱독일어
㉲라틴어
㉳러시아어
㉷몽골어
㉸범어
㉹벨기에어
㉺아라비아어
㉻에스파냐어
㉼이탈리아어
㉽일본어
㉾중국어
㉿포르투갈어
㊀프랑스어
㊁핀란드어
㊂히브리어

5.4 전문어

〔建〕 건축
〔經〕 경제
〔工〕 공업·공학
〔鑛〕 광물·광업
〔軍〕 군사
〔機〕 기계
〔氣〕 기상
〔基〕 크리스트교
〔論〕 논리학
〔農〕 농업
〔動〕 동물
〔文〕 문예·문학
〔物〕 물리학
〔民俗〕 민속
〔美〕 미술
〔法〕 법률
〔佛〕 불교
〔社〕 사회
〔寫〕 사진
〔商〕 상업
〔生〕 생물·생리학
〔數〕 수학
〔植〕 식물
〔心〕 심리학
〔藥〕 약품·약학
〔史〕 역사
〔言〕 문법·언어학
〔映〕 영화
〔演〕 연극
〔料理〕 요리
〔韓方〕 한의학
〔樂〕 음악
〔醫〕 의학
〔印〕 인쇄
〔電〕 전기
〔宗〕 종교
〔地〕 국명·지리·지학
〔天〕 천문학
〔哲〕 철학·윤리학
〔體〕 체육
〔컴〕 컴퓨터
〔化〕 화학

ㄱ

ㄱ 名 ハングル子音字母の一つとして第一番目の字. 字母の名称は기역.

ㄱㄴ순〔一順〕名 ハングル子音の順.

ㄱ자자〔一字一〕名 曲尺. 矩差.

ㄱ자집〔一字一〕名〔建〕曲がり屋.

가[1] 名〔樂〕ラ(la).

가[2]〔加〕名〔數〕〔'가법·가산'의 준말〕加. 足し算.

가[3]〔可〕名 可. **1** よいと認めること. ¶ 사용 ～ 使用するも可. **2** 賛成意見の表示. ¶ ～부 동수 可否同数. **3** 成績評価の5段階の最下位. ▷ 수(秀)

가[4] 名 **1**〔가장자리〕端. 際. ほとり. へり. 辺. そば. ¶ 창～ 窓辺 / 길～ 道端 / 물～ 水際 / 연못 ～ 池のほとり / 난로 ～에서 불을 쬐다 ストーブのそばで暖をとる. **2** (入れ物などの)縁. へり. ¶ 독 ～로 넘치는 물 甕の縁にあふれる水. **3** (空の)果て. ¶ 하늘 ～ 空の果て.

가[5] 助 **1**〔주격을 나타냄〕…が. …は. ¶ 개～ 짖다 犬がほえる / 비～ 내린다 雨が降る / 여기～ 어딥니까? ここはどこですか / 이제부터～ 문제다 これからが問題だ. **2**〔'되다'와 함께 쓰여 앞의 체언이 보어가 됨〕…に. …と. ¶ 학자～ 되다 学者になる / 나는 의사～ 될 작정입니다 私は医者になるつもりです. **3**〔'아니다'와 함께 쓰여 앞의 체언이 보어가 됨〕…で(ない). ¶ 저것은 나무～ 아니고 풀입니다 あれは木ではなく草です / 너는 이제 어린애～ 아니다 お前はもう子供ではない / 그녀를 만나기 싫어서～ 아니야 彼女に会いたくないわけではないよ. **4**〔연결어미 '-지'에 붙어 그 뜻을 강조함〕¶ 오늘 밤까지 완성될 것 같지～ 않구나 今夜までに終わりそうにないなあ.

가-[6]〔假〕接頭 **1** 仮の. 臨時の. ¶ ～조약 仮条約. **2** 本物でない. 偽の. ¶ ～문서 偽文書. ▷가짜

-가[7]〔家〕接尾 **1**〔전문인〕…家. ¶ 음악～ 音楽家 / 전략～ 戦略家 / 노력～ 努力家 / 사교～ 社交家. **2**〔가문〕…家. ¶ 케네디～ ケネディ家. **3**〔많이 가진 사람〕…家. ¶ 장서～ 蔵書家.

-가[8]〔哥〕接尾 **1**〔어떤 성을 예사롭게 이르는 말〕¶ 저 사람 성은 김～인가 박～인가? あの人の姓はキムかパクか / 제 성은 한～올시다 私の名字はハンでございます. **2**〔어떤 사람을 낮추어 이르는 말〕¶ 이것은 김～란 녀석의 짓이야 これはキムというやつのしぐさだ.

-가[9]〔街〕接尾 **1**〔도로의 구분 단위〕丁目. ¶ 퇴계로 2～ (ソウルの)退渓路2丁目. **2**〔특수한 구역〕…街. ¶ 대학～ 大学街 / 환락～ 歓楽街.

-가[10]〔歌〕接尾 …歌. ¶ 응원～ 応援歌 / 국～ 国歌.

-가[11]〔價〕接尾 …価. ¶ 적정～ 適正価 / 최고～ 最高価.

가가〔家家〕名 家々. 家ごと.

가가문전〔一門前〕名 家々の門前. この家あの家. ¶ ～을 찾아다니며 구걸했다 1軒1軒訪ね回りながら物ごいをした.

가가호호〔一戶戶〕 **I** 名 各戸. すべての家. 家ごと. ¶ ～에 국기가 나부끼다 各戸に国旗が翻える.
II 副〔집마다 빠짐없이〕家ごとに戸ごとに. ¶ ～ 전단을 돌리다 戸ごとにちらしを配る.

가감〔加減〕名 하他 **1** 加減. 加えることと減らすこと. ¶ 분량을 적당히 ～했다 分量を適度に加減した. **2**〔數〕加減. 加法と減法.

가감례〔一例〕名〔法〕加減例.

가감부득〔一不得〕名〔'가부득 감부득'의 준말〕加えたり減らしたりできないこと.

가감승제〔一乘除〕名〔數〕加減乗除.

가객〔歌客〕名 **1** 歌詠み. 歌人. 歌を上手に作る人. **2** 歌を巧みに歌う人.

가건물〔假建物〕名 仮設の建物.

가게 名 店. 店舗. 商店. ¶ 구멍～ 小店 / ～를 내다[차리다] 店を出す[張る] / ～를 열다 店を開く / ～를 닫다 店を閉じる / ～를 걷어치우다 店をたたむ / 가겟문을 닫다 店を閉める / ～가 즐비하다 店が軒を並べている.

單語帳 가게에 관한 말

다방(茶房), 찻집(茶一) 喫茶店 / 식당 食堂 / 제과점(製菓店) パーラー / 책방(册房), 서점(書店) 本屋 / 꽃가게, 꽃집 花屋 / 구둣방, 양화점(洋靴店) 靴屋 / 약방(藥房), 약국 薬局 / 양복점(洋服店) テーラー / 미장원(美粧院), 미용실(美容室) 美容院 / 이발소(理髮所) 理髪店 / 사진관 写真館 / 전기상(電氣商) 電気店 / 가구점 家具店 / 야채 가게(野菜一) 八百屋 / 정육점(精肉店) 肉屋 / 생선 가게(生鮮一) 魚屋 / 복덕방(福德房) 不動産屋 / 전당포(典當鋪) 質屋 / 잡화상(雜貨商) 雑貨屋 / 노점상 露天商 / 포장마차(布帳馬車) 屋台 / 오락실(娛樂室) ゲームセンター / 백화점(百貨店) デパート / 슈퍼마켓 スーパーマーケット / 시장 市場 / 상가(商街) 商店街.

가게채 名 店舗に使う棟.
가겟방 名 **1** 店に使う部屋. **2** 小店.
가겟집 名 **1** 商家. **2** 店. 小店.
가격〔價格〕名 価格. 値段. ¶ 공정 ~ 公定価格 / 적정 ~ 適正価格 / 도매 ~ 卸値 / ~ 인상[인하] 値上げ[下げ].
가격 경기〔一景氣〕名〔經〕価格景気.
가격 연동제〔一連動制〕名〔經〕価格連動制.
가격 지수〔一指數〕名〔經〕価格指数.
가격 탄력성〔一彈力性〕名〔經〕価格弾力性.
가격표〔一票〕名 値札. 正札. ¶ ~를 붙이다 値札をつける.
가결〔可決〕名 하他 可決. 反 否決 ¶ 예산안을 ~하다 予算案を可決する / 다수결로 ~되었다 多数決で可決された.
가결의〔假決議〕名 하他 (臨時会議·株主総会などで臨時に定める)仮決議.
가경[1]〔佳景〕名 佳景. よい景色.
가경[2]〔佳境〕名 佳境. ¶ 이야기는 점점 ~에 접어들었다 話はいよいよ佳境に入ってきた.
가계[1]〔家系〕名 家系. 血筋. ¶ ~도 家系図.
가계[2]〔家計〕名 **1** 家計. ¶ ~부 家計簿 / ~비 家計費. **2** 暮らし(むき). 生計. ¶ ~가 펴지다[쪼들리다] 暮らしが楽になる[苦しくなる] / ~를 줄이다 家計を切り詰める.
가계 보험〔一保險〕名 家計保険.
가계 수표〔一手票〕名 家計小切手.
가계약〔假契約〕名 하他 仮契約.
가계정〔假計定〕名〔經〕仮勘定.
가곡〔歌曲〕名 **1** 歌曲. 歌. 歌の節. **2** 歌曲. 声楽曲. リート. **3**〔樂〕正楽に属する韓国古来の歌.
가공[1]〔加工〕名 하他 加工. ¶ ~비 加工費 / ~ 식품 加工食品 / 원료를 ~하여 수출하다 原料を加工して輸出する.
가공 무역〔一貿易〕名〔經〕加工貿易.
가공사〔一絲〕名 加工糸.
가공 수입〔一輸入〕名〔經〕加工輸入.
가공 유지〔一油脂〕名 加工油脂.
가공품〔一品〕名 加工品.
가공[2]〔可恐〕名 하形 ('가공할'의 꼴로) 恐るべき. ¶ ~할 핵무기 恐るべき核兵器.
가공[3]〔架空〕名 하他 **1** 架空. 根拠のないこと. 事実でないこと. 想像でつくること. ¶ ~의 사건 架空の事件 / ~ 인물 架空の人物. **2** 空中にかけ渡すこと. ¶ ~선 架空線. 空中線.
가공 삭도〔一索道〕名 架空索道. ロープウエー.
가공 철도〔一鐵道〕名 高架鉄道.
가과〔假果〕名〔植〕仮果. 偽果.
가관〔可觀〕名 **1** 一見の価値があること. ¶ 경치가 ~이다 景色がすばらしい. **2** 見苦しいようす. ぶざまなようす. ¶ 잘난 체하는 꼴이 ~이구먼 偉そうにして見られたものではないね.
가관스럽다 形 なかなかすばらしい. **가관스레** 副 見るからにすばらしく.
가교[1]〔架橋〕名 하自 架橋. 掛け橋. ¶ ~ 공사 架橋工事.
가교[2]〔假橋〕名 仮橋.
가구[1]〔家口〕Ⅰ 名 **1** 家族. **2**〔法〕世帯. ¶ ~주 世帯主 / ~수 世帯数. Ⅱ 依名 世帯. ¶ 이 집에는 두 ~가 살고 있다 この家には2世帯が住んでいる.
가구[2]〔家具〕名 家具. ¶ ~점 家具屋 / ~ 집기 家具什器 / ~용 목재 家具用木材.
가구재〔一材〕名 家具材.
가극〔歌劇〕名 歌劇. オペラ.
가근〔假根〕名〔植〕仮根.
가금〔家禽〕名 家禽.
가급〔加給〕名 하他 加給. 増給. ¶ ~ 임금 加給賃金.
가급적〔可及的〕副 可及的. 及ぶ限り. なるべく. ¶ ~ 조속히 처리할 것 可及的速やかに処理すること / ~이면 그 편이 좋다 なるべくならそのほうがいい.
가긍스럽다 形 哀れに見える. 哀れなところがある.
가긍하다〔可矜一〕形 哀れだ. 不憫だ. **가긍히** 副 哀れに. 不憫に. ¶ ~ 여기다 哀れに思う.
가기〔嫁期〕名 嫁期. 婚期. 年ごろ. ¶ ~에 접어든 처녀 年ごろになった娘.
가까스로 副 やっと(のことで). ようやく(のことで). かろうじて. からくも. ¶ ~ 도망쳤다 かろうじて逃がれた / ~ 정상에 당도했다 ようやく頂上にたどり着いた.
가까워지다 自 **1** (時間的·空間的に)近くなる. 近づく. ¶ 섬이 점점 가까워진다 島がだんだん近くなる / 저 빌딩이 완성될 날이 가까워졌다 あのビルが完成する日が近づいた. **2** 親しくなる. ¶ 최근에 두 사람 사이가 갑자기 가까워졌다 最近二人の間が急に親しくなった.
가까이 副 **1** 近く. 反 遠く ¶ ~ 있는 대중탕 近くにある銭湯 / 연못에 ~ 가지 마라 池に近寄るな. **2** 親しく. ¶ ~ 사귀다 親しくつきあう.
가까이하다 他 近づける. **1** 親しく交わる. ¶ 가까이한 지 오래다 近づけてから久しい. **2** 寄せつける. 親しむ. ¶ 나쁜 친구를 가까이하지 마라 悪い友達を寄せつけるな / 가을은 책을 가까이하는 계절입니다 秋は本に親しむ季節です.
가깝다 形 **1**〔거리가〕近い. 反 遠い ¶ 육지에 ~ 陸地に近い / 가깝고도 먼 이웃 나라 近くて遠い隣の国. **2**〔시간이〕近い. ¶ 가까운 장래 近い将来 / 종말이 ~ 終末が近い / 만월에 가까운 달 満月に近い月. **3**〔친밀하다〕深い. 親しい. 近しい. 密接だ. ¶ 가까운 일가붙이 近い親族[身内] / 나와 저 사람과는 아주 가까운 사이입니다 私とあの人とはごく親しい間柄です. **4**〔비슷하다〕ほぼ同じだ. 似ている. ¶ 그 그림 솜씨는 신기에 ~ その絵の手際は神技に近い / 저 꽃의 빛깔은 빨강에 ~ あの花の色は赤に近い. **5**〔근접하다〕ほぼ達す

る. ¶욕심이 가까운데 매우 젊어 보인다 60歳近いのにとても若く見える/100명 가까운 참가자 100人近い参加者. **6** 身近だ. ¶가까운 예를 들면 身近な例を挙げれば.
〔속담〕**가까운 남이 먼 일가보다 낫다** 遠い親戚より近くの他人.

가깝디가깝다 形 とても近い. 非常に親しい. ¶가깝디가까운 사이 非常に親しい間柄.

가꾸다 他 **1** 〔기르다〕栽培する. 育てる. 培う. つくる. ¶채소를 ~ 野菜を栽培する/취미는 화초를 가꾸는 일이다 趣味は草花を栽培することだ. **2** 〔꾸미다·다듬다〕装う. 飾る. 手入れをする. ¶몸을 ~ 身なりを整える.

가꾸러뜨리다 他 転倒させる. 倒す. >거꾸러뜨리다

가꾸러지다 自 **1** のめる. ばったり倒れる. ¶돌부리에 걸려 ~ 石につまずいてつんのめる. **2** そがれる. へし折られる. 打ち倒される. **3** 〈俗〉死ぬ. >거꾸러지다

가꾸로 副 逆さまに. 逆に. あべこべに.
◆**가꾸로 박히다** 真っ逆さまに落ちる.

가끔 副 時たま. 時折. 時々. ¶그는 ~ 편지를 보내 오기도 한다 彼はたまに手紙をよこすこともある/~ 들르는 사람 時折立ち寄る人/~ 싸움도 한다 時には喧嘩もする.

가끔가다가 副 時に(は). 折にふれて(は). 時折. ¶~ 엉뚱한 실수를 저지른다 時にはとんでもない失敗をしでかす.

가나 名 (日本語の)仮名.

가나다순〔一順〕名 ハングル字母の順.

가나오나 副 どこへ行っても. いつも. ¶그는 ~ 말썽을 일으킨다 彼はどこへ行ってももめ事を起こす.

가난 名 하形 貧乏. 貧しいこと. 貧困. ¶~에 찌들다 貧乏にうちひしがれる/~에서 벗어나다 貧乏を免れる/찢어지게 ~하다 どうしようもないほど貧乏だ.
◆**가난이 들다** ① 貧しくなる. 貧乏になる. ② (物·人材などが)求めにくい. 乏しい. ¶기술자 ~이 들다 技術者が見つからない.
〔속담〕**가난 구제는 나라도 못 한다** 貧民救済は国にも手に余る. **가난이 죄다** 貧乏が罪だ. 貧乏が原因だ. **가난한 집 제사 돌아오듯** 貧しい家に限って頻繁に祭祀が回ってくるよう〈相次いで困難なことが起こること〉.
가난뱅이 名 〈蔑〉貧乏人.

가납사니 名 無駄口をよくたたく人. ぺちゃくちゃしゃべる人. おしゃべり屋.
◆**가납사니같다** 口数が多い. 無駄口が多い.

가내〔家内〕名 **1** 家内. 家族. ¶~ 제절이 두루 안녕하십니까 (手紙文で)ご家族の皆様ともにお元気でしょうか. **2** 家内. 家庭. 家の中. ¶~ 문제 家庭問題/~ 부업 家内副業. 内職.
가내 공업〔一工業〕名 家内工業.
가내 노동〔一労動〕名 家内労働.
가내사〔一事〕名 家事.

가냘프다 形 か細い. か弱い. 弱々しい. きゃしゃだ. 反 頑丈だ ¶가냘픈 목소리 か細い声/가냘픈 몸매 弱々しい体つき/가냘픈 손목 か細い手首.

가년스럽다 形 みすぼらしい. 貧乏たらしい. 貧乏くさい. ¶가년스러운 꼴 みすぼらしいかっこう.

가누다 他 **1** 〔정신을 차리다〕(気を)取り直す. 落ち着ける. (呼吸を)整える. (力を)盛り返す. ¶마음을 ~ 気を取り直す/호흡을 ~ 呼吸を整える. **2** (体を)支える. ¶술에 취하여 몸을 가누지 못한다 酒に酔っ払って体を支えられない. **3** 〔처리해 내다〕うまく処理する. やりくりする. 切り回す. ¶집안 일을 잘 가누어 가다 家事をうまくこなしていく.

가느다랗다 形 非常に細い. か細い. ¶가느다란 철사 細長い針金/가느다란 팔 か細い腕.

가느스름하다 形 やや細い. 少し細めだ. ¶가느스름한 몸매 やや細めの体つき.

가는귀먹다 自 耳が少し遠い.

가는눈 名 細目. 細く開いた目. ¶~을 뜨고 보다 目を細めて見る.

가는모래 名 粒の細かい砂.

가늘다 形 **1** 〔둘레가 작다〕細い. 反 太い ¶가늘고 긴 다리 細くて長い足/가는 손가락 細い指. **2** 〔너비가 좁다〕狭い. ¶눈을 가늘게 뜨다 目を細くあける/주름을 가늘게 접다 (スカートなどの)ひだを細く折り畳む. **3** 〔목소리가 약하다〕小さい. 低い. 弱い. ¶꺼져 들어가는 듯한 가는 목소리 消え入りそうなか細い声. **4** 〔낟알이 작다〕細かい. ¶가는 모래 細かい砂. **5** 〔촘촘하다〕細かい. ¶가는 모시 細かい苧麻. **6** 〔아주 약하다〕かすかだ. ¶어깨를 가늘게 떨면서 흐느끼다 肩をかすかに震わせながらすすり泣く.

가늘디가늘다 形 非常に細い[細かい].

가늠 名 하他 **1** ねらい. 照準. ねらうこと. ねらいをつけること. 照準すること. ¶~을 하다 ねらいをつける/잘 ~하여 총을 쏘다 よく照準して撃つ. **2** 見当. 予想. 見積もり. 見当をつけること. 見計らうこと. ¶미래에 대한 ~이 쉽지 않다 未来に対する見当がたやすくない/방향을 ~할 수 없다 方角の見当がつかない.
◆**가늠을 보다** ① ねらう. ねらいをつける. ② 見当をつける. 予想する. 見計らう. ¶시기를 ~ 보아 찾아왔다 ころあいを見計らって訪ねてきた.
가늠구멍 名 (銃砲の)照門.
가늠쇠 名 (銃砲の)照準器. 照星.
가늠자 名 (銃砲の)照尺.

가능성〔可能性〕名 可能性. ¶성공할 ~이 높다 成功の可能性が高い.

가능하다〔可能一〕形 可能だ. できる. 利く. ¶실현이 가능한 일 実現が可能なこと/대금은 가능한 한 오늘 중에 보내 주세요 代金は可能な限り今日

中に送ってください.

가다[1] Ⅰ 自 **1** 〔옮겨 움직이다〕 行く. 向かう. 赴く. 出向く. 反 来る ¶ 학교에 ～ 学校へ行く / 이웃 마을로 갔다 隣の村へ行った. **2** 〔목적을 위해 움직이다〕 出かける ¶ 편지를 부치러 ～ 手紙を出しに行く. **3** 〔들어가다〕 行く. 入る. ¶ 군대에 ～ 軍隊に入る / 학교에 갈 나이 学校に入る年. **4** 〔목적지·통로로 통하다〕 …に通じている. …に至る. ¶ 역으로 가는 길 駅に行く道 / 산장으로 가는 길 山荘へ通じる道. **5** 〔전달되다〕 届く. 伝わる. ¶ 댁으로 연락이 갈 줄 압니다 お宅に連絡が行くと思います. **6** 〔마음이 쏠리다〕 向く. 行く. 引かれる. 引く. ¶ 관심이 ～ 関心がいく / 호감이 가는 청년 好感の持てる青年. **7** 〔판단·짐작 등을 하다〕 及ぶ. つく. ¶ 납득이 ～ 納得がいく / 짐작이 ～ 推測がつく / 이해가 ～ 理解できる. 分かる. **8** 〔금·주름 등이 생기다〕 入る. 寄る. つく. ¶ 주름살이 간 얼굴 しわが寄った顔 / 항아리에 금이 ～ 壺にひびが入る. **9** 〔소요되다〕 かかる. 要る. 手間取る. ¶ 유난히 손이 많이 가는 세공 とりわけ手間がかかる[手のこんだ]細工. **10** 〔값이 나가다〕 …に値する. ¶ 땅 한 평에 백만 원 간다 土地1坪で100万ウォンする / 양주 한 병에 십만 원 간다 洋酒1瓶で10万ウォンする. **11** 〔등급 등이 들어맞다〕 該当する. ¶ 첫째[제일] ～ 1番だ / 세계에서 으뜸 가는 바이올리니스트 世界で一流のバイオリニスト. **12** 〔경과하다〕 去る. 経つ. 行く. 経る. 流れる. ¶ 가는 봄을 아쉬워하다 行く春を惜しむ / 시간 가는 줄 모르고 이야기꽃을 피우고 있다 時のたつのも忘れて話に花を咲かせている. **13** 〔지속되다〕 持つ. 持続する. ¶ 그 결심이 며칠이나 가겠나 その決心が何日くらい持てるかな. **14** 〔어느 시기에 이르다〕 至る. ¶ 다음달에 가서 来月になって / 결국에 가서는 結局のところ. **15** 〔한창때가 지나다〕 過ぎる. ¶ 그 여자도 이젠 배우로서 한물 갔어 彼女ももう女優としては盛りが過ぎたね. **16** 〔음식이 변하다〕 変わる. 落ちる. ¶ 복숭아는 벌써 철이 지나 맛이 갔다 桃はもう旬が過ぎて味が落ちた. **17** 〔전깃불이 꺼지다〕 消える. ¶ 전기가 ～ 電気が消える. **18** 〔의식을 잃다〕 なくなる. 正気でなくなる. ¶ 고열이 나서 정신이 왔다 갔다 했다 高熱を出してもうろうとしていた. **19** 〔죽다〕 死ぬ. 逝く. 亡くなる. いく. ¶ 비명에 ～ 非命を遂げる / 그가 간 지 벌써 오년이 된다 彼がいってからもう5年になる.

Ⅱ 他 **1** 〔향하여 움직이다〕 行く. ¶ 학교를 ～ 学教に行く / 화장실을 ～ 手洗いに行く. **2** 〔목적을 위해 떠나가다〕 行く. 歩く. ¶ 등산을 ～ 登山に行く / 소풍을 ～ 遠足に行く / 쇼핑을 ～ 買い物に行く.

〔속담〕 **가는 날이 장날** 行った日が市日〈偶然に予想外の事に出くわすこと〉. **가는 말이 고와야 오는 말이 곱다** 話しかける言葉が優しければ返る言葉も優しくなる〈売り言葉に買い言葉〉.

가다[2] 補動 **1** …していく. …になっていく. ¶ 그의 모습은 점점 멀어져 갔다 彼の姿はだんだん遠ざかって行った. **2** …していきつつある. …しかかる. ¶ 밤이 깊어 ～ 夜が深まる / 벼가 익어 간다 稲が実っていく / 불이 꺼져 ～ 火が消えかかる / 꽃이 시들어 ～ 花がしおれつつある.

가다가 副 たまに(は). 時折. 時たま. いずれ. ¶ ～ 손해 보는 날도 있는 거지 뭐 たまには損することもあるさ.

가다듬다 他 **1** 〔정신을 차리다〕 取り直す. 落ち着ける. ¶ 정신을 가다듬고 일에 임하다 気を取り直して仕事に当たる. **2** 〔조절하다〕 整える. 澄ます. ¶ 목청을 ～ のどの調子を整える. **3** 〔옷차림을 바르게 하다〕 整える. ¶ 옷깃을 ～ 襟を直す.

가다랑어 名〔動〕 鰹.

가닥 Ⅰ 名 筋. (糸などが)より合わさったもの. ¶ 새끼를 여러 ～ 꼰 밧줄 縄を何本もより合わせて作った綱 / 한 ～의 희망을 걸다 一縷の望みをかける.

Ⅱ 依名 本. 筋. 条. ¶ 두 ～의 노끈 2本のひも / 다섯 ～의 실로 꼬다 5本の糸でよる.

가닥가닥[1] 副 筋ごとに.

가닥가닥[2] 副 하形 からから.

가단성〔可鍛性〕 名〔物〕 可鍛性.

가단주철〔可鍛鑄鐵〕 名 可鍛鋳鉄.

가담〔加擔〕 名 하自 加担[荷担]. ¶ 나쁜 일에 ～하다 悪事に荷担する / 쌍방 어느 쪽에도 ～하지 않다 双方どちらにも加担しない.

가담자〔一者〕 名 加担者.

가당 연유〔加糖煉乳〕 名 練乳. コンデンスミルク.

가당찮다〔可當一〕 形 **1** 不当だ. 理不尽だ. とんでもない. ¶ 가당찮은 요구 理不尽な要求 / 그가 학자라니 ～ 彼が学者だなんてとんでもない. **2** 並大抵でない. たいへんだ. ¶ 그는 가당찮은 고생을 했다 彼は並大抵でない苦労をした.

가당하다〔可當一〕 形 **1** 理にかなっている. 当たり前だ. 適切だ. 妥当だ. ¶ 가당한 처사 適当な措置 / 벌 받아 ～ 罰せられて当然だ. **2** 当然だ(というのか). 適切だ(というのか). ¶ 이제 와서 그만두겠다니 가당하기나 한 말인가 今更やめるなんてとんでもない話だ.

가댁질 名 하自 鬼ごっこ. ¶ ～을 하며 놀고 있다 鬼ごっこをして遊んでいる.

가도[1]〔家道〕 名 **1** 家道. 家庭で守るべき道徳的規範. **2** 一家の暮らし向き. 生計.

가도[2]〔街道〕 名 **1** 大通り. 街路. ¶ 사람의 왕래가 잦은 ～ 人の往来が激しい街路. **2** 街道. 重要な公道. ¶ 경춘 ～ 京春〈ソウル—春川〉街道.

가돈〔家豚〕名 豚児.
가동¹〔可動〕名 可動. ¶～ 장치 可動装置.
가동 관절〔―關節〕名〔生〕可動関節.
가동교〔―橋〕名 可動橋.
가동성〔―性〕名 可動性.
가동²〔稼動〕名 하自他 稼働. ¶～일 稼働日 / 기계를 ～시켜 보세요 機械を稼働させてみてください.
가동력〔―力〕名 稼働力.
가동률〔―率〕名 稼働率. ¶～이 떨어지다 稼働率が落ちる.
가두〔街頭〕名 街頭. ¶～집회 街頭集会 / ～시위를 하다 街頭デモをする.
가두녹음〔―錄音〕名 街頭録音.
가두판매〔―販賣〕名 街頭販売. ¶신문의 ～ 新聞の街頭販売.
가두다 他 **1** 閉じ込める. 監禁する. 囲う. ¶옥에 ～ 牢に閉じ込める. **2** ためる. ¶논에 물을 ～ 田に水をためる.
가두리 名 へり. 縁. ¶～에 테가 둘려 있다 へりが縁どりされている.
가드〔guard〕名〔體〕ガード.
가드레일〔guardrail〕名 ガードレール.
가득¹ 副 いっぱい. ぎっしり(と). なみなみ(と). ¶버스는 승객으로 ～ 차 있다 バスは乗客でぎっしり詰まっている / 독에 물을 ～ 부었다 甕に水をなみなみと注いだ.
가득가득 副 하形 ぎっしり. いっぱい. なみなみ. ¶봇물이 논마다 ～ 괴다 堰の水が水田ごとになみなみとたまる.
가득하다 形 いっぱいだ. 満ちている. みなぎっている. ¶악의에 가득한 서평 悪意に満ちた書評 / 눈에 살기가 ～ 目に殺気がみなぎっている / 광주리마다 과일이 ～ かごごとに果物がいっぱいだ. **가득히** 副 いっぱいに. ぎっしりと. なみなみと. ¶술잔에 술을 ～ 따랐다 杯に酒をなみなみと注いだ.
가득²〔稼得〕名 하他 (工場などを)稼働させて成果を上げること.
가든그리다 他 (簡便に)とりまとめる. (簡単に)くるむ.
가든파티〔garden party〕名 ガーデンパーティ. 園遊会.
가든하다 形 身軽だ. 手軽だ. ¶일을 끝내고 나니 마음이 ～ 仕事を終え身軽だ. **가든히** 副 気軽く. 身軽く.
가들막하다 形 ほとんど満ちている. 大方いっぱいだ.
가등〔街燈〕名〔'가로등'의 준말〕街路灯.
가등기〔假登記〕名〔法〕仮登記.
가뜩¹ 副 いっぱい(に). ぎっしり(と). なみなみ(と).
가뜩가뜩 副 하形 ぎっしり. いっぱい. なみなみ.
가뜩하다 形 いっぱいだ. 満ちている. みなぎっている. ¶방 안에는 담배 연기가 ～ 部屋の中はたばこの煙でいっぱいだ.
가뜩² 副〔'가뜩이나'의 준말〕そうでなくても.
가뜩에 副 (…で困難なのに)その上. かてて加えて. ¶병든 몸인데 ～ 일까지 시킨다 病気の体なのにその上仕事までさせる.
가뜩이 副〔'가뜩이나'의 준말〕あまつさえ.
가뜩이나 副 そうでなくても. さらに加えて. あまつさえ. ¶～ 어려운 살림에 실직까지 겹쳤다 そうでなくても苦しい暮らしなのに失業まで重なった.
가뜩한데 副 さらに悪いことには. そのうえ. ¶그나 그뿐인가, ～ 또 장마까지 계속되는군요 それどころか, おまけに梅雨まで長びきますね.
가뜬하다 形 身軽だ. 気軽だ. ¶가뜬한 옷차림으로 산에 오르다 身軽な服装で山へ登る. **가뜬히** 副 やすやすと. 軽々と. 軽く. あっさりと.
가라사대 自〔'가로되'의 높임말〕のたまわく. ¶공자 ～ 子のたまわく.
가라앉다 自 **1** 沈む. 沈没する. 沈殿する. ¶배가 ～ 船が沈む / 불순물이 시험관 밑에 가라앉았다 不純物が試験管の底に沈殿した. **2**〔진정되다〕和らぐ. 収まる. 静まる. ¶아픔이 ～ 痛みが和らぐ / 흥분이 ～ 興奮が静まる. **3**〔차분해지다〕落ち着く. ¶가라앉은 아버지의 목소리 落ち着いた父の声 / 그의 위로의 말에 마음이 가라앉았다 彼の慰めの言葉に心が落ち着いた. **4**〔잠잠해지다〕収まる. 鎮まる. ¶소란하던 장내가 물을 끼얹은 듯이 가라앉았다 騒がしかった場内が水を打ったように静まり返った. **5**〔순하게 되다〕和らぐ. 鎮まる. ¶가쁜 숨결이 ～ 激しい息遣いが鎮まる. **6**〔사그러지다〕引く. 散る. ¶열이 내리면서 부기도 가라앉기 시작했다 熱が下がるとともに腫れも引きはじめた.
가라앉히다 他 **1**〔내려앉히다〕沈める. 沈没させる. ¶적함을 ～ 敵艦を沈める. **2**〔진정시키다〕鎮める. 和らげる. ¶마음을 ～ 気持ちを静める / 상처의 아픔을 ～ 傷の痛みを鎮める. **3**〔내리다〕散らす. ¶종기를 약으로 ～ 腫れ物を薬で散らす.
가락¹ **I** 名 **1** (糸車の)錘. (紡績機の)紡錘. **2** 細長い棒状のものの一本. 一本. ¶～이 굵다 棒が太い / 손～ (手の)指 / 발～ 足指 / 숟～ スプーン.
II 依名 …本. ¶가래엿 세 ～ 飴ん棒3本.
◆**가락을 내다**〔윷놀이에서〕ユッ(윷)をうまく投げて思うとおりに点数を出す.
가락국수 名〔料理〕平打ちのうどん.
가락엿 名 棒飴. あめんぼう.
가락² 名 **1**〔樂〕音調. 曲調. ¶노래의 ～을 맞추다 歌の調子を合わせる / ～이 맞지 않다 調子が狂う / 거문고의 절묘한 ～ コムンゴのたえなる調べ. **2** (舞い·身ぶりの)律動. リズム. ¶춤～ 舞踊の律動. **3** 腕前. 技量. 調子. ¶그 사람 노래 솜씨는 왕년에 놀던 ～ 그대로였다 その人の歌は往年の調子そのままだった.
◆**가락을 떼다** ① 音頭をとる. 先頭

に立つ. ② 楽器を鳴らす.

◆**가락이 나다** 調子づく. 脂が乗る. ¶ 일에 점점 ~이 나기 시작했다 仕事にいよいよ調子[脂]が乗ってきた.

◆**가락이 맞다** (歌·行動などの)調子が合う. 拍子が合う.

가락가락 副 節ごとに. 曲調ごとに.

가락가락이 副 曲ごとに. 曲節ごとに.

가락지 名 (二つの輪が一対になる)指輪. ¶ ~를 끼다 指輪をはめる.

가랑눈 名 小雪. 粉雪. 細雪.

가랑니 名 小じらみ.

가랑머리 名 (二つに編んだ)おさげ髪.

가랑무 名 二股あるいは三股の大根.

가랑비 名 霧雨. ぬかあめ. 小雨. ¶ ~가 부슬부슬 내리다 小雨がしとしとと降る.

〔속담〕 **가랑비에 옷 젖는 줄 모른다** 小雨に服のぬれるのも気づかない〈小出しに使うお金も度重なれば, 財産を崩すことになる〉.

가랑이 名 **1** 股. 股ぐら. ¶ ~를 찢 벌리다 股を大きく開く. **2** ズボンの足を通す股下. ¶ 나무 ~ 木の股 / 바짓~ ズボンの股.

〔속담〕 **가랑이가 찢어지게 가난하다** 股が裂けるほど貧乏だ〈赤貧洗うがごとし〉.

가랑이표〔一標〕 名 不等号.

가랑이지다 自 先が二つに分かれる. 股になる.

가랑잎 名 **1** (広葉樹の)枯れ葉. 落ち葉. **2** かしわの葉.

〔속담〕 **가랑잎에 불 붙듯** 枯れ葉に火がつくよう〈せっかちで度量が狭いこと〉. **가랑잎이 솔잎더러 바스락거린다고 한다** 柏の葉が松葉に向かってかさかさと音を出すという〈目糞鼻糞を笑う〉.

가래[1] 名〔農〕 (三人で土を掘り起こす) 鋤.

가래꾼 名 鋤で土を鋤く人.

가래질 名 하自 鋤き起こすこと.

가랫날 名 鋤の刃.

가랫줄 名 鋤の綱.

가래[2] 名 痰. ¶ ~가 끓다 痰がのどにからんでぜいぜいする.

가래침 名 痰の混じったつば.

가래[3] Ⅰ 名 (棒状の飴·餅などの)一切れ. ¶ 떡~ 白い棒状の餅の一切れ / 엿~ 棒飴の一切れ.

Ⅱ 依名 …本. …切れ〈棒状の飴·餅などの一切れを数える語〉. ¶ 떡 두 ~ 餅2切れ.

가래떡 名 棒状の餅〈切って雑煮に入れる〉.

가래엿 名 棒飴. 飴棒.

가래다 他 (良し悪しを)明らかにする. ただす.

가래톳 名〔醫〕 横根. ¶ ~이 서다 横根が生ずる.

가량〔假量〕 Ⅰ 名 하他 おおよその見当. 当て推量. ¶ 수효가 얼마나 되는지 ~이 안 된다 数がどれぐらいなるのかおおよその見当がつかない.

Ⅱ 接尾 くらい. ばかり. ほど. 前後. ¶ 얼마 ~ どれくらい. 少しばかり / 쌀 두 말 ~ 米2斗ばかり / 1주일 ~ 걸린다 1週間くらいかかる.

가량가량하다 形 (顔や体つきが)すらりとしてしなやかだ. ¶ 가량가량한 몸매 すらっとした体つき.

가량스럽다 形 似つかわしくない. 不似合いだ. 不格好だ. ¶ 가량스러운 말씨 ふさわしくない言葉遣い.

가량없다〔假量—〕 形 **1** 〔어림도 없다〕 とんでもない. とても考えられない. ¶ 가량없는 거짓말을 하는군 とんでもない嘘を言うわい. **2** 〔어림할 수 없다〕 推し量れない. 見当がつかない. ¶ 가량없는 심중 推し量れない心中. **가량없이** 副 推し量れないほど. 見当もつかれないほどに. ひどく. すごく.

가려내다 他 **1** 選び出す. 選り分ける. 撥ねる. ¶ 불량품을 ~ 不良品を選び出す. **2** (善悪を)明らかにする. 正す. 突きとめる. ¶ 사리의 옳고 그름을 ~ 物事の善悪をただす.

가려먹다 他 (食べ物に)好き嫌いをする. 偏食する.

가려워하다 自 かゆがる. ¶ 무엇에 물려 ~ 何かにかまれてかゆがる.

가려잡다 他 選び取る. ¶ 이 중에서 가려잡아라 この中から選び取りなさい.

가려지다 自 遮られる. 隠される. 包まれる. ¶ 밤 안개에 가려진 거리 夜霧に包まれた街.

가련하다〔可憐—〕 形 かわいそうだ. 哀れだ. ¶ 가련한 일생 哀れな一生 / 어쩐지 가련한 생각이 든다 どことなく哀れを催す / 저 아이의 신세가 ~ あの子の身の上が不憫だ. **가련히** 副 かわいそうに. 哀れに. いじらしく.

가렴주구〔苛斂誅求〕 名 苛斂誅求. 税金などをむごくきびしく取りたてること. ¶ ~를 일삼다 苛斂誅求を事とする.

가렵다 形 かゆい. ¶ 머리가 ~ 頭がかゆい / 가려워 못 참겠다 かゆくてたまらない.

〔속담〕 **가려운 데를 긁어 주다** かゆいところをかいてくれる〈かゆいところに手が届く〉.

가령〔假令〕 副 **1** たとえ. 仮に. よしんば. ¶ ~ 내가 의사라면 仮に私が医者だったら / ~ 그 이론에 따른다 하더라도 仮にその理論に従うとしても. **2** 例えば. ¶ 바다에 사는 포유 동물, ~ 고래 같은 것 海にすむ哺乳動物, 例えば鯨など.

가례〔家禮〕 名 一家の礼儀作法.

가로[1] Ⅰ 名 横. 反 縦. ¶ ~의 길이 横の長さ / ~의 너비 横幅.

Ⅱ 副 横に. 横長に. ¶ ~ 그어진 줄 横に引かれた線 / ~ 건너지른 발판 横にかけ渡した足場 / 머리를 ~ 젓다 首を横に振る〈否定の動作〉.

◆**가로 지나 세로 지나** 横に背負っても縦に背負っても〈どうでもいいこと〉.

가로글씨 名 横文字.

가로금 名 横線.

가로 나비 名 横幅.

가로놓다 他 横にして置く. 横たえる. ¶ 재목을 ~ 材木を横にして置く.

가로놓이다 自 **1** 横たわる. ¶ 강에 가로놓인 철교 川に架けられている鉄橋. **2** 〔앞에 버티고 있다〕 横たわる. ¶ 가로놓인 난관을 뚫고 나가다 横たわる難関を切り抜ける.
가로누이다 他 横たえる.
가로눕다 自 **1** 横方向に置かれる. **2** 横になる. 横たわる. 寝る. ¶ 침대에 가로누웠다 寝台に横になった.
가로닫이 名〔建〕 引き戸. やり戸.
가로막다 他 **1** ふさぐ. ¶ 쓰러진 나무가 길을 가로막고 있다 倒木が道をふさいでいる / 가로막아 서다 立ちふさがる. **2** 妨げる. 遮る. ¶ 발언을 ～ 発言を遮る.
가로막히다 自 遮られる. 隔てられる.
가로맡다 他 **1** 一手に引き受ける. ¶ 남이 싫어하는 일을 언제나 가로맡아 한다 人が嫌がる仕事をいつでも引き受けてする. **2** 自分が引き受ける. しゃしゃり出る. ¶ 남의 싸움을 ～ 人の喧嘩を買って出る.
가로무늬 名 横縞.
가로무늬근〔一筋〕 名 横紋筋.
가로서다 自 **1** 横向きに立つ. **2** (驚いたり怒ったりして) 瞳が一方に寄る. 目を剝く.
가로세로 Ⅰ 名 縦横. たてよこ. ¶ ～ 무늬 格子縞.
Ⅱ 副 **1** 縦横に. **2** 縦横いろいろな方向に. ¶ ～ 엇걸기 (建築で) 筋交いに掛けること.
가로쓰기 名 横書き.
가로줄 名 **1** 横線. 横筋. ¶ ～을 긋다 横線を引く. **2**〔農〕 (田植えのとき) 横に引く綱.
가로지르다 他 **1** かけ渡す. 掛ける. ¶ 대문에 막대기를 가로질러 놓아라 門に棒を渡しておきなさい. **2** 横切る. 突っ切る. 貫く. ¶ 행렬을 ～ 行列を横切る / 강이 평원을 가로질러 흐르다 川が平原を貫いて流れる.
가로질리다 自 横切られる.
가로짜기 名〔印〕 横組み.
가로채다¹ 他 **1** 〔낚아채다〕 ひったくる. (いきなり) 奪い取る. ¶ 가방을 가로채어 도망쳤다 かばんをひったくって逃げた. **2** 〔빼앗다〕 横取りする. 横領する. 取る. ¶ 공금을 ～ 公金を横領する / 남의 이익을 슬쩍 ～ 人のもうけを横取りする. 上前をはねる. あがりを取る. **3** 〔말을 가로맡다〕 人の話の腰を折る.
가로채다² 自 〔'가로채이다'의 준말〕 横取りされる.
가로채이다 自他 横取りされる. 奪われる. ひったくられる.
가로축〔一軸〕 名〔數〕 横軸.
가로타다 他 **1** (馬などに) 横向きに乗る. 横乗りをする. ¶ 말 등에 가로타고 달리다 馬の背に横乗りをして走る. **2** (道・山の斜面などを) 横断する. 越える. 横切る. ¶ 산등성이를 ～ 尾根を横切る.
가로퍼지다 自 **1** 横に広がる. ¶ 가지가 ～ 枝が横に大きくなる. **2** 横に太る. ずんぐりする. ¶ 작달막한 키에 가로퍼진 몸집 低い背丈にずんぐりした体つき.
가로획〔一畫〕 名 (漢字の) 横画.
가로²〔街路〕 名 街路. ¶ 차가 붐비는 ～ 車が込んでいる街路.
가로등〔一燈〕 名 街灯. 街路灯.
가로변〔一邊〕 名 路傍. 道端.
가로수〔一樹〕 名 街路樹. 並木. ¶ 길가에 ～가 늘어서 있다 道に沿って街路樹が並んでいる.
가로되 自 曰く. のたまわく. ¶ 공자 ～ 孔子曰く.
가로새다 自 **1** (途中で) そっと消えうせる. (こっそりと) 立ち去る. 逃げうせる. ¶ 작업중 ～ 作業中そっと消えうせる[姿をくらます]. **2** 漏れる. ¶ 정보가 ～ 情報が漏れる.
가료〔加療〕 名 하他 加療. ¶ 입원 ～중 入院加療中.
가루 名 粉. 粉末. ¶ 콩～ 黄粉 / ～를 빻다 粉をひく / ～를 내다 粉にする / ～를 묻히다 粉をまぶす.
〔속담〕 **가루는 칠수록 고와지고 말은 할수록 거칠어진다** 粉はふるいにかけるほど細かくなり言葉はしゃべるほど荒くなる〈口は災いの元〉.
가루눈 名 粉雪.
가루받이 名〔植〕 受粉.
가루분〔一粉〕 名 粉おしろい.
가루붙이 名 穀類の粉でつくった食べ物の総称, またその粉類.
가루비누 名 粉せっけん.
가루약〔一藥〕 名 粉薬. 散薬.
가루우유〔一牛乳〕 名 粉乳. 粉ミルク.
가르다 他 **1** 〔나누다〕 分ける. 分類する. 仕分ける. ¶ 연령에 따라 ～ 年齢によって[年齢別に] 分ける. **2** 〔분배하다〕 分配する. 振り分ける. ¶ 이익금을 ～ 利益金を分ける. **3** 〔빠르게 움직이다〕 かき分ける. ¶ 새하얀 배가 물결을 가르면서 달린다 真っ白い船が波をかき分けて走る. **4** 〔쪼개다〕 割る. ¶ 수박을 둘로 ～ すいかを二つに割る / 생선의 배를 ～ 魚の腹を裂く. **5** 〔이간하다〕 裂く. ¶ 두 사람 사이를 ～ 二人の仲を裂く.
가르마 名 髪の分け目.
◆**가르마를 타다** 髪を分ける.
가르맛자리 名 髪の分け目.
가르치다 他 **1** 〔교육하다〕 教える. 覚えさせる. 教授する. ¶ 음악을 ～ 音楽を教える / 곰에게 재주를 ～ くまに芸を仕込む. **2** 〔알려주다〕 知らせる. 告げる. 教える. ¶ 비밀을 가르쳐 주다 秘密を教えてやる. **3** 〔지도하다〕 教え導く. 指導する. ¶ 역사가 가르치는 교훈 歴史が教える教訓.
가르침 名 **1** 教え. 教えること. ¶ 선생님의 ～을 받다 先生の教えを受ける / 부모의 ～에 따르다 父母の教えに従う. **2** (信仰上の) 教え. 教義. 教理. ¶ 부처님의 ～ 仏の教え.
가름 名 하他 **1** 分けること. (仕事を) 分け合うこと. ¶ 포기 ～ 株分け / 생사를 ～하는 중대사 生死を分かつ重大事. **2** 区別すること. 分別す

ること. ¶～ 짓다 区別をつける. わきまえる.
가름대 名 (算盤の)梁.
가리[1] 名 梁簀. ¶～질하다 やなすで魚を捕る.
가리[2] Ⅰ 名 積み重ねた山. ¶볏～ 稲むら/장작을 ～로 쌓다 薪を山と積む.
Ⅱ 依名 〔곡식·장작 등의 묶음을 세는 단위〕山.
가리[3][加里] 名 ☞칼리
가리가리 副 ずたずたに. ¶종이를 ～ 찢다 紙をずたずたに引き裂く.
가리개 名 (2枚仕立ての)屏風.
가리나무 名 松の薪〈枯れ葉や小枝を集めたもの〉.
가리다[1] Ⅰ 他 〔보이지 않게 하다〕覆う. 遮る. ふさぐ. ¶커튼으로 빛을 ～ カーテンで光を遮る/눈을 ～ 目をふさぐ.
Ⅱ 自 〔'가리이다'의 준말〕覆われる. 遮られる. ふさがれる. ¶마을의 삼면이 산으로 가리어 있다 村の3面が山に遮られている.
가리다[2] 他 **1** 〔고르다〕選ぶ. より分ける. ¶불량품을 ～ 不良品をより分ける/싸고 좋은 물품을 가려서 샀다 安くてよい品を選んで買った. **2** 〔편식하다〕選り好みする. 選り嫌いする. ¶음식은 가리지 말고 먹어라 食べ物は好き嫌いを言わないで食べなさい. **3** 〔시비를 밝히다〕明らかにする. ただす. ¶흑백을 ～ 黒白をつける/잘잘못을 ～ 良し悪しをただす. **4** 〔분별하다〕わきまえる. 心得る. ¶때와 장소를 가리지 않고 떠들어 댄다 時と場所をわきまえずに騒ぎ立てる. **5** 〔싫어하다〕人見知りする. ものおじする. ¶어린 아이가 낯을 ～ 幼児が人見知りする. **6** 〔따져 갚다〕済ます. 清算する. ¶빚을 ～ 借金を清算する. **7** 〔머리를 빗다〕梳く.
가리다[3] 他 (穀物や薪などを)積み重ねる. 積み上げる. ¶논바닥에 볏단을 ～ 田んぼに稲束を積み重ねる.
가리우다 他 ⇨가리다[1]
가리이다 自 遮られる. 覆われる. ふさがれる.
가리키다 他 **1** 〔지적하다〕示す. 指さす. ¶손가락으로 방향을 ～ 指で方向を示す. **2** 〔시각·방향 등을 알리다〕指す. ¶시계 바늘은 정각 한 시를 가리키고 있다 時計の針はちょうど1時を指している. **3** 〔특별히 지적하다〕指し示す. ¶그와 같은 학자를 가리켜 석학이라고 한다 彼のような学者を称して碩学という.
가마[1] 名 〔'가마솥'의 준말〕(大きな)釜.
〔속담〕**가마 밑이 노구솥 밑을 검다 한다** 鉄釜の底が真鍮釜の底を黒いという〈目糞が鼻糞を笑う〉.
가마솥 名 大きな釜.
가마[2] 名 窯. ¶숯～ 炭窯.
가마[3] 名 つむじ. 旋毛.
가마[4] Ⅰ 名 〔'가마니'의 준말〕かます. ¶쌀～ 米かます.
Ⅱ 依名 かます. 俵. ¶쌀 두 ～ 米2かます[2俵].
가마[5] 名 駕籠. 輿. ¶～를 메다 駕籠を担ぐ/꽃～ 花嫁の輿.
〔속담〕**가마 타고 시집가기는 다 틀렸다** 駕籠に乗って嫁入りできなくなった〈物事を型どおりに進められなくなった〉.
가마꾼 名 駕籠かき. 駕籠屋.
가마채 名 駕籠の長柄.
가마노르께하다 形 黒色を帯びてやや黄色い.
가마니 名 かます. 俵. ¶비료 ～ 肥料用かます/쌀을 ～에 담다 米をかますに入れる.
가마니때기 名 〈俗〉古びたかます.
가마득하다 形 〔'가마아득하다'의 준말〕隔たりが大きい. **가마득히** 副 はるかに. ずっと昔.
-가마리 接尾 〔명사에 붙어 그 말이 뜻하는 대상이 되는 사람을 나타냄〕¶놀림～ 笑いもの/욕～ 悪口の種になる人/웃음～가 되다 笑い者になる.
가마무트름하다 形 顔が黒ずんでふっくらしている.
가마반지르하다 形 黒くてつやつやしている.
가마아득하다 形 **1** 隔たりが大きい. はるかに遠い. ¶강 건너 마을이 가마아득하게 보이다 川の向こうの村がはるかかなたに見える. **2** はるか昔のことだ. ¶가마아득한 옛날 遠い昔. **가마아득히** 副 はるかに. 久しく.
가마우지 名〔動〕鵜.
가막쇠 名〔建〕掛け金. かすがい.
가만 Ⅰ 副 そのままに. そっと. ¶～ 내버려 둬 そのまま放っておけ.
Ⅱ 感 まあ. ちょっと. ¶～ おい静かに/～, 그렇게 흥분하지 말고 침착하게 기다리게 まあ, そう興奮しないで落ち着いて待ちなさい.
가만가만 副 静かに. そっと. ひそかに. ¶～ 속삭이다 ひそかにささやく. **가만가만히** 副 静かに. ひそかに. こっそり. そっと. ¶～ 걸어라 静かに歩きなさい.
가만두다 他 そのままにしておく. そっとしておく. ほうっておく. ¶말 안 들으면 가만두지 않을 테다 言うことを聞かないとただではすまないぞ.
가만있다 自 **1** じっとしている. ¶하는 일 없이 집에 ～ することもなく家でじっとしている. **2** 黙っている. ¶한 마디 대꾸도 하지 않고 ～ 何の反論もせず黙っている. **3** 《'가만있자, 가만있어, 가만있거라'의 꼴로》まてよ. ええと. はて. さて. ¶가만있자, 네가 누구더라? さて, お前は誰だっけ.
가만하다 形 静かだ. 穏やかだ. 黙っている.
가만히 副 **1** 〔움직임 없이·조용히·말 없이〕じっと. 静かに. 黙って. おとなしく. ¶～ 듣고 있다 じっと聞いている/떠들지 말고 ～ 앉아 있거라 騒がないで静かに座っていなさい. **2** 〔살그머니〕ひそかに. そっと. こっそり. ¶～ 숨어들다 ひそかに忍び込む. **3** 〔곰곰이〕じっくり. つくづくと. しみじみ. ¶잘못을 ～ 반성해 봐라 間違いをじっくりと反省してみろ.

가망〔可望〕 [名] 見込み. 望み. 当て. ¶ ~이 없다 見込みがない / ~이 없는 것은 아니다 望みがないわけではない.

가맣다 [形] **1** 黒い. 非常に黒い. ¶ 가만 머리카락 黒い髪の毛. **2** はるかに遠い. あまりに遠くて心もとない. ¶ 앞길이 ~ 前途遼遠だ. **3** (『가맣게』の꼴로) すっかり. まるっきり. 全然. ¶ 그 일은 벌써 가맣게 잊었다 そのことはとっくにすっかり忘れた.

가매장〔假埋葬〕 [名] [하他] 仮埋葬.

가매지다 [自] 黒くなる. 黒ずむ. ¶ 햇볕에 타서 얼굴이 가매졌다 日焼けして顔が黒くなった.

가맹〔加盟〕 [名] [하自] 加盟. ¶ ~국 加盟国 / ~자 加盟者.

가면〔假面〕 [名] **1** 仮面. 面. マスク. **2** 偽りの言動. ¶ ~을 벗기다 仮面を剝ぐ / ~이 벗겨지다 仮面が剝がれる.

◆**가면을 벗다** 仮面を脱ぐ. 正体を現わす.

◆**가면을 쓰다** 仮面をかぶる. 正体[本心]を隠す.

가면극〔―劇〕 [名] 仮面劇.

가면무〔―舞〕 [名] 〔탈춤〕 仮面をかぶってする踊り.

가면무도회〔―舞踏會〕 [名] 仮面舞踏会.

가면희〔―戱〕 [名] **1** 仮面をかぶってする遊戯. **2** 仮面劇.

가멸다 [形] (財産が)豊かだ. (暮らしが)裕福だ. 富んでいる.

가명¹〔家名〕 [名] 家名. ¶ ~을 더럽히다 家名を汚す.

가명²〔假名〕 [名] 仮名.

가묘〔家廟〕 [名] 一家の祠堂(祖先の御霊屋).

가무〔歌舞〕 [名] [하自] 歌舞. 歌と舞.

가무연〔―宴〕 [名] 歌舞遊宴.

가무대대하다 [形] どんよりと黒ずんでいる. ¶ 가무대대하게 때가 끼었다 薄黒くあかじみている.

가무댕댕하다 [形] 黒ずんでいてみっともない. ¶ 회벽이 담배 연기에 그을려 가무댕댕하게 변했다 白壁がたばこの煙ですすけて黒ずんできた.

가무러지다 [自] **1** 気を失う. 失神する. 気が遠くなる. ¶ 머리를 얻어맞고 가무러졌다 頭を殴られて気を失った. **2** (灯が)消えかかる.

가무스름하다 [形] やや黒い. 薄黒い.

가무잡잡하다 [形] (顔色が)くすんで薄黒い. ¶ 속눈썹은 짧고 피부는 ~ まつげは短く皮膚は浅黒い.

가무칙칙하다 [形] どす黒い. 黒ずんでいる.

가문〔家門〕 [名] **1** 家門. 一族. 一家一門. ¶ 학자를 많이 낸 ~ 学者を多く出した家門. **2** 家門. 家柄. 門閥. 生まれ. ¶ ~의 자랑 家門の誇り / ~을 더럽히다 家門を汚す.

◆**가문을 흐리다** 家門の名誉を汚す. 一家の面汚しをする.

가문비 [名] 〔'가문비나무'의 준말〕 えぞまつ.

가문비나무 [名]〔植〕 蝦夷松.

가문서〔假文書〕 [名] 仮文書.

가물 [名] 日照り. 旱魃.

◆**가물을 타다** 日照りの影響を受ける. 旱魃に弱い.

◆**가물이 들다** ① 日照りに入る. ② 旱魃の影響で農作物などの害をこうむる.

〔속담〕 **가물 끝은 있어도 장마 끝은 없다** 日照りは限りがあるが洪水は限りがない(梅雨による水災がなおいっそう恐ろしい). **가물에 단비** 干天の慈雨(待ち望んでいたことが成就すること). **가물에 돌(도랑) 친다** 日照りに用水路をさらう(事前に準備をしておくほうがよいことのたとえ). **가물에 콩나듯[콩나기]** 日照り続きに豆が生えるよう(ごくまれに起こることのたとえ).

가물거리다[-대다] [自] **1** 〔흔들거리다〕 揺らめく. ちらちらする. ¶ 불빛이 ~ 明かりが揺らめく / 바람에 가물거리는 촛불 風にゆらめくろうそくの火. **2** 〔보일 듯 말 듯하다〕 かすかに見え隠れする. ちらつく. ¶ 수평선 위에 돛단배가 가물거린다 水平線のかなたに帆掛け船が見え隠れする. **3** 〔몽롱해지다〕 もうろうとなる. 目まいがする. ぼうっとする. ¶ 정신이 ~ ぼうっとする. 意識がかすむ.

가물가물 [副] [하自形] **1** (光・炎が)ゆらゆら. ちらちら. ¶ ~ 흔들거리는 등불 ちらちら揺らめくともしび. **2** (意識が)もうろうと. ぼうっと. ¶ 의식이 ~하다 意識がもうろうとしている. **3** (遠くのものが)かすかに. ¶ 수평선 너머로 ~ 사라지다 水平線越しにかすかに消える.

가물다 [自] 日照りになる. 旱魃になる. ¶ 날씨가 ~ 日照りが続く / 오래 가물어 강도 말라붙었다 日照り続きで川も干上がった.

가물음 [名] 日照り.

가물치 [名]〔動〕 カムルチー(台湾どじょう科の淡水魚).

가뭄 [名] 日照り. 旱魃.

가뭇가뭇 [副] [하形] (薄黒い斑点が)点々と. 所々黒く. ¶ 주근깨가 얼굴에 ~ 퍼져 있다 そばかすが顔に点々と広がっている.

가뭇없다 [形] **1** (消えうせて)行方が知れない. 見えない. 跡形がない. ¶ 누가 훔쳐 갔는지 ~ 誰が盗んでいったのやら見当たらない. **2** 消息[便り]がない. **가뭇없이** [副] 跡形もなく.

가뭇하다 [形] 〔'가무스름하다'의 준말〕 黒ずんでいる.

가미〔加味〕 [名] [하他] **1** 〔맛을 냄〕 加味. (食べ物に)味をつけること. ¶ 식초를 ~한 요리 酢で味つけした料理. **2** 〔다른 요소를 추가하기〕 加味. 他の要素をつけ加えること. ¶ 야당의 의견을 ~한 법안 野党の意見を加味した法案. **3** 〔韓方〕 加薬. 本来の処方箋に他の薬材を加えること.

가발〔假髮〕 [名] かつら. ¶ ~을 쓰다 かつらをかぶる.

가방 [名] かばん. ¶ 손~ 手提げかばん / ~을 들다 かばんをさげる / ~을 어깨에 메다 かばんを肩にかける.

가벌〔家閥〕 [名] 門閥.

가법〔加法〕 名 足し算.
가변〔可變〕 名 可変. 反 不変. ¶ ～성 可変性.
가변 비용〔一費用〕 名〔經〕 可変費用.
가변 자본〔一資本〕 名〔經〕 可変資本.
가볍다 形 **1** (重さが)軽い. 反 重い ¶ 기름은 물보다 ～ 油は水より軽い / 가벼운 짐 軽い荷物. **2** (仕事·責任などが)軽い. ¶ 책임이 가볍지 않다 責任が軽くはない / 일을 가볍게 해치우다 仕事を軽々とやってのける. **3**〔심하지 않다〕軽い. ¶ 가벼운 사고 軽い事故 / 죄가 ～ 罪が軽い / 가벼운 상처를 입었다 軽い傷を負った. **4**〔경솔하다〕軽い. 軽薄だ. 浅薄だ. 軽率だ. ¶ 입이 ～ 口が軽い / 하는 짓이 가벼운 사람 ふるまいが軽い人. **5**〔경쾌하다〕軽やかだ. 晴れやかだ. (服装などが)軽快だ. (読み物·音楽などが)軽い. ¶ 가벼운 기분 軽い気持ち / 가벼운 차림으로 산에 오르다 軽装で山へ登る / 가벼운 읽을거리 軽い読み物. **6**〔재빠르다〕軽快だ. 軽い. 素早い. ¶ 가벼운 발걸음 軽い足どり / 몸놀림이 ～ 身のこなしが軽い. **7**〔수월하다〕簡単だ. たやすい. 軽い. ¶ 가벼운 운동 軽い運動 / 질문을 가볍게 받아넘기다 質問を軽くいなす. **8**〔간단하다〕簡単だ. あっさりして量が少ない. 軽い. ¶ 가볍게 아침 식사를 들다 軽く朝食をとる / 가볍게 한 잔 하세 軽く一杯やろう. **9** (風などが)弱い. かすかだ. ¶ 봄바람이 가볍게 불어온다 春風がそよそよと吹いてくる. **가벼이** 副 軽く.
가볍디가볍다 形 非常に軽い.
가보[1] 名 かぶ〈花札などの賭博で最高点になる末尾9の数〉.
가보잡기 名 おいちょかぶ.
가보[2]〔家譜〕 名 家譜. 一家族の系譜.
가보[3]〔家寶〕 名 家宝. ¶ 대대로 전하여 오는 ～ 代々伝わる家宝.
가보트〔프 gavotte〕 名〔樂〕 ガボット.
가봉[1]〔加俸〕 名 하他 加俸. 加給. 反 減俸 ¶ 특별 ～ 特別加俸 / ～이 붙다 加俸がつく.
가봉[2]〔假縫〕 名 하他 仮縫い. 下縫い.
가부[1]〔可否〕 名 **1** 可否. ¶ ～를 논하다 可否を論ずる. **2** (表決で)賛否. ¶ ～ 결정 可否決定 / ～를 묻다 可否を問う.
가부간〔一間〕 副 ともかく. いずれにせよ. 可であれ不可であれ. ¶ ～ 결론을 내자 いずれにせよ結論を出そう / ～에 대답을 해 줘라 可であれ不可であれとにかく返答してやりなさい.
가부[2]〔家父〕 名 家父. 家親.
가부장〔一長〕 名 家父長.
가부장제〔一長制〕 名〔史〕 家父長制. ¶ ～ 사회 家父長制社会.
가분〔可分〕 名 可分. ¶ ～물 可分物 / ～성 可分性.
가분 급부〔一給付〕 名〔法〕 可分給付〈金銭·穀物など, 性質や価値をそこなわずに分割できる給付〉.
가분가분 副 하形 **1** 程よく軽いさま. **2** 言行が軽々しいさま.
가분수〔假分數〕 名〔數〕 仮分数.
가분하다 形 **1** (持つのに)ほどよく軽い. **2** (心に)負担がなく軽い. ¶ 몸도 마음도 ～ 身も心も軽い. **가분히** 副 手ごろに軽く. 軽やかに.
가불〔假拂〕 名 하他 **1**〔經〕 仮払い. ¶ 공사비의 일부를 ～하다 工事費の一部を仮払いする. **2** (給料などの)前貸し[借り]. ¶ ～금 前借り金. 前貸し金.
가불가〔可不可〕 名 可否. ¶ 이 자리에서는 ～를 결정하기 어렵다 この場では可否を決定しがたい.
가붓하다 形 手ごろに軽い. ほどよく軽い. ¶ 두꺼운 옷을 벗었더니 몸이 ～ 厚い服を脱ぐと体がほどよく軽い.
가붓이 副 ほどよく軽く. 軽やかに.
가붓가붓 副 하形 複数のものがそれぞれほどよく軽いようす.
가빈〔家貧〕 名 하形 家が貧しいこと. 生計が苦しいこと.
〔속담〕 **가빈에 사양처**(思良妻)**라** 家貧しければ良妻を思うようになる.
가빠지다 自 息苦しくなる. ¶ 버스가 초만원이어서 숨이 ～ バスが超満員で息苦しくなる.
가뿐하다 形 **1** (手ごろで)非常に軽い. ¶ 보따리가 ～ 包みが軽い. **2** (心·動きが)軽く快い. ¶ 일을 마쳤더니 마음이 가뿐해졌다 仕事が終わったら心が軽くなった. **가뿐히** 副 軽々と. 軽やかに.
가뿐가뿐 副 하形 軽やかに. 軽々と. ¶ ～ 걷다 軽やかに歩く.
가뿟하다 形 いかにも軽い. ほどよく軽い. **가뿟이** 副 ほどよく軽く.
가뿟가뿟 副 하形 ほどよく軽く. いかにも軽く.
가쁘다 形 **1** (息が)苦しい. 切れる. ¶ 숨이 가빠서 달릴 수가 없다 息切れがして走れない. **2** (仕事などが) 手に余る. むずかしい. きつい. ¶ 해내기에는 가쁜 일이다 やりこなすのには手に余る仕事だ.
가삐 副 息苦しく. ¶ 숨을 ～ 몰아 쉬다 苦しげに息をつく.
가사[1]〔家事〕 名 家事. 家庭のいろいろな用事. ¶ ～에 쫓기다 家事に追われる / ～에 힘쓰다 家事にいそしむ.
가사 경제〔一經濟〕 名 家事経済.
가사 노동〔一勞動〕 名 家事労働.
가사 사건〔一事件〕 名〔法〕 家事事件.
가사[2]〔袈裟〕 名〔佛〕 袈裟.
가사[3]〔假死〕 名 仮死. ¶ ～ 상태에 빠지다 仮死状態に陥る.
가사[4]〔歌詞〕 名〔樂〕 **1** 歌詞. ¶ ～를 짓다 歌詞をつくる. 作詞する. **2** 古雅な形式の長編の歌の一つ.
가사[5]〔歌辭〕 名〔文〕 朝鮮の初期に発生した詩歌の一形式.
가산[1]〔加算〕 名 하他 加算. 加えて計算すること.
가산금〔一金〕 名〔法〕 加算金.
가산세〔一稅〕 名〔法〕 加算税.
가산[2]〔家產〕 名 家産. 身代. 身上. ¶ 노름으로 ～을 탕진하다 博打で身代をつぶす / ～을 날리다 身代を棒に振

る.

가산3〔假山〕 名〔'석가산'의 준말〕築山.

가살 名 抜け目なく狡猾な態度.

◆**가살을 떨다** (へつらうなどして)狡猾にふるまう.

◆**가살을 부리다** わざと狡猾にふるまう.

◆**가살을 빼다** 狡猾な態度で高慢ぶる.

◆**가살을 피우다** 狡猾な態度をとる.

가살쟁이 名 抜け目のないずるい人間.

가살스럽다 形 憎らしいほどに狡猾だ. 情.

가상1〔假象〕 名〔哲〕仮象.

가상 감정〔一感情〕 名〔哲〕 仮象感

가상2〔假想〕 名 하他 仮想. ¶ ~ 적 仮想敵/~ 적국 仮想敵国.

가상극〔一劇〕 名 仮想劇.

가상3〔假像〕 名 **1** 仮の像. **2**〔鑛〕仮像.

가상계〔可想界〕 名〔哲〕 可想界. 叡知界.

가상하다〔嘉尙一〕 形 感心だ. 心が動かされるほど立派である. ¶ 예의를 차릴 줄 아는 가상한 어린이 礼儀をわきまえた感心な子供. **가상히** 副 感心して. ¶ 효자를 ~ 여기다 孝行息子に感心する.

가새지르다 他 筋交いにする. 交差させる. (十字形に)かけわたす.

가서〔家書〕 名 家書. **1** 家からの手紙. 家信. **2** 家へ送る手紙. **3** 自家の蔵書.

가석방〔假釋放〕 名 하他〔法〕 仮釈放. 仮出獄.

가석하다〔可惜一〕 形 惜しむべきだ. 惜しい. 残念だ. ¶ 가석하게도 残念なことに. かわいそうなことに.

가선1〔一縇〕 名 **1** へり. ささべり. **2** 二重まぶたのひだ.

◆**가선을 두르다** ささべりをつける. ふち取る. ¶ 옷에 ~을 두르다 衣服のへり取りをする.

◆**가선이 지다** 二重まぶたになる.

가선2〔加線〕 名〔樂〕加線.

가선3〔架線〕 名 하他 架線. ¶ 전화 ~ 공사 電話架線工事.

가설1〔架設〕 名 하他 架設. ¶ 전선 ~ 電線の架設/철교를 ~하다 鉄橋を架設する.

가설2〔假設〕 名 하他 **1** 仮設. ¶ ~ 공사 仮設工事/~극장 仮設劇場. **2** 仮説. 仮定. ¶ ~ 명제 仮設命題.

가설3〔假說〕 名 仮説. 仮定. ¶ ~을 세우다 仮説を立てる.

가설랑은 感 さて. ええと. …では. まあ〈声を出して本を読んだり物を数えたりするとき言葉に詰まって言う語〉. ¶ 하나요, 둘이요, ~ 셋이요… 1でしょ, 2でしょ, ええと3でしょ….

가성1〔苛性〕 名〔化〕 苛性. ¶ ~소다 苛性ソーダ.

가성석회〔一石灰〕 名〔化〕消石灰. 水酸化カルシウムの俗称.

가성알칼리 名〔化〕苛性アルカリ.

가성알코올 名〔化〕苛性アルコール.

가성칼리 名〔化〕苛性カリ.

가성2〔假性〕 名〔醫〕 仮性. ¶ ~ 근시 仮性近視.

가성3〔假聲〕 名 **1** 仮声. つくり声. **2**〔樂〕裏声. ファルセット.

가성4〔歌聲〕 名 歌声.

가성대〔假聲帶〕 名〔生〕 仮声帯.

가성명〔假姓名〕 名 仮名.

가세1〔加勢〕 名 하自 加勢. 助勢. ¶ 지원 부대의 ~ 支援部隊の加勢.

가세2〔家勢〕 名 家勢. 暮らし向き. ¶ ~가 빈한하다 暮らし向きが貧しい/~가 기울다 家運が傾く.

가소롭다〔可笑一〕 形 おかしい. 笑わせる. ばかげている. 笑止だ. 片腹痛い. ¶ 가소롭기 짝이 없다 笑止千万だ/그가 큰소리를 치다니 ~ 彼が大きなことを言うとは笑わせる. **가소로이** 副 ばかばかしくも.

가소물〔可塑物〕 名〔物〕可塑性物質.

가소성〔可塑性〕 名〔物〕 可塑性. ¶ ~ 물질 可塑性物質.

가속1〔加速〕 名 하自他 加速. ¶ ~기 加速器/~ 차선 加速車線/차의 속도가 차츰 ~되다 車の速度がしだいに加速される.

가속도〔一度〕 名 加速度. ¶ ~가 붙다 加速度がつく.

가속 운동〔一運動〕 名〔物〕加速運動.

가속 장치〔一裝置〕 名 加速装置.

가속 펌프 名〔工〕加速ポンプ.

가속2〔家屬〕 名 家族.

가솔〔家率〕 名 家族. 家眷.

가솔린〔gasoline〕 名 ガソリン. ¶ ~ 탱크 ガソリンタンク.

가솔린 기관〔一機關〕 名 ガソリン機関.

가솔송 名〔植〕えぞのつがざくら.

가수1〔加數〕 名 하他 加数. (おかね·品物の)数量を増やすこと.

가수2〔假睡〕 名 하自 仮睡. かりね. 仮眠. うたたね.

가수3〔歌手〕 名 歌手. シンガー. ¶ 민요 ~ 民謡歌手/오페라 ~ オペラ歌手.

가수 분해〔加水分解〕 名〔化〕 加水分解. ¶ ~ 효소 加水分解酵素.

가수요〔假需要〕 名〔經〕 仮需要〈値上がりや品薄が予想される商品に対する仮の需要〉.

가스〔gas〕 名 ガス. ¶ 배에 ~가 차다 腹にガスがたまる/~가 새다 ガスが漏れる/~라이터 ガスライター/~레인지 ガスレンジ/~버너 ガスバーナー/~ 중독 ガス中毒.

가스계량기〔一計量器〕 名 ガス計量器. ガスメーター.

가스관〔一管〕 名 ガス管. ガスパイプ.

가스 기관〔一機關〕 名〔工〕ガス機関.

가스난로〔一煖爐〕 名 ガスストーブ.

가스등〔一燈〕 名 ガス灯.

가스봄베〔(독) Gasbombe〕 名 ガスボンベ.

가스 성운〔一星雲〕 名〔天〕ガス星雲.

가스 연료〔一燃料〕 名 気体燃料.

가스탄〔一彈〕 名〔軍〕ガス弾.

가스탱크〔一tank〕 名 ガスタンク.

가스 터빈〔一turbine〕 名 ガスタービン.

가스펠 송〔gospel song〕 名 ゴスペルソング. 宗教音楽.

가스러지다 自 **1** (性質が)荒くなる.

すさむ. 手に負えなくなる. **2** (毛が)逆立つ. けば立つ.
가슬가슬 副 하形 **1** (肌·物の表面が)がさがさ. かさかさ. ざらざら. ¶ ~한 손 (荒れて)がさがさした手. **2** (性質が)気難しいようす.
가슴 名 **1** 胸. 胸部. 心臓. 肺. ¶ ~을 펴다 胸を張る / ~이 두근거리다 胸がどきどきする / 공기가 탁해서 ~이 답답하다 空気が濁って息苦しい. **2** 〔젖가슴〕 胸. 乳房. ¶ ~이 풍만하다 胸が豊かだ / ~이 납작하다 胸が平たい. **3** 〔마음〕 心. ¶ ~ 속에 숨기다 胸に秘める / ~을 울리는 연설 胸を打つ演説. **4** 〔옷가슴〕 胸部. ¶ ~에 배지를 달다 胸にバッジをつける.
◆**가슴에 맺히다** 心にわだかまりが出来る.
◆**가슴에 못을 박다** 心を深く傷つける.
◆**가슴에 불이 붙다** 胸が熱くなる. 胸焦がれる.
◆**가슴을 앓다** ① 胸を病む. ② 胸を痛める. ひどく心配する.
◆**가슴을 에다** 胸をえぐる.
◆**가슴을 쥐어뜯다** くやしくて胸が詰まるほど憤慨する. 胸をかきむしる.
◆**가슴을 짓찧다** 心にひどい苦痛を受ける.
◆**가슴이 내려앉다** ① 驚いて肝を冷やす. ② 悲しみで胸が潰れる.
◆**가슴이 뜨끔하다** (心にやましいことがあって)ぎくっとする. 胸をつく. はっとする. どきっとする.
◆**가슴이 메다[미어지다]** 胸がふさがる. 胸が張り裂けそうだ.
◆**가슴이 설레다** 胸騒ぎがする. 胸がわくわくする.
◆**가슴이 섬뜩하다[선뜩하다]** 非常に驚かされて不安·恐怖を感じる. ぞっとする. ぎくっとする.
◆**가슴이 아프다** 胸が痛む.
◆**가슴이 찔리다** 非常に呵責を感じる. 胸をつかれる.
◆**가슴이 후련하다** 胸がすっとする.
가슴둘레 名 胸囲.
가슴속 名 **1** 胸中. 胸のうち. ¶ ~이 검다 腹黒い. **2** 〔生〕 胸腔.
가슴앓이 名 〔醫〕 胸痛.
가슴지느러미 名 〔動〕 胸鰭.
가슴통 名 **1** 胸板. **2** 胸囲.
가슴패기 名 〈俗〉 胸元.
가슴츠레하다 形 (目が)とろんとしている. 生気がない.
가습기〔加濕器〕 名 加湿器.
가시[1] 名 **1** とげ. いばら. ¶ 장미의 ~ ばらのとげ / 손에 ~가 박힐 뻔했다 手にとげが刺さるところだった / ~를 빼다 とげを抜く. **2** (魚の)小骨. ¶ 목에 ~가 걸렸다 のどに小骨がつかえた. **3** 人の心を刺すような表現. ¶ 말 속에 ~가 돋쳐 있다 言葉にはとげがある. **4** 憎い人のたとえ. ¶ 눈엣~ 目の敵.
◆**가시가 돋치다** とげがある.
◆**가시가 세다** 鼻っ柱が強くしつこい. 強情だ. 素直でない.
가시고기 名 〔動〕 棘魚.
가시나무 名 **1** いばら. **2** 〔植〕 白樫.
〔속담〕 **가시나무에 연줄 걸리듯** いばらに凧糸がひっかかったよう〈親族関係が複雑に絡みあっていること〉.
가시덤불 名 **1** いばらの藪. **2** 苦難の人生. 苦しい境遇. いばらの道.
가시밭길 名 **1** いばらの道. **2** 苦難の人生. 苦しい境遇. いばらの道.
가시섶 名 いばらの薪.
가시철사〔—鐵絲〕 名 有刺鉄線. ¶ ~를 둘러치다 有刺鉄線を張り巡らす.
가시[2] 名 うじ. 蠁子. ¶ ~가 꾀다 うじがたかる.
가시[3]〔可視〕 名 可視. ¶ ~광선 可視光線.
가시거리〔—距離〕 名 可視距離.
가시신호〔—信號〕 名 可視信号〈旗·灯火など〉.
가시화〔—化〕 名 하自 目に見えるようになること.
가시다 Ⅰ 自 **1** (ある状態から本来の状態に)戻る. とれる. 引く. 治る. ¶ 아픔이 ~ 痛みがとれる / 상처가 깨끗이 ~ 傷がきれいに治る / 얼굴의 부기가 가셨다 顔の腫れが引いた. **2** (ある状態が)なくなる. 去る. 消える. ¶ 애티가 가셨다 子供っぽさがなくなった / 어둠이 ~ 暗やみが去る.
Ⅱ 他 **1** ゆすぐ. すすぐ. 洗う. ¶ 밥그릇을 ~ 食器をゆすぐ / 입을 ~ 口をすすぐ. **2** 消す. なくす. ¶ 입내를 가시기 위해서 배를 먹었다 口臭をなくすためになしを食べた.
가식[1]〔假植〕 名 하他 〔農〕 仮植. 仮植え.
가식[2]〔假飾〕 名 하他 **1** 飾り気. 虚飾. うわべだけの飾り. ¶ ~ 없는 태도 飾り気のない態度 / 그는 솔직하고 ~이 없다 彼は率直であり飾り気がない. **2** 仮に飾ること.
가신〔家臣〕 名 〔史〕 家臣. 宰相の家に仕える人. 郎等[郎党]. 家来.
가심 名 すすぐこと. ゆすぎ.
가십〔gossip〕 名 ゴシップ. 興味本位の人物評記事.
가압〔加壓〕 名 하自 加圧. ¶ ~하여 금속판을 늘리다 加圧して金属板を延ばす.
가압류〔假押留〕 名 하他 〔法〕 仮差し押さえ.
가액[1]〔加額〕 名 하他 金額をふやすこと, またその金額. 増額.
가액[2]〔加額〕 名 하自 手を額に当てること. 待ち焦がれること.
가야금〔伽倻琴〕 名 〔樂〕 伽耶琴〈12本の弦を張った撥弦楽器〉.
가약〔佳約〕 名 **1** よい口約束. 恋人と会う約束. **2** 夫婦になる約束. 婚約. ¶ 백년 ~을 맺다 夫婦の契りを結ぶ.
가얏고〔伽倻—〕 名 ⇨가야금
가양〔家釀〕 名 하自他 **1** 〔'가양주'의 준말〕 家醸. **2** 家醸. 家で使うために酒を醸造すること.
가양주〔—酒〕 名 家でつくった酒. 手づくりの酒.
가언〔假言〕 名 〔論〕 仮言.
가언 명제〔—命題〕 名 〔論〕 仮言的命

題.
가업〔家業〕 名 家業. ¶ ~을 잇다 家業を継ぐ.
가없다 形 果てしない. 限りない. ¶ 가없는 바다 果てしない海 / 가없는 부모의 은혜 限りない父母の恩. **가없이** 副 果てしなく. 無限に. 限りなく.
가역〔可逆〕 名〔物〕 可逆. ¶ ~성 可逆性 / ~ 반응 可逆反応.
가연[1]〔可燃〕 名 可燃. ¶ ~체 可燃性の物体 / ~물 可燃物.
가연성〔—性〕 名 可燃性. ¶ ~ 가스 可燃性ガス.
가연[2]〔佳緣〕 名 **1** よき因縁. **2** よい縁. 愛を結ぶようになったゆかり.
가열[1]〔加熱〕 名 하自他 加熱. ¶ ~기 加熱器. ヒーター / ~ 살균 加熱殺菌.
가열[2]〔苛烈〕 名 하形 苛烈. ¶ ~한 다툼 苛烈な争い.
가엾다 形 かわいそうだ. 哀れだ. ふびんだ. 気の毒だ. 痛ましい. いたわしい. ¶ 가엾은 이야기 哀れな話 / 고생했던 얘기는 가엾기 짝이 없었다 苦労した話はこの上なく哀れだった. **가엾이** 副 かわいそうに. 哀れに. 気の毒に. ふびんに. ¶ ~ 여기다 ふびんに思う.
가예산〔假豫算〕 名 暫定予算.
가오리 名〔動〕 鱝.
가오리연〔—鳶〕 名 えい形の凧.
가옥[1]〔家屋〕 名 家屋. 家. ¶ 2층 ~ 2階建ての家 / ~ 구조 家の構造.
가옥세〔—稅〕 名 家屋税.
가옥[2]〔假玉〕 名 偽の玉. 人工の玉.
가옥[3]〔假屋〕 名 仮屋.
가외〔加外〕 名 一定のもの以外に加えること. ¶ ~ 지출 余分の支出.
가욋일 名 余計な仕事.
가요〔歌謠〕 名 歌謡.
가요계〔—界〕 名 歌謡界.
가요곡〔—曲〕 名 歌謡曲.
가용〔家用〕 名 하他 **1** 一家の生活費. 家計. **2** 家で使うもの. 家庭用品.
가용인구〔可容人口〕 名 (食糧の消費面からみた)扶養可能な地球上の総人口.
가운[1]〔gown〕 名 ガウン. ¶ 나이트~ ナイトガウン.
가운[2]〔家運〕 名 家運. ¶ ~이 기울다 家運が傾く.
가운데 名 **1** 真ん中. 中. ¶ 호수 ~로 배를 저어 가다 湖の中ほどへボートをこいでいく / 바쁘신 ~ 와 주셔서 감사합니다 お忙しい中をお越しくださってありがとうございます. **2** 内部. ¶ 마당 ~서 개가 놀고 있다 庭の中で犬が遊んでいる. **3** 中間. 間. 中央. ¶ 두 사람 ~에 의자를 놓다 二人の間に椅子を置く. **4** 中. 集合体の範囲内. ¶ 군중 ~에 서다 群衆の中に立つ / 이 ~서 마음에 드는 것을 고르세요 この中から気に入ったものを選んでください. **5** …しているうちに. …しながら. ¶ 어려운 ~서도 남을 도와 주다 貧しい暮らしをしながらも他人を助けてやる. **6** 〔차례에서〕 真ん中. ¶ ~형 真ん中の兄.
가운데톨 名 三つ栗の真ん中の実.
가운뎃발가락 名 足の中指.
가운뎃손가락 名 手の中指.
가운뎃집 名 **1** 3人兄弟の2番目の家. **2** (いくつか並んでいる家の)真ん中の家.
-가웃 接尾 半. 半分. ¶ 두 말~ 2斗半 / 석 자~ 3尺半.
가위[1] 名 **1** 鋏. ¶ 전정 ~ 剪定鋏 / 재봉 ~ 裁ち鋏 / ~ 한 자루 鋏1丁 / ~로 자르다 鋏で切る. 鋏を入れる. **2** じゃんけんの鋏. ちょき. ▷가위바위보
가위다리 名 **1** 鋏の握り. **2** (特に長いものを)斜めに交差させた形. ×状.
◆ **가위다리를 치다** 反対の意思表示として長いものを×状に置いたり, 鉛筆などで×印をつける.
가위바위보 名 じゃんけん. じゃんけんぽん. じゃんけんぽい〈遊び, およびかけ声〉. ¶ ~로 승부를 정하자 じゃんけんで勝負を決めよう.
가위질 名 하他 挟み切ること. 挟むこと.
가위[2] 名〔民俗〕 陰暦8月15日の祝日. ▷추석
가윗날 名 陰暦8月15日のこと. 仲秋. ▷추석
가위[3] 名 夢魔. 悪夢.
가위[4]〔可謂〕 副 **1** いわば. いわゆる. **2** さすがに. まさに. 果たして. 実に. ¶ ~ 인생의 비극이다 まさに人生の悲劇である.
가위눌리다 自 うなされる. ¶ 가위눌린 아이를 깨워 달래 주다 うなされた子を起こしてあやしてやる.
가융 합금〔可融合金〕 名〔化〕 易融合金. 可融合金.
가으내 副 秋中ずっと. ひと秋.
가을 名 秋. ¶ 초~ 初秋 / 늦~ 晩秋 / 맑은 ~ 날씨 秋日和 / ~밤 秋の夜 / ~ 하늘 秋の空 / ~이 되다 秋になる. 秋めく.
가을갈이 名 하自〔農〕 秋耕.
가을걷이 名 하自他 秋の収穫. 秋の取り入れ.
가을보리 名 秋まきの麦.
가을비 名 秋雨.
가을빛 名 秋の気配. 秋の景色. 秋色. ¶ ~이 완연하다 すっかり秋の気配が漂っている / ~이 짙어가다 秋色が深まる.
가을일 名 하自 秋の取り入れ仕事. 刈り入れの仕事.
가을장마 名 秋の長雨.
가을철 名 秋の季節. 秋季.
가을하다 自他 秋の取り入れをする[収穫をする].
가이드〔guide〕 名 ガイド. ¶ ~북 ガイドブック.
가인[1]〔佳人〕 名 佳人. 美人. ¶ 절세 ~ 絶世の美人 / ~박명 佳人薄命.
가인[2]〔歌人〕 名 歌人.
가일층〔加一層〕 副 **1** なおいっそう. よりいっそう. ひときわ. ¶ ~ 주의하십시오

よりいっそうご注意ください / 그 중에서도 ～ 높은 산 なかでもひときわ高い山. **2** 《명사적으로》 よりいっそう加えること. なおのこと. ¶ ～의 분발을 기대합니다 よりいっそうの奮発を期待します.

가입〔加入〕 名 하自 加入. ¶ ～금 加入金 / ～자 加入者 / 유엔에 ～하다 国際連合に加入する.

가입 전신〔一電信〕 名 加入電信. テレックス.

가자〔家資〕 名 家資. 家産. 身代.

가자미 名〔動〕 鰈. ¶ ～ 눈 にらむ目 〈かれいの横目にたとえた語〉.

가작〔佳作〕 名 佳作. ¶ 선외 ～ 選外佳作.

가장[1]〔家長〕 名 **1** 家長. 戸主. **2** 家長. 夫. 主人.

가장권〔一權〕 名〔法〕 家長権.

가장 제도〔一制度〕 名 家長制度.

가장[2]〔家藏〕 名 하他 家蔵.

가장집물〔一什物〕 名 調度.

가장[3]〔假葬〕 名 하他 **1** 仮葬. 仮埋葬. **2** 幼児の死体を埋葬すること.

가장[4]〔假裝〕 名 하自他 **1** 装うこと. 見せかけること. ¶ 태연을 ～하다 平気を装う / 병인 것처럼 ～하다 病気のように見せかける. **2** 仮装すること. 変装すること. ¶ ～행렬 仮装行列 / 남자로 ～하다 男に仮装する.

가장무도〔一舞蹈〕 名 **1** 仮装舞踏. ¶ ～회 仮装舞踏会. **2** 仮面舞踏.

가장[5] 副 最も. 何より. いちばん. 最高に. 非常に. ¶ ～ 새 것이다 最も新しいものだ / 세계에서 ～ 아름다운 산 世界で最も美しい山 / ～ 먼저 창립된 회사 最も早く創立された会社.

가장귀 名 枝分かれ.

가장귀지다 自 (木の枝が分かれて) 二股になる.

가장이 名 枝. 枝木.

가장자리 名 端. へり. 縁. はた. きわ. ¶ 종이의 ～를 접다 紙の端を折る / 테이블의 ～ テーブルの縁.

가재[1] 名〔動〕 蝲蛄.

◆**가재를 치다** (買った品物を返して) お金を返してもらう. 返品する.

〔속담〕 **가재는 게 편이라** ざりがにはかにに味方する〈似ていてとかく自分と関係のあるほうに味方することのたとえ〉.

가재걸음 名 **1** 後じさり. **2** 努力の割に事がはかどらないこと.

◆**가재걸음을 치다** ① 後じさりする. ② 事がはかどらずあと戻りする.

가재[2]〔家財〕 名 家財. ¶ ～도구 家財道具 / 화재로 모든 ～를 잃었다 火事ですべての家財を失った.

가전[1]〔家傳〕 名 하自 家伝. ¶ ～보옥 家伝の宝玉.

가전[2]〔家電〕 名 家電. ¶ ～제품 家電製品.

가전성〔可展性〕 名〔物〕 展性.

가전체 소설〔假傳體小說〕 名〔文〕 物事を擬人化し, 伝記文体で書いた寓意的小説.

가절〔佳節〕 名 **1** 佳節. よい時節. よい季節. **2** 佳節. めでたい日. ¶ 중추～을 맞이하여 仲秋の佳節を迎えて.

가점〔加點〕 名 하自 加点.

가정[1]〔家政〕 名 家政. ¶ ～학 家政学.

가정 경제〔一經濟〕 名 家計.

가정과〔一科〕 名 家政科.

가정부〔一婦〕 名 家政婦. 派出婦. ¶ ～를 두다 家政婦を置く[雇う].

가정[2]〔家庭〕 名 家庭. 所帯. ¶ 화목한 ～ 仲むつまじい家庭 / ～을 이루다 家庭をつくる / ～ 법원 家庭裁判所.

가정교사〔一教師〕 名 家庭教師. ¶ ～를 두다 家庭教師をつける.

가정교육〔一教育〕 名 家庭教育. 仕付け.

가정교훈〔一教訓〕 名 家庭教訓.

가정극〔一劇〕 名 ホームドラマ.

가정란〔一欄〕 名 家庭欄.

가정 방문〔一訪問〕 名 家庭訪問.

가정부인〔一婦人〕 名 主婦.

가정 소설〔一小說〕 名〔文〕 家庭小説.

가정적〔一的〕 冠 名 家庭的.

가정 통신〔一通信〕 名 家庭通信.

가정[3]〔假定〕 名 하自他 仮定. ¶ …(이)라고 ～하여 …(だ)と仮定して / ～에 의하여 仮定に基づいて / 그가 이겼다고 ～하자 彼が勝ったと仮定しよう.

가정법〔一法〕 名〔言〕 仮定法.

가제[1]〔加除〕 名 하他 **1** 加除. 加えることと取り除くこと. **2**〔數〕 加法と除法. **3** (原稿の) 推敲. ¶ 원고를 ～하다 原稿を推敲する.

가제식〔一式〕 名 加除式. ¶ ～ 노트 加除式ノート.

가제[2]〔㊙Gaze〕 名 ガーゼ.

가제목〔假題目〕 名 仮題.

가제본〔假製本〕 名 仮製本.

가져가다 他 **1** 持っていく. 移す. ¶ 책상 위의 책을 창고로 가져갔다 机の上の本を倉庫に持っていった. **2** 引っ張っていく. 持っていく. ¶ 화제를 결혼 문제로 ～ 話題を結婚問題に引っぱっていく.

가져오다 他 **1** 持ってくる. ¶ 언니가 선물을 가져올 거야 姉がおみやげを持ってくるはずだわ. **2** もたらす. 招く. ¶ 행복을 가져오는 신 幸福をもたらす神.

가조약〔假條約〕 名 仮条約.

가조인〔假調印〕 名 하自 仮調印. ¶ 휴전 협정을 ～하다 休戦協定を仮調印する.

가족[1]〔家族〕 名 家族. ¶ 핵～ 核家族 / ～을 부양하다 家族を養う / 온 ～이 다 함께 나갔다 一家そろって出かけた.

가족 경제〔一經濟〕 名 家族経済.

가족계획〔一計劃〕 名 家族計画.

가족법〔一法〕 名〔法〕 家族法.

가족 수당〔一手當〕 名〔社〕 家族手当.

가족적〔一的〕 冠 名 家族的.

가족 제도〔一制度〕 名〔社〕 家族制度.

가족[2]〔假足〕 名〔生〕 偽足.

가주〔佳酒·嘉酒〕 名 佳酒. 美酒.

가주소〔假住所〕 名〔法〕 仮住所.

가죽 名 **1** 皮〈動物の表皮〉. ¶ ～을 벗기다 皮を剝ぐ. **2** 革〈なめし革〉.

¶ ～가방 革かばん / ～제품 革製品 / ～을 무두질하다 皮をなめす. **3** (합성어의 꼴로 쓰여)〔사람의 피부를 얕잡아 이르는 말〕…皮. ¶살～ 皮膚 / 낯～ 面の皮 / 뱃～ 腹の皮.

가죽띠 名 革帯. 革ベルト. 革バンド.

가죽숫돌 名 革砥.

가죽신 名 革製の履物.

가죽옷 名 皮衣.

가중〔加重〕 名 하自他 **1** 加重. ¶부담이 ～되다 負担が加重される. **2**〔法〕加重. ¶형을 ～하다 刑を加重する / 책임이 ～되다 責任が増す.

가중형〔一刑〕 名〔法〕加重刑.

가증〔加增〕 名 하自他 加増. 増加. ¶예산이 ～되다 予算が加増される[増える].

가증률〔一率〕 名〔經〕加増率.

가증맞다〔可憎一〕 形 非常に憎らしい. 憎々しい.

가증스럽다〔可憎一〕 形 (ふらちで)いかにも憎らしい. 憎たらしい. ¶그는 가증스러울 정도로 그녀를 괴롭혔다 彼は憎らしくなるくらい彼女を苦しめた. **가증스레** 副 憎らしく. 憎らしげに.

가증하다 形 不届きで憎たらしい.

가지¹ 名 **1** 枝. ¶벚나무 ～ 桜の枝 / ～치기 枝打ち / ～를 뻗다 枝を出す[伸ばす]. **2** 枝. 根本から分かれ出たもの. ¶자연주의는 사실주의에서 벋어 나간 ～다 自然主義は写実主義から伸びた枝である. **3**〔言〕接辞.

◆**가지를 치다** ① 枝を張る. 枝を出す. 枝が茂る. ② 枝を切る. 枝打ちをする.

〔속담〕 **가지 많은 나무에 바람 잘 날이 없다** 枝の多い木に風の静まる日なし〈子供の多い親は心配事が絶えない〉.

가지² 名 **1**〔植〕茄子. なすび. **2** なすの実.

〔속담〕 **가지 나무에 목맨다** なすの茎に首をつる〈あれこれ選択する立場でないこと〉.

가지³ 依名 種. 種類. ¶여러 ～ いろいろ. さまざま. 種々. さまざまな / 여러 ～ 예를 들다 さまざまな例をあげる / 부탁이 한 ～ 있습니다 ひとつお願いがあります.

가지가지¹ Ⅰ 名 いろいろ. さまざま. 種々. 多様. ¶인종도 ～다 人種もさまざまだ / 사람의 성격에도 ～가 있다 人の性格にもいろいろある.

Ⅱ 冠 いろいろの. さまざまの. 種々の. 数多くの. ¶～ 상념에 잠겼다 さまざまな思いにふけった.

가지가지로 副 さまざまに. いろいろと.

가지가지² 副 あの枝この枝. 枝ごとに. 枝々に.

가지각색〔一各色〕 名 色とりどり. さまざま. ¶～의 풍선 色とりどりの風船.

가지다 Ⅰ 他 **1**〔손에 쥐거나 몸에 지니다〕持つ. 手にとる. 身につける. 所持する. 携帯する. ¶총을 가지고 사냥하러 가다 銃を持って狩りに行く / 단단히 가지고 가거라 (落とさないように)しっかり持って行け / 마침 오늘은 가진 돈이 없습니다 あいにく今日は持ちあわせのお金がありません. **2**〔마음에 품다〕心に抱く. ¶불신감을 ～ 不信感を抱く / 호감을 ～ 好感を持つ / 용기를 가져라 勇気を持て. **3**〔소유하다〕自分のものにする. 所有する. 有する. ¶가정을 ～ 家庭を持つ / 권리와 의무를 ～ 権利と義務を有する. **4**〔관계·관련을 맺다〕結ぶ. 保つ. ¶여자와 관계를 ～ 女と関係を持つ / 기독교와 관계를 가지고 있는 단체 キリスト教と関係を結んでいる団体. **5**〔모임을 치르다〕行なう. 挙行する. 持つ. ¶간부 회의를 가지도록 하자 幹部会議を持つことにしよう / 모임을 ～ 集会をひらく. **6** 妊娠する. 身ごもる. 宿す. ¶결혼하자 곧 아이를 ～ 結婚してまもなく身ごもる. **7** ('(를[을])(만) 가지고(는, 도, 야)'의 꼴로)〔수단·도구를 나타냄〕…で. …をもって. …によって. …を用いて. ¶낫을 가지고 가지를 친다 鎌で枝を払う. **8**〔대상을 나타냄〕…(だけ)を. …のこと(だけ)を. …を巡って. …のことで. ¶어머니는 밤낮 왜 나만 가지고 야단이세요? お母さんはどうしていつも私のことばかりうるさくおっしゃるんですか.

Ⅱ 補動 ('-아[-어] 가지고') **1** …(し)て. …ので. …でもって. ¶양이 너무 많아 가지고 다는 못 먹었다 量が多すぎて全部は食べられなかった. **2** …(し)て. ¶돈을 받아 가지고 왔다 お金を受けとって(持って)きた. **3** …のに. ¶공부를 그렇게 안 해 가지고 어떻게 합격하겠어? 勉強をそのようにしないでおいて合格できるものか.

가지런하다 形 そろっている. (均等に)並んでいる. ¶벼 그루터기가 ～ 稲の切り株がそろっている. **가지런히** 副 整然と. きちんと. ¶손을 무릎 위에 ～ 모아 쥐다 手をひざの上にきちんとそろえる / 신발이 ～ 놓여 있다 靴がきちんと置いてある.

가직하다 形 (距離が)ほど近い. やや近い. 近めだ. ¶집에서 가직한 곳에 극장이 있다 家からほど近い所に劇場がある. **가직이** 副 ほど近く. やや近く. 近めに.

가집행〔假執行〕 名 하他〔法〕仮執行. ¶～ 선고 仮執行の宣言.

가짓말 名 하自 嘘. 空言. ＞거짓말

가짓말쟁이 名 嘘つき. ほら吹き.

가짓수〔一數〕 名 種類. ¶～가 많은 중국 요리 種類が多い中国料理.

가짜〔假一〕 名 偽. 偽物. まがい物. いんちき. 替え玉. 反 本物 ¶～ 물건 偽物 / ～ 돈 偽金 / ～를 쓰다 偽物を使う / ～가 나돌고 있다 偽物が出回っている.

가차〔假借〕 名 하他 **1** 仮借. 臨時に借りること. **2** 事情をくんでやること. 許すこと. **3** (漢字の六書のうち)仮借.

가차없다 形 容赦ない. 仮借しない. ¶가차없는 처사 情け容赦のない仕打ち. **가차없이** 副 容赦なく. びしびし

と. ¶ 흉악범을 ～ 처벌하다 凶悪犯人を容赦なく処罰する / ～ 매질하다 びしびしとむち打つ.

가창〔歌唱〕 名 하自 歌唱. ¶ ～력 歌唱力.

가책¹〔呵責〕 名 하他 呵責. ¶ 양심의 ～을 받다 良心の呵責を覚える.

가책²〔苛責〕 名 하他 むごく責めたてること.

가처분〔假處分〕 名 하他 **1** 仮の処分. 臨時処置. **2** 〔法〕 仮処分. ¶ ～ 신청을 하다 仮処分を申請する.

가처분 소득〔可處分所得〕 名 〔經〕 可処分所得〈個人所得のうちから直接税を差し引いたもの〉.

가청〔可聽〕 名 **1** 可聴. 耳で聞くことができること. ¶ ～음 可聴音. **2** 聞くに値すること. 聞く値打ちがあること.

가축〔家畜〕 名 家畜. ¶ ～의 무리 家畜の群れ / ～을 기르다 家畜を飼う.

가출〔家出〕 名 하自 家出. ¶ ～ 소녀 家出少女 / 딸이 ～하여 행방 불명이 되었다 娘が家出して行方不明になった.

가출옥〔假出獄〕 名 하自 仮出獄. 仮釈放.

가치〔價値〕 名 価値. 値打ち. あたい. ¶ 이용 ～ 利用価値 / 화폐 ～ 貨幣価値 / ～ 판단 価値判断 / ～가 떨어지다 価値が下がる / 아무 ～도 없는 물건 なんの値打ちもない物 / 일독할 ～가 있는 책 一読の値打ちのある本.

가치관〔一觀〕 名 価値観. ¶ ～이 전혀 다르다 価値観がまったく違う.

가치론〔一論〕 名 価値論.

가치 법칙〔一法則〕 名 〔經〕 価値法則.

가치 철학〔一哲學〕 名 〔哲〕 価値哲学.

가친〔家親〕 名 家親〈他人に対して自分の父を言う語〉.

가칠〔加漆〕 名 하自他 (塗料などを)塗り替えること.

가칠하다 形 (やせて皮膚や毛に)つやがない. やつれている. ¶ 얼굴이 ～ 顔の色つやがよくない.

가칠가칠 副 하形 〔여러 군데가 가칠한 모양〕かさかさ. がさがさ. ざらざら.

가칭〔假稱〕 名 하他 仮称. ¶ ～ 범태평양 연합 仮称汎太平洋連合.

가타부타〔可一否一〕 副 可とか否とか. 正しいとか間違ったとか. うんともすんとも. ¶ ～ 말이 없다 うんともすんとも言わない.

가탁하다〔假託一〕 他 **1** 口実にする. かこつける. **2** 託す. 仮託する.

가탈 名 **1** 支障. 事の順調な進行を妨げる条件. ¶ 신통찮은 일에 ～만 많다 芳しくないことに問題ばかり多い. **2** 文句をつけること. 難癖をつけること.

가탈부리다 自 妨害する. 文句をつける. ¶ 여러모로 ～ 何かと文句をつける.

가탈스럽다 形 **1** (条件をつけて)邪魔くさい. やっかいだ. **2** あれこれけちをつけるくせがある.

가탈지다 自 邪魔が入る. ややこしくなる.

가택〔家宅〕 名 家宅. 住まい.

가택 수색〔一搜索〕 名 家宅捜索. ¶ ～ 영장 家宅捜索令状 / ～을 받다 家宅捜索を受ける.

가톨릭 名 〔宗〕 **1** カトリック教. **2** カトリック教会. **3** カトリック信者.

가통〔家統〕 名 家系. 一家の系統.

가트〔GATT〕 名 〔經〕 ガット. 関税および貿易に関する一般協定.

가파르다 形 急だ. 切り立っている. 険しい. ¶ 가파른 산길 険しい山道 / 가파른 절벽 切り立っている絶壁.

가판〔街販〕 名 하他 〔'가두 판매'의 준말〕 街頭販売.

가표¹〔可票〕 名 賛成票.

가표²〔加標〕 名 ☞덧셈표(一標)

가풍〔家風〕 名 家風. ¶ 엄한 ～ 厳しい家風 / 대대로 지켜 온 ～ 代々守ってきた家風.

가필〔加筆〕 名 하自他 加筆. 添削. 補筆. ¶ 원고에 ～했다 原稿に加筆した.

가하다¹〔加一〕 他 **1** 加える. 添える. 足す. さらに付け足す. ¶ 속력을 ～ 速力を加える / 박차를 ～ 拍車をかける. **2** 作用を他に及ぼす. 与える. ¶ 일격을 ～ 一撃を食らわす / 열을 ～ 加熱する / 제재를 ～ 制裁を加える.

가하다²〔可一〕 形 よろしい. 可とする. ¶ 건의안이 ～고 생각하다 建議案がよろしいとお考える.

가학¹〔加虐〕 名 하他 加虐. ¶ ～애 サディズム.

가학²〔苛虐〕 名 하他 苛虐.

가해〔加害〕 名 하自 加害. 反 被害. ¶ ～ 행위 加害行為.

가해자〔一者〕 名 加害者.

가형〔家兄〕 名 家兄.

가호¹〔加護〕 名 하自他 加護. ¶ 하느님의 ～ 天の加護 / 신의 ～를 빌다 神の加護を祈る.

가호²〔家戶〕 Ⅰ 名 戸. 戸籍上の家. Ⅱ 依名 戸〈地域の戸数を数える語〉. ¶ 약 100 ～ 約100戸.

가호적〔假戶籍〕 名 〔法〕 現住所に臨時に設ける戸籍.

가혹하다〔苛酷一〕 形 苛酷だ. ひどい. むごい. ¶ 머슴을 가혹하게 부리다 作男を苛酷に働かせる / 가혹한 처사 むごい仕打ちだ. **가혹히** 副 苛酷に.

가화¹〔佳話〕 名 佳話. 美談. ¶ 인정 ～ 人情佳話.

가화²〔假花〕 名 造花. つくりばな.

가환〔家患〕 名 一家の心配ごと[不幸].

가환부〔假還付〕 名 하他 〔法〕 仮還付.

가훈〔家訓〕 名 家訓.

가희〔歌姬〕 名 歌姫.

가히〔可一〕 副 **1** 十分に. かなり. まさに. 優に. ¶ 자네 심정은 ～ 추측하고도 남는다 君の心情は十分推測するに余りある. **2** 当然. 当たり前に. ¶ 그라면 ～ 그렇게 할 것이다 彼なら当然そうするだろう.

각¹〔角〕 名 **1** 角. **2** 角でつくったむかしのらっぱ.

각²〔角〕 名 **1** (物の)かど. 隅. ¶ ～이 지다 角ばっている / ～설탕 角砂糖. **2**

〔數〕角〈鈍角·鋭角など〉. **3** 角度.

각³〔角〕名〔樂〕角〈五音の一つ〉. ▷오음(五音)

각⁴〔刻〕名 **1** 刻. 刻むこと. 彫りつけること. **2** 刻. 15分間〈昔の時間の単位〉. ¶ 일～이 여삼추(如三秋) 一刻が三秋のごとし.

각⁵〔脚〕名 **1** 脚. あし. ¶ 삼～ 의자 三脚椅子. **2** (家畜を畜殺して)肉を等分した一つの部分.

◆**각을 뜨다** (畜殺した獣類の肉を)頭部·脚部などいくつかの部分に分ける.

각⁶〔殼〕名 殼. 外皮.

각⁷〔各〕Ⅰ 冠 それぞれの. 別々の. 各. ¶～학교 各学校 / 유엔의 ～ 기구 国連の各機構.

Ⅱ 接頭 **1** 別々. ¶～살림 別所帯を持つこと / ～추렴 割り勘. **2** さまざま. 各. ¶～지 各地 / ～종 各種.

각가지〔各一〕名 いろいろ. 各種. ¶～ 구경거리 いろいろな見物.

각각〔各各〕副 おのおの. それぞれ. 別々に. ¶요금은 ～ 치르기로 하자 代金は別々に払おう / ～ 사고 방식이 다르지요 おのおの考え方が違います.

각각으로〔刻刻一〕副 刻々(と). 刻一刻(と). ¶기한이 ～ 다가오고 있다 期限が刻々と迫ってきている.

각개〔各個〕名 各個. 一つ一つ.

각개 격파〔一擊破〕名 하他〔軍〕各個撃破.

각개 전투〔一戰鬪〕名〔軍〕各個戦闘.

각계〔各界〕名 各界. ¶～의 명사 各界の名士.

각계각층〔一各層〕名 各界各層. ¶～을 망라하다 各界各層を網羅する.

각고〔刻苦〕名 하自 刻苦. ¶피나는 ～ 끝에 드디어 해냈다 血のにじむような刻苦の末にとうとうなし遂げた.

각고면려〔一勉勵〕名 하自 刻苦勉励. 刻苦精励.

각골〔刻骨〕名 하自 恩や恨みが心に刻まれること.

각골난망〔一難忘〕名 하他 人から受けた恩が心に刻みこまれて忘れられないこと.

각골통한〔一痛恨〕名 骨髄に徹する恨み.

각과〔殼果〕名 堅果.

각괄호〔角括弧〕名 大括弧.

각광〔脚光〕名 脚光. フットライト.

◆**각광을 받다** ① 舞台に立つ. ② 社会の注目の的となる. ¶외교의 무대에서 ～을 받다 外交の舞台で脚光を浴びる.

각국〔各國〕名 各国. ¶세계 ～을 돌아다니다 世界各国を歩き回る.

각기¹〔各其〕名副 おのおの. 各自. 各人. それぞれ. ¶누구에게나 ～ 장단점이 있다 誰にもそれぞれ長所と短所がある.

각기²〔脚氣〕名〔醫〕脚気.

각기둥〔角一〕名〔數〕角柱.

각도¹〔角度〕名 **1**〔數〕角度. 角の大きさ. ¶～기 角度器 / ～를 재다 角度を測る. **2** 角度. 観点. 視点. ¶～를 바꾸어 생각하자 角度を変えて考えよう.

각도²〔刻刀〕名 彫刻刀.

각등〔角燈〕名 角灯. ランタン.

각로〔脚爐〕名 炬燵.

각론〔各論〕名 各論. ¶민법 ～ 民法各論 / 총론에서 ～으로 들어갔다 総論から各論に入った.

각료〔閣僚〕名 閣僚. 閣員. ¶～회의 閣僚会議.

각루〔刻漏〕名 刻漏. 漏刻〈昔の水時計〉.

각막〔角膜〕名〔生〕角膜. ¶～은행 角膜銀行.

각막염〔一炎〕名〔醫〕角膜炎.

각막 이식〔一移植〕名〔醫〕角膜移植.

각모〔角帽〕名 角帽.

각목¹〔角木〕名 角材.

각목²〔刻木〕名 하自 木彫り.

각목 문자〔一文字〕名 木に簡単な数字などを刻んだ原始時代の文字.

각박하다〔刻薄一〕形 **1** 世知辛い. ¶각박한 세상 世知辛い世の中. **2** けちくさい. 薄情だ. ¶그는 매우 ～ 彼は非常にけちくさい.

각반〔脚絆〕名 脚絆. ゲートル. ¶～을 치다 ゲートルを巻く.

각반병〔角斑病〕名〔植〕角斑病.

각방〔各房〕名 別々の部屋.

각방거처〔一居處〕名 하自 おのおの別の部屋を使って暮らすこと.

각방면〔各方面〕名 各方面. ¶～으로 검토하다 各方面から検討する.

각배¹〔各一〕名 **1** (動物の)同腹であるが生まれどきを異にする子. **2**〈俗〉腹違い. 異腹.

각별하다〔恪別一〕形 **1** 格別だ. 特別だ. 格段だ. ¶각별한 배려 格別の配慮 / 각별한 사이 特に親しい間柄だ. **2** 礼儀正しい. とりわけ丁重だ. **각별히** 副 **1** 格別に. とりわけ. ¶내가 말한 것을 ～ 명심하여라 私が言ったことをとりわけ肝に銘じろ. **2** 礼儀正しく. 格別丁重に. ¶～ 대접하다 格別丁重にもてなす.

각본〔脚本〕名 脚本. 台本. ¶～가 脚本家. シナリオライター / ～화 脚本化. 脚色.

각부〔各部〕名 **1** 各部. それぞれの部または部門. **2** 各部. 各省. ¶～ 장관 各部の長官. 各省の大臣.

각불때다 自 おのおの別の所帯を構える.

각뿔〔角一〕名〔數〕角錐.

각사탕〔角砂糖〕名 角砂糖.

각살림〔各一〕名 하自 おのおの別の所帯をもって暮らすこと.

각상〔各床〕名 **1** 銘々膳. ¶～으로 차렸다 銘々膳を調えた. **2** 肉·魚料理と野菜料理を別々に膳立てをした膳.

각색¹〔各色〕名 **1** いろいろな色. **2** 各種. 各様. ¶각인～ 各人各様.

각색²〔脚色〕名 하他 脚色. ¶～가 脚本家 / 전설을 영화로 ～하다 伝説を映画に脚色する.

각서〔覺書〕名 **1** 意見や希望を伝えるための簡単な文書. **2**〔약속 문

서〕覚え書き. ¶ ～를 서로 교환했다 覚え書きを取り交わした. **3** 〔외교 문서의 하나〕メモランダム.
각선미〔脚線美〕名 脚線美.
각설¹〔各設〕名 하他 別々に設けること.
각설²〔却說〕**Ⅰ** 名 話題を変えること. **Ⅱ** 副 (話題を変えるとき)さて. ところで.
각설이〔却說―〕名〔民俗〕門付け.
각섬석〔角閃石〕名〔鑛〕角閃石.
각성¹〔各姓〕名 **1** おのおの異なった姓. **2** おのおの姓の異なる人.
각성²〔覺醒〕名 하自 覚醒. 目覚め. ¶ ～을 촉구하다 覚醒を促す / 이제부터라도 ～하여라 今からでも心を入れ替えろ.
각성제〔―劑〕名〔藥〕覚醒剤.
각성바지〔各姓―〕名 **1** 姓の異なる異父兄弟. **2** おのおの姓の異なる人.
각세공〔角細工〕名 角細工.
각소〔各所〕名 各所. あちこち.
각수〔刻手〕名 彫工. 彫物師.
각시 名 **1** 小さい女の人形. ¶ 풀～ 女の草人形. **2** 花嫁. 新妻. 新婦.
각시놀음 名 하自 (女の子たちの)花嫁人形遊び.
각시방〔―房〕名 新妻の部屋.
각아비자식〔各―子息〕名 同母異父の子.
각양〔各樣〕名 各様. さまざま. いろいろ.
각양각색〔―各色〕名 色とりどり. 様々. ¶ ～의 복장 色とりどりの服装.
각오〔覺悟〕名 하他 覚悟. 観念. ¶ ～가 서다 覚悟が決まる / ～를 다지다 覚悟を決める / 죽음을 ～하다 死を覚悟する. 決死の覚悟をする.
각운〔脚韻〕名〔文〕脚韻.
각운동〔角運動〕名〔物〕角運動.
각위〔各位〕名 **1** 〔여러분〕各位. 皆様方. ¶ 회원 ～ 会員各位. **2** それぞれの地位. **3** おのおのの位牌.
각의〔閣議〕名 閣議. 内閣の会議.
각인¹〔各人〕名 各人. ¶ ～각설 各人各説 / ～각양 各人各様.
각인각색〔―各色〕名 十人十色. 各人各様. ¶ ～의 의견 十人十色の意見.
각인²〔刻印〕名 하他 刻印. 印を割ること.
각일각〔刻一刻〕副 刻一刻. ¶ 위험이 ～ 다가오다 危険が刻一刻迫る.
각자〔各自〕**Ⅰ** 名 各自. おのおの. めいめい. 各人. ¶ ～ 부담 割り勘 / 국민 ～가 주권자이다 国民各自が主権者である.
Ⅱ 副 めいめい. おのおの. ¶ 도시락은 ～ 지참할 것 弁当は各自持参すること / 승차권은 ～ 소지하도록 해라 切符はめいめい所持することにしろ.
각종〔各種〕名 各種. ¶ ～ 간행물 各種刊行物.
각주¹〔角柱〕名 **1** 角柱. 断面が四角の柱. **2** 〔數〕角柱.
각주²〔脚註〕名 脚注.
각지〔各地〕名 各地. ¶ 세계 ～ 世界各地 / 전국 ～를 두루 돌아다니다 全国各地をくまなく回る.
각질〔角質〕名〔動〕角質.
각질층〔―層〕名〔動〕角質層.
각처〔各處〕名 各所. 各地. あちらこちら. ここかしこ.
각추〔角錐〕名〔數〕角錐.
각추렴〔各―〕名 하他 (会費・費用などを)各自が出し合うこと, また集めること. 割り勘. ¶ 돈을 ～하였다 お金を各人から集めた.
각축〔角逐〕名 하自 角逐. 競うこと. せり合い. ¶ 동업자끼리 ～을 벌이고 있다 同業者同士せり合っている.
각축장〔―場〕名 角逐の場.
각축전〔―戰〕名 角逐戦.
각출〔各出〕名 하自他 **1** おのおの出ること. **2** 各自が出すこと. ¶ 금품을 ～하다 金品を各自が出す.
각출물〔咯出物〕名 **1** つば. **2** 痰.
각층〔各層〕名 **1** 各層. ¶ 각계 ～에서 성원을 보내고 있다 各界各層から声援を送っている. **2** (建物の)各階. **3** それぞれの等級.
각파〔各派〕名 **1** 各派. (党派・学派などの)それぞれの派, または派閥. **2** それぞれの宗派.
각판¹〔刻板〕名 하他 **1** 木版用の板. 版木. **2** 板刻. 書画を版木に彫ること.
각판²〔刻版〕名 〔'각판본(刻版本)'의 준말〕版本. 木版本.
각판본〔―本〕名 版本. 木版本.
각필〔擱筆〕名 하自 擱筆. 書き終わること. ¶ 이만 ～ 하옵니다 (手紙文で)この辺で擱筆いたします[筆を置きます].
각하¹〔却下〕名 하他 **1** 下げ戻し. **2** (民事訴訟法で)却下. ¶ 이의 신청을 ～합니다 異議の申請を却下します.
각하²〔刻下〕名 刻下. 目下. ただ今.
각하³〔閣下〕名 閣下. ¶ 대통령 ～ 大統領閣下.
각항〔各項〕名 各項. ¶ 상기 ～은 (公文書などで)上記の各項は.
각혈〔咯血〕名 하自 咯血.
각호〔各戶〕名 **1** 各戸. ¶ 고지서를 ～에 배포했다 告知書を各戸に配布した. **2** それぞれの世帯. **3** 戸籍上の各家.
각화¹〔角化〕名 하自〔動〕角化. 角質化.
각화증〔―症〕名〔醫〕角化症.
각화²〔刻花〕名 하自 陶磁器に花模様を刻むこと, またその模様.
간¹ 名 **1** 塩辛い調味料〈塩・しょう油など〉. **2** 塩加減. 塩梅. ¶ ～이 싱겁다 塩味が薄い / ～을 맞추다 ほどよく味付けをする. 塩味を利かす / ～을 치다 塩加減をする / ～이 맞다 塩加減がよい.
◆**간도 모르다** 事の内実が分からない. ¶ ～도 모르고 짜다 한다 事情も分からないのにどうのこうの言う.
◆**간을 보다** 塩加減をみる. 味見をする.
간²〔刊〕名 刊. ¶ A출판사 ～ 고전 문학 대계 A出版社刊古典文学大系.

간³〔肝〕 名 1 肝. 肝臓. ¶ 술을 너무 마셔서 ~이 나빠졌다 酒を飲み過ぎて肝臓が悪くなった / 애가 ~이 뒤집혔나, 웃기만 하네 この子供は肝がひっくり返ったのか笑ってばかりいるな. 2 (食料品としての)肝臓. レバー. ¶ 쇠~ 牛のレバー / ~회 レバーのさしみ. 3 肝. 度胸.

◆**간을 녹이다** ① 気をもむ. 心を痛める. ② 人の心をひきつける. 魅了する.

◆**간을 졸이다** やきもきする. 気が気でない.

◆**간이 덜컹하다** ど肝を抜かれる. ぎくりとする.

◆**간이 떨어지다** 肝をつぶす. 非常に驚く.

◆**간이 크다** 肝が大きい. 大胆だ. 度胸がある.

◆**간이 타다** 気があせる. 気が気でない.

〔**속담**〕 **간에 기별도 안 간다** 蛇が蚊を飲んだよう〈量が少なくて満足に食べた気がしない〉. **간에 붙었다 쓸개에 붙었다 한다** 二股膏薬のように定見·節操がない. **간이 콩알만해지다** 非常に恐ろしくて肝が縮まる. 肝を冷やす.

간-⁴ 接頭 過ぎ去った…. 昨…. ¶ ~밤 昨晩. 昨夜.

-간⁵〔間〕 I 接尾 1〔사이·동안〕 間柄. …間. 時間のあいだ. ¶ 모자~ 母子間 / 부부~의 금실 夫婦間の琴瑟 / 사흘~의 휴가 3日間の休暇. 2〔무엇이 있는 곳·쓰이는 곳〕 場所. ¶ 마구~ 馬屋 / 방앗~ 精米所. 3〔…에 관계없이〕 ともかく. とにかく. ¶ 좌우~ 何はともあれ / 조만~ 早晩 / 지위 고하~을 막론하고 地位の高下にかかわらず.

II 依名 (『-간에』의 꼴로) …にせよ…にせよ. …であれ…であれ. ともかく. ¶ 가부~에 대답해 주세요 可であれ否であれ, ともかく返答してください / 좋든지 싫든지 ~에 일단 해 보아라 好きであれいやであれいったんやってみなさい.

간간이〔間間―〕 副 1 時々. 時たま. 間々. ¶ ~ 들리는 소문 時たま耳にするうわさ / 그런 실수는 ~ 있는 법이다 そういうしくじりは間々あるものだ / 틈을 타서 ~ 책을 읽어라 暇をみてときどき本を読みなさい. 2 所々に. まばらに. ¶ ~ 보이는 초가집 所々に見えるわらぶきの家.

간간짭짤하다 形 塩味がきいてかなりおいしい.

간간하다¹ 形 塩味がきいて口当たりがいい. ¶ 나박김치의 맛이 간간한 게 아주 좋군 ナバクキムチの塩味がきいていてなかなかいいね.

간간하다² 形 1 かなり面白い. 2 はらはらさせるほどに危なっかしい.

간거르다〔間―〕 他 (一つずつ)間を置く.

간격〔間隔〕 名 1 間隔. 隔たり. 間. ¶ ~을 좁히다 間隔を狭める / 여섯 시간 ~으로 약을 드세요 6時間おきに薬をお飲みください. 2 (精神的な)間隔. 溝. ¶ 사소한 일로 친척과의 사이에 ~이 생겼다 つまらないことで親戚との間に隔たりができた.

◆**간격이 없다** 隔てなく親しい.

간결하다〔簡潔―〕 形 簡潔だ. ¶ 간결한 문장 簡潔な文章 / 문체가 간결하고 짜임새가 있다 文体が簡潔で整っている. **간결히** 副 簡潔に. 手際よく. ¶ ~ 정리하다 手際よく整える / ~ 처리하다 手際よく処理する.

간경변증〔肝硬變症〕 名〔醫〕 肝硬変.

간계〔奸計〕 名 奸計. 悪巧み. ¶ ~를 꾸미다 奸計を巡らす / ~에 빠지다 悪巧みにかかる / ~에 능한 사람 奸計にたけた人.

간고하다〔艱苦―〕 形 1 艱苦だ. 貧しくて苦しい. ¶ 간고한 생활을 견뎌 내다 貧しくて苦しい生活に耐えぬく. 2 難儀だ. 困難だ. **간고히** 副 貧しく. 苦しく. ¶ ~ 살아가다 貧しく暮らしていく.

간곡하다〔懇曲―〕 形 丁寧だ. ねんごろだ. 丁重だ. ¶ 간곡한 부탁 丁重な頼み / 간곡하게 만류했다 丁重にひきとめた / 그는 그 방법을 간곡하게 물었다 彼はその方法を念入りに尋ねた. **간곡히** 副 懇切に. ねんごろに. 丁重に. 丁寧に. ¶ ~ 설명하다 懇々と説明する / ~ 타일렀다 懇々と諭した.

간과¹〔干戈〕 名 干戈. 1 武器·兵器の総称. ¶ ~를 거두다 干戈を収める. 2 戦争. いくさ. 戦い.

간과²〔看過〕 名 하他 看過. 見逃すこと. 見過ごすこと. 見落とすこと. ¶ ~할 수 없는 사태 看過できない事態 / 그는 상대방의 실수를 무엇 하나 ~하지 않았다 彼は相手の落ち度を何一つ見逃さなかった.

간교〔奸巧〕 名 하形 悪賢いこと. 狡賢いこと. ¶ ~한 계략 悪賢い計略. 奸計.

간구〔懇求〕 名 하他 切に求めること.

간국 名 塩汁. 塩辛いものから出た汁.

간균〔杆菌〕 名〔醫〕 桿菌. バチルス.

간극〔間隙〕 名 1 間隙. すきま. ¶ ~이 생기다 間隙が生じる. 2 なかたがい. 不和.

간기¹〔刊記〕 名 刊記. 奥付.

간기²〔癎氣〕 名〔韓方〕 癲癇.

간난〔艱難〕 名 하形 1 艱難. 2 貧乏.

간난신고〔―辛苦〕 名 하自 艱難辛苦.

간농양〔肝膿瘍〕 名〔醫〕 肝膿瘍.

간뇌〔肝腦〕 名 肝脳. 肝臓と脳髄.

간뇌도지〔―塗地〕 名 하自 肝脳地にまみれる〈惨殺され肝や脳が地にまみれたという意味で, 国事のため命を顧みず力を尽くすこと〉.

간능〔幹能〕 名 才能と能力.

간니 名 永久歯.

간단〔間斷〕 名 間断. 絶え間.

간단없다 形 絶え間ない. ひっきりなしだ. 切れ間ない. ¶ 간단없는 노력 絶え間ない努力. **간단없이** 副 間断なく. 絶え間なく. ひっきりなしに. のべつまくなしに. ¶ ~ 공격을 퍼부었다 間断なく攻め立てた / ~ 손님이 왔다 ひっきりなしに来客があった / ~ 내리는

비 間断なく降る雨.
간단명료하다〔簡單明瞭—〕 形 簡単明瞭だ.
간단하다〔簡單—〕 形 簡単だ. 造作ない. たやすい. 手短だ. ¶간단한 장치 簡単な仕掛け/간단한 식사 軽い食事/간단한 면접 시험이 있겠습니다 簡単な面接試験があります. **간단히** 副 簡単に. 手短に. ¶～ 말하다 手短に述べる/～ 말하면 簡単に言えば/용건만 ～ 말해 보게 用件だけ簡単に言ってごらん.
간담[1]〔肝膽〕 名 **1** 肝胆. 肝と胆. **2** 心の奥底.
◆**간담을 서늘하게 하다** 肝胆を寒からしめる. 肝を冷やす.
◆**간담이 내려앉다[떨어지다]** どきりとする. ぎくっとする.
간담상조〔—相照〕 名 하自 肝胆相照らすこと. ¶～하는 사이 肝胆相照らす仲.
간담[2]〔懇談〕 名 하自 懇談. 懇話.
간담회〔—會〕 名 懇談会.
간대로 副 そうたやすくは. そんなに容易には. なかなかどうして. ¶그 불이 그렇게 ～ 꺼지지는 않겠지 その火事がそうたやすく静まらないだろう.
간댕거리다[-대다] 自 (小さい物が)危うく揺れ動く. 軽く揺れ動く. ¶옷에 달린 단추가 ～ 服に付いているボタンが危うく揺れ動く.
간댕간댕 副 하自 ぶらぶら. ゆらゆら. ¶마른 나뭇잎이 바람에 ～한다 枯れ葉が風に揺れ動く.
간덩이〔肝—〕 名 〈俗〉 肝.
◆**간덩이가 붓다** (肝が据わって)大胆になる.
◆**간덩이가 크다** 肝っ玉が太い.
간데온데없다 形 急に見えなくなる. 行方がしれない. ¶소매치기가 간데온데없이 사라져 버렸다 すりが突然行方をくらました.
간데족족 副 行く先々まで. どこへ行っても. 至る所で. ¶～ 상대방을 이겼다 行く先々で相手を打ち負かした.
간도[1]〔奸盜〕 名 奸盗.
간도[2]〔間道〕 名 間道. わき道. 抜け道. 横道.
간동하다 形 きちんと整理されて身軽だ. 手軽だ. **간동히** 副 きちんと. さっぱりと. 手軽に.
간동간동 副 物事をとりまとめるさま.
간동그리다 他 とりまとめて簡単にする. (要点を)かいつまむ. ¶짐을 ～ 荷物をまとめる.
간드러지다 形 みめよくなまめかしい. しなやかである. ¶여자의 간드러진 웃음소리 女のなまめかしい笑い声/간드러진 몸매 しなやかな体つき.
간들거리다[-대다] 自 **1** なまめかしいしぐさをする. **2** 軽く揺れ動く. **3** そよそよ吹く. ¶봄바람이 간들거리면 개나리가 활짝 핀다 春風がそよそよ吹くとれんぎょうが満開になる.
간들간들 副 하自 **1** 〔유연하게〕 しゃなりしゃなり(と). **2** 〔간드랑간드랑〕 ゆらゆら(と). **3** 〔살랑살랑〕 そよそよ(と).
간디스토마〔肝distoma〕 名 肝ジストマ.
간략하다〔簡略—〕 形 簡略だ. ¶간략한 내용 簡略な内容/식을 간략하게 치뤘다 式を簡略にすました. **간략히** 副 手短に. 手軽に. ¶～ 설명하다 手短に説明する.
간류〔幹流〕 名 **1** 幹流. 本流. **2** 主流. 思潮のおおもとの流れ.
간만〔干滿〕 名 干満. 満ち干. ¶～의 차가 심하다 干満の差が激しい.
간망〔懇望〕 名 하他 懇望. 熱望.
간맞다 形 塩加減がよい.
간맞추다 他 ほどよく味付けをする. 塩味を利かす.
간명〔肝銘〕 名 하他 肝銘. 深く肝に銘じること.
간명하다〔簡明—〕 形 〔'간단 명료하다'의 준말〕 簡明だ. ¶간명한 문체 簡明な文体. **간명히** 副 簡明に.
간물[1] 名 **1** 塩分の混ざった水. **2** 塩汁.
간물[2]〔奸物〕 名 奸物. 奸知にたけた悪人.
간물[3]〔乾物〕 名 乾物〈魚・肉などを干したもの〉.
간물때 名 干潮.
간밤 名 昨夜. 昨晩. ¶～에는 한잠도 못 잤다 昨夜は一睡もできなかった.
간벌〔間伐〕 名 하他 間伐. 透かし伐り. 疎伐.
간병〔看病〕 名 하他 看病. 看取り. 看護. ¶밤을 새워 ～했다 夜通し看病した.
간본〔刊本〕 名 〔'간행본'의 준말〕 刊本. 印本.
간부[1]〔奸婦〕 名 奸婦. 悪婦. 毒婦.
간부[2]〔姦夫〕 名 姦夫. 間男.
간부[3]〔姦婦〕 名 姦婦.
간부[4]〔間夫〕 名 間夫. 間男.
간부[5]〔幹部〕 名 幹部. ¶～ 사원 幹部社員/～ 회의 幹部会議/～로 발탁되다 幹部に抜擢される.
간사[1]〔奸詐〕 名 하形 奸詐. 悪巧み. 詐ること. 諂うこと. ¶～한 꾀 奸計. 悪巧み/～한 웃음을 흘리다 媚びるような笑みをこぼす.
◆**간사를 떨다** 奸策を巡らす. 悪巧みを働く.
◆**간사를 부리다** 悪巧みを巡らす.
간사[2]〔幹事〕 名 하自 **1** 業務を受け持って処理すること. **2** 幹事. 世話人. まとめ役. ¶친목회의 ～ 親睦会の幹事.
간사스럽다〔奸邪—〕 形 ずる賢い. ¶여우처럼 간사스러운 사람 狐のようにずる賢い人.
간사하다〔奸邪—〕 形 ずる賢い. 身持ちが正しくない. ¶간사한 사람 ずる賢い人間. **간사히** 副 よこしまに.
간살 名 へつらいこびること. お世辞. おあいそ. おべっか. おべんちゃら.
◆**간살을 부리다** へつらいこびる. お世辞を言う.
간살쟁이 名 おべっかづかい.
간상〔奸商〕 名 奸商. 悪辣な商人. ¶～배 奸商の輩.
간상세포〔杆狀細胞〕 名 〔生〕 杆状体

細胞.
간색¹〔看色〕 名 하他 **1** よしあしを見るため見本の一部を抜き取って調べること. **2** (品物の)見本. サンプル.
간색²〔間色〕 名 間色. 中間色.
간서〔刊書〕 名 하自 **1** 刊書. 刊本. **2** 書籍を刊行すること.
간석지〔干潟地〕 名 干潟.
간선¹〔間選〕 名 間接選挙.
간선제〔一制〕 名 間接選挙制度.
간선²〔幹線〕 名 幹線. ¶ ~ 도로 幹線道路.
간선로〔一路〕 名〔電〕 幹線路〈送電·配電に用いられる電気回路〉.
간섭〔干渉〕 名 하自他 干渉. 差し出口. 立ち入ること. ¶ 내정 ~ 内政干渉 / 외국의 ~을 물리치다 外国の干渉をはねつける / 강대국의 ~을 받다 強大国の干渉を受ける.
간섭계〔一計〕 名〔物〕 干渉計.
간섭 굴절계〔一屈折計〕 名〔物〕 干渉屈折計.
간섭무늬 名〔物〕 干渉縞.
간섭 분광기〔一分光器〕 名〔物〕 干渉分光器.
간섭색〔一色〕 名〔物〕 干渉色.
간성¹〔干城〕 名 干城. 軍人.
간성²〔間性〕 名〔生〕 **1** 間性. **2** 異種の動物と交配させて得た雑種.
간세〔間税〕 名 〔'간접세'의 준말〕 間税.
간세포〔間細胞〕 名〔生〕 間細胞.
간소하다〔簡素一〕 形 簡素だ. ¶ 간소한 생활 簡素な生活 / 간소한 옷차림 簡素な身なり.
간소화〔簡素化〕 名 하他 簡素化. ¶ 의례의 ~ 儀礼の簡素化 / 사무를 ~하다 事務を簡素化する.
간수¹ 名 하他 きちんとしまっておくこと. よく保管すること. しまうこと. ¶ 연장을 ~하다 道具をしまう / 귀중품을 ~하다 貴重品を保管する.
간수²〔一水〕 名 苦汁. 苦塩.
간수³〔看守〕 名 하他 **1** 看守. 見守ること. **2** 刑務官. **3** 踏切警手.
간수⁴〔澗水〕 名 澗水. 谷川(の水). 渓流.
간식〔間食〕 名 하自 間食. おやつ. あいだぐい. ¶ ~을 먹다 間食をする. おやつを食べる.
간신〔奸臣〕 名 奸臣. 奸悪な家臣. ¶ ~의 참언 奸臣の讒言.
간신히〔艱辛一〕 副 かろうじて. からくも. やっと(のことで). ようやく. 命からがら. ¶ ~ 도망치다 かろうじて逃れる. 命からがら逃げ出す / ~ 살아났다 やっとのことで助かった[救われた] / ~ 합격했다 やっと及第した / ~ 위기를 모면했다 からくも危機を逃れた.
간악하다〔奸悪一〕 形 奸悪だ. 邪悪だ. よこしまだ. ¶ 간악한 꾀 悪巧み.
간암〔肝癌〕 名〔醫〕 肝臓癌. 肝癌.
간언¹〔間言〕 名 仲たがいさせる言葉.
◆간언을 놓다 仲たがいさせるためにけなす.
◆간언이 들다 うまくいっている事柄に邪魔が入る.
간언²〔諫言〕 名 諫言. 諫めることば. ¶ 귀에 거슬리는 ~ 耳障りな諫言.
간여〔干與〕 名 하自 関与. 干与. かかわること. たずさわること. ¶ 나도 이제는 어른이니까 ~하지 마세요 私ももう大人なのだから口出ししないでください.
간염〔肝炎〕 名〔醫〕 肝炎.
간엽〔肝葉〕 名〔生〕 肝葉.
간요하다〔肝要一〕 形 肝要だ. 肝心だ. 大切だ.
간웅〔奸雄〕 名 奸雄. 奸知にたけた英雄. ¶ 난세의 ~ 乱世の奸雄.
간원〔懇願〕 名 하他 懇願. 切に願うこと. ¶ ~을 들어주다 懇願を聞き入れる.
간위축증〔肝萎縮症〕 名〔醫〕 肝臓萎縮症.
간유〔肝油〕 名〔藥〕 肝油.
간음〔姦淫〕 名 하自他 姦淫. 不倫な情事. ¶ ~죄 姦淫罪.
간이〔簡易〕 名 하形 簡易. たやすいこと. ¶ ~화 簡易化 / ~ 식당 簡易食堂 / ~역 簡易駅.
간인¹〔間人〕 名 間者.
간인²〔間印〕 名 하自 割り印.
간자〔間者〕 名 間者. 間諜. 回し者. スパイ.
간작〔間作〕 名 하自他〔農〕 間作. あいさく. ¶ 뽕나무 밭에 콩을 ~하다 桑畑に大豆を間作する.
간작림〔一林〕 名〔農〕 間作林.
간장¹〔一醬〕 名 しょう油. ¶ ~을 담그다 しょう油を仕込む / ~을 달이다 しょう油を煮詰める / ~을 치다 しょう油をかける.
간장²〔肝腸〕 名 **1** 肝臓と腸. **2** (悲痛な)気持ち. 心情. (焦がれるような)心. ¶ ~을 끊는 슬픔 断腸の悲しみ.
◆간장을 녹이다 ① (相手の)心を奪う. 心をとろかす. ② 気苦労させる. (相手の)心を焦がす.
◆간장을 태우다 胸を焦がす. 心配させる. やきもきさせる.
간장³〔肝臓〕 名 肝臓. 肝.
간장디스토마〔一distoma〕 名 肝臓ジストマ.
간장암〔一癌〕 名〔醫〕 肝臓癌.
간장염〔一炎〕 名〔醫〕 肝臓炎.
간절하다〔懇切一〕 形 懇切だ. 切実だ. ¶ 간절한 소원 切なる願い / 찾아뵙고 싶은 마음은 간절하지만 お伺いしたいのはやまやまですが. **간절히** 副 懇切に. 切に. ¶ 두 사람의 결혼을 ~ 바란다 二人の結婚を切に望む / 농부는 ~ 말했다 農夫は切実な気持ちで言った.
간접〔間接〕 名 間接. 反 直接. ¶ ~비 間接費 / ~으로 듣다 間接に聞く. 又聞きする / 친구를 통하여 ~으로 부탁했다 友達を通じて間接的に頼んだ.
간접 무역〔一貿易〕 名〔經〕 間接貿易.
간접 민주 정치〔一民主政治〕 名 間接民主政治.
간접범〔一犯〕 名〔法〕 間接犯.

간접 분열〔—分裂〕 名〔生〕 間接分裂.

간접 선거〔—選擧〕 名〔法〕 間接選挙.

간접세〔—稅〕 名 間接税.

간접 전염〔—傳染〕 名〔醫〕 間接伝染.

간접 침략〔—侵略〕 名 間接侵略.

간접 화법〔—話法〕 名 間接話法.

간접 효용〔—效用〕 名〔經〕 間接効用.

간조〔干潮〕 名 干潮. 引き潮. ひしお. 反 満潮.

간조선〔—線〕 名 干潮線.

간주〔間奏〕 名〔樂〕 間奏.

간주곡〔—曲〕 名 間奏曲.

간주하다〔看做—〕 他 見なす. 見立てる. ¶ 결석은 기권으로 간주한다 欠席は棄権と見なす / 정당 방위로 ～ 正当防衛と見なす / 찬성한 것이라고 ～ 賛成したものと見なす / 항복했다고 ～ 降伏したと見なす.

간증〔干證〕 名 하他 **1**〔史〕 犯罪に関係のある証人. **2**〔基〕 証し. 罪の告白.

간지¹〔干支〕 名 干支. えと.

간지²〔奸智〕 名 奸知. 悪知恵. ¶ ～가 뛰어난 사나이 奸知にたけた男.

간지럼 名 くすぐったいこと.

◆**간지럼을 타다** くすぐったがり屋だ.

◆**간지럼을 태우다** くすぐる.

간지럽다 形 **1** くすぐったい. こそばゆい. ¶ 발바닥이 ～ 足の裏がくすぐったい. **2** 面はゆい. 照れくさい. 気はずかしい. ¶ 낯(이) ～ 面はゆい / 간지럽게 아양을 떤다 照れくさいほど愛嬌をふりまく.

간직 名 하他 大切にしまっておくこと. 大切に保管[保存]すること. 維持[保持]すること. ¶ 가슴 속에 ～하다 胸にしまっておく / 소중히 ～하다 大切に保管する.

간질〔癎疾〕 名〔醫〕 癲癇.

간질거리다〔-대다〕 Ⅰ 自 くすぐったい. むずむずする. ¶ 보슬비에 얼굴이 간질거린다 小雨に顔がくすぐったい. Ⅱ 他 しきりにくすぐる. ¶ 자는 사람의 얼굴을 풀잎으로 간질거려 주었다 眠っている人の顔を草の葉でくすぐってやった.

간질간질 副 하自 **1** (言動でしきりに)くすぐりじらすようす. **2** むずむず(と). ¶ 콧속이 ～하다 鼻の中がむずむずする / 쓸데없는 칭찬은 그만둬, 속이 ～하다 おべんちゃら言わないでよ, こそばゆいわ.

간질이다 他 くすぐる. ¶ 겨드랑이를 ～ わきの下をくすぐる / 봄바람이 처녀 마음을 ～ 春風が娘心をくすぐる.

간처녑〔肝—〕 名 牛の肝と第三胃.

간척〔干拓〕 名 하他 干拓. ¶ ～ 사업 干拓事業 / ～지 干拓地.

간첩〔間諜〕 名 間諜. スパイ. 回し者. いぬ.

간청〔懇請〕 名 하他 懇請. ¶ 친구의 ～으로 友達の懇請によって / 출마를 ～하다 出馬を懇請する / 도움을 ～하다 援助を懇請する.

간추리다 他 **1** (きちんと)整理する. まとめる. ¶ 서류를 ～ 書類をまとめる / 서고의 책을 ～ 書庫の本を整理する. **2** 簡単にまとめる. 要約する. ¶ 논점을 ～ 論点を簡単にまとめる / 내용을 ～ 内容を要約する.

간취〔看取〕 名 하他 看取. 見取ること. ¶ 진리를 ～하다 真理を見取る / 상대의 움직임을 재빠르게 ～하다 相手の動きを素早く看取する.

간친〔懇親〕 名 하自 懇親. 親しみ合うこと. ¶ ～회 懇親会.

간택〔揀擇〕 名 하他 **1**〔史〕 王・王子・王女の配偶者を選ぶこと. **2** えり抜くこと. 選び取ること.

간통〔姦通〕 名 하自 姦通. ¶ ～죄 姦通罪.

간투사〔間投詞〕 名〔言〕 間投詞.

간특하다〔奸慝—〕 形 奸慝だ. よこしまで悪辣だ. ¶ 간특한 음모 奸慝な陰謀.

간파하다〔看破—〕 他 看破する. 見破る. 見抜く. 見顕わす. ¶ 계략을 ～ 計略を看破する / 약점을 ～ 弱点を見抜く. 足元を見透かす.

간판〔看板〕 名 **1** 看板. 広告板. ¶ ～을 내걸다 看板を掲げる / 입～ 立て看板. **2** 表向きの名目. ¶ 자선을 ～으로 내세우다 慈善を看板にする. **3** 〈俗〉 (学歴・経歴などの)肩書き. ¶ ～을 따려고 대학에 다니다 肩書きを得ようとして大学に通う. **4** 〈俗〉 外貌. 顔形. ¶ ～은 멀쩡한데 하는 짓은 개차반이다 顔形は整っているが, することはてんでなってない.

간판장이 名 看板屋(人).

간편하다〔簡便—〕 形 簡便だ. 扱いやすい. 手軽だ. ¶ 간편한 옷차림 手軽な服装 / 간편한 방법 簡便な方法 / 짐을 간편하게 꾸렸다 荷物を簡単にまとめた / 이 세탁기는 다루기 ～ この洗濯機は扱いやすい. **간편히** 副 簡便に.

간하다¹ 他 **1** 塩味・塩をつける. **2** 塩漬けにする. ¶ 배추를 ～ 白菜を塩漬けにする. **3** 味つけする.

간하다²〔諫—〕 他 (王や目上の人を)いさめる. 諫言する. 忠告する. ¶ 왕에게 ～ 王に諫言する.

간행〔刊行〕 名 하他 刊行. 出版. ¶ 도서를 ～하다 図書を刊行する.

간행물〔—物〕 名 刊行物. ¶ 정기 ～ 定期刊行物.

간행본〔—本〕 名 刊行本.

간헐〔間歇〕 名 하自 間欠. ¶ ～열 間欠熱 / ～ 운동 間欠運動.

간헐 유전〔—遺傳〕 名 隔世遺伝.

간헐적〔—的〕 冠 名 間欠的. ¶ ～으로 일어나는 발작 間欠的に起こる発作.

간헐천〔—泉〕 名〔地〕 間欠泉.

간호〔看護〕 名 하他 看護. 看病. 介抱. ¶ ～법 看護法 / ～인 看護人 / 병～ 看病 / ～를 받다 看護を受ける / 환자를 ～하다 患者を看護する.

간호사〔—師〕 名 看護士. 看護婦.

간호학〔—學〕 名 看護学.

간혹〔間或〕 副 時々. 時折. 間々. 時たま. たまに. 折々. ¶ ～ 눈에 띄다 ときたま目に止まる. ときたま見か

ける/～ 강한 바람이 불어 온다 時折強い風が吹いてくる/～ 여행도 한다 たまには旅行もする/～ 있는 일이다 間々あることだ/～ 뵙다 時々お目にかかる.

간흉[奸凶] 名 奸凶. よこしまで凶悪な人.

간흉하다[奸凶—] 形 奸凶だ. よこしまで凶悪だ.

간힘 名 食いしばること. (苦しみを)耐えぬこうとする力. ふりしぼる力.

◆**간힘을 쓰다** ありったけの力をふりしぼる.

◆**간힘을 주다** (苦しみをこらえて)下腹に力をこめる.

갇히다 自 監禁される. 囲まれる. 閉じ込められる. ¶ 유치장에 ～ 留置場に拘禁される/적에게 ～ 敵に囲まれる/눈에 갇혀 마을이 고립되었다 雪に閉ざされて村が孤立した/추위로 방 안에 갇혀 있었다 寒さのために部屋に閉じこもっていた.

갈 名 〔'가을'의 준말〕秋.

갈가리 副 〔'가리가리'의 준말〕ずたずたに. 八つ裂きに. ¶ 옷을 ～ 찢다 衣服をずたずたに引き裂く/가슴이 ～ 찢기는 듯한 슬픔 胸をずたずたに引き裂かれるような悲しみ.

갈가위 名 がりがり亡者. けちんぼう. しみったれ.

갈개 名 浅い小溝.

갈겨먹다 他 **1** (他人の食べものを)ひったくって食べる. **2** (他人の金や財産を)巻き上げる. 横取りする. 踏み倒す.

갈겨쓰다 他 走り書きする. 殴り書きする. ¶ 갈겨쓴 편지 殴り書きした手紙.

갈고랑막대기 名 鉤状の棒.

갈고랑쇠 名 **1** 鉤形の金物. **2** 性質がねじけている人. ひねくれ者.

갈고랑이 名 **1** 鉤. 手鉤. **2** (とびぐちに似た)武器の一つ.

갈고리 名 〔'갈고랑이'의 준말〕鉤.

갈고리달 名 (三日月のように)細く欠けた月.

갈고쟁이 名 二股になった枝を切り取ってつくった手鉤.

갈구[渴求] 名 하他 ひたすら求めること. 渇望. ¶ 진리를 ～하다 真理を渇望する.

갈근[葛根] 名 〔韓方〕葛根(葛の根).

갈근탕[一湯] 名 〔韓方〕葛根湯(風邪薬).

갈근갈근 副 하自 **1** ぜいぜい(と). ごろごろ(と). **2** がつがつ(と).

갈급증[渴急症] 名 ひどくあせる気持ち.

갈기 名 たてがみ. ¶ 말 ～를 잡고 올라탔다 馬のたてがみをつかんで飛び乗った.

갈기갈기 副 ずたずたに. ¶ 옷이 ～ 찢어졌다 服がずたずたに裂けた.

갈기다 他 **1** 強く打つ. 殴る. ¶ 힘껏 ～ ぶん殴る/따귀를 ～ 横っ面をひっぱたく/소를 채찍으로 ～ 牛をむちで打つ. **2** (刃物で枝などを)切り落とす. **3** (銃·大砲などを)打ちまくる. ¶ 적을 향해 기관총을 냅다 갈겼다 敵に向かって機関銃を激しく打ちまくった. **4** (字を)殴り書きする. **5** 〈俗〉みだりに大小便をする.

갈꽃 名 〔植〕〔'갈대꽃'의 준말〕あしの花.

갈다[1] 他 **1** (他の人·物と)替える. 取り替える. ¶ 부속품을 ～ 付属品を替える/투수를 ～ 投手を替える/꽃병의 꽃을 ～ 花瓶の花を取り替える. **2** (名前などを)変える. 改める. ¶ 이름을 ～ 名前を改める/상호를 ～ 商号を改める.

갈다[2] 他 **1** (刃を)研ぐ. 磨く. ¶ 낫을 ～ 鎌を研ぐ/옥을 ～ 玉を磨く. **2** (墨などを)擦る. ¶ 벼루에 먹을 ～ 硯に墨を擦る. **3** すり下ろす. ¶ 강판에 무를 ～ 下ろし金で大根を下ろす. **4** ひく. すり砕く. ¶ 맷돌에 팥을 ～ 臼であずきをひく. **5** 歯ぎしりする. ¶ 자면서 이를 ～ 眠りながら歯ぎしりする.

갈다[3] 他 **1** (田畑を)耕す. すき起こす. ¶ 가래로 밭을 ～ 鋤で畑を耕す. **2** (農作物の)種をまく. ¶ 간척지에 콩을 ～ 干拓地に大豆をまく.

갈대 名 〔植〕葦. よし.

갈대꽃 名 あしの花.

갈대발 名 葦蓆. あしのすだれ.

갈대밭 名 葦原.

갈대청 名 葭莩. あしの茎の中にある薄い白色の皮.

갈등[葛藤] 名 葛藤. もつれ. いざこざ. もんちゃく. ¶ 노사간의 ～ 労使間の葛藤/감정의 ～이 생기다 感情のもつれが生じる/두 사람 사이에는 늘 ～이 끊이지 않는다 二人の間にはいつもいざこざが絶えない.

갈라내다 他 分けて別々のものにする.

갈라놓다 他 **1** 引き離す. ¶ 사랑하는 남녀 사이를 ～ 愛し合う男女の間を引き裂く/억지로 ～ 強引に引き離す. **2** 区分する.

갈라맡다 他 (仕事を)分けて受け持つ. 分担する. ¶ 조립 작업을 ～ 組み立て作業を分担する.

갈라붙이다 他 振り分ける. ¶ 머리를 단정하게 ～ 髪をきれいに分ける.

갈라서다 自 **1** 関係を断つ. 別れる. ¶ 사소한 오해 때문에 ～ ささいな誤解のためにたもとを分かつ. **2** 離婚する. ¶ 그는 아내와 갈라섰다 彼は妻と離婚した[別れた].

갈라지다 自 **1** 割れる. ひび割れる. 破れ裂ける. ¶ 지진으로 벽이 ～ 地震で壁がひび割れる/추위에 손등이 ～ 寒さで手の甲にひびがきれる/가뭄으로 논이 갈라졌다 日照りで田がひび割れた. **2** 分かれる. 分岐する. ¶ 길이 두 갈래로 ～ 道が二股に分かれる. **3** 別々になる. 仲たがいする. ¶ 부부가 ～ 夫婦がわかれわかれになる/형제가 ～ 兄弟が仲たがいする.

갈래 名 股. 分岐. 筋. 系統. ¶ 두 ～ 길 二股の道/이 마을에서 서울까지는 세 ～ 길이 있다 この村からソウルに行くには3通りの道がある.

갈래갈래 副 **1** 別れ別れに. いく筋にも. ¶ 이 수로는 다시 ～ 갈라진 작은 수로에 이어진다 この水路は, 再た

びいく筋にも別れた小さな水路につながる. **2** ずたずたに. ¶ ~ 찢어지다 ずたずたに破れる.

갈려가다 自 転任していく. 転出する. 転勤する. ¶ 담임 선생이 갈려갔다 担任の先生が転出した.

갈려오다 自 赴任してくる. 転任してくる. ¶ 젊은 교장이 ~ 若い校長が赴任してくる.

갈륨[gallium] 名〔化〕ガリウム.

갈리다[1] 自 分かれる. 分けられる. ¶ 의견이 ~ 意見が分かれる / 청군과 백군으로 갈린 두 팀 青軍と白軍に分けられた二つのチーム.

갈리다[2] 自 (声帯を傷めて)しゃがれた声になる. ¶ 목이 갈리도록 응원을 했다 のどがかれるほど応援をした.

갈리다[3] Ⅰ 自 **1** 研がれる. 磨かれる. 削られる. (粉に)ひかれる. ¶ 잘 갈린 식칼 よく研がれた包丁. **2** 歯ぎしりするほど腹が立つ. ¶ 그 놈의 얼굴만 봐도 이가 갈린다 あいつの顔を見ただけでも腹が立つ.

Ⅱ 他 (砥石などに当てて)研がせる. 磨かせる. 削らせる. (粉に)ひかせる. ¶ 아들에게 식칼을 ~ 息子に包丁を研がせる.

갈리다[4] Ⅰ 自 取り替えられる. 替わる. ¶ 장관이 ~ 長官(大臣)が替わる.

Ⅱ 他 取り替えさせる. ¶ 어머니는 언제나 딸에게 연탄을 갈린다 母はいつでも娘に練炭を取り替えさせる.

갈리다[5] Ⅰ 自 耕される. ¶ 비가 알맞게 내려서 밭이 잘 갈린다 雨がほどよく降って畑が耕しやすい.

Ⅱ 他 耕させる. ¶ 소에게 밭을 ~ 牛に畑を耕させる.

갈림길 名 別れ道. 岐路. 分かれ目. ¶ 성패의 ~ 成否の分かれ目 / 운명의 ~에 서 있다 運命の岐路に立っている.

갈림목 名 分岐点. 追分.

갈마들다 自 入れ替わる. 入れ替わり立ち替わりする. 交替する. ¶ 낮과 밤이 ~ 昼と夜が入れ替わる / 기쁨과 슬픔이 ~ 喜びと悲しみがこもごもにやってくる.

갈마들이다 他 入れ替える. 交替させる. ¶ 매월 가정부를 갈마들이고 있다 毎月家政婦を替えている.

갈망[1] 名 하他 うまく処理すること. 上手にこなすこと. 役割を果たすこと. ¶ 자기 일을 잘 ~하고 있다 自分の仕事をうまく処理している / 뒷~도 못한다 後の締め括りもできない.

갈망[2][渴望] 名 하他 渇望. 切望. 熱望. ¶ ~하여 마지 않다 切望してやまない.

갈매기 名〔動〕鷗.

갈무리 名 하他 **1** 貯蔵. (よく処理して)保管すること. ¶ 김치를 ~하는 법 キムチを貯蔵する方法. **2** 締めくくり. 仕上げ. ¶ 일은 시작도 중요하지만 ~가 더 중요하다 事は始めも重要だが締めくくりがもっと重要だ.

갈묻이 名 하自他〔農〕田畑を掘り返してならすこと.

갈반병[褐斑病] 名 **1** 褐斑病. **2** 蚕の病気の一つ.

갈밭 名〔'갈대밭'의 준말〕葦原.

갈보 名 売春婦. 遊女. 娼婦.

갈분[葛粉] 名 葛粉.

갈붙이다 他 中傷して仲たがいさせる.

갈비 名 **1**〔生〕肋骨. あばら骨. あばら. **2** 骨付きあばら肉. カルビ. ¶ ~를 굽다 カルビを焼く / ~를 뜯다 カルビをかじって食べる.

갈비구이 名〔料理〕牛の骨付きカルビ焼き.

갈비뼈 名 肋骨. あばら骨.

갈비새김 名 牛や豚の肋骨から切りとった肉.

갈비찜 名〔料理〕カルビチム〈牛カルビの煮込み〉.

갈비탕[一湯] 名〔料理〕カルビタン〈牛カルビを煮込んだスープ〉.

갈빗대 名 肋骨の一つ一つの骨.

◆**갈빗대가 휘다** (荷が重すぎて肋骨がたわむの意で)重い責任などを負って非常に苦労する.

갈비씨[一氏] 名〈俗〉ひどくやせた人.

갈색[褐色] 名 褐色. 茶色. こげ茶色. ¶ ~ 피부 褐色の皮膚 / 다~ 茶褐色.

갈색 인종[一人種] 名 褐色人種.

갈색 조류[一藻類] 名〔植〕褐藻類.

갈서다 自 並んで立つ.

갈수[渴水] 名 渇水. ¶ ~기 渇水期 / ~위 渇水位.

갈수량[一量] 名〔地〕渇水量.

갈수록 副 ますます. いよいよ. より一層. ¶ ~ 심해지다 ますますひどくなる / ~ 어려워지다 いよいよ難しくなる / 이야기가 ~ 재미있어진다 話がより一層面白くなる.

갈아내다 他 (古いものを)取りのける. (新しいものに)入れ替える.

갈아넣다 他 (古いものを捨てて新しいものを)入れ替える. ¶ 연탄을 ~ 燃え切った練炭を新しいものに替える.

갈아대다 他 (新しいものに)取り替える. ¶ 구두 밑창을 ~ 靴の底を取り替える.

갈아들다 自 入れ替わる. ¶ 사람이 자주 갈아든다 よく人が入れ替わる.

갈아들이다 他 入れ替える. ¶ 가정부를 ~ 家政婦を替える.

갈아붙이다[1] 他 (悔しさに)歯ぎしりをする. 食い縛る. 歯嚙みする. ¶ 갈아붙이며 분해하다 歯ぎしりをしてくやしがる.

갈아붙이다[2] 他 張り替える. (新しいものと)とり替える. ¶ 포스터를 ~ ポスターを張り替える.

갈아세우다 他 **1** (柱などを)取り替える. ¶ 기둥을 ~ 柱を取り替える. **2** 交代させる. 交代する. ¶ 회장을 ~ 会長を交代させる.

갈아엎다 他 すき返す. 耕し返す. すき起こす. ¶ 경운기로 논을 ~ 耕耘機で田をすき返す.

갈아입다 他 着替える. ¶ 파자마로 ~ パジャマに着替える.

갈아주다 他 **1** (新しいものに)替えてやる. ¶ 기저귀를 ~ おむつを取り替えて

やる / 화병의 물을 ～ 花瓶の水を替えてやる. **2** (品物を)買ってやる. ¶ 행상의 실 한타래를 ～ 行商の糸一かせを買ってやる.

갈아치우다 他 すげ替える. 取り替える. 交代させる. ¶ 코치를 전격적으로 갈아치웠다 コーチを電撃的に交代させた.

갈아타다 他 乗り換える. ¶ 버스에서 전철로 갈아탔다 バスから電車に乗り換えた / 3호선으로 갈아타세요 3号線にお乗り換えください.

갈음 名 하自他 代えること. 代わりにすること. ¶ 새 책상으로 ～했다 新しい机に替えた / 이것으로 인사말을 ～하는 바입니다 これをもってごあいさつの言葉に代える次第です.

갈음질 名 하自 磨くこと. 研ぐこと.

갈이1 名 ろくろで木器をつくること.

갈이2 名 取り替え. ¶ 구두창 ～ 靴底の取り替え.

갈이3 Ⅰ 名〔農〕(田畑を)耕すこと. ¶ 밭～ 畑を耕すこと / 가을～ 秋耕 / 물～ 水田を耕すこと.
Ⅱ 依名 一匹の牛が1日に耕し得る田畑の面積を表わす単位. ¶ 사흘～ 3日あたりの耕作の面積.

갈잎 名 **1** 〔'가랑잎'의 준말〕落葉. 落ち葉. **2** 〔'떡갈잎'의 준말〕かしわの葉.

갈조류〔褐藻類〕名〔植〕褐藻(植物). 褐藻類.

갈증〔渴症〕名 **1** 渇き. ¶ ～을 풀다 渇きをいやす. **2** 〔'갈급증(渴急症)'의 준말〕ひどくあせる気持ち.
갈증나다 自 のどが渇く. ¶ 땀을 많이 흘렸더니 몹시 갈증난다 汗水を多く流したのでのどが非常に渇く.

갈지자걸음〔―之字―〕名 ジグザグの足どり. 千鳥足. ¶ ～을 걷는 모주꾼 千鳥足の酔っぱらい.

갈지자형〔―之字形〕名 ジグザグ形. Z字形. ¶ 길이 ～으로 구불구불하다 道がジグザグに曲がりくねっている.

갈쭉하다 形 (液体が)とろりとしている. とろとろだ. 濃い. ¶ 죽이 ～ 粥が濃い / 녹말 가루를 넣어 갈쭉하게 했다 かたくり粉を入れてとろ味をつけた.

갈채〔喝采〕名 하自 喝采. ¶ 박수 ～ 拍手喝采 / ～를 받다 喝采を博する.

갈철〔褐鐵〕名〔鑛〕褐鉄.
갈철광〔―鑛〕名〔鑛〕褐鉄鉱.

갈충보국〔竭忠報國〕名 하自 尽忠報国.

갈취〔喝取〕名 하他 脅して奪い取ること. ゆすり取ること.

갈치 名〔動〕たちうお. ¶ ～ 구이 たちうおの切り身の塩焼き.
〔속담〕**갈치가 갈치 꼬리 문다** 仲間同士, 計略を使って陥れようとする.

갈퀴 名 (竹の)熊手. こまざらい. 松葉かき. ¶ ～로 낙엽을 긁어 모으다 熊手で落ち葉をかき集める.
갈퀴나무 名 (熊手でかき集めた)落ち葉·枯れ枝などの薪.
갈퀴질 名 하自 熊手でかくこと.

갈탄〔褐炭〕名 褐炭.

갈파〔喝破〕名 하他 喝破. ¶ 진리를 ～하다 真理を喝破する.

갈파래 名〔植〕青海苔.

갈팡질팡 副 うろうろ(と). まごまご(と). あたふた. どぎまぎ(と). ¶ 출구를 찾아서 ～ 헤매다 出口をさがしてうろうろさまよう.
갈팡질팡하다 自 戸惑う. まごつく. うろたえる. どぎまぎする. ¶ 추궁을 당하자 ～ 追及されてうろたえる / 길을 잃고 ～ 道に迷ってうろうろする / 무엇부터 손을 대야 할지 갈팡질팡해요 何から手をつけたらいいのか戸惑います.

갈포〔葛布〕名 葛布. くずぬの〈雨着·ふすま·びょうぶなどに使う〉.

갈풀 名 緑肥. 草肥.
갈풀하다 自 **1** 草肥用の木の葉や草をかる. **2** 田に草肥を施す.

갈피 名 **1** (物事の)筋. 要領. 分別. 見当. いきさつ. **2** 重なった物の一つ一つの間. ¶ 책 ～에 끼우다 本のページの間に挟む.
◆**갈피를 못 잡다[잡을 수 없다]** 筋道がつかめない. 見当がつかない. 要領を得ない. ¶ 어디가 중요한지 ～를 잡을 수 없는 이야기 どこが大事か要領を得ない話 / 전혀 ～를 잡을 수 없다 全然見当がつかない.

갈피갈피 副 あいだあいだに. 1枚1枚. いく重にも. ¶ ～ 뒤져 보다 1ページ1ページめくってみる.

갉다 他 **1** かじる. 掻く. ¶ 쥐가 나무를 ～ 鼠が木をかじる. **2** (熊手などで)かき集める. **3** (人の過ちなどを)けなす. ¶ 공연히 갉지 마라 むやみにけなすな. **4** (人の財物を卑劣なしわざで)かすめ取る.

갉아먹다 他 **1** (少しずつ)かじって食べる. ¶ 쥐가 고구마를 갉아먹었다 鼠がさつまいもをかじった. **2** (人の財物を)少しずつかすめ取る. 搾り取る.

갉작거리다[-대다] 他 かじり続ける. 掻き続ける. ¶ 쥐가 갉작거리는 소리에 잠을 못 잤다 鼠ががりがりかじる音で寝つけなかった.
갉작갉작 副 하他 ぽりぽり(と). がりがり(と).

갉히다 自 引っ掻かれる. かじられる. ¶ 손톱에 갉힌 자국 爪にかじられた跡 / 가시덤불에 ～ いばらの藪に引っ掻かれる.

감1 名 柿. ¶ 단～ 甘柿 / 곶～ 干し柿 / 떫은 ～을 우려먹다 渋柿の渋を抜いて食べる / ～이 열리다 柿がなる.

감2 Ⅰ 名 **1** (物の)元になる材料. ¶ 이 ～은 부드럽다 この布地はやわらかい.
Ⅱ 依名 **1** (ある資格を備えた)人物. ¶ 만인을 지휘할 ～이다 万人を指揮する人物だ. **2** (衣服の)…分. ¶ 모직 양복 한 ～ 毛織りの洋服地1着分.
Ⅲ 接尾 **1** 遊びの道具. ¶ 장난～ おもちゃ. **2** (あることに)適当な人物. あつらえむきの候補者. ¶ 며느릿～ 嫁候補 / 신랑～ 婿むがね.

감3〔減〕名 減. 減らすこと. 反 加

감[4]〔感〕 名 **1** 感. 感じ. 思い. ¶ 불쾌한 ~이 든다 不快な思いがする / 격세지~이 있다 隔世の感がある. **2** 感度. ¶ 전화의 ~이 멀다 電話の感度が遠い.

감가〔減價〕 名 하他 減価. 値下げ.

감가상각〔—償却〕 名〔經〕 減価償却.

감각〔感覺〕 名 感覚. ¶ 뛰어난 예술적 ~ 優れた芸術的感覚 / 손가락의 ~이 마비되었다 指の感覚が麻痺している.

감각 기관〔—器官〕 名〔生〕 感覚器官.

감각 묘사〔—描寫〕 名 感覚描写.

감각 세포〔—細胞〕 名〔生〕 感覚細胞.

감각 신경〔—神經〕 名〔生〕 感覚神経.

감각점〔—點〕 名〔生〕 感覚点.

감각 중추〔—中樞〕 名〔生〕 感覚中枢.

감감 副 **1** はるかに遠いようす. ¶ 범선이 ~ 멀어져 간다 帆船がはるかに遠ざかって行く. **2** すっかり忘れているようす. まったく知らずにいるようす. ¶ 그 일을 ~ 모르고 있다 そのことをまったく知らずにいる. **3** 返事や便りがないようす. ¶ ~ 소식이 없다 消息がまったくない.

감감무소식〔—無消息〕 名 便りが長い間途絶えること.

감감소식〔—消息〕 名 **1** 長い間消息がないこと. ¶ 지난 3년 동안 ~이다 ここ3年間便りがない. **2** 全然知らないこと. ¶ 정계 사정에 대해서는 ~이다 政界のことについては全然知らない.

감감하다 形 **1** (距離的に)はるかに遠く漠としている. ¶ 감감한 수평선 はるかな水平線. **2** (知識・記憶が)まるでない. ¶ 감감하게 잊어버렸다 すっかり忘れてしまった. **3** (便り・返事などが)すっかりとだえている. ¶ 소식이 ~ 便りが全然ない.

감개〔感慨〕 名 하自 感慨. ¶ ~에 잠기다 感慨に浸る / 오랜만에 고향을 찾으니 ~가 깊다 久しぶりにふるさとを訪ねると感慨深い.

감개무량〔—無量〕 名 하形 感慨無量. ¶ 옛 전우를 만나게 되니 ~하다 往時の戦友に会えて感慨無量だ.

감격〔感激〕 名 하自 感激. ¶ ~의 눈물을 흘리다 感激の涙を流す / ~을 금할 길이 없다 感激を禁じえない / 뜨거운 우정에 ~하다 厚い友情に感激する / 목소리는 ~에 떨리고 있었다 声は感激に震えていた.

감격스럽다 形 感激的だ. 感激に値する. ¶ 너무나 감격스러운 장면 あまりにも感激的な場面 / 10년 만의 감격스러운 재회 10年ぶりの感激的な再会.

감격적〔—的〕 冠名 感激的. ¶ ~인 상봉 感激的な巡り合い.

감경〔減輕〕 名 하他 **1** 減軽. 軽減. **2**〔史〕 刑罰を軽減すること.

감고〔甘苦〕 名 **1** 甘苦. 甘さと苦さ. **2** 甘苦. 楽しみと苦しみ. ¶ ~를 같이하다 甘苦をともにする.

감관〔感官〕 名 感官. 感覚器官.

감관 표상〔—表象〕 名〔哲〕 知覚表象.

감광[1]〔減光〕 名 하自他〔天〕 減光〈地球の大気により星や太陽の光が吸収される現象〉.

감광[2]〔感光〕 名 하自 感光. ¶ ~계 感光計 / ~지 感光紙 / ~판 感光板 / ~도 感光度 / ~막 感光膜 / ~약 感光薬 / ~제 感光剤 / ~ 필름 感光フィルム.

감구〔感球〕 名〔生〕 生物の皮膚にある感覚細胞の集団.

감군〔減軍〕 名 하自 軍事力[軍隊]を減らすこと.

감귤〔柑橘〕 名 蜜柑.

감금〔監禁〕 名 하他 監禁. ¶ 불법 ~ 不法監禁 / 인질을 ~하다 人質を監禁する.

감기〔感氣〕 名 風邪. 感冒. ¶ 목~ 喉の風邪 / ~가 들다[~에 걸리다] 風邪を引く / ~가 낫다 風邪が治る / ~기가 있다 風邪気味だ / ~를 더치게 하다 風邪をこじらせる.

〔속담〕 **감기 고뿔도 남을 안 준다** 風邪さえ人にやらない〈きわめてけちなこと〉.

감기다[1] Ⅰ 自 (ひとりでに)まぶたが合わさる. ¶ 졸음이 와서 눈이 ~ 眠気がさしてひとりでにまぶたが合わさる.

Ⅱ 他 目を閉じさせる. 目をつぶらせる. ¶ 죽은 이의 눈을 ~ 死者の目をつぶらせる / 술래에게 눈을 ~ (かくれんぼの)鬼に目をつぶらせる.

감기다[2] Ⅰ 自 **1** (ひも・糸などが)巻かれる. ¶ 얼레에 감겼던 연줄 糸巻に巻かれた凧の糸. **2** 巻きつく. 絡みつく. ¶ 비단옷이 몸에 감긴다 絹の服が体に絡みつく. **3** (人や動物が)寄りついて離れない. じゃれつく. ¶ 강아지가 다리에 ~ 子犬が足下にじゃれつく.

Ⅱ 他 (ひも・糸などを)巻かせる. ¶ 딸에게 실을 ~ 娘に糸を巻かせる.

감기다[3] 他 (髪を)洗わせる. 洗ってやる. ¶ 아이의 머리를 감겨 주었다 子供の髪を洗ってやった.

감나무 名 柿の木.

〔속담〕 **감나무 밑에 누워서 홍시 떨어지기를 기다린다** 柿の木の下に伏して熟柿の落ちるのを待つ〈努力せずに幸運を期待すること〉.

감내〔堪耐〕 名 하他 忍耐. 耐え忍ぶこと. こらえること. ¶ 고통을 ~하다 苦痛を耐え忍ぶ.

감다[1] 他 (目を)閉じる. つぶる. 反 開ける, あける ¶ 눈을 감으면 어릴 적의 추억이 되살아난다 目を閉じると, 幼いころの思い出がよみがえる.

감다[2] 他 **1** 巻く. 繰る. ¶ 실을 ~ 糸を繰る / 팔에 붕대를 ~ 腕に包帯を巻く / 뱀이 몸을 서려 감고 있다 蛇がとぐろを巻いている. **2** 着る. まとう. 身につける. ¶ 밍크의 모피를 몸에 감고 다니는 여성들 ミンクの毛皮を身にまとって歩く女性たち. **3** (足を相手の足に)からませる. 足を掛ける. ¶ 다리를 감아서 보기 좋게 넘어뜨리다 足を掛けてものの見事に倒す.

감다[3] 他 **1** (髪を)洗う. ¶ 머리를 ~ 髪を洗う. **2** (川などで)水浴びをする. ¶ 미역을 ~ 水浴びをする.

감다[4] 形 (色が)黒い. <검다

감당하다〔堪當—〕 他 **1** (仕事·役目を)十分に果たす. うまくやり遂げる. ¶감독관의 직무를 ～ 監督官の職務をなし遂げる. **2** (あることに)耐える. ¶그는 부채를 감당해 내지 못하고 파산했다 彼は負債に耐えられず倒産した.

감도〔感度〕 名 感度. ¶～가 약하다 感度が弱い/～가 좋은 라디오 感度のいいラジオ.

감독〔監督〕 名 하他 監督. ¶공사 ～ 工事監督/영화 ～ 映画監督/～관 監督官/～ 관청 監督官庁/～권 監督権/～ 기관 監督機関/～을 강화하다 監督を強化する/～이 소홀하다 監督がおろそかだ.

감돌다 自 **1** くねる. うねる. (川の流れが)蛇行する. ¶강물이 산기슭을 감돌아 흐른다 川の水が山のふもとを曲がりくねって流れる. **2** (ある情景が)ちらつく. ¶옛날 생각이 눈앞에 감돈다 昔の思い出がまぶたにちらつく. **3** (ある雰囲気が)漂う. ¶긴장된 분위기가 감돈다 緊張した雰囲気が漂う/훈기가 감돈다 暖かい気が漂う.

감돌아들다 自 (川などが)うねりながら進み一定の場所に至る.

감동〔感動〕 名 하自 感動. ¶깊이 ～하다 深く感動する/～을 주다 感動を与える/강한 ～을 받았다 強い感動を受けた.

감동사〔—詞〕 名〔言〕感動詞.

감동적〔—的〕 冠 名 感動的. ¶～인 장면을 보았다 感動的な場面を見た/～인 사랑 感動的な愛情.

감등〔減等〕 名 하他 減等〈等級·階級を下げること〉.

감때사납다 形 (人が)手に負えないほど荒っぽい. ¶감때사나워 부리기 힘들다 性格が荒っぽくて使いにくい.

감람〔橄欖〕 名 橄欖の実.

감람나무 名〔植〕橄欖. うおほねぬき.

감람녹색〔—綠色〕 名 橄欖色.

감람석〔—石〕 名〔鑛〕橄欖石.

감람유〔—油〕 名 橄欖油.

감량〔減量〕 名 하自他 減量. ¶절식하여 체중을 ～했다 絶食して体重を減らした.

감로〔甘露〕 名 甘露. ¶～수 甘露水/～주 甘露酒.

감루〔感淚〕 名 感涙. ありがたなみだ. ¶～를 금하지 못하다 感涙を抑え難い/～에 목이 메다 感涙にむせぶ.

감류〔柑類〕 名〔植〕みかん·だいだい類.

감률〔甘栗〕 名 甘栗.

감리〔監理〕 名 하他 監理. 監督して管理すること. ¶공사 ～ 工事監理.

감리교〔—教〕 名〔基〕メソジスト派. メソジスト教会.

감마 名 ガンマ〈ギリシア文字の第3字. Γ, γ〉. ¶～선 ガンマ線.

감면〔減免〕 名 하他 減免. 軽減と免除. ¶형을 ～하다 刑を減免する/세금을 ～하다 税金を減免する.

감면 소득〔—所得〕 名 減免所得.

감명〔感銘〕 名 하自 感銘. ¶깊은 ～을 받다 深い感銘を受ける/많은 사람에게 깊은 ～을 주었다 多くの人に強い感銘を与えた.

감물 名 柿渋. ¶～을 들이다 渋染めをする.

감미〔甘味〕 名 甘味. ¶～와 산미 甘味と酸味/～료 甘味料.

◆**감미가 돌다** 甘味が感じられる.

감미롭다[1] 形 味が甘い. 甘味だ. ¶감미로운 과일 甘い果物. **감미로이**[1] 副 甘く.

감미롭다[2] 形 甘美だ. ¶감미로운 음악 甘美な音楽. **감미로이**[2] 副 甘美に.

감방〔監房〕 名 監房. ¶～에 갇히다 監房に閉じ込められる.

감법〔減法〕 名 引き算.

감별〔鑑別〕 名 하他 鑑別. ¶고서화를 ～하다 古書画を鑑別する.

감복〔感服〕 名 하自 感服すること. 感心すること. ¶애국심에 ～하다 愛国心に感服する.

감봉〔減俸〕 名 하他 減俸. 減給. 反 加俸. ¶～ 처분 減俸処分/～당하다 減俸される.

감빛 名 柿色.

감빨다 他 **1** うまそうに食べる. おいしそうにしゃぶる. ¶손가락을 ～ 指をしゃぶる. **2** (利を)むさぼる. 欲張る. ¶재물을 ～ 財物を欲張る.

감빨리다 自 **1** 食欲をそそられる. **2** 欲が出る.

감사[1]〔感謝〕 名 感謝. ¶～장 感謝状/스승에 대한 ～ 師に対する感謝/～의 뜻을 표하다 感謝の意を表する/～의 눈물을 흘리다 感謝の涙を流す.

감사일〔—日〕 名〔基〕**1** 神の恵みに対して感謝する日. **2** 感謝祭.

감사절〔—節〕 名〔基〕〔'추수(秋収) 감사절'의 준말〕感謝祭.

감사[2]〔監事〕 名 **1** 監事. 団体の庶務を受け持つ人. **2**〔法〕監事. 法人の財務および業務の執行を監査する機関.

감사[3]〔監査〕 名 하他 監査. ¶국정 ～ 国政監査/회계 ～ 会計監査/비위를 ～하다 非違を監査する.

감사원〔—院〕 名〔法〕監査院.

감사납다 形 **1** 御しがたいほど荒っぽい. ¶감사나운 성질 荒っぽい性質. **2** (対象の質が荒くて)仕事がしにくい. ¶감사나운 밭 荒れた畑.

감사하다〔感謝—〕 Ⅰ 形 ありがたい. ¶친절하게 해 주셔서 정말 감사합니다 親切にしてくださいまして本当にありがとうございます/도와 주셔서 감사합니다 助けてくださってありがとう.

Ⅱ 自 感謝する. ¶감사해 마지않습니다 感謝にたえません/호의에 ～ ご好意に感謝する/감사하기는커녕 불평만 늘어놓는다 感謝するどころか不平ばかり並べる. **감사히** 副 ありがたく.

감산[1]〔減産〕 名 하自他 **1** 減産. 反 増産. ¶석유를 ～하다 石油を減産する. **2** 資産の減少.

감산[2]〔減算〕 名 하他 **1** 引き算をすること. **2**〔數〕引き算.

감상[1]〔感想〕 名 感想. 所感. 感懐. ¶～문 感想文/～을 말하다 感想を述

べる / 귀국 ～은 어떻습니까? 帰国のご感想はいかがですか.

감상[2]〔感傷〕 名 하自 感傷. ¶～에 젖다 感傷に浸る / ～에 빠지다 感傷にふける.

감상적〔一的〕 冠 名 感傷的. ¶～인 문학 소녀 感傷的な文学少女.

감상주의〔一主義〕 名 感傷主義. センチメンタリズム.

감상[3]〔鑑賞〕 名 하他 鑑賞. ¶음악 ～ 音楽鑑賞 / 명화를 ～하다 名画を鑑賞する.

감상안〔一眼〕 名 鑑賞眼. ¶～을 기르다 鑑賞眼を養う.

감색[1]〔紺色〕 名 紺色.

감색[2]〔減色〕 名 하自他 色があせること. 変色すること.

감성〔感性〕 名 感性. ¶～론 感性論.

감성돔 名〔動〕黒鯛.

감세〔減税〕 名 하自 減税. 反 増税.

감소〔減少〕 名 하自他 減少. 反 増加. ¶～율 減少率 / 금년은 쌀의 생산이 ～하였다 今年は米の生産が減少した.

감속〔減速〕 名 하自他 減速. 反 加速. ¶～율 減速率. 減速比 / ～재 減速材.

감손〔減損〕 名 하自他 減損.

감쇄〔減殺〕 名 하自他 減殺. ¶흥미가 ～되다 興味がそがれる.

감쇠〔減衰〕 名 하自 減衰. ¶～ 진동 減衰振動.

감수[1]〔甘水〕 名 甘い水. 飲料水.

감수[2]〔甘受〕 名 하他 甘受. ¶고난을 ～하다 苦難を甘受する.

감수[3]〔減水〕 名 하自 減水. 反 増水.

감수[4]〔減收〕 名 하自 減収. 反 増収. ¶수해로 약 2할의 ～가 예상된다 水害で約2割の減収が予想される.

감수[5]〔減壽〕 名 하自 寿命が縮むこと. ¶10년 ～했다 寿命が10年縮まるような思いをした.

감수[6]〔減數〕 名 하自他 **1** 数が減ること, また減らすこと. **2** 減数.

감수 분열〔一分裂〕 名〔生〕減数分裂.

감수[7]〔酣睡〕 名 하自 熟睡. 熟眠.

감수[8]〔感受〕 名 하他 感受.

감수성〔一性〕 名 感受性. ¶～이 풍부하다[예민하다] 感受性が豊かだ[鋭い].

감수[9]〔監修〕 名 하他 監修. ¶～자 監修者 / 사전을 ～하다 辞典を監修する.

감숭하다 形 まばらに生えた毛が黒ずんでいる.

감숭감숭 副 하形 まばらに生えた毛が黒ずんでいるさま.

감시〔監視〕 名 하他 監視. 見張り. ¶～망 監視網 / ～원 監視員 / ～초 監視哨 / ～소 監視所 / ～의 틈을 타다 監視のすきをねらう.

감시대〔一臺〕 名 監視台. 見張り台.

감식[1]〔減食〕 名 하自他 減食. ¶～ 요법 減食療法.

감식[2]〔鑑識〕 名 하他 鑑識. 目利き. 鑑定. ¶골동품을 ～하다 骨董品を鑑識する.

감식력〔一力〕 名 鑑識力.

감실감실 副 하形 (黒い毛が生え始め)うっすら黒いようす.

감싸고돌다 他 かばい立てをする. 庇護する. ¶감싸고돌기만 하니 버릇이 없어지는 거야 かばい立てばかりするから癖が悪くなるんだ.

감싸다 他 **1** くるむ. 覆いかぶせる. ¶아기를 포대기에 감싸서 안다 赤ん坊をおくるみでくるんで抱く. **2** 包み隠す. かばう. ¶부하의 잘못을 ～ 部下の過ちをかばう.

감싸주다 他 かばってやる. ひいきする. ¶그의 입장을 ～ 彼の立場をかばってやる.

감아들다 自 (物のまわりに糸・布切れが)絡みつく. 巻きつく. まつわりつく.

감안〔勘案〕 名 하他 勘案. 考え合わせること. ¶전후 사정을 ～해야 한다 前後の事情を考慮しなければならない.

감압〔減壓〕 名 하自他 減圧. 反 加圧.

감액〔減額〕 名 하他 減額. 反 増額. ¶예산을 ～하다 予算を減額する.

감언〔甘言〕 名 甘言. 反 苦言. ¶～에 속다[넘어가다] 甘言にだまされる.

감언 이설〔一利說〕 名 口車. ¶～에 넘어가다 口車に乗る.

감연하다〔敢然一〕 形 果敢だ. 決断力があり勇敢だ. **감연히** 副 敢然と. 決然と. ¶～ 궐기하였다 決然と立ち上がった.

감염〔感染〕 名 하自 感染. (思想や風習に)染まること. ¶독감에 ～되다 流感に感染する.

감염식〔減鹽食〕 名 減塩食.

감옥〔監獄〕 名 監獄. ¶～에 갇히다 監獄に監禁される.

감옥살이 名 하自 **1** 監獄暮らし. **2** 行動の自由をひどく拘束された生活.

감우〔甘雨〕 名 甘雨. 慈雨.

감원〔減員〕 名 하他 減員. 反 増員. ¶～ 대상 減員対象 / ～ 선풍이 불다 減員の旋風が吹く.

감은〔感恩〕 名 하自 感恩. 恩に感謝すること.

감음정〔減音程〕 名〔樂〕減音程.

감읍〔感泣〕 名 하自 感泣. ¶은혜에 ～하다 恩恵に感泣する.

감응〔感應〕 名 하自 **1** 感応. 心に感じること. ¶끈질긴 설득에 ～한 듯하다 粘り強い説得に感応したようだ. **2** 感応. ¶신불이 ～하다 神仏が感応する.

감응 유전〔一遺傳〕 名〔生〕感応遺伝.

감응 정신병〔一精神病〕 名〔醫〕感応精神病.

감자[1] 名〔植〕じゃがいも. ばれいしょ. ポテト. ¶～ 조림 じゃがいもの煮もの / ～를 삶다 じゃがいもをゆでる[蒸す].

감자[2]〔甘蔗〕 名〔植〕甘蔗. さとうきび.

감자[3]〔減資〕 名 하自他〔經〕減資. 反 増資. ¶실질적 ～ 実質的な減資.

감작[1]〔減作〕 名 하自 (作物の)減作.

감작[2]〔感作〕 名 하自他〔醫〕感作. ¶～ 백신 感作ワクチン.

감잡이 名〔建〕**1** かすがい. 柱と梁をつなぐ金具. **2** 門の柄に巻き付け

て打つ金具.

감잡히다 自 弱味に付け込まれる. 弱点をつかまれる.

감장 名 하他 自分の力で処理すること. ¶ 그만한 일은 나 혼자서 ~하겠다 それくらいのことは僕一人でやれるよ.

감저〔甘藷〕名〔植〕**1** 甘藷. さつまいも. **2** じゃがいも.

감적〔監的〕名 하自 監的. 看的. ¶ ~수 監的手.

 감적호〔一壕〕名〔軍〕監的壕.

감전〔感電〕名 하自 感電. ¶ ~사 感電死.

감점〔減點〕名 하自他 減点. ¶ 반칙 ~ 反則減点 / 1문제 틀리면 10점 ~한다 1問間違えると10点減点する.

감정1〔感情〕名 感情. ¶ 일시적인 ~ 一時的な感情 / ~을 죽이다 感情を殺す / ~을 해치다 (人を)不快にさせる / ~에 치우치다 感情に走る / 작자의 ~이 담겨 있지 않다 作者の感情がこもっていない.

 감정 감각〔一感覺〕名〔心〕感情感覚.

 감정 도착〔一倒錯〕名 感情倒錯.

 감정론〔一論〕名 感情論.

 감정 이입〔一移入〕名 하自〔哲〕感情移入.

 감정적〔一的〕冠 名 感情的. ¶ ~인 처사 感情的な仕打ち.

감정2〔憾情〕名 遺憾·不満からの怒りや恨み. ¶ ~이 풀리다 わだかまりが解ける.

 ◆**감정을 내다** ① 不満で腹を立てる. ② 怒らせる.

 ◆**감정을 사다** 恨み[怒り]を買う.

 ◆**감정이 나다** 不満で腹が立つ.

감정3〔鑑定〕名 하他 鑑定. ¶ ~가 鑑定家 / ~ 가격 鑑定価格 / 보석 ~ 宝石の鑑定 / ~서 鑑定書 / 필적을 ~하다 筆跡を鑑定する.

감주〔甘酒〕名 甘酒.

감지〔感知〕名 하他 感知. ¶ 지진을 ~하다 地震を感知する.

감지덕지〔感之德之〕副 하他 非常にありがたがるようす. ¶ 뜻밖의 선물을 받고 ~하다 思いがけない贈り物をもらってありがたがる.

감진기〔感震器〕名 感震器〈地震の有無あるいは振動の度数を調べる器械〉.

감질〔疳疾〕名 **1**〔韓方〕疳. 脾疳. **2** じれったい気持ち. もどかしい気持ち.

 감질나다 自 もどかしくなる. じれったくなる. がつがつする. ¶ 감질나서 못 견디겠다 もどかしくてたまらない / 감질나게 오는 비 期待どおりに降らない雨.

 감질내다 自 **1** もどかしがる. 物が欲しくてうずうずする. **2** じれさせる.

감쪽같다 形 (技量が優れて)手を入れた形跡がない. まったくそっくりだ. 寸分違わない. ¶ 감쪽같은 속임수 鮮やかな手口. **감쪽같이** 副 まんまと. うまうまと. 跡形もなく. ¶ 그 사람 말에 ~ 속았다 彼の言葉にまんまとだまされた.

감찰1〔監察〕名 하他 監察. ¶ ~관 監察官.

감찰2〔鑑札〕名 鑑札. ¶ 영업 ~ 営業鑑札.

감참외 名〔植〕まくわうりの一種.

감천1〔甘泉〕名 甘泉. うまい水の出る泉.

감천2〔感天〕名 하自 真心が天に通ずること. ¶ 지성이면 ~이라 至誠天に通ず.

감청1〔紺青〕名 紺青.

감청2〔敢請〕名 하他 敢えて請い願うこと.

감초〔甘草〕名 **1**〔植〕甘草. あまくさ. **2**〔韓方〕甘草の根. ¶ ~ 같다 (かんぞうのようだの意で)欠かすことができない. どこにでも出しゃばる.

감촉〔感觸〕名 하他 感触. 手触り. ¶ ~이 꺼칠꺼칠하다 手触りがざらざらする / 매끈한 ~ 滑らかな感触.

감추다 他 **1** (物などを)隠す. 人の目につかないようにする. くらます. 潜める. ¶ 서랍에 일기장을 ~ 引き出しに日記帳を隠す / 모습을 ~ 姿を隠す / 흔적을 ~ 痕跡を消す / 도둑이 행방을 감추었다 泥棒が行方をくらました. **2** 秘密にする. 秘する. ¶ 실패를 ~ 失敗を隠す / 마음 속 깊이 ~ 心中深く秘する / 감추지 말고 솔직히 말해 봐 隠し立てしないで率直に言え.

감축1〔減縮〕名 하自他 減縮. 減少. 縮小. ¶ 군비를 ~하다 軍備を縮小する.

감축2〔感祝〕名 하自他 **1** (慶事を)祝うこと. **2** (受けた恵みを)深く感謝すること.

감치다1 自 (頭·心などに)残って離れない. ¶ 자꾸만 눈에 감친다 しきりに目に浮かぶ[ちらつく].

감치다2 他 **1** まつる. まつり縫いをする. ¶ 치맛단을 ~ チマの裾をまつる. **2** かがる. ¶ 단춧구멍을 ~ ボタン穴をかがる.

감칠맛 名 **1** 食欲をそそる味. こくのある味. ¶ ~이 나는 포도주 こくのあるワイン / 이 커피는 ~이 난다 このコーヒーはこくがある. **2** 妙味. 醍醐味. 心を引きつける力. ¶ 들을수록 ~이 더 나는 것 같군요 聞くほどにますます味わいが出るようですね.

감침질 名 하他 まつり縫い.

감탄〔感歎〕名 하自 感嘆. ¶ 보는 사람을 ~시켰다 見る人を感嘆させた / ~하여 마지않다 感嘆してやまない.

 감탄문〔一文〕名〔言〕感嘆文.

 감탄부〔一符〕名〔言〕感嘆符.

 감탄사〔一詞〕名〔言〕感嘆詞. 感動詞. 間投詞.

 감탄형〔一形〕名〔言〕感嘆形.

감탄고토〔甘呑苦吐〕名 하自 (甘ければ呑み, 苦ければ吐き出すの意で)自分の利になれば付き, 利なければしりぞけてかえりみない浅薄な仕打ちや人情のたとえ.

감퇴〔減退〕名 하自 減退. 反 増進. ¶ 시력 ~ 視力減退 / 식욕이 ~하다 食欲が減退する.

감투1 名 **1** 昔, 平民がかぶった革·布や馬のたてがみなどでつくった冠. **2**〈俗〉宕巾〈昔, 役人がかぶった馬

毛ずの冠). **3**〔'복주감투'의 준말〕防寒頭巾. **4**〈俗〉官職. 役職.
◆감투를 벗다 官職[役職]をやめる.
◆감투를 쓰다 官職に就く. 役職にありつく.
감투싸움 名 官職の奪い合い. 地位争い. ¶ ~을 벌이다 官職争いを繰り広げる.
감투²〔敢鬪〕名 하自 敢闘. ¶ ~ 정신 敢闘精神.
감파르다 形 青い. 青黒い. 黒みを帯びている. <검푸르다
감표¹〔監票〕名 하自 投票または開票を監視·監督すること. ¶ ~ 위원 (国会での)投開票立会人.
감표²〔鑑票〕名 하他 ある票の真偽を鑑定すること.
감하다〔減—〕**I** 自 減る. 少なくなる. ¶ 수량이 ~ 数量が減る.
II 他 **1** 減らす. 少なくする. 減ずる. ¶ 경비를 ~ 経費を減らす/2할을 ~ 2割を減らす[引く]. **2**〔數〕引き算をする. 減算する.
감행〔敢行〕名 하他 敢行. ¶ 적전 상륙을 ~하다 敵前上陸を敢行する.
감형〔減刑〕名 하自他 減刑. ¶ ~의 은전 減刑の恩典/~으로 사형이 무기 징역이 되었다 減刑で死刑が無期懲役になった.
감호〔監護〕名 하他 監護. 保護し監督すること. ¶ ~자 監護者.
감홍로〔甘紅露〕名 **1** 平壌特産の赤色の焼酎. **2** 焼酎に麹·桂皮·りゅうがんの実などを浸してつくった酒.
감화〔感化〕名 하自他 感化. ¶ ~력 感化力/~를 받다 感化を受ける.
감화원〔—院〕名 感化院. 教護院.
감회〔感懷〕名 感懐. 感慨. ¶ ~에 잠기다 感懐にふける.
감획〔減畫〕名 하他 文字の字画を減らすこと.
감흥〔感興〕名 感興. ¶ ~을 돋우다 感興をそそる/~을 자아내다 感興を催す.
감히〔敢—〕副 **1** 恐れることもなく. 大胆にも. ¶ ~ 내 앞에 나타나겠소? 大胆にもおれの目の前に姿を見せられるのかい. **2** あえて. ¶ ~ 부탁 드립니다 あえてお願い申し上げます.
갑¹〔甲〕名 甲. **1** 順序·等級の第1番目. **2**〔民俗〕十干の第1. きのえ. **3** 二つ以上の事物があるとき, その一つの名の代わりに用いる語. ¶ 전자를 ~, 후자를 을이라 칭한다 前者を甲, 後者を乙と称する.
갑²〔匣〕**I** 名 匣. **1** 小箱. ケース. ¶ 비누~ せっけん箱. **2** 形のでき上がった陶磁器を焼くときに入れる大きい器.
II 依名 箱. ¶ 성냥 한 ~ マッチ1箱.
갑³〔岬〕名 岬.
갑각〔甲殼〕名〔動〕甲殻. 甲羅. ¶ ~소 キチン質.
갑각류〔—類〕名〔動〕甲殻類.
갑갑증〔—症〕名 うっとうしさ. もどかしさ. ¶ ~이 나서 못 견디겠다 うっとうしくてたまらない.
갑갑하다 形 **1**〔답답하다〕息詰まる思いだ. 狭苦しい. 窮屈だ. ¶ 앞이 막혀 ~ 前方がふさがれて狭苦しい/청바지에 허리가 꽉 끼어 ~ ブルージーンズに腰がぎゅっと締めつけられて苦しい. **2**〔지겹다〕うんざりする. 退屈だ. あきあきする. うっとうしい. ¶ 할일이 없어 몹시 ~ やるべき仕事がないので非常に退屈だ/갑갑한 심정 重苦しい心境. **3** 苦しい. 重苦しい. ¶ 먹은 게 체했는지 속이 ~ 食物がもたれたのか腹具合が悪い/가슴이 ~ 胸苦しい. **4**〔안타깝다〕じれったい. もどかしい. はがゆい. ¶ 그렇게 말귀를 못 알아듣다니 참으로 ~ そんなに飲み込みが悪いとは実にはがゆい. **갑갑히** 副 窮屈に. 退屈に. もどかしく.
〔속담〕**갑갑한 놈이 송사한다** 苦しい者が訴訟を起こす〈必要に迫られた人が他人より先に動く〉.
갑골 문자〔甲骨文字〕名 甲骨文字.
갑골학〔甲骨學〕名 甲骨学.
갑남을녀〔甲男乙女〕名 平凡な人たち.
갑년〔甲年〕名 還暦の年.
갑론을박〔甲論乙駁〕名 하自 甲論乙駁. ¶ 장내가 ~으로 떠들썩하다 場内が甲論乙駁で騒々しい.
갑문〔閘門〕名 閘門.
갑부〔甲富〕名 随一の大金持ち. ¶ 장안의 ~ 都随一の富豪.
갑사〔甲紗〕名 紗. 良質のうすぎぬ.
갑상선〔甲狀腺〕名〔生〕甲状腺.
갑상선종〔—腫〕名〔醫〕甲状腺腫.
갑상 연골〔甲狀軟骨〕名〔生〕甲状軟骨.
갑시다 自 むせる. 息が詰まる.
갑옷〔甲—〕名 鎧.
갑옷미늘 名 よろいの札.
갑옷투구 名 甲冑.
갑자기 副 にわかに. いきなり. 突然. 不意に. 急に. たちまち. ¶ ~ 묻는 바람에 대답이 궁했다 不意に聞かれて返答に窮した/손님이 ~ 들이닥쳤다 客が急に押し寄せた/말다툼이 ~ 주먹다짐으로 바뀌었다 口論はたちまち殴り合いに変わった.
갑작스럽다 形 突然だ. 不意だ. 急だ. ¶ 갑작스러운 이야기 急な話/갑작스러운 기상 변화 突然な気象の変化. **갑작스레** 副 いきなり. 突然. にわかに. 急に. ¶ ~ 당한 불상사 突然見舞われた不祥事.
갑절 **I** 名 하他 倍. 二倍. ¶ ~로 해서 갚겠습니다 倍にしてお返しします.
II 副 より多く. ¶ 남보다 ~ 일하다 人一倍働く.
갑종〔甲種〕名 甲種. ¶ ~ 합격 甲種合格/~ 판정을 받았다 甲種の判定を受けた.
갑종 근로 소득세〔—勤勞所得稅〕名〔法〕甲種勤労所得税.
갑주〔甲冑〕名 甲冑.
갑철〔甲鐵〕名 **1** 甲鉄. 甲鉄板. **2** 兵甲.
갑충〔甲蟲〕名〔動〕甲虫.
갑판〔甲板〕名 甲板. デッキ. ¶ ~

장 甲板長.

갑피〔甲皮〕 名 (靴の)甲革.
◇일본어의 甲皮는 甲殼類의 뜻이며, 가죽〔皮〕의 뜻으로는 쓰이지 않는다.

값 名 **1**〔값어치〕価値. 値打ち. あたい. ¶～있는 삶 価値のある人生/그만한 ～이 있다 それだけの値打ちがある. **2**〔대금〕代金. 料金. お金. ¶밥～ 食費/몸～ 身のしろ金/외상～ 掛け売り代金. 付け/각자 부담으로 ～을 치르다 割り勘で代金を払う. **3**〔금〕価格. 値段. 値. ¶소매[도매]～ 小売り[卸]値段/부르는 ～ 呼び値. 言い値/～이 비싸다[싸다] 値段が高い[安い]/～을 따져보고 사다 値段を確かめて買う. **4**〔보람·대가〕代価. 代償. かい. ¶이게 겨우 너를 도와준 ～이냐? お前を助けてやった代価はせいぜいこんなものか. **5**〔數〕値. ¶계산을 하고 ～을 구하라 計算をして値を求めよ.
◆**값을 놓다** 値をつける. 値を言う.
◆**값을 보다** 値踏みする. ¶그 청자의 ～을 보자면 억대는 되겠지 その青磁の値段はざっと見積もって1億にはなるな.
◆**값을 부르다** ① 希望する価格を言う. 値をつける. ¶1,000원에 파시오 하고 ～을 불렀다 1000ウォンで売ってくださいと望む値をつけた. ② (相場などで)値を呼ぶ. ¶터무니없는 비싼 ～을 부르다 途方もない高値を呼ぶ.
◆**값을 치다** 値をつける. 値踏みする. ¶통틀어 만 원으로 ～을 치다 ひっくるめて1万ウォンと値踏みする.
◆**값을 하다** ① その価値にふさわしいことをする. ¶남자라면 남자 ～을 해라 男なら男らしいことをやってみろ. ② 金を稼ぐ. ¶낮잠만 자지 말고 밥～을 해라 昼寝ばかりしていないで飯代ぐらい稼げ.
◆**값이 닿다** 程好い値段になる. ¶～이 닿으면 팔겠소 程好い値段だったら売りましょう.
〔속담〕**값도 모르고 싸다 한다** 値段も知らずに安いと言う〈内情も知らずにどうこう言う〉.

값나가다 自 高価である. 値打ちがある. めぼしい. ¶그의 소장품에는 값나가는 물건이 많다 彼の所蔵品には高価な物が多い.

값비싸다 形 **1** 値段が高い. 高価だ. ¶값비싼 보석 高価な宝石. **2** 尊い. ¶값비싼 희생 尊い犠牲.

값싸다 形 **1** 値段が安い. 安っぽい. ¶값싼 양복 安っぽい洋服. **2** ある行動の値打ちがない. 安価だ. ¶값싼 드라마 安っぽいドラマ/값싼 동정은 받고 싶지 않다 安価な同情は受けたくない.

값어치 名 価値. 値打ち. ¶한 번 볼 만한 ～는 있다 一度見るだけの値打ちはある/사람의 ～가 떨어지다 人の値打ちが下がる.

값없다 形 **1** 非常に貴重だ. ¶값없는 보석 値がつけられないほど高価な宝石. **2** 値打ちがない. 価値がない. ただだ. ¶값없는 삶 価値のない人生.

값있다 形 **1** 値打ちがある. 貴重だ. **2** やりがいがある. ¶값있는 인생 生きがいのある人生.

값지다 形 **1** (非常に)値打ちがある. 高価だ. ¶값진 요리 高価な料理. **2** 貴い. 貴重だ. ¶값진 경험을 했다 貴重な経験をした.

갓[1] 名 **1** カッ〈昔, 成年男子が頭にかぶった冠〉. **2** 笠. 冠の形をしたもの. ¶전등의 ～ 電灯の笠.
〔속담〕**갓 쓰고 자전거 탄다** 冠をかぶって自転車に乗る〈ふさわしくないこと. ふつりあいなこと〉.

갓[2] 名〔植〕芥菜.

갓[3] 依名 乾物の10つかみ(魚は10尾)を1条に編みつないだものを数える語. ¶조기 두 ～ いしもちの日干し2連(20尾)/고사리 한 ～ わらび1束(10つかみ).

갓[4] 副 ただ今. 今しがた. たった今. ちょうど今. …したばかり. …したて. ¶～ 깐 병아리 孵ったばかりのひよこ/～ 구운 밤 焼きたての栗.

갓-[5] 接頭 ちょうど. きっちり. ¶～마흔의 한창 나이 よわいまさに40の働き盛り.
〔속담〕**갓마흔에 첫 버선** 40になって初めて足袋をはく〈望んでいたことがやっとかなうこと〉.

갓길 名 路肩. みちかた.

갓끈 名 カッのひも. 纓.

갓나다 自 生まれたばかりだ. ¶갓난아기의 울음소리 赤ちゃんの産声.

갓난것 名〈俗〉赤ん坊.

갓난아기 名〔'갓난아이'의 애칭〕赤ちゃん.

갓난아이 名 赤ん坊.

갓난애 名〔'갓난아이'의 준말〕赤ん坊.

갓난이 名〔'갓난아이'의 준말〕赤ん坊.

갓두루마기 名 하自 **1** カッとトゥルマギ(두루마기). **2** カッをかぶりトゥルマギを着た人. ¶～하다 カッをかぶりトゥルマギを着る. 衣冠を整える.

갓망건〔—網巾〕 名 하自 カッと網巾. ¶～하고 행차하다 カッと網巾を着用してお出ましする.

갓무 名〔植〕だいこんの一種.

갓장이 名 カッをつくる職人.

갓쟁이 名〈俗〉カッをかぶった人.

강[1]〔江〕 名 川. 河. ¶～기슭 川辺/～줄기 川の流れ/～이 유유히 흐른다 川が悠々と流れる/～을 거슬러 올라가다 川をさかのぼる/～을 건너다 川を渡る.
〔속담〕**강 건너 불구경** 川向こうの火事を見物する〈対岸の火事〉.

강[2]〔腔〕 名〔生〕腔. ¶구～ 口腔.

강[3]〔綱〕 名〔生〕綱〈動·植物の分類区分の一つ. 門の下, 目の上〉. ¶포유～ 哺乳綱.

강[4]〔講〕 名 教わった文章を先生や目上の人の前で暗唱すること.
◆**강을 바치다** 習った詩文を先生の前で暗唱する.
◆**강을 받다** (先生が生徒に)詩文を暗

唱させる.
강-[5]〔強〕 接頭 強…. ¶ ~펀치 強いパンチ / ~행군 強行軍 / ~타자 強打者.
-강[6]〔強〕 接尾 …強. 反 …弱 ¶ 3.75 킬로그램~ 3.75キログラム強.
강가〔江一〕 名 川辺. 河岸. 川のほとり. ¶ ~에서 노닐다 川辺をぶらつく.
강간〔強姦〕 名 하他 強姦. ¶ ~죄 強姦罪.
강강술래 名〔民俗〕 全羅道地方に伝わる伝統的な踊り, またその歌.
강개〔慷慨〕 名 하他 慷慨. 憤り嘆くこと. ¶ 비분 ~하다 悲憤慷慨する.
강개무량〔一無量〕 名 하形 大いに慷慨すること.
강건[1]〔剛健〕 名 하形 剛健. ¶ 우리 형은 ~한 기질의 사나이다 兄さんは剛健な気質の男性だ.
강건체〔一體〕 名〔文〕 力強くて硬い文体.
강건[2]〔強健〕 名 하形 強健. 壮健. 反 病弱 ¶ ~한 신체 強健な身体.
강경〔強勁〕 名 하形 強硬. 強気. 強腰. ¶ ~책 強硬策 / ~파 強硬派. たか派 / 태도가 ~하다 態度が強硬だ.
강경히 副 強硬に. 強腰に. ¶ ~ 나오다 強腰に出る / ~ 반대하다 強硬に反対する.
강고〔強固〕 名 하形 強固. ¶ 그의 의지는 ~하다 彼の意志は強固だ.
강골〔強骨〕 名 硬骨. ¶ ~한 硬骨漢.
강공〔強攻〕 名 하他 強攻. ¶ ~책을 썼다가 실패했다 強攻策をとって失敗した.
강관〔鋼管〕 名 鋼管.
강괴〔鋼塊〕 名〔鑛〕 鋼塊. インゴット.
강구[1]〔江口〕 名 **1** 江口. 河口. **2** 渡し場. 渡し.
강구[2]〔講究〕 名 하他 講究. 深く考え巡らすこと. ¶ 대책을 ~하다 対策を講究する / 수단을 ~하다 手段を講ずる / 시급히 ~되어야 한다 緊急に講究されるべきだ.
강국〔強國〕 名 強国. 強大国.
강군〔強軍〕 名 **1** 強力な軍隊. **2** 強いチーム.
강궁〔強弓〕 名 強弓. つよゆみ.
강권[1]〔強勸〕 名 하他 無理に勧めること. ¶ 아버지의 ~으로 의학을 택했다 父に無理に勧められて医学を選んだ.
강권[2]〔強權〕 名 強権. ¶ ~자 強権者 / ~주의 強権主義.
강권 발동〔一發動〕 名〔法〕 強権発動.
강기[1]〔強記〕 名 하他 強記. 記憶力のよいこと. ¶ 박람 ~ 博覧強記.
강기[2]〔綱紀〕 名 綱紀. ¶ ~ 숙정 綱紀粛正.
강기슭 名 川岸. かし.
강나루〔江一〕 名 (河川の) 渡し場. 渡し. 渡船場.
강남〔江南〕 名 **1** 江南. 川の南側. 反 江北 **2** 江南. (ソウルの) 漢江の南側の地域. **3** 遠い南の国.
강낭콩 名〔植〕 隠元豆.
강냉이 名 とうもろこし.
강녕〔康寧〕 名 하形 康寧. 安寧. ¶ 수복 ~ 寿福康寧.
강다리 Ⅰ 名 **1** つっぱり. 物を支えるために交差させる木. **2**〔建〕 軒がたるまないようにするために, 内軒の上端に軸くさびを入れる固い木.
Ⅱ 依名 割った薪を100本単位で数える語.
강다짐 名 하他 **1** ご飯を湯やスープに入れないで食べること. **2** 強引に事を進めるやりくち. ¶ ~으로 우기다 強く言い張る. **3** 報酬を与えずに人をこき使うこと.
강단[1]〔剛斷〕 名 剛果. 剛毅果断.
강단지다 形 果断である.
강단[2]〔講壇〕 名 講壇. ¶ 대학 ~에 서다 大学の講壇に立つ.
강달이〔江達一〕 名〔動〕 めぶとかんだり.
강당〔講堂〕 名 講堂. ¶ 대~ 大講堂 / 졸업식을 ~에서 거행했다 卒業式を講堂で挙行した.
강대〔強大〕 名 하形 強大. 反 弱少 ¶ ~국 強大国 / ~ 무비 強大無比 / ~한 군사력 強大な軍事力.
강도[1]〔剛度〕 名〔物〕 硬度.
강도[2]〔強度〕 名 **1** 強度. 強さの程度. ¶ ~를 재다 強度を測る / ~ 높은 대정부 공세 強度の高い対政府攻勢. **2** ☞경도(硬度)
강도[3]〔強盜〕 名 強盗. ¶ 살인 ~ 殺人強盗 / 사후(事後) ~ 居直り強盗 / ~를 체포하다 押し込みを逮捕する.
강도래〔江一〕 名〔動〕 かわげら.
강독〔講讀〕 名 하他 講読. ¶ 삼국사기 ~ 三国史記の講読.
강동하다 形 (衣服が) 短い. つんつるてんだ. ¶ 치마가 ~ チマがつんつるてんだ.
강등〔降等〕 名 하自他 降等. 等級を下げること. ¶ 1계급 ~하다 一階級降等する.
강력범〔強力犯〕 名 強力犯. 実力犯.
강력분〔強力粉〕 名 強力粉〈パン・うどんをつくるのに用いる小麦粉〉. 反 薄力粉
강력하다〔強力一〕 形 強力だ. ¶ 강력한 군대 強力な軍隊 / 강력한 흡착제 強力な吸着剤. **강력히** 副 強力に. ¶ ~ 추진하다 強力に推進する.
강렬하다〔強烈一〕 形 強烈だ. ¶ 강렬한 색채 強烈な色彩 / 강렬한 자극을 받다 強烈な刺激を受ける. **강렬히** 副 強烈に. 強く. ¶ 한여름의 태양이 ~ 내리쬐고 있다 真夏の太陽が強烈に照りつけている.
강령[1]〔降靈〕 名 하自〔宗〕 (天道教で) 信仰によってハンウルニム(한울님)の霊が人間に乗り移ること.
강령[2]〔綱領〕 名 綱領. ¶ 정당의 ~ 政党の綱領.
강론〔講論〕 名 하自他 **1** 講論. 説き明かし論ずること. **2**〔基〕 説教.
강림〔降臨〕 名 하自 降臨. 天降り.
강림절〔一節〕 名〔基〕 降臨節.
강마르다 形 **1** からからに乾く. 干からびる. かわききる. ひあがる. ¶ 빵이 강말랐다 パンが干からびた / 가뭄으로 논이 ~ 日照りで田が干からびる. **2** ひどく

やせている. **3** (気性が)荒く強情だ.

강매¹〔強買〕 名 하他 無理やり買わされること.

강매²〔強賣〕 名 하他 押し売り. ¶ 불량품을 ~하다 不良品を押し売りする.

강모〔剛毛〕 名 剛毛. かたい毛.

강목〔綱目〕 名 綱目. ¶ ~을 나누다 綱目を分ける.

강물〔江—〕 名 川の水.

〔속담〕 **강물도 쓰면 준다** 川の水も使えば減る〈多いからといってむやみに使わないで節約せよ〉.

강바닥〔江—〕 名 川底. 河床.

강바람¹ 名 空っ風.

강바람²〔江—〕 名 川風. 川おろし.

강박〔強迫〕 名 하他 強迫.

강박 관념〔—觀念〕 名〔心〕 強迫観念. ¶ ~에 사로잡히다 強迫観念にとりつかれる.

강변¹〔江邊〕 名 川辺. 川岸. 河岸. ¶ ~로 川沿いの道路.

강변²〔強辯〕 名 하他 強弁. ¶ 그는 자기 잘못이 아니라고 ~했다 彼は自分の過ちでないと強弁した.

강병〔強兵〕 名 強兵. ¶ 부국 ~ 富国強兵.

강보〔襁褓〕 名 おくるみ. ¶ ~에 싼 어린 것을 품에 안고 おくるみにくるんだ幼子をふところに抱いて.

◇襁褓의 일본어 발음은 むつき로서 '배내옷·기저귀'를 뜻하지만, 한국어의 襁褓는 그 의미가 다르다.

강보유아〔—幼兒〕 名 まだおくるみに包んで育てている赤ん坊.

강복¹〔降福〕 名 하自〔基〕 天主が人間に祝福を下すこと.

강복²〔康福〕 名 하形 健康で幸福なこと.

강북〔江北〕 名 **1** 江北. 川の北側. 反 江南 **2** 江北. (ソウルの)漢江の北側の地域.

강사¹〔講士〕 名 弁士.

강사²〔講師〕 名 **1** 講師. ¶ 전임 ~ 専任講師 / 시간 ~ 非常勤講師. **2**〔佛〕講師.

강삭〔鋼索〕 名 鋼索. ワイヤロープ. ¶ ~ 철도 鋼索鉄道. ケーブルカー.

강산¹〔江山〕 名 **1** 山河. 江山. ¶ 십 년이면 ~도 변한다 10年たてば山河も変わる. **2** 国土. ¶ 삼천리 금수 ~ 三千里錦繡江山〈山河の美しい韓国のたとえ〉.

강산²〔強酸〕 名〔化〕 強酸.

강상〔江上〕 名 江上. 大きな川の水面. ¶ ~의 놀잇배 江上の遊船.

강샘 名 하自 (異性間の)嫉妬. ¶ 아내에게 ~을 부리다 妻に対して焼きもちを焼く.

강생〔降生〕 名 하自 降誕. 神が人間として世に生まれること.

강서〔講書〕 名 하自 講書. 古文を講釈すること.

강석¹〔講席〕 名 講席. 講義の席.

강석²〔講釋〕 名 하他 講釈.

강선¹〔鋼船〕 名 鋼船. 鋼鉄船.

강선²〔鋼線〕 名 鋼線.

강설¹〔降雪〕 名 降雪. ¶ ~량 降雪量.

강설²〔講說〕 名 하他 講説. 講義.

강성¹〔剛性〕 名〔物〕 剛性.

강성률〔—率〕 名〔物〕 剛性率.

강성²〔強性〕 名 強性.

강성³〔強盛〕 名 하形 強盛. 強くて盛んなこと.

강세〔強勢〕 名 **1**〔經〕 強気. 物価・相場の上がりの気勢. ¶ 쌀값이 ~를 유지하고 있다 米価が強気を保っている. **2**〔言〕 ストレス. 強く発音すること. **3** 強勢. 勢力が強いこと.

강속구〔強速球〕 名 (野球で)剛速球.

강쇠바람 名 初秋に吹く東風.

강수〔降水〕 名 降水. ¶ ~량 降水量.

강술¹ 名 肴なしで飲む酒.

강술²〔講述〕 名 하他 講述. 講義.

강습¹〔強襲〕 名 하他 強襲. ¶ 적을 ~하다 敵を強襲する.

강습²〔講習〕 名 하他 講習. ¶ ~소 講習所 / ~생 講習生 / ~회 講習会 / 요리 ~ 料理講習.

강시〔僵屍〕 名 凍死体.

강신〔降神〕 名 하自〔民俗〕 降神.

강심〔江心〕 名 河心. 河のまんなか.

강심수〔—水〕 名 川の中央を流れる水.

강심장〔強心臟〕 名 心臓の強いこと, またその人.

강심제〔強心劑〕 名 強心剤. ¶ ~ 주사를 놓다 強心剤の注射を打つ.

강아지 名 **1** 子犬. 犬ころ. **2** 幼子に対する愛称.

강아지풀 名〔植〕 狗児草.

강압〔強壓〕 名 하他 強圧. ¶ ~에 못 이기다 強圧に耐えられない / ~을 가하다 強圧を加える.

강압적〔—的〕 冠 名 強圧的.

강약〔強弱〕 名 **1** 強弱. 強いことと弱いこと. ¶ 소리의 ~ 音の強弱. **2** 強弱. 力・勢力の強いことと弱いこと.

강약 기호〔—記號〕 名〔樂〕 強弱記号.

강연〔講演〕 名 하自 講演. ¶ ~회 講演会 / 국제 문제에 대해 ~하다 国際問題に対して講演する.

강염기〔強鹽基〕 名〔化〕 強塩基. 強アルカリ.

강요〔強要〕 名 하他 強要. ¶ 자백을 ~하다 自白を強要する / 기부를 ~당하다 寄付を強要される / ~하는 듯한 태도 押しつけがましい態度.

강우〔降雨〕 名 하自 降雨. 降る雨. 雨降り. ¶ ~량 降雨量 / ~기 降雨期.

강유〔剛柔〕 名 剛柔.

강유전체〔強誘電體〕 名〔物〕 強誘電体.

강음¹〔強音〕 名〔樂〕 強音.

강음²〔強飮〕 名 하他 (酒を)無理に飲むこと.

강의〔講義〕 名 하他 講義. ¶ 역사 ~ 歴史の講義 / ~를 받다 講義をうける.

강의록〔—錄〕 名 講義録.

강인하다〔強靭—〕 形 強靭だ. ¶ 강인한 몸 強靭な体 / 강인한 정신 強靭な精神.

강자〔強者〕 名 強者. ¶ ~의 오만함

強者の傲り／～로서 군림하다 実力者として君臨する.
강자성〔強磁性〕 名〔物〕 強磁性. ¶～체 強磁性体.
강장[1]〔強壯〕 名 하形 強壮. ¶～ 식품 強壮食品／～제 強壮剤.
강장[2]〔腔腸〕 名〔生〕 腔腸. ¶～ 동물 腔腸動物.
강재[1]〔鋼材〕 名 鋼材.
강재[2]〔鋼滓〕 名 鋼滓. スラグ.
강적〔強敵〕 名 強敵. 大敵. ¶～과 맞붙다 強敵と相対する.
강전해질〔強電解質〕 名〔化〕 強電解質.
강절도〔強竊盜〕 名 強盗と窃盗.
강점[1]〔強占〕 名 하他 (他人の物を)強制的に占有すること. 占めること. ¶토지의 ～ 他人の土地を強制的に占有すること／남의 점포를 ～하다 人の店を占有する.
강점[2]〔強點〕 名 強み. ¶영어에 ～이 있다 英語に強みがある.
강정 名〔料理〕 **1** もち米の粉をこねて, 幅2センチメートル, 長さ4センチメートル程度に切り, 油で揚げたのち, はちみつに浸し, ごま·きな粉·松の花粉などをまぶした菓子. **2** ごま·豆を炒ったものなどを水飴で固めた菓子.
강정제〔強精劑〕 名〔藥〕 強精剤.
강제[1]〔強制〕 名 하他 強制. 無理じい. ¶～ 노동 強制労働／～ 송환 強制送還／～ 집행 強制執行／～ 처분 強制処分／～ 연행 強制連行／～로 強制的に. 無理やり／～로 끌어내다 無理に連れ出す／～로 먹이다 無理やり食べさせる.
강제권〔一權〕 名〔法〕 強制権.
강제력〔一力〕 名 強制力.
강제 수용〔一收用〕 名 強制収用.
강제적〔一的〕 冠 名 強制的. 無理やり.
강제 징수〔一徵收〕 名〔法〕 強制徴収.
강제[2]〔鋼製〕 名 鋼製.
강조〔強調〕 名 하他 強調. ¶아무리 ～해도 지나치지 않는다 いくら強調してもしすぎることはない.
강조 주간〔一週間〕 名 強調週間.
강조밥 名 粟だけで炊いたご飯.
강졸〔強卒〕 名 強卒. 強い兵卒. 勇敢な兵士. 反 弱卒.
강좌〔講座〕 名 講座. ¶불문학 ～ 仏文学講座／～를 만들다 講座を設ける.
강주〔強酒〕 名 強い酒.
강주정〔一酒酊〕 名 하自 わざと酔っぱらったふりをして乱暴を働くこと.
강즙〔薑汁〕 名 しょうが汁.
강직〔強直〕 名〔醫〕 強直(関節の骨·軟骨などの運動障害).
강직성〔一性〕 名〔醫〕 強直性(筋肉が収縮してかたくなる性質). ¶～ 경련 強直性痙攣.
강직하다〔剛直一〕 形 剛直だ. ¶강직한 인품 剛直な人柄／강직한 성격 剛直な性格.
강진〔強震〕 名〔地〕 強震. ¶～계 強震計.
강짜 名 〈俗〉 嫉妬. ねたみ. 焼きもち.
◆**강짜가 나다** 嫉妬心が起こる.
강철〔鋼鐵〕 名 鋼鉄. 鋼. スチール. ¶～ 같은 의지 鋼鉄の意志.
강청〔強請〕 名 하他 強請. むりに頼む[せがむ]こと. ¶～에 못 이겨 물건을 샀다 強請を断わりきれず品物を買わされた.
강체〔剛體〕 名〔物〕 剛体. ¶～ 역학 剛体力学.
강촌〔江村〕 名 江村. ¶～의 어화 江村のいさりび.
강추위 名 (雪の降らない)厳しい寒さ. 酷寒.
강타〔強打〕 名 하他 強打. **1** 強く打つこと. ¶자빠져 머리를 ～하다 転んで頭を強打する. **2** 強い打撃を与えること. ¶폭풍이 서해안을 ～하였다 暴風が西海岸を襲った. **3** 強打. ¶직구를 ～하다 直球を強打する.
강타자〔強打者〕 名 強打者.
강탈〔強奪〕 名 하他 強奪. 強取. ひったくる. ¶금품을 ～하다 金品を強奪する／노상에서 핸드백을 ～당했다 路上でハンドバッグをひったくられた.
강태공〔姜太公〕 名 **1** 太公望. **2** 〈俗〉 釣り師.
〔속담〕 **강태공의 곧은 낚시질** 太公望のまっすぐな釣り針(大志を抱き時を待つこと).
강토〔疆土〕 名 疆土. 領土.
강파르다 形 **1** (体が)やせこけている. やせている. ¶강파른 몸집 やせこけた体つき. **2** (性質が)難しく偏屈だ. ¶성미가 ～ 気難しい. **3** (山が)険しい.
강파리하다 形 (性質が)気難しくて意地っ張りのようだ. (体つきが)やせて短気なようだ.
강판[1]〔降板〕 名 하自 (野球で)降板.
강판[2]〔鋼版〕 名〔印〕 鋼版.
강판[3]〔鋼板〕 名 鋼板. 板状の鋼鉄.
강판[4]〔薑板〕 名 下ろし金. ¶생강을 ～에 갈다 しょうがを下ろし金で下ろす.
강평〔講評〕 名 하他 講評. ¶～회 講評会／작품을 ～하다 作品を講評する.
강포하다〔強暴一〕 形 強暴だ. ¶강포한 처사에 굴하다 強暴な仕打ちに屈する.
강풍[1]〔江風〕 名 川風.
강풍[2]〔強風〕 名 強風. ¶～으로 가로수가 쓰러졌다 強風で街路樹が倒れた.
강필〔鋼筆〕 名 鋼筆. からす口.
강하〔降下〕 名 하自他 降下. ¶급～ 急降下／기온이 ～하다 気温が下がる.
강하다[1]〔剛一〕 形 **1** (鉱物などが)硬い. ¶강한 철사 硬い針金. **2** (性格などが)堅い. 反 柔らかい ¶강한 성격 堅い[剛直な]性格.
강하다[2]〔強一〕 形 反 弱い **1**〔힘세다〕強い. 手ごわい. ¶강한 팀 強いチーム／강한 상대를 만나다 手ごわい相手にあう. **2**〔세차다〕強い. ¶햇살이 ～ 日差しが強い／북풍이 강하게 불다 北風が強くふく. **3**〔굳세다〕強い. ¶강

한 의지 強い意志／신념이 ～ 信念が強い. **4**〔능하다〕強い. ¶영어에 ～ 英語に強い. **5** (抵抗力が)強い. ¶추위에 강한 식물 寒さに強い植物.

강하어〔降河魚〕名 降河魚. 降流魚. 反 遡河魚.

강행〔強行〕名 하他 強行. ¶비가 오는 데도 등산을 ～했다 雨が降っているのに登山を強行した.

강행법〔一法〕名〔法〕強行法.

강행군〔強行軍〕名 하自 強行軍. ¶～으로 공사를 끝냈다 強行軍で工事を終わらせた.

강호¹〔江湖〕名 江湖. **1** 川と湖. **2** (詩人·墨客などが現実から逃避して住む)田舎. ¶～에 묻혀 살다 田舎にうずもれて住む. **3** 世間. 世の中. ¶～의 제현 世間の諸賢.

강호²〔強豪〕名 強豪. ¶～끼리의 대전 強豪同士の対戦.

강화¹〔強化〕名 하他 強化. ¶～ 훈련 強化訓練／조직을 ～하다 組織を強化する.

강화 식품〔一食品〕名 強化食品.

강화 유리〔一琉璃〕名〔工〕強化ガラス.

강화²〔講和〕名 하自 講和. ¶～ 조건 講和条件／적국과 ～하다 敵国と講和する.

강화³〔講話〕名 하自 講話. ¶문장 ～ 文章講話.

갖가지 名〔'가지가지'의 준말〕いろいろ(の). さまざま(な). もろもろ(の). 種々(の). 色とりどり(の). ¶～ 복장 色とりどりの服装／～ 상품이 갖추어져 있다 種々の商品がそろっている.

갖가지로 副〔'가지가지로'의 준말〕いろいろに. さまざまに. 種々に. ¶～ 사용되는 연장 いろいろな用途に使える道具.

갖다¹ 他〔'가지다'의 준말〕持つ. 有する. ¶아이들만이 갖는 깨끗한 눈 子供だけが持つ清らかな目／이조 백자가 갖고 있는 정교한 아름다움 李朝白磁の持つ精巧な美しさ.

갖다² 形 ひととおり揃っている.

갖다³〔'가지어다가'의 준말〕持っていって. 持ってきて. ¶이것을 ～ 주어요 これを持っていってあげなさい／귀에다 입을 ～ 대고 속삭였다 耳に口をあててささやいた.

갖바치 名 (昔の)革靴屋.

갖신 名 (在来式の)革靴.

갖옷 名 裏に毛皮を当てた衣服.

갖은 冠 いろいろな. さまざまな. あらゆる. ¶～ 고생을 하나 さまざまな苦労をする／～ 욕설을 퍼붓다 あらゆる悪口雑言を浴びせる. 毒舌の限りを尽くす.

갖은떡 名 **1** いろいろな形の餅. **2** さまざまな形につくった色とりどりの散餅.

갖은소리 名 あらゆる言葉. くだらないおしゃべり. 無駄口. 駄弁. ¶～를 다하다 盛んに御託を並べる／～를 다해 겨우 허락을 얻었다 言葉を尽くしてやっと許しを得た.

갖은양념 名〔料理〕くさぐさの薬味.

갖은자〔一字〕名 (漢字で)普通に使われる文字よりも字画の多い別の文字〈「三」に対する「参」など〉.

갖추 副 取りそろえて. みな. すっかり. ことごとく. ¶세간을 ～ 장만하다 所帯道具をすっかり調える.

◆**갖추쓰다** (漢字を)略字で書かず本字で書く.

갖추갖추 副 もれなくみな. ことごとく.

갖추다 他 整える. 調える. 備える. 取りそろえる. 具備する. ¶준비 태세를 ～ 準備態勢を整える／자격을 ～ 資格を備える.

갖풀 名 膠.

같다 形 **1** 同じだ. 同一である. 同様だ. 等しい. 反 異なる, 違う. ¶같은 반 친구다 同じクラスの友達だ／거의 없는 것과 ～ ほとんどないに等しい. **2** …のようだ. …みたいだ. ¶상세히 말씀드리자면 다음과 같습니다 詳しく申し上げると次のようです／언니는 배우 ～ ねえちゃんは俳優みたいだ. **3** …(の)ような. …みたいな. …(の)ごとき. ¶흰 솜 같은 구름 白綿のような雲／샛별 같은 눈 明星のような(澄んだ)目. **4** …らしい. …そうだ. …ようだ. …みたいだ. …のように思う. …のような気がする. ¶벌써 돌아간 것 ～ すでに帰ったらしい／그는 모르는 것 ～ 彼は知らないらしい／오늘 밤은 눈이 올 것 ～ 今夜は雪になりそうだ. **5** (もし)…だったら. …なら. ¶나 같으면 그런 짓은 안 하겠어 僕ならそんなことはしないよ／그전 같으면 … 以前だったら…. **6** (…の)ようすでは. ¶아침 같아서는 비가 올 것 같더니 날씨가 활짝 개었다 朝の空模様では雨が降りそうだったが, 空がからっと晴れた.

같아지다 自 同じになる. 等しくなる. 同化する. 似てくる. ¶커 가면서 아버지의 모습과 같아졌다 大きくなるにつれて父(の姿)に似てきた.

같은 값에 副 (どうせ)同じことなのに. ¶～ 반대할 거야 있겠나 どうせ同じことなのに反対する必要があろうか.

같은 값이면 副 同じことなら. 同じやるなら. ¶～ 기분 좋게 일해 보자 同じやるなら気持ちよく働こう.

〔속담〕**같은 값이면 다홍치마** 同じ値段なら紅色のチマ〈同じ値段ならよいものを選ぶ. 関係ある人のものを選ぶ〉.

같은 또래 名 同年輩. 同じ年ごろの人. ¶～의 아이들 同じ年ごろの子供たち.

같이 Ⅰ 副 **1** 同じように. 同一に. 等しく. 同様に. ¶이와 ～ このように／내 것과 ～ 만들어라 僕のと同じようにつくれ. **2** ともに. いっしょに. ¶～ 사는 사람 いっしょに住んでいる人／나와 ～ 놀자 僕といっしょに遊ぼう. **3** (ほかならない)そのように. そのとおりに. ¶어제 예고한 바와 ～ 昨日予告したように／예상한 바와 ～ 予想したとおりに.

Ⅱ 助 **1** …のように. …のごとく. ¶얼음～ 차다 氷のように冷たい／칠흑～ 어두운 밤 漆黒のように暗い夜. **2** (時を強調する)…のように. …のごとく. ¶새벽～ 떠나다 朝っぱらから出

発する/매일～ 산책을 간다 毎日のように散歩に行く.

같이하다 他 ともにする. 同じくする. ¶ 행동을 ～ 行動をともにする/운명을 ～ 運命をともにする/뜻을 ～ 志を同じくする.

같잖다 形 **1** (目に余るほど)こしゃくだ. きざだ. ¶ 같잖은 것 きざなやつ/학자연하는 꼴이 ～ 学者ぶるようすがしゃくに障る. **2** なってない. 取るに足らない. くだらない. つまらない. ¶ 같잖은 소리 くだらない言葉/같잖은 일로 다투다 くだらないことで争う.

갚다 他 **1**〔돌려주다〕返す. 返済する. 償う. ¶ 빚을 ～ 借金を返済する/외상을 ～ つけの代金を支払う. **2**〔보답하다〕報いる. (恩を)返す. ¶ 은혜를 ～ 恩に報いる. **3**〔앙갚음하다〕晴らす. (仇に)報いる. ¶ 원수를 ～ かたきを取る. 仇を討つ.

개¹ 名 潟. 海水と河水が出会う河口.

개² 名 **1**〔動〕犬. ¶ 들～ のら犬/～가 짖어댄다 犬がほえ立てる. **2** 走狗. 手先. スパイ. ¶ ～ 노릇을 하다 走狗となる.

〔속담〕**개가 똥을 마다한다** 犬が糞をいやという〈大好物であるはずなのにいやという場合に言う語〉. **개같이 벌어서 정승같이 산다** 犬のように汚く稼いで宰相のように清く暮らす〈汚く稼いでも正しく有用に使う〉. **개 눈에는 똥만 보인다** 犬の目には糞だけ見える〈何かに凝れば目に映るものがすべてそのように見えること〉. **개밥에 도토리** 犬の飯にどんぐり〈仲間にとけ込めず孤立している人を指していう語〉. **개 패듯 하다** 犬を殴りつけるようだ〈他人を容赦なくぶん殴ることのたとえ〉.

개³〔個〕依名 **1** 個. ¶ 사탕 한 ～ キャンデー1個/열 ～들이 상자 10個入りの箱. **2**〔鑛〕金(地金)100匁の単位.

개-⁴ 接頭 本物でない…. 不良の…. 野生の…. つまらない…. ¶ ～떡 (もち米でなく)小麦などでつくった餅/～꿈 つまらない夢/～죽음 犬死に.

개가¹〔改嫁〕名 하自 (女の)再婚. 再縁.

개가²〔開架〕名 하他 開架. 接架.

개가제〔一制〕名 (図書館の)開架式.

개가³〔凱歌〕**1** 凱歌. **2** 歓声.

◆**개가를 올리다** ① 凱歌を歌う. 歓声をあげる. ② 成果をあげる. ¶ 연구를 시작한 지 5년 만에 ～를 올렸다 研究を始めて5年ぶりに凱歌をあげた.

개가죽 名 **1** 犬の皮. **2** 〈卑〉面の皮.

개각¹〔介殼〕名〔動〕貝殼.

개각²〔改閣〕名 하自 内閣改造.

개간¹〔改刊〕名 하他 改版. 内容などを改めて刊行し直すこと.

개간²〔開墾〕名 하他 開墾. ¶ ～지 開墾地.

개갑¹〔介甲〕名 **1** 甲羅. 甲. **2** 鎧.

개갑²〔鎧甲〕名 (鉄の札のついた)鎧.

개강〔開講〕名 하他 開講. ¶ 수영 교실을 ～하다 水泳教室を開講する.

개개〔個個〕名 個々. 一つ一つ. ¶ ～의 문제 個々の問題.

개개다 Ⅰ 他 損を負わせる. 邪魔だてする.

Ⅱ 自 **1** (うるさく付きまとって)損をする. **2** すりむける. すり切れる.

개개빌다 自 切に許しをこう. ¶ 자식의 잘못을 개개빌었다 息子の過ちを平謝りに謝った.

개개풀리다 自 ☞개개풀어지다

개개풀어지다 自 **1** 粘り気がなくなる. **2** (眠たくなり)目がとろんとなる. ¶ 개개풀어진 눈 とろんとした目つき.

개거〔開渠〕名 開渠. 反 暗渠.

개고〔改稿〕名 하自 改稿.

개고기 名 **1** 犬の肉. **2** ごろつき. ならず者. 無頼漢.

개골 名 理由もなく怒ること. ¶ ～을 내다 癇癪を起こす. 怒る.

개골개골 副 하自 けろけろ〈かえるがしきりに鳴く声〉. <개굴개굴

개골창 名 どぶ. 下水道.

개과〔改過〕名 하自 改過. 改悛.

개과 천선〔一遷善〕名 하自 過ちを反省して真人間になること. 心を入れ替えてよくなること.

개관¹〔開館〕名 하自他 反 閉館 **1** 開館. **2** 図書館·博物館·映画館などを開いてその日の業務を始めること.

개관²〔概觀〕名 하他 **1** 概観. 大観. **2**〔美〕色彩·明暗·輪郭·構図などのだいたいのようす.

개괄〔概括〕名 하他 概括. ¶ 내용을 ～하여 기술하다 内容を概括して記述する.

개교¹〔改教〕名 하自 改宗.

개교²〔開校〕名 하自 開校. 反 閉校 ¶ ～기념일 開校記念日.

개구〔開口〕名 하自 開口. 反 箝口

개구도〔一度〕名〔言〕開口度〈発音するときに口を開く度合〉.

개구리 名〔動〕かえる. かわず. ¶ ～ 가 울다 かえるがけろけろ鳴く.

〔속담〕**개구리 올챙이 적 생각을 못한다** かえるはおたまじゃくしのときのことを忘れる〈成功したあと昔の苦労を忘れて偉ぶる〉.

개구리밥 名〔植〕浮草.

개구리헤엄 名 かえる泳ぎ. 平泳ぎ.

개구멍 名 犬くぐり. 犬の出入りする穴.

개구멍받이 名 拾い子. 捨て子.

개구쟁이 名 いたずらっ子. わんぱく. やんちゃ坊主. ¶ 우리집 ～ うちのわんぱく小僧.

개국〔開國〕名 하自 開国. 建国. 外国と交流を始めること. 反 鎖国 ¶ ～시조 開国の祖/～론 開国論.

개국 공신〔一功臣〕名 開国の功臣.

개굴개굴 副 하自 げろげろ(と).

개그〔gag〕名 ギャグ.

개근〔皆勤〕名 하自 皆勤. ¶ ～상 皆勤賞.

개기〔皆既〕名〔天〕〔'개기식'의 준말〕皆既.

개기식〔一蝕〕名〔天〕皆既食.

개기 월식〔一月蝕〕名〔天〕皆既月

食.

개기 일식〔一日蝕〕 名〔天〕皆既日食.

개꽃 名 **1**〔植〕いぬかみつれ. **2** くろふねつつじの花.

개꿈 名 ばかげた夢. つまらない夢.

개나리[1] 名〔植〕ちょうせんれんぎょう.

개나리[2] 名 野生のゆり.

개나발 名 筋の通らないばかげた話. でたらめ. 出まかせ.

◆**개나발을 불다** 口から出まかせを言う.

개념〔概念〕 名 概念. ¶～ 도구설 概念道具説 / ～론 概念論 / ～ 실재론 概念実在論 / ～ 형성 概念形成.

개념적〔一的〕 冠名 概念的. ¶～ 판단 概念的判断.

개다[1] 自 晴れる. 天気がよくなる. (雨が)上がる. ¶갠 날 晴れた日 / 맑게 갠 가을 하늘 晴れあがった秋空 / 날씨가 활짝 갰다 空がからっと晴れた.

개다[2] 他 溶く. こねる. 練る. ¶밀가루를 물로 ～ 小麦粉を水で溶く / 흙을 개어서 벽에 발랐다 土をこねて壁に塗った.

개다[3] 他 〔'개키다' 의 준말〕(衣服·布団などを)畳む. ¶이불을 ～ 布団を畳む / 매트를 개어 두다 マットを畳んでおく.

개다리질 名 하自 〈俗〉 **1** 小憎らしいふるまい. **2** 足でいたずらをすること.

개당〔個當〕 名 副 一個あたり. 一つあて. ¶～ 20원 一個あたり20ウォン.

개도국〔開途國〕 名 開発途上国.

개돼지 名 犬畜生. 畜生. ¶～만도 못한 놈 犬畜生にも劣るやつ.

개떡 名〔料理〕小麦粉·そば粉などをこねて蒸した粗末な餅.

◆**개떡 같다** つまらない. 取るに足りない. くだらない. 乱暴だ. ¶～ 같은 자식 ちっとも面白くないやつ / ～ 같은 성질 荒っぽい性格.

개똥 名 **1** 犬の糞. **2** つまらないもの. いやしいもの. ¶남을 ～같이 여긴다 他人を物の数にも入れない / ～도 모른다 みそもくそも区別がつかない.

〔속담〕 **개똥도 약에 쓰려면 없다** 犬の糞も薬に使おうとするとない〈どんなつまらないものでも, いざ求めようとするとなかなか見つからないものだ〉.

개똥벌레 名〔動〕ほたる.

개똥지빠귀 名〔動〕鶫.

개똥참외 名 自生のまくわうり.

개략〔概略〕 名 概略. あらまし. ¶～을 진술하다 概略を述べる.

개략적〔一的〕 冠名 概略的. ¶～인 설명 概略的な説明.

개량〔改良〕 名 하他 改良. 改善. ¶～을 거듭하다 改良を重ねる / 품종을 ～하다 品種を改良する.

개량종〔一種〕 名 改良種.

개런티〔guarantee〕 名 ギャランティー.

개론〔概論〕 名 하他 概論. ¶경제학 ～ 経済学概論 / 한국의 역사를 ～하다 韓国の歴史の概略を論じる.

개름 名 〔'개으름' 의 준말〕 怠惰.

개름뱅이 名 〔'개으름뱅이' 의 준말〕 のらくら者.

개름쟁이 名 〔'개으름쟁이' 의 준말〕 怠け者.

개막〔開幕〕 名 하自他 反 閉幕 **1** (演劇·音楽会の)開幕. 幕開き. ¶연극을 ～하다 演劇を開幕する. **2** (会議·行事などの)開幕. 幕開き. まくあけ. ¶올림픽 경기의 ～ オリンピック競技の開幕.

개망나니 名 ろくでなし. ごろつき.

개망신〔一亡身〕 名 하自 大恥. 赤恥. ¶～을 당하다 赤恥をかく / ～을 면하다 赤恥を免れる.

개머리 名〔軍〕銃床.

개머리판〔一板〕 名〔軍〕(小銃の)台尻の部分の金属板.

개명[1]〔改名〕 名 하自 改名. ¶～ 신고 改名届け.

개명[2]〔開明〕 名 하自 開明. 文明開化. ¶세상이 ～해 간다 世の中が開けていく.

개문〔開門〕 名 하自 開門. 反 閉門.

개미 名〔動〕蟻. ¶여왕 ～ 女王あり / 병정 ～ 兵隊あり / 일～ 働きあり / ～같이 부지런히 일하다 ありのように勤勉に働く.

〔속담〕 **개미 새끼 한 마리 얼씬도 못한다** あり1匹近づけない〈警戒が非常に厳しいこと〉.

개미구멍 名 ありの穴. ありの巣.

〔속담〕 **개미구멍으로 공든 탑 무너진다** 念入りに築き上げた塔もありの穴から崩れる〈小さな不注意が大きな災禍を呼ぶ.〉

개미산〔一酸〕 名〔化〕蟻酸.

개미지옥〔一地獄〕 名 蟻地獄. すり鉢状の穴.

개미집 名 ありの巣.

개미허리 名 細い腰. 柳腰.

개밋둑 名 あり塚. ありの巣.

개발[1] 名 犬の脚.

〔속담〕 **개발에 편자라** 犬の脚に蹄鉄〈まるで似合わないこと. 駄馬に唐鞍〉.

개발코 名 だんご鼻. 平たい鼻.

개발[2]〔開發〕 名 하他 開発. ¶～도상국 開発途上国 / 유전 ～ 油田の開発 / 신기종의 ～ 新機種の開発 / 능력의 ～ 能力の開発 / 천연 자원을 ～하다 天然資源を開発する.

개발 교육〔一教育〕 名 開発教授〈児童が生来持っている能力の自力による開発を目ざす教育〉.

개발주의〔一主義〕 名 開発主義.

개밥 名 犬のえさ.

〔속담〕 **개밥에 도토리** 犬のえさの中のどんぐり〈のけ者〉.

개밥바라기 名 〔'금성' 의 별칭〕 宵の明星.

개방[1]〔開方〕 名 하自〔數〕開方. 開法.

개방법〔一法〕 名〔數〕開法. 開方.

개방[2]〔開放〕 名 하他 開放. 反 閉鎖 ¶문호 ～ 門戸開放 / ～ 엄금 開放厳禁 / 고궁이 일반에게 ～되었다 故宮が一般に開放された.

개방 경제〔一經濟〕 名 開放経済.

개방 대학〔一大學〕 名 勤め人や勤労青少年に再教育の機会を

与え, 大学の課程を履修させる大学.
개방 도시〔一都市〕名〔法〕開放都市〈敵の侵入に対する防備をしない都市〉.
개방 요법〔一療法〕名 精神病患者を自由に活動させながら治療する方法.
개방적〔一的〕冠 名 開放的. ¶ ～인 사람 開放的な人.
개방 정책〔一政策〕名 開放政策.
개방주의〔一主義〕名 開放主義.
개버딘〔gabardine〕名 ギャバジン.
개법〔開法〕名〔數〕〔'개방법'의 준말〕開法.
개벽〔開闢〕名 하自 開闢. 世の始まり. ¶ 천지 ～ 天地開闢.
개변〔改變〕名 하他 (制度·施設などの)改変. 変改. ¶ 국정의 ～ 国政の改変.
개별〔個別〕名 個別. 一つ一つ. 別々. ¶ ～ 면담[심사] 個別面談[審査].
개별 개념〔一概念〕名 個別概念.
개별적〔一的〕冠 名 個別的. ¶ ～인 지도 個別的な指導.
개병〔皆兵〕名 皆兵. ¶ 국민 ～ 国民皆兵.
개복〔開腹〕名 하自〔醫〕開腹. ¶ ～ 수술 開腹手術.
개봉〔開封〕名 하他 **1** 開封. ¶ 편지를 ～하다 手紙を開封する. **2** (映画などの)封切り. ロードショー. ¶ ～관 封切り館. 1番館.
개불알꽃 名〔植〕敦盛草.
개비[1] Ⅰ 名 細く割った木片. ¶ 장작 ～ (1本1本の)薪 / 성냥～ マッチ棒. Ⅱ 依名〔가늘게 쪼갠 나무토막을 세는 말〕本. ¶ 성냥 한 ～ マッチ1本 / 장작 두 ～ 薪2本 / 담배 한 ～ たばこ1本.
개비[2]〔改備〕名 하他 (取り替えて)新たに備えること. 取り替えること.
개뿔 名 取るに足りないもの. つまらないもの.
◆개뿔도 아니다 何でもない.
개산[1]〔開山〕名 하自他〔佛〕開山. 開基.
개산 조사〔一祖師〕名〔佛〕開祖.
개산[2]〔概算〕名 하他 概算. 見積もり. 反 精算 ¶ ～ 금액 概算金額.
개살구 名 満州杏の実.
〔속담〕개살구도 맛들일 탓 渋いまんしゅうあんずも食べ慣れるとうまくなる〈何事にも慣れれば好きになる〉.
개살구 나무 名〔植〕まんしゅうあんず.
개새끼 名 **1** 犬の子. 犬. **2**〔남을 모욕하여 이르는 말〕犬畜生. ¶ 이 ～야 この野郎. このがきめ / ～만도 못한 놈이다 犬畜生にも劣る奴だ.
개서〔改書〕名 하他 書き換えること. 書き改めること. 書き直すこと. ¶ 명의의 ～ 名義の書き換え / 주식 명의를 ～하다 株式名義を書き換える.
개석〔開析〕名〔地〕開析. ¶ ～ 삼각주 開析三角州.
개석 대지〔一臺地〕名〔地〕開析台地.
개선[1]〔改善〕名 하他 改善. ¶ 대우 ～ 待遇改善 / ～을 꾀하다 改善を図る / 생활을 ～하다 生活を改善する / ～의 여지가 있다 改善の余地がある.
개선책〔一策〕名 改善の方法.
개선[2]〔改選〕名 하他 改選. ¶ 위원을 ～하다 委員を改選する.
개선[3]〔疥癬〕名〔醫〕疥癬.
개선[4]〔凱旋〕名 하自 凱旋. ¶ 환영을 받으며 ～하다 歓迎を受けながら凱旋する.
개선문〔一門〕名 凱旋門.
개선장군〔一將軍〕名 **1** 凱旋将軍. **2** ある事に成功した人のたとえ.
개선충〔疥癬蟲〕名〔動〕疥癬虫. 皮癬蜱.
개설[1]〔開設〕名 하他 **1** 開設. ¶ 연구소를 ～하다 研究所を開設する / 방송국이 ～되었다 放送局が開設された. **2**〔經〕銀行で信用状を発行すること. ¶ 신용장 ～ 은행 信用状の開設銀行.
개설[2]〔概說〕名 하他 概説. ¶ 문학 ～ 文学概説.
개성[1]〔改姓〕名 하自 改姓.
개성[2]〔個性〕名 個性. ¶ ～이 없는 작품 個性のない作品 / ～이 강하다 個性が強い / ～을 살리다 個性を生かす.
개성 교육〔一教育〕名 個性教育.
개성적〔一的〕冠 名 個性的. ¶ ～인 옷차림 個性的な服装.
개성[3]〔開城〕名 하自 開城.
개세〔蓋世〕名 하自 蓋世. 世を蓋いつくすほど意気ごみの大きいこと. ¶ ～의 영웅 蓋世の英雄.
개소[1]〔個所·箇所〕依名 か所. ¶ 지국 3 ～를 개소하다 支局3か所を開所する.
개소[2]〔開所〕名 하自他 開所. ¶ ～식 開所式.
개소리 名 하自 とんでもないことをしゃべるのをけなして言うこと.
◆개소리를 치다 でたらめなことをのべつに口をたたく.
개소리괴소리 名 でたらめにしゃべりまくる言葉.
개수[1]〔一水〕名〔'개숫물'의 준말〕食器を洗う水.
개수통〔一桶〕名 洗い桶.
개숫물 名 (食後の)食器を洗う水.
개수[2]〔改修〕名 하他 改修. ¶ 도로를 ～하다 道路を改修する.
개수[3]〔個數〕名 個数. ¶ ～를 세다 個数を数える.
개수[4]〔概數〕名〔數〕概数.
개수작〔一酬酌〕名 하自 でたらめな言動. ¶ ～ 마라 でたらめを言うな.
개술〔概述〕名 하他 要点だけ述べること.
개시[1]〔開市〕名 하自 **1** 開市. **2** (開店して)初めて物を売ること. ¶ 장사의 ～ 商売の口開け / ～ 손님 口開けの客. その日の最初の客.
개시[2]〔開始〕名 하他 開始. 始めること. ¶ 작업 ～ 作業開始 / 영업이 ～되었다 営業が開始された / 시합을 ～하다 試合を開始する.

개식사〔開式辭〕 名 開会の辞.

개신〔改新〕 名 하他 改新. ¶ 제도를 ~하다 制度を改新する.

개심〔改心〕 名 하自 改心. 悔い改めること. ¶ 악인을 ~시키다 悪人を改心させる.

개싸움 名 하自 **1** 犬のけんか. **2** 泥仕合. 醜い争い. ¶ ~을 벌이다 泥仕合を繰り広げる.

개씨바리 名 〈俗〉 眼が充血して目やにがたまりまぶしがる眼病.

개악〔改惡〕 名 하他 改悪. ¶ 헌법의 ~ 憲法の改悪 / 법을 ~하다 法を改悪する.

개안〔開眼〕 名 하自 **1** 開眼. 目が見えるようにすること. ¶ ~ 수술 開眼手術. **2** 〔佛〕 開眼. 開眼供養. **3** 〔佛〕 真理を悟ること. ¶ 불도에 ~하다 仏道に開眼する.

개암 名 はしばみの実.

개암나무 名 〔植〕 榛.

개양귀비〔一楊貴妃〕 名 〔植〕 雛罌.

개어귀 名 川口. 河口.

개업〔開業〕 名 하自他 反 閉業 **1** 開業. 開店. (その日の)営業を始めること. **2** 開店. オープン. (事業·商売を)新しく始めること. ¶ 내달 초하루부터 ~합니다 来月1日から開店いたします / ~ 광고를 내다 開業広告を出す.

개업의〔一醫〕 名 開業医.

개역〔改譯〕 名 하他 改訳.

개연〔蓋然〕 名 蓋然.

개연량〔一量〕 名 〔數〕 確率.

개연성〔一性〕 名 蓋然性. ¶ ~이 높다 蓋然性が高い.

개연율〔一率〕 名 〔數〕 確率.

개연적〔一的〕 冠 名 蓋然的.

개열〔開裂〕 名 하自他 開裂. 開き裂くこと. ¶ ~과 開裂果.

개염 名 欲. 羨望. ¶ ~을 내다 欲を出す. うらやむ / ~을 부리다 欲張る / ~이 나다 欲が出る. うらやむ.

개염스럽다 形 うらやましがる.

개오[1]〔改悟〕 名 하自 改悟. 悔悛.

개오[2]〔開悟〕 名 하自 〔佛〕 開悟.

개와〔蓋瓦〕 名 하他 **1** 瓦葺き. 瓦で屋根を葺くこと. ¶ ~집 瓦葺きの家. **2** ⇨기와

개요〔概要〕 名 概要. 概略. 大要. あらまし. ¶ 계획의 ~를 설명하다 計画の概要を説明する.

개요도〔一圖〕 名 概要図.

개운하다 形 **1** (気持ち·体が) さっぱりしている. 晴れ晴れしている. すっきりしている. ¶ 마음이 ~ 心が晴れやかだ / 속이 ~ 胸のつかえがとれる / 머리를 감았더니 개운해졌다 髪を洗ったらさっぱりした. **2** (味が) しつこく[くどく]ない. さっぱりしている. ¶ 개운한 맛 さっぱりした味 / 조갯국이 ~ 貝のスープがさっぱりしている. **개운히** 副 さっぱりと.

개울 名 小川. 細流. 谷川. 渓流. ¶ ~을 건너다 小川を渡る.

개울물 名 小川·谷川の水. ¶ 맑은 ~이 흐르는 골짜기 清らかな渓流が流れる谷.

개원[1]〔改元〕 名 하自 改元. 年号を改めること.

개원[2]〔開院〕 名 하自 (議院·病院·学院などの)開院. 反 閉院 ¶ ~식 開院式 / 병원의 ~ 시간 病院の開院時間.

개으르다 形 怠慢だ. おこたる. <게으르다

개으름 名 怠惰. なまけること. <게으름

개의〔介意〕 名 하自他 介意. 頓着. 意に介すること. 気にかけること. ¶ ~치 않다 意に介しない / 쓸데없는 일에 ~치 말고 밀고 나가라 つまらぬことは気にしないで押し通せ.

개인[1]〔改印〕 名 하自他 改印.

개인[2]〔個人〕 名 個人. 反 団体 ¶ ~ 소유 個人の所有 / ~으로서의 의견 個人としての意見 / 이것은 저의 ~ 문제입니다 これは私個人の問題です.

개인 경기〔一競技〕 名 〔體〕 個人競技.

개인 교수〔一教授〕 名 個人教授.

개인기〔一技〕 名 (団体競技においての)個人技. ¶ ~가 뛰어나다 個人技が優れている.

개인상〔一賞〕 名 個人賞.

개인성〔一性〕 名 個性.

개인 소득〔一所得〕 名 個人所得.

개인위생〔一衛生〕 名 個人衛生.

개인적〔一的〕 冠 名 個人的.

개인전[1]〔一展〕 名 個展. ¶ ~을 열다 個展を開く.

개인전[2]〔一戰〕 名 個人戦.

개인주의〔一主義〕 名 個人主義.

개인차〔一差〕 名 個人差. ¶ ~를 인정하다 個人差を認める / 능력에는 ~가 있다 能力には個人差がある.

개인플레이〔一play〕 名 個人プレー.

개인 회사〔一會社〕 名 個人会社.

개입〔介入〕 名 하自 介入. ¶ 군사 ~ 軍事介入 / 제3자가 ~하다 第3者が介入する / 분쟁에 ~하다 紛争に介入する.

개입방〔開立方〕 名 〔數〕 開立.

개자〔芥子〕 名 〔植〕 からしなの実. からし.

개자유〔一油〕 名 からし油.

개작〔改作〕 名 하他 改作. ¶ 소설을 ~하다 小説を改作する.

개잠[1] 名 犬のように体を丸めて寝ること.

개잠[2]〔改一〕 名 寝入ること. 寝直し.

개잠들다 自 寝直る.

개잠자다 自 寝直す.

개장[1]〔一醬〕 名 〔'개장국'의 준말〕 犬肉の煮込み汁.

개장국 名 犬肉の煮込み汁.

개장[2]〔改葬〕 名 하他 **1** 改葬. **2** 移葬.

개장[3]〔改裝〕 名 하他 改装. ¶ 점포의 ~ 店舗の改装 / 포장을 ~하다 荷造りをし直す / 군함을 ~하다 軍艦を改装する.

개장[4]〔開場〕 名 하他 開場. 反 閉場 ¶ 극장 ~ 시간 劇場の開場時間 / 전시장을 ~하다 展示場を開場する.

개재〔介在〕 名 하自 介在. ¶ 타인의 ~를 허락하지 않는다 他人の介在を

許さない.

개전¹〔改悛〕 名 하自 改悛. ¶ ～의 정이 엿보이다 改悛の情がうかがわれる.

개전²〔開戰〕 名 하自 開戦. 反 終戦 ¶ ～을 선포하다 開戦を宣布する.

개점〔開店〕 名 하自 開店. 店開き. 反 閉店

개점휴업〔—休業〕 名 開店休業.

개정¹〔改正〕 名 하他 改正. ¶ 법률의 ～ 法律の改正 / 낡은 규약을 ～하다 古い規約を改正する.

개정안〔—案〕 名 改正案. ¶ ～이 의회에 상정되었다 改正案が議会に上程された.

개정²〔改定〕 名 하他 改定. ¶ ～ 요금 改定料金 / 정가를 ～하다 定価を改定する / ～된 버스 요금 改定されたバス料金.

개정³〔改訂〕 名 하他 改訂. ¶ 사전을 ～하다 辞典を改訂する.

개정판〔—版〕 名 改訂版.

개정⁴〔開廷〕 名 하自 開廷. 反 閉廷 ¶ 재판장이 ～을 선언했다 裁判長が開廷を宣言した.

개제〔改題〕 名 하他 改題. ¶ 신문의 ～ 新聞のタイトルの変更.

개조¹〔改造〕 名 하他 改造. ¶ 부엌을 ～하다 台所を改造する.

개조²〔改組〕 名 하他 改組. 編成がえ. 改造. ¶ 내각의 ～ 内閣の改造.

개조³〔個條〕 依名 箇条. 条項. ¶ 5～로 된 조약 5か条からなる条約.

개조⁴〔開祖〕 名 **1** 開祖. ¶ 고려 왕조의 ～는 왕건이다 高麗王朝の開祖は王建である. **2** 〔'개종조'의 준말〕 開祖.

개종〔改宗〕 名 하自〔宗〕 改宗. 宗旨がえ. ¶ 가톨릭교로 ～하다 カトリックに改宗する.

개종조〔開宗祖〕 名〔佛〕 開祖. 開山.

개죽음 名 하自 犬死に. 無駄死に. ¶ 결코 ～해서는 안 된다 決して犬死にしてはいけない.

개중〔個中〕 名 数ある中. 大勢の中. ¶ ～에는 불량품도 섞여 있다 中には不良品も混じっている.

개진¹〔改進〕 名 하自他 改進.

개진²〔開陳〕 名 하他 開陳. ¶ 소신을 ～하다 所信を開陳する.

개짐 名 生理帯.

개집 名 犬小屋.

개차반 名 ろくでなし. できそこない. ¶ 하는 짓이 아주 ～이다 やることがまったくろくでなしだ.

개착〔開鑿〕 名 하他 開削. ¶ 터널의 ～ トンネルの開削.

개찬〔改竄〕 名 하他 改竄. 文書の文字を勝手に書き替えること. ¶ 공문서의 ～ 公文書の改竄.

개찰¹〔改札〕 名 하他 改札.

개찰구〔—口〕 名 改札口.

개찰²〔開札〕 名 하他 開札. 入札の結果を調べること.

개척〔開拓〕 名 하他 開拓. ¶ ～지 開拓地 / ～민 開拓民 / 시장을 ～하다 市場を開拓する / 스스로 운명을 ～하다 自ら運命を切り開く.

개천〔—川〕 名 **1** 下水. どぶ. 溝. **2** 川. 小川. ¶ ～가 川辺.

〔속담〕 **개천에서 용 난다** どぶから竜が出る〈鳶が鷹を生む〉.

개천절〔開天節〕 名 開天節〈韓国の祝日の一つ. 建国記念日. 10月3日〉.

개청〔開廳〕 名 하他 開庁. 官庁を新設すること.

개체〔個體〕 名 個体. 個物.

개체 개념〔—概念〕 名 個体概念.

개체 발생〔—發生〕 名〔生〕 個体発生.

개최〔開催〕 名 하他 開催. ¶ ～지 開催地 / 동창회를 ～하다 同窓会を催す.

개축〔改築〕 名 하他 改築. ¶ ～ 공사 改築工事 / 학교 건물을 ～하다 校舎を改築する.

개칠〔改漆〕 名 하自他 **1** 塗替え. 塗り直すこと. **2** (筆で書くとき)一度書いた字に筆を加えること.

개칭〔改稱〕 名 하他 改称. ¶ 회사의 이름을 ～하다 社名を改称する.

개코같다 形 つまらない. 取るに足りない. くだらない. 値打ちがない. ¶ 개코같은 소리 그만둬 つまらぬことを言うな / 개코같은 영화였다 くだらない映画だった.

개코망신〔—亡身〕 名 하自 ひどい恥. 赤恥. あかっ恥. ¶ ～을 당하다 あかっ恥をかく.

개키다 他 (布団·着物などを)畳む. 折り畳む. ¶ 이불을 ～ 布団を畳む / 천을 ～ 布を折り畳む.

개탄〔慨歎〕 名 하自 慨嘆. ¶ 세상을 ～하다 世を嘆く / 몹시 ～하다 慨嘆にたえない.

개통〔開通〕 名 하自 開通. ¶ ～식 開通式 / 지하철이 ～되다 地下鉄が開通する.

개판¹ 名 めちゃくちゃ. ごちゃごちゃ. でたらめ. ¶ ～이 되다 めちゃくちゃになる / 하는 일이 ～이다 やることがめちゃめちゃだ.

개판²〔改版〕 名 하他 改版.

개펄 名 潟. 干潟地. 入り江の泥地.

개편〔改編〕 名 하他 改編. ¶ 교과서 ～ 教科書の改編 / 기구 ～ 機構の改編.

개평¹ 名 (賭博などで)他人の持ち分からただで少し分けてもらったもの.

◆**개평을 떼다** うわまえをはねる. ただでいくらか分けてもらう. ¶ 노름판에서 ～을 떼다 賭博場でただでいくらかを分けてもらう.

개평꾼 名 他人の持ち分からただでいくらかを分けてもらう人. うわまえをはねる人. 他人から物をせびる人.

개평²〔概評〕 名 하他 概評. ¶ 경연 대회의 ～ コンクールの概評.

개폐¹〔改廢〕 名 하他 改廃. ¶ 법률을 ～하다 法律を改廃する.

개폐²〔開閉〕 名 하他 開閉. 開け閉め. あけたて. ¶ 자동 ～ 自動開閉 / 문은 자동적으로 ～된다 門は自動的に

開閉する.
개폐교〔一橋〕名 可動橋.
개폐기〔一器〕名 開閉器. スイッチ.
개폐식〔一式〕名 開閉式.
개표¹〔改票〕名 하自 改札. ¶특급 열차의 ～가 시작되었다 特急列車の改札が始まった.
개표²〔開票〕名 하自 開票. ¶～일 開票日/～ 속보 開票速報/당일로 ～가 완료된다 即日に開票が完了する.
개표구〔一區〕名 開票区(開票を管理するために設けた単位区域).
개표소〔一所〕名 開票所.
개피떡 名 ケピトック〈あずきや豆の餡を入れて半月形につくった餅〉.
개학〔開學〕名 하自 (学校の休みが明けて)始業. 授業を始めること. 反 休み ¶～식 始業式.
개항〔開港〕名 하自他 **1** 開港. ¶제주를 ～하다 済州を開港する/～ 100주년을 맞이하다 開港百周年を迎える. **2** 開港した港. **3**〔'개항장'의 준말〕開港場.
개항장〔一場〕名 開港場.
개헌〔改憲〕名 하自 改憲. 憲法改正. ¶～안 改憲案.
개헤엄 名 犬掻き. 犬泳ぎ.
개혁〔改革〕名 하他 改革. ¶농지 ～ 農地改革/학제 ～ 学制改革.
개화¹〔開化〕名 하自 開化. ¶문명 ～ 文明開化/～의 물결을 타다 開化の波に乗る/의식이 ～되다 意識が開化する.
개화 사상〔一思想〕名 開化思想.
개화²〔開花〕名 하自 **1** 開花. ¶벚꽃의 ～기 桜花の開花期. **2** (文化·芸術が)さかえること. ¶서민 문화의 ～ 庶民文化の開花.
개황〔概況〕名 概況. あらまし. ¶기상 ～ 気象概況/～을 알리다 概況を知らせる/～을 파악하다 概況を把握する.
개회〔開會〕名 하自 開会. 反 閉会 ¶～식 開会式/～를 선언한다 開会を宣言する/국회가 ～되었다 国会が開かれた.
개회사〔一辭〕名 開会の辞.
개흙 名 (川辺やどぶの)泥土. どろ.
객〔客〕名 **1** 客. 来客. ¶낯선 ～이 찾아왔다 見知らぬ客が訪ねてきた. **2**〔'쓸데없는'의 뜻을 나타냄〕くだらない…. 主でない…. ¶～소리 無駄口/～식구 居候/～담 無駄話. **3**〔'어떤 사람'을 나타냄〕…客. ¶방문～ 訪問客/불청～ 招かざる客.
객고〔客苦〕名 **1** 旅疲れ. 旅くたびれ. 異郷での苦労. ¶～가 심하다 旅行先[異郷]での苦労が多い. **2** 徒労. 甲斐のない骨折り.
객관〔客觀〕名〔哲〕客観. 客体. 反 主観
객관 묘사〔一描寫〕名〔文〕客観描写.
객관성〔一性〕名 客観性.
객관식 고사법〔一式考査法〕名 客観テスト.
객관적〔一的〕冠名 客観的. ¶～으로 사물을 보다 客観的にものを見る.
객관적 비평〔一的批評〕名〔文〕客観的批評.
객관주의〔一主義〕名〔哲〕客観主義.
객관화〔一化〕名 하自他 客観化.
객기〔客氣〕名 客気. 血気. ¶～에 사로잡히다 客気にかられる/～에 날뛰다 客気にはやる.
객기부리다 自 羽目をはずす.
객년〔客年〕名 客年. 昨年. 去年.
객담¹〔客談〕名 하自 無駄話. ¶～을 늘어놓다 無駄話を並べ立てる.
객담²〔喀痰〕名 하自 喀痰.
객사¹〔客死〕名 하自 客死. ¶이국에서 ～하다 異国で客死する.
객사²〔客舍〕名 客舎. 宿屋. 旅宿り.
객석〔客席〕名 客席. ¶～을 꾸미다 客席を設ける/～을 꽉 메우다 客席をぎっしり埋める.
객선〔客船〕名 **1** 客船. 旅客船. **2** よそから来た船.
객소리〔客一〕名 하自 無駄話.
객수〔客愁〕名 客愁. 旅愁. ¶～에 잠기다 旅愁に浸る/～를 느끼다 旅愁を覚える.
객스럽다〔客一〕形 つまらない. 味気ない. **객스레** 副 つまらなく. 味気なく.
객승〔客僧〕名〔佛〕**1** 客僧. 旅僧. **2** 客僧. 身を他寺に寄せている僧.
객식구〔客食口〕名 食客. 居候.
객실〔客室〕名 客室. 客間. ¶손님을 ～로 모시다 お客(さん)を客室にご案内する.
객심〔客心〕名 **1** 客心. 旅心. 旅情. ¶～을 달래다 旅情をなぐさめる. **2** 二心. 逆心. ¶～을 먹다 二心を抱く.
객심스럽다〔客甚一〕形 本当につまらない. 取るに足りない. **객심스레** 副 本当につまらなく.
객어〔客語〕名 **1**〔言〕客語. 目的語. **2**〔論〕賓辞. 賓位.
객원〔客員〕名 客員. ¶～ 교수 客員教授.
객주〔客主〕名 朝鮮時代, 商品の委託販売や売買の仲介·行商人の宿泊などを兼ねた宿, またその主人.
객줏집 名 客主の営業をする家.
객지〔客地〕名 客地. 他郷. 異郷. 旅先. ¶～ 생활 他郷の生活/～에서 병들다 客地で病む/～로 떠돌아다니다 他郷をさすらう.
객쩍다〔客一〕形 つまらない. くだらない. 無駄だ. 余計だ. 重要でない. ¶객쩍은 소리 하지 마라 つまらないことを言うな/객쩍은 사람 くだらない人間.
객차〔客車〕名 客車. 反 貨車
객체〔客體〕名 **1** (手紙で)他郷にいる身の意で相手の安否を問うときに使うことば. **2** 客体. 反 主体 ¶～화 客体化.
객토〔客土〕名 하自〔農〕客土. 置き土. 入れ土.
객혈〔喀血〕名 하自 喀血.
갤러리〔gallery〕名 ギャラリー. 画廊.

갤런〔gallon〕 依名 ガロン〈容積単位〉.

갬블〔gamble〕 名 ギャンブル. ばくち. 賭事.

갭〔gap〕 名 ギャップ. ¶ 세대간에 ～이 생기다 世代間にギャップが生じる.

갭직하다 形 (思ったより)軽い. ¶ 갭직한 짐 やや軽い荷物.

갭직갭직 副 하形 やや軽いようす.

갯가 名 **1** 浜辺. 海辺. ¶ 소나무 그늘의 상쾌한 ～에 松蔭の清き海辺に. **2** 流れのほとり. 川辺. ¶ ～에 멈춰 서다 川辺にたたずむ.

갯값 名 捨て値. 非常に安い値. 二束三文. ¶ ～으로[에] 팔다 二束三文で売る.

갯고랑 名 浜辺にある溝.

갯돌 名 小川にある丸くて大きい石.

갯마을 名 漁村. 海辺の村.

갯물 名 河口付近に流れる水.

갯바람 名 浜風. 潮風.

갯밭 名 海辺の黒い泥土地帯.

갯벌 名 干潟. 砂州. 砂浜.

갯솜 名〔動〕海綿動物の総称.

갯장어〔一長魚〕 名〔動〕 鱧.

갯지네 名〔動〕 沙蚕.

갯지렁이 名〔動〕 沙蚕.

갱[1]〔坑〕 名〔鑛〕 **1** 坑. **2**〔'갱도'의 준말〕坑道. ¶ 수직～ 竪坑. **3** 砂金鉱で, 排水用の溝.

◆**갱을 달다** ① (鉱脈に従って)坑道を掘る. ② 砂金鉱に溝を設ける.

갱[2]〔羹〕 名 野菜や昆布などを入れて煮た祭祀用のあつもの.

갱[3]〔gang〕 名 ギャング. ¶ ～ 영화 ギャング映画.

갱구〔坑口〕 名〔鑛〕 坑口.

갱내〔坑內〕 名〔鑛〕 坑内. ¶ ～ 작업 坑内作業.

갱내부〔一夫〕 名 坑内夫.

갱년기〔更年期〕 名 更年期.

갱년기 장애〔一障礙〕 名 更年期障害.

갱도〔坑道〕 名〔鑛〕 坑道. ¶ ～가 막히다 坑道がふさがる / ～를 뚫다 坑道を掘る.

갱목〔坑木〕 名〔鑛〕 坑木.

갱문〔坑門〕 名〔鑛〕 坑道の出入口に設けた門.

갱부〔坑夫〕 名 坑夫. 鉱山労働者.

갱생〔更生〕 名 하自 更生. ¶ 자력～ 自力更生 / 악의 길에서 ～했다 悪の道から更生した / 죽을 병에서 ～되었다 死の病から生き返った / 비행 소년을 ～시키다 非行少年を更生させる.

갱생 보호〔一保護〕 名〔法〕 更生保護.

갱생사위 名 よみがえるための好機.

갱신[1] 名 身動き. 身じろぎ. ¶ 더위에 시달려 ～을 못 하겠다 暑さにぐったりとなって身動きもできない.

갱신[2]〔更新〕 名 하自他〔法〕〔계약 기간의 연장〕更新. ¶ 임대 계약의 ～ 賃貸契約の更新 / 운전 면허증을 ～하다 運転免許証を更新する.

갱지〔更紙〕 名 ざら紙. わら半紙.

갱충쩍다 形 そそっかしくて愚かだ.

갸륵하다 形 (行動が)立派だ. 殊勝だ. けなげだ. ¶ 효성이 ～ 孝行心が殊勝だ / 어머니를 돌보는 딸의 마음씨가 ～ 母親の世話をする娘の心がけがけなげだ. **갸륵히** 副 けなげに. 立派に.

갸름갸름하다 形 (複数のものが)みな少し長めだ.

갸름하다 形 (見目よく)やや長めだ. 心持ち細長い. ¶ 얼굴이 갸름한 미인 面長の美人.

갸우듬하다 形 少し傾いている. やや斜めだ. **갸우듬히** 副 やや斜めに.

갸우뚱하다 自他 (体·物体などが)片方に少し傾く. 傾ける. ¶ 고개를 ～ 首をかしげる.

갸우뚱갸우뚱 副 하自他 (物が)あちこち傾くようす.

갸우뚱거리다[-대다] 自 他 あちこち傾く. 傾ける. ¶ 문제가 어려워 고개를 갸우뚱거리고 있다 問題が難しくて首をかしげている.

갸울다 **Ⅰ** 形 (少し)傾いている.
Ⅱ 自 (一方に)傾く.

갸울어뜨리다[-트리다] 他 力強く傾ける.

갸울이다 他 ちょっと傾ける. かしげる.

갸웃거리다[-대다] 自他 しきりに首をかしげる. 頭を傾ける. ¶ 이상하다는 듯이 고개[머리]를 갸웃거렸다 おかしいとでもいうように首をかしげた.

갸웃갸웃 副 하自他 しきりに首·頭などをかしげるようす.

갸웃하다 **Ⅰ** 形 やや傾いている. ¶ 어깨가 ～ (片方の)肩が下がっている.
Ⅱ 他 やや斜めに傾ける. かしげる. ¶ 고개를 갸웃하고 생각에 잠겨 있다 首をかしげて思案にくれている. **갸웃이** 副 ややかしげて.

갹출〔醵出〕 名 하他 醵出. 金品を出し合うこと. ¶ ～금 醵出金 / 기금의 일부를 ～하다 基金の一部を醵出する.

갈쭉하다 形 (長さが程よく)やや長い. 心持ち長めである. **갈쭉이** 副 やや長く.

갈쭉갈쭉 副 하形 (複数のものが)みな長めであるようす.

갈쯔막하다 形 かなり長い.

개 〔'그 아이'의 준말〕その子. ¶ ～가 유리를 깼대요 その子がガラスを割ったそうです.

거[1] **Ⅰ** 依名 〔'것'의 준말〕もの. こと. ¶ 아무 ～나 먹어라 (好き嫌いを言わないで)なんでも食べなさい / 이 책은 내 ～다 この本は僕のものだ.
Ⅱ 代 〔'그것'의 준말〕それ. ¶ ～ 좀 다오 それちょっとくれ / ～ 얼마요 それいくらですか.
Ⅲ 感 それは. そりゃ. そら. それ. ¶ ～, 봐 それみろ. それごらん / ～, 참 멋있다 そりゃ, 本当にすばらしい / ～, 참 잘됐네 それはよかったね.

거[2] 代 〔'거기'의 준말〕そちら. ¶ ～ 누구요? そこにいる人だれですか.

거각〔巨閣〕 名 巨大な楼閣. 高殿.

거간〔居間〕 名 하他 **1** 仲買. 仲立ち. 橋渡し. ¶ ～ 노릇 仲買業 / ～을 서다 仲立ちをする. **2**〔'거간꾼'의

준말〕仲買人.

거간꾼 名 仲買人. 仲買商人. ブローカー. ¶소 ~ 牛の仲買人.

거개〔擧皆〕名 ほとんど. 大部分. たいてい. ¶이 골동품들은 ~가 할아버지께서 모으신 것이다 この骨董品はほとんどがおじいさんが集めたものだ.

거골〔距骨〕名〔生〕距骨. くるぶし.

거구〔巨軀〕名 巨軀. 巨体. ¶6척의 ~ 6尺の巨軀.

거국〔擧國〕名 하自 挙国. ¶~일치 挙国一致 / ~하여 国を挙げて.

거국적〔一的〕冠 名 挙国的. ¶~인 축하 행사 国を挙げての祝賀行事 / ~으로 축하하다 国を挙げて祝う.

거금¹〔巨金〕名 大金. 巨額のお金. ¶~을 유용하다 大金を流用する.

거금²〔距今〕副 今を去る. 今よりさかのぼって. 今から. ¶대통령이 암살된 것은 ~ 50년 전이었다 大統領が暗殺されたのは今から50年前のことである.

거기¹ 代 **1** そこ. あそこ. そちら. その場所. そのこと. その点. ¶~서 담배를 피우면 안 돼요 そこでたばこを吸ってはいけません / 여기보다 ~가 더 좋다 ここよりそこのほうがいい. **2** (부사적으로) そこに. そこで. ¶너 왜 허락도 없이 ~ 갔니? お前はなぜ許しもえずそこへ行ったの.

거기² 代 そちら. 君. ¶~는 아직 젊잖아 そちらはまだ若いじゃないか.

거꾸러뜨리다〔-트리다〕他 **1** (うつむけに)倒す. つんのめらせる. ¶다리를 걸어 ~ 足を掛けてつんのめらせる. **2** 打ち倒す. 打ち負かす. 覆す.

거꾸러지다 自 **1** (うつむけに)倒れる. つんのめる. ¶돌부리에 걸려 ~ 石につまずいて倒れる / 기진맥진해서 ~ 精根尽きて倒れる. へたばる. **2** 倒れる. 滅びる. 転覆する. ¶부패한 정권이 거꾸러졌다 腐敗した政権が倒れた. **3** 〈俗〉死ぬ. くたばる.

거꾸로 副 逆に. 逆さまに. あべこべに. 裏腹に. 反対に. ¶~ 말하다 逆にいう / 나사를 ~ 돌리다 ねじを逆に回す / 담배를 ~ 물다 たばこを逆さまにくわえる.

거꿀가랑이표〔一標〕名〔印〕不等号(>).

거꿀삼발점〔一三一點〕名〔印〕理由符(∵).

거나¹ 助 (모음 아래)〔가리지 아니함을 나타냄〕…であれ. …でも. ¶사귀는 사람이 누구~ 상관하지 않겠다 つきあう人が誰であれ干渉はしない.

-거나² 語尾 **1** …(する)か. …(する)とか. ¶빨리 타~ 내리~ 하세요 早く乗るか降りるかしてください / 가~ 오~ 네 맘이다 行くか来るか君の勝手だ. **2** …(し)たり. ¶보~ 듣~ 웃~ 한다 見たり聞いたり笑ったりする. **3** …であろうとも. …しようとも. ¶어떤 어려움에 봉착하~ 이겨내야 한다 どんな難関に出会っても克服しなければならない.

거나하다 形 ほろ酔い機嫌だ. 一杯機嫌だ. ¶거나하게 취해서 돌아갔다 ほろ酔い機嫌で帰った.

거년〔去年〕名 去年. 昨年.

거년스럽다 形 みすぼらしい. 貧乏たらしい. ¶거년스러운 옷차림 みすぼらしい身なり.

거느리다 他 **1** (目下の者・部下などを)率いる. 従える. 引き連れる. 引率する. ¶부대를 거느리고 작전에 임하다 部隊を率いて作戦に臨む / 수행자를 ~ 随行員を従える. **2** (負担になるものを)抱える. 引き受ける. ¶많은 가족을 거느리고 있다 多くの家族を抱えている.

거느림채 名〔建〕離れ. 別棟.

-거늘 語尾 **1**〔원인·이유를 나타냄〕…であるからには. …である以上は. …なるゆえに. …するので. ¶때가 이미 늦었~ 하룻밤 쉬어 가게 時はすでに晩くなったからには一夜泊まっていきなさい. **2** …であるにもかかわらず. …であるのに. ¶그처럼 타일렀~ 어찌 말을 듣지 않느냐 それほど教え諭したにもかかわらずなぜいうことをきかないのか. **3** (…さえ)…なのに(ましてや). ¶짐승도 제 새끼를 아끼~ 하물며 사람에 있어서랴 獣も自分の子をかわいがるのに, まして人間においてをや.

-거니 語尾 **1** …だから. …であるのに. ¶내가 그를 알~ 그인들 나를 모르랴 私が彼を知っているのだから彼だとて私を知らないはずがない. **2** …に違いないと. …であろうと. …だと. ¶여기가 내 고향이~ 하고 지낸다 ここが私の故郷だと思って暮らしている. **3**〔상반되는 일이 되풀이됨을 나타냄〕…たり. …だの. …とか. ¶감격한 나머지 웃~ 울~ 야단이다 感きわまって笑ったり泣いたり大騒ぎだ / 권커니 잣~ 술을 마시다 杯を差しつ差されつしながら酒を飲む.

-거니와 語尾 **1** …であるうえに. …だが. …が. ¶체격도 좋~ 머리는 더욱 좋다 体格もいいが頭はさらにいい / 얼굴도 예쁘~ 마음씨도 곱다 顔もきれいだが気立ても優しい. **2** …だが. …が. …ても. ¶그녀야 회원이니까 가~ 넌 왜 가니? 彼女は会員だから行くだろうがあんたはどうして行くのよ.

거닐다 自 ぶらつく. 散歩する. 散策する. ¶파도 소리를 들으며 바닷가를 ~ 波の音を聞きながら海辺をぶらぶら歩く.

거담〔祛痰·去痰〕名 하自 去痰. ¶~약 去痰薬 / ~제 去痰剤.

거당〔擧黨〕名 挙党. ¶~적인 반대 党を挙げての反対.

거대〔巨大〕名 하形 巨大. ¶~ 염색체 巨大染色体 / ~한 규모의 미사일 기지 巨大な規模のミサイル基地.

거대 과학〔一科學〕名 巨大科学.

거대 도시〔一都市〕名 巨大都市.

거대 분자〔一分子〕名〔化〕巨大分子.

거대증〔一症〕名〔醫〕巨大症.

거덕거덕 副 하形 (表面が)乾きかけているようす. ¶~ 마른 미역 ほどよく乾いたわかめ.

거덕치다 形 (形や身なりが)下品で

見栄えがしない.
거덜거덜하다 形 (商売·暮らし向きなどが) ぐらついて危ない. ぐらぐらして倒れそうだ. ¶ 최근 그의 사업이 거덜거덜한다는군 最近彼の事業が傾きかけているそうだ.
거덜나다 自 **1** (会社などが) つぶれる. (家勢が) 尽きる. 破産する. 滅びる. ¶ 회사가 ~ 会社がつぶれる / 집안이 ~ 家が滅びる. **2** (計画などが) 台無しになる.
거덜내다 他 (財産などを) つぶす. 台無しにする. 滅ぼす.
거도〔巨盜〕 名 巨盗. 大泥棒.
거동〔擧動〕 名 하自 挙動. 立ち居ふるまい. 素振り. ふるまうこと. ¶ ~이 수상하다 挙動が怪しい / 얌전히 ~하다 つつましやかにふるまう.
거동범〔一犯〕 名〔法〕挙動犯.
거두〔巨頭〕 名 巨頭. 大立者. ¶ ~ 회담 巨頭会談 / 재계의 ~ 財界の大立者.
거두다 他 **1** (散らかっているもの·洗濯物などを) 集めて収める. 取り入れる. 取り込む. ¶ 빨래를 ~ 洗濯物を取り込む / 쓰레기를 거두어 소각하다 ごみを集めて焼却する. **2** (金·物品などを) 取り立てる. 徴収する. (物を) 集める. ¶ 세금을[회비를] ~ 税金[会費]を取り立てる. **3** (収穫·成果·勝利などを) 収める. 得る. あげる. ¶ 성공을 ~ 成功を収める / 성과를 ~ 成果を上げる / 실효를 ~ 実効をあげる. **4** (引き取って) 面倒を見る. 世話する. ¶ 그 할머니는 우리 형제를 친손자처럼 거두어 주었다 そのおばあさんは私たち兄弟を自分の孫のように面倒をみてくれた. **5** 〔'숨'과 함께 쓰여〕 息を引き取る. 死ぬ. ¶ 그는 그렇게 말하고 나서 숨을 거두었다 彼はそう言ってから息を引き取った. **6** (笑い·泣き声·涙などを) 止める. ¶ 눈물을 ~ 泣くのをやめる / 웃음을 거둔 긴장한 표정 笑いを失った緊張した表情. **7** (命令·考えなどを) 取り下げる. 撤回する. ¶ 그 분부만은 거두어 주십시오 その命令だけはご容赦ください. **8** (家財道具などを) 片づける. ¶ 집안을 깔끔하게 ~ 家の中をきちんと片づける. **9** (事業などを) 整理する. 畳む. ¶ 가게를 ~ 店を畳む[しまう] / 살림을 거두어 고향을 떠나다 身の回りを整理して故郷を去る. **10** (動物を) 飼う. (畑などを) 手入れする. ¶ 돼지를 ~ 豚を飼う / 채소밭을 ~ 野菜畑を手入れする.
거두어들이다 他 取り入れる. 刈り入れる. 収穫する. ¶ 벼를 ~ 稲を取り入れる / 해마다 곡식과 과일을 거두어들인다 毎年穀物と果物を収穫する.
거둠질 名 하自他 **1** (農作物の) 取り入れ. 収穫. ¶ 추수기라 ~이 한창이다 秋の収穫期で刈り入れが真っ最中だ. **2** 取り立て. 徴収.
거둥 名 하自 王のお出まし. 行幸. 臨幸.
거둥길 名 行幸の道. 行幸の途中.
거드름 名 傲慢な態度. 尊大な態度.
◆**거드름을 빼다** いばる. 高慢ちきな態度をとる. 尊大に構える. 気取る. ¶ ~을 빼는 여자 気取った女.
거드름부리다 自 いばる. 傲慢な態度をとる. いかにも尊大ぶる.
거드름피우다 自 いばる. 尊大ぶる. 気取る. ふんぞり返る.
-거든[1] 語尾 **1** 〔가정이나 조건을 나타냄〕…すれば. …であるなら. …なら. …たら. ¶ 비가 그치~ 가자 雨がやんだら行こう / 몸이 불편하~ 쉬어라 体の具合が悪かったら休みなさい. **2** 〔역접의 조건을 나타냄〕…するのにまして. …であるのにいわんや. ¶ 나도 합격이~ 나보다 우수한 자네야 말할 것도 없지 僕も合格したのに, まして僕より優れている君はいうまでもないさ. **3** …なのに. …からには. …だから. ¶ 네 눈으로 보았~ 어찌 모르랴? 君の目で見届けたからには分からないはずがあろうか.
-거든[2] 語尾 〔다른 사실의 근거를 나타냄〕 …なんだよ. …するんだよ. ¶ 이건 제가 만들었~요 これは私がつくったんですよ / 이 책 좀 빌려 줄래? — 안돼. 이건 내 것이 아니~ この本ちょっと貸してくれる? —駄目だよ. これは僕のじゃないからね.
거든하다 形 見かけより軽い. 簡便だ. さわやかだ. さっぱりしている. 身軽い. **거든히** 副 軽く. 身軽く.
거들〔girdle〕 名 ガードル.
거들다 他 **1** (仕事を) 手伝う. 手助けする. 助ける. ¶ 집안일을 ~ 家事を手伝う / 한몫 ~ 一役買って出る. **2** (横から) 口を挟む. ¶ 한마디 거들다가 핀잔만 맞았다 一言口を挟んでけんつくばかり食った.
거들떠보다 他 **1** (関心をもって) 目を向ける. 知ったかぶりをする. **2** 〔'않다'와 함께 쓰여〕 見向きもしない. 無視する. ¶ 거들떠보지도 않다 見向きもしない. 無視する.
거들뜨다 他 視線を上に向ける. ▷거들떠보다
-거들랑 語尾 …すれば. …たら. …ならば. …だったら. ¶ 취직하~ 한턱내지 就職したら奢ってやろう / 이 근처에 오~ 꼭 내게 연락해 주게 この近くに来たら必ず私に連絡してくれ.
거들먹거리다[-대다] 自 いばり散らす. しきりに偉ぶる. ¶ 권력을 믿고 ~ 権力をかさにきていばり散らす.
거들먹거들먹 副 하自 得意になっていばり散らすようす.
거듬거듬 副 〔대강대강 거두는 모양〕 ざっと. ¶ ~ 정리하고 바삐 집을 나섰다 ざっと片づけて急いで家を出た.
거듭 副 さらに加えて. 重ねて. 繰り返し. さらに. 再び. ¶ ~ 덧붙인다면 さらに付け加えれば / 경사스러운 일이 ~ 생기다 おめでたが重なる / ~ 부탁 드립니다 重ねてお願いいたします.
거듭거듭 副 重ね重ね. 返す返す. くれぐれも. 幾重にも. ¶ ~ 당부하다

くれぐれも頼む / ～ 생각하다 つくづく考える. 考えを巡らす.

거듭나다 自〔基〕霊的に生まれ変わった人になる. 生まれ変わる. よみがえる.

거듭되다 自 重なる. 繰り返される. 度重なる. ¶ 거듭되는 요청 度重なる要請 / 거듭되는 불행에 넋을 잃다 度重なる不幸にぼう然とする.

거듭제곱 名 하他〔數〕累乗. 冪. ¶ ～근 累乗根.

거듭하다 他 重ねる. 繰り返す. 反復する. ¶ 실패를 ～ 失敗を重ねる / 해를 ～ 年を重ねる / 토론을 ～ 討論を繰り返す.

거뜬하다 形 **1** (物が)思ったよりずいぶん軽い. 手軽だ. 造作ない. 簡便だ. ¶ 걷는 데는 운동화가 ～ 歩くには運動靴が軽くていい. **2** さわやかだ. 身軽い. 気軽だ. 晴れ晴れする. ¶ 몸도 마음도 ～ 身も心も軽い. **거뜬히** 副 軽々と. 手軽に. たやすく. ¶ ～ 들어올리다 軽々と持ち上げる / 일을 ～ 해치우다 仕事を簡単にやってのける / ～ 먹어치우다 軽く平らげる.

거뜬거뜬 副 하形 (複数のものが)みな軽いようす. ¶ 무거운 짐을 ～ 나르다 重いにもつを軽々と運ぶ.

-거라 語尾〔명령의 뜻을 나타냄〕…なさい. …しろ. …せよ. ¶ 가～ 行きなさい / 그만 자～ もう寝ろ / 거기 있～ そこにいろ.

거란 名〔史〕契丹.

거래〔去來〕名 하他 **1** (商売としての)取り引き. ¶ 암～ やみ取り引き / ～조건 取り引き条件 / ～를 트다 取り引きを始める. **2** 経済行為. ¶ 국제간의 ～ 国際間の取り引き / 은행 ～ 銀行取引. **3** 相互の利益のための交渉. ¶ 정치상의 ～ 政治上の取り引き / 범죄 조직과 ～하다 犯罪組織と取り引きする. **4** やり取り. 行き来. 付き合い. ¶ 편지 ～ 手紙のやり取り / 바빠서 이웃과의 ～가 없다 忙しくて隣との行き来がない.

거래소〔一所〕名〔經〕取引所. ¶ 증권 ～ 証券取引所.

거래처〔一處〕名 (金銭·品物などを)続けて取り引きする所. 取引先. (店の)得意先.

거령스럽다 形 不格好だ.

거론〔擧論〕名 하他 (問題として)取り上げること. 論ずること. 言及すること. ¶ ～의 여지가 없다 問題として論ずるに足りない / 그 문제는 정치인들 사이에 크게 ～되었다 その問題は政治家の間で大きく論じられた.

거룩하다 形 神聖だ. 偉大である. 高潔だ. 立派だ. 神々しい. ¶ 거룩한 정신 高潔な精神 / 소년이 적진으로 달려드는 모습은 거룩했다 少年が敵陣に攻め入る姿は神々しく偉大であった.

거룻배 名 小船. 伝馬船. ¶ ～로 강을 건너다 小船で川を渡る.

거류〔居留〕名 하自 **1** 居留. 一時留まり住むこと. **2** 居留. 外国の領土に住むこと. ¶ ～민 居留民 / ～민단 居留民団 / ～지 居留地.

거르다¹ 他 (液体を)濾過する. 濾す. ¶ 체로 ～ ふるいに掛けてこす / 여과지로 불순물을 ～ 濾紙で不純物をこす.

거르다² 他 (途中を)抜かす. (順序を)飛ばす. (期間などを)おく. ¶ 번호를 ～ 番号を飛ばす / 일을 ～ 仕事の手を抜く / 독서를 하루도 거르지 않는다 読書を一日も欠かさない / 점심을 ～ 昼ご飯を抜かす / 하루 걸러 주사를 맞는다 1日おきに注射を打つ.

거름 名 하自 肥やし. 肥料. 肥え. ¶ ～ 구덩이 肥えだめ / 밑～ 元肥 / ～을 내다 肥料を(施すために)田畑に運ぶ / ～을 만들다 肥やしをつくる. 肥料にする.

◆**거름을 주다** 施肥する.

거름기〔一氣〕名 肥やしの効き目.

거름더미 名 堆肥の山.

거름발 名 肥料の効き目. ¶ 벼가 ～을 받아 잘 자란다 肥料の効き目あって稲がよく育つ.

◆**거름발 나다** 肥料の効き目が現れる.

거름통〔一桶〕名 肥桶. 肥えたご.

거름풀 名〔農〕堆肥用の草.

거름종이 名 濾紙.

거리¹ Ⅰ 依名 **1** (食べ物の)材料. ¶ 요즘엔 반찬～가 부족하다 このごろはおかずの材料が乏しい. **2**〔어떤 일의 대상이나 소재〕材料. 種. ¶ 가벼운 읽을～ 軽い読み物 / 그런 사소한 문제는 논의할 ～가 못 된다 そんな些細な問題は論ずる種にならない.

Ⅱ 接尾〔음식의 재료·어떤 일의 소재임을 나타냄〕材料. 種. ¶ 반찬～ おかずの材料 / 국～ 汁の実 / 놀림～ もの笑いの種 / 관심～ 関心事.

거리² 名〔'길거리'의 준말〕街. 町. 市街. 通り. ちまた. ¶ ～의 여인 街娼 / 학생의 ～ 学生の街 / 번화한 ～ 目抜き通り. 繁華街.

單語帳 시가지에 관한 말

거리 街 / 길가 道端 / 동네(洞—) 町内. 町. 村 / 골목, 골목길 路地 / 지름길 近道 / 막다른 골목 袋小路 / 인도(人道) 歩道 / 차도 車道 / 횡단보도 横断歩道 / 건널목 踏切 / 다리 橋 / 삼거리(三—) 三叉路 / 네거리, 사거리(四—) 十字路. 交差点 / 모퉁이 曲がり角 / 로터리 ロータリー / 육교(陸橋) 歩道橋. 陸橋 / 신호등(信號燈) 信号 / 전봇대(電報—) 電柱. 電信柱 / 우체통(郵遞筒) ポスト / 공중전화 公衆電話 / 빌딩 ビル / 가로수 街路樹. 並木 / 지하도 地下道 / 택시 타는 곳 タクシー乗り場 / 간판 看板 / 가로등(街路燈) 街灯 / 가드레일 ガードレール / 분수대(噴水臺) 噴水 / 시계탑(時計塔) 時計台. ▷시설(施設)·가게·기차(汽車)·버스 單語帳

거리³〔距離〕 名 **1** 距離. 間隔. 道程. ¶ ~가 가깝다 距離が近い / 걸어서 1시간 ~ 歩いて1時間の距離 / ~를 재다 距離を測る. **2** 距離. 疎い間柄. 隔て. 隔たり. ¶ ~가 있는 태도 距離のある態度 / ~를 두고 교제하다 距離をおいてつきあう. **3** 距離. 差異があること. ¶ 기대하는 바와 ~가 있다 期待とは隔たりがある / 이상과는 ~가 멀다 理想とはかけ離れている. **4**〔數〕二点をむすぶ線分の長さ.

거리계〔一計〕 名 距離計. 測距儀.

거리⁴ 依名〔오이·가지 등의 50개를 묶어서 세는 단위〕コリ. ¶ 오이 다섯 ~ きゅうり5コリ〈250本〉.

◇100개를 '접'이라고 하여 '2거리'를 의미한다.

거리거리 **I** 名 市街の至る所. 町じゅう. 街ごとに. ¶ ~가 사람의 물결이다 町じゅうが人でいっぱいだ / ~에 나부끼는 국기 町じゅうにひるがえる国旗.

II 副 街ごとに. ¶ ~ 나붙은 선전 포스터 街ごとに張り出された宣伝ポスター.

거리끼다 自 **1** (ある事を進めるのに)差し支える. 邪魔になる. ¶ 일하는 데 거리끼는 것은 모두 치워라 仕事の邪魔になるものは皆片付けておけ. **2** 気になる. 気にかかる. ¶ 마음에 ~ 気にかかる / 양심에 거리끼는 일은 하지 마라 良心がとがめる事はしてはいけない.

거리낌없다 形 憚りない. 気兼ねしない. **거리낌없이** 副 はばかりなく. 気がねなく. ためらうことなく. 未練なく. ¶ ~ 공언하다 はばかりなく公言する / ~ 웃다 まわりを気にせずに笑う / ~ 행동하다 気がねなく行動する.

-거리다 接尾〔소리나 동작이 계속됨을 나타냄〕しきりに…する. …めく. …がる. …ぶる. ¶ 낄낄~ くすくすする / 반짝~ きらめく / 바람에 펄럭~ 風になびく / 무얼 그리 꾸물거리니? 何をそんなにぐずぐずしているんだ.

거마〔車馬〕 名 車馬. 車と馬.

거마비〔一費〕 名 車代. 交通費.

거만¹〔巨萬〕 名 巨万. ¶ ~의 부를 쌓다 巨万の富を築く.

거만²〔倨慢〕 名 하形 倨慢. 傲慢. 高慢. 横柄. ¶ ~한 사람 高慢な人 / ~을 부리다[떨다] 傲慢にふるまう / ~하게 굴다 傲慢にふるまう.

거만스럽다 形 傲慢だ. 横柄だ. ¶ 거만스럽게 말하다 横柄な口をきく. **거만스레** 副 傲慢に. 横柄に.

거머누르께하다 形 黒みがかって黄色い.

거머리 名 **1**〔動〕蛭. **2** しつこく人につきまとう人. **3** 小児の眉間の青い筋.

거머멀쑥하다 形 (人の顔が)浅黒く品がある.

거머무트름하다 形 (顔が)浅黒くまるまると太っている.

거머번지르르하다 形 (肌や物の表面などが)黒くつやつやしている. ¶ 거머번지르한 칠그릇 黒くつやつやした漆器.

거머삼키다 他 (食べ物などを欲ばって)一気に飲み込む. ¶ 아이가 과자를 거머삼켰다 子供がお菓子をいっぺんに飲み込んだ.

거머안다 他 ぐいと引き寄せて抱き締める. ¶ 아이를 가슴에 ~ 子供を胸に抱き締める.

거머잡다 他 ぎゅっと[むんずと]つかみ取る. 引っつかむ. ¶ 멱살을 ~ 胸ぐらを引っつかむ / 목덜미를 ~ 襟首をつかむ / 어깨를 힘있게 거머잡았다 肩をむんずとつかんだ.

거머쥐다 他 わしづかみにする. (こぶしを)握り締める. 掌握する. ¶ 도끼자루를 ~ 斧の柄を握り締める / 부와 명예를 한 손에 ~ 富と名誉を一手に掌握する.

거멀 名 하自他〔'거멀장'의 준말〕留め金.

거멀못 名 かすがい.

거멀쇠 名〔建〕木材を十字に締めつける金具.

거멀장 名 하自他 **1** 留め金. **2** かすがい. ¶ ~하다[을 대다] 留め金[かすがい]をつける.

거멀장식〔一裝飾〕 名 蟻掛け·合わせ目をつなぐ金具の飾り.

거멓다 形 黒っぽい. 薄黒い. ¶ 거먼 구름 薄黒い雲 / 햇볕에 거멓게 탄 얼굴 日に薄黒く焼けた顔.

거목〔巨木〕 名 **1** 巨木. 大きな木. **2** 巨木. 偉人. 偉大な人物.

거무끄름하다 形 やや濃い目に薄黒い. 黒っぽい. ¶ 거무끄름한 비구름 薄黒い雨雲.

거무데데하다 形 薄汚く黒ずんでいる.

거무뎅뎅하다 形 黒ずんでいる.

거무레하다 形 薄黒い.

거무숙숙하다 形 浅黒い.

거무스름하다[**-스레하다**] 形 (色が)少し黒い. 浅黒い. ¶ 살갗이 거무스름해지다 肌が浅黒くなる / 와이셔츠의 소매가 거무스름해졌다 ワイシャツの袖が少し黒くなった.

거무접접하다 形 (顔が)くすんだように浅黒い.

거무죽죽하다 形 どす黒い. 濁ったように黒ずんでいる.

거무축축하다 形 くすんでいて湿り気がある.

거무충충하다 形 くすんでいる.

거무칙칙하다 形 どす黒い. ¶ 거무칙칙한 피 どす黒い血.

거무튀튀하다 形 (色が)どんよりして薄黒い.

거문고 名〔樂〕コムンゴ〈弦楽器の一つ〉.

거물〔巨物〕 名 **1** 巨大な物. **2** 大立て者. 大物. ¶ 재계의 ~ 財界の大立て者 / 그는 상당한 ~이다 彼はなかなかの大物だ.

거물급〔一級〕 名 大物. ¶ 회의에 온 사람들은 다 ~이다 会議に来た人たちはみんな大物だ.

거뭇하다 形〔'거무스름하다'의 준말〕浅黒い.

거뭇거뭇 副 하形 点々と黒いようす.

¶노인의 얼굴에 ~ 검버섯이 피었다 老人の顔に点々と染みができた.

거미 名〔動〕 蜘蛛. ¶~가 줄을 치다 くもが巣をかける.

거미발 名 (指輪などに宝石をはめこんで留める)台座. 爪.

거미줄 名 **1** くもの糸. くもの巣. **2** オンドル(온돌)の敷き石のすき間を粘土で塗り込めたあとの線. くもの巣のように張り巡らした非常線.

◆**거미줄을 누르다** オンドルの敷き石のすき間を粘土で塗る.

◆**거미줄을 늘이다** 非常線を張る.

◆**거미줄을 치다** ① くもが巣をかける. ② 非常線を張り巡らす.

거미집 名 くもの巣.

거미치밀다 自 うらやましくてたまらない. (欲しくて)のどから手が出る.

거반〔居半〕 副 〔'거지반(居之半)'의 준말〕 ほとんど. 大部分. 大方. ¶~ 죽게 되었다 ほとんど死にそうになった / 공사가 ~ 끝났다 工事が大部分終わった.

거벽〔巨擘〕 名 巨擘. 学識·専門分野に特に秀でた人.

거벽스럽다 形 (生まれつき)勝ち気だ.

거볍다 形 **1** (重さが)軽い. ¶거벼운 짐 軽い荷物. **2** 軽率だ. ¶거벼운 사람 軽率な人. **3** つまらない. 価値が少ない. **4** (身なりや心が)気軽だ.

거벼이 副 軽々しく. 軽率に. 軽く. 身軽に.

거병〔擧兵〕 名 하自 挙兵. 旗揚げ.

거보〔巨步〕 名 巨歩. ¶~를 남기다 巨歩を印する.

거보시오 感 それみなさい.

거봐 感 それみろ. それごらん. それ見たことか. ¶~, 내가 안 된다고 그랬지? それみろ, 僕が駄目だと言っただろう.

거봐라 感 それみろ. それごらん.

거부[1]〔巨富〕 名 巨富. 富豪. ¶~가 되다 大金持ちになる.

거부[2]〔拒否〕 名 하他 拒否. 拒むこと. ことわること. ¶~ 반응 拒絶[拒否]反応 / 요구를 ~하다 要求を拒否する / 회답을 ~하다 回答をことわる.

거부권〔一權〕 名 拒否権. ¶~을 행사하다 拒否権を行使する.

거북 名〔動〕 亀.

거북딱지 名 かめの甲.

거북선〔一船〕 名〔史〕 亀甲船〈壬辰倭乱のころに李舜臣が建造した亀の形をした鉄甲船〉.

거북점〔一占〕 名〔民俗〕 亀卜. かめうら.

거북살스럽다 形 非常にきまり悪い. いかにも気まずい感じだ. 大変窮屈だ.

거북스럽다 形 どうも窮屈だ. どうも気まずい. 居心地が悪い. 具合が悪いようだ. ¶자꾸 칭찬만 하니 듣기 ~ しきりに称讃ばかりするとどうも聞きにくい. **거북스레** 副 気まずく. ぎこちなく.

거북하다 形 **1** 窮屈だ. (動作が)不自由だ. 不自然だ. ぎこちない. …しにくい. ¶입기에 거북한 옷 着にくい服 / 손가락을 다쳐서 글씨 쓰기가 ~ 指をけがして字をかくのが不自由だ. **2** 気詰まりだ. 気まずい. ¶대화가 중단되어 좀 거북했다 対話が中断してちょっと気まずかった. **3** 困っている. 苦しい. 具合が悪い. まずい. ¶거절하기에는 입장이 ~ 断わるには立場が苦しい. **4** (体の)調子が悪い. 苦しい. ¶과음을 해서 속이 ~ 飲み過ぎて胃がむかむかする.

거뿐하다 形 かなり軽い. ¶거뿐한 짚단 かなり軽いわら束 / 몸이 ~ 身が軽い.

거뿐히 副 かなり軽く.

거뿐거뿐 副 하形 (複数のものが)みなかなり軽いようす.

거뜻하다 形 ほどよく軽い. 思ったより軽い. **거뜻이** 副 ほどよく軽く.

거뜻거뜻 副 하形 (複数のものが)いずれもほどよく軽いようす.

거사〔擧事〕 名 하自 (国家的, または社会的な)大事を起こすこと. 旗揚げ. ¶~를 앞두고 행동에 조심해라 大事を前にして行動に気をつけろ.

거산〔巨山〕 名 大山. 高く雄大な山.

거상[1]〔巨商〕 名 巨商. 豪商.

거상[2]〔居喪〕 名 하自 **1** 服喪. 喪に服していること. ¶선고의 ~중 亡父の服喪中. **2** 〈俗〉 喪服. ¶~을 입다 喪服を着る. 喪に服する.

거석〔巨石〕 名 巨石. ¶~렬 巨石列 / ~문화 巨石文化 / ~ 신앙 巨石信仰 / ~ 기념물 巨石記念物.

거선〔巨船〕 名 巨船. 非常に大きな船.

거성〔去聲〕 名〔言〕 去声〈漢字の四声のアクセントの一つ. 高音を表わす〉.

거세〔去勢〕 名 하他 **1** 去勢. ¶~된 말 去勢馬 / 돼지를 ~하다 豚を去勢する. **2** 勢いをくじくこと. ¶반대당을 ~하다 反対党の勢いをそぐ / 정계에서 ~되다 政界から締め出される.

거세다 形 **1** (勢いが)荒くて強い. 荒い. 激しい. ¶거센 바다 荒海 / 거센 불길 猛火 / 거세게 다그치다 激しく詰め寄る. **2** (気性が)荒い. ¶거센 여자 気性が荒い女. **3** (声が)荒い. ¶거센 목소리 荒い声.

거센말 名〔言〕 強勢語.

거센소리 名〔言〕 激音. 有気音〈破裂後に呼気によって生ずる操音(気音)を伴う子音. ハングル(한글)では, 破裂音のㅍ·ㅌ·ㅋ, 破擦音のㅊ, 摩擦音のㅎ〉.

거소〔居所〕 名 居所. 居場所. いどころ. ¶~를 옮기다 居所を変える.

거수〔擧手〕 名 하自 挙手. ¶~가결 挙手可決 / ~경례 挙手敬礼 / 찬성의 표시로 ~하다 賛成のしるしに挙手する.

거수기〔一機〕 名 採決するとき機械的に手を挙げて賛成する人.

거스러미 名 **1** 逆むけ. ささくれ. ¶손끝에 ~가 일다 指先がささくれる. **2** (木材などの表面が)はがれてめくれ上がること.

거스러지다 自 **1** (性質が)荒くなる.

2 (柔らかい毛が)けば立つ.

거스르다 他 **1** (人の意に従わないで)逆らう. 反抗する. ¶ 어버이의 뜻을 ~ 親の意に逆らう/윗사람의 비위를 거슬렀다 上役の不興を買った. **2** (道理に)はずれる. (天理に)背く. ¶ 도리를 ~ 道理にはずれている/천륜을 ~ 天倫に逆らう. **3** (流れや勢いと)反対の方向に進む. ¶ 대세를 거스를 수는 없다 大勢に抗することは出来ない. **4** 釣り銭を出す. ¶ 거슬러 주다 お釣りをやる[くれる]/거슬러 받다 お釣りをもらう[受け取る].

거스름 名 〔'거스름돈'의 준말〕お釣り.

거스름돈 名 お釣り. 釣り銭. ¶ ~을 내주다 お釣りを渡す/~을 받다 お釣りをもらう.

거슬거슬 副 하形 **1** (肌や物の表面が)かさかさ. ざらざら. つやがなく荒れているさま. ¶ ~한 살결 かさかさした肌/~한 종이 ざらざらした紙. **2** (性質が)少し荒っぽいさま.

거슬러오르다 Ⅰ 他 **1** (川を)さかのぼる. さかのぼっていく. ¶ 배가 강을 ~ 船が川をさかのぼる. **2** (過去を)さかのぼる. ¶ 시대를 ~ 時代をさかのぼる. Ⅱ 自 (考え·意識が)過去にたちもどる. ¶ 나의 상념은 어느덧 어린 시절로 거슬러오른다 私の想念はいつのまにか幼い時節にさかのぼる.

거슬리다 自 (感情·感覚に)障る. 触れる. ¶ 비위에 ~ 気に障る/귀에 거슬리는 목소리 耳障りな声/눈에 거슬리는 간판 目障りな看板.

거슴츠레하다 形 (眠気·病気などで)目がとろんとしている. 目に精気がない. ¶ 졸려서 눈이 ~ 眠気がさして目がとろんとしている.

거시 경제학〔巨視經濟學〕 名〔經〕マクロ経済学. 巨視的経済学.

거시기 Ⅰ 代 (人または事物の名前などの代わりに用いる)あの人. あれ. ¶ ~는 어디 갔나? あの人はどこへ行ったの. Ⅱ 感 あのう. ええと. ¶ ~, 뭐라고 했더라? あのう, 何といったっけ.

거시시하다 形 目がかすむ. 物がはっきり見えない.

거시적〔巨視的〕 冠 名 巨視的. マクロ. 反 微視的. ¶ ~ 세계 巨視的世界/역사를 ~으로 보다 歴史を巨視的に見る.

거실〔居室〕 名 居室. 居間.

거액〔巨額〕 名 巨額. 大金. ¶ ~의 자금 巨額の資金/~의 뇌물 巨額のわいろ/~을 투자하다 巨額を投ずる.

거역하다〔拒逆―〕 他 (目上の人の)意に背く. 命令に逆らう. ¶ 어명을 ~ 王命に逆らう/부모에게 ~ 親に背く.

거연히[1]〔居然―〕 副 ひそかに. こっそり. ¶ ~ 사라졌다 ひそかに消え去った.

거연히[2]〔遽然―〕 副 急に. 突然. ¶ ~ 생각나다 突然思い出す.

거우듬하다 形 やや傾いている. ¶ 기둥이 ~ 柱がやや傾いている. **거우듬히** 副 やや傾いて.

거우르다 他 (中のものがこぼれ出るように)傾ける. ¶ 술잔을 ~ 杯を傾ける.

거울 名 **1** 鏡. ¶ 손~ 手鏡/얼굴을 ~에 비추다 顔を鏡に映す/~과 같이 잔잔한 바다 鏡のように穏やかな海. **2** 鑑. 亀鑑. 手本. ¶ 그녀는 모든 여성의 ~이 되어 있다 彼女はあらゆる女性の鑑になっている/실패를 ~로 삼다 失敗を教訓とする.

거웃 名 陰毛. 恥毛.

거위[1] 名〔動〕鵝鳥.

거위걸음 名 よたよた歩き. よろよろ歩き.

거위[2] 名〔動〕回虫.

거위배 名 虫腹. 回虫による腹痛.

거위침 名 胸がむかむかしてのどからつき上げてくる生つば. ¶ ~이 나오다 胸がむかついて生つばが出る.

거유〔巨儒〕 名 巨儒. 偉大な儒学者. ¶ 일세의 ~ 当世随一の偉大な儒学者.

거의 副 ほとんど. ほぼ. おおよそ. あらかた. だいたい. ¶ 식량도 ~ 다 떨어졌다 食糧もほとんど底を突いた/공사는 ~ 완성되었다 工事はあらかた完成した/~ 비슷한 이야기다 ほぼ似た話だ/목적은 ~ 달성했다 目的はだいたい達した.

거의거의 副 ほとんど全部. ¶ ~ 다 되었다 もうほとんどできあがった.

거인〔巨人〕 名 **1** 巨人. 大男. **2** 偉大な人. ¶ 학계의 ~ 学界の巨人.

거장〔巨匠〕 名 巨匠. 大家. ¶ 음악의 ~ 音楽の巨匠/영화계의 ~ 映画界の巨匠.

거저 副 **1** ただで. 無料で. ¶ 책을 ~ 얻다 本をただでもらう/그런 건 ~ 주어도 싫다 そんなのはただでくれても嫌だ. **2** 手ぶらで. 素手で. ¶ 거기까지 갔다가 빈손으로 ~ 돌아왔다 そこまで行って手ぶらで帰ってきた.

거저먹기 名 たやすいこと. 朝飯前. ¶ 그것은 ~다 そんなことは朝飯前だ.

거저먹다 他 **1** ただで得る. ¶ 하는 짓이 거저먹자는 심보 아니냐 するしぐさがただで得ようとする心算ではないか. **2** たやすくできる. ¶ 거저먹는 일 朝飯前のこと.

거적 名 **1** (わらで編んだ)目の粗いむしろ. こも. **2** 〔'섬거적'의 준말〕俵をつくるこも.

거적때기 名 むしろの1枚. むしろの切れ端し.

거적문〔―門〕 名 むしろ戸. 戸の代わりにむしろを垂らしたもの.

〔속담〕 **거적문에 돌쩌귀** むしろ戸にちょうつがい〈匕首に鐔, 釣り合いがとれないこと〉.

거절〔拒絶〕 名 하他 拒絶. 拒否. 断ること. ¶ 요구를 ~하다 要求を拒む/부탁을 ~하다 依頼を拒絶する/간청을 일언지하에 ~하였다 懇請を言下に断わった.

◇우리말의 '거절하다'는 断る, 拒否する 등을 쓰고, 拒絶은 拒絶反応, 面会拒絶 등 극히 일부 외에는 쓰이지 않는다.

거점〔據點〕 名 拠点. 足場. ¶ 전략상

의 중요 ~ 戦略上の重要拠点 / ~을 구축하다 拠点を築く.

거족¹〔巨足〕 名 長足. ¶ ~의 진보 長足の進歩 / ~의 발전을 이루다 目覚ましい発展を遂げる.

거족²〔擧族〕 名 民族全体.

거족적〔一的〕 冠名 挙族的. ¶ ~ 독립 운동 民族を挙げての独立運動.

거주〔居住〕 名 하自 居住. 住むこと. ¶ ~권 居住権 / ~자 居住者 / ~ 이전의 자유 居住移転の自由 / 교외에 ~하다 郊外に住む.

거주민〔一民〕 名 居住民. 住人.

거주소〔一所〕 名 居所. 住所.

거주지〔一地〕 名 居住地.

거죽 名 **1** 表. 表面. 外面. ¶ 물건의 ~ 物の表面 / ~을 노란빛으로 칠하다 表面を黄色に塗る. **2** (布団·着物などの)表地. 反 裏地. ¶ 이불 ~ 布団の皮 / ~감 表地.

거중〔居中〕 名 하自 居中. 両者の中間に立つこと.

거중 조정〔一調停〕 名 하他 居中調停.

거즈〔gauze〕 名 ガーゼ.

거증〔擧證〕 名 하他 挙証. 立証.

거증 책임〔一責任〕 名〔法〕 挙証の責任. 立証の責任.

거지 名 **1** 乞食. 物ごい. ものもらい. ¶ ~가 되다 乞食になる. 一文なしになる / ~ 신세가 되다 乞食同様の身になる. 落ちぶれる. **2** (人をさげすんで)ののしる語. ¶ 이 ~야 この下種め.

거지 같다 形 〈俗〉 (物や人が)気に食わない. つまらない. ろくでもない. ¶ 그런 거지 같은 놈은 상대하지 마라 そんなろくでもないやつを相手にするな. **거지같이** 副 **1** 乞食のように. つまらなく. くだらなく. **2** えいくそ. ふん. ¶ ~, 이게 뭐야 えいくそ, なんだこれは.

거지반〔居之半〕 副 ほとんど. おおよそ. 大半. あらかた. ¶ 일이 ~ 끝나 간다 仕事がほとんど終わりかかっている.

거짓 Ⅰ 名 嘘. 偽り. 虚偽. そらごと. ¶ ~ 눈물 空涙 / ~이 탄로나다 嘘がばれる / ~을 간파하다 嘘を見抜く / ~이 없다 偽りがない. 間違いない / 추호의 ~도 없다 寸毫の偽りもない.

Ⅱ 副 偽って. だまして. ¶ ~ 꾸미다 偽り飾る.

거짓말 名 하自 嘘. 虚言. 空言. 偽り. 嘘っぱち. ¶ 새빨간[멀쩡한] ~ 真っ赤な嘘 / 그럴싸한 ~ もっともらしい嘘 / 속이 빤히 들여다보이는 ~을 하다 見え透いた嘘をつく / 천연덕스럽게 ~을 술술 늘어놓다 平然と嘘を並べたてる.

◆**거짓말을 보태다** 誇張する. 大げさにいう. ¶ ~을 보태어 주먹 같은 빗방울이 떨어지더군 おおげさにいえば, こぶしほどの雨粒が降ってきたな.

거짓말쟁이 名 嘘つき. ほらふき. ¶ 저 놈은 ~다 あいつは嘘つきだ.

거짓말 탐지기〔一探知機〕 名 嘘発見機. ポリグラフ.

거짓부렁이 名 〈俗〉 嘘. 偽り.

거짓부리 名 〈俗〉 嘘.

거찰〔巨刹〕 名 巨刹. 大きな寺.

거참 感 いやはや. はてさて. それはそれは. それは本当に. ¶ ~ 놀랍군 いやはや驚くべきだね / ~ 어떻게 하면 좋지 はてさて, どうすればいいんだね / ~ 잘됐다 いやはや実にうまくいった / ~ 이상한 일도 있군 はてさて妙なこともあるもんだ.

거창하다〔巨創一〕 形 雄大だ. 巨大だ. ご大層だ. おおげさだ. ¶ 거창한 구상 雄大な構想 / 거창한 공사 巨大な工事 / 거창하게 나오다 ご大層にふるまう / 거창하게 말하다 おおげさにいう.

거처〔居處〕 名 하自 住み処. 住む所. とどまる所. 居所. 居場所. ¶ ~를 정하다 居所を定める / ~를 옮기다 住居を移す / 일정한 ~가 없다 一定した住み処がない.

거처방〔一房〕 名 居室. 居間.

거쳐가다 他 立ち寄っていく. 経由する. 経る. ¶ 열차는 부산에서 경주를 거쳐간다 列車は釜山から慶州に立ち寄っていく.

거쳐오다 他 立ち寄ってくる. 経由してくる. 経る. ¶ 총무과를 거쳐온 한 건의 서류 総務課を経由してきた一件の書類.

거추없다 形 (することが間が抜けていて)場違いである. **거추없이** 副 場違いに. ¶ 알지도 못하면서 ~ 떠든다 わけも分からずにやたらに騒ぐ.

거추장스럽다 形 **1** (扱ったりするのに)やっかいだ. 面倒だ. 手に余る. 足手まといだ. ¶ 거추장스러운 문제 厄介な問題 / 거추장스러운 존재 手に余る存在. **2** (物がじゃまになったりして)やっかいだ. 煩わしい. 面倒だ. ¶ 거추장스러운 짐 やっかいな荷物. **거추장스레** 副 やっかいに. 面倒に.

거춤거춤 副 ざっと. あらまし. おおかた. だいたい. ¶ 지저분한 방을 ~ 치웠다 散らかっている部屋をざっと片づけた / 시간에 쫓겨 ~ 구경하고 다녔다 時間に追われてざっと見物して回った.

거충거충 副 大ざっぱに. てっとり早く. ¶ 설거지를 ~ 해치우자 (食事の)後片づけを手早くしてしまおう.

거취〔去就〕 名 去就. 進退. なりゆき. ¶ ~를 분명히 하다 去就を明らかにする / 작년 이래 그의 ~를 알 수 없다 昨年以来彼の去就を知らない.

거치〔据置〕 名 하他 据置き. ¶ 저금을 2년간 ~하다 貯金を2年間据置く.

거치다 Ⅰ 自 **1** (何かにひっかかって)こすれる. すれる. 触れる. ¶ 돌부리에 거치어 넘어지다 突き出た石に触れてつまずく. **2** (心に)はばかる. ためらう. ¶ 이제 거칠 것이 없다 もう, はばかることはない. ▷거치적거리다

Ⅱ 他 **1** 立ち寄る. 経由する. ¶ 잠시 거쳐 가세요 ちょっと寄っていらっしゃい / 대전을 거쳐 서울로 갔다 大田を経てソウルへ行った. **2** (課程·段階を)経る. 経験する. 踏む. ¶ 심사를 ~ 審査を経る / 정규의 절차를 ~ 正規の手続きを踏む.

거치장스럽다 形 ⇨거추장스럽다

거치적거리다[-대다] 自 (動くのに)邪魔になる. 足手まといになる. うるさくまつわりつく. ¶ 거치적거리는 것은 모두 제거해 邪魔になるものはみんな取り除け / 아이들이 ~ 子供たちが足手まといになる.

거치적거치적 副 하自 (動くのに)邪魔になるようす. 足手まといになるようす.

거칠다 形 **1** (粒や目が)粗い. ¶ 결이 거친 나무 木目の粗い木 / 올이 ~ 布目が粗い. **2** (肌などが)滑らかでない. ざらざらしている. ¶ 살결이 ~ 肌のきめが粗い. 肌がざらざらだ. **3** (物事・手際などが)粗雑だ. ¶ 만듦새가 ~ つくりが粗雑だ / 거친 문장 粗削りの文章. **4** (性質・行動などが)乱暴だ. ¶ 성미가 ~ 気性が荒い / 말투가 ~ 語調が荒い. **5** (田畑などが)荒れている. 荒れ果てている. ¶ 거칠어진 산야 荒涼たる山野. **6** (波・風・天候などが)激しい. 穏やかでない. ¶ 파도가 ~ 波が荒い. **7** 手癖が悪い. ¶ 그 애는 손이 ~ その子は手癖が悪い. **8** (食物などが)粗末だ. ¶ 거친 음식 粗末な食物. 粗食.

거칠하다 形 (肌が)荒れている. (髪が)傷んでつやがない. かさかさだ. がさがさだ. ¶ 피부가 ~ 皮膚ががさがさしている.

거칠거칠 副 하形 (物の表面が)がさがさ(と). ざらざら(と). ¶ 표면이 ~한 종이 表面がざらざらの紙 / ~해진 손 がさがさになった手.

거침없다 形 **1** 差し障りがない. よどみない. ¶ 빈틈없고 거침없는 답변 抜け目なくよどみない答弁. **2** はばかるものがない. 気遣うことがない. ¶ 활달하고 거침없는 행동 豁達ではばからない行動. **거침없이** 副 **1** よどみなく. すらすら(と). ¶ 일이 ~ 진행되었다 事が滞りなくはかどった. **2** はばかることなく. 気遣うことなく. ¶ ~ 욕이 나오다 誰はばかることなく悪口が出る / 자기 의견을 ~ 토로하다 自分の意見をはばかりなく吐露する.

거칫하다 形 **1** (肌につやがなく)がさがさしている. **2** (気性が)荒っぽい.

거탈 名 外面. うわべ. 見かけ. 外観. ¶ ~만 그럴싸할 뿐 실속이 없다 うわべばかりもっともらしいだけで中身がない.

거포[巨砲] 名 巨砲. 大きな大砲.

거푸 副 重ねて. 繰り返して. 立て続けに. ¶ 술을 ~ 마시다 酒を立て続けに飲む / 창문을 활짝 열어 놓고 숨을 ~ 들이쉬었다 窓をすっかり開け放して何度も深呼吸をした.

거푸거푸 副 重ね重ね. 続けざまに. ¶ ~ 손해보다 立て続けに損害をこうむる.

거푸뛰기 名 (舞踊で)片足で続けざまに跳ぶ動作.

거푸집 名 **1** 鋳型. **2** (壁・天井などの貼り紙にすき間ができて)膨らんだ部分. **3** 見かけ. 外見.

거품 名 泡. あぶく. 気泡. ¶ 맥주 ~ ビールの泡 / ~이 잘 이는 비누 泡立ちのよいせっけん / 오랜 꿈이 ~같이 사라졌다 長年の夢が泡と消えた / 게가 ~을 뿜어낸다 蟹が泡を吹く.

◆**거품을 치다** (冷たい空気などに当てて)泡を消す.

거품 유리[—琉璃] 名 気泡ガラス.

거품제[—劑] 名 発泡剤.

거풍[擧風] 名 하他 虫干し. 虫払い. 風入れ. ¶ 고서적을 ~하다 古い書籍の虫干しをする / 겨울옷을 ~하다 冬物を風入れする.

거하다 形 **1** (山が)雄壮だ. **2** (樹木が)生い茂っている. ¶ 태백 산맥의 거한 산봉우리들 太白山脈の雄大な峰々. **3** (地形が深くて)ひっそりしている.

거함[巨艦] 名 巨艦.

거행[擧行] 名 하他 挙行. **1** (儀式を)執り行なうこと. ¶ 결혼식을 ~하다 結婚式を執り行なう / 장례식은 어제 ~되었다 葬式は昨日行なわれた. **2** 命令どおりに行なう. ¶ 분부대로 ~하겠습니다 仰せのとおりに致します.

걱정 名 하自他 **1** 心配. 懸念. 気遣い. 憂い. 案じること. 気にかかること. ¶ 돈 ~ お金の心配 / 쓸데없는 ~ いらぬ心配 / ~을 끼치다 心配をかける / ~할 것 없다 心配することはない / 자식의 신상을 ~하다 子供の身の上を案じる / 실수나 하지 않을까 ~된다 しくじりでもするのではないかと気にかかる. **2** 叱ること. 小言. ¶ 선생님께 ~을 듣다 先生に叱られる[小言を食らう].

〔속담〕 **걱정도 팔자다** 心配性も定め〈隣の疝気を頭痛に病む〉. **걱정이 태산 같다** 心配事が山のようだ〈克服しなければならない難事が泰山のように大きく険しい〉.

걱정거리 名 心配事. 困ったこと. ¶ 뭔가 ~라도 있습니까? 何か心配事でもありますか.

걱정꾸러기 名 **1** いつも心配事の多い人. **2** いつも人に心配をかける人. 心配の種になる人.

걱정덩어리 名 大きな心配事. 心配の種になる人.

걱정스럽다 形 心配だ. 気になる. 気遣わしい. 嘆かわしい. ¶ 병자의 상태가 ~ 病人の容態が心配だ / 걱정스러운 얼굴 心配そうな顔 / 걱정스러운 나머지 잠을 이루지 못한다 心配のあまり寝付かれない.

건[1][巾] 名 **1** (布などの)かぶり物. **2** 〔'두건(頭巾)'의 준말〕 喪中にかぶる男子の頭巾.

건[2][件] Ⅰ 名 件. こと. ¶ 그 ~은 어떻게 되었습니까? その件はどうなりましたか. Ⅱ 依名 件. ¶ 서류 네 ~ 書類4件 / 교통 사고 세 ~ 交通事故3件.

건[3][腱] 名〔生〕 腱. ¶ 아킬레스~ アキレス腱.

건[4][鍵] 名 **1** 鍵. ¶ ~반 鍵盤. **2** 鍵. キー.

건[5] **1** 〔'것은'의 준말〕 ものは. のは. ¶ 내 ~ 이것뿐이다 私のはこれだけだ / 마시는 ~ 좋지만 적당히 해라 飲むのは

いいが適当にやれよ. **2**〔'그것은'의 준말〕それは. ¶～ 무엇이오? それは何ですか / ～ 안 돼 それはいけない / ～ 큰일인데 そりゃたいへんだ.

-건[6] 語尾 **1**〔'-거나'의 준말〕…しようと…しようと. …であろうと…であろうと. ¶가～ 말～ 行こうが行くまいが / 그렇～ 말～ そうであろうとあるまいと / 비가 오～ 눈이 오～ 쉬지 않고 일한다 雨が降ろうが雪が降ろうが休まず働く. **2**〔'-거든[2]'의 준말〕…すれば. …なら. …するのにまして. ¶날이 새～ 떠납시다 夜が明けたら出かけましょう / 좋～ 가져오너라 よければ持ってこい.

건-[7]〔乾〕接頭 **1**「乾いた·干した·乾かした」の意を表わす語. ¶～태 干し明太 / ～포도 干しぶどう. **2**「液体を使わない」の意を表わす語. ¶～전지 乾電池. **3**「理由のない·実質のない·上の空の」の意を表わす語. ¶～주정 酔ったふりをすること / ～강짜 理由のない嫉妬.

건가〔建價〕名〔經〕(取引所で)建値. 建値段.

건각〔健脚〕名 健脚. ¶저마다 ～을 자랑하다 おのおの健脚を誇る.

건강〔健康〕名 하形 健康. 元気. 丈夫. ¶～을 해치다 健康を害する[損なう] / ～을 유지하다 健康を保つ / 술과 담배는 ～에 해롭다 酒とたばこは健康に害がある / ～해 보이는 아이 健康そうに見える子 / 그 노인은 아직 ～하다 その老人はまだ達者だ / ～하시기를 기원합니다 ご健康をお祈り申し上げます. **건강히** 副 健康に. 元気に. 丈夫に. ¶가족 일동이 ～ 지내고 있습니다 家族一同元気に過ごしています.

건강미〔一美〕名 健康美.

건강식〔一食〕名 健康食.

건강 진단〔一診斷〕名〔醫〕健康診斷.

건강체〔一體〕名 健康体.

건건찝찔하다 形 **1** 少し塩辛いばかりでうまくない. **2** (親戚だが)それほど深いつき合いのない間柄をからかって言う語. ¶그저 건건찝찔한 사이야 ただ親戚というだけの間柄だ.

건건하다 形 いくらか塩辛い. ¶건건하게 담근 김치 やや塩辛く漬けたキムチ. **건건히** 副 いくぶん塩辛く.

건곤〔乾坤〕名 乾坤.

건곤일척〔一一擲〕名 乾坤一擲.

건과〔乾果〕名〔'건조과'의 준말〕乾果.

건괘〔乾卦〕名〔民俗〕**1** 八卦の一つ. **2** 六十四卦の一つ.

건국〔建國〕名 하自 建国. 立国. ¶～ 정신 建国の精神 / ～ 신화 建国神話.

건국 포장〔一褒章〕名 建国褒章.

건국 훈장〔一勳章〕名 建国勲章.

건군〔建軍〕名 하自 建軍. 軍隊を編制すること.

건기〔乾期〕名 乾期. 反 雨期.

건너 名 向こう. 向かい側. ¶～편 向かい側 / 길 ～ 가게 道の向こうの店 / 강 ～에 마을이 있다 川の向こうに村がある.

건너가다 他 渡る. 渡っていく. 通り過ぎる. ¶횡단 보도를 ～ 横断歩道を渡る / 헤엄을 쳐서 강을 ～ 泳いで川を渡る.

건너긋다 他 (両端を結んで)線を引く.

건너다 自 **1** (一方から他方へ)移る. 渡る. 経る. ¶이 집 저 집을 건너 퍼진 소문 この家あの家を経て広がったうわさ / 이 손 저 손 건너는 사이에 헌 책이 되었다 人の手を渡っていくうちに古本になった. **2** (向かい側へ)行く. 横切る. 渡る. 越す. 越える. ¶바다를 ～ 海を渡る / 다리를 ～ 橋を渡る / 길을 ～ 道を横切る / 냇물을 헤엄쳐 ～ 川を泳いで渡る. **3** (('…를[을] 건너'의 꼴로))…おきに. …おいて. ¶하루 건너 1日おきに / 한 달을 건너 모임을 갖는다 一か月おきに会合を持つ.

건너다보다 他 **1** (向こう側にあるものを)眺める. ¶맞은편 산을 ～ 向かい側の山を眺める. **2** (人のものを)むやみに欲しがる. もの欲しげに見る. ¶남의 재산을 ～ 人の財産をむやみに欲しがる.

건너뛰다 他 **1** 飛び越える. ¶도랑을 ～ 溝を飛び越える. **2** 飛ばす. 抜かす. ¶끼니를 ～ 食事を抜かす / 순서를 ～ 順序を飛ばす / 시시한 곳은 건너뛰고 읽었다 つまらないところは飛ばして読んだ.

건너보다 他〔'건너다보다'의 준말〕眺める. もの欲しげに見る.

건너오다 自 渡ってくる. 渡来する. ¶배를 타고 강을 ～ 船に乗って川を渡ってくる.

건너지르다 他 **1** (長いものを)かけ渡す. 差し渡す. ¶장대를 ～ 竿をかけ渡す / 사닥다리를 ～ はしごをかける. **2** (両端を結んで)線を引く.

건너지피다 自 (川の水が)両岸まで完全に凍る.

건너짚다 他 **1** (あるものを)腕を伸ばしてつかむ. **2** 当て推量をする. かまをかける. ¶건너짚어서 범인을 추궁했다 かまをかけて犯人を追及した.

건너편〔一便〕名 向こう側. 向かい側. ¶～ 집 向かい側の家 / 강 ～ 동네 川向こうの村.

건넌방〔一房〕名 コンノンバン〈板の間を隔ててアンパン(안방)と向かいあっている部屋〉.

건널목 名 **1** 踏み切り. ¶～을 건너다 踏み切りを渡る. **2** 横断歩道.

건넛마을 名 向こうの村.

건넛집 名 向かい側の家. 向こうの家.

건네다 他 **1** (言葉を)かける. ¶낯선 사람에게 말을 ～ 見知らぬ人に言葉をかける. **2** (金品を)渡す. 手渡す. ¶매도인에게 계약금을 ～ 売り主に契約金を渡す. **3** 渡す. ¶나룻배로 사람을 ～ 渡し舟で人を渡す.

건네주다 他 手渡す. 渡してやる. 渡してくれる. 渡す. ¶짐을 ～ 荷物を手渡してやる.

건달〔乾達〕名 **1** よた者. 遊び人. やくざ. ごろつき. ¶～ 자식 どら息子 / ～ 생활을 하다 やくざな生活を送る. **2** 一文なし. すっからかん. ¶그는 하

루 아침에 ~이 되었다 彼はあっという間に一文なしになった.
건달꾼 名 よた者. よた公. 遊び人.
건달패[一牌] 名 やくざ連中.
건답[乾畓] 名〔農〕乾きやすい田.
-건대 語尾 …すれば. …するに. ¶ 바라~ 願わくは / 비유하~ たとえていえば / 곰곰이 생각해 보~ よくよく考えてみると[みれば] / 자세히 살펴보~ よくよく見ると[見れば].
건대구[乾大口] 名 干鱈.
건더기 名 **1** 汁の実. 具. ¶ ~가 많은 국 実の多いスープ. **2** 液体にまじって溶けずにいる塊. **3** 〈俗〉 内容. 中身. 実. 根拠. 種. ¶ 변명할 ~가 없다 弁明の種がない.
건데 副 〔'그런데'의 준말〕ところで. ところが.
건독[乾一] 名 乾船渠.
건둥그리다 他 取りまとめてかんたんにする. 手際よく片付ける.
건둥건둥 副 하他 取りまとめるようす. (手際よく)片付けるようす.
건드러지다 形 (音色が)うっとりさせる. (姿が)粋であだっぽい. なよやかだ. しなやかだ. ¶ 건드러지게 한 곡조 뽑다 うっとりするような声で1曲歌う. > 간드러지다
건드렁타령[一打令] 名 酔っ払ってふらふらする動作. ¶ 또 ~이군 また千鳥足で歩いているなあ.
건드레하다 形 ほろ酔い機嫌だ. ¶ 건드레하게 취하다 ほろ酔い機嫌に酔う.
건드리다 他 **1** いじくる. 触る. 触れる. ¶ 살짝 ~ そっと触れる / 이 기계를 건드리지 마 この機械をいじくるな. **2** (感情などを)刺激する. 気に障るようにする. ¶ 남을 ~ 人を怒らせる / 비위를 ~ 感情を刺激する. **3** (女に)手を出す. ¶ 여자를 ~ 女に手を出す. **4** (ある事に)手をつける. 手を染める. ¶ 이것저것 건드려 놓은 일이 많다 あれこれ手をつけた仕事が多い.
건들거리다[-대다] 自 **1**〔흔들거리다〕揺らめく. 戦ぐ. ¶ 바람에 건들거리는 갈대 風にそよぐあし. **2**〔솔솔 불다〕そよそよ吹く. **3**〔빈둥거리다〕ぶらぶらする. ¶ 건달도 아닌데 왜 그렇게 건들거리니? よた公でもないのになぜそんなにぶらぶらしているんだ. **4** (人が)くだらなく[味気なく]ふるまう.
건들건들 副 하自 **1**〔흔들흔들〕ゆらゆら(と). **2**〔산들산들〕そよそよ(と). **3**〔빈둥빈둥〕ぶらぶら(と). のらりくらり(と). ¶ ~ 놀고 지내다 ぶらぶらと遊んで暮らす.
건들바람 名 **1** 初秋の涼風. **2**〔氣〕和風.
건듯 副 **1** (物事を)ぞんざいに. ざっと. ¶ 일을 ~ 해치우다 仕事をざっと片付けてしまう. **2** (風が)さっと.
건듯건듯 副 大まかに. ぞんざいに. ざっと. ざっさと.
건류[乾溜] 名 하他〔化〕乾留.
건립[建立] 名 하他 **1** 建立. ¶ 동상 ~ 銅像建立 / 기념관을 ~하다 記念館を建てる. **2** 設立. ¶ ~자 設立者. 創立者 / 학교를 ~하다 学校を設立する.
-건마는 語尾 …ではあるが. …(する)にもかかわらず. …(である)にもかかわらず. ¶ 나이는 먹었~ 철이 없다 年寄りではあるが分別がない.
-건만 語尾 〔'-건마는'의 준말〕…ではあるが. …(にも)かかわらず.
건망[健忘] 名 健忘.
건망증[一症] 名 健忘症. もの忘れ. ¶ 늙어가면서 ~이 심해진다 年を取るにつれてもの忘れがひどくなる / ~이 심한 사람 忘れっぽい人.
건면[乾麵] 名 **1** 乾麵. **2** ゆでただけで出し汁をかけないそば.
건명[件名] 名 件名. 書類名. ¶ ~목록 件名目録.
건명태[乾明太] 名 北魚. 干した介党鱈.
건목[1] 名 雑につくること. 粗製品. ¶ ~재 粗削りしたままの木材 / ~으로 대강 지은 건물 雑なつくりの建物.
건목치다 他 **1** 雑につくる. 粗削りにする. **2** 大ざっぱに見積もる.
건목[2][乾木] 名 完全に乾燥した木材.
건몸달다 自 (いたずらに)ひとりで気をもむ. いたずらに焦る. やっきになる. ¶ 취직을 하려고 건몸달아 돌아다닌다 就職しようとやっきになって歩き回る.
건물[1][建物] 名 建物. 建築物. ¶ 석조 ~ 石造りの建物 / ~을 짓다 建物を建てる.
건물[2][乾物] 名 乾物〈魚・肉などを干したもの〉. ¶ ~상 乾物商.
건반[鍵盤] 名 鍵盤. キーボード. ¶ ~악기 鍵盤楽器.
건밤새우다 自 まんじりともしないで一夜を明かす.
건방 名 生意気な態度.
◆**건방을 떨다** 生意気な態度をとる.
◆**건방을 부리다** 生意気にふるまう.
◆**건방을 피우다** 生意気なふるまいをする.
건방지다 形 生意気だ. 横柄だ. こしゃくだ. 出過ぎる. ¶ 젊은 놈이 ~ 若造のくせに生意気だ / 건방지게 굴다 横柄にふるまう / 건방진 소리 하지 마라 生意気な口をきくな / 건방진 수작 마라 生意気なまねをするな.
건배[乾杯] 名 하自 乾杯.
건빵[乾一] 名 乾パン.
건사하다 他 **1** 保管する. 保存する. 保つ. ¶ 녹이 슬지 않게 잘 건사해라 錆がつかないよう大切に保管しろ. **2** 手入れをする. ¶ 잘 건사한 화분 手入れの行き届いた鉢植え. **3** とりしきる. (うまく)治める. (人の)面倒をみる. ¶ 집안일을 잘 ~ 家事をうまく切り回す.
건삼[乾蔘] 名 側根を取り除き皮をむいて乾かした朝鮮人参.
건생 식물[乾生植物] 名〔植〕乾生植物.
건선[乾癬] 名 乾癬〈皮膚病の一種〉.
건선거[乾船渠] 名 乾船渠. 乾ドック.
건설[建設] 名 하他 建設. 反 破壊.

¶ 복지 국가의 ~ 福祉国家の建設 / 고속 도로를 ~하다 高速道路を建設する / 평화로운 사회를 ~하다 平和な社会を建設する.

건설 공채〔—公債〕[名]〔經〕建設公債.

건설 교통부〔—交通部〕[名] 建設交通部〈日本の建設省に当たる〉.

건설업〔—業〕[名] 建設業.

건설적〔—的〕[冠][名] 建設的.

건성¹ [名] うわの空. ¶ ~ 대답 生返事 / ~으로 듣다 うわの空で聞く / 대답만 ~으로 예예 하고 있었다 いいかげんに返事だけ, はいはいといっていた.

건성건성 [副] いいかげんに. 漫然と. ¶ 일을 ~ 해치우다 仕事をいいかげんに片づける.

건성꾼 [名] うわの空で事に当たるそそっかしい人.

건성²〔乾性〕[名] 乾性.

건성 늑막염〔—肋膜炎〕[名]〔醫〕乾性肋膜炎.

건성유〔—油〕[名] 乾性油.

건수〔件數〕[名] 件数. ¶ 도난 ~ 盗難件数 / 화재 ~가 늘어나다 火災の件数がふえる.

건습〔乾濕〕[名] 乾湿.

건습구 습도계〔—球濕度計〕[名] 乾湿球湿度計.

건승〔健勝〕[名][하形] 健勝. ¶ ~을 빕니다 ご健勝を祈ります / ~하실 것으로 아옵니다 ご健勝のことと存じます.

건시〔乾柹〕[名] 干し柿.

건식¹〔健食〕[名][하他] 健啖. おおぐい. ¶ ~가 健啖家.

건식²〔乾式〕[名] 乾式. [反] 湿式 ¶ ~ 구조 乾式構造.

건실하다〔健實—〕[形] **1** 堅実だ. 堅い. ¶ 건실한 생활 堅実な生活 / 건실한 사나이 まじめな男. **2** (身体が) 健康だ. 丈夫だ. 健やかだ. ¶ 아이가 건실하게 자란다 子供が健やかに育つ. **건실히** [副] 堅実に.

건아〔健兒〕[名] 健児.

건어〔乾魚〕[名] 干し魚.

건어물〔—物〕[名] 干し魚.

건원〔建元〕[名][하他] 建元. 建国して年号を定めること.

건위〔健胃〕[名][하自] 健胃. 胃を丈夫にすること. ¶ ~제 健胃剤.

건으로〔乾—〕[副] **1**〔공연히〕理由もなく. いたずらに. **2**〔터무니없이〕法外に. 途方もなく. とんでもない. **3** 素手で. 手ぶらで. ¶ ~ 나가다 手ぶらで出かける.

건의〔建議〕[名][하他] 建議. ¶ ~서 建議書 / ~안 建議案 / 근무 조건의 개선을 ~하다 勤務条件の改善を建議する.

건장하다〔健壯—〕[形] 壮健だ. 元気だ. ¶ 건장한 사나이 壮健な男 / 자네가 건장하니 무엇보다 반갑네 君が元気で何よりうれしい.

건재¹〔建材〕[名] 建材. 建築材料.

건재상〔—商〕[名] 建材商.

건재²〔乾材〕[名]〔韓方〕生薬. まだ調合していない薬剤.

건재 약국〔—藥局〕[名] 生薬屋. 韓方の生薬を売る商店.

건재하다〔健在—〕[形] 健在だ. 壮健だ. ¶ 아버지는 건재합니다 父は健在です.

건전지〔乾電池〕[名] 乾電池.

건전하다〔健全—〕[形] **1** 健全だ. たっしゃだ. ¶ 건전한 신체 健全な体. **2**〔사물의 상태가 충실하다〕健全だ. ¶ 건전한 재정 健全な財政.

건정건정 [副] ざっと. 大ざっぱに. おおまかに. ¶ 서류를 ~ 훑어보다 書類にざっと目を通す.

건조¹〔建造〕[名][하他] 建造. ¶ 유조선을 ~하다 タンカーを建造する

건조물〔—物〕[名] 建造物.

건조²〔乾燥〕[名][하他] 乾燥. 乾き. ¶ ~가 빠른 페인트 乾きが速いペンキ / 목재를 햇볕에 ~하다 木材を日光に乾かす.

건조과〔—果〕[名]〔植〕乾果.

건조기〔—期〕[名] 乾期.

건조제〔—劑〕[名] 乾燥剤.

건조 지형〔—地形〕[名] 乾燥地形.

건조체〔—體〕[名]〔文〕意思の伝達を主にする文体〈記事·説明文など〉.

건조하다〔乾燥—〕[形] **1** 乾燥している. 乾いている. ¶ 공기가 매우 ~ 空気が非常に乾燥している. **2** 干からびている. 乾燥している. ¶ 무미건조한 생활 無味乾燥な生活.

건주정〔乾酒酊〕[名][하自] わざと酔ったふりをすること.

건중그리다〔-대다〕[他] (乱れているものを) ざっとまとめる. 大かに整理する.

건중건중 [副] 大ざっぱに. 大体. 大まかに. ざっと. ¶ ~ 세다 大ざっぱに数える.

건지 [名] 水深を測る石をつけた綱.

건지다 [他] **1** (液体の中から) 取り上げる. 取り出す. すくう. ¶ 건더기만 건져 먹다 汁の実ばかりすくって食べる. **2** (沈んだものを) 引き揚げる. (おぼれた人を) 救う. (苦境から) 救い出す. 救う. ¶ 침몰선을 ~ 沈没船を引き揚げる / 물에 빠진 사람을 ~ 水におぼれた人を救う. **3** (投資した元手を) 取り戻す. 回収する. ¶ 본전을 ~ 元手を回収する.

건채〔乾菜〕[名] 干し菜.

건초〔乾草〕[名] 干し草. 乾草.

건축〔建築〕[名][하他] 建築. ¶ ~가 建築家 / ~업 建築業 / ~ 허가가 내리다 建築許可が下りる / 교사를 ~하다 校舎を建築する.

건축 공학〔—工學〕[名] 建築工学.

건축과〔—科〕[名] 建築科.

건축 면적〔—面積〕[名] 建築面積. 建坪.

건축물〔—物〕[名] 建築物. 建造物.

건축사〔—士〕[名] 建築士.

건축 설계〔—設計〕[名] 建築設計.

건축 설비〔—設備〕[名] 建築設備.

건축 용재〔—用材〕[名] 建築用材.

건투〔健鬪〕[名][하自] 健闘. ¶ ~를 빌다 健闘を祈る.

건판〔乾板〕[名]〔物〕乾板.

건평〔建坪〕[名] 建坪. ¶ 부지 100평

敷地100坪.
건폐율〔建蔽率〕 名 〔建〕 建蔽率.
건포¹〔乾布〕 名 乾布. 乾いたきれ. ¶ ~ 마찰 乾布摩擦.
건포²〔乾脯〕 名 干し肉.
건포도〔乾葡萄〕 名 干しぶどう.
건필〔健筆〕 名 健筆. ¶ ~을 휘두르다 健筆をふるう.
건하다 形 **1** 十分だ. 豊かだ. ¶ 살림이 ~ 暮らしが豊かだ. **2** 〔'흥건하다'의 준말〕(水が)たっぷりある. **3** 〔'거나하다'의 준말〕ほろ酔い機嫌だ.
건혼나다 自 (わけもなく)驚いてぎくりとする. つまらないことにびっくりする.
걷기 名 歩くこと. 歩き.
걷다¹ Ⅰ 自 **1** (雲·霧が)消え去る. 晴れる. ¶ 검은 구름이 ~ 黒雲が消え去る. **2** (梅雨などが)明ける. ¶ 장마가 걷기 시작했다 梅雨が明け始めた. Ⅱ 他 **1** 〔말아 올리다〕巻き上げる. まくる. たくし上げる. ¶ 막을 ~ 幕を上げる / 소매를 ~ 袖をまくる / 옷자락을 걷어 올리다 裾をまくり上げる. **2** 〔'거두다' 1·2의 준말〕取り込む. 取り立てる. 集める. ¶ 빨래를 ~ 洗濯物を取り込む / 회비를 ~ 会費を集める. **3** 〔일을 끝내거나 멈추다〕仕上げる. 中止する. ¶ 일손을 ~ 仕事の手を休める. **4** 〔개거나 치우다〕畳む. 片づける. ¶ 거적을 ~ むしろを畳む / 자리를 ~ ござを片づける.
걷다² Ⅰ 自 **1** 歩く. ¶ 빨리 ~ 速く歩く. 急いで歩く / 터벅터벅 ~ とぼとぼ歩く / 아장아장 ~ よちよち歩く / 느릿느릿 ~ のろのろ歩く.
Ⅱ 他 **1** (一定の方向に)進む. 歩む. ¶ 고난의 길을 ~ 苦難の道を歩む / 평생 외길을 ~ 生涯ひとすじの道を歩む. **2** 歩く. ¶ 오솔길을 ~ 寂しい小道を歩く / 둘이서 호숫가를 ~ 二人で湖のほとりを歩く.
〔속담〕 **걷기도 전에 뛰려고 한다** 歩けもしないうちに走ろうとする(やさしいこともできないくせに, 難しいことをしようと急ぐこと).
걷몰다 他 **1** (家畜などの群れを)駆り立てる. 追い立てる. **2** (仕事などを)急がせる.
걷어들다 他 (垂れ下がっているものを)まくり上げる. たくし上げる. ¶ 치맛자락을 ~ チマの裾をたくし上げる.
걷어붙이다 他 (袖·ズボンの裾などを)まくり上げる. たくし上げる. ¶ 소매를 ~ 袖をたくし上げる / 팔을 걷어붙이고 일하다 腕まくりをして仕事をする.
걷어잡다 他 まくり上げて持つ. たくし上げて持つ.
걷어쥐다 他 まくり上げて持つ.
걷어지르다 他 (カーテンなどを垂れ下がらないように)まくり上げ差し込んで[結んで]留める. ¶ 치맛자락을 허리에 ~ チマの裾を腰にからげる. 「む.
걷어질리다 自 (疲れなどで)目がくぼ
걷어차다 他 **1** 蹴飛ばす. ¶ 정강이를 ~ 向こうずねを蹴飛ばす. **2** 関係を絶つ. しりぞける. はねつける. ¶ 몇 년 동안 사귀어 온 여자를 ~ 長年つきあってきた女をはねつける.
걷어채다 自 **1** 蹴られる. 蹴飛ばされる. ¶ 발길에 ~ 足蹴にされる. **2** しりぞけられる. はねつけられる.
걷어치우다 他 **1** 片づける. 取り除く. 取り払う. ¶ 이불을 ~ ふとんを畳んで片づける. **2** 中止する. やめる. 引き払う. ¶ 가게를 ~ 店を畳む / 직장을 ~ 職場をやめる.
-걷이 接尾 **1** 取り入れ. 刈り入れ. ¶ 가을~ 秋の取り入れ. 秋入れ. **2** 取り除く. 片づける. ¶ 골~ 畝間の草取り.
걷잡다 他 **1** (倒れかけたものを)押さえる. 食い止める. **2** (心を)落ち着かせる. 抑える. ¶ 걷잡을 수 없이 흐르는 눈물 抑えがたく流れる涙.
◆**걷잡을 수 없다** 手のほどこしようもない. 抑えがたい. ¶ 무너져 가는 가세를 걷잡을 수 없다 傾く家運をおさえようがない.
걷히다 自 **1** (雲·霧などが)消え去る. 晴れる. (梅雨などが)明ける. ¶ 안개가 ~ 霧が消え去る. **2** (金銭が)取り立てられる. 集まる. (穀物などが)取れる. ¶ 걷힌 돈 集金したお金.
걸¹〔girl〕 名 ガール. ¶ ~ 스카우트 ガールスカウト / ~ 프렌드 ガールフレンド.
걸² 〔'것을'의 준말〕ものを. ことを. …のを. ¶ 그~ 가져와 それをもってこい / 그런 ~ 왜 진작 말하지 않았나? それをなぜ早く話してくれなかったのか. ▷이걸. 요걸. 저걸. 그걸
걸걸 副 하自 〔염치없이 음식 등을 탐하는 모양〕がつがつ. ¶ 굶주려서 ~한다 飢えてがつがつしている.
걸걸거리다[-대다] 自 がつがつする.
걸걸하다¹ 形 しわがれ声ががらがらとして力強い.
걸걸하다²〔傑傑—〕 形 さばさばして快活だ. 開豁だ. ¶ 걸걸한 성격 こせこせしない性格.
걸고넘어지다 他 (責任·罪などに第三者を)引き入れる. 引き込む. ¶ 무슨 관계가 있다고 나를 걸고넘어지는 거요? なんのかかわりで僕を引きずり込むんですか.
걸다¹ 他 **1** 掛ける. つるす. ぶら下げる. ¶ 거울[달력]을 벽에 ~ 鏡[カレンダー]を壁に掛ける / 웃옷을 옷걸이에 걸어 두세요 上着をハンガーにお掛けください. **2** (声を)かける. (電話を)かける. (催眠術を)かける. ¶ 말을 ~ 話しかける / 곧 전화를 걸겠습니다 すぐ電話をかけます. **3** (会議などに)かける. ¶ 의제로서 회의에 ~ 議題として会議にかける. **4** (エンジンなどを)かける. 作動させる. ¶ 자동차에 시동을 ~ 自動車に始動をかける. **5** (裁判に)かける. 訴える. ¶ 재판을 ~ 裁判にかける / 소송을 ~ 訴訟を起こす. **6** (けんかなどを)仕掛ける. 吹き掛ける. たたく. ¶ 싸움을 ~ けんかをふきかける / 시비를 잘 거는 녀석 よくからむやつ / 연애를 ~ 恋を仕掛ける. くどく. **7** (期待·望みなどを)かける. 託す. ¶ 큰 기대를 ~ 大きな期待をかける / 한

가닥 희망을 ～ 一縷の望みをかける. **8** 賭ける. 懸ける. ¶목숨을 ～ 命をかける/명예를 ～ 名誉をかける/식물 연구에 일생을 ～ 植物の研究に一生をかける. **9** (かんぬきなどを)かける. ¶빗장을 ～ かんぬきをかける/자물쇠를 ～ 鍵をかける. **10** 〈シルム(씨름)で〉片足を相手にかける. **11** (契約として)差し出す. 払う. ¶계약금을 ～ 手付け金を払う/선금을 ～ 前金を払う. **12** (器具などを)使える状態にしておく. かける. ¶솥을 ～ 釜をかまどにかける.

걸다² 形 **1** (土地が)肥沃だ. ¶땅이 ～ 土地が肥えている. **2** (液体が)濃い. とろっとしている. ¶건 수프 濃いスープ/풀을 걸게 쑤다 糊を濃くつくる. **3** (膳立てが)豪華だ. 豪勢だ. 見事だ. ¶잔치가 ～ 祝宴が盛大だ. **4** 口汚い. 口さがない. ¶입이 ～ 口汚い. 食い意地が張っている. ものの言い方が下品だ. **5** (手並みが)見事だ. 手さばきがよい. ¶솜씨도 걸게 카드를 뒤섞다 手さばきもあざやかにカードを切る.

걸뜨다 自 (水面に浮かばず)水中に漂う. ¶가라앉지도 않고 ～ 沈みもしないで水中に漂う.

-걸랑 語尾 〔'-거들랑'의 준말〕…すれば. …たら. ¶내가 늦～ 너 먼저 가거라 僕が遅かったら君が先にいきなさい.

걸러 副 置き. ¶하루 ～ 1日置き.

걸러뛰다 他 (順序を)飛ばす. 抜かす. ¶4학년에서 6학년으로 ～ 4年から6年に飛び級をする.

걸러내기 名 排泄.

걸레 名 **1** 雑巾. ¶젖은[마른] ～로 닦다 ぬれた[乾いた]雑巾でふく. **2** (雑巾のように)よごれて汚い物[人]. ¶～ 같은 계집 雑巾のような女(身持ちの悪い女をののしる語).

걸레질 名 하他 ふき掃除. 雑巾がけ. ¶～을 치다 雑巾をかける. ふき掃除をする.

걸로 〔'것으로'가 준 말〕ものを. ことを. のを. もので. ことで. ¶이왕이면 큰 ～ 골라라 どうせなら大きいのを選べ.

걸리다¹ 自 **1** (ある物体が何かに)かかる. ぶら下がる. ¶풍경이 처마 끝에 걸려 있다 風鈴が軒先にぶら下がっている. **2** (物体が物に)ひっかかる. つまずく. ¶연이 전깃줄에 ～ 凧が電線にひっかかる/돌부리에 걸려 넘어지다 石につまずいて転ぶ. **3** (月・太陽が空に)かかっている. 浮かんでいる. ¶서산 마루에 해가 걸려 있다 西の山の峰に日がかかっている. **4** (日時などが)必要である. かかる. ¶1년이 걸리는 대공사 1年がかりの大工事/준비에 시간이 ～ 準備[したく]に手間取る. **5** (病気などに)かかる. ¶감기에 ～ 風邪を引く/중병에 ～ 重病にかかる. **6** (感情・感覚に)気になる. こだわる. はばかる. ¶하는 짓이 눈에 ～ 態度が目障りになる. **7** (電話が)かかる. ¶집에서 전화가 걸려 왔다 家から電話がかかってきた. **8** つかえる. ひっかかる. ¶음식이 목구멍에 ～ 食物がのどにつかえる. **9** 気にかかる. 気になる. ¶집안일이 마음에 ～ 家族の事が気にかかる. **10** (計略に)陥る. はまる. ひっかかる. ¶올가미에 ～ わなにかかる/사기에 ～ 詐欺にひっかかる/. **11** ぶつかり合う. ひっかかる. ¶귀찮은 사건에 ～ 面倒な事件にひっかかる. **12** (取り締まり・法などに)ひっかかる. ¶불심 검문에 ～ 不審尋問にひっかかる/법에 ～ 法にかかる. **13** (賞金などが)かかっている. ¶현상금이 걸린 수배자 懸賞がかかった手配の人/레이스에는 큰 돈이 걸려 있다 レースには大金がかかっている. **14** (責任などが)かかる. ¶목숨이 걸린 중대한 문제다 命がかかっているゆゆしい問題だ. **15** かけられる. かかる. ¶벽에 걸린 초상화 壁にかけられた肖像画.

걸리다² 他 歩かせる. ¶어린 아이를 ～ 幼い子を歩かせる.

걸림돌 名 (足にぶつかる石くれの意味で)障害物. (何かをおし進めるのに)さまたげになるものや問題.

걸망〔一網〕名〔佛〕(背に負う)網の頭陀袋.

걸맞다 形 似合う. 似つかわしい. 釣り合う. ふさわしい. 相応だ. ¶그에게 걸맞은 역할 彼にふさわしい役割/수입에 걸맞은 생활 収入に釣り合った生活/이 방에 걸맞은 가구 この部屋にふさわしい家具.

걸머맡다 他 (他人の仕事・債務などを)抱え込む. しょい込む.

걸머메다 他 荷物にひもをかけて片方の肩に担ぐ.

걸머잡다 他 (いろいろなものを)一手につかむ. 一手に収める.

걸머지다 他 **1** (荷物にひもをかけて)担ぐ. (荷物を)背負う. ¶배낭을 ～ 背嚢を背負う/짐짝을 ～ 荷物を背負う. **2** (債務・責任などを)しょい込む. 背負う. 担う. ¶빚을 걸머지고 고생하고 있다 借金をしょい込んで苦しんでいる.

걸머지우다 他 (荷物を)背負わせる.

걸메다 他 (荷物にひもをかけて)片方の肩に担ぐ.

걸물〔傑物〕名 **1** 傑物. 傑出した人物(皮肉って言うこともある). **2** 立派な品物.

걸상〔一床〕名 腰掛け. 椅子. 長椅子. ベンチ. ¶나무 ～ 木の椅子.

걸쇠 名 ('ㄱ'字型の)掛け金.

걸식〔乞食〕名 하自他 乞食. ¶～하여 살아가다 乞食をして生きていく.

걸신〔乞神〕名 (「食を乞う鬼神」の意から)食い意地.

걸신들리다 自 食い意地が張る. がっつく. ¶음식을 걸신들린 듯 먹다 むさぼり食う. がつがつ食う.

걸신쟁이 名 食いしん坊. 大食い.

걸앉다 自 〔'걸어앉다'의 준말〕腰かける.

걸어가다 自 **1** 歩いていく. 徒歩で行く. ¶시골 길을 ～ 田舎の道を歩い

ていく. **2** 目標に向かって歩く. 歩む. ¶ 몰락의 길을 ～ 没落の道を歩いて行く.

걸어앉다 自 腰かける.

걸어앉히다 他 腰をかけさせる.

걸어오다 自 **1** 歩いてくる. 徒歩で来る. ¶ 먼 길을 ～ 遠路を歩いてくる. **2** これまで暮らしてくる. 発展してくる. 歩んでくる. ¶ 가시밭길을 걸어 왔다 いばらの道を歩んできた.

걸어총〔一銃〕 名 하自 〔軍〕 叉銃. 叉銃の号令.

걸우다 他 (肥料を施して)土地を肥やす.

걸음 Ⅰ 名 **1** 歩み. 歩行. 足. 歩. ¶ ～을 빨리하다 足を早める / ～이 느리다 歩みがのろい. **2** 足どり. 歩調. 足. ¶ ～이 무겁다 足どりが重い. **3** 行くことまたは来ること. 足. ¶ 헛～을 시키다 無駄足を踏ませる / 요즘 ～이 뜸해지고 있다 このごろ足が遠のいている. Ⅱ 依名 …歩. ¶ 세 ～ 앞으로 3歩前へ.

◆**걸음아 날 살려라** 歩みよ我を助けたまえ〈一目散に逃げること. 三十六計逃げるにしかず〉.

걸음걸음 副 〔'걸음걸음이'의 준말〕 一足ごとに.

걸음걸이 名 歩きぶり. 足どり. 歩調. 足. ¶ 가벼운 ～ 軽い足どり.

걸음마 Ⅰ 名 あんよ. 幼児が歩くこと. Ⅱ 感 幼児にあんよさせるときにあやす言葉. あんよは上手. あんよあんよ. ¶ ～찍찍 あんよあんよ.

걸음발타다 自 (幼児が)よちよちと歩き出す.

걸음새 名 歩きぶり. 足どり.

걸음짐작 名 하他 歩測. 「け.

걸이¹ 名 シルム(씨름)の足がらみ. 内が

-걸이² 接尾 …かけ. ¶ 수건～ タオルかけ / 옷～ ハンガー.

걸인¹〔乞人〕 名 乞食. 物ごい.

걸인²〔傑人〕 名 傑人. 優れた人物.

걸작〔傑作〕 名 **1** 傑作. 名作. ¶ 이 그림은 피카소의 ～이다 この絵はピカソの傑作だ. **2** 突飛でこっけいなこと. ¶ 그 친구 정말 ～이야 あいつは実に傑作なやつだ.

걸짜 名 〈俗〉 突飛でこっけいな人.

걸쩍지근하다 形 **1** 口汚ない. 食い意地が張っている. **2** 口汚い. 口のききかたが卑しい. ¶ 걸쩍지근하게 욕을 퍼붓는다 口汚く悪口を浴びせる.

걸쭉하다 形 (液体が)非常に濃い. どろどろしている. ¶ 걸쭉한 죽 どろどろの粥. **걸쭉히** 副 非常に濃く. どろどろと. 「る.

걸차다 形 土地[地味]がよく肥えてい

걸차다 他 ⇨걷어차다

걸쳐두다 他 (かかわり合った物事に結末をつけず)やめておく.

걸출〔傑出〕 名 하形 傑出. ¶ 그는 인물이 ～하고 인품도 훌륭하다 彼は容貌が優れ, 人格も立派だ.

걸치다 Ⅰ 自 **1** (両端に)かかる. またがる. ¶ 계곡에 줄다리가 걸쳐 있다 谷間に縄橋がかかっている. **2** (両端が両側に)かかる. ひっかかる. ¶ 빨래가 줄에 걸쳐 있다 洗濯物が干しひもにかかっている. **3** (太陽・月などが傾いて)山や峠にかかっている. ¶ 서산에 걸친 달 西の山にかかっている月. **4** (ある範囲・期間に)及ぶ. わたる. またがる. ¶ 전국에 걸친 교통망 全国に広がる交通網 / 다방면에 걸친 연구 多方面にわたる研究 / 9개 월에 걸친 요양 9か月にわたる療養. Ⅱ 他 **1** (両方へ)かける. かけ渡す. 渡す. ¶ 사다리를 처마 끝에 ～ はしごを軒先にかける. **2** かける. ひっかかる. ¶ 수건을 어깨에 ～ タオルを肩にかける. **3** (衣服などを)ひっかける. まとう. ¶ 코트를 어깨에 ～ コートを肩にひっかける. **4** (酒を)ひっかける. ¶ 대낮부터 한잔 걸쳤구만 真っ昼間から一杯ひっかけてるな.

걸터앉다 自 どっしりと腰をおろす. 腰かける. ¶ 벤치에 ～ ベンチに腰かける.

걸터타다 他 (馬・牛に)横むきに乗る.

걸핏하면 副 どうかするとすぐ. ともすると. 何かにつけて. ¶ ～ 잔소리다 何かにつけて小言だ / ～ 운다 どうかするとすぐ泣き出す.

검〔劍〕 名 剣. 長刀(太刀). ¶ ～을 차다 長刀を帯びる[差す].

검객〔劍客〕 名 剣客. 剣士.

검거〔檢擧〕 名 하他 検挙. ¶ 일제 ～ 一斉検挙 / 범인을 ～하다 犯人を挙げる.

검거 선풍〔一旋風〕 名 一度に大勢の人間を検挙すること. ¶ ～이 불다 大量検挙の嵐が吹く.

검광〔劍光〕 名 剣光. 「器.

검극¹〔劍戟〕 名 剣戟. (刀などの)武

검극²〔劍劇〕 名 剣劇. ちゃんばら劇.

검뇨〔檢尿〕 名 하自 〔醫〕 検尿. 尿検査.

검누렇다 形 黒みがかって黄色い.

검누르다 形 やや黒みを帯びて黄色い.

검다 形 **1** 〔까맣다〕 (色が)黒い. 反 白い ¶ 검은 옷 黒い服 / 피부가 ～ 皮膚が黒い / 검은 구름이 걷히다 黒雲が晴れる. **2** 〔엉큼하다〕 腹黒い. ¶ 속이 검은 사나이 腹黒い男.

◆**검다 희다 말이 없다** うんともすんとも言わない.

◆**검은 머리 파뿌리 되도록** 白髪の年寄りになるまで. 共白髪になるまで.

검댕 名 煤. たきぼこり. ¶ ～을 떨다 煤を払う.

검덕귀신〔一鬼神〕 名 〈蔑〉 顔・衣服の特に汚ない人.

검도〔劍道〕 名 剣道.

검둥개 名 黒犬.

검둥오리 名 〔動〕 黒鴨.

검둥이 名 **1** くろ. **2** 肌の色の黒い人. **3** 黒人. ニグロ. 「る.

검디검다 形 真っ黒だ. 黒々としてい

검뜯다 他 **1** むしりとる. **2** しつこくねだる. 粘り強くせがむ.

검란〔檢卵〕 名 하自 検卵.

검량〔檢量〕 名 하他 積荷の量・重さを検査すること.

검량인〔一人〕 名 検量をする人.
검류〔検流〕 名 하他 検流. ¶ ～계 検流計 / ～의 検流儀.
검맥〔検脈〕 名 하自 〔韓方〕 見脈. 診脈.
검무〔劍舞〕 名 剣舞. つるぎのまい.
검문〔検問〕 名 하他 検問. ¶ 불심 ～ 不審尋問 / ～에 걸리다 検問にひっかかる.
검문소〔一所〕 名 検問所.
검박〔儉朴〕 名 하形 倹素. 質素. 質朴.
검버섯 名 (皮膚の)染み. 肝斑. ¶ ～이 핀 얼굴 染みが生じた顔.
검법〔劍法〕 名 剣法. 剣術.
검변〔検便〕 名 하自 〔醫〕 検便.
검봉〔劍鋒〕 名 剣鋒. 剣先. 「け.
검부나무 名 干し草·枯れ葉のたきつ
검부러기 名 干し草·わらなどの屑.
검불 名 干し草·落ち葉·わらのくずなどの総称.
검불덤불 副 ごちゃごちゃ. ごっちゃ. めちゃくちゃ.
검붉다 形 赤黒い. ¶ 햇볕에 검붉게 탄 얼굴 日焼けして赤黒く焼けた顔.
검사¹〔劍士〕 名 剣士. 剣客.
검사²〔検事〕 名 検事. ¶ 고검 ～ 高検[高等検察庁]検事.
검사장〔一長〕 名 検事長.
검사 항소〔一抗訴〕 名 検事控訴.
검사³〔検査〕 名 하他 検査. ¶ ～원 検査員 / ～인 検査役. 検見 / ～대 検査台 / 소지품 ～ 所持品検査 / 징병 ～ 徴兵検査.
검사소〔一所〕 名 検査所. ¶ 농산물 ～ 農産物検査所.
검사필〔一畢〕 名 検査済み.
검산〔検算〕 名 하他 検算. 試し算.
검색〔検索〕 名 하他 **1** 検索. ¶ ～의 편의를 도모한 사전 検索の便を図った辞典. **2** 〔法〕 家宅捜索をすること.
검소하다〔儉素一〕 形 質素だ. つましい. ¶ 검소한 차림 質素な身なり / 검소한 생활 つましい生活. **검소히** 副 つましく. 質素に.
검속〔検束〕 名 하他 〔法〕 検束.
검수¹〔検水〕 名 하自 検水. 水質検査.
검수기〔一器〕 名 水質検査器.
검수²〔検數〕 名 하他 (物の)数量を検査すること.
검술〔劍術〕 名 剣術. 剣法.
검술사〔一師〕 名 剣術使い.
검숭하다 形 まばらに生えた毛が黒みがかっている.
검숭검숭 副 하自 (まばらに生えた毛が)黒みがかっているさま.
검시¹〔検屍〕 名 하自他 検死. 検屍.
검시²〔検視〕 名 하自他 **1** 検視. 事実をよく調べること. **2** 〔法〕 検死. **3** 検眼.
검시관〔一官〕 名 検死官.
검시 조서〔一調書〕 名 検視調書.
검실검실 副 하形 (毛が生えはじめて)うっすらと黒く. ところどころ黒く.
검안¹〔検案〕 名 하自他 〔法〕 検案. ¶ ～서 検案書.
검안²〔検眼〕 名 하自他 検眼. ¶ ～경 検眼鏡.
검약〔儉約〕 名 하他 倹約. 節約.
검역〔検疫〕 名 하他 検疫. ¶ 입항한 배를 ～하다 入港の船を検疫する.
검역관〔一官〕 名 検疫官.
검역선〔一船〕 名 検疫船.
검역소〔一所〕 名 検疫所.
검역의〔一醫〕 名 検疫医.
검역항〔一港〕 名 〔法〕 検疫港.
검열〔検閲〕 名 하他 検閲. ¶ ～관 検閲官 / ～점호 (予備役将兵の)検閲点呼 / 신문 기사의 ～ 新聞記事の検閲 / 원고를 ～하다 原稿を検閲する / 위생 ～ 衛生検閲.
검온〔検温〕 名 하自 検温. ¶ ～기 検温器. 体温計.
검은깨 名 黒ごま.
검은손 名 魔手. 魔の手. ¶ ～에 걸리다 魔手にかかる.
검은약〔一藥〕 名 〈隱〉 阿片.
검은엿 名 黒い飴.
검은자 名 〔'검은자위'의 준말〕 黒目.
검은자위 名 (眼球の)黒目. 瞳.
검은콩 名 黒豆.
검은팥 名 黒小豆.
검인¹〔検印〕 名 **1** 検印. 検査ずみの印. **2** 検印. 著者が発行部数を確認する印.
검인증〔一證〕 名 検印証.
검인²〔検認〕 名 하他 〔法〕 検認.
검인정〔検認定〕 名 하他 **1** 検認. **2** 検定と認定. ¶ ～ 교과서 検定教科書と認定教科書.
검인정필〔一畢〕 名 検定および認定済み.
검자〔検字〕 名 検字〈漢字を総画数で配列したもの〉.
검잡다 他 〔'거머잡다'의 준말〕 ぎゅっとつかむ.
검적검적 副 하形 黒い斑点がまばらについているようす.
검전기〔検電器〕 名 〔物〕 検電器.
검접하다 自 捕まえてしつこく離さない. へばりつく. しがみつく.
검정¹ 名 **1** 黒色. 黒. ¶ ～ 고동색 黒褐色. 黒茶色. **2** 黒色の染料.
검정말¹ 名 黒馬.
검정빛 名 黒色.
검정이 名 黒い物.
검정콩알 名 〈俗〉 弾丸. 鉄砲玉.
검정²〔検定〕 名 하他 検定. ¶ ～고시 検定試験 / ～ 교과서 検定教科書.
검정증〔一證〕 名 検定証. 検定済み証.
검정필〔一畢〕 名 検定済み.
검정말² 名 〔植〕 黒藻.
검정보라색〔一色〕 名 黒紫色.
검쥐다 他 〔'거머쥐다'의 준말〕 ぐっと[ぐいと]にぎる.
검증〔検證〕 名 하他 〔法〕 検証. ¶ 현장 ～을 실시하다 現場検証を行なう.
검증물〔一物〕 名 〔法〕 検証物.
검지〔一指〕 名 人差し指.
검진〔検診〕 名 하他 検診. ¶ 정기 ～ 定期検診 / ～을 받다 検診を受ける.

검진기〔檢震器〕 名 地震計.

검질기다 形 (性格·行動が)非常にしつこい. 執拗だ. ¶ 찰거머리처럼 검질기게 달라붙다 ひるのようにへばりついて離れない[執拗に食い下がる].

검차〔檢車〕 名 하他 検車. 車両の検査.

검찰〔檢察〕 名 하自他 **1** 検察. 調査すること. **2**〔法〕検察. 犯罪を捜査して証拠を集めること.

검찰관〔一官〕 名 **1** 検察官. 検事. **2**〔軍〕(軍法会議で)検事の職務を行使する法務将校.

검찰청〔一廳〕 名 検察庁. ¶ 대~ 最高検察庁.

검출〔檢出〕 名 하他 検出. ¶ 식품에서 납 성분을 ~했다 食品から鉛の成分を検出した.

검측스럽다 形 陰険で欲深そうだ. 腹黒くみえる. **검측스레** 副 欲深く. 腹黒く.

검측측하다 形 **1** どす黒い. **2** 陰険で欲張りだ. 非常に腹黒い.

검측하다 形 陰険で欲深い. 腹黒い. ¶ 검측한 사람 腹黒い人.

검치다 他 **1** 布地などの縁を合わせて折る. **2** (物の端または全体を)重ね合わせる[止める].

검침〔檢針〕 名 하他 検針.

검침하다 形 腹黒く陰険だ. ¶ 검침한 수단을 쓰다 腹黒く陰険な手段を用いる.

검탄〔黔炭〕 名 黒炭. 土竈炭.

검토〔檢討〕 名 하他 検討. ¶ 재~ 再検討 / 내용을 ~하다 内容を検討する / ~중이다 検討中である.

검특하다 形 腹黒くてずるい.

검파〔檢波〕 名 하他〔物〕検波. ¶ ~기 検波器.

검퍼렇다 形 黒みがかって青い. 青黒い. ¶ 얻어맞은 자리가 검퍼렇게 멍들었다 殴られたところが青黒いあざになった.

검표〔檢票〕 名 하自他 検札.

검푸르다 形 黒みがかって青い. 青黒い. ¶ 검푸른 바다 紺碧の海.

검푸르접접하다 形 青みを帯びて薄黒い.

검푸르죽죽하다 形 青みを帯びてどす黒い.

겁¹〔劫〕 名〔佛〕劫.

겁²〔怯〕 名 恐ろしさ. 怖さ. 恐れ. 気おくれ. ¶ ~이 많다 臆病だ / ~이 없다 物おじしない. 怖がらない / ~이 많은 사람 臆病な人.
◆**겁도 없이** 恐れ気もなく. 向こう見ずに.
◆**겁에 질리다** おびえる. 怖がる. ¶ ~에 질린 목소리 おびえた声 / ~에 질려 떨고 있다 恐ろしさに震えている.
◆**겁을 집어먹다**〔'겁먹다'의 강조형〕怖がる. 物おじする.

겁간〔劫姦〕 名 하他 強姦. 強淫.

겁결에〔劫一〕 副 怖がって. おじけづいて. ¶ ~ 비명을 지르다 おじけづいて悲鳴をあげる.

겁기〔劫氣〕 名 **1** 険しい山の精気. ¶ ~가 서리다 気味悪い精気が漂う. **2** 窮した人の困まり切ったようす.

겁꾸러기〔怯一〕 名 臆病者. 怖がり屋.

겁나다〔怯一〕 自 怖がる. おじけつく. ¶ 겁나게 하다 怖がらせる.

겁내다〔怯一〕 他 怖がる. 恐れる. 臆する. ¶ 물을 ~ 水を怖がる / 낯선 사람을 ~ 見慣れない人を恐れる.

겁먹다〔怯一〕 自 怖がる. 物おじする. おじけづく. ¶ 겁먹은 얼굴 物おじする顔 / 겁먹지 말고 덤벼라 怖がらないでつっかかれ.

겁보〔怯一〕 名 臆病者. 弱虫.

겁쟁이〔怯一〕 名 臆病者. 弱虫. いくじなし.

겁주다〔怯一〕 他 怖がらせる. 脅かす. ¶ 겁주어 쫓아 버리다 脅かして追い払う.

겁탈〔劫奪〕 名 하他 **1** 劫奪. 強奪. **2** 強姦.

것 依名 **1**〔포괄적으로 이르는 말〕もの. こと. …の. ¶ 새~이 좋다 新しいものがよい / 먹을[마실] ~을 주세요 食べ[飲み]物をください / 네 만년필이 내 ~보다 좋다 君の万年筆は僕のよりよい. **2**〔사람을 얕잡거나 동물을 범상하게 이르는 말〕者. やつ. がき. ¶ 어린 ~ 幼い子 / 젊은 ~이 주제넘게 若い者が身のほど知らずに. **3**〔어떤 일·사실·행위 등을 포괄적으로 이르는 말〕…こと. …の. ¶ 그가 이사했다는 ~을 몰랐다 彼が引っ越ししたということを知らなかった. **4**〔'-는[-ㄴ] 것이다'의 꼴로 확신·단정을 나타냄〕…のだ. …である. ¶ 상을 탄 것은 우연한 결과가 아닌 ~이다 賞をもらったのは偶然の結果ではないのだ. **5**〔'-ㄹ[-을] 것'의 꼴로 명령·지시의 뜻을 나타냄〕…すること. …すべし. ¶ 내일 아침 6시에 모일 ~ 明朝6時に集合すること. **6**〔'-ㄹ[-을] 것이다'의 꼴로 추측의 뜻을 나타냄〕…はずだ. …だろう. …と思う. ¶ 비가 내릴 ~이다 雨が降るだろう / 벚꽃이 만발해 있을 ~이다 桜が満開だろう. **7**〔'-를[-을] 것이다'의 꼴로 소신·주장을 나타냄〕…されるべきだ. ¶ 정치적·사회적 민주화가 선행되어야 할 ~이다 政治的·社会的民主化が先行されるべきだ.

-것다 語尾 **1**〔동작·상태의 다짐〕…ね. ¶ 네 마음대로 했~ 君が勝手にやったんだね. **2**〔사실의 시인〕…だろう. ¶ 지금쯤은 벚꽃이 한창이~ 今ごろは桜が真っ盛りだろう. **3**〔원인·조건의 충분함〕…し…し. …であり…であるのに. ¶ 부자~, 능력 있~ 부러울 게 없다 金持ちで能力があるのに(他人を)うらやむことはない.

겅그레 名 蒸し釜の底に敷く簀の子.

겅둥하다 形 衣服の裾が短すぎる. つんつるてんだ.

겅중거리다[-대다] 自 ぴょんぴょん. ひょいひょい.
겅중겅중 副 하自 長い足で飛び跳ねるように歩くようす.

겉 名 表. 表面. 外面. うわべ. み

かけ. 建て前. 外. 反 裏. ¶ ~쪽 表側 / ~은 매끄럽다 表面は滑らかだ / ~만 번지르르한 건물 外面だけ立派な建物 / ~으로는 태연하다 うわべは平然としている / 동전의 ~과 안 硬貨の表と裏.

〔속담〕 **겉 다르고 속 다르다** 表と裏が異なる. 言行が一致しない.

겉가량〔一假量〕 名 하他 目分量. 推測. 推し量ること. ¶ ~으로 열흘 잡는다 推測で10日と見積もる.

겉감 名 表地. 物の表側に当てる材料. ¶ 이불의 ~ 布団の表地.

겉겨 名 籾殻. 籾糠.

겉곡식〔一穀一〕 名 殻がついたままの穀物.

겉귀 名〔生〕外耳.

겉꺼풀 名 外側の皮[殻. 膜].

겉껍데기 名 外殻.

겉껍질 名 外皮. 粗皮.

겉꾸리다 自 **1** うわべを飾る. **2** (欠点が分からないように)表面だけを繕う. (いかにも)そのように見せかける.

겉꾸미다 自 うわべを飾る. 見せかける.

겉날리다 他 うわべだけ適当に繕っていいかげんにする. (仕事などを)ぞんざいにする. ¶ 날씨가 춥고 귀찮기도 해서 설거지를 겉날렸다 寒くて面倒なので食器洗いをざっとすませた.

겉놀다 自 **1** (つきあいが)うまくいかず別々に行動する. しっくりいかない. **2** (釘・ねじなどが)ぴったり合わない. がたつく. ¶ 나사가 ~ ねじが空回りする[ばかになる].

겉눈감다 自 目をつぶったふりをする. うす目をあける.

겉눈썹 名 眉. 眉毛.

겉늙다 自 年齢より老ける. 年に比べて老けて見える. ¶ 나이에 비해 늙어 보인다 年のわりに老けて見える.

겉대중 名 하他 粗づもり. 外見だけを見てする当て推量.

겉돌다 自 **1** (二つの物が)混じり合わない. 調和しない. ¶ 물과 기름이 ~ 水と油が混じり合わない. **2** (水と油のように)しっくりいかない. 仲間はずれになる. ¶ 겉도는 사람 うちとけない人 / 혼자 ~ 独りぼっちになる. **3** (理論・行動・機械などが)空回りする. ¶ 톱니바퀴가 ~ 歯車が空回りする.

겉똑똑이 名 知ったかぶりをする人.

겉마르다 自 生乾きになる. 表面だけ乾く. ¶ 겉마른 빨래 生乾きの洗濯物.

겉말 名 空世辞. 口先だけの言葉. おべんちゃら. 反 本音. ¶ ~만 늘어놓다 空世辞ばかり並べ立てる.

겉맞추다 他 こびへつらう. お調子を取る.

겉면〔一面〕 名 表面. 外面. 表.

겉모습 名 外貌. 外見. 見かけ.

겉모양〔一模樣〕 名 外貌. 外見. 外観. 見かけ. ¶ ~만으로는 알 수 없다 見かけだけではわからない / ~을 꾸미다 体裁を繕う. 見えを張る.

◆**겉모양을 내다** おめかしをする. 外見を繕う.

◆**겉모양을 보다** 外見・体裁に関心を向ける.

겉물 名 上澄み.

◆**겉물이 돌다** 上澄みができる.

겉발림 名 하自 (もっともらしく)うわべを繕うこと. 取り繕うこと. ¶ ~으로 하는 말 おべっか. 空世辞.

겉벽〔一壁〕 名 外壁. ¶ ~을 바르다 外壁を塗る.

겉보기 名 見かけ. うわべ. 外見. ¶ ~가 좋지 않다 見かけがよくない / ~와는 딴판이다 見かけとはまったく違う.

겉보리 名 **1**〔植〕(はだか麦に対して)大麦. **2** 殻麦. ¶ ~를 찧다 殻麦をつく.

〔속담〕 **겉보리 서 말만 있으면 처가살이하랴** 殻麦3斗さえあれば妻の実家で暮らすものか〈どんなことがあっても妻の実家で暮らすものではない〉.

겉봉〔一封〕 名 **1** 二重封筒の外側の封筒. **2** 封筒の表. ¶ ~에 주소 성명을 쓰다 封筒に住所氏名を書く.

겉봉투〔一封套〕 名 二重封筒の外側の封筒.

겉씨식물〔一植物〕 名〔植〕裸子植物.

겉약다 形 (見た目は賢そうだが)実際は愚かだ.

겉옷 名 上着. 外衣.

겉웃음 名 つくり笑い. そら笑い.

겉자락 名 **1**〔저고리・치마 등을 입었을 때〕外側に出る裾. **2**〔建〕〔기둥머리의 단청에서〕裾のように描いた模様.

겉잠 名 **1** うたた寝. ころび寝. 仮寝. **2** たぬき寝入り. そら寝.

◆**겉잠이 들다** うつらうつらする. うたた寝する. 浅く眠る.

겉장 名 **1** (重ねた紙の)いちばん上の紙. **2** 表紙. カバー.

겉저고리 名 (重ね着のとき)外側に着るチョゴリ.

겉절이 名 はつか大根・白菜などの浅漬け.

겉절이다 他 **1**〔김치를 담글 때〕白菜を一度塩漬けにする. **2** 浅漬けにする.

겉짐작 名 当て推量. あてずっぽう. おおよその見当.

겉치레 名 하自他 見せかけ. 見え. 虚飾. ¶ ~만 좋아하는 사람 見え坊. 見えっ張り.

겉치마 名 (チマを重ね着するとき)外側に着るチマ.

겉치장〔一治粧〕 名 하自 **1** 外装. 外側の装飾. ¶ 건물의 ~ 建物の外装. **2** 見せかけ. うわべの飾り. ¶ ~반하다 うわべだけを飾る[繕う].

게[1] 名〔動〕蟹. ¶ ~의 집게발 蟹の鋏.

〔속담〕 **게도 구럭도 다 잃었다** 蟹も縄編みの袋もみんな失った〈何の得るところもなくかえって損をした〉.

게[2] 代〔'거기'의 준말〕そこ. ¶ ~ 앉아라 そこに座りなさい / 자네가 ~까지 갔다 오게 君がそこまで行ってきなさい.

게[3]〔'것이'의 준말〕…ものが. …のが. …ことが. ¶ 너 같은 ~ 어떻게 장사를 하겠느냐? お前のような者がどうして商売ができようか / 내가 알 ~ 뭐냐 僕

の知ったことじゃないよ.

게[4] 助 〔'에게'의 준말〕…に. ¶ 내~ 돈이 있다면 私にお金があったら / 이 책을 네~ 주겠다 この本をお前にやろう / 이 일을 제~ 맡겨 주십시오 この仕事を私に任せてください.

-게[5] 語尾 〔'-기에'의 준말〕…だから. …ので. ¶ 큰 사고~ 신문에서도 떠들썩했지 大事故だから新聞でも大騒ぎしたのさ / 없~ 안 주지, 왜 안 주겠어? ないからやらないんだ, やらないわけないだろう.

-게[6] 語尾 **1** 〔의도·목적을 나타냄〕…するように. …く. …に. …するほど. ¶ 방을 좀더 밝~ 하자 部屋をもう少し明るくしよう / 감기 들지 않~ 조심하세요 風邪をひかないようにお気をつけください. **2** 〔명령을 나타냄〕…なさい. …するように(しなさい). ¶ 빨리 오~ 早く来なさい / 많이 먹~ たくさん食べなさい / 거기 서 있~ そこに立っているように. **3** 〔의문을 나타냄〕…のか. …だ. ¶ 누구~? 誰だ / 벌써 가~? もう帰るのか / 그걸 사서 무얼 하~? それを買ってどうするんだい. **4** 〔반어 의문을 나타냄〕…じゃう. …だが. …ちゃう. ¶ 먹지 않으면 죽~ 食べなければ死んじゃうよ(だから食べる) / 그렇게 되면 좋~ そうなればいいんだが(なかなかそうなりそうにない) / 그러다가는 나까지 야단맞~ そんなことしたら僕まで叱られちゃうよ. **5** …(する)なんて. ¶ 골볐나? 돈 더 주고 사~ ばっかじゃなかろか. わざわざ高いほうを買うなんて. **6** 〔'…게 되다'와 함께 쓰여 변화·결과를 나타냄〕…するようになる. …することになる. …できる. ¶ 음악을 좋아하~ 되다 音楽を好むようになる / 역사에 대해서 관심을 갖~ 되었다 歴史に対して関心を持つようになった / 그는 내 말을 믿~ 되었다 彼は私の言うことを信じるようになった. **7** 〔'…게 되었느냐'의 꼴로 반문하는 뜻을 나타냄〕…(して)いられるか. ¶ 내 일이 급한데 남의 걱정하~ 됐어? 自分のことがさし迫っているのに他人の心配をしていられるか. **8** 〔'…게 하다'와 함께 쓰여 시킴의 뜻을 나타냄〕…くする. …させる. ¶ 일부러 말소리를 작~ 하다 わざと話し声を小さくする.

게거품 名 **1** 蟹が吹く泡. **2** 口の泡.

게걸 名 食い意地.
◆**게걸을 떼다** 食べ飽きる.
게걸거리다[-대다] 自 (下品な言葉で)愚痴をこぼす. ぶつぶつ言う. たらたら言う.
게걸게걸 副 하自 ぶつぶつ(と). たらたら(と).
게걸들다 自 食い意地が張る.
게걸들리다 自 食い意地が張る. がつがつする.
게걸스럽다 形 **1** 意地汚い. ¶ 돈에 게걸스러운 사나이 金に汚い男. **2** 貪欲である.

게걸음 名 蟹の横ばい. 横あるき.
◆**게걸음을 치다** ① 横歩きをする. ② 事業の進展が思わしくない. (歩みが)のろい.

게꽁지만 하다 形 (知識·才能などが)極めて貧弱だ. 取るに足らない. 非常に短い.

-게끔 語尾 …するように. ¶ 춥지 않~ 옷을 많이 입혀라 寒くないように服をたくさん着せなさい.

-게나 語尾 〔명령을 나타냄〕…しろよ. …しなよ. ¶ 어서 오~ 早く来いよ. いらっしゃい〈あいさつの言葉〉/ 그렇게 화내지 말~ そんなに怒るなよ.

게나예나 副 〔'거기나 여기나'의 준말〕そこもここも. いずこも. ¶ 교통이 불편하기는 ~ 마찬가지다 交通の不便なのはいずこも同じだ.

게네 代 あいつら. やつら. ¶ ~들이 먼저 싸움을 걸어왔다 あいつらが先にけんかを吹っかけてきた.

게눈 名 **1** 蟹の目. **2** 〔建〕破風の端に飾りとして刻む渦巻状の模様.

게다가 副 **1** それに. その上. さらに. おまけに. ¶ 배탈도 나고, ~ 감기까지 걸렸다 腹もこわしたし, それに風邪までひいた. **2** 〔'거기에다가'의 준말〕そこに. そこへ. ¶ 꽃병은 ~ 놓아라 花瓶はそこに置きなさい.

게딱지 名 蟹の甲羅.
게딱지만 하다 形 (家などが)非常に小さい. ちっぽけだ. ¶ 게딱지만 한 판잣집들이 늘어서 있다 ちっぽけなバラックが軒を並べている.

게라〔(일) gera〕 名 〔印〕ゲラ.
게라쇄〔一刷〕 名 〔印〕ゲラ刷り. 校正刷.

게르마늄〔(독) Germanium〕 名 ゲルマニウム.

게름 名 〔'게으름'의 준말〕怠惰.
게름뱅이 名 〔'게으름뱅이'의 준말〕のらくら者.
게름쟁이 名 〔'게으름쟁이'의 준말〕怠け者.

게릴라〔(에) guerrilla〕 名 ゲリラ. ¶ ~전 ゲリラ戦.

게살 名 蟹の肉. 蟹の肉を乾かしたもの.

게서[1] 〔'거기에서'의 준말〕そこで. そこから. ¶ 혼자 ~ 뭘 하니? ひとりでそこで何をしてるの.

게서[2] 助 〔'에게서'의 준말〕…から. ¶ 그 말은 네~ 들은 말이다 その話は君から聞いた話だ.

게스트〔guest〕 名 ゲスト.

게슴츠레하다 形 目がとろんとしている.

게시〔掲示〕 名 하他 掲示. ¶ ~문 掲示文 / ~판 掲示板 / 합격자 명단을 ~하다 合格者の名簿を掲示する[張り出す].

게양〔掲揚〕 名 하他 掲揚. ¶ 국기 ~ 国旗掲揚 / ~대 掲揚台.

게염 名 うらやんで欲しがること.
게염내다 自 うらやんで欲しがる.
게염스럽다 形 欲張りだ. 貪欲だ. そねむ気持ちがある. **게염스레** 副 そねましく. ねたましく.

게우다 他 **1** 吐く. もどす. ¶ 먹은 것을 ~ 食べた物を吐く. **2** (不正に得た所得·秘密などを)吐き出す.

게으르다 形 怠惰だ. 無精だ. 怠ける. 怠慢だ. 反 勤勉だ ¶ 게으른 생

활 怠惰な生活／게으른 사람 無精な人.

〔속담〕 **게으른 선비 책장 넘기기** 怠け者の学者がページをめくるように.

게으름 名 怠惰. 無精. ものぐさ.

게으름뱅이 名 ものぐさ太郎. のらくら者.

게으름부리다 自 怠ける. おこたる. ずるける. サボる. ¶게으름부리지 말고 부지런히 일해라 おこたらずにせっせと働きなさい.

게으름쟁이 名 怠け者. 無精者.

게으름피우다 自 怠ける. おこたる. ずるける. サボる. ¶일은 않고 ～ 仕事はしないでずるけてばかりいる.

게을러빠지다 形 非常に怠惰だ. きわめて無精だ.

게을러터지다 形 非常に怠慢だ. きわめて無精だ.

게을리 副 怠って. おろそかに. 怠けて. ¶공부를 ～하다 勉強をおろそかにする／연습을 ～하지 말아라 練習を怠けるな.

게이지〔gauge〕 名 ゲージ.

게이트〔gate〕 名 ゲート. 門.

게임〔game〕 名 ゲーム. ¶～ 세트 ゲームセット／～ 포인트 ゲームポイント.

게장〔一醬〕 名 **1** 醬油に漬けた蟹. **2** 蟹を漬けたしょう油.

게재〔掲載〕 名 하他 掲載. ¶신문에 소설을 ～하다 新聞に小説を掲載する.

게젓 名 蟹の塩辛.

게트림 名 하自 (他人を見くびったように出す)大げさなげっぷ.

겐[1] 〔'거기는'이 준 말〕 そこは. ¶여기보다 ～ 경치가 더 좋더라 ここよりそこはもっと景色がよかったよ.

겐[2] 〔'게는'이 준 말〕 …には. ¶내～ 난생 처음이다 私には生まれて始めだ／네～ 이런 것 없지? 君にはこんなものないだろう.

-겐[3] 〔'-게는'이 준 말〕 …には. ¶고맙～ 썼다만 갚을 일이 걱정이다 ありがたくには使ったが返すことが心配だ.

겔〔㊀Gel〕 名〔化〕 ゲル.

겔러빠지다 形 〔'게을러빠지다'의 준말〕 非常に怠惰だ.

겔리 副 〔'게을리'의 준말〕 怠って.

겨 名 糠. ¶쌀～ 米ぬか／보릿～ 麦ぬか.

〔속담〕 **똥 묻은 개가 겨 묻은 개를 나무란다** 糞のついた犬が糠のついた犬をとがめる〈目糞が鼻糞を笑う〉.

겨끔내기 名 かわるがわる[たがいちがいに]行なうこと.

겨냥 名 하他 **1** ねらい. ¶～을 빗나가게 쏘았다 ねらいをはずして撃った／그것은 나를 ～하여 한 말이다 それは私にあてつけて言った言葉だ. **2** 見本. ¶새 우표의 ～ 新しい郵便切手の見本.

◆**겨냥을 대다** ① (的に)ねらいを定める. ¶과녁의 한복판에 ～을 대다 的の真中にねらいを定める. ② 見当をつける.

◆**겨냥을 보다** ① (的に)ねらいを定める. ② (実物と)比べて見る.

겨냥내다 自 寸法を合わせる.

겨냥대 名 (寸法などを)測るのに使う棒. 見取りさし.

겨냥도〔一圖〕 名 見取り図.

겨누다 他 **1** (弓や銃などで)目標を決める. ねらう. ¶과녁을 ～ 的をねらう／공기총으로 나무 위의 새를 겨누고 쏘았다 空気銃で木の上の鳥をねらって撃った. **2** (標準となるものと)比べて見る. 比べ合わせる. ¶길이를 원도와 겨누어 보다 長さを原図と比べて見る.

겨드랑 名 (体の)わき.

겨드랑이 名 **1** (体の)わき. わきの下. ¶～털 わき毛／체온계를 ～ 밑에 넣어 열을 재다 体温計をわきの下に入れて熱を計る／책을 ～에 끼고 나왔다 本をわきにかかえて出てきた. **2** (衣服の)わき. ¶～가 터지다 わきがほころびる.

겨레 名 はらから. 同胞. ¶한 ～ はらから／～ 사랑 同胞愛／온 ～ 全民族.

겨레말 名 民族の言語.

겨레붙이 名 (氏族·親族·部族などの)同族. はらから.

겨루다 他 競う. 争う. 張り合う. 比べる. ¶기예를 ～ 技を競う／솜씨를 ～ 腕を競う／기술을 ～ 技術を競う.

겨를 依名 …する暇. …する間. ¶준비할 ～도 없다 用意する間もない／잠잘 ～도 없다 寝る間もない／자리에 붙어 있을 ～도 없다 席の暖まる暇もない／숨 쉴 ～도 없다 息つく間もない. 非常に忙しい.

겨우 副 **1** やっと. ようやく. かろうじて. わずかに. ¶오랜 연구 끝에 ～ 완성했다 長年の研究の末, やっと完成した／～ 몸만 빠져 도망쳤다 かろうじて身ひとつで逃がれた. **2** わずか. たった. ¶～ 두 사람만이 살아 남았다 わずか二人だけが生き残った／～ 3일간 연명했다 わずか3日の命だった.

겨우겨우 副 やっとのことで. かろうじて.

겨우내 副 冬の間ずっと. 冬中. ¶～ 휴양지에 가 있었다 冬の間ずっと保養地に行っていた.

겨우살이 名 **1** 冬着. 冬服. 冬物. **2** 越冬. 冬を越すこと. ¶～ 땔감 越冬燃料／～ 준비 冬じたく.

겨울 名 冬. ¶～ 동안 冬中. 冬の間／한～ 真冬／～을 나다 冬を過ごす[越す]／～이 닥치다 冬が近づく.

겨울날 名 冬の日[天気]. 冬日. 冬天.

겨울내 名 冬中.

겨울밤 名 冬の夜.

겨울새 名 冬鳥.

겨울잠 名 冬眠.

겨울철 名 冬の季節. 冬期.

겨워하다 他 力に余る. 持て余す. 手に負えない. ¶힘에 ～ 力に余る.

겨자 名 **1**〔植〕 芥子菜. **2** (調味料の)からし粉.

겨자씨 名 **1** からしなの種子. **2** きわめて小さいもの.

격〔格〕 I 名 **1** 格. 分際. 格式. 資

格. 礼儀. ¶ ~이 떨어지다 格が落ちる / ~에 맞다 ふさわしい. 柄に合う / ~에 맞지 않는 복장 分不相応の服装 / ~에 어울리다 分相応だ. つり合う. **2** 〔言〕 格. ¶ 주~ 主格 / 목적~ 目的格. **3** 〔論〕 格.

Ⅱ 依名 **1** 花札の点数. 点. ¶ 다섯 ~을 이겼다 5点勝った. **2** 〔'셈·식'의 뜻을 나타냄〕 …式. …のようなもの. ¶ 쇠귀에 경 읽는 ~이다 牛の耳に経を読むようなものだ. **3** 〔자격·지위 등을 나타냄〕 格. ¶ 저 노인은 이 마을 대표자 ~이다 あの老人はこの村の代表者格だ.

격감〔激減〕 名 하自 激減. ¶ 농촌 인구가 ~했다 農村の人口が激減した.

격검〔擊劍〕 名 하自 擊剣. 剣術. 長剣の使い方を習うこと.

격구〔擊毬〕 名 擊毬〈武芸の一つで, 馬に乗って長い棒を使い毬を打つ遊び〉.

격나다〔隔一〕 自 縁遠くなる.

격납고〔格納庫〕 名 格納庫.

격년〔隔年〕 名 하自 隔年. 一年おき. ¶ 대회를 ~으로 개최하다 大会を隔年に開催する.

격노〔激怒〕 名 하自 激怒. ¶ ~한 나머지 제 정신을 잃다 激怒のあまり我を忘れる.

격돌〔激突〕 名 하自 激突. ¶ 양군이 ~하다 両軍が激突する.

격동〔激動〕 名 하自他 **1** 激動. ¶ ~하는 아시아의 정세 激動するアジアの情勢. **2** 激しく怒ること. 奮い立つこと. ひどく感動すること. ¶ 민심을 ~시키다 民心を奮い立たせる.

격랑〔激浪〕 名 激浪. 荒波. ¶ ~에 시달리다 荒波にもまれる / 세상의 ~을 헤쳐나가다 世の荒波を乗り越える.

격려〔激勵〕 名 하他 激励. ¶ ~문 激励文 / 선수들을 ~하다 選手たちを激励する.

격려사〔一辭〕 名 激励の言葉.

격렬하다〔激烈一〕 形 激烈だ. 激しい. ¶ 격렬한 성격 激しい性格 / 격렬한 경쟁 激烈な競争. **격렬히** 副 激しく.

격론〔激論〕 名 하自 激論. ¶ ~을 벌이다 激論を闘わせる / ~ 끝에 겨우 결정되었다 激論のすえにやっと決まった.

격류〔激流〕 名 激流. 奔流. ¶ ~에 휩쓸리다 激流にのまれる / ~에 떠내려가다 激流に押し流される.

격리〔隔離〕 名 하他 隔離. ¶ ~실 隔離室 / 외부로부터 ~되어 있다 外部から隔離されている.

격리 처분〔一處分〕 名 隔離処分.

격멸〔擊滅〕 名 하他 擊滅.

격무〔激務〕 名 激務. ¶ ~를 견디지 못하다 激務に耐えかねる.

격문〔檄文〕 名 檄. 檄文. ¶ 각 지방으로 ~을 띄우다 各地方へ檄を飛ばす.

격발¹〔激發〕 名 하自他 激発. ¶ 분노가 ~하다 憤怒が激発する.

격발²〔擊發〕 名 하自他 擊発. ¶ ~ 장치 擊発装置.

격벽〔隔壁〕 名 하自他 **1** 壁を一つ隔てていること. **2** 隔壁. 仕切り.

격변〔激變〕 名 하自 激変. ¶ ~기 激変期 / 사회 정세가 ~하다 社会情勢が激変する.

격변화〔格變化〕 名 하自 〔言〕 格変化.

격분¹〔激忿〕 名 하自 激怒.

격분²〔激憤〕 名 하自 激憤. 憤激.

격분³〔激奮〕 名 하自 激昂. 激しく興奮すること. いきり立つこと. ¶ ~하여 퇴장했다 激昂して退場した.

격상〔格上〕 名 하他 格上げ.

격세〔隔世〕 名 하自 **1** 隔世. 世を隔てること. ¶ ~ 유전 隔世遺伝. **2** 隔世. 時代が甚だしく変わったこと.

격세지감〔一之感〕 名 隔世の感.

격식〔格式〕 名 格式. ¶ ~에 맞지 않는다 格式に合わない / 의례는 ~을 중히 여긴다 儀礼は格式を重んじる.

◆**격식을 차리다** 格式張る. 改まる. ¶ ~을 차리는 자리[표현] 改まった場所[表現].

격심하다〔激甚一〕 形 激しい. 甚大だ. はなはだしい. ¶ 격심한 경쟁률 激しい競争率 / 적에게 격심한 타격을 주었다 敵に甚大な打撃を与えた. **격심히** 副 激しく. はなはだしく.

격앙〔激昂〕 名 하自 激昂. ¶ ~한 군중 激昂した群衆 / ~된 어조 激昂した語調.

격양가〔擊壤歌〕 名 擊壌の歌. 豊年で農民が太平の世を喜ぶ歌.

격언〔格言〕 名 格言.

격월〔隔月〕 名 하自 隔月. ひと月おき. ¶ ~ 배본 隔月配本 / ~로 발행하다 ひと月おきに発行する.

격월간〔一刊〕 名 隔月刊.

격음〔激音〕 名 〔言〕 激音. 有気音.

격의〔隔意〕 名 隔意. 隔心. 打ち解けない心. よそよそしさ. ¶ ~ 없는 의견 교환 隔意のない意見交換.

격일〔隔日〕 名 하自 隔日. 1日おき. ¶ ~제 근무 隔日制勤務 / ~로 테니스 연습을 한다 1日おきにテニスの練習をする.

격자〔格子〕 名 **1** 冠のひもにつなぎ合わせた細竹の管の間の玉. **2** 格子, またその様式. **3** 〔物〕 結晶格子. 回折格子. **4** 〔物〕 グリド.

격자무늬 名 格子縞.

격자문〔一門〕 名 障子.

격자창〔一窓〕 名 格子窓.

격전〔激戰〕 名 하自 激戦. ¶ ~지 激戦地 / ~을 벌이다 激戦を繰り広げる.

격정〔激情〕 名 激情. ¶ ~적 激情的 / 가슴에 복받쳐 오르는 ~ 胸に込み上げる激情 / ~에 사로잡히다[이끌리다] 激情に駆られる.

격조¹〔格調〕 名 **1** 格調. ¶ ~ 높은 문장 格調高い文章. **2** 格調. 品位. 人柄.

격조²〔隔阻〕 名 하自 **1** 久闊. 無沙汰. ¶ 오랫동안 ~했습니다 長い間ごぶさたいたしました.

격조사〔格助詞〕 名 〔言〕 格助詞.

격주〔隔週〕 名 하自 隔週. 1週間おき.

격증〔激增〕 名 하自 激増. 反 激減.

¶교통 사고가 ~하다 交通事故が激増する.

격지〔隔地〕 名 隔地. 遠方.

격지다〔隔—〕 自 縁遠くなる. 隔たりができる.

격진〔激震〕 名 激震.

격차〔隔差〕 名 格差. 隔たり. 開き. ¶소득의 ~ 所得の格差 / ~가 생기다[좁혀지다] 格差ができる[狭まる].

격찬〔激讚〕 名 하他 絶賛. 激賞. ¶비평가의 ~을 받다 批評家の絶賛を浴びる.

격추〔擊墜〕 名 하他 擊墜. ¶적기를 ~했다 敵機を擊墜した.

격침〔擊沈〕 名 하他 擊沈. ¶적의 전함을 ~하다 敵の戦艦を擊沈する.

격통〔激痛〕 名 激痛. ¶배에 ~을 느끼다 腹に激痛を覚える.

격퇴〔擊退〕 名 하他 擊退. ¶적군을 ~하다 敵軍を擊退する.

격투[1]〔格鬪〕 名 하自 格闘. ¶강도와 ~하다 強盗と格闘する.

격투[2]〔激鬪〕 名 하自 激闘.

격파〔擊破〕 名 하他 **1** 擊破. 打ち破ること. ¶적의 진지를 ~하다 敵陣を擊破する. **2** 〔태권도에서〕れんが·瓦などを素手·素足で打ち割ること. 擊破.

격하〔格下〕 名 하自他 格下げ. 降格. ¶병졸로 ~되다 兵卒に格下げされる.

격하다[1]〔隔—〕 他 (時間·空間を)隔てる. ¶하루를 격하여 만나다 1日おきに会う.

격하다[2]〔激—〕 **I** 形 (勢い·感情などが)激しい. ¶성미가 ~ 気性が激しい.
II 自 (感情などが)激する. 怒る. ¶격한 마음을 가라앉히다 激した心を静める.

격화〔激化〕 名 하自 激化. ¶싸움이 ~하다 戦いが激化する.

격화소양〔隔靴搔癢〕 名 隔靴搔痒. (思いどおりにいかなくて)もどかしいこと.

겪다 他 **1** (困難などを)経験する. 経る. 遭う. ¶고초를 ~ 辛酸をなめる / 온갖 시련을 ~ さまざまな試練を経る. **2** つきあう. 接する. まじわる. ¶겪어 보니 좋은 사람이었다 つきあってみたらいい人だった. **3** (客を)もてなす. (多くの人に)ごちそうする. ¶귀한 손님을 ~ 大切なお客をもてなす.

견갑골〔肩胛骨〕 名 〔生〕 肩胛骨.

견강부회〔牽強附會〕 名 하自 牽強付会. こじつけ.

견고하다〔堅固—〕 形 **1** (物が)堅固だ. 堅い. ¶견고하게 지은 건물 堅固に立てた建物. **2** (意志が)堅固だ. ¶지조가 ~ 志操が堅固だ. **견고히** 副 堅固に. ¶수비를 ~ 하다 守備を堅固にする.

견과〔堅果〕 名 〔植〕 堅果.

견디다 自他 **1** (困難·つらさに)耐える. 我慢する. こらえる. 忍ぶ. ¶추위에 ~ 寒さに耐える / 견딜 수 없는 모욕 こらえられない侮辱. **2** (物などが)長く持つ. 持ちこたえる. ¶밧줄이 끊어지지 않고 견딜까? ロープが切れないで持つだろうか.

견딜성〔—性〕 名 忍耐強さ.

견딜힘 名 忍耐力.

견련〔牽連〕 名 하自他 牽連. からみ合って関連すること.

견련범〔—犯〕 名 〔法〕 牽連犯.

견뢰〔堅牢〕 名 하形 堅牢.

견마〔犬馬〕 名 犬馬.

견마지로〔—之勞〕 名 犬馬の労. 王·国家に忠誠を尽くすこと〈目上の人に対する労をへりくだって言う言葉〉.

견마지심〔—之心〕 名 犬馬の心.

견면〔繭綿〕 名 蚕が繭をつくるとき吐き出す糸.

견문〔見聞〕 名 하他 見聞. 見聞き. ¶여행을 하면서 ~을 넓히다 旅行をしながら見聞を広める.

견문록〔—錄〕 名 見聞録.

견문일치〔——致〕 名 見た事と聞いた事が一致すること.

견물생심〔見物生心〕 名 実物を見ると欲が生じること.

견본[1]〔見本〕 名 見本. サンプル. ¶상품의 ~ 商品の見本 / ~과 다르다 見本と違う.

견본 매매〔—賣買〕 名 〔經〕 見本を見て物品を売買すること.

견본쇄〔—刷〕 名 〔印〕 見本刷り.

견본 시장〔—市場〕 名 見本市.

견본[2]〔絹本〕 名 絹本. 絹地. 絵絹.

견비〔肩臂〕 名 肩と肘.

견비통〔—痛〕 名 〔韓方〕 肩から肘にかけての神経痛.

견사〔絹絲〕 名 絹糸.

견사 방적〔—紡績〕 名 絹糸紡績.

견습〔見習〕 名 하他 見習い. ¶~ 기간 見習い期間 / ~공 見習工 / ~사원 見習い社員 / ~생 見習生 / 공장에서 기술을 ~하다 工場で技術の見習いをする.

견식〔見識〕 名 見識. 識見. ¶~이 넓다 見識が広い / 높은 ~ 高い見識.

견실하다〔堅實—〕 形 堅実だ. ¶견실한 투자 堅実な投資 / 견실한 방법 手堅い方法 / 영업 방침이 ~ 営業方針が堅実だ. **견실히** 副 堅実に.

견우〔牽牛〕 名 **1** 〔天〕〔'견우성'의 준말〕 牽牛. **2** 〔植〕 朝顔.

견우성〔—星〕 名 〔天〕 牽牛星. 彦星. 男星. ▷직녀성(織女星)

견우직녀〔—織女〕 名 牽牛星と織女星. 夫婦星.

견우화〔—花〕 名 〔植〕 朝顔.

견원〔犬猿〕 名 犬猿.

견원지간〔—之間〕 名 犬猿の仲.

견유〔犬儒〕 名 **1** 犬儒. 犬儒学派の人達. **2** 犬儒. 社会のあらゆる事実を否定的な目で見る学者.

견유주의〔—主義〕 名 〔哲〕 犬儒主義. シニシズム.

견유학파〔—學派〕 名 〔哲〕 犬儒学派. キニク学派.

견인〔牽引〕 名 하他 牽引. ¶~력 牽引力.

견인차〔—車〕 名 牽引車.

견장〔肩章〕 名 肩章.

견적〔見積〕 名 하他 見積もり. ¶~을 내다 見積もりを出す / 줄잡아 ~하다

内輪に見積もる / 필요한 경비를 ~하다 必要な経費を見積もる.
견적서〔一書〕 名 見積書.
견제〔牽制〕 名 하他 牽制. ¶ ~ 공격 牽制攻撃 / 서로 ~하다 互いに牽制し合う.
견제구〔一球〕 名 牽制球.
견주다 他 **1** 比べる. 比較する. にらみ合わせる. なぞらえる. ¶ 번역문을 원문과 ~ 翻訳文を原文と比べる / 상품을 ~ 商品を見比べる. **2** 競争する. 競う. 張り合う. ¶ 재주를 ~ 技を競う.
견지¹ 名 釣糸を巻いたり緩めたりする糸巻き.
견지질 名 하自 견지を使ってする釣り.
견지²〔見地〕 名 見地. 観点. ¶ 대국적인 ~ 大局的な見地.
견지³〔堅持〕 名 하他 堅持. ¶ 반대의 입장을 ~하다 反対の立場を堅持する / 전통을 ~하다 伝統を堅持する.
견직〔絹織〕 名 〔'견직물'의 준말〕 絹織物.
견직물〔一物〕 名 絹織物.
견진〔堅振〕 名 〔基〕 堅信式.
견책〔譴責〕 名 하他 **1** 譴責. 過ちをとがめ責めること. **2** 〔法〕 譴責. 公務員に対する懲戒処分の一つ. ¶ ~ 처분 譴責処分.
견치〔犬歯〕 名 〔生〕 犬歯.
견학〔見學〕 名 하他 見学. ¶ ~단 見学団 / 공장을 ~하다 工場を見学する.
견해〔見解〕 名 見解. 意見. ¶ ~의 차이 見解の相違 / ~를 달리하다[같이하다] 見解を異にする[同じくする].
겯거니틀거니 副 하他 〔서로 버티고 대항하는 모양〕 組んづほぐれつ. もつれ合って. ¶ ~하는 대판 싸움 組んづほぐれつする大げんか.
겯다¹ I 自 **1** (油気が)染み込む. 染み通る. ¶ 기름에 결은 종이 油に染みた紙. **2** 手慣れる. 使いなれる. 身につく. ¶ 손에 결은 연장 手になじんだ道具.
II 他 油を染み込ませる. ¶ 장판지를 ~ オンドル(온돌)用の紙に油を染み込ます.
겯다² 他 **1** 編む. ¶ 돗자리를 ~ ござを編む / 대바구니를 ~ 竹籠を編む. **2** (多数の長いものが倒れないように)筋交いに組む. ¶ 비계를 ~ 足場を組む. **3** (糸を筋交いに)巻く. ¶ 베실꾸리를 ~ 麻糸を巻いておだまきをつくる. **4** 互い違いに組む[掛ける]. ¶ 어깨를[팔을] ~ 肩[腕]を組む.
겯지르다 他 **1** 互いに筋交いになるように掛ける. **2** 筋交いに差し込む.
겯질리다 自 **1** 筋交いになる. **2** (物事が食い違って)互いに邪魔になる. **3** (事が手に負えず)嫌気がさす.
결¹ I 名 木目. 木理. きめ. ¶ 나뭇~ 木目 / 곧은~ 柾目 / 돌~ 石目 / 살~ 肌のきめ.
II 依名 〔시간의 흐름이나 동안임을 나타냄〕 …の間. ¶ 어느 ~에 해가 기울다 いつの間にか陽が傾く / 자기도 모르는 ~에 웃음이 나오다 自分も知らぬ間に笑みを浮かべる.
III 接尾 **1** 〔파동과 같은 흐름을 뜻함〕 動き. ¶ 물~ 波浪. うねり / 바람~ 風の便り. 風の絶え間 / 숨~ 息遣い. **2** 〔'겨를·사이'의 뜻을 나타냄〕 …の間. ¶ 잠~ うとうと眠る間 / 귓~에 小耳にはさんで / 겁~에 おじけづいて.
결²〔缺〕 名 欠. 不足すること. ¶ 100에 셋 ~이다 100に3つ足りない.
결³ **1** 〔'성결'의 준말〕 気立て. 性格. **2** 〔'결기'의 준말〕 短気. 決断力のつよい気性.
◆**결이 바르다** 性格や心根がまっすぐで正しい.
결강〔缺講〕 名 하自 (学生·受講生が)講義に抜けること.
결격〔缺格〕 名 하自 欠格. 必要な資格を欠くこと. ¶ ~자 欠格者 / ~ 사유 欠格事由.
결결이 副 **1** そのたびごとに. 都度. ¶ 귀향하는 ~ 성묘한다 帰郷の都度墓参する. **2** ときどき. 時たま.
결과〔結果〕 名 **1** 結果. 結実. 実を結ぶこと, またその実. **2** 結果. 原因によって生じたこと. 反 原因. ¶ 좋은 ~를 얻다 よい結果を得る / 뜻밖의 ~를 낳았다 意外な結果を生んだ.
결과기〔一期〕 名 結実期.
결과론〔一論〕 名 結果論.
결과범〔一犯〕 名 〔法〕 結果犯.
결구¹〔結句〕 名 結句.
결구²〔結球〕 名 하自 〔植〕 結球.
결국〔結局〕 名 結局. とうとう. ついに. いずれ. つまり. ¶ ~은 마찬가지다 結局は同じだ / ~에는 어찌 되었는가? とどのつまりはどうなったのか.
결근〔缺勤〕 名 하自 欠勤. お休み. 反 出勤. ¶ 무단~ 無断欠勤 / ~계 欠勤届.
결기〔一氣〕 名 短気な性質. せっかちな気性.
결나다 自 怒る. 腹が立つ.
결내다 自 腹を立てる. 怒る.
결단¹〔決斷〕 名 하他 決断. ¶ ~력 決断力 / ~성이 있다 決断力がある / ~을 내리다 決断を下す. 踏ん切る.
결단코 副 断じて. 必ず. 決して. ¶ 그런 일에 ~ 가담할 수 없다 そんな事には断じて加担出来ない.
결단²〔結團〕 名 하他 結団. ¶ 선수단 ~식 選手団の結団式.
결당〔結黨〕 名 하自他 (徒党か政党の)結党. ¶ ~ 대회 結党大会.
결딴 名 台無し. 丸つぶれ.
결딴나다 自 **1** (物事が)台無しになる. 駄目になる. ¶ 시계가 떨어져 결딴났다 時計が落ちて台無しになった. **2** (家などが)つぶれる. 没落する. 倒れる. ¶ 가산이 ~ 破産する.
결딴내다 他 壊す. つぶす. 台無しにする. ¶ 못난 아들이 집안을 ~ 愚かな息子が身代をつぶす.
결렬〔決裂〕 名 하自 **1** 決裂. ずたずたに裂けること. **2** 決裂. もの別れ. ¶ 교섭이 ~되다 交渉は決裂する.
결례〔缺禮〕 名 하自 欠礼. 失礼. ¶

～가 되다 失礼に当たる. 欠礼になる.

결로〔結露〕 名 하自 **1** 結露. 露が結ぶこと. **2** 結露. 物の表面に水滴が出来る現象.

결론¹〔決論〕 名 하他 決論. 意見の良し悪しを論じつめて決定すること, またその決定された議論.

결론²〔結論〕 名 結論. ¶ ～이 나다 結論が出る. けりがつく / ～을 내다 結論を出す. けりをつける / 의견을 말한 뒤에 ～을 내리다 意見を述べたあとで結論を下す.

결론짓다 他 結論づける.

결리다 自 **1** (体の一部分が呼吸または動くとき)突っ張ってずきずきと痛む. ¶ 옆구리가 ～ 横腹がずきずきと痛む. **2** ひるむ. すくむ.

결막〔結膜〕 名〔生〕 結膜. ¶ ～염 結膜炎.

결말〔結末〕 名 結末. けり. 決まり. くぎり. ¶ 사건의 ～을 알리다 事件の結末を知らせる / ～이 좋지 않게 끝났다 結末が不首尾に終わった.

결말나다 自 結末がつく. けりがつく. 決まりがつく. 片がつく.

결말내다 他 結末をつける. けりをつける. 片をつける. 片づける. ¶ 이야기를 ～ 話のけりをつける.

결말짓다 他 けりをつける. 締めくくる. ¶ 사건을 ～ 事件のけりをつける.

결맹〔結盟〕 名 하自 結盟.

결명자〔決明子〕 名〔韓方〕 決明子〈夷草の種〉.

결명차〔決明茶〕 名〔植〕 夷草.

결문〔結文〕 名 結文. 文章の結び. 結びの文.

결미〔結尾〕 名 **1** 結尾. 文の結び. **2** 結尾. 結末. 仕事の終わり.

결박〔結縛〕 名 하他 両手を縛り上げること.

◆**결박을 짓다** 両手を縛り上げる. ¶ 도둑을 ～ 盗人を縛り上げる.

결발〔結髪〕 名 하自 結髪.

결발부부〔一夫婦〕 名 初婚の夫婦.

결백〔潔白〕 名 하形 **1** 潔白. 清潔でまっしろいこと. **2** 潔白. 後ろ暗いところのないこと. ¶ 청렴 ～ 清廉潔白 / ～을 증명하다 潔白を証明する.

결번〔缺番〕 名 하自 **1** 欠番. 当番を欠くこと. **2** 欠番. ある番号が欠けていること.

결벽〔潔癖〕 名 하形 潔癖. ¶ ～성 潔癖性 / ～한 성질 潔癖な性格.

결별〔訣別〕 名 하自 決別. 別れ. ¶ ～을 고하다 別れを告げる / ～사 決別の辞 / 친구와 ～하다 友人と決別する.

결본〔缺本〕 名 欠本. 端本.

결부〔結付〕 名 하他 関連させること. 結びつけること. ¶ 사람을 돈과 ～시켜 생각하는 버릇이 있다 人をお金と結びつけて考える癖がある.

결빙〔結氷〕 名 하自 結氷. 反 解氷 ¶ ～기 結氷期 / 이 강은 겨울에 ～한다 この川は冬には結氷する.

결빙점〔一點〕 名〔物〕 氷点.

결사¹〔決死〕 名 決死. ¶ ～대 決死隊 / ～의 각오 決死の覚悟 / ～반대 決死の反対 / ～적 決死的.

결사²〔結社〕 名 하自 結社. ¶ 비밀～ 秘密結社 / ～의 자유 結社の自由.

결산〔決算〕 名 하自他 決算. 帳締め. 仕切り. 総まとめ. ¶ 연말 ～ 年末決算 / ～기 決算期 / ～ 보고 決算報告 / ～일 決算日.

결산서〔一書〕 名 決算書.

결산표〔一表〕 名 決算表.

결석¹〔缺席〕 名 하自 欠席. 休み. 反 出席 ¶ ～생 欠席した生徒 / 무단 ～ 無断欠席 / 꾀병을 부려서 학교를 ～하다 仮病を使って学校を欠席する.

결석계〔一届〕 名 欠席届.

결석 재판〔一裁判〕 名〔法〕 欠席裁判.

결석 판결〔一判決〕 名〔法〕 欠席判決.

결석²〔結石〕 名〔醫〕 結石. ¶ 요도～ 尿道結石 / 신장 ～ 腎臓結石.

결선〔決選〕 名 하他 **1** 決選. ¶ ～ 투표 決選投票. **2** 本選. 反 予選 ¶ ～에 오르다 本選に入る.

결성〔結成〕 名 하他 結成. ¶ ～식 結成式 / 국가 대표팀을 ～하다 国家代表チームを結成する.

결속〔結束〕 名 하自他 **1** 結束. 結びたばねること. **2** 結束. 団結すること. ¶ ～을 굳게 하다 結束を固める / 반대 세력이 ～하다 反対勢力が結束する / ～된 힘 結束した力.

결손〔缺損〕 名 **1** 〔축나서 불완전함〕 欠損. ¶ 꼬리 날개의 일부가 ～되다 尾翼の一部が欠損する. **2** 欠損. 赤字. 差損. ¶ ～금 差損金 / ～을 메우다 欠損をおぎなう.

결손 가정〔一家庭〕 名 欠損家庭.

결승¹〔決勝〕 名 하自 決勝. ¶ 준～ 準決勝.

결승선〔一線〕 名 決勝線. ゴールライン.

결승전〔一戰〕 名 決勝戦.

결승점〔一點〕 名 決勝点. ゴール.

결승²〔結繩〕 名 하自 結縄〈文字のなかった時代に縄の結び方で文字の代わりとしたこと〉.

결승 문자〔一文字〕 名 結縄文字.

결식〔缺食〕 名 하自 欠食. ¶ ～ 아동 欠食児童.

결실〔結實〕 名 하自 結実. **1** 実り. 実入り. ¶ ～기 結実期 / 가을은 ～의 계절 秋は実りの季節. **2** よい結果をもたらすこと. 実り. ¶ ～이 풍성한 연구 実り豊かな研究.

결심¹〔決心〕 名 하自他 決心. 決意. ¶ 굳은 ～ 固い決心 / ～이 흔들리다 決心がぐらつく.

결심²〔結審〕 名 하自他〔法〕 結審. ¶ ～공판 結審公判.

결어〔結語〕 名 結語. 結びの言葉.

결여〔缺如〕 名 하他 欠如. ¶ 상상력의 ～ 想像力の欠如 / 기초 학력이 ～되어 있다 基礎学力が欠如している.

결연〔結緣〕 名 하自 **1** 縁結び. 縁組. 結縁. ¶ 양가의 ～ 両家の縁組 / 벽지 학교와 자매 ～을 맺다 僻地にある学校と姉妹校になる. **2** 〔佛〕 結縁.

결연하다〔決然一〕 形 決然としている. きっぱりしている. 覚悟している. ¶ 결

연한 태도를 취하다 決然たる態度を取る. **결연히** 副 決然と(して). ¶ 요구를 ~ 물리쳤다 要求をきっぱりと退けた.

결원〔缺員〕 名 하自 欠員. ¶ ~이 생기다 欠員が生じる / ~을 보충하다 欠員を補充する.

결의¹〔決意〕 名 하自他 決意. 決心. ¶ 굳은 ~를 보이다 固い決意を表わす / 굳게 ~하다 固く決意する.

결의²〔決議〕 名 하他 決議. ¶ ~안 決議案 / ~권 議決権 / ~ 기관 議決機関 / ~ 사항 決議事項.

결의문〔一文〕 名 決議文.

결의³〔結義〕 名 하自 他人同士が親子·兄弟などの関係を結ぶこと.

결의형제〔一兄弟〕 名 義兄弟になること, またその兄弟.

결자해지〔結者解之〕 名 (結んだ者がそれを解くべきだの意から) 自分の過ちは自分で解決しなければならないということ.

결장¹〔缺場〕 名 하自 欠場. ¶ 부상으로 ~하다 けがのため欠場する.

결장²〔結腸〕 名〔生〕 結腸.

결재〔決裁〕 名 하他 決裁. 裁決. ¶ ~필 決裁済み / ~를 미루다 決裁を延ばす[保留する].

결전〔決戰〕 名 하自 決戦. ¶ ~장 決戦場 / ~의 날이 다가오다 決戦の日が迫ってくる.

결점〔缺點〕 名 欠点. 短所. 弱点. ¶ ~을 고치다 欠点を直す / ~을 드러내다 欠点をさらけ出す.

결정¹〔決定〕 名 하他 決定. 決めること. ¶ 미~ 未決定 / ~이 나다 決定される / 당선자가 ~되다 当選者が決まる.

결정권〔一權〕 名 決定権. ¶ 의장이 ~을 쥐다 議長が決定権を握る.

결정적〔一的〕 冠名 決定的. ¶ ~인 증거 決定的な証拠.

결정타〔一打〕 名 決定打. ¶ ~를 날리다 決定打を飛ばす.

결정판〔一版〕 名 決定版.

결정²〔結晶〕 名 하自 結晶. ¶ 눈의 ~ 雪の結晶 / 노력의 ~ 努力の結晶 / 오랜 연구 생활의 ~ 長年の研究生活の結晶.

결정계〔一系〕 名〔鑛〕 結晶系.

결정 광학〔一光學〕 名〔物〕 結晶光学.

결정 구조〔一構造〕 名〔鑛〕 結晶構造.

결정도〔一度〕 名〔鑛〕 結晶度.

결정면〔一面〕 名〔鑛〕 結晶面.

결정질〔一質〕 名〔化〕 結晶質.

결정체〔一體〕 名〔鑛〕 結晶体.

결제〔決濟〕 名 하他 決済. ¶ ~금 決済金 / 상품 대금의 ~ 商品代金の決済 / 어음의 ~ 手形の決済.

결집〔結集〕 名 하自他 結集. ¶ 총력을 ~하여 싸우다 総力を結集して戦う.

결착〔決着〕 名 하自 決着. 結末.

결체〔結締〕 名 하他 結締. くくること. 結びしめること.

결체 조직〔一組織〕 名〔生〕 結締組織. 結合組織.

결체질〔一質〕 名〔生〕 結締質.

결초보은〔結草報恩〕 名 하自 草を結ぶこと. 恩に報いること.

결코〔決一〕 副 決して. 断じて. 絶対に. ¶ ~ 죽어서는 안 된다 絶対に死んではいけない / ~ 지나친 말은 아니다 決して言い過ぎではない / ~ 용서할 수 없다 断じて容赦できない.

결탁〔結託〕 名 하自 結託. ¶ 정부와 ~한 재벌 政府と結託した財閥.

결투〔決鬪〕 名 하自 決闘. 果たし合い. ¶ ~장 決闘状 / 악당들과 맨주먹으로 ~하다 悪党たちと素手で決闘する.

결판〔決判〕 名 하自 (物事の良し悪しをわきまえて) 判定すること. けりをつけること.

결판나다 自 結着がつく. 勝負がつく.

결판내다 他 結着をつける. 勝負をつける.

결핍〔缺乏〕 名 하自 欠乏. 不足. ¶ 물자가 ~하다 物資が欠乏する / 식품이 ~하다 食料が不足する.

결하다¹〔決一〕 他 **1** (ある事を) 決する. 決定する. 決める. **2** (勝負を) 決める.

결하다²〔缺一〕 形 欠ける. 欠く. 不足する. ¶ 예를 ~ 礼を欠く. 欠礼する.

결함〔缺陷〕 名 欠陥. 欠点. ¶ 성격상의 ~ 性格上の欠陥 / ~이 있는 차 欠陥車.

결합〔結合〕 名 하自他 結合. ¶ ~체 結合体 / ~력 結合力.

결합 조직〔一組織〕 名〔生〕 結合組織. 結締組織.

결항〔缺航〕 名 하自 欠航. ¶ 태풍으로 연락선이 ~했다 台風で連絡船が欠航した.

결핵〔結核〕 名〔醫〕 結核. ¶ 폐~ 肺結核 / ~균 結核菌.

결핵성〔一性〕 名 結核性. ¶ ~ 질환 結核性疾患.

결행〔決行〕 名 하他 決行. ¶ 파업을 ~했다 ストを決行した.

결혼〔結婚〕 名 하自 結婚. 反 離婚. ¶ ~관 結婚観 / ~ 반지 結婚指輪 / 연애 ~ 恋愛結婚 / 중매 ~ 見合い結婚 / 애인과 ~하다 恋人と結婚する.

결혼식〔一式〕 名 結婚式.

결혼 연령〔一年齡〕 名 結婚年齢.

결혼 행진곡〔一行進曲〕 名〔樂〕 結婚行進曲. ウェディングマーチ.

單語帳 결혼에 관한 말

결혼반지(結婚斑指) 結婚指輪 / 선보다 見合いする / 시집가다 嫁ぐ / 시집보내다 嫁がせる / 결혼식 結婚式 / 신혼여행 新婚旅行 / 신랑 新郎 / 신부 新婦 / 약혼(約婚) 婚約 / 약혼자(約婚者) 婚約者 / 연애 恋愛 / 예식장(禮式場) 結婚式場 / 이혼 離婚 / 장가가다[들다] (男が)結婚する / 재혼 再婚 / 주례 媒酌人 / 중매 仲立ち. 媒酌 / 중매결혼 見合結婚 / 파혼 破婚 / 피로연 披露宴 / 함(函) 結婚式の前に花嫁の家に贈

り物と書状を入れて送る箱 / 혼수(婚需) 婚礼家具.

겸〔兼〕 依名 兼. …を兼ねて. …がてら. …のついでに. …かたがた. ¶ 강당 ~ 실내 체육관 講堂兼室内体育館 / 산책 ~ 서점에 들러 왔다 散歩がてら, 本屋に立ち寄ってきた / 세배 ~ 선생님을 찾아 뵈었다 新年のあいさつを兼ねて先生を訪ねた.

겸무〔兼務〕 名 하他 兼務. ¶ 주간과 야간 교사를 ~한다 昼間と夜間の教師を兼務する.

겸비〔兼備〕 名 하自他 兼備. ¶ 재색을 ~한 여성 才色兼備の女性 / 문무를 ~하다 文武を兼ね備える.

겸사〔謙辭〕 名 하自 **1** 謙辞. へりくだった言葉. **2** 丁重に遠慮すること.

겸사말 名〔言〕謙譲語.

겸사겸사〔兼事兼事〕 副 兼ねて. ついでに. …かたがた. …がてら. ¶ 놀기도 하고 쉬기도 하려고 ~ 시골에 간다 遊びと休養を兼ねて田舎へ行く.

겸상〔兼床〕 名 하自他 二人以上の人が一つの膳で食事すること, またそのようにしつらえた食膳.

겸손〔謙遜〕 名 하形 謙遜. へりくだること. 控え目に振る舞うこと. ¶ ~한 태도 へりくだった態度. **겸손히** 副 へりくだって. ¶ ~ 상대하다 へりくだって相対する.

겸애〔兼愛〕 名 하自 兼愛. わけへだてなく平等に人を愛すること.

겸양〔謙讓〕 名 하自他 謙譲. ¶ ~의 미덕 謙譲の美徳.

겸양법〔一法〕 名〔言〕謙譲法.

겸양어〔一語〕 名〔言〕謙譲語.

겸업〔兼業〕 名 하自他 兼業. 副業. ¶ ~ 농가 兼業農家.

겸연쩍다〔慊然一〕 形 面はゆい. ばつが悪い. 照れくさい. 気まずい. 面目ない. ¶ 겸연쩍은 기분으로 상을 받았다 面はゆい気持ちで賞を受けた.

겸용〔兼用〕 名 하他 兼用.

겸용종〔一種〕 名 (家畜などの)兼用種. ¶ 난육 ~ 卵肉兼用種(の鶏).

겸임〔兼任〕 名 하他 兼任. かけもち. 反 専任. ¶ 수상이 외상을 ~하다 首相が外相を兼任する.

겸임국〔一國〕 名 兼任国〈外交官が兼任する国〉.

겸임지〔一地〕 名 (官吏の)兼任地.

겸전〔兼全〕 名 하他 (二つ以上のよい点を)共に備えていること. ¶ 문무를 ~하나 文武を兼ね備えている.

겸직〔兼職〕 名 하他 兼職. ¶ ~ 금지 兼職禁止.

겸하다〔兼一〕 他 兼ねる. **1** 本務以外の業務を兼ねること. ¶ 감독이 코치도 겸하고 있다 監督がコーチも兼ねている. **2** (二つ以上の機能を)兼ねて持つ. ¶ 재색을 겸한 규수 才色を兼ねた閨秀.

겸행〔兼行〕 名 하他 兼行. ¶ 주야 ~으로 일에 힘쓰다 昼夜兼行で仕事に励む.

겸허하다〔謙虛一〕 形 謙虚だ. ¶ 겸허한 사람 謙虚な人. **겸허히** 副 謙虚に. ¶ 남의 의견을 ~ 듣다 謙虚に他人の意見を聞く.

겹 Ⅰ 名 **1** 重ね. 袷. ¶ ~옷 袷 / 창호지를 ~으로 바르다 障子紙を重ねて貼る. **2** 物事が重なること. ¶ ~살림 二重生活 / ~혼인 重縁. 親類同士の縁組み.

Ⅱ 依名 重. ¶ 종이 두 ~ 紙2重 / 헝겊 세 ~ 布切れ3重.

겹것 名 **1** 2重になっているもの. **2** 袷.

겹겹 名 幾重. ¶ ~으로 둘러싸인 산 幾重にも重なり合った山.

겹겹이 副 幾重にも. 重なり合って. ¶ ~ 쌓이다 累々と重なる / ~ 둘러싼 성채 幾重にも巡らした砦.

겹글자 名 同一文字を縦・横に並べて作った文字〈林・品など〉.

겹꽃 名〔植〕重弁花. 八重咲きの花.

겹낫표〔一標〕 名 二重かぎ括弧〈『 』〉.

겹눈 名〔動〕複眼.

겹다 形 **1** (感情を)抑えがたい. ¶ 기쁨에 겨운 웃음 喜びにあふれる笑い / 슬픔에 겨워 눈물짓다 悲しさのあまり涙ぐむ. **2** 力に余る. 手に負えない. ¶ 힘에 겨운 일 手に余る仕事 / 분에 겨운 영광 身に余る光栄. **3** ある時期に至る. 傾く. 過ぎる. ¶ 금방 온다더니 한낮이 겨워 왔다 すぐ来るといったのに半日過ぎて来た.

겹말 名 重ね言葉. 重言〈처갓집, 긴 장죽(長竹)など〉.

겹바지 名 (綿を入れない)袷パジ.

겹벚꽃 名 八重桜.

겹사돈〔一查頓〕 名 姻戚の者同士が婚姻を結んだ関係. 二重のあいやけ.

겹살림 名 하自 二重生活. ¶ 직장 관계로 시골과 서울에서 ~을 한다 職場の事情で田舎とソウルで二重生活をする.

겹손톱묶음표〔一標〕 名 二重括弧"( )"の名.

겹실 名 より合わせた糸.

겹옷 名 袷.

겹이불 名 (綿を入れずに)裏地だけをつけた掛け布団.

겹저고리 名 (綿を入れない)袷チョゴリ.

겹질리다 自 捻挫する. ¶ 발목을 ~ 足首を捻挫する.

겹집다 他 いくつかを重ねてつかむ.

겹창〔一窓〕 名 二重窓.

겹쳐지다 自 折り重なる. 重なる. ¶ 지난 일들이 겹쳐져 떠올랐다 過去のことが重なりあって思い浮かんだ.

겹치기 名 二つ以上の仕事を引き受けること. ¶ ~ 출연 二重出演.

겹치다 Ⅰ 自 **1** 重なる. かち合う. ¶ 높고 낮은 산들이 겹쳐 있다 高い山や低い山が重なり合っている / 일요일과 경축일이 ~ 日曜と祝日がかち合う. **2** 重なる. ¶ 불운이 ~ 不運が重なる / 흉년에 난리까지 ~ 凶年に騒ぎまで重なる.

Ⅱ 他 重ねる. ¶ 신문지를 겹쳐 포개다

新聞紙を折り重ねる / 겨울옷을 겹쳐 입고 있다 冬着を重ねて着ている.
겹치마 名 裏地を当てたチマ. 袷チマ.
겹혼인〔—婚姻〕 名 重縁. 姻戚関係にある者同士が結ぶ婚姻.
겻불 名 糠を燃やした火.
경¹〔庚〕 名〔民俗〕 庚. かのえ.
경²〔景〕 名 **1** 景色. **2** 精神的余裕.
경³〔經〕 名 **1**〔'경서·불경'의 준말〕 経. **2**〔基〕祈禱文. **3**〔民俗〕盲人の易者が唱える祈禱文と呪文. **4** (織物の)縦糸. ▷날³ **5**〔地〕〔'경도·경선'의 준말〕経. ¶ 서~ 西経.
경⁴〔境〕 名 境. 境地. ¶ 무인지~ 無人の境 / 무아지~ 無我の境.
경⁵〔黥〕 名 **1**〔史〕盗人などを罰する厳しい刑罰の一つ. **2** 厳しい罰や苦しみ.
경⁶〔京〕 数 京(兆の万倍).
경-⁷〔輕〕 接頭 軽…. ¶ ~공업 軽工業 / ~금속 軽金属 / ~음악 軽音楽 / ~양식 軽い洋食.
-경⁸〔頃〕 接尾 …ころ. ¶ 3시~ 3時ごろ / 5월~ 5月ごろ.
경가극〔輕歌劇〕 名〔樂〕 軽歌劇.
경각¹〔頃刻〕 名 寸刻. 寸時. 頃刻. ¶ ~을 다투는 문제 一刻を争う問題 / 목숨이 ~에 이르다 死が寸刻に迫る.
경각간〔—間〕 名 寸刻.
경각²〔警覺〕 名 하他 戒めて覚醒させること.
경감¹〔輕減〕 名 하他 軽減. ¶ 서민의 부담을 ~하다 庶民の負担を軽減する / 형기를 ~하다 刑期を軽減する.
경감²〔警監〕 名 警察官の階級の一つ.
경개〔梗槪〕 名 梗概. あらまし. 概要.
경거〔輕擧〕 名 하自 軽挙. 軽はずみ.
경거망동〔—妄動〕 名 하自 軽挙妄動. ¶ ~을 훈계하다 軽挙妄動を戒める.
경건〔敬虔〕 名 하形 敬虔. ¶ ~한 기도 敬虔な祈り. **경건히** 副 敬虔に.
경건주의〔—主義〕 名〔宗〕 敬虔主義.
경계¹〔境界〕 名 **1** 境界. 境. ¶ ~선 境界線. **2**〔佛〕境界(果報として受ける境遇).
경계석〔—石〕 名 境界を表示する石.
경계표〔—標〕 名 境界を表わす標.
경계²〔警戒〕 名 하自他 警戒. ¶ ~심 警戒心 / ~선 警戒線 / ~를 엄하게 하다 警戒を厳重にする / 집 주위를 ~하다 家の周りを警戒する.
경계경보〔—警報〕 名 警戒警報.
경계망〔—網〕 名 警戒網. ¶ ~을 펴다 警戒網を張る. 非常線を張る.
경계색〔—色〕 名〔動〕 警戒色. 保護色.
경계수위〔—水位〕 名 警戒水位.
경고〔警告〕 名 하他 警告. **1** 不都合な事態にならないように前もって注意を与えておくこと, またその注意. ¶ ~를 발하다 警告を発する. **2** (競技で選手が反則をおかしたとき)審判が下す注意. ¶ ~를 받다 警告を受ける.
경골¹〔脛骨〕 名〔生〕 脛骨.
경골²〔硬骨〕 名〔生〕 硬骨. 反 軟骨.
경골 어류〔—魚類〕 名〔生〕 硬骨魚類.
경골한〔—漢〕 名 硬骨漢.
경골³〔頸骨〕 名〔生〕 頸骨.
경공업〔輕工業〕 名 軽工業.
경과〔經過〕 名 하自他 **1** 経過. (時間が)過ぎゆくこと. ¶ 벌써 10년이란 세월이 ~했다 すでに10年という歳月が経過した. **2** 経過. なりゆき. ¶ 수술 후의 ~ 手術後の経過.
경과 규정〔—規定〕 名〔法〕 経過規定. 経過法.
경과실〔輕過失〕 名〔法〕 軽過失.
경관¹〔景觀〕 名 **1** 景観. 景色. 眺め. ¶ 수려한 ~ 秀麗な眺め. **2** 景観. 地理学的特性のある地域.
경관²〔警官〕 名〔'경찰관'의 준말〕警官.
경구¹〔經口〕 名 経口. ¶ ~ 투약 経口投薬.
경구 감염〔—感染〕 名〔醫〕経口感染.
경구 면역〔—免疫〕 名〔醫〕経口免疫.
경구²〔警句〕 名 警句. エピグラム.
경구법〔—法〕 名〔文〕 警句法.
경국¹〔傾國〕 名 **1** 傾国. 国を危やくすること. **2**〔'경국지색'의 준말〕傾国の美女.
경국지색〔—之色〕 名 傾国の美女.
경국²〔經國〕 名 経国. ¶ ~ 제민 経国済民.
경국제세〔—濟世〕 名 하自 経国済世.
경국지사〔—之士〕 名 経国の士.
경국지재〔—之才〕 名 経国の才.
경극〔京劇〕 名〔演〕 京劇(中国の古典劇).
경금속〔輕金屬〕 名 軽金属.
경기¹〔景氣〕 名 景気. ¶ 불~ 不景気 / 호~ 好景気 / ~가 좋다[나쁘다] 景気が良い[悪い] / ~가 회복세에 접어들다 景気が回復に向かう. 景気が上向く.
경기 변동〔—變動〕 名〔經〕景気変動.
경기 순환〔—循環〕 名〔經〕景気循環. 景気変動.
경기²〔競技〕 名 競技. ¶ ~자 競技者 / 육상 ~ 陸上競技 / 일방적인 ~ 一方的な競技. ワンサイドゲーム.
경기장〔—場〕 名 競技場.
경기³〔驚氣〕 名〔韓方〕 驚風.
경기관총〔輕機關銃〕 名〔軍〕 軽機関銃.
경기구〔輕氣球〕 名 軽気球.
경낙〔輕諾〕 名 하他 軽諾. 軽々しく承諾すること.
경내〔境內〕 名 境内. 境界内. ¶ 절의 ~ 寺の境内.
경년〔頃年〕 名 頃年. この数年. 近年.
경노동〔輕勞動〕 名 軽労働.
경농〔耕農〕 名 하自 耕農.
경단〔瓊團〕 名 団子.
경단백질〔硬蛋白質〕 名〔生〕 硬蛋白質.
경대〔鏡臺〕 名 鏡台.
경도¹〔京都〕 名 京. 都. 首都.
경도²〔硬度〕 名 **1** 硬度. 鉱物·金属の硬さの程度. **2** 硬度. 水中のカルシウム塩とマグネシウム塩の含有量

の程度.

경도[3]〔傾度〕 名 傾度. 傾斜度.

경도[4]〔傾倒〕 名 하自 **1** 傾倒. 傾き倒れること. **2** 傾倒. (心を)傾けて熱中すること. ¶ 실존주의에 ~하다 実存主義に傾倒する.

경도[5]〔經度〕 名 **1**〔地〕経度. ⊗ 緯度 **2**〔生〕月経.

경도[6]〔輕度〕 名 軽度. ¶ ~의 화상 軽度のやけど.

경도[7]〔驚倒〕 名 하自 驚倒. ひどく驚いてつんのめること.

경독〔經讀〕 名 하自〔佛〕読経.

경동[1]〔傾動〕 名〔地〕傾動. ¶ ~성 傾動性.

경동 지괴〔一地塊〕 名〔地〕傾動地塊.

경동[2]〔輕動〕 名 하自 軽く行動すること.

경락[1]〔京洛〕 名 京洛. 都.

경락[2]〔經絡〕 名〔韓方〕経絡〈つぼとつぼを結ぶ筋〉.

경락[3]〔競落〕 名 하他 競落. 競売で競り落とすこと. ¶ ~인 競落人 / ~물 競売で競り落とされた物.

경략〔經略〕 名 하他 経略. ¶ 사방의 적국을 ~하다 四方の敵国を攻め取る.

경량〔輕量〕 名 軽量. 軽い目方.

경량급〔一級〕 名 軽量級. ¶ ~ 선수 軽量級の選手.

경력〔經歷〕 名 経歴. 履歴. ¶ 화려한 ~ 華やかな経歴 / ~을 쌓다 経歴を積む.

경련〔痙攣〕 名〔醫〕痙攣. ¶ ~증 痙攣症 / 다리에 ~이 일어나다 脚に痙攣が起こる.

경례〔敬禮〕 名 하自 敬礼. ¶ 거수 ~를 하다 挙手敬礼をする.

경로[1]〔經路〕 名 **1** 経路. 通って行くみちすじ. ¶ 입수 ~ 入手経路. **2** 経路. 事物の経てきた段階. ¶ 범행 ~ 犯行経路 / 복잡한 ~를 거치다 複雑な経路を経る.

경로[2]〔敬老〕 名 敬老. ¶ ~ 사상 敬老思想 / ~회 敬老会.

경로당〔一堂〕 名 老人たちの憩いの家.

경륜[1]〔經綸〕 名 経綸. 国家を治めととのえること. ¶ 덕망과 ~을 겸비한 인물 徳望と経綸を兼備した人物.

경륜가〔一家〕 名 経綸家. 国を治める力をもっている人.

경륜[2]〔競輪〕 名 하自〔體〕競輪. (職業選手による)自転車競技.

경리〔經理〕 名 하他 経理. ¶ ~부 経理部 / ~에 밝나 経理に明るい.

경린〔硬鱗〕 名〔動〕硬鱗.

경마[1] 名 手綱.

◆**경마를 잡다** ① (人の乗った馬の)手綱を引く. ② 勝手な行動が取れないように厳しく取り締まる.

경마[2]〔競馬〕 名 하自 競馬. ¶ ~장 競馬場.

경망〔輕妄〕 名 하形 軽率. 軽はずみ. 軽率でそそっかしいこと. ¶ ~을 떨다 軽率にふるまう / ~한 짓을 삼가다 軽挙を慎む.

경망스럽다 形 見るからに軽率だ. 軽々しい. 軽はずみだ. **경망스레** 副 軽率に. 軽々しく.

경매〔競賣〕 名 하他 競売. 競り売り. ¶ ~인 競売人 / ~에 부치다 競売に付す / ~물 競売物品.

경멸〔輕蔑〕 名 하他 軽蔑. 見下げること. ¶ ~감 軽蔑感 / ~의 눈초리 軽蔑のまなざし.

경모[1]〔景慕〕 名 하他 景慕. 敬いしたうこと. 仰ぎしたうこと. あこがれてしたうこと.

경모[2]〔敬慕〕 名 하他 敬慕. ¶ ~의 정 敬慕の情.

경모[3]〔輕侮〕 名 하他 軽侮. 軽蔑. ¶ ~의 눈으로 보다 軽侮の目つきで見る.

경묘하다〔輕妙一〕 形 軽妙だ. ¶ 경묘한 화술 軽妙な話術. **경묘히** 副 軽妙に.

경무〔警務〕 名 警務〈警察関係の事務〉.

경무관〔一官〕 名 警務官〈警察官の階級の一つ〉.

경문〔經文〕 名 **1**〔佛〕経文. 経典の文章. **2**〔基〕祈禱書. **3** 道教の書物.

경물〔景物〕 名 景物. 四季の風物.

경물시〔一詩〕 名〔文〕景物詩.

경미하다〔輕微一〕 形 軽微だ. 軽少だ. わずかだ. ¶ 경미한 부상 軽い負傷 / 경미한 실수 軽微な失策.

경박부허〔輕薄浮虛〕 名 하形 軽佻浮薄.

경박스럽다 形 軽薄だ.

경박재자〔輕薄才子〕 名 軽薄才子. 才知はあるが軽薄な人.

경박하다〔輕薄一〕 形 軽薄だ. ¶ 경박한 행동 軽薄な行動 / 경박한 사람 軽薄な人. お調子者.

경배〔敬拜〕 名 하自 敬拝. 敬い拝むこと.

경백〔敬白〕 名 敬白〈漢文体の手紙の最後に用いる語〉.

경벌〔輕罰〕 名 軽罰. 軽い罰.

경범〔輕犯〕 名 〔'경범죄'의 준말〕 軽犯罪.

경범죄〔一罪〕 名〔法〕軽犯罪.

경변〔硬便〕 名 硬い大便.

경변증〔硬變症〕 名〔醫〕硬変症. 硬変. ¶ 간~ 肝硬変.

경보[1]〔警報〕 名 警報. ¶ ~기 警報器 / 경계 ~ 警戒警報 / ~ 사이렌을 울리다 警報サイレンを鳴らす.

경보[2]〔競步〕 名〔體〕競歩.

경복[1]〔景福〕 名 景福. 大きな幸い.

경복[2]〔敬服〕 名 하自 敬服. 敬い従うこと.

경복[3]〔慶福〕 名 慶福. めでたいこと.

경부〔頸部〕 名〔生〕頸部.

경비[1]〔經費〕 名 経費. 経常費. ¶ 필요 ~ 必要経費 / ~가 늘어나다 経費がかさむ.

경비[2]〔警備〕 名 하他 警備. ¶ ~ 계엄 警備戒厳 / ~선 警備船 / ~병 警備兵 / ~원 警備員 / ~함 警備艦 / ~가 삼엄하다 警備が厳しい / ~를 풀다 警備を解く.

경비대〔一隊〕 名〔軍〕 **1** 警備隊. **2**

〔‘국방 경비대’ 의 준말〕 国防警備隊.
경비망〔一網〕 名 警備網. 非常線. ¶ ～을 펴다 警備網をしく / 삼엄한 ～을 뚫다 ものものしい非常線を突破する.
경비행기〔輕飛行機〕 名 軽飛行機.
경사¹〔經史〕 名 経史. 経書と史記.
경사²〔傾斜〕 名 傾斜. 傾き. ¶ ～류 傾斜流 / ～면 傾斜面 / ～ 생산 傾斜生産 / ～지 傾斜地 / ～ 습곡 傾斜褶曲 / ～칭 傾斜秤 / 가파른 ～ 急な傾斜.
경사계〔一計〕 名 傾斜計.
경사도〔一度〕 名 傾斜度. 傾度. 傾斜角.
경사의〔一儀〕 名〔物〕 傾斜儀. 測斜計. クリノメーター.
경사지다 自 傾斜する. 傾く. 斜めになる. ¶ 경사진 언덕 傾斜した丘.
경사³〔慶事〕 名 慶事. 吉事. 祝いごと. おめでた. 反 凶事 ¶ 국가의 ～ 国家の慶事 / ～가 나다 慶事がある. 祝いごとがある / 근간에 ～가 있으시다면서요 近々おめでただそうですね.
경사롭다 形 喜ばしい. めでたい. **경사로이** 副 喜ばしく. めでたく.
경사스럽다 形 喜ばしい. めでたい. ¶ 경사스러운 일이 아니겠어요? めでたいことではありませんか.
경산부〔經産婦〕 名 経産婦.
경상¹〔經常〕 名 経常. ¶ ～ 거래 経常取引 / ～ 계정 経常勘定 / ～ 수지 経常収支 / ～비 経常費.
경상적〔一的〕 冠名 経常的. ¶ ～ 경비 経常的な経費.
경상²〔輕傷〕 名 軽傷. ¶ ～자 軽傷者 / ～을 입다 軽傷を負う.
경색〔梗塞〕 名 하自 梗塞. ふさがって通じなくなること. ¶ 심근 ～ 心筋梗塞.
경서〔經書〕 名 経書〈儒教の経典〉.
경석〔輕石〕 名 軽石. 浮石.
경선¹〔經線〕 名〔地〕 経線. 子午線.
경선²〔鯨船〕 名 捕鯨船.
경성¹〔京城〕 名 **1** 京城. 都邑の城. 都. **2** ソウルの日帝圧政時代の名称.
경성²〔硬性〕 名 硬性. かたい性質.
경세¹〔經世〕 名 하自 経世. 世を治めること. ¶ ～가 経世家.
경세제민〔一濟民〕 名 하自 経世済民. 世を治め民を救うこと.
경세지재〔一之才〕 名 経世の才能.
경세지책〔一之策〕 名 経世の策.
경세²〔警世〕 名 하自 警世.
경세가〔一歌〕 名 口伝民謡の一つ. 戒めの歌.
경소리〔經一〕 名 仏経を読む声.
경소하다〔輕小一〕 形 軽少だ. 軽微だ. ¶ 경소한 일 ささいなこと / 경소한 짐 軽くて小さな荷物.
경솔하다〔輕率一〕 形 軽率だ. そそっかしい. ¶ 경솔한 행동 軽率な行動 / 경솔하게 입을 놀리지 마라 軽はずみな口をきくな. **경솔히** 副 軽率に. 軽はずみに. 軽々しく. ¶ ～ 결정하다 軽率に取り決める.
경수¹〔硬水〕 名〔化〕 硬水. 反 軟水.
경수²〔輕水〕 名 軽水. 普通の水. 反 重水.
경승〔景勝〕 名 景勝. ¶ ～지 景勝地.
경시〔輕視〕 名 하他 軽視. 反 重視 ¶ 인명 ～의 풍조 人命軽視の風潮 / 사태를 ～하다 事態を軽視する.
경식〔硬式〕 名 硬式. 反 軟式 ¶ ～ 야구 硬式野球.
경신¹〔更新〕 名 하他 更新. ¶ 세계 기록을 ～하다 世界記録を更新する.
경신²〔庚申〕 名 庚申. かのえさる.
경신³〔敬神〕 名 하自 敬神. 神を敬うこと.
경신숭조〔一崇祖〕 名 神を敬い祖先を崇めること.
경악〔驚愕〕 名 하自 驚愕. ¶ ～을 금치 못하다 驚愕に耐えない.
경앙¹〔景仰〕 名 하他 景仰. ¶ 스승을 ～하다 師を景仰する.
경앙²〔敬仰〕 名 하他 敬仰.
경애¹〔敬愛〕 名 하他 敬愛. ¶ ～하는 마음 敬愛の念.
경애²〔境涯〕 名 境涯. 身の上. 境遇.
경야¹〔經夜〕 名 하自 **1** 通夜. **2** 夜を明かすこと. 夜を過ごすこと.
경야²〔竟夜〕 名 徹夜. 夜あかし. 徹宵.
경양식〔輕洋食〕 名 軽い洋食.
경어〔敬語〕 名 敬語. ¶ ～법 敬語法.
경업〔競業〕 名 하自 競業. 営業上の競争.
경역〔境域〕 名 **1** 境域. 境界. **2** 領域. 境内の地.
경연¹〔慶宴〕 名 慶祝の宴.
경연²〔競演〕 名 하他 競演. ¶ 음악 ～ 대회 音楽コンクール.
경염〔競艶〕 名 하自 (女の)美しさを競うこと.
경영¹〔經營〕 名 하他 経営. 経営すること. 営むこと. 治めること. ¶ ～ 관리 経営管理 / ～ 분석 経営分析 / ～ 자본 経営資本 / ～주 経営主 / ～학 経営学 / ～자 経営者 / ～권 経営権 / ～난 経営難 / ～ 합리화 経営合理化 / 사업을 ～하다 事業を営む / 천하를 ～하다 天下を治める.
경영²〔競泳〕 名 하自〔體〕 競泳.
경옥¹〔硬玉〕 名〔鑛〕 硬玉.
경옥²〔瓊玉〕 名 瓊玉. 美しい宝玉.
경옥고〔一膏〕 名〔韓方〕 補血·強壮剤.
경외¹〔敬畏〕 名 하他 畏敬.
경외²〔境外〕 名 境外. 境の外.
경외 성경〔經外聖經〕 名〔基〕 聖書外典. 外典. アポクリファ.
경우〔境遇〕 名 場合. 立場. 事情. ¶ 만일의 ～에 대비하다 万一の場合に備える / 그 사람이 처한 ～ 彼の置かれている立場 / 그것과 이것은 아주 ～가 다르다 それとこれとはまったく事情が違う.
◇일본어의 境遇는 ‘어떤 사람이 처해 있는 처지나 형편, 운명, 환경’ 등의 뜻으로 쓰인다.
경운〔耕耘〕 名 하他 耕耘. 農作すること.

경운기〔一機〕 名 耕耘機.

경원[1]〔敬遠〕 名 하他 敬遠. **1** 敬うけれど近ずくのを避けること. ¶ 상사를 ~하다 上司を敬遠する. **2** うわべは敬うふりをするが心中では遠ざけること.

경원[2]〔經援〕 名 〔'경제 원조'의 준말〕 経済援助.

경위[1]〔涇渭〕 名 分別. 常識. 良識. 礼儀. 道理. 是非の区別. 物事のわきまえ. いきさつ. ¶ ~가 밝은 사람 道理をよくわきまえる人.

경위[2]〔經緯〕 名 **1** 経緯. 縦糸と横糸. **2** 〔地〕 経緯. 経度と緯度. 経線と緯線. **3** 経緯. いきさつ. ¶ 그렇게 된 ~를 상사에게 보고했다 そのようになったいきさつを上役に報告した.

경위도〔一度〕 名 〔地〕 経度と緯度.

경위선〔一線〕 名 〔地〕 経線と緯線.

경위의〔一儀〕 名 〔天〕 経緯儀.

경위[3]〔警衛〕 名 **1** 警衛. 警戒し護衛すること. **2** 警衛. 警察官の階級の一つ.

경유[1]〔經由〕 名 하他 経由. ¶ 광주 ~ 목포행 光州経由木浦行き / 일본을 ~하여 미국으로 가는 비행기 日本を経由してアメリカへ行く飛行機.

경유[2]〔輕油〕 名 軽油. 反 重油. ¶ ~기관 軽油機関.

경유[3]〔鯨油〕 名 鯨油.

경음〔硬音〕 名 〔言〕 濃音. ハングル(한글)の「ㄲ·ㄸ·ㅃ·ㅆ·ㅉ」など.

경음악〔輕音樂〕 名 軽音楽.

경의[1]〔敬意〕 名 敬意. ¶ ~를 나타내다 敬意を表わす / 선배에게 ~를 표하다 先輩に敬意を表する.

경의[2]〔更衣〕 名 하自 更衣. ころもがえ. ¶ ~실 更衣室.

경이〔驚異〕 名 하自 驚異. ¶ 우주의 ~ 宇宙の驚異 / ~의 눈으로 보다 驚きのまなざしで見る.

경이감〔一感〕 名 驚異の感.

경이롭다 形 驚異的だ. ¶ 경이로운 사실 驚異的な事実.

경이적〔一的〕 冠 名 驚異的. ¶ ~인 진보 驚異的な進歩.

경이원지〔敬而遠之〕 名 하他 敬遠すること.

경이하다〔輕易一〕 形 軽易だ. たやすい. 大したことではない.

경인〔京仁〕 名 京仁〈ソウルと仁川〉. ¶ ~ 지방 京仁地方 / ~ 고속 도로 京仁高速道路〈ソウルと仁川を結ぶ高速道路〉.

경일〔慶日〕 名 慶事のある日. めでたい日.

경입자〔輕粒子〕 名 〔物〕 軽粒子.

경작〔耕作〕 名 하他 耕作. ¶ ~물 耕作物 / ~ 면적 耕作面積.

경작권〔一權〕 名 〔法〕 耕作権.

경작지〔一地〕 名 耕作地.

경장[1]〔更張〕 名 하他 **1** 更張. 改め拡張すること. **2** 更張. 古い制度を改革すること. ¶ 갑오 ~ 甲午改革.

경장[2]〔輕裝〕 名 하自他 軽装. 身軽な服装.

경장[3]〔警長〕 名 警長〈警察官の階級の一つ〉.

경쟁〔競爭〕 名 하自 競争. 張り合い. 競うこと. ¶ ~ 가격 競争価格 / ~ 계약 競争契約 / ~시험 競争試験 / 생존 ~ 生存競争 / 판매 ~ 販売競争 / 격심한 ~을 벌였다 激しい競り合いを繰り広げた.

경쟁국〔一國〕 名 競争国.

경쟁률〔一率〕 名 競争率. ¶ 5대 1의 높은 ~ 5倍の高い競争率.

경쟁심〔一心〕 名 競争心. ¶ ~을 부채질하다 競争心をあおる.

경쟁 입찰〔一入札〕 名 競争入札. ¶ ~에 부치다 競争入札に付する.

경쟁자〔一者〕 名 競争者. ¶ ~를 물리치다 競争者を退ける.

경적〔警笛〕 名 警笛. ¶ 요란한 ~ けたたましい警笛 / ~을 울리다 警笛を鳴らす.

경전〔經典〕 名 経典. ¶ 유교 ~ 儒教の経典.

경전기〔輕電機〕 名 軽電機.

경절〔慶節〕 名 祝日. 旗日. ▷국경일(國慶日)

경정[1]〔更正〕 名 하他 更正. 訂正. ¶ ~신고 更正申告.

경정[2]〔更訂〕 名 하他 更訂. 改め正すこと.

경정[3]〔警正〕 名 警正〈警察官の階級の一つ〉.

경제〔經濟〕 名 **1** 経済. ¶ ~ 개발 経済開発 / ~ 공황 経済恐慌 / ~권 経済権 / ~단위 経済単位 / ~ 백서 経済白書 / ~범 経済犯 / ~법 経済法 / ~ 봉쇄 経済封鎖 / ~ 블록 経済ブロック / ~사 経済史 / ~ 사범 経済事犯 / ~ 사회 이사회 経済社会理事会 / ~ 성장률 経済成長率 / ~ 수역 経済水域 / ~ 원조 経済援助 / ~ 지리학 経済地理学 / ~ 학과 経済学科 / ~ 협력 개발 기구 経済協力開発機構 / ~계 経済界 / ~권 経済圏 / ~력 経済力 / ~ 계획 経済計画 / ~ 성장 経済成長. **2** 経済. 費用·手間などを倹約すること. ¶ ~ 속도 経済速度.

경제난〔一難〕 名 経済難. ¶ ~을 극복하다 経済難を乗り切る.

경제림〔一林〕 名 供用林.

경제면〔一面〕 名 (新聞の)経済面.

경제성〔一性〕 名 経済性.

경제인〔一人〕 名 経済人.

경제적〔一的〕 冠 名 経済的. ¶ 가볍고 ~인 차 軽くて経済的な車.

경제전〔一戰〕 名 経済戦争.

경제학〔一學〕 名 経済学.

경조[1]〔敬弔〕 名 하他 敬弔.

경조[2]〔慶弔〕 名 慶弔. ¶ ~비 慶弔費 / ~ 전보 慶弔電報.

경조[3]〔競漕〕 名 하自 〔體〕 競漕. ボートレース.

경조부박〔輕佻浮薄〕 名 하形 軽佻浮薄だ.

경조하다〔輕佻一〕 形 軽佻だ. 軽率だ.

경조하다〔輕躁一〕 形 軽躁だ. 軽はずみだ. せっかちだ.

경종〔警鐘〕 名 警鐘.

◆**경종을 울리다** 警鐘を鳴らす.

경죄〔輕罪〕 名 軽罪. 軽い罪.
경주¹〔傾注〕 名 하自他 傾注. 専心. ¶사업에 전력을 ~하다 事業に全力を傾注する.
경주²〔競走〕 名 하自 競走. かけっこ. 駆けくらべ. ¶200미터 ~ 200メートル競走.
경중〔輕重〕 名 軽重. **1** 軽いことと重いこと. ¶죄의 ~ 罪の軽重を調べる. **2** 重要なこととつまらないこと. ¶일의 ~을 가리다 事の軽重をわきまえる.
경증〔輕症〕 名 軽症. ⓡ重症.
경지¹〔耕地〕 名 耕地. 耕作地. ¶~ 면적 耕地面積 / ~ 정리 耕地整理.
경지²〔境地〕 名 **1** 境地. たやすく到達できない高い状態. ¶달관의 ~ 達観の境地 / 무아의 ~에 이르다 無我の境地に至る. **2** 一定の境界内の土地. **3** 一定の体系になし遂げられた分野. ¶독자적 ~를 개척하다 独自的な境地を開拓する.
경직〔硬直〕 名 하自 **1** 硬直. (身体などが)かたくなること. ¶사후 ~ 死後硬直. **2** 硬直. 融通性のないこと. ¶~된 체재 硬直した体制.
경진¹〔輕震〕 名〔地〕 軽震.
경진²〔競進〕 名 하自 競進. 共進.
경진회〔一會〕 名 共進会.
경질¹〔更迭〕 名 하他 更迭. ¶대학 총장을 ~하다 大学総長を更迭する / 많은 각료가 ~되다 多くの閣僚が更迭される.
경질²〔硬質〕 名 硬質. ¶~ 도기 硬質陶器 / ~ 유리 硬質ガラス / ~ 자기 硬質磁器.
경찰〔警察〕 名 **1** 警察. 警戒すること. 探ること. **2** 警察. ¶~ 국가 警察国家 / ~ 처분 警察処分 / ~견 警察犬 / ~봉 警棒 / ~의 警察医. **3** 〔'경찰서'의 준말〕 警察署. ¶~에 연행되다[끌려가다] 警察に連行される[引っ張られる] / ~에 신고하다 警察に届ける.
경찰관〔一官〕 名 警察官. ¶~에게 쫓기다 警察官に追われる / 사복 ~ 私服警察官〈刑事〉.
경찰권〔一權〕 名 警察権. ¶~을 발동하다 警察権を発動する.
경찰서〔一署〕 名 警察署.
경찰청〔一廳〕 名 警察庁〈行政自治部に所属して警察業務を管掌する中央行政機関〉.
경천〔敬天〕 名 하自 **1** 神を敬うこと. **2**〔宗〕 天道教の, 三敬の一つ.
경천애인〔一愛人〕 名 하自 敬天愛人.
경천동지〔驚天動地〕 名 하自 驚天動地. ¶~의 큰 사건 驚天動地の大事件.
경첩 名 ちょうつがい.
경첩하다¹〔輕捷一〕 形 軽捷だ. 身軽で素早い. ¶동작이 ~ 動作が敏捷だ.
경첩하다²〔勁捷一〕 形 勁捷だ. つよくてすばやい.
경청¹〔敬聽〕 名 하他 敬聴. 謹んで聞くこと.
경청²〔傾聽〕 名 하他 傾聴. 熱心に聞くこと. ¶~할 만한 의견 傾聴に値する意見.
경축〔慶祝〕 名 하他 慶祝. ¶~일 慶祝日.
경치〔景致〕 名 景色. 風景. 山水. (自然の)眺め. ¶시골 ~ 田舎の景色 / 빼어난 ~ すばらしい風景.
경치다 自 **1** ひどい刑罰を受ける. **2** ひどい目にあう. 散々にこらしめられる. ¶호되게 경쳤다 散々な目にあった.
경칩〔驚蟄〕 名 啓蟄. ¶~이 지난 게로군 啓蟄が過ぎたのだね.
경칭〔敬稱〕 名 敬称. ¶깍듯이 ~을 붙이다 丁重に敬称をつける.
경쾌하다〔輕快一〕 形 軽快だ. ¶경쾌한 리듬 軽快なリズム / 경쾌한 발걸음 軽快な足どり / 경쾌한 옷차림 身軽な装い. **경쾌히** 副 軽快に.
경탄〔驚歎〕 名 하自 驚嘆. ¶참으로 ~할 만한 솜씨 実に驚嘆に値する腕前 / ~을 금치 못하다 驚嘆に耐えない.
경파〔硬派〕 名 強硬派. タカ派.
경판〔經板〕 名 経書の版木.
경편〔輕便〕 名 하形 軽便.
경편 철도〔一鐵道〕 名 軽便鉄道.
경폭격기〔輕爆擊機〕 名 軽爆撃機.
경품〔景品〕 名 景品. おまけ. ¶~으로 커피 잔을 드립니다 景品としてコーヒーカップをさし上げます.
경풍¹〔輕風〕 名 軽風. そよ風. 微風.
경풍²〔驚風〕 名〔韓方〕 驚風. 子供のひきつけ. ¶~증 驚風症.
경필〔硬筆〕 名 硬筆.
경하¹〔敬賀〕 名 하他 敬い祝うこと.
경하²〔慶賀〕 名 하他 慶賀. 慶祝. ¶혼례를 ~하다 婚礼を祝う / 참으로 ~하여 마지 않습니다 まことに慶賀に耐えません.
경하다〔輕一〕 形 **1** (重さが)軽い. ¶짐이 ~ 荷物が軽い. **2** (事態が)軽い. ¶교통사고 환자의 정도가 ~ 交通事故の患者の程度は軽い. **3** (言行が)軽々しい. ¶언행이 ~ 言行が軽い. **4** (負担が)少ない. ¶회사측 부담은 ~ 会社側の負担は軽い. **5** (病状が)軽い. ¶병세는 ~ 病状は軽い.
경학〔經學〕 名 経学. 経術. 四書五経を研究する学問.
경합〔競合〕 名 하自 **1** 競合. 競り合い. ¶~ 끝에 낙찰되었다 競り合いの末に落札された. **2**〔法〕 競合. ¶~범 競合犯.
경합금〔輕合金〕 名〔化〕 軽合金.
경향¹〔京鄕〕 名 都と地方. 都と田舎.
경향²〔傾向〕 名 傾向. 傾き. ¶일반적인 ~ 一般の傾向 / 진보적 ~을 띠다 進歩的傾向を帯びる.
경향극〔一劇〕 名〔演〕 傾向劇.
경향 문학〔一文學〕 名〔文〕 傾向文学.
경향 소설〔一小說〕 名〔文〕 傾向小説.
경험〔經驗〕 名 하他 経験. ¶첫 ~ 初めての経験 / ~을 쌓다 経験を積む / ~을 얻다 経験を得る / 쓰라린 ~을 맛보았다 苦い経験をなめた / 오랜 ~을

살리다 長年の経験を生かす.
경험 과학〔一科學〕 名〔哲〕経験科学.
경험담〔一談〕 名 経験談.
경험론〔一論〕 名〔哲〕経験論.
경험방〔一方〕 名〔韓方〕 臨床経験によって得られた処方.
경험자〔一者〕 名 経験者.
경험적〔一的〕 冠名 経験的.
경험적 개념〔一的概念〕 名〔哲〕 経験的概念.
경험주의〔一主義〕 名〔哲〕経験主義.
경험 철학〔一哲學〕 名〔哲〕経験哲学.

경혈〔經穴〕 名〔韓方〕 経穴. (灸や鍼の)つぼ.

경호[1]〔京湖〕 名〔地〕 **1** 京畿道と忠清道. **2** 京畿道と忠清道および全羅道.

경호[2]〔警護〕 名 하他 警護. ¶ ~원 警護員. ボディーガード / 신변을 ~하다 身辺を警護する.

경화[1]〔硬化〕 名 하自 **1** 硬化. (物が)堅くなること. ¶ 동맥 ~ 動脈硬化. **2** 硬化. 意見·態度が強硬になること. ¶ 태도가 ~하다 態度が硬化する.

경화[2]〔硬貨〕 名 硬貨. コイン.

경화기〔輕火器〕 名 軽火器〈小銃など〉.

경화증〔硬化症〕 名 硬化症. ¶ 간~ 肝硬化症.

경환〔輕患〕 名 軽患. ¶ ~자 軽患者.

경황〔景況〕 名 (時間的·精神的な)余裕. ゆとり. ¶ ~이 없다 (慌ただしくて)心の余裕がない / 일에 쫓겨 가정을 돌볼 ~이 없네 仕事に追われて家庭を顧みる余裕がないよ.

곁 Ⅰ 名 **1** (人の)そば. すぐ横. わき. 傍ら. ¶ ~으로 다가가다 そばに寄る / 내 ~으로 와 わたしのそばに来なさい / ~에서 보는 것처럼 쉬운 일은 아니다 はたから見るほど楽な仕事ではない. **2** (親の)もと. ¶ 부모 ~을 떠나다 親もとを離れる.
Ⅱ 接頭 横の…. わきの…. (そこから)分かれた…. ¶ ~길 わき道. 枝道 / ~가지 分かれた枝. 小枝 / ~방 横の部屋.
◆**곁을 비우다** その場を離れる. その場にいなくなる. 手を離す. ¶ ~을 비운 사이에 손님이 다녀 갔다 ちょっと留守にしたすきに客が立ち寄っていった.
◆**곁이 비다** 世話をしてくれる人がいない.

곁가지 名 小枝. ¶ ~를 치다 剪定をする. 小枝を切る.

곁길 名 わき道. 横道. 枝道. ¶ ~로 빠져 들다 横道に迷い込む / 이야기가 ~로 빗나갔다 話がわき道にそれた.

곁눈 名 横目. わき目.
◆**곁눈을 주다** ① 横目で合図する. ② 流し目で秋波を送る.
곁눈질 名 하自 横目. わき見. よそ見. 流し目. ¶ 힐끗 ~로 쏘아보다 じろりと横目でにらむ / 여자에게 ~하지 마라 女の子に流し目を使うな.
곁눈 팔다 自 わき見をする. よそ見をする.

곁다리 名 必要でない部分[人]. 余計なもの[人]. 付けたり. ¶ ~만 많다 必要でないものばかり多い.

곁두리 名 小昼. 3度の食事以外に食べる間食.

곁들다 Ⅰ 自 (ある場所に)加わって交わる. ¶ 춤판에 ~ 踊り場に交わる.
Ⅱ 他 **1** (荷物などを)持ってやる. ¶ 짐을 곁들어 주다 荷物を手助けして持ってやる. **2** (仕事などを)そばで手伝う. 手助けする. ¶ 일을 곁들었다 仕事の手助けをしてやった.

곁들이다 他 **1** 添える. あしらう. ¶ 경품을 ~ 景品を添える / 스테이크에 야채를 ~ ステーキに野菜をあしらう. **2** (いろいろなことを)兼ねてする. ¶ 노래에 춤을 ~ 歌に踊りを兼ねてする.

곁땀 名 **1** わきの下の汗. **2** わきの下から汗の出る病気.

곁말 名 遠回しに言う言葉. しゃれ. 語呂合わせ.

곁방〔一房〕 名 **1** 奥の間に付属した部屋. わき部屋. **2** 間借り部屋.
곁방살이 名 하自 間借り住まい.

곁뿌리 名〔植〕側根.

곁상〔一床〕 名 脇膳. 本膳に添える小さい膳.

곁쇠 名 合い鍵.
곁쇠질 名 하他 合い鍵で錠前を開けること.

곁순〔一筍〕 名 (草木の)側生の芽.

곁집 名 隣の家.

곁채 名 (母屋のそばについている)別棟.

계[1]〔系〕 Ⅰ 名〔數〕 系. ある定理から容易に明かされる命題.
Ⅱ 接尾 〔계통·혈통〕…系. ¶ 기독교~의 학교 キリスト系の学校 / 한국~의 미국인 韓国系の米国人.

계[2]〔戒〕 名 **1** 戒. 戒め. 訓戒. **2** 〔佛〕 戒. 守るべき規則. 戒律. **3** 〔文〕 訓戒を目的とした漢文体の一つ.

계[3]〔計〕 名 **1** 計. 合計. 総計. ¶ ~를 내다 合計を出す / ~ 백만 원 計100万ウォン. **2** はかりごと. 企て. 計画. ¶ 백년지~ 百年の計.

계[4]〔係〕 名 係. ¶ 안내~ 案内係.

계[5]〔癸〕 名〔民俗〕 癸. みずのと〈十干の第10番目〉.

계[6]〔契〕 名 **1** 契. 相互扶助のための伝統的な組織. **2** 契. 講.
◆**계를 타다** (契で)総掛け金を受け取る.

계[7]〔階〕 名 **1** 官職の等級. 職階. **2** 〔'품계'의 준말〕官職の階級.

-계[8]〔界〕 接尾 …界. 경제~ 経済界 / 출판~ 出版界.

-계[9]〔計〕 接尾 〔재는 기구·계기〕 …計. ¶ 온도~ 温度計 / 속도~ 速度計.

계가〔計家〕 名 하自他 (囲碁で)終局になって地を計算すること.

계간[1]〔季刊〕 名 季刊. ¶ 잡지를 ~으로 발행하다 雑誌を季刊で発行する.
계간지〔一誌〕 名 季刊誌.

계간[2]〔鷄姦〕 名 하自 鶏姦. 男色.

계고〔戒告〕 名 하他〔法〕 戒告.
계고장〔一狀〕 名〔法〕 戒告状.

계곡〔溪谷〕 名 渓谷. 谷間. 谷.

계관[1]〔桂冠〕 名 〔'월계관'의 준말〕 桂冠.
계관 시인〔一詩人〕 名〔文〕 桂冠詩人.
계관[2]〔鷄冠〕 名 **1** 鶏冠. 鶏のとさか. **2**〔植〕 鶏頭.
계교〔計巧〕 名 計略. 巧妙なはかりごと. ¶ ～를 쓰다 計略を弄する / ～를 꾸미다 策を巡らす / ～에 말려들다 計略に乗る[かかる].
계구〔戒具〕 名 戒具.
계급〔階級〕 名 階級. ¶ 귀족 ～ 貴族階級 / 부르조아 ～ ブルジョア階級 / 한 ～ 승진하다 一階級昇進する.
계급 독재〔一獨裁〕 名 階級独裁.
계급의식〔一意識〕 名 階級意識.
계급장〔一章〕 名 階級章.
계급 제도〔一制度〕 名 階級制度.
계급투쟁〔一鬪爭〕 名 하自 階級闘争.
계기[1]〔計器〕 名 計器. メーター. ¶ ～반 計器盤.
계기 비행〔一飛行〕 名 計器飛行.
계기 속도〔一速度〕 名 計器速度.
계기[2]〔契機〕 名 契機. きっかけ. 動機. ¶ 병을 ～로 담배를 끊었다 病気を契機にたばこをやめた.
계기[3]〔繼起〕 名 하自 継起.
계단〔階段〕 **Ⅰ** 名 階段. ¶ 나선식 ～ らせん階段 / ～을 오르내리다 階段を上がり下がりする.
Ⅱ 依名 階段. ¶ 한 ～ 1階段 / 두 ～ 2階段.
계단 경작〔一耕作〕 名 階段耕作.
계단 농업〔一農業〕 名 階段農業.
계단 단층〔一斷層〕 名 階段断層.
계단석〔一席〕 名 階段席.
계단식〔一式〕 名 階段式.
계단참〔一站〕 名 (階段の)踊り場.
계도[1]〔系圖〕 名 系図.
계도 소설〔一小說〕 名〔文〕 系図小説.
계도[2]〔啓導〕 名 하他 教え導くこと.
계란〔鷄卵〕 名 鶏卵. 鶏の卵. ¶ 날～ 生卵 / 삶은 ～ ゆで卵 / ～을 풀다 卵を溶く.
〔속담〕 **계란에도 뼈가 있다** 鶏卵にも骨がある〈運の悪い者は何をしても邪魔が入って失敗すること〉.
계란덮밥 名 卵どんぶり.
계란주〔一酒〕 名 卵酒.
계략〔計略〕 名 計略. はかりごと. 策略. ¶ 온갖 ～을 짜다 あらゆる計略をはかる / ～에 빠지다 計略に陥る[わなに落ちる] / 적의 ～을 간파하다 敵の計略を見破る / 적의 ～에 걸려들었다 敵の策略に引っかかった.
계량〔計量〕 名 하他 計量. ¶ ～기 計量器 / ～ 경제학 計量経済学.
계루〔繫累〕 名 하自 **1** 係累. **2** つなぎ留めること. (物事に)巻き込まれて動きがとれないこと.
계류[1]〔溪流〕 名 渓流.
계류[2]〔稽留〕 名 하他 稽留. とどまること.
계류[3]〔繫留〕 名 하自他 係留. つなぎ留めること.
계류기구〔一氣球〕 名 係留気球.
계류 기뢰〔一機雷〕 名〔軍〕 係留機雷.
계류부표〔一浮標〕 名 係留浮標.
계류선〔一船〕 名 係留船.
계류장〔一場〕 名 (船舶の)係留場.
계류탑〔一塔〕 名 係留塔.
계륵〔鷄肋〕 名 **1** 鶏肋. 大した役には立たないが捨てるには惜しい物. **2** 鶏肋. 虚弱な体.
계리〔計理〕 名 하他 計理.
계리사〔一士〕 名 公認会計士.
계면〔界面〕 名 **1**〔物〕 界面. **2**〔樂〕 〔'계면조'의 준말〕 国楽で使われる音階の一つ.
계면조〔界面調〕 名〔樂〕 時調や歌曲などで, 哀調を帯びた曲調.
계면쩍다 形 面はゆい. ばつが悪い. 気まずい.
계면하다 形 面目ない. 気まずい.
계명[1]〔戒名〕 名〔佛〕 戒名. 法名.
계명[2]〔誡命〕 名〔宗〕 戒. 戒律. ¶ 십～ 十戒.
계모〔繼母〕 名 継母. まま母.
계몽〔啓蒙〕 名 하他 啓蒙. ¶ 농촌 ～ 운동 農村啓蒙運動 / 대중을 ～하다 大衆を啓蒙する.
계몽 문학〔一文學〕 名 啓蒙文学.
계몽사상〔一思想〕 名 啓蒙思想.
계몽 운동〔一運動〕 名 啓蒙運動.
계몽주의〔一主義〕 名 啓蒙主義.
계몽 철학〔一哲學〕 名 啓蒙哲学.
계발〔啓發〕 名 하他 啓発. ¶ 잠재적 능력을 ～하다 潜在的能力を啓発する.
계법〔戒法〕 名〔佛〕 戒法.
계보[1]〔系譜〕 名 系譜. ¶ 낭만주의의 ～ ロマン主義の系譜.
계보[2]〔季報〕 名 季刊誌.
계보기〔計步器〕 名 計歩器.
계부[1]〔季父〕 名 季父. いちばん末の叔父.
계부[2]〔繼父〕 名 継父. ままちち.
계부모〔繼父母〕 名 継父母. まま親.
계분〔鷄糞〕 名 鶏糞.
계사〔鷄舍〕 名 鶏舎. 鶏小屋.
계산〔計算〕 名 하他 **1** 計算. ¶ ～을 잘못하다 計算を間違える / ～이 맞다 計算が合う. そろばんが合う / ～이 빗나가다 計算違いをする. **2** 勘定. ¶ 술값을 ～하다 酒代の勘定をする / 식대를 ～해 주세요 食事代の勘定をお願いします. **3** 計算. 勘定. 見込み. ¶ 퇴직금을 ～에 넣고 집을 짓다 退職金を見込んで家を建てる. **4** 〔득실을 따지는 일〕 計算. ¶ ～이 밝다 計算が明るい / ～이 빠르다 計算が早い.
계산기〔一機〕 名 計算機.
계산서〔一書〕 名 計算書. 勘定書.
계산자 名〔數〕 計算尺.
계삼탕〔鷄蔘湯〕 名〔韓方〕 若鶏の内臓を取り出したあとに朝鮮人参・なつめ・もち米を詰めて煎じた強壮剤.
계상〔計上〕 名 하他 計上. ¶ ～금 計上金 / 예산에 출장비를 ～하다 予算に出張費を計上する.
계석〔界石〕 名 境界石.
계선[1]〔界線〕 名 界線. 境界線. ¶ ～을 긋다 境界線をひく.
계선[2]〔繫船〕 名 하自 係船. 船がかり.
계선 부표〔一浮標〕 名 係船浮標. ブイ.

계선주〔一柱〕名 係船柱.
계속1〔繫屬〕名 하自 係属. ある物につながること.
계속2〔繼續〕Ⅰ 名 하自他 続けること. 継続. 続き. ¶일을 ~하다 仕事を続ける/일기를 ~해서 쓰다 日記を続けて書く/가뭄이 ~되어 논물이 말랐다 日照りが続いて田の水がかれた. Ⅱ 副 引き続き. ずっと. ¶세 시간 ~ 공부했더니 피곤해요 3時間ずっと勉強していたら疲れました/열흘 내내 비가 ~ 왔다 10日間ずっと雨が降り続いた.
계속 변이〔一變異〕名〔生〕継続変異.
계속 심의〔一審議〕名 하他〔法〕継続審議.
계속적〔一的〕冠名 継続的. ¶~인 노력 継続的な努力.
계수1〔季嫂〕名 弟の嫁.
계수2〔係數〕名 係数. ¶엥겔 ~ エンゲル係数.
계수3〔計數〕名 하他 計数.
계수관〔一管〕名 **1** 計数管. 入力パルスの数を計数する電子管. **2** 計数管. 放射線の粒子を計測する電子管.
계수기〔一器〕名 計数器. 数取り器.
계수 화폐〔一貨幣〕名〔經〕計数貨幣〈一定の形状をもち品位と重量を保証され鋳造した貨幣〉.
계수4〔桂樹〕名〔'계수나무'의 준말〕桂.
계수5〔溪水〕名 渓水. 谷間の水. 谷川.
계수6〔繼受〕名 하他 継受. 引き継ぎ.
계수법〔一法〕名〔法〕継受法.
계승1〔階乘〕名〔數〕階乗.
계승2〔繼承〕名 하他 継承. ¶~자 継承者/왕위 ~ 王位継承/전통을 ~하다 伝統を継承する/면면히 ~되어 온 고유 문화 綿々と受け継がれてきた固有文化.
계시1〔計時〕名 (競技などの)計時. ¶~계 計時係.
계시2〔啓示〕名 啓示. ¶신의 ~ 神の啓示/~를 받다 啓示を受ける.
계시록〔一錄〕名〔基〕黙示録.
계시 문학〔一文學〕名〔文〕啓示文学. 神の隠された神秘を啓示した文学.
계시 종교〔一宗教〕名 啓示宗教. 神からの啓示に基づく宗教.
계시다1 形〔'있다'의 높임말〕いらっしゃる. おられる. おいでになる. ¶선생님은 교실에 계신다 先生は教室にいらっしゃる/할머니는 어디에 계시냐? おばあさんはどこにいらっしゃるの/계십니까[계세요]? ごめんください〈訪問したとき〉/안녕히 계십시오 (とどまる人に向かって)さようなら.
계시다2 補動 **1**〔동작 완료 후의 상태를 나타냄〕(…して)いらっしゃる. (…して)おられる. ¶의자에 앉아 계신다 椅子に座っておられる. **2**〔동작의 계속을 나타냄〕(…して)いらっしゃる. (…して)おいでだ. ¶진지를 잡수시고 계십니다 ご飯を召し上がっていらっしゃいます.
계씨〔季氏〕名 成年になった他人の弟の尊敬語.
계약〔契約〕名 하他 契約. ¶~을 맺다 契約を結ぶ/~을 위반하다 契約に違反する/~을 어기다 契約を破る.
계약 보증금〔一保證金〕名〔法〕契約保証金. 手付金.
계약서〔一書〕名 契約書. ¶~를 교환하다 契約書を交わす.
계엄〔戒嚴〕名 하他〔法〕戒厳. ¶비상 ~ 非常戒厳.
계엄령〔一令〕名 戒厳令. ¶~을 선포하다 戒厳令を敷く.
계엄 사령관〔一司令官〕名〔法〕戒厳司令官.
계열〔系列〕名 系列. ¶~ 기업 系列企業/사실주의 ~에 속하는 작가 写実主義の系列に属する作家.
계열 회사〔一會社〕名〔經〕系列会社.
계영〔繼泳〕名 하自〔體〕継泳. ¶남자 400미터 ~ 男子400メートル水泳のリレー.
계원1〔係員〕名 係員. 係り. ¶출납 ~ 出納係り/담당 ~ 担当係員.
계원2〔契員〕名 契の構成員.
계육〔鷄肉〕名 鶏肉.
계율〔戒律〕名〔佛〕戒律. ¶~을 어기다 戒律を破る/~을 지키다 戒律を守る.
계인〔契印〕名 하自 契印. 割り印. ¶~을 찍다 割り印を押す.
계자1〔季子〕名 末息子.
계자2〔繼子〕名 **1** 養子. **2** 継子.
계장〔係長〕名 係長.
계쟁〔係爭〕名 하自〔法〕係争.
계쟁물〔一物〕名〔法〕係争物.
계전기〔繼電器〕名〔電〕継電器.
계절〔季節〕名 季節. 時季. 時節. ¶~의 변화를 느끼다 季節の変化を感じる/~이 바뀌다 季節が変わる/가을은 결실의 ~이다 秋は実りの季節だ.
계절노동〔一勞動〕名 季節労働.
계절병〔一病〕名 季節病.
계절적 실업〔一的失業〕名 季節的失業.
계절품〔一品〕名 季節品.
계절풍〔一風〕名 季節風.
계정〔計定〕名〔經〕勘定. ¶손익 ~ 損益勘定/자본 ~ 資本勘定.
계정계좌〔一計座〕名〔經〕勘定口座.
계정 과목〔一科目〕名 勘定科目.
계제〔階梯〕名 **1** 階梯. 階段とはしご. **2** (事が進行する)順序·段階·手順. ¶기업 경영을 합리화할 ~이다 企業の経営を合理化する段階だ. **3** 折. 機会. ¶~가 좋다 時機がいい/~ 사납게 折悪しく/이 ~에 この際に. これを機会に. これをきっかけに.
계좌〔計座〕名 口座. ¶~를 개설하다 口座を開く.
계주1〔契主〕名 契を組織し管理する責任者.
계주2〔繼走〕名〔體〕継走. リレー. ¶800미터 ~ 800メートル継走.
계주 경기〔一競技〕名〔體〕リレーレース.
계주자〔一者〕名 継走者. リレー選手.

계집 名 **1** 〈俗〉 女. ¶ ～에게 열을 올리고 있다 女にのぼせあがっている / ～에게 미치다[빠지다] 女に狂う[おぼれる]. **2** 〈卑〉 妻. 女房. かかあ. うちのやつ.

〔속담〕 **계집 때린 날 장모 온다** 女房を殴った日に義母が来る〈折あしく不都合なことが重なってあわてること〉.

계집년 名 〈卑〉 あま. あまっこ.

계집아이 名 女の子. 娘. 女児.

계집애 名 〔'계집아이'의 준말〕 女子.

계집질 名 하自 妻以外の女性と浮気すること.

계책〔計策〕 名 計策. はかりごと. 計略. ¶ 온갖 ～ あらゆる方策. 万策 / ～을 꾸미다 計策をたくらむ.

계천[1]〔溪川〕 名 谷川. 渓流.

계천[2]〔溪泉〕 名 渓泉. 谷間の泉.

계추〔季秋〕 名 **1** 季秋. 晩秋. **2** 季秋. 陰暦9月.

계춘〔季春〕 名 **1** 季春. 晩春. **2** 季春. 陰暦3月.

계측〔計測〕 名 하他 計測.

계층〔階層〕 名 階層. ¶ ～ 구조 階層構造 / 사회 ～ 社会階層.

계친〔繼親〕 名 継親. 継父と継母.

계탕〔鷄湯〕 名 鶏肉のスープ.

계통〔系統〕 名 **1** 系統. 順序正しいつながり. ¶ 명령 ～ 命令系統 / ～을 세워서 분류하다 系統だてて分類する. **2** 系統. 一定した分野・部門. ¶ 예술 ～을 전공한다 芸術関係の分野を専攻する. **3** 系統. 関係. ¶ 신경 ～ 神経系統 / 소화기 ～ 消化器系統. **4** 系譜. 流派. 血統. ¶ 아리스토텔레스의 ～을 잇는 학파 アリストテレスの系統を継ぐ学派.

계통도〔一圖〕 名 系統図.

계통 분류〔一分類〕 名〔生〕 系統分類.

계투〔繼投〕 名 하自〔體〕 (野球で)継投. リリーフ.

계표〔界標〕 名 界標. 標識.

계피〔桂皮〕 名〔韓方〕 桂皮. シナモン.

계하〔季夏〕 名 **1** 季夏. 晩夏. **2** 季夏. 陰暦6月.

계호〔戒護〕 名 하他 戒護.

계획〔計劃〕 名 하他 計画. 企て. もくろみ. はかりごと. プラン. ¶ ～서 計画書 / 경제 개발 5개년 ～ 経済開発5か年計画 / ～을 짜다 プランを練る / 장기 ～을 세우다 長期計画を立てる / ～대로 안 되다 計画どおりにはいかない / ～이 깨어지다 もくろみが破れる.

계획 경제〔一經濟〕 名〔經〕 計画経済.

계획성〔一性〕 名 計画性.

계획안〔一案〕 名 計画案.

계획적〔一的〕 冠 名 計画的.

계획표〔一表〕 名 計画表.

계후〔季候〕 名 季候. 季節と気候.

곗날〔契一〕 名 契の集会の日.

곗돈〔契一〕 名 **1** 契員が負担する金銭. **2** (契の抽選に当たって)受け取る総掛金. **3** 契所有の金.

고[1] 名 〈チョゴリ(저고리)などのひもを〉 輪状にしたもの. わな結び. ¶ ～를 짓다 わな結びをする.

고[2]〔苦〕 名 苦.

고[3]〔庫〕 名 倉庫. 物置.

고[4]〔鼓〕 名〔樂〕 鼓. 大鼓.

고[5] 冠 その. あの. ¶ ～ 자식 そいつ. やつ / ～ 근처 そのあたり / ～ 녀석 참 똘똘하구나 その坊やほんとに利口だな / 그 집 살림은 밤낮 ～ 모양이다 その家の暮らしはいつもそんなありさまだ.

고[6]〔故〕 冠 故. ¶ ～ 안중근 의사 故安重根義士.

고[7] 助 (二つ以上のことを合わせて述べる) …であれ. …でも. …も. ¶ 개～ 돼지～ 모두 포유 동물이다 犬も豚もみんな哺乳類だ / 사과～ 배～ 있는 대로 가져오너라 りんごでも梨でもありったけ持ってこい / 피리～ 북이～ 잘한다 笛であれ太鼓であれうまい.

고[8] 助 〔인용을 나타냄〕 …と. …とて. ¶ 괜찮다～ 하더라 大丈夫だと言ったよ / 저이가 누구냐～ 물었다 あの人は誰かと聞いた.

-고[9] 語尾 **1** 〔두 가지 이상의 사실을 나열함〕 …て. …し. …たり. …で. ¶ 보～ 들은 이야기 見聞きした話 / 싸～ 좋은 물건 安くていい品物 / 우는 소리 하지 말～ 용기를 내라 泣き言を並べないで元気を出せ / 쫓～ 쫓기～ 追いつ追われつ. **2** 〔어떤 행동을 뒤의 행동에 그대로 지속함을 나타냄〕 …(し)て. …で. …に. ¶ 말을 타～ 가다 馬に乗っていく / 책을 들～ 가다 本を持っていく. **3** 〔동작의 완료를 나타냄〕 …(し)てから. …(し)て. ¶ 밥 먹～ 나갔다 ご飯を食べてから出かけた / 차를 마시～ 설거지를 하자 お茶を飲んでから食器を洗おう. **4** 〔'-고 -ㄴ/은'의 꼴로〕〔어떤 행동·상태 등을 강조함〕 …(も)り…た. …(え)に…た. ¶ 쌓이～ 쌓인 원한 積もり積もった恨み / 생각하～ 생각한 끝에 考えに考えた末 / 길～ 긴 인생 행로 長い長い人生行路 / 높～ 높은 하늘 はるか高い空. **5** 〔질문·항변 등의 뜻을 나타냄〕 …のか. …だ. ¶ 남은 일은 누가 하～? 残った仕事は誰がするのだ / 저녁밥은 누가 짓～? 夕飯は誰がつくるの / 네가 가 버리면 이 애는 어떡하～? 君が行ってしまったらこの子はどうするの. **6** 〔상반되는 두 개의 사실을 나타냄〕 …や…の. ¶ 길가에 크～ 작은 돌이 흩어져 있다 道端に大小の石ころがちらばっている / 멀리 높～ 낮은 산들이 보인다 遠くに高い山や低い山が見える. **7** 〔이유·근거를 나타냄〕 …て. ¶ 연탄가스를 마시～ 죽었다 練炭のガスを吸って死んだ. **8** 〔행동의 진행·종료·욕망을 나타냄〕 …て. …したので. …たい. ¶ 편지를 쓰～ 있다 手紙を書いている / 목욕을 하～ 나니 몸이 개운하다 お風呂に入ったのでさっぱりする / 집에 가～ 싶다 家に帰りたい.

고-[10]〔古〕 接頭 古…. ¶ ～물 古物 / ～서적 古書籍.

고-[11]〔高〕 接頭 高…. 反 低… ¶ ～소득 高所得 / ～속도 高速度 / ～지대 高台.

-고[12]〔高〕 接尾 …高. ¶ 총생산～ 総生産高 / 예금～ 預金高 / 판매～

販売高.

고가[1]〔古家〕 名 古家. 古い家.

고가[2]〔古歌〕 名 古歌. 昔の歌.

고가[3]〔故家〕 名 旧家.

고가[4]〔高架〕 名 高架. ¶ ～ 도로 高架道路 / ～교 高架橋.

고가 철도〔一鐵道〕 名 高架鉄道.

고가[5]〔高價〕 名 高価. ¶ ～로 팔다 高く売る.

고각〔高角〕 名 高角. 仰角. ¶ ～포 高角砲. 高射砲.

고간〔股間〕 名 股間. またぐら.

고갈〔枯渴〕 名 하自 枯渇. ¶ 에너지 자원의 ～ エネルギー資源の枯渇 / 운용 자금이 ～하다 運転資金が枯渇する / 농업 용수가 ～되다 農業用水がかれる.

고개[1] 名 **1** 首筋. 襟首. ¶ ～가 아프다 首筋が痛い. **2** 首. 頭. ¶ ～를 꼬다 (ためらい·不信などで)首をひねる / ～를 내밀다 首を突き出す. 現われる / ～를 떨구다 うなだれる / ～를 돌리다 顔をそむける. そっぽを向く / ～를 갸우뚱하다 首をかしげる / ～를 빼다 (遠くを見るために)首を伸ばす. 待ちこがれる / ～를 젖히고 밤하늘의 별을 보다 仰いで夜空の星を見る.

◆**고개가 수그러지다** (敬服して)頭が下がる.

◆**고개를 끄덕이다** 首を縦に振る. うなずく.

◆**고개를 들다** ① (うなだれていた)頭を上げる. ②(勢い·感情などが)頭をもたげる. 台頭する. ¶ 개헌론이 ～를 들다 改憲論が台頭する.

◆**고개를 숙이다** ① 頭を下げる. こうべを垂れる. ¶ 벼는 익을수록 고개를 숙인다 稲は実れば実るほどこうべを垂れる. ② 屈服する. ¶ 완력에 ～를 숙이다 腕力に屈する. ③ (勢いなどが)衰える. ¶ 더위가 한풀 ～를 숙이다 暑さが一段とやわらぐ.

◆**고개를 젓다** (反対·拒絶などの意で)首を横に振る.

◆**고개 하나 까딱 않다** 身じろぎもしない. 微動だにしない.

고갯심 名 首の力.

고갯장단〔一長短〕 名 頭を動かしてとる拍子.

고갯짓 名 하自 頭を振ったりうなずいたりする動作. ¶ ～으로 찬성의 뜻을 표했다 うなずいて賛成の意を表わした.

고개[2] 名 **1**〔산허리나 언덕의 높은 부분〕峠. 坂. ¶ ～를 넘다 峠を越える / ～ 너머에 있는 마을 峠の向こうの村. **2**〔사람이 겪어야 할 어려운 일이나 과정〕峠. やま. ¶ 인플레도 올해가 ～일거야 インフレも今年が峠だろう. **3**〔나이의 경계나 고비〕坂. ¶ 예순 ～를 넘다 60の坂を越える / 쉰 ～를 바라보다 50の坂にさしかかる.

고개마루 名 峠のてっぺん.

고개턱 名 峠·坂を登りつめた所. ¶ ～의 휴게소 峠の休憩所.

고갯길 名 坂道.

고객〔顧客〕 名 顧客. お得意. なじみの客. 常客. ひいきの客. ¶ 저분은 우리 상점의 ～입니다 あの方はうちの店のお得意さんです.

고갱이 名 **1**〔植〕草木の髄. **2** 物事の核心. かなめ.

고거 代〔'고것'의 준말〕それ. そいつ. あいつ.

고거리 名 牛の前脚の肉.

고건 〔'고것은'의 준말〕それは. ¶ ～ 안 된다 それはいけない / ～ 버려도 좋다 そいつは捨てても構わない.

고걸 〔'고것을'의 준말〕それを. そいつを. ¶ ～ 이리 주게 それをこちらへよこしてくれ / ～ 그냥 둘 수는 없다 そいつをこのままにしてはおけない.

고걸로 〔'고것으로'의 준말〕それで. ¶ ～ 괜찮을까? それで大丈夫かな / ～는 아무래도 안 되겠다 それではどうしても駄目だ.

고검〔高檢〕 名〔法〕〔'고등 검찰청'의 준말〕高検.

고것 代 **1** それ. ¶ ～ 좀 집어 주게 ちょっとそれを取ってくれ. **2** そいつ. あいつ. ¶ ～한테 감쪽같이 속았다 そいつに一杯食わされた / ～ 참 예쁘다 あいつはほんとにかわいい.

고게 〔'고것이'의 준말〕それが. そいつが. あいつが. ¶ ～ 누구 것이냐? それは誰のものかね.

고견〔高見〕 名 **1** 高見. 卓見. **2**〔'남의 의견'의 높임말〕ご意見. ¶ ～을 듣고 싶다 ご意見を伺いたい.

고결하다〔高潔一〕 形 高潔だ. ¶ 고결한 인품 高潔な人柄.

고고[1]〔呱呱〕 名 呱々. 産声. 赤ん坊が生まれて初の泣き声. ¶ ～지성(之聲)을 올리다 呱々の声をあげる.

고고[2]〔孤高〕 名 하形 孤高. ¶ ～하게 살다 孤高を堅持する.

고고학〔考古學〕 名 考古学.

고공[1]〔高空〕 名 高空. ¶ ～ 비행 高空飛行.

고공병〔一病〕 名〔醫〕航空病. 高度病.

고공[2]〔雇工〕 名 **1** 作男. **2** 日雇い人. **3** 職工.

고공품〔藁工品〕 名 わらでつくった物〈縄·むしろなど〉.

고과〔考課〕 名 하他 考課. ¶ 인사 ～ 人事考課.

고관〔高官〕 名 高官.

고관대작〔一大爵〕 名 地位が高く立派な職, またその職についている人.

고관절〔股關節〕 名〔生〕股関節. ¶ ～ 탈구 股関節脱臼.

고굉〔股肱〕 名 股肱. **1** 脚と腕. **2**〔'고굉지신'의 준말〕腹心.

고굉지신〔一之臣〕 名 股肱の臣.

고교〔高校〕 名〔'고등학교'의 준말〕高校. ¶ ～생 高校生.

고구[1]〔考究〕 名 하他 考究.

고구[2]〔故舊〕 名 故旧. 昔なじみ.

고구려〔高句麗〕 名〔史〕高句麗〈新羅·百済とともに古代三国の一つ〉.

고구마 名〔植〕さつまいも. 甘藷. ¶ ～를 찌다 さつまいもを蒸す.

고국〔故國〕 名 故国. 母国. 本国.

¶～ 산천이 그리워진다 故国の山河が懐かしくなる.

고군〔孤軍〕 名 孤軍.

고군분투〔一奮鬪〕 名 하自 孤軍奮闘. ¶～의 대활약 孤軍奮闘の大活躍.

고궁〔古宮〕 名 故宮.

고귀하다〔高貴一〕 形 高貴だ. 貴重だ. ¶고귀한 분 高貴な方.

고금[1] 名 〈俗〉 マラリア.

고금[2]〔古今〕 名 古今. 昔と今. ¶～의 명작 古今の名作／～에 예를 보지 못하다 古今に例を見ない.

고금독보〔一獨步〕 名 古今独歩.

고금리〔高金利〕 名 高金利. ¶～의 돈을 빌리다 高金利の金を借りる.

고급〔高級〕 名 高級. 上級. 上等. ¶～ 공무원 高級官僚／～품 高級品／～ 회화 上級会話.

고급 장교〔一將校〕 名 〔軍〕 高級将校.

고기[1] 名 **1** (食用)肉. ¶쇠～ 牛肉／돼지～ 豚肉／볶은 ～ いためた肉. **2** 〔'물고기'의 준말〕 魚.

〔속담〕 **고기는 씹어야 맛이요 말은 해야 맛이라** 肉はかんでこそ味が出, 話しはしてこそ味あり〈話したいことは明快に話すのがよい〉. **고기도 저 놀던 물이 좋다** 魚も自分の遊び慣れた水がいい〈不慣れな土地よりなじんだ故郷のほうがずっとよい〉.

고기구이 名 (牛肉·豚肉の)焼き肉.

고기밥 名 **1** (魚の)えさ. ¶～을 주다 えさを与える／～이 되다 魚のえさになる. 溺死する. **2** 〈俗〉 釣餌.

고기붙이 名 各種の食用肉.

고기잡이 名 하自 **1** 漁労. **2** 漁師.

고기잡이배 名 漁船.

고깃간〔一間〕 名 肉屋.

고깃국 名 肉のスープ.

고깃덩어리 名 **1** (動物の)肉の塊. **2** 〈俗〉 肉体. 肉身.

고깃배 名 漁船.

고깃점〔一點〕 名 肉片.

고기[2] 代 そこ. ¶～가 어디냐? そこはどこかね. ▷요기. 조기

고기다 自 しわが寄る. <구기다

고기압〔高氣壓〕 名 高気圧. 反 低気圧. ¶～권 高気圧圏／이동성 ～ 移動性高気圧.

고김살 名 しわ. <구김살

고깃거리다[-대다] 他 くしゃくしゃにする. しわくちゃにする. ¶돈을 고깃거리지 말아라 紙幣をくしゃくしゃにするな.

고깃고깃 Ⅰ 副 하他 くちゃくちゃに. くしゃくしゃに. Ⅱ 副 하形 くしゃくしゃになっているようす. しわくちゃなようす. しわくちゃ. くしゃくしゃ.

고까짓 冠 それくらいの. それしきの. それほどの. ¶～ 것으로 それしきのもので／～ 일로 무슨 걱정을 하느냐? それくらいのことで何を心配するのか.

고깔 名 僧や尼僧のかぶる山形の頭巾.

고깝다 形 不人情でうらめしい. つれない. すげない. ¶고까운 말을 하다 つれないことを言う／고깝게 여기다 うらめしく思う／조그만 일에도 고까워하는 사람 ちょっとしたことでもうらめしく思う人.

고꾸라뜨리다[-트리다] 他 うつむけに倒す. のめらせる. ¶앞으로 밀어 ～ 前に突き倒す.

고꾸라지다 自 **1** (前向きに)ばったり倒れる. のめる. ¶뒤통수를 얻어맞고 그 자리에 푹썩 고꾸라졌다 後頭部を殴られてその場にばったり倒れた. **2** 〈俗〉 死ぬ. くたばる.

고난〔苦難〕 名 苦難. ¶～의 일생 苦難の一生／온갖 ～을 겪다 様々な苦難を味わう.

고냥 副 **1** そのまま. ¶이 짐은 풀지 말고 ～ 두어라 この荷物はほどかないでそのまま置いておきなさい. **2** ずっと続けて. ¶일어나지 말고 ～ 자 起きないでずっと眠れ.

고년〔高年〕 名 高年. 老年. 高齢. ¶～층 高年層.

고념〔顧念〕 名 하他 **1** (気にかけて)面倒をみること. 心配してやること. **2** 人の過ちを見逃してやること.

고뇌〔苦惱〕 名 하自他 苦悩. ¶얼굴에 ～의 빛이 배어나다 顔に苦悩の色がにじむ.

고누 名 (地面や紙などに図面を書いて遊ぶ)はさみ将棋に似た遊び.

고니 名 〔動〕 白鳥.

고다 他 **1** 煮込む. ¶고기를 ～ 肉を煮込む／소뼈를 푹 ～ 牛の骨をじっくり煮込む. **2** 煮詰める. ¶물엿을 ～ 水あめを煮詰める. **3** (焼酎を)醸す. 醸造する.

고다지 副 そんなにまで. それほど. ¶～ 보고 싶으냐? そんなにまで見たいのか. <그다지

고단〔高段〕 名 高段. ¶～자 高段者.

고단하다 形 (体が)疲れてだるい. 疲れている. くたびれる. ¶아무 것도 한 것이 없는데 ～ 何もしたわけではないのに体がだるい.

고달[1] 名 **1** (刀·錐などの)柄に挟み込む部分. **2** 管の筒先. 筒口.

고달[2] 名 **1** 偉そうにすること. 横柄に構えること. ¶국회 의원이 되더니 ～을 부린다 国会議員になってからいやに偉そうにしている. **2** (赤ん坊の)ぐずる動作. むずかる動作.

고달이 名 (持ち上げたり掛けて置くために)物につけた輪. 結び.

고달프다 形 非常に疲れてだるい. 辛い. しんどい. 苦しい. ¶고달픈 인생 辛い人生.

고담[1]〔古談〕 名 昔話. 昔語り.

고담[2]〔高談〕 名 **1** 高談. 高尚な話. **2** 高談. 自由に大声で話すことば. ¶～ 대소하다 高談大笑する.

고담준론〔一峻論〕 名 하自 **1** 高尚で峻厳な議論. **2** 大言壮語すること.

고답주의〔高踏主義〕 名 高踏主義.

고답파〔高踏派〕 名 高踏派. パルナシアン.

고당[1]〔古堂〕 名 古いお堂.

고당[2]〔高堂〕 名 高堂. **1** 高く構えた立派な家. **2** 他人の家の尊敬語. **3** 他人の父母の尊敬語.

고대¹〔古代〕 名 古代. ¶ ~사 古代史/ ~ 국가 古代国家/ ~ 사회 古代社会/ ~ 소설 古代小説.

고대²〔苦待〕 名 하他 待ちこがれること. 待ち望むこと. ¶ 학수 ~하다 首を長くして待ちこがれる.

고대고대〔一苦待〕 副 一日千秋の思いで. 首を長くして. ¶ ~ 손꼽아 기다리다 指折り数えて待ちこがれる.

고대광실〔高臺廣室〕 名 非常に大きくて立派な屋敷.

고대로 副 そのまま. そっくり. ありのまま. ¶ 책을 ~ 베끼다 本をそっくりそのまま写す/ 전통적 양식을 ~ 보존하고 있다 伝統的様式をそのまま保存している.

고도¹〔古都〕 名 古都.

고도²〔孤島〕 名 孤島. ¶ 절해의 ~ 絶海の孤島.

고도³〔高度〕 名 高度. **1** 高さの度合い. ¶ ~계 高度計/ ~병 高度病. **2** 物事の程度が高いこと. ¶ ~의 기술 高度の技術.

고도화〔一化〕 名 하自他 高度化. ¶ ~된 기계 문명 高度化した機械文明/ 능률을 ~하다 能率を高度化する.

고독〔孤獨〕 名 하形 孤独. 寂しさ. ¶ ~을 느끼다 孤独を感じる/ ~한 노인 孤独な老人/ 만년을 ~하게 살다 갔다 晩年を寂しく暮らしながら逝った.

고동¹ 名 **1** 肝心かなめ. 要点. 契機. きっかけ. 要. ¶ 지금 바쁘니 ~만 말해라 いま忙しいから要点だけ話せ. **2** 栓. スイッチ. 機械を動かす装置. ¶ 가스의 ~을 잠그다 ガスの栓を締める. **3** 汽笛. サイレン. ¶ 뱃 ~ 船の汽笛.

◆**고동을 불다[울리다]** 汽笛を鳴らす.

◆**고동을 틀다** 汽笛を鳴らす.

고동²〔古銅〕 名 古銅. **1** 古い銅. **2** 古代の銅.

고동색〔一色〕 名 赤い色または黄色が漂う褐色.

고동³〔鼓動〕 名 鼓動. ¶ 심장의 ~이 멈추다 心臓の鼓動が止まる.

고동치다 自 **1** 鼓動する. (心臓が)どきどき脈打つ. **2** (希望·理想などで心が)躍動する.

고되다 形 耐えがたい. つらい. きつい. 苦しい. ¶ 일이 ~ 仕事がつらい.

고두〔叩頭〕 名 하自 叩頭. 叩首.

고두사죄〔一謝罪〕 名 하自 平身低頭して謝ること.

고두밥 名 **1** こわいご飯. **2** (酒造りに使う)蒸し飯.

고둥 名〔動〕 さざえ·たにしなど巻き貝の総称.

고드러지다 自 (水気のあったものが)乾いて固くなる.

고드름 名 つらら. 氷柱. 垂氷. ¶ 처마 끝에 달린 ~ 軒先に垂れ下がったつらら.

고드름똥 名 (つららみたいな大便の意で)部屋が非常に寒いこと. ¶ ~ 싸게 춥다 つららの糞をたらすほど寒い.

고들고들 副 하形 ご飯の炊き上がりが不十分でやや硬いようす.

고들빼기 名〔植〕 いぬやくしそう.

고등¹〔孤燈〕 名 孤灯. 一つだけともっている灯火.

고등²〔高等〕 名 하形 高等. ¶ ~ 동물 高等動物.

고등 감각〔一感覺〕 名〔心〕 高等感覚.

고등 검찰청〔一檢察廳〕 名〔法〕 高等検察庁.

고등 교육〔一教育〕 名 高等教育.

고등 동물〔一動物〕 名 高等動物.

고등 법원〔一法院〕 名 高等裁判所.

고등 수학〔一數學〕 名〔數〕 高等数学.

고등 식물〔一植物〕 名〔植〕 高等植物.

고등학교〔一學校〕 名 高等学校.

고등어 名〔動〕 鯖. ¶ ~ 구이 焼き鯖.

고딕〔Gothic〕 名 ゴシック. ¶ ~ 건축 ゴシック建築/ ~ 양식 ゴシック様式/ ~ 음악 ゴシック音楽.

고라니 名〔動〕 牙獐.

고락〔苦樂〕 名 苦楽. ¶ ~을 같이하다 苦楽をともにする.

고락간에〔一間一〕 副 苦しくても楽しくても. 苦しいときも楽しいときも.

고란초〔皐蘭草〕 名〔植〕 三手裏星.

고람〔高覽〕 名 하他 高覧. 尊覧.

고랑¹ 名 畝間. 畝の溝. ¶ 밭~에 감자를 간작하다 畝間にじゃがいもを間作する.

고랑배미 名 畝間や田の一区切りを数える単位.

고랑창 名 狭くて深い畝間.

고랑² 名〔'쇠고랑'의 준말〕 手錠.

고래¹ 名 **1**〔動〕 鯨. ¶ ~ 기름 鯨油/ ~ 고기 鯨肉. **2**〈俗〉 大酒飲み. 飲んべえ. ¶ 술~ 飲んべえ. うわばみ.

〔속담〕 **고래 싸움에 새우 등 터진다** 鯨のけんかでえびの背中が裂ける〈強い者どうしの争いに弱い者が巻き添えを食って損害をこうむること〉.

◆**고래 등 같다** 瓦屋根の建物が広壮だ. ¶ ~ 등 같은 집 広壮な邸宅.

고래수염〔一鬚髥〕 名 鯨鬚.

고래자리 名〔天〕 鯨座.

고래작살 名 鯨銛.

고래잡이 名 하自 捕鯨. 鯨とり.

고래² 名〔'방고래'의 준말〕 オンドル(온돌)の煙道.

고래³〔古來〕 名 古来. ¶ ~의 풍습 古来の風習.

고래로 副 昔から. 古来. ¶ ~ 드문 사건 古来まれな事件.

고래⁴ 副〔'고리 하여'의 준말〕 そうして. そのようにして. ¶ ~ 어떡할 작정이냐? そうしてどうするつもりか.

고래고래 副 (怒って)大声でわめき立てるようす. ¶ ~ 아우성을 치다 大声でわめき立てる.

고래서〔'고리 하여서'의 준말〕 そんなわけで. それで. ¶ ~ 어쩌란 말이냐 そんなわけでどうしろというのか.

고랭지 농업〔高冷地農業〕 名 高冷地農業.

고량¹〔高粱〕 名〔植〕 高粱. コーリャン.

고량주〔一酒〕 名 コーリャン酒.

고량²〔膏粱〕 名〔'고량진미'의 준말〕 おいしい食べ物.

고량진미〔一珍味〕 名 膏粱珍味. おいしい食べ物.

고량토〔高粱土〕 名〔鑛〕カオリン.
고러다 自〔'고렇게 하다'의 준말〕そのようにする. そんなにする. ¶ ~ 다칠라 そんなことしたらけがをするよ.
고러하다 形 そうだ. そのとおりだ. ¶ 일의 형편이 ~ 事態はそんな具合だ / 네 생각이 고러하면 내게도 생각이 있다 お前がそういう了見なら, こっちにも考えがある.
고렇다 形〔'고러하다'의 준말〕そうだ. そのとおりだ. ¶ ~고 해서 그만둘 수는 없다 そうだからといってやめるわけにはいかない.
고려[1]〔考慮〕 名 하他 考慮. 考え. ¶ ~에 넣다 考慮に入れる / ~할 여지가 있다 考慮の余地がある.
고려[2]〔高麗〕 名〔史〕高麗.
　고려 가요〔一歌謠〕 名〔文〕高麗時代の俗謡.
　고려 인삼〔一人蔘〕 名 朝鮮人参.
　고려청자〔一青瓷〕 名 高麗青磁.
고령〔高齡〕 名 高齢. 高年. 老年. 年寄り.
　고령자〔一者〕 名 高齢者.
고령토〔高嶺土〕 名〔鑛〕カオリン.
고례[1]〔古例〕 名 古例〈古くからの慣例〉.
고례[2]〔古禮〕 名 古礼〈昔の礼節や作法〉.
고로[1]〔古老〕 名 古老. 老人. ¶ 마을 ~에게 여쭈어 보세요 村の古老に伺ってごらんなさい.
고로[2]〔高爐〕 名〔工〕高炉.
고로[3]〔故一〕 副 ゆえに. ために. したがって. だから. ¶ 그런 ~ それゆえに / 이쪽은 과실이 없다. ~ 배상 따위는 할 생각이 없다 当方に過失はない. したがって賠償などするつもりはない.
고론〔高論〕 名 高論. **1** 優れた議論. **2** 相手を敬ってその議論, 意見をいう語.
고료〔稿料〕 名 稿料. 原稿料.
고루[1]〔高樓〕 名 高楼. 高殿.
　고루거각〔一巨閣〕 名 高楼巨閣.
고루[2] 副 等しく. おしなべて. 平等に. 一様に. ¶ ~ 분배하다 平等に分配する / ~ 성적이 좋다 総じて成績がいい.
　고루고루 副 等しく. 均等に. ¶ 일을 ~ 할당하다 仕事を均等に割り当てる.
고루하다〔固陋一〕 形 固陋だ. ¶ 고루한 사상 旧弊な思想 / 고루한 노인 固陋な老人.
고르다[1] 他 選ぶ. 選択する. 選り分ける. 選び出す. ¶ 싸고 좋은 물건을 골라서 샀다 安くてよい品物を選んで買った / 며느리감을 ~ 嫁を選ぶ.
고르다[2] 他 ならす. ¶ 모래판의 바닥을 ~ 砂場の表面をならす / 거문고 줄을 ~ コムンゴ弦をならす / 붓끝을 ~ 筆先をならす.
고르다[3] 形 **1** 平均している. 均一だ. 均等だ. そろっている. ¶ 고른 부담 均等な負担 / 키가 고르게 자란 묘목 高さが均一に育った苗木 / 성적이 고르지 못하다 成績が平均していない. **2** 穏やかだ. 順調だ. ¶ 고르지 못한 날씨 不順な天気 / 아기가 고른 숨소리를 내며 잔다 赤ん坊が穏やかな寝息を立てて眠っている.
고름[1] 名〔'옷고름'의 준말〕チョゴリ(저고리)の結びひも.
고름[2] 名 うみ. 膿. ¶ ~이 생기다 うみが生じる.
고리[1] 名 輪. 環. リング. ¶ 문~ (輪状の)取っ手 / 귀~ 耳輪. イヤリング.
　고리눈 名 丸い大きな目.
　고리못 名 U字状の釘.
고리[2] 名 **1** 皮をむいたこり柳の枝. **2** 柳ごうり. 竹ごうり. **3**〔'소줏고리'의 준말〕焼酎10杯を示す単位.
　고리장이 名 こり柳で行李·箕をつくって売る人.
　고리짝 名 **1** 個々の行李. **2** 柳行李. 竹行李.
고리[3]〔高利〕 名 高利. 高い利益. ¶ 월 4푼의 ~ 月4分の高利 / ~를 탐하다 高利をむさぼる.
　고리대금〔一貸金〕 名 **1** 利子の高い貸し金. **2** 高利貸し. ¶ ~업 高利貸し業.
　고리채〔一債〕 名 高利の借金.
고리[4] 副 **1** そのように. そう. ¶ 돈이 있다고 ~ 말라 お金があるからと言ってそうするなよ. **2** そちらへ. そこに ¶ ~ 가면 안 돼 そちらへ行っちゃいけない.
　고리로 副 そちらへ. そっちへ. ¶ 지금 ~ 간다 今そっちへ行く.
고리다 形 **1** (腐った卵や腐った糊のにおいのように)臭い. ¶ 발에서 고린 냄새가 난다 足からいやなにおいがする. **2** 下品で卑劣だ. とるに足りない.
고리삭다 形 若々しさがない. 年寄りじみている.
고리타분하다 形 **1** 腐ったにおいがして不快だ. **2** 陳腐だ. 古くさい. 陰気くさい. ¶ 고리타분한 옛이야기는 고만하자 古くさい話はやめよう.
고리탑탑하다 形 **1** 腐ったにおいがして非常に不快だ. **2** (気性·行動が)年寄りじみていてひどく陳腐だ.
고린내 名 物の腐ったにおい. ¶ 발에서 ~가 난다 足からいやなにおいがする.
고릴라 名〔動〕ゴリラ.
고립〔孤立〕 名 하自 孤立. ¶ ~ 경제 孤立経済 / ~ 의무 孤立義務 / ~주의 孤立主義 / ~ 상태에 빠지다 孤立状態に陥る / ~무원 孤立無援 / ~무의 孤立していて頼るところのないこと.
　고립어〔一語〕 名〔言〕孤立語.
고릿적 名 昔の時代. ¶ ~의 그런 이야기는 집어치워 そんな昔の話なんかやめろ.
고마움 名 ありがたさ. ¶ 부모의 ~을 절실하게 느꼈다 親のありがたさをつくづく感じた.
고마워하다 自 ありがたがる. 感謝している. ¶ 별로 고마워하는 것 같지 않다 あまりありがたがってはいないようだ / 선물을 받고 고마워하더라 おみやげをもらって感謝していたよ.
고막[1] 名〔動〕⇨꼬막
고막[2]〔鼓膜〕 名〔生〕鼓膜.

고만[1] 副 **1** その程度だけ. そのくらいで. ほどほどに. ¶ 일은 ～ 하고 집에 가자 仕事はそれくらいにして家に帰ろう. **2** (조사 '이다'와 함께 쓰여)〔'그것으로 끝이다'의 뜻을 나타냄〕おしまいだ. それだけだ. それきりだ. ¶ ～ 소식을 끊었다 それきり消息を絶った. **3** (조사 '이다'와 함께 쓰여)〔'더할 나위 없이 좋다'의 뜻을 나타냄〕満足だ. 充分だ. ¶ 분위기가 ～이다 雰囲気が満足だ.

고만[2]〔'고만한'의 준말〕それくらいの. それしきの. ¶ ～ 일에 물러나다니 それくらいのことで引き下がるとは.

고만고만하다 形 似たり寄ったりだ. まあまあだ. ¶ 성격이나 행동이 ～ 性格も行動もみな似たり寄ったりだ / 그 아이는 반에서 실력이 ～ その子はクラスで成績はまあまあだ.

고만두다 他 **1** やめる. 中止する. よす. ¶ 장난은 고만두어라 いたずらはよせ / 여행을 고만두었다 旅行をやめた. **2** 辞める. 退く. ¶ 회사를 ～ 会社を辞める. <그만두다

고만하다 形 **1**〔웬만하다〕まあまあというところだ. ¶ 생활은 그저 ～ 暮らしはまあまあだ / 어머니의 병세는 그저 고만합니다 母の容体はまあまあです. **2**〔정도가 그것만 하다〕ほぼ等しい. その程度だ. ¶ 크기는 ～ 大きさはそれくらいだ.

-고말고 語尾〔강한 동감이나 긍정을 나타냄〕(もちろん)…であるとも. …だとも. …するとも. ¶ 그 사람 부자냐? — 물론 부자～ その人は金持ちか. — もちろん金持ちだとも / 좋습니까? — 좋～요 いいですか. — いいですとも.

고맘때 名 その時分. そのごろ. ¶ 작년 ～ 나는 제주도에 갔다 昨年のちょうどそのごろ私は済州島へ行った / 어제 ～ 나는 집에 없었다 昨日のその時分には私は家にいなかった.

고맙다 形 ありがたい. ありがたく思う. ありがとう. 感謝する. ¶ 정말 고마워요 どうもありがとう / 여러 가지로 고맙습니다 いろいろとありがとうございます / 그의 호의를 늘 고맙게 여기고 있다 彼の好意にいつも感謝している / 정말 고맙게 생각합니다 本当にありがたく思います / 고마우신 말씀 ありがたいお言葉.

고매하다〔高邁—〕形 高邁だ. ¶ 고매한 정신 高邁な精神.

고명[1] 名〔料理〕コミョン〈装飾を兼ねたヤンニョム(양념)〉. ¶ 떡국에 ～을 얹어서 내놓다 雑煮にコミョンをのせて出す.

고명[2]〔高名〕名 하形 高名. ¶ ～한 인사 高名な人士 / ～한 학자 高名な学者.

고명[3]〔高明〕名 하形 高明. 識見があって物事に明るいこと.

고명딸 名 息子の多い家の一人娘.

고모〔姑母〕名 父の姉妹. おば.

고모부〔—夫〕名 父の姉妹の夫. おじ.

고목[1]〔古木〕名 古木. 老木.

고목[2]〔枯木〕名 枯れ木.

고목생화〔—生花〕名 (枯れ木に花開くの意で)逆境にある者が再び世に出て栄えること.

고목[3]〔高木〕名 高木.

고묘〔古墓〕名 古い墓. 昔の墓.

고무[1]〔鼓舞〕名 하他 鼓舞. **1** 太鼓をたたいて舞うこと. **2** 元気づけ励ますこと. ¶ ～ 격려 鼓舞激励 / 병사의 사기를 ～하다 兵士の士気を鼓舞する.

고무[2]〔㊄gomme〕名 **1** ゴム. ¶ ～ 밴드 輪ゴム / ～ 마개 ゴム栓 / ～장갑 ゴム手袋 / ～ 장화 ゴム長靴. **2**〔'고무지우개'의 준말〕消しゴム.

고무공 名 ゴムまり.

고무나무 名〔植〕ゴムの木.

고무다리 名 ゴム製の義足.

고무신 名 ゴム製のシン(신). ゴム靴.

고무줄 名 ゴムひも.

고무지우개 名 消しゴム.

고무풀 名 ゴム糊.

고무풍선〔—風船〕名 ゴム風船.

고무래 名 (T字形の)くま手.

고무래질 名 하他 くま手でかき寄せたりならしたりすること.

고문[1]〔古文〕名 古文.

고문[2]〔拷問〕名 하他 拷問. ¶ 모진 ～에 못 이겨 자백하다 むごい拷問に耐えかねて自白する.

고문치사〔—致死〕名 하他 拷問致死.

고문[3]〔顧問〕名 顧問. ¶ 당의 최고 ～ 党の最高顧問 / ～ 변호사 顧問弁護士.

고문서〔古文書〕名 古文書.

고문헌〔古文獻〕名 古文献.

고물[1] 名 餅にまぶす粉〈あずき·緑豆·胡麻などの粉〉. ¶ 콩～ きな粉.

고물[2] 名 船尾. 艫.

고물[3]〔古物〕名 古物. ぼろ.

고물단지 名〔대수롭지 않음〕時代遅れの人間. 役に立たなくなった人間や品物.

고물상〔—商〕名 古物屋. 古物商.

고물차〔—車〕名 ぽんこつ車.

고미[1] 名〔建〕塗り天井.

고미다락 名〔建〕屋根裏部屋.

고미집 名〔建〕屋根裏部屋がついている家.

고미[2]〔苦味〕名 苦味. にがみ. 「薬.

고미제〔—劑〕名〔薬〕苦味剤. 苦味

고민〔苦悶〕名 하自 苦悶. 悩み. 煩い. ¶ ～거리 悩みの種 / ～하는 모습 悩める姿 / 사랑으로 ～하다 恋に悩む.

고발〔告發〕名 하他 告発. ¶ 내부 ～ 内部告発 / 그 남자는 사기죄로 ～당했다 その男は詐欺罪で告発された.

고발 문학〔—文學〕名〔文〕告発文学.

고발장〔—狀〕名 告発状.

고발정신〔—精神〕名 告発精神.

고방〔庫房〕名 納戸.

고배〔苦杯〕名 苦杯.

◆**고배를 들다[마시다]** 苦杯をなめる. ¶ 낙선의 ～를 들다[마시다] 落選の苦杯をなめる.

고백〔告白〕名 하他 告白. ¶ 사랑의 ～ 愛の告白 / 죄를 ～하다 罪を告白する.

고백록〔一錄〕 名 告白録.
고백 문학〔一文學〕 名〔文〕告白文学.
고백 성사〔一聖事〕 名〔基〕ゆるしの秘跡. 告解.
「裁こうかい.
고법〔高法〕 名〔'고등 법원'의 준말〕高裁.
고변〔告變〕 名 하自 **1** 変を告げること. **2** 政府を覆そうとする行為を告発すること.
고별〔告別〕 名 하自 告別. 別れを告げること. ¶친구에게 ～하다 友達に別れを告げる.
고별사〔一辭〕 名 告別の辞.
고별식〔一式〕 名 告別式. ¶～을 엄숙히 거행하다 告別式を厳粛に執り行なう.
고병〔古兵〕 名 **1** 古兵. 古年兵. 古参兵. **2** 経験を積んだ人. ベテラン.
고본¹〔古本〕 名 古本.
고본²〔稿本〕 名 稿本. 草稿.
고봉¹〔高峰〕 名 高峰. 高嶺.
고봉준령〔一峻嶺〕 名 高峰と峻嶺.
고봉²〔高捧〕 名 山盛り. 大盛り. ¶～밥 山盛りによそったご飯 / 밥을 ～으로 세 그릇이나 먹었다 ご飯を山盛りで3杯も食べた.
고부¹〔告訃〕 名 하自 訃告. 訃報.
고부²〔姑婦〕 名 姑と嫁.
고부간〔一間〕 名 姑と嫁の間柄. ¶～에 의가 좋다 姑と嫁の仲が良い.
고부라들다 自 (内側に)曲がる. ＜구부러들다
고부라뜨리다〔-트리다〕 他 勢いよく曲げる. ひん曲げる. ¶펜치로 못을 ～ペンチで釘を曲げる. ＜구부러뜨리다
고부라지다 自 折れ曲がる. 曲がる. ¶허리가 ～ 腰が曲がる / 고부라진 철사 折れ曲がった針金 / 혀가 ～ 舌がもつれる. ＜구부러지다
고부랑하다 形 やや折れ曲がっている. ¶허리가 고부랑한 할머니 腰が曲がり気味のおばあさん.
고부랑고부랑 副 하形 くねくね(と). ¶～한 산길 くねくね折れ曲がっている山道. つづら折りの山道.
고부랑이 名 曲がったもの.
고부리다 他 曲げる. ¶손발을 ～ 手足を曲げる / 철사를 ～ 針金を曲げる. ＜구부리다
고부장하다 形 **1** しなっている. 少したわんでいる. ¶허리가 고부장한 노인 腰の曲がった老人. **2** ややひねくれている. ¶마음이 고부장해져서 잘 웃지도 않는다 気持ちがいじけてしまってろくに笑いもしない. ＜구부정하다
고부장고부장 副 하形 **1** しなやかに曲がっているようす. **2** ややひねくれているようす. ＜구부정구부정
고분〔古墳〕 名 古墳. ¶경주에는 신라의 ～이 산재해 있다 慶州には新羅の古墳が散在している.
고분고분 副 하形 従順に. おとなしく. 素直に. ¶～ 말을 잘 듣다 おとなしく人の言うことをよくきく.
고분자〔高分子〕 名〔化〕高分子. ¶～ 화학 高分子化学.
고분자 화합물〔一化合物〕 名〔化〕高分子化合物.
고불탕하다 形 ゆるやかに曲がっている. くねくねしている. ＜구불텅하다
고불탕고불탕 副 하形 所々がゆるやかに曲がりくねっているようす. ＜구불텅구불텅
고비¹ 名 好機. 絶頂. やま. 峠. 最高潮. クライマックス. ¶더위도 한 ～ 넘었다 暑さも峠を越した / 이야기가 ～에 달했다 話がクライマックスに達した / 죽을 ～를 여러 번 겪었다 死線をいくたびかさまよった.
고비판 名 せっぱ詰まった場面. 土壇場. 山場. 瀬戸際. ¶바야흐로 생사의 ～에 놓여 있다 今や生死の瀬戸際に立たされている.
고빗사위 名 せっぱ詰まった瞬間. 瀬戸際. ¶이기느냐 지느냐 하는 ～이다 勝つか負けるかの瀬戸際だ.
고비² 名 (壁にとりつけた)状差し.
고비³ 名〔植〕薇.
고비나물 名 ぜんまいのナムル.
고뿔 名 風邪. ¶～ 들다 風邪をひく.
고삐 名 手綱. ¶～를 죄다 手綱を締める.
◆ **고삐를 늦추다** ① 手綱を緩める. ② 監督や監視の目を緩める.
〔속담〕 **고삐 놓은 말** 手綱を放された馬〈自由な身になったこと〉.
고사¹〔古史〕 名 古史. 古い歴史. 古代の歴史.
고사²〔古寺〕 名 古寺.
고사³〔古事〕 名 故事. ¶～성어 故事成語 / ～에서 유래한다 故事に由来する.
고사⁴〔考査〕 名 하他 考査. 試験. ¶학년말 ～ 学年末試験 / 학력 ～ 学力試験.
고사⁵〔告祀〕 名 하自〔民俗〕繁栄を神霊に祈願する祭祀. ¶～를 지내다 祈願の祭祀を執り行なう.
고사떡 名 祈願の際に供える餅.
고사⁶〔固辭〕 名 하他 固辞. ¶벼슬을 ～하고 초야에 묻혔다 官位を固辞して片田舎で埋もれた.
고사⁷〔枯死〕 名 하自 枯死. ¶～목 枯れ木.
고사⁸〔高射〕 名 하他 高射. ¶～ 기관포 高射機関砲.
고사포〔一砲〕 名〔軍〕高射砲.
고사리 名〔植〕蕨. ¶～ 같은 손 もみじのような手〈幼児の柔らかくぽっちゃりした手〉.
고사이 名 その間. ＜그사이
고사하고〔姑捨一〕 副 …はいうまでもなく. …はおろか. …はもちろんのこと. …はさておき. ¶이익은 ～ 현상 유지나 되었으면 좋겠는데 利益はさておき現状維持でもできればいいんだが / 만년필은 ～ 볼펜도 가지고 있지 않다 万年筆はおろかボールペンも持っていない.
고산〔高山〕 名 高山. ¶～ 기후 高山気候 / ～ 식물 高山植物.
고산대〔一帶〕 名〔植〕高山帯. 高山植物帯.
고산병〔一病〕 名〔醫〕高山病.
고상하다〔高尙一〕 形 高尚だ. 上

品だ. 気高い. ¶ 고상한 취미 高尚な趣味 / 고상한 옷차림 上品な身なり.
고샅 名 **1** 村の小道. **2** 狭い谷間.
고샅고샅 副 村の小道ごとに.
고샅길 名 村の路地.
고새 名 〔'고사이'의 준말〕 その間. わずかの間. ¶ ～ 어디 갔는지 없어졌다 その間にどこへ行ったのかいなくなった. <그새
고색〔古色〕 名 古色.
고색창연〔一蒼然〕 名 하形 古色蒼然. ¶ ～한 절 古色蒼然たる寺.
고생〔苦生〕 名 하自 **1** 苦労. 骨折り. 難儀. 困苦. ¶ ～을 마다하지 않다 苦労をいとわない / 갖은 ～을 다 겪었다 ありとあらゆる苦労をなめた / ～한 보람도 없이 苦労のかいもなく. **2** (苦しくてつらい)貧しい生活.
◆**고생을 사서[벌어서] 한다** 苦労を買ってする.
〔속담〕 **고생 끝에 낙이 온다** 苦労の末に楽が来る〈苦は楽の種〉.
고생고생 副 하自 さまざまな苦労を重ねながら. ¶ ～하여 찾은 산장 さまざまな苦労をしながらさがした山荘.
고생길 名 苦しい前途. いばらの道. ¶ 예술의 길은 ～이다 芸術の道はいばらの道だ.
고생문〔一門〕 名 (苦しい人生への門の意から)苦労すべき運命. 苦労の始まり. ¶ ～이 훤하다 苦しみの門が広々と開いている〈苦労が目に見えている〉.
고생살이 名 苦しい生活. 貧乏な暮らし.
고생스럽다 形 苦しい. つらい. 骨が折れる. **고생스레** 副 苦しく. つらく. 難儀に.
고생대〔古生代〕 名〔地〕 古生代. ¶ ～층 古生代層.
고생물〔古生物〕 名〔生〕 古生物. ¶ ～학 古生物学.
고서¹〔古書〕 名 **1** 古書. 古本. **2** 昔の文字.
-고서² 語尾 (동사의 어간에 붙어) **1** 〔뒤의 행동보다 앞선 행동임을 나타냄〕 …して. …してから. ¶ 하던 일을 끝내～ 따라가겠습니다 やりかけの仕事を片づけてから行きます. **2** 〔원인·이유 등을 나타냄〕 …の結果. …して. ¶ 애만 쓰～ 얻은 것이 없다 苦労ばかりして得たものがない.
고서적〔古書籍〕 名 古書. 古い書物.
고서화〔古書畫〕 名 古い書画.
고설〔古說〕 名 **1** 昔話. **2** 古い説.
고성¹〔古城〕 名 古城.
고성²〔高聲〕 名 高声. 大きな声. 高い声. ¶ ～방가 高声放歌.
고성준론〔一峻論〕 名 하自他 大声でいかめしく, 且つするどく言うこと.
고성낙일〔孤城落日〕 名 孤城落日〈非常に心細い状況〉.
고성능〔高性能〕 名 高性能. ¶ ～ 연료 高性能燃料.
고소¹〔告訴〕 名 하他〔法〕 告訴. ¶ ～를 취하[기각]하다 告訴を取り下げる[棄却する].
고소권자〔一權者〕 名〔法〕 告訴権を持つ人.
고소인〔一人〕 名〔法〕 告訴人.
고소장〔一狀〕 名〔法〕 告訴状.
고소²〔苦笑〕 名 하自 苦笑. 苦笑い. ¶ ～를 금할 수 없다 苦笑を禁じ得ない.
고소³〔高所〕 名 高所. 高い所.
고소 공포증〔一恐怖症〕 名〔醫〕 高所恐怖症.
고소득〔高所得〕 名 高所得. ¶ ～층 高所得層.
고소하다 形 **1** (炒り胡麻の味や胡麻油のにおいのように)香ばしい. ¶ 깨를 볶는 냄새가 ～ 胡麻を炒るにおいが香ばしい. **2** 〈俗〉 いい気味だ. 小気味よい. ¶ 그 녀석이 얻어맞았다니 ～ あいつが殴られたとはいい気味だ.
고속¹〔古俗〕 名 古俗. 昔の風俗.
고속²〔高速〕 名 高速. ¶ ～도로 高速道路 / ～버스 高速バス / ～ 철도 高速鉄道.
고속도〔高速度〕 名 高速度. ¶ ～ 촬영 高速度撮影.
고속도강〔一鋼〕 名 高速度鋼.
고속도 영화〔一映畫〕 名 高速度映画.
고수¹〔固守〕 名 하他 固守. ¶ 고지를 ～하다 高地を固守する.
고수²〔高手〕 名 (将棋·囲碁などの)上手. 高段(者). ¶ ～와 맞두다 高段者に平手で差す.
고수³〔鼓手〕 名 鼓手.
고수레 名 하自〔民俗〕〈ムーダン(무당)が厄払いをするときや人が野山で飲食する前に〉その一部をまきながら唱える語, またその動作.
고수로〔高水路〕 名 洪水のときだけ水が流れるようになっている下水路.
고수머리 名 縮れ毛. 縮れ毛の人.
고수부지〔高水敷地〕 名 ⇨둔치
고수위〔高水位〕 名 高水位.
고스란하다 形 そっくりそのままだ. 手つかずのままだ. **고스란히** 副 そっくりそのまま. 手つかずのままに. 余すところなく. ¶ ～ 남다 そっくりそのまま残る / 어젯밤 화재로 집이 ～다 타 버렸다 昨夜の火事で家が丸焼けになった.
고스러지다 自 (稲·麦などが刈り入れ時期が過ぎて)穂がしぼむ.
고슬고슬 副 하形 (ご飯が)ちょうどよい具合に炊けたようす. ¶ 밥이 ～하게 잘 됐다 ご飯がふっくらと炊きあがった. <구슬구슬
고슴도치 名〔動〕 針鼠.
고습〔高濕〕 名 하形 多湿. ¶ 고온 ～한 지대 高温多湿の地帯.
고승〔高僧〕 名〔佛〕 高僧.
고시¹〔古詩〕 名 **1** 古詩. 古代の詩. **2** 〔'고체시(古體詩)'의 준말〕 古詩.
고시²〔考試〕 名 하他 **1** 考試. 国家試験. ¶ 사법[행정] ～ 司法[行政]試験. **2** 〔史〕 科挙の成績を採点して順位を決めること.
고시³〔告示〕 名 하他 告示. ¶ 내각 ～ 内閣告示.
고시 가격〔一價格〕 名〔經〕 告示価格. 政府で指定した価格.
고시⁴〔高試〕 名〔法〕〔'고등 고시(高等考試)'의 준말〕 高等試験.

고시랑거리다[-대다] 自 **1** (うるさいほど)小言を繰り返す. **2** 小声で大勢の人がしゃべる. <구시렁거리다

고시랑고시랑 副 하自 ぶつぶつ(と). ¶ 어떻게 분배해도 누군가가 ~한다 どう分配しても誰かがぶつぶつ言う.

고식[姑息] 名 姑息. 一時逃れ. その場しのぎ.

고식적[一的] 冠 名 姑息的. ¶~ 수단 姑息的な手段.

고실[鼓室] 名〔生〕(中耳にある)鼓室.

고심[苦心] 名 하自 苦心. 腐心. ¶~담 苦心談/~한 흔적이 보인다 苦心の跡がみられる/모처럼의 ~도 수포로 돌아갔다 せっかくの苦心も水泡に帰した.

고심참담[一慘憺] 名 하自 苦心惨憺. ¶~ 끝에 성공했다 苦心惨憺の末成功した.

고아[孤兒] 名 孤児. みなしご. ¶천애의 ~ 天涯の孤児/전쟁 ~ 戦争孤児.

고아원[一院] 名 孤児院.

고아하다[1][古雅一] 形 古雅だ. ¶고아한 이조 백자 古雅な李朝白磁.

고아하다[2][高雅一] 形 高雅だ. 上品だ. ¶고아한 미인 高雅な[みやびやかな]美人.

고안[考案] 名 하他 考案. 工夫. ¶새로운 방법을 ~하다 新しい方法を考案する.

고압[高壓] 名 高圧. ¶~ 가스 高圧ガス.

고압계[一計] 名 高圧計.

고압 산소 탱크[一酸素tank] 名 高圧酸素タンク.

고압선[一線] 名 高圧線.

고압적[一的] 冠 名 高圧的. ¶~인 태도 高圧的な態度.

고압 전기[一電氣] 名 高圧電気.

고액[高額] 名 高額. 多額. 反 低額. ¶~ 소득자 高額所得者/~ 지폐 高額紙幣/~권 高額紙幣.

-고야 **1** (반어적으로)〔강조를 나타냄〕…したのでは. ¶그렇게 먹기만 하~ 살이 빠지겠니? そんなに食べてばかりいてやせられるのか. **2** ('-고야 말다'의 꼴로)〔완료를 나타냄〕…してしまう. ¶참다못해 끝내 웃음을 터뜨리~ 말았다 たまらなくなってとうとう噴き出してしまった. **3** ('-고야 말겠다'의 꼴로)〔결의를 나타냄〕…してみせる. ¶꼭 이기~ 말겠다 必ず勝ってみせる.

고약[膏藥] 名 膏薬. ¶~을 종기에 붙이다 膏薬を腫れ物に張る.

고약스럽다 形 非常によくない. ほんとうに悪い.

고약하다 形 **1** (におい·味などが)不快だ. 臭い. ¶도랑에서 고약한 냄새가 난다 溝からいやなにおいがする. **2** (性格·行動などが)悪い. 不届きだ. 気難しい. 偏屈だ. つむじ曲がりだ. ¶성품이 고약한 노인 性質が気難しい[偏屈な]老人/고약한 버릇 悪い癖/물가가 올라서 인심이 고약해졌다 物価が上がって皆薄情になった. **3** (仕事などが)こじれて難しくなる. やりにくい. ¶일이 고약하게 되었다 仕事がやりにくくなった. **4** (天候が)不順だ. ¶날씨가 고약해서 감기 들기 쉽겠다 天候が不順で風邪を引きやすい. **5** (顔形などが)醜い. 険しい. ¶고약한 눈매 険しい目付き.

고양[高揚] 名 하他 高揚. ¶사기를 ~하다 士気を高揚する.

고양이 名〔動〕猫. ¶도둑 ~ 泥棒猫. 〔속담〕**고양이 목에 방울 단다** 猫の首に鈴をつける〈一見いい方法のようだが実は実行不可能なこと〉. **고양이 보고 반찬 가게 지키라고 한다** 猫に総菜屋の番をしろという〈盗人に倉の番〉. **고양이 세수하듯** 猫が顔を洗うよう〈ざっと顔を洗うようす. ほんの形ばかりだ〉. **고양이 앞에 쥐** 猫の前の鼠〈蛇ににらまれた蛙〉. **고양이 쥐 생각하듯** 猫の鼠を思いやるごとく〈内心の悪意を隠して表面はさも同情しているようにふるまうこと〉.

고어[古語] 名 古語.

고언[苦言] 名 苦言. ¶~을 드리다 苦言を呈する.

고역[苦役] 名 苦役. 苦しい仕事. 骨の折れる仕事. ¶~에 시달리다 苦役にさいなまれる.

◆**고역을 치르다** ① 苦役に服する. ② さんざんな目にあう. 苦い経験をなめる.

고열[高熱] 名 高熱. 高い温度. 高い体温. ¶3일 동안 ~이 내리지 않아서 고생했다 三日間高熱が下がらなくて苦しかった.

고열 반응[一反應] 名〔化〕高熱反応.

고엽[枯葉] 名 枯れ葉.

고엽제[一劑] 名 枯れ葉剤.

고옥[古屋] 名 古屋. 古くなった家.

고온[高溫] 名 高温. 反 低温. ¶~다습한 기후 高温多湿な気候.

고요 名 하形 **1** 静けさ. 静寂. 平穏. 静かなこと. ¶밤의 ~ 夜の静けさ/새벽의 ~를 깨뜨리는 종소리 曙の静寂を破る鐘の音/~한 수면 穏やかな水面/~한 산촌 静かな山里/~한 가정 平和な家庭. **2**〔天〕〔풍력 계급의 하나〕静穏. **고요히** 副 静かに.

고욤 名〔植〕豆柿.

고용[1][雇用] 名 하他 雇用. 人を雇うこと. ¶임시로 종업원을 ~하다 臨時の従業員を雇う/타이피스트로 ~되다 タイピストとして雇われる.

고용주[一主] 名 雇い主.

고용[2][雇傭] 名 하自 雇傭. 人に雇われること.

고용 계약[一契約] 名〔法〕雇傭契約.

고용살이 名 하自 サラリーマン生活. しもべ暮らし.

고용원[一員] 名 被雇用者.

고용인[一人] 名 従業員.

고용체[固溶體] 名〔化〕固溶体.

고우[故友] 名 **1** 故友. 旧友. ¶죽마~ 竹馬の友. 幼な友達. **2** 亡き友.

고운[孤雲] 名 孤雲. 一つだけ離れて浮かぶ雲.

고운야학[一野鶴] 名 (世俗を離れた)隠士.

고원[1][高原] 名〔地〕高原. ¶~ 지대 高原地帯.

고원[2]〔高遠〕 名 하形 高遠. ¶ ～한 이상 高遠な理想.
고원[3]〔雇員〕 名 (官庁の)雇員.
고위〔高位〕 名 高位. ¶ ～ 고관 高位高官.
고위층〔一層〕 名 (地位などの)高位階層. 高位の階層の人たち.
고위도〔高緯度〕 名〔地〕高緯度.
고유〔固有〕 名 하形 固有. ¶ ～문화 固有文化 / 민족 ～의 전통 民族固有の伝統 / ～한 성질을 지니다 固有の性質を持つ.
고유 명사〔一名詞〕 名〔言〕固有名詞.
고유법〔一法〕 名〔法〕固有法.
고유색〔一色〕 名 固有色.
고유성〔一性〕 名 固有性.
고유어〔一語〕 名〔言〕固有語.
고육지계〔苦肉之計〕 名 苦肉の策.
고육책〔苦肉策〕 名 苦肉の策.
고율〔高率〕 名 高率. 反 低率. ¶ ～의 관세 高率の関税.
고을 名 **1** 郡に相当する地域. **2**〔史〕朝鮮時代の府·州·郡·縣の総称. **3** 郡役所のあった所.
고음〔高音〕 名 高音.
고음부 기호〔一部記號〕 名〔樂〕高音部記号.
고음계〔高音階〕 名〔樂〕高音階.
고읍〔古邑〕 名 昔, 郡役所のあった所.
고의[1]〔故意〕 名 故意. ¶ ～적 행동 故意の行動 / 미필적 ～ 未必の故意.
고의로 副 故意に. わざと. ¶ ～ 지다 故意に負ける / ～ 옷을 더럽히다 わざと服を汚す.
고의범〔一犯〕 名〔法〕故意犯.
고의[2]〔袴衣〕 名 (夏に着る)男性の一重のパジ(바지).
고의적삼 名 (夏に着る)男性の一重のパジとチョゴリ(저고리).
고의춤 名 一重のパジの腰の部分を折り畳んだ合わせ目の間. ふところ. ¶ ～에 넣어 둔 돈을 꺼내다 ふところに入れておいたお金を取り出す.
고이 副 **1**〔곱게〕きれいに. 美しく. ¶ ～ 차려입다 美しく着飾る / ～ 단장하다 美しく化粧する. **2**〔소중하게〕大事に. 大切に. ¶ 민족의 슬기를 ～ 간직하다 民族の知恵を大切に保つ / ～ 기른 외아들 大事に育てた一人息子. **3**〔편히〕安らかに. 静かに. ¶ 영령이여, ～ 잠드소서 英霊よ, 安らかに眠られんことを. **4**〔온전히〕そっくりそのまま. 無事に. ¶ 빌린 옷은 ～ 보내드립니다 借りた服はちゃんとお返しします. **5** 抵抗せずに. 素直に.
고이고이 副〔'고이'의 강조형〕きれいに. 大事に. 安らかに. 無事に. 素直に. ¶ ～ 기르다 心を込めて育てる.
고이다[1] 自 (水などが)溜まる. よどむ.
고이다[2] 他 (下から)支える. 当てる.
고인[1]〔古人〕 名 古人. 昔の人.
고인[2]〔故人〕 名 **1** 故人. 旧友. 旧知. **2** 故人. 死んだ人. ¶ ～의 명복을 빌다 故人の冥福を祈る / 이미 ～이 된 벗 すでに故人となった友.
고인돌 名〔史〕支石墓. ドルメン.
고자[1]〔告者〕 名 告げ口する人.
고자쟁이 名 告げ口屋.
고자질 名 하自他 告げ口すること. 言いつけること. ¶ 아버지에게 형의 잘못을 ～하다 父に兄の過ちを告げ口する / 선생님께 ～하다 先生に言いつける.
고자[2]〔鼓子〕 名 宦官. 生殖器の不完全な男.
-고자[3] 語尾 (동사의 어간에 붙어)〔의도·욕망을 나타냄〕…(し)ようと. ¶ 결혼을 하～ 한다 結婚をしようと思う / 일을 끝내～ 열심히 일한다 仕事を終わらせようと一生懸命働く.
고자누룩하다 形 **1** (騒ぎが収まって)静かだ. ¶ 시끄럽던 교실이 고자누룩해졌다 騒々しかった教室が静まった. **2** (病状·痛みが)少し治まる.
고자세〔高姿勢〕 名 高姿勢. 高飛車. ¶ ～로 나오다 高飛車に出る / ～를 취하다 居丈高になる.
고작 副 **1** せいぜい. やっと(のことで). たかだか. たかが. ¶ 온종일 한 일이 ～ 이거야? 一日中やった仕事がたったこれだけかね. **2** (명사적으로) すべて. 精一杯であること. ¶ 먹고 사는 것이 ～이다 食べていくのが精一杯だ / 옆집 사람과는 인사를 나누는 것이 ～이다 隣の人とはあいさつを交わす程度の仲だ.
고작해야 副 せいぜい(のところ). たかが. ¶ ～ 스무 살 정도다 せいぜい20歳くらいだ.
고장[1] 名 **1** (人が住む)一定の土地. 地方. 地元. ¶ 낯선 ～ 不慣れな地方 / 그 ～ 사람 地元の人. **2** 出身地. ふるさと. 故郷. ¶ 이곳은 그가 태어난 ～이다 ここは彼の生まれ故郷だ. **3** 本場. 産地. ¶ 귤 ～ みかんの産地.
고장[2]〔故障〕 名 故障. ¶ 엔진이 ～이 나다 エンジンが故障する / 강행군으로 몸에 ～을 초래하다 強行軍で体に故障をきたす.
고장나다 自 **1** 故障する. 壊れる. ¶ 기계가 고장났다 機械が故障した. **2** (体の調子が)悪くなる. ¶ 위가 ～胃を壊す.
고쟁이 名 股下が幅の広いズボン様の女性下着の一種.
고저〔高低〕 名 高低. ¶ 음의 ～ 音の高低 / 기온의 ～가 심하다 気温の高低がひどい.
고적〔古跡〕 名 古跡. 旧跡. ¶ ～지 古跡地 / ～을 보존하다 旧跡を保存する.
고적대〔鼓笛隊〕 名 鼓笛隊.
고적운〔高積雲〕 名〔氣〕高積雲. むら雲.
고적하다〔孤寂一〕 形 (身寄りがなく)寂しいこと. ¶ 고적한 만년의 생활 寂しい晩年の暮らし.
고전[1]〔古典〕 名 古典. ¶ ～ 연구 古典の研究 / ～을 읽다 古典を読む.
고전극〔一劇〕 名〔演〕古典劇.
고전 문학〔一文學〕 名〔文〕古典文学.
고전미〔一美〕 名 古典美.
고전 음악〔一音樂〕 名〔樂〕古典音楽.
고전적〔一的〕 冠 名 古典的. ¶ ～인

작품 古典的作品 / ～ 양식 古典的な様式.

고전파〔一派〕 名 古典派.

고전[2]〔古錢〕 名 古銭.

고전[3]〔苦戰〕 名 하自 苦戦. 苦闘. ¶ ～을 면치 못하다 苦戦を免れない / 자금난으로 ～하다 資金難で苦戦する.

고절〔苦節〕 名 苦節. ¶ ～ 10년 苦節10年.

고정〔固定〕 名 하自他 固定. ¶ ～ 자본 固定資本 / ～ 자산 固定資産 / ～ 수입 一定の収入 / 필요한 인원은 ～되어 있다 必要な人員は固定している / 판자를 못으로 ～하다 板を釘で止める.

고정관념〔一觀念〕 名 固定観念.

고정급〔一給〕 名 固定給.

고정 도르래 名〔物〕固定滑車.

고정 독자〔一讀者〕 名 固定読者. ¶ ～를 확보하다 固定読者を確保する.

고정란〔一欄〕 名 固定欄.

고정불변〔一不變〕 名 固定不変. ¶ ～의 법칙 固定不変の法則.

고정비〔一費〕 名〔經〕固定費.

고정식〔一式〕 名 固定式.

고정표〔一票〕 名 固定票. 反 浮動票.

고정화〔一化〕 名 하自他 固定化.

고정 환율제〔一換率制〕 名〔經〕固定為替相場制.

고정하다 自 (目上の人が)落ち着く. 気をしずめる. ¶ 이제 그만 고정하시고 제 말을 들어 주십시오 もうそろそろ気をしずめて私の話をお聞きください.

고제〔告祭〕 名 하他 (家の大事に際して)祠堂に告げて祭祀を行なうこと.

고조[1]〔高祖〕 名 〔'고조부(高祖父)'의 준말〕 高祖.

고조[2]〔高調〕 名 하自 高調. ¶ 관심이 ～되다 関心が高まる / ～된 사기 高調した士気.

고조파〔一波〕 名 高調波.

고조[3]〔高潮〕 名 高潮. **1** 満潮になって海水面が上がりきった状態. **2** (感情·気勢が)極度に高まっていること.

고조선〔一線〕 名〔地〕高潮線.

고조모〔高祖母〕 名 高祖母.

고조부〔高祖父〕 名 高祖父.

고졸〔高卒〕 名 〔'고등 학교 졸업'의 준말〕 高卒. ¶ ～자 사원 모집 高卒者の社員募集.

고졸하다〔古拙一〕 形 古拙だ. ¶ 고졸한 회화 古拙な絵画.

고종〔姑從〕 名 〔'고종 사촌'의 준말〕 いとこ.

고종 사촌〔一四寸〕 名 いとこ. 父の姉妹の子.

고주[1]〔古註〕 名 古注. 古い注釈.

고주[2]〔苦酒〕 名 **1** 強い酒. **2** 粗酒.

고주망태 名 へべれけ. 酔いどれ. ¶ ～가 되도록 마셨다 へべれけになるまで飲んだ.

고주알미주알 副 根掘り葉掘り. 何から何まで. 細かなことまで. ¶ ～ 다 알고 있다 いろいろなことを知っている.

고주파〔高周波〕 名〔物〕高周波.

고주파 발전기〔一發電機〕 名〔物〕高周波発電機.

고주파 요법〔一療法〕 名 高周波療法.

고주파 전류〔一電流〕 名〔物〕高周波電流.

고즈넉하다 形 **1** 静まり返っている. ¶ 집 안은 ～ 家の中はひっそりとしている. **2** 黙りこくっている. **고즈넉이** 副 黙って. ひっそりと. もの寂しく.

고증〔考證〕 名 하他 考証. ¶ 시대 ～ 時代考証.

고증학〔一學〕 名 考証学.

고지[1] 名 (カボチャ·なすなどの)切り干し. ¶ 가지 ～ なすの切り干し.

고지[2] 名 麹や味噌玉麹などを固めるときに用いる木型.

고지[3] 名〔農〕田植えから最終の草取りまでの農作業を請け負うとき前払いでもらう賃金, またその仕事.

◆**고지를 먹다** 고지の賃金を前払いしてもらって使う.

고지논 名〔農〕고지によって耕される田.

고지[4]〔告知〕 名 하他 告知.

고지서〔一書〕 名 告知書.

고지[5]〔固持〕 名 하他 固持. ¶ 최후까지 자기 주장을 ～하다 最後まで自説を固持する.

고지[6]〔高地〕 名 **1** 高地. ¶ 적의 ～를 점령하다 敵の高地を占領する. **2** (達成すべき)高水準. 目標. ¶ 수출 300억불의 ～를 점령하다 輸出300億ドルの目標を達成する.

고지대〔高地帶〕 名 高地帯. 高台. 丘陵地.

고지랑물 名 腐った汚水.

고지식하다 形 きまじめだ. くそまじめだ. ¶ 고지식한 사나이 きまじめな男 / 고지식한 성격 一徹な性格.

고진감래〔苦盡甘來〕 名 하自 苦しみが尽きれば喜びが訪れること. 苦あれば楽あり.

고질〔痼疾〕 名 痼疾. **1** 持病. ¶ ～병인 신경통으로 고생하다 持病の神経痛で苦しむ. **2** こり固まった悪い癖. ¶ ～이 된 도박 痼疾となった賭博.

고집〔固執〕 名 하他 固執. 意地. 我. ¶ ～을 부리다 我[意地]を張る / ～이 세다 我が強い. 頑固だ / ～을 굽히다 我を折る / 뭐든지 제 ～대로만 하려든다 何でも自分の思いどおりにしようとする / 자기 의견을 ～하다 自説を固執する.

◇일본어의 'こしつ'는 '남의 비판에도 불구하고 자기의 생각만을 끝까지 밀어붙이려는 것'으로, 좋은 의미로는 쓰이지 않는다.

◆**고집을 세우다** 我を張る.

고집불통〔一不通〕 名 意地っ張りで融通がきかないこと.

고집스럽다 形 意地っ張りだ. 頑固だ. 強情っ張りだ.

고집쟁이 名 意地っ張り. 強情っ張り. 一徹者.

고집통머리 名〈卑〉強情っ張りな性質.

고집통이 名 強情っ張りな性質. 片意地な性格.

고차〔高次〕 名〔數〕高次.
고차 방정식〔一方程式〕 名〔數〕 高次方程式.
고차원〔高次元〕 名 高次元.
고차원 세계〔一世界〕 名 高次元世界.
고착〔固着〕 名 하自 固着. くっつけること. ¶부품을 접착제로 ~하다 部品を接着剤で固着する.
고착 관념〔一觀念〕 名〔心〕 固着[固定]観念.
고착제〔一劑〕 名〔化〕固着剤.
고찰[1]〔古刹〕 名 古刹. 古寺.
고찰[2]〔考察〕 名 하他 考察. ¶사회 문제에 관한 하나의 ~ 社会問題に関する一考察.
고참〔古參〕 名 古参. 古顔. 古株. ¶~이 되다 古参になる / 직장의 ~ 사원 職場の古参社員.
고참병〔一兵〕 名 古参兵.
고철〔古鐵〕 名 古鉄. 屑鉄. スクラップ.
고철상〔一商〕 名 屑鉄屋.
고체[1]〔古體〕 名 (文字·絵画などの)古体.
고체시〔一詩〕 名〔文〕古体詩. 古詩. 自由な形式の漢詩.
고체[2]〔固體〕 名 固体.
고체 연료〔一燃料〕 名 固体燃料.
고체화〔一化〕 名 하自他 固体化. 凝固すること.
고초[1]〔苦楚〕 名 苦楚. 辛苦. 苦難. ¶~를 겪다 辛苦をなめる / 온갖 ~를 견디어 내다 あらゆる苦難を乗り切る.
고초[2]〔枯草〕 名 枯れ草.
고초열〔一熱〕 名〔醫〕枯草熱.
고추 名〔植〕 **1** 唐辛子. **2**〔'고추자지'의 준말〕おちんちん.
〔속담〕 **고추는 작아도 맵다** とうがらしは小さくても辛い〈山椒は小粒でもぴりりと辛い〉.
고추씨 名 とうがらしの種.
고추자지 名 ちんぽ. ちんこ. おちんちん.
고추장〔一醬〕 名 コチュジャン. とうがらしみそ.
고춧가루 名 とうがらし粉.
고춧잎 名 とうがらしの葉.
고추냉이 名〔植〕山葵.
고추잠자리 名〔動〕赤とんぼ.
고출력〔高出力〕 名 高出力. 高い出力.
고충〔苦衷〕 名 苦衷. ¶~을 헤아리다 苦衷を察する.
고취〔鼓吹〕 名 하他 鼓吹. ¶민주주의 사상을 ~하다 民主主義思想を鼓吹する.
고층〔高層〕 名 高層. ¶~ 건물 高層建築物.
고층운〔一雲〕 名〔氣〕高層雲.
고치 名 (蚕の)繭. ¶~실 蚕糸 / 누에가 ~를 치다 蚕が繭をつくる.
고치다 他 **1**〔수선하다〕直す. 修繕する. 繕う. 修理する. ¶시계를 ~ 時計を直す / 집을 ~ 家を修繕する. **2**〔변경하다〕変更する. 変える. ¶규칙을 ~ 規則を変える / 이름을 ~ 名を改める. **3**〔바로잡다〕(誤り·心·癖などを)改める. 正す. 訂正する. ¶잘못된 문장을 ~ 間違った文章を正す / 나쁜 버릇은 고치기 힘들다 悪い癖は直しにくい. **4** もとのようにする. 正す. 直す. ¶자세를 ~ 姿勢を直す / 옷매무새를 ~ 衣服の着こなしを正す. **5** (形式·形などを)別なものに変える. 飜訳する. 換算する. ¶소설을 희곡으로 ~ 小説を戯曲に直す / 영어를 한국어로 ~ 英語を韓国語に飜訳する. **6**〔병을 낫게 하다〕(病気を)治す. 治療する. ¶병을 빨리 고쳐서 학교에 나와야지 病気を早く治して学校に出て来なくちゃね. **7**《'고쳐'의 꼴로 동사의 앞에 붙어》 改めて…する. やり直す. ¶고쳐 앉다 座り直す / 마음을 고쳐 먹다 心を改める. 改心する.
고칭〔古稱〕 名 古称.
고탑〔古塔〕 名 古塔. 昔の塔.
고탑지근하다 形 **1** やや腐った[すえた]ようなにおいがする. **2** (性質·考えなどが)やや古臭い. 陳腐だ.
고태〔古態〕 名 旧態. 昔のままの姿.
고태의연〔一依然〕 名 하形 旧態依然.
고택〔古宅〕 名 古家. 古くなった家.
고토[1]〔苦土〕 名〔化〕 苦土. 酸化マグネシウム.
고토[2]〔故土〕 名 故郷の地.
고통〔苦痛〕 名 苦痛. 苦しみ. 苦労. 痛み. ¶~을 겪다 苦労を経験する / ~을 이겨내다 苦痛に耐え抜く.
고통스럽다 形 (肉体的に)苦しい. 苦痛だ. 辛い. ¶목이 아파서 ~ のどが痛くて苦しい / 고통스러워 못 견디겠다 苦しくて我慢できない. **고통스레** 副 苦しく. 辛く.
고투〔苦鬪〕 名 하自 苦闘. 苦戦. ¶~를 벌이다 苦闘を繰り広げる.
고패 名 滑車. ろくろ.
고팻줄 名 滑車に掛ける綱.
고팽이 依名 **1**〔새끼나 줄 따위를 사려 놓은 돌림을 세는 단위〕巻き. ¶새끼 한 ~ 縄一巻き. **2** 往復を数える語. ¶거기까지 두 ~를 하다 そこまで二往復する.
고평〔高評〕 名 高評.
고풍[1]〔古風〕 名 古風. ¶~이 남아 있다 古風なところが残っている.
고풍스럽다 形 古風な感じが多く残っている. どことなく奥ゆかしい. ふるめかしい.
고풍[2]〔高風〕 名 高風. **1** 高い空に吹く風. **2** 気高い人柄. **3** 気高い風采.
고프다 形《'배가 고프다'의 꼴로》空腹だ. ひもじい. (腹が)すいている. (腹が)減っている. ¶배가 고파서 죽을 지경이다 腹が減って死にそうだ.
고필〔古筆〕 名 古筆. **1** 古い筆. **2** 古人の筆跡.
고하〔高下〕 名 高下. 上下. 高低. ¶지위의 ~ 地位の高下 / 물가의 ~ 物価の高下.
고하간〔一間〕 名 (値段の)高下[高低]にかかわらず. ¶값은 ~에 사기로 하자 値段にかかわらず買うことにしよう.
고하다〔告一〕 他 **1** (目上の人に)申し上げる. ¶아버님께 실정을 잘 ~ お

父様に実情をお話し申し上げる. **2** 告げる. 知らせる. ¶ 작별을 고하고 떠나다 いとまを告げて去る/승리를 고하는 북소리 勝利を告げる太鼓の音. **3** (‘고해 바치다’의 꼴로) 告げ口する. 言い付ける. ¶ 동료의 잘못을 고해 바치다 同僚の過ちを告げ口する.

고학〔苦學〕 名 하自 苦学. ¶ ~생 苦学生.

고학년〔高學年〕 名 高学年.

고한1〔枯旱〕 名 하自 枯旱. 日照りで草木が枯れること.

고한2〔苦寒〕 名 苦寒. **1** 厳しい寒さ. **2** 寒さの苦しみ.

고함〔高喊〕 名 叫び. 大きな叫び声. ¶ ~ 소리 叫び声. わめき声.

고함지르다 自 大声で叫ぶ. わめく.

고함치다 自 怒鳴る. 怒鳴りつける. ¶ 큰 소리로 고함쳤다 大声で怒鳴りつけた.

고해1〔告解〕 名 하自 〔‘고해 성사’의 준말〕 告解.

고해 성사〔一聖事〕 名〔基〕〔‘고백 성사(告白聖事)’의 구용어〕 告解.

고해2〔苦海〕 名〔佛〕 苦海. 苦しみの多い世の中. ¶ 인생은 ~다 人生は苦海である.

고행〔苦行〕 名 하自〔佛〕 苦行. ¶ 난행~ 難行苦行.

고향〔故鄕〕 名 故郷. ふるさと. 郷里. ¶ 마음의 ~ 心のふるさと/~을 떠나다 故郷を離れる/~에 돌아가다 故郷に帰る.

고현〔古賢〕 名 古賢. 昔の優れた人.

고혈〔膏血〕 名 膏血.

◆**고혈을 짜다**[**짜내다**] 膏血を絞る.

고혈단신〔孤子單身〕 名 身よりのないひとり身. ひとりぼっち.

고혈당증〔高血糖症〕 名〔醫〕 高血糖症.

고혈압〔高血壓〕 名〔醫〕 高血圧.

고형〔固形〕 名 固形.

고형물〔一物〕 名 固形物.

고형 사료〔一飼料〕 名〔農〕 固形飼料.

고형 알코올〔—alcohol〕 名〔化〕 固形アルコール.

고혹〔蠱惑〕 名 하他 蠱惑.

고혹적〔一的〕 冠 名 蠱惑的. ¶ ~인 눈동자 蠱惑的な瞳.

고혼〔孤魂〕 名 身寄りのない人が死んで行き所なくさまよっている霊魂.

고화〔古畫〕 名 古画. 古い絵.

고환〔睾丸〕 名〔生〕 睾丸.

고환염〔一炎〕 名〔醫〕 睾丸炎.

고황1〔苦況〕 名 苦況. 苦しい状況.

고황2〔膏肓〕 名 膏肓. ¶ 병이 ~에 들다 病膏肓に入る.

고희〔古稀〕 名 古稀. 70歳.

고희연〔一宴〕 名 古稀の祝宴.

곡1〔曲〕 **I** 名 曲. **1** 〔‘곡조(曲調)’의 준말〕 調べ. メロディー. ¶ 슬픈 ~ 悲しい曲/아름다운 ~ 美しい曲. **2** 〔‘악곡(樂曲)’의 준말〕 楽曲. ¶ 교향~ 交響曲.
II 依名 〔음악 작품을 세는 단위〕 曲. ¶ 동요를 세 ~ 작곡했다 童謡を3曲作曲した.

곡2〔哭〕 名 哭. 哭泣. ▷곡하다(哭一)

곡가〔穀價〕 名 穀物の価格. ¶ ~가 오르다 穀物の価格が上がる.

곡괭이 名 **1** つるはし. **2** 唐鍬.

곡균〔麴菌〕 名 醸造用の発酵バクテリア.

곡기〔穀氣〕 名 穀物でつくった食物を少量食べること.

◆**곡기를 끊다**[**놓다**] 食を断つ[廃する].

곡두 名 幻影. まぼろし.

곡론〔曲論〕 名 하自 曲論. 道理に合わない議論.

곡류1〔曲流〕 名 하自 曲流. 曲がりくねって流れること.

곡류2〔穀類〕 名 穀類.

곡률1〔曲律〕 名〔樂〕 曲律. 楽曲の旋律.

곡률2〔曲率〕 名〔數〕 曲率.

곡마〔曲馬〕 名 曲馬.

곡마단〔一團〕 名 曲馬団. サーカス.

곡면〔曲面〕 名〔數〕 曲面.

곡면체〔一體〕 名〔數〕 曲面体.

곡명〔曲名〕 名 曲名.

곡목〔曲目〕 名〔樂〕 曲目. **1** 曲名. **2** 演奏会などのプログラム.

곡물〔穀物〕 名 穀物.

곡물상〔一商〕 名 穀物商.

곡보〔曲譜〕 名 曲譜.

곡분〔穀粉〕 名 穀粉. 穀物の粉.

곡사〔曲射〕 名 하他 曲射.

곡사포〔一砲〕 名〔軍〕 曲射砲.

곡삼〔曲參〕 名 根を曲げて乾かした朝鮮人参.

곡선〔曲線〕 名 曲線. 反 直線. ¶ 쌍~ 双曲線/~을 그리다 曲線を描く.

곡선미〔一美〕 名 曲線美.

곡선 운동〔一運動〕 名〔物〕 曲線動. 曲線運動.

곡선자 名 曲線定規. 雲形定規.

곡설〔曲說〕 名 曲説. 事実を曲げた理論.

곡성〔哭聲〕 名 哭声. 泣き叫ぶ声. ¶ 처량한 ~ 物悲しい哭声.

곡수1〔曲水〕 名 曲水. うねり曲がって流れる水.

◆**곡수를 놓다** 曲水の模様を縫い取りする.

◆**곡수를 틀다** (筆で)曲水を描く.

곡수2〔谷水〕 名 渓流. 谷間を流れる水.

곡식〔穀食〕 名 穀物. 穀類の総称.

곡식알 名 穀物の粒. 穀粒.

곡예〔曲藝〕 名 曲芸. サーカス. 軽業. ¶ ~단 曲芸団.

곡예사〔一師〕 名 曲芸師. 軽業師.

곡읍〔哭泣〕 名 하自 哭泣. 泣き叫ぶこと.

곡장〔曲牆〕 名 陵墓の後部に巡らした低い土手.

곡절〔曲折〕 名 **1** 曲折. (物事の)込み入った事情. ¶ 우여~ 끝에 오늘에 이르다 紆余曲折を経て今日に至る. **2** 理由. わけ. 子細. ¶ 무슨 ~이 있는 게 아닌가? 何かわけがあるのではないか.

곡조〔曲調〕 名 曲調. 調べ. 節回し. メロディー.

곡주〔穀酒〕 名 穀物からつくる醸造酒.

곡직〔曲直〕 名 曲直. ¶ 시비~을 가리다 理非曲直をわきまえる.

곡차〔穀茶〕 名〔佛〕(寺で)酒. 般若湯.
곡창〔穀倉〕 名 穀倉. **1** 穀物倉庫. **2** 穀物を多量に産出する地域. ¶ ~ 지대 穀倉地帯.
곡척〔曲尺〕 名 曲尺.
곡필〔曲筆〕 名 하他 曲筆. 事実をゆがめて書くこと, その文章.
곡하다[1]〔曲—〕 形 **1** 道理に合わない. 理屈が立たない. ひねくれている. ¶ 곡한 마음 ひねくれた心. **2** つれない. うらめしい. ¶ 곡하게 생각하다 つれなく思う.
곡하다[2]〔哭—〕 自 哭する. 哭泣する. 大声をあげて泣く.
곡학〔曲學〕 名 曲学. 真理を曲解した学問.
 곡학아세〔—阿世〕 名 하自 曲学阿世.
곡해〔曲解〕 名 하他 曲解. ¶ 사실이 ~되다 事実が曲解される.
곡향〔穀鄕〕 名 穀倉. 穀物の産出が多い地方.
-곤[1] 語尾 (주로 '-곤 하다'의 꼴로)〔같은 동작을 되풀이함을 나타냄〕…たり(する). ¶ 한가할 때면 그림책을 보~ 한다 暇なときは絵本を見たりする / 저녁마다 나를 찾아오~ 했다 夜ごとに僕を訪ねて来たりした.
-곤[2] 語尾 〔'-고는[2]'의 준말〕…しては. …してそれで. ¶ 책을 보~ 있지만 생각은 딴 데에 있다 本を見てはいるが心は別のところにある.
곤경〔困境〕 名 苦境. ¶ ~에 처하다 苦境に立つ / ~에서 벗어나다 苦境を脱する.
곤고〔困苦〕 名 하形 困苦. ¶ ~를 겪다 困苦をなめる.
곤궁〔困窮〕 名 하形 困窮. 貧困. ¶ ~에 빠지다 困窮に陥る. **곤궁히** 副 困窮して. まずしく.
곤돌라〔이 gondola〕 名 ゴンドラ.
곤두곤두 感 たっち〈赤ん坊を立たせるときに調子をとるために出す声〉.
곤두박이다 自 頭から落ちる. 真っ逆さまに落ちる.
곤두박이치다 自 (高い所から)逆さまに落ちる. ¶ 계단을 헛디뎌 ~ 階段を踏み外して逆さまにころげ落ちる.
곤두박질 名 하自 急に逆さまに落ちること.
 곤두박질치다 自 急に真っ逆さまに落ちる.
곤두서다 自 **1** 逆立つ. ¶ 머리털이 ~ 髪の毛が逆立つ. **2** (神経が)鋭くなる. とがる. 立つ. ¶ 신경이 ~ 神経がとがる. 気が立つ.
곤두세우다 他 **1** 逆立てる. ¶ 머리카락을 ~ 髪を逆立てる. **2** (神経を)とがらせる. いらだたせる.
곤드라지다 自 **1** (過労・眠気または酒に酔って)正体なく眠る. ¶ 과음하여 ~ (お酒を)飲みすぎて正体なく眠る. **2** (強い衝撃を受けて)倒れる. つんのめる. ¶ 마룻바닥에 ~ 床につんのめって転ぶ.
곤드레만드레 副 하自 〔술이나 잠에 취하여 몸을 가누지 못하는 모양〕べろんべろん. ぐでんぐでん. ¶ ~ 취하다 ぐでんぐでんに酔っぱらう.
곤들매기 名〔動〕岩魚.
곤란〔困難〕 名 하形 困難. 難儀. 困ること. 難しいこと. 苦しいこと. ¶ ~을 겪다 困難を経験する. つらい思いをする / 생활이 ~하다 生活に困っている / 말하기 ~하다 言いにくい / ~한 입장에 처해 있다 苦しい立場に立っている / 그건 좀 ~합니다 それはちょっと困ります.
◇일본어에서는 呼吸困難, 最大の困難, 困難な状況 등 일부 명사형으로만 쓰이고, 우리말의 '생활이 곤란하다, 말하기 곤란하다' 등 '어려운 형편'이나 '거북스런 입장' 등의 뜻으로는 쓰이지 않는다.
곤룡포〔袞龍袍〕 名〔史〕袞竜の御衣.
곤봉〔棍棒〕 名 **1** (体操用の)棍棒. **2** 短い棒.
곤비하다〔困憊—〕 形 困憊する. ¶ 피로 ~ 疲労困憊している.
곤색하다〔困塞—〕 形 貧しい. 暮らしに困る. ¶ 곤색한 인생 貧しく苦しい人生.
곤약〔蒟蒻〕 名〔植〕蒟蒻.
곤욕〔困辱〕 名 困辱. ひどい侮辱. ¶ 심한 ~을 치렀다 ひどい屈辱を受けた.
곤이〔鯤鮞〕 名 **1** 魚の卵. はららご. **2** 魚の子.
곤장〔棍杖〕 名〔史〕杖刑に使った刑具の一つ. ¶ ~을 맞다 (杖刑として)むちを打たれる / ~을 치다 (罪人の尻を)刑罰として打つ.
곤쟁이 名〔動〕秋醤蝦.
곤죽〔—粥〕 名 **1** (粥のように)どろどろになった地面. ¶ 비만 내리면 ~이 되는 골목길 雨さえ降れば泥んこになる裏通り. **2** 〔일이 뒤죽박죽인 상태〕めちゃくちゃ. めちゃめちゃ. ¶ 일을 ~으로 만들어 놓았다 事を台無しにしてしまった / ~이 되도록 얻어맞았다 めちゃくちゃにたたきのめされた. **3** 〔술·피로 등으로 몸이 지쳐 늘어진 모습〕へとへと. くたくた. ぐでんぐでん. ¶ 연일 근무로 ~이 되었다 連日の勤務でへとへとになった.
곤지 名 (伝統的な婚礼で)花嫁が額につける紅.
곤지곤지 感 하自 乳幼児をあやす人が自分の一方の人差し指で他方の手のひらを突っつく動作, そのときの掛け声.
곤충〔昆蟲〕 名 昆虫. ¶ ~류 昆虫類.
 곤충 채집〔—採集〕 名 昆虫採集.
곤하다〔困—〕 形 **1** 疲れてだるい. ぐったりしている. ¶ 먼길을 갔다 와서 ~ 遠出をしたので疲れた. **2** (疲れ切って)眠りが深い. ¶ 곤하게 자는 것 같아 내버려 두었다 ぐっすり寝入っているようだからほうっておいた. **3** (眠気·酔いで)ぼうっとしている. **곤히** 副 ぐっすり. ¶ ~ 잠들다 ぐっすり眠る.
곤혹〔困惑〕 名 하自 困惑. ¶ ~한 표정을 짓다 困惑した表情をする.
 곤혹스럽다 形 困惑する. ¶ 곤혹스러운 질문 困惑した質問.

곧 副 **1** 〔즉시·바로〕すぐ. ただちに. 早速. たちまち. 即時. ¶ ～ 가겠다 すぐ行くよ／도착하면 ～ 전화 걸어 줘 着いたらすぐに電話を入れてくれ／일이 ～ 끝날테니 기다려라 仕事がすぐ終わるから待ってくれ. **2** 〔머지않아〕もうすぐ. 今に. やがて. そろそろ. まもなく. ¶ 입춘이 지나면 ～ 봄이 온다 立春が過ぎるとやがて春がやって来る／～ 열두 시다 もうすぐ12時だ／사건이 ～ 해결되겠지요 すぐに事件が解決されるでしょう. **3** 〔다시 말하면〕すなわち. つまり. ¶ 이것이 ～ 문명의 이기다 これがすなわち文明の利器である／그것은 ～ 죽음을 뜻한다 それはつまり死を意味する.

곧다 形 **1** まっすぐだ. ¶ 곧은 길 まっすぐな道／곧게 서다 まっすぐに立つ. **2** 正直だ. まっすぐだ. ¶ 대쪽같이 곧은 성격 竹を割ったようなまっすぐな性格. **3** (‘곧게’의 꼴로) まっすぐに. ¶ 지름길로 곧게 가면 5킬로밖에 안 된다 近道をまっすぐ行けば5キロメートルしかない.

곧바로 副 **1** 〔곧장·즉시〕(寄り道などをしないで)直接に. まっすぐ. ただちに. ¶ 학교가 끝나면 ～ 돌아오너라 学校が終わったらまっすぐ帰りなさい. **2** 〔똑바로〕まっすぐ. 正しく. ¶ ～ 서서 대답하다 まっすぐに立って答える. **3** 〔사실대로〕ありのまま. ¶ 묻는 말에 ～ 대답해라 聞かれたことにありのまま答えろ.

곧은결 名 (木の)正目.

곧은뿌리 名〔植〕直根.

곧은창자 名 **1**〔生〕直腸. **2** きまじめな人. くそまじめ. **3** 食事のあとすぐ用便に行く人をからかう語.

곧이곧대로 副 **1** ありのままに. 率直に. 偽りなく. ¶ ～ 자백했다 ありのままに白状した. **2** 気ままに. 気がねなく. ¶ ～ 살다 気ままに暮らす.

곧이듣다 他 (人の話などを)真に受ける. そのまま信じる. ¶ 농담을 ～ ざれごとを真に受ける.

곧잘 副 **1** かなりよく. かなり上手に. なかなか. ¶ 영어를 못한다더니 ～ 한다 英語ができないと言っていたがなかなかうまい. **2** たびたび. よく. ¶ 나는 겨울이 되면 ～ 감기에 걸린다 私は冬になるとよく風邪を引く.

곧장 副 **1** (進行方向が)まっすぐ. ¶ ～ 가면 버스 정류장이 있습니다 まっすぐ行くとバス停があります. **2** (どこへも寄らずに)直接に. まっすぐ. ¶ 학교에서 ～ 도서관으로 갔다 学校からまっすぐに図書館へ行った. **3** (時間的に)直ちに. すぐに. ¶ 무슨 일이 있으면 ～ 연락해라 何かことがあればすぐに連絡してくれ. **4** (休まないで)ずっと. 続けざまに. ¶ ～ 뛰어왔더니 숨이 가쁜데요 ずっと走りっぱなしで息が切れます.

곧추 副 (縦に)まっすぐに. 垂直に.

곧추들다 他 立てて持つ. 垂直に持つ. ¶ 깃대를 ～ 旗ざおをまっすぐに持つ.

곧추뜨다 自他 **1** (横になっていたものが)まっすぐ上に[垂直に]浮く. ¶ 잉어가 먹이를 먹으려고 곧추떴다 鯉がえさを食べようとまっすぐに浮上した. **2** 目をむく. ¶ 눈을 곧추뜨고 따지다 目をむいてなじる.

곧추서다 自 まっすぐに[垂直に]立つ. ¶ 말이 놀라서 ～ 馬が驚いて棒立ちになる.

곧추세우다 他 まっすぐに立てる. 直立させる. ¶ 무릎을 ～ ひざを立てる.

곧추앉다 自 背筋をのばして座る. まっすぐに座る. ¶ 곧추앉아 글씨를 정성스레 쓰고 있다 きちんと座って心を込めて字を書いている.

골[1] 名 **1** 〔生〕骨髄. **2** 〔‘머릿골’의 준말〕脳. 脳髄. 脳みそ. 頭. ¶ ～이 띵하다 頭ががんがんする／～이 아프다 頭が痛い.

◆**골이 비다** 頭が空っぽだ. ¶ ～ 빈 녀석 頭の空っぽな奴.

골[2] 名 怒り.

◆**골을 올리다** 怒らせる.

◆**골이 오르다** 怒りがこみあがる.

골[3] 名 (靴·帽子などの)型. ¶ 구둣～ 靴の型.

골[4] 名 **1** 谷. ¶ 깊은 ～ 深い谷. **2** 〔‘고랑’의 준말〕畝間. 溝. (気持ち·関係などの)隔たり. ¶ ～이 지다 溝ができる／～이 깊다 溝が深い.

골[5] Ⅰ 名 〔‘고을’의 준말〕郡. Ⅱ 接尾 部落·村·里の意を表わす. ¶ 배나무～ 梨で有名な村.

골[6]〔骨〕名 骨.

골[7]〔goal〕名 ゴール. ¶ ～이 터지다 得点する.

골각기〔骨角器〕名〔史〕(石器時代の)骨角器.

골간〔骨幹〕名 骨幹. **1** 骨格. **2** 物事の大もと. 根幹. ¶ 일의 ～을 이루다 物事の根幹をなす.

골갱이 名 **1** (物質の)核. 芯. **2** 骨子. 要点. かなめ.

골격〔骨格〕名 骨格. 骨組み. ¶ 튼튼한 ～ がっちりした骨格／계획의 ～이 서다 計画の骨組みができる.

골격근〔一筋〕名〔生〕骨格筋. 横紋筋.

골결핵〔骨結核〕名〔醫〕骨結核.

골계〔滑稽〕名 滑稽. おどけ.

골계미〔一味〕名 滑稽味.

골계 소설〔一小說〕名 滑稽小説.

골계화〔一畫〕名〔美〕滑稽画.

골고루 副 等しく. 均等に. ¶ ～ 나누어 주다 等しく分けてやる.

골골[1] 副 하自 **1** (長患いの)病状が一進一退するようす. **2** 体が弱くよく病気勝ちなさま. ¶ ～ 10년이라 病気勝ちな人がかえって長生きする.

골골거리다[-대다][1] 自 **1** (長患いの)病状が一進一退する. **2** 体が弱くてよく病気になる. 病気勝ちである.

골골[2] 副 하自 〔암탉이 알겯는 소리〕コーコッコッ.

골골거리다[-대다][2] 自 めんどりが卵を産もうとしてコッコッと鳴く.

골관절〔骨關節〕名〔生〕関節.

골김 名 腹立ちまぎれ. ¶ ～에 술잔을

집어던졌다 腹立ちまぎれに杯を投げつけた.

골나다 自 腹が立つ. 怒る. ¶골난 얼굴 むっとした顔. 膨れっ面.

골내다 自 腹を立てる. 怒る.

골다 他 (주로 '코를 골다'의 꼴로) いびきをかく. ¶쿨쿨 코를 ~ ぐうぐういびきをかく.

골대[goal—] 名〔體〕ゴールポスト.

골동[骨董] 名 骨董. ¶~품 骨董品.

골든 디스크[golden disk] 名 ゴールデンディスク.

골든아워[golden hour] 名 ゴールデンアワー.

골딱지 名 〈俗〉怒り. 腹立ち.

골딱지나다 自 〈俗〉腹が立つ. 癪に障る.

골똘하다 形 夢中だ. 没頭している. 熱心だ. 一生懸命だ. ¶연구에 ~ 研究に没頭している. **골똘히** 副 熱心に. 夢中に. 一生懸命に. 十分に. ¶~ 생각해 보니 그 사람 말이 맞는 것 같다 よくよく考えてみると彼の言葉が正しいようだ.

골라내다 他 選び出す. えり抜く. 取り出す. 抜き取る. ¶사과 더미 속에서 좋은 것을 ~ りんごの山からいいのを選び出す.

골라잡다 他 選び取る. ¶마음에 드는 것을 하나만 골라잡아라 気に入った物を一つだけ選びなさい.

골마루 名 (居間などに付属する)狭い板の間.

골마지 名 (しょう油·酒などに生える)かびみたいな物.

골막[骨膜] 名〔生〕骨膜.

골막염[—炎] 名〔醫〕骨膜炎.

골머리 名 〈俗〉脳みそ. 頭. ¶귀찮은 일만 생겨서 ~가 아프다 面倒なことばかり起こって頭が痛い.

◆**골머리를 앓다** 頭を悩ます. 困りきる.

골목 名 路地. 横町. 小路. 大通りに出る細道. ¶막다른 ~ 袋小路/뒷~ 裏通り.

골목골목 副 路地ごと(に). ¶~ 아이들도 많군 どの路地も子供が多いね.

골목길 名 小路. 横町. 小道.

골목대장[—大將] 名 がき大将.

골목쟁이 名 横町の奥の狭い所.

골몰하다[汨沒—] 自 没頭する. 熱中する. 凝る. 夢中になる. ¶독서에 ~ 読書に没頭する/골몰하는 성질 凝り性. **골몰히** 副 熱中して. 凝って. 熱心に. 夢中に.

골무 名 指ぬき. ¶~를 끼다 指ぬきをはめる.

골문[goal門] 名〔體〕ゴールポスト.

골바람 名 谷風.

골반[骨盤] 名〔生〕骨盤.

골방[—房] 名 (居間のうしろ側にある家具などをしまっておく)わき部屋. 小部屋.

골백번[—百番] 副 何百回. 数百回. 何度も. ¶저 산에는 ~이나 올랐다 あの山には何度も登った.

골뱅이 名〔動〕田螺.

골병[—病] 名 重い病気. 重病.

골병들다 自 重い病気にかかる. 治りにくい病気にかかる. 体ががたがたになる.

골부림 名 하自 腹立ちまぎれに当たり散らすこと. 八つ当たり. ¶아무에게나 마구 ~한다 相手かまわずやたらに当たり散らす.

골분[骨粉] 名 骨粉. ¶~ 비료 骨粉肥料.

골상[骨相] 名 骨相.

골상학[—學] 名 骨相学.

골샌님[骨—] 名 **1** 型にはまった人. きまじめな人. **2** 狭量で融通のきかない人.

골생원[骨生員] 名 **1** 固陋で頑固な人. **2** 虚弱で病気がちな人.

골세포[骨細胞] 名〔生〕骨細胞.

골수[骨髓] 名 **1**〔生〕骨髄. **2** 心の底. 心中. ¶~에 새기다 心に刻む. 肝に銘じる. **3** 最も大切なところ. 主眼. 要点. 骨子.

◆**골수에 사무치다** 骨の髄まで染み込む.

골수분자[—分子] 名 組織内で一番核心となる人物.

골수염[—炎] 名〔醫〕骨髄炎.

골수 이식[—移植] 名〔醫〕骨髄移植.

골안개 名 谷や野原に立ちこめる朝もや.

골육[骨肉] 名 **1** 骨肉. 骨と肉. 骨身. ¶분한 마음이 ~에 사무친다 くやしさが骨身に染みる. **2** 〔'골육지친(骨肉之親)'의 준말〕骨肉. 肉親. ¶~의 정 肉親の情.

골육상잔[—相殘] 名 하自 骨肉相食むこと.

골육상쟁[—相爭] 名 하自 骨肉相争うこと.

골육지친[—之親] 名 親. 肉親. ¶피를 나눈 ~ 血を分けた肉親.

골육종[骨肉腫] 名〔醫〕骨肉腫.

골인[goal+in] 名 하自 **1**〔體〕ゴールイン. **2** (因縁などが)結ばれること. ¶그들은 마침내 결혼에 ~했다 彼らはついに結婚にゴールインした.

골자[骨子] 名 骨子. 骨組み. 要点. ¶논문의 ~를 적다 論文の骨子を記す/~만 말하면 要点だけ言えば.

골재[骨材] 名〔建〕骨材.

골절[1][骨折] 名 하自 骨折. ¶스키를 타다 발목을 ~했다 スキーで足首を骨折した.

골절[2][骨節] 名〔生〕骨節.

골조[骨組] 名 骨組み. ¶건물의 ~ 建物の骨組み.

골조직[骨組織] 名〔生〕骨組織.

골짜기 名 谷. 谷間. 渓谷. ¶산~ 山あい. 山峡/~를 흐르는 물 谷間を流れる水.

골초[—草] 名 **1** 質の悪いたばこ. **2** 〈俗〉ヘビースモーカー. 愛煙家.

골치 名 〈卑〉脳味噌. 頭.

◆**골치가 아프다** 頭が痛い. 頭が重い. 気が重い. ¶회사 일 때문에 ~가 아프다 会社のことで頭が痛い.

◆**골치를 앓다** 頭を痛める. 頭を悩ます.

골칫거리 名 困り者. やっかい者. 難物. 頭痛の種. ¶부모도 주체 못하는 ~다 親も持て余す困り者だ.

골칫덩이 名 〈俗〉困り者. やっかい者. 難物.

골키퍼[goal keeper] 名〔體〕ゴールキ

ーパー.
골탕 名 思わぬ痛手·困難.
◆골탕 먹다 ひどい目にあう. こらしめられる.
◆골탕 먹이다 ひどい目にあわせる. 痛手を負わせる. こらしめる.
골통 名〈俗〉〔'골통이'의 준말〕頭.
골파 名〔植〕分け葱.
골판지〔一板紙〕名 段ボール.
골패〔骨牌〕名 骨牌.
골편〔骨片〕名 骨片.
골포스트〔goalpost〕名〔體〕ゴールポスト.
골풀 名〔植〕藺草.
골풀이 名 하自 八つ当たりすること. やたらに当たり散らすこと.
골품〔骨品〕名〔史〕新羅時代の身分制度.
골프〔golf〕名 ゴルフ. ¶ ～공 ゴルフボール / ～채 ゴルフクラブ / ～장 ゴルフ場.
골필〔骨筆〕名 骨筆〈カーボン複写などに用いる骨製の筆〉.
골함석 名 波板. なまこ板.
골회〔骨灰〕名 骨灰〈骨が焼けて灰状になったもの〉.
곪다 自 **1** (できものが)うむ. 化膿する. ¶ 다친 데가 ～ 傷口が化膿する. **2** (果実の中身が)腐る. **3** (物が)腐る. うむ. 腐敗する. ¶ 곪을 대로 곪은 사회 腐りきった社会.
곬 名 **1** 一方向へ向かう道筋. 一本気. ひたむき. 一筋. 一途. ¶ 외～으로 나가다 ひとむきに進む. 一点張りで通す. **2** 魚道. ¶ 조기의 ～ いしもちの魚道.
곯다[1] 自 **1** (中身が)傷む. 腐る. ¶ 곯은 달걀 腐った卵 / 수박이 ～ すいかが傷む. **2** 被害をこうむる. 傷つく. ¶ 주가가 폭락해서 곯았다 株価が暴落して被害をこうむった.
곯다[2] 他 **1** (腹を)すかす. ¶ 배를 ～ 腹をすかす. **2** 器に満たない.
곯리다[1] 他 **1** 腹をすかせる. ¶ 아이들의 배를 ～ 子供たちにひもじい思いをさせる. **2** 器に満たないようにする. 容量を減らす.
곯리다[2] 他 **1** (中身を)腐らす. **2** (他人に)打撃を与える. 痛手を負わせる. ¶ 밉살스러운 녀석을 곯려 주다 憎らしい奴をやりこめる[こらしめる].
곯아떨어지다 自 (酒·疲労で)正体もなく眠りこける. ¶ 너무 피곤해서 곯아떨어졌다 疲れはてて正体もなく寝込んでしまった.
곰[1] 名 (肉類·魚などを)煮詰めた濃い汁.
곰[2] 名 **1**〔動〕熊. **2** 愚鈍な人. のろま. とんま. ¶ ～같이 미련한 놈 熊のように愚かなやつ. とんま.
〔속담〕**곰 가재 뒤지듯** 熊が川でざりがにをあさるよう〈動作の非常にのろいこと〉.
곰곰이 副 じっくり(と). つくづく(と). よくよく. つらつら. ¶ ～ 되새기다 じっくり繰り返し考える / 장래의 일을 ～ 생각하다 将来の事をつくづくと考える.
곰국 名〔料理〕(牛の肉·内臓を)煮詰めたスープ.
곰기다 自 (できものが)化膿する. うんだところにぐりぐりができる.
곰방대 名 管の短いキセル.
곰배 名〔'곰배팔이'의 준말〕腕に障害のある人.
곰배팔 名 屈伸のできない腕.
곰배팔이 名 腕に障害のある人.
곰보 名 あばた. 顔にあばたのある人.
곰보딱지 名 あばたづら.
곰삭다 自 **1** (衣服などが)着古してすり切れたり質が落ちたりする. **2** (塩辛などが)よく漬かっておいしくなる. なれる.
곰살갑다 形 (見かけに似合わず)気立てがやさしく親切だ.
곰살궂다 形 気さくで優しい. 優しくて情け深い. ¶ 그녀는 곰살궂어 친구가 많다 彼女は気さくなので友人が多い.
곰상곰상 副 하形 気さくで優しく. こまごま(と).
곰상스럽다 形 こせこせしている. せせこましい.
곰솔 名〔植〕黒松.
곰취 名〔植〕雄宝香.
곰치 名〔動〕鱓.
곰탕〔一湯〕名〔料理〕コムタン〈牛の肉·内臓を煮込んだスープ〉.
곰팡 名〔'곰팡이'의 준말〕かび.
◆곰팡이 슬다 かびが生える.
◆곰팡이 피다 かびが生える. かびる.
곰팡내 名〔'곰팡 냄새'의 준말〕**1** かびくさいにおい. **2** 時代おくれの行動や考え方. ¶ 아직도 ～ 나는 이론을 신봉하고 있다 いまだにかび臭い理論を信奉している.
곰팡냄새 名 **1** かびのにおい. **2** (物·行動·思想などが)古臭いこと. ¶ ～ 나는 가치관 古臭い価値観.
곰팡스럽다 形 かび臭い. 古臭い. 時代おくれだ.
곰팡이 名 かび. ¶ 푸른～ 青かび.
◆곰팡이가 나다 かびが生える. ¶ ～가난 떡 かびの生えた餅.
곱[1] 名 **1** できものや傷口などからにじみ出る粘液. **2** (赤痢患者などの)白っぽい下痢便. 血の混じった粘液. ¶ ～똥 粘液便.
곱[2] 名〔'곱절'의 준말〕倍. ¶ 8은 4의 ～이다 8は4の倍だ.
곱걸다 他 **1** 二重にしてくくる. ¶ 밧줄을 곱걸어서 끌어당기다 ロープを二重にくくって引き寄せる. **2** (博打でお金を)2倍にかける.
곱걸리다 自 **1** 二重にくくられる. 二重に縛られる. **2** (かけ金が)倍額にかかる.
곱꺾다 他 **1** 関節を曲げたり伸ばしたりする. **2** パンソリ(판소리)の節回しで切れ目で下げた音を緩やかに高めて歌う.
곱꺾이다 自 関節が折り曲げられたり伸ばされたりする.
곱다[1] 形 曲がっている. ゆがんでいる. たわんでいる. ¶ 곱은 등 曲がった背. 猫背.
곱다[2] 形 **1** (寒さのために手足が)かじかむ. 凍える. ¶ 추워서 손가락이 곱았

다 寒くて指がかじかんだ. **2** (すっぱいものを食べて)歯が浮く.

곱다³ 形 **1**〔색깔·모습이 말끔하고 보기 좋다〕(外見が)美しい. きれいだ. ¶할머니는 참 곱게 늙었다 おばあさんはとても品よく年を取っている／빛깔이 ～ 色彩が美しい. **2**〔말·소리가 맑고 부드럽다〕(声·言葉が)心地よく美しい. きれいだ. ¶고운 목소리 きれいな声／바른 말 고운 말을 쓰자 正しい言葉, 美しい言葉を使おう. **3**〔상냥하고 순하다〕(気立てが)優しい. ¶마음씨가 비단결처럼 고운 소녀 気立てが(絹のように)温順で優しい少女. **4**〔살결·피륙 등이 부드럽다〕(肌·木目·織り目が)柔らかい. なめらかだ. きめ細かい. ¶살결이 고운 여인 肌のきれいな女人／올이 고운 모시 きめ細かい苧麻の織物. **5**〔가루 등이 잘고 보드랍다〕(粉が)細かい. きめ細かい. ¶고운 모래 細かい[さらさらした]砂／가루를 곱게 친다 粉を細かくふるいおとす. **6**〔평안하다·순탄하다〕安らかだ. すなおだ. ¶곱게 잠든 아기의 모습 安らかに寝入った幼児の姿／그들 형제는 곱게 자랐다 彼ら兄弟はすなおに育った. **7**〔그대로 온전하다〕元のままだ. きれいだ. ¶물건을 곱게 다루다 持ちものをきれいに扱う. **8** 好意的だ. ¶그의 말을 오해하지 말고 곱게 받아 주세요 彼の言ったことを誤解せず好意的に受け取ってください.

곱다랗다 形 **1** とてもきれいだ. ¶목련꽃이 곱다랗게 피어 있다 木蓮の花がきれいに咲いている. **2** 元のままに保たれている. ¶옛 모습을 곱다랗게 간직하고 있다 昔の面影を変わりなくとどめている.

곱다래지다 自 きれいになる. ¶요즈음 그녀의 얼굴이 날로 곱다래지고 있다 このごろ, 彼女の顔が日に日にきれいになっていく.

곱돌 名〔鑛〕蝋石.

곱돌냄비 名 蝋石製の鍋.

곱돌솥 名 蝋石を彫ってつくった釜.

곱되다 自 (物の数量が)倍になる. 倍にかさむ.

곱드러지다 自 (つまずいたり蹴られたりして)うつむけに倒れる. つんのめる.

곱들다 自 (材料·費用·努力などが)二倍かかる. ¶비용이 예상보다 곱들었다 費用が予想より二倍かかった.

곱들이다 他 (材料·費用·努力などを)二倍かける. ¶시간을 곱들여 제작한 물건 時間を二倍かけて製作した品物.

곱디곱다 形 とてもきれいだ. とても美しい.

곱디디다 自 (足を)踏み誤る. 踏み損なってくじく. ¶발을 ～ 足を踏み誤ってくじく.

곱똥 名 粘液便.

곱먹다 自他 **1** 二倍食べる. **2** (費用などが)倍になる. ¶삯은 곱먹고도 일은 제대로 안 되었다 労賃が倍にかさんでも仕事はろくに進まなかった.

곱빼기 名 **1** (一定量の)二倍に相当する量を一つの器に盛ったもの. ¶혼자서 국수를 ～로 먹는다 一人でそばを二人前食べる／냉면 ～ 二人前の冷麺. **2** 二度に重ねること. 二度繰り返すこと.

곱사등 名 くる病にかかって曲がった背.

곱사등이 名 佝僂.

곱살스럽다 形 きれいでしとやかだ.

곱살하다 形 (顔立ちが)きれいだ. (性格が)優しい. ¶곱살한 며느리를 맞아들였다 気立てのいい嫁を迎えた.

곱삶다 他 二度煮る. 煮直す.

곱새기다 他 **1** (他人の言動を)思い違いする. 誤解する. 曲解する. **2** もう一度考える. よくよく考える.

곱셈 名 하他〔數〕掛け算. ¶～법 乗法.

곱셈표〔一標〕名〔數〕掛け算の記号.

곱송그리다 他 (恐れ·寒さのために)体を縮める. 身をすくめる. 萎縮する. ¶무서워 몸을 ～ 恐れに身を縮める.

곱슬곱슬하다 形 (髪·糸などが)縮れている. ¶곱슬곱슬한 머리 縮れた髪.

곱슬머리 名 縮れ髪. 縮れ髪の人.

곱씹다 他 **1** (食べ物を)十分にかむ. **2** (同じことにこだわって)しきりに思い巡らす. 繰り返して口に出す. **3** 駄目を押す. 激しく言い張る.

곱이곱이 副〔물이 굽이쳐 흐르는 모양〕うねうね(と). ¶～ 흐르는 강물 うねうねと流れる川の水. ＜굽이굽이

곱자 名 曲尺. 曲差. 曲がり尺. 曲がり金.

곱장다리 名 がに股. O脚.

곱쟁이 名〈方〉倍の数量.

곱절 名 倍. 倍数. ¶～로 갚다 倍にして返す／몇 ～이나 힘이 든다 何倍も苦労する.

곱창 名 牛の小腸. ¶～구이 牛のホルモン焼き.

곱치다 他 **1** (一つのものを)二つに折り合わせる. **2** 倍にする. ¶소금을 ～ 塩かげんを倍にする.

곱하기 名〔數〕掛け算.

곱하다 他 掛ける. 乗じる. ¶5에 6을 곱하면 30이 된다 5に6を掛けると30になる.

곳 Ⅰ 名 所. 場所. 場. ¶높은 ～ 高い所／표 파는 ～ 切符売り場／아픈 ～을 건드리지 마세요 痛い所にさわらないでください／이 ～은 서울 중에서 가장 볼 만한 ～이다 ここはソウルの中でいちばんの見どころだ／내가 어렸을 때 살던 ～ 僕が子供のころ住んでいた所／눈 둘 ～이 없다 目のやり場がない.
Ⅱ 依名〔장소를 세는 단위〕…か所. ¶가볼 만한 데가 서너 ～ 있다 見どころが3·4か所ある.

곳간〔庫間〕名 蔵. 物置. 倉庫.

곳곳 名 あちこち. 至る所. 方々. ところどころ. ¶～에서 폭동이 일어났다 方々で暴動が起こった／～에 꽃이 피어 있다 あちこちに花が咲いている.

곳곳이 副 至る所. どこもかしこも. ¶～ 단풍 든 산 至る所紅葉した山.

곳집〔庫─〕名 **1** 倉庫. 物置. 倉.

2 葬式用具をしまっておく小屋.

공¹ 名 球. ボール. まり. ¶～을 차다 ボールを蹴る / ～을 던지다 球を投げる.

공²[工] Ⅰ 名 〔'공업'의 준말〕工. Ⅱ 接尾 …工. ¶기능～ 技能工 / 견습～ 見習い工.

공³[公] Ⅰ 名 **1** 公. 公. 表向き. 反 私 ¶～과 사를 가리다 公と私を分ける. **2** 〔'공작(公爵)'의 준말〕公. 公爵.
Ⅱ 代 〔'당신' 또는 남자의 3인칭에 대한 높임말〕公. ¶～의 위대한 공적은 길이 후세에 남으리라 貴公の偉大な功績は永く後世に残るであろう.
Ⅲ 接尾 〔남자의 성(姓)이나 시호 등에 붙여 높임의 뜻을 나타냄〕公. ¶충무～ 忠武公.

공⁴[功] 名 **1** 〔'공로(功勞)'의 준말〕功労. 功名. 手柄. 功. ¶혁혁한 ～을 세우다 赫々たる手柄を立てる. **2** 〔'공력(功力)'의 준말〕功力. ¶～을 들이다 精魂を込める.
◆**공을 쌓다** 努力を重ねる. 功を積む.

공⁵[空] 名 **1** ゼロ. 零. **2** 空. 空いていること. ¶～병 空きびん. **3** 実質がないこと. ¶～수표 空手形. **4** 無駄. 徒労. ¶오늘도 ～쳤다 今日も徒労に終わった. **5** 《'공으로'의 꼴로》ただで. 無料で. ¶～으로 얻은 시계 ただでもらった時計. **6** 〔佛〕空.

공⁶[gong] 名 ゴング. ¶1라운드의 ～이 울리다 第1ラウンドのゴングが鳴る.

공간¹[公刊] 名 하他 公刊.

공간²[空間] 名 空間. ¶～ 도형 空間図形 / ～ 예술 空間芸術 / ～적 空間的 / 우주 ～ 宇宙空間.
공간미[一美] 名 空間美. ¶건축의 ～를 살리다 建築の空間美を生かす.

공갈[恐喝] 名 하他 **1** 恐喝. 脅し. ゆすり. ¶～ 행위 恐喝行為. **2** 〈俗〉嘘. ¶～쟁이 嘘つき.
공갈죄[一罪] 名〔法〕恐喝罪.
공갈치다 他〈俗〉恐喝する. 嘘をつく.

공감[共感] 名 하自 共感. ¶～이 가다 共感する / ～을 느끼다 共感を覚える.

공개[公開] 名 하他 公開. ¶～ 방송 公開放送 / ～ 선거 公開選挙 / ～장 公開状 / ～ 재판 公開裁判 / ～적 公開的 / ～주의 公開主義 / ～ 투표 公開投票 / 사건의 진상을 ～하라 事件の真相を公開せよ.

공것[空一] 名 ただ. 無料. ロハ. 労力・代価を払わないで得た物. ¶세상에 ～이란 없다 世の中にただというものはない.
〔속담〕 **공것이라면 비상[양잿물]도 먹는다[삼킨다]** ただなら砒素[灰汁]でも食べる[飲む]〈ただのものならなんでも喜ぶ〉.

공격[攻擊] 名 하他 攻撃. ¶인신～ 人身攻撃 / ～ 대상이 되다 攻撃の的になる / 성을 ～하다 城を攻める.
공격기[一機] 名〔軍〕攻撃機.
공격수[一手] 名 攻撃手.
공격적[一的] 冠名 攻撃的. ¶～인 태도를 취하다 攻撃的な態度をとる.

공경[恭敬] 名 하他 恭敬. 慎み敬うこと. ¶어른을 ～하는 마음 目上の人を敬う心.

공경제[公經濟] 名〔經〕公経済.

공고¹[工高] 名 〔'공업 고등 학교'의 준말〕工高. ¶～생 工高生.

공고²[公告] 名 하他 **1** 公告. 宣伝. ¶～문 公告文 / 모집 ～ 募集公告. **2** 公示. 告示. ¶투표일을 ～하다 投票日を公示する.

공공[公共] 名 公共. ¶～ 기업체 公共企業体 / ～ 재산 公共財産 / ～ 복지 公共福祉 / ～사업 公共事業.
공공경제[一經濟] 名 公共経済.
공공 단체[一團體] 名 公共団体.
공공물[一物] 名 公共物.
공공 방송[一放送] 名 公共放送.
공공시설[一施設] 名 公共施設.
공공요금[一料金] 名 公共料金.

공공연하다[公公然一] 形 公々然だ. 公然だ. おおっぴらだ. 表向きだ. ¶대낮에 공공연하게 강도질을 하다 白昼公然と強盗を働く. **공공연히** 副 公然と. おおっぴらに. 露骨に. ¶～ 입에 담다 公然と口にする.

공과¹[工科] 名 工科.
공과 대학[一大學] 名 工科大学.

공과²[公課] 名 公課.
공과금[一金] 名 公課金.

공과³[功過] 名 功過. 功罪.
공과상반[一相半] 名 功過が半半であること. 功過相半ばす.

공관[公館] 名 公館. 官邸. 公邸. ¶국무총리 ～ 国務総理官邸 / 재외 ～ 在外公館.
공관장[一長] 名 公館長. 大使館・領事館の長.

공교롭다[工巧一] 形 **1** 意外だ. 偶然だ. 思いがけない. 具合が悪い. **2** 《'공교롭게'의 꼴로》意外に. 偶然に. 思いがけなく. 折よく. 折あしく. あいにく. ¶친구를 길에서 공교롭게 만났다 友人に路上でばったり出会った / 공교롭게도 백화점이 휴일이었다 折あしくデパートは休みだった. **공교로이** 副 偶然に. 折よく. 折あしく.

공교하다[工巧一] 形 **1** 意外だ. 偶然だ. 思いがけない. 具合が悪い. **2** 巧妙だ. 精妙だ. ¶공교한 솜씨 巧妙な手並み. **공교히** 副 **1** 意外に. 偶然に. 思いがけなく. あいにく. 折あしく. 折よく. 都合よく. **2** 巧妙に.

공구¹[工具] 名 工具.

공구²[工區] 名 工区. ¶제2～ 第二工区.

공국[公國] 名 公国. ¶룩셈부르크 ～ ルクセンブルク公国.

공군[空軍] 名〔軍〕空軍. ¶～기 空軍機 / ～ 기지 空軍基地 / ～ 본부 空軍本部 / ～ 사관학교 空軍士官学校.

공권¹[公權] 名〔法〕公権. ¶～ 박탈 公権剥奪.
공권력[一力] 名〔法〕公権力.

공권²[空拳] 名 空拳. 素手. 徒手. ¶적수～ 赤手空拳. 徒手空拳.

공그르기 名 くけ縫い.

공그르다 他 くけ縫いをする. くける.

공글리다 他 **1** (地面などを)固める.

2 きれいに始末をつける.

공금〔公金〕 名 公金. ¶～ 유용 公金流用/～ 횡령 公金横領.

공급〔供給〕 名 하他 供給. ¶수요와 ～의 균형이 잡히지 않는다 需要と供給のバランスがとれていない/물건을 넉넉히 ～받다 品物が豊富に供給される.

공급원〔一源〕 名 供給源.

공기¹〔公器〕 名 公器. ¶신문은 사회의 ～이다 新聞は社会の公器である.

공기²〔空氣〕 名 **1** 空気. 大気. ¶～ 압축기 空気圧縮機/～ 전염 空気伝染/～ 조절 空気調節/압축 ～ 圧縮空気/맑은 ～ 澄んだ空気/타이어의 ～가 빠지다 タイヤの空気が抜ける/신선한 ～를 들이마시다 新鮮な空気を吸う. **2** 空気. 雰囲気. ¶회장에는 화기애애한 ～가 감돌고 있었다 会場にはなごやかな雰囲気が漂っていた.

공기총〔一銃〕 名 空気銃.

공기³〔空器〕 Ⅰ 名 **1** 空の器. **2** 茶碗. ¶밥 ～ ご飯茶碗/～밥 茶碗に盛ったご飯.

Ⅱ 依名 …椀. ¶밥 세 ～ ご飯3椀.

공기⁴ 名 **1** 石なご遊び. 石なご取り. それに用いる石. **2** お手玉遊び. お手玉.

공기놀이 名 **1** 石な子遊び. **2** お手玉遊び.

공기업〔公企業〕 名 公企業.

공납¹〔公納〕 名 国税. 国庫に納める税金.

공납금〔一金〕 名 **1** 官公署に義務として納めるお金. **2** (授業料など)学生が学校に納めるお金.

공납²〔貢納〕 名 하他 貢納. ¶～품 貢納品.

공노〔共怒〕 名 하自 ともに怒ること. ¶천인～할 만행 天人ともに怒るべき蛮行.

공단¹〔工團〕 名 工団. 工業団地.

공단²〔公團〕 名 公団. ¶에너지 관리 ～ エネルギ管理公団.

공당〔公黨〕 名 公党. ¶사회의 ～ 社会の公党.

공대¹〔工大〕 名〔'공과 대학'의 준말〕工科大学. 工学部.

공대²〔恭待〕 名 하自他 **1** 丁重にもてなすこと. **2** 相手に敬語を使うこと.

공대말 名 敬語.

공대공〔空對空〕 名 空対空. ¶～ 미사일 空対空ミサイル.

공대지〔空對地〕 名 空対地. ¶～ 미사일 空対地ミサイル.

공덕〔功德〕 **1** 功徳. 功績と徳行. **2**〔佛〕功徳. 善根. ¶～을 베풀다 功徳を施す.

공도〔公道〕 名 公道. ¶천하의 ～를 지키다 天下の公道を守る.

공돈〔空一〕 名 あぶく銭. 労せずして得たお金. ¶～은 오래 못 간다 労せずして得たお金はすぐなくなる.

공돌다〔空一〕 自 空回りする. 空転する.

공동¹〔共同〕 名 하他 共同. 協同. ¶～ 경제 共同経済/～변소 共同[公衆]便所/～ 보증 共同保証/～ 상속 共同相続/～ 소유 共同所有/～ 의무 共同義務/～ 작전 共同作戦/～ 주택 共同住宅/～ 집행 共同執行/～ 행위 共同行為/～ 전선 共同戦線/회사를 ～으로 경영하다 会社を共同で経営する.

공동 목욕탕〔一沐浴湯〕 名 銭湯. 共同浴場.

공동묘지〔一墓地〕 名 共同墓地.

공동 사회〔一社會〕 名 共同社会.

공동생활〔一生活〕 名 共同生活.

공동 성명〔一聲明〕 名 共同声明.

공동 위원회〔一委員會〕 名 共同委員会.

공동 주최〔一主催〕 名 共同主催.

공동체〔一體〕 名 共同体.

공동 판매〔一販賣〕 名 共同販売.

공동²〔空洞〕 名 空洞. **1** 洞窟. ほら穴. **2** 生体の組織の一部が死滅し排出あるいは吸収されたのちにできた空洞.

공득〔空得〕 名 하他 (労せず)ただで得ること.

공들다〔功一〕 自 (事を成し遂げるのに)誠意と努力がいる.

〔속담〕**공든 탑이 무너지랴** 念を入れてつくった塔が崩れることがあろうか〈真心をこめてした事が無駄に終わるようなことは決してない〉.

공들이다〔功一〕 自 (事を成し遂げるのに)誠意と努力を注ぐ. 精魂込める. ¶공들여 만든 불상 真心込めてつくった仏像.

공떡〔空一〕 名 (努力せずに)ただで得た利益. 拾いもの. 棚ぼた.

공뜨다〔空一〕 自 **1** 宙に浮く. 宙ぶらりんになる. ¶그 사업 계획은 공떠 버렸다 その事業計画は宙に浮いてしまった. **2** (混じらずに)浮く. ¶물 위에 기름이 ～ 水の上に油が浮く. **3** (うわさなどが)根拠もなく広まる. ¶공뜬 소문 根も葉もないうわさ. **4** (心が)いたずらにうわつく. ¶공떠서 돌아다니다 うわついて歩き回る.

공란〔空欄〕 名 空欄.

공람〔供覽〕 名 하他 供覧.

공랭〔空冷〕 名 하他 空冷.

공랭식〔一式〕 名 空冷式. ¶～ 엔진 空冷式エンジン.

공략〔攻略〕 名 하他 攻略. ¶적의 요새를 ～하다 敵の要塞を攻略する.

공력〔功力〕 名 **1** 功力. 誠意と努力. ¶～이 많이 들다 多くの努力がいる. 骨が折れる. **2**〔佛〕功力. 修行によって得た力.

공로¹〔公路〕 名 公路. 公道.

공로²〔功勞〕 名 功労. 手柄. 功. ¶～자 功労者/높은 ～를 세우다 大きな功労を立てる.

공로상〔一賞〕 名 功労賞.

공로주〔一株〕 名〔經〕功労株.

공로³〔空路〕 名 **1**〔'항공로'의 준말〕航空路. 空路. **2** 空路. 航空便. ¶～로 서울에 도착했다 空路でソウルに到着した.

공론¹〔公論〕 名 하他 **1** 討論. **2** 公論. 世論. ¶～에 따르다 公論に従う.

공론²〔空論〕 名 하自他 空論. ¶ 탁상~ 机上の空論.
　공론가〔一家〕 名 空論家.
　공론공담〔一空談〕 名 無駄話.
공룡〔恐龍〕 名〔動〕 恐竜.
공리¹〔公利〕 名 公利. 公益.
공리²〔公理〕 名 公理. ¶ 수학의 ~ 数学の公理.
공리³〔功利〕 名 **1** 功利. 功名と利得. **2** 功利. 幸福と利益.
　공리성〔一性〕 名 功利性.
　공리적〔一的〕 冠 名 功利的. 打算的. ¶ ~인 생각에 사로잡히다 功利的な考えにとらわれる.
　공리주의〔一主義〕 名 功利主義.
공리⁴〔空理〕 名 空理. ¶ ~공론 空理空論.
공립〔公立〕 名 公立. ¶ ~학교 公立学校.
공막하다〔空漠一〕 形 空漠としている. 漠然としている. ¶ 공막한 황야 空漠たる荒野.
공매〔公賣〕 名 하他〔法〕 公売. ¶ 압류품을 ~에 부치다 差し押さえ品を公売に付す.
　공매 처분〔一處分〕 名〔法〕 公売処分.
공맹〔孔孟〕 名 孔孟. 孔子と孟子.
　공맹지도〔一之道〕 名 孔孟の道. 儒教の道徳.
　공맹학〔一學〕 名 孔孟学. 儒学.
공명¹〔公明〕 名 하形 公明. **공명히** 副 公明に.
　공명선거〔一選擧〕 名 公明選挙.
　공명정대〔一正大〕 名 하形 公明正大. ¶ ~한 처사 公明正大な措置.
공명²〔功名〕 名 하自 功名. 手柄を立てて有名になること. ¶ ~을 다투다 功名を争う.
　공명심〔一心〕 名 功名心.
　공명욕〔一慾〕 名 功名欲.
공명³〔共鳴〕 名 하自 共鳴. ¶ 남의 생각에 ~하다 人の意見に共鳴する.
　공명관〔一管〕 名 共鳴管.
　공명기〔一器〕 名 共鳴器.
　공명 상자〔一箱子〕 名 共鳴箱.
공모¹〔公募〕 名 하他 公募. ¶ 사원을 ~하다 社員を公募する.
　공모전〔一展〕 名 公募展.
　공모주〔一株〕 名〔經〕 公募株.
공모²〔共謀〕 名 하他 共謀. ¶ ~해서 수용소를 탈출했다 共謀して収容所を脱出した.
　공모자〔一者〕 名 共謀者.
공목〔空木〕 名〔印〕 インテル. 込め物〈活字の字間や行間に詰める物〉.
공무¹〔工務〕 名 **1** 工務. 工場に関する事務. **2** 工務. 土木·建築に関する仕事.
　공무국〔一局〕 名 工務局.
공무²〔公務〕 名 公務. ¶ ~에 의한 출장 公務による出張.
　공무원〔一員〕 名 公務員. 役人.
　공무 집행 방해죄〔一執行妨害罪〕 名〔法〕 公務執行妨害罪.
공문¹〔公文〕 名 〔'공문서(公文書)'의 준말〕 公文.
　공문서〔一書〕 名 公文書.
　공문서 위조죄〔一書僞造罪〕 名〔法〕 公文書偽造罪.
공문²〔空文〕 名 空文. ¶ ~화된 규정 空文化した規定.
공물¹〔公物〕 名 公物.
공물²〔供物〕 名 供物. 供え物.
공물³〔貢物〕 名〔史〕 貢物. 貢ぎ物. ¶ ~을 바치다 貢ぎ物を納める.
공미리 名〔動〕 細魚.
공민〔公民〕 名 公民.
　공민 교육〔一教育〕 名 公民教育.
　공민권〔一權〕 名 公民権.
　공민학교〔一學校〕 名 公民学校.
공박〔攻駁〕 名 하他 (人の過ちを)なじり責めること. ¶ ~을 받다 (過ちを)責められる / 상대의 잘못을 호되게 ~했다 相手の過ちをひどく責め立てた.
공밥〔空一〕 名 ただ飯. 労力·代価を払わないで食べるご飯.
　◆**공밥을 먹다** ① 働かず報酬だけ取る. ② 居候する. ¶ 누나 집에서 ~을 먹고 있다 姉の家で居候をしている.
공방¹〔攻防〕 名 攻防. ¶ ~을 거듭하다 攻防を繰り返す.
　공방전〔一戰〕 名 攻防戦. ¶ 치열한 ~ 熾烈な攻防戦.
공방²〔空房〕 名 **1** 空房. 人のいない部屋. **2** 空閨. 孤閨. ¶ 독수~을 지키다 孤閨を守る.
　공방살〔一煞〕 名 夫婦の間が不和になる悪運.
공배〔空排〕 名 (囲碁の)駄目. ¶ ~를 메우다 駄目を詰める.
공배수〔公倍數〕 名〔數〕 公倍数. ¶ 최소 ~ 最小公倍数.
공백〔空白〕 名 空白. 余白. ¶ 지면의 ~을 컷으로 메우다 紙面の余白をカットで埋める / 정치의 ~ 기간 政治の空白期間.
　공백기〔一期〕 名 空白期.
공범〔共犯〕 名 하他〔法〕 **1** 共犯. ¶ ~죄 共犯罪. **2** 〔'공범자'의 준말〕 共犯者.
　공범자〔一者〕 名〔法〕 共犯者.
공법¹〔工法〕 名 工法.
공법²〔公法〕 名〔法〕 公法. 反 私法 ¶ 국제 ~ 国際公法. 国際法.
　공법학〔一學〕 名 公法学.
공변되다 形 (言動などが)公平無私だ.
공병¹〔工兵〕 名〔軍〕 工兵.
　공병단〔一團〕 名〔軍〕 工兵団.
　공병대〔一隊〕 名〔軍〕 工兵隊.
공병²〔空甁〕 名 空き瓶.
공보〔公報〕 名 公報. 広報. ¶ ~관 公報官 / ~를 발행하다 公報を発行する.
　공보원〔一院〕 名 公報院.
공복¹〔公僕〕 名 公僕. 公務員.
공복²〔空腹〕 名 空腹. 空き腹. すきっぱら. ¶ ~감 空腹感 / ~을 느끼다 空腹を覚える.
공부¹〔工夫〕 名 하自他 勉強. ¶ ~방 勉強部屋 / 공붓벌레 勉強の虫. がり勉 / 시험 ~ 試験勉強 / 벼락치기 ~ にわか勉強. 一夜漬け / ~를 게을리하다 勉強を怠る / ~를 잘한다[못한

다] 勉強ができる[できない] / 열심히 ~하다 一生懸命勉強する.
공부²〔公簿〕 名 公簿〈法令にしたがって官公署で作成し備えておく帳簿〉.
공분〔公憤〕 名 公憤. ¶ ~을 느끼다 公憤を覚える.
공비¹〔工費〕 名 工費. ¶ 막대한 ~가 들다 莫大な工費がかかる.
공비²〔公比〕 名〔數〕公比.
공비³〔公費〕 名 公費. ㊀ 私費
공비⁴〔共匪〕 名 **1** 共匪. 共産軍. **2** 共匪. 共産ゲリラ.
공사¹〔工事〕 名 하自 工事. ¶ 날림 ~ やっつけ工事 / 토목 ~에 착수하다 土木工事に取りかかる.
공사비〔一費〕 名 工事費.
공사장〔一場〕 名 工事現場. 工事場.
공사판 名 工事現場.
공사²〔公私〕 名 公私. ¶ ~의 구분을 분명히 하시오 公私のけじめをはっきりとつけなさい.
공사³〔公事〕 名 公事. 公務.
공사⁴〔公使〕 名 公使. ¶ 주미 ~ 駐米公使.
공사관〔一館〕 名〔法〕公使館.
공사⁵〔公社〕 名 公社. ¶ 주택 ~ 住宅公社.
공사⁶〔空士〕 名〔'공군 사관학교'의 준말〕空軍士官学校.
공산¹〔公算〕 名 公算. 確率. ¶ 성공할 ~이 크다 成功する公算が大きい.
공산²〔共產〕 名 共産. ¶ ~화된 사회 共産化した社会.
공산 국가〔一國家〕 名 共産国家.
공산군〔一軍〕 名 共産軍.
공산권〔一圈〕 名 共産圏.
공산당〔一黨〕 名 共産党.
공산주의〔一主義〕 名 共産主義. ¶ ~자 共産主義者.
공산³〔空山〕 名 空山. 人気のない山中.
공산명월〔一明月〕 名 **1** 空山の明月. **2** (花札で)8月のすすきの20点札. 坊主. **3**〈俗〉はげ頭.
공산물〔工産物〕 名 工業製品. 工産物.
공산품〔工產品〕 名 工産品.
공상¹〔工商〕 名 **1** 工業と商業. **2** (身分としての)工商. ¶ 사농~ 士農工商.
공상²〔公傷〕 名 公傷. 公務中に受けた傷.
공상³〔空想〕 名 하他 空想. 夢想. ¶ ~에 잠기다 空想にふける / 미래의 생활을 ~하다 未来の生活を空想する.
공상가〔一家〕 名 空想家.
공상 과학 소설〔一科學小說〕 名〔文〕空想科学小説. エスエフ(SF).
공상 과학 영화〔一科學映畫〕 名 空想科学映画.
공상적〔一的〕 冠 名 空想的.
공생〔共生〕 名 하自 共生. ¶ ~ 관계 共生関係 / ~ 식물 共生植物.
공서〔共棲〕 名 하自〔生〕(異種類の生物の)共生. 共棲.
공서 양속〔公序良俗〕 名 公序良俗. ¶ ~에 반하는 행위 公序良俗に反する行為.
공석¹〔公席〕 名 **1** 公的な集まりの席. **2** 公務を執る席.
공석²〔空席〕 名 空席. 空き. 空位. 欠員. 空いた地位[職]. ¶ ~이 눈에 띄다 空席が目立つ / 과장직에 ~이 있다 課長職に空きがある.
공선〔公選〕 名 하他 公選. **1** 一般国民による選挙. **2** 公平な選挙.
공선제〔一制〕 名 公選制.
공설¹〔公設〕 名 하他 公設. ¶ ~ 운동장 公設運動場.
공설 시장〔一市場〕 名 公設市場.
공설²〔空說〕 名 空説. 根も葉もない話.
공성〔攻城〕 名 하自他 攻城. 城を攻めること.
공세〔攻勢〕 名 攻勢. ¶ 선전 ~로 나오다 宣伝攻勢に出る.
공소〔公訴〕 名 하他〔法〕公訴. ¶ ~를 제기하다 公訴を提起する.
공소권〔一權〕 名〔法〕公訴権.
공소 시효〔一時效〕 名〔法〕公訴時効.
공소장〔一狀〕 名〔法〕公訴状.
공소하다〔空疎一〕 形 空疎だ. ¶ 공소한 이론 空疎な理論.
공손하다〔恭遜一〕 形 丁寧だ. 丁重だ. 恭しい. ¶ 공손한 말씨 丁寧な言葉遣い. **공손히** 副 丁寧に. 丁重に. 恭しく. ¶ ~ 머리를 숙이다 恭しく頭を下げる.
공수¹ 名〔民俗〕ムーダン(무당)の口寄せ.
◆**공수를 받다** 口寄せを聞く.
◆**공수를 주다** 口寄せをする.
공수²〔攻守〕 名 攻守.
공수 동맹〔一同盟〕 名 攻守同盟.
공수³〔空手〕 名 空手. 素手. 手ぶら.
공수래공수거〔一來空手去〕 名〔佛〕(人間はこの世に素手で来て素手で去るものであるの意で) 財物などにあまり欲張る必要がないこと.
공수⁴〔空輸〕 名 하他 空輸. ¶ 식량을 ~하다 食糧を空輸する.
공수 부대〔一部隊〕 名〔軍〕空輸部隊. 空挺部隊.
공수 특전단〔一特戰團〕 名〔軍〕空輸特戦団.
공수⁵〔拱手〕 名 **1** 拱手. 両手の指を握り合わせて恭敬の意を表わすこと. **2** 拱手. 手を下さないで何もしないこと. ¶ ~ 방관하다 拱手傍観する.
공수시립〔一侍立〕 名 하自 丁寧に両手を握り合わせて目上の人のそばに立っていること.
공수병〔恐水病〕 名〔醫〕恐水病. 狂犬病.
공수표〔空手票〕 名 空手形. 空証文. ¶ ~를 떼다 空手形を切る / 선거 공약이 ~로 끝났다 選挙公約が空手形に終わった.
공순하다〔恭順一〕 形 恭順だ. 慎み深くおとなしい. ¶ 공순한 성격 温順な性格. **공순히** 副 慎み深く. 恭順に.
공술¹〔空一〕 名 ただ酒. ふるまい酒.
공술²〔供述〕 名 하他 供述. 陳述.
공습〔空襲〕 名 하他 空襲.
공습경보〔一警報〕 名 空襲警報.
공시〔公示〕 名 하他 公示. ¶ ~가 公

示価格/투표일을 ～하다 投票日を公示する.
공시 송달〔一送達〕名〔法〕公示送達.
공시 최고〔一催告〕名〔法〕公示催告.
공식〔公式〕名 **1** 公式. ¶～ 방문 公式訪問/～ 발표에 의하면 公式発表によれば. **2** 型にはまった形式. **3**〔數〕公式. ¶～에 대입하다 公式にあてはめる.
공식어〔一語〕名 公式語.
공식적〔一的〕冠名 公式的. 公式の. ¶～인 답변 公式的答弁/～인 회견 公式会見.
공식주의〔一主義〕名 公式主義.
공식화〔一化〕名 하自他 公式化.
공신¹〔公信〕名 公信. **1** 公共の信用. **2** 公的に与える信用.
공신력〔一力〕名〔法〕公信力.
공신²〔功臣〕名 功臣.
공실〔空室〕名 空室. 空き部屋. あき間.
공안〔公安〕名 公安. ¶～ 사건 公安事件/～ 위원회 公安委員会.
공알 名〈俗〉陰核.
공약¹〔公約〕名 하他 公約. ¶선거 ～을 지키다 選挙公約を守る.
공약²〔空約〕名 空約束. ¶모든 약속은 ～에 불과했다 すべての約束は空手形にすぎなかった.
공약수〔公約數〕名〔數〕公約数. ¶최대 ～ 最大公約数.
공양〔供養〕名 하自他 **1** 供養. 父母·目上の人に食物をもてなすこと. 養うこと. ¶노부모를 ～하다 老父母を養う. **2**〔佛〕供養. ¶～물 供物/～탑 供養塔.
공양드리다 自 供養する. 養う.
공양미〔一米〕名〔佛〕供米.
공양주〔一主〕名〔佛〕**1** 施主. **2** 寺で飯を炊く役目, またその人.
공언¹〔公言〕名 하他 公言. ¶떳떳이 ～하다 はばかることなく公言する. 公言してはばからない.
공언²〔空言〕名 하自 空言. そらごと. ¶～을 하다 空言を吐く. そらごとを言う.
공업〔工業〕名 工業. ¶중～ 重工業/～ 단지 工業団地/～용수 工業用水/～ 폐수 工業廃水.
공업계〔一界〕名 工業界.
공업 고등학교〔一高等學校〕名 工業高等学校.
공업국〔一國〕名 工業国.
공업 소유권〔一所有權〕名 工業所有権.
공업용〔一用〕名 工業用. ¶～ 로봇 工業用ロボット.
공업 지대〔一地帶〕名 工業地帯.
공업화〔一化〕名 하自他 工業化.
공여〔供與〕名 하他 供与. ¶무기를 ～하다 武器を供与する.
공역¹〔公役〕名 公役(国家·公共団体などから強制的に命じられる務め·兵役など).
공역²〔共譯〕名 하他 共訳.
공연¹〔公演〕名 하他 公演. ¶지방 ～에 나서다 地方公演に出る.
공연²〔共演〕名 하自 共演.
공연스럽다〔空然一〕形 無駄だ. 役に立たない. 不必要だ. **공연스레** 副 無駄に. 不必要に. 無用に.
공연하다¹〔公然一〕形 公然としている. おおっぴらだ. ¶공연한 비밀 公然の秘密. **공연히** 副 公然と. おおっぴらに. ¶～ 알려진 사실 公然と知られた事実.
공연하다²〔空然一〕形 無駄だ. つまらない. よけいだ. 空しい. ¶공연한 수고를 했구먼 無駄な骨折りをしたものだな/공연한 걱정을 끼쳤구나 いらぬ心配をかけたね. **공연히** 副 むなしく. 無駄に. わけもなく. いたずらに. なんとなく. ¶～ 화를 내다 わけもなく腹を立てる.
공염불〔空念佛〕名 하自 空念仏. ¶선거 공약은 ～로 끝났다 選挙公約は空念仏に終わった.
공영¹〔公營〕名 하他 公営. ¶～ 사업 公営事業.
공영 방송〔一放送〕名 公営放送.
공영 선거〔一選擧〕名〔法〕公営選挙.
공영 주택〔一住宅〕名 公営住宅.
공영²〔共榮〕名 하自 共栄. ¶공조 ～ ともに助けあいともに栄えること.
공영³〔共營〕名 하他 共営. 共同経営.
공예〔工藝〕名 工芸. ¶민속 ～ 民俗工芸.
공예가〔一家〕名 工芸家.
공예 미술〔一美術〕名 工芸美術.
공예 작물〔一作物〕名〔農〕工芸作物.
공예품〔一品〕名 工芸品.
공용¹〔公用〕名 하他 公用. 反 私用.
공용물〔一物〕名 公用物.
공용 부담〔一負擔〕名〔法〕公用負担.
공용어〔一語〕名 公用語.
공용 재산〔一財産〕名 公用財産.
공용²〔共用〕名 하他 共用. ¶남녀 ～의 청바지 男女共用のジーンズ.
공원¹〔工員〕名 工員. 職工.
공원²〔公園〕名 公園. ¶국립～ 国立公園.
공유¹〔公有〕名 公有. 反 私有
공유권〔一權〕名〔法〕公有権.
공유림〔一林〕名 公有林.
공유물〔一物〕名 公有物.
공유 재산〔一財産〕名 公有財産.
공유지〔一地〕名 公有地.
공유²〔共有〕名 하他 共有.
공유 결합〔一結合〕名〔化〕共有結合.
공유물〔一物〕名 共有物.
공유지〔一地〕名 共有地.
공으로〔空一〕副 ただで. 無料で. ▷공(空)
공의롭다〔公義一〕形 公平で義理固い. **공의로이** 副 公平で義理固く.
공이 名 **1** 杵. **2** (小銃の)撃針.
공이치기 名 (小銃の)打ち金. 撃鉄.
공익¹〔公益〕名 公益. ¶～을 지키다 公益を守る.
공익 단체〔一團體〕名〔法〕公益団体.
공익 법인〔一法人〕名〔法〕公益法人.
공익사업〔一事業〕名 公益事業.
공익 신탁〔一信託〕名〔法〕公益信託.
공익 전당포〔一典當鋪〕名 公益質屋.
공익²〔共益〕名 共益. 共同の利益.
공익권〔一權〕名〔法〕共益権.
공익 비용〔一費用〕名 共益費用.
공인¹〔公人〕名 公人. ¶～으로서 발

언하다 公人として発言する.
공인[2]〔公印〕名 公印. ¶～ 위조죄 公印偽造罪.
공인[3]〔公認〕名 하他 公認. ¶～을 받다 公認を受ける. 公認される.
공인 회계사〔一會計士〕名 公認会計士.
공일[1]〔空一〕名 **1** ただ働き. 無報酬で働くこと. ¶이것은 ～이나 마찬가지다 これはただ働きも同じだ. **2** 無駄なこと. 徒労.
공일[2]〔空日〕名 日曜日.
공일날 名 日曜日.
공임[1]〔工賃〕名 工賃. ¶～을 지불하다 工賃を支払う.
공임[2]〔公任〕名 公務に関する職責.
공자〔公子〕名 公子. ¶귀～ 貴公子.
공작[1]〔工作〕名 하他 **1** 工作. 物をつくること. **2** 工作. ある目的達成のため前もって働きかけること. ¶지하 ～ 地下工作 / 배후에서 ～하다 背後で工作する.
공작금〔一金〕名 工作金.
공작 기계〔一機械〕名 工作機械.
공작대〔一隊〕名 工作隊.
공작물〔一物〕名 工作物.
공작선〔一船〕名 工作船.
공작실〔一室〕名 工作室.
공작원〔一員〕名 工作員. スパイ.
공작창〔一廠〕名 工作廠.
공작함〔一艦〕名 工作艦.
공작[2]〔公爵〕名 公爵.
공작[3]〔孔雀〕名〔動〕孔雀.
공작부인〔一夫人〕名 華やかに着飾った婦人.
공작새 名〔動〕孔雀.
공장[1]〔工匠〕名 工匠.
공장[2]〔工場〕名 工場. ¶자동차 ～ 自動車工場 / ～에 다니다 工場に通う[勤務する].
공장공해〔一公害〕名 工場公害.
공장도〔一渡〕名 工場渡し. ¶～ 가격 工場渡し価格.
공장장〔一長〕名 工場長.
공장 폐쇄〔一閉鎖〕名 工場閉鎖.
공장 폐수〔一廢水〕名 工場廃水.
공저〔共著〕名 하他 共著.
공적[1]〔公的〕名 公的. 反 私的. ¶～인 문제 公的な問題 / ～인 모임 公的な会合.
공적[2]〔公敵〕名 公敵. 国家·社会の敵. ¶～으로 간주하다 公敵と見なす.
공적[3]〔功績〕名 功績. 手柄. 功労. ¶～을 남기다 功績を残す / ～을 세우다 功績をたてる.
공전[1]〔工錢〕名 工銭. 工賃.
공전[2]〔公轉〕名 하自他〔天〕公転. 反 自転. ¶지구의 ～ 운동 地球の公転運動.
공전 주기〔一週期〕名〔天〕公転周期.
공전[3]〔空前〕名 空前. ¶～절후 空前絶後 / ～의 성황 空前の盛況.
공전[4]〔空轉〕名 하自 空転. 空回り. ¶내연 기관이 ～하다 エンジンが空回りする / 회의가 ～되어 성과가 없었다 会議は空転して成果がなかった.
공정[1]〔工程〕名 工程. プロセス. ¶제조 ～ 製造工程 / 여러 가지 ～을 거치다 いろいろな工程を経る.
공정 관리〔一管理〕名 工程管理.
공정도〔一圖〕名 工程図.
공정[2]〔公正〕名 하形 公正. ¶～을 기하다 公正を期する / ～한 평가를 내리다 公正な評価を下す. **공정히** 副 公正に.
공정 거래〔一去來〕名 公正取引. ¶～ 위원회 公正取引委員会.
공정 증서〔一證書〕名〔法〕公正証書.
공정 지가〔一地價〕名 公正地価.
공정[3]〔公定〕名 하他 公定.
공정가〔一價〕名 公定価格.
공정 이율〔一利率〕名〔經〕公定利率.
공정 환율〔一換率〕名〔經〕公定為替相場. 公定為替レート.
공제[1]〔共濟〕名 하他 共済.
공제 조합〔一組合〕名 共済組合.
공제[2]〔控除〕名 하他 **1** 控除. 差し引き. 天引き. ¶기초 ～ 基礎控除. **2** (囲碁で)込み. 込み出し. ¶5호 반 ～ 5目半の込み.
공조〔共助〕名 하他 共助. 互助. ¶～ 수사 共助捜査.
공존〔共存〕名 하自 共存. ¶평화 ～ 平和共存 / ～ 공영 共存共栄.
공죄〔功罪〕名 功罪. 功過.
공죄상보〔一相補〕名 하自 功罪が相償うこと.
공주〔公主〕名 公主. 姫. 王女.
공준〔公準〕名〔論〕〔數〕公準.
공중[1]〔公衆〕名 公衆. ¶～ 생활에서는 질서가 중요하다 社会生活では秩序が大事だ.
공중도덕〔一道德〕名 公衆道徳.
공중변소〔一便所〕名 公衆便所.
공중위생〔一衛生〕名 公衆衛生.
공중전화〔一電話〕名 公衆電話.
공중[2]〔空中〕名 空中. 宙. 空. 大気中. ¶～을 날다 空中を飛ぶ.
공중 광고〔一廣告〕名 空中広告.
공중권〔一權〕名 空中権.
공중 급유〔一給油〕名 空中給油.
공중누각〔一樓閣〕名 空中楼閣.
공중 방전〔一放電〕名 空中放電.
공중 보급〔一補給〕名 하自他 空中補給.
공중분해〔一分解〕名 하自 空中分解.
공중 수송〔一輸送〕名 空中輸送.
공중전〔一戰〕名 空中戦.
공중 정찰〔一偵察〕名 空中偵察.
공중제비 名 宙返り. とんぼ返り. ¶～를 넘다 とんぼ返りをする.
공중 조명〔一照明〕名 空中照明.
공중 촬영〔一撮影〕名 空中撮影.
공중회전〔一回轉〕名 空中回転.
공증〔公證〕名 하他 公証.
공증 문서〔一文書〕名 公証文書.
공증인〔一人〕名〔法〕公証人. ¶～ 사무소 公証人役場.
공지[1]〔公知〕名 公知. 周知. 広く知れわたること. ¶～ 사실 周知の事実.
공지 사항〔一事項〕名 公知事項. 布令事項. (役所や機関からの)知らせ.

공지²〔空地〕 名 **1** 空地. 空き地. **2** 空と陸地.
공직〔公職〕 名 公職. ¶ ~에 취임하다 公職につく.
공진〔共振〕 名 하自 〔物〕 共振.
공진 회로〔—回路〕 名〔物〕 共振回路.
공집기〔空—〕 名 하自 あみだくじ〈何かを買って食べるとき, 人の数だけくじをつくり, そのうちに○を引き当てた人はお金を出さないくじ〉.
공짜〔空—〕 名 ただで得ること. ただで得た物. 無料. ¶ ~나 다름없는 값 ただも同様な値段 / ~ 술을 마시다 ふるまい酒を飲む.
공짜로 副 ただで. 無料で. ろはで. ¶ 수첩을 ~ 얻다 手帳をただでもらう / ~ 입장하다 無料で入場する.
공차¹〔公差〕 名 **1** 〔史〕 公差. 政府や宮家が派遣する役人·使者. **2** 〔法〕 公差. (度量衡·貨幣の重さなどで)誤差の許される範囲. **3** 〔數〕 公差. 等差級数や等差数列の連続する各項の差. **4** 〔數〕 公差. 近似値に対する誤差の限界や範囲.
공차²〔空車〕 名 **1** 空車. **2** (乗り物に)ただで乗ること. ¶ ~를 타다 ただ乗りをする.
공창¹〔工廠〕 名 **1** 鉄工所. **2** 工廠. (陸海空軍の)兵器工場.
공창²〔公娼〕 名 公娼.
공채¹〔公採〕 名 公開採用.
공채²〔公債〕 名 **1** 公債. **2** 〔'공채무(公債務)'의 준말〕 国が負う債務.
공채 증권〔—證券〕 名〔經〕 公債証券.
공채무〔公債務〕 名 国が負う債務.
공책〔空册〕 名 ノート. 帳面. 筆記帳.
공처가〔恐妻家〕 名 恐妻家.
공천〔公薦〕 名 하他 **1** 大衆の推薦. **2** 公正な推薦. **3** (政党の)公認. ¶ ~ 후보 公認候補 / ~을 받다 公認を受ける.
공청회〔公聽會〕 名 公聴会. 聴聞会. ¶ ~를 열다 公聴会を開く.
공출〔供出〕 名 하他 供出. ¶ ~미 供出米.
공출물〔空出物〕 名 하他 **1** (元手や労力を出さずに)他人の仕事に参加すること. **2** 元手や労力を無駄に使うこと.
공치기 名 球技.
공치다〔空—〕 自 (ある仕事で)所得を得ることができずに徒労に終わる. (仕事にありつけないで)あぶれる. ¶ 비 때문에 오늘도 공쳤다 雨で今日も徒労に終わった.
공치사¹〔功致辭〕 名 하自他 (自分の手柄を)人前で自慢すること.
공치사²〔空致辭〕 名 하自他 空世辞.
공칭〔公稱〕 名 하他 公称.
공칭 능력〔—能力〕 名 公称能力.
공칭 자본〔—資本〕 名〔經〕 公称資本.
공탁〔供託〕 名 하他 供託. ¶ ~물 供託物 / ~서 供託書.
공탁금〔—金〕 名〔法〕 供託金.
공탁소〔—所〕 名 供託所.
공터〔空—〕 名 空き地.
공통〔共通〕 名 하自 共通. ¶ ~의 화제 共通の話題 / 두 사람에게 ~되는 점 二人に共通する点.
공통성〔—性〕 名 共通性.
공통어〔—語〕 名〔言〕 共通語.
공통 인수〔—因數〕 數〔數〕 共通因数.
공통적〔—的〕 冠 名 共通的.
공통점〔—點〕 名 共通点.
공판¹〔公判〕 名 하自 〔法〕 公判. ¶ ~이 열렸다 公判が開かれた.
공판정〔—廷〕 名〔法〕 公判廷.
공판 조서〔—調書〕 名〔法〕 公判調書.
공판²〔共販〕 名 〔'공동 판매'의 준말〕 共同販売. 共販.
공판장〔—場〕 名 共同販売場.
공평〔公平〕 名 하形 公平. ¶ ~을 기하다 公平を期する / ~한 분배 公平な分配. **공평히** 副 公平に. ¶ ~ 다루다 公平に扱う.
공평무사〔—無私〕 名 하形 公平無私.
공포¹〔公布〕 名 하他 公布. ¶ 새 법령을 ~하다 新しい法令を公布する.
공포²〔空砲〕 名 空砲. 空鉄砲. ¶ ~를 쏘아 위협하다 空砲を撃って脅す.
◆**공포를 놓다** ① 空砲を撃つ. ② 脅す. 恐喝する.
공포³〔恐怖〕 名 恐怖. ¶ ~를 느끼다 恐怖を覚える / ~에 휩싸인 도시 恐怖に包まれた都市 / ~에 떨다 恐怖におののく.
공포감〔—感〕 名 恐怖感. ¶ ~에 사로잡히다 恐怖感に捕らわれる.
공포심〔—心〕 名 恐怖心.
공포 정치〔—政治〕 名 恐怖政治.
공포증〔—症〕 名 恐怖症. ¶ 고소 ~ 高所恐怖症.
공폭〔空爆〕 名 하自他 空中爆撃. 空爆.
공표¹〔公表〕 名 하他 公表. ¶ 당국의 ~에 의하면 当局の公表によれば / 사건의 진상을 ~하라 事件の真相を公表しろ.
공표²〔空票〕 名 **1** ただでもらった切符. **2** 空くじ.
공표³〔—標〕 名 丸印.
공하〔恭賀〕 名 하他 恭賀.
공하신년〔—新年〕 名 恭賀新年.
공학¹〔工學〕 名 工学. ¶ 전자 ~ 電子工学 / 토목 ~ 土木工学.
공학²〔共學〕 名 하自 共学. ¶ 남녀 ~ 男女共学.
공한〔公翰〕 名 公的書簡. 公式の手紙.
공한지〔空閑地〕 名 **1** 空閑地. 空き地. **2** 遊んでいる土地. ¶ ~세 空閑地税.
공항〔空港〕 名 空港. エアポート. ¶ 국제 ~ 国際空港.
공해¹〔公害〕 名 公害. ¶ ~ 문제 公害問題 / 소음 ~ 騒音公害.
공해병〔—病〕 名 公害病.
공해 산업〔—産業〕 名 公害産業.
공해²〔公海〕 名〔法〕 公海. ¶ ~ 자유의 원칙 公海の自由の原則.
공허감〔空虛感〕 名 空虚感. むなしさ.
공허하다〔空虛—〕 形 空虚だ. むなしい. ¶ 공허한 심정을 달랠 길 없다 空虚な心をなぐさめることができない.
공헌〔貢獻〕 名 하自他 貢献. ¶ ~도 貢

献度/사회에 ～하는 바가 크다 社会に貢献するところ大である.

공화〔共和〕名 共和.

공화국〔一國〕名 共和国.

공화 정치〔一政治〕名 共和政治.

공화제〔一制〕名 共和制.

공화 제도〔一制度〕名 共和制度.

공황〔恐慌〕名 **1** 恐慌. 恐れ慌てること. **2**〔經〕(経済)恐慌. ¶금융 ～ 金融恐慌/석유 파동이 ～을 초래했다 石油ショックが恐慌を招いた.

공회〔公會〕名 **1** 公会. 公の集まり. **2** 公会. 公衆の集まり. **3** 公会. 公開の集まり. **4** 公会. 重要な国際会議.

공회당〔一堂〕名 公会堂.

공훈〔功勳〕名 功勲. 勲功. 功績. 手柄. ¶～을 세우다 勲功を立てる.

공휴〔公休〕名 公休.

공휴일〔一日〕公休日.

공히〔共一〕副 ともに. ¶명실 ～ 名実ともに.

-곶〔串〕接尾 (지명에 붙어) …岬. ¶장산～ 長山岬.

곶감 名 干し柿. 串柿.

〔속담〕**곶감 꼬치에서 곶감 빼 먹듯** 串柿の串から串柿を抜いて食べるよう〈苦労して蓄えた財物を少しずつ使ってしまうこと〉.

과[1]〔果〕名 **1** 結果. **2**〔佛〕因縁から出るいっさいの法.

과[2]〔科〕名 **1** 科. 学問·研究分野の小区分. ¶국문～ 国文科/내～ 内科. **2**〔生〕科. 動·植物の分類区分の一つ. 目の下, 属の上. ¶고양잇～ ねこ科.

과[3]〔課〕**I** 名 **1** 課. 事務組織の一単位. ¶～별로 課別に. **2** 課. 教科書の区切り. ¶제5～ 第5課.
II 接尾 …課. ¶서무～ 庶務課.

과[4] 助 (자음으로 끝나는 체언에 붙어) **1**〔병렬·나열〕…と. ¶하늘～ 바다 空と海/수입～ 수출이 모두 부진하다 輸入も輸出もともに振るわない. ▷와 **2**〔비교의 대상을 나타냄〕…と. ¶지금은 옛날～ 다르다 今は昔と違う. ▷와 **3**〔함께 행동함〕…と(共に). ¶마을 사람들～ 협동해 다리를 만들었다 村人たちと共に橋をつくった. **4**〔상대로 하는 대상〕(…の相手·対象)と. ¶은행～ 거래하다 銀行と取り引きする/온갖 역경 ～ 맞서 싸우다 あらゆる逆境にたち向かって闘う.

과-[5]〔過〕接頭 **1**〔'지나친'의 뜻〕過…. ¶～적재 過積載. **2**〔化〕過…. ¶～황산 過硫酸.

과감하다〔果敢一〕形 果敢だ. ¶과감한 플레이 果敢なプレー. **과감히** 副 果敢に. 思い切って. ¶～ 개혁을 단행하다 果敢に改革を行なう.

과객[1]〔科客〕名〔史〕科挙の受験に来た儒生.

과객[2]〔過客〕名 過客. 旅人.

과거[1]〔科擧〕名 하自〔史〕科挙. ¶～에 장원 급제하다 科挙に首席で合格する.

◆**과거를 보다** 科挙を受ける.

과거[2]〔過去〕名 **1** 過去. 昔. かつて. ¶불행한 ～ 不幸な過去/～의 경험을 살리다 過去の経験を生かす/～를 돌이켜보고 반성하다 過去を振り返ってみて反省する/그도 ～에는 고생을 많이 했대 彼もかつては随分苦労したんだって. **2**〔言〕過去の動作·状態を表わす語法. 過去形.

과거 분사〔一分詞〕名〔言〕過去分詞.

과거사〔一事〕名 過去のこと. 過ぎ去ったこと.

과거 완료〔一完了〕名〔言〕過去完了.

과거지사〔一之事〕名 過去のこと. 過ぎ去ったこと.

과격 분자〔過激分子〕名 過激分子.

과격파〔過激派〕名 過激派.

과격하다〔過激一〕形 過激だ. 激しい. ¶과격한 사상 過激な思想/과격한 운동은 몸에 해롭다 過激な運動は体に悪い. **과격히** 副 過激に. 激しく.

과공〔過恭〕名 하形 丁寧すぎること.

◆**과공은 비례라** 丁寧すぎるのはかえって失礼になる.

과꽃 名〔植〕蝦夷菊. アスター.

과냉각〔過冷却〕名 하他〔物〕過冷却.

과녁 名 的. 標的. ¶～을 맞히다 的を射る/화살은 보기 좋게 ～에 적중했다 矢は見事に的に命中した.

과녁빼기 名 真向かい.

과녁빼기집 名 真向かいにある家.

과년〔瓜年〕名 **1** (女性の)結婚適齢期. 年ごろ. **2**〔史〕官職の任期が満了する年.

◆**과년이 차다** (女性が)結婚適齢期になる. 年ごろになる. ¶～이 찬 처녀 年ごろの娘.

과년도〔過年度〕名 昨年度. 過年度.

과년하다〔過年一〕形 女性の婚期が過ぎる. ¶과년한 처녀 婚期の過ぎた娘.

과념〔過念〕名 하他 心配しすぎること.

과다〔過多〕名 하形 過多. ¶공급 ～ 供給過多/위산 ～ 胃酸過多. **과다히** 副 過多に. ¶～ 섭취하다 摂取しすぎる.

과단〔果斷〕名 하他 果断.

과단성〔一性〕名 決断力のある性質. ¶일을 ～ 있게 처리하다 物事を果断に処理する.

과당[1]〔果糖〕名〔化〕果糖.

과당[2]〔過當〕名 하形 過当. ¶～ 경쟁 過当競争/～한 부탁 過ぎたお願い.

과대[1]〔過大〕名 하形 過大. 反 過小. ¶～한 요구 過大な要求. **과대히** 副 過大に.

과대평가〔一評價〕名 하他 過大評価.

과대[2]〔誇大〕名 하他 誇大. 大仰. 大げさ. ¶～ 선전 誇大宣伝/～한 광고 誇大な広告.

과대망상〔一妄想〕名 하自 誇大妄想. ¶～증 誇大妄想狂/～에 빠지다 誇大妄想に陥る.

과도[1]〔果刀〕名 果物ナイフ.

과도[2]〔過度〕名 하形 過度. ¶～한 지출 過度の支出. **과도히** 副 過度に.

과도[3]〔過渡〕名 過渡.

과도기〔一期〕 名 過渡期.
과도적〔一的〕 冠名 過渡的. ¶～ 단계 過渡的な段階.
과두〔寡頭〕 名 寡頭. ¶～제 寡頭制/～ 정치 寡頭政治.
과락〔科落〕 名 科目の中である1科目でも及第点に達しないこと.
과람〔過濫〕 名 하形 過分. 身に余ること. ¶～한 대접 過分のもてなし/～한 말씀 身に余るお言葉.
과량〔過量〕 名 하形 過量. ¶～ 섭취 過量摂取.
과로〔過勞〕 名 하自 過労. ¶～로 몸져눕다 過労で寝込む.
과로사〔一死〕 名 過労死.
과료〔科料〕 名〔法〕〔'과태료'의 구칭〕 科料.
과립〔顆粒〕 名 顆粒. ¶～상 顆粒状.
과망간산칼륨〔過 독 Mangan酸 독 Kalium〕 名〔化〕 過マンガン酸カリウム.
과목〔科目〕 名 科目. ¶학～ 学科目/전공 ～ 専攻科目.
과묵하다〔寡默一〕 形 寡黙だ. ¶과묵한 사람 寡黙な人. **과묵히** 副 寡黙に.
과문〔寡聞〕 名 하形 寡聞. ¶～한 탓으로 잘 모르겠습니다 寡聞にして存じません.
과민〔過敏〕 名 하形 過敏. ¶신경 ～ 神経過敏/～한 반응 過敏な反応.
과민성 체질〔一性體質〕 名 過敏性体質.
과민증〔一症〕 名〔醫〕 過敏症.
과밀〔過密〕 名 하形 過密. 反 過疎 ¶인구 ～ 현상 人口過密現象/～ 도시 過密都市.
과반〔過半〕 名 過半. 半分以上.
과반수〔一數〕 名 過半数. ¶～를 차지하다 過半数を占める.
과부〔寡婦〕 名 寡婦. 未亡人. やもめ. 後家. ¶～ 생활 後家暮らし/～로 수절하다 後家を通す.
〔속담〕 **과부 사정[설움]은 과부가 안다** 後家の事情[悲しさ]は後家が知る〈他人の苦しみは同じ立場の人がよくわかる〉.
과부댁〔一宅〕 名〈尊〉寡婦.
과부족〔過不足〕 名 過不足. ¶～ 없이 꼭 들어맞다 過不足なくきっちり合う.
과부하〔過負荷〕 名〔電〕 過負荷. ¶～ 전류 過負荷電流.
과분하다〔過分一〕 形 過分だ. 不相応だ. もったいない. ¶과분한 대우 過分な待遇[もてなし]/과분한 칭찬을 받다 過分なおほめにあずかる. **과분히** 副 過分に. もったいなく.
과산화〔過酸化〕 名〔化〕 過酸化.
과산화나트륨〔一독 Natrium〕 名〔化〕 過酸化ナトリウム.
과산화망간〔一독 Mangan〕 名〔化〕 過酸化マンガン.
과산화물〔一物〕 名〔化〕 過酸化物.
과산화바륨〔一barium〕 名〔化〕 過酸化バリウム.
과산화수소〔一水素〕 名〔化〕 過酸化水素.
과산화수소수〔一水素水〕 名〔化〕 過酸化水素水.
과산화질소〔一窒素〕 名〔化〕 過酸化窒素.
과세[1]〔過歲〕 名 하自 お正月を過ごすこと. 正月[新年]を迎えること.
과세[2]〔課稅〕 名 하自 課税. ¶누진 ～ 累進課税.
과세권〔一權〕 名〔法〕 課税権.
과세율〔一率〕 名 課税率. 税率.
과세 표준〔一標準〕 名 課税標準.
과소[1]〔過小〕 名 하形 過小. 反 過大.
과소평가〔一評價〕 名 하他 過小評価. ¶실력을 ～하다 実力を過小評価する.
과소[2]〔過少〕 名 하形 過少.
과소[3]〔過疎〕 名 하形 過疎. ¶인구 ～ 지역 人口過疎地域.
과속〔過速〕 名 하自 並はずれて速い速度. 超過速度.
과수[1]〔果樹〕 名 果樹.
과수원〔一園〕 名 果樹園.
과수[2]〔寡守〕 名 寡婦. 後家.
과수댁〔一宅〕 名〈尊〉寡婦.
과시〔誇示〕 名 하他 **1** 誇示. 自慢して見せびらかすこと. ¶재력을 ～하다 財力を誇示する. **2** 誇大. 実際よりおおげさに見せること. ¶～ 효과 誇大効果.
과식〔過食〕 名 하他 過食. 食べ過ぎ. ¶～은 위에 나쁘다 食べ過ぎは胃に悪い.
과신〔過信〕 名 하他 過信. ¶능력을 ～하다 能力を過信する.
과실[1]〔果實〕 名 果実. 果物.
과실시럽〔一syrup〕 名 果実シロップ.
과실음료〔一飮料〕 名 果実飲料.
과실주〔一酒〕 名 果実酒.
과실즙〔一汁〕 名 果汁.
과실[2]〔過失〕 名 過失. 過ち. しくじり. ¶～을 범하다 過失を犯す.
과실범〔一犯〕 名〔法〕 過失犯.
과실 상해죄〔一傷害罪〕 名〔法〕 過失傷害罪.
과실죄〔一罪〕 名〔法〕 過失罪.
과실 책임〔一責任〕 名〔法〕 過失責任.
과실 치사〔一致死〕 名〔法〕 過失致死.
과언〔過言〕 名 하自 過言. 言い過ぎ. ¶그 원인은 정치의 빈곤에 있다고 해도 ～이 아니다 その原因は政治の貧困にあるといっても過言ではない.
과업〔課業〕 名 **1** 課業. なすべき仕事. **2** 課業. 割り当てられた仕事や学業.
과연〔果然〕 副 果然. さすが. やっぱり. 果たして. 思ったとおり. なるほど. やはり. ¶～ 그렇다 やっぱりそうだ/～ 그럴까? 果たしてそうだろうか/～ 명장의 자식이다 さすがは名将の子だ.
과열〔過熱〕 名 하自他 過熱. ¶～로 불이 났다 過熱で出火した.
과오〔過誤〕 名 過誤. 過ち. ¶～를 범하다 過ちを犯す.
과외〔課外〕 名 課外. ¶～ 활동 課外活動.
과외 공부〔一工夫〕 名 決められた課程以外の勉強. 家庭教師の指導による勉強.
과외 수업〔一授業〕 名 課外授業.
과욕〔過慾〕 名 하形 欲が深いこと. 欲

ばり. ¶ ~은 금물이다 欲ばりは禁物だ.

과용〔過用〕 名 하他 過用. 使いすぎること. ¶ 약을 ~하다 楽を飲みすぎる.

과유불급〔過猶不及〕 名 過ぎたるはなお及ばざるがごとし.

과육〔果肉〕 名 **1** 果肉. **2** 果物と肉.

과음1〔過淫〕 名 하自 荒淫.

과음2〔過飲〕 名 하自他 過飲. 飲み過ぎ. ¶ ~해서 건강을 해쳤다 飲み過ぎて体を壊した.

과인산 석회〔過燐酸石灰〕 名〔化〕 過燐酸石灰.

과일 名 果物. フルーツ. ¶ ~ 가게 果物店 / ~나무 果樹 / 잘 익은 ~ よく熟した果物.

> 單語帳 과일·나무 열매에 관한 말
>
> 사과 りんご / 배 なし / 복숭아 もも / 포도 ぶどう / 딸기 いちご / 바나나 バナナ / 감 柿 / 수박 すいか / 귤 みかん / 자두 すもも / 참외 まくわうり / 파인애플 パイナップル / 버찌 さくらんぼ / 밤 くり / 대추 なつめ / 무화과(無花果) いちじく / 살구 あんず / 멜론 メロン / 개암 はしばみ / 호두(胡一) くるみ / 잣 松の実 / 석류(石榴) ざくろ / 모과 かりん.
> ◆사과 껍질을 깎다 りんごの皮をむく / 귤 껍질을 벗기다 みかんの皮をむく / 감을 따다 柿をもぐ.

과잉〔過剩〕 名 하形 過剰.
과잉 방위〔一防衛〕 名〔法〕 過剰防衛.
과잉보호〔一保護〕 名 過剰保護.
과잉 생산〔一生產〕 名〔經〕 過剰生産.
과잉 투자〔一投資〕 名〔經〕 過剰投資.

과자〔菓子〕 名 菓子. ケーキ. ¶ 얼음 ~ 氷菓子 / ~점 菓子屋.

과작〔寡作〕 名 하自他 寡作.

과장1〔科場〕 名〔史〕 科場. 科挙の試験場.

과장2〔誇張〕 名 하他 誇張. ¶ ~이 심하다 誇張しすぎる.
과장법〔一法〕 名〔言〕 誇張法.

과장3〔課長〕 名 課長. ¶ 경리 ~ 経理課長.

과적재〔過積載〕 名 하他 過積載.

과전압〔過電壓〕 名 過電圧.

과점〔寡占〕 名 寡占. ¶ ~ 기업 寡占企業 / 독~ 独占と寡占.

과정1〔過程〕 名 過程. 道程. プロセス. ¶ 연구 ~ 研究過程 / 발달 ~ 発達過程.

과정2〔課程〕 名 **1** 課程. 課業の程度. **2** 課程. 教科課程. カリキュラム.

과제〔課題〕 名 課題. ¶ 당면 ~ 当面の課題 / 연구 ~로 남다 研究課題として残る.
과제장〔一帳〕 名 **1** 課題帳. (予習·復習の)問題集. **2** 課題帳. 課題を記録したノート.

과줄 名 小麦粉にはちみつまたは砂糖水を入れてこね, 型で打ち抜き油で揚げた菓子.
과줄판〔一板〕 名 薬果の型抜き器.

과중하다〔過重一〕 形 過重だ. ¶ 과중한 부담 過重な負担 / 책임이 ~ 責任が重すぎる.

과즙〔果汁〕 名 果汁. ジュース.

과징금〔課徵金〕 名〔法〕 課徴金.

과찬〔過讚〕 名 하他 過賞. 過称. ほめ過ぎ. ¶ ~의 말씀 身に余るお言葉.

과채〔果菜〕 名 果菜. 果物と野菜.
과채류〔一類〕 名 果菜類.

과태료〔過怠料〕 名〔法〕 過料.

과태 약관〔過怠約款〕 名〔法〕 過怠約款.

과테말라〔Guatemala〕 名〔地〕 グアテマラ〈中米の共和国〉.

과하다1〔科一〕 他 科する. ¶ 벌금을 ~ 罰金を科する.

과하다2〔過一〕 形 過度だ. 度を超している. ひどい. あんまりだ. ¶ 일이 ~ 仕事が多過ぎる / 책망이 ~ 叱責がひどすぎる. **과히** 副 **1** あまり. 過度に. ¶ 음식을 ~ 먹다 食べ物を過度にたべる. **2**〘부정어와 함께 쓰여〙 あまり. それほど. さほど. たいして. ¶ ~ 어렵지 않다 それほど難しくない.

과하다3〔課一〕 他 **1** 課する. (税金を)負担させる. ¶ 세금을 ~ 税金を課する. **2** (責任·任務などを)負わせる.

과학〔科學〕 名 科学. ¶ 자연 ~ 自然科学 / 인문 ~ 人文科学 / 공상 ~ 영화 空想科学映画.
과학 기술부〔一技術部〕 名 科学技術部.
과학만능주의〔一萬能主義〕 名 科学万能主義.
과학성〔一性〕 名 科学性. 科学的な性質.
과학 수사〔一搜查〕 名 科学捜査.
과학자〔一者〕 名 科学者.
과학적〔一的〕 冠 名 科学的.
과학전〔一戰〕 名〔軍〕 科学戦.
과학화〔一化〕 名 하自他 科学化. ¶ 범죄 수사의 ~ 犯罪捜査の科学化.

곽〔槨〕 名 槨. 棺を入れる箱.

곽란〔霍亂〕 名〔韓方〕 霍乱. 急性胃腸病. ¶ 토사 ~ 吐瀉霍乱.

관1〔官〕 **I** 名 **1** 官. 役所. 政府. ¶ ~과 민이 협력하다 政府と民間が協力する. **2** 官吏. 公務員.
II 接尾 …官. ¶ 외교~ 外交官 / 장~ 長官.

관2〔冠〕 名 **1**〔史〕 冠. **2** 家譜である族譜で既婚男子の称.

관3〔貫〕 **I** 名 〔'본관(本貫)'의 준말〕 本貫.
II 依名 〔무게 단위〕 貫. 3.75キログラム. ¶ 고구마 한 ~ さつまいも1貫.

관4〔棺〕 名 棺. ひつぎ.

관5〔款〕 名〔法〕 **1** 款. 法律などの条目. ¶ 제1~ 第1款. **2** 款. 予算書·決算書などの分類科目.

관6〔管〕 名 管. ¶ 유리~ ガラス管 / 수도~ 水道管.

관7〔罐〕 名 **1** 缶. **2** 陶製のつるべ·やかん.

-관8〔館〕 接尾 〔기관이나 건물의 이름을 나타냄〕 …館. ¶ 대사~ 大使館 / 도서~ 図書館.

-관9〔觀〕 接尾 〔체계화된 견해를 뜻하는

말〕…観. ¶ 인생～ 人生観 / 세계～ 世界観.

관가〔官家〕 名〔史〕 **1** 官庁. (特に)地方の役所(郡役所). **2** 郡守.

관개〔灌漑〕 名 하自 灌漑.

관개 농업〔—農業〕 名 灌漑農業.

관개용수〔—用水〕 名 灌漑用水.

관개지〔—地〕 名 灌漑地.

관객〔觀客〕 名 観客. ¶～석 観客席 / 수많은 ～이 몰려들었다 多数の観客が押し寄せた.

관건〔關鍵〕 名 関鍵. キーポイント. かなめ. かぎ. ¶사건 해결의 ～을 쥐고 있다 事件解決のかぎを握っている.

관계¹〔官界〕 名 官界. ¶～에 들어가다 官界に入る.

관계²〔關係〕 名 하自 **1**〔관련·관여〕関係. 関連. かかわり. 関与. 間柄. ¶친선 ～ 親善関係 / 우호 ～를 맺다[끊다] 友好関係を結ぶ[断つ] / 쓸데없는 일에 ～하다 つまらないことにかかわりあう. **2**〔어떤 부분·방면〕関係. 分野. ¶교육 ～의 일을 본다 教育関係の仕事をする. **3**〔성관계〕関係·肉体関係をもつこと. ¶유부녀와 ～를 갖다 人妻と関係をもつ. **4**(‘관계로’의 꼴로)〔까닭·원인〕関係で. 関係上. ¶기후 ～로 흉작이다 気候のせいで不作だ.

관계관〔—官〕 名 関係官.

관계국〔—國〕 名 関係国.

관계 망상〔—妄想〕 名〔心〕関係妄想.

관계식〔—式〕 名〔數〕関係式.

관계없다 形 **1** 関係ない. ¶나는 그 일과는 ～ 私はその事とは関係ない. **2** 構わない. 心配無用だ. ¶그가 뭐라 해도 ～ 彼がなんと言おうと構わない. **관계없이** 副 関係なく. かかわらず. ¶학력과 ～ 채용했다 学歴と関係なく採用した.

관계자〔—者〕 名 関係者.

관공리〔官公吏〕 名 官公吏.

관공립〔官公立〕 名 官公立.

관공서〔官公署〕 名 官公署.

관광〔觀光〕 名 하他 観光. ¶～(여행)을 하다 観光(旅行)をする.

관광객〔—客〕 名 観光客.

관광 국가〔—國家〕 名 観光国家.

관광단〔—團〕 名 観光団.

관광 무역〔—貿易〕 名〔經〕観光貿易.

관광버스〔—bus〕 名 観光バス.

관광 사업〔—事業〕 名 観光事業.

관광 산업〔—產業〕 名 観光産業.

관광 자원〔—資源〕 名 観光資源.

관광지〔—地〕 名 観光地.

관구〔管區〕 名 **1**〔‘관할 구역’의 준말〕管区. **2**〔軍〕管区. 軍管区. ¶～ 사령부 管区司令部.

관군〔官軍〕 名 官軍.

관권〔官權〕 名 官権. ¶～ 남용 官権濫用.

관급〔官給〕 名 하他 官給. ¶～품 官給品.

관기¹〔官妓〕 名〔史〕官妓. 宮廷または官庁に所属する妓生.

관기²〔官紀〕 名 官紀. ¶～ 문란 官紀紊乱.

관내〔管內〕 名 管内. ¶경찰서 ～ 警察署管内.

관념〔觀念〕 名 観念. ¶고정 ～ 固定観念 / 시간 ～이 부족하다 時間の観念が足りない.

관념론〔—論〕 名〔哲〕観念論. ¶～자 観念論者.

관념 소설〔—小說〕 名 観念小説.

관념시〔—詩〕 名 観念詩.

관념적〔—的〕 冠名 観念的.

관념주의〔—主義〕 名 観念主義.

관노비〔官奴婢〕 名〔史〕官奴婢. 公奴婢.

관능〔官能〕 名 **1** 官能. 感覚器官の働き. **2** 官能. 性的快楽. ¶～을 자극하다 官能を刺激する.

관능미〔—美〕 名 官能美.

관능적〔—的〕 冠名 官能的. ¶～인 춤 官能的な踊り.

관능주의〔—主義〕 名 官能主義. 快楽主義.

관다발〔管—〕 名〔植〕維管束.

관대하다〔寬大—〕 形 寛大だ. ¶관대한 처분을 받다 寛大な処分を受ける.

관대히 副 寛大に. ¶잘못을 ～ 용서하다 あやまちを寛大に許す.

-관데 語尾 (理由·根拠をたずねる)…した(から)といって. ¶무엇을 보았～ 그리 겁을 먹고 있는고 何を見たといって, そのようにおじ気づいておるのじゃ.

관동 팔경〔關東八景〕 名〔地〕江原八景〈江原道の東海岸一帯にある景色のよい8か所〉.

관두다 他〔‘고만두다’의 준말〕やめる. 思いとどまる. ¶담배를 ～ たばこをやめる / 비라면 외출은 관두자 雨なら外出はやめよう.

관등〔觀燈〕 名 하自〔佛〕陰暦4月8日の釈迦の誕生日に提灯をともして祝うこと.

관등놀이 名〔民俗〕陰暦4月8日の夜に行なわれる提灯遊び. 釈迦の誕生日を祝う行事.

관등연〔—宴〕 名 観燈のとき催される宴会.

관등절〔—節〕 名〔佛〕釈迦誕生を祝う陰暦4月8日の祝日. 花祭り.

관등회〔—會〕 名 誕生会. 釈迦の誕生を祝うための集い.

관람〔觀覽〕 名 하他 観覧. 見物. ¶～권 観覧券 / ～료 観覧料 / 영화를 ～하다 映画を見る.

관람객〔—客〕 名 見物客. 観客.

관람석〔—席〕 名 観覧席. 桟敷.

관련〔關聯〕 名 하自 関連. かかわり. 連関. ¶～ 산업 関連産業 / 그녀와는 아무런 ～도 없다 彼女とはなんのかかわりもない / 서로 ～된 문제 互いに連関した問題.

관련성〔—性〕 名 関連性. 関係.

관례¹〔冠禮〕 名〔史〕元服〈成人になったしるしとして髷を結い冠をつける儀式〉.

관례옷 名 婚礼を終えた新婦が新郎の父母に会うときに着る晴れ着.

관례²〔慣例〕 名 慣例. 習わし. しきた

り. ¶ ～에 따르다 慣例に従う.
관례법〔一法〕 名 慣例法. 慣習法.
관록[1]〔官祿〕 名 **1** 官禄. 官職と俸給. **2** 〔史〕官禄. 官庁から支給される俸給.
관록[2]〔貫祿〕 名 貫禄. ¶ ～을 보이다 貫禄を示す / ～이 붙다 貫禄がつく.
관료〔官僚〕 名 官僚. ¶ 봉건 ～ 封建官僚.
관료적〔一的〕 冠 名 官僚的.
관료 정치〔一政治〕 名 官僚政治.
관료제〔一制〕 名 官僚制.
관료주의〔一主義〕 名 官僚主義.
관류〔貫流〕 名 하他 **1** (川などの)貫流. ¶ 평야를 ～하는 강 平野を貫流する川. **2** (ある傾向の)流れ.
관리[1]〔官吏〕 名 官吏. 役人.
관리[2]〔管理〕 名 하他 管理. ¶ ～권 管理権 / ～인 管理人. 管理者 / 건강 ～ 健康管理.
관리법〔一法〕 名 管理法.
관리비〔一費〕 名 管理費.
관리직〔一職〕 名 管理職.
관립〔官立〕 名 官立. ¶ ～ 학교 官立学校.
관망〔觀望〕 名 하他 観望. ¶ 사태를 ～하다 事態を観望する.
관명[1]〔官名〕 名 官名. ¶ ～을 사칭하다 官名を詐称する.
관명[2]〔官命〕 名 官命. ¶ ～ 거역죄 官命に逆らう罪.
관목〔灌木〕 名〔植〕灌木. 低木.
관목대〔一帶〕 名〔植〕灌木帯.
관문〔關門〕 名 **1** 関門. 関所. 関所の門. ¶ 부산은 우리 나라의 ～의 하나이다 釜山はわが国の関門の一つである. **2** 関門. 難関. ¶ 입시의 ～을 돌파하다 入試の関門を突破する.
관물〔官物〕 名 官物.
관민〔官民〕 名 官民. 官吏と民間人. ¶ ～일치 官民一致.
관변〔官邊〕 名 **1** 官辺. 政府当局. ¶ ～측의 견해 政府筋の見解. **2** 〔史〕法令で定めた利子.
관병〔官兵〕 名 官兵. 官軍.
관보〔官報〕 名 **1** 官報. **2** 公用電報.
관복〔官服〕 名 官服.
관사[1]〔官舍〕 名 官舎.
관사[2]〔冠詞〕 名〔言〕冠詞.
관상[1]〔管狀〕 名 管状. くだのような形.
관상화〔一花〕 名〔植〕管状花.
관상[2]〔觀相〕 名 하自他 観相. 人相見. ¶ ～학 観相学.
◆관상을 보다 ① (観相家が)人相をみる. ② (観相家に)人相をみてもらう.
관상가〔一家〕 名 観相家. 人相見.
관상술〔一術〕 名 観相術.
관상쟁이 名 〈俗〉観相家. 人相見.
관상[3]〔觀象〕 名 하自 観象.
관상대〔一臺〕 名 気象台.
관상[4]〔觀賞〕 名 하他 観賞. ¶ 열대어를 ～하다 熱帯魚を観賞する.
관상어〔一魚〕 名 観賞魚.
관상용〔一用〕 名 観賞用.
관상 동맥〔冠狀動脈〕 名〔生〕冠状動脈. ¶ ～ 경화증 冠状動脈硬化症.
관서〔官署〕 名 官署〈官庁とその付属機関の総称〉.
관선〔官選〕 名 하他 官選.
관선 변호인〔一辯護人〕 名 国選弁護人.
관설〔官設〕 名 하他 官設.
관설 철도〔一鐵道〕 名 官設鉄道.
관성〔慣性〕 名〔物〕慣性.
관성의 법칙〔一法則〕 名〔物〕慣性の法則. 運動の第一法則.
관세〔關稅〕 名〔法〕関税. ¶ 보호 ～ 保護関税 / 높은 ～가 붙는다 高い関税がかけられる.
관세 동맹〔一同盟〕 名〔經〕関税同盟.
관세법〔一法〕 名〔法〕関税法.
관세율〔一率〕 名 関税率.
관세 장벽〔一障壁〕 名〔經〕関税障壁.
관세 전쟁〔一戰爭〕 名〔經〕関税戦争.
관세청〔一廳〕 名 関税庁.
관세음보살〔觀世音菩薩〕 名〔佛〕観世音菩薩.
관속〔官屬〕 名〔史〕官属〈地方官庁の下級官吏〉.
관솔 名 たいまつにする松やにのついた枝.
관솔불 名 たいまつの明かり. たいまつの火.
관수〔官需〕 名 官需.
관습〔慣習〕 名 慣習. 風習. 習わし. ¶ 낡은 ～ 古い習わし / 사회적 ～에 따르다 社会的慣習に従う.
관습법〔一法〕 名〔法〕慣習法.
관습적〔一的〕 冠 名 慣習的.
관시〔串柹〕 名 串柿.
관심〔關心〕 名 하自他 関心. ¶ 무～ 無関心 / ～을 보이다 関心を示す / ～을 끌다 関心を引く / 정치에 ～을 가지다 政治に関心を持つ.
관심거리 名 関心の対象. 関心事.
관심사〔一事〕 名 関心事.
관아〔官衙〕 名〔史〕官衙. 官庁. 役所. ¶ 지방 ～ 地方官庁.
관악〔管樂〕 名〔樂〕管楽. 吹奏楽.
관악기〔一器〕 名〔樂〕管楽器.
관여〔關與〕 名 하自 関与. ¶ 경영에 ～하다 経営に関与する / 쓸데없이 남의 일에 ～하지 마라 いたずらに他人のことにかかわるな.
관엽 식물〔觀葉植物〕 名〔植〕観葉植物.
관영〔官營〕 名 官営. 国営. ¶ ～ 기업체 官営企業体 / ～ 요금 官営料金 / ～ 통신 官営の通信.
관외〔管外〕 名 管外. 管轄区域の外.
관용[1]〔官用〕 名 官用. ¶ ～차 官用車.
관용[2]〔寬容〕 名 하他 寛容. ¶ ～을 베풀다 寛容を施す / 남의 잘못을 ～할 줄 아는 사람 人の過ちを大目に見てやれる人.
관용[3]〔慣用〕 名 하他 **1** 慣用. 習慣的にいつも行なうこと. 習わし. しきたり. **2** 慣用. 定めたとおりいつも使うこと. ¶ ～ 수단 いつものやり方.
관용구〔一句〕 名〔言〕慣用句. イディオム.
관용어〔一語〕 名〔言〕慣用語.
관용음〔一音〕 名〔言〕慣用音. 慣用

読み.
　관용적〔一的〕冠名 慣用的. ¶ ~으로 쓰이는 말 慣用的に使われる語.
관운〔官運〕名 官職に恵まれる運. 官吏として成功する運.
관원〔官員〕名 官員. 役人. 官吏.
관유〔官有〕名 官有. ¶ ~림 官有林 / ~지 官有地.
관음〔觀音〕名〔佛〕観音. ¶ ~상 観音像.
　관음경〔一經〕名〔佛〕観音経.
　관음보살〔一菩薩〕名〔佛〕観音菩薩.
관인¹〔官印〕名 官印.
관인²〔官認〕名 하他 官庁で認定すること. 公認.
관인³〔寬仁〕名 하形 寛仁. 心が広く慈悲深いこと.
관자놀이〔貫子一〕名 こめかみ.
관작〔官爵〕名〔史〕官爵.
관장¹〔管掌〕名 하他 管掌. ¶ 인사 관계를 ~하다 人事関係を管掌する.
관장²〔館長〕名 館長. ¶ 도서~ 図書館長.
관장³〔灌腸〕名 하自〔醫〕浣腸. ¶ 약물 ~ 薬物浣腸.
　관장기〔一器〕名〔醫〕浣腸器.
　관장약〔一藥〕名〔醫〕浣腸薬.
관재¹〔官災〕名 官から受ける災殃.
관재²〔管財〕名 하自 管財.
　관재인〔一人〕名 管財人.
관저〔官邸〕名 官邸. ¶ 대통령 ~ 大統領官邸.
관전〔觀戰〕名 하自他 **1** 観戦. スポーツ・囲碁などのゲームを見ること. ¶ 야구를 ~하다 野球を観戦する. **2** 観戦. 戦争の状況をみること.
　관전기〔一記〕名 観戦記.
　관전평〔一評〕名 観戦評.
관절〔關節〕名〔生〕関節. ¶ 발 ~을 삐다 脚の関節をはずす.
　관절강〔一腔〕名〔生〕関節腔.
　관절 결핵〔一結核〕名〔醫〕関節結核.
　관절 신경통〔一神經痛〕名〔醫〕関節神経痛.
　관절염〔一炎〕名〔醫〕関節炎.
관점〔觀點〕名 観点. 見地. ¶ ~의 차이 観点の相違 / ~이 다르면 해석도 다르다 観点が違えば解釈も違う.
관제¹〔官制〕名 官制. ¶ ~ 개혁 官制改革.
관제²〔官製〕名 하他 官製. 政府による製造, またその製品. 反 私製. ¶ ~염 官製塩 / ~엽서 官製はがき.
관제³〔管制〕名 하他 管制. ¶ 등화 ~ 灯火管制 / 항공 ~ 航空管制.
　관제탑〔一塔〕名 管制塔. コントロールタワー.
관조〔觀照〕名 하他 観照. ¶ 자연을 ~하다 自然を観照する / 인생에 대한 깊은 ~가 예술을 낳는다 人生に対する深い観照が芸術を生む.
관존민비〔官尊民卑〕名 官尊民卑.
관중〔觀衆〕名 観衆. ¶ ~의 환호성 観衆の歓呼の声.
　관중석〔一席〕名 観客席.
관직〔官職〕名 官職. ¶ ~에 오르다 官職につく.
관찰〔觀察〕名 하自他 観察. 注意して見ること. ¶ ~력 観察力 / 나비의 생태를 ~하다 蝶の生態を観察する.
관찰사〔觀察使〕名〔史〕観察使〈朝鮮時代の各道の長官〉.
관철〔貫徹〕名 하他 貫徹. ¶ 자기 의견을 ~시키다 自分の意見を貫き通す.
관청〔官廳〕名 官庁. 役所. ¶ ~ 사무 官庁の事務 / ~에 근무하다[다니다] 官庁に勤める.
관측〔觀測〕名 하自他 **1** (自然現象の)観測. ¶ 기상 ~ 気象観測. **2** 観測. 注意深く見て推測すること. ¶ 경기의 동향을 ~하다 景気の動向を観測する.
　관측기〔一器〕名 観測器.
　관측 기구〔一氣球〕名 観測気球.
　관측소〔一所〕名 観測所.
　관측통〔一通〕名 観測筋. ¶ ~에 의하면 観測筋によれば.
관통〔貫通〕名 하他 貫通. ¶ 총알이 흉부를 ~하다 弾丸が胸部を貫通する / 드디어 터널이 ~되었다 ついにトンネルが貫通した.
　관통상〔一傷〕名 貫通傷. (銃弾などが)貫通してできた傷.
관포지교〔管鮑之交〕名 管鮑の交わり〈親密な交わり〉.
관하〔管下〕名 管下. ¶ ~ 각 경찰서 管下の各警察署.
관하다〔關一〕自 **1** (‘…에 관해서[관하여]’의 꼴로) …に関して. …について. …に対して. ¶ 그 문제에 관해서는 문외한이다 その問題については門外漢である. **2** (‘…에 관한’의 꼴로) …に関する. …にかかわる. …についての. …に対する. ¶ 명예에 관한 문제다 名誉にかかわる問題だ / 정치에 관하여 발언하다 政治に関して発言する.
관학〔官學〕名 官学. 官立の学校. 反 私学.
관할〔管轄〕名 하他 管轄. 所轄.
　관할 관청〔一官廳〕名 管轄官庁.
　관할 구역〔一區域〕名 管轄区域.
　관할 법원〔一法院〕名〔法〕管轄裁判所.
관함식〔觀艦式〕名〔軍〕観艦式.
관행〔慣行〕名 하他 慣行. 習わし. ¶ 국제적 ~ 国際的慣行 / 예로부터의 ~ 昔からの習わし.
　관행범〔一犯〕名〔法〕慣行犯. 常習犯.
관향〔貫鄕〕名 本貫. 始祖の生まれた地.
관허〔官許〕名 하他 官許. 政府の許可. ¶ ~를 얻다[받다] 官許を得る.
　관허요금〔一料金〕名 官許料金. 政府が認可した料金.
관현악〔管絃樂〕名〔樂〕官弦楽. オーケストラ.
　관현악단〔一團〕名 管絃楽団. オーケストラ.
관형격 조사〔冠形格助詞〕名〔言〕連体形を作る助詞.
관형사〔冠形詞〕名〔言〕連体詞.
　관형사형〔一形〕名〔言〕連体形.
관형어〔冠形語〕名〔言〕連体語.
관혼〔冠婚〕名 冠婚. 元服と婚礼.

관혼상제〔―喪祭〕 名 冠婚葬祭.

관후〔寬厚〕 名 하形 寛厚. 穏やかで心が広いこと. ¶ ～한 지도자 心が広く温厚な指導者.

관후장자〔―長者〕 名 穏やかで心の広い人物.

괄괄하다 形 **1** 糊がききすぎている. ごわごわだ. **2** (気性が)荒っぽくて激しい. ¶ 괄괄한 성격의 소유자 荒々しい性格の持ち主. **3** (声が)太くて荒っぽい. ¶ 괄괄한 목소리 がらがらした声.

괄다 形 **1** 火の勢いが強い. ¶ 가스불이 ～ ガスの火が強い. **2** せっかちで荒々しい. ¶ 성미가 ～ 気性が荒々しい. **3** (生地などが)ごわごわしている. **4** (木の)やにが多い.

괄대〔恝待〕 名 하他 軽視. ないがしろ. 蔑視. ¶ 어버이를 ～하다 親をないがしろにする.

괄목〔刮目〕 名 하自 刮目. 注目. ¶ ～할 만한 발전 刮目すべき発展. 目覚ましい発展.

괄목상대〔―相對〕 名 하自 目を見張って見なおすこと.

괄시〔恝視〕 名 하他 ないがしろにすること. 見下げること. 蔑視. 軽視. ¶ 학력으로 사람을 ～하다 学歴で人を蔑視する.

괄약〔括約〕 名 하他 括約. 締め括ること. ¶ ～근 括約筋.

괄태충〔括胎蟲〕 名〔動〕 蛞蝓.

괄호〔括弧〕 名 括弧. ¶ ～를 열다[닫다] 括弧を開く[とじる] / ～로 묶다 括弧でくくる.

광¹ 名 物置き. 倉庫. 納屋. 倉. ¶ ～에 곡식이 가득하다 倉に穀物がいっぱいだ.

광²〔光〕 名 **1** 光. 光沢. つや. ¶ 마루를 닦아 ～을 내다 板の間を磨いてつやを出す. **2**〔物〕 光. ¶ ～속도 光速度 / ～의 굴절 光の屈折. **3** (花札の)20点の札. 光り物.

광³〔廣〕 名 **1** 広さ. 面積. **2** 幅. ¶ ～이 넓은 피륙 幅の広い反物.

광⁴〔壙〕 名 墓穴. 塚穴.

광⁵〔鑛〕 名 坑. 鉱坑.

-광⁶〔狂〕 接尾 …狂. …マニア. ¶ 색～ 色情狂. 色気違い / 독서～ 読書狂. 本の虫 / 낚시～ 釣りマニア.

광각〔廣角〕 名 広角. ¶ ～ 렌즈 広角レンズ.

광견〔狂犬〕 名 狂犬.

광견병〔―病〕 名〔醫〕 狂犬病. 恐水病.

광경〔光景〕 名 光景. シーン. ¶ 참담한 ～ 惨憺たる光景 / 흐뭇한 ～ ほほえましい光景 / 무서운 ～ 恐ろしい光景.

광고〔廣告〕 名 하他 広告. 宣伝. ¶ 신문 ～ 新聞広告 / 구인 ～를 내다 求人広告を出す / 대대적으로 ～하다 大々的に宣伝する.

광고란〔―欄〕 名 広告欄.

광고료〔―料〕 名 広告料.

광고 매체〔―媒體〕 名 広告媒体.

광고문〔―文〕 名 広告文.

광고비〔―費〕 名 広告費.

광고주〔―主〕 名 広告主.

광고지〔―紙〕 名 散らし. ビラ. ¶ ～를 돌리다 散らしを配る.

광고탑〔―塔〕 名 広告塔.

광고판〔―板〕 名 広告板.

광공업〔鑛工業〕 名 鉱工業. 鉱業および工業.

광관〔光冠〕 名〔天〕 光冠. コロナ.

광구¹〔光球〕 名〔天〕 (太陽・恒星の表面の)光球.

광구²〔鑛口〕 名〔鑛〕 坑口.

광구³〔鑛區〕 名〔法〕 鉱区.

광궤〔廣軌〕 名 広軌. 反 狭軌. ¶ ～철도 広軌鉄道.

광기〔狂氣〕 名 狂気. ¶ ～를 띤 행동 狂気を帯びた行動.

광나다〔光―〕 自 **1** つやが出る. 光沢が出る. ¶ 광나도록 닦다 ぴかぴかに磨く. **2** 光を発する. ぴかぴか光る.

광내다〔光―〕 他 **1** つやを出す. 光沢を出す. ¶ 마루를 닦아 ～ 板の間を磨いてつやを出す. **2** 〈俗〉 おめかしする. おしゃれする. ¶ 광내고 어디 가니? めかしこんでどこに行くの.

광녀〔狂女〕 名 狂女.

광년〔光年〕 依名〔天〕 光年. ¶ 1억 ～ 1億光年.

광대 名〔民俗〕 **1** 仮面劇や人形劇などを演じる俳優. **2** パンソリ(판소리)を歌う人. **3** 役者などが舞台化粧をすること. **4** 仮面. 面.

광대놀음 名〔民俗〕 陰暦正月15日, 全羅道地方で催される民俗祭り.

광대무변〔廣大無邊〕 名 하形 広大無辺.

광대뼈 名 頬骨. 顴骨. ¶ ～가 튀어나왔다 頬骨が出ている. 頬骨が高い.

광대하다〔廣大―〕 形 広大だ. ¶ 광대한 우주 広大な宇宙.

광도〔光度〕 名〔物〕 光度.

광도계〔―計〕 名〔物〕 光度計.

광독〔鑛毒〕 名 鉱毒. ¶ ～으로 인한 농작물의 피해가 크다 鉱毒による農作物の被害が大きい.

광디스크〔光disk〕 名 光ディスク. ¶ ～ 장치 光ディスク装置.

광란〔狂亂〕 名 하自 狂乱. ¶ 반～ 상태가 되다 半狂乱の状態になる.

광림〔光臨〕 名 하自 光臨. ¶ ～을 삼가 바라다 ご光臨を仰ぐ.

광막〔廣漠〕 名 하形 広漠. ¶ ～한 대평원 広漠たる大平原. **광막히** 副 広漠と. 広々と. ¶ ～ 펼쳐진 벌판 広漠と広がる野原.

광망〔光芒〕 名 光芒. 尾を引く光. ¶ 혜성의 ～ 彗星の光芒.

광맥〔鑛脈〕 名〔鑛〕 鉱脈. ¶ ～의 탐사 鉱脈の探査.

광명〔光明〕 名 하形 光明. ¶ ～을 찾다 光明を見いだす / 전도에 ～이 비치다 前途に光明がさす.

광명정대〔―正大〕 名 하形 言葉と行動がまっすぐで正しいこと. ¶ ～한 길을 걷다 まっすぐで正しい道を歩む.

광목〔廣木〕 名 粗織りの木綿.

광물〔鑛物〕 名 鉱物. ¶ ～학 鉱物学

/～ 자원 鉱物資源.
광물성〔一性〕名 鉱物性. ¶～ 색소 鉱物性色素.
광물성 섬유〔一性纖維〕名 鉱物性繊維.
광물성 염료〔一性染料〕名 鉱物性染料.
광물질〔一質〕名 鉱物質.
광범위〔廣範圍〕名 하形 広範囲. ¶～한 수사 広範囲にわたる捜査.
광병〔狂病〕名 狂病. 狂気. 精神に異常を来たす病.
광복〔光復〕名 하自他 失った主権を取り戻すこと.
광복군〔一軍〕名 光復軍〈日帝の圧政時代に, 中国大陸で韓国独立を目指して抗日闘争を繰り広げた大韓民国臨時政府の軍隊〉.
광복절〔一節〕名 光復節〈1945年8月15日, 韓国が日本の支配から解放され主権を回復したことを記念する祝日〉.
광부〔鑛夫〕名 鉱夫.
광분〔狂奔〕名 하自 狂奔. ¶침략에 ～하다 侵略に狂奔する/～하는 말 狂ったように走る馬.
광산〔鑛山〕名 鉱山.
광산물〔一物〕名 鉱山物.
광산촌〔一村〕名 鉱山集落. 鉱山を中心に発達した集落.
광산업〔鑛産業〕名 鉱産業.
광상〔鑛床〕名〔鑛〕鉱床. ¶금～ 金鉱床.
광상곡〔狂想曲〕名〔樂〕狂想曲. 奇想曲. カプリッチオ.
광석〔鑛石〕名〔鑛〕鉱石. ¶～을 캐다[채굴하다] 鉱石を掘り出す[採掘する].
광석 검파기〔一檢波器〕名〔物〕鉱石検波器.
광석 수신기〔一受信機〕名〔物〕鉱石受信機.
광선〔光線〕名 光線. ¶가시 ～ 可視光線/태양 ～ 太陽光線.
광선 요법〔一療法〕名〔醫〕光線療法.
광선총〔一銃〕名 光線銃.
광섬유〔光纖維〕名 光ファイバー.
광속1〔光束〕名〔物〕光束. 光の束.
광속2〔光速〕名〔物〕〔'광속도(光速度)'의 준말〕光速. 光速度.
광속도〔一度〕名〔物〕光速度.
광수〔鑛水〕名 **1** 鉱水. 鉱泉. **2** 鉱水. 鉱山や製錬所から出る有毒な水.
광시〔狂詩〕名 狂詩〈格式や韻にこだわらずに俗語・卑語などを交えて書いたこっけいで低俗な詩〉.
광시곡〔一曲〕名〔樂〕狂詩曲. ラプソディー.
광신〔狂信〕名 하他 狂信. ¶～자 狂信者/～도 狂信徒/～적 狂信的.
광압〔光壓〕名〔物〕光圧.
광야〔曠野〕名 広野. ¶끝없는 ～ 果てしない広野.
광양자〔光量子〕名〔物〕光量子.
광어〔廣魚〕名 **1**〔動〕平目. **2** 干し平目.
광언〔狂言〕名 狂言. 常識はずれの言葉.
광업〔鑛業〕名 鉱業.
광업권〔一權〕名 鉱業権.
광업소〔一所〕名 鉱業所.
광업인〔一人〕名 鉱業を営む人.
광역〔廣域〕名 広域. ¶～에 걸친 수사 広域にわたる捜査.
광역 경제〔一經濟〕名〔經〕広域経済. ブロック経済.
광역 도시〔一都市〕名 広域都市.
광역시〔一市〕名 広域市〈以前の直轄市を1995年1月改称した行政区域〉.
광역화〔一化〕名 하自他 広域化. ¶수도권의 ～ 首都圏の広域化.
광열〔光熱〕名 光熱. ¶～비 光熱費.
광영〔光榮〕名 光栄.
광원1〔光源〕名〔物〕光源.
광원2〔曠原〕名 広原. 広々とした野原.
광유〔鑛油〕名〔鑛〕鉱油.
광음〔光陰〕名 光陰. 歳月. 時. 時間.
광음여류〔一如流〕名 光陰流れる水のごとし.
광의〔廣義〕名 広義. 反 狭義.
광인〔狂人〕名 狂人.
광입자〔光粒子〕名〔物〕光粒子.
광자〔光子〕名〔物〕光子.
광자 로켓〔一rocket〕名〔物〕光子ロケット.
광장〔廣場〕名 広場. ¶시청 앞 ～ 市庁前の広場/대화의 ～ 話し合いの広場.
광재〔鑛滓〕名 鉱滓. スラグ.
광적1〔光跡〕名〔物〕光跡.
광적2〔狂的〕冠名 狂的. ¶～인 열정 狂的な熱情/～으로 날뛰다 狂ったように飛び回る.
광전관〔光電管〕名〔物〕光電管.
광전도〔光傳導〕名〔物〕光伝導.
광전류〔光電流〕名〔物〕光電流.
광전자〔光電子〕名〔物〕光電子.
광전지〔光電池〕名〔物〕光電池.
광전 효과〔光電效果〕名〔物〕光電効果.
광주〔鑛主〕名 鉱主. 鉱山の主.
광주리 名 竹・萩・柳などで編んだかご.
광주리장수 名 果物・野菜・日用雑貨などをかごに入れ, 頭にのせて売り歩くこと, またその人.
광중합〔光重合〕名〔化〕光重合.
광차〔鑛車〕名 鉱車. トロッコ〈鉱石を運ぶ無蓋貨車〉.
광채〔光彩〕名 光彩. ¶금관이 ～를 내고 있다 金冠が光を放っている/～가 나는 눈 きらきら輝く目.
광천〔鑛泉〕名〔地〕鉱泉. ¶라듐 ～ ラジウム鉱泉.
광천염〔一鹽〕名〔鑛〕鉱泉塩.
광축〔光軸〕名〔物〕光軸.
광층〔鑛層〕名〔鑛〕鉱層.
광탄성〔光彈性〕名〔物〕光弾性.
광태〔狂態〕名 狂態. ¶～를 부리다 狂態を演じる.
광택〔光澤〕名 光沢. つや. ¶닦을수록 ～이 난다 磨くほどつやが出る.

광택지〔—紙〕 名 光沢紙.

광파〔光波〕 名〔物〕光波.

광포하다〔狂暴—〕 形 狂暴だ. ¶광포한 성격 狂暴な性格.

광폭〔廣幅〕 名 幅広. ¶～의 옷감 幅広の生地.

광풍〔狂風〕 名 狂風. ¶일진 ～이 휘몰아친다 一陣の狂風が吹きまくる.

광학〔光學〕 名〔物〕光学.

광학 거리〔—距離〕 名〔物〕光学距離.

광학 기계〔—機械〕 名〔物〕光学機械.

광학 유리〔—琉璃〕 名〔化〕光学ガラス.

광합성〔光合成〕 名〔植〕光合成.

광화학〔光化學〕 名〔化〕光化学.

광화학 반응〔—反應〕 名〔化〕光化学反応.

광화학 스모그〔—smog〕 名 光化学スモッグ.

광활〔廣闊〕 名 하形 広闊. 広々としていること. 広大. ¶～한 영토 広大な領土.

광희〔狂喜〕 名 하自 狂喜. ¶～ 난무 狂喜乱舞.

괘〔卦〕 名〔民俗〕 **1** 卦. ¶팔～ 八卦/육십사～ 六十四卦. **2**〔'점괘(占卦)'의 준말〕(吉凶を)占って出た卦.

괘괘떼다 他〔'괘괘이떼다'의 준말〕きっぱり断わる.

괘괘이떼다 他 きっぱり断わる. 断固はねつける.

괘념〔掛念〕 名 하他 懸念. 気がかり. 心配. ¶그런 일은 ～치 마라 そんなことは心配するな.

괘다리적다 形 **1** 味気なく粗野だ. **2** そっけない. ぶっきらぼうだ.

괘도〔掛圖〕 名 掛け図.

괘사 名 おどけた真似や言葉. 道化. こっけい. しゃれ.

괘사떨다 自 しきりにおどける. しゃれを飛ばす. ¶개그맨이 괘사떨어 관객을 웃긴다 ギャグマンがおどけて観客を笑わす.

괘사부리다 自 おどける.

괘사스럽다 形 おどけている. ひょうきんだ. こっけいだ.

괘선〔罫線〕 名〔印〕罫線. ¶가는 ～ 細罫線. 表罫/굵은 ～ 太罫線. 裏罫.

괘씸하다 形 不埒だ. 不都合だ. 不届きだ. けしからん. ¶괘씸하기 짝이 없다 不埒千万だ/괘씸한 녀석이다 不届きな奴だ. **괘씸히** 副 不当に. 不届きに.

괘종〔掛鐘〕 名 掛け時計. 柱時計.

괘지〔罫紙〕 名 罫紙.

괜스럽다 形〔'공연스럽다'의 준말〕無駄だ. つまらない. むなしい. **괜스레** 副〔'공연스레'의 준말〕いたずらに. 無駄に. むなしく. ¶바쁜 사람을 ～ 오라가라 한다 忙しい人に無駄足を踏ませる.

괜찮다 形 **1**〔쓸 만하다〕悪くない. 結構だ. なかなかいい. 間に合う. 十分だ. ¶괜찮은 솜씨 結構な腕前/맛이 ～ 味がなかなかいい/어때, 괜찮은 아이디어지? どうだい, ちょっとしたアイディアだろう. **2**〔무방하다〕構わない. 大丈夫だ. 心配ない. さしつかえない. 平気だ. ¶비용은 얼마가 들어도 ～ 費用はいくらかかっても構わない/괜찮다면 와 주었으면 싶다 さしつかえなければ来てほしい/아직도 ～ まだまだ平気だ/저런 몸으로 무리를 해도 괜찮을까? あんな体で無理をしても大丈夫かしら. **괜찮이** 副 かなりよく. よろしく.

괜하다 形〔'공연하다'의 준말〕('괜한'의 꼴로) よけいな. つまらない. 無駄な. 要らない. やたらな. ¶괜한 소문을 퍼뜨리는 게 아니야 やたらなうわさをたてるものじゃない/괜한 소리 하지 마 つまらないこと言うな. **괜히** 副〔'공연히'의 준말〕むなしく. いたずらに. やたらに. 無性に. ¶～ 화가 난다 無性に腹が立つ/～ 돈만 없앴다 いたずらにお金をはたいただけだ.

괭이[1] 名 鍬.

괭이자루 名 鍬の柄.

괭이질 名 하自 鍬で土を掘り起こすこと.

괭잇날 名 鍬先. 鍬の刃.

괭이[2] 名〔'고양이'의 준말〕猫.

괭이잠 名 うたた寝. 仮寝. ¶～을 자다 うたた寝をする.

괴괴망측하다〔怪怪罔測—〕 形 奇々怪々だ. 奇怪千万だ. ¶괴괴망측한 사건 奇々怪々なできごと.

괴괴하다 形 静まり返っている. ¶쥐죽은 듯이 ～ ひっそりと静まり返っている. **괴괴히** 副 ひっそりと. しんと. 寂として. ¶～ 깊어 가는 밤 しんしんと更けゆく夜.

괴근〔塊根〕 名〔植〕塊根.

괴기〔怪奇〕 名 하形 怪奇. 奇怪. ミステリー. ¶～ 소설 怪奇小説/～한 사건 奇怪な事件.

괴까다롭다 形 気難しい. ややこしい. 七面倒くさい. やっかいだ. ¶괴까다로운 이야기를 꺼내다 ややこしい話を持ち出す/괴까다로운 노인 気難しい老人. **괴까다로이** 副 気難しく. ややこしく. ¶～ 요구하다 やっかいな要求をする.

괴나리 名〔'괴나리봇짐'의 준말〕旅人が肩に担いだ包み.

괴나리봇짐〔—褓—〕 名 旅人が肩に担いだ包み.

괴다[1] 自 **1** (液体が)溜まる. 澱む. ¶빗물이 ～ 雨水がたまる. **2** (涙が)にじむ. 涙ぐむ. (つばが)たまる. ¶눈물이 ～ 涙があふれる/음식을 보니 침이 괴었다 食べ物を見たら生つばがわいた.

괴다[2] 自 (酒・しょう油・酢などが)発酵する. ¶빚어 넣은 술이 ～ 仕込んだ酒が発酵する.

괴다[3] 他 **1** (下から)支える. (支柱などを)当てる. ¶밑을 ～ 下に(枕などを)当てる/손으로 턱을 ～ 頬づえを突く/대문에 버팀목을 ～ 門の扉に心張り棒を支える. **2** (果物・菓子などを器に)積み重ねる. (器に)盛り上げる. ¶제기에 과일을 괴어 제단에 바치다 祭器に果物を盛って祭壇に供える.

괴담〔怪談〕 名 怪談.

괴담이설〔一異說〕 名 奇怪な話.
괴도〔怪盜〕 名 怪盜.
괴란하다〔乖亂一〕 形 乖乱する. そむき乱れる.
괴력〔怪力〕 名 怪力. ¶ 태산도 움직일 ~ 泰山をも動かす怪力.
괴로움 名 苦しみ. 苦痛. 悩み. ¶ ~을 술로 달랜다 悩みを酒で紛らす.
괴로워지다 自 苦しくなる. 煩わしくなる. ¶ 환자를 보니 마음이 ~ 患者を見ると心が重くなる.
괴로워하다 自 苦しむ. 悩む. 煩う. ¶ 신경통으로 ~ 神経痛で苦しむ / 빚 때문에 ~ 借金で苦しむ / 집안 싸움에 ~ 内輪のもめごとに悩む.
괴롭다 形 **1** 〔고통스럽다〕 苦しい. つらい. 悩ましい. ¶ 숨쉬기가 ~ 息をするのが苦しい / 괴로워서 가슴이 찢어지는 것 같다 つらくて胸が張り裂けそうだ. **2** 〔곤란하다〕 困難だ. 苦しい. ¶ 괴로운 처지에 놓여 있다 苦しい立場に置かれている / 실직하여 그날그날의 생활이 ~ 職を失ってその日その日の生活が苦しい. **3** 〔성가시다〕 面倒くさい. 煩わしい. ¶ 괴로운 일을 떠맡다 やっかいな仕事をしょいこむ. **괴로이** 副 苦しく. つらく. 煩わしく. 悩ましく.
괴롭히다 他 苦しめる. 悩ます. いじめる. 煩わす. 手こずらせる. ¶ 아랫사람[하급생]을 ~ 目下の者[下級生]をいじめる.
괴뢰〔傀儡〕 名 **1** 傀儡. 他人の手先になって思いのままに使われる者. ¶ ~ 정권 傀儡政権. **2** 傀儡. 操り人形. くぐつ.
괴뢰군〔一軍〕 名 傀儡軍. 傀儡政権の軍隊.
괴리〔乖離〕 名 하自 乖離. ¶ 이상과 현실이 ~되어 있다 理想と現実が乖離している.
괴리개념〔一概念〕 名 乖離概念.
괴망〔怪妄〕 名 하形 (言動が)奇怪極まりない.
괴망떨다 自 (調子に乗って)理解に苦しむ行動をする.
괴망부리다 自 奇怪な行動をする.
괴망스럽다 形 (行動が)奇怪だ.
괴멸〔壞滅〕 名 하自 壊滅. ¶ 적을 ~시키다 敵を壊滅させる.
괴문서〔怪文書〕 名 怪文書. 怪しげな文書.
괴물〔怪物〕 名 怪物. ¶ 거대한 ~ 巨大な怪物 / 재계의 ~로 통하고 있다 財界の怪物で通っている.
괴발개발 副 〔글씨를 함부로 갈겨 써 놓은 모양〕 乱暴に. 乱雑に. みみずののたくったように. ¶ 글씨를 ~ 써 놓아 읽기 어렵다 字が殴り書きしてあるので読みにくい / ~ 그리다 (字などを)書き殴る.
괴변〔怪變〕 名 異変. ¶ ~이 일어나다 異変が起こる.
괴병〔怪病〕 名 原因不明の奇怪な病気.
괴사〔怪事〕 名 怪事. 不思議なこと.
괴상〔塊狀〕 名 塊状. 土くれのような形.
괴상망측하다〔怪常罔測一〕 形 奇怪極まりない. ¶ 괴상망측한 옷차림 奇怪極まりない身なり.
괴상스럽다〔怪常一〕 形 奇怪だ. 怪しい. 奇妙だ.
괴상야릇하다〔怪常一〕 形 とても奇妙だ. 不思議だ. ¶ 괴상야릇한 소리를 하다 とても奇妙なことを言う.
괴상하다〔怪常一〕 形 奇怪だ. 怪しい. 奇妙だ. 変だ. ¶ 괴상한 사람 怪しい者 / 괴상한 사건이 연이어 일어난다 奇怪な事件があいついで起こる / 괴상한 일도 있군 妙なこともあるものだな.
괴상히 副 奇怪に. 不思議に. 怪しく. ¶ 그의 거동을 ~ 여겨 뒤를 따라가 보았다 彼の挙動を怪しく思ってあとをつけてみた.
괴석〔怪石〕 名 怪石. 形の非常に変わった石. ¶ 기암 ~ 奇岩怪石.
괴수〔怪獸〕 名 怪獣.
괴어오르다 自 (酒·しょう油·酢など が発酵するとき)泡立つ. 発酵しはじめる.
괴이쩍다〔怪異一〕 形 どうも怪しい. 怪異な感じがする. ¶ 언동에 어딘가 괴이쩍은 데가 있다 言動にどうも怪しいところがある.
괴이찮다〔怪異一〕 形 〔'괴이하지 않다'의 준말〕 怪しくない. 不思議でない. 当然だ. ¶ 괴이찮은 일 ごく当たり前のこと. 普通のこと.
괴이하다〔怪異一〕 形 怪異だ. 怪しい. 不思議だ. ¶ 괴이한 사건 怪しい事件.
괴질〔怪疾〕 名 **1** (原因不明の)病気. **2** 〈俗〉 コレラ.
괴짜〔怪一〕 名 〈俗〉 **1** 変人. 変わり者. もの好き. ¶ 희대의 ~ 希代の変人. **2** 変な物. ¶ 이런 ~는 처음 봤다 こんな変な物は初めて見た.
괴팍스럽다〔←乖愎一〕 形 強情で気難しい.
괴팍하다〔←乖愎一〕 形 気難しい. 偏屈だ. ¶ 괴팍한 노인 偏屈な老人.
괴한〔怪漢〕 名 怪漢. 挙動不審の男. 怪しい男. ¶ 거동이 수상한 ~ 挙動の怪しい男.
괴현상〔怪現象〕 名 怪現象. ¶ ~이 나타나다 怪現象が現われる.
괴혈병〔壞血病〕 名 〔醫〕 壊血病.
굄[1] 名 寵愛. ¶ 임금으로부터 ~을 받다 王から寵愛される.
굄[2] 名 支えること. 支え. 支柱.
굄돌 名 (支えるための)下に敷く石. 支え石. 滑り止め. 輪留め.
굄목〔一木〕 名 (支えるために)下に敷く木. 支え木. 滑り止め. 輪留め.
굄새 名 (果物·餅·菓子などを)器や盆にきちんと積み重ねた形, またその積み重ねる腕前.
굄질 名 하自 (果物·餅·菓子などを)器や盆に高く積み重ねる[盛り上げる]こと.
굉음〔轟音〕 名 轟音. ¶ ~을 내다 轟音を発する.
굉장하다〔宏壯一〕 形 **1** 広壮だ. ¶ 굉장한 저택 広壮な邸宅. **2** ものすごい. すばらしい. すごい. ¶ 굉장한 미인 すご

い美人/굉장한 소리를 내며 폭발했다 ものすごい音を立てて爆発した. **굉장히** 副 ものすごく. すばらしく. 実に. とても. 凄く. ¶ ~ 큰 빌딩 ものすごく大きなビル / 금년 여름은 ~ 덥다 今年の夏は実に暑い / ~ 넓은 정원 すばらしく広い庭園.

굉활하다〔宏闊—〕形 広闊だ. ¶ 전망이 ~ 展望が広闊だ. **굉활히** 副 広闊と. 広々と.

교¹〔教〕名〔'종교'의 준말〕教.

-교²〔橋〕接尾 …橋. ¶ 인도~ 歩道橋.

교가¹〔校歌〕名 校歌.

교가²〔橋架〕名 橋架. 橋げた.

교각¹〔交角〕名〔數〕交角.

교각²〔橋脚〕名 橋脚. 橋柱. ¶ ~을 세우다 橋脚を建てる.

교각살우〔矯角殺牛〕名 角を矯めて牛を殺すこと〈小さな欠点を直そうとして, 全体を駄目にすること〉.

교감¹〔交感〕名 하自 **1** 交感. 互いに感じ合うこと. ¶ ~ 신경 交感神経. **2** 催眠術をかける側とかけられる側との関係.

교감²〔校監〕名 教頭.

교과〔教科〕名 教科. ¶ ~ 과정 教科課程 / ~ 커리큘럼 教科カリキュラム.

교과목〔—目〕名 教科目.

교과서〔—書〕名 教科書. テキスト. ¶ 국정 ~ 国定教科書.

교관〔教官〕名 教官.

교교월색〔皎皎月色〕名 皓々たる月の光.

교교하다〔皎皎—〕形 皓々たり. ¶ 교교한 달빛이 비치다 皓々たる月光がさす. **교교히** 副 皓々と.

교구¹〔教具〕名 教具.

교구²〔教區〕名〔宗〕教区. ¶ 서울 ~ ソウル教区 / ~ 교회 教区教会.

교국〔教國〕名 教国. ¶ 이슬람 ~ イスラム教国.

교군〔轎軍〕名 하自 **1** 駕籠. 輿. **2** 駕籠を担ぐこと. **3**〔'교군꾼'의 준말〕駕籠かき. 駕籠屋.

교군꾼 名 駕籠かき. 駕籠屋. ¶ 앞채 ~ 前棒〈駕籠の前をかつぐ者〉.

교권〔教權〕名 **1** 教権. 教師としての権威と権利. **2** (宗教上の) 権力.

교규〔校規〕名 校規. 校則.

교기¹〔巧技〕名 巧技. 巧みな技術や技芸.

교기²〔校旗〕名 校旗.

교기³〔嬌氣〕名 嬌態. 媚びる態度.

교기⁴〔驕氣〕名 驕気. おごりたかぶった態度.

교기부리다 自 驕慢な態度をとる. おごりたかぶる.

교내〔校內〕名 校内. ¶ ~ 방송 校内放送 / ~ 활동 校内活動.

교단¹〔教團〕名〔宗〕教団.

교단²〔教壇〕名 教壇. ¶ ~에서 물러나다[을 떠나다] 教壇を去る. 教員をやめる / ~ 생활 教員生活.

◆**교단에 서다** 教壇に立つ. 教員生活をする.

교당〔教堂〕名〔宗〕教会堂.

교대¹〔交代〕名 하自他 交代. 交替. ¶ 선수 ~ 選手交代 / 투수를 ~시키다 投手を交代させる / 점원과 ~하여 주인이 나온다 店員と入れ替わりに主人が出てくる / ~로 드나들다 入れ替わり立ち替わり出入りする.

교대병〔—兵〕名〔軍〕交代兵.

교대제〔—制〕名 交代制.

교대²〔教大〕名〔'교육 대학'의 준말〕教大. 教育大学.

교도¹〔教徒〕名 教徒. 信徒. ¶ 불~ 仏教徒 / 가톨릭 ~ カトリック教徒 / 기독[크리스트] ~ プロテスタント. 新教徒.

교도²〔教導〕名 하他 **1** 教導. 教え導くこと. **2** 教導. 生活指導をすること, またそのための教師.

교도관〔矯導官〕名 刑務官. 看守.

교도소〔矯導所〕名 刑務所.

교두〔橋頭〕名 橋頭. 橋のたもと.

교두보〔—堡〕名〔軍〕橋頭堡.

교란〔攪亂〕名 하他 撹乱. ¶ 사회 질서를 ~하다 社会秩序を撹乱する.

교량〔橋梁〕名 橋. 橋梁.

교련〔教鍊〕名 하自他 教練. ¶ 군사 ~ 軍事教練 / ~을 받다 教練を受ける.

교료〔校了〕名 하自他〔印〕校了. ¶ ~지 校了紙 / 책임 ~ 責任校了.

◆**교료를 놓다** 校了紙に校了の印を押す.

교류〔交流〕名 하自 **1** (人·文化などの) 交流. ¶ 문화 ~ 文化交流 / 인사 ~를 도모하다 人事の交流を図る. **2**〔電〕交流. ¶ ~ 라디오 수신기 交流ラジオ受信機.

교류 발전기〔—發電機〕名〔物〕交流発電機.

교류 장치〔—裝置〕名〔物〕交流装置.

교류 전동기〔—電動機〕名〔物〕交流電動機.

교리〔教理〕名 教理. 教義. ¶ 불교의 ~ 仏教の教理 / ~를 깨닫다 教理を悟る.

교리 문답〔—問答〕名 教理問答.

교리 신학〔—神學〕名〔宗〕教義学.

교린〔交隣〕名 交隣. 隣国との交際.

교린 정책〔—政策〕名 交隣政策. 隣国と友好関係を保とうとする政策.

교만〔驕慢〕名 하形 驕慢. ¶ ~한 태도 驕慢な態度.

교만부리다 自 驕慢にふるまう. おごりたかぶる.

교만스럽다 形 驕慢だ. おごりたかぶる.

교명〔校名〕名 校名. 学校の名.

교모〔校帽〕名 校帽.

교목〔喬木〕名〔植〕喬木. 高木.

교목대〔—帶〕名〔植〕喬木帯. 高木帯.

교묘하다〔巧妙—〕形 巧妙だ. 巧みだ. ¶ 범죄 수법이 ~ 犯罪の手口が巧妙だ / 교묘한 거짓말을 하다 巧みなうそをつく. **교묘히** 副 巧妙に. 巧みに. ¶ ~ 속이다 巧みにだます / ~ 짜여진 계략 巧妙に仕組まれた計略.

교무〔敎務〕 名 **1** (学校の)教務. **2** (宗教上の)教務.
　교무실〔一室〕 名 教務室. 教職員室.
　교무처〔一處〕 名 (大学の)教務課. 教務部.
교문〔校門〕 名 校門.
　◆**교문을 나서다** 校門を出る. 学校を卒業する.
교미〔交尾〕 名 하自 〔生〕 交尾. ¶ ~기 交尾期.
교민〔僑民〕 名 僑民. ¶ 재미 ~회 在米僑民会.
교반〔攪拌〕 名 하他 攪拌. ¶ ~기 攪拌機.
교배〔交配〕 名 하自他 〔生〕 交配. ¶ 암말에 ~시키다 雌馬に種付けする.
　교배종〔一種〕 名 〔生〕 交配種.
교법〔敎法〕 名 **1** 〔宗〕 教法. 教義. 特に仏の教え. **2** 教法. 教え方.
교복〔校服〕 名 校服.
교본〔敎本〕 名 教本. ¶ 피아노 ~ ピアノ教本.
교부1〔交付〕 名 하他 交付. ¶ 여권을 ~하다 旅券を交付する.
교부2〔敎父〕 名 〔基〕 教父.
교분〔交分〕 名 交分. 交わり. よしみ. ¶ ~이 깊다 交わりが深い / 옛 ~ 때문에 도와 주다 昔のよしみで力を貸す.
교사1〔校舍〕 名 校舎. ¶ 새 ~를 짓다 新しい校舎を建てる.
교사2〔敎師〕 名 教師. 教員. ¶ 중학교 ~ 中学校教師.
교사3〔敎唆〕 名 하他 教唆. ¶ ~ 선동 教唆扇動 / 범행을 ~하다 犯行を教唆する.
　교사범〔一犯〕 名 〔法〕 教唆犯.
　교사자〔一者〕 名 教唆者.
　교사죄〔一罪〕 名 〔法〕 教唆罪.
교사4〔絞死〕 名 하自 縊死.
교살〔絞殺〕 名 하他 絞殺. ¶ 그는 ~당한 시체로 발견되었다 彼は絞め殺された死体となって発見された.
교상〔咬傷〕 名 하自 咬傷. かみ傷.
교생〔敎生〕 名 〔'교육 실습생'의 준말〕 教生. ¶ ~ 실습 教育実習.
교서〔敎書〕 名 教書. ¶ 연두 ~ 年頭教書 / 일반[특별] ~ 一般[特別]教書.
　교서권〔一權〕 名 〔政〕 教書権.
교섭〔交涉〕 名 하自他 交渉. 協議. 話し合い. 駆け引き. ¶ 사전 ~ 事前交渉 / ~이 결렬되다 交渉が決裂する / ~을 벌이다 交渉の糸口をつくる / ~에 응하다 話し合いに応じる.
　교섭 단체〔一團體〕 名 〔政〕 交渉団体.
교성〔嬌聲〕 名 嬌声. ¶ ~을 지르다 嬌声を発する.
교성곡〔交聲曲〕 名 〔樂〕 交声曲. カンタータ.
교수1〔敎授〕 名 하他 **1** (大学の)教授. ¶ 명예 ~ 名誉教授 / 부~ 副教授 / 철학 ~ 哲学教授. **2** 教授. 教えること. 教え授けること. ¶ 개인 ~ 個人教授 / 생물학을 ~하다 生物学を教える.
　교수단〔一團〕 名 教授団.
　교수법〔一法〕 名 教授法.
　교수회〔一會〕 名 教授会.
교수2〔絞首〕 名 하他 絞首. 絞殺.
　교수대〔一臺〕 名 絞首台. ¶ ~에 오르다 絞首台に登る. 絞首刑に処せられる.
　교수형〔一刑〕 名 絞首刑. ¶ ~에 처하다 絞首刑に処する.
교습〔敎習〕 名 하他 教習. レッスン.
　교습소〔一所〕 名 教習所. ¶ 자동차 ~ 自動車教習所.
교시1〔敎示〕 名 하他 教示. ¶ ~를 받다 教示を受ける / 정의[진리]에 대하여 ~해 주십시오 正義[真理]についてご教示ください.
교시2〔校時〕 依名 学校の授業時間の順序. 時限. ¶ 2~는 수학이다 2時限は数学だ.
교신〔交信〕 名 하自 交信. ¶ ~이 끊기다 交信がとだえる.
교실〔敎室〕 名 教室. ¶ 생리학 ~ 生理学教室 / 콩나물 ~ すし詰め教室.
교안〔敎案〕 名 教案. 教授案. ¶ ~ 작성 教案作成 / ~을 짜다 教案を組む.
교양〔敎養〕 名 教養. ¶ ~이 모자라다 教養に欠ける / ~이 풍부한 사람 教養の豊かな人 / ~ 있는 여자 教養のある女性 / ~이 높다 教養が高い.
　교양 과목〔一科目〕 名 教養科目.
　교양서적〔一書籍〕 名 教養書籍.
　교양인〔一人〕 名 教養人.
교언〔巧言〕 名 하自 巧言. ¶ ~으로 유인하다 言葉巧みに誘う.
　교언영색〔一令色〕 名 巧言令色. 巧みに言い繕ってこびへつらうこと.
교역1〔交易〕 名 하他 交易. ¶ 외국과 ~하다 外国と交易する / ~ 조건 交易条件.
교역2〔敎役〕 名 〔基〕 説教·伝道·信者訪問などの宗教活動.
　교역자〔一者〕 名 〔基〕 宗教活動に携わる人.
교열〔校閱〕 名 하他 校閲. ¶ 원고를 ~하다 原稿を校閲する.
교외1〔郊外〕 名 郊外. ¶ 휴일에는 많은 사람들이 ~로 나간다 休日には多くの人々が郊外に出かける.
　교외선〔一線〕 名 郊外線〈都市との郊外または都市の周辺を結ぶ鉄道〉.
교외2〔校外〕 名 校外.
　교외 교육〔一敎育〕 名 校外教育.
　교외 수업〔一授業〕 名 校外授業.
　교외 지도〔一指導〕 名 校外指導.
교우1〔交友〕 名 하自 交友. ¶ ~ 관계를 조사하다 交友関係を調べる.
교우2〔校友〕 名 校友. 同窓. ¶ ~지 校友誌 / ~회 校友会. 同窓会.
교우3〔敎友〕 名 教徒仲間. 信徒仲間.
교원〔敎員〕 名 教員. 教師. ¶ 중학교 ~ 中学校教員 / ~이 되다 教員になる.
　교원 자격 검정〔一資格檢定〕 名 教員資格検定.
교위〔敎委〕 名 〔'교육 위원회'의 준말〕 教委. 教育委員会.

교유[1]〔交遊〕 名 하自 交遊. 交際. ¶ 20년래의 ～ 20年来の交遊.
교유[2]〔教諭〕 名 하他 教諭. 教え諭すこと.
교육〔教育〕 名 하他 教育. ¶ 가정 ～ 家庭教育 / ～ 수준이 높다[낮다] 教育水準が高い[低い].
　교육가〔一家〕 名 教育家.
　교육감〔一監〕 名 ソウル特別市·各直轄市·各道の教育委員会の事務を執る公務員の長.
　교육계〔一界〕 名 教育界.
　교육 기관〔一機關〕 名 教育機関.
　교육 대학〔一大學〕 名 教育大学.
　교육 방송〔一放送〕 名 教育放送.
　교육법〔一法〕 名〔法〕 教育法.
　교육 보험〔一保險〕 名 教育保険.
　교육부〔一部〕 名 教育部〈日本の文部省に当たる〉.
　교육비〔一費〕 名 教育費.
　교육세〔一稅〕 名 教育税.
　교육 실습생〔一實習生〕 名 教育実習生.
　교육 심리학〔一心理學〕 名〔心〕 教育心理学.
　교육열〔一熱〕 名 教育熱.
　교육 위원회〔一委員會〕 名 教育委員会. ▷교육감(教育監)
　교육자〔一者〕 名 教育者.
　교육적〔一的〕 冠名 教育的. ¶ ～ 환경 教育的環境.
　교육 제도〔一制度〕 名 教育制度.
　교육학〔一學〕 名 教育学.
교의[1]〔交誼〕 名 交誼. ¶ ～를 맺다 交誼を結ぶ.
교의[2]〔校醫〕 名 校医.
교의[3]〔教義〕 名 **1** 教義. 教理. ¶ 기독교의 ～ キリスト教の教義. **2** 教育の根本趣旨.
　교의학〔一學〕 名〔宗〕 教義学.
교인〔教人〕 名〔宗〕 教徒. ¶ 그리스도 ～ キリスト教徒.
교자〔交子〕 名 台盤に載せられた会席料理.
　교자상〔一床〕 名 台盤. 4脚の会席膳.
교잡〔交雜〕 名 하自他 交雑.
교장[1]〔校長〕 名 校長. ¶ ～ 선생님 校長先生.
교장[2]〔教場〕 名 **1** 教場. 教室. **2** 教場. 軍事訓練をする場所.
교재〔教材〕 名 教材. テキスト. ¶ ～비 教材費 / 시청각 ～ 視聴覚教材.
교전〔交戰〕 名 하自 交戦. ¶ ～국 交戦国 / ～ 상태에 돌입하다 交戦状態に突入する / 적과 ～하다 敵と交戦する.
교접〔交接〕 名 하自 交接. 交合.
교정[1]〔校正〕 名 하他〔印〕 校正. ¶ ～을 보다 校正する.
　교정 기호〔一記號〕 名〔印〕 校正記号.
　교정료〔一料〕 名 校正料.
　교정쇄〔一刷〕 名〔印〕 校正刷り. ゲラ.
　교정지〔一紙〕 名〔印〕 校正紙.
교정[2]〔校訂〕 名 하他 校訂. ¶ ～자 校訂者.
　교정본〔一本〕 名 校訂本.
교정[3]〔校庭〕 名 校庭. 運動場.
교정[4]〔矯正〕 名 하他 矯正. ¶ 치열을 ～하다 歯列を矯正する.
　교정술〔一術〕 名 矯正術.
　교정 시력〔一視力〕 名 矯正視力.
　교정 체조〔一體操〕 名 矯正体操.
교제〔交際〕 名 하自 交際. 付き合い. 交わり. ¶ 젊은 여성과 ～하다 若い女性と交際する / 친밀한 ～를 갖다 親しい交わりを結ぶ / ～가 넓다 交際が広い / 저 사람과는 ～가 없다 あの人とは付き合いがない / 그녀와의 ～를 끊다 その女との交わりを断つ.
　◆**교제를 트다** (今まで付き合いのなかった人と)付き合いはじめる.
　교제비〔一費〕 名 交際費.
　교제술〔一術〕 名 交際術.
교조[1]〔教祖〕 名〔宗〕 教祖.
교조[2]〔教條〕 名 教条.
　교조주의〔一主義〕 名〔論〕 教条主義.
교종〔教宗〕 名〔佛〕 教宗.
　교종 본산〔一本山〕 名〔佛〕 教宗の本山.
교주[1]〔校主〕 名 校主. 私立学校の経営責任者.
교주[2]〔教主〕 名 **1**〔宗〕 教主. ある宗教団体を代表する人. **2** 教祖. 宗祖.
교지[1]〔校地〕 名 校地. 学校の敷地.
교지[2]〔校誌〕 名 校内誌.
교지[3]〔教旨〕 名 教旨.
교직〔教職〕 名 **1** 教職. **2**〔基〕 聖職者〈牧師·執事·伝道師など〉.
　교직 과목〔一科目〕 名 教職科目.
　교직원〔一員〕 名 教職員.
교질〔膠質〕 名 膠質. コロイド.
　교질 용액〔一溶液〕 名〔化〕 膠質溶液.
교차[1]〔交叉〕 名 하自他 交差. ¶ 입체 ～ 立体交差 / 두 길이 ～되는 지점 2本の道が交差する地点 / 세 직선이 한 점에서 ～하다 3本の直線が1点で交わる.
　교차로〔一路〕 名 交差路.
　교차점〔一點〕 名 交差点.
교차[2]〔較差〕 名 較差. ¶ 기온의 ～가 심하다 気温の較差がはなはだしい.
교착[1]〔交錯〕 名 하自 交錯. ¶ 사랑과 증오가 ～하다 愛と憎しみが交錯する.
교착[2]〔膠着〕 名 하自 膠着. ¶ 평화 협상은 2개월간 ～ 상태에 있다 平和交渉は2か月間膠着状態だ.
　교착어〔一語〕 名〔言〕 膠着語.
교체[1]〔交替〕 名 하自他 交替. 入れ替え. 入れ替わり. ¶ 선수 ～ 選手交替 / 세대 ～ 世代交替 / 임원을 ～하다 役員を入れ替える / 장관이 ～되었다 長官が入れ替わった.
교체[2]〔交遞〕 交通と逓信. ¶ ～ 위원회 (国会の)交通·逓信委員会.
교칙〔校則〕 名 校則. 校規. ¶ ～ 위반 校則違反 / ～을 지키다 校則を守る.
교탁〔教卓〕 名 教卓. 教授用の机.
교태〔嬌態〕 名 嬌態. こび. ¶ ～를 자아내다 しなをつくる / ～를 띤 눈매 こびを含んだ目つき.
　◆**교태를 부리다** (女が男に)こびを売る.
교통〔交通〕 名 **1** 交通. ¶ ～ 방해죄

交通妨害罪 / ～이 편리하다 交通が便利だ / ～이 붐비는 도로 交通の激しい道路 / ～의 편의를 도모하다 交通の便を図る. **2** 往来. 行き来. ¶ 졸업 후에는 서로 ～이 없다 卒業後は互いに行き来がない.

교통경찰〔一警察〕名 交通警察.

교통 기관〔一機關〕名 交通機関.

교통난〔一難〕名 交通難.

교통도덕〔一道德〕名 交通道徳.

교통량〔一量〕名 交通量.

교통마비〔一痲痺〕名 交通麻痺.

교통망〔一網〕名 交通網.

교통 방송〔一放送〕名 交通放送.

교통비〔一費〕名 交通費. 足代.

교통사고〔一事故〕名 交通事故.

교통순경〔一巡警〕名 交通巡査.

교통 신호〔一信號〕名 交通信号.

교통정리〔一整理〕名 交通整理.

교통지옥〔一地獄〕名 交通地獄.

교파〔教派〕名〔宗〕教派. 宗派.

교편〔教鞭〕名 教鞭. ¶～생활 教員生活.

◆**교편을 잡다** 教鞭を執る.

교포〔僑胞〕名 外国に居住する同胞. 海外同胞. ¶재일 ～ 在日同胞〈日本在住の韓国人〉/ ～ 2세 海外同胞の2世.

교풍〔校風〕名 校風.

교합〔交合〕名 하自 交合. 性交. 交接.

교향곡〔交響曲〕名〔樂〕交響曲. シンフォニー.

교향시〔交響詩〕名〔樂〕交響詩.

교향악〔交響樂〕名〔樂〕交響楽. ¶～단 交響楽団.

교호〔交互〕名 하自 交互. 互い違い. ¶～ 개념 交互概念 / ～ 계산 交互計算.

교호 작용〔一作用〕名 交互作用. 相互作用.

교화〔教化〕名 하他 **1** 教化. ¶～를 받다[입다] 教化される. **2**〔佛〕教化.

교환[1]〔交換〕名 하他 **1** 交換. 取り替え. ¶～ 가격 交換価格 / ～ 경제 交換経済 / ～ 법칙 交換法則 / 포로 ～ 捕虜交換 / ～ 조건 交換条件 / 명함을 ～하다 名刺を交換する / 인사를 ～하다 あいさつを交わす / 의견을 ～하다 意見を交換する. **2**〔'전화 교환'의 준말〕電話交換. ¶～을 부르다 交換を呼び出す.

교환 가치〔一價値〕名〔經〕交換価値.

교환 교수〔一教授〕名 交換教授.

교환원〔一員〕名〔'전화 교환원'의 준말〕交換手.

교환 학생〔一學生〕名 交換学生.

교환[2]〔交歡〕名 하自 交歓.

교활하다〔狡猾一〕形 狡猾だ. ずるい. 悪賢い. ¶교활한 수단 狡猾な手段 / 교활하게 굴다 狡猾に立ち回る.

교황〔教皇〕名 教皇. 法王. ¶～령 教皇領 / ～ 사절 教皇使節 / ～청 教皇庁.

교회〔教會〕名 教会. 教会堂. ¶～에 나가다 教会へ(礼拝に)行く.

교회당〔一堂〕名 教会堂. 礼拝堂.

교회 음악〔一音樂〕名〔樂〕教会音楽.

교훈[1]〔校訓〕名 校訓.

교훈[2]〔教訓〕名 하他 教訓. ¶산 ～ 生きた教訓 / ～을 주다 教訓を与える. / ～을 얻다 教訓を得る.

구[1]〔句〕名 **1**〔言〕句. 二つ以上の単語が集まって節, または文章の一部をなす言葉のひと区切り. ¶～와 절 句と節. **2** 詩歌の短句. (特に)時調の短句3音節, または4音節. ¶앞엣～ 前の句. **3** 句と節.

구[2]〔區〕名 区. ¶종로～ 鐘路区 / 선거～ 選挙区 / 투표～ 投票区.

구[3]〔球〕Ⅰ 名 **1**〔數〕球. **2** 球体. Ⅱ 依名 球. ¶제1～ (野球で)第1球.

구[4]〔具〕Ⅰ 依名〔시체의 수효를 세는 단위〕…体. ¶유해 3～ 遺骸3体. Ⅱ 接尾 …具. ¶운동～ 運動具 / 문방～ 文房具.

구[5]〔九〕數 9. 九つ. ¶～월 9月 / ～일 9日 / ～분의 일 9分の1 / ～인제 배구 9人制のバレーボール.

구-[6]〔舊〕接頭 旧…. 反 新… ¶～식 旧式 / ～형 냉장고 旧式の冷蔵庫 / ～세대 旧世代.

-구[7]〔口〕接尾 …口. ¶출입～ 出入口 / 창～ 窓口.

구가〔謳歌〕名 하他 謳歌. ¶자유를 ～하다 自由を謳歌する.

구각〔舊殼〕名 旧殻. 古くからのしきたり. ¶～을 벗다 旧殻を脱する.

구간[1]〔區間〕名 区間. ¶승차 ～ 乗車区間 / 도로의 공사 ～ 道路の工事区間.

구간[2]〔舊刊〕名 旧刊.

구간[3]〔軀幹〕名 軀幹. 胴体.

구갈〔口渴〕名 口の渇き.

구갈증〔一症〕名〔韓方〕消渇. 渇きの病.

구강〔口腔〕名〔生〕口腔.

◎의학 용어로 'こうくう'라고 읽는다.

구강염〔一炎〕名〔醫〕口腔炎. 口内炎.

구강 위생〔一衛生〕名 口腔衛生.

구개〔口蓋〕名〔生〕口蓋.

구개음〔一音〕名〔言〕口蓋音.

구개음화〔一音化〕名 하自他〔言〕口蓋音化.

구걸〔求乞〕名 하他 物ごい. 袖乞い. ¶이집 저집으로 ～하고 다니다 家から家へ物ごいをして歩く.

구겨지다 自 しわが寄る. しわくちゃになる. もみくちゃになる. ¶옷이 ～ 衣服がしわくちゃになる / 이 천은 잘 구겨지지 않는다 この生地はしわになりにくい.

구경[1] 名 見物. 観覧. 物見. ¶영화 ～ 映画見物 / 벚꽃 ～ 桜見物 / 서울 ～을 시켜 주마 ソウル見物をさせてあげよう.

◆**구경도 못하다** (かつて)見たことがない. ¶듣지도 못하고 ～도 못했소 (今まで)聞いたことも見たこともありません.

◆**구경을 가다** 見に行く. ¶영화 ～을 가다 映画を見に行く.

구경가마리 名〈蔑〉こっけいな行動で見せ物になる人. さらし者.

구경감 名 見もの. 見せ物.

구경거리 名 見もの. 見るべきもの.

見せ物. ¶ ~가 되다 見せ物になる / 좋은 ~가 생겼다 面白いこと[もの]がある.

구경꾼 名 見物人.

구경나다 いい見ものがある. 見物が現れる.

구경하다 他 見物する. 観覧する. 見る. ¶ 경주에는 구경할 만한 곳이 많다 慶州には見るべき所が多い.

구경[2]〔口徑〕 名 口径. ¶ 대포의 ~ 大砲の口径 / ~ 30mm의 기관포 口径30ミリの機関砲.

구경[3]〔究竟〕 名 **1** 究竟. **2** (부사적으로 쓰여) 究竟. つまるところ. 結局.

구경[4]〔球莖〕 名〔植〕 球茎.

구곡〔舊穀〕 名 前年に収穫した穀物.

구곡간장〔九曲肝腸〕 名 (くねくね曲がった腸の意で) 積もる愁いを秘めた心. 胸の奥底.

◆**구곡간장을 녹이다** 心をとろかす. 恋い焦がれる. 心を痛める. 胸がいっぱいになる.

◆**구곡간장이 녹다** 心がとろける. 焦がれる. 胸を焦がす.

구공탄〔九孔炭〕 名 **1** 穴が九つあいている練炭. **2** 〔'십구공탄(十九孔炭)'의 준말〕 穴が十九ある練炭.

구관[1]〔舊官〕 名 前官. 前任者.

〔속담〕 **구관이 명관이다** 前官が名官だ〈前任者が後任者よりも仕事に熟達している. やはり経験が物を言うものだ〉.

구관[2]〔舊館〕 名 旧館.

구관조〔九官鳥〕 名〔動〕 九官鳥.

구교[1]〔舊交〕 名 旧交. 古い付き合い. ¶ ~를 돈독히 하다 旧交を温める.

구교지간〔—之間〕 名 旧知の間柄.

구교[2]〔舊教〕 名 旧教. カトリック教. ¶ ~도 旧教徒. カトリック教徒.

구구[1] 感 (えさをやるとき) はとや鶏を呼ぶ声.

구구[2]〔九九〕 名〔數〕〔'구구법'의 준말〕 九九. ¶ ~를 외다 九九を唱える.

구구법〔—法〕 名 九九.

구구표〔—表〕 名 九九. 掛け算表. 九九の表.

구구[3]〔區區〕 名 区々. まちまち. ¶ ~ 각각 てんでんばらばら.

구구구 感 (はとや鶏の鳴き声) くうくう.

구구이〔句句—〕 副 句ごとに.

구구절절이〔句句節節—〕 副 (言葉の) 一句一句すべて. 文節ごとに. ¶ 아버지의 전쟁중의 고생담은 ~ 감동적이었다 父の戦争中の苦労話は一言一言が感動的であった.

구구하다〔區區—〕 形 **1** 〔각각 다르다〕 まちまちだ. いろいろだ. ¶ 이 점에 대해서는 의견이 ~ この点については意見がまちまちだ. **2** 〔변변찮다〕 つまらない. くだらない. みみっちい. 浅ましい. ¶ 그런 구구한 일로 시간을 낭비하지 마라 そんなくだらないことで時間を浪費するな. **3** 〔용렬하다〕 くだくだしい. ささいだ. こまごましている. ¶ 구구하게 변명을 늘어놓다 くだくだ弁明を並べる.

구구히 副 くだくだしく. くどくど(と). まちまちに. つまらなく.

구국〔救國〕 名 하自 救国. ¶ ~ 운동 救国運動.

구균〔球菌〕 名〔生〕 球菌. ¶ 연쇄상 ~ 連鎖状球菌 / 포도상 ~ ぶどう状球菌.

구극〔究極〕 名 究極.

구근〔球根〕 名〔植〕 球根. ¶ ~ 식물 球根植物.

구근류〔—類〕 名〔植〕 球根類.

구금〔拘禁〕 名 하他 拘禁. 拘留. ¶ 용의자를 ~하다 容疑者を拘禁する.

구급〔救急〕 名 하他 救急. 応急. ¶ ~상자 救急箱 / ~ 치료 応急手当て.

구급낭〔—囊〕 名 救急袋.

구급방〔—方〕 名 **1** 応急の対策. **2** 〔韓方〕 応急の処方箋.

구급법〔—法〕 名 救急法.

구급상비약〔—常備藥〕 名 救急用の常備薬.

구급약〔—藥〕 名 救急薬.

구급차〔—車〕 名 救急車.

구급책〔—策〕 名 応急の対策.

구기[1] Ⅰ 名 (油·酒などをすくう) 小さなひしゃく.

Ⅱ 依名 〔액체의 분량을 구기의 수로 헤아리는 말〕 …さじ. ¶ 참기름 한 ~ ごま油一さじ.

구기[2]〔球技〕 名〔體〕 球技.

구기다 Ⅰ 自 **1** 〔옷 등에 주름이 생기다〕 しわが寄る. しわむ. ¶ 구긴 옷자락을 다리다 しわが寄った裾にアイロンをかける. **2** 〔마음이 언짢게 되다〕 気分をそこねる. 気がくさくさする. めいる. **3** 〔형편이 어렵게 되다〕 苦しくなる. うまくいかない. 台なしになる.

Ⅱ 他 **1** (布·紙などをもんで) しわくちゃにする. ¶ 홧김에 편지를 구겨 버렸다 腹立ちまぎれに手紙をくしゃくしゃに丸めてしまった. **2** (仕事·暮らし向きなどを) 台なしにする. ¶ 그 사람이 들어와서 판을 구겨 버렸다 彼が入ってきてその場の雰囲気をめちゃくちゃにしてしまった.

구기자〔枸杞子〕 名 **1** 枸杞. **2** くこの実.

구기자나무 名〔植〕 枸杞.

구김 名〔'구김살'의 준말〕 しわ.

구김살 名 **1** しわ. ¶ ~ 투성이 しわだらけ / ~이 지다 しわが寄る. **2** (性格·表情などが) やつれて陰がさした跡. ¶ 가난한 환경 속에서도 ~ 없이 자라다 貧しい環境の中でもねじけたところがなく育っていく. **3** 物事が順調に進まない状態.

구김새 名 しわの寄ったようす. しわの寄り具合. ¶ ~로 보아 마직물임에 틀림없다 しわの寄り具合から見て麻織物に違いない.

-구나 語尾 〔감탄을 나타내는 종결 어미〕 …(だ)な. …(だ)ね. ¶ 정말 아름답~ 本当にきれいだな / 잘 되었~ よかったね. よくできたな. うまくいったね / 맛이 있~ おいしいね / 깜박 속았~ まんまとだまされたな / 범인이 아니~ 犯人じゃないね. ▷-는구나

구난〔救難〕 名 하他 救難. ¶ ~부표 救難浮標.

구내[1]〔口內〕 名 口内. ¶ ~염 口内炎.

구내[2]〔區內〕 名 区内. 区域内.

구내[3]〔構內〕 名 構内. ¶ ~매점 構内

の売店 / ～선 構内線 / 역～ 駅の構内 / ～ 번호 内線番号 / ～식당 構内食堂.

구년〔舊年〕 名 旧年. 昨年.

구년묵이 名 古くなった物.

구년친구〔一親舊〕 名 **1** 古くからの親友. 旧友. **2** 久しく会っていない友.

구단〔球團〕 名 (野球·サッカーなどの)球団. ¶ ～주 球団主.

구담〔口談〕 名 口説. 話.

구대륙〔舊大陸〕 名〔地〕旧大陸.

구더기 名〔動〕蛆. うじむし. ¶ ～가 괴다[끓다] うじがわく / ～ 같은 놈 うじむしのようなやつ.

〔속담〕 **구더기 무서워 장 못 담글까** うじむしが怖くてしょう油が仕込めないのか〈多少の危険があってもしなければならないことはするものだ〉.

구덕구덕 副 하形 〔물기 있는 물체의 거죽이 조금 마른 모양〕ごわごわ. ¶ 찰흙이 말라서 ～해졌다 粘土が乾いて表面がやや固くなった.

구덩이 名 **1** (地面の)くぼみ. へこみ. 穴. ¶ ～에 물이 괴다 くぼみに水がたまる / ～를 파다 穴を掘る. **2**〔鑛〕坑.

구도¹〔求道〕 名 하他〔佛〕求道. ¶ ～심 求道の心. 道念 / ～자 求道者.

구도²〔構圖〕 名〔美〕構図.

구도³〔舊都〕 名 旧都. 古都.

구독〔購讀〕 名 하他 購読. ¶ ～료 購読料 / ～자 購読者.

구두¹ 名 靴. ¶ ～를 신다[벗다] 靴を履く[脱ぐ] / ～를 닦다 靴を磨く.

구두닦이 名 靴磨き(人).

구두약〔一藥〕 名 靴墨. 靴クリーム.

구두창 名 靴底. ¶ ～을 갈아대다 靴底を取り替える.

구둣발 名 靴を履いた足. ¶ ～로 방에 들어가다 靴を履いたままで部屋に入る.

구둣방〔一房〕 名 靴屋.

구둣솔 名 靴ブラシ.

구둣주걱 名 靴べら.

구두²〔口頭〕 名 口頭. ¶ ～ 계약 口頭契約 / ～ 변론 口頭弁論 / ～ 약속 口約束 / ～로 보고하다 口頭で報告する.

구두시험〔一試驗〕 名 口述試験. 口頭試問.

구두³〔句讀〕 名〔'구두법'의 준말〕句読法. 句読.

구두법〔一法〕 名〔言〕句読法.

구두점〔一點〕 名〔言〕句読点. ¶ ～을 찍다 句読点をつける.

구두쇠 名 けちん坊. しみったれ. ¶ 지독한 ～다 ひどいしみったれだ.

구드러지다 自 乾いて固くなる. ¶ 떡이 ～ 餅が乾燥して固くなる.

구득〔求得〕 名 하他 求め得ること. 入手. ¶ ～하기 힘들다 求めにくい. 手に入れにくい.

구들 名 〔'방구들'의 준말〕オンドル(온돌).

구들돌 名 オンドル石.

구들목 名 オンドル(온돌)部屋の焚き口に近いところ.

구들방〔一房〕 名 オンドル(온돌)部屋.

구들장 名 オンドル(온돌)の煙道の上に置く板状の石.

◆**구들장을 지다** ① オンドル部屋に寝そべる. ② 病気で床にふす. ③ 死ぬ.

구들구들 副 하形 (ご飯などが)冷えたり表面が乾いたりしてやや固いようす.

구라파〔歐羅巴〕 名 ヨーロッパ. 欧州. ¶ ～식 ヨーロッパ式 / ～풍의 건축 欧風の建築.

구라파전쟁〔一戰爭〕 名 **1** 第一次世界大戦. **2** 〈俗〉いさかい. もめ事. ¶ 뱃속에서 ～이 일어났다 (腹の中でもめ事が起こったの意で)腹具合が悪くてごろごろ鳴る.

구락부〔俱樂部〕 名 倶楽部.

구랍〔舊臘〕 名 旧臘. 去年の12月.

구래〔舊來〕 名 旧来. 従来. ¶ ～의 습관을 지키다 旧来の習慣を守る.

구렁 名 **1** 深いくぼみ. 深み. **2** 淵. 容易に抜け出せない境遇. ¶ 슬픔의 ～ 속에 빠지다 悲しみの淵に沈む.

구렁텅이 名 **1** 特に深いくぼみの底. **2** 最低の境遇. どん底. 窮地. ¶ 악의 ～에 빠지다 悪のどん底に陥る.

구렁이 名 **1**〔動〕青大将. **2** ずるく陰険な人. ¶ 겉으로는 얌전해도 하는 짓이 ～ 같다 うわべはおとなしいけれどもすることがあおだいしょうのようだ.

〔속담〕 **구렁이 담 넘어가듯** あおだいしょうが塀を這って越えるよう〈物事をこっそりと処理してしまう〉.

구레나룻 名 頰ひげ.

-구려 語尾 **1** (형용사·'있다·없다'의 아래)〔감탄·확인의 뜻으로 쓰이는 종결 어미〕…ね. …な(あ). ¶ 정말로 솜씨가 대단하～ 本当に腕前が大したものだな / 내가 또 실수를 했～ またしくじったな. ▷-는구려 **2** (동사의 어간에 붙어)〔권유의 뜻으로 가벼운 요구나 명령을 나타내는 종결 어미〕…なさいよ. …なさいな. ¶ 빨리 오～ 早くいらっしゃいよ / 짬이 날 때에 한번 찾아가～ 暇なとき一度訪ねてみなさいよ. ▷-구나. -게나²

구력〔舊曆〕 名 旧暦. 陰暦.

구령〔口令〕 名 하自他 号令. ¶ ～을 내리다[붙이다] 号令をかける.

구례〔舊例〕 名 旧例. 先例. ¶ ～에 따라 旧例に倣って.

구루〔佝僂〕 名 하自 **1** 佝僂病のために弓なりに曲がった背中. **2** (老衰·病気のために)腰が弓状に曲がること.

구루병〔一病〕 名〔醫〕佝僂病.

구루마 名 ⇨짐수레

구류〔拘留〕 名 하他〔法〕拘留. ¶ ～신문 拘留訊問.

구르다¹ 自 **1** 転がる. 転ぶ. ¶ 공이 데굴데굴 ～ ボールがころころ転がる / 봉지 속에서 귤이 몇 개 굴러 나왔다 袋からみかんがいくつか転がり出た. **2** (銃などが)反動で後退する. 後座する. **3** (乗馬で速度を速めるために)騎手が体を上手に揺する.

〔속담〕 **구르는 돌에는 이끼가 안 낀다** 転がる石には苔むさず〈仕事をしょっ

ちゅう変えるとお金がたまらない〉. **굴러 온 복을 발로 차다** 転がり込んだ福を足で蹴る〈愚挙を笑う語〉. **굴러 온 호박** 転がり込んだカボチャ〈棚からぼた餅〉.

구르다[2] 他 (床·板などを)強く踏む. (足を)踏み鳴らす. ¶ 발을 동동 구르며 억울해 하다 じだんだを踏んで悔しがる.

구름 名 雲. ¶ 먹~ 黒雲 / ~ 한 점 없는 하늘 雲一つない空 / ~이 걷히다 雲が晴れる / ~ 사이로 햇빛이 비치다 雲の切れめから日の光がさす / 흰 ~이 둥실둥실 떠간다 白い雲がふんわりふんわりと流されて行く.

구름결 名 **1** 雲が通り過ぎるような短い間. **2** (真綿を広げたような)きれいな薄い雲の模様.

구름다리 名 陸橋. 高架橋.

구름바다 名 雲海.

구름장 名 (広がった厚い) 雲の固まり.

구름금 名 (跳躍競技で)踏切線.

구름판〔一板〕名 (跳躍競技で)踏切板.

구릉〔丘陵〕名 丘陵. 丘. 小山.

구릉지〔一地〕名 丘陵地.

구리 名 銅. あかがね.

구리줄 名 銅線.

구리철사〔一鐵絲〕名 銅の針金.

구릿빛 名 赤銅色. あかがね色. ¶ ~으로 그을린 얼굴 赤銅色に日焼けした顔.

구리다 形 **1** 臭い. ¶ 구린 냄새를 피우다 臭いにおいを漂わす. **2** あやしい. 疑わしい. うさんくさい. ¶ 뒤가 ~ 後ろが暗い / 뭔가 구린 데가 있다 うさんくさいところがある. **3** (することが) 汚い. いやらしい. ¶ 하는 짓이 ~ やり口が汚い.

구리터분하다 形 **1** 非常にいやなにおいがする. **2** (やり口が) 汚い. ¶ 하는 짓이 구리터분한 사내 やり口が汚い男.

구리텁텁하다 形 **1** 臭くてむかつく. ひどく臭い. **2** (やり口が) 汚くてむかつく.

구린내 名 臭いにおい. 悪臭. ¶ ~가 코를 찌른다 悪臭が鼻を突く.

◆**구린내가 나다** ① 臭いにおいがする. ② 疑わしいところがある. 臭いところがある.

구만리장천〔九萬里長天〕名 限りなく高く果てしない大空.

구매〔購買〕名 하他 購買. 購入. 買うこと. ¶ 충동~ 衝動買い / ~ 조합 購買組合 / ~ 계약 購入契約.

구매력〔一力〕名 購買力.

구매처〔一處〕名 (官庁·病院などの)購買部.

-구먼 語尾 (형용사·'있다·없다'의 아래) 〔감탄·확인을 나타냄〕 …ね. …な(あ). ¶ 몸이 몹시 약하~ 体がずいぶん弱いんだね / 눈이 내리겠~ 雪が降りそうだな / 찾던 물건이 여기 있~ さがしていた物がここにあったのか.

구멍 名 **1** 穴. ¶ 창 ~ 障子の破れ穴 / 단추 ~ ボタンの穴 / ~을 뚫다 穴をあける. **2** (困難などを)切り抜ける道. 抜け穴. 逃げ道. ¶ 빠져나갈 ~이 없다 逃げ道がない / 살아나갈 ~이 없다 生きていく手立てがない. **3** 欠点. 損失. 破綻. つまずき.

◆**구멍이 나다** ① 穴があく. ¶ 구두창[양말]에 ~이 났다 靴の底[靴下]に穴があいた. ② 破綻する. つまずく. 狂いが生じる. 欠陥が生じる. ¶ 가계부에 ~이 나다 家計簿に赤字が生じる. ③ (困難を切り抜ける)手段が見つかる.

구멍가게 名 小規模の雑貨屋.

구멍탄〔一炭〕名 穴が九つあいている練炭.

구면[1]〔球面〕名 球面.

구면각〔一角〕名〔數〕球面角.

구면경〔一鏡〕名〔物〕球面鏡.

구면계〔一計〕名〔物〕球面計. スフェロメーター.

구면 기하학〔一幾何學〕名〔數〕球面幾何学.

구면 수차〔一收差〕名〔物〕球面収差.

구면[2]〔舊面〕名 旧知. 顔なじみ. 昔なじみ. ¶ ~의 사이 旧知の間柄 / ~인데 모르는 체 한다 顔なじみなのに知らん顔をする.

구명[1]〔究明〕名 하他 究明. ¶ 원인 ~ 原因究明.

구명[2]〔救命〕名 하他 救命. ¶ ~동의 救命胴衣 / ~보트 救命艇. ライフボート / ~부표 救命ブイ / ~ 운동 助命運動.

구명구〔一具〕名 救命具.

구명기〔一器〕名 救命器.

구명대〔一帶〕名 救命胴衣.

구명삭〔一索〕名 救命索.

구명정〔一艇〕名 救命艇.

구문[1]〔口文〕名 口銭. 手数料. コミッション. ¶ 1할의 ~ 1割の手数料.

구문[2]〔構文〕名 構文. ¶ ~론 構文論.

구문[3]〔歐文〕名 欧文.

구문[4]〔舊聞〕名 旧聞.

구미[1]〔口味〕名 **1** 食欲. 食い気. ¶ 병이 나서 ~를 잃다 病気にかかって食欲を失う. **2** 興味. ¶ 부동산 투기에 ~가 있다 不動産の投機に興味がある. **3** 趣味. 好み. ¶ 이 음악은 내 ~에 맞지 않는다 この音楽は私の好みに合わない.

◆**구미가 나다** ① 食欲が起こる. ② 欲が出る.

◆**구미가 돌다[당기다]** ① 食欲が生じる. ② 興味がわく.

◆**구미가 동하다** ① 食欲がわく. ② 欲が出る. 欲の皮が張る.

◆**구미를 돋우다** ① 食欲をそそる. ② 興味をそそる. 欲を起こさせる.

구미[2]〔歐美〕名 欧米. ¶ ~ 각국 欧米各国.

구미호〔九尾狐〕名 **1** 九尾の狐〈尾が9本あって人間をたぶらかすという年とったきつね〉. **2** 狡猾な人.

구민[1]〔救民〕名 하自 救民. 民を救済すること.

구민[2]〔區民〕名 区民.

구박〔驅迫〕名 하他 ひどくいじめること. いびること. 虐待. ¶ ~을 받다 いじめられる. いびられる.

구배〔勾配〕 名 勾配. 傾斜. ¶ 완만한 ~로 된 지붕 ゆるい勾配のついた屋根.
구법〔求法〕 名 하自 〔佛〕 求法. 求道.
구변〔口辯〕 名 口弁. 弁舌. 弁才. ¶ ~이 좋다 弁が立つ / ~이 능한 사람 口達者な人.
구변머리〔口辯—〕 名 〈俗〉 口弁. 弁舌. 弁才.
구별〔區別〕 名 하他 区別. 違い. 区分. 差別. 仕分け. ¶ 상품의 ~ 商品の仕分け / 선악을 ~하다 善悪をわきまえる / 어른 아이 ~없이 입장시킨다 大人子供の区別なく入場させる.
구보〔驅步〕 名 하自 駆け足. ¶ 연병장까지 ~로 갔다 練兵場まで駆け足で行った.
구부러뜨리다[-트리다] 他 完全に曲げる. 曲げてしまう. 折り曲げる. ¶ 쇠막대를 ~ 鉄の棒を折り曲げる.
구부러지다 自 曲がる. ¶ 허리가 ~ 腰が曲がる / 길이 구부러져 있다 道が曲がっている.
구부렁하다 形 弓なりに曲がっている. ¶ 구부렁한 막대기 弓なりに曲がった棒.
구부리다 他 曲げる. かがむ. (体を)かがめる. ¶ 허리를 구부리고 인사를 한다 腰をかがめてあいさつをする / 몸을 구부려서 철조망을 빠져 나왔다 体をかがめて鉄条網をくぐり抜けた.
구부스름하다 形 少し曲がっている. 曲がり加減だ.
구부정하다 形 **1** 少し曲がっている. (体が)少しかがんでいる. **2** やや曲げる. 少しかがめる. ¶ 허리를 구부정하고 앉아 있다 腰を少しかがめて座っている.
구분〔區分〕 名 하他 区分. 区分け. けじめ. ¶ 시대 ~ 時代区分 / 공사의 ~을 짓다 公私のけじめをつける.
구불거리다[-대다] 自 **1** (道·川などが)曲がりくねる. **2** (体を)しきりに左右に揺り動かす. ¶ 구불거리는 구렁이 身をくねらせるあおだいしょう.
구불구불 副 하形 くねくね(と). ¶ ~한 산길 くねくねとした山道.
구불텅하다 形 ゆるやかに曲がっている.
구붓하다 形 少し曲がっている. しなっている. ¶ 구붓한 나뭇가지 ややたわんだ枝 / 등이 구붓해 보인다 背中が少し曲がっているように見える. **구붓이** 副 少し曲がって. しなって.
구붓구붓 副 하形 (複数の箇所が)全部少しずつ曲がっているようす.
구비¹〔口碑〕 名 口碑. 口承.
구비 동화〔—童話〕 名 口碑童話.
구비 문학〔—文學〕 名 口碑文学.
구비²〔具備〕 名 하自他 具備. 備えること. 用意すること. ¶ 필요한 물건은 미리 ~해 놓아라 必要なものはあらかじめ用意しておけ / 인덕이 ~된 학자 人徳の備わった学者.
구쁘다 形 食欲がわく. 食欲をそそられる.
구사〔驅使〕 名 하他 **1** 駆使. 自由自在に使いこなすこと. ¶ 미사 여구를 ~한 문장 美辞麗句を駆使した文章 / 영어를 자유로이 ~하다 英語を自由にこなす. **2** 駆使. 追い立てて使うこと.
구사일생〔九死一生〕 名 九死に一生を得ること. 命拾い. ¶ ~으로 목숨을 건졌다 かろうじて命が助かった.
구상¹〔臼狀〕 名 臼状. 臼の形.
구상 화산〔—火山〕 名 〔地〕 臼状火山.
구상²〔求償〕 名 하他 求償. ¶ ~ 무역 バーター貿易.
구상권〔—權〕 名 〔法〕 求償権.
구상³〔具象〕 名 具象. 反 抽象.
구상성〔—性〕 名 具象性.
구상 예술〔—藝術〕 名 具象芸術.
구상화〔—畫〕 名 〔美〕 具象画.
구상⁴〔球狀〕 名 球状.
구상 관절〔—關節〕 名 〔生〕 球状関節 〈球状の可動関節の一つ〉.
구상균〔—菌〕 名 球菌.
구상 성단〔—星團〕 名 〔天〕 球状星団.
구상⁵〔構想〕 名 하他 構想. ¶ 장편 소설의 ~이 완성되다 長編小説の構想がまとまる.
구상유취〔口尙乳臭〕 名 하形 乳臭いこと. 青二才.
구색〔具色〕 名 **1** 具備. いろいろな品物をもれなく取りそろえること. **2** 釣り合うこと. 調和. ¶ ~이 맞다 よく釣り合う.
◆**구색을 갖추다**[맞추다] 具備する. いろいろな品物を取りそろえる.
구석 名 **1** (仕切られた空間の)隅. ¶ 마당 한 ~에 놓다 庭の片隅に置く. **2** 〔치우친 곳〕 片隅. 一隅. 目立たない場所. 人里離れて寂しい所. ¶ 시골 ~ 片田舎 / 그 광경이 아직도 내 마음 한 ~에 남아 있다 その光景が今もなお心の片隅に残っている. **3** (物事·性格の)ある一面. 点. ¶ 보수적인 ~이 있다 保守的なところがある / 미심쩍은 ~ 不審な点. **4** 《'방·집'등의 명사에 붙어》〔안〕 内. 中. ¶ 매일 방 ~에 처박혀 있다 毎日部屋の中でくすぶっている / 집 ~이 왜 이리 더러우냐 家の中がどうしてこんなによごれているのか.
구석구석 副 隅々まで. 隅々. くまなく. 全部. ¶ 방안을 ~ 쓸고 닦는다 部屋の中を隅々まで掃いてふく.
구석방〔—房〕 名 家屋の角の部屋.
구석장〔—欌〕 名 部屋の隅に置くたんす.
구석기〔舊石器〕 名 〔史〕 旧石器.
구석기 시대〔—時代〕 名 〔史〕 旧石器時代.
구석지다 形 **1** 奥まっている. ¶ 구석진 방 奥まった部屋 / 구석진 자리 隅の席. **2** 人里離れている. へんぴだ. ¶ 구석진 산골 へんぴな山奥.
구설〔口舌〕 名 非難. 悪口. そしり. ¶ 남의 ~을 듣다 人のそしりを受ける.
구설수〔—數〕 名 世間の非難を受ける悪運. ¶ ~에 오르다 世間のうわさになる.
구성〔構成〕 名 하他 構成. ¶ ~ 요소 構成要素 / 문장 ~ 文章の構成 / 7명의 위원으로 구성된 위원회 7人の委員で構成された委員会 / 실화를 다큐멘터리 영화로 ~하다 実話をドキ

ュメンタリー映画に構成する.
　구성원〔一員〕 名 構成員.
구성지다 形 (歌声などが)味がある. 上品で味わいがある. ¶ 구성진 피리 소리 しっとりした笛の音/노랫소리가 ～ 歌声に味がある.
구세〔救世〕 名 하自 救世.
　구세군〔一軍〕 名〔基〕救世軍.
　구세주〔一主〕 名 救世主. 救い主.
구속¹〔拘束〕 名 하他 拘束. 束縛. ¶ ～력 拘束力/신병을 ～하다 身柄を拘束する/누구나 자유를 ～ 당하는 것을 싫어한다 誰でも自由が拘束されるのをいやがる.
　구속 영장〔一令狀〕 名〔法〕逮捕状.
구속²〔球速〕 名 (野球で)球速.
구송〔口誦〕 名 하他 口誦. 声に出して読むこと. ¶ ～ 소설 口誦小説.
　구송체〔一體〕 名 口誦体. 口誦しやすくつくられた文体.
구수¹〔口授〕 名 하他 口授. ¶ 비법을 ～하다 秘法を口授する.
구수²〔鳩首〕 名 鳩首. ¶ ～회의를 하다 鳩首会議する.
구수하다 形 **1** 香ばしい. おいしそうなにおいだ. あっさりしてなかなかおいしい. こうばしい. 風味がよい. ¶ 된장국 냄새가 ～ みそ汁のにおいがおいしそうだ. **2** (話が)興味を引く. 面白そうだ. ¶ 옛날 이야기를 구수하게 들려 주다 昔話をいかにも面白く聞かせてくれる.
구순하다 形 仲むつまじい. ¶ 형제가 구순하게 지낸다 兄弟が仲むつまじく暮らす.
구술〔口述〕 名 하他 口述. ¶ ～필기 口述筆記.
　구술서〔一書〕 名 口述書.
　구술시험〔一試驗〕 名 口述試験.
구슬 名 **1** 玉. 珠. 宝石. 真珠. ¶ ～을 꿰어 목걸이를 만들다 玉をつないで首飾りをつくる/～ 달린 왕관 宝石をちりばめた王冠. **2** (子供が遊びに使う)ガラス玉. ビー玉. ¶ ～을 치다 ビー玉遊びをする.
　〔속담〕 **구슬이 서 말이라도 꿰어야 보배라** 玉が3斗あってもつないでこそ宝だ〈いかに価値のあるものでも場を得なければ真価を発揮しない〉.
　구슬땀 名 玉の汗. ¶ ～을 흘리며 열심히 일한다 玉の汗を流しながら一生懸命に働く.
구슬구슬 副 하形 (飯がよく炊けて飯粒がふくらんでいるさま). ふっくらと. ¶ 밥이 ～하게 잘 되었다 飯がふっくらと炊けた.
구슬려내다 他 甘言でおびき出す.
구슬려대다 他 しきりに甘言で相手の心を動かす.
구슬려삶다 他 甘言で丸め込む. うまい言葉で口説き落とす.
구슬려세우다 他 しきりにおだてあげる.
구슬리다 他 **1** (甘言でそれとなく)相手の心を動かす. 口説き落とす. 丸め込む. おだてあげる. ¶ 슬슬 구슬려 자기편으로 끌어들이다 それとなくうまく口説き落として自分のほうに引き入れる. **2** 過ぎ去ったことをあれやこれやと悩む. 取り越し苦労をする.
구슬프다 形 悲しい. もの悲しい. もの寂しい. うら悲しい. しめやかだ. ¶ 갈매기 우는 소리가 구슬프게 들린다 かもめの鳴き声がもの悲しく聞こえる. **구슬피** 副 もの悲しく. うら悲しく. ¶ ～ 우는 벌레 소리 もの悲しく泣く虫の音.
구습〔舊習〕 名 旧習. 昔からの習わし. ¶ ～을 타파하다 旧習を打破する.
구승〔口承〕 名 하他 口承. ¶ ～ 문학 口承文学. 伝承文学.
구시대〔舊時代〕 名 旧時代.
구시렁거리다[-대다] 自 しつこく小言を並べたてる. くどくどと小言を言う. ¶ 아침부터 주인이 구시렁거린다 朝から主人がぶつぶつ言う.
　구시렁구시렁 副 하自 くどくど(と). ぶつぶつ(と). ¶ ～ 잔소리를 되뇌다 くどくどと小言を繰り返して言う.
구식〔舊式〕 名 **1** 旧式. 古い形[しきたり]. ¶ ～ 자동차 旧式の自動車/～ 혼례 昔風の婚礼. **2** 旧式. (考え方·行動などが)古くさいこと. ¶ ～ 생활 양식 旧式な生活様式.
구실¹ 名 **1** (当然果たすべき)責務. 役目. 役割. 用. ¶ 제 ～을 충분히 다하다 自分の役目を十分に果たす. (器具などが)用をなす/부모 ～을 제대로 못하다 親の務めをろくに果たせない. **2** 各種の租税の総称. **3**〔史〕官庁での職務.
구실²〔口實〕 名 口実. 言い訳. ¶ 표면적인 ～에 불과하다 表向きの口実に過ぎない.
구심¹〔求心〕 名 하自 **1**〔佛〕真の心を求めて参禅すること. **2**〔物〕求心.
　구심력〔一力〕 名〔物〕求心力.
　구심점〔一點〕 名 求心力の中心になる点.
구심²〔球心〕 名 球心. 球の中心.
구심³〔球審〕 名 (野球の)球審.
구아〔歐亞〕 名 欧亜. ヨーロッパとアジア.
구악〔舊惡〕 名 旧悪. ¶ ～을 일소하다 旧悪を一掃する.
구애¹〔求愛〕 名 하自 求愛.
구애²〔拘礙〕 名 하自 拘泥. こだわり. ¶ 상사의 말에 ～받지 말고 소신껏 일해라 上司の言葉にとらわれないで信ずるとおりに仕事をしなさい/형식에 ～될 필요는 없다 形式にこだわる必要はない.
구약〔舊約〕 名 **1** 旧約. 昔の約束. **2**〔基〕旧約. キリスト誕生以前に神が人間にした契約. **3**〔基〕〔'구약 성서'의 준말〕旧約聖書.
　구약 성서〔一聖書〕 名〔基〕旧約聖書.
　구약 시대〔一時代〕 名〔基〕旧約時代.
구어〔口語〕 名 口語. ¶ ～문 口語文/～체 口語体.
구역¹〔區域〕 名 区域. ¶ 순찰 ～ (警官などの)巡回区域/담당 ～을 정하다 受け持ち区域を決める.
구역²〔嘔逆〕 名 吐き気. むかつき.
　구역증〔一症〕 名 吐き気.
　구역질 名 하自 へどを吐くこと. 嘔「吐.

구역질나다 自 むかつく. へどが出る. 嘔吐を催す. ¶ 생각만 해도 구역질난다 考えただけでもむかつく.

구연〔口演〕名 하他 口演. ¶ ～동화 語って聞かせる童話.

구연산〔枸櫞酸〕名〔化〕枸櫞酸. シトロ酸.

구옥〔舊屋〕名 **1** 古い家屋. 古屋. **2** 以前に住んでいた家.

구완 名 하他 (病人·産婦などの)世話や介抱をすること. 看病. 看護. ¶ 병～ 看病.

구우〔舊友〕名 旧友. 故友.

구우일모〔九牛一毛〕名 九牛の一毛〈ほんのわずかなもののたとえ〉.

구워삶다 他 (あらゆる手段を尽くして相手を)丸め込む. うまく説き落とす. 口車に乗せる. ¶ 상사를 ～ 上司を丸め込む.

구원¹〔久遠〕名 하形 久遠. 永遠. ¶ 나의 인생에 있어서 ～의 여성 私の人生における永遠の女性.

구원²〔救援〕名 하他 **1** 救援. 助けること. 援助. ¶ ～병 救援兵／～을 청하다 救援を請う[求める]／～의 손길을 뻗치다 救いの手を差し伸べる. **2**〔基〕救援. 救世. 救い. ¶ 인류를 죄악에서 ～하다 人類を罪悪から救う. **3** 看病. 看護.

구원 투수〔一投手〕名 救援投手. リリーフピッチャー.

구유 名 飼い葉桶. まぐさ桶.

구은〔舊恩〕名 旧恩.

구이 名 (肉·魚の)焼き物. ¶ 생선～ 焼き魚／소금～ 塩焼き.

구인¹〔求人〕名 하自 求人. ¶ ～난 求人難／～란 (新聞の)求人欄／～ 광고 求人広告.

구인²〔拘引〕名 하他 拘引. 捕らえて連行すること.

구인장〔一狀〕名〔法〕拘引状.

구입〔購入〕名 하他 購入. 仕入れ. 買い入れ. ¶ 물품 ～ 物品の購入／모든 상품을 2할 할인으로 ～할 수 있다 すべての商品を2割引きで購入することができる.

구입처〔一處〕名 仕入れ先.

구장〔球場〕名 球場.

구저분하다 形 汚らしい. 汚らしく乱れている. ¶ 구저분한 방안 ごちゃごちゃしている部屋の中.

구전¹〔口傳〕名 하他 口伝. 口伝え. 語り伝え. ¶ ～ 문학 口伝文学／～ 민요 口伝[口承·伝承]民謡／대대로 ～되어 온 비법 代々語り継がれた秘法.

구전²〔口錢〕名 口銭. 仲介料. 手数料. 上げ銭. ¶ ～을 받다 仲介料をもらう／3퍼센트의 ～을 떼다 3パーセントの手数料を取る.

구절〔句節〕名〔言〕**1** 句と節. **2** 句. 節. 語句.

구절양장〔九折羊腸〕名 つづらおり. 九折. 羊腸. 羊の腸のように幾重にも曲がりくねっていること.

구절판〔九折坂〕名〔料理〕九折坂の重箱に盛られた9種類の食べ物.

구절판찬합〔一饌盒〕名 九つに区分けした八角形の器.

구점¹〔句點〕名〔言〕句点. ¶ ～을 찍다 句点を打つ.

구점²〔灸點〕名 灸点. つぼ.

구접스럽다 形 **1** むさくるしい. ¶ 옷차림이 ～ 身なりがむさくるしい. **2** (行動が)だらしない.

구정¹〔舊正〕名 **1** 旧正月. 陰暦の元旦. ¶ ～은 민속의 날로서 공휴일이 되었다 旧正月は民俗の日として公休日となった. **2** 旧正月. 陰暦の1月.

구정²〔舊情〕名 旧情. かつて抱いていた感情.

구정물 名 **1** 汚水. 下水. **2** 腫れ物からうみが出たあとに流れ出る粘液.

구제¹〔救濟〕名 하他 救済. 救い. 施すこと. ¶ 이재민을 ～하다 被災者を救済する／～ 받다 救済される／기아 상태에서 ～되다 飢餓状態から救われる.

구제 금융〔一金融〕名〔經〕企業の倒産を救うために行う金融.

구제 사업〔一事業〕名 救済事業.

구제책〔一策〕名 救済策.

구제품〔一品〕名 救援物資.

구제²〔舊制〕名〔'구제도'의 준말〕旧制.

구제도〔一度〕名 旧制度.

구제³〔驅除〕名 하他 駆除. ¶ 기생충 ～ 寄生虫の駆除／수목의 해충을 ～하다 樹木の害虫を駆除する.

구조¹〔救助〕名 하他 救助. 助け. 救い. ¶ 인명 ～ 人命救助／～를 요청하다 助けを求める／물에 빠진 아이를 구조하다 水におぼれた子供を助ける.

구조대〔一袋〕名 救助袋.

구조망〔一網〕名 救助網.

구조사다리 名 救助ばしご.

구조선〔一船〕名 救助船.

구조²〔構造〕名 構造. 構え. 造り. 仕組み. ¶ 산업 ～ 産業構造／～가 훌륭한 집 構えの立派な家.

구조물〔一物〕名 構造物.

구조선〔一線〕名〔地〕構造線.

구조식〔一式〕名〔化〕構造式.

구조 역학〔一力學〕名〔工〕構造力学.

구조적〔一的〕冠名 構造的. ¶ ～ 실업 構造的失業.

구주¹〔救主〕名〔基〕救い主. 救世主.

구주²〔歐洲〕名〔'구라파주'의 준말〕欧州. ヨーロッパ.

구중〔九重〕名 **1** 九重. 幾重にも重なること. **2**〔'구중궁궐'의 준말〕宮中.

구중궁궐〔一宮闕〕名 宮中. 宮廷. 九重.

구중중하다 形 (湿り気の多い場所·水たまりなどが)じめじめとして汚い. ¶ 구중중한 물웅덩이를 메우다 汚い水たまりを埋める.

구지렁물 名 (腐ったりよごれたりした)汚い水.

구지레하다 形 乱雑で汚らしい. 薄

汚い. ¶ 구지레하게 늘어놓았다 乱雑に取り散らかしてある / 구지레한 복장을 하고 있다 薄汚い服装をしている.
구직〔求職〕 名 하自 求職. ¶ ~ 광고 求職広告.
구질구질 副 하形 **1** 乱雑で不潔なようす. きちんとしていないようす. だらしないようす. ¶ ~한 잡동사니를 없애버리다 がらくたを捨ててしまう. **2** (雨·雪などが降り続いて)天気がうっとうしいようす. じめじめしたようす. ¶ ~한 날씨 ぐずついた天気. うっとうしい天気 / ~하게 비가 온다 じとじとと雨が降る. **3** (性格·やり方などが湿っぽく陰気で, 卑しいようす)じめじめ(と). ぐずぐず(と). ねちねち(と). ¶ ~한 성격 じめじめした性格.
구차하다〔苟且—〕 形 **1** 非常に貧しい. 苦しい. ¶ 보시다시피 저희 사는 것이 이렇게 구차합니다 ご覧のように私たちの暮らしはこんなに貧しいのです. **2** つまらない. 取るに足りない. お粗末だ. ¶ 구차한 변명을 늘어놓는다 くだらない言いわけを並べたてる. **구차히** 副 貧しく.
구척장신〔九尺長身〕 名 (9尺の長身の意で)非常に背の高い人.
구천〔九泉〕 名 九泉. 黄泉.
구청〔區廳〕 名 区役所.
구체〔具體〕 名 具体. 具象.
  구체성〔—性〕 名 具体性.
  구체적〔—的〕 冠 名 具体的. ¶ ~인 설명 具体的な説明.
  구체화〔—化〕 名 하自他 具体化. ¶ 그 계획은 곧 ~될 것이다 その計画は遠からず具体化されるだろう.
구체제〔舊體制〕 名 旧体制.
구촌〔九寸〕 名 **1** (長さの)9寸. **2** 9親等.
구축[1]〔構築〕 名 하他 構築. ¶ 사업의 기반을 ~하다 事業の基盤を築く.
구축[2]〔驅逐〕 名 하他 駆逐. ¶ 적함을 영해로부터 ~하다 敵艦を領海から駆逐する.
  구축함〔—艦〕 名〔軍〕駆逐艦.
구출〔救出〕 名 하他 救出. ¶ 부상자를 ~하다 負傷者を救出する / 조난자를 ~하다 遭難者を救出する.
구충〔驅蟲〕 名 하自 駆虫.
  구충제〔—劑〕 名〔藥〕駆虫剤. 虫下し.
구취〔口臭〕 名 口臭.
구치[1]〔臼齒〕 名 臼歯. 奥歯.
구치[2]〔拘置〕 名 하他 拘置. ¶ 용의자를 ~하다 容疑者を拘置する.
  구치소〔—所〕 名 拘置所.
구칭〔舊稱〕 名 旧称.
구타〔毆打〕 名 하他 殴打. ¶ 두부를 ~하다 頭部を殴打する / ~ 당하다 殴られる.
구태〔舊態〕 名 旧態.
  구태의연〔—依然〕 名 하形 旧態依然.
구태여 副 わざわざ. 強いて. たって. ¶ ~ 그렇게 할 필요가 있느냐? わざわざそんなにまでする必要があるのか.
구토〔嘔吐〕 名 하自 嘔吐.
구파〔舊派〕 名 旧派.
구판〔舊版〕 名 旧版.
구폐〔舊弊〕 名 旧弊. ¶ ~를 일소하다 旧弊を一掃する.
구필〔口筆〕 名 口筆. 口に筆をくわえて書くこと.
구하다[1]〔求—〕 他 **1** (必要なものを)求める. さがす. ¶ 해답을 ~ 解答を求める / 재료를 ~ 材料をさがす. **2** 〔청하다〕 求める. 願う. ¶ 양해를 ~ 了解を求める / 구하라, 그러면 얻을 것이다 求めよ, さらば与えられん. **3** 買う. 手に入れる. ¶ 이 물건은 백화점에서 구했다 この品物はデパートで買った / 약을 ~ 薬を手に入れる.
구하다[2]〔救—〕 他 救う. 助ける. ¶ 조난자를 ~ 遭難者を救う / 목숨을 ~ 命を助ける.
구현〔具現〕 名 하他 具現. ¶ 이상을 ~하다 理想を具現する.
구형[1]〔求刑〕 名 하自他 求刑. ¶ 사형을 ~하다 死刑を求刑する / 5년의 금고형이 ~되었다 5年の禁固が求刑された.
구형[2]〔球形〕 名 球形.
구형[3]〔舊型〕 名 旧型. 旧式の型.
구호[1]〔口號〕 名 **1** 軍隊の暗号. 合い言葉. **2** スローガン. 標語. 掛け声. ¶ 선거 ~ 選挙スローガン / 공약이 한낱 ~에 그쳐 버렸다 公約が単なる掛け声に終わってしまった.
구호[2]〔救護〕 名 하他 救護. ¶ ~ 시설 救護施設.
  구호반〔—班〕 名 救護班.
  구호 사업〔—事業〕 名 救護事業.
  구호책〔—策〕 名 救護策.
구혼〔求婚〕 名 하自 求婚. プロポーズ.
구화[1]〔口話〕 名 口話.
  구화법〔—法〕 名 口話法.
구화[2]〔構禍〕 名 하自 災いの原因をつくること.
구황〔救荒〕 名 하他 救荒. 飢饉を救うこと. ¶ ~ 대책 救荒対策 / ~ 작물 救荒作物.
구획〔區劃〕 名 하他 区画. 仕切り. 境界. ¶ ~ 정리 区画整理 / ~을 짓다 仕切る. くぎる.
  구획 어업〔—漁業〕 名 区画漁業.
구휼〔救恤〕 名 하他 救恤. 貧民·罹災者の救済. ¶ ~금 救恤金 / ~ 사업 救恤事業.
국[1] 名 **1** 〔料理〕 スープ. 汁. 吸い物. おつゆ. ¶ ~ 건더기 汁の実 / 된장~ みそ汁. **2** 〔'국물'의 준말〕 煮汁.
국[2]〔局〕 名 **1** 局. 官庁·会社などの部署のひとつ. ¶ 업무~ 業務局 / 편집~ 編集局. **2** 局. 囲碁や将棋などの勝負.
-국[3]〔國〕 接尾 …国. ¶ 공화~ 共和国 / 선진~ 先進国.
국가[1]〔國家〕 名 国家. 国. ¶ ~고시 国家試験 / ~예산 国家予算 / 고대 ~ 古代国家 / ~간의 분쟁 国家間の紛争.
  국가 공무원〔—公務員〕 名 国家公務員. ¶ ~법 国家公務員法.
  국가관〔—觀〕 名 国家観.
  국가 권력〔—權力〕 名 国家権力.

국가 보안법〔—保安法〕 名 国家保安法.
국가 보훈처〔—報勳處〕 名 軍人·警察·愛国の志士など国家遺功者とその遺族の業務を管掌する中央行政機関.
국가 비상사태〔—非常事態〕 名 国家非常事態.
국가 연합〔—聯合〕 名 国家連合.
국가적〔—的〕 冠名 国家的.
국가 정보원〔—情報院〕 名 国家情報院〈国家安全に必要な情報および犯罪捜査を担当する政府機関〉.
국가주의〔—主義〕 名 国家主義.
국가²〔國歌〕 名 国歌. ¶ ~를 연주하다 国歌を演奏する.
국거리 名 **1** 汁の実. **2** 곰국(肉スープ)のだしをとる牛の肉や内臓.
국건더기 名 汁の実.
국경〔國境〕 名 国境. ¶ ~ 지대 国境地帯 / ~선 国境線 / ~ 분쟁 国境紛争 / ~을 넘다 国境を越える.
국경 무역〔—貿易〕 名 国境貿易.
국경일〔國慶日〕 名 旗日. (法律で定めた)国民の祝日.
국고〔國庫〕 名 国庫. ¶ ~ 보조 国庫補助.
국고금〔—金〕 名 国庫金.
국교¹〔國交〕 名 国交. ¶ ~ 정상화 国交正常化 / ~ 단절 国交断絶.
국교²〔國教〕 名 国教.
국군〔國軍〕 名 国軍. 自国の軍隊.
국군의 날 名 国軍の日(韓国軍創設記念日, 10月1日).
국권〔國權〕 名 国権.
국권 상실〔—喪失〕 名 国権喪失.
국권 회복〔—回復〕 名 国権回復.
국그릇 名 吸い物わん. 汁わん.
국극〔國劇〕 名〔演〕 **1** 国劇. その国の固有の演劇. **2** ☞창극(唱劇)
국기¹〔國技〕 名 国技. ¶ 한국의 ~는 태권도다 韓国の国技はテコンドーだ.
국기²〔國旗〕 名 国旗. ¶ ~를 게양하다 国旗を掲揚する.
국난〔國難〕 名 国難. ¶ ~을 극복하다 国難を克服する.
국내〔國內〕 名 国内. 反 国外. ¶ ~ 시장 国内市場.
국내 관세〔—關稅〕 名〔法〕 国内関税.
국내법〔—法〕 名 国内法.
국내선〔—線〕 名 (航空路線などの)国内線.
국내외〔—外〕 名 国内外. ¶ ~ 기자 内外の記者.
국내 정세〔—情勢〕 名 国内情勢.
국도¹〔國都〕 名 国都. 国の都.
국도²〔國道〕 名 国道.
국력〔國力〕 名 国力. ¶ ~의 배양 国力の培養 / ~을 키우다 国力を養う.
국련〔國聯〕 名 〔'국제 연합'의 준말〕 国連.
국록〔國祿〕 名 国から受ける俸禄[扶持].
국론〔國論〕 名 国論. 世論. ¶ ~이 비등하다 国論が沸き上がる.
국리〔國利〕 名 国利. 国益.
국리민복〔—民福〕 名 国利民福. 国の利益と国民の幸福.
국립〔國立〕 名 国立.
국립공원〔—公園〕 名 国立公園.
국립 과학관〔—科學館〕 名 国立科学館.
국립 국악원〔—國樂院〕 名 国立国楽院.
국립 극장〔—劇場〕 名 国立劇場.
국립대학〔—大學〕 名 国立大学.
국립 도서관〔—圖書館〕 名 国立図書館.
국립묘지〔—墓地〕 名 国立墓地.
국립 박물관〔—博物館〕 名 国立博物館.
국립 의료원〔—醫療院〕 名 国立医療院.
국말이 名〔料理〕 **1** スープに入れたご飯や麵類. **2** スープにご飯などを入れて煮たもの.
국면〔局面〕 名 局面. ¶ 중대한 ~ 重大な局面 / 새로운 ~에 부닥치다 新しい局面に出くわす.
국명〔國名〕 名 国名.
국모〔國母〕 名 国母〈国民の母の意で王后〉.
국무〔國務〕 名 国務. ¶ ~를 통할하다 国務を統轄する.
국무성〔—省〕 名 (アメリカの)国務省.
국무 위원〔—委員〕 名 国務委員.
국무 장관〔—長官〕 名 国務長官.
국무총리〔—總理〕 名 国務総理.
국무 회의〔—會議〕 名 国務会議.
국문〔國文〕 名 **1** 国文〈国語で書かれた文章〉. **2** 〔'국문학'의 준말〕 国文学. **3** ハングル. ハングルでつづられた文章.
국문과〔—科〕 名 国文科.
국문법〔國文法〕 名〔言〕 国文法.
국문자〔國文字〕 名 **1** 国の文字. **2** ハングル.
국문학〔國文學〕 名 **1** 国文学. その国の文学. ¶ ~사 国文学史. **2** 韓国の文学.
국문학과〔—學科〕 名 〔'국어국문학과'의 준말〕 国文学科.
국물 名 **1** おつゆ. 出し. 出し汁. (煮物·キムチなどの)汁. 煮汁. ¶ 김치 ~ キムチの汁 / ~이 많은 요리 汁気の多い料理. **2** 〈俗〉 余得. 役得. うまみ. ¶ ~이 생기는 자리 役得のある地位.
국민〔國民〕 名 民. 国民. ¶ 주권은 ~에게 있다 主権は国民にある / 온 ~이 독재 정권에 항거했다 全国民が独裁政権に抵抗した.
국민가요〔—歌謠〕 名 国民歌謡.
국민감정〔—感情〕 名 国民感情.
국민 경제〔—經濟〕 名〔經〕 国民経済.
국민 교육〔—教育〕 名 国民教育.
국민대표〔—代表〕 名 国民代表.
국민 대회〔—大會〕 名 国民大会.
국민 문학〔—文學〕 名〔文〕 国民文学.
국민성〔—性〕 名 国民性.
국민 소득〔—所得〕 名 国民所得.
국민 연금〔—年金〕 名 国民年金.
국민의례〔—儀禮〕 名 国民儀礼.
국민장〔—葬〕 名 하他 国民葬.
국민 정신〔—精神〕 名 国民精神.

국민 총생산〔一總生產〕 名〔經〕 国民総生産. GNP.
국민 투표〔一投票〕 名 国民投票.
국민 포장〔一褒章〕 名 国民褒章.
국민 훈장〔一勳章〕 名 国民勲章.
국반절〔菊半截〕 名 菊半截〈書籍の判型. 菊判の半分の大きさ〉. ¶ ～판 菊半截判.
국밥 名〔料理〕 **1** クッパプ. スープにご飯を入れたもの. **2** クッパプ. スープをかけたご飯. スープかけご飯.
국방〔國防〕 名 国防.
국방부〔一部〕 名 国防部〈日本の防衛庁に当たる〉.
국방비〔一費〕 名 国防費.
국방색〔一色〕 名 国防色. カーキ色.
국번〔局番〕 名〔'국번호'의 준말〕 局番.
국번호〔一號〕 名 局番.
국법〔國法〕 名 国法. ¶ ～을 어기다 国法を犯す.
국보〔國寶〕 名 国宝.
국보적〔一的〕 冠名 国宝的. ¶ ～ 존재 国宝的存在.
국부[1]〔局部〕 名 **1** 局部. 局所. **2** 陰部.
국부 마취〔一痲醉〕 名〔醫〕 局部麻酔.
국부[2]〔國父〕 名 **1** 国父. ¶ ～로 추앙되는 인물 国父として仰がれる人物. **2** 王.
국부[3]〔國富〕 名 国富.
국부론〔一論〕 名 国富論.
국비〔國費〕 名 国費. 官費. ¶ ～ 유학생 国費留学生.
국비생〔一生〕 名 国費生.
국빈〔國賓〕 名 国賓. ¶ ～으로 맞이하다 国賓として迎える.
국사[1]〔國史〕 名 国史.
국사[2]〔國事〕 名 国事. ¶ ～를 논하다 国事を論ずる.
국사범〔一犯〕 名〔法〕 国事犯. 政治犯.
국산〔國產〕 名 **1** 国産. **2**〔'국산품'의 준말〕 国産品.
국산차〔一車〕 名 国産車.
국산품〔一品〕 名 国産品. ¶ ～을 애용하다 国産品を愛用する.
국산화〔一化〕 名 하自他 国産化.
국상〔國喪〕 名〔史〕 国喪. 大喪.
국새〔國璽〕 名 **1** 国璽. 国家の表象としての印章. **2**〔史〕 国璽. 王の印章.
국선〔國選〕 名 하他 国選.
국선 변호인〔一辯護人〕 名〔法〕 国選弁護人.
국세[1]〔國稅〕 名 国税. ¶ ～를 징수하다 国税を徴収する.
국세청〔一廳〕 名 国税庁.
국세[2]〔國勢〕 名 国勢.
국세 조사〔一調查〕 名 国勢調査.
국소〔局所〕 名 局所. 局部.
국소 마취〔一痲醉〕 名〔醫〕 局所麻酔.
국솥 名 スープ用の釜.
국수[1] 名 麺類の総称(そば・うどんなど). ¶ 메밀～ そば / 마른 ～ 乾麺 / ～를 뽑다 (製麺機で)麺を押し出す.
◆**국수를 먹다** ① そばを食べる. ② 結婚式を挙げる〈結婚式の披露宴でよく麺類を出すこと〉. 「たそば.
국수장국 名〔料理〕 澄まし汁をかけたそば.
국수장국밥 名 澄まし汁にご飯とそばを入れたもの.
국숫집 名 **1** 麺類を製造する店. **2** 麺類を食べさせる店. そば屋. うどん屋.
국수[2]〔國手〕 名 国手. **1** 名医. **2** 名人. ¶ ～전 (囲碁・将棋の) 名人戦.
국수[3]〔國粹〕 名 国粋. ¶ ～주의 国粋主義.
국시〔國是〕 名 国是. 国の方針. ¶ ～가 흔들리다 国是が揺らぐ.
국악〔國樂〕 名 国楽. その国に固有の音楽.
국악원〔一院〕 名〔'국립 국악원'의 준말〕 国立国楽院.
국어〔國語〕 名 国語. ¶ ～사전 国語辞典 / ～ 교육 国語教育.
국어 국문학과〔一國文學科〕 名 国語国文学科.
국어 문법〔一文法〕 名 国語文法.
국어 순화〔一醇化〕 名 国語純化.
국어학〔一學〕 名 国語学.
국역〔國譯〕 名 하他 国訳. 邦訳.
국역본〔一本〕 名 国訳本.
국영〔國營〕 名 하他 国営. 官営. ¶ ～ 방송 国営放送.
국왕〔國王〕 名 国王.
국외[1]〔局外〕 名 局外. 部外. ¶ ～ 중립 局外中立.
국외[2]〔國外〕 名 国外. ¶ ～ 추방 国外追放.
국외 망명〔一亡命〕 名 国外亡命.
국외범〔一犯〕 名〔法〕 国外犯. 国外で行なわれた犯罪.
국외 주권〔一主權〕 名 国外主権.
국운〔國運〕 名 国運. ¶ ～이 기울어지다 国運が傾く / ～을 걸다 国運をかける.
국위〔國威〕 名 国威. ¶ ～ 선양 国威宣揚.
국유〔國有〕 名 国有. ¶ ～림 国有林 / ～ 재산 国有財産 / ～ 철도 国有鉄道. 国鉄 / ～지 国有地.
국유화〔一化〕 名 하他 国有化.
국으로 副 身分相応に. 分をわきまえて. 黙って. ありのまま. うまれつきのまま. ¶ 모르면 ～ 가만히 있기나 해 知らないなら黙っていなさい.
국은〔國恩〕 名 国恩. 国の恩恵. ¶ ～을 입다 国恩に浴する.
국익〔國益〕 名 国益.
국자 名 (汁などをすくう)しゃくし. ひしゃく. ¶ ～로 국을 뜨다 しゃくしで汁をすくう.
국장[1]〔局長〕 名 局長. ¶ 편집～ 編集局長.
국장[2]〔國章〕 名 国章〈国旗・軍旗など一国の権威を表わす徽章の総称〉.
국장[3]〔國葬〕 名 하他 国葬.
국적〔國籍〕 名 国籍. ¶ ～법 国籍法 / ～ 상실 国籍喪失 / ～ 증명서 国籍証明書 / ～ 회복 国籍回復 / ～ 변경 国籍変更. 国籍の書き換え / ～

불명의 선박 国籍不明の船舶/～을 취득하다 国籍を取得する.

국전〔國展〕 名 国が主催する展覧会[美術展].

국정¹〔國定〕 名 하他 国定. ¶～ 교과서 国定教科書.

국정²〔國政〕 名 国政. ¶～ 쇄신 国政の刷新/～에 참여하다 国政に参与する.

국정 감사〔一監査〕 名〔法〕国政監査.

국정³〔國情〕 名 国情. ¶～ 불안정 国情不安定/～을 살피다 国情を調べる.

국제〔國際〕 名 国際. ¶～ 경제 国際経済/～관례 国際慣例/～ 관세 협정 国際関税協定/～공항 国際空港/～무대 国際的な舞台/～ 방송 国際放送(海外向けの放送)/～ 분쟁 国際紛争/～ 우편 国際郵便/～ 전화 国際電話/～ 수지 国際収支/～ 조약 国際条約/～ 통신 国際通信.

국제결혼〔一結婚〕 名 国際結婚.

국제 금융 시장〔一金融市場〕 名 国際金融市場.

국제단위〔一單位〕 名 国際単位.

국제 무역〔一貿易〕 名〔經〕国際貿易.

국제법〔一法〕 名〔法〕国際法.

국제색〔一色〕 名 国際色. ¶～이 짙은 도시 国際色豊かな都市.

국제선〔一線〕 名 (航空路線などの)国際線.

국제 연합〔一聯合〕 名 国際連合.

국제 올림픽 위원회〔一Olympic委員會〕 名〔體〕国際オリンピック委員会(IOC).

국제 재판소〔一裁判所〕 名〔法〕国際裁判所.

국제적〔一的〕 冠名 国際的. ¶～인 범죄 조직 国際的な犯罪組織.

국제주의〔一主義〕 名 国際主義.

국제 통화 기금〔一通貨基金〕 名〔經〕国際通貨基金(IMF).

국제 형법〔一刑法〕 名〔法〕国際刑法.

국제화〔一化〕 名 하自他 国際化.

국제환〔一換〕 名 外国為替.

국제회의〔一會議〕 名 国際会議.

국지〔局地〕 名 局地.

국지적〔一的〕 冠名 局地的.

국지전〔一戰〕 名 局地戦.

국채〔國債〕 名 国債. ¶～ 발행 国債発行.

국책〔國策〕 名 国策. ¶～에 일치하다 国策に合う.

국책 회사〔一會社〕 名 国策会社.

국철〔國鐵〕 名 国鉄. ¶～선 国鉄線.

국치〔國恥〕 名 国恥. 国辱. ¶～민욕(民辱) 国と国民の恥辱.

국치일〔一日〕 名 8月29日〈1910年の韓国併合に関する条約が公布された日〉.

국태민안〔國泰民安〕 名 国が泰平で国民が安らかなこと.

국토〔國土〕 名 国土. 邦土. ¶～ 건설 国土建設/～ 분단 国土の分断/～를 개발하다 国土を開発する.

국토방위〔一防衛〕 名 国土防衛.

국판〔菊判〕 名〔印〕 菊判〈書籍の判型〉.

국학〔國學〕 名 国学. ¶～자 国学者.

국한〔局限〕 名 하自他 局限. 限定. ¶면세점 출입을 여권 소지자로만 ～하다 免税店への出入りをパスポート所持者のみに限る.

국한문〔國漢文〕 名 **1** 国文(ハングル)と漢文. **2** 国文(ハングル)と漢文を交ぜて書いた文. ¶～ 혼용 国漢文混用.

국호〔國號〕 名 国号.

국화¹〔菊花〕 名〔植〕菊. 菊の花. 菊花. ¶들～ 野菊/～를 가꾸다 菊を栽培する.

국화빵 名 あずき餡を入れた菊形の焼き菓子.

국화전〔一展〕 名 菊の展覧会.

국화주〔一酒〕 名 菊花の酒. 菊酒.

국화²〔國花〕 名 国花.

국회〔國會〕 名 国会. ¶～의원 国会議員. 代議士/～ 의사당 国会議事堂/～ 의장 国会議長/～가 폐회되다 国会が閉会される.

군¹〔君〕 **Ⅰ** 名 **1**〔史〕朝鮮時代, 王の庶子や王位から追われた国王·王族·功臣に与えた称号. **2** 君〈対等または目下の相手を指す語〉.

Ⅱ 依名 …君〈対等または目下の姓や名につけて用いる語〉. ¶김 ～ キム君/박철수 ～ パクチョルス君.

군²〔軍〕 名 **1**〔'군부'의 준말〕軍. 軍部. **2**〔'군대'의 준말〕軍. 軍隊. ¶～에 입대하다 軍に入隊する. **3**〔軍〕軍. 陸軍の最高編成単位〈軍団の上〉.

군³〔郡〕 名 **1** 地方. 郷里. **2** 地方行政区画の一つ. 道の下, 邑または面の上. ¶화순～ 和順郡. **3**〔'군청'의 준말〕郡庁.

-군⁴ 語尾 **1**〔'-구나'의 준말〕…(だ)な. …(だ)ね. ¶날이 흐리～ 天気が曇ってるね/정말 좋～ 本当にいいね/진짜 좋은 사람이～ 本当にいい人だなあ. **2**〔'-구먼'의 준말〕…な. …な(あ). ¶좀 춥～ ちょっと寒いなあ. ▷-는군

군-⁵ 接頭 「必要のない·無駄な·よけいな」の意を表わす. ¶～말[소리] 無駄口/～식구 食客.

군가〔軍歌〕 名 軍歌.

군거〔群居〕 名 하自 群居. ¶～ 본능 集団本能.

군것 名 よけいなもの. 無駄なもの.

군것질 名 하自 間食. 買い食い. おやつ. ¶～하는 버릇 間食をする癖.

군견〔軍犬〕 名 軍犬. 軍用犬.

군경〔軍警〕 名 軍隊と警察. ¶～원호 軍人や警察官の遺族の援護.

군계일학〔群鷄一鶴〕 名 鶏群の一鶴〈凡人の中に一人だけ優れた者が混じっていること〉.

군고구마 名 焼き芋. ¶～ 장수 焼き芋屋.

군관구〔軍管區〕 名〔軍〕軍管区.

군국〔軍國〕 名 軍国.

군국주의〔一主義〕 名 軍国主義. ¶～자 軍国主義者.

군권〔君權〕 名 君権.

군기[1]〔軍紀〕 名 軍紀. 軍律. 軍規. ¶ ~가 문란해지다 軍紀が乱れる.
군기[2]〔軍氣〕 名 軍気. 軍隊の士気.
군기[3]〔軍旗〕 名 軍旗.
군기[4]〔軍器〕 名 軍器. 兵器.
　군기고〔一庫〕 名 兵器庫.
군기[5]〔軍機〕 名 軍機. 軍事上の機密. ¶ ~를 누설하다 軍機を漏らす.
군기침 名 하自 空咳.
군납〔軍納〕 名 하他 軍隊に物資を納入すること.
군내[1] 名 腐りかけたにおい.
군내[2]〔郡內〕 名 郡内. 郡下.
군단〔軍團〕 名〔軍〕 軍団. 兵団.
　군단장〔一長〕 名 軍団長.
군담〔軍談〕 名 軍談. 戦の話し.
　군담 소설〔一小說〕 名〔文〕 昔の合戦を素材とした軍記小説.
군대〔軍隊〕 名 軍隊. ¶ ~에 들어가다 軍隊に入る.
　군대식〔一式〕 名 軍隊式. 軍隊のやり方. ¶ ~으로 훈련하다 軍隊式に訓練する.
군더더기 名 つまらない付け足し. 無駄なもの. 蛇足. 余計なもの. ¶ 글이 간결하고 ~가 없다 文が簡潔で無駄がない / 말에 ~가 많다 話に無駄が多い.
군데 依名 箇所. ¶ 몇 ~ 何か所 / 여러 ~ 명소를 돌아보았다 多くの名所を見物した.
군데군데 名 副 所々. あちらこちら. 節々. ¶ 경주에는 ~에 옛 왕의 분묘가 산재해 있다 慶州には所々に昔の王の墳墓が散在している.
군도[1]〔軍刀〕 名 軍刀. ¶ ~를 차다 軍刀を差す.
군도[2]〔群島〕 名 群島. ¶ 마셜 ~ マーシャル群島.
군도[3]〔群盜〕 名 群盗. 集団の盗賊.
군돈 名 無駄に使うお金. 無駄金.
군두목 名 当て字. 借字.
군락〔群落〕 名 群落. ¶ 식물 ~ 植物群落.
군량〔軍糧〕 名 軍糧. 兵糧. 軍隊用の食糧. ¶ ~미 軍糧米 / ~선 兵糧船.
군령〔軍令〕 名 **1** 軍令. 戦場での命令. ¶ ~을 내리다 軍令を下す. **2** 軍令. 軍事上の法規. 軍律. ¶ ~을 어기다 軍令に背く.
군림〔君臨〕 名 하自 君臨. ¶ 실업계의 제1인자로 ~하다 実業界の第一人者として君臨する.
군마〔軍馬〕 名 **1** 軍隊と馬. **2** 軍馬. 軍用の馬.
군막〔軍幕〕 名 軍用のテント. 陣幕.
군만두〔一饅頭〕 名 焼きギョーザ.
군말 名 하自 無駄口. 贅言. ¶ ~ 말고 따라오너라 無駄口をたたかないでついてこい / ~할 필요가 없는 사실 贅言を要しない事実.
군매점〔軍賣店〕 名 酒保. ピーエックス.
군모〔軍帽〕 名 軍帽.
군목〔軍牧〕 名〔軍〕 従軍牧師[神父]. 軍部隊付きの牧師[神父].
군무〔軍務〕 名 軍務.
군문〔軍門〕 名 **1** 軍門. 軍営の門. **2** 〈俗〉 軍隊. ¶ ~에 들어가다 軍隊に入る.
군밤 名 焼きぐり.
군밥 名 **1** 居候に食べさせるご飯. **2** 残りご飯. **3** 三食以外に炊くご飯.
군번〔軍番〕 名〔軍〕 **1** 軍人につけられた通し番号. **2** 〈俗〉 認識票.
　군번줄 名 認識票を首にぶら下げるためのひも.
군벌〔軍閥〕 名 軍閥. ¶ ~ 정치 軍閥政治.
군법〔軍法〕 名 軍法. ¶ ~ 회의 軍法会議.
군 법무관〔軍法務官〕 名〔軍〕 陸・海・空軍の法務将校〈おもに軍法会議の裁判官・検察官の任に当たる〉.
군 법정〔軍法廷〕 名 軍法会議の法廷.
군복〔軍服〕 名 軍服.
　◆**군복을 벗다** 軍服を脱ぐ. 〈俗〉 除隊する.
군부〔軍部〕 名 軍部.
군불 名 **1** オンドル(온돌)部屋を暖めるためにたく火. ¶ ~을 때다 (オンドルの)たき口に火をくべる. **2** 必要もないのにたく火.
　군불솥 名 オンドル(온돌)のたき口にかけた釜.
　군불아궁이 名 オンドル(온돌)のたき口.
군비[1]〔軍備〕 名 軍備. 兵備. 武備. ¶ ~ 축소 軍備縮小 / ~ 확장 軍備拡張. 軍拡.
군비[2]〔軍費〕 名 軍費.
군사[1]〔軍士〕 名 **1** 軍士. 軍人. **2** 軍士. 兵士. ¶ ~를 거느리다 兵士を率いる.
군사[2]〔軍使〕 名〔軍〕 軍使.
군사[3]〔軍事〕 名 軍事. ¶ ~ 교육 軍事教育 / ~력 軍事力 / ~ 우편 軍事郵便 / ~ 정부 軍事政府 / ~ 행동 軍事行動 / ~ 행정 軍事行政 / ~ 기밀 軍事上の機密 / ~ 기지 軍事基地 / ~ 혁명 軍事革命.
　군사 동맹〔軍事同盟〕 名 軍事同盟.
　군사 분계선〔一分界線〕 名 **1** 軍事上の境界線. **2** 朝鮮半島の南北を分断する38度線〈軍事境界線〉.
　군사비〔一費〕 名 軍事費.
　군사 원조〔一援助〕 名 軍事援助. ¶ ~를 받다 軍事援助を受ける.
　군사 재판〔一裁判〕 名 軍事裁判.
　군사학〔一學〕 名 軍事学.
　군사 훈련〔一訓鍊〕 名 軍事訓練.
군사[4]〔軍師〕 名 軍師.
군사령관〔軍司令官〕 名 軍司令官.
군사설〔一辭說〕 名 하自 無駄口. 無駄な長話.
군살 名 **1** ぜい肉. ¶ ~이 찌다[붙다] ぜい肉がつく. **2** こぶ. しこり. 肉の盛り上がった所.
군상〔群像〕 名 **1** 群像. 多くの人々. **2**〔美〕 群像. ¶ ~화 群像画.
군색스럽다 形 **1** (暮らしが)貧しいようだ. **2** どうも窮屈だ. 苦しそうだ.
　군색스레 副 貧しげに. 窮屈そうに. 苦しげに.
군색하다〔窘塞一〕 形 **1** (暮らしが)貧しい. 貧困だ. ¶ 군색한 살림살이 貧

しい暮らし向き. **2** (事が思うとおりにならず)苦しい. つらい. 窮屈だ. ¶ 군색한 처지 苦しい立場.

군생〔群生〕 名 하自 **1** 〔植〕 群生. ¶ 얼레지의 ～지대 かたくりの群生地帯. **2** 〔佛〕 群生. 衆生. **3** 群生. 群居.

군서〔群棲〕 名 하自 群生. 群居.

군세〔軍勢〕 名 軍勢. ¶ ～를 확장하다 軍勢を拡張する.

군소〔群小〕 名 〔세력·규모가 하찮은 사물이나 인물의 경우를 나타냄〕 群小. ¶ ～ 정당 群小政党 / ～ 업자 群小業者.

군소리 名 하自 **1** 〔쓸데없는 말〕 無駄口. (不満そうに) ぶつぶつ言う言葉. ¶ ～ 말고 내 말대로 해라 よけいなことは言わないで僕の言うようにしろ. **2** 〔헛소리〕 (病人などの)うわごと. **3** 〔잠꼬대〕 寝言.

군수¹〔一手〕 名 (囲碁·将棋で)無駄な手.

군수²〔軍需〕 名 軍需. ¶ ～ 공업 軍需工業 / ～품 軍需品 / ～ 공장 軍需工場 / ～ 산업 軍需産業.

군수³〔郡守〕 名 郡守. 郡の長.

군식구〔一食口〕 名 食客. 居候.

군악〔軍樂〕 名 軍楽. ¶ ～기 軍楽器. ¶ ～대 軍楽隊.

군역〔軍役〕 名 軍役. **1** 〔史〕 軍籍に登録された賦役. **2** 軍人としての服務.

군영〔軍營〕 名 軍営. 兵営.

군왕〔君王〕 名 君王. 王.

군용〔軍用〕 名 軍用. ¶ ～견 軍用犬 / ～기 軍用機 / ～선 軍用船 / ～ 지도 軍用地図 / ～품 軍用品.

군웅〔群雄〕 名 群雄. 多くの英雄. ¶ ～할거 群雄割拠.

군율〔軍律〕 名 軍律. **1** 軍隊の規律. **2** 軍法.

군음식〔一飮食〕 名 食事のとき以外に取る餅·菓子などの食べ物. 間食. おやつ.

군의〔軍醫〕 名 軍医.

군의관〔一官〕 名 軍医官. 軍医.

군인〔軍人〕 名 軍人. ¶ 직업 ～ 職業軍人 / ～ 정신 軍人精神.

군일 名 하自 無駄な仕事. 無駄な事.

군입 名 **1** 寝覚めの口. **2** (何も入れていない口の意で)何も食べていないこと. **3** 間食をとったあとの口.

◆**군입을 다시다** ① おやつを食べる. 間食する. ¶ 출출한데 뭔가 ～ 다실 것이 없느냐? お腹がすいたので何かつまむものがないか. ② (食べたくて)舌を鳴らす. ③ (何かをひどく)ほしがる. ¶ 이번 공사의 이권에 ～을 다시고 있다 今度の工事の利権をねらっている.

군입정 名 하自 つまみ食い. おやつ. 間食.

군입정질 名 하自 つまみ食いすること.

군자¹〔君子〕 名 君子. **1** 人格者. ¶ 성인～ 聖人君子. **2** 好人物. ¶ 호인～ 好人物のお人よし.

군자²〔軍資〕 名 〔'군자금'의 준말〕 軍資金. 軍資.

군자금〔一金〕 名 軍資金.

군자연하다〔君子然一〕 自 君子ぶる. 君子を気取る.

군장〔軍裝〕 名 軍装. **1** 軍人の服装. **2** 軍の装備.

군정〔軍政〕 名 軍政. ¶ ～을 펴다 軍政を敷く.

군정관〔一官〕 名 軍政官. 軍政に携わる将校.

군정권〔一權〕 名 軍政権. 軍事行政に関する権限.

군제〔軍制〕 名 〔軍〕 軍制.

군졸〔軍卒〕 名 軍卒. 兵卒.

군주〔君主〕 名 君主. ¶ ～국 君主国 / ～주의 君主主義 / 봉건 ～ 封建君主 / ～ 정치 君主政治.

군주제〔一制〕 名 〔政〕 君主制.

군중¹〔軍中〕 名 軍中. **1** 兵営内. **2** 出征中.

군중²〔群衆〕 名 群衆. ¶ 시위 ～ デモの群衆 / ～ 심리 群衆[群集]心理.

군직〔軍職〕 名 軍職〈軍人としての職務〉.

군진〔軍陣〕 名 軍陣. 軍営.

군집〔群集〕 名 하自 群集. 群がり集まること.

군청¹〔郡廳〕 名 郡庁.

군청²〔群靑〕 名 群青〈鮮やかな青い色の顔料〉.

군청색〔一色〕 名 群青. 群青色.

군체〔群體〕 名 〔生〕 群体. コロニー〈さんごの類に見られる〉.

군축〔軍縮〕 名 하自 〔'군비 축소'의 준말〕 軍縮.

군축 회담〔一會談〕 名 軍縮会談.

군침 名 生つば. よだれ.

◆**군침이 돌다** ① 食欲が生じる. ② (利益·財物への)欲が出る.

◆**군침을 삼키다** 生つばを飲み込む. ¶ 맛있는 음식을 보고 ～을 삼키다 おいしい食べ物を見て生つばを飲み込む.

군턱 名 二重あご. ¶ ～이 지다 二重あごになる.

군표〔軍票〕 名 軍票. (紙幣の代用とする)軍用手形. ¶ ～를 발행하다 軍票を発行する.

군함〔軍艦〕 名 軍艦. ¶ ～기 軍艦旗.

군항〔軍港〕 名 軍港.

군호〔軍號〕 名 하自 **1** 〔史〕 宮中の巡邏が使った合い言葉. **2** 軍隊の暗号と信号. **3** (目くばせなどで)そっと知らせること.

군화〔軍靴〕 名 軍靴. ¶ ～ 소리 軍靴の音.

군획〔一畫〕 名 よけいな字画.

군획지다 形 よけいな字画がついていて間違っている.

굳건하다 形 (人·意志·組織などが)堅固である. しっかりしている. ぐらつかない. たくましい. ¶ 역경을 이겨내고 굳건한 모습을 보여주다 逆境を克服してたくましさを示す. **굳건히** 副 しっかり(と). 堅固に. 固く. 確かに. ¶ 전선을 ～ 지키다 前線を堅固に守る.

굳기름 名 脂肪. 脂.

굳다 Ⅰ 形 **1** 〔단단하다·딱딱하다〕 (物が)堅い. 硬い. ¶ 굳은 돌 硬い石. **2** 〔확고하다〕 (志·団結などが) ぐらつかない. 固い. ¶ 의지가 ～ 意志が堅

い/굳은 맹세 固い誓い/굳게 결심하다 固く決心する. **3**〔표정·태도가 딱딱하다〕(態度·表情などが)硬い. ¶굳은 표정을 짓다 硬い表情をする. 顔をこわばらす. **4**〔견고하다〕(守りなどが)堅い. 堅固だ. ¶성문을 굳게 지키다 城門を堅く守る/대문이 굳게 닫혀 있다 門が堅く締まっている.

Ⅱ 自 **1**〔단단히 응결하다〕(柔らかい物が)固くなる. 固まる. (液体などが)凝結する. こわばる. こごる. ¶굳은 떡 固くなった餅/콘크리트가 더디 ～ コンクリートがゆっくりと固まる. **2**〔뻣뻣해지다〕(身体が)硬くなる. 硬直する. ¶긴장이 되어 몸이 굳어 있다 緊張して体が固くなっている. **3**〔습관이 되다〕(身について)習慣になる. 癖になる. ¶말버릇이 ～ 口癖になる. **4**〔돈이 그대로 남다〕(お金などが)たまる. ¶술 담배를 끊고 나서 돈이 굳기 시작했다 酒とたばこをやめたのでお金がたまり始めた. **5**〔말을 더듬다〕(言葉を)どもる. 口ごもる. ¶추워서 말이 ～ 寒くて口が動かない(言葉が出ない).

〔속담〕**굳은 땅에 물이 괸다** 固い地面に水がたまる〈節約しなければお金はたまらない. 何事も固い決心なしには達成しえない〉.

굳비늘 名〔動〕硬鱗.

굳뼈 名〔生〕(軟骨に対して)硬骨.

굳세다 形 **1** (体が)丈夫だ. 頑丈だ. たくましい. ¶단련을 통하여 굳센 체력을 기른다 鍛錬を通して強い体力を養う. **2** (意志などが)粘り強い. 堅固だ. 不屈だ. ¶굳센 의지 強固な意志/굳세게 싸우다 粘り強く戦う.

굳어지다 自 **1**〔단단하게 되다〕(物が)固くなる. 固まる. ¶설탕이 ～ 砂糖が固まる/사람의 발길에 다져져서 땅이 굳어진다 人の足に踏まれて地面が固まる. **2**〔긴장되어 딱딱해지다〕(心·態度に)ゆとりがなく緊張する. こわばる. 固くなる. ¶표정이 돌처럼 ～ 表情が石のようにこわばる. **3**〔확고해지다〕確実になる. 固定する. 固まる. ¶투지가 강철같이 굳어졌다 闘志が鋼鉄のように強固になった.

굳은살 名 **1** (手や足の)たこ. まめ. ¶발에 ～이 박혀서 아프다 足にたこができて痛い. **2** できものがうむ前の固い状態. 腫れ物.

굳이 副 **1** 無理に. 強いて. あえて. ¶반대가 많은 데도 ～ 그렇게 할 필요가 있을까? 反対が多いのに無理にそうする必要があるだろうか. **2** 固く. 頑固に. ¶사례금을 ～ 사양하다 謝礼金を固く断わる.

굳히다 他 固める. **1** (柔らかい物などを)固くする. ¶콘크리트를 ～ コンクリートを固める/설탕을 굳혀서 만든 과자 砂糖を固めてつくった菓子. **2** 揺るぎないものにする. 安定させる. ¶사업의 기반을 ～ 事業の基盤を固める/학자로서의 위치를 ～ 学者としての地位を固める.

굴[1] 名 **1**〔動〕牡蠣. ¶～ 양식 牡蠣の養殖. **2** 牡蠣の身. **3**〔'굴조개'의 준말〕真牡蠣.

굴[2]〔窟〕名 **1**〔동굴〕洞窟. 洞穴. ¶바위 ～ 洞窟. 岩窟. **2**〔터널〕トンネル. ¶기차가 ～ 속으로 들어간다 汽車がトンネルの中に入る. **3** 獣の住む穴. ¶호랑이 ～ 虎穴/너구리 ～ たぬきの穴. **4**〔'소굴'의 준말〕巣窟. 巣.

굴건〔屈巾〕名 喪主が頭巾の上にさらにかぶる布.

굴건제복〔―祭服〕名 하自 屈巾と喪服. それを着用すること.

굴곡〔屈曲〕名 하自 **1** 屈曲. ¶～이 심하다 屈曲が激しい. **2** 起伏. ¶～ 많은 인생 起伏に富んだ人生/별다른 ～ 없이 일이 순조롭게 되었다 これといった問題もなく事が順調に運んだ.

굴김치 名〔料理〕生牡蠣を入れて漬けたキムチ.

굴다 補動〔그러하게 행동하는 것을 나타냄〕ふるまう. ¶거만하게 ～ 傲慢にふるまう/제멋대로 ～ 自分勝手にふるまう.

굴다리〔窟―〕名 道が交差するところで, 一方の道を他方の道の下にくぐらせたもの.

굴대 名 心棒. 軸.

굴대통〔―筒〕名 (車軸を通す)轂.

굴뚝 名 煙突. けむり出し. ¶공장의 높은 ～ 工場の高い煙突.

굴뚝같다 形 (何かを)やりたくてたまらない. ¶가고 싶은 생각은 굴뚝같지만 行きたいのはやまやまだが.

굴러가다 自 転がっていく. 転がる. ¶모자가 바람에 날려 떼굴떼굴 굴러간다 帽子が風に飛ばされてころころと転がっていく.

굴러다니다 自 **1** (物があちこちへ)転がり回る. (雑然と)散らかっている. 転がっている. ¶굴러다니는 휴지를 줍다 散らかっている紙屑を拾う. **2** (あてもなく)さすらう. (あちこちを)転々とする. ¶직장을 찾아서 각지를 굴러다녔다 職を求めて各地を転々とした.

굴러먹다 自〈俗〉ほうぼうを転々としながらやっと生活をする. ¶어디서 굴러먹던 놈이냐? どこの馬の骨か.

굴렁쇠 名 輪回しの輪. フープ.

굴레 名 **1** (牛馬の)面繋. **2** 束縛. 羈絆. ¶가난의 ～에서 벗어나다 貧乏の状態から抜け出す.

◆**굴레를 쓰다** 束縛される. 拘束される.

◆**굴레를 씌우다** 縛りつける. 拘束する.

굴리다 他 **1**〔구르게 하다〕(丸いものを)転がす. 転ばす. ¶공을 ～ ボールを転がす/눈덩이를 굴려서 눈사람을 만든다 雪の塊を転がして雪だるまをつくる. **2**〔방치하다〕ほったらかしておく. 打ち捨てておく. ¶물건을 되는 대로 굴리면 되느냐? 物を適当にほったらかしては駄目じゃないか. **3**〔모나지 않게 깎다〕(材木を丸く)削る. **4**〔운행하다〕(車を)走らせる. 運転する. ¶그는 버스를 3대 굴린다 彼はバス3台

で営業している．5〔돈놀이하다〕(利息をとってお金を)貸す．回転させる．転がす．¶월 2푼 이자로 돈을 ～ 月2分の利息でお金を貸す．

굴림 名 하他 1 (木片の角を)丸く削ること．2〔樂〕チャング(장구)を軽く転がすように打つ演奏法．

굴림끌 名 丸鑿．

굴림대 名 ころ〈重い物を動かすときに下に敷く丸い棒〉．

굴림대패 名 丸鉋．

굴먹하다 形 器におおよそ満ちている．

굴복〔屈服〕名 하自 屈服．屈すること．従うこと．¶상대에게 ～하다 相手に屈する/적을 ～시키다 敵を屈服させる．

굴비 名 塩を振って干したいしもち．いしもちの干物．

굴삭기〔掘削機〕名 掘削機．

굴속〔窟—〕名 1 洞穴の中．2 (洞穴のような)真っ暗な所．¶～ 같다 洞穴のようだ．漆黒の闇だ．

굴신[1]〔屈伸〕名 하他 屈伸．¶팔 다리의 ～ 운동 腕と足の屈伸運動/～을 못하게 온몸이 쑤신다 体の曲げ伸ばしができないほど体中が痛む．

굴신[2]〔屈身〕名 하自 1 身をかがめること．2 へりくだること．

굴욕〔屈辱〕名 屈辱．¶～을 참다 屈辱に耐える/～을 당하다 屈辱を受ける．

굴욕감〔—感〕名 屈辱感．¶씻을 수 없는 ～ ぬぐいきれない屈辱感．

굴욕적〔—的〕冠名 屈辱的．¶～인 생활 屈辱的な生活．

굴우물〔窟—〕名 非常に深い井戸．

굴절〔屈折〕名 하自 1 屈折．折れ曲がること．2〔物〕屈折．¶빛의 ～ 光の屈折．

굴절각〔—角〕名〔物〕屈折角．

굴절계〔—計〕名〔物〕屈折計．

굴절 망원경〔—望遠鏡〕名〔物〕屈折望遠鏡．

굴절어〔—語〕名〔言〕屈折語．

굴절 이상〔—異常〕名〔醫〕屈折異常．

굴젓 名 牡蠣の塩辛．

굴조개 名〔動〕真牡蠣．

굴종〔屈従〕名 하自 屈従．屈服．

굴지〔屈指〕名 하自 屈指．1 指折り数えること．2 (주로 '굴지의' 의 꼴로) 屈指の．指折りの．¶～의 대기업 屈指の大企業．

굴진〔掘進〕名 하他 掘進．¶터널 ～ 작업 トンネルの掘進作業．

굴착〔掘鑿〕名 하他 掘削．¶～기 掘削機/암반을 ～하다 岩盤を掘削する．

굴침스럽다 形 がんばって(何かを)しようとする．懸命にしようとしている．一生懸命だ．

굴타리먹다 自 カボチャ·きゅうり·すいかなどが地面に触れて傷んだところを虫が食う．

굴피〔—皮〕名 1 くぬぎの樹皮．2 空の財布．

굴피나무 名〔植〕野胡桃．

굴하다〔屈—〕自他 1 (体を)曲げる．かがめる．2 屈する．屈服する．服従する．¶어려움에도 굴하지 않는 강인한 성격 困難にも屈しない強靭な性格．

굵다 形 1 (棒状·線状のものが)太い．反 細い ¶다리가 ～ 足が太い/마디가 굵은 손 節くれだった手/굵은 철사 太い針金．2 (声が)太い．大きく力強い．¶굵은 목소리 太い声．3 太っ腹だ．大胆だ．¶선이 ～ 線が太い．落ち着いてしっかりしている．4 (粒が)大きい．¶굵은 빗방울이 후드득 떨어진다 大粒の雨がばらばらと降る．5 (太い糸で織った布地の目が)粗い．¶굵게 짠 무명 粗く織った木綿．

굵다랗다 形 非常に太い．大粒だ．反 か細い ¶굵다란 밧줄 かなり太い綱．

굵디굵다 形 非常に太い．¶씨름꾼의 굵디굵은 팔 シルム選手の太い腕．

굵어지다 自 (だんだん)太くなる．¶나무가 자랄수록 밑동이 굵어진다 木が生長するにつれて根元が太くなる．

굵은베 名 粗織りの麻布．

굵직하다 形 1 太めだ．粒が大きめだ．力強くがっしりしている．¶굵직한 목소리 太い声/파를 굵직하게 썰다 ねぎを大きめに切る．2 権威がある．¶연극으로 굵직한 상을 받다 演劇で権威のある賞をもらう．

굵직굵직 副 하形 複数のものがすべて大きい．主要だ．¶떡을 ～하게 썰다 餅を大きめに切る/올해는 ～한 사건들이 있었다 今年は大きな事件があった．

굶기다 他 飢えさせる．¶식구를 굶기는 일은 없다 家族を飢えさせるようなことはない．

굶다 自他 1 飢える．腹をすかせる．食いはぐれる．食事を抜く．¶먹을 것이 없어서 자주 굶는다 食べ物がなくてたびたび腹をすかせている/아침 밥을 ～ 朝食を抜く．2 (ゲームなどの順番を)休む．パスする．

〔속담〕**굶기를 밥 먹듯 한다** 飢えることをご飯を食べるように繰り返す〈毎日の食事に事欠く〉．

굶주리다 自 飢える．1 (食べ物がなくて)腹をすかす．¶처자를 굶주리게 하다 妻子を飢えさせる．2 ('-에 굶주리다' 의 꼴로) …に飢える．…を渇望する．¶어머니의 사랑에 ～ 母の愛に飢える．

굶주림 名 飢え．ひもじさ．飢餓．¶～을 견디어 내다 飢えをしのぐ．

굼닐다 自他 1 (体を) 屈伸する．2 (体を)屈伸しながら仕事をする．こまめに働く．

굼뜨다 形 (動作·運動·進行などが)のろい．のろのろしている．まだるっこい．¶동작이 ～ 動作がのろい．

굼벵이 名 1〔動〕せみの幼虫．2 動作がのろい人．のろま．¶～ 같은 놈이다 のろまだ．

굼실거리다[-대다] 自 1 (虫などが)うごめく．もぞもぞする．もぞもぞ動かす．2 うねうねと波打つ．

굼실굼실 副 하自 1 もぞもぞ(と)．2 うねうね(と)．¶바람에 논밭이 ～ 물결친다 風に田畑がうねうねと波打つ．

굼튼튼하다 形 しっかりしていて手堅い．

つましい. 堅実だ.

굽 名 **1** (牛·馬などの)ひづめ. ¶ 말~ 소리 馬のひづめの音. **2** (靴の)かかと. きびす. ¶ ~이 다 닳았다 かかとがすっかりすり減った. **3** (器などの)糸底. **4** 木履の歯.

굽다[1] 自 曲がる. たわむ. 屈む. ¶ 나무가 한쪽으로 굽어 있다 木が片方に曲がっている / 등이 굽었다 背中が曲がっている.

◆**굽도 젖도 할 수 없다** 進退窮まる. 〔속담〕**굽은 나무가 선산을 지킨다** くだらなく見える物がかえって自分の役割を果たす.

굽다[2] 他 **1** 焼く. あぶる. ¶ 감자를 ~ じゃがいもを焼く / 구운 생선 焼き魚 / 김을 불에 ~ 海苔を火であぶる. **2** (炭を)焼く. ¶ 산에 가서 숯을 ~ 山に行って炭を焼く. **3** (陶磁器·れんがなどを)焼く. ¶ 도자기를 가마에 넣고 ~ 陶磁器をかまどに入れて焼く. **4** (写真を)焼き付ける. ¶ 사진을 ~ 写真を焼き付ける.

굽뒤축 名 (牛·馬の)ひづめのかかと.

굽바닥 名 (牛·馬の)ひづめの底.

굽슬굽슬하다 形 (髪の毛·糸などが)縮れている.

굽실 副 하自他 〔비위를 맞추느라 머리를 구부리는 모양〕 ¶ ~ 절을 하다 ぺこんとおじぎをする.

굽실거리다[-대다] 自他 (へつらって)ぺこぺこする. へいこらする. ¶ 상사에게 ~ 上司にへいこらする.

굽실굽실 副 하自他 ぺこぺこ. へいこら. ¶ ~ 머리를 숙이다 ぺこぺこ頭を下げる.

굽어보다 他 **1** (高い所から)見下ろす. 俯瞰する. ¶ 산 정상에서 시가를 ~ 山頂から市街を見下ろす. **2** (目下の者を)思いやる. 察する.

굽어살피다 他 (神様·王様などが)ご覧になる. 察する. 照覧する. ¶ 신이여, 굽어 살피소서 神よ, 照覧あれ.

굽이 名 曲がり. カーブ. ¶ 강~ 川の曲がっている所.

굽이감다 自他 **1** (流れが川の曲がった所で)渦巻く. **2** (物を)ぐるぐると巻く. ¶ 산을 굽이감고 올라가는 길 山をぐるぐると巻くようにして登る道.

굽이굽이 副 **1** 〔휘어서 굽은 곳곳마다〕 あちこち. ¶ 골짜기 ~에 사람들이 산나물을 캐고 있다 谷あいのあちこちで人々が山菜を取っている. **2** 〔물이 굽이쳐 흐르는 모양〕 くねくね(と). うねうね(と). まがりくねって. ¶ ~ 흐르는 한강수 くねくねと流れる漢江の流れ.

굽이돌다 自他 (川·道などが)曲がりくねる.

굽이지다 自 (川·道などが)曲がる. 湾曲する. ¶ 강물이 굽이진 곳 川が曲がっている所.

굽이치다 自 (川が)曲がりくねる. (波·山並みが)うねる. ¶ 높은 파도가 ~ 高い波がうねる.

굽죄이다 自 (気のとがめや弱点などがあって)頭が上がらない.

굽질리다 自 (物事が)食い違ってうまく行かない[捗らない]. もたつく.

굽히다 他 **1** 曲げる. かがめる. ¶ 몸을 앞으로 ~ 体をかがめる / 철근을 ~ 鉄筋を曲げる. **2** (志·意見などを)曲げる. ¶ 신념을 ~ 信念を曲げる.

굿 名 하自 **1** 〔民俗〕クッ. ムーダン(무당)が行なう祭祀. ¶ ~을 하다 神霊を招く儀式をする. **2** (演劇や大勢の人たちが集まって騒ぎたてる)見もの. 見せ物.

◆**굿을 보다** ① (ムーダンの)クッを見物する. ② 傍観する.

〔속담〕**굿이나 보고 떡이나 먹지** クッでも見てふるまい餅でも食べる〈人のことにいたずらに干渉しないで実利を計るほうがよい〉.

굿거리 名 〔民俗〕 ムーダン(무당)が執り行なう祭祀の順番.

굿거리장단 名 〔樂〕 民俗舞踊の伴奏音楽の一つ.

굿중 名 〔佛〕 托鉢僧.

궁[1]〔弓〕 名 弓.

궁[2]〔宮〕 名 **1** 〔史〕 宮. 宮殿. **2** (将棋で)漢王. 楚王. ¶ ~을 틀다 王を避ける. **3** 〔樂〕 宮〈五音の一つ〉. ▷오음(五音)

궁경〔窮境〕 名 窮境. 苦境. ¶ ~에 빠지다 窮境に陥る.

궁구〔窮究〕 名 하他 究めること. 「い.

궁굴다 形 器の内部が見かけより広い.

궁궐〔宮闕〕 名 宮闕. 宮城. 宮殿.

궁극〔窮極〕 名 究極. ¶ ~의 목표는 승리하는 데 있다 究極の目標は勝つことにある / ~에 가서는 면직되었다 とどのつまり免職になった.

궁극적〔一的〕 冠名 究極的.

궁글다 形 **1** (ぴったりとくっついているものが離れて)すき間ができている. ¶ 벽지가 ~ 壁紙が離れてすき間ができている. **2** (堅い物の中の一部分が)空洞になっている. うつろだ. ¶ 통나무가 ~ 丸太の内部が空洞になっている. **3** 音が奥ゆかしい. ¶ 궁근 목소리 奥ゆかしい声.

궁금증〔一症〕 名 気がかり. 心配. もどかしさ. じれったさ. ¶ ~이 풀렸다 気がかりなことがなくなった.

궁금하다 形 **1** 気がかりだ. 気遣わしい. 心配だ. ¶ 소식을 몰라 ~ 消息が分からず心配している / 시험 결과가 ~ 試験の結果が気遣わしい. **2** (腹が減って)食べたい. ひもじい. ¶ 앓고 나면 속이 궁금한 법이다 病気が治ったあとは腹がすくものだ. **궁금히** 副 気がかりに. 気遣わしく. ¶ ~ 여기다 気遣わしく思う. 気遣う.

궁기〔窮氣〕 名 困窮の色. ¶ 얼굴에 ~가 돌다 顔に困窮の色が現われる.

궁내〔宮內〕 名 宮内. 宮中.

궁녀〔宮女〕 名 宮女. 女官.

궁도〔弓道〕 名 弓道. 弓術.

궁도련님〔宮一〕 名 **1** 高慢で扱いにくい宮家の若者. **2** 世間知らずの大家の若旦那.

궁둥이 名 尻. 臀部. ¶ ~가 펑퍼짐하다 尻が平べったい.

◆**궁둥이가 무겁다** 尻が重い.

◆**궁둥이를 붙이다** ① 尻を床につける. 座る. ② 〈俗〉 尻をすえる. 腰を落ち着ける.
〔속담〕 **궁둥이에서 비파 소리가 난다** 尻から琵琶の音がする〈忙しく立ち回り休む暇もないこと〉.
궁둥이내외〔一内外〕 名 男女が出合ったとき何気無くよそを向く仕ぐさ.
궁둥잇바람 名 (調子に乗って)尻を揺する勢い. ¶ ~이 나다 調子に乗る. 浮わつく.
궁둥잇짓 名 하自 尻振り. 尻を振り動かす動作.
궁둥짝 名 左右の尻.
궁따다 自 とぼける. しらを切る.
궁리〔窮理〕 名 하他 **1** 究理. **2** 思案すること. 思い巡らすこと. 思案. 工夫. ¶ ~ 끝에 좋은 생각이 떠오르다 思案の末いい考えが浮かぶ / 이리저리 ~하다 あれこれと思案する.
궁문〔宮門〕 名 宮門.
궁박〔窮迫〕 名 하形 窮迫. 困窮. ¶ ~한 생활 困窮した生活.
궁벽〔窮僻〕 名 하形 辺鄙なこと. ひなびていること. ¶ ~한 시골 片田舎.
궁벽스럽다 形 辺鄙だ.
궁상[1]〔窮狀〕 名 窮状. 貧窮な状態. ¶ 이재민의 ~은 실로 형용할 수가 없다 罹災者の窮状は実にたとえようもない.
궁상떨다 自 あからさまに窮状を訴える. 貧乏たらしく振舞う. ¶ 이제, 궁상떨지 말게 もう, 貧乏たらしく振舞うな.
궁상맞다 形 ひどく貧乏臭い. 貧乏たらしい. 薄汚くみすぼらしい. ¶ 궁상맞은 얼굴 貧乏たらしい顔付き.
궁상스럽다 形 見るからに貧乏たらしい. 見るからにみすぼらしい. ¶ 궁상스럽게 굴다 貧乏たらしくふるまう.
궁상[2]〔窮相〕 名 窮相. 貧乏の相.
궁색하다〔窮塞—〕 形 貧窮する. ¶ 궁색한 살림 貧窮した暮らし.
궁서〔窮鼠〕 名 窮鼠.
〔속담〕 **궁서가 고양이를 문다** 窮鼠猫をかむ.
궁성〔宮城〕 名 **1** 王宮の城壁. **2** 王宮. 宮城.
궁세〔窮勢〕 名 窮状. ¶ ~에 몰리다 苦しい状態に追い込まれる.
궁수〔弓手〕 名〔史〕 弓を射る人. 射手.
궁술〔弓術〕 名 弓術. 弓道.
궁시〔弓矢〕 名 弓矢. 弓と矢.
궁여지책〔窮餘之策〕 名 窮余の一策. 苦し紛れに思いついた一策.
궁인〔宮人〕 名〔史〕 宮女. 女官.
궁전〔宮殿〕 名 宮殿.
궁정〔宮廷〕 名 宮廷.
궁정 시인〔一詩人〕 名 宮廷詩人.
궁정악〔一樂〕 名〔樂〕 宮廷で演奏する音楽.
궁중〔宮中〕 名 宮中.
궁중 문학〔一文學〕 名 宮中文学.
궁중어〔一語〕 名 宮中語. 宮中で使う言葉.
궁지〔窮地〕 名 窮地. 苦境. 窮境. ¶ ~에 빠지다 窮地に陥る / ~에 몰아넣다 窮地に追い込む / 가까스로 ~에서 벗어났다 やっと窮地から脱した.
궁책〔窮策〕 名 窮策. 苦し紛れに考えついた方法.
궁체〔宮體〕 名 李朝時代の宮女たちが書いたハングルの字体.
궁터〔宮—〕 名 宮殿の跡.
궁핍하다〔窮乏—〕 形 窮乏している. ¶ 궁핍한 생활 窮乏な生活.
궁하다〔窮—〕 形 **1** 貧しい. 貧乏だ. ¶ 궁하던 살림도 이제는 살 만하게 되었다 貧しかった生活も今では余裕がでるようになった. **2** 足りなくて困っている. ¶ 용돈이 ~ 小遣いに不自由している. **3** 行き詰まっている. 困り切っている. ¶ 대답이 ~ 返事に窮する. **4** 《주로 '궁한 소리[말]'의 꼴로》〔남에게 호소하려는 것을 나타냄〕 ¶ 궁한 소리를 한다 泣き言を並べる.
〔속담〕 **궁하면 통한다** 窮すれば通ず.
궁합〔宮合〕 名〔民俗〕 (男女の)相性. ¶ ~이 맞는다 相性がよい.
◆**궁합을 보다** 相性の良し悪しを見る.
궁행〔躬行〕 名 하他 躬行. 自ら実行すること. ¶ 실천 ~하다 実践躬行する.
궁형〔弓形〕 名 弓形. 弓なり. 弓形.
궂다 形 **1** (雨または雪が降り続いて)天気が悪い. うっとうしい. ¶ 궂은 날씨에는 나가기가 싫다 うっとうしい天気では出かける気になれない. **2** 悪い. 忌まわしい. ¶ 좋은 일 궂은 일 よいことと悪いこと.
궂은고기 名 病気などで死んだ獣の肉.
궂은비 名 長雨. しとしとと降り続くうっとうしい雨. ¶ ~ 내리는 가을날 長雨が続く秋の日.
궂은살 名 こくみ. こぶ·おできなどの盛り上がった肉塊.
궂은일 名 **1** (人が)嫌がること. 汚らしくて嫌な仕事. ¶ ~도 마다 않고 열심히 한다 いやなこともいとわず熱心にする. **2** 死者を葬る仕事. **3** 凶事.
권[1]〔勸〕 名 勧め. 勧誘. ¶ 친구의 ~에 못 이겨 보험에 들었다 親友の勧めに負けて保険に加入した.
권[2]〔卷〕 依名 **1**〔책을 세는 단위〕 冊. 巻. ¶ 사전 3~ 辞典3冊. **2**〔영화 필름 길이의 단위〕 巻. ¶ 필름 두 ~ フィルム2巻. **3**〔한지(韓紙) 20장을 한 묶음으로 하는 단위〕 枚. **4**〔전집 등의 순서를 나타냄〕 (全集·選集などの)巻. ¶ 상~ 上巻 / 고려사 15~ 高麗史15巻.
-권[3]〔券〕 接尾 …券. …札. ¶ 관람~ 入場券 / 상품~ 商品券 / 10,000원~ 1万ウォン札.
-권[4]〔圈〕 接尾 圏. ¶ 북극~ 北極圏 / 수도~ 首都圏 / 합격~ 合格圏 / 안전~ 安全圏.
-권[5]〔權〕 接尾 権. ¶ 참정~ 参政権 / 생존~ 生存権.
권고〔勸告〕 名 하他 勧告. アドバイス. ¶ ~문 勧告文 / 퇴직을 ~받다 退職の勧告を受ける.
권고사직〔一辭職〕 名 勧告辞職.
권내〔圈內〕 名 圏内. ¶ 당선 ~ 当選圏内 / 수도 ~는 땅값이 비싼 편이다

首都圏内は地価が高いほうだ.

권농〔勸農〕 名 하自 勧農. 農業を奨励すること.

권농의 날 名 勧農の日〈6月の最初の土曜日〉.

권능〔權能〕 名 権能. **1** 権勢と能力. ¶ 신의 ～ 神の権能. **2**〔法〕法律上認められる権限.

권도〔權道〕 名 権道. 臨機応変の処置. 方便. ¶ 외교상의 ～ 外交上の権道.

권두〔卷頭〕 名 巻頭. 巻首. ¶ ～에 실린 논문 巻頭に載せられた論文.

권두사〔一辭〕 名 巻頭言.

권두언〔一言〕 名 巻頭言.

권력〔權力〕 名 権力. ¶ ～ 관계 権力関係 / ～ 의지 権力意志 / ～가 権力家 / ～자 権力者 / 국가 ～ 国家権力 / ～ 투쟁 権力闘争 / ～ 다툼 権力争い / ～을 잡다 権力を握る / ～에 굴복하다 権力に屈伏する.

권리〔權利〕 名 権利. 反 義務. ¶ ～자 権利者 / ～서 権利書 / ～를 주장하다 権利を主張する / ～를 행사하다 権利を行使する / 그에 대해서는 나도 말할 ～가 있다 それについては私も言う権利がある.

권리금〔一金〕 名〔法〕権利金.

권리 선언〔一宣言〕 名 権利宣言.

권리 침해〔一侵害〕 名〔法〕権利侵害.

권말〔卷末〕 名 巻末. ¶ ～ 부록 巻末付録.

권말기〔一記〕 名 巻末の付記.

권면¹〔券面〕 名 (有価証券の)券面.

권면액〔一額〕 名 券面額. 券面高. ¶ ～ 천 원의 주권 券面額1000ウォンの株券.

권면²〔勸勉〕 名 하他 諭し励ますこと.

권모〔權謀〕 名 権謀.

권모술수〔一術數〕 名 権謀術数. ¶ ～에 능하다 権謀術数にたける.

권문〔權門〕 名〔'권문세가'의 준말〕権門.

권문세가〔一勢家〕 名 権勢のある家柄. 権門. 権門勢家.

권문자제〔一子弟〕 名 権門の子弟.

권법〔拳法〕 名〔體〕拳法.

권불십년〔權不十年〕 名 栄華を極める権門でも10年は続かないこと.

권사〔勸士〕 名〔基〕信者を訪ねて伝道することをおもな任務とする布教師.

권선¹〔捲線〕 名〔物〕コイル.

권선²〔勸善〕 名 하自 **1** 勧善. 善行を勧めること. **2**〔佛〕勧進. 寺が信者に寄付を募ること.

권선징악〔一懲惡〕 名 勧善懲悪.

권세〔權勢〕 名 権勢. 勢力. 羽振り. ¶ ～욕 権勢欲 / ～에 아첨하다 権勢にこびる.

◆**권세를 부리다**[**피우다**] 権勢をふるう. 羽振りをきかせる.

권속〔眷屬〕 名 **1** 眷属. 親族. ¶ 일가 ～ 一家眷属. **2**〔'아내'의 낮춤말〕家内.

권솔〔眷率〕 名〔한집에서 거느리고 사는 식구〕一家族.

권수〔卷數〕 名 巻数.

권신〔權臣〕 名 権臣. 権力のある家来.

권업〔勸業〕 名 하自 勧業. 産業を勧めること. ¶ ～ 박람회 勧業博覧会.

권외〔圈外〕 名 圏外. ¶ ～로 밀려나다 圏外に押し出される.

권운〔卷雲〕 名〔天〕巻雲. 巻き雲. ¶ ～층 巻雲層.

권위〔權威〕 名 権威. **1** 権勢と威力. ¶ ～가 있다 権威がある / ～를 세우다 権威をうち立てる. **2** その道の大家. ¶ 세계적 ～ 世界的権威.

권위자〔一者〕 名 権威者. 権威. オーソリティー.

권위주의〔一主義〕 名 権威主義.

권유〔勸誘〕 名 하他 勧誘. 勧め. 誘い. ¶ ～를 받다 勧誘される / ～를 받아들이다 勧めを受け入れる.

권익〔權益〕 名 権益. ¶ 근로자의 ～을 보호하다 勤労者の権益を守る.

권장〔勸奬〕 名 하他 勧奨. 奨励. ¶ 독서를 ～하다 読書を勧奨する.

권적운〔卷積雲〕 名〔氣〕巻積雲. いわし雲.

권좌〔權座〕 名 権力の座.

권주〔勸酒〕 名 하自 酒を勧めること.

권주가〔一歌〕 名 酒を勧めるときに歌う歌.

권척〔卷尺〕 名 巻尺.

권총〔拳銃〕 名 拳銃. 短銃. ピストル. ¶ ～을 허리에 차다 ピストルを腰につける / ～을 쏘다 拳銃を射つ.

권층운〔卷層雲〕 名〔天〕巻層雲.

권태〔倦怠〕 名 倦怠. ¶ ～를 느끼다 倦怠を覚える.

권태감〔一感〕 名 倦怠感.

권태기〔一期〕 名 倦怠期. ¶ ～에 접어든 부부 倦怠期にさしかかった夫婦.

권태롭다 形 飽きがきたようだ. 心身が疲れてだるいようだ.

권태증〔一症〕 名 体がだるい症状.

권토중래〔捲土重來〕 名 하自 捲土重来. ¶ ～를 기하다 捲土重来を期する.

권투〔拳鬪〕 名 拳闘. ボクシング. ¶ ～ 선수 拳闘の選手. ボクサー / 아마추어 ～ アマチュアボクシング.

권패〔卷貝〕 名〔動〕巻き貝.

권하다〔勸一〕 他 勧める. 働きかける. 誘う. ¶ 식사를 ～ 食事を勧める / 양서를 읽도록 ～ 良書を読むように勧める.

◆**권커니 잣거니** (酒席で)杯のやりとりをするようす.

권학〔勸學〕 名 하自 勧学. 学問を勧めること.

권한〔權限〕 名 権限. ¶ 직무 ～ 職務権限 / 대표 이사의 ～ 代表取締役の権限 / ～을 지니다 権限を持つ / ～이 없다 権限がない.

권한외〔一外〕 名 権限外. 権外.

권한 쟁의〔一爭議〕 名 権限争議.

권화〔權化〕 名〔佛〕勧化. 化身.

궐¹〔闕〕 名 宮闕. 王宮. 宮殿.

궐²〔闕〕 名 **1** 欠席すること. **2** 席が空くこと. 欠員.

궐나다 自 欠員が生じる. 欠員が出る.

궐내다 自 欠員を出す.

궐기〔蹶起〕 名 하自 決起. ¶온 국민이 총~하다 全国民が総決起する.
궐내〔闕內〕 名 宮中.
궐련〔←卷煙〕 名 巻きたばこ〈紙巻きたばこと葉巻きたばこ〉. シガレット.
궐석〔闕席〕 名 하自 欠席.
궐외〔闕外〕 名 宮殿の外.
궐위〔闕位〕 名 하自 欠位. 欠員となっている地位.
궤〔櫃〕 名 櫃. 箱. ¶돈~ 金箱 / 쌀~ 米櫃.
궤간〔軌間〕 名 軌間. 鉄道のレールの幅.
궤도〔軌道〕 名 軌道. レール. ¶단선~ 単線軌道 / ~를 수정하다 軌道を修正する / ~를 벗어나다 軌道をはずれる.
　궤도차〔一車〕 名 軌道車.
궤멸〔潰滅〕 名 하自 壊滅. ¶~ 상태가 되다 壊滅状態になる / 적군이 ~되다 敵軍が全滅する.
궤변〔詭辯〕 名 詭弁. ¶~을 늘어놓다 詭弁を弄する.
　궤변가〔一家〕 冠名 詭弁家.
　궤변적〔一的〕 冠名 詭弁的.
　궤변학파〔一學派〕 名〔哲〕詭弁学派. ソフィスト.
궤양〔潰瘍〕 名〔醫〕潰瘍. ¶십이지장~ 十二指腸潰瘍 / 위~ 胃潰瘍.
궤적〔軌跡〕 名 軌跡. ¶복잡한 ~을 더듬다 複雑な軌跡をたどる.
궤주〔潰走〕 名 하自 壊走. 敗走. ¶~하는 적을 섬멸하다 壊走する敵を殲滅する.
궤짝〔櫃一〕 名〈俗〉櫃. 箱.
귀[1] 名 **1** 耳. 耳朶. ¶~를 후비다 耳をほじくる / ~를 막다 耳をふさぐ. **2**〔'귓바퀴'의 준말〕耳介. 耳殻. ¶~가 크다 耳が大きい / ~를 쫑긋 세우고 듣다 耳をピンと立てて聞く. **3**〔가장자리〕(織物·紙など平らな物の)耳. 端. 縁. ¶이불~ 布団の端 / 천의 ~가 풀리다 布の耳がほつれる. **4**〔바늘구멍〕(針の糸を通す)穴. 針の耳. ¶바늘~가 작아서 실을 꿰기 어렵다 針の穴が小さくて糸を通しにくい. **5**〔모서리〕(角張った物の)端. 隅. 角. ¶네 ~가 반듯하다 四角い. 真四角だ. **6**〔'아귀'의 준말〕わき明け〈両わきに手を差し込むためにあけた部分〉. ¶두루마기의 ~ トゥルマギのわき明け. **7** チョゴリ(저고리)などの衽の先端. ¶~가 맞는 저고리 衽の裾がそろっているチョゴリ. **8**〔'불귀'의 준말〕火口. ¶화승총의 ~ 火縄銃の火口. **9**〔'귀때'의 준말〕注ぎ口. 口. ¶~가 달린 항아리 注ぎ口がついているつぼ. **10**(碁盤の)隅. ¶~에서 겨우 살았다 隅でやっと生きた. **11**〔돈머리에 붙는 우수리〕(まとまった金額につく)端数. 余り. 半端. ¶~가 달린 만 원 端数のついた1万ウォン. **12**(焼き物などの両側についた)取っ手.
　◆**귀가 가렵다** 耳がかゆい. 誰かがわたしのことをしゃべっているようだ.
　◆**귀가 따갑다** ① (音がやかましくて)耳が痛い. ② (同じことを幾度も聞かされて)耳が痛い. 耳に胼胝ができる.
　◆**귀가 뚫리다** 道理をわきまえるようになる.
　◆**귀가 먹다** 耳が遠くなる. 耳が聞こえなくなる.
　◆**귀가 멀다** 耳が遠い.
　◆**귀 빠진 날** 誕生日.
　◆**귀가 번쩍 뜨이다** (ふさがった耳があくように)うまい話にはっとして耳をそばだてる.
　◆**귀가[에] 설다** 耳慣れない.
　◆**귀가 솔깃하다** (耳よりな話に)気持ちが傾く.
　◆**귀가 어둡다** ① 耳が遠い. ② (世間のうわさ·情報などに)うとい. ③ 人の話がすぐ理解できない. のみこみが遅い.
　◆**귀가 여리다** (人の言うことを)真に受けやすい. だまされやすい.
　◆**귀가 울다** ① 耳鳴りがする. ② (張った物·縫い物などの)端がたるむ. しわが寄る.
　◆**귀가 절벽이다** まったく耳が聞こえない. 世の中のことにうとい. まったく人の話を聞き入れない.
　◆**귀를 기울이다** 耳を傾ける. 耳を澄ます. 耳をそばだてる. ¶대중의 목소리에 ~를 기울이다 大衆の声に耳を傾ける.
　◆**귀 밖으로 듣다** うわの空で聞く. 聞きながす.
　◆**귀에 거슬리다** 耳障りだ. 耳に障る. 耳立つ.
　◆**귀에 못이 박히다** 耳にたこができる.
　〔속담〕**귀가 보배다** 耳が宝だ〈正式の学問はないが耳学問だけは立派な人をからかっていう〉. **귀에 걸면 귀걸이, 코에 걸면 코걸이** 耳にかければ耳輪, 鼻にかければ鼻輪〈ものは見方によってどうとでも取れる〉.
귀-[2]〔貴〕 接頭 貴…. **1**〔존경의 뜻을 나타냄〕¶~형 貴兄 / ~회사 貴社. **2**〔'흔하지 않은', '값비싼', '존귀한'의 뜻을 나타냄〕¶~공자 貴公子.
귀가〔歸家〕 名 하自 帰宅. ¶매일 밤늦게 ~한다 毎日夜遅く帰宅する.
귀감〔龜鑑〕 名 亀鑑. 鑑. 手本. 模範. ¶교육자의 ~으로 추앙받다 教育者の鑑として仰がれる.
귀갑〔龜甲〕 名 亀甲. かめの甲羅. ¶~형 亀甲形.
귀객〔貴客〕 名 貴客. 貴賓.
귀거래〔歸去來〕 名 帰去来. 官職をやめて故郷に帰るために土地を去ること.
　귀거래사〔一辭〕 名〔文〕帰去来の辞.
귀걸이 名 **1** 耳掛け. 耳当て. 耳袋. **2** 耳飾り. イヤリング. ¶진주~ 真珠のイヤリング. **3** '귀걸이안경'의 준말.
　귀걸이안경〔一眼鏡〕 名 糸を通して耳にかける眼鏡.
귀결〔歸結〕 名 하自 帰結. ¶~점 帰結点 / 범인이 잡힘으로써 그 사건은 ~을 지었다 犯人が捕まったことでその事件は決着がついた.
　◆**귀결을 짓다** 決着をつける. 決まりをつける.
귀경〔歸京〕 名 하自 帰京.
귀고리 名 イヤリング. 耳飾り. 耳輪.

귀골〔貴骨〕 名 **1** 高貴な生まれの人. ¶ 보기에도 ~답다 見るからに高貴な生まれらしい. **2** 貴い身分になるような骨相.
귀공〔貴公〕 代 貴公. 尊公.
귀공자〔貴公子〕 名 貴公子.
귀교〔歸校〕 名 하自 帰校.
귀국¹〔貴國〕 名 貴国. ¶ ~ 정부 貴国政府.
귀국²〔歸國〕 名 하自 帰国. ¶ ~선 帰国船 / ~ 길에 오르다 帰国の途につく.
귀금속〔貴金屬〕 名 貴金属.
귀기〔鬼氣〕 名 鬼気. 恐ろしい気配. ¶ ~가 서린 고가 鬼気が漂う古家.
귀남자〔貴男子〕 名 **1** 美男子. **2** 高貴な家柄の息子. 貴公子.
귀납〔歸納〕 名 하他 〔論〕 帰納.
귀납 논리학〔一論理學〕 名〔論〕 帰納論理学.
귀납법〔一法〕 名〔論〕 帰納法.
귀납적〔一的〕 冠名 帰納的. ¶ ~ 논리 帰納的論理.
귀납학파〔一學派〕 名〔經〕 帰納学派.
귀넘어듣다 他 うわの空で聞く. 聞き流す. ¶ 남의 일이라 ~ 他人事と聞き流す.
귀농〔歸農〕 名 하自 帰農. ¶ 직을 사임하고 ~하다 職を辞して帰農する.
귀담다 他 耳に留める. (相手の話に)注意する.
귀담아듣다 他 傾聴する. 耳に留める. 注意して聞く. ¶ 조용히 ~ 静かに傾聴する.
귀대〔歸隊〕 名 하自 帰隊.
귀댁〔貴宅〕 名 〔상대방 집안의 높임말〕 貴宅. 貴家. お宅.
귀도〔歸途〕 名 帰途. 帰路. 帰り道.
귀동냥 名 하他 耳学問. 聞きかじり. 聞き覚え. ¶ ~으로 좀 알고 있다 聞き覚えで少しは知っている.
귀동자〔貴童子〕 名 かわいがられている男の子. 玉のような男の子.
귀두〔龜頭〕 名 **1** 亀趺. かめの形に刻んだ石碑の台. **2** 〔生〕 亀頭.
귀둥이〔貴一〕 名 特にかわいがられている男の子. 玉のような男の子.
귀때 名 (土瓶·やかんなどの)口. 注ぎ口. 飲み口.
귀때그릇 名 注ぎ口のついた器.
귀때기 名 〈俗〉 耳. ほっぺた. ¶ ~를 갈기다 ほっぺたを殴りつける.
귀뚜라미 名〔生〕 蟋蟀. ¶ ~ 소리가 요란한 가을밤 こおろぎの鳴き声がうるさい秋の夜.
귀뚤귀뚤 副 하自 〔귀뚜라미 울음소리〕 ころころ(と). ちっちっ(と). ¶ 부엌에서 귀뚜라미가 ~ 운다 台所でこおろぎがころころと鳴く.
귀띔 名 하自他 耳打ち. ほのめかすこと. ヒント. ¶ ~을 해주다 それとなく知らせる / ~을 받다 耳打ちされる.
귀로〔歸路〕 名 帰路. 帰途. 帰り道. ¶ ~에 오르다 帰路につく.
귀리 名〔植〕 燕麦.
귀머거리 名 つんぼ. 耳の聞こえない人.
〔속담〕 **귀머거리 삼 년이요 벙어리 삼 년이라** 聞かず3年言わず3年〈女が嫁入りしたら聞こえることも聞かぬふりをし, 言いたいことも我慢してしんぼうしなければならない〉.
귀면〔鬼面〕 名 **1** 鬼面. **2** 〔建〕 鬼瓦.
귀모〔鬼謀〕 名 鬼謀. 常人には思いもよらないうまいはかりごと.
귀밑 名 耳元. ¶ ~이 빨개지다 (恥ずかしさや酒に酔って)耳の根元まで赤くなる.
귀밑때기 名 〈俗〉 耳元.
귀밑머리 名 **1** 耳のそばの髪. **2** 前髪を分けて両耳の後ろに編み下げた少女の髪型.
◆**귀밑머리를 풀다** 嫁入りする〈おさげ髪をほどいて婦人の髪型になるという意〉.
귀밑샘 名〔生〕 耳下腺.
귀밑털 名 鬢. もみあげ.
귀밝이 名 '귀밝이술'의 준말.
귀밝이술 名〔民俗〕 陰暦の正月15日の朝に飲む酒〈朝冷や酒を1杯飲むと耳がよくなるという俗信がある〉.
귀부인¹〔貴夫人〕 名 貴夫人. 令夫人.
귀부인²〔貴婦人〕 名 貴婦人. 身分の高い夫人.
귀빈〔貴賓〕 名 貴賓. ¶ ~석 貴賓席 / ~실 貴賓室 / ~으로 맞이하다 貴賓として迎える.
귀빠지다 自 〈俗〉 生まれる. ¶ 귀빠진날 誕生日.
귀뿌리 名 耳の付け根.
귀사〔貴社〕 名 貴社〈相手の会社を敬っていう語〉.
귀살머리쩍다 形 '귀살쩍다'の強調形.
귀살이 名 하自 (囲碁で)隅で生きること.
귀살쩍다 形 **1** 込み入っている. 乱雑だ. 混乱している. **2** せわしい. あわただしい.
귀서〔貴書〕 名 貴書. お手紙.
귀성〔歸省〕 名 하自 帰省. 帰郷. ¶ 설에는 꼭 ~한다 正月には必ず帰省する.
귀성객〔一客〕 名 帰省客.
귀성열차〔一列車〕 名 帰省列車.
귀성지다 形 **1** 貴人のような顔立ちだ. **2** かわいらしい顔立ちだ.
귀소성〔歸巢性〕 名〔動〕 帰巣性. 帰巣本能. ¶ 비둘기의 ~ はとの帰巣性.
귀속〔歸屬〕 名 하自 帰属. ¶ 적발된 밀수품은 국고에 ~한다 摘発された密輸品は国庫に帰属する.
귀속 재산〔一財産〕 名〔法〕 帰属財産.
귀순〔歸順〕 名 하自 帰順. 投降. 帰服. ¶ ~병 投降兵 / ~자 投降者 / ~ 용사 帰順兵 / 무기를 버리고 ~하다 武器を捨てて投降する.
귀신〔鬼神〕 名 鬼神. **1** 死者の霊魂. 亡霊. 鬼. **2** 幽鬼. 鬼. 人に福や災いをもたらすという精霊. ¶ ~을 쫓다 鬼を追い払う / 돈만 있으면 ~도 부릴 수 있다 お金さえあれば鬼神も思いのまま〈地獄のさたも金次第〉. **3** お化け. 化け物. **4** あることに特に優れた才能を持っている人. 神様. 鬼才. ¶ 그는 스키를 타는 데는 ~이다 彼はスキーの神様だ. **5** 荒

々しく恐ろしい容貌.

◆**귀신도 모르게** 誰も知らないうちに. ひそかに. 隠密に. こっそりと. ¶ ~도 모르게 적지에 잠입하다 ひそかに敵地に潜入する.

◆**귀신에 홀리다** 鬼神に取りつかれる. 魅せられる. たぶらかされる.

◆**귀신이 들리다[씌우다]** 神がかりになる. 物の怪に取りつかれる.

〔속담〕**귀신이 곡할 일[노릇]이다** 鬼神でも哭かずにはいられない(奇怪極まることだ. 非常に不思議なことだ).

귀신같다 形 鬼神(のよう)だ. 鬼才だ. ¶ 칼 솜씨는 ~ 剣の腕は鬼神のようだ.

귀싸대기 名 〈俗〉横っ面. ほっぺた. ¶ ~를 올리다[후려갈기다] 横っ面をひっぱたく.

귀애하다〔貴愛—〕他 かわいがる. ¶ 누이가 귀애하는 새 姉がかわいがっている小鳥.

귀양[1] 名〔史〕流配. 流刑. 流罪. 島流し.

◆**귀양을 가다** ①〔史〕流罪に処せられて流刑地へ行く. ②〈俗〉左遷される.

◆**귀양을 보내다** 流罪に処する. 流す.

◆**귀양을 살다** 流罪に処せられて不自由な生活をする.

◆**귀양을 오다** 流罪に処せられて来る.

◆**귀양을 풀다** 流刑を解く.

◆**귀양이 풀리다** 流刑が解かれる.

귀양살이 名 하自 **1**〔史〕流罪に処せられて不自由な生活をすること. **2** へんぴな所で世間とかけ離れた生活をすること.

귀에지 名 ⇨귀지[1]

귀엣말 名 하自 耳打ち. 耳語. ささやき. ¶ ~로 소곤거리다 こそこそと耳打ちする.

귀여겨듣다 他 耳を澄まして聞く. ¶ 선생님의 말씀을 ~ 先生のお言葉を耳を澄まして聞く.

귀여워하다 他 かわいがる. いとおしむ. 慈しむ. ¶ 어린이를 ~ 小供をかわいがる / 내 자식처럼 ~ 我が子のように慈しむ.

귀염 名 かわいがること. 寵愛. ¶ 부모의 ~을 독차지하다 親の愛を独り占めする.

귀염둥이 名 とてもかわいらしい子供. かわいがられている子供.

귀염성〔—性〕名 かわいがられる素質. かわいらしいところ. かわいさ. ¶ ~이 있는 얼굴 かわいらしい顔つき.

귀염성스럽다 形 かわいらしい. 愛くるしい.

귀엽다 形 かわいい. 愛らしい. かわいらしい. いとしい. ¶ 귀여운 소녀 かわいい少女 / 귀여운 목소리로 노래한다 愛らしい声で歌う.

귀영〔歸營〕名 하自 (軍隊などへの)帰営. ¶ ~ 시간 帰営時間.

귀울음 名 耳鳴り.

귀의〔歸依〕名 하自 **1** 帰ってきて頼ること. **2**〔佛〕帰依. ¶ 불법에 ~하다 仏法に帰依する.

귀의심〔—心〕名〔佛〕帰依心.

귀의처〔—處〕名〔佛〕帰依処.

귀이개 名 耳かき.

귀인〔貴人〕名 貴人.

귀인상〔—相〕名 高貴な顔つき.

귀일〔歸一〕名 하自 帰一. ¶ 하나의 원인에 ~하다 一つの原因に帰一する.

귀임〔歸任〕名 하自 帰任. ¶ 서울로 ~하다 ソウルに帰任する.

귀잠 名 深い眠り. 熟睡.

◆**귀잠이 들다** 深い眠りに陥る. 熟睡する.

귀재〔鬼才〕名 鬼才. ¶ 영화계의 ~ 映画界の鬼才.

귀적〔歸寂〕名 하自〔佛〕帰寂. 入滅.

귀접스럽다 形 **1** (清潔でなく)汚らしい. よごれている. **2** (することが)汚らしい. (品格が)汚い. 下品だ. ¶ 귀접스럽게 굴다 下品にふるまう.

귀접이 名 하他 物の角を削りとる[折り込む]こと.

귀정〔歸正〕名 하自 (誤った方向に向かっていたものが)正道に戻ること.

귀정 나다 自 (物事に)正しい結末がつく. けりがつく.

귀정 짓다 他 (物事に)正しく結末をつける.

귀족〔貴族〕名 貴族. ¶ ~제 貴族制 / ~ 계급 貴族階級 / ~의 혈통을 이어받다 貴族の血統を受け継ぐ.

귀족 예술〔—藝術〕名 貴族芸術.

귀족적〔—的〕冠 名 貴族的.

귀족 정치〔—政治〕名 貴族政治.

귀중〔貴中〕名〔편지나 물품을 받을 단체의 이름 다음에 쓰는 경어〕御中.

귀중중하다 形 いかにも汚らしい. むさくるしい.

귀중품〔貴重品〕名 貴重品. ¶ ~ 보관소 貴重品預かり所.

귀중하다〔貴重—〕形 貴重だ. 大切だ. 尊い. ¶ 귀중한 체험 貴重な経験 / 귀중한 시간을 쪼개다 貴重な時間を割く / 산림은 나라의 귀중한 자원이다 山林は国の大切な資源だ. **귀중히** 副 貴重に. 大切に. 珍重に.

귀지[1] 名 耳あか. 耳くそ.

귀지[2]〔貴紙〕名〔상대방 신문의 존경어〕貴紙. ¶ ~의 보도에 의하면 貴紙の報道によれば.

귀지[3]〔貴誌〕名〔상대방 잡지의 존경어〕貴誌.

귀착〔歸着〕名 하自 帰着. 帰結. ¶ ~지 帰着地 / ~하는 즉시 보고하라 帰着次第報告せよ / 그들의 이야기는 돈 문제에 ~된다 彼らの言うことはお金の問題に帰着する.

귀착점〔—點〕名 帰着点.

귀찮다 形 面倒だ. うるさい. やっかいだ. 煩わしい. 迷惑だ. ¶ 귀찮게 여기다 面倒くさがる. うるさがる / 귀찮은 이야기를 꺼내다 やっかいな話を持ち出す / 앞으로는 귀찮게 굴지 않을게 これからはつきまとわないから.

귀책〔歸責〕名〔法〕帰責.

귀책사유〔—事由〕名〔法〕帰責事由.

귀천〔貴賤〕名 貴賤. ¶ ~을 가리지 않다 貴賤を区別しない / 직업에는 ~이 없다 職業に貴賤はない.

귀청 名 鼓膜. ¶ ~이 터질 것 같은 폭음 鼓膜が破れそうな爆音.
◆**귀청이 떨어지다** 鼓膜が破れる. 耳をつんざく. ¶ ~이 떨어지게 울리는 기적 소리 鼓膜が破れるほど響く汽笛の音.
귀체〔貴體〕名〔편지에서 상대방의 건강 상태를 높여 부르는 말〕御身. お体. ¶ ~ 안녕하시옵니까? お元気でいらっしゃいますか.
귀추〔歸趨〕名 帰趨. 行き着くところ. 成り行き. ¶ ~가 주목된다 帰趨が注目される.
귀축〔鬼畜〕名 鬼畜. ¶ ~ 같은 소행 鬼畜のような行ない.
귀측〔貴側〕名〔상대방을 높여 부르는 말〕あなた側.
귀퉁머리 名〈卑〉耳元.
귀퉁배기 名〈卑〉耳元.
귀퉁이 名 **1** 耳元. **2** 物の出っ張った部分. 角. 隅. ¶ 책상 ~에 머리를 찧었다 机の角に頭をぶつけた. **3**《'한 귀퉁이'의 꼴로》片隅. ¶ 마음 한 ~가 허전하다 心の片隅に穴があいたようにむなしい.
귀틀 名〔建〕**1** 根太〈床板を張るために化粧材を「井」の字形に組んだもの〉. **2** 化粧野縁〈天井を張るために角材などを「井」の字形に組んだもの〉.
귀틀집 名〔建〕丸太小屋. 丸太を井桁に組んでつくった家.
귀티〔貴一〕名 人の態度や姿から感じられる貴さ. 家柄の生まれらしいところ. ¶ ~가 나다 家柄の生まれらしいところがある.
귀하〔貴下〕**I** 名〔상대방을 존중하여 이름 대신 부르는 말〕貴下. 貴殿. ¶ ~께서는 貴殿におかされましては.
II 依名〔편지 겉봉에 상대방 이름 뒤에 쓰는 경어〕様.
귀하다〔貴一〕形 **1**〔고귀하다〕(身分·地位などが)高い. 貴い. 高貴だ. 尊貴だ. 尊い. ¶ 귀한 가문에서 태어났다 高貴な家門に生まれた / 사람의 목숨은 무엇보다도 ~ 人の命はなによりも貴い. **2**〔드물다〕珍しい. まれだ. ¶ 나무가 귀한 곳 木があまりない所 / 귀한 선물 珍しいおみやげ. **3**〔귀엽다〕かわいらしい. 愛くるしい. **귀히** 副 尊く. 貴く. 珍しく. かわいらしく.
귀한〔貴翰〕名〔상대방 편지에 대한 존경어〕貴簡. 貴書. お手紙.
귀함¹〔貴函〕名 貴簡. 貴書. お手紙.
귀함²〔歸艦〕名 하自 帰艦.
귀항¹〔歸航〕名 하自 帰航. 復航.
귀항²〔歸港〕名 하自 帰港.
귀향〔歸鄕〕名 하自 帰郷. 帰省. ¶ ~객 帰省客 / 설과 추석에는 ~한다 正月と秋夕には帰郷する.
귀화〔歸化〕名 하自 帰化. ¶ 미국에 ~하다 米国に帰化する.
귀화 식물〔一植物〕名〔植〕帰化植物.
귀화인〔一人〕名 帰化人.
귀화종〔一種〕名 帰化種.
귀환〔歸還〕名 하自 帰還. ¶ ~자 帰還者 / 기지로 무사히 ~했다 基地へ無事に帰還した.
귀환병〔一兵〕名 帰還兵. 復員兵.
귀휴〔歸休〕名 하自 帰休. ¶ 일시 ~ 一時帰休.
귀휴병〔一兵〕名 帰休兵.
귀휴제〔一制〕名 帰休制度.
귓가 名 耳のそば. 耳元. 耳のあたり. ¶ ~에 속삭이는 말 耳元でささやく言葉.
◆**귓가로 듣다** 聞き流す.
귓결 名《'귓결에'의 꼴로》小耳にはさむこと. ふと耳にすること. 偶然に聞くこと. ¶ ~에 듣자니 그가 병으로 누워 있다는데 사실인가? 小耳にはさんだが彼が病気で寝こんでいるって本当かい.
귓구멍 名 耳孔. 耳の穴. ¶ ~을 후비다 耳の穴をほじくる. 耳掃除をする / 이놈아, ~이 막혔나 こら, 人の言うことが聞こえないのか.
귓바퀴 名 耳介. 耳殻.
귓밥 名 **1** 耳たぶ. **2** ⇨귀지¹
귓불 名 耳たぶ.
귓속 名 耳の中.
귓속말 名 하自 耳打ち. ¶ ~을 주고받다 互いに耳打ちし合う.
귓속질 名 하自 告げ口をすること.
귓전 名 耳元. ¶ 찬바람이 ~을 스친다 寒風が耳元をかすめる.
◆**귓전으로 듣다** うわの空で聞く. 聞き流す.
◆**귓전을 울리다** 近くで音がするように聞こえる. 耳障りに聞こえる.
규각〔圭角〕名 圭角. **1** 食い違い. 不一致. **2** 言動がとげとげしいこと. 円満でないこと.
규각나다 自 (物事や考えが)お互いに食い違う. 角が立つ.
규격〔規格〕名 規格. サイズ. ¶ ~품 規格品 / 이 물건은 ~에 맞는다 この品物は規格に合う.
규격판〔一判〕名 (紙の)規格判.
규격화〔一化〕名 하自他 規格化.
규례〔規例〕名 一定の規則. 規則と定例.
규명〔糾明〕名 하他 糾明. ¶ 원인을 철저히 ~하다 原因を徹底的に糾明する / 화재의 책임을 ~하다 火災の責任をただす.
규모〔規模〕名 **1** 規模. ¶ 대~ 大規模 / 웅장하고 ~가 큰 건물 雄大で規模の大きな建物 / 금년도 예산의 ~ 今年度予算の規模. **2** (財物などを使うに当たっての)計画性·節度. ¶ ~ 있는 살림 つましい暮らし.
규문〔糾問〕名 하他 糾問. ¶ 죄상을 ~하다 罪状を糾問する.
규방〔閨房〕名 閨房. **1** 女性の居室. **2** 寝室.
규방 문학〔一文學〕名〔文〕閨房文学.
규범〔規範〕名 規範. ¶ 행동 ~ 行動規範.
규사〔硅沙〕名〔鑛〕硅砂. 珪砂. 石英砂.
규산〔硅酸〕名〔化〕硅酸. 珪酸.
규석〔硅石〕名〔鑛〕硅石. 珪石.
규석 벽돌〔一甓一〕名 珪石煉瓦.
규소〔硅素〕名〔化〕硅素. 珪素.

규수〔閨秀〕 名 **1** 他人の未婚の娘を丁寧に言う語. ¶좋은 ~가 있거든 중매를 해 주세요 いいお嬢さんがいたら紹介してください. **2** 閨秀. 才芸に優れた女性. ¶~ 시인 閨秀詩人 / ~ 작가 閨秀作家.

규약〔規約〕 名 規約. ¶~을 지키다 規約を守る / ~을 위반하다 規約に違反する.

규율〔規律〕 名 規律. ¶~ 있는 생활 規律ある生活 / ~이 엄하다 規律が厳しい.

규정[1]〔規定〕 **I** 名 하自 規定. 決まり. 定め. ¶~ 요금 規定料金 / ~에 따르다 規定に従う.
II 依名〔化〕〔용액의 농도를 나타내는 단위〕規定. ノルマル.
규정 농도〔一濃度〕 名〔化〕 ノルマル濃度.
규정액〔一液〕 名〔化〕 規定液.
규정짓다 他 規定する. 事を決める.

규정[2]〔規程〕 名 規程. ¶복무 ~ 服務規程 / 도서 대출 ~ 図書貸し出し規程.

규제〔規制〕 名 하他 規制. ¶수입을 ~하다 輸入を規制する / 노사 관계를 ~하는 법률 労使関係を規制する法律.

규조〔硅藻〕 名〔植〕 珪藻.
규조석〔一石〕 名〔鑛〕 珪藻石.
규조토〔一土〕 名〔鑛〕 珪藻土.

규중〔閨中〕 名 閨中. 女性の寝室. 女性の部屋.
규중처녀〔一處女〕 名 箱入り娘.

규찰〔糾察〕 名 하他 糾察. 問いただして明らかにすること.

규칙〔規則〕 名 規則. 決まり. 規律. ルール. ¶교통 ~ 交通規則 / 농구 경기 ~ バスケットボールのルール / ~을 지키다[어기다] 規則を守る[破る] / ~에 따르다 規則に従う.
규칙 동사〔一動詞〕 名 規則動詞.
규칙 용언〔一用言〕 名〔言〕 規則用言. 正則用言.
규칙적〔一的〕 冠 名 規則的. ¶~인 생활 規則的な生活.

규탄〔糾彈〕 名 하他 糾弾. ¶~을 받다 糾弾を受ける.

규폐〔硅肺〕 名〔醫〕 珪肺.
규폐증〔一症〕 名〔醫〕 珪肺病.

규합〔糾合〕 名 하他 糾合. ¶동지를 ~하다 同志を糾合する.

규화〔硅化〕 名 하自〔化〕 珪化. ¶~목 珪化木 / ~물 珪化物.

규환〔叫喚〕 名 하自 叫喚. 叫びわめくこと. ¶아비~ 阿鼻叫喚 / ~ 지옥 叫喚地獄.

균〔菌〕 名 菌. 病菌. 細菌.

균등〔均等〕 名 하形 均等. ¶기회~ 機会均等. **균등히** 副 均等に. 等しく. ¶임금을 ~ 정하다 賃金を均等に定める.
균등화〔一化〕 名 하自他 均等化. ¶~ 정책 均等化政策.

균류〔菌類〕 名〔植〕 菌類.

균배〔均配〕 名 하他 均等に分けること.

균분〔均分〕 名 하他 均分. 等分. ¶유산을 ~하다 遺産を均分する.
균분 상속〔一相續〕 名〔法〕 均分相続.

균사〔菌絲〕 名〔植〕 菌糸.

균시차〔均時差〕 名〔天〕 均時差.

균열〔龜裂〕 名 하自 亀裂. ひび割れ. ¶벽에 ~이 생겼다 壁に亀裂ができた / 우정에 ~이 생기다 友情にひびが入る.

균일하다〔均一一〕 形 均一だ. ¶값은 ~ 値段は均一だ.

균전〔均田〕 名 均田.
균전법〔一法〕 名〔史〕 均田法. 均田制.

균점〔均霑〕 名 하他 均霑. 平等に利益恩恵を受けること[与えること]. (外交上などで)利益を平等に得ること. ¶이익 ~ 利益の均霑.

균종〔菌腫〕 名 (牛·馬·豚などの)細菌性のこぶ状の腫れ物.

균질〔均質〕 名 均質.
균질로〔一爐〕 名〔工〕 均質炉.

균형〔均衡〕 名 均衡. 平衡. 平均. 釣り合い. バランス. ¶~을 유지하다 均衡を保つ / ~이 유지되다 均衡がとれる / ~이 깨지다 均衡が崩れる / 몸의 ~을 잡다 体のバランスを取る / ~이 잡힌 몸매 均整のとれた体つき.
균형 예산〔一豫算〕 名〔經〕 均衡予算.
균형 재정〔一財政〕 名〔經〕 均衡財政.

귤〔橘〕 名 蜜柑. ¶~껍질을 벗기다 みかんの皮をむく / 맛이 신 ~ 酸っぱいみかん.

귤피〔橘皮〕 名〔韓方〕 橘皮. みかんの皮.

그 **I** 冠 **1** (聞き手の近くにある事物を指して)その. ¶~ 책은 누구 것입니까? その本は誰のですか / 애, ~ 책 좀 이리 다오 おい, その本ちょっとこっちへくれ. **2** (話し手と聞き手がともに知っていることを指して)その. あの. ¶~ 다음 その次 / ~ 문제는 ~ 뒤 어떻게 되었습니까? あの問題はその後どうなりましたか / ~ 책은 선생님 것이다 その本は先生のだ. **3** (その意味を更に強調して)その. あの. ¶~ 어느 때보다도 かつてないほど. いかなるときにもまして / 그의 업적은 ~ 누구도 따르지 못한다 彼の業績には何人も及ばない. ▷이[8], 저[5]
II 代 **1** それ. ¶~에 대하여 자세히 설명해 주십시오 それについて詳しく説明してください / ~와 같은 일은 두 번 다시 없을 겁니다 そのようなことは二度と起こらないでしょう. ▷이[8], 저[5] **2** 彼. その人. ¶~의 어머니 彼の母 / ~는 위대한 인물이다 彼は偉大な人物だ / ~와 나와는 오랜 친구다 彼と僕とは長年の友だ.
◆**그도 그럴 것이** 「それもそのはずで」の意を表わす.

그간〔一間〕 名 その間·間. その後. ¶~에 몰라보게 달라졌군요 その間に見違えるほど変わりましたね / ~ 별고 없으신지요? その後お変わりはございませんか.

그거 代〔'그것'의 준말〕それ. ¶~ 참 훌륭한데 それは実に見事だね / ~ 큰 일이군 そりゃ大変だ.

그건 〔'그것은'의 준말〕 それは. そんなこと. ¶ ~ 새빨간 거짓말이다 それは真っ赤なうそだ / ~ 그렇다 そりゃそうだ / ~ 왜 물으세요? そんなことどうしてお聞きになるんですか.

그걸 〔'그것을'의 준말〕 それを. ¶ ~ 버리고 이걸 가져 가라 それを捨ててこれを持っていけ.

그것 [代] **1** それ. あれ. ¶ ~이 무엇입니까? それは何ですか / ~이야말로 천하 일품일세 それこそ天下の逸品だ / ~은 바로 작년 오늘의 일이다 それはちょうど去年の今日のことだ. **2** (大人に対しては軽蔑的に, 子供に対しては愛情を込めて) あいつ. ¶ ~이 무얼 안담 あいつに何が分かるもんか / ~들 참 좋은 애들이다 あいつら実にいいやつらだ.

그것참 [感] (あることに対する驚きを表わす) それは本当に. なんとも. いやはや. はてさて. ¶ ~ 정말 놀랐는걸 なんとも驚き入った次第だ / ~ 훌륭한 그림인걸 それはなんとも立派な絵だな / ~ 어떻게 하면 좋지 はてさて, どうしたらよかろう.

그게 **1** 〔'그것이'의 준말〕 それが. あれが. それは. あれは. ¶ ~ 무슨 상관이 있단 말인가 それが何の関係があるというのだ / ~ 정말인가? それは本当かね. **2** そいつが. あいつが. そいつは. あいつは. ¶ 이 사건에 ~ 왜 참견이야 この事件にあいつが何で出しゃばるのか.

그글피 [名] 4日後. しあさっての次の日. ¶ ~ 다시 만나기로 했다 4日後にまた会うことにした.

그까지로 [副] (たった) その程度. それくらいのことで. ¶ ~ 우느냐? それくらいのことで泣くのか.

그까짓 [冠] それくらいの. それしきの. ¶ ~ 것은 식은 죽 먹기다 それくらいは朝飯前だ / ~ 일로 걱정을 하다니 それくらいのことで心配するとは.

그깟 [冠] 〔'그까짓'의 준말〕 それくらいの. ¶ ~ 놈은 필요 없다 たったその程度のやつは必要ない.

그끄러께 [名] さきおととし. 3年前の年.

그끄저께 [名] さきおととい. さきおとつい. 3日前の日.

그끄제 [名] 〔'그끄저께'의 준말〕 さきおととい.

그나마 [副] それさえも. それだけでも. ¶ 먹을 것이라곤 이것뿐인데 ~ 오늘 저녁이면 떨어질 형편이다 食べ物と言ってもこれしかないのにそれさえも今日の夕食には尽きてしまう状態だ.

그나저나 [副] 〔'그러나저러나'의 준말〕 いずれにしても.

그날 [名] その日. 当日. ¶ ~에 있었던 일 その日にあったこと / ~의 감격은 잊을 수가 없다 その日の感激は忘れられない.

그날그날 [名] その日その日. 毎日. ¶ 품팔이를 해서 ~ 목숨을 이어 간다 日雇いでその日その日を生きていく.

그냥 [副] **1** そのまま. ありのまま. ただ. 手を加えず. ¶ 책상 위에 ~ 놓아 두다 机の上にそのまま置いておく / 다시 그런 짓을 하면 ~ 두지는 않겠다 またそんなことしたらただではおかないぞ. **2** そのままずっと. 続けて. ただ. ¶ ~ 내버리다 そのままほったらかす / ~ 잠만 잔다 ずっと寝てばかりいる. **3** ただで. 無料で. ¶ 달력 하나를 ~ 드리겠습니다 カレンダーを1部無料で差し上げます.

그네[1] [名] ぶらんこ.

◆**그네를 뛰다** ぶらんこに乗る. ぶらんこをこぐ.

그네뛰기 [名] ぶらんこ乗り.

그넷줄 [名] ぶらんこの2本の綱.

그네[2] [代] 〔'그네들'의 준말〕 彼ら.

그네들 [代] 彼ら. その人たち. ¶ ~ 말이 옳다 彼らの言うことが正しい.

그녀〔一女〕 [代] 彼女. その女. ¶ ~는 활발한 성격의 소유자이다 彼女は活発な性格の持ち主である.

그놈 [代] **1** (男性をののしる語) そいつ. あいつ. ¶ ~이 배반하다니 あいつが裏切るとはね / ~은 어디 숨었느냐 あいつはどこに隠れているのか. **2** (動物や事物をぞんざいに言う語) そいつ. ¶ 이 놈보다도 ~이 더 좋을 것 같다 こいつよりもそいつのほうがよさそうだ.

그느다 [自] (乳児が) 大小便をわきまえるようになる. ¶ 아기가 자꾸 끙끙거리며 그느다 赤ん坊がうんうん力んで大小便を知らせる.

그느르다 [他] **1** 面倒を見る. いろいろと世話をする. **2** (欠点などを) かばってやる.

그늘 [名] 陰. **1** 日陰. 物陰. 陰影. ¶ 나무 ~에서 쉬다 木陰で休む. **2** 目立たない環境・場所. 不遇な境遇. ¶ ~에서 묵묵히 봉사하다 陰で黙々と奉仕する. **3** (父母などの) 庇護の下. 膝下. おかげ. ¶ 부모의 ~에서 아쉬운 것 없이 자란 아이 親の庇護の下で不自由なく育った子. **4** 暗い表情・雰囲気. **5** 物事の裏面. ¶ 범죄의 ~ 犯罪の陰.

그늘대 [名] (露天商が用いる) 日よけ.

그늘말림 [名] 陰干し.

그늘지다 [形] **1** 陰ができる. 陰になる. 陰る. ¶ 그늘진 곳에서 땀을 식히다 陰の所で汗をしずめる. **2** (性質などが) 陰のある. 陰がさす. ¶ 그늘진 그녀의 얼굴 陰りのある彼女の顔.

그다지 [副] **1** 〔그러한 정도까지〕 そんなにまでも. ¶ ~도 어려우냐? そんなにまでも難しいのか / ~도 내 심정을 모르느냐? そんなにまでも僕の気持ちが分からないのか. **2** 〔별로 그렇게까지〕 それほど. さほど. たいして. あまり. ¶ 눈은 ~ 많이 내리지 않았다 雪はたいして降らなかった / 집이 ~ 넓지는 않다 家はそれほど広くはない.

그대 [代] **1** (友達や目下の人を丁寧に呼ぶ語) あなた. そなた. 君. なんじ. ¶ ~와 나는 오랜 친구가 아닌가? 君と僕は古くからの友人じゃないか. **2** (恋人の間柄で用いられる語) 君. ¶ ~는 내 마음의 등불 君はわが心のともしび.

그대로 Ⅰ [副] **1** そのまま. そのとおりに.

そっくり. ¶ 문자 ~ 文字どおり / 사실 ~ 말하다 事実のままに述べる / 그 문제는 ~ 남아 있다 その問題はそのまま残っている. **2** 知らんぷりして. そのまま. ¶ 나를 보고도 ~ 지나가더라 僕を見ても知らんぷりして行っちゃったよ / 오자마자 ~ 가 버렸다 来るなりそのまま行ってしまった.

Ⅱ 名 ありのまま. そのまま. ¶ 있는 ~의 사실 ありのままの事実 / 있는 ~의 맛 自然のままの味.

그득 副 いっぱい(に). ぎっしり(と). なみなみ(と). ¶ ~ 채우다 いっぱいに詰める / 맥주를 ~ 따르다 ビールをなみなみとつぐ / 방 안에 사람이 ~ 모여 있다 部屋に人がいっぱい集まっている.

그득그득 副 하形 なみなみ(と). みないっぱい(に). ¶ 잔마다 ~ 술을 따르다 どの杯にもなみなみと酒をつぐ.

그득하다 形 **1** いっぱいだ. 満ちている. ¶ 장미꽃으로 그득한 정원 薔薇の花でいっぱいの庭園 / 달빛이 뜰에 ~ 月の光が庭にいっぱいだ. **2** (御中が) もたれる. ¶ 뱃속이 그득하여 속이 불편하다 おなかがもたれて調子がよくない.

그득히 副 いっぱい(に). ぎっしり(と). なみなみ(と). ¶ 자루에 쌀을 ~ 담아라 米を袋にいっぱい入れなさい.

그들 代 彼ら. 彼女ら. ¶ ~ 것이다 彼らのものである / ~은 모두 학생이다 彼らはみな学生だ / ~과 아픔을 같이하다 彼らと痛みをともにする.

그들먹하다 形 ほとんど満ちている. ほぼいっぱいだ. ¶ 논에 물이 그들먹하게 차 있다 水田に水がほとんど満ちている.

그따위 代 冠 そんなたぐいのもの. そんな. ¶ ~ 물건은 본 적이 없다 そんな物は見たことがない.

그때 名 (近い過去の) そのとき. あのとき. その節. その当時. ¶ ~의 회상 当時の回想 / ~ 비로소 모든 사실을 알았다 そのとき初めてすべての事実が分かった / ~는 폐를 끼쳤습니다 その節はお世話になりました.

그때그때 副 そのときどき. ときおり. その都度. ¶ 복잡한 문제들을 ~ 처리한다 込み入った問題などはそのつど処理する.

그뜩 副 〔'그득'의 센말〕 いっぱい(に). ぎっしり(と). なみなみ(と).

그뜩그뜩 副 なみなみ(と). いっぱい(に). ぎっしり(と).

그뜩하다 形 いっぱいだ. 満ちている. みなぎっている. ¶ 애정으로 그뜩한 마음 愛情に満ちた心.

그라운드〔ground〕 名 グラウンド. 競技場.

그랑프리〔(프)grand prix〕 名 グランプリ. 大賞. 最優秀賞.

그래[1] **1** 〔'그리하여'가 준 말〕 それで. そして. そうして. **2** そのようにして. そんなふうにして.

그래[2] 感 **1** (問いただしたり強調したりするときに用いる語) なんだ. それで. ¶ ~ 너는 그것도 모른단 말이냐? なんだ, お前はそれも分からないというのか. **2** (肯定的に答えるときの語) うん. ああ. ¶ 그 말이 사실이니? ~, 사실이야 その話本当かい, うん本当だよ. **3** (感歎·軽い驚きを表わす語) そう. そうか. ¶ ~? 그거 참 잘됐구먼 そうか, それは本当によかったね.

그래그래 感 (快く了解·承諾するときに用いる語) うんうん. そうそう. よし. ¶ ~ 알았다 うんうん分かった.

그래[3] 助 (終結語尾に付いて前の事柄を強調する語). …なんだよ. …だな. ¶ 막 나서려는데 비가 쏟아지더군~ ちょうど出かけようとするのに雨が激しく降り出したよ.

그래도 〔'그리 하여도'가 준 말〕 それでも. でも. そうしても. ¶ 아무리 ~ 소용없다 いくらそうしても無駄だ.

그래서[1] 副 それで. だから. そして. ¶ ~ 화가 났다, 그거군 それで腹が立ったわけだな.

그래서[2] 〔'그리 하여서'가 준 말〕 そうして. ¶ 형이 ~ 되겠느냐 兄がそうして(も)いいのか.

그래야 **1** 〔'그리 하여야'가 준 말〕 それでこそ. そうでなければ. ¶ 네가 ~ 동생도 본을 받지 お前がそうすればこそ弟も見習うよ. **2** いくら…でも. せいぜい. そうしてみたところで.

그래저래 副 あれこれするうちに. そうこうするうちに. ¶ ~ 불행한 일이 겹친다 あれこれと不幸は重なる.

그래프〔graph〕 名 グラフ.

그래픽 디자인〔graphic design〕 名 グラフィックデザイン.

그랜드 오페라〔grand opera〕 名〔樂〕 グランドオペラ.

그랜드 피아노〔grand piano〕 名 グランドピアノ.

그램〔gram〕 依名 グラム〈重さの単位. g〉. ¶ ~당량 グラム当量 / ~분자 グラム分子 / ~원자 グラム原子.

그랬다저랬다 〔'그리 하였다가 저리 하였다가'가 준 말〕 ああしたりこうしたり. ああ言ったりこう言ったり. ¶ 줏대 없이 ~ 하다 定見もなくああしたりこうしたりする.

그러고 〔'그리하고'가 준 말〕 そうして. そして. そんなに. それでも. ¶ ~ 놀기만 하면 일이 제대로 되겠니? そんなに遊んでばかりいて仕事はうまくいくの.

그러구러 副 いつとはなしに. いつのまにか. ¶ ~ 사랑하는 사이가 되었다 いつのまにか恋仲になった.

그러그러하다 形 似たり寄ったりだ. 変わりばえがしない. 大したことない. まあまあだ. ¶ 그러그러한 작품뿐이구나 似たり寄ったりの作品ばかりだね / 장사는 그저 그러그러하네 商売のほうはまあまあだ. ▷이러이러하다

그러기에 副 だから. それで. ¶ ~ 내가 하는 말이야 だから, 僕が言うんだよ / ~ 늘 실패한 거야 それでいつも失敗したのだ.

그러께 名 一昨年. おととし. ¶ ~ 봄에 졸업했다 おととしの春に卒業した.

그러나 副 しかし. だが. ところが. けれども. ¶ 재미있는 책이다. ~ 값이 좀 비싸다 面白い本だ. しかしちょっと値

段が高い／약속 시간이 다 되었다. ～ 아무도 오지 않았다 約束の時間になった. しかし, 誰も来なかった.

그러나저러나 副 いずれにしても. いずれにせよ. いずれにしろ. とにかく. ¶ ～ 해 보자 とにかくやってみよう／～ 편지를 보내 놓고 보자 とにかく手紙を出してみよう／～ 분쟁은 피할 수 없을 거야 いずれにしても紛争は避けられまい.

그러내다 他 (器具を用いて中にあるものを)かき出す. ¶ 아궁이의 재를 ～ かまどの灰をかき出す.

그러넣다 他 かき込む. かき集めて入れる. ¶ 흩어져 있는 돈을 모조리 호주머니에 그러넣었다 散らばっているお金を残らずポケットにかき込んだ.

그러니 副 だから. ¶ ～ 하는 수 없지 않은가 だから仕方がないじゃないか／～ 나더러 어떻게 하라는 거야 だから僕にどうしろというんだ.

그러니까 副 だから. ですから. つまり. ¶ 너는 고집이 세다. ～ 미움을 받지 お前は我が強い. だからうとまれるのだ.

그러니저러니 副 ああだこうだ. なんだかんだ. ¶ ～ 말이 많다 とかくうわさが多い／～ 변명을 해보았자 소용이 없다 何のかのと言い訳をしたところでしようがない.

그러다 自 そうする. そのようにする. ¶ 그럽시다 そうしましょう／그럴 수는 없다 そんなことをするわけにはいかない／그러면 안 돼 そうしてはいけない／～ 보니 시간이 다 되었네 そうするうちに時間になったよ／네가 미워서 그런 게 아니야 お前が憎くてそうしたんじゃないよ.

◆**그러거나 말거나** そうしようとしまいと. そう言おうと言うまいと. ¶ ～ 나는 내 할 일만 하면 된다 そうしようとしまいと僕は僕のすべきことをすればよい.

그러다가 そのようにして. そうこうするうちに. ¶ 천천히 먹어라. ～ 체할라 ゆっくり食べなさい. そのようにして食もたれするよ.

그러담다 他 かき集めて入れる. ¶ 널어 놓은 고추를 ～ 干しておいたとうがらしをかき集めて入れる.

그러당기다 他 かき寄せる. ¶ 흐트러진 머리카락을 그러당겨 묶었다 散らばった髪をかき寄せた.

그러들이다 他 かき集める. 引き入れる.

그러루하다 形 どれも似たり寄ったりだ. ¶ 키도 차림새도 그저 그러루한 아이들 背も身なりもみな似たり寄ったりの子供たち.

그러면 1 そうだとすれば. それなら. 2 そうすれば.

◆**그러면 그렇지** やはりそうだ. そう言えばそうだ. ¶ ～ 그렇지 네가 하는 일이 별수 있어? やっぱりそうだろう, 君のすることに妙案があるはずがない.

그러면서 1 それなのに. そのくせ(に). 2 そうしながら.

그러모으다 他 かき集める. ¶ 가랑잎을 ～ 枯れ葉をかき集める／악착같이 돈을 ～ あくせく金をかき集める.

그러묻다 他 かき集めて埋める.

그러므로 副 それゆえ. したがって. それで. それだから. だから. 因って. ¶ ～ 그는 올 수 없었다 それで彼は来られなかった／그는 곧잘 거짓말을 한다. ～ 믿을 수 없다 彼はよく嘘をつく. よって信用できない.

그러안다 他 抱きしめる. 抱き込む. 抱擁する. ¶ 살아 돌아온 아들을 ～ 生きて帰った息子を抱きしめる.

그러자 副 そうすると. そういうと. そう思うと. すると. その途端に. ¶ ～, 곧 이어서 여자의 비명이 들려왔다 すると, すぐに続いて女性の悲鳴が聞こえてきた.

그러잖아도 〔'그러하지 아니하여도'가 준 말〕 そうしなくても. そうでなくとも. ¶ ～ 전화를 막 걸려던 참이었어 そうでなくともちょうど今電話をかけようとするところだよ.

그러잡다 他 引き寄せてつかむ. 引っつかむ. ¶ 멱살을 그러잡고 으름장을 놓는다 襟元を引っつかんで脅す.

그러저러하다 形 かくかくしかじかである. こういうふうだ. こういうわけである. ¶ 그러저러한 사연 かくかくしかじかの事情／그러저러한 이유 때문에 かくかくしかじかの理由によって.

그러쥐다 他 **1** 引き寄せて握る. 引っつかむ. ¶ 로프를 ～ ロープを引っぱって握る. **2** こぶしを握る. ¶ 두 주먹을 ～ 両こぶしを握る.

그러하다 形 そうだ. そのとおりだ. そのようだ. ¶ 그러한 까닭에 そのようなわけで／그러한 경우에 대비하여 そのような場合に備えて. ▷이러하다, 저러하다

그러한즉 副 そういうわけで. ですから. それゆえに. ¶ 사정이 ～ 이해해 다오 事情がそういうわけであるから理解してくれ.

그럭저럭 副 **1** どうにか. どうにかこうにか. どうやら. どうやらこうやら. ¶ ～ 살아간다 どうにか暮らしていく／～ 둘러대고 있다 どうにかこうにかやりくりしている／～ 해치웠다 どうにかこうにかやり遂げた. **2** どうにかするうちに. うかうかと暮らすうちに. いつのまにか. ¶ 서울에 온 지 ～ 3년이 된다 ソウルに来てからいつのまにか3年になる.

그런 **1** そのような. そんな. あんな. **2** そのようにいった…. そのようにした….

그런고로〔一故一〕 副 それゆえに. そういう訳で. それだから.

그런대로 副 それなりに. まあまあ. ¶ 부유하지는 못하지만 ～ 살아가고 있다 裕福ではないが, それなりに暮らしている／중고품이지만 ～ 쓸 만하다 中古品ではあるがまあまあ使える.

그런데 副 ところで. さて. ところが. しかし. それで. そこで. ¶ ～ 자네 생각은 어때? ところで, 君の考えはどうなんだ／～ 그 문제는 해결이 되었습니까? ところで, あの問題は解決がつきましたか.

그런즉 副 そういうわけで. だから. それゆえに. したがって. …であるから. ¶ ～ 건강에 유의해야 한다 だから健康に気をつけなければいけない.

그럴듯하다 形 **1** もっともらしい. まことしやかだ. ¶ 그럴듯한 이유 もっともらし

い理由/그럴듯한 변명을 늘어놓다 もっともらしい言い訳をする. **2** なかなか立派だ. なかなかすてきだ. ¶그럴듯한 차림새 なかなかすてきな身なり/그럴듯하게 영어를 한다 なかなか上手な英語を話す.

그럴싸하다 形 まことしやかだ. なかなか立派だ.

그럼 副 それなら. (それ)では. じゃ. ¶~ 실례합니다 では失礼いたします/~ 안녕(히) じゃ, さようなら/~ 잘 있어 じゃ, またね/그 여자하고는 그런 사이가 아니야. ― ~? 彼女とはそんな関係じゃないよ. ― だったら.

그럼 感 もちろん. そうだとも. そうだよ. 確かに. ¶그게 정말이냐? ― ~. 정말이고말고 それ本当かい. ― そうだよ, 本当だとも/~요, 여부가 있나요 そうですとも, 間違いありませんよ.

그렁그렁 副 하形 **1** なみなみ(と). ¶옹기에 물을 ~ 차도록 붓다 甕に水をあふれるほどつぐ. **2** 目に涙がたまるようす. ¶눈물이 ~하다 涙があふれそうだ. 目に涙をためている. **3** 汁が多く実が少ないようす. **4** 水などを飲み過ぎて腹がだぶつくようす. ¶물을 많이 마셔서 배가 ~하다 水を飲み過ぎて腹がだぶだぶする.

그렁저렁 副 하自 知らないうちに. どうにかこうにか. ¶~ 일이 몸에 배었다 知らず知らず仕事が身についた/~ 이민 생활에 적응이 되었다 どうにかこうにか移民の生活に適応していった.

그렇게 副 そのように. そんなに. それほど. そうまで. ¶~ 분하니? そんなにくやしいのか.

그렇다 形 〔'그러하다'의 준말〕 そうだ. そのとおりだ. ¶아, 그랬던가 ああ, そうだったかな/반드시 그렇다고는 할 수 없다 必ずしもそうとは言えない.

◆**그렇고 그렇다** そんなものだ. 似たり寄ったりだ. (素性・程度などが)知れたものだ. ¶세상이란 다 그렇고 그런 것이다 世の中というものはすべてそうしたものだ.

그렇다저렇다 副 ああだこうだと. ¶~ 대답이 없다 ああだともこうだとも返事がない.

그렇듯 副 〔'그렇듯이'의 준말〕 そのように. そうであるように. それほど.

그렇듯이 副 そんなにまで. それほどまで. そのように.

그렇잖다 〔'그렇지 않다'가 준 말〕 そうじゃない. そうでない.

그렇지 感 **1** そうだとも. そうとも. **2** (やっぱり)思ったとおりだ.

그렇지마는 副 そうだけれども. だが. しかしながら. しかし. でも. ¶네 기분은 알겠다. ~ 그건 너무 지나쳤다 君の気持ちは分かる. だがそれはやりすぎだった.

그렇지만 副 〔'그렇지마는'의 준말〕 そうだけれども. だけど. だが. ¶~ 나는 못 가겠어 だけど僕は行けない.

그레샴의 법칙〔Gresham―法則〕 名 〔經〕 グレシャムの法則.

그레코로만〔Greco-Roman〕 名 グレコローマン. ¶~형 グレコローマンスタイル.

그려 助 〔강조·감탄을 나타냄〕 …ですね. …しましょうよ. ¶달빛이 참 밝습니다 ~ 月影がとてもさやかですね/갑시다 ~ 行きましょうよ/여기 앉읍시다~ ここに座りましょうよ.

그루 Ⅰ 名 (木・穀物の)幹・茎の根元. ¶나무 ~ 木の根元.

Ⅱ 依名 **1** 〔특히 수목을 세는 단위〕 本. 株. ¶한 ~의 벚나무 1本の桜の木/달리아 세 ~ ダリア3株. **2** 〔한 해의 농사 짓는 횟수의 단위〕 ¶한 ~ 농사 一毛作.

그루갈이 名 하他 〔農〕 二毛作. 二期作.

그루밭 名 二毛作の畑.

그루터기 名 切り株. 株.

그룹〔group〕 名 グループ.

그룹사운드〔―sound〕 名 〔樂〕 グループサウンド.

그룹 학습〔―學習〕 名 グループ学習.

그르다 形 **1** 正しくない. 間違っている. 誤っている. ¶행실이 ~ 品行が正しくない. 身持ちが悪い/심보가 ~ 心根がよくない. **2** よくない. 悪い. まずい. ¶맛이 ~ おいしくない. まずい. **3** 見込みがない. 駄目になる. ¶난 이제 글렀어 僕はもう駄目だ.

그르렁거리다[-대다] 自他 (ぜんそくの人などが)ぜえぜえ言う. (痰が詰まって)のどをごろごろさせる. ¶그르렁거리며 괴로워하는 환자 ぜえぜえ言いながら苦しむ患者.

그르렁그르렁 副 하自他 〔목구멍에서 그르렁거리는 소리〕 ぜいぜい(と). ごろごろ(と).

그르치다 他 誤る. しそこなう. しくじる. ¶일을 ~ 事をしくじる/신세를 ~ 身代をつぶす/몸을 그르친 여자 身を持ち崩した女性.

그릇[1] Ⅰ 名 **1** 器. 容器. 入れ物. わん. 食器. ¶질~ 土器/국~ スープを入れる器/사기~ 陶磁器/~에 담다 容器に入れる[盛る]. **2** 器. 器量. 度量. 才能. ¶장군다운 ~ 将軍たる器量/~이 큰 사람 度量の大きい人.

Ⅱ 依名 わん. 杯. ¶밥 한 ~ めし1膳/국 두 ~ 汁2わん.

그릇장〔―欌〕 名 食器棚.

그릇[2] 副 誤って. 間違って. ¶판단을 ~ 하다 判断を誤る/사람을 ~ 보다 人を見誤る/~ 생각하다 誤った考えをする. 見当違いをする.

그릇되다 自 事がまずく[悪く]なる. 間違う. 誤る. 正しくない. ¶그릇된 생각 誤った考え.

그리[1] 副 **1** それほど. さほど. たいして. あまり. ¶~ 멀지 않다 それほど遠くない/~ 중대한 문제는 아니다 たいして重大な問題ではない. **2** そのように. そんなに. ¶~ 생각합니다 そう思います/~ 되면 얼마나 좋겠어요 そうなればどんなにいいでしょう.

그리[2] 副 そこに. そちらへ. ¶정오에 ~ 가겠습니다 正午にそちらへ出向きます.

그리고 副 そ(う)して. また. それから. …と…. 同時に. それに. ¶~ 또 무엇이

있느냐? それから他にどういうものがあるか / 주소 ~ 성명을 기입할 것 住所と氏名を記入すること / 정확하게 ~ 능률적으로 처리해야 한다 正確にかつ能率的に処理しなければならない.

그리니치시〔Greenwich時〕 名 グリニッチ時. 世界時.

그리다¹ 他 **1** 偲ぶ. 懐かしく思う. 懐かしむ. ¶옛 친구를 ~ 昔の友を偲ぶ / 고향을 그리는 마음 故郷を懐かしむ心. **2** 恋い慕う. 恋慕する. ¶그리던 임 恋い慕っていた人.

그리다² 他 **1** 描く. (絵や図を)描く. ¶그림을 ~ 絵を描く / 도면을 ~ 図面を引く / 지도를 ~ 地図を描く. **2** (形状を)描く. (表情を)つくる. ¶종이비행기가 원을 그리며 떨어진다 紙飛行機が円を描きながら落下する. **3** (文章·言語などで)描く. 表現する. 描写する. ¶심리적 갈등을 그린 소설 心理的葛藤を描いた小説. **4** 描く. 想像で思い浮かべる. ¶머릿속에 ~ 頭の中に描く / 꿈속에 ~ 夢に描く.

그리도 副 それほど. そんなに. それくらい. ¶~ 싫은가? それほど嫌いかね / ~ 많이 주던가? そんなにたくさんくれたのかい.

그리로 副 〔'그리²'의 강조형〕 そちらへ. ¶내일 아침 열 시까지 ~ 꼭 오세요 明日の朝10時までにそちらへ必ず来てください.

그리마 名〔動〕げじ. げじげじ.

그리스〔Greece〕 名〔地〕ギリシア〈ヨーロッパ南東部の共和国〉.

그리움 名 恋しさ. 慕わしさ. 懐かしさ. ¶~이 사무치다 恋しさが募る / 당시를 회상하면 ~으로 가슴이 메인다 当時を思い浮かべると懐かしさで胸がいっぱいになる.

그리워지다 自 恋しくなる. 懐かしくなる. しのばれる. ¶봄이 오면 고향 산천이 그리워진다 春が来ると故郷の山河が恋しくなる.

그리워하다 他 恋しがる. 慕う. 恋しく思う. 懐かしく思う. ¶고향을 ~ 故郷を偲ぶ / 옛날을 ~ 昔を恋しく思う / 옛 애인을 ~ 昔の恋人を懐かしく思う.

그리하여 副 そのようにして. そうして. ¶~ 그는 훌륭한 선장이 되었다 そうして彼は立派な船長になった.

그린〔green〕 名 グリーン.

그린벨트〔—belt〕 名 グリーンベルト. 緑地帯.

그림 名 絵. 絵画. 図. ¶~을 그리다 絵を描く / ~같이 아름답다 絵のように美しい.

〔속담〕 **그림의 떡** 絵にかいた餅〈高嶺の花〉.

그림그래프〔—graph〕 名 絵グラフ.

그림물감 名〔美〕絵の具. 顔料.

그림본〔—本〕 名 (絵画の)手本.

그림 연극〔—演劇〕 名 紙芝居.

그림엽서〔—葉書〕 名 絵葉書.

그림일기〔—日記〕 名 絵入りの日記帳.

그림쟁이 名 絵かき. 画家.

그림책〔—册〕 名 絵本.

그림자 名 **1** 影. ¶나무 ~가 잔디밭에 비친다 木の影が芝生に映る / 형사가 ~처럼 따라다닌다 刑事が影のようにつきまとう. **2** (鏡·水面に映った)影. 物の姿. ¶달이 호수 위에 ~를 드리우고 있다 月が湖面に影を落としている. **3** 影. 人の姿. 人影. ¶어디로 갔는지 ~도 볼 수 없다 どこへ行ったのか影さえ見えない / 어둠 속에 나타난 수상한 ~ 暗やみの中に現われたあやしい人影. **4** (不安·苦悩などの)影. ¶얼굴에 근심의 ~가 서려 있다 顔に心配の色を漂わせている. 心配で顔をくもらせている.

◆**그림자 같다** 影のようだ. ¶가난은 그림자같이 그들을 따라다녔다 貧乏は影のように彼らにつきまとった.

그림자밟기 名 影踏み〈鬼になった子が他の子の影を踏む遊び〉.

그립다 形 **1** 恋しい. 懐かしい. 慕わしい. ¶그리운 추억 懐かしい思い出 / 어머니가 ~ 母が恋しい. **2** (あるべきものが不足して)欲しい. ¶쌀밥이 ~ 米のご飯が食べたい / 이제 그리운 것이라곤 없다 もう欲しい物はない.

그만¹ 冠 それくらいの. その程度の. ¶~ 일도 못 참나? その程度のことも辛抱できないのか / ~ 일은 어린애라도 할 수 있다 それくらいのことは子供にだってできる.

그만² 副 **1**〔그 정도까지만〕 それくらいに(…する). それくらいで(…やめる). ¶~ 먹어라 食べるのはそれぐらいにしろ / 눈이 ~ 왔으면 좋겠다 雪がこれで降りやんだらいいなあ / 욕심을 ~ 부려라 あまり欲ばるな / 오늘은 ~ 하자 今日はこれくらいにしよう. **2**〔그대로 곧〕 そのまますぐ. すぐ. 途端に. たちまち. ¶그 이야기를 듣자마자 ~ 얼굴이 창백해졌다 その話を聞くやいなや顔が真っ青になった. **3**〔달리 도리가 없어〕 つい. うっかり. 思わず. 仕方なく. なすすべもなく. やむなく. ¶~ 웃음을 터뜨렸다 つい吹き出してしまった / 길이 막혀서 ~ 늦었다 道が支えてつい遅くなった. **4**〔모르는 사이에〕 知らぬ間に. ¶갑자기 검은 그림자가 나타나자 ~ 비명을 질렀다 急に黒い人影が現われるやいなや知らぬ間に悲鳴をあげた. **5**〔'그것으로 끝이다'의 뜻을 나타냄〕 おしまいだ. 終わりだ. それっきりだ. ¶널 돕는 것도 이번으로 ~이다 君を助けるのも今度でしまいだ / 오늘 연습은 이것으로 ~이다 今日の練習はこれでおしまいだ. **6**〔'더할 나위 없이 좋다'의 뜻을 나타냄〕 最高だ. 一番だ. 申し分ない. ¶맛이 ~인 요리 とてもおいしい料理 / 그 청년은 사람이 ~이다 その若者は人柄が申し分ない.

그만그만하다 形 似たり寄ったりだ. まあまあだ. ¶키가 전부 ~ 背がみんなほぼ同じだ. ＞고만고만하다

그만두다 他 **1** やめる. 中止する. ¶이야기를 ~ 話をやめる / 담배를 ~ た

ばこをやめる／비가 와서 등산을 그만두었다 雨が降って登山をやめた. **2** (職・地位などを)辞める. ¶ 회사를 ～ 会社を辞める／위원장을 ～ 委員長を辞める.

그만저만 副 하他 **1** それくらいで. その程度で. ¶ 날도 저물었으니 ～ 끝냅시다 日も暮れたのでそれくらいで切り上げましょう／판매 성적이 ～하다 販売成績がまあまあだ. **2** ふつうに. ¶ ～ 어렵지 않았다 並大抵の難しさではなかった.

그만큼 副 それくらい. その程度. それだけ. ¶ ～ 타일렀으면 알 만할텐데 それくらい言い聞かせれば分かりそうなもんだが／공부를 하면 ～ 실력이 붙는다 勉強すればそれだけ実力がつく.

그만하다 形 **1** まずまずというところだ. ¶ 요리사의 솜씨가 그저 ～ 料理人の腕前はまあまあだ／다행히도 병세가 ～ 幸いにも病状はまずまずというところだ. **2** (程度・数量などが) その程度だ. それくらいだ. ¶ 그만한 실력이면 내가 상대해 주마 それだけの実力があるならおれが相手になってやろう. **3** (주로 '그만한'의 꼴로) それ相当の. それだけの. ¶ 그만한 이유가 있다 それだけの理由がある.

그맘때 名 その時分. そのころ. ¶ ～는 나도 힘이 셌다 そのころは僕も力が強かった. ＞고맘때

그물 名 **1** 網. ¶ 새～ 鳥網／～을 던지다[치다] 網を投げる[打つ]／～에 걸리다 網にかかる／물고기를 ～로 뜨다 魚を網ですくう. **2** (他人を陥れるための) わな. ¶ ～을 던지다 非常線を張る／그 범인은 경찰이 쳐 놓은 ～에 걸려 잡히고 말았다 その犯人は警察の張っておいたわなにかかって捕まってしまった.

〔속담〕 **그물에 든 고기** 網にかかった魚〈捕われの身になっていかんともしがたいこと〉.

그물눈 名 網目.

그물질 名 하自 **1** 網を打ったり引いたりすること. **2** 網で魚をとること.

그물코 名 網目.

그믐 名 〔'그믐날'의 준말〕 みそか. つごもり. ¶ 섣달 ～ 大みそか.

그믐께 名 みそかごろ. みそかあたり.

그믐날 名 月の最後の日. みそか. つごもり. ¶ 섣달 ～ 陰暦12月の末日.

그믐달 名 月末ごろの月.

그믐밤 名 みそかの夜.

그믐치 名 하自 みそかのころに降る雨や雪. またそのような現象.

그분 代 〔'그이'의 높임말〕 その方. あの方. ¶ 어제 왔던 ～은 누굽니까? きのう来ましたあの方は誰ですか.

그사이 名 副 **1** (時間的に) その間. ¶ 닷새밖에 안 되는 ～에 등반대는 알프스 정상을 정복했다 たった5日の間に登攀隊はアルプスの頂上を征服した. **2** その間. ¶ ～ 무슨 일이 있었어요? その間なにか変わったことがありましたか.

그새 名 その間.

그슬다 他 (火で) あぶる.

그슬리다 Ⅰ 他 火であぶる. 表面だけ焼く. ¶ 숯불에 생선을 ～ 炭火で魚をあぶる.

Ⅱ 自 あぶられる. 表面だけ焼かれる. くすぶる. 焦げる. ¶ 연기에 그슬린 처마 煙にくすぶった軒.

그악스럽다 形 **1** (やり方や性格などが) あくどいようだ. **2** 粘り強く利にさといようだ.

그악하다 形 **1** (いたずらなどが) あまりにもひどい. **2** (性格などが) 荒々しくあくどい. ¶ 그악하게 짖어대는 개 荒々しくほえたてる犬／그악한 성미 荒々しい気性. **3** ひどく根気強い. しつこくがめつい.

그야 副 それは. そりゃ. ¶ ～ 뻔한 이치가 아닌가 それはわかりきった道理じゃないか／～ 당연한 것 아니요 そりゃ当然のことじゃないですか.

그야말로 副 **1** まさに. 本当に. 実に. まったく. ¶ ～ 위기 일발이다 まさに危機一髪だ／～ 올 것이 왔구나 まさに来るべきものが来たなあ. **2** 〔'그것이야말로'가 준 말〕 それこそ. ¶ ～ 내가 찾던 것이다 それこそ私が探していたものです.

그예 副 ついに. とうとう. 結局. ¶ ～ 도산하고 말았다 とうとう倒産してしまった／～ 패배의 쓴 잔을 마셨다 ついに敗北の苦杯をなめた.

그윽하다 形 **1** 奥深くて静かだ. ¶ 노학자의 그윽한 거처 老学者の静かな住まい／그윽한 산골짜기의 고요를 깨뜨리다 奥深い谷間の静寂を破る. **2** (声・音などが) もの静かだ. ¶ 그윽한 목소리 寂のある声／그윽한 풍경소리가 들린다 寂びた風鐸の音が聞こえる. **3** (意味・考え・表情などが) 奥深い. ¶ 어머니의 사랑은 따사롭고 ～ 母の愛情は温かく深い／그의 눈빛에는 그윽한 애정이 담겨 있었다 彼のまなざしには限りない愛が漂っていた.

그을다 自 **1** 日焼けする. ¶ 해수욕으로 몸이 거무스름하게 그을었다 海水浴で体が黒く日焼けした. **2** (火・煙などで) くすぶる. すすける. ¶ 그은 천장 すすけた天井.

그을음 名 煤. 煤煙. 煤ぼこり. ¶ ～을 털어내다 煤を払う.

그을리다 Ⅰ 自 (日に)焼ける. すすける. ¶ 내리쬐는 볕에 그을린 얼굴 照りつける日光で焼けた顔／부엌의 벽이 연기로 새까맣게 그을렸다 台所の壁が煙で真っ黒くすすけた.

Ⅱ 他 (日に)当てる. 黒くする. ¶ 담배 연기가 벽을 ～ たばこの煙が壁を黒くする.

그이 代 **1** 〔그 사람〕 その方. あの方. ¶ 오늘 ～가 강연을 하신다고요? 今日あの方が講演をなさるそうですね. **2** 〔남편・애인〕 (ご)主人. あの人. 彼氏. 彼. ¶ ～와 함께 합격의 기쁨을 나누고 싶네요 あの人といっしょに合格の喜びを分かち合いたいわ.

그자[一者] 代 〈蔑〉 そいつ. あいつ. ¶ ～에겐 한 치도 양보하지 않을 테다 あい

つには一歩も譲らないつもりだ.

그저 副 **1**〔별다른 생각 없이〕ただ. ただ…だけ. ただ…するばかり. ひたすらに. ただただ. ¶～편지를 주고 받는 사이일 뿐입니다 ただ手紙をやりとりするだけの仲です／부근에 온 김에 ～들러 보았을 뿐입니다 近くに来たついでにただ寄ってみただけです. **2**〔그대로 그냥〕そのまま. ただ. ¶묻는 말에 대답은 안하고 ～웃고만 있다 質問に答えはしないでそのまま笑ってばかりいる／～보고만 있을 수 없는 사태이다 そのまま黙って見ていられない事態だ. **3**〔그대로 아직〕(いまだに)そのまま. 相変わらず. 今まで. ¶벌써 간 줄 알았는데 ～그러고 있니? とっくに行ったと思ったのにいまだにそのままいるのか. **4**〔마냥〕無条件に. 無性に. ¶～좋아서 싱글벙글한다 ただうれしがってにこにこする. **5**〔오로지〕もっぱら. ただ. ¶너는 낮이나 밤이나 ～잠만 자는구나 お前は昼も夜もただただ眠ってばかりいるな. **6**〔별로 특별한 것이 없이〕まあまあ. まずまず. ¶～그렇다 まあまあだ. **7**〔제발〕どうか. なにとぞ. とにかく. ¶～한번만 사정 봐 주십시오 どうか一度だけ見逃してください／～용서를 빌 따름입니다 なにとぞお許しください.

그저께 名 おととい. 一昨日. ¶～저녁 一昨日の夕方／～아침에 서울에 도착했습니다 おとといの朝ソウルに着きました.

그전〔一前〕名 **1** 以前. 元. ¶저 사람은 ～에 장관이었다 あの人は元長官[大臣]だった／～의 모습은 찾아볼 수 없다 かつての面影は見いだせない. **2** ひと昔前. 過ぎし日. ¶지금은 빌딩가이지만 ～에는 여기가 논이었다 今はビル街だが，その前はここは田んぼだった. **3** その前. ¶나가실 때에는 ～에 알려 주세요 お出かけになるときにはその前に知らせてください.

그제 名〔'그저께'의 준말〕おととい. 一昨日. ¶어제와 ～昨日と一昨日.

그제야 副 そのときになって初めて. (…したところ)ようやく. やっと. ¶～마음이 놓였다 やっと一安心した／집을 떠나오니 ～부모의 고마움을 알겠다 家を離れて初めて親のありがたさを知る.

그중〔一中〕Ⅰ 名 その中. ¶저 학생도 ～의 한 사람이다 あの学生もその中の一人だ.

Ⅱ 副 なかでも. 最も. とりわけ. ¶～큰 것으로 세 개만 골라 주세요 最も大きいのを三つばかり選んでください／네 것이 ～낫다 君のがなかでもましだ.

그지없다 形 **1** 限りない. 果てしない. 計り知れない. この上ない. ¶그지없는 바다 果てしない海／그지없는 영광 この上ない栄光／부모의 사랑은 ～父母の愛は限りがない. **2**《'-기(가) 그지없다'의 꼴로》言い尽くせない. (…すること)千万だ. 極まりない. (…に)堪えない. ¶기쁘기 ～喜びに堪えない／고맙기 그지없습니다 どうもありがとうございます. 感謝に堪えません.

그지없이 副 限りなく. 果てしなく. またとなく. この上なく. ¶～행복한 생활 この上なく幸福な生活／～맑은 호수 限りなく澄んだ湖.

그치다 Ⅰ 自 やむ. 終わる. (ある状態に)とどまる. ¶소리가 ～音がやむ／바람이 ～風がやむ／비가 그치고 푸른 하늘이 보이기 시작했다 雨がやんで青空が見え始めた／오랫동안의 분쟁이 겨우 그쳤다 長い間の紛争がやっと収まった／구호에 그쳐서는 안 된다 掛け声だけに終わってはならない.

Ⅱ 他 やめる. 中止する. ¶울음을 ～泣きやむ／그들은 이야기를 그치고 다시 공부하기 시작했다 彼らは話をやめてまた勉強を始めた.

◆**그칠 줄 모르다** 絶え間なく続く. とどまるところを知らない. とめどもない. ¶그칠 줄 모르는 박수 鳴りやまない拍手／그칠 줄 모르는 눈물 とめどもなく流れる涙.

그토록 副 それほど. そのように. そのくらい. そんなに. あれほど. ¶대학에 합격한 것이 ～기쁘냐? 大学に合格したことがそんなにうれしいのか／～애써 주셔서 감사합니다 そこまでお骨折りいただきましてありがとうございます.

극[1]〔極〕名 **1**〔地〕極. 南極と北極. **2**〔物〕極. 電極〈陰極と陽極〉. **3**〔數〕極. 球の直径の両端. **4** 極. 極み. 果て. ¶흥분이 ～에 달했다 興奮の極みに達した.

극[2]〔劇〕名 劇. ドラマ. ¶창작～創作劇.

극광〔極光〕名〔地〕極光. オーロラ.

극구〔極口〕副 口を極めて. 言葉を尽くして. ¶～반대하다[칭찬하다] 口を極めて反対する[褒める]／～변명하다 言葉を尽くして弁解する.

극권〔極圈〕名〔地〕極圏.

극기〔克己〕名 하自 克己. ¶～심 克己心／～훈련 克己訓練.

극년〔極年〕名〔地〕極年. 国際地球観測年.

극단[1]〔極端〕名 極端. 極度. ¶양～両極端／생활고가 ～에 이르렀다 生活苦が極度に達した／～으로 흐르다 極端に走る.

극단론자〔一論者〕名 極端論者.

극단적〔一的〕冠名 極端. ¶～으로 말하자면 極端に言えば／～인 행동 極端な行動.

극단[2]〔劇團〕名 劇団. ¶유랑～流浪劇団.

극단[3]〔劇壇〕名 **1** 劇壇. 演劇の舞台. **2** 劇壇. 演劇界. ¶～을 떠나다 劇壇を離れる.

극대〔極大〕名 極大. ¶～량 極大量／～화 極大化.

극댓값 名〔數〕(関数の)極大値.

극도〔極度〕名 極度. ¶～의 흥분 상태 極度の興奮状態／긴장이 ～에 이르렀다 緊張が極度に達した／증상이 ～로 악화되었다 症状が極度に悪化した.

극독〔劇毒〕名 劇毒. 猛毒. ¶～약 劇毒薬.

극동〔極東〕名 極東. ¶～의 정세 極

東の情勢.

극락〔極樂〕名〔佛〕極楽.

극락발원〔—發願〕名〔佛〕極楽行きを願うこと.

극락세계〔—世界〕名〔佛〕極楽世界. 極楽浄土.

극락왕생〔—往生〕名〔佛〕極楽往生.

극락전〔—殿〕名〔佛〕阿弥陀堂. 阿弥陀仏を本尊として安置した法堂.

극락정토〔—淨土〕名〔佛〕極楽浄土.

극락조〔極樂鳥〕名〔動〕極楽鳥.

극력〔極力〕副 極力. ¶～ 노력하다 極力努力する / 대립은 ～ 피한다 対立は極力避ける.

극력하다 自 あらん限りの力を尽くす.

극렬〔極烈·劇烈〕名 하形 激烈. ¶～한 경쟁 激烈な競争. **극렬히** 副 激烈に. ¶～ 반대하다 猛烈に反対する.

극렬분자〔—分子〕名 過激分子.

극명〔克明〕名 하他 克明. はっきりさせること. ¶자신의 주장을 ～하다 自分の主張をはっきりさせる.

극명하다〔克明—〕形 非常に明らかだ. ¶횡포를 극명하게 그리다 横暴を克明に描写する.

극문학〔劇文學〕名 劇文学.

극미〔極微〕名 하形 極微. ミクロ. ¶～의 세계 ミクロの世界.

극복〔克服〕名 하他 克服. ¶빈곤의 ～ 貧困の克服 / 인플레이션을 ～하다 インフレを克服する / 위기를 ～하다 危機を克服する / 결함이 ～되었다 欠点が克服された.

극본〔劇本〕名 (芝居などの)脚本. 台本. シナリオ.

극비〔極祕〕名 極秘. ¶～ 문서 極秘文書 / ～로 조사하다 極秘に調査する.

극비리〔—裡〕名 (‘극비리에’의 꼴로) 極秘のうちに. 極秘裏に. ¶회의를 ～에 진행하다 会議を極秘に進める.

극빈〔極貧〕名 하形 極貧. 赤貧. ¶～한 가정 極貧の家庭.

극빈자〔—者〕名 ひどく貧しい人.

극상〔極上〕名 **1** (位階·成績などが)極上. 最高. 最上. ¶시험 성적이 ～이다 試験の成績が最高だ. **2** (品物·質などが)極上. 極めて優れていること. ¶이 위스키는 주류 중에서 ～이다 このウイスキーは酒類の中で極上のものだ.

극상품〔極上品〕名 極上の品物.

극선〔極線〕名〔數〕極線. 極直線.

극성[1]〔極性〕名 (磁石·電池の)両極性.

극성[2]〔極盛〕名 **1** (勢いが)きわめて盛んなこと. すさまじいこと. ¶신흥 종교 세력이 ～이다 新興宗教の勢いが盛んだ / 그 집 애들은 ～이다 あの家の子供たちは手がつけられない. **2** (性質などが)非常に過激なこと.

극성맞다 形 過激だ. 非常に猛烈だ.

극성부리다〔떨다〕自 **1** 過激にふるまう. 強引に通そうとする. **2** (ある勢いが)猛烈を極める. ¶비바람이 ～ 雨風が吹き荒れる / 전염병이 ～ 伝染病が猖獗を極める.

극성스럽다 形 **1** (性質が)はなはだ過激だ. 押しが強い. **2** (事ごとに)抜け目がなく積極的だ. がめつい. ¶자녀 교육에 극성스러운 어머니 子供の教育に積極的な母親[教育ママ].

극성스레 副 過激に. がめついほどに. しつこく. ¶～ 보채는 아이 しつこくぐずる子供.

극소[1]〔極小〕名 하形 極小. ¶～화 極小化.

극솟값 名〔數〕極小値.

극소[2]〔極少〕名 하形 極少.

극소량〔極少量〕名 極少の量.

극소수〔極少數〕名 きわめて少ない数. ¶～의 사람만이 찬성하였다 きわめて少数の人だけが賛成した.

극시〔劇詩〕名〔文〕劇詩.

극심하다〔極甚—〕形 激甚だ. 激しい. ¶피해가 ～ 被害が甚大だ / 극심한 더위 激しい暑さ / 극심한 가뭄이 계속된다 ひどい日照りが続く.

극악〔極惡〕名 하形 極悪. きわめて悪いこと. ¶～한 범죄 행위 極悪な犯罪行為.

극악무도〔—無道〕名 하形 極悪非道.

극약〔劇藥〕名 劇薬.

극언〔極言〕名 하自他 極言. ¶～하면 1원의 가치도 없다 極言すれば1円の価値もない.

극열〔極熱〕名 하形 **1** きわめて高い熱. **2** 極熱. きわめて熱いこと.

극열지옥〔—地獄〕名 極熱地獄.

극영화〔劇映畫〕名 劇映画.

극우〔極右〕名 極右. 反 極左. ¶～ 단체 極右団体 / ～ 분자 極右分子.

극음악〔劇音樂〕名 (オペラなどの)劇音楽.

극작〔劇作〕名 하自 劇作. ¶～가 劇作家.

극장〔劇場〕名 劇場. 映画館. ¶야외 ～ 野外劇場 / ～에 영화를 보러 간다 映画館へ映画を見に行く.

극적〔劇的〕冠 名 劇的. ¶～ 광경 劇的な光景 / 이산 가족이 ～인 상봉을 하다 離散家族が劇的な出会いをする.

극점〔極點〕名 極点. 行き詰まり. どん詰まり.

극좌〔極左〕名 極左. 反 極右. ¶～ 세력 極左勢力 / ～파 極左派.

극좌표〔極座標〕名〔數〕極座標.

극중〔劇中〕名 劇中. ¶～의 인물 劇中の人物.

극지〔極地〕名 極地. ¶～ 식물 極地植物 / ～ 탐험 極地探険.

극지방〔極地方〕名〔地〕極地方. 極地.

극진하다〔極盡—〕形 とても真心がこもっている. 非常に手厚い. ¶극진한 보살핌 真心のこもった思いやり / 극진한 대접 手厚いもてなし / 극진한 서비스를 받다 丁重なサービスを受ける.

극진히 副 手厚く. この上なく. ¶부모님을 ～ 모시다 父母を手厚くお世話する.

극찬〔極讚〕名 하他 激賛. 激賞. ¶

비평가의 ~을 받다 批評家の激賞を受ける / 모두가 ~해 마지않았다 皆が激賞してやまなかった.
극채색[極彩色] 名 極彩色. ¶ ~의 병풍 極彩色の屛風.
극초단파[極超短波] 名 極超短波. マイクロウェーブ.
극치[極致] 名 極致. ¶미의 ~를 이루다 美の極致を窮める.
극친하다[極親—] 形 ごく親しい. ¶그들 셋은 극친한 사이이다 彼ら3人はごく親しい仲である.
극풍[極風] 名〔地〕(極地方の)極風.
극피[棘皮] 名 棘皮〈体表に石灰質の棘を持つ動物の皮〉.
극피동물[—動物] 名〔動〕棘皮動物.
극하다[極—] 自 極める. 極度に至る. ¶슬픔이 ~ 悲しみが極度に至る.
극한¹[極限] 名 **1** 極限. ¶피로가 ~에 이르다 疲労が極限に達する. **2** ☞극한값
극한값 名〔數〕極限値.
극한 상황[—狀況] 名 極限状況.
극한투쟁[—鬪爭] 名 極限闘争.
극한²[極寒] 名 極寒. 反 極暑.
극형[極刑] 名 極刑. 死刑. ¶~에 처하다 極刑に処する.
극화¹[劇化] 名 하他 劇化. ¶사건을 ~하다 事件を劇化する.
극화²[劇畫] 名 **1** 劇画. 紙芝居. **2** 劇画. 絵と文章による物語.
극히[極—] 副 きわめて. 最も. とても. ¶~ 드문 일 きわめてまれなこと / ~ 우수하다 最も優秀だ / ~ 위험한 발상이다 極めて危険な発想である.
근¹[斤] 依名〔무게의 단위〕斤. ¶고기 한 ~ 肉1斤.
근²[近] 冠 ほぼ. およそ. ¶~ 한 시간 ほぼ1時間 / ~ 한 달이나 걸렸다 1か月近くかかった.
근³[根] 名 **1** (腫れ物の)根. ¶종기의 ~을 빼다 腫れ物の根を抜く. **2** (植物の)根. **3**〔化〕基. **4**〔數〕根〈方程式の答え〉. **5**〔數〕根. 平方根. **6**〔佛〕根〈ある働きを起こす力を持ったもの〉.
근⁴[筋] 名 筋. 筋肉.
근간¹[近刊] 名 하他 近刊. ¶~ 도서 近刊図書.
근간²[近間] 名 **1** 近ごろ. このごろ. ¶~의 동향 近ごろの動向. **2** (부사적으로) 近々. いずれ. ¶~ 찾아가뵐 예정입니다 近いうちにお伺いするつもりでいます / 일이 있어서 ~ 그 곳에 갈 작정일세 用事があって近々そちらへ行くつもりだ.
근간³[根幹] 名 根幹. ¶민주주의의 ~을 이루는 사상 民主主義の根幹をなす思想.
근거[根據] 名 하自 **1** 根拠. よりどころ. 理由. ¶실직하여 생활의 ~를 잃었다 職を失い生活のよりどころを失った / 과학적인 ~ 科学的な根拠 / 전혀 ~가 없는 낭설 まったく根拠のないうわさ / 역사적 사실에 ~하다 歴史的事実に基づく. **2** 本拠. 根拠地.
근거지[—地] 名 根拠地. 地盤. ¶적의 ~ 敵の根拠地 / 그는 자기 고향을 ~로 선거에 출마했다 彼は自分の故郷を地盤として選挙に出馬した.
근거리[近距離] 名 近距離. ¶~ 통학 近距離通学.
근검[勤儉] 名 하形 勤倹. ¶~을 생활의 목표로 한다 勤倹を生活の目標にする.
근검하다 形 子孫が多くて見るからに福々しくて威厳がある.
근경¹[近景] 名 近景. 反 遠景. ¶~의 산들 近景の山々.
근경²[根莖] 名〔植〕根茎.
근계[謹啓] 名 謹啓. 拝啓.
근고¹[近古] 名 近古. それほどへだたっていない昔. ¶~사 近古史.
근고²[謹告] 名 하他 謹告.
근골[筋骨] 名 **1** 筋骨. 筋肉と骨. ¶우람한 ~ たくましい筋骨. **2** 筋骨. 体力. 身体.
근교[近郊] 名 近郊. ¶서울 ~ ソウル近郊.
근교 농업[—農業] 名〔農〕近郊農業.
근근¹[近近] 副 近々. 近いうちに.
근근²[僅僅] 副 僅々. やっと. かろうじて. わずか. ¶~ 세 사람이 앉을 수 있는 자리 やっと3人が座われる席.
근근이 副 やっと. わずかに. かろうじて. どうにか. ¶~ 견디어 내다 かろうじて持ちこたえる / ~ 살아가다 なんとか生活していく.
근근하다 形 少し痛みがあってむずがゆい. ¶상처가 근근하면서 쑤신다 傷口が痛がゆい.
근기[根氣] 名 **1** 根気. ¶~가 있다 根気がある. **2** 根本となる力.
근년[近年] 名 近年. ¶~에 보기 드문 대풍작 近年まれな大豊作.
근농[勤農] 名 하自 篤農. 農業に励むこと[人]. ¶~으로 소문난 사람 篤農で聞こえた人.
근농가[—家] 名 篤農家. 精農. 勤勉な農家[農民].
근대¹ 名〔植〕不断草.
근대²[近代] 名 近代. ¶~ 국가 近代国家 / ~극 近代劇 / ~ 사회 近代社会 / ~ 산업 近代産業 / ~주의 近代主義. モダニズム / ~사 近代史.
근대적[—的] 冠名 近代的. ¶~ 빌딩 近代的なビル.
근대화[—化] 名 하自他 近代化. ¶농업의 ~를 꾀하다 農業の近代化を企てる / ~된 농촌 近代化した農村.
근데 副〔'그런데'의 준말〕ところで. ところが. さて. ¶~ 말이야 ところがね / ~ 자네는 왜 가지 않았지? ところで君はなぜ行かなかったのだ.
근동[近東] 名 近東. ¶~의 정세 近東の情勢.
근들거리다[-대다] 自 ぐらぐらする. がたがたする. ¶근들거리던 충치를 뽑았다 ぐらぐらしていた虫歯を抜いた.
근들근들 副 하自 がくがく(と). がたがた(と). ぐらぐら(と). ¶바람이 부니 낡은 문짝이 ~한다 風が吹いて古くなった戸ががたがたと音を立てる.

근래〔近來〕 名 近来. 近ごろ. ¶ ～에 드문 사건 近来まれな事件 / ～ 그를 만날 기회가 통 없었다 近ごろ彼に会う機会がまったくなかった.
근량〔斤量〕 名 斤量. はかりで量った重さ. 目方. ¶ ～이 많이 나가는 물건 重量のある[重い]品物.
근력〔筋力〕 名 **1** 筋力. ¶ ～ 테스트 筋力テスト. **2** 気力. 体力. ¶ ～이 약해지다 気力が弱まる.
근로〔勤勞〕 名 하自 勤労. ¶ ～자 勤労者 / ～ 청년 勤労青年.
 근로 감독관〔―監督官〕 名 労働基準監督官.
 근로 계약〔―契約〕 名〔法〕 労働契約.
 근로권〔―權〕 名〔法〕 労働権.
 근로 기본권〔―基本權〕 名〔法〕 労働基本権.
 근로 기준법〔―基準法〕 名〔法〕 労働基準法.
 근로 봉사〔―奉仕〕 名 勤労奉仕.
 근로 소득〔―所得〕 名〔經〕 勤労所得.
근류〔根瘤〕 名〔植〕 根瘤.
 근류 박테리아〔―bacteria〕 名〔植〕 根瘤バクテリア.
근린〔近隣〕 名 近隣. 隣近所.
 근린공원〔―公園〕 名 (都市の住宅街の付近の)市民が気軽に利用できる小公園.
근면〔勤勉〕 名 하自形 勤勉. ¶ ～하게 일하다 勤勉に働く / ～한 성격 勤勉な性格.
근무〔勤務〕 名 하自 勤務. ¶ ～처 勤務先 / 야간 ～ 夜間勤務 / 저는 외국 상사에 ～하고 있습니다 私は外国商社に勤めています.
근방[1]〔近方〕 名 近所. 辺り. ¶ 서울 ～ ソウル近辺 / 학교 ～ 学校の近所.
근방[2]〔近傍〕 名 近傍. 近辺.
근배〔謹拜〕 名 「謹んで拝する」の意.
근백〔謹白〕 名 謹白.
근본〔根本〕 名 **1** 根本. 草木の根[根元]. **2** 根本. 元. 根底. 物事が成り立つ大もと. ¶ ～이 튼튼해야 큰일을 해낸다 根本がしっかりしていてこそ大事をなせる / 제도를 ～부터 뜯어고치다 制度を根本から改める. **3** 根本. 生い立ち. 家柄. ¶ 그는 ～도 좋지만, 실력도 있는 사람이다 彼は家柄もよいが, 実力もある人だ / ～도 모르는 사람 素性もわからない人.
 근본적〔―的〕 冠名 根本的. ¶ ～인 개혁을 단행하다 根本的な改革を断行する / ～으로 고치다 根本的に改める.
근사〔近似〕 名 하形 近似. **1** 似通っている. ほとんど同じだ. ¶ 동양화에 가장 ～한 화풍 東洋画にもっとも近似している画風 / 일본의 기후와 ～한 기후 조건 日本の気候とよく似通っている気候条件. **2** 〈俗〉 かなりいい. すてきだ. いかす. ¶ ～한 스타일 かっこいいスタイル / ～한 옷차림 しゃれた服装.
 근사계산〔―計算〕 名 하他〔數〕 近似計算.
 근삿값 名〔數〕 近似値.
근섬유〔筋纖維〕 名〔生〕 筋繊維.
근성〔根性〕 名 根性. 性根. ¶ ～이 다기지다 根性がある / 관료 ～을 버리지 못한다 役人根性を捨てられない.
근세〔近世〕 名 近世. ¶ ～사 近世史 / ～ 문학 近世文学.
 근세조선〔―朝鮮〕 名〔史〕 近世朝鮮〈高麗を継いだ朝鮮王朝の五百年〉.
근소〔僅少〕 名 하形 僅少. わずか. ¶ 차액이 ～하다 差額がわずかだ / 계속 ～한 차로 리드하고 있다 引き続きわずかの差でリードしている.
근속〔勤續〕 名 하自 勤続. ¶ ～ 연수 勤続年数 / 20년 ～으로 표창을 받았다 20年勤続で表彰された.
근수[1]〔斤數〕 名 目方. 斤目. 斤を単位として量った重さ. ¶ ～가 나가다 目方がかかる.
근수[2]〔根數〕 名〔數〕 根数.
근시〔近視〕 名 近視. 近眼.
 근시경〔―鏡〕 名 近眼鏡.
 근시안〔―眼〕 名 近視眼. 近眼.
 근시안적〔―眼的〕 冠名 近視眼的. ¶ ～인 태도 近視眼的な態度 / 문제를 ～으로 보지 마라 問題を近視眼的に見るな.
근신[1]〔謹身〕 名 하自 身なり·行ないを慎むこと.
근신[2]〔謹愼〕 名 하自 謹慎. ¶ 당분간 ～할 필요가 있다 当分の間謹慎する必要がある.
근실〔勤實〕 名 하形 勤厳実直なこと. ¶ ～한 젊은이 勤勉で着実な若者. **근실히** 副 勤厳実直に.
근심 名 하自他 心配. 懸念. 気がかり. 憂い. ¶ 쓸데없는 ～을 하지 마라 よけいな心配をするな / ～이 태산 같다 心配事が山ほどある / ～에 싸이다 不安に襲われる / 장래 문제를 ～하다 将来の問題を心配する / 나라의 앞날을 ～하다 国の前途を憂える.
 근심거리 名 心配事. 心配の種. 憂い事.
 근심스럽다 形 心配そうだ. 不安げだ. ¶ 근심스러운 눈으로 바라보다 心配そうな目で見つめる. **근심스레** 副 心配そうに. 不安に.
근엄〔謹嚴〕 名 하形 謹厳. ¶ ～한 표정 謹厳な表情 / ～한 스승 謹厳な師匠. **근엄히** 副 謹厳に.
근역〔槿域〕 名 (木槿の多い地域の意で)韓国の別称.
근영〔近影〕 名 近影. ¶ 저자의 ～ 著者の近影.
근원〔根源〕 名 **1** (川の)源. 水源. ¶ 낙동강의 ～은 태백산이다 洛東江の源は太白山である. **2** 根源. 元. ¶ 악의 ～ 悪の根源 / 범죄의 ～을 뿌리뽑다 犯罪の源を根絶やしにする.
 근원지〔―地〕 名 根源地. ¶ 폭동의 ～ 暴動の根源地.
근위〔近衛〕 名 近衛. ¶ ～대 近衛隊 / ～병 近衛兵.
근육〔筋肉〕 名 筋肉. ¶ ～ 운동 筋肉運動 / ～ 주사 筋肉注射 / ～이 딴딴하다 筋肉が強くてしっかりしている /

~이 불거져 오른 팔 筋肉の盛り上がっている腕.
근육질[一質] 名 筋肉質.
근인¹[近因] 名 近因. ¶ 전쟁의 ~ 戦争の近因.
근인²[根因] 名 根本の原因.
근일[近日] 名 近日. 近いうち. このごろ. 近ごろ. 最近. ¶ ~ 상영 近日上映 / ~ 중에 발표하다 近日中に発表する.
근일점[一點] 名〔天〕近日点.
근자[近者] 名 近日. 近ごろ. 最近. ¶ 이런 사고가 ~에 와서 부쩍 늘어났다 このような事故が近ごろになってぐっと増えてきた.
근작[近作] 名 近作. ¶ ~을 모아 발표할 예정이다 近作をまとめて発表する予定だ.
근저¹[近著] 名 近著.
근저²[根底] 名 根底. ¶ ~에 있는 사상 根底にある思想.
근저당[根抵當] 名 하他〔法〕根抵当〈あらかじめ設定された抵当権〉. ¶ ~ 잡히다 根抵当に取られる.
근절[根絶] 名 하他 根絶. ¶ 화근을 ~하다 禍根を根絶する.
근점[近點] 名 **1** 近点. 目で明瞭に見ることのできる最も近い点. **2**〔天〕☞근일점(近日點) **3**〔天〕☞근지점(近地點)
근점년[一年] 名〔天〕近点年.
근점월[一月] 名〔天〕近点月.
근접[近接] 名 하自 近接. 接近. ¶ ~ 사격 近接射撃 / 고압선에 ~하지 말 것 高圧線に近寄らないこと.
근접 화기[一火器] 名〔軍〕近接戦闘に用いる火器類〈機関銃·迫撃砲など〉.
근정[謹呈] 名 하他 謹呈. ¶ 저서를 ~하다 著書を謹呈する.
근제[謹製] 名 하他 謹製. ¶ 본사 ~의 과자 当社謹製のお菓子.
근조[謹弔] 名 하自 謹んで弔うこと.
근종[筋腫] 名〔醫〕筋腫. ¶ 자궁 ~ 子宮筋腫.
근주[謹奏] 名 하他 謹奏.
근중[斤重] 名 (はかりで量った)重さ. 目方.
근중하다 形 **1** 目方が重い. **2** 言葉·行ないに重みがある.
근지럽다 形 **1** (皮膚が)むずがゆい. ¶ 등이 근지러워서 못 견디겠다 背中がむずがゆくてたまらない. **2** 何かしたくてたまらない. じれったくてむずむずする. ¶ 싸우고 싶어서 손이 근지러우냐? けんかがしたくて腕がむずむずしているのか.
근지점[近地點] 名〔天〕近地点. 近点.
근질거리다[-대다] 自 **1** (体が)むずむずする. むずがゆい. ¶ 온몸이 ~ 全身がむずむずする. **2** 何かしたくてたまらない. ¶ 말을 하지 않고 참으려니 입이 근질거렸다 言わないで我慢しようとしたら口がむずむずした.
근질근질 副 하自 むずむず(と). うずうず(と).
근착[近着] 名 하自 近着. 最近着いたこと. ¶ ~ 잡지 近着雑誌.
근채[根菜] 名 根菜. 根を食用とする野菜. ¶ ~류 根菜類.
근처[近處] 名 近所. 付近. そば. あたり. まわり. 近辺. ¶ 그 ~는 위험한 곳이다 そのあたりは物騒な所だ / 이 ~에는 공장이 많다 この近所には工場が多い.
◆**근처에도 못 가다** 近くへも寄り付けない. 比較にならない. 足もとにも及ばない. ¶ 너의 기술로는 그 ~에도 못 간다 君の技術では彼の足もとにも及ばない.
근청[謹聽] 名 하他 謹聴. ¶ 법화를 ~하다 法話を謹聴する.
근치[根治] 名 하他 根治. ¶ ~가 불가능한 병 根治の不可能な病気 / ~된 병은 재발하지 않는다 根治した病は再発しない.
근친¹[近親] 名 近親. 身内. ¶ ~자 近親者.
근친결혼[一結婚] 名 近親結婚.
근친상간[一相姦] 名 近親相姦.
근친혼[一婚] 名 近親婚.
근친²[覲親] 名 하自 **1** 里帰り. (嫁に行った娘が)親元を訪ねること. **2**〔佛〕(出家した僧侶が)俗世の親に会うこと.
근칭[近稱] 名〔言〕近称.
근태[勤怠] 名 **1** 勤怠. 勤勉さと怠慢さ. **2** 出勤と欠勤.
근하[謹賀] 名 하他 謹賀. 謹んで祝うこと.
근하신년[一新年] 名 謹賀新年.
근학[勤學] 名 하自他 勤学. 熱心に学ぶこと.
근해[近海] 名 近海.
근해 어업[一漁業] 名 近海漁業.
근해 항로[一航路] 名〔法〕近海航路.
근행[覲行] 名 하自 里帰り.
근화[槿花] 名 ☞무궁화(無窮花)
근황[近況] 名 近況. ¶ ~ 보고 近況報告 / 그곳의 ~은 어떻습니까? そちらの近況はいかがですか.
글 名 **1** 文. 文章. ¶ ~을 읽다 文を読む / ~이 어렵다 文章が難しい / ~을 잘 쓰다 筆が立つ. 文章が上手だ. **2** 学識. 学問. ¶ ~이 깊다 学識が深い / ~을 모르다 学問がない. 無学だ / ~을 배우다 学問をする. 学ぶ / ~을 많이 아는 사람 学識の深い人. **3** 文字. ¶ 한글은 과학적인 구조를 가진 ~이다 ハングルは科学的な構造を持つ文字である.
글공부[一工夫] 名 하自 学習. 勉強. 学問. ¶ 선비는 ~를 게을리 하지 않는다 ソンビは学問を怠らない.
글귀¹ 名 理解力. ¶ ~가 밝다[어둡다] (学問について)理解が早い[遅い].
글귀²[一句] 名 (詩や文章中の)一句切りの句. 文句. 句節. ¶ 화려한 선전 ~ 華やかな宣伝文句.
글동무 名 勉強友達.
글라스[glass] 名 **1** ガラス. **2** (ガラス製の)コップ. グラス. ¶ 위스키 ~ ウイスキーグラス. **3** 眼鏡. 双眼鏡. ¶ 선

~ サングラス.

글라이더〔glider〕名 グライダー.

글래머〔←glamour girl〕名 グラマー. グラマーガール.

글러브〔glove〕名 グローブ.

글러지다 自 (物事が)順調に運ばなくなる. こじれる. 駄目になる. ¶ 일이 ~ 仕事が駄目になる.

글로불린〔globulin〕名〔生〕グロブリン.

글루타민〔glutamine〕名〔化〕グルタミン.

글루텐〔gluten〕名〔化〕グルテン.

글리코겐〔glycogen〕名〔化〕〔生〕グリコーゲン.

글말 名 文語.

글발 名 **1** 書かれた文. 文章. 書. ¶ 수첩에 남겨 놓은 ~ 手帳に書き残した文. **2** 筆跡. ¶ ~이 뚜렷하다 文字[筆跡]が鮮やかだ. **3** 文脈. ¶ ~이 서다 文脈が通じる.

글방〔一房〕名 漢文を教えた私塾. 寺子屋.

글벗 名 勉強友達. ペンフレンド.

글썽하다 形 (目に)涙をためている. 涙ぐんでいる. ¶ 눈물이 글썽하여 말을 잇지 못한다 涙が出て話を続けられない.

글썽거리다[-대다] 自他 (目に)涙をためる. 涙ぐむ. ¶ 감격한 나머지 눈물을 글썽거렸다 感激の余り涙ぐんだ.

글썽글썽 副 하形 涙ぐむようす. ¶ 슬픔을 이기지 못하여 눈물이 ~합디다 悲しみに耐えかねて涙ぐんでいました.

글썽이다 自他 涙ぐむ. ¶ 눈물을 글썽이며 하소연했다 涙ぐんで訴えた.

글쎄 感 **1**〔주저〕さあ. まあ. はて. さて. ¶ ~ 그것이 사실일까? さて, それは本当かな / ~ 그건 나도 모르겠는걸 さあ, それは私にも分からないね / ~ 난 그러리라고 생각하네만 まあ, 僕はそうだろうと思うんだが. **2**〔강조·고집〕だから(こそ). ¶ ~ 그렇다니까 そうだと言っているじゃないか. そらみたことか / 우리 팀이 꼭 이긴다니까 ~ 僕らのチームが勝つに決まっているよ / ~ 내 말대로만 하면 틀림없어 とにかく僕の言うとおりにすれば間違いないよ.

글쎄다 感 (目下の者の言うことを聞いて)さてね. そうね. さあね. ¶ ~, 네 말도 일리는 있지만 そうだね, 君の言うことにも一理はあるんだが.

글쎄올시다 感 (目上の人の言うことを聞いて)そうですね. そうでございますね. ¶ ~, 제가 한번 알아보겠습니다 そうですね, 私が一度調べてみましょう.

글쎄요 感 (目上の人や同輩の言うことを聞いて)そうですね. ¶ ~, 잘 모르겠는데요 そうですね, よく分かりませんね.

글씨 名 **1** 書かれた文字. 字. ¶ 깨끗한 ~ きれいな字 / ~를 잘 쓴다 字を上手に書く / ~가 서투르다 字が下手だ. **2** 文字の書き方. 書法.

글씨본〔一本〕名 (文字を書く練習をするときの)手本. ¶ 습자의 ~ 習字の手本.

글씨체〔一體〕名 書体.

글월 名 **1** 文. 文章. **2** 手紙. **3** 字. 文字.

글자〔一字〕名 字. 文字. ¶ 큰 ~ 大文字 / 소리~ 表音文字 / ~를 똑똑히 써 주세요 字をはっきり書いてください.

◆**글자 그대로** 文字どおり. ¶ ~ 그대로 빈털터리다 文字どおり一文なしだ.

글재주〔一才一〕名 文才. ¶ ~가 있다 文才がある / ~가 좋다 文才が豊かだ.

글제〔一題〕名 文題. 文章の題目. ¶ 작문의 ~를 내다 作文の題を出す.

글줄 名 **1** (文字の)行. ¶ ~을 바꾸다 行を改める. 改行する. **2**〈蔑〉若干の学問. ほんの少しの知識. ¶ 그게 ~이나 읽었다는 사람의 행실인가? それが多少の学識があるという人の品行か.

글짓기 名 作文.

글피 名 しあさって. あさっての次の日. ¶ 모레나 ~쯤에 돌아올 예정이다 あさってかしあさってごろに帰るつもりだ.

긁다 他 **1** 掻く. (指先·つめなどを立てて)引っ掻く. ¶ 머리를 긁는 게 내 버릇이다 頭を掻くのが僕の癖だ / 등을 좀 긁어 줘 背中をちょっと掻いてくれ. **2** (金具で)こそげる. 削り取る. 掻き取る. ¶ 누룽지를 ~ お焦げを掻き取る / 감자를 ~ (スプーンで)じゃがいもの皮をむく / 구두 밑창의 흙을 긁어 내다 靴の底の土を削り取る. **3**〔그러모으다〕(熊手などで)寄せ集める. かき集める. ¶ 낙엽을 긁어 모으다 落ち葉をかき集める. **4**〔헐뜯다〕(他人を)ひどくけなす. こき下ろす. ¶ 남을 ~ 他人をこき下ろす. **5**〔공연히 건드리다〕(感情·気分などを)刺激する. じらす. そこねる. ¶ 남의 비위를 ~ 人の気分[機嫌]をそこねる / 상대방 신경을 긁지 마라 相手の神経を刺激するんじゃないよ. **6**〔착취하다〕搾り取る. ¶ 얼마 남지 않은 돈까지 모조리 긁어 갔다 いくらも残ってないお金まですっかり取り上げていった.

〔속담〕**긁어 부스럼** 掻いてできた腫れ物〈やぶ蛇〉.

긁어내다 他 **1** かき出す. ¶ 아궁이의 재를 ~ かまどの灰をかき出す. **2** 搾り取る. 搾取する. ¶ 세금을 가혹하게 ~ 税金を過酷に取り立てる.

긁어당기다 他 かき込む. かき寄せる.

긁어먹다 他 **1** かじって食べる. **2** 削り取って食べる. ¶ 솥의 누룽지를 ~ 釜の底の焦げ飯をこそげ取って食べる. **3** だまし取る. 搾り取る. ¶ 약자만 긁어먹는 악덕한 놈 弱い者ばかりだましている悪いやつ.

긁어모으다 他 **1** かき集める. かき寄せる. ¶ 쓰레기를 ~ ごみをかき寄せる. **2** (不正な方法で)金品をかき集める. 財産を蓄える. ¶ 탐관 오리가 재물을 ~ 欲の皮の突っ張った官吏が金目のものをかき集める.

긁적거리다[-대다] 他 (かゆい所などを)しきりに掻く. 掻き続ける. ¶ 손으로 뒤통수를 긁적거리며 대답하다 手で後頭部をぽりぽり掻きながら答える.

긁적긁적 副 하他 ぽりぽり(と). ¶ 그는

겸연쩍은 듯 머리를 ~했다 彼はきまり悪そうに頭をぽりぽりと掻いた.
긁히다 自 掻かれる. 引っかかれる. ¶ 고양이에게 긁혀서 상처투성이가 되었다 猫に引っかかれて傷だらけになった.
금[1] 名 **1** 値. 値段. (駆け引きして)値段を定めること. ¶ ~을 매기다 値をつける / ~이 적당하니 사 두자 値段が手ごろだから買っておこう. **2** 相場. 市価. ¶ ~이 오르다 相場が上がる.
◆**금을 놓다** (売り手·買い手が)値をつける. 値踏みする. ¶ 얼마면 되는지 ~을 놓아 보시오 いくらならいいのか値をつけてみてください.
◆**금을 맞추다** (同じ種類の商品との)値段を合わせる. 適当な値をつける.
◆**금을 보다** ① (品物の)相場を調べる. ② (買い手が)値を見積もる. 値踏みする. ¶1000원으로 ~을 보다 1000ウォンに見積もる.
◆**금을 치다** ① 値をつける. 値踏みする. ② (人や品物の)価値をつける. 評価する.
◆**금이 나다** 値段が決まる. 値がつく.
◆**금이 낮다** 値段が安い. 廉価だ.
◆**금이 높다** 値段が高い. 高価だ.
◆**금이 닿다** (取引で)予定した値段になる. 手ごろな値段になる.
〔속담〕 **금도 모르고 싸다 한다** 値段も知らずに安いと言う〈内情も知らずに軽々しくどうこう言う〉.
금[2] 名 **1** 折り目. ひだ. **2** 裂け目. 割れ目. ひび. ¶ 유리에 난 ~ ガラスに入ったひび. **3** 筋. 線.
◆**금을 긋다** ① 線を引く. ② (限度·限界などの)線を引く. 歯止めをかける. ¶ 공사에 ~을 긋다 公私のけじめをつける.
◆**금이 가다** ① ひびが入る. ひび割れる. ¶ 가뭄으로 논바닥에 ~이 가다 日照りで田んぼの表面にひびが入る. ② 仲たがいする. ひびが入る. ¶ 결혼 생활에 ~이 가다 結婚生活にひびが入る.
금[3]〔金〕 Ⅰ 名 **1** 金. 黄金. こがね. ¶ ~반지 金の指輪. **2** 貨幣. **3** 〔오행(五行)의 하나〕 金. **4** 〔'금요일'의 준말〕 金.
Ⅱ 接尾 **1** 〔금의 순도〕 …金. ¶ 24~ 24金. **2** 〔돈〕 …金. ¶ 계약~ 契約金 / 축의~ 祝儀.
〔속담〕 **금이야 옥이야** 金よ玉よ〈ちょうよ花よ〉. ¶ ~이야 옥이야 애지중지 키운 아들 ちょうよ花よと大事に育てた子.
금[4]〔琴〕 名 〔樂〕 琴.
금-[5]〔今〕 接頭 今の. 今…. ¶ ~년도 今年度.
-금[6] 接尾 語の意味を強調する語. ¶ 이따~ 時々 / 다시~ 再び / 그로 하여~ 彼をして.
금가락지〔金—〕 名 金の指輪.
금가루〔金—〕 名 金粉.
금값〔金—〕 名 **1** 金の相場. 金の値段. **2** 最高の値段. ¶ 금년에는 생선 값이 ~이다 今年は魚の値段が非常に高い.
금강〔金剛〕 名 **1** 金剛. 金剛石. ダイヤモンド. **2** 〔佛〕 金剛. 金剛界. **3** 金剛. きわめて堅固なこと, またそのような物. **4** 〔'금강산'의 준말〕 金剛山.
금강경〔一經〕 名 〔佛〕 金剛経.
금강반야바라밀경〔一般若波羅蜜經〕 名 〔佛〕 金剛般若経.
금강사〔一砂〕 名 〔鑛〕 金剛砂.
금강산〔一山〕 名 〔地〕 金剛山.
〔속담〕 **금강산도 식후경** 金剛山も食後の見物〈花より団子〉.
금강석〔一石〕 名 〔鑛〕 金剛石. ダイヤモンド.
금계〔禁戒〕 名 하他 禁戒.
금계랍〔金鷄蠟〕 名 〈俗〉 塩酸キニーネ〈マラリアの特効薬〉.
금고[1]〔金庫〕 名 **1** 金庫. ¶ 철제 ~ 鉄製金庫. **2** 金庫. 金融機関の一種. ¶ 신용 ~ 信用金庫.
금고[2]〔禁錮〕 名 禁固. ¶ ~형 禁固刑.
금과옥조〔金科玉條〕 名 金科玉条. ¶ 스승의 가르침을 ~로 삼다 師の教えを金科玉条とする.
금관〔金冠〕 名 **1** 〔'금량관(金梁冠)'의 준말〕 金冠. **2** 金冠. 黄金の冠. **3** 金冠. 歯にかぶせる金の覆い. ¶ 충치에 ~을 씌우다 虫歯に金冠をかぶせる.
금관 조복〔一朝服〕 名 〔史〕 金冠と朝服.
금관 악기〔金管樂器〕 名 〔樂〕 金管楽器.
금광〔金鑛〕 名 〔鑛〕 金鉱. 金山.
금광업〔一業〕 名 金鉱業.
금광석〔金鑛石〕 名 〔鑛〕 金鉱石.
금괴〔金塊〕 名 金塊. ¶ ~의 밀수입 金塊の密輸入.
금구[1]〔金句〕 名 金句. 金言.
금구[2]〔禁句〕 名 禁句. ¶ 당분간 결혼 이야기는 ~다 当分の間結婚の話は禁句だ.
금권〔金權〕 名 金権. ¶ ~ 만능 金権万能 / ~ 선거 金権選挙 / ~ 정치 金権政治.
금궤〔金櫃〕 名 金で装飾した櫃.
금귤〔金橘〕 名 〔植〕 金柑.
금기〔禁忌〕 名 하他 禁忌. タブー. ¶ ~물 断ち物 / ~ 사항 禁忌事項 / ~를 범하다 タブーを犯す.
금남〔禁男〕 名 禁男. 男子禁制. ¶ ~의 여자 기숙사 禁男の女子寮.
금년〔今年〕 名 今年. ¶ ~ 초 今年の初め / ~ 벼농사는 대풍이다 今年の稲作は豊作だ / ~도 나머지 한 달로 끝난다 今年もあとひと月で終わる.
금년도〔一度〕 名 今年度. ¶ ~ 예산을 세우다 今年度の予算を立てる.
금년생〔一生〕 名 今年生まれ. ¶ ~ 송아지 今年生まれの子牛.
금니〔金—〕 名 金歯.
금니박이 名 金歯を入れた人.
금단〔禁斷〕 名 하他 禁断. 禁制. ¶ ~의 장소 禁断の場所.
금단의 열매 名 〔聖〕 禁断の木の実.
금덩이〔金—〕 名 金塊.
금도〔襟度〕 名 襟度. 度量. 心の広さ. ¶ 어른의 ~를 보이다 大人の度量を示す.

금도금〔金鍍金〕 名 하他 金めっき. ¶ ~한 시계 金めっきした時計.
금딱지〔金一〕 名 (時計などの)金側. ¶ ~ 시계 金側時計.
금란〔金蘭〕 名 金蘭の交わり. 親しく固い交友.
 금란지계〔一之契〕 名 金蘭の契り.
 금란지교〔一之交〕 名 金蘭の交わり.
금력〔金力〕 名 金力. ¶ ~ 정치 金力政治 / ~ 만능 金力万能.
금렵〔禁獵〕 名 하自 禁猟. ¶ ~구 禁猟区 / ~기 禁猟期.
 금렵조〔一鳥〕 名 狩猟が禁じられている鳥.
금령〔禁令〕 名 禁令. ¶ ~이 내리다 禁令が下る / ~을 범하다 禁令を犯す.
금리〔金利〕 名 金利. ¶ 높은[비싼] ~ 高い金利. 高利 / ~를 인상하다 金利を引き上げる.
 금리 생활자〔一生活者〕 名 金利生活者.
 금리 정책〔一政策〕 名〔經〕金利政策.
금맥〔金脈〕 名〔鑛〕金脈.
금메달〔金medal〕 名 金メダル.
금명간〔今明間〕 名 今日明日の間. 一両日中. ¶ ~에 보내드리겠습니다 今日明日中にお届けします.
금명년〔今明年〕 名 今明年. 今年と来年. 今年か来年.
금명일〔今明日〕 名 今日明日. 今日と明日. 今日か明日. ¶ ~ 중에 연락이 올 것입니다 今日明日中に連絡が来ると思います.
금모래〔金一〕 名〔鑛〕砂金.
금몰〔金 ⓧmogol〕 名 金モール.
금문¹〔金文〕 名 金文.
금문²〔禁門〕 名 禁門. **1** 出入り禁止の門. **2** 王宮の門.
금물〔禁物〕 名 禁物. ¶ 폐병 환자에게 담배는 ~이다 肺病患者にたばこは禁物だ.
금박〔金箔〕 名 金箔. ¶ ~ 문자 金箔文字 / ~을 입히다 (仏像などに)金箔を施す / ~을 박다 (本のタイトルなどに)金箔を押す.
금박이〔金一〕 名 金箔を施した織物や衣服.
금반지〔金半指〕 名 金の指輪.
금발〔金髮〕 名 金髪. ブロンド.
 금발 미인〔一美人〕 名 金髪美人.
금방〔今方〕 副 今すぐ. 今. 間もなく. たった今. すぐ. ¶ ~ 온다 今すぐ来る / 저 건물은 ~ 무너질 것 같다 あの建物は今にも倒れそうだ / ~이라도 울 듯하다 今にも泣き出しそうになる.
 금방금방 副 休みなく. 立て続けに. ひっきりなしに. ¶ 서울 가는 버스는 ~ 있다 ソウルへ行くバスはひっきりなしにある.
금배〔金杯〕 名 金盃. 金杯.
금번〔今番〕 副 この度. 今度.
금벌〔禁伐〕 名 하自 禁伐〈伐採を禁じること〉.
금본위〔金本位〕 名〔經〕金本位.
 금본위 제도〔一制度〕 名〔經〕金本位制度.
금부처〔金一〕 名〔佛〕金の[金めっきの]仏像.
금분¹〔金分〕 名〔鑛〕鉱石の中に含まれている金の量.
금분²〔金粉〕 名 金粉.
금불〔金佛〕 名 黄金の仏像.
금붕어〔金一〕 名 金魚.
금붙이〔金一〕 名 金製の物.
금비〔金肥〕 名 金肥. 化学肥料.
금비녀〔金一〕 名 金のかんざし.
금빛〔金一〕 名 金色. 黄金色. ¶ ~이 나다 金色に光る. 金光りする / ~ 물결 黄金の波〈実った稲穂〉.
금사〔金絲〕 名 金糸.
금상〔今上〕 名 今上. 今の王.
금상첨화〔錦上添花〕 名 錦上に花を添えること〈よいものにさらによいものを添えること〉.
금새 名 時価. 相場. 物価. ¶ ~를 치다 値段[相場]を決める. 値踏みする.
금색〔金色〕 名 金色.
금생〔今生〕 名〔佛〕今生. この世.
금서〔禁書〕 名 禁書. 発禁本. ¶ ~ 목록 禁書目録.
금석¹〔今昔〕 名 今昔. 今と昔.
 금석지감〔一之感〕 名 今昔の感. ¶ ~이 새롭다 今昔の感が新ただ.
금석²〔金石〕 名 **1** 金石. 金属と岩石. 鉱物. 金属器と石器. **2**〔鑛〕金石. 金が含まれている石. **3** 金石. きわめて堅いもののたとえ. **4**〔'금석 문자(金石文字)'의 준말〕金石文字.
 ◆**금석 같다** (友情·交わりなどが)固くて変わらない. 約束をいつもしっかり守る.
 금석맹약〔一盟約〕 名 金石のように堅い盟約. ¶ ~을 한 의형제 金石のように堅い盟約を交わした義兄弟.
 금석문〔一文〕 名 金石文.
 금석 문자〔一文字〕 名 金石文字.
 금석지교〔一之交〕 名 金石の交わり. 堅い友情.
 금석지약〔一之約〕 名 金石のように堅い約束.
 금석지전〔一之典〕 名 金石の典. 不変の価値を持つ法典.
 금석학〔一學〕 名 **1** 金石学. 金石文を研究する学問. ¶ ~자 金石学者. **2** 金石学. 現代の鉱物学に当たる昔の学問.
금성¹〔金星〕 名〔天〕金星. ビーナス.
금성²〔金城〕 名 **1** 金城. 守りの堅い城. **2** 王城.
 금성철벽〔一鐵壁〕 名 金城鉄壁. 守りが堅いこと. ¶ ~을 자랑하다 金城鉄壁を誇る.
 금성탕지〔一湯池〕 名 金城湯池. 守りの堅い城と堀.
금성³〔禁城〕 名 禁城. 宮城.
금세¹〔今世〕 名 **1**〔佛〕今世. この世. 現世. **2** 今の世の中.
금세² 副〔'금시에'의 준말〕たちまち. すぐに. 直ちに. ¶ ~ 다 팔려 버렸다 たちまち売り切れた / 약을 먹었더니 ~ 고통이 가셨다 薬を飲んだらすぐに痛みがとれた / 날씨가 개는가 했더니 ~ 또 흐려지는군 晴れるかと思ったら, たちまちまた曇ってきたね.
금세공〔金細工〕 名 金細工.

금세기〔今世紀〕 名 今世紀(こんせいき). ¶ ～의 가장 위대한 작가 今世紀の最(もっと)も偉大(いだい)な作家(さっか).

금속〔金屬〕 名 **1** 金属(きんぞく). ¶ 경～ 軽(けい)金属 / 귀～ 貴(き)金属 / ～선 金属線(せん) / ～공업 金属工業(こうぎょう). **2** 金製(きんせい)の物(もの).

금속 공예〔一工藝〕 名 金属工芸(こうげい).

금속 공학〔一工學〕 名 金属工学(こうがく).

금속 광물〔一鑛物〕 名 金属鉱物(こうぶつ).

금속광택〔一光澤〕 名 金属光沢(こうたく).

금속성¹〔一性〕 名 金属性(せい).

금속성²〔一聲〕 名 金切(かなき)り声(ごえ).

금속 원소〔一元素〕 名〔化〕金属元素(げんそ).

금속제〔一製〕 名 金属製(せい).

금속 화폐〔一貨幣〕 名 金属貨幣(かへい).

금속 활자〔一活字〕 名 金属活字(かつじ).

금수¹〔禽獸〕 名 禽獣(きんじゅう). けだもの. ¶ ～만도 못한 인간 禽獣にも劣(おと)る人間(にんげん).

◆**금수 같다** 禽獣に等(ひと)しい. 禽獣同然(どうぜん)だ. ¶ ～ 같은 놈 禽獣同然のやつ.

금수²〔禁輸〕 名 하他 禁輸(きんゆ). 輸出入禁止(ゆしゅつにゅうきんし). ¶ ～품 禁輸品(ひん).

금수³〔錦繡〕 名 錦繍(きんしゅう). 刺繍(ししゅう)をした絹(きぬ), または美(うつく)しい織物(おりもの).

금수강산〔一江山〕 名 **1** 錦繍のように美しい自然(しぜん). **2** 韓国(かんこく)の別称(べっしょう). ¶ 삼천리 ～ 三千里(さんぜんり)の錦繍江山(こうざん).

금슬〔琴瑟〕 名 **1** 琴瑟(きんしつ). 琴(こと)と瑟(しつ). **2** 夫婦仲(ふうふなか)のよいこと.

금시〔今時〕 名 **1** 今(いま). **2** (부사적으로) 直(ただ)ちに. すぐ. すぐさま. ¶ ～ 돌아오너라 すぐ戻(もど)ってこい.

금시발복〔一發福〕 名 하自 (ある事(こと)のあとに)すぐに福(ふく)に恵(めぐ)まれて富(とみ)を享受(きょうじゅ)すること.

금시초문〔一初聞〕 名 初耳(はつみみ). ¶ 그래, 그건 ～이다 へえ, それは初耳だ.

금시계〔金時計〕 名 金時計(きんどけい).

금식〔禁食〕 名 하自 断食(だんじき). ¶ ～ 기도 断食祈禱(きとう) / 심하게 체했을 때는 ～하는 것이 좋다 ひどい消化不良(しょうかふりょう)のときは食(しょく)を断(た)つのがよい.

금실¹〔金一〕 名 金糸(きんし).

금실²〔←琴瑟〕 名 '금실지락(琴瑟之樂)'의 준말.

◆**금실이 좋다** 琴瑟(きんしつ)相和(あいわ)す. 夫婦(ふうふ)の仲(なか)がむつまじい.

금실지락〔一之樂〕 名 夫婦仲のよいこと.

금싸라기〔金一〕 名 **1** (黄金(こがね)のように貴重(きちょう)な)米粒(こめつぶ). **2** きわめて貴重なもの. ¶ 도심의 ～ 땅 都心(としん)の高価(こうか)で手(て)に入(い)れがたい土地(とち).

금액〔金額〕 名 金額(きんがく). ¶ ～란 金額欄(らん) / 투자 ～ 投資(とうし)金額 / 막대한 ～에 이르다 莫大(ばくだい)な金額に上(のぼ)る.

금야〔今夜〕 名 今夜(こんや). 今宵(こよい).

금어〔禁漁〕 名 하自 禁漁(きんりょう). ¶ ～구 禁漁区(く) / ～기 禁漁期(き).

금언〔金言〕 名 **1** 金言(きんげん). 金句(きんく). ¶ ～집 金言集(しゅう). **2**〔佛〕金言(こんげん). 仏(ほとけ)の金口(こんく)から出(で)た不滅(ふめつ)の法語(ほうご). 釈迦(しゃか)の言葉(ことば).

금연〔禁煙〕 名 하自 **1** 禁煙(きんえん). たばこを吸(す)うのを禁(きん)ずること. ¶ 장내 ～ 場内(じょうない)禁煙 / ～ 구역 禁煙区域(くいき). **2** 禁煙. たばこを吸うのをやめること. ¶ 나는 오늘부터 ～하기로 결심했다 僕(ぼく)は今日(きょう)から禁煙することに決(き)めた.

금옥〔金玉〕 名 **1** 金玉(きんぎょく). 黄金(おうごん)と玉(たま). 貴重(きちょう)なもの. **2** 金(きん)の貫子(クワンジャ)と玉の貫子, またそれをつけた人(ひと).

금요일〔金曜日〕 名 金曜日(きんようび). ¶ 13일의 ～ 13日(じゅうさんにち)の金曜日.

금욕〔禁慾〕 名 하自 禁欲(きんよく). ¶ ～ 생활 禁欲生活(せいかつ).

금욕주의〔一主義〕 名 禁欲主義(しゅぎ).

금원〔禁苑〕 名 禁苑(きんえん). 御苑(ぎょえん).

금월〔今月〕 名 今月(こんげつ). 当月(とうげつ). ¶ ～ 중에 今月中(ちゅう)に.

금융〔金融〕 名 金融(きんゆう). ¶ ～ 긴축 金融引(ひ)き締(し)め / ～ 기관 金融機関(きかん).

금융계〔一界〕 名 金融界(かい).

금융 공황〔一恐慌〕 名〔經〕金融恐慌(きょうこう).

금융단〔一團〕 名 金融団体(だんたい).

금융 실명제〔一實名制〕 名〔經〕本名(ほんみょう)で銀行預金(ぎんこうよきん)や証券(しょうけん)取(と)り引(ひ)きをする制度(せいど).

금융업〔一業〕 名 金融業(ぎょう).

금융 정책〔一政策〕 名 金融政策(せいさく).

금융 채권〔一債券〕 名〔經〕金融債券(さいけん).

금융 회사〔一會社〕 名 金融会社(がいしゃ).

금은〔金銀〕 名 金銀(きんぎん). ¶ ～ 보물 金銀財宝(ざいほう).

금은방〔一房〕 名 金銀を加工(かこう)して売買(ばいばい)する店(みせ).

금의〔錦衣〕 名 錦衣(きんい). 錦(にしき)の衣(ころも). 美(うつく)しい服(ふく).

금의야행〔一夜行〕 名 (錦衣を着(き)て夜道(よみち)を歩(ある)くの意(い)で)意味(いみ)のないことを誇(ほこ)らしげにすること.

금의환향〔一還鄕〕 名 하自 故郷(こきょう)に錦を飾(かざ)ること.

금일〔今日〕 名 今日(こんにち). 本日(ほんじつ). ¶ ～ 마감 本日締(し)め切(き)り / ～의 정세를 살펴보건대 今日の情勢(じょうせい)を見(み)れば.

금일봉〔金一封〕 名 金一封(きんいっぷう). 包(つつ)み金(がね). ¶ 감사장과 ～을 주다 感謝状(かんしゃじょう)と金一封を与(あた)える.

금자탑〔金字塔〕 名 金字塔(きんじとう). **1** 後世(こうせい)まで伝(つた)わる立派(りっぱ)な業績(ぎょうせき). ¶ 파스퇴르는 세균학에 ～을 세웠다 パスツールは細菌学(さいきんがく)に金字塔をうちたてた. **2** ピラミッド.

금잔〔金盞〕 名 金杯(きんぱい). ¶ ～은대 金杯と銀(ぎん)の台(うてな).

금잔옥대〔一玉臺〕 名 **1** 金杯と玉(たま)でつくった受(う)け皿(ざら). **2** すいせんの別称(べっしょう).

금잔디〔金一〕 名 (雑草(ざっそう)のない)手入(てい)れの行(ゆ)き届(とど)いた芝生(しばふ).

금장¹〔金裝〕 名 하他 黄金(おうごん)で飾(かざ)ること.

금장²〔襟章〕 名 襟章(えりしょう). バッジ.

금장도〔金粧刀〕 名 金製(きんせい)の飾(かざ)り小刀(こがたな)〈昔(むかし)の女性達(じょせいたち)の装飾品(そうしょくひん)〉.

금장식〔金粧飾〕 名 하自他 金(きん)の飾(かざ)り物(もの).

금전〔金錢〕 名 **1** 硬貨(こうか). **2** 金貨(きんか). **3** 金銭(きんせん). お金(かね). ¶ ～ 거래 金銭上(じょう)の取引(とりひき) / ～ 문제로 다투다 お金のことで争(あらそ)う.

금전 등록기〔一登錄器〕 名 金銭登録機(とうろくき). レジスター.

금전 신탁〔一信託〕 名〔經〕金銭信託(しんたく).

금전 채무〔一債務〕 名〔經〕金銭債務(さいむ).

금전 출납장〔一出納帳〕 名 金銭出納

帳.

금점〔金店〕 名 金鉱. 金山.

금점꾼 名 金鉱で働く人.

금제[1]〔金製〕 名 金製. ¶～ 불상 金製仏像.

금제[2]〔禁制〕 名 하他 禁制. 法度. 差し止め. ¶～품 禁制品.

금조[1]〔禽鳥〕 名 禽鳥. 鳥類.

금조[2]〔禁鳥〕 名 禁鳥. 保護鳥.

금족〔禁足〕 名 禁足. 足止め. ¶～을 당하다 禁足を食う. 足止めされる.

금족령〔一令〕 名 禁足令. ¶～이 풀리다 禁足令が解かれる.

금종이〔金一〕 名 金紙.

금주[1]〔今週〕 名 今週. ¶～ 안으로 끝내라 今週中に終えろ.

금주[2]〔禁酒〕 名 하自 禁酒. ¶～법 禁酒法/～ 운동 禁酒運動.

금준비〔金準備〕 名〔經〕 金準備. 金貨準備.

금줄[1]〔金一〕 名 **1** (懐中時計などの)金鎖. **2** 金糸のひも. **3** 金色の線. 金線.

금줄[2]〔金一〕 名〔鑛〕 金脈. 金の鉱脈. ¶～을 찾다 金脈を探す.

금줄[3]〔禁一〕 名〔民俗〕 (子供が産まれた家で)みだりに人が立ち入らないように門前に張り渡す不浄よけのしめ縄.

금중〔禁中〕 名 禁中. 宮中.

금지〔禁止〕 名 하他 禁止. 差し止め. ¶～ 조항 禁止条項/외출[출입] ～ 外出[立ち入り]禁止/통행을 ～하다 通行を禁止する/교칙상 ～된 사항 校則上禁止されている事項.

금지령〔一令〕 名〔法〕 禁止令.

금지법〔一法〕 名〔法〕 禁止法.

금지품〔一品〕 名〔法〕 禁止品.

금지금 본위제〔金地金本位制〕 名〔經〕 金地金本位制.

금지옥엽〔金枝玉葉〕 名 **1** 金枝玉葉. 王族. **2** 大切な子孫[子]. ¶～으로 키운 아이 この上なく大切に育てた子.

금지환〔金指環〕 名 金の指輪.

금치산〔禁治産〕 名〔法〕 禁治産. ¶～ 선고 禁治産宣告.

금침〔衾枕〕 名 布団と枕. 夜具.

금탑〔金塔〕 名 金の塔. 金めっきの施された塔.

금테〔金一〕 名 金縁. ¶～ 안경 金縁眼鏡.

금팔찌〔金一〕 名 金の腕輪.

금패[1]〔金牌〕 名 金牌. 金メダル.

금패[2]〔錦貝〕 名〔鑛〕 黄色で透明な琥珀.

금패물〔金佩物〕 名 **1** 金製の装身具. **2** 数珠つなぎにした玉.

금품〔金品〕 名 金品. ¶～을 빼앗다 金品を巻き上げる.

금하다〔禁一〕 他 **1** 禁じる. 禁止する. ¶통행을 ～ 通行を禁じる/출입을 ～ 立ち入りを禁止する. **2** 耐える. 抑える. ¶슬픔을 금할 수가 없다 悲しみを禁じ得ない/웃음을 금치 못하다 笑いをこらえることができない.

금형〔金型〕 名 金型. 金属製の鋳型.

금혼식〔金婚式〕 名 金婚式.

금화〔金貨〕 名 金貨.

금화 본위 제도〔一本位制度〕 名〔經〕 金貨本位制度.

금화 준비〔一準備〕 名〔經〕 金貨準備.

금환〔金環〕 名 **1** 金環. 金の輪. **2** 金の指輪.

금환식〔一蝕〕 名〔天〕 金環食.

금회〔今回〕 名 今回. 今度. このたび.

금후〔今後〕 名 今後. これから. ¶～의 예정 今後の予定/～에도 잘 부탁합니다 今後ともよろしくお願いします.

급[1]〔級〕 Ⅰ 名〔계급·등급·수준 등을 나타냄〕 級. クラス. レベル. ¶～이 위다[높다] クラスが上だ[高い]/～이 아래다[낮다] クラスが下だ[低い]/～을 따다 級を取る.

Ⅱ 依名 **1** (柔道·囲碁·珠算などの)級. ¶1～ 건축사 1級建築士. **2** (印字の大きさを表わす)級. **3** (敵の首の数を数える)級.

Ⅲ 接尾〔정도를 나타냄〕…級. ¶장관～ 인물 長官(大臣)級の人物/2만 톤～ 상선 2万トン級の商船.

급-[2]〔急〕 接頭 急…. ¶～정거 急停車/～경사 急傾斜/～환자 急患/～상경 急に上京すること.

급감〔急減〕 名 하自他 急減. 急に減る[減らす]こと. 反 急増 ¶인구가 ～했다 人口が急減した/시의 인구가 ～되었다 市の人口が急激に減少した.

급강하〔急降下〕 名 하自 **1** 急降下. 反 急上昇 ¶난기류 때문에 비행기가 ～하였다 乱気流のため飛行機が急降下した. **2** (気温などが)急に下がること. ¶기온이 ～하여 서둘러 월동 준비를 했다 気温が急に下がったので急いで冬じたくをした.

급거〔急遽〕 副 急遽. 急いで. にわかに. ¶～ 귀국하다 急遽帰国する/～ 출동하다 急遽出動する.

급격하다〔急激一〕 形 急激だ. ¶기후의 급격한 변화 気候の急激な変化.

급격히 副 急激に. ¶농산물 값이 ～ 하락하다 農産物の価格が急激に下落する.

급경사〔急傾斜〕 名 急傾斜. 急勾配. ¶～가 진 계단 急傾斜の階段.

급고〔急告〕 名 하他 急告. 急報.

급구〔急求〕 名 하他 (人·物などを)急いで求めること. 急募. ¶～, 가정부 (広告などで)急募, 家政婦.

급급하다[1]〔汲汲一〕 形 汲々としている. あくせくしている. ¶자기의 지위를 지키는 데 ～ 自分の地位を保つのに汲々としている/돈벌이에만 ～ お金もうけにだけ汲々としている.

급급하다[2]〔急急一〕 形 非常に急だ. 慌ただしい. (性質が)せっかちだ. ¶성미가 급급한 사람 せっかちな人. **급급히** 副 急ぎに急いで. ¶～ 떠나다 急いで発つ.

급기야〔及其也〕 副 あげく(の果て)に. ついに. とうとう. 結局. ¶～ 약속의 날이 왔다 ついに約束の日が来た/회사는 ～ 도산했다 会社はあげくの

果てに倒産した.

급등〔急騰〕 名 하自 急騰. 反 急落 ¶ 주가의 ~ 株価の急騰 / 금 가격이 ~하다 金価格が急騰する.

급등세〔—勢〕 名 (物価·相場などの)急な騰勢.

급락¹〔及落〕 名 及落. 合否. 及第と落第. ¶ ~이 결정되다 及落が決まる.

급락²〔急落〕 名 하自 急落. (相場·物価などが)急激に下がること. ¶ 환율이 ~하다 為替レートが急落する.

급랭〔急冷〕 名 하自他 急冷. ¶ 공기가 ~하다 空気が急冷する.

급료〔給料〕 名 **1** 給料. 給与. ペイ. ¶ ~를 주다 給料を払う / ~가 오르다 給料が上がる / 좋은 ~를 받고 있다 いい給料をとっている. **2** 〔史〕 給料として官吏に支給する米. 俸禄米.

급류〔急流〕 名 하自 急流. 激流. 早瀬. ¶ ~에 휩쓸리다 激流にのまれる.

급매〔急賣〕 名 하他 (品物·家などを)急いで売ること. ¶ 재고품을 ~하다 在庫品を急いで売る.

급모〔急募〕 名 하他 急募. ¶ 종업원 ~ 従業員急募.

급무〔急務〕 名 急務. ¶ 초미의 ~ 焦眉の急務.

급박하다〔急迫—〕 形 切迫している. 差し迫っている. ¶ 급박한 정세 差し迫った情勢 / 사태가 ~ 事態が切迫している.

급변〔急變〕 名 하自 **1** 急変. 急に変わること. ¶ 기온이 ~하다 気温が急変する. **2** 急変. 急に起こった事変. ¶ ~에 대비하다 急変に備える.

급병〔急病〕 名 急病. ¶ ~으로 죽다 急病で死ぬ.

급보〔急報〕 名 하他 急報. ¶ ~가 들어오다 急報が入る / ~를 받다 急報を受ける.

급부〔給付〕 名 하他 給付. ¶ 반대 ~ 反対給付.

급비〔給費〕 名 하自 給費. ¶ ~생 給費生.

급사¹〔急死〕 名 하自 急死. ¶ 교통 사고로 ~하다 交通事故で急死する.

급사²〔急使〕 名 急使. ¶ ~를 보내다 急使を立てる.

급사³〔急事〕 名 **1** 急事. 急を要する事柄. **2** 急事. 急に起こった事件.

급사면〔急斜面〕 名 急斜面.

급살〔急煞〕 名 **1** 〔民俗〕 星回りで, 最も忌まわしいとされる星. 凶星. **2** にわかに訪れる災難.

◆**급살을 맞다** 急死する. ぽっくりいく. ¶ ~을 맞을 놈 ばち当たりめ. くたばってしまえ.

급상승〔急上昇〕 名 하自 急上昇. 反 急降下 ¶ 비행기가 ~하다 飛行機が急上昇する / 인기가 ~했다 人気が急上昇した.

급서〔急逝〕 名 하自 急逝. 急死. ¶ 선생님의 ~ 소식을 듣다 先生の急逝の訃報を聞く.

급선무〔急先務〕 名 急務. ¶ 당면한 ~ 当面の急務 / 교통난 해결이 ~이다 交通難の解決が急務である.

급선봉〔急先鋒〕 名 急先鋒. ¶ 인권 운동의 ~에 서다 人権運動の急先鋒に立つ.

급선회〔急旋回〕 名 하自 急旋回. ¶ 비행기가 ~하다 飛行機が急旋回する.

급성〔急性〕 名 急性. 反 漫性 ¶ ~ 질환 急性疾患 / ~ 폐렴 急性肺炎.

급성 전염병〔—傳染病〕 名〔醫〕 急性伝染病.

급소〔急所〕 名 **1** 急所. (体の命にかかわる)大事なところ. 泣きどころ. ¶ ~를 얻어맞다 急所を殴られる / 총알이 ~를 관통했다 弾が急所を貫通した. **2** 急所. (物事の)最も大切なところ. かなめ. 要所. 要点. ¶ ~를 찌른 말 急所を突いた言葉. 正鵠を射た言葉.

급속도〔急速度〕 名 急速. 非常に速い速度. ¶ ~로 발전하다 急速に発展する.

급속하다〔急速—〕 形 急速だ. ¶ 급속한 경제 성장 急速な経済成長. **급속히** 副 急速に. ¶ 병세가 ~ 좋아지고 있다 病状が急速に快方に向かっている.

급송〔急送〕 名 하他 急送. ¶ 구호품을 ~하다 救護品を急送する.

급수¹〔汲水〕 名 하自 汲水. 水をくむこと.

급수²〔級數〕 名 **1** (技術·技能などの優劣による)等級. 級. ¶ 주산 ~가 높다 珠算の級が高い. **2** 〔數〕 級数. ¶ 기하 ~ 幾何級数.

급수³〔給水〕 名 하自 給水. ¶ ~차 給水車 / ~를 제한하다 給水を制限する.

급수관〔—管〕 名 給水管.

급수선〔—船〕 名 給水船.

급수전〔—栓〕 名 給水栓.

급수지〔—池〕 名 給水池.

급수탑〔—塔〕 名 給水塔.

급습〔急襲〕 名 하他 急襲. ¶ 경찰이 도박 현장을 ~했다 警察が賭博の現場を急襲した.

급식〔給食〕 名 하自 給食. ¶ 학교 ~ 学校給食 / ~비 給食費.

급양〔給養〕 名 하他 給養. 飲食物と衣類を付与すること.

급여〔給與〕 名 하他 **1** 給与. 与えること. ¶ 제복을 ~ 制服を給与する. **2** 給与. 給料.

급여 소득〔—所得〕 名〔經〕 給与所得.

급용〔急用〕 名 **1** 急用. 急ぎの用事. **2** 急に必要なこと.

급우〔級友〕 名 級友. クラスメート.

급유〔給油〕 名 하自 給油.

급유기〔—機〕 名 (空中)給油機.

급유선〔—船〕 名 給油船.

급유소〔—所〕 名 給油所.

급자기 副 急に. 突然. いきなり. ¶ ~ 생긴 사고 急に起こった事故.

급작스럽다 形 急だ. 突然だ. 出し抜けだ. ¶ 급작스러운 일 突然の出来事 / 급작스럽게 묻다 突然に尋ねる.

급장〔級長〕 名 級長.

급전[1]〔急傳〕 名 하他 急いで伝えること.
급전[2]〔急電〕 名 急電. 至急電報[電話]. ¶ ～을 치다 急電を打つ.
급전[3]〔急錢〕 名 急に必要なお金. 急に用立てるお金.
급전[4]〔急轉〕 名 하自 急転. ¶ ～하는 극동 정세 急転する極東情勢.
　급전직하〔一直下〕 名 하自 急転直下. ¶ 정세가 ～하다 情勢が急転直下する.
급정거〔急停車〕 名 하自他 急停車. ¶ 차가 ～하다 車が急停車する.
급정지〔急停止〕 名 하自他 急停止. 急に止まること.
급제〔及第〕 名 하自 **1**〔史〕及第. 科挙に及第すること. **2** 及第. 試験に合格すること. ¶ 겨우 ～하다 辛うじて及第する.
급조〔急造〕 名 하他 急造. 急ごしらえ. にわかづくり. ¶ ～한 아파트 にわかづくりのアパート.
급증〔急增〕 名 하自 急増. ¶ 대도시의 인구가 ～하다 大都市の人口が急増する.
급진〔急進〕 名 하自 急進. ¶ ～ 사상 急進思想.
　급진적〔一的〕 冠 名 急進的. ¶ ～인 사람 急進的な人.
　급진주의〔一主義〕 名 急進主義. ¶ ～적 急進主義的.
　급진파〔一派〕 名 急進派.
급진전〔急進展〕 名 하自 急進展. ¶ 회담이 ～을 보이다 会談が急進展を見せる.
급체〔急滯〕 名 하自 急な食あたり.
급파〔急派〕 名 하他 急派. ¶ ～된 특사 急派された特使.
급하다〔急一〕 形 **1**〔빠르다〕急だ. 急いでいる. 速い. ¶ 밥을 급하게 먹다 ご飯を急いで食べる/골짜기의 물살이 ～ 谷川の流れが急だ. **2**〔다급하다〕(事情·状態が)急だ. 差し迫っている. 急を要する. 逼迫している. ¶ 어제 급한 용건으로 상경했다 昨日急な用件で上京した/제일 급한 일은 배를 채우는 일이다 最も急を要することは腹ごしらえをすることだ. **3**〔가파르다〕(傾斜·カーブなどが)急だ. ¶ 급한 언덕길 急な坂道/급(한) 커브 急なカーブ. **4**〔안타깝다〕じれったい. もどかしい. ¶ 급한 마음 じれったい気持ち. **5**〔군색하다〕(暮らし向きが)苦しい. 貧しい. ¶ 사정이 몹시 급한 것 같다 生活がひどく苦しいようだ. **6**〔성급하다〕せっかちだ. 気が短い. 性急だ. ¶ 성미가 ～ 気が短い. **7**〔위중하다〕(病状が)重態である. 危険な状態にある. ¶ 병이 급하다는 연락이 왔다 病状がひどく悪いという知らせがきた. **급히** 副 急いで. 急に. 速く. ¶ ～ 달려가다 急いで駆けつける.
　◆**급한 불을 끄다** 火急の問題を処理する. 足元の火を消す.
　〔속담〕**급하기는 우물에 가서 숭늉 달라겠다** せっかちにも井戸端に行ってスンニュン(お焦げ湯)をくれと言わんばかりだ〈急ぐあまり事の順序をわきまえないこと〉. **급하면 바늘허리에 실 매어 쓸까** 急ぐからとて針の腰に糸を結んで使えようか〈どんなに急いでも順序どおりに進めなければならない〉.
급행〔急行〕 名 〔'급행 열차'의 준말〕急行. ¶ ～ 요금 急行料金/야간 ～을 타다 夜行の急行に乗る.
　급행권〔一券〕 名 急行券.
　급행열차〔一列車〕 名 急行列車.
급혈〔給血〕 名 하自 給血. 供血. ¶ ～자 給血者.
급환〔急患〕 名 急患. 急病.
급회전〔急回轉〕 名 하自他 急回転.
급훈〔級訓〕 名 学級の標語.
긋다[1] 自他 **1** (雨が)やむ. ¶ 아침부터 내리던 비가 그었다 朝から降り続いていた雨がやんだ. **2** 雨宿りする. ¶ 연못가에는 비를 그을 수 있는 정자가 있다 池のほとりには雨宿りのできるあずま屋がある.
긋다[2] 他 **1** (線·字画などを)引く. 限界を引く. ¶ 금을 ～ 線を引く/성호를 ～ (キリスト教徒が)十字を切る/한계를 ～ 限界をくぎる. **2** (マッチを)擦る. ¶ 성냥을 그어서 불을 켜다 マッチを擦って火をつける. **3**〈俗〉(通い帳に)つける. ¶ 단골집에서 긋고 한 잔 마셨다 いきつけの飲み屋でつけで一杯飲んだ. **4** (心に)決める.
긍긍하다〔兢兢一〕 自 兢々とする. びくびくする. ¶ 전전 ～ 戦々兢々とする.
긍정〔肯定〕 名 하他 肯定. 反 否定. ¶ ～문 肯定文/자기 과오를 ～하다 自分の過ちを認める.
　긍정 명제〔一命題〕 名〔論〕肯定命題.
　긍정적〔一的〕 冠 名 肯定的. ¶ ～인 반응을 보이다 肯定的な反応を見せる.
긍지〔矜持〕 名 矜持. 誇り. ¶ 문화 국민으로서의 ～를 가지다 文化国民としての矜持を持つ.
긍하다〔亘一〕 自 (時間的に)わたる. 及ぶ.
긍휼〔矜恤〕 名 하他 矜恤. 哀れむこと. **긍휼히** 副 かわいそうに. 哀れに. ¶ ～ 여기다 哀れに思う.
기[1]〔己〕 名 己. つちのと〈十干の第6番目〉.
기[2]〔忌〕 名 **1** 忌. 忌み避けること. **2** 忌. 忌中. 喪中.
기[3]〔氣〕 Ⅰ 名 **1**〔기력·원기〕気. 元気. 気力. 精気. 意気込み. ¶ ～를 꺾다 気をくじく/저 애는 눈에 총명한 ～가 넘쳐 있다 あの子は目に聡明の気があふれている. **2**〔전력〕気. ありったけの力. 全力. ¶ ～를 쓰고 덤벼든다 全力で飛びかかる. **3**〔숨〕気. 呼吸. 息. **4**〔분위기〕気. 気配. 感じ. 雰囲気. ¶ 살벌한 ～가 돈다 殺伐とした気配が漂う. **5**〔哲〕〔정기(精氣)〕気. (東洋哲学で万物を生成する)天地の精. ¶ 이～ 이원론 理気二元論.
　Ⅱ 接尾〔기운·성분·느낌〕…気. ¶ 물～ 水気/기름～ 油気/소금～ 塩気/시장～ 空腹感.
　◆**기가 꺾이다** 気がくじける. ひるむ. ¶ 거듭되는 실패에도 ～가 꺾이지 않는

다 度重なる失敗にもひるまない.
◆**기가 죽다** 気がめいる. 気が沈む. がっくりする. しょげる. けおされる. 弱気になる. いじける. ¶ ~가 푹 죽어 있다 気がすっかりめいっている.
◆**기가 질리다** (恐れて)気がくじける. 気持ちが萎縮する.
◆**기가 차다** あっけにとられる. あぜんとする. ¶ 참으로 ~가 찰 노릇이다 本当に情けないことだ.
◆**기를 쓰다** ありったけの力を込める. ¶ 돈을 벌어 보려고 ~를 쓴다 お金をもうけようとして必死になる.
◆**기를 펴다** ① (苦境から脱して)一安心する. 気が楽になる. ¶ 열심히 일한 보람으로 ~를 펴고 살게 되었다 一生懸命働いたおかげで人並みに暮らせるようになった. ② 晴れ晴れした気持ちになる. 羽を伸ばす. ¶ 수입이 많아져서 ~를 펴게 되었다 収入がふえて暮らせるようになった.

기[5]〔記〕 名〔文〕 記〈漢文の文体の一つで, 事跡や景色を書き記した文〉.

기[5]〔基〕 Ⅰ 名〔化〕 基〈水酸基·硫酸基など〉.
Ⅱ 依名 〔탑·비석 등을 세는 단위〕 …基. ¶ 비석 3~ 碑石3基 / 발전기 5~ 発電機5基

기[6]〔旗〕 名 旗·はた. ¶ 승리의 ~ 勝利の旗 / ~를 달다[게양하다] 旗を揚げる[掲揚する].

기[7]〔期〕 Ⅰ 名〔地〕 期. ¶ 빙하~ 氷河期.
Ⅱ 接尾 〔시기·기간〕 …期. ¶ 소년~ 少年期 / 환절~ 季節の変わり目 / 회복~ 回復期.

기[8]〔騎〕 依名 …騎. ¶ 8~ 8騎.

-기[9] 語尾 〔용언을 명사로 만듦〕 ¶ 쓰~ 書き方 / 모심~ 田植え / 크~ 大きさ.

-기-[10] 接尾 語幹がㄴ·ㅁ·ㄻ·ㅌ·ㅅ·ㅈ·ㅊなどで終わる動詞に付いて使役または受身の動詞をつくる. ¶ 많으시면 남~세요 多ければ残してください / 웃~지 마 笑わせるんじゃないよ / 돈을 빼앗~다 お金を奪われる.

-기[11]〔紀〕 接尾〔地〕 …紀〈地質時代区分の一単位〉. ¶ 쥐라~ ジュラ紀.

-기[12]〔記〕 接尾 〔기록〕 …記. ¶ 체험~ 体験記 / 일대~ 一代記.

-기[13]〔器〕 接尾 **1** 〔기구·도구〕 …器. ¶ 전열~ 電熱器 / 분도~ 分度器. **2** 〔생물체의 기관〕 소화~ 消化器.

-기[14]〔機〕 接尾 〔기계·비행기〕 …機. ¶ 발동~ 発動機 / 여객~ 旅客機.

기각〔棄却〕 名 하他 棄却. ¶ 공소 ~ 公訴棄却.

기간[1]〔基幹〕 名 基幹. おおもと.
기간단체〔一團體〕 名 基幹団体.
기간산업〔一産業〕 名 基幹産業.
기간요원〔一要員〕 名 基幹要員.

기간[2]〔既刊〕 名 既刊. ¶ ~ 도서 既刊の図書.

기간[3]〔期間〕 名 期間. ¶ 유효 ~ 有効期間 / 시험 ~ 試験期間 / 일정한 ~을 두다 一定の期間を置く / ~을 정하다 期間を限る.

기갈〔飢渴〕 名 飢渴. 飢えと渇き.
◆**기갈이 들다** ひどく飢える. 渇望する.

기감〔技監〕 名 技術系の国家公務員.

기갑〔機甲〕 名〔軍〕 機甲. ¶ ~ 부대 機甲部隊.

기강〔紀綱〕 名 紀綱. 綱紀. 規律と秩序. ¶ 공무원의 ~이 문란하다 公務員の綱紀が乱れている.

기개〔氣槪〕 名 気概. 気骨. ¶ 발산개세의 ~를 지니다 抜山蓋世の気概を持つ.

기거[1]〔起居〕 名 하自 起居. 日常の生活. ¶ ~를 같이해 온 친구 寝起きをともにしてきた友.
기거동작〔一動作〕 名 立ち居ふるまい. 身のこなし.

기거[2]〔寄居〕 名 하自 寄居. 寄寓. ¶ 친구 집에 ~하고 있다 友達の家に身を寄せている.

기겁〔氣怯〕 名 하自 びっくり仰天すること. 腰を抜かすこと. ¶ ~을 하고 놀라다 あっと驚く / 천둥 소리에 ~했다 雷の音にびっくり仰天した.

기결〔既決〕 名 하他 既決. 反 未決. ¶ ~ 서류 既決書類.
기결감〔一監〕 名 既決監.
기결수〔一囚〕 名 既決囚.
기결안〔一案〕 名 既決案.

기계[1]〔奇計〕 名 奇計. 奇策. ¶ ~를 부려 적의 포위망을 뚫다 奇計を弄して敵の囲みを破る.

기계[2]〔棋界〕 名 棋界. 碁·将棋をする人々の社会.

기계[3]〔器械〕 名 器械. ¶ 의료 ~ 医療器械 / 물리 실험용 ~ 物理実験用器械.
기계 체조〔一體操〕 名 器械体操.

기계[4]〔機械〕 名 機械. ¶ 공작 ~ 工作機械 / 정밀 ~ 精密機械 / ~를 움직이다 機械を動かす / ~ 조작이 능숙하다 機械の操作が上手だ.
기계 공업〔一工業〕 名 機械工業.
기계 공학〔一工學〕 名 機械工学.
기계 문명〔一文明〕 名 機械文明.
기계실〔一室〕 名 機械室.
기계어〔一語〕 名〔컴〕 機械語.
기계유〔一油〕 名 機械油.
기계적〔一的〕 冠名 機械的. ¶ ~인 사고 방식 機械的な考え方 / ~인 운동 機械的な運動 / ~으로 암기하다 機械的に暗記する.
기계톱 名 機械鋸.
기계화〔一化〕 名 하自他 機械化. ¶ 농업의 ~ 農業の機械化.

기고[1]〔起稿〕 名 하自他 起稿. ¶ ~한 지 1년 만에 탈고하다 起稿してから1年ぶりに脱稿する.

기고[2]〔寄稿〕 名 하自他 寄稿. ¶ 잡지에 ~하다 雑誌に寄稿する.
기고가〔一家〕 名 寄稿家.

기고만장〔氣高萬丈〕 名 하形 **1** 激しく怒ること. 怒り狂うこと. **2** 得意の絶頂にあること. 有頂天. ¶ 1등을 했다고 ~하다 1等になって有頂天だ.

기골〔氣骨〕 名 **1** 血色と骨格. 体格. ¶ ~이 장대하다 体格ががっしり

している. **2** 気骨. 強い意気. 気概.
기공¹〔技工〕 名 **1** 技工. 手で加工する技術. ¶ 치과 ～ 歯科技工. **2** 腕のいい技術者. 熟練工.
기공²〔起工〕 名 하他 起工. 着工. 反 竣工 ¶ ～일 起工の日 / ～식 起工式.
기공³〔氣孔〕 名 **1**〔動〕気門. **2**〔植〕気孔.
기관¹〔汽管〕 名 汽管. 蒸気を送る管.
기관²〔汽罐〕 名 汽缶. ボイラー. ¶ ～실 汽缶室.
기관³〔氣管〕 名〔生〕気管.
기관⁴〔器官〕 名〔生〕器官. ¶ 감각 ～ 感覚器官 / 호흡 ～ 呼吸器官.
기관⁵〔機關〕 名 **1** 機関. 原動機. ¶ 내연 ～ 内燃機関. **2** 機関. 組織. ¶ 교육 ～ 教育機関 / 보도 ～ 報道機関.
기관 단총〔—短銃〕 名〔軍〕 機関短銃.
기관사〔—士〕 名 機関士.
기관수〔—手〕 名 機関士.
기관실〔—室〕 名 機関室.
기관원〔—員〕 名 **1** (船舶の)機関士. **2** 〈俗〉情報機関の人.
기관장〔—長〕 名 機関長.
기관지¹〔—紙〕 名 機関紙. ¶ 정부 ～ 政府の機関紙.
기관지²〔—誌〕 名 機関誌.
기관차〔—車〕 名 機関車. ¶ 증기 ～ 蒸気機関車.
기관총〔—銃〕 名〔軍〕機関銃.
기관 투자가〔—投資家〕 名〔經〕 機関投資家.
기관포〔—砲〕 名〔軍〕 機関砲.
기관지〔氣管支〕 名〔生〕 気管支. ¶ ～염 気管支炎 / ～ 천식 気管支喘息 / ～카타르 気管支カタル / ～ 폐렴 気管支肺炎 / ～ 확장증 気管支拡張症.
기괴하다〔奇怪—〕 形 奇怪だ. 不思議だ. ¶ 기괴한 사건 奇怪な事件.
기교〔技巧〕 名 技巧. 巧みな手腕. テクニック. ¶ 세련된 ～ 洗練された技巧 / ～를 부리다 技巧をこらす.
기교파〔—派〕 名 技巧派.
기구¹〔氣球〕 名 気球. ¶ ～ 위성 気球衛星 / 관측 ～를 띄우다 観測気球を浮かべる.
기구²〔器具〕 名 **1** 器具. ¶ 전기 ～ 電気器具 / 운동 ～ 運動器具. **2** 所帯道具.
기구³〔機構〕 名 機構. ¶ ～ 개편 機構改編 / 행정 ～ 行政機構 / 세계 보건 ～ 世界保健機関.
기구하다〔崎嶇—〕 形 **1** (山路などが)険しい. **2** (人生が)つらく苦しい. (運命が)数奇だ. ¶ 기구한 팔자[운명] 数奇な定め[運命] / 기구한 신세를 한탄하다 不運な身の上を嘆く.
기국〔器局〕 名 度量と才能. 器量.
기권〔棄權〕 名 하自 棄権. ¶ ～승 棄権勝 / 선거를 ～하다 選挙を棄権する.
기근〔飢饉〕 名 飢饉. ¶ 물～ 水飢饉 / ～으로 굶어 죽은 사람이 속출했다 飢饉で飢え死にする人が続出した.
기금〔基金〕 名 基金. ¶ 재단의 설립 ～ 財団の設立基金 / ～을 마련하다 基金を準備する.
기기¹〔奇奇〕 名 하形 奇々. 非常に不思議なこと.
기기괴괴〔—怪怪〕 名 하形 奇々怪々. ¶ ～한 이야기 奇々怪々な話.
기기묘묘〔—妙妙〕 名 하形 奇々妙々. 非常に奇妙なこと. ¶ ～한 방법 奇々妙々な方法.
기기²〔機器〕 名 機器. ¶ 전기 ～ 電気機器.
기꺼워하다 自 うれしく思う. 喜ぶ. うれしがる. ¶ 합격 소식을 듣고 ～ 合格の知らせを聞いて喜ぶ.
기꺼하다 自〔'기꺼워하다'의 준말〕喜ぶ. うれしがる.
기껍다 形 うれしい. 喜ばしい. ¶ 기꺼운 목소리 うれしそうな声. **기꺼이** 副 喜んで. 快く. 好んで. 進んで. ¶ ～ 허락하다 快く承諾する.
기껏 副 **1**〔힘껏〕力の及ぶ限り. 精いっぱい. 力いっぱい. ありったけ. ¶ ～ 상을 차려 놓았는데 아무도 오지 않았다 精いっぱいごちそうを用意しておいたのに誰も来なかった. **2**〔모처럼〕せっかく. ¶ ～ 모은 돈을 날려 버렸다 せっかくためた金をつぶしてしまった. **3**〔고작〕たかが. せいぜい. ¶ ～ 한다는 짓이 그 모양이냐? やるということがせいぜいそんな程度か.
기껏해야 副 せいぜいのところ. たかだか. ¶ 비싸다고 해도 ～ 1000원일 거야 高くてもせいぜい1000ウォンだろう.
기나긴 冠 (時間的に) 非常に長い. 長々と続いた. ¶ ～ 고난의 역사 長い苦難の歴史.
기낭〔氣囊〕 名〔生〕気嚢.
기내〔機內〕 名 (飛行機の)機内. ¶ ～식 機内食 / ～ 방송 機内の放送.
기네스북〔Guinness Book〕 名 ギネスブック.
기녀〔妓女〕 名 妓生. 芸者.
기년¹〔紀年〕 名 紀年.
기년법〔—法〕 名 紀年法.
기년체 사기〔—體史記〕 名 年代記.
기년학〔—學〕 名 年代学.
기년²〔期年〕 名 **1** 期年. 1周年. **2** 期限に当たる年. 満期の年.
기년³〔朞年〕 名 '기년복(朞年服)'의 준말.
기년복〔—服〕 名 喪中の期間に着る喪服.
기년제〔朞年祭〕 名 一周忌.
기념〔記念〕 名 하他 記念. ¶ ～일 記念日 / ～으로 삼다 記念にする / 수학여행은 학생 시절의 좋은 ～이 된다 修学旅行は学生時代のいい記念になる / 졸업 ～으로 찍은 사진 卒業記念に撮った写真.
기념관〔—館〕 名 記念館. ¶ 독립 ～ 独立記念館.
기념물〔—物〕 名 記念物. ¶ 천연 ～ 天然記念物.
기념비〔—碑〕 名 記念碑. ¶ ～적인 건물 記念碑的な建物.
기념사〔—辭〕 名 記念式辞.
기념 스탬프〔—stamp〕 名 記念スタンプ.
기념식〔—式〕 名 記念式典.
기념우표〔—郵票〕 名 記念切手.

기념장〔一章〕 名 記念章.
기념제〔一祭〕 名 記念祭.
기념주화〔一鑄貨〕 名 記念鋳貨.
기념탑〔一塔〕 名 記念塔.
기념품〔一品〕 名 記念品. 記念物. ¶ ～ 증정 記念品贈呈.
기념회〔一會〕 名 記念会. ¶출판 ～ 出版記念会.

기능[1]〔技能〕 名 技能. ¶～사 技能士／～공 技能工. 熟練工／～직 技能職／～을 연마하다 技能を練磨する／뛰어난 ～의 소유자 優れた技能の持ち主.
기능 검사〔一檢査〕 名〔心〕 技能検査.
기능 올림픽〔—Olympic〕 名 技能オリンピック.

기능[2]〔機能〕 名 機能. ¶생리적 ～ 生理的機能／국회의 ～ 国会の機能／파업으로 공장의 ～이 마비되었다 ストライキで工場の機能が麻痺した.

기다[1] 自 **1** 這う. ¶아기가 방에서 기어다닌다 赤ん坊が部屋で這い回る／엉금엉금 ～ のろのろと這う／산비탈을 기어올라 갔다 山の急斜面をよじ登っていった. **2** (這うように)進む. ¶길이 미끄러워 버스가 기어간다 道がつるつる滑ってバスがのろのろと進む. **3** (相手を恐れて)卑屈にふるまう. 這いつくばる. ぺこぺこする. ¶설설 ～ へいこらする. やたらにぺこぺこする.
〔속담〕 **기는 놈 위에 나는 놈이 있다** 這う者の上に飛ぶ者がいる〈上には上がある〉. **기지도 못하면서 뛰려고 한다** 這うこともできないくせに駆けようとする〈自分の力に余ることをしようとする〉.

기다[2] 他 〔'기이다'의 준말〕 忍ぶ. 隠す.

기다[3] 〔'그것이다'가 준 말〕 それだ. ¶내가 찾던 게 바로 ～ 私がさがしていた物がまさにそれだ.

기다랗다 形 思ったより長い. かなり長い. ¶기다란 장대 長い竿／기다란 얼굴 面長の顔／기다란 변명은 필요없다 長ったらしい言いわけは要らない.

기다리다 他 待つ. ¶설날을 손꼽아 ～ お正月を指折り数えて待つ／어머니가 돌아오시기를 ～ 母の帰りを待つ／목이 빠지게[빠지도록] ～ 首を長くして待つ／기다리고 기다리던 여름 방학이 왔다 待ちに待った夏休みが来た／기다리다(가) 못해 먼저 돌아갔다 待ちきれずに先に帰った／아무리 기다려도 끝내 오지 않았다 待てど暮らせどついに来なかった.

기다마하다 形 長めである. ¶알맞게 ～ 程よく長い.

기다맣다 形 〔'기다마하다'의 준말〕 かなり長い.

기단[1]〔氣團〕 名〔氣〕 気団. ¶한대 ～ 寒帯気団／대륙 ～ 大陸気団.

기단[2]〔基壇〕 名 基壇. 建物の基礎となる壇. ¶～석 基壇石.

기담〔奇談〕 名 奇談. ¶～ 괴설 奇談と怪説.

기대〔期待〕 名 하他 期待. ¶～에 어긋나다 期待に背く／～를 저버리다 期待を裏切る／～에 부응하다 期待に応える／～와 다른 결과 期待に反した結果／너에게 큰 ～를 걸고 있다 君に大きい期待をかけている.
기대감〔一感〕 名 期待感.

기대다 他 **1** (物·人に)もたれる. 寄りかかる. 立てかける. ¶벽에 ～ 壁に寄りかかる. **2** (人に)頼る. 頼みにする. ¶기댈 데 없는 몸 寄るべのない身／부모에게 기대어 살고 있다 両親に頼って暮らしている.

기대서다 自 もたれて立つ. 寄りかかる. ¶벽에 기대서서 차가 지나는 것을 보고 있다 壁にもたれて車が通り過ぎるのを見ている.

기대앉다 自 (壁などに)寄りかかって座る. ¶벽에 기대앉아 텔레비전을 보다 壁にもたれ座ってテレビを見る.

기도[1]〔企圖〕 名 하他 企図. 企て. たくらみ. ¶흉악한 ～ 凶悪な企て／음모를 ～하다 陰謀を企てる／자살을 ～하다 自殺を企てる.

기도[2]〔祈禱〕 名 하自 祈禱. 祈ること. ¶금식 ～ 断食祈禱／～를 드리다 祈禱をささげる.
기도문〔一文〕 名〔基〕 **1** 祈禱文. **2** 主の祈り.

기도[3]〔氣道〕 名〔生〕 気道.

기도[4]〔棋道〕 名 棋道. 囲碁·将棋の道.

기독〔基督〕 名 キリスト. イエス=キリスト.
기독교〔一教〕 名 **1** キリスト教. ¶～국 キリスト教国／～도 キリスト教徒／～ 교리 キリスト教教理. **2** 新教. プロテスタント.

기동[1]〔起動〕 名 하自 **1** 起動. 身動きすること. ¶허리를 다쳐 ～을 못 하다 腰を痛めて身動きできない. **2** 〔'기거 동작(起居動作)'의 준말〕 立ち居ふるまい. **3** (機械の)始動. ¶～기 起動機／～ 전동기 起動電動機. 始動モーター.

기동[2]〔機動〕 名 機動. ¶～ 부대 機動部隊／～ 함대 機動艦隊.
기동력〔一力〕 名 機動力. ¶～을 발휘하다 機動力を発揮する.
기동성〔一性〕 名 機動性. 機敏さ. ¶～ 있게 움직이다 機敏に動く.

기동차〔汽動車〕 名 気動車.

기둥 名 **1** (建物などの)柱. ¶나무 ～ 木の柱／콘크리트 ～ コンクリートの柱／～을 세우다 柱を立てる. **2** (物の)柱. 支え. 支柱. 突っ張り. ¶천막 ～ テントの支柱／～으로 버티다 柱で支える. 柱を支う. **3** 柱. 頼りとなる人物. 支柱. 大黒柱. ¶투수진의 ～이 되는 사람 投手陣の柱となる人／청소년은 나라의 ～이다 青少年は国家の柱である／한 집안의 ～을 잃다 一家の柱を失う.
〔속담〕 **기둥을 치면 대들보가[봇장이] 운다** 柱をたたけば梁が鳴る〈間接的に働きかけることによって影響を及ぼすことができる〉.
기둥감 名 **1** 柱となる材. **2** 頼りになる人. ¶나라의 ～으로 키우다 国家の柱となる人として育てる.
기둥머리 名〔建〕 柱頭.

기둥뿌리 名〔建〕柱の下端.

◆**기둥뿌리를 뽑다** 他人の家を滅亡させる.

기둥서방(一書房) 名 ひも. 妓生などの面倒を見ている男.

기득(既得) 名 하他 既得.

기득권(一權) 名 既得権. ¶~ 침해 既得権の侵害.

기라성(綺羅星) 名 綺羅星. ¶~처럼 늘어서다 綺羅星のごとく居並ぶ.

기량¹(技倆) 名 技量. 腕前. ¶~을 마음껏 발휘하다 技量を思う存分発揮する / 뛰어난 ~의 소유자 すぐれた技量の持ち主.

기량²(器量) 名 器量. 徳と才能. ¶지도자로서의 ~이 모자란다 指導者としての器量に欠ける.

기러기 名〔動〕雁.

기러기발 名〔樂〕琴柱. 駒.

기럭기럭 副 雁の鳴き声.

기럭아비 名〔民俗〕旧式の婚礼のとき, 木製の雁を手に持って花婿を花嫁の家に導く人.

기력¹(氣力) 名 気力. **1** (ものごとを為し遂げようとする)精神. 元気. ¶~이 왕성하다 気力[元気]旺盛だ / ~이 부친다 気力に乏しい. **2**〔物〕圧搾した空気の力.

기력²(棋力·碁力) 名 棋力. 囲碁·将棋の実力.

기력³(棋歷) 名 将棋·囲碁の経歴.

기력⁴(機力) 名 機械の力.

기로¹(岐路) 名 岐路. 境. 分かれ道. ¶인생의 ~ 人生の岐路 / 생사의 ~에 서다 生死の岐路に立つ.

-기로² 語尾 **1**〔이유·조건을 나타냄〕…だから. …(な)ので. ¶해가 졌~ 이제 집에 가면 어때요? 日が暮れたから, もう家に帰ったらどうですか. **2** 《반어적으로》 …しても. …だからといっても. …とはいえ. …でも. ¶아무리 좋은 집이~ 그렇게 비쌀까? いくらよい家だとはいえ, そんなに高値かね.

-기로³ **1** …であることで. ¶금강산은 아름답~ 유명하다 金剛山は美しいことで有名だ. **2** (‘-기로 하다[약속하다, 정하다]’ 등의 꼴로) …することに(する). ¶내일 아침 일찍 떠나~ 했다 明朝早く出かけることにした. **3** (‘-기로 되다’의 꼴로) …することになる.

-기로서 語尾 〔‘-기로서니’의 준말〕. …しても. …だからといっても. …とはいえ. …でも.

-기로서니 語尾 〔‘-기로² 2’의 강조형〕 …しても. …だからといっても. …とはいえ. …でも. ¶아무리 서울이 좋~ 내 고향만 할까? いくらソウルがよいといっても僕の故郷には及ぶまい.

-기로선들 語尾 〔‘-기로서니’의 강조형〕 …しても. …だからといっても. …とはいえ. …でも. ¶제 아무리 힘센 사람이~ 저 기둥을 뽑겠소? いくら力の強い人だとはいえ, あの柱を引き抜くことができるでしょうか.

기록(記錄) 名 하他 **1** 記録. 書き記すこと. 書き記したもの. ¶회의 ~ 会議の記録 / ~에 남기다 記録に残す / 역사에 길이 ~되다 長く歴史に記録される. **2** (競技などの)成績. レコード. 最高記録. ¶세계 최고 ~ 世界最高記録 / 신~을 세우다 新記録をうちたてる.

◆**기록을 깨뜨리다** 記録を破る.

◆**기록을 내다** 記録を出す. ¶육상 경기에서 좋은 ~을 냈다 陸上競技でよい記録を出した.

기록계기(一計器) 名 記録計器. 記録計.

기록기(一機) 名 記録機.

기록 문학(一文學) 名 記録文学.

기록 사진(一寫眞) 名 記録写真.

기록 영화(一映畫) 名〔映〕記録映画.

기뢰(機雷) 名〔軍〕機雷. ¶~원 機雷原 / ~ 탐지기 機雷探知機.

기뢰정(一艇) 名〔軍〕機雷艇.

기류¹(氣流) 名〔氣〕気流. ¶난~ 乱気流 / 제트 ~ ジェット気流 / ~를 타다 気流に乗る.

기류²(寄留) 名 하自 寄留. よその家や土地に滞在すること. ¶~자 寄留者 / 친척 집에 ~하다 親類の家に寄留する.

기르다 他 **1**〔키우다〕(動物·植物などを)育てる. 養う. 飼う. ¶나팔꽃을 ~ 朝顔を育てる / 집에서 금붕어를 길러 볼까 합니다 家で金魚を飼ってみようかと思います / 여자 손으로 아이 셋을 길러 냈다 女手一つで子供3人を育てた. **2**〔단련·배양하다〕(体力·能力·精神などを)養う. ¶체력을 ~ 体力をつける / 판단력을 ~ 判断力を養う / 국력을 ~ 国力を養う. **3**〔가르치다〕(人材などを)育てる. 養成する. ¶인재를 ~ 人材を育てる. **4**〔익히다〕(技術·癖などを)身につける. 習慣づける. ¶인사하는 버릇을 길러라 あいさつする習慣を身につけろ. **5**〔자라게 하다〕(髪·ひげなどを)伸ばす. 生やす. 蓄える. ¶머리를 길러서 땋아 내리다 髪を伸ばしてお下げにする / 구레나룻을 기르고 있다 頰ひげを生やしている. **6**〔나빠지게 하다〕(病気などを)悪化するままにほうっておく. 長引かせる. こじらせる. ¶병을 기르면 치료하는 데 더 시간이 걸린다 病気をほうっておくと治療にずっと時間がかかる.

기르스름하다 形 やや長い. 長めだ. ¶손가락이 ~ 指が長めだ.

-기를 語尾 …するところでは. …のには. ¶신문이 보도하~. 이 달 중순경에 큰 눈이 내린다더라 新聞の報道では, 今月中旬ごろに大雪が降るんだってさ.

기름 名 **1** 油. 脂. 脂肪. ¶콩~ 豆油 / 땀과 ~으로 더러워진 셔츠 汗と脂で汚れたシャツ / 옷이 ~에 찌들다 衣服が油で汚れる / ~에 튀기다 油で揚げる / ~으로 볶다 油でいためる / 코의 개~ 鼻の脂 / 얼굴에 ~이 번지르르하다 顔が(つやつやと)脂ぎっている / 돼지 ~ 豚の脂 / ~이 많은 쇠고기 脂身の多い牛肉. **2** 石油. ガソリン. ¶~ 유출 사고 石油の流出事故 / 자동차에 ~을 넣다 車にガソリンを

入れる. **3** 〈俗〉 賄賂.

◆기름을 먹이다 (紙·布などに)油を染み込ませる. 油を引く. ¶ 장판지에 ~을 먹이다 オンドル紙に油を引く.

◆기름을 짜다 ① (大豆·胡麻·えごまなどの)油を絞る. ② 〈俗〉 搾取する. ③ 多くの人が狭い場所で押しつ押されつもみ合う.

◆기름을 치다 ① (機械などに)潤滑油を注入する. 油をさす. ② 〈俗〉 賄賂をつかう. 袖の下をつかう.

◆기름이 흐르다 ① つやつやしている. ぴかぴかだ. ② 肥沃だ. ¶ ~이 자르르 흐르는 땅 肥沃な土地.

기름걸레 名 **1** (油をつけて物を磨くための)油ぞうきん. **2** 油をふき取るぞうきん.

기름기 名 **1** (肉の)脂身. **2** 油[脂]の成分. 油気. 脂気. ¶ ~ 없는 음식 脂気のない食物 / ~ 없는 얼굴 つやのない顔 / ~가 많다 脂気が多い. 脂っこい.

◆기름기가 돌다 ① 脂[油]ぎる. ¶ ~가 도는 얼굴 脂ぎった顔. ② (生活が)豊かになる.

기름기름하다 形 (複数のものが) みな長めだ.

기름때 名 油汚れ. ¶ 기계를 만졌더니 손에 ~가 묻었다 機械をいじくり回したので手が油でよごれた.

기름병〔一瓶〕 名 油を入れる瓶.

기름종이 名 油紙.

기름지다 形 **1** (おもに飲食物に)脂肪が多い. あぶらっこい. ¶ 기름진 음식 (肉など)脂肪分の多い食べ物. **2** (太って)脂肪がつく. ¶ 기름진 말 肥えた馬. **3** (土地が)よく肥えている. ¶ 기름진 땅 肥沃な土地.

기름통〔一桶〕 名 油桶.

기름틀 名 油搾木.

기름콩 名 もやしをつくるのに用いる小粒で白い大豆.

기름하다 形 心持ち長い. 長めである. ¶ 기름한 외투 長めのコート.

기리다 他 ほめたたえる. 称賛する. 讃辞を送る. ¶ 그의 공로를 ~ 彼の功労をほめたたえる.

기린[1]〔騏驎〕 名 騏驎. 駿馬.

기린[2]〔麒麟〕 名 **1** 〔動〕 麒麟. **2** 麒麟〈聖人が生まれる前兆として現われるという想像上の動物〉.

기린아〔麒麟兒〕 名 麒麟児. 神童.

기린자리〔麒麟一〕 名〔天〕 麒麟座.

기립〔起立〕 名 하自 起立. ¶ ~ 박수 起立拍手 / 전원이 ~하다 全員が起立する.

기마〔騎馬〕 名 하自 騎馬. ¶ ~ 행렬 騎馬行列.

기마대〔一隊〕 名 **1** 騎馬隊. **2** 〔'기마 경찰대'의 준말〕 騎馬警察隊.

기마전〔一戰〕 名 騎馬戦.

기막히다〔氣一〕 形 **1** (あまりのことに)あきれる. ¶ 기막힌 소리 途方もない言葉 / 너무 기막혀서 말이 안 나온다 あまりのことに言葉も出ない. **2** 非常にすばらしい. すごい. ¶ 기막히게 좋다 この上なくよい. とても立派だ / 기막히게 아름다운 아가씨 すごくきれいな娘 / 솜씨가 ~ 腕前がすばらしい.

기만[1]〔幾萬〕 數 冠 幾万. 何万.

기만[2]〔欺瞞〕 名 하他 欺瞞. ¶ ~ 행위 欺瞞行為 / ~ 정책 欺瞞政策 / 친구에게 ~을 당하다 友達に欺瞞される.

기말〔期末〕 名 期末. ¶ ~ 시험 期末試験.

기맥〔氣脈〕 名 **1** 気力. 元気. ¶ ~이 쇠약해지다 気力が衰える. **2** 気脈. 気持ちのつながり. ¶ ~을 통하다 気脈を通じる. **3** 気配. 気味. 雰囲気. ¶ ~을 알아차리다 気配を感づく / 추위가 풀릴 ~이 안 보이는군요 寒さが和らぐ気配がみえませんね.

기맥상통〔一相通〕 名 하自 意気が合うこと. 心が通い合うこと.

기명[1]〔妓名〕 名 妓名. 源氏名.

기명[2]〔記名〕 名 하自 記名. ¶ ~날인 記名捺印 / ~ 투표 記名投票.

기명식〔一式〕 名 記名式.

기명 주권〔一株券〕 名〔經〕 記名株券.

기명 채권〔一債券〕 名〔經〕 記名債券.

기명[3]〔器皿〕 名 器皿. 食物を盛る器の総称.

기모〔起毛〕 名 하他 起毛. 毛羽立たせること. ¶ ~기 起毛機.

기묘하다〔奇妙一〕 形 奇妙だ. ¶ 기묘한 풍습 奇妙な風習 / 기묘하게 생긴 바위 奇妙な形をした岩. **기묘히** 副 巧みに. 上手に. ¶ 살인범은 경찰의 포위망을 ~ 빠져 나갔다 殺人犯は警察の包囲網を巧みに突破した.

기무〔機務〕 名 機務. 機密の高い政務.

기문[1]〔奇聞〕 名 奇聞. 奇異なうわさ. 奇談.

기문[2]〔氣門〕 名〔動〕 気門. 気孔.

기물〔器物〕 名 器物. ¶ ~ 파손 器物破損.

기물 손괴죄〔一損壞罪〕 名〔法〕 器物損壊罪.

기미[1] 名 (皮膚の)しみ.

◆기미가 끼다 (顔に)しみができる.

기미[2]〔氣味〕 名 **1** 気味. (物の)においと味. **2** 感じ. 気持ち. 好み. 趣味. ¶ 서로 ~가 맞다[통하다] 意気投合する. 趣味が合う. **3** 〔韓方〕 薬の性質·効能を判断する基準.

기미[3]〔幾微〕 名 気配. 兆し. そぶり. 気色. 気味. 機微. ようす. ¶ 수상한 ~가 보인다 怪しい気配がする / 성공의 ~가 보인다 成功の兆しが見える / 도망칠 ~가 보인다 逃げ出そうとするそぶりが感じられる / 사회 불안의 ~가 보인다 社会不安の気味がある.

기미채다 自 気配を感じる. 気づく.

기민〔飢民〕 名 飢民. 食べ物に飢えている人.

기민하다〔機敏一〕 形 機敏だ. てきぱきしている. ¶ 기민한 동작 機敏な動作 / 일을 기민하게 처리하다 仕事をてきぱきと片づける.

기밀[1]〔氣密〕 名 気密. ¶ ~복 気密服 / ~실 気密室.

기밀[2]〔機密〕 名 하形 機密. ¶ ~비 機密費 / ~ 사항 機密事項 / 군사 ~

軍事機密 / 국가의 ~을 누설하다 国家の機密を漏らす.

기밀 누설죄〔一漏泄罪〕 名〔法〕 機密漏泄罪.

기박하다〔奇薄一〕 形 不遇だ. 不幸せだ. 薄幸だ. ¶ 기박한 운수 数奇な運命 / 기박한 팔자를 한탄하다 不遇な身の上を嘆く.

기반〔基盤〕 名 基盤. (物事の)土台. ¶ 민주주의의 ~ 民主主義の基盤 / 사업의 ~을 닦다 事業の基礎を築く / 출세의 ~을 다지다 出世の基盤を固める / 생활의 ~을 잃다 生活の基盤を失う / ~이 튼튼하다 基礎が堅固だ. 根を下ろしている.

기발하다〔奇拔一〕 形 奇抜だ. ¶ 기발한 아이디어를 생각해 내다 奇抜なアイデアを考え出す.

기백〔氣魄〕 名 気迫. 気概. ¶ 상대방의 ~에 압도당했다 相手の気迫に圧倒された.

기법〔技法〕 名 技法. ¶ 새로운 ~ 新しい技法 / ~을 터득하다 技法を会得する.

기벽〔奇癖〕 名 奇癖. 変わった癖. ¶ ~이 있는 사람 奇癖の持ち主.

기별〔奇別〕 名 消息. 便り. 知らせ. 通知. ¶ ~을 전하다 消息を伝える / ~을 띄우다 便りを出す / ~이 닿다 知らせが届く / 반가운 ~을 보내다 うれしい知らせを送る / 어머님께서 위독하시니 형한테 ~해야겠어요 お母さんが危篤なので兄に知らせなくてはなりません.

기병〔騎兵〕 名 騎兵.

기병대〔一隊〕 名〔軍〕 騎兵隊.

기보[1]〔既報〕 名 하他 既報.

기보[2]〔棋譜〕 名 棋譜. 局譜.

기복〔起伏〕 名 하自 **1** 起伏. 高低のあること. ¶ ~이 완만한 토지 起伏の緩やかな土地. **2** 起伏. 盛衰. ¶ 요즘의 주가는 ~이 심하다 このごろの株価は上がり下がりが激しい / 감정의 ~이 심해 도무지 종잡을 수가 없다 感情の起伏が激しくてまったく分からない.

기본〔基本〕 名 基本. もと. ¶ ~ 교리 基本教理 / ~ 단위 基本単位 / ~ 어음 基本手形 / ~ 어휘 基本語彙 / ~ 조건 基本条件 / 민주 정치의 ~이 된 자유 선거 民主政治の基本となっている自由選挙.

기본권〔一權〕 名 基本権.

기본급〔一給〕 名 基本給. 本俸.

기본법〔一法〕 名 基本法.

기본음〔一音〕 名〔樂〕〔物〕 基本音.

기본적〔一的〕 冠名 基本的. ¶ ~인 문제 基本的な問題.

기본형〔一形〕 名 基本形. 原形.

기봉〔奇峯〕 名 奇峰. 珍しい形の峰.

기부〔寄附〕 名 하他 寄付. ¶ 토지를 시에 ~했다 土地を市に寄付した.

기부금〔一金〕 名 寄付金. ¶ ~을 내다 寄付金を出す / ~을 모으다 寄付(金)を集める.

기부 행위〔一行爲〕 名〔法〕 寄付行為.

기분〔氣分〕 名 **1** 気分. 気持ち. 機嫌. 心地. 心持ち. ¶ ~이 좋다 気持ちがいい. 快い / ~이 나쁘다 気分が悪い / ~이 언짢다 気分がすぐれない / ~전환을 위해서 노래나 부르자 気分転換のために歌でも歌おう / 남의 ~을 상하게 하다 人の機嫌をそこねる. **2** 気分. 雰囲気. ¶ 봄 ~이 난다 春の感じがする / 축하 ~을 내다 祝いの雰囲気を醸し出す[感じを出す] / 거리는 크리스마스 ~으로 들떠 있다 街はクリスマス気分で浮かれている. **3**〔韓方〕(血気に対する)元気.

기분파〔一派〕 名 気分屋.

기뻐하다 自他 喜ぶ. うれしがる. ¶ 세뱃돈을 받고 기뻐하는 어린이들 お年玉をもらって喜ぶ子供たち / 아들의 무사함을 ~ 息子の無事を喜ぶ / 기다리고 기다리던 편지가 와서 기뻐했다 待ちに待った手紙が来て喜んだ.

기쁘다 形 うれしい. 喜ばしい. 反 悲しい ¶ 기쁜 소식 うれしい便り / 기쁜 얼굴로 맞이하다 笑顔で迎える / 기뻐서 어쩔 줄 모르다 うれしくてどうしてよいか分からない / 기쁘기 한량 없다 喜ばしい限りだ / 당시에 기뻤던 기억은 지금도 생생하다 当時のうれしかった記憶は今も生々しい / 기쁠 때나 슬플 때나 변함없이 うれしいときも悲しいときも変わることなく.

기쁨 名 喜び. うれしさ. ¶ 이보다 더한 ~은 없다 これに勝る喜びはない / ~에 겨워 흐르는 눈물을 막을 수 없었다 喜びにあふれて流れる涙を抑えることができなかった.

기사[1]〔技師〕 名 技師. エンジニア.

기사[2]〔記事〕 名 記事. ¶ 톱 ~ トップ記事 / 여성 문제에 관한 ~를 싣다 女性問題に関する記事を載せる.

기사광고〔一廣告〕 名 記事文体の広告.

기사문〔一文〕 名〔文〕 記事文.

기사체〔一體〕 名〔文〕 記事体.

기삿거리 名 記事の種.

기사[3]〔棋士〕 名 棋士.

기사[4]〔騎士〕 名 騎士. ナイト. ¶ ~도 騎士道.

기사[5]〔饑死·飢死〕 名 하自 餓死.

기사회생〔起死回生〕 名 하自 起死回生.

기산〔起算〕 名 하他 起算. ¶ ~일 起算日 / ~점 起算点.

기상[1]〔奇想〕 名 奇想.

기상천외〔一天外〕 名 하形 奇想天外. ¶ ~의 질문 奇想天外の質問 / ~한 발상 奇想天外な発想.

기상[2]〔起床〕 名 하自 起床. ¶ ~ 시간 起床時間 / ~나팔 起床喇叭 / 매일 아침 6시에 ~한다 毎朝6時に起床する.

기상[3]〔氣象〕 名 気象. 天気. ¶ ~ 경보 気象警報 / ~구 気象区 / ~재해 気象災害 / ~ 주의보 気象注意報 / ~ 통보 気象通報 / ~학 気象学 / ~ 위성 気象衛星 / ~ 개황 気象概況 / ~ 관측 気象観測.

기상대〔一臺〕 名〔氣〕 気象台.

기상도〔一圖〕 名〔氣〕 天気図.

기상청〔一廳〕 名 気象庁〈科学技術部所属. 気象状態の観測および予報業務を管掌する行政機関〉.

기상[4]〔氣像〕 名 気性. ¶ 활달한 ～ 闊達な気性 / 진취적인 ～ 進取の気性.

기상[5]〔機上〕 名 機上. 飛行機の中. ¶ ～에서 내려다보다 機上から見下ろす.

기색〔氣色〕 名 **1** 気色. 顔色. 顔つき. ¶ 노한 ～ 怒った顔つき / 불쾌한 ～ 不愉快そうな顔色 / 언짢은 ～을 보이다 不快な色を見せる / 조금도 싫은 ～을 보이지 않는다 少しも嫌な顔をしない. **2** 素振り. 気配. ¶ 눈이라도 내릴 ～이다 雪でも降りそうな気配だ / 웬일인지 경계하는 ～이 없었다 どうしたことか警戒する素振りがなかった.

◆**기색을 살피다** 顔色をうかがう. ¶ 사장의 ～을 살피다 社長の顔色をうかがう.

기생[1]〔妓生〕 名 妓生. 芸妓. 妓女. 芸者. ¶ ～집 妓生の家. 妓生のいる酒屋.

기생방〔一房〕 名 妓生の家.

기생오라비 名 着飾って歩き回る男.

기생[2]〔寄生〕 名 하自 寄生. ¶ ～ 동물 寄生動物 / ～ 식물 寄生植物 / 인체에 ～하는 회충 人体に寄生する回虫.

기생근〔一根〕 名〔植〕 寄生根. 吸根.

기생충〔一蟲〕 名〔動〕 寄生虫. ¶ ～ 같은 존재 寄生虫のような存在.

기생 화산〔一火山〕 名 寄生火山. 側火山.

기서〔奇書〕 名 奇書. 珍しい本.

기선[1]〔汽船〕 名 汽船. 蒸気船.

기선[2]〔機先〕 名 機先. ¶ ～을 제압하다 機先を制する.

기설〔既設〕 名 하他 既設. ¶ ～의 시설 既設の施設.

기성[1]〔奇聲〕 名 奇声. ¶ ～을 지르다 奇声を発する.

기성[2]〔既成〕 名 하自 既成. ¶ ～품 既成品 / ～관념 既成観念 / ～의 사고방식 既成の考え方.

기성도덕〔一道德〕 名 既成道徳.

기성복〔一服〕 名 既製服.

기성세대〔一世代〕 名 既成世代.

기성세력〔一勢力〕 名 既成勢力.

기성 작가〔一作家〕 名 既成作家.

기성화〔一靴〕 名 既製の靴.

기성[3]〔期成〕 名 하他 期成. あることをなし遂げようと期すること.

기성회〔一會〕 名 期成会.

기성[4]〔棋聖〕 名 棋聖. 囲碁や将棋の名人.

기세〔氣勢〕 名 **1** 気勢. 勢い. 意気込み. 気合い. ¶ ～가 좋다 勢いがいい / ～가 오르다 気勢が揚がる / ～가 꺾이다 気勢がそがれる / ～가 등등하다 元気があふれている / 당당한 ～ 堂々たる気勢. **2** 形勢. 情勢.

기세부리다[피우다] 自 気勢を張る. 威張る.

기소〔起訴〕 名 하他〔法〕 起訴. ¶ ～ 유예 起訴猶予 / ～장 起訴状 / 상해죄로 ～하다 傷害罪で起訴する.

기수[1]〔忌數〕 名 忌み嫌われる数字〈4など〉.

기수[2]〔奇數〕 名〔數〕 奇数.

기수[3]〔基數〕 名〔數〕 基数. 0から9までの整数.

기수[4]〔既遂〕 名 하他 既遂. すでになし遂げたこと. ¶ ～범 既遂犯.

기수[5]〔旗手〕 名 旗手. ¶ 선수단의 ～ 選手団の旗手 / 신문학 운동의 ～ 新文学運動の旗手.

기수[6]〔機首〕 名 機首. ¶ ～를 남쪽으로 돌리다 機首を南に向ける.

기수[7]〔騎手〕 名 騎手.

기숙〔寄宿〕 名 하自 寄宿. ¶ ～생 寄宿生. 寮生 / 당분간 형의 집에서 ～하고 있다 当分の間兄の家に寄宿している.

기숙사〔一舍〕 名 寄宿舎. 寮. ¶ ～ 생활 寮生活 / ～ 사감 寮の舎監.

기술[1]〔技術〕 名 **1** 技術. 技. こつ. ¶ ～ 원조 技術援助 / 염색 ～ 染色技術 / 과학 ～ 科学技術 / ～이전 技術移転 / ～을 연마하다 技術を磨く / 운전 ～을 익히다 運転技術を覚える. **2** (物事をうまく行う)技術. 能力. 手際. ¶ 그는 사람 다루는 ～이 좋다 彼は人を扱う技術が優れている.

기술공〔一工〕 名 技術工.

기술 도입〔一導入〕 名 하自 技術導入.

기술자〔一者〕 名 技術者. エンジニア. ¶ ～ 양성에 힘쓰다 技術者の養成に努める.

기술적〔一的〕 冠名 技術的. ¶ ～인 문제 技術的な問題 / ～으로 난점이 많다 技術的に難点が多い.

기술 제휴〔一提携〕 名 技術提携.

기술[2]〔奇術〕 名 奇術. 手品. ¶ ～사 奇術師. 手品師.

기술[3]〔記述〕 名 하他 記述. ¶ ～식 문제 記述式の問題 / 문어체로 ～하다 文語体で記述する.

기술[4]〔既述〕 名 하他 既述. ¶ ～한 바와 같이 既述したように.

기슭 名 **1** (斜面になっている所の)下部. ふもと. ¶ 산～ 山のふもと. **2** (川·海などの)岸. ¶ 건너편 강～ 向こうの川岸.

기습[1]〔奇習〕 名 奇習. 珍しい[奇妙な]風習.

기습[2]〔奇襲〕 名 하他 奇襲. 不意打ち. ¶ ～ 공격 奇襲攻撃.

기승[1]〔奇勝〕 名 奇勝. 珍しい[優れた]景色.

기승[2]〔氣勝〕 名 하形 勝ち気. 負けん気. 利かん気.

기승떨다 自 勝ち気な行動をする. 勝手気ままにふるまう.

기승부리다[피우다] 自 **1** 勝ち気にふるまう. **2** (悪天候などが)猛威をふるう. ¶ 늦추위가 기승부린다 余寒がひどい / 이번 겨울에는 독감이 기승부리고 있다 今年の冬にはインフルエンザが猛威をふるっている.

기승스럽다 形 勝ち気だ. 負けん気が強い. ¶ 기승스런 아이 勝ち気な子.

기승스레 副 勝ち気になって. 負けん気で. ¶ ～ 굴다 勝ち気にふるまう.

기승전결〔起承轉結〕 名 起承転結.

기식[1]〔氣息〕 名 気息. 息遣い.

기식[2]〔寄食〕 名 하自 寄食. 居候. ¶ 잠시 작은아버지 집에 ~하고 있다 しばらく叔父の家に居候している.

기신호〔旗信號〕 名 旗信号.

기실[1]〔氣室〕 名 **1** 〔植〕 気室. **2** 空気室.

기실[2]〔其實〕 名 副 その実. 実際のところ. 本当のところ. ¶ 쉬운 것 같으나 ~(은) 아주 어려운 문제다 やさしそうに見えるがその実とても難しい問題だ / 나쁜 것은 ~ 그 사람이 아니다 悪いのは本当のところその人じゃない.

기십〔幾十〕 名 幾十. ¶ 그 회사에는 ~의 자회사가 있다 その会社には幾十もの子会社がある.

기아[1]〔飢餓·饑餓〕 名 飢餓. 飢え. ¶ ~로 허덕이다 飢えに苦しむ / 계속되는 가뭄으로 ~ 상태에 직면했다 日照り続きで飢餓状態に直面した.

기아선상〔一線上〕 名 飢餓線上. ¶ ~에서 허덕이는 빈민 飢餓線上で苦しむ貧民.

기아[2]〔棄兒〕 名 하自 捨て子. 子を捨てること.

기악〔器樂〕 名 〔樂〕 器楽.

기악곡〔一曲〕 名 〔樂〕 器楽曲.

기안〔起案〕 名 하他 起案. 起草. ¶ 공문서를 ~하다 公文書を起案する.

기암〔奇巖〕 名 奇岩.

기암괴석〔一怪石〕 名 奇岩怪石.

기암절벽〔一絶壁〕 名 奇岩絶壁.

기압〔氣壓〕 名 〔物〕〔氣〕 気圧. ¶ 저~ 低気圧 / 고~ 高気圧.

기압 경도〔一傾度〕 名 〔氣〕 気圧傾度.

기압계〔一計〕 名 気圧計.

기압골 名 〔氣〕 気圧の谷.

기압 배치〔一配置〕 名 〔氣〕 気圧配置.

기약〔期約〕 名 하他 (時を決めて)約束すること. 期すること. 契り. ¶ 재회를 ~하다 再会を約束する / 인생은 내일을 ~할 수 없다 人生は明日を期することはできない.

기약 분수〔既約分數〕 名 〔數〕 既約分数.

기어〔gear〕 名 〔機〕 ギア. ¶ 감속 ~ 減速ギア / ~를 넣다 ギアを入れる / ~를 바꾸다 ギアを変える.

기어들다 自 **1** 忍び入る. 忍び込む. ¶ 도둑놈이 몰래 ~ 泥棒がひそかに忍び入る. **2** 縮む. すくむ. (声などが)消え入りそうになる. ¶ 기어들어 가는 목소리 消え入りそうな声.

기어오르다 Ⅰ 自 付け上がる. ¶ 귀여워했더니 자꾸 기어오른다 かわいがってやったら付け上がる.
Ⅱ 他 這い上がる. ¶ 암벽을 ~ 岩壁を這い上がる.

기어이〔期於一〕 副 **1** (どんなことがあっても)必ず. きっと. 是非とも. どうしても. ¶ ~ 성공해 보이겠다 必ず成功してみせる / 금년에는 ~ 새 차를 사고야 말겠다 今年は是非とも新しい車を買ってみせる. **2** ついに. とうとう. ¶ 그 일이 ~ 끝났군 その仕事はとうとう終わったな / 우리의 소원은 ~ 실현되었다 我々の念願はついに実現した.

기어코〔期於一〕 副 必ず. きっと. ついに. とうとう.

기억〔記憶〕 名 하他 記憶. 物覚え. 覚えること. ¶ ~ 상실 記憶喪失 / 옛 ~을 되살리다 古い記憶を呼び起こす / 나이를 먹으면 ~이 흐려진다 年をとると記憶が薄れる / 나는 그런 일을 한 ~이 없다 私はそんなことをした覚えがない / 어렸을 적의 일은 이제 ~하지 못한다 小さいころのことはもう覚えていない.
◆**기억을 더듬다** 記憶をたどる. 思い出をたどる. ¶ 그 당시의 ~을 더듬어 보아라 その当時の記憶をたどってみなさい.

기억나다 自 思い出す. ¶ 아무리 생각해도 기억나지 않는다 いくら考えても思い出せない.

기억력〔一力〕 名 記憶力. 物覚え. 記憶. ¶ ~이 좋다 物覚えがいい.

기억술〔一術〕 名 記憶術.

기억 장치〔一裝置〕 名 記憶装置.

기엄기엄 副 하自 そろそろ這うようす. ¶ 아기가 ~ 기어간다 赤ちゃんが這い這いする.

기업[1]〔企業〕 名 企業. ¶ ~가 企業家 / 중소~ 中小企業 / ~ 연합 企業連合. カルテル / ~ 합동 企業合同. トラスト / ~의 합리화 企業の合理化.

기업 결합〔一結合〕 名 〔經〕 企業結合.

기업 경제〔一經濟〕 名 〔經〕 企業経済.

기업주〔一主〕 名 企業主. 企業の所有者.

기업 집중〔一集中〕 名 〔經〕 企業集中.

기업체〔一體〕 名 企業体.

기업화〔一化〕 名 하自他 企業化.

기업[2]〔起業〕 名 하他 起業. 創業. ¶ ~ 공채 起業公債.

-기에 語尾 **1** 〔원인·이유를 나타냄〕 …ので. …だから. ¶ 비가 올 것 같~ 소풍을 그만두었다 雨が降りそうなので遠足を中止した / 그는 유능한 실업가이~ 장래가 촉망된다 彼は有能な実業家だから将来が嘱望される. **2** 〔까닭을 캐어묻는 뜻을 나타냄〕 …だからといって. ¶ 무엇이 그토록 서러웠었~ 울고만 있었느냐? 何がそんなに悲しくて泣いてばかりいたのか.
◆**-기에 망정이지** …したからよかったものの. …であるからよかったものの. ¶ 피했~ 망정이지 돌에 맞을 뻔했다 避けたからよかったものの石に打たれるところだった.

기여〔寄與〕 名 하他 寄与. ¶ 의학의 발전에 ~하다 医学の発展に寄与する / 학계의 발전에 ~한 바 크다 学界の発展に寄与したところ大である.

기역니은 名 **1** ㄱとㄴ. **2** ハングル. ¶ ~도 모르는 사람 ハングルも知らない人. イロハのイの字も知らない人.

기연〔奇緣〕 名 奇縁. 不思議な縁.

기연가미연가하다〔其然一未然一〕 形 '긴가민가하다'의 본말.

기염〔氣焰〕 名 気炎. ¶ ~을 올리다 気炎を上げる / ~을 토하다 気炎を吐く.

기염만장〔一萬丈〕 名 気炎万丈.

기예[1]〔技藝〕 名 技芸. (美術·工芸などの)技術. ¶ ~를 닦다 技芸を磨く.

기예²〔氣銳〕 名 하形 気鋭. ¶ 신진 ～의 학자 新進気鋭の学者.
기온〔氣溫〕 名 気温. ¶ 최고 ～ 最高気温 / ～의 변화가 심하다 気温の変化が激しい / ～이 오르다[내리다] 気温が上がる[下がる].
기온 편차〔一偏差〕 名〔氣〕 気温偏差.
기와 名 瓦. ¶ ～지붕 瓦屋根 / ～를 굽다 瓦を焼く / ～로 지붕을 이다 瓦で屋根を葺く.
〔속담〕 **기와 한 장 아끼다가 대들보 썩힌다** 瓦一枚惜しんで梁を腐らす〈わずかなものを惜しんだために大きな損害を被ること. 一文惜しみの百知らず〉.
기와장이 名 瓦職人. 瓦葺き.
기와집 名 瓦屋. 瓦葺きの家.
기왓가마 名 瓦窯.
기왓고랑 名 瓦屋根の溝.
기왓장〔一張〕 名 1枚1枚の瓦. ¶ ～을 올리다 (屋根を葺くために)瓦を屋根に上げる.
기왕〔既往〕 名 副 **1** 既往. 過去. 以前. ¶ ～의 잘잘못은 따지지 말고 過ぎ去ったことの是非は問わずに. **2** (‘기왕에’의 꼴로) どうせ. もうすでに. ¶ ～에 갚아야 할 돈이라면 빨리 갚는 게 좋다 どうせ返さなければならないお金なら早く返したほうがよい.
기왕이면 副 どうせなら. せっかくなら. ¶ ～ 경치 좋은 설악산으로 가자 どうせなら景色のいい雪岳山に行こう.
기왕지사〔一之事〕 名 副 **1** すでに過ぎ去ったこと. すんでしまったこと. ¶ ～는 탓하지 말기로 합시다 すんでしまったことはとがめないことにしましょう. **2** どうせ. ¶ ～ 그렇게 된 바에야 どうせそうなった以上は.
기용〔起用〕 名 하他 起用. ¶ 신인을 주역으로 ～하다 新人を主役に起用する.
기우¹〔杞憂〕 名 杞憂. 無用の心配. ¶ 그 걱정은 ～에 불과했다 その心配は杞憂に過ぎなかった.
기우²〔奇遇〕 名 하自他 奇遇. ¶ 우리들의 해후는 정말로 ～였다 私たちの邂逅は全く奇遇だった.
기우³〔祈雨〕 名 하自 祈雨. 雨ごい.
기우단〔一壇〕 名 雨ごいの祭壇.
기우제〔一祭〕 名 雨ごいの儀式. ¶ ～를 지내다 雨ごいの儀式を行なう.
기우듬하다 形 やや傾いている. ¶ 굴뚝이 ～ 煙突がやや傾いている / 앞으로 기우듬한 기둥 前に傾いている柱. **기우듬히** 副 やや傾いて. ¶ ～ 벽에 기대어 앉다 壁にもたれて座る.
기우뚱 副 하自他形 (物体·体などが)一方へやや斜めに傾いているようす. ¶ 독이 ～ 기울어지면서 물이 쏟아졌다 水がめがぐらっと傾いて水がこぼれ出た / 고개가 좀 ～한 인형 首が傾いた人形 / 파도에 배가 ～했다 波に船が傾いた.
기우뚱거리다[-대다] **I** 自 (物体が)揺れ動く. ぐらつく. 揺れる. ¶ 테이블이 ～ テーブルがぐらつく / 보트가 ～ ボートが揺れる.
II 他 **1** (物体を)揺らす. ぐらつかせる. ¶ 자전거를 기우뚱거리며 타고 있다 自転車を左右に揺らしながら乗っている. **2** 首をかしげる.
기우뚱기우뚱 副 하自他 ぐらぐら(と). ¶ 오리가 ～ 걸어가다 鴨がぐらぐらと歩いて行く.
기운¹ 名 **1** (万物生成の根本となる)気. 精気. ¶ 천지 창조의 ～이 감돈다 天地創造の気がみなぎる. **2**〔원기·생기〕 元気. 生気. 活気. ¶ ～을 내다 元気を出す / ～이 나다 元気が出る / ～ 없는 대답 元気のない返事 / 완전히 ～이 빠져 버리다 まったく元気をなくしてしまう. **3**〔힘〕 力. 気力. 精神力. ¶ ～이 세다 力が強い / ～을 쓰다 力を入れる. 力を尽くす / 병을 앓고 나더니 ～이 떨어졌다 病気になってから気力が衰えた. **4**〔감각·기미〕 気. 気配. 気味. 空気. ¶ 찬 ～ 冷気. 冷え / 방 안에 험악한 ～이 감돈다 部屋の中に険悪な空気が漂う / 4월이 되니 봄～이 완연하다 4月になって春の気配がはっきりと感じられる / 감기 ～이 있다 風邪ぎみだ.
기운차다 形 力強い. 元気よい. ¶ 기운찬 목소리 力強い声 / 기운차게 걷다 元気よく歩く.
기운²〔氣運〕 名 気運. 時運. 成り行き. ¶ 부흥의 ～이 충만해 있다 復興の気運がみなぎっている.
기운³〔機運〕 名 機運. 時機. ¶ 통일의 ～이 높아지다 統一の機運が高まる.
기울 名 麩.
기울기 名 傾き. 勾配.
기울다 自 **1**〔비스듬해지다〕 傾く. 斜めになっている. ¶ 배가 왼쪽으로 ～ 船が左に傾く. **2**〔저물다〕 (太陽·月が)傾く. ¶ 저녁해가 뉘엿뉘엿 서산에 기울기 시작했다 日暮れの太陽が赤く西の山に傾き始めた. **3**〔쇠퇴하다〕 (勢いが)傾く. 衰える. ¶ 가운이 ～ 家運が傾く / 형세가 ～ 形勢が不利になる. **4**〔어떤 경향을 띠다〕 傾く. ある傾向を帯びる. 偏る. (心·態度などが)ひかれる. ¶ 사회주의로 기운 사상 社会主義に傾いた思想. **5**〔이지러지다〕 (太陽·月などが)欠ける. ¶ 달도 차면 기운다 月も満ちれば欠ける. **6**〔걸맞지 않다〕 (程度が)劣る. 落ちる. ¶ 신부에 비하여 신랑이 기운다 新婦に比べて新郎のほうが見劣りする.
기울어뜨리다[-트리다] 他 力強く傾ける. 勢いよく傾ける. ¶ 병을 ～ 瓶を傾ける.
기울어지다 自 **1** 傾く. 斜めになる. ¶ 기울어진 탑 傾いた塔 / 지진으로 가옥이 기울어졌다 地震で家屋が傾いた. **2** (勢いが)傾く. 衰える. ¶ 기울어져 가는 회사 傾きかけている会社. **3** 傾く. 傾向を帯びるようになる. ¶ 그는 우리 편으로 기울어졌다 彼は我々の側に傾いた.
기울이다 他 **1** 傾ける. 傾くようにする. かしげる. ¶ 고개를 ～ 首をかしげる

/상체를 앞으로 ～ 前かがみになる/대야를 기울여 물을 쏟다 たらいを傾けて水をあける. **2** (力·精神などを)傾ける. 集中させる. ¶ 귀를 ～ 耳を傾ける/전력을 기울여 일을 하다 全力を傾けて仕事をする. **3** (杯を)傾ける. ¶ 친구와 다정하게 술잔을 ～ 友人と親しく杯を傾ける.

기움질 名 하他 継ぎ当て. 継ぎを当てること. ¶ ～한 옷 継ぎの当たった服.

기웃 副 하自他 首を傾けて何かをのぞこうとするようす. ¶ 문 밖에서 안을 ～하다 門の外から中をのぞく.

기웃거리다[-대다] 自他 **1** しきりにのぞきこむ. ¶ 옆 방을 ～ 隣の部屋をしきりにのぞく. **2** しきりに盗み見る.

기웃기웃 副 하自他 しきりにのぞくようす.

기웃하다 Ⅰ 形 ちょっと傾けるようす. ¶ 고개를 기웃하게 기울이다 首をちょっと傾ける.
Ⅱ 他 (首·体などを)やや傾ける. **기웃이** 副 やや傾いて. やや傾けて. ¶ ～ 들여다보다 首をかしげてのぞき見る.

기원1[祈願] 名 하他 祈願. 願い. 祈ること. ¶ 간절한 ～ 切なる願い/합격을 ～하다 合格を祈願する/아들이 무사하기를 ～하다 息子の無事を祈る.

기원2[紀元] 名 紀元. ¶ ～전 紀元前/～후 紀元後/서력～ 西暦紀元.

기원3[起源] 名 하自 起源. 始まり. 起こり. ¶ 생명의 ～ 生命の起源/고대 국가의 ～을 더듬다 古代国家の起源をたどる/불교는 인도에서 ～한 종교이다 仏教はインドで始まった宗教である.

기원4[棋院] 名 棋院. 囲碁をする人たちの団体. 碁会所.

기율[紀律] 名 規律. 紀律. ¶ ～을 지키다[어기다] 規律を守る[破る].

기이다 他 (人に知られないように)隠す. 忍ぶ. ¶ 그는 남의 눈을 기이는 듯 주위와 접촉을 거부했다 彼は人の目を避けるかのように周囲と接触を断った.

기이하다[奇異―] 形 奇怪だ. 不思議だ. ¶ 기이한 생각 奇異の念/기이한 사건 奇怪な事件/기이한 운명을 타고났다 奇しき運命を持って生まれた.

기인1[奇人] 名 奇人. 変人.

기인2[起因] 名 하自 起因. ¶ 그의 병은 과로에서 ～했다 彼の病気は過労から起因した.

기인3[基因] 名 하自 基因. 原因. ¶ 헌법에 ～한 행동 憲法に基づく行動/사실에 ～된 소설 事実に基づいた小説.

기일1[忌日] 名 **1** 忌日. 命日. ¶ 아버지의 ～ 父の命日. **2** 忌み日. 汚れを避けて慎むべき日.

기일2[期日] 名 期日. 特に定められた日. 日限. 期限. ¶ ～을 지키다 期日を守る/세금을 ～까지는 납부해야 한다 税金を期限までに納めなければならない.

기입[記入] 名 하他 記入. 書き込み. ¶ 장부에 ～된 매상액 帳簿に記入された売上高/수첩에 주소를 ～하다 手帳に住所を書き込む.

기입란[―欄] 名 記入欄.

기입장[―帳] 名 記入する帳簿.

기자[記者] 名 記者. ¶ 신문 ～ 新聞記者/잡지 ～ 雑誌記者/～ 회견 記者会見.

기자단[―團] 名 記者団.

기장1 名〔植〕黍.

기장쌀 名 (搗いて)殻を取り除いた粒状の黍.

기장2 名 (衣服の)丈. 長さ. ¶ ～이 길다 丈が長い[余る]/옷의 ～을 줄이다 衣服の丈をつめる.

기장3[記章] 名 〔'기념장'의 준말〕記章. 記念章. メダル. ¶ 올림픽 ～ オリンピック記念メダル.

기장4[記帳] 名 하他 記帳. ¶ 매상을 ～하다 売上げを記帳する.

기장5[旗章] 名 旗章. 旗印.

기장6[機長] 名 機長.

기재1[奇才] 名 奇才. ¶ 보기 드문 ～ まれに見る奇才.

기재2[記載] 名 하他 記載. ¶ ～ 사항 記載事項/서류에 ～하다 書類に記載する.

기재3[器材] 名 器材. ¶ 관측용 ～ 観測用器材.

기재4[機材] 名 機材. ¶ 방송 ～ 放送機材.

기저[基底] 名 基底. ¶ 작품의 ～에 깔려 있는 사상 作品の根底にある思想.

기저귀 名 おむつ. おしめ. ¶ ～를 채우다 おむつを当てる/～를 갈다 おむつを換える.

기적1[汽笛] 名 汽笛. ¶ ～이 울리다 汽笛が鳴る.

기적2[奇蹟] 名 奇跡. ¶ ～이 일어나다 奇跡が起こる/살아서 돌아온 것은 ～이다 生きて帰れたのは奇跡だ.

기적적[―的] 冠 名 奇跡的. ¶ ～인 탈출 奇跡的な脱出.

기전1[紀傳] 名 紀伝.

기전체[―體] 名 紀伝体.

기전2[起電] 名 하自 起電.

기전기[―機] 名 起電機.

기전력[―力] 名〔物〕起電力.

기전3[棋戰] 名 棋戦. 囲碁·将棋の勝負.

기절1[氣絶] 名 하自 気絶. 失神. ¶ 쇼크를 받아 ～했다 ショックを受けて気絶した.

기절초풍[―風] 名 하自 びっくり仰天すること. ¶ 총소리에 ～하다 銃声にぶったまげる.

기절2[氣節] 名 **1** 気節. 気概と節操. 気骨. ¶ ～이 있는 사나이 気骨のある男. **2** 気節. 気候.

기점1[起點] 名 起点. 反 終点.

기점2[基點] 名 基点. ¶ 역을 ～으로 하여 반경 10킬로미터 이내 駅を基点として半径10キロメートル以内.

기정[既定] 名 하他 既定. ¶ ～사실 既定の事実/～된 방침 既定の方針.

기제[忌祭] 名 忌祭. 年忌の祭祀.

기제사〔忌祭祀〕 名 忌祭.
기조〔基調〕 名 基調. ¶ ~연설 基調演説/~를 이루다 基調をなす/파랑을 ~로 하여 그린 풍경화 青を基調にして描いた風景画.
기존〔既存〕 名 하自 既存. ¶ ~의 권리 既存の権利/~ 시설을 이용하다 既存の施設を利用する.
기종〔機種〕 名 機種. ¶ 낡은 형의 ~ 古い型の機種.
기준〔基準〕 名 基準. ¶ ~량 基準量/건축 ~ 建築基準/판단 ~ 判断基準/~을 웃돌다[밑돌다] 基準を上回る[下回る]/~을 세우다 基準を立てる/작년도의 실적을 ~으로 하여 생각하다 昨年度の実績を基準にして考える.
　기준선〔一線〕 名 基準線.
　기준 임금〔一賃金〕 名 基準賃金.
기중[1]〔忌中〕 名 忌中. 喪中.
기중[2]〔其中〕 名 そのうち. その中.
기중[3]〔期中〕 名 期日内. 期限内.
기중기〔起重機〕 名 起重機. クレーン. ¶ ~선 起重機船. クレーン船.
기증〔寄贈〕 名 하他 寄贈. ¶ ~자 寄贈者/~품 寄贈品/졸업생으로부터 ~받은 장서 卒業生から贈られた蔵書.
기지[1]〔基地〕 名 基地. ¶ 공군 ~ 空軍基地/탐험 ~ 探険基地.
　기지창〔一廠〕 名〔軍〕 基地廠.
기지[2]〔既知〕 名 하他 既知. 反 未知. ¶ ~의 사실 既知の事実.
　기지수〔一數〕 名〔數〕 既知数.
기지[3]〔機智〕 名 機知. ウイット. ¶ ~가 있는 사람 ウイットのある人/~에 넘치는 대화 機知に富んだ対話.
기지개 名 하自 伸び.
　◆**기지개를 켜다** 伸びをする.
기직 名 草莚.
기진〔氣盡〕 名 하自 気力が尽きること. ¶ ~하여 쓰러지다 気力が尽きて倒れる.
　기진맥진〔一脈盡〕 名 하自 気力が尽きてへとへとになること. 疲労困憊. ¶ 연이은 강행군으로 ~하다 連続の強行軍でへとへとになる.
기질〔氣質〕 名 **1** 気質. 気力と体質. 気だて. 気性. ¶ 난폭한 ~ 荒っぽい気性/~이 좋은 청년 気だてのよい青年/온순한 ~ 優しい気質. **2** 気質. 気質. ¶ 장사꾼 ~이 다분하다 商人気質が多分にある/아직도 학생 ~이 남아 있다 いまだに学生気質が残っている.
기차〔汽車〕 名 汽車. ¶ ~ 여행 汽車旅行/~에서 내리다 汽車から降りる.
　기차표〔一票〕 名 (汽車の)乗車券.
　기찻길 名 (汽車の)線路. レール.

單語帳 **탈것에 관한 말**

자동차 自動車/차 車/버스 バス/트럭 トラック/용달차(用達車) 小型トラック/택시 タクシー/무궤도 전차(無軌道電車) トロリーバス/소방차 消防車/백차(白車) パトロールカー/앰뷸런스, 구급차 救急車/오토바이 オートバイ/자전거 自転車.
◆지하철 地下鉄/전철(電鐵) 電車〈大都市圏の通勤に用いられるような電車を指す〉/열차 列車.
◆비행기 飛行機/헬리콥터 ヘリコプター.
◆배 船/페리 フェリー/보트 ボート.
◆특실(特室) グリーン車/특급 特急/완행(緩行) 鈍行/차표(車票) 切符/연착(延着) 遅れ/교통사고 交通事故. ▷버스 單語帳

기착〔寄着〕 名 하自 (航空機などが)経由地に着くこと. ある所に立ち寄ること. トランジット.
　기착지〔一地〕 名 経由地.
기채〔起債〕 名 하自 起債. ¶ 국채를 ~하다 国債を起債する.
기척 名 (存在を感じさせる)気配[音·声]. ¶ 인~ 人気. 人の気配/~을 내다 人の気配を感じさせる. 音[声]を立てる/누군가 오는 ~이 있다 誰かが来る気配がする/아무런 ~도 없다 何の人気もない.
기체[1]〔氣體〕 名〔物〕 気体. ガス.
　기체 연료〔一燃料〕 名 気体燃料.
　기체 전지〔一電池〕 名〔物〕 気体電池.
기체[2]〔氣體〕 名〔'기체후(氣體候)'의 준말〕ご機嫌.
　기체후〔一候〕 名 (手紙文などで)ご機嫌. ¶ 어머님 그간 ~ 일향 만강하시옵니까? 母上様その後ご機嫌いかがですか.
기체[3]〔機體〕 名 機体. ¶ 산산 조각이 난 ~의 잔해 ばらばらになった機体の残骸.
기초[1]〔起草〕 名 하他 起草. ¶ 헌법안을 ~하다 憲法案を起草する.
기초[2]〔基礎〕 名 基礎. 土台. ¶ ~ 지식 基礎知識/~ 공제 基礎控除/~ 공사 基礎工事/~ 과학 基礎科学/~ 체온 基礎体温/~를 쌓다 基礎を築く/~가 튼튼한 회사 土台のしっかりした会社/영어 공부를 ~부터 다시 하다 英語の勉強を基礎からやり直す/경제 발전의 ~를 다지다 経済発展の基礎を固める.
기총〔機銃〕 名〔'기관총'의 준말〕機銃. 機関銃.
　기총 소사〔一掃射〕 名 하他〔軍〕 機銃掃射.
기축〔基軸〕 名 基軸. ¶ ~ 통화 基軸通貨.
기층[1]〔氣層〕 名〔物〕 気層.
기층[2]〔基層〕 名 基層. ¶ 우리의 정신 문화는 유교의 ~ 위에 서 있다 我々の精神文化は儒教の基層の上に立っている.
기치〔旗幟〕 名 旗幟. 旗印. ¶ ~가 선명하다 旗幟が鮮明だ/자유의 ~를 내걸다 自由の旗印を掲げる.
기침[1] 名 하自 咳. ¶ ~이 나다 咳が出る/연달아 ~하다 続けざまに咳をする.
기침[2]〔起寢〕 名 하自 起床. ¶ ~ 시간 起床時間.
기타[1]〔其他〕 名 その他. ¶ ~에 대해

서는 추후 발표한다 その他については追って発表する.
기타²〔guitar〕 名〔樂〕 ギター. ¶ ～를 치다 ギターを弾く.
기탁〔寄託〕 名 하他 寄託. ¶ ～금 寄託金 / 성금을 신문사에 ～하다 献金を新聞社に寄託する.
기탄〔忌憚〕 名 하他 忌憚. 遠慮すること. ¶ ～없는 비판 忌憚のない批判 / ～없이 의견을 말씀해 주십시오 忌憚のないご意見をおっしゃってください.
기통〔氣筒〕 名〔工〕 気筒. シリンダー. ¶ 6～ 6気筒.
기특하다〔奇特—〕 形 (行動·心がけなどが)奇特だ. 感心だ. 殊勝だ. けなげだ. 神妙だ. (子供を褒めるときに)偉い. ¶ 기특한 행실 奇特な行ない / 기특한 마음씨를 지녔다 殊勝な心がけを持っていた / 집안일을 돕는 기특한 소년 家計を助けるけなげな少年. **기특히** 副 殊勝に. けなげに. ¶ 그녀의 효심을 ～ 여기다 彼女の孝心を殊勝に思う.
기틀 名 (物事の)最も重要なかなめ[手がかり·条件]. 基礎. 土台. ¶ ～을 잡다 基盤ができる / 조직의 ～이 하나하나 마련되다 組織の基礎が一つ一つ整えられる.
◆**기틀이 잡히다** (物事の)基礎が安定する. 土台が築かれる. 持ち前の機能が発揮される. ¶ ～이 잡혀 사업이 궤도에 오르다 基礎が固まって事業が軌道に乗る.
기판〔基板〕 名 基板.
기포¹〔起泡〕 名 하自他 起泡. 泡立つこと. ¶ ～제 起泡剤.
기포²〔氣泡〕 名 気泡. 泡. ¶ ～ 유리 気泡ガラス.
기폭〔起爆〕 名 起爆. ¶ ～제 起爆剤.
기폭약〔—藥〕 名〔化〕 起爆薬.
기표〔記票〕 名 하自 投票用紙に記入すること.
기표소〔—所〕 名 投票用紙記入所.
기품¹〔氣品〕 名 気品. 品格. ¶ ～이 있는 노신사 上品な老紳士 / 어딘지 모르게 ～이 풍기는 사람 どことなく気品が漂う人.
기품²〔氣稟〕 名 気稟. 生まれつきの性質. 天性. ¶ 예술가로서의 ～이 있다 芸術家としての天性がある.
기풍〔氣風〕 名 気風. ¶ 호방한 ～ 豪放な気風 / 우리 집안의 ～ わが家の気風.
기피〔忌避〕 名 하他 忌避. ¶ 병역 ～ 兵役忌避 / 재판관을 ～하다 裁判官を忌避する.
기피자〔—者〕 名 **1** 忌避した人. **2** 兵役忌避者. ¶ ～ 단속 兵役忌避者の取り締まり.
기필코〔期必—〕 副 必ず. きっと. ¶ 이번 대회에서는 ～ 우승해 보이겠다 今度の大会では必ず優勝してみせる.
기하〔幾何〕 名 **1** いくばく. いくら. **2**〔數〕〔'기하학'의 준말〕 幾何.
기하급수적〔—級數的〕 冠 名 幾何級数的. ¶ ～으로 늘어나다 幾何級数的に増える.
기하학〔—學〕 名〔數〕 幾何学.
기하학적〔—學的〕 冠 名 幾何学的. ¶ ～ 무늬 幾何学的模様.
기하다〔期—〕 他 期する. ¶ 만전을 ～ 万全を期する / 완벽을 ～ 完璧を期する / 필승을 기하고 싸우다 必勝を期して戦う.
기한〔期限〕 名 하他 期限. ¶ 무～ 無期限 / 유효 ～ 有効期限 / ～이 닥치다 期限が迫る / 연말을 ～하고 돈을 빌려주었다 年末を期限にしてお金を貸した.
기한부〔—附〕 名 期限付き. ¶ 이 집은 3년 ～로 빌렸다 この家は3年の期限付きで貸している.
기함〔旗艦〕 名〔軍〕 旗艦.
기합〔氣合〕 名 **1** 気合い. 気力のこもった掛け声. ¶ ～을 넣으면서 내리치다 気合いを入れながらふり下ろす. **2** 〈俗〉 (軍隊·学校などで)気合い. 精神的·肉体的罰を与えること. ¶ 단체 ～을 받다 集団で制裁を受ける / ～을 넣다 気合いを入れる. 体罰を加える.
기합술〔—術〕 名 気合術.
기항〔寄港〕 名 하自 寄港. ¶ ～지 寄港地.
기행¹〔奇行〕 名 奇行. 奇妙な行動.
기행²〔紀行〕 名 紀行. ¶ ～문 紀行文 / ～ 일기 紀行日記 / 아프리카 ～ アフリカ紀行.
기현상〔奇現象〕 名 奇異な現象.
기혈〔氣血〕 名〔韓方〕 気血.
기형〔畸形〕 名 (動植物の)奇形.
기형아〔—兒〕 名 奇形児.
기형적〔—的〕 冠 名 奇形的.
기호¹〔記號〕 名 記号. マーク. ¶ ～를 붙이다 記号をつける / ～로 나타내다 記号で表わす.
기호²〔嗜好〕 名 하他 嗜好. 好み. ¶ ～품 嗜好品 / ～에 맞다 嗜好に合う.
기호³〔畿湖〕 名 京畿道·黄海道南部·忠清南道北部を含む地域.
기혼〔既婚〕 名 하自 既婚. 反 未婚. ¶ ～자 既婚者.
기화¹〔奇貨〕 名 **1** 奇貨. 珍しい財宝. **2** 《'-을[를] 기화로'의 꼴로》 …を奇貨として. …を自分の利益が得られそうな機会として. …につけこんで. …に乗じて. …をいいことに. ¶ 상대의 실책을 ～로 하여 금전을 사취했다 相手の失敗につけこんで金銭をだまし取った.
기화²〔氣化〕 名 하自〔物〕 (液体の)気化.
기화기〔—器〕 名 気化器. キャブレター.
기화열〔—熱〕 名〔物〕 気化熱.
기황〔饑荒〕 名 飢饉.
기회〔機會〕 名 機会. 折. 好機. チャンス. よい時機. ¶ ～균등 機会均等 / 다시 없는 좋은 ～ 二度とないよい機会 / 절호의 ～ 絶好の機会[チャンス] / ～를 포착하다 機会を捕らえる / 아까운 ～를 놓쳤다 惜しい機会を逃がした / 서두르지 말고 다음 ～를 기다려라 焦らないで次の機会を待ちなさい / 이 ～에 분명히 말해 두지만 この際に

はっきり言っておくが.

기회주의〔一主義〕 名 日和見主義. ¶ ~자 日和見主義者.

기획〔企劃〕 名 하他 企画. 企てて. ¶ 출판물의 ~ 出版物の企画 / 새로운 프로젝트를 ~하다 新しいプロジェクトを企画する.

기후〔氣候〕 名 気候. ¶ 열대성 ~ 熱帯性気候 / 온화한 ~ 温和な気候 / 사과 재배에 적합한 ~ りんごの栽培に適した気候.

기후구〔一區〕 名〔地〕 気候区.

기후대〔一帶〕 名〔地〕 気候帯.

기후 요소〔一要素〕 名〔氣〕 気候要素.

기후 인자〔一因子〕 名〔氣〕 気候因子.

기휘〔忌諱〕 名 하他 忌諱. 忌み嫌うこと.

긴가민가하다 形 そうかそうでないかはっきりしないようす. ¶ 생년월일이 언제인지 긴가민가하여 다시 물어보았다 生年月日がいつだったかはっきりしないので, もう一度聞いてみた.

긴급〔緊急〕 名 하形 緊急. ¶ ~ 대책 緊急対策 / ~ 사태 緊急事態 / ~을 요하는 일 緊急を要すること / ~한 용건 緊急な用件. **긴급히** 副 緊急に. ¶ ~ 사건 현장으로 출동했다 急いで事件の現場に出動した.

긴급 구속〔一拘束〕 名〔法〕 緊急拘束.

긴급권〔一權〕 名〔法〕 緊急権.

긴급동의〔一動議〕 名 緊急動議.

긴급 조치〔一措置〕 名〔法〕 緊急措置.

긴급 피난〔一避難〕 名〔法〕 緊急避難.

긴긴 冠 (時間的に)長々とした. 長い. 長々しい. ¶ ~날 日長. 真夏の昼間の長い日 / ~낮 長い昼間. 日長 / ~밤 夜長. 真冬の長い夜 / ~해 長い日. 真夏の日長 / ~ 세월을 함께 살아온 노부부 長い歳月を連れ添った老夫婦.

긴말 名 하自 長話. 長ったらしい話. くだらない話. ¶ ~하지 마 長話をするな.

◆**긴말할 것 없다** くだくだしい話は無用だ.

긴밀하다〔緊密一〕 形 緊密だ. ¶ 긴밀한 관계를 유지하다 緊密な関係を保つ. **긴밀히** 副 緊密に. ¶ ~ 연락을 취하도록 하자 緊密に連絡を取るようにしよう.

긴박감〔緊迫感〕 名 緊迫感. ¶ ~이 감돌다 緊迫感が漂う.

긴박하다〔緊迫一〕 形 緊迫している. ¶ 긴박한 극동 정세 緊迫した極東情勢.

긴반지름〔一半一〕 名〔數〕 長半径. (楕円の)長軸の半分.

긴병〔一病〕 名 長患い. 長病み.

〔속담〕 **긴병에 효자 없다** 長患いに孝子なし〈何ごとも長引けばその事にうち込む誠意が薄らぐものだ〉.

긴뼈 名〔生〕 長骨.

긴사설〔一辭說〕 名 長ったらしいおしゃべり. 長話. ¶ ~을 늘어놓다 長話を並べ立てる.

긴살 名〔'볼기긴살'의 준말〕 牛のしり肉.

긴소리 名 **1**〔言〕 長音. **2** 長話.

긴소리표 名〔言〕 長音符号.

긴요하다〔緊要一〕 形 緊要だ. 急を要する. 大切だ. 肝要だ. ¶ 긴요한 문제 急を要する大切な問題 / 실업 대책이 ~ 失業対策が緊要である. **긴요히** 副 緊要に. 大切に. ¶ 보내 주신 만년필은 ~ 쓰고 있습니다 お送りくださいました万年筆は大切に使っております.

긴장〔緊張〕 名 하自 緊張. ¶ ~ 완화 緊張緩和 / 근육의 ~ 筋肉の緊張 / ~을 풀다 緊張を解く[ほぐす] / ~이 풀리다 緊張が解ける / 양국 간에 ~이 고조되고 있다 両国間で緊張が高まりつつある / ~한 태도 緊張した態度 / ~된 순간 緊張した瞬間.

긴찮다〔緊一〕 形 急を要しない. 重要でない. つまらない. ¶ 긴찮은 가재도구 当面は必要としない家財道具 / 긴찮은 듯이 시무룩하게 대답을 하다 つまらなそうに膨れて返事をする. **긴찮이** 副 あまり大切でなく. つまらなく.

긴축〔緊縮〕 名 하他 緊縮. ¶ ~ 재정 緊縮財政.

긴축 예산〔一豫算〕 名〔經〕 緊縮予算.

긴축 정책〔一政策〕 名〔政〕 緊縮政策.

긴하다〔緊一〕 形 きわめて重要だ. 大切である. 不可欠だ. 緊要だ. ¶ 꼭 해야 할 긴한 일 絶対しなければならない重要な事 / 긴한 부탁 大切なお願い. **긴히** 副 折り入って. ¶ ~ 의논드릴 말씀이 있습니다 折り入ってご相談したいことがあります.

긷다 他 (井戸水などを)くむ. くみ上げる. くみ入れる. ¶ 물을 길러 우물에 갔다 水をくみに井戸へ行った.

길¹ 名 **1** 道. 道路. 通路. ¶ 큰~ 大通り / 골목~ 路地. 横町 / 기찻~ 線路 / 역으로 가는 ~을 묻다 駅へ行く道を尋ねる / ~을 가로지르다 道を横切る / 러시아워에는 ~이 붐빈다 ラッシュアワーには道が込み合う. **2** (船舶·航空機の)道. 航路. ¶ 뱃~ 船路 / 비행기가 다니는 ~ 飛行機が通行する航路. **3** (守るべき)道. 規範. 道徳. 道理. ¶ 올바른 ~ 正しい道 / 성서는 사람이 걸어야 할 ~을 가르쳐 준다 聖書は人の歩むべき道を教えてくれる. **4** 道. 活動の進路. 過程. 目的に至る経路. ¶ 영광에의 ~ 栄光への道 / 우리가 나갈 ~ 我々の進むべき道. **5** 道. 手段. 方法. ¶ 달리 ~이 없다 ほかに道がない / 해결의 ~을 모색하다 解決の道を模索する / 이 비밀을 밝혀낼 ~이 없다 この秘密を突き止める方法はない / 앞으로 살 ~이 막막하다 これから先の暮らしの見通しが立たない. **6** 道. 旅程. 道のり. 道程. ¶ ~이 멀다 道が遠い / 먼 ~을 떠나다 遠路の旅に立つ. **7** (専門的な)道. 方面. 分野. ¶ 장차 어떤 ~로 나아갈 것인가 将来どの道に進むべきか / 문학의 ~에 들어선 지 어언 30

년이 된다 文学の道に入ってからはや30年になる. **8** ('-는 길에'의 꼴로) …する途中で. …するついでに. ¶ 집에 가는 ~에 우체국에 들러서 편지를 부쳤다 帰りがけに郵便局に寄って手紙を出した. **9** ('…길로'의 꼴로) …するとすぐ. …し次第. ¶ 미국에서 돌아오는 ~로 바로 영국으로 떠났다 アメリカから帰るとすぐイギリスへ発った. ◇큰길 大通り, 골목 路地, 자갈길 砂利道, 진창길 ぬかった道, 지름길 近道, 막다른 길 袋小路.

◆길을 떠나다 遠路の旅に出発する. 発つ. 旅立つ. ¶ 새벽에 ~을 떠나 밤 늦게 목적지에 도착했다 夜明けに発って夜遅く目的地へ到着した.

◆길을 뚫다 ① 道をつける[通す]. ② 方法をさがし出す.

◆길을 잃다 道に迷う. 迷子になる.

◆길을 재촉하다 道を急ぐ.

◆길이 막히다 道がつかえる[ふさがる]. ¶ 데모 행진으로 ~이 막히다 デモ行進で道がつかえる.

◆길이 바쁘다 目的地まで早く行かねばならない状況だ. 道を急がなければならない. ¶ 갈 ~이 바빠서 서두르다 早く行かねばならないので急ぐ.

◆길이 열리다 解決する方法が見つかる. 道が開ける. ¶ 성공에의 ~이 열렸다 成功への道が開けた.

〔속담〕 **길로 가라 하니까 메로 간다** 道を行けと言うと山に行く〈人の言うことを聞かないで意地を張ること〉.

길² [名] **1** (磨いて出した)つや. 光沢. ¶ 이 칼은 아직 ~이 안 들었다 この刀はまだ切れ味が出ない. **2** (動物を養育して)なつかせること. 飼い慣らすこと. ¶ ~을 들인 사자 飼い慣らしたライオン. **3** 手慣れること. 手慣れた技. 熟練. ¶ 눈길 운전에 ~이 안 들어 겁이 난다 雪道の運転に手慣れていないので怖い.

길³ [名] (品質の)等級. ¶ 윗~ 上等/아랫~ 下等.

길⁴ [名] (衣服の)身ごろ. ¶ 앞~ 前身ごろ.

길⁵ [名] (巻数の多い書物の)一そろい.

길⁶ [依名] **1** 〔사람 키의 길이〕 尋. ¶ 한 ~ 1尋/강물의 깊이가 두 ~은 되겠다 川の深さが2尋ぐらいはありそうだ. **2** 〔길이의 단위〕 8尺または10尺〈約2.4メートルまたは3メートル〉.

길가 [名] 道端. 路傍. 路辺. ¶ ~에 피는 꽃 道端に咲く花.

길갓집 [名] 道端に建つ家.

길거리 [名] 街頭. 路上. 街路. (街の)通り. ¶ 번화한 ~ にぎやかな通り/~에 차를 세워 놓다 路上に車をとめておく.

길길이 [副] **1** かんかんになって怒るようす. ¶ ~ 뛰다 飛び上がるほどかんかんになって怒る. **2** (草木などが)高く生い茂ったようす. ¶ ~ 자란 수수 高く伸びた黍. **3** (炎・火の手などが)高く燃え立つようす. ¶ 불길이 ~ 치솟는다 炎が高く燃え立つ. **4** うずたかく. ¶ 눈이 ~ 쌓였다 雪がうずたかく積もった.

길나다 [自] **1** 癖になる. **2** (道具などを長い間使って)使い慣れる.

길년〔吉年〕 [名] (運勢的に)結婚するのによい年.

길녘 [名] 道のわき[側]. 道端. ¶ ~에 있는 공원 道のわきにある公園.

길눈 [名] (一度行ったことのある)道を忘れずに心に留めておくこと. 道筋を覚える記憶力. 目的地をさがし出す才能.

◆길눈이 밝다 方向感覚が優れている.

◆길눈이 어둡다 方向音痴だ.

길다 [形] **1** (空間的に)長い. [反] 短い ¶ 코끼리는 코가 ~ 象は鼻が長い/길게 늘어뜨린 머리 長く垂らした髪/길면 길수록 좋다 長ければ長いほどよい. **2** (時間的に)長い. 永い. ¶ 수명이 ~ 寿命が長い/호루라기를 길게 불다 ホイッスルを長く鳴らす/인생은 짧고 예술은 ~ 人生は短く芸術は長し/긴 세월이 흘렀다 長い年月が流れた/여름은 낮이 ~ 夏は昼が長い. **3** (話などが)長い. 長ったらしい. ¶ 이야기가 너무나 길어서 짜증이 났다 話があまり長くていらいらした.

〔속담〕 **길고 짧은 것은 대어 보아야 안다** 長短は比べてみないと分からない〈物事の違いは実際に比べてみないと分からないものだ〉.

길다랗다 [形] ⇨기다랗다

길닦이 [名] [하自] 道路の補修工事. 道を直すこと.

길동무 [名] [하自他] 道連れ. 同行者. ¶ 나그네길은 ~가 있어야 즐거운 거다 旅は道連れがあってこそ楽しいものだ.

길둥그렇다 [形] やや長くて丸い. ＞길동그랗다

길둥글다 [形] 長めに丸い.

길드〔guild〕 [名]〔社〕ギルド.

길들다 [自] **1** (動物が)なつく. 慣れる. **2** (手入れが行き届いて)つやが出たり使いよくなる. 使い慣れる. ¶ 반들반들 길든 가마솥 ぴかぴかに使い込んだ釜. **3** 手慣れる. 熟練する.

길들이다 [他] **1** 飼い慣らす. 手なずける. 仕込む. ¶ 고양이를 ~ 猫を飼い慣らす. **2** (手入れして)つやを出したり使いよくする. 使い慣らす. **3** 熟練させる.

길디길다 [形] (空間的・時間的に)とても長い. 長々しい.

길라잡이 [名] 道案内(人).

길래 [副] 長らく. 長い間. とこしえに.

길마 [名] 荷鞍. ¶ 소의 ~ 牛の荷鞍.

◆길마를 지우다[짓다] 荷鞍を馬や牛の背につける. 荷鞍を置く.

길맛가지 [名] 荷鞍の前後にある山形の鞍橋.

길목 [名] **1** 町角. 横町. 大通りから細道への入口. ¶ 여기서 두 번째 ~으로 들어가면 우리 집이 있습니다 ここから二つめの角を入ると私の家があります. **2** 道の要所. (道の)四つ角. ¶ ~을 지키다 要所を守る/~에 있는 관계로 장사가 잘 된다 四つ角にある関係で商売が繁盛する.

길몽〔吉夢〕 名 吉夢. 縁起のよい夢. 反 悪夢

길바닥 名 路面. 道路の表面. ¶ ～을 고르다 路面をならす.

길바로 副 道を誤らずに.

길벗 名 道連れ.

길보〔吉報〕 名 吉報. よい知らせ. ¶ ～를 기다리다 吉報を待つ.

길봇짐〔―褓―〕 名 長旅のときに持っていく風呂敷包み.

길상[1]〔吉相〕 名 吉相. よい人相.

길상[2]〔吉祥〕 名 吉祥. よい兆し.

길섶 名 道端. 路辺. 路傍. ¶ ～에 주저앉다 道端に座り込む.

길속 名 (専門的な)仕事の内情. 奥の部分. 詳細. ¶ 처음 해보는 일이라서 ～을 모르겠다 初めてしてみる仕事だから要領が分からない.

길손 名 (遠い道のりを行く)旅人. 旅行者. ¶ 오가는 ～ 行き交う旅行者.

길쌈 名 하自 機織り. ¶ ～하는 아가씨 機を織る乙女. 機織り娘.

길운〔吉運〕 名 幸運.

길이[1] 名 **1** (空間的な)長さ. (衣服などの)丈. ¶ 옷～ 衣服の丈 / 강의 ～ 川の長さ / 적당한 ～로 잘라라 適当な長さ[寸法]に切りなさい / ～가 길다 長さが長い. **2** (時間的な)長さ. ¶ 밤과 낮의 ～가 같다 夜と昼の長さが等しい.

길이[2] 副 いつまでも. 長く. 永遠に. ¶ 선생님의 은혜를 ～ 간직하겠다 先生の恩をいつまでも忘れない.

길이길이 副 〔'길이[2]'의 강조형〕 永久に. 永遠に. とこしえに. ¶ 그의 이름은 역사에 ～ 빛나리라 彼の名は歴史に永遠に輝くであろう.

길일〔吉日〕 名 吉日. ¶ ～을 택하여 혼례를 올리다 吉日を選んで婚礼をあげる.

길잡이 名 **1** 道案内人. ¶ 등산의 ～ 登山の案内者. **2** 道しるべ. 道標. ¶ 북두칠성을 ～로 하여 걷다 北斗七星を道しるべにして歩く. **3** (物事の)指針. 手引き. ¶ 영어 학습의 ～가 되는 책 英語学習の手引きになる本 / 선생님의 충고는 나의 인생의 좋은 ～가 되었다 先生の忠告は私の人生のよい道しるべとなった.

길조[1]〔吉兆〕 名 吉兆. 縁起のよい兆し. 反 凶兆

길조[2]〔吉鳥〕 名 瑞鳥. 吉兆とされる鳥.

길짐승 名 (蛇・とかげなどの)地上を這う動物.

길쭉하다 形 (幅のあるものなどが)やや細長い. ¶ 턱이 ～ あごが突き出ている. **길쭉이** 副 やや細長く. 長めに.

길쭉길쭉 副 하形 (複数のものが)皆やや細長いようす. ¶ ～한 나무토막이 많이 있다 やや細長い棒切れがたくさんある.

길쯔막하다 形 十分長い.

길쯤하다 形 かなり長めだ. **길쯤이** 副 長めに.

길찍하다 形 (長さが)かなり長い. **길찍이** 副 かなり長く.

길찍길찍 副 하形 (複数のものが)皆かなり長いようす.

길차다 形 **1** すんなりと長い. **2** (森が)奥深い.

길채비 名 하自 旅じたく. ¶ ～를 하고 나서다 旅じたくをして出かける.

길품 名 (賃稼ぎの)使い走り. ¶ ～삯 駄賃.

◆**길품을 팔다** ① 使い走りをしてお金をもらう[稼ぐ]. ② 無駄足を踏む.

길하다〔吉―〕 形 縁起がよい. めでたい. (運勢が)上々吉である. ¶ 길한 징조 めでたい兆し / 금년 신수는 길할 것이다 今年の星回り[運]は上々吉であろう.

길항〔拮抗〕 名 하自 拮抗. ¶ ～ 작용 拮抗作用 / 양세력이 ～하다 両勢力が拮抗する.

길항근〔―筋〕 名〔生〕 拮抗筋.

길흉〔吉凶〕 名 吉凶. ¶ ～을 점치다 吉凶を占う.

길흉화복〔―禍福〕 名 吉凶禍福.

김[1] 名 **1**〔植〕 浅草海苔〈紅藻類の海藻〉. **2** 海苔. ¶ ～을 굽다 海苔を焼く.

김[2] 名 (田畑の)雑草. ¶ 밭에서 ～을 매다 畑で草取りをする.

김[3] 名 **1** 水蒸気. 湯気. ¶ ～이 오르다 湯気が立つ / ～이 나는 밥 湯気の立つご飯 / 유리창에 ～이 보얗게 서려 있다 窓ガラスが湯気で白く曇っている. **2** 息. 呼気. ¶ 콧～ 鼻息 / 거울에 입～이 서려 부옇게 되었다 鏡が息で白く曇った. **3** (飲食物の)香り. 味.

◆**김이 나가다** (飲食物の)味・香りがなくなる.

◆**김이 나다** ① 水蒸気が上がる. 湯気が立つ. ¶ 무럭무럭 ～이 나는 찐빵 ほかほかと湯気の立つ蒸しパン. ② (口から)暖かい息が出る.

김[4] 依名 (事の)ついで. はずみ. 機会. 折. ¶ 술(취한) ～에 酔いに任せて / 지나가는 ～에 들렀다 通りがかりに立ち寄った / 화난 ～에 腹立ちまぎれに / 여기까지 온 ～에 만나고 가자 ここまで来たついでに会っていこう.

김매기 名 草取り. 除草.

김매다 他 草取りをする. 除草する.

김밥 名 海苔巻き. 海苔巻きずし.

김빠지다 自 **1** (蒸気・空気などが)抜ける. **2** (飲食物の)味・香りがなくなる. ¶ 김빠진 맥주 気の抜けたビール. **3** (話などが)間が抜けている. **4** 意欲がなくなる. やる気がなくなる. 意気込みが消える. ¶ 저 사람은 거듭되는 실패로 요즘 김빠져 있다 あの人は度重なる失敗で近ごろ意気消沈している.

김새다 自 **1** (蒸気・空気などが)抜ける. **2** 〈俗〉 失望して意欲がなくなる. ¶ 정말 김샌다 本当に嫌になる. **3** 〈俗〉 興ざめる. 白ける.

김장 名 하自 (越冬用の)キムチ(김치)の漬け込み, またその漬け物. ¶ ～이 시다 キムチがすっぱい.

김장감 名 キムチにする野菜類.

김장때 名 キムチの漬け込み時期(立冬の前後).

김장철 名 キムチの漬け込み時期.

김치 名 キムチ. ¶ 햇～ 漬けたてのキムチ／묵은 ～ 古漬けのキムチ／～를 담그다 キムチを漬け込む(本漬けにする).

김치찌개 名〔料理〕キムチチゲ(キムチと肉・魚などを入れてつくる鍋料理).

김칫거리 名 キムチの材料.

김칫국 名 **1** キムチの漬け汁. **2** キムチを入れて煮たスープ.

김칫독 名 キムチを漬けるかめ.

김칫돌 名 重石. 漬け物の石.

單語帳 김치의 종류

배추김치(白菜のキムチ), 깍두기(カクトゥギ. 大根を角切りにして漬けたもの), 오이김치(オイキムチ. きゅうりのキムチ), 동치미(トンチミ. 漬け汁を多くした薄い塩味のキムチ), 물김치(ムルキムチ. 大根などに塩をして水を加えたもの), 보쌈김치(ポサムキムチ. 薬味の種類を多くして白菜で包むようにして漬けたもの).

깁 名 (紋様のない)無地の絹織物. やや粗目に織った絹織物.

깁다 他 **1** 繕う. 継ぎを当てる. ¶ 그물을 ～ 網を繕う／옷의 찢어진 데를 ～ 服の裂けたところを繕う／너덕너덕 기운 웃옷 継ぎはぎだらけの上着. **2** 補筆する. 加筆する.

깁바탕 名 **1** 書画用の目の粗い絹織物. **2** 絹地にかかれた書画. 絹絵.

깁스(독 Gips) 名 〔'깁스붕대'의 준말〕ギプス.

깁스붕대〔一繃帶〕 名〔醫〕ギプス包帯.

깃[1] 名 (家畜の)寝わら. 敷き草.

◆깃을 주다 (家畜の)寝わら[敷き草]を敷く.

깃[2] 名 **1** (鳥の)羽. 羽毛. ¶ ～이 빠지다 羽が抜ける／～을 치다 羽ばたく. **2** 矢につけた羽.

깃[3] 名 **1**〔'옷깃'의 준말〕(衣服の)襟. ¶ 양복 ～ 洋服の襟／～이 있는[없는] 셔츠 襟のある[ない]シャツ／～을 세우다 襟を立てる. **2** (布団の)襟.

깃[4] 名 分け前. 取り分.

깃다 自 田畑に雑草が生い茂る.

깃대〔旗一〕 名 旗竿. ¶ ～를 세우다 旗竿を立てる.

깃들다 自 **1** 静かに包む. ¶ 어둠이 ～ 暗闇に包まれる／고요가 ～ 静寂が広がる. 静まり返る. **2** 宿る. こもる. ¶ 정성이 깃든 편지 真心がこもっている手紙／건전한 신체에 건전한 정신이 깃든다 健全な肉体に健全な精神が宿る.

깃들이다 自 (鳥・獣が)巣をつくる. 巣くう. 巣をかける. ¶ 처마 끝에 제비가 ～ 軒先に燕が巣をつくる.

깃발〔旗一〕 名 **1** 旗. ¶ ～이 휘날리다 旗がなびく. **2** 旗のなびく部分. 旗脚. **3** 旗幟. 旗印. 主張. スローガン. ¶ 정의의 ～을 높이 들다 正義の旗印を高く掲げる.

◆깃발을 날리다 意気揚々とする. ¶ 연전 연승하여 ～을 날리고 있다 連戦連勝して意気揚々としている.

깃저고리 名 産着. 赤ん坊の襟のないチョゴリ.

깃털 名 **1** 鳥の羽と獣の毛の総称. **2** 鳥の羽. 羽毛.

깃펜〔一pen〕 名 羽ペン.

깊다 形 **1** (底が)深い. (奥行きが)深い. ¶ 우물이 ～ 井戸が深い／깊은 산골짜기 深い谷間／깊은 동굴 深い洞窟／바닥이 깊은 논 底の深い田／난파선이 깊은 바다 속으로 가라앉았다 難破船が深い海の底に沈んだ. **2** (学問・知識が)深い. (考えなどが)深い. ¶ 깊은 학식 深い学識／깊은 생각에 잠기다 深い思いに沈む／속이 깊은 사람 心中の深い人／미술에 조예가 ～ 美術に造詣が深い. **3** (程度が)深い. 強い. 重い. 深まっている. ¶ 관심이 ～ 関心が深い／의혹이 ～ 疑惑(の色)が濃い／병이 ～ 病気が重い／깊은 감동을 주는 소설 深い感動を与える小説／깊은 잠에서 깨어났다 深い眠りから覚めた／그해 가을도 깊었을 무렵이었다 その年の秋も深まったころであった. **4** (交わり・関係などが)深い. 親密だ. 厚い. ¶ 우정이 ～ 友情が深い／인연이 ～ 因縁が深い／남녀간의 깊은 관계 男女間の深い関係. **5** (色・木陰などが)深い. 濃い. ¶ 안개가 깊은 아침 霧の深い朝／신록이 ～ 新緑が深い.

깊다랗다 形 (思ったよりも)かなり深い. ¶ 깊다란 구멍이 뚫려 있다 かなり深い穴があいている.

깊드리 名 底の深い田.

깊디깊다 形 非常に深い.

깊숙하다 形 奥深い. 奥まっている. ¶ 깊숙한 숲 奥深い森／깊숙한 곳에 돈을 감추다 奥まった所に金を隠す. **깊숙이** 副 奥深く. 深々と. ¶ ～ 뚫린 굴 奥深く空洞になっている洞穴／머리를 ～ 숙이다 頭を深々と下げる.

깊이[1] 名 **1** 深さ. ¶ ～와 높이 深さと高さ／강물의 ～ 川の深さ. **2** (人・物事の)深み. 重み. ¶ ～가 있는 인물 深みのある人物／～가 있는 작품 深みのある作品／애정의 ～를 알아보다 愛情の深さを探る.

깊이[2] 副 **1** 深く. ¶ ～ 생각하다 深く考える／～ 파고들다 深く掘り下げる. 究明する／숨을 ～ 들이쉬다 深く息を吸い込む／～ 잠이 들다 ぐっすり寝入る. **2** 詳しく. よく. ¶ 그들의 실정을 ～ 알고 싶습니다 彼らの実情を詳しく知りたいです.

깊이깊이 副 奥深く. よくよく. ¶ 가슴 속에 ～ 간직한 사랑 胸の奥底に秘めた愛情／～ 생각한 끝에 결정한 일이다 よくよく考えた上で決めたことだ.

까까머리 名 坊主頭. 丸坊主.

까까중 名 **1** くりくり頭. 坊主頭. たこ入道. **2** 坊主頭の僧.

까뀌 名 ちょうな. 手おの.

까끄라기 名 (稲·麦などの)芒.

까놓다 自他 (隠さずに)打ち明ける. あけすけに話す. ざっくばらんに話す. ¶ 자기 과거를 까놓고 이야기하다 自分の過去を包み隠さずに話す.

까다[1] Ⅰ 自 (体重·財産などが)減る.
Ⅱ 他 **1** (財産などを)減らす. **2** (総計·総額から)差し引く. 控除する. ¶ 급료에서 가불금을 ~ 給料から前貸し分を差し引く.

까다[2] 他 **1** (皮を)むく. ¶ 밤을 ~ 栗の皮をむく/마늘을 ~ にんにくの皮をむく. **2** (卵を)かえす. 孵化する. ¶ 암탉이 알을 ~ めんどりが卵をかえす/봄에 깐 병아리 春に孵化したひよこ. **3** 〈俗〉(目を)むく. ¶ 눈을~ 目をむく. **4** 〈俗〉(動物が)子を産む. **5** 〈俗〉(殴ったりけったりして)傷つける. ¶ 대가리를 까 버릴 테야 頭をたたき割ってやるぞ. **6** 〈俗〉(欠点などを暴いて)非難する. 攻撃する. ¶ 정부를 호되게 깠다 政府を猛烈に攻撃した. **7** 〈俗〉(中身がなく)口先だけでしゃべる. ¶ 입만 깠지 실속은 아무 것도 없다 口先ばかりで中身は何もない.

까다롭다 形 **1** 複雑だ. ややこしい. 面倒だ. 分かりにくい. 難しい. ¶ 까다로운 절차 ややこしい手続き/계산이 ~ 計算がややこしい/글은 까다롭지 않고 알기 쉬워야 한다 文章は難しくなく分かりやすくなければならない. **2** 厳しい. やかましい. うるさい. ¶ 사관학교의 교칙은 매우 ~ 士官学校の校則は非常に厳しい/까다로운 예법 厳しい礼法. **3** 気難しい. 扱いにくい. (食べ物や着る物に)うるさい. ¶ 까다로운 성격 気難しい性格/식성이 ~ 食べ物に好き嫌いが多い/옷에 ~ 着る物にうるさい. **까다로이** 副 気難しく. やかましく. ¶ 매사에 ~ 굴다 事ごとにやかましく言う.

까닥 副 하他 こくっと. こくりと. ¶ 머리를 ~ 움직이다 頭をぴょこんと下げる. <끄덕

까닥거리다[-대다] Ⅰ 他 首を縦に軽くしきりに動かす. 軽くうなずく. こくりとうなずく. ¶ 고개를 ~ 首を縦に振る. 軽くうなずく.
Ⅱ 自 軽々しくふるまう.

까닥까닥 Ⅰ 副 하他 こくりこくり(と).
Ⅱ 副 하自 軽々しくふるまうようす.

까닭 名 **1** 原因. 理由. わけ. ¶ ~도 없이 슬퍼진다 わけもなく悲しくなる/지각한 ~은 버스 사고 때문입니다 遅刻したのはバスの事故のためです/무슨 ~인지 나를 미워한다 どういうわけか僕を憎んでいる/그 사람이 나에게 원한을 품을 ~이 없다 彼が私に恨みを抱く理由がない. **2** 経緯. わけ. いきさつ. 事情. いわく. ¶ 깊은 ~이 있다 深いわけがある/무언가 ~이 있는 듯이 눈짓을 했다 何かいわくがありそうに目くばせした. **3** 『'까닭에'의 꼴로』(…の)ために. (…の)ゆえ. ¶ 그 ~에 それゆえに/그런 ~에 웃을 수도 없었다 そんなわけで笑うこともできなかった.

까닭수〔一數〕 名 理由[原因]の数. ¶ ~도 많고 사연도 많다 いろいろと事情も多く理由も多い. 込み入った事情がある.

까뒤집다 他 **1** 剝がして裏返す. **2** 〈俗〉目をむく. ¶ 눈을 까뒤집고 덤벼들다 目をむいて突っかかる.

까딱[1] 副 하他 こっくりと. ¶ 선생님 말씀에 아이들은 고개를 ~했다 先生の言葉に子供たちはこっくりとうなずいた.

까딱거리다[-대다] Ⅰ 他 首を縦に大きくしきりに動かす. こっくりとうなずく. ¶ 고개를 까딱거리며 열심히 이야기를 듣고 있다 こっくりとうなずきながら話に聞き入っている.
Ⅱ 自 (小さい)物体があちらこちらへ寄りながら動く. 左右に揺れ動く.

까딱까딱 副 하自他 こっくりこっくり(と).

까딱[2] 副 하自 **1** ひょっと. うっかり. もしも. ちょっとでも. ¶ ~ 잘못했으면 일생을 망쳤을지도 모른다 まかり間違ったら一生を棒に振ったかもしれない. **2** (주로 부정의 말과 함께 쓰여) 微動するようす. 1度ちょっと動くようす. ¶ ~도 하지 않는다 微動だにしない. びくともしない/너무 피곤해서 손끝조차 ~하기 싫다 疲れはてて指一本動かすのも面倒くさい.

까딱없다 形 びくともしない. 平気だ. ¶ 이 건물은 강한 지진에도 ~ この建物は強震にもびくともしない. **까딱없이** 副 びくともせずに. 平気で. ¶ 어떤 역경에 처하더라도 ~ 견디어낸다 どんな逆境にあってもびくともせずに耐え抜く.

까딱하면 副 少しでも間違ったら. まかり間違えば. ややもすれば. ¶ ~ 실패할지도 모른다 まかり間違えば失敗するかも知れない/겨울에는 ~ 감기에 걸리기 쉽다 冬にはややもすれば風邪を引きやすい.

까딱수〔一手〕 名 (囲碁·将棋などで)まぐれをねらう定石はずれの手. ¶ ~를 쓰다 定石はずれの手を使う.

까라기 名 〔'까끄라기'의 준말〕芒. ¶ 보리 ~ 麦の芒.

까라기벼 名 (特に)長い芒のついている稲.

까라지다 自 (気力をすっかり失って)体がだらける. ぐったりする. ¶ 까라지는 몸을 일으키다 ぐったりした体を起こす.

까락 名 〔'까끄라기'의 준말〕芒.

까르르 副 하自 きゃっきゃっ(と). ¶ 무엇이 우스운지 여학생들이 ~ 웃음을 터뜨렸다 何がおかしいのか女学生たちがきゃっきゃっと笑い転げた.

까르륵 副 하自 〔젖먹이가 자지러지게 우는 소리〕ぎゃあぎゃあ(と).

까마귀 名 **1** 『動』烏. ¶ ~가 까옥까옥 운다 烏がカーカーと鳴く. **2** 真っ黒いもの. ¶ ~ 손 (垢や汚れで)真っ黒の手.
◆**까마귀 밥이 되다** (烏のえさになるの意で) ①引き取る人のない死体になって捨てられる. ② 〈俗〉死ぬ.

〔속담〕 **까마귀 고기를 먹었나** 鳥の肉を食べたのかな〈忘れっぽい人をからかっていう〉. **까마귀 날자 배 떨어진다** 烏が飛び立つと梨が落ちる〈まったく関係のない二つの事が同時に起きたために思わぬ疑いをかけられること〉.

까마득하다 形 〔'까마아득하다'의 준말〕 はるかに遠い. ¶ 까마득한 옛날 はるか昔 / 까마득한 벼랑 切り立ったがけ.

까마득히 副 はるかに. ¶ ～ 오래다 はるか昔だ.

까마아득하다 形 **1** (空間的に) はるかに遠い. ¶ 섬이 까마아득하게 보인다 島がはるかかなたに見える. **2** (時間的に) はるかに遠い. 久しい. (記憶などが) おぼろげだ. ¶ 까마아득한 옛날 일이다 はるか昔のことだ. **까마아득히** 副 はるかに. はるか遠く. 久しく. おぼろげに. ¶ ～ 멀다 はるか遠い. はるか遠くだ.

까막거리다[-대다] Ⅰ 自 (小さいかすかな光が) ちらちらする. またたく. ¶ 밤하늘에 별이 까막거리고 있다 夜空に星がまたたいている.

Ⅱ 他 (細い目を) しばたたく. ¶ 눈을 ～ 目をしばたたく.

까막까막 副 하自他 **1** 光がちらちらするようす. ¶ 풀숲에서 ～ 비치는 반딧불 草むらでちらちらと光る蛍の光. **2** 目をしばたたくようす.

까막과부〔—寡婦〕 名 婚約者に死なれその後も未婚のままでいる女性.

까막까치 名 烏と鵲.

까막눈 名 無学の人の目.

까막눈이 名 文盲者. 文字をまったく読めない人.

까맣다 形 **1** 真っ黒い. ¶ 까만 머리 黒々とした髪の毛. **2** (時間や距離が) はるかに遠い. ¶ 까맣게 높은 산꼭대기를 바라보았다 はるかに高い山頂を眺めた. **3** (‘까맣게’의 꼴로) すっかり. まるっきり. 全然. ¶ 까맣게 잊어버리다 すっかり忘れてしまう / 소식을 까맣게 모르고 있었다 その消息を全然知らずにいた.

까매지다 自 真っ黒くなる. ¶ 햇볕에 타서 피부가 ～ 日光に焼けて皮膚が真っ黒くなる. <꺼메지다

까먹다 他 **1** (皮を) むいて食べる. (殻を) 割って中身を食べる. ¶ 밤을 ～ 栗の皮をむいて食べる / 호두를 ～ くるみを割って食べる. **2** 資金を使い尽くす. 散財する. ¶ 본전을 ～ 元も子もなくなる / 아버지의 유산을 다 까먹었다 父の遺産を全部なくしてしまった. **3** (約束・記憶などを) 忘れる. 失念する. ¶ 약속을 ～ 約束を忘れる.

까무러뜨리다[-트리다] 他 気を失わせる. 失神させる. ¶ 주먹 한 방에 까무러뜨렸다 げんこつの一撃で失神させた.

까무러지다 自 **1** 気が遠くなる. 気を失う. 失神する. ¶ 어머니는 아들의 사망 통지를 받고 까무러졌다 母は息子の死亡通知を受け取って気を失った. **2** (元気が) なくなる. **3** (明かりなどが) 消えかかる. 消え消えになる.

까무러치다 自 気絶する. ¶ 그 광경을 보고 까무러치듯 놀랐다 その光景を見て気絶するほど驚いた.

까무스름하다 形 (色が) やや黒い. 黒ずんでいる. 浅黒い. ¶ 얼굴이 ～ 顔が浅黒い. <꺼무스름하다

까무잡잡하다 形 (顔色が) くすんで浅黒い. ¶ 까무잡잡한 피부 浅黒い皮膚.

까무칙칙하다 形 (きわめて汚く) 黒ずんでいる. どす黒い. <꺼무칙칙하다

까물거리다[-대다] 自 **1** (かすかな小さい光が) ちらちらする. しきりにちらつく. ¶ 멀리 까물거리는 등불이 보인다 遠方にちらちらする灯火が見える. **2** (意識がもうろうとなって) 記憶が薄れていく. おぼろげだ. ¶ 까물거리는 기억 かすかな記憶.

까물까물 副 하自 ちらちら. かすかに. おぼろげに. ¶ 정신이 ～해지다 意識が遠くなる.

까뭇하다 形 〔'까무스름하다'의 준말〕 やや黒い. 浅黒い.

까뭇까뭇 副 하形 (所々に) 黒い点があるようす.

까바치다 他 〈俗〉 (人の弱点を) 暴いて告げ口する. 密告する. 言いつける. ¶ 남의 잘못을 ～ 人の過ちを告げ口する.

까발리다 他 **1** (皮・殻を) むいて中身を取り出す. 割って中身を取り出す. 殻を取り去る. ¶ 밤송이를 ～ いが栗を割って実を取り出す. **2** (秘密・正体などを) 暴く. ¶ 비밀을 ～ 秘密を暴く.

까부라지다¹ 自 **1** だんだん減って少なくなる. 減少する. ¶ 쌓아올린 짚단이 썩어서 까부라졌다 積み重ねたわら束が腐って嵩が減った. **2** (生気がなくなって) ぐったりする. 力が抜ける. ¶ 몸이 착 ～ 体がぐったりとなる.

까부라지다² 形 ひねくれている. 意地悪い. ¶ 까부라진 성미 ひねくれた性質.

까부르다 他 **1** (穀物などを) 篩で振って殻を除き去る. 簸る. ¶ 키로 벼를 ～ 箕で稲を簸る. **2** (箕であおるように) 上下に揺する. ¶ 우는 아이를 ～ 泣く子を上下に揺する.

까불거리다[-대다] 自他 **1** (ゆらゆらと) 揺する. 揺れる. ¶ 의자에 걸터앉아 다리를 ～ 椅子に腰掛けて足をぶらぶらさせる. **2** 軽率にふるまう.

까불까불 副 하自他 **1** 上下に揺れるようす. **2** 軽率にふるまうようす.

까불다 Ⅰ 自 **1** 上下に揺れる. ¶ 자동차가 ～ 車ががたがた揺れる. **2** 遊び騒ぐ. しきりにふざける. ¶ 그렇게 혼나고도 또 까분다 そんなにひどい目にあっても(懲りずに)またふざける.

Ⅱ 他 **1** 上下に揺り動かす. ¶ 발을 까부는 버릇이 있다 足を揺する癖がある. **2** '까부르다'의 준말.

까불리다¹ Ⅰ 自 篩であおられる.

Ⅱ 他 篩であおるようにする. 箕であおる.

까불리다² 他 (身代などを) むだに使い散らす. つぶす. ¶ 가진 돈을 모두 ～ 有り金を使い果たす.

까불이 名 軽薄な人. おっちょこちょい. ふざけたがる子供.
까붐질 名 하自他 (箕で)穀物をあおること.
까슬까슬 副 하形 **1** (性質が)気難しいようす. **2** (肌・物の表面が)かさかさ(と). がさがさ(と). ざらざら(と). ¶ ~한 피부 かさかさした皮膚/혀가 ~하다 舌がざらざらする/~한 종이 ざらざらした紙.
까옥 副〔까마귀의 우는 소리〕カー.
까옥거리다[-대다] 自 カーカーと鳴く.
까옥까옥 副 하自 カーカー.
까지 助 **1**〔시간·공간·수량의 한도〕…まで. ¶ 오전 9시부터 오후 6시~ 午前9時から午後6時まで/부산에서 서울~ 釜山からソウルまで/회사~ 걸어간다 会社まで歩いて行く/하나에서 열~ 一から十まで. 何から何まで/이 차에는 몇 사람~ 탈 수 있습니까? この車には何人まで乗れますか. **2**〔동작·작용의 한도〕…まで. ¶ 완전히 이해할 때~ 설명해 주겠다 完全に理解するまで説明してやる/그렇게~ 할 필요는 없다 そんなにまでする必要はない/힘 닿는 데~ 해 보겠다 力の及ぶ限りやってみよう. **3**〔게다가·조차〕…まで. …さえ. ¶ 눈보라가 치는 데다가 날~ 저물어 그만 길을 잃어버렸다 吹雪く上に日まで暮れて道を見失ってしまった/너~ 나를 괴롭히느냐? お前までおれを苦しめるのか. **4** (('-할 것까지도 없다'의 꼴로)) …するまでもない. …する必要もない. ¶ 조사할 것~도 없다 調べるまでもない.
까지다[1] 自 **1** (皮が)むける. 擦りむく. ¶ 눈길에 넘어져 무릎이 까졌다 雪道で転んでひざを擦りむいた. **2** (財産・体重などが)減る.
까지다[2] 形 世間ずれしている. ¶ 까진 계집애 世間ずれした女.
까지르다 自 〈俗〉やたらに出歩く[ほっつき歩く].
까짓[1] 冠〔'그까짓'의 준말〕それくらいの. それしきの.
-까짓[2] 接尾 ((대명사에 붙어)) …ほどの. …くらいの. …しきの. ¶ 이~ 것 これしきのもの/그~ 것을 가지고 뽐내느냐? それぐらいのことでいばるのか.
까치 名〔動〕鵲.
까치걸음 名 (子供たちがうれしがる時などに)両足をそろえて飛び歩くこと. ¶ ~을 치면서 기뻐하다 両足をそろえてぴょんぴょん飛び歩きながらうれしがる.
까치발 名 (壁に取りつけた棚を支える)直角三角形の支え材. 腕木.
까치설날 名 〈俗〉大みそか.
까치설빔 名 大みそかに子供たちが着る晴れ着.
까칠하다 形 やせて肌や毛につやがない. やつれている. ¶ 까칠한 얼굴 やつれた顔/까칠한 머리카락 つやのない髪の毛/병을 앓고 나더니 좀 까칠해졌군 病気をしてから少しやつれたね.
까칠까칠 副 하形 (滑らかでなく)ざらざら(と). かさかさ(と). ¶ ~한 촉감 ざらざらした触感[手触り]/~한 피부 かさかさした皮膚.
까칫거리다[-대다] 自 ちくちくする. いらいらする.
까칫까칫 副 하自 ちくちく(と). いらいら(と). ¶ 손바닥에 가시가 박혀 비비면 ~한다 手のひらにとげがささりこするとちくちくする.
까칫하다 形 やせて色つやが悪くみすぼらしい.
까탈 名〔'가탈'의 센말〕**1** 差し障り. 支障. **2** 言いがかりをつけること. 難癖をつけること.
까탈부리다 自 言いがかりをつけて邪魔をする.
까탈스럽다 形 ⇨까다롭다
까탈지다 自 邪魔が入る. ややこしくなる.
까투리 名 雌きじ. 反 雄のきじ
까풀 Ⅰ 名 (幾つもの層からなる)皮の層. ¶ 눈~ まぶた/쌍~ 二重まぶた. Ⅱ 依名 …皮. ¶ 양파를 한 ~ 한 ~ 벗기다 玉葱の皮を1枚また1枚とむきとる.
깍 副〔까마귀의 우는 소리〕カー.
깍깍 副 하自 カーカー.
깍깍거리다[-대다] 自 (鳥が)しきりにカーカーと鳴く.
깍두기 名〔料理〕カクトゥギ〈大根を角切りにして塩漬けにしたキムチの一種〉.
깍듯하다 形 (あいさつや応対などが)丁重だ. きわめて礼儀正しい. ¶ 깍듯한 인사 丁重なあいさつ. **깍듯이** 副 きわめて礼儀正しく. 丁重に.
깍쟁이 名 **1** けち. けちんぼ. しみったれ. **2** ちゃっかりした人. 抜け目のない人.
깍정이 名〔植〕殼斗.
깍지[1] 名 (豆などの実を包んでいる)さや. 殻. ¶ 콩~ 豆がら.
깍짓동 名 **1** (茎についたままの豆・小豆などの)さやを束ねた大きな束. **2** 非常に太った人.
깍지[2] 名 弓懸〈弓を射るとき親指にはめる角製の器具〉.
◆**깍지를 끼다** ① 両手のすべての指を組む. ② (親指に)弓懸けをはめる.
◆**깍지를 떼다** (弓懸けをはめた親指で引いた)弦を放つ.
깍짓손 名 弓懸けをはめた手. 弓弦を引っ張る手.
깎다 他 **1** 削る. (表面を薄く)そぎとる. 剝く. ¶ 칼로 연필을 ~ ナイフで鉛筆を削る/사과를 ~ りんごの皮をむく/대리석을 깎아 만든 조각품 大理石を削ってつくった彫刻品/산을 깎아 학교 부지를 만든다 山を削って学校の敷地をつくる. **2** (髪・毛・草などを)そる. 刈る. ¶ 면도기로 수염을 ~ かみそりでひげをそる/잔디를 기계로 ~ 芝を機械で刈る/머리를 ~ 髪を刈る. **3** (予算などを)削る. 削減する. 値切る. (値段を)まける. ¶ 물건 값을 ~ 品物を値切る/생선 값을 ~ 魚を値切る/교육비를 5퍼센트 ~ 教育費を5パーセント削る. **4** (面目・名誉などを)そこなう. 傷つける. ¶ 사람을 깎아내리다 面目をつぶす/부

모님의 체면을 깎는 행동 父母の顔をつぶす行動. **5** (卓球·サッカーなどで)スピンをかける. ¶ 탁구 공을 깎아 치다 卓球のボールにスピンをかけて打つ.

깎아지르다 他 切り立つ. ¶ 깎아지른 듯한 벼랑을 기어오르다 険しい崖をよじ登る.

깎이다 Ⅰ 自 **1** 削られる. (刃物などで)薄くそぎとられる. ¶ 연필이 잘 ~ 鉛筆がよく削られる. **2** (髪·毛·草などが)刈られる. そられる. 削られる. **3** 値切られる. 削られる. 削減される. ¶ 예산이 ~ 予算が削られる. **4** (面目·名誉などを)傷つけられる.
Ⅱ 他 **1** 削らせる. **2** 刈らせる. ¶ 아들에게 잔디를 ~ 息子に芝生を刈らせる.

깐 名 **1** 思い. 見当. ¶ 제가 한 ~이 있으니까 말 한 마디 못하지 自分がやってしまったという負い目があるから一言も言えないだろう. **2** 《주로 '깐에[으로]는'의 꼴로》 …の考え[見当]では. ¶ 제 ~에는 열심히 했다고 한 것이 이 모양이군 自分では一生懸命やったつもりのことがこのありさまだな.

깐깐이 名 ぬかりのない性格の人. しっかりもの.

깐깐하다 形 **1** ねちねちしている. 粘っこい. 粘り気が強い. **2** 気難しくてぬかりがない. ¶ 참 깐깐한 사람이군 本当にぬかりのない人だね. **깐깐히** 副 ねちねちと. しつこく. ¶ ~ 캐어 묻다 根掘り葉掘り聞き出す.

깐동하다 形 〔'간동하다'의 센말〕 手軽だ.

깐보다 自 **1** (状況を)予測する. 見当をつける. ¶ 깐보고 일을 하다 状況を予測して仕事をする. **2** さぐりを入れる. ¶ 깐보고 대하다 さぐりを入れてみてから(人に)対する.

깐족거리다[-대다] 自 (くだらないことを)しつこくしゃべる. 憎体な口をきく. <깐죽거리다
깐족깐족 副 しつこくしゃべるようす. 憎体な口をきくようす.

깐지다 形 こせこせしている. しつこい.

깐질기다 形 粘り強い. 根気強い. しつこい. ¶ 깐질기게 조르다 しつこくねだる.

깔개 名 (寝たり座ったりするための)敷物. ¶ ~를 깔다 敷物を敷く.

깔기다 他 **1** (大小便をところ構わず)する. ¶ 오줌을 길가에 ~ 小便を道端にたれる. **2** (卵などをところ構わず)産みつける.

깔깔 副 からから(と). きゃっきゃっ(と). ¶ ~ 웃어 댔다 きゃっきゃっと笑いこけた.
깔깔거리다[-대다] 自 からからと笑う. きゃっきゃっと笑い転げる.

깔깔하다 形 **1** (肌触りが)滑らかでない. ざらざらしている. 粗い. ¶ 천의 깔깔한 촉감 布のざらざらした肌触り / 깔깔한 살갗 荒れた皮膚 / 입 안이 깔깔해서 밥맛이 없다 口の中がかさかさしてご飯がおいしくない. **2** (気性が少し荒く)気が強い. ¶ 인상이 깔깔하고 차 보였다 気が強く冷たい印象を受けた.

깔끄럽다 形 **1** (芒などが刺さって)ちくちくする. ¶ 눈에 티가 들어서 ~ 目にごみが入ってちくちくする. **2** (肌触りが)ざらざらしている. かさかさしている. ¶ 손이 터서 ~ 手があかぎれになってかさかさする.

깔끔하다 形 **1** (身なり·性質などが)垢抜けている. さっぱりしている. ¶ 깔끔한 옷차림 すっきりとした身なり / 깔끔한 성미 さっぱりした気性. **2** 器用だ. 巧みだ. 上手だ. ¶ 깔끔한 음식 솜씨 見事な料理の腕前. **깔끔히** 副 すっきりと. きちんと. 器用に. ¶ 정성 들여 ~ 단장하다 念を入れてさっぱりと身づくろいをする.

깔다 他 **1** 敷く. ¶ 돗자리를 ~ ござを敷く / 도로에 자갈을 ~ 道路に砂利を敷く / 안방에다 자리를 깔아 놓아라 居間に布団を敷いておきなさい. **2** (下にあてがうために物を)敷く. ¶ 방석을 깔고 앉다 座布団を敷いて座る. **3** 一面に散らす. 広げる. ¶ 거리에 낙엽이 깔려 있다 街に落ち葉が散らばっている. **4** (お金などを)方々に貸す. ¶ 외상을 ~ 方々に掛け売りする. **5** (目を)伏せる. ¶ 눈을 아래로 깔고 다소곳이 앉아 있다 目を伏せておとなしく座っている. **6** 《'깔고 뭉개다[앉다]'의 꼴로》 押さえつける. 組み敷く. ¶ 남편을 깔고 뭉개는 여자 夫を尻に敷く女 / 상대 선수를 넘어뜨려 깔고 앉았다 相手の選手を倒して組み敷いた.

깔때기 名 じょうご. ろうと.

깔리다 自 **1** 〔'깔다'의 피동사〕 敷かれる. 轢かれる. 組み敷かれる. ¶ 보도블록이 깔린 길 歩道ブロックが敷かれた道 / 차에 깔려 다치다 車に轢かれてけがをする. **2** 一面に散らばる. 敷き詰めてある. ¶ 벚꽃이 떨어져 ~ 桜の花びらが一面に散っている / 별들이 수없이 깔린 밤하늘 星が無数に瞬いている夜空. **3** (広く)広まる. ¶ 소문이 쫙 ~ うわさが広く広まる.

깔밋하다 形 **1** (身なりなどが)こぎれいだ. さっぱりしている. ¶ 새로 산 집은 크지는 않으나 ~ 新しく買い入れた家は大きくはないがこぎれいだ. **2** (手先が)器用だ.

깔보다 他 (相手を)ばかにする. 見下ろす. 見くびる. 侮る. なめる. ¶ 처음부터 상대방을 깔보고 덤비다가는 혼난다 初めから相手をなめてかかったらひどい目にあうぞ.

깔아뭉개다 他 **1** 押さえつける. 尻に敷く. 踏みつぶす. **2** 握りつぶす. ¶ 야당이 제출한 의안을 ~ 野党が提出した議案を握りつぶす.

깔짝거리다[-대다] 他 (ねずみなどが)かじり続ける. ¶ 쥐가 벽을 ~ ねずみが壁をがりがりかじる.
깔짝깔짝 副 하他 (ねずみなどが)がりがり(と). かりかり(と).

깔쭉거리다[-대다] 自 (とげなどで)ちくちくする. ざらざらする.
깔쭉깔쭉 副 하自 (とげなどで)ちくちく(と). ざらざら(と).

깔쭉이 名 〈俗〉周りにぎざぎざのある銀貨.

깜깜 副 〔'감감'의 센말〕 **1** はるかに遠いようす. **2** すっかり忘れているようす. **3** 返事や便りがないようす.

깜깜무소식〔—無消息〕 名 〔'감감무소식'의 센말〕 (長い間)便りがないこと.

깜깜소식〔—消息〕 名 〔'감감소식'의 센말〕 **1** (長い間)便りがないこと. **2** 全然知らないこと.

깜깜하다 形 **1** まったく暗い. 真っ暗だ. ¶ 깜깜한 그믐밤 真っ暗な(陰暦の)みそかの夜 / 날이 깜깜해진다 夕闇が迫る. **2** (ある分野について)まったく疎い. (情報・消息などを)まったく知らない. ¶ 공업 분야에 대해서는 깜깜합니다 工業分野については全然分かりません / 새 소식에 ～ ニュースにまったく疎い.

깜냥 名 (事をなし遂げる)能力. 力量. ¶ 제 ～에 무얼 하겠나 自分の能力だけで何がやれるか.

깜다 形 真っ黒い. <껌다

깜둥이 名 **1** 皮膚の色が黒い人. **2** 〈俗〉黒人. **3** 黒い犬の呼び名.

깜박 副 하自他 **1** (灯火・星の光などが)ちらっと. きらっと. ¶ 창문을 열자 바람에 촛불이 ～하다가 꺼졌다 窓を開けると風にろうそくの火がちらっと吹き消された / 별이 ～하고 빛난다 星がきらっと光る. **2** (目を)ぱちりと. ぱちっと. ¶ 아무리 충고를 해도 눈 한 번 ～하지 않았다 どんなに忠告してもまばたきひとつしなかった. **3** (精神・記憶などが)うかうか. うっかり. ¶ ～ 졸다 ついうとうとする / 약속을 ～ 잊었다 うっかり約束を忘れた / ～할 사이에 1년이 지났다 またたく間に1年が過ぎた.

깜박거리다[-대다] 自他 **1** (光が)ちらつく. (星が)またたく. ¶ 먼데서 깜박거리는 등댓불 遠くでちらつく灯台の灯. **2** (目を)ぱちぱちさせる. しばたたく. ¶ 눈이 부신 듯 눈을 자꾸 깜박거린다 まぶしそうに目をぱちぱちさせる. **3** うっかりする. (眠気がさして)うとうとする.

깜박깜박 副 하自他 **1** ちらちら(と). きらきら(と). ¶ 들녘 저 멀리서 불빛이 ～한다 野原の遠くでともしびがちらちらする. **2** ぱちぱち(と). ¶ 눈을 ～하다 目をぱちぱちさせる. **3** うかうか(と). うとうと(と).

깜박이다 自他 **1** (光が)ちらつく. (星が)またたく. **2** (目を)しばたたかせる.

깜부기 名 **1** 黒穂. **2** 〔'깜부기숯'의 준말〕 消し炭. **3** 〈俗〉顔の黒い人.

깜부기불 名 火勢の落ちた火. 残り火.

깜부기숯 名 消し炭.

깜부깃병〔—病〕 名 黒穂病.

깜빡 副 하自他 〔'깜박'의 센말〕 **1** (灯火・星の光などが)ちらっと. きらっと. **2** (目を)ぱちりと. ぱちっと. **3** (精神・記憶などが)うかうか. うっかり.

깜빡거리다[-대다] 自他 **1** (光が)ちらつく. (星が)またたく. **2** (目を)ぱちぱちさせる. しばたたく. **3** うっかりする. うとうとする.

깜빡깜빡 副 하自他 **1** ちらちら(と). きらきら(と). **2** ぱちぱち(と). **3** うかうか(と). うとうと(と).

깜빡이다 自他 **1** (光が)ちらつく. (星が)またたく. **2** (目を)しばたたかせる.

깜빡이 名 〈俗〉自動車の点滅灯.

깜작 副 하他 (目を)しばたたかせるようす. ¶ 눈 ～할 사이에 사라져 버렸다 またたく間に消え失せてしまった.

깜작거리다[-대다] 他 (目を)しきりにしばたたかせる. ぱちぱちさせる. ¶ 눈 한 번 깜작거리지 않다 まばたき一つしない(じっと見つめること).

깜작깜작¹ 副 하他 (目を)ぱちぱち(と). ¶ 눈을 ～하다 目をぱちぱちさせる.

깜작깜작² 副 하形 真っ黒な斑点が散らばっているようす.

깜작이 名 〔'눈깜작이'의 준말〕 目をしきりにぱちぱちさせる人.

깜장 名 黒い色. 黒い染料. <껌정

깜장이 名 〔'감장이'의 센말〕 黒色のもの.

깜짝¹ 副 하他 〔'깜작'의 센말〕 まばたくようす. ¶ 눈 ～할 사이에 일어난 일 またたく間に起こった出来事.

깜짝거리다[-대다]¹ 他 しきりにまばたく. ぱちぱちさせる.

깜짝깜짝¹ 副 하他 ぱちぱち(と).

깜짝² 副 하自 びっくりするようす. ¶ ～ 놀라다 びっくりする / ～ 놀랄 만한 비싼 값 びっくりするような高い値段 / 예고 없이 귀국하여 가족을 ～ 놀라게 했다 予告なしに帰国して家族をびっくりさせた.

깜짝거리다[-대다]² 自 びっくりする.

깜짝깜짝² 副 하自 びくっと. ¶ 아기가 자면서 ～ 놀라다 あかちゃんが眠りながらぴくっぴくっとする.

깜짝이야 感 (ああ)びっくりした. ¶ 아이구, ～ ああ, 驚いた.

깜찍스럽다 形 こましゃくれたところがある.

깜찍하다 形 (体や年のわりに)ませてちゃっかりしている. こましゃくれている. 小利口だ. ¶ 깜찍한 아이 こましゃくれた子供.

깝대기 名 (卵・貝・栗などの)殻. 中身のない殻. <껍데기

깝죽거리다[-대다] 自他 得意になってそそっかしいふるまいをする. 調子にのる.

깝죽깝죽 副 하自他 **1** 得意になってそそっかしくふるまうようす. **2** 偉ぶるようす.

깝질 名 (果物・芋・樹木などの)外皮. 皮. ¶ ～을 벗기다 皮をむく. <껍질

깡그리 副 残らず. すっかり. ことごとく. 根こそぎ. ¶ 맛이 있어서 혼자서 ～ 먹어 버렸다 おいしかったのでひとりですっかり食べてしまった / 학교에서 배운 프랑스어는 ～ 잊어먹었다 学校で習ったフランス語はすっかり忘れてしまった / 가산을 ～ 날려 버리다 すっかり財産をなくしてしまう.

깡그리다 他 物事を収拾して区切

りをつける.

깡깡이 名〈俗〉☞해금(奚琴)

깡다구 名 (たいした力もないくせに)頑張ろうとする意地[負けん気].

◆**깡다구가 세다** 負けん気が人一倍強い.

◆**깡다구를 부리다** 粘り強く頑張る.

깡똥하다 形〔'강동하다'의 센말〕(すねがむき出しになるほど衣服が)非常に短い. つんつるてんだ. ¶ 깡똥한 바지 つんつるてんのズボン.

깡마르다 形 やせこけている. ¶ 깡마른 체격 やせこけた体格.

깡총하다 形 (カンガルーや鶴のように)脚だけ長い. <껑충하다

깡충 副 (脚の短い動物や人が)ぴょんと. ぴょいと.

깡충거리다[-대다] 自 ぴょんぴょんと跳びはねる.

깡충깡충 副 하自 ぴょんぴょん(と). ¶ 아이들이 즐거운 듯이 ~ 뛰면서 논다 子供たちが楽しそうにぴょんぴょん跳び回りながら遊ぶ.

깡통 名 **1** (缶詰などの)空き缶. 缶. ¶ 통조림 ~ 缶詰の空き缶. **2**〈俗〉頭がからっぽの人.

◆**깡통을 차다** 人から食べ物を恵んでもらう生活をする. 乞食になる.

깡패 名 ちんぴら. ならず者. ごろつき. やくざ.

깨¹ 名 **1**〔植〕胡麻. **2** 胡麻の種子.

◆**깨가 쏟아지다** (特に夫婦などの仲が)むつまじい. ¶ 어때, 신혼 생활이 ~가 쏟아지지 どうだい, 新婚生活が楽しくて仕方がないだろう.

-깨² 接尾《주로 뒤에 보조사 '나'와 함께 쓰여》ちょっとばかりの意. ¶ 돈~나 있어 보인다 ちょっとばかりお金があるように見える.

깨강정 名 胡麻をまぶしたもち米の菓子.

깨갱 副 하自〔개가 지르는 소리〕キャンキャン(と).

깨갱 副 하自〔강아지의 울음소리〕キャンと

깨갱거리다[-대다] 自 キャンキャンと鳴く.

깨갱깨갱 副 하自 キャンキャン(と).

깨깨¹ 副〔몹시 여윈 모양〕ぎすぎす(と). ¶ 볼이 ~ 말랐다 げっそりと頬がこけた.

깨깨² 副〔어린아이가 시끄럽게 우는 소리〕ぎゃあぎゃあ(と). ¶ 아기가 밤중에 ~ 울어 대다 赤ん坊が夜中にぎゃあぎゃあ泣きたてる.

깨끔스럽다 形 きれい好きだ. さっぱりして清潔だ. ¶ 그의 성격은 유달리 ~ 彼の性格はとりわけきれい好きだ.

깨끔하다 形 さっぱりして清潔だ. ¶ 그녀의 방은 언제 보아도 ~ 彼女の部屋はいつ見てもきれいさっぱりと片づいている. **깨끔히** 副 さっぱりと. きちんと. ¶ 방을 ~ 치워라 部屋をきちんと片づけなさい.

깨끗하다 形 **1** 清らかだ. 清潔だ. 反 汚い ¶ 깨끗한 마음 清らかな心 / 깨끗한 물 清い[きれいな]水 / 깨끗한 교제 清い交際 / 얼룩 하나 없이 깨끗한 시트 しみ一つない清潔なシーツ. **2** 整然としている. きちんとしている. ¶ 깨끗하게 정돈된 방 きちんと片づいた部屋 / 깨끗한 옷매무새 すっきりした身なり. **3** 潔い. 正々堂々としている. ¶ 깨끗한 태도 潔い態度 / 깨끗한 최후를 마쳤다 潔い最期を遂げた / 서로 깨끗하게 겨루었다 互いに正々堂々と競い合った. **4** (手並みが)鮮やかだ. みごとだ. ¶ 바느질이 아주 ~ 裁縫の手並みが鮮やかだ. **5** 潔白である. 潔癖だ. ¶ 나는 ~ (無実を主張して) 私は潔白である / 그는 금전에 관한 한 아주 깨끗했다 彼は金銭に関する限り非常に潔癖であった. **6** (色彩・音声などが)きれいだ. ¶ 그 설빔은 색깔이 산뜻하고 깨끗하구나 その晴れ着は色が鮮やかできれいだね. **7** (病気が治って)すっきりする. ¶ 병이 나았다고는 하나 몸이 아직 깨끗하지 않다 病が癒えたとはいえ体がまだすっきりしない. **깨끗이** 副 きれいに. きちんと. さっぱりと. 潔く. あっさりと. ¶ 지나간 일은 ~ 잊기로 했다 過ぎ去ったことはきれいさっぱりと忘れることにした / 빚을 ~ 청산하다[갚다] 借金をきれいに清算する[返す] / 병이 ~ 낫다 病気がきれいに治る / 선배에게 취직을 부탁했으나 ~ 거절당했다 先輩に就職を頼んだがあっさりと断わられた.

깨끼바지 名 薄絹でつくった夏向きの袷のパジ.

깨끼옷 名 裏表の縫い目を薄絹などで折り返して作った袷.

깨끼저고리 名 薄絹でこしらえた夏向きの袷のチョゴリ.

깨나다 自〔'깨어나다'의 준말〕覚める. 元に戻る.

깨나른하다 形 (気力がなく)だるい. けだるい. ¶ 몸이 ~ 体がだるい.

깨다¹ Ⅰ 自 **1** (眠り・夢・酔いから)覚める. 起きる. ¶ 잠이 ~ 目が覚める / 꿈에서 ~ 夢から覚める / 마취가 ~ 麻酔が覚める / 술이 ~ 酔いが覚める / 자나 깨나 寝ても覚めても. **2** (意識・知能などが)開ける. ¶ 의식이 깬 사람 意識の開けた人.

Ⅱ 他〔'깨우다'의 준말〕覚ます. 起こす.

깨다² 他 **1** (器物・固い物を)壊す. 割る. ¶ 꽃병을 ~ 花瓶を割る / 얼음을 ~ 氷を割る / 병아리가 껍질을 깨고 나왔다 ひよこが殻を割って出てきた. **2** 駄目にする. ぶち壊す. 白けさせる. ¶ 연회의 흥을 ~ 宴会を白けさせる. **3** (記録を)破る. 更新する. ¶ 마라톤의 최고 기록을 ~ マラソンの最高記録を破る. **4** (計画を)取り消す. (約束を)破る. ¶ 관례를 ~ しきたりを破る. **5** (血が出るくらいに)けがをする. ¶ 무릎을 ~ 膝をけがする / 머리를 ~ 頭をけがする.

깨다³ Ⅰ 自〔'까다² 2'의 피동사〕(卵からひなが)かえる.

Ⅱ 他〔'까다² 2'의 사동사〕(卵からひなを)かえす.

깨닫다 他 **1**〔佛〕悟る. ¶인과를 ～ 因果を悟る. **2** (物事の道理を)悟る. 理解する. 気づく. 目覚める. 分かる. ¶잘못을 ～ 過ち[非]を悟る / 진리를 ～ 真理に目覚める / 모성을 ～ 母性に気づく. **3** 察知する. 予感する. ¶위기가 닥쳐오고 있음을 ～ 危機が迫ってきていることを察知する.

깨떡 名 ごまもち(うるち米の粉とごまを交互に重ねて蒸す).

깨뜨러지다 自〔'깨지다'의 힘줌말〕壊れる.

깨뜨리다[-트리다] 他〔'깨다²'의 힘줌말〕割る. 砕く. 壊す. ¶찻잔을 ～ 茶わんを割る / 기록을 ～ 記録を破る.

깨물다 他 かむ. 食いしばる. ¶혀를 ～ 舌をかむ / 사탕을 깨물어 먹다 砂糖をかんで食べる / 분해서 입술을 꼭 ～ 口惜しくて唇をかみしめる / 강아지에게 손가락을 깨물렸다 子犬に指をかまれた.

깨부수다 他 ぶち壊す. 粉砕する. ¶물항아리를 ～ 水甕を粉々にする / 방해 공작을 ～ 妨害工作をぶち壊す.

깨소금 名 ごま塩.

◆깨소금 맛이다 (他人の失敗·不幸に対して)非常に痛快で気味がよいと思う. ¶그 녀석이 시험을 망쳤다니 정말 ～ 맛이군 あいつが試験がうまくいかなかったなんて, 本当にいい気味だ.

깨알 名 ごま粒.

◆깨알 같다 (文字などが)ごま粒のようだ. 非常に小さい. ¶～ 같은 글씨 ごま粒のように小さい字.

깨어나다 自 **1** (夢·眠りなどから)覚める. ¶꿈에서 ～ 夢から覚める / 잠에서 ～ 眠りから覚める. **2** (意識が)元に戻る. 覚める. ¶술에서 ～ 酔いから覚める / 마취에서 ～ 麻酔から覚める. **3** (正常な状態に)戻る. ¶악에서 ～ 悪から目覚める / 비가 와서 나무들이 깨어났다 雨が降って木々が生気をとり戻した. **4** (ひなが)かえる. ¶병아리 새끼가 다섯 마리 깨어났다 ひよこが5羽かえった.

깨어지다 自〔'깨지다'의 본말〕壊れる.

깨우다 他 覚ます. 起こす. ¶늦잠 자는 아이를 흔들어 ～ 寝坊している子供を揺り起こす / 내일 아침에 일찍 깨워 주세요 明日の朝早く起こしてください.

깨우치다 他 悟らせる. 教えて理解させる. 諭す. (目を)覚まさせる. ¶진리를 ～ 真理を悟らせる / 잘못을 ～ 誤りを悟らせる / 지금 깨우쳐 주지 않으면 나쁜 길로 들어간다 いま分からせてやらないと悪の道に入り込む.

깨이다 自〔'깨다¹ I'의 피동사〕(眠りが)覚まされる. 覚める.

깨작거리다[-대다]¹ 他 いやいやながらいいかげんに書く.

깨작깨작¹ 副 하他 いやいやながらいいかげんに字を書くようす.

깨작거리다[-대다]² 自他〔'깨지락거리다'의 준말〕(物事を)いやいやながらする.

깨작깨작² 副 하自他〔'깨지락깨지락'의 준말〕いやいや. しぶしぶ.

깨죽[一粥] 名 ごまと米をいっしょにひいてつくる粥.

깨지다 自 **1**〔조각이 나다〕壊れる. 砕ける. 潰れる. ¶유리컵이 산산이 깨졌다 グラスが粉々に割れた / 질그릇은 깨지기 쉽다 素焼きは壊れやすい. **2**〔성사되지 않다〕破れる. (物事が)駄目になる. ¶꿈이 ～ 夢が破れる / 혼담이 깨졌다 縁談が破談になった. **3**〔상처가 나다〕傷を負う. 傷つく. ¶돌에 맞아 이마가 깨졌다 石が当たって額が切れた. **4** 〈俗〉〔패배하다〕負ける. 敗北する. ¶선전도 보람 없이 ～ 善戦空しく敗北する. **5**〔돌파되다〕(記録などが)破られる. ¶100미터 달리기의 기록이 깨졌다 100メートル競走の記録は破られた. **6** (雰囲気·面白みなどが)冷める. 白ける. ¶흥이 ～ 興が冷める. 座が白ける.

깨지락거리다[-대다] 自他 (物事を)いやいやながらする. ¶밥을 깨지락거리며 먹다 ご飯をいやいやながら食べる.

깨지락깨지락 副 하自他 いやいや. しぶしぶ.

깨치다 他 悟る. 理解する. ¶불교의 진리를 ～ 仏教の真理を悟る / 어려운 이론을 ～ 難しい理論を理解する.

꺅 副 하自 きゃっと. きゃあっと. ¶～하고 소리지르다 きゃっと叫ぶ.

꺅꺅 副 하自 きゃっきゃっと. きゃあきゃあ(と). ¶～하고 비명을 지르다 きゃあきゃあと悲鳴をあげる.

꺅꺅거리다[-대다] 自 きゃっきゃっと叫ぶ.

깩소리 名 言い返す言葉. 反抗の言葉. ¶～ 마라 文句言うな.

◆깩소리도 못 하다 一言も反論できない. ぐうの音も出ない.

깻묵 名 **1** ごまの油かす. **2** 豆·とうがらしの種などの油かす. ¶콩～ 豆かす.

깻잎 名 ごまの葉. えごまの葉.

깽 副 **1**〔강아지의 비명 소리〕キャン(と). **2**〔아프거나 힘에 겨울 때 내는 소리〕うん(と).

깽깽 副 하自 **1** キャンキャン(と). **2** うんうん(と).

깽깽거리다[-대다] 自 **1** (子犬が)キャンキャンと悲鳴をあげる. **2** うんうんとうなる.

꺄우듬하다 形〔'갸우듬하다'의 센말〕やや傾いている. やや斜めだ. **꺄우듬히** 副 やや斜めに. ¶기둥이 ～ 기울었다 柱がやや斜めに傾いた.

꺄우뚱 副 하自他〔'갸우뚱'의 센말〕やや傾いているようす. ＜끼우뚱

꺄우뚱거리다[-대다] 自他 あちらこちらにしきりに揺れ動く[揺り動かす]. ¶의자가 앉을 때마다 꺄우뚱거린다 椅子が座るたびにぎしぎしと揺れる.

꺄우뚱꺄우뚱 副 하自他 しきりに揺れ動く[揺り動かす]ようす.

꺄울다〔'갸울다'의 센말〕**I** 形 (一方に)傾いている.
II 自 (一方に)傾く.

꺅 副 하自 **1**〔놀라서 외치는 소리〕きゃあっ(と). きゃっ(と). **2** 食べたものがのどまでいっぱいに満ちたようす. **3** 鶏·あひる·猫などが死ぬときに出す声.

꺌꺌 副〔암탉·기러기 등의 울부짖는 소리〕ギャーギャー(と).

꺼끄러기 名 芒.

꺼내다 他 **1** 取り出す. ¶ 봉투에서 편지를 ~ 封筒から手紙を取り出す / 지갑에서 돈을 ~ 財布からお金を取り出す. **2** (話などを)切り出す. 始める. ¶ 진기한 이야기를 ~ 珍しい話を持ち出す.

꺼덕꺼덕 副 하形〔'거덕거덕'의 센말〕(水気や糊気のあるものの表面が)乾きかけて少しごわごわしているようす.

꺼뜨리다[-트리다] 他 (誤って火を)消してしまう. ¶ 연탄불을 꺼뜨렸다 練炭の火を消してしまった.

꺼리다 他 はばかる. ためらう. 嫌がる. しぶる. 忌む. 避ける. ¶ 귀문을 ~ 鬼門を忌み嫌う / 조금도 꺼리지 않고 말하다 何のためらいもなく話をする / 부정을 ~ 不正を忌む.

꺼림칙하다 形 気が進まない. 気が乗らない. なんとなく忌まわしい. 嫌な感じがする. なんとなくやましい. 後ろめたい. ¶ 저 사람과 만나는 것은 어쩐지 ~ あの人に会うのはなんとなく気が重い / 꺼림칙한 예감 嫌な予感.

꺼림하다 形 **1** 後のことが気になる. すっきりしない. ¶ 꺼림해서 그 돈은 받을 수 없다 (賄賂などで)後のことが気になってそのお金は受け取れない. **2** (してしまったことに対して)後ろめたい感じがする. 気がとがめる. ¶ 꺼림한 과거 後ろめたい過去 / 꺼림한 일은 아무것도 없다 やましいことは何もない.

꺼메지다 自〔'거메지다'의 센말〕黒くなる. 黒ずむ. ¶ 연탄을 나르더니 손이 꺼메졌군 練炭を運んだので手が黒くなったね. >까매지다

꺼멓다 形 真っ黒い. ¶ 꺼먼 연기 真っ黒い煙.

꺼무데데하다 形〔'거무데데하다'의 센말〕薄汚くすすけたように黒い. ¶ 꺼무데데한 얼굴의 사나이 すすけたような顔色の男.

꺼무뎅뎅하다 形〔'거무뎅뎅하다'의 센말〕不格好に見えるほど黒い.

꺼무스름하다 形〔'거무스름하다'의 센말〕薄黒い.

꺼무접접하다 形〔'거무접접하다'의 센말〕(顔色などが)薄よごれたように黒い.

꺼무죽죽하다 形〔'거무죽죽하다'의 센말〕まだらになって薄汚く黒い.

꺼무칙칙하다 形〔'거무칙칙하다'의 센말〕黒い. ¶ 오래 신어서 하얀 구두가 꺼무칙칙해졌다 長く履いて白い靴が黒ずんできた.

꺼무튀튀하다 形〔'거무튀튀하다'의 센말〕どんより濁ったように黒ずんでいる.

꺼뭇꺼뭇 副 하形〔'거뭇거뭇'의 센말〕ところどころに黒い点があるようす. ¶ 얼굴에 검버섯이 ~ 피기 시작했다 顔に点々と黒い染みができ始めた.

꺼뭇하다 形〔'꺼무스름하다'의 준말〕薄黒い.

꺼벙하다 形 体は大きいくせにぼうっとしている. 見るからにだらしない. ¶ 보기에는 꺼벙하게 생겼지만 하는 짓은 알차다 見た目にはだらしないがすることはしっかりしている.

꺼불다 **I** 自 **1** 上下にゆっくりと揺れ動く. **2** 柄にもなくふざける.
II 他 上下にゆっくり揺れ動かす.

꺼지다¹ 自 **1** (電灯·火·泡などが)消える. ¶ 전등이 ~ 電灯が消える. **2** 〈俗〉(目の前から)消えうせる. ¶ 잔소리 말고 꺼져 버려 つべこべ言わずに消えうせろ. **3** 〈俗〉死ぬ.

꺼지다² 自 **1** くぼむ. 落ち込む. へこむ. ¶ 지진으로 땅이 ~ 地震で地面がへこむ / 배가 ~ 腹がへこむ[減る] / 땅이 꺼지게 한숨을 쉬다 地面に穴があくほどため息をつく. **2** (張った氷が)割れる. ¶ 얼음이 ~ 氷が割れる.

꺼칠하다 形 (やつれて皮膚や髪の毛などが)潤いがない. かさかさしている.
꺼칠꺼칠 副 하形 かさかさ(に). ざらざら(に).

꺼풀 名 **I** (外側を包んでいる)皮の層. 外皮.
II 依名 皮. ¶ 한 ~ 벗기다 一皮むく.

꺼풀지다 自 皮·殻などが層をなす.

꺽 副 げっぷをしたときの音.

꺽꺽 副 하自〔수꿩의 울음 소리〕ケンケン.

꺽꺽하다 形 **1** (性質·文章·声などが)固い. 荒っぽい. ¶ 성질이 꺽꺽한 아이 性格のきつい子供. **2** (ご飯·餅などが)水気が少なくて固い. **3** (品質が)やや固い. ごわごわしている. ¶ 옷감이 ~ 生地が固い.

꺽다리 名〔'키꺽다리'의 준말〕のっぽ.

꺽지다 形 たくましい. 勇敢だ.

꺽짓손 名 しっかりした並々ならぬ手腕.
◆꺽짓손이 세다 他人を言うとおりにさせる力が人一倍強い.

꺾꽂이 名 하他 挿し木.

꺾다 他 **1**〔부러뜨리다〕(棒状のものを)折る. ¶ 나뭇가지를 ~ 木の枝を折る. **2**〔접다〕(布·紙などを)折る. 折り返す. ¶ 치마의 아랫단을 ~ チマの裾を折り返す. **3**〔굽히다〕(体の一部を)折る. 曲げる. ¶ 허리를 ~ 腰を曲げる / 팔을 꺾어 넘어뜨리다 腕を折り曲げて倒す. **4**〔누르다〕(気勢などを)くじく. へし折る. そぐ. ¶ 상대의 콧대를 꺾어 놓다 相手の鼻をへし折る[鼻っ柱をくじく] / 용기를 ~ 勇気をくじく / 처음부터 기세를 꺾어 놓다 出鼻をくじく. **5**〔물리치다〕(勝負などで相手を)負かす. 破る. ¶ A팀이 B팀을 꺾고 우승했다 AチームがBチームを破って優勝した. **6**〔방향을 돌리다〕(向きを)変える. ¶ 키를 왼쪽으로 ~ かじを左に切る / 네거리에서 핸들을 오른쪽으로 꺾었다 四つ角でハンドルを右に切った. **7** (文筆活動を)止める. ¶ 붓을 ~ 筆を折る. 書くことをやめる.

꺾쇠 名 かすがい.
꺾쇠묶음 名 亀甲かっこ(〔 〕).
꺾어지다 自 折れる. ¶ 태풍에 가로수가 꺾어졌다 台風で街路樹が折れた.
꺾은선〔—線〕 名〔數〕折れ線.
꺾은선 그래프〔—graph〕 名〔數〕折れ線グラフ.
꺾이다 自〔'꺾다'의 피동사〕 **1** 折れる. ¶ 꺾인 가지 折れた枝. **2** (布·紙などが)折られる. 折り返される. **3** (体の一部が)折れる. 曲がる. **4** (気勢などが)へし折られる. くじかれる. ¶ 사기가 ~ 士気がくじかれる. **5** (声の調子が急に)低くなる. **6** (ハンドル·かじなどが)切れる. **7** 破れる. 負ける. ¶ 결승전에서 꺾였다 決勝戦で破れた. **8** (道などが)折れる. 曲がる.
꺾임새 名 折れた形. 折り目.
꺾자〔—字〕 名 鉤形(ㄱ)の符号.
꺾자 놓다 他 鉤形の符号を記す.
꺾자 치다 他 **1** (証書などの)余白に鉤形の符号を記す. **2** 書面の文字·文章を無効にするために鉤形の符号を記す.
껄껄 副 からから(と). ¶ 우렁찬 목소리로 ~ 웃다 力強い声でからからと笑う.
껄껄거리다[-대다] 自 (しきりに)からからと笑う.
껄껄하다 形 **1** (性格が)荒っぽい. 荒い. ¶ 성질이 껄껄한 사람 気性が荒っぽい人. **2** (肌ざわりが)滑らかでない. 粗い. ざらざらしている. ¶ 촉감이 ~ 手触りが滑らかでない.
껄끄럽다 形 **1** (肌に芒などがくっついて)ちくちくする. **2** (滑らかでなく)粗い. ざらざらする. **3** (性格が)気難しい. ¶ 사람이 껄끄러워서 곁에 가기가 어렵다 気難しくて近寄り難い.
껄떡 副 하自 **1** 〔액체를 겨우 삼키는 소리〕ごくりと. **2** 〔숨이 끊어질 듯 말 듯하는 모양〕ぜいぜい(と). はあはあ(と). **3** 薄くて固い物がねじれたりひっくり返るときに出る音.
껄떡거리다[-대다] 自 **1** ごくごくと飲み込む. **2** しきりにはあはあと息を切らす. **3** ぱりぱりと音がする.
껄떡껄떡 副 하自 **1** ごくごく(と). **2** はあはあ(と). **3** ぱりぱり(と).
껄떡이 名 食いしん坊. 欲ばり. 貪欲な人.
껄떡하다 形 (病気·疲労·飢えなどのために)目が落ちくぼんでいる.
껄렁껄렁하다 形 不まじめだ. いいかげんだ. ふしだらだ. だらしない. ¶ 그는 껄렁껄렁하여 직장에 오래 붙어 있지 못한다 彼は不まじめなので職場にも長くもたない.
껄렁이 名 いいかげんな人. ろくでなし.
껄렁패〔—牌〕 名 不良の仲間.
껄렁하다 形 〔'껄렁껄렁하다'의 준말〕不まじめだ. いいかげんだ. だらしない.
껌〔gum〕 名 ガム. ¶ ~을 씹다 ガムをかむ.
껌껌하다 形 **1** 真っ暗だ. ¶ 껌껌한 밤길 真っ暗な夜道. >깜깜하다 **2** 腹黒い. ¶ 뱃속이 껌껌한 인간 腹黒い人間.
껌다 形 真っ黒だ.
껌벅 副 하自他 **1** (星の光·明かりなどが)ちらっと. **2** (目を)ぱちっと.
껌벅거리다[-대다] 自他 ぱちくりする. ぱちぱちさせる.
껌벅껌벅 副 하自他 ちらっと. ぱちくり(と).
껌적껌적 副 하形 〔'검적검적'의 센말〕黒い点やしみが広範囲に散らばっているようす.
껌정 名 黒. 黒の染料.
껌정이 名 黒い物.
껍데기 名 **1** (中身をつつむ)外皮. カバー. ¶ 요 ~ しとねのカバー / 이불 ~를 빨다 ふとんのカバーを洗う. **2** (栗·卵·貝などの)殻. 中身のない殻. ¶ 조개 ~ 貝殻 / 계란 ~ 卵の殻 / 호두 ~ くるみの殻. **3** (花札で)点数のない札. かす札. **4** (内容がなくて空しい)殻. ¶ 그가 쓴 감투는 허울 좋은 ~일 뿐이다 彼のありついだ官職は外見のいい殻に過ぎない.
껍죽거리다[-대다] 自他 **1** 〔까불거리다〕調子に乗って騒ぎ立てる. ¶ 무엇을 한다고 껍죽거리고 다니더니 요새는 시들해진 모양이야 何かすると言って飛び回っていたが最近は嫌気がさしてきたようだね. **2** 〔잘난 체하다〕偉そうにふるまう.
껍죽껍죽 副 하自他 **1** 調子に乗って騒ぎ立てるようす. **2** 偉そうにふるまうようす.
껍질 名 皮. 殻. ¶ 귤 ~ みかんの皮 / 콩 ~ 莢 / ~막 皮膜.
껍질눈 名〔植〕皮目.
-껏 接尾 …のあらん限り. …を尽くして. …まで. ¶ 정성~ 誠を尽くして / 마음~ 心ゆくまで / 소신~ 信念に従って / 욕심~ 먹다 欲張って食べる.
껑충 副 **1** (脚の長い動物·人が)ぴょいと. ぴょんと. ¶ ~ 뛰어넘다 ぴょんと飛び越える. **2** (物価などが)一足跳びに上がるようす. ¶ 쌀값이 배로 ~ 뛰었다 米の値が一挙に倍に上がった.
껑충거리다[-대다] 自 ぴょんぴょん飛び回る. ¶ 기뻐서 ~ うれしくてぴょんぴょん飛び回る.
껑충껑충 副 하自 ぴょんぴょん(と). ¶ 그는 ~ 뛰면서 기뻐했다 彼はぴょんぴょん跳ねて大喜びした.
껑충이 名 のっぽ.
껑충하다 形 背が不格好に高く脚が長い. ¶ 키만 껑충하게 큰 사람 背ばかりひょろりと高い人.
께¹ 助 〔'에게'의 높임말〕…に. ¶ 숙부님~ 편지를 썼다 叔父さんに手紙を書いた.
-께² 接尾 **1** 〔시간·때〕…ころ. …時分. ¶ 단풍 철~ 또 오세요 もみじのころにまたいらっしゃい. **2** 〔장소〕辺り. 付近. ¶ 범인은 이 산 어디~ 숨어 있을 것이다 犯人はこの山のどこかに隠れているだろう.
께끄름하다 形 気になって心にひっかかる. ¶ 남의 옷이라 입기 ~ 人の服なので気になって着る気にならない.

께끔하다 形 〔'께끄름하다'의 준말〕 ひどく気にかかる.

께느른하다 形 ものうい. けだるい. ¶ 께느른한 봄의 하루 ものうい春の一日.

께서 助 **1** 〔주격조사 '가[이]'의 높임말〕 …が. ¶ 할아버님~ 주셨습니다 おじい様がくださいました. **2** 尊敬の意を表わす. ¶ 춘부장~는 안녕하신가? ご尊父はご壮健でいらっしゃるかね.

께옵서 助 〔'께서'의 높임말〕 …におかせられて. ¶ 전하 ~는… 殿下におかせられては….

껜¹ 〔'께는'이 준 말〕 …には.

-껜² 〔'-께는'이 준 말〕 …ころには. …あたりには. ¶ 이달 말~ 틀림없이 돌려주겠소 今月の末ごろには間違いなく返します.

껴들다 他 **1** (両腕で)抱かえて持ち上げる. **2** (二つ以上のものを重ねて)持ち上げる.

껴안다 他 **1** 両手で抱く. 抱き締める. 抱きかかえる. ¶ 애인을 꽉 ~ 恋人をぎゅっと抱き締める. **2** (いろいろな仕事を)一手に引き受ける[抱え込む]. ¶ 혼자서 일을 껴안고 쩔쩔매다 一人で仕事を引き受けててんてこ舞いする.

껴입다 他 着込む. ¶ 추워서 내복을 두 개 껴입었다 寒くて下着を2枚着込んだ.

꼬기꼬기 副 ⇨꼬깃꼬깃

꼬기다 自他 (布切れ·紙などが)しわくちゃになる. しわくちゃにする.

꼬기작거리다[-대다] 他 しわくちゃにする. ¶ 신문지를 ~ 新聞紙をしわくちゃにする.

꼬기작꼬기작 副 하他 しわくちゃにするようす.

꼬김살 名 しわ. ¶ ~이 지다 しわが寄る.

꼬깃거리다[-대다] 他 しわくちゃにする.

꼬깃꼬깃 副 하他形 くちゃくちゃ(と). くしゃくしゃ(と). ¶ ~한 편지를 휴지통에 넣었다 しわくちゃになった手紙をごみ箱の中に捨てた.

꼬까 名 〈幼〉 べべ.

꼬까신 名 〈幼〉 美しく彩った子供の履き物.

꼬까옷 名 〈幼〉 色とりどりに美しく仕立てた子供の晴れ着.

꼬꼬 Ⅰ 名 〈幼〉 鶏.
Ⅱ 副 〔암탉 우는 소리〕 コッコッ(と).

꼬꼬댁 副 하自 鶏が驚いたときや卵を産んだあとに鳴く声.

꼬꼬댁거리다[-대다] 自 鶏がしきりに鳴く.

꼬꼬댁꼬꼬댁 副 하自 コッコッ(と).

꼬꾸라뜨리다[-트리다] 他 (前の方へ)蹴倒す. たたきのめす. 打ち倒す. ¶ 상대를 ~ 相手をたたきのめす.

꼬꾸라지다 自 **1** つんのめる. 倒れる. ¶ 앞으로 ~ 前につんのめる / 술에 취해 ~ 酒に酔ってつんのめる / 지쳐서 ~ へとへとにくたびれて倒れる. **2** 〈俗〉 死ぬ. くたばる.

꼬끼오 副 コケコッコー. ¶ 수탉이 ~ 운다 おんどりがコケコッコーと鳴く.

꼬느다 他 **1** (重い物の一端を握って)持ち上げる. **2** (気を引き締めて)待ち構える. ¶ 적을 ~ 敵を待ち構える.

꼬다 他 **1** なう. あざなう. よる. よじる. ¶ 새끼를 ~ 縄をなう / 실을 ~ 糸をよる / 철사를 ~ 針金をよる. **2** 足を組む. 体をよじる. ¶ 몸을 비비 ~ 体をくねくねとよじる / 다리를 꼬고 앉아 있다 足を組んで座っている. **3** 皮肉る. あてこする.

꼬드기다 他 **1** そそのかす. 扇動する. 刺激する. おだてる. ¶ 순진한 사람을 ~ 純真な人をそそのかす. **2** (凧を高く上げるため)糸をぐいとたぐる.

꼬들꼬들 副 하形 (ご飯粒などが)中は軟らかいのに外側はまだ固いようす. ¶ ~한 밥 やや硬いご飯.

꼬락서니 名 〈卑〉 つら. ざま. 格好. ¶ 그게 무슨 ~냐! 何というていたらくだ / 그런 ~로 그를 만나겠다는 거냐? そんな格好で彼に会うつもりかね.

꼬랑이 名 **1** 〈俗〉 尾. **2** 白菜·大根などの根の先.

꼬랑지 名 〈俗〉 鳥の尾.

꼬르륵 副 하自 **1** 〔배가 고플 때 나는 소리〕 ぐうぐう(と). ごろごろ(と). ¶ 배가 고파서 ~ 소리가 난다 腹がすいてぐうぐう鳴る. **2** 〔닭이 놀랐을 때 내는 소리〕 コッコッと. **3** 〔물 등이 조금씩 빠져 나가는 소리〕 ちょろちょろ(と).

꼬르륵거리다[-대다] 自 **1** 腹がぐうぐう[ごろごろ]鳴る. **2** 鶏が驚いてコッコッと鳴く. **3** 小さな穴を通して水などがごぼごぼ流れ出る.

꼬르륵꼬르륵 副 하自 ごろごろ(と). ぐうぐう(と).

꼬리 名 **1** (動物の)尾. ¶ 개가 ~를 치며 따라온다 犬がしっぽを振りついてくる. **2** (慧星などの)尾. ¶ 핼리혜성의 ~ ハレー慧星の尾. **3** (白菜などの)小さな根. **4** 〔樂〕 (音符の)鉤.

◆**꼬리가 길다** ① 悪事を長く続ける. ② 戸を締めないで出て行く人をとがめていう言葉.

◆**꼬리를 감추다** しっぽを隠す. 形跡を隠す. 隠れる. 消え去る. ¶ 자신의 행적이 부끄러워 ~를 감추었다 自分のしたことが恥ずかしくてどこかへ姿を隠した.

◆**꼬리를 달다** ① つけ加えて話す. ② 条件をつけ加える.

◆**꼬리를 물다** 相次ぐ. 連続する. ¶ 사고가 ~를 물고 일어났다 事故が相次いで起こった / 소문이 ~를 물고 퍼지다 うわさが相次いで広まる.

◆**꼬리를 밟히다** 行状がばれる. しっぽを出す.

◆**꼬리를 잇다** 互いに連なる. ひっきりなしに続く.

◆**꼬리를 잡다** しっぽをつかむ. 言葉じりを捕らえる. 揚げ足を取る. 人の弱点をつかむ.

◆**꼬리를 치다** ① (動物が)尾を振る. ② 〈俗〉 愛きょうをふりまいて誘惑する.

〔**속담**〕 **꼬리가 길면 밟힌다** 尾が長ければ踏まれる〈悪いことを繰り返せばついには見つかってしまう〉.

꼬리곰탕〔一湯〕名〔料理〕コリコムタン〈牛の尾を煮込んだスープ〉.
꼬리지느러미 名〔動〕尾びれ.
꼬리표〔一票〕名 荷札. ¶～를 달다 荷札をつける.
◆**꼬리표가 붙다[달리다]** 悪い評価がなされる. 札つきになる.
꼬마 名 **1** 小型のもの. 小型. ¶～ 인형 小さい人形. **2**〈俗〉ちびっこ. おちびちゃん. ¶우리집 ～ うちのちびっこ. **3**〔'꼬마둥이'의 준말〕ちび. 「人.
꼬마둥이 名 ちび. 背の低い小柄な
꼬막 名〔動〕灰貝.
꼬무락거리다[-대다] 自他 体をもぞもぞさせる. ぐずぐずする. ¶빨리 하지 않고 뭘 그리 꼬무락거리니? 早くしないで何をそんなにぐずぐずしているのか.
꼬무락꼬무락 副 하自他 もぞもぞ(と). ぐずぐず(と).
꼬물거리다[-대다] 自他 もぞもぞうごめく. ぐずぐずする. もたもたする.
꼬물꼬물 副 하自他 もぞもぞ(と). ぐずぐず(と).
꼬박 副〔'꼬박이'의 준말〕まる. ぶっ通しで. ¶～ 사흘을 걸어서 서울까지 갔다 まる3日間歩いてソウルまで行った / 뜬눈으로 밤을 ～ 새우다 まんじりともせず夜を明かす.
꼬박이 副 ぶっ通しで. まる. ¶～ 하룻밤을 새워 가면서 원고를 썼다 一晩中ぶっ通しで原稿を書いた.
꼬박꼬박 副 **1** きちんきちんと. 忠実に. まじめに. ¶집세를 매달 밀리지 않고 ～ 물다 家賃を毎月滞らせずきちんきちんと払う. **2** ぶっ通し. 待ち遠しげに. ずうっと. **3** 欠かさずに. もれなく. ¶날마다 ～ 온다 毎日欠かさず来る.
꼬부라들다 自〔'고부라들다'의 센말〕内側に曲がる.
꼬부라뜨리다[-트리다] 他〔'고부라뜨리다'의 센말〕折り曲げる. かがめる.
꼬부라지다 自 **1**〔'고부라지다'의 센말〕(一方に)曲がる. ¶허리가 ～ 腰が曲がる / 길이 오른쪽으로 ～ 道が右側に曲がる. **2** (性格などが)ゆがむ. ねじける. ¶꼬부라진 생각 ゆがんだ考え / 마음이 꼬부라진 사람 心のゆがんだ人.
꼬부랑글자〔一字〕名 **1** (曲がりくねって)非常に下手な字. **2**〈俗〉(ローマ字など)横にくねくねした文字. 横文字.
꼬부랑길 名 曲がりくねった道.
꼬부랑꼬부랑 副 하形〔'고부랑고부랑'의 센말〕くねくね(と). ¶～ 굽은 길 くねくねと曲がりくねった道.
꼬부랑이 名〔'고부랑이'의 센말〕曲がった物.
꼬부랑하다 形〔'고부랑하다'의 센말〕曲がっている. 「ん.
꼬부랑할미 名 腰の曲がったおばあさ
꼬부리다 他〔'고부리다'의 센말〕折り曲げる. 曲げる. かがめる. ¶철사를 ～ 針金を折り曲げる / 허리를 ～ 腰を曲げる.
꼬부스름하다 形 曲がり気味だ. 曲がったように見える.
꼬부장하다 形〔'고부장하다'의 센말〕しなっている. ややたわんでいる.
꼬부장꼬부장 副 하形 折り曲がったようす.
꼬불거리다[-대다] 自〔'고불거리다'의 센말〕曲がりくねる.
꼬불꼬불 副 하形 くねくね(と). ¶～한 논길을 걷다 くねくね曲がったあぜ道を歩く.
꼬불탕하다 形〔'고불탕하다'의 센말〕緩やかに曲がっている.
꼬불탕꼬불탕 副 하形 緩やかに曲がりくねっているようす.
꼬빡 副〔'꼬박'의 센말〕ぶっ通しで.
꼬이다 自 **1** (物事がうまくいかず)もつれる. こじれる. 狂う. ¶일이 ～ 事がこじれる / 친구와의 사이가 꼬여 간다 友達との間がこじれていく. **2** (心が)ねじける. 曲がる. ひねくれる. ¶마음이 ～ 気持ちがねじける / 성질이 ～ 性質がひねくれる. **3** (糸・縄・ひもなどが)もつれる. よられる. なわれる. ¶꼬인 노끈을 풀다 もつれたひもをほどく.
꼬임 名 誘惑. そそのかすこと.
꼬장꼬장하다 形 **1** 細長くてまっすぐだ. ¶꼬장꼬장한 회초리 細くてまっすぐなむち. **2** (老人が)腰も曲がらず元気そうに見える. ¶저 노인은 나이 아흔인데 아직 ～ あの老人は90歳だが, まだしゃんとしている. **3** 剛直で一本気だ. 融通がきかない. ¶성미가 ～ 気性が剛直で一本気だ.
꼬질꼬질 副 하形 **1** (性格が)ひどくいじけているようす. ひねくれているようす. しみったれているようす. **2** (身なりが)ひどくみすぼらしいようす. ¶～한 옷 みすぼらしい服.
꼬집다 他 **1** つねる. ¶손등을 ～ 手の甲をつねる. **2** (皮肉を言って相手の気持ちを)傷つける. ¶너무 꼬집지 말게 あまり皮肉っぽいことを言うなよ / 한 마디를 해도 꼭꼭 꼬집어서 말한다 一言言うにも必ず胸をずきんと刺すようなことを言う.
꼬챙이 名 串. ¶～에 꿰다 串に刺す. 串刺しにする / 생선을 ～에 꿰어 굽다 魚を串焼きにする[串に刺して焼く].
꼬치 名 **1** 串刺しの料理. **2** おでん. **3**〔'꼬챙이'의 준말〕串.
꼬치백반〔一白飯〕名 (串刺しの)おでんをおかずとする飯. 「おでん.
꼬치안주〔一按酒〕名 (肴としての)
꼬치꼬치 副 **1**〔몸이 마른 모양〕がりがり(に). **2**〔따지고 캐묻는 모양〕根掘り葉掘り. ¶～ 캐묻다 根掘り葉掘り尋ねる.
꼬투리 名 **1**〔'담배 꼬투리'의 준말〕たばこの葉の筋. たばこの吸い殻. **2** (大豆・豌豆などの)莢. **3** 糸口. 手がかり. きっかけ. ¶사건의 ～를 캐다 事件の手がかりを突きとめる. **4** 言葉じり. 揚げ足. ¶말 ～를 잡다 言葉じりを捕らえる.
꼬푸리다 他〔'고푸리다'의 센말〕(体を)かがめる. 曲げる.
꼭 副 **1**〔틀림없이·반드시〕必ず. きっと. 是非. 間違いなく. きちんと. ¶

～ 가 보고 싶다 是非行ってみたい / 5시까지는 ～ 돌아오세요 5時までにはきっと帰っていらっしゃい / ～ 성공하고야 말겠다 必ず成功してみせる. **2** 〔단단히〕 しっかり. 固く. ぎゅっと. きゅっと. ¶ 손을 ～ 쥐다 手をぎゅっと握る / 부엌문을 ～ 닫았다 勝手口をしっかり締めた / 빨래를 ～ 짜다 洗濯物を堅く絞る / 입을 ～ 다물다 口をきっと堅く閉じる. **3** 〔참는 모양〕 じっと. ¶ 사흘이나 ～ 방에 틀어박혀 있었다 3日間もじっと部屋に閉じこもっていた. **4** 〔빈틈이 없는 모양〕 ぴったり. ちょうど. きっちり. ¶ 이 신은 내 발에 ～ 맞는다 この靴は僕の足にぴったり合う / 지금 ～ 8시다 今ちょうど8時だ. **5** 〔마치〕 まるで. あたかも. そっくり. ¶ ～ 여우 같은 얼굴 まるで狐のような顔. **6** 《부정의 말과 함께 쓰여》 必ずしも. ¶ 값이 비싼 것이 ～ 좋은 물건이라고 할 수는 없다 値段の高いものが必ずしもいい物とは限らない.

꼭꼭 副 **1** 〔꼭·단단히〕 ぎゅうぎゅう(に). ¶ 노끈으로 ～ 죄어 묶다 ひもでぎゅうぎゅう締めつけて結わえる. **2** 必ず. ¶ 선생님께는 연하장을 ～ 보냈다 先生には年賀状を必ず出した. **3** 〔꽁꽁 숨는 모양〕 見つからないようにうまく隠れるようす. **4** 〔참는 모양〕 ぐっとこらえるようす.

꼭대기 名 **1** いちばん高い所. 頂上. てっぺん. 頂. ¶ 산 ～ 山の頂上 / 지붕 ～ 屋根のてっぺん / 그는 네 머리 ～에 올라앉아 있어 彼は君より一枚上手だ. **2** 〈俗〉 (多くの人の中の) リーダー.

꼭두각시 名 **1** 操り人形. 傀儡. **2** (自主性がなく) 人に操られる人. 傀儡. 傀儡政権.

꼭두각시놀음 名 하自 **1** 〔民俗〕 操り人形劇. **2** 人の意のままに手先として使われる[使う]こと.

꼭두새벽 名 早朝. 朝っぱら. 明け方. ¶ ～부터 급한 전화가 있었다 朝っぱらから急ぎの電話があった.

꼭두서니 名 **1** 〔植〕 茜. **2** あかねを原料とした赤い染料. あかね色.

꼭뒤 名 **1** 後頭部の真ん中. **2** 弓筈.

꼭지 Ⅰ 名 **1** (ふたの) つまみ. ¶ 냄비 ～ 鍋ぶたのつまみ. **2** (果物·なすび·うりなどの) へた. ほぞ. ¶ 호박 ～ カボチャのへた. **3** 凧の上部につける丸い色紙. **4** 殻竿の枢. **5** (乞食の) 大将.

Ⅱ 依名 〔모숨을 지어 매어 놓은 물건을 세는 말〕 …束. ¶ 미역 두 ～ わかめ二束.

◆**꼭지가 물렀다** (固いへたが柔らかくなったの意で) 機が完全に熟した.

◆**꼭지를 따다** (へたを取るの意で) ある仕事に着手する.

꼭지각〔一角〕 名〔數〕 頂角.

꼭지눈 名〔植〕 頂芽.

꼭지점〔一點〕 名〔數〕 頂点.

꼴[1] 名 なりふり. 格好. ざま. ありさま. ¶ 비참한 ～ 惨めな格好 / 이게 무슨 ～이냐 何たるざまだ / ～ 보기 싫다 顔も見たくない. みっともない / ～ 좋다 いい面の皮だ. ざま見ろ.

◆**꼴을 보다** 成り行きを見る. ¶ 되어 가는 ～을 보고 도와 주든지 말든지 하자 成り行きを見て助けてやるかどうか決めよう.

꼴[2] 名 秣. 飼い葉. ¶ ～을 베다 秣を刈る.

-꼴[3] 接尾 …当たり. ¶ 한 봉지에 1000원 ～로 샀다 一袋当たり1000ウォンずつで買った / 한 사람에 열 개 ～이다 一人当たり10個の割合だ.

꼴값 名 하自 〈俗〉 顔つきにふさわしい行ないをすること. ¶ 제 분수도 모르고 ～하고 있네 身のほどもわきまえずなんというざまだ.

꼴같잖다 形 ぶざまだ. 不格好だ. (むかむかするほど) 気に食わない.

꼴깍 副 하自他 **1** 〔삼킴〕 (少ない分量の液体やつばが) ごくりと. ¶ 긴장한 나머지 침을 ～ 삼켰다 緊張のあまり, つばをごくりと飲み込んだ. **2** 〔참는 모양〕 ぐっと. ¶ 화가 치밀어 올랐으나 ～ 참았다 怒りが込み上げてきたがぐっと飲み込んでこらえた.

꼴깍꼴깍 副 하自他 ごくりごくりと.

꼴답잖다 形 ぶざまだ. みっともない. ¶ 하는 짓이 생긴 모양대로 ～ することがその見た目同様ぶざまだ.

꼴딱 副 하自 **1** ごくりと. ぐっと. ¶ 쓴 탕약을 ～ 삼켰다 苦いせんじ薬をごくりと飲み下した. **2** 太陽が西の方へ完全に沈むようす. ¶ 해가 ～ 넘어가다 日がすっかり沈む. **3** 完全に食を絶つようす. ¶ 사흘을 ～ 굶었다 3日の間全然食べなかった. **4** 徹夜するようす. ¶ 밤을 ～ 새워 조사하다 夜明かしして調査する.

꼴뚜기 名〔動〕 飯蛸.

꼴뚜기젓 名 いいだこの塩辛.

꼴리다 自 **1** (陰茎が) 勃起する. **2** 腹が立つ. 怒りがこみ上げる. ¶ 배알이 ～ 腹が煮えくり返る.

◆**꼴리는 대로** 気の向くままに. 勝手に.

꼴불견〔一不見〕 名 みっともないこと. ¶ 참 ～이다 あのざまといったら本当に見ていられない.

꼴사납다 形 (行動が) みっともない. ¶ 꼴사납게 굴다 みっともなくふるまう.

꼴찌 名 びり. 最下位. いちばん後. どんじり. ¶ 학교 성적이 ～다 学校の成績がびりだ / ～부터 세어서 세 번째 びりから数えて3番目.

꼴칵 副 하自他 〔'꼴깍1'의 거센말〕 ごくりと. ¶ 약을 ～ 삼키다 薬をごくりと飲み込む.

꼼꼼하다 形 冷静できちょうめんだ. 手抜かりがない. ¶ 꼼꼼한 사람 きちょうめんな人. **꼼꼼히** 副 冷静できちょうめんに. ¶ 일을 ～ 하다 きちょうめんに仕事をする.

꼼수 名 みみっちいやり口.

꼼작 副 하自他 〔조금씩 움직이는 모양〕 もぞもぞ(と). <꿈적

꼼작거리다[-대다] 自 他 少しずつ動く.

꼼작꼼작 副 하自他 もぞもぞ(と).

꼼지락 副 하自他 わずかにゆっくり身動きするようす. <꿈지럭

꼼지락거리다[-대다] 自他 **1** (体または体の一部分を)しきりにゆっくりと動かす. ¶ 아기가 손을 ~ 赤ちゃんが手をしきりに動かす. **2** のろのろする. ぐずぐずする. ¶ 꼼지락거리지 말고 빨리 해라 ぐずぐずしないで早くやりなさい.

꼼지락꼼지락 副 하自他 のろのろ(と). ぐずぐず(と).

꼼질 副 '꼼지락'의 준말.

꼼짝 副 하自他 ちょっと動くようす. ¶ ~하면 죽이겠다 ちょっとでも動いたら殺すぞ / ~하지 마라 動くな / ~할 수 없다 身動きができない. <꿈쩍

◆꼼짝 못하다 ① 全然体を動かせない. ものも言えない. ¶ 독감에 걸려 ~ 못하고 있다 インフルエンザにかかって体を動かすこともできないでいる. ② 困窮に陥る. どうすることもできない. ¶ 자금난으로 ~ 못하고 있다 資金難で手も足も出ないありさまだ / 눈에 갇혀 ~ 못하다 雪に閉ざされて立往生する.

꼼짝거리다[-대다] 自 しきりに身動きする. もぞもぞする.

꼼짝달싹 副 하自他 ちょっと体を動かすようす.

꼼짝없다 形 なすすべがない. 手の打ちようがない. **꼼짝없이** 副 なすすべもなく. ¶ ~ 잡혔다 なすすべもなく捕えられた.

꼽다 他 **1** 指折り数える. **2** みなす. ¶ 노벨상 후보로 그를 꼽았다 ノーベル賞の候補として彼をみなした.

꼽재기 名 **1** 垢. かす. 不用で汚いもの. ¶ 눈 ~ 目やに / 때 ~ 垢. **2** つまらない物.

꼽추 名 せむし. 背が曲がった人.

꼽치다 他 〔'곱치다'의 센말〕 **1** 半分に折り畳む. **2** 倍にする.

꼽히다 自 数えられる. 選ばれる. ¶ 제일인자로 꼽히는 실력자 第一人者と目される実力者.

꼿꼿하다 形 **1** まっすぐだ. ¶ 꼿꼿한 막대기 まっすぐな棒. **2** (態度が)剛直だ. ¶ 꼿꼿한 기질 剛直な気質. <꿋꿋하다 **꼿꼿이** 副 **1** まっすぐに. ¶ 몸을 ~ 펴다 体をまっすぐに伸ばす. **2** 強く正しく. 固く. 剛直に. ¶ 어떤 곤란에도 굴하지 않고 ~ 살아가다 いかなる困難にも屈せず強く正しく生きていく.

꽁꽁 副 **1** 〔언 모양〕 かちかち(に). ¶ 길이 ~ 얼다 道がかちかちに凍る. **2** 〔숨는 모양〕 うまく隠れるようす. ¶ ~ 숨어라, 머리카락 보인다 (隠れんぼをするときのかけ声で)上手に隠れろよ, 髪の毛が見えるぞ. **3** 〔묶는 모양〕 ぎゅうぎゅう(に). ¶ 죄인을 ~ 묶다 罪人をぎゅうぎゅう縛りつける.

꽁다리 名 切れ端. 残りかす. ¶ 생선 ~ 魚の(尾の部分の)切れ端 / 담배 ~ たばこの吸い殻.

꽁무니 名 尻. **1** 背骨の末端部分. **2** 腰. ¶ ~에 권총을 차다 腰にピストルを着ける. **3** いちばんあと. びり. ¶ 행렬의 ~에 서서 따라가다 行列のしんがりについて行く.

◆꽁무니를 따라다니다 尻を追い回す. ¶ 여자의 ~를 따라다니다 女性の尻を追い回す.

◆꽁무니를 빼다 しりごみする. 身を引く. ¶ 사태가 불리해지자 슬슬 ~를 빼기 시작했다 事態が不利になるやそろそろと身を引き始めた.

◆꽁무니를 사리다 ひそかに身を引こうとする. 抜け出そうとする.

꽁보리밥 名 麦飯. 麦だけのご飯.

꽁생원〔一生員〕 名 度量が狭く人の言葉などを根に持つ人.

꽁지 名 鳥の尾.

〔속담〕 **꽁지 빠진 새 같다** 尾の抜けた鳥[おんどり]のようだ〈みすぼらしいなり. 権威·名声などが衰えて廃れること〉.

꽁초〔一草〕 名 吸い殻. しけもく. ¶ 담배 ~ たばこの吸い殻 / ~를 아무 데나 버리면 안 됩니다 吸い殻をところかまわず捨ててはいけません.

꽁치 名〔動〕 さんま.

꽁하다 形 **1** 度量が狭い. ¶ 꽁한 성격이라서 사귀는 데 힘이 든다 度量が狭いのでつき合うのに骨が折れる. **2** 心の中に恨み[執念]を抱いている. 根に持って忘れない. ¶ 꽁한 감정이 풀리지 않다 心のわだかまりが解けない.

꽂다 他 **1** 差し込む. 挿す. ¶ 꽃을 꽃병에 ~ 花を花瓶に挿す / 에베레스트의 정상에 국기를 꽂았다 エベレストの頂上に国旗を立てた. **2** 刺す. 突き刺す. ¶ 침을 ~ 鍼を打つ. **3** 投げ飛ばす. ¶ 어깨 너머로 메어 ~ 背負い投げで投げ飛ばす.

꽂히다 自 **1** 差し込まれる. 挿される. ¶ 꽃병에 꽂힌 꽃 花瓶に挿された花. **2** 投げ飛ばされる. **3** 刺さる. ¶ 가시가 ~ とげが刺さる.

꽃 名 花. 華. **1** 〔植〕 花. ¶ ~을 따다 花を摘む / ~을 꺾다 花を折る / ~ 한 다발 花1束 / ~을 가꾸다 花を育てる / ~이 시들다 花がしぼむ / 흐드러지게 핀 ~이 어느새 져 버렸다 見事に咲いた花がいつの間にか散ってしまった. **2** 美しく華やかなもの. ¶ ~같이 아름다운 처녀 花のように美しい乙女. **3** 最盛期. ¶ 인생의 ~ 人生の花. **4** (はしか·天然痘などの)発疹. ¶ ~이 돋다 発疹が出る.

單語帳 꽃에 관한 말

진달래 げんかいつつじ / 벚꽃 桜 / 봉선화 ほうせんか / 살구꽃 あんず / 코스모스 コスモス / 복숭아꽃 桃の花 / 개나리 れんぎょう / 민들레 たんぽぽ / 목련꽃 もくれん / 동백꽃 つばき / 해바라기 ひまわり / 장미꽃 薔薇 / 백합꽃 ゆり / 모란꽃(牡丹—) ぼたん / 국화 きく / 튤립 チューリップ / 무궁화 むくげ / 물망초(勿忘草) わすれなぐさ / 유채(油菜), 평지 菜の花 / 나팔꽃 朝顔 / 제비꽃 すみれ / 함박꽃나무 おおやまれんげ
◆꽃잎 花びら / 꽃봉오리 つぼみ /

> 줄기 茎/ 뿌리 根/ 꽃꽂이 生け花/ 조화 造花

꽃가게 名 花屋.
꽃가루 名〔植〕花粉.
꽃게 名〔動〕がざみ. わたりがに.
꽃구경 名 하自 花見. ¶ ~을 가다 花見に行く.
꽃구름 名 彩雲.
꽃꽂이 名 하自 生け花. 華道. ¶ ~ 강습 生け花講習.
꽃나무 名 **1** 花の咲く木. **2** 草花.
꽃놀이 名 하自 花見. ¶ ~를 가다 花見に行く.
꽃눈 名〔植〕花芽. やがて花となる芽.
꽃다발 名 花束. ブーケ. ¶ 장미 ~ 薔薇の花束.
꽃다지 名 (なす·きゅうり·うりなどの)初なり.
꽃답다 形 **1** 花のように美しい. ¶ 꽃다운 처녀 花のように美しい娘/ 꽃다운 나이 若いときの歳月. 芳年. **2** 花としての美しさが備わっている. 花らしい.
꽃대 名〔植〕花軸. 薹. ¶ 머위의 ~ ふきの薹.
꽃돗자리 名 花むしろ. 花ござ.
꽃동산 名 花園.
꽃말 名 花言葉.
꽃망울 名 花のつぼみ.
꽃무늬 名 花模様. ¶ ~가 있는 옷감 花模様のある生地.
꽃바구니 名 花かご.
꽃바람 名 花風. 花が咲くころに吹く春風.
꽃받침 名〔植〕萼.
꽃방석〔一方席〕名 花模様の刺繍をした座布団.
꽃밭 名 **1** 花畑. 花園. **2**〈俗〉女性の大勢集まっている所.
〔속담〕**꽃밭에 불지른다** 花畑に火を放つ〈風情をぶちこわす. むごいことをする. 幸福なときに災難にあう〉.
꽃병〔一瓶〕名 花瓶.
꽃봉오리 名 **1**〔植〕つぼみ. ¶ 장미 ~ 薔薇のつぼみ. **2** 前途のある若者.
꽃부리 名〔植〕花冠.
꽃불 名 **1** 激しく燃えあがる炎. **2** 打ち上げ花火.
꽃삽〔一鍤〕名 移植鏝.
꽃샘 名 하自 花冷え. 春先の寒さ.
꽃샘바람 名 花あらし. 花の咲くころに吹く冷たい風.
꽃샘추위 名 花冷え.
꽃송이 名 花房.
꽃술 名〔植〕花蕊. 雄しべと雌しべ.
꽃식물〔一植物〕名〔植〕顕花植物.
꽃씨 名 花の種.
꽃잎 名〔植〕花びら. 花弁.
꽃자루 名〔植〕花梗. 花柄.
꽃줄기 名〔植〕花茎.
꽃차례 名〔植〕花序.
꽃철 名 花時. 花の咲くころ.
꽃피다 自 花が咲く. 盛んになる. ¶ 웃음이 ~ 笑いの花が咲く.
꽃피우다 他 花を咲かせる. 盛んにする. 名をあげる. ¶ 학교에서 만나 사랑을 ~ 学校で会って愛を咲かせる.
꽈르르 副 하自〔많은 액체가 좁은 구멍으로 급히 쏟아지는 소리〕とくとく(と).
꽈리 名 **1**〔植〕ほおずき. **2**〔醫〕(手のひらや足の裏にできる)水疱. 水膨れ.
꽉 副 **1**〔힘을 주는 모양〕きゅっと. ぎゅっと. ひしと. しかと. しっかり(と). ¶ 손목을 ~ 쥐다 手首をぎゅっとつかむ/ 입술을 ~ 다물고 있다 唇をぎゅっと閉じている. **2**〔가득 찬 모양〕いっぱい. ぎっしり(と). びっしり(と). ¶ 강당은 학생들로 ~ 차 있다 講堂は学生でいっぱいである/ 집이 ~ 들어찼다 家がびっしり立ち並んでいる. **3**〔참고 견디는 모양〕ぐっと. じっと. ¶ 아픔을 ~ 참다 痛みをじっとこらえる/ 치미는 분노를 ~ 참았다 込み上げる憤りをじっとこらえた.
꽉꽉 副 **1**〔여러 번 힘을 주는 모양〕ぎゅうぎゅう(に). ¶ 밥을 ~ 눌러 담다 ご飯をぎゅうぎゅう詰め込む. **2**〔가득 찬 모양〕すき間のないほどいっぱいであるようす. ¶ 방마다 손님이 ~ 차 있다 部屋ごとにお客がいっぱいだ/ 상자에 책을 ~ 채워 넣었다 箱に本をぎゅうぎゅうに詰め込んだ.
꽝[1] 名〈俗〉空くじ. ¶ 재수 없게 ~을 뽑았다 運悪く空くじを引いた.
꽝[2] 副 하自 **1** ずどんと. どかんと. どんと. ¶ 배가 잘못하여 안벽에 ~하고 부딪히다 船が誤って岸壁にどかんとぶつかる. **2** ばたんと. どんと. どかんと. ¶ 문을 ~ 닫다 戸をばたんと閉める.
꽝꽝 副 하自 **1** ずどんずどん(と). ¶ 대포를 ~ 쏘아대다 ずどんずどんと大砲をぶっ放す. **2** どんどん(と). ¶ 대문을 ~ 두드리다 表門をどんどんたたく.
꽝꽝거리다[-대다] 自 他 ずどんずどん[どんどん]響き渡る. 何度もどんどんたたいたり床などを踏みならす.
꽤 副 かなり. なかなか. よほど. ずいぶん. だいぶ. ¶ ~ 어려운 문제 かなり難しい問題/ ~ 오랜 역사를 가진 민족 相当に長い歴史を持った民族/ ~ 지친 모양이다 よほど疲れているらしい.
꽥 副 하自 いきなり大声で怒鳴りつけたり叫んだりする声.
꽥꽥 副 하自 怒鳴り散らしたり叫ぶ声. ¶ ~ 소리지르다 やたらに大声でわめき散らす.
꽥꽥거리다[-대다] 自 怒鳴り散らす. わめき散らす.
꽹과리 名〔樂〕手持ち鉦.
꽹하다 形 物体がよく透き通って見える.
꾀 名 知恵. 知謀. 計略. 気転. 要領. ¶ 얕은 ~ 浅知恵/ ~가 많은 사람 知謀に富む人.
〔속담〕**제 꾀에 제가 넘어간다** 自分の計略に自分がはまる〈人をだまそうとして逆に自分がだまされる. 策士策におぼれる〉.
꾀까다롭다 形 ずいぶんややこしい. いやに気難しい. ¶ 성격이 ~ 性格がいやに気難しい/ 문제가 ~ 問題がとてもややこしい. **꾀까다로이** 副 ずいぶんややこしく. いやに気難しく.
꾀꼬리 名 **1**〔動〕高麗鶯. **2** 声の

美しい人.　「きょ.
꾀꼴 副 〔꾀꼬리의 울음 소리〕ほーほけ
꾀꼴꾀꼴 副 ほーほけきょけきょ.
꾀다[1] 自 (人·虫などが)群がり集まる. ¶설탕에 개미가 ～ 砂糖に蟻がたかる/쓰레기통에 파리가 ～ ごみ箱に蝿がたかる.
꾀다[2] 自 **1**〔'꼬이다'의 준말〕こじれる. ねじける. **2** (縄などが)よられる. ねじれる. なわれる.
꾀다[3] 自 誘う. 誘惑する. そそのかす. 惑わす. たぶらかす. ¶여자를 ～ 女を誘惑する.
꾀바르다 形 気転が利く. こざかしい. 小利口だ. 要領がいい.
꾀병〔—病〕 名 仮病. ¶～을 부리다 仮病を使う.
꾀보 名 知恵者. 知恵袋. 小才のきく者. 利口者.
꾀부리다 自 ずるける. ずべる.　「る.
꾀쓰다 自 **1** 知恵を働かす. **2** ずるけ
꾀어내다 他 おびき出す. 誘い出す. ¶교묘한 수단으로 ～ 巧みなやり方でおびき出す.
꾀이다 自〔'꾀다[3]'의 피동사〕そそのかされる. 誘われる. ¶그의 능청스런 감언에 꾀이어 속았다 彼のもっともらしい甘言に乗せられてだまされた.
꾀잠 名 寝たふり. たぬき寝入り.
꾀죄죄하다 形 非常にみすぼらしい. 薄汚い. ¶몰골이 ～ 格好が薄汚い.
꾀죄하다 形 **1** だらしがなく薄汚い. みすぼらしくみっともない. **2** 狭量でみみっちい.
꾀피우다 自 策を弄する. ずるける.
꾀하다 他 たくらむ. 計画する. 図る. もくろむ. ¶재기를 ～ 再起を図る/음모를 ～ 陰謀をたくらむ/새 사업을 ～ 新しい事業を計画する.
꾐 名 誘惑の手. 誘惑. そそのかすこと. ¶～에 넘어가다 誘惑に乗る/그 여자는 ～에 빠져 재산을 대부분 빼앗겼다 あの女はだまされて財産をほとんど奪われた.
꾸기다 自他〔'구기다'의 센말〕**1** (紙や布などを)しわくちゃにする. ¶편지를 ～ 手紙を丸めてしわくちゃにする. **2** (仕事·暮らしなどを)台無しにする. **3** 不快な気持ちにする.
꾸김 名〔'꾸김살'의 준말〕しわ.
꾸김살 名〔'구김살'의 센말〕**1** しわ. ¶와이셔츠의 ～을 펴다 ワイシャツのしわを伸ばす. **2** 物事が順調に進まない状態.
꾸깃거리다[-대다] 他〔'구깃거리다'의 센말〕しわくちゃにする. >꼬깃거리다
꾸깃꾸깃 副 하他 くしゃくしゃに. ¶화가 나서 편지를 ～ 꾸기다 怒りが込み上げ手紙をくしゃくしゃにする/～한 헌옷 くしゃくしゃになっている古着. >꼬깃꼬깃
꾸다[1] 他 夢を見る. ¶복권이 당첨된 꿈을 꾸었다 宝くじが当たった夢を見た/그녀는 나쁜 꿈이라도 꾸는지 마구 소리를 질러 댔다 彼女は悪い夢でも見ているのかしきりにうなされていた.
꾸다[2] 他 (金品などを)借りる. ¶돈을 ～ お金を借りる/꾼 돈을 갚다 借りた金を返す.
〔속담〕**꾸어다 놓은 보릿자루** 借りてきた麦の袋 (周囲が笑って話をしているのに一人だけ黙っている人).
꾸덕꾸덕 副 하形〔'구덕구덕'의 센말〕水気のあるものの表面がいくらか乾いているようす. ¶떡이 ～해지다 餅がやや硬くなる.
꾸들꾸들 副 하形〔'구들구들'의 센말〕(ご飯などが)内部は柔らかいのに表面が固いようす. >꼬들꼬들
-꾸러기 接尾 《명사에 붙어》 その名詞のもつ意味の特性をもつ人をからかっていう語. ¶욕심～ 欲ばり/익살～ ひょうきん者/말썽～ やっかい者.
꾸러미 Ⅰ 名 **1** ひとまとめにくるんだもの. 包み. 束. ¶열쇠 ～ 鍵束. **2** 卵10個を包んだわらづと. ¶달걀 ～ 卵のわらづと.
Ⅱ 依名 (小さい荷物や贈り物など)ひとまとめにしてくるんだものや卵10個を包んだわらづとを数える語.
꾸르륵 副 하自 **1**〔배가 고프거나 액체가 끓을 때 나는 소리〕ぐうぐう(と). ぐらぐら(と). **2**〔닭이 놀랐을 때 내는 소리〕こっこ. **3**〔액체가 작은 구멍으로 빠져 나올 때 나는 소리〕ごぼごぼ(と). >꼬르륵
꾸르륵거리다[-대다] 自 **1** ぐうぐう音がする. **2** ごぼごぼいう. ¶수도꼭지를 틀어도 꾸르륵거리기만 한다 水道の栓をひねってもごぼごぼいうだけだ.
꾸리 Ⅰ 名 (糸巻きなどに)糸を巻きつけたもの. 巻いた糸. ¶실～ 巻きつけた糸.
Ⅱ 依名 …巻き. ¶실 열 ～ 糸10巻き.
꾸리다 他 **1** まとめてくくる. (荷を)くくる. ¶짐을 ～ 荷造りをする. **2** 何とか処理する. (暮らしを)立てる. 賄う. やりくりする. 切り盛りする. ¶집안을 꾸려 나가다 家の中を切り盛りする/월 30만 원으로 꾸려 간다 月30万ウォンでやりくりしていく. **3** (外観·部屋などを)整える. 飾る. (席を)新しく設ける.
꾸며내다 他 つくり上げる. でっち上げる. ¶사건을 ～ 事件をでっち上げる.
꾸며대다 他 言い繕う. ¶그때 그때 적당히 ～ 適当にその場を言い繕う.
꾸무럭거리다[-대다] 自他〔'구무럭거리다'의 센말〕(体を)のろのろと動かす.
꾸무럭꾸무럭 副 하自他 のろのろ(と). ぐずぐず(と). ¶바쁘다던 사람이 뭘 ～하고 있느냐? 忙しいと言っていた人が何をぐずぐずしているのか.
꾸물거리다[-대다] 自他〔'구물거리다'의 센말〕のろのろする. ぐずぐずする. ¶꾸물거리지 말고 빨리 떠나라 ぐずぐずしないで速く発ちなさい.
꾸물꾸물 副 하自他 のろのろ(と). ぐずぐず(と).
꾸미 名 (牛の)細切れ肉.
꾸미다 他 **1** 整える. 飾る. 装う. 繕う. ¶얼굴을 ～ 顔を整える/거실을 잘 ～ 居間を立派に整える. **2** (はかりごとを)たくらむ. ¶계략을 ～ 計略

をたくらむ / 음모를 ～ 陰謀をたくらむ. **3** 作成する. ¶ 서류를 ～ 書類をつくる / 각본을 ～ 脚本をつくる. **4** でっち上げる. つくり上げる. ¶ 꾸민 이야기 つくり話. **5** つくる. 仕立てる. ¶ 뜰 한쪽에 화단을 ～ 庭の片側に花壇をつくる / 이불을 ～ 布団を仕立てる.

꾸밈 名 **1** 飾り立てること. 飾ること. **2** (それらしく)見せかけること. 装うこと.

꾸밈말 名〔言〕修飾語.

꾸밈새 名 飾り立て. つくり. 構造. 身なり. 装い.

꾸밈없다 形 **1** 飾りがない. 地味だ. **2** 率直だ. 飾り気がない. **꾸밈없이** 副 飾らず. 率直に. ¶ ～ 말하다 飾らず率直に話す.

꾸벅 副 하自他 〔졸거나 절하는 모양〕こっくりと. ぺこっと. ぺこりと. ¶ 선생님께 ～ 절을 하다 先生にぺこりとお辞儀をする.

꾸벅거리다[-대다] 自他 こっくりこっくりする. ぺこぺことお辞儀をする. ¶ 머리를 ～ 頭をぺこぺこする.

꾸벅꾸벅 副 하自他 こっくりこっくりと. ぺこぺこと. ¶ 수업 시간에 ～ 졸다 授業時間にこっくりこっくりと居眠りする.

꾸부러뜨리다[-트리다] 他 〔'구부러뜨리다'의 센말〕(力を入れて)折り曲げる. 押し曲げる. ¶ 굵은 철사를 단숨에 ～ 太い針金を一気に折り曲げる.

꾸부러지다 自 〔'구부러지다'의 센말〕 **1** 曲がる. ¶ 철사가 ～ 針金が曲がる. **2** (心が)曲がる. ゆがむ. ¶ 마음이 꾸부러진 사람 心の曲がった人. ＞꼬부라지다

꾸부렁하다 形 〔'구부렁하다'의 센말〕(内側に)だいぶ曲がっている. ＞꼬부랑하다

꾸부렁꾸부렁 副 하形 〔여러 군데가 굽은 모양〕くねくね(と).

꾸부렁이 名 曲がったもの.

꾸부리다 他 〔'구부리다'의 센말〕かがめる. 折り曲げる. ¶ 허리를 ～ 腰をかがめる. ＞꼬부리다

꾸부스름하다 形 〔'구부스름하다'의 센말〕少し曲がっている. ¶ 허리가 꾸부스름한 노인 腰の少し曲がった老人.

꾸부정하다 形 〔'구부정하다'의 센말〕(しなうように)だいぶ曲がっている. ¶ 허리가 ～ 腰がだいぶ曲がっている.

꾸불거리다[-대다] 自 〔'구불거리다'의 센말〕曲がりくねる. ＞꼬불거리다

꾸불꾸불 副 하自 くねくね(と). ¶ ～한 산길 曲がりくねった山道 / ～ 돌아가다 くねくねした道を回っていく. ＞꼬불꼬불

꾸불텅하다 形 〔'구불텅하다'의 센말〕緩く曲がっている. ＞꼬불탕하다

꾸불텅꾸불텅 副 하形 くねくね(と). ぐねぐね(と). ＞꼬불탕꼬불탕

꾸뻑 副 하他 〔'꾸벅'의 센말〕こっくりと. ぺこりと. ぺこっと.

꾸뻑거리다[-대다] 他 こっくりこっくりする. ぺこぺこお辞儀をする.

꾸뻑꾸뻑 副 하自他 こっくりこっくりと. ぺこぺこと. ¶ ～ 졸다 こっくりこっくり居眠りする / ～ 절을 하다 ぺこぺこお辞儀する.

꾸역꾸역 副 〔한 군데로 잇달아 몰려들거나 나오는 모양〕(人·物が)続々(と). ¶ 마을 회관으로 주민들이 ～ 모여든다 村の会館に住民たちが続々と押し寄せてくる.

꾸준하다 形 粘り強い. 根気がある. ¶ 꾸준한 성격 粘り強い性格. **꾸준히** 副 粘り強く. うまずたゆまず. こつこつ(と). ¶ ～ 노력하다 うまずたゆまず努力する / 여러 가지 어려움을 겪으면서도 ～ 발전했다 いろいろの困難を経ながらも粘り強く発展した.

꾸중 名 하他 〔'꾸지람'의 높임말〕お叱り. おとがめ. お小言. ¶ 크게 ～을 듣다 大いに叱られる. 大目玉を食う.

꾸지람 名 하他 叱責. 小言. ¶ 선생님께 ～을 듣다 先生に叱られる.

꾸짖다 他 叱る. とがめる. 戒める. ¶ 아버지가 아들을 ～ 父親が息子を叱る / 호되게 ～ 厳しく叱る.

꾹 副 **1**〔단단히〕きゅっと. ぎゅっと. ¶ 목덜미를 ～ 누르다 首筋をぎゅっと押さえつける / 입을 ～ 다물고 아무 말도 하지 않는다 口をきゅっと結んで何も言わない. **2**〔참는 모양〕(苦しみを)じっと. ぐっと. ¶ 고통스러운 것을 ～ 참다 苦しいのをぐっとこらえる.

꾹꾹 副 **1**〔참는 모양〕じっと. ぐっと. ¶ ～ 참다 じっと我慢する. **2**〔꽉·잔뜩〕ぎゅうぎゅう(と). ぎしぎし(と). ¶ 도시락에 밥을 ～ 눌러 담다 弁当箱にご飯をぎゅうぎゅう詰め込む.

-꾼 接尾 **1** ある仕事を職業としている人. ¶ 짐～ 荷物運び人 / 농사～ 農民 / 일～ 労働者. **2** ある事柄を一時的·習慣的に行なう人. ¶ 아첨～ おべっか使い / 술～ 飲み助. 飲んべえ / 잔소리～ やかまし屋.

꿀 名 蜜. はちみつ. ¶ ～같이 단 배 蜜のように甘い梨 / ～맛 같은 신혼 생활 蜜のように甘い新婚生活.

〔속담〕**꿀도 약이라면 쓰다** はちみつも薬だといわれたら苦い〈何をするにしても, 何かの役に立つからと言われるといやなものだ〉. **꿀 먹은 벙어리** 蜜をなめた唖〈知っていながら表に表さない人〉.

꿀꺽 副 하自 **1** (水などの液体を)ごくりと. ぐっと. ¶ 약을 단숨에 ～ 삼키다 薬を一息にごくんと飲み込む / 먹고 싶어서 침을 ～ 삼켰다 食べたくて生つばをごくりと飲み込んだ. **2** (憤り·興奮などを)じっと. ぐっと. ¶ 치밀어 오르는 분을 ～ 참았다 こみ上げる怒りをじっとこらえた.

꿀꺽거리다[-대다] 自他 ごくりごくりとのどを鳴らす.

꿀꺽꿀꺽 副 하自他 ごくりごくりと. ごくごくと. ¶ ～ 물을 마시다 ごくごくと水を飲む.

꿀꿀[1] 副 하自〔물이 굵은 줄기로 몰려 흐르는 소리〕ちょろちょろ. ごぼごぼ.

꿀꿀거리다[-대다][1] 自 ちょろちょろと

流される.

꿀꿀² 副 하自 〔돼지 소리〕ブーブー.

꿀꿀거리다[-대다]² 自 (豚が)ブーブー鼻を鳴らす.

꿀꿀이 名 **1** 豚のようにどん欲な人. **2** 〈幼〉豚.

꿀꿀이죽[一粥] 名 残飯などをかき集めて煮た粥状の豚のえさ.

꿀단지 名 はちみつを入れるつぼ.

꿀떡¹ 名 **1** もち米の粉にはちみつや砂糖を加えてこね, 栗·なつめ·しいたけ·松の実などを混ぜて蒸した餅. **2** はちみつや砂糖を混ぜてつくった餅.

꿀떡² 副 하自 〔한꺼번에 삼키는 모양〕(食べ物·薬などを)ぐいっと. ぐっと. ¶알약을 ~ 먹다 丸薬をぐっと飲み下す.

꿀떡거리다[-대다] 自 ぐいぐい飲み込む.

꿀떡꿀떡 副 하自 ぐいぐいと. がぶりがぶりと.

꿀렁 副 하自 **1** 〔병이나 통에 찰락말락한 액체가 흔들려 나는 소리〕たっぷんと. **2** ぴったり張りつかず浮き上がっているようす.

꿀렁거리다[-대다] 自 **1** (容器の中の水などが)だぶつく. だぶだぶする. **2** ぴったり張りつかず浮き上がっていてぶかぶかする.

꿀렁꿀렁 副 하自 だぶだぶ(と). ¶뱃속이 ~하다 おなかがだぶだぶする / 우기가 지나자 벽지가 떨어져 ~하게 되었다 雨期が過ぎるや壁紙がはがれてぶかぶか膨れ上がってきた.

꿀리다 自 **1** 〔구겨지다〕しわができる. しわになる. **2** 〔옹색하게 되다〕(経済的に)やや窮する. ¶가세가 ~ 暮らし向きが苦しくなる. **3** 〔켕기다〕不安になる. 気にかかる. 心配になる. ¶뭔가 꿀리는 데가 있다 何か気にかかるところがある. **4** 〔힘·능력이 눌리다〕気が引ける. 引け目を感じる. 押される. 劣る. 不利になる. ¶너는 아무에게도 꿀릴 것이 없다 お前は誰にも引け目を感じることはない / 실력이 ~ 実力が劣る.

꿀물 名 はちみつを溶かした水.

꿀밤 名 〈俗〉げんこつで軽く頭をたたくこと.

◆**꿀밤을 먹다** げんこつをくらう.

꿀벌 名〔動〕蜜蜂. ¶~한테 쏘이다 蜜蜂に刺される.

꿀컥 副 하自他 がぶりと. ごくりと. ぐっと. ぐいと. ¶한 입에 ~ 삼키다 一口にごくりと飲み込む.

꿀컥꿀컥 副 하自他 ごくりごくりと. ごくごくと.

꿇다 他 ひざまずく. ¶바닥에 무릎을 꿇고 앉다 床にひざをついて座る.

꿇리다 Ⅰ 他 〔'꿇다'의 사동사〕ひざまずかせる. Ⅱ 自 〔'꿇다'의 피동사〕ひざまずかされる.

꿇어앉다 自 ひざをついて座る. ひざまずく. ¶꿇어앉아 용서를 빌다 ひざまずいて許しを請う.

꿈 名 夢. **1** (眠っているときの)夢. ¶좋은 ~ めでたい夢. 吉夢 / 나쁜 ~ いやな夢. 悪夢 / 용[돼지]~을 꾸다 竜[豚]の夢を見る. **2** 実現するはずのないこと. ¶~ 같은 소리를 하다 夢みたいなことを言う / ~에서 깨어나다 夢から覚める. **3** 希望. 理想. ¶청년은 큰 ~을 품고 있다 青年は大きな夢を抱いている / 미래의 ~을 그리다 未来の夢を描く. **4** ('꿈에도'의 꼴로) 夢にも. 全然. 決して. ¶그 분의 은혜는 ~에도 잊을 수 없다 あの人の恩は決して忘れられない / 그것은 ~에도 모르는 일이다 それは全然知らないことだ.

〔속담〕 **꿈보다 해몽이 좋다** 夢より夢占いがよい〈元が悪くても処置のしかたでよくすることもできる〉.

꿈같다 形 夢のようだ. 夢みたいだ. ¶그런 꿈같은 이야기는 그만하게 そんな夢のような話はよせ.

꿈결 名 ('꿈결에'의 꼴로) 夢うつつに. 夢のように. ¶~에 어머니의 우시는 소리를 들었다 夢うつつに母の泣く声を聞いた / ~에 흘러간 세월 夢のように過ぎ去った年月.

꿈길 名 夢路.

꿈꾸다 自他 **1** 夢見る. 夢を見る. **2** 夢を抱く. 夢を描く. ¶훌륭한 예술가가 될 것을 ~ 立派な芸術家になることを夢見る.

꿈나라 名 **1** 夢の国. 理想の世界. **2** 眠り(の中の世界). ¶~로 가다 深く寝入る.

꿈땜 名 하自 何かよくない事が起こった場合それを悪夢のせいだと考えること.

꿈속 名 夢の中. ¶~에서 부처님을 만났다 夢の中で仏様に会った / 복권에 당첨되다니 ~ 같다 宝くじに当たるなんて夢みたいだ.

꿈자리 名 夢見. 夢に現われた内容. ¶~가 나쁘다[사납다] 夢見が悪い.

꿈적 副 하自他 体をゆっくり動かすようす. ¶~도 않다 ちっとも動かない. 微動だにしない.

꿈적거리다[-대다] 自他 のろのろ動く. ¶몸이 아파서 꿈적거릴 수도 없다 体の具合が悪くて動かすことすらできない.

꿈적꿈적 副 하自他 のろのろ(と). のそのそ(と).

꿈지럭 副 하自他 〔'굼지럭'의 센말〕ぐずぐず(と). のろのろ(と). もぞもぞ(と). <꼼지락

꿈지럭거리다[-대다] 自他 のろのろする. ぐずつく. ぐずぐずする. ¶꿈지럭거리지 말고 빨리 해라 ぐずぐずしないで早くやれ.

꿈지럭꿈지럭 副 하自他 のろのろ(と). ぐずぐず(と). のそのそ(と).

꿈쩍 副 하自他 体を大きくゆっくり動かすようす. ¶~ 말고 가만 있어라 動かず静かにしていろ / 그 정도 일로는 ~도 안 한다 それくらいのことではびくともしない / ~하면 돈이다 ちょっとでも出かけるとお金が要る. >꼼짝

◆**꿈쩍도 아니하다** ① 少しも動かない. ② 全然活動しない. 何もしないでいる.

◆**꿈쩍 못하다** ① 身動きできない. ②

(困窮して)どうすることもできない. ¶ 빚 때문에 ～ 못하다 借金で首が回らない.

꿈쩍없다 形 少しも動こうとしない. 微動だにしない. ¶ 누가 뭐라 하든 ～ 誰が何といってもびくともしない. **꿈쩍없이** 副 微動だにせず. ¶ ～ 앉아 있다 微動だにせず座っている.

꿈틀 副 하自他 〔'굼틀'의 센말〕びくっと. にょろっと. ¶ 송충이를 막대기로 살짝 건드렸더니 ～했다 まつけむしに細い棒でちょっと触ったら体をびくっとさせた.

꿈틀거리다[-대다] 自他 体をくねらせて動く. のたくる.

꿈틀꿈틀 副 하自他 にょろにょろ(と). くねくね(と).

꿉꿉하다 形 いくらか湿っぽい. ¶ 옷이 덜 말라서 ～ 服が生乾きで湿っぽい.

꿋꿋하다 形 (意志が)強い. ¶ 마음이 꿋꿋하여 흔들리지 않다 意志が強くぐらつくことがない. **꿋꿋이** 副 屈せず. ひるまず. ¶ ～ 살아가다 強く正しく生きていく.

꿍 副 **1**〔무거운 것이 떨어져 울리는 소리〕どしんと. **2**〔큰북이 울리는 소리〕どんと. **3**〔멀리서 울리는 대포 소리〕どかんと.

꿍꽝 副 하自他 **1**〔대포나 북소리가 크고 작게 울리는 소리〕どかんどかん(と). どんどん(と). **2**〔마룻바닥을 구를 때 울리는 소리〕どんどん(と). **3**〔단단하고 큰 물건이 부딪칠 때 나는 소리〕どんどん(と).

꿍꽝거리다[-대다] 自他 どんどん[どかんどかん]と鳴る[鳴らす].

꿍꽝꿍꽝 副 하自他 どんどん(と). どかんどかん(と).

꿍꿍 副 하自 〔앓는 소리〕うんうん(と). ¶ 몸이 아파 ～ 앓다 病気でうんうんうめく.

꿍꿍거리다[-대다] 自 うんうんうなる. ¶ 환자가 꿍꿍거리며 괴로워하고 있다 患者がうんうんうなって苦しんでいる.

꿍꿍이 名 〔'꿍꿍이셈'의 준말〕もくろみ. 胸算用.

꿍꿍이셈 名 心積もり. もくろみ. 胸算用.

꿍꿍이속 名 秘めたもくろみ. 隠された胸中. ¶ 무슨 ～으로 저런 일을 벌이는지 모르겠다 どういうつもりであんなことをしようとしているのか分からない.

꿍꿍이수작[—酬酌] 名 もくろみ. たくらみ.

꿍하다 形 不機嫌な顔をして黙り込んでいる.

꿩 名〔動〕雉. 高麗雉.

〔속담〕**꿩 구워 먹은 자리** 雉を焼いて食べた跡〈後始末がきれいで跡形もない. 事の結果が現われていない〉. **꿩 대신 닭** 雉の代わりに鶏〈似たもので代用すること〉. **꿩 먹고 알 먹는다** 雉を食べ卵も食べる〈一挙両得〉.

꿰다 他 **1** (糸やひもを穴に)通す. ¶ 바늘에 실을 ～ 針に糸を通す. **2** (串などで)刺し通す. ¶ 생선을 꼬챙이에 ～ 魚を串刺しにする. **3** (上着に腕を)通す. (ズボン·靴を)履く. ¶ 팔을 소매에 ～ 腕をそでに通す.

꿰들다 他 **1** 串などで刺し通して持ち上げる. **2** 人の過ちを暴きたてる.

꿰뚫다 他 **1** 貫く. 突き抜ける. 貫通する. ¶ 총알이 가슴을 꿰뚫었다 弾丸が胸を貫通した. **2** 見通す. 見抜く. 見透かす. ¶ 뱃속까지 꿰뚫어 볼 수 있다 腹の底まで見抜くことができる/그에게는 역사를 꿰뚫어 보는 눈이 있다 彼には歴史を見通す目がある.

꿰뜨리다[-트리다] 他 こすって破れるようにする. 擦り切れるようにする.

꿰매다 他 **1** (針と糸を使って)縫う. 繕う. 継ぎを当てる. ¶ 구멍난 양말을 ～ 穴のあいた靴下を繕う/어머니께서 터진 바지를 꿰매어 주셨다 お母さんがほころびたズボンを繕ってくださった. **2** 収拾する.

꿰맴질 名 하自 縫い物. 繕い物.

꿰미 Ⅰ 名 (硬貨など)穴のあいたものをまとめるのに通して結ぶひも, またその結んだもの.
Ⅱ 依名 ひもを通して結んだものを数える語. ¶ 엽전 한 ～ 葉銭1ひとしめ.

꿰이다 自〔'꿰다'의 피동사〕通される. 刺し通される.

꿰지다 自 **1** (衣服·靴·袋などが)破れる. 裂ける. ¶ 꿰진 양말을 신고 있다 破れた靴下を履いている/옷소매가 못에 걸려 꿰지고 말았다 袖が釘にひっかかって裂けてしまった. **2** (秘密にしていた事実が)明るみに出る.

꿰지르다 他〈俗〉〔'신다·입다'의 낮춤말〕(履き物を)つっかける.

꿰찌르다 他 (勢いよく)突き刺す. 刺し通す. ¶ 가슴을 꿰찌르는 듯한 사연 胸をじいんとさせるようなもの.

꿰차다 他 **1** ひもを通してつないだりして腰に下げる. **2**〈俗〉自分のものにする. 連れる. ¶ 여자를 꿰차고 놀러 가다 女を連れて遊びに行く.

꿱 副 (怒ったり, または人を驚かそうとして)急に張り上げる声.

꿱꿱 副 하自 **1**〔소리를 지르는 모양〕がみがみ. わあわあ. **2**〔토하는 모양〕げえげえ.

꿱꿱거리다[-대다] 自 しきりに怒鳴りちらす.

뀌다[1] 自〔'꾸이다'의 준말〕夢に現われる.

뀌다[2] 他 (屁を)ひる. おならをする. ¶ 뿡하고 방귀를 ～ ぷうっとおならをする.

끄나풀 名 **1** (短い)ひもの切れ端. **2** 手先. ¶ 경찰의 ～ 警察の手先.

끄느름하다 形 **1** どんより曇っている. **2** (たき口の)火の勢いが弱い. とろとろ燃えている.

끄다 他 **1** (火を)消す. 反 つける ¶ 난로를 ～ ストーブを消す/모닥불을 꺼라 たき火を消せ. **2** (スイッチを切って)消す. 止める. ¶ 전기를 ～ 電気を消す/텔레비전을 ～ テレビを消す. **3** (塊を)砕く. ¶ 돌을 ～ 石を砕く. **4** (借金を)分割して返す. ¶ 다달이 빚을 꺼 나가다 毎月借金を返していく.

끄덕 副 하自他 こくり(と). ¶ 고개를 ～하다 こくりとうなずく.

끄덕거리다[-대다] 自他 しきりにうなずく.

끄덕끄덕 副 하自他 こくりこくり(と). うつらうつら(と). ¶～ 졸다 うつらうつら居眠りする / 고개를 ～하면서 승낙의 뜻을 나타냈다 こくりこくりとうなずいて承諾の意を表わした.

끄덕이다 自他 首を縦に振る. うなずく. ¶고개를 끄덕여 알았다는 뜻을 표했다 こくりとうなずいて了解の意を表わした.

끄덩이 名 髪の端. 糸を巻いたものの端. ¶머리 ～를 잡히다 髪をつかまれる / ～를 잡다 髪の毛をひっつかむ.

끄떡 副 하自他 **1** 〔'끄덕'의 센말〕 こっくり. **2** 少し動くようす. ¶～도 않는다 微動だにしない.

끄떡거리다[-대다] 自他 **1** 何度も首を縦に振る. **2** (身のほども知らず)軽はずみにそそっかしくふるまう. 得意になって高慢な態度を取る.

끄떡끄떡 副 하自他 こっくりこっくり.

끄떡없다 形 びくともしない. 少しの動揺もない. 平気だ. 大丈夫だ. ¶이 건물은 웬만한 지진에도 ～ この建物はかなり強い地震にもびくともしない. >까딱없다 **끄떡없이** 副 びくともせず. 平気で.

끄떡이다 自他 首を縦に振る. うなずく. こっくりする.

끄르다 他 **1** ほどく. 解く. ¶허리띠를 ～ 帯を解く / 짐을 ～ 荷物をほどく / 끈을 끌러 신을 벗다 ひもをほどいて靴を脱ぐ. **2** (はめたものを)はずす. ¶윗도리 단추를 ～ 上着のボタンをはずす / 지퍼를 끌러 바지를 벗다 ファスナーをはずしてズボンを脱ぐ.

끄무러지다 自 **1** だんだん曇ってくる. **2** (気持ちが)沈鬱になる.

끄무레하다 形 どんより曇っている. ¶날씨가 ～ 空がどんより曇っている.

끄물거리다[-대다] 自 **1** 曇りがちだ. ぐずつく. 晴れたかと思ったらすぐ曇ってくる. **2** 今にも消えそうに弱くなっていく.

끄물끄물 副 하自 **1** (天気の) ぐずつくようす. ¶날씨가 ～한다 空模様がぐずつく. **2** (明かりが)今にも消えそうにだんだん弱くなっていくようす.

끄집다 他 引き寄せてつかむ. つかみ寄せる.

끄집어내다 他 **1** (中にあるものを)取り出す. つかみ出す. ¶서랍 속의 필통을 ～ 引き出しの中の筆箱を取り出す. **2** (話を)持ち出す. 切り出す. 引き出す. ¶인사에 관한 이야기를 ～ 人事に関する話を持ち出す / 결론을 ～ 結論を引き出す. **3** (欠点・過ちなどを)ほじくり出す. ¶남의 결점을 ～ 人の欠点をほじくり出す.

끄집어내리다 他 引っ張り出して下ろす. ¶벽장에 둔 전기 스토브를 ～ 押し入れの中に入れてある電気ストーブを出して下ろす.

끄집어당기다 他 引っ張り寄せる. 引き寄せる. ¶밧줄을 ～ ロープを引き寄せる.

끄집어들이다 他 引き込む. 引き入れる.

끄집어올리다 他 引っ張り上げる. 引き上げる.

끄트러기 名 切れ端. 使い残り.

끄트머리 名 端. **1** 物の端の部分. ¶막대기의 맨 ～ 棒のいちばん端. **2** (物事の)端緒. 糸口.

끈 名 **1** ひも. 緒. ¶갓～ カッの緒 / 신발～ 靴ひも / ～을 풀다 ひもを解く. **2** 生計の道. 生活のよりどころ. **3** てづる. コネ. 頼みの綱.

◆**끈이 떨어지다** ① ひもが切れる. ② 生活のよりどころがなくなる.

끈기[—氣] 名 **1** 粘り気. ¶이 풀은 ～가 없다 この糊は粘り気がない. **2** 根気. 粘り. スタミナ. ¶～ 있게 연구를 계속해 가다 粘り強く研究を続けていく / ～가 없이는 성공할 수 없다 根気がなくては成功できない.

끈끈이 名 鳥もち. はえとり紙.

끈끈하다 形 **1** べとべとする. ねばねばする. ¶땀을 많이 흘렸더니 온몸이 ～ たくさん汗をかいたので体じゅうがべとべとしている. **2** (性質が)しつこい. 執ようだ. ¶끈끈하게 추궁하다 しつこく追及する.

끈덕지다 形 粘り強い. 根気強い. ¶끈덕진 기질 粘り強い気質 / 끈덕지게 파고들다 粘り強く掘り下げる.

끈목 名 編みひも. 組みひも.

끈적거리다[-대다] 自 **1** 粘つく. べとつく. べたつく. **2** くどい. しつこい. ねちねちしている.

끈적끈적 副 하自 **1** ねばねば(と). べとべと(と). べたべた(と). ¶～한 점토질의 흙 ねばねばした粘土質の土. **2** くどくてしつこいようす. ¶좀처럼 단념하지 않는 ～한 사나이로군 あきらめの悪いしつこい男だね.

끈적이다 自 **1** 粘つく. べとつく. べたつく. **2** くどい. しつこい. ねちねちしている.

끈지다 形 根気がある. 根気強い. 粘り強い.

끈질기다 形 粘り強い. 根気強い. ¶끈질긴 성질 粘り強い性分 / 끝까지 끈질기게 물고 늘어지다 最後まで粘り強く食い下がる.

끊기다 自 断たれる. 絶たれる. 切られる. 切れる. 絶える. ¶그 후 소식이 끊겼다 その後便りが途絶えた / 적에 의해 퇴로가 끊기고 말았다 敵によって退路を断たれてしまった.

끊다 他 **1** 〔절단하다〕 切る. 断つ. 切断する. ¶실을 ～ 糸を切る / 결승점의 테이프를 ～ ゴールのテープを切る. **2** 〔차단하다〕 断つ. 切る. 遮断する. ¶석유의 보급로를 ～ 石油の補給路を断つ / 가스[수도]를 ～ ガス[水道]の栓を切る. **3** 〔중단하다〕 (電話などを)切る. ¶중도에서 전화를 ～ (話の)途中で電話を切る. **4** 〔단절하다〕 (交際・関係を)断つ. ¶친구와의 교제를 ～ 友人との交際を断つ / 부모 자식간의 인연은 끊을 수 없다 親子の縁は切ることができない / 그 사람하고는 손을 끊기로 했다 彼とは縁を切ることにした. **5** 〔그만두다〕 (酒

·たばこなどを)やめる. ¶술도 담배도 끊기로 했다 酒もたばこもやめることにした. **6** (命を)断つ. ¶스스로 목숨을 ~ 自ら命を断つ. **7**〔사다〕(生地·切符などを)買う. ¶포목점에 혼수감을 끊으러 간다 反物屋へ婚姻に必要な品物を買いにいく/차표를 ~ 切符を買う. **8**〔마디 지어 자르다〕(言葉を)区切ってはっきり話す. ¶글은 또박또박 끊어서 읽어야 한다 文ははっきり区切って読まなければならない. **9**〔발행하다〕(手形·小切手などを)振り出す. 切る. ¶약속 어음을 ~ 約束手形を切る/수표를 ~ 小切手を切る/전표를 ~ 伝票を切る. **10**〔셈 등을 가리어 끝내다〕(支払うべきお金をある時点で)支払う. ¶월말에 셈을 ~ 月末に支払いをする.

끊어뜨리다[-트리다] 他 断ち切る.

끊어맡다 他 (仕事の一部を)分けて請け負う. 分けて受け持つ.

끊어지다 自 **1** 切れる. ¶로프가 ~ ロープが切れる/전구가 끊어졌다 電球が切れた. **2** (道などが)断たれる. ¶폭풍우로 도로가 끊어졌다 暴風雨で道路が断たれた. **3** (電話·音信などが)切れる. 途絶える. 途切れる. ¶전화가 ~ 電話が切れる/아들로부터의 소식이 ~ 息子からの音信が途絶える/밤 12시 이후 사람의 왕래가 끊어졌다 夜12時以後人通りが絶えた. **4** (関係などが)断たれる. ¶인연이 ~ 縁が切れる. **5** (息が)絶える. ¶숨이 ~ 息が絶える.

끊이다 自 途切れる. 途絶える. ¶왕래의 발자국 소리가 끊이질 않는다 往来の足音が途切れない.

끊임없다 形 絶え間ない. 間断ない. ¶끊임없는 전투 絶え間ない戦闘. **끊임없이** 副 絶え間なく. 絶えず. 間断なく. 引きも切らずに. ひっきりなしに. ¶~ 종일 내리는 비 一日中降り続く雨/~ 노력하다 絶えず努力する.

끌 名 鑿. ¶~로 구멍을 파다 鑿で穴をあける.

끌구멍 名 (木材に)鑿であけた穴.

끌꺽끌꺽하다 自 (消化不良で)しきりにげっぷが出る.

끌끌 副〔혀를 차는 소리〕(気にくわないことがあって)ちぇっ. ちょっ.

끌다 他 **1** (物を)引きずる. 引く. 引っ張る. ¶책상을 끌지 말고 들어서 옮겨라 机を引かないで持ち上げて移しなさい/앞에서 수레를 끌고 뒤에서 밀다 前で車を引き後ろから押す. **2**〔연행하다〕引っ張る. ¶범인을 파출소에 끌고 갔다 犯人を交番へ引っ張っていった. **3** (水道·ガスなどを)引く. ¶수도를 ~ 水道を引く/전화를 ~ 電話を引く. **4** (声を)延ばす. ¶말 끝을 길게 ~ 言葉尻を長く延ばす/목소리를 길게 끌어 읊조리다 声を長く引いて吟ずる. **5**〔마음을 쏠리게 하다〕(人目を)引く. (注目を)集める. ¶남의 눈을 ~ 人目を引く/사람들의 이목을 ~ 人々の耳目を集める[注目を引く]. **6**〔인용하다〕引用する. ¶비유나 속담을 끌어다 설명하다 比喩や諺を引いて説明する. **7** (人を)誘う. 引き入れる. ¶손님을 ~ 客を引く. **8**〔늦추거나 미루다〕(期日などを)引き延ばす. 遅らせる. 延ばす. ¶약속 기일을 ~ 約束期日を引き延ばす/대답을 ~ 返答を延ばす. **9**〔바닥에 쓸리게 하다〕引きずる. ¶슬리퍼를 질질 ~ スリッパをずるずる引きずる. **10**〔인력·자력으로 움직이게 하다〕引く. ¶자석이 쇠를 ~ 磁石が鉄を引く.

끌러지다 自 ほどける. 解ける. ¶구두끈이 ~ 靴のひもがほどける/보자기가 끌러졌다 風呂敷がほどけた.

끌려가다 自 引っ張られていく. ¶도살장에 끌려가는 소 畜殺場に引っ張られていく牛.

끌려들다 自 引き込まれる. 巻き込まれる. 釣り込まれる. ¶주도권 싸움에 ~ 主導権争いに巻き込まれる/화술에 끌려들어 승낙하고 말았다 話術に釣り込まれて承諾してしまった.

끌리다 自 **1** 引っ張られる. 引かれる. ¶억센 힘에 ~ 頑丈な力に引かれる. **2** (心が)引きつけられる. ¶미모에 마음이 ~ 美貌に心が引かれる/능란한 화술에 ~ 上手な話術に引き込まれる/쓸데없는 일에 마음이 자꾸 끌린다 つまらないことに絶えず心が動かされる. **3** (衣服の裾などが)引きずられる. ¶치맛자락이 땅에 끌린다 チマの裾が地面に引きずられる.

끌밋하다 形 背が高くすらりとしている.

끌어내다 他 引っ張り出す. 引き出す. ¶광에 숨어 있는 범인을 ~ 倉に隠れている犯人を引っ張り出す.

끌어내리다 他 引きずり下ろす. ¶2층에 있는 짐을 ~ 2階にある荷物を引きずり下ろす/전무직에서 부장으로 ~ 専務の職から部長に降格する.

끌어넣다 他 引っ張り込む. 引き入れる. 巻き込む. ¶그는 이번 사건에 자기 친구까지 끌어넣었다 彼は今度の事件に自分の友人まで巻き込んだ.

끌어당기다 他 引き寄せる. 引きつける. ¶의자를 ~ 椅子を引き寄せる/자석이 쇳가루를 ~ 磁石が砂鉄を吸いつける/저 사람은 남의 마음을 끌어당기는 매력이 있다 あの人は人の心を引きつける魅力がある.

끌어대다 他 **1** (資金などを)工面する. かき集める. ¶운영 자금을 끌어대어 사업을 뒷받침해 주다 運営資金を工面して事業の後押しをしてやる. **2** (証人などとして)立てる. ¶증인으로 ~ 証人として立てる.

끌어들이다 他 **1** 引き込む. ¶전기를 ~ 電気を引く/수도를 ~ 水道を引く. **2** 引き入れる. 引きつける. ¶유능한 선수를 ~ 有能な選手を引き入れる.

끌어안다 他 **1** 抱き締める. 抱き込む. ¶귀여운 아이를 ~ いとし子を抱き締める. **2** 抱きかかえる.

끌어올리다 他 引き上げる. ¶가라앉은 배를 ~ 沈んだ船を引き上げる/취학률을 ~ 就学率を引き上げる.

끌질 名 하自 鑿仕事.

끓는점〔一點〕 名 沸騰点. 沸点.

끓다 自 **1**〔비등하다〕沸く. 沸騰する. ¶국이 ～ スープが煮え返る/물이 끓었으니 차를 마십시다 お湯が沸いたのでお茶にしましょう. **2**〔치밀어 오르다〕(感情が)熱くなる. 腹が立つ. ¶화가 나서 속이 부글부글 ～ 癪に障って腹が煮えくり返る/피가 끓고 용기가 용솟음친다 血が沸き勇気がわき上がる. **3**〔뜨거워지다〕(体温·温度などが)熱くなる. 高くなる. ¶온돌방이 절절 끓는다 オンドル部屋が非常に熱い/머리가 절절 ～ 頭がとても熱い. **4** (腹の調子が悪くて)ごろごろ鳴る. ¶배탈이 났는지 뱃속이 끓는다 お腹をこわしたのかごろごろ鳴る. **5** (痰が)たくさん出る. (のどにつかえて)ぜいぜい音がする. ¶천식 환자의 가래 끓는 소리가 그치지 않는다 喘息患者ののどでぜいぜいする音がやまない. **6**〔우글거리다〕(虫などが)わく. たかる. ¶머리에 이가 ～ 頭にしらみがわく.

끓어오르다 自 **1** 沸騰する. 沸き立つ. 煮え立つ. ¶물이 ～ お湯が沸き立つ. **2** (情熱·激情などが)わき上がる. 煮え返る. ¶끓어오르는 격정[욕정] わき上がる激情[欲情].

끓이다 他 **1** 沸かす. 沸騰させる. ¶물을 ～ お湯を沸かす. **2** (お茶などを)沸かす. (ラーメンを)つくる. ¶커피[홍차]를 ～ コーヒー[紅茶]をいれる/라면을 ～ ラーメンをつくる. **3** 気をもむ. ¶속을 ～ 気に病む. 気をもむ.

끔벅 副 하自他 **1** (星の光·明かりなどが)ちらっと. **2** (目を)ぱちっと. ¶그는 눈을 ～하여 행동 개시의 신호를 보냈다 彼はウィンクして行動開始の合図をした.

끔벅거리다[-대다] 自他 ぱちくりする. ぱちぱちさせる.

끔벅끔벅 副 하自他 ちらっと. ぱちくり(と). ¶눈을 ～하다 目をぱちくりさせる.

끔벅이다 自他 ぱちくりする.

끔뻑 副 하自他〔'끔벅'의 센말〕ちらっと. ぱちっと. >깜빡

끔뻑거리다[-대다] 自他 ぱちくりする. ぱちぱちさせる.

끔뻑끔뻑 副 하自他 ちらっと. ぱちくり(と).

끔뻑이다 自他 ぱちくりする.

끔찍끔찍하다 形 非常にむごたらしい. 身の毛もよだつほど残酷だ. ¶끔찍끔찍한 사건이 잇달아 일어났다 むごたらしい事件が相次いで起こった.

끔찍스럽다 形 むごたらしい. ¶끔찍스러운 살인 사건 むごたらしい殺人事件.

끔찍하다 形 **1** すごい. ものすごい. ¶끔찍하게 험상궂게 생긴 사나이 すごく険しい顔つきの男. **2** むごたらしい. 残酷だ. ¶그 광경은 너무 끔찍해서 차마 볼 수가 없다 その光景はあまりにむごたらしくてとても見ていられない/그녀의 얼굴은 교통 사고를 당해서 끔찍하게 변했다 彼女の顔は交通事故にあってむごたらしく変わった. **3** この上ない. 手厚い. ¶끔찍한 대접 手厚いもてなし/그의 끔찍한 정성에 감동을 받았다 彼の心からの真心に感動した. **끔찍이** 副 心から. ¶～ 생각하다 心から思いやる.

끗발 名 (花札などで)引き続きよい点の札が出てくる調子.

◆**끗발이 세다[좋다]** ① 引き続きよい点の札が出てくる. 非常に手がよい. ② 権勢を振るっている.

끗수〔一數〕 名 (花札などで)点数.

끙 副〔힘들거나 아플 때 내는 소리〕ううん.

끙끙 副 하自 うんうん[力む].

끙끙거리다[-대다] 自 うんうんうめく.

끝 Ⅰ 名 **1** 端. 先. 先端. ¶코 ～ 鼻先/칼 ～ 刃先/막대기 ～ 棒の端/발 ～에서 머리 ～까지 足の先から頭のてっぺんまで/남쪽 ～에 자리잡다 南端に位置する. **2** (時間·空間などの)いちばん終わり. 最後. 結果. 果て. ¶처음과 ～ 初めと終わり/이 세상 ～까지 この世の果てまで/사태의 추이를 ～까지 지켜볼 작정이다 事態の推移を最後まで見守るつもりだ/시작도 중요하나 ～을 잘 맺는 것이 더 중요하다 始めも重要だが立派に締めくくることがもっと重要である. **3** (順序などの)いちばん後ろ. 終わり. びり. 最後. ¶～에서 두 번째 終わりから2番目/～에서 세는 편이 더 빠르다 後ろから数えるほうが早い/맨 ～으로 입장하다 いちばん終わりに入場する. **4** 限度. 果て. ¶사람의 욕망에는 ～이 없다 人間の欲望にはきりがない. **5** (映画·小説などの最後の)終わり. **6** 《'…끝에'의 꼴로》 …の末に. …した末に. …したあげく. ¶피나는 고생 ～에 성공을 거두었다 血のにじむような苦労の末に成功を収めた/잠시 생각한 ～에 결정을 내렸다 しばらく考えたあげく決定を下した. **7**〔言〕語尾.

Ⅱ 依名〔천을 세는 단위〕疋.

◆**끝 간 데 없다** 果てるところ[終わり]を知らない.

끝끝내 副 **1** 終わりまで. 始終. 最後まで. ¶～ 버티다 最後まで頑張る/그 피의자는 ～ 아무 말도 하지 않았다 その被疑者は最後までひと言もしゃべらなかった. **2** ついに. とうとう. ¶그는 ～ 성공하고야 말았다 彼はついに成功してみせた.

끝나다 自 **1** (仕事などが)終わる. 済む. ¶일이 다 ～ 仕事がすっかり終わる/하루의 일과가 ～ 1日の日課が終わる/시험이 끝나면 여행을 할 작정이다 試験が終わったら旅行するつもりだ. **2** (時間的·空間的に)終わる. 切れる. 明ける. 尽きる. 途切れる. ¶상이 ～ 喪が明ける/벌써 겨울 방학도 끝났다 もう冬休みも終わった/오늘로 계약 기간이 끝난다 今日で契約期間が切れる/길이 ～ 道が途切れる. **3** 《'…로 끝나다'의 꼴로》 …に終わる. ¶실패로 ～ 失敗に終わる/비참한 패배로 끝나고 말았다 惨めな敗北に終わってしまった.

끝내 副〔'끝끝내'의 준말〕終わりまで.

ついに. とうとう.

끝내기 名 **1** けりをつけること. 締めくくること. **2** (碁で)寄せ. 勝負の終盤戦. ¶ 큰 ~ 大寄せ. **3** (野球の)さよなら.

끝내다 他 終える. 済ませる. ¶ 일[수업]을 ~ 仕事[授業]を終える / 숙제를 끝내고 나서 텔레비전을 보아라 宿題を済ませてからテレビを見なさい.

끝마감 名 하他 (物事の)決着をつけること. 締めくくり. 仕上げること.

끝마무리 名 하他 最後の仕上げ.

끝마치다 他 終える. 済ます. ¶ 일과를 ~ 日課を終える / 이 일을 끝마치면 한가해진다 この仕事を終えれば暇になる.

끝막다 他 (事の)けりをつける. 締め切る.

끝막음 名 하他 決着をつけること. 終結.

끝맺다 他 (物事を)終結する. 締めくくる. ¶ 회의를 ~ 会議を締めくくる.

끝머리 名 末尾. 終わり.

끝물 名 (果物·野菜·海産物などの)季節の終わりに出るもの. 季節はずれのもの. 反 初物 ¶ 딸기도 ~이 되니 맛이 없다 いちごも季節はずれなのでおいしくない.

끝소리 名〔言〕**1** 音節末音. **2** 単語の最後の音. 語末音.

끝손질 名 하自他 仕上げ. 最後の手入れ.

끝없다 形 限りない. 果てしない. ¶ 끝없는 사막 果てしのない砂漠 / 끝없는 인간의 욕망 限りない人間の欲望.

끝없이 副 限りなく. 果てしなく. ¶ ~ 펼쳐지는 망망대해 果てしなく広がる茫々たる大海.

끝자리 名 **1** 末位. いちばん下の地位. **2**〔數〕(数値の)いちばん下のけた.

끝장 名 (物事の)終わり. おしまい. けり. 結末. 締めくくり. ¶ 이제 모든 일이 ~이다 もうすべてのことがおしまいだ.

◆**끝장을 보다** けりがつくのを見る. しまいまで見届ける.

끝장나다 自 **1** 終わる. けりがつく. ¶ 이 공사도 금년 말에는 끝장난다 この工事も今年の末には終わる. **2** おしまいになる. 駄目になる. ¶ 그 사람도 이제 끝장났나 보다 その人もとうとうおしまいになったらしいね.

끝장내다 他 終える. けりをつける.

끝판 名 **1** 最後. 終盤. 終局. ¶ 처음에는 열심히 했으나 ~에는 지쳐 대충 해 버렸다 始めは一生懸命にしたが最後のほうではくたびれておおざっぱにしてしまった. **2** (碁·将棋などの)大詰め. 終局.

끼[1] 名 〈俗〉浮気心. 恋に陥りやすい性質.

끼[2] 依名 (朝·昼·夕飯などの)食. ¶ 점심 한 ~를 거르다 昼の1食を抜く / 하루 세 ~ 1日3食.

끼끗하다 形 (顔つきが)生き生きしている. みずみずしい. (体が)すらりとしている. ¶ 끼끗한 얼굴 生き生きとして清らかな顔.

끼끗이 副 生き生きとして清らかに. 新鮮に. すらりと.

끼니 名 (朝·昼·晩の3度の)食事. ¶ ~를 거르다 食事を抜く / ~를 갖추어 먹다 (3度の)ご飯をきちんと食べる.

끼니때 名 飯どき. 食事どき. ご飯どき. ¶ ~가 되면 집에 돌아와야지 ご飯どきになったら家に帰ってこなければいけないよ.

끼닛거리 名 (朝·昼·晩の食事の)材料.

끼다[1] **Ⅰ** 自〔'끼이다'Ⅱ'의 준말〕加わる. 仲間入りする. 混じる. 挟まる. ¶ 노름패에 한몫 ~ ばくち打ちの連中に仲間入りする / 손이 문틈에 ~ 手が戸のすき間に挟まる.

Ⅱ 他〔'끼우다 Ⅰ'의 준말〕**1**〔끌어안다〕わきに挟む. 抱える. ¶ 책과 노트를 끼고 학교에 가다 本とノートを抱えて学校へ行く. **2** (腕を)組む. ¶ 팔짱을 끼고 깊이 생각하다 腕を組んでじっと考える / 젊은 남녀가 팔짱을 끼고 걸어가고 있다 若い男女が腕を組んで歩いている. **3**〔착용하다·꽂다〕はめ込む. 差し込む. (手袋などを)はめる. (眼鏡を)かける. ¶ 장갑을 ~ 手袋をはめる / 반지를 ~ 指輪をはめる / 안경을 ~ 眼鏡をかける / 창에 유리를 ~ 窓にガラスをはめ込む / 형광등을 ~ 蛍光灯をはめる / (단춧구멍에) 단추를 ~ (ボタン穴に)ボタンをはめる. **4**〔…을 따르다〕(離れずに)沿う. ¶ 강을 끼고 올라가다 川に沿って上って行く. **5**〔겹치다〕(他のものを)重ねる. つける. つけ加える. ¶ 셔츠를 끼어 입다 シャツを重ねて着る. **6**〔배경이 있다〕(有力者などを)頼みにする. 後ろ盾にする. ¶ 세관원을 끼고 대담하게 밀수를 했다 税関員を味方につけて大胆に密輸をした. **7**〔사이에 두다〕(間に)置く. 挟む. ¶ 책상을 끼고 마주앉다 机を挟んで向かい合って座る.

끼다[2] 自 **1** (霧·雲·煙などが)かかる. 立ちこめる. ¶ 안개가 ~ 霧がかかる / 산꼭대기에 구름이 끼어 있다 山頂に雲がかかっている. **2** (垢·ほこりなどが)たまる. つく. かかる. ¶ 눈곱이 ~ 目やにがたまる / 주전자에 물때가 ~ やかんに水垢がつく / 귓속에 때가 끼어 있다 耳の中に垢がたまっている. **3** (苔·かびなどが)生える. むす. ¶ 이끼 낀 바위 苔のむした岩 / 떡에 곰팡이가 끼었다 餅にかびが生えた. **4** (ある感情が顔や声に)こもる. 漂う. ¶ 수심 낀 얼굴 愁心が漂った顔.

끼루룩 副 하自〔기러기 등의 울음소리〕キーキー(と).

끼룩 副 하自〔'끼루룩'의 준말〕キーキー(と).

-끼리 接尾 …同士. ¶ 남자~ 男同士 / 친구들~ 놀러 가다 友達同士で遊びに行く.

끼리끼리 副 仲間同士(で). ¶ ~ 모이다 仲間同士が集まる / ~ 놀다 仲間同士で遊ぶ.

끼얹다 他 (水·粉などを)振り掛ける.

浴びせる. ¶ 머리에 물을 ~ 頭に水を浴びせる / 그의 발언은 마치 찬물을 끼얹는 것과 같았다 彼の発言はまるで冷水を浴びせるようだった.

끼우다 他 **1** 挟む. はめる. はめ込む. 差し込む. ¶ 서표를 책에 ~ しおりを本に挟む / 콘센트에 코드를 ~ コンセントにコードを差し込む / 퓨즈를 갈아 ~ ヒューズをはめ替える. **2** 〔'끼다[1] Ⅱ'의 사동사〕 はめさせる. ¶ 아이에게 장갑을 끼워 가지고 데리고 갔다 子供に手袋をはめさせて連れていった.

끼우듬하다 形 〔'기우듬하다'의 센말〕 やや傾いている. **끼우듬히** 副 傾き加減に.

끼울다 自 (一方に)傾く. 偏る. ¶ 해가 ~ 日が傾く.

끼웃하다 〔'기웃하다'의 센말〕 **Ⅰ** 形 少し傾いている.
Ⅱ 他 少し傾ける.

끼이다[1] 自 **1** 〔'끼다[1] Ⅱ'의 피동사〕 はめられる. 差し込まれる. ¶ 반지가 작아 손가락에 잘 끼이지 않는다 指輪が小さくて指によくはめられない. **2** 挟まる. ¶ 옷자락이 문틈에 ~ 裾が戸のすき間に挟まる. **3** 加わる. 列する. 混じる. ¶ 선진국의 대열에 ~ 先進国の仲間入りをする.

끼이다[2] 他 (人を)嫌う.

끼적거리다[-대다] 自他 (文字を)いいかげんに書く. 書き散らす. 書き殴る. >깨작거리다

끼적끼적 副 하自他 (文字を)いいかげんに書くようす.

끼치다[1] 自 **1** よだつ. ¶ 소름이 ~ 身の毛がよだつ. **2** 急に押し寄せる[吹きつける]. ¶ 목욕탕의 문을 열자 더운 김이 확 끼쳤다 浴室のドアを開けるや熱い湯気が吹き出てきた.

끼치다[2] 他 **1** (迷惑などを)かける. ¶ 폐를 끼쳐 드려서 죄송합니다 ご迷惑をおかけして申し訳ありません / 부모님께 걱정을 ~ 両親に心配をかける. **2** (影響などを)与える. 及ぼす. (後世に)残す. ¶ 손해를 ~ 損害を与える / 후세에 좋은 영향을 ~ 後世によい影響を及ぼす.

낌소리 名 (ほんの小さな)反論. ぐうの音.
◆**낌소리도 못 하다** いささかの反論もできない. ぐうの音も出せない. ¶ 그의 당당한 주장 앞에 상대는 ~도 못 했다 彼の堂々たる主張の前に相手はいささかの反論もできなかった.

낌연〔喫煙〕 名 하自 喫煙. ¶ ~실 喫煙室.

낌해야 副 たかが. せいぜい. ¶ 시험 점수는 ~ 70점쯤일 거야 試験の点数はせいぜい70点ぐらいだっただろう.

낄낄 副 하自 くすくす(と). くっくっ(と). ¶ 여학생들이 ~ 웃기 시작했다 女学生たちがくすくす笑い出した.
낄낄거리다[-대다] 自 くすくす笑う. ¶ 처녀들이 구석에서 낄낄거리고 있다 娘たちが隅のほうでくすくす笑っている.

낌새 名 気配. 徴候. 気色. 兆し. ¶ 수상한 ~가 엿보인다 ただならぬ気配が感じられる / 날씨가 사나워질 ~다 天気が荒れそうだ / 경기 회복의 ~가 보인다 景気回復の兆しが見える.
◆**낌새를 보다** 顔色をうかがう. ようすをさぐる. すきをねらう. ¶ ~를 보아 도망치자 すきを見て逃げよう.
낌새채다 自 かぎつける. 感づく. 気づく. 気配を察する. ¶ 오직을 ~ 汚職をかぎつける.

낑 副 **1** (病気·力仕事などで)ううん. ¶ ~하고 힘쓰다 ううんと力む / ~하고 신음하다 うんうんとうめく. **2** (子犬が苦しいときに出す)キャン(と).

낑낑[1] 副 하自 (うめいたり力む)うんうん.
낑낑거리다[-대다][1] 自 うんうんとうめく. ふうふう言う. ¶ 무거운 짐을 지려고 ~ 重い荷を背負おうとしてうんうん力んでいる.

낑낑[2] 副 子供がむずかる[だだをこねる]声[ようす].
낑낑거리다[-대다][2] 自 むずかる. だだをこねる. ¶ 장난감을 사 달라고 ~ おもちゃを買ってくれとだだをこねる.

ㄴ

ㄴ[1] 名 ハングル子音字母の一つとして第二番目の字. 字母の名称は니은.

ㄴ[2] 助 〔'는'의 준 꼴〕…は. …では. ¶ 난 반대요 わたしは反対です / 거긴 아닙니다 そこではありません.

-ㄴ[3] 語尾 **1** (동사의 아래)〔과거의 사실을 나타냄〕…(し)た. ¶ 사라진 꿈 消えた夢 / 우리가 만난 것은 눈보라 칠 때지 私たちが会ったのは吹雪く時だった. **2**〔현재의 사실을 나타냄〕…い…. …な…. …である…. …の. ¶ 예쁜 여자 きれいな女の人 / 흰 꽃 白い花 / 주권자인 국민 主権者である国民.

-ㄴ[4] 語尾 ('오다'의 어간에 붙어)〔친근감을 나타냄〕¶ 이리 온 こっちへおいでよ.

-ㄴ가 語尾 (형용사·'이다'의 아래)〔의문을 나타냄〕…か. …のか. ¶ 무슨 뜻인가? どういう意味なのか / 이래도 좋은가? これでもいいのか.

◆**-ㄴ가 보다** …らしい. …のようだ. ¶ 외국 사람인가 보다 外国人らしい / 그는 내가 싫은가 보다 彼は僕が嫌いらしい.

-ㄴ걸 語尾 (모음으로 끝나는 어간에 붙어)〔감탄·회상 등을 나타냄〕…だね. …だなあ. …したよ. ¶ 이 동물은 잘 보니 여우인걸 この動物はよく見るときつねなんだね / 굉장한걸 すごいな / 제법 예쁜걸 案外美人だね. ▷-는걸

-ㄴ고 語尾 〔'-ㄴ가'의 옛 말투〕…か. …のか. ¶ 뉘 집 아인고? どこの家の子か / 힘이 얼마나 센고? 力がどれほど強いのか.

-ㄴ다 語尾 (동사의 아래)〔현재의 사실을 나타냄〕…する. ¶ 아침마다 산책을 한다 毎朝散歩をする / 손님이 오신다 お客さんがおいでになる.

-ㄴ다고 語尾 **1** (동사의 아래)〔반문·강조를 나타냄〕…するのだって. …するんだってば. ¶ 누가 간다고? 誰が行くんだって. **2** …(する)と. ¶ 곧 간다고 한다 すぐ行くという / 이긴다고 장담한다 勝つぞと大きなことをいう.

-ㄴ다느냐 語尾 〔'-ㄴ다고 하느냐'의 준말〕…するというのか. ¶ 내일 간다느냐? 明日行くというのか. ▷-다느냐

-ㄴ다느니 語尾 (동사의 아래)〔상황의 병렬을 나타냄〕…たり…たり. …とか…とか. ¶ 간다느니 안 간다느니 하고 야단들이다 行くとか行かないとかといって大騒ぎだ. ▷-다느니

-ㄴ다는 語尾 〔'-ㄴ다고 하는'의 준말〕…という…. …との…. ¶ 비가 온다는 일기 예보 雨が降るという天気予報. ▷-다는

-ㄴ다니 語尾 **1** 〔'-ㄴ다고 하느냐'의 준말〕…(する)というのか. …(する)んだって. ¶ 그는 언제 온다니? 彼はいつ来ると言うのか. **2** 〔'-ㄴ다고 하니'의 준말〕…(する)そうで. …(する)そうだが. ¶ 공부를 잘 한다니 기쁘다 勉強をよくするそうでうれしい. **3** …(する)というので. …(する)そうなので. ¶ 셋집을 찾는다니 정보를 가져왔어 借家をさがしているというので情報を持ってきたよ. ▷-다니

-ㄴ다니까 語尾 (동사의 아래)〔사실의 다짐을 나타냄〕…(する)のだよ. …(する)よ. …(する)ってば. ¶ 틀림없이 한다니까 間違いなくやるってば / 이따가 꼭 준다니까 後で必ずやるっていってるじゃないか.

-ㄴ다마는 語尾 (동사의 아래)〔역접을 나타냄〕…(する)が. …にしても. …(している)けれど. ¶ 시합에 나가기는 나간다마는 승산이 없다 試合に出場することはするが, 勝算はない. ▷-다마는

-ㄴ다며 語尾 '-ㄴ다면서[2]'의 준말.

-ㄴ다면서[1] 〔'-ㄴ다고 하면서'의 준말〕…(する)と言いながら. …(する)と言いつつ. …といって. ¶ 공부한다면서 책은 보지 않는다 勉強すると言いながら本は見ない.

-ㄴ다면서[2] 語尾 (동사의 아래)〔확인·반문 등을 나타냄〕…(する)んだってな. ¶ 어머니에게 용돈을 달라고 마구 떼를 쓴다면서? 母親に小遣いをくれとやたらにねだるっていうじゃないか / 약속을 밥 먹듯 어긴다면서? 約束をしょっちゅうほごにするんだって. ▷-다면서, -라면서

-ㄴ다손 치더라도 語尾 (동사의 아래)〔'-ㄴ다고 하더라도'의 뜻을 나타냄〕…するといっても. (たとえ)…したとしても. …しようとも. ¶ 설사 갔다손 치더라도 그를 못 만날 것이다 たとえ行ったとしても会えないだろう.

-ㄴ다오 語尾 (동사의 아래)〔사실의 설명을 나타냄〕…するんですよ. ¶ 얼마나 눈물을 흘렸는지 모른다오 どんなに涙を流したか知れませんよ. ▷-다오, -라오

-ㄴ단 語尾 **1** 〔'-ㄴ다는'의 준 꼴〕…するという…. ¶ 너 혼자 여행을 떠난단 말이냐? お前ひとりで旅行に行くというのか. **2** 〔'-ㄴ다고 한'의 준 꼴〕…すると言っていた. …すると言った. ¶ 간단 사람이 왜 안 갔어 行くといっていた人がなぜ行かなかったのか. ▷-단, -란

-ㄴ단다 語尾 〔'-ㄴ다고 한다'의 준말〕…するんだって. …するそうだ. ¶ 그는 올해 졸업한단다 彼は今年卒業するそうだ. ▷-단다, -란다

-ㄴ달 語尾 〔'-ㄴ다고 할'의 준말〕…(する)という. ¶ 저렇게 사정하니 안 된달 수가 없다 あのようにまで頼むのに駄

目だと断われない.

-ㄴ담 語尾 《동사의 아래》〔'-ㄴ단 말인가'의 뜻을 나타냄〕(どうして)…するのか. (どうして)…するのだろうか. ¶ 만지지 말라는 걸 왜 만진담 触るなといってるものをどうして触るのかね / 어찌 이리 힘든담 なぜこんなに骨が折れるのだろうか. ▷-담

-ㄴ답니까 語尾 〔'-ㄴ다고 합니까'의 준말〕…するんですって. …と言うんですか. ¶ 언제 오신답니까? いつおいでになるんですって / 마당에 무얼 심는답니까? 庭に何を植えると言うんですか. ▷-답니까, -랍니까

-ㄴ답니다 語尾 〔'-ㄴ다고 합니다'의 준말〕…すると言っています. …するそうです. ¶ 그는 대학에 진학한답니다 彼は大学に進学するそうです.

-ㄴ답디까 語尾 〔'-ㄴ다고 합디까'의 준말〕…すると言っていましたか. …するそうですか. ¶ 언제 온답디까? いつ来ると言っていましたか. ▷-랍디까

-ㄴ답디다 語尾 〔'-ㄴ다고 합디다'의 준말〕…すると言っていました. …するそうです. ¶ 자기는 모른답디다 自分は知らないと言っていました / 그는 미국에 간답디다 彼はアメリカへ行くそうです. ▷-랍디다

-ㄴ답시고 語尾 《동사의 아래》〔'-ㄴ다고'의 뜻으로 빈정거림을 나타냄〕…(する)からといって. …(する)とかいって. ¶ 공부깨나 한답시고 잘난 체한다 勉強がちょっとできるからといって利口ぶる. ▷-답시고, -랍시고

-ㄴ대 語尾 〔'-ㄴ다고 해'의 준말〕…するそうだ. …するって. ¶ 볼일이 있어서 꼭 가야 한대 用事があってきっと行かなければならないって / 내일 언니가 텔레비전에 나온대 明日おねえちゃんがテレビに出るんだって. ▷-대, -래

-ㄴ대도 語尾 〔'-ㄴ다고 하여도'의 준말〕…するといっても. …するにしても. ¶ 콩으로 메주를 쑨대도 안 믿겠다 豆でみそ玉麴をつくるといっても信じない. ▷-래도

-ㄴ대서 語尾 〔'-ㄴ다고 하여서'의 준말〕…するというので. …するというから. ¶ 아무것도 모른대서 정말 그런 줄 알았지 何も知らないというから本当にそうだと思ったよ. ▷-대서, -래서

-ㄴ대서야 語尾 〔'-ㄴ다고 하여서야'의 준말〕…(する)とは. …(する)なんて. ¶ 대학생이 그걸 모른대서야 말이 되나? 大学生がそれを知らないとは話にならない. ▷-대서야

-ㄴ대야 語尾 〔'-ㄴ다고 하여야'의 준말〕…(する)としても. …(する)といっても. ¶ 지금부터 잔대야 기껏 두 시간 정도야 今から寝るといってもせいぜい2時間くらいだ. ▷-대야, -래야

-ㄴ데 語尾 《형용사·'이다'의 아래》 **1** 〔어떤 사실의 전제를 나타냄〕…だが. …だから. …なのに. ¶ 심심한데 술이나 한잔합시다 退屈だから酒でも1杯やりましょう / 우수한 사원인데 그만두었다 優秀な社員なのにやめてしまった. **2** 〔감탄·강조 등을 나타냄〕…だね. …だなあ. …なんだが. ¶ 그런 짓을 할 사람이 아닌데 そんなことをする人じゃないんだがな / 당신이 꼭 있어 주었으면 좋은데 あんたがぜひいてくれたらいいんだが / 굉장히 예쁜데 とてもきれいだねえ. ▷-는데

ㄴ들[1] 助 《모음 아래》〔'-라 할지라도 어찌'의 뜻을 나타냄〕…だって. …だとしても. …であろうとも. ¶ 자넨들 그만 못하랴 君だって彼より劣ろうか.

-ㄴ들[2] 語尾 〔'-라 할지라도·-다고 할지라도'의 뜻〕…だって. …といっても. …だとしても. ¶ 몸도 성치 않은 사람이 멀리 간들 얼마나 가겠니? 体の弱った者が遠くへ行くといってもたかが知れているだろう.

-ㄴ바 語尾 《용언·'이다'의 아래》〔'하였더니·이므로'의 뜻을 나타냄〕…してみたが. …してみたところ. …してみると. ¶ 그 책을 읽어본바 과연 좋더라 その本を読んでみたがやはりよかった[おもしろかった]. ▷-는바

ㄴ즉[1] 助 〔'…로 말하면'의 뜻을 나타냄〕…について言えば. …については. …と言えば. …となると. ¶ 글씬즉 명필이다 書となると名筆だ.

-ㄴ즉[2] 語尾 〔원인·근거·조건 등을 나타냄〕…(する)と. …(する)に. …(し)たら. …(する)ので. ¶ 시골에 가본즉 풍년이더라 田舎に行ってみたら豊作だったよ.

ㄴ즉슨[1] 助 'ㄴ즉'의 강조형.

-ㄴ즉슨[2] 語尾 '-ㄴ즉'의 강조형.

-ㄴ지 語尾 《형용사·'이다'의 아래》〔막연한 의문을 나타냄〕…か(とうか). …なのか. …かしら. ¶ 좋은 것인지 나쁜 것인지 모르겠다 よいのか悪いのか分からない / 어느 것이 진짠지 どれが本物なのか.

◆**-ㄴ지도 모르다** …であるかも知れない. ¶ 이건 가짠지도 몰라 これは偽物かも知れない. ▷-는지

-ㄴ지고 語尾 《형용사·'이다'의 아래》〔느낌의 강조를 나타냄〕…かな. (なんと)…だろう. ¶ 오오 장한지고 ああ, 見事だなあ / 정말로 아름다운지고 まことに美しきかな.

-ㄴ지라 語尾 **1** 《동사의 아래》〔이유·원인을 나타냄〕…したので. …したから. ¶ 비가 많이 온지라 길이 매우 질다 雨がたくさん降ったので道が非常にぬかっている. **2** 《형용사·'이다'의 아래》〔이유·근거가 되는 과거 사실을 나타냄〕…だから. …なので. ¶ 그는 총명한지라 하나를 들으면 열을 안다 彼は聡明なので一を聞けば十を知る / 겨울인지라 추울 수밖에 없다 冬だから寒いはずだよ. ▷-는지라

나[1] 名 〔'나이'의 준말〕年. 年齢. ¶ ～도 어린 자매 年端もゆかぬ姉妹.

나[2] **I** 代 わたし. 私. 僕. おれ. ¶ ～의 소망 わたしの望み / ～도 모시고 가겠습니다 私もお供いたします / ～와 자네 사이가 아닌가 おれとお前の仲じゃないか.

II 名 自分. ¶ 어떠한 일이 ～에게 맞는가 알아보자 どのような仕事が自分に合うか調べて見よう. ▷내, 저

ㄴ

〔속담〕 **나 먹자니 싫고 개 주자니 아깝다** 自分が食べるとなると嫌だし, 犬にやるのも惜しい〈自分には不要な物も人にやるとなると惜しい〉.

호칭·지칭 나

私·わたし·わたくし / あたい / 俺 / 僕 / 儂 / 自分

• 모두 제1인칭의 용어들로서, わたし와 わたくし가 가장 일반적인 말이다. 그러나 わたくし는 대화체로서는 다소 형식적이고 새삼스런 느낌을 주며, '私の事'·'私の事情' 처럼 '개인적인' 의미가 있다. / あたし와 あたくし는 여성이 자신을 가리키는 말로서, あたし는 わたし의 격의 없는 말투이며, あたくし는 다소 새삼스런 말씨이다. / あたい는 속어로서 일반인에게는 잘 쓰이지 않고, 어린이나 화류계 여성 등이 사용하는 말이다.

• 俺는 남성이 자신을 가리킬 때 쓰는 구어로서, 동년배나 손아랫사람에 대해 사용한다. / 僕도 남성의 제1인칭 구어로서, 연령에 상관없이 가장 일반적으로 사용되며, 또 어린 아이에 대해서는 부르는 호칭으로도 사용된다. / 儂는 わたくし의 변화된 말로서, 대체로 중년 이상의 남자가 사용하며, 약간 고풍스럽고 때로는 엄격한 느낌을 주는 말투이다.

• 自分은 원래 무슨 행위의 그 당사자를 가리키는 말이지만, 남성의 격식차린 제1인칭(자칭) 대명사로 사용되기도 한다. ▷우리

나³ 助 (모음 아래) **1** 〔선택〕 …でも. ¶ 커피~ 마시자 コーヒーでも飲もう. **2** 〔용인·강조〕 …でも. ¶ 반찬이 없으면 김치~ 갖고 와 おかずがないならキムチでも持ってこい / 판사~ 된 듯이 오만하다 判事にでもなったかのように傲慢だ. **3** 〔막론하고〕 …も…も. …でも…でも. ¶ 남자~ 여자~ 모두 뛰어나왔다 男も女もみな飛び出してきた / 세파에 시달리는 것은, 너~ 나~ 마찬가지다 世の荒波にもまれるのは, 君も僕も同じだ. **4** 〔열거〕 …や. ¶ 고대~ 중세에는 종교 규범이 중요시되었다 古代や中世においては宗教の規範が重要視された. **5** 〔한도〕 …も. …に. ¶ 열 개~ 사서 뭐해? 10個も買って何するんだい / 벌써 다섯 시~ 되었네 もう5時になったな. **6** 〔정도〕 …くらい. …ほど. ¶ 몇 개~ 필요하세요? 何個ほどお入り用ですか / 얼마~ 멀어요? どれくらい遠いですか. **7** 〔한정〕 …だけが. ¶ 부자~ 타는 차 金持ちだけが乗る車. ▷이나

나-⁴ 接頭 外に向かう動作を表わす語. ¶ ~오다 出て来る. 出る / ~서다 出掛ける.

-나⁵ 語尾 (용언·'이다'의 아래) **1** 〔역접〕 …(する)が. …だが. ¶ 가격은 싸~ 품질은 좋다 値段は安いが品質はよい. **2** 〔동작·상태의 분간〕 …(し)ても …(し)ても. ¶ 어머니는 자~ 깨~ 동생 걱정을 하셨다 母は寝ても覚めても弟の心配をなさった. **3** 〔강조〕 ¶ 머~먼 길 はるばると遠い道 / 크~큰 스승의 은혜 大いなる師の恩恵.

-나⁶ 語尾 (동사의 아래) 〔의문을 나타냄〕 …か. …のか. …かどうか. ¶ 그 사람은 어디로 가~? その人はどこへ行くのか / 비가 오~ 좀 나가 봐라 雨が降っているかどうかちょっと出てみろ.

나가다 Ⅰ 自他 **1** 〔외출하다〕 出る. 出て行く. 出かける. 出向く. ¶ 시냇가로 ~ 小川のほとりに出かける / 시장에 장보러 ~ 市場へ買い物に出かける. **2** 〔참가·출전하다〕 (ある場所に)出る. 出場する. 参加する. ¶ 회의에 ~ 会議に出る / 노래 자랑에 ~ のど自慢大会に出る. **3** 〔진출하다〕 (ある方面に)出る. 進出する. ¶ 사회에 ~ 社会に出る / 정계에 ~ 政界に出る. **4** 〔다니다〕 勤める. 通う. ¶ 직장에 ~ 出勤する / 무역 회사에 나가고 있다 貿易会社に勤めている. **5** 〔발행되다〕 出る. 発行される. ¶ 3월호가 ~ 3月号が出る. **6** 〔팔리다〕 売れる. ¶ 물건이 ~ 品物が売れる / 집이 ~ 家が売れる / 가장 잘 나가는 상품 いちばんよく売れる商品. **7** 〔태도를 취하다〕 出る. 取る. 押し通す. ¶ 강한 태도로 ~ 強い態度に出る / 끝까지 밀고 ~ 最後まで我を押し通す. **8** 〔퇴거·가출하다〕 出る. 出て行く. 離れる. ¶ 세들어 사는 이는 언제 나갑니까? 部屋を借りて住んでいる方はいつ出て行きますか / 딸이 집을 ~ 娘が家を出る. **9** 〔그만두다〕 退く. 辞める. ¶ 회사를 나가다 会社を辞める. **10** 〔못 쓰게 되다〕 (衣服などが)擦り切れる. 破れる. ¶ 구두창이 ~ 靴底が擦り切れる / 어깨가 다 나간 웃옷 肩がすっかり破れた上着. **11** (意識·精神などが)なくなる. 抜ける. いかれる. ¶ 넋이 ~ 気が抜ける. ぼんやりする / 정신 나간 사람이군 いかれた人だな. **12** (値段·重さなどが)…に相当する. …の重さがある. ¶ 값 나가는 물건 値の張る品物 / 무게가 많이 ~ 重量が相当にある. **13** 〔꺼지다〕 (明かりが)消える. ¶ 불이 ~ 停電する.

Ⅱ 補動 〔일의 계속을 나타냄〕 …(し)ていく. ¶ 책을 처음부터 읽어 ~ 本を初めから読んでいく / 씨앗을 한 줄로 뿌려 ~ 種を1条にまいていく.

나가동그라지다 自 のけぞって倒れる. 倒れる. ころげ倒れる.

나가떨어지다 自 **1** 〔넘어지다〕 ぶっ倒れる. ひっくり返る. ¶ 눈이 얼어 미끄러운 언덕길에 나가떨어졌다 雪が凍って滑りやすい坂でひっくり返った. **2** 〈俗〉 〔녹초가 되다〕 へとへとになる. ¶ 그는 3일 밤을 새고 나가떨어졌다 彼は3日徹夜してへとへとになった.

나가자빠지다 自 **1** 〔나동그라지다〕 のけぞって倒れる. あお向けに倒れる. ひっくり返る. ¶ 한 대 얻어맞고 ~ 一発殴られてひっくり返る. **2** 〔체념하다〕 食わせられて手を引く. あきらめる. ¶ 진학을 포기하고 ~ 進学を放棄してあきらめる.

나귀 名〔動〕〔'당나귀'의 준말〕驢馬.
나균〔癩菌〕名 癩病の病原菌.
나그네 名 旅人. 旅行者. 流れ者. よそ者. ¶～가 묵다 旅人が泊まる/길 가는 ～여, 걸음을 멈추어라 道行く旅人よ, 足を止めよ/낯선 ～가 찾아오다 見慣れないよそ者が訪ねてくる.
나그네새 名 旅鳥. 渡り鳥.
나그넷길 名 旅路. 旅. ¶끝없는 ～ 果てしない旅/～에 오르다 旅路につく. 旅立つ/인생은 ～이다 人生は旅だ.
나긋나긋하다 形 **1** (感触が)柔らかい. 滑らかだ. ¶나긋나긋한 갓난아이의 살결 柔らかい赤ん坊の肌. **2** (人当たりが)柔らかい. 優しい. ¶나긋나긋한 태도 柔らかい態度. **3** (文章·話などが)柔らかい. 味わいがある.
나긋나긋이 副 柔らかく. しなやかに. 優しく. ¶손님에게 ～ 대하는 점원 お客に優しく応対する店員.
나날 名 日々. 毎日. 一日一日. ¶바쁜 ～을 보내다 忙しい毎日を送る.
나날이 副 日ごとに. 日に日に. ¶～ 더위가 더해간다 日ごとに暑さが増していく.
나누기 名 하自他〔數〕割り算. 除法. ¶8～ 2는 4 8割る2は4.
나누다 他 **1**〔가르다〕分ける. 分割する. ¶몇 개로 나눌까요? いくつに分けましょうか/똑같이 나누어 먹자 等分に分けて食べよう. **2**〔분류하다〕分ける. 区分する. 分類する. ¶여름옷과 겨울옷으로 ～ 夏物と冬物に分ける/도서를 ～ 図書を分類する. **3**〔분배하다〕分ける. 分かつ. 分配する. ¶유산을 ～ 遺産を分配する. **4**〔나누기하다〕割り算する. 割る. 除する. ¶6을 3으로 ～ 6を3で割る. **5**〔함께하다〕ともにする. 分かち合う. 分かつ. ¶기쁨을 서로 ～ 喜びを分かち合う. **6**〔주고받다〕(話·情などを)交わす. やりとりする. ¶이야기를 ～ 話を交わす. **7**〔한 핏줄을 타고나다〕(血を)分ける. 同じ血筋を引く. ¶피를 나눈 형제 血を分けた兄弟.
나누어 주다 他 分けて与える. 分配する. 配る. ¶답안 용지를 ～ 答案用紙を配る.
나누어 지다 自 **1**〔갈라지다〕分かれる. 分類される. 区分される. ¶두 패로 ～ 二組に分かれる. **2**〔나눗셈에서〕割り切れる.
나눗셈 名〔數〕割り算. 除法.
나뉘다 自 分けられる. 割られる. 分かれる. ¶시찰단은 세 조로 나뉘어서 떠났다 視察団は三つの組に分かれて出発した.
나다[1] Ⅰ 自 **1**〔돋아나다〕(草木の芽·ひげなどが)生える. 出る. 生じる. ¶곁가지가 ～ 小枝が出る/수염이 ～ ひげが生える/이가 나기 시작했다 歯が生え始めた. **2**〔솟아나다〕出る. 湧き出る. ¶샘물이 ～ 泉が湧き出る/석유가 ～ 石油が湧く. **3**〔생기다〕(物事·状態が)生じる. できる. 発生する. ¶길이 ～ 道ができる/구멍이 ～ 穴ができる[あく]/얼굴에 여드름이 났다 顔ににきびができた. **4**〔발생하다〕起こる. 発生する. ¶불이 ～ 火事が起こる/고장이 난 자동차 故障した自動車. **5**〔태어나다〕生まれる. 誕生する. ¶일본에서 난 딸 日本で生まれた娘. **6** (年が)…になる. 達する. ¶그에게는 다섯 살 난 아들이 있다 彼には5歳になる子供がいる. **7**〔나타나다〕現われる. 出現する. (世に)出る. ¶인재가 ～ 人材が現われる/유명한 장군이 난 곳이다 有名な将軍が出た所だ. **8**〔생산되다〕(物を)産する. 産出される. 出る. ¶이 지방에서는 석탄이 많이 난다 この地方では石炭が多く産出される. **9**〔감정·생각 등이 들다〕生じる. 湧く. 立つ. ¶화가 ～ 腹が立つ. 怒る/용기가 ～ 勇気が湧く/부아가 나다 しゃくに障る. **10**〔결과가 나오다〕…になる. (決着が)つく. 出る. ¶승부가 ～ 勝負がつく/끝장이 났다 けりがついた. おしまいだ/회의에서 결론이 났다 会議で結論が出た. **11**〔어떤 상태가 되다〕出る. …なる. …する. ¶현기증이 ～ 目まいがする/하품이 ～ あくびが出る/오한이 ～ 悪寒がする. **12**〔틈이 생기다〕(時間的·空間的に)空く. できる. ¶시간이 ～ 時間が空く/앉을 자리가 ～ 座席が空く/좀처럼 틈이 나지 않는다 なかなか暇ができない. **13**〔더해지다〕(能率·速力などが)上がる. 出る. ¶능률이 ～ 能率が上がる/속력이 나기 시작한다 速力が出始める. **14**〔알려지다〕(うわさなどが)立つ. 知られる. ¶소문이 ～ うわさが立つ/경주는 고적으로 이름이 난 곳이다 慶州は古跡で名高い所だ. **15**〔기재되다〕出る. 載る. ¶잡지에 ～ 雑誌に出る/신문에 난 논설 新聞に載った論説. **16**〔뛰어나다〕すばらしい. 抜きんでている. ¶그녀는 난 사람이다 彼女はすばらしい人だ. **17**〔느낌을 풍기다〕…ふうだ. …っぽい. ¶학자 티가 ～ 学者ふうだ/시골 티가 ～ 田舎っぽい. **18** (味·においなどが)する. 出る. (光を)放つ. ¶달콤한 맛이 ～ 甘い味がする/고약한 냄새가 나는 음식 嫌な[悪い]においがする食べ物. **19**〔출하되다〕(商品として)出回る. 出る. ¶햅쌀이 ～ 新米が出回る.
Ⅱ 他 **1** (時節を)過ごす. 越す. ¶1년을 나고 새해를 맞는다 年を越して新年を迎える. **2**《'살림을 나다'의 꼴로》(結婚して)所帯を構える. ¶장남이 결혼하여 살림을 났다 長男が結婚して所帯を持った.
나다[2] 補動 **1**《동사의 어미 '-아/-어' 아래》〔동작의 계속을 나타냄〕¶뻗어 ～ 力強く伸びる/백화가 피어 ～ 百花が咲き誇る. **2**《동사의 어미 '고' 아래》〔동작의 완료를 나타냄〕…してしまう. …し終える. ¶숙제를 하고 나서 놀러 가거라 宿題をやり終えてから遊びに行きなさい.

나다니다 自 出歩く. ¶ 볼일도 없이 ～ 用事もないのに出歩く.

나달 名 4·5日. ¶ 한 ～이면 끝난다 だいたい4·5日ほどすれば終わる.

나대다 自 **1** 浮かれて出歩く. 浮かれ出る. **2** 分別なく出しゃばる. ¶ 철없이 ～ わきまえもなく軽はずみにふるまう.

나도밤나무 名〔植〕あわぶき.

나돌다 自 **1** 歩き回る. ほっつき回る. **2** (うわさ·品などが)広まる. 出回る. ¶ 헛소문이 ～ 根も葉もないうわさが広まる / 가짜 돈이 ～ 偽金が出回る.

나돌아 다니다 自 (家を出て)あちこち歩き回る. ほっつき歩く.

나동그라지다 自 〔'나가동그라지다'의 준말〕のけぞって倒れる. ひっくり返る. ころげ倒れる. ¶ 바나나 껍질에 미끄러져 ～ バナナの皮にすべってひっくり返る.

나뒹굴다 自 **1** 転がる. 〔널려 있다〕 (物が)雑然と置かれる. 散らばっている. ¶ 길가에 나뒹굴고 있는 돌멩이 道端に転がっている石ころ. **2** 〔굴러다니다〕 (物が)あちこちに転がる. 転げ回る. ¶ 공이 ～ ボールが転げ回る. **2** あおむけに転び倒れる.

나들다 自〔'드나들다'의 준말〕出入りする. ¶ 술집에 자주 ～ 飲み屋にしょっちゅう出入りする.

나들이 名 하自 よそ行き. 外出. 出かけること. ¶ 봄～ 春にぶらりと出かけること / 오랜만에 ～하다 久しぶりに外出する.

나들이옷 名 外出着. よそ行き. ¶ ～으로 갈아입다 よそ行きに着替える.

나라 名 **1** 国. 国家. ¶ ～ 안팎 国内外 / 우리 ～ わが国 / 이웃 ～ 隣の国. **2** (명사에 붙어) その語が表わす世界. ¶ 꿈～ 夢の国 / 달～ 月の世界 / 동화의 ～ おとぎの国.

나라 글자 名 国字.

나라꽃 名 国の花. 国花.

나라님 名 お上. 主上.

나라말 名 **1** 国語. その国の言語. **2** 韓国語.

나락〔那落〕 名〔佛〕 奈落. 地獄. ¶ 절망의 ～에서 재기하다 絶望の奈落から再起する.

나란하다 形 (そろってずらっと)並んでいる. **나란히** 副 並んで. ¶ ～ 가다 並んで行く / ～ 앉다 並んで座る / 앞으로 ～! 前へならえ.

나루 名 渡し場. 渡し.

나루터 名 渡し場. 渡船場.

나루터지기 名 渡し守.

나룻가 名 渡し場のほとり.

나룻목 名 渡し船が通る水路.

나룻배 名 渡し船.

나룻삯 名 渡船料.

나룻 名 ひげ.

나르다 他 運ぶ. 運搬する. ¶ 석탄을 ～ 石炭を運搬する / 손으로 나를 수 있는 물건 持ち運びのできる品物.

나르시시즘〔narcissism〕 名 ナルシシズム. 自己陶酔.

나른하다 形 **1**〔노곤하다〕くたびれている. けだるい. だるい. ¶ 몸이 ～ 体がけだるい. **2**〔보드랍다〕(ごわごわしないで)しなやかだ. 柔らかい.

나름 依名 …次第. …なり. ¶ 나 ～의 판단 私なりの判断 / 농담도 때와 장소 ～이다 冗談も時と場合により けりだ / 사람은 다 제 ～대로 개성이 있다 人はみんな自分なりに個性がある.

나리[1] 名〔植〕 **1** 百合. ¶ ～꽃 ゆりの花. **2**〔'참나리'의 준말〕おにゆり.

나리[2] 名〔史〕 **1** 下位の者の上司に対する尊称. **2** (権勢を持つ人を呼ぶときの尊敬語). 旦那.

나릿나릿 副 하形 **1** のろのろ(と). のそのそ(と). ¶ 지쳐서 ～ 움직이다 疲れきってのろのろ(と)動く. **2**〔사이가 성긴 모양〕ゆるく.

나마[1] 助 (모음 아래)〔불만인 채로 양보함의 뜻을 나타냄〕…でも. …ぐらい. ¶ 다른 것이 없으니 이것이～ 받겠소 ほかの物がないからこれでももらいます / 편지～ 써 주었으면 좋겠는데 手紙でも書いてくれたらいいのに. ▷이나마

-나마[2] 語尾 〔'-지만'의 뜻〕…ではあるが. …にしても. …ながらも. …でも. ¶ 도와주지는 못하～ 방해는 하지 마라 助けてはくれないにしても邪魔はしてくれるな.

-나마나 語尾 〔동작이 아무 의미가 없음을 나타냄〕そうしようがしなかろうが. ¶ 사고 싶으～ 가진 돈이 있어야 사지 買いたい買いたくないはともかく持ち合わせの金銭がないから買えないよ.

나막신 名 (雨の日などに履く)木履. 木靴.

나맥〔裸麥〕 名〔植〕☞쌀보리

나머지 名 **1**〔여분〕使い残り. 余り. 余分. ¶ ～ 돈 残りの金. **2**〔數〕〔남는 수〕(割り算の)余り. ¶ 25를 4로 나누면 ～는 1이다 25を4で割ると余りは1だ. **3**〔부족분〕あと. 残り. ¶ 오늘은 이만하고 ～는 내일 합시다 今日はここまでであとは明日に回そう. **4** ('-ㄴ/은 나머지'의 꼴로) …した結果. …したあげく. …のあまり. …のすえ. ¶ 기쁜 ～ 울기 시작했다 喜びの余り泣き出した.

나무 名 **1** 木. 樹木. ¶ ～가 우거진 산 木の茂った山 / ～를 베다 木を切る / ～를 잘 타다 木登りがうまい. **2** 材木. 用材. ¶ ～ 책상 木製の机 / ～로 만든 상자 木でつくった箱. **3** たきぎ. 薪. ¶ ～를 때다[지피다] 木をくべる.

〔속담〕**나무에 오르라 하고 흔드는 격** 木に登れといって揺さぶるのと同じ〈二階へ上げておいてはしごをはずす〉.

나무 공이 名 (木製の)杵.

나무 그릇 名 木製の器.

나무꾼 名 木こり. たきぎを集める人. ¶ ～과 선녀의 옛이야기 木こりと仙女の昔話.

나무눈 名 木の芽. ¶ ～이 트다 木の芽が吹く.

나무다리 名 **1** 木の橋. ¶ ～를 건너다 木の橋を渡る. **2** 〈俗〉 木製の義足.

나무때기 名 木の切れ端. 木切れ. 「木っ端」.

나무 막대기 名 木の棒.
나무망치 名 木槌.
나무모 名 苗木.
나무못 名 木釘.
나무부처 名〔佛〕木仏・木仏.
나무뿌리 名 木の根.
나무숲 名 木立. 林. ¶ 울창한 ～ こんもりとした木立.
나무 접시 名 木皿. 木製の皿.
〔속담〕**나무 접시 놋접시 될까** 木の皿が真鍮の皿になろうか〈とうてい変わり得ないこと. かえるの子はかえる〉.
나무젓가락 名 割り箸. 木箸.
나무좀 名〔動〕**1** 木食虫. **2** 木に寄生するかみきりむしの幼虫.
나무 주걱 名 木製の杓子. しゃもじ.
나무진〔一津〕名 (木の)やに. 樹脂.
나무질〔一質〕名 木質.
나무집게 名 木製のやっとこ.
나무쪽 名 木片. 木切れ.
나무칼 名 木刀. 木剣.
〔속담〕**나무칼로 귀를 베어도 모르겠다** 木刀で耳を切られても気づかないだろう〈何かに熱中していること〉.
나무토막 名 木の切れ端. 木片.
나무통〔一桶〕名 (木製の) 桶.
나무패〔一牌〕名 木牌. 木札.
나무하다 自 たきぎを取る. ¶ 나무하러 산에 오르다 たきぎを取りに山へ登る.
나뭇가지 名 (木の) 枝. ¶ ～를 꺾다 枝を折る / 잔～ 小枝.
나뭇개비 名 細長い棒切れ.
나뭇결 名 木目. 木理. ¶ ～이 곱다 木目が細かい.
나뭇단 名 たきぎの束. 束ねたたきぎ.
나뭇등걸 名 (木の) 切り株.
나뭇잎 名 木の葉.
나뭇조각 名 木片. 木っ端.

單語帳 나무에 관한 말

소나무 松 / 버드나무 柳 / 은행나무(銀杏—) いちょう / 플라타너스 プラタナス / 떡갈나무 かしわ / 아카시아 アカシア / 오동나무 桐 / 벚나무 桜 / 밤나무 栗 / 상수리 くぬぎ / 미루나무, 포플러 ポプラ / 느티나무 けやき / 자작나무 白樺 / 동백나무(冬柏—) つばき / 느릅나무 にれ / 단풍나무(丹楓—) かえで / 뽕나무 桑.
◆잎 葉 / 가지 枝 / 나무줄기 幹 / 뿌리 根 / 낙엽 落葉 / 단풍이 들다 紅葉する.

나무라다 他 **1**〔꾸짖다〕たしなめる. 叱る. 責める. とがめる. ¶ 버릇없는 짓을 ～ 不作法をたしなめる. **2**〔헐뜯다〕けなす. あらをさがす.
◆**나무랄 데 없다** 非の打ち所がない. 申し分ない. ¶ 나무랄 데 없는 인물 申し分のない人物 / 나무랄 데 없는 솜씨 申し分のない出来栄え.
나무람 名 하他 たしなめること. 叱ること. ¶ ～을 듣다[받다] 叱られる.
◆**나무람을 타다** 叱られて打ち沈む. 注意を受けてしょげる.
나물 名 **1** 青菜. 青物. 菜っ葉. ¶ 산～을 캐다 山菜を掘る. **2** 青菜のおひたし. あえもの. ¶ 고사리 ～ わらびのおひたし.
나물국 名 青菜のお汁.
나박김치 名〔料理〕四角に切り刻んだダイコンを主材にした汁の多いキムチ.
나발〔←喇叭〕名 **1**〔樂〕らっぱに似た, 管の長い金管楽器. **2** (‘…(이)고 나발이고’의 꼴로)〔앞의 말을 하찮게 여겨〕…も何も. …であれ…であれ. ¶ 구경이고 ～이고 내게는 아무 흥미가 없다 見物であれ何であれ僕には何の興味もない.
◆**나발을 불다** ①〈俗〉(酒などを) らっぱ飲みする. ②〈俗〉赤ん坊が泣きわめく. ③〈俗〉やかましく宣伝する. ④〈俗〉ほらを吹く.
나방 名〔動〕蛾.
나배기 名〔‘나이배기’의 준말〕見かけより年取った人.
나변〔那邊〕名 那辺. どこ. ¶ 진의가 ～에 있는지 모르겠다 真意がどこにあるのかはかりかねる.
나볏하다 形 堂々としている. **나볏이** 副 堂々と.
나병〔癩病〕名〔醫〕☞문둥병(一病)
나병원〔癩病院〕名 癩病院.
나부〔裸婦〕名 裸婦. ¶ ～를 그리다 裸婦を描く.
나부끼다 Ⅰ 自 (風に) はためく. なびく. ¶ 만국기가 ～ 万国旗がはためく. Ⅱ 他 (風に) なびかせる. ¶ 깃발을 나부끼며 입장했다 旗をなびかせながら入場した.
나부대다 自 分別なく騒ぎ立てる[はしゃぐ].
나부라지다 自 ぐったりとなる. へたばる.
나부랭이 名 **1** (紙・布などの) 切れ端. くず. ¶ 천 ～ 布切れ. **2** 取るに足りない物[人]. 端くれ. つまらない物[人]. ¶ 학자 ～ 学者の端くれ. ＜너부렁이
나부시 副 **1**〔다소곳이〕慎ましやかに. おとなしく. しずしずと. ¶ ～ 절을 하다 慎ましやかにお辞儀をする. **2**〔내려앉는 모양〕静かに. じっくりと. ¶ 나비가 꽃에 ～ 내려앉았다 ちょうが花の上に静かに舞い降りた.
나부죽이 副 (小柄な人がしとやかな態度で) おもむろに頭を下げたりひれ伏したりするようす.
나부죽하다 形 やや平たい. 平べったい. のっぺりしている. ¶ 그의 얼굴은 나부죽하고 코는 매부리코였다 彼の顔はのっぺりしていて鼻はわし鼻だった. ＜너부죽하다
나불거리다[-대다] 自他 **1** ひらひら[ゆらゆら]揺れ動く. ¶ 나불거리는 촛불 ゆらゆら揺れるろうそくの火. **2** しきりにしゃべる. ぺらぺらしゃべる.
나불나불 副 하自他 **1** ひらひら(と). ゆらゆら(と). **2** ぺらぺら(と). ぺちゃくちゃ. ¶ 그녀는 ～ 잘 지껄인다 彼女はぺらぺらよくしゃべる.
나붓거리다[-대다] 自 ひるがえる. はためく. なびく. ¶ 깃발이 ～ 旗がひるがえ

える.
　나붓나붓 副 하自 ゆらゆら. ひらひら. はたはた.
나붙다 自 (人目に触れる所に)張り出される. 掲げられる. ¶벽보판에 포스터가 ~ 掲示板にポスターが張り出される.
나비[1] 名 (反物などの)幅. 横幅. ¶천의 ~ 布の幅/~가 넓다 幅が広い.
나비[2] 名〔動〕蝶. ちょうちょう. ¶흰 ~ 白いちょう. もんしろちょう/~가 하늘하늘 춤추듯이 날아간다 ちょうがひらひらと舞うように飛んで行く.

　나비넥타이〔—necktie〕名 蝶ネクタイ.
　나비매듭 名 蝶結び.
나빠지다 自 悪くなる. 崩れる. こじれる. ¶병세가 ~ 病状が悪化する/날씨가 ~ 天候が崩れる.
나쁘다 形 悪い. 反 よい **1**〔불량하다〕(質·出来ばえ·天候などが)悪い. 劣っている. ¶머리가 ~ 頭が悪い/성능이 나쁜 기계 性能の悪い機械. **2**〔사악하다〕(道徳的·性格的に)悪い. 良くない. いけない. ¶나쁜 행동 悪い行ない/심보가 ~ 意地が悪い. **3** (体の調子などが)悪い. 不調だ. ¶눈이 나빠서 잘 안 보여요 目が悪くてよく見えません. **4**〔해롭다〕悪い. 有害だ. ¶담배는 건강에 ~ たばこは健康に悪い/몸에 나쁘니 술은 삼가시오 体に悪いからお酒は慎みなさい. **5**〔맞지 않다〕(巡り合わせが)悪い. 不適だ. ¶운이 ~ 運が悪い. **6**〔모자라다〕足りない. ¶그토록 먹고도 아직 나쁘냐? そんなに食べてもまだ足りないのか.
나삐 副 悪く. ¶~ 말하면 悪く言えば/~보다 悪く見る.
나사[1]〔螺絲〕名 **1** ねじ. ¶암[수]나사 雌[雄]ねじ/~를 죄다 ねじを締める. **2**〔'나사못'의 준말〕ねじ釘.
　나사골 名 ねじの溝.
　나사돌리개 名 ねじ回し. ドライバー.
　나사못 名 ねじ釘. 木ねじ. ¶~을 죄다 ねじを締める.
　나사산〔—山〕名 ねじ山.
　나사송곳 名 ねじ錐. まい錐. ドリル.
나사[2]〔羅紗〕名 ラシャ. ¶~지 ラシャ紙.
나상〔裸像〕名 裸体像. 裸身像.
나서다 Ⅰ 自 **1**〔옮기어 서다〕出る. 前に出る. 出かける. ¶학교에 가려고 ~ 学校へ行こうと出かける. **2**〔진출하다·참여하다〕(世に)出る. 乗り出す. 立つ. ¶정계에 ~ 政界に出る/교사로 ~ 教師として世に出る/난민 돕기에 ~ 難民の救済に乗り出す. **3**〔통하다〕至る. 通ずる. ¶해안으로 나서는 길 海岸に通ずる道. **4**〔나타나다〕現われる. 見つかる. ¶적당한 일자리가 ~ 適当な勤め口が見つかる/분실물의 주인이 ~ 落とし物の主が現われる. **5**〔참견하다〕口出しする. 立ち入る. ¶남의 일에 나서지 마세요 人のことに口出ししないでください/네가 나설 자리가 아니다 お前の出る幕ではない.
　Ⅱ 他 (内から外へ)出る. ¶방을 ~ 部屋を出る/이른 아침에 집을 나섰다 早朝に家を出た.
나선[1]〔裸線〕名 裸電線.
나선[2]〔螺旋〕名 螺旋.
　나선상〔—狀〕名 螺旋状.
　나선형〔—形〕名 螺旋形.
나신〔裸身〕名 裸身. 裸. 裸体.
나쎄 名 年配. いい年. ¶그 ~에 그게 무슨 짓이람 いい年して何のことだ.
나아가다 自 **1**〔전진하다〕進む. 前進する. ¶한 걸음 앞으로 ~ 一歩前に進む/힘찬 기세로 ~ 力強く前進する. **2**〔지향하다〕(目的に向かって)進む. 指向する. ¶우리의 나아갈 길은 오직 국토 통일이다 我々の進むべき道はただ国土統一だけだ.
나아지다 自 よくなる. うまくなる. 向上する. ¶생활 수준이 ~ 生活水準が向上する/형편이 ~ 暮らし向きがよくなる.
나앉다 自 **1**〔물러앉다〕後ろに退いて座る. **2**〔다가앉다〕近寄って座る. ¶잘 들리지 않아서 앞쪽으로 ~ よく聞こえないので前の方に座る. **3**〔옮겨앉다〕(ある所に)移る. 落ち着く. ¶한적한 곳으로 ~ 静かでひっそりした所に移る. **4**〔물러나다〕(職をやめて)退く. 引退する.
　◆**길가[길바닥]에 나앉다** (道端に居座る意から)家が落ちぶれる. 乞食同然になる.
나약〔懦弱〕名 하形 懦弱. 柔弱. 意気地がないこと. ¶~한 아이 意気地のない子/마음이 ~하다 意気地がない.
나엎어지다 自 前にのめって倒れる.
나열〔羅列〕名 하自他 羅列. ¶주의 사항을 ~하다 注意事項を羅列する.
나오다 自他 **1** (中から外へ)出る. 出てくる. 反 入る ¶교실에서 ~ 教室から出る/집을 ~ 家を出る. **2**〔나다〕わき出る. 流れ出る. 現われる. ¶샘물이 ~ 泉の水がわき出る/싹이 ~ 芽が出る/눈물이 ~ 涙が流れ出る. **3**〔내딛다〕(前方へ)出る. 踏み出す. ¶한 걸음 앞으로 ~ 1歩前へ出る. **4**〔태도를 취하다〕態度をとる. 構える. ¶강경하게 ~ 強気に出る. **5**〔물러나오다〕離脱する. 退職する. 辞める. ¶기숙사에서 ~ 寄宿舎から出る/직장을 ~ 勤め先を辞める. **6** (言葉·声などが口から)出る. ¶어디서 그런 말이 나오느냐 どうしてそんな言葉を口に出すのか. **7**〔참석하다〕(ある場所に)現われる. 出席する. 顔を見せる. 出場する. ¶그는 회합에 나오지 않았다 彼は会合に出なかった. **8**〔출연하다〕出てくる. 出演する. ¶인기 배우가 나오는 영화 人気俳優の出演する映画. **9**〔입후보로 나서다〕(選挙に)立候補する. ¶대통령 선거에 몇 명이나 나오느냐? 大統領選挙に何人ぐらいが立候補するのか. **10**〔근무하다〕(勤めに)出て来る. 出勤する. ¶직장에 ~ 職場に出る. **11**〔졸업하다〕出る. 卒業する. ¶작년에 대학을 나왔다 昨年大学を出た. **12**〔떠오르다〕(考

えなどが)思いつく. 浮かぶ. ¶ 묘안이 ~ 妙案が浮かぶ/근사한 생각이 ~ すばらしい考えを思いつく. **13** 〔일어나 나타나다〕(感情·表情などが) 表われる. ¶ 울음이 ~ 泣き出す/나오는 웃음을 겨우 참았다 吹き出しそうな笑いをやっと抑えた. **14** 〔출판·발행되다〕 出版される. 創刊される. ¶ 신문이 ~ 新聞が出る/최근에 나온 책 最近出た本. **15** 〔산출되다〕 産出する. 生産される. ¶ 메마른 땅에서 무엇이 나오겠느냐? やせた土地から何が取れようか. **16** 〔출하되다〕 出回る. 売り出される. ¶ 위조품이 대량으로 ~ にせ物が大量に出回る. **17** 〔게재되다〕 載る. 掲載される. ¶ 그 낱말은 사전에 나와 있다 その単語は辞典に載っている. **18** 〔유래하다〕(あることから)源を発する. そこから起こる. ¶ 성서에서 나온 말 聖書から出た言葉/어디서 나온 소문이에요? どこから出たうわさですか. **19** 〔돌출하다〕 突き出る. 出っ張る. ¶ 배가 ~ 腹が出る/못이 나와 있다 釘が出ている. **20** 〔주어지다〕 与えられる. 出る. ¶ 허가가 ~ 許可が出る/연금이 나오다 年金が出る. **21** 〔도출되다〕(結果が)出る. ¶ 토의한 끝에 결론이 ~ 討議の末に結論が出る. **22** 〔진출하다〕 出る. 進出する. ¶ 한국 상품이 해외로 ~ 韓国商品が海外に進出する. **23** 〔출생하다〕 出生する. 生まれる. ¶ 내가 세상에 나온 지도 30년 私がこの世に生まれてから30年. **24** 〔발견되다〕 見つかる. 出てくる. ¶ 없어졌던 지갑이 나왔다 なくなった財布が見つかった. **25** 《동작성 명사 아래에 쓰이어》…しに行く[来る]. ¶ 공항까지 마중을 ~ 空港まで出迎えに来る.

나위 依名 《주로 '-ㄹ 나위(가, 도) 없다'의 꼴로 쓰여》 余地. 必要. 申し分. ¶ 더 할 ~ 없이 좋은 분위기였다 申し分なくよい雰囲気だった/말할 ~ 없다 言うまでもない. 言うに及ばない.

나이 名 年. 年齢. ¶ ~가 많다 年を取っている/~가 몇입니까? 年はいくつですか/아직 ~가 젊다 まだ年が若い/~가 지긋한 사람 年配の人/~가 ~인지라 年が年だから/~는 속일[숨길] 수 없다 年は争えない[隠せない].

◆**나이가 들다** 年を取る. 年を食う. 老ける. ¶ ~ 든 사람 年寄り.

◆**나이가 아깝다** 年がいもない.

◆**나이가 차다** (女性が)年ごろになる. 婚期を迎える. ¶ ~ 찬 딸 年ごろの娘.

◆**나이를 먹다** 年を取る. 年を食う.

〔속담〕 **나이 젊은 딸이 먼저 시집간다** 若い娘が先に嫁ぐ〈若い娘のほうが嫁に行きやすい〉. **나이 차 미운 계집 없다** 年ごろに醜い女性はない〈娘十八番茶も出花〉.

나이대접〔一待接〕 名 하他 年長者を礼遇すること. ¶ ~을 받다 年長者として手厚いもてなしを受ける.

나이배기 名 (見かけより)かなり年を取っている人.

나이테 名 (樹木の)年輪.

나이티 名 年相応の態度. ¶ ~를 내다 年配者ぶる.

나잇값 名 하自 年がい. 年相応のふるまい. ¶ ~도 못 하는 짓을 한다 年がいもないことをする.

나잇살 名 〈蔑〉 年配. いい年. ¶ ~이나 먹은 작자가 분수를 모른다 いい年をした者が身のほども知らない.

-나이까 語尾 〔의문을 나타냄〕…でございますか. …ですか. ¶ 어디로 가시~? どちらにお出かけでございますか/댁에 계시~? お宅においででございますか.

-나이다 語尾 〔사실의 서술〕…でございます. …いたします. …です. ¶ 말씀 올리~ 申し上げます.

나이지리아〔Nigeria〕 名〔地〕 ナイジェリア〈アフリカ西部の共和国〉.

나이트가운〔nightgown〕 名 ナイトガウン.

나이트 게임〔night game〕 名 ナイトゲーム. ナイター.

나이트클럽〔nightclub〕 名 ナイトクラブ.

나이팅게일〔nightingale〕 名〔動〕 ナイチンゲール. 夜鶯.

나이프〔knife〕 名 ナイフ.

나인〔←内人〕 名〔史〕 女官. 宮女.

나일론〔nylon〕 名 ナイロン.

나자빠지다 自 〔'나가자빠지다'의 준말〕 **1** のけぞって倒れる. **2** 手を引く.

나자식물〔裸子植物〕 名〔植〕 裸子植物.

나전〔螺鈿〕 名 螺鈿.

나절 依名 **1** 昼間の半ば. 小半日. ¶ 한~ 半日/반~ 四半日(小半日の半分). **2** 昼のある時間. ¶ 아침 ~ 午前中. 朝方.

나중 Ⅰ 名 (時間的に)あと. のち. ¶ ~에 보자 あとで会おう〈別れのあいさつ〉. いまに見ろよ. 覚えておけ〈けんかの後の捨てぜりふ〉/~의 일은 난 몰라 あとのことは僕は知らないよ.

Ⅱ 副 のちほど. あとに. あとから. ¶ ~ 온 사람 あとから来た人.

〔속담〕 **나중 난 뿔이 우뚝하다** あとに生えた角が高くそびえる〈あとからの者が先のものを追い越す, あとの雁が先になる〉.

나지막하다 形 思ったより低い. 案外低い. ¶ 나지막한 고개 思ったより低い峠/나지막한 목소리로 속삭이다 低い声でささやく. **나지막이** 副 思ったより低く.

나직하다 形 (声·位置などが)やや低い. 低めである. ¶ 나직한 걸상 低めの腰かけ/나직한 목소리 低めの声. **나직이** 副 やや低く. 低めに.

나체〔裸體〕 名 裸体. 裸身. ヌード. ¶ 반~ 半裸体/~상 裸体像.

나체화〔一畫〕 名〔美〕 裸体画.

나치즘〔Nazism〕 名 ナチズム. ナチスの政治思想.

나침〔羅針〕 名 羅針. 磁針.

나침반〔一盤〕 名 羅針盤. コンパス.

나타나다 自 **1** 〔모습이 보이다〕 表に出てくる. 目立つようになる. 現われる. 出る. ¶ 하늘에 별이 ~ 空に星が現わ

ㄴ

れる/친구가 회사에 불쑥 나타났다 友達が会社にひょっこり現われた. **2**〔드러나다·발견되다〕(隠していた物事が)現われる. 出る. 明らかになる. 発覚する. ¶본성이 ～ 本性が現われる/역사적 사실이 새로이 나타났다 歴史的事実が新たに出てきた. **3**〔표현되다〕現われる. 出る. 表現される. ¶정경이 글에 잘 나타나 있다 情景が文章によく表われている. **4**〔나오다〕現われる. 出る. 登場する. ¶새로운 상품이 ～ 新しい商品が現われる/귀신이 나타나는 낡은 집 お化けが出る古い家.

나타내다 他 **1**〔모습 등을 보이다〕示す. 現わす. ¶반응을 ～ 反応を示す/점점 두각을 나타내기 시작했다 徐々に頭角を現わしてきた. **2**〔드러내다〕(正体などを)すっかり現わす. さらけ出す. ¶본성을 ～ 本性を現わす/치부를 ～ 恥部をさらけ出す. **3**〔표현하다〕表現する. 表する. 表わす. ¶경의를 ～ 敬意を表する/문장으로 ～ 文章で表現する. **4**〔뜻하다·상징하다〕表わす. 意味する. ¶이 부호는 무엇을 나타내는가 この符号は何を表わすか.

나태〔懶怠〕名 하形 怠惰. 怠り. ¶～한 나날을 보내다 怠惰な日々を送る.

나토〔NATO←North Atlantic Treaty Organization〕名 ナトー. 北大西洋条約機構.

나트륨〔독 Natrium〕名〔化〕ナトリウム.

나팔〔喇叭〕名〔樂〕らっぱ. ¶기상 ～ 起床らっぱ/～수 らっぱ手/～을 불다 らっぱを吹く.

나팔관〔喇叭管〕名〔生〕**1** 耳管. エウスタキオ管. **2** 卵管.

나팔꽃〔喇叭―〕名〔植〕朝顔.

나포〔拿捕〕名 하他 拿捕. ¶어선이 ～되다 漁船が拿捕される.

나풀거리다[-대다] 自 はたはたと翻る. なびかせる. ¶긴 머리를 나풀거리며 소녀가 달린다 長い髪をなびかせながら少女が走る. <너풀거리다

나풀나풀 副 하自 はたはた(と). <너풀너풀

나프타〔naphtha〕名〔化〕ナフタ. ナフサ.

나프탈렌〔naphthalene〕名〔化〕ナフタレン. ナフタリン.

나한〔羅漢〕名〔佛〕羅漢. ¶오백 ～의 상 五百羅漢の像.

나흗날 名〔'초나흗날'의 준말〕月の4番目の日. 4日. ¶팔월 ～ 8月4日.

나흘 名 **1** 4日間. 4日. ¶이번 조사는 ～이 걸렸다 今度の調査は4日かかった. **2** 月の4番目の日. 4日. ¶내일이 ～입니까 닷새입니까? 明日は4日ですか, 5日ですか.

낙〔樂〕名 楽しみ. 気ばらし. 慰め. ¶산책을 ～으로 삼다 散歩を楽しみにする.

낙과〔落果〕名 하自 落果.

낙관¹〔落款〕名 하自 落款. ¶서화에 ～을 찍다 書画に落款を押す.

낙관²〔樂觀〕名 하他 楽観. ¶～론 楽観論/～을 불허하는 국제 정세 楽観を許さない国際情勢.

낙관적〔一的〕冠 名 楽観的. ¶～인 관측 楽観的な観測.

낙구¹〔落句〕名〔文〕落句. 結句.

낙구²〔落球〕名 하自 (球技で)落球.

낙낙하다 形 (大きさ·数量などが)ゆったりしている. らくらくとしている. 少しゆとりがある. ¶낙낙한 웃옷 ゆったりした上着. <넉넉하다

낙농〔酪農〕名〔農〕酪農. ¶～가 酪農家/～ 제품 酪農製品.

낙담〔落膽〕名 하自 **1** 落胆. 気落ち. 失望. がっかりすること. ¶시험에 떨어져 ～하다 試験に落ちて落胆する/기대한 대로 되지 않아 ～하다 期待どおりにならなくてがっかりする. **2** (肝をつぶすほどに)びっくり仰天すること.

낙도〔落島〕名 離島. 離れ島. 遠島.

낙락장송〔落落長松〕名 枝が垂れ下がった大きな松.

낙뢰〔落雷〕名 하自 落雷. ¶～를 맞다 落雷にあう.

낙루〔落淚〕名 하自 落涙. ¶무심코 ～하다 思わず落涙する.

낙마〔落馬〕名 하自 落馬.

낙망〔落望〕名 하自 失望. 落胆. 希望を失うこと. 希望がなくなること. ¶한번 실패에 ～하지 마라 1度の失敗に落胆するな.

낙명〔落命〕名 하自 落命.

낙반〔落磐〕名 하自 落盤. ¶～ 사고 落盤事故.

낙발〔落髮〕名 하自 **1** 落髪. 剃髪. **2** 髪の毛が抜けること.

낙방〔落榜〕名 하自 **1**〔史〕科挙に落ちること. **2** 落第. ¶대학 입시에 ～하다 大学入試に落ちる.

낙법〔落法〕名 (柔道で)受け身.

낙부〔諾否〕名 諾否.

낙상〔落傷〕名 하自 (落ちたり転んだりして)けがをすること, またその傷. ¶계단에서 ～하다 階段から転んでけがをする.

낙서〔落書〕名 하自 **1** 落書き. ¶～에 명필 없다 落書に達筆なし. **2** 字を抜かして書くこと.

낙석〔落石〕名 하自 落石.

낙선〔落選〕名 하自 落選. 反 当選 ¶～ 작품 落選作品/선거에 ～하다 選挙に落選する.

낙성〔落成〕名 하他 落成. 竣工. ¶～식 落成式.

낙수〔落穗〕名 **1** 落ち穂. **2** 後日談.

낙숫물〔落水―〕名 雨垂れ. ¶～이 떨어지는 소리가 들린다 雨垂れの落ちる音が聞こえる.
〔속담〕**낙숫물이 댓돌을 뚫는다** 雨垂れが土台石を穿つ〈雨垂れ石を穿つ〉.

낙승〔樂勝〕名 하自 楽勝. ¶큰 차이로 ～했다 大差で楽勝した.

낙심〔落心〕名 하自 気落ち. 落胆. ¶시험에 떨어져 ～하다 試験に落ちて落胆する.

낙심천만〔一千萬〕名 하自 すっかり落胆すること. しょげ返ること.

낙양[1]〔洛陽〕 名〔地〕 洛陽〈むかし中国の都であったところ〉.
　〔속담〕 **낙양의 지가를 올리다** 洛陽の紙価を高める〈著書が好評を博してよく売れる〉.
낙양[2]〔落陽〕 名 落陽. 夕日. 入り日.
낙엽〔落葉〕 名 落ち葉. ¶～을 긁어 모아 태우다 落ち葉をかき集めて燃やす / 우수수 ～이 지는 늦가을 はらはらと落ち葉が散る晩秋.
　낙엽송〔一松〕 名〔植〕 落葉松.
　낙엽수〔一樹〕 名 落葉樹.
낙오〔落伍〕 名 하自 落伍. ¶인생의 ～자 人生の落伍者.
낙원〔樂園〕 名 楽園. ¶들새의 ～ 野鳥の楽園 / 지상 ～ 地上の楽園.
낙월〔落月〕 名 落月. 沈もうとする月.
낙인〔烙印〕 名 烙印. ¶배반자라는 ～ 裏切り者の烙印 / ～이 찍히다 烙印を押される.
낙일〔落日〕 名 落日. 入り日.
낙자〔落字〕 名 脱字. 落字. 欠字.
낙장〔落張〕 名 **1** 落丁. ¶～이 있는 책 落丁のある本. **2** (花札·カルタなどで)すでに場に出された札.
　낙장본〔一本〕 名 落丁本.
낙장거리 名 하自 手足を伸ばして仰向けに[大の字に]倒れること.
낙적〔落籍〕 名 하自他 落籍.
낙점〔落點〕 名 **1** (砲弾などの)落下点. **2** 適任者を指名すること.
낙제〔落第〕 名 하自 落第. 不合格. ¶～생 落第生 / ～점 落第点 / 수학 시험에 ～했다 数学の試験に落第した.
낙조〔落照〕 名 落照. 落日. 入り日. ¶～를 받아 붉게 물든 구름 落照を受けて赤く染まった雲.
낙지 名〔動〕 蛸. まだこ. ¶～잡이 たこ釣り / ～회 たこの刺身.
낙지다리 名〔植〕 蛸の足.
낙진〔落塵〕 名 (核爆発による)放射性降下物. 死の灰.
낙질〔落帙〕 名 欠本. 欠巻.
낙차〔落差〕 名 落差. ¶～가 큰 폭포 落差の大きい滝.
낙착〔落着〕 名 하自 落着. 決着. ¶교섭은 겨우 ～되었다 交渉はやっと決着した.
낙찰〔落札〕 하他〔經〕 落札. ¶～ 가격 落札価格 / ～자 落札者.
낙천[1]〔落薦〕 名 하自 推薦に漏れること.
낙천[2]〔樂天〕 名 楽天. ¶～가 楽天家.
　낙천관〔一觀〕 名〔哲〕 楽天観.
　낙천적〔一的〕 冠 名 楽天的. ¶～인 사람 楽天的な人.
　낙천주의〔一主義〕 名〔哲〕 楽天主義.
낙체〔落體〕 名〔物〕 落体〈重力の作用で落下する物体〉.
낙타〔駱駝〕 名〔動〕 駱駝. ¶단봉 ～ ひとこぶらくだ.
　낙타지〔一地〕 名 らくだの毛からつくった織物.
낙태〔落胎〕 名 하自 **1** 流産. **2** 堕胎. ¶～ 수술 堕胎手術.
낙토〔樂土〕 名 楽土. 楽園.
낙하〔落下〕 名 하自 落下. ¶～ 지점 落下地点 / 물체가 ～하다 物体が落下する.
　낙하산〔一傘〕 名 落下傘. パラシュート. ¶～ 부대 落下傘部隊 / ～식 인사 天下り人事.
　낙하 운동〔一運動〕 名〔物〕 落下運動.
낙향〔落鄕〕 名 하自 都落ち. ¶사업을 그만두고 ～하다 事業をやめて都落ちする.
낙화[1]〔烙畫〕 名〔美〕 焼き絵.
낙화[2]〔落花〕 名 하自 落花. 散る花. 花が散ること.
낙화생〔落花生〕 名〔植〕 ☞땅콩
낙후〔落後〕 名 하自 落伍. 後れること. ¶시대에 ～된 생각 時代後れの考え.
낚다 他 **1** (魚を)釣る. ¶붕어를 ～ ふなを釣る / 월척을 낚아 올리다 1尺余りの大物を釣り上げる. **2** (手段を用いて人などを)釣る. 引っかける. 自分のものにする. ¶여자를 ～ 女を引っかけ釣る.
낚시 名 하自 **1** 釣り. ¶～ 도구 釣り道具. **2** 釣り針. ¶～에 미끼를 끼우다 釣り針にえさをつける / ～에 고기가 걸리다 釣り針に魚がかかる. **3** えさ. わな.
　낚시꾼 名 釣り人. 釣り師.
　낚시질 名 하自 釣ること. 釣り. ¶～하러 가다 釣りに行く.
　낚시찌 名 (釣り用の)浮き.
　낚시터 名 釣り場.
　낚싯거루 名 釣り舟.
　낚싯대 名 釣り竿.
　낚싯바늘 名 釣り針.
　낚싯밥 名 **1** (釣りの)えさ. **2** (人を誘い込むための)えさ. ¶달콤한 말로 슬쩍 ～을 던지다 甘言でそっと誘いをかける.
　낚싯배 名 釣り舟.
　낚싯봉 名 (釣り用の)重り.
　낚싯줄 名 釣り糸. ¶～을 드리우다 釣り糸を垂れる.
낚아채다 他 ひったくる. ¶핸드백을 ～ ハンドバッグをひったくる.
낚이다 自 釣られる. かかる. ¶고기가 잘 ～ 魚がよくかかる.
난[1]〔卵〕 名 卵.
난[2]〔亂〕 名 乱. 騒ぎ. いくさ.
난[3]〔欄〕 名 欄. ¶광고～ 広告欄 / 독자～ 読者欄 / 아래 ～에 기입하여라 下の欄に記入せよ.
난[4]〔蘭〕 名〔植〕 らん.
난-[5]〔難〕 接頭 難…. ¶～공사 難工事 / ～문장 難文.
-난[6]〔難〕 接尾 …難. ¶교통～ 交通難 / 자금～ 資金難.
난각〔卵殼〕 名〔生〕 卵殻.
난간〔欄干〕 名 欄干. 手すり. ¶계단의 ～ 階段の手すり / ～에 기대다 欄干に寄り掛かる.
난감하다〔難堪一〕 形 **1** 耐えがたい. 辛抱しがたい. **2** 困る. 困り果てる. ¶난감하여 물러나다 困り果てて身をひく.
난경〔難境〕 名 難境. 難局. ¶～에 처하다 難局に処する.
난곡〔難曲〕 名 難曲.

난공불락〔難攻不落〕 名 難攻不落. ¶ ～의 성 難攻不落の城.
난공사〔難工事〕 名 難工事.
난관[1]〔卵管〕 名〔生〕卵管. 輸卵管.
난관[2]〔難關〕 名 難関. 難局. ¶ ～을 타개하는 길 難局を打開する方法 / 그는 ～에 봉착했다 彼は難関にぶつかった.
난구[1]〔難句〕 名 難句. 難解な句.
난구[2]〔難球〕 名 難球.
난국[1]〔亂局〕 名 乱れた局面[状態].
난국[2]〔難局〕 名 難局. ¶ ～에 직면하다 難局に直面する / ～을 벗어나다 難局を脱する.
난기류〔亂氣流〕 名〔天〕乱気流.
난대〔暖帶〕 名〔地〕暖帯.
난데없다 形 突然である. 不意である. 思いがけない. だしぬけだ. ¶ 난데없는 비명 소리 突然の悲鳴 / 난데없는 일 まったく思いがけない出来事. **난데없이** 副 突然にどこからともなく. だしぬけに. 不意に. ¶ ～ 큰 소리를 지르다 出し抜けに大声を張り上げる / 한밤중에 ～ 대문을 두드리는 소리가 났다 真夜中に突然門をたたく音がした.
난도〔難度〕 名 難度. 難しい程度.
난도질〔亂刀一〕 名 하他 めった切り. 乱切り. ¶ 고기를 ～하다 肉をめった切りにする.
난독〔亂讀〕 名 하他 乱読. 濫読.
난동[1]〔暖冬〕 名 暖冬.
난동[2]〔亂動〕 名 하自 みだりに行動すること. 乱暴を働くこと. 狼藉. ¶ 술에 취하여 ～을 부리다 酔っ払って狼藉を働く.
난로〔暖爐〕 名 煖炉. ストーブ. ¶ ～가에 둘러 앉다 ストーブを囲んで座る / ～를 피우다 ストーブをたく / ～를 쬐다 ストーブにあたる.
난류〔暖流〕 名 暖流. 反 寒流
난리〔亂離〕 名 **1** 戦乱. 戦争. 動乱. ¶ ～가 일어나다 動乱が起こる. **2** 騒動. 騒乱. 騒ぎ. ごたごた. ¶ 물～ 洪水の騒動. 水飢饉の騒ぎ / ～판 修羅場 / ～를 일으키다 騒ぎを起こす.
난립〔亂立〕 名 하自 乱立. ¶ 무허가 건물이 ～하다 無許可建物が乱立する.
난마〔亂麻〕 名 乱麻. ¶ 쾌도 ～ 快刀乱麻.
난만하다〔爛漫一〕 形 爛漫だ. ¶ 백화가 ～ 百花が爛漫だ / 천진 난만한 어린아이 天真爛漫な子供.
난망[1]〔難忘〕 名 忘れがたいこと. 忘れられないこと. ¶ 은혜는 백골 ～이로소이다 ご恩は決して忘れません.
난망[2]〔難望〕 名 望みがたいこと. 望みが薄いこと.
난맥〔亂脈〕 名 乱脈. ¶ 경영이 ～에 빠지다 経営が乱脈に陥る.
난맥상〔一相〕 名 乱脈の様相. ¶ ～을 드러내다 乱脈の様相を現わす.
난무〔亂舞〕 名 하自 **1** 乱舞. ¶ 광희 ～ 狂喜乱舞. **2** 横行. 跳梁. ¶ 폭력이 ～하다 暴力が横行する.
난문[1]〔難文〕 名 難文.
난문[2]〔難問〕 名 難問. ¶ ～을 던지다 難問を投げかける.
난민〔難民〕 名 難民. ¶ ～ 캠프 難民キャンプ / ～ 구제 難民救済.
난바다 名 沖. ¶ ～ 쪽에 떠 있는 배 沖合に浮かんでいる船.
난반사〔亂反射〕 名 하自〔物〕乱反射.
난발[1]〔亂發〕 名 하他 **1** 乱発. (銃などの)乱射. **2** (手形などの)濫発.
난발[2]〔亂髮〕 名 乱髪.
난방〔暖房〕 名 暖房. 反 冷房 ¶ ～이 잘 된 방 暖房がよく効いた部屋.
난방장치〔一裝置〕 名 煖房装置.
난백〔卵白〕 名 卵白.
난번〔一番〕 名 下番. 明け番.
난병〔難病〕 名 難病.
난봉 名 放蕩(者). 道楽(者).
◆**난봉을 부리다** 放蕩にふける. ふしだらだ.
난봉꾼 名 放蕩者. 道楽者. 遊び人.
난봉나다 自 放蕩癖がつく. 道楽するようになる.
난분분하다〔亂紛紛一〕 形 (雪などが)乱れ飛ぶ. 乱れ散る. 舞い散る. ¶ 백설이 ～ 白雪が乱れ飛んでいる.
난사[1]〔亂射〕 名 하自他 乱射. ¶ 기관총을 ～하다 機関銃を乱射する.
난사[2]〔難事〕 名 難事.
난사람 名 ずば抜けた人. 傑出した人.
난산〔難産〕 名 하自他 難産. ¶ ～ 끝에 법안이 국회를 통과했다 難産の末に法案が国会を通過した / ～ 끝에 딸아이를 낳았다 難産の末, 娘を産んだ.
난삽〔難澁〕 名 하形 (文章などが)難しくてややこしいこと. 難解.
◇일본어의 難渋는 '지체, 고생'의 뜻.
난색[1]〔暖色〕 名〔美〕暖色.
난색[2]〔難色〕 名 難色. ¶ ～을 보이다 難色を示す.
난생〔卵生〕 名 하自〔動〕卵生. 反 胎生
난생 동물〔一動物〕 名 卵生動物.
난생처음〔一生一〕 副 生まれて初めて. ¶ ～ 느껴 본 사랑 生まれて初めて感じた恋 / ～의 모험 生まれて初めての冒険.
난세〔亂世〕 名 乱世. ¶ ～에 살다 乱世を生きる.
난세포〔卵細胞〕 名〔生〕卵細胞.
난소〔卵巢〕 名〔生〕卵巣.
난소염〔一炎〕 名〔醫〕卵巣炎.
난소 호르몬〔—hormone〕 名〔生〕卵巣ホルモン.
난수표〔亂數表〕 名 乱数表.
난숙〔爛熟〕 名 하自 爛熟. ¶ ～기 爛熟期 / ～한 불교 문화 爛熟した仏教文化.
난시[1]〔亂時〕 名 乱世の時代.
난시[2]〔亂視〕 名〔醫〕乱視.
난시청 지역〔難視聽地域〕 名 難視聴地区.
난신〔亂臣〕 名 乱臣. ¶ ～적자 乱臣賊子.
난어〔難語〕 名 難語.
난역〔難役〕 名 難役. ¶ ～을 해내다 難役をこなす.

난외〔欄外〕 名 欄外. ¶～ 주기 欄外注記 / ～에 써넣다 欄外に書き込む.
난운〔亂雲〕 名 **1**〔天〕乱雲. 乱層雲. **2** 乱雲. 乱れ飛ぶ雲.
난원형〔卵圓形〕 名 卵円形. 卵形.
난이〔難易〕 名 難易.
난이도〔一度〕 名 難易度. ¶시험 문제의 ～ 試験問題の難易度.
난입〔亂入〕 名 하自 乱入. ¶불법 ～ 不法乱入 / 폭도가 옥내에 ～하다 暴徒が屋内に乱入する.
난자¹〔卵子〕 名〔生〕卵子.
난자²〔亂刺〕 名 하他 むやみに突くこと. めった突き.
난잡스럽다〔亂雜一〕 形 乱雑だ. わいせつだ.
난잡하다〔亂雜一〕 形 **1** 乱雑だ. ¶난잡한 방 乱雑な部屋. **2** 無作法だ. みだらだ. わいせつだ.
난장〔亂杖〕 名〔史〕(朝鮮時代, 罪人を)めった打ちにする刑. その杖.
난장판〔亂場一〕 名 やっさもっさしている所. 騒動の場. 修羅場. ¶관중이 뛰어들어 경기장이 ～이 되었다 観衆が駆け込んで競技場は修羅場になった.
난쟁이 名 小人. 一寸法師. ¶～와 키다리 小人とのっぽ.
난전¹〔亂廛〕 名 露店. ¶～을 보다 露店を開く.
난전²〔亂戰〕 名 하自 乱戦. 混戦.
난점〔難點〕 名 難点.
난제〔難題〕 名 難題. ¶많은 ～를 안고 있다 多くの難題を抱えている.
난조〔亂調〕 名 乱調. ¶투수가 ～를 보이다 投手が乱調をきたす.
난중〔亂中〕 名 戦乱の最中. 騒乱のさなか.
난질 名 하自 (情夫と)駆け落ちすること.
난처하다〔難處一〕 形 (処理が)難しい. (立場などが)苦しい. (どうすることもできず)困っている. ¶난처한 입장에 놓여 있다 苦しい立場に置かれている / 이러지도 저러지도 못해 몹시 ～ にっちもさっちもいかずとても困っている.
난청〔難聽〕 名 **1**〔醫〕難聴. **2** (ラジオなどが)よく聞こえないこと. ¶～ 지역 難聴地域.
난초〔蘭草〕 名〔植〕蘭.
난층운〔亂層雲〕 名〔天〕乱層雲.
난치〔難治〕 名 하形 難治. ¶～병 難病.
난타〔亂打〕 名 하他 乱打.
난태생〔卵胎生〕 名〔生〕卵胎生.
난투〔亂鬪〕 名 하自 乱闘. ¶링 밖에서의 ～ リングの外での乱闘.
난투극〔一劇〕 名 乱闘の場面. 乱闘騒ぎ. ¶노상에서 ～을 벌이다 路上で乱闘を繰り広げる.
난파〔難破〕 名 하自 難破. ¶～선 難破船.
난포〔卵胞〕 名〔生〕卵胞.
난폭〔亂暴〕 名 하形 乱暴. 荒っぽいこと. ¶～자 乱暴者 / ～ 운전 乱暴運転 / ～한 성질 荒っぽい性格 / ～한 말씨 乱暴な言葉遣い.
난풍〔暖風〕 名 暖風.
난필〔亂筆〕 名 **1** 乱筆. 乱れ書き. 擲り書き. **2**〔'자기 필적'의 겸사말〕乱筆. ¶～을 용서하시기 바랍니다 乱筆お許しください.
난하다〔亂一〕 形 **1** 乱れている. 秩序がなく乱雑だ. **2** けばけばしい. 派手だ. どぎつい. ¶옷을 난하게 차려 입다 衣服を派手に着飾る.
난항〔難航〕 名 하自 難航. ¶악천후로 배가 ～했다 悪天候で船が難航した / 협상은 ～을 거듭했다 交渉は難航を重ねた.
난해〔難解〕 名 하形 難解. ¶～한 문장 難解な文章 / ～한 곡 難解な曲.
난행¹〔亂行〕 名 하自 乱行. 醜行.
난행²〔難行〕 名 **1** 実行しがたいこと. **2**〔佛〕難行.
난행고행〔一苦行〕 名 難行苦行.
난향〔蘭香〕 名 蘭の香り.
난형〔卵形〕 名 卵形.
난형난제〔難兄難弟〕 名 兄たり難く弟たり難し. 優劣を定めかねること. 伯仲の間. ¶～의 실력 互角の実力.
난혼〔亂婚〕 名 乱婚. 雑婚.
난황〔卵黃〕 名 卵黄.
낟가리 名 (刈り取った稲・麦などを)積んだもの. (特に)稲むら. にお.
낟알 名 **1** 穀物の粒. **2** 米粒.
날¹ 名 **1**〔낮 동안〕昼. 昼間. 日中. ¶～이 밝다[새다] 夜が明ける / ～이 저물다 日が暮れる / ～이 길어지다[짧아지다] 日が長くなる[短くなる]. **2**〔하루〕日. 1日. ¶여러 ～ 동안 いく日もの間 / ～이 감에 따라 日が経つにつれて / 여러 ～이 지나다 何日も経つ / ～이 갈수록 日増しに. **3**〔날씨〕空模様. 天気. 天候. 日和. ¶오늘은 ～이 좋아서 일하기에 썩 좋겠다 今日はよい日和で働くのにもってこいだ / ～이 좋건 나쁘건 天気がよくても悪くても. **4**〔날짜〕日. 日付. 日取り. 日限. ¶약속한 ～ 約束の日 / ～을 잡다 日取りを決める. **5**〔특정한 때〕日. 時. ころ. ¶어린이 ～ 子供の日 / 조국 통일의 그 ～ 祖国統一のその日 / 어린 ～의 그는 가난한 나날을 보냈다 幼いころの彼は貧しい日々を送った. **6**〔경우〕暁. 場合. 際. ¶성사되는 ～에는 한 턱 내지 成功の暁には, 1杯おごるよ.
◆**날을 받다[가리다]** ① 結婚式の日取りを決める. ② (葬儀・引っ越しなどの)日を決める.
◆**날이 들다** (雨などが止んで)天気がよくなる. 晴れる.
◆**날이면 날마다** 日に日に. 日ごとに. 明けても暮れても.
〔속담〕**날 샌 올빼미 신세** 夜明けを迎えたフクロウの身の上〈寄る辺のない身〉.
날² 名 刃. やいば. ¶칼～ 刃 / 가위～ 鋏の刃 / 톱～ 鋸の歯 / ～이 무디다 刃が鈍い.
◆**날을 세우다** (砥石などで)刃を研ぐ.

◆**날이 서다** ① 刃が鋭くなる. ② (言葉·性格などが) きつい. (判断力などが) 鋭い.

〔속담〕**날 잡은 놈이 자루 잡은 놈을 당하랴** 刃を握った者が柄を握った者にかなうか〈有利な立場に立つ人には手向かっても勝てない〉.

날[3] 名 (織物などの) 縦糸.

날[4] 〔'나를'의 준말〕私を. 私に. ¶ 네가 ~ 배반 할 수 있어? 君が僕を裏切ることができるのか.

날-[5] 接頭 **1**〔익히지 않은〕生の. 熟していない. ¶ ~고기 生肉 / ~계란 生卵. **2**〔가공하지 않은〕生の. 未加工の. ¶ ~가죽 生皮. **3**〔지독한·악랄한〕容赦ない. ひどい. 悪辣な. ¶ ~강도 悪辣な強盗. **4**〔뜻밖의〕不意の. 思いがけない. ¶ ~벼락 思いがけぬ災難.

날감 名 青い柿. 渋柿.

날개 名 **1** 羽·は. 翼. ¶ 제비의 ~ つばめの翼 / 잠자리의 ~ とんぼの羽 / ~를 펴다 羽[翼]を広げる / ~를 치다 羽ばたく. **2** (飛行機の) 翼. ¶ 적기의 ~ 敵機の翼. **3** (機械などの) 羽. ¶ 선풍기의 ~ 扇風機の羽.

〔속담〕**날개 부러진 매** 羽の折れたたか〈勢力が衰えて落ちぶれたようす〉.

날갯죽지 名 **1** (鳥の) 翼の付け根. **2**〈俗〉(鳥の) 翼.

날갯짓 名 하自 羽ばたき.

날것 名 生物.

날고기 名 (動物の) 生肉. 生身.

날고뛰다 自 (才能などが) 特に優れる. ぬきんでる.

날고치 名 生繭.

날김치 名 まだ十分に漬かっていないキムチ.

날다[1] 自他 **1**〔떠서 움직이다〕飛ぶ. 飛翔する. ¶ 새가 하늘을 ~ 鳥が大空を飛ぶ / 비행기가 ~ 飛行機が飛ぶ. **2**〔날리다〕飛ばされる. 吹き飛ばされる. ¶ 폭풍으로 기왓장이 날아 떨어졌다 暴風で瓦が吹き飛ばされた. **3**〔공중으로 솟구치다〕飛び上がる. 跳ぶ. 飛び越える. ¶ 화살이 허공으로 ~ 矢が虚空に飛び上がる. **4**〈俗〉〔도망치다〕こっそり抜け出す. 高飛びする. ¶ 범인은 국외로 날았다 犯人は国外に高飛びした.

〔속담〕**나는 새도 떨어뜨린다** 飛ぶ鳥も落とす〈権勢を誇っていること〉.

날다[2] 自 **1**〔빛깔이 바래다〕(色·においなどが) 飛ぶ. 落ちる. ¶ 빛깔이 ~ 色が落ちる. **2**〔없어지다〕(においが) なくなる. 消える. ¶ 향기가 ~ 香りが消える. **3**〔증발하다〕(液体が) 気化する. 蒸発する. 飛ぶ. ¶ 알코올이 ~ アルコールが蒸発する.

날다[3] 他 (織機などに) 縦糸をかける.

날다람쥐 名〔動〕むささび.

날도둑놈 名 悪質な強盗.

날뛰다 自 **1**〔마구 뛰다〕暴れる. 跳ね上がる. ¶ 말이 ~ 馬が暴れる. **2**〔설치다〕暴れ回る. のさばる. 横行する. ¶ 미친 듯이 ~ 狂ったように暴れ回る / 안하 무인격으로 ~ 傍若無人に暴れ回る. **3**〔나부대다〕小躍りする. 躍り上がる. 跳ね上がる. ¶ 기뻐서 ~ うれしくて小躍りする.

날라리 名 ⇨태평소

날래다 形 素早い. すばしこい. 飛ぶように速い. ¶ 몸의 날래기가 표범같다 身動きがひょうみたいにすばしこい.

날려 보내다 他 **1**〔놓아주다〕(鳥·昆虫を) 放してやる. 追い払う. ¶ 새장의 새를 ~ かごの鳥を放してやる. **2**〔날아가게 하다〕吹き飛ばす. 吹き払う. ¶ 태풍이 지붕을 날려 보냈다 台風が屋根を吹き飛ばした. **3**〔탕진하다〕(財産などを) 使い果たす. つぶす. 無くす. ¶ 가산을 ~ 財産を食いつぶす.

날렵하다 形 すばしこい. 機敏だ. 目先が利く. ¶ 동작이 ~ 動作がすばしこい.

날로[1] 副 日ごとに. 日増しに. 日に日に. ¶ 추위가 ~ 더하다 寒さが日ごとに増す.

날로[2] 副 生のまま. 生で. ¶ ~ 먹다 生で食べる.

날름 副 하自他 **1**〔혀를 쏙〕べろりと. ぺろりと. ¶ 혀를 ~ 내밀다 舌をぺろりと出す. **2**〔손으로 얼른〕さっと. ¶ 과자를 ~ 집어먹다 お菓子を素早くつまんで食べる.

날름거리다[-대다] 自他 (舌や手を) ぺろぺろさせる. ちょろちょろさせる.

날름날름 副 하自他 べろべろ. ぺろぺろ.

날리다[1] 他〔떨치다〕名を揚げる. 鳴らす. 名声を馳せる. ¶ 바둑 명수로서 ~ 碁の名手として名声を馳せる.

날리다[2] **Ⅰ** 他 **1**〔날게 하다〕飛ばす. (凧などを) 揚げる. ¶ 모형 비행기를 ~ 模型飛行機を飛ばす / 강가에서 연을 ~ 川辺で凧を揚げる. **2**〔놓아주다〕放つ. 逃がす. 放してやる. ¶ 참새를 날려 주었다 雀を放してやった. **3**〔없애다〕(財産などを) 無くす. つぶす. 棒に振る. ¶ 재산을 ~ 身代をつぶす. **4**〔아무렇게나 하다〕いいかげんにする. 投げやりにする. 飛ばす. ¶ 공사를 날려서 했다 工事をやっつけ仕事でした.

Ⅱ 自 (風に) 翻る. ひらめく. 飛ばされる. ¶ 만국기가 바람에 ~ 万国旗が風に翻る.

날림 名 ぞんざいな仕事. やっつけ仕事. ¶ ~ 공사 手抜き工事.

날마다 副 毎日. 日ごと. 日々. ¶ 요즘은 ~ 비가 온다 このごろは毎日雨が降る.

날밑 名 (刀の) 鍔.

날바늘 名 糸を通してない針.

날받이 名 하自 (吉日を選んで) 日を決めること. 日取り. ¶ 결혼식의 ~ 結婚式の日取り.

날밤[1] 名 することもなく夜明かしする夜. 無益に夜明かしする夜.

◆**날밤을 새우다** ぼんやりと夜を明かす. 眠らずにぼうっと朝を迎える.

날밤[2] 名 生栗.

날벌레 名 飛び回る昆虫. 飛ぶ虫.

날벼락 名 **1** いわれのない罰. **2** 思わぬ災難.

날변〔一邊〕名 日歩. 1日の利息.

날불한당〔一不汗黨〕名 やくざ. ごろつき.

悪党.
날붙이 名 刃物類.
날삯 名 日給. 日当.
날삯꾼 名 日雇い. 日雇い人夫.
날샐녘 名 夜明けごろ. 明け方. ¶～에 집을 나오다 明け方に家を出る.
날수〔一數〕名 日数. ¶그 일을 다 마치는 데는 상당한 ～가 걸린다 その仕事を全部終えるにはかなりの日数がかかる.
날숨 名 呼気. 吐き出す息. 反 吸気
날실¹ 名 生糸.
날실² 名 (織物の)縦糸. 反 ぬき糸
날쌔다 形 素早い. すばしこい. 敏速である. ¶날쌘 동작 すばしこい動作.
날씨 名 天気. 天候. 日和. 空模様. ¶좋은[궂은] ～ いい[悪い]天気／맑게 갠 가을 ～ 澄みわたった秋日和／화창한 봄 ～ うららかな春日和.

單語帳 **날씨에 관한 말**

◆비 雨／눈 雪／구름 雲／바람 風／북풍 北風／마파람 南風／돌풍 突風／계절풍 季節風／맞바람 向かい風／벼락 雷／번개 稲光／안개 霧／서리 霜／우박 雹／진눈깨비 みぞれ／이슬 露／태풍 台風／홍수 洪水／해일(海溢) 津波／지진 地震／회오리바람 竜巻／무지개 虹／동장군 冬将軍.
◆온도 温度／기온 気温／습기 湿気／영하 零下／기상청 気象庁／일기 예보 天気予報／주의보 注意報.
◆더위 暑さ／추위 寒さ／무더위 蒸し暑さ.
◆(날이) 개다 晴れる／맑게 개다 晴れわたる／흐리다 曇る.

날씬하다 形 (体つきなどが)ほっそりしている. すらりとしている. スマートだ. ¶날씬한 몸매의 여성 すらりとした体つきの女性／허리가 ～ 腰がほっそりしている. **날씬히** 副 ほっそりと. すらりと.
날아가다 自 **1**〔날아서 가다〕飛んでいく. 飛び立つ. ¶비행기가 서쪽으로 ～ 飛行機が西のほうへ飛んでいく. **2**〔떨어져 나가다〕吹っ飛ぶ. 飛び去る. ¶태풍으로 문짝이 날아갔다 台風で扉が吹っ飛んだ. **3**〔없어지다〕(持ち物が)すっかりなくなる. ¶해외 여행으로 보너스가 날아갔다 海外旅行でボーナスがすっかりなくなった. **4**〔해고되다〕解雇される. くびになる. ¶목이 ～ 首が飛ぶ. 解雇される.
날아다니다 自 (空中を)飛び回る. 飛び交う. ¶제비가 ～ つばめが飛び回る.
날아들다 自 **1** 飛び込む. ¶등불에 날아드는 모기 明かりに飛び込む蚊. **2** 舞い込む. 転がり込む. ¶난데없이 비보가 ～ とつぜん悲報が舞い込む.
날아오다 自 飛んでくる. 飛来する. ¶철새가 ～ 渡り鳥が飛んでくる／제비가 날아오는 계절 つばめの飛来する季節.
날아오르다 自 飛び立つ. 飛び上がる. 舞い上がる. ¶여객기가 ～ 旅客機が飛び立つ／바람에 먼지가 ～ 風でほこりが舞い上がる.
날염〔捺染〕名 하他 捺染. 押し染め.
날인〔捺印〕名 하自 捺印. ¶계약서에 서명 ～하다 契約書に署名し捺印する.
날일 名 日雇い仕事.
날조〔捏造〕名 하他 捏造. でっち上げ. ¶～ 기사 でっち上げの記事／～된 사건 捏造された事件.
날짐승 名 鳥類.
날짜 名 **1** (一定の)日. 日取り. ¶선거 ～가 다가온다 選挙の日が迫ってくる／～를 정하다 日取りを決める. **2** 日数. 日にち. ¶～가 많이 걸렸다 日数が多くかかった／～ 가는 줄도 모른다 日にちのたつのも分からない. **3** (文書などの)日付. ¶～를 적어넣다 日付を書き入れる.
날짝지근하다 形 (体が)ひどくだるい. ¶열이 있어서 몸이 ～ 熱があって身体がひどくだるい. <늘쩍지근하다
날치 名〔動〕飛魚.
날치기 名 하他 かっぱらい. ひったくり. ¶～꾼 かっぱらい(をする者)／～당하다 ひったくりにあう／가방을 ～하다 かばんをひったくる.
날카롭다 形 **1**〔예리하다〕鋭い. とがっている. よく切れる. 鋭利だ. ¶칼날이 ～ 刃が鋭い. **2** (能力·感覚などが)鋭い. 鋭敏だ. シャープだ. ¶날카로운 관찰력 鋭い観察力／날카로운 감각의 소유자 鋭い感覚の持ち主. **3**〔매섭다〕激しい. 厳しい. ¶날카롭게 비판하다 鋭く批判する／날카로운 지적 厳しい指摘. **4** (神経などが)ぴりぴりする. 過敏だ. ¶신경이 ～ 神経がぴりぴりしている. **5** (声が)切り裂くようだ. 甲高い. ¶주인의 목소리가 날카롭게 들려왔다 主人の声が切り裂くように聞こえてきた. **날카로이** 副 鋭く. 厳しく. 鋭利に.
날탕 名 何も持たない人. 無一物の人. ¶～이 장사를 하겠다니 우습다 無一文のくせに商売をしようなんてお笑いだ.
날품 名 日当の仕事. 日雇い.
◆**날품을 팔다** 日当をもらって働く. 日雇い仕事をする.
날품팔이 名 하自 **1** 日雇い. **2** 日雇い労働者.
낡다 形 **1** 古い. (物などが)古びて使いものにならない. 使い古している. ¶낡은 옷 古着／낡은 건물 古い建物. **2** 時代遅れである. 古臭い. ¶생각이 ～ 考えが古い／낡은 사상 古臭い思想.
낡아 빠지다 形 (物などが)使い古されて使いものにならない. (考え方などが)非常に古臭い. ¶낡아 빠진 양복 古くなってくたびれた洋服／사고방식이 낡아 빠졌다 頭が古臭い.
낡은이 名 〈蔑〉老いぼれ. じじい. ばばあ.
남¹ 名 **1** 他人. (よその)人. ¶～의

물건 人の物/～의 마음을 끌다 人の気を引く/～의 웃음거리가 되다 他人の物笑いの種になる. **2** (親戚でない)他人. ¶그 분은 너의 친척이니?—아니, 생판 ～이야 あの方は君の親類かい.—いいや, 赤の他人だよ. **3** (関係のない)他人. 第三者. ¶부부 싸움에 ～이 끼어들다 夫婦のげんかに第三者が介入する.

◆**남의 등을 쳐 먹는다** 人を脅して金を巻き上げる.

◆**남의 말** 人の話. 人のうわさ. ¶～의 말 하기를 좋아한다 人のうわさをしたがる, 陰口をよく利く.

◆**남의 속** 人の気持ち. ¶～의 속도 모르고 人の気も知らないで.

〔속담〕**남의 밥에 든 콩이 커 보인다** 人のご飯に入っている豆は大きく見える〈隣の花は赤い〉.

남의나이 名 還暦を超えた後の年齢.

남의눈 名 多くの人の視線.

남²〔男〕Ⅰ 名 男. 反 女. Ⅱ 接頭 男…. ¶～학생 男の学生.

남³〔南〕名 南. 反 北. ¶～으로 항로를 바꾸다 南に航路を変える.

남⁴〔藍〕名 **1**〔植〕あい. **2** あい色.

남가일몽〔南柯一夢〕名 南柯の夢. はかないこと.

남계〔男系〕名 男系.

남국〔南國〕名 南国.

남극〔南極〕名 南極. ¶～권 南極圏/～ 지방 南極地方.

남극 대륙〔—大陸〕名〔地〕南極大陸.

남극성〔—星〕南極星.

남극해〔—海〕名〔地〕南極海.

남근〔男根〕名 男根. 陰茎.

남기〔嵐氣〕名 嵐気. 山中にたつもや.

남기다 他 **1** 残す. 余す. 遺す. ¶음식을 먹다 ～ 食べ物を食べ残す/이름을 ～ 名を残す/유산을 ～ 遺産を遺す. **2** 利益を得る. もうける. ¶본전의 갑절을 ～ 元値の2倍の利益を得る.

남김없이 副 余すところなく. 残らず. すべて. ¶～ 팔리다 残らず売れる/문제는 ～ 해결되었다 問題はすべて解決された.

남남 名 (何の関係もない)人と人. 他人同士.

남남끼리 副 他人同士で. ¶～ 모여 회사를 차렸다 他人同士集まって会社をつくった.

남남동〔南南東〕名 南南東.

남남북녀〔南男北女〕名 南部地方は男が, 北部地方は女が優れているということ.

남남서〔南南西〕名 南南西.

남녀〔男女〕名 男女.

남녀 공학〔—共學〕名 男女共学.

남녀노소〔—老少〕名 老若男女.

남녀동등〔—同等〕名 男女平等.

남녀유별〔—有別〕名 男女別有り〈男女の間には守るべき礼儀に区別があること〉.

남녀추니 名 二形. 半陰陽.

남녘〔南—〕名 南方. 南の方角.

남다 自 **1**〔여유 있다〕余る. 残る. 浮く. ¶용돈이 ～ 小遣いが余る/여비가 ～ 旅費が浮く. **2**〔잔존하다〕残る. 残存する. ¶살아 남은 사람 生き残った人/아직까지 피로가 남아 있다 いまだに疲労が残っている. **3**〔잔류하다〕とどまる. 残る. 居続ける. ¶회사에 남아서 잔무를 처리한다 会社に残って残務を処理する. **4**〔전승되다〕残る. 後世に伝わる. ¶유적이 남아 있다 遺跡が残っている. **5**〔이익이 나다〕利益を得る. もうかる. ¶투기로 한 밑천 잡아 꽤 남았다 相場でひとやまあてて大分もうかった.

남다르다 形 人とは違っている. 並みはずれている. ぬきんでている. ¶남다른 재능의 소유자 並々ならぬ才能の持ち主/남다른 솜씨를 보여 주다 ぬきんでた腕前を見せる.

남단〔南端〕名 南端. 南の端.

남달리 副 並みはずれて. 特別に. ぬきんでて. ¶～ 고집이 세다 並みはずれて我が強い.

남대문〔南大門〕名 南大門〈ソウルの崇禮門の別称〉.

남독〔濫讀〕名 하他 濫読. 乱読.

남동〔南東〕名 南東. ¶～풍 南東の風.

남동생〔男同生〕名 弟.

남루〔襤褸〕名 ぼろ.

남루하다〔襤褸—〕形 (衣服などが)みすぼらしい. ぼろぼろだ. ¶의복이 ～ 衣服がみすぼらしい/남루한 외투 ぼろぼろになったコート.

남매〔男妹〕名 兄妹. 兄と妹. 姉と弟.

남몰래 副 ひそかに. こっそりと. 人知れず. ¶～ 좋은 일을 하다 人知れず善行をする.

남미〔南美〕名〔地〕南米. 南アメリカ. ¶중～ 中南米/～ 대륙 南米大陸.

남바위 名 昔の老人用の防寒帽.

남반구〔南半球〕名〔地〕南半球.

남발〔濫發〕名 하他 濫発. 乱発. ¶어음을 ～하다 手形を濫発する.

남방〔南方〕名 南方.

남방셔츠〔—shirts〕名 半袖の開襟シャツ.

남벌〔濫伐〕名 하他 濫伐. 乱伐.

남복〔男服〕名 하自 **1** 男の服. **2** 男装すること. ¶여자가 ～하다 女が男装する.

남부〔南部〕名 南部. ¶～ 지방 南部地方.

남부끄럽다 形 人目に恥ずかしい. 人聞きが悪い. ¶남부끄러워 말도 못 하겠다 人聞きが悪くて口にも出せない.

남부끄러이 副 人目に恥ずかしく.

남부럽다 形 うらやましい.

남부럽잖다 形 うらやましくない. ¶남부럽잖게 행복하게 살고 있다 何不自由なく幸福に暮らしている.

남부여대〔男負女戴〕名 하自 荷物を男は負い, 女は頭に載せて行くこと〈貧しい人々の流浪生活を指す語〉.

남북〔南北〕名 南北. ¶나라가 ～으로 나누어지다 国が南北に分かれる.

◆남북이 나다 額と後頭部が突き出る. さいづち頭である.
　남북극〔一極〕 名〔地〕 南極と北極.
　남북문제〔一問題〕 名 南北問題.
　남북 전쟁〔一戰爭〕 名〔史〕 南北戦争.
　남북조〔一朝〕 名〔史〕 南北朝.
남빙양〔南氷洋〕 名 南氷洋.
남빛〔藍一〕 名 藍色.
남사당〔男一〕 名〔民俗〕 昔, 歌や踊りなどを見せながら各地を回った男の芸人. ▷사당
남산골샌님〔南山一〕 名 貧しいが高慢なソンビ(선비).
남상〔男相〕 名 (女の)男のような顔つき.
남상〔濫觴〕 名 濫觴. 起源.
남새 名 野菜. 青物.
　남새밭 名 野菜畑.
남색¹〔男色〕 名 男色・男色. ホモ.
남색²〔藍色〕 名 藍色.
남생이 名〔動〕 石亀.
남서〔南西〕 名 南西. 西南.
　남서풍〔一風〕 名 南西の風.
　남서향〔一向〕 名 南西向き.
남성¹〔男性〕 名 男性. ¶～용 속옷 男性用肌着.
　남성미〔一美〕 名 男性美.
　남성적〔一的〕 冠名 男性的.
　남성지다 形 (女が)男のようだ. 男まさりだ.
남성²〔男聲〕 名 男声. 反 女性 ¶～합창 男声合唱.
남십자성〔南十字星〕 名〔天〕 南十字星.
남아〔男兒〕 名 **1** 男児. 男の子. 反 女児. 女の子 ¶～를 출산하다 男の子を出産する. **2** 一人前の男. 男子.
남아돌다 自 有り余る. ¶쌀이～ 米が有り余る/남아도는 인적 자원 有り余る人的資源.
남아프리카 공화국〔南Africa共和國〕 名〔地〕 南アフリカ共和国(アフリカ最南端の共和国).
남양〔南洋〕 名 南洋. ¶～군도 南洋群島.
남용〔濫用〕 名 하他 濫用. 乱用. ¶약의 ～ 薬の濫用/직권 ～ 職権濫用.
남우〔男優〕 名 男優. 反 女優 ¶～주연상 主演男優賞.
남우세 名 もの笑い.
　남우세스럽다 形 嘲笑されそうだ.
남위〔南緯〕 名〔地〕 南緯. 反 北緯
남자〔男子〕 名 男. 男子. 男性. 反 女子 ¶～ 아이 男の子/저 ～, 아는 사람이니? あの男の人, 知り合いなの/～ 친구 ボーイフレンド/우리 집은 ～만 넷이다 我が家は男ばかり4人だ.
　남자답다 形 男らしい. 男前だ.
남작〔男爵〕 名 男爵.
남장〔男裝〕 名 하自 (女性の)男装.
남정〔男丁〕 名 15歳以上の青年男子.
　남정네 名 男衆. 兄さんら.
남조〔濫造〕 名 하他 濫造.
남존여비〔男尊女卑〕 名 男尊女卑.
남중〔南中〕 名 하自〔天〕 南中.
남중국해〔南中國海〕〔地〕 南支那海.
남지나해〔南支那海〕 名 ☞남중국해
남진〔南進〕 名 하自 南進. 南下.
남짓 依名 (重さ・数量などが)いくらか多いこと. 少し余ること. 余り. 余. ¶1년 ～ 사이에 몰라보게 자랐다 1年余の間に見違えるほど成長した.
남짓하다 形 (重さ・数量などが)…余りだ. …強だ. ¶키가 6척 남짓한 남자 身の丈6尺余りの男. **남짓이** 副 余り. ほど. くらい. ¶벌써 10킬로미터 ～ 걸었다 すでに10キロメートルほど歩いた.
남쪽〔南一〕 名 南の方. 南方. 反 北方 ¶～ 하늘 南の空/～ 나라 南の国.
남창〔男娼〕 名 男娼.
남천〔南天〕 名 南天. 南の空.
남측〔南側〕 名 南側.
남치마〔藍一〕 名 **1** 藍色のチマ. **2** 女性の礼服の一つ.
남침〔南侵〕 名 하自 南侵.
남탕〔男湯〕 名 (銭湯などの)男湯. 男風呂.
남파〔南派〕 名 하他 南へ派遣すること.
남편〔男便〕 名 夫. 亭主. 旦那. 反 妻, 家内 ¶～은 공무원입니다 夫は公務員です/～을 일찍이 여의다 夫に早く死なれた.

호칭·지칭 **남편·부군**

夫/主人/亭主/旦那/夫君/宅/内の人/宿六/ハズ〈ハズバンドの略〉

• 부부 중 남자 배우자(남편·부군)에 대한 호칭들이다. 夫와 ハズ는 자기의 배우자에 대해서도 쓰지만, 제3자의 배우자에 대해서도 쓸 수 있다. 다만 상대방의 배우자에 대해서는 쓰지 못한다./夫와 主人이 일반적으로 가장 많이 쓰이지만, 主人은 원래 상하, 주종 관계를 나타내는 말이어서 사용을 피하는 사람도 있다./亭主와 旦那는 본래 경의가 함축된 표현이었으나, 현재는 자기 남편을 지칭할 경우에는 다소 스스럼없는 의미로 쓰인다./상대방의 배우자를 지칭할 경우, 主人과 亭主에는 ご를, 旦那에는 様를 붙여 사용한다./主人·亭主·旦那에는 남성 배우자의 뜻 외에, 한 가정의 중심 인물 또는 세대주의 뜻도 있다./夫君은 타인의 남편에 대한 존경어로서, 자기의 배우자에겐 쓸 수 없다./宅·内の人·宿六는 자기의 남편을 지칭하는 말로서, 상대방의 배우자에겐 쓸 수 없다./宿六는 남편을 친근하게 또는 비하적으로 부르는 말이다(영감, 영감쟁이). ▷처·아내

남포¹ 名 発破装置を施したダイナマイト.
남포²〔←lamp〕 名 ランプ. ¶석유 ～ 石油ランプ.
남풍〔南風〕 名 南風・南風.
남하〔南下〕 名 하自 南下. 南進. ¶도로를 따라 ～하다 道路に沿って南下する.

ㄴ

남학생〔男學生〕 名 男の学生.
남한〔南韓〕 名 南韓〈韓半島の休戦ライン以南〉.
남해〔南海〕 名 **1** 南方の海. 南海. **2**〔地〕韓半島の南の海.
남행〔南行〕 名 하自 南行き. ¶～ 열차 南行きの列車.
남향〔南向〕 名 하自 南向き. 南に向くこと. 南に面していること.
 남향집 名 南向きの家.
 남향판 名 (家や墓地の敷地などが)南向きであること.
남화〔南畫〕 名〔美〕南画. 南宗画.
남회귀선〔南回歸線〕 名 南回帰線.
남획〔濫獲〕 名 하他 濫獲. 乱獲.
납[1] 名〔化〕鉛.
납[2]〔蠟〕 名 蝋. ¶～ 인형 蝋人形.
납[3]〔←鑞〕 名 鑞. はんだ. 錫と鉛の合金.
납골〔納骨〕 名 하他 納骨.
 납골당〔一堂〕 名 納骨堂.
납금〔納金〕 名 하自 納金.
납기〔納期〕 名 納期. ¶어김없이 ～를 지키다 きちんと納期を守る.
납덩이 名 鉛の塊.
 납덩이같다 形 **1** (顔色が)鉛色だ. **2** (体・心が)鉛のように重い. **3** (雰囲気が)重苦しい.
납득〔納得〕 名 하他 納得. 合点. 得心. ¶～이 가다 納得[合点]がいく/～할 수 없다 納得できない/～하기 어렵다 納得しがたい.
납땜 名 하他 鑞づけ. はんだづけ.
 납땜인두 名 はんだごて.
 납땜질 名 하自 はんだづけの仕事.
납량〔納涼〕 名 하自 納涼.
납본〔納本〕 名 하他 納本.
납부〔納付〕 名 하他 納付. 納入. ¶～금 納付金/회비가 ～되다 会費が納められる/세를 ～하다 税を納付する.
납북〔拉北〕 名 하他 北朝鮮に拉致すること.
납빛 名 鉛色.
납석〔蠟石〕 名〔鑛〕蝋石.
납세〔納稅〕 名 하自 納税.
 납세 고지서〔一告知書〕 名〔法〕納税告知書.
 납세 신고 제도〔一申告制度〕 名〔法〕納税申告制度.
 납세필증〔一畢證〕 名 納税済みの証紙.
납세공〔蠟細工〕 名 蝋細工.
납시다 自〈宮廷〉お出かけになる. お出ましになる. ¶상감마마 납시오 王様のお成り.
납월〔臘月〕 名 臘月. 極月. 師走〈陰暦12月の別称〉.
납입〔納入〕 名 하他 納入. ¶전기료를 ～하다 電気料を納める.
 납입 고지서〔一告知書〕 名 納入告知書.
납작 副 **1** (口を)ぱくっと. ぱくり(と). がぶり(と). **2** (体を)ぱたっと. ぺたっと. ばったり(と). ¶땅에 ～ 엎드리다 地面にぱたっとうつぶせになる.
 납작거리다[-대다] 他 **1** (口をしきりに)ぱくつかせる. かぶりつく. **2** (身を)ぺたっと伏せる.
 납작납작 副 하他 **1** ぱくりぱくり(と). がぶりがぶり(と). **2** ぺたっぺたっと. ばったりばったり(と).
납작하다 形 平たい. 平べったい. ¶납작한 바위 平たい岩/납작한 가슴 平たい胸. **납작이** 副 平たく. 平たらに.
납작감 名 平べったい柿.
납작보리 名 平麦. 押し麦.
납작코 名 あぐら鼻.
납중독〔一中毒〕 名 鉛中毒.
납채〔納采〕 名 하自 納采.
납치〔拉致〕 名 하他 拉致. ¶항공기 ～ ハイジャック/정계의 요인을 ～하다 政界の要人を拉致する.
납폐〔納幣〕 名 하自 結納. 納采.
납품〔納品〕 名 하他 納品. ¶～서 納品書.
납회〔納會〕 名 納会.
낫 名 鎌. ¶～으로 벼를 베다 鎌で稲を刈る/～을 갈다 鎌を研ぐ.
 〔속담〕 **낫 놓고 ㄱ자도 모른다** 鎌が目の前に置いてあるのにㄱ(기역)の字も分からない〈イロハのイの字も知らない〉.
 낫자루 名 鎌の柄.
 낫질 名 하自 鎌で刈ること. ¶～이 서툴다 鎌の使い方が下手だ.
낫다[1] 自 (病気・傷などが)治る. 癒える. ¶감기가 ～ 風邪が治る/상처가 아직 낫지 않았다 傷がまだ癒えていない.
낫다[2] 形 (他のものより)優れている. 勝る. ましだ. よい. ¶보다 나은 대우 よりよい待遇/형이 아우보다 ～ 兄が弟より勝っている/그래도 죽기보다는 ～ それでも死ぬよりはましだ.
낫잡다 他 多めに見積もる. 余分に取る. ¶비용을 ～ 費用にゆとりをみて見積もる.
낭독〔朗讀〕 名 하他 朗読. ¶교과서를 ～하다 教科書を朗読する.
낭떠러지 名 崖. 断崖. 絶壁. ¶～에서 떨어지다 崖から落ちる.
낭랑하다〔朗朗一〕 形 朗々としている. ¶낭랑한 음성 朗々とした声.
낭만〔浪漫〕 名 浪漫. ロマン.
 낭만적〔一的〕 冠 名 浪漫的. ロマンチック. ¶～인 사랑 ロマンチックな恋.
 낭만파〔一派〕 名 浪漫派. ロマン派.
낭보〔朗報〕 名 朗報. ¶개선의 ～ 凱旋の朗報.
낭비〔浪費〕 名 하他 浪費. 無駄遣い. ¶시간을 ～하다 時間を浪費する/귀중한 물을 ～하다 貴重な水を無駄遣いする.
 낭비벽〔一癖〕 名 浪費癖.
낭설〔浪說〕 名 流言. 浮説. 風説. デマ. ¶～을 퍼뜨리다 デマをまき散らす/～이 떠돌다 流言が流れる.
낭송〔朗誦〕 名 하他 朗誦. 朗唱. ¶시를 ～하다 詩を朗誦する.
낭습증〔囊濕症〕 名〔韓方〕陰嚢が湿っぽくなる症状.
낭음〔朗吟〕 名 하他 朗吟.
낭인〔浪人〕 名 放浪者.
 ◇입시에 실패하여 다음해의 수험 준비를 하는 자의 뜻인 일본어의 浪人은, 한국에서는 재수생(再修生), 삼수생(三修生) 따위로 말한다.

낭자¹ 名 **1** 女性の礼装用の入れ髪. **2** 後ろで束ねてかんざしを挿すようにした髷.

낭자²〔娘子〕 名 〈古〉娘子. 娘を上品に呼ぶ語.

낭자군〔一軍〕 名 娘子軍. 女性だけで組織された選手団など.

낭자하다〔狼藉一〕 形 狼藉だ. 乱雑に散らかっている. ¶ 유혈이 ~ 血があちこちに飛び散っている.

낭중〔嚢中〕 名 嚢中. 財布の中. ¶ ~ 무일푼 嚢中無一文(所持金が1銭もない).

낭패〔狼狽〕 名 하自他 ろうばい(事が失敗して困ったことになること). ¶ 지갑을 두고 왔으니 이거 참 ~로군 財布を置いてきてしまってほんとうに困ったことになったなあ.

◆**낭패를 보다** 失敗する. 不覚を取る.

낮 名 昼. 昼間. 日中. ¶ ~이 짧아진다 日が短くなる. / ~ 동안에 일을 끝마치자 昼間のうちに仕事をやってしまおう.

낮교대〔一交代〕 名 昼の当番. 日勤. 昼勤.

낮다 形 反 高い **1** (高さが)低い. ¶ 울타리가 ~ 垣根が低い / 비행기가 낮게 날다 飛行機が低く飛ぶ. **2** (地位·身分が)低い. 劣っている. ¶ 지위가 ~ 地位が低い. **3** (数量などが)低い. 少ない. ¶ 낮은 습도 低い湿度 / 낮은 금리 低い金利 / 기온이 ~ 気温が低い. **4** (能力·品質が)劣っている. 低い. ¶ 질이 낮은 상품 質の悪い商品 / 문화 수준이 ~ 文化水準が低い. **5** (声·音が)低い. 小さい. ¶ 낮은 목소리로 속삭인다 低い声でささやく.

낮도둑 名 昼間の泥棒. 昼盗人.

낮술 名 昼間飲む酒.

낮아지다 自 低くなる. 低下する. ¶ 압력이 ~ 圧力が低くなる.

낮은말 名 卑語.

낮은음자리표〔一音一標〕 名〔樂〕へ音記号. 低音部記号.

낮일 名 하自 昼間の仕事.

낮잠 名 昼寝. 午睡. ¶ ~을 자다 昼寝をする.

◆**낮잠 자다** ① 怠ける. ② (物を有効に活用せずに)寝かせてある.

낮잡다 他 **1** 低く[安く]見積もる. ¶ 값을 낮잡아 부르다 値段を安く見積もって言う. **2** 見下げる. 見くびる. 軽視する. 鼻であしらう.

낮참 名 昼食前後の休息時間, またそのときの間食.

낮추 副 低く. 下げて.

낮추보다 他 **1** 見下げる. 見くびる. ¶ 상대를 ~ 相手を見下げる. **2** 低く見積もる.

낮추다 他 **1** 低くする. 低める. 落とす. 下げる. 安くする. ¶ 소리를 ~ 声を小さくする / 온도를 ~ 温度を下げる / 볼륨을 ~ ボリュームを下げる / 값을 ~ 値段を下げる. **2** 卑下する. へりくだる. ¶ 자신을 ~ 自分を卑下する. **3** 言葉づかいを下げる.

낮춤 名〔言〕(物事や人などを)低く待遇する言葉遣い. 下称の言い方.

낮춤말 名 目下に用いる言葉. 下称の言い方に用いる言葉.

낯 名 **1** 顔. 顔面. 顔つき. ¶ ~을 씻다 顔を洗う / 부끄러워 ~이 화끈거린다 恥ずかしくて顔から火が出る. **2** 体面. 面目. ¶ 볼 ~이 없다 合わせる顔がない / 무슨 ~으로 부모님을 뵙겠는가? どの面下げて父母に会えようか. **3** 〈俗〉つら.

◆**낯을 깎다** 顔をつぶす. 名誉を傷つける.

◆**낯을 들다** (他の視線を気にせず)顔を上げる. 顔を見せる. ¶ 부끄러워서 ~을 들고 다닐 수 없다 恥ずかしくて顔を上げて歩けない.

◆**낯을 못 들다** (恥ずかしさなどのために)顔を上げられない. 顔が合わせられない.

◆**낯을 보다** 顔を立てる. ¶ ~을 보아 이번만은 눈감아 주겠다 顔を立てて今度だけは大目に見てやる.

◆**낯이 깎이다** 顔がつぶれる. 面目がつぶれる.

낯가리다 自 人見知りする. 人怖じする. ¶ 낯가리는 아이 人見知りする子.

낯가림 名 하自 人見知り.

낯가죽 名 **1** 面の皮. **2** 世間に対する面目. 世間への顔向け.

◆**낯가죽이 두껍다** ずうずうしい. 厚かましい.

낯간지럽다 形 面はゆい. 照れくさい. きまり悪い. ¶ 낯간지러운 소리 照れくさい言葉.

낯두껍다 形 面の皮が厚い. 厚かましい. ずうずうしい.

낯뜨겁다 形 (恥ずかしさなどのために)顔がほてる. 顔から火が出る. 顔向けができない.

낯모르다 自 面識がない. 見知らない.

낯부끄럽다 形 (恥ずかしくて)顔向けができない. 面目ない.

낯붉히다 自 顔を赤くする. 赤面する.

낯빛 名 顔色. 顔つき. ¶ ~이 달라지다 顔色が変わる.

낯설다 形 面識がない. 見慣れない. なじみが薄い. ¶ 낯선 손님 見慣れないお客.

낯익다 形 顔なじみである. 見慣れている. 覚えがある. 見覚えがある. ¶ 낯익은 얼굴 見覚えのある顔 / 낯익은 고향 산천 見なれた故郷の山川.

낯익히다 他 見慣れさせる. なじませる. 親しませる.

낯짝 名 〈俗〉面. 顔. ¶ 무슨 ~으로 찾아왔느냐? どの面さげてやってきたのか.

낱 Ⅰ 名 (数えることのできる物の)一つ一つ. ¶ ~으로 팔고 산다 ばらで売り買いする.

Ⅱ 接頭 (個々の物の)一つ一つ.

낱개 名 (ばらになっている物の)一つ. 1個. ばら. ¶ ~로 떼어서 팔다 一つずつばらにして売る.

낱개비 名 (個々の)1本. ¶ 담배 ~ たばこ1本.

낱권〔一巻〕 名 (全集·叢書などの)1冊. 1巻. ¶ 전집은 ~으로도 팝니다 全集は分冊[ばら]でも売ります.

낱낱 名 (物事の)一つ一つ. ¶ ~으로 세어서 받다 一つ一つ数えて受け取る.
낱낱이 副 一つ一つ. いちいち. 一つ残らず. すべて. ¶ 이삭을 ~ 줍다 落穂を一つ一つ拾う / 진상을 ~ 밝히다 真相を一つ残らず明らかにする.
낱되 名 1升1升.
낱마리 名 1匹1匹. 1頭1頭.
낱말 名 単語. ¶ 영어의 ~을 외다 英語の単語を覚える.
낱알 名 (個々の)粒. 一粒一粒. ¶ 밤 ~이 굵다 栗の粒が大きい.
낱장〔一帳〕 名 (紙などの)1枚1枚.
낳다 他 **1** 〔출산하다〕 生む. 産む. 出産する. ¶ 닭이 알을 ~ 鶏が卵を産む / 낳기보다 키우기가 더 어렵다 産むより育てる方がもっと難しい. **2** 〔생기게 하다〕 (結果などを)もたらす. 生じる. 生む. ¶ 기적을 ~ 奇跡を生む / 노력이 성공을 ~ 努力が成功をもたらす. **3** 〔출현케 하다〕 生む. 生み出す. ¶ 미국이 낳은 천재적인 음악가 アメリカの生んだ天才的な音楽家.
〔속담〕 **낳은 정보다 키운 정이 더 크다** 生んだ情より育てた情がより大きい〈生みの親より育ての親〉.
내[1] 名 煙. ¶ ~를 피우다 煙を出す.
내[2] 名 (접미어적으로) …のにおい. ¶ 탄~ 焦げたにおい / 땀~ 汗のにおい / 비린~ 生臭いにおい.
내[3] 名 流れ. 小川. 川. ¶ ~를 건너다 川を渡る.
내[4] **I** 代 (조사 '가'의 앞에 쓰임) 私. 僕. おれ. われ. 自分. ¶ ~가 돕겠다 私が助けよう / 그 편지는 ~게 주세요 その手紙は私にください.
II 〔'나의'의 준말〕 私の. 僕の. わが. ¶ ~ 고향 私の故郷 / ~ 아내 僕の妻 / 사랑하는 ~ 조국 愛するわが祖国.
〔속담〕 **내 얼굴에 침 뱉기** 自分の顔に唾を吐く〈天に唾しておのれが面にかかる〉. **내 코가 석자** 自分の鼻汁が3尺〈自分が窮地に立っているのでとても他人のことに構っていられない〉.
내[5]〔內〕 名 (空間·時間などの)中. 内. ¶ 기한 ~ 期限内 / 교실 ~ 教室内.
내-[6]〔來〕 接頭 来…. ¶ ~주 来週 / ~년 来年.
내-[7] 接頭 **1** 〔'밖으로'의 뜻〕 ¶ ~놓다 取り出す / ~보내다 出す. **2** 〔'힘있게'의 뜻〕 ¶ ~몰다 追い立てる / ~차다 け飛ばす.
-내[8] 接尾 〔'처음부터 끝까지'의 뜻〕 …中. ¶ 1년~ 一年中 / 여름~ 비가 온다 夏中雨が降る.
내가다 他 外に出す. 持ち出す. ¶ 밥상을 내가고 커피를 가지고 오다 お膳を下げてコーヒーを持って来る.
내각[1]〔內角〕 名 **1** 〔數〕 内角. **2** (野球で)内角. インコーナー.
내각[2]〔內閣〕 名 内閣. ¶ ~ 총사직 内閣総辞職.
내각 불신임안〔一不信任案〕 名 〔政〕 内閣不信任案.
내각 책임제〔一責任制〕 名 〔政〕 内閣責任制.
내간〔內間〕 名 婦女子の部屋.
내갈기다 他 **1** ぶん殴る. 張り飛ばす. 殴りつける. ¶ 귀싸대기를 ~ ほっぺたを張りとばす. **2** (字を)殴り書きにする. 書き殴る.
내객〔來客〕 名 来客. 訪問客.
내걸다 他 **1** (前または外に)掛ける. 掲げる. ¶ 집집마다 국기를 ~ 家ごとに国旗を掲げる. **2** (条件などを)掲げる. 標榜する. ¶ 슬로건을 ~ スローガンを掲げる. **3** (命などを)賭ける. ¶ 목숨을 내걸고 싸우다 命かけで戦う.
내경〔內徑〕 名 (銃砲などの)口径.
내공[1]〔內攻〕 名 하自 内攻.
내공[2]〔來貢〕 名 하自 来貢.
내과〔內科〕 名 〔醫〕 内科. ¶ ~의 内科医者.
내곽〔內廓〕 名 内郭. 内廓.
내관[1]〔內官〕 名 〔史〕 宦官.
내관[2]〔來館〕 名 하自 来館. ¶ ~자 来館者.
내교〔來校〕 名 하自 来校.
내구[1]〔來寇〕 名 하自 来冦.
내구[2]〔耐久〕 名 하自 耐久. ¶ ~력 耐久力 / ~성 耐久性 / ~ 소비재 耐久消費財.
내구재〔一財〕 名 耐久財.
내국〔內國〕 名 内国. 国内. ¶ ~법 内国法 / ~ 우편 内国郵便 / ~ 항로 国内航路.
내국세〔一稅〕 名 内国税.
내국인〔一人〕 名 内国人.
내국채〔一債〕 名 内国債.
내굽다 自 外側に折れ曲がる.
내규〔內規〕 名 内規. ¶ ~에 따라서 조치하다 内規に照らして処理する.
내근〔內勤〕 名 하自 内勤.
내기[1] 名 하自 賭け. 賭け事. ¶ 술~ 酒を賭ける勝負事 / ~ 바둑 賭碁.
-내기[2] 接尾 **1** …生まれ. …出身. ¶ 서울~ ソウルっ子 / 시골~ 田舎っぺ. 田舎者. **2** 「人となり」を表わす語. ¶ 풋~ 青二才 / 그는 여간~가 아니야 彼はただ者じゃない.
내깔기다 他 (小便などを)勢いよく[所かまわず]出す. ¶ 오줌을 ~ 勢いよく小便する.
내남없이 副 誰も彼も. 誰でも. 皆が皆. ¶ ~ 다 나빴다 誰も彼も皆悪かった.
내내 副 始終. 常に. ずっと. ¶ ~ 건강하시옵기를 축원합니다 常にご健康をお祈りいたします / 회의중 ~ 하품만 하다 会議中始終あくびばかりする.
내내년〔來來年〕 名 再来年.
내내월〔來來月〕 名 再来月.
내년〔來年〕 名 来年. 明年. ¶ ~ 가을 来年の秋 / ~ 이맘때 来年の今ごろ.
내년도〔一度〕 名 来年度.
내놓다 他 **1** 〔꺼내 놓다〕 外に出す. 取り出す. ¶ 가방에서 서류를 ~ かばんから書類を取り出す. **2** 〔발표하다〕 (意見などを)出す. 発表する. ¶ 의견을 ~ 意見を出す / 결과를 ~ 結果を発表する. **3** 〔희사하다〕 出す. 寄付

する. 拠出する. ¶기부금으로 만 원을 ～ 寄付金として1万ウォンを出す. **4**〔팔려하다〕(家屋などを)売りに出す. ¶집을 ～ 家を売りに出す. **5** (囲っていたものを)放してやる. 自由にする. ¶작은 새를 ～ 小鳥を放してやる. **6**〔내다〕出す. 提出する. 提案する. ¶토의 안건을 ～ 討議案件を提出する. **7** (ある範囲・数量から)除く. 除外する. ¶만 원만 내놓고 다 주었다 1万ウォンだけ残してあとは全部与えた. **8** (生命・名誉などの)犠牲を払う. 投げ出す. ¶목숨을 내놓고 싸우다 命を投げ出して戦う. **9** 《'내놓고'의 꼴로》 あけすけに. 大っぴらに. 包み隠さず. ¶버젓이 내놓고 말하다 堂々と包み隠さずに言う/내놓고 비판하다 あけすけに批判する.

내다¹ 他 **1**〔내놓다〕(内のものを外に)出す. ¶집안의 쓰레기를 밖으로 ～ 家の中のごみを外へ出す. **2**〔제출하다〕出す. 提出する. 出品する. ¶사표를 ～ 辞表を出す/증거를 ～ 証拠を提出する. **3**〔지불하다〕(料金などを)出す. 支払う. ¶세금을 ～ 税金を出す/회비는 월말에 낸다 会費は月末に支払う. **4**〔발행하다〕出す. 出版する. 発行する. (新聞に)載せる. ¶시집을 ～ 詩集を出す/잡지를 ～ 雑誌を発行する. **5**〔새로 차리다〕(店・所帯などを)新たに始める. ¶다방을 ～ 喫茶店を始める/살림을 ～ 所帯を持つ. **6**〔발생시키다・발휘하다〕生じさせる. 起こす. 発生させる. 発揮する. ¶불을 ～ 火事を出す/속도를 ～ 速度を出す/평소의 실력을 ～ ふだんの実力を出す. **7**〔대접하다〕(飲食物を)もてなす. おごる. 提供する. ¶점심을 ～ 昼食をおごる. **8**〔보내다〕(手紙・通知などを)送る. ¶편지를 ～ 手紙を送る. **9**〔취득하다〕(許可などを)取る. 得る. ¶허가를 ～ 許可を得る. **10**〔산출하다・배출하다〕生む. 産出する. 世に出す. ¶양질의 석탄을 ～ 良質の石炭を産出する/이 지방은 많은 위인을 냈다 この地方は多くの偉人を生んだ. **11**〔나오게 하다〕(ある結果を)示す. ¶결론을 ～ 結論を出す/답을 ～ 答えを出す. **12**〔만들다・비우다〕(道を)つける. 開く. 通す. (時間・席などを)つくる. 空ける. ¶길을 ～ 道をつける/틈을 ～ 暇をつくる/자리를 ～ 席を空ける. **13**〔드러내다・퍼뜨리다〕(名声などを)挙げる. (うわさを)立てる. ¶이름을 ～ 名を挙げる/소문을 ～ うわさを立てる. **14**〔뚫다〕(穴などを)空ける. 穿つ. 掘る. ¶구멍을 ～ 穴を空ける/터널을 ～ トンネルを掘る. **15**〔변통하다〕(金を)借りる. 借金する. ¶집을 짓는 데 빚을 냈다 家を建てるのに借金をした. **16**〔감정이 일다〕立てる. 表わす. ¶화를 ～ 腹を立てる/욕심을 ～ 欲張る. **17**〔이식하다〕(苗を)植える. 移植する. ¶모를 ～ 苗を植える. **18**《명사와 함께 쓰이어》(ある状態に)する. させる. ¶동강을 ～ 切断する/조각을 ～ 切れ切れにする/박살을 ～ こなごなにする.

내다² 補動 《동사의 어미 '-아/어' 아래에 쓰이어》〔동작을 제힘으로 끝냄을 보이는 말〕十分に…する. …し切る. …し抜く. …し終える. ¶찾아 ～ さがし出す/만들어 ～ つくりあげる/이겨 ～ 勝ち抜く.

내다보다 他 **1** 外を見る. 望み見る. 見やる. 眺める. ¶창 밖의 경치를 ～ 窓外の景色を眺める. **2** (将来のことを)見通す. 見抜く. 見込む. 見越す. ¶앞을 ～ 将来を見越す/값이 오를 것을 ～ 値上がりを見込む.

내다보이다 自 **1** (外にあるものが内から)見える. 見渡せる. ¶바다가 내다보이는 별장 海が見渡せる別荘. **2** (中にあるものが外から)見える. 透けて見える. ¶속살이 훤히 ～ 肌がすっかり透けて見える. **3** (将来のことが)予測される. 見通せる.

내닫다 自 (力強く前方・外へ)突っ走る. 飛び出す. 急に走り出す. ¶결승점을 향하여 ～ 決勝点を目指して突っ走る.

내달〔來一〕名 来月.

내당〔內堂〕名 奥の間.

내던지다 他 **1** 勢いよく投げる. 投げ飛ばす. 投げつける. ほうり出す. ¶골이 나서 연필을 내던졌다 腹が立って鉛筆を投げつけた. **2** (仕事などを)ほうり出す. 投げ出す. 見捨てる. 見放す. ¶하던 일을 ～ やりかけの仕事をほうり出す. **3** (言葉を)投げつける. ぞんざいに言い放つ. ¶"몰라요" 하는 한 마디를 내던지고 나갔다 「知りません」と一言いい捨てて出ていった.

내도〔來到〕名 하自 来着. 到来.

내돋다 自 表面に出る. 吹き出る. にじみ出る. ¶홍역 꽃이 ～ はしかの発疹が出る.

내돌리다 他 むやみに持ち出して人の手に渡す. 手渡して回す.

내동댕이치다 他 投げつける. 投げ飛ばす. たたきつける. ¶모자를 마룻바닥에 ～ 帽子を床にたたきつける.

내두르다 他 **1** (むやみに)振り回す. ¶막대기를 ～ 棒切れを振り回す. **2** (勝手気ままに人に)指図する. 顎で使う. 「る.

내둘리다¹ 自 ふらふらする. 目まいがする.

내둘리다² 自 **1** 振り回される. **2** (人の意のままに)動かされる. 指図される.

내드리다 他 **1** (目上の人に物を)取り出して差し上げる. **2** (目上の人に席などを)譲る. ¶만원 버스에서 노인에게 자리를 내드렸다 満員のバスで老人に席を譲った.

내디디다 他 踏み出す. (歩みを)進める. ¶한 발을 앞으로 ～ 一歩前へ踏み出す/사회에 첫걸음을 ～ 社会に第一歩を踏み出す.

내락〔內諾〕名 하他 内諾. ¶취임을 ～하다 就任を内諾する.

내란〔內亂〕名 内乱. ¶～죄 内乱罪

ㄴ

/ ~을 일으키다 内乱を起こす.

내레이션[narration] 名 ナレーション.

내레이터[narrator] 名 ナレーター.

내려가다 Ⅰ 自 **1** (低い所へ)下る. 降りる. ¶1층으로 ~ 1階へ降りる. **2** 〔하향하다〕(都から地方へ)下る. ¶시골로 ~ 田舎へ下る / 내려가는 열차 下り列車. **3** 〔떨어지다〕(値段·数値などが)下がる. ¶성적이 ~ 成績が下がる / 값이 ~ 値段が下がる. **4** 〔소화되다〕(食べ物が)こなれる. 消化される. ¶아침 먹은 것이 내려가지 않아 트릿하다 朝飯が消化されないで腹にもたれる.

Ⅱ 他 (下のほうへ)下りてゆく. 下る. ¶산길을 ~ 山道を下る.

내려놓다 他 下ろす. 下に置く. 下ろして置く. ¶선반에서 접시를 ~ 棚から皿を下ろす / 짐을 땅에 ~ 荷物を地面に置く.

내려다보다 他 **1** 見下ろす. ¶산 정상에서 기슭을 ~ 山頂からふもとを見下ろす. **2** 見下げる. 侮る. ばかにする. ¶남을 ~ 人を見下げる.

내려뜨리다[-트리다] 他 垂らす. 垂れ下げる. 取り落とす. ¶두레박을 우물 속으로 ~ つるべを井戸の中へ垂らす.

내려서다 自 降り[下り]立つ. ¶역의 플랫폼에 ~ 駅のホームに降り立つ / 뜰에 ~ 庭に降り立つ.

내려쓰다 他 **1** (文字を)下のほうに書く. **2** (帽子を)目深にかぶる.

내려앉다 自 **1** 降りて座る. 降りる. ¶낮은 데로 내려앉아라 低い所に下りて座りなさい. **2** (ある地位·職責から)降格する. 下る. 左遷される. ¶부장에서 과장으로 ~ 部長から課長に降格する. **3** (天井·橋·山などが)崩れ落ちる. 落ち込む. 落下する. ¶천장이 ~ 天井が崩れ落ちる. **4** ぎくっとする. ¶가슴이 덜컥 내려앉는 듯한 불길한 예감 胸がぎくっとするような不吉な予感.

내려오다 Ⅰ 自 **1** 下りてくる. 下る. 降りる. 下がる. ¶산에서 ~ 山から下りてくる / 2층에서 ~ 2階から降りる. **2** (都から地方へ)下って来る. ¶서울서 내려온 사람 ソウルからきた人. **3** (命令などが)下る. 降りる. ¶당국의 지시가 ~ 当局の指示が降りる. **4** (昔から)受け継がれる. 伝わって来る. 伝わる. ¶옛날부터 내려온 전통 昔から伝わる伝統.

Ⅱ 他 **1** (物を)下ろす. ¶차에서 짐을 ~ 車から荷物を下ろす. **2** (下のほうへ)下りてくる. 下る. ¶비탈길을 ~ 坂道を下りてくる.

내려지다 自 下ろされる. 落とされる. 落ちる. 下される. ¶지붕에서 기왓장이 ~ 屋根から瓦が下ろされる.

내려찍다 他 (鎌や斧などで)上から下へ打ち込む.

내력[1][來歷] 名 来歴. 由来. いきさつ. 事情. 由緒. 経歴. ¶~이 있는 집안이다 由緒ある家門だ / 절의 ~을 듣다 寺の来歴について聞く.

내력[2][耐力] 名 耐え抜く力.

내로라 〔'나이로라'가 준 말〕自分だとばかり.

◆**내로라 하다** われこそはと思う.

내륙[内陸] 名 内陸. ¶~국 内陸国.

내륙성 기후[一性氣候] 名〔地〕内陸性気候.

내륙 지방[一地方] 名 内陸地方.

내리[1] 副 **1** 上から下へ向かって. 上から下へまっすぐに. **2** 終始. ずっと. 続けて. ¶~ 사흘 동안 비가 왔다 3日間雨が降り続いた / ~ 세 시간을 서 있었다 3時間ずっと立ちどおしであった.

내리-[2] 接頭 **1** 〔'위에서 아래로'의 뜻〕¶~사랑 親の子に対する愛 / ~치다 切り下ろす. **2** 〔'마구·세차게'의 뜻〕¶~퍼붓다 降り注ぐ.

내리긋다 他 (線を)上から下へ引く. 縦に引く.

내리깎다 他 **1** ひどくけなす. こき下ろす. **2** ひどく値切る. 値引きをさせる.

내리깔다 他 (目を)伏せる. 伏し目をする. ¶눈을 내리깔고 미소 짓는 소녀 目を伏せて微笑む少女.

내리다 Ⅰ 自 **1** (高い所から)下る. 降りる. ¶산지에서 평야로 흘러 내리는 하천 山地から平野へ流れ下る河川. **2** (乗り物·馬などから)降りる. ¶기차[버스]에서 ~ 汽車[バス]から降りる. **3** 〔오다〕(霜·露などが)降りる. (雨·雪などが)降る. ¶첫눈이 ~ 初雪が降る / 이슬비가 ~ 霧雨が降る. **4** 〔떨어지다〕(物価·熱などが)下がる. 落ちる. 引く. ¶물가가 ~ 物価が下がる / 주사를 맞아 열이 내린 것 같다 注射を打って熱が引いたようだ. **5** 〔소화되다〕(食べたものが)こなれる. 消化する. ¶먹은 것이 잘 내리지 않는다 食べたものがよくこなれない. **6** 〔줄다〕(体重が)減る. (肉が)落ちる. やせる. ¶체중이 좀 내린 것 같다 体重が少し減ったようだ. **7** 〔가라앉다〕(腫れが)ひく. ¶부었던 자리가 점차 내리기 시작했다 腫れ上がった所がしだいにおさまり始めた. **8** 〔착근하다〕(草木の根が)下りる. 張る. つく. ¶옮겨 심은 나무가 뿌리를 내렸다 移植した木が根付いた. **9** 〔나다〕(判決·命令などが)下る. ¶판결이 ~ 判決が下る / 명령이 ~ 命令が下る. **10** 〔들다〕(神が)乗り移る. 取りつかれる. 神がかりになる. ¶귀신이 내려서 병이 생기다 鬼神に取りつかれて病気になる.

Ⅱ 他 **1** (高い所から)下ろす. ¶가게의 셔터를 ~ 店のシャッターを下ろす. **2** 〔인하하다〕(値段·賃金などを)引き下げる. 下げる. ¶값을 ~ 値段を下げる. **3** 〔주다〕(目下の者に)与える. 賜う. 下賜する. 下す. ¶임금이 신하에게 시호를 ~ 王が臣下に諡を与える / 벼슬을 ~ 官位を下す. **4** 〔짓다〕(命令·結末などを)下す. つける. ¶선고를 ~ 宣告を下す / 정의를 ~ 定義づける / 결단을 ~ 決断を下す.

내리닫이[1] 名〔建〕上下に開閉する

窓. 上げ下げ窓.

내리닫이² 名 上下をつないだ後ろ開きの子供服.

내리뜨다 他 見おろす. 見下す.

내리막 名 **1** 下り坂. ¶ 여기서부터 ~이 된다 ここから下り坂になる. **2** (調子·景気などの)下り坂. 落ち目. ¶ 장사가 ~에 접어드니 아무도 가까이 하지 않는다 商売が落ち目になると誰も寄り付かない.

내리밀다 他 (下のほうに)押しつける. 押しやる.

내리받이 名 下り坂.

내리비추다 他 (上から)下の方へ照らす.

내리비치다 自 (上から)照る. 光がさす. ¶ 달빛이 ~ 月の光がさす.

내리사랑 名 目上の人の目下の人に対する愛. 親の子に対する愛情.
〔속담〕 **내리사랑은 있어도 치사랑은 없다** 親の子に対する愛はあるが子の親に対する愛はない.

내리쏟다 他 (水などを上から)注ぐ. 一気に注ぐ.

내리쏟아지다 自 (水·雨などが)降り注ぐ. 激しく降る.

내리쓰기 名 縦書き.

내리쓰다 他 縦書きする.

내리지르다 他 (足などで上から強く)踏みつける. 蹴りつける. ¶ 발로 배를 ~ 足でお腹を踏みつける.

내리쬐다 自 照りつける. (日光が) 降り注ぐ. ¶ 눈부시게 내리쬐는 햇빛 さんさんと降り注ぐ日の光.

내리치다 他 打ち下ろす. 切り下ろす. 振り下ろす. たたきつける. ¶ 칼로 나뭇가지를 ~ 刀で木の枝を切り下ろす / 몽둥이로 독사를 내리쳤다 こん棒で毒蛇をたたきつけた.

내리퍼붓다 自他 (雨·雪などが)降り注ぐ. 降りしきる. ¶ 하루 종일 장대 같은 비가 내리퍼부었다 一日中豪雨が降り注いだ.

내리훑다 他 **1** (上から下へ)しごく. **2** (上から下まで)注意して調べて見る.

내릴톱 名 縦引き鋸.

내림¹ 名 遺伝的な特質. 血統. 血筋. ¶ 성질이 급한 것은 그 집안의 ~이다 気が短いのはその家系の血筋である.
내림내림 名 先祖代々からの遺伝.

내림²〔來臨〕 名 하自 来臨.

내림굿 名〔民俗〕 巫女になろうとする時の神懸かりを祈る儀式.

내림대 名〔民俗〕 巫女が神降ろしに用いる小枝または竿.

내림세〔一勢〕 名 (相場·物価の)下落する傾向. 下がり気味. 下向き. ¶ 주가는 ~이다 株価は下落気味だ.

내림표〔一標〕 名〔樂〕 変記号. フラット(♭).

내막〔内幕〕 名 内幕. 内部の実情. 内実. ¶ 회사의 ~을 잘 알다 会社の内幕をよく知っている.

내맡기다 他 すっかり任せる. 一任する. 委任する. 委ねる. ¶ 운영권 일체를 ~ 運営権一切をゆだねる / 몸을 ~ 身を任せる.

내매다 他 外へ出して縛る[つなぐ]. ¶ 소를 마당의 말뚝에 ~ 牛を庭の杭につなぐ.

내면〔内面〕 名 内面.
내면 묘사〔一描寫〕 名 内面描写.
내면세계〔一世界〕 名 内面世界.
내면적〔一的〕 冠名 内面的. 内的.

내명〔内命〕 名 内命. 内々の命令. ¶ ~을 띠다 内命を帯びる.

내명년〔來明年〕 名 再来年.

내몰다 他 **1**〔내좇다〕追い出す. 追い払う. 追いやる. ¶ 미친개를 집 밖으로 ~ 狂犬を家の外へ追い出す. **2**〔급히 달리게 하다〕(自動車などを)飛ばす. (馬などを)走らせる. ¶ 자동차를 쏜살같이 ~ 自動車を矢のように飛ばす.

내몰리다 自 追い出される. 追い立てられる. 駆り立てられる.

내무〔内務〕 名 内務. ¶ ~반 内務班 / ~행정 内務行政.

내밀〔内密〕 名 하形 内密. 内々. 内分. 内緒. ¶ ~한 이야기 内密の話. **내밀히** 副 内密に. 内々で. ひそかに. こっそり. ¶ ~ 조사하다 内密に調査する.

내밀다 Ⅰ 自 突き出る. **1** 出っ張る. 張り出す. ¶ 덧니가 ~ 八重歯が突き出る. **2** 突き破って出る. ¶ ~ 芽が出る.
Ⅱ 他 **1**〔내보내다·내놓다〕差し出す. 突き出す. 乗り出す. ¶ 손을 ~ 手を差し出す / 명함을 ~ 名刺を差し出す / 창문 밖으로 몸을 ~ 窓の外に身を乗り出す. **2**〔전가하다〕(責任などを人に)押しつける. なする. 任せる. ¶ 귀찮은 일은 다 그에게 내밀었다 面倒な仕事はみんな彼に押しつけた. **3**〔좇아내다〕押し出す. 追い出す. 退ける. ¶ 그들을 문 밖으로 내밀었다 彼等をドアの外へ押し出した. **4**〔나타내다〕顔を出す. 姿を見せる. ¶ 동문회에 얼굴을 내밀었다 同窓会に顔を見せた.

내밀리다 自 押し出される. 追いやられる. ¶ 본점에서 지점으로 내밀렸다 本店から支店へ追いやられた.

내밀힘 名 **1** 押し出す力. **2** (主張などを)押し通す力. 切り抜ける力[根気]. 押し.

내방〔來訪〕 名 하自 来訪. ¶ 아는 분의 ~을 받다 知人の来訪を受ける.

내배다 自 (液体などが)にじみ出る. 染み出る. ¶ 땀이 내밴 셔츠 汗のにじんだシャツ.

내뱉다 他 **1** (唾·痰などを)吐き出す. 吐く. ¶ 침을 ~ 唾を吐く. **2** 言い捨てる. 言い放つ. ¶ 한 마디 툭 내뱉고 나가 버렸다 一言ぽいと言い捨てて出て行った.

내버려두다 他 **1** ほったらかす. 放っておく. 捨て置く. 放置する. ¶ 일을 내버려두고 놀다 仕事をほったらかして遊ぶ. **2** (人を)放っておく. 放り出す. 見捨てる. 見放す. ¶ 전우를 내버려두고 도망쳤다 戦友を見捨てて逃げた / 울거나 말거나 내버려두게 泣こうと泣くまいと放っておけ.

내버리다 他 **1** 捨てる. 放り出す. 投げ捨てる. ¶ 쓰레기를 ~ ごみを捨てる / 빈 깡통을 ~ 空き缶を投げ捨てる. **2** 見捨てる. 見放す.

내벽〔內壁〕名 内壁.

내병성〔耐病性〕名〔農〕耐病性. ¶ ~이 강한 식물 耐病性の強い植物.

내보내다 他 **1**〔(밖으로) 나가게 하다〕出て行かせる. 出す. ¶ 아이를 밖으로 ~ 子供を外へ出て行かせる. **2**〔파견하다·진출시키다〕送り出す. 送る. 出す. ¶ 기자를 현장에 ~ 記者を現場に送る. **3**〔해고하다〕追い出す. 首にする. 解雇する. ¶ 사원을 열 명이나 내보냈다 社員を10人も解雇した. **4**〔(집을) 비우게 하다〕追い出す. 追いやる. ¶ 세 든 사람을 ~ 借家人を追い出す.

내보이다 他 (入れていたものを)取り出して見せる. 出す. ¶ 사진을 친구에게 ~ 写真を取り出して友達に見せる.

내복¹〔內服〕名 下着. 肌着. ¶ ~을 갈아입다 下着を着替える.

내복²〔內服〕名 하他 内服. 服用.

내복약〔一藥〕名 内服薬.

내부〔內部〕名 内部. ¶ 복잡한 ~ 사정 複雑な内部事情 / ~에 있는 자의 범행 内部の者の犯行.

내분〔內紛〕名 内紛. 内輪もめ. ¶ 당은 ~이 끊이지 않는다 党は内紛が絶えない.

내분비〔內分泌〕名〔生〕内分泌.

내분비물〔一物〕名〔生〕ホルモン.

내분비선〔一腺〕名〔生〕内分泌腺.

내분비 장애〔一障礙〕名〔醫〕内分泌障害.

내불다 他 吹き出す. 吐き出す. ¶ 입김을 ~ 息を吐き出す.

내붙이다 他 掲げる. 掲示する. 張り出す. ¶ 합격자 명단을 교문 밖에 ~ 合格者名簿を校門の外に張り出す.

내비치다 自他 **1** (光が)漏れる. ¶ 창문 밖으로 불빛이 ~ 窓の外に明かりが漏れる. **2** ほのめかす. におわせる. ¶ 자기 속을 ~ 自分の心のうちをほのめかす. **3** 透き通って見える. ¶ 옷이 얇아 속살이 내비친다 服が薄くて肌が透き通って見える.

내빈〔來賓〕名 来賓. ¶ ~ 축사 来賓の祝辞.

내빼다 自〈俗〉逃げ出す. 逃走する. ¶ 국외로 ~ 国外へ逃げる.

내뻗다 Ⅰ 自 **1** 伸びる. 伸びていく. ¶ 호박 덩굴이 지붕까지 내뻗어 있다 カボチャの蔓が屋根まで伸びている. **2** 意地を張り通す. 言い張る. ¶ 자기 책임이 아니라고 ~ 自分の責任ではないと言い張る.

Ⅱ 他 勢いよく伸ばす. ぐっと差し出す. ¶ 팔을 힘껏 ~ 腕を勢いよく伸ばす.

내뻗치다 自他 (勢いよく)伸びる. 伸ばす. 吹き出る. 吹き出す. ¶ 분수가 ~ 噴水が勢いよく吹き出る.

내뽑다 他 **1** (首·腕などを)力を込めて伸ばす. 長く伸ばす. **2** (声を)張り上げる. 声高く歌う. ¶ 노래 한 구절을 ~ 歌一節を声高く歌った. **3** 速度をさらに速める.

내뿜다 他 (水·煙などを)吹き出す. ほとばしる. 噴出する. 吐き出す. ¶ 담배 연기를 ~ たばこの煙を吐き出す.

내사¹〔內査〕名 하他 内査. 内偵. ¶ 오직 사건을 ~하다 汚職事件を内偵する.

내사²〔來社〕名 하自 来社.

내상¹〔內相〕名 内相. 内務部長官.

내상²〔內喪〕名 女性の葬儀.

내색〔一色〕名 하自 (感情が顔に現われた)顔色. 気振り. 素振り. ¶ 상대의 ~을 읽다 相手の顔色を読む / ~조차 안 한다 気振りも見せない.

내생〔來生〕名〔佛〕来生. 後生.

내선〔內線〕名 内線.

내성¹〔內省〕名 하自 内省. 反省.

내성적〔一的〕冠 名 内省的. ¶ ~인 태도 内省的な態度.

내성²〔耐性〕名 耐性.

내성균〔一菌〕名〔生〕耐性菌.

내세〔來世〕名〔佛〕来世. 後世.

내세관〔一觀〕名 来世観.

내세우다 他 **1**〔나와 서게 하다〕(前や表に)立たせる. 立てる. ¶ 수상자를 대열 앞에 내세웠다 受賞者を列の前に立たせた. **2**〔나서게 하다〕(ある役割·目的を持たせて)立てる. うち立てる. 推し立てる. ¶ 후보자를 ~ 候補者を立てる / 증인으로 ~ 証人に立てる. **3**〔내놓다〕(目に触れるように)掲げる. 立てる. ¶ 간판을 ~ 看板を立てる. **4**〔주장하다〕(意見などを)唱える. 打ち出す. 主張する. ¶ 새로운 방침을 ~ 新しい方針を打ち出す / 권리를 강경히 ~ 権利を強く主張する. **5**〔자랑하다〕ひけらかす. 自慢する. ¶ 재능을 ~ 才能をひけらかす.

내소박〔內疎薄〕名 하自 妻が夫を疎んで冷遇すること.

내수¹〔內水〕名 内水(湖沼·河川·運河など).

내수²〔內需〕名 内需. ¶ ~ 산업 内需産業.

내수³〔耐水〕名 하自 耐水.

내수성〔一性〕名 耐水性.

내수포〔一布〕名 耐水布.

내숭 名 하形 うわべは優しいようで実は陰険なこと.

내숭떨다 自 (おとなしくそうにつくろいながら)猫をかぶる.

내숭스럽다 形 見かけによらず陰険だ.

내쉬다 他 (息を)吐く. つく. 吐き出す. ¶ 숨을 ~ 息を吐く / 안도의 숨을 ~ 安堵の息をつく.

내습¹〔來襲〕名 하自他 来襲. ¶ 적기의 ~ 敵機の来襲.

내습²〔耐濕〕名 耐湿. ¶ ~성 耐湿性.

내시¹〔內示〕名 하他 内示. 内々に示すこと. ¶ 전직의 ~를 받다 転任の内示を受ける.

내시²〔內侍〕名 **1**〔史〕宦官. **2**〈俗〉去勢された男.

내시경〔內視鏡〕名〔醫〕内視鏡.

내신〔內申〕 名 하他 内申. ¶～ 성적 内申成績.
 내신서〔一書〕 名 内申書.
내실¹〔內室〕 名 婦女の居間. 奥の間.
내실²〔內實〕 名 **1** 内実. 内部の実情. **2** 内実. 内的充実.
내심〔內心〕 名 内心. 心中. 心の中. ¶～을 털어놓다 心中を打ち明ける.
내쏘다 他 **1** 鋭く言い放つ. ずばずばと言う. ¶퉁명스럽게 한 마디 ～ ぶっきらぼうに一言言い放つ. **2** (銃などを内から外に向けて)撃つ. 放つ. ぶっ放す.
내야〔內野〕 名 (野球で)内野. インフィールド. ¶～수 内野手 / ～ 플라이 内野フライ / ～ 안타 内野安打.
 내야석〔一席〕 名 内野席.
내약〔內約〕 名 하他 内約. 内々の約束. ¶～을 맺다 内約を結ぶ.
내역〔內譯〕 名 内訳. 明細.
내연¹〔內緣〕 名 内縁. ¶～ 관계 内縁関係 / ～의 처 内縁の妻.
내연²〔內燃〕 名 하自 内燃.
 내연 기관〔一機關〕 名〔物〕内燃機関.
내연³〔來演〕 名 하自他 来演.
내열〔耐熱〕 名 耐熱. ¶～성 耐熱性 / ～ 유리 耐熱ガラス.
 내열강〔一鋼〕 名 耐熱鋼.
내오다 他 (内から外へ)持ち出す. 持ってくる. 出す. ¶술상을 ～ 酒の膳を持ってくる.
내왕〔來往〕 名 하自 **1** 来往. 往来. 行き来. ¶사람의 ～이 빈번하다 人の行き来が激しい. **2** 交際. 付き合い. 行き来. ¶그와는 ～이 없다 彼とは付き合いがない.
내외¹〔內外〕 名 **1** 内外. 内と外. 国の内外. ¶～의 정세에 밝다 内外の情勢に詳しい. **2** 夫妻. ¶임씨 ～ イムさん夫妻. **3** 内外. ぐらい. 前後. ¶100명 ～ 100人内外 / 5000원 ～의 물건 5000ウォンぐらいの品物.
 내외간〔一間〕 名 夫婦の間. 夫婦の間柄. ¶～의 금실이 좋다 夫婦の仲がむつまじい.
 〔속담〕 **내외간 싸움은 칼로 물 베기라** 夫婦げんかは刀で水を切るようだ〈夫婦げんかは犬も食わない〉.
 내외분 名 〔'부부'의 높임말〕 御夫妻. 御夫婦.
 내외척〔一戚〕 名 内戚と外戚. 姻戚.
내외²〔內外〕 名 하自 (礼儀上)男女が顔を合わせるのを避けること.
내외종〔內外從〕 名 いとこ. 父の姉妹の子女と母の男子兄弟の子女.
내용〔內容〕 名 内容. (物の)中身. 内部の実質. ¶소포의 ～ 小包の中身 / 외관보다는 ～이 중요하다 見かけより内容が大切だ.
 내용물〔一物〕 名 内容物.
 내용 증명 우편〔一證明郵便〕 名〔法〕内容証明郵便.
내우〔內憂〕 名 内憂. 内患.
 내우외환〔一外患〕 名 内憂外患. ¶～이 갈마들다 内憂外患がこもごもにやってくる.

내원〔來援〕 名 来援.
내월〔來月〕 名 来月.
내유외강〔內柔外剛〕 名 内柔外剛.
내응〔內應〕 名 하自 内応. 内通. 裏切り. ¶간첩과 ～하여 기밀을 누설하다 間諜と内通して機密を漏らす.
내의¹〔內衣〕 名 下着.
내의²〔內意〕 名 内意. 心中の意向.
내이〔內耳〕 名〔生〕内耳. ¶～염 内耳炎.
내인〔內因〕 名 内因. ¶신라 멸망의 ～ 新羅滅亡の内因.
내일〔來日〕 名 **1** あす. あした. 明日. 翌日. ¶～이나 모레에 만납시다 あしたかあさってに会いましょう. **2** 未来. 将来. あす. ¶우리 나라의 ～을 짊어질 젊은이 わが国のあすを担う若者.
내자¹〔內子〕 名〔'아내'의 겸사말〕家内. 女房.
내자²〔內資〕 名 国内資本.
내장¹〔內粧〕 名 하自他 内装. ¶～ 공사 内装工事.
내장²〔內藏〕 名 하自他 内蔵. ¶마이크가 ～되어 있는 라디오 카세트 マイクが内蔵されているラジカセ.
내장³〔內臟〕 名〔生〕内臓. ぞうふ. もつ. ¶～ 질환 内臓疾患.
내장안〔內障眼〕 名〔醫〕内障眼. そこひ.
내재〔內在〕 名 하自 内在. ¶조직에 ～하는 취약점 組織に内在する弱点.
 내재율〔一律〕 名〔文〕内在律.
내적〔內的〕 冠名 内的. ¶～ 경험 内的経験 / ～ 요인 内的要因.
내전¹〔內殿〕 名 **1**〔'왕비'의 높임말〕王后. きさき. 皇后. **2** 王妃の起居する所.
내전²〔內戰〕 名 内戦. 内乱.
내전³〔來電〕 名 하自 来電.
내점〔來店〕 名 하自 来店.
내접〔內接〕 名 하自〔數〕内接.
내젓다 他 **1** 激しく振り回す. ¶팔을 ～ 手を振り回す / 깃발을 ～ 旗を振り回す. **2** しきりに漕ぐ.
내정¹〔內定〕 名 하他 内定. ¶공장 부지로 ～된 구역 工場の敷地に内定した区域.
내정²〔內政〕 名 内政.
 내정 간섭〔一干涉〕 名 하自 内政干渉.
내정³〔內情〕 名 内情. ¶～에 밝다 内情に詳しい / ～을 폭로하다 内情を暴露する.
내조¹〔內助〕 名 하自他 内助. ¶～의 공이 크다 内助の功によるところが大きい.
내조²〔來朝〕 名 하自 来朝.
내종〔內從〕 名 〔'내종 사촌'의 준말〕いとこ.
 내종 사촌〔一四寸〕 名 父の姉妹の子女. いとこ.
 내종형제〔一兄弟〕 名 父の姉妹のむすこたち.
내주〔來週〕 名 来週. ¶～ 월요일 来週の月曜日.
내주다 他 **1** (物を中から)取り出して与える. ¶금고에서 돈을 ～ 金庫からお金を取り出して与える. **2** (持って

いる物を相手に)渡す. ¶ 현금 상환으로 상품을 ~ 現金と引き替えに商品を渡す. **3** (権利·地位などを)譲る. 明け渡す. ¶ 사장 자리를 ~ 社長の座を譲る.

내주장〔内主張〕 名 하自他 かかあ天下. ¶ ~하다 夫を尻に敷く.

내지¹〔乃至〕 副 **1** 乃至. ¶ 맥주 세 병 ~ 네 병은 단숨에 마실 수 있다 ビール3本から4本は軽く飲める. **2** または. あるいは. ¶ 서울 ~ 부산에서 많이 소비된다 ソウルあるいは釜山で多く消費される.

내지²〔内地〕 名 **1** 内地. 内陸. 奥地. ¶ 남미의 ~를 여행했다 南米の奥地を旅行した. **2** 内地. 国内.

내지르다 他 **1**〔내차다〕(力いっぱい)突き出す. (外のほうへ)蹴る. 蹴飛ばす. ¶ 공을 멀리 ~ ボールを遠くへ蹴飛ばす. **2**〔외치다〕(急に)大声で叫ぶ. (声を)張り上げる. ¶ 큰 소리를 ~ 大声を張り上げる. **3** 〈卑〉〔낳다〕(子を)産む. **4** 〈卑〉〔누다〕排泄する.

내직〔内職〕 名 内職.

내진¹〔内診〕 名〔醫〕内診.

내진²〔來診〕 名 하自 来診. 往診. ¶ ~을 청하다 来診を請う.

내진³〔耐震〕 名 耐震. ¶ ~ 구조 耐震構造.

내쫓기다 自 追い出される. (地位などを)追われる. 締め出される. ¶ 집에서 ~ 家から追い出される / 과장 자리에서 ~ 課長の地位を追われる.

내쫓다 他 追い出す. 追い払う. 追い立てる. 追放する. ¶ 야채 밭에서 닭을 ~ 野菜畑から鶏を追い出す / 부정 공무원을 ~ 悪徳公務員を追放する.

내차다 他 **1** (外や前に向かって)蹴る. **2** ひどく蹴る. 思いきり蹴る. 蹴飛ばす. ¶ 공을 ~ ボールを蹴飛ばす.

내처 副 **1** ずっと. 引き続いて. 連続して. ¶ ~ 걷다 歩き続ける / ~ 앉아 있었다 ずっと座っていた. **2** 始めたついでに最後まで. ことのついでに全部. ¶ 일을 하던 김에 ~ 하자 仕事のついでに最後までやろう.

내추〔來秋〕 名 来秋.

내추럴리즘〔naturalism〕 名 ナチュラリズム. 自然主義.

내춘〔來春〕 名 来春.

내출혈〔内出血〕 名〔醫〕内出血.

내측〔内側〕 名 内側.

내치〔内治〕 名 하他 **1** 内治. 内服薬で病気を治すこと. **2** 内政. 国内の政治.

내치다¹ 自 ことのついでにやる. ひきつづいてやる. ¶ 내친 김에 밀린 일을 다 해치웠다 ことのついでに滞った仕事をし終えた.

내친걸음 名 ことのついで. 乗りかかった船. 行き掛かり. ¶ ~이라 물러설 수 없다 行きがかり上引き下がれない / ~에 이것도 마저 하자 ついでにこれもみんな片づけよう.

내치다² 他 **1** 追い出す. 追放する. **2** (物を)投げ出す. 投げ捨てる.

내칙〔内則〕 名 内則. 内規.

내침〔來侵〕 名 하自 侵入してくること. 侵略してくること. ¶ 적의 ~에 대비하다 敵の侵入に備える.

내키다 自 気が向く. 乗り気になる. 気乗りする. ¶ 웬일인지 마음이 내키지 않는다 なぜか気が乗らない / 내키지 않는 밥을 억지로 먹지 마라 食べたくないご飯を無理に食べるな.

내탐〔内探〕 名 하他 内探. 内偵. ¶ 경쟁 회사의 사정을 ~하다 競争会社の事情を探る.

내통〔内通〕 名 하自 内通. 密通. ¶ 적국과 ~하다 敵国と内通する / 유부녀와 ~하다 人妻と密通する.

내팽개치다 他 **1** 投げ捨てる. 投げつける. 叩きつける. ¶ 가방을 내팽개치고 놀러 가다 かばんを投げ捨てて遊びに行く. **2** 放り出す. かなぐり捨てる. ¶ 가족을 내팽개치고 달아나다 家族をほうりだして逃げる.

내포〔内包〕 名 하他 内包. ¶ 여러 가지 뜻을 ~하고 있는 말 いろいろな意味を内包している言葉.

내피〔内皮〕 名 内皮.

내핍〔耐乏〕 名 하自 耐乏. ¶ ~ 생활 耐乏生活.

내하〔來賀〕 名 하自他 来賀.

내학기〔來學期〕 名 来学期.

내학년〔來學年〕 名 来学年.

내한¹〔來韓〕 名 하自 来韓. ¶ ~ 공연 来韓公演.

내한²〔耐寒〕 名 하自 耐寒.

내항¹〔内港〕 名 内港.

내항²〔内項〕 名〔數〕内項.

내항³〔來航〕 名 하自 来航.

내해〔内海〕 名 内海.

내향〔内向〕 名 하自 **1** 内向. **2**〔醫〕内攻.

내향성〔—性〕 名 内向性.

내홍〔内訌〕 名 内訌. 内紛.

내화〔耐火〕 名 耐火. ¶ ~ 건축 耐火建築.

내화 구조〔—構造〕 名〔建〕耐火構造.

내화 벽돌〔—甓—〕 名〔建〕耐火煉瓦.

내화성〔—性〕 名 耐火性.

내화 재료〔—材料〕 名〔建〕耐火材料.

내환〔内患〕 名 **1** 内患. 内憂. **2** 妻の病気.

내후년〔來後年〕 名 再来年. 明後年.

내흔들다 他 外に出して振る. やたらに振り回す. ¶ 차창 밖으로 손수건을 ~ 車窓からハンカチを振る / 깃발을 ~ 旗を振る.

냄비 名 鍋. ¶ ~ 뚜껑 鍋ぶた / ~를 불에 올려 놓다 鍋を火にかける.

냄새 名 **1** におい. ¶ 향기로운 ~ 芳しい香り. 香気 / 고약한 ~를 풍기다 不快なにおいを漂わす. **2** 気配. 気色. 感じ. におい. ¶ 살림에 찌든 ~ 生活に疲れはてた感じ. 所帯じみたにおい / 이 기사에서는 정치적인 ~가 풍긴다 この記事には政治的なにおいがする.

냄새나다 自 **1**〔냄새가 코로 느껴지다〕

においがする. におう. ¶ 냄새나는 양말 においがする靴下/생선이 오래되어 냄새난다 魚が長くたってくさったにおいがする. **2**〔매우 싫증이 나다〕鼻につく. いやになる. 嫌気がさす. うんざりする. ¶ 빵만 먹었더니 보기만 해도 냄새난다 パンばかり食べていたので見ただけでうんざりする. **3**〔기미가 보이다〕気配が見える.

냄새피우다 自 におわせる. …の素振りを見せる. …めかす.

냅다[1] 形 煙い. 煙たい. ¶ 모닥불이 ~ たき火が煙い.

냅다[2] 副 激しく. 強く. 一気に. いきなり. ¶ ~ 던지다 いきなり投げる/~ 걷어차다 いきなり蹴飛ばす/~ 뛰어가다 一目散に走る.

냅킨〔napkin〕名 ナプキン.

냇가 名 小川のほとり. 川岸. 川端. 川辺. ¶ ~에서 낚시하다 小川のほとりで魚を釣る.

냇둑 名 小川の土手.

냇물 名 小川の水. 小川の流れ. ¶ ~을 건너다 小川を渡る/큰비로 ~이 불었다 大雨で小川の水かさが増した.

냇버들 名〔植〕川柳.

냉[1]〔冷〕名〔韓方〕**1** 冷え症. 冷え〈下半身が冷えすぎて起こる病気〉. **2** 帯下. おりもの.

냉-[2]〔冷〕接頭 冷やし…. ¶ ~커피 アイスコーヒー/~맥주 冷やしビール.

냉가슴〔冷―〕名 **1**〔韓方〕体を冷やしたために生ずる胸焼け. **2** 人知れず気をもむこと. (一人で)くよくよすること. ¶ 벙어리 ~ 앓듯 하지 말고 속 시원히 털어놓게 一人でくよくよしないで, あっさりぶちまけろよ.

냉각〔冷却〕名 하自他 冷却.

냉각기〔―期〕名〔'냉각기간'의 준말〕冷却期.

냉각기간〔―期間〕名 冷却期間.

냉각 장치〔―裝置〕名 冷却装置.

냉각제〔―劑〕名 冷却剤.

냉국〔冷―〕名 冷たいすまし汁.

냉기〔冷氣〕名 冷気. 冷え. ¶ 아침의 ~ 朝の冷気/~가 도는 싸늘한 방 冷たい空気が漂う冷え冷えとした部屋.

냉난방〔冷暖房〕名 冷暖房. ¶ ~ 완비 冷暖房完備/~ 장치 冷暖房装置.

냉담하다〔冷淡―〕形 冷淡だ. 冷ややかだ. 冷たい. ¶ 냉담한 표정 冷淡な表情/냉담한 말투 冷ややかな口調/냉담하게 대하다 冷たく当たる.

냉대〔冷待〕名 하他 冷遇. 冷ややかにあしらうこと. ¶ ~를 받다 冷遇される.

냉동〔冷凍〕名 하他 冷凍. ¶ ~한 생선 冷凍した魚/~하여 보존하다 冷凍して保存する.

냉동기〔―機〕名 冷凍機.

냉동선〔―船〕名 冷凍船.

냉동식품〔―食品〕名 冷凍食品.

냉동어〔―魚〕名 冷凍魚.

냉랭하다〔冷冷―〕形 **1** (空気・風などが)非常に冷たい. 冷え冷えとしている. ¶ 냉랭한 공기 冷え冷えした空気. **2** (態度が)冷淡だ. 冷ややかだ. ¶ 냉랭한 태도 冷淡な態度/냉랭하게 대하다 冷ややかに対する.

냉면〔冷麵〕名〔料理〕冷麵.

냉방〔冷房〕名 **1** 冷房. ¶ ~병 冷房病/~ 시설 冷房施設. **2** 火の気のない部屋. 冷えた部屋.

냉방 장치〔―裝置〕名 冷房装置. クーラー.

냉소〔冷笑〕名 하他 冷笑. 嘲笑い. 冷ややかな笑い. せせら笑い. ¶ ~를 띠다 冷笑を浮かべる.

냉수〔冷水〕名 冷水. 冷たい水. 水. ¶ 머리에서부터 ~를 끼얹다 頭から冷水を浴びる.

〔속담〕**냉수 먹고 속 차려라** 冷水を飲んでしゃきっとしろ〈非常識なことや身のほどを知らないことをする人にいう〉.

냉수마찰〔―摩擦〕名 하自 冷水摩擦.

냉수욕〔―浴〕名 하自 冷水浴.

냉습〔冷濕〕名 하形 **1** 冷えて湿気があること. 冷気と湿気. **2**〔韓方〕冷えと湿気のために起こる症状.

냉엄하다〔冷嚴―〕形 冷厳だ. ¶ 냉엄한 태도 冷厳な態度/현실은 냉엄한 것이다 現実は冷厳なものだ.

냉연〔冷然〕名 하形 冷然. ¶ ~한 태도 冷然たる態度. **냉연히** 副 冷たく. 冷然と. ¶ 일부러 ~ 대하다 わざと冷たく当たる.

냉이 名〔植〕薺. ぺんぺん草.

냉장〔冷藏〕名 하他 冷蔵.

냉장고〔―庫〕名 冷蔵庫.

냉전〔冷戰〕名 冷戦.

냉정〔冷靜〕名 하形 冷静. 沈着. ¶ ~을 되찾다 冷静さを取り戻す/~을 잃지 않고 일을 처리하다 冷静さを失わずに事を処理する.

냉정하다〔冷情―〕形 薄情で冷たい. 冷淡だ. 冷たい. つれない. ¶ 냉정한 사람 冷淡な人/냉정한 태도 冷たい態度. **냉정히** 副 冷ややかに. 冷淡に. ¶ ~ 거절하다 冷たく拒絶する.

냉증〔冷症〕名〔韓方〕冷え症.

냉찜질〔冷―〕名 하自他 冷罨法.

냉차〔冷茶〕名 冷茶.

냉채〔冷菜〕名〔料理〕野菜をあえて冷やしたもの.

냉천〔冷泉〕名 冷泉.

냉철하다〔冷徹―〕形 冷徹だ. ¶ 냉철한 눈 冷徹な目. **냉철히** 副 冷徹に.

냉큼 副 素早く. さっと. さっさと. ただちに. すぐに. 即座に. ¶ 받은 볼을 ~ 던졌다 受けたボールを素早く投げた/~ 일어나 대답해라 すぐに立って返事しなさい.

냉탕〔冷湯〕名 水風呂.

냉하다〔冷―〕形 **1** 冷気がある. 冷たい. ¶ 냉한 바람이 불다 冷たい風が吹く/손발이 ~ 手足が冷たい. **2**〔韓方〕(病気で)下腹が冷えて冷たい. **3**〔韓方〕薬材の性質が冷たい.

냉한〔冷汗〕名 冷汗. 冷や汗.

냉해〔冷害〕名 冷害. ¶ ~를 입다 冷害に見舞われる.

냉혈〔冷血〕名 **1** 冷血. **2** 冷酷なこと.

냉혈 동물〔一動物〕 名〔動〕 冷血動物.
냉혈한〔一漢〕 名 冷血漢.

냉혹〔冷酷〕 名 하形 **1** 冷酷. ¶～한 처사 冷酷な仕打ち／～한 사나이 冷酷な男. **2** 酷寒. **냉혹히** 副 冷酷に.

-냐 語尾 (형용사·'이다'의 아래) 〔의문을 나타냄〕 …か. …の. …かね. ¶배가 고프～? 腹が減ったか／그것이 무엇이～? それは何かね／얼마나 넓으～? どれくらい広いのか. ▷-느냐

-냐고 ('-냐 하고'가 준 말) 〔물음의 인용을 나타냄〕 …かと. ¶빨리 가는 것이 어떠～ 합디다 早く行ったらどうかと聞いていました／누구～ 묻다 誰かと尋ねる.

-냐는 ('-냐고 하는'이 준 말) 〔물음이나 의사의 인용을 나타냄〕 …かという…. ¶그래도 대학생이～ 비난을 받았다 それでも大学生かという非難を受けた.

-냔 ('-냐는·-냐고 한'이 준 말) 〔물음의 인용을 나타냄〕 …かという. ¶그래도 남자～ 핀잔에 화가 났다 それでも男かという侮辱に腹が立った.

-냘 ('-냐고 할'이 준 말) 〔물음의 인용을 나타냄〕 …かという. ¶그의 수고를 생각하면 이익이 왜 이렇게 적으～ 수는 없을 거다 彼の苦労を思えば利益がどうしてこんなに少ないのかと言うことはできないだろう.

냠냠 副 〈幼〉 舌鼓を打つ音.
냠냠거리다[-대다] 自他 〈幼〉 **1** おいしそうに食べる. **2** しきりに舌鼓を打つ.
냠냠이 名 〈幼〉 食べ物. おやつ.

냥〔兩〕 依名 **1** 〔무게의 단위〕 10匁. ¶금 한 ～ 金10匁. **2** 〔옛 화폐의 단위〕 10銭.

냥쭝〔兩—〕 依名 両.

너[1] 代 お前. 君. ¶～도 함께 가자 君もいっしょに行こう. ▷네[1]

호칭·지칭 너·당신

あなた／お宅／汝
•모두 상대방(제2인칭)에 대해 쓰는 말이다. 너, 당신. ／あなた는 貴方라고 써서, 자기와 동년배 정도의 사람에게 사용하고 손윗 사람에게는 쓰지 않는다. ／お宅는 상대방에 대한 높임말로서, 상대방의 집이나 가족을 가리키기도 한다. ／汝는 '너·그대'의 뜻이며 문장어로서 낡은 말투이다.

君／お前／貴様
•동년배 이하의 상대방에게 쓰는 말들이다. 君는 다소 허세적인 상대방에 대하여 거리를 둔 말씨이고, お前는 다소 거친 말투로서 친근한 상대에게 쓰인다. 너. ／貴様는 남성이 상대를 욕하여, 또는 매우 격의 없는 동년배 이하의 상대에게 사용한다. 너. 네놈.

貴君／貴兄／貴下／貴殿／尊公／貴台／貴公
•주로 남성이 서간문에서 쓰는 말로서 貴君·貴兄·貴下 등은 동년배나 그 이하의 남성을 가리켜 쓰는 말이고(귀하), 貴殿 이하의 말들은 남성이 상대방을 존경하여 부르는 말이다.

너[2] 冠 〔'네[2]'의 다른 꼴〕 (ㄷ·ㅁ·ㅂ·ㅍ 등을 첫소리로 하는 일부 명사 앞에 쓰여) よん. 四つの. 4. ¶쌀 ～ 말 米4斗.

너구리 名〔動〕 狸.
◆**너구리 같다** (たぬきのように)ずる賢い. 悪賢い. ¶～ 같은 놈 悪賢いやつ.
〔속담〕 **너구리 보고 피물 돈 내어 쓴다** たぬきを見て皮の代金を出して使う〈捕らぬたぬきの皮算用〉.

너그럽다 形 (心が)広い. 寛大だ. 寛容だ. 度量が大きい. ¶너그러운 조처 寛大な処置／마음이 너그럽고 착한 사람 心が広くて善良な人間. **너그러이** 副 寛大に. 大目に. ¶～ 용서하다 寛大に許す.

너글너글하다 形 心がとても広い. 寛大だ. おおらかだ. ¶너글너글한 성미 おおらかな気性.

너끈하다 形 余裕がある. 充分である. ¶두 사람이 먹기에 ～ 二人で食べるに充分である. **너끈히** 副 たっぷり. 充分に.

너나들이 名 하自 互いに「お前·おれ」と呼び合える間柄.

너나없이 副 誰かれの区別なく. みんな一様に. だれもかれも. ¶손에 국기를 들고 ～ 다 나왔다 手に国旗を持って誰もかれもみんな出てきた.

너더댓 Ⅰ 數 四つか五つ(くらい).
Ⅱ 冠 四つか五つ(ぐらい). ¶닭 ～ 마리 鶏4·5羽.
너더댓새 名 4·5日(くらい). ¶다 쓰는 데는 ～ 걸리겠다 全部書き上げるには4·5日かかりそうだ.
너더댓째 數 4·5番目(くらい).

너더분하다 形 ごたごたしている. 乱雑だ. 散らかっている.

너덕너덕 副 하形 べたべた. (衣服が)つぎはぎだらけに. ¶벽보가 ～ 붙어 있다 張り紙がべたべたと張られている／～ 기운 셔츠 つぎはぎだらけのシャツ.

너덜거리다[-대다] 自 (ずたずたになって垂れ下がり)ぶらぶらする. ゆらゆらする. ¶옷이 찢기어 ～ 服が裂けてぶらぶらする. ＞나달거리다
너덜너덜 副 하自 (ぼろなどが)ぶらぶら. ゆらゆら.

너덧 Ⅰ 數 四つくらい.
Ⅱ 冠 四つくらい. 四つほど. 四つばかり. ¶～ 집 4軒くらいの家／～ 사람 4人ほど.
너덧째 數 4番目(くらい). ¶성적이 학급에서 ～ 간다 成績がクラスで4番目くらいだ.

너도나도 副 誰もかれも. われもわれも. ¶～ 구호의 손길을 뻗치다 われもわれもと救護の手を差し伸べる.

너도밤나무 名〔植〕 ちょうせんぶな.

-너라 語尾 ('오다'의 어간에 붙어) 〔명령을 나타냄〕 …しろ. ¶모두 이리 오～ みんなこっちへ来い.

너럭바위 名 広く平たい岩.

너르다 形 (空間などが)広く大きい. 広い. ¶너른 평야 広々とした平野／너른 방 広い部屋.

너머 名 (山·垣などの)向こう. 向こう

側が. …越し. ¶담 ~로 매화가 보였다 垣根越しに梅の花が見えた / 저 산 ~에 학교가 있다 あの山の向こうに学校がある.

너무 副 あまり. あまりに. あんまり. …し過ぎて. ひどく. ずいぶん. ¶~ 커서 놀랐다 あまり大きいのでびっくりした / ~ 욕심부리지 마라 あまり欲張るな.

너무나 副 あまりに. あまりにも. ¶~ 기뻐서 눈물이 나올 정도였다 あまりにもうれしくて涙が出るほどだった.

너무너무 副 あまりに. あまりにも.

너무하다 形 度が過ぎている. あんまりだ. ひどい. ずいぶんだ. ¶알려 주지 않다니 너무했다 知らせないなんてあんまりだ.

너볏하다 形 (身なりや態度が)立派だ. 堂々としている.

너부렁이 名 **1** (布・紙などの)切れ端. 切れくず. 裁ちくず. **2** 取るに足りない存在. 端くれ. ¶공무원 ~ 公務員の端くれ. ＞나부랭이

너부죽하다 形 (顔などが)やや広い. 平べったい. ＞나부죽하다 **너부죽이** 副 **1** 平たくてやや広く. **2** おもむろに平伏すさま.

너비 名 (道路・川などの)横幅. 幅. ¶강의 ~ 川幅 / 도로의 ~ 道路の幅 / ~가 넓다[좁다] 幅が広い[狭い].

너설 名 険しい岩や石などが突き出た所. ごつごつの岩角.

너스래미 名 (物についている役に立たない)くず. 端切れ.

너스레 名 (下心のある)冗談口. 皮肉. (無用な)おしゃべり.

◆**너스레를 놓다** (人を陥れるために)ふざけた言い方をする.

◆**너스레를 떨다** わざと冗談口をたたく.

너와집 名 屋根をうすい木片で葺いた家.

너울[1] 名 むかし, 婦女子が外出する際にかぶる薄絹のおおい.

너울[2] 名 (海の)うねり. 荒波. 大波.

너울거리다[-대다] I 自 **1** (大波が)うねる. **2** (草木などが)ゆらりゆらりと揺れる.

II 他 (腕・羽などを)ゆらりゆらり[ひらりひらり]と揺り動かす. ¶나비가 날개를 ~ 蝶が羽をひらりひらりと動かす.

너울너울 副 하自他 **1** うねうね(と). **2** ゆらゆら(と). **3** ゆらりゆらり(と). ひらりひらり(と).

너저분하다 形 乱雑に散らかっている. ごった返している. ごちゃごちゃだ. ごたごたしている. ごみごみしている. ¶물건이 너저분하게 널려 있다 物がごちゃごちゃに散らかっている.

너절하다 形 **1** 汚らしい. むさくるしい. 汚い. ¶청소를 하지 않아 방 안이 ~ 掃除をしていないので部屋の中が汚らしい. **2** 下品だ. つまらない. くだらない. 粗末だ. みすぼらしい. ¶너절한 변명 つまらぬ言い訳 / 너절한 상품 粗末な商品 / 옷차림이 ~ 身なりがみすぼらしい.

너털거리다[-대다] 自 **1** (ぼろなどが垂れて)ぶらぶらする. しきりに揺れ動く. **2** 大声で笑う. げらげら笑う.

너털너털 副 하自 **1** ぶらぶら(と). ふらふら. **2** げらげら(と).

너털웃음 名 豪傑笑い. 高笑い. ¶~을 치다 豪傑笑いをする. 高笑いする / ~으로 얼버무리다 高笑いではぐらかす.

너트〔nut〕 名〔機〕ナット.

너펄거리다[-대다] 自 (大きく速く)ひらひら揺れる. ひらひらする. ひらめく. ¶바람에 너펄거리는 소맷자락 風にひらめく袖.

너펄너펄 副 하自 ひらひら(と). はたはた(と). ぱたぱた(と).

너풀거리다[-대다] 自 激しくゆらゆらする. 激しくはためく. はたはたと翻える. ¶빨래가 바람에 너풀거린다 洗濯物が風に翻る. ＞나풀거리다

너풀너풀 副 하自 ゆらゆら(と). はたはた(と). ひらひら(と).

너희 代 君たち. お前たち. お前ら. ¶~끼리 다녀오너라 お前たちだけで行ってこい.

너희들 代 君ら. 君たち. 諸君. お前たち. ¶~은 이 나라의 주인공이다 諸君はこの国の主人公だ.

넉 數〔'네[2]'의 다른 꼴〕四つの. 4. ¶~ 냥 4両 / ~ 달 4か月 / ~ 섬 4俵 / ~ 장 4枚.

넉넉잡다 自 (十分に)余裕を見ておく. やや多めに見積もる. ¶공비를 ~ 工費をやや多めに見積もる.

넉넉하다 形 **1** (数量・容積などが)十分だ. ゆとりがある. 間に合っている. ¶돈은 ~ お金は十分だ. **2** (暮らしが)豊かだ. 裕福だ. 事欠かない. ¶넉넉한 살림 豊かな暮らし. **넉넉히** 副 十分に. たっぷり(と). 裕福に. ¶혼자서 ~ 해낼 수 있다 ひとりで十分にやれる.

넉살 名 厚かましさ. ずうずうしさ. ふてぶてしさ. 図太さ.

넉살떨다 自 厚かましくふるまう.

넉살부리다 自 厚かましくふるまう. ずうずうしくふるまう.

넉살스럽다 形 ふてぶてしい. 厚かましい. ずうずうしい. 図太い. ¶넉살스럽게 굴다 ふてぶてしくふるまう.

넉살좋다 形 ふてぶてしい. 厚かましい. ずうずうしい. しゃあしゃあとしている.

넉장거리 名 하自 あおむけになってばったりと大の字に倒れること.

넋 名 **1** 魂. 霊魂. 霊. **2** 精神. 心. 気. 意識. ¶~을 빼앗기다 魂[心]を奪われる.

◆**넋을 놓다** ① 気を落とす. がっかりする. ② (気が抜けて)ぼうっとなる. ぼんやりする.

◆**넋을 잃다** ① 気を失う. 失神する. ② われを忘れる. うっとりする. ¶너무 아름다워 ~을 잃고 바라보다 あまりの美しさにうっとりと見とれる.

◆**넋이 나가다** (驚いて)魂が抜ける.

넋없다 形 ぼんやりしている. ぼうっと気抜けしている. **넋없이** 副 われを忘れて. ぼんやり. 呆然と. ¶~ 서 있다 ぼんやり立っている.

넋두리 名 하自 **1**〔民俗〕(巫女の) 口

寄せ. 2 愚痴. 泣き事. 不平.

넌더리 名 嫌気. うんざりすること. へきえき. 閉口. 懲りること.

◆**넌더리가 나다** ひどく嫌気がさす. うんざりする. ¶ 보기만 해도 ~가 난다 見るだけでもうんざりだ.

◆**넌더리를 내다** ひどく嫌がる[嫌う].

◆**넌더리를 대다** 嫌がらせをする.

넌덜 名 〔'넌더리'의 준말〕嫌気.

넌덜머리 名 〔'넌더리'를 속되게 이르는 말〕嫌気.

넌지시 副 それとなく. そっと. こっそり. ひそかに. 遠回しに. 暗に. ¶ ~ 눈길을 보내다 ひそかに視線を送る / ~ 암시하다 それとなく暗示する / 그의 심중을 ~ 떠보았다 彼の意中をそれとなく探ってみた.

넌출 名 蔓. ¶ 포도 ~ ぶどうのつる.

널 名 1 〔'널빤지'의 준말〕板. 2 ノルトゥイギ(널뛰기)に使う厚板. 3 棺. 棺おけ.

널뛰기 名 하自 〔民俗〕陰暦の正月に若い女性たちが長い板のなかばに枕をささえて両端で一人ずつ板を踏みつけて交互に跳びあがる遊び.

널다 他 (陽や風に)広げて干す. 干し物をする. 広げてさらす. 広げて当てる. ¶ 빨래를 ~ 洗濯物を広げて干す / 곡식을 마당에 ~ 穀物を庭に広げて干す.

널다리 名 板橋. 板の橋.

널대문〔一大門〕名 板でつくった表門.

널따랗다 形 (予想より)ずっと広い. 広々としている. だだっ広い. ¶ 널따란 푸른 들판이 보인다 広々とした青い野原が見える.

널름 副 1 〔혀를 쏙〕ぺろっと. ぺろり(と). 2 〔손으로 얼른〕さっと. >날름

널름거리다[-대다] 自他 (舌や手を)ぺろっとする. ぺろりとする. さっと取る. >날름거리다

널름널름 副 하自他 ぺろっと. さっさっと.

널리 副 1 広く. あまねく. 広範囲に. ¶ ~ 선전하다 広く宣伝する / ~ 알려지다 あまねく知れ渡る. 2 寛大に. 大目に. ¶ ~ 이해해 주십시오 寛大にご理解ください.

널리다 自 1 散らばる. 散在する. ¶ 휴지가 사방에 널려 있다 紙くずがほうぼうに散らばっている. 2 干される. さらされる. 広げられる. ¶ 햇볕에 널린 헌 옷 日にさらされた古着.

널마루 名 板張りの床.

널문〔一門〕名 板戸.

널반자 名 板天井.

널브러뜨리다[-트리다] 他 乱雑に広く散らかす.

널브러지다 自 乱雑に広く散らかる.

널빈지 名 雨戸. 板戸. 繰り戸.

널빤지 名 板. 板材.

널어놓다 他 広げて置く. 干して置く. ¶ 빨래를 ~ 洗濯物を干して置く / 풀을 베어 들에 ~ 草を刈り取って野原に広げて置く.

널조각 名 板切れ.

널쪽 名 板切れ.

널찍하다 形 かなり広い. 広々としている. ¶ 새 길이 널찍하게 나 있다 新しい道が広々と走っている.

널찍이 副 かなり広く. 広々と. ¶ ~ 자리잡다 かなり広く場所をしめる.

널찍널찍 副 하形 広々と. がらんと.

널판자〔一板子〕名 板. 板材.

널판장〔一板墻〕名 板塀. 板囲い. ¶ ~으로 둘러치다 板塀で囲む.

넓다 形 1 〔너르다〕(空間的に)広い. ¶ 넓은 평야 広い平野 / 대지가 ~ 敷地が広い. 2 (幅が)広い. ¶ 넓은 강 広い川 / 길이 ~ 道が広い. 3 〔너그럽다〕(心が)広い. 大きい. 寛大だ. ¶ 마음이 넓으신 어머님 슬하에서 자라났다 心の広い母のもとで育った. 4 (範囲·内容が)広い. 大きい. 手広い. 多方面にわたっている. ¶ 발이[교제 범위가] ~ 顔が[交際範囲が]広い / 폭넓은 지식[활약] 幅広い知識[活躍] / 소비 시장이 ~ 消費市場が大きい.

넓디넓다 形 とても広い. 限りなく広い. 広々としている.

넓어지다 自 広くなる. 広がる. ¶ 산야의 개간으로 경지가 넓어졌다 山野の開墾で耕地が広くなった.

넓이 名 広さ. 面積. ¶ 유원지의 ~가 넓다 遊園地の面積が広い.

넓적다리 名〔生〕太もも. 大腿. ¶ ~를 노출하다 太ももをあらわに出す.

넓적부리 名〔動〕嘴広鴨.

넓적스름하다 形 やや平たい.

넓적하다 形 平べったい. 平たい. 扁平だ. ¶ 넓적하게 생긴 코 平たく横に広がっている鼻.

넓죽하다 形 長めに広い. ¶ 넓죽한 이마 広い額.

넓죽넓죽 副 하形 (複数の物が)みな長めに平たいようす.

넓죽이 名 平たい顔の人をからかっていう語.

넓히다 他 広くする. 広げる. 広める. ¶ 길을 ~ 道を広げる / 지식을 ~ 知識を広げる / 사업을 ~ 事業を広める / 세력을 ~ 勢力を広げる.

넘겨다보다 他 1 欲しがる. 欲しがってうかがう. 目をつける. ¶ 남의 것이니 넘겨다보지 마라 他人の物だから欲しがって手を出すな. 2 …越しに見る. のぞき見る. のぞく. ¶ 담 너머로 ~ 塀越しにのぞく.

넘겨받다 他 譲り受ける. 引き継ぐ. しょいこむ. ¶ 과장 자리를 ~ 課長の席を引き継ぐ / 부채를 ~ 負債をしょいこむ.

넘겨씌우다 他 (自分の過失などを人に)なすりつける. 押しつける. 転嫁する. かぶせる. おっかぶせる. ¶ 남에게 책임을 ~ 人に責任を転嫁する.

넘겨잡다 他 当て推量をする. 見当をつける. 憶測する.

넘겨주다 他 譲り渡す. 引き渡す. 譲る.

넘겨짚다 他 当て推量をする. 当てずっぽうに言う. 憶測する. ¶ 알지도 못하면서 넘겨짚어 말하지 마라 知りもしないのに当てずっぽうに言うもんじゃない.

넘고처지다 自 (物事が)どっちつかずだ. 中途半端だ. 釣り合わない. ¶ 그 혼담은 내게 넘고처진다 その縁談は私に釣り合わない.

넘기다 他 **1**〔넘치게 하다〕あふれさせる. みなぎさせる. ¶ 수돗물을 ～ 水道の水をあふれさせる. **2**〔넘어가게 하다〕(物越しに)渡す. 返す. ¶ 창 너머로 ～ 窓越しに渡す. **3**〔젖히다〕(本などを)めくる. 繰る. ¶ 책장을 ～ 本のページをめくる / 달력을 ～ カレンダーをめくる. **4**〔인계하다·인도하다〕(権利などを)渡す. 譲る. 譲り渡す. (犯人などを)引き渡す. 移送する. ¶ 채권을 제삼자에게 ～ 債権を第三者に譲る / 가게를 아들에게 넘겨 주다 店を息子に譲り渡す / 범인을 검찰에 ～ 犯人を検察へ移送する. **5**〔쓰러뜨리다〕ひっくり返す. 倒す. ¶ 아름드리 나무를 베어 ～ 一抱え余りの立ち木を切り倒す / 다리를 걸어 ～ 足をかけて倒す. **6**〔지나가게 하다〕(機会·時期などを)越す. 過ごす. ¶ 추운 겨울을 ～ 寒い冬を越す / 더위도 고비를 넘겼다 暑さも峠を越した. **7**〔극복하다〕(難関などを)乗り越える. 越える. 切り抜ける. ¶ 생사의 고비를 ～ 生死の瀬戸際を切り抜ける / 어려운 고비를 ～ 難関を越える. **8**〔이월하다〕繰り越す. 持ち越す. ¶ 순이익을 차기 자본금으로 ～ 純利益を次期資本金に繰り越す / 예산 심의를 다음 회기로 ～ 予算審議を次の会期に持ち越す.

넘나들다 自 (頻繁に)出入りする. 行き来する. 往来する. ¶ 국경을 ～ 国境を往来する.

넘다 Ⅰ 自 **1**〔초과하다·넘치다〕(一定の範囲などを)超える. 過ぎる. (水が)あふれる. ¶ 2미터가 넘는 큰 파도 2メートルを超える大波 / 관객이 만 명을 넘었다 観客が1万人を超えた. **2**〔지나다〕(日時·年月などが)過ぎる. ¶ 닷새가 넘도록 아무 소식도 없다 5日が過ぎても何の消息もない. **3**〔(날이) 쏠리다〕(刃物を研ぎすぎて)刃が一方に傾く.
Ⅱ 他 **1**〔넘어가다〕越す. 越える. 越えて行く. またぐ. ¶ 고개를 ～ 坂を越す / 높은 돌담을 뛰어 ～ 高い石塀を飛び越える / 문지방을 ～ 敷居をまたぐ. **2**〔극복하다〕(難関などを)切り抜ける. 乗り越える. 越す. ¶ 숱한 고비를 ～ 数多くの難関を越える. **3**〔초과하다〕(一定の範囲を)超す. 超過する. ¶ 인구 백만을 훨씬 넘는 대도시 人口100万をはるかに超す大都市.

넘버〔number〕名 ナンバー. ¶ 차량 ～ 車のナンバー.

넘보다 他 **1** (人を)見下げる. 見くびる. ばかにする. ¶ 상대를 ～ 相手を見くびる. **2** 欲しがる. 欲しがってうかがう. 目をつける.

넘실거리다[-대다] 自 **1** (物珍しく思って)きょろきょろのぞき見る. **2** (波などが)大きくうねる. ¶ 황금 물결이 넘실거리는 평야 黄金の波がうねる平野.

넘실넘실 副 하自 **1** きょろきょろ(と). **2** うねうね(と).

넘어가다 自他 **1**〔쓰러지다·무너지다〕倒れる. ¶ 큰 바람으로 벽이 넘어갔다 大風で塀が倒れた. **2**〔이전되다〕(権利·責任などが他に)移る. 渡る. 移行する. ¶ 소유권이 ～ 所有権が移る. **3**〔지나다〕(時が)経過する. 過ぎる. ¶ 한 달이～ 1か月が過ぎる. **4**〔옮겨가다〕(次に)移る. 入る. ¶ 새로운 단계로 ～ 新しい段階に移る / 다음 안건으로 ～ 次の案件に移る. **5**〔삼켜지다〕(喉を)通る. ¶ 목이 메어 넘어가지 않는다 喉が詰まって通らない. **6**〔지다〕(月·太陽が)沈む. ¶ 서산으로 해가 ～ 西の山に日が沈む. **7**〔속다〕だまされる. 欺かれる. ¶ 달콤한 말에 ～ 甘い言葉にだまされる / 그런 잔꾀에 넘어갈 사람이 아니다 そんな猿芝居に欺かれる人ではない. **8** (歌の節が)よく回る. ¶ 장단에 맞추어 노래가 잘 넘어간다 調子に合わせて歌がよく回る. **9**〔넘다〕(物の上を)越えていく. 越える. ¶ 고개를 ～ 峠を越えていく.

넘어다보다 他 物越しに見る. ¶ 이웃집을 담 너머로 ～ 隣の家を塀越しに見る.

넘어뜨리다[-트리다] 他 **1** (勢いよく)倒す. ひっくり返す. ¶ 큰 화분을 ～ 大きな植木鉢を倒す / 사람을 밀어 ～ 人を突き倒す. **2** (政権などを)打ち倒す. 打倒する. ¶ 독재 정권을 ～ 独裁政権を打倒する.

넘어서다 他 超える. (通り)越す. (難関などを)切り抜ける. ¶ 산을 넘어서면 마을이 있다 山を通り越せば村がある / 어려운 고비를 ～ 険しい峠を越す.

넘어오다 自他 **1**〔넘어지다〕(こちらへ)倒れてくる. ¶ 나뭇더미가 ～ 薪の山が倒れてくる. **2**〔구토하다〕(食べ物を)戻す. へどが出る. ¶ 먹은 것이 ～ 食べた物を戻す. **3**〔옮겨 오다〕(権利·責任などがこちらへ)移ってくる. 回ってくる. 渡ってくる. ¶ 토지 소유권이 ～ 土地の所有権が移ってくる / 그 일은 우리 부서로 넘어왔다 その仕事は私たちの部署に回ってきた. **4** (こちらへ)越えてくる. ¶ 산을 ～ 山を越えてくる.

넘어지다 自 **1**〔쓰러지다〕倒れる. 転ぶ. ¶ 벌렁 ～ 仰向けに倒れる / 눈길에서 ～ 雪道で転ぶ. **2**〔망하다·도산하다〕滅びる. つぶれる. 倒産する. 倒れる. ¶ 정부가 ～ 政府が倒れる / 불황으로 회사가 ～ 不況で会社がつぶれる.

넘쳐흐르다 自 **1** (水などが)あふれ出る. 満ちあふれる. ¶ 맥주를 컵에 넘쳐흐르도록 따른다 ビールをコップにあふれるほど注ぐ. **2** (力·感情などが)あふれる. みなぎる. ¶ 매력이 ～ 魅力があふれる.

넘치다 自 **1** (液体·感情などが)あ

ㄴ

ふれる. こぼれる. みなぎる. ¶ 강물이 ～ 川の水があふれる / 기쁨에 ～ 喜びにあふれる. **2**〔지나치다〕(力・能力などが)過ぎる. 余る. ¶ 분에 넘치지 않는 검소한 생활 分に過ぎない質素な生活. **3**〔초과하다〕(基準などを)超える. ¶ 생산량이 목표에 ～ 生産高が目標を超える.

넙죽 副 **1** (口を)ぱくっと. ぱくり(と). がぶり(と). ¶ 개가 고깃조각을 ～ 받아먹다 犬が肉片をぱくっと受けて食べる. **2** (身を)ばたっと. ばたり. ¶ 땅에 ～ 엎드리다 地面にばたっとうつぶせになる. ＞납죽

넙죽거리다[-대다] 他 **1** 口をぱくっとする. **2** 体をぺたっとうつぶせる.

넙죽넙죽 副 하他 **1** (口を)ぱくぱくっと. ぱくりぱくり(と). **2** (体を)ぺたっとうつぶせて.

넙치 名〔動〕鮃.

넝마 名 ぼろ. ぼろ切れ. ぼろ服.

넝마장수 名 屑屋. ぼろ屋.

넝마주이 名 屑拾い. 屑屋.

넝쿨 名 蔓.

넣다 他 **1** (中に)入れる. ¶ 서랍에 서류를 ～ 引き出しに書類を入れる / 눈에 안약을 ～ 目に目薬をさす. **2**〔입금하다〕(お金を)入れる. 預ける. 入金する. 納める. ¶ 은행에 돈을 ～ 銀行にお金を預ける. **3**〔포함하다〕含める. 込める. 入れる. ¶ 계산에 ～ 勘定に入れる / 수수료를 넣어서 청구하다 手数料を含めて請求する. **4**〔들여보내다〕(学校などに)入れる. 加入させる. ¶ 새로 사람을 ～ 新たに人を入れる / 자식을 대학에 ～ 子供を大学に入れる. **5**〔수용하다〕入れる. 収める. 収容する. ¶ 많은 사람들을 넣을 시설이 없다 多くの人々を収容する施設がない. **6**〔들이다・가하다〕(力・感情などを)込める. 入れる. ¶ 힘을 넣어서 밀어 보아라 力を込めて押してみろ / 감정을 넣어 시를 낭독하다 感情を込めて詩を朗読する. **7**〔끼우다〕(物を)はめ込む. 挟む. ¶ 다이아를 넣은 반지 ダイヤをはめ込んだ指輪. **8**〔개입시키다〕(第三者を)介入させる. 介する. ¶ 중간에 사람을 ～ 間に人を介する. **9**〔파종하다〕(種を)まく. ¶ 무 씨를 ～ 大根のたねをまく.

네[1] **Ⅰ** 代 (주격조사 '가'의 앞에서 쓰임) お前. 君. ¶ ～가 해 보아라 君がやってみろ / ～가 훌륭한 일을 했구나 お前が立派なことをやってのけたな.
Ⅱ〔'너의'의 준말〕お前の. 君の. ¶ ～ 이름은 무엇이냐? お前の名前は何か / 정말 ～ 말이 옳다 まったく君の言うとおりだ.

네[2] 冠 四つの. 4. ¶ ～ 가지 4種類. 4通り / ～ 마리 4頭. 4匹 / ～ 사람 4人 / ～ 살 四つ. 4歳 / ～ 시간 4時間.

네[3] 感 **1**〔존대할 자리에서, 대답하는 말〕はい. ええ. ¶ ～, 알았습니다 はい, 分かりました / ～, 그렇습니다 ええ, そのとおりです. **2**〔존대할 자리에서, 반문하는 말〕え. えっ. ¶ ～, 정말 그 아이가 도둑질을 했다는 겁니까? え, 本当にその子が盗みをはたらいたっていうんですか.

-네[4] 語尾 **1** (하게체의 종결 어미) …よ. …だよ. ¶ 이봐, 난 가～ おい, 僕は行くよ. **2** (감탄의 뜻을 나타내는 종결 어미) …ね. …だね. …なあ. …だなあ. ¶ 아, 눈이 오～ ああ, 雪が降っているなあ / 벌써 해가 저물었～ もう日が暮れたなあ.

-네[5] 接尾 **1**〔같은 무리의 사람임을 나타냄〕…たち. …ら. ¶ 우리～ 僕たち. われら / 부인～ 婦人たち / 남정～ 男衆. **2**〔'집안'이나 '가족'의 뜻을 나타냄〕…のところ. …の家族. …の家. ¶ 아주머니～ 집 おばさんの家 / 형～ 집에서 놀았다 兄の家で遊んだ.

네거리 名 十字路. 四つ角. 四つ辻. ¶ 역 앞의 ～ 駅前の十字路 / ～를 건너서 내려 주세요 四つ角を越えた所で降ろしてください.

네까짓 冠 〈蔑〉 お前のような. ¶ ～ 녀석[놈] お前のようなやつ / ～ 것이 나서다니 お前なんかが出しゃばるなんて.

네다리 名 〈俗〉 四肢. 手足. ¶ ～를 뻗고 자다 大の字になって寝る.

네다바이〔←㊐netabai〕名 偽の札束などで人を巧みにだまして金品を奪うこと.

네다섯 數 四つか五つ. 4·5.

네댓 數冠 四つか五つくらい. ¶ ～ 사람 4·5人くらい.

네댓새 名 四日か五日くらい. 4·5日くらい. ¶ ～ 푹 쉬고 가시오 4·5日くらいゆっくり休んでいきなさい.

네댓째 數 4番目か5番目.

네덜란드〔Netherlands〕名〔地〕オランダ〈ヨーロッパ北西部の王国〉.

네모 名 四角. ¶ ～ 기둥 四角柱.

네모꼴 名〔數〕四角形.

네모나다 形 四角張っている. 四角い. ¶ 네모난 얼굴 四角い顔.

네모반듯하다 形 真四角だ. ¶ 네모반듯한 상자 真四角な箱.

네모뿔 名〔數〕四角錐.

네모지다 形 四角い. 角張る.

네온〔neon〕名〔化〕ネオン.

네온사인〔—sign〕名 ネオンサイン.

네임〔name〕名 ネーム.

네임밸류〔—value〕名 ネームバリュー. ¶ ～가 있는 학자 ネームバリューのある学者.

네임 플레이트〔—plate〕名 ネームプレート. 「フ.

네커치프〔neckerchief〕名 ネッカチー

네크라인〔neckline〕名 ネックライン.

네트〔net〕名 **1** 網. **2**〔體〕ネット. ¶ ～를 치다 ネットを張る. 「レー.

네트 플레이〔—play〕名〔體〕ネットプ

네트워크〔network〕名 ネットワーク.

네팔〔Nepal〕名〔地〕ネパール〈ヒマラヤ南麓の王国〉.

네활개 名 〈俗〉 (広げた)手足. 四肢.

◆네활개를 치다 大手を振って歩く.

넥타〔nectar〕名 ネクター. ネクタール. ¶ 사과 ～ りんごネクター.

넥타이[necktie] 名 ネクタイ. ¶~ 핀 タイピン/~를 매다 ネクタイを締める.

넷 數 四つ. 4. 4人. ¶~으로 나누어 먹다 四つに分けて食べる.

넷째 數 4番目(の). 第4(の). ¶~ 사람 4番目の人.

녀석 名 **1** 〔'남자'를 멸시하여 이르는 말〕やつ. め. 野郎. ¶이 ~ こいつ/저 ~의 짓이다 あいつの仕業だ/망할 ~ どうしようもないやつ. **2** 〔'남자아이'를 귀엽게 일컫는 말〕坊や. やつ. 子. ¶요 ~ 제법 컸구나 こいつ, ずいぶん大きくなったなあ.

년¹ 名 **1** 〔'여자'를 멸시하여 이르는 말〕あま. あまっこ. 女め. ¶이 ~ このあま/악독한 ~ あくどい女め. **2** 〔'여자아이'를 귀엽게 일컫는 말〕お嬢ちゃん. ¶고 ~ 참 예쁘기도 하다 そこの(女の)子本当にかわいいね.

년²[年] 依名 …年. ¶50~ 50年/10~ 후 10年後/기미~ 己未の年.

녘 依名 …頃. …方. …方. ¶해질~ 日没ごろ/북~ 하늘 北方の空/새벽~ 明け方.

노¹ 名 (麻・紙などでよった)ひも. 細いひも. ¶~를 꼬다 ひもをよる.

노²[櫓] 名 櫓. 櫂. ¶~를 젓다 櫓を漕ぐ.

-노³ 語尾 〔의문을 나타냄〕(…する)か. (…する)のか. …なの. ¶몇 시에 출발하~? 何時に出発するのか.

노-⁴[老] 接頭 老…. ¶~학자 老学者/~처녀 オールドミス.

-노⁵[奴] 接尾 …奴. ¶매국~ 売国奴/수전~ 守銭奴.

노가다[← ㉰dokata] 名 (土木工事に従事する)労働者.

노가다판 名 土木工事の現場.

노가리 名 **1** すけとう鱈の幼魚. **2** 〈俗〉嘘. 法螺.

노각[老―] 名 熟しすぎて黄色くなったきゅうり.

노간주나무 名〔植〕杜松.

노경[老境] 名 老境. ¶~을 맞이하다 老境を迎える.

노고[勞苦] 名 労苦. 苦労. 骨折り. ¶온갖 ~를 겪다 あらゆる労苦をなめる/~에 보답하다 労苦に報いる/~를 아끼지 않다 苦労をいとわない.

노고지리 名〔動〕〈古〉ひばり.

노곤하다[勞困―] 形 けだるい. 疲れている. くたびれる. ¶노곤한 봄 けだるい春. **노곤히** 副 けだるく. 疲れて.

노골적[露骨的] 冠 名 露骨的. むきだしの. あけすけな. ¶~인 표현 露骨的な表現/~인 적의를 나타내다 露骨的な敵意を示す.

노구[老軀] 名 老軀. 老体. ¶~를 이끌고 老軀をおして.

노구쟁이[老嫗―] 名 ぽんびきばあさん.

노그라지다 自 くたびれてぐったりする. とても疲れて力がなくなる. げんなりする.

노그름하다 形 少しぐにゃぐにゃしている. やや柔らかい. **노그름히** 副 柔らかく. ぐにゃぐにゃ.

노글노글하다 形 **1** 熟れすぎたり煮すぎたりして柔らかい. **2** (体が骨のないように)柔軟だ. ぐにゃぐにゃだ. **3** (性質が)おとなしい. 柔順だ. <누글누글하다

노긋하다 形 **1** (物体が)柔らかい. しなやかだ. **2** (性質が)もの柔らかだ. すなおでおとなしい. 柔順だ.

노기¹[老妓] 名 老妓.

노기²[怒氣] 名 怒気. ¶만면에 ~를 띠다 満面に怒りをたたえる.

노기등등하다[―騰騰―] 形 怒気が極度に達する.

노기충천하다[―沖天―] 形 非常に激しく怒る.

노깡[← ㉰dokan] 名 〈俗〉土管.

노끈 名 (麻・紙などでよった)ひも. ¶~을 풀다 ひもをほどく/~으로 동여매다 ひもで縛りつける.

노년[老年] 名 老年.

노년기[―期] 名 老年期. ¶~에 접어들다 老年期にさしかかる.

노농¹[老農] 名 老農.

노농²[勞農] 名 労農.

노느다 他 (いくつかに)分ける. 分配する. ¶꼭 같게 ~ 等しく分ける/노나서 먹다 分けて食べる.

노느매기 名 하他 分配. 分けて配ること.

노는계집 名 遊び女. 遊女. 商売女.

노닐다 自 ぶらぶらと遊び歩く. 逍遥する.

노다지 名 **1** 〔鑛〕豊かな鉱脈. ¶~를 잡았다 富鉱を掘り当てた〈山が当たった〉. **2** 思いがけない幸運. 大当たり. ぼろもうけ. ¶~를 만나다 大きな幸運に巡りあう. 大当たりをとる.

노닥거리다[-대다] 自 (くだらないことを)ぺちゃくちゃとしゃべりたてる. ふざけてべらべらしゃべりたてる. ¶일은 안하고 노닥거리고만 있다 仕事はしないでぺちゃくちゃとしゃべってばかりいる.

노닥노닥 副 하自 ぺちゃぺちゃ(と). べらべら(と).

노대[露臺] 名〔建〕露台. バルコニー.

노대가[老大家] 名 老大家. ¶화단의 ~ 画壇の老大家.

노도¹[怒濤] 名 怒濤. ¶~처럼 밀려오는 군중 怒濤のごとく押し寄せる群衆.

노도²[櫓棹] 名 櫓と棹.

노독[路毒] 名 旅の疲れ. 旅の疲れのために生じた病気. ¶~을 풀다 旅の疲れをいやす.

노동[勞動] 名 하自 労働. ¶육체 ~과 정신 ~ 肉体労働と精神労働. ◇일본어 '労働'의 '働'은 일본의 국자(國字)로서, 우리 나라에서는 쓰이지 않음.

노동 계약[―契約] 名 労働契約.

노동권[―權] 名 労働権.

노동력[―力] 名 労働力.

노동법[―法] 名〔法〕労働法.

노동부[―部] 名 労働部(労働に関する業務を担当する中央行政機関).

노동 삼권[―三權] 名〔法〕労働三権.

노동 삼법[―三法] 名〔法〕労働三法.

노동 시간〔一時間〕 名 労働時間.
노동 시장〔一市場〕 名〔社〕労働市場.
노동 운동〔一運動〕 名 労働運動.
노동 인구〔一人口〕 名 労働人口.
노동자〔一者〕 名 労働者.
노동 쟁의〔一争議〕 名 労働争議.
노동절〔一節〕 名 メーデー.
노동조합〔一組合〕 名 労働組合.
노둔하다1〔老鈍一〕 形 老いて行動などが鈍い.
노둔하다2〔駑鈍一·魯鈍一〕 形 魯鈍だ. 愚鈍だ. 愚かで鈍い.
노둣돌 名 (乗馬用の)踏み台. 乗馬台.
-노라 語尾 (동사의 어간 및 '-았(었)-'·'-겠-' 등의 아래)〔동작 등을 위엄 있게 표현함〕…するぞ. …だよ. …だわ. ¶ 나는 이겼~ おれは勝ったぞ / 세계 만방에 고하~ 世界万邦に告ぐ.
-노라고 語尾 (동사의 어간 아래)〔'(자기 나름으로는) …한다고'의 뜻을 나타냄〕(自分なりには)…しようとして. …しようと思って. ¶ 하~ 했는데 이 꼴이 됐소 一生懸命にやったつもりなのにこんなざまになりました / 잘 쓰~ 쓴 것이 이 모양이오 うまく書こうとしたことがこんなありさまです.
-노라니 語尾 (동사의 어간 아래)〔'…하고 있자니까'의 뜻을 나타냄〕…していたところ. …しようとしたら. …すると. ¶ 일을 하~ 전화가 걸려왔다 仕事をしていたところ電話がかかってきた.
-노라면 語尾 (동사의 어간 아래)〔'…하다가 보면'의 뜻을 나타냄〕…し続けたら. …していたら. ¶ 사~ 언젠가 좋은 날도 있겠지 生きていたら, いつかいい日もあるだろう.
노란빛 名 黄色.
노랑 名 黄. 黄色. ¶ ~ 꽃 黄色の花.
노랑머리 名 1 黄色い髪の毛. 2 〈蔑〉髪の毛の黄色い人.
노랑이 名 1 黄色いもの. 2 黄色い小犬. <누렁이 3 けちんぼう. けち. しみったれ.
노랑참외 名 黄色いまくわうり.
노랑나비 名〔動〕紋黄蝶.
노랗다 形 1 黄色い. ¶ 노란 스웨터 黄色いセーター / 민들레꽃이 ~ たんぽぽの花が黄色い. 2 (見込みや見通しなどが)立たない. ¶ 싹수가 ~ 見込みがない. 見通しが立たない.
노래1 名 歌. 歌曲. ¶ 승리의 ~ 勝利の歌 / 이 ~는 한창 유행하고 있다 この歌はいま大流行している / ~ 한 곡 하세요 1曲歌ってください.
◆노래를 부르다 ① 歌を歌う. ② (詩歌などを)吟ずる. 朗詠する.
노래 자랑 名 歌のコンテスト. のど自慢.
노래하다 自他 1 歌う. ¶ 고운 목소리로 ~ いい声で歌う. 2 詩歌をつくる[吟ずる]. ¶ 인생의 애환을 노래한 시 人生の哀歓を歌った詩.
노랫가락 名 1 歌の節回し. 曲調. 2〔樂〕京畿民謡のひとつ.
노랫소리 名 歌声. ¶ ~가 드높다 歌声が大きい.

노래2〔老來〕 名 老年. 老年期.
노래기 名〔動〕馬陸.
노래미 名〔動〕久慈目.
노래지다 自 黄色くなる. 黄ばむ. <누레지다
노략〔擄掠〕 名 하他 群れをなして略奪すること.
노략질 名 하他 集団的な略奪行為. ¶ ~을 일삼다 略奪行為を欲しいままにする.
노려보다 他 1 にらむ. にらみつける. (鋭い目つきで)見つめる. ¶ 눈을 부라리고 ~ 目をむいてにらむ. 2 (目標を定めて)ねらう. (機会などを)ねらう. ¶ 고양이가 쥐를 노려보고 있다 猫がねずみをねらっている.
노력1〔努力〕 名 하自 努力. ¶ ~가 努力家 / ~의 열매 努力のたまもの / 끊임없는 ~ たゆまぬ努力 / ~을 기울이다 努力を傾ける.
노력2〔勞力〕 名 하自 労力. ¶ ~을 아끼다 労力を惜しむ / ~을 덜다 労力を省く.
노련〔老鍊〕 名 하形 老練. 老熟. 老巧. ¶ ~한 외교가 老練な外交家.
노령〔老齡〕 名 老齢. 老年. 高齢. ¶ ~ 연금 老齢年金 / ~ 인구 老齢人口.
노루 名〔動〕獐.
◆노루꼬리만하다 獐のしっぽみたいだ〈きわめて短い〉.
〔속담〕노루가 제 방귀에 놀란다 獐が自分の屁にびっくりする〈ちょっとしたことにもびくびくする臆病者〉.
노루목 名 獐の通り道の要所.
노루발장도리 名 釘抜きのついている金づち.
노루잠 名 浅い眠り. うたた寝.
노류장화〔路柳墻花〕 名 (誰にでも折り取れる路傍の柳と垣根の花の意で)遊女.
노르께하다 形 黄色がかっている. 黄ばんでいる.
노르다 形 (黄金のように)黄色い. 黄金色だ. <누르다
노르마〔(러) norma〕 名 ノルマ. 労働や生産の基準量. ¶ 생산 ~ 生産ノルマ.
노르무레하다 形 うす黄色い. 黄色みがかっている.
노르스름하다[-스레하다] 形 浅黄色だ. わずかに黄色味を帯びている. ¶ 노르스름한 참외가 많이 열렸다 浅黄色のまくわうりがたくさん実っている. <누르스름하다
노르웨이〔Norway〕 名〔地〕ノルウェー〈ヨーロッパ北部の王国〉.
노른자 名〔'노른자위'의 준말〕卵黄.
노른자위 名 1 卵の黄身. 卵黄. 2 要. 中心. ¶ 시장의 ~ 市場の中心地. 物事の最も重要な部分.
노름 名 하自 賭け事. 博打. 賭博. 賭け. ¶ ~에 미치다 賭け事に夢中になる / ~으로 망하다 博打で身を滅ぼす.
노름꾼 名 博打打ち. 賭博師. 博徒.
노름빚 名 賭博の借金. ¶ ~을 짊

어지다 賭博の借金を背負う.
노름판 名 賭博場. 賭場. ¶ ～을 벌이다 賭場を開帳する.
노름패〔一牌〕名 博打打ちの仲間.
노릇 名 **1**〔직업 등을 낮추어 이르는 말〕…業. …職. …稼業. …屋. ¶선생 ～을 하다 教師の職を勤める／배우 ～ 俳優稼業. **2**〔구실〕役割. 役目. 本分. すべきこと. ¶아버지 ～ 父の役割／사람 ～을 하다 人としての本分を果たす. 一人前の役割をする. **3**〔일〕事. 事情. ¶개탄할 ～이다 慨嘆すべきことだ.
노릇하다 形 黄色がかっている.
노릇노릇 副 하形 点々と黄色がかっているようす.
노리개 名 **1** 女性の装身具のひとつ. **2** 慰みもの. なぶりもの. おもちゃ. 玩具.
노리갯감 名 おもちゃになるような物. 遊び道具.
노리다¹ 他 **1**〔엿보다·벼르다〕(目標·機会を)ねらう. うかがう. 目指す. ¶틈을 ～ すきをねらう／기회를 ～ 機会をうかがう. **2**〔겨냥하다〕めがける. ¶새를 노려서 쏘았다 鳥を目がけて撃った. **3**〔쏘아보다〕にらむ. にらみつける. ¶분노에 찬 눈으로 ～ 怒りに満ちた目でにらむ.
노리다² 形 **1** 獣の毛が焼けるようないやなにおいがする. 獣·やすでが出すにおいのように臭い. **2** (性格が)汚い. けちくさい.
노린내 名 (やすで·ひつじ·狐などの)臭いにおい. 動物の毛が焼けるいやなにおい. <누린내
노망〔老妄〕名 하自 老耄. もうろく. ぼけ. ¶～을 부리다 ぼけたことをする／～들리다 もうろくした状態になる.
노망나다 自 老いぼれる. もうろくする. ぼける.
노망들다 自 もうろくする. ぼける.
노면〔路面〕名 路面. ¶～ 전차 路面電車.
노모〔老母〕名 老母. ¶칠순 ～ 七旬(70歳)の老母.
노목〔老木〕名 老木. 老樹.
노무〔勞務〕名 労務. ¶～자 労務者／～ 관리 労務管理.
노문〔露文〕名 露文. ロシア語の文章.
노박이로 副 ひっきりなしに. 引き続き. ずっと. ¶집에 ～ 붙어 있었다 家にずっといた.
노박히다 自 **1** 閉じこもる. ひきこもる. 一か所に長い間こもる. **2** (一つの事に)没頭する. 専念する.
노반〔路盤〕名 路盤. 路床. ¶큰비로 ～이 물러나다 大雨で路盤が緩む／～ 공사 路盤工事.
노발대발〔怒發大發〕名 하自 激怒. 激しく怒ること. かんかんになって怒ること. ¶무례한 태도에 ～하다 無礼な態度に激怒する.
노방〔路傍〕名 路傍. 道端.
노벨상〔Nobel賞〕名 ノーベル賞.
노변¹〔路邊〕名 路辺. 道端. 路傍. ¶～에 핀 코스모스 道端に咲いたコスモス.
노변²〔爐邊〕名 炉辺. 炉端.
노변담화〔一談話〕名 炉辺談話.
노병¹〔老兵〕名 老兵. ¶～은 죽지 않고, 사라질 뿐이다 老兵は死なず, ただ消え去るのみ.
노병²〔老病〕名 老病. 老疾. 老いの病.
노복¹〔奴僕〕名 奴僕. 下僕.
노복²〔老僕〕名 老僕.
노부〔老父〕名 老父.
노부모〔老父母〕名 老父母. ¶～의 시중을 들다 老父母を世話する.
노부부〔老夫婦〕名 老夫婦.
노불〔老佛〕名〔佛〕**1** 老仏. 古い仏像. **2**〔'노승'의 높임말〕老仏. 老師.
노비¹〔奴婢〕名 奴婢. ¶～를 부리다 奴婢を使う.
노비²〔路費〕名 旅費.
노사〔勞使〕名 労使. 労働者と使用者. ¶～ 분쟁 労使紛争／～ 관계 労使関係／～ 협조 労使協調.
노사 협의회〔一協議會〕名〔法〕労使協議会.
노산〔老産〕名 하自他 高齢出産.
노상¹ 副 いつも. 常に. しょっちゅう. ふだん. 決まって. 必ず. ¶～ 불평만 한다 いつも不平ばかりいう／～ 쓰는 말투 ふだん使う言葉遣い.
노상²〔路上〕名 路上. 道の上. ¶～ 주차 路上駐車.
노상강도〔一強盜〕名 辻強盗. 追いはぎ.
노새 名〔動〕騾馬.
노색¹〔老色〕名 (灰色などの)老人向きの地味な色. 老人に似合う色.
노색²〔怒色〕名 怒気. 怒った顔色. 怒った気配. ¶～을 띠다 怒りを顔に表わす／～을 띤 얼굴 怒った顔.
노생〔老生〕名 老生. 愚老.
노서아〔露西亞〕名 ロシアの音訳.
노선〔路線〕名 路線. ¶～도 路線図／버스 ～ バスの路線／정치 ～ 政治路線.
노성¹〔老成〕名 하形〔숙성하여 의젓하다〕老成. ¶나이에 비해 ～해 있다 年の割りに老成している.
노성²〔怒聲〕名 怒声. ¶～을 지르다 怒声を発する.
노소〔老少〕名 老少. 老若. ¶남녀 ～ 老若男女.
노소동락〔一同樂〕名 하自 老少共に楽しむこと.
노소부정〔一不定〕名〔佛〕老少不定.
노손〔櫓一〕名 櫓の握る部分.
노송〔老松〕名 **1** 老松. おいまつ. 年をへた松. **2**〔'노송나무'의 준말〕ひのき.
노송나무〔老松一〕名〔植〕桧.
노쇠〔老衰〕名 하形 老衰. ¶～하여 죽다 老衰で死ぬ.
노숙〔露宿〕名 하自 露宿. 野宿.
노숙하다〔老熟一〕形 老熟している. 老練だ. ¶노숙한 솜씨 老熟した腕前.
노스님〔老一〕名〔佛〕師僧の師.

노스탤지어〔nostalgia〕[名] ノスタルジア. 郷愁.
노승〔老僧〕[名] 老僧.
노신〔老臣〕[名] 老臣.
노신랑〔老新郞〕[名] 晩婚の新郎.
노신부〔老新婦〕[名] 晩婚の新婦.
노심〔勞心〕[名][하自] 心労. 気苦労. 心配.
노심초사〔一焦思〕[名][하自] 心を痛ため気をもむこと.
노안[1]〔老眼〕[名] 老眼. 老視.
노안경〔一鏡〕[名] 老眼鏡.
노안[2]〔老顔〕[名] 老顔.
노약〔老弱〕[名][하形] **1** 老弱. 年寄りと子供. **2** 老弱. 年を取って体が弱くなること.
노약자〔一者〕[名] 老人と病弱な「人.
노어〔露語〕[名] 露語. ロシア語.
노여움 [名] 怒り. 腹立ち. 憤り. ¶～을 참지 못하다 怒りを抑えきれない.
노여워하다 [自] 腹を立てる. 恨めしく思う. 怒る. 憤る. ¶얼굴에 노여워하는 기색이 나타났다 顔に怒りの色が表われた.
노역[1]〔老役〕[名] 老け役. ¶～으로 정평이 나 있는 배우 老け役で定評のある俳優.
노역[2]〔勞役〕[名][하自] 労役. ¶～에 시달리다 労役に苦しめられる / ～에 복역하다 労役に服する.
노염[1] [名]〔'노여움'의 준말〕怒り. 憤り.
◆**노염을 사다** 怒りを買う. 怒りに触れ「る.
◆**노염을 타다** 少しのことにもすぐ腹を立てる. 怒りっぽい.
노염[2]〔老炎〕[名] 残暑.
노엽다 [形] 腹立たしい. 恨めしい. 悔しくて残念だ. ¶노엽게 생각하지 마십시오 恨めしく思わないでください.
노영〔露營〕[名][하自]〔軍〕露営. 野営. ¶～지 露営地.
노예〔奴隸〕[名] 奴隷. ¶～처럼 부리다 奴隷のようにこき使う / 돈의 ～가 되지 마라 金の奴隷になるな.
노예근성〔一根性〕[名] 奴隷根性.
노예시〔一視〕[名][하他] 奴隷視.
노예 제도〔一制度〕[名] 奴隷制度.
노예 해방〔一解放〕[名] 奴隷解放.
노옹〔老翁〕[名] 老翁. 老爺. おきな.
노욕〔老慾〕[名] 年寄りの欲望.
노유[1]〔老幼〕[名] 老幼. 老若. 老少. ¶～를 막론하고 老若を問わず.
노유[2]〔老儒〕[名] 老儒.
노을 [名] (朝夕の)焼け. 映え. ¶아침 ～ 朝焼け / 수평선에 불타는 저녁 ～ 水平線に燃える夕焼け.
노이로제〔㊕Neurose〕[名]〔醫〕ノイローゼ. 神経症.
노익장〔老益壯〕[名] 老いてますます盛んなこと[人]. ¶팔순 노인이 ～을 과시하다 80歳の老人がますます盛んな気力を誇る.
노인〔老人〕[名] 老人. 年寄り. ¶～을 공경하다 老人を敬う.
노인병〔一病〕[名]〔醫〕老人病.
노인성 난청〔一性難聽〕[名] 老人性難聴.
노인성 치매〔一性痴呆〕[名]〔醫〕老人性痴呆.
노인장〔一丈〕[名]〔'노인'의 높임말〕お年寄り. ご老体.
노인정〔一亭〕[名] (町・村の)老人たちの休憩所.
노일 전쟁〔露日戰爭〕[名]〔史〕日露戦争.
노임〔勞賃〕[名] 労賃. 賃金. ¶비싼 ～ 高い労賃.
노자〔路資〕[名] 旅費. 路用. 路銀.
노작〔勞作〕[名][하自他] 労作. ¶이 책은 저자의 다년간의 ～이다 この本は著者の長年にわたる労作である.
노작지근하다 [形] ひどくくたびれてだるい. ふらふらだ. へとへとだ.
노장[1]〔老壯〕[名] 老壮. 老人と若者.
노장[2]〔老長〕[名]〔佛〕〔'노장중'의 준말〕徳の高い老僧.
노장[3]〔老莊〕[名] 老荘. 老子と荘子.
노장 사상〔一思想〕[名]〔哲〕老荘思想.
노장학〔一學〕[名]〔哲〕老荘学.
노장학파〔一學派〕[名] 老荘学派.
노장[4]〔老將〕[名] **1** 老将. **2** ベテラン.
노장[5]〔路葬〕[名][하他]〔民俗〕若い未婚の人の死体を道の真ん中に埋葬すること.
노장중〔老長一〕[名]〔佛〕年老いて徳の高い僧.
노적〔露積〕[名][하他] (穀物などの)露積・し. 野積み.
노적가리 [名] (うずたかく積まれた)稲むら. にお.
노전〔路錢〕[名] 路銭. 旅費. 路用.
노점[1]〔露店〕[名] 露店. ¶～ 상인 露店商人 / ～을 차리다 露店を出す[構える].
노점[2]〔露點〕[名]〔物〕露点.
노점 습도계〔一濕度計〕[名]〔物〕露点湿度計.
노정[1]〔路程〕[名] 路程. 行程. 旅程. 道のり. ¶하루의 ～ 一日の行程.
노정[2]〔露呈〕[名][하自他] 露呈. ¶내부의 대립이 ～하다 内部の対立が露呈する.
노제〔路祭〕[名] 出棺のとき喪家の門前で行なう祭祀.
노조〔勞組〕[名]〔'노동조합'의 준말〕労組.
노주〔老酒〕[名] **1** 老酒. 古酒. **2** (中国の)ラオチュー(老酒). **3** 酒浸りで老いぼれた人.
노즐〔nozzle〕[名]〔機〕ノズル.
노지〔露地〕[名] 露地.
노지 재배〔一栽培〕[名] 露地栽培.
노질[1]〔老疾〕[名]〔醫〕老疾. 老病.
노질[2]〔櫓一〕[名][하自] 櫓を漕ぐこと.
노처〔老妻〕[名] 老妻.
노처녀〔老處女〕[名] 老嬢. オールドミス. ハイミス.
노천〔露天〕[名] 露天. 野天. 屋外. 野外.
노천굴〔一掘〕[名]〔鑛〕露天掘り.
노천극장〔一劇場〕[名] 露天劇場.
노천 수업〔一授業〕[名] 露天授業. 青空教室.
노체〔老體〕[名] 老体. 老軀.

노총〔勞總〕 名 〔'노동조합 총연합회'의 준말〕 労総.

노총각〔老總角〕 名 婚期を過ぎた独身男子.

노출〔露出〕 名 하自他 **1** 露出. さらすこと. あらわにすること. ¶ 살갗을 ~하다 肌を露出する. **2** (カメラの)露出. 露光. ¶ ~ 과다 露出過多.

노출계〔一計〕 名 露出計.

노출증〔一症〕 名 露出症.

노치〔老齒〕 名 老人の歯.

노친〔老親〕 名 **1** 老親. 年老いた親. **2** 老人の尊敬語.

노친시하〔一侍下〕 名 年老いた親の世話をしている境遇[人].

노 카운트〔no count〕 名 ノーカウント.

노코멘트〔no comment〕 名 ノーコメント.

노크〔knock〕 名 하自他 ノック.

노타이〔no tie〕 名 ノータイ. ノーネクタイ.

노터치〔no touch〕 名 ノータッチ.

노트¹〔note〕 名 하他 **1** ノート. 覚え書き. 書きとめること. ¶ 요점을 ~하다 要点をノートする. **2** 〔'노트북'의 준말〕 ノート. 帳面.

노트²〔knot〕 依名 〔배의 속도를 나타내는 단위〕 ノット.

노트북〔note book〕 名 ノートブック. ノート.

노틀〔←㊥老頭兒〕 名 〈俗〉 ロートル. 老人. 年寄り.

노티〔老一〕 名 年寄りじみたふう. 老けて見える様子. ¶ ~가 나다 年寄りじみる.

노파〔老婆〕 名 老婆. 老女.

노파심〔一心〕 名 老婆心. ¶ ~에서 말한다 老婆心から言う.

노폐〔老廢〕 名 하形 老廃. ¶ ~물 老廃物.

노폭〔路幅〕 名 道路の幅. 道幅. ¶ ~이 좁다 道幅が狭い.

노하다〔怒一〕 自 (目上の人が)怒る. 立腹する. 腹を立てる. 憤る. ¶ 열화같이 ~ 烈火のごとく怒る.

노하우〔know-how〕 名 ノーハウ.

노학자〔老學者〕 名 年老いた学者.

노형〔老兄〕 名 老兄. あなた様〈あまり親しくない成人男子どうしの呼称〉.

노호〔怒號〕 名 하自 怒号. ¶ 군중의 ~ 群衆の怒号/~하는 바람 소리 怒号する風の音.

노화〔老化〕 名 하自 老化. ¶ ~ 현상 老化現象.

노환〔老患〕 名 〔'노병(老病)'의 높임말〕 (老人の)御病気.

노회하다〔老獪一〕 形 老獪だ. ¶ 노회한 수단 老獪な手段.

노획〔鹵獲〕 名 하他 鹵獲. 捕獲. ¶ ~물 鹵獲物/~한 전리품 鹵獲した戦利品.

노후〔老後〕 名 老後. ¶ ~의 계획 老後の計画/~의 근심 老後の心配.

노후하다〔老朽一〕 形 老朽する. 老廃する. ¶ 노후한 시설 老朽した施設.

녹¹〔祿〕 名 〔'녹봉(祿俸)'의 준말〕 禄. 扶持. 俸禄.

◆**녹을 먹다** 禄を食む〈官吏になって俸禄を受ける〉.

녹²〔綠〕 名 **1** 〔'동록(銅綠)'의 준말〕 緑青. **2** (金属の)錆. ¶ 빨간 ~ 赤錆.

녹각〔鹿角〕 名 鹿角. 鹿の角.

녹갈색〔綠褐色〕 名 緑がかった褐色.

녹나다〔綠一〕 自 さびる. さびつく.

녹나무 名〔植〕 樟.

녹내장〔綠內障〕 名〔醫〕 緑内障.

녹녹하다 形 (水気·油気があって)やや柔らかい. ＜눅눅하다

녹는점〔一點〕 名〔化〕 融点. 融解点.

녹다 自 **1** 〔용해되다〕 (熱などが加わって)溶ける. 融ける. ¶ 쇠가 ~ 鉄が溶ける/얼음이 ~ 氷が解ける. **2** 〔용해되다〕 (液体に)溶ける. 溶解する. ¶ 소금은 물에 녹는다 塩は水に溶ける. **3** 〔따뜻해지다〕 (寒さで凍えた体が)暖かくなる. 温まる. ほぐれる. ¶ 얼었던 몸이 녹았다 凍えた体が温まった. **4** 〔망하다·혼나다〕 (失敗して)くたくたになる. 参る. ひどい目にあう. ¶ 사업에 완전히 녹았다 事業に失敗してすっかり参った. **5** 〔반하다·빠지다〕 (酒色などに)おぼれる. ほれる. 心が奪われる. ¶ 그녀의 춤에 녹아 버렸군요 彼女の踊りにほれ込んでしまいましたね.

녹다운〔knockdown〕 名〔體〕 (ボクシングで)ノックダウン.

녹두〔綠豆〕 名〔植〕 緑豆.

녹두묵 名 緑豆でつくったところてん状の食品.

녹로〔轆轤〕 名 轆轤. ¶ ~대 轆轤台/~ 대패 轆轤鉋.

녹록하다〔碌碌一〕 形 **1** つまらない. 平凡だ. 取るに足りない. ¶ 녹록하지 않은 인물 並みでない人物. 非凡な人物. **2** (人柄が)与しやすい. ¶ 녹록하게 휘어들 사람 같지 않다 簡単に頭を下げる人ではないようだ.

녹말〔綠末〕 名 澱粉. ¶ 감자 ~ じゃがいもでんぷん/~가루 澱粉.

녹말풀 名 でんぷん糊.

녹물〔綠一〕 名 緑青の生じた水. さびの生じた水.

녹미〔祿米〕 名 禄米. 扶持米.

녹변〔綠便〕 名 (乳児の)緑便.

녹봉〔祿俸〕 名〔史〕 俸禄. 食禄. 扶持. 知行.

녹비¹〔鹿一〕 名 鹿の革.

녹비²〔綠肥〕 名 緑肥. 草肥.

녹비 작물〔一作物〕 名 緑肥作物.

녹색〔綠色〕 名 緑色. 緑.

녹색신고〔一申告〕 名〔經〕 青色申告〈納税制度の一つ〉.

녹색 조류〔一藻類〕 名〔植〕 緑色藻類. 緑藻類.

녹색 혁명〔一革命〕 名 緑の革命〈品種改良などで収穫を上げること〉.

녹슬다〔綠一〕 自 **1** 錆びる. 錆びつく. ¶ 녹슨 기찻길 錆びた線路. **2** うまく動かなくなる. 錆びつく. ¶ 이젠 나이를 먹어 기억력이 녹슬었다 もう年を取っ

て記憶力が錆びついてしまった.

녹신하다 形 (丈夫で粘り気のある物が)張りがなく柔らかい. ぐにゃぐにゃしている. ふにゃふにゃしている.

녹신녹신 副 하形 ぐにゃぐにゃ(と). ふにゃふにゃ(と).

녹십자〔綠十字〕 名 緑十字.
◇한국에서는 일본처럼 국토 녹화(国土緑化)의 의미는 아니다.

녹아웃〔knockout〕 名 ノックアウト.

녹옥〔綠玉〕 名 緑玉. エメラルド.

녹용〔鹿茸〕 名〔韓方〕鹿茸. 鹿の若角.

녹음[1]〔綠陰〕 名 緑陰. ¶ ～의 계절 緑陰の季節.

녹음방초〔一芳草〕 名 (青葉の茂った木陰と美しく香る草の意で)夏の自然の景色を言う語.

녹음[2]〔錄音〕 名 하他 録音. ¶ ～테이프 録音テープ / 연주를 ～하다 演奏を録音する.

녹음기〔一器〕 名 録音機. テープレコーダー.

녹음 방송〔一放送〕 名 録音放送.

녹음실〔一室〕 名 録音室.

녹의홍상〔綠衣紅裳〕 名 〈薄緑色のチョゴリ(저고리)と紅のチマ(치마)の意で〉若い女性の華やかな服装.

녹이다 他 **1**〔용해시키다〕(固体を熱で)溶かす. ¶ 납을 ～ 鉛を溶かす / 얼음을 ～ 氷を溶かす. **2**〔용해시키다〕(結晶体などを)液体にする. 溶かす. ¶ 설탕을 물에 ～ 砂糖を水に溶かす / 세제를 물에 ～ 洗剤を水に溶かす. **3**〔덥히다〕(寒さで凍えた体を)温める. ぬくめる. ¶ 날씨가 추우니 몸을 녹이고 가세 寒いから体を温めて行こうよ. **4**〔반하게 하다〕(人の心などを)とろかす. ¶ 마음을 녹이는 아름답고도 슬픈 세레나데 心をとろかす美しくてもの寂しいセレナーデ.

녹조류〔綠藻類〕 名〔植〕緑藻類.

녹주석〔綠柱石〕 名〔鑛〕緑柱石.

녹지〔綠地〕 名 緑地. ¶ ～ 조성 계획 緑地造成計画.

녹지대〔一帶〕 名 緑地帯. グリーンベルト.

녹차〔綠茶〕 名 緑茶.

녹청〔綠青〕 名 **1**〔化〕緑青. **2** 緑色の塗料.

녹초 名 (体が疲れきって)力が抜けた状態. へたばった状態.

◆**녹초가 되다** へとへとになる. 疲れきる. くたびれる. ¶ 맹연습으로 ～가 되다 猛練習でへとへとになる.

녹화[1]〔綠化〕 名 하他 緑化. ¶ 산림 ～ 山林緑化.

녹화[2]〔錄畫〕 名 하他 録画. ¶ ～ 방송 録画放送 / 식전 실황을 ～하다 式典の実況を録画する.

녹황색〔綠黃色〕 名 緑黄色.

논[1] 名 田. 水田. たんぼ. ¶ ～농사 水田農業 / 계단식 ～ 棚田 / ～에 모를 내다 田植えをする / ～에 물을 대다 田に水を引く.

논풀다 自 あたらしく水田を作る.

논[2]〔論〕 名 論〈漢文文体の一つ〉.

논갈이 名 하自 田を耕すこと.

논객〔論客〕 名 論客. ¶ 이름난 ～ 音に聞こえた論客.

논거〔論據〕 名 論拠. ¶ ～가 확실하다 論拠がはっきりしている.

논고〔論告〕 名 하他〔法〕論告. ¶ 검사의 ～ 検事の論告.

논공〔論功〕 名 하他 論功.

논공행상〔一行賞〕 名 하他 論功行賞.

논구〔論究〕 名 하他 論究.

논급〔論及〕 名 하自 論及. ¶ 사적인 명예는 ～하지 않는다 私的な面には論及しない.

논길 名 畔道. たんぼ道.

논꼬 名 水口. 水の手.

논농사〔一農事〕 名 田作り. 稲作.

논다니 名〈俗〉遊女. 売春婦.

논단[1]〔論壇〕 名 論壇. ¶ 화려하게 ～에 등장하다 はなばなしく論壇に登場する.

논단[2]〔論斷〕 名 하他 論断. ¶ 쉽사리 ～할 수는 없다 簡単に論断することはできない.

논담〔論談〕 名 하他 論談. 談論. 議論.

논도랑 名 田の溝. ¶ ～을 치다 田の溝をさらう.

논두렁 名 畔. 田畔.

논둑 名 田の端に築いた堤. 畦·畔.

논란〔論難〕 名 하他 論難. ¶ 이 안건은 ～의 여지가 많다 この案件は論難の余地が多い.

논리〔論理〕 名 論理. ¶ ～의 비약 論理の飛躍 / ～가 서지 않는다 論理が通らない.

논리성〔一性〕 名 論理性.

논리적〔一的〕 冠 名 論理的. ¶ ～인 사고 論理的な思考.

논리학〔一學〕 名〔論〕論理学.

논마지기 名 いくらかの水田. 多少の田. ¶ ～나 장만했다 いくらかの水田を手に入れた.

논매기 名 하自 田の草を取ること.

논머리 名 田のほとり. 田のかたわら.

논문〔論文〕 名 論文. ¶ 박사 ～ 博士論文 / 연구 ～을 완성하다 研究論文をまとめる.

논문집〔一集〕 名 論文集.

논문서〔一文書〕 名 田の所有権証明書.

논물 名 田水. 田の水. ¶ ～을 대다 田に水を引く / ～을 빼다 田水を抜く / ～을 가두다 田水を溜める.

논바닥 名 田の地面. 田の面. ¶ ～이 갈라지다 田の面がひび割れる.

논박〔論駁〕 名 하他 論駁. ¶ 격렬하게 ～하다 激しく論駁する.

논밭 名 田畑. 耕作地.

논밭전지〔一田地〕 名 所有しているすべての田畑. ¶ ～를 다 팔다 田畑を残らず売る.

논배미 名 1枚の田〈畔などで囲まれた田の一区画〉.

논법〔論法〕 名 論法. ¶ 삼단 ～ 三段論法.

논변〔論辯〕 名 하他 論弁. 弁論.

논병아리 名〔動〕鸊鷉.

논보리 名 田に植える麦.

논봉〔論鋒〕 名 論鋒. ¶ 날카로운 ～으

로 따지다 鋭い論鋒で迫る.

논설〔論說〕 名 하他 論説. ¶ 신문의 ～ 新聞の論説.

논설란〔—欄〕 名 論説欄.

논설문〔—文〕 名 論説文.

논설위원〔—委員〕 名 論説委員.

논술〔論述〕 名 하他 論述. ¶ 논리가 정연한 ～ 論理の整然とした論述.

논스톱〔nonstop〕 名 ノンストップ. ¶ ～ 운행 ノンストップ運行.

논어〔論語〕 名 論語.

논외〔論外〕 名 論外.

논의〔論議〕 名 하他 論議. 議論. ¶ ～를 불러일으키다 論議を呼ぶ / 충분히 ～하다 論議を尽くす.

논일 名 하自 田の仕事.

논자〔論者〕 名 論者. ¶ ～의 생각에 의하면 論者の考えでは.

논쟁〔論爭〕 名 하他 論争. ¶ 정치상의 ～ 政治上の論争 / ～이 벌어지다 論争が展開される.

논저〔論著〕 名 論著.

논점〔論點〕 名 論点. ¶ ～을 분명히 하다 論点を明らかにする.

논제〔論題〕 名 論題. ¶ 회의의 ～를 정하다 会議の論題を決める.

논조〔論調〕 名 論調. ¶ 신문의 ～ 新聞の論調.

논죄〔論罪〕 名 하他 論罪.

논증〔論證〕 名 하他 論証. ¶ 정당성을 ～하다 正当性を論証する.

논지〔論旨〕 名 論旨. ¶ ～가 명쾌하다 論旨が明快だ.

논총〔論叢〕 名 論叢. 論集.

논타이틀 매치〔nontitle match〕 名〔體〕 ノンタイトルマッチ.

논파〔論破〕 名 하他 論破. ¶ 그의 학설을 ～하다 彼の学説を論破する.

논평〔論評〕 名 하他 論評.

논픽션〔nonfiction〕 名 ノンフィクション.

논하다〔論—〕 他 論じる. ¶ 정치를 ～ 政治を論じる / 개헌에 대하여 ～ 改憲について論じる.

놀 名 〔'노을'의 준말〕(朝夕の)焼け. ¶ 저녁～ 夕焼け / 아침～이 빨갛다 朝焼けが真っ赤だ.
 ◆놀이 지다 (朝·夕に)空が赤く染まる.

놀놀하다 形 (毛·草の芽などが)やや黄ばんでいる. ほんのり黄色い. ¶ 새싹이 ～ 若芽がほんのり黄色い.

놀다 Ⅰ 自 **1**〔유희하다·즐기다〕遊ぶ. (好きなことをして)楽しむ. 遊戯をする. ¶ 유원지에서 즐겁게 놀았다 遊園地で楽しく遊んだ / 재미나게 노는 어린이들 楽しそうに遊んでいる子供たち / 덕택에 오늘 저녁엔 즐겁게 놀았습니다 おかげさまで今夜は楽しく遊ばせてもらいました. **2**〔일하지 않다·실직하다〕(働かないで)遊ぶ. ぶらぶらしている. 失業する. ¶ 놀고 먹다 無駄飯を食う / 2년간 놀다가 회사에 들어갔다 2年ぶらぶらした後, 会社に入った. **3**〔쓰이지 않다〕(金·場所などが) 使われないでいる. 遊んでいる. ¶ 놀고 있는 돈이 아깝다 遊んでいるお金がもったいない / 노는 땅에 채소를 갈다 遊休地に野菜を植える. **4**〔놀아먹다·방탕하다〕(酒色などに)ふける. 遊興する. ¶ 놀기 좋아하는 사람 遊び好きの人 / 노는 계집 遊女. **5**〔쉬다〕(勤めを)休む. やめる. ¶ 노는 시간 休み時間 / 노는 날 休日 / 일요일은 회사가 논다 日曜日は会社は休みだ. **6**〔헐겁다·흔들흔들하다〕(打ち込まれている物などが)緩む. 緩んで動く. 甘い. ¶ 나사가 ～ ねじが緩む / 이가 논다 歯がぐらぐらする. **7**〔주책없이 행동하다〕(主体性なく)ふるまう. 〔속아 넘어가다〕(人の甘言などに)乗る. (人に)動かされる. 踊らされる. ¶ 남의 장단에 ～ 人のおだてに乗る. **8**〔돌아다니다〕(あちこち)動き回る. ¶ 물 속에서 붕어가 논다 水中でふなが泳ぎ回る. **9**〔꿈틀거리다·움직이다〕(胎児などが)うごめく. 動く. ¶ 뱃속의 아이가 가끔 논다 お中の子が時々動く / 손이 곱아서 손가락이 제대로 놀지 않는다 手が凍えて指が思うように動かない.
 Ⅱ 他 **1**〔놀이를 하다〕(ゲームなどを)する. …して遊ぶ. ¶ 윷을 ～ ユンノリをする. **2**〔작용하다〕(ある行動·作用などを)する. ¶ 훼방을 ～ 邪魔をする. 妨げる.

놀라다 自 **1** 驚く. びっくりする. たまげる. 仰天する. ¶ 놀랄 만한 사건 驚くべき事件 / 세상 사람을 놀라게 한 오직 사건 世人を驚かせた汚職事件 / 놀란 나머지 까무러쳤다 驚きのあまり気を失った. **2** 驚嘆する. 感心する. ¶ 비범한 솜씨에 ～ 非凡な技に驚嘆する.

놀라움 名 驚き. 驚嘆. 驚愕. ¶ ～을 금치 못하다 驚きを禁じえない.

놀란가슴 名 (ひととき驚いたことがあって)ともすればどきどきする胸.

놀람 名〔'놀라움'의 준말〕驚き.

놀랍다 形 驚くべきだ. 驚嘆に値する. 目覚ましい. 素晴らしい. ¶ 놀라운 소식 驚くべきニュース / 놀라운 발전을 이룩하다 目覚ましい発展を遂げる / 놀라운 성과를 올렸다 驚くべき成果をあげた.

놀래다 他 驚かす. びっくりさせる. ¶ 세상 사람들을 놀래게 한 사건 世間をびっくりさせた事件.

놀려먹다 他 (人を)もてあそぶ. なぶる. (面白がって)からかう. いじめる. ¶ 어린 동생을 ～ 幼い弟をからかう.

놀리다¹ 他 **1**〔놀게 하다〕遊ばせる. ¶ 아이를 공원에서 ～ 子供を公園で遊ばせる. **2**〔쉬게 하다〕休ませる. 遊ばせる. ¶ 기계를 하루라도 놀릴 수는 없다 機械を一日でも遊ばせておくわけにはいかない. **3**〔움직이다〕(体などを)動かす. 走らせる. ¶ 입을 나불나불 ～ 口をぺらぺらと動かす / 펜[붓]을 ～ ペン[筆]を走らせる.

놀리다² 他 **1**〔조롱하다〕からかう. 愚弄する. ばかにする. 冷やかす. 野次る. ¶ 여자를 ～ 女をからかう. **2**〔조종하다·움직이게 하다〕(動物などに)芸をさせる. 技をさせる. (人形など

を)操る. 動かす. ¶ 꼭두각시를 ～ 操り人形を動かす / 서커스에서 곰을 ～ サーカスで熊に芸をさせる. **3** 〔돈놀이를 하다〕 お金を貸す. ¶ 월 5푼의 고리로 돈을 ～ 月5分の高利でお金を貸す.

놀림 名 冷やかし. からかい. 野次. ¶ ～을 받다[당하다] からかわれる. 冷やかされる. 野次られる.

놀림감 名 笑いもの. もの笑い. なぶりもの. ¶ 저 아이는 반 동무들의 ～이 되고 있다 あの子はクラスメートたちの笑いものになっている.

놀림거리 名 もの笑いの種. 笑い草.

놀림조〔一調〕 名 からかうような調子. ¶ ～로 빈정거리다 からかうような調子で皮肉をいう.

놀부 名 **1** 〔文〕 ノルブ〈古代小説「興夫伝」に登場する人物〉. **2** 欲張り. 意地悪.

◆**놀부 심사** 欲張りで意地悪な心根. 貪欲な心.

놀아나다 自 **1** 浮気する. 放蕩する. ¶ 얌전하던 사람이 놀아나기 시작했다 おとなしかった人が浮気しだした. **2** (人に)乗せられる. ¶ 남의 손에 ～ 人に乗せられる.

놀아먹다 自 **1** 遊び暮らす. **2** 放蕩する.

놀음놀이 名 하自 行楽. 大勢集まって遊ぶこと. 集団の遊びごと.

놀음차 名 **1** (宴会で妓生やバンドに与える)祝儀. チップ. **2** 花代. 揚げ代.

놀이 名 하自 **1** (娯楽としての)遊び. 遊びごと. 遊技. 遊戯. ゲーム. …ごっこ. ¶ 단풍～ もみじ狩り. 紅葉見物 / 뱃～ 舟遊び / 들～ 野遊会 / 불꽃～ 花火遊び / ～ 시간 遊戯の時間. **2** 大勢集まって遊ぶこと.

놀이마당 名 パンソリ(판소리)や仮面劇(탈춤)などをすること, またそれを演じる場所.

놀이터 名 遊び場所. 遊園地. 行楽地. ¶ 어린이 ～ 子供の遊び場.

놀잇배 名 遊覧船. 遊船. ¶ 한강에 ～를 띄우다 漢江に遊覧船を浮かべる.

> 單語帳 **놀이에 관한 말**
>
> 숨바꼭질 隠れんぼう / 술래잡기 鬼ごっこ / 소꿉놀이 ままごと / 돌차기 石蹴り / 물장구 水遊び / 구슬치기 おはじき / 실뜨기 あやとり / 줄넘기 縄跳び / 눈싸움 雪合戦 / 팔씨름 腕ずもう / 화투(花鬪) 花札 / 연날리기 凧あげ / 팽이치기 こま回し / 그네 ぶらんこ / 미끄럼 すべり台 / 닭싸움 膝ずもう / 놀이터 遊び場 / 가위바위보 じゃんけんぽん. ☞민속놀이(民俗—) 單語帳

놈 Ⅰ 名 やつ. 野郎. ¶ ～의 짓일거야 やつの仕業だろう / ～은 흉기를 가지고 있으니 조심하라 野郎は凶器を持っているから気をつけろ.

Ⅱ 依名 **1** (動物·物などを指して)やつ. もの. ¶ 암～ 雌 / 수～ 雄 / 이와 똑같은 ～을 줘 これと同じやつをくれ. **2** 男の子を親しみを込めて呼ぶ語. ¶ 그～ 참 믿음직스럽다 あいつは本当に頼もしい. **3** 《주로 '놈의' 꼴로 쓰여》 あとに続く名詞を卑しめる. ¶ 이 ～의 세상 (この)世の中(というやつ) / 그 ～의 말 あの馬(のやろう).

놈팡이 名 〈俗〉 **1** (嘲笑して)野郎. ¶ 저런 ～와는 상대를 못 하겠다 あんな野郎は相手にできない. **2** やくざ者. ごろつき.

놉 名 (食事つきの)日雇い労働者. ¶ ～을 부리다 日雇いを雇う.

놋 名 〔'놋쇠'의 준말〕 真鍮. ¶ ～세공 真鍮細工.

놋그릇 名 真鍮の器.

놋쇠 名 〔化〕 真鍮. 黄銅.

놋숟가락 名 真鍮のさじ.

놋젓가락 名 真鍮の箸.

농¹〔弄〕 名 **1** いたずら. 悪ふざけ. 悪さ. 戯れ. ¶ ～이 지나치다 いたずらが過ぎる. **2** 〔'농담'의 준말〕 冗談. からかい. ¶ ～을 걸다 冗談口をたたく / 그냥 ～으로 한 말이야 ただ冗談で言っただけさ. ▷농하다(弄—)

농²〔膿〕 名 膿. うみ.

농³〔籠〕 名 **1** 行李. 葛籠. **2** 〔'장롱'의 준말〕 たんす.

농-⁴〔濃〕 接頭 **1** 「濃厚な」の意を表わす. ¶ ～질산 濃硝酸. **2** (色などが)「濃い」の意を表わす. ¶ ～회색 ダークグレー.

농가〔農家〕 名 農家. ¶ 초가집 ～ わら葺きの農家 / ～ 소득 農家所得.

농가성진〔弄假成眞〕 名 いたずら半分にしたことが本気でやったかの如くなること.

농간〔弄奸〕 名 하自他 たくらみ. 魂胆. 奸計. 手管. 策略. ¶ ～에 넘어가다 奸計にひっかかる.

◆**농간을 부리다** 奸計を巡らす.

농경〔農耕〕 名 하自 農耕. ¶ ～민족 農耕民族.

농경지〔一地〕 名 農耕地. 耕作地.

농공〔農工〕 名 農工. ¶ ～업 農工業.

농과 대학〔農科大學〕 名 農学部.

농구¹〔農具〕 名 農具. 農機具.

농구²〔籠球〕 名 籠球. バスケットボール.

농군〔農軍〕 名 農夫. 農民.

농기〔農期〕 名 農期. 農繁期.

농기구〔農器具〕 名 農器具.

농노〔農奴〕 名〔史〕 農奴. ¶ ～ 해방 農奴解放.

농담¹〔弄談〕 名 하自 冗談. 冗談口. ざれごと. ¶ 지나친 ～ きつい冗談 / 가벼운 ～ 軽い冗談 / ～ 반으로[섞어] 冗談半分で / ～ 반 진담 반으로 半ば冗談で半ば本気で.

농담²〔濃淡〕 名 濃淡. ¶ ～이 분명한 무늬 濃淡のはっきりした模様.

농대〔農大〕 名 〔'농과 대학'의 준말〕 農学部.

농도〔濃度〕 名 濃度. ¶ ～계 濃度計 / ～가 높다 濃度が高い.

농땡이 名 〈俗〉 **1** のらくら者. 怠け者. のろま. **2** 怠たること. 怠けること. サボること. ¶ ~를 부리다 怠ける/강의를 ~치다 講義をサボる.

농락〔籠絡〕 名 하他 籠絡. うまく丸め込むこと. たぶらかすこと. ¶ 순진한 사람을 ~하다 純真な人をたぶらかす.

농로〔農路〕 名 農道.

농림〔農林〕 名 農林. ¶ ~업 農林業.

농림부〔一部〕 名 農林部.

농무〔濃霧〕 名 濃霧. ¶ ~가 끼었다 濃霧が立ち込めている.

농민〔農民〕 名 農民. 百姓. ¶ ~ 운동 農民運動/~ 문학 農民文学.

농번기〔農繁期〕 名 農繁期.

농병아리 名 ⇨논병아리

농본〔農本〕 名 農本. 農業を根幹とすること. ¶ ~국 農本国/~주의 農本主義.

농부〔農夫〕 名 農夫. 農民. 百姓. ¶ 부지런한 ~ 勤勉な農夫.

농부가〔一歌〕 名 農夫の歌. 農民の労働歌.

농사〔農事〕 名 農事. 農業. 農作業. ¶ 벼~ 稲作/~를 짓다 農業を営む. 農耕する/~에 힘쓰다 農業に励む.

농사꾼 名 農民. 農夫. 百姓.

농사일 名 農作業. 農業の仕事.

농사철 名 農繁期. 農期.

농산〔農産〕 名 農産. 農業生産.

농산물〔一物〕 名 農産物. ¶ ~ 가격 農産物価格/~ 집산지 農産物の集散地.

농상〔農商〕 名 農商. 農業と商業. 農民と商人.

농성〔籠城〕 名 하自 **1** 籠城. 城に立てこもること. **2** 籠城. (ある目的のために)ある場所に立てこもること. 座り込むこと. ¶ ~ 투쟁 籠城闘争.

농수산물〔農水産物〕 名 農水産物.

농아〔聾啞〕 名 聾啞. ¶ ~ 교육 聾啞教育.

농아 학교〔一學校〕 名 聾(啞)学校.

농악〔農樂〕 名〔樂〕〔民俗〕 農楽〈農民が豊作の祈願・祝い・親睦などを目的として演ずる楽舞〉.

농악대〔一隊〕 名 農楽隊.

농약〔農藥〕 名 農薬. ¶ ~을 살포하다 農薬を散布する.

농양〔膿瘍〕 名〔醫〕 膿瘍. ¶ 폐~ 肺膿瘍.

농어 名〔動〕 鱸.

농어촌〔農漁村〕 名 農漁村.

농업〔農業〕 名 農業. ¶ ~국 農業国/~용수 農業用水/조상 대대로 ~에 종사하고 있다 先祖代々農業に従事している.

농업 경제학〔一經濟學〕 名 農業経済学.

농업 협동조합〔一協同組合〕 名 農業協同組合.

농염〔濃艶〕 名 하形 濃艶. 妖艶. ¶ ~한 모습의 여성 濃艶な姿の女性.

농예〔農藝〕 名 農芸. ¶ ~ 화학 農芸化学.

농용〔農用〕 名 農用. 農業用. ¶ ~림 農用林/~ 트랙터 農業用トラクター.

농우〔農牛〕 名 農耕に使う牛.

농원〔農園〕 名 農園.

농익다〔濃一〕 自 (果実などが)熟しきる. 爛熟する. よく熟れる.

농자〔農者〕 名 農業. 農事.

◆**농자 천하지대본**(農者天下之大本) 農業は国の根本.

농작〔農作〕 名 하他 農作. 耕作.

농작물〔一物〕 名 農作物. 作物.

농장〔農場〕 名 農場. 農園. ¶ ~을 경영하다 農場を経営する/~에서 일하다 農場で働く.

농정〔農政〕 名 農政. 農業行政. ¶ ~학 農政学.

농조〔弄調〕 名 ふざけた語調. 冗談めいた語調. 冗談まじり. からかうような語調.

농주〔農酒〕 名 (農作業の手伝いの人たちに出す)マッコリ.

농즙〔膿汁〕 名 膿汁. 膿.

농지〔農地〕 名 農地. ¶ ~ 개혁 農地改革/~ 보전 農地保全.

농지거리〔弄一〕 名 하自 ひどい冗談. むだぐち.

농촌〔農村〕 名 農村. ¶ ~ 지대 農村地帯/한가한 ~ 풍경 のんびりとした農村の風景.

농축〔濃縮〕 名 하自他 濃縮. ¶ ~액 濃縮液/~ 우라늄 濃縮ウラン.

농치다 自 機嫌を直す. 気を取り直す. (優しい語調で言い聞かせて)なだめる. <눙치다

농탕〔弄蕩〕 名 (男女が)いちゃつくこと.

농탕치다 自他 (男女が)いちゃつく. 乳繰る.

농토〔農土〕 名 耕作地. 農地. ¶ 기름진 ~ 肥沃な農地.

농트다〔弄一〕 自 (親しい間柄になり)冗談をやりとりする.

농하다[1]〔弄一〕 自 **1** ふざける. 冗談を言う. **2** 弄する. もてあそぶ. ¶ 궤변을 ~ 詭弁を弄する.

농하다[2]〔濃一〕 形 ⇨짙다[2]

농학〔農學〕 名 農学. ¶ ~과 農学科/~ 박사 農学博士.

농한기〔農閑期〕 名 農閑期.

농협〔農協〕 名〔'농업 협동조합'의 준말〕農協.

농후하다〔濃厚一〕 形 **1** (色・味・密度などが)濃い. ¶ 농후한 빛깔 濃い色. **2** (液体の濃度が)濃い. 濃厚だ. ¶ 농후한 용액 濃厚な溶液. **3** (可能性が)強い. 濃厚だ. 濃い. ¶ 혐의가 ~ 嫌疑が濃厚だ.

높낮이 名 **1** 高低. 起伏. ¶ 소리의 ~ 声の高低. **2** 漢字音の高低. 平仄.

높다 形 ㊀低い **1** (空間的に)高い. ¶ 높은 빌딩 高いビル/높고 험한 산 高くて険しい山. **2** (身分・階級・地位・水準などが)高い. 偉い. 尊い. ¶ 지위가 ~ 地位が高い/생활 수준이 ~ 生活水準が高い. **3** (手腕・力量・品格などが)高い. 優れている. 秀でている. ¶ 견식이 ~ 見識が高い/격조가 ~ 格調が高い. **4** 高

い. 名高い. 有名だ. ¶철강 수출국으로 이름이 ~ 鉄鋼輸出国として名高い/효자로 평판이 ~ 親孝行で評判が高い. **5** (温度·比率などが)高い. ¶열이 ~ 熱が高い/인구밀도가 ~ 人口密度が高い/혈압이 ~ 血圧が高い. **6** (勢い·意気込みなどが)高い. 激しい. 力強い. ¶파도가 ~ 波が高い/사기가 ~ 士気が高い. **7** (音·声が)高い. ¶웃음소리가 ~ 笑い声が高い/피콜로의 높은 소리 ピッコロの高い音. **8** (物価などが)高い. ¶물가가 ~ 物価が高い/세금이 너무 ~ 税金があまりに高い. **9** (歳を)取っている. 高齢である. ¶연세가 ~ 高齢でいらっしゃる.

높다랗다 形 ずいぶん高い. 相当に高い. ¶높다란 건물 高くそびえる建物.

높새 名 ☞높새바람

높새바람 名 (船員用語で)北東風.

높아지다 自 高くなる. 高まる. ¶사기가 ~ 士気が高まる/여성의 지위가 ~ 女性の地位が高まる/점점 높아지는 국민의 원성 しだいに高くなる国民の怨嗟の声.

높은음자리표〔—音—標〕 名〔樂〕ト音記号. 高音部記号.

높이[1] 名 高さ. 高度. ¶삼각형의 ~ 三角形の高さ/~ 3000미터의 산 高さ3000メートルの山.

높이[2] 副 高く. (声などを)高らかに. ¶응원가를 ~ 부르다 応援歌を声高らかに歌う/하늘 ~ 나는 글라이더 空高く飛ぶグライダー.

◆**높이 사다** 高く買う. 高く評価する.

높이뛰기 名〔體〕高跳び. 走り高跳び.

높이다 他 **1** 高くする. 高める. ¶목소리를 ~ 声を高める/담을 ~ 塀を高くする/생산성을 ~ 生産性を高める. **2** 尊敬する. 敬う. あがめる. **3** 尊敬語を使う. 丁寧な言葉遣いで話す. ¶말을 높여 한다 尊敬語[丁寧な言葉]で話す.

높임 名 **1** 高めること. 上げること. **2**〔言〕敬語形.

높임말 名〔言〕敬語. 尊敬語.

높직하다 形 小高い. 高めである. かなり高い. ¶높직한 언덕 かなり高い丘.

높직이 副 かなり高く. ずっと高く.

놓다[1] 他 **1** (物をある位置に)置く. とどめる. ¶신문을 탁자 위에 ~ 新聞をテーブルの上に置く/책상을 창가에 ~ 机を窓際に置く/의자를 놓고 앉아라 椅子を置いて腰かけなさい. **2** (持っている, 握っている物を)放す. (手を)放す. ¶잡은 손을 ~ 握った手を放す/핸들을 ~ ハンドルを放す. **3** (動作などを)中止する. やめる. (道具を)置く. ¶붓을 ~ 筆を置く/수저를 ~ さじを置く. 食事をやめる. 食事を終える. **4** (悩み·心配などを)なくす. ¶마음을 ~ 安心する/한시름 ~ ひと安心する. 一息つく/염려 놓으십시오 御安心ください. **5** (拘束などを)解き放す. 放任する. ¶소를 놓아 기르다 牛を放し飼いにする/포로를 놓아 보내다 捕虜を放任する. **6** (機械·装置などを)設置する. 架設する. 架ける. 引く. ¶철교[다리]를 ~ 鉄橋[橋]を架ける/사무실에 전화를 ~ 事務室に電話を引く. **7** (わななどを)装置する. 仕掛ける. ¶덫을 ~ わなを仕掛ける. **8** (火を)つける. 放火する. (蚊やり火などを)たく. ¶불을 놓은 범인 火をつけた犯人/모깃불을 ~ 蚊やり火をたく[くべる]. **9** (銃砲などを)発射する. 撃つ. 放つ. ¶총을 ~ 銃を撃つ. **10** (注射·鍼などを)注射する. 打つ. ¶예방 주사를 ~ 予防注射を打つ/발목에 침을 ~ 足首に鍼を打つ. **11** (人を)立てる. ¶거간을 ~ 仲人を立てる/매파를 놓아 혼사를 추진하다 媒酌婆さんを立てて婚姻を進める. **12** (刺繍を)施す. (模様を)入れる. ¶금실로 수를 ~ 金糸で刺繍をする/매화 무늬의 수를 놓은 이불 梅の花模様のある布団. **13** (そろばんなどで)計算する. 置く. はじく. ¶주판을 ~ そろばんを置く. **14** (買い手が)値段をつける. 買い値をつける. ¶금을 ~ 買い値をつける. **15** (将棋で)駒を指す. (碁で)碁石を置く. ¶석 점을 놓고 두다 (下手が)3目を置いて打つ. **16** 賃貸しする. 貸す. 金貸しをする. ¶방을 ~ 部屋を賃貸しする/비싼 이자로 빚을 ~ 高利でお金を貸す. **17** 力を注ぐ. (力を)加える. 出す. ¶속력을 ~ 速力を出す/줄달음을 ~ 一目散に逃げる. **18** (ぞんざいな言い方で)話す. 敬称を添えず話す. ¶말을 놓고 지내자 君僕の間柄でつき合おう. **19** ある行動を行なう. 仕掛ける. ¶훼방을 ~ 邪魔をする/엄포를 ~ こけおどしの文句を並べる/으름장을 ~ 脅す. **20** (すいか·うりなどを)植える. 育てる. 種をまく. ¶뒷들에 참외를 ~ 裏の野原にまくわうりを植える. **21** (あずき·豆·なつめなどを)飲食物に混ぜ入れる. ¶밥에 콩을 ~ ご飯に豆を入れる. **22** (衣服·布団などに)綿·毛を入れる[詰める]. ¶이부자리에 솜을 놓았다 布団に綿を入れた/솜을 놓은 저고리 綿入れのチョゴリ. **23** 《'를[을] 놓고'의 꼴로》(…に)ついて. ¶그 문제를 놓고 열띤 토론을 벌였다 その問題について熱っぽい討論を繰り広げた.

놓다[2] 補動 **1** (…して)おく. ¶문을 열어 ~ 門を開けておく/미리 이야기하여 ~ 前もって話しておく/주소를 물어 ~ 住所を聞いておく. **2** (…して)しまったので. (…して)しまっては. ¶낮잠을 자 놓으니 밤에 잠이 오겠니 昼寝をしてしまって夜寝られるのか.

놓아두다 他 **1** (持っていた物を)おろして置く. ¶소지품은 이 곳에 놓아두고 들어가시오 所持品はここに置いて入ってください. **2** 置いておく. ¶그대로 ~ そのままに置いておく. **3** ほったらかしておく. 放置しておく. ¶간섭할 것 없이 그대로 놓아두어라 干渉せずに

好きなようにさせておけ.

놓아주다 他 **1** 放してやる. 逃がす. 解放する. ¶ 낚은 물고기를 ~ 釣った魚を放してやる. **2** 許してやる. ¶ 이번만은 놓아주겠다 今回だけは許してやろう.

놓이다 Ⅰ 他 置かれる. ¶ 책상 위에 놓인 책 机の上に置かれた本.
Ⅱ 自 **1** 置いてある. 載っている. (橋が)かかっている. ¶ 곤경에 놓여 있다 苦境に立たされている. **2** (心が)安らぐ. 安心する. ¶ 무사하다는 소식을 듣고 마음이 놓였다 無事だと聞いて安心した.

놓치다 他 **1** (持っていた物を)取り落とす. 落とす. ¶ 컵을 놓쳐서 깨뜨렸다 コップを落として割った. **2** (得たものなどを)失う. なくす. 落とす. ¶ 아끼던 골동품을 놓쳤다 大事にしていた骨董品を手放した. **3** (機会などを)失う. 逸する. 逃がす. ¶ 절호의 기회를 ~ 絶好のチャンスを逃す. **4** (乗りものに)乗り遅れる. 乗りそこなう. ¶ 막차를 ~ 終列車に乗りそこなう.
〔속담〕 **놓친 고기가 더 크다** 逃した魚は大きい.

뇌〔腦〕 名〔生〕 脳. 脳髄. 頭脳.

뇌격〔雷擊〕 名 하他〔軍〕 雷撃. ¶ 잠수함의 ~을 받다 潜水艦の雷撃を受ける.
뇌격기〔—機〕 名〔軍〕 雷撃機.

뇌관〔雷管〕 名 雷管.

뇌까리다 他 **1** (小言・愚痴を)くどくど言う. ¶ 불평을 ~ 不平をこぼす. **2** 出まかせにしゃべる. やたらにしゃべりまくる.

뇌꼴스럽다 形 (見ただけで)愛想が尽きる. 癪に障る. 小憎らしく気に食わない. **뇌꼴스레** 副 癪に障って.

뇌다 他 **1** (粉をさらに細かくするために)ふるいにかける. **2** 繰り返して言う. くどくど言う.

뇌동〔雷同〕 名 하自 雷同. ¶ 부화~ 付和雷同.

뇌리〔腦裡〕 名 脳裏. ¶ 후회하는 마음이 한순간, ~를 스쳤다 後悔の念が一瞬, 脳裏をかすめた.

뇌막〔腦膜〕 名〔生〕 脳膜. ¶ ~염 脳膜「炎.

뇌물〔賂物〕 名 賄賂. 袖の下. まいない. ¶ ~을 쓰다 袖の下を使う.

뇌빈혈〔腦貧血〕 名〔醫〕 脳貧血. ¶ ~로 쓰러지다 脳貧血で倒れる.

뇌사〔腦死〕〔醫〕 脳死.

뇌성〔雷聲〕 名 雷声. 雷鳴.
뇌성벽력〔—霹靂〕 名 雷鳴と落雷. ¶ ~ 같은 소리 耳をつんざくような音[大声].

뇌성 마비〔腦性痲痺〕 名〔醫〕 脳性麻「痺.

뇌쇄〔惱殺〕 名 하他 悩殺. ¶ 남자를 ~시키는 포즈를 취하다 男を悩殺するポーズを取る.

뇌수〔腦髓〕 名〔生〕 脳髄. 脳.

뇌신경〔腦神經〕 名〔生〕 脳神経.

뇌압〔腦壓〕 名 脳圧.

뇌염〔腦炎〕 名〔醫〕 脳炎. ¶ ~에 걸리다 脳炎にかかる.
뇌염모기 名〔動〕 小形赤家蚊.

뇌우〔雷雨〕 名 雷雨. ¶ 심한 ~를 만나다 激しい雷雨にあう.

뇌일혈〔腦溢血〕 名〔醫〕 脳溢血. 脳出血.

뇌전〔雷電〕 名 雷電. 雷と稲妻.

뇌전색〔腦栓塞〕 名〔醫〕 脳塞栓. 脳栓塞.

뇌졸중〔腦卒中〕 名〔醫〕 脳卒中.

뇌종양〔腦腫瘍〕 名〔醫〕 脳腫瘍.

뇌진탕〔腦震蕩〕 名〔醫〕 脳震盪. ¶ ~을 일으키다 脳震盪を起こす.

뇌척수〔腦脊髓〕 名〔生〕 脳脊髄.
뇌척수막〔—膜〕 名〔生〕 脳脊髄膜. ¶ ~염 脳脊髄膜炎.

뇌출혈〔腦出血〕 名〔醫〕 脳出血.

뇌충혈〔腦充血〕 名〔醫〕 脳充血.

뇌파〔腦波〕 名〔生〕 脳波. ¶ ~계 脳波計.

뇌하수체〔腦下垂體〕 名〔生〕 脳下垂体.

뇌혈전〔腦血栓〕 名〔醫〕 脳血栓.

누[1]〔累〕 名 累. かかり合い. 迷惑. 巻き添え. ¶ ~가 미치다 累が及ぶ.
◆**누가 되다** 累を及ぼす. 迷惑をかける. ¶ 은사에게 ~가 되다 恩師に迷惑をかける.

누[2] 代 **1** 〔'누구'의 준말〕 誰. ¶ 저 집에 ~가 사느냐? あの家に誰が住んでいるのか. **2** (ふたりのうちで)どちら. ¶ 엄마하고 아빠하고 ~가 더 좋아? ママとパパとどっちが好き?
◆**누가 아니래** (誰が違うと言ったの意で)そのとおりだ. まったくだ.

누가[1]〔累加〕 名 하他 累加. ¶ 이익이 ~되다 利益が累加される.

누가[2]〔㊂nougat〕 名 ヌガー.

누각[1]〔漏刻〕 名 漏刻. 水時計.

누각[2]〔樓閣〕 名 楼閣. ¶ 공중~ 空中楼閣 / 사상~ 砂上の楼閣.

누감〔累減〕 名 하他 累減.
누감세〔—稅〕 名 累減税.

누거〔陋居〕 名 陋居. 陋屋.

누계〔累計〕 名 하他 累計. ¶ 경비의 ~를 내다 経費の累計を出す.

누관〔淚管〕 名〔生〕 涙管.

누구 代 **1** 〔의문을 나타냄〕 誰. どんな人. ¶ ~에요? 誰ですか / 여보세요, ~십니까? (電話で)もしもし, どなたですか. **2** 〔불특정의 사람을 가리킴〕 誰か. ある人. ¶ ~를 좀 만날 일이 있네 人にちょっと会う用事がある. **3** 〔임의의 사람을 가리킴〕 誰(でも). ¶ 어느 ~도 입을 열지 않았다 誰一人口を開かなかった. **4** (ある人を当てこすって)誰かさん. ¶ 나는 ~하고는 다르다 僕は誰かさんとは違うんだ. **5** (ふたりのうちで)どちらか. ¶ 두 사람 중에서 ~ 하나를 골라 주세요 二人のうちでどちらか一人を選んでください.
◆**누구를 막론하고**[**물론하고**] 誰彼を問わず. 誰と限らず皆.
◆**누구 할 것 없이** 誰彼の区別なく. 誰彼なしに. 誰も彼も.

누구누구 代 〔'누구'의 복수〕 誰々. 誰彼. ¶ ~를 초대할까요? 誰々を招待しましょうか / 거기 간 사람은 ~인가? そこへ行った人は誰々か.

(호칭·지칭) 누구·어느 분

誰/どなた/どの人/どの方/どちら/何者

• 언급되는 인물을 모를 경우, 그 사람을 가리키는 데 쓰는 말들이다. 誰·どなた·何者는 듣는 상대방을 가리켜 사용할 수 있지만, どの方, どの人는 직접 상대방에 대해서는 쓰지 못한다./誰·どなた·何者는 이름과 출신, 가문 등을 물을 때도 사용된다./どなた·どちら 등은 誰의 높임말(어느 분, 누구)로서, どの人보다 경의가 강하다. 또 様를 붙여 どちら様·どなた様 등으로 쓰면 더욱 높임말이 된다./何者는 이름은 알려져 있지만, 어떤 의지나 배경을 가진 사람인지 모를 때 그걸 물을 때도 사용한다.

どいつ/何奴

• どいつ는 誰를 위협적이고 난폭하게 지칭하는 말투이고 何奴는 何者를 위협적으로 또는 거칠게 지칭하는 말투이다. 어느 놈, 어느 자식.

누그러지다 自 和む. 鎮まる. 薄れる. 和らぐ. 穏やかになる. 柔らかくなる. ¶ 추위가 ~ 寒さが和らぐ/마음이 ~ 心が和む/노여움이 ~ 怒りが鎮まる/통증이 ~ 痛みが薄れる/누그러진 언성 穏やかな声.

누그름하다 形 やや湿っぽくて軟らかい. **누그름히** 副 やや湿っぽくやわらかに.

누글누글하다 形 **1** どろどろである. ぐにゃぐにゃである. ¶ 엿이 녹아서 ~ 飴が溶けてどろどろである. **2** (体が)柔軟だ. **3** (性格が)非常におとなしい. >노글노글하다

누긋하다 形 **1** (湿り気があって少し)柔らかい. しっとりしている. **2** (性格が)柔和だ. ゆったりしている. ¶ 성미가 ~ 性格が柔和だ/누긋한 태도 のんびりした態度. **3** (寒さなどが)いくらか穏やかだ. ¶ 누긋한 날씨 いくらか穏やかな天気. **누긋이** 副 柔らかく. 柔和に. ゆったり(と). 穏やかに. ¶ ~ 기다려라 ゆったりと構えて待て.

누기〔漏氣〕 名 湿り気. 湿気. 湿り. ¶ ~를 없애다 湿気を取り除く/~가 돌다 湿気を帯びる.

◆**누기가 차다** 湿気が多い. 湿っぽい. じめじめしている. ¶ ~가 찬 지하실 湿気の多い地下室.

누나 名 **1** (弟が姉に対して)お姉ちゃん. 姉さん. **2** (他人の姉に対して)姉さん. **3** (従姉に対して)姉さん. ▷누님

(호칭·지칭) 누나·언니

姉/姉さん/姉貴/姉上/姉御

• 姉는 같은 부모에게서 태어난 자식 중 손위의 여자(누나·언니). 배우자의 자매 중 연상의 여자나 형의 아내(형수·처형·손위 처남댁·손위 동서·손위 시누이·손위 올케) 등 인척 관계의 사람에게도 사용되며, 이 경우에는 義姉라 쓰고 あね로 읽는다./姉さん은 누나(언니)를 부르는 일반적인 말이며, 義姉를 직접 부를 때도 쓴다. 대체로 お를 붙여 お姉さん의 형태로 쓰이며, 보다 정중한 표현은 (お)姉様, 보다 격의 없는 표현은 (お)姉ちゃん이다./姉貴는 누나에 대해 친애의 정을 가지고 부르는 말씨./姉上, 姉御 등도 누나(언니)의 높임말이지만, 현재는 문어적으로만 사용된다. ▷형·오빠, 동생

누년〔累年〕 名 累年. 長年. ¶ ~의 연구 長年の研究.

누누이〔屢屢一〕 副 しばしば. しきりに. いく度も. 何度も. ¶ ~ 타이르다 何度も言い聞かせる.

누님 名 〔'누나'의 높임말〕 お姉さん. お姉さま.

누다 他 (大小便を)する. 垂れる. ¶ 오줌[소변]을 ~ 小便をする/똥[대변]을 ~ 大便をする.

누대[1]〔累代〕 名 累代. 代々. ¶ ~로 이 마을에 살고 있다 代々この村に住んでいる.

누대[2]〔樓臺〕 名 楼台. 高殿. ¶ ~에 오르다 楼台に登る.

누더기 名 ぼろ. 継ぎはぎの服. ぼろぼろの衣服. ¶ ~ 조각 ぼろ切れ/~를 걸치다 ぼろをまとう.

누덕누덕 副 하形 継ぎはぎして. 継ぎはぎだらけに. ¶ 옷을 ~ 기워 입다 衣服をあちこち継ぎをして着る.

누드〔nude〕 名 ヌード. ¶ ~쇼 ヌードショー/~ 사진 ヌード写真.

누락〔漏落〕 名 하自他 (書類·名簿などから)抜け落ちること. 漏れること. 漏らすこと. 脱落. ¶ ~자 (名簿などから)抜け落ちた者/등록 ~ 登録漏れ.

누란〔累卵〕 名 累卵. ¶ ~의 위기에 처하다 累卵の危機に直面する.

누렁 名 **1** 黄. 黄色. **2** 黄色の絵の具[染料].

누렁개 名 (毛の)黄色い犬.

누렁이 名 **1** 〈俗〉黄金. **2** (毛の)黄色い犬. **3** 黄色い物.

누렇다 形 黄色い. ¶ 벼가 누렇게 익었다 稲が黄色く実った. >노랗다

◆**누렇게 뜨다** ① (飢えて)顔色が黄色くむくむ. ② (うろたえて)顔色が変わる.

누레지다 自 黄ばむ. 黄色くなる. 黄金色になる. ¶ 벼가 익어서 ~ 稲が実って黄金色になる. >노래지다

누룩 名 麹.

누룩곰팡이 名 〔植〕 麹黴.

누룽지 名 お焦げ.

누르께하다 形 (濃いめに)黄色がかっている. 黄ばんでいる.

누르다[1] 他 **1** 〔힘을 가하다〕 押す. 押さえつける. 押さえる. ¶ 상처를 꼭 ~ 傷口をしっかり押さえる. **2** (スイッチ·ボタンを)押す. ¶ 초인종을 ~ 呼び鈴を押す. **3** 〔얹어 놓다〕 (重い物などで)押さえる. ¶ 문진으로 ~ 文鎮で押さえる. **4** 〔억압하다·제압하다〕 (自由などを)押さえつける. 抑圧する. (相手を)しのぐ. 圧倒する. ¶ 권력으로 남을 ~ 権力で人を押さえつける. **5** 〔억제하다〕 (感情を)抑える. 我慢する. ¶ 분노를 ~ 怒りを抑える.

누르다[2] 形 黄色い. ¶ 누른 잎 黄色い

葉.

누르디누르다 形 非常に黄色い.(中でも)最も黄色い.

누르락붉으락 副 하形 (激しく怒って)顔色が黄色くなったり赤くなったりするようす.

누르락푸르락 副 하形 (激しく怒って)顔色が黄色くなったり青くなったりするようす.

누르무레하다 形 うす汚く黄色い.黄色く濁っている. >노르무레하다

누르스름하다 形 うす黄色い.やや黄色い.黄ばんでいる. >노르스름하다

누름단추 名 押しボタン.

누름돌 名 重石.押さえ.

누름적〔一炙〕名〔料理〕(牛肉やききょうの根などを串に刺し)溶き卵をつけて鉄板で焼いたもの.

누릇누릇 副 하形 (点々と)黄色く.黄色っぽく. >노릇노릇

누리다¹ 他 享受する.楽しむ. ¶ 행복을 ~ 幸せを享受する.幸福に暮らす / 영화를 ~ 栄華を極める / 장수를 ~ 長寿を保つ.

누리다² 形 **1** (毛が焼けるにおいがして)臭い.焦げ臭い.獣臭い. **2** (脂気が多くて)むかつくように臭い.脂臭い.

누린내 名 **1** (肉の)脂臭いにおい.獣臭いにおい. ¶ ~가 나는 염소 고기 脂臭いにおいのするやぎの肉. **2** (動物の毛の焼ける)焦げ臭いにおい.

누만금〔累萬金〕名 巨万の大金.巨額のお金. ¶ ~을 준다 해도… 巨額のお金をくれるといっても…

누명〔陋名〕名 **1** ぬれぎぬ.冤罪. ¶ ~을 씌우다 ぬれぎぬを着せる. **2** 汚名.不名誉.

◆**누명을 벗다** 冤罪を晴らす.汚名をそそぐ.

◆**누명을 쓰다** 冤罪をこうむる.

누범〔累犯〕名 하自他〔法〕累犯. ¶ ~자 累犯者.

누비 名 刺し縫い.刺し子. ¶ ~이불 刺し縫いの掛け布団.

누비옷 名 刺し縫いの衣服.

누비다 他 **1**〔줄이 지게 박다〕刺し子に縫う.刺し縫いをする. ¶ 옷을 ~ 衣服を刺し子に縫う. **2**〔요리조리 뚫고 나가다〕縫って進む. ¶ 인파 속을 누비고 나아간다 人波を縫って進む. **3** かけずり回る.立ち回る. ¶ 정계를 ~ 政界を泳ぎ回る. **4**〈俗〉(顔を)しかめる.しかめっ面をする.

누선〔涙腺〕名〔生〕涙腺.

누설〔漏泄〕名 하自他 漏洩.漏れる[漏らす]こと. ¶ 비밀을 ~하다 秘密を漏らす / 중요한 기밀 사항이 ~되었다 重要な機密事項が漏れた.

누속〔陋俗〕名 陋俗.卑しい風俗.

누수〔漏水〕名 하自 **1** 漏水.水漏れ. ¶ ~ 공사 漏水工事. **2** 水時計の水.

누습〔陋習〕名 陋習.悪い風俗[習慣]. ¶ ~을 버리다 陋習を捨てる.

누실〔陋室〕名 **1** 陋室.汚い部屋.むさくるしい部屋. **2**〔'자기의 방'의 겸사말〕陋室.

누심〔壘審〕名〔體〕(野球で)塁審.

누에 名〔動〕蚕.

◆**누에를 치다** 蚕を飼う.養蚕をする.

누에고치 名 繭.蚕繭.

누에나방 名〔動〕蚕蛾.

누에씨 名 蚕種.蚕の卵.

누에콩 名〔植〕蚕豆.

누옥〔陋屋〕名 **1** 陋屋.むさくるしい家. **2**〔'자기 집'의 겸사말〕陋屋.

누운변〔一邊〕名 元金とともに一括して返済する利息.

누워먹다 自 (仕事もしないで)ぶらぶら遊び暮らす.遊んで暮らす.

누이 名 姉.妹.

〔속담〕**누이 좋고 매부 좋다** 妹[姉]にもよくその夫にもよい〈両方とも得になってよいこと〉.

누이동생〔一同生〕名 妹.

누이바꿈 名 하自 妹[姉]を妻の兄弟と結婚させること.

누이다¹ 他 **1** 横たえる.寝かせる. ¶ 아이를 자리에 ~ 子供を寝床に寝かせる. **2** (利子だけ受け取り)元金を据え置く. **3** (織物を灰汁で)練る.(布などを)精練する. ¶ 명주를 ~ 絹を精練する.

누이다² 他 大小便をさせる. ¶ 오줌을 ~ 小便[おしっこ]をさせる.

누임 名 하他 (織物などを)練ること.

누적〔累積〕名 하自他 累積. ¶ ~ 도수 累積度数 / ~된 적자 累積した赤字 / ~된 피로 積もり積もった疲労.

누전〔漏電〕名 하自 漏電. ¶ ~에 의한 화재 漏電による火災.

누조〔累朝〕名 累朝.歴朝.

누증〔累增〕名 하自他 累増. ¶ 흑자가 ~되다 黒字が累増する.

누지〔陋地〕名 **1** むさくるしい場所. **2**〈謙〉自分の住んでいる所.

누지다 形 じめじめしている.湿っぽい. ¶ 비가 많이 와서 방이 ~ 雨がたくさん降って部屋が湿っぽい.

누진〔累進〕名 하自 累進.

누진세〔一税〕名〔法〕累進税.

누진율〔一率〕名 累進率.

누차〔屢次〕**I** 名 累次. ¶ ~의 전쟁으로 국토는 황폐해졌다 累次の戦争で国土は荒れはてた.

II 副 しばしば.たびたび.何度も.いく度も. ¶ ~ 경고했음에도 불구하고 たびたび警告したにもかかわらず / ~ 일러 두었다 いく度も話して(注意し)ておいた.

누천년〔累千年〕名 数千年.

누추하다〔陋醜一〕形 むさ苦しい.薄汚い. ¶ 누추한 옷차림 むさ苦しい身なり / 누추한 곳이지만 어서 들어오십시오 むさ苦しい所ですが,どうぞお上がりください〈客に対してのあいさつ〉.

누출〔漏出〕名 하自 漏出.漏れ出ること. ¶ 가스 ~에 의한 사고 ガス漏れによる事故.

누탈〔漏脫〕名 하自 漏脱.漏れ落ちていること.

누택〔陋宅〕名 **1** 陋宅.むさ苦しい住まい. **2**〔'자기 집'의 겸사말〕陋宅.

누퇴〔累退〕名 하自 **1** 比率がしだいに

下がること. **2** 官位·等級などがしだいに下がること.

누풍〔陋風〕 名 陋風. いやしい風習. 悪習.

누항〔陋巷〕 名 **1** 陋巷. 狭くて汚い町. **2**〔'자기가 사는 곳'의 겸사말〕陋巷.

눅눅하다 形 (水気·油気があって) 柔らかい. 湿っぽい. ¶눅눅한 옷 湿っぽい衣服.

눅다 形 **1** (練り粉などが)柔らかい. 水っぽくて緩い. ¶밀가루 반죽이 ~ 小麦粉の練り粉が柔らかい. **2** (固いものが湿気を含んで)柔らかい. 湿っている. ¶땅콩이 ~ ピーナツが湿気ている. **3** (性質が)穏やかだ. 寛大だ. ¶그녀는 성질이 눅은 편이지요 彼女は気性が穏やかなほうです. **4** (寒かった天候が)和らいで暖かい. ¶3월에 들어서면서 날씨는 한결 눅어졌다 3月に入ってから天候はいちだんと暖かくなった[和らいだ]. **5** (値段が)安い. ¶눅게 산다 安く買う / 쌀값이 ~ 米の値段が安い.

눅신하다 形 (固いものなどが)柔らかい. ぐにゃっとしている. ¶열로 눅신해진 고무 熱でぐにゃっとなったゴム.

눅신눅신 副 하形 くにゃくにゃ(と). ふにゃふにゃ(と).

눅이다 他 **1** (固いものを)柔らかくする. 緩くする. ¶반죽을 ~ 練り粉を柔らかくする. **2** (怒り·声などを)和らげる. (心を)静める. ¶성난 아내의 마음을 ~ 怒っている妻の心を和らげる. **3** (衣服などを)湿らす. 湿す. ¶다림질을 위해 옷을 ~ アイロンをかけるために服を湿らす.

눅지다 自 **1** 柔らかくなる. **2** (気候や性質が)和らぐ.

눅진하다 形 (物体や性質が)柔軟でねばねばしている. 粘り強い. **눅진히** 副 ねばねばした. 粘り強く.

눅진눅진 副 하形 **1** (物が)粘り気があって柔らかいようす. **2** (性格が)非常に粘り強く柔軟なようす.

눈1 名 **1**〔사물을 보는 기관〕目. 眼. ¶맑은 두 ~ 澄んだ両目 / 벌겋게 충혈된 ~ 赤く充血した目 / 졸린 ~을 비비다 眠そうな目をこする. **2**〔눈의 능력〕目. 視力. ¶~이 좋지 않아 안경을 쓰고 있다 目が悪くて眼鏡をかけている. **3**〔표정·태도〕目. 表情. 目つき. ¶만족스러운 ~ 満足そうな目 / 분노에 가득 찬 ~ 怒りに満ちた目 / 정감 어린 ~ 情感あふれる目 / 부러운 ~으로 보다 うらやましそうな目で見る. **4**〔안목·안식〕目. 眼力. 見識. 物事を見極める力. ¶~이 높다 目が高い / 사람을 보는 ~이 있다 人を見る目がある. **5**〔사물을 보는 태도〕目. 見方. ¶서양 사람의 ~으로 보면 西洋人の目で見れば / 공평한 ~으로 보다 公平な目で見る. **6**〔눈길〕目. (人の)視線. 注目. ¶사람의 ~을 끌다 人の目を引く / ~을 떼지 않다 目を離さない. **7** 目. 関心. ¶성적이 ~에 띄게 좋아졌다 成績が目に見えてよくなった.

◆**눈 깜빡[깜짝]할 사이에** 瞬く間に.

◆**눈 밖에 나다** (信用を失って)憎まれるようになる.

◆**눈에 거슬리다** 目障りだ.

◆**눈에 넣어도 아프지 않다** (非常にかわいくて)目に入れても痛くない.

◆**눈에 들다** ① 気にいる. 心にかなう. ② 目に入る. 視野に入る.

◆**눈에 밟히다** (忘れられず)目にありありと浮かぶ.

◆**눈에 불을 켜다** 目を光らす. 目を皿にする. ¶~에 불을 켜고 찾아다니다 目を皿にして探し回る.

◆**눈에 불이 나다** ① (驚いて)目玉が飛び出る. ② (忙しくて)目が回る. ③ (殴られて)目から火が出る. ④ 非常に腹立たしい.

◆**눈에 선하다** 鮮やかに目に浮かぶ.

◆**눈에 설다** 見慣れない. なじみがない.

◆**눈에 쌍심지를 켜다** (腹が立って)目をむく.

◆**눈에 어리다** 目に浮かぶ. 目にちらつく. 目に焼きつく.

◆**눈에 익다** 見慣れている. 見覚えがある.

◆**눈에 차다** 非常に気に入る[満足する].

◆**눈에 흙이 덮이다[들어가다]** 死ぬ. 死んで土に埋められる.

◆**눈을 꺼리다[피하다]** 人目をはばかる[避ける].

◆**눈을 맞추다** ① 目を合わす. 互いに視線を合わせる. ② (愛し合っていることを)目で合図し合う.

◆**눈을 부라리다** 目をむいてすごむ.

◆**눈을 붙이다** 少しの間眠る. ちょっとの間浅く眠る.

◆**눈을 속이다** 目を欺く. ごまかす. ¶다른 사람의 ~을 속이다 他人の目を欺く.

◆**눈을 주다** ① 目で合図をする. ② 目を向ける. 視線を移す.

◆**눈이 높다** ① 目が高い. 目が肥えている. ② 高慢だ. プライドが高い. 望みが高い.

◆**눈이 뒤집히다** (悪いことなどに)目がくらむ. 理性を失う.

◆**눈이 맞다** ① 目が合う. 二人の視線が合う. ② 目でものを言い合う. 目で合図し合う. 互いに気持ちが通じる. ③〈俗〉(男女間で)愛情が通じ合う. ¶~이 맞아 결혼을 했다 愛しあって結婚をした.

◆**눈이 빠지도록 기다리다** 首を長くして待つ.

◆**눈이 삐다** 見る目がおかしい.

◆**눈이 시퍼렇다** (生きていて)ぴんぴんとしている.

◆**눈이 어둡다** 目がくらむ. ¶돈에 ~이 어두워 나쁜 짓을 하다 お金に目がくらんで悪事を働く.

◆**눈이 캄캄하다** ① 目の前が真っ暗だ. (ショックなどで)目がくらむ. ② 無知だ.

〔속담〕**눈 가리고 아웅[눈감고 아웅한다]** 目を覆ってにゃあと言う〈すぐにばれるような手段で人をだまそうとする〉. **눈 감으면 코 베어 먹을 세상** 目を閉じれ

ば鼻を取って食う世の中〈世間の人の心が険悪で信じられない〉. **눈 뜨고 도둑 맞는다** 目を開けているのに盗まれる〈分かっていてみすみす損をする〉.

눈² 名〔植〕芽. ¶감자의 ~을 따다 じゃがいもの芽を取る.

눈³ 名 (計量·計測のための)目. 目盛り. ¶~을 새긴 컵 目盛りのついたコップ/~이 정확하지 않은 자 目盛りが正確でない定規.

눈⁴ 名 **1** (網などの)目. ¶그물~ 網の目. **2** (革沓などの)先と縁の飾り.

눈⁵ 名 雪. ¶함박~ ぼたん雪/첫~ 初雪/싸라기~ あられ/~싸움 雪合戦/펑펑 내리는 ~ こんこんと降る雪/~이 쌓이다 雪が積もる/온 세상이 흰 ~으로 덮였다 辺り一面が白い雪で覆われた.

〔속담〕**눈 위에 서리 친다** 雪の上に霜が降りる〈弱り目にたたり目〉.

눈가 名 目の縁. 目の周り. ¶맞아서 ~에 멍이 들었다 ぶたれて目の周りにあざができた.

눈가늠 名 目測. 目分量.

눈가루 名 雪の粉.

눈가림 名 하自 (うわべだけ飾って)人の目をだますこと. 見せかけ. 欺くこと. ¶어물어물 ~으로 일하다 いいかげんに見せかけの仕事をする.

눈감다 自 **1** 目をとじる. **2** 息を引き取る. 死ぬ. **3** 見て見ないふりをする. 目をつぶる. ¶조그만 허물은 눈감아 주자 少々の欠点は目をつぶってやろう.

◆**눈감아 주다** (他人の欠点·過ちなどを)見逃してやる. 黙認する. 大目に見る.

눈겨룸 名 하自 にらめっこ.

눈결 名 瞬く間. つかの間. ¶~에 일어난 일 瞬く間の出来事/~에 언뜻 보다 一瞬ちらっと見る.

눈곱 名 **1** 目くそ. 目やに. **2** きわめて小さく少ないもの. すずめの涙. ¶~만한 사례금 すずめの涙ほどの礼金.

◆**눈곱이 끼다** ① 目やにがたまる. ② 困窮する. 貧しい.

◆**눈곱만큼도** 爪の垢ほども. すずめの涙ほども. かけらも. ¶인정이란 ~만큼도 없는 사람이야 人情なんか爪の垢ほどもない人だ.

눈곱만하다 形 きわめて小さい[少ない]. すずめの涙ほどだ. ¶눈곱만한 양심도 없다 良心のかけらもない.

눈구멍 名 **1** 眼孔. **2**〈俗〉目.

눈구석 名 目頭.

눈금 名 **1** (物差し·秤·温度計などの)目. 目盛り. 度盛り. **2** 目測で引く線.

눈길¹ 名 視線. 人目. ¶호기심 어린 ~ 好奇心に満ちた視線/~을 피하다 人目を避ける.

◆**눈길을 끌다** 人目を引く. 目を奪う.

◆**눈길을 모으다** ① 人目を集める. 注目の対象になる. ② 目を凝らす. 視線を集中する.

◆**눈길이 닿다** 視線が行く[届く].

눈길² 名 雪道.

눈까풀 名 まぶた. <눈꺼풀

눈깔 名〈俗〉目. ¶개~ 犬の目玉. ▷눈(目)

눈깔사탕〔一砂糖〕名 飴玉.

눈깜작이 名 目をしきりにぱちぱちさせる人.

눈꺼풀 名 まぶた. >눈까풀

눈꼴 名 目つき. 目遣い. 眼差し. ¶~이 고약하다 目つきが悪い/~이 험하다 目つきが険しい.

눈꼴사납다 形 (態度·行為などが)目障りだ. 目に余る. みっともない. 癪に障るほどに憎らしい. 目つきが悪い.

눈꼴시다[틀리다] 形 見ただけでへどが出そうだ. 胸くそが悪い.

눈꽃 名 雪花.

눈대중 名 하他 目分量. 目測.

눈덩이 名 雪の小さい塊. ¶~를 굴리듯 돈이 불어나다 雪の塊を転がすようにお金がどんどん殖える.

눈독 名 もの欲しげな目つき.

눈독들이다 他 もの欲しげに見る. 目星をつける. 狙う. ¶진작 눈독들여 오던 것 前々からねらっていたもの.

눈동자〔一瞳子〕名 瞳. 瞳孔.

눈두덩 名 うわまぶた. まぶたの盛り上がった部分.

눈딱부리 名 どんぐり眼. どんぐり眼の人.

눈뜨다 自 **1** 目をあける. ¶차마 눈뜨고 볼 수 없다 とても見るに忍びない. **2** 目が開く. 目が見えるようになる. **3** 読み書きができるようになる. **4** 目覚める. 目を覚ます. ¶성에 ~ 性に目覚める/현실에 ~ 現実に目覚める.

눈뜬장님 名 **1** 目が開いていても物が見えない人. **2** 文盲. 字の読めない人.

눈망울 名 眼球. 目玉. ¶~을 굴리다 目玉をくりくりさせる.

눈매 名 目の格好. 目もと. 目つき. ¶시원스런 ~ すっきりした目もと/~가 곱다 目もとが美しい.

눈멀다 自 **1** 目がつぶれる. 目が見えなくなる. **2** (あるものに心を奪われて)理性を失う. 目がくらむ. おぼれる. ¶눈먼 사랑 盲目的な愛情/돈에 ~ お金に目がくらむ.

◆**눈먼 돈** 思いもよらないただでえた金. 泡銭.

〔속담〕**눈먼 자식이 효자 노릇 한다** 盲目の息子が孝行する〈平素は度外視した人から恩をこうむることのたとえ〉.

눈물¹ 名 涙. ¶감격의 ~ 感激の涙/~을 흘리다 涙を流す. 涙をこぼす/~을 닦다[씻다] 涙をぬぐう/~을 자아내는 슬픈 이야기 涙を誘う悲しい話/~이 복받치다 涙がこみ上げる.

◆**눈물로 보내다** 涙に明け涙に暮れる.

◆**눈물을 거두다** 涙を抑える.

◆**눈물을 머금다** ① 涙ぐむ. ② 涙をのむ. 涙をこらえる.

◆**눈물을 짜다** ① (わけもなく)涙を流して泣く. ② 空涙を流す.

◆**눈물이 돌다** 涙が浮かぶ.

◆**눈물이 앞을 가리다** 涙が遮える. 涙で前が見えない. とめどなく涙を流す.

◆**눈물이 어리다** (目に)涙がたまる. 涙ぐむ.
◆**눈물이 헤프다** 涙もろい.
눈물겹다 形 涙ぐましい. 涙を誘う. ¶ 눈물겨운 노력 涙ぐましい努力 / 눈물겨운 정경 涙を誘う情景.
눈물샘 名〔生〕涙腺.
눈물없다 形 人情(思いやり)がない. 血も涙もない. 感動する心がない. **눈물없이** 副 涙なしに. ¶ ~는 볼 수 없는 광경 涙なしには見られない光景.
눈물짓다 自 涙する. 涙を浮かべる.
눈물² 名 雪解け水.
눈바람 名 **1** 雪と風. 風雪. **2** 厳しい苦難.
눈발 名 (筋を引くように)降りしきる雪. ¶ ~이 날린다 横殴りに雪が降りしきる.
◆**눈발이 서다** 雪が降りそうだ. 雪模様になる.
눈병〔一病〕名〔醫〕眼病. 眼疾.
눈보라 名 吹雪. ¶ ~가 휘몰아치다 吹雪が荒れ狂う.
눈보라치다 自 吹雪く.
눈부시다 形 **1** (光が強くて)まぶしい. ¶ 눈부신 햇살 まぶしい[強い]日差し. **2** 目が覚めるようだ. まばゆい. ¶ 눈부시게 아름답다 まばゆいばかりに美しい / 눈부신 옷차림 目の覚めるような服装. **3** (活躍などが)目覚ましい. 華々しい. 輝かしい. ¶ 눈부신 활약 目覚ましい活躍 / 눈부신 공적 輝かしい功績.
눈비 名 **1** 雪と雨. ¶ ~ 확률 降水確率. **2** 〈方〉みぞれ.
눈빛¹ 名 **1** 目つき. 目の色. ¶ 성난 ~ 怒った目つき / 무언가 호소하는 듯한 ~ 何かを訴えているような目つき. **2** 目の輝き. 眼光. ¶ 맑게 빛나는 ~ 青く輝く眼の光.
눈빛² 名 雪の色. 真っ白い色. ¶ ~같이 흰 살결 雪のように白い肌.
눈사람 名 雪だるま.
눈사태〔一沙汰〕名 雪崩. ¶ ~가 일다 雪崩が起こる.
눈살 名 眉間のしわ.
◆**눈살을 찌푸리다** 眉間にしわを寄せる. 眉をひそめる.
눈서리 名 雪と霜.
눈석임 名 하自 雪解け.
눈석임물 名 雪解け水.
눈속임 名 ごまかし. 人目を欺くこと.
눈송이 名 雪片. 雪の片. ¶ ~가 바람에 날리다 雪片が風に舞う.
눈시울 名 目頭. 目の周囲. ¶ ~이 뜨거워지다 目頭が熱くなる / ~을 적시다 目頭を濡らす.
눈싸움¹ 名 하自 にらめっこ.
눈싸움² 名 하自 雪投げ. 雪合戦.
눈썰미 名 まね. 見まね. 見ただけですぐ覚える技. ¶ ~가 좋다 まねが上手だ.
눈썹 名 眉. 眉毛. ¶ 검은 ~ 黒い眉毛 / 숱이 많은 ~ 濃い眉 / 실[가는] ~ 細い眉 / ~을 그리다 眉を描く.
◆**눈썹도 까딱하지 않다** 眉一つ動かさない. びくともしない.
눈썹연필〔一鉛筆〕名 アイブローペンシル.
눈알 名 眼球. 目玉.
◆**눈알이 나오다** (非常に驚いて)目の玉が飛び出す.
눈앞 名 **1** 目の前. 眼前. ¶ ~에 펼쳐진 광활한 대지 眼前に広がる広大な大地. **2** 目先. 目前. ¶ ~에 닥쳐올 큰 행사 目前に迫った大きな行事 / ~의 이익에 얽매이다 目先の利益にとらわれる.
◆**눈앞이 캄캄하다** 目の前が暗くなる. 途方に暮れる.
눈약〔一薬〕名 目薬. ¶ ~을 넣다 目薬をさす.
눈어림 名 하他 目測. 目算. 目分量. ¶ ~으로 대중하다 目測で大ざっぱに見積もる.
눈언저리 名 目元. 目の周り. ¶ ~를 비비다 目の周りをこする.
눈엣가시 名 **1** 眼中のとげ. 邪魔な人. **2** (夫の)妾.
눈여겨보다 他 目を注ぐ[留める]. 注視する. ¶ 동작 하나하나를 ~ 動作一つ一つを注視する.
눈요기〔一療飢〕名 하自 目の保養. (欲しいもの, 食べたいものなどを)見るだけで満足すること.
눈웃음 名 (声を立てずに)目で笑うこと. 目笑.
눈웃음짓다 自 目にそっと笑いを浮かべる.
눈웃음치다 自 (人の気を引こうとして)目でそっと笑う.
눈인사〔一人事〕名 하自 目礼.
눈자위 名 眼球の縁. 目玉の周り.
◆**눈자위가 꺼지다** (人が)死ぬ.
눈접〔一椄〕名 하他 芽接ぎ.
눈짐작 名 하他 目測. 目分量.
눈짓 名 하自 目くばせ. 目顔. 目付き. ¶ ~으로 알리다 目顔で知らせる.
눈초리 名 **1** 目じり. まなじり. ¶ ~가 샐쭉해지다 目じりがつり上がる〈怒った顔つきになる〉. **2** (物事を見る)目つき. 視線. ¶ 날카로운 ~ 鋭い目つき.
눈총 名 (目に毒気を帯びて)にらみつける目つき. 人を射るようなまなざし.
눈총기〔一聰氣〕名 鋭い見覚え. 鋭利な観察眼. ¶ ~가 좋다 観察眼が優れている.
눈치 名 **1** (気持ち·気配などを)すぐ感じ取る能力. 勘. 直感. 機転. センス. ¶ ~가 빠르다 勘がいい. 目ざとい. **2** (気持ちの表われた)表情. 態度. ようす. 顔つき. 素振り. ¶ 불안해하는 ~ 不安そうな顔つき[ようす] / 잘 알고 있는 ~였다 よく分かってるようすだった. **3** (人が自分を)嫌う気配. (他人の)顔色. 機嫌. ¶ ~ 하나로 계급이 높아진 놈 機嫌取りだけで位が上がったやつ.
◆**눈치가 다르다** (行動·態度が)普通とは違う. ようすがおかしい.
◆**눈치가 있다[없다]** センスがある[ない]. 勘がいい[鈍る]. 機転がきく[きかない].
◆**눈치를 살피다** 人の顔色をうかがう[探る]. ¶ 어른의 ~를 살피다 目上の人の顔色[ご機嫌]をうかがう.
눈치채다 自 (人の感情などを)感じ取る. 気づく. 感づく. (秘密などを)か

ぎつける. ¶비밀을 ~ 秘密をかぎつける/아무래도 눈치채인 것 같다 どうも感づかれたみたいだ.

눈치코치 名 '눈치'の強調形.

◆**눈치코치도 모르다** ひどく勘が鈍い. 他人がどう考えているのか全然分かっていない.

눈칫밥 名 気兼ねしながら食べるご飯. 居候の食事.

◆**눈칫밥을 먹다** 気兼ねしながら食事をさせてもらう. 肩身の狭い生活をする.

눈코 名 目と鼻. ¶흙먼지가 휘날려 ~를 뜨지 못하겠다 土ぼこりが立って目も鼻もあけられない.

◆**눈코 뜰 사이[새] 없다** 目が回るほど忙しい.

◆**눈코 사이** 極めて近い距離. 目と鼻の先.

눈트다 自 芽が出る. 芽吹く. 芽生える.

눋다 自 (茶色に)焦げる. ¶밥이 ~ ご飯が焦げる.

눌러보다 他 **1** 大目に見る. ¶글씨가 좀 지저분해도 눌러보아 주세요 字がちょっと汚くても大目に見てください. **2** そのまま引き続いて見る.

눌러쓰다 他 目ぶかにかぶる. 目の隠れるぐらいに深くかぶる.

눌러앉다 自 引き続いて留まる.

눌리다[1] 自 (力が加わって)押さえつけられる. 押される. 圧倒される. 抑圧される. ¶기백에 ~ 気迫に圧倒される/무서운 꿈을 꿔 가위눌렸다 怖い夢を見てうなされた.

눌리다[2] 他 焦がす. ¶밥을 ~ ご飯を焦がす.

눌변〔訥辯〕名 訥弁. 下手な話し方.

눌어붙다 自 **1** 焦げつく. 焼けつく. ¶밥이 솥에 ~ ご飯が釜の底に焦げつく. **2** 長居[長座]する. 腰を据える. 寄食する. ¶딸네 집에 눌어붙어 지낸다 嫁いだ娘の家に身を寄せて過ごす.

눌은밥 名 焦げ飯.

눌하다〔訥―〕形 口ごもる. どもりながら話す.

눕다 自 **1** 横たわる. 横になる. 寝る. ¶온돌방에 ~ オンドル部屋に横たわる. **2** (病床に)臥す. ¶병상에 누워 있는 친구를 문병했다 病床に臥している友人を見舞った.

눕히다 他 横にする. 横たえる. 寝かせる. 倒す. ¶어린애를 ~ 子供を寝かせる/한주먹에 때려 ~ げんこつ1発で張り倒す.

눙치다 自 (優しく言い聞かせて相手の心を)和らげる. なだめる. ¶슬쩍 눙쳐 화를 풀게 해 주었다 それとなくなだめて怒りを和らげてやった. >농치다

뉘[1] 名 (米の中に混じっている)籾米. ¶밥에 ~가 섞여 있다 ご飯に籾米が混じっている.

뉘[2] 名〔'누이'의 준말〕姉. 妹.

뉘[3] Ⅰ 代〔'누구'의 준말〕誰. ¶댁은 ~시오? お前さんは誰かね〈老人がよく使う語〉.
Ⅱ〔'누구의'의 준말〕誰の. ¶~ 짓이냐? 誰の仕業だ.

뉘다[1] 他〔'누이다'의 준말〕横たえる. 寝かせる.

뉘다[2] 他〔'누이다'의 준말〕大小便をさせる.

뉘앙스〔(프) nuance〕名 ニュアンス.

뉘엿거리다[-대다] 自 **1** (夕日が)だんだん沈みかける. まさに沈もうとする. **2** 吐き気がする. むかつく.

뉘엿뉘엿 副 하自 **1** (夕日が)だんだん沈んでいくようす. ¶해가 ~ 저물어 간다 日がだんだん暮れていく. **2** むかむか(と).

뉘우치다 他 悔いる. 後悔する. 悔やむ. 悔い改める. 反省する. ¶잘못을 ~ 過ちを悔いる/뉘우치는 빛이 역력히 보인다 反省の色がありありと見える.

뉘우침 名 悔い. 後悔. 反省. ¶~ 없이는 발전도 없습니다 反省なしには発展もありません.

뉴똥 名 絹織物の一種〈光沢があって生地が柔らかくしわが寄りにくい〉.

뉴스〔news〕名 ニュース. ¶국내 ~ 国内ニュース/~ 해설 ニュース解説.

뉴스 캐스터〔―caster〕名 ニュースキャスター.

뉴질랜드〔New Zealand〕名〔地〕ニュージーランド〈南太平洋にある国〉.

느글거리다[-대다] 自 (胸が)むかついて吐きそうだ. 吐き気を催す. むかむかする.

느글느글 副 하自 むかむか(と).

느긋거리다[-대다] 自 消化されずに胃がもたれる.

느긋느긋 副 하自 むかむか(と). ¶체했는지 속이 ~하다 もたれたのか胸がむかむかする.

느긋하다 形 **1** (心が)満ち足りている. 満足だ. ゆったりとしている. のんきだ. のんびりしている. ¶느긋한 마음 満ち足りた気持ち. ゆったりとした心構え. **2** (脂っこいものなどを食べて)胃がやや重い. むかつく. **느긋이** 副 ゆったり(と).

느끼다[1] 自 (悲しさが込み上げて)すすり泣く. むせび泣く. ¶흑흑 느껴 울다 しくしくとすすり泣く.

느끼다[2] 他 **1** 感じる. 覚える. ¶아픔을 ~ 痛みを感じる/찬 기운을 ~ 冷気を感じる. **2** (心に)感じる. 思う. ¶책임을 ~ 責任を感じる/자부심을 ~ 誇りを感じる. **3**〔깨닫는 상태가 되다〕感じる. 覚える. 気づく. ¶돈의 필요성을 ~ お金の必要性を覚える/자신의 무지를 ~ 自身の無知を気づく.

느끼하다 形 **1** (食物が)脂っこい. しつこい. ¶느끼한 음식 脂っこい食べ物. **2** (しつこい食べ物を食べて胃が)やや重い. もたれ気味だ.

느낌 名 感じ. 感想. 感触. 印象. ¶어두운 ~의 그림 暗い感じの絵/부드러운 ~ 柔らかい感じ[感触]/~을 말하다 感想を述べる/이상한 ~이 든다 変な感じがする.

느낌표〔―標〕名〔言〕感嘆符.

-느냐 語尾《동사·'있다·없다'의 아래》〔의문을 나타냄〕…(する)か. …のか. ¶

무엇을 하~? 何をするか/너는 지금 어디에 있~? お前は今どこにいるのか/너는 책도 없~? 君は本も持っていないのか.

-느니¹ 語尾 **1** (동사·'있다·없다'의 아래)〔병렬·선택을 나타냄〕…(だ)の…(だ)の. …(する)とか…(する)とか. ¶온다~ 안 온다~ 의견이 구구하다 来るとか来ないとか意見がまちまちだ/증거가 있~ 없~ 다투고만 있다 証拠があるのないのと, 言い争ってばかりいる. ▷-니 **2** (동사·'있다·없다'의 아래)〔뒤에 오는 행동이 더 나음을 나타냄〕…するより(は). ¶이러고 서 있~보다 가서 거들어 주자 こうやって立っているより行って手伝ってあげよう.

-느니² 語尾 (동사·'있다·없다'의 아래)〔진리·사실을 일러줌〕…(する)ものだよ. …(する)のだよ. ¶술을 너무 마시면 실수를 하~ 酒を飲み過ぎたら失敗するものだよ. ▷-니

-느니라 語尾 (동사·'있다·없다'의 아래)〔옳다고 여기는 바를 일러줌〕…(する)ものだ. …(する)のだ. ¶열심히 공부 안 하면 낙제하~ 熱心に勉強しないと落第するぞ. ▷-니라

느닷없다 形 出し抜けだ. 突然だ. 不意だ. ¶느닷없는 질문 不意の質問/느닷없는 짓을 한다 突飛な行動をする. **느닷없이** 副 いきなり. 突然. 不意に. とっさに. ¶~ 찾아온 손님 不意に訪ねてきたお客/~ 돌이 날아왔다 いきなり小石が飛んできた.

-느라고 語尾 (동사·'있다·없다'의 아래)〔앞 말이 뒷 말의 원인이 됨을 나타냄〕…することによって. …するため. …するのに. …ので. ¶점심 먹~ 늦었다 昼食を取ったので遅れた.

느루 副 (一気に片づけずに)引き延ばして.

◆**느루 먹다** (食糧を)少しずつ食べて長くもたせる. ¶쌀을 아껴 ~ 먹다 米を節約して食い延ばす.

◆**느루 잡다** ① 緩く持つ[握る]. ¶새끼줄을 ~ 잡다 縄を緩く持つ. ② (期日·日取りなどを)引き延ばす. 延期する. 余裕のあるように取る. ¶혼인 날짜를 열흘쯤 ~ 잡다 結婚の日を10日ぐらい延ばす.

느른하다 形 **1** (疲れきって)ぐったりしている. くたくただ. だるい. ¶녹초가 되어 느른해졌다 へばってぐったりとなった. **2** (物が)ぐにゃぐにゃと柔らかい. **느른히** 副 ぐったり(と). くたくたに. ぐにゃっと.

느릅나무 名〔植〕楡. 春楡.

느리광이 名 怠け者. のろま.

느리다 形 **1** (動作·仕事などが)のろい. 遅い. 緩い. ¶느린 볼[공] (野球などで)緩い球. スローボール/느린 열차 のろい列車/느린 말씨 ゆっくりしたしゃべり方. **2** (性質が)おっとりしている. のんびりしている. ¶느린 성미 おっとりとした性格. **3** (頭の働きなどが)鈍い. のろい. ¶머리의 회전이 ~ 頭の回転が遅い/계산이 ~ 計算がのろい. **4** (流れ·傾斜などが)緩やかだ. 緩慢だ. 緩い. ¶느린 커브 緩いカーブ/경사가 ~ 傾斜が緩い. **5** (織り目などが)緩い. 粗い. ¶올이 느린 삼베 目の粗い麻織り物.

느림보 名 のろま.

느릿하다 形 **1** 少しのろい. 遅いようだ. ゆっくりしている. ¶느릿한 걸음걸이 少しのろい足取り/말소리가 ~ 話し方がゆっくりしている. **2** (締め具合が)緩い. 緩んでいる. ¶줄이 ~ 綱が緩んでいる.

느릿느릿 副 하形 **1** (動作が)のろのろ(と). のそのそ(と). そろそろ(と). ¶동작이 ~하다 動作がのろのろしている/~ 걷는다 のろのろ歩く. **2** (話などを)ゆっくり(と). ぽつりぽつり(と). ¶서두르는 기색 없이 ~ 말했다 急ぐようすもなくゆっくりと話した. **3** (織り目·縒り目などが)粗く. 緩く. まばらに. ¶~ 꼰 새끼 緩く綯った縄.

느물거리다[-대다] 自 (ふてぶてしい態度で)悪賢くふるまう.

느물느물 副 하自 悪賢く.

느슨하다 形 **1** (結び具合が)緩んでいる. たるんでいる. 緩い. ¶띠를 느슨하게 매었다 帯を緩く結んだ/매듭이 ~ 結び目が緩んでいる. **2** (緊張が)緩んでいる. (気が抜けて)ぐったりしている. (することが)のろい. はっきりしない. ¶느슨한 태도 はっきりしない態度/다릿심이 ~ 足の力が抜けてだるい. **느슨히** 副 緩く. たるんで. だらりと. ぐったり(と).

느즈러지다 自 **1** (締めたものが)緩くなる. 緩む. ¶옷고름이 ~ チョゴリ(저고리)の結びひもが緩む. **2** (緊張が)緩む. ほぐれる. たるむ. ¶느즈러진 마음을 다그치다 緩んだ心を引き締める. **3** (期日が)延びる. 延期される. ¶날짜가 ~ 期日が延期される.

느지감치 副 かなり遅く. 相当遅く. 遅めに. ¶술에 취해 ~ 돌아왔다 酒に酔ってかなり遅く帰って来た.

느지막하다 形 (時間的に)かなり遅れている. 相当に遅い. ¶느지막한 시각에 도착했다 かなり遅い時刻に到着した. **느지막이** 副 かなり遅く. (期日などを)ゆとりをもって. ¶기한을 ~ 잡는다 期限を余裕をもって取る.

느직하다 形 **1** (時間的に)少し遅い. 遅めだ. ¶달이 뜨기를 기다려 느직해서 떠났다 月が昇るのを待って遅めに出発した. **2** (結び目などが)少し緩い. やや緩んでいる. **느직이** 副 遅めに. 緩めに. ややのろく. ゆっくり(と).

느타리 名〔植〕平茸.

느티나무 名〔植〕欅.

늑간[肋間] 名〔生〕肋間.

늑간 신경[—神經] 名〔生〕肋間神経.

늑골[肋骨] 名 **1**〔生〕肋骨. あばら骨. **2** (船舶の)肋材. 肋骨.

늑대 名〔動〕ヌクテ. 朝鮮狼.

늑막[肋膜] 名〔生〕肋膜.

늑막염[—炎] 名〔醫〕肋膜炎.

늑목[肋木] 名〔體〕肋木〈体操用具の一つ〉.

늑장 名 (するべき事があるのに)ぐずぐず

することと. もたもたすること.

늑장부리다 自 ぐずぐずする. もたもたする. ¶ 그렇게 늑장부리다가는 기차를 놓친다 そんなにもたもたしていたら列車に乗り遅れるよ.

늑줄주다 自 手綱を緩める.

는[1] 助 (모음 아래) **1** 〔주제(主題)를 나타냄〕…は. ¶ 나～ 학생입니다 私は学生です. **2** 〔대조를 나타냄〕…は…は. ¶ 커피～ 안 되지만, 홍차～ 마셔도 좋다 コーヒーは駄目だが, 紅茶は飲んでもよい. **3** 〔강조를 나타냄〕…は. ¶ 아직 읽지～ 않았다 まだ読んではいない / 잘은 못 써도 쓰기～ 쓴다 上手には書けないが書くことは書く / 이런 짓 다시～ 하지 마라 こんなこと, 二度とするな. **4** 〔부정(否定)을 나타냄〕…では(ない). ¶ 세종대왕은 학식은 높았으나 학자～ 아니었다 世宗大王は学識は高かったが学者ではなかった. **5** 〔조건을 나타냄〕…(して)は. …(であって)は. ¶ 이렇게 무거워서～ 움직일 수 없다 こんなに重くては動けない. **6** …なんか. ¶ 편지～ 왜 부쳤어? 手紙なんかどうして出したんだ. **7** …には. ¶ 대충 잡아도 백 대～ 될 것 같다 大まかに見積もっても100台にはなりそうだ.

-는[2] 語尾 (동사·'있다·없다'의 아래) 〔현재를 나타냄〕…している…. …する…. ¶ 도도히 흐르～ 강물 とうとうと流れる川の水. ▷-ㄴ

-는가 語尾 (동사·'있다·없다'의 아래) 〔의문을 나타냄〕…か. …のか. ¶ 언제 가～? いつ行くか / 어디에 계시～요? どこにいらっしゃるのですか. ▷-ㄴ가

◆**-는가 보다** …(する)らしい. …(している)ようだ. ¶ 둘은 결혼했～ 보다 二人は結婚したようだ.

는개 名 霧雨.

-는걸 語尾 (동사·'있다·없다'의 아래) 〔감탄을 나타냄〕…(する)ね. …(する)ことだなあ. ¶ 벌써 꽃이 피～ もう花が咲いているなあ. ▷-ㄴ걸

-는구나 語尾 (동사의 아래) 〔감탄을 나타냄〕…(する)んだなあ. …(する)ね. ¶ 그는 아무것도 모르～ 彼は何も知らないんだなあ / 많이 먹～ たくさん食べるんだなあ. ▷-구나

-는구려 語尾 (동사의 아래) 〔감탄을 나타냄〕…(するんだ)ねえ. ¶ 어려운 살림을 잘도 꾸려 나가～ 苦しい家計をよくもやりくりしているねえ. ▷-구려[2], -는구나

-는구먼 語尾 (동사의 아래) 〔감탄을 나타냄〕…(する)ねえ. ¶ 벌써 자～ もう寝ているんだねえ.

-는군 語尾 〔'-는구나·-는구먼'의 준말〕…(する)ね. …(する)ねえ.

-는다고 語尾 ☞-ㄴ다고

-는다느냐 語尾 ☞-ㄴ다느냐

-는다는 語尾 ☞-ㄴ다는

-는다니까 語尾 ☞-ㄴ다니까

-는다마는 語尾 ☞-ㄴ다마는

-는다만 語尾 ☞-ㄴ다마는

-는다며 語尾 ☞-ㄴ다며

-는다면서 語尾 ☞-ㄴ다면서

-는다손 치더라도 語尾 ☞-ㄴ다손 치더라도

-는단 語尾 ☞-ㄴ단

-는단다 語尾 ☞-ㄴ단다

-는담 語尾 ☞-ㄴ담

-는답니까 語尾 ☞-ㄴ답니까

-는답니다 語尾 ☞-ㄴ답니다

-는답디까 語尾 ☞-ㄴ답디까

-는답디다 語尾 ☞-ㄴ답디다

-는답시고 語尾 ☞-ㄴ답시고

-는대 語尾 ☞-ㄴ대

-는대도 語尾 ☞-ㄴ대도

-는대서 語尾 ☞-ㄴ대서

-는대서야 語尾 ☞-ㄴ대서야

-는대야 語尾 ☞-ㄴ대야

-는데 語尾 **1** (동사·'있다·없다'의 아래) 〔관련 사실의 연결을 나타냄〕…だが. …だから. …すると. ¶ 누가 그러～ 오늘 밤 큰 눈이 온대 誰かの話では今夜大雪が降るそうだ. **2** 〔역접을 나타냄〕…(する)のに. …(する)が. ¶ 돈은 많이 갖고 있～ 쓸 줄을 몰라요 お金はたくさんもっているんですが使い方を知りません. **3** 〔감탄을 나타냄〕…(だ)ね. …(だ)なあ. ¶ 공부 잘 하～ 勉強がよくできるねえ / 아주 맛이 있～요 とてもおいしいですねえ.

-는바 語尾 (동사·'있다·없다'의 아래) 〔선행 동작을 나타냄〕…(する)ところの. …のだが. …のに. ¶ 본 논문에서 기술하～ 본론은 … この論文で記述するところの本論は….

-는지 語尾 (동사·'있다·없다'의 아래) 〔막연한 의문을 나타냄〕…(する)のか. …(する)かどうか. …(する)のやら. …(する)のだろうか. ¶ 지금쯤 그는 어디서 무엇을 하～ 今ごろ彼はどこで何をしているのやら[のかなあ].

-는지라 語尾 (동사·'있다·없다'의 아래) 〔이유·원인을 나타냄〕…(する)のだから. …(する)ので. …(である)から. ¶ 하도 늑장을 부리～ 먼저 왔다 あまりにぐずぐずするので先に来た.

-는커녕 助 〔'커녕'의 강조〕…はおろか. …(する)どころか. ¶ 노래～ 말도 제대로 못 한다 歌はおろか話もろくにできない / 슬프기～ 기쁘기만 하다 悲しいどころかとてもうれしい.

늘 副 いつも. 常に. つねづね. 絶えず. ずっと. しょっちゅう. ¶ ～ 공부만 하다 いつも勉強ばかりする / ～ 생각해 오던 일이다 つねづね考えていたことだ.

늘그막 名 老年. 老境. 晩年. ¶ ～에 편안히 지내다 晩年を安らかに暮らす / ～에 접어들다 老境に入る. 老いを迎える.

늘다 自 **1** (量が)増える. 増す. 増加する. 伸びる. ¶ 식구가 ～ 家族が増える / 소득이 ～ 所得が伸びる. **2** (才能·能力などが)上達する. 伸びる. 発展する. ¶ 말솜씨가 ～ 話術が上達する / 기술이 ～ 技術が向上する / 실력이 ～ 実力が伸びる. **3** (期間·期日などが)長くなる. 延びる. ¶ 평균 수명이 ～ 平均寿命が延びる.

늘리다 他 **1** (数量を)増やす. (財産などを)殖やす. 増す. ¶ 사람 수를

～ 人数を増やす / 저축을 ～ 貯蓄を殖やす. **2** (幅・体積などを)大きくする. 広げる. ¶ 가게를 ～ 店を広げる.

늘보 名 のろま. 怠け者.

늘비하다 形 ずらりと並んでいる. 並べられている. ずらっと並んでいる. ¶ 가게에 상품이 ～ 店に商品がずらりと並べられている / 주차장에 자동차가 늘비하게 서 있다 駐車場に自動車がずらっと並んでいる.

늘썽하다 形 (織り目が)粗い.

늘썽늘썽 副 하形 (織り目などが)非常に粗いようす.

늘씬하다 形 **1** (体つきが)すらっとしている. すらりとしている. ¶ 늘씬한 몸매 すらっとした体つき. **2** ぐったりとなる. ぐたっとなる. ¶ 늘씬하게 얻어맞다 ぐったりとなるまでしたたか殴られる. **늘씬히** 副 **1** すらっと. すらりと. すんなりと. **2** ぐったり(と). へとへとに.

늘어가다 自 **1** (少しずつ)増えていく. 多くなる. 増加する. ¶ 소득이 ～ 所得が増えていく. **2** (能力などが)だんだん伸びていく. 向上していく. ¶ 손재주 실력이 ～ 腕前が上がる.

늘어나다 自 反 減る **1** 伸びる. 長くなる. ¶ 고무줄이 ～ ゴムひもが伸びる. **2** 増える. 殖える. 増加する. 増大する. 膨張する. ¶ 인구가 ～ 人口が増加する / 재산이 ～ 財産が殖える.

늘어놓다 他 **1** (物を)ずらりと並べる. 並列させる. 配列する. ¶ 보기 좋게 ～ きれいに並べる. **2** 散らかしておく. 散らかす. 放ったらかす. ¶ 늘어놓았던 책들을 치우다 散らかしておいた本を片づける. **3** 手を広げる. (店などを)方々に出しておく. ¶ 여러 가지 사업을 ～ いろいろな事業に手を広げる. **4** (言葉を)並べ立てる. あれこれしゃべる. ¶ 너스레를 ～ 無用なおしゃべりを並べ立てる.

늘어뜨리다[-트리다] 他 垂らす. 垂れる. ¶ 머리를 ～ 髪を垂らす / 커튼을 ～ カーテンを垂らす.

늘어붙다 自 ⇨눌어붙다

늘어서다 自 (列をなして)並ぶ. 立ち並ぶ. ¶ 일렬 종대로 ～ 一列縦隊に並ぶ.

늘어지다 自 **1** 長くなる. 伸びる. ¶ 용수철이 ～ スプリングが伸びる. **2** 垂れ下がる. 垂れる. ¶ 귀가 늘어진 개 耳の垂れた犬. **3** (疲れて)伸びる. ぐったりする. くたくたになる. へたばる. ¶ 축 늘어진 몸을 끌고 걷다 へとへとになった体を引きずるようにして歩く. **4** 楽になる. 豊かになる. ¶ 팔자가 ～ 運が向いて心身ともに楽になる.

늘이다 他 **1** 長くする. 伸ばす. ¶ 엿가래를 ～ 飴ん棒を伸ばす / 잡아당겨서 ～ 引っ張って伸ばす. 引き伸ばす. **2** (下に)垂らす. ¶ 머리를 땋아 ～ 髪をお下げに編んで垂らす.

늘쩍지근하다 形 (疲れて)とてもだるい. ぐったりしている. くたくたである.

늘쩡거리다[-대다] 自 (仕事などを)休み休みやる. のろのろする.

늘쩡늘쩡 副 하自他 のそのそ(と). のろのろ(と). ¶ 일을 ～하다가는 해가 다 간다 仕事をのろのろしていては日が暮れる.

늘푸른나무 名 常緑樹.

늘품〔一品〕 名 伸びる素質. 発展性. 将来性. ¶ ～이 있는 업종 発展性のある業種 / ～이 있는 인물 将来性のある人物.

늙다 自 **1** 年を取る. 老いる. 老ける. 年取る. 年寄りじみる. ¶ 늙은 사람 年取った人. 老人 / 최근에 그도 늙었다 最近, 彼も老いた / 나이보다 늙어 보인다 年より老けて見える. **2** (植物の)とうが立つ. 年数がたつ. 年頃がすぎる. ¶ 늙은 호박 熟しすぎたカボチャ / 늙은 나무 老木.

늙다리 名 **1** 年を取った獣. **2** 〈卑〉年寄り. 老いぼれ.

늙바탕 名 年老いた境遇. 老境.

늙수그레하다 形 かなり老けて見える.

늙어빠지다 形 すっかり老け込んでいる. 老いぼれている. ¶ 늙어빠져 가지고 뭘 한담 年寄りのくせに何をするというんだ.

늙은이 名 年寄り. 老人. ¶ ～를 위하다 年寄りをいたわる.

늙정이 名 〈卑〉老人. 老いぼれ.

늙히다 他 年を取らす. 老いさせる. (果実などを)熟れさせる. ¶ 처녀를 ～ 娘を嫁がせないまま年を取らす / 호박을 ～ カボチャを熟れさせる.

늠름하다〔凜凜一〕 形 たくましい. りりしい. 堂々としている. 勇ましい. ¶ 늠름하고 씩씩한 청년 勇ましく男らしい青年. **늠름히** 副 りりしく. 堂々と.

능¹〔能〕 名 能. 才能. 能力.

능²〔陵〕 名 陵〈王と王妃の墓〉.

능가〔凌駕〕 名 하他 凌駕. 他をしのぐこと. ¶ 타사를 ～하다 他社を凌駕する.

능갈맞다 形 ずるい. こすい. ¶ 하는 방법이 ～ やり方がこすい.

능갈치다 形 非常にずるい. 巧妙に欺く. だます.

능구렁이 名 **1** 〔動〕あかまだら(へび). **2** 陰険な人.

능글능글 副 하形 ずうずうしいようす. ふてぶてしいようす. ¶ 말없이 ～ 웃기만 한다 黙ってふてぶてしく笑っているだけだ.

능글맞다 形 とてもずうずうしい. ふてぶてしい. ¶ 사람이 능글맞아 징그럽다 人がずうずうしくていやらしい.

능금 名 りんご.

능동〔能動〕 名 能動. 反 受動, 受身 ¶ ～성 能動性.

능동적〔一的〕 冠 名 能動的.

능동태〔一態〕 名 〔言〕能動態.

능라〔綾羅〕 名 綾羅. 綾絹と薄絹.

능란하다〔能爛一〕 形 熟達している. (腕前などが)巧みだ. 上手だ. 腕がある. ¶ 능란한 말솜씨 巧みな話術 / 속임수가 ～ 人をだますのが上手だ.

능력〔能力〕 名 能力. ¶ 생활 ～ 生活能力 / ～을 살리다 能力を生かす / ～이 부족하다 能力が足りない.

능력급〔一給〕 名 能力給.

능률〔能率〕 名 能率. ¶ 생산 ～ 生産

能率 / ～이 오르다[떨어지다] 能率が上がる[落ちる] / ～을 세 배로 올리다 能率を3倍に上げる.
　능률급〔一給〕 名 能率給.
　능률적〔一的〕 冠名 能率的. ¶일을 ～으로 처리하다 仕事を能率的に処理する.
능리〔能吏〕 名 能吏. 有能な官吏.
능멸〔凌蔑〕 名 하他 軽んじること. ないがしろにすること. 軽蔑すること.
능묘〔陵墓〕 名 陵墓.
능변〔能辯〕 名 하形 **1** 能弁. 雄弁. **2**〔'능변가'의 준말〕能弁家.
　능변가〔一家〕 名 能弁家.
능사〔能事〕 名 能. 自分の得意とすること. ¶거짓말을 ～로 삼다 嘘がうまい / 지껄이는 것만이 ～가 아니다 しゃべることだけが能ではない.
능선〔稜線〕 名 稜線. 尾根. 尾根筋.
능소능대〔能小能大〕 名 하形 あらゆることに達者なこと. 万事に手際のよいこと. 口八丁手八丁. ¶～한 사람 万事に長じている人.
능수〔能手〕 名 仕事に巧みな腕前. 腕のいい人. ¶협상의 ～ 協商に巧みな腕前[人].
　능수꾼 名 (ある仕事に)精通した人. やり手.
능수버들 名〔植〕高麗垂れ柳.
능숙하다〔能熟一〕 形 熟練している. 上手だ. 巧みだ. 達者だ. ¶손님 접대가 ～ 客の接待が巧みだ / 능숙한 바느질 솜씨 巧みな裁縫の腕前.
　능숙히 副 巧みに. 上手に.
능욕〔凌辱〕 名 하他 **1** 凌辱. (人を)あなどってはずかしめること. ¶갖은 ～을 다하다 凌辱の限りを尽くす. **2** 凌辱. 暴行. ¶～을 당하다 凌辱される. 犯される.
능원〔陵園〕 名 陵. 山陵. 御陵.
능준하다 形 あり余る. 十分である.
　능준히 副 (余るほど)十分に.
능지기〔陵一〕 名 陵の番人.
능지처참〔陵遲處斬〕 名 하他〔史〕大逆罪人に科した極刑〈頭・胴体・手・足を切り落としてさらし者にする〉.
능직〔綾織〕 名 綾織. 斜文織り.
능참봉〔陵參奉〕 名〔史〕陵を管理した従九品の官職.
능청 名 しらばくれて人目を欺く態度. もっともらしくしらを切ること. ¶저런 ～ 좀 보게 あのずうずうしさを見ろ.
　능청떨다 自 そ知らぬふりをする. しらばくれる. とぼける.
　능청스럽다 形 しらじらしい. そらぞらしい. いけずうずうしい.
　능청피우다 自 しらじらしくふるまう. そ知らぬふりをする. いけずうずうしくふるまう.
능통하다〔能通一〕 形 精通している. 熟知している. 詳しい. 通じている. ¶프랑스어에 ～ フランス語に通じている / 농사 일에 ～ 農事に詳しい.
능필〔能筆〕 名 能筆. 達筆. 能書.
능하다〔能一〕 形 長じている. たけている. うまい. 巧みだ. 詳しい. ¶한 가지 예능에 ～ 一芸に長じる / 문장에 ～ 文章にたけている. **능히** 副 よく. 巧みに. 十分に. うまく.
늦- 接頭 「遅い・老いて・年とって」の意を表わす.
늦가을 名 晩秋.
늦겨울 名 晩冬. 冬の末[終わりごろ].
늦김치 名 春まで食べられるように塩辛を入れずに漬けたキムチ.
늦깎이 名 **1** 年を取ってから僧侶になった人. **2** 晩学の人. **3** 年を取ってから職人になった人. **4** (果物・野菜の)遅なり.
늦다 Ⅰ 形 **1** 遅い. のろい. 間に合わない. 遅れている. 反 早い ¶늦은 아침밥 遅い朝食 / 내 시계는 5분이 ～ 僕の時計は5分が遅い / 때는 이미 늦었다 時すでに遅し / 이제 와야 이미 ～ 今ごろ来たってもう間に合わない. **2** (締めつけたものが)緩んでいる. 緩い. ¶안전벨트를 늦게 매다 安全ベルトを緩くしめる.
Ⅱ 自 遅れる. 遅刻する. 遅くなる. ¶그러다간 학교에 늦겠다 そんなことをしていたら学校に遅れるよ / 아차, 한발 늦었다 しまった, 一足遅かった / 늦어서 죄송합니다 遅れて申しわけありません[すみません].
늦더위 名 残暑. ¶～가 지독하다 残暑が厳しい.
늦되다 自 **1** (穀物・果物などが)晩熟する. ¶늦되는 과실 遅なわりの果物. **2** (年より分別が)遅くつく. おくてだ.
늦둥이 名 **1** 年老いて産んだ子. **2** やる気がなくぼんやりした人.
늦바람 名 **1** 夜風. 夕暮方遅く吹く風. **2** 老年の浮気[放蕩]. **3** (船員用語で)そよ風. 微風.
〔속담〕 **늦바람이 용마름 벗긴다** 夜風が屋根をはがす〈年取ってからの浮気はなかなかおさまらない〉.
늦배 名 (動物の)遅く産んだ子[ひな].
늦벼 名 晩稲.
늦복〔一福〕 名 **1** 老いらくの幸せ. ¶～이 터지다 老年になってから幸せになる. **2** 遅れて巡ってくる福.
늦봄 名 晩春. 春の末.
늦부지런 名 **1** 年を取ってから精を出すこと. **2** 他人より遅れて精を出すこと.
늦서리 名 遅霜. 晩霜.
늦심기 名 遅まき. 時期遅れに植えること.
늦어지다 自 遅れる. 遅くなる. ¶올해는 추수가 늦어질 것 같다 今年は取り入れが遅れそうだ.
늦여름 名 晩夏. 夏の末.
늦잠 名 朝寝. 朝寝坊. 寝坊. ¶～을 자다 朝寝坊する.
　늦잠쟁이 名 朝寝坊(の人).
늦장마 名 時期遅れの梅雨.
늦추 副 **1** 遅く. 遅れて. ¶～ 오다 遅く来る. **2** (時間的に)ゆっくり. ¶～ 잡다 (日取りなどを)遅めに決める. **3**

緩く. ¶ 줄을 ~ 매다 ひもを緩く結ぶ.

늦추다 他 **1** (ひもなどを)緩くする. 緩める. ¶ 매듭을 ~ 結びを緩める / 고삐를 ~ 手綱を緩める. **2** (速度などを)少し落とす. 緩める. ¶ 자동차 속도를 늦춰라 自動車の速度を落とせ. **3** (時期·時間などを)遅らせる. 延ばす. 延期する. ¶ 출발 시간을 ~ 出発時間を延ばす.

늦추위 名 余寒. 残寒. 季節はずれの寒さ.

늪 名 沼. ¶ 깊이를 알 수 없는 ~ 底なし沼 / ~에 빠지다 沼にはまる.

닐리리 副〔관악기의 소리를 흉내낸 말〕ぴいぴい(と). ぴいひゃら(と).

닐리리야 名〔樂〕京畿民謡の一つ.

닐리리쿵더쿵 副〔관악기와 타악기의 뒤섞인 소리〕ぴいぴいどんどん(と). ぴいひゃらどんどん(と).

-니[1] 語尾 **1** (모음으로 끝나는 어간 아래)〔뒷말의 원인·근거를 나타냄〕…(する)から. …だから. …ので. ¶ 돈이 없으~ 살 수 없다 お金がないから買えない / 휴식 시간이~ 푹 쉬게 休みの時間だからゆっくり休みなさい. **2**〔관련 사실의 연결을 나타냄〕…すると. …であるが. …したら. ¶ 집에 돌아가~ 편지가 와 있었다 家に帰ると, 手紙が来ていた.

-니[2] 語尾 ('이다'나 형용사의 어간 아래)〔열거를 나타냄〕…や. …とか. …(だ)とか…(だ)とか. ¶ 나쁘~ 비싸~ 하고 트집을 잡다 悪いの高いのとけちをつける.

-니[3] 語尾 ('이다'나 동사·형용사의 아래)〔물음의 뜻을 나타냄〕…(する)かい. …(する)の. …(である)かい. …なの. ¶ 무엇을 하~? 何をするの / 어디 가~? どこへ行くのかい / 언제 보았~? いつ見たの.

-니[4] 語尾 ('이다'나 형용사의 어간 아래)〔'하게'할 자리에 사실을 일러줌〕…(なの)だ. …(なの)である. ¶ 지나치게 욕하는 것은 나쁘~ あまりひどくののしるのは悪いことなんだよ / 거짓말은 좋지 않으~ 嘘はよくないよ. ▷-느니

니그로〔Negro〕名 ニグロ. くろんぼ. 黒人.

-니까 語尾 **1**〔'-니'[1]의 힘줌말〕…するから. …だから. …ので. ¶ 비가 내리~ 소풍은 가기 어렵겠는데요 雨が降るので遠足には行けないでしょう. **2**〔관련 사실의 연결을 나타냄〕…すると. …したが. …したら. ¶ 때리~ 운다 殴ると泣く / 자세히 보~ 낯익은 얼굴이었다 よく見ると見なれた顔だった.

-니라 語尾〔'해라'할 자리에 진리나 으레 있는 사실을 일러줌〕…(もの)だ. …(なの)である. ¶ 참는 게 이기는 것이~ 我慢するのがかつことである / 남의 흉을 보는 것은 나쁘~ 人の悪口をいうのはいけないことだ. ▷-느니라

니스 名〔'바니시'의 준말〕ニス. ¶ ~를 칠하다 ニスを塗る.

니카라과〔Nicaragua〕名〔地〕ニカラクア〈中米の共和国〉.

니켈〔nickel〕名〔化〕ニッケル〈金属元素の一つ〉.

니코틴〔nicotine〕名 ニコチン.

니크롬〔nichrome〕名〔化〕ニクロム. ニッケルとクロムの合金.

니트〔knit〕名 ニット.

니트로글리세린〔nitroglycerin〕名〔化〕ニトログリセリン.

니힐리스트〔nihilist〕名 ニヒリスト. 虚無主義者.

니힐리즘〔nihilism〕名 ニヒリズム. 虚無主義.

닉네임〔nickname〕名 ニックネーム. あだ名. 愛称.

-님 接尾 …さん. …様. …殿. ¶ 국장~ 局長(殿) / 사장~ 社長(様) / 아드~ 息子さん / 선생~ 先生 / 달~ お月様 / 형~ 兄さん. 兄上 / 아버~ お父さん / 어머~ お母さん. 母上.

닢 依名〔납작한 물건을 세는 말〕枚. ¶ 동전 한 ~ 銅貨1枚 / 가마니 두 ~ かます2枚.

ㄷ

ㄷ 名 ハングル子音字母の一つとして第三番目の字. 字母の名称は디귿.

ㄷ자집〔一字一〕 名〔建〕上から見るとㄷの字の形になっている家.

다¹ 名〔樂〕ハ音. ¶ ~장조 ハ長調.

다² Ⅰ 副 **1**〔모두·완전히〕すべて. 皆. みんな. 全部. すっかり. ことごとく. もれなく. つぶさに. ¶ ~ 같이 가세 みんないっしょに行こう / 물건이 ~ 팔렸다 品物が全部売り切れた / 문제는 ~ 해결되었다 問題はすべて解決された / ~ 먹어 치웠다 全部食べてしまった. **2**〔모두 함께〕いずれも. どれも. ¶ ~ 틀려 버렸군 いずれも駄目になってしまったな / ~ 싫다 どれも欲しくない. **3**〔거의〕ほとんど. 大部分. ¶ ~ 죽게 됐다 ほとんど死にかかっている / ~ 왔습니다 (目的地に)そろそろ到着します. **4**〔강조·조소〕また…. …までも. 一体. …なんて. ¶ 별놈 ~ 보겠네 おかしなやつもまたいたもんだ / 별 말씀 ~ 하십니다 とんでもございません / 웬일이세요? 이런 데 ~ 나오시고 一体どうなさったんですか, こんな所へなんかおいでになって. **5**〔미래의 사실을 부정함〕もう…ない. もう…だめだ. ¶ 비가 오니 야유회는 ~ 갔다 雨じゃピクニックは駄目だね(行けないね) / 간식을 많이 했으니 밥은 ~ 먹었다 間食したんだからご飯は食べられないわ.

Ⅱ 名 **1** 皆. 全部. ¶ 이게 ~냐? これで全部か / ~들 모였으면 떠납시다 皆集まったら出発しましょう. **2** おしまい. ¶ 또 실패하면 그걸로 ~야 また失敗したらそれでおしまいさ. **3** 最高. 立派なこと. ¶ 돈만 있으면 ~냐? お金さえあればそれでいいのか.

〔속담〕**다 된 죽에 코 풀기** すっかりできあがった粥に鼻をかむ〈完成したことを台無しにする〉.

다³ 助〔'다가'의 준말〕…に. ¶ 어디~ 두었니? どこに置いたの.

-다⁴ 語尾 **1**〔활용어의 기본형을 나타내는 어미〕¶ 가~ 行く / 먹~ 食べる / 크~ 大きい / 있~ ある / 아니~ (…で)ない. **2**《형용사의 어간에 붙어》〔현재의 상태를 나타냄〕…だ. …である. ¶ 일본은 지진이 많~ 日本は地震が多い / 시험은 봤지만 붙을 자신이 없~ 試験は受けたが合格する自信がない / 4월 5일은 식목일이~ 4月5日は植樹日である. **3**〔'-다고'의 준말〕…だと. …と. ¶ 돈이 없~ 해서 비관하지 마 お金がないからといって悲観するな. **4**〔'-다가'의 준말〕…しかけて. …する途中で. …してから. ¶ 집에 오~ 그를 만났다 家に帰る途中で彼に会った / 물고기를 잡았~ 놓쳤다 魚を捕まえそこねた.

다-⁵〔多〕 接頭 多…. ¶ ~수 多数 / ~목적 多目的 / ~방면 多方面.

다가¹ 助〔장소·대상을 나타냄〕…に. ¶ 여기~ 주소와 이름을 적어 주세요 ここに住所と名前を書いてください.

-다가² 語尾 **1** …しかけて. …しながら. …する途中で. ¶ 숙제를 하~ 말았다 宿題をやりかけてやめた / 밥을 먹~ 전화를 걸었다 ご飯を食べている途中で電話をかけた / 내일은 한때 흐리~ 맑겠습니다 明日は一時曇り後晴れるでしょう. **2** …してから. …だったのが. ¶ 집에 들렀~ 오겠습니다 家に寄ってから来ます / 오전에는 진눈깨비였~ 오후에는 눈이 되었다 午前中はみぞれだったのが午後は雪になった. **3**〔한 동작을 다음 동작으로 순차로 이어줌〕…して. …してきて. …してから. ¶ 새를 잡아~ 기른다 鳥を捕まえてきて飼う / 꽃을 사~ 꽃병에 꽂았다 花を買ってきて花瓶に挿した.

다가가다 自 近寄る. 近づく. ¶ 선생님 앞으로 다가갔다 先生の方へ近づいて行った.

다가 놓다 他 寄せておく. ¶ 의자를 벽쪽으로 다가 놓으세요 椅子を壁側に寄せておいてください.

다가붙다 自 くっつく. 寄り添う. ¶ 애인끼리 다가붙어 걸어간다 恋人同士が寄り添って歩いて行く.

다가서다 自 近寄る. 近寄って立つ. 寄る. ¶ 이쪽으로 다가서 주시오 こちらに近寄ってください / 그는 나에게 다가서서 조용히 이야기했다 彼は私に近寄って静かに話した.

다가앉다 自 近寄って座る. 詰めて座る. ¶ 어머니의 곁에 다가앉았다 母のそばに寄り添って座った.

다가오다 自 近づく. 近づいてくる. 迫ってくる. 迫る. ¶ 황혼이 ~ 夕暮れが迫る / 위험이 목전에 다가와 있다 危険が目前に迫ってきている / 약속한 날이 다가왔다 約束した日が迫ってきた.

다각〔多角〕 名 多角. **1**〔數〕角が多いこと. **2** 多方面にわたること. ¶ ~경영 多角経営.

다각 농업〔一農業〕 名〔農〕多角農業.

다각도〔一度〕 名 多方面. 多角的. ¶ ~로 검토해 보았지만 多角的に検討してみたが.

다각 무역〔一貿易〕 名〔經〕多角貿易.

다각적〔一的〕 冠 名 多角的. ¶ ~인 수사 多角的な捜査.

다각형〔一形〕 名〔數〕多角形.

다갈색〔茶褐色〕 名 茶褐色.

다감하다〔多感一〕 形 多感だ. ¶ 다감한 청춘 시절 多感な青春時代.

다결정〔多結晶〕 名 多結晶(たけっしょう).

-다고 語尾 《형용사·'있다·없다'의 아래》 **1**〔인용을 나타냄〕…だと. ¶ 일본에는 화산이 많~ 합니다 日本(にほん)には火山(かざん)が多(おお)いそうです. **2**〔빈정거림을 나타냄〕…だといって. …(する)といって. ¶ 뭐가 좋~ 그런 곳에까지 가니? 何(なに)がよいからってそんなところまで行(い)くのか. **3**〔반문을 나타냄〕…だって. ¶ 그가 일등했~? 彼(かれ)が一番(いちばん)になったんだって. **4**〔잘못 인식했음을 나타냄〕(また)…のかと(思(おも)ってたよ). ¶ 난 또 얼마나 어렵~ 僕(ぼく)はどんなに難(むずか)しいのかと(思ってたよ). **5**〔예상한 대로의 결과를 나타냄〕…さ. …よ. ¶ 결국은 질 줄 알고 있었~ 結局(けっきょく)は負(ま)けるだろうと思ってたよ. ▷-ㄴ다고, -라고

다공질〔多孔質〕 名 多孔質(たこうしつ).

다과[1]〔多寡〕 名 多寡(たか). 多少(たしょう). ¶ 돈의 ~를 불문하고 お金(かね)の多寡を問(と)わず.

다과[2]〔茶菓〕 名 茶菓(ちゃか). ¶ ~를 대접하다 茶菓をもてなす.

다과회〔一會〕 名 茶菓の会(かい). 茶話会(ちゃわかい).

다관〔茶罐〕 名 茶瓶(ちゃびん).

다구〔茶具〕 名 茶具(ちゃぐ). 茶器(ちゃき). 茶道具(ちゃどうぐ).

다국적 기업〔多國籍企業〕 名 多国籍企業(たこくせききぎょう).

다그다 他 **1** 近(ちか)づく. 引(ひ)き寄(よ)せる. ¶ 책상을 창가로 ~ 机(つくえ)を窓際(まどぎわ)に引き寄せる. **2** (期日(きじつ)などを)繰(く)り上(あ)げる. ¶ 졸업식을 일주일 ~ 卒業式(そつぎょうしき)を1週間(いっしゅうかん)繰り上げる.

다그치다 他 せき立(た)てる. 促(うなが)す. 急(いそ)がせる. たたみかける. ¶ 원고를 ~ 原稿(げんこう)を催促(さいそく)する/다그쳐 심문하다 たたみかけて尋問(じんもん)する.

다극〔多極〕 名 多極(たきょく). ¶ ~ 외교 多極外交(がいこう).

다급하다〔多急—〕 形 緊迫(きんぱく)している. 差(さ)し迫(せま)っている. 急(いそ)がなければならない. あわただしい. ¶ 시간이 ~ 時間(じかん)が差し迫っている/사정이 ~ 事情(じじょう)が緊迫している/다급해서 야반 도주했다 せっぱつまって夜逃(よに)げした. **다급히** 副 大急(おおいそ)ぎで. 切迫(せっぱく)して.

다기〔多岐〕 名 하形 多岐(たき). ¶ 이야기가 ~로 흐르다 話題(わだい)が多岐に流(なが)れる.

다기지다〔多氣—〕 形 大胆(だいたん)だ. 気骨(きこつ)がある. 気(き)が強(つよ)い. ¶ 키는 작아도 다기진 인물 背丈(せたけ)は小(ちい)さくとも気骨のある人物(じんぶつ).

다난〔多難〕 名 하形 多難(たなん). ¶ 다사 ~한 한 해를 보냈다 多事(たじ)多難な1年(いちねん)を送(おく)った.

다녀가다 自 **1** 立(た)ち寄(よ)って行(い)く. 寄って帰(かえ)る. ¶ 가는 길에 백화점에 ~ 行(ゆ)きがけにデパートに寄って行く. **2** 《타동사적으로》 立ち寄って行く. ¶ 김 군이 여기를 다녀갔느냐? キム君(くん)がここに寄って行ったのか.

다녀오다 自 (ある所(ところ)に)行(い)って来(く)る. 寄(よ)って来る. ¶ 부산에 다녀와야겠네 釜山(プサン)へ行って来(こ)なければならないんだよ/어제 형네 집에 다녀왔다 昨日(きのう)兄(あに)の家(いえ)に行ってきた.

다년〔多年〕 Ⅰ 名 多年(たねん). 長年(ながねん). Ⅱ 副 長年. ¶ ~ 연구해 온 결과 長年研究(けんきゅう)してきた結果(けっか).

다년간〔一間〕 名 副 多年の間(あいだ). 長年の間. ¶ ~의 노력 長年の努力(どりょく).

다년생〔一生〕 名〔植〕 多年生(たねんせい). ¶ ~ 식물 多年生植物(しょくぶつ).

다뇨증〔多尿症〕 名〔醫〕 多尿症(たにょうしょう).

-다느냐〔'-다고 하느냐'가 준 말〕…だというのか. ¶ 일은 다 했~? 仕事(しごと)は全部(ぜんぶ)やったというのか. ▷-ㄴ다느냐, -라느냐

-다느니 語尾 《형용사·'있다·없다'의 아래》〔똑같은 상황을 나열함〕…(だ)とか. ¶ 옷이 크~ 작~ 잔말이 많다 服(ふく)が大(おお)きいとか小(ちい)さいとか文句(もんく)が多(おお)い. ▷-ㄴ다느니, -라느니

-다는〔'-다고 하는'이 준 말〕…という…. …との…. ¶ 경치가 좋~ 소문 景色(けしき)がいいといううわさ/지진 때문에 큰 피해를 입었~ 뉴스를 들었다 地震(じしん)のために大(おお)きな被害(ひがい)をこうむったというニュースを聞(き)いた. ▷-ㄴ다는, -라는

다능하다〔多能—〕 形 多能(たのう)だ. ¶ 다재다능한 사람 多才(たさい)多能な人(ひと).

-다니[1] 語尾 《동사·형용사·'있다·없다'의 아래》〔예상 밖의 놀라움이나 아쉬움을 나타냄〕…とは. …なんて. ¶ 그가 그만두~ 彼(かれ)が辞(や)めるとは/세상에 그런 일이 있~ この世(よ)にそんなことがあるなんて/네가 하느님을 믿~ 놀랍구나 お前(まえ)が神(かみ)を信(しん)じるとは驚(おどろ)いたなあ.

-다니[2] **1**〔'-다고 하느냐'가 준 말〕…だというのか. ¶ 그가 지금 어디 있~? 彼(かれ)が今(いま)どこにいるんだって. **2**〔'소문에 듣기에'의 뜻〕…(だ)そうで. …(だ)そうだが. ¶ 요즘 편찮으시~ 궁금합니다 近(ちか)ごろお加減(かげん)がお悪(わる)いそうで気(き)にかかります. **3**〔'-다고 하니'가 준 말〕…(だ)というので. …(だ)そうだから. ¶ 그렇게 경치가 아름답~ 한번 구경하러 가 보자 そんなに景色(けしき)が美(うつく)しいというのなら一度(いちど)見物(けんぶつ)に行(い)ってみよう. ▷ -ㄴ다니, -라니

-다니까[1] 語尾 《형용사·'-았/었-·-겠-' 아래에 쓰여》〔상대방을 다그쳐 깨우쳐 주는 뜻〕…(だ)よ. …(だ)ってば. ¶ 여기 없~ ここにはいないってば/오늘은 바쁘~ 今日(きょう)は忙(いそが)しいってのに. ▷-ㄴ다니까, -라니까

-다니까[2]〔'-다고 하니까'의 준말〕…(だ)というと. …(だ)というので. ¶ 돈을 많이 벌었~ 요 정도의 지출은 괜찮겠지요 お金(かね)をたくさんもうけたそうだから, これぐらいの出費(しゅっぴ)はだいじょうぶでしょう.

다니다 Ⅰ 自 **1**〔통행하다〕通(かよ)う. 往来(おうらい)する. 行(ゆ)き来(き)する. 通(とお)る. ¶ 버스가 꽤 많이 다니군요 バスがずいぶん走(はし)っていますね/사람이 다니지 않는 길 人(ひと)の通らない道(みち). **2**〔통근·통학하다〕通う. 通勤(つうきん)する. 通学(つうがく)する. 勤(つと)める. ¶ 이달부터 회사에 다니기로 했다 今月(こんげつ)から会社(かいしゃ)に勤めることにした. **3**〔출입하다〕通う. しばしば行(い)く. 出入(でい)りする. ¶ 자주 다니는 술집 行(ゆ)きつけの飲(の)み屋(や)/일주일에 한 번은 영화를 보러 다닌다 1週間(いっしゅうかん)に1度(いちど)は映画(えいが)を見(み)に行く. **4**〔들르다〕寄(よ)る. 立(た)ち寄る. ¶ 오는 길에 책방에 다녀서 오겠

습니다 帰りがけに本屋に寄ってきます / 오랜만에 친정에 다니러 간다 久しぶりに里帰りする.

Ⅱ 他 **1** 〔~하러 가다〕(ある目的で)行く. ¶ 사냥 다니기를 좋아한다 狩猟に行くのが好きだ / 낚시질을 다녀서 얼굴이 탔다 釣りに出かけて顔が日焼けした. **2** …して回る. 見て回る. ¶ 이번 여행에는 동해안을 다녀왔다 今度の旅行は東海岸を見て回った / 인사차 거래처를 다녀와야 되겠다 あいさつのため取り引き先を回らなければならない.

다다르다 自 (目的地·基準などに)至る. 到達する. たどり着く. 届く. ¶ 목표 지점에 ~ 目標の地点に到達する / 이 시점에 다다라서 포기할 수는 없다 この時点に至って放棄することはできない / 1킬로미터쯤 걸어서 공장에 ~ 1キロメートルほど歩いて工場にたどり着く.

다다이즘〔dadaism〕名〔文〕ダダイズム.

다다익선〔多多益善〕名 多ければ多いほどよいこと.

다닥다닥 副 하形 鈴なりに. ふさふさ(と). べたべた(と). びっしり(と). ¶ 포도알이 ~ 매달려 있다 ぶどうの実がたわわに垂れ下がっている / 집이 ~ 붙어 있다 家がびっしりとくっついている.

다닥뜨리다[-트리다] 自 ぶつかる. ぶつかり合う. 出くわす.

다닥치다 自 **1** ぶつかる. ぶつかり合う. ¶ 배가 암초에 다닥쳐서 난파했다 船が岩礁にぶつかって難破した. **2** 差し迫る. ¶ 마감 날짜가 ~ 締切の日時が迫る.

다단〔多端〕名 하形 多端. 多忙. ¶ 복잡~한 1년 複雑多端な一年.

다단식〔多段式〕名 多段式. ¶ ~ 로켓 多段式ロケット.

다달이 副 月ごと. 月々. 毎月. 月を追って. ¶ ~ 한 번씩 모이자 毎月1回集まろう / 살림이 ~ 나아지고 있다 暮らしが月を追ってよくなっている / ~ 학비를 보내다 毎月学費を送る.

다당류〔多糖類〕名〔化〕多糖類.

다대하다〔多大—〕形 多大だ. ¶ 다대한 성과 多大な成果 / 다대한 은혜를 입었다 多大なる恩を受けた.

다도〔茶道〕名 茶道.

다독〔多讀〕名 하他 多読.

다독거리다[-대다] 他 **1** (火鉢の火や灰などを)軽くたたき固める. **2** (赤ん坊を寝かしつけるために)軽くたたく. ¶ 아기를 다독거려서 재웠다 赤ん坊をとんとんとたたいて寝かしつけた.

다독다독 副 ぽんぽん(と). とんとん(と).

다되다 形 おしまいだ. ¶ 내 인생도 이제 다됐다 おれの人生ももうおしまいだ.

다듬다 他 **1** 〔매만지다〕整える. こぎれいにする. 手入れする. 装う. めかす. 美しくする. 飾りたてる. (文章を)練る. ¶ 잘 다듬은 옷차림 ぎれいな身なり / 머리를 ~ 髪の手入れをする / 식장을 화려하게 다듬어 놓았다 式場を華やかに飾りたてておいた. **2** (野菜·芝生などを)摘み取ってきれいにする. 刈[切]り取って整える. ¶ 쑥을 다듬어 놓아라 よもぎを摘み取っておけ / 잘 다듬어진 잔디 よく刈り取った芝生. **3** (鳥獣が羽毛を)繕う. そろえる. ¶ 제비가 깃을 ~ 燕が羽繕いをする. **4** 〔마무리하다〕(彫刻などを)仕上げる. 形を整える. つやを出す. 磨きをかける. ¶ 이 조각품은 잘 다듬어진 것입니다 この彫刻品はよく仕上げられたものです. **5** 〔고르게 하다〕(地面を)ならす. ¶ 롤러로 길을 ~ ローラーで道をならす. **6** きぬたを打つ. ¶ 잘 다듬은 명주옷을 입고 있다 よくきぬた打ちされた絹の服を着ている.

다듬이 名 하他 **1** 〔'다듬잇감'의 준말〕きぬた打ちにする布や衣類. **2** 〔'다듬이질'의 준말〕きぬた打ち.

다듬이질 名 하他 きぬた打ち. ¶ 옷감을 바래어 풀을 먹이고 ~하다 布地を日にさらし糊をつけてきぬたを打つ.

다듬잇감 名 きぬた打ちしようとする布地や衣類.

다듬잇돌 名 きぬた.

다듬잇방망이 名 きぬた打ちをする棒.

다듬잇방석〔一方席〕名 きぬたの下に敷く座布団.

다듬잇살 名 きぬた打ちして出る張りやつや.

다듬질 名 하他 **1** 仕上げ. **2** 〔'다듬이질'의 준말〕きぬた打ち.

다디달다 形 **1** とても甘い. 甘ったるい. ¶ 다디단 감 とても甘い柿 / 다디단 신혼 생활 甘い新婚生活. **2** 情が厚い. 思いやりがある. ¶ 어머니의 다디단 보살핌 母の温かいいたわり.

다락 名 **1** 台所に中2階のようにつくった納戸. **2** 〔'다락집'의 준말〕楼閣.

다락방〔一房〕名 屋根裏部屋.

다락집 名 楼閣. 高殿.

다락같다 形 (物価が)非常に高い.

다락같이 副 (物価が)非常に高く. ¶ 물가가 ~ 뛰었다 物価がうなぎ登りに高くなった.

다람쥐 名〔動〕栗鼠.

〔속담〕**다람쥐 쳇바퀴 돌듯** りすが篩のまるい枠を回るようだ〈物事が前に進まない〉.

다랍다 形 **1** ひどく汚い. ¶ 그 다라운 손으로 밥을 먹을 셈이냐? その汚い手でご飯を食べるつもりか. **2** けちくさい. みみっちい. しみったれだ. ¶ 돈 쓰는 게 ~ お金の使いかたがけちくさい.

다랑논 名 棚田〈傾斜地に階段状につくられた田〉.

다랑어〔一魚〕名〔動〕鮪.

-다랗다 接尾 〔형용사의 어간에 붙어〕非常に. よほど. かなり. ¶ 가느~ ほっそりしている / 높~ 非常に高い.

다래 名 **1** 猿梨の実. **2** 綿の花のまだ開かない実.

다래나무 名〔植〕猿梨.

다래끼[1] 名 口が小さく底の広いかご.

다래끼[2] 名 麦粒腫. 物もらい. ¶ 눈에 ~가 났다 目に物もらいができた.

다량〔多量〕名 多量. 大量. ¶ ~의

산소 多量の酸素/비타민을 ～으로 함유하다 ビタミンを大量に含む.

다루다 他 **1**〔처리하다·조작하다〕(物事·問題·事件などを)処理する. 扱う. 取り扱う. 操作する. 処置する. ¶이 문제는 자네가 다루는 것이 좋겠다 この問題は君が処理するのがいいだろう/약품을 조심해서 ～ 薬品を気をつけて扱う/기계를 다루는 솜씨 機械を操作する腕前. **2**〔대하다〕(人を)扱う. 待遇する. もてなす. ¶환자를 함부로 ～ 患者をぞんざいに扱う/손님을 정중히 ～ お客さまを丁寧にもてなす. **3**〔매만져 부드럽게 하다〕(皮を)なめす. ¶가죽을 ～ 皮をなめす. **4**〔상대하다〕競う. 相手にする. ¶아직 그 선수를 다루기는 벅찹니다 まだその選手と競うのは手に余ります/자네가 다룰 만한가? お前なんか相手にできるか.

다르다 形 **1** 違っている. 異なっている. 変わっている. 別だ. ¶성격이 ～ 性格が違う/유행은 시대에 따라 ～ 流行は時代によって異なる/천재는 역시 ～ 天才はやはり違う. **2**(‘다른’의 꼴로) ほかの. 別の. ¶이 사과는 썩었으니 다른 걸로 주세요 このりんごは腐っているのでほかのをください/그것은 전혀 다른 문제다 それは全く別の問題である.

◆**다름이 아니라** ほかでもなく. 実は. いわば. ¶자네를 부른 것은 다름이 아니라 이것을 부탁하고 싶기 때문일세 君を呼んだのは実はこれを頼みたいと思っているからなんだ.

다름없다 形 違いがない. 異なるところがない. 同様だ. 同然だ. 同じだ. ¶이긴 거나 ～ 勝ったも同然だ. **다름없이** 副 同様に. 同じく. 変わりなく. ¶형제나 ～ 대하다 兄弟同様につきあう.

다리[1] 名 **1** (人·動物の)脚. ¶굵은[날씬한] ～ 太い[すんなりした]脚/～를 쭈그리고 앉다 脚を折り曲げて座る. **2** (物を支えている)脚. 脚台. ¶책상 ～ 机の脚/상 ～ お膳の脚. **3** (眼鏡の)つる. ¶안경～ 眼鏡のつる.

◆**다리를 뻗고[펴고] 자다** 脚を伸ばして寝る〈枕を高くして寝る. 安心して寝る〉.

다리품 名 歩く労力. ¶물건도 못 팔고 ～만 들이고 왔다 物も売れなくて無駄足を踏んだだけだった.

◆**다리품을 팔다** ① 道を長く歩く. ② 駄賃をもらって遠くまで使いに行く.

다릿심 名 脚力. ¶～이 빠지다 脚力が抜ける.

다리[2] 名 **1** 橋. ¶～를 놓다 橋をかける/～를 건너가다 橋を渡っていく. **2** 仲介. 媒介. ¶몇 ～ 거쳐 들은 얘기다 何人かの口を経て聞いた話だ.

◆**다리를 건너다** (物·話などが)ある人を経てさらに第三者に伝わる.

◆**다리를 놓다** 橋渡しをする. 仲立ちをする.

다릿돌 名 (浅瀬などに置いた)飛び石.

다릿목 名 橋際. 橋のたもと.

다리[3] 名 かもじ. 添え髪. 入れ髪.

다리꼭지 名 かもじの束.

다리다 他 アイロンをかける. 火のしを当てる. ¶양복을 ～ 洋服にアイロンをかける.

다리미 名 アイロン. 火のし.

다리미질 名 하他 アイロンかけ. ¶～하는 사람 アイロンをかける人.

다리미판〔一板〕名 アイロン台.

다리쇠 名 五徳.

다림질 名 하他〔‘다리미질’의 준말〕アイロンかけ.

-다마는 …(だ)が. …(だ)けれども. ¶보기는 보았～ 見たことは見たけれど/좋기는 좋～ 좀 비싼 것 같아 いいことはいいが少し高いようだ. ▷-ㄴ다마는, 마는

-다마다 語尾 ☞-고말고

다만[1] 副 **1**(‘뿐·따름·만’과 함께 쓰여)〔한정을 나타냄〕ただ. 単に. 専ら. ¶～ 잘 되기를 바랄 뿐이다 ただうまくいくことを願うばかりだ/～ 의견을 말했을 따름이다 単に意見を述べたに過ぎない. **2**〔조건을 나타냄〕ただ. ただし. けれども. ¶내일은 소풍이다. ～ 비가 오면 수업을 한다 明日は遠足だ. ただし, 雨が降ったら授業をする.

-다만[2]〔‘-다마는’의 준말〕…けれども. …けど. …が. ¶간～ 또 오마 行くけれどもまた来よう.

다망하다〔多忙一〕形 多忙だ. ¶다망한 나날 多忙な日々/공사 다망하신데도 불구하고 公私ご多忙にもかかわらず.

다매〔多賣〕名 하他 多売. ¶박리 ～를 모토로 하다 薄利多売をモットーとする.

-다며 語尾〔‘-다면서’의 준말〕**1** …といいながら. …といって. ¶배가 고프～ 식당에 갔다 お腹がすいたといいながら食堂へ行った. **2** …(した)そうだね. …(だ)そうだね. …(する)って. …(した)って. …だと. …だってな. ¶새 옷을 샀～? 新しい服を買ったんだってね. ▷-라며

-다면 **1**〔‘-다고 하면’이 준 말〕…だというなら. ¶거기가 편리하～ 거기서 만나자 そこが便利だと言うのならそこでやろう. **2**〔가정 조건을 나타냄〕…なら. ¶당신만 좋～ 그것을 삽시다 あなたさえよいのならそれを買いましょう. ▷-라면

-다면서[1] 語尾 (형용사·‘-았/었-·-겠-’의 아래)〔들은 사실을 다짐함〕…(した)そうだね. …(だ)そうだ. …(する)って. …だと. …(した)って. …(だ)って. ¶입원해 있었～? 그래, 지금은 어떤가 入院していたそうだね. ところで今はどうかね. ▷-ㄴ다면서, -라면서

-다면서[2]〔‘-다고 하면서’가 준 말〕…といいながら. …といいつつ. ¶가겠～ 왜 안 가나? 行くといったくせになぜ行かないんだ.

다모〔多毛〕名 하形 多毛.

다모증〔一症〕名〔醫〕多毛症.

다모작〔多毛作〕名 하自〔農〕多毛作.

다목적 댐〔多目的 dam〕名 多目的ダム.

다문〔多聞〕名 하形 **1** 多聞. 見聞の広いこと. **2**〔佛〕多聞. 仏法を

多く聞き知っていること.
다문 다독 다상량〔一多讀多商量〕 名 多く聞き, 多く読み, 深く考えること.
다문박식〔一博識〕 名 하形 多聞博識.

다문다문 副 하形 **1** 時たま. たまに. 時々. ¶～ 소식을 전해 오다 たまに便りをよこす. **2** 飛び飛びに. ばらばらと. まばらに. ¶농가가 ～ 산재해 있다 農家が点々と散在している. <드문드문

다물다 他 (口を)つぐむ. 閉じる. 締める. ¶굳게 입을 ～ 固く口をつぐむ/입을 다물기로 했다 何も言わないことにした.

다반사〔茶飯事〕 名 〔'항다반사'의 준말〕 茶飯事. ¶결근을 ～로 한다 欠勤はいつものことだ.

다발¹ **Ⅰ** 名 束. ¶꽃～ 花束/야채를 ～로 팔다 野菜を束で売る.
Ⅱ 依名 (花·野菜などの)束. 把. ¶파 한 ～에 얼마입니까? ねぎ1束いくらですか.

다발²〔多發〕 名 하自 多発. ¶～성 多発性.
다발식〔一式〕 名 多発式.

다방〔茶房〕 名 喫茶店.

다방면〔多方面〕 名 多方面. ¶～에 걸쳐 검토하다 多方面にわたって検討する.

다변¹〔多辯〕 名 하形 多弁. ¶～가 多弁家.

다변²〔多變〕 名 하形 変化の多いこと. 多くの変化.

다변형〔多邊形〕 名 〔數〕 多辺形. 多角形.

다병〔多病〕 名 하形 多病. 病気がちなこと. ¶～한 허약 체질 病気がちな虚弱体質/재자～ 才子多病.

다보록하다 形 (草木·髪の毛などが)もじゃもじゃと生い茂っている. <더부룩하다 **다보록이** 副 もじゃもじゃ(と). ふさふさ(と).
다보록다보록 副 하形 もじゃもじゃ(と). ふさふさ(と).

다보탑〔多寶塔〕 名 〔佛〕 多宝塔.

다복다남〔多福多男〕 名 多幸で息子の多いこと.

다복다복 副 하形 (草木などが)ぼうぼう(と).

다복솔 名 枝がすき間なく生い茂っている若松.

다복하다〔多福一〕 形 幸せだ. 幸せに満ちている. ¶다복한 가정 幸せに満ちた家庭.

다부닐다 自 愛想よくふるまう. 社交的にふるまう.

다부지다 形 **1** (体が)がっしりしている. たくましい. 頑丈だ. (性格が)しっかりしている. ¶몸매가 다부지게 생겼다 体つきががっちりしている. **2** 根気強い. 粘り強い. ¶저 목수는 일을 다부지게 한다 あの大工さんは仕事をしっかりする.

다분하다〔多分一〕 形 多分にある. ¶그녀는 시인의 소질이 ～ 彼女は詩人の素質が多分にある. **다분히** 副 多分に. ずいぶん. 相当に. ¶그런 경향이 ～ 있다 そういう傾向が多分にある.

다붓하다 形 ぴったりくっついている. 寄り添っている. **다붓이** 副 くっ付くほど近く(に). ¶사이좋게 ～ 걸어간다 仲良く寄り添って歩いていく.
다붓다붓 副 하形 皆が近寄っているさま.

다붙다 自 ぴったりとくっつく. ¶놀란 딸은 엄마에게 다붙었다 驚いた娘は母にぴたっとしがみついた.

다붙이다 他 ぴたっとくっつける.

다비〔茶毘〕 名 하他 〔佛〕 茶毘. 火葬. ¶～하다 茶毘に付す.
다비소〔一所〕 名 茶毘所. 火葬場.

다뿍 副 いっぱい. なみなみと. 十分に. ¶사과를 쟁반에 ～ 담다 りんごをお盆にいっぱいに盛る.

다사¹〔多士〕 名 多士. 多くの人材.
다사제제〔一濟濟〕 名 多士済々.

다사²〔多謝〕 名 하他 多謝. **1** 厚く感謝すること. **2** 深く謝ること. ¶난필 ～ 乱筆多謝/망언 ～ 妄言多謝.

다사다난〔多事多難〕 名 하形 多事多難. ¶～한 생애 多事多難な生涯.

다사다단〔多事多端〕 名 하形 多事多端.

다사다망〔多事多忙〕 名 하形 多事多忙.

다사롭다 形 暖かい. 温和だ. ¶다사로운 햇살 暖かい日差し/다사로운 눈길 温かいまなざし. **다사로이** 副 暖かく. 温和に.

다사스럽다 形 お節介が多い.

다사하다〔多事一〕 形 **1** 多事だ. 仕事や事件が多い. **2** 多忙だ. **3** お節介だ.

다산〔多産〕 名 하他 多産.
다산계〔一系〕 名 多産系. ¶～의 집안 多産系の家.
다산형〔一型〕 名 多産型.

다색〔茶色〕 名 **1** 茶色. **2** 茶の種類.

다색 인쇄〔多色印刷〕 名 〔印〕 多色刷り〈3色以上を重ねる印刷〉.

다섯 數 五つ. 5. 5人. ¶저 아이는 ～ 살이다 あの子は五つだ/～째 五つ目/～ 번째 5番目/～ 배나 크다 5倍も大きい.

다세대〔多世帶〕 名 (一つの建物に住む)多くの世帯. ¶～ 주택 多世帯住宅.

다세포〔多細胞〕 名 〔生〕 多細胞. ¶～ 동물 多細胞動物.

다소〔多少〕 **Ⅰ** 名 **1** 〔많고 적음〕 多少. 多寡. ¶양의 ～에는 관계없이 주문을 받습니다 量の多少にかかわらず注文を受けます. **2** 〔조금이긴 하지만 어느 정도〕 多少. いくぶん. ¶아직 ～의 희망이 있다 まだ多少の希望がある.
Ⅱ 副 多少. ちょっと. 少し. いくらか. 若干. 少々. いくぶん. ¶자네도 ～ 책임이 있네 君も多少責任があるよ/～ 병세가 좋아졌다 いくらか病状がよくなった.
다소간〔一間〕 名 副 多少. いくらか. 多かれ少なかれ. ¶～은 융통성이 있다 多少は融通性がある/그것은 ～ 생각할 문제다 それは多少とも考えるべき問題だ.

다소곳하다 形 **1** おとなしい. ¶다소곳한 여성 おとなしい女性. **2** 力なくう

なだれている. **다소곳이** 副 おとなしく. うつむいて. ¶ ~ 걸어가다 うつむいてしとやかに歩いていく / ~ 서 있는 신부 つつましく立っている花嫁.

-다손 語尾 (‘치다’와 함께 쓰여) たとえ…であろうとも. …としても. ¶ 아무리 춥~ 치더라도 いくら寒いからといっても / 비록 가려는 사람이 없~ 치더라도 たとえ行こうという人がいなかったとしても.

다수〔多數〕 名 多数. 反 少数 ¶ ~표 多数票 / 절대 ~ 絶対多数 / 국민 ~가 바라고 있다 国民の多数が望んでいる.

다수결〔一決〕 名 多数決. ¶ ~로 정합시다 多数決で決めましょう.

다수당〔一黨〕 名〔政〕 多数党.

다수 의견〔一意見〕 名 多数意見.

다수확〔多收穫〕 名 収量の多いこと. ¶ ~ 작물 収量の多い作物.

다스〔← dozen〕 依名 ダース. ¶ 양말 한 ~ 靴下1ダース.

다스리다 他 **1** (国·社会·家などを) 治める. 統治する. 統率する. ¶ 천하를 ~ 天下を治める / 덕으로써 국민을 ~ 徳をもって国民を治める. **2** (紛争などを) 収拾する. 鎮める. ¶ 분쟁을 ~ 紛争を収める / 내란을 ~ 内乱を鎮める. **3** (病気を) 治す. 治療する. ¶ 환자를 ~ 患者を治療する / 병을 ~ 病気を治す / 통증을 ~ 痛みを鎮める. **4** (罪を) 罰する. ¶ 죄인을 ~ 罪人を罰する. **5** (学問·技芸などを) 修める. 身に着ける. ¶ 학문을 ~ 学問を修める. **6** (ある目的で) 整える. 整備する. ¶ 물을 다스리는 사업 治水事業.

다스하다 形 少し暖かい. ¶ 다스한 봄바람 暖かい春風.

다슬기 名〔動〕 川蜷.

다습다 形 ほどよく暖かい. ¶ 방이 ~ 部屋がほどよく暖かい.

다습하다〔多濕一〕 形 多湿だ. ¶ 고온 다습한 지방 高温多湿な地方.

다시 副 **1**〔되풀이하여 또〕 もう一度. また. さらに. 再び. 繰り返して. ¶ ~ 한번 해라 もう一度やりなさい / 꺼진 불도 ~ 보자 消えた火ももう一度確かめよう. **2**〔새로이〕 …し直す. 再び…する. ¶ ~ 보다 見直す / 처음부터 ~ 해 最初からやり直しなさい. **3**〔다음에 또〕 また. この次にまた. ¶ 내일 ~ 만납시다 明日また会いましょう / 이 다음에 ~ 같이 갑시다 この次にまたいっしょに行きましょう. **4**〔그 밖에는 달리〕 そのほかにまた. ¶ 그 방법 말고는 ~는 없습니다 その方法をおいてほかにはありません / 이 세상에 ~ 없는 귀중한 인재 この世に二人といない貴重な人材.

다시금 副〔‘다시’의 힘줌말〕 再び. いま一度. また. 改めて. ¶ 인생 무상을 ~ 통감했네 人生の無常を改めて痛感したよ.

다시다 他 **1** (食後に) 舌鼓を打つ. 舌を鳴らす. ¶ 입맛을 쩝쩝 ~ 舌鼓を打つ. **2** (주로 ‘무엇·아무 것’과 함께 쓰여) 少し食べる. ¶ 일찍 떠나오시느라고 아무 것도 다시지 못하셨겠지요? 早く出ていらっしゃったので何も召しあがれなかったでしょう.

다시마 名〔植〕 昆布.

다시없다 形 またとない. この上ない. 最高だ. ¶ 다시없는 절호의 기회 またとない絶好の機会. **다시없이** 副 またとなく. この上なく. ¶ ~ 좋은 친구 この上なくよい友人.

-다시피 語尾 (동사·형용사·‘-시-·-았-/-었-’의 아래) **1** …のとおり. …のように. …のごとく. ¶ 여러분 아시~ 皆様ご存じのとおり / 보시~ ご覧のとおり. **2** ほとんど…ように[ごとく]. ¶ 매일 오~ 한다 ほとんど毎日のように来る / 그 소년을 친자식처럼 키우~ 하였다 その少年をあたかも実の子のように育ててあげた.

다식〔多食〕 名 하他 多食. 大食. ¶ ~가 多食家.

다식하다〔多識一〕 形 博識だ. ¶ 박학다식한 사람 博学多識な人.

다신교〔多神教〕 名〔宗〕 多神教.

다액〔多額〕 名 多額. ¶ ~의 기부 多額の寄付.

다양성〔多様性〕 名 多様性. ¶ ~이 있는 프로그램 バラエティーに富んだプログラム.

다양하다〔多樣一〕 形 多様だ. 多彩だ. ¶ 다양한 색채 多様な色彩 / 취미가 다양하시군요 趣味が多彩でいらっしゃいますね.

다언〔多言〕 名 하形 多言. 多弁. ¶ 설명에 ~을 요하지 않는다 説明に多言を要しない.

다예〔多藝〕 名 하形 多芸. ¶ ~ 다재 多芸多才.

다오[1] 他〔‘달다’의 명령형〕 …してくれ. …してちょうだい. ¶ 물을 ~ 水をくれ / 이 편지를 부쳐 ~ この手紙を出してくれ.

-다오[2] 語尾 **1**〔‘-다고 하오’가 준 말〕 …だそうです. …だといっていますか. ¶ 그 가게는 맛있고 값도 싸~ その店はおいしくて値段も安いそうです. **2** …なんですよ. ¶ 그녀는 요즘 굉장히 예뻐졌~ 彼女は近ごろとてもかわいくなりましたよ.

다욕〔多慾〕 名 하形 多欲. 欲が深いこと.

다용〔多用〕 名 하他 多用. 多く用いること. ¶ 한자를 ~하다 漢字を多用する.

다우〔多雨〕 名 多雨. ¶ ~ 지대 多雨地帯.

다운〔down〕 名 하自他 **1** ダウン. 下がる[下げる]こと. ¶ 코스트 ~ コストダウン. **2** (ボクシングで) ダウン. ¶ 도전자를 ~시켰다 挑戦者をダウンさせた. **3** 〈俗〉 ダウン. くたびれはてること. ¶ 나는 이제 완전히 ~되었다 私はもう完全にくたびれてしまった.

다원[1]〔多元〕 名 多元. 反 一元 ¶ ~ 방송 多元放送 / ~ 방정식 多元方程式.

다원론〔一論〕 名〔哲〕 多元論.

다원 묘사〔一描寫〕 名〔文〕 多元描写.

다원²〔茶園〕 名 茶園. 茶畑.
다육〔多肉〕 名 하形 多肉. 植物の果肉の多いこと.
다육과〔一果〕 名〔植〕 多肉果.
다육 식물〔一植物〕 名〔植〕 多肉植物.
다음 名 **1** (順番·順序の)次. 次の. 今度の. ¶～ 차례 次の番/～ 일요일 今度の日曜日/～ 사람은 누구에요? 次の人は誰ですか. **2** 2番目. あるものの次の地位. あるものに次ぐもの. ¶사장 ～의 결정권을 갖고 있다 社長に次ぐ決定権を持っている. **3** (時間的に)あと. のち. ¶그 ～에는 소식이 끊어졌다 その後は消息が絶えた/1시간 지난 ～에 돌아왔다 1時間過ぎたあとに帰ってきた.
다음가다 自 (‘다음가는’의 꼴로) 一に次ぐ. 2番目の. ¶그는 시장 다음가는 지위에 있습니다 彼は市長に次ぐ地位にあります.
다음 날 名 **1** 次の日. 翌日. あくる日. ¶～ 밤 翌日の晩/～ 아침 あくる朝. **2** またの日. 別の日. 後日. ¶～ 다시 만나기로 했다 後日もう一度会うことにした.
다음다음 名 次の次. 翌々. ¶～ 주 再来週/～ 달 再来月/그 ～ 날 떠났다 その翌々日出発した.
다음 달 名 翌月. 次の月. 来月.
다음 주 名 次の週. 来週. 翌週.
다음 해 名 翌年. あくる年. 来年. 次の年. ¶귀국한 ～에 이사했다 帰国した翌年に引っ越した.
다음절〔多音節〕 名〔言〕 多音節.
다음절어〔一語〕 名〔言〕 多音節語.
다의〔多義〕 名 하形 多義. 同じ語が二つ以上の意味を持つこと. ¶～어 多義語.
다이내믹하다〔dynamic—〕 形 ダイナミックだ. ¶다이내믹한 음향 ダイナミックなサウンド.
다이너마이트〔dynamite〕 名〔化〕 ダイナマイト.
다이빙〔diving〕 名 하自 ダイビング.
다이아 名〔‘다이아몬드’의 준말〕ダイヤ.
다이아몬드〔diamond〕 名 **1**〔鑛〕 ダイヤモンド. **2** (野球の)ダイヤモンド. **3** (トランプの)ダイヤ.
다이아몬드혼식〔一婚式〕 名 ダイヤモンド婚式.
다이어트〔diet〕 名 ダイエット.
다이얼〔dial〕 名 ダイヤル. ¶전화의 ～을 돌렸다 電話のダイヤルを回ました.
다이제스트〔digest〕 名 ダイジェスト.
다작〔多作〕 名 하他 **1** 多作. 作品を多くつくること. 反 寡作 ¶～가 多作家. **2** 農産物や品物を多くつくること.
다잡다 他 **1** ぐっとつかむ. ¶바닥에 쓰러진 그를 다잡아 세웠다 床に倒れた彼を引き起こした. **2** 厳しく締めつける. ¶아이를 다잡아서 피아노 연습을 시킨다 子供に厳しくピアノの練習をさせる. **3** (‘마음을 다잡다’의 꼴로) 気を引き締める. ¶마음을 다잡고 시험 공부를 한다 気を引き締めて試験勉強をする.
다잡이 名 하他 (緩んだものを)引き締めること. 引き締め.
다재〔多才〕 名 하形 多才. ¶다예 ～ 多芸多才.
다재다병〔一多病〕 名 多才多病. 才子多病.
다정다감하다〔多情多感—〕 形 多情多感だ. ¶아버님께서는 무척 다정다감한 분이셨지요 お父様はとてもおやさしい方でしたね.
다정다한하다〔多情多恨—〕 形 多情多恨だ. 感じやすく恨みやすい.
다정불심〔多情佛心〕 名 思いやりがあって慈悲深い心.
다정스럽다〔多情—〕 形 やさしい. 親しげだ. 愛想がいい. ¶둘이서 다정스럽게 이야기하고 있었다 二人で親しげに話し合っていた. **다정스레** 副 やさしげに. 親しげに. 愛想よく.
다정하다〔多情—〕 形 **1** 情が細やかだ. 情が深い. やさしい. 思いやりがある. ¶다정했던 선생님 やさしかった先生/다정하게 말을 건네다 優しく言葉をかける. **2** 親しい. ¶두 사람은 아주 다정한 사이였지 二人はとても親しい仲だったのよ. **다정히** 副 やさしく. 親しく. 愛想よく.
◈일본어에서처럼 ‘변덕(移り気)·바람기(浮気)’ 따위의 뜻은 없다.
다조지다 他 (仕事や話を)せきたてる. せかす. ¶일을 연말까지 끝내도록 ～ 仕事を年末までに終えるようにせきたてる/야무진 말투로 대답을 ～ 厳しい口調で返事をせきたてる.
다족류〔多足類〕 名〔動〕 多足類.
다종〔多種〕 名 多種.
다종다양하다〔多種多様—〕 形 多種多様だ. ¶내용이 ～ 内容が多種多様だ.
다죄다 他 厳しく引き締める. ¶바이올린의 줄을 ～ バイオリンの弦を引き締める.
다중¹〔多重〕 名 多重. ¶～식 多重式/음성 ～ 音声多重.
다중 방송〔一放送〕 名 多重放送.
다중 통신〔一通信〕 名 多重通信.
다중²〔多衆〕 名 多衆. 大衆. 多くの人々.
-다지 語尾〔‘-다고 하지’의 준말〕…だそうだよ. …なんだろ. …なんだって. ¶신부 집이 돈이 많～? 花嫁の家はお金持ちなんだろ/내게는 나눠줄 수 없～뭐야 おれには分けてくれないなんてなんてことだ. ▷-라지
다지다 他 **1**〔다짐하다〕 念を押す. 確かめる. ¶단단히 ～ 何度も念を押す/약속은 지켜야 한다고 몇 번이고 다졌다 約束は守らなければならないと何回も確かめた. **2**〔단단하게 하다〕 突き固める. 踏み固める. ¶집터를 ～ 敷地を固める. **3**〔눌러 잠재우다〕 (漬物などを)軽く押さえつけて味をなじませる. ¶배추에 소금을 뿌려서 꼭꼭 다져 놓는다 白菜に塩を振ってぎゅっぎゅっと押さえつけておく. **4**〔잘게 썰다〕 (肉や野菜などを)みじん切り

にする. たたきつぶす. ¶마늘을 곱게 ～ にんにくを細かく刻む. **5**〔견고히 하다〕(弱いものを)堅固にする. 強化する. ¶사업의 토대를 ～ 事業の土台を固める. **6** 心に誓う. 心に刻む. ¶선수들은 승리를 굳게 다졌다 選手たちは勝利を固く誓った.

다지르다 他 確かめる. 念を押す. ¶몇 번이나 지불을 다지르는 전화가 왔다 何回も支払いを確認する電話がかかってきた.

다짐 名 하自他 **1** 念を押すこと. (さらに)確かめること. ¶약속 시간과 장소를 재차 ～했다 約束の時間と場所を再度確かめた. **2** 確約. 誓い. 約束. ¶굳게 ～하다 固く誓う/꼭 가겠다고 ～했잖아 きっと行くと約束したじゃないか.

◆**다짐을 받다** ① 確約させる. ¶꼭 지불한다는 ～을 받았다 間違いなく支払うと固く約束させた. ② 念書を書かせる.

다짜고짜로 副 いきなり. むやみやたらに. むてっぽうに. 有無を言わせず. 無理やりに. ¶～ 소리를 지르다 いきなり声をあげる.

다채롭다〔多彩—〕 形 多彩だ. ¶다채로운 행사 多彩な行事. **다채로이** 副 多彩に. ¶퍼레이드가 ～ 펼쳐진다 パレードが多彩に繰り広げられる.

다처〔多妻〕 名 多妻. ¶일부 ～ 一夫多妻.

다치다 自他 **1** けがをする. 傷つく. 負傷する. 痛める. ¶고꾸라지면서 무릎을 ～ のめりながら膝をけがする/어깨를 ～ 肩を痛める/사고 소식에 마음을 ～ 事故の知らせに胸を痛める. **2** (手で)触る. 触れる. 触って傷つける. ¶진열장의 물건을 다치지 마세요 陳列棚の商品に触らないでください/그는 조상의 재물을 다치지 않았다 彼は先祖の財産に手をつけなかった.

다큐멘터리 영화〔documentary映畫〕 名 ドキュメンタリー映画. 「ース.

다크호스〔dark horse〕 名 ダークホ

다투다 自他 **1**〔싸우다〕争う. けんかする. 言い争う. 論争する. ¶언성을 높여 ～ 大声を張り上げてけんかする/여야가 다투기 시작했다 与野党が論争し始めた. **2**〔승패·우열을 겨루다〕(勝負を)争う. 競う. 競り合う. 競争する. ¶앞을 다투어 버스를 탔다 先を争ってバスに乗った/서로 수위를 다투고 있다 首位を競い合っている. **3**《시간·공간을 나타내는 말과 함께 쓰여》争う. 遅らせることができない. 譲れない. 待っていられない. ¶1분 1초를 다투는 생명의 문제 1分1秒を争う生命の問題. **4** 争う. 戦う. ¶한 치의 땅을 다투는 국지전 寸土を争う局地戦.

다툼 名 하自他 争い. 論争. もめ事. 不和. 戦い. けんか. ¶말～ 言い争い/학문상의 ～ 学問上の論争/자리 ～ 席争い.

다하다 Ⅰ 自 **1**〔끝마치다〕終わる. すむ. ¶다한 사람은 쉬어도 좋다 終わった人は休んでもいい. **2**〔없어지다〕尽きる. なくなる. ¶힘이 다해서 더 이상 걸을 수 없다 力が尽きてこれ以上歩くことはできない/기름이 다한 모양이다 油がなくなったようだ.

Ⅱ 他 **1** (ありったけのものを)尽くす. 極める. ¶최선을 ～ 最善を尽くす/전력을 다하여 싸웠다 全力を尽くして戦った/온갖 정성을 ～ 真心を尽くす. **2** 果たす. 終える. すます. 履行する. 全うする. ¶각자의 책임을 다하기로 합시다 おのおのの責任を果たすことにしましょう.

다항식〔多項式〕 名〔數〕多項式.

다행〔多幸〕 名 하形 幸運. 幸い. 幸せ. ¶취직이 잘 돼서 ～이었다 就職がうまくいって幸いだった/불행중 ～이다 不幸中の幸いだ. **다행히** 副 幸い(に). 運よく. しあわせに. ¶～ 조난을 면했다 運よく遭難を免れた.

다행스럽다 形 幸いだ. 運がいい. 幸運だ. ¶피해가 없었다니 정말로 ～ 被害がなかったとは本当に幸運だ.

다혈〔多血〕 名 多血.

다혈증〔—症〕 名〔醫〕多血症.

다혈질〔—質〕 名〔心〕多血質.

다홍〔—紅〕 名 真紅. 真っ赤. ¶～색 真紅(色)/～실 真紅の糸.

다홍치마 名 **1** 真紅色のチマ. **2** 上半分が白く下半分は赤い凧.

〔속담〕**기왕이면 다홍치마** どうせなら真紅のチマ〈同じことならよいほうが欲しい〉.

닥나무 名〔植〕楮.

닥다그르르 副 **1** ころころ(と). からころ(と). ¶마루 위에 떨어진 동전이 ～ 굴렀다 床の上に落ちた銅貨がころころと転がった. **2**〔천둥이 울리는 소리〕ごろごろ(と).

닥뜨리다[-트리다] Ⅰ 自 (差し迫ってくることに)ぶつかる. 直面する. ¶죽음에 ～ 死に直面する/막상 닥뜨려 보니 별것도 아니더라 いざ, ぶつかってみると大したことでもなかった.

Ⅱ 他 むやみにせきたてる.

닥지닥지 副 하形 べったり(と). べたべた(と). ¶～ 낀 때를 씻어내다 べったり付いた垢を流し落とす. <덕지덕지

닥쳐오다 自 迫る. 差し迫る. 切迫する. ¶시험이 이틀 앞으로 닥쳐왔다 試験が二日後に迫った/위험이 목전에 ～ 危険が目の前に迫る.

닥치다 自 近寄る. 近づく. 迫る. 切迫する. ¶기한이 ～ 期限が切迫する/시간이 닥쳤는데 어쩔 셈이냐? 時間が切迫しているのにどうするつもりか.

◆**닥치는 대로** 手当たりしだい(に). 見つけしだい(に). なんでもかんでも構わず. むやみやたらに. ¶책을 닥치는 대로 읽다 本を手当たりしだいに読む.

닥터〔doctor〕 名 ドクター.

닦다 他 **1**〔윤내다〕(つやが出るように)磨く. ¶잘 닦은 구두 よく磨いた靴/이를 ～ 歯を磨く/마루를 ～ 床を磨く. **2**〔씻다·훔치다〕ぬぐう. ふく. ¶이마의 땀을 손수건으로 ～ 額の汗をハンカチでぬぐう/유리창을 ～ ガラス窓を磨く. **3**〔다지다〕(地面·道な

どを)ならす. 平らにする. ¶ 잘 닦아진 길 よくならしてある道 / 운동장을 잘 닦았다 運動場をよくならした. **4** 〔(셈을) 맞춰 밝히다〕(明細を)きちんとする. (帳じりを)合わせる. ¶ 장부를 ～ 帳簿を整理する. **5** 〔단련하다·힘쓰다〕(学識·技芸などを)修める. 練る. 鍛える. 磨く. ¶ 외국에서 학업을 닦았다 外国で学業を修めた / 본고장에서 닦은 솜씨 本場で磨いた腕前. **6** 〔마련하다〕(基礎·土台などを)固める. 築き上げる. 切り開く. ¶ 건물의 기초를 ～ 建物の基礎を固める / 닦아 놓은 거래처가 많다 開拓しておいた取引先が多い. **7** 〔'훌닦다'의 준말〕(失敗を)なじる. 責める.

닦달 名 하他 せきたてること. 駆り立てること. 厳しく責め立てること. ¶ 노는데만 열중하는 아들을 ～하다 遊びにばかり熱中している息子を叱りつける.

닦달질 名 하自他 **1** 人を厳しく責め立てること. **2** 手入れすること. きれいに磨くこと.

닦아세우다 他 なじる. やっつける. ひどく責めつける. ¶ 남의 잘못을 ～ 人の過ちを責める / 불손한 그의 언동을 닦아세웠다 不遜な彼の言動を叱りつけた.

닦이다 Ⅰ 自 **1** 磨かれる. ふかれる. 洗われる. ¶ 말끔히 닦인 거울 きれいに磨かれた鏡. **2** 〔'훌닦이다'의 준말〕やりこめられる.

Ⅱ 他 磨かせる. (道を)つくらせる. ¶ 구두닦이에게 구두를 ～ 靴磨きに靴を磨かせる.

단[1] Ⅰ 名 (野菜·たきぎなどの)束. ¶ 짚～을 지고 가다 わら束を背負って行く.

Ⅱ 依名 …束. ¶ 무 석 ～ 大根3束.

단[2] 名 〔'옷단'의 준말〕衣服の折り返しの部分.

단[3]〔段〕Ⅰ 名 **1** (本·新聞などの)段. ¶ ～을 가르다 段を分ける. **2** (囲碁·剣道·柔道·珠算などの)段. ¶ ～을 따다 段を取る. **3** 階段.

Ⅱ 依名 **1** 〔토지의 면적 단위〕反. **2** 〔구획·등급·계단 등을 세는 단위〕段. ¶ 신문의 1～ 기사 新聞の1段記事 / 유도 4～ 柔道4段.

단[4]〔壇〕名 壇. ¶ 교～ 教壇 / ～에 오르다 壇に上る.

단[5]〔斷〕名 **1** 断. 決断. ¶ ～을 내리다 断を下す. **2** 〔佛〕煩悩を断って死に対する恐怖をなくすこと.

단[6]〔單〕Ⅰ 冠 単に. ただ. たった. ¶ ～ 하나 ただ一つ / ～ 두 사람뿐입니다 たった二人だけです / ～ 10분이라도 쉬게 해 다오 ほんの10分でも休ませてくれ.

Ⅱ 接頭 単…. ¶ ～모음 単母音.

단[7]〔但〕副 ただし. しかし. ¶ 내일까지 접수합니다 ～ 본인이 와야 합니다 明日まで受付ます. ただし本人が来なければなりません.

-단[8] **1** 〔'-다고 하는'의 준말〕…だという…. ¶ 그걸 보았～ 사람은 누군가? それを見たという人は誰か. **2** 〔'-다고 한'의 준말〕…だといった…. ¶ 그 그림이 좋～ 사람은 그녀뿐이었다 その絵がいいといった人は彼女だけだった. ▷ -ㄴ단, -란

-단[9]〔團〕接尾 …団. ¶ 봉사～ 奉仕団 / 방문～ 訪問団.

단가[1]〔單價〕名 単価. ¶ ～ 100원의 연필 単価100ウォンの鉛筆 / ～를 낮추다 単価を下げる.

단가[2]〔團歌〕名 団の歌.

단가[3]〔檀家〕名〔佛〕檀家.

단감 名 甘柿. きざわし.

단거리〔短距離〕名 短距離. ¶ ～ 경영 短距離競泳 / ～ 경주 短距離競走 / ～ 선수 短距離選手.

단거리 탄도 유도탄〔一彈道誘導彈〕名〔軍〕短距離弾道誘導弾.

단걸음에〔單一〕副 一気に. 一息に. ¶ ～ 뛰어가다 一息に駆け付ける.

단검〔短劍〕名 短剣.

단것 名 甘物. 甘いもの.

단견〔短見〕名 **1** 短見. 見識の浅いこと. あさはかな考え. **2** 〔'자신의 견해'의 겸사말〕短見.

단결〔團結〕名 하自 団結. ¶ ～력 団結力 / ～심 団結心 / ～하여 적에 대항하자 団結して敵に対抗しよう.

단결권〔一權〕名〔法〕団結権.

단경〔斷經〕名 하自〔韓方〕閉経. ¶ ～기 閉経期.

단경기〔端境期〕名 端境期.

단계〔段階〕名 段階. ¶ 연구 ～ 研究段階 / 실천 ～에 있다 実践段階にある / ～별로 분류하다 段階別に分類する.

단계적〔一的〕冠名 段階的. ¶ ～으로 일을 처리하다 段階的に仕事を処理する.

단골 名 **1** 得意先. 固定客. なじみ. ¶ ～ 가게 行きつけの店 / ～손님 常連(客) / ～ 술집 行きつけの飲み屋 / ～이 많다 得意先が多い. **2** '단골무당'의 준말. **3** 〔'단골집'의 준말〕行きつけの店. なじみの店.

단골무당 名〔民俗〕全羅道地方の世襲ムーダン.

단골집 名 行きつけの店. なじみの店.

단과 대학〔單科大學〕名 単科大学.

단교〔斷交〕名 하自 断交. ¶ 상대국에 ～를 선언하다 相手国に断交を宣言する.

단구[1]〔段丘〕名〔地〕段丘. ¶ 하안 ～ 河岸段丘.

단구[2]〔短句〕名〔文〕短句. 短い句.

단구[3]〔短軀〕名 短軀.

단군〔檀君〕名〔史〕檀君.

단군기원〔一紀元〕名〔史〕檀君紀元.

단군 조선〔一朝鮮〕名〔史〕檀君朝鮮.

단권〔單卷〕名 〔'단권책'의 준말〕一巻本.

단권책〔一冊〕名 一巻本.

단궤〔單軌〕名 〔'단선 궤도(單線軌道)'의 준말〕単軌.

단궤 철도〔一鐵道〕名 単線軌道.

단근질 名 하他〔史〕昔, 焼き印を

体につけた刑罰.
단기[1]〔單記〕 名 하他 単記. ¶ ～ 투표 単記投票.
단기[2]〔單機〕 名 単機. 一台の飛行機. ¶ ～로 출격하다 単機で出撃する.
단기[3]〔單騎〕 名 単騎. 一人で馬に乗って行くこと. ¶ ～로 적진에 뛰어들었다 単騎で敵陣に突っ込んだ.
단기[4]〔短期〕 名 短期. ¶ ～ 계획 短期計画 / ～ 유학 短期留学 / ～적 短期的.
단기간〔一間〕 名 短期間. 短期.
단기 공채〔一公債〕 名〔經〕短期公債.
단기 금융〔一金融〕 名〔經〕短期金融.
단기 대출〔一貸出〕 名〔經〕短期貸し付け.
단기 어음 名〔經〕短期手形.
단기[5]〔團旗〕 名 団の旗.
단기[6]〔檀紀〕 名 〔'단군기원(檀君紀元)'의 준말〕 檀紀.
단김에 副 一遍に. 一気に. 一息に.
단꿈 名 甘い夢. ¶ ～을 꾸다 甘い夢を見る.
단내 名 **1** 焦げるにおい. ¶ 솥에서 ～가 난다 釜から焦げくさいにおいがする. **2** (高熱のとき)鼻や口から出るにおい.
단념〔斷念〕 名 하他 断念. あきらめること. ¶ 그 이상의 기대는 ～하세요 それ以上の期待はしないでください / 가망이 없는 것은 빨리 ～하는 것이 좋다 見込みのないことは早くあきらめたほうがいい / 아직 ～하기에는 이르다 まだあきらめるのは早い.
-단다[1] 〔'-다고 한다'가 준 말〕 …なんだって. …だそうだ. ¶ 어제 시집을 갔～ 昨日嫁に行ったそうだ / 기분이 나쁘시～ 気分がお悪いそうだ.
-단다[2] 語尾 〔어떤 사실을 친근하게 서술함〕 …なんだよ. …だったよ. ¶ 일본에는 온천이 많～ 日本には温泉が多いんだよ.
단단하다 形 **1** 〔굳다·견고하다〕 とても堅固だ. 丈夫だ. 頑丈だ. ¶ 단단한 기초 堅固な基礎 / 떡이 돌처럼 ～ 餅が石のように固い. **2** 〔튼튼하다〕 強い. 屈強だ. がっちりしている. ¶ 몸이 ～ 体が頑強だ. **3** 〔속이 차다〕 固い. 充実している. しっかりしている. ¶ 단단한 회사 しっかりした会社 / 배추 속이 단단하게 차 있다 白菜の葉が固くしまっている. **4** 〔느슨하지 않다〕 (結びなどが)きつい. 固い. 厳しい. ¶ 짐을 단단하게 묶다 荷をきつくしばる / 단단한 약속 固い約束. **5** 〔미덥다〕 (心·信念·意志などが)堅固だ. 強固だ. 頼もしい. ¶ 항상 단단하게 보이는 사장님 いつも頼もしくみえる社長. **단단히** 副 **1** 固く. 堅く. しっかり(と). ¶ 손발을 ～ 묶다 手足を固く縛る / ～ 결심하다 堅く決心する. **2** 厳重に. 固く. ¶ 문단속을 ～ 해 둬라 戸締まりを厳重にしておきなさい. **3** 大きく. ひどく. ¶ 장사로 ～ 재미보다 商売で大もうけする.
〔속담〕 **단단한 땅에 물이 괸다** 堅い地面に水がたまる〈意志が堅くなければ金はたまらない〉.
단당류〔單糖類〕 名〔化〕 単糖類.
단대목〔單一〕 名 **1** 物前〈盆·正月·節句など祝祭日の前〉. ¶ 섣달 ～ 正月を控えた時期. **2** (大事を控えた)重要な時期. 重要な場. ¶ ～에 와서 일이 틀어지다 大詰めにきて事がこじれる.
단도〔短刀〕 名 短刀. ¶ ～로 찔리다 短刀で刺される.
단도직입〔單刀直入〕 名 하自 単刀直入. ¶ ～으로 말씀드려서 그 방법으로는 실패하고 맙니다 率直に申し上げてそのやり方では失敗します.
단독[1]〔丹毒〕 名〔醫〕 丹毒.
단독[2]〔單獨〕 名 単独. ¶ ～ 강화 単独講和 / ～ 내각 単独内閣 / ～ 주택 1戸建ての家 / ～ 행위 単独行為 / ～ 회견 単独会見 / ～으로 사건을 수사하다 単独で事件を捜査する.
단독범〔一犯〕 名〔法〕〔'단독 정범(單獨正犯)'의 준말〕 単独犯.
단돈 冠 〔아주 적은 돈〕 たった…. ほんの…. わずか…. ¶ ～ 천 원도 없다 たったの1000ウォンもない.
단두〔斷頭〕 名 하自他 断頭.
단두대〔一臺〕 名 断頭台. ¶ ～의 이슬로 사라지다 断頭台の露と消える.
단둘 名 たった二人. 二人きり. ¶ 가족은 어머니와 나 ～뿐입니다 家族は母と私の二人きりです.
단둘이 副 たった二人で. 二人きりで. ¶ ～ 살아남았다 二人だけ生き残った / ～서 산책하다 二人きりで散歩する.
단락[1]〔段落〕 名 段落. **1** (物事の)切り. くぎり. けじめ. ¶ 일～ 一段落. **2** (長い文章の) くぎり. 切れ目.
◆**단락 짓다** 段落をつける. けりをつける. ¶ 귀찮은 문제를 ～ 짓다 面倒な問題にけりをつける.
단락[2]〔短絡〕 名 하他〔電〕 短絡. ショート. ¶ ～ 시험 短絡試験.
단란하다〔團欒一〕 形 円満だ. 仲むつまじい. ¶ 단란한 가정 円満な家庭.
단련〔鍛鍊〕 名 하他 鍛練. **1** 金属を鍛えること. ¶ 금속을 ～하다 金属を鍛練する. **2** 心身·技芸を鍛え磨くこと. ¶ 젊을 때 ～하다 若い時に鍛練する.
단리〔單利〕 名〔經〕 単利.
단막극〔單幕劇〕 名〔演〕 一幕物.
단말〔端末〕 名 端末. ¶ ～기 端末機 / ～ 장치 端末装置.
단말마〔斷末魔〕 名〔佛〕 断末魔. ¶ ～의 비명 断末魔の悲鳴.
단맛 名 甘み. 甘味. ¶ ～이 덜한 포도 甘みが足りないぶどう.
〔속담〕 **단맛 쓴맛 다 보았다** 甘味も苦味もすべて味わった〈世の中の楽しみも苦しみも皆経験した〉.
단면〔斷面〕 名 断面. ¶ 현대 사회의 한 ～ 現代社会の一断面.
단면도〔一圖〕 名 断面図.
단면상〔一相〕 名 断面相.
단면적〔一積〕 名 断面積.
단명〔短命〕 名 하形 短命. ¶ ～의 시인 短命の詩人 / ～한 잡지 短命な雑

誌.

단명구〔一句〕 名 文章の中に筆者の短命が象徴的に表現されている字句.

단명 어음〔單名一〕 名〔經〕単名手形.

단모음〔單母音〕 名〔言〕単母音.

단무지 名 (日本の)たくあん.

단문¹〔單文〕 名〔言〕単文.

단문²〔短文〕 名 하形 **1** 短文. ¶～을 짓다 短文をつくる. **2** 学問が浅いこと.

단물 名 **1** 淡水. **2** 甘い水. **3** 実利のある部分. ¶～은 다 빨아먹고 아무것도 없다 実のあるところは全部吸い取ってしまって何もない. **4**〔化〕軟水.

단물나다 自 (衣服などが)古ぼける. 色あせる. ¶단물난 헌 모자 古ぼけた帽子.

단박에 副 たちどころに. すぐに. じきに. 直ちに. 一気に. 即座に. すかさず. ¶그 돈 ～ 갖다 주어라 その金をすぐに持ってきて[行って]やりなさい / 그 약을 먹었더니 ～ 나았다 その薬を飲んだらたちどころに治った.

단발¹〔單發〕 名 **1** 単発. 1発の発射. ¶～에 명중했다 1発で命中した. **2**〔'단발총'의 준말〕単発. **3** 単発. 発動機が一つだけあること. **4** (野球で)単発. 散発.

단발기〔一機〕 名 単発機.

단발성〔一性〕 名 単発性. 病気がある時ある一か所にだけ発生すること.

단발총〔一銃〕 名 単発銃.

단발²〔短髮〕 名 短髪.

단발³〔斷髮〕 名 하自 **1** 断髪. **2** おかっぱ. おかっぱに刈ること. ¶～ 아가씨 おかっぱ頭の娘.

단발머리 名 断髪した髪. おかっぱ(の人). ¶～ 소녀 おかっぱの少女.

단밤 名 甘栗.

단방〔單放〕 名 **1** たった1発の発射. ¶～에 맞히다 たった1発で命中させる. **2** 1度だけの灸. **3** ただの1回. ¶～에 불이 꺼졌다 一遍で火が消えた.

단배¹〔單拜〕 名 하自 1度だけお辞儀すること, またそのお辞儀.

단배²〔團拜〕 名 하自 団体で拝賀すること. ¶신년 ～식 新年拝賀式.

단백〔蛋白〕 名 たんぱく.

단백광〔一光〕 名〔物〕たんぱく光.

단백뇨〔一尿〕 名〔醫〕たんぱく尿.

단백석〔一石〕 名〔鑛〕たんぱく石.

단백질〔一質〕 名 たんぱく質.

단번에〔單番一〕 副 一度に. 一遍で. 一挙に. 直ちに. ¶～ 결정을 내렸다 直ちに決定を下した / ～ 거꾸러뜨리다 たった一撃で打ち倒す / ～ 시험에 합격했다 一度で試験に合格した.

단벌〔單一〕 名 **1** 一張羅. ¶～ 신사 着た切り雀. **2** たった一つしかない品物・材料.

단보〔段步〕 依名 反歩. ¶3～의 논 3反歩の田.

단본위제〔單本位制〕 名〔經〕単本位(制度).

단봇짐〔單褓一〕 名 ごく簡単な包み.

단봉낙타〔單峰駱駝〕 名〔動〕ひとこぶらくだ.

단비¹ 名 甘雨. 慈雨. 恵みの雨. ¶가뭄에 내린 ～ 干天の慈雨.

단비²〔單比〕 名〔數〕単比.

단비례〔單比例〕 名〔數〕単比例.

단산〔斷産〕 名 하自 (女性が子供を)産むのをやめること. 産めなくなること. ¶마흔 살에 ～하다 40歳で子供を産まなくなった.

단상¹〔壇上〕 名 壇上. ¶～에 서다 壇上に立つ / 의회 ～에서 연설하다 議会の壇上で演説する.

단상²〔斷想〕 名 断想. (その時々に浮かぶ)断片的な考え. ¶～을 적다 断想を記す.

단색〔單色〕 名 単色. 一色. ¶～으로 그리다 一色で描く.

단색광〔一光〕 名〔物〕単色光.

단색 인쇄〔一印刷〕 名 単色の印刷.

단서¹〔但書〕 名 但し書き. ¶～가 붙어 있다 但し書きがついている.

단서²〔端緖〕 名 端緒. 糸口. 手がかり. ¶～를 찾다 端緒をさがす / 범인의 ～를 잡지 못했다 犯人の手がかりがつかめなかった.

단선¹〔單線〕 名 単線. **1** 1本の線. **2** (鉄道の)単線.

단선 궤도〔一軌道〕 名 単線軌道.

단선 철도〔一鐵道〕 名 単軌道.

단선²〔斷線〕 名 하自他 断線. ¶전선이 ～되다 電線が断線する.

단성〔單性〕 名〔生〕単性.

단성 생식〔一生殖〕 名〔生〕単性生殖.

단성 잡종〔一雜種〕 名〔生〕単性雑種.

단성화〔一花〕 名〔植〕単性花.

단세포〔單細胞〕 名〔生〕単細胞.

단세포 동물〔一動物〕 名〔動〕単細胞動物.

단세포 생물〔一生物〕 名〔生〕単細胞生物.

단세포 식물〔一植物〕 名〔植〕単細胞植物.

단소¹〔短所〕 名 短所. 欠点.

단소²〔短簫〕 名〔樂〕短簫(細く短い竹笛).

단소하다〔短小一〕 形 短小だ.

단속¹〔團束〕 名 하他 取り締まり. 管理すること. ¶마약 ～ 麻薬取り締まり / 교통 ～을 엄중히 하고 있다 交通の取り締まりを厳重にしている / 음주 운전을 ～하다 飲酒運転を取り締まる.

단속²〔斷續〕 名 하自 断続.

단속기〔一器〕 名〔物〕断続器.

단속음〔一音〕 名 断続音.

단속적〔一的〕 冠 名 断続的. ¶교섭은 ～으로 행해졌다 交渉は断続的に行われた.

단속곳〔單一〕 名 チマ(치마)の下に着るズボン型の下着.

단수¹〔段數〕 名 **1** (囲碁・柔道などの)段位. **2** 腕前. 手際. ¶～가 센 사람 手練手管にたけた人 / ～를 부리다 手管を弄する.

◆단수가 높다 手練手管にたけている. 一枚上手だ.

단수²〔單手〕 名 (囲碁で)当たり.

단수[3]〔單數〕 名 単数.
단수[4]〔端數〕 名 端数. 余まり. ¶ ~를 잘라 버리다 端数を切り捨てる.
단수[5]〔斷水〕 名 하自他 断水. ¶ 공사 때문에 수도를 ~한다 工事のため水道を止める.
단순〔單純〕 名 単純. ¶ 절차를 ~화하다 手続きを単純化する.
　단순 개념〔一概念〕 名〔哲〕 単純概念.
　단순 노동〔一勞動〕 名 単純労働.
　단순 재생산〔一再生産〕 名〔經〕 単純再生産.
단순하다〔單純一〕 形 単純だ. ¶ 단순한 색상 単純な色合い/기계의 구조가 ~ 機械の構造が単純だ/머리가 단순한 사람 頭の単純な人. **단순히** 副 単純に. ¶ ~ 잘라 말할 수는 없다 単純に言い切ることはできない.
단순화〔單純化〕 名 하自他 単純化. ¶ 새 기술의 도입으로 복잡한 작업 공정이 ~되었다 新しい技術の導入で複雑な作業工程が単純化された.
단술 名 甘酒.
단숨에〔單一〕 副 一息に. 一気に. 一度に. 一挙に. ¶ ~ 언덕을 뛰어 올랐다 一息に坂を駆け上った/~ 적을 공격해 들어간다 一挙に敵に攻め込む.
단승식〔單勝式〕 名 単勝式〈競馬などで1着だけを当てること〉.
단시〔短詩〕 名〔文〕 短詩.
단시간〔短時間〕 名 短時間. ¶ 연설이 ~에 끝나 버렸다 演説が短時間で終わってしまった.
단시일〔短時日〕 名 短時日. わずかな日数. ¶ ~ 내로 数日以内に/~에 해결될 문제가 아니다 短時日に解決できる問題ではない.
단식[1]〔單式〕 名 **1** 単純な方式・形式. **2**〔數〕 単式. **3**〔體〕〔'단식 경기'의 준말〕シングルス. **4**〔'단승식(單勝式)'의 준말〕単勝式.
　단식 경기〔一競技〕 名〔體〕 シングルス. シングル.
단식[2]〔斷食〕 名 하自 断食. ¶ ~ 요법 断食療法/~ 동맹 ハンスト/~ 투쟁 断食闘争.
단신[1]〔單身〕 名 単身. ¶ ~으로 적지에 뛰어들다 単身で敵地に乗りこむ.
단신[2]〔短信〕 名 短信. 短い便り. ¶ 해외 ~ 海外短信.
단심〔丹心〕 名 丹心. 真心. 丹誠. 赤誠. ¶ 일편~으로 성공을 빌다 真心こめて成功を祈る.
단아하다〔端雅一〕 形 品がある. 端麗だ. ¶ 단아한 부인 品のある婦人/작고 단아한 체격 小柄で品のある体つき.
단안[1]〔單眼〕 名 単眼. **1** 独眼. 片目. **2** (節足動物の)単眼.
단안[2]〔斷案〕 名 하他 断案. ¶ ~을 내리다 断案を下す.
단애〔斷崖〕 名 断崖. ¶ ~절벽 断崖絶壁.
단어〔單語〕 名〔言〕 単語. ¶ ~집 単語集/기초 ~ 基礎単語.
단언〔斷言〕 名 하他 断言. ¶ 자신 있게 ~하다 自信を持って断言する/사실이라고 ~할 수 없다 事実だと断言できない.
단역〔端役〕 名 端役. わき役. ¶ ~을 배정받다 端役を割り当てられる.
단연〔斷然〕 副 断然. **1** きっぱりと. 決然と. 断じて. 断固として. ¶ ~ 거절하다 きっぱりと断わる. **2** (他に比べて)並みはずれて. ずばぬけて. ずっと. ¶ 나보다 ~ 뛰어난 사람 私より断然優れた人.
　단연코 副〔'단연(斷然)'의 힘줌말〕断然. 断固と(して).
단열〔斷熱〕 名 하自 断熱. ¶ ~재 断熱材/~ 장치 断熱装置.
단엽〔單葉〕 名 **1**〔植〕 単葉. **2**〔植〕 単弁. **3** 単葉飛行機.
단오〔端午〕 名〔民俗〕 端午.
　단오절〔一節〕 名 端午の節句.
　단옷날 名 (陰暦5月5日の)端午の節句.
단원[1]〔單元〕 名 **1**〔哲〕 単元. 公理. **2**〔教〕 単元.
　단원론〔一論〕 名〔哲〕 一元論.
　단원 학습〔一學習〕 名〔教〕 単元学習.
단원[2]〔團員〕 名 団員. ¶ 극단 ~ 劇団の団員.
단원제〔單院制〕 名〔政〕 一院制.
단위〔單位〕 名 単位. **1** 比較・計算の基となるもの. ¶ 중력 ~ 重力単位/오염도를 측정하는 ~ 汚染度を測る単位. **2** 組織体をなしている基本となるもの. ¶ 조직 ~인 지구당 組織単位としての党の地方組織.
　단위계〔一系〕 名〔物〕 単位系.
　단위 노동조합〔一勞動組合〕 名 単位労働組合. 単位組合.
　단위 면적〔一面積〕 名〔物〕 単位面積.
단음[1]〔單音〕 名 **1**〔物〕〔樂〕 単純音. 純音. **2**〔言〕 単音.
　단음 문자〔一文字〕 名〔言〕 単音文字.
단음[2]〔短音〕 名 短音.
단음[3]〔斷音〕 名 하自〔言〕 断音〈子音の一つ〉.
　단음 기호〔一記號〕 名〔樂〕 スタッカート記号.
단음계〔短音階〕 名〔樂〕 短音階.
단음절어〔單音節語〕 名〔言〕 単音節語.
단일〔單一〕 名 하形 単一. ¶ ~ 후보 単一候補/~ 민족 単一民族/~한 세율 単一の税率.
　단일어〔一語〕 名〔言〕 単純語.
　단일화〔一化〕 名 하自他 単一化.
단자[1]〔單子〕 名 **1** 贈物目録. **2**〔'사주 단자(四柱單子)'의 준말〕新郎の生まれた年・月・日・時の四つの干支を書いて新婦の家に送る書状.
단자[2]〔短資〕 名〔經〕 短資. コール. ¶ ~ 회사 短資会社.
단자[3]〔團餈〕 名 (小豆や胡麻の餡を入れ表面にはちみつを塗った)もち米の団子.
단자[4]〔端子〕 名〔電〕 端子. ターミナル.
단자엽〔單子葉〕 名〔植〕 単子葉.
단자음〔單子音〕 名〔言〕 単子音.
단작스럽다 形 **1** (態度が)卑しい.

卑劣だ. ¶단작스러운 놈 卑劣なやつ. **2** しみったれだ. けちくさい. みみっちい. ¶하는 짓이 ～ やることがけちくさい.
단잠 名 熟睡. ¶～을 자서 피로가 풀렸다 熟睡したので疲れがとれた.
단장¹〔丹粧〕名 하自他 装い. **1** 化粧すること. めかすこと. ¶그렇게 ～하고 어디 가니 そんなにめかしてどこへ行くの. **2** (きれいに)美しく装飾すること. ¶아담하게 ～된 정원 上品に手入れの行き届いた庭園.
단장²〔短杖〕名 短い杖. ステッキ. ¶～을 짚다 ステッキをつく.
단장³〔團長〕名 団長. ¶선수단 ～ 選手団団長／～님 団長さん.
단장⁴〔斷腸〕名 断腸. ¶～의 슬픔을 안고 살다 断腸の悲しみを抱いて生きる.
단장곡〔一曲〕名 非常に悲しい曲.
단적〔端的〕冠名 端的. ¶～인 예를 들면 端的な例をあげれば／～으로 말하면 端的に言えば.
단전¹〔丹田〕名 丹田. ¶～에 힘을 주다 丹田に力をこめる.
단전²〔斷電〕名 하自 休電. 送電を一時中止すること.
단절〔斷絶〕名 하自他 断絶. 切断. 断ち切ること. 折ること. ¶～기 切断機／국교를 ～하다 国交を断絶する／적의 진로를 ～하다 敵の進路を断ち切る.
단점〔短點〕名 短所. 欠点. ¶～을 보완하다 短所を補う／사람은 누구나 장점과 ～이 있는 법이다 人は誰でも長所と短所があるものだ.
단정¹〔短艇〕名 端艇. 短艇. 小舟. ボート.
단정²〔斷定〕名 하他 断定. ¶아직 자살로 ～할 수는 없다 まだ自殺とは断定できない／～짓기엔 증거가 불충분하다 断定するには証拠が不十分だ.
단정하다〔端正一〕形 端正だ. きちんとしている. ¶단정한 얼굴 端正な顔だち／품행이 단정한 사람 品行方正な人. **단정히** 副 端正に. きちんと.
단조¹〔單調〕名 하形 単調.
단조롭다 形 単調だ. ¶단조로운 나날을 보내고 있다 単調な毎日を過ごしている. **단조로이** 副 単調に. ¶～ 이어지는 해안선 単調に続く海岸線.
단조²〔短調〕名〔樂〕短調.
단조³〔鍛造〕名 하他 鍛造.
단좌¹〔單座〕名 単座. 一つの座席. ¶～ 전투기 単座戦闘機.
단좌²〔端坐〕名 하自 端座. 正座. ¶～하고 설법을 듣고 있다 正座して説法を聞いている.
단죄〔斷罪〕名 하他 断罪. ¶수많은 악업을 ～하다 数々の悪業を断罪する.
단주〔斷酒〕名 하自 断酒. 禁酒.
단지¹ 名 小さな甕. 壺. ¶꿀～ はちみつの壺.
단지²〔團地〕名 団地. ¶주택 ～ 住宅団地／～를 조성하다 団地を造成する.
단지³〔但只〕副 単に. ただ. わずかに. 専ら. たった. ¶그것은 ～ 모방에 지나지 않는다 それは単に模倣に過ぎない／～ 너의 합격을 빌 뿐이다 ただひたすら君の合格を祈るばかりだ.
단짝〔單一〕名 大の仲良し. 親友. ¶～ 동무 親友.
단처〔短處〕名 短所. 欠点.
단청〔丹青〕名 하自他 丹青〈王宮·寺院などの木造建築にさまざまな文様を鮮やかな色彩で描くこと〉.
단청집 名〔建〕丹青を施した家.
단체¹〔單體〕名〔化〕単体.
단체²〔團體〕名 団体. ¶～ 여행 団体旅行／～ 경기 団体競技／～ 교섭 団体交渉／사회 사업 ～ 社会事業団体／～에 가입하다 団体に加入する／～를 만들다 団体をつくる.
단체전〔一戰〕名 団体戦.
단체 행동〔一行動〕名 団体行動. ¶～권 団体行動権.
단체 협약〔一協約〕名 団体協約.
단총〔短銃〕名 短銃. **1** 銃身の短い銃. **2** 拳銃. ピストル.
단추 名 **1** (衣服の)ボタン. ¶～가 풀어지다 ボタンがはずれる／～를 채우다 ボタンをかける／～가 떨어지다 ボタンが取れる. **2** (呼び鈴などの)ボタン. ¶초인종의 ～를 누르다 呼び鈴のボタンを押す.
단춧구멍 名 ボタン穴. ¶～을 뚫다 ボタン穴をあける.
단축〔短縮〕名 하自他 短縮. 反 延長. ¶노동 시간의 ～ 労働時間の短縮.
단출하다 形 **1** (家族が少なくて) 気軽だ. こぢんまりしている. 身軽だ. ¶식구가 적은 단출한 살림 家族の少ないこぢんまりした暮らし. **2** (仕事や服装などが) 簡便である. 軽やかだ. ¶단출하게 차리고 외출하다 軽いいでたちで外出する. **단출히** 副 こぢんまりと. 簡便に. ささやかに. ¶～ 살다 ささやかに暮らす.
단층¹〔單層〕名 **1** 〔'단층집'의 준말〕平家. **2** 単層.
단층집 名 平家. 1階建て.
단층²〔斷層〕名〔地〕断層. ¶～면 断層面.
단층 지진〔一地震〕名〔地〕断層地震.
단층 해안〔一海岸〕名〔地〕断層海岸.
단침〔短針〕名 (時計の)短針.
단칸〔單一〕名 **1** 1室. 一間. **2** 〔'단칸방'의 준말〕一つの部屋.
단칸방〔一房〕名 一つの部屋. たった一間の広さの部屋.
단칸살림 名 一間暮らし.
단칸살이 名 一間所帯.
단칼에〔單一〕副 一太刀で. 一刀のもとに. ¶～ 베어 버리다 一刀のもとに切り捨てる.
단타¹〔單打〕名 (野球で)単打. シングルヒット. ¶～로 끝나 버리다 単打に終わってしまう.
단타²〔短打〕名 (野球で)短打. 反 長打. ¶～주의 長打をねらわずにもっぱら短打をねらう打法をすること.
단파〔短波〕名〔物〕短波. ¶～ 방송

短波放送/초～ 超短波.
단판〔單—〕 名 一番勝負. 1回きりの勝負. ¶～ 씨름 一番勝負のシルム.
단팥묵 名 羊羹.
단팥죽〔—粥〕 名 汁粉. ぜんざい.
단편[1]〔短篇〕 名 短編. ¶～집 短編集/～ 소설 短編小説/～ 영화 短編映画.
단편[2]〔斷片〕 名 断片. **1** (細かくちぎれた)一片. **2** (まとまったものの)わずかな一部分.
단편적〔—的〕 冠 名 断片的. ¶～ 지식 断片的な知識.
단평〔短評〕 名 短評. 寸評. ¶～ 기사 短評記事.
단풍〔丹楓〕 名 **1**〔植〕〔'단풍 나무'의 준말〕かえで. **2** もみじ. 紅葉. ¶～이 한창이다 もみじが見ごろだ.
단풍나무 名〔植〕かえで. もみじ.
단풍놀이 名 하自 紅葉狩り. ¶～ 가다 紅葉狩りに行く.
단풍들다 自 紅葉する. 「の葉.
단풍잎 名 **1** 紅葉した葉. **2** かえで
단합〔團合〕 名 하自 団結. まとまり. ¶～ 대회 団結するための大会.
단항식〔單項式〕 名〔數〕単項式.
단행〔斷行〕 名 하他 断行. ¶즉시 ～하다 即時断行する/화폐 개혁이 ～되다 貨幣改革が断行される.
단행범〔單行犯〕 名〔法〕単行犯.
단행본〔單行本〕 名 単行本.
단호하다〔斷乎—〕 形 断固としている. ¶단호한 태도 断固たる態度. **단호히** 副 断固として. 断然. ¶～ 거절하다 断固として拒絶する.
단화〔短靴〕 名 短靴.
닫다[1] 自 走る. 駆ける. ¶전속력으로 ～ 全速力で走る.
〔속담〕 **닫는 말에 채질한다** 走っている馬にむちを打つ〈すでにうまくいっていることをさらによくするように激励する〉.
닫다[2] 他 **1** (戸·ふた·引き出しなどを)閉める. ふさぐ. 閉ざす. 閉じる. 反 開ける ¶통로를 ～ 通路をふさぐ/병마개를 ～ びんの栓を閉める/문을 똑바로 닫아라 ドアをきちんと閉めなさい. **2** (集会·営業などを)やめる. ¶경영난으로 회사를 ～ 経営難で会社を解散する. **3** (口を)つぐむ. 閉じる. 黙る. ¶입을 닫고 말이 없다 口をつぐんで黙っている.
닫아걸다 他 (戸や窓などを)閉めて鍵をかける. 門を差す. ¶대문을 ～ 表門に門をかける.
닫히다 自 閉まる. 閉ざされる. 閉じる. ¶바람에 문이 살며시 닫혔다 風で戸が静かに閉まった/굳게 닫힌 대문 固く閉ざされた表門.
달 Ⅰ 名 月. **1**〔天〕月. 月光. 月影. ¶～이 뜨다[지다] 月が出る[沈む]/～이 이지러지다 月が欠ける/～ 밝은 밤 月影さやかな夜. **2** (暦の)月. 1か月. ¶이～ 今月/다음～ 来月/지난～ 先月/매～ 毎月. **3** 産月. 臨月. ¶～이 차지 않아서 낳은 아이 月足らずで産んだ子供.
Ⅱ 依名 月. ¶친구가 두 ～ 만에 찾아왔다 友人が2か月ぶりにやって来た.
◆**달이 차다** 月が満ちる. 臨月になる.
〔속담〕 **달도 차면 기운다** 月も満ちれば欠く〈物事は盛りに達すると必ず衰え始める. 物事には必ず栄枯盛衰がある〉.
달가닥 副 하自 ことっと. ことりと. かたっと. かたりと. ¶～하고 문이 빠지다 かたりと戸が外れる.
달가닥거리다[-대다] 自 かたかたする. ことことする. ¶가방 속의 연필통이 ～ かばんの中の筆箱ががかたかたと鳴る.
달가닥달가닥 副 하自 かたかた. ことこと. がらがら(と). ¶아래층에서 ～하는 소리가 들렸다 下の階からかたかたいう音が聞こえた.
달가당 副 하自 (金属などが)かちんと. かたんと. ことんと. ¶숟가락이 ～하고 마루에 떨어졌다 さじがかちんと床に落ちた.
달각 副 하自 〔'달가닥'의 준말〕かたりと. ことりと.
달각거리다[-대다] 自 かたかたする. ことことする.
달각달각 副 하自 かたかた. ことこと.
달갑다 形 **1** (心にかなって)満足だ. うれしい. 望ましい. ありがたい. ¶달갑지 않은 손님[소문] ありがたくない客[うわさ]/달갑지 않은 친절 ありがた迷惑. **2** (『달갑게』의 꼴로) 甘んじて. いとわず. ¶어떤 처벌이라도 달갑게 받겠다 どんな処罰でも甘んじて受けよう.
달걀 名 (鶏の)卵. 鶏卵. ¶날～ 生卵/～ 부침 卵焼き/～ 프라이 目玉焼き/～형 卵形/삶은 ～ ゆで卵.
〔속담〕 **달걀로 바위 치기** 卵で岩を打つ〈抵抗してもとうてい勝てない〉.
달걀가루 名 卵粉. 卵を乾燥させてつくった粉.
달걀노른자 名 **1** 卵黄. **2** 最も重要な部分.
달걀흰자 名 卵白.
달견〔達見〕 名 達見. すぐれた意見.
달관〔達觀〕 名 하他 達観. ¶모든 것을 ～한 사람 すべてを達観した人.
달구 名 (地固めの)胴突き. たこ.
달구질 名 하自 地固め. 胴突き. たこつき. 地形.
달굿대 名 胴突きの柄.
달구다 他 **1** (鉄や石などを)熱する. 焼く. ¶쇠를 ～ 鉄を熱する/돌을 달구어 고기를 굽는다 石を熱して肉を焼く. **2** オンドル(온돌)を強く焚いて熱くする.
달구지 名 (一頭の牛が引く)荷車.
달그락 副 하自 かたっと. ことっと. かちっと. ¶부엌에서 ～ 소리가 들렸다 台所でかたっと音が聞こえた.
달그락거리다[-대다] 自 かたかたする. ことことする.
달그락달그락 副 하自 かたかた(と). かたこと(と). ことこと(と). ¶상자 속에서 ～ 소리가 난다 箱の中からかたことと音がする.
달그랑 副 하自 かちんと. かちゃっと. ちゃりんと.
달그랑거리다[-대다] 自 かちゃかちゃと

音がする.
달그랑달그랑 副 하自 かちんかちん(と). かちゃかちゃ(と). ちゃりんちゃりん(と). ¶접시 씻는 소리가 ~ 들린다 かちゃかちゃと皿を洗う音が聞こえる.
달나라 名 月世界.
달님 名 お月様.
달다¹ 自 **1**〔졸아들다〕(スープ·煮物などが)煮詰まる. ¶국이 ~ スープが煮詰まる／이 약은 반까지 달면 내려 놓아라 この薬は半分になるまで煎じたら下ろしておきなさい. **2**〔물건이 뜨거워지다〕(金属などが)焼ける. 熱くなる. ¶다리미가 ~ アイロンが熱くなる. **3**〔몸이 뜨거워지다〕(熱や恥ずかしさで)赤くなる. 熱くなる. ほてる. ¶얼굴이 빨갛게 달아오르다 顔が赤くほてる／목이 ~ のどがからからに渇く. **4**〔마음이 초조해지다〕気をもむ. やきもきする. いらいらする. あせる. ¶시간에 늦을까 봐 애가 ~ 時間に遅れはしないかと心がいらだつ.
달다² 他 **1** つるす. 垂らす. 下げる. ぶら下げる. かける. 掲げる. ¶문에 발을 ~ 戸にすだれを垂らす／훈장을 단 용사 勲章を下げた勇士／국기를 ~ 国旗を掲げる. **2** つける. 縫いつける. 取りつける. 設置する. 連結する. ¶단추를 ~ ボタンをつける／차에 스테레오를 ~ 車にステレオを取りつける. **3** (人を)連れる. ¶외출시에는 애들을 달고 다닌다 外出の時は子供たちを連れて歩く. **4** (注釈·音訓などを)つける. 書き入れる. ¶한자에 토를 ~ 漢字に読みがなをつける. **5** (姓名·題目などを)定めてつける. ¶제목부터 달아라 題目からつけなさい. **6** (帳簿·勘定などを)記入する. 書き入れる. つける. ¶술값은 내 앞으로 달아 두세요 酒代は私の勘定につけてください. **7** 〈ユンノリ(윷놀이)で〉最初に駒を置く. ¶말을 ~ 駒を最初に置く. **8**〔民俗〕(新郎を)縛り上げて責め立てる. ¶신랑을 ~ 花婿を縛り上げて責め立てる.
달다³ 他 (秤で)量る. ¶1킬로만 달아 주시오 1キログラムだけ量って[売って]ください.
달다⁴ 他 (‘달라·다오’의 꼴로만 쓰여) 請う. 求める. ¶생각할 시간을 다오 考える時間をくれ.
달다⁵ 形 **1** 甘い. ¶단 것 甘いもの／그는 커피를 달게 마신다 彼はコーヒーを甘くして飲む. **2**〔맛있게 먹다〕食欲が盛んである. 食欲がある. (食欲があって)おいしい. うまい. ¶밥을 달게 먹다 ご飯をおいしく食べる. **3**〔흡족하다〕(ぐっすり眠って)満足だ. ¶달게 자다 熟睡する. **4** (‘달게’의 꼴로) 甘んじて. 甘受して. ありがたく. ¶비판을 달게 받다 批判を快く受け入れる／무슨 벌이라도 달게 받겠습니다 どんな罰でも快く受けます.
〔속담〕 **달면 삼키고 쓰면 뱉는다** 甘ければ飲み込み苦ければ吐き出す〈自分に利益になれば利用し, いらなくなれば排斥する〉.

달달¹ 副 **1**〔떠는 모양〕ぶるぶる(と). がたがた(と). ¶추위에 ~ 떨고 있다 寒さにぶるぶる震えている. **2**〔구르는 소리〕(固い車輪などが)がたがた(と). ごろごろ(と). ¶달구지가 ~ 소리 내며 지나간다 牛車ががたがた音をたてながら通っていく.
달달² 副 **1**〔휘저으며 볶는 모양〕(ごま·豆などを)ころころ(と). **2**〔맷돌에 가는 모양〕(ごま·豆などを) がらがら(と). **3**〔들볶는 모양〕がみがみ(と). ねちねち(と). ¶사위를 ~ 들볶는다 婿をねちねちいびる. **4**〔뒤지는 모양〕がさごそ(と). ごそごそ(と).
◆**달달 볶다** ① (ごま·豆などを)かき回しながら煎る. ② (人を)いびる. さいなむ. いじめる.
달디달다 形 ⇨다디달다
달뜨다 自 (心が)浮わつく. そわそわする. 落ち着かない. ¶공연히 마음이 달떠서 공부도 하지 않는다 どういうわけかそわそわして勉強もしない.
달라 他 くれ. よこせ. ¶종이를 ~ 紙をくれ／자유가 아니면 죽음을 ~ 自由でなければ死を与えよ.
달라다 他 (‘달라고 하다’가 준 말) (人に何かを)くれと言う. 請う. 要求する. ¶돈을 ~ お金をくれと言う／새 양복을 사 달라자 新しい洋服を買ってもらおう.
달라붙다 自 **1** ぴたっとつく. くっつく. ねばりつく. ¶껌이 구두창에 ~ ガムが靴底にくっつく／자석에 달라붙은 못 磁石にくっついた釘. **2** 食ってかかる. 噛みつく. はむかう. ¶상사에게 ~ 上役に噛みつく. **3** すがりつく. 寄り添う. ¶어머니에게 달라붙어 울다 母親にすがりついて泣く. **4** (根気よく)熱中する. 没頭する. かじりつく. 絡みつく. ¶연구에 ~ 研究に没頭する／아이가 어머니에게 ~ 子が母親にかじりつく.
달라지다 自 変わる. 変化する. ¶주소가 ~ 住所が変わる／얼굴빛이 ~ 顔色が変わる.
달랑 副 **1**〔방울 소리〕りんと. ちんと. ちりんと. **2** 落ち着きがなく軽率なようす. ¶잠옷 바람으로 ~ 남의 앞에 나서다 寝巻のままでそそっかしく人の前に出ていく. **3**〔홀가분한 모양〕(持ち物などが少なく)ひょいと. ¶가방 하나 ~ 둘러메고 상경했다 かばんを一つひょいと肩に担いで上京した. **4**〔홀로 있는 모양〕ぽつんと. ¶한 채만 ~ 떨어져 있는 집 1軒だけぽつんと離れている家. **5**〔놀라서 가슴이 울리는 모양〕どきっと. ひやっと. ぎくっと. ¶가슴이 ~ 내려앉다 胸がどきっとする.
달랑거리다[-대다] 自他 **1** (鈴などが)ひっきりなしに鳴る[鳴らす]. ¶처마 끝의 풍경이 달랑거린다 軒先の風鈴がちりんちりんと鳴る. **2** そそっかしくふるまう. ¶달랑거리기만 하고 머리는 텅 비어 있다 そそっかしくふるまうばかりで頭がからっぽだ.
달랑달랑 副 하自他 **1** りんりん(と). ちんちん(と). ちりんちりん(と). かちっかち

っ(と). ことっことっ(と). **2** そそっかしく.

달랑달랑하다 形 (お金·食糧などが) 尽きかけている. 残り少ない. かつかつである. ぎりぎりである. ¶ 양식이 ~ 食糧が底をつく / 용돈이 ~ 小遣いが残り少ない.

달랑쇠 名 おっちょこちょい.

달래 名〔植〕野蒜.

달래다 他 **1** 慰める. 紛らす. なだめる. ¶ 마음을 ~ 心を紛らす / 무료함을 달래 주는 음악 退屈を紛らしてくれる音楽. **2** なだめすかす. 機嫌をとる. 言い聞かせる. あやす. ¶ 사람을 살살 달래어 보내다 人をうまくなだめすかして帰らせる / 우는 갓난아이를 ~ 泣く赤ん坊をあやす.

달러〔dollar〕 **I** 名 ドル. ¶ ~로 지불하다 ドルで支払う.
II 依名 ドル〈貨幣単位〉. ¶ 1~ 1ドル.
달러 박스〔—box〕 名 ドル箱.
달러 시세〔—時勢〕 名 ドル相場.

달려가다 自 駆けつける. 走って行く. ¶ 여차하면 언제든지 달려가겠습니다 いざというときはいつでも駆けつけます.

달려 나가다 自 飛び出す. 駆け出す.

달려들다 自 **1** 飛びかかる. 飛びつく. 躍りかかる. 食いつく. はむかう. ¶ 허기진 아이들이 먹을 것을 보고 ~ 飢えた子供たちが食べ物を見て食いつく. **2** (仕事などに)取りかかる. 手を出す. 飛びつく. ¶ 모두들 달려들어 일을 끝냅시다 みんなが加わって仕事を終えましょう.

달려오다 自 走って来る. 駆けつける. ¶ 헐떡이면서 ~ 息せき切って走って来る.

달력〔—曆〕 名 暦. カレンダー. ¶ 벽걸이 ~ 壁掛け暦 / 일일 ~ 日めくり.

달리 副 ほかに. 他に. 別に. 違って. ¶ ~ 해석할 길이 없다 ほかに解釈の仕様がない / 그 문제와는 ~ 이것은 쉽다 その問題と違ってこれはやさしい.

달리하다 他 異にする. ¶ 언어를 달리하는 민족 言語を異にする民族 / 의견을 ~ 意見を異にする.

달리기 名 하自 走ること. 駆けっこ. 競走. 駆け足. ランニング. ジョギング. ¶ 100미터 ~ 100メートル競走.

달리다[1] 自 **1** ぶら下がる. 垂れる. つり下がる. ¶ 가지마다 열매가 주렁주렁 ~ 枝々に実が鈴なりになる / 낚싯줄에 낚싯봉이 달려 있다 釣り糸に重りがつるされている. **2** 取りつけてある. 付設されている. ¶ 에어컨이 달린 방 エアコンが取りつけてある部屋 / 벽에 달린 초인종 壁につけられた呼び鈴. **3** 左右される. かかる. …(いかんに)よる. ¶ 성사 여부는 자네의 노력에 달렸다 事の成否は君の努力にかかっている. **4** 養っている家族がいる. ¶ 나에게 달린 식구가 셋이다 私には養っている家族が3人いる.

달리다[2] 自 **1** (力が)及ばない. 足りない. 手に余る. ¶ 중국어 실력이 ~ 中国語の力が足りない / 혼자 하기에는 힘이 달릴 것 같다 ひとりでするには手に余りそうだ. **2** (品物などが)不足する. ¶ 식량이 ~ 食糧が不足する / 자금이 ~ 資金が足りない.

달리다[3] 自 **1** だるくて気力がない. ぐったりする. けだるい. ¶ 더워서 몸이 달린다 暑いので体がだるい. **2** (疲れて)目がくぼむ. ¶ 눈이 ~ 目がくぼむ.

달리다[4] **I** 自 走る. 駆ける. ¶ 차가 속력을 내서 ~ 車が速力を上げて走る / 배가 물결을 가르면서 ~ 船が波をかき分けて進む / 그의 생각은 그리운 고향으로 달리고 있었다 彼の思いは懐かしい故郷に飛んでいた.
II 他 走らせる. 駆る. 飛ばす. ¶ 차를 전속력으로 ~ 車を全速力で飛ばす / 말을 ~ 馬を駆る.
〔속담〕 **달리는 말에 채찍질** 走る馬にむちを打つ〈うまくいっていることをさらによくするように励ます〉.

달리아〔dahlia〕 名〔植〕ダリア.

달마〔達磨〕 名〔佛〕 達磨. ¶ ~ 대사 達磨大師.

달맞이 名 하自〔民俗〕陰暦正月15日の月見.

달맞이꽃 名〔植〕月見草.

달무리 名 月暈. 月の暈. ¶ ~가 서다 月暈がかかる.

달밤 名 月夜. ¶ ~의 산책 月夜の散歩 / 밝은 ~ 明るい月夜.

달변[1]〔—邊〕 名 月利. ¶ 2푼의 ~ 2分の月利.

달변[2]〔達辯〕 名 達弁. 能弁. ¶ ~가 達弁家 / ~은 아니지만 논리 정연하다 達弁ではないが理路整然としている.

달빛 名 月光. 月の光. 月影. ¶ ~이 비치다 月の光が照らす.

달성〔達成〕 名 하他 達成. ¶ 이 달의 매상 목표를 ~하다 今月の売り上げ目標を達成する.

달싹이다 **I** 自 **1** (軽いものが)上がったり下がったりする. 上下する. **2** (心が) ぐらつく. 動揺する. 浮き浮きする. **3** (肩や尻などが)軽く上下に動く.
II 他 **1** (軽いものを)上げたり下げたりする. 上下させる. **2** (心を)浮き浮きさせる. ぐらつかせる. 動揺させる. **3** (肩や尻などを)軽く上下に揺する. ¶ 어깨를 달싹이며 울다 肩を震わせて泣く. <들썩이다

달싹하다 形 (ついていたものが)間が少ししあいている. ぴったり合わないで少しすきまがある. <들썩하다

달아나다 自 **1**〔빨리 내닫다〕速く走る. 疾走する. ¶ 얼룩말이 떼지어 ~ 縞馬が群れをなして疾走する / 손을 흔들었으나 버스는 그대로 달아났다 手を振ったがバスはそのまま走り去った. **2**〔도망가다〕逃げる. ¶ 도둑놈이 ~ 泥棒が逃げる / 달아나는 적을 추격하다 逃げる敵を追撃する. **3**〔사라지다〕なくなる. 落ちる. 吹っ飛ぶ. ¶ 잠이 ~ 眠気が吹っ飛ぶ / 입맛이 싹 ~ 食欲がすっかりなくなる.

달아매다 他 **1** ぶら下げる. つるす. 垂らす. ¶ 천장에 램프를 ~ 天井にランプをつるす. **2** つなぐ. ¶ 소를 말뚝에

～ 牛を杭につなぐ.

달아보다 他 **1** (秤で)量ってみる. ¶ 체중을 ～ 体重を量ってみる. **2** (人柄などを)試してみる.

달아오르다 自 **1** (鉄などが)熱くなる. 焼ける. ¶ 달아오르는 쇠를 불린다 赤熱した鉄を鍛える. **2** (顔などが)ほてる. 赤くなる. ¶ 추운 날씨에 귓불이 빨갛게 ～ 寒さで耳たぶが赤くなる.

달음박질 名 하自 駆け足. 走ること. ¶ ～로 계단을 올라갔다 駆け足で階段をのぼった.

달음박질치다 自 走る. 駆ける.

달음질 名 하自 〔'달음박질'의 준말〕駆け足. かけっこ.

달음질치다 自 (力いっぱい)走る. 駆ける. ¶ 시간이 없어서 달음질쳐서 왔다 時間がないので走ってきた.

달이다 他 煎じる. 煮詰める. ¶ 한약을 ～ 韓方薬を煎じる / 간장을 ～ しょう油を煮詰める.

달인〔達人〕名 達人. ¶ ～의 경지 達人の境地 / 서도의 ～ 書道の達人.

달짝지근하다 形 少し甘味がある. やや甘い. ¶ 달짝지근한 옥수수 少し甘味のあるとうもろこし. <들쩍지근하다

달착지근하다 形 少し甘味がある. やや甘い. ¶ 달착지근한 꽃향기 甘ったるい花の香り.

달창나다 自 **1** 〔닳다〕(長く使われたものが)擦り減る. 穴があく. 擦り切れる. ¶ 운동화가 ～ 運動靴が擦り減る. **2** 〔바닥나다〕(ものが)尽きる. 尽き果てる. なくなる. ¶ 설탕도 곧 달창날 것 같다 砂糖ももうすぐなくなりそうだ.

달치다 自他 **1** 〔너무 달다〕熱し過ぎる. 焼け過ぎる. ¶ 쇠꼬챙이가 벌겋게 ～ 金串が真っ赤に焼ける. **2** 〔바싹 졸이다〕煮詰める. (焦げつくほど)煎じ詰める. ¶ 한약을 진하게 ～ 韓方薬を濃く煎じ詰める.

달카닥 副 하自他 〔단단한 물건이 맞닿아 나는 소리〕かちゃんと. かたんと. ことんと. ¶ 전화를 ～ 끊다 電話をかちゃんと切る. <덜커덕

달카닥거리다[-대다] 自他 しきりにかたん[ことん]と音がする.

달카닥달카닥 副 하自他 かたんかたん(と). ことんことん(と).

달칵 副 하自他 〔'달카닥'의 준말〕かたんと. ことんと.

달칵거리다[-대다] 自他 かたん[ことん]と鳴る.

달칵달칵 副 하自他 かたんかたん(と). ことんことん(と).

달콤새콤하다 形 やや甘ずっぱい. ¶ 살구 맛이 ～ 杏の味は甘ずっぱい.

달콤하다 形 甘い. 甘ったるい. 甘美だ. ¶ 달콤한 과일 甘い果物 / 달콤한 음악 甘美な音楽 / 달콤한 꿈 甘い夢 / 달콤한 말에 속아넘어갔다 甘い言葉にまんまとだまされた.

달통〔達通〕名 하自 通達. 物事の道理に精通していること. ¶ 한학에 ～한 사람 漢学に精通した人.

달팽이 名〔動〕蝸牛.

달포 名 1か月余り. ¶ 한 ～ 전의 사건 約1か月余り前の事件.

달품 名 月給制の賃労働.

달필〔達筆〕名 達筆.

달하다〔達一〕自他 **1** (一定の数量·水準などに)達する. のぼる. ¶ 치사량에 ～ 致死量に達する / 피해자는 수만 명에 달했다 被害者は数万人に達した. **2** (目的などを)達する. 達成する. ¶ 목표를 ～ 目標を達成する. **3** (ある状態·場所に)達する. 到達する. ¶ 절정에 ～ 絶頂に達する / 목적지에 ～ 目的地に到達する.

닭 名 **1**〔動〕鶏. ¶ ～장 鶏小屋 / ～을 치다 鶏を飼う / ～이 알을 낳다 鶏が卵を産む / ～이 알을 품다 鶏が卵を抱く / ～이 울다 鶏が鳴く. **2** (十二支の)酉.

◆**닭똥 같은 눈물** (鶏糞のような涙の意で)たいへん悲しくてはらはらと落ちる大粒の涙.

〔속담〕**소 닭 보듯** 牛が鶏を見るように〈相手のすることに何の関心ももたない〉. **닭 잡아먹고 오리발 내놓기** 鶏を殺して食べてあひるの足を出しておく〈悪事がばれそうになると浅知恵で人をだまそうとする〉. **닭 쫓던 개 지붕 쳐다보듯** 鶏を追いかけていた犬が屋根ばかり見上げるよう〈どうすることもできないこと〉.

닭고기 名 鶏肉. 鳥肉.

닭국 名 鶏肉のスープ.

닭의장〔一欌〕名 鶏小屋.

닭장〔一欌〕名 〔'닭의장'의 준말〕鶏小屋. 鶏舎.

닮다 他 **1** 似る. 似通う. ¶ 얼굴은 아버지를 닮았다 顔は父に似ている / 닮은 정도가 아니라 똑같다 似ているどころかうり二つだ. **2** まねる. ¶ 아이가 부모의 버릇을 닮았다 子供が親の癖をまねる.

닮은꼴 名〔數〕相似形.

닳다 自 **1** すれる. すり減る. ¶ 닳아서 얇아지다 すれて薄くなる / 손이 닳도록 빌다 手がすり減るほど謝る. **2** 煮詰まる. ¶ 탕약을 오래 달여 물이 닳았다 煎薬を長く煎じて水分が煮詰まった. **3** ずる賢くなる. 世間ずれする. ¶ 세파에 닳지 않은 젊은이 世間ずれしていない若者.

닳리다 他 **1** (靴などを)すり減らす. **2** (液体などを)煮つめる.

담[1] 名 塀. 垣. 垣根. 囲い. ¶ 벽돌～ れんが塀 / 토～ 土塀 / 돌～ 石垣.

담쌓다 自 **1** 塀を築く. **2** 関係を断つ. 交際を断つ. 縁を切る. ¶ 술하고는 담쌓기로 했다 酒とは縁を切ることにした.

담[2]〔痰〕名 **1**〔가래〕痰. ¶ ～을 뱉다 痰を吐く. **2**〔韓方〕体液の循環障害による神経痛の一種. ¶ 허리에 ～이 결리다 腰が痛む.

◆**담이 들다** 痛む. 疼く.

담[3]〔膽〕名 **1**〔生〕胆嚢. **2**〔'담력'의 준말〕胆力. ¶ ～이 크다 肝っ玉が太い.

-담[4] 語尾〔-단 말인가〕(どうして)…な

ㄷ

のか．(どうして)…なんだろうか．¶ 뭐가 그리 좋~ 何がそんなにいいのか / 이제부터 어떻게 하면 좋~ これからどうすればいいだろうか．

담-[5]〔淡〕 接頭 淡…．¶ ~홍색 淡紅色．

-담[6]〔談〕 接尾 …談．¶ 모험~ 冒険談 / 체험~ 体験談 / 무용~ 武勇談．

담갈색〔淡褐色〕 名 淡褐色．薄茶色．

담결석〔膽結石〕 名〔醫〕胆石．

담그다 他 **1** (液体に)浸す．漬ける．¶ 수박을 우물에 담가 두다 すいかを井戸につけておく．**2** (漬物を)漬ける．¶ 김치를 ~ キムチを漬ける．**3** (酒·しょう油などを)醸造する．仕込む．¶ 술을 ~ 酒を醸造する．**4** (魚介類を)塩辛にする．¶ 멸치젓을 ~ かたくちいわしの塩辛をつくる．

담금질 名 하他 (鉄·刃物などの)焼き入れ．

담기다 自〔'담다'의 피동사〕入れられる．盛られる．(心が)込められる．¶ 술이 가득 담긴 사발 酒がなみなみと注がれた鉢 / 정성이 담긴 선물 真心のこもった贈り物．

담낭〔膽囊〕 名〔生〕胆囊．

담낭염〔一炎〕 名〔醫〕胆囊炎．

담녹색〔淡綠色〕 名 淡緑色．

담다 他 **1** (器などに)入れる．盛る．¶ 밥을 ~ ご飯を盛る[よそう] / 상자에 ~ 箱に入れる / 바구니에 담은 딸기 籠に入れたいちご．**2** (感情·表情などを)込める．含む．¶ 웃음을 담은 얼굴 笑みを含んだ顔．**3** (『입에 담다』의 꼴로) 口にする．言う．¶ 그런 말은 입에 담지도 마라 そんな言葉は口にもするな．**4** (文章や絵などに)表わす．収める．¶ 한 폭의 그림에 ~ 一幅の絵に収める / 내 마음을 한 장의 편지에 담을 수는 없다 私の思いを一通の手紙に表わすことはできない．

담담하다〔淡淡一〕 形 **1** (水·月光などが)澄んでいる．¶ 담담한 호수 澄んだ湖 / 담담하게 비치는 달빛 明るく照る月．**2** (味が)あっさりしている．薄味だ．味がなく水っぽい．¶ 담담한 맛 さっぱりした味 / 담담한 음식을 먹다 さっぱりした食事をする．**3** (心や感情が)淡々としている．穏やかで清らかだ．淡泊だ．¶ 담담한 성격 さっぱりした性格 / 담담한 태도 淡々とした態度．**담담히** 副 淡々と．

담당〔擔當〕 名 하他 担当．受け持ち．係り．¶ ~자 担当者 / 영업을 ~하다 営業を担当する．

담대하다〔膽大一〕 形 大胆だ．豪胆だ．¶ 담대한 행동 大胆な行動．**담대히** 副 大胆に．

담력〔膽力〕 名 胆気．肝っ玉．度胸．¶ ~이 큰 사람 度胸のすわった人．

담론〔談論〕 名 하他 談論．¶ 시국에 대해 ~하다 時局について談論する．

담박하다〔淡泊一〕 形 淡泊だ．あっさりしている．さっぱりしている．¶ 맛이 담박한 음식 あっさりした食べ物 / 돈에 담박한 사람 お金に淡泊な人．

담배 名 **1**〔植〕煙草．**2** たばこ．¶ ~를 피우다 たばこを吸う / ~를 끊다 たばこをやめる．禁煙する / ~ 한 대 피우고 나서 시작하자 たばこを一服吸ってから始めよう．

담배 가게 名 たばこ屋．

담배꽁초 名 たばこの吸い殻[吸い差し]．¶ ~를 비벼 끄다 たばこの吸い殻をもみ消す．

담배설대 名 キセルの管．ラウ(羅宇)．

담배쌈지 名 たばこ入れ．

담뱃갑〔一匣〕 名 **1** たばこの箱．**2** たばこを入れておく箱．

담뱃값 名 **1** たばこの値段．**2** たばこ銭．たばこ代．**3** いくらかの謝礼．チップ．

담뱃대 名 キセル．

담뱃불 名 たばこの火．¶ ~을 붙이다 たばこの火をつける．

담뱃재 名 たばこの灰．

담뱃진〔一津〕 名 たばこのやに．

담백하다〔淡白一〕 形 淡泊だ．¶ 담백한 맛의 생선 淡泊な味の魚．

담벼락 名 **1** 塀や壁の面．¶ ~에 낙서를 하지 마라 壁に落書きをするな．**2** 愚鈍で話の通じない人．分からず屋．唐変木．

〔속담〕 **담벼락하고 말하는 셈이다** 壁に向かって話すようなものだ〈いくら説明しても理解しない人と話をするのは無駄だ〉．

담보〔擔保〕 名 하他 担保．¶ 집을 ~로 잡다 家を担保に取る．

담보 계약〔一契約〕 名〔法〕担保契約．

담보권〔一權〕 名〔法〕担保権．

담보물〔一物〕 名〔法〕担保物．

담보부 대출〔一付貸出〕 名〔法〕担保付き貸し付け．

담비 名〔動〕貂．

담빡 副〔경솔하게 행동하는 모양〕不用意に．うっかり．¶ 어른한테 ~ 대들다 大人にうっかり食ってかかる．

담뿍 副 なみなみと．たっぷり．どっさり．いっぱい．¶ 밥을 ~ 담다 ご飯をたっぷり盛る / 술을 ~ 따르다 酒をなみなみとつぐ．

담뿍담뿍 副 하形 すべてたっぷりと．みんないっぱいに．十分に．

담색〔淡色〕 名 淡色．薄い色．

담석〔膽石〕 名〔醫〕胆石．

담석증〔一症〕 名〔醫〕胆石症．

담세〔擔稅〕 名 하自 担税．租税を負担すること．¶ 국민의 ~ 능력 国民の担税能力．

담소[1]〔談笑〕 名 하自 談笑．¶ ~를 나누다 談笑を交わす．

담소[2]〔膽小〕 名 하形 小胆．小心．

담수〔淡水〕 名 淡水．真水．

담수어〔一魚〕 名〔動〕淡水魚．

담수 어업〔一漁業〕 名 淡水漁業．

담수호〔一湖〕 名〔地〕淡水湖．

담시〔譚詩〕 名〔文〕譚詩．バラード．

담시곡〔一曲〕 名〔樂〕譚詩曲．バラード．

담쏙 副〔탐스럽게 쥐거나 정답게 안는

모양〕ごっそり(と). ぎゅっと. ひしと. しっかりと. ¶ 아기를 ～ 껴안다 子供をぎゅっと抱きしめる.

담요〔毯―〕名 毛布. ブランケット. ¶ ～를 덮다 毛布をかける.

담임〔擔任〕名 하他 担任. 受け持ち. ¶ 학급 ～ 学級担任 / ～ 선생 担任の先生 / 6학년을 ～하다 6年生を受け持つ.

담장〔―墻〕名 塀. 垣. 垣根.

담쟁이덩굴 名〔植〕蔦.

담즙〔膽汁〕名〔生〕胆汁. 胆液.

담차다〔膽―〕形 大胆だ. 豪胆だ. ¶ 담차게 공격하다 大胆に攻撃する.

담채〔淡彩〕名〔美〕淡彩.

담채화〔―畫〕名〔美〕淡彩画.

담청색〔淡靑色〕名 淡青色. うす青色.

담판〔談判〕名 하自 談判. ¶ ～이 결렬되다 談判が決裂する.

담합〔談合〕名 하他 談合. ¶ 입찰에 ～ 행위가 있었다 入札に談合行為があった.

담홍색〔淡紅色〕名 淡紅色. うす紅色. うす赤色.

담화〔談話〕名 하自 談話. ¶ ～회 談話会 / 대통령의 ～ 大統領の談話.

담화문〔―文〕名 談話文.

담화체〔―體〕名〔文〕談話体.

담황색〔淡黃色〕名 淡黄色. うす黄色.

담흑색〔淡黑色〕名 薄い黒色. 鈍色.

답¹〔畓〕名 田. 水田. ¶ 전～ 田畑.

답²〔答〕名 하自 答え. **1**〔'대답'의 준말〕返事. **2**〔'해답'의 준말〕解答. ¶ 다음 물음에 ～하시오 次の問いに答えなさい. **3**〔'회답'의 준말〕回答.

-답니까〔'-다고 합니까'가 준 말〕…だと言っていますか. ¶ 언제 오겠～? いつ来ると言っていますか / 유리는 누가 깨드렸～? ガラスは誰が割ったと言っていますか.

-답니다〔'-다고 합니다'가 준 말〕…と言っています. …だそうです. ¶ 벌써 떠났～ すでに旅立ったそうです / 아주 재미있～ とても面白いそうです.

-답다 接尾 …らしい. …にふさわしい. ¶ 청년다운 태도 青年らしい態度 / 학생답지 않은 사치스러운 생활 学生にふさわしくないぜいたくな暮らし.

답답하다 形 **1** 重苦しい. ゆううつだ. うっとうしい. ¶ 답답한 분위기 重苦しい雰囲気 / 어쩐지 오늘은 마음이 ～ なぜか今日は気が晴れない. **2** 心配だ. 気がかりだ. もどかしい. じれったい. いらいらする. ¶ 편지 한 장 없으니 답답해서 죽겠다 一通の手紙もなく心配でたまらない / 시간이 참 답답하게도 안 가는구나 本当にじれったくなるほど時間がたたないね. **3** 息苦しい. 息が詰まる. ¶ 방이 작아서 ～ 部屋が狭くて息苦しい / 옷이 꼭 끼어서 ～ 服がきつくて苦しい. **4** 頑固だ. 心が狭い. 融通がきかない. ¶ 답답한 사람 もの分かりの悪い人 / 답답한 사고방식 狭い考え方.

답례〔答禮〕名 하自 答礼. 返礼. お返し. お礼. ¶ 정중히 ～하다 丁重に答礼する / 그에게 ～로 무엇을 줄까 彼にお返しとして何をあげようか.

답방〔答訪〕名 하他 答訪. 答礼のための訪問.

답변〔答辯〕名 하自 答弁. 返答. ¶ ～서 答弁書 / ～을 요구하다 答弁を求める / ～에 궁하다 答弁に窮する / 그 질문에 ～할 처지가 못 된다 その質問に答えられる立場にない.

답보〔踏步〕名 하自 足踏み. ¶ ～ 상태에 있다 足踏み[停滞]状態にある.

답사¹〔答辭〕名 하自 答辞. ¶ ～를 읽다 答辞を読む.

답사²〔踏査〕名 하他 踏査. 実地調査. ¶ 현지 ～ 現地踏査.

답삭 副〔와락 달려들어 움켜잡는 모양〕ぎゅっと. むんずと. さっと. がぶりと. ¶ 개가 허벅지를 ～ 물었다 犬が太ももをがぶりと嚙んだ.

답삭답삭 副 하他 続けて素早くつかみかかったり, 嚙みついたりするようす.

답서〔答書〕名 하自 答書. 返書. ¶ ～를 보내다 返書を出す.

답습〔踏襲〕名 하他 踏襲. ¶ 전례를 ～하다 前例を踏襲する.

-답시고 語尾 …だからといって. …とかいって. ¶ 뭐가 그리 예쁘～ 미인 대회에 나가려는 거야 何がそんなに美しいからって美人コンテストに出ようというのか.

답신¹〔答申〕名 하自 答申.

답신서〔―書〕名 答申書.

답신²〔答信〕名 하自 返信. 返書.

답안〔答案〕名 答案. ¶ ～지 答案用紙 / 시험 ～ 試験の答案 / ～을 쓰다 答案を書く.

답장〔答狀〕名 하自 返書. 返信. ¶ ～을 보내다 返事を出す / 이 편지를 받는 즉시 ～을 주게 この手紙を受け取り次第すぐ返事をくれ.

답전〔答電〕名 하自 答電. 返電. ¶ ～을 치다 返電を打つ.

답지하다〔遝至―〕自 (ものやお金などが一か所に)集まる. 殺到する. ¶ 주문이 ～ 注文が殺到する / 의연금이 ～ 義捐金が殺到する.

답파〔踏破〕名 하他 踏破. ¶ 밀림을 ～하다 密林を踏破する.

닷 冠 五つの. 5. ¶ ～ 냥 5両 / ～ 말 5斗 / ～ 섬 5石.

닷새 名 **1** 5日間. ¶ ～ 동안 5日間 / ～ 걸려서 겨우 마쳤다 5日かかってやっと終えた / ～ 만의 외출 5日ぶりの外出 / ～ 걸러로 병원에 다닌다 5日おきに病院に通う / ～ 후에나 만납시다 5日後ぐらいに会いましょう / ～ 전에 왔습니다 5日前に来ました. **2**〔'닷샛날'의 준말〕5日目. **3**〔'초닷샛날'의 준말〕(月の)5日. ¶ 오늘이 5월 ～입니까? 今日は5月5日ですか.

닷샛날 名 **1** 5日目の日. **2**〔'초닷샛날'의 준말〕(月の)5日. ¶ 정월 ～ 태어났다 正月5日に生まれた.

당¹〔唐〕名 唐.

당²〔堂〕**I** 名 **1**〔'당집'의 준말〕お堂. **2** ☞대청(大廳) **3** 神仏の前に立てる旗の一種. **4**〔佛〕大きな寺の門

前にその寺の高僧がいることを知らせるために立てるのぼり. **5** 寺子屋. 漢文の私塾.
Ⅱ [接尾] …堂. ¶ 공회～ 公会堂 / 예배～ 礼拝堂.

당^{3}〔糖〕 [名]〔化〕 糖.

당^{4}〔黨〕 [名] 党. ¶ ～의 방침 党の方針 / ～을 조직하다 党を組織する.

당-^{5}〔堂〕 [接頭] 同じ祖父から分かれた親族関係を表わす語. ¶ ～숙 父の従兄弟.

당-^{6}〔當〕 [接頭] 当…. ¶ ～사 当社 / ～일 当日 / ～25세 当年25歳.

-당^{7}〔當〕 [接尾] …当たり. ¶ 개～ 1個当たり / 일인～ 1人当たり.

당고모〔堂姑母〕 [名] 父の従姉妹の親しい呼び名.

당고모부〔堂姑母夫〕 [名] 父の従姉妹の夫の親しい呼び名.

당구〔撞球〕 [名] 撞球. 玉突き. ビリヤード. ¶ ～를 치다 球を突く. 玉突きをする.
당구대〔一臺〕 [名] 撞球台. 玉突き台.
당구봉〔一棒〕 [名] 玉突きの棒. キュー.
당구장〔一場〕 [名] 撞球場. 玉突き場.

당국〔當局〕 [名] 当局. ¶ 관계 ～ 関係当局.
당국자〔一者〕 [名] 当局者.

당권〔黨權〕 [名] 党の主導権. ¶ ～투쟁 党の主導権争い.

당귀〔當歸〕 [名]〔韓方〕 当帰の根〈補血・強壮・鎮静剤に用いる〉.
당귀주〔一酒〕 [名] 当帰の根と葉を焼酎に入れてつくった酒.
당귀차〔一茶〕 [名] 当帰の芽をはちみつ水に入れた飲みもの.

당규〔黨規〕 [名] 党規. ¶ ～를 어기다 党規に背く.

당근 [名]〔植〕 人参.

당기^{1}〔當期〕 [名] 当期. ¶ ～의 결산 当期の決算 / ～ 손익 当期損益.

당기^{2}〔黨紀〕 [名] 党紀. ¶ ～ 숙정 党紀粛正 / ～ 위원회 党紀委員会.

당기다 Ⅰ [自] **1** (心が)ひかれる. 動く. (食欲・興味などが)そそられる. 出てくる. ¶ 구미가 당기는 이야기 心ひかれる話 / 영화라면 흥미가 당긴다 映画というと興味がそそられる. **2** (火が)燃え移る. 延焼する. ¶ 산불은 생나무에 당기어 커져갔다 山火事は生木に燃え移って広がっていった.
Ⅱ [他] **1** 引く. 引き寄せる. 引き付ける. 引っ張る. ¶ 고무줄을 ～ ゴムひもを引っ張る. **2** (弦などを)張る. 引っ張る. ¶ 활시위를 힘껏 ～ 弓弦を力いっぱい張る. **3** (期日や時間を)繰り上げる. 早める. ¶ 예정보다 10일간이나 당겨 완성했다 予定より10日間も早く完成した. **4** (火を)つける. ともす. ¶ 성냥불을 ～ マッチに火をつける. **5** (食欲・興味などを)そそる. 引く. ¶ 생선 굽는 냄새가 식욕을 당긴다 魚を焼くにおいが食欲をそそる.

당길문〔一門〕 [名] (外側から引っ張ってあけるようにした)開き戸. ドア.

당나귀〔唐一〕 [名]〔動〕 驢馬.

당내^{1}〔堂内〕 [名] **1** 8親等以内の親族. **2** (仏堂・祠堂などの)堂内.

당내^{2}〔黨内〕 [名] 党内. ¶ ～ 파벌 党内の派閥.

당년〔當年〕 [名] **1** 当年. この年. 今年. ¶ ～ 20세 当年(とって)20歳. **2** その年. ¶ 내가 졸업하던 ～ 私が卒業したその年.
당년치 [名] その年にできた[生産された]もの.
당년치기 [名] 1年しかもたないもの.

당뇨〔糖尿〕 [名]〔醫〕 糖尿.
당뇨병〔一病〕 [名]〔醫〕 糖尿病.

당닭〔唐一〕 [名] **1**〔動〕 矮鶏. **2** 背が低くて太った人.

당당하다〔堂堂一〕 [形] **1** (姿や態度が)堂々としている. 立派だ. 威厳がある. さっそうとしている. ¶ 당당한 체격 立派な体格 / 당당한 행진 堂々たる行進. **2** 正々堂々としている. 公明正大である. ¶ 당당한 권리 正当な権利. **3** (形勢や威勢が)雄大だ. すさまじい. ¶ 당당한 기세 すさまじい勢い. **당당히** [副] 堂々と. ¶ ～ 자기 의견을 말하다 堂々と自分の意見をのべる.

당대〔當代〕 [名] 当代. 当世. その時代. 一生涯. 一代. ¶ ～의 위인 当代の偉人 / ～의 명창 当代の名唱.

당도〔當到〕 [名][하自] 到達. 到着. 到来. たどりつくこと. ¶ 정상에 ～하다 頂上に達する / 목전에 ～한 위험 目前に迫った危険.

당돌하다〔唐突一〕 [形] **1** 大胆だ. 不敵だ. 向こう見ずだ. ¶ 당돌한 태도 不敵な態度. **2** (目上の人に対して)生意気だ. 僭越だ. ¶ 당돌한 말씀이오나 僭越ながら. **당돌히** [副] 大胆に. 不敵に. 向こう見ずに.

당락〔當落〕 [名] 当落. ¶ ～이 결정되는 순간 当落が決定する瞬間.

당랑〔螳螂〕 [名]〔動〕 かまきり. 螳螂.
당랑거철〔一拒轍〕 [名] 螳螂の斧〈はかない抵抗のたとえ〉.

당략〔黨略〕 [名] 党略. ¶ 당리～ 党利党略.

당량〔當量〕 [名]〔化〕 当量. 化学当量.

당론〔黨論〕 [名] 党論. 政党の意見や議論. ¶ ～의 통일을 기하다 党の見解の統一を期する.

당류〔糖類〕 [名]〔化〕 糖類.

당리〔黨利〕 [名] 党利. ¶ ～당략 党利党略.

당면^{1}〔唐麵〕 [名] じゃがいもでんぷんでつくった乾めん.

당면^{2}〔當面〕 [名][하自] 当面. ¶ ～ 과제 当面の課題 / 시련에 ～하다 試練にあう.

당모시〔唐一〕 [名] 中国産の苧麻の織物.

당목^{1}〔唐木〕 [名] 唐木綿. かなきん.

당목^{2}〔撞木〕 [名] 撞木. ¶ ～으로 종을 치다 撞木で鐘を打つ.

당무〔黨務〕 [名] 党務. 政党や党派の事務.

당밀〔糖蜜〕 [名] 糖蜜.
당밀주〔一酒〕 [名] ラム酒.

당번〔當番〕 [名][하自] 当番. ¶ 청소 ～

掃除当番 / ~이 되다 当番に当たる.

당부¹〔當付〕 名 하自他 (口頭でしっかり)頼むこと. ¶간곡히 ~하다 心をこめて念入りに頼む.

당부²〔當否〕 名 当否. 適否. 是非. 良し悪し. ¶일의 ~를 막론하고 事の当否を問わず / 이 조치의 ~는 차치하고 この措置の適否はさておき.

당부당〔當不當〕 名 正当であることと不当であること.

당분〔糖分〕 名 糖分.

당분간〔當分間〕 名 副 当分. 当分の間. 差し当たって. ここしばらく. しばらくの間. ¶~ 여기 머무를 작정이다 当分ここにとどまるつもりだ / ~은 그대로 두어라 しばらくはそのままにしておけ.

당비〔黨費〕 名 党費. 党の費用.

당사¹〔當社〕 名 当社. ¶~로 연락 바랍니다 当社へご連絡お願いします.

당사²〔當事〕 名 하自 当事. 直接関係していること.

당사국〔一國〕 名 当事国.

당사자〔一者〕 名 当事者. ¶~끼리 当事者同士.

당사³〔黨舍〕 名 党の建物.

당선〔當選〕 名 하自 当選. ¶~자 当選者 / ~ 작가 当選作家 / 국회 의원에 ~되다 国会議員に当選する.

당선권〔一圈〕 名 当選圏. ¶~에 들다 当選圏に入る.

당선작〔一作〕 名 当選作.

당세¹〔當世〕 名 当世. 現代. その時代. ¶~의 영웅 当世の英雄.

당세²〔黨勢〕 名 党勢. ¶~ 확장 党勢拡張.

당수¹〔唐手〕 名〔體〕空手.

당수²〔黨首〕 名 党首.

당숙〔堂叔〕 名 父のいとこ. いとこちがい.

당숙모〔堂叔母〕 名 父のいとこの妻. いとこちがい.

당시¹〔唐詩〕 名 唐詩. ¶~선 唐詩選.

당시²〔當時〕 名 当時. ¶그 ~ その当時 / 재학 ~ 在学当時 / ~의 충격은 잊지 못한다 当時の衝撃は忘れられない.

당신〔當身〕 代 **1**〔부부간에 서로 지칭하는 말〕あなた. お前. 君. ¶~도 그 애의 성격을 잘 알지 않소? お前もあの子の性格をよく知っているじゃないか. **2**〔윗사람을 지칭하는 말〕ご自分. ご自身. ¶그 일은 어머니가 계실 때엔 ~께서 하셨다 そのことはお母さんがいらっしゃるときにはご自分でなさった. **3**〔대등한 상대나 사이가 좋지 않은 상대를 퉁명스럽게 지칭하는 말〕あなた. あんた. 君. お前. ¶이건 ~이 가져온 거요? これはあなたが持って来たのですか / ~ 나한테 이래도 되는 거야 あんた, 私にこんなふうにしてもいいのかね. **4**〔광고문·외국어 번역 등에서의 불특정 상대에 대한 지칭〕あなた. 皆様. ¶~의 개성을 살리는 화장품을 아십니까? あなたの個性を生かす化粧品をご存じですか.

당악〔唐樂〕 名〔樂〕唐楽. 唐代の音楽.

당악기〔唐樂器〕 名〔樂〕 **1** 唐代の楽器. **2** 唐楽を演奏する楽器.

당연지사〔當然之事〕 名 当然のこと. 当たり前のこと.

당연하다〔當然一〕 形 当然だ. 当たり前だ. もっともだ. ¶당연한 도리 当然の道理 / 그가 책임을 지고 물러나는 것은 당연한 일이다 彼が責任をとって身を引くのは当然だ. **당연히** 副 当然. ¶~ 그래야 된다 当然そうすべきだ.

당원〔黨員〕 名 党員.

당월〔當月〕 名 하自 **1** 当月. 事のあったその月. **2** 臨月. 臨月になること.

당위〔當爲〕 名〔哲〕当為.

당위 법칙〔一法則〕 名〔哲〕当為法則.

당위성〔一性〕 名 当為性.

당의〔唐衣〕 名 (中国から伝わった)昔の女性の礼服の一つ.

당의정〔糖衣錠〕 名〔藥〕糖衣錠.

당일〔當日〕 名 当日. ¶개점 ~ 開店当日 / ~ 여행 日帰り旅行.

당일치기 名 하自 その日1日で終えてしまうこと. 一夜漬け. ¶시험 공부를 ~로 했다 試験勉強を一夜漬けでした.

당자〔當者〕 名 **1** 当人. 本人. その人. ¶~의 의사를 존중해라 本人の意思を尊重しろ. **2** 当事者.

당장〔當場〕 **I** 名 (ある事が起こった)その場. その時. 即座. ¶~의 이익에 급급하다 その場の利益に汲々としている.

II 副 今のところ. その場ですぐ. 直ちに. ¶보기도 싫으니 ~ 나가라 みっともないから直ちに出て行け.

당쟁〔黨爭〕 名 하自 党争. ¶~에 말려들다 党争に巻き込まれる.

당적〔黨籍〕 名 党籍. ¶~을 잃다 党籍を失う.

당정〔黨政〕 名 政党と政府. 特に政府と与党.

당좌〔當座〕 名〔經〕当座. 当座預金.

당좌 계정〔一計定〕 名〔經〕当座勘定.

당좌 대월〔一貸越〕 名〔經〕当座貸越.

당좌 대부〔一貸付〕 名〔經〕当座貸付.

당좌 수표〔一手票〕 名〔經〕当座小切手.

당좌 예금〔一預金〕 名〔經〕当座預金.

당지기〔堂一〕 名 堂守. 堂の番人.

당지다 自 (押さえられて)固くなる.

당직〔當直〕 名 하自 当直. ¶~자 当直者 / ~ 사관 当直士官.

당질〔堂姪〕 名 父方のいとこの息子.

당질녀〔堂姪女〕 名 父方のいとこの娘.

당차다 形 **1** (年齢のわりに考え方·言動が)しっかりしている. **2** (体格が)がっしりしている. ¶당차고 다기진 소년 がっしりしていて肝がすわった少年.

당착〔撞着〕 名 하自 撞着. **1** 互いに突き当たること. **2** 矛盾. 前後のつじつまが合わないこと. ¶자가 ~ 自家撞着.

당찮다〔當一〕 形〔'당치 않다'의 준말〕とんでもない. 不当だ. 不合理だ. でたらめだ. もってのほかだ. ¶그건 당찮은 말씀이에요 それはとんでもないお話です

/도덕상 ～ 道徳上もってのほかだ/당찮은 요구를 하다 不当な要求をする.

당첨〔當籤〕 名 하自 当籤. くじに当たること. ¶～자 当籤者/복권에 ～되다 宝くじに当たる.

당초[1]〔唐椒〕 名〔植〕唐辛子.

당초[2]〔當初〕 名 当初. 最初. ¶～ 예산 当初の予算/～부터 잘못되었다 最初から間違っていた.

당초에 副 当初に. 最初に. ¶～ 그런 생각을 했을 리 없어요 当初からそう考えたはずはない.

당파〔黨派〕 名 党派. ¶～성 党派性/～를 이루다 党派を形成する.

당파 싸움 名 党争. 党派間の争い. ¶～에 휘말리다 党争に巻き込まれる.

당하다[1]〔當―〕 Ⅰ 自 **1** (一定の時期·状態などに)当面する. 直面する. 出会う. 当たる. ぶつかる. 対する. ¶난국에 당하여 어찌 해야 되는가? 難局に当たってどうすればいいのか. **2** やられる. ¶이거 꼼짝없이 당했군 こりゃどうしようもなくやられたね.

Ⅱ 他 **1** 打ち勝つ. 匹敵する. かなう. ¶그의 실력을 당할 사람이 없다 彼の実力に匹敵する人はいない. **2** (事故·苦難などに)遭う. (被害などを)こうむる. ¶교통 사고를 ～ 交通事故にあう/천재를 ～ 天災をこうむる. **3** やり抜く. 耐える. ¶자네라면 충분히 당해 낼 거야 君なら十分にやり抜けるはずだ. **4** (費用·面倒などを)見てやる. 世話をする. ¶그 많은 비용을 어떻게 당하라는 말이냐 そんなに多くの費用をどうやって工面しろというのか.

Ⅲ 形 道理に合う. もっともだ. 妥当だ. ぴったりだ. ¶사리에 당한 말 道理にかなっている話/나이에 당하지 않은 복장 年齢不相応の服装.

-당하다[2]〔當―〕 接尾 …される. ¶체포～ 逮捕される/사절～ 断わられる/거부～ 拒否される/부상～ 傷を負わされる/조롱～ からかわれる.

당해〔當該〕 冠 当該. ¶～ 기관 当該機関.

당헌〔黨憲〕 名 党規. 政党の綱領や基本方針.

당혹〔當惑〕 名 하自 当惑. ¶돌연한 질문에 ～하다 突然の質問に当惑する.

당화〔糖化〕 名 하自他〔化〕糖化.

당황하다〔唐慌―〕 自 あわてる. あわてふためく. うろたえる. 狼狽する. めんくらう. まごつく. ¶급보를 받고 ～ 急報を受けてうろたえる/당황하여 도망치다 あわてふためいて逃げて行く.

당회〔堂會〕 名〔基〕(長老教会などで)教会内の牧師と長老の会合.

닻 名 錨. ¶～을 올리다 錨を上げる/～을 내리다[주다] 錨を下ろす.

◆**닻을 감다** ① 錨を上げる. ② あきらめる. 断念する.

닻가지 名 錨の腕.

닻줄 名 錨綱.

닻채 名 錨の幹.

닿다 自 **1** (二つの物体が)接する. 届く. 触れる. 触る. ¶발에 닿은 마당 畑に接した庭/고압선에 닿아서 감전사하다 高圧線に触れて感電死する. **2** (目的の所に)着く. 至る. 届く. 到着する. ¶소포가 ～ 小包が届く/기차는 2시에 닿는다 汽車は2時に着く. **3** (考え·程度までに)届く. 至る. 及ぶ. かなう. (連絡が)つく. ¶이치에 닿지 않는 주장 理にかなわぬ主張/힘 닿는 데까지 노력하겠습니다 力の及ぶ限り努力します. **4** (関係が)結ばれる. ¶그는 바빠서 연락이 닿지 않는다 彼は忙しくて連絡がつかない. **5** (都合が)つく. ¶형편이 닿는 대로 都合がつき次第.

닿소리 名〔言〕子音.

대[1] Ⅰ 名 **1**〔줄기〕茎. ¶수숫～ きびの茎. **2**〔가늘고 긴 막대의 총칭〕竿. 軸. 棒. ¶펜～ ペン軸/낚싯～ 釣り竿. **3**〔'담뱃대'의 준말〕キセル. **4**〔줏대〕定見. 主体性.

Ⅱ 依名 **1**〔담배를 피우는 횟수〕…服. ¶담배 한 ～ たばこ一服. **2**〔주사를 놓는 횟수〕…本. ¶주사 한 ～ 注射1本. **3**〔때리는 횟수〕…回. …発. ¶주먹 한 ～에 쓰러지다 こぶん1発で伸びてた. **4**〔곧고 긴 물건을 세는 단위〕…本. ¶갈비 열 ～ カルビ10本.

대[2] 名〔植〕竹. ¶～껍질 竹の皮/～나무 세공 竹細工/～꼬챙이 竹串.

대[3]〔大〕 名 大. 大きいもの.

〔속담〕**대를 살리고 소를 죽이다** 大を生かして小を殺す.

대[4]〔代〕 Ⅰ 名 **1** (昔から引き継いで来た)代. 家系. ¶～를 이을 사람이 없다 家を継ぐ人がいない/～가 바뀌다 代が変わる/～가 끊기다 家系が断絶する. **2** (王の)治世. 代. ¶세종의 ～ 世宗の治世. **3**〔地〕(地質時代の)代. ¶신생～ 新生代/고생～ 古生代.

Ⅱ 依名 **1**〔가계(家系)의 순서〕…代. ¶15～ 후손 15代後の孫. **2**〔연령의 범위〕…代. ¶40～의 주부 40代の主婦.

대[5]〔隊〕 名 **1** (ある目的で組織された)一団. 隊. 団体. ¶～를 편성하다 隊を編成する/데모～ デモ隊. **2**〔'대오(隊伍)'의 준말〕隊伍. ¶～를 지어 가다 群れ[隊列]をなして行く.

대[6]〔臺〕 Ⅰ 名 台. ¶전망～ 展望台/첨성～ 瞻星台/촛～ 燭台.

Ⅱ 依名〔차량·기계 등을 세는 말〕台. ¶자동차 2000～ 自動車2000台/비행기 열 ～ 飛行機10機.

대[7]〔對〕 Ⅰ 名 対. 組. 対. ¶～를 이루다 対をなす.

Ⅱ 依名 **1**〔한 벌이 되는 물건을 세는 단위〕対. 組. ¶주련 한 ～ 柱聯1対. **2**〔상대·비율〕対. ¶청군 ～ 백군의 경기 青組対白組の競技/5 ～ 3의 비율 5対3の比率.

-대[8] 語尾〔'-다고 해'가 준 말〕…だっ

て. …だそうだ. ¶내일 볼일이 있～ 明日用事があるそうだ/그 집은 지금 비어 있～요 その家は今あいているんですって.

대-⁹〔大〕接頭 大…. ¶～학자 大学者/～성공 大成功.

대-¹⁰〔對〕接頭 対…. ¶～미 수출 対米輸出/～전차포 対戦車砲.

-대¹¹〔代〕接尾〔대금〕…代. ¶신문～ 新聞代.

-대¹²〔帶〕接尾 …帯. ¶무풍～ 無風帯/주파수～ 周波数帯/화산～ 火山帯.

-대¹³〔臺〕接尾〔대강의 범위〕…台. ¶수억～의 자본가 数億もの資産を持つ資本家/이번 국어 시험에서는 80점～가 많이 나왔다 今度の国語の試験では80点台がたくさん出た.

대가¹〔大家〕名 大家. **1** その道で特に秀れた人. 巨匠. ¶국학의 ～ 国学の大家. **2** 名門. 名家. **3** 大きな家屋.

대가연하다〔一然一〕自 大家ぶる. 大家らしくふるまう.

대갓집 名 大家. 名家. 名門.

대가²〔代價〕名 代価. ¶～를 치르다 代価を支払う/고생한 ～가 겨우 이것밖에 안 됩니까? 苦労した代償がせいぜいこれだけですか.

대가³〔對價〕名〔法〕対価.

대가극〔大歌劇〕名〔樂〕グランドオペラ.

대가다 自 **1** (時刻に)間に合う. 間に合うように行く. ¶시간에 ～ 時間に間に合うように行く. **2** (船員用語で)おもかじを取る.

대가람〔大伽藍〕名 大伽藍. 大きな寺.

대가리 名 **1**〈俗〉(人間の)頭. ¶돌～ 石頭/～를 치다 頭を殴る. **2** (動物・長い物の)頭部. ¶못～ 釘の頭/소～ 牛の頭.

◆**대가리가 터지도록 싸우다** (頭が割れるほどけんかするの意で)ひどく殴り合いながら争う.

〔속담〕**대가리에 피도 안 마른 놈** 頭の血も乾いてないやつ〈くちばしの黄色いやつ〉.

대가족〔大家族〕名 大家族.

대가족주의〔一主義〕名〔社〕大家族主義.

대각〔對角〕名〔數〕対角.

대각선〔一線〕名〔數〕対角線.

대간〔大姦〕名 大奸. 人道にはずれた非常に悪いこと[人].

대갈¹ 名〔'대가리'의 준말〕頭.

대갈못 名 頭の大きい釘. 鋲. リベット.

대갈장군〔一將軍〕名 頭の大きい人. 頭でっかちの人.

대갈통 名〈俗〉頭.

대갈² 名 蹄鉄に打つ釘. ¶～을 박다 蹄鉄の釘を打つ.

대갈³〔大喝〕名 하他 大喝. 大きな声で叱りつけること. ¶～ 일성 大喝一声.

대감〔大監〕名 **1**〔史〕朝鮮時代の正二品以上の官僚に対する尊称. **2**〔民俗〕ムーダン(무당)が位の高い神をあがめて呼ぶ言葉.

대감굿 名 하自 ☞대감놀이

대감놀이 名 하自〔民俗〕ムーダンが行なうクッ(굿)の一区切り.

대강¹〔大綱〕名 **1** 大綱. あらまし. 大要. ¶방침의 ～을 나타내다 方針の大綱を示す/강의 내용의 ～은 알고 있다 講義内容の大要は知っている. **2** (부사적으로) たいがい. ほとんど. ほぼ. だいたい. ひととおり. おおむね. ざっと. 大まかに. おおよそ. ¶작품이 ～ 완성되었다 作品がほとんど完成した/조간을 ～ 훑어보았다 朝刊にざっと目を通した/페인트를 ～ 한 번 칠하다 ペンキをざっと一塗りする.

대강대강 副 だいたい. あらまし. ざっと. 大まかに. ¶소설을 ～ 읽었다 小説を大まかに読んだ/바빠서 ～ 해 치웠다 忙しくてざっとやってのけた.

대강²〔代講〕名 하自 代講. 代理でする講義や講演.

대강당〔大講堂〕名 大講堂.

대강령〔大綱領〕名 大綱. 大要. ¶공동 선언의 ～을 정하다 共同宣言の大綱を定める.

대갚음〔對一〕名 하他 (恩や恨みをこうむったのと同じだけ)返すこと. 恩返し. 仕返し.

대개〔大概〕名 大概. **1** 大部分. ほとんど. 大方. ¶～의 경우 그런 것이겠죠 大方の場合そんなものでしょう. **2** 概要. あらまし. 大筋. ¶이 작품의 ～는 이러이러하다 この作品のあら筋はかくかくである. **3** (부사적으로) たいがい. だいたい. たいてい. 大略. おおよそ. おおかた. ほとんど. あらまし. ¶사연은 ～ 알고 있다 事情は凡そ知っている/여름에는 ～ 바다로 간다 夏はたいてい海へ行く.

대거〔大擧〕副 大挙(して). 一度に. 大勢で. ¶～ 참여하다 大挙して参加する/9회말에 ～ 득점하다 9回の裏に大挙得点する.

대검¹〔大劍〕名 大剣. 大きな刀.

대검²〔大檢〕名〔'대검찰청'의 준말〕大検察庁.

대검³〔帶劍〕名 하自 **1** 帯剣. 帯刀. **2** 銃剣.

대검찰청〔大檢察廳〕名〔法〕大検察庁〈日本の最高検察庁に当たる〉.

대견스럽다 形 満足だ. 殊勝だ. 感心だ. ¶약한 애가 개근상을 타다니 ～ 弱い子が皆勤賞をもらうとは感心だ.

대견하다 形 満足だ. 満ち足りている. 十分だ. 殊勝だ. ほめるべきだ. 感心だ. ¶대견한 듯한 표정을 짓다 満ち足りた表情をする/어린 동생들을 돌보다니 참 대견하구나 幼い弟妹の面倒を見るとは本当に感心だ.

대결¹〔代決〕名 하自他 代決. 人の代理で決裁すること.

대결²〔對決〕名 하自他 対決. ¶숙적과의 ～ 宿敵との対決/우승을 걸고 양팀이 ～하다 優勝をかけて両チー

ムが対決する. 「と.
대경〔大驚〕 名 하自 非常に驚くこ
대경실색〔一失色〕 名 하自 ひどく驚いて顔色が変わること.
대계[1]〔大系〕 名 大系. ¶세계 문학 ～ 世界文学大系.
대계[2]〔大計〕 名 大計. ¶백년 ～를 세우다 100年の大計を立てる.
대고 副 やたらに. むやみに. しきりに. 無理やり. しつこく. ¶～ 웃다 しきりに笑う / 보험 가입을 ～ 권하다 保険加入をしつこく勧める.
대고리 名 竹製の行李.
대고모〔大姑母〕 名 祖父の姉妹. 大おば. 「大おじ.
대고모부〔一夫〕 名 祖父の姉妹の夫.
대공[1]〔大公〕 名 大公. ¶～국 大公国 / 모나코 ～ モナコ大公.
대공[2]〔大功〕 名 大功. ¶～을 세우다 大功を立てる.
대공[3]〔對共〕 名 対共. 共産主義[共産主義者]に対すること.
대공[4]〔對空〕 名 対空. ¶～ 미사일 対空ミサイル / ～ 포화 対空砲火.
대공 방어〔一防禦〕 名 対空防御.
대공포〔一砲〕 名〔軍〕対空砲.
대공 화기〔一火器〕 名〔軍〕対空火器.
대과[1]〔大科〕 名〔史〕 **1** 科挙の文科. **2** ☞대과 급제(大科及第)
대과 급제〔一及第〕 名 하自〔史〕 科挙の文科に合格すること.
대과[2]〔大過〕 名 大過. 大きな過失. たいへんな失敗. ¶～ 없이 임무를 수행하다 大過なく任務を果たす.
대관[1]〔大官〕 名 大官. **1** 大臣. **2** 高官.
대관[2]〔大觀〕 名 하他 **1** 大観. ¶세계 정세를 ～하다 世界情勢を大観する. **2** 壮観.
대관[3]〔代官〕 名 代官. ある官職の代理を勤める官吏.
대관[4]〔戴冠〕 名 하自 戴冠. 即位の王冠を頂くこと.
대관식〔一式〕 名 戴冠式.
대관절〔大關節〕 副 (의문문에 쓰여) 一体. 一体全体. ¶～ 왜 안 오는거야? 一体どうして来ないのか / ～ 무슨 일인데 이렇게 소란을 떠나? 一体何事でこんなに騒いでるのか.
대괄호〔大括弧〕 名〔數〕大括弧.
대구[1]〔大口〕 名〔動〕 鱈. 真鱈. ¶～알 たらこ / ～포 棒だら.
대구[2]〔對句〕 名 対句.
대구법〔一法〕 名〔文〕 対句法.
대구루루 副 하自 ころころ(と). ¶돌이 ～ 굴러간다 石がころころと転がっていく.
대구치〔大臼齒〕 名〔生〕大臼歯.
대국[1]〔大局〕 名 大局. ¶～적으로 보다 大局的にみる / ～적 견지 大局的な見地.
대국[2]〔大國〕 名 大国.
대국[3]〔對局〕 名 하自 対局. **1** 時局に対すること. **2** 囲碁·将棋などの手合わせ.
대군[1]〔大君〕 名 **1**〔史〕 高麗時代, 王族に与えた正一品の爵位. **2**〔史〕 朝鮮時代, 王の嫡子. 王子. **3** 君主の尊敬語.
대군[2]〔大軍〕 名 大軍. ¶십만 ～을 거느리다 10万の大軍を率いる.
대군[3]〔大群〕 名 大群. ¶철새의 ～이 도래했다 渡り鳥の大群が渡来した.
대굴대굴 副 하自 ころころ(と). ¶구슬이 ～ 굴러간다 玉がころころ転がっていく. ＜데굴데굴
대궁 名 (食器の中の) 食べ残したご飯. 残飯.
대권[1]〔大圈〕 名 大圏. **1** 大円. 大きな輪形. **2**〔地〕地球の中心を心とする円.
대권 항로〔一航路〕 名 大圏航路.
대권[2]〔大權〕 名 大権. 国家統治の権限. 大統領. ¶～을 장악하다 大権を掌握する / ～ 후보 大統領候補.
대궐〔大闕〕 名 宮闕. 宮城.
대규모〔大規模〕 名 大規模.
대그릇 名 竹製の器.
대근하다 形 耐えがたい. きつい. たいへんだ. ¶훈련이 ～ 訓練がきつい.
대글대글하다 形 (細かく小さいものが数多くある中で) いくつかがやや太い. 大きめである.
대금[1]〔大金〕 名 **1** 大金. ¶～을 기부하다 大金を寄付する. **2**〔樂〕真鍮でつくった小さなどらに似た打楽器.
대금[2]〔大笒〕 名〔樂〕 韓国固有の楽器として13の孔がある横笛.
대금[3]〔代金〕 名 代金. 値段. ¶～ 선불[후불] 代金先払い[後払い] / ～을 납부했다 代金を納めた / ～을 치르다[받다] 代金を支払う[受け取る] / ～이 얼맙니까? 値段はいくらですか.
대금[4]〔貸金〕 名 하自 貸し金. お金を貸してやること. ¶고리 ～ 高利貸し付け.
대금업〔一業〕 名 金貸し業. ¶～자 金貸し業者.
대기[1]〔大氣〕 名 大気. ¶～압 大気圧.
대기권〔一圈〕 名〔地〕大気圏. 気圏. ¶～을 벗어나다 大気圏をはずれる.
대기 오염〔一汚染〕 名 大気汚染.
대기[2]〔大器〕 名 大器. **1** 大きな器. **2** 器量の大きな人.
대기만성〔一晩成〕 名 大器晩成.
대기[3]〔待機〕 名 하自 **1** 待機. ¶～소 待機所 / ～실 待機室. 控え室 / ～ 태세를 갖추다 待機態勢を整える. **2** 公務員の待命処分. ¶～ 발령 待命処分の発令.
대기 명령〔一命令〕 名 待機命令.
대기 속도〔對氣速度〕 名 対気速度.
대길〔大吉〕 名 하形 大吉. ¶～일 大吉日 / 입춘 ～ 立春大吉.
대꾸 名 하自 (‘말대꾸’의 준말) 口答え. 返事.
대꾼하다 形 (疲れ·病気で) 目がくぼみ元気がない. ¶병을 앓더니 눈이 대꾼해졌다 病気を患って目が落ちくぼんだ.
대끼다[1] 自 (いろいろな経験をして) もまれる. (苦労をして) 鍛えられる. ¶세파에 ～ 世の荒波にもまれる.
대끼다[2] 他 (きびや麦などを) 搗いて精

白する. きれいに搗く. ¶보리를 ～ 麦を搗く.

대나무 名〔植〕竹. ¶～로 만든 제품 竹でつくった製品.

대낚 名〔'대낚시'의 준말〕竿釣り.

대낚시 名 竿釣り.

대남〔對南〕名 対南. ¶～ 방송 対南放送.

대납〔代納〕名 하他 代納. **1** 人の代わりに納めること. ¶오빠가 입학금을 ～해 주었다 兄が入学金を代納してくれた. **2** 別の品物で納めること. ¶소작료를 현금으로 ～하다 小作料を現金で代納する.

대납회〔大納會〕名〔經〕大納会《証券取引所で1年の最終立ち会い日》.

대낮 名 真昼. 真っ昼間. 白昼. 白日. ¶～부터 술타령이다 昼間から酒浸りだ/～의 노상 강도 白昼の辻強盗.
〔속담〕**대낮에 도깨비에 홀렸나** 真昼にトッケビに取りつかれたか《とうてい納得がいかないという意》.

대내〔對內〕名 対内.
대내적〔一的〕冠名 対内的. ¶～ 사정 対内的な事情.
대내 주권〔一主權〕名 対内主権.

대녀〔代女〕名〔基〕(代父母に対する)女の代子.

대농〔大農〕名 大農. 豪農. 大規模農業.

대뇌〔大腦〕名〔生〕大脳.
대뇌 수질〔一髓質〕名〔生〕大脳髄質.
대뇌 피질〔一皮質〕名〔生〕大脳皮質.

대님 名 男子のパジ(바지)の裾を締めるひも.

대다[1] 自 **1** (時間に)間に合う. (時間に)到着させる. 間に合わせる. 遅れない. ¶서둘러야 그 시간에 댈 수 있어요 急がなければその時間に間に合いません. **2** (『대고』의 꼴로) …に向かって. …に対して. …目がけて. ¶하늘에 대고 침 뱉기 天に向かってつばを吐くこと《罰は自分に戻ってくる》.

대다[2] 他 **1** 当てる. 触れる. つける. 手を出す. 触る. ¶손대지 마세요 手を触れないでください/장사에 손을 대서 손해를 보았다 商売に手を出して損をした/배를 항구에 ～ 船を港につける/자동차를 입구에 ～ 自動車を入口につける. **2** 比べる. 比較する. 対比する. ¶이것과는 갖다 댈 것이 못 됩니다 これとは比べものになりません. **3** 連結する. つなぐ. 連絡をつける. ¶전화를 대어 주다 電話をつないでやる/연락을 댈 방법이 없을까? 連絡をつける方法がないだろうか. **4** 対面させる. 会わせる. ¶그 사람을 대어 주세요 その人に会わせてください. **5** もたせかける. 寄りかかる. 笠に着る. ¶벽에 대지 말고 똑바로 앉아라 壁によりかからないでちゃんと座りなさい/아버지의 권세에 등을 대고 뽐낸다 おやじの権勢を笠に着ていばる. **6** 依頼する. 付ける. 雇う. ¶국선 변호사를 ～ 国選弁護人に依頼する/간병인을 ～ 看病する人を付ける. **7** (ばくちなどで)賭ける. 出す. ¶만 원을 ～ 1万ウォンを賭ける. **8** (田畑に)水を引く. 水を引き入れる. ¶논에 물을 ～ 田に水を引く. **9** (金品を)出してやる. 援助する. 面倒をみる. ¶물심양면으로 대어 주다 物心両面で面倒をみてやる/자립할 때까지 뒤를 대 주다 自立するまで面倒をみてやる. **10** 供給する. ¶단골집에 물건을 ～ 得意先に品物を供給する. **11** 話す. 言う. 教える. 告げる. 知らせる. 打ち明ける. ¶아는 대로 ～ 知っているとおりに話す/바른 대로 대어라 ありのままに吐いてしまえ. **12** (理由や口実を)…する. つける. ¶핑계를 ～ 言い訳をする/핑계만 대지 마라 口実ばかりつけるな.

대다[3] 補動〔같은 행동을 심하게 되풀이함을 나타냄〕激しく…する. しきりに…する. …し立てる. …し続ける. …しまくる. …し尽くす. ¶웃어 ～ 笑いこける/떠들어 ～ 騒ぎ立てる/지껄여 ～ しゃべりまくる. まくし立てる/먹어 ～ むさぼり食う.

대다수〔大多數〕名 大多数. ¶～가 찬성하다 大多数が賛成する.

대단원〔大團圓〕名 大団円. 大詰め. ¶～의 막이 내렸다 大団円の幕が下りた.

대단찮다 形 大したことない. 取るに足らない. つまらない. 重大でない. それほどでもない. ¶대단찮은 수입 ほんの少しの収入/대단찮은 일로 서로들 싸우지 마세요 つまらない事でお互いにけんかをしないでください.

대단하다 形 **1** (状態·程度が)はなはだしい. ものすごい. たいへんだ. はげしい. ¶추위가 ～ 寒さがはなはだしい/폭우가 ～ 暴雨がはげしい/병세가 ～ 病気が非常に重い. 重病だ. **2** (ある事が)すばらしい. 重要だ. 大切だ. 大事だ. ¶회담은 대단한 의미를 가진다 会談は重要な意味を持つ. **3** (規模·程度が)たいへんだ. ものすごい. たいした. ¶열의가 ～ 熱意がたいへんだ/대단한 규모의 아파트 단지 たいした規模のマンション団地. **4** (人·対象が)殊勝だ. 優れている. 大したものだ. ¶대단한 인물 大した人物/대단한 작품 優れた作品. **대단히** 副 非常に. たいへん. とても. はなはだ. きわめて. まことに. すごく. すこぶる. ずいぶん. ひどく. ¶～ 중요한 사건 非常に重要な事件/～ 재미있는 영화 とても面白い映画/～ 고맙습니다 どうもありがとうございます.

대담〔對談〕名 하自 対談. 対話.

대담하다〔大膽一〕形 大胆だ. 豪胆だ. ¶대담한 행동 大胆な行動/대담하게 말하다 大胆に言う. **대담히** 副 大胆に.

대답〔對答〕名 하自 答え. 返事. 応答. 反応. ¶질문에 ～하다 質問に答える/예, 하는 ～ はい, という返事/아무 ～도 없다 何の返事もない.

대대¹〔大隊〕 名〔軍〕 大隊. ¶ 보병 ～ 歩兵大隊.

대대²〔代代〕 名 代々. ¶ ～로 전하는 가보[가훈] 代々伝わる家宝[家訓] / 선조 ～ 先祖代々.

대대손손〔一孫孫〕 名 子々孫々. ¶ ～ 번영을 누리다 子々孫々繁栄を享受する.

대대적〔大大的〕 冠 名 大々的. ¶ ～으로 선전하다 大々的に宣伝する.

대도¹〔大都〕 名 大都市.

대도시〔一市〕 名 大都市. 大都会. ¶ ～의 환경 오염 大都市の環境汚染.

대도회〔一會〕 名 大都会.

대도²〔大盜〕 名 大盗. 大泥棒.

대도³〔大道〕 名 大道. **1** 大きな道路. 大路. **2** 正しい根本の道徳.

대독〔代讀〕 名 하他 代読. ¶ 식사를 ～하다 式辞を代読する.

대돈변〔一邊〕 名 月利1割の高い利子.

대동¹〔大同〕 名 하形 大同. ¶ ～ 단결 大同団結.

대동소이하다〔一小異一〕 形 大同小異だ. ¶ 나도 네 의견과 ～ 私もあなたの意見と大同小異だ.

대동²〔大東〕 名 朝鮮〈東方の偉大な国の意〉.

대동³〔帶同〕 名 하他 帯同. 同行. 同伴. ¶ 처자를 ～하고 부임하다 妻子を連れて赴任する.

대동맥〔大動脈〕 名 大動脈. ¶ ～판 大動脈弁.

대두¹〔大斗〕 名 1斗入りの升. ¶ 쌀 ～ 두 말 米2斗.

대두²〔大豆〕 名〔植〕 大豆.

대두박〔一粕〕 名 大豆粕.

대두유〔一油〕 名 大豆油.

대두³〔擡頭〕 名 하自 台頭. ¶ 신흥 세력의 ～ 新興勢力の台頭.

대들다 自 はむかう. 食ってかかる. 立ち向かう. 挑む. たてつく. ¶ 악을 쓰며 ～ ありったけの力を出して立ち向かう / 윗사람에게 ～ 目上の人にはむかう.

대들보〔大一〕 名 **1**〔建〕 大梁. **2** (一国や一家の)大黒柱. 中心となるもの. ¶ 나라의 ～ 国家の柱石.

대등〔對等〕 名 하形 対等. 同等. ¶ ～한 관계 対等な関係 / 힘이 서로 ～하다 力が対等である.

대뜸 副 すぐに. 直ちに. ¶ 부탁을 하자 ～ 승낙을 해 주었다 頼むとすぐに承諾してくれた / 급보를 받자 ～ 달려갔다 急報に接するや直ちに駆けつけた.

대란〔大亂〕 名 하形 大乱. ¶ 역적들이 ～을 일으키다 逆賊が大乱を起こす.

대략〔大略〕 名 **1** 大きな計略. 謀略. **2** 大略. 概略. 大要. あらまし. ¶ ～을 파악하다 概略を把握する. **3** (부사적으로) 大体. おおよそ. 約. ¶ ～ 다음과 같다 大体次のとおりである / ～ 만 명은 수용할 수 있다 おおよそ1万人は収容できる.

대량〔大量〕 名 大量. **1** 多量. ¶ ～ 생산 大量生産 / ～ 소비 大量消費. **2** 大きい度量. **3** (부사적으로) 大量に. たくさん. ¶ ～ 득점하다 大量に得点する.

대령¹〔大領〕 名〔軍〕 軍隊の一階級〈大佐に相当〉.

대령²〔待令〕 名 하自 **1** 待命. 命令を待つこと. **2** 待機.

대례〔大禮〕 名 大礼. **1** 国家の重大な儀式. **2** 結婚式.

대례 미사〔一彌撒〕 名〔基〕 荘厳ミサ. ミサソレムニス.

대례복〔一服〕 名〔史〕 大礼服.

대로¹〔← 大怒〕 名 하自 〔본음은 '대노'〕 激怒. 憤怒. 大いに怒ること.

대로²〔大路〕 名 大路. 大道. 大きな道. ¶ 탄탄 ～를 걷다 坦々たる大路を歩く.

대로³ **Ⅰ** 依名 **1** …とおり. …のまま. ¶ 말씀하신 ～ 했습니다 おっしゃるとおりしました / 입은 ～ 가자꾸나 着の身着のままで行こうよ / 바른 ～ 대라 正直に言え. **2** …したらすぐ. …したらことごとく. ¶ 도착하는 ～ 전화를 해라 到着したらすぐ電話しなさい / 날이 밝는 ～ 출발하자 夜が明けたらすぐ出発しよう. **3** とても[非常に·たいへん] …した. ¶ 낡을 ～ 낡은 외투 とても使い古した外套. **4** できるかぎり. なるべく. ¶ 될 수 있는 ～ 빨리 끝내 주세요 できるかぎり早く終えてください.

Ⅱ 助 **1** …のとおり. …のように. …と同じように. …のまま(に). …に従って. ¶ 모형～ 잘 만들었다 模型と同じようにうまくつくった / 명령～ 시행하라 命令どおり施行しなさい. **2** (お互い区別して, 別々に) …なりに. ¶ 나는 나～ 혼자 해보겠다 私は私なりに独りでやってみる.

대롱 名 細い竹筒. ¶ 붓～ 筆筒.

대롱거리다[-대다] 自 ぶらりぶらり揺れる. ゆらゆら揺れる. ¶ 오이가 바람에 ～ きゅうりが風にぶらぶら揺れる.

대롱대롱 副 하自 ぶらりぶらり. ぶらんぶらん. ¶ 조롱박이 ～ 매달려 있다 ひょうたんがぶらりぶらりと垂れ下がっている.

대류〔對流〕 名〔物〕 対流.

대류권〔一圈〕 名〔地〕 対流圏.

대륙〔大陸〕 名 大陸. ¶ ～법 大陸法 / ～성 大陸性 / ～적 大陸的 / ～붕 大陸棚 / 아시아 ～ アジア大陸 / ～을 횡단하다 大陸を横断する.

대륙간 탄도 유도탄〔一間彈道誘導彈〕 名〔軍〕 大陸間弾道弾. アイシービーエム(ICBM).

대륜¹〔大倫〕 名 大倫. 人倫の大道.

대륜²〔大輪〕 名 大輪. 花の輪の大きいもの.

대리〔代理〕 名 하他 代理. ¶ 과장 ～ 課長代理 / 시장을 ～해서 참석하다 市長の代理として参列する.

대리 공사〔一公使〕 名 代理公使.

대리권〔一權〕 名〔法〕 代理権.

대리모〔一母〕 名 代理母.

대리인〔一人〕 名〔法〕 代理人.

대리점〔一店〕 名 代理店.

대리석〔大理石〕 名〔鑛〕 大理石.

대립〔對立〕 名 하自 対立. 対峙. ¶ ～ 후보자 対立候補者／의견이 ～하다 意見が対立する.
대마[1]〔大馬〕 名 (囲碁で)大石. ¶～를 잡다 大石を捕らえる.
대마불사〔一不死〕 名 (囲碁で)大石死せず〈大石は容易に死なず生きる道ができやすいということ〉.
대마[2]〔大麻〕 名〔植〕 大麻. 麻.
대마유〔一油〕 名 大麻油. 「身
대마인〔一仁〕 名〔韓方〕 麻の実の中
대마초〔一草〕 名 大麻. ¶～ 중독증 大麻[マリファナ]中毒症.
대만〔臺灣〕 名 〔地〕 台湾.
대만원〔大滿員〕 名 超満員. 大入り満員. ¶ 영화관이 ～이다 映画館が大入り満員だ.
대말 名 竹馬. ¶～을 타고 놀다 竹馬に乗って遊ぶ.
대망[1]〔大望〕 名 大望. 志. ¶～을 품다 大望を抱く.
대망[2]〔待望〕 名 하他 待望. ¶～의 국토 통일 待望の国土統一.
대매출〔大賣出〕 名 하他 大売り出し. 大安売り. ¶ 재고 정리를 위한 염가 ～ 棚ざらえの大安売り.
대맥〔大麥〕 名〔植〕 大麦.
대머리 名 はげ頭. 頭のはげた人. ¶～가 되다 はげ頭になる.
대면〔對面〕 名 하自他 対面. 面会. ¶ 첫 ～ 初対面.
대명[1]〔大命〕 名 大命. 勅命. 天命. ¶～을 받다 勅命を受ける.
대명[2]〔待命〕 名 하自 **1** 待命. (役人が過ちを犯したとき)処分·命令を待つこと. **2** 待機命令.
대명사〔代名詞〕 名〔言〕 代名詞.
대명천지〔大明天地〕 名 非常に明るい世の中.
대모[1]〔代母〕 名〔基〕 代母.
대모[2]〔玳瑁〕 名 **1**〔動〕 玳瑁. **2**〔'대모갑'의 준말〕 べっ甲.
대모갑〔一甲〕 名 べっ甲.
대목[1] 名 **1** 盛り. 商売のもうかる時. 書き入れ(時). ¶ 연말 ～ 年末の忙しい時期. **2** 最も重要な場面. 山場. 正念場. ¶ 이제부터가 가장 어려운 ～이다 今からが最も難しい正念場だ. **3** (文の)一節. 一段落.
대목장〔一場〕 名 (正月など)重要な名節を控えて開かれる市. ¶ 설을 앞둔 ～이라 매우 붐빈다 正月を目前に控えているので市が非常ににぎやかだ.
대목[2]〔大木〕 名 **1** (大きな建築技術を持った)大工. **2** 木工.
대못[1] 名 竹釘.
대못[2]〔大一〕 名 長くて太い釘.
대문〔大門〕 名 門. 正門. 表門.
〔속담〕 **대문 밖이 저승이라** 門の外はあの世だ〈死ぬ日が遠くない. 人はいつ死ぬか分からない〉.
대문간〔一間〕 名 門の内側の空いている空間.
대문짝 名 門の扉.
대문대문이〔大文大文一〕 副 文章の一節ごとに. 段落ごとに.
대문자〔大文字〕 名 **1** 雄大な筆跡. **2** (欧文の)大文字.
대문장〔大文章〕 名 名文. 雄大で優れた文章. 名文家.
대물[1]〔代物〕 名 代物. 代わりの品物. 「済.
대물 변제〔一辨濟〕 名〔法〕 代物弁
대물[2]〔對物〕 名 하自 対物. ¶～ 렌즈 対物レンズ. 「保.
대물 담보〔一擔保〕 名〔法〕 対物担
대물리다〔代一〕 他 (財産·物を子孫に)遺す. 代々伝わる. ¶ 대물린 책 代々伝わってきた本.
대물부리 名 竹製のキセルの吸い口.
대미[1]〔大尾〕 名 大尾. 終局. 結末. 最後. ¶ 신문 소설이 절찬리에 ～를 맞았다 新聞の小説が絶賛のうちに結末を迎えた.
대미[2]〔對美〕 名 対米. 対アメリカ. ¶ ～ 외교 対米外交.
대미사〔大彌撒〕 名〔基〕 荘厳ミサ.
대바구니 名 竹かご.
대바늘 名 竹針.
대반〔大半〕 名 大半. 過半. 大部分.
대반야〔大般若〕 名〔佛〕〔'대반야경(大般若經)'의 준말〕 大般若.
대반야경〔一經〕 名〔佛〕 大般若経.
대받다[1] 他 言い返す. 口答えする. ¶ 어버이에게 말을 ～ 親に口答えする.
대받다[2]〔代一〕 他 (前の人から)引き継ぐ. 受け継ぐ. 相続する.
대발 名 竹すだれ.
대발회〔大發會〕 名〔經〕 大発会〈証券取引所での新年最初の立ち会い〉.
대밭 名 竹やぶ. 竹林.
대번에 副 一気に. 直ちに. すぐに. ¶ ～ 얼굴이 붉어졌다 すぐに顔が赤くなった／담을 ～ 뛰어넘다 塀を一気に飛び越す.
대범〔大凡〕 副 およそ. 大体. おおよそ. 概して.
대범스럽다〔大汎一〕 形 大様だ.
대범하다〔大汎一〕 形 大様だ. 度量が大きい. ¶ 대범한 성격 大様な性格.
대범히 副 大様に.
대법관〔大法官〕 名〔法〕 大法院判事.
대법원〔大法院〕 名〔法〕 大法院〈日本の最高裁判所に当たる〉.
대법원 판사〔一判事〕 名〔法〕 最高裁判所の判事.
대법회〔大法會〕 名〔佛〕 大会. 大規模な法会.
대변[1]〔大便〕 名 大便. くそ. ¶ ～ 검사 検便／～을 보다 大便をする.
대변[2]〔代辯〕 名 하他 代弁. (ある機関や個人の)代わりに話すこと.
대변인〔一人〕 名 代弁人. スポークスマン. ¶ 정부[정당] ～ 政府[政党]のスポークスマン.
대변자〔一者〕 名 代弁者.
대변지〔一紙〕 名 機関紙.
대변[3]〔貸邊〕 名〔經〕 (複式簿記の帳簿などの)貸方.

대변[4]〔對邊〕 名〔數〕対辺.

대별〔大別〕 名 하他 大別. ¶ 주제를 둘로 ~하다 主題を二つに大別する.

대병[1]〔大兵〕 名 大兵. 大軍. ¶ ~을 동원하다 大軍を動員する.

대병[2]〔大病〕 名 大病. 重病.

대보〔大寶〕 名 **1** 大宝. 貴重な宝物. 重宝. **2** 王座. 玉座. **3** 王の印章. 玉璽.

대보다 他 比べてみる. 比較してみる. 対照してみる. 当ててみる. ¶ 옷이 몸에 맞는지 ~ 服が体に合うか当ててみる / 어느 것이 더 무거운지 ~ どれがより重いか比べてみる.

대보름날〔大一〕 名〔民俗〕 上元. 陰暦の正月15日.

대복〔大福〕 名 大福. たいへんな幸運.

대본[1]〔大本〕 名 大本. 根本. ¶ 농자(農者)천하지~ 農は国の大本.

대본[2]〔貸本〕 名 하自他 貸本. ¶ ~업 貸本業.

대본[3]〔臺本〕 名 **1** 台本. 脚本. シナリオ. ¶ 연극 ~을 읽다 演劇の台本を読む. **2** 底本. 原本.

대본원〔大本願〕 名〔佛〕大本願.

대부[1]〔代父〕 名〔基〕代父.

대부[2]〔貸付〕 名 하他 貸付. ¶ 기업 자금을 ~하다 企業資金を貸し付ける.

　대부금〔一金〕 名 貸し付け金.

대부분〔大部分〕 名 **1** 大部分. ほとんど. ¶ 찬성하는 사람이 ~을 차지하고 있다 賛成する人が大部分を占めている. **2** (부사적으로) ほとんど. たいてい. おおかた. ¶ ~ 완성했다 おおかた完成した / 낮에는 ~ 집에 있는 편입니다 昼間はたいてい家にいるほうです.

대부인〔大夫人〕 名 **1** 大夫人. 天子の生母. **2**〔'남의 어머니'의 높임말〕母堂. 母上.

대분수〔帶分數〕 名〔數〕帯分数.

대불〔大佛〕 名〔佛〕大仏. ¶ ~을 건립하다 大仏を建立する.

　대불개안〔一開眼〕 名〔佛〕 大仏開眼.

　대불전〔一殿〕 名〔佛〕大仏殿.

대붕〔大鵬〕 名 大鵬〈中国の想像上の鳥〉.

대비[1] 名 竹ぼうき.

대비[2]〔大妃〕 名〔史〕先王の妻.

대비[3]〔對比〕 名 하自他 対比. ¶ 이상과 현실의 ~ 理想と現実との対比 / 이것과 ~될 만한 작품이 없다 これと対比されるような作品がない.

대비[4]〔對備〕 名 하自他 準備. 備え. 備えること. ¶ 노후에 ~하다 老後に備える.

대사[1]〔大寺〕 名 大寺. 大きな寺.

대사[2]〔大事〕 名 **1** 大事. 重大なこと. ¶ 국가의 ~에 대처하다 国家の大事に対処する. **2**〈俗〉大礼. 婚礼. ¶ 혼인은 인륜~다 婚姻は人倫の大礼である.

대사[3]〔大使〕 名 大使. ¶ 주일 ~ 駐日大使 / ~를 파견[소환]하다 大使を派遣[召還]する.

　대사관〔一館〕 名 大使館.

대사[4]〔大師〕 名〔佛〕大師. **1** 菩薩の尊敬語. **2**〔史〕国で徳の高い禅師に授けた敬称. **3** 僧に対する尊敬語.

대사[5]〔大蛇〕 名 大蛇.

대사[6]〔大赦〕 名 하他 **1** 大赦. ¶ ~령 大赦令. **2**〔基〕赦罪.

대사[7]〔代謝〕 名 하自 代謝. ¶ 에너지 ~ エネルギー代謝 / 신진~ 新陳代謝.

대사[8]〔臺詞〕 名 せりふ. ¶ ~를 외다 せりふを覚える.

대살지다 形 ひきしまって筋肉質だ.

대상[1]〔大祥〕 名 大祥. 3回忌.

대상[2]〔大商〕 名 大商人.

대상[3]〔大喪〕 名 大喪. 王の喪儀.

대상[4]〔大賞〕 名 大賞. グランプリ.

대상[5]〔代償〕 名 하他 代償. ¶ ~을 치르다 代償を払う.

　대상 행동〔一行動〕 名〔心〕代償行動.

대상[6]〔帶狀〕 名 帯状.

대상[7]〔隊商〕 名 隊商. キャラバン.

대상[8]〔對象〕 名 対象. ¶ 소년 소녀를 ~으로 한 잡지 少年少女を対象とした雑誌 / ~물 対象物.

대생〔對生〕 名 하自〔植〕対生. ¶ ~엽 対生葉.

대서[1]〔大書〕 名 하他 大書. 大きく書くこと.

　대서특필〔一特筆〕 名 하他 特筆大書. ¶ 신문에 ~하다 新聞に特筆大書する.

대서[2]〔大暑〕 名 大暑〈二十四節気の一つで, 7月24日ごろ〉.

대서[3]〔代書〕 名 하他 代書. 代書人. 代書業. ¶ ~인 代書人 / ~사 代書屋 / 이력서를 ~하다 履歴書を代書する.

　대서소〔一所〕 名 代書人事務所.

대서[4]〔代署〕 名 하他 代署. 代わりに署名すること.

-대서[5]〔'-다고 해서'가 준 말〕…だというので. …だというから. ¶ 감기 들었~ 문병을 갔다 風邪をひいたというので見舞いに行った.

대서다 自 **1** (列などの)後ろに立つ[つく]. **2** すぐ後ろに近寄って立つ. **3** くってかかる. 突っかかる.

-대서야〔'-다고 하여서야'가 준 말〕…(だ)なんて. …などといっては. ¶ 그만한 일로 기분이 나쁘~ 말이 되나? それくらいのことで気分が悪いなどといってはいけない.

대서양〔大西洋〕 名〔地〕大西洋.

　대서양 헌장〔一憲章〕 名〔政〕 大西洋憲章.

대석[1]〔臺石〕 名 (銅像などの)台石. 土台石.

대석[2]〔對席〕 名 하自 対席. **1** 向かい合って座ること. **2** 同席.

　대석 판결〔一判決〕 名〔法〕対席判決.

대선〔大船〕 名 大船. 大きな船.

대선거구〔大選擧區〕 名 大選挙区.

대선사〔大禪師〕 名〔佛〕 禅宗の最高位の階級.

대설〔大雪〕 名 **1** 大雪〈二十四節気の一つで, 12月7日ごろ〉. **2** 大雪. ¶ ~ 주의보 大雪注意報.

대성[1]〔大成〕 名 하自他 大成. ¶ 작가로서 ~하다 作家として大成する.

대성[2]〔大聖〕 名 **1** 大聖. 最も優れた聖人. **2** 孔子の尊敬語. **3**〔佛〕大聖〈釈迦のこと〉.

대성[3]〔大聲〕 名 大声. おおごえ. ¶～질호 大声疾呼.

대성일갈〔一一喝〕 名 하自 大声一喝.

대성통곡〔一痛哭〕 名 하自 大きな声で激しく泣くこと.

대성공〔大成功〕 名 하自他 大成功.

대성황〔大盛況〕 名 大盛況. ¶공연은 ～을 이루었다 公演は大盛況を呈した.

대세〔大勢〕 名 **1** 大勢. ¶～를 따르다 大勢に従う / ～가 기울다 大勢が傾く / ～를 장악하다 大勢を握る. **2** 危篤状態.

대소[1]〔大小〕 名 大小. ¶사회의 ～ 사건 社会の大小いろいろの事件 / ～ 여러 가지의 물건 大小さまざまな品物.

대소 인원〔一人員〕 名 高下のすべての官吏.

대소[2]〔大笑〕 名 하自 大笑. 大笑い. ¶가가～하다 呵々大笑する.

대소동〔大騷動〕 名 大騒動. ¶～을 일으키다 大騒動を起こす.

대소변〔大小便〕 名 大小便.

대소사〔大小事〕 名 大小事. 大小の事柄.

대소쿠리 名 竹かご.

대속〔代贖〕 名 하自他〔基〕**1** (キリストによる)贖罪. **2** 他人の罪を代わって受けるか或いはあがなうこと.

대솔〔大一〕 名 松の大木.

대송〔大松〕 名 大きな松.

대수[1] 名 (반어적으로 의문문에 쓰여) たいへんなこと. 大したこと. ¶한 끼쯤 굶은들 ～냐? 1食ぐらい抜いたってたいしたことあるものか.

대수[2]〔大數〕 名 **1** 大数. 大きい数. **2** 多数. 数の多いこと. **3** たいへんな幸運.

대수[3]〔代數〕 名〔數〕代数. ¶～ 곡선 代数曲線 / ～ 기하학 代数幾何学 / ～ 방정식 代数方程式.

대수학〔一學〕 名〔數〕代数学.

대수[4]〔代數〕 名 代数. 世代の数.

대수[5]〔臺數〕 名 (車などの)台数.

대수[6]〔對數〕 名〔數〕対数. ロガリズム.

대수롭다 形 **1** 大したことだ. 大切だ. 重要だ. たいへんだ. **2** (부정하는 말을 수반하거나 반어적으로 쓰여) 大したことない. 取るに足りない. 重要でない. ¶충고를 대수롭지 않게 여기다 忠告を取るに足りないと思う. **대수로이** 副 大切に. 重要に. 特別に.

대수술〔大手術〕 名〔醫〕大手術.

대숲 名 竹やぶ. 竹林.

대승[1]〔大乘〕 名〔佛〕大乗. 反 小乗 ¶～경 大乗経 / ～ 불교 大乗仏教.

대승적〔一的〕 冠名 大乗的. ¶～ 견지 大乗的見地.

대승[2]〔大勝〕 名 하自 大勝. 大きな差をつけて勝つこと. ¶야구 시합에서 ～하다 野球の試合で大勝する.

대승리〔大勝利〕 名 하自 大勝利.

대시〔dash〕 名 하自 **1**〔言〕ダッシュ(—). **2** 突進. 猛進. 突撃. **3** 全力疾走.

대식〔大食〕 名 하他 **1** (間食に対して)3度の食事. **2** 大食. 多食. **3**〔'대식가'의 준말〕大食家.

대식가〔一家〕 名 大食家.

대식한〔一漢〕 名 大食漢.

대신[1]〔大臣〕 名 大臣.

대신[2]〔代身〕 名 하他 **1** 代わり. 身代わり. 代理. 代用. ¶밥 ～으로 빵을 먹었다 ご飯の代わりにパンを食べた / 그를 ～할 기술자는 없다 彼に代わる技術者はいない. **2** (부사적으로) (人に)代わって. 代わりに. ¶회의에 ～ 참석하다 会議に代わりに出席する.

대심원〔大審院〕 名 大審院〈アメリカの最高裁判所〉.

대아〔大我〕 名〔佛〕〔哲〕大我.

대악〔大惡〕 名 大悪. 極悪. 大悪党. 極悪人.

대악무도〔一無道〕 名 하形 大悪無道. ¶～한 놈 大悪無道なやつ.

대안[1]〔代案〕 名 代案. ¶～을 내다 代案を出す / ～을 제시하다 代案を提示する.

대안[2]〔對岸〕 名 対岸. 向こう岸.

대안 렌즈〔對眼 lens〕 名〔物〕接眼レンズ.

대액〔大厄〕 名 大厄. 大きな災難. ¶갑자기 ～을 당하다 突然大きな災難にあう.

대야[1] 名 たらい. 洗面器. ¶세숫～ 洗面器.

-대야[2]〔'-다고 하여야'가 준 말〕…だとしても. …だといっても. ¶네가 자신이 있～ 나는 못 믿겠다 お前が自信があるといっても僕は信じられない.

대양〔大洋〕 名〔地〕大洋. ¶～주 大洋州. オセアニア.

대양도〔一島〕 名〔地〕大洋島.

대어[1]〔大魚〕 名 大魚. 大きい魚.

대어[2]〔對語〕 名 対語.

대언〔大言〕 名 하自 大言.

대언장담〔一壯談〕 名 하自 大言壮語.

대업〔大業〕 名 大業. 大きな事業.

대여〔貸與〕 名 하他 貸与. ¶무료로 ～하다 無料で貸与する.

대여섯 數 五つか六つ. 5·6個. ¶～ 사람 5·6人.

대역[1]〔大役〕 名 **1** 大役. 重大な役目. 大任. ¶～을 완수하다 大役を果たす. **2** 大工事.

대역[2]〔大逆〕 名 大逆. ¶～죄 大逆罪.

대역무도〔一無道〕 名 하形 大逆無道.

대역[3]〔代役〕 名 하他 代役. ¶～으로 지명되었다 代役として指名された.

대역[4]〔對譯〕 名 하他 対訳. ¶이 책은 ～본이다 この本は対訳本だ.

대연습〔大演習〕 名〔軍〕大演習.

대열〔隊列〕 名 隊列. ¶～을 정돈하다 隊列を整える / 학생 운동의 ～에 끼다 学生運動の隊列に加わる.

대염불〔大念佛〕 名〔佛〕大念仏.

대엿 數〔'대여섯'의 준말〕五つか六つ.

대엿새 名 5·6日(の間). ¶그가 떠난 지 ～ 되었다 彼が立ってから5·6日過ぎた.

대영〔對英〕 名 対英. 対イギリス. ¶ ~ 수출 対英輸出.
대오[1]〔大悟〕 名 하自 〔佛〕 大悟. 悟りをひらくこと.
대오[2]〔隊伍〕 名 隊伍. 隊列. ¶ ~를 짓다 隊伍を組む.
대오리 名 細く割った竹. 竹ひご.
대옥〔大獄〕 名 大獄. 大事件が起こり多数が逮捕されること.
대왕〔大王〕 名 **1** 大王. **2** 〔史〕 先王の尊敬語.
대외〔對外〕 名 対外. ¶ ~ 무역 対外貿易 / ~ 정책 対外政策.
대요〔大要〕 名 大要. あらまし. ¶ 사건의 ~ 事件の大要 / 정치학 ~ 政治学大要.
대욕〔大欲〕 名 大欲. 非常に欲の深いこと. 強い欲望.
대용[1]〔大勇〕 名 大勇. 真の勇気.
대용[2]〔代用〕 名 하他 代用. ¶ ~식 代用食 / ~품 代用品 / 명주 대신에 나일론을 ~하다 絹の代わりにナイロンを代用する.
대용 작물〔一作物〕 名 〔農〕 代用作物.
대우[1]〔大愚〕 名 大愚. 非常に愚かなこと.
대우[2]〔待遇〕 名 하他 待遇. 扱い. ¶ ~ 개선 待遇改善 / 국장 ~ 局長待遇 / 국빈으로 ~하다 国賓として待遇する / 따뜻하고 친절한 ~를 받았다 温かく親切なもてなしを受けた.
대우주〔大宇宙〕 名 大宇宙.
대운〔大運〕 名 大きな幸運.
◆**대운이 트이다** 大きな幸運が開ける.
대울타리 名 竹垣.
대웅전〔大雄殿〕 名 〔佛〕 大雄殿〈本尊の仏像を祭った本堂〉.
대웅좌〔大熊座〕 名 〔天〕 大熊座.
대원[1]〔大圓〕 名 大円.
대원[2]〔大願〕 名 大願. ¶ ~이 이루어지다 大願がかなう.
대원[3]〔隊員〕 名 隊員. ¶ 탐험~ 探検隊員.
대원수〔大元帥〕 名 〔軍〕 大元帥.
대월〔貸越〕 名 〔經〕 貸し越し. 当座貸し越し.
대월금〔一金〕 名 〔經〕 貸越金.
대월한〔一限〕 名 〔經〕 貸越限度額.
대위[1]〔大尉〕 名 〔軍〕 大尉.
대위[2]〔代位〕 名 하自 〔法〕 代位.
대위 변제〔一辨濟〕 名 〔法〕 代位弁済.
대위법〔對位法〕 名 〔樂〕 対位法.
대유〔大儒〕 名 大儒. 優れた儒学の学者.
대은〔大恩〕 名 大恩. 厚恩.
대음〔大飮〕 名 하自他 大飲. 酒をたくさん飲むこと.
대응〔對應〕 名 하自 対応. ¶ 정세의 변화에 ~하다 情勢の変化に対応する.
대응각〔一角〕 名 〔數〕 対応角.
대응변〔一邊〕 名 〔數〕 対応辺.
대응책〔一策〕 名 対応策. ¶ ~을 강구하다 対応策を講ずる.
대의[1]〔大意〕 名 大意. ¶ 문장의 ~를 종합하다 文章の大意をまとめる.
대의[2]〔大義〕 名 大義. ¶ ~에 어긋나는 행동 大義に背く行動.
대의명분〔一名分〕 名 大義名分. ¶ ~이 서는[없는] 일 大義名分が立つ[を欠く]こと.
대의[3]〔大醫〕 名 大医. 名医.
대의[4]〔代議〕 名 代議.
대의 기관〔一機關〕 名 代議機関.
대의원〔一員〕 名 代議員.
대의 정치〔一政治〕 名 〔政〕 代議政治.
대인[1]〔大人〕 名 大人. **1** 大人物. 度量のある人. **2** 大人. ¶ ~ 한 장 주세요 大人1枚ください〈切符など〉. **3** 巨人. **4** 貴人. 身分の高い人.
대인군자〔一君子〕 名 大人君子. 徳の高い人.
대인[2]〔代印〕 名 하自 代印. 代理ではんこを押すこと.
대인[3]〔對人〕 名 하自 対人. 人に対すること. ¶ ~ 관계 対人関係.
대인 공포증〔一恐怖症〕 名 〔心〕 対人恐怖症.
대인기〔大人氣〕 名 大人気. ¶ ~를 끈 소설 大人気を博した小説.
대일〔對日〕 名 対日. ¶ ~ 관계 対日関係 / ~ 감정 対日感情.
대임〔大任〕 名 大任. 大役. ¶ ~을 완수하다 大任を全うする.
대입〔代入〕 名 하他 〔數〕 代入.
대입법〔一法〕 名 〔數〕 代入法.
대자[1] 名 竹の定規.
대자[2]〔大慈〕 名 하形 〔佛〕 大慈. 大きな慈悲. ¶ ~ 대비 大慈大悲.
대자[3]〔代子〕 名 〔基〕 代子.
대자리 名 薄い竹ひごで編んだござむしろ.
대자연〔大自然〕 名 大自然. ¶ 위대한 ~의 신비 偉大な大自然の神秘.
대작[1]〔大作〕 名 大作. 大規模な作品. ¶ ~을 짓다 大作を物する.
대작[2]〔大爵〕 名 高い爵位.
대작[3]〔代作〕 名 하他 代作. ¶ ~자 代作者.
대작[4]〔對酌〕 名 하自他 対酌. 対飲.
대장[1] 名 〔'대장장이'의 준말〕 鍛冶屋.
대장간〔一間〕 名 鍛冶屋の作業場.
대장일 名 하自 鍛冶の仕事.
대장장이 名 鍛冶屋. 鍛冶.
대장[2]〔大將〕 名 **1** 〔史〕 宮殿や都を守る各軍営の将軍. **2** 〔軍〕 大将. ¶ 육군 ~ 陸軍大将. **3** 大将. 親分. 頭目. ¶ 골목 ~ 餓鬼大将 / 거짓말 ~ 嘘つき大将 / 싸움 ~ けんか大将.
대장[3]〔大腸〕 名 〔生〕 大腸.
대장균〔一菌〕 名 〔生〕 大腸菌.
대장염〔一炎〕 名 〔醫〕 大腸炎.
대장 카타르〔—catarrh〕 名 〔醫〕 大腸カタル.
대장[4]〔隊長〕 名 隊長. ¶ 군악 ~ 軍楽隊長.
대장[5]〔臺帳〕 名 台帳. ¶ ~에 올리다 台帳に記載する / 판매 ~ 販売台帳.
대장경〔大藏經〕 名 〔佛〕 大蔵経. ¶ 팔만 ~ 八万大蔵経.
대장부〔大丈夫〕 名 大丈夫. 立派な男子. ¶ ~의 기상 大丈夫の気性.

대장부답다 形 男らしい. 雄々しい. 威風堂々としている. ¶ 대장부답게 늠름하다 男らしくりりしい.

대저1〔大抵〕 副 たいてい. 大体. そもそも. およそ.

대저2〔大著〕 名 大著. 偉大な著作.

대저울 名 竿秤.

대적1〔大賊〕 名 大賊. 大泥棒.

대적2〔大敵〕 名 大敵. 強敵. ¶ 방심은 ~이다 油断大敵だ.

대적3〔對敵〕 名 하自他 対敵. 相手. ¶ 실력에 있어서 ~이 안 된다 実力において相手にならない.

대전1〔大全〕 名 大全. **1** 十分に完備すること. **2** その事物に関係するものを漏れなく編纂した書物. ¶ 경제학 ~ 経済学大全.

대전2〔大典〕 名 大典. **1** 重大な儀式. ¶ 독립 기념의 ~ 独立記念の大典. **2** 法典.

대전3〔大殿〕 名 **1** 〔'대전마마'의 준말〕 王の尊敬語. **2** 王宮.

대전마마〔一媽媽〕 名 王の尊敬語.

대전4〔大篆〕 名 大篆〈漢字の書体の一つ〉.

대전5〔大戰〕 名 大戦. ¶ 제2차 세계 ~ 第二次世界大戦.

대전6〔帶電〕 名 하自他 〔物〕 帯電.

대전7〔對戰〕 名 하自 対戦. ¶ ~표 対戦表.

대전제〔大前提〕 名 〔論〕 大前提.

대절〔貸切〕 名 하他 貸し切り. ¶ ~ 버스 貸し切りバス.

대접1 Ⅰ 名 平鉢. (スープなどを入れる)浅く平たいどんぶり状の食器. Ⅱ 依名 杯. ¶ 숭늉 한 ~ おこげ湯どんぶり1杯.

대접2 名 牛の後ろ脚の内ももの肉.

대접3〔待接〕 名 하他 **1** (当然の礼儀として)扱うこと. 待遇すること. ¶ 사람 ~을 받지 못했다 人間扱いされなかった. **2** もてなし. 接待すること. ¶ 저녁 ~을 하고 싶은데요 夕食を差し上げたいのですが / 융숭한 ~을 받다 手厚いもてなしを受ける.

대정맥〔大靜脈〕 名 〔生〕 大静脈.

대제1〔大帝〕 名 大帝.

대제2〔大祭〕 名 大祭. 盛大な祭祀.

대제사장〔大祭司長〕 名 〔基〕 大祭司.

대제전〔大祭典〕 名 大祭典.

대조〔對照〕 名 하他 対照. 対比. ¶ ~표 対照表 / 원문과 ~하다 原文と対照する / 뚜렷한 ~를 이루다 はっきりした対照を見せる.

대조적〔一的〕 冠名 対照的. ¶ ~인 성격 対照的な性格.

대졸〔大卒〕 名 〔'대학 졸업'의 준말〕 大卒. 大学出.

대종〔大宗〕 名 **1** 本家の系統. **2** 大宗. 大本. ¶ 쌀이 농산물의 ~을 이루다 米が農産物の主流をなす.

대종가〔大宗家〕 名 宗家. 本家.

대종손〔大宗孫〕 名 本家の跡継ぎ.

대종중〔大宗中〕 名 5代以前の先祖から分かれた子孫一族.

대좌1〔臺座〕 名 〔佛〕 台座. 仏像を安置する台.

대좌2〔對坐〕 名 하自 対座. ¶ 두 기사가 ~하다 二人の棋士が対座する.

대죄1〔大罪〕 名 大罪. ¶ ~를 짓다 大罪を犯す.

대죄2〔待罪〕 名 하自 待罪. 処罰を待つこと. ¶ 석고(席藁) ~ むしろにうつぶして処罰を待つこと.

대주1〔大酒〕 名 大酒. ¶ ~가 酒豪. 大酒飲み.

대주2〔貸主〕 名 貸し主. 貸し手.

대주객〔大酒客〕 名 大酒飲み.

대주교〔大主教〕 名 〔基〕 **1** 大司教. **2** 大主教〈聖公会·ギリシア正教会の最高位の聖職〉.

대주다 他 **1** 供給する. まかなってやる. 出してやる. ¶ 양식을 ~ 食糧を供給する / 매월 학비를 ~ 毎月学費を出してやる. **2** 教えてやる. ¶ 전화 번호를 ~ 電話番号を教える / 정보를 ~ 情報を知らせてやる.

대중1 名 하他 **1** (おおよその)見当. 当て推量. 目当て. 見積もり. 予測. ¶ 눈~ 目分量 / 전연 ~을 못 하겠다 全然見当がつかない[予測ができない]. **2** 基準. 標準.

◆**대중을 삼다** 目安にする. 見当をつける. 基準にする.

◆**대중을 잡다** ① (おおよその)見当をつける. 予測する. ¶ 뭐가 뭔지 통 ~을 잡을 수 없군요 何が何だか全然見当がつかない. ② 大体の基準にする. 目安にする.

◆**대중을 치다** 概算する. 見積もる.

대중없다 形 予測できない. 見当がつかない. 基準がない. まちまちだ. でたらめだ. ¶ 보통 몇 시경에 일어나십니까?—대중없어요 ふつう何時ごろ起床されますか—まちまちです.

대중2〔大衆〕 名 **1** 大衆. ¶ ~ 앞에 서서 연설을 하다 大衆を前に演説する. **2** 勤労者階級. **3** 〔佛〕 大衆. 多くの僧侶.

대중가요〔一歌謠〕 名 大衆歌謡.

대중 매체〔一媒體〕 名 マスメディア.

대중문화〔一文化〕 名 大衆文化.

대중성〔一性〕 名 大衆性. ¶ ~이 있는 작품 大衆性のある作品.

대중 소설〔一小說〕 名 大衆小説.

대중 운동〔一運動〕 名 大衆運動.

대중 작가〔一作家〕 名 大衆作家.

대중 잡지〔一雜誌〕 名 大衆雑誌.

대중화〔一化〕 名 하自他 大衆化.

대증〔對症〕 名 하自 対症. ¶ ~ 요법 対症療法.

대지1〔大地〕 名 大地. ¶ ~를 적시는 단비가 내린다 大地を潤す恵みの雨が降る.

대지2〔大志〕 名 大志. 大望. ¶ ~를 품다 大志を抱く.

대지3〔垈地〕 名 敷地. ¶ 가옥 ~ 家の敷地.

대지4〔帶紙〕 名 (紙幣·書類を束ねる)帯紙.

대지5〔臺地〕 名 〔地〕 台地.

대지6〔臺紙〕 名 台紙.

대지 공격〔對地攻擊〕 名 〔軍〕 対地攻撃.

대지르다 自 食ってかかる. はむかう. 突っかかる. ¶ 어른에게 대지르면 안 된다 大人にはむかってはいけない.
대지주〔大地主〕名 大地主.
대지팡이 名 竹の杖.
대진[1]〔代診〕名 하他 代診. 担当医に代わって診察すること.
대진[2]〔對陣〕名 하自〔軍〕対陣. 対峙. ¶ 양군이 ~하고 있다 両軍が対陣している.
대질〔對質〕名 하自〔法〕対質. 突き合わせ.
대질 심문〔一審問〕名〔法〕対質審問.
대질리다 自〔'대지르다'의 피동사〕突き刺される. 逆らわれる.
대짜〔大一〕名 大物. 大きなもの. ¶ ~를 낚다 大物を釣り上げる.
대짜배기 名 大物. (その中で)いちばん大きいもの. ¶ ~로 한 마리 주세요 大きいやつを1匹ください.
대짜배기로 副 大がかりに. 大々的に. ¶ 일이 ~로 벌어졌다 事が大がかりに起こった.
대쪽 名 割った竹. 竹片.
대쪽 같다 形 (性質が)竹を割ったようにまっすぐだ. ¶ 대쪽 같은 성품 まっすぐな気性. 竹を割ったような気性.
대쪽 같이 副 竹を割ったように.
대차[1]〔大差〕名 大差. ¶ ~가 나다 大差がつく / ~를 내다 大差をつける.
대차[2]〔貸借〕名 貸借. ¶ ~ 관계 貸借関係.
대차 거래〔一去來〕名〔經〕貸借取引.
대차 대조표〔一對照表〕名〔經〕貸借対照表. バランスシート.
대차다 形 (性が)生一本で強い.
대찰〔大刹〕名〔佛〕大刹. 巨刹. 大きな寺. ¶ 명산 ~ 名山大刹.
대창〔一槍〕名 竹槍.
대책〔對策〕名 対策. ¶ 물가 ~ 物価対策 / 긴급 ~ 緊急対策 / ~을 강구하다 対策を講じる.
대처[1]〔帶妻〕名 하自 妻帯.
대처승〔一僧〕名〔佛〕妻帯僧. 火宅僧.
대처[2]〔對處〕名 하自 対処. ¶ 시국에 ~하다 時局に対処する.
대척〔對蹠〕名 対蹠. 正反対. ¶ ~점 対蹠点.
대천〔大川〕名 **1** 大川. 大河. **2** 有名な川.
대첩〔大捷〕名 하自 大捷. 大勝. ¶ 연합군의 ~ 連合軍の大勝.
대청〔大廳〕名〔建〕テーチョン〈母屋の部屋と部屋の間にある広い板の間〉.
대청소〔大清掃〕名 하他 大掃除.
대체[1]〔大體〕名 **1** 大体. 大方. あらまし. 大部分の人. ¶ 이 논문의 ~의 요지 この論文の大体の要旨 / 이 안에는 ~가 찬성하고 있다 この案には大部分の人が賛成している. **2** (부사적으로) いったい. そもそも. ¶ 너는 ~ 누구냐? お前はいったい誰だ / ~ 갈 거야 안 갈 거야? いったい行くのか行かないのか. **대체로** 副 大体. 概して. おおよそ. 総じて. おおむね. ¶ ~ 건강 상태는 양호한 편이다 おおよそ健康状態は良好なほうだ / 건물은 이제 ~ 완성되었다 建物はもうおおむね出来上がった.
대체[2]〔代替〕名 하他 代替. 代わり. ¶ ~품 代替品 / 새것과 ~하다 新しいものと取り替える.
대체[3]〔對替〕名 하他〔經〕振替.
대체 계정〔一計定〕名〔經〕振替勘定.
대체 저금〔一貯金〕名〔經〕振替貯金. 郵便振替.
대초원〔大草原〕名 大草原.
대촌〔大村〕名 大村. 大きな村.
대추 名 なつめ(の実).
◆**대추씨 같다** なつめの種のようだ〈体は小さくてもしっかりしていてすきのない人だ〉.
대추나무 名〔植〕なつめの木.
대춘〔待春〕名 하自 春を待つこと.
대출〔貸出〕名 하他 貸出. 貸し出すこと. ¶ 도서 ~ 図書の貸出 / 어음 할인으로 1억 원을 ~했다 手形割引で1億ウォンを貸し出した.
대충 副 おおまかに. おおよそ. 大体. 大方. ¶ 보고서를 ~ 읽어 보다 報告書にざっと目を通す / ~ 이런 줄거리다 おおよそこのような筋書だ / 업무를 ~ 끝내 놓고 돌아왔다 業務を大方終えて帰って来た.
대충대충 副 ざっと. おおまかに. ¶ ~ 끝내라 いい加減に切り上げろ.
대충자금〔對充資金〕名〔經〕見返り資金.
대취〔大醉〕名 하自 大酔. ひどく酔うこと. ¶ 소주 서너 잔에 ~하다 焼酎3·4杯でひどく酔う.
대치[1]〔代置〕名 하他 代置. ¶ 보석을 모조품으로 ~하다 宝石を模造品に代置する.
대치[2]〔對峙〕名 하自 対峙. ¶ 경찰과 데모대가 ~하고 있다 警察とデモ隊が対峙している.
대치[3]〔對置〕名 하他 対置.
대칭〔對稱〕名 対称. 相称. ¶ ~축 対称軸.
대칭 도형〔一圖形〕名〔數〕対称図形.
대칭면〔一面〕名〔數〕対称面.
대칼 名 竹の小刀.
대타〔代打〕名 하自 (野球で)代打. ピンチヒッター. ¶ ~로 나가다 代打に立つ.
대토〔代土〕名 하他 替え地. 代替地. ¶ 소작인에게 ~를 주다 小作人に代わりの土地を与える.
대톱〔大一〕名 **1** 大きな横引き鋸. **2** 大きい鋸.
대통[1]〔大通〕名 하自 開運. 運が大きく開けること. ¶ 운수 ~ 運勢大吉.
대통[2]〔大統〕名 大統. 王の系統.
대통령〔大統領〕名 大統領. ¶ ~과 부통령 大統領と副大統領.
대퇴〔大腿〕名〔生〕大腿.
대퇴골〔一骨〕名〔生〕大腿骨.
대투매〔大投賣〕名 하他 大安売り. ¶ 하계 용품 ~ 夏物の大売り出し.
대파[1]〔大破〕名 하自他 大破. ¶ 적의

주력함을 ～하다 敵の主力艦を大破する / 버스가 낭떠러지로 굴러 ～되었다 バスががけから転落して大破した.
대파[2]〔代播〕 名 하他 (日照りで)田植えや種まきのできなかった田畑に代わりの穀物の種をまくこと.
대판[1]〔大一〕 **Ⅰ** 名 **1**〔'대판거리'의 준말〕大ごと. **2** 大きな度量. 度量の大きな人.
Ⅱ 副 大掛かりに. ¶～ 싸우다 大げんかをする.
대판거리 名 大掛かりなこと. 大ごと. ¶술잔치를 ～로 벌이다 酒宴を大々的に催す. 「判.
대판[2]〔大阪〕 名 (本·写真などの)大
대패[1] 名 鉋. ¶～로 밀다 鉋をかける.
대패아가리 名 鉋屑の出る口.
대패질 名 하自 鉋かけ.
대팻날 名 鉋の刃.
대팻밥 名 鉋屑.
대팻손 名 鉋の取っ手.
대패[2]〔大敗〕 名 하自 **1** 大失敗. ¶그 사업은 ～했다 その事業は大失敗した. **2** 大敗. 惨敗. ¶청군이 백군에게 ～했다 青組が白組に大敗した.
대평원〔大平原〕 名 大平原.
대포[1] 名 **1** (別に変わったつまみなしに)大杯で飲むこと. **2**〔'대폿술'의 준말〕茶碗酒.
대폿술 名 茶碗酒.
대폿잔〔一盞〕 名 やや大きめの杯. ¶～을 기울이다 大杯を傾ける.
대폿집 名 居酒屋. 一杯飲み屋. ¶～에 들러 목을 축이자 居酒屋に立ち寄ってのどを潤そう.
대포[2]〔大砲〕 名 **1** 大砲. ¶～를 쏘다 大砲を撃つ. **2** 大嘘. ほら. でたらめ. ¶저 사람은 ～가 세다 あの人は大ぼら吹きだ.
◆**대포를 놓다** ほらを吹く. 嘘をつく.
대포알 名 砲の弾. 砲弾.
대포쟁이 名 ほら吹き. 大嘘つき.
대폭〔大幅〕 名 **1** 大幅. 広い幅. **2**《부사적으로》大幅に. ぐんと. ¶～ 늘리다 大幅に増やす / 매상이 ～ 올랐다 売り上げがぐんと伸びた.
대폭적〔一的〕 冠 名 大幅. ¶～인 기구 개편 大幅な機構改編.
대표〔代表〕 名 하他 **1** 代表. ¶～권 代表権 / ～ 선수 代表選手 / 친족을 ～하여 인사하다 親族を代表してあいさつする / 학교 ～로 집회에 참가했다 学校代表として集会に参加した. **2**〔'대표자'의 준말〕代表者.
대표 번호〔一番號〕 名 代表番号.
대표 이사〔一理事〕 名 (会社の)代表取締役.
대표자〔一者〕 名 代表者.
대표작〔一作〕 名 代表作. ¶이 그림은 그의 ～이다 この絵は彼の代表作である.
대풍〔大豊〕 名 大豊年. 大豊作. ¶금년 보리는 ～이다 今年の大麦は大豊作だ.
대피〔待避〕 名 하自 待避. ¶지하실로 ～하다 地下室に待避する.
대피선〔一線〕 名 待避線.
대피소〔一所〕 名 待避所.
대피호〔一壕〕 名 待避壕.
대필〔代筆〕 名 하他 代筆. ¶원고를 ～하다 原稿を代筆する.
대하[1]〔大河〕 名 大河.
대하소설〔一小說〕 名 大河小説.
대하[2]〔大蝦〕 名〔動〕高麗蝦. 大正蝦.
대하[3]〔帶下〕 名〔醫〕帯下.
대하다〔對一〕 自他 **1**〔마주하다〕向かい合う. 対する. ¶밥상을 ～ 食膳に向かう / 강을 사이에 두고 적과 마주 대하고 있다 川を間に挟んで敵と相対している. **2**〔상대하다〕相手にする. 接する. ¶남에게 대하는 예의 범절 人に接する作法. **3**〔대접하다〕接待する. もてなす. ¶손님을 ～ 客をもてなす. **4**〔대항하다〕対抗する. 敵対する. (…に)対する. ¶강적에게 완강하게 ～ 強敵に頑強に対抗する. **5**《'…에 대한·…에 대하여'의 꼴로》…についての. …に関する. …について. …に関して. ¶소득에 대한 세금 所得に関する税金 / 정치에 대하여 발언하다 政治に関して発言する.
대학[1]〔大學〕 名 **1** (総称的に)大学. ¶～생 大学生 / ～ 교수 大学教授 / ～ 병원 大学病院. **2** 単科大学. 学部. ¶문과 ～ 文学部 / 농과 ～ 農学部.
대학원〔一院〕 名 大学院.
대학[2]〔大學〕 名 大学〈中国の四書の一つ〉. 「学.
대학교〔大學校〕 名 大学. 総合大
◇일본에서는 종합대학이든 단과대학이든 모두 '大学'라 하며, 우리 나라의 '～대학교 ～대학 ～학과'를 '～大学 ～学部 ～学科'라고 한다.
대학자〔大學者〕 名 大学者. 偉大な学者.
대한[1]〔大旱〕 名 大旱. 大日照り.
〔속담〕 **대한 칠 년 비 바라듯** 大旱7年に雨を望むがごとし〈強く待ち望むこと〉.
대한[2]〔大寒〕 名 大寒〈二十四節気の一つ〉.
대한[3]〔大韓〕 名 大韓. **1**〔'대한 제국'의 준말〕大韓帝国. **2**〔'대한민국'의 준말〕大韓民国.
대한민국〔一民國〕 名〔地〕大韓民国.
대합〔大蛤〕 名〔動〕蛤.
대합실〔待合室〕 名 待合室.
대항〔對抗〕 名 하自他 対抗. ¶도시 ～ 테니스 시합 都市対抗テニス試合.
대항력〔一力〕 名 対抗力.
대항전〔一戰〕 名 対抗戦.
대항책〔一策〕 名 対抗策.
대해[1]〔大害〕 名 大害. 大災害.
대해[2]〔大海〕 名 大海. 大洋. ¶망망 ～ 茫々たる大海.
대행〔代行〕 名 하他 代行. ¶～ 기관 代行機関 / 직무를 ～하다 職務を代行する.
대헌장〔大憲章〕 名〔史〕(イギリスの)大憲章. マグナカルタ.
대혁명〔大革命〕 名 **1** 大革命. **2**〔史〕フランス革命.

대현〔大賢〕 名 大賢. たいへん賢いこと[人].

대형¹〔大兄〕 名 大兄. 貴兄〈書簡文での友人の尊敬語〉.

대형²〔大形〕 名 大形. 大型. ¶ ~ 선박 大型船舶.

대형³〔隊形〕 名 隊形. ¶ ~을 정비하다 隊形を整える.

대호¹〔大虎〕 名 大きい虎.

대호²〔大湖〕 名 大湖. 大きな湖.

대화¹〔大禍〕 名 大禍. 大きな災い. ¶ ~를 초래하다 大禍を招く.

대화²〔對話〕 名 하自 対話. ¶ ~를 나누다 話を交わす / ~를 통해 해결하다 対話を通じて解決する.

대화극〔一劇〕 名〔演〕対話劇.

대화법〔一法〕 名 対話法.

대화체〔一體〕 名〔文〕対話体.

대환〔大患〕 名 大患. 重病. 心配事. ¶ 그는 ~으로 병상에 누워 있다 彼は重病で病床に臥している.

대환영〔大歡迎〕 名 하他 大歓迎.

대회〔大會〕 名 하自 大会. ¶ 체육 ~ 体育大会 / 웅변 ~ 雄弁大会 / ~를 개최하다 大会を開催する.

대훈〔大勳〕 名 大勲. **1**〔'대훈로'의 준말〕大きな手柄. **2**〔'대훈위'의 준말〕大勲位.

대훈로〔大勳勞〕 名 大勲. 大きな手柄.

대훈위〔大勳位〕 名 大勲位.

대흉〔大凶〕 名 **1** 大凶. **2** ひどい凶作. **3**〔'대흉년'의 준말〕大凶年.

대흉근〔大胸筋〕 名〔生〕大胸筋.

댁〔宅〕 Ⅰ 名〔'남의 집·가정'의 높임말〕お宅. ¶ 선생님 ~ 先生のお宅 / 부장님은 ~에 계십니까? 部長はご在宅ですか.

Ⅱ 依名 **1**〔…의 아내〕…の奥さん. ¶ 처남 ~ 妻の兄弟の奥さん / 박 과장 ~ パク課長の奥さん. **2** 女性の実家の地名から嫁いできた人であることを示す. ¶ 경주 ~ 慶州から嫁いできた奥さん. **3** (住所で) …方.

Ⅲ 代〔당신〕お宅. あなた. そちら. ¶ ~은 누구십니까? お宅はどちら様ですか / ~의 말이 맞습니다 あなたの話はごもっともです.

댁내〔宅内〕 名〔'남의 집안'의 높임말〕ご家族. お宅の皆様. ¶ ~ 별일 없으십니까? お宅の皆様はお変わりありませんか.

댁네〔宅一〕 名〔친한 사람이나 손아랫사람의 아내〕細君. 奥さん.

댁대구루루 副 ころころ(と). ことこと(と). ¶ 탁구공이 ~ 굴러 간다 ピンポン玉がころころと転がる.

댁대굴댁대굴 副 ころころ(と). ころんころん(と). ¶ 공이 ~ 굴러 떨어진다 ボールがころころと転がり落ちる.

댄서〔dancer〕 名 ダンサー.

댄스〔dance〕 名 ダンス. ¶ ~ 파티 ダンスパーティー.

댄스홀〔一hall〕 名 ダンスホール.

댐〔dam〕 名 ダム. ¶ 발전용 ~ 発電用ダム / 다목적 ~ 多目的ダム.

댓 數 五つぐらいの. 五つほどの. ¶ 참가한 인원은 ~ 명 정도 参加人員は5名程度.

댓가지 名 **1** 竹の枝. **2** ⇨댓개비

댓개비 名 竹ひご. 竹ぐし.

댓돌〔臺一〕 名 **1** 軒下の雨落ちの内側に敷き巡らした石. **2** 石段.

댓바람 名 (『댓바람에·댓바람으로』의 꼴로) すぐに. 直ちに. いきなり. 急に. ¶ ~에 따귀를 올려 붙이다 いきなりほっぺたを張り飛ばす.

댓살배기 名 5歳ぐらいの子供.

댓새 名 5日ぐらい. ¶ 일이 ~는 걸릴 것이다 仕事が5日ぐらいはかかるだろう.

댓조각 名 割った竹.

댓줄기 名 竹の茎.

댓진〔一津〕 名 (キセルの穴にたまった)たばこのやに. ¶ ~이 끼다 やにがたまる.

-댔자〔'-다고 하여 보았자'가 준 말〕…したところで. …しても. ¶ 해 보았~ 아마 안 될 겁니다 やってみたところでおそらく駄目でしょう.

댕 副 かんと. こんと. ちんと. ¶ 드디어 1회전의 공이 ~ 하고 울렸다 (ボクシングで) ついに1回戦のゴングがかんと鳴った.

댕강 副 하自 **1**〔물방울이 금속 등에 떨어지면서 나는 소리〕ぽとんと. ぽたんと. **2**〔금속 조각 등이 부딪치면서 나는 소리〕ちりんと. りんと. **3**〔가느다란 줄기나 쇠붙이 등이 부러지는 모양〕ぽっくり. ぽっきり. ¶ 낚싯대가 ~ 부러졌다 釣り竿がぽっきり折れた.

댕강거리다〔-대다〕 自 ぽたぽた音がする. ちりんちりん鳴る.

댕강댕강 副 하自 **1** ぽとんぽとん(と). ぽたんぽたん(と). ¶ 양철 지붕 위에 빗방울이 ~ 떨어지다 トタン屋根の上に雨の滴がぽたりぽたりと落ちる. **2** りんりん(と). ちりんちりん(と).

댕그랑 副 りんと. ちりんと.

댕그랑거리다〔-대다〕 自他 ちりんちりんと鳴る. ¶ 처마 끝에서 풍경이 ~ 軒先で風鈴がちりんちりんと鳴る.

댕그랑댕그랑 副 하自他 りんりん(と). ちりんちりん(と).

댕기 名 お下げ髪の先につけるリボン. ¶ ~를 들이다 テンギをつける.

댕기다 Ⅰ 自 (火が)つく. ともる. 燃え移る. ともす. 点火する. ¶ 지붕에 불이 댕겼다 屋根に火が燃え移った.

Ⅱ 他 (火を)つける. ともす. ¶ 담뱃불을 ~ たばこに火をつける / 촛불을 ~ ろうそくをともす.

댕댕 副 かんかん(と). ちんちん(と). ¶ 건널목의 신호기가 ~ 울린다 踏切の信号機がかんかんと鳴る.

댕댕거리다〔-대다〕 自他 かんかんと鳴る.

더 副 **1** (数量的に)もっと. さらに. より多く. もう. ¶ 조금 ~ もう少し / 하나 ~ 주세요 もう一つください. **2** (時間的に)より長く. もう少し. ¶ 잠시만 ~ 기다려 보자 もうちょっとだけ待ってみよう / 좀 ~ 있으면 올 겁니다 もう少しすれば来るでしょう. **3** (程度が)もっと. さらに. まして. よりいっそう. ますます. なおさら. ¶ 눈이 ~ 세차게 내린다 雪がさらに激しく降る / 더욱

~ 행복하게 살아라 よりいっそう幸福に暮らしなさい / 내일은 ~ 덥다고 한다 明日はもっと暑いそうだ.

더구나¹ 副 その上(に). しかも. さらに. なお. ¶중병인데 ~ 약값도 없다니 重病である上に薬代もないとは.

-더구나² 語尾 …だったな. …だったよ. …していたな. …していたよ. ¶솜씨가 꽤 좋~ 手並みがなかなかよかったね.

-더구려 語尾 …だったよ. …だったな. …していたよ. …していたな. ¶그 사람 말을 들어 보니 당신이 잘못했~ その人の話を聞いてみるとあなたが間違っていたよ.

-더구먼 語尾 …だったよ. …だったな. …していたよ. …していたな. ¶모두 모였~ みんな集まっていたよ / 정말 아름다운 고장이~ 本当に美しい土地だったな.

-더군 語尾 **1**〔'-더구나²'의 준말〕…だったな. …だったよ. …していたな. ¶할머니가 혼자 살고 있~ おばあさんが独りで暮らしていたよ. **2**〔'-더구먼'의 준말〕…だったよ. …だったな. ¶아주 멋진 여성이 ~ すごくすばらしい女性だったよ.

더군다나 副 その上に. しかも. なお. さらに. おまけに. あまつさえ.

더금더금 副 もっともっと. ずんずん. どんどん. ¶석양이 ~ 방 안까지 들었다 夕日がどんどん部屋の中まで入った.

더껑이 名 粥や牛乳などの表面にできる薄い膜. ¶팥죽에 ~가 앉기 전에 먹어라 あずき粥に膜が張る前に食べなさい.

더께 名 積もり積もったほこり又は凝り付いた垢.

더끔더끔 副〔'더금더금'의 센말〕もっともっと. ずんずん. どんどん.

-더냐 語尾 (과거 시제의 의문문에 쓰여) …したのか. …ていたか. ¶물건이 도착했~? 品物が着いたか / 회의에 출석한 사람은 몇 명이~? 会議に出席した人は何人だったのか.

더넘 名 ひっかぶったための心配事. ¶공연한 ~으로 고생하다 つまらない心配事で苦労する.

-더니¹ 語尾 **1**〔원인·이유〕…だったので. …したから. ¶열심히 노력하~ 이젠 매우 잘한다 熱心に努力したので今ではとても上手だ. **2**〔역접〕…だったが. …していたけれども. ¶낮에는 비가 오~ 저녁때에는 눈으로 변했다 昼には雨が降っていたが夕方には雪に変わった. **3** …すると. …したら. …したかと思うと. …してしまうと. ¶서리가 오~ 꽃이 다 시들었구나 霜がおりると花が皆しおれてしまった. **4**〔회고〕…だったがなあ. …したがなあ. ¶10년 전에는 이 곳이 쓸쓸하~ 10年前はここは寂しい所だったがなあ.

-더니² 語尾〔'-더냐'의 준말〕…(して)いたか. …だったか.

-더니라 語尾〔과거의 일을 회상하여 일러줄 때〕…だったんだ(よ). …だったよ. …していたんだ(よ). ¶저 산을 넘으면 조그마한 암자가 하나 있었~ あの山を越えたら小さな寺がひとつあったんだよ.

-더니마는 語尾〔'-더니¹'의 힘줌말〕…だったので. …したから. …だったが. …していたけれども.

-더니만 語尾〔'-더니마는'의 준말〕…だったので. …だったが. …していたが.

-더니이까 語尾 …でございましたか. ¶그렇게 훌륭하~? そんなにすばらしゅうございましたか.

더더구나 副〔'더더군다나'의 준말〕その上に. しかも. なお.

더더군다나 副〔'더군다나'의 힘줌말〕その上に. しかも. なお.

더더욱 副〔'더욱'의 힘줌말〕もっと. さらに. なお. いっそう.

더덕 名〔植〕蔓人参.

더덕더덕 副 하形 ごてごて(と). べたべた(と). べったり(と). ¶분을 ~ 바르다 おしろいをべたべた塗る.

더덩실 副 ふんわり(と). ¶하늘에는 구름이 ~ 떠 있다 空には雲がふんわりと浮いている. ＜두둥실

더뎅이 名 かさぶたや垢. ¶상처 난 곳에 ~가 앉았다 けがをした所にかさぶたができた.

더듬거리다[-대다] 自他 **1** 手で探る. 手探りする. ¶불이 나가서 플래시를 더듬거려 찾았다 停電になったので懐中電灯を手探りでさがした. **2** (道などを)尋ね探す. たどる. **3** 口ごもる. 言いよどむ. どもる. ¶어른 앞에서 말이 막혀 ~ 年長者の前でことばがつかえて口ごもる.

더듬더듬 副 하自他 **1** (あちこち)手探りで. **2** たどたどしく. つかえつかえ. ¶~ 말하다 つかえつかえ[とつとつと]話す.

더듬다 他 **1** (見えないものを)手で探る. 手探りする. ¶주머니 속을 ~ ポケットの中を手探りする. **2** (道や記憶を)たどる. 尋ねさがす. ¶산길을 더듬어 겨우 절을 찾았다 山道をたどってやっと寺をさがし当てた / 옛날의 기억을 ~ 昔の記憶をたどる. **3** 口ごもる. どもる. 言いよどむ. 詰まる. つかえる. ¶그는 서두르면 말을 더듬는 버릇이 있다 彼は焦るとどもる癖がある.

더듬이¹ 名〔'말더듬이'의 준말〕どもる人.

더듬이² 名〔動〕☞촉각(觸角)

더듬적거리다[-대다] 他 しきりにどもる. しきりに手探りする. ごそごそする. ¶호주머니 속을 더듬적거려 100원짜리 동전을 찾았다 ポケットの中を手探りし100ウォン玉を探した.

더듬적더듬적 副 하他 しきりにどもるさま.

더디 副 のろのろと. ゆっくりと. ¶시간이 ~ 가다 時間がゆっくりと過ぎて行く.

더디다 形 遅い. のろい. 鈍い. ¶승진이 ~ 昇進が遅い / 말이 ~ 話がのろい / 머리 회전이 ~ 頭の回転が鈍い.

-더라 語尾 **1**〔과거의 회상·영탄을 나타냄〕…だったよ. …したんだよ. …していたよ. ¶늦게까지 일을 하고 있~ 遅くまで仕事をしていたよ / 그 경치는 정말로 장관이~ その景色は実に壮観だったよ / 일장춘몽이~ 一場の夢だったねえ. **2**〔기억을 더듬으면서 자문

함〕…だったかな. ¶ 그러니까 그게 언제~? だからそれがいつだったかな.

-더라도 語尾 …しても. …するとも. …であっても. ¶ 비가 오~ 가겠어요 雨が降っても行きます / 아무리 어렵~ 해 보겠다 どんなに難しくてもやってみる.

-더라면 語尾 …したならば. …であったなら. ¶ 생활이 넉넉했~ 대학에 갔을 텐데 生活が豊かだったら大学へ行ったはずなのに / 돈이 있었~ 샀을 것을 お金があったら買ったはずなのに.

-더라손 語尾 (('치다'와 함께 쓰여)) …であったとしても. …だとしても. …であるといっても. …からといっても. ¶ 그가 사장이~ 치더라도 할 말은 해야지 彼が社長であったとしても言うべきことは言わなくちゃ.

더러¹ 副 **1** 多少. いくらか. 若干. 少しは. ¶ 구경꾼이 ~ 모였더라 見物人がいくらか集まっていたよ. **2** たまに. まれに. 時には. 時々. ¶ ~ 영화를 보러 가는 적도 있다 たまには映画を見に行くこともある.

더러² 助 〔…에게〕…に. …に対して. ¶ 아버지~ 달라고 해라 お父さんにおねだりしなさい / 누구~ 명령하는가? 誰に命令しているのか.

더러움 名 けがれ. よごれ. ¶ 순진하여 세상의 ~을 모르다 純真で世の中のけがれを知らない.

더러워지다 自 **1** よごれる. きたなくなる. 垢がつく. ¶ 구두가 ~ 靴がよごれる. **2** (心が)曲がる. 卑しくなる. けがれる. ¶ 마음이 ~ 心が卑しくなる. **3** 醜くなる. きたなくなる. **4** けがされる. 傷つけられる. 貞操を失う. ¶ 그의 잘못으로 가문의 명예가 더러워졌다 彼の過ちで家門の名誉がけがされた.

더럭 副 〔겁이나 의심·화 등이 갑자기 생기거나 나는 상태〕かあっ. むらむら. ¶ ~ 겁이 나다 急におじけづく.

더럭더럭 副 〔떼를 쓰거나 조르는 모양〕ねちねち(と). ¶ 돈을 달라고 ~ 조르다 金をくれとしつこくねだる.

더럼 名 〔'더러움'의 준말〕けがれ. よごれ.

◆**더럼을 타다** 汚れやすい. ¶ 흰옷은 ~을 잘 탄다 白い衣服は汚れやすい.

더럽다 形 **1** きたない. (外見が)よごれている. 見苦しい. きたならしい. ¶ 손이 ~ 手がよごれている. **2** (言動が)きたない. 卑しい. 卑怯だ. 下品だ. ¶ 입이 ~ 口ぎたない. **3** (金銭に)けちだ. みみっちい. ¶ 돈에는 아주 더럽게 군다 お金にはとてもけちくさくふるまう. **4** (仕事·計画などが)駄目になる. 台無しになる. ¶ 일이 더럽게 되어 버렸다 仕事が台無しになってしまった / 계획이 점점 더럽게 꼬여 간다 計画がますますもつれて駄目になっていく.

더럽히다 他 けがす. **1** よごす. 不潔にする. ¶ 커피를 엎질러 식탁보를 더럽혔다 コーヒーをこぼしてテーブルクロスをよごした. **2** (名誉·貞操を)傷つける. そこなう. 犯す. ¶ 가명을 ~ 家名をけがす / 위신을 ~ 威信を落とす / 정조를 ~ 貞操を犯す / 체면을 ~ 体面をそこなう.

더미 名 (小高く積み重ねた)山. 堆積. ¶ 볏~ 稲むら / 잿~로 변하다 (焼けて)灰になる / 장작을 산~처럼 쌓아 놓았다 薪を山のように高く積み重ねておいた.

더미씌우다 他 (責任や罪などを他人に)かぶせる. 負わせる. 押しつける. 転嫁する. ¶ 책임을 동료에게 ~ 責任を同僚に押しつける.

더버기 名 **1** (どさっと積み上げた)山. 堆積. **2** …だらけ. …まみれ. ¶ 양복이 진흙 ~가 되었다 洋服が泥だらけになった.

더벅머리 名 もじゃもじゃの髪, そのような人.

더부룩하다 形 **1** (草木·髪·ひげなどが)ぼうぼうとしている. ¶ 잡초가 더부룩하게 자랐다 雑草がぼうぼうと生えている / 더부룩한 수염 ぼうぼうに伸びたひげ. **2** (腹が)張る. (胃が)もたれる. ¶ 가스가 차서 속이 ~ ガスがたまってお腹が張っている. **더부룩이** 副 ぼうぼうと. ¶ ~ 자란 머리 ぼうぼうに伸びた髪.

더부살이 名 하自 住み込み. 住み込みで働く人.

더북더북 副 하形 **1** (草木などが)ぼうぼう(と). ¶ 잡초가 ~ 우거져 있다 雑草がぼうぼうと生い茂っている. **2** (ほこりが)もうもう(と). ¶ 먼지가 ~ 일어난다 ほこりがもうもうと舞い上がる.

더불다 自 ((주로 '-와[과] 더불어'의 꼴로)) …とともに. …といっしょに. ¶ 자연과 더불어 지내다 自然と親しむ / 그녀는 우리와 더불어 가기로 했다 彼女はわれわれといっしょに行くことにした.

더블〔double〕名 ダブル.

더블베드〔—bed〕名 ダブルベッド.

더블 스틸〔—steal〕名 하自 (野球で) ダブルスチール.

더블 펀치〔—punch〕名 (ボクシングで) ダブルパンチ.

더블 플레이〔—play〕名 (野球で) ダブルプレー.

더블헤더〔—header〕名 (野球で) ダブルヘッダー.

더빙〔dubbing〕名 ダビング.

더뻑 副 うっかり. つい. いきなり. やにわに. 無分別に. ¶ 난로에 손을 ~ 댔다가 데었다 ストーブにうっかり手が触れてやけどした / 나도 모르게 ~ 말해 버렸다 つい言ってしまった.

더뻑거리다[-대다] 自 前後を考えずにやみくもに行動する.

더뻑더뻑 副 むやみやたらに. めちゃくちゃに.

더없이 副 この上なく. またとなく. 何より(も). ¶ 자네를 만나서 ~ 반갑네 君に会えてこの上なくうれしいよ / ~ 좋은 기회 またとないよい機会.

더욱 副 もっと. さらに. なお. いっそう. ¶ ~ 빨리 해라 もっと早くしなさい / 그것이 ~ 훌륭하다 そっちのほうがさらに立派だ / 이제부터는 ~ 열심히 공부해야 한다 これからはよりいっそう熱心に勉強しなければならない / 앞으로 ~

힘쓰기를 바란다 今後なおいっそう努力してほしい.

더욱더 副 なおいっそう. よりいっそう. ますます. なおさら. ¶그의 얼굴은 ~ 험악해졌다 彼の顔はなおいっそう険しくなった.

더욱이 副 なおかつ. さらに. その上に. なお. ¶그 아이는 예쁘기도 하지만 ~ 마음씨가 곱다 その子は美しくもあるが, また気立てもやさしい.

더운물 名 湯. 温水.

더운밥 名 炊きたての熱いご飯.

더운찜질 名 温罨法.

더워하다 自 暑がる.

더위 名 **1** 暑さ. 反 寒さ ¶대단한 ~ たいへんな暑さ/찌는 듯한 ~ 蒸すような暑さ/숨막히는 ~ 息苦しいような暑さ/~를 피하다 暑さを避ける. **2** 〘韓方〙 暑気当たり. 暑さ負け. 夏負け.

◆**더위가 들다** 暑気当たりする. 夏負けする.

◆**더위를 먹다** 暑気当たりする. 暑さ負けする. 夏負けする.

◆**더위를 타다** 暑がる. 暑さに負ける. 暑さに弱い.

-더이까 語尾 〔'-더니이까'의 준말〕…でございましたか.

더치다 I 自 (病気が)ぶり返す. 再び悪化する. 高じる. ¶목욕을 해서 감기가 더쳤다 風呂に入って風邪がぶり返した.

II 他 (感情を)害する. そこなう.

더펄거리다[-대다] 自 **1** (短いおかっぱの髪などが)風に吹かれてそよぐ. ¶머리가 바람에 ~ 髪の毛が風にそよぐ. **2** そそっかしくふるまう. ¶좀 더펄거리지만 성격은 좋다 ちょっとそそっかしいが性格はいい.

더펄더펄 副 하自 **1** (風に吹かれて)ふわふわ(と). ゆらゆら(と). **2** そわそわ(と). ふらふら(と).

더펄머리 名 ふさふさした髪, そのような髪の人.

더하기 名 〘數〙 足し算. 加法.

더하다 I 自 (前よりも)ひどくなる. 激しくなる. 増す. 募る. ¶병세가 ~ 病気が重くなる/외로움이 ~ わびしさが募る/바람이 점점 더해 가는 것 같다 風がだんだん激しくなるようだ.

II 他 加える. 付け加える. ふやす. 加算する. 多くする. ¶7에 9를 ~ 7に9を足す/국에 양념을 ~ スープにヤンニョムを加える/인원을 더해서라도 일을 끝내라 人数をふやしてでも仕事を終えなさい.

III 形 より多い. より大きい. よりひどい. より以上だ. ¶인색하기로 말하면 그가 ~ けちといえば彼のほうがひどい/이보다 더한 모욕은 없다 これ以上の侮辱はない.

◆**더할 나위 없다** この上ない. 申し分ない. 最上である. ¶더할 나위 없이 좋은 신랑감 この上ないいい婿がね.

더한층[一層] 副 なおいっそう. よりいっそう. ますます. なおさら.

덕[德] 名 **1** 徳. ¶~을 베풀다 徳を施す/~을 기리다 徳をたたえる/선행으로 ~을 쌓다 善行によって徳を積む. **2** 恩恵. おかげ. ¶부모 ~으로 편안히 살다 父母のおかげで心安らかに暮らす/남편 ~에 저도 감투를 쓰네요 主人のおかげで私も偉くなったようだわ.

◆**덕을 보다** おかげをこうむる. 慈悲を受ける. 恩恵にあずかる.

◆**덕이 되다** 得になる. 利益になる. 助けになる. ¶그의 조언이 크게 ~이 되었네 彼の助言が大きな助けになったよ.

덕담[德談] 名 하自 正月に交わす幸運や成功を祈る言葉.

덕대 名 〘鑛〙 下請けで鉱山を採掘する人.

덕대갱[一坑] 名 トクデ(덕대)が採掘する坑.

덕망[德望] 名 徳望. ¶~이 높다 徳望が高い.

덕목[德目] 名 徳目. 道徳の細目〈忠·孝·仁·義·礼など〉.

덕분[德分] 名 おかげ. 恩恵. 助力. ¶친구 ~에 성공했습니다 友達のおかげで成功しました/~에 무사히 지내고 있습니다 おかげさまで無事に暮らしています.

덕성[德性] 名 徳性. 道徳心. 道義心. ¶~을 기르다 徳性を養う.

덕성스럽다 形 徳性が備わっているように見える. 慈悲深く見える. 福々しい.

덕스럽다[德一] 形 徳があるように見える. 慈悲深い.

덕용[德用] 名 徳用.

덕용품[一品] 名 徳用品.

덕장 名 (魚などを干す)干し竿, その干し竿をかける所.

덕적덕적 副 〔먼지·때 따위가 두껍게 붙어 있는 모양〕こてこて(と). べたべた(と).

덕지덕지 副 하形 べっとり. べたべた. ¶때가 ~ 끼었다 垢がべっとりついている.

덕택[德澤] 名 おかげ. 恩恵. ¶협조해 주신 ~으로 ご助力いただいたおかげで/자네 ~으로 편하게 되었네 君のおかげで楽になったよ.

덕행[德行] 名 徳行. ¶~을 쌓다 徳行を積む.

덖다[1] 自 ひどく垢じみる. 垢がべとつく.

덖다[2] 他 (魚·肉·豆·野菜などを水を加えずに)いためる. 煎る.

-던 語尾 …だった…. …かった…. …(して)いた…. …した…. ¶즐겁~ 그 시절이 그립구나 楽しかったあの時代が懐かしいなあ/과수원이~ 곳에 공장이 들어섰다 果樹園であったところに工場が建った/어제는 춥~ 날씨가 오늘은 따뜻하다 昨日は寒かったが今日は暖かい/잘 먹~ 아이가 요즘은 통 먹질 않는다 よく食べていた子供がこのごろは全然食べない/그는 올림픽에 참가했~ 경력이 있다 彼はオリンピックに参加した経歴がある.

-던가 語尾 **1** 〔간접 의문〕…だったかどうか. …したかどうか. ¶그녀와 어디서 만났~ 기억이 안 난다 彼女とどこで会ったのか思い出せない. **2** 〔회상하

여 물음〕…した(の)かな. …だったかな. ¶그런 일이 있었~ そんなことあったかな/누가 제일 컸~ 誰がいちばん大きかったかな/그것이 작년 가을이~ それが昨年の秋だったかな. **3**〔과거 일의 자문이나 후회〕…だったかな. …だろうか. ¶그게 누구~ あれは誰だったかな/내가 왜 그때 아내의 말을 안 들었~ 私はなぜあのとき妻の言うことをきかなかったんだろうか. **4**〔상대방의 경험을 물음〕…した(の)かね. …だったかね. ¶거기에도 눈이 왔~? そちらでも雪が降っていたかね.

-던걸 語尾〔회상·감탄〕…だったよ. …したよ. ¶그 영화는 정말 재미있~ あの映画は本当に面白かったよ/그는 어학 실력이 뛰어나~ 彼は語学の実力が抜群だったよ/신부가 아주 미인이~ 花嫁がすばらしい美人だったよ.

-던데 語尾 **1**〔역설〕…ていたが. …ていたのに. ¶아까 그 사람이 오~ 왜 안 보이나? さっきあの人が来ていたのにどうして見えないのか. **2**〔감탄〕…だったよ. …だったのに. ¶듣던 대로 훌륭한 학자~ 評判どおり立派な学者だったのに/대단한 미남이 ~ すごい美男子だったよ.

-던들 語尾〔현재의 결과와 반대되는 가정〕…し(てい)たなら. …であったなら. ¶좀더 참았~ 싸움은 되지 않았을 텐데 もう少し我慢していたなら, けんかにはならなかったはずなのに.

던적스럽다 形 汚い. 卑しい. いやらしい. けち臭い. さもしい. ¶던적스럽게 굴다 けち臭くふるまう/던적스러운 마음 さもしい心.

던져두다 他 捨てておく. ほうっておく. ¶책을 아무데나 던져두지 마세요 本をほうぼうにほうっておかないでください.

-던지 語尾 **1**〔간접 의문〕…した(の)か(どうか). …だった(の)か(どうか). ¶그때 그가 있었~ 생각이 나요? あのとき彼がいたかどうか覚えていますか/술에 취해서 어떻게 했~ 기억이 없다 酒に酔ってどうしたのか覚えていない. **2** (‘어찌[얼마나]…던지’의 꼴로)〔이유·원인〕あまりに…したので. とても…だったので. ¶어찌 분하~ 소리를 질러 버렸다 あんまり腹が立ったので大声を張り上げてしまった/얼마나 기뻤~ 그만 울어 버렸다 とてもうれしかったのでつい泣いてしまった.

던지다 他 **1** (物を)投げる. (人を)投げ飛ばす. ¶돌을 던져 유리를 깨뜨렸다 石を投げてガラスを割った/폭탄을 ~ 爆弾を落とす. **2** (身を)投げる. 投じる. 飛び込む. ¶바다에 몸을 ~ 海に身を投げる/교육계에 몸을 던지기로 결심했다 教育界に身をささげることを決意した. **3** 投げかける. ¶화제를 ~ 話題を投げかける/미소를 ~ 微笑を投げかける/전세계에 충격을 던져 주었던 화제작 全世界に衝撃を投げかけた話題作. **4** あきらめる. 放棄する. 見捨てる. ¶돌을 ~ (囲碁で)投げを打つ/사표를 ~ 辞表をたたきつける. **5** 投票する. ¶깨끗한 한 표를 던지자 清い一票を投じよう/찬성표를 ~ 賛成票を投じる. **6** (命·財産などを)投じる. 投げ出す. 注ぎ込む. ¶사재를 던져서 장학회를 만들었다 私財をなげうって奨学会をつくった.

던지럽다 形 卑しい. 下品だ. ¶던지러운 말씨 下品な言葉遣い.

덜 副 **1** (주로 형용사·부사 앞에 쓰여) 少なく. 少なめに. いくぶん少なく. ¶어제보다는 ~ 춥네요 昨日ほどは寒くありませんね/비행기보다는 ~ 빠르다 飛行機よりは速くない. **2** (동사 앞에 쓰여) まだ…(し)ない. ¶~ 익은 사과 十分に熟していないりんご/잠이 ~ 깨었다 眠りからまだ覚めていない/~ 마른 속옷 生乾きの下着.

덜거덕 副 하自他 がたっと. ごとっと. ¶대문이 ~하다 門ががたっと音を立てる.
덜거덕거리다[-대다] 自他 がたがたする. ごとごとする. ¶트럭이 덜거덕거리며 지나간다 トラックががたがた音を立てながら通っていく.
덜거덕덜거덕 副 하自他 がたがた(と). ごとごと(と).

덜거덩 副 하自他 がちっと. がつっと. がたっと. ごとっと.
덜거덩거리다[-대다] 自他 しきりにごとごと[がたがた]する. ¶버스가 시골길을 덜거덩거리며 달리고 있다 バスが田舎道をがたごとと走っている.
덜거덩덜거덩 副 하自他 がたんがたん(と). ごとんごとん(と).

덜걱 副 하自他 〔‘덜거덕’의 준말〕がたっと. ごとっと.
덜걱거리다[-대다] 自他 がたがたする. ごとごとする.
덜걱덜걱 副 하自他 がたがた(と). ごとごと(と).

덜그럭 副 하自他 ごとっと. がちゃっと. がつっと.
덜그럭거리다[-대다] 自他 しきりにごとごとする. がちゃがちゃする. がたんがたんする. ¶창문이 바람에 덜그럭거렸다 窓が風でごとごとと鳴った.
덜그럭덜그럭 副 하自他 ごとごと(と). がたんごとん(と). がちゃがちゃ(と). ¶~ 밥상 차리는 소리가 들린다 がたごとと膳立てをする音が聞こえる.

덜그렁 副 하自他 がちゃん(と).
덜그렁거리다[-대다] 自他 がちゃがちゃする. ¶열쇠꾸러미를 덜그렁거리며 문을 연다 鍵束をがちゃがちゃさせながら戸をあける.
덜그렁덜그렁 副 하自他 がちゃんがちゃん(と). がたんがたん(と).

덜다 他 **1** (数量を)減らす. 少なくする. 引く. ¶경비를 ~ 経費を少なくする/밥이 너무 많으니 덜어 주세요 ご飯が多過ぎるので減らしてください. **2** (一部分を)分ける. 分担する. ¶동생에게도 간식을 덜어 주어라 弟にもおやつを分けてやりなさい/일을 여러 사람이 덜어서 하고 있다 大勢の人が分担して仕事をしている. **3** 軽減する. 緩和する. 軽くする. 和らげる.

¶정신적 부담을 ~ 精神的負担を軽くする / 고통을 ~ 苦痛を和らげる / 도로가 많아져서 교통난을 덜어 주었다 道路が多くなって交通難を緩和してくれた.

덜덜 副 **1**〔떠는 모양〕ぶるぶる(と). がたがた(と). がくがく(と). ¶너무도 무서워서 무릎이 ~ 떨렸다 あまりにも恐ろしくて膝ががくがくと震えた. **2**〔구르는 소리〕がらがら(と). がたがた(と). ごとごと(と). ¶수레가 ~ 굴러간다 荷車がごとごと進んで行く.

덜덜거리다[-대다] 自他 **1** (寒さや恐ろしさのため) ぶるぶる[がたがた]震える. **2** がらがらと音がする[音を立てる].

덜되다 形 **1** 完成していない. でき上がっていない. ¶수속이 ~ 手続きがまだだ. **2** まぬけだ. (頭が)足りない. 軽率だ. 軽薄だ. ¶덜된 수작을 하다 ばかげた話をする.

덜렁 副 하自他 **1**〔큰 방울 소리〕がらんと. がちゃんと. どしんと. **2**〔놀라서 가슴이 울리는 모양〕どきっと. どきどき(と). ¶교통 사고란 말만 들어도 가슴이 ~ 내려앉는다 交通事故という言葉を聞くだけでも胸がどきっとする. **3**〔경솔하게 행동하는 모양〕ふらふら(と). うっかり(と).

덜렁거리다[-대다] 自他 **1** (大きな鈴や固くて大きいものが) がらんがらんと鳴る. がたがたと鳴る. **2** (驚き·恐怖で胸が) どきどきする. ひやひやする. **3** (軽率に) ふらふら行動する. そそっかしくふるまう.

덜렁쇠 名 そそっかしい人. あわてんぼう. おっちょこちょい. 軽薄な人.

덜렁이 名 そそっかしい人. あわてんぼう.

덜름하다 形 **1** (衣服などが体に比べて) 短すぎる. つんつるてんだ. ¶덜름한 양복바지 つんつるてんのズボン. **2** (家などが周囲と調和せずに) ぽつんとそびえている[ぽつんと立っている].

덜리다 自 少なくなる. 減る. 和らぐ. 軽くなる. 衰える. 減らされる. ¶아까보다 물건이 많이 덜린 것 같다 さっきより品物がずいぶん減ったようだ / 걱정이 ~ 心配が和らぐ.

덜먹다 Ⅰ 他 **1** 食べ残す. **2** 少なめに食べる.

Ⅱ 自 軽率で浅はかに自分勝手にふるまう.

덜미 名〔'뒷덜미'의 준말〕首筋. 首根っこ.

◆**덜미를 누르다** 首根っこを押さえる.

◆**덜미를 잡히다** ① 首筋をつかまれる. ② 首根っこを押さえられる. 弱点を握られる.

◆**덜미를 짚다** ① 首筋をつかむ. ② せき立てる.

덜미잡이 名 하他 **1** 首筋を捕まえること. **2** 〈シルム(씨름)で〉首投げ.

덜커덕 副 하自他〔단단한 물건이 맞닿아서 나는 소리〕がたんと. ごとんと. ¶문이 ~ 닫혔다 戸ががたんと閉まった.

덜커덕거리다[-대다] 自他 (固くて大きいものがぶつかり合って) がたがたする. ごとごとする.

덜커덕덜커덕 副 하自他 がたがた(と). ごとごと(と).

덜커덩 副 하自他〔'덜거덩'의 거센말〕がらっと. がつっと. がたっと. ごとっと.

덜커덩거리다[-대다] 自他 しきりにがらがらする. がたがたする. ¶바람에 문이 ~ 風で戸ががたがたする.

덜커덩덜커덩 副 하自他 がたんがたん(と). がらがら(と). ごとんごとん(と).

덜컥[1] 副 하自他〔'덜커덕'의 준말〕がたんと. ごとんと.

덜컥거리다[-대다] 自他 がたがたする. ごとごとする.

덜컥덜컥 副 하自他 がたがた(と). ごとごと(と).

덜컥[2] 副 ぎくりと. ぎくっと. どきん. ぽっくりと. どっと. ¶겁이 ~ 나다 どきっとする / 가슴이 ~ 내려앉다 胸がどきんとする / 심한 충격을 받고 ~ 쓰러졌다 激しい衝撃を受けてどっと倒れた / 피로가 겹쳐 ~ 병이 났다 疲労が重なってどっと病の床についた.

덜컹 副 하自他〔'덜커덩'의 준말〕がらっと. がつっと. がたっと. ごとっと.

덜컹거리다[-대다] 自他 しきりにがらがらする. がたがたする.

덜컹덜컹 副 하自他 がたんがたん(と). がらがら(と). ごとんごとん(と).

덜하다 Ⅰ 自 減る. 和らぐ. 薄らぐ. ¶병세가 ~ 病状が少しよくなる / 기침이 ~ 咳が和らぐ / 슬픔이 덜해지다 悲しみが薄らぐ.

Ⅱ 他 減らす. 少なくする. 減ずる. ¶식사를 ~ 食事を減らす / 일을 ~ 仕事を少なくする.

Ⅲ 形 ひどくない. より少ない. ¶이 김치는 매운 맛이 ~ このキムチは辛さがそれほどでない / 관객이 전보다는 ~ 観客が前よりは少ない.

덤 名 **1** (物を買うときにつく) おまけ. 景品. ¶~으로 받은 물건 景品としてもらった品物. **2** (囲碁で) 込み.

덤덤하다 形 **1**〔말이 없다〕(当然, 言うべきときに) 黙っている. 黙々としている. ¶덤덤하게 앉아 있다 黙って座っている. **2**〔차분하다〕平然としている. 淡々としている. ¶덤덤하게 이야기하다 淡々と話をする / 덤덤한 표정 淡々とした表情. **3**〔싱겁다〕(味が) 薄い. 味がない. 水っぽい. ¶고깃국 맛이 ~ 肉のスープの味が薄い.

덤덤히 副 黙々と. 淡々と.

덤벙 副 하自 どぶん(と). どぼん(と). ¶강물 속에 ~ 뛰어들다 川の中にどぶんと飛び込む.

덤벙거리다[-대다] 自 **1** どぼんどぼん音がする. ばちゃばちゃはねる. ¶연못 속에서 잉어가 ~ 池で鯉がばちゃばちゃはねる. **2** せかせかする. あたふたする. ¶덤벙거리지 말고 차근차근히 풀어라 せかせかしないでじゅんじゅんに解きなさい.

덤벙덤벙 副 하自 **1** どぶんどぶん(と). どぼんどぼん(と). **2** せかせか(と). あたふた(と).

덤벼들다 自 飛びつく. 襲いかかる. くってかかる. ¶사납게 ~ 荒々しく襲い

かかる／호랑이가 입을 떡 벌리고 덤벼들었다 虎が口をがっとあけて飛びかかってきた.

덤불 名 (ぼうぼうとした)草むら. 茂み. やぶ. ¶ 가시 ～ いばらのやぶ.

덤불지다 自 草むらができる. 草むらになる.

덤비다 自 **1** 〔대들다〕 飛びかかる. 襲いかかる. はむかう. 挑む. ¶ 개가 ～ 犬が飛びかかる／강적에게 ～ 強敵に挑む. **2** 〔서두르다〕 急ぐ. あわてる. 焦る. ¶ 시험에는 덤벼서는 안 된다 試験では焦ってはいけない.

덤뻑 副 いきなり. やにわに. 不意に. むやみに. うっかり. ¶ 뜨거운 물에 손을 ～ 넣어 데었다 熱湯に手をうっかり入れてやけどした／싸움에 ～ 달려들었다가 매만 맞았다 けんかにひょいと入りこんで殴られた.

덤터기 名 (他人に押しつけたり, また押しつけられたりして起こる)心配事.

◆**덤터기를 쓰다** ① 他人の心配事をしょい込む. ② (身に覚えのない)疑いをかけられる.

◆**덤터기를 씌우다** 心配事を人に押しつける. ぬれぎぬを着せる.

덤핑〔dumping〕 名 ダンピング.

덤핑 방지 관세〔一防止關稅〕 名 〔經〕 ダンピング関税.

덥다 形 **1** (気候が)暑い. 反 寒い ¶ 오늘은 날씨가 너무 ～ 今日は暑すぎる／7월 말이니 한창 더울 때다 7月末だからまさに暑い盛りだ／오늘도 덥겠다 今日も暑くなるだろう. **2** 体温が高い. 熱がある. 熱い. ¶ 인삼은 몸을 덥게 한다고 한다 朝鮮人参は体を温める性質があるという. **3** 温かい. 暖かい. ¶ 더운 밥 温かいご飯／술을 덥게 해서 마시다 酒を温めて飲む.

덥석 副 さっと. ぱっと. むんずと. がぶりと. ¶ ～ 물다 ぱくっとかみつける／～ 손을 잡다 さっと手をつかむ.

덥석덥석 副 さっと. むんずと. がぶりがぶりと. ¶ ～ 먹어 치웠다 ぱくぱくと食べてしまった.

덧[1] 名 (きわめて短い)間. 短時間. ¶ 어느～ いつの間にか.

덧-[2] 接頭 〔겹·거듭·더함〕 さらに重ねる·加えるの意を表わす. ¶ ～버선 ポソンの上に重ねて履くポソン／～대다 (布などを)重ね当てる／～붙이다 つけ加える.

덧가지 名 よけいな枝. むだ枝.

덧거리 名 하他 **1** 余分. 付け足し. **2** 大げさに言うこと. 誇張.

덧거리질 名 하他 大げさに言うこと. 誇張.

덧걸다 他 (かけた上に)重ねてかける.

덧걸리다 自 **1** (かかっている上に)重ねてかかる. ¶ 한 못에 많은 옷이 덧걸려 있다 一つの鉤に多くの着物が重ねてかかっている. **2** 一つのことに他のことが重なり合う.

덧그림 名 薄紙に写しとった絵.

덧깔다 他 (敷いたものの上に)重ねて敷く.

덧나다[1] 自 **1** 〔더치다〕 (病気·傷が)こじれる. ぶり返す. 悪くなる. ¶ 상처가 ～ 傷口が悪化する. **2** 〔성나다〕 (感情を)そこなう. **3** 正常の状態を失う. ¶ 입맛이 ～ 食欲がなくなる.

덧나다[2] 自 重ねて出る. 二重に生える. ¶ 이가 ～ 歯が重なって生える.

덧내다 他 **1** (病気·傷を)こじらす. ¶ 병을 ～ 病をこじらす／부스럼 딱지를 떼어 ～ できもののかさぶたをはがして傷が悪化する. **2** (感情を)そこねる.

덧니 名 八重歯.

덧니박이 名 八重歯の生えた人.

덧대다 他 (布などを)さらに重ねて当てる. ¶ 헝겊을 덧대어 깁다 布切れを二重に当てて縫う.

덧덮다 他 重ねて覆う. ¶ 너무 추워서 이불을 덧덮었다 あまり寒くて布団を重ねた.

덧들다 自 (一度目が覚めて)寝つけない. 寝そびれる. ¶ 시름으로 잠이 덧들어서 뒤척거리다 心配のあまり寝つけずしきりに寝返りを打つ.

덧들이다 他 **1** (感情を)害する. そこなう. ¶ 남의 감정을 ～ 人の感情をそこなう. **2** 寝そこなう. 寝そびれる.

덧문〔一門〕 名 二重扉[窓]の外側の扉[窓].

덧바지 名 下履きのパジの上に履くパジ.

덧버선 名 (ポソンや靴下の上にさらに履く)ポソン.

덧붙다 自 **1** 重なって張られている. ¶ 답안지가 벽에 덧붙어 있다 答案用紙が壁に重なって張られている. **2** 余分につく. ¶ 친척집에 덧붙어 살다 親戚の家にやっかいになる.

덧붙이기 名 付け加えること[もの]. 付け足し.

덧붙이다 他 **1** さらに付け加える. 重ねてつける. ¶ 덤으로 하나를 덧붙여 주었다 おまけとして一つつけてくれた／창호지를 두 장씩 ～ 障子紙を2枚ずつ重ねて張りつける. **2** 付け加えて言う. ¶ 한 마디 ～ 一言つけ加える／덧붙여서 ちなみに.

덧세우다 他 さらに付け加えて立てる.

덧셈 名 하自 足し算. 寄せ算. 加法. 反 引き算.

덧셈표〔一標〕 名 加号. プラス記号.

덧소금 名 (塩辛や塩漬けをつくるとき)いちばん上にたっぷり振りかける塩.

덧신 名 (雨のときなどに)靴の上に履く靴. オーバーシューズ.

덧신다 他 (靴や靴下の上に)重ねて履く. ¶ 양말 위에 버선을 ～ 靴下の上にポソンを重ねて履く.

덧씌우다 他 かぶせた上にさらにかぶせる.

덧양말〔一洋襪〕 名 靴下カバー.

덧없다 形 **1** 瞬く間である. つかの間である. ¶ 덧없는 세월 瞬く間に過ぎる歳月. **2** はかない. 無常である. あっけない. ¶ 덧없는 인생 はかない人生. **3** とりとめがない. とらえどころがない. さだかでない. あてにならない. **덧없이** 副 はかなく. むなしく. とりとめもなく. ¶ 세월이 ～ 간다 歳月がむなしく過ぎる.

덧저고리 名 チョゴリの上に重ねて着る上衣. 上っ張り.

덩굴 名〔植〕蔓. ¶ ～풀 蔓草 / ～이 뻗다 蔓がはう.

덩굴손 名〔植〕巻きひげ.

덩굴지다 自 蔓が生い茂る. 蔓が絡む.

덩굴치기 名 無駄な蔓を切ること.

덩그렇다 形 **1** 高くそびえている. 堂々とそびえ立っている. ¶ 덩그렇게 큰 집에서 혼자 살고 있다 高くそびえる大きな家に独りで住んでいる. **2** (大きな建物の中が)がらんとしている. ¶ 창고 안이 덩그렇게 비었다 倉庫の中ががらんと空いている.

덩달다 自 ((주로 '덩달아(서)'의 꼴로)) (他人の言動に)つられて. 同調して. まねて. ¶ 영문도 모르고 덩달아 웃다 訳も分からずつられて笑う.

덩더꿍 副〔북을 칠 때 나는 흥겨운 소리〕どんどん(と).

덩덩 副〔북이나 장구 소리〕どんどん(と). とんとん(と). ¶ ～ 북을 울리다 どんどん太鼓を鳴らす.

덩실거리다[-대다] 自 (興に乗って)しきりに踊りまくる. ¶ 기뻐서 ～ 喜んで踊りまくる.

덩실덩실 副 하自 ひょいひょい(と). ¶ ～ 춤추다 ひょいひょいと踊る.

덩실하다 形 (建物などが)堂々とそびえている.

덩어리 名 **1** 塊. ¶ 흙～ 土くれ / 얼음～ 氷の塊 / 골칫～ 悩みの種. やっかい者. **2** 多くの人の集まったグループ. ¶ 가족이 한 ～로 뭉쳐 열심히 살다 家族が一つになって一生懸命に暮らす.

덩어리지다 自 塊になる. 固まる. ¶ 덩어리진 설탕 固まった砂糖.

덩이 Ⅰ 名 小さな塊. ¶ 쇳～ 鉄の塊 / 돌～ 石くれ.
Ⅱ 依名 個. ¶ 메주 두 ～ 味噌玉2個.

덩이덩이 名 多くの塊. ¶ 수박이 ～ 열리다 すいかがごろごろなっている.

덩이뿌리 名〔植〕塊根.

덩이줄기 名〔植〕塊茎.

덩치 名 〈俗〉図体. 体格. なり. ¶ ～만 컸지 아직 어린애입니다 図体ばかり大きくてまだ子供です.

◆**덩칫값을 하다** (体格·体力において)一人前の用[役割]をなす.

덩크 슛〔dunk shoot〕名〔體〕(バスケットボールで)ダンクシュート.

덫 名 罠. 落とし穴. トリック. ¶ ～에 걸리다 罠にかかる / ～을 놓다 罠を仕掛ける.

덮개 名 **1** 覆い. カバー. ¶ 차에 ～를 씌우다 車に覆いをかける. **2** 掛け布団. **3** 蓋. ¶ 항아리에 ～를 덮다 甕に蓋をする.

덮다 他 **1** 覆う. かぶせる. ¶ 온상을 비닐로 ～ 温床をビニールで覆う / 밥상에 상보를 ～ 食卓にテーブルクロスをかける / 추우면 담요를 더 덮으세요 寒かったらもっと毛布をかけてください. **2** 蓋をする. 蓋をかぶせる. ¶ 솥뚜껑을 ～ 釜に蓋をする / 병에 코르크 마개를 ～ 瓶にコルク栓をする. **3** とじる. 閉める. ¶ 책을 ～ 本を閉じる. **4** 覆い隠す. 包み隠す. ¶ 온 하늘을 덮은 먹구름 空一面を覆った黒雲 / 얼굴을 수건으로 덮고 있다 顔をタオルで覆い隠している. **5** 秘密にする. 公表しない. (事実を)伏せる. 見逃す. ¶ 허물을 ～ 過ちを見逃す / 덮어 둔 비밀이 폭로되었다 隠しておいた秘密がばれた.

덮밥 名 どんぶり物. ¶ 계란 ～ 卵どんぶり / 장어 ～ うなどん. うなぎどんぶり.

덮어놓고 副 (良し悪しを)問わず. 何であろうと. とにかく. むやみに. ¶ 구경이라면 ～ 좋아한다 見物といえば何でも好きだ / ～ 떠들어댄다 所構わず騒ぎ立てる.

덮어놓다 他 **1** (蓋などで)覆っておく. 閉めておく. ふさいでおく. かぶせておく. ¶ 장독에 뚜껑을 ～ しょう油がめに蓋をする. **2** (秘密などを)隠しておく. 伏せておく. とがめない. 見逃す. ¶ 이 일은 없었던 일로 하고 덮어놓자 このことはなかったことにして伏せておきましょう.

덮어두다 他 **1** 覆っておく. かぶせておく. **2** 伏せておく. 見て見ぬふりをする. ¶ 실수를 ～ 失敗を見逃す / 이번 일만은 덮어둘 수 없다 今度のことだけは伏せておくことができない.

덮어쓰다 他 **1** (罪·責任を)かぶる. ぬれぎぬを着る. ¶ 남의 죄를 ～ 人の罪をかぶる. ぬれぎぬを着る. **2** (全身に)かぶる. 覆いかぶる. ¶ 이불을 머리까지 덮어썼다 布団を頭までかぶった. **3** (ほこり·水などを)ひっかぶる. かぶる. ¶ 먼지를 덮어쓰고 대청소를 하다 ほこりをかぶりながら大掃除をする.

덮어씌우다 他 **1** (帽子·蓋などを)かぶせる. 覆う. **2** (罪などを)他人になすりつける[かぶせる]. ¶ 책임을 동료에게 ～ 責任を同僚になすりつける. **3** (水·ごみなどを)かぶらせる. ぶっかける.

덮이다 自 **1** かけてある. かかっている. ¶ 엷은 갈색 레이스가 덮인 식탁 薄い褐色のレースがかけてある食卓. **2** 覆われる. ¶ 온통 눈으로 덮인 산길 すっかり雪に覆われた山道. **3** (器物の口などが)ふさがれる. 蓋をされる. ¶ 항아리에 뚜껑이 ～ 壺に蓋がかぶせられる. **4** 隠される. 包まれる. ¶ 하늘이 구름에 덮여 컴컴하다 空が雲に覆われて暗い. **5** (開いたものが)とじられる. 閉められる. 伏せられる. ¶ 잠이 와서 절로 눈이 덮인다 眠たくて自然にまぶたが合わさる.

덮치다 自他 **1** 覆いかぶさる. 襲いかかる. 襲う. ¶ 파도가 ～ 波が襲いかかる / 상대를 ～ 相手を押さえつける / 수리가 병아리를 ～ わしがひよこに襲いかかる. **2** (いろいろな事が)一度に押し寄せる. ¶ 불운에 불운이 ～ 不運の上にさらに不運が押し寄せる. **3** 襲撃する. 突然踏み込む. ¶ 현장을 덮쳐 범인을 잡다 現場を押さえて犯人を捕らえる.

데[1] 依名 **1** 所. 場所. ¶ 가는 ～가

어딘가? 行く先はどこかね / 잘 ~가 없다 寝る所がない / 위험한 ~는 가지 마라 危ない所には行くな. **2** 場合. 状態. 時. ¶ 뜨개질하는 ~ 쓰이는 바늘 編物をするときに使われる針 / 이렇게 된 ~ 대한 책임 こんなふうになったことに対する責任. **3** (…する)こと. (…する)のに. ¶ 그녀는 글 쓰는 ~ 재능이 있다 彼女は文章を書くことに才能がある / 정상까지 오르는 ~ 2시간 걸렸다 頂上まで登るのに2時間かかった. **4** ('…데다가'의 꼴로) …であるうえに. …するうえに. ¶ 그 여자는 아름다운 ~다가 예의가 바르다 彼女は美しいうえに礼儀正しい / 오늘은 비가 오는 ~다가 바람까지 분다 今日は雨が降っているうえに風まで吹いている.

데-² 接頭 〔불완전함〕 不十分な. 生…. 半…. ¶ ~삶다 生煮えにする / ~알다 生はんかだ / ~익다 未熟だ. 半熟だ.

-데³ 語尾 〔과거를 회상하여 말하거나 물음〕 …だったよ. …していたよ. …だったかね. …していたかね. ¶ 구경꾼이 많이 오~ 見物人がたくさん来ていたよ / 그는 아직도 평사원이~ 彼はいまだに平社員だったよ.

데구루루 副 하自 ころころ(と). ごろごろ(と). ¶ 구슬이 ~ 굴러간다 玉がころころと転がっていく.

데굴데굴 副 하自 ごろごろ(と). ¶ 상자 속에서 귤이 ~ 굴러 나왔다 箱の中からみかんがごろごろと転がり出た.

데그럭 副 하自他 〔부딪쳐 나는 소리〕 がたがた(と). ごとごと(と).

데그럭거리다[-대다] 自他 (固いものがぶつかり合って)がちゃがちゃ音がする. がたがたいう. ごとごと音がする.

데그럭데그럭 副 하自他 がたがた(と). ごとごと(と).

데꺽 副 **1** 〔부딪쳐 나는 소리〕 かたかた(と). **2** 〔손쉽게〕 直ちに. すぐに. 立ち所に. てきぱきと. ¶ ~ 승낙하다 直ちに承諾する / ~ 해치우다 てきぱきとやってのける.

데꺽거리다[-대다] 自他 かたかたと音をたてる.

데꺽데꺽 副 하自他 **1** がちゃんがちゃん(と). がたがた(と). **2** てきぱきと. ぱっぱと. 素早く. ¶ 출장 중에 밀린 일을 ~ 해치웠다 出張中にたまった仕事をてきぱきと片づけた.

데꾼하다 形 (疲れ切って目が)落ちくぼんでいる. (目が)くぼんでとろんとしている. ¶ 일로 피곤해서 눈이 ~ 仕事で疲れて目がくぼんでとろんとしている.

데다¹ 自他 **1** やけどをする. ¶ 덴 자국 やけどの跡 / 난로에 손을 데었다 ストーブで手をやけどした. **2** (ひどく驚いたり, つらい経験をしたりして)ひどい目にあう. 懲りる. ¶ 여행이라면 지긋지긋할 정도로 데었다 旅行なんてもうこりごりだ.

데다² 他 〔'데우다'의 준말〕 温める. 沸かす. ¶ 국을 ~ 汁を温める.

데데하다 形 つまらない. 取るに足りない. たいしたことない. ぱっとしない. ¶ 그 작품은 ~ その作品は取るに足りない.

데드라인〔deadline〕 名 デッドライン.

데드 볼〔dead ball〕 名〔體〕(野球の)デッドボール. 死球. ¶ ~을 맞다 デッドボールを当てられる.

데려가다 他 連れて行く. 連行する. ¶ 동생을 ~ 弟を連れて行く / 경찰서로 범인을 ~ 警察署に犯人を連行する.

데려오다 他 連れて来る. 連れて帰る. 連れ戻す. ¶ 처자를 고향에 ~ 妻子を故郷に連れて帰る.

데리다 他 (目下の人や動物などを)連れる. 率いる. 伴う. 連れて歩く. 引き連れる. 抱える. ¶ 데리고[데려] 가다 連れて行く / 데리고[데려] 오다 連れて来る / 학생들을 데리고 수학 여행을 떠났다 生徒たちを率いて修学旅行に行った / 개를 데리고 산책하다 犬を連れて散歩する.
◇주로 '데리고·데려·데리러'의 꼴로만 쓰임.

데릴사위 名 婿養子. 入り婿.

데림추 名 (主体性がなく)人の言いなりになる人. 腰巾着.

데마〔← 독 Demagogie〕 名 デマ. ¶ ~를 퍼뜨리다 デマを言いふらす.

데면데면하다 形 **1** きちょうめんでない. 軽率だ. おっちょこちょいだ. ¶ 데면데면해서 일을 맡길 수가 없다 おっちょこちょいなので仕事を任せられない. **2** よそよそしい. 無愛想だ. ¶ 인사도 나누지 않고 데면데면하게 앉아 있다 あいさつも交わさずによそよそしく座っている.

데모〔demo〕 名 デモ. デモンストレーション.

데모크라시〔democracy〕 名 デモクラシー. 民主主義.

데밀다 他 差し入れる. 押し込む. ¶ 책꽂이를 창쪽으로 ~ 書棚を窓側へ押し込む / 새장 안에 먹이를 데밀었다 鳥かごの中にえさを差し入れた.

데뷔〔프 début〕 名 하自 デビュー. ¶ 문단에 ~하다 文壇にデビューする.

데삶기다 自 十分に煮えていない. 生煮えになっている.

데삶다 他 半熟にする. 生煮えにする. 半煮えにする. ¶ 데삶은 생선 生煮えの魚 / 달걀을 ~ 卵を半熟にする.

데생〔프 dessin〕 名〔美〕デッサン.

데생각하다 自他 浅はかな考え方をする. 思い違いをする. 未熟な考え方をする.

데생기다 自 (人や物が)出来そこないだ. 不全だ. 未熟だ.

데설궂다 形 (性格が)粗雑だ. 大ざっぱだ. おおまかだ.

데스크〔desk〕 名 デスク.

데시-〔deci〕 接頭 デシ.

데시그램〔decigram〕 依名 デシグラム.

데시리터〔deciliter〕 依名 デシリットル.

데시미터〔decimeter〕 依名 デシメートル.

데시벨〔decibel〕 依名〔物〕デシベル.

데알다 他 よく知らない. 生かじりに知る. 生半可だ. ¶ 무슨 일이든지 데알

면 실수를 한다 どんなことでもよく知らなければ失敗をする.
데우다 他 温める. 沸かす. ¶목욕물을 ～ 風呂を沸かす/술을 ～ 酒の燗をする/찬밥을 ～ 冷飯を温める/우유를 데워 마시다 牛乳を温めて飲む.
데이터〔data〕名 データ. ¶～베이스 データベース.
데이터 통신〔―通信〕名〔컴〕データ通信.
데이트〔date〕名 하自 デート. ¶～ 시간 デートの時間/애인과 ～하다 恋人とデートする/～ 약속을 하다 デートの約束をする.
데익다 形 煮えきらない. 生煮えである. 半熟だ.
데치다 他 ゆがく. (熱湯に入れてさっと)ゆでる. ¶채소를 살짝 ～ 野菜をさっとゆがく.
데카-〔deca〕接頭 デカ.
데카그램〔decagram〕依名 デカグラム.
데카당〔프 décadent〕名 デカダン. ¶～파 デカダン派.
데카당스〔프 décadence〕名 デカダンス.
데카리터〔decaliter〕依名 デカリットル.
데카미터〔decameter〕依名 デカメートル.
데커레이션〔decoration〕名 デコレーション.
데퉁바리 名 無器用で気の利かない人. ぶきっちょ. まぬけ.
데퉁스럽다 形 愚鈍で気が利きかない.
데퉁하다 形 気が利かない. 愚鈍で融通が利かない.
덱데구루루 副 ごろごろ(と). ¶구슬들이 ～ 굴러가다 多くのビー玉がごろごろと転がっていく.
덱데굴덱데굴 副 하自〔크고 단단한 물건이 굴러가는 소리〕ごろごろ(と). がたがた(と). ごとんごとん(と).
덴가슴 名 (やけどした胸の意で)ひどい目にあってこりごりする気持ち. おじけづいた心.
덴겁하다 自 (思いがけないことに出会って)驚きあわてる. びっくり仰天する. あわてふためく. ¶덴겁하여 도망치다 びっくり仰天して逃げ出す.
덴마크〔Denmark〕名〔地〕デンマーク〈ヨーロッパ北部の王国〉.
덴바람 名 (船員用語で)北風.
델리킷〔delicate〕名 하形 デリケート. 繊細. 微妙. 扱いにくいこと. ¶～한 문제 デリケートな問題.
델린저 현상〔Dellinger 現象〕名〔物〕デリンジャー現象.
뎅 副 かあんと. ごおんと. じゃあんと. があんと. ¶절에서 종이 ～ 울렸다 寺で鐘がごおんと鳴り響いた. >댕
뎅겅 副 하自他 **1**〔금속 등이 부러지거나 부딪쳐 나는 소리〕かあんと. **2**〔물방울이 금속 등에 떨어지면서 나는 소리〕ぽたんと. ぽとんと.
뎅겅거리다[-대다] 自他 **1** 立て続けにかあんかあんと音がする. **2** 大きな水滴が金属などに落ちてしきりに音を出す.
뎅겅뎅겅 副 하自他 **1** かあんかあんと. **2** ぽとんぽとんと.
뎅그렁 副〔방울·풍경 등이 흔들려 나는 소리〕ちりりんと.
뎅그렁거리다[-대다] 自 ちりりんちりりんと鳴る. ¶바람에 방울이 ～ 風に鈴がちりりんちりりんと鳴る.
뎅그렁뎅그렁 副 하自 ちりりんちりりんと.
뎅뎅 副〔쇠붙이를 계속 두드릴 때 나는 소리〕かんかん(と). ごんごん(と). がんがん(と). >댕댕
도[1]〔度〕Ⅰ 名 度. **1** 程度. 限度. ほど. ¶～가 지나친 운동은 몸에 안 좋다 度を越した運動は体によくない/～가 지나친 농담 度の過ぎた冗談. **2**〔佛〕得度. 済度. **3** 眼鏡の度. ¶～가 센 안경 度の強い眼鏡.
Ⅱ 依名 度. **1**〔數〕角度の単位. ¶15～의 각 15度の角. **2** 温度の単位. ¶체온 39～ 体温39度/영하 50～ 零下50度. **3**〔地〕経度·緯度の単位. ¶북위 38～ 北緯38度. **4**〔物〕硬度·比重·濃度などの単位. ¶알코올 함량 40～의 위스키 アルコール含量40度のウイスキー. **5**〔樂〕音程を測る単位. **6**〔印〕回数. たび. ¶4～ 인쇄 4度刷り.
도[2]〔道〕名 **1** 道. 守るべき道理. **2** 宗教上の悟り. ¶～를 깨치다 道を悟る. **3** 技芸や忍術を行なう方法. ¶～가 텄다 技が神技に達した.
도[3]〔道〕名 道〈韓国行政区画の一つで日本の県にあたる〉.
도[4]〔이 do〕名〔樂〕(階名の)ド.
도[5] 助 **1**〔첨가〕…も. ¶꽃～ 피었다 花も咲いた/표창에다 상금～ 탔다 表彰に賞金ももらった. **2**〔열거〕…も. ¶달지～ 쓰지～ 않다 甘くも苦くもない/보지～ 듣지～ 못했다 見ることも聞くこともできなかった/돈～ 명예～ 싫다 金も名誉も嫌だ. **3**〔감탄〕…も. ¶참 좋기～ 하다 実によくもあるな/크기～ 하군 大きくもあるな. **4**〔의외〕…も. ¶이렇게 쉬운 단어～ 모르다니 こんなに易しい単語も知らないなんて/저 물건은 백만 원～ 더 넘는대 あの品物は百万ウォン以上もするんだって. **5**〔양보〕…でも. …も. ¶싼 것～ 좋습니다 安いものもいいです/오늘이라～ 상관없다 今日でもかまわない. **6**〔부정을 강조함〕…も. ¶뜯지～ 않은 편지 封も切ってない手紙/다 듣기～ 전에 뛰어나갔다 全部聞きもしないうちに飛び出していった/하나～ 없다 一つもない. **7**(‘아니다’를 수반하여)…でも(ない). ¶여름～ 아닌데 왜 이렇게 더울까? 夏でもないのにどうしてこんなに暑いのだろう. **8**(‘되다’를 수반하여)…にも(なる). ¶그렇게 게으름부리다가는 계장～ 못될 거다 そんなに怠けたのでは係長にもなれないだろう.
-도[6]〔度〕接尾 **1**〔연도〕…度. ¶금년～ 今年度. **2**〔정도·한도〕…度. ¶안전～ 安全度.
-도[7]〔島〕接尾 …島. ¶무인～ 無人島.

-도[8]〔圖〕 接尾 …図. ¶ 설계~ 設計図/모형~ 模型図.

도가[1]〔都家〕 名 **1** 同業者が集まって契や商談をする家. **2** 問屋. 卸売り商. ¶ 술~ 酒問屋/엿~ あめ問屋.

도갓집 名 **1** 同業者の会所になっている家. **2** 製造卸問屋. ¶ 장 ~ しょう油製造卸問屋.

도가[2]〔道家〕 名 **1** 道家〈諸子百家の一つ〉. 道教. **2** 道家·道教を信奉する人.

도가니[1] 名 **1**〔'무릎도가니'의 준말〕牛の膝蓋骨とその肉. **2** 牛の尻の肉.

도가니[2] 名 るつぼ. ¶ 열광의 ~로 변했다 熱狂のるつぼと化した.

도가머리 名 **1**〔動〕羽冠. **2** ぼうぼうの頭. くしゃくしゃの頭.

도감〔圖鑑〕 名 図鑑. ¶ 동물 ~ 動物図鑑/과학 ~ 科学図鑑.

도강〔渡江〕 名 하自 渡河. 川を渡ること. ¶ ~선 渡し船.

도개교〔跳開橋〕 名 跳開橋. 跳ね橋.

도거리 名 一括. ひとまとめ. ¶ ~로 팔아넘기다 まとめて売り飛ばす.

도검〔刀劍〕 名 刀剣. 刀.

도계〔道界〕 名 (行政区画上の)道と道との境界.

도공[1]〔刀工〕 名 刀工. 刀かじ. 刀匠.

도공[2]〔陶工〕 名 陶工. ¶ 이름난 ~ 名のある陶工.

도관〔導管〕 名 導管.

도괴〔倒壞〕 名 하自他 倒壊. ¶ 건물이 ~하다 建物が倒壊する.

도교〔道敎〕 名〔宗〕(中国の)道教.

도구〔道具〕 名 道具. ¶ 그림 그리는 ~ 絵をかく道具/말은 의사 전달의 ~이다 言葉は意思伝達の道具である.

도국〔島國〕 名 島国. ¶ ~근성 島国根性.

도굴〔盜掘〕 名 하他 盗掘. ¶ 고분을 ~하다 古墳を盗掘する.

도궤〔倒潰〕 名 하自 倒壊. ¶ 가옥이 ~하다 家屋が倒壊する.

도규〔刀圭〕 名 刀圭. **1** 粉末の薬を盛るさじ. **2** 医者. 医術. ¶ ~가 刀圭家/~계 刀圭界. 医術界/~술 刀圭術. 医術.

도그르르 副〔작고 무거운 물건이 구르는 모양〕ころころ(と). <두그르르

도글도글 副〔작고 무거운 물건이 구르는 모양〕ころころ(と). ころりころり(と). <두글두글

도금〔鍍金〕 名 하自他 鍍金. めっき. ¶ 수저에 은~을 입히다 箸とスプーンに銀めっきをする/금으로 ~한 반지 金でめっきした指輪.

도금액〔一液〕 名 めっき浴.

도급〔都給〕 名 請負. ¶ ~을 주다 請け負わせる/~을 맡다 請け負う. 引き受ける.

도급금〔一金〕 名 請負金.

도기〔陶器〕 名 陶器.

도깨그릇 名 甕·壺などの器の総称.

도깨비 名 小鬼. お化け. 鬼. ¶ ~에게 홀리다 お化けに化かされる.

도깨비놀음 名 何が何だか分からない奇怪な状況や成り行き.

도깨비불 名 **1** 人だま. 火の玉. 鬼火. きつね火. **2** 原因不明の火事. 不審火.

도끼 名 斧. ¶ ~로 찍다[자르다] 斧で切る.

도끼눈 名 (悔しさ·憎さで)にらみつける目.

도끼질 名 하自 斧で切ったり割ったりすること.

도나캐나 副 誰でも. 何でも(かんでも). 何もかも. ¶ ~ 좋다 何でもよい.

도난〔盜難〕 名 盗難. ¶ ~ 경보기 盗難警報器/~을 맞다[당하다] 盗難にあう.

도내〔道內〕 名 (行政区画の)道の中. 道内. ¶ ~의 명소 道内の名所.

도넛〔doughnut〕 名 ドーナツ.

도넛판〔一板〕 名 ドーナツ盤.

도넛 현상〔一現象〕 名 ドーナツ現象.

도닐다 自他 周辺[へり]を歩き回る. ¶ 강변을 ~ 川辺を歩き回る.

도다녀가다 自 来てすぐ帰る.

도다녀오다 自 行ってすぐ帰って来る.

도다리 名〔動〕目板鰈.

도달〔到達〕 名 하自 到達. 到着. ¶ 목표에 ~하다 目標に達する/세계적 수준에 ~되다 世界的水準に到達する.

도담스럽다 形 子供がふくよかで元気だ.

도담하다 形 子供がふくよかで元気だ.

도당〔徒黨〕 名 徒党. ¶ 반역의 ~ 反逆の徒党/~을 짓다 徒党を組む.

도대체〔都大體〕 副 **1** 一体. 一体全体. ¶ ~ 어디에 가 있었느냐? 一体どこへ行っていたんだ/~ 어떻게 된 거야? 一体全体どうしたんだ. **2**《부정의 표현과 함께 쓰여》全然. まったく. ¶ 그것은 ~ 이해할 수 없는 이야기다 それは全然理解できない話だ/뭐가 뭔지 ~ 모르겠다 何が何だかさっぱり分からない.

도덕〔道德〕 名 道徳. ¶ 공중 ~ 公衆道徳/~ 관념 道徳観念/~ 교육 道徳教育/~률 道徳律/~성 道徳性/~ 의식 道徳意識/~심을 기르다 道徳心を養う/~을 지키다 道徳を守る.

도덕관〔一觀〕 名 道徳観.

도덕 재무장 운동〔一再武裝運動〕 名 道徳再武装運動. エムアールエー(M.R.A.).

도덕적〔一的〕 冠名 道徳的. ¶ ~ 가치 道徳的価値.

도도록하다 形 (中ほどが)少し盛り上がっている. ふっくらとしている. ¶ 도도록한 볼 ふっくらとした頰/입술이 ~ 唇がふっくらとしている. **도도록이** 副 ふっくらと. 少しふくらんで.

도도하다[1] 形 横柄だ. 高慢だ. ¶ 고관이라고 태도가 ~ 高官だからと態度が傲慢だ. **도도히**[1] 副 横柄に. 高慢に. ¶ ~ 굴다 横柄にふるまう.

도도하다[2]〔滔滔一〕 形 滔々としている. ¶ 도도한 역사의 물결 滔々とした歴史

の流れ／도도한 그의 웅변 滔々たる彼の雄弁. **도도히**[2] 副 滔々と. ¶ ～ 흐르는 한강 滔々と流れる漢江.

도독하다 形 **1** やや厚い. やや太い. ¶ 도독한 손가락 やや太めの指. **2** 〔'도도록하다'의 준말〕 少し盛り上がっている. ふっくらとしている. <두둑하다

도두 副 伸び上がって高く. 高々と. ¶ 둑을 ～ 쌓다 堤防を高く築く.

도두뛰다 自 精一杯高く跳ぶ.

도두보다 他 実際よりもずっとよく見なす. 買いかぶる. 過大評価する. ¶ 사람을 ～ 人を過大評価する.

도두보이다 自 実際よりも大きく[よく]見える.

도두뵈다 自 〔'도두보이다'의 준말〕 実際よりずっとよく見える.

도둑 名 泥棒. ぬすっと. ¶ ～이 들다 泥棒が入る／～을 붙잡다 泥棒を捕らえる／～을 놓치다 泥棒を取り逃がす. 〔속담〕 **도둑이 제 발이 저리다** 泥棒の足がしびれる〈悪いことをすると気がとがめて必ずばれてしまう〉.

도둑고양이 名 野良猫. どら猫.

도둑놈 名 〈卑〉泥棒. ぬすっと.

도둑맞다 自他 泥棒にあう. 盗まれる. ¶ 현금을 도둑맞았다 現金を盗まれた.

도둑장가 名 人に知らせないでこっそり妻をめとること.

도둑질 名 하自他 盗むこと. 盗み. 泥棒に入ること. ¶ ～하러 들어가다 泥棒に入る.

〔속담〕 **도둑질을 해도 손이 맞아야 한다** 泥棒も気が合わなければできない〈頼りになる相棒がいなければ何事もできない〉.

도드라지다 Ⅰ 形 (顔の造作が大きかったり色が鮮やかで) 目立っている. ¶ 도드라지게 화려한 색깔의 옷 目立って派手な色の服／도드라지게 짙은 눈썹 とても濃いまゆ毛.
Ⅱ 自 膨らむ. 突き出る. ¶ 방석의 가운데가 자꾸 도드라진다 座布団の中央部がどうしても膨らむ.

도드미 名 目の粗い篩.

도떼기시장〔一市場〕 名 正規の市場でない場所で開かれている市場.

도라지 名〔植〕桔梗. ¶ ～를 캐다 桔梗(の根)を掘る.

도락〔道樂〕 名 道楽. ¶ 그에게 있어서 바둑은 단순한 ～이 아니다 彼にとって碁はただの道楽ではない.

도란거리다[-대다] 自 ひそひそと話す. ¶ 모녀가 밤이 깊도록 도란거리고 있다 母と娘が夜遅くまでひそひそと話し合っている.

도란도란 副 하自 (特に女性が)ひそひそ(と). ぼそぼそ(と). ¶ ～ 이야기하는 소리 ひそひそと親しく話し合う声.

도란형〔倒卵形〕 名 倒卵形〈卵を逆立ちさせた形〉.

도랑 名 溝. 用水路. どぶ. ¶ ～을 파다 溝を掘る／논에 ～을 내다 田に水路を掘る.

〔속담〕 **도랑 치고 가재 잡는다** 溝の掃除をしてざりがにを捕る〈事の順序が間違っている. 一挙両得である〉.

도랑창 名 どぶ. 不潔な溝. ¶ ～에 빠진 개 どぶにはまった犬.

도랑치마 名 (膝が見えるほど)短いチマ.

도래[1] 名 (丸い物の)周り. 周囲.

도래떡 名 (伝統的な結婚式で卓上に載せる)丸くて大きい白い餅.

도래방석〔一方席〕 名 丸い座布団.

도래샘 名 ぐるりと回って流れる泉の水.

도래송곳 名 **1** 円錐. 壺錐. **2** ねじ錐.

도래[2]〔到來〕 名 하自 到来. ¶ 새로운 시대가 ～했다 新しい時代が到来した.

도래[3]〔渡來〕 名 하自 渡来. 伝来. ¶ 불교의 ～ 仏教の伝来.

도량[1]〔←道場〕 名〔佛〕道場.

도량[2]〔度量〕 名 度量. ¶ ～이 큰 사람 度量の大きい[広い]人.

도량[3]〔跳梁〕 名 하自 跳梁. ¶ 도둑이 ～하다 盗賊が跳梁する.

도량형〔度量衡〕 名 度量衡.

도량형기〔一器〕 名 度量衡器.

도량형 원기〔一原器〕 名 度量衡原器.

도려내다 他 えぐる. くりぬく. 切り取る. 掘り抜く. ¶ 썩은 부분을 ～ 腐った部分をえぐる.

도련〔刀鍊〕 名 하他 たくさん重ねた紙のはしを切りそろえること.

도련치다 他 紙などのはしを切りそろえる.

도련칼 名 紙を切りそろえる刃物.

도련님 名 **1** 〔'도령'의 높임말〕 坊っちゃん. 若旦那. **2** 夫の未婚の弟の尊敬語.

도령 名〔미혼 남자〕 若い衆.

도로[1]〔徒勞〕 名 徒労. ¶ ～에 그치고 말았다 徒労に終わってしまった.

도로무공〔一無功〕 名 하形 徒労に終わって何も残っていないこと.

도로무익〔一無益〕 名 하形 徒労に終わること.

도로[2]〔道路〕 名 道路. ¶ 고가 ～ 高架道路／고속～ 高速道路／포장 ～ 舗装道路／산업 ～ 産業道路／～가 개통되다 道路が開通する／～를 횡단하다 道路を横断する.

도로망〔一網〕 名 道路網.

도로 표지〔一標識〕 名 道路標識.

도로[3] 副 **1** もとに[へ]. もとへ引き返して. もとどおり. ¶ 올라가다가 ～ 내려왔다 上りかけて引き返して下りてきた／액자를 제자리에 ～ 갖다 놓았다 額縁をもとの場所にもとどおり置いた. **2** 再び. また. ¶ 날씨가 ～ 추워졌다 また寒くなった／영어를 기초부터 ～ 공부한다 英語を基礎からまた勉強する.

도로 아미타불〔一阿彌陀佛〕 名 もとの木阿弥. ¶ 부주의 때문에 ～이다 不注意のためにもとの木阿弥だ.

-도록 語尾 **1** 〔정도·한계〕 …するまで. …するほど. ¶ 밤새～ 화투를 쳤다 夜が明けるまで花札をした／술에 취하～ 마셨다 酔うまで酒を飲んだ／죽～ 사랑했다 死ぬほど愛した. **2** 〔목표〕 …するように. …できるように. ¶ 내일은

5시에 일어나~ 해라 明日は5時に起きるようにしなさい/사고가 나지 않~ 조심해라 事故が起こらないように用心しなさい.
도롱이 名 簑.
도료〔塗料〕 名 塗料. ¶ ~를 칠하다 塗料を塗る.
도루〔盜壘〕 名 하自 〔體〕 (野球で)盗塁. ¶ ~왕 盗塁王.
도루묵 名 〔動〕 はたはた.
도륙〔屠戮〕 名 하他 殺戮. 皆殺し. ¶ ~이 나다 殺戮が行なわれる.
도르다¹ 他 吐く. 嘔吐する. ¶ 젖먹이가 젖을 ~ 乳飲み子が乳を吐く.
도르다² 他 **1** 〔분배하다〕 分配する. 配る. ¶ 선물을 돌랐다 贈り物を配った/이익을 ~ 利益を分配する. **2** 〔변통하다〕 (お金·物を)融通する. やりくりする. ¶ 돈을 돌라 쓴다 お金をやりくりして使う/임시로 남의 것을 돌라 온다 臨時に人のものを融通してくる. **3** 〔속이다〕 (もっともらしい理屈をつけて)人をだます. 欺く. ¶ 말을 이리저리 돌라서 이야기한다 あれこれ話してだます.
도르래¹ 名 竹とんぼ.
도르래² 名 〔物〕 滑車.
도르르 副 **1** 〔종이 등이 탄력있게 말리는 모양〕 くるりと. くるくる(と). ¶ 종이가 ~ 말린다 紙がくるくると巻きつく. **2** 〔가볍게 구르는 모양[소리]〕 ころりと. ころころ(と). ¶ 구슬이 바닥에 ~ 굴렀다 玉が床にころころと転がった.
도르리 名 하他 **1** (食べ物などを)交代でごちそうし合うこと. **2** 等分すること. 平等に分配すること. ¶ 비용을 ~한다 費用を等分に持つ/떡을 ~한다 餅を平等に配る.
도리¹ 名 〔建〕 桁.
  도리목〔一木〕 名 桁に使う材木.
도리²〔道理〕 名 **1** 道理. 筋道. 理屈. ¶ ~에 맞는 일 道理にかなったこと. **2** 方法. すべ. 道理. ¶ 그를 이길 ~가 없다 彼に勝つはずがない.
도리기 名 하他 割り勘で食べること. ¶ 술 ~ 割り勘で酒を飲むこと.
도리깨 名 〔農〕 殻竿. くるり棒. 連枷.
  도리깨질 名 하自他 〔農〕 殻竿打ち. 殻竿で脱穀すること.
  도리깻열 名 〔農〕 殻竿の打ち棒.
  도리깻장부 名 〔農〕 殻竿の竿.
도리다 他 **1** (丸く)えぐる. くりぬく. ¶ 판자 한복판을 도려내다 板の真ん中を丸くくりぬく. **2** (文章や帳簿などの一部を)削除する.
도리도리도리 感 〔도리질을 시킬 때의 말〕 いやいや.
도리암직하다 形 こぢんまりしている. 平たい丸顔に小柄でスタイルがいい.
도리어 副 かえって. 反対に. むしろ. ¶ ~ 내가 미안하게 되었어요 かえって私のほうが申しわけないことになりました/아우가 형보다 ~ 키가 크다 弟のほうが兄よりもむしろ背が高い.
도리질 名 하自 かぶり. いやいや〈乳児が頭を振って見せるしぐさ〉.
도림질 名 하自他 透かし細工. 透かし彫り.
도립¹〔倒立〕 名 하自 倒立. 逆立ち.
도립²〔道立〕 名 道立〈日本の県立に当たる〉. ¶ ~ 박물관 道立博物館.
도마¹ 名 まな板.
〔속담〕 **도마에 오른 고기** まな板の上の魚.
  도마질 名 하自他 まな板の上で包丁を使うこと. 包丁さばき.
도마²〔跳馬〕 名 〔體〕 (体操の)跳馬.
도마뱀 名 〔動〕 蜥蜴.
도막 **I** 名 切れ. 切れ端. 断片. 一切れ. ¶ 연필 ~ 短い鉛筆1本/숯 ~ 炭ひとかけら/~을 내다 短く切断する.
II 依名 …切れ. ¶ 고기 한 ~ 肉一切れ.
  도막도막 副 **1** 切れ切れに. **2** 切れ端ごとに. 一切れごとに.
도말〔塗抹〕 名 하他 塗抹. **1** 塗りつぶすこと. ¶ 페인트로 ~하다 ペンキで塗りつぶす. **2** 一時しのぎにやりくりすること. 取り繕うこと. 適当にごまかすこと.
도망〔逃亡〕 名 하自 逃亡. ¶ ~자 逃亡者/~ 중인 죄인 逃亡中の罪人/범인이 ~하다 犯人が逃げる/허겁지겁 ~하다 あわてふためいて逃げる.
  도망가다 自 逃亡する. 逃げる.
  도망꾼 名 こっそり逃げる人. 逃亡者.
  도망질 名 하自 逃げること. 逃亡行為.
  도망질치다 自 逃亡する. 逃げ出す. 逃走する. 逃げる.
  도망치다 自 逃亡する. 逃げる. 逃走する. ¶ 살짝 ~ こっそり逃げる/급히 ~ 急いで逃げ出す/혼잡을 틈타서 도망쳐 버렸다 人込みに乗じて逃げてしまった.
도맡다 他 一手に引き受ける. 受け持つ. ¶ 아버지의 사업을 ~ 父の事業を受け継ぐ/가족의 생계를 도맡게 되었다 一家の生計を一手に引き受けることになった.
도매〔都賣〕 名 하他 卸. 卸売り. ¶ ~가격 卸売り価格. 卸値/~상 卸売り商. 問屋/~ 시장 卸売り市場/~업 卸売り業. 問屋業/~점 卸売り店. 問屋/피륙을 ~하다 絹織物を卸す.
도면〔圖面〕 名 図面. ¶ 설계 ~ 設計図面.
도모〔圖謀〕 名 하他 企図. 企て. 図ること. ¶ 편의를 ~하다 便宜を図る.
도무지 副 《부정의 말과 함께 쓰여》まったく. 全然. まるっきり. ¶ ~ 효과가 없다 まったく効き目がない/~ 대답이 없다 一向に返事がない/~ 짐작을 할 수 없군 さっぱり見当がつかないな/~ 생각이 안 난다 全然思い出せない.
도미¹ 名 〔動〕 鯛. ¶ ~회 鯛の刺身.
도미²〔掉尾〕 名 하自 掉尾. ¶ ~를 장식하다 掉尾を飾る.
도미³〔渡美〕 名 하自 渡米. ¶ ~ 유학의 길에 오르다 渡米留学の途につく.
도미노〔domino〕 名 ドミノ. ¶ ~ 이론 ドミノ理論.
도미니카 공화국〔Dominica共和國〕 名

〔地〕 ドミニカ共和国〈中米, カリブ海にある共和国, 首都はサントドミンゴ〉.

도민[1]〔島民〕 名 島民.

도민[2]〔道民〕 名 (韓国の行政区画である)道の住民.

도박〔賭博〕 名 하自 賭博. ばくち. ¶ ~죄 賭博罪 / ~으로 재산을 날렸다 賭博で財産が吹っ飛んだ.

도박꾼 名 ばくち打ち. 賭博師.

도박장〔一場〕 名 賭博場. 賭場.

도발〔挑發〕 名 하他 挑発. ¶ ~적인 행동 挑発的な行動.

도배[1]〔徒輩〕 名 徒輩. やから. ¶ 의리도 지조도 모르는 불량 ~ 義理も節操も知らない不良ども.

도배[2]〔島配〕 名 하他 島流し. 流罪.

도배[3]〔塗褙〕 名 하自他 上張り.

도배장이 名 紙張り職人.

도배지〔一紙〕 名 上張りに使う紙.

도벌〔盜伐〕 名 하他 盗伐.

도범〔盜犯〕 名 盗犯. ¶ ~ 단속 盗犯の取り締まり.

도법〔圖法〕 名 〔'작도법'의 준말〕 図法.

도벽〔盜癖〕 名 盗癖. ¶ ~이 있는 아이 盗癖のある子供.

도보〔徒步〕 名 하自 徒歩. ¶ ~로 순례하다 徒歩で巡礼する.

도보 경주〔一競走〕 名 〔體〕 競歩. ウォーキングレース.

도복〔道服〕 名 **1** 道服. 道家の人の着る服. **2** 柔道着. 剣道着.

도부〔到付〕 名 하自他 行商.

도부꾼 名 〈俗〉 行商人.

도부치다 自 行商する.

도붓장사 名 하自 行商.

도붓장수 名 行商人.

도불〔渡佛〕 名 하自 渡仏. フランスに行くこと.

도사〔道士〕 名 **1** 道士. (仏教や道教で)多くの修行を積んだ人. **2** 〈俗〉 何でもよくできる人. 専門家. 達人. ¶ 시계 고치는 일이라면 그가 ~다 時計を直すことなら彼が専門家だ.

도사공〔都沙工〕 名 船頭頭.

도사리다 自他 **1** (両腕で膝をかかえて)うずくまる. ひそむ. 隠れる. ¶ 도사리고 앉다 膝をかかえてしゃがむ / 담벼락 아래 도사려 숨어 있다 垣根の下にうずくまって隠れている / 거기에는 무서운 함정이 도사리고 있었다 そこには恐ろしい罠が隠されていた. **2** (心を)静める. ¶ 들뜬 마음을 ~ 浮き立った気持ちを静める. **3** (長いものを)巻く. 束ねる. ¶ 뱀이 도사리고 있다 蛇がとぐろを巻いている.

도산〔倒産〕 名 하自 倒産. ¶ 회사의 ~으로 직장을 잃었다 会社の倒産で職を失った.

도산매〔都散賣〕 名 하他 卸売りと小売り.

도살〔屠殺〕 名 하他 **1** 殺戮. **2** 畜殺. ¶ ~장 畜殺場 / 소를 ~하다 牛を畜殺する.

도상[1]〔途上〕 名 途上. **1** 路上. **2** 途中. 中途. ¶ 개발~국 開発途上国.

도상[2]〔圖上〕 名 図上. ¶ ~에 표시된 지점 図上に表示された地点 / ~ 연습 図上演習.

도색〔桃色〕 名 **1** 桃色. **2** 色事. 情事. ¶ ~ 분위기 ピンクムード.

도색 영화〔一映畫〕 名 エロ映画. ポルノ映画.

도색 잡지〔一雜誌〕 名 エロ雑誌. ポルノ雑誌.

도생〔倒生〕 名 하自 倒生. さかさに生えること.

도서[1]〔島嶼〕 名 島嶼. 島々.

도서[2]〔圖書〕 名 図書. ¶ ~명 図書名 / ~ 목록 図書目録 / ~ 열람 図書閲覧.

도서관〔一館〕 名 図書館. ¶ 순회 ~ 巡回図書館 / ~에서 책을 빌리다 図書館で本を借りる.

도서실〔一室〕 名 図書室.

도서다 自 **1** (風向きが)変わる. ¶ 남풍이 서쪽으로 ~ 南風が西の方に変わる. **2** (行きかけた道を)引き返す. 戻る. ¶ 학교로 가던 길을 도서서 집으로 돌아오다 学校に行く途中で引き返して家に帰る. **3** (出産のとき胎児が)回旋する. **4** (出産後乳が)出始める.

도선[1]〔渡船〕 名 渡船. 渡し船.

도선장〔一場〕 名 渡船場. 渡し場. 船着き場.

도선[2]〔導船〕 名 하自 水先案内.

도선사〔一士〕 名 水先案内人.

도선[3]〔導線〕 名 導線.

도섭 名 がさつで気まぐれなこと.

도성〔都城〕 名 **1** 都城. 都市に巡らした城郭. **2** 首都.

도성지〔一址〕 名 都城の跡.

도수[1]〔度數〕 名 度数. **1** 回数. ¶ ~가 잦다 度数が多い. **2** (温度・角度・視力・アルコールの含有量などを示す)数. ¶ 위스키의 ~ ウイスキーの度数 / ~가 높은 안경 度数の強い眼鏡. **3** 度. 程度. **4** (統計学で)頻度.

도수제〔一制〕 名 (電話の)度数制.

도수[2]〔徒手〕 名 徒手. 素手. 空手.

도수공권〔一空拳〕 名 徒手空拳.

도수 체조〔一體操〕 名 〔體〕 徒手体操.

도수[3]〔導水〕 名 하自 導水. ¶ ~ 파이프 導水パイプ.

도수거〔一渠〕 名 導水渠.

도수교〔一橋〕 名 〔土〕 導水橋.

도술〔道術〕 名 道術. 仙術.

도스〔DOS←disk operating system〕 名 ドス. ディスクオペレーティングシステム.

도스르다 他 (ある事をなし遂げようと)心を引き締める. ¶ 마음을 도스르고 그 일을 끝내 이루었다 心を引き締めてついにその仕事をやり遂げた.

도승〔道僧〕 名 〔佛〕 修行して悟りを開いた僧.

도승지〔都承旨〕 名 〔史〕 朝鮮の承政院の首席官職.

도시[1]〔都市〕 名 都市. 都会. ¶ 주요 ~ 主要都市 / 공업 ~ 工業都市 / ~ 공학 都市工学 / ~권 都市圏 / ~ 재개발 都市再開発 / ~ 집중 都市集中 / ~가스 都市ガス / ~ 계획 都

市計画.
도시 국가〔—國家〕 名〔史〕都市国家.
도시화〔—化〕 名 하自他 都市化.
도시²〔圖示〕 名 하他 図示. ¶집의 구조를 ~하다 家の構造を図示する.
도시³〔都是〕 副 まったく. まるっきり. 全然. ¶~ 이해할 수가 없구먼 まったく理解できないな.
도시락 名 弁当. ¶~을 싸다 弁当を包む[つくる].
도식¹〔徒食〕 名 하自 徒食. ¶무위~ 無為徒食.
도식²〔圖式〕 名 図式. ¶~화 図式化 / ~으로 해서 설명하다 図式にして説明する.
도심〔都心〕 名 都心. ¶~지 都心地 / ~ 지대 都心地帯.
도안〔圖案〕 名 図案. デザイン. ¶~가 図案家 / ~ 문자 図案文字.
도야〔陶冶〕 名 하自他 陶冶. ¶인격을 ~하다 人格を陶冶する.
도약〔跳躍〕 名 하自 跳躍. ジャンプ. ¶~ 경기 跳躍競技 / ~대 跳躍台. ジャンプ台 / ~력 跳躍力.
도어〔door〕 名 ドア. ¶~맨 ドアマン / ~체인 ドアチェーン.
도연〔陶然〕 名 하形 陶然. **도연히** 副 陶然と. ¶한 잔 술에 ~ 취하다 一杯の酒に陶然と酔う.
도열〔堵列〕 名 하自 堵列. ¶~하여 귀빈을 맞이하다 堵列して貴賓を迎える.
도열병〔稻熱病〕 名〔植〕いもち病.
도영〔渡英〕 名 하自 渡英. 英国へ行くこと.
도예〔陶藝〕 名 陶芸. ¶~가 陶芸家.
도외시〔度外視〕 名 하他 度外視. 無視. ¶여론을 ~하다 世論を無視する.
도요〔陶窯〕 名 陶窯. 陶磁器を焼く窯. ¶~지 陶窯地.
도요새 名〔動〕鴫.
도용〔盜用〕 名 하他 盗用. ¶상표를 ~하다 商標を盗用する.
도움 名 助け. 手助け. 手伝い. 助力. 援助. 支援. 応援. ¶그것은 아무 ~도 안 된다 それは何の助けにもならない / 친구의 ~이 필요하다 友人の援助が必要だ / 그 동안 ~을 많이 받았습니다 今まで大変お世話になりました.
도움닫기 名〔體〕(高跳び·幅跳びなどの)助走.
도움말 名 助言. ¶여러 가지로 ~을 해 주었다 いろいろと助言をしてくれた.
도원¹〔桃園〕 名 桃園.
도원²〔桃源〕 名〔'무릉도원'의 준말〕桃源.
도원경〔—境〕 名 **1** 桃源郷. **2** 理想郷.
도읍〔都邑〕 名 하自 都. 首都. ¶개성은 고려가 ~하였던 곳이다 開城は高麗が都に定めた所である.
도읍지〔—地〕 名 (ある国の)首都. 都.
도의〔道義〕 名 道義. ¶~에 어긋난 행위 道義にもとる行為.
도의적〔—的〕 冠名 道義的. ¶~인 책임 道義的な責任.
도인〔道人〕 名 道人. 道士.
도일〔渡日〕 名 하自 渡日. 日本に行くこと.
도임〔到任〕 名 하自 (地方官の任地への)赴任. 着任.
도입〔導入〕 名 하他 導入. ¶외국 기술의 ~ 外国技術の導入 / 새로운 사상을 ~하다 新しい思想を取り入れる.
도자〔陶瓷·陶磁〕 名 陶器と磁器.
도자기〔陶瓷器〕 名 陶磁器.
도작¹〔盜作〕 名 하他 盗作. 剽窃. ¶남의 작품을 ~하다 他人の作品を盗作する.
도작²〔稻作〕 名 하自〔農〕稲作. 米作.
도장¹〔塗裝〕 名 하他 塗装. ¶~ 공사를 하다 塗装工事をする.
도장²〔道場〕 名 道場. ¶검도 ~ 剣道の道場.
도장³〔圖章〕 名 印. 印章. はんこ. 印鑑. ¶인감~ 印鑑登録のしてあるはんこ. 実印 / ~밥 印肉. 朱肉 / ~집 はんこ入れ / ~을 파다[새기다] はんこを彫る / 5일자의 ~이 찍혀 있다 5日付の判が押されている.
◆**도장을 찍다** ① 判を押す. ② 契約する.
도장방〔—房〕 名 はんこ屋. 印章屋.
도장포〔—鋪〕 名 はんこ屋. 印章屋.
도저히〔到底—〕 副 とうてい. とても. どうしても. ¶그것만큼은 ~ 참을 수 없다 それだけはとても我慢できない / 이런 일은 ~ 있을 수 없다 こんなことはとうていあり得ない.
도적〔盜賊〕 名 盗賊. 盗人. 泥棒.
도전¹〔挑戰〕 名 하自 挑戦. ¶~장 挑戦状 / 정면으로 ~하다 正面から立ち向かう / 히말라야에 ~하다 ヒマラヤに挑む.
도전적〔—的〕 冠名 挑戦的. ¶~인 행동 挑戦的な行動.
도전²〔盜電〕 名 하自 盗電.
도전³〔導電〕 名〔物〕(電気の)伝導.
도정¹〔搗精〕 名 하他 搗精. ¶현미를 ~하다 玄米を搗精する. 精米する.
도정²〔道政〕 名 道の行政.
도정³〔道程〕 名 道程. 道のり. 路程.
도제¹〔徒弟〕 名 徒弟. でっち. 小僧. 内弟子. ¶~ 제도 徒弟制度.
도제²〔陶製〕 名 陶製. ¶~품 陶製品.
도조〔賭租〕 名 年貢. 小作料.
도주〔逃走〕 名 하自 逃走. ¶~병 脱走兵 / ~죄 逃走罪 / 야반 ~하다 夜逃げする.
도중〔途中〕 名 途中. 中途. 最中. ¶회의 ~에 자리를 떴다 会議の途中で席を離れた / 연구하는 ~에 포기하고 말았다 研究を途中で放棄してしまった / 학교 가는 ~에 비를 맞았다 学校へ行く途中で雨に降られた.
도중하차〔—下車〕 名 하自 途中下車.
도지〔賭地〕 名 **1** 小作地. 一定の小作料を払って借用する田畑や敷地. **2** 年貢.

도지다 自 (病気が) ぶり返す. 再発する. ¶ 감기가 ~ 風邪がぶり返す / 고혈압이 다시 도졌다 高血圧がまた悪くなった.

도지 볼〔dodge ball〕 名〔體〕 ドッジボール.

도지사〔道知事〕 名 道の知事.

도착[1]〔到着〕 名 하自 到着. ¶ ~순 到着順 / ~지 到着地 / 목적지에 ~하다 目的地に至る.

도착 가격〔―價格〕 名〔經〕 到着値段.

도착[2]〔倒錯〕 名 하自 倒錯. ¶ 성적 ~ 性的倒錯 / ~된 심리 倒錯した心理.

도찰〔塗擦〕 名 하他 塗擦. 塗って擦り込むこと. ¶ ~ 요법 塗擦療法.

도찰제〔―劑〕 名〔藥〕 塗擦剤.

도처〔到處〕 名 至る所. 各地. ¶ 전국 ~를 여행했다 全国各地を旅行した / 그 회사의 지점은 시내 ~에 산재해 있다 その会社の支店は市内の方々にある.

도청[1]〔盜聽〕 名 하他 盗聴. ¶ ~기 盗聴器 / 전화를 ~하다 電話を盗聴する.

도청[2]〔道廳〕 名 道の官庁.

도체〔導體〕 名〔物〕 導体.

도축〔屠畜〕 名 하自 畜殺. ¶ ~장 畜殺場 / ~업 畜殺業.

도출〔導出〕 名 하他 導出. 導き出すこと. ¶ 결론을 ~하다 結論を導き出す.

도취〔陶醉〕 名 하自 陶酔. ¶ 자기~ 自己陶酔 / 그녀의 아름다운 목소리에 ~했다 彼女の美しい声にうっとりした.

도취경〔―境〕 名 陶酔境.

도치〔倒置〕 名 하自他 倒置. ¶ ~문 倒置文.

도치법〔―法〕 名 倒置法.

도킹〔docking〕 名 하自 ドッキング.

도탄〔塗炭〕 名 塗炭の苦しみ. ¶ ~에 빠진 민생 塗炭の苦しみに陥った国民の生活.

도탑다 形 (人情・義理・愛が) 厚い. 深い. ¶ 사제간의 신의가 ~ 師弟間の信義が厚い / 인정이 도타운 사람 人情が厚い人.

도태〔淘汰〕 名 하自他 淘汰. ¶ 자연 ~ 自然淘汰.

도토〔陶土〕 名 陶土.

도토리 名 どんぐり.

◆**도토리 키 재기** どんぐりの背くらべ.

도토리묵 名 どんぐりでつくったムク〈ところてん状の食品〉.

도톨도톨 副 하形 ざらざら. でこぼこ. ¶ 등에 뭔가 ~한 것이 났다 背中に何かぶつぶつしたものができた.

도톰하다 形 やや分厚い. やや厚めだ. ¶ 도톰한 월급 봉투 やや厚みのある月給袋 / 도톰한 입술 分厚い唇.

도통[1]〔都統〕 名 **1** 都合. 合計. ¶ 빚은 ~ 얼마나 돼요? 借金は都合いくらですか. **2** (부사적으로) ひっくるめて. みんなまとめて. まったく. 全然. ¶ ~ 영문을 모르겠다 まったくわけが分からない.

도통[2]〔道通〕 名 하自 精通. 熟知. ¶ 그 길에 ~한 사람 その道に精通している人.

도투락댕기 名 幼女のお下げ髪の端につけるリボン.

도투마리 名 (機織りの) 緒巻き.

〔속담〕 **도투마리 잘라 넉가래 만들기** 緒巻きを切って雪かきをつくる〈とてもたやすいこと〉.

도파관〔導波管〕 名〔物〕 導波管.

도파니 副 一切合財. ひっくるめて. まとめて.

도판〔圖版〕 名 図版.

도편수〔都―〕 名 棟梁. 大工の頭.

도포[1]〔塗布〕 名 하他 塗布. 塗りつけること.

도포제〔―劑〕 名〔藥〕 塗布剤.

도포[2]〔道袍〕 名 男子が上着の上に羽織る袖が広くて長い礼服.

도표[1]〔道標〕 名 道標. 道しるべ.

도표[2]〔圖表〕 名 図表. グラフ. ¶ ~로 나타내다 図表で表わす.

도피〔逃避〕 名 하自 逃避. ¶ ~처 逃げ場 / 부도를 내고 외국으로 ~하다 不渡りを出して外国へ逃避する.

도피 문학〔―文學〕 名〔文〕 逃避文学.

도피행〔―行〕 名 逃避行.

도핑〔doping〕 名 ドーピング. ¶ ~ 테스트 ドーピングテスト.

도하[1]〔渡河〕 名 하自 渡河. ¶ ~ 작전 渡河作戦.

도하[2]〔都下〕 名 都下. **1** ソウル地方. **2** ソウル市内. ¶ ~ 각 신문 ソウルの各新聞.

도학〔道學〕 名 道学. ¶ ~ 군자 道学君子 / ~선생 道学先生 / ~자 道学者.

도합〔都合〕 名 **1** 全部. 合計. ¶ ~ 열 개다 合計10個だ. **2** (부사적으로) つごう. まとめて. ひっくるめて. 全部合わせて. ¶ ~ 100개가 된다 つごう100個になる.

도항〔渡航〕 名 하自 渡航. ¶ 중국에 ~하다 中国に渡航する.

도해〔圖解〕 名 하他 図解. ¶ 내용을 ~하다 内容を図解する.

도형〔圖形〕 名 図形. ¶ 평면 ~ 平面図形.

도홍색〔桃紅色〕 名 桃紅色. 桃色.

도화[1]〔桃花〕 名 桃花. 桃の花.

도화[2]〔圖畫〕 名 図画. ¶ ~ 용지 図画用紙 / ~를 그리다 図画をかく.

도화지〔―紙〕 名 画用紙.

도화[3]〔導火〕 名 導火.

도화선〔―線〕 名 導火線. ¶ 분쟁의 ~이 되었다 紛争の導火線となった.

도회〔都會〕 名 (‘도회지’의 준말) 都会.

도회병〔―病〕 名 都会病.

도회지〔―地〕 名 都会.

독[1] 名 甕. ¶ 장~ みそ・しょう油を入れる甕 / 김칫~ キムチ甕.

〔속담〕 **독 안에 든 쥐** 甕に入った鼠〈袋の鼠〉.

독[2]〔毒〕 名 毒. ¶ ~을 마시다 毒を飲む / ~이 있는[없는] 버섯 毒のある[ない]茸 / 술잔에 ~을 타다 杯に毒を入れる.

◆**독을 올리다** 殺気立たせる.

◆**독이 오르다** 殺気立つ. ¶ ~이 오른 얼굴 殺気立った顔.

독³〔dock〕 名 ドック. ¶배가 ~에 들어간다 船がドックに入る.

독가스〔毒 gas〕 名〔化〕毒ガス. ¶~탄 毒ガス弾.

독감〔毒感〕 名 **1** 悪性の風邪. **2** インフルエンザ. 流感. ¶~에 걸리다 流感にかかる.

독경〔讀經〕 名 하自〔佛〕読経.

독경대〔一臺〕 名〔佛〕読経台.

독과점〔獨寡占〕 名〔經〕独寡占. 独占と寡占. ¶~ 품목 独寡占品目.

독균〔毒菌〕 名 毒菌.

독극물〔毒劇物〕 名〔法〕(薬事法で) 毒劇物.

독기〔毒氣〕 名 毒気. 毒. ¶그 사람의 말투에는 ~가 있었다 その人の言葉には毒があった / ~를 품은 눈 毒気を含んだ目.

독나다〔毒一〕 自 **1** (毒物を食べて)毒気が体に現われる. **2** 腫れ物などが出る.

독나방〔毒一〕 名〔動〕毒蛾.

독농〔篤農〕 名 篤農. ¶~가 篤農家.

독단〔獨斷〕 名 하他 独断. ¶~론 独断論 / ~전행 独断専行.

독단주의〔一主義〕 名〔哲〕独断主義.

독대〔獨對〕 名 하自〔史〕臣下が一人で王に会い政治に関する意見を上奏すること.

독도법〔讀圖法〕 名 読図法.

독두〔禿頭〕 名 禿頭. はげ頭. ¶~병 禿頭病.

독려〔督勵〕 名 하他 督励. ¶부하를 ~하다 部下を督励する.

독력〔獨力〕 名 独力. ¶그 문제를 ~으로 풀어 보아라 その問題を独力で解いてみなさい.

독료〔讀了〕 名 하他 読了.

독립〔獨立〕 名 하自 独立. 自立. 独り立ち. 一本立ち. ¶~ 정신 独立精神 / ~ 기념관 独立記念館 / ~하여 영업하다 独立して営業する / 아들을 ~시키다 息子を独立させる / 그는 이제 ~할 나이이다 彼はもう独り立ちすべき年だ.

독립국〔一國〕 名 独立国. ¶전후의 신생 ~ 戦後の新生独立国.

독립군〔一軍〕 名 独立軍.

독립 기관〔一機關〕 名〔法〕独立機関.

독립독행〔一獨行〕 名 하自 独立独行. 独立独歩.

독립 변수〔一變數〕 名〔數〕独立変数.

독립 선언〔一宣言〕 名 独立宣言.

독립심〔一心〕 名 独立心. 独立独歩の精神.

독립 운동〔一運動〕 名 独立運動.

독립 채산제〔一採算制〕 名〔經〕独立採算制.

독무대〔獨舞臺〕 名 独り舞台. 独擅場. ¶~를 이루다 独り舞台を演じる.

독물〔毒物〕 名 **1** 毒物. ¶~ 검사 毒物検査. **2** 性悪. 害毒をもたらす人.

독방〔獨房〕 名 **1** 一人部屋. 個室. ¶큰집으로 이사하여 ~을 차지하게 되었다 大きな家に引っ越して個室を持てるようになった. **2** 独房. ¶~에 감금하다 独房に監禁する.

독백〔獨白〕 名 하自 独白. 独り言.

독버섯〔毒一〕 名 毒茸. ¶사회악이 ~처럼 생겨나고 있다 社会悪が毒茸のように生まれ出ている.

독벌〔毒一〕 名 毒のある蜂.

독벌레〔毒一〕 名 毒虫.

독법〔讀法〕 名 読法. 読み方.

독보〔獨步〕 名 하自 独歩. 一人歩き.

독보적〔一的〕 冠 名 卓越していること[もの]. 優れていること[もの]. ¶~ 존재 卓越した存在.

독본〔讀本〕 名 読本.

독부〔毒婦〕 名 毒婦.

독불장군〔獨不將軍〕 名 **1** 人から見放された人. **2** 何でも自分の考えどおりに一人でする人. **3** (独りでは将軍になれないの意で) 他人と協力すべきであるということ.

독사¹〔毒死〕 名 하自 毒死. 毒で死ぬこと.

독사²〔毒蛇〕 名 毒蛇.

〔속담〕 **독사 아감지에 손가락을 넣는다** 毒の口に指を入れる〈たいへん危険なことをする〉.

독사진〔獨寫眞〕 名 一人で写っている写真.

독살¹〔毒殺〕 名 하他 毒殺. ¶~ 사건 毒殺事件.

독살²〔毒煞〕 名 (恨みや怒りなどで生じる)毒々しさ. 毒気. 殺気. 悪意.

독살부리다 自 悪意に満ちたことをする. 意地悪をする.

독살스럽다 形 毒々しい. 意地が悪い. ¶독살스러운 표정 意地の悪い表情. **독살스레** 副 毒々しく. 憎々しげに. あくどく. ¶~ 노려보다 憎々しげににらみつける.

독살피우다 自 意地悪をする.

독살림〔獨一〕 名 하自 (親や他人に頼らぬ)自活. 一人暮らし.

독상〔獨床〕 名 一人膳. 一人で食べる膳. ¶손님에게 ~을 차려 내다 客に一人膳を出してもてなす.

독생자〔獨生子〕 名〔基〕(神の一人息子の意で) イエス=キリスト.

독서〔讀書〕 名 하自 読書. ¶~가 読書家 / ~하기 좋은 계절 読書するのによい季節.

독서삼매〔一三昧〕 名 読書三昧. ¶~에 빠지다 読書三昧にふける.

독선〔獨善〕 名 独善. 独りよがり. ¶~가 独善家.

독선적〔一的〕 冠 名 独善的. ¶~인 주장 独善的な主張.

독선생〔獨先生〕 名 個人指導の先生.

독설〔毒舌〕 名 毒舌. ¶~을 퍼붓다 毒舌を浴びせる.

독성〔毒性〕 名 毒性. ¶~이 강한 물질 毒性の強い物質.

독소〔毒素〕 名〔化〕毒素.

독수〔毒手〕 名 毒手. 悪辣な手段. 毒牙. ¶~에 걸리다 毒手にかかる.

독수공방〔獨守空房〕 名 하自 結婚した女性の独り寝.

독수리〔禿一〕 名〔動〕黒禿鷲.

독순술〔讀脣術〕 名 読唇術.
독습〔獨習〕 名 하他 独習. 独学.
독시〔毒矢〕 名 毒矢.
독식〔獨食〕 名 하他 **1** 一人で食べること. **2** (利益の)独占. ¶ 이익을 ～하다 利益を独占する.
독신〔獨身〕 名 **1** 一人っ子. 兄弟姉妹のない身. **2** 独身. ¶ 평생을 ～으로 지내다 一生を独身で過ごす.
　독신주의〔—主義〕 名 独身主義.
독실〔獨室〕 名 一人で使う部屋.
독실하다〔篤實—〕 形 篤実だ. 人情に厚く実直だ. ¶ 독실한 신자 篤実な信者.
독심술〔讀心術〕 名 読心術.
독아〔毒牙〕 名 **1** (蛇などの)毒牙. **2** 悪辣な手段. ¶ ～에 걸리다 毒牙にかかる.
독야청청하다〔獨也青青—〕 形 **1** (松の木のように冬でも)独り青々としている. **2** 孤高の節操を守ること.
독약〔毒藥〕 名 毒薬.
독어[1]〔獨語〕 名 하自 独り言.
독어[2]〔獨語〕 名 ドイツ語.
독우물 名 底のない甕を埋めてつくった井戸.
독일〔獨逸〕 名〔地〕 ドイツ. ¶ ～인 ドイツ人 / ～어 ドイツ語.
독자[1]〔獨子〕 名 一人っ子. 一人息子. ¶ 3대 ～ 3代続いての一人息子.
독자[2]〔獨自〕 名 独自. ¶ ～성 独自性 / ～ 노선 独自路線.
　독자적〔—的〕 冠 名 独自的. ¶ ～ 행동 独自の行動 / ～으로 경영하다 独力で経営する.
독자[3]〔讀者〕 名 読者. 読み手. ¶ 두터운 ～층 厚い読者層 / 여성 ～의 눈을 끄는 기사 女性の読者の目を引く記事.
　독자란〔—欄〕 名 読者欄.
독작〔獨酌〕 名 하自他 独酌. 手酌.
독장수 名 甕売り.
　독장수셈 名 甕売りの胸算用 (捕らぬ狸の皮算用).
독장치다〔獨場—〕 自 独り舞台だ. 独壇場だ. ¶ 가요계를 독장친 히트곡 歌謡界を席捲したヒット曲.
독재〔獨裁〕 名 하自他 独裁. ¶ ～자 独裁者 / ～ 정치 独裁政治 / ～주의 独裁主義.
독전〔督戰〕 名 하自 督戦. ¶ ～대 督戦隊.
독점〔獨占〕 名 하他 独占. ¶ ～ 가격 独占価格 / ～ 기업 独占企業 / ～권 独占権 / ～ 사업 独占事業 / 국내 시장을 ～하다 国内市場を独占する.
　독점 자본〔—資本〕 名〔經〕 独占資本.
　독점 자본주의〔—資本主義〕 名〔經〕 独占資本主義.
독존〔獨尊〕 名 하形 独尊. ¶ 천상천하 유아～ 天上天下唯我独尊.
독종〔毒種〕 名 **1** あくどい人. **2** 動植物の質の劣る品種.
독좌〔獨坐〕 名 하自 独座. 一人で座っていること.
독주[1]〔毒酒〕 名 **1** 非常に強い酒. **2** 毒酒. 毒の入った酒.
독주[2]〔獨走〕 名 하自 独走. ¶ 그의 ～를 허용해서는 안 된다 彼の独走を許してはならない.
독주[3]〔獨奏〕 名 하他〔樂〕 独奏. ソロ. ¶ ～회 独奏会 / 바이올린을 ～하다 バイオリンを独奏する.
독지〔篤志〕 名 篤志. ¶ ～가 篤志家.
독직〔瀆職〕 名 하自 瀆職. 汚職. ¶ ～죄 瀆職罪.
독질〔毒疾〕 名 悪疾. 悪性の病気.
독차지〔獨—〕 名 하他 独占. 独り占め. ¶ 이익을 ～하다 利益を独占する / 남학생들의 인기를 ～하다 男子学生の人気を独り占めする.
독창[1]〔獨唱〕 名 하自他 独唱. ソロ. ¶ ～곡 独唱曲.
독창[2]〔獨創〕 名 하他 独創.
　독창력〔—力〕 名 独創力.
　독창성〔—性〕 名 独創性. ¶ ～을 살리다 独創性を生かす.
　독창적〔—的〕 冠 名 独創的. ¶ ～인 작품 独創的な作品.
독채〔獨—〕 名 一軒家. 一戸建て.
독초〔毒草〕 **1** 毒草. **2** 苦くてきついたばこ.
독촉〔督促〕 名 하他 督促. 催促. ¶ ～장 督促状 / 성화같은 ～을 받다 矢のような催促を受ける.
독충〔毒蟲〕 名 **1** 毒虫. ¶ ～에 쏘다 毒虫に刺される. **2**〔動〕まむし.
독침〔毒針〕 名 **1**〔動〕(昆虫などの)毒針. ¶ 전갈의 ～ さそりの毒針. **2** (殺害目的の)毒を塗りつけた針.
독탕〔獨湯〕 名 一人用の風呂.
독특하다〔獨特—〕 形 独特だ. ¶ 독특한 무늬의 기와 独特な模様の瓦.
독파〔讀破〕 名 하他 読破. 読了. ¶ 소설을 하룻밤에 ～했다 小説を一晩で読み終えた.
독판〔獨—〕 名 独り舞台. 独壇場.
　독판치다 自 独り舞台だ. 独壇場だ.
독풀〔毒—〕 名 毒草.
독하다〔毒—〕 形 **1**〔독기가 있다〕毒がある. 有毒だ. ¶ 독한 가스 有毒なガス. **2**〔진하다〕(味·においが)きつい. 強い. ひどい. ¶ 독한 술 強い酒 / 독한 냄새 ひどいにおい. **3**〔악독하다〕(気·心が)悪意に満ちている. 毒がある. 悪辣だ. ¶ 독한 성격 悪辣な性格. **4**〔끈끈하다〕忍耐強い. 不屈だ. 我慢強い. ¶ 술을 끊으려고 독하게 결심했다 酒をやめようと堅く決心した. **5**〔심하다〕(程度が)はなはだしい. ¶ 감기가 걸려도 아주 독하게 걸렸던걸 風邪は風邪でもとてもひどい風邪にかかったんだよ.
독학[1]〔篤學〕 名 하自 篤学. 学問に熱心なこと. ¶ ～자 篤学者.
독학[2]〔獨學〕 名 하自他 独学. ¶ ～으로 법률을 배우다 独学で法律を学ぶ.
독해[1]〔毒害〕 名 하他 毒害. 毒殺.
독해[2]〔讀解〕 名 하他 読解. ¶ ～력 読解力.
독행〔獨行〕 名 하自他 独行. **1** 一人で行くこと. ¶ 수행원 없이 ～하다 随行員なしに一人で行く. **2** 独力で

なし遂げること. ¶독립～의 노력가 独立独行の努力家.

독후〔讀後〕 名 読後. ¶～감 読後感.

돈[1] 名 **1** お金. 銭. ¶～을 모으다 お金をためる／～이 모자라다 お金が足りない／～이 필요하다 お金が必要だ／～에 눈이 멀다 金に目がくらむ／～을 치르다 お金を支払う／～을 빌리다 金を借りる／～을 빌려 주다 金を貸してやる／～을 마련하다 金を工面する／～을 갚다 金を返す. **2** (品物の)値段. 価格. 代金. ¶～이 비싸다 値段が高い. **3** 財産. お金. ¶～이 많아도 인심은 얻지 못했다 財産が多くても人心は得られなかった.

◆**돈을 굴리다** 金を回す[融通する].

◆**돈을 벌다** 金をもうける. 稼ぐ.

◆**돈을 뿌리다** お金を無駄遣いする.

〔속담〕 **돈만 있으면 귀신도 부릴 수 있다** 金さえあれば鬼神をも思いどおりに使える〈地獄の沙汰も金次第〉. **돈이 돈을 번다** 金が金をもうける〈金が多いと事業もたやすくできる〉.

돈[2] 依名 〔무게의 단위〕 匁. ¶두 ～짜리 금반지 二匁の金の指輪.

돈[3]〔噸〕 依名 トン.

돈구멍 名 **1** 金の出所. 金づる. ¶가까스로 ～을 찾아냈다 やっと金づるをさがし出した. **2** 硬貨の真ん中にあいた穴.

돈궤〔―櫃〕 名 金櫃. 金箱. 貴重品箱.

돈길 名 金づる. 金の流れる経路. ¶～이 막히다 金づるが切れる.

돈꿰미 名 銭差し. 穴のあいた硬貨にひもを通して結んだもの.

돈내기 名 **1** 賭け事. **2** 賭博. 博打.

돈냥〔―兩〕 名 いくらにもならない[わずかな]お金. 少々のお金. ¶～이나 벌었다 小銭をもうけた.

돈놀이 名 하自 金貸し. ¶～꾼 金貸し(人).

돈독〔―毒〕 名 お金に執着する傾向. ¶～이 오르다 お金に目がくらむ.

돈독하다〔敦篤―〕 形 篤実で情け深い. ¶우정이 ～ 友情が厚い.

돈맛 名 お金の味. お金を惜しんで蓄える興味. ¶～을 들이다 お金の味を占める.

돈머리 名 金高. 金額. ¶～가 안 맞는다 金額が合わない.

돈방석〔―方席〕 名 〈俗〉お金を非常に多く持っていること.

◆**돈방석에 앉다** 金持ちになって安楽な境遇におかれる.

돈백〔―百〕 名 何百を超すお金. ¶～만 원을 융통하다 百万ウォンほど融通する.

돈벌이 名 하自 金もうけ. ¶좋은 ～ いい金もうけ／～가 시원찮다 金もうけがうまくいかない.

돈벼락맞다 自 いきなり大金が手に入る. 成金になる.

돈변〔―邊〕 名 〔'돈변리'의 준말〕 利子. 金利.

돈변리〔―利〕 名 (借金の)利子. 金利. ¶월 3부의 ～ 月3分の利子.

돈복[1]〔―福〕 名 (苦労せずにお金ができる)金運. ¶～이 있다 金運に恵まれている.

돈복[2]〔頓服〕 名 하他 頓服. ¶～약 頓服薬.

돈사[1]〔豚舍〕 名 豚舎. 豚小屋.

돈사[2]〔頓死〕 名 하自 頓死. 急死.

돈수〔頓首〕 名 하自 頓首.

돈수재배〔―再拜〕 名 하自 頓首再拝.

돈육〔豚肉〕 名 豚肉.

돈저냐 名 〔料理〕 トーンジョーニャ〈牛肉・魚・豆腐・ねぎなどをみじん切りにして混ぜ, 硬貨のような形にしたものに小麦粉をまぶし, とき卵をつけて油で焼く〉.

돈좌〔頓挫〕 名 하自 頓挫. 勢いがにわかに弱まること.

돈주머니 名 銭入れ. 財布.

돈줄 名 金づる. お金を融通してくれる人. ¶요즘 ～을 잡은 것 같다 このごろ金づるを見つけたらしい.

돈지〔豚脂〕 名 豚脂. ラード.

돈지갑〔―紙匣〕 名 財布. ¶～을 소매치기당했다 財布をすられた.

돈지랄 名 하自 散財. 身分不相応にお金を浪費すること.

돈짝 名 葉銭ほどの大きさ. ¶～만한 흉터 葉銭ほどの大きさの傷跡.

돈쭝 依名 〔한약이나 금·은 등의 무게를 재는 단위〕 匁. ¶금 닷 ～ 金5匁.

돈천〔―千〕 名 数千ウォンのお金.

돈치기 名 銭打ち. 穴一〈地面に小さな穴をあけて硬貨を投げ入れる遊び〉.

돈타령〔―打令〕 名 하自 お金のことで愚痴をこぼしたり小言をいったりすること.

돈푼 名 少しのお金. 小金. ¶～깨나 벌었다고 으스댄다 少しばかりのお金をもうけたといって威張る.

돈피〔豚皮〕 名 豚の皮.

돈후하다〔敦厚―〕 形 敦厚だ. 誠実で人情が厚い.

돋구다 他 (眼鏡の度数などを)高める. 上げる.

돋다 自 **1** (太陽が)昇る. (月が)出る. ¶해가 ～ 太陽が昇る. **2** (芽などが)芽生える. 生える. ¶뿌리가 ～ 根が生える／새싹이 ～ 新芽が生える／날개가 ～ 羽が生える. **3** (吹き出物が)出る. できる. 吹き出る. ¶땀띠가 ～ あせもができる／여드름이 ～ にきびができる. **4** (生気・食欲などが)出る. わく. ¶얼굴에 생기가 ～ 顔に生気がみなぎる.

돋보기 名 **1** 老眼鏡. ¶～를 쓰다 老眼鏡をかける. **2**〔物〕虫眼鏡.

돋보다 他 〔'도두보다'의 준말〕 過大評価する. 買いかぶる.

돋보이다 自 〔'도두보이다'의 준말〕 見栄えがする. 目立つ. 引き立って見える. ¶화장을 하니 한층 돋보인다 化粧をするといっそう目立つ.

돋아나다 自 **1** 芽が出る. 芽生える. ¶새싹이 ～ 新芽が出る／초목이 ～ 草木が芽生える. **2** (吹き出物などが)出る. 吹き出る. できる. ¶여드름

이 ~ にきびが出る.

돋우다 他 **1** (灯心などを)上げる. ¶ 램프의 심지를 ~ ランプの灯心を上げる. **2** (気持ち·感じ·意欲などを)奮い立たせる. 起こさせる. 出させる. 鼓舞する. 励ます. ¶ 용기를 ~ 勇気を奮い立たせる / 흥취를 ~ 興趣を起こさせる / 화를 ~ 怒らせる. **3** (支えたり, 積み上げたりして)高くする. ¶ 발을 ~ 背伸びをする. 爪先立つ. **4** (食欲を)そそる. ¶ 구미를[입맛을] 돋우는 요리 食欲をそそる料理. **5** (けんかを)けしかける. そそのかす. ¶ 싸움을 ~ けんかをけしかける.

돋을새김 名〔美〕浮き彫り. レリーフ.

돋치다 自 **1** (値が)上がる. ¶ 품귀해지자 값이 배로 돋쳤다 品薄になると値が倍に上がった. **2** 生え出る. 突き出る. ¶ 가시 돋친 말 とげのある言葉 / 과일은 날개 돋친 듯 팔렸다 果物は羽が生えたように売れた.

돌¹ 名 **1** 1年ごとにめぐってくる日. 周期. 周年. ¶ 개교한 지 열 ~을 맞았다 開校して10周年を迎えた. **2** 〔'첫돌'의 준말〕 満1歳の誕生日. ¶ 그 아이가 벌써 ~이 된대요 その子がもう1歳ですって.

돌² 名 石. **1** 石. 小石. ¶ ~담 石垣 / ~에 새기다 石に刻む / ~을 던지다 石を投げる / 단단한 ~ 硬い石 / ~처럼 움직이지 않는다 石のように動かない. **2** 石材. ¶ ~로 지은 집 石で造った家 / ~을 깎다 石(材)を切る. **3** 〔'바둑돌'의 준말〕 碁石. ¶ 흰[검은] ~ 白[黒]石 / ~을 던지다 負けたとあきらめる. **4** 固いもの. 冷たいもの. 無情なこと. ¶ ~대가리 石頭.

돌-³ 接頭 品質が劣るものや野生のものであることを表わす. ¶ ~감 野生の柿 / ~배 野生の梨.

돌가자미 名〔動〕石鰈.

돌감 名〔植〕野生の柿. 豆柿.

돌개바람 名 **1** 颶風. 強風. **2** つむじ風.

돌격〔突撃〕 名 하自 突撃. ¶ ~대 突撃隊 / ~전 突撃戦.

돌결 名 石目.

돌계집 名 石女.

돌고드름 名〔鑛〕鍾乳石.

돌고래 名〔動〕真海豚.

돌공이 名 石でつくった杵.

돌관〔突貫〕 名 하他 突貫. ¶ ~공사 突貫工事.

돌기〔突起〕 名 하自 **1** 突発. ¶ 사고가 ~하다 事故が突発する. **2** 突起. ¶ 해삼의 겉면에는 많은 ~가 있다 なまこの表面には多くの突起がある.

돌기둥 名 石柱.

돌기와 名 石瓦.

돌기와집 名 石瓦で葺いた家.

돌길 名 **1** 石の多い道. 砂利道. **2** 石を敷きつめた道.

돌김 名 海中の石に生える海苔.

돌날 名 (満1歳の)初誕生日.

돌다 I 自 **1** 回る. 回転する. ¶ 빙글빙글 도는 물레방아 ぐるぐる回る水車 / 풍차가 빙글빙글 ~ 風車がくるくる回る. **2** (うわさ·伝染病などが)広がる. 流布する. ¶ 소문이 ~ うわさが広がる[立つ] / 온 동네에 홍역이 ~ 村中にはしかがはやる. **3** (順番が)くる. (順番に)回る. ¶ 술잔이 차례로 ~ 杯が順に回る / 당번이 돌아오다 当番が回ってくる. **4** (角を)曲がる. 回る. ¶ 오른쪽으로 돌아가세요 右に曲がっていってください. **5** 正気にかえる. 頭がよく回る[働く]. ¶ 머리가 잘 돈다 知恵がよく回る / 혀가 잘 돌지 않는다 舌がよく回らない. **6** くらくらする. 目まいがする. ¶ 높은 빌딩에서 내려다보니 눈이 돈다 高いビルから見下ろすと目まいがする. **7** (酒·薬などが)効く. 回る. ¶ 술기운이 ~ 酒が回る / 약기운이 돌기 시작한다 薬が効きはじめる. **8** (表面に)現われる. 浮かぶ. できる. ¶ 눈물이 핑 ~ 涙がじんとにじむ. 目頭が熱くなる / 입에 군침이 ~ 口に生つばがたまる. **9** (色合いやつやなどが)出る. 漂う. 蘇る. 現われる. ¶ 얼굴에 생기가 ~ 顔に生気がよみがえる. **10** (金などが)流通する. 出回る. ¶ 위조 지폐가 돌고 있다 偽造紙幣が出回っている. **11** (機械·工場などが)働く. 動く. 稼動する. ¶ 쉬고 있던 공장이 다시 ~ 休んでいた工場が再び稼動する. **12** (思想·立場などが)変わる. 移る. 転向する. ¶ 좌익에서 우익으로 ~ 左翼から右翼に転向する. **13** 気がふれる. 気が狂う. ¶ 정신이 ~ 気が狂う. 発狂する.

II 他 **1** (物体がある対象を中心に)その周囲を回る. ¶ 달이 지구의 둘레를 ~ 月が地球の周囲を回る. **2** 遠回りする. 回り道をする. 迂回する. ¶ 빚쟁이를 피해 길을 돌아서 가다 借金取りを避けて回り道をする. **3** (道に沿って)方向を変える. **4** 巡る. 歩き回る. 巡回する. ¶ 순찰을 ~ 巡察を回る.

돌다리 名 石橋.

〔속담〕 **돌다리도 두드려 보고 건너라** 石橋もたたいて渡れ.

돌담 名 石垣.

돌대가리 名 〈俗〉 石頭.

돌덩이 名 大きめの石ころ.

돌도끼 名〔史〕石斧.

돌돌 副 **1** 〔동글게 말리는 모양〕 くるくる(と). ぐるぐる(と). ¶ 종이를 ~ 말다 紙をくるくる巻く. **2** 〔구르는 모양[소리]〕 ころころ(と). ¶ 구슬이 ~ 구르다 玉がころころ転がる.

돌돌하다 形 利口だ. ¶ 돌돌한 아이 利口な子供. <똘똘하다

돌떡 名 (満1歳の)初誕生祝いの餅.

돌라놓다 他 **1** (各自の場所にぐるっと)丸く並べて置く. ¶ 식사를 ~ 食事を丸く配列する. **2** 向きを変えておく. ¶ 가구를 ~ 家具の向きを変えておく.

돌라대다 他 **1** (金品などを)やりくりする. 融通する. 工面する. ¶ 운영

자금을 ～ 運営資金をやりくりする. **2** (もっともらしく)言い繕う. ¶ 지각한 이유를 적당히 ～ 遅刻した理由を適当に言い繕う. ＜둘러대다

돌라막다 他 (周りを)囲んでふさぐ. ¶ 공사장 둘레를 합판으로 ～ 工事現場の周囲をベニヤ板で囲む. ＜둘러막다

돌라맞추다 他 (他のもので)代用する. 間に合わせる. やりくりする. 用立てる. ＜둘러맞추다

돌라매다 他 (一回り回して)結ぶ. くくる. ＜둘러매다

돌라방치다 他 すり替える. 代用品でごまかす. ＜둘러방치다

돌라붙다 他 (機会をねらって)利のあるほうにつく. 寝返る. ＜둘러붙다

돌라싸다 他 丸く包み込む. 丸く囲む. ＜둘러싸다

돌라쌓다 他 (周囲を)丸く積み上げる. ＜둘러쌓다

돌라앉다 自 (多くの人が)輪になって座る. 車座になる. ¶ 식탁에 ～ 食卓の周りに輪になって座る. ＜둘러앉다

돌라주다 他 分ける. 配る. 分配する. ¶ 배급품을 ～ 配給品を配る.

돌려놓다 他 向きを変えておく.

돌려보내다 他 **1** (訪ねて来た人を)そのまま帰らせる. 追い返す. 帰す. ¶ 모처럼 찾아온 손님을 ～ わざわざ訪ねてきた客を帰らせる. **2** (持ってきたものを)送り返す. 戻す. ¶ 빌려 본 책을 도서관에 ～ 借りて読んでいた本を図書館に返す.

돌려보다 他 回して見る. 回し読みする. 回覧する. ¶ 동화책을 ～ 童話の本を回し読みする.

돌려쓰다 他 **1** 都合して[やりくりして]使う. ¶ 돈을 ～ 金をやりくりして使う. **2** 流用する. 転用する. ¶ 예비비를 ～ 予備費を流用する.

돌려주다 他 **1** (借りたものを)返す. 返済する. 戻す. ¶ 빌린 돈을 ～ 借りたお金を返済する / 책을 ～ 本を返す. **2** (お金を)都合してやる. 回してやる.

돌려짓기 名 하他 〔農〕 輪作.

돌리다[1] 自他 **1** (病気が)峠を越す. 越えさせる. ¶ 우선 위급한 병세를 돌리고 봅시다 まず危険な病状を脱するようにしてみましょう. **2** (気力·精神状態が)回復する. ほっとする. 取り直す. 取り戻す. 転換する. ¶ 한숨 ～ ほっと一息つく / 숨 좀 돌리고 나서 일하자 一息ついてから仕事をしよう. **3** (怒りが)しずまる. 和らぐ. しずめる. 和らげる. ¶ 어머니의 노여움을 ～ 母の怒りを和らげる. **4** (お金などの)都合がつく. 工面する. やりくりする. ¶ 자금을 ～ 資金を融通する.

돌리다[2] 他 **1** のけ者にする. 仲間はずれにする. ¶ 함께 친하게 놀지 않고 왜 돌리니? いっしょに仲良く遊ばないでなぜのけ者にするの. **2** おろそかに扱う[もてなす]. ¶ 몸을 마구 돌려서 병이 났다 体を酷使して病気になった.

돌리다[3] 他 回す. **1** 〔회전시키다〕 回す. 回転させる. ¶ 시계 바늘을 ～ 時計の針を回す / 팽이를 돌리는 아이 独楽を回す子供 / 다이얼을 ～ ダイヤルを回す. **2** (方向·話題などを)変える. 転ずる. 向ける. ¶ 화제를 돌리자 話題を変えよう / 말을 돌리지 마라 話を変えるな[そらすな] / 얼굴을 이쪽으로 돌려라 顔をこちらへ向けなさい. **3** 〔도르다〕 (あちこちに)送る. 届ける. 配る. 配達する. ¶ 돌떡을 돌렸다 初誕生祝いの餅を配った / 신문을 돌리는 소년 新聞を配達する少年 / 초대장을 ～ 招待状を送る. **4** 〔상영하다〕 (映画を)上映する. ¶ 서부극을 ～ 西部劇を上映する. **5** 〔바꾸다〕 変える. 転換する. ¶ 마음을 ～ 心を入れかえる / 관심을 돌리게 하다 関心を向けさせる / 생각을 ～ 考え直す. **6** 〔가동·운영하다〕 経営する. 運営する. 営む. 動かす. ¶ 나 혼자라도 공장을 돌릴 수 있다 私一人でも工場を切り回すことができる. **7** 〔완곡하게 말하다〕 遠回しに言う. 婉曲に言う. ¶ 그렇게 돌려서 말하지 말고 솔직하게 말하세요 そう遠回しに言わないで率直に言ってください. **8** 〔차례로 전하다〕 (順番に)渡す. 回す. 回覧させる. ¶ 술잔을 ～ 杯を回す / 회람을 ～ 回覧を回す. **9** 〔전가하다〕 (他人に)なすりつける. 転嫁する. 譲る. ¶ 잘못을 남에게 ～ 過ちを他人になすりつける. **10** (‘-로[-으로] 돌리다’의 꼴로) 〔미루다〕 (あとに)延ばす. 延期する. あと回しにする. ¶ 그것은 뒤로 돌리고 이것부터 해라 それはあと回しにして, こちらからしなさい. **11** (物事を…と)考える. 受け取る. 理解する. みなす. ¶ 모든 일을 백지로 돌립시다 すべてのことを白紙とみなしましょう. みんなご破算にしましょう.

돌림 名 **1** (次々に)回すこと. ¶ ～잔을 받다 回ってきた杯を受ける. **2** 〔‘돌림병’의 준말〕 はやり病.

돌림감기〔一感氣〕 名 流行性感冒. インフルエンザ.

돌림병〔一病〕 名 はやり病.

돌림턱 名 順番におごること.

돌맞이 名 하自 **1** 1周年を迎えること. **2** 満1歳の誕生日を迎えること.

돌매 名 石臼. ひき臼.

돌멩이 名 小さめの石ころ. 石.

돌멩이질 名 하自 石投げ. つぶて打ち.

돌무더기 名 石の積み重なったもの. 石の小山.

돌미륵〔一彌勒〕 名 石の弥勒仏像.

돌발〔突發〕 名 하自 突発. ¶ ～ 사건 突発事件.

돌발적〔一的〕 冠 名 突発的. ¶ ～인 사고 突発的事故.

돌방〔一房〕 名 〔史〕 王陵の石室.

돌배 名 山梨の実.

돌변〔突變〕 名 하自 急変. ¶ 태도가 ～했다 態度が急変した.

돌보다 他 **1** 手伝う. 助力する. ¶ 내 일처럼 ~ 自分のことのように助力する. **2** 世話する. 面倒をみる. 保護する. いたわる. ¶ 살림을 ~ 暮らしの面倒をみる / 건강은 자신이 돌보아야 한다 健康は自分で気をつけなければならない.

돌부리 名 石の(地上に)突き出た部分. ¶ ~에 걸려 넘어지다 石につまずいて転ぶ.

돌부처 名 石仏.

돌비늘 名〔鑛〕雲母.

돌사닥다리 名 石や岩の多い険しい山道.

돌사막〔一砂漠〕 名 岩や石ころだらけの土地.

돌산〔一山〕 名 石山.

돌상〔一床〕 名 満1歳の誕生祝いの膳.

돌소금 名〔鑛〕岩塩.

돌솜〔鑛〕石綿.

돌솥 名 石の釜〈おもに炊飯用〉.

돌싸움 名 하自〔民俗〕石合戦.

돌아가다 自 **1** 帰る. 戻る. ¶ 집으로 ~ 家に帰る / 마치 소년 시절로 돌아간 것 같다 あたかも少年時代に戻ったようだ. **2** 回る. 回転する. ¶ 풍차가 ~ 風車が回転する. **3**〔우회하다〕迂回する. 回り道をする. ¶ 먼 길로 ~ 道を遠回りする. 回り道をする. **4** 曲がって行く. 回って行く. ¶ 곧장 가다가 왼쪽으로 돌아가세요 まっすぐ行って左側に曲がってください. **5** (片方に)ゆがむ. 曲がる. ¶ 중풍으로 입이 돌아갔다 中風で口がゆがんだ. **6** よく機能する. ¶ 머리가 잘 ~ 頭の回転がはやい. 頭が切れる. **7**〔차례로 하다〕(順番に)回っていく. 巡っていく. 変えていく. 移っていく. ¶ 차례가 ~ 順番が回っていく. **8**〔분배되다〕(分け前などが)配分される. ¶ 1인당 2개씩 돌아간다 一人当たり2個ずつ割り当てられる. **9**〔끝나다〕(…に)帰する. (…に)終わる. ¶ 일이 수포로 ~ 事が水泡に帰する. **10**〔되어가다〕(世の中や物事がある状態に)なっていく. 変わっていく. 変遷する. ¶ 사정이 묘하게 ~ 事情がおかしくなっていく. **11** (金品などが)回る. ¶ 자금이 순조롭게 ~ 資金が順調に回転する. **12**〔제대로 움직이다〕(機能が正常に)働く. 動く. 回る. ¶ 공장이 잘 ~ 工場がよく稼動する. **13**〔죽다〕亡くなる. ¶ 그 분은 작년에 돌아가셨다 その方は昨年亡くなった.

돌아눕다 自 **1** 寝返りを打つ. **2** (寝床で)背を向ける.

돌아다니다 自 **1** 歩き回る. さまよう. 巡る. ¶ 정처 없이 ~ あてもなく歩き回る / 명승지를 두루 돌아다녔다 名勝地をくまなく巡り歩いた. **2** (病気が)はやる. (うわさが)広まる. ¶ 전염병이 ~ 伝染病がはやる.

돌아다보다 他 〔'돌아보다'의 힘줌말〕振り返る.

돌아보다 他 **1** 振り返って見る. 振り向いて見る. ¶ 뒤를 돌아보라 後ろを振り向いて見なさい. **2** 顧みる. 反省する. 振り返る. ¶ 과거를 ~ 過去を顧みる. **3** 見回る. 巡視する. ¶ 관내를 ~ 管内を巡視する. **4** (身の回りの)世話をする. 面倒をみる. ¶ 가정을 ~ 家族の面倒をみる.

돌아서다 自 **1** (体ごと)振り返る. 後ろ向きになる. ¶ 조금 가다가 ~ 少し行っては振り返る. **2** 背を向ける. 仲たがいする. 背く. ¶ 싹 돌아서서 말도 안 한다 さっと背を向けて口もきかない. **3** (病状が)快方に向かう. 持ち直す. 回復する. ¶ 병세가 돌아섰으니 다행이다 病状が持ち直して何よりだ.

돌아앉다 自 **1** 向きを変えて座る. 背を向けて座る. 横を向いて座る. ¶ 혼자 돌아앉아 울고 있다 一人で背を向けて座って泣いている.

돌아오다 自 **1** 帰ってくる. 戻ってくる. 帰る. 戻る. ¶ 집에 ~ 家に帰って来る. **2** (順番が)回ってくる. 巡ってくる. ¶ 차례가 돌아왔다 番が回ってきた. **3** 回り道をする. 遠回りする. ¶ 큰길로 ~ 大通りを遠回りする. **4** (分け前が)当たる. 回る. ¶ 우리 몫으로 ~ われわれの分け前として当たる. **5** (正常に)戻る. 返る. ¶ 이제야 정신이 돌아온 모양이군 やっと正気に戻ったようだな. **6** (一定の時が)巡って来る. やって来る. ¶ 돌아오는 일요일엔 등산을 가자 やって来る日曜日には登山しましょう.

돌연〔突然〕 副 突然. 突如. いきなり. だしぬけに. ¶ ~ 사직하다 突然辞職する / ~ 방문하다 不意に訪問する.

돌연변이〔突然變異〕 名〔生〕突然変異.

돌연사〔突然死〕 名〔醫〕突然死.

돌연하다〔突然—〕 形 突然だ. 不意だ. 急だ. ¶ 돌연한 질문 突然な質問. **돌연히** 副 突然に. 不意に. にわかに.

돌우물 名 石で囲ってつくった井戸.

돌이켜보다 他 **1** 振り返って見る. 振り向いて見る. **2** 顧みる. ¶ 역사를 ~ 歴史を顧みる.

돌이키다 他 **1** (首を回して)振り向く. 振り返る. ¶ 몸을 ~ 体を振り向ける. **2** (過去を)振り返る. 顧みる. ¶ 학창 시절을 ~ 学生時代を振り返る. **3** (もとへ)戻す. 取り返す. 取り戻す. ¶ 건강을 ~ 健康を取り戻す / 돌이킬 수 없는 과거 取り返しのつかない過去. **4** (心を)入れ替える. 思い直す. 改める. ¶ 마음을 돌이켜라 心を改めなさい.

돌입〔突入〕 名 하自 突入. ¶ 적진으로의 ~ 敵陣への突入 / 파업에 ~하다 ストライキに突入する.

돌잔치 名 하自 満1歳の誕生日[初誕生]のお祝いの会.

돌잡이 名 하他 満1歳の誕生日の祝いの膳に種々のものを並べ幼児に自由に取らせること.

돌장이 名 石屋. 石切り. 石工.

돌쟁이 名 初誕生を迎えた子供, またそのくらいの子供.

돌절구 名 石臼.
〔속담〕 **돌절구도 밑 빠질 때가 있다** 石臼も底の抜けるときがある〈いくら丈夫なものでも長い間使うと壊れるものだ〉.
돌진〔突進〕 名 하自 突進. ¶ 적을 향하여 ~하다 敵に向かって突進する.
돌질 名 하自 〔'돌멩이질'의 준말〕 石投げ.
돌집 名 石づくりの家. 石の家.
돌쩌귀 名 (戸の)肘壺と肘金.
〔속담〕 **돌쩌귀에 녹이 슬지 않는다** 戸の肘壺と肘金には錆がつかない〈いつも活動している人は健全だ. 常に使っている品物は古くならない〉.
돌출〔突出〕 名 하自 突出. ¶ 거리에 ~한 간판 通りに突き出た看板.
돌층계〔一層階〕 名 石段.
돌칼 名 (石器時代の)石の刀.
돌탑〔一塔〕 名 石塔.
돌파〔突破〕 名 하他 突破. ¶ 난관을 ~하다 難関を突破する / 목표액을 ~하다 目標額を突破する.
돌파구〔一口〕 名 突破口. ¶ ~를 찾다 突破口をさがす.
돌팔매 名 (何かを当てようと)遠くに投げる小石. つぶて. ¶ ~를 던지다 小石を投げる.
돌팔매질 名 하自 石投げ. つぶて打ち.
돌팔이 名 いいかげんな技術·品物などを売って暮らす人. ¶ ~ 의사 藪医者. 藪.
돌풍〔突風〕 名 突風. ¶ ~으로 집이 넘어가다 突風で家が倒れる.
돌함〔一函〕 名 石の箱.
돌확 名 (小さな)石臼.
돔¹ 名〔動〕〔'도미'의 준말〕 鯛.
돔²〔dome〕 名 ドーム. ¶ ~ 모양의 지붕 ドーム状の屋根.
돕다 他 **1** 〔조력하다〕 助ける. 手伝う. 助力する. 手助けする. 扶助する. ¶ 가사를 ~ 家事を手伝う. **2** 〔구제하다〕 助ける. 救済する. 救援する. 援助する. ¶ 이재민을 ~ 被災者たちを救済する. **3** 〔촉진하다〕 促進する. 助長する. ¶ 신체의 발육을 ~ 体の発育を促す.
돗바늘 名 (ござなどを縫う)大針.
돗자리 名 ござ. むしろ.
동¹ 依名 **1** 〈ユンノリ(윷놀이)で〉駒が上がること, またその駒. ¶ 두 ~ 났다 駒が二つ上がった. **2** (一定の数量を縛った)束. ¶ 붓 한 ~ 筆一束.
동² 名 **1** (事物の)つながり. 節目. 筋道. つじつま. ¶ ~이 닿지 않는 말 つじつまの合わない話. **2** 間. 間. ¶ ~이 뜨다 間が空く / 싸우는 소리가 잠시 ~이 떴다 争う声がしばらくとぎれた. **3** 〈チョゴリ(저고리)の〉袖先に当てる布切れ. **4** (物事の)終わり. 底. ¶ 그 물건은 인기가 있어 ~이 났다 その品物は人気があって底をついた.
◆**동이 닿다** ① (綿々と)続く. ② (筋が)通る. つじつまが合う.
◆**동을 대다** ① (絶やさず)引き続かせる. ¶ 학비를 다달이 ~을 대서 보내다 学費を毎月欠かさず仕送る. ② つじつまを合わす. 話の前後が合うようにする.
동³〔同〕 冠 同. ¶ ~ 회사 同会社 / ~시대 同時代.
동⁴〔東〕 名 東. 反 西. ¶ ~아시아 東アジア.
동트다 自 空が白む. 夜が明ける.
〔속담〕 **동에 번쩍 서에 번쩍** 東にちらっと西にちらっと〈動きが非常に機敏なようす〉.
동⁵〔洞〕 名 洞〈行政区画の単位で日本の町·村にあたる〉.
동⁶〔胴〕 名 胴. **1** 体. 胴部. 胴体. **2** 〔體〕 (剣道の)胴.
동⁷〔棟〕 **Ⅰ** 名〔建〕 棟.
Ⅱ 依名 〔집채의 수를 세는 말〕 棟. 軒. ¶ 가옥 두 ~이 대파했다 家屋2棟が大破した.
Ⅲ 接尾 …棟. ¶5~ 503호에 살고 있습니다 第5棟の503号室に住んでいます.
동⁸〔銅〕 名〔鑛〕 銅.
동⁹ 副 〔북·거문고 등의 소리〕 どん.
동가〔同價〕 名 同価.
동가홍상〔一紅裳〕 名 同じ値段なら紅のチマ〈同じことなら分のよいほうを選ぶ〉.
동가식서가숙〔東家食西家宿〕 名 하自 住居が一定せずあちこち居候して回る生活[人].
동감¹〔同感〕 名 하自 同感.
동감²〔動感〕 名 動感. 動いているような感じ.
동갑〔同甲〕 名 同い年(の人). 同年齢. ¶ 내외가 ~이다 夫婦が同い年だ.
동강¹ **Ⅰ** 名 (長いものを使い残した)切れ端. かけら. ¶ 나무 ~ 木片. 木っ端 / 분필 ~ チョークのかけら.
Ⅱ 依名 (長いものを短く切った)切れ. 片. ¶ 두 ~ 2切れ.
◆**동강 나다** (長いものが)折れる. 切れる. 切断される. ¶ 막대가 두 ~ 나다 棒が真っ二つに折れる.
◆**동강 내다** (長いものを)折る. 切る. 切断する.
◆**동강을 치다** 小片に切る. ぶつ切りにする. 切断する.
동강이 名 切れ端. かけら.
동강² 副 (長いものが折れて)ぽきんと. ¶ 엿이 ~ 부러졌다 飴がぽきっと折れた.
동강동강 副 きれぎれ(に). ぽきぽき(と). ばらばら(に). ずたずた(に).
동강치마 名 膝までの短いチマ.
동거〔同居〕 名 하自 同居. 同棲. ¶ ~인 同居人 / ~ 생활 同居生活.
동검〔銅劍〕 名 銅剣.
동격〔同格〕 名 同格.
동결〔凍結〕 名 하自他 凍結. ¶ 공공 요금의 ~ 公共料金の凍結.
동경¹〔東經〕 名〔地〕 東経.
동경²〔憧憬〕 名 하他 憧憬. あこがれること. ¶ ~의 대상 憧憬の的.
동계¹〔冬季〕 名 冬季. ¶ ~ 올림픽 冬季オリンピック.

동계2〔同系〕 名 同系. ¶ ～ 회사 同系会社.
동계3〔動悸〕 名 하自 〔生〕 動悸.
동고〔同苦〕 名 하自 苦労をともにすること.
동고동락〔一同樂〕 名 하自 苦楽をともにすること. ¶ ～해 온 사이 苦楽をともにして来た間柄.
동고서저〔東高西低〕 名 〔氣〕 東高西低.
동곳 名 (男の)髷留め. 髷挿し.
◆**동곳을 빼다** かぶとを脱ぐ. 降服する. 屈服する.
동공〔瞳孔〕 名 〔生〕 瞳孔. 瞳.
동공 반사〔一反射〕 名 〔生〕 瞳孔反射.
동광〔銅鑛〕 名 〔鑛〕 **1** 銅山. **2** 銅鉱.
동교〔東郊〕 名 **1** 東郊. 東の野原. **2** 春の野. **3** ソウルの東大門外その近郊.
동구〔洞口〕 名 **1** 村の入り口. **2** (寺の)山門の入り口.
동국〔東國〕 名 東国. **1** (中国に対する)韓国. **2** 東方の国.
동굴〔洞窟〕 名 洞窟. 洞穴.
동궁〔東宮〕 名 〔史〕 東宮.
동권〔同權〕 名 同権. ¶ 남녀 ～ 男女同権.
동그라미 名 **1** 円. 丸. 輪. ¶ 정답에 ～를 치다 正答に丸をつける. **2** 句点(。). 丸. ¶ ～를 찍다 句点を打つ. **3** 〈俗〉 お金. おあし. 銭. ¶ ～ 가졌니? 銭持っているか.
동그라지다 自 転ぶ. ひっくり返る. ¶ 얼음판에 미끄러져 ～ 氷の上で滑ってひっくり返る.
동그랑땡 名 〈俗〉 ☞돈저냐
동그랗다 形 まるい. まんまるい. ¶ 얼굴이 ～ 顔がまんまるい.
동그래지다 自 まるくなる. まんまるになる. ¶ 놀라서 동그래진 눈 驚いてまんまるくなった目.
동그마니 副 **1** 気軽に. 手軽に. **2** ぽつんと. ぽつねんと. ちょこんと. ¶ 집 한 채가 산 중턱에 ～ 서 있다 一軒の家が山の中腹にぽつんと建っている.
동그스름하다[**-스레하다**] 形 まるみがある. まるみを帯びている. まるっこい. ¶ 동그스름한 얼굴 まるっこい顔.
동극〔童劇〕 名 児童劇.
동글납대대하다 形 (物や顔の形が) まるくて平たい.
동글납작하다 形 (物や顔が) まるくて平べったい. ¶ 얼굴이 동글납작하게 생긴 사나이 まるく平べったい顔の男.
동글다 形 まるい. 円形だ. 球形だ. ＜둥글다
동글동글 副 하形 **1** 〔모두 둥근 모양〕 まんまる. くりくり. ¶ ～한 눈 くりくりとした目 / ～한 얼굴 まんまるい顔. **2** 〔원을 그리며 돌아가는 모양〕 くるくる.
동글리다 他 **1** まるくする. まるめる. ¶ 새알심을 손바닥으로 ～ 汁粉の白玉を手のひらでまるめる. **2** (まるい物を)転がす. ¶ 구슬을 ～ 玉を転がす.
동급〔同級〕 名 同級. 同等. ¶ ～생 同級生 / 품질이 ～이다 品質が同等だ.
동기1〔冬期〕 名 冬期. 反 夏期.
동기2〔同氣〕 名 同気. 兄弟姉妹. 同胞.
동기간〔一間〕 名 兄弟姉妹の間柄.
동기3〔同期〕 名 同期. ¶ ～생 同期生.
동기4〔動機〕 名 **1** 動機. 契機. きっかけ. ¶ 불순한 ～ 不純な動機. **2** 〔樂〕 動機. モチーフ.
동기5〔童妓〕 名 雛妓. 年少の妓生.
동기6〔銅器〕 名 銅器.
동기 시대〔一時代〕 名 〔史〕 銅器時代.
동나다 自 品切れになる. 底をつく. ¶ 불과 하루 사이에 동났다 わずか一日で底をついた.
동남1〔東南〕 名 東南. 南東. ¶ ～쪽에서 바람이 불어온다 東南の方から風が吹いてくる.
동남아〔一亞〕 名 〔'동남 아시아'의 준말〕 東南アジア.
동남아시아〔一Asia〕 名 東南アジア.
동남풍〔一風〕 名 東南の風.
동남2〔童男〕 名 童男. 男の子. 少年.
동남동녀〔一童女〕 名 童男童女.
동내〔洞內〕 名 村じゅう. 町じゅう.
동냥 名 하他 **1** (乞食の)物ごい. ¶ 귀～ 耳学問 / 젖～ もらい乳 / ～을 얻다 物ごいをする. **2** 〔佛〕 托鉢.
동냥아치 名 物もらい. 乞食.
동냥질 名 하自他 物ごい. 托鉢する行為.
동네〔洞一〕 名 **1** 町. 町内. 村. 里. ¶ ～ 사람 村の人 / 우리 ～ 私(たち)の村. **2** (各人が住む家の)近所. 辺り. 村内. 界隈. ¶ 이 ～에서 제일 부자다 この辺りでいちばん金持ちだ.
〔속담〕 **동네 북** 村の太鼓〈大勢の人によってたかって悪口をいわれる人のこと〉. **동네 색시 믿고 장가 못 든다** 村の娘をあてにして婚期を逃す〈勝手な思い込みに固執していると失敗しやすい〉.
동네방네〔一坊一〕 名 村じゅう. 村全体. あの村この村. ¶ ～ 소문이 나다 村じゅうにうわさが立つ.
동녀〔童女〕 名 童女. 少女. 乙女.
동년〔同年〕 名 同年. **1** 同じ年. その年. ¶ ～ 8월 同年の8月. **2** 同じ年齢. 同齢.
동년배〔一輩〕 名 同年輩.
동녘〔東一〕 名 東. 東方.
동댕이치다 他 **1** (物を)放る. 投げる. 投げつける. ¶ 책가방을 ～ かばんを放り出す. **2** (仕事を中途で)投げ出す. 放り出す. ¶ 하던 일을 ～ やりかけた仕事を放り出す.
동도〔同道〕 名 하自 **1** (行政区画の)同じ道. **2** その[この]道. **3** 同道. 同行.
동동1 副 하自他 〔작은 북을 연해 칠 때 나는 소리〕 とんとん(と). どんどん(と).
동동거리다1[**-대다**] 自他 (小さな太鼓が)とんとんと鳴る. (小さな太鼓を)とんとんと打ち鳴らす.
동동2 副 〔발을 자꾸 구르는 모양〕 (非常にいらだったり寒かったりして) とん

とん(と). どんどん(と). ばたばた(と). ¶ 발을 ～ 구르며 안타까워하다 足をばたばたさせながらじれったがる.

동동거리다[2][-대다] 他 (寒さ·くやしさ·焦りなどのために)足をばたつかせる. 地団駄を踏む. ¶ 너무 추워 발을 ～ あまり寒くて足をどんどんと踏み鳴らす.

동동걸음 名 (急いだり寒さなどのために)小股で足早に歩くこと. 小走り. 早足.

동동[3] 副 〔'동실동실'의 준말〕ぷかぷか(と). ふわふわ(と). ¶ 종이배가 ～ 떠내려가다 紙の船がぷかぷかと浮かんで流れていく.

동동주〔一酒〕 名 飯粒の浮いている濁り酒.

동등〔同等〕 名 하形 同等. ¶ ～한 실력 同等な実力.

동떨어지다 形 隔たる. かけ離れる. ¶ 학교와 집이 동떨어져 있다 学校と家が離れすぎている / 현실과 동떨어진 생활 現実とはかけ離れた生活.

◆**동떨어진 소리** ① 筋の通らない話. つじつまの合わない話. ② (敬語でも平語でもない)どっちつかずの言葉遣い.

동뜨다 形 **1** ぬきんでている. ずば抜けている. **2** 間[間隔]があく.

동락〔同樂〕 名 하自 ともに楽しむこと. ¶ 동고～하다 苦楽をともにする / 노소～하다 老若ともに楽しむ.

동란〔動亂〕 名 動乱.

동량〔棟梁〕 名 棟梁. **1** 棟と梁. **2** 〔'동량지재'의 준말〕棟梁の器.

동량지재〔一之材〕 名 (家庭·国家などの)中心人物になりうる人.

동력〔動力〕 名 **1** 動力. ¶ ～ 자원 動力資源. **2** 原動力. ¶ 조국 근대화의 ～ 祖国近代化の原動力.

동력삽〔一鍤〕 名 動力シャベル. パワーシャベル.

동력선〔一線〕 名 動力線.

동력원〔一源〕 名 動力源.

동렬〔同列〕 名 同列. ¶ ～로 취급당해서는 곤란하다 同列に扱われては困る.

동록〔銅綠〕 名 緑青.

◆**동록이 나다**[슬다] 緑青がふく.

동료〔同僚〕 名 同僚. 仲間. ¶ 직장～ 職場の同僚.

동류[1]〔同流〕 名 **1** 同流. 同じ流派. **2** 同輩.

동류[2]〔同類〕 名 同類. ¶ ～로 취급된다 同類とみなされる.

동류의식〔一意識〕 名 同類意識.

동률〔同率〕 名 同率. ¶ ～ 우승 同率優勝.

동리〔洞里〕 名 **1** 村. 里. ¶ 살기 좋은 ～ 住みよい村. **2** (行政区画である)洞と里の総称.

동맥〔動脈〕 名 動脈. 反 静脈

동맥 경화증〔一硬化症〕 名〔醫〕 動脈硬化症.

동맥 주사〔一注射〕 名〔醫〕 動脈注射.

동맹〔同盟〕 名 하自 同盟. ¶ ～국 同盟国 / 군사 ～ 軍事同盟.

동맹 휴교〔一休校〕 名 하自 同盟休校.

동메달〔銅medal〕 名 銅メダル.

동면〔冬眠〕 名 하自 冬眠. 冬籠もり.

동면 요법〔一療法〕 名〔醫〕 冬眠療法.

동명〔同名〕 名 同名. ¶ 동성～ 同姓同名.

동명 이인〔一異人〕 名 同名異人.

동명사〔動名詞〕 名〔言〕 動名詞.

동명태〔凍明太〕 名 冷凍のすけとうだら.

동모〔同母〕 名 同母. 同腹.

동모매〔一妹〕 名 同腹の妹.

동모제〔一弟〕 名 同腹の弟.

동몽〔童蒙〕 名 童蒙. まだ幼くて道理に暗い子供. 少年.

동무 名 하自 **1** 友達. 親友. 朋友. ¶ 소꿉～ 幼なじみ. **2** (ある物事をいっしょにする)仲間. 連れ. 連中. 相棒. ともがら. ¶ 길～하다 道連れになる / 매일 개를 ～삼아 산책한다 毎日犬を友として散歩する.

동문[1]〔同文〕 名 同文. ¶ 이하～ 以下同文.

동문[2]〔同門〕 名 **1** 同門. 同窓. 相弟子. ¶ ～의 선배 同門の先輩. **2** 同じ宗派, またその人.

동문수학〔一修學〕 名 同門で学問を修めること.

동문서답〔東問西答〕 名 하自他 ピントはずれの答え. とんちんかんな答え. 的はずれな答え. ¶ 한눈 팔다가 ～하다 よそ見をしていてとんちんかんな答えをする.

동물〔動物〕 名〔生〕 動物. ¶ 포유 ～ 哺乳動物 / 애완 ～을 기르다 愛玩動物を飼う.

동물성〔一性〕 名 動物性. ¶ ～ 섬유 動物性繊維 / ～ 식품 動物性食品.

동물원〔一園〕 名 動物園. ¶ ～의 우리 動物園のおり.

동물적〔一的〕 冠 名 動物的. ¶ ～인 본능 動物的な本能.

동물학〔一學〕 名 動物学.

> **單語帳** 동물에 관한 말
>
> 호랑이, 범 虎 / 곰 熊 / 토끼 うさぎ / 사슴 鹿 / 노루 のろ / 늑대 狼 / 여우 きつね / 두더지 もぐら / 다람쥐 りす / 멧돼지 いのしし / 너구리 たぬき / 개 犬 / 고양이 猫 / 소 牛 / 말 馬 / 돼지 豚 / 양 羊 / 염소 やぎ / 쥐 ねずみ / 사자(獅子) ライオン / 기린 きりん / 원숭이 猿 / 코끼리 象 / 하마 かば / 고래 鯨 / 돌고래 いるか
>
> ◆새 鳥 / 물고기, 생선 魚 / 가축 家畜 / 짐승 獣 / 동물원 動物園

동민〔洞民〕 名 村民. 町民. 洞の住民.

동바리 名 **1** 〔建〕 (床板などを支える)床束. 縁束. **2** 〔鑛〕 坑木.

동박새 名〔動〕 目白.

동반〔同伴〕 名 하自他 同伴. ¶ 부부 ～ 夫婦同伴 / ～자 同伴者 / ～ 자살 心中.

동반구〔東半球〕 名 東半球.

동방[1]〔東方〕 名 東方.

동방 교회〔一教會〕 名〔宗〕 東方正教会.

동방 박사〔一博士〕 名 東方の賢者. 東方三博士.
동방예의지국〔一禮儀之國〕 名 東方礼儀の国〈むかし中国で韓国を指していった語〉.
동방²〔洞房〕 名 **1** 寝室. **2**〔'동방화촉'의 준말〕初の床入り.
동방화촉〔一華燭〕 名 (婚礼後の)初の床入り.
동배〔同輩〕 名 同輩.
동백〔冬柏〕 名〔植〕つばきの実. 椿.
동백기름 名 つばき油.
동백꽃 名 つばきの花.
동백나무 名〔植〕椿.
동병상련〔同病相憐〕 名 하自 同病相憐れむこと.
동복¹〔冬服〕 名 冬服. 冬着. 冬物.
동복²〔同腹〕 名 同腹. 同母. ¶ ～의 오누이 同腹の兄弟.
동복누이 名 同腹の姉や妹.
동봉〔同封〕 名 하他 同封. ¶ 서류를 ～하다 書類を同封する.
동부¹ 名〔植〕ささげ.
동부²〔同父〕 名 同父. 父親が同じであること.
동부³〔東部〕 名 東部.
동부⁴〔胴部〕 名 胴部. 胴体.
동부⁵〔銅斧〕 名 (青銅器時代の)銅製の斧.
동부인〔同夫人〕 名 하自 夫人同伴. ¶ ～하여 여행을 떠나다 夫人同伴で旅行に出かける.
동북〔東北〕 名 東北. ¶ ～아시아 東北アジア.
동북풍〔一風〕 名 北東の風.
동분모〔同分母〕 名〔數〕同分母.
동분서주〔東奔西走〕 名 하自 東奔西走. ¶ 돈을 구하려고 ～하다 金策のため東奔西走する.
동사¹〔凍死〕 名 하自 凍死. 凍え死に. ¶ 혹독한 추위로 ～했다 ひどい寒さで凍死した.
동사²〔動詞〕 名〔言〕動詞.
동사무소〔洞事務所〕 名 (行政区画の一つである)洞の役所.
동산¹ 名 **1** 村や家の近くにある丘. ¶ 뒷～ 裏山. **2** 大きな家の庭園につくった築山や林.
동산²〔動産〕 名〔法〕動産.
동산³〔銅山〕 名〔鑛〕銅山.
동삼〔童蔘〕 名 ☞ 동자삼
동상¹〔同上〕 名 同上. 上に同じ.
동상²〔凍傷〕 名〔醫〕凍傷. 霜焼け. ¶ ～에 걸린 발가락 凍傷にかかった足指.
동상³〔銅像〕 名 銅像.
동상이몽〔同牀異夢〕 名 同床異夢.
동색〔同色〕 名 **1** 同色. 同じ色. **2** 同派. 同じ系統.
동생〔同生〕 名 弟. 妹. ¶ 남～ 弟 / 여～ 妹 / 막냇～ 末の弟[妹].

호칭·지칭 동생·여동생

弟 / 愚弟 / 小弟 / 舎弟 / 令弟
• 弟는 남자 동생에 대한 일반적인 말이다. 또 배우자의 남동생(시동생·처남)과 여동생의 남편(매제·제부)에게도 쓰며, 이 경우에는 義弟라 쓰고 おとうと로 읽는다. / 愚弟·小弟·舎弟는 자기 남동생을 남에게 말할 때 쓰는 낮춤말인데, 舎弟는 御舎弟의 형태로 상대방의 남동생에 대해서도 사용한다. / 令弟는 남의 남동생에 대한 높임말이다.
妹 / 愚妹 / 妹御 / 令妹
• 妹는 여자 동생에 대한 일반적인 말이다. 또 배우자의 여동생(처제·시누이)이나 남동생의 아내(제수·올케)에 대해서도 쓰며, 이 경우에는 義妹라 쓰고 いもうと라 읽는다. / 愚妹는 자기의 여동생을 남에게 말할 때 쓰는 낮춤말이고, 妹御·令妹는 남의 여동생에 대한 높임말이다. ▷형, 누나

동서¹〔同棲〕 名 하自 同棲.
동서²〔同壻〕 名 姉妹の夫どうし・兄弟の妻どうしの呼称.
동서³〔東西〕 名 東西. **1** 東と西. **2** 東洋と西洋. **3** 共産圏と自由主義陣営.
동서고금〔一古今〕 名 古今東西.
동서남북〔一南北〕 名 東西南北.
동서양〔東西洋〕 名 東洋と西洋.
동석〔同席〕 名 하自 同席. ¶ 그 사람과 좌담회에 ～했다 その人と座談会で同席した.
동선¹〔同船〕 名 하自 同船. 同舟.
동선²〔銅線〕 名 銅線.
동설〔同說〕 名 同説.
동성¹〔同性〕 名 同性. 反 異性.
동성애〔一愛〕 名 同性愛.
동성²〔同姓〕 名 同姓.
동성동명〔一同名〕 名 同姓同名.
동성동본〔一同本〕 名 姓も本貫も同じであること.
동성불혼〔一不婚〕 名 同姓をめとらず〈同じ父系血族間の結婚を避けること〉.
동소〔同素〕 名 同素. 同じ素質.
동소체〔一體〕 名〔化〕同素体.
동수〔同數〕 名 同数. ¶ 찬부 ～ 賛否同数.
동숙〔同宿〕 名 하自 同宿.
동승〔同乘〕 名 하自 同乗. ¶ 버스에 ～하다 バスに同乗する.
동시¹〔同時〕 名 同時. ¶ ～녹음 同時録音 / ～통역 同時通訳.
동시²〔童詩〕 名 児童詩.
동식물〔動植物〕 名 動植物.
동신제〔洞神祭〕 名〔民俗〕村の守護神に無病・無事・豊年を祈る祭り.
동실 副〔가볍게 떠서 움직이는 모양〕ぽっかりと. ふわりと. ふわふわと. ¶ 흰 구름이 ～ 떠 있다 白い雲がぽっかりと浮かんでいる. ＜둥실
동실동실 副 ぷかぷか(と). ふわふわ(と).
동실동실하다 形 丸々としている. ぽちゃぽちゃしている. ¶ 동실동실한 얼굴 丸くてふっくらとした顔.
동심¹〔同心〕 名 하自 同心. **1** 同じ意志. **2**〔數〕中心が同じであること. ¶ ～원 同心円.
동심²〔童心〕 名 童心. ¶ ～으로 돌아

가다 童心に返る.
동아〔冬芽〕 名〔植〕冬芽.
동아리[1] 名 (長いものの)部分. ¶아랫 ～ 下の部分 / 윗 ～ 上の部分.
동아리[2] 名 **1** 仲間. やから. ¶한 ～가 되다 一群れになる. 仲間になる. **2** (大学などの)サークル.
동아시아〔東Asia〕 名〔地〕東アジア.
동아줄 名 太い綱. 太い縄.
동안[1] 名 (時間的)間. 間. 期間. 間隔. ¶그 ～ その間 / 오랫～ 長い間 / 눈깜짝할 ～에 도착했다 またたく間に到着した.
◆**동안이 뜨다** ① (時間的に)間があく. ② (距離がやや)遠い. 少し離れている. 隔たっている.
동안[2]〔童顔〕 名 童顔.
동양〔東洋〕 名 東洋. 反 西洋.
동양학〔一學〕 名 東洋学.
동양화〔一畫〕 名〔美〕東洋画.
동업〔同業〕 名 하自 **1** 同業. **2** 共同経営.
동업자〔一者〕 名 **1** 同業者. **2** 共同経営者.
동업 조합〔一組合〕 名〔經〕同業[同職]組合.
동여매다 他 縛る. くくる. 結びつける.
동옷 名 男のチョゴリ(저고리).
동요[1]〔動搖〕 名 하自 動揺. **1** 揺れ動くこと. 動き揺れること. ¶배가 심히 ～하다 船がひどく揺れる / 물가가 ～하다 物価が変動する. **2** 心や気持ちが揺れ動くこと. ¶민심의 ～ 民心の動揺.
동요[2]〔童謠〕 名 童謡. 童歌.
동우〔凍雨〕 名 凍雨. 冬の雨.
동원[1]〔凍原〕 名〔地〕凍原. ツンドラ.
동원[2]〔動員〕 名 하自他 動員. ¶조합원들을 집회에 ～하다 組合員たちを集会に動員する.
동원령〔一令〕 名〔軍〕動員令. ¶전시 ～ 戦時動員令.
동위〔同位〕 名 同位.
동위 개념〔一槪念〕 名〔論〕同位概念.
동위 원소〔一元素〕 名〔化〕同位元素. アイソトープ.
동유〔桐油〕 名 桐油.
동음〔同音〕 名 同音. ¶～어 同音語 / ～이의 同音異義 / ～이자 同音異字.
동의[1]〔冬衣〕 名 冬服. 冬着.
동의[2]〔同義〕 名 同義. 反 異義 ¶～어 同義語.
동의[3]〔同意〕 名 하自 同意. ¶～를 구하다 同意を求める / 계약 조건에 ～하다 契約条件に同意する.
동의[4]〔動議〕 名 하自他 動議. ¶긴급 ～ 緊急動議 / ～를 가결하다 動議を可決する.
동이[1] 名 甕. 水甕. 水瓶.
동이[2]〔東夷〕 名 東夷.
동이다 他 (ひもなどで)縛る. くくる. 束ねる. ¶끈으로 짐을 ～ ひもで荷物をくくる.
동인[1]〔同人〕 名 同人. **1** その人. 同じ人. **2** 同志の人. 同好者.
동인잡지〔一雜誌〕 名 同人雑誌.
동인지〔一誌〕 名 〔'동인잡지'의 준말〕同人誌.
동인[2]〔動因〕 名 動因.
동일[1]〔同一〕 名 하形 同一. ¶상황이 ～하다 状況が同じだ / ～한 주장 同一の主張.
동일법〔一法〕 名 同一法.
동일성〔一性〕 名 同一性.
동일시〔一視〕 名 하他 同一視.
동일[2]〔同日〕 名 同日.
동자[1]〔童子〕 名 童子. 男の子供.
동자기둥 名〔建〕束柱. 束.
동자삼〔一蔘〕 名 幼児の形をした野生の朝鮮人参.
동자석〔一石〕 名 **1** 墓の前に立てる童子の石像. **2** 石の欄干の間に立てる束柱.
동자승〔一僧〕 名〔佛〕幼い僧. 小僧.
동자[2]〔瞳子〕 名 瞳子. ひとみ. 瞳孔.
동작〔動作〕 名 하自 動作. ¶기민한[둔한] ～ 機敏な[鈍い]動作 / ～이 빠르다 動作が早い.
동장[1]〔洞長〕 名 洞役場の長.
동장[2]〔銅章〕 名 **1** 銅章. 銅製の印. **2** 銅の記念章.
동장군〔冬將軍〕 名 冬将軍. 厳寒の冬.
동저고리 名〈俗〉男のチョゴリ.
동저고리 바람 名 正装でない身なり.
동적〔動的〕 名 動的. ダイナミック. 反 静的 ¶이 그림은 매우 ～이다 この絵はとてもダイナミックだ.
동전〔銅錢〕 名 銅銭. 銅貨. コイン.
동전기〔動電氣〕 名〔物〕動電気.
동전력〔動電力〕 名〔物〕動電力.
동절〔冬節〕 名 冬季. 冬の季節.
동점[1]〔同點〕 名 同点. ¶～으로 비기다 同点で引き分けになる.
동점[2]〔東漸〕 名 하自 東漸. 東進. ¶문명의 ～ 文明の東漸.
동정[1] 名 〈チョゴリ(저고리)の襟に当てる白い〉掛け襟.
동정[2]〔同情〕 名 하他 同情. 思い遣り. ¶～심 同情心 / ～을 금할 수 없다 同情を禁じ得ない.
동정 파업〔一罷業〕 名 同情罷業. 同情スト(ライキ). お付き合い休業.
동정표〔一票〕 名 同情票.
동정[3]〔動靜〕 名 動静. 動き. ¶상대방의 ～을 살피다 相手の動静を探る.
동정[4]〔童貞〕 名 童貞. ¶～을 지키다 童貞を守る / ～을 잃다 童貞を失う.
동정남〔一男〕 名 童貞の男. 生息子.
동정녀〔一女〕 名 **1** 処女. 生娘. **2**〔基〕聖母マリア.
동조〔同調〕 名 하自 同調. **1**〔樂〕同じ調子. **2** (人の意見や態度への)同調. ¶～자 同調者. **3** (テレビ·ラジオなどの)チューニング.
동조 회로〔一回路〕 名〔物〕同調回路.
동족〔同族〕 名 同族.
동족상잔〔一相殘〕 名 하自 同族が争い殺し合うこと.
동족애〔一愛〕 名 同族愛.
동족 회사〔一會社〕 名〔經〕同族会社.
동종〔同種〕 名 同種. 同じ種類.
동주〔同舟〕 名 하自 同舟. 同船.

오월~ 呉越同舟.
동지[1]〔冬至〕名 冬至.
동지사〔一使〕名〔史〕朝鮮時代, 毎年陰暦11月に中国に派遣された使臣.
동지섣달 名 陰暦の11月と12月. ¶~ 긴긴 밤 長い冬の夜.
동지 팥죽〔一粥〕名〔民俗〕冬至の日に食べるあずきの粥.
동짓달 名 陰暦の11月. 霜月.
동지[2]〔同志〕名 同志. ¶~를 모으다 同志を募る / ~애 同志愛.
동진〔東進〕名 하自 東進.
동질〔同質〕名 同質. 反 異質.
동질 이상〔一異像〕名〔鑛〕同質異像.
동쪽〔東一〕名 東. 東方. 東の方.
동차〔動車〕名 気動車.
동참〔同參〕名 하自 (集会などに)いっしょに参加すること. ¶파업에 ~하다 ストライキにいっしょに参加する.
동창〔同窓〕名 **1** 同窓. 同門. 同学. ¶~회 同窓会. **2** 〔'동창생'의 준말〕同窓生.
동창생〔一生〕名 同窓生.
동체[1]〔同體〕名 同体. ¶일심~ 一心同体.
동체[2]〔胴體〕名 胴体.
동체 착륙〔一着陸〕名 (飛行機の)胴体着陸.
동체[3]〔動體〕名 動体. **1** 動くもの. **2** 流体. 流動体.
동초〔動哨〕名〔軍〕動き回りながら警戒する哨兵.
동축 케이블〔同軸 cable〕名 同軸ケーブル.
동치다 他 くるくる巻いてくくる.
동치미 名〔料理〕トンチミ〈大根を丸ごと, あるいは大きく切って塩水に漬けた汁の多いキムチの一種〉.
동치밋국 名 トンチミの汁.
동침〔同寢〕名 하自 同衾. 共寝.
동탕하다〔動蕩一〕形 顔だちがふくらかでなまめかしい.
동태[1]〔凍太〕名 冷凍したすけとうだら.
동태[2]〔動態〕名 動態. 動き. 様子. ¶~ 조사 動態調査.
동토[1]〔東土〕名 東土. **1** 東方の地. **2** 東方の国. **3** (むかし, 中国から見て)韓国.
동토[2]〔凍土〕名 凍土. 凍った土.
동토대〔一帶〕名〔地〕凍土帯. ツンドラ.
동통〔疼痛〕名 疼痛.
동트기〔東一〕名 夜明け. 暁. 曙.
동티 名 **1**〔民俗〕地神の怒りに触れて受ける災い. たたり. **2** うっかり手出しして災いを招くこと.
◆**동티가 나다** ① (地神の怒りに触れて)たたる. ② (下手に手を出して)駄目になる. 失敗する.
◆**동티를 내다** ① (地神を怒らせて)たたりを引き起こす. ② (下手に手を出して)他人に損害を与える. 失敗させる.
동파〔凍破〕名 하自 凍って破裂すること. ¶수도관이 ~됐다 水道管が凍って破裂した.
동판〔銅版〕名 銅版.
동판화〔一畫〕名 銅版画.
동편〔東便〕名 東方. 東側.
동포〔同胞〕名 同胞. はらから. 同じ民族. ¶해외 ~ 海外の同胞.
동풍〔東風〕名 東風. 東の風. こち. ¶마이~ 馬耳東風.
동하다〔動一〕自 **1** 〔움직이다〕動く. ¶천지가 동하는 것 같은 소리 天地が動くような音. **2** 〔감정이 일어나다〕(感情が)生じる. (心が)動く. 感じる. ¶욕심이 ~ 欲が出る. **3** (病気などが)再発する. ぶりかえす. こじれる. ¶위궤양이 ~ 胃潰瘍が再発する.
동학[1]〔同學〕名 하自 同学. 同窓. 同門.
동학[2]〔東學〕名〔宗〕東学(天道教の前身).
동학 혁명〔一革命〕名〔史〕東学革命.
동항〔凍港〕名 凍港. 反 不凍港.
동해[1]〔東海〕名 **1** 東方の海. **2**〔地〕東海.
◇동해 2를 일본에서는 일본해(日本海)라 부름.
동해[2]〔凍害〕名 凍害. 寒害.
동해안〔東海岸〕名 **1** 東海岸. **2**〔地〕東海の沿岸.
동행〔同行〕名 하自 同行. 道連れ. ¶~자 同行者 / 젊은 여자와 ~하다 若い女性と連れ立って行く.
동향[1]〔同鄕〕名 同郷. ¶~ 친구 同郷の友.
동향[2]〔東向〕名 東向き.
동향판 名 (家·墓の)東向きの敷地.
동향[3]〔動向〕名 動向. 動き. ¶주민의 ~을 살피다 住民の動向をうかがう.
동혈[1]〔同穴〕名 同穴. **1** 同じ穴. **2** 夫婦が死んで同じ墓に葬られること. ¶~의 맹세 (偕老)同穴の契り. 夫婦仲のむつまじい契り.
동혈[2]〔洞穴〕名 洞穴. 洞窟.
동형〔同形·同型〕名 同形.
동형 분열〔一分裂〕名〔生〕同形[同型]分裂.
동호〔同好〕名 하自他 同好. ¶~회 同好会.
동호인〔一人〕名 同好の士.
동화[1]〔同化〕名 하自 同化. ¶~ 정책 同化政策 / 그 사회에 ~하다 その社会に同化する.
동화 작용〔一作用〕名 同化作用.
동화[2]〔同和〕名 하自 同和. ともに和合すること.
동화[3]〔動畫〕名 動画. アニメーション.
동화[4]〔童話〕名 童話. おとぎ話. ¶~책 童話の本 / ~ 작가 童話作家.
동화[5]〔銅貨〕名 銅貨.
동활자〔銅活字〕名 銅活字.
동회[1]〔洞會〕名 〔'동사무소'의 구칭〕洞の役所.
동회[2]〔動蛔〕名 하自 **1** 腹の中の回虫がうごめいて腹痛を起こすこと. **2** 食欲が起こること.
돛 名 帆. ¶~을 내리다[올리다] 帆をおろす[上げる].
◆**돛을 달다** 帆をかける. 帆を張る.
돛단배 名 帆掛け船. 帆船. ¶~가 바람을 타고 달리다 帆船が風を受け

て進む.
돛대 名 帆柱. マスト.
돛배 名 帆掛け船. 帆船.
돨돨 副 〔소화 불량으로 배가 끓는 소리〕 ごろごろ.
돼가다 自 〔'되어가다'의 준말〕 仕上がりつつある. (時が)近づく.
돼먹다 自 (人に必要な要素が)備わっている. 人間ができている. ¶ 돼먹지 않다 人間ができていない. なってない.
돼지 名 **1** 〔動〕 豚. ¶ ~고기 豚肉 / ~를 기르다 豚を飼う / ~가 꿀꿀거리다 豚がブーブー鳴く. **2** 〈俗〉 (大食漢・欲深い人・愚鈍な人をののしって)豚のようなやつ. ¶ ~ 같은 녀석 豚のようなやつ.
  돼지기름 名 豚脂. ラード.
  돼지꿈 名 豚の夢〈縁起のいい夢と言われる〉.
  돼지날 名 〔民俗〕 亥の日.
  돼지띠 名 亥年の生まれ.
  돼지우리 名 豚小屋.
되[1] Ⅰ 名 枡. ¶ 한 홉 ~ 1合枡.
 Ⅱ 依名 升. ¶ 한 말은 열 ~ 1斗は10升.
 〔속담〕 **되로 주고 말로 받는다** 1升枡で与えて1斗枡で受ける〈他人を困らせると何倍もの報いを受ける〉.
되[2] 名 **1** 昔, 豆満江の一帯に住んだ女真族. **2** ☞오랑캐
-되[3] 語尾 **1** 〔앞 말의 내용을 부연 설명함〕 …だが. …が. …けれども. ¶ 눈은 오~ 흩날릴 뿐이다 雪は降っているがちらちらするだけだ. **2** 〔대립되는 내용을 접속함〕 …だが. …が. …けれども. ¶ 가난은 하~ 마음은 크다 貧しいけれども心は広い.
되-[4] 接頭 むしろ. かえって. 反対に. 逆に. 再び. さらに. ¶ ~묻다 反問する. 聞き返す / 기억이 ~살아나다 記憶がよみがえる.
-되-[5] 接尾 **1** 〔동작성 명사에 붙어 자동사를 만듦〕 …になる. …(さ)れる. ¶ 시작~다 始まる / 염려~다 心配になる. **2** 〔상태・성질을 가리키는 명사에 붙어 형용사를 만듦〕 …だ. …い. ¶ 진실~다 真実だ / 헛~다 むなしい.
되가웃 名 一升枡で量って残った半升ほどの量.
되갈다 他 **1** (田畑を)耕し直す. すき直す. **2** (粉などを)ひき直す. 二度びきする. ¶ 콩가루를 ~ きな粉をひき直す.
되걸리다 自 (治った病気が)再発する. ぶり返す.
되게 副 すごく. とても. たいへん. 非常に. ¶ 값이 ~ 비싸다 値段がすごく高い / ~ 혼났다 ずいぶんひどい目にあった. たいへんな目にあった.
되깔리다 自 逆に組み敷かれる. ¶ 자빠진 상대에게 ~ 倒れた相手に逆に組み敷かれる.
되넘기 名 転売. 又売り.
  되넘기장사 名 仲買.
되넘기다 他 転売する.
되놈 名 〈蔑〉 中国人.
되놓다 他 元どおりに置く. 元に戻しておく. 再び置く.
되뇌다 他 (同じ言葉を)繰り返して言う. ¶ 같은 말을 수없이 ~ 同じ言葉を何回も繰り返す.
되는대로 副 むやみに. いいかげんに. なるがままに. ¶ ~ 살아가다 いきあたりばったりに生きていく.
되다[1] Ⅰ 自 **1** (『가[이] 되다・로[으로] 되다』의 꼴로) …になる. 変化する. 変わる. ¶ 걱정이 ~ 心配になる / 헛수고가 ~ 骨折り損になる / 이번에 교수가 되었다 今度教授になった / 올챙이가 개구리로 ~ おたまじゃくしが蛙になる. **2** 十分だ. 構わない. よい. 結構だ. ¶ 술은 이제 됐어요 酒はもう十分です / 먼저 출발해도 됩니까? 先に出発してもいいですか. **3** (『잘 되다』의 꼴로) (物事が)うまくいく. よく成育する. ¶ 생각대로 잘 되지 않았다 思いどおりにうまく行かなかった / 농사가 잘 되었다 農作物がよくできた. **4** (ある数量に)及ぶ. なる. ¶ 얼마 되지 않는 밑천 いくらにもならない資金 / 모두 해서 열 명밖에 안 된다 皆で10人にしかならない / 인구가 천만이나 ~ 人口が1000万人にも及ぶ. **5** できる. できあがる. 完成する. ¶ 그림이 예쁘게 되었다 絵がきれいにしあがった. **6** (『로[으로] 된』의 꼴로) …からなる…. …で組み立てられた…. ¶ 철골로 된 건축물 鉄骨で組み立てられた建築物. **7** (『-게 되다』의 꼴로) …し始める. …するようになる. ¶ 병원에 다니게 된 지 3개월째이다 病院に通い始めてから3か月目だ / 좋아하게 되어서 결혼했다 好きになって結婚した. **8** (必要な要素が)備わっている. ¶ 인격이 된 사람 人格の備わっている人. **9** (『다 되다』의 꼴로) ほとんどなくなる. 予定量に達する. ¶ 야, 일어나라. 시간 다 됐어 おい起きろ. もう時間だぞ. **10** (親戚の)関係にある. …に該当する. ¶ 먼 친척이 되시는 분이에요 遠い親戚に当たる方です. **11** (『어떻게 되다』의 꼴로) どんな状態だ. ¶ 성함이 어떻게 되십니까? お名前は何とおっしゃいますか / 실례지만 연세가 어떻게 되십니까? 失礼ですがお年はおいくつでいらっしゃいますか.
 ◆**될 대로 되어라** なるようになれ.
되다[2] 他 (枡で)量る. ¶ 쌀을 되어 보라 米を量ってみよ.
되다[3] 形 **1** 〔빡빡하다〕 (水分が少なくて)固い. 強い. ¶ 밥이 되어서 못 먹겠다 ご飯が固くて食べられない. **2** 〔팽팽하다〕 (ひも・綱などが)張り過ぎている. ¶ 빨랫줄을 되게 매다 先濯物の干しひもをきつく締める. **3** 〔힘들다〕 きつい. 厳しい. ¶ 일이 되어서 못 하겠다 仕事がきつくてやりきれない. **4** (『되게』의 꼴로) はなはだ. ひどく. ¶ 되게 덥다 ひどく暑い / 되게 꾸짖었다 ひどくしかった.
되도록 副 なるべく. できるだけ. 出来る限り. ¶ ~ 빨리 なるべく早く / ~이면 현금으로 다오 なるべくなら現金払いにしてくれ.

되돌다 自 逆回りする. 逆に回る.

되돌리다 他 **1**〔'되돌다'의 사동사〕逆転させる. 逆の方向に回す. ¶ 차를 되돌려 돌아오다 車を逆の向きに回して帰ってくる. **2**〔본래의 상태가 되게 하다〕思い直す. 元に戻す. ¶ 마음을 ～ 心を思い直す.

되돌아가다 自 (来た道を)戻っていく. 戻る. 帰る. 引き返す. ¶ 옛날로 되돌아간 느낌 昔に戻った感じ / 중도에 ～ 途中で引き返す / 출발점으로 되돌아갔다 出発点に戻った.

되돌아보다 他 振り返る. 振り向く. 返り見る. (過去のことを)思い返す. ¶ 과거를 ～ 過去を振り返る.

되돌아서다 自 元の向きに振り返る.

되돌아오다 自 戻ってくる. 帰る. 引き返してくる. ¶ 잃었던 물건이 되돌아왔다 なくした物が戻ってきた / 갔던 길을 ～ 行った道を引き返してくる.

되디되다 形 (ご飯·粥·糊などが)非常に固い. 非常に粘り気があってとても濃い. ¶ 풀이 ～ 糊が固すぎる.

되먹히다 自 (損害を与えようとして)かえってやられる. かえって食われる.

되묻다 他 **1** 聞き返す. 問い直す. ¶ 안 들려서 되물었다 聞こえないので聞き返した. **2** 反問する. **3** (植木などを)元の場所に植え付ける.

되바라지다 形 **1**〔편협하다〕心が狭い. 偏狭だ. 包容力がない. ¶ 성격이 되바라져서 농담도 못 한다 性格が偏狭で冗談も言えない. **2**〔그릇 등이 얕다〕(器の底が)浅い. ¶ 되바라진 접시 底の浅い皿. **3**〔지나치게 똑똑하다〕こざかしい. 抜け目がない. ちゃっかりしている. こましゃくれている. ¶ 되바라진 처녀 こましゃくれた娘.

되받다 他 **1** 返してもらう. 受け戻す. ¶ 나누어 준 책을 되받아 왔다 あげた本を返してもらってきた. **2** 言い返す. 口答えする. 反抗する. ¶ 한 마디도 지지 않고 ～ 一言も言い負かされずに言い返す.

되살다 自 **1** 胃がもたれる. ¶ 떡을 과식하여 위가 ～ もちを食べすぎて胃がもたれる. **2** 生き返る. 蘇生する. よみがえる. ¶ 죽은 사람이 ～ 死人が生き返る. **3** (別れた夫婦が)よりを戻す. 再びいっしょになる.

되살리다 他 生き返らせる. よみがえらせる. ¶ 청자의 기법을 현대에 ～ 青磁の技法を現代によみがえらせる.

되살아나다 自 生き返る. 蘇生する. よみがえる. ¶ 비가 와서 화초가 되살아났다 雨が降って草花が生き返った / 기억이 ～ 記憶がよみがえる.

되새기다 他 **1** (食欲が進まないような時にまずそうに)嚙み続ける. **2** 反芻する. **3** 再考する. 繰り返し味わう. ¶ 옛 성인의 말을 되새겨 본다 昔の聖人の言葉を繰り返し味わってみる.

되새김질 名 하自他 反芻.

되쏘다 他 **1** 射返す. 撃ち返す. **2** (光などが)反射する.

되씌우다 他 **1** (責任などを)なすりつける. 転嫁する. **2** 再びかぶせる.

되씹다 他 **1** (同じことを)繰り返して言う. 繰り返して考え味わう. **2** 反芻する.

되알지다 形 **1** 我が強い. 押しが強い. 強情っ張りだ. **2** 持て余す. 手に負えない. きつい.

되어가다 自 **1** (事が)完成しかけている. 仕上がりつつある. なりつつある. ¶ 일이 잘 ～ 仕事がうまくいっている. **2** (時が)近づく. ¶ 12시가 ～ 12時が近づいてくる.

되올라가다 自 (下りつつあったものが)再び上る.

되우 副 とても. はなはだしく. ひどく. 非常に. ¶ ～ 앓다 ひどく病む.

되작거리다[-대다] 他 (あちこち)掻き回しながら捜す. ＜뒤적거리다

되작되작 副 하他 ごそごそ.

되잖다 形〔'되지않다'의 준말〕なっていない. つまらない. 出来が悪い. 下手だ. ¶ 되잖은 변명 下手な言い訳.

되지기 依名〔논밭의 넓이의 단위〕1升の籾や種をまくことのできる田畑の広さ.

되지못하다 形 人間らしくない. なっていない. 駄目だ. 礼儀にはずれている. ¶ 되지못한 놈 なっていないやつ.

되직하다 形 (ご飯·粥などが水気が少なくて)少し固めである. ちょっと濃いめである. ¶ 밥이 조금 되직한 것 같다 ご飯がやや固めのようだ. **되직이** 副 少し固めに. ちょっと濃いめに.

되질 名 하自他 穀物を枡で量ること.

되짚어 副 すぐに. 直ちに. すぐ引き返して. すぐその場で. 折り返し.

되짚어가다 自 (来た道を)すぐ引き返していく.

되짚어보내다 他 (来た人や物を)すぐ送り返す.

되짚어오다 自 (ある所に行って)直ちに引き返す. すぐ戻ってくる.

되찾다 他 取り戻す. 再びさがす. ¶ 이전의 명성을 ～ 以前の名声を取り戻す.

되치이다 自 **1** (他人に罪などをなすりつけようとして自分が)逆にやられる. 返り討ちにあう. **2** (物事が)逆になる. 逆転する.

되통스럽다 形 うっかりしている. 間が抜けている.

되팔다 他 転売する.

되풀이[1] 名 하他 繰り返し. 反復. ¶ 이야기를 ～하다 話を繰り返す / 잘못을 ～하지 마라 過ちを繰り返すな.

되풀이[2] 名 하他 **1** (穀物1升の値段を)計算すること. **2** (穀物を斗枡で売らずに)升枡で売ること.

된똥 名 固い大便.

된밥 名 **1** 固めのご飯. **2** 汁物などに混ぜないご飯.

된비알 名 急坂. けわしい坂.

된서리 名 **1** (晩秋の)厳しい霜. **2** ひどい災いや打撃.

◆**된서리가 때리다** (木や草に)ひどい霜が降りる.

된서리맞다 自 **1** 厳しい霜に当たる. **2**

ひどい災難にあう．ひどい打撃をこうむる．ひどい目にあう．¶ 금리 인상으로 ～ 金利引き上げで大きな打撃を受ける．

된서방〔一書房〕 名 気難しく横暴な夫．

◆**된서방을 맞다** ひどい災難にあう．やりにくくて難しいことにぶつかる．

된소리 名〔言〕濃音〈ㄲ·ㄸ·ㅃ·ㅆ·ㅉ〉．

된장〔一醬〕 名 みそ．¶ 집에서 담근 ～ うちでつくったみそ．

〔속담〕**된장에 풋고추 박히듯** みそにとうがらしが突き刺さっているよう〈一か所に閉じこもって離れないでいるようす〉．

된장국 名〔料理〕みそ汁．

된장찌개 名〔料理〕テンジャンチゲ〈肉·野菜などを入れたみそ鍋〉．

된통 副 大変．ひどく．甚だしく．¶ ～ 혼이 나다 ひどく叱られる．

된풀 名 濃く[固めに]煮た糊．

될 성부르다 形 できそうだ．なりそうだ．見込みがある．

〔속담〕**될 성부른 나무는 떡잎부터 알아본다** 見込みのある木は二葉より見分けがつく〈栴檀は二葉より芳し〉．

됨됨이 名 **1** 風采．人柄．性格．¶ 사람 ～가 믿음직하다 人となりが頼もしい．**2** (物事の)出来具合．出来ばえ．仕上がり．

됨직하다 形 出来そうだ．なりそうだ．見込みがある．

됫박 名 **1**〈俗〉枡．**2** 1升枡の代わりに用いるパガジ(바가지)．

됫박질 名 하自 **1** 1升枡で量ること．**2** 穀物を1升枡で量って少しずつ買うこと．

됫밥 名 1升ほどの穀物で炊いたご飯．

됫술 名 **1** 1升酒．¶ 소주를 ～로 마시고도 끄떡도 안 한다 焼酎を1升飲んでもびくともしない．**2** 升酒．1升枡で売る酒．

두¹〔頭〕 名〈俗〉頭．頭痛の種．¶ 아이구 ～야 (困ったときなどに)頭が痛いな．

두²〔斗〕 依名〔곡물이나 액체의 분량을 되는 단위〕斗〈一升の10倍〉．

두³〔頭〕 依名〔네발짐승의 수를 세는 단위〕頭．¶ 돼지 100～ 豚100頭．

두⁴ 冠 二つの…．2…．¶ ～ 상자 二箱 / ～ 마리 2匹 / ～ 가지 二とおり．2種類 / ～ 배 2倍 / ～ 마음 二心．異心 / ～ 갈래 二筋 / ～ 번째 2番目 / ～ 사람 二人．

두각〔頭角〕 名 頭角．¶ ～을 나타내다 頭角を現わす．

두개〔頭蓋〕 名〔生〕頭蓋．

두개골〔一骨〕 名〔生〕頭蓋骨．

두개근〔一筋〕 名〔生〕頭蓋筋．

두건〔頭巾〕 名 喪中にかぶる男子の頭巾．

두겁 名 **1** 細長いものの先にかぶせるもの．さや．キャップ．¶ 볼펜 ～ ボールペンのキャップ．**2**〔'붓두껍'의 준말〕筆のさや．

두견〔杜鵑〕 名 **1**〔動〕ほととぎす．**2**〔植〕つつじ．

두견새 名 ☞두견이

두견이 名〔動〕ほととぎす(杜鵑)．

두견화〔一花〕 名 げんかいつつじの花．

두고두고 副 **1** 何度も何度も．くどくどと．かえすがえす．だらだらと．¶ 기회를 놓친 것이 ～ 원통하다 機会を逃したのがかえすがえすも残念だ．**2** 長らく．いつまでも．永遠に．¶ 은혜는 ～ 잊혀지지 않을 것입니다 ご恩はいつまでも忘れられないでしょう．

두골〔頭骨〕 名〔生〕頭骨．頭蓋骨．

두그르르 副〔크고 무거운 것이 대번에 구르는 모양〕ごろり(と)．ごろごろ(と)．

두근거리다[-대다] 自 どきどきする．わくわくする．¶ 놀라서 가슴이 ～ 驚いて胸がどきどきする / 너무 기뻐서 가슴이 ～ うれしさのあまり胸がわくわくする．

두근두근 副 하自 どきどき(と)．わくわく(と)．

두글두글 副〔크고 무거운 것이 자꾸 구르는 모양〕ごろりごろり(と)．ごろごろ(と)．¶ 바윗돌이 ～ 굴러 떨어지다 岩石がごろごろところがり落ちる

두길마보기 名 日和見主義．二股をかけること．洞が峠．

두길보기 名〔'두길마보기'의 준말〕☞ 두길마보기

두꺼비 名〔動〕蟇蛙．

〔속담〕**두꺼비 파리 잡아먹듯** ひきがえるが蝿を捕って食べるように〈手当たり次第に何でもぱくぱく食べてしまう〉．

두꺼비집 名〈俗〉(電流の)安全器．

두껍다 形 厚い．分厚い．反 薄い ¶ 옷감이 ～ 生地が厚い / 두꺼운 책 分厚い本 / 낯가죽이 ～ 面の皮が厚い．

두껍다랗다 形 思ったより分厚い．厚めだ．

두껍디두껍다 形 非常に厚い．

두께 名 厚さ．厚み．¶ ～가 5밀리미터의 유리 厚さが5ミリのガラス．

두남두다 他 **1** 味方になる．肩を持つ．ひいきする．助太刀する．**2** (哀れに思って)助けてやる．同情する．

두뇌〔頭腦〕 名 頭脳．

두다¹ 他 **1**〔놓다〕置く．しまう．¶ 책상 위에 둔 책 机の上に置いた本．**2**〔남겨 두다〕置く．¶ 젖먹이를 집에 두고 왔다 乳飲み子を家に置いて出てきた．**3**〔어느 기간 내내〕置く．及ぶ．わたる．¶ 열흘을 두고 생각한 일이다 10日間も考え抜いたことだ / 이 기회에 안 가면 평생을 두고 후회할 것이다 この機会に行かなければ生涯にわたって後悔するだろう．**4**〔데리고 있다〕置く．雇う．¶ 비서를 ～ 秘書を雇う / 가정부를 ～ 家政婦を置く．**5**〔간격을 남겨 놓다〕置く．¶ 일정한 간격을 두고 나무를 심다 一定の間隔を置いて木を植える．**6**〔설치하다〕設置する．設ける．置く．¶ 입구에 안내소를 ～ 入口に案内所を設置する / 비서실을 ～ 秘書室を設ける．**7**〔마음에 어떤 생각을 가지다〕とどめる．置く．抱く．持つ．注ぐ．寄せる．¶ 염두에 ～ 念頭に置く / 마음에 간직해 ～ 心に留めておく / 그녀에게 은근히 마음을 두고 있다 彼女にひそか

に思いを寄せている. **8** 〔바둑 등을 놀이로 행하다〕 打つ. 指す. ¶ 장기를 ~ 将棋を指す / 바둑을 ~ 碁を打つ. **9** 〔섞어 넣다〕 入れる. 混ぜる. ¶ 밥에 콩을 ~ ご飯に豆を入れる. **10** 〔부피를 이루게 하다〕 入れる. ¶ 이불에 솜을 두툼히 ~ 布団に綿をやや厚く入れる. **11** 〔거느리다〕 もつ. ¶ 슬하에 3남을 ~ ひざもとに3人の息子をもつ / 양자를 ~ 養子を迎える / 훌륭한 아드님을 두셨습니다 立派な息子さんをおもちです. **12** 〔무엇을 대상으로 하다〕 対象とする. めぐる. ¶ 천재란 바로 그를 두고 하는 말이다 天才とはまさに彼を対象としていうことである. **13** 〔어떤 상태대로 있게 하다〕 そのままにしておく. ほうっておく. 顧みない. ¶ 까불면 가만 안 두겠어 ふざけたまねをしたらただではおかないぞ.

◆**두고 보자**[**보아라**] 今に見てろ.

두다² 補動 …(して)おく. ¶ 알아 둘 필요가 있다 知っておく必要がある / 문을 닫아 ~ 戸を閉めておく.

두대박이 名 2本マストの大型帆船.

두더지 名〔動〕もぐら.

두덩 名 畝. 畔. 小高く盛り上がった所. ¶ 밭~ 畝 / 눈~ まぶたの膨らんだところ.

〔속담〕 **두덩에 누운 소** 畔に寝転んだ牛〈気楽に過ごせる身分〉.

두동지다 形 つじつまが合わない. 矛盾している. 支離滅裂だ.

두두룩하다 形 (盛り上がって)ふっくらとしている. うずたかく盛り上がっている. ふっくらと膨らんでいる. **두두룩이** 副 ふっくらと. うずたかく. 山盛りに.

두두룩두두룩 副 하形 複数のものが皆ふっくらとしているようす.

두둑 名 **1** 畝. ¶ 밭~ 畝. **2** 畔. ¶ 논~ 畔.

두둑하다 形 **1** とても厚い. 分厚い. ¶ 배짱이 ~ 肝が太い. 心臓が強い. 度胸がある. **2** とても豊かだ. 十分だ. ¶ 두둑한 선물 あり余るほどの贈り物. **3** 〔'두두룩하다'의 준말〕 ふっくらとしている. うずたかく盛り上がっている. **두둑이** 副 **1** 分厚く. **2** 豊かに. 十分に. ¶ 밥을 ~ 먹고 가거라 ご飯を十分に食べて行きなさい. **3** ふっくらと. うずたかく.

두둔 名 하他 味方してかばうこと. ひいきすること. 肩を持つこと. ¶ 약한 편을 ~하다 弱いほうの肩を持つ.

두둥둥 副 〔북 등을 계속 치는 소리〕 どんどん(と). どどんどんと.

두둥실 副 ふんわりと. ぽっかりと. ふわふわ(と). ¶ 뭉개구름이 ~ 떠간다 綿雲がふわふわと流れる / 보름달이 ~ 떠오르다 満月がぽっかり浮かぶ.

두드러기 名〔醫〕蕁麻疹.

두드러지다 Ⅰ 形 目立っている. はっきりしている. 突き出ている. 著しい. 際立つ. ¶ 연기력이 두드러진 사람 演技力がずば抜けた人物.

Ⅱ 自 突き出る. 表面化してはっきりする. ¶ 사건이 두드러지기 시작했다 事件が表面化し始めた.

두드리다 他 (音が出るように)何度もたたく. しきりに打つ. ¶ 문을 ~ 戸を(何度も)たたく / 어깨를 ~ 肩をたたく.

두들기다 他 (やたらに)たたく. (むやみに)打つ. ぶん殴る. 殴りつける. ¶ 실컷 ~ 思い切りぶん殴る.

두런거리다[**-대다**] 自 (大勢の人が)低い声で話し合う. ひそひそと話し合う. ¶ 골목길에서 두런거리는 소리가 들린다 小路でひそひそと話す声が聞こえてくる. ＞도란거리다

두런두런 副 하自 ひそひそ(と).

두렁 名 (田畑の)畔. ¶ 논~ (田の)畔 / 밭~ (畑の)畔.

두레 名〔農〕結い〈農繁期に協力して共同作業をするための組織〉.

두레꾼 名 結に参加する農民.

두레 농사〔一農事〕 名〔農〕農繁期に共同でする農作.

두렛날 名〔農〕 結で農作業をする日.

두렛논 名〔農〕結で耕作する水田.

두렛일 名 하自〔農〕結による共同作業.

두레박 名 つるべ.

두레박질 名 하自 つるべで水をくむこと.

두레상〔一床〕 名 (大勢が食事をする)円卓. 大きな円膳.

두려빠지다 自 (一部分が)くりぬかれる. えぐり取られる. 欠けてしまう.

두려움 名 怖さ. 恐れ. 恐怖. 不安. 心配. ¶ 실패할지도 모른다는 ~ 失敗するかもしれないという不安.

두려워하다 他 **1** 恐れる. 怖がる. 不安がる. 心配する. ¶ 무언가 두려워하는 표정 何かを恐れている顔つき. **2** 敬いおそれる. おそれ慎む. かしこまる. ¶ 신을 ~ 神を恐れる.

두렵다 形 **1** 恐ろしい. 怖い. 心配だ. 不安だ. 気がかりだ. ¶ 무언가 두려운 생각이 든다 何か不安な気がする / 비밀이 탄로날까 ~ 秘密がばれるのではないかと心配だ. **2** 恐れ多い. 敬いおそれている. ¶ 두려워 말고 정직하게 말해라 恐れずに正直に言いなさい.

두령〔頭領〕 名 頭領. 頭. 親分.

두루 副 あまねく. まんべんなく. 隅々まで. 一つ残らず. ¶ ~ 찾아보다 隅々までさがす / 전국을 ~ 돌아다니다 全国をあまねく歩き回る.

두루두루 副 **1** 〔'두루'의 힘줌말〕 あまねく. まんべんなく. 隅々まで. ¶ ~ 조사하다 くまなく調べる. **2** (人間関係で)角を立てずに. まるく. 円満に. 和気あいあいと. ¶ 동료와 ~ 지내고 있다 同僚と円満に過ごしている.

두루마기 名 トゥルマギ〈外側に着る外套のような服〉.

두루마리 名 巻き紙. 巻き物.

두루뭉수리 名 **1** 形の整わない雑然とした形の物. **2** つまらないやつ. ろくでなし. 役立たず.

두루뭉술하다 形 **1** 角張らず丸みを帯びている. **2** (性質·言動·態度などが)はっきりしない. あいまいである.

두루미 名〔動〕丹頂鶴.

두루춘풍〔一春風〕 名 いつも朗らかでみ

んなに好かれること[人].

두르다 他 **1**〔휘감아 싸다〕〈襟巻き·帯·チマ(치마)などを〉巻く. 巻きつける. まとう. ¶목도리를 ～ マフラーを巻く/치마를 두른 여자 チマを着た女. **2**〔둘러싸다〕(垣などを)巡らす. 囲む. ¶울타리를 ～ 垣根を巡らす. **3**〔돌리다〕(機械などを)回す. ¶물레를 ～ 糸車を回す/재봉틀을 ～ ミシンを回す. **4** (空中に円を描きながら)振り回す. 振る. ¶기를 두르면서 환성을 올리다 旗を振り回しながら歓声を上げる. **5**〔변통하다〕(金品などを)工面する. 都合する. 融通する. やりくりする. ¶돈을 ～ お金を工面する. **6**〔고르게 바르다〕(油などを)行き渡らせる. ¶프라이팬에 기름을 약간 넣어 ～ フライパンに油を少し入れて行き渡らせる. **7**〔마음대로 다루다〕(人を思うままに)操る. 扱う. 使う. ¶사람을 손아귀에 넣고 ～ 人を手中に収めてこき使う. **8**〔속이다〕まんまとだます. 欺く. 偽る. ¶아무리 두르려고 해도 속지 않는다 いくらだまそうとしてもだまされない.

두르르 副 **1**〔말리는 모양〕くるりと. くるくる(と). ¶달력을 ～ 말다 カレンダーをくるくると巻く. **2**〔바퀴가 구르는 소리[모양]〕がらがら(と). ごろごろ(と).

두름 依名 20匹の魚または10把の山菜を束ねた束. ¶굴비 한 ～ 干しいしもち1束.

두름성〔一性〕 名 融通性. 順応性. 上手にさばく能力. やりくり上手. ¶～이 있는 사람 融通性のある人.

두릅 名 たらのきの若芽.

두릅나무 名〔植〕たらのき.

두리둥실 副 ふわふわと. ふんわりと. ¶뭉게구름이 ～ 떠 있다 綿雲がふわふわと浮かんでいる.

두리반〔一盤〕 名 台付きの大きい円形の膳.

두리번거리다[-대다] 自他 きょろきょろ見回す. ¶무언가를 찾고 있는 듯 주위를 ～ 何かをさがしているらしくあたりをきょろきょろ見回す. 「(と).

두리번두리번 副 하自他 きょろきょろ

두말 名 하自 二言. ああだこうだ言うこと. ぶつぶつ言うこと. ¶～하지 말고 똑바로 말해라 ぐずぐず言わずに正直に言いなさい.

◆**두말 말고** 文句を言わずに. 何だかんだ言わずに. ¶～ 말고 잠자코 있어 文句を言わずに黙っていろ.

◆**두말 없이** 一言の下に. 言下に. ためらいなく. ¶～ 없이 허가하다 一言で許可する.

◆**두말할 나위 없다** 言うまでもない. 明白だ.

두메 名 山里. 山奥. 片田舎. 僻地.

두메산골 名 山奥. ¶～ 내 고향 深い山奥のわが故郷. 「村.

두멧구석 名 山奥. 僻地. 山あいの

두멧사람 名 山里に住む人. 山間僻地の人.

두목〔頭目〕 名 頭目. 頭. 首領. ボス. 親分.

두문불출〔杜門不出〕 名 하自 家に閉じこもって外出しないこと.

두문자〔頭文字〕 名 頭文字.

두발〔頭髮〕 名 頭髪. 髪の毛.

두벌 名 2度目にすること.

두벌갈이 名 하自〔農〕(田畑の)2度目の起こし.

두벌솎음 名 하他 二度目の間引きをすること, またその青物.

두부[1]〔豆腐〕 名 豆腐. ¶～ 장수 豆腐屋/～ 한 모 豆腐1丁.

두부살 名 (豆腐のように)白く柔らかい肌.

두부[2]〔頭部〕 名 **1**〔生〕頭部. **2** (物の)上部.

두상〔頭上〕 名 **1** 頭. **2** 頭上.

두상 화서〔頭狀花序〕 名〔植〕頭状花序.

두서[1]〔頭書〕 名 **1** 前書き. 序文. **2** 頭書.

두서[2]〔頭緖〕 **1** 物事の糸口. 手がかり. 端緒. **2** 筋道.

두서없다 形 (話の)つじつまが合わない. 筋が通っていない. ¶그의 말은 두서없어서 못 알아듣겠다 彼の話はややこしくて分からない.

두서너 冠 二つか三つ四つの. いくつかの. 数人の. ¶～ 개의 과실 数個の果実.

두서넛 數 二つか三つ四つ. いくつか. 数人.

두성〔斗星〕 名〔天〕**1** 斗宿〈二十八宿の8番目の星〉. **2** 北斗七星の別称.

두세 冠 二つか三つの. 2·3. ¶제비가 ～ 마리 燕が2·3羽.

두셋 數 二つか三つ.

두손들다 自 **1** 両手を挙げる. **2** 降服する. 放棄する.

두수〔頭數〕 名 (牛·馬などの)頭数.

두어 冠 二つほどの. ¶쌀 ～ 가마니 米2叺ぐらい/～ 사람 二人くらい.

두어두다 他 (手をつけずに)ほうっておく. 見捨てる. ¶가만히 ～ 何もせずにほうっておく.

두억시니 名〔民俗〕夜叉.

두엄 名〔農〕積み肥. 堆肥.

두엄간〔一間〕 名 堆肥小屋.

두엄 더미 名 積み肥の山.

두엇 數 二つほど.

두운〔頭韻〕 名〔文〕頭韻.

두유[1]〔豆油〕 名 大豆油.

두유[2]〔豆乳〕 名 豆乳.

두음〔頭音〕 名〔言〕頭音. 音節の最初の音.

두음 경화〔一硬化〕 名〔言〕頭音硬化.

두음 법칙〔一法則〕 名〔言〕頭音法則.

두이레 名 出産後14日目の日.

두절〔杜絶〕 名 하自 途絶. とだえること. ¶통신 ～ 通信途絶/눈으로 교통이 ～되었다 雪で交通がとだえた.

두정골〔頭頂骨〕 名〔生〕頭頂骨.

두주[1]〔斗酒〕 名 斗酒. 1斗の酒. 多

量の酒.
두주불사〔一不辭〕 名 하自 1斗の酒をも辞さないほど酒量の多いこと.
두주²〔頭註〕 名 頭注. ¶ ~를 달다 頭注をつける.
두쪽 名 **1** 二切れ. **2** 両側. 両方. 双方.
두찬〔杜撰〕 名 杜撰(誤りが多かったり典拠が正確でない著作).
두창〔痘瘡〕 名〔醫〕痘瘡. 天然痘.
두텁다 形 情が厚い. 人情深い. 篤い. ¶ 인정이 ~ 人情が深い / 두터운 신임을 얻다 篤い信任をえる. **두터이** 副 人情厚く. 分厚く. ¶ 우정을 ~하다 友情を深くする.
두톨박이 名 二子栗.
두통〔頭痛〕 名 頭痛. ¶ ~이 나다 頭痛がする. 頭が痛い.
두통거리 名 頭痛の種. やっかいなこと. 面倒なこと.
두툴두툴 副 하形 ぼこぼこ(と). ごつごつ(と).
두툼하다 形 **1** 分厚い. 厚ぼったい. ¶ 입술이 ~ 唇が厚い / 두툼한 솜옷 分厚い綿入れ. **2** 余裕がある. ゆとりがある. 裕福だ. ¶ 주머니가 ~ 懐が温かい.
두해살이풀 名〔植〕二年生草本.
두호〔斗護〕 名 하他 庇護. ¶ 약자를 ~하다 弱い者を庇護する.
두흔〔痘痕〕 名 痘痕. あばた.
둑 名 **1** 堤. 土手. ¶ ~을 쌓다 堤防を築く. **2** (道などをつくるために築いた)盛り土. 畦.
둑길 名 土手道.
둔각〔鈍角〕 名〔數〕鈍角.
둔각 삼각형〔一三角形〕 名〔數〕鈍角三角形.
둔감〔鈍感〕 名 하形 鈍感. ¶ 세상의 흐름에 ~하다 世の流れに鈍感だ.
둔갑〔遁甲〕 名 하自〔民俗〕(忍法を用いての)変身. 化けること. 雲隠れ. ¶ ~술 変身の術 / 여우가 여자로 ~하다 狐が女に化ける.
둔기〔鈍器〕 名 鈍器. **1** 鋭くない刃物. **2** 刃物以外の凶器. ¶ ~로 때리다 鈍器で殴る.
둔덕 名 丘. 塚.
둔덕지다 形 地面が丘のように盛り上がっている. 小高くなっている.
둔부〔臀部〕 名 臀部. 尻.
둔사〔遁辭〕 名 遁辞. 逃げ口上. 言い逃れ. ¶ ~를 쓰다 遁辞を弄する. 言い逃れをする.
둔재〔鈍才〕 名 鈍才.
둔주〔遁走〕 名 하自 遁走. 逃げ走ること.
둔주곡〔一曲〕 名〔樂〕遁走曲. フーガ.
둔중하다〔鈍重一〕 形 鈍重だ.
둔치 名 水辺. 水辺の丘.
둔탁하다〔鈍濁一〕 形 **1** 愚鈍だ. **2** 濁って鈍い. ¶ 둔탁한 망치 소리 濁って鈍い金鎚の音.
둔통〔鈍痛〕 名 鈍痛.
둔팍하다〔鈍一〕 形 愚鈍だ.
둔필〔鈍筆〕 名 悪筆.
둔하다〔鈍一〕 形 **1** (頭·勘が)鈍い. ¶ 머리가 둔한 사람 頭の鈍い人. **2** (動作が)のろい. 鈍い. **3** (音が)鈍い. ¶ 나무 넘어지는 둔한 소리 木が倒れる鈍い音. **4** (刃が)鈍い. ¶ 칼날이 ~ 刀の刃が鈍い.
둔화〔鈍化〕 名 하自 鈍化. ¶ 수출 신장이 ~되다 輸出の伸びが鈍化する.
둘¹ 數 二つ. 2. 二人. ¶ ~씩 二つずつ / ~ 걸러 二つおきに / ~ 다 二つとも. 二人とも. どちらも. 両方.
◆**둘도 없다** 二つとない. またとない. この上なく貴重だ. ¶ ~도 없는 친구 無二の親友 / ~도 없이 좋은 사람 この上なくいい人.
둘-² 接頭 動物が不妊の…. ¶ ~암소 不妊の雌牛.
둘둘 副 **1**〔여러 겹으로 마는 모양〕ぐるぐる(と). くるくる(と). ¶ 꾸러미를 끈으로 ~ 감다 包みをひもでぐるぐる巻く. **2**〔가볍게 도는 소리〕くるくる(と). ころころ(と). ¶ 선풍기가 ~ 돈다 扇風機がくるくる回る.
둘러놓다 他 **1** まるく並べる. ¶ 화단 둘레에 벽돌을 빙 ~ 花壇の周りにれんがをぐるっと並べる. **2** 向きを変える. ぐるっと回す.
둘러대다 他 **1** (お金を)やりくりする. 融通する. ¶ 장사 밑천을 ~ 商売の元手を融通する. **2** うまく言い繕う. 言い抜ける. 言い逃れる. ¶ 늦게 온 이유를 그럴싸하게 둘러대었다 遅れて来たわけをもっともらしく言い繕った.
둘러막다 他 (屛風などで)仕切る. 囲う. ¶ 천막으로 ~ テントで囲う.
둘러맞추다 他 とりそろえてあてがう. つなぎ合わせる. ¶ 실언을 적당히 ~ 失言をうまく言い繕う.
둘러매다 他 ぐるっと回して結ぶ. ¶ 짐짝을 끈으로 빙 ~ 荷物をひもでぐるっと回して結ぶ.
둘러메다 他 (やや軽いものを肩にひょいと)背負う. 担ぐ. ¶ 가방을 ~ かばんをひょいとかつぐ.
둘러보다 他 見回す. 見渡す. ¶ 집주위를 ~ 家の周囲を見回す.
둘러서다 自 取り巻く. 取り囲む. ¶ 길거리에 둘러서서 후보자들의 연설을 들었다 道端で取り囲んで候補者の演説を聞いた.
둘러싸다 他 **1** 取り囲む. 取り巻く. 囲う. 囲む. ¶ 적을 둘러싸고 공격하다 敵を包囲して攻撃する. **2** 巡る. 取り巻く. ¶ 그녀를 둘러싼 세 명의 경쟁자 彼女を巡る3人のライバル.
둘러싸이다 自 取り囲まれる. ¶ 우리나라는 삼면이 바다로 둘러싸여 있다 わが国は三方が海に取り囲まれている.
둘러쌓다 他 (周囲を石·土などで)築き上げる. ¶ 성을 ~ 城壁を築き上げる.
둘러쓰다 他 **1** ひっかぶる. (頭から)かぶる. ¶ 이불을 ~ 布団をひっかぶる / 남의 죄를 ~ 人の罪をひっかぶる. **2** (金品の)やりくりをする. ¶ 돈을 여기저기서 둘러썼다 お金をあちこちから融通してもらってやりくりした.
둘러앉다 自 円座する. 車座になる.

¶ 화롯가에 ~ 火鉢の周まりに囲んで座る.

둘러엎다 他 (物を)ひっくり返す. ¶ 술상을 ~ 酒の膳をひっくり返す.

둘러치다 他 **1** 投げ飛ばす. ¶ 상대방을 힘껏 ~ 相手を力いっぱい投げ飛ばす. **2** (棒などで)打ちのめす. **3** (囲いを)巡らす. ¶ 울타리를 ~ 垣根を巡らす.

〔속담〕 **둘러치나 메어치나 일반** 振り回すも振り投げるも同じだ〈どっちみち結果は同じだ〉.

둘레 名 **1** 周り. ¶ 가슴 ~ 胸囲 / 집 ~를 돌아보다 家の周りを見回る. **2** 縁. へり. ¶ 스커트 ~의 레이스 スカートの裾のレース.

둘레둘레 副 **1** 〔사방을 살피는 모양〕 きょろきょろ(と). **2** 〔여러 사람이 빙 둘러앉은 모양〕 ぐるりと. ぐるっと. ¶ ~ 둘러앉아 이야기의 꽃을 피우고 있다 ぐるっと輪になって座って話の花を咲かせている.

둘리다 自 〔'두르다'의 피동사〕 **1** 取り囲まれる. **2** 取り巻かれる. **3** 振り回される.

둘이 名 二人. ¶ ~ 걷다 二人で歩く.

둘째 数 2番目. 第2. ¶ 앞에서 ~ 줄 前から2番目の列.

◆**둘째 가라면 섧다** 二番目といわれたらくやしい〈その専門分野の第一人者である〉.

둘째치고 副 二の次にして. さておいて. ¶ 지고 이기고는 ~ 우선 경기에 참가해야 한다 勝ち負けはさておいてまず競技に参加すべきだ.

둥 依名 …やら. …とか. …のか. …もそこそこに. ¶ 이것을 하라는 ~ 저것을 하라는 ~ 말이 많다 これをしろとかあれをやれとか口うるさい / 밥을 먹은 ~ 만 ~ 하고 집을 나섰다 ごはんをそこそこにして家を出た / 우는 ~ 아우성치는 ~ 대단한 소란이었다 泣くやらわめくやらたいへんな騒ぎだった.

둥개다 自他 持て余す. てこずる. ¶ 한가함을 ~ 暇を持て余す / 설득에 ~ 説得にてこずる.

둥개둥개 感 〔아기를 어르는 소리〕 よしよし. あばば. ¶ 우리 아가 ~ よい子だ, あばば.

둥그러미 名 丸. 円. 円形.

둥그러지다 自 転ぶ. 転がる. ¶ 공을 피하려다 땅에 둥그러졌다 ボールを避けようとして地面に転んだ.

둥그렇다 形 (大きく)まるい. ¶ 달무리가 ~ 月の暈がまるい. >동그랗다

둥그레지다 自 丸くなる. ¶ 놀라서 눈이 ~ 驚いて目が丸くなる. >동그래지다

둥그스름하다[-스레하다] 形 丸っこい. ¶ 둥그스름한 얼굴 丸っこい顔. **둥그스름히** 副 やや丸く. 丸めに.

둥근끌 名 丸鑿.

둥근톱 名 丸鋸.

둥글넓적하다 形 丸く平たい. ¶ 둥글넓적한 얼굴 丸く平べったい顔. >동글납작하다 **둥글넓적이** 副 丸く平たく.

둥글다 形 **1** 丸い. 円形である. 球形である. ¶ 둥글게 둘러앉아 이야기하다 丸く車座になって話をする. **2** (性格が)まるい. 角がない. 円満だ.

둥글둥글 副 하形 **1** 〔매우 둥근 모양〕 まるまる(と). **2** 〔잇달아 돌아가는 모양〕 ぐるぐる(と). ¶ 물방아가 ~ 잘도 돈다 水車がくるくるよく回る. **3** 角がなく円満なようす.

둥글리다 他 (角ばったものを)まるくする. 丸める.

둥글뭉수레하다 形 (先が)まるくずんぐりしている.

둥글번번하다 形 丸くてなめらかだ. ¶ 얼굴이 ~ 顔が丸くてなめらかだ.

둥긋하다 形 〔'둥그스름하다'의 준말〕 丸っこい.

둥덩산같다[—山—] 形 **1** (山のように)うずたかい. **2** 太鼓腹だ. 着ぶくれしている.

둥둥[1] 副 〔북소리〕 どんどこ(と). ¶ 북을 ~ 울리다 太鼓をどんどこ鳴らす.

둥둥[2] 副 〔'둥실둥실'의 준말〕 ぷかぷか(と). ¶ 복숭아가 ~ 떠내려왔다 桃がぷかぷか(と)流されてきた.

둥둥[3] 感 〔아기를 어르는 소리〕 よしよし. ¶ 우리 아가 ~ いい子だよしよし.

둥실 副 ふわりと. ぽっかり(と). ¶ 달이 ~ 떴다 月がぽっかり浮かんだ. 「(と).
둥실둥실 副 ぷかぷか(と). ふわふわ

둥실둥실하다 形 まるまると太っている. むっちりしている.

둥우리 名 竹やわらで編んだ容器. かご.

-둥이 接尾 …坊. …者. …子. ¶ 막내~ 末っ子 / 바람~ 浮気者.

둥주리 名 わらで分厚く編んだ大きなかご.

둥지 名 巣.

◆**둥지를 치다**[틀다] 巣をつくる. 巣を構える.

둥치 名 大木の根元.

뒈지다 自 〈卑〉 死ぬ. くたばる.

뒤[1] 名 **1** (空間的に)後ろ. あと. 後方. 反 前 ¶ ~로 물러서다 後ろへ退く / ~를 돌아다보다 後ろを振り返る / ~로 이어지다 あとにつづく. **2** (時間的に)後. 後. のち. ¶ 일을 ~로 미루다 仕事を後回しにする / 그 ~ 그녀는 일약 유명해졌다 その後彼女は一躍有名になった / 식사 ~에 출발한다 食事の後に出発する. **3** 〔자손〕 後継ぎ. 後. 代. ¶ ~가 끊기다 後が絶える / 아버지의 ~를 잇다 父の後を継ぐ. **4** 後の事. 残り. ¶ ~가 걱정이다 後が心配だ / ~는 내가 맡는다 後は僕が引き受ける. **5** (順序の)後. ¶ ~로 갈수록 소설이 재미있다 後へ行くほど小説が面白い. **6** 〔배후〕 背後. 陰. 裏. ¶ ~에서 조종하는 사람 背後で操っている人 / ~에서 농간을 부린다 陰で細工をする / 그의 발언에는 ~가 있다 彼の発言には裏がある. **7** 〔똥〕 大便. ¶ ~를 보다 大便をする / ~가 마렵다 (大便が)したい. **8** 〔'뒷밭'의 준말〕 (家・村の)裏の畑. **9** 〔뒷바라지〕 後援. 後押し. 後ろ盾. うしろみ.

¶ ～를 대다 後押しする / ～가 든든하다 後ろ盾がしっかりしている. **10** 〔자취·흔적〕 跡. 痕跡. ¶ ～를 남기다 痕跡をとどめる. **11** わだかまり. しこり. ¶ 그는 ～가 없는 사람이다 彼はわだかまりを残さないさっぱりした人だ.
◆**뒤가 구리다** 後ろ暗い.
◆**뒤가 없다** 後くされがない. さっぱりしている.
◆**뒤가 켕기다** 気がとがめる. 後ろめたい思いをする.
◆**뒤를 노리다** 後がまをねらう.
◆**뒤를 밟다** 跡をつける. 尾行する.
◆**뒤를 캐다[파다]** あらをさがす.

뒤-² 【接頭】 **1** ひどく. しきりに. やたらに. ¶ ～몰다 やたらに追う / ～흔들다 ひどく揺さぶる. **2** 反対に. 逆に. ¶ ～엎다 ひっくり返す. **3** 全部. すべて. 残らず.

뒤까불다 【他】 **1** 体をしきりに揺する. **2** 落ち着きなく軽率にふるまう.

뒤꼍 【名】 裏庭. 後庭.

뒤꿈치 【名】 〔'발뒤꿈치'의 준말〕 踵.

뒤끓다 【自】 (人·動物·虫などが) ごった返す. うじゃうじゃする. 沸き立つ. ¶ 흥분으로 뒤끓는 관중 興奮に沸き立つ観衆 / 쓰레기통에 벌레가 ～ ごみ箱に虫がうじゃうじゃしている.

뒤끝 【名】 **1** 事の終わり. 結び. ¶ 일의 ～을 잘 맺다 最後をうまく締めくくる. **2** (事の) あと. 次. ¶ 비 온 ～이라 날씨가 추워졌다 雨が降った後だから寒くなった.

뒤넘기치다 【他】 **1** あお向けに倒す. **2** ひっくり返す. 覆す.

뒤넘다 【自】 あおむきに倒れる. ひっくり返る. ¶ 뒤넘어 정신을 잃다 あおむきに倒れて気を失う.

뒤넘스럽다 【形】 生意気だ. なってない.

뒤놀다 【自】 **1** がたつく. ぐらつく. ひどく揺れる. ¶ 바람에 배가 ～ 風で船が激しく揺れる. **2** あてどもなくさまよい歩く.

뒤늦다 【形】 遅すぎる. 手遅れだ. ¶ 뒤늦게 달려왔다 手遅れて駆けつけた.

뒤대다¹ 【他】 **1** 遠回しに言う. 皮肉る. あてこする. **2** あべこべに教える.

뒤대다² 【他】 面倒を見る. 後援する. 資金を援助する.

뒤덮다 【他】 覆う. 覆いをかける. 覆いかぶせる. ¶ 하늘을 뒤덮은 먹구름 空を覆った黒雲 / 흰 눈이 온 대지를 ～ 白雪が全大地を覆いかぶせる.

뒤덮이다 【自】 覆われる. 覆いかぶせられる. ¶ 산이 백설로 ～ 山が白雪に覆われる.

뒤돌아보다 【自】 **1** 振り返る. **2** 顧みる.

뒤둥그러지다 【自】 **1** ねじれてへこむ. **2** ひねくれる. ひがむ. ねじける.

뒤따라가다 【他】 跡をつける. 後からついて行く.

뒤따라오다 【他】 跡をついて来る. 後からついて来る.

뒤따르다 【他】 **1** 後に従う. 伴う. **2** (事業や志の) あとを継ぐ.

뒤떠들다 【自】 しきりに騒ぎ立てる. ¶ 왁자지껄 뒤떠드는 소리 わいわい騒ぎ立てる声.

뒤떨다 【他】 ひどく身震いする. 体を震わせる. ¶ 신이 오른 듯 몸을 뒤떨었다 物の怪につかれたように身を震わせた.

뒤떨어지다 【自】 **1** あとに残る. 遅れる. ¶ 그보다 뒤떨어져 달렸다 彼より遅れて走った. **2** 取り残される. ¶ 몸이 괴로워서 뒤떨어졌다 体調が悪くて取り残された. **3** 劣る. 後れをとる. ¶ 수학이 남보다 ～ 数学が人より劣る. **4** (時勢·流行などに) 後れる. ¶ 유행에 ～ 流行に後れる / 시대에 뒤떨어진 사고 방식 時代後れの考え方.

뒤뚱거리다[-대다] 【自】 ぐらぐらする. よろよろする. よたよたする. ¶ 하이힐을 신고 ～ ハイヒールを履いてよろよろする.
뒤뚱뒤뚱 【副】【하自】 ぐらぐら(と). よろよろ(と). ふらふら(と). ¶ ～ 걷다 ふらふら歩く.
뒤뚱발이 【名】 よろよろ歩く人. ふらふら歩く人.

뒤뜨다 【自】 **1** (紙などが) 反り返る. **2** 口答えする. 反発する. ¶ 부모에게 ～ 親に口答えする.

뒤뜰 【名】 裏庭. 後庭.

뒤란 【名】 裏庭の垣の内側.

뒤룩거리다[-대다] 【自】【他】 **1** (目玉が) ぎょろぎょろする. (目を) ぎょろつかせる. **2** (太った体を) のろのろ動かす. よたよた歩く. ¶ 몸을 뒤룩거리며 걷는다 体をよたよたさせながら歩く. **3** (怒って) ぷりぷりする.
뒤룩뒤룩 【副】【하自他】 **1** (目玉を) ぎょろぎょろ(と). **2** のろのろ(と). よたよた(と). **3** ぷりぷり(と). ぷんぷん(と).

뒤미처 【副】 すぐさま. 相次いで. いちはやく. すかさず. ¶ ～ 따라가다 すぐさま追いかける.

뒤바꾸다 【他】 ひっくり返す. あべこべする. 逆にする. ¶ 신을 뒤바꿔 신다 靴を逆に履く.

뒤바뀌다 【自】 ひっくり返る. 順番が反対になる. ¶ 순서가 ～ 順番が狂う / 형세가 ～ 形勢がひっくり返る.

뒤바르다 【他】 塗りたくる. 塗りつぶす. やたらに張りつける. ¶ 색종이를 벽에 ～ 色紙を壁に張りつける.

뒤발하다 【他】 (全身に) 浴びる. 塗りたくる. ¶ 구정물을 ～ 汚い水を浴びる.

뒤버무리다 【他】 混ぜ合わせる. かき混ぜる.

뒤범벅 【名】 ごちゃ混ぜ. めちゃくちゃ. ¶ ～을 만들다 ごちゃ混ぜにする.
뒤범벅되다 【自】 ごちゃ混ぜになる.

뒤보다 【自】 大便をする. 用を足す. 憚りへ行く.

뒤보아주다 【他】 後援する. 後ろ盾になる. 後押しする. 面倒を見る.

뒤섞다 【他】 (物を) かき混ぜる. 混合する. ¶ 시멘트와 모래를 ～ セメントと砂を混ぜ合わせる.

뒤섞이다 【自】 ごちゃ混ぜになる. 入り乱れる. 混ぜあわされる. ¶ 아군과 적군이 뒤섞인 육박전 敵味方入り乱れての白兵戦.

뒤숭숭하다 【形】 **1** (気が) 落ち着かない. そわそわしている. ¶ 정정이 ～ 政

情が落ち着かない. **2** 散らかっている. ごっちゃになっている. ¶ 머리가 뒤숭숭하게 헝클어져 있다 髪の毛がくしゃくしゃにもつれている. **3** (世の中が)騒がしい. 物騒だ. ¶ 요즘은 세상이 ~ このごろは世の中が物騒だ.

뒤스르다 他 (物事を整えたり, 仕上げるため)いじくりまわす.

뒤안길 名 **1** 裏通り. 裏道. **2** 日陰の生活. 暗くみじめな環境. ¶ 인생의 ~ 人生の裏街道.

뒤어쓰다 他 **1** 白目をむく. **2** (布団やむしろなどを)かぶる. 引っかぶる.

뒤얽히다 自 やたらに絡み合う.

뒤엉키다 自 (綱·糸などが)もつれる.

뒤엎다 他 覆す. ひっくり返す. ¶ 학설을 ~ 学説を覆す / 밥상을 ~ お膳をひっくり返す.

뒤웅박 名 (割らずに中身をくり抜いた)ふくべ[ひょうたん].

뒤웅스럽다 形 愚かに見える. もっさりしている. ¶ 사내가 ~ 男がもっさりしている.

뒤적거리다[-대다] 他 しきりにさがす. ごそごそかき回す. ひっかき回してさがす. 手で探る. ざっと見る. ¶ 책을 ~ 本を捲り返す.

뒤적뒤적 副 하他 ごそごそ(と). がさがさ(と).

뒤적이다 他 ひっかき回してさがす. 手で探る. ざっと見る. ¶ 책상 속을 ~ 机の中をひっかき回す.

뒤져내다 他 くまなくさがして見つけ出す. さがし出す.

뒤져보다 他 くまなくさがしてみる.

뒤조지다 他 後腐れがないようにする.

뒤좇다 他 あとについて行く. あとに従う. ¶ 어머니를 뒤좇아 장보러 갔다 母に付いて買い物に行った.

뒤좇아가다 他 **1** (すかさず)あとから追って行く. 追いかける. **2** 人の意に従う.

뒤주 名 米びつ.

뒤죽박죽 名 副 ごちゃごちゃ. めちゃくちゃ. ¶ 일을 ~으로 만들어 놓았군 事をめちゃくちゃにしてしまったな.

뒤쥐 名〔動〕高麗尖鼠.

뒤지(一紙) 名 落とし紙. ちり紙.

뒤지다[1] 自 **1** 後れる. ひけを取る. ¶ 시대에 ~ 時代に後れる. **2** 及ばない. ¶ 평균점에도 훨씬 뒤졌다 平均点にもはるかに及ばなかった.

뒤지다[2] 他 **1** (くまなく)さがす. ¶ 집안을 ~ 家の中をくまなくさがす. **2** (本などを)めくる. ¶ 사진첩을 뒤지며 지난날의 추억에 잠기다 アルバムをめくりながら過ぎし日の思い出にふける.

뒤집다 他 **1**〔안팎을 뒤바꾸다〕裏返す. ¶ 양말을 ~ 靴下を裏返す / 옷을 뒤집어 입다 衣服を裏返して着る. **2**〔위·아래를 바꾸다〕逆さにする. ひっくり返す. ¶ 손바닥을 ~ 手のひらを返す / 서랍을 뒤집어 먼지를 털었다 引き出しをひっくり返してごみを払った. **3** (事の順序を)逆にする. あべこべにする. ¶ 순서를 ~ 順序を変える. **4**〔제도·학설 등을 뒤엎다〕まったく変えてしまう. 覆す. ¶ 종래의 학설을 ~ 従来の学説を覆す. **5**〔소란스럽게 하다〕騒然とさせる. ¶ 온 마을을 발칵 뒤집어 놓다 村じゅうをはちの巣をつついたようにする. **6** (目を)むく. 見開く. ¶ 눈을 뒤집고 찾다 目を皿にしてさがす.

뒤집어쓰다 他 **1** かぶる. ¶ 털모자를 ~ 毛の帽子をかぶる. **2** (全身に)引っかぶる. 浴びる. ¶ 물을 ~ 水を浴びる / 이불을 ~ 布団をひっかぶる. **3** (人の罪などを)かぶる. ¶ 죄를 ~ 罪をかぶる. **4** (顔だちや性格が親に)似る. ¶ 그 녀석은 저희 아범을 뒤집어썼군 あいつは自分の親父にそっくりだな.

뒤집어씌우다 他 **1** (ほこり·布団などを)かぶせる. (水などを)上からかける. 浴びせる. **2** (責任·罪などを)なすりつける. かぶせる. ¶ 누명을 ~ ぬれぎぬを着せる.

뒤집어엎다 他 **1** ひっくり返す. ¶ 쟁기로 흙을 ~ 犂で土を掘り返す. **2** ひっくり返してこぼす. ¶ 화병을 ~ 花瓶をひっくり返す. **3** 否定する. 覆す. ¶ 당초 계획을 ~ 当初の計画を覆す. **4** (ある政権·制度などを)打倒する. 覆す. ¶ 정권을 ~ 政権を倒す.

뒤집히다 自 **1** ひっくり返る. 覆る. ¶ 배가 ~ 船がひっくり返る. **2** 大騒ぎになる. ¶ 그 비보에 온 집안이 발칵 뒤집혔다 その悲報に家じゅうがひっくり返るような大騒ぎになった.

뒤쪽 名 後ろ側. 後方.

뒤쫓다 他 後を追う. 追いかける. 跡をつける. 追撃する. ¶ 범인을 ~ 犯人を追いかける / 적을 ~ 敵を追撃する.

뒤쫓아가다 他 後を追って行く.

뒤쫓아오다 他 後を追って来る.

뒤차(一車) 名 **1** 次の車. (バス·汽車などの)次の便. **2** 後ろを走っている車. 後ろにある車.

뒤창 名 靴の踵.

뒤채 名 母屋の後ろ側にある棟. 離れ.

뒤채다 自 **1** 有り余る. ざらにある. **2** (散らばっていて)足に引っかかる.

뒤처리(一處理) 名 하他 後始末.

뒤척거리다[-대다] 他 **1** あちこちひっくり返す[かき回す]. **2** (寝たまま)体をもぞもぞ[もそもそ]させる. しきりに寝返りを打つ. 寝返りをする. 寝返る.

뒤척뒤척 副 하他 **1** ごそごそ(と). **2** しきりに寝返りを打つようす.

뒤척이다 他 **1** あちこちひっくり返す. **2** しきりに寝返りを打つ. 寝返る. ¶ 잠을 이루지 못하고 몸을 ~ 寝つけず寝返りを打つ.

뒤축 名 **1** 履き物の踵. ¶ ~이 높은 구두 ヒールの高い靴. **2**〔'발뒤축'의 준말〕踵.

뒤치다 他 ひっくり返す. 寝返りを打つ.

뒤치다꺼리 名 하自他 **1** 後ろ盾になること. 後援すること. 陰で支えること. ¶ 애들의 ~ 子供たちの世話. **2** 後始末. 尻拭い. ¶ 사고의 ~를 하다 事故の後始末をする.

뒤치락거리다[-대다] [他] しきりにひっくり返す．(しきりに)寝返りを打つ．

뒤탈〔一頉〕 [名] あとの面倒．後腐れ．あとの祟り．¶일이 ～ 없이 수습되었다 後腐れなく事が収まった/～이 두려워 말도 못 한다 あとの面倒が怖くて口もきけない．

뒤통수 [名] 後頭部．

뒤통수치다 [自] (願っていたことが駄目になり)とてもがっかりする．ひどく落胆する．

뒤퉁스럽다 [形] まぬけだ．不器用だ．

뒤틀다 [他] **1** ねじる．よじる．ねじ曲げる．¶기지개를 켜며 몸을 ～ 伸びをしながら体をひねる．**2** こじらせる．もつれさせる．¶흥정을 ～ 取引の交渉をこじらせる．

뒤틀리다 [自] **1** ひねくれる．ねじける．よじれる．ねじれる．¶심사가 ～ 根性がひねくれる．**2** こじれる．もつれる．¶일이 ～ 仕事がこじれる/두 사람 사이가 ～ 二人の仲がこじれる．

뒤틀어지다 [自] (物事が)こじれる．¶계획이 ～ 計画ががたつく．

뒤틈바리 [名] そこつ者．愚鈍で荒っぽい人．

뒤편〔一便〕 [名] **1** 後ろ側．(前後にあるもののうち)後ろのほう．**2** (車や人の)あとの便．

뒤품 [名] (上衣の)後ろ身ごろ幅．

뒤흔들다 [他] **1** 激しく揺さぶる．¶바람이 나뭇가지를 ～ 風が枝を激しく揺さぶる．**2** (世間を)揺るがす．波紋を起こす．¶세계를 뒤흔든 큰 사건 世界を揺り動かした大事件．**3** ひっかき回す．¶회사 일을 혼자서 ～ 会社の仕事を一人でひっかき回す．

뒤흔들리다 [自] 激しく揺れる．激しく揺らぐ．ゆさぶられる．

뒷간〔一間〕 [名] 便所．厠．はばかり．

〔속담〕 **뒷간에 갈 적 맘 다르고 올 적 맘 다르다** 厠への行きと帰りでは気持ちが違う〈人の心は変わりやすい〉．

뒷갈망 [名] [하他] 後始末．

뒷갈이 [名] [하他] 〔農〕 **1** 裏作．後作．**2** 収穫後に耕すこと．

뒷감당〔一堪當〕 [名] [하他] 後始末．締めくくり．

뒷거래〔一去來〕 [名] [하他] 闇取引．

뒷거름 [名] [하自] 〔農〕 追肥．追い肥え．

뒷걸음 [名] [하自] **1** 後ずさり．しりごみ．**2** 後退．退歩．

뒷걸음질 [名] [하自] **1** 後ずさりすること．**2** 後退．退歩．

뒷걸음치다 [自] **1** 後ずさりする．後込む．**2** 退歩する．

뒷골 [名] 後頭部．

뒷골목 [名] 裏通り．路地裏．

뒷공론〔一公論〕 [名] [하自] **1** 事後の無用の議論．¶～이 시끄럽다 もうすんでしまったのにああだこうだとうるさい．**2** 陰口．

뒷구멍 [名] **1** 後ろの穴．**2** 秘密の手段．裏口．

뒷길[1] [名] 将来．今後．将来性．将来の見込み．¶아이들의 ～을 걱정하다 子供たちの将来を心配する．

뒷길[2] [名] **1** 裏通り．裏道．裏街道．**2** 正しくない道．抜け道．¶새 법이 생기면 ～도 생긴다 新しい法律が生まれると抜け道も生まれる．

뒷날 [名] **1** 後日．他日．将来．¶～을 기약하다 後日を期する．**2** 次の日．翌日．

뒷다리 [名] **1** (獣の)後ろ足．**2** (前後に開いたときの)後ろ足．**3** (机などの)後方の足．

◆**뒷다리를 잡히다** 弱点を握られる．揚げ足を取られる．

뒷담 [名] 裏の塀．

뒷담당〔一擔當〕 [名] [하自他] 後始末．

뒷대문〔一大門〕 [名] 裏門．

뒷덜미 [名] 襟首．首筋．うなじ．¶～를 잡히다 襟首をつかまれる．

뒷돈 [名] (商売·賭博などの)資金．元手．¶노름 ～을 대다 賭けの元手を出す．

뒷동산 [名] (家·村の)裏山．裏庭．

뒷들 [名] (家·村の)裏手の野原．

뒷마감 [名] [하他] 完了．終結．後始末．

뒷마루 [名] (家の裏側の)縁側．ぬれ縁．

뒷마무리 [名] [하他] 最後の仕上げ．

뒷말 [名] [하自] **1** あとの話．話の続き．¶～을 잇다 話の続きをする．**2** (事が終わってからの)異議．不満．もめ事．¶～이 없도록 처리하게 あとでごたごた言われないように処理しなさい．

뒷맛 [名] あと味．あと口．¶이 약은 ～이 쓰다 この薬はあと口が苦い．**2** (物事が終わったあとの)気分．あと味．¶～이 개운치 않은 꿈 あと味のよくない夢．

뒷맵시 [名] 後ろ姿．

뒷머리 [名] **1** (列車·行列など長いものの)後部．後ろ．¶기차의 ～ 汽車の後ろ(の車両)．**2** 後頭部．**3** 後ろ髪．

뒷면〔一面〕 [名] (書類などの)裏面．「裏．

뒷모습 [名] 後ろ姿．¶～이 닮았다 後ろ姿が似ている．

뒷모양〔一貌樣〕 [名] **1** 後ろ姿．**2** (事の)終わったあとの状態．

뒷무릎 [名] 膕．

뒷문〔一門〕 [名] **1** 裏門．**2** (正当でない)裏口．¶～으로 입학하다 裏口から入学する．

뒷물 [名] [하自] 陰部や肛門を洗うこと．腰湯．

뒷바라지 [名] [하自他] 面倒を見ること．世話をすること．¶자식들의 ～에 여념이 없다 子供たちの面倒を見るのに余念がない．

뒷바퀴 [名] 後車輪．

뒷받침 [名] [하自他] **1** つっかい．支え．**2** 支援．後押し．裏付け．¶～해 줄 사람 後ろ盾になってくれる人．

뒷발 [名] **1** (動物の)後足．**2** 後ろに引いた足．

뒷발질 [名] [하自] 後ろ足で蹴ること．

뒷방〔一房〕 [名] 〔建〕 奥の間．裏側にある部屋．

뒷밭 [名] (家·村の)裏の畑．

뒷배 [名] 陰で助けること.
◆**뒷배를 보다** 陰で人の世話をする.
뒷벽〔一壁〕[名] 後ろの壁.
뒷보증〔一保證〕[名][하自] **1**〔經〕(証券·手形の)裏書き. **2**〔法〕保証人の代わりにその義務を履行すること.
뒷북치다 [自] あとになって無駄に騒ぎ立てる.
뒷사람 [名] **1** 後ろにいる人. 後から来る人. **2** 後生. 後の世代.
뒷산〔一山〕[名] (家·村の)裏山.
뒷생각 [名][하自] あとのことに対する考え. ¶ 너무 서둘러 ～할 겨를도 없었다 急いだあまりにあとのことを考える暇もなかった.
뒷설거지 [名][하自] **1** 皿洗い. **2** (大事を終えたあとの)後片づけ.
뒷셈 [名][하自] 事後にその概要を把握すること.
뒷소리 [名][하自] **1** (事が終わってからの)異義. 不満. もめ事. **2** (後ろから)応援する声.
◆**뒷소리를 치다** 応援の声を上げる.
뒷소문〔一所聞〕[名] 後日のうわさ.
뒷손 [名] **1** 後ろに出す手. **2** (遠慮するそぶりで)後ろからそっと差し出す手. **3** 後始末.
◆**뒷손을 내밀다**[**벌리다**] (遠慮しながら)そっと手を差し出す.
◆**뒷손을 보다** 後始末をこまめにする.
◆**뒷손을 쓰다** 事後にこっそり手を打つ.
뒷손질 [名][하自] 後始末. 最後の仕上げ. ¶ ～이 많이 가는 제품 たくさんの手がかかる製品.
뒷손가락질 [名][하自他] 後ろ指. ¶ 남에게 ～을 받다 人に後ろ指をさされる.
뒷수습〔一收拾〕[名][하他] 後始末.
뒷심 [名] **1** 背後の力. 後ろ盾. **2** 頑張り通す力. 底力. 根気. ¶ ～이 센 사람 根気強い人.
뒷일 [名] (物事の)あとのこと. 将来のこと. ¶ ～을 부탁하다 あとを頼む.
뒷입맛 [名] 後味.
뒷자락 [名] (衣服の)後ろの裾.
뒷전 [名] **1** 後ろ. 後部. ¶ ～에서 말소리가 들린다 後ろから話し声が聞こえる. **2** 後回し. ¶ 성가신 일은 ～으로 미루다 面倒な仕事は後回しにする. **3** 船べりの後部. **4** (表面に表われない)裏面. 背後. ¶ ～에서 조종하다 背後から操る.
뒷전보다 [自] 陰でこっそりほかのことをする.
뒷정리〔一整理〕[名][하他] 後始末. 後片づけ.
뒷조사〔一調査〕[名][하他] 内密の調査. 内偵.
뒷줄 [名] **1** 後列. **2** 背後の勢力. 後ろ盾.
뒷지느러미 [名]〔動〕(魚の)尻鰭.
뒷질 [名][하自] (船の)縦揺れ. ピッチング.
뒷짐 [名] 後ろ手. 後ろに手を組むこと.
◆**뒷짐을 지다** 後ろ手に組む.
◆**뒷짐을 지우다** ① 手を後ろに組ませる. ② 後ろ手に縛り上げる.
뒷짐결박〔一結縛〕[名][하他] 後ろ手に縛ること.
뒷집 [名] 後ろの家. 裏の家.
뒹굴다 [自] **1** 寝転ぶ. 寝転がる. ¶ 잔디밭에 ～ 芝生に寝転ぶ. **2** ごろごろして怠ける. **3** (物が)散らばっている. ¶ 거리에 낙엽이 뒹군다 街に落葉が散らばっている. **4** (物が)みだりに捨てられている.
듀스〔deuce〕[名]〔體〕(卓球·テニスなどの)ジュース.
듀엣〔duet〕[名]〔樂〕デュエット.
드- [接頭] 非常に…. たいへん…. とても…. ¶ ～높은 목소리 非常に高い声.
드나들다 [自] **1** 出入りする. 通う. 往来する. ¶ 내 집 드나들 듯 한다 自分の家のように出入りする. **2** しばしば入れ替わる. ¶ 영업 사원이 자주 ～ 営業の社員がしばしば入れ替わる. **3** (列·線などが)ぐにゃぐにゃ曲がる. ゆがむ. 屈曲する.
드난 [名][하自] お手伝いさん. 奉公人.
드난살다 [自] お手伝いさんとして暮らす. 奉公暮らしをする.
드난살이 [名][하自] 通い. 奉公暮らし.
드날리다 [他] **1** (手で持ち上げて)飛ばす. (たこなどを)揚げる. **2** (名を)上げる. とどろかす. ¶ 명성을 ～ 名声をとどろかす.
드넓다 [形] 広々としている. 広い.
드높다 [形] 非常に高い. 高々としている. (声が)高らかだ. ¶ 드높은 가을 하늘 非常に高い秋空. **드높이** [副] 非常に高く. 高々と. (声も)高らかに. ¶ ～ 솟은 산 高々とそびえる山.
드디어 [副] とうとう. ついに. 結局は. しまいに. いよいよ. ¶ ～ 약속의 날이 왔다 ついに約束の日が来た.
드라마〔drama〕[名] ドラマ.
드라마틱〔dramatic〕[名][하形] ドラマチック.
드라이〔dry〕[名][하他] ドライ. **1** (ドライヤーなどで)髪を乾かしたり整えたりすること. **2** ドライクリーニングすること.
드라이아이스〔—ice〕[名]〔化〕ドライアイス.
드라이클리닝〔—cleaning〕[名] ドライクリーニング.
드라이버〔driver〕[名] ドライバー.
드라이브〔drive〕[名][하自他] ドライブ.
드러나다 [自] **1**〔표면에 나타나다〕(中のものが外に)出る. 見える. 現われる. 露出する. ¶ 갯바닥이 ～ 干拓地が露出する / 본성이 ～ 本性が現れる. **2**〔밝혀지다〕ばれる. 見つかる. 露顕する. 発覚する. ¶ 부정이 ～ 不正が発覚する / 탈세가 ～ 脱税がばれる / 음모가 ～ 陰謀が露顕する.
드러내다 [他] さらけ出す. むき出す. あらわにする. 暴露する. 出す. 表わす. ¶ 모순을 ～ 矛盾をさらけ出す / 약점을 ～ 弱点を見せる / 비밀을 ～ 秘密を暴露する.
드러눕다 [自] **1** 横たわる. 寝そべる. 横になる. ¶ 풀밭에 ～ 草原に寝そべる.

2 (病気で)床に伏す．病床につく．¶병으로 ～ 病床に伏す．

드러쌓이다 自 (一か所に)たくさん積もる．¶눈이 석 자나 ～ 雪が3尺も積もった．

드러쌔다 自〔'드러쌓이다'의 준말〕たくさん積もる．

드러장이다 自 (整然とぎっしり)積み重なる．

드럼[drum] 名 **1**〔樂〕ドラム．**2** ドラム缶．

드럼통[一桶] 名 **1** ドラム缶．**2** 背が低く太っている人をからかって言う語．

드렁거리다[-대다] 自他 **1** 大きな音がぶんぶんと響く．¶자동차 엔진 소리가 ～ 車のエンジンの音が響く．**2** ぐうぐうといびきをかく．

드렁드렁 副 하自他 **1** ぶんぶん(と)．がらがら(と)．**2** ぐうぐう(と)．

드레 名 (人柄の)威厳と重み．重厚さ．落ち着き．気品．

드레지다 形 (人柄が)重厚だ．威厳がある．落ち着いて気品がある．¶태도에 드레진 데가 있다 態度に重みがある．

드레질 名 하自 人柄や人間性をうかがうこと．人物評価をすること．

드레드레 副 하自〔많이 매달리거나 늘어져 있는 모양〕ぶらぶら．

드레스[dress] 名 ドレス．

드레시하다[dressy—] 形 ドレッシーだ．¶드레시한 옷차림 ドレッシーなよそおい．

드레싱[dressing] 名 (サラダなどにかける)ドレッシング．

드로어즈[drawers] 名 ズロース．

드로잉[drawing] 名 ドローイング．**1** 製図．**2**〔美〕素描．**3**〔體〕競技の組み合わせを決める抽選．

드론 게임[drawn game] 名〔體〕ドローンゲーム．引き分け試合．

드롭 샷[drop shot] 名〔體〕(テニスで)ドロップショット．

드르렁 副 하自他〔코를 고는 소리〕ぐうぐう(と)．

드르렁거리다[-대다] 自他 ぐうぐうといびきをかく．

드르렁드르렁 副 하自他 ぐうぐう(と)．

드르르¹ 副 하自 **1** ごろごろ(と)．がらりと．がらがら(と)．¶창문을 ～ 열다 窓をがらりとあける．**2**〔떠는 모양〕びりびり(と)．がたがた(と)．ごとごと(と)．¶폭풍으로 유리창이 ～ 떨리다 爆風でガラス窓がびりびりと震える．

드르르² 副〔막힘 없이〕すらすら(と)．ずんずん(と)．滑らかに．よどみなく．てきぱき(と)．¶책을 ～ 읽다 本をすらすら読む．

드르륵 副 하自他 **1**〔문 등을 거침없이 열 때 나는 소리〕(引き戸を)がらりと．がらがら(と)．¶문을 ～ 열어젖혔다 戸をがらがらとあけ放った．**2**〔총 등을 잇달아 쏘는 소리〕だだだだっ(と)．

드르륵거리다[-대다] 自他 **1** がたがたする．ごとごとする．がらがらする．**2** 銃などを連射する．

드르륵드르륵 副 하自他 **1** がたがた(と)．ごとごと(と)．がらがら(と)．**2** だだだだっ(と)．**3** ぐうぐう(と)．があがあ(と)．

드리다¹ 他 (穀物・粃などを) 吹き分ける．¶풍구로 벼를 ～ 唐箕で稲を吹き分ける．

드리다² 他 **1** (糸・わらなどを)縒る．編む．なう．¶실을 ～ 糸を縒る／새끼를 ～ 縄をなう．**2** (編んだ髪の端にリボンを)つける．飾りつける．¶길게 땋은 머리에 댕기를 ～ 長く編んだ髪にリボンをつける．

드리다³ 他 **1**〔'주다'의 겸양어〕(物を)上げる．差し上げる．ささげる．¶선물을 ～ 贈り物を差し上げる．**2** (目上の人に)申し上げる．挨拶をする．¶인사 말씀을 드리겠습니다 ごあいさつの言葉を申し上げます．**3** (神仏に祈りを)上げる．ささげる．¶신에게 기도를 ～ 神に祈りをささげる．

드리다⁴ 補動 …致す．…(して)差し上げる．¶부모님의 마음을 편안하게 해 드리자 父母の心を安らかにして差し上げよう／연락이 오는 대로 곧 알려 드리겠습니다 連絡が来しだいすぐにお知らせいたします．

드리다⁵ 他 (家に部屋・縁側・窓などを)つける．据えつける．つくる．設ける．継ぎ足す．

드리다⁶ 他 (店を)たたむ．閉める．店じまいをする．閉店する．¶상점을 ～ 商店を閉める．

드리다⁷ 他 '드리우다'의 준말．

드리블[dribble] 名 하自〔體〕(サッカー・バスケットボールなどでの)ドリブル．

드리우다 他 **1**〔아래로 처지게 늘이다〕(カーテン・すだれなどを)下げる．垂らす．かける．¶발을 ～ すだれを垂らす．**2**〔남기다〕(教訓・模範などを)垂れる．¶선인들이 드리운 교훈 先人が垂れた教訓．**3**〔후세에 전하다〕(名を後世に)伝える．残す．とどめる．

드릴[drill] 名 ドリル．

드림¹ 名〔매달아 길게 늘어뜨린 물건〕吹き流し．長旗．おもり．

드림² 名 謹呈．贈呈．寄贈．¶저자 ～ 著者謹呈．

드맑다 形 (空や水が)非常に澄んでいる．澄みきっている．澄み渡っている．晴れ渡っている．¶드맑은 공기 澄みきった空気．

드문드문 副 하形 **1** (時間的に)たまに．時たま．折々．¶손님이 ～ 찾아온다 たまに客が訪れる．**2** (空間的に)まばらに．所々に．ちらほら(と)．ぽつりぽつり(と)．¶나무를 ～ 심다 木をまばらに植える．

드물다 形 **1** (時間的に)めったにない．多くない．少ない．¶사람의 왕래가 드문 밤거리 人の往来が多くない夜の通り．**2** 珍しい．めったにない．まれだ．¶드물게 보는 미남 まれに見る美男子．**3** (空間的に)まばらだ．¶인가가 드문 산동네 人家のまばらな山里．

드세다 形 **1** (勢力が)非常に強い. 強力だ. 手ごわい. **2** 激しい. 非常に強い. 荒い. ¶바람이 ~ 風が激しい/고집이 ~ 意地っ張りだ. **3** (家の敷地などが)縁起が悪い. ¶집터가 ~ 家の敷地が縁起が悪い.

드스하다 形 ほの温い. >다스하다

드습다 形 ほどよく暖かい. 少し暖かい. ¶드스운 물 ぬるま湯.

드시다 他 〔'들다'의 높임말〕 召し上がる.

드잡이 名 하自他 **1** (髪や胸ぐらを)つかみ合うこと. 取っ組み合うこと. **2** (借金のかたに)釜·食器などを持って行くこと.

드티다 自他 **1** (空間的に)すき間ができる. すき間をつくる. 間をあける. ずれる. ずらす. ¶나사못이 ~ ねじがずれる. **2** (時間的に)延びる. 延ばす. 延期する. ¶공사는 홍수 때문에 드티어졌다 工事は洪水のために延び延びになった.

득[1]〔得〕 名 〔소득·이로움〕 得. 利得. ¶~이 되다 得になる/~을 보다 得をする.

득[2] 副 **1**〔금이나 줄을 세게 긋는 모양[소리]〕 ぐっと. ぐいっと. さっと. ¶줄을 ~ 잡아당기다 綱をぐいっと引っ張る. **2** 水がにわかに凍るようす. **3**〔세차게 긁는 모양[소리]〕 がりっと. がりがり(と).

득득 副 **1** ぐいぐい(と). ¶줄을 ~ 긋다 線をぐいぐいと引く. **2** 水がすぐさま凍るようす[音]. ¶호수가 ~ 얼어붙다 湖水がたちまち凍りつく. **3** がりがり(と). ばりばり(と). ¶잔등을 ~ 긁다 背中をがりがりと掻く.

득남〔得男〕 名 하自 男の子が生まれること.

득녀〔得女〕 名 하自 女の子が生まれること.

득달같다 形 一瞬も待たない. 間髪を容れない. **득달같이** 副 じきに. 直ちに. すぐさま. ¶소식을 듣자마자 ~ 달려오다 便りをきくやいなや直ちに走って来る.

득도[1]〔得度〕 名 하自〔佛〕 得度. 僧になること.

득도[2]〔得道〕 名 하自〔宗〕 得道. 道を悟ること.

득돌같다 形 (思っていたことに)ぴったり合う. 心に適なっている. **득돌같이** 副 思ったように.

득리〔得利〕 名 하自 得利. 利益を得ること.

득명〔得名〕 名 하自 有名になること. 名が広く知られること.

득병〔得病〕 名 하自 得病. 病気になること.

득세〔得勢〕 名 하自 勢力を得ること.

득시〔得時〕 名 하自 好機を得ること. 時機を得ること.

득시글거리다[-대다] 自 〔'득실거리다'의 본말〕 うようよする. うじゃうじゃする. ¶구더기가 ~ うじ虫がうじゃうじゃ(と)うごめく.

득시글득시글 副 하形 うようよ(と). うじゃうじゃ(と). もぞもぞ(と).

득실〔得失〕 名 得失. **1** 得ることと失うこと. **2** 利害. 損得. ¶~을 떠나서 협력하자 利害を離れて協力しよう. **3** 成敗. 成功と失敗.

득의〔得意〕 名 하自 得意. ¶~에 찬 미소를 보이다 得意な笑みを浮かべる.

득의만면〔一滿面〕 名 하形 得意満面.

득의양양〔一揚揚〕 名 하形 意気揚々.

득인심〔得人心〕 名 하自 人心を得ること. 人々の信用を得ること.

득점〔得點〕 名 하自 得点. ポイント. 反 失点 ¶대량 ~하다 大量得点する/~이 없다 得点がない.

득점타〔一打〕 名 (野球で)適時打. タイムリーヒット.

득죄〔得罪〕 名 하自 罪を犯すこと.

득책〔得策〕 名 하自 得策.

득표〔得票〕 名 하自 得票. ¶~ 공작 得票工作.

득하다〔得一〕 他 **1** 得る. **2** 得する.

득효〔得效〕 名 하自 効力があること. 薬効があること.

든[1] 助 …であれ. …であろうと. …でも.

-든[2] 語尾 〔'-든지'의 준말〕 …しようと. …しようが. ¶하~ 말~ 맘대로 해 しようがしまいが勝手にしろ.

든든하다 形 **1** 固い. 堅固だ. 丈夫だ. ¶든든하게 만든 물건 丈夫につくった品物. **2** 強い. 頑丈だ. 丈夫だ. 十分だ. ¶밑천은 든든하니까 돈 걱정은 하지 말아라 元金は十分だからお金の心配はするな. **3** 心強い. 安心だ. 頼もしい. ¶자네가 있어 주면 ~ 君がいてくれれば心強い/든든한 청년으로 성장했다 頼もしい青年に成長した. **4** 腹持ちがいい. 満腹だ. ¶찹쌀떡을 몇 개 먹었더니 아직도 ~ もち米の餅をいくつかたべたがまだ腹持ちがいい. **든든히** 副 堅固に. 丈夫に. 心強く. 十分に. しっかり.

든번〔一番〕 名 当番. 出番.

-든지 語尾 …でも. …しようと. …しようが. …なりと. しようがしまいが. ¶언제 ~ 좋으니 놀러 오세요 いつでもいいから遊びにお越しください/비가 오~ 말~ 제시간에는 떠난다 雨が降ろうが降るまいが定刻には出発する.

듣직하다 形 重厚だ. どっしりしている. 貫禄がある. **듣직히** 副 どっしり(と). 重々しく.

듣그럽다 形 耳障りだ.

듣기 名 聞くこと. 聞き取り. ヒアリング.

듣다[1] 自 (雨·露·涙が)滴る. こぼれる. 落ちる. こぼれ落ちる. ぱらつく. ¶빗물이 ~ 雨が滴る/그녀의 눈에서 눈물이 뚝뚝 들었다 彼女の目から涙がぽろぽろとこぼれた.

듣다[2] 自 **1** (機械などが)正常に動く. ¶재봉틀이 잘 듣지 않는다 ミシンの調子が悪い. **2** (薬などが)効く. ¶그 약은 기침에 잘 듣는다 その薬は咳によく効く.

듣다[3] 他 **1** (音·声·話を)聞く. 傾聴する. ¶빗소리를 ~ 雨の音を聞く/귀가 닳도록 들은 이야기 聞き飽

きた話. **2** (うわさ·評判などを)伝え聞く. 耳にする. ¶들은 바에 의하면 聞くところによれば/요즘 자주 듣는 소문 近ごろよく耳にするうわさ. **3** (指示·小言·称賛などを)受ける. 言われる. 承る. ¶꾸지람을 듣고 울었다 叱られて泣いた/칭찬을 ～ ほめられる. **4** (目上の)言いつけに従う. ¶선생님의 말을 잘 ～ 先生の言いつけをよく聞く. **5** (要求·意見などを)聞き入れる. 耳を傾ける. 認める. ¶부탁을 들어 주다 頼みを聞いてやる.

듣다못해 副 聞くに耐えなくて. 聞き苦しくて. ¶～ 자리를 떴다 聞くに耐えなくて席を立った.

듣보기장사 名 投機商. 山師.

들[1] 名 **1** 野. 野原. 平野. ¶넓은 ～ 広い野原. **2** 田畑. 野良.

들[2] 依名 …など. …ら. ¶거리에는 버스·택시 ～이 달리고 있다 町にはバス·タクシーなどが走っている.

들-[3] 接頭 むやみに. しきりに. 激しく. 非常に. ひどく. ¶～끓다 沸き上がる/며느리를 ～볶다 嫁をいびる.

-들[4] 接尾 **1** 〔복수를 나타냄〕…たち. …ども. …ら. …など. ¶어른～ 大人たち/그～ かれら/소～ 牛たち/책～ (何冊かの)本. **2** 〘부사적으로 쓰여〙 皆いっしょに. みんなそれぞれ. ¶다～ 떠났다 皆いっしょに出発した/안녕히～ 가십시오 皆さんさようなら.

들개 名 野犬. 野良犬.

들것 名 担架. ¶～에 싣다 担架に載せる/～으로 나르다 担架で運ぶ.

들고나다 自 出たり入ったりする. しきりに出入りする. ¶쥐가 구멍에서 ～ 鼠が穴から出たり入ったりする.

들고뛰다 自〈俗〉逃げ出す. ずらかる. ¶어디론가 들고뛰어 버렸다 どこかへずらかってしまった.

들고빼다 自〈俗〉逃げ出す. ずらかる.

들고일어나다 自 (反抗して)奮い立つ. 決起する. ¶시민들은 부정 선거에 들고일어났다 市民たちは不正選挙に反旗を翻した.

들고튀다 自〈俗〉逃げる.

들고파다 他 没頭する. 熱中する. 掘り下げる. ¶문제점을 ～ 問題点を掘り下げる.

들국화〔-菊花〕 名 野菊.

들기름 名 えごま油.

들길 名 野道. 野路.

들까부르다 他 **1** (激しく箕で穀物をふるって)くずを取り去る. 簸る. **2** しきりに動かす. 激しく揺らす.

들까불거리다[-대다] 他 **1** しきりに簸る. **2** しきりに動かす. 激しく揺らす.

들까불다 他 '들까부르다'의 준말.

들까불리다 自 激しく簸られる.

들깨 名〔植〕荏胡麻.

들꽃 名 野の花.

들꾀다 自 群がる. たかる.

들끓다 自 **1** (うようよ集まって)込み合う. ごった返す. ¶차내가 승객으로 ～ 車内が乗客で込み合う. **2** (感情などが)沸き立つ. ¶여론이 들끓고 있다 世論が沸き立っている.

들날리다 自他 (勢力·名声が)広まる. とどろく. (勢力·名声を)あげる. 馳せる. 広める. とどろかす. ¶명성이[을] 전 세계에 ～ 名声が[を]全世界にとどろく[とどろかす].

들녘 名 広い野原.

들놀이 名 하自 野遊び. 行楽. ピクニック. ¶～ 가다 野遊びに行く.

들다[1] 自 **1** (家·宿などに)入る. 入居する. 落ち着く. ¶새 집에 ～ 新居に落ち着く/여관에 ～ 宿屋をとる[に泊まる]. **2** (内へ)入る. つく. ¶잠자리에 ～ 寝床につく/독 안에 든 쥐다 甕に入った鼠だ. **3** (内容·中身が)入っている. ¶병에 술이 들어 있다 瓶に酒が入っている. **4** (ある組織に)加わる. 加入する. 合格する. ¶독서회에 ～ 読書会に加わる/노조에 ～ 労組に加入する. **5** (ある範囲に)入る. (試験に)合格する. 受かる. 選ばれる. ¶입학 시험에 ～ 入学試験に受かる. **6** (ある時期に)なる. 巡ってくる. ¶장마가 ～ 梅雨に入る/한파가 ～ 寒波が巡ってくる. **7** (光が)入る. 当たる. 差し込む. ¶별이 잘 드는 집 日当たりのいい家/창으로 빛이 ～ 窓から光が差す. **8** (泥棒などが)入る. ¶간밤에 도둑이 들었다 昨晩泥棒が入った. **9** (ある状態に)入る. 陥る. 置かれる. ¶만년에 ～ 晩年に入る/잠이 ～ 寝つく. 眠る. **10** (色に)染まる. ¶빨간 물이 ～ 赤い色に染まる. **11** (費用·資材·労力などが)要る. かかる. 必要である. ¶많은 돈이 ～ 多額のお金が要る/경비가 많이 드는 연구 経費の多くかかる研究. **12** 気に入る. 心に適う. 気が合う. ¶마음에 드는 여자 心にかなった女性/마음에 안 드니까 잘 싸운다 気が合わないのでよくけんかする. **13** (病気に)かかる. なる. (ある症状が)出る. できる. ¶감기가 ～ 風邪をひく/눈두덩에 멍이 ～ 上まぶたにあざができる. **14** (習慣·癖などが)つく. 慣れる. ¶못된 버릇이 ～ 悪い癖がつく/어려서 든 습관 幼いときに慣れた習慣. **15** (動物が)なつく. (道具などが)使い慣れる. なじむ. ¶길이 든 붓 書き慣れた筆/길이 든 말 なついている馬. **16** (味が)つく. 出る. ¶배추에 간이 ～ 白菜に塩味がつく/맛이 들지 않은 배 熟していない梨. **17** (考えや感じが)生じる. 起こる. ¶그런 느낌이 ～ そういう感じがする/정이 든 사람 親しみを感じる人. 親しくなった人. **18** (実が)なる. (根が)しっかり張る. ¶밤의 알이 아직 안 들었다 栗の実がまだならない. **19** (祭祀の日に)なる. 当たる. 巡ってくる. ¶내일은 어머니 제사가 든 날이다 明日は母の祭祀に当たる日だ. **20** …(を)する. …(を)行なう. ¶시중을 ～ 世話をする/역성을 ～ 味方をする/중매를 ～ 仲人をする[に立つ]/장가를 ～ 妻をめとる. **21** …しようとする. ¶사람을 때리려고 ～ 人を殴ろうとする.

〔속담〕 **드는 정은 몰라도 나는 정은 안다** 沸く情は分からないが出る情は分かる〈いつ人を好きになったのかは気づかないが嫌いになったときはよく分かる〉.

들다² 自 **1**〔날씨가 개다〕(雨や雪などが)上がる. 晴れる. 天気になる. ¶날이 ~ 空が晴れる/비가 들 것 같다 雨が上がりそうだ. **2**〔땀이 멎다〕(汗が)止まる. ひく. ¶더워서 땀이 안 ~ 暑くて汗が止まらない.

들다³ 自 (刃物などが)よく切れる. ¶잘 드는 칼 よく切れるナイフ.

들다⁴ 自 (年を)取る. ¶나이 든 노인 年取った老人.

들다⁵ 他 **1**〔손에 쥐다〕持つ. 取る. ¶가방을 ~ かばんを持つ/붓을 들고 글씨를 썼다 筆を取って字を書いた. **2**〔위로 올리다〕上げる. 持ち上げる. 掲げる. ¶얼굴을 들어라 顔を上げなさい/깃대를 높이 들었다 旗竿を高く掲げた. **3**〔예증하다〕(事実·例を)挙げる. 取る. ¶일일이 증거를 들어 보이다 いちいち証拠を挙げてみせる. **4**〔먹다·마시다〕食べる. いただく. ¶모두 함께 듭시다 皆いっしょにいただきましょう.

들두드리다 他 (戸などを)やたらに打つ. むやみにたたく.

들두들기다 他 むやみやたらに打つ[たたく]. むちゃくちゃに打ちのめす. ひどく殴りつける.

들들 副 **1**〔갈거나 휘저으며 볶는 모양〕(豆·こまなどを)ぱちぱち. じりじり. ¶콩을 ~ 가는 소리 豆をがりがりとひく音. **2**〔들볶는 모양〕くどくど. ¶사람을 ~ 볶다 人をねちねちといびる. **3**〔뒤지는 모양〕ごそごそ. ¶장 속을 ~ 뒤지다 たんすの中をごそごそひっかき回す.

◆**들들 볶다** ① (豆·ごまなどを)かき回しながら炒る. ② (人を)さんざんいびる. ¶며느리를 ~ 볶다 嫁をさんざんいびる.

들떠들다 自 騒ぎ立てる. 大騒ぎする.

들뜨다 自 **1** (壁紙などがすき間ができて)浮く. 浮き上がる. ぴったりつかない. ¶벽지가 ~ 壁紙が浮き上がる. **2** そわそわする. うきうきする. 気を奪われる. 気もそぞろだ. ¶축제 기분에 ~ お祭り気分で浮かれる. **3** (皮膚などが)黄色くむくむ. 腫れ上がる. ¶병으로 얼굴이 누렇게 ~ 病気で顔が黄色くむくむ.

들락거리다[-대다] 自 しきりに出入りする.

들락날락 副 하自 出たり入ったり. ¶쥐가 ~하다 鼠が出たり入ったりする.

들랑거리다[-대다] 自 しきりに出入りする. 出たり入ったりする.

들러가다 自他 寄っていく. 立ち寄っていく. ¶은행에 ~ 銀行に寄っていく.

들러리 名 (花婿·花嫁の)付き添い.

◆**들러리를 서다** ① (結婚式で)付き添う. 付き添いになる. ② (当事者ではなくその)引き立て役になる.

들러붙다 自 **1** くっつく. べたっとくっつく. ¶셔츠가 땀에 젖어 찰싹 몸에 ~ シャツが汗でぬれて体にべたっとくっつく. **2** すがりつく. しがみつく. かじりつく. ¶책상에 들러붙어 연구에 몰두하다 机にかじりついて研究に没頭する. ＞달라붙다.

들려주다 他 聞かせてやる. 聞かせてくれる. ¶재미있는 이야기를 들려주세요 面白い話を聞かせてください.

들르다 自 (通りがかりに)寄る. 立ち寄る. ¶돌아가는 길에 들르겠네 帰りがけに寄るよ/들를 짬이 없다 立ち寄る暇がない.

들리다¹ Ⅰ 自 **1** 聞こえる. 耳にする. ¶천둥 소리가 ~ 雷の音が聞こえる. **2** (うわさを)聞く. 耳にする. ¶그가 성공했다는 소문이 들렸다 彼が成功したといううわさを耳にした/들리는 바에 의하면 聞くところによれば.
Ⅱ 他 聞かせる. 耳に入れる. 話してあげる. ¶라디오를 들려주다 ラジオを聞かせる.

들리다² 自 **1** (病気に)かかる. なる. ¶감기에 들렸다 風邪をひいた. **2** (亡霊などに)取りつかれる. つかれる. ¶마치 신들린 것 같은 행동 まるで神がかりになったような行動.

들리다³ Ⅰ 自 持ち上げられる. ¶몸이 번쩍 들렸다 体がぐいっと持ち上げられた.
Ⅱ 他 持ち上げさせる. 持たせる. ¶짐을 ~ 荷物を持たせる/선물을 들려 보내다 土産を持たせてやる.

들머리 名 入り口. 初めの部分. ¶마을의 ~ 里の入り口.

들먹거리다[-대다] 自他 **1** ぐらつく. 上下にゆれる. **2** そわそわする. どきどきする. **3** 上下にゆれ動く. **4** (物価などが)不安定だ.

들먹들먹 副 하自他 ぐらぐら. そわそわ. むずむず. がだがだ. どきどき.

들먹이다 Ⅰ 自 **1** (重みのあるものが)上下に揺れる. ぐらつく. がたつく. ¶집의 기초가 ~ 家の基礎がぐらつく. **2** (興奮して)そわそわする. (心が)動揺する. どきどきする. むずむずする. ¶들먹이며 발표를 기다리다 どきどきしながら発表を待つ. **3** (肩や尻などが)上下に揺れ動く. ¶어깨가 들먹이는 것을 보니 울고 있었구나 肩が揺れているのをみると泣いていたね. **4** (物価などの)変動が続く. ¶물가가 ~ 物価が安定しない.
Ⅱ 他 **1** (重みのあるものを)上下に揺り動かす. **2** (心を)動揺させる. **3** (肩や尻などを)上下に揺り動かす. ¶기쁜 듯이 어깨를 ~ うれしそうに肩を揺らす. **4** (人のことを)あばいて口にする. 悪く言う. ¶관계없는 사람까지 들먹일 필요는 없다 関係のない人のことまで悪く言う必要はない.

들바람 名 野風.

들배지기 名〔體〕〈シルム(씨름)で〉相手の腹を抱き上げてよじり倒す技.

들병장수〔一瓶一〕名 瓶酒を売り歩く行商人.

들보 名〔建〕梁. うつばり.

들볶다 他 いびる. いじめる. 嫌がらせを

する. ¶시어머니가 며느리를 들볶는다 姑が嫁をいびる.

들부셔내다 他 (よごれたものを)きれいに洗い落とす. ゆすぐ. ¶변기를 ～ 便器をきれいに洗う.

들비둘기 名 野鳩.

들뽕나무 名 野生の桑.

들새 名〔動〕野鳥. 野禽.

들소 名〔動〕野牛.

들숨 名 吸い込む息. 吸気.

들썩거리다[-대다] 自他 **1** 持ち上げられたり沈んだりする. 軽いものを上下に動かす. **2** (心が)うきうきする. **3** (肩や尻などが)軽く上下に揺れる. **4** ざわめく. どよめく.

들썩들썩 副 하自他 **1** (軽い物が)持ち上げられたり沈んだりするようす. **2** (上下に)揺れるようす. **3** そわそわするようす. **4** (肩や尻を)軽く上下に動かすようす.

들썩이다 Ⅰ 自 **1** (軽いものが)持ち上げられたり沈んだりする. かたかた揺れる. ¶물이 끓자 주전자 뚜껑이 ～ 湯が沸くとやかんのふたがかたかた揺れる. **2** (心が)うきうきする. そわそわする. ¶그 소식에 마음이 들썩였다 その便りに心がうきうきした. **3** (肩や尻などが)軽く上下に揺れる. ¶흥이 나자 절로 어깨가 들썩였다 興に乗ると自然に肩が揺り動いた. **4** ざわつく. ざわめく. どよめく. ¶회의장이 ～ 会議場がざわめく.

Ⅱ 他 **1** 軽いものを上下に動かす. ¶돌을 들썩이며 가재를 잡다 石を動かしながらざりがにを捕る. **2** そそのかす. ¶양쪽을 들썩여서 싸움을 붙였다 両方をそそのかしてけんかをさせた. **3** (肩や尻などを)上下に揺り動かす. ¶어깨를 들썩이며 춤을 추다 肩を振り動かしながら踊る.

들썩하다 形 **1** 〔'떠들썩하다'의 준말〕騒がしい. 評判である. **2** もっともらしい. ¶들썩한 거짓말 もっともらしい嘘. **3** (覆いかぶさったものの一部が)少しまくり上げられている.

들쑤시다 自他 〔'들이쑤시다'의 준말〕 **1** (激しく)うずく. **2** そそのかす. **3** (さがすために)隅々までひっかき回す.

들쓰다 他 **1** (帽子や布団などを)かぶる. ¶모자를 들쓰고 외출했다 帽子を深くかぶって外出した. **2** (水やほこりなどを)浴びる. かぶる. ¶먼지를 들쓰고 청소했다 ほこりをかぶって掃除をした. **3** (罪・責任などを)かぶる. 着る. (ぬれぎぬを)着せられる. ¶터무니없는 누명을 들썼다 とんでもない汚名を着せられた.

들씌우다 他 ぬれぎぬを着せる. おっかぶせる. ¶그는 나에게 책임을 들씌웠다 彼は私に責任をおっかぶせた.

들어가다 自 **1** (中に)入る. ¶교실에 ～ 教室に入る. **2** (組織・団体などに)入る. 参加する. 就職する. 入学する. 加入する. ¶관계에 ～ 官界に入る / 회사에 ～ 会社に入る. **3** (ある範囲内に)属する. 含まれる. ¶포유류에 들어가는 동물 哺乳類に属する動物. **4** (すき間などに)挟まる. 入る. ¶화보가 많이 들어간 잡지 画報が多く入った雑誌. **5** (経費・材料・労力などが)要る. かかる. ¶돈이 ～ 金がかかる. **6** (文章や話の内容が)頭に入る. 分かる. 理解される. 記憶される. ¶아침 공부는 머리에 잘 들어간다 朝の勉強は頭によく入る. **7** (新しい状態や時期に)なる. 始まる. 入る. ¶여름 방학에 ～ 夏休みが始まる / 신혼 생활에 ～ 新婚生活に入る. **8** (表面が)くぼむ. へこむ. 落ち込む. ¶들어간 눈 くぼんだ目.

들어내다 他 **1** 持ち出す. 運び出す. ¶장롱을 ～ たんすを運び出す. **2** 追い出す. 追い払う. ¶저 자를 들어내라 あいつを追い出せ.

들어맞다 自 **1** (寸法・型などが)ぴったり合う. 適合する. はまる. ¶발에 꼭 들어맞는 구두 足にぴったりと合う靴. **2** (内容・状況などが)一致する. 合う. ¶계산이 꼭 ～ 計算がぴったり合う. **3** 的中する. 当たる. ¶어젯밤 꿈이 들어맞았다 夕べの夢が当たった.

들어맞추다 他 ぴったり合わせる. 一致させる. ¶계산을 ～ 計算を合わせる.

들어먹다 他 **1** (身代・元手を)つぶす. 使い果たす. 食いつぶす. ¶도박으로 장사 밑천까지 ～ 賭博で商売の元手まで食いつぶす. **2** 着服する. 横取りする. だまし取る. ¶공금을 ～ 公金を横領する.

들어박히다 自 **1** (すき間なく)ぎっしり詰まる. 立て込む. ¶석류 알이 빽빽이 들어박혀 있다 ざくろの粒がぎっしり詰まっている. **2** 食い込む. 突き刺さる. はまる. ¶자동차가 도랑에 ～ 自動車が溝にはまる. **3** 閉じこもる. 立てこもる. ¶방 안에 들어박혀 책만 읽는다 部屋に閉じこもって読書ばかりしている.

들어붓다 Ⅰ 自 (雨が)激しく降る.

Ⅱ 他 **1** 注ぎ込む. ¶주전자에 물을 ～ やかんに水を注ぎ込む. **2** (酒を)がぶ飲みする. ¶술을 단숨에 ～ 酒を一息に飲む.

들어서다 自 **1** 入る. 入り込む. 踏み入る. ¶안마당으로 ～ 中庭に入る / 정계에 ～ 政界に足を踏み入れる. **2** 〔자리잡다〕入っている. 立っている. 建っている. 詰まっている. ¶새 집들이 즐비하게 ～ 新しい家がずらりと立ち並ぶ. **3** 〔계통을 잇다〕(ある系統・位置などに)つく. 落ち着く. ¶새 내각이 ～ 新内閣ができる. **4** 〔접어들다〕(ある時期に)入る. なる. ¶장마철에 ～ 梅雨になる. **5** (人に)はむかう. 食ってかかる.

들어앉다 自 **1** 寄って座る. 詰めて座る. 寄る. ¶난롯가로 가까이 들어앉아라 ストーブのそばに近寄って座りなさい. **2** 〔위치하다〕(囲まれた所に)ある. 位置する. ¶숲 속에 들어앉은 별장 森の中にある別荘. **3** 〔지위를 차지하다〕(ある地位や位置に)つく. ¶

사장 자리에 ~ 社長の座につく. **4** 〔나오지 않다〕 (仕事をやめて家に)閉じこもる. 引きこもる. 隠退する. ¶ 사업을 그만두고 ~ 事業をやめて隠退する.

들어오다 自 **1** 入る. 入って来る. ¶ 회의장으로 ~ 会議場に入る / 눈에 ~ 目に入る / 내일은 배가 들어올 예정이다 明日は船が入ってくる予定だ. **2** (団体·組織·機関などに)入る. 加わる. ¶ 이번에 들어온 회원 今度加入した会員 / 사원이 새로 ~ 社員が新しく入社する. **3** 敷設される. ¶ 전기[수도]가 ~ 電気[水道]が引かれる. **4** (収入が)ある. 入ってくる. ¶ 한 달에 오십만 원이 ~ ひと月に50万ウォン入る. **5** (話や文章が頭に)入る. 分かる. ¶ 하나도 머릿속에 들어오지 않는다 一つも頭の中に入らない. **6** (新しい時期·状態に)なる. 始まる. 入る. ¶ 12월에 들어와서 급격히 추워졌다 12月に入って急激に寒くなった.

들어올리다 他 持ち上げる. ¶ 짐을 ~ 荷物を持ち上げる.

들어주다 他 (意見·頼みなどを)聞いてやる. 聞き入れる. 取り上げる. 聞いてくれる. ¶ 친구의 청을 ~ 友達の頼みを聞いてやる.

들어차다 自 ぎっしり詰まる. いっぱいになる. 立て込む. ¶ 곡물이 꽉 들어찬 창고 穀物がぎっしり詰まっている倉庫 / 집이 들어차 있다 家が立て込んでいる.

들엉기다 自 (一か所にくっついて)凝り固まる. 凝結する.

들엎드리다 自 (家に)閉じこもる. 引きこもる. ¶ 들엎드려 집필에 힘쓰다 閉じこもって執筆に励む.

들여가다 他 **1** (内へ)持ち込む. 運び入れる. ¶ 심을 나무를 ~ 植える木を持ち込む. **2** 買い入れる. 買って帰る. ¶ 여름 용품을 ~ 夏物を買い入れる.

들여놓다 他 **1** 入れる. 入れておく. 持ち込む. ¶ 테이블을 사무실에 ~ テーブルを事務室に入れる. **2** 買い入れる. 買い置く. ¶ 텔레비전을 월부로 ~ テレビを月賦で買い入れる. **3** 踏み入れる. 進出する. ¶ 정계에 발을 ~ 政界に足を踏み入れる.

들여다보다 他 **1** (内側を)のぞく. のぞき見る. うかがう. ¶ 창문으로 ~ 窓からのぞく / 열쇠 구멍으로 ~ 鍵穴からのぞき見る. **2** (ちょっと)立ち寄る. のぞいて見る. ¶ 지나는 길에 잠깐 들여다보았네 通りすがりにちょっと立ち寄ったんだ. **3** (じっと)見る. 見つめる. 見入る. ¶ 문서를 꼼꼼히 ~ 文書をよく見る / 얼굴을 빤히 ~ 顔をじっと見つめる. **4** (細かく内容を)調べてみる. うかがう. ¶ 현미경으로 ~ 顕微鏡で調べてみる / 상대편 마음을 ~ 相手の心をうかがう.

들여다보이다 自 透けて見える. 見え透く. ¶ 속이 들여다보이는 거짓말 見え透いた嘘.

들여다뵈다 自 〔'들여다보이다'의 준말〕 透けて見える.

들여보내다 自他 入れる. 入らせる. 引き入れる. 通す. ¶ 객실로 ~ 客室に通す / 학교에 ~ 学校に入れる.

들여쌓다 他 (外にあるものを)中に入れて積む.

들여앉히다 他 **1** (内へ入れて席に)着かせる. 座らせる. ¶ 손님을 지정 좌석에 ~ 客を指定席に座らせる. **2** (女性に職場をやめさせて)家に入らせる. 落ち着かせる. **3** (妾を)囲う. **4** (ある地位や職に)つかせる. 据える. ¶ 부장으로 ~ 部長につかせる.

들여오다 他 (外から)持ってくる. 持ち込む. 取り入れる. 取り寄せる. ¶ 밥상을 들여와라 食膳を持ってきなさい / 외국 상품을 ~ 外国の商品を取り入れる.

들오리 名 野生の鴨.

들은귀 名 聞き覚え. 聞いたこと. ¶ 그 사건에 대해 ~가 있다[없다] その事件について聞き覚えがある[ない].

들은풍월〔—風月〕 名 受け売り. 耳学問. 聞き覚え. ¶ ~로 조금 알고 있다 人から聞いて少し知っている.

들이[1] 副 〔'들입다'의 준말〕 無理やりに. やたらに.

들이-[2] 接頭 **1** やたらに. むちゃくちゃに. しきりに. ¶ ~덤비다 やたらに飛びかかる. **2** 急に. 突然. いきなり. ¶ ~닥치다 突然やって来る. **3** (内側へ)無理やりに. ¶ ~밀다 無理やり押し込む.

-들이[3] 接尾 〔그릇의 용량을 나타내는 말〕 …入り. …詰め. ¶ 4홉~ 4合入り / 1파운드~ 1ポンド詰め.

들이굽다 自 内側に曲がる. ¶ 팔이 들이굽지 내굽나 腕は内側に曲がるものであって外側に曲がるものか〈人間は誰でも親しい者の方をひいきする〉.

들이긋다 自 **1** 内側に線を引く. **2** しきりに線を引く.

들이끌다 他 内側に引き寄せる. 引っ張る. 引き入れる.

들이끼우다 他 (穴·透き間などに)差し込む. 差し挟む. はめ込む. 入れる. ¶ 열쇠를 ~ かぎを差し込む.

들이끼이다 自 挟まれる. 差し込まれる. はめ込まれる.

들이다[1] 他 **1** (中に)入れる. 入らせる. ¶ 손님을 응접실에 모셔 ~ お客を応接間に迎え入れる. **2** (資金·労力などを)投入する. かける. 費やす. (誠意を)尽くす. ¶ 많은 비용을 ~ 多くの費用をかける / 온갖 정성을 ~ あらゆる真心を尽くす. **3** 〔고용하다〕 雇い入れる. 雇う. ¶ 가정 교사를 ~ 家庭教師を雇う. **4** 《'맛을 들이다'의 꼴로》 (…の)味を覚える. (…に)興味を持つ. ¶ 술에 맛을 들여 매일 마신다 酒の味を覚えて毎日飲む. **5** 〔잠재우다〕 寝つかせる. 眠らせる. ¶ 아기를 잠~ 赤ん坊を寝入らせる. **6** 〔염색하다〕 染める. ¶ 물을 곱게 들였다 色を鮮やかに染めた. **7** 〔길이 들게 하다〕 (動物などを)ならす. ¶ 개를 길 ~ 犬を飼いならす.

들이다[2] 他 (汗を)乾かす. ひかせる.

들이닥치다 自 **1** 切迫する. 差し迫る. 押し迫る. ¶ 뜻밖에 들이닥친 난관 思いがけなく差し迫った難関. **2** (人が急に)訪れる. 押し寄せる. ¶ 경찰이 ~ 警察官たちが押し寄せる.

들이대다 他 **1** 〔대들다〕(荒い言葉でしきりに)はむかう. 詰め寄る. 食ってかかる. ¶ 당국의 처사는 부당하다고 ~ 当局の措置は不当であると詰め寄る. **2** 〔바싹 가져다 대다〕(物・証拠などを)突きつける. 突き出す. ¶ 증거를 코앞에 ~ 証拠を鼻先に突きつける. **3** 〔공급하다〕(金品を)出してやる. 供給する. **4** (水を)引き入れる.

들이덤비다 自 **1** むやみに飛びかかる. やたらに突っかかる. ¶ 윗사람에게 ~ 目上の人[上司]に突っかかる. **2** むやみに急ぐ[急く]. ¶ 들이덤비면 실패하기 쉽다 むやみに急ぐと失敗しやすい.

들이마시다 他 **1** 吸い込む. 吸う. ¶ 신선한 공기를 ~ 新鮮な空気を吸い込む. **2** がぶがぶ飲む. ¶ 냉수를 ~ 冷水をがぶがぶと飲む.

들이맞추다 他 ぴったり合わせる. ぴたっとはめ込む. 差し込む.

들이몰다 他 **1** (内側へ)追い込む. 追い立てる. ¶ 돼지를 울 안으로 ~ 豚を囲いの中に追い込む. **2** (車・馬などを)速く走らせる. 駆り立てる.

들이몰리다 自 **1** (一か所に)寄り集まる. 集中する. 群がる. **2** (内側へ)追い込まれる. 押し込められる.

들이밀다 他 **1** (一方または内側へ)押す. 入れる. 押し入れる. ¶ 창문으로 얼굴을 ~ 窓から頭を突っ込む. **2** みだりに押し込む. 強く押す. ¶ 배를 삿대로 ~ 舟を棹で強く押す. **3** (金品を)つぎこむ. 浪費する. **4** (問題を)提出する. つきつける. ¶ 요구를 ~ 要求をつきつける.

들이밀리다 自 押しかける. (内側へ)押し入れられる. ¶ 인파에 ~ 人波に押される.

들이박다 他 **1** 奥深く打ち込む. **2** やたらに打ち込む. しきりに強く打ち込む.

들이받다 他 **1** (頭・角で)突く. 頭突きを食わせる. ¶ 소가 사람을 ~ 牛が人を突く. **2** ぶつける. 衝突する. ¶ 전봇대에 머리를 ~ 電柱に頭をぶつける.

들이부수다 他 (手当たり次第に)ぶち壊す. たたき壊す. 破壊する.

들이불다 自 **1** (風が内側へ)吹き込む. **2** (風が)吹き荒れる.

들이붓다 他 (器に)注ぎ入れる. 注ぎ込む.

들이비치다 自 **1** (光が)差し込む. 照らす. ¶ 햇살이 방안에 ~ 日光が部屋の中に差し込む. **2** 激しく照らす.

들이빨다 他 (強く)吸う. 吸い込む. ¶ 젖꼭지를 ~ 乳首を強く吸う.

들이쉬다 他 (息を)吸い込む.

들이쌓이다 自 (一か所に)たくさん積もる. 積み重なる. ¶ 골짜기에 눈이 들이쌓였다 谷に雪が降り積もった/ 낙엽이 들이쌓인 오솔길 落葉の積み重なった小道.

들이쏘다 他 **1** (外から内へ)射込む. 撃ち込む. **2** たて続けに撃つ. 撃ちまくる.

들이쑤시다 Ⅰ 自 (激しく)うずく. ずきずき痛む. ¶ 오래된 상처가 ~ 古傷がうずく.
Ⅱ 他 **1** (人を)しきりにつつく. そそのかす. 扇動する. ¶ 들이쑤셔 싸움을 붙이다 そそのかして争わせる. **2** (さがすため)ひっかき回す. つっ突き回す. ¶ 서랍 속을 ~ 引き出しの中をひっかき回す.

들이지르다 他 **1** (飛びかかりざまに)強く突く. ぶん殴る. 蹴る. ¶ 등을 쿵하고 ~ 背中をどんと強く突く. **2** 突いて入れる. 蹴って入れる. ¶ 공을 골로 ~ ボールをゴールにシュートする. **3** (大声を)張り上げる. わめき立てる.

들이치다[1] 自 (雨・風・雪が)激しく降り込む. 吹き込む. ¶ 비가 ~ 雨が激しく降り込む.

들이치다[2] 他 **1** (内側へ)強く打つ. ぶん殴る. 蹴る. ¶ 상대방의 턱을 ~ 相手のあごをぶん殴る. **2** 押し入る. ¶ 강도가 ~ 強盗が押し入る.

들이켜다 他 **1** (酒・水などを)あおる. 飲み干す. 一気に飲む. ¶ 술을 ~ 酒をあおる. **2** (のこぎりなどで)激しくひく.

들이키다 他 **1** 引き寄せる. **2** ⇨들이켜다

들이퍼붓다 Ⅰ 自 (雨・雪などが)激しく降る. 盛んに降る. 降りしきる.
Ⅱ 他 **1** どんどん注ぎ込む. **2** 悪口をたたく[浴びせる].

들일 名 野良仕事. 畑仕事.

들입다 副 無理やりに. やたらに. 激しく. ¶~ 발길질을 하다 やたらに足蹴にする.

들장미〔—薔薇〕 名 野のいばら.

들쥐 名〔動〕野鼠の総称.

들짐승 名 野獣. 野生の動物.

들쩍지근하다 形 やや甘い. 少し甘味がある.

들쭉날쭉 副 하形 でこぼこだ. ぎざぎざだ. ¶ ~한 능선 ぎざぎざした稜線 / 노면이 ~하다 路面がでこぼこしている.

들차다 形 **1** 志が固く体が丈夫だ. 強固だ. **2** 非常に荒い.

들창〔—窓〕 名 **1** (壁の上部にある小さい)明かり障子. 明かり窓. **2** はね上げ戸.
들창코 名 上を向いた鼻.

들척지근하다 形 やや甘い. 少し甘味がある.

들추다 他 **1** あばく. 暴露する. さらけ出す. ¶ 남의 비리를 ~ 人の非理をあばく. **2** 探る. 掘り出す. 捜す. ¶ 집안을 샅샅이 ~ 家中をくまなく捜す. **3** 持ち上げる. 取り上げる. ¶ 장막을 ~ とばりを持ち上げる.

들추어내다 他 **1** (秘密を)あばき出す. あばく. ¶ 회사의 약점을 ~ 会社の弱点をあばき出す. **2** (物を)さがし出す. 探り出す. ¶ 서류를 ~ 書類をさがし出す.

들추어보다 他 **1** さがしてみる. ¶ 샅샅이 들추어보았지만 지갑은 없었다 くまなくさがしてみたが財布はなかった. **2** 取り出して調べてみる. **3** (反応を見ようとして)探る.
들치근하다 形 〔'들척지근하다'의 준말〕 やや甘い.
들치기 名 하他 掻っ払い. 置き引き. こそ泥.
들치다 他 (物の片端を)持ち上げる. めくる. ¶ 이불을 ～ 布団を持ち上げる.
들큼하다 形 やや甘い. 少し甘味がある. **들큼히** 副 やや甘く.
들키다 自 ばれる. 見つかる. ¶ 물건을 훔치다가 ～ 品物をくすねる所を見つかる.
들타작〔一打作〕 名 하自 野良での脱穀(作業).
들통〔一桶〕 名 大きい取っ手のついた手桶.
들통 나다 自 (隠したことが)ばれる. 見つかる. ¶ 탈세가 ～ 脱税がばれる.
들판 名 野原. 平野.
들피 名 飢えて衰弱すること.
들피지다 自 飢えて衰弱する.
듬뿍 副 たっぷり(と). どっさり(と). 十分に. なみなみ(と). ¶ 사례금을 ～ 받았다 謝礼金を十分にもらった / ～ 술을 따르다 酒をなみなみとつぐ / 붓에 먹물을 ～ 묻혔다 筆に墨をたっぷりつけた / 선물을 ～ 주었다 土産をどっさりあげた.
듬뿍듬뿍 副 하形 器ごとにたっぷり. どっさり(と). いっぱい. なみなみ(と). ¶ 모두가 밥을 ～ 먹었다 皆がご飯をたらふく食べた.
듬뿍하다 形 (器などに)たっぷりだ. いっぱいだ. 山盛りだ. なみなみだ. **듬뿍이** 副 たっぷり(と). たんまり. どっさり(と). なみなみ(と).
듬성듬성 副 하形 まばらに. ぽつりぽつり. ちらほら. ¶ 소나무가 ～ 서 있는 언덕 松がぽつぽつ生えている丘 / 집이 ～ 보이는 마을 家がちらほら見える村.
듬쑥 副 〔손으로 쥐거나 정답게 안는 모양〕 しっかり. ひしと. ぎゅっと. ¶ ～ 품에 안다 ひしと胸に抱く.
듭시다 自 〔'들어가다'의 아주 높임말〕 お入りあそばされる. お入りになられる.
듯[1] 依名 **1** 〔추측의 뜻을 나타내는 말〕 …(の)ように. …そうに. ¶ 어디서 본 ～ 하다 どこかで見たようだ / 아픈 ～ 얼굴을 찌푸리다 痛そうに顔をしかめる. **2** 《'…-듯 만[말] …-듯하다'의 꼴로》 …ようでもあり…ないようでもある. …そうでもあり…なさそうでもある. ¶ 비가 올 ～ 말 ～한 날씨 雨が降るような降らないような天気.
-듯[2] 語尾 〔'-듯이[2]'의 준말〕 …ように. ¶ 이 잡～ 뒤지다 しらみを捕まえるようにすみずみまで探す.
듯싶다 補形 …らしい. …(の)ようだ. …そうだ. ¶ 눈이 올 ～ 雪が降りそうだ / 마음에 안 드는 ～ 気に入らないようだ.
듯이[1] 副 …(の)ように. …そうに. ¶ 곧 죽을 ～ 말한다 今にも死にそうに話す.
-듯이[2] 語尾 (あたかも)…のように. …(する)かのように. ¶ 떡먹～ 쉽다 餅を食べるようにたやすい / 바다가 깊～ 어머니의 사랑도 깊다 海が深いように母の慈しみも深い.
듯하다 補形 〔추측의 뜻을 나타냄〕 …らしい. …(の)ようだ. …そうだ. ¶ 새 우는 소리가 들려오는 ～ 鳥の鳴く声が聞こえてくるようだ / 비가 올 듯하군 雨が降りそうだな.
등[1] 名 **1** 背. 背中. 後ろ. ¶ 적에게 ～을 보이다 敵に後ろを見せる / ～을 펴라 背筋を伸ばせ. **2** (物の)背面. 背に当たる部分. 後ろ側. ¶ 칼～ 刀の背 / 의자의 ～ 椅子の背 / 손～ 手の甲.
◆**등을 대다** (人・勢力などを)頼る. 当てにする. 後押ししてもらう.
◆**등을 돌리다** 背を向ける. 排斥する. 決別する.
◆**등을 타다** 尾根伝いに行く.
◆**등이 달다** やきもきする. 気がせいていらいらする. 気が気でない. ¶ 기차를 놓칠 것 같아 ～이 달았다 汽車に遅れそうでいらいらした.
등[2]〔等〕 **I** 名 等級. **II** 依名 〔등급·석차를 세는 말〕 …等. ¶ 1～ 1等 / 2～ 2等.
등[3]〔燈〕 名 灯. 灯火. 明かり. ともしび. ¶ ～을 밝히다 明かりをつける / ～불이 보인다 ともしびが見える.
등[4]〔橙〕 名〔植〕 橙.
등[5]〔藤〕 名 **1** 〔植〕 藤. **2** ふじの蔓.
등[6]〔籐〕 名〔植〕 籐.
등[7]〔等〕 依名 …等. など. ¶ 말·소·돼지 ～의 가축 馬・牛・豚などの家畜 / 판매 부진 ～ 때문에 販売不振などのため.
등가〔等價〕 名 等価.
등가 개념〔一槪念〕 名〔論〕 等値概念.
등가구〔籐家具〕 名 籐家具.
등가죽 名 背中の皮.
등각〔等角〕 名〔數〕 等角.
등갓〔燈一〕 名 (電灯・ランプなどの)笠.
등거리[1] 名 **1** 袖なしの胴衣. **2** チョッキ.
등거리[2]〔等距離〕 名 等距離.
등걸 名 (木の)切り株. ¶ 나무 ～ 木の切り株.
등걸불 名 **1** 切り株を燃やす火. **2** 燃え残りの火. 燃えさし.
등걸잠 名 ごろ寝. ころびね.
등겨 名 稲の穀. もみがらとぬか.
등고선〔等高線〕 名〔地〕 等高線.
등골[1] 名〔生〕 **1** 脊椎骨. **2** 脊髄.
◆**등골을 뽑다** ① (女が男の金や物を)しぼり上げる. ② 苦労してためたお金を他人に浪費される. ③ 他人を非常に苦労させる.
◆**등골이 빠지다** 耐えがたいほど苦労する.
등골[2] 名 背筋. ¶ 매운 바람이 ～로 스며든다 厳しい風が背筋に染みとおる.
◆**등골이 오싹하다** 背筋が寒くなる. ぞっとする.
등골뼈 名〔生〕 脊椎骨.
등과〔登科〕 名 하自 登科. 科挙に合

格することと.
등관〔登官〕 名 하自 官職に就くこと.
등교〔登校〕 名 하自 登校. 反 下校.
등교의〔籐交椅〕 名 籐椅子.
등귀〔騰貴〕 名 하自 騰貴.
등극〔登極〕 名 하自 登極. 王位につくこと.
등글개첩〔—妾〕 名 (かゆい背中を掻いてくれるところから) 年寄りの年若い妾.
등긁이 名 (背中を掻く)孫の手.
등급〔等級〕 名 等級. ¶ ～을 정하다 等級を定める/1～의 별 1等星.
등기〔登記〕 名 하他 〔法〕 **1** 登記. ¶ 가옥 ～ 家屋登記. **2** 〔'등기 우편(登記郵便)'의 준말〕 書留. ¶ 서류를 ～로 보내 주세요 書類を書留にして送ってください.
　등기료〔—料〕 名 〔法〕 登記料.
　등기부〔—簿〕 名 〔法〕 登記簿.
　등기소〔—所〕 名 〔法〕 登記所.
　등기 우편〔—郵便〕 名 書留郵便. 書留.
등꽃〔藤—〕 名 ふじの花.
등나무〔藤—〕 名 〔植〕 藤.
등널 名 (椅子の)背. 背もたれ.
등단〔登壇〕 名 하自 登壇. **1** 演壇や教壇に上がること. **2** (ある社界的分野への)登場.
등대〔燈臺〕 名 灯台.
　등대수〔—手〕 名 灯台守.
　등대지기 名 灯台守.
등덜미 名 背の上部. 首筋. うなじ.
등뒤 名 背後.
등등〔等等〕 依名 …等々. など. などなど. ¶ 책·공책·연필 ～의 학용품 本·ノート·鉛筆等々の学用品.
등등하다〔騰騰—〕 形 元気いっぱいだ. いきり立っている. すごいけんまくだ. ¶ 노기가 ～ 怒気がいきり立っている. すごいけんまくだ.
등락〔騰落〕 名 하自 騰落. 騰貴と下落. ¶ 시세의 ～이 심하다 相場の騰落が激しい.
등량〔等量〕 名 等量.
등렬〔等列〕 名 等列. 同列.
등록〔登錄〕 名 하他 登録. ¶ ～제 登録制/～증 登録証.
　등록금〔—金〕 名 (大学などの)授業料.
　등록 상표〔—商標〕 名 〔法〕 登録商標.
　등록세〔—稅〕 名 〔法〕 登録税.
　등록 의장〔—意匠〕 名 〔法〕 登録意匠.
등롱〔燈籠〕 名 灯籠. 提灯.
　등롱꾼 名 灯籠持ち.
　등롱대 名 灯籠をつるす竿.
등마루 名 〔生〕 背筋.
등명〔燈明〕 名 灯明. みあかし.
등반〔登攀〕 名 하自 登攀. とはん. ¶ 히말라야 ～ ヒマラヤ登攀/～대 登攀隊.
등방성〔等方性〕 名 〔物〕 等方性.
등변〔等邊〕 名 〔數〕 等辺.
　등변 다각형〔—多角形〕 名 〔數〕 等辺多角形.
　등변 삼각형〔—三角形〕 名 〔數〕 等辺三角形.

등본〔謄本〕 名 謄本. 反 抄本 ¶ 호적 ～ 戸籍謄本/등기부 ～ 登記簿謄本.
등분〔等分〕 名 하他 **1** 等分. **2** 等級の区分.
등불〔燈—〕 名 灯火·ともしび. 明かり. ¶ ～을 켜다[끄다] 明かりをつける[消す].
등비〔等比〕 名 〔數〕 等比.
　등비급수〔—級數〕 名 〔數〕 等比級数. 幾何級数.
등뼈 名 〔生〕 脊椎骨.
등사〔謄寫〕 名 하他 謄写. **1** がり版で印刷すること. **2** 書き写すこと.
　등사기〔—機〕 名 謄写版.
　등사 잉크〔—ink〕 名 謄写インキ.
　등사판〔—板〕 名 謄写版. がり版.
등산〔登山〕 名 하自 登山. 山登り. ¶ ～을 가다 登山に行く.
　◇일본어의 登山은 복장과 장비를 갖추고 높은 산에 오르는 것만을 말하고, 가까운 낮은 산에 오르는 것은 ハイキング나 山歩き라고 한다. 山登り는 登山만큼 본격적이지는 않지만, ハイキング보다는 본격적이라 할 수 있다.
　등산화〔—靴〕 名 登山靴.
등살 名 背筋. 背の筋肉.
등색〔橙色〕 名 橙色. だいだい色.
등선〔登仙〕 名 하自 登仙. **1** 仙人となって天に登ること. ¶ 우화～ 羽化登仙. **2** 貴人の死.
등성마루 名 **1** 〔生〕 背筋. **2** (山や丘などの)背.
등성이 名 **1** 背筋. **2** 〔'산등성이'의 준말〕 尾根.
등세공〔籐細工〕 名 籐細工.
등속[1]〔等速〕 名 等速. ¶ ～ 운동 等速運動.
등속[2]〔等屬〕 依名 …など. …のたぐい. 類. ¶ 쌀·보리·콩 ～의 곡식 米·麦·大豆などの穀物.
등솔기 名 背縫いの縫い目.
등수〔等數〕 名 (等級の)順位.
등시성〔等時性〕 名 〔物〕 等時性.
등식〔等式〕 名 〔數〕 等式.
등신[1]〔等身〕 名 等身. ¶ ～대 等身大.
등신[2]〔等神〕 名 愚か者. ばか. まぬけ. ¶ 이 ～아 このまぬけめ.
등심[1]〔—心〕 名 (牛肉の)ヒレ. ロース.
등심[2]〔燈心〕 名 **1** 灯心. ¶ ～을 돋우다 灯心をかき立てる. **2** 〔韓方〕 藺の芯. 灯心草の芯〈利尿·解熱剤となる〉.
등심머리〔—心—〕 名 (牛の)ロース.
등심선〔等深線〕 名 〔地〕 等深線.
등쌀 名 つきまとったりしてうるさくすること. うるさくせがむこと. ¶ 동생들 ～에 책도 못 읽는다 弟(妹)たちがうるさくて本も読めない.
　◆**등쌀을 대다** 意地悪くうるさがらせる. うるさくねだる. しつこくせがむ.
등압선〔等壓線〕 名 〔地〕 等圧線.
등에 名 〔動〕 **1** 虻. **2** 牛虻.
등온〔等溫〕 名 等温.
　등온 동물〔—動物〕 名 〔動〕 等温動物.
　등온선〔—線〕 名 等温線.
등외〔等外〕 名 等外.
등용〔登用·登庸〕 名 하他 登用. ¶ 의

외의 인물이 ～되었다 意外な人物が登用された.
등용문〔登龍門〕 名 하自 登竜門. 出世への関門. ¶ 문단에의 ～ 文壇への登竜門.
등원〔登院〕 名 하自 登院. ¶ 첫 ～ 初登院.
등위〔等位〕 名 等位. **1** 等級. **2** 同じ位置.
등위각〔—角〕 名〔數〕同位角.
등유〔燈油〕 名 灯油. ともしあぶら.
등의자〔籐椅子〕 名 籐椅子.
등자¹〔橙子〕 名 橙の実.
등자나무 名〔植〕橙.
등자색〔—色〕 名 だいだい色. オレンジ色.
등자²〔鐙子〕 名 鐙.
등잔〔燈盞〕 名 灯盞. 油皿.
〔속담〕 **등잔 밑이 어둡다** 灯台下暗し. ▷등하 불명(燈下不明)
등잔걸이 名 灯架.
등잔불 名 灯火. ともしび.
등장〔登場〕 名 하自 登場. ¶ ～인물 登場人物.
등재〔登載〕 名 하他 登載. 掲載.
등적색〔橙赤色〕 名 橙赤色. だいだい色を帯びた赤色.
등정¹〔登頂〕 名 하自 登頂. ¶ 알프스 ～ アルプス登頂.
등정²〔登程〕 名 하自 旅立ち. いで立ち. 門出.
등줄기 名 背筋.
등지〔等地〕 依名 …などの地. ¶ 서울·청주 ～에서 ソウル·清州などの地で.
등지느러미 名〔動〕(魚の)背びれ.
등지다 Ⅰ 自 仲たがいする. 仲が悪くなる. ¶ 벗과 ～ 親友と仲たがいする.
Ⅱ 他 **1** 背く. 背を向ける. 離れる. 捨てる. ¶ 세상을 등진 사람 世を捨てた人 / 고향을 ～ 故郷を離れる. **2** (なにかを)背にする. ¶ 관객을 등지고 서다 観客を背にして立つ. **3** (なにかに)背をもたれる. ¶ 벽을 등지고 앉다 壁にもたれて座る.
등짐 名 負荷. 背の荷物. 背に負うこと.
등짐장수 名 行商. 担ぎ屋.
등차〔等差〕 名〔數〕等差.
등차급수〔—級數〕 名〔數〕等差級数.
등차수열〔—數列〕 名〔數〕等差数列.
등창〔—瘡〕 名〔韓方〕背中の腫れ物.
등천〔登天〕 名 하自 昇天. 天に昇ること.
등청〔登廳〕 名 하自 登庁.
등촉〔燈燭〕 名 灯燭. 灯火. ろうそくの火.
등치다 他 (脅して)たかる. ゆする. いたぶる. ¶ 약점을 잡아 남을 ～ 弱みにつけこんで人をゆする.
〔속담〕 **등치고 간 내먹다** 背中をたたいて肝を取り出す〈うわべはいたわるふりをして実は害を与える〉.
등침대〔籐寢臺〕 名 籐で編んだ寝台.
등판〔登板〕 名 하自 (野球で)登板.
등피〔燈皮〕 名 ランプのほや.
등하〔燈下〕 名 灯下.
등하불명〔—不明〕 名 灯下不明. 灯台下暗し.
등한시〔等閑視〕 名 하他 等閑視. 軽視. なおざりにすること. おろそかにすること. ¶ 건강을 ～하다 健康をおろそかにする.
등한하다〔等閑—〕 形 おろそかだ. なおざりだ. いいかげんだ. ¶ 매사에 등한한 사람 何事にもいいかげんな人. **등한히** 副 なおざりに. おろそかに. ゆるがせに.
등허리 名 **1** 背と腰. **2** 背のほうの腰.
등헤엄 名 背泳ぎ. 背泳.
등화〔燈火〕 名 灯火. 明かり. ともしび. ¶ ～관제 灯火管制 / ～가친지절 灯火親しむべき候[季節].
-디¹ 語尾 〔형용사의 뜻을 강조함〕 ¶ 굵～굵다 非常に太い / 젊～젊은 청년 若々しい青年.
-디² 語尾 〔'-더냐·-더니'의 준말〕 …たか. …(して)いたか. ¶ 언제 온다고 하～? いつ来るって / 누구누구 있～? 誰と誰がいたか.
디글디글하다 形 (細くて小さい物の中で)いくつかが目立ってやや大きい[太い].
디너쇼〔dinner show〕 名 ディナーショー.
디너파티〔dinner party〕 名 ディナーパーティー.
디디다 他 **1** 踏む. 踏みしめる. 踏みつける. ¶ 어지러져 있어 발 디딜 틈도 없다 散らかっていて足の踏み処もない. **2** (麹やみそ玉麹などを布に包み)足で踏んで塊をつくる. ¶ 누룩을 ～ 麹を踏み固めて塊にする.
디딜방아 名 唐臼. 踏み臼.
디딜풀무 名 足踏み式の鞴.
디딤널 名 踏み板.
디딤돌 名 踏み石. 飛び石.
디렉터〔director〕 名 ディレクター.
디밀다 他 〔'들이밀다'의 준말〕 押す. 押し入れる.
디스인플레이션〔disinflation〕 名〔經〕ディスインフレーション. ディスインフレ.
디스카운트〔discount〕 名 ディスカウント.
디스코〔disco〕 名 ディスコ.
디스코텍〔(프) discotheque〕 名 ディスコテーク.
디스크〔disk〕 名 **1** 円盤. **2** レコード. ディスク. **3** 〔生〕 椎間軟骨. **4** 〈俗〉 ぎっくり腰. 椎間板ヘルニア. ¶ ～에 걸리다 椎間板ヘルニアにかかる. **5** (コンピューターなどの)ディスク.
디스크자키〔—jockey〕 名 ディスクジョッキー.
디스토마〔distoma〕 名〔動〕ジストマ.
디아스타아제〔(독) Diastase〕 名〔化〕ジアスターゼ〈消化剤〉.
디자이너〔designer〕 名 デザイナー.
디자인〔design〕 名 하他 デザイン.
디저트〔dessert〕 名 デザート.
디제이〔D.J.←disk jockey〕 名 ディージェー. ディスクジョッキー.
디젤 기관〔Diesel 機關〕 名〔機〕ディーゼルエンジン[機関].
디젤 전기 기관차〔Diesel 電氣機關車〕 名 ディーゼル電気機関車.
디젤차〔Diesel 車〕 名 ディーゼルカー.

디지털〔digital〕 名 デジタル.
디펜스〔defence〕 名〔體〕 ディフェンス. 守備. 防御.
디프레션〔depression〕 名〔經〕 デプレッション.
디프테리아〔diphtheria〕 名〔醫〕 ジフテリア.
디플레〔←deflation〕 名〔經〕〔'디플레이션'의 준말〕 デフレ.
디플레이션〔deflation〕 名〔經〕 デフレーション.
디피이〔D.P.E.←developing, printing, enlarging〕 名 ディーピーイー.
딛다 他〔'디디다'의 준말〕 踏む. 踏みつける.
딜러〔dealer〕 名 ディーラー.
딜럭스〔deluxe〕 名 하形 デラックス.
딜레마〔dilemma〕 名 ジレンマ.
딥다 副〔'들입다'의 준말〕 無理やりに.
딩딩하다 形 **1** 力がみなぎっている. ¶ 제법 딩딩하게 버틴다 なかなかどうしてやるじゃないか. **2** (乳·腹などが) 張っている. ぱんぱんだ. ¶ 젖이 불어 ~ 乳房が張っている. **3** (経済的地盤が) しっかりしている. 丈夫だ. 堅固だ. ¶ 딩딩한 부자 豊かさの揺るぎない金持ち.
따갑다 形 **1** (非常に) 熱い. 暑い. 焼けつくようだ. ¶ 햇살이 ~ 日差しが焼けつくようだ / 물이 너무 ~ 湯がとても熱い. **2** (刺すように) 痛い. ひりひり痛い. ちくちく痛い. ¶ 까진 데가 따가웠다 剝けたところがひりひり痛かった.
따개 名 栓抜き. 缶切り. 口抜き.
따귀 名〔'뺨따귀'의 준말〕 横っ面. ほっぺた. ¶ ~를 때리다 横っ面を張る.
따끈하다 形 温かい. ほかほかだ. ¶ 따끈한 차 熱いお茶. **따끈히** 副 あったかく. ほかほか(と). ¶ 술을 ~ 데우다 酒を熱燗にする.
따끈따끈 副 하形 あつあつ. ほかほか(と). ¶ ~한 만두 ほかほかの饅頭.
따끔거리다[-대다] 自 ひりひりする. ちくちくする. ¶ 벌에 쏘인 데가 따끔거린다 蜂に刺されたところがちくちく痛い.
따끔따끔 副 하自 ひりひり(と). ちくちく(と). ¶ 까진 무릎이 ~ 아팠다 すりむけた膝がひりひり痛かった.
따끔하다 形 **1** (針で刺すように) ちくっと痛い. ひりっと痛い. ¶ 가시에 찔린 데가 ~ とげが刺さったところがひりひりする. **2** 厳しい. 手痛い. ¶ 그의 충고는 따끔하였다 彼の忠告はこたえた.
따끔히 副 厳しく. ¶ ~ 타이르다 厳しく戒める[論す].
따낸돌 名 (囲碁で) 上げ石. 浜.
따님 名〔'남의 딸'을 높여 일컫는 말〕 お嬢さん. 令嬢. 娘さん.
따다[1] 他 **1** 取る. 摘む. もぐ. ちぎる. ¶ 꽃을 ~ 花を摘む / 호박을 ~ ズッキーニをもぐ / 뽕잎을 ~ くわの葉をちぎる / 풋고추 꼭지를 ~ 青とうがらしのへたを取る. **2** 切開する. つぶす. ¶ 물집을 ~ 水ぶくれを切開する. **3** 開ける. 抜く. ¶ 통조림을 ~ 缶詰をあける / 병마개를 ~ 瓶の栓を抜く. **4** 引用する. 抜粋する. 抜き取る. 剽窃する. ¶ 위인의 명언을 딴 문구 偉人の名言を引用した文句. **5** (競走·賭けなどに勝って金品を) 手に入れる. ¶ 노름에서 딴 돈 博打でもうけたお金 / 씨름에서 따온 우승기 シルムで勝ち取った優勝旗. **6** (資格·成績などを) 取る. 得る. ¶ 운전 면허증을 ~ 運転免許を取る.
따다[2] 他 **1** (来客に口実をつけて) 居留守をつかう. ¶ 찾아온 친구를 ~ 訪ねて来た友達に居留守をつかう. **2** のけ者にする. 除外する. 締め出す.
따다[3] 形 別だ. 全然違う. ¶ 그것과는 전혀 딴 일이다 それとはまったく別の仕事だ.
따다닥 副〔기관총 쏘는 소리〕 だだだっ.
따돌리다 他 **1** のけ者にする. 締め出す. 仲間はずれにする. 弾き出す. ¶ 그룹에서 ~ グループから弾き出す. **2** (追跡者を) まく. ¶ 따라오는 형사를 따돌렸다 追って来る刑事をまいた.
따듯하다 形 暖かい. ¶ 날씨가 ~ 暖かい. **따듯이** 副 暖かく.
따따따 副 ラッパを吹く音.
따따부따 副 하自〔딱딱한 말씨로 시비(是非)하는 모양〕 がみがみ(と).
따뜻하다 形 **1** (天気や温度などが) 暖かい. (食べ物などが) 温かい. ¶ 따뜻하게 하다 温める / 방이 ~ 部屋が暖かい. **2** (心や雰囲気が) 温かい. 思いやりがある. ¶ 따뜻한 가정 温かい家庭 / 따뜻하게 대접하다 温かくもてなす. **따뜻이** 副 温かく. 暖かく.
따라 助 …に限って. ¶ 오늘~ 손님이 많다 今日に限ってお客様が多い.
따라가다 他 **1** ついていく. 追っていく. つき従う. ¶ 사냥감을 따라가는 포수 獲物を追って行く猟師 / 엄마 뒤를 졸졸 ~ かあちゃんの後からぞろぞろついていく. **2** (教えなどに) 従う. 倣う. まねる. ¶ 선생님의 가르침을 ~ 先生の教えに従う. **3** 追いつく. ¶ 선진국을 ~ 先進国に追いつく.
따라다니다 他 **1** (人のあとに) ついていく. あとを追う. 追い回す. 尾行する. ¶ 여자의 꽁무니를 ~ 女の尻を追い回す / 몰래 ~ ひそかに尾行する. **2** (影響などが) つきまとう. ¶ 평생을 전과자라는 낙인이 ~ 一生涯前科者という烙印がつきまとう.
따라붙다 自他 追いつく. ¶ 발이 빨라서 곧 ~ 足が速いからすぐ追いつく.
따라서 副 したがって. それで. だから. それゆえに. ¶ 이쪽은 과실이 없다. ~ 배상 같은 것 할 생각은 없다 当方に過失はない. したがって賠償などするつもりはない.
따라오다 他 **1** ついてくる. 追ってくる. **2** 倣う. 追いつく.
따라잡다 他 追いつく.
따라지 名 **1** 小柄でみすぼらしい人. **2** つまらない人間. あわれな存在. くず. ¶ ~ 신세 しがない身の上. **3** (博打で) 1点. ¶ 삼팔~ 3と8で1点.
따라지목숨 名 しがない命.
따로 副 **1** 別に. 別々に. 離して. 離れて. 別れて. ¶ ~ 살고 있다 別居っ

している / 두 사람은 ~ 출발했다 二人は別々に出発した. **2** ほかに. 別途に. ¶ 월급 이외에 ~ 수입이 있다 月給以外に別に収入がある.

따로나다 自 分家する. ¶ 따로나서 살림을 차리다 分家して所帯を持つ.

따로내다 他 〔'따로나다'의 사동사〕 分家させる.

따로따로¹ 副 別々に. 離れて. 別れて. ¶ ~ 챙기다 別々に片づける / ~ 살다 別れて住む.

따로따로² 感 〔'따로따로 따따로'의 준말〕 あんあんよ.

따로따로 따따로 感 〔어린아이에게 걸음을 익히게 할 때의 소리〕 あんよあんよ.

따로서다 自 **1** 離れて立つ. **2** (幼児が)一人で立つ.

따르다¹ 自他 **1** 追う. ついていく. 従う. ¶ 유행을 ~ 流行を追う. **2** (慣例·法規などに)従う. よる. 倣う. ¶ 관례에 따라 처리하다 慣例に倣って処理する / 시류에 ~ 時流に従う. **3** なつく. なじむ. したう. ¶ 학생들은 잘 따른다 生徒たちはよくなつく. **4** 伴う. ¶ 다소 위험이 따르는 수술 多少危険が伴う手術. **5** 沿う. つく. ¶ 강을 따라 도로가 뻗어 있다 川に沿って道路がのびている. **6** 従う. 服従する. 守る. ¶ 다수결에 ~ 多数決に従う. **7** (目的や立場などに)従う. よる. ¶ 학자에 따라 주장이 다르다 学者によって主張が違う.

따르다² 他 (液体を)注ぐ. 差す. 注ぐ. ¶ 술을 ~ 酒を注ぐ.

따르릉 副 〔벨이 울리는 소리〕 りんりん(と). ちりんちりん(と).

따름 依名 《'-ㄹ 따름이다'의 꼴로》 …だけ. …のみ. …ばかり. ¶ 의무를 다할 ~이다 義務を果たすだけだ / 그냥 물어 보았을 ~이다 ただ聞いてみただけだ.

따리 名 媚び. へつらい. 阿諛. おべんちゃら.

따리꾼 名 おべっかつかい. 太鼓持ち.

따먹다 他 **1** (果実などを)摘んで食べる. 取って食べる. もいで食べる. ¶ 열매를 ~ 実をもいで食べる. **2** (将棋·碁で駒·石を)取る. **3** 〈俗〉 (女性の貞操を)奪う.

따발총〔一銃〕 名 〈俗〉 旧ソ連製の軽機関銃.

따분하다 形 **1** 退屈だ. 味気ない. 単調だ. 何の変哲もない. ¶ 따분한 이야기 退屈な話. **2** 困っている. どうしようもない. ¶ 식량도 돈도 떨어져서 ~ 食糧もお金も底をついて困っている. **3** (疲れて)へとへとだ. ぐったりしている. ¶ 피로해서 몸이 ~ 疲れて体がぐったりしている. **따분히** 副 退屈に. 味気なく.

따사롭다 形 やや暖かい[温かい]. ¶ 날씨는 화창하고 ~ 天候が穏やかで暖かい. **따사로이** 副 やや暖かく.

따사하다 形 ほの暖かい.

따스하다 形 暖かい. ¶ 방이 ~ 部屋が暖かい / 따스한 색상 暖かな色合い / 햇살이 따스하게 비친다 日光がぽかぽかと照る.

따습다 形 (ほどよく)暖かい. ぽかぽかしている. ¶ 봄볕이 따습네요 春の日差しがぽかぽか暖かいですね.

따오기 名〔動〕 鴇.

따옥따옥 副 鴇の鳴き声.

따옴표〔一標〕 名 引用符.

따위 依名 **1** (人や物を軽蔑して)…みたいなやつ. …のようなやつ[もの]. …なんか. …風情. ¶ 저 ~들이 무슨 정치를 하나? あんな連中が何が政治だ. **2** (例を挙げて)…など. …ようなもの. …のたぐい. ¶ 사자나 호랑이 ~ 맹수 ライオンや虎などの猛獣.

따지다 他 **1** 問いただす. 明らかにする. (原因などを)調べる. ¶ 이유를 ~ 理由を問いただす / 잘잘못을 ~ 是非を明らかにする. **2** 計算する. ¶ 손익을 ~ 損益を計算する.

딱¹ 副 하自 **1** 〔마주칠 때 나는 소리〕 かちん(と). こつん(と). ぽかっと. ¶ 자전거와 ~ 부딪치다 自転車とがちゃんとぶつかる / 머리를 ~ 때리다 頭をこつん[ぽかっ]と殴る. **2** 〔부러질 때 나는 소리〕 ぽきっと. ぽきんと. ぷっつり(と). ¶ 나뭇가지를 ~ 부러뜨리다 木の枝をぽきっと折る.

딱² 副 **1** きっぱり(と). すっぱり(と). ぴたり(と). ¶ ~ 잘라 말하다 きっぱりと言い切る / ~ 잡아떼다 しらを切る / 술을 ~ 끊다 酒をぴたっとやめる. **2** ぴたっと. ぷっつり(と). ぷつり(と). ¶ 눈이 ~ 그쳤다 雪がぴたっとやんだ / 소식이 ~ 끊어지다 消息がぷっつりとだえる.

딱³ 副 **1** 〔활짝 바라진 모양〕 ぽっかり(と). あんぐり(と). ¶ 입을 ~ 벌리다 口をぽっかりと開ける. **2** 〔들어맞는 모양〕 ぴったり(と). ぴたっと. きっちり(と). かっきり(と). ¶ ~ 만 원밖에 없다 かっきり1万ウォンしかない / 시선이 ~ 마주치다 視線がぴたりと合う. **3** 〔야무지거나 의젓한 모양〕 かたく. ぎゅっと. きっと. じっと. ¶ 입을 ~ 다물다 口をかたくつぐむ / 눈을 ~ 감다 目をじっとつぶる. **4** 〔굳세게 버티는 모양〕 しっかり(と). がっしり(と). ¶ 앞을 ~ 가로막다 前にしっかりと立ちはだかる. **5** 〔들러붙는 모양〕 ぴたっと. ¶ 엿이 입천장에 ~ 붙다 飴がぴたっと口蓋にくっつく. **6** 〔언짢은 모양〕 さっと. ¶ 정나미가 ~ 떨어지다 愛想がさっと尽きる.

딱따구리 名〔動〕 啄木鳥.

딱따기 名 **1** (夜回りの)拍子木. それを打ち鳴らす人. **2** (劇場などで)開幕を知らせる柝. 拍子木.

딱딱거리다[-대다] 自他 〔을러대다〕 がみがみ言う. まくしたてる. 厳しく言う. ¶ 노상 아내에게 ~ いつも妻にがみがみ言う.

딱딱이 名 ⇨딱따기

딱딱하다 形 **1** (物が)固い. こちこちだ. かちかちだ. ¶ 딱딱한 나무 걸상 固い木の椅子. **2** (言動·文章·雰囲気などが)かたい. ぎこちない. 堅苦しい. ¶ 딱딱한 문장 かたい文章 / 딱딱

한 눈매 険しい目つき.

딱부리 名 〔'눈딱부리'의 준말〕 どんぐり眼.

딱성냥 名 摩擦マッチ. 黄燐マッチ.

딱장대 名 **1** 堅苦しい人. 堅物. **2** 気が荒くて屈強な人.

딱정벌레 名 〔動〕 甲虫.

딱지[1] 名 **1** (皮膚の)かさぶた. ¶ 종기~ できもののかさぶた / ~가 떨어지다 かさぶたが取れる. **2** (紙をつくるときに入った)塊. 傷. しみ. **3** (蟹·亀などの)甲羅. (貝の)殻. **4** (懐中時計や腕時計などの)側. 蓋. ケース.

◆**딱지가 덜 떨어지다** ① 幼さが抜け切っていない. ② 未熟である. 子供っぽい.

딱지[2] 名 〈俗〉 つき返すこと. はね付けること.

딱지[3]〔一紙〕 名 **1** 〈俗〉 紙片. 紙きれ. 切手. 証紙. レッテル. ¶ 편지에 ~를 붙이다 手紙に切手を張る. **2** 〔'놀이딱지'의 준말〕 めんこ. **3** (巻き)たばこ入れ. **4** 人に対する格づけ. レッテル.

◆**딱지가 붙다** レッテルが張られる. 烙印を押される.

딱지치기 名 하自 めんこ遊び.

딱총〔一銃〕 名 かんしゃく玉. 爆竹.

딱하다 形 **1** 気の毒だ. かわいそうだ. 哀れだ. 痛ましい. 痛々しい. ¶ 딱한 형편 気の毒な事情 / 딱한 꼴을 보이고 싶지 않다 哀れなざまを見られたくない. **2** 苦しい. 難しい. ¶ 딱한 변명 苦しい言い訳 / 거절하기가 참 ~ 断るのが本当に難しい. **딱히**[1] 副 かわいそうに. 哀れに. 気の毒に. ¶ ~ 여기다 哀れに思う.

딱히[2] 副 明確に. あきらかに. 正確に. ¶ 그 느낌을 ~ 뭐라 표현하기 어렵다 その感じをあきらかに何と表現し難い.

딴[1] 依名 つもり. なり. 考え. ¶ 내 ~은 잘 하려고 했다 私なりにしっかりやろうとした.

딴[2] 冠 別の. 他の. 異なる. ¶ 그것은 또 ~ 이야기다 それはまた別の話だ.

딴것 名 別のもの. 他のもの. ¶ ~을 찾아라 別のものを探しなさい / ~을 보여 주세요 他のものを見せてください.

딴딴하다 形 〔'단단하다'의 센말〕 固い. 堅い. **딴딴히** 副 固く. 堅く.

딴마음 名 **1** うわの空. 他の考え. **2** 背く心. 異心. 二心. ¶ ~을 품다 二心を抱く.

딴말 名 別の話. 関係のない話. とんでもない話. たわ言. ¶ 이 문제와는 전혀 ~이다 この問題とはまったく別の話だ.

딴맛 名 別の味. 変わった味.

딴머리 名 (女性用の)付け毛. かもじ. ヘアピース.

딴사람 名 **1** 他の人. 他人. ¶ ~에게는 얘기하지 말아라 他の人には話すな. **2** 別人. ¶ ~이 되다 別人になる.

딴살림 名 하自 別世帯. 別の所帯. ¶ ~을 차리다 別の所帯を構える.

딴생각 名 하自 **1** 他の[別の]考え. ¶ 깜빡 ~했다 つい他のことを考えていた. **2** とんでもない考え. 突拍子もないこと. めっそうもないこと. ¶ ~을 먹지 마라 とんでもないことを考えるな.

딴소리 名 하自 別の話. とんでもない話.

딴은 副 (人の話を肯定して)そういえば. なるほど. いかにも. 確かに. ¶ ~ 그렇군 確かにそうだね / ~ 그것이 옳은 말이야 なるほど[いかにも]そのとおりだ.

딴전 名 とぼけること. しらばくれること. (答えを)はぐらかすこと.

딴전부리다 自 とぼける. 知らないふりをする. ¶ 엉뚱한 일을 저질러 놓고 ~ とんでもないことをやらかして知らないふりをする.

딴죽 名 〈シルム(씨름)·テコンドー(태권도)で〉足払い. 足がけ.

딴죽걸다 他 足払い[足がけ]をする. 相手の足をすくう.

딴죽치다 他 **1** 足払い[足がけ]をする. **2** 同意したことをとぼけて知らないふりをする.

딴판 名 **1** 別の局面. ¶ ~을 벌이다 別の局面を開く. **2** かなり違ったようす. 相当な違い. ¶ 생각과는 아주 ~이다 考えたのとはまったく違う / 하룻밤 사이에 정세가 ~으로 변했다 一夜にして情勢が一変した.

딸 名 (親に対する)娘. 反 息子 ¶ 맏~ 長女 / 막내~ 末娘 / 외~ 一人娘.

〔속담〕 **딸 셋이면 기둥뿌리가 패인다** 娘3人ともなれば家の柱の根元が掘られる〈娘3人いれば身代がつぶれる〉.

딸가닥 副 하自他 〔'달가닥'의 센말〕 かちゃっと. ことっと. かたっと.

딸가닥거리다[-대다] 自他 かちゃかちゃする. かたかたする. しきりにことこと鳴る.

딸가닥딸가닥 副 하自他 かちゃかちゃ(と). かたかた(と). ことこと(と). ¶ ~하는 소리 かたことと響く音.

딸가당 副 하自他 〔'달가당'의 센말〕 かちんと. かたんと. がちゃんと.

딸각 副 하自他 〔'딸가닥'의 준말〕 かちゃっと. ことっと.

딸그랑 副 하自他 〔'달그랑'의 센말〕 かちんと. ちゃりんと. かちゃっと.

딸기 名 〔植〕 苺.

딸기밭 名 いちご畑.

딸기술 名 いちご酒. ¶ ~을 담그다 いちご酒を仕込む.

딸깍발이 名 貧乏な学者. 貧しい儒生.

딸꾹 副 〔딸꾹질하는 소리〕 ひっくと.

딸꾹거리다[-대다] 自 ひっくひっくとしゃっくりをする.

딸꾹딸꾹 副 하自 ひっくひっく(と).

딸꾹질 名 하自 しゃっくり.

딸년 名 **1** 自分の娘の謙譲語. **2** 娘のぞんざいな言い方.

딸딸 副 〔'달달[1] 2'의 센말〕 ごろごろ(と). がらがら(と). がたがた(と).

딸랑거리다[-대다] 自他 **1** (小さい鈴が)ちりんちりんと鳴る[鳴らす]. ¶ 고양

이 목에서 딸랑거리는 방울 소리 猫の首でちりんちりんと鳴る鈴の音. **2** 落ち着きなくはしゃぎ回る.

딸랑딸랑 副 하自他 ちりんちりん(と).

딸리다 自 **1** つく. 付属する. ついている. ¶ 가구 딸린 셋집 家具つきの貸家. **2** 付き添う. 仕える. ¶ 환자에게 ~ 病人に付き添う. **3** 所属する. ¶ 경리과에 딸려 있습니다 経理課に属しています.

땀보 名 **1** 度量の狭い人. **2** 背が低くてみすぼらしい人.

딸아이 名 〔남에게 자기 딸을 일컫는 말〕 うちの娘.

딸애 名 〔'딸아이'의 준말〕 うちの娘.

땀¹ 名 汗. ¶ ~투성이가 되다 汗だくになる / ~을 식히다 ひと休みする / 식은 ~을 흘리다 冷汗をかく / ~에 젖다 汗にぬれる.

땀² 名 (縫い目の)一目. 一針.

땀구멍 名 汗腺. 汗孔.

땀국 名 (垢まみれの服や体に)じっとりにじんだ汗.

땀기〔一氣〕 名 汗ばむこと.

땀나다 自 **1** 汗が出る. 汗ばむ. **2** 汗をかく. 骨が折れる. 力が要る. 苦労する.

땀내 名 汗のにおい. 汗臭いにおい. ¶ ~ 나는 옷 汗臭い衣服.

땀내다 自 **1** 汗を流す. **2** 非常に努力する.

땀땀이 副 縫い目ごとに.

땀띠 名〔醫〕あせも.

땀받이 名 汗取り.

땀방울 名 汗の滴. 玉の汗. ¶ ~을 흘리며 일하다 玉の汗を流して働く.

땀샘 名〔生〕汗腺.

땀수〔一數〕 名 縫い目の数.

땀수건〔一手巾〕 名 汗ふき. お絞り.

땅¹ 名 土地. **1** 土. 地面. 陸地. 大地. ¶ 고향의 ~을 밟다 ふるさとの土を踏む / 하늘과 ~의 차이 天と地の差. **2** 領土. 領地. ¶ 독도는 한국 ~이다 獨島は韓国の領土である. **3** 敷地. ¶ ~이 넓은 집 敷地の広い家. **4** 地方. 地域. 所. ¶ 남서부 ~ 南西部地方 / 이 ~은 낯이 선데요 この土地には不慣れなんです / 네가 설 ~이 어디냐? お前の立つべき所はどこか.
〔속담〕 **땅 짚고 헤엄치기** 地面に手をついて泳ぐ〈非常にたやすい〉.

땅² 副 하自 〔총의 발사음〕 どんと. ぱんと. ¶ 총을 ~하고 쏘다 銃をどんと撃つ. ▷땅땅¹

땅³ 副 〔부딪는 소리〕 かあんと. があんと. がちんと. ▷땅땅²

땅강아지 名〔動〕けら.

땅개 名 **1** 背の低い犬. **2** 〈俗〉 背が低くてよく出歩く人.

땅거미¹ 名 たそがれ. 日暮れ. 夕暮れ. ¶ ~가 질 무렵 夕やみが迫るころ.

땅거미² 名〔動〕じぐも.

땅굴〔一窟〕 名 **1** 地下通路. **2** 穴蔵.

땅기다 自 (筋肉などが)つる. ひきつる. ¶ 다리의 근육이 ~ 足の筋肉がひきつる.

땅꾼 名 蛇を捕って売る人.

땅내 名 土のにおい.

땅내맡다 自 **1** (移植した植物が)根づく. **2** (動物がその地に)住み着く.

땅덩이 名 (土の大きな塊という意味から)大陸. 国土. 地球. ¶ 이 ~에 사는 인류 この地球に住む人類.

땅딸막하다 形 (背が低く)ずんぐりしている. ¶ 땅딸막한 사내 ずんぐりした男.

땅딸보 名 〔야유하여〕 背が低くて太った人. ずんぐりむっくりした人.

땅땅¹ 副 〔연발 총성〕 どんどん(と). ぱんぱん(と). ずどんずどん(と).

땅땅² 副 人を脅しつけるようす. 大きなことを言うようす. すごい鼻息で言い立てるようす.

땅땅거리다[-대다] 自 **1** (勢力や財産があって)豪華な生活をする. 威勢を張る. **2** 大きなことを言う. 大言壮語する. 人を脅しつける.

땅뙈기 名 わずかな田畑. 寸土.

땅마지기 名 ちょっとした[いくらかの]田畑.

땅문서〔一文書〕 名 土地の権利書.

땅바닥 名 地面. 地べた. ¶ ~에 주저앉다 地べたに座り込む.

땅버섯 名 地面に生える茸.

땅벌 名 **1** 地蜂の総称. **2** 黒雀蜂.

땅볼 名 (野球の)ごろ. (サッカーで)転がるボール. ¶ 내야 ~ 内野ごろ.

땅뺏기 名 陣取り. 駒をはじきながら陣地を奪い合う子供の遊び.

땅속 名 地中. 地下.

땅울림 名 하自 地鳴り. 地響き.

땅임자 名 地主.

땅재주〔一才一〕 名 宙返り・とんぼ返りなどの軽業.

땅줄기 名 地下茎.

땅콩 名 南京豆. 落花生. ピーナッツ.

땅파기 名 **1** 土を掘ること. 土掘り. **2** 愚か者. またそんな人との言い争い.

땅파먹다 自 農夫または鉱夫の生活をする.

땋다 他 (髪・糸などを)編む. (髪を)結う. (縄・ひもなどを)なう. よる. ¶ 머리를 땋아 늘어뜨리다 髪を結って垂らす.

때¹ 名 **1** 時. 時間. 時刻. ¶ ~를 어기지 않고 時間をたがえずに / ~를 알리는 종소리 時刻を知らせる鐘の音. **2** 機会. 時期. 時節. 時分. 折り. 運. ¶ 좋은 ~를 만났다 いい機会を得た / 눈이 내릴 ~ 雪の降る時期 / 그 ~는 その折りは. **3** …する場合. …する際. …するとき. …であるとき. ¶ 성공했을 ~에는 成功した場合は / 괴로울 ~도 많았다 苦しいときも多かった. **4** 時代. 年代. その当時. ¶ 신라 ~ 新羅の時代 / 할아버지 ~와는 다르다 おじいさんの年代とは異なる. **5** ご飯時. 食事. ¶ ~를 거르다 ご飯時を抜かす.

때² 名 **1** 垢. ¶ ~가 끼다 垢がたまっている / ~를 밀다 垢をこする. **2** 不名誉. 汚名. ¶ 도둑의 ~를 벗다 盗人の汚名をそそぐ. **3** やぼったいこと.

子供っぽいこと. ¶ ～를 못 벗은 놈 やぼったさが抜けないやつ / 아직도 어린 ～가 남아 있다 まだ子供っぽいところが残っている. **4** けちくさいこと. みみっちいこと.

◆**때가 묻다** ① 垢がつく. 汚くなる. 垢じみる. ¶ ～가 묻은 양복 垢じみた洋服. ② (心が)汚れる. (人が)すれる. ¶ ～가 묻은 느낌의 여성 すれた感じの女性.

◆**때가 타다** (布などが)よく垢がつく. 垢がつきやすい.

때가다 自 〈俗〉 捕まる. 捕らえられる. ¶ 남의 것을 훔치다가 때갔다 人の物を盗むところを捕まった.

때구루루 副 하自 〔'대구루루'의 센말〕 ころころ(と). からころ(と).

때굴때굴 副 하自 〔'대굴대굴'의 센말〕 ころころ(と). からころ(と). ころりころり(と).

때그르르하다 形 (多くの細かいあるいは小さい物の中で)少し太い.

때글때글하다 形 (多くの中でいくつかが)僅か太い[大きい].

때까치 名〔動〕百舌.

때깔 名 (反物などの)柄と色合い. ¶ 그 비단은 아주 ～이 좋다 その絹地は柄や色彩がとてもいい.

때꼽재기 名 垢の塊.

때꾼하다 形 (病後·過労などで)げっそりして目が落ちくぼんでいる.

때늦다 形 (定時より)遅い. 遅れている. 間に合わない. ¶ 벌써 때늦은 감이 있다 すでに時遅しの感がある.

때다 他 (たき口に)火をたく. くべる. ¶ 군불을 ～ 暖房用に焚く火をくべる.

때때로 副 時々. 時折. 時たま. 折々. たまに. ¶ ～ 생각에 잠긴다 時々考えにふける / ～ 찾아오다 時折訪ねてくる / ～ 만나는 일도 있다 時たま会うこともある.

때때옷 名 (色とりどりに仕立てた)子供の晴れ着.

때때중 名 小僧. 小坊主.

때려눕히다 他 殴り倒す. ¶ 불량배들을 ～ ごろつきどもを殴り倒す.

때려부수다 他 ぶち壊す. たたきつぶす.

때려잡다 他 **1** 打ち殺す. **2** 打ちのめす.

때려죽이다 他 打ち殺す. ぶち殺す. たたき殺す.

때려치우다 他 やめる. 放り出す. たたむ. ¶ 장사를 ～ 商売をたたむ / 월급쟁이를 때려치웠다 月給取りをやめた.

때로 副 場合によって. 時に. たまに. 時として. ¶ ～ 실수가 있는 법이다 時には失敗するものだ.

때로는 副 場合によっては. 時には. たまには. 時としては. ¶ ～ 우리집에도 놀러 오세요 たまには家にも遊びにいらしてください.

때리다 他 **1** 打つ. 殴る. たたく. 張る. ¶ 귀싸대기를 ～ 横っ面を張る. **2** 打ちつける. ¶ 세찬 빗줄기가 유리창을 ～ 激しい雨脚がガラス窓を打ちつける. **3** (胸を)打つ. ¶ 가슴을 때리는 슬프고 아름다운 이야기 胸を打つ悲しく美しい話. **4** 攻撃する. 非難する. やっつける. 責め立てる. ¶ 작품을 때리는 기사가 신문에 실렸다 作品を批判する記事が新聞に載った. **5** 〈俗〉 (買い手が)値を安くつける. 値をたたく. ¶ 물건 값을 싸게 ～ 品物の値をたたく.

때마침 副 折よく. 折しも. ちょうどよく. 都合よく. ¶ 기다리던 차에 ～ 잘 와 주었다 待っていた折にちょうどよく来てくれた.

때맞다 形 時を得ている. 都合がよい. 時宜にかなう. ほどよい. 折よい.

때맞추다 自 時期に合わせる. 時宜を得る. ¶ 때맞추어 단비가 오는군 時宜を得た慈雨が降っているな.

때문 依名 …のため. …のせい. …のわけ. …から. 故. ¶ 이렇게 된 것도 너 ～이다 こうなったのもお前のせいだ.

때아닌 冠 時ならぬ. 時期はずれの. 意外の. ¶ ～ 우박이 쏟아졌다 時ならぬ雹が降り注いだ.

때없이 副 時を選ばず. 時期もかまわず. ¶ ～ 멧돼지가 출몰하다 時をかまわず猪が出没する.

때우다 他 **1** 鋳掛ける. 修理する. 繕う. 直す. ¶ 금이 간 솥을 ～ ひびの入った釜を鋳掛ける. **2** すます. 間に合わせる. 代用する. ¶ 빵과 커피만으로 아침을 ～ パンとコーヒーだけで朝食をすます. **3** 免れる. 埋め合わせる. ¶ 액을 ～ 厄を免れる. **4** (時間を)つぶす. 償う. ¶ 강의 시간을 잡담으로 ～ 講義の時間を雑談でつぶす.

땍대구루루 副 〔'댁대구루루'의 센말〕 ころころ(と). ごろごろ(と).

땔감 名 燃料. たきぎ. 焚き物.

땔나무 名 薪. そだ. しば.

땜¹ 名 하他 〔'땜질'의 준말〕 はんだ付け.

땜² 名 하自 厄払い. ¶ 액～ 厄払い.

땜납 名 はんだ. 白ろめ.

땜인두 名 はんだごて.

땜일 名 하他 はんだ付け. 鋳掛け仕事.

땜장이 名 鋳掛け屋.

땜질 名 하他 **1** はんだ付け. 鋳掛け仕事. **2** 継ぎ当て. 継ぎはぎ. **3** 一部分だけ繕うこと. ¶ 서류상의 미비점을 ～하다 書類上に不備な点を繕う.

땜통 名 〈俗〉 頭の傷跡. 傷跡のはげ.

땟국 名 (服などの)垢だらけのよごれ.

땟물 名 **1** 身なり. 風采. **2** 汚水.

◆**땟물을 벗다** 垢抜ける. 洗練される. ¶ ～을 벗은 여자 垢抜けた女性.

땡¹ 名 **1** 〔'땡땡구리'의 준말〕 (博打で)同じ札を二つそろえること. **2** 〈俗〉 もっけの幸い. 棚ぼた. 思いがけない幸運. 大当たり.

땡² 副 〔'댕'의 센말〕 ちんと. かんと.

땡감 名 渋柿. 熟してない柿.

땡강 副 하自他 〔'댕강'의 센말〕 ぽとんと. ぽたんと.

땡그랑 副 하自他 〔'댕그랑'의 센말〕 りんりん(と). ちりんちりん(と).

땡글땡글 副 하形 ひきしまって丸々と

したようす.

땡땡¹ 副 〔쇠붙이를 두드릴 때 나는 소리〕かんかん(と). ちんちん(と). ¶종이 ~ 울린다 鐘がかんかんと鳴る.

땡땡² 副 〔살이 땡땡한 모양〕ぱんぱん. ¶너무 먹어서 배가 ~하다 食べ過ぎて腹がぱんぱんだ.

땡땡이¹ 名 **1** でんでん太鼓. **2** 〈俗〉鐘.

땡땡이² 名 サボること.

땡땡이치다 自 怠ける. サボる.

땡땡이중 名 鉦を鳴らして回る托鉢僧.

땡땡하다 形 **1** 力が強い. **2** (中身が)ぎっしり詰まっている. 引き締まっている. 充実している. ¶공이 ~ ボールがぱんぱんに張っている/배가 땡땡해지도록 먹었다 おなかがぱんぱんになるほど食べた.

땡잡다 自 思いがけない幸運をつかむ. 大当たりを取る.

땡추 名 〔'땡추중'의 준말〕えせ法師.

땡추절 名 なまぐさ寺. 浮世寺. 名ばかりで戒律を守らない僧がいる寺.

땡추중 名 なまぐさ坊主. 俗僧.

떠가다 自 (空や水上に)浮かんでいく. 浮いていく. 流される. 漂う. ¶구름이 ~ 雲が流れていく.

떠꺼머리 名 昔, 婚期を逸した男女がした長いおさげ髪.

떠꺼머리처녀〔—處女〕名 オールドミス.

떠꺼머리총각〔—總角〕名 婚期を逸した男性.

떠나가다 自他 **1** 立ち去る. 発つ. 離れていく. 出ていく. 移っていく. ¶말없이 ~ 黙って立ち去る. **2** (非常に大きい声や音に)割れる. ¶떠나갈 듯한 승리의 환성 割れんばかりの勝利の歓声.

떠나다 自他 **1** (他の場所へ)発つ. 離れる. 出る. 移っていく. ¶한을 품고 고향을 ~ 恨みを抱いて故郷を去る/항구를 ~ 港を出る. **2** (関係を)断つ. やめる. 離れる. ¶공직을 ~ 公職を離れる/회사를 ~ 会社をやめる. **3** 死ぬ. 亡くなる. ¶이승을 ~ この世を去る. **4** なくなる. 消える. 尽きる. ¶떠나 버린 인기 なくなった人気/걱정이 떠나지 않는다 心配事が尽きない.

떠내다 他 **1** (液体を)くみ取る. くみ出す. すくい出す. すくう. ¶국자로 국을 ~ しゃくしで汁をすくう/샘에서 물을 ~ 井戸から水をくみ出す. **2** (草木を土とともに)掘り取る. 掘り出す. ¶뗏장을 ~ 芝生を土ごと掘り取る. **3** (肉や固体の一部を)切り取る. 切り出す. 掘り出す. ¶갈비에 붙은 살을 ~ あばらぼねについた肉を切り取る.

떠내려가다 自 浮いていく. 流される. ¶홍수에 수박이 떠내려간다 洪水ですいかが浮いていく.

떠넘기다 他 (責任などを)押しつける. 背負わせる.

떠놓다 他 (水·食べ物などを)くんでおく. すくっておく. (神仏に)供える. ¶정화수를 떠놓고 빌다 井の清水を供えて祈る.

떠다니다 自他 **1** (空中や水上に)漂う. 浮かんでいる. ¶흰 구름이 ~ 白雲が浮かんでいる. **2** さすらう. さまよう. 放浪する. ¶정처없이 ~ あてどもなくさすらう.

떠다밀다 他 **1** (手で)強く押す. 突く. 押しのける. ¶남을 떠다밀고 맨 앞에 나가다 人を押しのけていちばん前へ出る. **2** (人に)押しつける 背負わせる. ¶책임을 남에게 ~ 責任を人に押しつける.

떠다박지르다 他 押し倒す. ¶뒤에서 ~ 後ろから押し倒す.

떠돌다 自他 **1** さすらう. さまよう. 動き回る. 漂う. 流される. ¶객지를 떠도는 신세 他郷をさすらう身の上. **2** (うわさなどが)広まる. 流れる. ¶요즘 이상한 소문이 떠돌더군 近ごろ変なうわさが立っているね. **3** (雰囲気が)漂う. (表情が)現われる. 浮かぶ. ¶공포 분위기가 떠돌고 있다 恐ろしい雰囲気が漂っている.

떠돌아다니다 自 さまよい歩く. さすらう. 放浪する. ¶초원을 떠돌아다니는 유목민 草原をさすらう遊牧民.

떠돌이 名 放浪者. 流れ者. 渡り者. ¶~ 신세 流れ者の身の上.

떠돌이별 名〘天〙遊星. 惑星.

떠들다¹ 自 **1** 騒ぐ. ¶떠들어서 말이 잘 안 들린다 やかましくて話がよく聞こえない. **2** (うわさや世論などが)広まる. 騒ぐ. 沸く. ¶전 시민이 떠들고 있다 全市民が騒ぎ立てている/신문이 떠든다 新聞が騒ぎ立てる. **3** ざわつく. ざわめく. どよめく. ¶군중 속에서 떠드는 소리가 들렸다 群衆の中からどよめきが聞こえてきた.

떠들다² 他 (覆いやかぶさっているものの一部を)少し持ち上げる. まくり上げる. ¶모기장을 조용히 떠들고 들어간다 蚊帳をそっとまくり上げて入る.

떠들썩거리다[-대다] 自 しきりに騒ぎ立てる. ¶아이들이 ~ 子供たちがしきりに騒ぎ立てる.

떠들썩하다¹ 形 **1** (覆いやかぶせたものの一部が)まくれている. 持ち上がっている. 浮いている. **2** (張りつけた物の一部が)剝がれている.

떠들썩하다² 形 **1** 騒がしい. 騒々しい. やかましい. にぎやかだ. ¶방 안이 ~ 部屋の中がにぎやかだ. **2** (うわさ·世論が)にぎわしている. 評判である. 騒がしい.

떠들어대다 自 騒ぎ立てる. 大騒ぎする.

떠듬거리다[-대다] 自他 〔'더듬거리다'의 센말〕**1** 手で探る. 探る. **2** 尋ね探す. **3** 口ごもる.

떠듬떠듬 副 하自他 **1** 手探りで. **2** たどたどしく. つかえつかえ.

떠름하다 形 **1** (味が)少し渋い. ¶이 감은 약간 ~ この柿は少し渋い. **2** 気が乗らない. 気が進まない. 気に入らない. ¶떠름했으나 그 일을 맡았다 気が進まなかったがその仕事を引き受けた. **3** 気が重い. 気がかりだ. ¶어쩐지

그 일 때문에 마음이 ～ どうもそのことで気が重い.
떠맡기다 他 押しつける. (無理やり)やらせる. ¶책임을 친구에게 ～ 責任を友人に押しつける.
떠맡다 他 引き受ける. 引き取る. しょい込む. 抱える. ¶어려운 일을 ～ むずかしい仕事を引き受ける / 유아를 ～ 遺児を引き取る.
떠먹다 他 すくって食べる[飲む].
떠메다 他 担ぐ. 背負う. 負う. 担う.
떠밀다 他 〔'떠다밀다'의 준말〕 **1** 強く押す. 突く. **2** 押しつける. 背負わせる.
떠받다 他 (頭や角で)突く. 突き上げる.
떠받들다 他 **1** 支える. 押し上げる. 持ち上げる. ¶짐을 ～ 荷物を持ち上げる. **2** 崇める. 敬う. 尊ぶ. 尊敬する. 奉る. ¶대표로 ～ 代表に担ぐ. **3** 大事にする. もてはやす. ¶국보로서 ～ 国宝として大事にする.
떠받치다 他 支える. ¶울타리를 나무로 ～ 垣根を木で支える.
떠버리 名 おしゃべり. ほら吹き.
떠벌리다 他 大げさに言う. 大ぶろしきを広げる. ほらを吹く. ¶시시한 것을 가지고 ～ つまらないことを大げさに言う.
떠벌이다 他 (大規模に)設ける. 構える. 催す. ¶주석을 ～ 酒席を設ける.
떠보다 他 **1** (秤で)量ってみる. **2** 推し量る. **3** (人の意向·腹の中を)探ってみる. 当たってみる. ¶속을 ～ 意向を探ってみる.
떠세 名 하自他 (財力·勢力などを笠に着て)いばり散らすこと. 居丈高にふるまうこと.
떠오르다 自 **1** (沈んでいた物が)浮かぶ. 浮かび上がる. 浮く. ¶잠수함이 ～ 潜水艦が浮かび上がる. **2** (日や月が)昇る. 出る. ¶동녘에 해가 ～ 東方に日が昇る. **3** (考えが)浮かぶ. 思いつく. 思い出される. ¶묘안이 떠올랐다 妙案が浮かんだ.
◆**떠오르는 달** たいへんな美人.
떡[1] 名 **1** (うるち米の粉でつくった)餅. **2** 〔'되다'와 함께 쓰여〕 ひどく欧られて伸びること. **3** 〈俗〉 お人よし.
◆**떡을 치다** ① 餅をつく. ② 〈俗〉 ねやごとをする. ③ 事が手に余る. ④ (量が)十分だ.
◆**떡 주무르듯 하다** 自分の思いどおりに扱う.
〔속담〕 **떡 본 김에 제사 지낸다** 餅を見たついでに祭祀を営む〈しようと思っていたことを偶然の好機に乗じてする〉. **떡 줄 사람은 꿈도 안 꾸는데 김칫국부터 마신다** 餅をくれる人が勧めもしないのにキムチの汁から先に飲む〈相手方は考えてもいないことをしてくれるものと早合点する〉.
떡[2] 副 **1** 〔크게 벌어진 모양〕 ぱっと. ぽかんと. ぽっかり(と). あんぐり(と). ¶아가리를 ～ 벌리다 口をあんぐりとあける. **2** ぴたっと. ぴったり(と). きちっと. きっちり(と). ¶예언이 ～ 들어맞다 ぴったり予言が当たる. **3** 〔굳세게 버티는 모양〕 ぐっと. じっと. がんとして. ¶길을 ～ 가로막고 움직이지 않는다 道をふさいでがんとして動かない. **4** (態度などが)堂々と. どっしり(と). おおように. ¶～ 서 있는 장군의 모습 堂々と立っている将軍の姿. **5** 〔단단히 들러붙은 모양〕 べったり(と). ¶～ 들러붙어 안 떨어진다 ぺたっとくっついて取れない.
떡가래 名 棒状の白い餅の切れ.
떡가루 名 餅をつくる穀物の粉.
떡갈나무 名〔植〕 柏.
떡갈잎 名 柏の葉.
떡값 名 〈俗〉 **1** 物際の特別の手当て. **2** 談合請負の際落札者が他の業者にやる謝礼.
떡고물 名 餅にまぶすあずきや緑豆の粉.
떡국 名〔料理〕 雑煮.
◆**떡국을 먹다** 正月を迎えて一つ年をとる.
떡돌 名 餅つきに用いる平たい石.
떡떡 副 **1** 〔물이 얼어붙는 모양〕 かちかち(に). こちこち(に). ¶물이 ～ 얼어붙다 水ががかちかちに凍りつく. **2** 〔단단한 것이 마주치거나 부러질 때 나는 소리〕 がちがち(と). ごつんごつん(と). ぽきぽき(と).
떡메 名 餅つきの杵.
떡방아 名 餅用の米を粉にする臼.
〔속담〕 **떡방아 소리 듣고 김칫국 찾는다** 餅をつく音を聞いてキムチの汁をさがす〈取らぬ狸の皮算用〉.
떡보 名 餅が大好きな人.
떡볶이 名〔料理〕 白い餅を細く切って肉·野菜·薬味とともに炒めたもの.
떡살 名 餅に模様を押しつける型.
떡소 名 餅の中に入れる餡.
떡심 名 **1** 強靭な筋肉. **2** 粘り強い人.
떡쌀 名 餅用の米. ¶～을 담그다 餅米を浸す.
떡잎 名〔植〕 子葉. 双葉.
떡집 名 餅屋.
떡판〔一板〕 名 **1** (搾油機の)蒸して固めた胡麻を載せておく板. **2** 扁平にした餅に花紋を押す木型. **3** 〈俗〉 女の尻. **4** 平たく不器量な顔をからかって言う語.
떨거덕 副 하自他 〔여물고 큰 물체가 맞부딪쳐 나는 소리〕 がったんと. ごっとんと. 「たんする.
떨거덕거리다[-대다] 自他 がたんが
떨거덕떨거덕 副 하自他 がたんがたん(と). ごとんごとん(と).
떨거덩 副 하自他 〔큰 물체가 맞부딪쳐 나는 둔한 소리〕 がたっと. ごとっと.
떨거덩거리다[-대다] 自他 がたがたする.
떨거덩떨거덩 副 하自他 がたがた(と). ごとごと(と).
떨거지 名 親類·縁者をさげすんで言う語.
떨걱 副 하自他 〔'떨거덕'의 준말〕 がっ

たんと. ごっとんと.

떨기 Ⅰ 名 叢. ¶ 억새 ～ 속 すすきの草むらの中.
Ⅱ 依名 (花や草木の)叢. ¶ 한 ～의 국화 一叢の菊.

떨다[1] Ⅰ 自 **1** (小刻みに)揺れる. 震える. ¶ 문풍지가 ～ 目張りがぱたぱた震える. **2** (金銭などを)出し渋る. ひどくけちけちする. ¶ 10원에 벌벌 떠는 구두쇠 10ウォンでけちけちするしみったれ. **3** 怖がる. 恐れる. おびえる. ¶ 공포에 ～ 恐怖におののく.
Ⅱ 他 **1** (体を)震わせる. (寒さ·恐怖などで)身震いする. ¶ 추워서 몸을 ～ 寒さで身震いする. **2** 〔경솔히 처신하다〕 軽率にふるまう. ¶ 간살을 ～ おべっかを使う. **3** (声を)震わす. ¶ 너무 노여워서 목소리를 떤다 非常に腹を立てて声を震わせる.

떨다[2] 他 **1** 払い落とす. 落とす. はたく. ¶ 옷의 먼지를 ～ 服の塵をはたく. **2** (一部を)取り除く. 差し引く. 天引きする. ¶ 만 원에서 세금을 떨고 받다 1万ウォンから税金を差し引いて受け取る. **3** (売れ残りを)売り払う. すっかり買い取る.

떨떠름하다 形 **1** (味が)非常に渋い. ¶ 이 감은 ～ この柿は非常に渋い. **2** 気が進まない. 気が乗らない. 気にかかる. ¶ 어쩐지 떨떠름하여 하기가 싫다 どうも気乗りがしないのでやりたくない.
떨떠름히 副 しぶしぶ. 不機嫌に.

떨떨하다 形 **1** (身なりが)不格好だ. だらしない. ぶざまだ. ¶ 떨떨한 복장 だらしない服装. **2** 少し物足りない. 不満そうだ. 気が進まない. 気に入らない. **3** どぎまぎする. なすすべを知らない. ¶ 갑작스런 일이라 떨떨했다 突然のことでどぎまぎした.

떨뜨리다[-트리다] 自 傲慢にいばる.

떨리다[1] 自 〔'떨다'의 피동사〕 (寒さ·怖さ·悔しさで)震える. わななく. おののく. ¶ 추워서 몸이 떨린다 寒くて体が震える / 분해서 치가 ～ 悔しくて歯ぎしりする.

떨리다[2] 自 〔'떨다'의 피동사〕 **1** 払い落とされる. 落とされる. 取り除かれる. **2** (団体·職場などから)首になる. 辞めさせられる. 追い出される. お払い箱になる. ¶ 많은 직원이 회사에서 떨려났다 多くの職員が会社から辞めさせられた.

떨어내다 他 払い落とす. はたく. ¶ 이불의 먼지를 ～ 布団のほこりをはたく.

떨어뜨리다[-트리다] 他 **1** (上から下に)落とす. 落下させる. 打ち落とす. ¶ 기름을 한 방울 ～ 油を一滴落とす. **2** 間隔をあける. 切り離す. 引き離す. ¶ 2등을 떨어뜨리고 1등으로 골인했다 2等を引き離して1等でゴールインした. **3** 落とし物をする. 失う. ¶ 버스 안에서 지갑을 ～ バスの中で財布を落とす[失う]. **4** (お金を)使う. 消費する. ¶ 관광객이 떨어뜨리는 돈 観光客が落とすお金. **5** (程度を)落とす. 下げる. ¶ 속력을 ～ 速力を落とす. **6** (値段·価値·質·名声·信用などを)落とす. 下げる. きずつける. 失墜させる. ¶ 값[질]을 ～ 値段[質]を下げる / 신용을 떨어뜨리는 행위 信用をきずつける行為. **7** (衣服·履き物などを)擦り減らす. ぼろぼろにする. ¶ 많이 걸어서 구두를 떨어뜨렸다 たくさん歩いて靴を擦り減らした. **8** 使い果たす. 切らす. ¶ 용돈을 ～ 小遣いを使い果たす / 재고품을 ～ 在庫品を切らす. **9** (入札·試験などで)落とす. ふるい落とす. 落第させる. ¶ 일차 심사에서 반수를 떨어뜨렸다 1次審査で半数をふるい落とした. **10** (頭·首を)垂れる. うなだれる. 視線を落とす. ¶ 고개를 ～ 首をうなだれる.

떨어지다 自 **1** (上から)落下する. 落ちる. 滴る. ¶ 폭탄이 ～ 爆弾が落ちる / 물방울이 ～ 水滴が滴る. **2** (空間的に)離れる. 別れる. 隔たる. ¶ 부모 슬하를 떨어져 살다 親元を離れて暮らす. **3** (ついていた物が)取れる. ¶ 문의 손잡이가 ～ ドアの取っ手が取れる. **4** (値段·温度·価値·質·名声·信用などが)下がる. 落ちる. 低くなる. ¶ 기온이 ～ 気温が下がる / 인기가 ～ 人気が落ちる. **5** (試験などに)落ちる. すべる. ¶ 입사 시험에 ～ 入社試験に落ちる / 선거에 ～ 選挙に落ちる. **6** (能力·程度が)落ちる. 低下する. ¶ 성적이 ～ 成績が落ちる / 속력이 ～ 速度が落ちる. **7** (利益などが)手に入る. もうかる. ¶ 본전을 빼고 만 원이 떨어졌다 元手を除いて1万ウォンもうかった. **8** (命令·号令·任務などが)下る. のしかかる. 落ちる. ¶ 출동 명령이 ～ 出動命令が下る. **9** (衣服·履き物などが)すり切れる. すり減る. 破れる. 着古される. ¶ 구두창이 ～ 靴の底がすり減る. **10** (使い切って)なくなる. 尽きる. 品切れになる. ¶ 식량도 물도 모두 떨어져 버렸다 食糧も水もみな尽きてしまった. **11** (割り算で)割り切れる. ¶ 100은 20으로 나누어 떨어진다 100は20で割り切れる. **12** (病気·癖などが)治る. よくなる. 抜ける. ¶ 감기가 떨어지질 않는다 風邪が抜けない / 늦잠 자는 버릇이 떨어졌다 朝寝坊の癖が治った. **13** (計略などに)陥る. (陣地などが)陥落する. 落ちる. ¶ 계략에 떨어지지 않았다 計略にはまらなかった. **14** (胎児が) 流産される. 流れる. **15** (物事が)終わる. なくなる. ¶ 일이 내일이면 떨어질 것이다 仕事は明日には終わるだろう. **16** (息が)切れる. 絶える. **17** 離れる. 隔たる. ¶ 마을에서 멀리 떨어진 외딴집 村から遠く隔たった一軒家. **18** (愛想が)切れる. 尽きる. ¶ 정나미가 ～ 愛想が尽きる. いやになる. **19** (日·月が)没する. 沈む. ¶ 해는 서산에 떨어졌다 日は西の山に没した. **20** (水準·程度などが)及ばない. 劣る. 見劣りする. ¶ 기술이 ～ 技術が劣る.

떨이 名 (売れ残りの)安売り. 投げ売り. 安売り品. ¶ ～로 팔다 投げ売

りする.

떨치다[1] Ⅰ 自 (威勢や名声が)知られている. 鳴り響く. とどろく. ¶명성이 천하에 ~ 名声が天下に鳴り響く. Ⅱ 他 (名声などを)鳴らす. はせる. とどろかす. (威力などを)振るう. ¶용맹을 ~ 勇猛を振るう.

떨치다[2] 他 振り落とす. 揺さぶり落とす. 振るい落とす. 振り切る. ¶소매를 떨치고 일어섰다 袖を振り切って立ちあがった.

떫다 形 **1** 渋い. **2** 未熟だ. 幼い. ¶떫은 수작일랑 그만두게 幼稚なまねはやめろ.

떫디떫다 形 非常に渋い.

떫은맛 名 渋み.

떳떳하다 形 堂々としている. 潔い. やましくない. ¶부모로서 ~ 親として潔い. **떳떳이** 副 堂々と. 潔く. ¶~ 책임을 지다 潔く責任をとる.

떵 副 〔두꺼운 쇠붙이가 세게 부딪쳐 울려 나는 소리〕があんと.

떵떵[1] 副 하自他 がんがん(と).

떵떵[2] 副 大げさに言いたてるようす. 威勢を誇示して人を圧するようす. ¶큰소리를 ~ 치다 大げさに言いたてる.

떵떵거리다[-대다] 自 羽振りがよい. ¶옛날에는 떵떵거리며 살던 집안 昔は羽振りがよかった家柄.

떼[1] 名 群れ. 集団. ¶벌 ~ 蜂の群れ/양 ~ 羊の群れ.

◆**떼를 짓다** 群れをなす. 群がる. ¶사고 현장에 사람이 ~를 짓다 事故現場に人が群がる.

떼[2] 名 (土とともに根ごと掘り出した)芝生. ¶무덤에 ~를 입히다 お墓に芝を植える.

떼[3] 名 いかだ. ¶~를 만들다 いかだを組む/~를 띄우다 いかだを流す.

떼[4] 名 駄々. わがまま. 意地.

◆**떼를 쓰다** 駄々をこねる. 我を張る. 言い張る.

떼거리 名 〈俗〉駄々. わがまま. 意地.

◆**떼거리를 쓰다** 駄々をこねる. わがままを言う.

떼거지 名 **1** 乞食の群れ. **2** (災害などによる)にわか乞食. 罹災者. ¶큰 홍수로 ~가 났다 大洪水で罹災者が大勢出た.

떼과부〔一寡婦〕名 (戦争·災難などによる)多くの寡婦.

떼구루루 副 〔'데구루루'의 센말〕ごろごろ(と). ごろりと.

떼굴떼굴 副 〔'데굴데굴'의 센말〕ごろごろ(と). がらがら(と). ¶공이 ~ 굴러가다 ボールがごろごろと転がる.

떼그럭 副 하自他 〔'데그럭'의 센말〕かちかち(と). かたかた(と). がちゃがちゃ(と). ごとごと(と).

떼그럭떼그럭 副 하自他 かちかち(と). がちゃがちゃ(と). ごとごと(と).

떼꾼하다 形 (病後·過労などで)やつれている. (目が落ちくぼんで)元気がない.

떼다[1] 他 **1** 取る. 取りはずす. 離す. はがす. 取り除く. はずす. ¶앨범에서 사진을 ~ アルバムから写真をはがす/유리창을 떼서 닦는다 ガラス窓を取りはずしてふく. **2** (封を)切る. ¶편지의 봉투를 ~ 手紙の封を切る. **3** (目を)離す. ¶시선을 ~ 視線を離す. **4** (時間·距離を)離す. あける. 間を置く. ¶적당히 간격을 떼어서 심자 適当に間を置いて植えよう. **5** (手を)引く. やめる. 断つ. 切る. ¶밀수에서 손을 ~ 密輸から手を引く/담배를 ~ たばこを断つ/젖을 ~ 授乳をやめる. **6** (病気や癖などを)治す. 除く. ¶학질을 ~ マラリアを治す. **7** (全体から一部を)差し引く. 除く. 取る. ¶월급에서 가불금을 ~ 月給から前借り金を差し引く. **8** (小切手·手形を)振り出す. 切る. (証明書などを)発行してもらう. ¶수표를 ~ 小切手を切る[振り出す]/증명서를 ~ 証明書を発行してもらう. **9** (胎児を)おろす. ¶아이를 ~ 子供をおろす. **10** 踏み出す. ¶출발의 첫걸음을 ~ 出発の第一歩を踏み出す. **11** (話そうとして口を)開く. 切る. きく. ¶말머리를 ~ 話の口を切る. **12** (学問などを)終える. 修める. すます. ¶천자문을 ~ 千字文を修める.

떼다[2] 他 (借金·掛けなどを)踏み倒される. 横取りされる.

떼다[3] 他 しらばくれる. しらを切る. 知らないふりをする. ¶시치미를 ~ しらを切る.

떼도둑 名 群盗.

떼도망〔一逃亡〕名 하自 集団逃亡. 集団脱走.

떼돈 名 (にわかにもうけた)大金.

떼먹다 他 〔'떼어먹다'의 준말〕食い倒す. 着服する.

떼밀다 他 (体を寄せて)強く押す. 押しのける. ¶떼밀고 지나간다 押しのけて通って行く.

떼새 名 **1** 群鳥. **2** 〔動〕〔'물떼새'의 준말〕千鳥.

떼어놓다 他 **1** 残しておく. 離しておく. ¶아이를 외갓집에 ~ 子供を実家に残しておく. **2** 引き離す. 引き裂く. 隔てる. ¶부모 자식 사이를 ~ 親子の間を引き裂く.

떼어먹다 他 **1** (返すべき金品を)踏み倒す. 食い倒す. ¶술값을 ~ 酒代を食い倒す/빚을 ~ 借金を踏み倒す. **2** 横領する. 着服する. ¶회사 돈을 ~ 会社のお金を着服する.

떼이다 自 **1** 〔'떼다[2]'의 피동사〕踏み倒される. ¶돈을 ~ お金を踏み倒される. **2** (金品を)すられる. ¶버스 안에서 지갑을 ~ バスの中で財布をすられる.

떼쟁이 名 我を張る人. わがまま. 無理強いする人. 強情っ張り.

떼죽음 名 (人·獣などが)一か所に固まって死ぬこと. 集団死.

떼치다 他 **1** (引き止めるのを)振り切る. 払いのける. 突き放す. ¶만류하는 어머니를 떼치고 나왔다 引き止める母を振り切って出てきた. **2** (要求·依頼などを)拒絶する. 断わる. はねつける. 突っぱねる. ¶요청을 ~ 要請をはねつける. **3** (考え·情けなどを) きっぱ

り捨てる. 断ち切る.

떽데구루루 副 〔'덱데구루루'의 센말〕がらがら(と). ごとごと(と). ごろごろ(と).

뗏목〔一木〕 名 いかだ. 浮き木.

뗏밥 名 (寒食の日に)墓の芝がよく育つように振りまく土.

뗏장 名 土のついたまま切り取った芝.

뗑 副 〔큰 징이나 종을 치는 소리〕があんと. ごうんと. じゃあんと.

뗑그렁 副 하自他 〔큰 방울·풍경 등이 흔들리는 소리〕がらんと.

뗑그렁뗑그렁 副 하自他 がらんがらんと.

뗑뗑 副 〔큰 징이나 종을 치는 소리〕があんがあん(と). ごうんごうん(と). じゃあんじゃあん(と). ¶ 절에서 종을 ~ 친다 寺で鐘をがあんがあんとつく.

또 副 **1** また. 再び. もう一度. ¶ ~ 만납시다 また会いましょう. **2** また. さらに. その上. 他にも. ¶ 얼굴도 곱고 ~ 공부도 잘한다 顔もきれいだし, その上勉強もよくできる. **3** それでも. そうでも. ¶ 혼자 간다면 ~ 모르겠지만 一人で行くならいざ知らず. **4** …(も)また. 同じく. 同様に. ¶ 내일도 ~ 쉽니까? 明日もまた休みますか.

또그르르 副 〔'도그르르'의 센말〕ころころっ(と). ¶ 구슬이 ~ 굴러간다 玉がころころっと転がる.

또글또글 副 〔'도글도글'의 센말〕ころころ(と). ころりころり(と).

또깡또깡 副 하形 〔언행이 매우 분명한 모양〕はきはき(と). てきぱき(と). きびきび(と). はっきり(と).

또는 副 または. あるいは. もしくは. それとも. ¶ 내일이나 ~ 모레 가기로 했다 明日かまたは明後日行くことにした.

또다시 副 **1** 再び. 再度. またもや. またまた. また. ¶ ~ 실수하지 마라 二度としくじるな. **2** もう一度. いま一度. ¶ ~ 찾아보세요 もう一度さがしてみてください.

또랑또랑 副 하形 はっきり(と). はきはき(と). 澄んで. ¶ 소년의 눈이 ~하다 少年の目が明るく澄んでいる.

또래 名 **1** 同じ年ごろの者. 同年配. ¶ 같은 ~의 친구 同じ年ごろの友達. **2** 同じ程度のもの.

또렷하다 形 はっきりしている. 明らかだ. 鮮やかだ. くっきりしている. ¶ 푸른 하늘에 또렷한 무지개가 서다 青い空に鮮やかな虹がかかる. **또렷이** 副 はっきり(と). くっきり(と). きっぱり(と).

또렷또렷 副 하形 はっきり(と). くっきり(と). きっぱり(と).

또르르 副 **1** (厚紙などが)くるりと. くるっと. くるくる(と). ¶ 필름이 ~ 말리다 フィルムがくるりと巻きあがる. **2** ころりと. ころっと. ころころ(と). ¶ 동전이 ~ 굴러가다 銅銭がころころと転がっていく.

또바기 副 いつも. 相変わらず. きっと. 必ず. 間違いなく. ¶ 월말에는 이자를 ~ 지불하고 있다 月末には利子を間違いなく支払っている.

또박거리다[-대다] 自 こつこつと鳴る.

또박또박[1] 副 하自 こつこつ(と).

또박또박[2] 副 하形 **1** (話し·読み書きなどが)はっきり(と). 正確に. きちんと. ¶ 글씨를 ~ 써라 文字をはっきりと書きなさい. **2** (規律·順番などをたがえずに)ちゃんと. きちんと. ¶ 이자를 ~ 물다 利子をきちんと支払う.

또아리 名 ⇨똬리

또한 副 **1** 同じく. 同様に. また. やはり. ¶ 나 ~ 같은 생각이다 私もまた同じ考えだ. **2** その上. なおかつ. さらにまた. ¶ 돈도 있고 ~ 권세도 있다 金力もあり, その上権勢もある.

똑[1] 副 하自 **1** 〔작은 물건이 끊어지거나 떨어지는 모양[소리]〕ことんと. ぽとりと. ぽたりと. ぽつりと. ぷっつりと. ¶ 배가 하나 ~ 떨어졌다 梨が一つぽとんと落ちた. **2** 〔작은 것이 부러지는 모양[소리]〕ぽきっと. ぽきんと. ぽっきりと. ¶ 작은 가지를 ~ 꺾다 小枝をぽきりと折る. **3** 〔단단한 물건을 가볍게 한번 두드리는 소리〕こつんと. とんと. ¶ 머리를 ~ 때리다 頭をこつんとたたく. **4** 〔거침없이 떼거나 자르는 모양〕ぽきっと. ¶ 꽃을 ~ 따다 花をぽきっと摘む.

똑[2] 副 そっくり. ちょうど. ぴったり. まるで. ¶ 엄마를 ~ 닮다 お母さんにそっくりだ.

똑같다 形 まったく同じだ. そっくりだ. ちょうど同じだ. ¶ 둘은 얼굴이 ~ 二人は顔がそっくりだ. **똑같이** 副 ちょうど同じく. 一様に. 公平に. ¶ 사과를 ~ 나누어 먹다 りんごを公平に分けて食べる.

똑딱 副 **1** 〔단단한 물건을 가볍게 두드리는 소리〕かちかち(と). こちこち(と). ことこと(と). とんとん(と). **2** 〔똑딱선에서 나는 소리〕ぽんぽん(と).

똑딱거리다[-대다] 自他 **1** かちかちと音を立てる[音がする]. **2** ぽんぽんと音を立てる. ¶ 발동기가 ~ 発動機がぽんぽんと音を立てる.

똑딱똑딱 副 하自他 かちかち(と). ¶ 시계가 ~ 소리를 내다 時計がかちかちと音を立てる.

똑딱단추 名 (衣服の)スナップ. ホック.

똑딱선〔一船〕 名 小型発動機船. ぽんぽん蒸気.

똑똑 副 하自 **1** 〔물방울이 떨어지는 소리[모양]〕ぽとんぽとん(と). ぽとぽと(と). ぽたりぽたり(と). ¶ 처마에서 빗물이 ~ 떨어지다 軒先から雨水がぽとぽとと落ちる. **2** 〔부러지는 모양[소리]〕ぽきぽき(と). ぷつぷつ(と). ぽきんぽきん(と). ぷつんぷつん(と). ¶ 샤프심이 ~ 부러지다 シャープペンシルの芯がぽきんぽきんと折れる. **3** 〔두드리는 모양[소리]〕こつこつ(と). とんとん(と). ¶ 문을 ~ 두드리다 戸をとんとんとたたく. **4** どんどん摘んだり取ったりするようす. ¶ 깻잎을 ~ 따다 胡麻の葉をどんどん摘む.

똑똑하다 形 **1** はっきりしている. 明らかだ. 明瞭だ. 明確だ. ¶ 발음이 ~ 発音がはっきりしている / 진상이 똑똑하게 드러났다 真相が明らかになった. **2** (性格や言動が)しっかりしている.

賢い. 利口だ. 頭がいい. ¶ 젊은 데도 ～ 若いのにしっかり(と)している.

똑똑히 副 はっきり(と). 明白に. 賢明に. 利口に.

똑바로 副 **1** 一直線に. まっすぐ(に). 垂直に. ¶ ～ 줄을 긋다 まっすぐに線を引く. **2** 正直に. 率直に. 嘘偽りなく. ありのままに. 正確に. ¶ 거짓없이 ～ 말해라 嘘偽りなく正直に言いなさい.

똑바르다 形 **1** まっすぐだ. 曲がっていない. ¶ 똑바른 자세 まっすぐな姿勢. **2** 正しい. 正直だ. 正当だ. ¶ 똑바른 행동 正しい行動.

똘똘 副 **1** 〔둥글게 말리는 모양〕 くるくる(と). ぐるぐる(と). ¶ 털실을 ～ 말다 毛糸をくるくると巻く. **2** 〔굳게〕 一塊となって. ¶ ～ 뭉쳐서 대항하다 一丸となって立ち向かう. **3** 〔구르는 모양〕 ころころ(と). ¶ 구슬이 ～ 구르다 玉がころころと転がる.

똘똘이 名 利口な子. お利口さん.

똘똘하다 形 はきはきしている. 賢い. 利口だ.

똘마니 名 〈俗〉〔주로, 범죄 집단에서〕 部下. 下っ端. ちんぴら. 子分.

똘배 名 山梨の実.

똘배나무 名〔植〕山梨.

똥 名 **1** うんこ. くそ. 糞. 大便. **2** (硯の)墨汁のかす. **3** (金物が溶けた時に出る)かす.

◆똥을 누다 大便をする. 排便する.

◆똥을 싸다 ① 大便を漏らす. ② 〈俗〉非常に苦労する.

◆똥이 되다 面子がそこなわれる. 台無しになる.

〔속담〕 **똥이 무서워서 피하나 더러워서 피하지** くそが怖くて避けようか, きたなくて避けるのだ〈つまらぬ者や悪人は相手にしないほうがいい〉. **똥 찌른[친] 막대기** くそをつっついた棒切れのようだ〈卑しくて取り柄のない者や価値のない物のこと〉.

똥감태기 名 **1** 全身にくそをかぶること. くそだらけ. くそまみれ. **2** 名誉を汚された人. 泥まみれ.

똥값 名 〈卑〉二束三文. 捨て値. ¶ ～으로 팔다 二束三文でたたき売る.

똥개 名 雑種犬. 駄犬.

똥거름 名 人糞の肥料. 下肥.

똥구멍 名 けつの穴. 肛門.

〔속담〕 **똥구멍이 찢어지게 가난하다** 肛門が裂けるほど貧乏だ〈とても貧しい〉.

똥그라미 名 **1** 丸い形. 円. 丸. 輪. **2** 〈俗〉お金. おあし.

똥그랗다 形 まんまるい. ¶ 똥그란 달 まんまるい月.

똥그래지다 自 〔'동그래지다'의 센말〕 まんまるくなる. まんまるになる. ¶ 놀라서 눈이 똥그래졌다 驚いて目がまんまるくなった. <뚱그레지다

똥그스름하다 形 〔'동그스름하다'의 센말〕 丸みがある. まるっこい. ¶ 좀 똥그스름한 얼굴 ちょっとまるっこい顔. <뚱그스름하다

똥글똥글 副 하形 〔'동글동글 1'의 센말〕 まんまる. くりくり. <뚱글뚱글

똥기다 他 ヒントを与える. 暗に教える.

똥끝 名 大便の出先.

◆똥끝이 타다 (大便が固くなり黒く焦げるの意で) 気をもむ. いても立ってもいられない. いらいらする.

똥독〔一毒〕 名 糞の毒.

똥똥하다 形 ぽっちゃり[ふっくら]している. <뚱뚱하다

똥마렵다 形 便意を催す. うんこがしたい.

똥물 名 糞水.

똥배 名 〈俗〉出っ張った腹. 太鼓腹. ¶ ～가 나오다 腹がぽってり出ている.

똥싸개 名 大小便をわきまえない子.

똥오줌 名 大小便. 糞尿.

똥줄 名 急に今にも漏らしそうな便意を催すこと.

◆똥줄이 빠지게 (大便がほとばしり出そうだの意で) あわてて大急ぎで.

똥집 〈俗〉 **1** 大腸. **2** 体重. **3** 胃.

똥차〔一車〕 名 **1** 屎尿くみ取り車. **2** 〈俗〉おんぼろ自動車. ぽんこつ.

◆똥차가 밀리다 (ぼろ車がつかえるの意で) 未婚の兄姉がいて結婚できないでいる.

똥창 名 牛の肛門近くの臓物.

◆똥창이 맞다 気が合う. 意気投合する.

똥칠〔一漆〕 名 하自 **1** 糞を塗りつけること. **2** 恥辱を受けること. 面目をつぶすこと. ¶ 얼굴에 ～하다 顔に泥を塗る.

똥통〔一桶〕 名 **1** 溜桶. 肥桶. **2** よくないもの. 古びたもの.

똥파리 名〔動〕ひめふんばえ.

똬리 名 **1** (頭に荷物を載せて運ぶ時に頭上に置く) わらや布でつくった輪状の敷き物. **2** とぐろ. ¶ 뱀이 ～를 틀고 있다 蛇がとぐろ巻いている.

뙈기 Ⅰ 名 (田畑の)1区画. Ⅱ 依名 ごく狭い土地(おもに田畑)を数える語. ¶ 밭 한 ～ 1枚の畑.

뙤약볕 名 じりじりと焼けつくような真夏の日差し.

뚜[1] 名 〔'뚜쟁이'의 준말〕 ぽんびき.

뚜[2] 副 〔기적·나팔 등에서 나는 소리〕 ぶうと. ぷうと. ぼおと. ぽおと. ぴいと. ううっと.

뚜껑 名 **1** (器物の)蓋. かぶせ蓋. ¶ 냄비 ～ 鍋の蓋 / 솥～ 釜の蓋 / ～을 닫다 蓋をする. **2** 〈俗〉帽子. キャップ. ¶ 만년필 ～ 万年筆のキャップ.

뚜두두둑 副 하自 **1** 〔소나기·우박 등이 떨어지는 소리〕 ぱらぱら(と). **2** 〔나뭇가지 등이 부러지는 소리〕 めりめり(と).

뚜드리다 他 〔'두드리다'의 센말〕 (何回も)たたく. 打つ. ¶ 유리창을 뚜드리는 빗소리 ガラス窓を打つ雨の音.

뚜들기다 他 〔'두들기다'의 센말〕 むやみに殴る[たたく]. ぶん殴る.

뚜뚜 副 〔기적·나팔을 계속해서 부는 소리〕 ぶうぶうと. ぴいぴいと.

뚜렷하다 形 はっきりしている. くっきりしている. 明白だ. 明らかだ. 際立っている. ¶ 목표가 ～ 目標がはっきり

している/뚜렷한 특징 著しい特徴.

뚜렷이 副 はっきり(と). 明らかに. 鮮明に. ¶~ 생각나다 はっきりと思い出す/글씨가 ~ 보인다 字がくっきりと見える.

뚜르르 副 〔'두르르'의 센말〕 **1** 〔종이 등이 말리는 모양〕 くるり(と). くるっ(と). くるくる(と). ¶두루말이를 ~ 말다 巻物をくるくるっと巻く. **2** 〔바퀴 등이 구르는 모양[소리]〕 ごろごろ(と). がらがら(と).

뚜벅거리다[-대다] 自 こつこつと鳴る. ¶어디선가 뚜벅거리는 구두 소리가 들려온다 どこからかこつこつという靴音が聞こえてくる.

뚜벅뚜벅 副 하自 こつこつ(と).

뚜쟁이 名 ぽんびき. 女衒.

뚝[1] 副 **1** 〔줄 등이 끊어지는 모양〕 ぽとんと. ぷっつり(と). ぷつっと. ¶낚싯줄이 ~ 끊어지다 釣り糸がぷつっと切れる. **2** 〔물체가 떨어지는 모양[소리]〕 ぽとっと. ぽとりと. ぽたっと. ¶물방울이 ~ 떨어진다 水滴がぽとりと落ちる. **3** 〔부러지는 모양[소리]〕 ぽきっと. ぼきっと. ¶나뭇가지가 ~ 부러지다 木の枝がぽきっと折れる.

뚝[2] 副 **1** 〔소리·소식 등이 그치는 모양〕 ぷっつり(と). ぴたっと. ぱったり(と). にわかに. ¶빗소리가 ~ 그치다 雨の音がぴたっとやむ/손님의 발길이 ~ 끊기다 客足がぱったりと絶える. **2** 〔거리가 떨어져 있는 모양〕 はるかに. ¶~ 떨어진 섬 はるかに遠く離れた島. **3** 〔성적·인기 등이 떨어지는 모양〕 がたっと. がたんと. ぐんと. ぐっと. ¶매상고가 ~ 떨어지다 売り上げ高がぐっと落ちる. **4** 〔단호히 행동하는 모양〕 てきぱき(と). ずばり(と). きっぱり(と). ¶시치미를 ~ 떼다 ぬけぬけとしらを切る.

뚝딱[1] 副 〔일을 거침없이 해치우는 모양〕 てきぱき(と). さっさと. すぱっと. ¶숙제를 ~ 해치웠다 宿題をさっさと片づけた.

뚝딱[2] 副 〔단단한 물건을 두드리는 소리〕 かちかち(と). ことこと(と). とんとん(と).

뚝딱거리다[-대다] 自他 **1** かちかち音がする. とんとんと音がする. ¶시계가 ~ 時計がかちかち音がする. **2** どきどきする. どきんどきんする.

뚝딱뚝딱 副 하自他 **1** かちかち(と). ちくたくちくたく(と). とんとん(と). **2** どきどき(と). どきんどきん(と).

뚝뚝 副 하自 **1** 〔액체가 떨어지는 모양[소리]〕 ぽとっと. ぽとりと. ぽたっと. **2** 〔부러지는 모양[소리]〕 ぽきっと. ぼきっと. **3** 〔두드리는 소리〕 こつんと. とんと. ことんと.

뚝뚝하다 形 **1** (態度·言葉遣いが) 荒い. 無骨だ. 無愛想だ. ぶっきらぼうだ. むっつりしている. そっけない. ¶말씨가 ~ 言葉遣いが荒い/뚝뚝한 사나이 無骨な男. **2** (物が固くて) こちこちだ. 固い. ごわごわしている.

뚝배기 名 土鍋.

〔속담〕 **뚝배기 깨지는 소리를 내다** 土鍋の割れる音を出す〈しわがれ声を出す〉. **뚝배기보다 장맛이 좋다** 土鍋よりみそがおいしい〈見かけによらず中味はよい〉.

뚝심 名 **1** 根気. 頑張り. 粘り. ¶~이 세다 根気がある. 粘り強い. **2** くそ力. ばか力. ¶~을 쓰다 ばか力を出す.

뚤뚤 副 〔'둘둘'의 센말〕 **1** 〔여러 겹으로 마는 모양〕 (紙·反物などを) ぐるぐる(と). くるくる(と). **2** 〔가볍고도 빨리 구르거나 도는 소리〕 ごろごろ(と). ぐるぐる(と).

뚫다 他 **1** (穴を)あける. うがつ. 掘る. 貫通する. ¶단춧구멍을 ~ ボタンの穴をあける/총알이 뚫고 나가다 弾丸が貫通する. **2** (道·ふさがっているものなどを)通す. 開く. 貫く. ¶산길[터널]을 ~ 山道[トンネル]を切り開く/막힌 굴뚝을 ~ 詰まっている煙突を通す. **3** (障害·難関などを)切り抜ける. くぐり抜ける. 突破する. 通り抜ける. ¶법망을 ~ 法の網をくぐり抜ける/인파를 뚫고 나가다 人波をかきわけて行く. **4** (方法などを)見つける. さがす. さがし出す. ¶일자리를 ~ 職場を見つける.

뚫리다 自 〔'뚫다'의 피동사〕 **1** (穴が)あく. あけられる. ¶양복바지에 구멍이 ~ ズボンに穴があく. **2** (道などが)通じる. ¶길이~ 道が通じる. **3** (すき間などが)できる. 生じる. ¶미닫이에 틈새가 ~ 障子にすき間ができる. **4** (方法などが)見つかる. 見いだされる. ¶출세의 길이 ~ 出世の道が開かれる.

뚫어새기다 他 (彫刻で)透かし彫りにする. くりぬく. 彫り抜く.

뚫어지다 自 (穴やすき間が)あく. できる. 生じる. ¶양말이 ~ 靴下に穴があく.

◆**뚫어지게 보다** (穴があくほど)じっと見つめる. 凝視する.

뚱그렇다 形 〔'둥그렇다'의 센말〕 丸い. ¶뚱그런 얼굴 丸い顔. >똥그랗다

뚱그레지다 自 〔'둥그레지다'의 센말〕 丸くなる. >똥그래지다

뚱그스름하다[-스레하다] 形 〔'둥그스름하다'의 센말〕 やや丸い. 丸みがかっている. >똥그스름하다

뚱글뚱글 副 하形 〔'둥글둥글'의 센말〕 **1** まるまる(と). ¶~한 수박이 산더미처럼 쌓였다 まるまるとしたすいかが山と積まれた. **2** ぐるぐる(と). **3** 円満に. 丸く.

뚱기다 他 **1** はじく. 弾く. **2** ほのめかす. 暗示する. ¶힌트를 ~ヒントを与える.

뚱딴지[1] 名 **1** 頑固で愚鈍な人. むっつりした人. **2** (電線の)碍子.

뚱딴지같다 形 突拍子もない. とんでもない. ¶뚱딴지같은 소리를 한다 突拍子もないことを言う.

뚱딴지[2] 名 〔植〕 菊芋.

뚱땅거리다[-대다] 自他 **1** どんどん音がする. **2** いろんな楽器を鳴らして楽しく遊ぶ. どんちゃん騒ぎをする. ¶신나게 뚱땅거리고 있구먼 得意になっ

てはやしたてているな.

뚱땅뚱땅 副 하自他 どんちゃんどんちゃん. どんどこどんどこ.

뚱뚱보 名 でぶ. 太っちょ.

뚱뚱하다 形 **1** でぶである. 太っている. **2** 腫れている. 出っ張っている. >똥똥하다

뚱보 名 **1** むっつりした人. 無愛想な人. **2**〔'뚱뚱보'의 준말〕でぶ. 太っちょ.

뚱하다 形 **1** 口数が少なく無愛想だ. **2** 不満でむっつりしている. つんとしている. ¶뚱하니 말이 없다 ぶすっとしていて口もきかない.

뛰 副〔기적 소리〕ぼおっと. ぼおっと.

뛰놀다 自 **1** 飛び回って遊ぶ. はしゃぎ回る. **2** (脈などが)強く打つ.

뛰다¹ 自 **1** 走る. 駆ける. ¶전 속력으로 ~ 全速力で走る. **2** 跳ぶ. 跳ねる. 弾む. ¶어린이가 좋아서 깡충깡충 ~ 子供が喜んでぴょんぴょん跳ねる. **3** (順番などを)飛ばす. 通り越す. 飛ぶ. ¶모르는 데는 잇달아 뛰어 읽다 わからない所はどんどん飛ばして読む. **4** (しぶき·泥などが)飛び散る. はねる. はね上がる. ¶흙탕물이 옷에 ~ 泥水が服に飛び散る. **5**〈俗〉逃げる. ¶삼십육계 뛰는 게 상책이다 三十六計逃げるにしかずだ. **6** (驚き·恐怖·興奮などで胸が)躍る. どきどきする. 弾む. ときめく. ¶공포에 가슴이 뛴다 怖くて胸がどきどきする / 기쁨으로 가슴이 ~ 喜びに胸が躍る. **7** (値段などが) 急に上がる. 跳ね上がる. ¶땅값이 ~ 地価が跳ね上がる.
〔속담〕**뛰는 놈 위에 나는 놈이 있다** 走る者の上に飛ぶ者がいる〈上には上がある〉.

뛰다² 他 **1** (ぶらんこに)乗る. こぐ. ¶그네를 ~ ぶらんこに乗る. **2** 板跳びをする. ¶설날에 널을 ~ 正月に板跳びをする. ▷널뛰기

뛰어가다 自 走って行く. 駆けて行く. 飛んで行く. ¶단숨에 ~ 一気に駆けて行く.

뛰어나가다 自他 走り出る. 走り出す. 飛び出る. 飛び出す. ¶집에서 ~ 家から走り出る.

뛰어나다 形 優れている. 秀でている. 優秀だ. ずば抜けている. 目立っている. ¶음감이 ~ 音感が優れている / 뛰어난 기술 卓越した技術.

뛰어나오다 自他 走り出る. 走り出す. 飛び出る. 飛び出す. ¶골목에서 갑자기 ~ 路地から急に飛び出す.

뛰어내리다 自 (高い所から)飛び下りる. ¶다리에서 ~ 橋から飛び下りる.

뛰어넘다 他 **1** 飛び越える. 乗り越える. 飛び越す. ¶울타리를 ~ 垣根を飛び越える / 개울을 ~ 小川を飛び越す. **2** (順番を)飛ばす. 抜かす. ¶서론은 뛰어넘고 본론을 읽는다 序論は飛ばして本論を読む.

뛰어다니다 自 **1** 走り回る. 飛び回る. ¶운동장을 ~ 運動場を走り回る. **2** (忙しくて) 飛び回る. ¶급한 일로 종일 ~ 急な用事で一日中飛び回る.

뛰어들다 自 **1** 飛び込む. 乗り込む. 駆け込む. ¶물 속으로 ~ 水中に飛び込む / 철길에 ~ 線路に駆け込む / 적진으로 ~ 敵陣に乗り込む. **2** かかわる. 関係する. 首を突っ込む. ¶부부 싸움에는 뛰어들지 않는 것이 좋다 夫婦げんかには口出ししないほうがいい. **3**〔'뛰어들어오다'의 준말〕駆け込んで来る. 飛び込んで来る.

뛰어들어오다 自 駆け込んで来る. 飛び込んで来る. ¶숨을 헐떡이며 ~ 息せき切って駆け込んで来る.

뛰어오다 自 走って来る. 駆けて来る. 飛んで来る.

뛰어오르다 自 **1** 飛び上がる. 跳ね上がる. 跳ねる. 躍り上がる. 駆け上がる. ¶물고기가 수면에 ~ 魚が水面に跳ね上がる / 둑에 ~ 土手に駆け上がる. **2** (馬や車に)飛び乗る. ¶기차에 ~ 汽車に飛び乗る. **3** (値段·地位などが)高くなる. 上がる. 跳ね上がる. 飛ぶ. ¶물가가 ~ 物価が上がる.

뛰쳐나가다 自他 飛び出る. 飛び出す.

뛰쳐나오다 自他 飛び出る. 飛び出す.

뜀 名 **1** (両足をそろえて)前に跳ぶこと. **2** 飛び上がること. 飛び越えること. **3** 早く走ること.

뜀뛰기 名 하自〔體〕跳躍競技〈走り高跳び·幅跳び·棒高跳び〉.

뜀뛰다 自 (両足をそろえて)前に跳ぶ. 跳ねる. 飛び上がる.

뜀박질 名 하自 駆けっこ.

뜀틀 名〔體〕(体操の)飛び箱. 跳馬.

뜨개바늘 名〔'뜨개질 바늘'의 준말〕編み針. 編み棒.

뜨개질 名 하自 編むこと. 編み物.
　뜨개질바늘 名 編み針. 編み棒. 鉤針.

뜨갯것 名 編み物.

뜨거워지다 自 熱くなる. 暑くなる. ほてってくる. ¶햇살이 ~ 日ざしが暑くなる.

뜨거워하다 他 熱がる. 暑がる.

뜨겁다 形 **1** (温度が)高い. 熱い. ¶차는 뜨거운 것이 좋다 お茶は熱いのがいい. **2** (体温が) 非常に暑い. ¶열이 나서 몸이 ~ 熱が出て体が熱い. **3** (はずかしくて顔が)ほてる. ¶낯이 뜨거워 밖에 나갈 수가 없다 顔がほてって外に出られない. **4** (愛·熱情などが)熱烈だ. ¶뜨거운 연애 熱烈な恋愛.
◆**뜨거운 맛을 보다** ひどい苦痛を伴う試練を受ける〈ひどい目にあう〉.

-뜨기 接尾 人をあざける語. ¶촌~ 田舎っぺい. 田舎者 / 칠~ 月足らず / 얼~ 間抜け.

뜨끈하다 形 非常に熱い. ¶뜨끈한 국 熱々のスープ / 뜨끈한 온돌방 とても温かいオンドルの部屋. >따끈하다
　뜨끈히 副 熱く.
　뜨끈뜨끈 副 하形 ほかほか(と). 熱々. ¶~한 군밤 ほかほかの焼き栗.

뜨끔하다 形 **1** ちくりと痛い. ¶가시에

찔려서 ~ とげが刺さってちくりと痛い. **2** (精神的な強い衝撃を受けて) ぎくっとする. どきっとする. びくっとする. ¶그 한 마디에 가슴이 뜨끔했다 その一言で胸がぎくっとした. ＞따끔하다

뜨끔거리다[-대다] 自 ちくちく痛む. ひりひりする. ずきずきする. ¶상처가 ~ 傷口がずきずきする.

뜨끔뜨끔 副 하自 ちくちく(と). ひりひり(と). ずきずき(と). ¶허리가 ~ 결린다 腰がずきずき痛む.

뜨내기 名 **1** 流され者. 放浪者. 旅がらす. ¶~ 일꾼 渡り歩きながら賃仕事をする人. **2** たまにする仕事.

뜨내기손님 名 時たま来る客. 通りがかりの客. 一見. 振りの客.

뜨내기장사 名 하自 時たまする商売.

뜨다1 自 **1** (水面·空中に)浮く. 浮かぶ. ¶배가 ~ 船が浮かぶ/비행기가 ~ 飛行機が離陸する/하늘에 떠 있는 연 空に浮かんでいる凧. **2** (月·太陽などが)出る. 上がる. 昇る. かかる. ¶달이 떠서 밝다 月が出て明るい/해가 뜨기 시작했다 日が昇り始めた/무지개가 떴다 虹がかかった. **3** (密着していたものが)浮く. すき間があく. ¶기둥과 벽 사이가 ~ 柱と壁の間があく. **4** (間柄が)疎い. 親しくない. 親密でない. 疎遠だ. ¶두 사람 사이가 뜨게 되었다 二人の仲が疎遠になった. **5** (時間的·空間的に)離れる. 隔たる. ¶편지의 왕래도 뜨게 되었다 手紙のやりとりも疎遠になった. **6** (心や態度が)浮つく. ¶마음이 떠서 일이 손에 안 잡힌다 気もそぞろで仕事が手につかない. **7** (貸し金などを)踏み倒される. ¶빌려 준 돈이 ~ 貸してやったお金が返してもらえなくなる.

뜨다2 自 **1** (水気のある物が熱で)腐る. 発酵する. ¶퇴비가 ~ 堆肥が腐る/누룩이 뜨기 시작하다 こうじが発酵し始める. **2** (病気などで顔が)むくむ. 黄色くなる. ¶오랜 병으로 얼굴이 누렇게 떴다 長患いで顔が黄色くむくんだ.

뜨다3 他 **1** 去る. (席を)立つ. はずす. 離れる. あける. ¶자리를 ~ 席を立つ. **2** (いる所を)離れる. 出発する. 去る. 出る. ¶직장을 ~ 職場を去る/고향을 ~ 故郷を離れる. **3** 〔죽다〕亡くなる.

뜨다4 他 (灸を)据える. ¶뜸을 뜨는 요법 灸を据える療法.

뜨다5 他 **1** 切り取る. 切り出す. ¶석재를 ~ 石材を切り出す. **2** すくう. 汲む. ¶사발로 물을 ~ 鉢で水を汲む/국물을 ~ 汁をすくう. **3** (さじで食べ物をすくって)食べる. ¶배고플텐데 한 술 떠라 空腹だろうから一口食べなさい. **4** (紙などを)漉く. ¶손으로 뜬 종이 手で漉いた紙/김을 떠서 말리다 海苔を漉いて干す. **5** (反物を)買う. ¶옷감을 ~ 服地を買う. **6** 《'각(脚)'과 함께 쓰여》(死んだ獣を部分別に)切り分ける. ばらす. ¶돼지의 각을 ~ 豚を部分別にばらす. **7** (肉や魚を)薄切りにする. ¶대구는 떠서 말리다 鱈は薄切りにして干す. **8** (糊をすくい取って冷やし)凝固させる. ¶풀을 ~ 糊をすくい取って固める.

뜨다6 他 **1** (目を)開く. あける. 視力を取り戻す. 目覚める. ¶감았던 눈을 번쩍 ~ 閉じた目をぱっとあける/성에 눈을 ~ 性に目覚める. **2** (耳が)聞こえるようになる. ¶바스락 소리에 귀를 번쩍 떴다 かさかさっとする音にはっと耳をそばだてた.

뜨다7 他 **1** 編む. ¶장갑을 ~ 手袋を編む/그물을 ~ 網を編む. **2** (一針一針)縫う. 縫い取る. 刺し縫いをする. ¶터진 데를 바늘로 ~ 針でほころびたところを縫う. **3** 入れ墨をする. ¶팔에 글자를 ~ 腕に文字の入れ墨をする.

뜨다8 他 **1** 〔흉내내어 똑같게 하다〕模範にする. 見習う. 手本にする. ¶위인의 본을 떠서 노력하자 偉人を手本にして努力しよう. **2** (図面や型を)描く. 取る. 写す. ¶수본을 ~ 刺繍の図面を描く/조판의 지형을 ~ 組み版の紙型を取る.

뜨다9 形 **1** (発育·言動·感情などが)鈍い. のろい. 遅い. ¶동작이 ~ 動作がのろい. **2** (刃物などが)よく切れない. 鈍い. **3** 口が重い. 口数が少ない. ¶입이 뜬 사람 口の重い人/말이 ~ 口数が少ない. **4** (アイロンなどが)たやすく熱くならない. **5** (傾斜が)緩い. ¶물매가 뜬 지붕 勾配の緩い屋根.

뜨덤뜨덤 副 하自 たどたどしく. ¶편지를 ~ 읽다 手紙をたどたどしく読む.

뜨듯하다 形 暖かい. ＞따듯하다 **뜨듯이** 副 暖かく.

뜨뜻미지근하다 形 **1** (温度が)生温かい. 生ぬるい. ¶목욕물이 ~ 風呂の湯が生ぬるい. **2** (態度が)煮えきらない. 生ぬるい. ¶뜨뜻미지근한 대답 煮えきらない返事.

뜨뜻하다 形 〔'뜨듯하다'의 센말〕ほどよく温かい. **뜨뜻이** 副 暖かく.

뜨르르 副 하自 **1** 〔부드럽게 구를 때 나는 소리[모양]〕がらがら(と). ごろごろ(と). **2** 〔떠는 모양[소리]〕ぶるぶる(と). がたがた(と).

-뜨리다 接尾 〔동사의 뜻을 강조함〕…してしまう. ¶떨어~ 落とす/망가~ 壊す/빠~ 抜かす. 落とす.

뜨막하다 形 (便りなどが長い間)とだえる. とぎれる. (雨などが)しばらくやんでいる. ¶일요일이라서 버스가 ~ 日曜日なのでバスの間隔があいている.

뜨물 名 (米の)とぎ汁. 白水.

뜨습다 形 ほどよくあたたかい. ＞따습다

뜨악하다 形 気乗りがしない. 気が進まない. ¶어쩐지 뜨악한 기분이다 なんとなく気が進まない.

뜨음하다 形 しばらくとだえている. 一時やんでいる. まばらだ. ¶바람도 이제 ~ 風も今はしばらくやんでいる.

뜨이다 自 **1** (目が)覚める. ¶새벽에 눈이 ~ 明け方に目が覚める. **2** 目覚める. 悟る. ¶귀가 번쩍 뜨이는 이야

기 思わずはっとする話. **3** (目に)つく. 触れる. 見つかる. 発見される. ¶남의 눈에 ~ 人の目につく. **4** 著しく目立つ. 際立っている. ¶눈에 뜨이게 발전했다 著しく目立って発展した.

뜬구름 名 **1** 浮き雲. **2** はかない世の中. 浮き世.

뜬눈 名 あけたままの目. 一睡もできなかった目. ¶~으로 밤을 새우다 一睡もせずに夜を明かす.

뜬세상〔一世上〕名 浮き世. はかない世. ¶부평초와 같은 ~ 浮き草のようなはかない世の中.

뜬소문〔一所聞〕名 根も葉もないうわさ. 根拠のないうわさ. 流言. デマ.

뜬숯 名 消し炭.

뜬재물〔一財物〕名 **1** 思いがけなく入った財物. **2** 返してもらえなくなった財物.

뜯기다¹ 自 **1** (虫に)かまれる. 食われる. ¶빈대에 ~ なんきん虫に食われる. **2** (金品などを)取られる. 奪われる. まきあげられる. ¶돈을 ~ お金を奪われる. **3** (賭博でお金を) 取られる. **4** (家屋などを) 取り壊される.

뜯기다² 他 (牛·馬などに草を)食わせる.

뜯다 他 **1** (くっついているものの一部分を)取る. 切り取る. ちぎる. むしる. むしり取る. 摘む. 破る. はがす. はぎ取る. こじあける. 取り払う. つぶす. ¶잡초를 ~ 雑草を取る / 뽕잎을 ~ 桑の葉をちぎる / 닭털을 ~ 鶏の羽をむしり取る / 봉투를 ~ 封筒を開ける. **2** (金品を)巻き上げる. 奪う. 絞り取る. ¶조금밖에 없는 돈을 ~ なけなしの金を絞り取る / 술값을 ~ 酒代をせびる / 자릿세를 ~ 場所代を取る. **3** (弦楽器の弦を)つまびく. 弾く. ¶가야금을 ~ 伽倻琴を弾く. **4** (歯で)かみ取る. かじる. 噛み切る. ¶쇠갈비를 뜯어먹다 牛のあばら肉をかじって食べる. **5** (機械·施設などを)ばらす. 分解する. 取り壊す. 取り払う. ¶기계를 ~ 機械を分解する / 시설을 ~ 施設を取り壊す. **6** (虫が)かむ. 刺す. (血を)吸う. ¶모기가 뜯어서 가렵다 蚊が血を汲ってかゆい.

뜯어고치다 他 **1** (根本的に)改める. 直す. ¶제도를 ~ 制度を改める / 나쁜 습관을 ~ 悪い習慣を直す. **2** (家·機械などを)修理する. 繕う. 直す. ¶시계를 ~ 時計を修理する.

뜯어내다 他 **1** (付着したものを)取る. はがす. はぎ取る. 取り除く. ¶벽에 붙어 있는 광고지를 ~ 壁に張ってある張り紙をはぎ取る. **2** (機械などを)分解する. ばらす. 取りはずす. ¶부속품을 ~ 部属品を取りはずす. **3** せびり取る. ¶삼촌한테 용돈을 뜯어냈다 叔父から小遣い銭をせびり取った. **4** (手で)もぎ取る. ちぎり取る. むしり取る. ¶달력을 한 장 ~ カレンダーを1枚はぎ取る.

뜯어말리다 他 (けんかなどを)やめさせる. とりなす. 引き分ける. 引き離す.

뜯어먹다 他 **1** (歯で)かみ切って食べる. かじって食べる. ¶쇠갈비를 ~ 牛のあばら肉をかじって食べる. **2** (牛などが草を)はむ. ¶소가 풀을 ~ 牛が草をはむ. **3** (金品などを)せびり取る. ゆすり取る. おごらせる. ¶돈을 ~ お金をゆすり取る.

뜯어버리다 他 取って捨てる. 取りはずしてしまう. 取り除く. 取り壊してしまう. 取り払ってしまう. ¶천장을 ~ 天井をはがしてしまう.

뜯어벌이다 他 **1** 取りはずして並べる. ばらして並べる. ¶기계를 뜯어벌여 놓았다 機械を分解して並べておいた. **2** (憎たらしいほどに)まくしたてる.

뜯어보다 他 **1** (手紙などの封を)切って見る. ¶편지를 ~ 手紙の封を切って見る. **2** 子細に調べてみる. じっと よく見る. じっくり観察する. ¶그녀는 뜯어볼수록 미인이다 彼女は見れば見るほど美人だ.

뜰 名 庭. 花壇. ¶앞~ 前庭.

뜰아래채 名 (庭を隔てた)離れ屋. 別棟.

뜰아랫방〔一房〕名 別棟にある部屋.

뜸¹ 名 苫. ¶지붕을 ~으로 이다 屋根を苫で葺く.

뜸² 名〔韓方〕灸.

◆**뜸을 뜨다[놓다]** 灸を据える.

뜸³ 名 (ご飯などを)蒸らすこと. 蒸れること. ¶밥이 ~이 잘 들다 ご飯がよくむれる.

◆**뜸을 들이다** ① (ご飯などをよく)むらす. ② (うまくいくように)少し間を置いて時期を待つ.

뜸부기 名〔動〕つるくいな.

뜸직하다 形 (言行が)落ち着いている. 悠然としている. どっしりとしている.

뜸직뜸직 副 하形 どっしり.

뜸질 名 하自 灸を据えること.

뜸집 名 苫屋. とまぶきの家.

뜸하다 形〔'뜨음하다'의 준말〕とだえている. まばらだ. ¶사람의 왕래가 뜸한 산길 人の往来がまばらな山道.

뜻 名 **1** 意志. 志. 意向. 思い. 気持ち. ¶~을 품다 志を抱く / ~을 이루다 思いを遂げる / ~을 굳히다 意志を固める. **2** 意味. わけ. ¶무슨 ~인지 모르겠다 どういう意味なのか分からない / 말~ 言葉の意味. **3** 重要性. 価値. 意義. ¶~ 깊은 일 意義深いこと.

◆**뜻을 받다** (人の)意志を受ける. 意志を受け継ぐ.

◆**뜻을 세우다** 志す. 志を立てる.

◆**뜻이 맞다** ① 気が合う. 意気投合する. ② 気に入る. 意にかなう.

뜻글자〔一字〕名 表意文字.

뜻밖 名 意外. 予想外. 思いがけないこと. 思いの外. ¶여기서 뵙다니 ~입니다 ここでお目にかかるとは思いがけないことです.

뜻밖에 副 意外に. 不意に. 予想外に. 思いがけなく. ¶일이 ~ 순조로웠다 事が意外に順調だった.

뜻하다 他 **1** 志す. もくろむ. ¶뜻한 바 있어 유학을 떠나다 思うところあって留学に立つ. **2** 意味する. ¶빨강

은 정열을 뜻한다 赤は情熱を意味する. **3**《주로 '않다'와 함께 쓰여》考えもしない. 思いもよらない. 予想もしない. ¶그는 뜻하지 않은 일을 저질렀다 彼は思いもよらないことをしでかした.

띄다 Ⅰ 自〔'뜨이다'의 준말〕(目に)つく. 入る. ¶첫눈에 ~ すぐ目につく. 一目で分かる/눈에 잘 띄지 않는 부분 あまり目につかない部分.

Ⅱ 他〔'띄우다 3'의 준말〕間を置く. あける. 隔てる.

띄어쓰기 名 分かち書き.

띄엄띄엄 副 **1**〔사이가 벌어진 모양〕ちらほらと. ぽつりぽつりと. 点々と. ¶꽃밭에 장미가 ~ 심어져 있다 花畑にばらが点々と植えてある. **2**〔사이를 두고 하는 모양〕とぎれとぎれ. ぽつりぽつりと. ¶울먹이는 소리로 ~ 말했다 涙声でぽつりぽつりと話した. **3**〔느릿느릿한 모양〕のろのろ(と). ゆるゆる(と).

띄우다 他 **1** 浮かべる. 上げる. 飛ばす. ¶배를 ~ 船を浮かべる/연을 ~ 凧を上げる. **2** 発酵させる. 寝かす. ¶누룩을 ~ こうじを発酵させる/메주를 ~ みそこうじを寝かす. **3** (時間的·空間的に)間を置く. 離す. あける. 隔てる. **4** 出す. 打つ. ¶편지를 ~ 手紙を出す/전보를 띄웠다 電報を打った.

띠[1] 名 **1** 帯. 帯のひも. ベルト. バンド. ¶허리~ 腰ひも. 腰帯. ベルト. **2** (細長い)布のひも. (子供を背負うときの帯状の)負いひも. ¶이마에 ~를 두르다 額に鉢巻きを締める. **3** 帯状のもの. 帯封. 帯紙. ¶신문을 ~로 감아서 우송하다 新聞に帯封をして郵送する. **4** (花札の)短冊札. 短〈赤短·青短など〉.

띠[2] 名〔植〕茅.

띠[3] 名 (十二支の)…年. …生まれ. ¶소~ 丑年/무슨 ~에요? 何年ですか.

띠그르르하다 形 (多くの細い物·小さい物の中で)目立って太い. ＞때그르르하다

띠글띠글하다 形〔'디글디글하다'의 센말〕(細い物·小さい物の中で)いくつかが目立って太い. ＞때글때글하다

띠다 他 **1** (帯やひもを)締める. 結ぶ. ¶허리띠를 ~ 帯を締める. **2** (ある物を)身につける. 携帯する. 携える. 持つ. **3** (使命などを)帯びる. 負う. 受ける. ¶중요한 사명을 띠고 떠나다 重要な使命を帯びて出発する. **4** (色彩などを)帯びる. ¶보랏빛을 띤 꽃 紫がかった花. **5** (表情などを)帯びる. 含む. 呈する. 浮かべる. ¶웃음 띤 얼굴 笑みをたたえた顔/얼굴에 노여운 표정을 ~ 怒りの表情を浮かべる.

띠앗 名 兄弟姉妹間の誼.

띠앗머리 名〈俗〉《주로 '없다'와 함께 쓰여》兄弟仲が悪い. ¶형제 간에 ~가 없다 兄弟の仲が悪い.

띠톱 名 帯鋸. 帯のこ.

띳집 名 茅葺の家. 茅屋.

띵띵 副 하形〔몹시 부은 모양〕ぴんぴん(に). ぱんぱん(に). ¶~ 부은 얼굴 ぱんぱんに腫れた顔. ＞땡땡

띵하다 形 **1** (頭が)がんがん痛い. じいんと痛い. ¶상처난 곳이 ~ 傷口がじいんと痛い/머리가 ~ 頭ががんがんする. **2** (頭が痛くて)ぼうっとしている. ぼんやりしている. ¶골이 ~ 頭がぼうっとする.

ㄹ

ㄹ[1] 名 ハングル子音字母の一つとして第四番目の字. 字母の名称は리을.

ㄹ[2] 助 〔'를'의 준말〕…を. …に. …へ. ¶ 누굴 만나시렵니까? 誰にお会いになりたいのですか / 날 따라 와 おれについて来い.

-ㄹ[3] 語尾 **1** 〔예정·의도·의무·추측을 나타냄〕…する…. …すべき…. …である…. ¶ 갈 데가 없다 行く所がない / 이대로는 될 일도 안 되겠다 このままではできることもできなくなってしまう. **2** 〔때를 나타내는 말 앞에 쓰임〕…する…. …である…. ¶ 슬플 때 悲しい時 / 볼 때마다 見るたびに / 먼동이 틀 무렵 夜明けごろ. **3** …だ. …である. ¶ 기필코 우리가 이길 것이다 きっと我々が勝つであろう.

◆**-ㄹ 수밖에 없다** …するしかない. …せざるを得ない.

-ㄹ거나 語尾 〔자문(自問)하거나 남의 의견을 물을 때 쓰임〕…しようかな. …しようじゃないか. ¶ 함께 춤을 출거나 いっしょに踊ろうじゃないか.

-ㄹ거야 語尾 **1** 〔자기의 의사를 표시하거나 상대의 의사를 물음〕…するつもりだ. …するつもりか. ¶ 내일 출발할거야 あした出発するよ. **2** 〔가능성·추측을 나타냄〕…だろう. ¶ 그는 합격할 거야 彼は合格するだろう. ▷일거야

-ㄹ걸 語尾 **1** 〔후회·미련을 나타냄〕…すればよかった(のに). ¶ 나도 해 볼걸 私もやってみればよかったのに. **2** 〔추측을 나타냄〕…(する)だろう. ¶ 아마 저 사람이 주인일걸 おそらくあの人が主人だろう. ▷일걸

-ㄹ게 語尾 〔상대에게 약속하는 뜻을 나타냄〕…するからね. …するよ. ¶ 내가 도와줄게 私が手伝ってやるよ / 또 올게 また来るよ / 제가 할게요 私がしましょう.

-ㄹ까 語尾 **1** 〔의문·추측을 나타냄〕…だろうか. …かしら. …か. ¶ 어떻게 된 것일까? どうしたのだろうか / 내가 아는 사람일까? 私の知っている人かしら. **2** …しようかと思う. ¶ 내일 떠날까 합니다 明日出発しようかと思います. **3** (相手の意志を尋ねて)…しようか. ¶ 산으로 갈까 바다로 갈까? 山へ行こうか海へ行こうか. ▷일까

◆**-ㄹ까 말까** ① 〔주저하는 기분을 나타냄〕…しようかやめようか. …しようかどうしようか. ¶ 노래를 부를까 말까 망설였다 歌を歌おうかどうかためらった. ② 〔부피·수량의 정도를 나타냄〕…になるかならないか. …そこそこの. ¶ 겨우 한 자가 될까 말까 하다 やっと1尺になるかならないかだ.

◆**-ㄹ까 보냐** 〔그러할 수 없다는 다짐의 뜻〕…であろうか. …するものか. ¶ 우리 팀이 질까 보냐 わがチームが負けるものか.

◆**-ㄹ까 보다** 〔불확실한 추측·의지를 나타냄〕…そうだ. …(の)ようだ. …かもしれない. …しようか. …だろうか. ¶ 소나기가 올까 봅니다 夕立が来そうです / 회사를 그만둘까 봅니다 会社をやめてしまおうかと思います.

-ㄹ꼬 語尾 〔의문·추측을 나타냄〕…だろう. しようか. ¶ 그가 언제나 올꼬? 彼はいつ来るだろうか / 그 일을 어찌면 좋을꼬 あのことをどうすればいいのか / 어디로 갔을꼬 どこに行ったのやら. ▷일꼬

-ㄹ는지 語尾 〔추측·가능성 등을 나타냄〕…(する)だろうか. …(する)かどうか. ¶ 그 말이 사실일는지 その話が事実だろうか / 그 사람이 애타는 내 마음을 알아 줄는지 その人は気を揉む私の心情を察してくれるだろうか. ▷일는지

-ㄹ라 語尾 〔위구심을 나타냄〕(…したら)…かもしれない. (…したら)…するぞ. ¶ 나무에서 빨리 내려오너라, 떨어질라 木から早く下りてこい, 落ちるぞ / 조심해라, 감언에 속을라 気をつけろ, 甘言にだまされるぞ. ▷일라

-ㄹ라고 語尾 **1** 〔의지나 의혹을 나타냄〕…しようと. ¶ 혹시 나만 떼어 놓고 갈라고? ひょっとして僕だけ残して行こうってのかい. **2** 〔그러할 리가 없다는 뜻을 나타냄〕¶ 끼니조차 못 먹는 사람도 있을라고 三度の食事も食べられない人もいるものか.

-ㄹ라치면 語尾 〔경험을 추상적으로 가정하는 의미를 나타냄〕…ともなれば. …するならば. ¶ 가을이 될라치면 온 산이 붉어져요 秋になると全山が真っ赤になります / 꽃이라도 필라치면 향기가 온 집안에 감돈다 花でも咲くと香りが家中に漂う.

-ㄹ락 말락 語尾 〔거의 할 듯한 모양을 나타냄〕…しそうに. …するばかりに. ¶ 차창이 가로수에 닿을락 말락 달려간다 車窓が街路樹すれすれに走っている / 술이 넘을락 말락 가득 차 있다 酒があふれんばかりにいっぱい満ちている.

ㄹ랑 助 **1** 〔어떤 대상을 특별히 지적하는 뜻을 나타냄〕…こそ(だけ)は. (特に)…は. …なんかは. ¶ 널랑 집에 있어라 お前は家に残っていろ. **2** 〔앞의 사실을 강조하는 뜻을 나타냄〕…こそ(だけ)は. (特に)…は. …なんかは. ¶ 고길랑 냉장고에 넣어라 肉は冷蔵庫に入れなさい. ▷일랑, 일랑은

-ㄹ래 **1** 〔화자의 의지를 나타냄〕…するよ. ¶ 나 먼저 잘래 私先に寝るわよ / 그 책은 내가 읽을래 その本は私が

読むわ. **2**〔상대방의 의지를 물음〕…するか. ¶그것 좀 보여 주실래요? それちょっと見せてくださいませんか / 이거 입을래? これ着る.

-ㄹ런가 語尾〔불확실한 추측이나 의혹을 나타냄〕…だろうか. ¶과연 그럴런가? 果たしてそうだろうか / 꿈이 아닐런가 夢ではなかろうか.

-ㄹ런고 語尾〔의문에 대한 자탄적 표현〕…だろうか. ¶누가 책임을 질런고? 誰が責任を取るのかなあ / 어찌하면 좋을런고? いかにすればよかろうか.

-ㄹ레라 語尾 …だろう. ¶하늘에 뜬 구름과 흐르는 물만이 나의 벗일레라 空に浮かびし雲と流れる水のみがわが友だろう(なあ).

-ㄹ망정 語尾 …するとも. …であるとも. …といえども. ¶딱 맞지는 않을망정 아주 틀렸다고도 할 수 없다 当たらずといえども遠からずだ / 가난할망정 즐겁게 산다 貧しくはあっても楽しく生きる. ▷일망정

ㄹ

-ㄹ밖에 語尾 …するほか[しか]ない. ¶달라니 줄밖에 くれと言うからにはやるしかない / 놀랄밖에 驚くほかない / 듣지 않았으니 모를밖에 聞かなかったからには知るはずがない.

-ㄹ뿐더러 語尾 …(する)ばかりでなく. …だけではなく. …のみならず. ¶공부도 잘할뿐더러 노래도 잘한다 勉強ができるだけでなく歌も上手だ / 장미는 아름다울뿐더러 냄새도 향기롭다 ばらは美しいばかりでなく香りもよい.

-ㄹ세 語尾〔강한 단정을 나타냄〕…だよ. ¶거짓말이 아닐세 嘘じゃないよ. ▷일세1

-ㄹ세라 語尾〔위구의 심정을 나타냄〕…ではないか(と). …しやしまいか(と). …しては(と). ¶남에게 뒤질세라 열심히 공부하다 他人にひけをとるのではないかと熱心に勉強する. ▷일세라

-ㄹ세말이지 語尾〔예상된 조건의 부정을 나타냄〕…ならばの話だ(がね). …ならとにかく. ¶그 녀석이 바른 말을 할세말이지 そいつが正当に言うならばの話だ(がね). ▷일세말이지. -을세말이지

-ㄹ수록 語尾 …(すれば)するほど. …(であれば)あるほど. ¶쌀수록 좋다 安いほどよい / 마당이 넓을수록 좋다 庭が広いほどいい. ▷일수록

-ㄹ시 語尾〔판단한 것이 틀림없음을 나타냄〕…であることが. ¶그의 필적이 아닐시 분명하다 彼の筆跡でないのは明らかだ.

-ㄹ쏘냐 語尾〔강한 부정을 반어적으로 나타냄〕…のはずがあるものか. ¶그만한 일에 절망할 사람일쏘냐 それぐらいの事で絶望する人であるはずがあるものか.

-ㄹ지 語尾〔간접 의문·의심을 나타냄〕…するか(も). …したのか(も). …だろうか. …できるだろうか. …するのやら. …か(どうか). ¶후임자가 누구일지 궁금하다 後任者が誰だろうか気になる / 언제 올지 모르겠다 いつ来るか分からない. ▷일지2

◆-ㄹ지도 모르다 …かもしれない. ¶네 말이 맞을지도 몰라 君の言うことが正しいかもしれない.

-ㄹ지니라 語尾〔'마땅히 그렇게 해야 한다'의 뜻을 나타냄〕…(す)べきである. …(するのが)当然である. ¶그것이 사람의 도리일지니라 それが人間の道理として当然である / 부모에게 효도할지니라 親に孝行すべきだ.

-ㄹ지라도 語尾〔'비록 그러하더라도'의 뜻을 나타냄〕(たとえ)…しても. …しようとも. …であっても. ¶비가 올지라도 떠나겠소 雨が降っても出発します / 그가 아무리 부잘지라도 부럽지 않다 彼がどんなに金持ちであろうともうらやましくない. ▷일지라도

-ㄹ지어다 語尾〔'마땅히 그렇게 하라'는 지시·기대의 뜻을 나타냄〕…すべし. ¶악인은 벌을 받을지어다 悪人は罪を受くべし.

-ㄹ지언정 語尾 (たとえ)…しても. …であっても. ¶잡혀 죽을지언정 불의에 가담할 수는 없다 捕らえられて死すとも不義に加わることはできぬ. ▷일지언정

-ㄹ진대 語尾 …するならば. …するからには. …であるならば. …であるからには. …するに. ¶어차피 알려질진대 숨길 필요가 있나? どうせ知れるなら隠す必要があるか / 일단 약속했을진대 지켜야지 いったん約束をしたからには守るべきだ. ▷일진대

-ㄹ진댄 語尾 '-ㄹ진대'의 힘줌말.

-라1 語尾 …だ. …である. …なり. ¶한번 실패는 병가상사~ 一度の失敗は兵家の常なり / 우주 무궁이요 인생 유한이~ 宇宙は無窮, 人生は有限なり.

-라2 語尾 **1**〔'-라고2'의 준말〕…(だ)と. ¶경주~ 하는 고도 慶州という古都. **2**〔'-라고2 하'의 준말〕…だという. ¶나를 믿고서~기보다 무서워서 온 것 같았다 僕を信じてというよりは怖くて来たようだ. **3**〔'-라서2'의 준말〕…なので. ¶뜻밖의 일이~ 어리둥절했다 思いがけないことなのでまごついてしまった. **4**〔단순한 병렬을 나타냄〕…(でなく)て. ¶눈이 아니~ 비가 온다 雪じゃなくて雨が降る.

-라3 語尾 **1**〔'-라고2 4'의 준말〕…しろと. …せよと. ¶오~ 해라 来いと言え / 두 번 다시 오지 말~ 했다 二度と来るなと言った / 갈 테면 가~ 行きたければ行け. **2**〔명령을 나타냄〕…あれ(かし). …しろ. …せよ. ¶보~, 저 샛별을 見よ, あの明星を.

라고1 助 **1**〔직접 인용을 나타냄〕…と. ¶'언제 오겠니?'~ 물었다 「いつ来るの」と尋ねた. **2**〔얕잡아 지적함을 나타냄〕…だって. ¶자네~ 별수 있을라고 君だって特別な方法なんかあるもんか.

-라고2 語尾 **1**〔인용을 나타냄〕…(だ)と. ¶자기가 한 것이 아니~ 한다 自分がしたのではないと言う. **2**〔반문을 나타냄〕…だと. …だって. ¶아니, 이게 가락지~? 何だ, これが指輪だと(とんでもない) / 이게 대답이~? これが返事だって. **3**〔잘못을 깨달았음을 나

타냄〕…だと思っていた. ¶원, 난 그게 설탕이～ 생각했지 なんとまあ, 私はそれを砂糖だと思っていたよ. **4**〔명령을 나타냄〕…しなさいと. …しろと. ¶빨리 오～ 일러라 早く来いと言え. **5**〔원인·근거를 나타냄〕…だからといって. ¶거지～ 함부로 놀리지 마라 物ごいだからといってやたらにからかうな. **6**〔'-라고[2] 해서'의 준말〕…だからといって. …だけあって. ¶선생님이～ 모든 것을 설명할 수는 없다 先生だからといって, 何もかも説明することはできない.

-라느냐 語尾〔'-라고 하느냐'가 준 말〕…しろというのか. …(だと)いうのか. ¶뭘 보～? 何を見ろというのか／누가 너더러 바보～ 誰が君にばかだというのか.

-라느니 語尾 …だとか(…だとか). …しろだとか…しろだとか. ¶가～ 오～ 변덕이 심하다 行けと言ったり来いと言ったり非常に気まぐれだ／하～ 그만두～ 도무지 갈피를 잡을 수 없다 しろとかするなとか皆目見当がつかない.

-라는 語尾〔'-라고[2] 하는'이 준 말〕…という…. ¶형님이 ～ 분이 찾아왔었네 兄さんという方が訪ねて来たよ／하～ 공부는 안 하고 웬 장난이냐 しろという勉強はしないでなんといういたずらじゃ.

-라니[1] 語尾〔반문·반박·미심쩍음을 나타냄〕…だって. …だと. …だとは. …なんて. ¶이 한밤중에 나가～ この真夜中に出ていけとは.

-라니[2] 語尾〔'-라고 하니'의 준말〕…だと言うので. …だそうだから. ¶참말이～ 믿겠네 本当だと言うから信じるよ／가～ 순순히 가더라 行けと言ったらおとなしく行ったよ.

-라니까[1] 語尾 …だというのに. …だってば. …なんだよ. ¶그것은 반칙이～ それは反則だというのに／그게 아니～ そうじゃないったら／그게 거짓말이～요 それは嘘ですってば.

-라니까[2] 語尾〔'-라고[2] 하니까'가 준 말〕…しろと言うと. …しろと言うから. ¶한국인이～ 반가워하더라 韓国人だと言うと喜んだよ／만나～ 만나기는 하겠다 会えというから会ってはみるよ.

라니냐〔(에)La Niña〕名〔氣〕ラニーニャ〈赤道の貿易風が平年より強まってペルー, エクアドルの沿岸から太平洋東部の赤道近くにかけて海面の水温が異常に低くなる現象. よく異状気象をもたらす〉.

라도[1] 助〔구태여 가리지 않음을 나타냄〕…でも. …(でなく)ても. ¶너～ 가 보아라 お前でも行ってみなさい.

-라도[2] 語尾〔양보를 나타냄〕…でも. …であっても. ¶누구～ 할 수 있다 誰でもできる／만에 하나～ 万に一つでも.

라돈〔radon〕名〔化〕ラドン.

라듐〔radium〕名〔化〕ラジウム.

라드〔lard〕名 ラード.

라든지 助 …とか. ¶경주～ 부여～ 유적이 많은 곳 慶州とか扶余とか遺跡の多い所.

-라든지 語尾〔'-라고 하든지'의 준말〕…しろとか. …しろと言うとか. ¶그만두～ 계속하～ 아무 말도 없었다 やめろとか続けろとかいうようなことは何も言わなかった.

라디에이터〔radiator〕名 ラジエーター.

라디오〔radio〕名 ラジオ.

라디오 드라마〔―drama〕名 ラジオドラマ. 放送劇.

라마[1]〔lama〕名〔佛〕ラマ〈ラマ教の高僧〉.

라마교〔―教〕名〔佛〕ラマ教.

라마승〔―僧〕名〔佛〕ラマ僧.

라마[2]〔llama〕名〔動〕ラマ. アメリカらくだ.

-라며[1] 語尾〔'-라면서[1]'의 준말〕…なんだってな. …だそうだな. ¶이거 가짜～? これ偽物なんだってな.

-라며[2] 語尾〔'-라고 하며'의 준말〕…だと言いながら. …だと言って. ¶제 책이～ 가지고 갔다 自分の本だと言って持って行った／어서 오～ 손짓하다 はやくおいでと手ぶりをする.

라면[1]〔←(일)ramen〕名 ラーメン. ¶컵～ カップ入り即席ラーメン.

-라면[2] 語尾〔가정의 뜻을 나타냄〕…なら. …であれば. …だと言うのなら. ¶이게 진짜～ 좋겠다 これが本物ならいいんだがな／너～ 믿을 수 있다 君ならば信じられる.

-라면[3] 語尾〔'-라고 하면'의 준말〕…であったら. …なら. ¶이게 외제～ 놀라겠지 これが外国製だったらびっくりするだろう／있으～ 있고 가～ 가겠습니다 いろと言うならいるし, 帰れと言うなら帰ります.

-라면서[1] 語尾 **1**〔들은 사실의 다짐·물음을 나타냄〕…なんだってな. …だそうだな. ¶그게 헛소문이～? それがうわさなんだってな／그분이 너의 어머니～ その方が君の母だそうだな. **2**〔명령의 다짐·물음을 나타냄〕…しろと言っているそうだな. ¶이 짐을 지고 가～ この荷物を担いでいけと言っているそうだな.

-라면서[2] 語尾〔'-라고 하면서'의 준말〕…しろと言いながら. …と言って. ¶먼저 떠나～ 여비를 주었다 先に出発しろと言いながら旅費をくれた／열심히 하～ 자기는 쉬고 있다 一生懸命やれと言いながら自分は休んでいる.

라벨〔(프)label〕名 ラベル.

라서[1] 助〔'감히·능히'의 뜻을 포함함〕(いったい)…が. ¶뉘～ 그의 말을 거역하리오 (いったい)誰が彼の言葉に逆らえようか／뉘～ 입을 열겠소 誰が口を割れようか.

-라서[2] 語尾〔원인·근거를 나타냄〕…であるので. …なので. …だから. ¶뜬소문이～ 믿을 수 없다 根も葉もないうわさだから信じられない／기다리던 사람이 아니～ 실망했습니까? 待ち受けていた人でないのでがっかりしましたか.

-라야 語尾〔꼭 그러해야 함을 나타냄〕…でなければ(…ない). …だからこそ. …であってはじめて. ¶내 물건이～ 마음대로 하지 僕のものでなければ勝手に出来ないよ／과일은 제철이～ 맛이 난다 果物は旬のものであってこそ味がよい.

-라야만 語尾 …であってはじめて. …であ

ってこそ. …でなければ(…ない). ¶그 일은 너~ 할 수 있다 その仕事は君だからこそできる.

-라오 語尾 〔완곡·감탄을 나타냄〕…なのです. ¶이만저만한 어려움이 아니~ 並大抵の困難じゃないのです / 이건 국보급 건물이~ これは国宝級の建物なんです.

라오스〔Laos〕 名〔地〕 ラオス〈インドシナ半島の共和国〉.

라운드〔round〕 名 ラウンド. ¶3~에서 케이오되다 3ラウンドでKOされる.

라운드 테이블〔—table〕 名 ラウンドテーブル. 円卓.

라운지〔lounge〕 名 (ホテルなどの)ラウンジ.

라이거〔liger〕 名〔動〕 ライガー〈雄のライオンと雌の虎との合いの子〉.

라이벌〔rival〕 名 ライバル. 好敵手. ¶숙명의 ~ 宿命のライバル.

라이베리아〔Liberia〕 名〔地〕 リベリア〈西アフリカの共和国〉.

라이브러리〔library〕 名〔컴〕 ライブラリー.

라이선스〔license〕 名 ライセンス.

라이터〔lighter〕 名 (喫煙用の)ライター. ¶가스~ ガスライター.

라이터돌 名 ライターの石.

라이트[1]〔light〕 名 ライト. 光. 光線. 灯火. 照明灯. ¶서치~ サーチライト / 차의 ~를 끄다 車のライトを消す.

라이트[2]〔right〕 名 ライト. **1** 右. 右側. **2** (野球で)ライト.

라이트 윙〔—wing〕 名〔體〕 ライトウイング.

라이트 필더〔—fielder〕 名〔體〕 ライトフィールダー. 右翼手.

라이트 필드〔—field〕 名〔體〕 ライトフィールド. 右翼.

라이트급〔light級〕 名 (ボクシングなどの)ライト級.

라이프보트〔lifeboat〕 名 ライフボート. 救命艇.

라이프워크〔lifework〕 名 ライフワーク. 一生をかけた作品. 畢生の事業.

라이플〔rifle〕 名 ライフル銃.

라인〔line〕 名 ライン. ¶파울 ~ ファウルライン / 대학 입시의 커트 ~ 大学入試の合格ライン.

라인 댄스〔—dance〕 名 ラインダンス.

라인 아웃〔—out〕 名〔體〕 (ラグビー. 野球で)ラインアウト.

라인업〔—up〕 名〔體〕 ラインアップ. ¶~을 발표하다 ラインアップを発表する.

라일락〔lilac〕 名〔植〕 ライラック. リラ.

라장조〔—長調〕 名〔樂〕 ニ長調.

-라지[1] 語尾 〔묻는 뜻을 나타냄〕…なんだろう. …だそうだな. ¶그 사람이 진범이~ その人が真犯人なんだろう / 고래는 물고기가 아니~ くじらは魚類ではないんだそうだな.

-라지[2] 語尾 〔'-라 하지'의 준말〕…すればよい. …(せよ)と言え. …しろってんだ. ¶그 사람을 이리 오~ 그래 その人にこちらへおいでと言え / 할 수 있으면 해 보~ 出来るならやってみろってんだ.

라켓〔racket〕 名 ラケット.

라틴 문학〔Latin文學〕 名〔文〕 ラテン文学.

라틴 아메리카〔Latin America〕 名〔地〕 ラテンアメリカ.

라틴 어〔Latin語〕 名 ラテン語.

-락 語尾 〔동작·상태가 번갈아 되풀이됨을 나타냄〕…たり…たり. ¶빗방울이 종일 오~가~ 한다 雨が一日中降ったりやんだりする / 얼굴이 붉으~ 푸르~ 한다 顔が赤くなったり青くなったりする.

-란[1] 語尾 〔'-라는 것은'의 준말〕…というものは. …とは. ¶지구~ 태양계의 한 행성이다 地球は太陽系の一つの惑星である / 여자~ 눈물이 흔한 법이다 女性って涙もろいものだ.

-란[2] 語尾 **1** 〔'-라고 하는'의 준말〕…しろと言う…. ¶대피하~ 신호가 울리다 待避せよと言う信号が鳴る. **2** 〔'-라고 한'의 준말〕…しろと言った…. ¶너더러 거짓말쟁이~ 적은 없다 君に対して嘘つきだと言ったことはない.

-란[3]〔亂〕 語尾 …乱. ¶임진왜~ 壬辰倭乱〈文禄の役〉.

-란[4]〔欄〕 語尾 (新聞·雑誌の)…欄. ¶광고~ 広告欄 / 문예~ 文芸欄.

-란다[1] 語尾 **1** 〔'-라고 한다'가 준 말〕…だそうだ. …だって. ¶사실은 그게 아니~ 実はそうじゃないんだって. **2** 〔어떤 사실을 친근하게 나타냄〕…なんだ. …だよ. ¶이게 우리 집이~ これが私の家だよ / 사실이 아니~ 事実じゃないよ.

-란다[2] 語尾 〔'-라고 한다'가 준 말〕…(である)という. …しろという. …しろってさ. ¶곧 오~ すぐ来いってさ / 빨리 가~ 早く行けって / 손대지 말~ 手を触れちゃいけないってさ.

란제리〔㊉lingerie〕 名 ランジェリー.

-랄 語尾 〔'-라고 할'이 준 말〕…だという…. ¶도저히 교육자~ 수 없다 とうてい教育者とはいえない / 나쁜 짓을 하~ 수야 없지 悪いことをせよとはいえまい.

-람[1] 語尾 **1** 〔'-란 말인가'의 뜻을 나타냄〕…だというのか(ね). ¶그게 무슨 보배~? それがどうして宝物だというのか / 이것이 무슨 문학 작품이~? これでも文学作品かね. **2** 〔'라고 하면'이 준 말〕…なら. …だというのなら. ¶신사~ 점잖게 굴어야지 紳士だというんならおうように構えなけりゃ.

-람[2] 語尾 **1** 〔'-라면'의 준말〕…なら. ¶꿈이~ 좋겠다 夢ならいいんだが / 그게 사실이~ 얼마나 좋을까 それが本当ならどんなによいだろうか. **2** 〔'-라면'의 준말〕…しろと言ったら. …しろと言うなら. ¶꼭 하~ 하지 必ずやれというならやるさ / 믿으~ 믿어야지 信じろと言うからには信じなくちゃ.

-랍니까 語尾 〔'-라고 합니까'가 준 말〕…だと言いますか. …なんですか. ¶어디로 가~ どこへ行けと言うんですか / 자기가 임자~? 自分が持ち主だと言うんですか.

-랍니다[1] 語尾 〔어떤 사실을 친근하게 나타냄〕 …なんです(よ). ¶ 오늘이 제 생일이～ 今日が私の誕生日なんです / 어제 말씀드린 그 애(이)～ きのう申し上げましたその子なんです.

-랍니다[2] 語尾 〔'-라고 합니다'가 준 말〕 …(しろ)と言います. ¶ 빨리 하～ 早くしろと言っています.

-랍디까 語尾 〔'-라고 합디까'가 준 말〕 …だと言っていましたか. …(だ)そうですか. ¶ 누가 범인이～ 誰が犯人だと言っていましたか.

-랍디다 語尾 〔'-라고 합디다'가 준 말〕 …だと言っていました. ¶ 겁쟁이～ 臆病者だと言っていました / 자기가 아니～ 自分じゃないと言っていました.

-랍시고 語尾 〔사실·근거를 얕잡아 말함을 나타냄〕 …だからといって. …気取りで. ¶ 풋내기가 아니～ 덤벼들더니 青二才じゃないといってくってかかったが / 사장이～ 이것저것 말참견하다 社長気取りであれこれ口出しする.

랑 助 **1** 〔함께 행동함을 나타냄〕 …と. ¶ 어머니～ 함께 갔다 母といっしょに行った. **2** 〔여럿을 대등한 자격으로 이어줌〕 …と. …や. …も. ¶ 너～ 나～ 같이 살자 君と僕といっしょに暮らしていこう / 엄마가 수박이～ 포도를 사 오셨어 お母さんがすいかとぶどうを買ってらしたの.

랑데부〔㊄rendez-vous〕 名 하自 ランデブー.

-래 語尾 〔'-라고 해'가 준 말〕 …だって. …だとさ. ¶ 저렇게 젊은데 과부～ あんなに若いのに未亡人だって / 여긴 표 파는 곳이 아니～ ここは切符売り場じゃないんだって.

-래도 語尾 〔'-라 하여도'가 준 말〕 …だといっても. ¶ 누가 뭐～ 난 안 간다 誰が何といってもおれは行かない.

-래서 語尾 〔'-라고 하여서'가 준 말〕 …だというので. …だというから. ¶ 외국이～ 다르지는 않다 外国だといって遠うところはない / 나오～ 나갔다 出てこいというので出ていった.

-래야 語尾 〔'-라고 하여야'가 준 말〕 …だとしても. …だといったって. ¶ 선수～ 햇병아리들뿐이다 選手といったってひよっこばかりだ / 가진 돈이～ 이게 고작이다 持ち合わせの金といってもこれがせいぜいだ.

-래요 語尾 〔'-래'에 보조사 '요'가 결합한 말임〕 …しろと言っています. ¶ 그만 웃으～ もう笑うのはおやめなさいって / 분하지만 참으～ くやしいけれど我慢するようにですって.

래커〔lacquer〕 名 ラッカー.

랜턴〔lantern〕 名 ランタン. 角灯.

랠리〔rally〕 名 ラリー. (テニスや卓球などで)ボールの打ち合い.

램프〔lamp〕 名 ランプ. 洋灯.

랩[1]〔lap〕 名〔體〕 ラップ〈陸上競技·スピードスケートでトラックを一周すること〉.

랩 타임〔—time〕 名〔體〕 ラップタイム.

랩[2]〔wrap〕 名 ラップ(フィルム).

랩소디〔rhapsody〕 名〔樂〕 ラプソディー. 狂詩曲.

-랬자 語尾 〔'-라 했자'가 준 말〕 …と言ったところで. ¶ 도구～ 망치와 톱밖에 없다 道具と言ったところで金槌と鋸しかない.

랭크되다〔rank—〕 自 ランクされる. ¶ 인기 가수 제1위에 랭크되어 있다 人気歌手第1位にランクされている.

랭킹〔ranking〕 名 ランキング. 順位づけ. ¶ 세계 ～ 3위 世界ランキング3位.

-랴 語尾 **1** 〔'어찌 그러할 것이냐'하는 뜻을 나타냄〕 …であろうか. …と言おうか. …しようか. …できようか. ¶ 이 이상 무엇을 바라～ これ以上何を望もうか. **2** 〔상대방의 의견을 묻는 것을 나타냄〕 …しようか. …してやろうか. …のか. ¶ 내가 거들어 주～? 私が手伝ってやろうか / 말해 주～ 話してやろうか. **3** 〔행동이 뒤의 사실의 원인임을 나타냄〕 …しようとしたり. …しようとするものだから. ¶ 손님 받으～ 물건 팔～ 무척 바빴다 客を迎えたり物を売ろうとしたりで非常に忙しかった.

량[1]〔輛〕 依名 〔차량을 세는 단위〕 …両. ¶ 화물차 30～ 貨車30両.

-량[2]〔量〕 接尾 …量. ¶ 교통～ 交通量.

-러 語尾 〔동작의 목적을 나타냄〕 …しに. …するために. ¶ 한번 놀～ 오세요 一度遊びにお越しください / 뭘 하～ 왔어? 何しにきたの.

러닝메이트〔running mate〕 名〔政〕 ランニングメート.

러닝셔츠〔running+shirts〕 名 ランニングシャツ.

러브〔love〕 名 ラブ. **1** 恋愛. ¶ ～스토리 ラブストーリー / ～레터 ラブレター. **2** (テニスなどで)無得点.

러시〔rush〕 名 ラッシュ. 殺到. ¶ 잡지 발행의 ～ 雑誌発行のラッシュ / 해외 여행의 ～를 가져오다 海外旅行のラッシュを来たす.

러시아워〔—hour〕 名 ラッシュアワー. ラッシュ.

러시아〔Russia〕 名〔地〕 ロシア.

러시아 어〔—語〕 名 ロシア語.

러키세븐〔←lucky seventh〕 名〔體〕 (野球で)ラッキーセブン.

럭비〔Rugby〕 名 〔'럭비풋볼'의 준말〕 ラグビー.

럭비풋볼〔—football〕 名 ラグビーフットボール. ラグビー.

럭스〔lux〕 名 ルクス〈照度の単位〉.

레그혼〔leghorn〕 名〔動〕 レグホーン〈にわとりの一品種〉.

레더〔leather〕 名 レザー. なめし革. ¶ ～클로스 レザークロス. 合成皮革.

레모네이드〔lemonade〕 名 レモネード. レモン水.

레몬〔lemon〕 名〔植〕 レモン.

레몬스쿼시〔—squash〕 名 レモンスカッシュ.

레몬주스〔—juice〕 名 レモンジュース.

레몬차〔—茶〕 名 レモンティー.

레미콘〔← ⓔready mixed concreate〕 名 生コン(クリート). レミコン.

레바논〔Lebanon〕 名〔地〕 レバノン〈西に

アジアの共和国〉.
레버〔lever〕 名 レバー. てこ.
레벨〔level〕 名 レベル. 水準.
레스토랑〔㊂restaurant〕 名 レストラン. 西洋料理店.
레슨〔lesson〕 名 レッスン. 練習. 稽古. ¶ 피아노 ～ ピアノのレッスン.
레슬러〔wrestler〕 名 レスラー.
레슬링〔wrestling〕 名 レスリング.
레이더〔radar〕 名 レーダー. 電波探知機. ¶ ～ 기지 レーダー基地 / ～망 レーダー網.
레이디퍼스트〔ladies first〕 名 レディーファースト.
레이서〔racer〕 名 レーサー.
레이스[1]〔lace〕 名 (編み物の)レース.
레이스[2]〔race〕 名 レース. 競走. ¶ 요트 ～ ヨットレース.
레이싱 카〔racing car〕 名 レーシングカー. 競走用自動車.
레이아웃〔layout〕 名 レイアウト. 割り付け.
레이온〔rayon〕 名 レーヨン. 人造絹糸.
레이저〔laser〕 名〔物〕 レーザー. ¶ ～ 광선 レーザー光線 / ～ 다이오드 レーザーダイオード / ～ 디스크 レーザーディスク / ～ 프린터 レーザープリンター.
　레이저 통신〔—通信〕 名 レーザー通信. 光通信.
레인〔lane〕 名〔體〕 レーン.
레인코트〔raincoat〕 名 レーンコート.
레일〔rail〕 名 レール.
레저〔leisure〕 名 レジャー. 余暇. 行楽. ¶ ～ 산업 レジャー産業 / ～붐 レジャーブーム.
레제드라마〔㊅Lesedrama〕 名〔文〕 レーゼドラマ. 上演を目的としない読むための戯曲.
레지〔㊐reji〕 名 (喫茶店などの)ウエートレス.
레지던트〔resident〕 名 レジデント. 病棟医.
레지스탕스〔㊂résistance〕 名 レジスタンス. (特にフランス国民の)抵抗運動.
레커차〔wrecker車〕 名 レッカー車.
레코드〔record〕 名 **1** レコード. 音盤. **2** (コンピューターの)レコード.
레퀴엠〔㊌requiem〕 名〔樂〕 レクイエム. 鎮魂曲.
레크리에이션〔recreation〕 名 レクリエーション.
레테르〔㊁letter〕 名 レッテル. ラベル. ¶ 어용학자라는 ～가 붙었다 御用学者というレッテルが張られた.
레퍼리〔referee〕 名 レフェリー. (スポーツの)審判員.
레퍼토리〔repertory〕 名 レパートリー. 上演題目. 公演曲目. 最も得意とする演目.
레프트〔left〕 名 レフト. (野球·サッカーで)レフト. ¶ ～ 플라이 レフトフライ.
　레프트 윙〔—wing〕 名〔體〕 (サッカーで)レフトウイング.
　레프트 필더〔—fielder〕 名〔體〕 (野球で)レフトフィールダー.
　레프트 필드〔—field〕 名〔體〕 (野球で)レフトフィールド.
렌즈〔lens〕 名〔物〕 レンズ. ¶ 오목[볼록] ～ 凹[凸]レンズ.
　렌즈 셔터〔—shutter〕 名〔寫〕 レンズシャッター.
렌치〔wrench〕 名 (工具の)レンチ. スパナ.
렌터카〔rent-a-car〕 名 レンタカー.
렌트카〔rent-a-car〕 名 ⇨렌터카
-려 語尾 〔'-려고'의 준말〕 …しようと. ¶ 이번에도 우승을 하～ 한다 今度も優勝をしようと思う.
-려거든 語尾 〔'-려고 하거든'이 준 말〕 …しようとするなら. …するつもりなら. ¶ 성공을 하～ 열심히 노력하여라 成功しようと思うなら熱心に努力しなさい / 좋은 자리에 앉으～ 빨리 가야지 よい席に座りたければ早く行かなきゃ.
-려고 語尾 〔하고자 하는 뜻을 나타냄〕 …しようと. …(せ)んと. ¶ 장사를 해 보～ 한다 商売をしてみようと思う / 대학에 진학하～ 생각한다 大学へ進学しようと思う.
-려기에 語尾 〔'-려고 하기에'가 준 말〕 …しようとするので. ¶ 버스가 출발하～ 급히 올라탔다 バスが出ようとするので急いで飛び乗った.
-려나 語尾 〔'-려고 하나'가 준 말〕 …しようとするのか. …するつもりか. …するだろうか. …のだろうか. ¶ 기어이 가～? どうしても行くつもりか / 눈이 내리～ 雪がふるのだろうか.
-려네 語尾 〔'-려고 하네'가 준 말〕 …しようとするよ. …するつもりだよ. ¶ 내일 가～ 明日行くつもりだよ / 이 책은 두고 가～ この本は置いて行こうと思うよ.
-려느냐 語尾 〔'려고 하느냐'가 준 말〕 …しようとするのか. …するつもりか. ¶ 장차 무엇을 하～? 将来何をするつもりか.
-려는 語尾 〔'-려고 하는'이 준 말〕 …しようとする…. ¶ 그를 욕하～ 사람은 없다 彼をけなそうとする人はいない / 지금 가～ 곳이 어디냐 今行こうとする所がどこじゃ.
-려는가 語尾 〔'-려고 하는가'가 준 말〕 …しようとするのか. …しようというのか. …するつもりか. ¶ 언제 다시 오～? いつまた来るつもりか / 이제부터 무엇을 하～? これから何をしようとするのか.
-려는고 語尾 〔'-려고 하는고'가 준 말〕 …しようとするのかね. ¶ 어떤 일자리를 얻으～? どんな仕事につこうと思っているのかね.
-려는데 語尾 〔'-려고 하는데'가 준 말〕 …しようとしたところが. …しようとするところへ. …しようとするのに. ¶ 눈이 오～ 어딜 가는가? 雪が降りそうなのにどこへ行くのか.
-려는지 語尾 〔'-려고 하는지'가 준 말〕 …しようとするのか. …することやら. …するつもりか. ¶ 무엇을 주～ 모르겠다 何をくれるか分からない / 무엇을 찾으～ 모르겠다 何をさがそうとしているのか分からない.

-려니[1] 語尾 〔'-려고 하니'가 준 말〕…しようとするが. …しようとするので. ¶ 막상 떠나~ 눈물이 앞을 가린다 いざでかけようとするととめどなく涙がこぼれる.

-려니[2] 語尾 〔추측의 뜻을 나타냄〕…だろうと. ¶ 오늘은 그가 오~ 하고 생각했었다 きょうは彼が来るだろうと思っていた / 혼자서도 잘 살~ 믿었는데 一人でもよく暮らしていくだろうと信じたのに.

-려니와 語尾 〔또한〕…でもあるが. …だが. …するが. ¶ 그 여자는 시인이~ 화가이기도 하다 彼女は詩人でもあるが画家でもある / 그 여자는 얼굴도 예쁘~ 마음씨도 곱다 彼女は顔もきれいだが気立ても優しい.

-려다 語尾 〔'-려다가'가 준 말〕…しようとしたが. ¶ 한마디 하~ 참았다 一言言ってやろうと思ったが我慢した.

-려다가 語尾 〔'-려고 하다가'가 준 말〕…しようとして. …しようとしたが. …しかけたが. ¶ 글씨를 쓰~ 말았다 字を書きかけたがやめた / 이야기를 꺼내~ 말았다 話を切り出しかけたがやめた.

-려더니 語尾 〔'-려고 하더니'가 준 말〕…しようとしていたが. …するようだったが. ¶ 지팡이를 짚고 일어서~ 도로 주저앉았다 杖をついて立ち上がろうとしていたがもとに座り込んでしまった.

-려더라 語尾 〔'-려고 하더라'가 준 말〕…しようとしたんだよ. …するつもりだったんだよ. ¶ 제 것이라고 모조리 가져가~ 自分のものだと(言って)すっかり持って行こうとしたんだぜ.

-려던 語尾 〔'-려고 하던'이 준 말〕…しようとしていた…. …するつもりだった…. ¶ 밥을 먹으~ 차에 손님이 왔다 食事をしようとしていたところへお客さんが来た.

-려던가 語尾 〔'-려고 하던가'가 준 말〕…しようとしていたのか. …するつもりだったのか. ¶ 집에 돌아오~? 家に帰ろうとしていたのか / 자네 말을 믿으~? 君の言葉を信じようとしていたのかね.

-려도 語尾 〔'-려고 하여도'가 준 말〕…しようとしても. …(する)にも. ¶ 아무리 빨리 뛰~ 못 뛰겠다 どんなに速く走ろうとしても走れない / 잠을 자~ 시끄러워서 잘 수 없다 眠ろうとしても騒がしくて眠ることができない.

-려면 語尾 〔'-려고 하면'이 준 말〕…しようとすれば. …したければ. …するには. ¶ 고생하지 않으~ 내가 시키는 대로 해 苦労したくなければ私の言うとおりにしなさい.

-려면야 語尾 〔'-려고 하면야'가 준 말〕…しようと思えば(できないはずがない). …しようと思い立ったら. ¶ 돈을 마련하~ 언제라도 마련할 수 있지 金を工面しようと思えばいつでも工面できるさ.

-려무나 語尾 〔뜻대로 하라〕…しなさい. …してよろしい. …せよ. ¶ 너도 한번 읽어 보~ 君も一度読んでみなさい / 자고 싶으면 자~ 眠りたければ眠りなさい / 더우면 벗으~ 暑かったら脱いでもいいよ.

-려오 語尾 〔'-려고 하오'가 준 말〕 **1** 〔의사를 나타냄〕…しようと思います. …するつもりです. ¶ 나도 함께 가~ 私もいっしょに行くつもりです. **2** 〔상대방의 의사를 물음〕…ますか. …するつもりですか. ¶ 날 믿으~? 私を信じますか / 그 책을 읽으~? その本を読むつもりですか.

-력〔力〕 接尾 〔'능력·힘'의 뜻을 나타냄〕…力. ¶ 지도~ 指導力 / 생산~ 生産力.

-련 語尾 〔'-려느냐'가 준 말〕…しようとするのか. …するつもりなのか. ¶ 언제 오~? いつ来るつもりなのか.

-련다 語尾 〔'-려고 한다'가 준 말〕…しようとする. …しようと思う. …するつもりだ. ¶ 내일 떠나~ 明日出発しようと思う / 내일은 쉬~ 明日は休むつもりだ.

-련마는 語尾 〔…한 듯한데〕…だろうに. …するはずだが. …になあ. …ものを. ¶ 비가 오지 않아야 좋으~ 雨が降らなきゃいいのになあ / 돈이 있으면 2·3일 묵으~ お金があれば2·3日泊まるんだが.

-련만 語尾 〔'-련마는'의 준말〕…だろうに. …するはずだが. …になあ. …ものを. ¶ 꿈이라면 좋으~ 夢だったらいいのになあ / 재미있게 살았으~ 楽しく暮らしたはずだったのに.

-렴 語尾 〔'-려무나'의 준말〕…なさい. …した方がよい. ¶ 갈테면 빨리 가~ 行くつもりなら早く行けよ / 좀 웃으~ ちょっと笑いなさいよ / 뭐든지 좋은 걸 가지~ 何でも好きなのを取れ.

-렵니까 語尾 〔'-려고 합니까'가 준 말〕…しようと思いますか. …するつもりですか. …なさいますか. ¶ 무엇을 읽으~? 何を読むつもりですか / 내일은 어디에 가시~? 明日はどこへいらっしゃるつもりですか.

-렵니다 語尾 〔'-려고 합니다'가 준 말〕…しようと思います. …するつもりです. ¶ 이 일에서 손을 떼~ この仕事から手を引こうと思います / 크면 과학자가 되~ 大きくなったら科学者になるつもりです.

-렷다 語尾 **1** 〔당연한 추측·다짐을 나타냄〕…だろう(よ). …(する)だろうな. …のはずだったな. ¶ 너의 짓이~ お前のしわざだろう. **2** 〔명령을 나타냄〕…(し)ろ. …(せ)よ. ¶ 지은 죄를 이실직고하~ 犯した罪を事実の通り告げろ.

-령[1]〔令〕 接尾 …令. ¶ 시행~ 施行令 / 체포~ 逮捕令 / 대통령~ 大統領令.

-령[2]〔領〕 接尾 〔영토임을 나타냄〕…領. ¶ 스페인~ スペイン領 / 포르투갈~ ポルトガル領.

-령[3]〔嶺〕 接尾 〔재나 산이름을 나타냄〕嶺. ¶ 분수~ 分水嶺.

로[1] 助 **1** 〔도구를 나타냄〕…で. …を使って. …によって. ¶ 칼~ 고기를 썰다 包丁で肉を切る / 망치~ 못을 박다 槌で釘を打つ. **2** 〔재료를 나타냄〕…で. …から. ¶ 종이~ 만든 상자 紙でつくった箱 / 나무~ 지은 집 木

ㄹ

造りの家. **3**〔방법·수단을 나타냄〕…で ¶비행기~ 가다 飛行機で行く/그 뉴스는 라디오~ 들었다 そのニュースはラジオで聞いた. **4**〔원인·이유를 나타냄〕…で. …から. …のために. …によって. ¶무슨 일~ 오셨습니까? 何のご用で来られましたか/심한 감기~ 학교를 쉬었다 ひどい風邪で学校を休んだ. **5**〔방향·목적지를 나타냄〕…に. …へ. …と. …から. …を. ¶바다~ 피서를 가다 海へ避暑に行く/서울~ 편지를 띄우다 ソウルに手紙を出す/어디~ 가시는 길입니까? どちらへお出かけですか. **6**〔변화·구분을 나타냄〕…に. ¶전무 이사~ 승진되다 専務理事に昇進する/물가를 두 배~ 올리다 物価を2倍に上げる. **7**〔때나 시간의 선택을 나타냄〕…に. …までに. …で. ¶봄가을~ 한 번씩 찾아온다 春秋に一回ずつやって来る/원고를 오늘~ 마감하다 原稿を今日で締め切る. **8**〔'-기로 …하다'의 꼴로 약속·결정을 나타냄〕…(すること)に. ¶은행에 돈을 맡기기~ 했다 銀行にお金を預けることにした/그 여자와 내일 만나기~ 약속했다 彼女とあす会うことに約束をした. **9**〔'…로 하여금'의 꼴로 무엇을 하게 하는 대상임을 나타냄〕…をして(…せしめる). ¶너는 나~ 하여금 수렁에 빠지게 했다 君は僕をして泥沼にはまり込ませた. **10**〔신분·자격을 나타냄〕…として. ¶정치가~ 활약하다 政治家として活躍する/회의에 국가 대표~ 참가하다 会議に国家代表として参加する.

-로² 接尾〔추상 명사에 붙어 그것을 부사로 만듦〕…に. ¶진실~ 真に/억지~ 無理やり(に).

-로³〔路〕 接尾 …路. ¶항공~ 航空路/활주~ 滑走路.

로가리듬〔logarithm〕 名〔數〕ロガリズム. 対数.

-로구나 語尾〔감탄을 나타냄〕…だなあ. …だねえ. ¶별천지~ 別天地だなあ//여간 비싼 그림이 아니~ とてつもなく高い絵だなあ.

-로구려 語尾〔감탄을 나타냄〕…ですなあ. …ですねえ. ¶질이 좋은 종이~ 質の良い紙ですねえ/그의 잘못이 아니~ 彼の過ちではないですねえ.

-로구먼 語尾〔감탄을 나타냄〕…(なん)だなあ. …(なん)だねえ. ¶벌써 12시~ もう12時だなあ/성대한 결혼식이~ 盛大な結婚式だなあ.

-로군 語尾 **1**〔'-로구나'의 준말〕…だなあ. …だねえ. ¶고약한 놈이~ ひどいやつだな. **2**〔'-로구먼'의 준말〕…(なん)だなあ. …(なん)だねえ. ¶그것 참 신기한 일이~ それは本当に珍しいことだねえ/여간 어려운 문제가 아니~ とてつもなく難しい問題だなあ.

로그 名〔數〕〔'로가리듬'의 준말〕ログ. 対数.

로는 助 …には. …では. …としては. …でもっては. …からは. ¶뒷문으~ 출입하지 말 것 裏門からは出入りするべからず/이것을 영어~ 뭐라고 합니까? これを英語では何と言いますか.

-로다 語尾《'이다·아니다'의 아래》〔'-로구나'의 문어체〕…(だ)なあ. …(なる)かな. …(である)ことよ. ¶과연 효녀~ いかにも親孝行な娘なるかな/아름다운 달밤이~ 美しき月夜なるかな.

로도 助 …でも. …へも. …(で)でも. …としても. ¶권력으~ 꺾을 수 없는 지조 権力をもってもくじくことのできない志操/이러한 노력은 앞으~ 계속될 것이다 このような努力は今後も続けられるであろう.

-로되 語尾《'이다·아니다'의 아래》…ではあるが. …とはいえ. …にしても. ¶떡은 떡이~ 그림의 떡이다 餅は餅なれど画餅だ.

로드 레이스〔road race〕 名 ロードレース.

로드 쇼〔road show〕 名〔演〕ロードショー.

로마〔Roma〕 名〔地〕ローマ〈イタリアの首都〉. ¶~는 하루 아침에 이루어진 것이 아니다 ローマは一日にして成らず.

로마법〔—法〕 名 (古代ローマの)ローマ法. ¶~ 대전 ローマ法大全.

로마 숫자〔—數字〕 名 ローマ数字.

로마자〔—字〕 名 ローマ字. ¶~ 표기 ローマ字表記.

로마 카톨릭교〔—Catholic教〕 名 ローマカトリック教会.

로마네스크〔Romanesque〕 名〔美〕ロマネスク.

로망〔(프) roman〕 名〔文〕ロマン. 長編の小説.

로맨스〔romance〕 名 ロマンス. ¶~를 주제로 한 영화 ロマンスを主題とした映画. 「一.

로맨스그레이〔—grey〕 名 ロマンスグレ

로맨티시스트〔romanticist〕 名 ロマンチシスト. ロマン主義者.

로맨티시즘〔romanticism〕 名 ロマンチシズム. ロマン主義.

로맨틱하다〔romantic—〕 形 ロマンチックだ. ¶로맨틱한 사랑 ロマンチックな恋.

로밖에 助 …にしか. …でしか. ¶돈 좀 벌더니 모든 게 돈으~ 보이지 않아? ちょっとお金を儲けたので, すべてがお金にしか見えないのか.

로봇〔robot〕 名 ロボット.

로부터 助 **1**〔…에서부터〕…から. …より. …の方(面)から. ¶바다~ 불어오는 바람 海から吹いてくる風/그~ 10년의 세월이 흘렀다 それから10年の歳月が流れた. **2**〔…에게서〕…から. …より. ¶선친으~ 물려받은 가업 先代から受け継いだ家業.

로비〔lobby〕 名 ロビー. ¶~ 활동 ロビー活動.

로비스트〔lobbyist〕 名 ロビイスト.

로서 助 **1**〔지위·신분·자격을 나타냄〕…として. …であって. ¶사위~ 맞아들이다 婿として迎え入れる. **2**〔동작이 시작되는 곳임을 나타냄〕…から. ¶다툼은 너~ 시작되었다 争いは君から始まった.

로션〔lotion〕 [名] ローション. ¶ 스킨～ スキンローション.
로스〔loss〕 [名] ロス. 損失. ¶ 시간의～ 時間のロス.
로스트〔roast〕 [名] ロースト. ¶ ～비프 ローストビーフ.
로써 [助] 〔도구나 수단을 나타냄〕 …で. …をもって. ¶ 노스님의 한 마디 말～ 깨닫다 老師の一言でさとる.
로열박스〔royal box〕 [名] ロイヤルボックス. 貴賓席.
로열 젤리〔royal jelly〕 [名] ロイヤルゼリー.
로열티〔royalty〕 [名] ロイヤリティー. 特許権[著作権]使用料. ¶ ～ 지불 ロイヤリティーの支払い.
로진 백〔rosin bag〕 [名]〔體〕 (野球で) ロジンバック.
로케이션〔location〕 [名][하自] ロケーション. ロケ. ¶ 해외 ～ 海外ロケ.
로켓[1]〔locket〕 [名] (装身具の) ロケット.
로켓[2]〔rocket〕 [名] (飛行体の) ロケット. ¶ 우주 ～ 宇宙ロケット.
로코코〔㊈rococo〕 [名]〔美〕 ロココ.
로큰롤〔rock' n'roll〕 [名]〔樂〕 ロックンロール.
로터리〔rotary〕 [名] ロータリー.
로테이션〔rotation〕 [名][하自他] ローテーション. **1** (野球で) 投手を登板させる順序. **2** (バレーボールで) 選手の守備位置を時計回りに一つずつ変えること.
로프〔rope〕 [名] ロープ. 綱. ¶ 와이어 ～ ワイヤロープ.
로프웨이〔ropeway〕 [名] ロープウエー.
-록〔錄〕 [接尾] …録. ¶ 방명～ 芳名録 / 회의～ 会議録.
론[1] [助] 〔'로는'의 준말〕 …では. …には. …からは. ¶ 저의 견해～ 私の見解では / 입으～ 그렇게 말하지만 글쎄다 口ではそういうがどうかね.
-론[2]〔論〕 [接尾] …論. ¶ 작가～ 作家論 / 경제～ 経済論.
롤러〔roller〕 [名] ローラー.
　롤러스케이트〔—skate〕 [名] ローラースケート.
-롭다 [接尾] 〔'그러함·그럴 만하다'의 뜻을 나타냄〕 …(らし)い. …(そう)だ. ¶ 새～ 新しい / 이～ 有利だ / 수고～ ご苦労だ / 날카～ 鋭い / 까다～ ややこしい / 향기～ かぐわしい.
롱런〔long run〕 [名][하自] ロングラン. ¶ ～ 시스템 ロングランシステム.
롱 숏〔long shot〕 [名][하他] ロングショット.
롱 슛〔long shoot〕 [名][하自他]〔體〕 ロングシュート.
롱톤〔long ton〕 [依名] ロングトン〈重量の単位の一つ〉.
뢴트겐〔㊍Röntgen〕 [名]〔物〕 レントゲン. **1** レントゲン線·レントゲン写真. **2** 放射線の強さの単位.
　뢴트겐 사진〔—寫眞〕 [名] レントゲン写真.
　뢴트겐선〔—線〕 [名] レントゲン線. X線.
　뢴트겐 요법〔—療法〕 [名]〔醫〕 レントゲン療法.
-료〔料〕 [接尾] …料. ¶ 원고～ 原稿料 / 통화～ (電話の) 通話料.
루마니아〔Rumania〕 [名]〔地〕 ルーマニア〈ヨーロッパ南東部の共和国〉.
루블〔㊆rubl'〕 [依名] ルーブル〈旧ソ連の貨幣単位〉.
루비〔ruby〕 [名] **1**〔鑛〕 ルビー. 紅玉. **2**〔印〕 ルビ〈振り仮名用の小さな活字〉.
루스리프〔loose leaf〕 [名] ルーズリーフ.
루주〔㊈rouge〕 [名] ルージュ. 口紅.
루트[1]〔route〕 [名] ルート. 道. 経路. 道筋. ¶ 밀매 ～ 密売ルート.
루트[2]〔root〕 [名] ルート. **1**〔數〕 根号. 根. **2**〔言〕 語根. **3**〔樂〕 和音の基礎音.
루틴〔rutin〕 [名]〔化〕 ルチン.
루페〔㊍Lupe〕 [名] ルーペ. 拡大鏡. 虫めがね.
루프〔loop〕 [名] ループ.
　루프선〔—線〕 [名] ループ線.
　루프 안테나〔—antenna〕 [名] ループアンテナ.
룩셈부르크〔Luxemburg〕 [名]〔地〕 ルクセンブルク〈ヨーロッパ西部の君主国〉.
룰〔rule〕 [名] ルール. 規則. 規定. ¶ 축구의 ～ サッカーのルール / ～을 지키다 ルールを守る.
룰렛〔㊈roulette〕 [名] ルーレット. **1** 賭博用の機械の一つ. **2** (洋裁で) 点線をつけるのに用いる歯車のついた道具.
룸라이트〔room light〕 [名] ルームライト. 室内灯.
룸펜〔㊍Lumpen〕 [名] ルンペン. 失業者. 浮浪者.
-류[1]〔流〕 [接尾] 〔사람·유파가 가지는 방식을 나타냄〕 …流. ¶ 자기～의 사고방식 自己流の考え方.
-류[2]〔類〕 [接尾] 〔같은 종류나 부류에 속함을 나타냄〕 …類. ¶ 야채～ 野菜類 / 식기～ 食器類.
류머티즘〔rheumatism〕 [名]〔醫〕 リューマチ. ¶ ～ 결절 リューマチ結節.
륙색〔㊍Rucksack〕 [名] リュックサック.
-률[1]〔律〕 [接尾] 〔'법칙'의 뜻을 나타냄〕 …律. ¶ 도덕～ 道徳律.
-률[2]〔率〕 [接尾] 〔'비율'의 뜻을 나타냄〕 …率. ¶ 경쟁～ 競争率.
르네상스〔㊈Renaissance〕 [名] ルネサンス. 文芸復興.
르포〔←㊈reportage〕 [名] 〔'르포르타주'의 준말〕 ルポ.
르포르타주〔㊈reportage〕 [名] ルポルタージュ. **1** 報告文. **2**〔文〕 記録文学. 報告文学.
를 [助] (모음 아래) **1** 〔동작·작용의 대상을 나타냄〕 …を. …に. ¶ 편지～ 쓰다 手紙を書く / 사과～ 먹다 りんごを食べる / 하루 종일 공부～ 했다 一日中勉強をした. **2** 〔능력·상태 서술의 대상을 나타냄〕 …を. …が. ¶ 맥주～ 마시고 싶다 ビールが飲みたい / 나는 영화～ 좋아한다 私は映画が好きだ / 영어～ 할 줄 안다 英語ができる. **3** 〔동작·작용이 되는 장소

·방향을 나타냄〕…へ. …に. …を. ¶ 어디~ 가세요? どこへいらっしゃいますか / 냇가~ 서성거리다 川のほとりをぶらつく. **4**〔행동의 목적이 되는 일을 나타냄〕…(し)に行く. ¶ 낚시~ 가다 釣りに行く / 이사~ 가다 引っ越しをする / 성묘~ 가다 墓参りに行く. **5**〔동작의 목적·지향 등을 나타냄〕…の. …を. …に. ¶ 누구~ 위하여 일하는가? 誰のために働くのか / 파리~ 향하여 떠났다 パリに向かって発った. **6**〔강조를 나타냄〕…へ. …は. ¶ 그는 학교에~ 갔다 彼は学校へ行った / 강이 깊지~ 않다 川が深くはない / 가지~ 마오 行かないで.

리¹〔理〕 依名 《부정·의문의 말을 수반하여》〔원인·이유를 나타냄〕はず. わけ. ¶ 그럴 ~가 없다 そんなはずがない / 못할 ~가 없다 できないわけがない / 그 정도의 사고로 죽을 ~가 있나? それくらいの事故で死ぬわけがあるものか.

리²〔里〕 依名 里〈距離の単位〉. ¶ 10 ~ 10里 / 천~ 길을 마다하지 않고 千里の道をいとわず.
◇한국어의 10里는 일본어의 1里에 해당한다.

리³〔釐〕 依名 厘. ¶ 1분 5~ 1分5厘.

-리⁴ 語尾 **1**〔'-리요'의 준말〕…であろうか. …しようか. ¶ 누굴 탓하~ 誰をとがめようか / 이 꼴로 어디를 가~ このなりふりでどこへ行けようか. **2**〔'-리라²'의 준말〕…だろう. …しよう. …してやる(ぞ). ¶ 조국의 초석이 되~ 祖国の礎とならん.

-리⁵〔利〕 接尾 …利息. ¶ 5푼~ 5分の利息.

-리⁶〔裡〕 接尾〔'안·속' 등의 뜻을 나타냄〕…裏. ¶ 비밀~에 秘密裏に / 성황~에 끝났다 盛況裏に終えた.

-리-⁷ 接尾〔어간이 'ㄹ·ㅀ·르'로 끝나는 동사에 붙어 사역·피동을 만듦〕…せる. …れる. ¶ 놀~다 遊ばせる / 곯~다 (腹を)すかせる / 들~다 聞こえる / 개한테 물~다 犬にかまれる.

-리까 語尾 《동사·형용사 아래》〔손윗사람에게 의향을 물을 때 씀〕…しましょうか. ¶ 제가 가져다 드리~? 私が持ってきて差し上げましょうか / 택시를 잡으~? タクシーを拾いましょうか / 어쩌면 좋으~? どうしたらいいんでしょう.

-리다 語尾 《동사 아래》 **1**〔적극적인 의사를 나타냄〕…しましょう. …するつもりです. ¶ 제가 만들~ 私がつくりましょう / 이 은혜는 꼭 갚으~ この恩はきっとお返しします. **2**〔경고·추측을 나타냄〕…でしょう(よ). ¶ 얼마 안 있으면 꽃이 피~ まもなく花が咲くでしょう / 나도 당하고만 있지는 않으~ 私もやられてばかりはいませんよ.

리더〔leader〕 名 リーダー. 指導者.
리더십〔―ship〕 名 リーダーシップ. 統率力.

리드¹〔lead〕 名 하自他 リード. **1** 先頭に立つこと. 指導すること. **2** (スポーツで)勝ち越すこと. ¶ ~를 빼았다 リードを奪った. **3** (野球で)走者が塁を離れること.

리드²〔reed〕 名〔樂〕 リード. 簧.

리듬〔rhythm〕 名 リズム. **1** 律動. **2**〔樂〕 拍子. 節奏. ¶ ~에 맞추다 リズムに合わせる. **3** (詩の)韻律. **4**〔美〕 線·形·色の似通った要素を繰り返すことによって得る統一された律動感. ¶ 배색의 ~ 配色のリズム.

리라¹〔이 lira〕 名 リラ〈イタリアの貨幣単位の一つ〉.

-리라² 語尾 《동사·형용사 아래》 **1**〔추측을 나타냄〕…だろう. …であろう. ¶ 오늘 안으로 일이 끝나~ 今日中に仕事が終わるだろう / 이쪽이 더 크~ こちらのほうがもっと大きいだろう / 아마, 그것이 아니~ 恐らくそれではないだろう. **2**〔의지를 나타냄〕…してやる(ぞ). …するつもりだ. ¶ 이 일만은 기어이 해내~ このことだけはきっとやり通そう / 다음에는 꼭 이기~ 今度はきっと勝つぞ.

-리로다 語尾〔'-리라'의 뜻을 감탄조로 나타냄〕…しよう. …せん. …ならん. ¶ 피로써 나라를 지키~ 血をもって国を守らん / 어느 날엔가 돌아오~ いつの日にか帰らん.

-리만큼 語尾 《용언의 어간 아래》〔'-ㄹ 정도로'의 뜻을 나타냄〕…するほどに. …するまでに. …くらい. ¶ 눈물이 나~ 고마웠다 涙が出るほどありがたかった / 고향이 몰라보~ 변했구나 故郷が見違えるほど変わったな.

리모트 컨트롤〔remote control〕 名 リモートコントロール.

리바운드〔rebound〕 名〔體〕 リバウンド.

리바이벌〔revival〕 名 하他 リバイバル. ¶ ~된 노래 リバイバルの歌.

리베이트〔rebate〕 名〔經〕 リベート. 割り戻し.

리본〔ribbon〕 名 リボン.

리비아〔Libya〕 名〔地〕 リビア〈アフリカ北部の共和国〉.

리사이틀〔recital〕 名 リサイタル. 独唱会. 独奏会.

리서치〔research〕 名 リサーチ. 研究. 調査.

리셉션〔reception〕 名 レセプション.

리스 산업〔lease 産業〕 名 リース産業.

리스트〔list〕 名 リスト. 目録. 一覧表. ¶ 수출 품목 ~ 輸出品目のリスト.

리시버〔receiver〕 名 レシーバー.

리시브〔receive〕 名 하他〔體〕 (テニス·卓球·バレーボールなどで)レシーブ.

리어카〔rear+car〕 名 リヤカー.

리얼리스트〔realist〕 名 リアリスト. **1** 現実主義者. **2** 写実主義者.

리얼리즘〔realism〕 名 リアリズム. **1** 現実主義. **2** 写実主義.

-리요 語尾 《동사·형용사·'이다'의 아래》〔스스로 묻거나 탄원하는 뜻을 나타냄〕…しようか. …せん. ¶ 누굴 원망하~ 誰を恨もうか / 서산에 지는 해를 어이 잡으~ 沈む夕日をいかに捕らえん / 굳은 맹세를 어이 잊으~ 固い誓いをいかに忘れよう.

리터〔liter〕 (依名) リットル〈容量の単位〉.

리턴 매치〔return match〕 名〔體〕 リターンマッチ.

리트〔독Lied〕 名〔樂〕 リート. ドイツの歌曲.

리트머스〔litmus〕 名〔化〕 リトマス. ¶ ～ 시험지 リトマス試験紙.

리포터〔reporter〕 名 レポーター. 取材記者.

리포트〔report〕 名 レポート. 報告書. (学生の)報告論文.

리프트〔lift〕 名 リフト.

리플레이션〔reflation〕 名〔經〕 リフレーション.

리허설〔rehearsal〕 名 リハーサル. 下稽古.

린스〔rinse〕 名 하自 リンス.

린치〔lynch〕 名 リンチ. 私刑. ¶ ～를 가하다 リンチを加える.

릴〔reel〕 **I** 名 リール. **1** (糸などの)巻き枠. **2** 釣り糸の巻き取り器. ¶ ～낚시 リール釣り.
II (依名) 映画フィルムの一巻. リール.

릴레이〔relay〕 名 リレー. **1** 中継. ¶ 올림픽 성화 ～ オリンピック聖火リレー. **2** 継電器. **3** リレー競走.

-림〔林〕 (接尾) …林. ¶ 국유～ 国有林.

림프〔lymph〕 名〔生〕 リンパ〈体液の一つ〉. ¶ ～관 リンパ管 / ～구 リンパ球.

립스틱〔lipstick〕 名 リップスティック.

링〔ring〕 名 リング. **1** 輪. **2** ボクシングなどの競技場. ¶ ～에 오르다 リングに上がる. **3** (体操の)つり輪.

링거 액〔Ringer液〕 名〔藥〕 リンゲル液.

링크¹〔link〕 名 リンク. 鎖の輪. 連結すること.
링크 무역〔—貿易〕 名〔經〕 リンク制貿易.

링크²〔rink〕 名 リンク. スケート場.

ㅁ

ㅁ[1] 名 ハングル子音字母の一つとして第五番目の字. 字母の名称は미음.

-ㅁ[2] 語尾 **1**〔용언을 명사화함〕…すること. …であること. ¶ 배움 学ぶこと. 学び / 믿음 信じること. 信仰 / 즐거움 喜び / 읽음 読むこと. 読み. **2**〔서술 종결형으로 쓰임〕…す. ¶ 없음 無し / 엄벌에 처함 厳罰に処す / 출입을 금함 立ち入りを禁ず.

-ㅁ세 語尾〔기꺼이 하겠다는 뜻〕…しよう. …するよ. …するわ. ¶ 계산은 내가 함세 勘定は私が持つよ / 컵은 내가 갖다 줌세 コップは僕が持ってきてやろう.

-ㅁ에도 …であるにも. …するにも. ¶ 가난함에도 불구하고 貧乏であるにもかかわらず.

-ㅁ에랴 語尾〔반문의 뜻을 나타냄〕…(する)とは. …(する)ものを. ¶ 없어진들 어떠리. 어차피 쓰지 못할 물건임에랴 なくなったとて何せん, どうせ使えないものを.

-ㅁ직하다 語尾〔그럴만한 특성이 있음〕…することができる. …するにふさわしい. …しそうだ. ¶ 바람직하다 望ましい / 믿음직하다 信頼できる. 頼もしい / 있음직하다 ありそうだ.

마[1] 名〔樂〕ホ音.

마[2] 名〔植〕長芋.

마[3]〔麻〕名〔植〕麻.

마[4]〔魔〕Ⅰ 名 魔. **1** 魔の…. ¶ ~의 10초 벽 魔の10秒の壁. **2**〔'마귀(魔鬼)'의 준말〕悪魔.
Ⅱ 接尾 …魔. 鬼. ¶ 색~ 色魔 / 살인~ 殺人鬼 / 병~에 시달리고 있다 病魔にとりつかれている.
◆**마가 들다** けちがつく. 魔が差す. ¶ ~가 들었는지 되는 일이 없다 魔が差したのか事ごとにうまくいかない.

마[5]〔碼〕依名〔길이의 단위〕ヤード.

-마[6] 語尾〔약속을 나타냄〕…する(ぜ). …してやろう. ¶ 내가 해 주~ おれがしてやるよ / 틈이 나면 내일 가~ 暇ができたら明日行くからな / 네 말을 믿어 주~ 君の話を信じてやろう. ▷-으마

마가린〔margarine〕名 マーガリン.

마각〔馬脚〕名 馬脚.
◆**마각이 드러나다** 馬脚をあらわす.

마감 名 하他 締め切り. ¶ ~날 締め切り日 / ~ 날짜 締め切りの日付 / 모집을 ~하다 募集を締め切る.

마개 名 栓. 蓋. ¶ 병~ 瓶の栓 / 코르크 ~ コルクの栓 / ~를 열다 栓をあける / ~를 막다 栓をする.
마개뽑이 名 栓抜き. 口抜き.

마고자 名 マゴジャ〈チョゴリ(저고리)の上に重ねて着る上着〉.

마구[1]〔馬具〕名 馬具.

마구[2]〔馬廏〕名〔'마구간'의 준말〕馬屋.

마구[3]〔魔球〕名 (野球などで)魔球.

마구[4] 副 **1** やたらに. むやみに. むこう見ずに. ¶ ~ 덤비다 やたらにつっかかる / 돈을 ~ 쓰다 お金をむやみに使う / 쓸데없는 말을 ~ 지껄이다 のべつ無駄口をたたく. **2** ひどく. しきりに. どんどん. ¶ 비가 ~ 퍼붓다 雨が絶え間なく降りしきる. **3** ぞんざいに. いいかげんに. でたらめに. ¶ ~ 내갈긴 글자 ぞんざいに殴り書きした字.
마구잡이 名 (('마구잡이로'의 꼴로)) 手当たり次第に. めちゃめちゃに. ¶ ~로 내던지다 手当たり次第に投げつける.

마구간〔馬廏間〕名 馬屋. 廐.

마구리 名 **1** (物の)両端. ¶ 판자 ~ 板の両端 / 멍에 ~ くびきの両端. **2** 長いものの両端にかぶせてはめ込む飾り. ¶ 베개 ~ まくらの両側の飾り.

마굴〔魔窟〕名 魔窟. 巣窟. ¶ 아편 중독자들의 ~ アヘン中毒者たちの巣窟.

마권〔馬券〕名 馬券.

마귀〔魔鬼〕名 **1** 悪神. 悪魔. ¶ ~ 같은 놈 鬼のようなやつ. **2**〔基〕悪魔. サタン.
◆**마귀가 들다** 悪魔がとりつく.

마그네슘〔magnesium〕名〔化〕マグネシウム.

마그넷〔magnet〕名〔物〕マグネット. 磁石.

마그마〔magma〕名〔地〕マグマ.

마나님 名 老婦人の尊称.

마냥[1] 依名 …のように. ¶ 하늘을 새 ~ 날고 싶다 空を鳥のように飛びたい.

마냥[2] 副 **1** ひたすら. ただ. ¶ ~ 그립기만 하다 ひたすら恋しいばかりだ / ~ 놀기만 하다 ただ遊んでばかりいる. **2** 思う存分. 思いきり. ¶ ~ 울었다 思いきり泣いた.

마네킹〔mannequin〕名 マネキン.

마녀〔魔女〕名 魔女.

마노〔瑪瑙〕名〔鑛〕瑪瑙.

마누라 名 **1**〔중년 이상의 자기 아내〕女房. かみさん. お前. かあちゃん. ¶ 여보 ~, 손님 모시고 왔어요 おい, かあちゃん. お客さんをお連れしたよ. **2**〔중년이 넘은 여자의 속칭〕おばさん. ¶ 주인 집 ~ 도대체 몇 살이야? 家主のばあさん一体いくつだい.

마는 助 …が. …けれども. ¶ 놀고 싶다~ 틈이 없다 遊びたいけれども暇がない / 고맙습니다~ 사양하겠습니다 ありがたいのですが遠慮いたします / 누가 못하겠느냐~ 誰でもできるだろうが.

마늘 名〔植〕大蒜.
마늘모 名 **1** (にんにく玉の一片のような)三稜形. **2** (囲碁で)尖.

마늘장아찌 名 にんにくのしょう油漬物.
마늘종 名 にんにくの茎.
마닐라삼 名 **1**〔植〕マニラ麻. **2** マニラ麻から採った繊維.
마님 名 **1**〔지난날, 지체 높은 집안의 부인에 대한 존칭〕奥様. 奥方. **2**〔일부 존칭 뒤에 붙이어 존대의 뜻을 나타냄〕様. 御前.
마다 助〔'낱낱이 모두 한결같이'의 뜻〕…ごとに. …(の)たびに. …おきに. …(の)都度. ¶교실~ 꽃병이 있구나 教室ごとに花瓶があるわね / 일요일~ 비가 온다 日曜日ごとに雨が降る / 시합할 때~ 패했다 試合のたびに負けた.
마다하다 他 拒む. 断る. 退ける. ¶진급을 마다하고 회사를 그만두다 昇進を断って会社をやめる.
마담〔프 madame〕名 **1** マダム. 夫人. **2** (酒場·喫茶店などの)女主人. ママ.
마당¹ 名 **1** 庭. ¶넓은 ~ 広い庭 / ~을 쓸다 庭を掃く. **2** (ある事を行なうための)場所. 場. 広場. ¶대화의 ~ 対話の場 / 대학은 학문과 연구의 ~이다 大学は学問と研究の場だ.
마당발 名 **1** 扁平足. **2** 知合いの多いこと. 顔の広い人.
마당질 名 하自他 脱穀すること.
〔속담〕**마당 삼을 캐었다** 庭で朝鮮人参を掘り当てた(ぬれ手で粟).
마당² 依名 **1** ('-는[-ㄴ] 마당에'의 꼴로) …する[した]状況に. …であるときに. ¶죽느냐 사느냐 하는 절박한 ~에 서 있다 生きるか死ぬかという切迫した状況に立っている / 발등에 불이 떨어진 ~에 토론만 하고 있다 足元に火がついているというときに議論ばかりしている. **2** 〈パンソリ(판소리)を数える単位〉場. ¶판소리 열두 ~ パンソリ12場.
마당놀이 名 広場で行なわれる民俗遊戯の総称.
마대〔麻袋〕名 麻袋.
마도로스〔네 matroos〕名 マドロス. 船員. ¶~파이프 マドロスパイプ.
마돈나〔이 Modonna〕名 マドンナ.
마디 名 節. **1** 竹や木の節. ¶대나무~ 竹の節. **2** (人間や動物の骨の)関節. ¶무릎 ~가 시리다 ひざの関節が冷える. **3** (言葉·曲などの)一くぎり. ¶한 ~ 해라 一言いいなさい / 나도 한 ~ 불러볼까? 僕も1曲歌ってみようか. **4** 節. ¶명사~ 名詞節. **5**〔樂〕(楽譜の)小節. **6** (糸·ひもなどの)結び目. ¶보자기 ~가 안 풀린다 包みの結び目がほどけない.
마디마디 Ⅰ 名 節々. ¶~가 쑤신다 節々がずきずき痛む. Ⅱ 副 節々に. ¶~ 심금을 울린다 一言一句心の琴線に触れる.
마디다 形 **1** 持ちがよい. 長持ちする. ¶튼튼하고 마딘 물품 丈夫で長持ちする品 / 이 구두는 ~ この靴は持ちがよい. **2** 成長が遅い. ¶마디게 자라는 나무 成長が遅い木.
마디지다 形 節くれ立っている. 節ができる. ¶마디진 손가락 節くれ立った指.
마따나 助 ('말마따나'의 꼴로) (言う)とおり. (言う)ように. (話の)ごとく. ¶자네 말~ 그만두는 게 좋겠다 君の言うとおりよしたほうがいい.
마땅찮다 形 適当でない. 不当だ. 気にくわない. ¶마땅찮은 짓 ふさわしくない行ない / 마땅찮은 얼굴을 하고 있다 気にくわない顔をしている. **마땅찮이** 副 不当に. 不快に. ¶친구의 충고를 ~ 여긴다 友人の忠告を快く思わない.
마땅하다 形 **1** 適当だ. ふさわしい. 似つかわしい. ¶공적에 마땅한 보답 功績に見合う報賞. **2** 当然だ. 当たり前だ. ¶천벌을 받아 ~ 天罰を受けて当然だ. **마땅히** 副 当然. 当たり前に. ¶그라면 ~ 그리 할 것이다 彼なら当然そうするだろう.
마뜩찮다 形 気に入らない. 不満である. ¶그의 하는 품이 ~ 彼の素振りが気に入らない.
마뜩하다 形 満足だ. 気に入る. **마뜩이** 副 満足に. 満足げに. ¶~ 여기다 満足に思う.
마라톤〔marathon〕名 マラソン. ¶~ 경주 マラソン競走.
마력¹〔馬力〕名〔物〕馬力. ¶15~의 모터 15馬力のモーター.
마력²〔魔力〕名 魔力.
마련 名 하他 **1** 準備. 用意. したく. ¶자금 ~에 여념이 없다 資金の準備に余念がない / 점심을 ~하여 기다리다 昼食を用意して待つ. **2** 工夫. 工面. 思案. 心づもり. ¶50만 원만 ~해 주게 50万ウォンばかり工面してくれ / 저도 무슨 ~이 있겠지 あいつにもそれなりの思案があるだろうよ. **3** ('-게' 또는 '-기' 다음에 '마련이다'의 꼴로 쓰여) …するようになっている. …するものだ. …するものと決まっている. ¶봄이 되면 꽃이 피기 ~이다 春になれば花が咲くことになっている.
마렵다 形 便意を催す. (大小便が)したい. ¶오줌[똥]이 ~ 小便[大便]がしたい.
마루¹ 名 縁側. 板の間. 廊下. 板敷きの部屋. ¶마당에서 ~로 올라가다 庭から縁側に上がる / ~에서 낮잠을 자다 板の間で昼寝をする.
마루방〔―房〕名 板の間.
마루청〔―廳〕名 床板. 敷き板.
마룻바닥 名 (板敷きの)床.
마루² 名 **1** (屋根の)棟. **2** 尾根. ¶산~에 걸린 초승달 山の峰にかかった三日月. **3** 波頭. 波のてっぺん. **4** 重要な場面. 山場.
마루터기 名 (家の屋根や山の)てっぺん.
마루턱 名〔'마루터기'의 준말〕(屋根や山の)てっぺん.
마르다¹ 自 **1** (水気が)なくなる. 乾く. ¶빨래가 ~ 洗濯物が乾く. **2** (のどが)渇く. ¶신열로 입술이 ~ 体の熱で唇が渇く. **3** (井戸·川などが)干上がる. かれる. ¶우물이 ~ 井戸がかれる / 논이 ~ 水田が干上がる. **4**

(草木が)枯れる. ¶ 나뭇잎이 ~ 木の葉が枯れる / 마른 나무 枯れ木. **5** やせる. ¶ 요즘 몸이 자꾸 마른다 近ごろ体がしきりにやせる. **6** 使ってなくなる. 切れる. 尽きる. ¶ 돈이 ~ お金が尽きる.

마르다² 他 (布を)裁つ. 裁断する. ¶ 옷감을 ~ 服地を裁つ.

마르크〔독 Mark〕 依名 〔독일의 화폐 단위〕 マルク.

마른걸레 名 乾いたぞうきん.

마른걸레질 名 からぶき.

마른고기 名 干物. 干し魚.

마른과자〔一菓子〕 名 干菓子.

마른국수 名 **1** 乾麺. ¶ ~ 세 뭉치 乾麺3束. **2** まだ料理していない生のままの麺. ¶ ~ 두 사리 生の麺2玉.

마른기침 名 하自 空咳.

마른나무 名 枯れ木. 乾燥した木.

〔속담〕 **마른나무에 꽃이 피랴** 枯れ木に花が咲こうか〈はかない望みは捨てるほうがいい〉. **마른나무에 물 날까** 枯れ木から水が出ようか〈火のない所に煙は立たぬ〉.

마른반찬〔一飯饌〕 名 汁気のないおかず.

마른버짐 名 〔韓方〕 乾癬. 疥.

마른번개 名 晴天の稲妻.

마른빨래 名 하自 衣服についた泥を乾かしたあと, こすってきれいにすること.

마른안주〔一按酒〕 名 乾き物〈干物・ピーナツ・海苔などの水気のない酒のつまみ〉.

마른오징어 名 するめ.

마른일 名 하自 手を水にぬらさないでする仕事〈針仕事・機織りなど〉.

마른입 名 **1** 汁気なしで食べること. ¶ ~에 떡을 먹으면 체하기 쉽다 飲み物なしで餅を食べると胃がもたれやすい. **2** 客に何のもてなしもできないこと. **3** (朝起きて)何も食べていない口.

마른자리 名 湿気がなく乾いた場所.

마른침 名 固唾. ¶ ~을 삼키다 固唾をのむ.

마른풀 名 干し草. 枯れ草.

마른하늘 名 晴れた空. 青天.

〔속담〕 **마른 하늘에 날벼락** 青天の霹靂.

마른행주 名 乾いた布巾.

마름¹ 名 (わら葺き用の)わら束.

마름² 名 〔植〕 菱.

마름³ 名 小作地管理人.

마름모꼴 名 〔數〕 ひし形.

마름질 名 하自他 裁断すること. 切断すること. ¶ 양복감을 ~하다 服地を裁断する.

마리 依名 〔짐승·물고기·새·벌레 등을 세는 단위〕 匹. 頭. 羽. 尾. ¶ 사슴 두 ~ 鹿2頭 / 병아리 열 ~ ひよこ10羽 / 조기 2000~ 石持2000尾.

마리아〔Maria〕 名 〔聖〕 マリア. ¶ 성모 ~의 상 聖母マリアの像.

마리화나〔marihuana〕 名 マリファナ.

마마¹〔媽媽〕 名 **1** 〔韓方〕 天然痘. **2** 〔民俗〕 天然痘をひき起こす神.

마맛자국 名 痘痕. あばた. いも. みっちゃ.

마마²〔媽媽〕 名 〔史〕 **1** 王や王族などの人につけて尊敬の意を表わす語. ¶ 대전~ 国王陛下. **2** 高官の妾に対する尊敬語.

마멀레이드〔marmalade〕 名 マーマレード.

마면사〔麻綿絲〕 名 麻綿糸.

마멸〔磨滅〕 名 하自 摩滅. ¶ 타이어의 홈이 ~하다 タイヤの溝が摩滅する.

마모〔磨耗〕 名 하自 摩耗. ¶ 기계의 ~가 심하다 機械の摩耗がひどい / 톱니가 ~되다 のこぎりの歯が摩耗する.

마목 名 〔鑛〕 鉱脈に混じっている鉱石以外の鉱物.

마무르다 他 **1** (端を)そろえて結ぶ. ¶ 붕대의 끝을 ~ 包帯の端を結ぶ. **2** 仕上げる. 締めくくる. ¶ 일을 ~ 仕事を仕上げる.

마무리 名 하他 仕上げ. 締めくくり. ¶ 끝~ (物事の)仕上げ / 회의를 ~하다 会議を締めくくる.

마물〔魔物〕 名 魔物. 化け物.

마바리〔馬一〕 名 荷馬. 馬の荷. ¶ ~를 몰고 다니다 馬方をする.

마바리꾼 名 馬方. 馬子.

마방〔馬房〕 名 **1** 馬屋のある旅籠屋. **2** 寺院内の馬屋.

마방집 名 馬方を業とする家.

마법〔魔法〕 名 魔法. 魔術.

마법사〔一師〕 名 魔法使い.

마부〔馬夫〕 名 馬子. 馬丁. 御者.

마분〔馬糞〕 名 馬糞.

마분지〔一紙〕 名 馬糞紙. ボール紙.

마비〔痲痺〕 名 自 麻痺. しびれ. ¶ 심장 ~ 心臓麻痺 / 소아~ 小児麻痺 / 업계는 파업으로 ~ 상태에 있다 業界はストで麻痺状態にある / 감각이 ~되다 感覚が麻痺する.

마사¹〔馬事〕 名 馬に関する事柄.

마사²〔麻絲〕 名 麻糸.

마사지〔massage〕 名 하他 マッサージ.

마삯〔馬一〕 名 馬代. 馬の借り賃.

마상〔馬上〕 名 馬上. 馬に乗っていること.

마상객〔一客〕 名 馬上の人.

마상이 名 **1** 小舟. はしけ. **2** 丸木舟.

마석〔磨石〕 名 **1** 하自 石・石製品を研ぎ磨くこと. **2** ひき臼.

마석기〔一器〕 名 〔史〕 磨製石器.

마성〔魔性〕 名 魔性.

마소 名 馬と牛. 牛馬. ¶ ~ 부리듯 이 일을 시킨다 牛馬をこき使うように働かせる.

마손〔磨損〕 名 하自 摩損. ¶ ~도 摩損度.

마수¹ 名 **1** (最初の売れ行きによって予測する)その日の商売の運. ¶ ~가 좋다 商売の皮切り[最先]がいい / ~부터 재수가 없다 開店早々[最初の客から]縁起でもない. **2** 〔'마수걸이'의 준말〕 売り初め.

◆**마수를 걸다** 開業の初めに, またはその日最初に物を売る. 口あけをする.

마수걸이 名 하自他 売りぞめ. 口あけ. ¶ ~ 손님이다, 소중히 모셔라 今日最初のお客さまだ, 丁重に案内しろ.

마수²〔一數〕 名 (穀物などを)斗枡で量った量. 枡目.

마수³〔魔手〕 名 魔手. 魔の手. ¶ ～에 걸리다 魔手にかかる.

마술¹〔馬術〕 名 馬術. ¶ ～의 명수 馬術の名手/～ 경기 馬術競技.

마술²〔魔術〕 名 하他 魔術. ¶ ～사 魔術師/～을 부리다 魔術を使う.

◆**마술을 걸다** 魔術を使う.

마술쟁이 名 魔術師.

마스카라〔mascara〕 名 マスカラ.

마스코트〔mascot〕 名 マスコット.

마스크〔mask〕 名 マスク. ¶ 산소～ 酸素マスク/감기로 ～를 쓰다 風邪でマスクをかける.

마스터〔master〕 名 하他 マスター. ¶ 영어를 ～하다 英語をマスターする.

마스터키〔—key〕 名 マスターキー.

마스터플랜〔—plan〕 名 マスタープラン.

마스터베이션〔masturbation〕 名 하自 マスターベーション. オナニー.

마스트〔mast〕 名 マスト. ¶ 메인～ メーンマスト.

마시다 他 **1** (水·茶·酒などを)飲む. ¶ 차를 ～ 茶を飲む/커피를[가] 마시고 싶다 コーヒーが飲みたい/술을 홀짝홀짝 ～ 酒をちびりちびり飲む. **2** (空気を)吸う. ¶ 연탄 가스를 ～ 練炭のガスを吸う/신선한 공기를 ～ 新鮮な空気を吸う.

마애〔磨崖〕 名 하自 岩壁に絵·文字などを刻むこと.

마애불〔魔崖佛〕 名 磨崖仏.

마약〔痲藥〕 名〔藥〕麻薬. ¶ ～ 밀매 麻薬密売/～ 상습자 麻薬常習者/～ 중독 麻薬中毒.

마왕〔魔王〕 名〔佛〕魔王〈仏道にはいるのを妨げる鬼神〉.

마요네즈〔프 mayonnaise〕 名 マヨネーズ.

마우스피스〔mouthpiece〕 名 マウスピース. **1** (ボクシングで)口に入れる防具. **2**〔樂〕金管楽器の吹口部. うたぐち.

마운드〔mound〕 名 (野球の)マウンド.

마유〔麻油〕 名 麻の種の油.

마을 名 村. 部落. 里. ¶ 이웃 ～ 隣村/～ 변두리 村はずれ.

마을꾼 名 **1** (田舎で)近所を遊び回る人. **2** 家事をそっちのけにしてよく出歩く女.

마음 名 **1** 心. 精神. 気持ち. 心情. ¶ 건전한 몸과 ～ 健全な体と心/～의 평정을 얻다 心の平静を得る/～이 심란하다 心がそわそわする. **2** 気持ち. 心情. ¶ ～속 心の底/～에 새기다 心に刻む/～에 담아 두다 深く心にとどめる. **3** 人情. 思いやり. 真心. ¶ ～으로 心から/～이 두텁다 情が厚い/～에서 우러나오다 真心からわき出る. **4** (実現されていない)考え. 意図. つもり. 意向. ¶ 어떻게 할 ～으로 그런 짓을 했느냐? どういうつもりでそんなことをしたのか/상대편의 ～을 이해하다 先方の意向を汲む. **5** 愛情. 思い. ¶ 그녀는 그에게 ～을 주었다 彼女は彼に思いを許した.

◆**마음에 걸리다** 気にかかる. 気になる. ¶ 남겨 두고 온 아이가 ～에 걸린다 残して来た子供が気にかかる.

◆**마음에 들다** 気に入る. ¶ 그 색시 ～에 들더라 その若い女性は気に入ったよ.

◆**마음에 맺히다** (心に)こびりつく.

◆**마음에 없다** 心にもない. ¶ ～에 없는 발림 心にもないお世辞.

◆**마음에 짚이다** 目星がつく. 見当がつく.

◆**마음에 차다** 心にかなう.

◆**마음은 굴뚝 같다** やりたい気持ちはこの上もない. したくてたまらない.

◆**마음을 끌다** 気をひく.

◆**마음을 내다** (何事かをしようと)思い立つ. …する気になる.

◆**마음을 사다** 関心を買う. 好感を与える. ¶ 여자의 ～을 사다 女の関心を買う.

◆**마음이 가다** 気が向く. 心が傾く. ¶ 그 남자에게 ～이 가는 모양이다 その男に心が傾いているようだ.

◆**마음이 놓이다** 安心する.

◆**마음이 누그러지다** 心が和らぐ.

◆**마음이 달다** (事が思うようにならなくて)気が焦る. いらだつ.

◆**마음이 돌아서다** 気持ちがほぐれる. ¶ ～이 자연히 돌아섰다 気持ちが自然にほぐれた.

◆**마음이 들뜨다** (心が)浮き立つ. ¶ 봄이 오면 ～이 들뜬다 春が来ると心が浮き立つ.

〔속담〕 **마음에 없는 염불** 空念仏〈したくないと思いながらしぶしぶすることの意〉.

마음가짐 名 心の持ち方. 心がけ. ¶ 올바른 ～ 正しい心がけ/～을 굳게 하다 心の持ち方を固くする.

마음결 名 気質. 気立て. ¶ ～이 고운 처녀 気立ての優しい娘.

마음고생〔—苦生〕 名 気苦労. 心配. ¶ 못난 자식 때문에 어머니의 ～이 말이 아니다 息子のために母の気苦労は並大抵でない/～이 끊이지 않다 心配が絶えない.

마음공부〔—工夫〕 名 精神修養.

마음껏 副 **1** 真心を尽くして. 精一杯. ¶ ～ 돌보다 精一杯世話をする. **2** 心ゆくまで. 満足するまで. ¶ ～ 먹다 腹一杯食べる/～ 놀다 心ゆくまで遊ぶ.

마음대로 副 気ままに. 思うとおりに. 勝手に. 思いどおりに. 随意に. ¶ ～ 되지 않는 것이 세상사다 思うようにならないのが世の常だ.

마음먹다 他 決心する. きめる. ¶ 그녀와 결혼하기로 마음먹었다 彼女と結婚することにきめた/실행하기로 ～ 実行することに決心する.

마음보 名 (おもに悪い)性格. 性根. 根性. ¶ 자네 ～가 틀렸네 君は根性が悪いね/～가 사납다 気性が荒い.

마음성〔—性〕 名 心根. 気立て. ¶ 저래 보여도 ～은 좋은 사람이야 ああ見えても心根はいい人だよ.

마음속 名 心の中. 意中. 心中. 内心. ¶ ～을 털어놓다 心中を打ち明ける/～을 헤아리다 意中を察する.

마음씨 名 心根. 心がけ. 気立て. ¶ ～

고운 아가씨 気立ての優しい娘 / 성실한 ～ 誠実な心がけ.
마음자리 名 心の本質. 心根. 心地.
마의〔麻衣〕名 麻織りの衣服.
마이너스〔minus〕名 하他 マイナス.
마이동풍〔馬耳東風〕名 馬耳東風.
마이카〔my＋car〕名 マイカー. ¶～족 マイカー族 / ～ 시대 マイカーの時代.
마이크〔mike〕名 マイク. マイクロフォン.
마이크로-〔micro-〕接頭 マイクロ.
마이크로미터〔micrometer〕名 マイクロメーター.
마이크로웨이브〔microwave〕名〔物〕マイク波.
마이크로컴퓨터〔microcomputer〕名 マイクロコンピューター. マイコン.
마이크로파〔一波〕名〔物〕マイクロ波. マイクロウェーブ.
마이크로폰〔microphone〕名〔物〕マイクロフォン. マイク.
마이크로필름〔microfilm〕名 マイクロフィルム.
마인〔麻仁〕名〔韓方〕麻仁. 麻の実.
마일〔mile〕依名 マイル.
마작〔麻雀〕名 麻雀.
마작꾼 名 麻雀を好む人. 麻雀が上手な人.
마장¹〔馬場〕名 **1** 馬場. **2** 馬をつないでおいたり放牧したりする所.
마장² 依名〔지난날의 거리 단위〕10里(日本の1里に相当)未満の距離を言う.
마저¹ 副 一つも残さず皆. 全部. ¶내 말 ～ 들어봐 僕の言うことを終わりまで聞いてみな / 이 일도 ～ 해치워라 この仕事も全部片付けなさい.
마저² 助〔까지도〕…までも. …さえ. …すら. ¶비～ 오는구나 雨まで降りだしたな / 끼니～ 제대로 못때우는 생활 食事さえ不自由な生活.
마적〔馬賊〕名 馬賊.
마전 名 하他 漂白すること. さらすこと.
마제¹〔馬蹄〕名 馬蹄. 馬のひづめ.
마제²〔磨製〕名 磨製. ¶～ 석기 磨製石器.
마젤란운〔Magellan雲〕名〔天〕マゼラン雲.
마조〔一調〕名〔樂〕ホ調.
마주¹〔馬主〕名 (おもに競馬での)馬主.
마주² 副 向き合って. ¶그녀와 ～ 대하다 彼女と向き合う.
◆**마주 놓다** 向かい合わせに置く.
◆**마주 보다** 相見る. 向かい合う. 見合わせる. 面する. 相対する. ¶～ 보고 앉다 向き合って座る / 두 사람은 ～ 보고 웃었다 二人は相見て笑った.
◆**마주 서다** 向かい合って立つ. 向かい合う. 立ち向かう. ¶강적과 ～ 서다 強敵に立ち向かう / ～ 서서 싸우다 対峙して戦う.
◆**마주 앉다** 向き合って座る. 差し向かいに座る. 対座する. ¶～ 앉아서 담판을 하다 膝を突き合わせて談判する.
◆**마주 잡다** ① 手を取り合う. ¶손을 ～ 잡고 반가워하다 手を取り合って懐かしがる. ② (物を)向き合って持つ. ③ 協力し合う. ¶손을 ～ 잡고 대처해 나갑시다 力を合わせて事に当たりましょう.
마주르카〔(포)mazurka〕名〔樂〕マズルカ.
마주치다 自 **1** (目と目が)合う. ¶눈길이 ～ 視線が合う / 다정한 눈길과 ～ 優しいまなざしにぶつかる. **2** 思いがけなく会う. 出くわす. ¶빼도 박지도 못할 어려운 장면에 마주쳤다 抜き差しならない苦しい場面に出くわした. **3** (正面から)ぶつかる.
마주하다 他 向き合う. 相対する. ¶우연히 ～ 偶然向き合う / 두 도시가 강을 끼고 ～ 二つの都市が川をはさんで相対する.
마중 名 하他 出迎え. 迎え. ¶역까지 ～ 나갔다 駅まで出迎えに行った / 친구를 ～하다 友人を迎える.
마중물 名 誘い水. 呼び水. ¶펌프에 ～을 붓다 ポンプに誘い水を注ぎ入れる.
마지기 依名 マジギ〈田畑の面積の単位. 1斗分の種をまくほどの広さ〉.
마지막 名 最後. 終わり. 仕舞い. ¶～ 순간 最後の瞬間 / ～까지 남은 사람 最後まで残った人 / 오늘 일은 이것으로 ～이다 今日の仕事はこれでおしまいだ / ～으로 最後に / ～ 숨을 거두다 最後の息を引き取る.
마지못하다 形 やむを得ない. 仕方がない. 致し方ない. ¶마지못한 사정으로 못 갔다 やむを得ない事情で行けなかった / 마지못해 들어 주다 仕方なく聞いてやる.
마지아니하다 補動 …してやまない. …に堪えない. ¶환영해 ～ 歓迎してやまない.
마직물〔麻織物〕名 麻織物.
마진¹〔痲疹〕名〔韓方〕麻疹. はしか.
마진²〔margin〕名〔經〕マージン. ¶～을 먹다 マージン[差金]を取る.
마질 名 하他 穀物を枡で量ること.
마차〔馬車〕名 馬車.
마차꾼 名 御者.
마찬가지 名 同じこと. 同様. 同然. ¶너와 ～의 기분이다 君と同じ気分だ / 지금이나 예나 ～다 今も昔も同じだ.
마찰〔摩擦〕名 하自他 摩擦. こすること. ¶～력 摩擦力 / 무역 ～ 貿易摩擦 / ～이 생기다 摩擦が生じる / ～을 피하다 摩擦を避ける.
마찰 손실〔一損失〕名〔物〕摩擦損失.
마찰음〔一音〕名〔言〕摩擦音.
마천루〔摩天樓〕名 摩天楼. 高層建築物.
마초〔馬草〕名 秣. 飼葉.
마취〔痲醉〕名 하自他 麻酔. ¶국부 ～ 局部麻酔 / ～시키다 麻酔をかける.
마취약〔一藥〕名 麻酔薬.
마취제〔一劑〕名 麻酔薬.
마치¹ 名 **1** 金鎚. とんかち. ¶～로 못을 박다 金鎚で釘を打つ. **2** ⇨망치
마치² 副 まるで. あたかも. さながら. ちょうど. ¶～ 거짓말 같다 まるで嘘のよう

だ/～ 영웅처럼 받들다 あたかも英雄のごとく奉る/초원은 ～ 바다 같았다 草原はさながら海のようだった.

마치³〔march〕 名〔樂〕 マーチ. 行進曲.

마치다¹ 自 **1** (杭·釘を打つとき)何かに突き当たる. **2** (体の一部が)差し込むように痛む. ¶ 옆구리가 ～ わき腹が差し込む.

마치다² Ⅰ 自 終わる. ¶ 학교는 몇 시에 마치니? 学校は何時に終わるんだい. Ⅱ 他 終える. すます. 遂げる. ¶ 초대면의 인사를 마쳤다 初対面のあいさつをすませた/비참한 최후를 ～ 悲惨な最後を遂げる/임무를 마치고 귀국하였다 任務を終えて帰国した.

마침 副 **1** ちょうど. ちょうどいいところへ. 程よく. いい具合に. ¶ 보고 싶었는데 ～ 잘 왔군 会いたいと思ってたんだ, いいところへ来たな. **2** ちょうどその時. たまたま. あいにく. 折しも. ¶ 어제는 ～ 비가 와서 못 갔다 昨日はたまたま雨が降って行けなかった/～ 그 자리에 없었다 あいにくその場にいなかった.

마침구이 名 하他 (陶磁器をつくるとき釉薬をかけて焼く)本焼き.

마침내 副 とうとう. ついに. 結局. あげくの果て. ¶ ～ 가 버리고 말았다 とうとう行ってしまった/～ 화해가 성립되었다 ついに和解が成立した.

마침맞다 形 ちょうどぴったりだ. 程よい. ¶ 마침맞게 도착하였다 ちょうどいいときに到着した/일손이 모자라던 터에 마침맞게 그가 왔다 人手が足りない時に程よく彼が来た.

마침표〔一標〕 名 終止符. ピリオド.

마카로니〔(이) macaroni〕 名 マカロニ.

마케팅〔marketing〕 名〔經〕 マーケティング.

마크〔mark〕 名 하自他 マーク. **1** 商標. **2** 目をつけて注意すること. 記録すること. ¶ 백넘버 9번의 선수를 ～하라 背番号9の選手をマークしろ.

마파람 名 南風. はえ.
〔속담〕 **마파람에 게 눈 감추듯** 南風にかにが目を引っ込めるように〈食べ物をあっという間に平らげること〉.

마패〔馬牌〕 名〔史〕 官吏が地方出張のとき駅馬を徴発するのに証票として使った札.

마포〔麻布〕 名 麻布.

마필〔馬匹〕 名 馬匹. 馬. ¶ ～ 개량 馬の品種改良.

마하〔(독) Mach〕 名 マッハ. ¶ ～ 2.5의 전투기 マッハ2.5の(スピードが出る)戦闘機.

마호메트교〔Mahomet 教〕 名〔宗〕 イスラム教.

마흔 数 40. ¶ ～ 살 40歳/～ 두 개 42個.

막¹〔幕〕 Ⅰ 名 **1** 幕. ¶ 방에 ～을 쳐서 칸을 막았다 部屋に幕を垂らして間仕切りをした/무대의 ～이 오르다 舞台の幕が上がる. **2** (風雨をしのぐ)仮小屋.
Ⅱ 依名〔演〕 幕. ¶ 2～ 4장 2幕4場/1～짜리 一幕物.
◆**막을 내리다** 幕を下ろす. (舞台の出し物が)終わる. (行事などが)終わる.
◆**막을 올리다** 幕を上げる. (舞台の演芸などが)始まる. (行事などが)始まる.

막²〔膜〕 名 膜. **1** (器官を包んだりふさいだりする薄い)細胞層. ¶ 세포 ～ 細胞膜. **2** 物の表面を覆う薄い皮.

막³ 副 たった今. (…した)ばかり. ちょうど. 今. まさに. ¶ 버스는 ～ 떠났다 バスは出たばかりだ/～ 나가려는 참이었다 今出かけようとするところだった.

막⁴ 副 **1** やたらに. むやみに. ¶ 뒤에서 ～ 밀다 後ろからむやみに押す. **2** 激しく. ¶ 슬픔을 억누르지 못하고 ～ 울다 悲しみを抑えきれず激しく泣く. **3** 手のつけようもなく. ¶ 외국 상품이 ～ 밀려오다 外国の商品が手のつけようもなく押し寄せてくる. **4** 不作法に. ぞんざいに. ¶ 말을 ～ 하는 사람 口が悪い人.

막-⁵ 接頭 **1** 「手当たり次第·いいかげんな·安っぽい」の意を表わす. ¶ ～일 荒仕事. 力仕事/～벌이 力仕事で稼ぐこと. **2** 「粗い·荒っぽい」の意を表わす. ¶ ～베 粗織り/～된 남자 荒くれ男. **3** 「質が悪い」の意を表わす. ¶ ～소주 安酒/～초 (低質の)刻みたばこ. **4** 「最後·終わり」の意を表わす. ¶ ～차 終車/～둥이 末っ子.

막가다 自 礼儀をわきまえず粗暴なふるまいをする. ¶ 막가는 놈 無礼なやつ.

막간〔幕間〕 名 **1**〔演〕 幕あい. **2** (物事の)間. 合間.
막간극〔一劇〕 名 幕あい劇.

막강하다〔莫強一〕 形 この上なく強い. 強大だ. 強力だ. ¶ 막강한 군사력 強大な軍事力.

막걸리 名 マッコリ. どぶろく. ¶ 찹쌀 ～ もち米のマッコリ.

막국수 名〔料理〕 肉汁·キムチの汁などをかけたそば〈江原道の名物〉.

막깎다 他 丸刈りにする.

막내 名 末っ子. 末子.
막내둥이 名 〔막내를 귀엽게 이르는 말〕 ちびちゃん.
막내딸 名 末の娘.
막냇동생〔一同生〕 名 末の弟[妹].

막노동〔一勞動〕 名 하自 雑役. 荒仕事. 肉体労働. ¶ ～으로 생계를 유지하다 力仕事で生計を立てる.

막다 他 **1** (すきま·穴などを)ふさぐ. (道などを)遮断する. ¶ 출입구를 ～ 出入口をふさぐ/귀를 ～ 耳をふさぐ/코를 ～ 鼻をおさえる/냇물을 ～ 川の水をせき止める/병 아가리를 마개로 ～ 瓶の口を栓でふさぐ/길을 ～ 道を遮断する/구멍을 ～ 穴をふさぐ/돌담의 틈을 시멘트로 막았다 石塀のすきまをセメントでふさいだ. **2** 防ぐ. 食い止める. ¶ 범죄를 ～ 犯罪を防ぐ/비바람을 ～ 雨風を防ぐ/적의 공격을 ～ 敵の攻撃を防ぐ/화재를 ～ 火災を防ぐ/피해를 ～ 被害を食い止める. **3** (話などを)さえぎる. 制止する. ¶ 말을 ～ 言葉をさえぎる/

시위 행진을 ～ 示威行進を制止する. **4** (視界などを)さえぎる. 仕切る. ¶ 빌딩이 전망을 막고 있다 ビルが眺めをさえぎっている / 방의 칸을 ～ 部屋の間仕切りをする / 정원을 생울타리로 ～ 庭園の周りを生け垣で囲う.

막다르다 形 (주로 '막다른'의 꼴로) 行き詰まった. どん詰まりの. 行き止まりの. ¶ 막다른 골목 行き詰まり. 袋小路どん詰まり / 막다른 지경에 이르다 窮地に陥る.

◆**막다른 골** ① 行き止まり. 袋小路. ¶ 막다른 골에 들어서다 袋小路に入る. ② 行き詰まり. のっぴきならぬ状態. 窮地. ¶ 막다른 골에 몰리다 窮地に追い込まれる.

◆**막다른 집** (袋小路の)突き当たりの家.

막담배 名 質の悪いたばこ.

막대 名 〔'막대기'의 준말〕 棒.

막대 그래프〔—graph〕 名 〔數〕 棒グラフ.

막대기 名 棒. 棒切れ.

막대자석〔—磁石〕 名 〔物〕 棒磁石.

막대패 名 粗鉋.

막대하다〔莫大—〕 形 莫大だ. ¶ 막대한 손해 莫大な損害 / 태풍의 피해가 ～ 台風の被害が甚大である. **막대히** 副 莫大に.

막도장〔—圖章〕 名 三文判.

막돌 名 荒石. 石ころ.

막돼먹다 形 〔'막되다'를 속되게 이르는 말〕 無作法だ.

막되다 形 無作法だ. 粗暴だ. 自分勝手で乱暴だ. ¶ 막된 행실 粗暴なふるまい / 막된 말씨 ぞんざいな言葉遣い.

막된놈 名 ならず者. 乱暴者. 無法者.

막론〔莫論〕 名 하他 (주로 '막론하고'의 꼴로) …にかかわらず. …を問わず. …の区別なく. ¶ 지위의 고하를 ～하고 地位の高下を問わず / 남녀노소를 ～하고 즐길 수 있는 운동 老若男女を問わず楽しめる運動.

막료〔幕僚〕 名 幕僚.

막막하다[1]〔寞寞—〕 形 **1** 寞々たり. 静かで寂しい. ¶ 막막한 산촌의 밤 寞々たる山里の夜. **2** 頼りなくて寂しい. ¶ 어버이를 여의어 ～ 親に死なれ頼りなくて孤独である. **3** 漠然としている. 見通しがきかない. ¶ 뒷마무리가 ～ 後始末が漠然としている. **막막히**[1] 副 寞々と.

막막하다[2]〔漠漠—〕 形 広々と果てしない. ¶ 막막한 대평원 漠々たる大平原. **막막히**[2] 副 漠々と.

막말 名 하自 決めつけた物言い. 放言. 出任せにしゃべること. ¶ ～로 사기꾼 같은 사람이야 言わせてもらえば詐欺師みたいな人間さ.

막무가내〔莫無可奈〕 名 **1** どうしようもないこと. (一度決めたら)頑として動かないこと. 融通のきかないこと. ¶ 아무리 설득해도 ～였다 いくら説得してもきかなかった. **2** ('막무가내로'의 꼴로) 頑として. どうしても. ¶ 아무리 붙들어도 ～로 가 버렸다 いくら引き止めても頑として行ってしまった.

막바지 名 **1** 行き止まり. ¶ 고개의 ～ 峠の頂上 / 동네의 ～ 村はずれ / 골목의 ～ 路地の行き止まり. **2** 最後の段階. 終盤. 土壇場. どん詰まり. ¶ 더위도 이제는 ～에 접어들었다 暑さもやっと峠を越した.

막벌이 名 하自 日雇い. 荒仕事. ¶ ～로 살다 日雇い仕事で暮らす.

막벌이꾼 名 日雇い労働者.

막사〔幕舍〕 名 **1** 幕舎. **2** 〔軍〕 海兵隊編制上の単位部隊の一つ.

막살이 名 하自 行き当たりばったりの暮らし.

막상 副 いざ. 実際に. 事に当たって. ¶ ～ 하려면 いざとなると / ～ 헤어지려니 섭섭하구나 いざ別れると思うと寂しいな.

막상막하〔莫上莫下〕 名 하形 互角. 伯仲. 五分五分. ¶ ～의 솜씨 負けず劣らずの腕前 / ～의 승부 互角の勝負.

막심하다〔莫甚—〕 形 この上なくはなはだしい. ¶ 불효가 ～ 不孝はこの上ない / 막심한 타격을 받다 この上なく甚だしい打撃をうける. **막심히** 副 はなはだしく.

막아내다 他 防ぎ止める. 食い止める. ¶ 적을 ～ 敵を食い止める.

막역하다〔莫逆—〕 形 莫逆だ. きわめて親しい. ¶ 막역한 사귐 莫逆の交わり.

막연하다〔漠然—〕 形 漠然としている. 曖昧だ. 不確かだ. ¶ 막연한 기대 漠然とした期待 / 앞으로의 살길이 ～ これからの暮らしが不確かだ. **막연히** 副 漠然と.

-막이 接尾 防ぐもの[こと]. ¶ 보～ 堰止め / 바람～ 風除け / 액～ 厄よけ. 厄ばらい.

막일 名 하自 (日雇いの)荒仕事. 力仕事. 雑役.

막일꾼 名 荒仕事をする人.

막장 名 하自 〔鑛〕 **1** 坑道の突き当たり. 切り羽. 採掘場. **2** 採掘作業.

막장일 名 하自 採掘作業.

막중하다〔莫重—〕 形 きわめて重大だ. きわめて重い. ¶ 막중한 임무 重大な任務 / 책임이 ～ 責任が重い. **막중히** 副 重大に. 重く.

막지르다 他 (言葉や行く手を)遮る. ¶ 상대방의 말을 ～ 相手の言葉を遮る.

막질리다 自〔'막지르다'의 피동사〕 (行く手が)遮られる.

막차〔—車〕 名 終車. 終列車. 終発. ¶ ～를 잡다[놓치다] 終車に乗る[を逃す].

막치 名 粗製品.

막판 名 **1** 終局. どん詰まり. 土壇場. ¶ 시합은 ～에 접어들었다 試合は大詰めを迎えた / ～에 와서 우는 소리 하다니 土壇場になって泣き言を言うとは. **2** めちゃくちゃな局面.

막후〔幕後〕 名 (特に政治的な)舞台裏. 裏面. 裏側. ¶ ～공작 裏工作 / ～교섭 裏交渉. 談合 / 정계의 ～ 인물 政界の黒幕.

막히다 自 詰まる. ふさがる. つかえる. ¶ 숨이 ~ 息が詰まる / 기가 막혀서 말도 안 나와 あきれて言葉も出ない / 질문의 답변에 막힌다 質問の返事に詰まる.
만[1]〔卍〕 名〔佛〕卍.
만[2]〔滿〕 名 満. まる. ¶ ~ 두 살 満2歳 / ~ 10년 満10年 / ~ 이틀 동안 まる2日間 / ~으로 몇 살이지? 満で何歳かな.
만[3]〔灣〕 名 湾. 入り江.
만[4] 依名〔시간의 경과〕…目. …ぶり. …たった後. ¶ 이틀 ~이다 2日目だ. 2日ぶりだ / 오랜 ~에 久しぶりに / 3년 ~에 귀국했다 3年ぶりに帰国した.
만[5]〔萬〕 數 万. 1万.
만[6] 助 **1**〔한정의 뜻을 나타냄〕…だけ. …ばかり. …のみ. ¶ 하나~ 다오 一つだけくれ / 그것~은 참아 줘 それだけは我慢してくれ. **2**〔강조의 뜻을 나타냄〕…さえ. …だけ. ¶ 돈~ 있으면 만족한다 お金さえあれば満足する / 둘이서~ 이야기하고 싶다 二人だけで話したい. **3**〔정도를 비교하는 뜻을 나타냄〕…ぐらい. …ほど. …より(も). ¶ 아우가 형~ 못하다 弟が兄より(も)劣る / 그~ 일로 웬 야단이냐? それしきのことでなんという大騒ぎだ. **4**〔행위의 단일성·상태의 두드러짐을 나타냄〕…ばかり. ¶ 그녀는 그 사람 말에 웃기~ 했다 彼女はその人の話しに笑ってばかりいた.
만[7] 助〔'마는'의 준말〕…が. …けれども. ¶ 사고는 싶다~ 돈이 없다 買いたいけどお金がない / 부득이 가지~ 내일 또 오마 やむなく行くがあしたまた来るよ.
만가〔輓歌〕 名 挽歌.
만간〔滿干〕 名 干満.
만감〔萬感〕 名 万感. いろいろな思い. ¶ ~이 교차하여 가슴을 메운다 万感入り乱れて胸に迫まる.
만강〔滿腔〕 名 満腔. 体じゅう.
만강하다〔萬康—〕 形 つつがない. 安泰である.
만개〔滿開〕 名 하自 満開.
만경[1]〔晩景〕 名 晩景.
만경[2]〔萬頃〕 名 万頃. 地面または水面の限りなく広いこと.
　만경창파〔—蒼波〕 名 果てしなく広々とした青い海.
만고[1]〔萬古〕 名 万古. **1** はるかな昔. **2** 限りない歳月.
　만고강산〔—江山〕 名 大昔から変わらない山河.
　만고불멸〔—不滅〕 名 하自 永久不滅.
　만고불변〔—不變〕 名 하自 永久不変.
　만고불역〔—不易〕 名 하自 万古不易.
　만고역적〔—逆賊〕 名 万古に類ない逆賊.
　만고절색〔—絶色〕 名 絶世の美人.
　만고풍상〔—風霜〕 名 万古の風霜. ¶ ~을 극복하다 ありとあらゆる風霜を乗り越える.
만고[2]〔萬苦〕 名 万苦. 多くの苦しみ.
만곡하다〔彎曲—〕 形 湾曲する. ¶ 만곡한 해안선 湾曲した海岸線.
만공산〔滿空山〕 名 하自 (月光などが)人気のない山に満ちること. ¶ 명월이 ~하니 쉬어간들 어떠리 明月が空山に満ちたり, しばしのいこいはいかがか.
만국〔萬國〕 名 万国. ¶ ~기 万国旗.
　만국 박람회〔—博覽會〕 名 万国博覧会. 万国博.
만군〔萬軍〕 名 **1** 大軍. **2**〔基〕イスラエル民族. **3**〔基〕万有. 万物.
만금〔萬金〕 名 万金. 千金. ¶ ~을 주어도 살 수 없다 万金をもってしても買えない.
만기〔滿期〕 名 満期. ¶ ~ 어음 満期手形 / ~ 제대 満期除隊.
　만기일〔—日〕 名 満期日.
만끽〔滿喫〕 名 하他 満喫. **1** 十分に楽しむこと. ¶ 가을 향취를 ~하다 秋の香りを満喫した. **2** 十分に飲み食いすること. ¶ 어머니가 손수 만든 요리를 ~하다 おふくろの手料理を満喫する.
만나다 他 **1** 会う. 顔を合わせる. 対面する. ¶ 친구를 ~ 友達に会う / 늘 가는 다방에서 만나자 いつもの喫茶店で会おう. **2** 遭う. 遭遇する. 出会う. 出くわす. ¶ 도중에 사고를 만나서 늦었네 途中で事故に遭って遅くなったよ. **3** 巡り合う. ¶ 소꿉동무와 ~ 幼なじみと巡り合う. **4** 見舞われる. ¶ 불의의 화재를 ~ 不意の火災に見舞われる. **5** (ある時を)得る. 迎える. ¶ 영웅도 때를 만나야 활약한다 英雄も時を得てこそ活躍する.
만난〔萬難〕 名 万難. ¶ ~을 헤치다 万難を排する.
만날〔萬—〕 副 毎日のように. いつも. 常に. しょっちゅう. ¶ ~ 그 이야기뿐이야 いつもその話ばかりだ.
만남 名 出会い. ¶ ~의 광장 出会いの広場. 待ち合わせの広場 / 너와 나의 ~ 君と僕の出会い.
만년[1]〔晩年〕 名 晩年. ¶ 외로운 ~을 보내다 孤独な晩年を過ごす.
만년[2]〔萬年〕 名 万年. 長い歳月. ¶ ~ 평사원 万年平社員 / ~ 소녀 万年娘. いつまでも若々しく見える女性 / ~설 万年雪.
　만년지계〔—之計〕 名 万年の計. 百年の計.
　만년필〔—筆〕 名 万年筆.
만능〔萬能〕 名 万能. ¶ 과학 ~의 시대 科学万能の時代 / 황금~ 黄金万能. お金がすべて.
만다라〔曼陀羅〕 名〔佛〕曼陀羅. **1** 仏が悟った境地を描いて崇拝の対象としたもの. **2** 仏像などを安置した仏壇.
만단〔萬端〕 名 万端. **1** いろいろ絡んだ事端. **2** あらゆる方法. ¶ ~의 준비가 되어 있다 準備万端整っている.
만담〔漫談〕 名 하自 漫談.
　만담가〔—家〕 名 漫談家.
만당〔滿堂〕 名 하自 満堂. 満場.
만대〔萬代〕 名 万代. 万世. 永久. ¶ 자손~에 전하다 子々孫々に伝える.

만돌린〔mandolin〕 名〔樂〕マンドリン.
만두〔饅頭〕 名〔料理〕饅頭. ギョーザ. パオズ. ¶ 물~ 水ギョーザ / 군~ 焼きギョーザ / 고기~ 肉ギョーザ.
만득〔晩得〕 名 하他 年をとってから子を得ること, またその子.
만득자〔一子〕 名 年をとってから得た子.
만들다 Ⅰ 他 **1** (技術や労力をもって)つくる. こしらえる. 製造する. 製作する. ¶ 부품을 ~ 部品を製造する / 음식을 ~ 料理をつくる / 조문의 초안을 ~ 条文の草案をこしらえる. **2** 作成する. ¶ 계획서를 ~ 計画書を作成する. **3** (本を)編集する. ¶ 사전을 ~ 辞典をつくる. **4** (法律や規則などを)制定する. こしらえる. ¶ 회칙을 ~ 会則を定める / 법령을 ~ 法令を制定する. **5** (機関·団体·会社などを)設ける. 設立する. ¶ 정당을 ~ 政党を組織する / 회사를 ~ 会社をつくる. **6** (財産·借金などを)つくる. 拵える. ¶ 자금을 ~ 資金を拵える / 한 재산 ~ ひと財産つくる. **7** (時間·暇·機会などを)生み出す. ¶ 틈을 ~ 暇をつくる / 기회를 ~ 機会をつくる. **8** (もめごとを)ひき起こす. しでかす. ¶ 골치 아픈 일거리만 만드는구나 頭の痛いことばかりしでかすんだな.
Ⅱ 補動 〔…되게 하다〕…させる. …にさせる. …せしめる. …する. ¶ 부하를 복종하게 ~ 部下を服従させる / 기가 죽도록 ~ 気をめいらせる / 우리를 홀리도록 ~ 我々を惑わせる.
만듦새 名 (物の)出来ぐあい. 出来映え. つくり. こしらえ. ¶ ~가 날림이다 つくりが粗雑だ / ~가 훌륭하다 立派な出来映えだ.
만료〔滿了〕 名 하自 満了. ¶ 기간 ~ 期間満了 / 임기가 ~되다 任期が満了になる.
만루〔滿壘〕 名 (野球で)満塁. ¶ ~ 홈런 満塁ホームラン.
만류〔挽留〕 名 하他 引き止めること. 思いとどまらせること. 慰留. ¶ 소매를 잡고 ~하다 そでを引いて引き止める / 사임을 ~하다 辞任を思いとどまらせる.
만리〔萬里〕 名 万里. 非常に遠い距離. ¶ ~타향을 헤매다 はるかに遠い異郷をさまよう.
만리장서〔一長書〕 名 非常に長い文や手紙.
만리장성〔一長城〕 名 (中国の)万里の長城.
만만세〔萬萬歲〕 名 万々歳.
만만찮다 形 侮れない. 手ごわい. 見縊られない. 強したかだ. ¶ 상대는 제법 ~ 相手はなかなか手ごわい.
〔속담〕 **만만찮기는 사돈집 안방** ままにならないのは相舅の奥の間だ〈不自由で窮屈なこと〉.
만만하다 形 **1** (相手にするのに)くみしやすい. 御しやすい. ¶ 만만한 상대로 보인다 くみしやすい相手と見られる. **2** やわらかい. しなやかだ. **만만히** 副 くみしやすく. やわらかく.
만면〔滿面〕 名 **1** 満面. ¶ ~에 웃음을 띠고 있다 満面に笑みをたたえている.
만면하다〔滿面一〕 形 顔いっぱいだ. ¶ 희색이 ~ 喜色満面である.
만무방 名 **1** 恥知らず. **2** 破廉恥の人.
만무하다〔萬無一〕 形 (‘-ㄹ[-을] 리 만무하다’의 꼴로) …のはずは決してない. ¶ 그가 알 리 ~ 彼に分かるはずは絶対にない.
만물〔萬物〕 名 万物. ¶ ~이 소생하는 봄 万物が生き返る春 / 그 분은 ~박사라고 한다 その方は物知り博士だそうだ.
만물상[1]〔一相〕 名 **1** 金剛山にある奇岩怪石. **2** 万物相.
만물상[2]〔萬物商〕 名 よろず屋. 何でも屋.
만민〔萬民〕 名 万民. ¶ ~은 법 앞에 평등하다 万民は法の前に平等である.
만반〔萬般〕 名 万般. 万端. ¶ 귀빈을 맞이할 ~의 준비를 끝냈다 貴賓を迎える万端の準備を終えた.
만발〔滿發〕 名 하自 満開. ¶ 복숭아꽃이 ~했다 桃の花が満開だ.
만방[1]〔萬方〕 名 万方. あらゆる方面. 諸方. 方々.
만방[2]〔萬邦〕 名 万邦. 万国.
만백성〔萬百姓〕 名 万民. 全国民.
만병〔萬病〕 名 万病. ¶ 감기는 ~의 근원 風邪は万病のもと.
만병통치〔一通治〕 名 **1** 一つの薬がいろいろな病気に効くこと. **2** ある一つの事柄が他の多くの事柄に効力を及ぼすこと.
만복[1]〔萬福〕 名 万福. たいへん幸せであること. ¶ 귀하의 ~을 빕니다 あなたさまの万福をお祈りいたします / ~을 누리다 万福を享受する.
만복[2]〔滿腹〕 名 満腹.
만부당하다〔萬不當一〕 形 不合理もはなはだしい. とんでもない. ¶ 그런 만부당한 이야기는 작작 해라 そんなとんでもない話はいいかげんにしろ.
만부득이〔萬不得已〕 副 하形 万やむを得ず. どうしようもなく. 仕方なく. ¶ ~한 사정으로 못 갔습니다 やむを得ない事情で行けませんでした.
만분지일〔萬分之一〕 名 万分の一. ほんのわずかなこと. ¶ 은혜의 ~도 보답을 못 했다 ご恩返しが万分の一もできませんでした.
만사〔萬事〕 名 万事. すべてのこと. ¶ ~가 착착 진행되고 있다 万事が着々と進行している.
만사여의〔一如意〕 名 하形 万事思い通りになること.
만사태평〔一太平〕 名 하形 **1** 万事が平穏であること. **2** 何事にものんきなこと. ¶ 시험에 떨어졌는데도 ~이야 試験に落ちたのにまったくのんきなものだ.
만사형통〔一亨通〕 名 하自 万事が都合よく運ぶこと.
만삭〔滿朔〕 名 하自 臨月. 産み月.
만산〔滿山〕 名 満山. **1** 山全体に満ちていること. **2**〔佛〕寺じゅう. 寺のすべての僧.
만상〔萬象〕 名 万象. ¶ 삼라~ 森羅

万象.

만생〔晩生〕 名 하他 晩生. **1** 遅く子を産むこと. **2** 先輩に対する自分の謙譲語.

만생종〔一種〕 名 晩生種. おくて.

만석〔萬石〕 名 万石. 一万石.

만석꾼 名 (1万石の米を産するほどの)大富農.

만선〔滿船〕 名 하形 (とれた魚・船客で)船が満杯になること, またその船. 大漁.

만성¹〔晩成〕 名 하自他 晩成. ¶ 대기～ 大器晩成.

만성²〔萬姓〕 名 **1** あらゆる姓[名字]. **2** 万姓. 万民.

만성³〔慢性〕 名 慢性. ¶ ～적 慢性的.

만성병〔一病〕 名〔醫〕慢性病.

만성 전염병〔一傳染病〕 名〔醫〕 慢性伝染病.

만성⁴〔蔓性〕 名〔植〕 蔓性. 茎が蔓となって生長する性質. ¶ ～ 식물 蔓性植物. 蔓植物.

만세¹〔萬世〕 名 万世. 万代.

만세²〔萬歲〕 **I** 名 万歳. 万年. 長い年月.

II 感 万歳. ¶ ～ 삼창 万歳三唱 / 와, 이겼다 ～ わあ, 勝った. 万歳.

만세력〔一曆〕 名 万年暦. 百年後までの吉凶・節気などを記した暦.

만수¹〔萬壽〕 名 万寿. 長寿.

만수무강〔一無疆〕 名 하自 寿命が永遠なること.

만수²〔滿水〕 名 満水. ¶ 큰비로 댐이 ～가 되다 大雨でダムが満水になる.

만숙〔晩熟〕 名 하自 晩熟. 遅れて成熟すること.

만시〔晩時〕 名 手後れ. 時機を逸すること.

만시지탄〔一之歎〕 名 時機を逸して嘆くこと.

만신¹ 名〔民俗〕ムーダン(무당)に対する尊敬語.

만신²〔滿身〕 名 満身. 全身. ¶ ～의 힘을 쥐어짠다 満身の力をふりしぼる.

만신창〔一瘡〕 名〔韓方〕全身に広がったできもの.

만신창이〔一瘡痍〕 名 満身創痍.

만심〔慢心〕 名 하自 慢心. おごった心. おごり高ぶること. ¶ 칭찬을 받고 ～하다 褒められて慢心する.

만안¹〔萬安〕 名 하形 つつがないこと. 安泰であること.

만안²〔灣岸〕 名 湾岸.

만약〔萬若〕 名 副 万一. もし(も). 万が一(にも). 仮に. もしや. ひょっとして. ¶ ～의 경우에 대비해서 万一のときに備えて / ～ 비가 오면 다음주로 미루자 もし雨だったら来週に延ばそう.

만연〔蔓延〕 名 하自 蔓延. ¶ 퇴폐 풍조가 ～하다 退廃的な風潮が蔓延する.

만연령〔滿年齡〕 名 満年齢. 満. ¶ ～으로 6살이 된다 満で6歳になる.

만연하다〔漫然一〕 形 漫然としている. そぞろだ. ¶ 만연하게 세월을 보내지 마라 漫然と歳月を送るな. **만연히** 副 漫然と. そぞろに.

만용〔蠻勇〕 名 蛮勇. ¶ ～을 부리다 蛮勇をふるう.

만우절〔萬愚節〕 名 四月ばか. エープリルフール.

만원〔滿員〕 名 満員. ¶ ～ 버스 満員バス / ～사례 満員御礼.

만월〔滿月〕 名 **1** 満月. 十五夜の月. **2** 臨月. 産み月.

만유¹〔萬有〕 名 万有. 宇宙間に存在するすべてのもの.

만유인력〔一引力〕 名〔物〕万有引力.

만유²〔漫遊〕 名 하自他 漫遊. ¶ 여러 나라를 ～하다 諸国を漫遊する.

만인〔萬人〕 名 万人. ¶ ～의 여론을 듣다 万人の世論を聞く.

만일〔萬一〕 **I** 副 万一. もし(も). 仮に. ¶ ～ 네가 이긴다면 もしも君が勝ったら / ～ 비가 온다면 중지한다 もし雨が降ったら中止する.

II 名 万一の場合. まさかのとき. ¶ ～을 생각해서 준비해 두게 万一のときを考えて準備しておくように.

만입〔灣入〕 名 하自 湾入. 海や湖が陸地に入り込んで湾や入り江を形成すること.

만자〔卍字〕 名 卍.

만자기〔一旗〕 名〔佛〕 真ん中に卍を赤色で描いた旗.

만장¹〔萬丈〕 名 万丈. ¶ ～봉 万丈の峰 / 파란～ 波乱万丈.

만장²〔滿場〕 名 満場. ¶ ～의 갈채를 받다 満場の喝采を浴びる.

만장일치〔一一致〕 名 満場一致. ¶ ～로 가결하다 満場一致で可決する.

만장³〔輓章〕 名 死者を悼む詩[文].

만재〔滿載〕 名 하他 満載. ¶ 트럭에 짐을 ～하다 トラックに荷を満載する.

만전〔萬全〕 名 하形 万全. ¶ 시험 준비에 ～을 기하다 試験の準備に万全を期する.

만점〔滿點〕 名 満点. ¶ 시험에서 ～을 받다 試験で満点を取る.

만조〔滿潮〕 名 満潮. ¶ 바다의 ～ 海の満潮.

만족〔滿足〕 名 하形 満足. ¶ ～을 느끼다 満足を感じる / 지금의 처지에 ～합니다 今の境遇に満足です / ～한 결과를 받아 본 적이 없다 満足な結果を受け取ったことがない. **만족히** 副 満足に.

만족감〔一感〕 名 満足感.

만족스럽다 形 満足そうだ. ¶ 그녀는 선물을 받고 만족스럽게 웃었다 彼女はお土産をもらって満足そうに笑った.

만족스레 副 満足そうに. 満足げに.

만종〔晩鐘〕 名 晩鐘. 夕暮れの鐘.

만좌〔滿座〕 名 하形 満座. その場所にいっぱいになっていること, またその場所にいる者すべて. ¶ 광장에 ～한 대군중 広場を埋め尽くしている大群衆.

만주〔滿洲〕 名〔地〕 満州〈現在の中国東北部〉.

만주족〔一族〕 名 満州族.

만지〔蠻地〕 名 蛮地. 未開の地.

만지다 他 **1** 触る. 手に触れる. 撫でる. 弄る. ¶ 손으로 ～ 手で触る / 턱을 만지며 생각하다 あごを撫でて思案す

る. **2** 取り扱う. 手入れする. いじる. ¶자네, 이 기계 만질 줄 아는가? 君, この機械扱えるのかい.

만지작거리다[-대다] 他 なでまわす. いじりまわす. まさぐる. ¶골동품을 ~ 骨董品をなでまわす.

만지작만지작 副 하他 いじりまわすようす.

만질만질하다 形 柔らかくて手触りがいい. つるつるしている. ¶만질만질한 밍크 목도리 柔らかく手触りのよいミンクの襟巻き.

만찬〔晩餐〕名 晩餐. ¶최후의 ~ 最後の晩餐 / ~회 晩餐会.

만천〔滿天〕名 하形 満天. 空一面. ¶~의 별 満天の星.

만천하〔滿天下〕名 満天下. 世の中全体. ¶~에 공포하다 満天下に公布する.

만초〔蔓草〕名 蔓草. かずら.

만추〔晩秋〕名 晩秋.

만춘〔晩春〕名 晩春.

만취〔漫醉〕名 하自 泥酔. 沈酔. ¶~하여 길바닥에 드러누워 버리다 泥酔して路上に寝てしまう.

만큼 Ⅰ 依名 **1** ('-ㄹ[-을] 만큼'의 꼴로) 〔정도·한도를 나타냄〕…(する)ほど. …(する)くらい. …(する)だけ. ¶그런 걸 모를 ~ 어리석지 않다 そんなことを知らないほど愚かではない / 속을 ~ 속았다 だまされるだけだまされた. **2** (어미 'ㄴ' 아래 쓰이어) 〔원인·근거를 나타냄〕…から. …からには. ¶그가 온 ~ 지체말고 떠나게 彼が来たから早速出発せよ / 이건 내 일이니 ~ 내가 책임을 지겠다 これは私の仕事だから私が責任をとる.

Ⅱ 助 〔정도를 나타냄〕…ほど. …くらい. ¶누구나 너~은 할 수 있다 誰でもお前くらいにはできる.

만태〔萬態〕名 万態. さまざまな状態. ¶천자~ 千姿万態.

만파[1]〔晩播〕名 하他 遅まき.

만파[2]〔萬波〕名 万波. 幾重にも寄せてくる波.

만판 副 存分に. 十分に. ひたすら. もっぱら. ¶부귀영화를 ~ 누리다 思う存分に栄華を極める.

만평〔漫評〕名 하他 漫評. 気ままな批評.

만필〔漫筆〕名 漫筆. 気ままにあれこれ書きつづるもの.

만하다[1] ('-ㄹ[-을] 만하다'의 꼴로) **1** 〔정도를 나타냄〕…に適する. …にほどよい. ¶재미가 있을 만하니까 벌써 끝이다 面白くなりそうだと思ったらもうおしまいだ. **2** 〔가치가 있다〕…に値する. …し得る. ¶볼 만한 영화다 見る価値のある映画だ / 믿을 만한 친구를 골라라 信じるに値する友を選ぶべ / 역시 자네 솜씨는 자랑할 만하네 やはり君の腕前は自慢するだけあるよ. **3** 〔당연하다〕…して当然だ. ¶그 사람은 비난을 받을 ~ 彼は非難されて当然だ.

-만하다[2] 接尾 〔같은 정도이다〕…くらいだ. …の程度だ. ¶그 개는 송아지~ その犬は子牛くらいの大きさだ / 키는 나만한 사람이었다 背が私くらいの人だった.

만학〔晩學〕名 하自他 晩学. 年をとってから学問を始める.

만행하다〔萬幸—〕形 多幸だ. この上なく幸せである.

만행〔蠻行〕名 蛮行.

만혼〔晩婚〕名 하自 晩婚.

만화[1]〔漫畫〕名 漫画. ¶~가 漫画家 / ~영화 漫画映画 / ~책 漫画の本.

만화[2]〔滿花〕名 いっぱいに咲いたいろいろな花.

만화경〔萬華鏡〕名 万華鏡.

만화방창〔萬化方暢〕名 暖かい春にあらゆる生物がすくすくと育つこと.

만회〔挽回〕名 하他 挽回. ¶인기를 ~하다 人気を挽回する / 단숨에 형세를 ~했다 一気に形勢を挽回した.

많다 形 **1** (人·物の数·量·頻度などが)多い. たくさんだ. ¶재산이 ~ 財産が多い / 많은 아이들 たくさんの子供たち / 빚이 많아서 옴쭉 못한다 借金が多くて首が回らない. **2** (程度が標準より)豊富だ. 深い. 多い. ¶영양이 ~ 栄養が豊富だ / 경험이 많은 기술자 経験豊富な技術者 / 그녀는 인정이 ~ 彼女は情け深い. **많이** 副 多く. たくさん. いっぱい. たっぷり. たんまり. うんと. じっくり. ¶선물 ~ 사 오세요 お土産たくさんお願いします / 돈 ~ 벌었느냐? お金をたくさん稼いだか / 술은 ~ 있으니 걱정 말아라 酒はたっぷりあるから心配するな.

맏- 接頭 〔'맏이'를 나타냄〕長…. ¶~아들 長男 / ~형 長兄.

맏동서〔—同壻〕名 いちばん年上の相婿[相嫁].

맏딸 名 長女.

맏며느리 名 長男の嫁.

맏물 名 初物. はしり. 初なり. ¶~ 꽁치 はしりのさんま / ~ 귤을 따다 初なりのみかんを取る.

맏사위 名 長女の婿.

맏상제〔—喪制〕名 喪主.

맏손자〔—孫子〕名 初めての男の孫.

맏아들 名 長男.

맏이 名 **1** 長子. **2** 年がほかの人より多いこと. その人.

맏형〔—兄〕名 長兄. いちばん上の兄.

맏형수〔—兄嫂〕名 (男から見て)長兄の妻.

말[1] 名 **1** 〔動〕馬. ¶암~ 雌馬 / 수~ 雄馬 / 짐~ 駄馬 / 군용~ 軍馬 / ~가죽 馬の革 / ~을 타다 馬に乗る / ~을 달리다 馬を駆る. 馬を走らせる. **2** (将棋の駒の)馬. **3** ユンノリ(윷놀이)やコヌ(고누)の駒. **4** (十二支の)午. ¶~띠 午年の生まれ.

말[2] 名 〔植〕**1** 藻. **2** 柳藻.

말[3] Ⅰ 名 枡. ¶~로 되다 枡ではかる / ~을 속이다 枡目をごまかす.

Ⅱ 依名 〔분량을 헤아리는 단위〕斗. ¶쌀 닷 ~ 米5斗.

말[4] 名 **1** 言葉. 言語. 話. 言うこと. 言い分. ¶꽃~ 花言葉 / 일본~ 日本語 / ~을 하다 話をする / ~을

잘하는 사람 口の達者な人 / 내 ～ 좀 들어라 僕の言うことをちょっと聞け / 무슨 ～을 하고 있느냐? 何のことを言ってるのか / 아직 할 ～이 남았니? まだ言いたいことがあるのか / 그것은 가시가 있는 ～인데 それはとげのある言葉だな / 너하고는 이제 ～도 안 해 お前とはもう口もきかない. **2** …のこと. …の話. ¶어제 만난 그 아가씨 ～인데 きのう会ったあの娘のことだけどさあ. **3** (‘말이다’의 꼴로) …だけどね. …ですがね. …さ. …よ. ¶그런데 ～이야 ところでさ / 글쎄 ～이에요 そうなんですよ / 나 ～이야 私さ. **4** (‘말이다·말이냐’의 꼴로) 〔확인을 나타냄〕 …ということだ. …だというのに. …というわけだ. …というのか. ¶이걸 나한테 준단 ～인가? これをおれにくれるってのかい / 싫단 ～이야 嫌だというのに / 빨리 하란 ～이야 早くしろっていうのに / 욕을 먹어도 가만히 있으란 ～이에요? 悪口を言われても黙っていろと言うのですか. ▷말하다

◆**말 같지 않다** 話が道理や常識にはずれている. 話にならない.
◆**말 그대로** 話のとおり. 文字どおり.
◆**말도 마라** 口にもするな. さんざんだったよ.
◆**말도 못하다** 話にもならない.
◆**말도 안 되다** 話にもならない. とんでもない. ¶사람이 200살까지 산다니 ～도 안 되는 소리하지 마 人が200歳まで生きるだなんてとんでもないことを言うな.
◆**말만 앞세우다** 口先だけで実行が「ない.
◆**말을 건네다** 話しかける.
◆**말을 나누다** 話し合う.
◆**말을 놓다** ぞんざいに言う.
◆**말을 더듬다** 言葉がどもる.
◆**말을 듣다** ① 言うことを聞く. 指図通りにする. ¶내 ～ 듣지 않을 작정이냐? 僕の言うことを聞かないつもりか. ② (道具や器械などが)意のままに動く. ③ 小言を言われる. とがめられる. ¶형에게 ～ 들었니? 兄さんに叱られたのか.
◆**말을 막다** 話の腰を折る.
◆**말을 못 하다** 口に出して言えない.
◆**말을 비치다** ① 話をほのめかす. ② 口をはさむ.
◆**말을 옮기다** (聞いたうわさや話を)他人に伝える.
◆**말이 나다** ① 話のたねとなる. 話題にのぼる. ② (隠し事などが)世間に漏れる.
◆**말이 되다** ① 話が道理に合う. ② 話がまとまる. ¶거래하기로 어느 정도 ～이 됐다 取り引きすることにある程度話がまとまった.
◆**말이 떨어지다** 許可が下りる.
◆**말이 뜨다** 言葉がとぎれがちだ.
◆**말이 많다** ① 理屈っぽい. ② 口うるさい. 文句が多い. ¶～이 많은 세상이니 조심하게 口うるさい世間だから気をつけたまえ.
◆**말이 새다** 秘密が漏れる.
◆**말이 아니다** 話にならない. なってない. ひどい. ¶요즘 건강이 ～이 아니다 このごろ体の具合がとても悪い.
◆**말이 안 되다** 話にならない. とんでもない. ¶한번 약속한 것을 또 미루다니 ～이 안 됩니다 一度約束したことをまた延ばすなんて話になりません.
◆**말이 없다** 口数が少ない. 口が重い.
◆**말이 통하다** 話が通じる.
〔속담〕 **말이란 아 해 다르고 어 해 다르다** 言葉というものはアと言って違いオと言って違う〈ものは言いようだ〉. **말 한 마디에 천 냥 빚도 갚는다** 一言の言葉で千両の借金も返す〈処世のためには話術が必要だ〉.

말⁵〔末〕 Ⅰ 名 (野球の)裏. ¶9회 ～ 9回裏.
Ⅱ 依名 (期間の終わりの意を表わす) 末. ¶고려 ～ 高麗末.
Ⅲ 接尾 **1** 〔어떤 기간의 끝 무렵〕 …末. ¶연～ 年末 / 학기～ 学期末 / 주～ 週末. **2** 〔분말〕 …末. ¶분～ 粉末 / 석회～ 石灰の粉.
말-⁶ 接頭 「大きい」の意を表わす. ¶～개미 黒大蟻.
말갈기 名 馬のたてがみ.
말갛다 形 **1** (水·空などが)清い. 澄んでいる. ¶물이 ～ 水が澄んでいる / 말갛게 갠 하늘 きれいに晴れた空. **2** (意識が)はっきりしている. ¶정신이 ～ 頭がはっきりしている. **3** (汁物などが)薄い. ¶국물이 ～ スープが薄い.
말거리 名 **1** 話のたね. 話題. ¶～가 풍부하다 話題が豊富だ / ～가 못 된다 話題にならない. **2** もめ事のたね. 問題.
말결 名 話のついで. 話のはずみ. ¶무심코 지껄이는 ～에 비밀을 누설해 버렸다 何気なくしゃべった言葉のはずみに秘密を漏らしてしまった.
말경〔末境〕 名 **1** 晩年の境遇. 老境. **2** 終局.
말고 助 (選択否定を表わす) …でなくて. じゃなくて. ▷말다³ 3
말고기 名 馬の肉. 桜肉.
말고삐 名 手綱. ¶～를 잡다 手綱を取る / ～를 늦추다 手綱を緩める.
말공대〔—恭待〕 名 하自 丁寧な言葉遣いで接すること. 「—.
말괄량이 名 おてんば. おきゃん. フラッパ
말구유 名 飼い葉桶.
말굽 名 馬蹄. 馬のひづめ. ¶～형 馬蹄形 / ～ 소리 ひづめの音.
말굽자석 名〔物〕 馬蹄形磁石.
말귀 名 **1** ものを聞き分ける力. のみ込み. 理解力. ¶～가 밝다[빠르다] のみ込みが早い / ～가 어둡다 のみ込みが遅い. 耳が遠い. **2** 話の内容. 言わんとすること. ¶내 ～를 못 알아듣는구나 私の言うことが分からないんだな.
말그스름하다 形 やや澄んでいる.
말기〔末期〕 名 末期. 終わり. ¶조선 ～ 朝鮮末期 / 세계 2차 대전 ～ 第二次世界大戦の末期.
말꼬리 名 **1** 言葉じり. ¶～를 짧게 맺다 言葉を短く結ぶ. **2** 事の発端となる言葉. 「らえる.
◆**말꼬리를 물고 늘어지다** 言葉じりをと

◆**말꼬리를 잡다** 揚げ足を取る.
◆**말꼬리를 흐리다** 言葉じりを濁す.
말꼬투리 名 事の発端となる言葉.
말끄러미 副 まじまじと. じっと. しげしげと. ¶상대의 얼굴을 ~ 보다 相手の顔をまじまじと見る.
말끔 副 すっかり. みんな. きれいに. ¶옷을 ~ 도둑 맞았다 衣服をすっかり盗まれた/일을 ~ 끝냈다 仕事をすっかり終えた.
말끔하다 形 きれいだ. こざっぱりしている. すっきりしている. ¶말끔한 방 清潔な部屋/말끔한 옷차림 こざっぱりした身なり. **말끔히** 副 きれいに. さっぱりと. すっきり. すっかり. ¶유리창을 ~ 닦아라 窓ガラスをきれいにふきなさい/상처가 ~ 나았다 傷がすっかりいえた/~ 피로가 가신다[씻긴다] すっかり疲れがとれる[洗い流される].
말끝 名 話の終わり. 言葉じり. ¶~을 맺다 話を終える/~마다 욕이군 口を開きさえすれば悪口だね.
◆**말끝을 달다** 言葉を付け足す.
◆**말끝을 잡다** 言葉じりをとらえる.
◆**말끝을 흐리다** 言葉を濁す.
말년〔末年〕 名 **1** 末年. ¶고려 ~ 高麗の末年. **2** 晩年. ¶김선생님의 ~은 외로웠다 キム先生の晩年は孤独だった.
말눈치 名 ものを言うようす. 口ぶり. 口裏. ¶그의 ~가 승낙할 것 같지 않았다 彼の口ぶりからして承諾しそうもなかった.
말다[1] 他 (薄くて平たいものを)巻く. 巻き上げる. ¶돗자리를 ~ 茣蓙を巻く/김밥을 ~ のり巻きを巻く.
말다[2] 他 (ご飯·麵などを)湯やスープに入れて混ぜる. ¶밥을 국물에 말아서 먹는다 ご飯をスープの中に入れて食べる.
말다[3] 自他 **1** (やっていたことを)やめる. 中断する. 中止する. ¶이야기를 하다 ~ 話を途中でやめる/일을 하다 ~ 仕事を中断する/먹다 ~ 食べかけてやめる/읽다 말아서 잘 모르겠다 読みさしなのでよく分からない. **2** (‘-거나 말거나·-거니 말거니·-고 말고 간에·-나 마나·-든지 말든지·-ㄹ지 말지’의 꼴로) …しようがしまいが. …してもしなくても. …であってもなくても. ¶비가 오거나 말거나 상관없다 雨が降ろうが降るまいが関係ない/나야 가거나 말거나 참견 마라 僕が行こうが行くまいがおせっかいするな. **3** (체언 뒤에 ‘말고’의 꼴로)〔부정을 나타냄〕 …でなくて. ¶그 사람 말고 저 사람 その人ではなくあの人/이것 말고 다른 것 없습니까? これではなくほかのものありませんか. **4** (명사 뒤에서 ‘말고’의 꼴로) …せずに. ¶너무 걱정 말고 기운 내세요 あまり心配せずに元気をお出し下さい.
말다[4] 補動 **1** (‘-지 말다’의 꼴로) …(する)のをやめる. ¶가지 마라 行くな/따라오지 마요 ついて来ないで/그 물건에 손대지 마세요 その品物には手を触れないでください. **2** (‘-고[-고야] 말다’의 꼴로) …(して)しまう. …(して)みせる. ¶부서지고 말았다 壊れてしまった/귀여워하던 개가 죽었다 かわいがっていた犬が死んだ. **3** (‘-고 말고’의 꼴로) もちろん…とも. ¶사 주고 말고 もちろん買ってやるとも/좋고 말고 もちろんいいとも.
말다툼 名 하自 口げんか. 口論. 言い合い. 口争い. 言い争い. ¶친구와 ~하다 親友と口論する.
말단〔末端〕 名 末端. ¶~ 사원 末端の社員/~ 행정 末端行政.
말대꾸 名 하自 口答え. 口返答. 言い返すこと. ¶부모에게 ~하는 게 아니야 親に口答えするものじゃない.
말대답〔一對答〕 名 하自 口答え. 口返答. 楯突くこと. ¶어른한테 ~하다니 大人に向かって口答えするとは.
말더듬이 名 どもる人. どもり.
말동무 名 하自 話し相手. ¶~가 없는 쓸쓸한 노인 話し相手のいない寂しい老人.
말똥 名 馬糞.
말똥말똥 副 하形 **1** 〔정신이 또렷한 모양〕 すっきり. はっきり. ¶잠은 부족하지만 정신만은 ~하다 寝不足だが気だけははっきりしている. **2** 〔눈을 크게 뜬 모양〕 まじまじ(と). じろじろ(と). ¶눈을 ~ 뜨고 바라본다 まじまじとみる.
말뚝 名 杭. 木杭. 棒杭. ¶~에 말을 매다 杭に馬をつなぐ.
◆**말뚝을 박다** ① 囲いをする. 境界線を引く. ② 固定させる. ③ ある地位に長くとどまる. 居座る.
말뚝잠 名 座ったまま寝ること.
말뜻 名 語意. 語義. 言葉の意味. ¶~을 잘못 알다 言葉の意味を誤解する.
말띠 名〔民俗〕午年生まれ.
말라깽이 名〈俗〉やせっぽち.
말라리아〔malaria〕 名〔醫〕マラリア.
말라리아열〔一熱〕 名 マラリア熱.
말라붙다 自 **1** (液体などが)底まで干上がる. 干からびる. かれる. 枯渇する. ¶강이 ~ 川が干上がる. **2** (液体などが他の物に)こびりつく.
말라빠지다 自 やせこける. やせ細る. やつれる. ¶장작개비 같이 말라빠진 사람 薪のようにやせこけた人.
말랑하다 形 **1** (物が)やわらかい. ¶말랑한 고무 공 軟らかいゴムまり. **2** (性質が)もろい. ふにゃふにゃしている. ¶사람이 말랑해서 믿을 수가 없다 人間がふにゃふにゃしていて頼りにならない.
말랑거리다[-대다] 自 ふかふかする. ぐにゃぐにゃする.
말랑말랑 副 하形 ふわふわ. ふかふか. とても柔らかく. ぐにゃぐにゃ(と). ¶~한 식빵 ふかふかの食パン.
말레이시아〔Malaysia〕 名〔地〕マレーシア〈東南アジアの立憲君主国〉.
말려들다 自 巻き込まれる. **1** 巻かれて中に入る. ¶기계에 옷이 ~ 機械に服が巻き込まれる. **2** 引き込まれる. 巻き添えを食う. ¶사건에 ~ 事件の巻き添えを食う.
말로〔末路〕 名 末路. ¶그의 ~는 비참하였다 彼の末路は悲惨だった.

말리다¹ 自 **1** 巻かれる. 巻き上がる. めくれる. ¶ 바람이 불어 치마의 끝이 말린다 風が吹いてスカートの裾がめくれ上がる. **2** 巻き込まれる. ¶ 밀수 사건에 말리어 연행되었다 密輸事件に巻き込まれ連行された.

말리다² 他 (物事を)やめさせる. 制する. 止める. 引き止める. 留め立てをする. ¶ 싸움을 ~ けんかをやめさせる / 가지 말라고 말렸다 行くなと止めた.

말리다³ 他 乾かす. 干す. 干上がらせる. 涸らす. ¶ 젖은 바지를 ~ ぬれたズボンを乾かす / 연못을 말려서 고기를 잡다 池を干上がらせて魚をとる.

말마디 名 言葉のひとことひとこと. 言葉. ¶ ~마다 간절한 뜻이 담겨 있다 ひとことひとことに切実な気持ちがこもっている.

말막음 名 하自 **1** 言い逃れ. 言い抜け. 言い逃れ. **2** 話を打ち切ること. ¶ ~을 하고 자리에서 일어섰다 話を打ち切って席を立った.

말머리 名 **1** 話の端緒. 話の糸口. ¶ 맨 먼저 ~를 꺼낸 사람은 나였다 いちばん最初に話を始めたのは僕だった. **2** 話の方向. 話題. ¶ 슬며시 ~를 돌리다 それとなく話題を転じる.

말몰이 名 하自 **1** 馬を駆る[追う]こと. **2** 〔'말몰이꾼'의 준말〕 馬丁.

말몰이꾼 名 馬丁. 御者. 馬子. 馬方.

말문〔一門〕 名 **1** (話すための)口. ¶ ~을 떼다 口を開く. **2** 話の糸口[端緒]. ¶ ~이 막히다 二の句が継げない. 言葉が詰まる.

◆**말문을 막다** 話の出ばなをくじく. 口を封じる.

◆**말문을 열다** 口を開く. 話し始める. 話を切りだす. ¶ 침묵을 깨고 그는 드디어 ~을 열었다 沈黙を破って彼はついに口を開いた.

말미¹ 名 休暇. ひま. 猶予. (時間的)余裕. ¶ 잠시 ~를 주십시오 しばらく休みをください.

◆**말미를 받다** 休暇をもらう.

말미²〔末尾〕 名 末尾. ¶ 문장의 ~ 文章の末尾 / 계약서 ~에 단서를 적어 넣었다 契約書の末尾に但し書きを書き入れた.

말미암다 自 《'-로[-으로] 말미암다'의 꼴로》 …による. …に基づく. ¶ 직무 태만으로 말미암은 사고 職務怠慢による事故 / 가스 폭발 사고로 말미암아 입은 피해가 막대하다 ガス爆発事故により受けた被害が莫大である.

말미잘 名〔動〕 磯巾着.

말밑천 名 **1** 話のたね. 話題. ¶ ~이 떨어지다 話のたねが尽きる. **2** 話しがい. ¶ ~도 못 건졌다 話をした分損した.

말발 名 話の筋道. つじつまの合った言葉.

◆**말발이 서다** ① 言ったとおりにことがうまくはかどる. ② 話がうまく通じる.

말발굽 名 馬のひづめ.

말방울 名 馬の首につける鈴.

말버릇 名 口の利き方. 口癖. 話し癖. ¶ ~이 좋지 않다 口の利き方がよくない / ~처럼 언제나 같은 소리를 한다 口癖のようにいつも同じことを言う.

말벌 名〔動〕 雀蜂.

말벗 名 話し相手. ¶ ~을 삼다 話し相手にする / ~이 없으니까 무척 심심하다 話し相手がなくてとても退屈だ.

말복〔末伏〕 名 末伏.

말본 名〔言〕 語法. 文法.

말사〔末寺〕 名〔佛〕 末寺.

말살〔抹殺〕 名 하他 抹殺. ¶ 문화 ~ 정책 文化の抹殺政策 / 역사적 사실을 ~하다 歴史的事実を抹殺する.

말상〔一相〕 名 馬面. 長い顔.

말석〔末席〕 名 末席. 末座. ¶ ~에 앉다 末席に座る / ~을 차지하다 末席を占める.

말세〔末世〕 名 末世. 末代.

말소〔抹消〕 名 하他 抹消. ¶ 증빙 서류를 ~하다 証拠書類を抹消する.

말소 등기〔一登記〕 名〔法〕 抹消登記.

말소리 名 **1** 話し声. 人の声. ¶ 어디선가 부드러운 ~가 들린다 どこからか静かな話し声が聞こえる. **2**〔言〕 音声.

말속 名 (言葉の)隠された意味. 本当の意味. 含み. ¶ 남의 ~을 잘 알아들어야 한다 人の話の意図をよく理解しなければならない.

말솜씨 名 話しぶり. 話術. ¶ ~가 좋다[나쁘다] 話がうまい[下手だ].

말수〔一數〕 名 口数. 言葉数. ¶ ~가 적다 口数が少ない.

말술 名 斗酒. 一斗酒. 大量の酒.

말시비〔一是非〕 名 하自 口げんか. 言い争い. 言いがかり. ¶ ~를 걸어온다 言いがかりをつけてくる.

말실수〔一失手〕 名 하自 失言. 言い誤り. 言い損ない. ¶ ~를 취소하다 失言を取り消す.

말썽 名 面倒. 問題. もめ事. 悶着. トラブル. ¶ ~을 일으키다 問題を起こす / 이웃과 ~이 없는 날이 없다 隣ともめ事がたえない.

◆**말썽을 부리다** もめ事を起こす.

◆**말썽을 피우다** もめ事を起こす.

말썽거리 名 もめ事のたね. 問題. 悶着の種. ¶ ~를 만들다 もめ事の原因をつくる.

말썽꾸러기 名 困り者. 問題児. やっかい者.

말썽꾼 名 困り者.

말쑥하다 形 **1** きれいだ. さっぱりしている. すっきりしている. ¶ 말쑥하게 청소된 거리 きれいに掃除された街路. **2** 洗練されている. 品がある. ¶ 말쑥한 신사 洗練された紳士 / 말쑥하게 차려입다 上品に着こなす. **말쑥이** 副 さっぱりと. すっきりと.

말씀 名 하自他 言葉. **1** (目上の人の言葉に対する尊敬語)お言葉. お話. ¶ 선생님 ~대로 하겠습니다 先生のお言葉どおりにいたします. **2** 自分の言葉の謙譲語. ¶ 한 ~ 드리겠습니다 一言申し上げます / 부탁의 ~ 올립니다 お願いを申し上げます. **3** …のこと. …の話. ¶ 아, 뒷골목에 있

는 그 술집 ～이세요? ああ裏通りにあるあの飲み屋のことですか. **4**〔基〕神の命令. 律法. **5**《인용문 뒤에 '말씀이다'의 꼴로》〔확인을 나타냄〕…ということだ. …だというのに. ¶못 오신단 ～이십니까? おいでになれないとおっしゃるのですか / 가지 말라는 ～이세요? 行くなということですか.

말씨 名 語調. 言葉遣い. 言い方. アクセント. ¶～가 곱다 言葉遣いがきれいだ / ～가 좀 거칠구나 言葉遣いがちょっと荒っぽいな / 경상도 ～ 慶尚道のアクセント.

말없이 副 **1** 無言で. 黙って. 黙々と. ¶～ 사라지다 黙っていなくなる. **2** もめ事なく. ¶～ 일이 잘 된다 何事もなく事がうまく運ぶ.

말엽〔末葉〕名 末葉. 末期. ¶20세기 ～ 20世紀末葉.

말음〔末音〕名〔言〕末音.

말이다 感 …(と)言っているのだ. …だがね. ¶자네는 가지 말란 ～ 君は行くなと言っているのだ / 그런데 말이야 そこでだがね / 글쎄 ～ 어쩌면 좋을까? そうだねえ, どうすればいいだろう.

말일〔末日〕名 末日. ¶3월 ～ 3月末日.

말자〔末子〕名 末子. 末っ子.

말재간〔一才幹〕名 弁舌の才能.

말재주 名 弁舌の才能. 話術. 弁才. ¶～가 있다[없다] 弁舌が巧みだ[つたない] / ～를 부리다 弁舌の才をひけらかす.

말조심〔一操心〕名 하自 言葉遣いに注意すること. 口を慎むこと. ¶어른 앞에서는 ～을 해야지 大人の前では口を慎まなければ.

말주변 名 話す才能. 話の言い回し. 弁才. 口弁. ¶～이 좋다 話がうまい / ～이 없다 口下手だ.

말직〔末職〕名 下役. ¶～ 공무원 下役の公務員.

말질 名 하自 いさかい. 口論. 言いあらそい. 口げんか. ¶둘 사이에 ～이 좀 있었다 二人の間でちょっとしたいさかいがあった.

말짱하다 形 **1**〔흠없다. 온전하다〕まともだ. 真新しい. 損傷がない. 完全だ. ¶말짱한 구두 真新しい靴. **2**〔깨끗하다〕きれいだ. さっぱりしている. ¶어지러진 방을 말짱하게 청소한다 散らかっている部屋をきれいに掃除する. **3**〔정신이 또렷하다〕(精神状態が)はっきりしている. 正気だ. ¶아무리 취해도 정신만은 ～ いくら酔っても気だけは確かだ / 말짱한 정신으로 말하는 거니? 正気で言ってるのかい. **4**〔터무니없다〕とんでもない. ¶그것은 말짱한 거짓말이다 それはとんでもない嘘だ. **말짱히** 副 きれいに.

말참견〔一參見〕名 하自 口出し. ちょっかい. お節介. 差し出口. ¶남의 집안 일에 무슨 ～이오? 人の家のことになんで口を出すのですか.

말채찍 名 (馬に用いる)むち.

말초〔末梢〕名 末梢. ¶～ 신경 末梢神経.

말초적〔一的〕冠 名 末梢的. ¶～인 문제 末梢的な問題.

말총 名 馬のたてがみと尾の毛.

말치레 名 하自 (相手の気を引くために)聞こえのいいことを言うこと. 甘言. おせじ. 外交辞令. ¶일도 제대로 못하는데 ～만 번드르르하다 仕事もろくにできないのに口先だけは一人前だ.

말캉하다 形 (果実などが)熟れすぎて柔らかい. ¶말캉한 감 熟しすぎてぐしゃぐしゃになった柿.

말캉거리다[-대다] 自 (果実などが)柔らかすぎてぐにゃぐにゃする.

말캉말캉 副 하形 ぐにゃぐにゃ. ぶよぶよ.

말코 名 **1** 馬の鼻. **2** 鼻の穴の大きい人.

말투〔一套〕名 口ぶり. 口調. 口癖. 言葉つき. 言葉づかい. 話し振り. ¶～가 거칠다 口の利き方がぞんざいだ / 그 투박한 ～ 고칠 수 없니? そのぶっきらぼうな言い方を直せないのかい.

말하다 自 他 言う. **1**〔말로 나타내다[알리다]〕(考え・心情などを)話す. 語る. 述べる. ¶스스로 의견을 ～ 進んで意見を述べる / 말하기 곤란하다 話しにくい / 서슴지 말고 말해 보게 ためらわずに言ってごらん / 내달 간다고 말해 줘 来月行くと言ってくれ. **2**〔부탁하다〕頼む. ¶그에게 한번 말해 보아라 彼に一度頼んでみろ / 친구가 말하는 거니까 이번만은 봐주마 友達の頼みだから今度だけは大目に見てやる. **3**〔야단치다〕たしなめる. ¶심하게 ～ 厳しくたしなめる / 그 애가 말을 듣지 않으니 한번 단단히 말해 주세요 あの子がいうことをきかないから一度きつく叱ってください. **4**〔비평하다〕批評する. 論ずる. ¶그 사람이 나를 어떻게 말하더냐? 彼は私のことをどう言ってたの / 남이 말하는 것에 신경 쓸 것 없어 人の批評を気にすることはない. **5**〔사실·현상을 나타내다〕(事実がある状況を)物語る. 示す. ¶폐허의 현장은 전쟁의 참상을 말해 주고 있다 廃墟の現場は戦争の惨状を物語っている.

◆**말할 것도 없다** 言うまでもない. 言をまたない. もちろんのことだ.

◆**말할 것도 없이** 言うまでもなく. 言を待つまでもなく.

◆**말할 수 없이** この上なく. なんとも言えないほど. 言うに言えないほど. 途方もなく. ¶말할 수 없이 좋다 この上なくよい.

말하자면 副 いわば. 言ってみれば. 例えば. 言うなれば. ¶～ 맑은 가을 하늘과 같은 기분이다 いわば澄んだ秋の空のような気分だ.

말항〔末項〕名 末項. 最後の条項.

말허리 名 話の腰. 言葉の中途. ¶남의 ～를 끊지 마세요 人の話の腰を折らないでください.

맑다 形 **1** 清い. 澄んでいる. きれいだ. 透き通っている. 清らかだ. ¶물이 ～ 水が清い / 맑은 공기를 마신다 澄んだ空気を吸う / 목소리가 맑은 소녀

声の澄んだ少女. **2** 晴れている. ¶ 날씨가 맑아진다 (空が)晴れてくる/맑은 하늘 晴れ渡った空. **3** (物事が)きちんとしている. ¶ 일의 뒤가 ~ 仕事の後始末がきちんとしている. **4** (心・気分などが)澄んでいる. さえている. さわやかだ. ¶ 맑은 정신으로 공부한다 さわやかな気分で勉強する. **5** (暮らしなどが)余裕がない. ¶ 살림이 ~ 暮らしに余裕がない.

맑디맑다 形 とても清らかだ. 澄みきっている. たいへん清い. ¶ 맑디맑은 가을 하늘 澄みきった秋空.

맑은술 名 (濁った酒に対して)透明な酒. 清酒.

맑은장국〔一醬一〕 名 牛肉の澄まし汁.

맘보〔(西)mambo〕 名〔樂〕マンボ.

맙소사 感 (驚き・意外・失敗などを表わす)なんてこった. ひどいな. まさか.

맛 名 味. **1** 味覚. 味わい. おいしさ. ¶ 단~ 甘い味/쓴~ 苦い味/국물~이 너무 짜다 汁の味がしょっぱすぎる. **2**〔묘미〕(物事・現象などの)面白み. 趣. 感じ. 気分. 妙味. ¶ 이제 겨우 돈~을 알았구나 ようやくお金の味を知ったようだな/따끔한 ~을 보여 주마 こっぴどい目にあわせてやるよ/쓴~ 단~ 다 겪은 사람 酸いも甘いもかみ分けた人. **3**〔만족스러운 느낌〕満足感. ¶ 꼭 바다로 가야 ~이냐? どうしても海へ行かなくちゃ気がすまないのか.

◆**맛을 내다** うまみを出す. 味つけをする. ¶ 갖은 양념으로 ~을 내다 いろいろなヤンニョムでうまみを出す.

◆**맛을 들이다** ① 味をつける. ② (ある事に)味を占める. 興味を覚える. ¶ 노름에 ~을 들이다 賭博に興味を覚える.

맛깔 名 (食物の)持ち味. 味加減.

맛깔스럽다 形 **1** 味加減が良い. 口に合う. **2** 気に入る. ¶ 옷 빛깔이 ~ 服の色合いが気に入る. **맛깔스레** 副 味加減がよく.

맛나다 自 **1** 味がよい. おいしい. うまい. ¶ 나물 무침이 ~ 青菜のあえものがおいしい. **2** 味が出る. おいしくなる. ¶ 역시 김치는 젓갈을 넣어야 맛난다 やはりキムチは塩辛を入れなければ本来の味が出ない. ▷맛

맛난이 名 **1** 味付きのしょう油. **2** おいしい食べ物. **3** 〈俗〉 化学調味料.

맛대가리 名 〈俗〉味.

맛들다 自 味がつく. おいしくなる. 持ち味が出る. ¶ 김치가 알맞게 ~ キムチがとてもおいしくなった/감이 아직 맛들지 않아 떫다 柿がまだ熟れなくて渋い. ▷맛

맛보기 名 味見のための試食品.

맛보다 他 **1**〔시식하다〕味わう. (食べ物の)味をみる. ¶ 된장국을 ~ みそ汁の味見をする. **2**〔경험하다〕味わう. 体験する. 経験する. ¶ 온갖 고생을 다 맛보았다 ありとあらゆる苦労を味わった. **3**〔혼나다〕ひどい目にあう. ¶ 한번 맛 좀 봐야 진실을 깨닫게 될 것이다 一度つらい目にあわなければわからないだろう.

맛소금 名 化学調味料を添加した塩.

맛없다 形 **1** (味が)まずい. おいしくない. ¶ 맛없는 음식 まずい食べ物/그 과자, 맛없어 보이네요 そのお菓子, まずそうに見えますね. **2** 面白くない. 味気ない. **3** やぼったい. **맛없이** 副 まずそうに. まずく.

맛있다 形 **1** おいしい. ¶ 맛있는 음식 おいしい食べ物/맛있어 보여 おいしそう/맛있게 먹었습니다 おいしくいただきました(ごちそうさまでした). **2** 面白い.

망¹〔望〕 名 見張り. 相手の動静を探ること. ¶ ~을 보다 見張りをする.

◆**망을 서다** 見張りに立つ.

망²〔網〕 **I** 名 網. ¶ ~을 뜨다 網を編む. **II** 接尾 **1** …網. ¶ 교통~ 交通網/첩보~ 諜報網. **2** …網. ¶ 저인~ 底引き網.

망가뜨리다〔-트리다〕 他 破損する. 壊す. 駄目にする. ¶ 라디오를 ~ ラジオを駄目にする.

망가지다 自 壊れる. 駄目になる. ¶ 상자가 ~ 箱が壊れる.

망각〔忘却〕 名 하他 忘却. ¶ 앞뒤를 ~하다 前後を忘却する.

망간〔(獨)Mangan〕 名〔化〕マンガン.

망건〔網巾〕 名 マンゴン〈まげを結うとき頭髪が乱れないように頭に巻きつける馬の尾の毛でつくった網目の鉢巻き状の頭巾〉.

망국〔亡國〕 名 하自 亡国. ¶ ~민 亡国の民/~사 亡国史/~의 설움을 겪었다 亡国の悲哀をなめた.

망국지탄〔一之歎〕 名 亡国の嘆き.

망그러지다 自 壊れる. 駄目になる.

망극지통〔罔極之痛〕 名 王や親にかかわる限りなき悲しみ.

망극하다〔罔極一〕 形 王や親の恩が限りない. 王や親に関する不幸に対しての悲しみが限りない. ¶ 성은이 망극하옵니다 聖恩の限りでございます.

망나니 名 **1**〔史〕首切り役人. 太刀取り. **2** ならず者. ごろつき. 与太者.

망년〔忘年〕 名 忘年. **1** 年齢を忘れること. **2** 年忘れ. その年の苦しみを忘れること.

망년회〔一會〕 名 忘年会. ¶ ~를 열다 忘年会を開く.

망념〔妄念〕 名 妄念. 妄執.

망동〔妄動〕 名 하自 妄動. 無分別に事を起こすこと. ¶ 경거~을 삼가라 軽挙妄動を慎め.

망둥이 名〔動〕鯊.

망라〔網羅〕 名 하他 網羅. ¶ 모든 것을 ~하다 すべてを網羅する.

망령¹〔亡靈〕 名 亡霊. 亡魂.

망령²〔妄靈〕 名 もうろく. ぼけ.

◆**망령을 부리다** 老いぼれてばかげた行動をする.

◆**망령이 들다**〔들리다〕 老いて頭がぼける. もうろくする.

망령되다 形 ばかげている. 途方もない. ¶ 망령된 말 하지 마라 ばかげたことをいうな. **망령되이** 副 ばかげて. 途方もなく.

망루〔望樓〕 名 見張り台. 物見やぐら. 展望台. 望楼.
망막〔網膜〕 名〔生〕網膜. ¶ ～염 網膜炎.
망막하다〔茫漠—〕 形 茫漠としている. **1** とりとめもなく広い. ¶ 망막한 사막 茫漠たる砂漠. **2** ぼうっとして不確かだ.
망망대해〔茫茫大海〕 名 茫々たる大海.
망망하다〔茫茫—〕 形 茫々としている. 広々として果てしない. ¶ 망망한 바다 茫々たる海. **망망히** 副 茫々と.
망명〔亡命〕 名 하自 亡命. ¶ ～ 생활 亡命生活 / ～객 亡命政治家 / ～의 길에 오르다 亡命の途につく.
망명가〔—家〕 名 亡命者.
망명자〔—者〕 名 亡命者.
망명지〔—地〕 名 亡命地.
망모〔亡母〕 名 亡母. 亡き母.
망발〔妄發〕 名 하自 **1** 妄言. 暴言. でまかせ. ¶ ～을 삼가시오 妄言を慎みなされ. **2** 自分や祖先を恥ずかしめる言行.
망보다〔望—〕 自他 見張りをする. 番をする. ▷망¹(望)
망부¹〔亡父〕 名 亡父. 亡き父.
망부²〔亡夫〕 名 亡夫. 亡き夫.
망부석〔望夫石〕 名 望夫石〈貞女が遠くへ行った夫の帰りを待ちあぐんでそのまま石に化したと伝えられる石〉.
망사〔網紗〕 名 網のように目を粗く織った紗. ¶ ～창 粗い目の紗を張った窓.
망상¹〔妄想〕 名 妄想. ¶ 과대～ 誇大妄想 / 피해～ 被害妄想 / ～에 사로잡히다 妄想にとらわれる.
망상²〔網狀〕 名 網状.
망상스럽다 形 軽はずみでばかげている. 図々しい. とんでもない. **망상스레** 副 ずうずうしく.
망설거리다〔-대다〕 自 考えるばかりで態度を決めない. しきりにためらう. もじもじする. 迷う. 躊躇する. ¶ 그는 어찌하면 좋을지 망설거리고 있다 彼はどうしたらいいのか態度を決めかねている.
망설이다 自 ためらう. 躊躇する. 二の足を踏む. 迷う. ¶ 망설이지 말고 솔직히 털어놓게 ためらわずに打ち明けなさい.
망신〔亡身〕 名 하自 恥さらし. 赤恥. 恥辱. ¶ ～을 당하다 恥をかく / 집안 ～을 시키다 家族に恥をかかせる.
망신살〔—煞〕 名 恥をさらすことになるであろう運. 面目をつぶすことになるであろう凶運.
◆**망신살이 뻗치다** さんざん恥をかく.
망신스럽다 形 恥ずかしい. ¶ 망신스러워서 못 물어 보겠다 恥をさらすようで質問できない. **망신스레** 副 はずかしく.
망실¹〔亡失〕 名 하他 亡失. なくすこと.
망실²〔忘失〕 名 하他 忘却. 忘失.
망아〔忘我〕 名 忘我. 心を奪われて我を忘れること. ¶ ～의 경지에 빠지다 忘我の境地に陥る.
망아지 名 小馬. 馬の子.
망양〔茫洋〕 名 하形 茫洋. (海などが)広々として限りないこと.
망양지탄〔望洋之歎〕 名 ある事に自分の力の至らざるを嘆くこと.
망언〔妄言〕 名 하自 妄言. 暴言.
망언다사〔—多謝〕 名 妄言多謝.
망연자실〔茫然自失〕 名 하形 茫然自失. ¶ 갑작스런 큰 사건에 ～하다 突然の大事件に茫然自失する.
망연하다〔茫然—〕 形 茫然としている. **1** 広々として果てしない. **2** 気抜けしてぼんやりとしている. 呆然としている. ¶ 망연한 얼굴로 쳐다보다 呆然とした顔で見上げる. **망연히** 副 茫然と. 呆然と. ¶ 어찌할 바를 모른 채 ～ 앉아 있다 どうしたらいいのか分からないまま呆然と座っている.
망울 名 **1** 小さく丸い塊. 粒. しこり. ¶ 겨드랑이에 ～이 생겼다 わきの下にしこりができた. **2** 〔'꽃망울'의 준말〕花のつぼみ. **3** 〔'눈망울'의 준말〕眼球. 目玉.
망울망울¹ 名 粒ごと. つぼみごと.
망울망울² 副 하形 牛乳·糊などにいくつもの丸い小さな塊ができているようす. ¶ 풀에 ～ 덩어리가 생겼다 糊に粒々ができた.
망울지다 自 しこりができる. つぼみをつける. ¶ 꽃이 한창 망울지고 있다 花が盛んにつぼみをつけている.
망원경〔望遠鏡〕 名 望遠鏡.
망원 렌즈〔望遠 lens〕 名 望遠レンズ.
망은〔忘恩〕 名 하自 忘恩.
망인〔亡人〕 名 故人. 死者.
망자〔亡者〕 名 亡者. 死者. ¶ ～의 넋을 달래다 死者の魂を慰める.
망자존대〔妄自尊大〕 名 하自 自惚れて尊大ぶること.
망정 依名 (『-니[-기에] 망정이지』의 꼴로) …だからよかったものの. ¶ 일이 잘 되었으니까 ～이지 그렇지 않았더라면 큰일 날 뻔했다 事がうまく運んだからよかったものの, そうでなかったらたいへんなことになるところだった / 시간이 맞았기에 ～이지 조금만 늦었어도 못 갈 뻔했다 時間が間に合ったからよかったものの, ちょっとでも遅れていたら行けないところだった.
망제¹〔亡弟〕 名 亡弟. 亡妹.
망제²〔望祭〕 名 **1** 遠方で祖先の墓のある方に向かって行なう祭祀. **2** 〔民俗〕望祭〈陰暦の15日に宗廟で行なう祭祀〉.
망조〔亡兆〕 名 〔'망징패조(亡徵敗兆)'의 준말〕滅びる兆し. ¶ ～가 보이다 滅びる兆しが見える.
망종¹〔亡種〕 名 ならず者. 出来そこない. 人間のくず. ¶ 저런 ～은 처음 봤어 あんな出来そこないは初めて見たよ.
망종²〔芒種〕 名 **1** 芒種〈二十四節気の一つ〉. **2** (稲·麦など)芒のある穀物.
망중〔忙中〕 名 忙中. 忙しいさなか.
망중한〔—閑〕 名 忙中の閑. ¶ ～을 즐기다 忙しい中にもちょっとの暇を楽しむ.
망집〔妄執〕 名 하自 妄執. ¶ ～에 사

로잡힌 사람 妄執にとらわれた人.
망측하다〔罔測—〕 形 みすぼらしい. 非常識だ. もってのほかだ. えげつない. ¶ 망측한 옷차림을 하고 있다 みっともない服装をしている / 망측한 소리 다 듣겠구나 なんとえげつないことを言うのだ.
망치 名 槌. ハンマー. ¶ 쇠～ 金槌.
망치질 名 하自他 槌で打つこと.
망치다〔亡—〕 他 **1** (国·家などを)滅ぼす. 潰す. ¶ 가문을 ～ 家門を滅ぼす / 나라를 ～ 国を滅亡させる. **2** (物事などを)台無しにする. 駄目にする. ¶ 사업을 ～ 事業を台無しにする.
망친〔亡親〕 名 亡親. 亡き親. ¶ ～의 기일을 맞이하다 亡親の命日を迎える.
망태기〔網—〕 名 縄や細引きで編んだ網袋.
망토〔프 manteau〕 名 マント. 袖のない「外套.
망판〔網版〕 名 〔印〕 網版.
망평〔妄評〕 名 하他 妄評.
망하다〔亡—〕 自 **1** 滅びる. つぶれる. 滅亡する. ¶ 회사가 ～ 会社がつぶれる / 술로 망한 사람 酒で身を持ち崩した人. **2** (‘망할’의 꼴로) けしからんの意を表わす. ¶ 망할 자식 人でなし.
망향〔望郷〕 名 하自 望郷. ¶ ～의 정 望郷の情.
망향가〔—歌〕 名 望郷の歌.
망형〔亡兄〕 名 亡兄. 亡き兄.
망혼〔亡魂〕 名 亡魂. 亡霊.
맞- 接頭 相…. 互いに…. いっしょに…. ¶ ～장구 相づち / ～물리다 かみ合う / ～서다 相対する / ～닿다 触れ合う. 相接する.
맞갖다 形 **1** 気に入っている. 口に合う. **2** 適当だ. ふさわしい.
맞갖잖다 形 気にくわない. 気乗りがしない. 口に合わない. ¶ 맞갖잖은 모양 気乗りがしないようす / 요리가 ～ 料理が口に合わない.
맞겨루다 他 相対して勝負する.
맞고소〔—告訴〕 名 하自他 〔法〕 反訴.
맞교대〔—交代〕 名 하自 (作業などで2組に分けられたものが)交代すること.
맞다[1] Ⅰ 自 **1** 当たる. 的中する. ¶ 화살이 과녁에 맞았다 矢が的に当たった / 한가운데에 ～ 真ん中に的中する. **2** 合う. 正しい. ¶ 답이 ～ 答えが正しい / 계산이 딱 ～ 計算がぴったり合う / 이치에 맞지 않는다 道理に合わない / 이 시계는 잘 ～ この時計は正確だ. **3** (程度·物事が)適合する. よくそろう. ふさわしい. ぴったり合う. ¶ 양복이 몸에 꼭 ～ 洋服が体にぴったり合う / 목걸이가 옷에 잘 ～ ネックレスが服によく合う. **4** しっくりする. 気に入る. 口に合う. ¶ 음식이 구미에 ～ 食べ物が口に合う / 그녀와는 마음이 꼭 ～ 彼女とはうまが合う. **5** ふさわしい. 合う. ¶ 분수에 맞는 생활 分相応な生活 / 새 시대에 맞지 않는 인물 新しい時代にふさわしくない人物. **6** (列·順序が)合う. ¶ 순서가 ～ 順序が合う.
Ⅱ 他 **1** 受ける. 遭う. ¶ 야단을 ～ お目玉を食らう / 남편에게 소박을 ～ 夫に疎んじられて冷遇される / 그녀에게 퇴짜를 맞았다 彼女にひじ鉄を食わされた. **2** (雨·雪などに)あう. ¶ 비를 ～ 雨にあう(雨に降られる) / 소나기를 맞아서 흠뻑 젖었다 夕立にあってびっしょりぬれになった. **3** 殴られる. 打たれる. たたかれる. ¶ 아버지한테 매를 ～ 父にむちで打たれる / 자객의 칼을 맞고 쓰러지다 刺客のナイフに刺されて倒れる. **4** (注射·鍼などを)打ってもらう. ¶ 예방 주사를 ～ 予防注射を打ってもらう / 침을 맞았다 鍼を打ってもらった. **5** (成績の評点を)もらう. ¶ 시험에서 만점을 ～ 試験で満点をもらう / 낙제 점수를 ～ 落第点をもらう. **6** 迎える. (来客を)待ち受ける. 招く. ¶ 손님을 현관에서 맞았다 客を玄関で迎えた. **7** 時が来るのを待つ. ¶ 새해를 ～ 新年を迎える / 봄을 ～ 春を迎える / 내년에 환갑을 맞는다 来年に還暦を迎える. **8** 〔받아들이다〕 家族や仲間の一員に迎え入れる. ¶ 둘째 며느리를 ～ 次男の嫁を迎える / 새 학장을 ～ 新しい学長を迎える.
-맞다[2] 接尾 …くさい. …っぽい. …しい. ¶ 능글～ ふてぶてしい / 궁상～ 貧乏くさい / 청승～ 哀れっぽい.
맞닥뜨리다[-트리다] 自 ぶつかる. 出会う. かち合う. 出くわす. ¶ 어려운 문제에 ～ 難問にぶつかる.
맞담배 名 向かい合って吸うタバコ.
맞당기다 Ⅰ 自 (両方から)引っ張られる.
Ⅱ 他 互いに引っ張り合う. ¶ 밧줄을 ～ 綱を互いに引っ張り合う.
맞닿다 自 触れ合う. 相接する. 接する. ¶ 바다와 하늘이 맞닿은 곳 海と空が接する所 / 손과 손이 ～ 手と手が触れ合う.
맞대다 他 **1** (物を)互いにくっつける. 突き合わせる. ¶ 무릎을 맞대고 이야기한다 ひざを突き合わせて話す. **2** 対面する. 相対する. 顔を合わせる. ¶ 그들은 맞대기만 하면 말다툼한다 彼らは顔を合わせると口げんかをする. **3** 比べる. ¶ 그와 맞댈 수는 없다 彼とは比べものにならない. **4** (‘맞대고·맞대 놓고’의 꼴로) 面と向かって. 正面切って. ¶ 맞대고 비난하다 面と向かって非難する.
맞대면〔—對面〕 名 하自 (当事者同士の)対面. ¶ 양가 부모가 ～하다 両家の父母が対面する.
맞대하다〔—對—〕 自 面と向かう. 相対する. ¶ 책상을 사이에 두고 ～ 机を挟んで相対する.
맞돈 名 現金. 即金. ¶ ～으로 사다[팔다] 現金で買う[売る].
맞두다 他 (囲碁を)平手で打つ. (将棋を)平手で指す. ¶ 장기를 ～ 将棋を平手で指す.
맞들다 他 **1** (物を)両方から持つ. 持ち合う. ¶ 책상을 ～ 机を両側から持つ. **2** 力を合わせる. 協力する. 〔속담〕 **백지장도 맞들면 낫다** 紙1枚でも力を合わせれば軽い〈いくら

たやすいことでも協力してやったほうがよりよい〉.

맞먹다 自 (数量·程度が)五分五分である. 匹敵する. 似たり寄ったりだ. 互角だ. ¶쌍방이 맞먹는 실력이다 双方五分五分の実力だ.

맞물리다 自 かみ合わさる. 食い合う. ¶맞물려 도는 톱니바퀴 かみ合わさって回転する歯車.

맞바꾸다 他 (値を問わず)品物と品物を交換し合う. 1対1で交換し合う. 取り替える. ¶쌀과 고기를 ～ 米と食肉を交換し合う.

맞바라보다 自 相見る. 向かい合って見る. ¶강을 사이에 두고 맞바라보고 있다 川を間に挟んで互いに見つめ合っている.

맞바람 名 向かい風. 逆風. ¶～을 피하다 向かい風を避ける.

맞받다 他 **1** (光·風などを)まともに受ける. ¶불어오는 바람을 ～ 吹いて来る風をまともに受ける/햇빛을 맞받아서 눈이 부시다 日光をまともに受けてまぶしい. **2** (言葉·歌などを)続けて言う[歌う]. 後を受ける. ¶노래를 맞받아 불렀다 歌を続けて歌った. **3** (相手の攻撃·非難などを)迎え撃つ. ¶상대의 펀치를 맞받아 쳤다 相手のパンチをカウンターパンチで迎え撃った. **4** (正面から)ぶつける. 衝突する. ¶버스와 트럭이 정면으로 맞받았다 バスとトラックが正面衝突した.

맞버티다 自 互いに譲らない. 互いに対抗する. つっぱり合う. ¶맞버티고 노려보다 互いに譲らずにらみ合う.

맞벌이 名 하自 共稼ぎ. 共働き. ¶～ 부부 共働きの夫婦.

맞부딪치다 自他 ぶつかり合う. ぶつけ合わせる. 正面衝突する. ¶자동차가 ～ 自動車が正面衝突する.

맞불 名 **1** 向かい火. **2** 人のたばこを借りてつけるたばこの火. **3** (銃砲による)応戦. 応射.

◆**맞불을 놓다** ① 向かい火を放つ. ¶산에 ～을 놓다 山に向かい火を放つ. ② (銃砲で)応戦[応射]する.

맞불다 自 互いに向かい合って吹く. ¶바람이 ～ 風が吹きあう.

맞붙다 自 **1** (物が)くっつき合う. ¶교실이 비좁아 책상이 맞붙어 있다 教室が狭くて机がくっつき合っている. **2** (賭け事·競技などで)相対する. 競争し合う. 取り組む. 競り合う. ¶내기 바둑이 맞붙었다 賭け碁が火花を散らし始めた. **3** (('맞붙어'의 꼴로)) 離れないでいっしょに. くっつき合って. ¶맞붙어 겨루는 씨름 組み合って闘うシルム.

맞붙이다 他 **1** (物と物を)くっつける. **2** (人を)ひき合わせる.

맞붙잡다 他 (手を)にぎり合う. 取り合う. つかみ合う. ¶손을 맞붙잡고 걸어간다 手を取り合って歩いて行く.

맞상대〔一相對〕 名 하自 対決. 相手になること. ¶바둑을 두고 싶어도 ～가 없다 碁を打ちたくても相手がいない.

맞서다 自 **1** 向かい合って立つ. 立ち向かう. **2** 対立する. 張り合う. ¶양편 주장이 팽팽히 맞서고 있다 双方の主張が真っ向から対立している. **3** (ある現実に)直面する. ぶつかる. 対決する. 歯向かう. ¶생사의 기로에서 죽음과 ～ 生死の境目で死と対決する.

맞선 名 見合い.

◆**맞선을 보다** 見合いをする. ¶～을 보고 교제를 시작하다 見合いをして交際を始める.

맞수〔一手〕 名 〔'맞적수'의 준말〕 好敵手. 互角の相手. ライバル.

맞아들이다 他 迎え入れる. 招き入れる. ¶새로이 회장을 ～ 新しく会長を迎え入れる/손님을 안으로 ～ お客を奥に迎え入れる.

맞아떨어지다 自 (計算などが)きっちり合う. ぴったり合う. ¶장부와 잔액이 ～ 帳簿と残額がきっちり合う.

맞은쪽 名 向かい側. 反対側. ¶～에 앉은 사람 向かい側に座っている人.

맞은편〔一便〕 名 **1** 向かい側. **2** 相手方.

-맞이 接尾 迎えること. ¶봄～ 春を迎えること/달～ 月見.

맞이하다 他 **1** 迎える. ¶새해를 ～ 新年を迎える. **2** (妻·嫁·婿を)迎え入れる. ¶아내를 ～ 妻を迎え入れる/사위로 ～ 婿に迎える.

맞잡다 自 〔'마주잡다'의 준말〕 手を取り合う. 協力し合う.

맞장구 名 **1** 二人が向かい合って打つチャング. **2** 相づち.

맞장구치다 自 相づちを打つ. 調子を合わせる. ¶친구 말에 ～ 友だちの話に相づちを打つ.

맞적수〔一敵手〕 名 好敵手. 互角の相手. ライバル.

맞절 名 하自 向かい合って交わすお辞儀. ¶공손히 ～을 하다 互いに丁寧にお辞儀を交わす.

맞줄임 名 하他 〔數〕 約分.

맞추다 他 **1** 合わせる. 一致させる. ¶장부를 ～ 帳簿を合わせる/의견을 ～ 意見を一致させる. **2** 合わせる. ¶시계를 라디오 시보에 ～ 時計をラジオ時報に合わせる. **3** 合わせる. ¶계절에 맞추어 옷을 입는다 季節に合わせて服を着る. **4** (別々に離れたものを)くっつける. ¶입을 ～ 唇を合わせる. 口づけする. **5** (分解したものを)組み合わせる. はめ込む. ¶뜯었던 부속품을 다시 ～ はずした付属品を再びはめ込む. **6** (答えなどを)正しく当てる. (正答を)出す. 解く. ¶바른 답을 ～ 正しい答えを当てる. **7** (靴·洋服などを)あつらえる. 注文する. オーダーする. ¶양복을 ～ 洋服をあつらえる/떡을 ～ 餅を注文する. **8** 合わせる. ¶자명종을 5시에 ～ 目覚まし時計を5時に合わせる. **9** 整える. そろえる. ¶줄을 ～ 列をそろえる.

맞춤 名 あつらえ. 仕立て. ¶～ 구두 あつらえた靴/～이 어찌 신통치 않다 仕立てがどうもよくない.

맞춤법〔一法〕 名 〔言〕 正書法. 綴字

ㅁ

法. ¶ 한글 ～ ハングル正書法.

맞히다[1] 他 言い当てる. ¶ 정답을 ～ 正解を言い当てる / 퀴즈를 ～ クイズを当てる.

맞히다[2] 他 **1** 〔명중시키다〕 (目標に)的中させる. 命中させる. ¶ 말 위에서 화살을 과녁에 ～ 馬上から矢を的に命中させる. **2** (注射·鍼などを)打たせる. 打つようにする. ¶ 침을 ～ 鍼を打たせる / 아기에게 홍역 주사를 ～ 赤ん坊にはしかの注射を打つ. **3** (災難などに)あうことになる. ¶ 집을 비워서 도둑을 ～ 家を空けて盗難にあう. **4** 〔적시다〕 (雨·風などに)さらす. 当てる. ぬらす. ¶ 빨래를 비에 ～ 洗濯物を雨にさらす.

맡기다 他 **1** 〔위임하다〕 (仕事などを)任せる. ゆだねる. 委任する. ¶ 운을 하늘에 ～ 運を天に任せる / 돛단 배가 방향을 바람에 맡기고 떠가고 있다 帆掛け船が方向を風に任せて進んでいる. **2** 〔보관시키다〕 (物を)保管させる. 預ける. ¶ 열쇠를 관리실에 ～ 鍵を管理室に預ける / 은행에 돈을 ～ 銀行にお金を預ける. **3** 〔주문하다〕 あつらえる. 注文する. ¶ 새 양복을 ～ 新しい洋服を注文する.

맡다[1] 他 **1** 〔담당하다〕 受け持つ. 担当する. (責任などを)引き受ける. ¶ 1학년 반을 ～ 1年生のクラスを受け持つ / 집안 살림을 ～ 家事を受け持つ / 맡은 바 책임을 다하겠습니다 引き受けた責任を果たします. **2** 〔얻다·받다〕 (免許·許可·証明などを)取る. 得る. 受ける. ¶ 의사의 허가를 맡아야 한다 医師の許可を受けなければならない / 건축 허가를 ～ 建築の許可を取る. **3** (座席などを)取る. 予約する. ¶ 잘 보이는 자리를 맡아 놓아라 よく見える席を取っておけ. **4** (注文·依頼などを)受ける. ¶ 손님의 주문을 맡아 와라 客の注文を取ってこい. **5** 〔보살피다·보관하다〕 預かる. 保管する. ¶ 아이를 맡아 기르다 子供を預かって育てる. **6** (‘맡아놓고’의 꼴로) いつも決まって. 決まったように. ¶ 그는 회사의 골치 아픈 일은 맡아놓고 처리한다 会社のやっかいな仕事はいつも決まったように彼が処理する.

맡다[2] 他 **1** (においを)嗅ぐ. ¶ 꽃 향기를 ～ 花の香りを嗅ぐ / 냄새를 ～ においをかぐ. **2** (気配などを)感じる. 察する. かぎつける. きづく. ¶ 기자가 사건의 냄새를 맡은 모양이다 記者が事件の気配を察したようだ.

매[1] 名 鞭. 鞭打ち. ¶ ～를 맞다 鞭で打たれる.

〔속담〕 **매도 먼저 맞는 놈이 낫다** むちも先に打たれる者が得だ〈どうせ避けることができないことなら早くすませるほうがました〉.

매[2] 名〔動〕 **1** 鷹. **2** 隼.

매[3]〔枚〕 依名 **1** 〔종이를 세는 단위〕 枚. ¶ 종이 30～ 紙30枚 / 널빤지 2～ 板2枚. **2** 〔韓方〕 植物の実を数える語.

-매[4] 語尾 (‘모음·ㄹ’로 끝나는 어간에 붙어) …ので. …から. ¶ 그대 있으～ 君ありしゆえ.

매-[5] 接頭 〔결국 같음을 나타냄〕 どうせ. つまるところは. ¶ 이거나 그거나 ～일반이구나 そいつもこいつもつまりは同じじゃないか.

매-[6]〔每〕 接頭 毎…. …ごと. ¶ ～주 毎週 / ～년 毎年.

-매[7] 接尾 〔맵시나 모양을 나타냄〕 …つき. …もと. ¶ 눈～ 目つき / 몸～가 날씬하다 体つきがすらりとしている.

매가[1]〔買價〕 名 買価. 買い値.

매가[2]〔賣價〕 名 売価. 売り値.

매가리없다 形 〈俗〉 元気がない.

매각〔賣却〕 名 하他 売却. ¶ 토지를 ～하다 土地を売却する.

매개〔媒介〕 名 하他 媒介. ¶ ～자 媒介者 / ～물 媒介物.

매개체〔一體〕 名 媒介物. 媒体.

매거〔枚擧〕 名 하他 枚挙. ¶ 구체적 사례를 ～하다 具体的な事例を枚挙する.

매관매직〔賣官賣職〕 名 하自 売官〈金銭·財物の代償に官職を与えること〉.

매국〔賣國〕 名 하自 売国. ¶ ～노 売国奴.

매기[1]〔每期〕 名 毎期.

매기[2]〔買氣〕 名 買い気. 買う気配. 売れ行き. ¶ 주식의 ～가 왕성하다 株の買い気が旺盛だ.

매기다 他 (値段·等級·序列などを)つける. きめる. ¶ 점수를 ～ 点数をつける / 비싼 세금을 ～ 高い税金をかける.

매끄러지다 自 滑って転ぶ. <미끄러지다

매끄럽다 形 **1** 滑らかだ. すべすべしている. すべっこい. ¶ 매끄러운 얼음판 つるつる滑る氷の上 / 살결이 ～ 肌が滑らかだ. **2** (人擦れして)抜け目がない. 小ざかしい.

매끈하다 形 **1** (物の表面が)滑らかだ. すべすべしている. ¶ 매끈한 바닥 滑らかな床 / 매끈한 살결 すべすべな肌. **2** こざっぱりしている. きちんとしている. ¶ 사무실을 매끈하게 정돈하다 事務室をきちんと整頓する. **3** 〔날씬하다〕 すんなりしている. スマートだ. ¶ 길고 매끈한 다리 長くてすんなりした足 / 몸매가 매끈한 여자 体つきのすらりとした女性. **매끈히** 副 すんなりと.

매끈거리다〔-대다〕 自 すべすべする.

매끈매끈 副 하形 すべすべ(と). つるつる(と). ¶ ～한 대리석 つるつるの大理石.

매끼〔每一〕 名 毎食. 食事ごと. ¶ ～를 빵으로 때운다 毎食をパンですませる.

매나니 名 **1** (‘매나니로’의 꼴로) 素手で. ¶ ～로 어떻게 땅을 파니? 素手でどうやって地面を掘るんだい. **2** おかずのないご飯.

매너〔manner〕 名 マナー. ¶ 테이블 ～ テーブルマナー / ～가 좋다 マナーがいい / ～가 없다 マナーがなってない.

매너리즘〔mannerism〕 名 マンネリズム.

マンネリ. ¶ ～에 빠지다 マンネリに陥る.

매년〔每年〕名 副 毎年. 年ごと. ¶ ～ 물가가 오른다 毎年物価が上がる.

매니저〔manager〕名 管理人. 支配人. 監督. マネージャー.

매니큐어〔manicure〕名 マニキュア.

매다[1] 他 **1**〔동여 묶다〕(ひもなどを)結ぶ. 締める. 結わえる. 縛る. ¶ 넥타이를 ～ ネクタイを締める / 구두 끈을 단단히 ～ 靴のひもをしっかり結ぶ / 목을 매 자살했다 首をくくって自殺した **2**〔묶어 만들다〕(紙・ノートなどを)綴じる. ¶ 종이를 매서 연습장을 만들다 紙を綴じて練習帳をつくる. **3**〔묶어 두다〕(逃げたりはずれたりしないように)つなぐ. つける. 縛る. ¶ 개를 매어 놓다 犬をつないでおく. **4** 関係を断てなくなる. ¶ 회사에 목을 매고 사는 신세 会社から離れられない身の上. **5** (機織りの縦糸を)巻く. ¶ 베를 ～ 機織りの縦糸を巻く.

매다[2] 他 (田・畑の)草取りをする. 除草する.

매달〔每—〕名 毎月. 月々. ¶ ～ 얼마씩 저축하고 있다 月々いくらかずつ貯金している.

매달다 他 (物を)つるす. ぶら下げる. ¶ 강아지 목에 방울을 매달았다 子犬の首に鈴をつるした.

매달리다 自 **1** つるされる. ぶら下げられる. ¶ 천장에 매달린 전구 天井につるされた電球. **2** つながれる. 縛りつけられる. ¶ 보트가 말뚝에 매달려 있다 ボートが杭につながれている. **3** (物に)ぶら下がる. 垂れ下がる. ¶ 철봉에 ～ 鉄棒にぶら下がる / 전선에 연이 매달려 있다 電線に凧がぶら下がっている. **4**〔잡고 늘어지다〕(人に)取りすがる. しがみつく. すがりつく. ¶ 어머니에게 매달리는 아이 母に取りすがっている子供. **5**〔의지하다〕すがる. 頼る. 当てにする. 依存する. ¶ 언제까지나 부모에게만 매달리지 마라 いつまでも親にばかり頼っているんじゃないよ. **6**〔달라붙다〕へばりつく. かかりきりになる. 詰める. 熱中する. 没頭する. ¶ 밤낮 연구실에 매달려 있다 昼夜, 研究室に詰めている.

매도[1]〔罵倒〕名 하他 罵倒. ¶ 입정 사납게 ～한다 口汚く罵倒する.

매도[2]〔賣渡〕名 하他 売り渡し. ¶ 가옥을 ～하다 家屋を売り渡す.

　매도 증서〔—證書〕名 売渡証書.

매독〔梅毒〕名〔醫〕梅毒.

매듭 名 **1** (ひも・糸などの)結び目. (装飾用の)組みひも. ¶ ～을 맺다 結び目をつくる. **2** (物事の)もつれ. しがらみ. 難点. 困難. ¶ 양국간의 ～ 両国間のもつれ. **3** (物事の)結末. 決着. 区切り. けじめ. けり. めど. ¶ 사건의 ～ 事件の結末.

　매듭짓다 他 **1** 結び目をつくる. **2** 事の結末をつける. ¶ 이 문제만은 매듭짓고 가라 この問題だけは結末をつけて行け.

매력〔魅力〕名 魅力. ¶ ～ 있는 사람 魅力のある人.

　매력적〔—的〕冠 名 魅力的. ¶ 낮은 목소리가 ～이다 低い声が魅力的だ.

매료〔魅了〕名 하他 魅了. ¶ 청중을 ～하는 연주 聴衆を魅了する演奏.

매립〔埋立〕名 하他 埋め立て. ¶ ～ 공사 埋め立て工事 / 하구를 ～하다 河口を埋め立てる.

　매립지〔—地〕名 埋め立て地.

매만지다 他 **1** よく手入れをする. きれいに整える. 取り繕う. ¶ 꽃밭을 ～ 花畑を手入れする. **2** なでつける. いじる. ¶ 넥타이를 ～ ネクタイをいじる.

매매〔賣買〕名 하他 売買. ¶ ～ 계약 売買契約 / ～ 가격 売買価格 / 토지를 ～하다 土地を売買する.

매머드〔mammoth〕名 マンモス. **1**〔動〕マンモス象. **2** 巨大なこと. ¶ ～ 빌딩 マンモスビル.

매몰〔埋沒〕名 하他 埋没. うずもれる[うずめる]こと. ¶ 땅 속에 ～된 문화재 地中にうずもれた文化財.

매몰스럽다 形 冷酷だ. 薄情だ. 冷たい感じだ. ¶ 붙잡는 사람을 뿌리치고 매몰스럽게 가 버리다 引き留める人を払いのけて薄情にも行ってしまう.

매몰차다 形 (態度・性格などが)非常に冷たい. 冷酷だ. ¶ 성미가 ～ 性格が冷たい.

매몰하다 形 冷酷だ. 薄情だ. 冷淡である. 冷たい. ¶ 매몰하게 거절하다 冷たく断わる.

매무새 名 身なり. ¶ 옷깃을 여미고 ～를 가다듬다 襟をただして身なりを整える.

매문〔賣文〕名 하自 売文〈文章を書きそれを売って生活すること〉.

　매문매필〔—賣筆〕名 하自 文章や文字を書いて売ること.

매물〔賣物〕名 売り物. ¶ ～로 내놓다 売り物に出す.

매미 名〔動〕蟬.

매번〔每番〕副 毎度. たびたび. ¶ ～ 어려운 부탁만 드려서 죄송합니다 毎度, 難儀なお願いばかりいたしましてまことにすみません.

매복〔埋伏〕名 하自 埋伏. 隠れ潜むこと. 待ち伏せ. ¶ ～했다가 기습한다 待ち伏せていて奇襲する.

매부〔妹夫〕名 (男から見て)姉や妹の夫. 義兄. 義弟.

매부리[1] 名 鷹匠. 鷹師.

매부리[2] 名 鷹のくちばし.

　매부리코 名 鷲鼻. 鉤鼻.

매사〔每事〕名 副 事ごと. ¶ ～가 그런 식이다 事ごとにそんな風だ.

매사냥 名 하自 鷹狩り.

　매사냥꾼 名 鷹匠.

매상[1]〔買上〕名 하他 買い上げ. ¶ 정부의 ～ 가격 政府の買い上げ価格.

매상[2]〔賣上〕名 하他 **1** 商品を売ること. ¶ ～이 잘 됩니까? よく売れますか. **2**〔'매상고'의 준말〕売り上げ. 売上高.

　매상고〔—高〕名 売上高.

매석〔賣惜〕名 하他〔經〕(商品の)売り惜しみ. ¶ 매점 ～ 買い占め売

り惜しみ.
매설〔埋設〕 名 하他 埋設. ¶ 수도관을 ~하다 水道管を埋設する.
매섭다 形 **1** (気性·顔つき·目つきなどが)冷たく険しい. ¶ 매서운 눈초리로 사람을 흘겨보다 険しい目つきで人をにらみつける. **2** (寒さ·風などが)激しい. 厳しい. ¶ 매섭고 찬 바람 激しい寒風.
매수[1]〔枚數〕 名 枚数.
매수[2]〔買收〕 名 하他 買収. ¶ 논을 ~하다 田を買収する / 유권자를 ~하다 有権者を買収する.
매수[3]〔買受〕 名 하他 買い受け. 買い入れ. ¶ ~인 買い受け人.
매스 게임〔mass game〕 名 マスゲーム.
매스껍다 形 吐き気がする. むかむかする. むかつく. ¶ 냄새가 지독하여 속이 ~ においがひどくて胸がむかむかする / 잘난 체하는 꼴이 여간 매스껍지 않다 偉そうな態度がむかついてしようがない.
매스 미디어〔mass media〕 名 マスメディア.
매스 커뮤니케이션〔mass communication〕 名 マスコミュニケーション.
매스컴〔← mass communication〕 名 〔'매스 커뮤니케이션'의 준말〕 マスコミ.
매시〔每時〕 名 〔'매시간'의 준말〕 毎時.
매시간〔—間〕 名 副 毎時間. 一時間ごと.
매식〔買食〕 名 하自 外食.
매실〔梅實〕 名 梅の実.
매실주〔—酒〕 名 梅酒.
매씨〔妹氏〕 名 〔'남의 누이'의 높임말〕 妹さん.
매암 名 その場に立って体をぐるぐる回す遊び. ▷맴맴[2]
◆**매암을 돌다** ① (その場で) ぐるぐる回る[回す]. ② (円を描きながら) ぐるぐる回る. ③ (同じことを) 繰り返す. ¶ 옛 추억이 머릿속을 자꾸만 ~ 돈다 昔のことがしきりに思い出される.
매암매암 副 〔매미 우는 소리〕 ミンミン. ミーンミーン.
매약〔賣藥〕 名 하自 売薬. 薬を売ること.
매양〔← 每常〕 副 いつも(のように). 相変わらず. ¶ ~ 바쁘다 いつも忙しい / ~ 싱글벙글한다 いつもにこにこしている.
매연〔煤煙〕 名 煤煙. ¶ ~은 대기 오염 물질이다 煤煙は大気汚染物質である.
매염〔媒染〕 名 하他 〘化〙 媒染. ¶ ~염료 媒染染料 / ~제 媒染剤.
매우 副 たいへん. とても. 非常に. いたって. ずいぶん. ¶ ~ 중대한 사건 非常に重大な事件 / ~ 춥다 とても寒い / 기분이 ~ 좋다 たいへん気分が良い.
매운맛 名 (とうがらし·わさびなどの)辛み. 辛い味. ¶ ~이 나는 음식 ぴりっと辛い食べ物.
매운탕〔—湯〕 名 〔料理〕 メウンタン〈魚·肉·野菜を辛味をよくきかせて煮込んだ料理〉.
매워하다 自 からく感じる. からがる.
매월〔每月〕 名 毎月. 月ごと. ¶ ~ 한 번씩 모이자 毎月1度ずつ集まろう.
매음〔賣淫〕 名 하自 売淫. 売春.
매이다 自 **1** 〔'매다'의 피동사〕 (杭·木·縄などに)結ばれる. 縛られる. つながれる. つるされる. ¶ 밧줄에 매인 소 縄につながれた牛 / 교수대에 목이 매여 죽다 絞首台につるされて死ぬ. **2** 〔구속되다〕 (人·仕事などに)縛られる. 束縛される. ¶ 일에 매여서 꼼짝도 할 수 없다 仕事に縛られて身動きもできない.
◆**매인 목숨** (人に)縛られた身の上. ¶ 회사에 ~ 会社に宮仕えの身.
매인〔每人〕 名 各人. 人ごと. ¶ ~의 임무 各人の任務.
매인당〔—當〕 副 一人当たり.
매일〔每日〕 名 毎日. 日ごと. ¶ ~ 아침 毎朝 / ~ 밤 毎晩. 毎夜 / 요즘은 ~ 바쁘다 近ごろは毎日忙しい.
매일같이 副 毎日のように. ¶ ~ 비가 온다 毎日のように雨が降る.
매일반〔—一般〕 名 (結局は)同じ. 同一. ¶ 너나 나나 키가 작기는 ~이다 お前もおれも背が低いという点は同じだ.
매입〔買入〕 名 하他 買い入れ. 購入.
매장[1]〔埋葬〕 名 하他 **1** 埋葬. ¶ 무덤에 시체를 ~하다 お墓に死体を埋葬する. **2** (社会から)葬り去ること. ¶ 사회에서 ~되다 社会から葬り去られる.
매장[2]〔埋藏〕 名 하自他 埋蔵. ¶ ~량 埋蔵量.
매장물〔—物〕 名 埋蔵物.
매점[1]〔買占〕 名 하他 買い占め. 買いだめ. ¶ ~ 매석 買い占め売り惜しみ.
매점[2]〔賣店〕 名 売店.
매정스럽다 形 (見るからに)薄情そうだ. 冷酷そうだ. **매정스레** 副 薄情に. 冷たく. そっけなく.
매정하다 形 薄情だ. 冷酷だ. つれない. そっけない. ¶ 매정한 사람 思いやりのない人 / 매정하게 뿌리치다 冷たく断わる. **매정히** 副 そっけなく. つめたく.
매제〔妹弟〕 名 (男性から見て)妹の夫. 義弟.
매주〔每週〕 名 副 毎週. 各週. ¶ ~ 영화를 본다 毎週映画を見る.
매지근하다 形 生ぬるい. 生暖かい. <미지근하다
매직〔賣職〕 名 하自 売官.
매진[1]〔賣盡〕 名 하自 売り切れ. ¶ 금일 ~ 本日は売り切れ / 티켓이 ~되었다 チケットが売り切れた.
매진[2]〔邁進〕 名 하自 邁進. ¶ 목표를 향하여 ~하자 目標に向かって邁進しよう.
매질[1] 名 하他 **1** むちで打つこと. ¶ ~을 하다 むちで打たれる. **2** 鞭撻.
매질[2]〔媒質〕 名 〘物〙 媒質.
매체〔媒體〕 名 媒体.
매초〔每秒〕 名 毎秒. 1秒ごと.
매초롬하다 形 (若くて元気で)溌剌としている. 清楚だ. かれんだ. ¶ 매초롬하게 생긴 처녀 清純かれんな娘.
매초롬히 副 溌剌と.
매춘〔賣春〕 名 하自 売春. ¶ ~부 売

春婦.
매출〔賣出〕 名 하他 売り出し. 売り上げ. ¶ ～액 売上高.
매치〔match〕 名 하自 マッチ. **1** 競技. 試合. ¶ 타이틀 ～ タイトルマッチ. **2** 一致すること. 調和すること. ¶ 아래위의 옷 빛깔이 잘 ～하는군 上下の服の色合いがよく合ってるね.
매캐하다 形 喉がひりひりする. 煙たい. かび臭い. ¶ 담배 연기가 ～ たばこが煙たい.
매콤하다 形 やや辛い. 口が少しひりひりする. ¶ 매콤한 풋고추 맛 ぴりっとする青とうがらしの味.
매큼하다 形 辛味がある. やや辛い.
매트〔mat〕 名 マット. 敷物.
매트리스〔mattress〕 名 マットレス.
매파[1]〔一派〕 名 たか派. 強硬派.
매파[2]〔媒婆〕 名 媒酌する老婦人.
매판〔買辦〕 名 買弁. ¶ ～ 자본 買弁資本.
매표〔賣票〕 名 하自 出札. 切符を売ること.
매표소〔一所〕 名 切符売り場. 出札口.
매한가지 名 同じこと. 同一であること. ¶ 속은 것은 자네나 나나 ～다 だまされたのは君も私も同じだ.
매해〔每一〕 名 毎年.
매혈〔賣血〕 名 하自 売血.
매형〔妹兄〕 名 (男から見て)姉の夫. 義兄.
매호[1]〔每戶〕 名 毎戸. 家ごと.
매호[2]〔每號〕 名 (新聞·雑誌などの)毎号.
매혹〔魅惑〕 名 하他 魅惑. ¶ 사람을 ～하는 아름다움 人を魅惑する美しさ.
매화〔梅花〕 名〔植〕梅.
매화꽃 名 うめの花. 梅花.
매화나무 名〔植〕梅. 梅の木.
매회〔每回〕 名 副 毎回. ¶ ～ 만원이다 毎回満員だ.
맥〔脈〕 名 脈. **1** 血脈. ¶ ～이 통하다 血が通う. **2** 脈拍. **3** 鉱脈. ¶ 새로운 ～이 발견되었다 新しい鉱脈が見つかった. **4**〔'맥락'의 준말〕脈絡. ¶ ～이 닿다 脈絡がつく. **5**〔'엽맥'의 준말〕葉脈. **6** 元気. 力. **7**〔民俗〕(風水説で)地勢·山勢に竜の精気が流れている筋. ¶ ～이 끊기다 精気の流れが切れる.
◆**맥을 못 추다** ① すっかり参る. ¶ 무더위에 ～을 못 추다 むし暑さにすっかり参る. ② (ある物事や人物には)小さくなる. とても好む. 理性を失う. 目がくらむ. ¶ 술이라면 ～을 못 춘다 酒といえば目がなくなる.
◆**맥을 보다** ① 脈をとる. 脈をみる. ② 他人の真意をはかってみる.
◆**맥을 짚다** ① (診察で)指を脈に当てる. ② 人の心中を探る.
◆**맥이 빠지다** 気が抜ける. がっかりする. ¶ 휴가가 취소되어 ～이 빠진다 休暇が取り消しされてがっかりだ.
◆**맥이 풀리다** 緊張がほぐれる. 拍子抜けする. 力が抜ける. ¶ ～이 풀려 꼼짝도 못 하겠다 拍子抜けして1歩も動けない.
맥고〔麥藁〕 名 麦わら.
맥고모자〔一帽子〕 名 麦わら帽子.
맥락〔脈絡〕 名 脈絡. ¶ ～이 없는 이야기 脈絡のない話.
맥류〔麥類〕 名 麦類.
맥맥하다 形 **1** 鼻が詰まって息苦しい. ¶ 감기가 걸려 코가 ～ 風邪をひいて鼻が詰まって息苦しい. **2** 頭が働かずよい考えが浮かばない. 当惑する. 途方に暮れる. ¶ 어떻게 하면 좋을지 ～ どうしたらいいのか思案に余る.
맥박〔脈搏〕 名 脈拍. ¶ ～ 치다 脈打つ/～을 재다 脈拍を測る.
맥시멈〔maximum〕 名 マキシマム.
맥아〔麥芽〕 名 麦芽.
맥아당〔一糖〕 名〔化〕麦芽糖.
맥없다〔脈一〕 形 元気がない. へとへとだ. **맥없이** 副 **1** 力なく. しょんぼり. ぐったり. ¶ ～ 주저앉다 力なく座り込む. **2** 何の理由もなく. わけもなく. ¶ ～ 화를 내다 わけもなく腹を立てる.
맥주〔麥酒〕 名 麦酒. ビール. ビヤ. ¶ 목이 타서 ～가 마시고 싶다 のどが渇いてビールが飲みたい.
맥주병〔一瓶〕 名 **1** ビール瓶. **2** 泳げない人. かなづち.
맥진〔脈診〕 名 하他 診脈.
맨[1] 冠 **1** いちばん. 最も. もっとも. ¶ ～ 처음 온 사람 いちばん初めに来た人/～ 앞에 앉으세요 いちばん前にお座りください. **2**〔온통 그것뿐인〕すべて. すっかり. ことごとく. ¶ ～ 학생뿐이군 みんな学生ばかりだな.
맨-[2] 接頭〔단지 그것만의〕素…. ¶ ～손으로 素手で/～발로 걷다 素足で歩く.
맨날 副 〈俗〉毎日. いつも.
맨눈 名 肉眼. 目に何もつけないこと. ¶ ～으로는 안 보인다 肉眼では見えない.
맨둥맨둥하다 形 (山などに木がなくて)はげてまるぼうずだ. つるつるである. ¶ 산에 나무가 없어 ～ 山に木がなくてまるぼうずだ. **맨둥맨둥히** 副 つるつるに. まるぼうずに.
맨드라미 名〔植〕鶏頭.
맨땅 名 **1** (何も敷かない)地面. 地べた. ¶ 아이들이 ～에 앉아 놀고 있다 子供たちが地面に座って遊んでいる. **2** 荒地. 肥料を施していない田畑.
맨머리 名 **1** 素頭. **2** 地毛でまげを結った髪.
맨몸 名 **1** 裸. すっ裸. 真っ裸. ¶ ～으로 자다 裸で寝る. **2** 手ぶら. 素手. 空身. ¶ ～으로 돌아오다 手ぶらで帰って来る.
맨몸뚱이 名 〈卑〉 **1** 裸. **2** 手ぶら.
맨바닥 名 敷物を敷いていない床.
맨발 名 素足. はだし. ¶ ～로 달리다 はだしで走る.
◆**맨발을 벗다** はだしになる. 心を打ちこむ. 一生懸命になる.
◆**맨발 벗고 나서다** (何かの事に)積極的に関与する.
맨밥 名 おかずなしのご飯. すっぽり飯.

¶ ～을 먹다 おかずなしでご飯を食べる.

맨션〔mansion〕 名 マンション. 高級アパート.

맨손 名 素手. 手ぶら. 赤手. 徒手. ¶ ～으로 큰 돈을 벌었다 無一文から始めて大金をもうけた／～으로 적과 맞서다 素手で敵と相対する.

맨송맨송하다 形 **1** (体に毛が生えていなくて)すべすべしている. ¶ 턱이 ～ あごがすべすべしている. **2** (山に草木がなく)はげている. ¶ 맨송맨송한 산에 나무를 심어서 녹화한다 はげ山に木を植えて緑化する. **3** (酒を飲んでも)酔っていない. **4** (手持ち無沙汰で)所在ない.

맨입 名 素口. 空腹. ¶ 손님을 ～으로 보내다니 客に食事のもてなしをせずに帰らせるとは.

맨주먹 名 素手. 空拳. 無一文. ¶ ～으로 맞서다 空拳で立ち向かう.

맨투맨〔man-to-man〕 名 マンツーマン. 1対1. ¶ ～으로 가르치다 マンツーマンで教える.

맨틀〔mantle〕 名〔地〕マントル.

맨홀〔manhole〕 名 マンホール.

맴 名〔'매암'의 준말〕その場に立って体をぐるぐる回す遊び.

맴돌다 自 **1** (その場で)ぐるぐる回る. **2** (円を描いて)ぐるぐる回る. ¶ 바람에 나뭇잎이 맴돌았다 風で木の葉がくるくる回った. **3** (同じことを)繰り返す.

맴맴[1] 副〔'매암매암'의 준말〕ミンミン.

맴맴[2] 副 ぐるぐる〈子供たちが回り遊びをするときの掛け声〉. ¶ 고추 먹고 ～ とうがらし食ってぐるぐる.

맵다 形 **1** 辛い. ひりひり辛い. ¶ 김치가 ～ キムチが辛い／매워서 입 안이 얼얼하다 辛くて口の中がひりひりする. **2** (性格·人情などが)険しい. きつい. とげとげしい. ¶ 눈초리가 ～ 目つきが険しい／성질이 굉장히 매운 사람 性格がとてもきつい人. **3** (煙が目にしみたり鼻に吸いこんだりして)痛い. 煙たい. しみる. ¶ 연기가 눈에 들어가 너무 매워요 煙が目に入ってとても痛いです. **4** (寒さなどが)激しい. 厳しい. ¶ 몹시 매운 바람이 분다 厳しい寒風が吹く.

맵디맵다 形〔'맵다'의 힘줌말〕非常に辛い. ひりひりする.

맵살스럽다 形 憎らしい. 憎たらしい.
맵살스레 副 憎たらしく.

맵시 名 (容姿·身なりなどが)よく整っていること. ぱりっとしてきれいなこと. 着こなし. 格好. 身なり. こざっぱりしていること. ¶ ～ 있게 입다 着こなしがいい／글을 ～ 있게 쓰다 文をすっきりと書く.
맵시내다 自 しゃれる. 格好をつける.

맵싸하다 形 (香辛料が)辛くてひりひりする. えがらっぽい. えぐい. ¶ 맵싸한 맛 ひりひりする辛い味.

맵쌀 名 殻をむいたそば.

맷돌 名 石臼. ひき臼.
맷돌질 名 하自 石臼で穀物をひくこと. ¶ 콩을 ～하다 豆を臼でひく.

맷맷하다 形 体がすらっとしている. のっぺりしている. **맷맷이** 副 すらりと. のっぺりと.

맷집 名 鞭に打たれてもびくともしない体つき.
◆**맷집이 좋다** どんなに打たれてもびくともしないほど体つきが丈夫である.

맹격〔猛擊〕 名 하他〔'맹공격'의 준말〕猛撃.

맹견〔猛犬〕 名 猛犬.

맹공〔猛攻〕 名 하他〔'맹공격'의 준말〕猛攻.

맹공격〔猛攻擊〕 名 하他 猛攻撃.

맹금〔猛禽〕 名 猛禽. ¶ ～류 猛禽類.

맹꽁이 名 **1**〔動〕地潜蛙. **2**〈俗〉わからずや. 強情っ張り. 阿呆. とんま. 背が低く腹の突き出た人. ¶ 이 ～ 같은 놈아 このばかたれめ. **3**〈隠〉錠前. 鍵. **4**〈隠〉手錠.

맹도견〔盲導犬〕 名 盲導犬.

맹독〔猛毒〕 名 猛毒. 劇毒.
맹독성〔一性〕 名 猛毒性.

맹랑하다〔孟浪一〕 形 **1**〔근거없다·터무니없다〕思いもよらない. とんでもない. 途方もない. ¶ 맹랑한 소문이 돈다 とんでもないうわさが広まる. **2**〔까다롭다〕やっかいだ. 面倒だ. ややこしい. ¶ 사태가 맹랑하게 돌아간다 事態が面倒になってくる. **3**〔깜찍하고 당돌하다〕抜け目ない. 隅に置けない. 油断がならない. ¶ 어린 녀석이 아주 ～ がきのくせにとても抜け目がない.

맹렬하다〔猛烈一〕 形 猛烈だ. 激しい. ¶ 맹렬한 공격 猛烈な攻撃／맹렬한 반대에 부딪치다 激しい反対に出会う. **맹렬히** 副 猛烈に. 激しく. ¶ ～ 비난하다 猛烈に非難する.

맹모〔孟母〕 名 孟母. 孟子の母. ¶ ～단기지교 孟母断機の戒め／～삼천지교 孟母三遷の教え.

맹목〔盲目〕 名 盲目.
맹목적〔一的〕 冠 名 盲目的.

맹문 名 物事の是非. 訳. いきさつ. ¶ ～도 모르고 하는 말이겠지 事のいきさつを知らないで言っているんだろうよ.
◆**맹문을 모르다** 物事の是非やいきさつを知らない.

맹물 名 **1** (何も混じっていないただの)水. 真水. 生水. **2** 味気ない人. つまらない人.

맹성〔猛省〕 名 하自他 猛省. 強く反省すること. ¶ ～을 촉구하다 猛省を促す.

맹세〔←맹서(盟誓)〕 名 하他 誓い. 誓約. ¶ ～를 저버리다 誓いを破る／충성을 ～하다 忠誠を誓う.
맹세코 副 必ず. 誓って. 断じて. ¶ ～ 해내겠다 誓ってやり遂げる.

맹수〔猛獸〕 名 猛獣.

맹습〔猛襲〕 名 하他 猛襲. 激しく襲いかかること.

맹신〔盲信〕 名 하他 盲信. 是非のわきまえもなくむやみに信じること.

맹아[1]〔盲啞〕 名 盲唖. ¶ ～ 학교 盲唖学校.

맹아[2]〔萌芽〕 名 萌芽. 芽生え. 兆し. ¶ ～기 萌芽期.

맹약〔盟約〕 名 하自他 盟約.

맹약국〔一國〕 名 同盟国.
맹연습〔猛練習〕 名 하他 猛練習.
맹용〔猛勇〕 名 하形 猛勇.
맹우〔盟友〕 名 盟友.
맹위〔猛威〕 名 猛威. ¶ ~를 떨치다 猛威をふるう.
맹인〔盲人〕 名 盲人. 盲者. ¶ ~ 교육 盲人教育.
맹자〔盲者〕 名 盲者. 盲人.
맹장[1]〔盲腸〕 名〔生〕 盲腸. ¶ ~염 盲腸炎. 虫垂炎.
맹장[2]〔猛將〕 名 猛将. 勇将.
맹장지〔盲障一〕 名 襖. 襖障子.
맹장질〔盲杖一〕 名 하自他 めった打ち. 乱打.
맹점〔盲點〕 名 盲点. ¶ ~을 찌르다 盲点をつく / 법의 ~ 法の盲点.
맹종〔盲從〕 名 하自他 盲従. ¶ 권력에 ~하다 権力に盲従する.
맹주〔盟主〕 名 盟主.
맹추 名 間抜け. とんま. ぼんくら. うすのろ. ¶ 또 잊었느냐 이 ~야 また忘れたのか, このぼんくらめ.

맹타〔猛打〕 名 하他 猛打.
맹탕〔一湯〕 名 **1** 薄い汁. 水っぽい汁. **2** 味気ない人. 野暮ったい人.
맹폭〔盲爆〕 名 하他 盲爆. 無差別爆撃.
맹호〔猛虎〕 名 猛虎. ¶ ~같이 덤비다 猛虎のように襲いかかる.
맹활동〔猛活動〕 名 하自 猛烈な活動.
맹활약〔猛活躍〕 名 하自 大活躍. 目覚ましい活躍. ¶ 우리 팀의 우승은 주장의 ~에 힘입은 바가 크다 わがチームの優勝は主将の大活躍に負うところが多い.
맹훈련〔猛訓練〕 名 하自 猛訓練.
맹휴〔盟休〕 名 하自 盟休. 同盟休学[休業].
맺다 他 結ぶ. **1** 〔매다·묶다〕 (糸・ひもなどを)結ぶ. つなぐ. ¶ 구두 끈을 ~ 靴ひもを結ぶ. **2** 〔완결하다·결론짓다〕 (している事を)締めくくる. 仕上げる. やり遂げる. ¶ 일을 끝~ 仕事を終える / 이야기의 끝을 ~ 話を結ぶ. **3** (関係を)結ぶ. 持つ. 作る. ¶ 국교를 ~ 国交を結ぶ / 그와 의형제를 맺었다 彼と義兄弟の契りを結んだ. **4** (つぼみ・実・露などを)生じる. つける. ¶ 열매를 ~ 実を結ぶ / 목련이 꽃봉오리를 맺었다 もくれんがつぼみをつけた. **5** (恨みなどを)抱く. 持つ. ¶ 가슴에 원한을 ~ 胸に恨みを抱く.
◆**맺고 끊은 듯이** きちんと. てきぱき(と). ¶ 맺고 끊은 듯이 일을 처리한다 てきぱきと仕事を処理する.
◆**맺고 끊은 듯하다** きちんとしている. はっきりしている. てきぱきしている. ¶ 맺고 끊은 듯한 성격 はっきりした性格.
맺음말 名 結論. 結びのことば.
맺히다 自 **1** (口などが)結ばれる. ¶ 열매가 ~ 実が結ばれる. **2** (皮下の血などが)固まる. あざになる. ¶ 피가 ~ 血が固まる. **3** (心に)固くこびりつく. 忘れられずに残る. ¶ 원한이 가슴 속에 맺혔다 遺恨が心に残った. **4** (涙・露などが)宿る. 浮かぶ. 出る. ¶ 눈에 눈물이 ~ 目に涙が浮かぶ / 풀잎에 맺힌 이슬 草の葉に宿った露.
◆**맺힌 데가 없다** こだわりのない. わだかまりがない. ¶ 맺힌 데가 없는 성질 こだわりのない性質.
머 代〔'무엇·무어·뭐'의 준말〕 何.
머금다 他 含む. **1** (口の中に)入れる. ¶ 물을 입에 ~ 水を口に含む. **2** 〔마음에 품다〕 (感情・考えなどを)抱く. 持つ. ¶ 원한을 머금고 있는 말투 恨みがましい口ぶり. **3** 〔띠다〕 (涙・ほほえみなどを)浮かべる. 帯びる. ためる. ただよわす. ¶ 미소를 머금은 얼굴 ほほえみを浮かべた顔 / 눈물을 ~ 涙ぐむ. **4** (露・雨・水分などを)宿す. ¶ 아침 이슬을 머금은 나팔꽃 朝露を宿した朝顔.
머나멀다 形〔'멀다'의 힘줌말〕 はるかに遠い. ¶ 머나먼 이국 타향 はるかに遠い異郷.
머루 名〔植〕 山葡萄.
머리[1] 名 頭. **1** (人間や動物の)頭. 頭部. ¶ ~에 모자를 쓴다 頭に帽子をかぶる / 어린아이의 ~를 쓰다듬어 주었다 子供の頭をなでてやった. **2** 〔머리털〕 髪. 頭髪. ¶ ~를 깎다 頭を刈る / ~를 매만지다 髪をなでつける. 髪の手入れをする. **3** 〔두뇌〕 頭脳. ¶ ~가 좋다[나쁘다] 頭がいい[悪い]. **4** 〔꼭대기·끝〕 (物の)頭. 頭部. てっぺん. 頂上. 頂. ¶ ~에 백설을 이고 우뚝 솟은 백두산 頭に白雪を頂いて高くそびえ立つ白頭山. **5** (前後がある物体の)前部. 前のほう. ¶ 바다 위에 군함의 ~가 나타났다 海上に軍艦の舳先が現われた. **6** 〔우두머리〕 頭. 指導者. 中心人物. ボス. 首領. **7** 〔처음·시작〕 初め. 始まり. ¶ ~도 없고 끝도 없는 글 初めもなく終わりもない文.
◆**머리가 가볍다** 頭が軽い. 気分がさわやかだ.
◆**머리가 돌다** 頭が狂う. 気が狂う.
◆**머리가 돌아가다** 頭の回転が速い.
◆**머리가 무겁다** 頭が重い. 気分がすぐれない.
◆**머리가 아프다** 頭が痛い. 頭痛がする. (心配などで)悩む.
◆**머리가 크다** 頭が大きくなる. 大人になる.
◆**머리를 감다** 髪を洗う. 洗髪する.
◆**머리를 깎다** ① 髪を刈る. ② 頭を丸める. 出家する. 服役する.
◆**머리를 숙이다** ① うつむく. ② 頭を下げる. 謝る. 屈服する. ③ 感服する. 敬意を表する.
◆**머리를 식히다** 頭を冷やす. 冷静にする. 休息する.
◆**머리를 싸매고** 鉢巻きをして. 全力を尽くして. 一生懸命. ¶ ~를 싸매고 공부한다 一心不乱に勉強する.
◆**머리를 썩이다** (難しいことや心配のために)頭を痛める. 悩む.
◆**머리를 쓰다** 頭を使う. 頭をひねる.
◆**머리를 얹다** ① 女性の髪を2本に編んで後ろで交差させて頭の上に巻

き上げる. ② (年若い妓生や小間使いが年ごろになって)まげを結ってかんざしを挿す. ③ 嫁に行く. 嫁ぐ.
◆**머리를 짜다** 頭をひねる. 知恵をしぼる.
◆**머리를 흔들다** 首を振る. 否定する. 拒絶する.
◆**머리에 서리가 앉다** 髪が白くなる.
머리글 名 序文. はしがき. まえがき.
머리글자〔一字〕 名 頭文字. イニシャル.
머리꼭지 名 頭頂. 頭のてっぺん.
머리끄덩이 名 束ねた髪の根元.
머리끝 名 髪の毛の先端. ¶ 화가 ~까지 치밀다 怒髪天をつく.
◆**머리끝에서 발끝까지** 頭のてっぺんからつま先まで.
머리띠 名 鉢巻き. ヘアバンド.
머리말 名 **1** 序文. はしがき. 巻頭言. **2** 序論.
머리맡 名 枕元. 枕上. 枕頭.
머리채 名 長く垂らした髪.
머리치장〔一治粧〕 名 髪を美しく飾ること.
머리카락 名 髪の毛. 髪. ¶ 흰 ~을 뽑다 白髪を抜く.
머리칼 名〔'머리카락'의 준말〕髪の毛.
머리털 名 髪の毛. 頭髪.
머리통 名 **1** 頭の周り. **2**〈俗〉頭.
머리핀〔一pin〕 名 ヘアピン.
머릿기름 名 髪油. ヘアオイル.
머릿내 名 頭のにおい.
머릿방〔一房〕 名〔建〕奥の間のわきの部屋.
머릿병풍〔一屛風〕 名 枕屛風.
머릿살 名〈俗〉頭. ¶ ~ 아프다[어지럽다] 頭が痛い. 気が散る.
머릿수〔一數〕 名 **1** 金額. 金高. ¶ 돈 ~가 맞지 않는다 金額が合わない. **2** 頭数. 人数. ¶ ~가 차면 시작하자 人数がそろったら始めよう.
머릿수건〔一手巾〕 名 頭にかぶる手ぬぐい.
머릿장〔一欌〕 名 枕元に置き衣服などを入れる一段のたんす.
머리² 名 **1** やま. 口(かたまりをなしている事物を数える語). ¶ 계를 한 ~ 들다 契に一口入る. **2**〔'돈머리'의 준말〕金高. 金額.
-머리³ 接尾 **1** 端. へり. ¶ 침대~ 寝台の端. **2** 季節の初め. ¶ 엄동~ 冬の初め. **3** ある種の名詞に付いて俗っぽい語感を表わす語. ¶ 인정~ 人情味.
머릿골 名 **1** 脳みそ. 頭脳. **2**〈俗〉頭. どたま.
머릿기사〔一記事〕 名 (新聞·雑誌の一面の)最も重要な記事. トップ記事.
머릿니 名〔動〕頭虱.
머릿돌 名〔建〕礎石.
머무르다 自 **1**〔정지하다〕止まる. 停止する. 停泊する. 駐車する. ¶ 배가 항구에 머물러 있다 船が港に泊まっている / 기차는 역 앞에서 머물렀다 汽車は駅の前で止まった. **2**〔그대로 있다〕(その場に)とどまる. 動かない. 居残る. ¶ 현직에 ~ 現職にとどまる. **3**〔묵다〕泊まる. 滞在する. ¶ 어느 호텔에 머무르고 계십니까? どちらのホテルにお泊まりですか / 외국에 머물러 있다 外国に滞在している. **4**〔한정되다〕(ある範囲に)とどまる. 終わる. ¶ 원인 규명에만 머물러서는 안 되네 原因の究明にとどまってはいけないよ.
머무적거리다[-대다] 自他 ためらう. 躊躇する. もじもじする. ¶ 막판에 와서 ~ 土壇場に来て躊躇する.
머무적머무적 副 하自他 もじもじ.
머물다 自〔'머무르다'의 준말〕止まる. とどまる. 泊まる.
머뭇거리다[-대다] 自他〔'머무적거리다'의 준말〕ためらう. もじもじする.
머뭇머뭇 副 하自他 もじもじ.
머스크멜론〔muskmelon〕 名〔植〕マスクメロン.
머슬머슬하다 形 しっくりしない. ぎこちない. 疎々しい. **머슬머슬히** 副 ぎこちなく. しっくりせず.
머슴 名 作男.
◆**머슴을 살다** 作男になる. 作男に雇われる.
머슴살이 名 하自 作男暮らし.
머슴애 名 **1** 子供の作男. **2**〈方〉男の子.
머시¹ 感 なにがし. なんとかいう. あれ. ¶ 어제 내가 산 그 ~ 하나 더 주세요 昨日僕が買ったあれをもう一つください.
머시²〔'무엇이'의 준말〕何が. ¶ ~ 그렇게 우습니? 何がそんなにおかしいんだ.
머쓱하다 形 **1** (背丈が)ひょろっとして高い. ひょろひょろだ. ¶ 저 아이는 키만 머쓱하고 야무진 데가 없다 あの子は背丈ばかり高くてしっかりしたところがない. **2** しょげている. 鼻白む. 白ける. ¶ 성적표를 보고 머쓱해 있다 成績表を見てしょげている. **머쓱히** 副 ひょろ長く. しょげて.
머위 名〔植〕蕗.
머저리 名 あほう. ばか. とんま.
머지않아 副 遠からず. まもなく. すぐに. ¶ ~ 봄이 올 것이다 遠からず春がくるだろう.
머큐로크롬〔mercurochrome〕 名〔醫〕マーキュロクロム. 赤チン.
머플러〔muffler〕 名 マフラー. **1** 襟巻き. **2** 消音器. サイレンサー.
먹〔←㊥墨〕 名 **1** 墨. **2**〔'먹물'의 준말〕すった墨.
먹구름 名 雨雲. 黒雲.
먹그림 名〔美〕墨絵.
먹다¹ 自 **1** (鉋·鋸·ひき臼などが)よく切れる. よく削れる. よくすれる. 利く. ¶ 대패가 잘 먹는다 鉋がよく削れる. **2** (水·糊などが布に)よく染みる. 染まる. 広がる. (化粧品が肌に)よくのる. ¶ 물감이 잘 먹는 화선지 絵の具ののりがいい画仙紙. **3**〔들다〕かかる. 要する. 要る. ¶ 재료가 많이 먹는군요 材料がたくさんいりますね. **4** (話·言葉などを)のみこむ. 理解する. 効き目がある. ¶ 말이 먹어 들어가다 話の効き目がある. **5** (虫·病菌などが)むしばむ. 虫が食う. ¶ 벌레 먹

은 밤 虫が食った栗. **6** (耳が)聞こえなくなる. 遠くなる. ¶귀가 ～ 耳が遠くなる.

먹다² 他 **1** 食べる. 食う. ¶밥을 ～ ご飯を食べる / 너무 매워서 못 먹겠다 辛すぎて食べられない / 배불리 ～ 腹一杯食べる. **2** 〔마시다〕(水·酒·スープ·薬などを)飲む. ¶우유를[물을] ～ 牛乳[水]を飲む / 약을 ～ 薬を飲む. **3** (たばこ·においなどを)吸う. ¶담배를 ～ たばこを吸う. **4** 着服する. 取る. 横領する. 横取りする. ¶공금을 ～ 公金を着服する. **5** (手数料·割り当てなどを)受け取る. 受領する. ¶구전을 ～ 手数料を取る / 이익의 3할을 먹는다 利益の3割を取る. **6** (年を)とる. (…歳に)なる. ¶나이를 ～ 年をとる / 4살 먹은 아들 4歳の息子. **7** (競争などで資格を)得る. 勝ち取る. しめる. 取る. ¶1등을 ～ 1等を取る. **8** (穀物を)取り入れる. 収穫する. ¶두 섬 ～ 2石収穫する. **9** (小言を)食らう. (悪口を)言われる. ¶남에게 욕을 먹었다 人に悪口を言われた. **10** (運動競技で点数を)取られる. 失う. ¶농구에서 5점을 먹었다 バスケットボールで5点取られた. **11** 殴られる. 食らう. ¶주먹으로 한 방 얻어 먹었다 げんこつで一発見舞われた. **12** (考え·感情などを)抱く. 持つ. ¶유학하기로 마음먹었다 留学することに決心した / 마음을 고쳐 먹고 일한다 心を入れかえて働く / 지레 겁을 ～ 初めから怖がる. **13** (暑さなどに)あたる. ¶더위를 먹었는지 식욕이 없다 夏ばてしたのか食欲がない. **14** 〈俗〉性交する. **15** (液体などを)吸い込む. 染む. 広がる. 含む. 染む. つく. ¶옷에 풀이 잘 ～ 服に糊がよくつく. **16** (禄を)取る. はむ. ¶녹을 ～ 禄を取る.

◆**먹고 들어가다** 利点を先取りして事にかかる.

◆**먹고 떨어지다** (金銭などを)踏み倒す. ¶빌린 돈을 먹고 떨어지다 借りた金を踏み倒す.

◆**먹고 죽자 해도 없다** とても珍しく得がたい.

〔속담〕**먹는 개도 아니 때린다** 犬でも食べるときはたたかない〈食べ物を食べるときだけは殴ったり叱ったりするものでない〉.

먹다³ 補動 〈俗〉…(し)てしまう. ¶집을 팔아 ～ 家を売ってしまう / 우산을 잊어 먹었다 傘を忘れちゃった.

먹도미 名〔動〕黒鯛.

먹똥 名 **1** 墨汁が乾いて固まったもの. **2** (こぼれたりはじけたりした)墨のしみ. 墨の跡.

먹먹하다 形 (耳が)詰まった感じでよく聞こえない. ¶터널 속에 들어가면 귀가 먹먹해진다 トンネルの中に入ると耳がつうんとなる.

먹물 名 **1** すった墨. 墨汁. **2** 墨のように真っ黒な水.

◆**먹물을 먹다** 本を読んだり字を書いたりして学問する.

먹보 名 食いしん坊.

먹빛 名 墨色. 黒い色.

먹성〔一性〕名 食べ物の好き嫌い. 食べる分量. 食いっぷり. ¶덩치가 커서 ～도 좋다 図体が大きいからよく食べる.

먹실 名 墨で染めた糸.

◆**먹실을 넣다** 入れ墨をする.

먹여살리다 他 養う. 扶養する. ¶식구를 ～ 家族を養う.

먹음새 名 **1** 食事する態度. 食べる量. 食いっぷり. ¶젊은 사람 ～가 왜 그런가? 若いのにそのくらいしか食べないのか. **2** 料理の腕.

먹음직스럽다 形 おいしそうに見える. うまそうだ. ¶음식이 보기에도 ～ ごちそうが見るからにおいしそうだ. **먹음직스레** 副 うまそうに. おいしそうに.

먹음직하다 形 おいしそうだ. うまそうだ. ¶그 빵 꽤 ～ そのパンとてもうまそうだ.

먹이 名 **1** 〔사료〕餌. 餌料. ¶새 ～를 주다 鳥の餌をやる. **2** 〔희생물〕餌食. 犠牲. ¶악덕 상인의 ～가 되었다 悪徳商人の餌食になった. **3** 〔식량〕食糧.

먹이다 他 **1** 〔먹게 하다〕(食べ物を)食べさせる. 食わす. ¶아이에게 저녁밥을 ～ 子供に夕ご飯を食べさせる. **2** (水·酒·スープなどを)飲ませる. ¶젖[국]을 ～ 乳[スープ]を飲ませる. **3** 〔사육하다·기르다〕(家畜などを)飼う. ¶토끼를 ～ うさぎを飼う. **4** (金品を)受け取らせる. やる. 与える. 買収する. ¶뇌물을 ～ 賄賂を受け取らせる. **5** 恥をかかせる. 累が及んで悪口を言われる. ¶욕을 ～ 悪口をたたく. **6** (('겁을 먹이다'의 꼴로)) おびえさせる. ¶아이에게 겁을 ～ 子供を怖がらせる. **7** (油·糊·化粧品などを)染み込ませる. そめる. 含ませる. きかせる. ¶종이에 기름을 ～ 紙に油を染み込ませる. **8** (綿繰りに)綿を入れる. **9** (歌などの)音頭をとる. **1**[illegible] (お金を)かける. 費やす. **11** (押し切りなどに)材料を差し込む. **12** (矢を)つがえる. ¶활에 살을 ～ 弓に矢をつがえる. **13** (向かい合って鋸をひくとき)向こう側に鋸を押す. **14** 〔때리다〕(拳などで)殴る. 打つ. 食らわす. ¶말 듣지 않으면 한 대 먹여라 言うことを聞かなかったら一発食らわせろ.

먹자판 名 **1** あとのことは考えないその場限りの享楽的な飲み食いの場. ¶그 술집은 온통 ～이다 あの飲み屋は飲めや歌えの大騒ぎだ. **2** 他人を犠牲にして私利私欲に走る風潮.

먹줄 名 **1** 墨縄. 墨糸. **2** 墨縄で引いた線.

먹지〔一紙〕名 複写紙. カーボン紙.

먹칠〔一漆〕名 하自 **1** 墨を塗ること. **2** (名誉·家柄などに)泥を塗ること. 辱めること. (計画などに)けちをつけること. ¶조상의 이름에 ～을 한다 先祖の名を汚す.

먹통〔一桶〕名 **1** 墨壺. **2** ぼんくら. 間抜け. 阿呆. **3** 耳の聞こえない人

먹히다 自 **1**〔먹음을 당하다〕食われる. 飲まれる. ¶ 먹고 먹히는 험악한 세상 互いにせめぎ合う物騒な世の中. **2**〔들다〕(お金などが)かかる. 要る. ¶ 비용이 비싸게 ～ 費用が高くつく. **3**〔빼앗기다〕(金などを)取られる. 奪われる. 踏み倒される. ¶ 빌려준 돈을 그에게 ～ 貸したお金を彼に踏み倒される. **4** 受け入れられる. **5** 食が進む. 食べられる. 入る. ¶ 시장한 탓인지 밥이 잘 먹힌다 おなかがすいたせいか食がよく進む.

먼눈[1] 名 見えなくなった目. 視力を失った目. 盲目.

먼눈[2] 名 遠目. 遠い所を見る目.

먼눈팔다 自 よそ見する.

먼데 名 〈婉曲に〉便所.

먼동 名 あけぼの. 夜明け. 明け方. 暁. 黎明.

◆**먼동이 트다** 夜明けになる.

먼발치 名 少し離れた所. ¶ ～서 뒷모습을 보고 있다 ちょっと離れた所から後ろ姿を見ている.

먼빛으로 副 遠目に. やや遠くから. 離れた所から. ¶ ～ 힐끗 보았을 뿐이다 遠目にちらっと見ただけだ.

먼저 副 (時間的に·順序が)先に. とりあえず. まず. 前に. ¶ ～ 할 일 先にすること / ～ 갑니다[실례합니다] お先に失礼します.

먼젓번〔一番〕副 先だって. 先日. この間. ¶ ～에 부탁한 일입니다만 先だってお願いしたことですが.

먼지 名 ほこり. ごみ. ちり. ¶ ～가 쌓이다 ちりがたまる / ～를 털다 ほこりを払う.

먼지떨이 名 はたき. 塵払い.

먼촌[1]〔一寸〕名 遠縁. 遠い親類.

먼촌[2]〔一村〕名 遠くぽつんと離れている村.

멀거니 副 ぼんやりと. 呆然と. ¶ ～ 생각에 잠기다 ぼんやりと考え込む.

멀겋다 形 **1**〔흐리다〕やや濁っている. どんよりしている. ¶ 하늘이 ～ 空がどんよりしている. **2** (目に生気がなく)とろんとしている. ¶ 졸려서 눈이 ～ 眠くて目がとろんとしている. **3**〔싱겁다〕(汁などが)とても薄い. 水っぽい. ¶ 된장국이 ～ みそ汁が薄い.

멀게지다 自 **1** 澄む. 清くなる. ¶ 물이 ～ 水が澄む. **2** (濃度などが)薄れる. 薄くなる.

멀고멀다 形 非常に遠い. 果てしなく遠い. ¶ 멀고먼 고향 하늘 果てしなく遠い故郷の空.

멀끔하다 形 こぎれいだ. こざっぱりしている. すっきりしている. ¶ 멀끔하게 청소하다 きれいに掃除する. ＞말끔하다

멀끔히 副 きちんと.

멀다[1] 自 **1** 目が見えなくなる. 視力を失う. ¶ 눈이 ～ 盲目になる. **2** 目がくらむ. 分別がつかなくなる. ¶ 돈에 눈이 멀어서 그만 お金に目がくらんでつい.

멀다[2] 形 **1** (空間的に)遠い. 道のりが長い. ¶ 여기서 학교까지는 너무 ～ ここから学校までは遠すぎる / 그다지 멀지 않습니다 あまり遠くありません. **2** (時間的に)遠い. 時日が長い. 久しい. ¶ 먼 옛날 遠い昔. **3** (関係が)遠い. 親しくない. 疎遠である. ¶ 먼 친척 遠い親類 / 그는 문단에서 멀어졌다 彼は文壇から遠ざかった. **4** (音·声が)小さくて聞こえにくい. ¶ 전화의 감이 ～ 電話が遠い. **5** (耳が)遠い. 聴覚が鈍い. ¶ 귀가 ～ 耳が遠い. **6**(『아직 멀었다』의 꼴로) 及ばない. ほど遠い. ¶ 부산까지는 ～ 釜山まではまだまだだ / 기술이 일류라고 하기에는 아직 멀었다 技術が一流というにはほど遠い. **7**(『거리·시간』을 나타내는 말 뒤에 붙어) …になる前に. …も待てず. …も遅しと. ¶ 일주일이 ～ 하고 편지를 보낸다 1週間も待てずに手紙を送る.

〔속담〕**먼 사촌보다 가까운 이웃이 낫다** 遠いいとこより近くの隣人がいい〈遠くの親戚より近くの他人〉.

멀뚱거리다[-대다] 他 きょとんとした目であたりを見回す.

멀뚱멀뚱 副 하形 **1** きょとんと. ぽかんと. ¶ 눈만 ～ 뜨고 있다 きょとんとしている. **2** (汁物の実が少なく)薄い. とても水っぽい.

멀리 副 遠く. はるか(に). ¶ ～ 떠나 버린 그 사람 遠くに去ってしまったその人 / ～ 보이는 어항 はるかに見える漁港.

멀리뛰기 名 幅跳び.

멀리하다 他 遠ざける. 退ける. 避ける. ¶ 악한 친구를 ～ 悪い友だちを遠ざける / 술과 여자를 ～ 酒と女性を避ける.

멀미 名 하自 **1** (乗り物の)酔い. 吐き気. ¶ 뱃～ 船酔い. **2** 嫌気·いや気. うんざりすること.

◆**멀미가 나다** ① 乗り物に酔う. ② 嫌気がさす. ¶ 이런 일에는 이제 ～가 나요 こんな仕事はもううんざりです.

멀미약〔一藥〕名 乗り物酔いの薬.

멀쑥하다 形 **1** 背が高くひょろっとしている. **2** きれいだ. こざっぱりしている.

멀쑥이 副 すっきりと. ひょろ長く.

멀어지다 自 **1** 遠くなる. ¶ 세월이 갈수록 사이가 ～ 時がたつにつれ関係は遠くなる. **2** 久しくなる.

멀쩡하다 形 **1** 完全だ. 欠けたところがない. (損傷を受けずに)無傷だ. なんともない. ¶ 멀쩡한 접시 欠けたところのない皿. **2** (体や精神が)丈夫だ. 健康だ. ¶ 사지가 멀쩡한 몸 丈夫な体. **3**〔뻔뻔스럽다〕(見かけとは違い)途方もない. 厚かましい. ずうずうしい. ¶ 멀쩡한 놈 厚かましい奴 / 멀쩡한 거짓말 真っ赤な嘘. **멀쩡히** 副 欠けるところなく. 厚かましく.

멀찌감치 副 かなり遠くに. かなり離れて.

멀찌막하다 形 とても遠い. かなり離れている. **멀찌막이** 副 ずいぶん遠くに. ¶ 저리 ～ 서 있거라 あっちにずっと離れて立っていなさい.

멀찍하다 形 ちょっと遠い. 少し離れている. **멀찍이** 副 遠くに. かなり離れて. ¶ ～ 떨어져 앉아라 少し離れて座れ.

멀티미디어〔multimedia〕名 マルチメデ

ィア.

멈추다 Ⅰ 自 **1** 止まる. とどまる. やむ. ¶멈춰 서다 立ち止まる. **2** (雨·雪などが)やむ. 上がる. ¶눈이 멈추거든 가자 雪がやんだら行こう.
Ⅱ 他 (活動·動きなどを)一時中止する. 止める. ¶걸음[시선]을 ～ 歩み[視線]を止める / 일손을 멈추고 한 대 피우다 仕事の手を休めて一服する.

멈칫 副 하自他 ぎょっと. はたと. はっと. ぴたっと. どきりと. ぎくりと. ¶그를 보자 ～했다 彼を見たとたんぎょっとした.
멈칫거리다[-대다] 自他 (ためらって)もじもじする. ぐずぐずする. たじろぐ.
멈칫멈칫 副 하自他 ぐずぐず. もじもじ.

멋 名 **1** (身なり·行動·気風などが)洗練されていること. しゃれていること. シック. 粋. すてきなこと. ¶～있는 스타일 粋なスタイル / ～으로 쓰는 안경 伊達眼鏡. **2** 風流. 風情. 趣. 味わい. ¶공원에 꽃이 활짝 피어 ～이 있구나 公園に花がぱっと咲いてすてきだなあ.
◆**멋을 부리다[내다]** めかしこむ.

멋대가리 名 〈俗〉 **1** 粋. しゃれ. **2** 風流. ¶～ 없다 味もそっけもない.

멋대로 副 思うがままに. 勝手に. 気ままに. ¶제～ 하다 自分勝手にする.

멋들어지다 形 とても粋である. ほれぼれするほどすてきだ. いかす. しゃれている. ¶멋들어지게 노래 부른다 とてもすてきに歌を歌う.

멋모르다 自 (事件の成り行き·理由が)わからない. 訳がわからない. あてずっぽうだ. ¶멋모르고 대답하다 あてずっぽうに答える.

멋없다 形 無粋だ. 味気ない. 野暮だ. 不格好だ. ¶멋없는 남자 無粋な男. **멋없이** 副 味気なく. 不格好に. 野暮ったく. ¶～ 키만 크군 不格好に背ばかりが高いな.

멋있다 形 すばらしい. すてきだ. しゃれている. ¶우리 선생님은 멋있는 분이다 私の先生はすてきな方だ.

멋쟁이 名 おしゃれな人. スタイリスト. 粋な人. おしゃれ屋. めかし屋.

멋지다 形 すばらしい. 見事だ. すてきだ. ¶멋진 연기 見事な演技.

멋쩍다 形 **1** (することや身なりが)釣り合わない. ぎこちない. ぴったりしない. **2** 照れくさい. きまりが悪い. ¶멋쩍은 듯이 머리만 긁고 있다 照れくさそうに頭をかいてばかりいる.

멋하다 形 〔'무엇하다'의 준말〕 気まずい. ¶자네가 말하기가 멋하면 내가 할게 君が言うのがなんなら私が言おう.

멍 名 **1** あざ. ¶～이 지다 あざができる. **2** (物事の内部に生じる)障害. 支障. 悩み. 打撃.

멍게 名〔動〕 海鞘.

멍군 名 하自 (将棋で)王手をかけられたときそれを防ぐこと.

멍들다 自 **1** あざができる. ¶눈이 ～ 目の周りにあざができる. **2** 障害·打撃などをこうむる. ¶주식에 손을 대었다가 멍들었다 株に手を出して大損した.

멍멍 副 〔개 짖는 소리〕 ワンワン.
멍멍거리다[-대다] 自 (犬が)ワンワンほえる.

멍멍이 名 〈俗〉 犬. わんわん. わん公.

멍멍하다 形 **1** (頭が)ぼうっとする. ¶영어만 외다보니 머리가 멍멍해졌다 英語ばかり暗記したので頭がぼうっとなった. **2** 耳鳴りでよく聞こえない. ¶폭음으로 귀가 ～ 爆音で耳がぼうっとしている. **멍멍히** 副 ぼうっと. ぽかんと.

멍석 名 むしろ. わらむしろ.
멍석말이 名 하他 〔史〕 権力者が行なった私刑の一つで, 人をむしろで巻きつけてむやみに打つ刑罰.

멍에 名 **1** 頸木. **2** 人の自由を束縛するもの. 首かせ. ¶혹사의 ～를 벗어나다 酷使の首かせから逃れる.
◆**멍에를 메다[쓰다]** ① 頸木をかける. ② 自由を束縛する.

멍울 名 **1** (牛乳·糊などに生じる)かたまり. **2** リンパ腺. ぐりぐり.
◆**멍울이 서다** リンパ腺が腫れる. ぐりぐりができる. ¶겨드랑이에 ～이 섰다 わきの下にぐりぐりができた.

멍청이 名 ばか. 間抜け. あほう. 頓馬.

멍청하다 形 間抜けだ. ぼうっとしている. ばかだ. ぼけている. ¶멍청한 얼굴 하지 마라 間の抜けた顔するな. **멍청히** 副 ぼうっと. ぽかんと. ¶뭘 ～ 바라보고 있는 거야? 何をぼうっと見ているんだい.

멍텅구리 名 ばか. とんま. ぼんくら.

멍하다 形 (気が抜けて)ぼうっとしている. 呆然としている. ぼんやりしている. ¶소식이 충격적이어서 멍해 있었다 知らせが衝撃的だったので呆然としていた. **멍하니** 副 ぼうっと. ぼんやり(と). きょとんと. ¶～ 밖을 내다보고 있다 ぼんやりと外を眺めている.

멎다 自 **1** (雨·雪などが)やむ. ¶소나기가 ～ 夕立がやむ. **2** (動いていたものが)止まる. ¶심장이 ～ 心臓が止まる.

메[1] 名 大槌. ハンマー.

메[2] 名 **1** 祭祀のとき位牌の前に供えるご飯. **2** 〈宮廷〉 ご飯.

메[3] 名 山.

메가-〔mega-〕 接頭 《'미터법의 단위'앞에 붙어》〔'100만 배'의 뜻을 나타냄〕 メガ.

메가톤〔megaton〕 依名 〔物〕 メガトン. **1** 質量の単位. **2** 核融合による爆発力を表わす単位.

메가폰〔megaphone〕 名 メガホン.

메가헤르츠〔megahertz〕 依名 〔物〕 メガヘルツ(MHz).

메기 名〔動〕 鯰.
메기입 名 (なまずのような)大きな口, またそういう人.

메기다 他 **1** (二組で歌を歌い合うとき, 一方が)先に歌う. **2** (二人用の鋸をひくとき)一方が押す. **3** 矢を弓につがえる. **4** 〈ユンノリ(윷놀이)で〉駒を上がりに移す.

메꽃 名 **1** 〔植〕 昼顔. **2** ひるがおの「花.

메뉴〔menu〕 名 メニュー. 献立.
메다[1] Ⅰ 自 ふさがる. 詰まる. ¶목이 메어 말할 수 없다 喉が詰まって話せない / 코 멘 소리를 한다 鼻にかかった声を出す.
Ⅱ 他 〔'메우다'의 준말〕 埋める. うずめる. 補う.
메다[2] 他 担ぐ. 担う. 背負う. ¶짐을 어깨에 ～ 荷を肩に担ぐ.
메달〔medal〕 名 メダル. ¶금～ 金メダル.
메달리스트〔medalist〕 名 メダリスト.
메들리〔medley〕 名 メドレー. **1** 〔樂〕 接続曲. **2** 〔體〕〔'메들리 릴레이'의 준말〕. メドレーリレー.
메떡 名 粳でつくった餅.
메뚜기 名〔動〕 ばった. いなご.
메리야스〔西 medias〕 名 メリヤス.
메마르다 形 **1** (土地が) 干からびている. やせている. ¶메마른 땅 やせ地. 不毛の土地. **2** (人情に) 潤いがない. ゆとりがない. ¶인심이 ～ 人情がすたれはてている. **3** (皮膚などが) かさかさしている. 乾いている. ¶메마른 살갗 かさかさした皮膚.
메모〔memo〕 名 하他 メモ. 控え. ¶약속 날짜를 ～하다 約束の日付をメモする.
메모지〔一紙〕 名 メモ用紙.
메모판〔一板〕 名 伝言板.
메밀 名〔植〕 蕎麦.
메밀가루 名 そば粉.
메밀국수 名 (料理の) そば. ざるそば.
메밀꽃 名 **1** そばの花. **2** 波のしぶき.
메밀묵 名 そば粉でつくったムク.
메스〔蘭 mes〕 名 メス. ¶～를 가하다 メスを入れる.
메스껍다 形 吐き気を催す. むかつく. むかむかする. いやらしい. ¶뱃멀미가 나고 속이 ～ 船酔いがして胸がむかむかする.
메슥거리다[-대다] 自 むかむかする. しきりに吐き気を催す. ¶속이 메슥거려 먹을 수가 없다 胸がむかむかして食べられない.
메슥메슥 副 하形 むかむか. ¶말만 들어도 속이 ～하다 聞いただけでも胸がむかむかする.
메시아〔Messiah〕 名〔基〕 メシア. メサイア. 救世主.
메시지〔message〕 名 メッセージ.
메아리 名 山びこ. こだま.
메아리치다 自 こだまする. 響きわたる. ¶구두 소리가 빌딩에 ～ 靴音がビルにこだまする.
메어꽂다 他 (背負い投げで) 投げつける. たたきつける.
메어치다 他 (肩に担いで) 地面にたたきつける. 投げ飛ばす. ¶상대를 마룻바닥에 ～ 相手を床に投げつける.
메우다[1] 他 (穴·空白·不足などを) 埋める. うずめる. 補う. ふさぐ. ¶빈자리를 ～ 空席を埋める / 적자를 ～ 赤字を埋める / 구멍을 ～ 穴を埋める.
메우다[2] 他 **1** (桶に箍を) はめる. ¶통에 테를 ～ 桶に箍をはめる. **2** (篩·太鼓·弓などに網·革·弦を) 張る. **3** (牛馬の首に) 頸木をかける. **4** 弓に弦を張る.
메이커〔maker〕 名 メーカー. 製造業者. ¶～품 メーカー品.
메이크업〔makeup〕 名 メーキャップ.
메조소프라노〔伊 mezzo-soprano〕 名〔樂〕 メゾソプラノ.
메주 名 みそ玉麹.
메주콩 名 みそ玉麹用の大豆.
메지다 形 (餅·ご飯などが) 粘り気がない.
메질 名 하自他 大槌で打つこと.
메추라기 名〔動〕 鶉.
메추리 名 〔'메추라기'의 준말〕 うずら.
메치다 他 〔'메어치다'의 준말〕 投げ飛ばす.
메커니즘〔mechanism〕 名 メカニズム. 機械装置, また機構.
메케하다 形 **1** 煙い. 煙たい. **2** かび臭い.
메탄〔methane〕 名〔化〕 メタン(天然ガスの主成分).
메탄올〔methanol〕 名 メタノール.
메트로놈〔metronome〕 名〔樂〕 メトロノーム. 音のテンポを正確に示す機械.
메트로폴리스〔metropolis〕 名 メトロポリス. 巨大都市.
메틸알코올〔독 Methylalkohol〕 名 メチルアルコール.
멕시코〔Mexico〕 名〔地〕 メキシコ(北アメリカ大陸南部にある共和国).
멘델의 법칙〔Mendel―法則〕 名〔生〕 メンデルの法則.
멜대 名 天秤棒.
멜랑콜리〔프 mélancholie〕 名 メランコリー. 憂鬱.
멜로드라마〔melodrama〕 名〔演〕 メロドラマ.
멜로디〔melody〕 名〔樂〕 メロディー.
멜로디언〔melodion〕 名〔樂〕 メロディオン.
멜론〔melon〕 名〔植〕 メロン.
멜빵 名 **1** (荷物を背負う) 背負いひも. **2** (小銃などの) 肩ひも. ズボンつり. サスペンダー.
멤버〔member〕 名 メンバー. ¶～에 끼이다 メンバーに加わる.
멤버십〔membership〕 名 メンバーシップ.
멥새 名〔動〕 頬白.
멥쌀 名 粳米. 粳. うるごめ.
멧돼지 名〔動〕 猪.
멧부리 名 (山の) 頂上. 山頂.
며[1] 助 (모음으로 끝나는 말에 붙어) 〔둘 이상의 사물 열거〕 **1** …や. …やら. ¶사자～ 코끼리～ 많이 봤다 ライオンやら象やらたくさん見た. **2** ('며…며'의 꼴로) …であれ…であれ. ¶이 아기는 눈이～ 코～ 자기 아빠를 꼭 닮았다 この赤ちゃんは目であれ鼻であれお父さんにそっくりだ. ▷이며
-며[2] 語尾 **1** (모음·'ㄹ'로 끝나는 어간에 붙어) 〔둘 이상의 동작·상태의 열거〕 …して. …であって. …したり. ¶성품이 매우 관대하～ 온화하다 人柄が非常に寛大であり穏和である / 이것은 감이～ 저것은 사과이다 これは柿であってあれはりんごである. **2** 〔'-면서'의 준말〕 …ながら. …であると同時に. ¶

그는 웃으~ 말했다 彼は笑いながら話した / 괴테는 시인이~ 정치가였다 ゲーテは詩人であると同時に政治家であった.

며느님 名 〔남의 며느리의 높임말〕お嫁さん.

며느리 名 **1** 嫁. 息子の妻. ¶ ~를 보다 嫁を迎える. **2** (孫·甥の)妻. ¶ 손자 ~ 孫の妻 / 조카 ~ 甥の妻.

며느리발톱 名〔動〕蹴爪. 懸け爪.

며칟날 名 (その月の)何日. ¶ 병원에 가는 날이 ~ 이냐? 病院に行く日は何日だい.

며칠 名 **1**〔'며칟날'의 준말〕(その月の)何日. ¶ 오늘이 ~이지? 今日は何日なの. **2** (期間の)いく日. 何日. 数日. ¶ ~ 안으로 돌려 주마 数日中に返すよ.

멱1 名 のど. のどくび. のど元.

멱2 名〔'미역'의 준말〕水浴び. 水遊び. ¶ ~ 감다 水浴びする.

멱국 名〔'미역국'의 준말〕わかめスープ.

멱따다 他 〈俗〉殺す. 喉を突き刺す.

멱살 名 **1** のどくびの下の肉. **2** 胸ぐら. ¶ ~을 잡다 胸ぐらをつかむ.

멱서리 名 わらで編んだ穀物入れ. 畚. 俵.

멱씨름 名 하自 胸ぐらをつかみ合う喧嘩.

면1[面] **Ⅰ** 名 **1**〔표면〕表面. ¶ 벽~이 고르지 않다 壁の表面が平らでない. **2**〔얼굴〕顔. 顔面. **3**〔'체면(體面)'의 준말〕体面. 面目. **4**〔지면〕(本の)ページ. (新聞の)面. ¶ 이 ~에는 삽화가 많다 このページには挿し絵が多い / 신문의 사회~ 新聞の社会面. **5**〔측면〕面. 一面. 分野. 方面. ¶ 긍정적인 ~과 부정적인 ~ 肯定的な側面と否定的な側面.

Ⅱ 依名 (本の)ページ. ¶ 300~이 넘는 시집 300ページを超える詩集.

면2[面] 名 面〈地方行政単位の一つ〉.

면3[綿] 名 木綿.

면4[麵] 名 麵.

-면5 語尾 **1** (모음·ㄹ받침으로 끝나는 어간에 붙어)〔가정적 조건을 나타냄〕…(する)と. …(なら)ば. …(すれ)ば. …(し)たら. …なら. ¶ 겨울이 되~ 눈이 온다 冬になると雪が降る / 자네가 부탁하~ 승낙할걸세 君が頼めば承知するだろうよ. **2** (시간을 나타내는 명사+'이면'의 꼴로) …もすれば. …も経てば. …もあれば. …になれば. …には. ¶ 10분이~ 넉넉히 걸어갈 수 있는 거리다 10分もあれば十分に歩いて行ける距離だ. ▷이면

면경[面鏡] 名 手鏡.

면계[面界] 名 (行政区域の)面と面の境界.

면관[免官] 名 하他 免官. 免職.

면구[面灸] 名 하形 恥ずかしいこと. 照れくさいこと. きまり悪いこと. 見ていられないこと. ¶ 옆에서 보기에도 ~스럽다 はた目にも気恥ずかしい.

면내[面內] 名 面内. (地方行政単位である)面の管轄内.

면담[面談] 名 하自 面談. ¶ ~을 요청하다 面談を要請する.

면도[面刀] 名 하自他 **1** ひげそり. ¶ ~를 하지 않아서 얼굴이 보기 흉하다 ひげをそっていないので見られた顔ではない. **2**〔'면도칼'의 준말〕剃刀.

면도기[一器] 名 ひげそり器具. かみそり. ¶ 전기~ 電気かみそり.

면도날 名 **1** 剃刀の刃. **2** 安全剃刀の替え刃.

면도질 名 하自他 ひげをそること.

면도칼 名 剃刀.

면려[勉勵] 名 하自他 **1** 勉励. 自ら努力すること. **2** 人を励ますこと.

면류관[冕旒冠] 名〔史〕冕冠〈国王の正式の冠〉.

면면[面面] 名 **1** 面々. おのおの. **2** 多くの面. また各方面.

면면하다[綿綿一] 形 綿々としている. 果てしなく続いている. **면면히** 副 綿々と. ¶ ~ 이어지는 전통 綿々と続く伝統.

면모1[面貌] 名 **1** 面貌. 顔立ち. 顔つき. **2** (物事の)ようす. 状態. 様相. ¶ 새 시대의 ~를 갖추다 新しい時代の様相を整える.

면모2[綿毛] 名 綿毛. うぶげ.

면목[面目] 名 面目. 面子. 体面. ¶ ~이 서지 않는다 面目が立たない / ~을 잃다 面目を失う.

◆**면목이 없다** 面目ない. 人に会わせる顔がない.

면목부지[一不知] 名 하自 お互いに面識のないこと.

면밀하다[綿密一] 形 綿密だ. ¶ 면밀한 계획 綿密な計画. **면밀히** 副 綿密に. ¶ ~ 검토하다 綿密に検討する.

면박[面駁] 名 하他 面と向かって非難すること. ¶ 선배에게 ~을 주다니 先輩を面と向かって非難するとは.

면방[綿紡] 名〔'면방적'의 준말〕綿紡.

면방적[綿績] 名 綿紡績.

면방직[綿織] 名 綿紡織.

면분[面分] 名 (顔が分かる程度の)面識. 顔見知り. ¶ 그와는 ~이 있다 彼とは面識がある.

면사[綿絲] 名 綿糸.

면사무소[面事務所] 名 面事務所. 村役場.

면사포[面紗布] 名 (花嫁用の白い)ベール. ¶ ~를 쓰다 (花嫁が)ベールをかぶる. 結婚式を挙げる.

면상1[面上] 名 顔面. ¶ ~을 치다 顔を殴る.

면상2[面相] 名 面相. 顔立ち. 容貌. (占いで)顔の相.

-면서 語尾 **1** (모음·'ㄹ'로 끝나는 어간에 붙어)〔두 가지 이상의 동작·상태의 진행〕…(し)ながら. …(である)と同時に. …するときに. ¶ 문이 열리~ 사람이 들어왔다 ドアが開くと同時に人が入って来た. **2**〔역접〕…(する)のに. …でありながら. ¶ 모르~ 아는 체하지 마세요 知らないのに知っているふりをしないでください / 대학교 다니~ 그런 것도 몰라? 大学に通っているのにそんなことも知らないのか.

면서기〔面書記〕 名 面事務所[村役場]の書記.
면세〔免税〕 名 하他〔法〕 免税. ¶ ~ 조치 免税措置.
　면세점〔一店〕 名 免税店.
　면세품〔一品〕 名 免税品.
면소〔免訴〕 名 하自他〔法〕 免訴.
면식〔面識〕 名 面識. 顔見知り. ¶ ~이 있다 面識がある.
　면식범〔一犯〕 名 面識犯. 被害者と顔見知りの犯人.
면실유〔棉實油〕 名 綿実油. 綿油.
면싸대기〔面一〕 名〈俗〉面.
면양〔緬羊〕 名〔動〕綿羊. 緬羊.
면업〔綿業〕 名 紡績業. 綿工業.
면역¹〔免役〕 名 하自 免役. 免除. ¶ 병역이 ~되었다 兵役が免除された.
면역²〔免疫〕 名 하自〔醫〕 免疫. ¶ 아버지의 잔소리에는 ~이 되었다 父の小言には免疫になってしまった.
　면역성〔一性〕 名 免疫性.
　면역체〔一體〕 名 免疫体. 抗体.
　면역 혈청〔一血清〕 名〔醫〕 免疫血清.
-면은 語尾〔'-면⁵'의 힘줌말〕…したら. …ならば. …であれば. ¶ 만일 비가 오~ もしも雨が降ったら / 웃으~ 혼날 줄 알아 笑ったら痛い目にあうぞ. ▷-으면은
면작〔綿作〕 名 綿の栽培.
면장¹〔免狀〕 名 免状. **1**〔'면허장'의 준말〕免許状. **2**〔'사면장'의 준말〕赦免状.
면장²〔面長〕 名 (地方行政単位である)面の長.
면적〔面積〕 名 面積. 広さ.
면전〔面前〕 名 面前. ¶ 사람들 ~에서 창피를 당하다 人々の面前で恥をかく.
면접〔面接〕 名 하自他 **1** 面接. 対面. **2**〔'면접 시험(面接試驗)'의 준말〕面接試験.
　면접 시험〔一試驗〕 名 面接試験.
면제〔免除〕 名 하他 免除. ¶ 채무를 ~한다 債務を免除する.
면죄〔免罪〕 名 하自 免罪.
　면죄부〔一符〕 名〔史〕免罪符.
면지〔面紙〕 名 **1**〔佛〕 位牌の死者の名を覆う5色の紙. **2**〔印〕(本の)見返し.
면직¹〔免職〕 名 하他 免職. ¶ 징계 ~ 懲戒免職.
면직²〔綿織〕 名〔'면직물'의 준말〕綿織物.
　면직물〔一物〕 名 綿織物.
면책¹〔免責〕 名 하自 免責. **1** 責任を免れること. **2** とがめを免れること. **3**〔法〕 債務が消滅し債務者としての法律上の義務を免れること.
　면책 특권〔一特權〕 名〔法〕 免責特権.
　면책 행위〔一行爲〕 名〔法〕 免責行為.
면책²〔面責〕 名 하他 面責. 面詰. 面と向かって責めること.
면천〔免賤〕 名 하自他〔史〕 奴婢が常民になること.
면치레〔面一〕 名 하自 見せかけ. うわべを飾ること.
면탈〔免脫〕 名 하他 罪を免除されること.
면포〔綿布〕 名 綿布.
면포플린〔綿poplin〕 名 綿ポプリン.
면플란넬〔綿flannel〕 名 綿フランネル. 綿ネル.
면피〔面皮〕 名 面皮. 面の皮.
면하다¹〔面一〕 自他 面する. 臨む. 直面する. ¶ 바다에 면한 집 海に面した家 / 위기에 ~ 危機に直面する.
면하다²〔免一〕 他 **1**〔면제되다〕(責任·義務などを)免れる. 免除される. ¶ 책임을 ~ 責任を免れる. **2**〔회피하다〕(罰などを)免れる. ¶ 벌금형은 면하기 어렵다 罰金刑は免れられない. **3**〔모면하다〕(災いなどを)免れる. 逃れる. ¶ 수해를 ~ 水害を免れる.
면학〔勉學〕 名 하自 勉学. ¶ ~에 힘쓰다 勉学にいそしむ.
면허〔免許〕 名 免許. ¶ 운전 ~ 運転免許 / ~를 따다 免許を取る.
　면허세〔一稅〕 名 免許税.
　면허증〔一證〕 名 免許証.
면화〔棉花〕 名〔植〕綿.
　면화씨 名 綿の種.
면화약〔棉火藥〕 名 綿火薬.
면회〔面會〕 名 하自他 面会. ¶ ~ 사절 面会謝絶 / ~를 신청하다 面会を申し込む.
멸공〔滅共〕 名 하自 共産主義(者)を滅亡させること.
멸구 名〔動〕横這い.
멸균〔滅菌〕 名 하自他 滅菌.
멸망〔滅亡〕 名 하自 滅亡.
멸시〔蔑視〕 名 하他 蔑視. 軽視. ¶ ~된 소수 의견 軽んじられた少数意見.
멸절〔滅絶〕 名 하自他 絶滅. ¶ ~될 위기에 있는 야생 동물 絶滅の危機にある野生動物.
멸족〔滅族〕 名 하自他 一族が滅びること.
멸종〔滅種〕 名 하自他 種の絶滅.
멸치 名〔動〕片口鰯.
　멸치젓 名 片口鰯の塩辛. ひしこ漬け.
멸칭〔蔑稱〕 名 하他 蔑称.
멸하다〔滅一〕 自他 滅びる. 滅ぼす. 絶やす.
명¹〔明〕 名〔史〕(中国の王朝)明.
명²〔命〕 名 **1** 命. 寿命. ¶ ~이 길다[짧다] 寿命が長い[短い]. **2**〔'운명'의 준말〕運命. **3**〔'명령'의 준말〕命令.
명³〔銘〕 名 (金石·碑石などに刻んだ)銘. ¶ 좌우~ 座右の銘 / ~을 새기다 銘を刻む.
명⁴ 名 Ⅰ 依名〔사람 수〕名. ¶ 세 ~ 3名 / 모두 몇 ~이나? みんなで何名か.
Ⅱ 接頭〔유명한〕名…. ¶ ~투수 名投手 / ~연주가 名演奏家 / ~감독 名監督.
Ⅲ 接尾〔이름·명칭〕…名. ¶ 동물~ 動物名 / 단체~ 団体名.
명가〔名家〕 名 名家. **1**〔명문(名門)〕名高い家門. **2**〔명성이 있는 사람〕名望の高い人. **3**〔史〕中国の春秋戦国時代の諸子百家の一つ.
명검〔名劍〕 名 名剣. 名刀.
명견¹〔名犬〕 名 名犬.

명견²〔明見〕 名 高い見識.
명경〔明鏡〕 名 明鏡.
　명경지수〔—止水〕 名 明鏡止水. 邪念のない清らかな心境.
명계〔冥界〕 名〔佛〕冥界. 冥土.
명곡〔名曲〕 名 名曲.
명공¹〔名工〕 名 名工. 名匠.
명공²〔名公〕 名 名宰相. 名相.
명과〔銘菓〕 名 銘菓.
명관¹〔名官〕 名 名高い官吏.
명관²〔明官〕 名 善政を施す官吏.
명구〔名句〕 名 名句.
명군¹〔名君〕 名 名君. 優れた君主.
명군²〔明君〕 名 明君. 優れた君主.
명궁〔名弓〕 名 **1**〔'명궁수'의 준말〕弓の名手. **2** 由緒のある弓.
명기¹〔名技〕 名〔'명연기'의 준말〕名演技.
명기²〔名器〕 名 名器.
명기³〔明記〕 名 하他 明記. ¶ ~된 규칙 明記されている規則.
명기⁴〔銘記〕 名 하他 銘記. ¶ 마음에 ~하다 肝に銘じる.
명년〔明年〕 名 明年. 来年.
명단〔名單〕 名 名簿. リスト. ¶ 고객 ~ 顧客リスト.
명답¹〔名答〕 名 名答. 優れた答え.
명답²〔明答〕 名 하自 明答. はっきり答えること.
명당〔明堂〕 名 **1** (風水説で)非常によいとされる墓地や家の敷地. **2** 墓の前の平地. **3** 明堂〈王が臣下の謁見を受ける宮殿〉.
　명당자리 名 **1**〔民俗〕(風水説で)墓地として使うのに非常によいとされる所. **2** 非常によい場所や地位.
명도¹〔明度〕 名〔美〕明度. 明るさ(の程度).
명도²〔明渡〕 名 하他〔法〕明け渡すこと. ¶ 가옥을 ~하다 家屋を明け渡す.
명도³〔冥途〕 名〔佛〕冥土.
명란〔明卵〕 名 **1** たらこ. **2**〔'명란젓'의 준말〕たらこの塩辛.
　명란젓 名 たらこの塩辛.
명랑하다〔明朗—〕 形 明朗だ. 朗らかだ. 陽気だ. 明るくさわやかだ. ¶ 명랑한 성격 明朗な性格 / 명랑한 사회 明るい社会. **명랑히** 副 明朗に.
명령〔命令〕 名 하他 命令. ¶ 상관의 ~을 전달하다 上官の命令を伝達する.
　명령권〔—權〕 名 命令權.
　명령서〔—書〕 名 命令書.
　명령형〔—形〕 名〔言〕命令形.
명론〔名論〕 名 名論.
명료하다〔明瞭—〕 形 明瞭だ.
명리〔名利〕 名 名利. 名誉と利益.
명마〔名馬〕 名 名馬.
명망〔名望〕 名 名望. 名声と人望. ¶ ~가 名望家 / ~이 높다 名望が高い.
명맥〔命脈〕 名 命脈. ¶ 겨우 ~을 유지하고 있다 かろうじて命脈を保っている.
명멸〔明滅〕 名 하自 明滅. ¶ ~하는 어화 明滅する漁り火.
명명¹〔命名〕 名 하自 命名.
　명명식〔—式〕 名 命名式.
명명²〔明明〕 名 하形 明々. **1** 非常に明るいこと. **2** はっきりしていて疑わしい点が少しもないこと.
　명명백백〔—白白〕 名 하形 明々白々. ¶ ~한 증거 明々白々な証拠.
명모〔明眸〕 名 明眸.
　명모호치〔—皓齒〕 名 明眸皓歯.
명목¹〔名目〕 名 名目. ¶ 연구비의 ~으로 지급하다 研究費の名目で支給する.
　명목론〔—論〕 名〔哲〕名目論.
　명목 임금〔—賃金〕 名〔經〕名目賃金.
명목²〔瞑目〕 名 하自 瞑目.
명문¹〔名文〕 名 名文.
명문²〔名門〕 名 名門. 名家.
　명문거족〔—巨族〕 名 名門の家柄と繁栄している一族.
명문³〔明文〕 名 **1** 明文. 明確に定めてある条文. **2** 証文. 証書.
　명문화〔—化〕 名 하他 明文化. ¶ 규칙을 ~하다 規則を明文化する.
명문⁴〔銘文〕 名 銘文.
명물〔名物〕 名 名物. 名産. ¶ 이 지방의 ~ この地方の名物.
명미하다〔明媚—〕 形 明媚だ. 清らかで美しい. ¶ 풍광이 명미한 고장 風光明媚な地方.
명민하다〔明敏—〕 形 明敏だ. 物事に通じ悟りが早い. ¶ 명민한 두뇌를 가지다 明敏な頭脳をもつ.
명반〔明礬〕 名〔化〕明礬.
명배우〔名俳優〕 名 名優.
명백하다〔明白—〕 形 明白だ. 明らかだ. **명백히** 副 明らかに. 明白に. ¶ 진상이 ~ 밝혀졌다 真相が明らかにされた.
명복〔冥福〕 名 冥福. ¶ 고인의 ~을 빌다 故人の冥福を祈る.
명부¹〔名簿〕 名 名簿.
명부²〔冥府〕 名〔佛〕冥府. 冥土.
　명부전〔—殿〕 名〔佛〕冥府殿.
명분〔名分〕 名 名分. ¶ 대의~ 大義名分 / ~이 서지 않는다 名分が立たない.
명사¹〔名士〕 名 名士.
명사²〔名詞〕 名〔言〕名詞.
　명사형〔—形〕 名〔言〕名詞形(用言の語幹に口·음·기が付いてできる名詞).
명산¹〔名山〕 名 名山. ¶ ~ 영봉 名山霊峰.
　명산대찰〔—大刹〕 名 名山と大刹.
　명산대천〔—大川〕 名 名山と大河.
명산²〔名産〕 名〔'명산물'의 준말〕名産.
　명산물〔—物〕 名 名産物. 名物.
　명산지〔—地〕 名 名産地.
명상¹〔名相〕 名 **1** 有名な観相家. 人相見. **2**〔'명재상'의 준말〕名相.
명상²〔瞑想〕 名 하自 瞑想.
　명상곡〔—曲〕 名〔樂〕瞑想曲.
　명상록〔—錄〕 名 瞑想録.
명색〔名色〕 名 (実質が伴わない)肩書き. 資格. 名. ¶ 이래 봬도 난 ~이 사장이야 こう見えてもわしは一応は社長なんだ.
　◆**명색이 좋다** 肩書きだけが目立つ.
명석하다〔明晳—〕 形 明晰だ. ¶ 두뇌

가 ~ 頭脳が明晰だ.
명성〔名聲〕 名 名声. ¶ ~을 얻다[잃다] 名声を得る[失う].
명세〔明細〕 名 하形 明細. 詳しいこと.
명세서〔一書〕 名 明細書.
명소〔名所〕 名 名所. ¶ 이름난 관광의 ~ 有名な観光の名所.
명수¹〔名手〕 名 名手. ¶ 사격의 ~ 射撃の名手 / 바둑의 ~ 囲碁の名手.
명수²〔名數〕 名 **1** 人数. ¶ 경기에 참가할 ~ 競技に参加する人数. **2** 〔數〕 名数.
명수³〔命數〕 名 命数. 運命.
명승¹〔名勝〕 名 名勝. 景色の優れた地. ¶ ~고적 名勝古跡.
명승지〔一地〕 名 名勝地.
명승²〔名僧〕 名 名僧. 高僧.
명시¹〔名詩〕 名 名詩. 優れた詩.
명시²〔明示〕 名 하他 明示. ¶ 지도에 ~된 장소 地図に明示された場所.
명실〔名實〕 名 名実.
◆**명실 공(共)히** 名実ともに. ¶ 그는 ~ 재계의 제일인자다 彼は名実ともに財界の第一人者だ.
명실상부〔一相符〕 名 하自 名実が伴うこと.
명심하다〔銘心一〕 他 肝に銘じる. ¶ 깊이 명심해라 深く肝に銘じろ.
명씨박이다 自 眼病によりひとみに白い点が生じて視力を失う.
명아주 名〔植〕 藜.
명안〔名案〕 名 名案. 妙案. ¶ ~이 떠올랐다 名案が浮かんだ.
명암〔明暗〕 名 明暗. 明るいことと暗いこと. 幸と不幸. ¶ ~을 가르다 明暗を分ける.
명암등〔一燈〕 名 明暗灯(灯台で一定の間隔をおいて明滅させる灯火).
명약〔名藥〕 名 名薬. 良薬.
명약관화〔明若觀火〕 名 하形 火を見るよりも明らかなこと.
명언¹〔名言〕 名 名言.
명언²〔明言〕 名 하他 明言. 断言. ¶ ~을 피하다 明言を避ける.
명역〔名譯〕 名 名訳. 優れた翻訳.
명연〔名演〕 名 名演. 優れた演奏.
명연기〔名演技〕 名 名演技.
명예〔名譽〕 名 名誉. 誉れ. 誇り. ¶ ~욕 名誉欲 / ~직 名誉職 / ~를 존중하다 名誉を重んじる / ~를 더럽히다 名誉を汚す.
명예 교수〔一教授〕 名 名誉教授.
명예롭다 形 名誉ある. 誉れある. 栄えある. ¶ 명예로운 상을 받았다 名誉ある賞をもらった. **명예로이** 副 名誉に. 立派に. ¶ ~ 여기다 名誉と思う.
명예 회복〔一回復〕 名 名誉回復.
명예 훼손〔一毀損〕 名 名誉毀損. ¶ ~죄 名誉毀損罪.
명왕성〔冥王星〕 名〔天〕 冥王星.
명우〔名優〕 名 〔'명배우'의 준말〕 名優.
명월〔明月〕 名 **1** 明月. 明るい月. **2** (陰暦8月の)十五夜の月.
명의¹〔名義〕 名 名義. **1** 名分. **2** 形式上·表面上の名前.
명의 변경〔一變更〕 名〔法〕 名義書換.
명의²〔名醫〕 名 名医. 優れた医者.
명인〔名人〕 名 名人. 達人.
명일¹〔名日〕 名 (陰暦の元旦·端午·仲秋などの)民俗的な祝祭日と国家的な祝祭日の通称. 祝日.
명일²〔命日〕 名 命日.
명일³〔明日〕 名 明日. あす.
명작〔名作〕 名 名作. ¶ 불후의 ~ 不朽の名作 / ~ 소설 名作小説.
명장¹〔名匠〕 名 名匠. 名工.
명장²〔名將〕 名 名将. 名高い将軍.
명재상〔名宰相〕 名 名宰相. 名「相」.
명저〔名著〕 名 名著.
명절¹〔名節〕 名 民俗的な祝祭日. 節句. ¶ 추석 ~ 仲秋節(陰暦8月15日).
명절²〔名節〕 名 **1** 名分と節義. **2** 名節. 名誉と節操.
명정¹〔酩酊〕 名 하自 酩酊.
명정²〔銘旌〕 名 銘旗(死者の官位·姓名を記した弔旗).
명제〔命題〕 名 하自 **1** 文章の題名を決めること. **2**〔論〕 命題.
명조¹〔明朝〕 名 明朝. 明日の朝.
명조²〔明朝〕 名 **1**〔史〕(中国の)明朝. **2**〔'명조체(明朝體)'의 준말〕 明朝体.
명조체〔一體〕 名〔印〕 明朝体.
명조 활자〔一活字〕 名〔印〕 明朝活字.
명주¹〔明紬〕 名 絹織物. 絹. 紬.
명주실 名 絹糸.
명주²〔銘酒〕 名 銘酒.
명줄〔命一〕 名 **1** 先祖代々の血筋. 血統. **2** 〈俗〉 寿命. 命. ¶ ~이 끊어지다 命が絶える. 死ぬ.
명중〔命中〕 名 하自 命中. ¶ ~률 命中率 / 표적에 ~된 화살 標的に命中した矢.
명중탄〔一彈〕 名 命中弾.
명질 名 (元旦·端午·仲秋などの)民俗的な祝日.
명징〔明澄〕 名 하形 明澄. 明るく澄んでいること.
명찰¹〔名札〕 名 名札.
명찰²〔名刹〕 名 名刹. 名高い寺.
명찰³〔明察〕 名 하他 明察.
명창〔名唱〕 名 歌の名人. またその歌.
명철〔明哲〕 名 하形 明哲. 聡明で物事に通じていること.
명추〔明秋〕 名 明秋. 来年の秋.
명춘〔明春〕 名 明春. 来春. 来年の春.
명치 名〔生〕 みぞおち.
명치끝 名 (胸骨の下の)剣状突起の先の部分.
명치뼈 名〔生〕(胸骨の下の)剣状突起.
명칭〔名稱〕 名 名称. ¶ 정식 ~ 正式名称 / ~을 바꾸다 名称を変える.
명콤비〔名← combination〕 名 名コンビ.
명쾌하다〔明快一〕 形 明快だ. ¶ 명쾌

한 대답 明快な答え. **명쾌히** 副 明快に. はっきり(と).

명태〔明太〕 名〔動〕介党鱈. 明太.

명토〔冥土〕 名〔佛〕冥土.

명판〔名判〕 名 **1** 名判決. 優れた判断. **2**〔'명판관'의 준말〕 優れた[名高い]裁判官.

명판관〔一官〕 名 優れた[名高い]裁判官.

명패〔名牌〕 名 **1** 名前や職名を記す三角錐の木片. **2** 表札. **3** 名札.

명품〔名品〕 名 名品.

명필〔名筆〕 名 名筆. 上手な字.

명하다〔命一〕 他 **1** 命ずる. 命令する. ¶출국을 ~ 出国を命ずる. **2** 任命する.

명함〔名銜〕 名 **1** 名刺. ¶~을 주고받다 名刺を交換する. **2**〔'남의 이름'의 높임말〕 お名前.

명함판〔一判〕 名 (写真などの)名刺判.

명해〔明解〕 名 하他 明解.

명화[1]〔名花〕 名 名花. **1** 美しい花. **2** 美女. 妓生.

명화[2]〔名畫〕 名 名画. 名高い絵. 優れた映画. ¶~ 감상 名画鑑賞.

명확하다〔明確一〕 形 明確だ. 明らかだ. ¶명확한 증거 明確な証拠 / 명확한 사실이다 明確な事実である. **명확히** 副 明確に. はっきり(と). ¶~ 대답하다 明確に答える.

명후년〔明後年〕 名 明後年. 再来年.

명후일〔明後日〕 名 明後日. あさって.

몇 Ⅰ 數 **1**〔의문〕 何. 幾つ. ¶올해 나이가 ~인가? 今年は幾つ / 모두 ~ 사람이야? みんなで何人だい. **2**〔불특정의 수〕 いくつか. いくつかの. 何. ¶여기 ~이 있어 ここにいくつかあるよ.

Ⅱ 冠〔불확실한 수를 나타냄〕 何. 幾. ¶술을 ~ 잔 마셨니? 酒を何杯飲んだか.

몇몇 Ⅰ 數〔'몇'을 강조하여 이르는 말〕 いくらか. 若干. ¶그 중 ~ 사람은 반대했다 そのうち, 何人かは反対した.

Ⅱ 冠 何. 幾. ¶대부분은 돌아가고 ~ 사람만 남았다 大部分は帰って行き幾人だけ残った.

모[1] 名 苗. 苗木.

모심다 自 田植えをする. 苗木を植える.

모[2] Ⅰ 名 **1**〔구석·모퉁이〕 角. 隅. 端. ¶한 쪽 ~로 비켜 앉았다 隅の方によけて座った. **2**〔數〕 角. ¶세~ 三角. **3**〔사물의 측면〕 (物事の)側面. (物事を見る)角度. ¶여러 ~로 검토한 결과 さまざまな角度から検討した結果. **4**〔성깔·까탈〕 性格などのとげとげしい部分. 角. ¶~가 없는 사람 (角がなくて)円満な人.

Ⅱ 依名〔두부 등을 세는 단위〕 丁. ¶두부 한 ~ 豆腐1丁.

모[3]〔母〕 名 母.

모[4]〔某〕 Ⅰ 名 某. ¶김~의 집 キム某の家.

Ⅱ 冠 某. ある. ¶~처 某所 / ~ 사장 某社長.

모가지 名 **1**〈俗〉首. **2**〈俗〉免職. 解雇. 首. ¶자네는 ~다 君は首だ.

◆**모가지를 자르다** 首を切る. 解雇する.

모가치 名 分け前. 取り分.

모개로 副 まとめて. ひっくるめて. ¶~ 사면 싸다 まとめて買えば安い.

모개흥정 名 하他 一括取引.

모갯돈 名 まとまったお金. ¶차를 사려면 ~이 필요해 車を買うにはまとまったお金が要る.

모계[1]〔母系〕 名 母系. ¶~ 가족 母系家族 / ~ 사회 母系社会.

모계[2]〔謀計〕 名 하自 謀計. はかりごと. だますこと.

모골〔毛骨〕 名 毛と骨.

◆**모골이 송연하다** 身の毛がよだつ.

모공〔毛孔〕 名 毛穴.

모과〔← 木瓜〕 名 かりんの実.

모과나무 名〔植〕かりん.

모교〔母校〕 名 母校. 出身校.

모구〔毛具〕 名 毛でつくった防寒具.

모국〔母國〕 名 母国. ¶~애 母国愛.

모국어〔一語〕 名〔言〕母国語.

모군〔募軍〕 名 하自他 **1** (土木工事などで働く)日雇い労働者. **2** 軍人の募集.

모군꾼 名 日雇い労働者.

모군일 名 하自 (土木工事などの)日雇い仕事. 力仕事.

모권〔母權〕 名 母権. ¶~사회 母権社会.

모근〔毛根〕 名〔生〕毛根.

모금[1]〔募金〕 名 하自 募金. ¶가두~ 街頭募金.

모금[2] 依名 **1**〔액체 등을 한 번 입에 머금는 분량〕 一飲み. 一口. ¶두 ~의 물 二口の水. **2** (たばこなどの)一口. 一服. ¶담배를 한 ~ 빨다 たばこを一服吸う.

모기 名〔動〕蚊. ¶~가 물다 蚊が刺す / ~에게 물리다 蚊にかまれる.

모기떼 名 蚊の群れ. 蚊群.

모기장〔一帳〕 名 蚊帳.

모기향〔一香〕 名 蚊取り線香.

모깃불 名 蚊やり火. 蚊を追い払うためにいぶす火.

모깃소리 名 **1** 蚊の羽音. **2** 蚊の鳴くような声. かすかな声. ¶~만하다 聞きとれないほどのかすかな声[音]だ.

모기둥 名 **1**〔建〕角柱. **2**〔數〕角柱.

모나다 自 **1** 角張る. とがる. ¶모 난 돌 とがった石. **2** (言動が)目立つ. 突出している. **3** (言動に)角がある. とげとげしい. **4** (お金·物などの使い方が)有効だ. ¶돈을 모나게 쓰다 お金を有効に使う.

〔속담〕 **모난 돌이 정 맞는다** 角ばった石がのみで打たれる〈出るくいは打たれる〉.

모나코〔Monaco〕 名〔地〕モナコ〈フランス南東部にある君主国〉.

모내기 名 하自〔農〕田植え.

모내다[1] 他 角を作る.

모내다[2] 自 田植えをする. (苗木を)移植する.

모녀〔母女〕 名 母と娘.

모노드라마〔monodrama〕 名 モノドラマ.

모노레일〔monorail〕 名 モノレール. 単軌鉄道.
모눈종이 名 方眼紙.
모니터〔monitor〕 名 モニター.
모닝콜〔morning call〕 名 モーニングコール.
모다기- 接頭 「多くのものがいっせいに押し寄せる」意を表わす. ¶ ～욕 いっせいに浴びせられるののしり.
모닥불 名 たき火. ¶ ～을 피우다 たき火をする / ～을 쬐다 たき火にあたる.
모당〔母堂〕 名 〔'남의 어머니'의 높임말〕 母堂.
모더니즘〔modernism〕 名 モダニズム. 近代主義. 現代主義.
모던〔modern〕 名 モダン.
모델〔model〕 名 モデル. ¶ 패션～ ファッションモデル.
모독〔冒瀆〕 名 하他 冒瀆. ¶ 신을 ～하다 神を冒瀆する.
모두[1]〔冒頭〕 名 冒頭. ¶ ～ 진술 冒頭陳述.
모두[2] 副 **1** 皆. すべて. 全部. ¶ ～ 몇 사람이오? 皆で何人かね / ～ 내 탓이다 みんな私のせいだ. **2** (명사적으로 쓰여) 皆. すべて. 全部. すべての人. 全体. ¶ 사원 ～가 반대했다 社員全員が反対した / 우리 ～의 책임 我々すべての責任.
모둠냄비 名 寄せ鍋.
모둠발 名 両足をそろえること.
모드〔mode〕 名 モード. ¶ 최신 ～ 最新モード.
모든 冠 すべての. あらゆる. ありとあらゆる. ¶ ～ 사람들 あらゆる人々 / ～ 것이 허사로 돌아갔다 すべてが徒労に帰した.
모들뜨기 名 **1** 寄り目. 寄り目の人. **2** 体が一方に傾くさま, または持ち上げられて倒されるさま.
모들뜨다 自他 寄り目にする.
모라토리엄〔moratorium〕 名〔法〕 モラトリアム. 支給猶予.
모락모락 副 **1** 〔동·식물이 자라는 모양〕 すくすく(と). ぐんぐん(と). **2** 〔연기·김·냄새 등이 떠오르는 모양〕 もくもく(と). ゆらゆら(と). むんむん(と). ¶ 굴뚝에서 연기가 ～ 피어 오른다 煙突から煙がもくもく立ち上る.
모란〔← 牡丹〕 名〔植〕 牡丹.
　모란꽃 名 ぼたんの花.
모럴〔moral〕 名 モラル. 道徳. 倫理.
모래 名 砂. ¶ ～강변 砂の河原 / ～장난을 하다 砂遊びをする.
　모래땅 名 砂地.
　모래밭 名 砂原. 砂場.
　모래사장〔一沙場〕 名 砂原. 砂浜.
　모래성〔一城〕 名 (子供が遊びで作る)砂の城.
　모래시계〔一時計〕 名 砂時計. 砂漏.
　모래주머니 名 砂袋. **1** (防火用の)砂. **2**〔動〕砂袋. 砂嚢.
　모래집 名 **1**〔生〕羊膜. **2** 砂袋. 砂嚢.
　모래찜 名 하自 砂風呂. 砂湯. 砂浴.
　모래찜질 名 하自 砂風呂療法.
　모래톱 名 砂原. 砂浜.
모래무지 名〔動〕 鎌柄. 砂潜.
모략〔謀略〕 名 하他 謀略. 罠. 策略. ¶ 중상～ 中傷謀略 / ～에 걸리다 謀略にかかる.
모레 名 あさって. 明後日.
모로 副 **1** 斜めに. はすかいに. ¶ 빵을 ～ 자르다 パンを斜めに切る. **2** 横に. 横向きに. ¶ 게가 ～ 걷는다 蟹が横に歩く.
모로코〔Morocco〕 名〔地〕 モロッコ〈アフリカ北西部の王国〉.
모롱이 名 山の曲がり角.
모루 名 鉄敷. かな床.
모르다 他 **1** 〔알지 못하다〕 知らない. 分からない. 気づかない. 感づかない. ¶ 모른다고 시치미떼다 知らないとしらばっくれる / 그런 사람인 줄 정말 몰랐다 そんな人だなんて知らなかった. **2** 〔이해하지 못하다〕 知らない. わからない. 理解できない. ¶ 시에 관해서는 잘 모른다 詩についてはよくわからない. **3** 〔관계가 없다〕 知らない. 関知しない. 責任を感じない. ¶ 그 놈이 죽거나 살거나 나는 모른다 あいつが死のうと生きようと私は知らない. **4** 〔깨닫지 못하다〕 悟らない. わきまえない. 知らない. ¶ 분수를 ～ 身のほどを知らない. **5** 〔경험하지 못하다〕 知らない. 経験がない. ¶ 전쟁을 모르는 세대 戦争を知らない世代. **6** ('-ㄹ지[-을지]도 모르다'의 꼴로) …かも知れない. ¶ 오후에는 비가 올지 모른다 午後には雨が降るかも知れない. **7** ('어찌·얼마나 … -았[-었]는지도 모르다'의 꼴로) どんなに…(し)たか知れない. ¶ 얼마나 울었는지 몰라 どんなに泣いたか知れない.
　◆**나[저]도 모르게** われ知らず. 思わず.
　◆**모르면 몰라도** 恐らく. 十中八九. 多分. 確か. ¶ 모르면 몰라도 그는 거절할 거다 恐らく彼は断わることだろう.
모르쇠 名 知らぬ存ぜぬの一点張り. 知らんぷり. ¶ 끝까지 ～로 일관하다 最後まで知らん顔の一点張りで押し通す.
모르타르〔mortar〕 名〔建〕 モルタル.
모르핀〔morphine〕 名〔薬〕 モルヒネ. モルフィン.
　모르핀 중독〔一中毒〕 名〔醫〕 モルヒネ中毒.
모른체 名 하他 知らんぷり. 知らん顔. 素知らぬ顔. ¶ ～하고 외면하다 知らないふりをして顔を背ける.
모름지기 副 すべからく. 当然. ¶ ～ 사람은 겸손해야 한다 すべからく人間は謙虚であるべきだ.
모리〔謀利〕 名 하自 不正·不当な利益を得ようとたくらむこと.
　모리배〔一輩〕 名 不正·不当な利益を得ようとたくらむ輩.
모면〔謀免〕 名 하他 (苦境を)免れること. 抜け出すこと. ¶ 죽음을 ～하다 死を免れる / 책임을 ～하다 責任を免れる.
모멸〔侮蔑〕 名 하他 侮蔑. 軽蔑. ¶ ～의 눈초리 侮蔑のまなざし.
모모〔某某〕 **I** 代 某某. 誰それ. なにがし. ¶ ～의 신세를 많이 졌다 誰それ

の並々ならぬ世話になった.
Ⅱ 冠 誰それの. 某某の. なにがしの. とある. ¶ ~ 인사 なにがし / ~ 회사 とある会社.

모모인〔一人〕 名 誰々. 誰それ.

모모한 冠 名立たる. 著名な. 名のある. ¶ 장안의 ~ 인사가 다 모였다 満都の名士が一同に会した.

모반[1]〔一盤〕 名 六角形または八角形の膳.

모반[2]〔母斑〕 名 母斑〈あざ·ほくろ·そばかすなど〉.

모반[3]〔謀反〕 名 하自他 謀反. ¶ ~자 謀反人 / ~을 일으키다 謀反を起こす.

모발〔毛髮〕 名 毛髪. 髪の毛.

모방〔模倣〕 名 하他 模倣. まね. ¶ 남의 그림을 ~하다 人の絵をまねる.

모방 본능〔一本能〕 名〔心〕模倣本能.

모밭 名〔農〕苗床.

모범〔模範〕 名 模範. 手本. 鑑. ¶ ~수 模範囚 / ~을 보이다 模範を示す / 남의 ~이 되다 人の鑑となる.

모범생〔一生〕 名 模範生.

모범적〔一的〕 冠 名 模範的. ¶ ~인 청년 模範的な青年.

모법〔母法〕 名〔法〕母法〈法律がつくられるときその母体となった法〉.

모병〔募兵〕 名 하自 募兵. ¶ 신병을 ~하다 新兵を募集する.

모본단〔模本緞〕 名 中国産の緞子.

모빌〔mobile〕 名〔美〕モビール.

모사[1]〔模寫〕 名 하他 模写. ¶ 원화의 ~ 原画の模写.

모사본〔一本〕 名 模写本.

모사[2]〔謀士〕 名 謀士. 策士.

모살〔謀殺〕 名 하他 謀殺.

모상〔母喪〕 名〔'모친상(母親喪)'의 준말〕母の喪. 母の死.

모새 名 細かい砂.

모색[1]〔摸索〕 名 하他 模索. ¶ 암중~ 暗中模索 / 돌파구를 ~하다 突破口を模索する.

모색[2]〔暮色〕 名 暮色. 夕暮れの薄暗い色.

모색창연〔一蒼然〕 名 하形 夕暮れどきの薄暗いようす.

모서리 名 隅. 角. ふち. 端. ¶ 책상 ~ 机の角 / 방 ~ 部屋の隅.

모선〔母船〕 名 母船. ¶ 포경 ~ 捕鯨母船 / ~식 어업 母船式漁業.

모성〔母性〕 名 母性. ¶ ~ 본능 母性本能.

모성애〔一愛〕 名 母性愛.

모세관〔毛細管〕 名 **1**〔'모세 혈관'의 준말〕毛細血管. **2**〔物〕毛細管.

모세관 현상〔一現象〕 名〔物〕毛管現象.

모세포〔母細胞〕 名〔生〕母細胞.

모세 혈관〔毛細血管〕 名 毛細血管.

모션〔motion〕 名 モーション. ¶ 슬로 ~ スローモーション.

모소〔某所〕 名 某所. ある所.

모순〔矛盾〕 名 矛盾. ¶ 너의 말은 ~ 투성이다 お前の話は矛盾だらけだ / ~된 이론 矛盾した理論.

모순 개념〔一概念〕 名〔論〕矛盾概念.

모순당착〔一撞着〕 名 矛盾撞着.

모스크바〔러 Moskva〕 名〔地〕モスクワ.

모슬렘〔Moslem〕 名 モスレム. イスラム教徒. 回教徒.

모습 名 **1** 面影. 姿. 影. ¶ 어머니의 ~을 그리워한다 母の面影をしのぶ / 어릴 때의 ~ 그대로다 幼いときの面影そのままだ. **2** ようす. ありさま. 格好. ¶ 우리 나라의 인구 증가 ~을 도표로 나타내다 わが国の人口増加のようすを図表に表わす.

모시[1] 名 **1** 苧麻. 苧麻で織った布. **2**〔'모시풀'의 준말〕苧麻.

모시[2]〔毛詩〕 名 毛詩〈詩経の別称〉.

모시[3]〔某時〕 名 某時. ¶ 모일 ~ 某日某時.

모시다 他 **1**〔섬기다〕(目上の人に)仕える. はべる. お世話する. 大事にする. かしずく. ¶ 부모를 ~ 父母に仕える / 스승으로 ~ 師事する. **2**〔안내하다〕(目上の人を)ご案内する. お供する. お招きする. ¶ 오늘은 좋은 곳으로 모시겠습니다 今日はいい所へご案内します. **3**〔추대하다〕推戴する. ¶ 회장으로 ~ 会長に推戴する. **4** (祭祀·葬式などを)挙げる. まつる. ¶ 선조를 ~ 祖先をまつる / 위패를 ~ 位牌を安置する.

모시조개 名〔動〕あさり.

모시풀 名〔植〕苧麻.

모식〔模式〕 名 模式.

모심기 名 하自 田植え. 植え付け.

모씨[1]〔母氏〕 名 目下の者の母を指す語.

모씨[2]〔某氏〕 名 某氏. なにがし.

모암〔母巖〕 名〔鑛〕母岩.

모양〔模樣〕 名 **1**〔형상·외관〕形. (外見に現われた物の)形体. 模様. ¶ 둥근 ~ 丸い形 / 머리 ~을 바꾸다 髪の形を変える. **2**〔차림새·맵시〕格好. スタイル. 身なり. おしゃれ. ¶ 아무리 잘 입어도 ~이 안 난다 いくら着飾ってもぱっとしない. **3**〔상태·방식〕ようす. (物事の)成り行き. 状態. ¶ 하는 일마다 이 ~이니 기가 찬다 やることなすことみなこんな調子だからあきれる / 좀 놀란 ~이구나 少し驚いたようだな. **4** ('모양으로'의 꼴로) …ふうに. ¶ 일을 이 ~으로 해놓고도 잘했다고? 仕事をこんなざまにしておいてうまくできたというのかい. **5**〔추측·짐작〕…らしい. …(する)ようだ. …(し)そうだ. ¶ 다음주에 고향에 갈 ~이더라 来週故郷に帰るようだったよ. **6**〔체면〕面目. 体面. ¶ 그렇게 되면 내 ~이 말이 아닐세 そうなればわたしの面目がまるつぶれだ.

◆**모양이 사납다** 不格好だ. ぶざまだ. 不作法だ. 見苦しい. みっともない.

◆**모양이 아니다** ぶざまだ. 不格好だ. みっともない.

◆**모양이 있다** 格好がいい. 容姿がいい.

모양내다 自 格好をつける. おしゃれをする.

모양새 名 **1** 形. 格好. ¶ ~가 예쁘다 格好がいい. **2**〈俗〉面目. 体面.

모어〔母語〕 名〔言〕**1** 母語〈生まれて

最初に習得した言語. **2** 祖語.

모여들다 自 集まってくる. ¶구경꾼이 ～ 見物人が集まってくる.

모역〔謀逆〕名 하自他 **1** 謀反. 反逆を企てること. ¶～ 행위 反逆行為. **2** むかし, 宮殿·陵·宗廟などの破壊を企てた罪名.

모욕〔侮辱〕名 하他 侮辱. ¶～감 侮辱感/～을 당하다 侮辱される.

모욕적〔一的〕冠名 侮辱的.

모욕죄〔一罪〕名〔法〕侮辱罪.

모월〔某月〕名 某月. ¶～ 모일 某月某日.

모유〔母乳〕名 母乳.

모으다 他 **1** 集める. まとめる. (一か所に)寄せ集める. ¶쓰레기를 쓸어 ～ ごみを掃き集める/양손을 무릎 위에 모으고 다소곳이 앉아 있다 両手を膝の上に合わせておとなしく座っている. **2**〔집중시키다·끌다〕(人気·精神などを)集中させる. あつめる. 引き寄せる. ¶정신을 ～ 精神を集中する/남의 주목을 ～ 人の注目を集める. **3**〔모집하다〕(会員·寄付金などを)募集する. 募る. ¶회원을 ～ 会員を募集する/기부금을 ～ 寄付金を募る. **4**〔수집하다〕(骨董品などを)収集する. ためる. ¶우표를 ～ 切手を収集する. **5**〔저축하다〕(金·財産などを)蓄える. ためる. 積む. ¶모은 돈을 전부 양로원에 기부하다 蓄えたお金を全部老人ホームに寄付する. **6** (木片をつなぎ合わせて)船をつくる. ¶배를 ～ 船をつくる.

모음〔母音〕名〔言〕母音.

모의[1]〔模擬〕名 하他 模擬. ¶～고사 模擬試験/～국회 模擬国会/～재판 模擬裁判.

모의[2]〔謀議〕名 하他 謀議. ¶～에 가담하다 謀議に加わる.

모이 名 (鳥の)えさ. え. 飼料. ¶닭에게 ～를 주다 鶏にえさをやる.

모이다 自 **1** 集まる. 集う. 集合する. ¶한 달에 한 번 ～ 月に一度集まる/이 부근에 유명한 식당이 모여 있다 この界隈に有名な食堂が集まっている. **2** (お金·財産などが)たまる. ¶지금까지 모인 기부금이 백만 원에 이르렀다 今までに集まった寄付金が百万ウォンに達した.

모인〔某人〕名 某氏. ある人. 誰がし. なにがし.

모일〔某日〕名 某日. ¶모월 ～ 某月某日.

모임 名 集まり. 集い. 会合. 集会. 会. ¶～에 참석해 주십시오 集まりに参加してください.

모자[1]〔母子〕名 **1** 母子. 母と子. ¶～ 가정 母子家庭. **2** 母と息子.

모자간〔一間〕名 母と子の間. 母と息子の間.

모자[2]〔帽子〕名 **1** 帽子. ¶학생～ 学生帽/털～ 毛皮[毛糸]の帽子/밀짚～ 麦わら帽子/～를 쓰다[벗다] 帽子をかぶる[脱ぐ]. **2**〔'갓모자'の준말〕カッ(갓)のひさしを除いた山高の部分. **3** (囲碁の)帽子.

모자걸이 名 帽子掛け.

모자라다 自 **1** 足りない. 欠ける. 乏しい. 不足する. ¶돈이 얼마나 모자랍니까? お金がいくらぐらい足りませんか/반찬이 모자라면 말씀하세요 おかずが足りなければおっしゃってください/잠이 ～ 睡眠が不足する. **2** 頭の働きが悪い. ¶누가 나를 모자란다고 했습니까? 誰が私を足りないやつと言ったのですか.

모자이크〔mosaic〕名 モザイク.

모작〔模作〕名 하他 模作. 模造.

모잡이 名 (田植えで)苗を植える人.

모잽이 名 (田植えで)苗束を配る人.

모정[1]〔母情〕名 子に対する母の情.

모정[2]〔慕情〕名 慕情.

모조〔模造〕名 하他 模造. ¶～ 진주 模造真珠.

모조지〔一紙〕名 模造紙.

모조품〔一品〕名 模造品. イミテーション.

모조리 副 全部. すっかり. ことごとく. 皆. すべて. ¶가진 돈을 ～ 써 버리고 말았다 手持ちのお金をすっかり使い果たしてしまった/그 건물은 화재로 ～ 불타 버렸다 その建物は火事で全部焼けてしまった.

모종[1] 名 하他 (稲の苗以外の)苗. 苗木. 苗木を移植すること. ¶복숭아나무 ～ 桃の苗木.

모종내다 自他 苗木を移植する.

모종비 名 苗木の移植に適当な時期の雨.

모종삽〔一鍤〕名 移植鏝.

모종순 名 苗木の幼い芽.

모종판〔一板〕名 苗床.

모종[2]〔某種〕名 ある種類. ¶～의 혐의 ある種の嫌疑.

모주망태〔母酒一〕名 のんだくれ. のんべえ. 大酒飲み.

모지〔某地〕名 某地. 某所. ある所.

모지다 形 **1** 角張っている. ¶모진 얼굴 角張った顔/날카롭게 모진 돌 鋭く角のとがった石. **2** (性格が)とげとげしい. ¶모진 사람 角のある人/모진 성격 とげとげした性格.

모지라지다 自 物の先がすり減る. ¶끝이 모지라진 붓 穂先がすり減った筆.

모지락스럽다 形 (見た目が)荒々しく残酷だ. **모지락스레** 副 乱暴に. むごたらしく.

모지랑붓 名 先がすり減った筆.

모지랑이 名 先のすり減ったもの.

모직〔毛織〕名 毛織. ¶～ 공장 毛織物の工場.

모직물〔一物〕名 毛織物. ウール.

모질다 形 **1**〔잔인하다〕むごい. 残忍だ. ¶모진 고문을 당했다 ひどい拷問を受けた. **2**〔배겨내다〕(つらさに)よく耐える. 我慢強い. 粘り強い. ¶불행을 모질게 견디어 내다 不幸を根気強く耐え抜く/모진 목숨 死にきれなくて生きている命. 死ぬに死なない命. **3**〔매섭고 사납다〕(気候などが)激烈だ. 厳しい. 激しい. ¶모진 비바람 激しい風雨.

모집〔募集〕名 하他 募集. ¶～ 광고

募集広告／회원을 ～하다 会員を募集する.

모짝 副 一度に全部. すっかり. ことごとく. ¶비바람에 꽃잎이 ～ 떨어졌다 雨風に花がすっかり散ってしまった.

모쪼록 副 なにとぞ. どうか. ぜひとも. なるべく.

모창〔模唱〕名 人の歌をまねること.

모책〔謀策〕名 하自他 謀策. はかりごとを巡らすこと.

모처〔某處〕名 某所. ¶시내 ～ 市内某所.

모처럼 副 **1** わざわざ. せっかく. ¶～ 야외로 놀러 갔는데 비가 왔다 せっかく野外へ遊びに行ったのに雨が降った. **2** (‘모처럼만에’의 꼴로) 久しぶりに. ¶～만에 만났는데 차라도 한잔 하지요 久しぶりに会ったからお茶でも1杯飲みましょう. **3** (‘모처럼의’의 꼴로) せっかくの. ¶～의 부탁 せっかくの頼み.

모체〔母體〕名 母体. **1** 母親の身体. ¶～의 건강 상태는 태아에 영향을 끼친다 母体の健康状態は胎児に影響を与える. **2** 組織や思考のもとになるもの. ¶그 회사가 우리 회사의 ～였다 その会社がわが社の母体であった.

모충〔毛蟲〕名 **1** 毛の生えた動物. **2** 毛虫.

모친〔母親〕名 お母様. 母上. 母親. ¶그의 ～은 일찍 돌아가셨다 彼の母上は早くに亡くなられた.

모친상〔―喪〕名 母の喪. 母の死.

모탕 名 **1** 薪割りするときの台. **2** 物を積むときに敷く台木.

모태〔母胎〕名 母胎. ¶서민 문학의 ～ 庶民文学の母胎.

모터〔motor〕名 モーター. 発動機. 原動機.

모터보트〔motor-boat〕名 モーターボート.

모터사이클〔motorcycle〕名 モーターサイクル.

모텔〔motel〕名 モーテル. モテル.

모토〔motto〕名 モットー. 信条. 標語. ¶성실을 ～로 한다 誠実をモットーとする.

모퉁이 名 **1** (道·建物などの)曲がり角. 角. ¶길 ～ 道の曲がり角／～ 집 角の家／～를 돌아가다 角を曲がる. **2** (広場·室内などの)片隅. 隅. ¶운동장의 ～ 運動場の隅. **3** 一部分. ある部分. ¶그 사람은 이 동네 어느 ～에 살고 있을 것이다 その人はこの町内のどこかに住んでいるだろう.

모티프〔(프)motif〕名 モチーフ.

모판〔―板〕名〔農〕**1** 苗代. **2** 苗床.

모포〔毛布〕名 毛布.

모표〔帽標〕名〔‘모자표(帽子標)’의 준말〕帽章.

모피〔毛皮〕名 毛皮.

모필〔毛筆〕名 毛筆. 筆.

모함1〔母艦〕名〔軍〕母艦. ¶항공～ 航空母艦.

모함2〔謀陷〕名 하他 謀略. 罠. 計略を用いて陥れること. ¶～에 빠지다 計略にはまる.

모항〔母港〕名 母港.

모험〔冒險〕하自他 冒険. ¶～가 冒険家／～담 冒険談／～주의 冒険主義／～을 무릅쓰다 冒険を冒す.

모험 소설〔―小說〕名〔文〕冒険小説.

모험심〔―心〕名 冒険心. ¶～이 강한 청년 冒険心の強い青年.

모험적〔―的〕冠 名 冒険的. ¶～인 사업 冒険的な事業.

모형1〔母型〕名〔印〕母型. 字母.

모형2〔模型〕名 模型. ひながた. ¶～ 비행기 模型飛行機／실물 크기의 ～ 実物大の模型.

모형도〔―圖〕名 模型図.

모호하다〔模糊―〕形 曖昧だ. 模糊としている. はっきりしない. ¶모호한 대답 曖昧な答え.

모화1〔慕化〕名 하自 徳をあがめ慕って感化されること.

모화2〔慕華〕名 하自 中国の文物·思想をあがめ慕うこと. ¶～사상 中国をあがめ慕う思想.

모회사〔母會社〕名 親会社.

모후〔母后〕名 母后. 王の母. 皇太后.

모훈〔母訓〕名 母の教訓. 母の教え.

목1 名 **1** 首. ¶～이 길다[짧다] 首が長い[短い]／～을 내밀다 首を突き出す／～을 조르다 首を絞める. **2**〔‘목구멍’의 준말〕喉. ¶～이 붓다 喉が腫れる／～이 마르다 喉が渇く. **3** (物の)首に当たる部分. ¶손～ 手首／발～ 足首. **4**〔중요한 지점〕(道の)要所. かなめ. ¶교외로 나가는 길～을 지키다 郊外に出る道のかなめを守る. **5**〔직책·목숨〕命. 職. 首. **6**〔‘목소리’의 준말〕声. ¶～이 좋다 声がいい.

◆**목에 거미줄 치다** (のどにくもの巣がはるほど)飢えている.

◆**목에 핏대를 세우다** 首に青筋を立てる. 激しく怒る.

◆**목을 걸다** 命をかける. ¶～을 걸고 다짐한다 命かけて誓う.

◆**목을 놓다** 声を上げて泣く. 号泣する. ¶슬픈 나머지 ～을 놓아 울었다 悲しみのあまり声を上げて泣いた.

◆**목을 따다** 首を刎ねる.

◆**목을 자르다** ① 首を切る. 首をはねる. ② 〈俗〉解雇する.

◆**목을 축이다** 喉を潤す.

◆**목이 날아가다**[**달아나다**] 首が飛ぶ. 解雇される.

◆**목이 빠지게**[**빠지도록**] **기다리다** 首を長くして待つ.

◆**목이 잠기다** 喉がかれる. 声がかすれる.

◆**목이 타다** ① 喉が非常にかわく. ② 切にのぞむ.

〔속담〕**목마른 사람이 우물 판다** 喉の渇いた者が井戸を掘る〈切実な者が仕事を急ぐ〉.

목2 名〔鑛〕鉛·銅·銀などが混じっている粉状の鉱石.

목3〔木〕名 木. **1**〔民俗〕五行の一つで, 方位は東, 季節は春. 色は青を表わす. **2**〔‘목요일’의 준말〕木曜日.

목⁴〔目〕 Ⅰ 名 目. 1 予算編成上の単位の一つ. 項と節の間. 2〔生〕動物·植物の分類区分の一つ. 綱の下で科の上. ¶ 인시~ 鱗翅目.
Ⅱ 依名 〔바둑판의 눈이나 바둑돌의 수를 세는 말〕(囲碁で)目.
목-⁵〔木〕 接頭 「木製の·木綿の」の意を表わす語. ¶ ~그릇 木製の器 / ~양말 木綿の靴下.
목가〔牧歌〕 名 牧歌. ¶ ~적 牧歌的.
목각〔木刻〕 名 하他 1 木彫. ¶ ~ 불상 木彫の仏像. 2 (中国の)木版画.
목각화〔一畫〕 名〔美〕木版画.
목각 활자〔一活字〕 名 木版活字.
목간〔沐間〕 名 하自 1〔'목욕간(沐浴間)'의 준말〕風呂場. 2 沐浴. 入浴すること. 風呂に入ること. ¶ ~을 시키다 風呂に入れる.
목간통〔一桶〕 名 湯船. 浴槽. 風呂桶.
목걸이 名 首にかけるもの. 首飾り. ネックレス. ¶ 금~ 金の首飾り / ~를 하다 ネックレスをする.
목검〔木劍〕 名 木剣. 木刀.
목격〔目擊〕 名 하他 目撃.
목격자〔一者〕 名 目撃者.
목골〔木骨〕 名〔建〕木骨. 木構造.
목공〔木工〕 名 木工. 1 木で家具や装飾品をつくること. 2 大工.
목공소〔一所〕 名 木工所.
목공품〔一品〕 名 木工品.
목관〔木棺〕 名 木棺. 木製の棺.
목관 악기〔木管樂器〕 名〔樂〕木管楽器.
목구멍 名 喉.
◆목구멍에 풀칠하다 (喉に糊をつけるの意で)どうにか食べていく.
◆목구멍의 때를 벗기다 (喉の垢を落とすの意で)久しぶりにご馳走にありついてたらふく食べる.
〔속담〕 목구멍이 포도청 喉が捕盗庁〈食うためには悪いこともせざるを得ない〉.
목기〔木器〕 名 木器. 木製の器.
목누름 名 〈シルム(씨름)で〉相手の襟首を肘で押さえて負かす技.
목단〔牧丹〕 名〔植〕牧丹.
목덜미 名 襟首. 首筋. うなじ. ¶ ~를 잡다 襟首をつかむ.
목도¹ 名 하他 もっこ運びまたはその棒. 差し担い.
목도꾼 名 もっこ運びの労働者.
목도채 名 もっこの棒.
목도²〔木刀〕 名 木刀.
목도³〔目睹〕 名 하自他 目撃すること. ¶ 범행 현장을 ~하다 犯行現場を目撃する.
목도리 名 首巻き. 襟巻き. マフラー. ネッカチーフ.
목도장〔木圖章〕 名 木印. 木の印鑑.
목돈 名 1 まとまったお金. ¶ ~이 필요하다 まとまったお金が必要だ. 2〔民俗〕ムーダン(무당)に渡す前金.
목동〔牧童〕 名 牧童.
목련〔木蓮〕 名〔植〕木蓮.
목례〔目禮〕 名 하自 目礼. ¶ ~를 나누다 目礼を交わす.
목로〔木壚〕 名 一杯飲み屋. 立ち飲み屋などの酒やつまみをのせる台.
목로주점 名 一杯飲み屋. 立ち飲み屋. 居酒屋.
목록〔目錄〕 名 目録. カタログ. ¶ 도서~ 図書目録.
목마〔木馬〕 名 1 木馬. ¶ 회전~ 回転木馬. 2 建築工事現場の足場. 3 (体操競技の)跳馬.
목마르다 形 1 喉が渇く. 渇きを覚える. 2 (『목마르게』의 꼴로) 切望して. ¶ 너의 연락을 목마르게 기다렸다 君の連絡を首を長くして待った.
목말 名 肩車.
◆목말을 태우다 肩車に乗せる.
목매다 自他 〔'목매달다'의 준말〕首をつる. 首をくくる.
목매달다 自他 首をつる. 首をくくる. ¶ 목매달아 자살하다 首をつって自殺する.
목메〔木一〕 名 木づち. 杵.
목메다 自 1 (食べ物などが)喉にふさがる. つまる. ¶ 목메지 않도록 천천히 먹어라 喉がつまらないようにゆっくり食べなさい. 2 (悲しみ·感動などで)喉がつまる. むせぶ. ¶ 목메어 울다 むせび泣く.
목면〔木綿〕 名 1 木綿. 2 綿.
목목이 副 道の要所ごとに. 要所要所に.
목물¹ 名 하自 1 首までの深さの水. 2 冷水で上半身を洗うこと.
목물²〔木物〕 名 木製品〈家具·器具など〉.
목민〔牧民〕 名 하自 牧民. 人民を治めること.
목발〔木一〕 名 〈俗〉松葉づえ.
목배〔木杯〕 名 木杯. 木の杯.
목본〔木本〕 名〔植〕木本.
목본경〔一莖〕 名〔植〕木の幹.
목부〔牧夫〕 名 牧夫. 牧童.
목불〔木佛〕 名 木仏. 木彫の仏像.
목불인견〔目不忍見〕 名 かわいそうで見るに忍びないこと. ¶ 그 광경은 정말 ~이다 その光景は本当にかわいそうで見ていられない.
목비¹ 名 田植えのころにまとまって降る雨.
목비²〔木碑〕 名 木製の碑.
목뼈 名〔生〕首の骨. 頸骨.
목사¹〔牧使〕 名〔史〕牧使〈高麗·朝鮮時代の地方長官〉.
목사²〔牧師〕 名〔基〕牧師.
목상¹〔木商〕 名 1 筏·材木·薪などの卸売り商人. 2〔'재목상(材木商)'의 준말〕材木商.
목상²〔木像〕 名 1 木偶. 木彫り人形. 2〔美〕木像.
목석〔木石〕 名 木石. ¶ ~ 같은 사람 木石のような人〈無感動な人. まじめ一方な人〉.
목석간장〔一肝腸〕 名 木石腸. 人情を解さない冷たい心. 氷のような心.
목선〔木船〕 名 木の船. 木船. 木造船.
목성〔木星〕 名〔天〕木星.
목소리 名 1 声. 声音. ¶ 아름다운[맑은] ~ 美しい[澄んだ]声 / 타고난

~ 地声/~가 크다[작다] 声が大きい[小さい]/떨리는 ~로 말했다 声を震わせて言った/귀에 익은 ~다 よく耳にする声だ. **2** 世論. 意見. ¶ 민중의 ~에 귀를 기울여야 한다 民衆の声に耳を傾けなければならない.

목수〔木手〕名 大工.

목숨 名 **1** 命. 生命. ¶~을 건지다 命を救う/~이 끊어지다 命が絶える/총탄을 맞고 쓰러졌으나 ~에는 이상이 없다고 한다 銃弾を受けて倒れたが命には別条ないそうだ/~만 겨우 건졌다 かろうじて命びろいをした. **2** 寿命. ¶~이 길다[짧다] 寿命が長い[短い]/~이 다할 때까지 잊지 않겠다 命のある間は忘れないでいよう.

◆**목숨을 걸다** 命をかける. ¶~을 걸고 싸웠다 命をかけて戦った.

◆**목숨을 끊다** 命を断つ. 自殺する.

◆**목숨을 바치다** 命をささげる. ¶나라에 ~을 바치다 国に命をささげる.

목쉬다 自 喉がかれる. 声がかすれる.

목신[1]〔木神〕名 木に宿る鬼神.

목신[2]〔牧神〕名 牧神.

목 안 名 喉の奥.

목양〔牧羊〕名 하自 牧羊.

목양말〔木洋襪〕名 木綿の靴下.

목요일〔木曜日〕名 木曜日.

목욕〔沐浴〕名 하自 入浴. 沐浴. 風呂. ¶~을 하다 風呂に入る. 入浴する.

목욕간〔—間〕名 風呂場. 浴室.

목욕료〔—料〕名 風呂銭. 風呂代.

목욕물 名 風呂の湯. 沐浴する水や湯. ¶~을 데우다 風呂を沸かす.

목욕재계〔—齋戒〕名 하自 斉戒沐浴.

목욕탕〔—湯〕名 風呂. 風呂屋. 銭湯. ¶대중 ~ 銭湯.

목우[1]〔木偶〕名 木偶. 木彫り人形.

목우[2]〔牧牛〕名 하自 牧牛. 牛の放し飼い.

목 운동〔—運動〕名 하自 首の運動.

목이〔木耳〕名 **1** 木に生える茸. **2** 〔'목이버섯'의 준말〕木耳.

목이버섯 名〔植〕木耳.

목인[1]〔木人〕名 木偶.

목인[2]〔木印〕名 木印. 木製の印鑑.

목자〔牧者〕名 牧者. **1** 羊飼い. **2** 〔基〕牧師. 聖職者.

목작약〔木芍藥〕名〔植〕牧丹.

목장〔牧場〕名 牧場. ¶젖소 ~ 乳牛牧場.

목재〔木材〕名 木材. 材木.

목재상〔—商〕名 材木商.

목재업〔—業〕名 木材業. 材木業.

목재 펄프〔—pulp〕名 木材パルプ.

목적〔目的〕名 하他 目的. ¶~을 이루다 目的を遂げる/공부할 ~으로 일본에 갔다 勉強する目的で日本へ行った.

목적격〔—格〕名〔言〕目的格. ¶~조사 目的格助詞.

목적론〔—論〕名〔哲〕目的論.

목적물〔—物〕名 目的物.

목적어〔—語〕名〔言〕目的語.

목적의식〔—意識〕名 目的意識.

목적지〔—地〕名 目的地.

목전〔目前〕名 目前. 目の前. 目先. ¶~의 이익밖에 모른다 目先の利益しか知らない/그 날이 ~에 닥쳤다 その日が目前に迫った.

목정강이 名〔生〕首の骨. 頸骨.

목젖 名〔生〕口蓋垂. のどちんこ.

◆**목젖이 떨어지다** のどを鳴らす. 無性に食べたがる.

목젖살 名 牛の口蓋垂の肉.

목제〔木製〕名 하他 木製. ¶~품 木製品.

목제기〔木祭器〕名 木製の祭器.

목조[1]〔木造〕名 하他 木造. ¶~선 木造船/~ 건축 木造建築.

목조[2]〔木彫〕名〔美〕木彫. 木彫り. ¶~ 불상 木彫の仏像/~품 木彫品.

목죽〔木竹〕名 木と竹.

목지〔牧地〕名 牧地.

목직하다 形 (小さいものが)見かけより重い. 案外重い. ¶생각보다 제법 ~ 思ったよりかなり重い. <묵직하다

목질〔木質〕名 木質.

목질부〔—部〕名〔植〕木質部.

목질 섬유〔—纖維〕名〔植〕木質繊維. 木部繊維.

목차〔目次〕名 目次.

목책〔木柵〕名 木の柵. 木柵.

목척〔木尺〕名 木尺. 木の物差し.

목첩〔目睫〕名 目睫. **1** 目とまつげ. **2** 目前.

목청 名 **1**〔生〕声帯. **2** 声. ¶~이 좋다 声がいい.

◆**목청을 돋우다** 声を高める. 大きな声を出す. ¶그만한 일로 ~을 돋울 것 없잖아 それぐらいのことで声を荒らげることはないだろう.

목청껏 副 のどの限り. 声の限り. ¶~ 소리를 지르다 声の限りに叫ぶ.

목초〔牧草〕名 牧草.

목총〔木銃〕名 (訓練用の)木製の「銃.

목축〔牧畜〕名 하自 牧畜. ¶~가 牧畜家/~업 牧畜業.

목측〔目測〕名 하他 目測. ¶~으로 거리를 재다 目測で距離を測る.

목침〔木枕〕名 木まくら. 箱まくら.

목침대〔木寢臺〕名 木製の寝台.

목탁〔木鐸〕名 **1** 木鐸. 社会の指導者. ¶신문은 사회의 ~이다 新聞は社会の木鐸である. **2**〔佛〕木魚.

목탄〔木炭〕名 **1** 木炭. ¶~ 가스 木炭ガス. **2**〔美〕(デッサンに用いる)木炭.

목탄지〔—紙〕名〔美〕木炭紙.

목탄화〔—畫〕名〔美〕木炭画.

목통 名 **1** 喉の穴の広さ. **2** 欲張り. **3** (物惜しみしない)気前よさ. ¶~이 크다 気前がよい.

목판[1]〔木板〕名 **1** 木製の四角い器. ¶~에 떡을 담다 四角い盆に餅を盛る. **2** 板切れ. 板.

목판[2]〔木版·木板〕名 **1**〔印〕木版. ¶~ 인쇄 木版印刷. **2** 木版本.

목판본〔—本〕名 木版本. 木版印刷の本.

목판화〔—畫〕名〔美〕木版画.

목편〔木片〕名 木片. 木ぎれ.

목표〔目標〕名 目標. 目印. 目当て. 狙い. ¶~물 目標物/공격 ~ 攻撃

目標／～를 달성하다 目標に達する.

목피〔木皮〕 名 木皮. 木の皮. ¶초근～ 草根木皮.

목하〔目下〕 副 目下. ただいま. 現在. ¶～ 검토 중이다 目下検討中だ.

목형〔木型〕 名 木型. 木製の型.

목화¹〔木化〕 名 하自 〔植〕 木化.

목화²〔木花〕 名 〔植〕 綿.

목화송이 名 綿の果実が熟して裂開したもの.

목화씨 名 綿の種.

목활자〔木活字〕 名 木の活字.

목회¹〔木灰〕 名 木灰.

목회²〔牧會〕 名 하自 〔基〕 牧師が教会を受け持って礼拝と説教を行ない信者の信仰生活を指導すること.

몫 名 **1** 分. 分け前. 取り分. 割り当て. 配当. ¶자기 ～ 自分の分け前／여섯 사람 ～ 6人分／한 ～ 끼워 줘 一口加えてくれ／네 ～으로 1할을 주겠다 君の分として1割やろう. **2** 任務. 役割. 働き. ¶자기 ～을 다했다 自分の任務を全うした. **3** 〔數〕 割り算の答え. 商. ¶20을 5로 나누면 ～이 4가 된다 20を5で割れば商は4になる.

몬순〔monsoon〕 名 〔天〕 モンスーン. 季節風. ¶～ 지대 モンスーン地帯.

몰¹〔歿〕 名 하自 歿. 死. 死ぬこと. ¶1950년 ～ 1950年歿.

몰-²〔沒〕 接頭 没…. ¶～취미 没趣味／～상식 没常識.

몰각〔沒却〕 名 하他 没却. 失うこと. 無視すること. ¶자기의 본분을 ～하다 自分の本分を見失う.

몰강스럽다 形 見るからにむごたらしい.

몰강스레 副 むごく. きつく. ひどく.

몰경위〔沒涇渭〕 名 하形 是非の区別がつかないこと.

몰골 名 見栄えのしない容姿[格好]. 不格好. ¶～이 흉하다 身なりが見苦しい／～ 사납게 되었다 ぶざまな格好になった／정말 ～이 말이 아니군 本当にひどいざまだな.

몰교섭〔沒交涉〕 名 하自 没交渉.

몰년〔沒年〕 名 没年.

몰다 他 **1** 〔좇다·몰아넣다〕 追う. 追いやる. 追い込む. ¶소를 ～ 牛を追う／그를 자살로 몰아 간 사건 彼を自殺に追いやった事件. **2** 〔운전하다〕 (自動車などを) 運転する. 駆る. ¶차를 ～ 車を駆る／배를 ～ 船を操る／자전거를 몰고 교외로 간다 自転車を走らせて郊外へ行く. **3** 〔모으다·합치다〕 (一か所に) 集める. いっしょにする. ¶모두 몰아서 사다 みんな一まとめに買う／남자만을 몰아서 줄 세워라 男だけを集めて並ばせろ. **4** 〔죄인 등으로 다루다〕 (罪を) かぶせる. ¶살인죄로 ～ 殺人の罪を着せる. **5** 〔선동하다〕 (群衆などを) 駆り立てる. 扇動する. ¶군중을 몰아 데모를 하다 群衆を駆り立ててデモをする.

몰두〔沒頭〕 名 하自 没頭. 専念. 熱中すること. ¶오로지 독서에만 ～하다 もっぱら読書にふけっている.

몰라보다 他 **1** (顔が) 分からない. 見忘れる. 見違える. 見それる. ¶그 애는 얼마나 자랐는지 몰라보겠어요 あの子はすっかり大きくなって見違えるほどです. **2** (目上の人に) 礼儀をわきまえない. ¶어른도 몰라보는 무례한 자식 目上の人に礼儀もわきまえない無礼なやつ.

몰라주다 他 (事情などを) 分かってくれない. ¶남의 속을 이렇게도 몰라줄 수가 있나 人の気持ちをこんなにも分かってくれないのか.

몰락〔沒落〕 名 하自 没落. 落ちぶれること. ¶～한 집안의 자손 没落した一族の子孫.

몰랑하다 形 **1** (餅·熟柿などが) 柔らかい. **2** (体質·性格が) 軟弱だ. <물렁하다

몰랑거리다[-대다] 自 (餅や熟柿などが) 柔らかい. ぶよぶよする.

몰랑몰랑 副 하形 **1** (餅や熟柿などが) 柔らかいようす. **2** (体質·性格が) 軟弱なようす. ¶내가 그렇게 ～하게 보이냐? 僕がそんなに軟弱に見えるのか.

몰래 副 こっそり. ひそかに. 人知れず. 内緒で. ¶～ 들어가다 こっそり入る／～ 엿듣다 こっそり聞く／～ 뒤쫓아가다 こっそりあとをつける.

몰려가다 自 **1** 群れをなして行く. 大勢が押しかける. 押しかけて行く. ¶개찰구로 사람들이 우르르 몰려갔다 改札口に人々がどっと押し寄せた. **2** 追われて行く. 追われる. 追いやられる. ¶양치기에게 몰려가는 양떼들 羊飼いに追われて行く羊の群れ.

몰려나다 自 追い出される. ¶집세를 못 내 몰려나게 되었다 家賃が払えず追い出されることになった.

몰려나오다 自 **1** 群れになって出てくる. ¶극장에서 관객이 몰려나왔다 劇場から観客がどっと出てきた. **2** 追われて出てくる. ¶직장에서 ～ 職場から追い出される.

몰려다니다 自 **1** 群れになって歩き回る. ¶친구들과 밤 늦게까지 ～ 友人たちと夜遅くまで群れになって歩き回った. **2** 追われて歩き回る. 追い回される.

몰려들다 自 **1** 群がり集まる. 押し寄せる. ¶적군이 구름같이 몰려들었다 敵軍が雲のように押し寄せた. **2** 追われて入る. 追い込まれる.

몰려오다 自 **1** 群れになって押し寄せる. ¶아이들이 우르르 몰려오고 있다 子供たちがわあっと集まって来ている. **2** 追われてくる.

몰리다 自 **1** 〔한쪽으로 여럿이 밀리다〕 (一時にどっと) 集まる. 寄り集まる. 集中する. 殺到する. ¶우르르 회장으로 ～ どっと会場に殺到する. **2** 〔밀리다〕 (仕事などに) 追われる. ¶일에 몰려 매우 바쁘다 仕事に追われてとても忙しい. **3** 〔난처해지다·궁해지다〕 (窮地·罪に) 追い込まれる. ¶궁지에 몰려 있다 窮地に追い込まれている／자금에 ～ 資金繰りに困る.

몰매 名 袋だたき. ¶～를 맞다 袋だたきにあう.

몰몰아 副 一まとめに. ひっくるめて. 一括して. みんなで. 全部で. ¶ ～ 사다 みんな一まとめに買う.

몰밀어 副 一まとめにして. ひっくるめて. 一括して. ¶ 값은 ～ 5,000원이다 値段は一まとめにして5000ウォンだ.

몰분수〔沒分數〕 名 하形 非常に軽率であること. 軽はずみ. 無分別. 軽薄.

몰사〔沒死〕 名 하自 (一人残らず)みんな死ぬこと. ¶비행기 사고로 승객이 ～했다 飛行機事故で乗客が全員死んだ.

몰살〔沒殺〕 名 하他 全滅させること. 皆殺し. ¶야습으로 ～된 병사들 夜襲で皆殺しにされた兵士たち.

몰상식〔沒常識〕 名 하形 没常識. 非常識.

몰수〔沒收〕 名 하他 没収.

몰수 게임〔—game〕 名〔體〕 没収試合.

몰수 경기〔—競技〕 名〔體〕 没収試合.

몰아¹〔沒我〕 名 没我. ¶～의 경지 没我の境地.

몰아² 副 一度に. ひっくるめて. まとめて. ¶한꺼번에 ～ 해치우자 一度にまとめてやってしまおう / 빨래를 단번에 ～ 하려니까 힘이 든다 洗濯を一度にまとめてしようとするからたいへんだ.

몰아가다 他 **1** 追い立てる. 引いて行く. ¶그 증언은 피해자측을 불리한 데로 몰아갔다 その証言は被害者側を不利な立場に追いやった. **2** 残らずさらって行く. ¶도둑이 세간을 싹 몰아갔다 泥棒が家財道具をすっかりさらって行った.

몰아내다 他 追い出す. 追い払う. つまみ出す. ¶그를 교장 자리에서 몰아냈다 彼を校長の地位から追っ払った.

몰아넣다 他 **1** 追い込む. 入れる. ¶말을 축사에 ～ 馬を畜舎に追い込む / 궁지에 ～ 窮地に追い込む. **2** 押し込む. 押し入れる. 詰め込む. ¶옷을 트렁크에 ～ 衣服をトランクに詰め込む.

몰아대다 他 駆り立てる. せき立てる. やっつける. やりこめる. 責め立てる. ¶빨리 해치우라고 몰아댔다 早くやってしまえとせき立てた.

몰아들이다 他 **1** 追い立てて入れる. 追い込む. ¶닭을 닭장에 ～ 鶏を鶏舎に追い込む. **2** (あるものすべて)取り入れる. ¶시장의 쌀을 ～ 市場の米をみんな買い占める.

몰아붙이다 他 一か所に寄せる. 一方に押しやる. 押し込む. ¶책을 한 쪽으로 ～ 本を片方へ押しやる.

몰아사다 他 **1** ひっくるめて買う. まとめて買う. ¶학용품을 ～ 学用品をまとめて買う. **2** 一度に買う. いっぺんに買う. ¶한 달에 한 번 ～ 月に1度まとめて買う.

몰아세우다 他 激しく責め立てる. 頭ごなしに叱りつける. ¶꾸어 간 돈을 갚으라고 ～ 借りたお金を返せと責め立てる.

몰아쉬다 自 激しく息をする. ¶가쁜 숨을 ～ 荒い息遣いをする.

몰아오다 自他 **1**〔한 곳으로 몰리어 오다〕一度に押し寄せてくる. ¶한동안 눈이 안 오더니 요즘은 몰아오는군 しばらく雪が降らなかったがこのごろになってまとまって降るな. **2**〔휩쓸어 가져오다〕全部かき集めてくる. ¶그는 가지고 있는 소설책을 다 몰아왔다 彼は持っている小説をみんなかき集めて持ってきた. **3**〔끌고 오다〕(家畜·人などを)追ってくる. 引っ張ってくる. ¶소를 ～ 牛を追ってくる.

몰아주다 他 まとめて一度に与える. ¶생활비를 ～ 生活費をまとめて与える.

몰아치다 自他 **1**〔몰아닥치다〕(一か所に)追い込む. 吹きつける. ¶파도가 세차게 ～ 波が激しく押し寄せる / 번개와 함께 비가 몰아친다 雷を伴った雨が吹きつける. **2**〔한 곳으로 몰다〕(仕事などを)一気に片づける. 急いでする. ¶일주일 걸릴 일을 몰아쳐서 이틀에 끝냈다 1週間かかる仕事をやっつけ仕事をして2日で終えた.

몰염치〔沒廉恥〕 名 하形 恥知らず. 破廉恥.

몰이 名 하他 (獣·魚などを捕獲するために)追い込むこと.

몰이꾼 名 勢子(獲物の駆り立て役).

몰이해〔沒理解〕 名 하形 無理解.

몰인정〔沒人情〕 名 하形 人情のないこと. 不人情. 薄情. 非人情. ¶～한 처사 不人情な仕打ち.

몰입〔沒入〕 名 하自他 没入. **1** 没頭. ¶고서 연구에 ～하고 있다 古書研究に没入している. **2** 昔, 罪人の財産を没収し, その家族を官庁の奴婢としたこと.

몰지각〔沒知覺〕 名 하形 無分別. 軽薄.

몰취미〔沒趣味〕 名 하形 没趣味. 無趣味で味気ないこと.

몰캉하다 形 (熟して)柔らかい. ぐにゃぐにゃしている. ぶよぶよしている. ¶감이 잘 익어 ～ 柿がよく熟して柔らかい.

몰캉거리다[-대다] 自 (熟して)ぐにゃぐにゃする. ぶよぶよする.

몰캉몰캉 副 하形 ぐにゃぐにゃ(と). ぶよぶよ(と).

몰패〔沒敗〕 名 하自 完敗. 大敗.

몰하다〔歿—〕 自 没する. 死ぬ.

몰후〔歿後〕 名 没後.

몸 名 **1**〔신체〕体. 身体. 身. ¶～이 튼튼하다 体が丈夫だ / ～이 큰[작은] 사람 体の大きい[小さい]人 / ～을 아끼지 않고 일을 한다 骨身を惜しまず仕事をする / ～에 꼭 맞는 옷 体にぴったり合う服 / ～을 사리다 体を気づかう. **2**〔몸통〕(頭·手足などを除いた)体の部分. 胴. ¶～이 길다 胴が長い. **3** (付属物を除いたものの)本体. ¶앙상하게 ～만 타다 남은 비행기 無残に胴体だけが焼け残った飛行機. **4**〔'몸엣것'의 준말〕月経. **5** (陶磁器の)胎土. **6**〔신분〕分際. 身. 身分. ¶어린 ～으로 그런 일을 할 수 있나요? 幼い身でそんなことができますか. **7** (漢字

の)旁.

◆**몸 둘 바를 모르다** 身の置き所を知らない. ¶너무 창피해서 ～ 둘 바를 모르겠다 あまり恥ずかしくて身の置き所がない〈穴があったら入りたい〉.

◆**몸에 배다** 身につく. 板につく.

◆**몸을 더럽히다** (女性が)貞操を奪われる.

◆**몸을 던지다** ① 情熱を傾ける. 熱中する. ② 身を投げる. 自殺する.

◆**몸을 두다** ① 身を置く. 勤める. ¶방송국에 ～을 두다 放送局に勤める. ② 身を寄せる. 寄宿する.

◆**몸을 바치다** ① 献身する. ② 身を犠牲にする. ③ (女性が男性に)体を許す.

◆**몸을 버리다** ① 貞操を奪われる. ② 健康をそこなう.

◆**몸을 팔다** 体を売る. 売春する.

◆**몸을 풀다** ① 出産する. ② 疲れをいやす.

◆**몸이 달다** (気や心が)せく. はやる. いらだつ. 焦る. じれる. ¶빨리 만나고 싶어서 ～이 단다 早く会いたくて気がせく.

몸가짐 名 身のこなし. 態度. ふるまい. 物腰. 行儀. 品. たしなみ. 立ち居ふるまい. 身持ち. ¶～이 얌전하다 立ち居ふるまいがしとやかだ.

몸값 名 **1** (人身売買における)人の体と引き換えるお金. **2** 売春の料金.

몸놀림 名 하自 体を動かすこと. 身のこなし. 動作. ¶～이 가볍다 身のこなしが軽い.

몸단속〔一團束〕名 하自 **1** (病気·危険などに備える)身の用心. 身固め. 身構え. **2** きちんと身なりを整えること.

몸단장〔一丹粧〕名 하自 (髪·顔·身なりなどの)手入れ. 身づくろい. 身じたく. 身ごしらえ. ¶예쁘게 ～하고 외출하다 きれいに着飾って外出する.

몸담다 自 (ある会社·団体に)所属する. 勤める. 携わる. 従事する. 身を寄せる. ¶항공사에 몸담고 있다 航空会社に所属している.

몸뚱아리 名〈俗〉体. 体軀.

몸뚱이 名 体. 身体. 体格.

몸매 名 体つき. スタイル. 身なり. 体格. ¶～가 날씬하다 スタイルがいい.

몸맵시 名 体つき. 格好. 着こなし. 身ぶり. 身だしなみ.

몸무게 名 体重. ¶～를 달다 体重を量る / ～가 늘다[줄다] 体重が増える[減る].

몸부림 名 하自 **1** 身もだえ. もがくこと. あがき. 苦闘. **2** 寝返り.

몸부림치다 自 身もだえする. もがく. あがく. のた打つ. 苦闘する. ¶아무리 몸부림쳐도 소용없다 いくらあがいても無駄だ.

몸살 名 하自 過労が原因で起こる病気〈手足の痛みや悪寒を伴う〉.

◆**몸살이 나다** ① 疲れの病気にかかる. 過労になる. ② (あることが)したくてたまらない.

몸서리 名 **1** 身震い. **2** 嫌気. うんざりすること.

몸서리나다 自 身震いする. 嫌気がさす. ぞっとする. 身の毛がよだつ. ¶몸서리나는 광경 身の毛がよだつ光景.

몸서리치다 自 身震いする. ぞっとする. 嫌気がさす. おじけづく. 身の毛がよだつ. うんざりする. ¶몸서리칠 정도로 싫다 身震いするほどいやだ.

몸소 副 自ら. 自分自身で. 親しく. じきじきに. ¶～ 시범을 보인다 自ら手本を見せる / 사장이 ～ 일하고 있다 社長自ら働いている.

몸수색〔一搜索〕名 하他 ボディーチェック.

몸시계〔一時計〕名 懐中時計.

몸싸움 名 하自 互いに体をぶっつけ合って争うこと.

몸엣것 名 **1** 月経血. **2** 月経.

몸져눕다 自 病気で寝つく. 病床に就く.

몸조리〔一調理〕名 하自 養生. 摂生. 健康管理. 保養. ¶퇴원 후에도 ～를 잘 하십시오 退院後もお体にお気をつけてください.

몸조심〔一操心〕名 하自 **1** 体を大事にすること. ¶먼 타국에서 부디 ～해라 遠い他国でくれぐれも体を大事にしなさい. **2** 言行を慎むこと.

몸종 名 昔, 良家の子女に仕えた小間使い.

몸집 名 柄. 体格. なり. 体つき. 体軀. ¶나이에 비해 ～이 작다 年のわりに体つきが小さい.

몸짓 名 하自 身ぶり. ジェスチャー. ¶고개를 갸우뚱하면서 못마땅한 ～을 한다 首をかしげながら不満気な身ぶりをする.

몸차림 名 하自 身なり. 身ごしらえ. 身じたく. 装い.

몸치장〔一治粧〕名 하自 身繕い. 身じたく. 身じまい. 身なり. 装い. ¶깔끔한 ～ きちんとした身なり.

몸통 名 胴体. ¶～이 굵다 胴が太い.

몸통 운동 名〔體〕胴体運動.

몹시 副 とても. たいへん. ひどく. 非常に. 甚だ. いやに. 大層. ¶～ 바쁘다 とても忙しい / 답하기 ～ 난처하다 返答にほとほと困る / 그 소식에 그녀는 ～ 울었다 その知らせに彼女は激しく泣いた.

몹쓸 冠 **1** 悪い. よくない. たちの悪い. ¶～ 짓 하지 마라 悪いことするな. **2** (刑·病気が)重い. ¶～ 병 悪性の病気.

못[1] 名 釘.

◆**못을 박다** ① 釘を打つ. ¶기둥에 ～을 박다 柱に釘を打つ. ② 人の心を傷つける. ③ 念を押す. 釘を刺す. ¶약속을 지키도록 단단히 ～을 박다 約束を守るよう堅く念を押す.

못[2] 名 (皮膚にできる)たこ.

◆**못이 박이다** たこができる. ¶귀에 ～이 박이도록 들었다 耳にたこができるほど聞いた.

못[3] 名 池. 淵.

못[4] 副 (동사의 앞에 붙어) **1**〔불가능〕…できない. ¶시간이 없어서 ～ 갈 것 같다 時間がなくて行けそうにない／장난 전화가 걸려와 잠을 ～ 잤습니다 いたずら電話がかかってきて眠れませんでした. **2** 〔서투른〕(上手に)できない. 不出来な. 出来の悪い. ¶이 그림은 ～ 그렸다 この絵は上手でない. **3** (そうしたい気持ちはあるが外的条件によって)…しない. (気づかずに)…しない. ¶인도에 가 보신 일이 있어요?—아뇨, 아직 ～ 가 봤어요 インドに行かれたことがありますか.—いいえ, まだ行っていません. **4** 〔금지〕…してはならない. ¶부모의 허락 없이 너 혼자서는 ～ 간다 親の許しもなしにお前ひとりで行ってはいけないよ.

〔속담〕 **못 먹는 감 찔러나 본다** 食えない柿をつついてみる(余計な意地悪をする). **못 오를 나무는 쳐다보지도 말아라** 登れない木は見上げるな(不可能なことは初めから断念するほうがいい).

못걸이 名 (板に釘が何本か打ってある)物掛け.

못나다 形 **1** ばかだ. 愚かだ. だらしがない. 足りない. ¶지지리 못난 사람 ひどく愚かな人／그 나이에 아직도 부모에게 기대고 있다니 정말 못났군 その年でまだ父母に頼っているとは本当にだらしがない. **2** (顔などが)不器量だ. 醜い. 不細工だ.

못난이 名 愚か者. 出来そこない. 臆病者. こわがり. ¶～처럼 울긴 왜 울어? 何をばかみたいに泣いてるんだ.

못내 副 **1** 限りなく. この上なく. こよなく. 果てしなく. ¶～ 서운하다 この上なく名残惜しい. **2** いつも. いつまでも. ¶떠나간 여인을 ～ 그리워한다 去った女性をいつまでも恋しがる.

못대가리 名 釘の頭.

못되다 形 **1** 〔부족하다·모자라다〕(数·量などが一定の値に)足りない. 満たない. 不足する. 達しない. ¶한 근이 조금 못되는 고기 1斤に少し足りない肉. **2** 〔나쁘다〕(たちが)悪い. 意地悪だ. あくどい. ねじけている. ¶거짓말만 하는 못된 녀석 うそばかり言う悪いやつ. **3** 〔흉작이다〕(農作物の)出来が悪い. 不作だ. 不出来だ. ¶올 벼농사는 못된다 今年の稲作は不作だ.

〔속담〕 **못된 송아지 엉덩이에 뿔 난다** 出来そこないの子牛のお尻に角が生える(憎いやつが気に触ることばかりする. 出来の悪いやつほど傲慢だ).

못마땅하다 形 気に食わない. 不満だ. 納得がいかない. ¶못마땅한 얼굴 하지 마 不満そうな顔をするな／노인은 요즘의 젊은이들의 하는 짓이 ～는 듯 바라보고 있었다 老人は若者の行動を苦々しげに見ていた. **못마땅히** 副 不満に.

못뽑이 名 釘抜き.

못살다 自 **1** 貧しく暮らす. **2** やりきれない. 煩わしい. 我慢ならない. ¶아이가 늘 싸움만 해서 속상해 못살겠다 子供がいつもけんかばかりしてうんざりする. **3** ('못살게'의 꼴로) 煩わしく. ¶못살게 굴다 いじめる.

못생기다 形 醜い. 不器量だ. 不細工だ. ¶못생긴 여자[남자] 醜い女[男]／그 사람은 코가 못생겼다 その人は鼻が不格好だ.

못쓰다 自 よくない. いけない. 駄目だ. ¶동생을 때리면 못써요 弟を殴ってはいけませんよ／이 방은 어두워서 못쓰겠으니까 다른 방으로 옮깁시다 この部屋は暗くてよくないから他の部屋に移りましょう.

못자리 名 하自 〔農〕 **1** 苗代. 苗床. **2** 苗代に種籾をまくこと.

못줄 名 間縄(田植えのとき苗の列をそろえるために張る縄).

못지않다 形 〔'못하지 아니하다'가 준말〕劣らない. 遜色がない. 見劣りしない. ひけをとらない. ¶그의 솜씨는 전문가 ～ 彼の腕前は専門家と遜色がない／젊은 사람 못지않게 힘이 세다 若い人に劣らず力が強い.

못질 名 하自 釘打ち. 釘を打つこと.

못하다[1] 他 できない. ¶일을 못한다 働けない／공부를 못한다 勉強ができない.

못하다[2] 形 ('-만[-보다] 못하다'의 꼴로) …より劣る. …に及ばない. より下手だ. (程度が)低い. (質が)悪い. ¶형이 아우만 ～ 兄が弟に劣る／옷감이 저번 것보다 ～ 服地が前のものより劣る.

못하다[3] Ⅰ 補動 **1** ('-지 못하다'의 꼴로) …できない. ¶술은 먹지 못한다 酒は飲めない／오래 살지 못할 것이다 長生きできないだろう. **2** ('-다 못해[못하여]'의 꼴로) …しきれずに. …するにしかねて. ¶거절하다 못해 그의 말을 따르기로 했어요 断わりきれず彼の言うことに従うことにしました.

Ⅱ 補形 **1** ('-지 못하다'의 꼴로) …ない. ¶발음이 깨끗하지 못해요 発音がきれいではありません. **2** ('-다 못해[못하여]'의 꼴로) …のあまり. …すぎて. ¶날씨가 춥다 못해 살을 에이는 것 같다 寒さがひどくて肌を刺すようだ.

몽골〔Mongol〕 名 〔地〕モンゴル(アジア北東部の共和国). 蒙古.

몽골반〔—斑〕 名 蒙古斑.

몽골어〔—語〕 名 〔言〕モンゴル語.

몽골족〔—族〕 名 モンゴル族.

몽골풍〔—風〕 名 蒙古風. **1** モンゴルの風俗. **2** モンゴル風(ゴビ砂漠から中国東北部に向けて吹く風).

몽그라지다 自 (積まれたものが)崩れる.

몽니 名 意地悪なこと. 陰険なこと.

◆**몽니가 궂다** 意地悪だ. 陰険で欲が深い.

◆**몽니가 사납다** 非常に意地悪だ.

◆**몽니를 부리다** 意地悪をする.

몽니쟁이 名 意地悪. つむじ曲がり.

몽달귀신〔—鬼神〕 名 〔民俗〕独身のまま死んだ男の鬼神.

몽당붓 名 禿筆. 先の擦り切れた筆.

몽당비 名 先の擦り切れたほうき.

몽당연필〔—鉛筆〕 名 使いはたして短くなった鉛筆.

몽당치마 名 短くなったチマ. つんつる

てんのチマ.

몽둥이 名 棒. 棍棒.

몽둥이맛 名 棍棒の味. 棍棒でたたかれた体験.

몽둥이세례〔一洗禮〕名 棍棒でさんざんたたくこと.

몽둥이질 名 하自他 棒でたたくこと.

몽둥이찜 名 하他 (人·動物を)棍棒でひどくたたくこと.

몽땅[1] 副 (あるだけの物を)みんな. そっくり. 根こそぎ. すっかり. 全部. ¶몸에 걸친 것을 ~ 벗다 身につけているものを全部脱ぐ.

몽땅[2] 副〔한 부분을 대번에 자르는 모양〕ばっさりと. ずばっと. ばさっと. ¶긴 머리를 ~ 자르다 長い髪をばっさり切る.

몽땅몽땅 副 ばっさりばっさり(と). ばさっばさっ(と).

몽롱하다〔朦朧—〕形 朦朧としている. ぼんやりしている. ¶몽롱한 상태 朦朧とした状態/몽롱하게 보이는 저편 골짜기 かすんで見える向こう側の谷間.

몽매[1]〔夢寐〕名 夢寐. 眠って夢を見ること.

몽매간〔一間〕名 夢見る間. 夢の中でも. ¶~에도 잊지 못할 어머니의 모습 夢にも忘れられない母の姿.

몽매[2]〔蒙昧〕名 하形 蒙昧. ¶무지~ 無知蒙昧.

몽상〔夢想〕名 하他 夢想. ¶~가 夢想家.

몽설〔夢泄〕名 하自 夢精.

몽실몽실 副 하形〔살져서 보드라운 느낌을 주는 모양〕ぽちゃぽちゃ(と). まるまる(と). ぽってり(と). ふっくら(と). ¶~한 젖가슴 ふっくらとした胸元.

몽우리 名 つぼみ.

몽유병〔夢遊病〕名 夢遊病.

몽정〔夢精〕名 하自 夢精.

몽중〔夢中〕名 夢中. 夢の中.

몽중몽〔一夢〕名 夢の中の夢〈はかない人生のたとえ〉.

몽진〔蒙塵〕名 하自 蒙塵. 王が乱を避けて都を抜け出すこと.

몽치 名 短い棒.

몽클하다 形 **1** もたれてむかむかする. **2** (悲しみ·憤りなどで)胸が詰まる. ¶감격해서 가슴이 ~ 感激して胸がじいんとなる. **3** (リンパ腺などが)ぐりぐりしている. ¶임파선이 몽클하게 부었다 リンパ腺がひどく腫れた. <뭉클하다

몽타주〔프 montage〕名 モンタージュ. ¶~ 사진 モンタージュ写真.

몽탕 副〔'몽땅'의 거센말〕**1** 全部. ごっそり. すっかり. **2** ばっさりと. ずばりと.

몽탕몽탕 副 하形 ばさりばさり. ずばりずばり.

뫼 名 墓.

◆**뫼를 쓰다** 墓をつくって埋葬する.

묏자리 名 墓をつくるべき場所.

묘[1]〔卯〕名〔民俗〕卯〈十二支の第4番目〉.

묘[2]〔妙〕名 妙. たいへん巧みなこと. ¶운용의 ~를 살리다 運用の妙を生かす.

묘[3]〔墓〕名 墓.

묘[4]〔廟〕名 **1**〔'종묘'의 준말〕宗廟. **2**〔'문묘'의 준말〕文廟.

묘계〔妙計〕名 妙計. 優れた計略.

묘기〔妙技〕名 妙技. ¶서커스의 공중 ~ サーカスの空中妙技/~ 백출 妙技百出.

묘당〔廟堂〕名〔史〕廟堂. **1** 議政府の別称. **2** 宗廟. **3** 朝廷.

묘두현령〔猫頭懸鈴〕名 (猫の首に鈴をかけるの意で)実現性のないむだな議論.

묘령〔妙齡〕名 妙齢. 年ごろ. ¶~의 여성 妙齢の女性.

묘막〔墓幕〕名 墓のそばに建てた小屋.

묘명〔墓銘〕名〔'묘지명(墓誌銘)'의 준말〕墓誌銘.

묘목〔苗木〕名 苗. 苗木. ¶~을 심다 苗木を植える.

묘미〔妙味〕名 妙味. 醍醐味. ¶독서의 ~ 読書の妙味/낚시의 ~를 맛보다 釣りの妙味を味わう.

묘비〔墓碑〕名 墓碑. 墓石.

묘비명〔一銘〕名 墓碑銘.

묘사〔描寫〕名 하他 描写. ¶주인공의 심리를 ~하다 主人公の心理を描写する/농촌 생활이 잘 ~된 소설 農村生活がよく描かれた小説.

묘상〔苗床〕名 苗床.

묘석〔墓石〕名 墓石.

묘소〔墓所〕名 墓所. 墓地.

묘수〔妙手〕名 妙手. ¶바둑에서의 ~ 碁の妙手.

묘시〔卯時〕名〔民俗〕卯の刻. **1** 十二時の4番目. 午前5時から7時まで. **2** 二十四時の7番目. 午前6時から7時まで.

묘안〔妙案〕名 妙案. 名案. ¶~이 떠올랐다 妙案が浮かんだ.

묘안석〔猫眼石〕名〔鑛〕猫目石. キャッツアイ.

묘약〔妙藥〕名 妙薬. ¶상사병에는 ~이 없다 恋の病に効く妙薬はない.

묘역〔墓域〕名 墓域. 墓の区域.

묘연하다〔杳然—〕形 **1** 杳然としている. はるかに遠い. **2** 久しい以前のことで記憶がはっきりしない. **3** 行方が知れない. ¶집 나간 남편의 행방이 ~ 家出した夫の行方が知れない.

묘의〔廟議〕名 廟議. 朝廷の会議.

묘전〔墓前〕名 墓前. 墓の前. ¶~에 엎드려 절하다 墓前にひざまずき頭を下げる.

묘제〔墓祭〕名 墓祭. 墓前での祭祀.

묘주〔墓主〕名 墓の所有者.

묘지[1]〔墓地〕名 墓地. ¶공동~ 共同墓地.

묘지[2]〔墓誌〕名 墓誌.

묘지명〔一銘〕名 墓誌銘.

묘지기〔墓—〕名 墓守り.

묘책〔妙策〕名 妙策. 妙案.

묘체〔妙諦〕名 妙諦. 優れた真理.

묘판〔苗板〕名 **1** 苗代. **2** 苗床.

묘포〔苗圃〕名〔農〕苗圃. 苗床.

묘표〔墓標〕名 墓標.

묘하다〔妙—〕形 **1** 妙だ. 奇妙だ. 変だ. おかしい. ¶묘한 소리를 하는구

나 妙なことを言うんだな / 일이 묘하게 되었네 妙なことになったな. **2** 絶妙だ. 巧妙だ. ¶ 묘한 말재주 絶妙な話術.

묘혈〔墓穴〕 名 墓穴. はかあな.

◆**묘혈을 파다** 墓穴を掘る. 自滅する.

무¹ 名〔植〕 大根. ¶ ～를 채 친다 大根を千切りにする.

무²〔戊〕 名〔民俗〕 戊. つちのえ〈十干の5番目〉.

무³〔無〕 **I** 名 **1** 無. ¶ ～에서 유를 창조하다 無より有を創造する. **2** 〔'무승부'의 준말〕 引き分け. ¶ 5승 2～ 1패 5勝2引き分け1敗.

II 接頭 無…. ¶ ～조건 無条件 / ～감각 無感覚.

무가¹〔巫歌〕 名 ムーダン(무당)の歌.

무가²〔武家〕 名 武家. 武官の家.

무가치〔無價値〕 名 하形 無価値.

무간지옥〔無間地獄〕 名〔佛〕 無間地獄. 阿鼻地獄.

무간하다〔無間—〕 形 とても親しい間柄だ. へだたりなく親しい. ¶ 그하고는 무간한 사이다 彼とはとても親しい仲だ.

무감각〔無感覺〕 名 하形 **1** 無感覚. **2** 無関心. 無頓着. ¶ ～증 無感覚症 / 유행에 ～하다 流行に無頓着だ.

무감 지진〔無感地震〕 名〔地〕 無感地震.

무개차〔無蓋車〕 名 無蓋車. 屋根のない車.

무개화차〔無蓋貨車〕 名 無蓋貨車.

무거리 名 (穀物などの)碾いたかす.

무겁다 形 **1** (重量が)重い. ¶ 무거운 짐 重い荷物 / 체중이 ～ 体重が重い. **2** (言行が)重い. 慎重だ. ¶ 그는 입이 ～ 彼は口が重い. **3** 〔중요하다〕 (役目·責任などが)重い. 重大だ. ¶ 무거운 책임을 지고 있다 重い責任を負っている. **4** (病気·罪·罰などが)重い. ¶ 병이 ～ 病気が重い / 무거운 벌을 받았다 重い罰を受けた. **5** 〔기분이 침울하다〕 (気分が)重い. 晴れない. 沈んでいる. ¶ 마음이 ～ 気が重い. **6** 身重である. 妊娠中だ. **7** (動きが)鈍い. 重い. ¶ 발걸음이 ～ 足取りが重い.

무겁디무겁다 形 重々しい. とても重い.

무게 名 **1** 〔중량〕 (物の)重さ. 重量. 目方. ¶ ～가 무겁다[가볍다] 目方が重い[軽い] / ～를 달다 重さを量る. **2** 〔침착하고 의젓한 정도〕 (人間的な)重み. 慎重さ. 貫禄. 威厳. ¶ 사내 대장부는 말 한마디에도 ～가 있어야 한다 男たるものは言葉の一言一言にも重みがなくてはならない. **3** 〔가치·중대성〕 (作品·出来事などの)重み. 価値. 重要性. ¶ ～ 있는 소설 重みのある小説.

무결〔無缺〕 名 하形 無欠. 欠けたところがないこと. ¶ 완전 ～ 完全無欠.

무계〔無稽〕 名 하形 無稽. 根拠がないこと. ¶ 황당～ 荒唐無稽.

무계획〔無計劃〕 名 하形 無計画.

무고¹〔無辜〕 名 하形 無辜. 無実. ¶ ～하게 죽다 無辜の罪で死ぬ.

무고²〔誣告〕 名 하他〔法〕 誣告. 嘘をでっち上げて人を訴えること.

무고죄〔—罪〕 名〔法〕 誣告罪.

무고하다〔無故—〕 形 **1** 縁故がない. **2** 事故がなく平穏だ. 無事だ. ¶ 댁내 제절이 무고하십니까? お宅の皆様お変わりはありませんか.

무곡〔舞曲〕 名〔樂〕 舞曲.

무골〔無骨〕 名 **1** 骨なし. **2** 筋道が通らない文章.

무골호인〔—好人〕 名 底抜けのお人好し.

무공〔武功〕 名 武功. 武勲. ¶ ～을 세우다 武功を立てる.

무과〔武科〕 名〔史〕 武官を選抜する科挙.

무관¹〔武官〕 名 武官. ¶ 시종～ 侍従武官.

무관²〔無官〕 名 하形 無官. 官職のないこと.

무관³〔無冠〕 名 無冠. 無位. 特別な地位がないこと. ¶ ～의 제왕 無冠の帝王〈言論にたずさわる人〉.

무관심〔無關心〕 名 하形 無関心. ¶ 그는 돈벌이에 전혀 ～하다 彼は金もうけにまったく無関心だ.

무관하다〔無關—〕 形 〔'무관계하다'의 준말〕 無関係だ. ¶ 그 사건과는 전혀 ～ その事件とはまったく無関係だ.

무교양〔無教養〕 名 하形 無教養.

무교회주의〔無教會主義〕 名〔基〕 無教会主義.

무구〔武具〕 名 武具.

무구하다〔無垢—〕 形 無垢だ. うぶだ. けがれがない. ¶ 순진무구한 성격 純真無垢な性格.

무국적〔無國籍〕 名 無国籍. ¶ ～자 無国籍者.

무궁〔無窮〕 名 하形 無窮. 無限. ¶ 귀사의 ～한 발전을 빕니다 貴社の限りなき発展を祈ります. **무궁히** 副 無窮に. 限りなく.

무궁무진〔—無盡〕 名 하形 無窮無尽. 無尽蔵. ¶ ～한 자원 無尽蔵の資源.

무궁화〔無窮花〕 名〔植〕 木槿.

무궤도〔無軌道〕 名 하形 無軌道. **1** 軌道のないこと. ¶ ～ 전차 無軌道電車. トロリーバス. **2** 常軌を逸していること.

무균〔無菌〕 名 無菌.

무극〔無極〕 名 하形 無極. **1** 果てのないこと. **2** 〔哲〕 宇宙の根源. **3** 電極の存在しないこと. 分極のないこと.

무근〔無根〕 名 하形 無根. **1** 根のないこと. **2** 根拠のないこと. ¶ 사실 ～ 事実無根.

무급〔無給〕 名 無給.

무기¹〔武器〕 名 武器. 兵器. ¶ 핵～ 核兵器 / 화학 ～ 化学兵器 / ～를 비축하다 武器を蓄える.

무기고〔—庫〕 名 武器庫.

무기²〔無期〕 名 〔'무기한(無期限)'의 준말〕 無期. ¶ ～정학 無期停学 / ～연기 無期延期 / ～ 징역 無期懲役.

무기수〔—囚〕 名 無期囚.

무기한〔—限〕 名 無期限. ¶ ～ 파업 無期限ストライキ.

무기형〔—刑〕 名〔法〕無期刑.

무기[3]〔無機〕 名 無機. 生命や活力がないこと.

무기물〔—物〕 名〔化〕無機物.

무기 비료〔—肥料〕 名〔化〕無機肥料.

무기산〔—酸〕 名〔化〕無機酸.

무기질〔—質〕 名〔化〕無機質.

무기 화학〔—化學〕 名〔化〕無機化学.

무기 화합물〔—化合物〕 名〔化〕無機化合物.

무기[4]〔舞妓〕 名 (王宮の宴会で舞う)踊り子. 踊り子の妓生.

무기력〔無氣力〕 名 하形 無気力. ¶ ～한 사람 無気力な人.

무기록〔無記錄〕 名 無記録. 記録がないこと.

무기명〔無記名〕 名 無記名.

무기명 주권〔—株券〕 名〔經〕無記名株券.

무기명 투표〔—投票〕 名 無記名投票.

무꾸리 名 하自〔民俗〕ムーダン(무당)·盲人の占い師などに吉凶を占ってもらうこと.

무난하다〔無難—〕 形 無難だ. 大丈夫だ. 当たり障りがない. ¶ 무난한 복장 無難な服装 / 관문을 무난하게 통과했다 関門をたやすく通過した.

무난히 副 無難に. 難なく. たやすく. 楽に. ¶ 시합에 ～ 이겼다 試合に難なく勝った.

무남독녀〔無男獨女〕 名 男の兄弟がいない家の一人娘.

무너뜨리다〔-트리다〕 他 **1** (山や建物などを)崩す. 倒す. ¶ 담을 ～ 塀を倒す. **2** (計画·組織などを)つぶす. 駄目にする. ¶ 조직을 ～ 組織をつぶす.

무너지다 自 **1** (建物などが)倒れる. 崩れる. 壊れる. ¶ 담이 ～ 塀が崩れる / 무너져 내린 건물에 깔려 중상을 입었다 崩れ落ちた建物の下敷きになって重傷を負った. **2** (秩序や体制などが)崩壊する. 崩れる. 倒れる. つぶれる. ¶ 사회의 질서가 ～ 社会の秩序が崩壊する. **3** (計画などが)つぶれる. 駄目になる. ¶ 가능성이 ～ 可能性がつぶれる.

무녀〔巫女〕 名 巫女. ムーダン.

무념〔無念〕 名 하形〔佛〕無念. 無我の境地に入って雑念がないこと.

무념무상〔—無想〕 名〔佛〕無念無想.

무논 名 水田. 水を張った田. 水に恵まれている田.

무능〔無能〕 名 하形 無能. ¶ ～한 사람 無能な人.

무능력〔無能力〕 名 하形 無能力. ¶ ～자 無能力者.

무늬 名 模様. 柄. 紋. 紋様. 文様. 図柄. 綾. ¶ 꽃～ 花模様 / 줄～ 縞柄 / 화려한 ～ 派手な柄 / ～를 이루다 あやをなす.

무단[1]〔武斷〕 名 武断. 武力や威圧により事を行なうこと. ¶ ～ 정치 武断政治.

무단[2]〔無斷〕 名 하形 無断. **1** 決断力に欠けること. **2** 何の断わりもないこと. 何の予告もないこと. ¶ ～ 외출 無断外出 / ～결근 無断欠勤 / ～출입 無断の出入り. **무단히** 副 何の理由もなく. いわれなく. ¶ ～ 남을 괴롭히다 いわれなく人を苦しめる.

무담보〔無擔保〕 名 하自 無担保.

무당 名〔民俗〕ムーダン. シャーマン. 巫女. 巫覡.

무당벌레 名〔動〕天道虫.

무대[1] 名 **1** うすのろ. ばか. まぬけ. **2** ぶた〈花札などで, 札2枚または3枚の合計した数の末尾が0になる場合をいう〉.

무대[2]〔舞臺〕 名 舞台. ¶ ～ 의상 舞台衣装 / ～ 장치 舞台装置 / ～에 서다 舞台に立つ / 첫 ～를 밟다 初舞台を踏む.

무대 감독〔—監督〕 名 舞台監督.

무대 미술〔—美術〕 名 舞台美術.

무대 조명〔—照明〕 名 舞台照明.

무대 효과〔—效果〕 名 舞台効果.

무더기 名 (物を積み重ねた)山盛り. 堆積. ¶ 사과 한 ～ りんごひと山 / 찬성표가 ～로 나왔다 賛成票が山のように出てきた.

무더기무더기 名 副 幾山にも.

무더위 名 蒸し暑さ. 暑気.

무던하다 形 **1** (人柄が)寛容である. 心が広い. 気だてがいい. ¶ 무던한 사람일수록 화가 나면 무섭다 寛容な人ほど怒ると怖い. **2** (程度が)一応十分である. 無難だ. ¶ 무던한 성격 無難な性格. **3** 途方もない. べらぼうだ. ¶ 어릴 때에는 무던하게도 말썽을 피웠다 子供のときにはやたら悪さばかりしていた. **무던히** 副 **1** 無難に. 差し障りなく. ¶ ～ 참아 주었구나 よく我慢してくれたな. **2** よほど. かなり. ずいぶん. ¶ ～ 애를 먹이는구나 ひどくてこずらせるな.

무덤 名 墓. 墳墓. 塚. ¶ 남의 ～을 파헤치다 人の墓を暴く.

무덥다 形 蒸し暑い. 蒸す. ¶ 날씨가 무더우니 식욕도 없다 蒸し暑いから食欲もない.

무도[1]〔武道〕 名 武道. ¶ ～장 武道の道場 / ～를 닦다 武道を磨く.

무도[2]〔無道〕 名 하形 無道. 非道. ¶ 극악～ 極悪非道.

무도[3]〔舞蹈〕 名 하自 舞踏.

무도곡〔—曲〕 名〔樂〕舞踏曲.

무도병〔—病〕 名〔醫〕舞踏病. 顔面神経痛.

무도장〔—場〕 名 舞踏場. 踊り場.

무도회〔—會〕 名 舞踏会.

무독〔無毒〕 名 하形 **1** 無毒. ¶ 무해～ 無害無毒. **2** (性格が)善良でおとなしいこと.

무동〔舞童〕 名 **1**〔史〕宮中の祝宴で歌舞を演じた男の子. **2**〔民俗〕門付けの仲間で人の肩車に乗って歌舞を演じた男の子.

◆**무동을 타다** 肩車をする. 肩車に乗る.

무두질 名 하自他 **1** 皮をなめすこと. **2** (空腹または病気のせいで)腹がきりきり痛むこと.

무드〔mood〕 名 ムード. 雰囲気. ¶ ～를 조성하다 ムードをつくる.

무득점〔無得點〕 名 無得点.

무디다 形 鈍い. **1**〔날이 예리하지 못하다〕(刃などが)鋭くない. 切れ味が悪い. よく切れない. ¶ 식칼이 ～ 包丁の刃が鈍い / 무딘 송곳 先の丸くなった錐. **2**〔둔하다〕(勘が)鈍い. 鈍感だ. ¶ 신경이 무딘 사람 神経が鈍い人 / 동작이 ～ 動作がのろい / 솜씨가 무디어지다 腕が鈍る. **3**〔말이 무지하고 뚝뚝하다〕(言葉つきが)ぶっきらぼうだ. ゆっくりだ. はきはきしていない. ¶ 말을 무디게 한다 話し方がぶっきらぼうだ.

무뚝뚝하다 形 無愛想である. ぶっきらぼうだ. むっつりしている. ¶ 무뚝뚝한 남자 無愛想な男.

무람없다 形 無礼だ. なれなれしい. 無作法だ. **무람없이** 副 無礼に. 無作法に. なれなれしく.

무량〔無量〕 名 하形 無量. ¶ 감개가 ～하다 感慨無量である.

무량겁〔一劫〕 名〔佛〕無量劫. 永劫.

무량무변〔一無邊〕 名 하形 無量無辺.

무량수불〔一壽佛〕 名〔佛〕無量寿仏.

무럭무럭 副 **1**〔잘 자라는 모양〕すくすく(と). めきめき(と). ぐんぐん(と). ¶ 어린애가 ～ 자라다 子がすくすく育つ. **2**〔김·연기 등이 일어나는 모양〕むくむく(と). もくもく(と). ¶ 김이 ～ 나는 밥 湯気がほかほか立っているご飯. **3**〔냄새가 나는 모양〕ぷんぷん(と). ¶ 고기 굽는 냄새가 ～ 난다 肉を焼くにおいがぷんぷんする. **4**〔느낌·생각 따위가 자꾸 나는 모양〕ふつふつ(と). ¶ 고향에 돌아가고 싶은 생각이 ～ 났다 故郷に帰りたい気持ちがふつふつと湧き上がった. >모락모락

무럼생선〔一生鮮〕 名 **1**〔動〕水母. **2** 体の虚弱な人. **3** 主体性のない人. 骨なし.

무려〔無慮〕 I 名 하形 無慮. 心配のないこと.

II 副 (数や金額の多さに驚いて)なんと. 実に. ¶ ～ 백만 원이나 손해를 입었다 なんと100万ウォンも損害をこうむった.

무력[1]〔武力〕 名 武力. ¶ ～을 행사하다 武力を行使する.

무력[2]〔無力〕 名 하形 無力. ¶ ～감 無力感 / 너무나 ～하게도 무릎을 꿇고 말았다 あまりにも無力に屈してしまった.

무력소치〔一所致〕 名 (力·能力がないための)無力の致すところ.

무력증〔一症〕 名〔醫〕無力症. アトニー. ¶ 위～ 胃アトニー.

무력화〔一化〕 名 하自他 無力化.

무렵 依名 ころ. 時分. ¶ 바로 그 ～ ちょうどそのころ / 해질 ～ 日暮れごろ / 벚꽃이 필 ～ 桜の花が咲くころ.

무례〔無禮〕 名 하形 無礼. 無作法. ぶしつけ. ¶ ～한 놈 無礼者 / ～한 짓[말]을 하다 無礼なことをする[言う].

무뢰한〔無賴漢〕 名 無頼漢. 不良. ごろつき. ならずもの.

무료[1]〔無料〕 名 無料. 無代. ただ. ろは. ¶ ～ 입장 無料入場 / 배달은 ～로 해 드립니다 配達は無料で致します.

무료[2]〔無聊〕 名 하形 **1** 無聊. 退屈. 手持ち無沙汰. つれづれ. ¶ ～함을 달래다 無聊を慰める / ～한 나날을 보내다 無聊の日々を送る. **2** きまりが悪い. 照れくさい. ¶ ～한 얼굴로 웃는다 照れくさそうな顔で笑う. **무료히** 副 **1** 無聊に. 退屈に. **2** 照れくさく. きまり悪く.

무루〔無漏〕 名〔佛〕無漏. 煩悩のなくなった境地.

무류하다〔無類一〕 形 無類だ. 比べるものがない.

무르녹다 自 **1**〔잘 익다〕(果物などが)熟しきっている. ¶ 무르녹은 감 熟しきった柿. **2**〔고비에 이르다〕(時機などが)熟す. **3**〔매우 짙어지다〕緑が濃い. ¶ 신록이 무르녹은 5월의 산야 新緑が濃い5月の山野.

무르다[1] 自 (よく熟したり煮えたりして)柔らかくなる. ¶ 잘 익어서 무른 감 よく熟れて柔らかくなった柿.

무르다[2] 他 **1**〔반품하다〕(一度買った物を)返品する. ¶ 한번 산 이상 무르지 못합니다 一度買った以上返品できません. **2**〔취소하다〕(やったことを)元へ戻す. 取り消す. 取り返す. ¶ 약혼을 물렀다 婚約を取り消した. **3** (将棋·囲碁で)待ったをして打ち直す.

무르다[3] 形 **1** (物が)柔らかい. ¶ 무른 고기 柔らかい肉. **2** (質が粗くて)もろい. 砕けやすい. **3** (体·心などが)弱い. もろい. ¶ 정에 무른 사람 情にもろい人 / 남자가 그렇게 물러서야 되겠어요? 男がそんなに弱々しくていいのですか. **4** (子供に)甘い. ¶ 자식에게 무른 아버지 子供に甘い父.

무르익다 自 **1** (穀物·果実などが)実る. 熟す. よく熟れる. ¶ 무르익은 보리 よく実った麦. **2** (事や時期が)熟す. 成熟する. 頃合いになる. ¶ 여름이 ～ 夏が盛りとなる.

무르춤하다 自 急に後ずさりする. たじろぐ. 急にたたずむ. ¶ 가다 말고 ～ 行きかけて急にたたずむ.

무르팍 名〈俗〉膝.

무릅쓰다 他 (困難·恥などを)顧みない. 耐え忍ぶ. 押し切る. 冒す. ¶ 위험을 무릅쓰고 일을 했다 危険をものともせず仕事をした / 비를 무릅쓰고 출발했다 雨を冒して出発した.

무릇 副 およそ. 大体. 概して. おおよそ.

무릉도원〔武陵桃源〕 名 武陵桃源. 桃源郷.

무릎 名 膝. 膝頭. ¶ ～을 꿇고 앉다 正座する / 양 ～을 꿇다 ひざまずく.

◆**무릎을 꿇다** 膝を屈する. 降服する.

◆**무릎을 맞대다** 膝を交える. ¶ ～을 맞대고 이야기하다 膝を交えて話す.

◆**무릎을 치다** (はたと思い当たって, 感心して)膝を打つ.

무릎걸음 名 擦り膝. 膝歩き. 膝行. ¶ ～ 치다 膝で歩く.

무릎깍지 名 両腕で膝を抱えて座る姿勢.

무릎꿇림 名 하他 昔, 罪人を後ろ手に縛りひざまずかせたこと.

무릎도가니 名 **1** 牛の膝蓋骨とその付近の肉. **2** 〈俗〉 膝の皿.
무릎베개 名 하自 膝枕.
무릎장단〔—長短〕 名 膝拍子. ¶ ~을 치다 膝拍子をとる.
무릎치기 名 〈シルム(씨름)で〉相手の膝を手ではらう技.
무리¹ 名 群れ. 連中. やから. 集まり. ¶ ~를 지어 다니다 群れをなして出歩く/불량배의 ~ 不良の一団.
무리² 名 (人や物が一度に出る)時期. 出盛り期. 旬. 盛り. たけなわ. ¶ 오징어가 한창 나올 ~ いかの出盛り期/혼잡한 퇴근 ~ 混雑する退勤時.
무리³ 名 水でふやかした米を臼でひきこしてふるいにかけて沈澱させた澱.
무리떡 名 무리でつくった餅.
무리⁴ 名〔天〕 暈. ¶ 달~ 月の暈/햇~ 日暈.
무리⁵〔無理〕 名 하自形 無理. ¶ ~한 부탁 無理な頼み/자네가 그러는 것도 ~가 아니다 君がそう言うのも無理はない/건강이 회복되기 전에 너무 ~하지 마시오 健康が回復するまであまり無理しないように.
무마〔撫摩〕 名 하他 **1** (手で)撫でさすること. **2** なだめること. ¶ 유가족들을 ~하느라고 애를 썼다 遺族たちをなだめようとして苦労した.
무말랭이 名 切り干し大根.
무망〔無望〕 名 하形 望みがないこと.
무면허〔無免許〕 名 無免許. ¶ ~ 운전 無免許運転.
무명¹ 名 綿布. 綿織物. 木綿.
무명베 名 綿織物. 綿布.
무명실 名 木綿糸. 綿糸.
무명옷 名 木綿の服.
무명²〔武名〕 名 武名. 武勇によりあげた名. ¶ ~을 떨치다 武名をあげる.
무명³〔無名〕 名 하形 無名. ¶ ~의 신인 無名の新人.
무명씨〔—氏〕 名 無名氏. 失名氏.
무명용사〔—勇士〕 名 無名戦士.
무명작가〔—作家〕 名 無名作家.
무명지〔—指〕 名 無名指. 薬指.
무명초〔—草〕 名 名なし草.
무명⁴〔無明〕 名〔佛〕 無明.
무명 세계〔—世界〕 名〔佛〕 無明世界. 娑婆.
무모〔無毛〕 名 하形 無毛. 毛がないこと.
무모증〔—症〕 名〔醫〕 無毛症.
무모하다〔無謀—〕 形 無謀だ. 無茶だ. 向こう見ずだ. 無鉄砲だ. ¶ 무모한 계획[시도] 無謀な計画[試み].
무모히 副 無鉄砲に. 向こう見ずに. 無茶に.
무문¹〔無紋〕 名 하形 無文. 模様のないこと.
무문²〔舞文〕 名 하他 舞文.
무문곡필〔—曲筆〕 名 하他 舞文曲筆. 自分勝手に言葉をもてあそんで文章を書くこと.
무미〔無味〕 名 하形 無味. **1** 食べ物の味がないこと. ¶ ~ 무취 無味無臭. **2** 面白くないこと. つまらないこと. 退屈. 趣に欠けること. 味気ないこと.
무미건조〔—乾燥〕 名 하形 無味乾燥. ¶ ~한 생활 無味乾燥な暮らし.
무반동〔無反動〕 名 無反動.
무반동총〔—銃〕 名〔軍〕 無反動銃.
무반동포〔—砲〕 名〔軍〕 無反動砲.
무방비〔無防備〕 名 無防備. ¶ ~ 상태 無防備状態/~ 도시 無防備都市.
무방하다〔無妨—〕 形 構わない. 差し支えない. ¶ 늦어도 ~ 遅くても構わない.
무배당〔無配當〕 名〔經〕 無配当.
무법〔無法〕 名 하形 無法. 道理にはずれていること. ¶ ~자 無法者/~한 짓을 하다 無法なことをする.
무법천지〔—天地〕 名 **1** 無秩序な世の中. **2** 無法地帯.
무변¹〔武弁〕 名 武弁. 武官.
무변²〔無邊〕 名 하形 無辺. 広々として果てしないこと. ¶ ~대해 広々とした大海原.
무변광야〔—曠野〕 名 果てしのない広野.
무변 세계〔—世界〕 名〔佛〕 無辺世界.
무변리〔無邊利〕 名 無利息. 無利子.
무병〔無病〕 名 하形 無病. 健康.
무병장수〔—長壽〕 名 하自 無病長寿. 病気にかからず長生きすること.
무보수〔無報酬〕 名 無報酬. 無給. ¶ ~로 봉사하다 無報酬で奉仕する.
무분별하다〔無分別—〕 形 無分別だ. ¶ 무분별하기 짝이 없다 無分別極まりない/무분별한 행동 無分別な振る舞い.
무비〔無比〕 名 하形 無比. 無類. ¶ 당대 ~의 명인 当代無比の達人.
무비 카메라〔movie camera〕 名 ムービーカメラ.
무비판적〔無批判的〕 冠 名 無批判的. ¶ 서양 문물을 ~으로 받아들인다 西洋の文物を無批判に受け入れる.
무사¹〔武士〕 名 武士. 武人.
무사도〔—道〕 名 武士道.
무사²〔無死〕 名〔體〕 (野球の)無死. ノーダウン. ノーアウト. ¶ ~ 만루 無死満塁.
무사³〔無私〕 名 하形 無私. 私心がないこと. ¶ 공평~한 마음 公平無私の心.
무사⁴〔無事〕 名 하形 無事. ¶ ~ 안일주의 事なかれ主義/~하기를 빌다 無事を祈る/그 사고에서 승객은 모두 ~했다 その事故で乗客はみんな無事だった. **무사히** 副 無事に. つつがなく. ¶ 대회는 ~ 끝났다 大会は無事に終わった.
무사분주〔—奔走〕 名 (する事もなしに)いたずらに忙しいこと.
무사태평〔—泰平〕 名 하形 **1** 平穏無事. **2** のん気.
무사고〔無事故〕 名 無事故. ¶ ~ 운전 無事故運転.
무사마귀 名〔醫〕 疣.
무산¹〔無産〕 名 **1** 財産のないこと. **2** 無職. **3** 〔'무산 계급'의 준말〕 無産階級.
무산 계급〔—階級〕 名 無産階級.
무산대중〔—大衆〕 名 無産大衆.
무산자〔—者〕 名 無産者. プロレタリ

ア.

무산²〔霧散〕 名 하自 霧散. 跡形もなく消えてなくなること. ¶불의의 사고로 계획이 ～되다 不意の事故で計画が霧散する.

무산증〔無酸症〕 名〔醫〕無酸症.

무상¹〔無上〕 名 無上. この上もないこと. ¶～의 영광 無上の栄光/～의 기쁨 この上もない喜び.

무상²〔無常〕 名 하形 無常. ¶인생～ 人生無常.

무상출입〔一出入〕 名 하自 いつでも自由に出入りすること.

무상³〔無想〕 名 하形 無想. いっさいの想念がないこと. 無心.

무상무념〔一無念〕 名 하形〔佛〕無想無念. 無念無想.

무상⁴〔無償〕 名 無償. 無料. ¶～원조 無償援助/～ 대부 無償貸付.

무상 교육〔一教育〕 名 無償教育.

무상 배부〔一配付〕 名 하他 無償配布.

무상주〔一株〕 名〔經〕無償株.

무색¹〔一色〕 名 染めた色. 色物. 染色. ¶～ 치마 色物のチマ.

무색옷 名 色物の衣服.

무색²〔無色〕 名 無色. 色のないこと. ¶～투명 無色透明.

무색하다〔無色一〕 形 面目を失う. 顔負けだ. (驚きや意外なことで)啞然とする. ¶가수가 무색할 정도의 노래 솜씨 歌手顔負けの歌唱力/전문가를 무색하게 하다 専門家も顔負けだ.

무생물〔無生物〕 名 無生物.

무서리 名 (晩秋の)薄い初霜.

무서움 名 恐れ. 恐怖. おじけ. 恐ろしさ. 怖さ. ¶～을 타다 怖がる.

무선〔無線〕 名 無線. ¶～ 전신 無線電信.

무선 전화〔一電話〕 名 無線電話.

무선 통신〔一通信〕 名 無線通信.

무선 호출기〔一呼出機〕 名 ポケットベル.

무섭다 形 恐ろしい. **1** 怖い. ¶무서운 장면 恐ろしい場面/무서워서 움츠리고 있다 怖くて縮み上がっている. **2**〔대단하다〕程度がはなはだしい. ひどい. すごい. すさまじい. ¶번개가 무섭게 내리친다 雷が恐ろしく鳴る/무서운 기세로 돌진한다 恐ろしい勢いで突進する/무서운 기억력 驚くべき記憶力. **3**〔두렵다〕心配だ. 不安だ. 気にかかる. ¶병날까 무섭네 病気にならないかと心配だよ/그가 오해할까 ～ 彼が誤解しないか気にかかる. **4**《'-기가 무섭게'의 꼴로》…するやいなや. ¶종이 울리기가 무섭게 방을 뛰어나갔다 鐘が鳴るやいなや部屋を飛び出した.

무성¹〔無性〕 名〔生〕無性. ¶～ 생식 無性生殖.

무성²〔無聲〕 名 無声. 声がないこと. ¶～ 영화 無声映画.

무성의〔無誠意〕 名 하形 誠意がないこと.

무성하다〔茂盛一〕 形 (草木が)生い茂っている. 繁茂する. ¶뜰에는 잡초가 ～ 庭には雑草が生い茂っている/꽃과 나무들이 무성한 들판 花と木々が生い茂っている野原. **무성히** 副 よく茂って. 繁茂して. 茫々と. ¶그곳엔 산나물이 ～ 자라 있었다 そこには山菜がいっぱい生えていた.

무세〔無稅〕 名 無稅.

무세품〔一品〕 名〔經〕無稅品.

무소 名〔動〕犀.

무소득〔無所得〕 名 하形 無所得. 所得がないこと.

무소부재〔無所不在〕 名 하形〔基〕天主の稟性の一つで, 在らざる所無しということ.

무소속〔無所屬〕 名 無所屬. ¶～ 의원 無所屬議員.

무소식〔無消息〕 名 便りのないこと. 連絡がないこと. 無沙汰. ¶그로부터는 영 ～이다 彼からはまったく便りがない. 〔속담〕**무소식이 희소식** 便りのないのはよい便り.

무속〔巫俗〕 名 巫俗. ムーダン(무당)の風俗·習慣.

무쇠 名〔鑛〕鋳鉄. 銑鉄.

무수〔無水〕 名 無水.

무수 알코올〔一alcohol〕 名〔化〕無水アルコール.

무수 황산〔一黄酸〕 名〔化〕無水硫酸.

무수하다〔無數一〕 形 無数だ. 数えきれないほどある. ¶무수한 별 無数の星.

무수히 副 無数に.

무숙〔無宿〕 名 無宿. 宿無し.

무숙자〔一者〕 名 無宿者.

무순〔無順〕 名 順序のないこと. 順序不同.

무술¹〔巫術〕 名 巫術. シャーマニズム.

무술²〔武術〕 名 武術. 武芸. ¶～을 연마하다 武術を練磨する.

무스〔㊉mousse〕 名 ムース.

무슨 冠 **1**〔의문을 나타냄〕何…. 何の. どんな. どういう. どの. ¶～ 까닭에 늦었느냐? どういうわけで遅れたのか/오늘이 ～ 요일이지요? 今日は何曜日ですか. **2**〔특정의 사물을 지목하지 않을 때〕何か. どんな. ¶～ 일이 있어도 오세요 どんなことがあっても来てください. **3**〔못마땅하거나 의외의 일을 강조함〕なんという. なんたる. どうして. ¶～ 날이 이렇게 춥지? どうして今日はこんなに寒いんだ/아침부터 술은 ～ 술이야 朝っぱらから酒とは何だ.

◆**무슨 바람이 불어서** どんな風が吹いて〈どういう風の吹き回しで〉.

◆**무슨 뾰족한 수 있나** 何か妙案があるか〈非常に困っていること〉.

무슨짝 名 なんの使い道. どんな用途. なんたるざま. なんたること. ¶그걸 ～에다 쓰겠니? それを何に使えるんだい.

무승부〔無勝負〕 名 引き分け. 勝負なし. ¶경기가 ～로 끝났다 競技が引き分けに終わった.

무시〔無視〕 名 하他 無視. ¶인격이 ～된 처사 人格を無視した仕打ち/후배에게 ～당하다 後輩に無視される/충고를 ～하다 忠告を無視する.

무시근하다 形 だらしがない. ぐうたらだ. しまりがない. ¶무시근한 사람 だらしない人.

무시로〔無時—〕 副 随時. いつでも.
무시류〔無翅類〕 名〔動〕 無翅類.
무시무시하다 形 (状況·光景などが)とても恐ろしい. ぞっとするほど怖い. すさまじい. ¶무시무시한 비행기 사고 현장 ぞっとするほど恐ろしい飛行機事故の現場/무시무시한 이야기 ぞっとするような怖い話.
무시험〔無試驗〕 名 無試験. ¶～ 전형 無試験選考.
무식〔無識〕 名 하形 無学. 無識. 無知. ばか. ¶～한 사람 無学な人/～을 드러내다 無知をさらけだす.
무식꾼 名 無知な人. 無学な人. ばか.
무식쟁이 名 無学な人.
무신〔武臣〕 名 武臣. 武事をもって仕える臣.
무신경〔無神經〕 名 하形 無神経.
무신론〔無神論〕 名〔哲〕 無神論. ¶～자 無神論者.
무실〔無實〕 名 하形 無実. ¶유명～ 有名無実.
무심〔無心〕 名〔佛〕 無心.
무심결에〔無心—〕 副 無心に. 何気なく. 思わず. うっかり. ¶～ 그의 손을 잡았다 思わず彼の手を握った/～ 고함을 질렀어요 思わず大声を立てました.
무심재〔無心材〕 名 芯のない木材.
무심코 副 うっかり. 何気なく. 思わず. ¶～ 비밀을 누설했다 うっかり秘密を漏らした.
무심하다〔無心—〕 形 **1** 無心だ. 無邪気だ. ¶무심한 어린이 無邪気な子供. **2** 思いやりがない. 無情だ. ¶남의 속도 몰라 주는 무심한 사람 人の心も分からない冷たい人. **무심히** 副 無心に. 何気なく. ¶～ 말을 한 것이 그의 기분을 상하게 하고 말았다 何気なく言ったことが彼の機嫌をそこねてしまった.
무쌍하다〔無雙—〕 形 無双だ. 無二だ. 並ぶものがない. ¶용감무쌍한 행동 勇敢無双な行動/대담무쌍한 놈 大胆不敵なやつ. **무쌍히** 副 比類なく. 並びなく.
무아〔無我〕 名 無我. ¶～몽중 無我夢中.
무아경〔—境〕 名 無我の境地.
무악〔舞樂〕 名〔樂〕 舞楽.
무안〔無顔〕 名 하形 会わせる顔がないこと. 恥ずかしいこと. 照れくさいこと. 面目ないこと. ¶그렇게 칭찬만 하시면 ～합니다 そんなにほめられると照れくさいです/～을 당하다 恥をかく.
◆**무안을 주다** 恥をかかせる. ¶사람들 앞에서 그렇게 ～을 주기냐? 人の前でそんなに恥をかかせる気か.
무안스럽다 形 恥ずかしい. 照れくさい. きまりが悪い. **무안스레** 副 恥ずかしく.
무어 Ⅰ 代〔'무엇'의 준말〕何·な. 何か. ¶실제로 보기 전에는 ～라 말할 수 없다 実際に見ないことには何とも言えない/～ 필요한 게 없어요? 何か必要なものはありませんか.
Ⅱ 感 **1**〔놀라움〕なにっ. なんだって. なんだい. ¶～, 합격했다고? なにっ, 合格したって/～, 벌써 떠났다고? なにっ, もう出かけたって. **2** (言う必要がないの意で)なに. まあ. ¶～ 세상이란 다 그런 거 아니겠니 まあ, 世の中ってものはそういうもんじゃないかね. **3** (少し不満を持ったり, 当然そうすべきだと思ったときに言う)まったくもう. 当然. ¶우리가 갈 수밖에 없지, ～ 僕たちが行くしかないさ, まったくもう. **4**〔어리광〕…してよ. …ねえ. ¶구두 사 줘야지 ～ 靴を買ってよ.
◆**무어니 무어니 해도** なんといっても. なんだかんだといっても. ¶～니 ～니 해도 농구 선수는 키가 커야 된다 なんといってもバスケットボールの選手は背が高くなければいけない.
무언〔無言〕 名 無言. ¶～의 약속 無言の約束.
무언극〔—劇〕 名〔演〕 無言劇. パントマイム.
무언중〔—中〕 名 (('무언중에'의 꼴로)) 無言のうちに. ¶～에 서로의 마음은 통해 있었다 無言のうちに互いの心は通じ合っていた.
무얼 **1**〔'무엇을'의 준말〕何を. ¶너에게 ～ 주더냐? お前に何をくれたんだい. **2** (감탄사적으로 쓰여)〔어떤 사실을 강조함〕…なあ. …もの. ¶너는 천재인데 ～ 君は天才だもの/우리도 곧 가게 되는데 ～ 僕たちもすぐ行くことになるんだからなあ.
무엄하다〔無嚴—〕 形 無礼だ. 不作法だ. 不都合だ. ¶할아버님께 그렇게 무엄하게 구는 법이 어디 있느냐? おじいさんに対してそんな不作法にふるまう法がどこにある.
무엇 代名 **1**〔의문〕何·なん. ¶저 구석에 있는 것은 ～입니까? あの隅にあるのは何ですか/～을 뚫어지게 보고 있나요? 何を穴のあくほど見ているのですか. **2** (不特定の物を指す)何か. ¶～보다 우선 한 잔합시다 何よりもまず1杯やりましょう/얼굴에 ～인가 났다 顔に何かできた. **3** (('무엇이든(지)·무엇이라도'의 꼴로)) (任意の物を指す)何でも. ¶～이든 상관없습니다 何でも結構です.
무엇하다 形 (はっきり言うのがはばかられるときに用いられて)なんだ. どうかと. ¶무엇하면 제가 부탁해 보겠습니다 なんなら私が頼んでみます/그냥 앉았기가 무엇해서 책을 보는 중이오 ただ座っているのもなんだから本を読んでいるところだ.
무에〔'무엇이'의 준말〕何が.
무역〔貿易〕 名 하他 貿易. ¶보호 ～ 保護貿易/～상 貿易商/～ 수지 貿易収支/～계 貿易業界/대일 ～ 対日貿易.
무역업〔—業〕 名 貿易業.
무역풍〔—風〕 名〔氣〕 貿易風.
무역항〔—港〕 名 貿易港.
무역 협정〔—協定〕 名〔經〕 貿易協定.
무연[1]〔無緣〕 名 하形 **1** 無縁. ¶～분묘 無縁墓地. **2**〔'무연고(無緣故)'의 준말〕縁故のないこと.

무연[2]〔憮然〕 名 하形 憮然. **무연히** 副 憮然と.
무연고〔無緣故〕 名 하形 無縁. 縁故のないこと.
무영〔無影〕 名 影のないこと.
 무영등〔一燈〕 名 無影灯.
무예〔武藝〕 名 武芸. ¶ ~를 겨루다 武芸を競う.
무옥〔誣獄〕 名 誣告によって引き起こされた重大事件.
무욕하다〔無欲一〕 形 無欲だ. ¶ 돈에 무욕한 사람 金に無欲な人.
무용[1]〔武勇〕 名 武勇. ¶ ~담 武勇談.
무용[2]〔舞踊〕 名 하自 舞踊. ¶ 고전 ~ 古典舞踊 / 민속 ~ 民俗舞踊.
 무용가〔一家〕 名 舞踊家.
 무용극〔一劇〕 名 舞踊劇.
 무용단〔一團〕 名 舞踊団.
 무용수〔一手〕 名 踊り手. ダンサー.
무용지물〔無用之物〕 名 無用の物.
무용하다〔無用一〕 形 無用だ.
무우〔霧雨〕 名 霧雨. ぬかあめ.
무운〔武運〕 名 武運. ¶ ~ 장구 武運長久 / ~이 다하다 武運が尽きる.
무운시〔無韻詩〕 名〔文〕 無韻詩.
무원〔無援〕 名 無援. ¶ 고립~ 孤立無援.
무위[1]〔武威〕 名 武威. 武力の威勢.
무위[2]〔無位〕 名 하形 無位. 官位のないこと. ¶ ~ 무관 無位無冠.
무위[3]〔無爲〕 名 하形 無為. 何もしないでいること. 無駄. ¶ 이번 노력도 ~로 끝났다 今度の努力も無駄になった.
 무위도식〔一徒食〕 名 하自 無為徒食.
 무위무책〔一無策〕 名 無為無策.
무위하다〔無違一〕 形 間違いのない.
무의무탁〔無依無托〕 名 하形 寄る辺のないこと. ¶ ~한 고아 寄る辺のない孤児.
무의미〔無意味〕 名 하形 無意味. ¶ ~하게 지내다 無意味に過ごす.
무의식〔無意識〕 名 하形 無意識. ¶ ~ 중에 無意識に.
 무의식 세계〔一世界〕 名 無意識世界.
 무의식적〔一的〕 冠 名 無意識的. ¶ ~으로 저지른 범죄 無意識に犯した犯罪.
무의의하다〔無意義一〕 形 無意義だ.
무의촌〔無醫村〕 名 無医村.
무의하다〔無義一〕 形 **1** 無意義だ. **2** 信義がない.
무이〔無二〕 名 하形 無二. ¶ ~의[한] 친구 無二の親友.
무이자〔無利子〕 名 無利子. 無利息.
무익하다〔無益一〕 形 無益だ. ¶ 무익한 논쟁 無益な論争 / 백해~ 百害あって一利なし.
무인[1]〔武人〕 名 武人. 武官.
무인[2]〔拇印〕 名 拇印. 爪印. ¶ ~을 찍다 拇印を押す.
무인[3]〔無人〕 名 無人.
 무인도〔一島〕 名 無人島.
 무인 비행기〔一飛行機〕 名 無人飛行機.
 무인지경〔一之境〕 名 無人の境. 人がまったくいない土地.
 무인 판매대〔一販賣臺〕 名 無人販売台. 無人スタンド.
무일물〔無一物〕 名 無一物.
무일푼〔無一一〕 名 無一文. 一文なし. ¶ ~의 가련한 신세가 되었다 無一文の哀れな身になった.
무임〔無賃〕 名 **1** 無賃. 料金のいらないこと. 料金を払わないこと. ¶ ~승차 無賃乗車. 只乗り. **2** 賃金のないこと.
무자〔無子〕 名 하形 **1** 跡継ぎの息子がないこと. **2** 〔'무자식(無子息)'의 준말〕 子供のないこと.
 무자식〔一息〕 名 子供のないこと.
 〔속담〕 **무자식 상팔자** 子供のないのが幸運〈子供がいないと心配することもない〉.
무자격〔無資格〕 名 하形 無資格.
무자맥질 名 하自 水に潜ったり出たりして遊ぶこと.
무자본〔無資本〕 名 無資本.
무자비하다〔無慈悲一〕 形 無慈悲だ. 情けがない. ¶ 무자비하게 마구 때리다 情け容赦なくひっぱたく.
무자위 名 水車の揚水機. 水揚げ車.
무작위〔無作爲〕 名 無作為. ¶ ~ 추출법 無作為抽出法.
무작정〔無酌定〕 **I** 名 하形 見通しのないこと. 無計画. ¶ ~으로 시작하다 先の見通しもつけずに始める.
 II 副 むやみに. 無鉄砲に. 何も考えずに. ¶ ~ 상경했다 あてもなく上京した / 아이를 ~ 때리다 子供をむやみにたたく.
무장[1]〔武將〕 名 武将.
무장[2]〔武裝〕 名 하自他 武装. ¶ ~ 중립 武装中立 / ~봉기 武装蜂起 / ~ 해제 武装解除 / 완전 ~ 完全武装 / 비~ 지대 非武装地帯.
무재〔無才〕 名 하形 無才.
 무재무능〔一無能〕 名 하形 無能無才. ¶ ~한 사람 無能無才な人.
무저항〔無抵抗〕 名 하自 無抵抗. ¶ ~주의 無抵抗主義.
무적[1]〔無敵〕 名 無敵. ¶ 천하~ 天下無敵.
 무적함대〔一艦隊〕 名 無敵艦隊.
무적[2]〔無籍〕 名 無籍. 国籍・戸籍などがないこと. ¶ ~자 無籍者.
무적[3]〔霧笛〕 名 霧笛.
무전[1]〔無電〕 名 無線電信. 無線電話. 無電. ¶ ~기 無電機 / ~실 無電室.
무전[2]〔無錢〕 名 無銭. ¶ ~여행 無銭旅行 / ~취식 無銭飲食.
무절제〔無節制〕 名 하形 不節制. 節制しないこと. ¶ ~한 생활 不節制な生活.
무절조〔無節操〕 名 하形 無節操. 節操がないこと. ¶ ~한 사람 無節操な人.
무정하다〔無情一〕 形 無情だ. つれない. ¶ 무정한 친구 つれない友 / 그렇게 말도 없이 가 버리다니 정말 무정한 사람이야 あんなふうに何も言わずに行ってしまうなんてほんとにつれない人だ.

무정히 副 無情に. つれなく.
무정견〔無定見〕 名 하形 無定見. ¶ ~한 사람 無定見な人.
무정란〔無精卵〕 名〔生〕無精卵.
무정부〔無政府〕 名 無政府. 政治的に無秩序であること. ¶ ~ 상태 無政府状態.
무정부주의〔一主義〕 名〔社〕無政府主義. アナーキズム. ¶ ~자 無政府主義者. アナーキスト.
무정세월〔無情歳月〕 名 はかない歳月.
무정형〔無定形〕 名 하形 無定形. 一定の形がないこと. ¶ ~ 물질 無定形物質 / ~ 탄소 無定形炭素.
무제〔無題〕 名 無題.
무제한〔無制限〕 名 無制限. ¶ 정부미를 ~으로 방출하다 政府米を無制限に放出する.
무조건〔無條件〕 名 하形 **1** 無条件. ¶ ~ 항복 無条件降服. **2** (부사적으로 쓰이어) 無条件に. 文句なしに. とにかく. むやみに. ¶ 너의 의견을 ~ 받아들이겠다 君の意見を無条件に受け入れるよ / ~ 야단치지 마라 頭ごなしに叱りつけるな.
무좀 名〔醫〕水虫. ¶ ~이 생기다 水虫ができる.
무종아리 名 ふくらはぎとかかとの間.
무죄〔無罪〕 名 하形 無罪. ¶ ~를 증명[주장]하다 無罪を証明[主張]する.
무주〔無主〕 名 하形 無主. 持ち主がいないこと. ¶ ~물 無主物 / ~고혼 無縁仏.
무중〔霧中〕 名 霧中. ¶ ~ 신호 霧中信号.
무중력〔無重力〕 名 無重力. ¶ ~ 상태 無重力状態.
무즙〔一汁〕 名 大根おろし.
무지[1]〔無地〕 名 無地. ¶ ~의 옷감 無地の布地.
무지[2]〔無知〕 名 하形 **1** 無知. ¶ 과학에 대한 ~로 일어난 사고 科学に対する無知から起こった事故. **2** 荒々しく粗暴なこと. ¶ ~하게 생긴 사나이 荒くれ男.
무지막지〔一莫知〕 名 하形 非常に無知で粗暴なこと.
무지몰각〔一沒覺〕 名 하形 無知で思慮分別のないこと. 非常識なこと.
무지몽매〔一蒙昧〕 名 하形 無知蒙昧.
무지스럽다 形 **1** 無知である. 愚かだ. **2** 粗暴だ. **무지스레** 副 無知に. 粗暴に.
무지[3]〔無智〕 名 하形 無智. 知恵のないこと. 愚かなこと.
무지각〔無知覺〕 名 하形 無分別. 無自覚.
무지개 名 虹. ¶ 일곱색의 ~ 七色の虹 / ~가 서다 虹が立つ.
무지근하다 形 **1** 便通が悪く気分がさっぱりしない. **2** (気分·頭が)重い. 重苦しい. **무지근히** 副 重苦しく.
무지러지다 自 (物の端が)すり減る. 擦り切れる. ちびる. ¶ 날이 무지러져서 잘 들지 않는다 刃がすり減ってよく切れない.
무지렁이 名 **1** 愚かで無学な人. **2** 古くなったりすり減って不用になったもの. ぼろ. がらくた.
무지무지하다 形 ものすごい. ¶ 사람이 무지무지하게 많이 모였다 人がものすごく大勢集まった.
무직〔無職〕 名 無職.
무직하다 形 〔'무지근하다'의 준말〕 **1** 便通が悪く気分がさっぱりしない. **2** (気分·頭が)重い. 重苦しい.
무진〔無盡〕 副 限りなく. このうえもなく. ¶ 난 단 한 마디라도 틀리게 전할까 ~ 애를 썼다 僕はただの一言でも間違って伝えないかと, このうえもなく気をつかった.
무진장〔一藏〕 **I** 名 하形 無尽蔵. **1** いつまでも尽きることがないこと. **2**〔佛〕徳が広くて窮まりないこと.
II 副 無尽蔵に. 限りなくたくさん. ¶ 금이 ~ 묻혀 있다 金が無尽蔵に埋まっている.
무진하다〔無盡一〕 形 無尽だ. 尽きない. ¶ 무궁무진한 발전 限りない発展.
무진히 副 尽きることなく. 非常に. ずいぶん. ¶ 그 아이가 내 속을 ~ 썩였지요 その子が私をずいぶん苦しめたよ.
무질서〔無秩序〕 名 하形 無秩序.
무쪽같다 形 〈俗〉(おもに女性に対して)不細工だ.
무찌르다 他 **1** (手当たり次第に) 殺す. 殲滅する. ¶ 쳐들어온 적군을 무찔렀다 攻め寄せて来た敵軍を皆殺しにした. **2** (容赦なく)攻め込む. 打ち破る. ¶ 단번에 적진을 ~ 一気に敵陣を打ち破る.
무차별〔無差別〕 名 하形 無差別. ¶ ~ 폭격 無差別爆撃.
무착륙〔無着陸〕 名 하自 無着陸. ¶ ~ 비행 無着陸飛行.
무참하다[1]〔無慚一〕 形 この上もなく恥ずかしい.
무참하다[2]〔無慘一〕 形 無残だ. むごたらしい. ¶ 짐승을 무참하게 죽이다 獣をむごたらしく殺す / 적군에게 무참한 패배를 당했다 敵に無残な敗北を喫した. **무참히** 副 無残に. むごたらしく.
무채 名 大根の千切り.
무책〔無策〕 名 하形 無策. ¶ 속수~ 束手無策. 手を縛られたようになすすべがないこと.
무책임〔無責任〕 名 하形 無責任. ¶ ~한 사람 無責任な人 / ~한 말을 하지 마라 いいかげんなことを言うな.
무척 副 たいへん. 非常に. とても. ¶ 화초가 ~ 많다 草花がとても多い / 시험 문제가 ~ 어렵다 試験問題がとても難しい.
무척추동물〔無脊椎動物〕 名〔動〕無脊椎動物.
무청 名 大根の葉と茎.
무춤 副 〔하던 짓을 갑자기 멈추는 모양〕 はっと. ぱっと. ¶ 그 사람은 나하고 눈이 마주치자 ~ 고개를 돌려 버렸다 その人は私と目が合うとはっとして顔をそむけてしまった.
무취〔無臭〕 名 하形 無臭. ¶ ~ 무색

無臭無色.
무취미〔無趣味〕 名 하形 **1** 面白みがないこと. つまらないこと. 退屈. **2** 無趣味. ¶ 전혀 ~한 사람 まったく無趣味な人.
무치〔無恥〕 名 하形 無恥. 恥を知らないこと. ¶ 후안~ 厚顔無恥.
무치다 他 (野菜などを)あえる. ¶ 콩나물을 ~ もやしをあえる.
무침 名 あえもの.
무탈하다〔無頉—〕 形 **1** 病気や事故がない. 何事もない. 無事だ. 健やかだ. ¶ 어린애가 무탈하게 잘 자란다 子供が健やかによく育つ. **2** 気安い. 気兼ねがない. ¶ 자네와는 무탈한 사이니까 이런 말도 하는 거야 君とは気安い間柄だからこんなことも言うんだよ. **3** 文句のつけようがない. 申し分のない. ¶ 무탈한 발언 申し分のない発言.
무턱대고 副 むやみに. 向こう見ずに. 無鉄砲に. やたらに. 見さかいもなく. 理解もなく. 訳もなく. ¶ ~ 때리다 むやみに殴る / 막내라고 ~ 귀여워하면 못써 末っ子だからとやたらにかわいがってはいけない.
무테〔無—〕 名 縁なし. 枠なし. ¶ ~ 안경 縁なしめがね.
무통〔無痛〕 名 無痛. ¶ ~ 분만 無痛分娩.
무퇴〔無退〕 名 하自他 後退しないこと.
무투표〔無投票〕 名 無投票. ¶ ~ 당선 無投票当選.
무트로 副 一度にたくさん. ひとまとめに. ¶ 조금씩 가져가지 말고 ~ 가져가거라 少しずつ持っていかないで一度にまとめて持っていけ.
무패〔無敗〕 名 無敗. 負けることのないこと.
무편〔無片〕 名 ☞무편삼(無片蔘)
  무편거리 名〔韓方〕 무편삼(無片蔘)で作った薬材.
  무편삼〔—蔘〕 名〔韓方〕 側根が多くきわめて小さい高麗人参.
무표정〔無表情〕 名 하形 無表情. ¶ ~한 얼굴 無表情な顔.
무풍〔無風〕 名 無風. ¶ ~지대 無風地帯.
무학〔無學〕 名 無学.
무한〔無限〕 名 하形 無限. ¶ ~궤도 無限軌道 / ~대 無限大 / 사람의 욕망은 ~하다 人間の欲望は限りがない. **무한히** 副 無限に. 限りなく.
무한량〔無限量〕 名 하形 無限. 限りのないこと.
무한정〔無限定〕 名 하形 無限. 限定のないこと.
무함〔誣陷〕 名 하他 嘘·偽りをでっち上げて人を陥れること.
무해〔無害〕 名 하形 無害. 反 有害. ¶ 인축 ~ 人畜無害.
무허가〔無許可〕 名 無許可. ¶ ~ 건축물 無許可建築物.
무혈〔無血〕 名 無血. ¶ ~ 혁명 無血革命 / ~ 점령 無血占領.
무혐의〔無嫌疑〕 名 하形 無嫌疑. 嫌疑のないこと.
무형〔無形〕 名 하形 無形. 形体がないこと. 目に見えないこと. ¶ ~ 문화재 無形文化財 / ~물 無形物 / ~ 자본 無形資本.
무화과〔無花果〕 名〔植〕 無花果.
  무화과나무 名〔植〕 無花果.
무효〔無效〕 名 하形 無効. ¶ ~ 투표 無効投票 / 당선을 ~로 하다 当選を無効にする.
  무효화〔—化〕 名 하自他 無効になること. 無効にすること. ¶ ~된 입장권 無効になった入場券.
무후하다〔無後—〕 形 跡継ぎがない.
무훈〔武勳〕 名 武勲. 武功. ¶ ~담 武勇談.
무휴〔無休〕 名 無休. ¶ 연중~ 年中無休.
무희〔舞姬〕 名 舞姫. 踊り子.
묵 名 ムク〈そば·どんぐり·緑豆などの粉末をゼリー状に煮固めた食品〉.
묵객〔墨客〕 名 墨客. 書画を書く人. ¶ 시인 ~ 詩人墨客.
묵계〔默契〕 名 하自 黙契. 暗黙のうちに意志が通じ合うこと. ¶ ~가 이루어졌다 黙契が成立した.
묵과〔默過〕 名 하他 黙過. 黙って見過ごすこと. ¶ ~할 수 없는 죄상 黙過できない罪状.
묵극〔默劇〕 名〔演〕 黙劇. パントマイム.
묵낙〔默諾〕 名 하他 黙諾. 口に出さずに承諾の意志を表わすこと.
묵념〔默念〕 名 하自 **1** 黙念. **2** 黙禱.
묵다 自 **1** 〔머무르다〕 (宿などに)泊まる. ¶ 여관에 ~ 旅館に泊まる / 지금 어디 묵고 계세요? 今どこにお泊まりですか. **2** 〔오래되다〕 古くなる. 廃れる. ひねる. ¶ 묵은 쌀 古米 / 묵은 사상 古くさい思想. **3** (田畑などが利用されずに)放置される. ほうっておかれる. ¶ 여러 해 묵은 논을 일구다 数年放置された田を耕す. **4** 〔유급하다〕 (ある事を行わずに一定期間)とどまる. 遊ぶ. (学生が)浪人する. ¶ 한 해 더 묵고 시험을 보겠다 もう一年とどまって試験を受ける.
묵도〔默禱〕 名 하自 黙とう. ¶ 고인의 명복을 비는 ~를 올리다 故人の冥福を祈って黙とうをささげる.
묵독〔默讀〕 名 하他 黙読. ¶ 책을 ~하다 本を黙読する.
묵례〔默禮〕 名 하自 黙礼. ¶ 서로 ~하며 지나쳤다 互いに黙礼を交わしてすれ違った.
묵묵부답〔默默不答〕 名 하自 黙りこくったまま返事をしないこと.
묵묵히〔默默—〕 副 黙々と. じっと. 黙って. ¶ ~ 일하다 黙々と仕事をする / ~ 책을 읽다 黙って本を読む.
묵비〔默祕〕 名 하他 黙秘.
  묵비권〔—權〕 名〔法〕 黙秘権. ¶ ~을 행사하다 黙秘権を行使する.
묵사발〔—沙鉢〕 名 **1** ムク(묵)を盛る鉢. **2** 〈俗〉 (原形をとどめないほど)ぐしゃぐしゃになること. こっぴどくやり込めること. ¶ 여러 사람 앞에서 그를 ~을 만들어 버렸다 多くの人の前で彼をやりこめてしまった.
묵살〔默殺〕 名 하他 黙殺. ¶ 소수의

의견을 ~하다 少数の意見を黙殺する.
묵상〔默想〕 名 하自 黙想. 瞑想. ¶ ~에 잠기다 瞑想にふける.
묵시¹〔默示〕 名 하他 黙示.
묵시록〔一錄〕 名〔聖〕黙示録. ヨハネ黙示録.
묵시²〔默視〕 名 하他 黙視. ¶ 애처로워 ~할 수 없다 いじらしくて黙視できない.
묵약〔默約〕 名 하自 黙約. 暗黙の約束.
묵연하다〔默然一〕 形 黙然だ. 黙っている. **묵연히** 副 黙々と. 黙って静かに.
묵은세배〔一歲拜〕 名 大みそかの晩に目上の人にするあいさつ.
묵은쌀 名 古米.
묵은해 名 旧年. 昨年.
묵인〔默認〕 名 하他 黙認. ¶ ~할 수 없는 행동 黙認できない行動.
묵정밭 名 長くほったらかしにしておいて荒れはてた畑.
묵정이 名 古物. 古くなったもの. 長い間ほったらかしにしてあったもの.
묵주〔默珠〕 名〔基〕ロザリオ.
묵죽〔墨竹〕 名 墨竹. 墨で絵を書いた竹.
묵지〔墨紙〕 名 カーボン紙.
묵직묵직하다 形 多くの物が皆どっしりと重い.
묵직하다 形 **1** (物が)かなり重い. ずっしり重い. ¶ 가방이 꽤 묵직하네요 かばんがずっしり重いですね. **2** (態度などが)重みがある. どっしりしている. ¶ 묵직한 태도 重々しい態度. **묵직이** 副 どっしり. ずっしり.
묵필〔墨筆〕 名 **1** 墨と筆. 筆墨. **2** 墨をつけて用いる筆.
묵향〔墨香〕 名 墨香. 墨の香り.
묵화〔墨畫〕 名〔美〕墨画. 水墨画. 墨絵.
◆**묵화를 치다** 墨絵を描く.
묵히다 他 **1** ほうっておく. 放置する. 寝かす. 捨てておく. ¶ 한 해 묵힌 밭 1年休ませた畑. **2** (人を)泊める. ¶ 하룻밤 사랑방에 ~ 一晩客間に泊める. **3** (ある事をさせずに一定期間)とどめる.
묶다 他 **1**〔매다〕(物を)くくる. 束ねる. ¶ 나뭇단을 ~ 薪の束をくくる/10개씩 ~ 10個ずつくくる. **2**〔결박하다〕(人·動物を)くくる. 縛る. ゆわえる. ¶ 꼼짝 못하게 손발을 꽁꽁 묶었다 身動きできないように手足をぎりぎり縛った. **3**〔모으다·합치다〕(物事を)一つにまとめる. くくる. ¶ 괄호로 ~ 括弧でくくる.
묶음 Ⅰ 名 束ねたもの. 束. くくり. ¶ ~으로 팔다 束で売る.
Ⅱ 依名 束. ¶ 꽃 한 ~ 花1束/나무 두 ~ 薪2束.
묶이다 自 **1** (手·足などが)縛られる. 足止めを食う. ¶ 손발을 ~ 手足を縛られる/폭설로 발이 묶였다 大雪のために足止めを食った. **2** (情に)ほだされる. (規則などに)縛られる. ¶ 시간에 ~ 時間に縛られる/가정에 묶여서 아무것도 할 수 없다 家庭に縛られて何もできない.
문¹〔文〕 名 文. **1** 文字. 文章. 文. **2** (武に対して)学問.
문²〔門〕 名 **1** 戸. 扉. ドア. 窓. 門. ¶ ~이 열리다 戸があく/~ 밖에서 놀고 있다 戸外で遊んでいる. **2**〔生〕門〈生物分類学上最も大きい分類単位〉. ¶ 척추동물~ 脊椎動物門. **3** 学問の系統. 同じ師のもとや学校などでいっしょに学んだ仲間. ¶ 동~ 同門. **4** (サッカーなどの)ゴール. **5** 一族. 家. 門中. 家門. ¶ 김씨~ キム氏一族/박씨~ パク氏一族. **6** (物事が経由する所)門. ¶ 취업의 ~은 좁다 就業の門は狭い/관~ 関門.
문³〔紋〕 名 紋. 模様.
문⁴〔文〕 依名 〔신의 크기의 단위〕文.
문⁵〔門〕 依名 〔대포의 수를 세는 단위〕門. ¶ 대포 13~ 大砲13門.
문간〔門間〕 名 門のところ. 玄関. 戸口. 門口. ¶ ~에 들어서다 門の中に入る.
문간방〔一房〕 名 玄関わきの部屋.
문간채 名 門のわきの建物.
문갑〔文匣〕 名 文箱. 手文庫.
문객〔門客〕 名 門客.
문고〔文庫〕 名 文庫.
문고본〔一本〕 名 文庫本.
문고판〔一版〕 名 文庫判. A6判.
문고리〔門一〕 名 (門や戸に取りつけた輪状の)取っ手. 引き手.
문과¹〔文科〕 名〔史〕文官を選抜する科挙.
문과²〔文科〕 名 文科. ¶ ~계 文科系/~ 대학 (大学の)文学部.
문관〔文官〕 名 文官. **1**〔史〕文科に合格した官僚. **2**〔法〕軍籍を持たない官吏.
문교〔文教〕 名 文教. **1** 学問·教育によって教化すること. **2** 教育部(日本の文部省にあたる)による教育行政.
문구¹〔文句〕 名 文句. 語句. ¶ 멋진 ~ しゃれた文句.
문구²〔文具〕 名 文具. 文房具.
문구멍〔門一〕 名 障子などの破れた穴.
문끈〔門一〕 名 (障子の)紐の引手.
문단〔文壇〕 名 文壇. 文学界. ¶ ~의 등용문 文壇の登竜門.
문단속〔門團束〕 名 하自 戸締まり. 締まり. ¶ ~을 단단히 할 것 戸締まりをしっかりすること.
문답〔問答〕 名 하自 問答.
문답법〔一法〕 名〔哲〕問答法.
문답식〔一式〕 名 問答式.
문대다 他 こする. 擦る. ¶ 졸리는 눈을 문대면서 공부하다 眠い目をこすりながら勉強する.
문덕¹〔文德〕 名 文徳. 学徳.
문덕² 副 〔제법 큰 덩이로 뚝 끊어지거나 잘라지는 모양〕ぽとっと. ぽたりと. ぽとんと.
문둥병〔一病〕 名〔醫〕ハンセン病. 癩病.
문둥이 名 ハンセン病患者.
문드러지다 自 (腐ったり熟したりし

て)落ちる. 崩れ落ちる. ただれる. ぐちゃぐちゃになる. ¶감이 ～ 熟柿がぐちゃぐちゃになる.

문득 副 ふと. はっと. ふいに. ひょいと. ¶좋은 생각이 ～ 머리에 떠올랐다 いい考えがふと頭に浮かんだ/달을 보니 ～ 고향 생각이 난다 月を見るとふっと故郷がしのばれる.

문득문득 副 (ある考えが)何度も不意に.

문뜩 副 〔'문득'의 센말〕 不意に. 急に. はっと.

문뜩문뜩 副 はっと.

문란〔紊亂〕 名 하形 紊乱. (秩序などが)乱れていること. ¶풍기 ～ 風紀紊乱/사회 질서가 ～하다 社会秩序が乱れている.

문례〔文例〕 名 文例. ¶～를 들다 文例をあげる.

문루〔門樓〕 名 門楼. 門の上の楼閣.

문리〔文理〕 名 文理. **1** 文章の筋道. 文章の構造. **2** (物事の)筋道. あや. 仕組み. **3** 文科と理科.

문리과 대학〔—科大學〕 名 (大学の)文理学部.

문맥〔文脈〕 名 文脈. ¶～이 통하다 文脈が通っている.

문맹〔文盲〕 名 文盲. ¶～ 퇴치 운동 識字運動.

문면〔文面〕 名 文面. 書面. ¶～으로 살피건대 文面から察するに.

문명1〔文名〕 名 文名. ¶～을 떨치다 文名をはせる.

문명2〔文明〕 名 하形 文明. ¶근대 ～ 近代文明/고도의 ～사회 高度の文明社会/～의 이기 文明の利器.

문명개화〔—開化〕 名 文明開化.

문묘〔文廟〕 名 文廟〈孔子をまつった廟〉.

문무〔文武〕 名 文武. ¶～를 겸비한 명장 文武兼備の名将.

문무백관〔—百官〕 名 文武百官.

문무석〔—石〕 名 陵や墓の前に立っている文官と武官の石像.

문문하다1 形 **1** (物が)柔らかい. もろい. **2** (人が)御しやすい. 扱いやすい. 見くびる.

문문하다2〔問問—〕 他 (他人の慶事·凶事に)物を贈って祝ったり慰めたりする.

문물〔文物〕 名 文物. ¶～제도 文物制度.

문바람〔門—〕 名 窓のすき間風.

문밖〔門—〕 名 **1** 門外. 戸外. 屋外. **2** 都城の外. 郊外.

문방구〔文房具〕 名 文房具. 文具. ¶～점 文房具屋.

單語帳 **문구에 관한 말**

연필 鉛筆/ 볼펜 ボールペン/ 샤프펜슬 シャープペンシル/ 만년필 万年筆/ 붓 筆/ 색연필 色鉛筆/ 고무지우개 消しゴム/ 자 定規/ 스카치테이프 セロファンテープ/ 책받침 下敷き/ 잉크 インク/ 연필깎이 鉛筆削り/ 가위 鋏/ 나이프 ナイフ/ 컴퍼스 コンパス/ 호치키스 ホチキス(商品名)/ 필통 筆箱/ 물감 絵の具/ 인주(印朱) 朱肉/ 클립 クリップ/ 노트[공책] ノート/ 수첩 手帳/ 메모지(—紙) メモ用紙/ 원고지 原稿用紙/ 편지지(便紙紙) 便箋/ 봉투 封筒/ 독서대(讀書臺) ブックスタンド/ 지구의 地球儀/ 도화지(圖畫紙) 画用紙/ 갱지(更紙) わら半紙. ざら紙/ 고무밴드 輪ゴム.

문배 名 たいりんやまなしの実.

문배나무 名〔植〕大輪山梨.

문벌〔門閥〕 名 門閥. 家柄.

문법〔文法〕 名〔言〕文法.

문병〔問病〕 名 하自他 病気見舞い. ¶～객 見舞い客/～을 가다 病気見舞いに行く.

문복〔問卜〕 名 하自 占ってもらうこと.

문빗장〔門—〕 名 門.

문사〔文士〕 名 文士. 文人. 作家.

문살〔門—〕 名 (戸·障子の)桟. 骨.

문상〔問喪〕 名 하自他 弔問. 悔やみ. ¶～객 弔問客/～하러 가다 お悔やみに行く.

문생〔門生〕 名 〔'문하생(門下生)'의 준말〕 門下生.

문서〔文書〕 名 **1** 文書. ¶～ 위조 文書偽造/～를 작성하다 文書を作成する. **2** 不動産の権利証書.

문서화〔—化〕 名 하他 文書化.

문석인〔文石人〕 名 陵の前に置く文官の石像.

문선〔文選〕 名 하自 **1** 〔印〕 文選. **2** よい文を選ぶこと.

문선공〔—工〕 名〔印〕文選工.

문설주〔門—柱〕 名〔建〕 開き戸を固定するわき柱.

문소리〔門—〕 名 門·戸·窓をあけ閉めするときの音. 「手.

문손잡이〔門—〕 名 門·戸などの取っ

문신〔文身〕 名 하自 入れ墨. 文身.

문실문실 副 〔나무 따위가 죽죽 뻗어 자라는 모양〕 すくすく(と). 伸び伸び(と). ¶～ 가지를 뻗은 소나무 すくすくと枝を伸ばした松.

문안1〔文案〕 名 文案. ¶광고 ～을 작성하다 広告の文案をつくる.

문안2〔門—〕 名 **1** 門内. 屋内. **2** 都城内. 中心街.

문안3〔問安〕 名 하自 (目上の人との)ご機嫌を伺うこと. 安否を尋ねること. お見舞い. ¶병 ～ 病気見舞い/～ 편지 ご機嫌伺いの手紙. お見舞い状.

문안드리다 自 (目上の人に)安否を問い挨拶する. ご機嫌を伺う.

문약하다〔文弱—〕 形 文弱だ. 文事にのみおぼれて弱々しい.

문양〔文様〕 名 文様.

문어1〔文魚〕 名〔動〕水蛸.

문어2〔文語〕 名〔言〕文語.

문어문〔—文〕 名 文語文.

문어체〔—體〕 名 文語体.

문얼굴〔門—〕 名〔建〕(扉の)框.

문예〔文藝〕 名 **1** 文芸. ¶～란 文芸

欄. **2** 文学.
문예극〔一劇〕 名 文芸劇.
문예 사조〔一思潮〕 名〔文〕文芸思潮.
문예 작품〔一作品〕 名 文芸作品.
문외한〔門外漢〕 名 門外漢.
문의〔問議〕 名 하他 問い合わせること. ¶ ~처 問い合わせ先/내용을 전화로 ~한다 内容を電話で問い合わせる.
문인¹〔文人〕 名 文人. ¶ ~ 묵객 文人墨客.
문인극〔一劇〕 名 文士劇.
문인화〔一畫〕 名〔美〕文人画.
문인²〔門人〕 名 門人. 弟子.
문자¹〔文字〕 名 昔から伝わる漢字による熟語·成句. ¶ ~를 섞어 말하다 成句をまじえて話す.
◆**문자를 쓰다** 難しい語句を用いて話す.
문자²〔文字〕 名 文字. ¶ ~ 그대로 해석하다 文字どおりに解釈する.
문자반〔一盤〕 名 (時計などの)文字盤.
문자 언어〔一言語〕 名〔言〕文字言語. 書きことば.
문장¹〔文章〕 名 **1** 文章. 文. ¶ ~을 짓다 文章をつくる. **2**〔'문장가'의 준말〕文章家.
문장가〔一家〕 名 文章家.
문장론〔一論〕 名〔言〕文章論.
문장법〔一法〕 名〔言〕文章法. シンタックス.
문장어〔一語〕 名 文章語.
문장체〔一體〕 名 文章体.
문장²〔紋章〕 名 紋章.
문재〔文才〕 名 文才.
문적 副 하自 〔얇고 약하거나 썩은 것이 힘없이 끊어지거나 문드러지는 모양〕ぼろっと. ぼろりと. ¶ 썩은 새끼줄이 ~ 끊어졌다 腐った縄がぷつっと切れた.
문적문적 副 하自 ぼろぼろ(と). ぶよぶよ(と). ¶ 상해서 ~한 생선 腐ってぶよぶよの魚.
문전¹〔文典〕 名 **1** 文典. 文法書. **2** 文法.
문전²〔門前〕 名 門前.
문전걸식〔一乞食〕 名 하自 家々を回ってもらい食いすること.
문전성시〔一成市〕 名 門前市をなすこと. 権威や名声を慕って訪問客が絶えないこと.
문전옥답〔一沃畓〕 名 家の近くにある肥えた田.
문절〔文節〕 名〔言〕文節.
문제〔問題〕 名 問題. ¶ 시험 ~ 試験問題/~를 일으키다 問題を起こす/~가 많은 논문 問題の多い論文/돈은 둘째 ~다 お金は二の次だ/그것은 양심 ~다 それは良心の問題だ.
문제 소설〔一小說〕 名〔文〕問題小説.
문제시〔一視〕 名 하他 問題視. ¶ 사건을 ~하다 事件を問題視する.
문제아〔一兒〕 名 問題児.
문제없다 形 問題ない. 造作ない. わけない. 大丈夫だ. ¶ 그런 부탁쯤 ~ そんな頼みはお安いご用だ. **문제없이** 副 問題なく. 造作なく. ¶ 내일까지는 ~ 해치울거야 明日までには造作なくやってのけるだろう.
문제의식〔一意識〕 名 問題意識.
문제작〔一作〕 名 問題作.
문제점〔一點〕 名 問題点. ¶ ~을 지적하다 問題点を指摘する.
문제화〔一化〕 名 하自他 問題化.
문젯거리 名 やっかいなこと. 問題の種. ¶ ~가 생겼다 面倒なことが起こった.
문조〔文鳥〕 名〔動〕文鳥.
문주란〔文殊蘭〕 名〔植〕浜木綿.
문중〔門中〕 名 門中. 一族の者.
문중방〔門中枋〕 名〔建〕門や戸の胴貫.
문지기〔門一〕 名 門番. 門衛.
문지르다 他 こする. こすりつける. もむ. ¶ 글자를 지우개로 문질러 지우다 文字を消しゴムでこすって消す.
문지방〔門地枋〕 名〔建〕敷居. ¶ ~을 넘다 敷居をまたぐ.
문진〔文鎭〕 名 文鎮.
문집〔文集〕 名 文集.
문짝〔門一〕 名 扉.
문창호〔門窓戶〕 名 戸と障子窓.
문채〔文彩〕 名 文彩. **1** 文章の光彩. **2** 模様.
문책〔問責〕 名 하他 問責. ¶ 책임자를 ~하다 責任者を問責する.
문척문척 副 하自 〔'문적문적'의 거센말〕ぼろぼろ. ぶよぶよ.
문체〔文體〕 名 文体.
문체론〔一論〕 名〔言〕文体論.
문초〔問招〕 名 하他 (警察の)審問. 取り調べ.
문치¹〔文治〕 名 하他 文治.
문치²〔門齒〕 名〔生〕門歯.
문턱¹ 副 〔'문덕'의 거센말〕ぼたりと. ぼとんと.
문턱문턱 副 하自 ぼたぼた(と). ぼたぽた(と).
문턱²〔門一〕 名 敷居. 上がりがまち.
◆**문턱이 높다** ① (銀行などの)融通がきかない. ② (人に)寄りつきにくい. 入りにくい.
◆**문턱이 닳다** 出入りが頻繁だ.
문투〔文套〕 名 **1** 文の形式. **2** 文章の癖.
문틈〔門一〕 名 (閉ざされた)戸のすき間.
문패〔門牌〕 名 表札. 門札. 門標.
문풍지〔門風紙〕 名 目張り.
문필〔文筆〕 名 **1** 文筆. ¶ ~에 종사하다 文筆に携わる. **2** 文と文字.
문필가〔一家〕 名 文筆家.
문하〔門下〕 名 **1** 門弟が出入りする権勢のある家. **2** 門下生. **3** 師の家.
문하생〔一生〕 名 **1** 権勢のある家門に出入りする人. **2** 門下生. 門弟.
문학〔文學〕 名 文学. ¶ ~에 뜻을 둔 청년 文学を志す青年.
문학도〔一徒〕 名 文学を志す人.
문학사〔一史〕 名〔文〕文学史.
문학상〔一賞〕 名 文学賞.
문헌〔文獻〕 名 文献. ¶ ~을 조사하다 文献を調べる.
문헌학〔一學〕 名 文献学.
문형〔文型〕 名 文型.
문호¹〔文豪〕 名 文豪.
문호²〔門戶〕 名 **1** 門戸. 扉. 門. 出

入り口. ¶ ~를 닫다[열다] 門戸を閉める[あける]. **2** 出入りの要所. **3** 一家.

문호 개방〔一開放〕 名 門戸開放.

문화〔文化〕 名 文化. ¶ ~인 文化人/찬란한 ~ 輝かしい文化/~ 수준이 높다 文化水準が高い.

문화 관광부〔一觀光部〕 名 文化観光部〈文化·芸術·体育·青少年·観光などの業務を管掌する中央行政機関〉.

문화 국가〔一國家〕 名 文化国家.

문화권〔一圈〕 名 文化圏.

문화 단체〔一團體〕 名 文化団体.

문화비〔一費〕 名 文化費.

문화사〔一史〕 名 文化史.

문화생활〔一生活〕 名 文化生活.

문화 시설〔一施設〕 名 文化施設.

문화유산〔一遺産〕 名 文化遺産.

문화재〔一財〕 名 文化財. ¶ 인간 ~ 人間国宝.

문화재청〔一財廳〕 名 文化財庁〈文化観光部所属. 文化財の指定, 保護および管理を管掌する行政機関〉.

문화 혁명〔一革命〕 名 文化革命.

문화 훈장〔一勳章〕 名 文化勲章.

묻다¹ 自 **1** (粉·ごみ·水·糊などが)つく. くっつく. ひっつく. ¶ 때가 ~ 垢がつく/옷에 흙이 ~ 衣服に泥がつく. **2** (‘묻어’의 꼴로) くっついて. ¶ 일행에 묻어 갈 수 없을까요 一行にくっついて行けられないでしょうか.

묻다² 他 **1** (物を)埋める. うずめる. ¶ 시체를 ~ 死体を埋める/수도관을 땅에 ~ 水道管を土に埋める. **2** (物事を)隠す. 秘める. ¶ 그 비밀은 네 마음 속에 묻어 두어라 その秘密は君の心の中にしまっておけ.

묻다³ 他 **1** 尋ねる. 問う. 伺う. ¶ 길을 ~ 道を尋ねる/값을 ~ 値段を聞く/안부를 ~ ご機嫌を伺う. **2** (責任などを)問う. (罪を)ただす. ¶ 책임을 ~ 責任を問う.

묻히다¹ 自 **1** 埋もれる. 埋まる. 埋められる. ¶ 지하에 묻힌 천연 자원 地下に埋もれた天然資源. **2** (ある環境に)とじこもる. (思いなどに)浸る. ¶ 서재에 묻혀 연구에 몰두하다 書斎にとじこもって研究に没頭する.

묻히다² 他 (粉·液体などを)つける. くっつける. まぶす. ¶ 손에 물을 ~ 手を水に濡らす/떡에 콩고물을 ~ 餅にきなこをまぶす.

물¹ 名 **1** 水. 飲み水. ¶ 마시는 ~ 飲み水/수돗~ 水道の水/우물~ 井戸水/~이 마르다 水がかれる/~을 푸다 水をくむ/~을 먹다[마시다] 水を飲む/~을 뿌리다 水をまく/~을 뒤집어쓰다 水をかぶる. **2** 水分. 水. 水気. 液汁. ¶ 이 과일은 ~이 많다 この果物は水分が多い. **3** 洪水. ¶ 큰~이 나다 大水が出る/~이 빠지다 水が引く/집이 ~에 잠겼다 家が水につかった. **4** 湖·海·川などの総称. ¶ ~가 水辺/~을 건너다 川を渡る/~ 건너 마을 川向こうの村. **5** 引き潮·満ち潮の総称. ¶ ~이 들어오다 潮が満ちる/~이 나가다 潮が引く.

◆**물 쓰듯** (お金などを使うとき)湯水のように. ¶ 돈을 ~ 쓰듯 하다 お金を湯水のように使う.

◆**물을 끼얹은 듯** 水を打ったよう. ¶ 회의실은 ~ 끼얹은 듯이 조용해졌다 会議室は水を打ったようにしんとなった.

◆**물위의 기름** (水の上の油の意で)のけ者にされた人.

◆**물 퍼붓듯** ぺらぺらと. すらすらと. よどみなく.

〔속담〕 **물에 물 탄 것 같다** 水を水で割ったようだ〈言動がしまりがない〉. **물에 빠지면 지푸라기라도 잡는다** おぼれる者はわらをもつかむ.

물² 名 (染まったり染みついたりするときの)色. 染め. 染み. よごれ. ¶ ~이 곱다 色がきれいだ/~을 들이다 染める. 彩る/서구 풍습에 ~이 들다 西欧の風習にかぶれる.

◆**물이 날다** 色があせる. ¶ ~이 난 외투 色あせたコート.

물³ 名 (魚などの)鮮度. 生き. ¶ ~이 좋은 도미 生きのいいタイ.

◆**물이 가다** 鮮度が落ちる. 生きが悪くなる.

◆**물이 좋다** 生きがいい.

물⁴〔物〕 **I** 名〔哲〕 物.
II 接尾 …物. ¶ 첨가~ 添加物/해산~ 海産物/현대~ 現代物.

물⁵ 依名 **1** (洗濯の)回. 度. ¶ 한 ~ 빨다 一度洗濯する. **2** (果実·海産物などの)出回る順序. ¶ 만 ~ 走りのもの/끝 ~ 조기 旬を過ぎたいしもち. **3** (蚕の)産卵紙をかえてやる順番.

물가¹ 名 (海·湖·川などの)水際. 水辺. ほとり. 岸.

물가²〔物價〕 名 物価. ¶ ~가 오르다[내리다] 物価が上がる[下がる]/~를 안정시키다 物価を安定させる.

물가고〔一高〕 名 物価高. 高物価. ¶ ~에 허덕이다 物価高にあえぐ.

물가 동향〔一動向〕 名〔經〕 物価の動向.

물가 수준〔一水準〕 名 物価水準.

물가 연동제〔一連動制〕 名〔經〕 物価スライド制.

물가 정책〔一政策〕 名 物価政策.

물가 지수〔一指數〕 名〔經〕 物価指数.

물가난 名 水不足. 水飢饉. ¶ 오랜 가뭄으로 ~을 겪다 長い日照りで水不足に見舞われる.

물갈래 名 (川などの)支流. 分岐点. 合流地点.

물갈이 名 하自他 **1**〔農〕 田に水をくみ入れて耕すこと. **2** メンバーを入れ替えること.

물갈퀴 名 **1** (あひるなどの)水かき. **2** (潜水用の)足ひれ.

물감 名 **1** 染料. 染め粉. **2** 絵の具.

물개 名〔動〕 おっとせい.

물거름 名 水肥. 液体肥料.

물거리 名 薪. 柴.

물거울 名 水鏡〈鏡の代わりの水面〉.

물거품 名 **1** 水泡. 水の泡. みなわ. **2** はかないこと. むなしいこと. ¶ 모처럼의 노력이 ~으로 돌아가다 せっかくの努力が水泡に帰する.

물건[物件] 名 **1** 物. 物品. 品物. 物件. ¶ ~을 사다 物を買う / ~이 좋다[나쁘다] 品物がよい[悪い]. **2** 〈隱〉性器.

물건비[一費] 名 物件費.

물걸레 名 ぬれぞうきん.

물걸레질 名 하自他 ぬれぞうきんでふくこと.

물것 名 蚊·のみ·しらみ·なんきんむしなど人体にたかる虫の総称.

물결 名 波. 波浪. うねり. ¶ ~이 일다 波が立つ / 배가 ~을 헤치고 나아가다 船が波をかき分けて進む / 호경기의 ~을 타다 好景気の波に乗る.

물결무늬 名 波の模様.

물결치다 自 波打つ. 波立つ. ¶ 강풍으로 물결치는 바다 強風に波立つ海.

물경[勿驚] 副 驚くなかれ. なんと. ¶ 모인 인파가 ~ 백만이었다고 한다 集まった人波がなんと100万だったと言う.

물고[物故] 名 하自他 **1** 有名人の死. **2** 罪人の死. 罪人を殺すこと. ¶ ~가 나다 罪人が死ぬ / ~를 내다 罪人を殺す.

◆**물고를 올리다** 命令によって罪人を殺す.

물고기 名 魚.

◆**물고기의 밥이 되다** 水におぼれて死ぬ.

> **單語帳** 물고기의 부분 명칭
>
> 붕어 ふな / 잉어 こい / 뱀장어(一長魚) うなぎ / 은어(銀魚) あゆ / 송어(松魚) ます / 미꾸라지 どじょう / 피라미 おいかわ / 가물치 カムルチー / 메기 なまず / 송사리 めだか / 금붕어(金一) きんぎょ.
>
> ◆비늘 うろこ / 지느러미 ひれ / 꼬리 尾ひれ / 눈깔 目玉 / 대가리 頭 / 아가미 えら / 등지느러미 背びれ. ▷생선(生鮮)·동물(動物) 單語帳

물고늘어지다 他 食いついて離れない. 食い下がる. ¶ 말꼬리를 ~ 言葉じりを捕らえて食い下がる.

물고동 名 ⇨수도꼭지

물곬 名 排水溝.

물교자[一餃子] 名 水ギョーザ.

물구나무서기 名 逆立ち.

물구나무서다 自 逆立ちする.

물구덩이 名 水たまり. ぬかるみ. 泥んこ道.

물구멍 名 **1** 水が流れる穴. **2** 〔鑛〕水を注ぎながら下に向けてうがつ発破孔.

물굽이 名 海·川などの湾曲部.

물권[物權] 名〔法〕物権. ¶ ~행위 物権行為.

물권 계약[一契約] 名〔法〕物権契約.

물귀신[一鬼神] 名〔民俗〕**1** 水鬼. 水の神. 水伯. **2** 自分が窮地に陥ったときに他人まで引き込もうとする人.

◆**물귀신이 되다** (人が)おぼれ死ぬ.

물긋물긋하다 形 非常に水っぽい. 緩い.

물긋하다 形 水っぽい. 薄い. 緩い.

물기[一氣] 名 水気. 水分. ¶ 그릇의 ~를 닦다 器の水気をふき取る / ~ 어린 눈으로 응시하다 潤みをおびた目で見つめる.

물기둥 名 水柱.

물기름 名 (おもに整髪用の)水油. 液状の油.

물긷다 自 水をくむ.

물길 名 **1** 水路. 航路. 海路. **2** 水路. 水の流れる通路.

물꼬 名 水田の水の出入り口.

물끄러미 副 ぼんやり. ぽかん(と). じっと. ¶ 얼굴을 ~ 쳐다보다 顔をじっと見つめる.

물나라 名 (大雨が降ったあとの)あたり一面水びたし. 水だらけ.

물난리[一亂離] 名 **1** 洪水騒ぎ. **2** 水不足の騒動.

물납[物納] 名 하他 物納〈租税などを金の代わりに物で納めること〉.

물납세[一稅] 名 物納税.

물내리다 自 元気がなくなる. 萎れる.

물너울 名 大波. うねり.

물놀이 名 하自 **1** 水遊び. 海辺や湖などでの保養[避暑]. **2** さざ波が立つこと.

물다[1] 自 **1** (高温や湿気のために)腐る. 傷む. **2** 〔'물쿠다'의 준말〕(天気が)蒸し暑くなる.

물다[2] 他 **1** (税金·罰金などを)支払う. 納める. ¶ 과중한 세금을 ~ 過重な税金を納める. **2** 弁償する. 償う. ¶ 손해를 ~ 損害を弁償する / 잃어버린 책을 ~ 失った本を償う.

◆**물어 주다** 弁償してやる.

물다[3] 他 **1** (歯で)かむ. かみつく. 食いつく. ¶ 개가 ~ 犬がかみつく / 고기를 물어 뜯다 肉をかみちぎる. **2** (昆虫·虫などが)刺す. かむ. ¶ 벼룩이[모기가] ~ のみ[蚊]が刺す. **3** (口に)くわえる. ¶ 담배를 ~ たばこをくわえる. **4** (利用しようとして人を)摑む. (資金などを)手に入れる. ¶ 봉을 ~ いいかもを摑む.

물대 名 ポンプ·揚水機の管.

물덤벙술덤벙 副 하自 〈でしゃばるようす〉むやみやたらに. 行き当たりばったりに.

물독 名 水甕.

물동량[物動量] 名 物資の流動量.

물동이 名 (水くみ用の)小さい水甕.

물두부[一豆腐] 名〔料理〕湯豆腐.

물들이다 他 〔'물들다'의 사동사〕染める. 彩る.

물딱총[一銃] 名 水鉄砲.

물때[1] 名 **1** 満潮時. **2** 潮時. ちょうどよい時期. ¶ ~를 기다리다 潮時を待つ.

물때[2] 名 水垢. 湯垢. ¶ ~가 끼다 水垢がつく.

물때썰때 名 潮時. ころあい. 時機. 時. 成り行き. 状況. ¶ 매사에 ~를 잘 알아서 행동하라 何事でも状況をよくわきまえて行動せよ.

물떼새 名〔動〕千鳥.

물똥 名 **1** 水しぶき. **2**〔'물찌똥'의 준말〕液便.
◆**물똥을 튀기다** 水面をたたいて水しぶきを遠くへ飛ばす.

물똥싸움 名 하自 水をかけ合って遊ぶこと.

물량〔物量〕名 物量. ¶～ 공세 物量攻勢.

물러가다 自 **1** 後退りする. 尻込みする. ¶엉겁결에 ～ 思わず尻込みする. **2** 後退する. 退去する. 退く. 立ち去る. 立ち退く. ¶한 걸음 ～ 一歩退く. **3** (目上の人の前から)引き下がる. 退く. 引き取る. ¶이만 물러가겠습니다 これで退きとうございます. **4** (仕事・地位を)退く. 引退する. ¶사장 자리를 ～ 社長の席を引退する. **5** (ある現象などが)なくなる. ¶더위가 ～ 暑さが遠のく.

물러나다 自 **1** (ぴったり合ったものが)緩む. ¶통의 테가 ～ 桶のたがが緩む. **2** (地位・仕事から)退く. 引退する. 身を引く. **3** (目上の人の前から)下がる. **4** 後退する. 退く. ¶열 발만 물러나라 10歩ばかり下がりなさい.

물러서다 自 **1** 退く. 後退する. 下がる. **2** (進めていたことを)やめる. 引っ込む. ¶물러서는 것이 좋을거야 手を引いたほうがいいよ. **3** (地位などから)身を引く. 退く. ¶제 1선에서 ～ 第一線から身を引く.

물러앉다 自 **1** 後ろに下がって座る. **2** (地位などから)退く. 隠退する.

물러오다 自 途中で引き返す. 逃げ帰る.

물러지다 自 **1** (煮たり蒸したりして)柔らかくなる. **2** (体・心・地盤などが)弱くなる. ゆるむ. もろくなる. ¶비가 와서 땅이 물러졌다 雨が降って地面が緩んだ.

물렁뼈 名〔生〕軟骨.

물렁살 名 (魚のひれを形成している)やわらかい筋.

물렁하다 形 **1** 柔らかだ. しなやかだ. ふにゃっとしている. くにゃっとしている. ¶고기가 물렁해질 때까지 삶는다 肉が柔らかくなるまでゆでる. **2** 腰が弱い. 優柔不断だ.

물레 名 糸繰り車. 糸車.
물레바퀴 名 **1** 糸車の車. **2** 水車の車.
물레방아 名 水車.
물레방앗간〔一間〕名 水車小屋.
물레질 名 하自 糸車を繰ること. 糸を紡ぐこと.

물려받다 他 (財産・地位・伝統などを)受け継ぐ. 引き継ぐ. 譲り受ける. 伝承する. ¶부모로부터 물려받은 재능 親譲りの才能 / 회사를 ～ 会社を引き継ぐ.

물려주다 他 (財産・地位・伝統などを)譲る. 譲り渡す. 伝える. ¶자식에게 가업을 ～ 息子に家業を譲る.
물려지내다 自 (他人に弱みを握られて)動きがとれない. いやいやながら逃げ出せずに暮らす.

물론〔勿論〕Ⅰ 名 無論. 言うまでもないこと. ¶암, ～이지 そうそう, 言うまでもないことだよ.
Ⅱ 副 もちろん. 無論. 言うまでもなく. ¶～ 부탁을 들어주리라 생각했다 もちろん頼みを聞いてくれると思った.

물리〔物理〕名 **1** 物理. 物の道理. **2**〔'물리학'의 준말〕物理学.

물리다[1] 自 (食べ物や物事に)飽きる. 嫌になる. 飽き飽きする. ¶그 이야기는 물릴 만큼 들었다 その話は嫌になるほど聞いたよ.

물리다[2] 他 煮て柔らかくする. 十分に煮る.

물리다[3] 他 **1** (時期を)延ばす. ずらす. ¶마감 날짜를 하루 ～ 締め切りの日付を一日延ばす. **2** (物を)移して置く. 引く. ずらす. ¶책상을 뒷자리로 ～ 机を後ろへ引く. **3** (供え物・膳などを)下げる. 片づける. ¶밥상을 ～ 膳を下げる. **4** (買った物を)返す. 返品する. ¶새로 산 구두를 ～ 新しく買った靴を返す. **5** (財産・地位などを)譲る. 伝える. ¶조상의 가보를 ～ 祖先の家宝を伝える. **6** 厄払いをする. 魔よけをする. ¶잡귀를 ～ 悪神を払う.

물리다[4] Ⅰ 自 かまれる. 挟まれる. ¶아이가 개한테 ～ 子供が犬にかまれる.
Ⅱ 他 かませる. 挟ませる. ¶아기에게 젖을 ～ 赤ちゃんに乳をかませる.

물리다[5] 他 弁償させる. ¶이 손해는 그에게 물리자 この損害は彼に弁償させよう.

물리치다 他 **1** (敵を)退ける. 追い払う. 撃退する. ¶적의 침입을 ～ 敵の侵入を退ける. **2** (難関・障害などを)押しのける. 退ける. ¶시련과 난관을 ～ 試練と難関を押しのける. **3** (提供・申し入れなどを)拒絶する. 退ける. はねつける. ¶뇌물을 ～ 賄賂を拒絶する.

물림 名 **1** 延期. **2** 譲ること. 譲り受けること. **3** 建て増しの小部屋やベランダ.

물림쇠 名 板をつなぎ合わせる際に両側から打ち込む締め金.

물마루 名 波頭. 波のてっぺん.

물만두〔一饅頭〕名 水ギョーザ.

물만밥 名 水や湯をかけたご飯.

물맛 名 水の味.

물망〔物望〕名 名望. 人望. 名声.
◆**물망에 오르다** (人選などで)嘱望される. ¶회장의 ～에 오르다 会長として嘱望される〈呼び声が高い〉.

물망초〔勿忘草〕名〔植〕勿忘草.

물맞이 名 하自 鉱泉などで水を飲んだり浴びたりすること.

물매[1] 名 袋だたき. ひどくむち打つこと. ¶～를 만나다 袋だたきにあう.
물매질 名 하自他 むちでひどく打つこと. 袋だたきにすること.

물매[2] 名 (屋根や稲むらなどの)勾配. 傾斜. ¶～가 싸다 勾配が急だ / ～가 뜨다 傾斜が緩やかだ.

물먹다 自 **1** 水を飲む. **2** (植物が)水を吸い上げる. **3** (紙や布などに)水が染みる. 水にぬれる.

물멀미 名 하自 波を見て酔うこと. 船酔い.
물면〔一面〕名 水面.
물명〔物名〕名 物名. 物の名.
물목[1] 名 **1** 水口. 水の出入り口. 川の分岐点. 海峡. **2**〔鑛〕砂金を水の中でより分けるとき金がいちばん多い上の部分.
물목[2]〔物目〕名 物品の目録.
물못자리 名 水苗代.
물문〔一門〕名 水門. 閘門.
물물 교환〔物物交換〕名 하自他 物々交換.
물밀다 自 潮が満ちる.
물밀듯이 副 波が押し寄せるように. どっと. ひたひたと. ¶ 고독감이 ～ 가슴에 밀려오다 孤独感がひたひたと胸に迫る.
물밑 名 **1** 水底. ¶ ～에 가라앉다 水底に沈む. **2** 人に見られない所. 陰. **3**〔建〕地面や材木の水平面より下の部分.
물바가지 名 水をくむのに使うパガジ.
물바다 名 一面の水浸し. ¶ 폭우로 동네가 ～가 되었다 大雨で村が水浸しになった.
물바람 名 海や川から吹いてくる風.
물받이 名 雨樋. 樋.
물발 名 水の流れる勢い. ¶ ～이 빠르다 流れが速い.
물방개 名〔動〕源五郎.
물방아 名 **1** 水車. **2** 水碓. 水力を用いて穀物をひく臼の一種.
　물방앗간〔一間〕名 水車小屋.
물방울 名 水滴. 水玉. 滴. ¶ ～을 튀기다 水滴をはじく.
　물방울무늬 名 水玉模様.
물배 名 水腹.
물뱀 名〔動〕**1** 水中に生息するへび. **2** 海蛇.
물벌레 名 水中に生息する虫の総称.
물베개 名 水枕.
물벼 名 乾かしていない稲.
물벼락 名 水の洗礼〈一度に多量の水をどっと浴びせられること〉.
　◆**물벼락을 맞다** 水を浴びせかけられる.
물벼룩 名〔動〕微塵子.
물보라 名 水煙. 水しぶき. しぶき. ¶ ～에 젖다 水しぶきにぬれる.
물보라치다 自 水しぶきを上げる.
물부리 名 **1**〔'담배 물부리'의 준말〕キセルの吸口. **2**〔'궐련 물부리'의 준말〕巻きたばこのパイプ.
물분〔一粉〕名 水おしろい. 液体のおしろい. 液体の化粧品.
물불 名 水火. 水と火.
　◆**물불을 가리지 않다** (水火も辞さないの意で)どんな困難も恐れない.
물비누 名 水石鹸. 液体石鹸.
물비린내 名 やや生臭い水のにおい.
물빛[1] 名 水色.
물빛[2] 名 染料の色.
물빨래 名 하他 (洗濯機などを用いない)手洗い.
물뿌리개 名 じょうろ.
물산〔物産〕名 物産. 産物.
물살 名 流れ. 水勢. 水の流れる勢い. ¶ ～이 빠르다 流れが速い.
물상〔物象〕名 物象. **1** 物のかたち. **2** 自然界の姿. **3** (教科としての)物理学・化学・生物学・鉱物学の総称.
물새 名 **1** 水鳥. **2**〔'물총새'의 준말〕川蟬.
물색〔物色〕名 하他 **1** 物の色. **2** 自然の景色や風物. **3** わけ. 事情. **4** 物色. 多くの物や人の中から適当なものをさがし出すこと. ¶ 집 지을 땅을 ～중이다 家を建てる土地を物色中だ.
물색없다 形 言行が条理に合わない. 訳がわからない. 突拍子もない.
　물색없이 副 むやみに. わけもわからずに. 無分別に. ¶ 아무거나 ～ 손을 댄다 何にでもむやみに手を出す.
물샐틈없다 形 水も漏らさない. 用意周到だ. ¶ 물샐틈없는 경계 태세 水も漏らさぬ警戒ぶり. **물샐틈없이** 副 水も漏らさぬほどに. 用意周到に.
물성〔物性〕名 物性. 物の性質.
　물성론〔一論〕名〔物〕物性論. 物性物理学.
물세[1]〔一稅〕名 灌漑用水・水道などの料金.
물세[2]〔物稅〕名〔法〕物税.
물세례〔一洗禮〕名 **1**〔基〕水の洗礼. **2** いきなり激しく水をぶっかけられること.
물소 名〔動〕水牛.
물소리 名 水音. せせらぎ.
물수건〔一手巾〕名 **1** お絞り. **2** 水に浸した手ぬぐい.
물수제비뜨다 自 (水面に石を投げて)水切りをする.
물시계〔一時計〕名 **1** 水時計. 漏刻. **2**〈俗〉上水道のメーター.
물심〔物心〕名 物心. 物質と精神.
　물심양면〔一兩面〕名 物心両面.
물심부름 名 하自 洗面水・飲み水などを運ぶ使いをすること.
물싸움 名 하自 **1** (田や井戸端などでの)水争い. **2**〔'물똥싸움'의 준말〕水をかけ合って遊ぶこと.
물써다 自 潮が引く.
물썽하다 形 (性質や体質が)柔弱で弱々しく見える.
물쑥 名〔植〕たかよもぎ.
물씬 副 ぷんと. むっと. ¶ 아카시아 향기가 ～ 풍긴다 アカシアの香りがぷんと鼻をつく.
　물씬거리다[-대다] 自 **1** 柔らかい. ふにゃふにゃする. ぐにゃぐにゃする. **2** (においが)強くにおう. きつい.
　물씬물씬 副 하形 **1**〔물렁물렁하게 무른 모양〕ぐにゃぐにゃ(と). ふにゃふにゃ(と). **2**〔냄새가 코를 찌르는 모양〕ぷんぷん(と). むんむん(と). ¶ 화장 냄새가 ～ 코를 찌른다 化粧のにおいがぷんぷん鼻をつく.
　물씬하다 形 柔らかい. ふにゃふにゃしている. ¶ 고기가 물씬하게 익었다 肉が柔らかく煮えた.
물안개 名 (雨が降っているような)深い霧. 濃霧.

물안경〔—眼鏡〕 名 水中めがね.
물약〔—藥〕 名 水薬.
물어내다 他 **1** 内輪話を外に言い触らす. **2** こっそり物を持ち出す. **3** 弁償する. 償う.
물어놓다 他 (公金などを)弁償する. 弁済する. ¶ 유용한 공금을 ～ 流用した公金を弁済する.
물어뜯다 他 かみちぎる. かじりつく. かみつく. ¶ 이빨로 그물을 물어뜯었다 歯で網をかみ切った.
물역〔物役〕 名 (石·瓦·土·砂などの)建築材料.
물역 가게 名 建築材料の店.
물엿 名 水飴.
물오르다 自 **1** (春に)草木が水分を吸い上げる. **2** 暮らし向きがよくなる.
물오리 名〔動〕 **1** 野生のかもの総称. **2** 真鴨.
물오징어 名 生いか.
물외 名〔植〕 胡瓜.
물욕〔物慾〕 名 物欲.
물웅덩이 名 水たまり.
물위 名 **1** 水面. 水の表面. **2** 川上. 上流.
물음 名 問い. 質問. ¶ ～은 없습니까 質問はありませんか.
물음표〔—標〕 名 疑問符. クェスチョンマーク.
물의〔物議〕 名 物議. ¶ ～를 일으키다〔빚다·자아내다〕 物議を醸す.
물이끼 名〔植〕 水蘚.
물자〔物資〕 名 物資. ¶ 군수 ～ 軍需物資 / ～ 동원 物資動員.
물자동차〔—自動車〕 名 **1** 散水車. **2** 給水車.
물장구 名 **1** 水を満たした水甕にパガジ(바가지)をふせてたたき太鼓に似た音を出すこと. **2** (水泳で)ばた足.
물장구질 名 ばた足の動作.
물장구치다 自 **1** 물장구 1をたたく. **2** ばた足をする.
물장난 名 하自 **1** 水遊び. **2** 水害.
물장사 名 **1** 道端で飲料水を売ったり人の家に水をくんで持って行く商売. **2** 〈俗〉 水商売.
물적〔物的〕 冠 名 物的. 物質的.
물적 증거〔—證據〕 名 物的証拠.
물적 증명〔—證明〕 名 物的証明.
물정〔物情〕 名 物情. 世情. ¶ 세상 ～을 모르다 世事に疎い.
물주〔物主〕 名 **1** 資本主. 資金出資者. 資金援助者. **2** (賭博で)親. 胴元.
물줄기 名 **1** 水流. 水の流れ. **2** 水柱.
물증〔物證〕 名 〔'물적 증거'의 준말〕 物証. ¶ 범행의 ～을 잡았다 犯行の物証をつかんだ.
물지게 名 水運び用の背負子.
물질〔物質〕 名 物質. ¶ ～계 物質界 / ～문명 物質文明.
물질적〔—的〕 冠 名 物質的.
물질주의〔—主義〕 名 物質主義.
물짐승 名 水生動物.
물집[1] 名 紺屋. 染物屋.
물집[2] 名〔醫〕 水膨れ. 水疱. ¶ 화상으로 ～이 생겼다 やけどで水膨れができた.
물쩍지근하다 形 (仕事をする態度が)退屈なほどのろい. **물쩍지근히** 副 のろのろと. 生温く.
물쩡물쩡하다 形 (性質が)非常に柔弱で弱々しい.
물쩡하다 形 性質がなまぬるい. 柔弱である.
물찌똥 名 液便. 下痢便.
물차〔—車〕 名 **1** 散水車. **2** 給水車.
물체〔物體〕 名 物体.
물총〔—銃〕 名 水鉄砲.
물총새〔—銃—〕 名〔動〕 川蟬.
물컥 副 〔냄새가 코를 찌르는 모양〕 むっと. つんと. ぷんと. ¶ 악취를 ～ 풍기다 悪臭をむっと放つ.
물컥물컥 副 하形 ぷんぷん(と).
물컹이 名 **1** ぐにゃぐにゃ[ぶよぶよ]した物. **2** 意志薄弱な人. 弱虫. ふぬけ. 意気地なし.
물컹하다 形 (煮すぎや熟れすぎで) ぐちゃぐちゃになっている. つぶれそうに柔らかい. ¶ 감이 너무 익어 ～ 柿が熟れすぎて今にもくずれそうだ.
물컹거리다[-대다] 自 ぐにゃぐにゃする.
물컹물컹 副 하形 ぐにゃぐにゃ(と). ぐちゃぐちゃ(と).
물켜다 自 水をがぶがぶと飲む.
물크러지다 自 腐ってつぶれる. 熟れすぎてもとの形がなくなる.
물큰 副 〔냄새가 확 풍기는 모양〕 むっと. ぷんと. ¶ 갯바람 냄새가 ～ 나다 潮風のにおいがぷんとする.
물큰물큰 副 ぷんぷん(と).
물통〔—桶〕 名 **1** 水槽. 水甕. **2** 水おけ. バケツ.
물파이프〔—pipe〕 名 水パイプ.
물팍 名 〔'무르팍'의 준말〕 膝.
물표〔物標〕 名 預かり札. 合い札. 送り状. 荷送り証書. 荷札.
물품〔物品〕 名 物品. 品物. 品物. ¶ ～ 관리 物品管理 / 귀중한 ～ 貴重な品物 / ～을 소중히 다뤄라 品物を丁寧に取り扱え.
물행주 名 濡れたふきん.
물홈 名 (敷居などの)溝.
묽다 形 **1** (汁などが)水っぽい. 薄い. ¶ 묽은 소스 薄いソース / 죽이 ～ 粥が水っぽい. **2** ひ弱い. ¶ 사람이 겉보기보다 ～ 人となりが見かけより頼りない.
묽디묽다 形 〔'묽다'의 힘줌말〕 **1** (濃度などが)非常に薄い. 非常に水っぽい. **2** (意志が)非常に弱い.
묽스그레하다 形 少し薄い. やや水っぽい.
뭇[1] 名 銛. 簎(魚を突く漁具).
뭇[2] 依名 **1** 〔장작 등의 묶음을 세는 단위〕 把. 束. ¶ 장작 두 ～ 薪2束. **2** 〔생선 열 마리·미역 열 장을 이르는 단위〕 ¶ 고등어 한 ～ さば1くくり / 미역 두 ～ わかめ2束. **3** 〔볏단을 세는 단위〕 束. ¶ 벼 열 ～ 稲10束.
뭇[3] 冠 多くの. 多数の. ¶ ～ 사람 多くの人 / ～ 짐승 多くの獣.

뭇매 名 袋だたき. ¶ ~를 맞다 袋だたきにあう.
　뭇매질 名 하自他 袋だたき.
뭇발길 名 **1** 寄ってたかって足げにすること. **2** 寄ってたかって非難すること.
뭇사람 名 多くの人. ¶ ~이 찬동하는 바다 多くの人が賛同するところである.
뭇소리 名 大勢の声. 群衆の声. 世論. ¶ 비난하는 ~가 들리다 非難する群衆の声が聞こえる.
뭇입 名 大勢の人からの非難. 衆口. うわさ. 口々.
뭉개다 他 **1** 〔짓이기다〕 (物を)強くこねる. すりつぶす. ¶ 뭉갠 감자 すりつぶしたじゃがいも. **2** 〔꾸물거리다〕 とまどう. まごついてぐずぐずする. ¶ 뭘 그리 뭉개느냐? 何をそんなにぐずぐずしているんだ. **3** (感情を)抑えつける.
뭉게구름 名 むくむく雲. 積雲.
뭉게뭉게 副 むくむく(と). もくもく(と). ¶ 굴뚝에서 연기가 ~ 피어오른다 煙突から煙がもくもくと立ち上る.
뭉그대다 他 ぐずぐずする. もじもじする.
뭉그러뜨리다[-트리다] 他 崩す. 壊す. 潰す. ¶ 벽을 ~ 壁を崩す.
뭉그러지다 自 崩れる. 壊れる.
뭉그적거리다[-대다] 自他 ぐずぐずする. もじもじする. ¶ 춥다고 방안에서 뭉그적거리지 말고 밖에 나가서 놀아라 寒いといって部屋でぐずぐずしないで外へ出て遊びなさい.
　뭉그적뭉그적 副 하自他 ぐずぐず. もじもじ.
뭉근하다 形 (火力が)弱い. とろとろと燃えている. ¶ 죽을 뭉근한 불에서 오래 끓인다 粥をとろ火で長く煮る.
　뭉근히 副 とろとろ(と).
뭉긋하다 形 **1** やや傾いている. **2** やや曲がって撓んでいる. **뭉긋이** 副 やや斜めに. ¶ 막대가 ~ 휘다 棒がやや斜めに撓む.
뭉기다 他 **1** 垂れ込める. **2** 崩す. つぶす. 崩壊させる.
뭉때리다 他 **1** しらばくれる. 黙殺する. ¶ 남이 모르는 줄 알고 ~ 人が知らないと思ってしらばくれている. **2** (仕事·任務を)わざと怠ける.
뭉떵 副 하形 〔한번에 크게 자르거나 빠지는 모양〕 ざくっと. ばっさり(と). ¶ 수박을 ~ 자르다 すいかをざっくり切る.
　뭉떵뭉떵 副 하形 ざくりざくりと.
뭉뚝 副 하形 先がちびて鋭くないようす. 鈍く. 丸く. ¶ ~한 송곳 刃先の鈍った錐/연필의 끝이 ~하다 鉛筆の先が丸くなっている.
뭉뚱그리다 他 大ざっぱにまとめて包む. ざっと包む. ¶ 서랍의 물건들을 뭉뚱그려서 가방에 넣었다 引き出しの物をざっとまとめてかばんに入れた.
뭉실뭉실 副 하形 〔살지고 부드러운 느낌을 주는 모양〕 むっちり(と). ふっくら(と). まるまる(と). ¶ ~하게 살이 찐 여자 むっちりと肉づきのよい女性.
뭉치 名 一つに固めたもの. 塊. 束. 包み. ¶ 돈~ 札束/솜~ 綿の塊.
　뭉칫돈 名 **1** 多額の札束. **2** まとまったお金.
뭉치다 Ⅰ 自 **1** (多くのものが集まって)一つになる. 団結する. 一つにまとまる. ¶ 굳게 ~ 固く団結する. **2** 塊になる. しこりになる. 凝固する. 固まる. ¶ 피가 ~ 血が固まる.
　Ⅱ 他 (多くのものを集めて)一つに固める. ¶ 눈을 ~ 雪を固める.
뭉크러뜨리다[-트리다] 他 〔'뭉그러뜨리다'의 거센말〕 ぶち壊す. 崩す.
뭉크러지다 自 (煮すぎたり熟れすぎたりして)つぶれる. ぐしゃぐしゃになる.
뭉클하다 形 **1** (食べた物がつかえて)むかついている. **2** (悲しみや怒りで)胸がつまる. 込み上げる. じいんとする. ¶ 가슴이 ~ 胸にじいんとくる.
　뭉클뭉클 副 하形 〔'뭉글뭉글'의 거센말〕 しきりにむかつくようす.
뭉키다 自 (たくさんのものが一つに)固まる. 集まる.
뭉텅 副 〔'뭉떵'의 거센말〕 ざくっと. ばっさり(と). ¶ 긴 머리를 ~ 잘랐다 長い髪をばっさりと切った.
뭉텅이 名 塊. 束. 包み. ¶ 돈 ~ 札束.
뭉툭 副 하形 〔'뭉뚝'의 거센말〕 先がちびて鈍くなったようす.
뭍 名 **1** 陸. ¶ ~에 오르다 陸に上がる. **2** 島の人が本土をいう語.
뭍바람 名 〔氣〕 陸風.
뭍사람 名 陸地に住む人.
뭐 〔'무어' 또는 '무엇'의 준말〕 Ⅰ 代 何·なん. 何か. ¶ ~라고 했어요? 何と言いましたか/~가 뭔지 도무지 알 수 없다 何が何だかさっぱり分からない.
　Ⅱ 感 なんだって. …だよ. ¶ ~, 그게 정말이냐? 何, それはほんとか/세상이란 그런 거지, ~ 世の中ってそんなものだよ.
　◆**뭐니 뭐니 해도** なんだかんだいっても.
뭐하다 形 〔'무엇하다'의 준말〕 (はっきり言うのがはばかられるときに用いられて)なんだ. ¶ 빈손으로 가는 것도 ~ 手ぶらで行くのもなんだ.
뭘 〔'무엇을'의 준말〕 何を. ¶ ~ 생각하느냐? 何を考えてるんだ.
뭣 代 〔'무엇'의 준말〕 何. なん.
뭣하다 形 〔'무엇하다'의 준말〕 (はっきり言うのがはばかられるときに用いられて)なんだ. ¶ 내가 직접 말하기는 ~ 僕が直接言うのはなんだ.
뭬 〔'무엇이'의 준말〕 何が.
뮤지컬〔musical〕 名 ミュージカル.
-므로 語尾 ('이다' 또는 'ㄹ' 받침으로 끝나는 어간에 붙어) 〔까닭·이유를 나타냄〕 …ので. …(だ)から. ¶ 오늘은 공휴일이~ 쉽니다 今日は公休日だから休みます. ▷-으므로
미[1]〔未〕 名 〔民俗〕 **1** 未〈十二支の8番目〉. **2** 〔'미시(未時)'의 준말〕 未の刻.
미[2]〔尾〕 名 朝鮮人参の枝根.
미[3]〔美〕 Ⅰ 名 **1** 美. 美しさ. ¶ 유종의 ~ 有終の美/진선~ 真善美. **2** 美〈成績評価の5段階の3番目〉. **3** 〔'미국'의 준말〕 米. ¶ ~ 해군 アメリカ海軍.
　Ⅱ 接尾 …美. ¶ 고전~ 古典美.
미[4]〔ⓘ mi〕 名 〔樂〕 (階名の)ミ.
미-[5]〔未〕 接頭 未…. ¶ ~완성 未完

成/ ~성년자 未成年者.
미가〔米價〕 名 米価.
미각〔味覺〕 名 味覚. ¶ ~을 돋우다 味覚をそそる.
미간[1]〔未刊〕 名 未刊.
미간[2]〔眉間〕 名〔'양미간'의 준말〕眉間.
미간주〔一珠〕 名 白毫〈仏像の眉間にある白い珠〉.
미간지〔未墾地〕 名〔'미개간지'의 준말〕未開墾地.
미감[1]〔未感〕 名 하自 未感染.
미감아〔一兒〕 名 未感染の子供.
미감[2]〔美感〕 名 美感. 美の感覚.
미개〔未開〕 名 하形 未開. ¶ ~인 未開人. 夷人/ ~한 땅 未開の土地.
미개 사회〔一社會〕 名 未開社会.
미개지〔一地〕 名 **1** 未開の地. **2**〔'미개척지'의 준말〕未開拓地.
미개간지〔未開墾地〕 名 未開墾地.
미개발〔未開發〕 名 하他 未開発.
미개척〔未開拓〕 名 未開拓. ¶ ~ 분야 未開拓の分野.
미개척지〔一地〕 名 未開拓地.
미거〔美擧〕 名 美挙. 立派な行為.
미거하다〔未擧一〕 形 ふつつかだ. 未熟だ. 至らない. ¶ 이 아이가 아직 미거한 탓이니 양해하시기 바랍니다 この子はまだ未熟なものでどうぞご理解ください.
미결〔未決〕 名 하他 **1** 未決. ¶ ~ 서류 未決の書類. **2**〔'미결감'의 준말〕未決監. 未決囚を収容しておく拘置所. **3**〔'미결수'의 준말〕未決囚.
미결수〔一囚〕 名〔法〕未決囚.
미결안〔一案〕 名 未決案.
미경〔美景〕 名 美景. 美しい風景.
미경험〔未經驗〕 名 未経験. ¶ ~자 未経験者.
미곡〔米穀〕 名 米穀. **1** 米. **2** 穀類.
미곡상〔一商〕 名 米穀商. 米屋.
미곡 연도〔一年度〕 名〔法〕米穀年度.
미골〔尾骨〕 名〔生〕尾骨.
미관[1]〔美觀〕 名 美観. ¶ ~을 해치다 美観をそこなう.
미관[2]〔微官〕 名 微官.
미관말직〔一末職〕 名 地位がいたって低い官職.
미관상〔美觀上〕 副 ('미관상·미관상으로'의 꼴로) 美観上. ¶ 이런 벽보는 ~ 좋지 않다 こんな張り紙は美観上よくない.
미광〔微光〕 名 微光. かすかな光.
미구에〔未久一〕 副 まもなく. やがて. 遠からず. ¶ 작품은 ~ 완성한다 作品は遠からず完成する.
미국〔美國〕 名〔地〕アメリカ合衆国. 米国.
미군〔美軍〕 名 米軍. アメリカ軍.
미궁〔迷宮〕 名 迷宮. ¶ 그 사건은 ~에 빠졌다 その事件は迷宮入りした.
미급〔未及〕 名 하自 及ばないこと. 至らないこと. ¶ 제 생각이 ~하여 생긴 불찰입니다 私が至らなくて起きた誤りです.
미기[1]〔美妓〕 名 美しい妓生.
미기[2]〔美技〕 名 美技. ¶ ~를 연출하다 美技を演じる.
미꾸라지 名〔動〕どじょう.
미꾸리 名〔'미꾸라지'의 준말〕どじょう.
미끄러뜨리다[-트리다] 他 滑らせる. ¶ 얼음에 발을 미끄러뜨렸다 氷に足を滑らせた.
미끄러지다 自 **1** 滑る. 滑って転ぶ. ¶ 발이 미끄러져 다쳤다 足が滑ってけがをした. **2** 落第する. ¶ 시험에 ~ 試験に滑る.
미끄럼 名 (氷や滑り台での)滑り. ¶ ~ 타다 滑って遊ぶ. 滑り台を滑る.
미끄럼대〔一臺〕 名 滑り台.
미끄럽다 形 滑らかだ. つるつるしている. すべすべだ. ¶ 길이 매우 ~ 道がとてもつるつるしている/ 문이 미끄럽게 잘 닫힌다 戸が滑らかによく閉まる.
미끈거리다[-대다] 自 つるつるする. すべすべする. ¶ 얼굴에 크림을 발라서 미끈거린다 顔にクリームを塗ってすべすべする.
미끈미끈 副 하形 つるつる(と). すべすべ(と).
미끈둥하다 形 つるつるしている. 非常にすべすべしている.
미끈하다 形 すんなりしている. すっきりしている. 滑らかだ. ¶ 미끈한 다리 すんなりした脚/ 미끈하게 생긴 여자 すらりとした女性. **미끈히** 副 すんなりと. すらっと. すらりと. 滑らかに. ¶ ~ 차려입고 나선다 しゃれた装いで現われる.
미끼 名 **1** (釣りの)えさ. ¶ 낚싯바늘에 ~를 꿰다 釣り針にえさをつける. **2** 人を誘い寄せる手段. えさ. だし. ¶ 취직을 ~로 금품을 사취하다 就職をえさにして金品をだまし取る.
미나리 名〔植〕芹.
미나리아재비 名〔植〕金鳳花. 馬の足形.
미남〔美男〕 名 美男.
미남자〔一子〕 名 美男子.
미납〔未納〕 名 하他 未納. ¶ ~세 未納税.
미네랄〔mineral〕 名 ミネラル.
미녀〔美女〕 名 美女. 美人.
미농지〔美濃紙〕 名 美濃紙.
미뉴에트〔minuet〕 名〔樂〕メヌエット.
미늘 名 **1** (やじり·釣り針などの)あご. 戻り. 返し. ひっかかり. **2**〔'갑옷 미늘'의 준말〕札.
미늘창〔一槍〕 名 先が二股または三股に分かれている槍.
미니〔mini〕 名 ミニ. ¶ ~카 ミニカー/ ~스커트 ミニスカート.
미니멈〔minimum〕 名 ミニマム.
미다[1] 自 **1** (皮膚が現われるほど)毛が抜ける. **2** 破ける. 裂ける.
미다[2] 他 (張った革や障子紙などに誤って)穴をあける. 破る.
미다[3] 他 のけ者にする. 相手にしない.
미닫이 名 引き戸. やり戸. 障子. ふすま.
미달〔未達〕 名 하自 まだ達しないこと. 足りないこと. 未到達. ¶ 정원 ~ 定員割れ.
미담〔美談〕 名 美談. 佳話. ¶ 흐뭇한 ~ 心温まる美談.
미답〔未踏〕 名 하他 未踏. ¶ 전인~

前人未踏 / 인적～의 땅 人跡未踏の地.

미대다 他 **1** (いやなことや過失の責任などを)人に押しつける. 転嫁する. **2** (仕事を)ずるずる引き延ばす.

미덕〔美德〕名 美徳. ¶～을 발휘하다 美徳を発揮する.

미덥다 形 信じるに足る. 頼もしい. ¶미더운 청년으로 성장했다 たのもしい青年に成長した.

미동〔微動〕名 하自 微動. ¶～도 하지 않는다 微動だにしない.

미두〔米豆〕名 하自〔經〕穀物の投機的取引.

미두꾼 名 投機的な穀物相場師.

미두장〔一場〕名 投機的な穀物取引所.

미들급〔middle級〕名〔體〕ミドル級.

미등1〔尾燈〕名 尾灯. テールライト.

미등2〔微騰〕名 하自 微騰.

미디어〔media〕名 メディア. ¶매스～ マスメディア.

미라〔포 mirra〕名 ミイラ.

미락〔微落〕名 하自 (物価の)微落.

미란〔糜爛〕名 하自 糜爛.

미란성 가스〔一性 gas〕名 糜爛性ガス.

미래〔未來〕名 **1** 未来. 将来. ¶～의 꿈 未来の夢. **2**〔佛〕来世. 後生. **3**〔言〕未来.

미래사〔一事〕名 未来のこと.

미래상〔一像〕名 未来像. ビジョン.

미래파〔一派〕名〔美〕未来派.

미래학〔一學〕名 未来学.

미량〔微量〕名 微量. ¶～의 당분 微量の糖分.

미량 천칭〔一天秤〕名〔化〕微量天秤.

미량 화학〔一化學〕名〔化〕微量化学.

미려하다〔美麗一〕形 美麗だ. 美しくあでやかだ. **미려히** 副 美麗に.

미력〔微力〕名 하形 微力. ¶～이나마[하지만] 微力ではあるが.

미련1 名 하形 愚鈍.

미련쟁이 名 ばか. まぬけ.

미련퉁이 名 大ばか者.

미련2〔未練〕名 未練. 心残り. ¶헤어진 사람에 대한 ～은 버려라 別れた人への未練は捨てなさい.

미로〔迷路〕名 **1** 迷路. ¶～에 빠지다 迷路に迷い込む. **2**〔生〕内耳.

미루나무〔美柳一〕名〔植〕ポプラ. はこやなぎ.

미루다 他 **1**〔연기하다〕(期日·仕事などを)延ばす. 後回しにする. 持ち越す. 延期する. ¶기한을 하루 ～ 期限を1日延ばす. **2**〔전가하다〕(責任·仕事などを他人に)負わす. 任す. 押しつける. ¶집 지키는 일을 동생에게 ～ 留守番を妹に押しつける. **3**〔추측하다〕推し量る. 推測する. 推察する. ¶그 상황을 미루어 보다 その状況から推察してみる.

미륵〔彌勒〕名〔佛〕**1**〔'미륵보살'의 준말〕弥勒菩薩. **2** 石仏.

미륵보살〔一菩薩〕名〔佛〕弥勒菩薩.

미리 副 あらかじめ. 前もって. かねて. かねがね. ¶준비물은 ～ 챙겨 두어라 準備する物はあらかじめ取りそろえておけ / 약속 장소에 ～ 가 있었다 約束の場所に前もって行っていた.

미리미리 副〔'미리'의 힘줌말〕ずっと前から. 早いうちから. ¶～ 차표를 사 놓자 前もって切符を買っておこう.

미립1 名 (経験から得た)要領. こつ. ◆**미립을 얻다** こつをつかむ.

미립나다 自 要領を得る.

미립2〔微粒〕名 細粒.

미립자〔微粒子〕名〔物〕微粒子.

미만〔未滿〕名 하形 未満. ¶30킬로그램 ～ 30キログラム未満.

미만하다〔彌滿一〕形 弥漫だ. 満ちている. 広がりはびこる. ¶불신 풍조가 미만하는 사회 不信の風潮が弥漫する社会.

미망〔迷妄〕名 하自 迷妄. 心の迷い.

미망인〔未亡人〕名 未亡人. 後家. やもめ.

미명1〔未明〕名 未明. 明け方. ¶내일 ～에 출발한다 明日の未明に出発する.

미명2〔美名〕名 美名. ¶～하에 나쁜 짓을 저지르다 美名に隠れて悪事を働く.

미모〔美貌〕名 美貌. ¶～의 여인 美貌の女性.

미목〔眉目〕名 眉目. 眉と目. 顔立ち.

미몽〔迷夢〕名 迷夢. 心の迷い. ¶～에서 깨어나다 迷夢から覚める.

미묘하다1〔美妙一〕形 美妙である. 美しく巧みである. ¶미묘한 피리 소리 美妙な笛の音. **미묘히**1 副 美妙に.

미묘하다2〔微妙一〕形 微妙だ. デリケートだ. ¶미묘한 국제 정세 微妙な国際情勢. **미묘히**2 副 微妙に.

미문1〔未聞〕名 하他 未聞. ¶전대～ 前代未聞.

미문2〔美文〕名 美文. ¶～체 美文体.

미물〔微物〕名 **1** 微々たるもの. **2** 動物. 虫けら. **3** ろくでなし.

미미하다〔微微一〕形 微々たるものだ. 取るに足りない. ¶보잘것없는 미미한 존재 取るに足りない微々たる存在.

미발표〔未發表〕名 未発表.

미배정〔未配定〕名 하他 未配分. まだ配分を決めていないこと.

미백〔美白〕名 하他 美肌. 肌を美しく白くすること. ¶～ 크림 美肌クリーム.

미백색〔微白色〕名 淡い白色.

미복〔微服〕名 하自 微服.

미복잠행〔一潛行〕名 하自 身をやつしてひそかに巡察すること.

미봉〔彌縫〕名 하他 弥縫. 取り繕うこと.

미봉책〔一策〕名 弥縫策.

미분〔微分〕名〔數〕**1** 微分. **2**〔'미분학'의 준말〕微分学.

미분 방정식〔一方程式〕名〔數〕微分方程式.

미분학〔一學〕名〔數〕微分学.

미분자〔微分子〕名 微分子.

미불1〔未拂〕名 하他 未払い.

미불2〔美弗〕名 米貨. ドル.

미비〔未備〕名 하形 不備. ¶서류에 ～한 점이 있다 書類に不備な点がある.

미쁘다 形 頼もしい. 信頼性がある.

미사[1]〔美辭〕 名 美辞.

미사여구〔一麗句〕 名 美辞麗句.

미사학〔一學〕 名 美辞学.

미사[2]〔(라) missa〕 名 **1**〔基〕ミサ. **2**〔樂〕ミサ曲.

미사일〔missile〕 名〔軍〕ミサイル.

미삼〔尾蔘〕 名 朝鮮人参の細根.

미삼차〔一茶〕 名 朝鮮人参の細根を煎じた茶.

미상〔未詳〕 名 하形 未詳. 不詳. ¶ 이것은 연대 ～의 작품이다 これは年代不詳の作品だ.

미상불〔未嘗不〕 副 果たして. やはり. さすがに. なるほど. いうまでもなく. ¶ 이 불상은 ～ 훌륭한 예술품이다 この仏像はさすがに立派な芸術品だ.

미색[1]〔美色〕 名 美色. **1** 美しい色. **2** 美しい女性.

미색[2]〔微色〕 名 薄い色.

미생물〔微生物〕 名〔生〕微生物.

미생물학〔一學〕 名〔生〕微生物学.

미성[1]〔未成〕 名 하他 **1** 未成. まだ完成していないこと. **2** 未成年であること.

미성[2]〔美聲〕 名 美声. ¶ 천부의 ～ 天賦の美声.

미성[3]〔微聲〕 名 微声. かすかな声.

미성년〔未成年〕 名 未成年.

미성년자〔一者〕 名 未成年者. ¶ ～ 입장 불가 未成年者入場禁止.

미성숙〔未成熟〕 名 하形 未成熟. 未熟.

미세기[1] 名 満ち潮と引き潮. 潮の干満.

미세기[2] 名〔鑛〕斜坑〈斜めに掘った鉱坑〉.

미세기[3] 名〔建〕引き違い戸.

미세하다〔微細一〕 形 微細だ.

미션 스쿨〔mission school〕 名 ミッションスクール.

미소[1]〔美蘇〕 名 米ソ. アメリカとソ連.

미소[2]〔微少〕 名 하形 微少. ¶ ～한 과오 微少な過ち.

미소[3]〔微笑〕 名 微笑. ほほえみ. ¶ 입가에 ～를 띤 얼굴 口元に微笑を浮かべた顔.

미소년〔美少年〕 名 美少年. ¶ 홍안의 ～ 紅顔の美少年.

미속〔美俗〕 名 美俗. 美風. 良風. (伝え残すべき) よい習慣. よいしきたり. ¶ 양풍～을 지킵시다 良風美俗を守りましょう.

미송〔美松〕 名〔植〕アメリカまつ.

미수[1]〔米壽〕 名 米寿. 88歳.

미수연〔一宴〕 名 米寿の祝宴.

미수[2]〔未收〕 名 하他 未収.

미수금〔一金〕 名 未徴収金.

미수[3]〔未遂〕 名 하他 未遂. ¶ 살인 ～ 殺人未遂 / 자살은 ～에 그쳤다 自殺は未遂に終わった.

미수범〔一犯〕 名〔法〕未遂犯.

미수죄〔一罪〕 名〔法〕未遂罪.

미수[4]〔微睡〕 名 하自 微睡. まどろみ.

미숙아〔未熟兒〕 名 未熟児.

미숙하다〔未熟一〕 形 未熟だ. **1** (果実などが) 熟していない. ¶ 미숙한 과일 未熟な果実. **2** 熟練していない. ¶ 운전 솜씨가 ～ 運転の腕が未熟だ.

미술〔美術〕 名 美術. ¶ ～계 美術界 / 현대 ～ 現代美術 / ～관 美術館 / ～사 美術史 / ～품 美術品.

미술가〔一家〕 名 美術家.

미술 교육〔一教育〕 名 美術教育.

미술 전람회〔一展覽會〕 名 美術展覧会.

미숫가루 名 はったい粉. 麦こがし〈米・麦を煎ってからひいた粉〉.

미스[1]〔miss〕 名 ミス. 間違い. ¶ 교정 ～를 범하다 校正ミスを犯す.

미스[2]〔Miss〕 名 **1**〔미혼 여성의 성 앞에 붙이는 호칭〕…さん. ¶ ～ 박 パクさん. **2** 未婚女性. ミス. **3** (美人コンテストの入賞者に冠して) ミス. ¶ ～ 유니버스 ミスユニバース.

미스터〔mister·Mr.〕 名〔남성의 성 앞에 붙이는 호칭〕…君.

미스터리〔mystery〕 名 ミステリー.

미스테이크〔mistake〕 名 ミステーク. 誤り. まちがい.

미시〔未時〕 名 未の刻〈午後1時から3時まで〉.

미시적〔微視的〕 冠 名 微視的. ミクロ. ¶ ～ 세계 微視的世界.

미시적 경제론〔一經濟論〕 名〔經〕ミクロ経済論.

미시즈〔Mrs.〕 名 ミセス. 夫人. 女史.

미식[1]〔米食〕 名 하自 米食.

미식[2]〔美食〕 名 하自 美食. ¶ ～가 美食家.

미식축구〔美式蹴球〕 名 アメリカンフットボール.

미신〔迷信〕 名 하他 迷信. ¶ 그건 ～이니까 믿지 마라 それは迷信だから信じるな.

미심쩍다〔未審一〕 形 いぶかしい. 疑わしい. 不審だ. ¶ 미심쩍은 생각이 든다 不審の念が起こる.

미심하다〔未審一〕 形 不確かだ. 釈然としない. 疑わしい. 不審だ. 心もとない. 不安だ. ¶ 미심하게 생각하다 不審に思う / 미심한 데가 좀 있다 はっきりしない所が少しある.

미싱〔(일) mishin〕 名 ミシン. ¶ ～으로 박다 ミシンで縫う.

미아〔迷兒〕 名 **1**〔'미로아'의 준말〕迷子. ¶ ～가 되다 迷子になる. **2** 自分の子の謙譲語.

미아보호소〔一保護所〕 名 迷子保護所.

미안〔美顔〕 名 美顔. ¶ ～술 美顔術.

미안스럽다 形 すまない. 恐れ入る. ¶ 미안스러운 표정 申しわけなさそうな表情.

미안쩍다〔未安一〕 形 すまない. すまなく思っている.

미안하다〔未安一〕 形 **1** すまない. 申しわけない. 恐縮だ. ¶ 기다리게 해서 미안합니다 待たせてすみません / 일이 미안하게 됐군 気の毒なことになったね. **2**《'미안하지만'의 꼴로》すみませんが. 申しわけないけど. ¶ 미안하지만 창문 좀 열어 주시겠어요? すみませんが窓をちょっとあけてくれませんか. **미안히** 副 すまなく.

미약〔媚藥〕 名 媚薬. **1** 淫薬. **2** ほれ薬.
미약하다〔微弱―〕 形 微弱だ. ¶ 미약한 반응 微弱な反応.
미얀마〔Myanmar〕 名〔地〕ミヤンマー〈インドシナ半島にある共和国〉.
미어지다 自 **1** (ぴんと張った皮·紙などに)穴があく. ¶ 장지가 ～ ふすまが破れる. **2** (ぎっしり詰まって)裂けんばかりだ. あふれんばかりだ. ¶ 집이 미어지게 손님들이 많이 왔다 家がいっぱいになるほどお客がたくさん来た.
미역[1] 名 水浴び. 水遊び.
미역[2] 名〔植〕若布.
미역국 名〔料理〕わかめスープ.
◆**미역국을 먹다** ① わかめスープを飲む. ② 〈俗〉試験に落ちる. ③ 〈俗〉解雇される.
미연〔未然〕 名 (‘미연에’의 꼴로) 未然に. ¶ 사고를 ～에 방지하다 事故を未然に防ぐ.
미열〔微熱〕 名 微熱. ¶ 몸에 ～이 있다 微熱がある.
미온〔微溫〕 名 하形 微温.
미온적〔―的〕 冠 名 微温的. はっきりしないこと. あいまいなこと. 中途半端なこと. 手ぬるいこと. ¶ ～ 태도 煮えきらない態度.
미완〔未完〕 名 하他 未完. 未完成. ¶ ～ 작품을 남기다 未完の作品を残す.
미완성〔―成〕 名 未完成. ¶ ～ 교향곡 未完成交響曲 / ～품 未完成品.
미용〔美容〕 名 美容. ¶ ～사 美容師 / ～술 美容術 / ～ 체조 美容体操.
미욱스럽다 形 愚かそうだ. 愚鈍に見える.
미욱하다 形 愚鈍だ. まぬけで愚かだ. ¶ 곰같이 미욱한 놈 くまのようにのろまなやつ.
미움 名 憎しみ. 憎さ. 憎悪. ¶ ～을 받다 憎まれる / ～을 사다 憎しみを買う / ～ 받을 소리를 하다 憎まれ口をたたく.
미워하다 形 憎む. 憎悪する. ¶ 미워할 수 없는 놈 憎めないやつ.
미음[1]〔米飮〕 名 重湯. ¶ ～을 쑤다 重湯を炊く.
미음[2]〔美音〕 名 美音. 美声.
미의식〔美意識〕 名 美意識.
미이다 自 (ぴんと張った皮·紙などに)穴があく. 突き破られる.
미익〔尾翼〕 名 尾翼.
미인[1]〔美人〕 名 **1** 美人. 美女. ¶ 절세의 ～ 絶世の美人 / ～박명 美人薄命. **2** 才徳の優れた人.
미인계〔―計〕 名 色仕掛け. つつもたせ.
미인[2]〔美人〕 名 アメリカ人. ¶ ～ 회화 (新聞広告で)アメリカ人による英会話指導.
미일〔美日〕 名 日米. アメリカと日本.
미작〔米作〕 名 米作. 稲作. ¶ 금년의 ～은 평년작을 넘는다 今年の米作は平年作を超える.
미장[1]〔美匠〕 名 意匠.
미장[2]〔美粧〕 名 하他 美粧. 美容.
미장원〔―院〕 名 美容院.
미장[3]〔美裝〕 名 하他 美装. 美しく装うこと.
미장이 名 左官.
미적〔美的〕 冠 名 美的. ¶ ～ 감각 美的感覚.
미적거리다〔-대다〕 他 **1** (重いものを)少しずつ前に押し出す. **2** 〔‘미루적거리다’의 준말〕ずるずると延ばす. 長引かせる.
미적미적 副 하他 **1** 少しずつ前に押し出すようす. **2** 〔‘미루적미루적’의 준말〕ずるずる.
미적분〔微積分〕 名〔數〕微積分.
미적지근하다 形 生ぬるい. **1** (湯などが)ぬるい. ¶ 차가 ～ お茶がぬるい / 온돌이 ～ オンドルがあまり温くない. **2** (性格·態度などが)微温的だ. 煮えきらない. ¶ 미적지근하게 대답하지 말고 확실히 말해 煮えきらない返事をしないではっきりと言え. **미적지근히** 副 生ぬるく. 微温的に.
미점〔美點〕 名 美点. 長所.
미정〔未定〕 名 하他 未定. ¶ 갈지 안 갈지 아직 ～입니다 行くか行かないかはまだ未定です.
미정고〔―稿〕 名 未定稿.
미제[1]〔未濟〕 名 **1** 未済. まだすんでいないこと. 返済がまだ終わっていないこと. **2** 〔‘미제괘’의 준말〕未済.
미제액〔―額〕 名 未済額.
미제[2]〔美製〕 名 米国製.
미제품〔未製品〕 名 未製品. 未完成品.
미조〔美爪〕 名 美爪. マニキュア. ¶ ～술 美爪術 / ～사 美爪師.
미주[1]〔米酒〕 名 米で醸した酒.
미주[2]〔美洲〕 名 米州. アメリカ州.
미주[3]〔美酒〕 名 美酒. うまい酒.
미주 신경〔迷走神經〕 名〔生〕迷走神経.
미주알고주알 副 根掘り葉掘り. あれやこれやと. ¶ ～ 캐묻다 根掘り葉掘り聞きただす.
미즈〔Ms.〕 名 ミズ〈女性に対して未婚·既婚を区別せずに用いる〉.
미증유〔未曾有〕 名 하形 未曽有. ¶ ～의 대참사 未曽有の大惨事.
미지[1]〔未知〕 名 未知. ¶ ～의 세계 未知の世界.
미지수〔―數〕 名 未知数. ¶ 그의 힘은 아직 ～다 彼の力はまだ未知数だ.
미지[2]〔美紙〕 名 アメリカの新聞.
미지[3]〔美誌〕 名 アメリカの雑誌.
미지근하다 形 **1** ぬるい. ¶ 차가 ～ お茶がぬるい. **2** 厳しくない. 手ぬるい. ¶ 미지근한 처벌 手ぬるい処罰. **미지근히** 副 ぬるく. 手ぬるく.
미지급〔未支給〕 名 하他 未払い.
미진[1]〔微塵〕 名 微塵. **1** 細かい塵. **2** (非常に)小さくてつまらないもの.
미진[2]〔微震〕 名〔地〕微震.
미진하다〔未盡―〕 形 **1** 終わっていない. 尽きない. ¶ 이야기가 미진했다 話が尽きなかった. **2** 至らない. 不十分だ. 不満だ. ¶ 설명만으로는 ～ 説明だけでは不十分だ.

미착〔未着〕 名 하自 未着.
미채〔迷彩〕 名〔軍〕 迷彩. カムフラージュ. ¶ ~복 迷彩服.
미처 副〔시간·장소·단계에 이르지 못한 상태를 나타냄〕いまだ. まだ. かつて. ついぞ. あらかじめ. 前もって. ¶ 바빠서 ~ 준비도 못 했다 忙しくてあらかじめ支度もできなかった.
미천하다〔微賤—〕 形 微賤だ. 卑賤だ.
미첩〔美妾〕 名 美しい妾.
미추〔美醜〕 名 美醜.
미추룸하다 形 精力的で健康美がある. つやつやしている.
미취학〔未就學〕 名 하自 未就学. ¶ ~ 아동 未就学児童.
미치광이 名 **1** 狂人. **2**《명사에 붙어》…マニア. ¶ 낚시 ~ 釣りマニア.
미치다[1] 自 狂う. **1** 気が狂う. 発狂する. 気が触れる. ¶ 답답해서 미칠 지경이다 苦しくて気が狂いそうだ. **2** 熱中する. 夢中になる. 熱狂する. 凝る. ¶ 노름에 ~ 博打に狂う / 여자에 미쳤구나 女に首ったけだな.
◆미쳐 날뛰다 気が狂ったように暴れる. 荒れ狂う.
미치다[2] **I** 自 **1**〔이르다〕及ぶ. (ある範囲に)達する. 至る. 届く. ¶ 물이 위험 수위에 ~ 水が危険水位に及ぶ / 힘이 미치는 한 力の及ぶ限り. **2**〔닥치다〕(災難などが)身にふりかかる. ¶ 화가 가족에게 ~ 災いが家族に及ぶ. **3**〔필적하다〕匹敵する. かなう. ¶ 바둑에는 그에 미칠 사람이 없다 囲碁では彼にかなう人はいない.
II 他 及ぼす. 行き渡らせる. ¶ 공공요금의 인상은 물가 상승에 큰 영향을 미쳤다 公共料金の値上げは物価上昇に大きな影響を及ぼした.
미친개 名 **1** 狂犬. **2**〈卑〉とんでもないふるまいをする者.
〔**속담**〕**미친개 눈에는 몽둥이만 보인다** 狂犬の目には棍棒だけが見える〈一度怖い目にあった後はなんでもやたらに怖がる人〉.
미칭〔美稱〕 名 美称.
미크론〔micron〕 依名 ミクロン.
미타〔彌陀〕 名〔佛〕〔'아미타불'의 준말〕弥陀.
미태[1]〔美態〕 名 美しい態度.
미태[2]〔媚態〕 名 媚態. こびる態度. ¶ ~를 부리다 媚態をふりまく.
미터〔meter〕 **I** 依名〔길이의 단위〕メートル.
II 名 メーター. ガス·電気·水道·タクシーなどの使用量を表示する計器.
미터법〔—法〕 名〔數〕メートル法.
미투리 名 麻製の履き物.
미팅〔meeting〕 名 ミーティング. **1** 会合. 会議. **2**〈俗〉男女学生が集団で行なうデート.
미풍[1]〔美風〕 名 美風. ¶ ~양속 美風良俗.
미풍[2]〔微風〕 名 微風. そよ風.
미필〔未畢〕 名 하他 まだすんでいないこと. 未了. ¶ 병역 ~자 兵役をまだ終えていない者.
미필적 고의〔未必的故意〕 名〔法〕未必の故意.
미학〔美學〕 名 美学.
미학적〔—的〕 冠 名 美学的.
미해결〔未解決〕 名 未解決.
미행[1]〔尾行〕 名 하他 尾行. ¶ 용의자를 ~하다 容疑者を尾行する.
미행[2]〔美行〕 名 美行. 善行.
미행[3]〔微行〕 名 하自〔'미복 잠행'의 준말〕微行. (王や地位のある人が)おしのびで出かけること.
미혹〔迷惑〕 名 하自 惑わすこと. 眩惑. ¶ 인심을 ~하다 人心を惑わす.
미혼〔未婚〕 名 未婚. ¶ ~ 여성 未婚の女性.
미혼모〔—母〕 名 未婚の母.
미화[1]〔美化〕 名 하他 美化. ¶ ~된 도시의 환경 美化された都市の環境.
미화[2]〔美貨〕 名 米貨. アメリカドル.
미확인〔未確認〕 名 未確認.
미흡하다〔未洽—〕 形 不十分だ. 及ばない. 至らない. 不満だ. ¶ 미흡한 점이 많다 不十分な点が多い.
미희〔美姬〕 名 美姫. 美女.
믹서〔mixer〕 名 ミキサー. ジューサー.
믹스〔mix〕 名 하他 ミックス. 混ぜること. 混合.
민- 接頭 **1**〔순수한·그대로〕素…. 真…. ¶ ~물 淡水. 真水. **2**「滑らかな」の意を表わす. ¶ ~머리 つるつるのはげ頭.
민가〔民家〕 名 民家.
민간〔民間〕 名 民間. ¶ ~인 民間人 / ~ 방송 民間放送.
민간 설화〔—說話〕 名 民間説話.
민간 신앙〔—信仰〕 名 民間信仰.
민간요법〔—療法〕 名 民間療法.
민감하다〔敏感—〕 形 敏感だ. ¶ 유행에 민감한 여성 流行に敏感な女性.
민감히 副 敏感に. 鋭く.
민국〔民國〕 名 **1** 国民主権の国. **2**〔'대한민국'의 준말〕大韓民国.
민군〔民軍〕 名 民兵.
민권〔民權〕 名 民権. ¶ ~ 신장 民権伸張 / ~ 운동 民権運動.
민권주의〔—主義〕 名 民権主義.
민낯 名 化粧しない顔. 素顔. 地顔.
민다래끼 名 化膿しないものもらい.
민단〔民團〕 名 **1** 居留民団. 民団 **2** 民間自治の団体.
민담〔民譚〕 名 民譚. 民話.
민도〔民度〕 名 民度. ¶ ~가 낮다 民度が低い.
민둥민둥하다 形 山に木が生えていない. 禿げている.
민둥산〔—山〕 名 はげ山. 裸山.
민들레 名〔植〕蒲公英.
민란〔民亂〕 名 民乱. 反乱.
민망스럽다〔憫惘—〕 形 きまり悪い. 心苦しい. しのびない. ¶ 너무 야해서 보기가 민망스러웠다 あまりにもいやらしいので見るのはきまりが悪かった.
민망하다〔憫惘—〕 形 きまり悪い. 心苦しい. しのびない. ¶ 차마 보기가 민망하여 얼굴을 돌렸다 見るにしのびず顔をそむけた. **민망히** 副 不憫に

心苦しく.
민머리 名 **1** 官職に就いたことのない人. **2** つるつるにはげた人. **3** 髷を結わない髪.
민며느리 名 将来嫁にするために小さいうちから同じ家で育てる娘.
민물 名 淡水. 真水.
　민물고기 名 淡水魚.
민민하다〔憫憫―〕形 憐れだ. 気の毒だ. **민민히** 副 気の毒に. 憐れに.
민박〔民泊〕名 하自 民泊. 民宿.
민방〔民放〕名 民間放送. 民放.
민방공〔民防空〕名 民間で行なう防空.
민방위〔民防衛〕名 民間防衛. 民間で行なう自衛活動.
민법〔民法〕名〔法〕民法.
　민법학〔―學〕名 民法学.
민병〔民兵〕名 **1** 民兵. **2** 民兵隊.
민복〔民福〕名 国民の福利.
민본〔民本〕名 民本. 国民を主とすること.
　민본주의〔―主義〕名 民本主義.
민사〔民事〕名 **1**〔法〕民事. **2** 民間に関すること.
　민사 사건〔―事件〕名〔法〕民事事件.
　민사 소송〔―訴訟〕名〔法〕民事訴訟.
　민사 재판〔―裁判〕名〔法〕民事裁判.
　민사 책임〔―責任〕名〔法〕民事責任.
민생〔民生〕名 **1** 国民. **2** 民生. 国民の生活. ¶ ~물자 民生物資 / ~의 안정 民生の安定.
　민생고〔―苦〕名 庶民の生活苦.
민선〔民選〕名 하他 民選. ¶ ~ 의원 民選議員.
민성〔民聲〕名 民声. 世論.
　민성함〔―函〕名 民声箱〈世論を聞くために設けた投書箱〉.
민속〔民俗〕名 民俗. ¶ ~ 무용 民俗舞踊 / ~ 예술 民俗芸術.
　민속 공예품〔―工藝品〕名 民俗工芸品.
　민속극〔―劇〕名 民俗劇.
　민속놀이 名 伝承遊戯や伝統芸能. 民俗遊戯.
　민속악〔―樂〕名〔樂〕民俗音楽.
　민속촌〔―村〕名 民俗村〈文化財保存地域として昔の民俗を保存·陳列した区域〉.
　민속학〔―學〕名 民俗学.

> **單語帳** 민속놀이에 관한 말
>
> 널뛰기 板跳び / 윷놀이 ユンノリ / 그네 端午の節句に女性が乗る大きなぶらんこ / 강강술래 カンガンスルレ〈全羅南道の海岸地方に伝わる女性の円舞〉 / 차전놀이 車戦遊び〈大きなしめ縄状の物を一輪車に乗せ, グループに分かれて押し合う遊び〉 / 횃불싸움 たいまつをもって行進したりけんかをしたりする遊び / 돌싸움·석전(石戰) 石合戦.
> ▷놀이 單語帳

민속하다〔敏速―〕形 敏速だ. **민속히** 副 敏速に. 素早く.
민수〔民需〕名 民需. 民間の需要. ¶ ~품 民需品.
　민수 산업〔―産業〕名 民需産業.
민숭민숭하다 形 **1** (体毛が生えていなくて) つるつるしている. すべすべしている. **2** (山が) はげている. **3** (酒を飲んでも) 酔わずにけろりとしている. しゃんとしている.
민심〔民心〕名 民心. ¶ ~을 잃다[얻다] 民心を失う[得る].
민약설〔民約說〕名〔社〕民約説.
민어〔民魚〕名〔動〕鮸.
민영〔民營〕名 民営.
민예〔民藝〕名 民芸. ¶ ~품 民芸品.
민완〔敏腕〕名 敏腕. ¶ ~ 기자 敏腕記者.
　민완가〔―家〕名 敏腕家. やり手.
민요[1]〔民謠〕名〔樂〕民謡.
　민요곡〔―曲〕名〔樂〕民謡曲.
　민요조〔―調〕名 民謡調.
민요[2]〔民擾〕名 民乱. 一揆.
민원[1]〔民怨〕名 国民の恨み.
민원[2]〔民願〕名 国民の望みや請願. ¶ ~서류 住民の嘆願書類.
민유〔民有〕名 民有. 民間の所有. ¶ ~지 民有地.
민의〔民意〕名 民意. ¶ ~를 묻다 民意を問う.
민적〔民籍〕名 民籍. 戸籍.
민정[1]〔民政〕名 民政. **1** 国民のための政治. **2** (国民の安寧と福利増進を) 図る行政.
민정[2]〔民情〕名 民情. **1** 民衆の心情. **2** 国民の実際の状態. ¶ ~ 시찰 民情視察.
민족〔民族〕名 民族. ¶ ~주의 民族主義.
　민족 국가〔―國家〕名 民族国家.
　민족 문화〔―文化〕名 民族文化.
　민족사〔―史〕名 民族史. 民族の歴史.
　민족성〔―性〕名 民族性.
　민족의식〔―意識〕名 民族意識.
　민족 자본〔―資本〕名 民族資本.
　민족적〔―的〕冠名 民族的. ¶ ~ 긍지 民族的な誇り.
　민족정신〔―精神〕名 民族精神.
　민족혼〔―魂〕名 民族の魂.
민주〔民主〕名 民主. ¶ ~ 국가 民主国家 / ~ 정치 民主政治.
　민주 공화국〔―共和國〕名 民主共和国.
　민주적〔―的〕冠名 民主的.
　민주 정치〔―政治〕名 民主政治.
　민주주의〔―主義〕名 民主主義.
　민주화〔―化〕名 하自他 民主化. ¶ ~ 운동 民主化運動.
민중〔民衆〕名 民衆. ¶ ~ 예술 民衆芸術 / ~ 운동 民衆運動.
민짜 名 飾りのないもの.
민첩하다〔敏捷―〕形 敏捷だ. 素早い. **민첩히** 副 敏捷に. 手早く. 素早く.
민치〔民治〕名 하自 民治. 民を治めること.
민툿하다 形 でこぼこがなく傾斜がなだらかだ. のっぺりしている. **민툿이** 副 なだらかに.
민패 名 飾りのないもの.

민폐〔民弊〕 名 国民に対する弊害.
민하다 形 ちょっと愚かだ.
민화〔民話〕 名 民話. 民間の説話.
민활하다〔敏活—〕 形 素早い. てきぱきしている. 機敏だ. ¶그는 몸집이 커도 몸놀림은 ～ 彼は体は大きくても動作は機敏だ. **민활히** 副 敏速に. すばしこく.
믿다 他 **1**〔의심치 않다〕信じる. 本当だと思う. 疑わない. ¶그의 말을 ～ 彼の言葉を信じる. **2**〔신뢰하다〕信頼する. 頼る. 当てにする. ¶이제 믿을 수 있는 것은 자네 뿐이네 もう当てにできるのは君だけだよ. **3**〔신앙하다〕信仰する. ¶불교를 ～ 仏教を信仰する.
믿음 名 **1** 信じる心. 信頼. ¶～을 저버리다 信頼を裏切る. **2** 信心. 信仰. ¶～이 깊은 사람 信心深い人.
　믿음성〔—性〕 名 信頼性. ¶～이 있는 사람 信頼のおける人.
　믿음직스럽다 形 信頼できる. 頼もしいところがある. ¶믿음직스러운 아들을 두셨군요 頼もしいお子さんをお持ちですね.
　믿음직하다 形 頼もしい.
밀¹ 名 蜜蝋.
밀² 名〔植〕〔'참밀'의 준말〕小麦.
밀³ 名〔鑛〕砂金を選別したあとの砂や小石.
밀가루 名 小麦粉. メリケン粉. ¶～를 반죽하다 小麦粉を練る.
밀감〔蜜柑〕 名〔植〕蜜柑.
밀개떡 名 小麦粉·麩などをこねて薄く平らに伸ばして蒸した餅.
밀계〔密計〕 名 密計. 秘密の計画. ¶～를 꾸미다 密計をめぐらす.
밀고〔密告〕 名 하他 密告. ¶～자 密告者／밀수를 ～하다 密輸を密告する.
밀교〔密教〕 名 **1**〔佛〕密教. **2**〔史〕王が生前, 自分の親族·重臣に後事を託した秘密の教書. **3**〔史〕王の秘密の教書.
밀국수 名 小麦粉でつくった麵〈うどん·そうめんなど〉.
밀기름 名 (ごま油に蜜蝋を混ぜてつくった)整髪用の油.
밀기울 名 麩. 麦くず.
밀다 他 **1** 押す. ¶여보세요, 밀지 마세요 ちょっと, 押さないでください. **2**《'밀고 나가다'의 꼴로》(意志などを)押し通す. 貫く. 押し進める. ¶초지를 밀고 나가다 初志を押し通す. **3**〔추천하다〕(人を)推す. 推薦する. ¶그를 책임자로 밀어 주자 彼を責任者に推そう. **4** (削ったり押さえたりして)平らにする. ならす. (剃刀で)剃る. (付着している物を)こする. ¶수염을 ～ ひげをそる／때를 ～ 垢をこする. **5**〔'미루다'의 준말〕延ばす. 押しつける. ¶네 일을 남에게 밀지 마라 自分の仕事を人に押しつけるな. **6** 印刷する. 謄写する. ¶팸플릿을 등사판으로 ～ パンフレットを謄写版で印刷する.
밀담〔密談〕 名 하自 密談. 内緒話.
밀대 名 **1** 押すための棒. **2**〔軍〕銃の引き金に連結した軸棒.
밀도〔密度〕 名 **1** 密度. ¶인구 ～ 人口密度. **2** 内容の充実度.
　밀도계〔—計〕 名〔物〕密度計.
밀도살〔密屠殺〕 名 하他 密殺〈法を犯して家畜を畜殺すること〉.
밀떡 名 小麦粉を蜜や砂糖水でこねたもの〈薬として腫れ物に貼る〉.
밀뜨리다〔-트리다〕 他 押しのける. 突き落とす.
밀랍〔蜜蠟〕 名 蜜蝋.
밀려가다 自 **1** (波などが)打ち返す. ¶밀려오고 밀려가는 물결 打ち寄せては打ち返す波. **2** (大勢の人が)どっと押しかける. ¶사람들이 유세장으로 ～ 人々が遊説場に押しかける.
밀려나다 自 (ある勢力によって)押し出される. 追い出される. そっちのけにされる. ¶공직에서 ～ 公職から追放される.
밀려나오다 自 **1** 後ろから押し出される. **2** (ある勢力に押されて)その場から退く. ¶실력이 달려 직장에서 ～ 実力が足りなくて仕事をやめる. **3** (大勢の人が)どっと出て来る. ¶교문에서 학생들이 밀려나왔다 校門から学生たちがどっと出て来た.
밀려다니다 自 **1** 後ろから押されて歩く. **2** 大勢が群れをなして出歩く. ¶친구들과 ～ 友達と群れをなして歩き回る.
밀려들다 自 押し寄せる. なだれ込む. 殺到する. ¶군중이 ～ 群衆が押し寄せる.
밀려오다 自 押し寄せる. ¶높은 파도가 ～ 高波が押し寄せる.
밀렵〔密獵〕 名 하他 密猟. ¶～자 密猟者.
밀리다 自 **1** (仕事などが)たまる. 滞る. 積もる. ¶일이 ～ 仕事がたまる／지불이 ～ 支払いが滞る. **2**〔'밀다'의 피동사〕押される. ¶사람에 밀려서 버스 뒤까지 왔다 人に押されてバスの奥まで来た.
밀림〔密林〕 名 密林. ジャングル.
밀매〔密賣〕 名 하他 密売. ¶마약을 ～하다 麻薬を密売する.
　밀매품〔—品〕 名 密売品.
밀매매〔密賣買〕 名 하他 密売買.
밀무역〔密貿易〕 名 하他 密貿易.
밀문〔—門〕 名 押し開きの戸.
밀물 名 満ち潮. 上げ潮. 差し潮. ¶～이 들어오다 潮が満ちる.
밀반죽 名 하自 小麦粉を練ること. 小麦粉を練たもの.
밀방망이 名 麵棒.
밀범벅 名 小麦粉にカボチャやえだまめなどを混ぜて煮込んだ食べ物.
밀보리 名 **1** 小麦と大麦. **2** はだかむぎ.
밀봉¹〔密封〕 名 하他 密封. ¶서류를 ～하다 書類を密封する.
　밀봉교육〔—教育〕 名 (スパイなどを養成するために)隔離して行なう秘密の教育.
밀봉²〔蜜蜂〕 名〔動〕蜜蜂.
밀사¹〔密事〕 名 密事. 秘密の事柄.

밀사²〔密使〕名 密使.
밀살〔密殺〕名 하他 密殺. **1** ひそかに人を殺すこと. **2**〔'밀도살'의 준말〕密殺.
밀생〔密生〕名 하自 密生. ¶ 잡초가 ~하고 있다 雑草が密生している.
밀서〔密書〕名 密書. 秘密文書.
밀선〔密船〕名 密航船.
밀송〔密送〕名 하他 密送. ひそかに送ること. ¶ 기밀문서를 ~하다 機密文書を密送する.
밀수〔密輸〕名 하他 密輸. ¶ ~품 密輸品 / ~업자 密輸業者.
밀수입〔密輸入〕名 하他 密輸入.
밀수출〔密輸出〕名 하他 密輸出.
밀실〔密室〕名 密室. ¶ ~의 살인 사건 密室の殺人事件.
밀약〔密約〕名 하他 密約. ¶ ~을 주고 받다 密約を交わす.
밀어¹〔密漁〕名 하自他 密漁. ¶ 감시를 피해서 ~한다 監視の目を避けて密漁する.
　밀어선〔一船〕名 密漁船.
밀어²〔密語〕名 하自 密語. **1** ひそかにささやくこと. **2**〔佛〕密教の真言陀羅尼.
　밀어상통〔一相通〕名 하自 ひそかに書信でお互いの意志を通ずること.
밀어³〔蜜語〕名 蜜語. ¶ 사랑의 ~를 속삭이다 愛の蜜語をささやく.
밀어내다 他 (一定の位置から)押し出す. 追い出す. ¶ 신출내기가 고참을 ~ 新参者が古参を追い出す.
밀어닥치다 自 押し寄せる. 押しかける. ¶ 빚쟁이가 ~ 借金取りが押しかける.
밀어붙이다 他 **1** 押して片隅にくっつける. **2** 力を込めて一方へ押す. **3** 手綱を緩めず追い込む.
밀어젖히다 他 **1** 押してひっくり返す. 押しのける. ¶ 사람을 밀어젖히고 나갔다 人を押しのけて出た. **2** 押しあける. ¶ 힘껏 문을 ~ 戸を力いっぱい押しあける.
밀월〔蜜月〕名 蜜月. **1** 新婚間もないとき. ¶ ~을 보내다 蜜月を過ごす. **2** 親密な関係にあること. ¶ 여야의 ~ 시대 与野党の蜜月時代.
　밀월여행〔一旅行〕名 新婚旅行.
밀의〔密議〕名 하他 密議. 秘密の議論.
밀입국〔密入國〕名 하自 密入国. ¶ ~자 密入国者.
밀장¹〔密葬〕名 하他 密葬. 他人の土地にひそかに葬ること.
밀장²〔密藏〕名 하他〔佛〕密蔵. 真言宗の経典.
밀전병〔一煎餠〕名 油で焼いた小麦粉の煎餅.
밀접하다〔密接一〕形 密接だ. ¶ 두 사람은 밀접한 관계에 있다 両者は密接な関係にある. **밀접히** 副 密接に.
밀정〔密偵〕名 하他 密偵. スパイ.
밀조〔密造〕名 하他 密造. ¶ 마약을 ~하다 麻薬を密造する.
밀주〔密酒〕名 하自 密造酒.
밀집〔密集〕名 하自 密集. ¶ 공장이 ~되어 있다 工場が密集している.
　밀집 부대〔一部隊〕名〔軍〕密集部隊.
밀짚 名 麦わら. ストロー.
　밀짚모자〔一帽子〕名 麦わら帽子.
밀착〔密着〕名 하自他 密着.
　밀착 인화〔一印畫〕名 密着印画. べた焼き.
밀치다 他 (力強く)押す. 押しのける. ¶ 사람을 밀치고 나갔다 人を押しのけて出た.
밀치락달치락 副 하自 押したり引いたり. 押し合いへし合い. ¶ 서로 먼저 타려고 ~하다 われ先に乗ろうとして押し合いへし合いする.
밀크〔milk〕名 ミルク. 牛乳.
　밀크셰이크〔—shake〕名 ミルクセーキ.
밀탐〔密探〕名 하他 ひそかに探ること. ¶ 적정을 ~하다 敵情をひそかに探る.
밀통〔密通〕名 하自他 密通. 内通. ¶ 적과 ~하다 敵と密通する.
밀파〔密派〕名 하他 ひそかに派遣すること.
밀폐〔密閉〕名 하他 密閉. ¶ ~한 용기 密閉した容器.
밀항〔密航〕名 하自 密航. ¶ 어선으로 ~하다 漁船で密航する.
밀행〔密行〕名 하自 密行.
밀화〔密話〕名 하自 密話. 内緒話.
밀회〔密會〕名 하自 密会. ¶ 약속 장소에서 ~하다 約束の場所で密会する.
밉광스럽다 形 憎たらしい. 小憎らしい. ¶ 밉광스럽게 굴다 憎たらしくふるまう.
밉다 形 **1** 憎い. 憎らしい. ¶ 미워 죽겠다 憎くてたまらない / 왠지 모르게 ~ なんとなく虫が好かない. **2** (ようす·格好などが)醜い. 美しくない. 見苦しい. ¶ 발모양이 ~ 足の格好が醜い. **3** 〈反語的に〉かわいい.
밉둥 名 (子供の)いたずら. 悪さ.
밉디밉다 形〔'밉다'의 힘줌말〕非常に憎らしい.
밉살맞다 形 〈卑〉憎たらしい.
밉살머리스럽다 形 憎たらしい.
밉살스럽다 形 かわいげがなく憎たらしい.
밉상〔一相〕名 憎らしい顔つきや態度. 憎体面.
밋밋하다 形 **1** ほっそりしている. すらりとしている. ¶ 다리가 ~ 脚がすんなりしている. **2** (凸凹がなく)のっぺりしている. 平べったい. ¶ 밋밋한 얼굴 のっぺりとした顔. **밋밋이** 副 すらりと. のっぺりと.
밍근하다 形 生ぬるい. ¶ 물이 ~ 水が生ぬるい. **밍근히** 副 生ぬるく.
밍밍하다 形 **1** (スープなどが)薄い. 水っぽい. **2** (酒·たばこなどの)味が水くさい. 軽すぎる.
밍크〔mink〕名〔動〕ミンク.
및 副 および. 並びに. また. さらに. ¶ 각자 필기 도구 ~ 실내화를 지참할 것 各自筆記道具および上ばきを持参すること.
밑 名 **1**〔아래쪽〕(物の)下. 内部. 底. ¶ 바다 ~ 海の底 / 책상 ~에 연필이 떨어져 있다 机の下に鉛筆が

落ちている. **2**〔하위〕(年齢·地位などの)下. ¶세살쯤 ～의 동료 3歳くらい下の同僚/과장은 부장의 ～이다 課長は部長の下だ. **3** (ある条件·環境の)下. もと. ¶일은 면밀한 계획 ～에 추진되었다 仕事は綿密な計画のもとに推進された. **4**〔근본·기초〕(物事の)根本. 基礎. ¶～이 튼튼하다 基礎がしっかりしている. **5**〔'밑동'의 준말〕根もと. **6**〔'밑구멍 2'의 준말〕肛門. **7**〔數〕(対数などの)底.

◆**밑이 구리다** ① 何か弱みがある. ② 怪しいところがある. 後ろめたい.

◆**밑이 질기다** 容易に腰をあげない. 尻が重い.

밑가지 名 下枝. したえ.

밑거름 名 **1**〔農〕元肥. 原肥. ¶～을 주다 元肥を施す. **2** (物事の)基礎. 土台. 下地.

밑구멍 名 **1** 底穴. 底にあいた穴. **2** 肛門. **3**〈俗〉(女性の)陰部.

밑그림 名 下絵. 下図.

밑글 名 **1** すでに学んだ学問. **2** 基礎になる知識.

밑넓이 名〔數〕底面積.

밑돌다 自 (ある基準よりも)下回る. ¶밀 수확량이 평년을 밑돈다 小麦の収穫量が平年作を下回る.

밑동 名 **1** (木·草などの)根もと. **2** (柱·棒·竹など長いものの)下の部分. 底. 尻. ¶병～ 瓶の底. **3** (だいこん·はくさいなどの)根.

밑동부리 名 樹木の切断された部分.

밑면〔一面〕名 底面.

밑바닥 名 底. **1**〔물건의 바닥〕(物体の)底面. 下面. ¶구두 ～ 靴の底/강 ～ 川底. **2**〔최하층〕(社会の)底辺. どん底. ¶～ 생활에 허덕인다 どん底の生活にあえぐ. **3**〔속마음〕心の奥. 底意. 本心. ¶～이 드러나는 거짓말 見えすいた嘘.

밑바탕 名 **1** (物事の)本質. **2** (人間の)天性. 素質. 下地. ¶그는 화가로서의 ～이 갖춰져 있다 彼は画家としての素質が備わっている.

밑반찬〔一飯饌〕名 保存の効くおかず. 保存食品〈塩辛など〉. 常備菜.

밑받침 名 **1** 支える物. 支柱. 台. ¶～이 튼튼하다 支えが丈夫だ. **2** 下敷き.

밑변〔一邊〕名〔數〕底辺.

밑불 名 種火. 火種.

밑술 名 **1** 清酒をくみ取った残りの粗酒. **2** 酒が早く発酵するように入れる酒.

밑씻개 名 便所紙.

밑알 名 めんどりを誘い寄せるため巣の中に入れておく卵.

밑절미 名 (物事の)基礎. 土台. 素地.

밑줄 名 下線. アンダーライン. ¶중요한 곳에 ～을 치다 重要な所に下線を引く.

밑줄기 名 茎の下の部分.

밑지다 自他 損をする. ¶오늘 장사는 만 원쯤 밑졌다 きょうの商売は1万ウォンほど損をした.

◆**밑져야 본전이다** 失敗しても元々だ.

◆**밑지는 장사** 損をする商売.

밑창 名 **1** 靴の底. ¶～을 갈다 靴の底を替える. **2** どん底. ¶～에서부터 한 걸음씩 올라가다 どん底から一歩ずつはい上がる.

밑천 名 **1** 資本. 資金. 元手. 元金. ¶결혼 ～ 結婚資金. **2** (あることをするのに必要な)苦労. 労力. 代価. ¶경험을 얻는 데는 많은 ～이 들었다 経験を積むまでには多くの代価が払われた. **3** (物事の)土台. 基礎. 基盤. 下地. 材料. たね. ¶이제는 이야기 ～도 떨어졌다 もう話のたねも尽きた. **4**〈俗〉男根.

◆**밑천이 드러나다** 資金が足りなくなる.

◆**밑천이 짧다** 元手が少ない. 資本が足りない.

밑층〔一層〕名 **1** 下層. 幾重にも重ねたもののいちばん下のもの. **2** (高層建築の)1階.

밑판〔一板〕名 下に敷く板.

ㅂ

ㅂ 名 ハングル子音字母の一つとして第六番目の字. 字母の名称は비읍.

-ㅂ니까 語尾 〔의문을 나타냄〕…しますか. …ですか. ¶학교에 갑니까 学校に行きますか / 지금 떠나십니까? 今ご出発ですか.

-ㅂ니다 語尾 〔객관적 서술을 나타냄〕(…し)ます. …です. …でございます. ¶곧 갑니다 すぐ行きます / 매우 기쁩니다 とてもうれしいです / 교수님은 오늘 안 나오십니다 教授は今日は出ていらっしゃいません.

-ㅂ디까 語尾 〔과거의 경험을 물음〕…しましたか. …でしたか. …だったですか. ¶어느 쪽이 큽디까? どちらが大きかったですか / 뭐라고 합디까? 何と言っていましたか.

-ㅂ디다 語尾 〔과거를 회상하여 알림을 나타냄〕…でした. …していました. …です. ¶그 옷은 좋지 못합디다 その服はよくありませんでした / 웃읍디다 笑っていました / 잘 잡디다 よく寝ていました.

-ㅂ시다 語尾 **1**〔권유를 나타냄〕…しましょう. ¶그렇게 합시다 そうしましょう / 함께 탑시다 いっしょに乗りましょう / 여기 앉읍시다 ここに座りましょう. **2**〔청하거나 허락을 구하는 뜻을 나타냄〕…してください. ¶동대문 갑시다 (タクシーで)東大門に行ってください / 내립시다 (満員バスで)降ろしてください.

-ㅂ시오 語尾 …ませ. …なさい. …して下さい. ¶어서 오십시오 いらっしゃいませ.

바¹ 名〔樂〕へ音. ▷다¹

바²〔bar〕名 バー. **1** 棒. 閂. **2** (走り高跳び·棒高跳びなどの)横木. **3** (ホステスのいる)西洋式の飲み屋.

바³ 依名 **1** (…する)ところ. …こと. ¶우리의 할 ～가 아니다 私たちのすべきことではない / 전과 다를 ～ 없다 前と変わるところがない. **2** (‘바에는[에야]’의 꼴로) (どうせ)…するのなら. …するからには. ¶기왕에 산에 온 ～에야 정상까지 가 보자 どうせ山に来たからには頂上まで行ってみよう / 어차피 갈 ～에는 한시라도 빨리 가자 どうせいくのなら一刻でも早く行こう.

바⁴〔bar〕依名〔物〕〔압력의 단위〕バール. ¶밀리～ ミリバール.

바가지 名 **1** パガジ. ひさご. **2** 料金をふっかけること, またその料金. ¶～ 요금 正規の料金よりも不当に高い料金.

◆**바가지를 긁다** ① 責める. なじる. ② (妻が夫に)愚痴をこぼす. 不平を並べたてる. がみがみいう.

◆**바가지를 쓰다** ぶったくられる. ぼられる. 鴨にされる. ¶한 잔 하러 갔다가 호되게 ～만 썼다 一杯飲みに行ったところひどくぼられた.

◆**바가지를 씌우다** ぶったくる. ぼる. 鴨にする. ¶손님에게 ～를 씌우다 客を鴨にする.

◆**바가지를 차다** (落ちぶれて)乞食になる. ▷쪽박

바겐세일〔bargainsale〕名 バーゲンセール. バーゲン.

바구니 名 ざる. かご.

바구미 名〔動〕穀象虫.

바그르르 副 하自 〔물이나 거품이 끓는 소리[모양]〕ぐらぐら(と). ぐつぐつ(と). ぶくぶく(と). ¶물이 ～ 끓다 湯がぐらぐら沸く.

바글거리다[-대다] 自 **1** ぐらぐら沸き立つ. ぶくぶくと泡立つ. ¶주전자의 물이 ～ やかんの湯がぐらぐら沸き立つ. **2** (人などで)ごった返す. ¶시장에 사람이 ～ 市場が人でごった返す. **3** (小さな虫などが一か所に集まって)うようよする. うごめく. ¶구더기가 ～ うじがうようよする. **4** (心がじれて)いらいらする. じりじりする. 焦る.

바글바글 副 하自 **1** ぐらぐら(と). ぶくぶく(と). ¶국물이 ～ 끓다 おつゆがぐつぐつ煮え返る. **2** うじゃうじゃ(と). うようよ(と). **3** いらいら(と). じりじり(と).

바깥 名 **1** 外. 表. 外側. ¶～ 날씨가 차다 外は寒い / ～에 나가 놀아라 外に出て遊びなさい. **2** 屋外. 露天. 露地. ¶～에서 밤을 새웠다 外で夜を明かした. **3** 夫. (家内の)男. ¶～에서 돌봐 줍니다 亭主が面倒をみてくれます.

바깥문〔一門〕名 **1** 表門. **2** 別棟の門.

바깥바람 名 外気. 戸外の空気. ¶～이 시원하다 外気がさわやかだ / ～이나 쐬고 오너라 外の空気にでも触れてきなさい.

바깥부모〔一父母〕名 父. 父親.

바깥사돈〔一査頓〕名 結婚した両家の男親同士の間柄.

바깥소문〔一所聞〕名 世間のうわさ.

바깥소식〔一消息〕名 外部の消息. 世間の出来事.

바깥손님 名 男の客.

바깥심부름 名 하自 外へのお使い. 男の主人や夫の言いつけによるお使い.

바깥양반〔一兩班〕名 (男の)主人. ご主人. 夫. 宅. 旦那. ¶～은 어디 계십니까? ご主人様はどちらにいらっしゃいますか / 그것은 ～에게 물어 보십시오 そのことは夫に聞いてみてください.

바깥어른 名〔‘바깥주인’의 높임말〕ご主人.

바깥일 名 **1** (おもに男たちがする)家の外の仕事. 屋外の仕事. **2** (家の)外

の出来事. **3** 家事以外の用事.
바깥주인〔—主人〕 名 主人. ご主人.
바깥쪽 名 外側. 表側. 表の方.
바깥채 名 別棟. 離れ.
바깥출입〔—出入〕 名 外出. 他出. ¶ ~이 너무 잦다 外出が頻繁すぎる.

바꾸다 他 **1** 代える. 交換する. 取り替える. 両替する. ¶수표를 현금으로 ~ 小切手を現金に両替する / 자동차의 타이어를 ~ 自動車のタイヤを交換する. **2** 変える. 変化させる. 変更する. 切り替える. ¶차례를 ~ 順序を変更する / 안색을 ~ 顔色を変える / 방향을 ~ 方向を変える. **3** 替える. 代える. ¶계획을 ~ 計画を替える / 낡은 제도를 ~ 古い制度をかえる. **4** (反物を)買う. ¶비단 한 필을 바꿔 옷을 짓다 絹1匹を買って服を仕立てる.
◆**바꾸어 말하면** 換言すれば. 言い換えれば.

바뀌다 自 変えられる. 変わる. 切り替わる. ¶옷이 ~ 服が変わる / 자리가 ~ 席が変わる / 주인이 바뀐 담배 가게 主人が変わったたばこ屋.
바나나 名〔植〕バナナ.
바느질 名 하自他 針仕事. 裁縫. ¶~감이 쌓였다 縫い物がたまった / ~솜씨가 좋다 裁縫の腕がよい.
바느질삯 名 針仕事の手間賃. 縫い賃.
바느질품 名 (生計を立てるための)針仕事.

바늘 名 (編み物・縫い物・釣り・時計・注射器などの)針.
〔속담〕 **바늘 가는 데 실이 간다** 針の行くところに糸が行く〈密接な関係〉.
바늘 도둑이 소도둑 된다 針泥棒が牛泥棒になる〈ささいな悪癖も繰り返せば大きな間違いを犯すようになる〉.
바늘로 찔러도 피 한 방울 안 난다 針で刺しても血一滴出ない〈とてもひどいけちん坊である〉.
바늘구멍 名 **1** 針であけた穴. **2** 針が入るほどの小さい穴. **3** 〈俗〉 針の穴. めど.
〔속담〕 **바늘구멍으로 황소바람 들어온다** 針ほどの穴から強いすきま風が入る〈寒いときは小さい穴から入ってくる風でもかなり冷たい〉.
바늘귀 名 針の穴. めど. 針の耳.
바늘방석〔—方席〕 名 **1** 針刺し. 針山. **2** 針のむしろ. きわめて不安な状態.
〔속담〕 **바늘방석에 앉은 것 같다** 針のむしろに座ったようだ. きわめて不安だ.
바늘쌈 名 (24本入りの)針の一包み.

바닐라〔vanilla〕 名〔植〕バニラ.
바다 名 **1** 海. ¶깊은[넓은] ~ 深い[広い]海 / 잔잔한 ~ 静かな海 / ~낚시 海釣り / ~에 뛰어들었다 海に飛び込んだ. **2** 広大なこと. 液体の多いこと. ¶눈물 ~ 涙の海 / 불~가 되다 火の海になる.
◆**바다와 같다** 海のように広い[深い]. ¶~와 같은 어머니의 사랑 海のように深い母の愛.
바닷가 名 海辺. 浜. 海岸. 岸.
바닷말 名 海藻の総称.
바닷물 名 海水. 潮.
바닷물고기 名 海魚. 海水魚.
바닷바람 名 海風. 潮風.

> **單語帳** 지형에 관한 말
>
> ◆바닷가 海辺 / 해안 海岸 / 해협 海峡 / 만 湾 / 항구(港口) 港 / 개펄 干潟 / 곶 岬 / 반도 半島 / 섬 島.
> ◆강 川 / 강가 川辺 / 시내 小川 / 여울 瀬 / 계곡 渓谷 / 골짜기 谷 / 빙하 氷河 / 호수(湖水) 湖 / 못 池 / 늪 沼 / 폭포(瀑布) 滝 / 샘 泉.
> ◆산 山 / 산맥 山脈 / 고원 高原 / 언덕 丘 / 고개 峠 / 꼭대기[정상] 頂上 / 기슭 麓 / 절벽 絶壁.
> ◆들 野原 / 숲 森. 林 / 평지 平地 / 평야 平野 / 대륙 大陸 / 뭍[육지] 陸地 / 사막 砂漠.

바다거북 名〔動〕青海亀.
바다오리 名〔動〕海烏.
바다제비 名〔動〕海燕.
바다표범〔—豹—〕 名〔動〕海豹.
바닥 名 **1** (物体の平らな)表面. 平面. 床. ¶마룻~ 床 / 손~ 手のひら / 발~ 足の裏 / 땅~ 地面. **2** 底. ¶쌀 뒤주의 ~ 米びつの底 / ~이 보이는 맑은 시냇물 底が見える澄んだ小川の水 / 구두 ~이 닳다 靴の底がすり減る. **3** (生地の)織り目. ¶이 모시는 ~이 곱다 この苧麻は織り目が細かい. **4** 混雑しているところ. 地域. 界隈. 巷. ¶시장 ~에서 장사하며 살아가고 있다 市場で商売して暮らしている. **5** (金銭・品物などが)品切れ. 払底すること. 底をつくこと. ¶자금이 ~이 나다 資金が底を突く. **6** (相場の)底値.
◆**바닥을 보다** ① 結果を見届ける[見極める]. ② 元手を使い果たす.
◆**바닥이 드러나다** ① 正体が現われる. 底が割れる. ② 払底する. すり減る.
바대 名 (ひとえの裏に当てる)当てぎれ.
바동거리다[-대다] 自他 手足をじたばた動かす. もがく. じたばたする. ¶이제 와서 바동거려도 소용없다 いまさらじたばたしてもはじまらない.
바동바동 副 하自他 じたばたするさま. ¶~ 발버둥질을 치다 足をじたばたさせる.
바둑 名 **1** 碁. 囲碁. **2** 〔'바둑돌'의 준말〕 碁石.
◆**바둑을 두다** 碁を打つ.
바둑돌 名 **1** 碁石. **2** 丸く滑らかな石.
바둑무늬 名 (白黒の)まだら模様.
바둑판〔—板〕 名 碁盤.
◆**바둑판 같다** 〈俗〉 ひどいあばた面だ.

> **單語帳** 바둑에 관한 말
>
> 단 段 / 급 級 / 바둑판(—板) 碁盤 / 돌 碁石 / 공제(控

除)[덤] こみ/ 패(霸) 劫/ 팻감(霸一) 劫材/ 축(逐) しちょう/ 축머리(逐一) しちょう当たり/ 대마(大馬) 大石/ 끝내기 寄せ/ 집 目/ 옥집 欠け目/ 단수(單手) 当たり/ 복기(復棋) 局後の感想/ 자충(自充) 駄目を詰める/ 훈수(訓手) 観戦者が横から手を教えること/ 내기 바둑 賭け碁/ 불계승(不計勝) 中押し勝ち/ 계가 바둑(計家一) つくり碁/ 초읽기(秒一) 秒読み/ 장고 長考/ 삼연성 三連星/ 정석 定石

바둑이 名 (白黒のまだらのある)斑犬.

바둥거리다[-대다] 自他 ⇨바동거리다

바드득 副 하自他 〔단단한 물체가 맞닿아 갈리는 소리〕 ぎしぎし(と). ぎりぎり(と). ¶이를 ～ 가는 소리 ぎしぎしと鳴る歯ぎしりの音.

바드득거리다[-대다] 自他 引き続いてぎしぎし鳴る.

바드득바드득 副 하自他 しきりにぎしぎしと音がするさま. ぎしぎし(と). ぎりぎり(と).

바드름하다 形 (小さい物が)やや張り出している. やや出っ張っている. ¶좀 바드름한 송곳니 少し出っ張った糸切り歯. **바드름히** 副 張り出し気味に.

바득바득 副 하自 **1** しつこく. ¶돈을 내 놓으라고 ～ 조르다 お金を出せとしつこくねだる. **2** 強いて. 無理やりに. ¶～ 기를 쓰고 일하다 しゃにむに働く.

바들거리다[-대다] 自他 (体を)ぶるぶる震わせる. ¶화가 나서 바들거리며 일어섰다 怒って体を震わせながら立ち上がった.

바들바들 副 하自他 ぶるぶる(と). わなわな. がたがた. ¶추워서 ～ 떨리다 寒くてぶるぶる震える.

바듯하다 形 **1** ぎっしりだ. きちきちだ. きっちりだ. ¶몸에 살이 쪄 옷이 바듯해졌다 体に肉がついて服がきちきちになった. **2** ぎりぎりだ. やっと間に合う. ¶뛰어야 시간에 바듯하게 닿는다 走れば時間ぎりぎりに着く. **바듯이** 副 ぎりぎりに. やっと. ¶시간 ～ 완성되다 時間ぎりぎりにできあがる.

바디 名 (機・叺織り機などの)筬.

바라〔哱囉〕 名 **1** 小型の銅鑼. **2** 〔'자바라'의 준말〕 鐃鈸.

바라건대 副 願わくは. 願うところは. どうか. ¶～, 승리의 영관을 쟁취하기를 願わくは, 勝利の栄冠をかちとられんことを.

바라기 名 (陶器の)小皿. 小鉢.

바라다 他 願う. 期待する. 望む. 請う. 欲する. ¶세계의 평화를 ～ 世界の平和を望む/ 더 바랄 나위 없다 願ってもないことだ.

바라다보다 他 眺める. 見通す. 望む.

바라문〔婆羅門〕 名 **1** 〔佛〕 婆羅門. **2** 〔'바라문교'의 준말〕 婆羅門教.

바라문교〔一教〕 名 〔宗〕 婆羅門教.

바라밀〔波羅蜜〕 名 〔佛〕 〔'바라밀다'의 준말〕 波羅蜜.

바라밀다〔一多〕 名 〔佛〕 波羅蜜多.

波羅蜜.

바라보다 他 **1** 見渡す. 眺める. 望む. 見晴らす. ¶별을 ～ 星を眺める/ 저녁놀을 ～ 夕焼けを眺める. **2** (将来を)見通す. 展望する. ¶장래를 ～ 将来を見通す. **3** 見守る. 傍観する. ¶사태를 ～ 事態を傍観する. **4** 期待する. 望む. 願う. ¶더 높은 자리를 ～ もっと高い地位を望む. **5** (ある年齢・時点に)近づく. 手が届く. ¶나이 60을 ～ 齢60に近づく.

바라보이다 自 目に入る. 眺められる. ¶멀리 조국의 산천이 바라보인다 遠くに祖国の山河が眺められる.

바라지 名 하他 面倒. 世話. ¶자식 ～ 息子の面倒/ 해산 ～ お産の世話.

바라지다[1] 自 **1** 裂け目ができる. 割れ目ができる. ¶바가지가 ～ パガジに裂け目ができる. **2** いっぱいに広がって開く. ¶꽃송이가 ～ 花房がぱあっと開く. **3** (横に広がって)ずんぐりする.

바라지다[2] 形 **1** ずんぐりしている. がっしりしている. ¶가슴이 딱 ～ 胸ががっしりしている. **2** (器が)縁が広くて浅い. 浅くて平たい. ¶바라진 대접 浅くて平たい平鉢. **3** (人が)度量が小さい. 包容力に欠ける. 心が狭い. ¶속이 바라진 사람 心の狭い人.

바라크〔프 baraque〕 名 **1** バラック. **2** 〔軍〕 兵営.

바락 副 〔성이 나거나 하여 갑자기 기를 쓰는 모양〕 かっと.

바락바락 副 ぎゃあぎゃあ(と). ¶～ 악을 쓰다 ぎゃあぎゃあとわめきたてる.

바람[1] 名 **1** 風. ¶～이 일다 風が起こる[立つ]/ ～이 자다 風がおさまる. **2** 空気. ¶튜브에 ～을 넣다 チューブに空気を入れる. **3** 浮ついた心や言動. 浮気. ¶～난 여자 浮気な女. **4** 旋風. ブーム. ¶해외여행 ～이 분다 海外旅行ブームが起こる. **5** 中風. ¶～을 다스리다 中風を治療する. **6** ほら. 嘘. 誇張. ¶그 친구 어찌나 ～이 센지 믿을 수가 없다 そいつはいつもほらを吹くのでとても信じられない.

◆**바람을 넣다** そそのかす.

◆**바람을 맞히다** 人に無駄骨を折らせる. 待ちぼうけを食わせる.

◆**바람을 쐬다** ① 風を身に受ける. 風に当たる. ¶～을 쐬면 감기 든다 風に当たると風邪を引くよ. ② (気晴らしに)そぞろ歩く. よそに出かける. ¶～을 쐬러 나간다 ちょっと散歩に出かける.

◆**바람을 잡다** ① 浮ついて遊び歩く. ② むちゃなことを考える[もくろむ].

◆**바람이 들다** ① (大根などに)鬆が入る. ② (男女関係で)浮気心を起こす. ③ (仕事に)邪魔が入る.

◆**바람이 자다** ① 風が静まる. ② 浮ついた心が落ち着く.

바람개비 名 **1** 〔天〕 風向計. **2** (おもちゃの)風車.

바람결 名 **1** 風聞. 風の便り. ¶～에 들은 이야기 風の便りに聞いた話. **2** 風間. 風の吹いている間. ¶옷자락이 ～에 나부끼다 裾が風間にはためく.

바람기〔一氣〕 名 **1** 浮気性. 浮つい

た気持ち. ¶ ~가 있는 사람 浮気性の人. **2** 風の気配. ¶ ~가 있는 흐린 날씨 風の気配のある曇った空模様.

바람둥이 名 ほら吹き. 浮気者.

바람막이 名 하自他 **1** 風よけ. **2** 風をよける物.

바람받이 名 風当たり.

바람² 依名 **1** (見苦しい)なり. 姿. ¶ 속치마 ~으로 밖에 나오다 下着姿で外へ出る. **2** 〔'-ㄴ·-는' 뒤에 '바람에'의 꼴로〕…する拍子に. …するはずみに. …するので. …なので. …であるので. ¶ 졸라대는 ~에 장난감을 사 주었다 せがむのでおもちゃを買ってやった / 자꾸 권하는 ~에 너무 마셨다 しきりに勧めるので飲み過ぎた / 무서운 ~에 소리도 못 질렀다 恐ろしさに声もあげられなかった.

바람³ 名 望み. 希望. ¶ 우리의 ~은 통일입니다 私たちの望みは統一です.

바람나다 自 **1** 浮気をする. よろめく. ¶ 연하의 남자와 ~ 年下の男によろめく. **2** 仕事の能率が上がる.

바람맞다 自 **1** 中風にかかる. **2** (約束に)すっぽかされる. 振られる. ¶ 친구한테 ~ 友達にすっぽかしを食う / 여자한테 ~ 女に振られる.

바람벽〔一壁〕名 壁.

바람직하다 形 望ましい. 好ましい. ¶ 바람직한 인물 好ましい人物.

바람피우다 自 **1** 浮気をする. ¶ 아내 몰래 ~ 女房にはこっそり浮気をする. **2** とりとめのないことをよくする.

바랑 名〔佛〕旅僧が背負う大きな袋.

바래다¹ Ⅰ 自 (色などが)あせる. さめる. 退色する. ¶ 색이 바랜 옷 色のあせた服.
Ⅱ 他 さらす. 漂白する. ¶ 광목을 ~ 幅広の綿布をさらす.

바래다² 他 見送る. ¶ 손님을 바래 드리고 오다 お客様を見送ってくる.

바래다주다 他 見送ってあげる[くれる]. ¶ 친구를 역까지 ~ 友達を駅まで見送ってあげる.

바로¹ 副 **1** まっすぐに. 一直線に. ¶ 선을 ~ 긋다 線をまっすぐ引く. **2** (心がけ·行ないなどを)正しく. 正直に. ¶ 그가 숨은 곳을 ~ 대라 彼が潜んだ所を正直に言え. **3** 正確に. きちんと. 正しく. ¶ 질문에 ~ 대답하다 質問に正確に答える / 옷을 ~ 입다 服をきちんと着る. **4** すぐ. 直ちに. 早速. ¶ 지금 ~ 가거라 今すぐ行きなさい / ~ 출발하라 直ちに出発せよ. **5** 間違いなく. まさに. ほかならない. ちょうど. ¶ ~ 내가 말한 대로다 まさに私の言ったとおりだ / 이것이 ~ 오늘의 현실이다 これがまさに今の現実だ. **6** 〔부근〕すぐ(そこ). すぐ(あそこ). ¶ 가게 ~ 옆에 우리 집이 있어요 店のすぐ横に私の家があります.

바로² 感 〔본디 자세로 돌아가라는 말〕直れ. ¶ 우로 봐. ~ 頭右. 直れ.

바로미터〔barometer〕名 バロメータ. ¶ 체중은 건강의 ~이다 体重は健康のバロメータだ.

바로잡다 他 **1** (曲がったものを)まっすぐに伸ばす. 直す. ¶ 자세를 ~ 姿勢を直す. **2** (誤りを)正す. 矯正する. 訂正する. 立て直す. ¶ 잘못을 ~ 誤りを正す / 오자를 ~ 誤字を訂正する / 마음을 ~ 心を持ち直す.

바로잡히다 自 直される. 是正される. 訂正される. ¶ 결점이 ~ 欠点が直される / 국정이 ~ 国政が是正される.

바로크〔프 baroque〕名 バロック. ¶ ~ 음악[미술] バロック音楽[美術].

바루다 他 正す. 正しくする. ¶ 옷깃을 ~ 襟を正す.

바륨〔barium〕名〔化〕バリウム.

바르다¹ 他 **1** (紙·布切れなどを糊をつけて)張る. ¶ 벽지를 ~ 壁紙を張る. **2** (糊·塗料·化粧品などを)塗る. 塗りつける. まぶす. つける. ¶ 분을 ~ おしろいをつける.

바르다² 他 **1** (骨についた身などを)こそげ取る. 削ぐ. ¶ 생선의 살을 발라 먹다 魚の身を(骨から)こそげ取って食べる. **2** (皮·さやなどをむいて)中身を取り出す.

바르다³ 形 **1** (体·物などが)まっすぐだ. 正しい. きちんとしている. ¶ 마음이 바른 사람 心の正しい人. **2** 道理にかなっている. 正しい. ちゃんとしている. ¶ 바른 생각 道理にかなった考え. **3** 正直だ. ¶ 마음이 ~ 心が正直だ. **4** 日当たりがいい. ¶ 양지 바른 뜰 日当たりのよい庭.

바르르 副 하自 **1** 〔작은 물이 끓어오르는 모양[소리]〕ぐつぐつ(と). ふつふつ(と). ¶ 찻물이 ~ 끓다 お茶の水がぐつぐつ煮立つ. **2** 〔사소한 일에 성을 내는 모양〕わなわな(と). ¶ ~ 성을 내다 わなわなと身を震わせながら怒る. **3** 〔불이 가벼이 타오르는 모양〕ぼっと. めらめら(と). ¶ 마른 잎이 ~ 타다 枯れ葉がぼっと燃え上がる. **4** 〔가볍게 떠는 모양〕ぶるぶる(と). ¶ 추위에 입술을 ~ 떨다 寒さに唇をぶるぶる震わせる.

바른 冠 右側の. 右の.

바른길 名 **1** まっすぐな道. **2** 正道. 正しい道. ¶ ~로 이끌다 正道に導く.

바른말 名 하自 道理にかなう話.

바른손 名 右手.

바른쪽 名 右側. 右の方.

바른편〔一便〕名 右側. 右の方.

바리¹ 名 **1** 真鍮製の女性用食器. **2** '바리때'의 준말.

바리때 名〔佛〕僧侶たちの使う木製の器.

바리² 名 (牛·馬の背に)いっぱい積んだ荷. ¶ 곡식 ~ (馬の背の)穀物の積み荷.

바리³ 依名 〔짐을 세는 단위〕駄. ¶ 나무 세 ~ 薪3駄.

바리캉〔프 bariquant〕名 バリカン.

바리케이드〔barricade〕名 バリケード. ¶ ~를 치다 バリケードをめぐらす.

바리톤〔독 Bariton〕名〔樂〕バリトン.

바림 名〔美〕ぼかし. くま取り.

바바리〔Burberry〕名 綿ギャバジンのレーンコート. バーバリー.

　바바리코트〔—coat〕 名 バーバリー.
바버리즘〔barbarism〕 名 バーバリズム.
바벨〔barbell〕 名〔體〕バーベル.
바벨탑〔Babel塔〕 名 バベルの塔.
바보 名 ばか. うすのろ. 阿呆. たわけ. とんま. 間抜け. 愚か者. ¶ ～ 같은 놈 ばかみたいなやつ.
바비큐〔barbecue〕 名 バーベキュー.
바쁘다 形 **1** 忙しい. せわしい. 多忙だ. ¶눈코 뜰 새 없이 ～ 目が回るほど忙しい. **2** (非常に)急だ. 急迫している. はやる. ¶바쁜 걸음 急ぎ足/사태는 매우 ～ 事態は非常に急迫している/한시가 ～ 一刻を争う.
바삐 副 **1** 忙しく. せわしく. ¶ ～ 움직이고 있다 忙しく動いている. **2** 早く. 急いで. 素早く. ¶ ～ 걸음을 옮기다 早く歩を進める.
바삭 副 하自他 **1**〔마른풀·잎 등을 밟을 때 나는 소리〕かさっと. ばさっと. **2**〔단단한 것을 깨물 때 나는 소리〕かりっと. ぱりっと. ¶사탕을 ～ 깨물다 あめ玉をぱりっとかむ.
　바삭거리다[-대다] 自他 **1** がさつく. ばさつく. かさかさ[ばさばさ]と音を立てる. かさかさ[ばさばさ]と音がする. ¶낙엽이 바람에 바삭거린다 落ち葉が風のせいでかさかさ音を立てる. **2** かりかりと音がする[音を立てる].
　바삭바삭 副 하自他 **1** かさかさ(と). ばさばさ(と). ¶ ～ 낙엽 밟는 소리 かさかさ落ち葉を踏む音. **2** かりかり(と). がりがり(と).
바소쿠리 名 萩でつくった笊.
바수다 他 砕く. 粉々にする. ¶무거리를 잘게 ～ ふるいにかけたあとの滓を粉々に砕く. ＜부수다
바스대다 Ⅰ 自 (じっとしていられないで)絶えず体を動かす.
Ⅱ 自他 がさつく. かさかさと音がする[音を立てる].
바스라기 名 (細かく砕かれた)屑. かけら.
바스락 副 하自他〔마른 검불·나뭇잎을 밟을 때 나는 소리〕かさかさ(と). がさがさ(と). ¶덤불 속에서 ～ 소리가 나다 草むらの中でかさかさ音がする.
　바스락거리다[-대다] 自他 かさかさと音がする[音を立てる]. ¶봉지를 바스락거려 과자를 집어 내다 紙袋をがさつかせて菓子を取り出す.
　바스락바스락 副 하自他 かさかさ(と). ごそごそ(と).
바스러뜨리다[-트리다] 他 (小さい物を)砕く. 打ち砕く.
바스러지다 自 **1** (塊が)崩れて細かくなる. **2** 粉々に砕ける. ¶바스러진 유리 거울 粉々に砕けた鏡. **3** (年齢不相応に)顔がしなびる. 老ける. ¶바스러진 얼굴의 할머니 しなびた顔のおばあさん.
바스스 副 하形 **1**〔머리털 등이 흩어진 모양〕ぼさぼさ. もじゃもじゃ. ¶～하게 흐트러진 머리칼 もじゃもじゃに乱れた髪. **2**〔조용히 일어나는 모양〕静かに. そっと. そろりと. ¶～ 일어나다 静かに起き上がる. **3**〔바스라기 같은 것이 흩어지는 모양〕かさかさ(と). ¶쭉정이가 ～ 바람에 날린다 粃がかさかさ風に飛ばされる. **4**〔문을 조용히 여닫는 모양〕そっと. ¶방문을 ～ 열고 들어가다 部屋の戸をそっと開けて入って行く.
바스켓〔basket〕 名 バスケット. 籠.
바스켓 볼〔basket ball〕 名〔體〕バスケットボール.
바심[1] 名 하他 (材木を)寸法に合わせて仕上げること. ¶～질 材木を仕上げる仕事.
바심[2] 名 하他〔農〕**1** 脱穀. **2**〔'풋바심'의 준말〕青刈りをして脱穀すること.
바싹 副 **1**〔말라 버리는 모양〕かさかさ(に). からから(に). ばさばさ. ¶빨래가 ～ 마르다 洗濯物がからからに乾く/입술이 ～ 마르다 唇がかさかさに渇く/우물물이 ～ 말랐다 井戸の水がすっかり干上がった. **2**〔밀착하는 모양〕ぴったり. ぴたっと. ぴたりと. ¶～ 끌어안다 ぴたりと抱き寄せる/뒤를 ～ 따라가다 後にぴったりとついて行く. **3**〔단단히 죄는 모양〕ぎゅっと. しっかり. ¶허리띠를 ～ 졸라매다 ベルトをぎゅっと締める. **4**〔매우 긴장하는 모양〕ぐいと. ぐっと. ¶정신을 ～ 차리다 心をぐいと引きしめる. **5**〔늘거나 주는 모양〕ぐんと. ぐっと. ¶저수지의 물이 ～ 줄었다 貯水池の水がぐっと減った/생활비를 ～ 줄이다 生活費をぐっと減らす. **6**〔몸이 여윈 모양〕げっそり(と). ¶몸이 ～ 마르다[야위다] 体がげっそりやせる. **7**〔단단한 것을 깨물 때 나는 소리〕かりかり(と). ¶사탕을 ～ 깨물다 キャンデーをかりかりとかみ砕く.
　바싹바싹 副 じりじりと. ¶적군이 ～ 다가왔다 敵がじりじりと近づいてきた.
바야흐로 副 まさに. 今や. 今まさに. 今こそ. ¶산과 들은 ～ 봄빛으로 짙어 가고 있다 山や野原はまさに春の色が深まっている.
바위 名 **1** 岩. 岩石. ¶～투성이 산 岩だらけの山. **2** じゃんけんの石. グー. ▷가위바위보
　바위너설 名 岩の角.
　바위옷 名 岩石の苔.
　바위틈 名 岩の間. ¶～에서 흘러 나오는 맑은 물 岩の間から流れ出る清水.
　바윗장 名 平たい岩.
바이 副 まったく. 全然. ¶그 일을 ～ 모르고 있지는 않았다 そのことをまったく知らないわけではなかった.
바이러스〔virus〕 名 ウイルス. バイラス. ビールス.
바이브레이션〔vibration〕 名〔樂〕バイブレーション.
바이블〔Bible〕 名 **1** バイブル. 聖書. **2** ある分野で権威ある書物. ¶경영학의 ～ 経営学のバイブル.
바이스〔vise〕 名〔工〕バイス.
바이어〔buyer〕 名 バイヤー.
바이어스〔bias〕 名 バイアス.
바이오리듬〔biorhythm〕 名〔生〕バイオリズム.
바이올리니스트〔violinist〕 名〔樂〕バイオリニスト.

바이올린〔violin〕 名〔樂〕 バイオリン.
바이트〔bite〕 名〔工〕 バイト.
바인더〔binder〕 名 バインダー.
바자[1] 名 籬. ませ垣.
　바자울 名 草垣.
바자[2]〔bazar〕 名 バザー. 慈善市.
바작바작 副 **1**〔씹거나 빻는 소리〕ぱりぱり(と). さくさく(と). ¶과자를 ～ 씹어 먹다 菓子をさくさくと音を立てて食べる. **2**〔잘 마른 물건이 타는 소리〕ぱちぱち(と). ¶나뭇가지가 ～ 소리내며 타다 小枝がぱちぱちと音を立てながら燃える. **3**〔마음을 졸이는 모양〕やきもき(と). じりじり(と). ¶차가 붐벼서 ～ 애가 타다 車がこんでやきもきする. **4**〔진땀이 나는 모양〕たらたら(と). ¶진땀을 ～ 흘리다 冷や汗をたらたらとかく. 「戸.
바잣문〔一門〕 名 ませ垣に設けたしおり
바장조〔一長調〕 名〔樂〕 へ長調.
바제도병〔Basedow病〕 名〔醫〕 バセドー病.
바주카포〔bazooka砲〕 名〔軍〕 バズーカ砲.
바지 名 **1** パジ〈男性が用いるズボン状の袴〉. **2** チマ(치마)の下に着ける女性の下着. **3**〔'양복바지'의 준말〕ズボン.
　바지저고리 名 **1** パジとチョゴリ. **2** でくの坊. 実権·能力の全然ない人. ¶명의만 사장이지 ～나 마찬가지다 名義上は社長だけれどでくの坊と同じだ.
　바짓가랑이 名 パジの股下(足の入る部分).
바지게 名 **1** 荷かご(발채)を載せた背負子. **2** 畳めない荷かご.
바지라기 名〔動〕 浅蜊. 「浅蜊.
바지락 名〔動〕〔'바지락조개'의 준말〕
바지락조개 名〔動〕 浅蜊.
바지랑대 名 物干し竿.
바지런스럽다 形 見るからにまめまめしい. いかにも勤勉だ. ¶이번에 들어온 점원은 무척 ～ 今度入ってきた店員はとてもよく働きそうだ. **바지런스레** 副 まめまめしく. かいがいしく.
바지런하다 形 まめまめしい. かいがいしい. 勤勉だ. ¶바지런하게 환자를 돌보다 かいがいしく病人の世話をする.
　바지런히 副 まめに. かいがいしく.
바지지 副 하形〔새빨갛게 달군 쇠에 물방울이 떨어질 때 나는 소리〕じじっ(と). じゅうっ(と).
바지직 副 하自 **1**〔'바지지' 소리가 급히 그치는 모양〕じゅっ(と). ¶촛불의 심지가 ～ 소리를 내며 타 버리다 ろうそくの芯がじゅっと音を立てながら燃えてしまう. **2**〔설사할 때 나는 소리〕びちびち(と). **3**〔질긴 물건이 째질 때 나는 소리〕びりびり(と). ¶바지가 ～하고 터졌다 ズボンがびりびりっと裂けた.
바짝 副 **1**〔아주 마르거나 말라붙는 모양〕からから(に). ¶～ 마른 빨래 からからに乾いた洗濯物. **2**〔가까이 달라붙거나 힘을 주거나 긴장하는 모양〕強く. しっかり. ぴったり. きりきり. きりりと. ¶정신을 ～ 차리다 気持ちをきりりと引き締める / ～ 들이대다 しつこくくってかかる. **3**〔정도가 매우 심해지는 모양〕ぐっと. ぐんぐん(と). めっきり(と). ¶성적이 ～ 좋아지다 成績がぐんぐん(と)上がる / 몸이 ～ 말랐다 体がめっきりやせこけた.
　바짝바짝 副 **1** からから(に). ¶목이 ～ 마르다 のどがからからに乾く. **2** ぴったり(と). きりきり(と). ¶열과 열 사이를 ～ 조이다 列と列の間をぴったりと詰める. **3** ぐんぐん(と). めっきり(と). じりじり(と). ¶진땀이 ～ 나다 脂汗がじりじり(と)にじみ出る.
-바치 接尾〔물건의 이름에 붙어 그것을 만드는 사람임을 가리키는 말〕…作り. …屋. …師. ¶독～ 甕づくりの人 / 통～ 桶屋 / 갖～ 革靴師.
바치다[1] 他 **1**(神仏や目上の人に)ささげる. 供える. さしあげる. ¶불전에 공물을 ～ 仏前に供物をささげる / 영전에 시를 ～ 霊前に詩をささげる. **2**(心身を)なげうつ. (命を)ささげる. 尽くす. ¶조국의 독립에 목숨을 ～ 祖国の独立に命をささげる / 충성을 ～ 忠誠を尽くす. **3**(税金·月謝などを)納める. ¶세금을 ～ 税金を納める / 매달 학교에 수업료를 바친다 毎月学校に授業料を納める.
바치다[2] 他 (食べ物などを)貪欲にむさぼる. (酒色などに)ふける. ¶음식을 너무 바치는 모습은 보기에도 주접스럽다 がつがつするさまはいかにも食い意地がきたない / 대낮부터 주색을 ～ 真っ昼間から酒色にふける.
바캉스〔㊇vacances〕 名 バカンス.
바코드〔bar code〕 名 バーコード.
바퀴[1] **I** 名 輪. 車輪. ¶기차[자동차] ～ 汽車[自動車]の車輪.
　II 依名〔횟수를 세는 단위〕1周. 一回り. ¶공원을 세 ～ 돌다 公園を3周する. 「ぶり.
바퀴[2] 名〔動〕〔'바퀴벌레'의 준말〕ごき
바탕 名 **1**(生まれつきの)たち. 素質. 根. ¶～이 착한 사람 根がおとなしい人. **2** 育ち. 生い立ち. ¶～은 썩 좋은 사람이다 育ちは申し分ない人だ. **3**(紋様·絵·字などを描くための)生地. ¶푸른 ～에 붉은 줄무늬가 있는 셔츠 青地に赤の縞模様が入ったシャツ. **4**(物体の枠·骨組みなど)主要な部分. ¶수레 ～ 車台 / 가맛～ 駕籠の底. **5**(ある物事や現象の)根本. 基礎. ¶휴머니즘에 ～을 둔 작품 ヒューマニズムに基づいた作品.
바터〔barter〕 名 하他〔經〕 バーター.
　바터 무역〔一貿易〕 名〔經〕 バーター貿易.
　바터제〔一制〕 名〔經〕 バーター制.
바텐더〔bartender〕 名 バーテンダー.
바통〔㊇bâton〕 名〔體〕 バトン.
바투 副 **1** 近く. 近寄って. ¶이리 ～ 오세요 こちらに近寄ってください. **2**(時間·距離·長さなどを)短く. ¶머리를 ～ 깎다 頭を短く刈る / 날짜를 ～ 잡다 日程を近くに決める. **3**(煮物などの水の分量を)やや少なく.

¶ 국물을 ~ 붓고 끓이다 汁を少なめにして煮詰める.

바특이 副 **1** やや近く. 近寄せて. ¶ ~ 다가앉다 やや近寄って座る. **2** (汁などを) やや濃い目に.

바특하다 形 (煮汁などが) 少ない. 濃い. ¶ 국물이 바특하게 쇠고기를 조리다 汁が煮詰まるよう牛肉を煮込む.

바티칸〔Vatican〕名 バチカン.

박¹ 名 **1**〔植〕夕顔. 瓠. 瓢箪. **2**〔'바가지'의 준말〕パガジ.

◆**박을 타다** ① 瓠を二つに割る. ② 期待にはずれる.

박²〔箔〕名 箔. ¶ 금~ 金箔/은~ 銀箔/~이 벗겨지다 箔が剝げる.

박³〔泊〕依名〔숙박한 수〕泊. ¶ 3~ 4일 3泊4日.

박격포〔迫撃砲〕名 迫撃砲.

박공〔膊栱〕名〔建〕破風.

박꽃 名 夕顔の花.

박다 他 **1** (釘などを) 打つ. 打ち込む. 差し込む. はめ込む. 反 抜く ¶ 벽에 못을 ~ 壁に釘を打つ/보석을 박은 반지 宝石をはめ込んだ指輪. **2** (餅・ギョーザなどに) 中身[餡]を入れる. ¶ 만두에 소를 ~ ギョーザに中身を入れる. **3** (印刷物を) 刷る. (写真を) 撮る. ¶ 명함을 ~ 名刺を刷る/사진을 박아 주세요 写真を撮ってください. **4** 型に入れて押す. 型で押す. ¶ 과자를 틀로 박아 만들다 菓子を型で押してつくる/둘은 판에 박은 듯이 닮았다 二人は判で押したように似ている[そっくりだ]. **5** 縫う. 返し縫いする. ¶ 재봉틀로 바지를 ~ ミシンでズボンを縫う. **6** (植物が) 根を張る. 根を下ろす. ¶ 옮겨 심은 소나무가 뿌리를 박았다 移植した松が根を張った. **7** (話を) 明確にする. 釘を刺す. 前もって断る. (文字などを) 正確に書く. ¶ 계약서에 날짜를 박아 넣다 契約書に日付を正確に書く. **8** 目を据える. じっと見つめる. ¶ 화면에 시선을 박은 채 움직일 줄 모른다 画面に目を据えたまま身じろぎもしない. **9** (将棋で宮・士の駒を) 王宮の真ん中に入れる.

박달나무 名〔植〕斧折樺.

박대〔薄待〕名 하他 **1** (下男などを) 虐待すること. **2** 冷遇.

박덕〔薄徳〕名 하形 薄徳. 徳の薄いこと.

박도¹〔迫到〕名 하自 差し迫ったこと. 間近に来たこと.

박도²〔博徒〕名 賭博師.

박동〔搏動〕名 하自 搏動. 脈打つこと. ¶ 심장이 ~을 멈추었다 心臓が搏動を止めた.

박두〔迫頭〕名 하自 差し迫ること. ¶ 결전의 날이 ~했다 決戦の日が迫った.

박락〔剝落〕名 하自 剝落. 落剝.

박람〔博覧〕名 하他 博覧.

박람강기〔—強記〕名 하他 博覧強記.

박람회〔—會〕名 博覧会. ¶ 무역 ~ 貿易博覧会.

박래품〔舶來品〕名 舶来品.

박력〔迫力〕名 迫力. ¶ ~ 있는 사나이 迫力のある男.

박리¹〔剝離〕名 하自他 剝離. ¶ 망막이 ~하다 網膜が剝離する.

박리²〔薄利〕名 薄利. ¶ ~ 다매 薄利多売/~주의 薄利主義.

박멸〔撲滅〕名 하他 撲滅. ¶ 해충을 ~하다 害虫を撲滅する.

박명〔薄命〕名 하形 薄命. ¶ 가인 ~ 佳人薄命.

박물〔博物〕名 **1** 博物. 知識が豊富なこと. 物知り. **2** 多くの事物.

박물관〔—館〕名 博物館. ¶ 국립 ~ 国立博物館.

박물표본〔—標本〕名 博物標本.

박물학〔—學〕名 博物学.

박박¹ 副 **1**〔문지르거나 긁는 소리〕がりがり. ばりばり. ぼりぼり. ¶ 마루에 ~ 긁힌 자국이 있다 床にがりがりと掻いた跡がある. **2**〔찢는 소리〕びりっと. ぱりっと. ¶ 노트를 ~ 찢다 ノートをびりっとさく.

박박² 副 **1**〔얽은 모양〕でこぼこ. ¶ ~ 얽은 얼굴 でこぼこにあばたができている顔. **2**〔머리·털 등을 짧게 깎은 모양〕くりくり. ¶ 머리를 ~ 깎다 髪をくりくりに刈る.

박박³ 副〔기를 쓰는 모양〕ひどく意地を張る様子. ¶ ~ 우기다 強く言い張る.

박보〔博譜〕名 将棋の解説書.

박복〔薄福〕名 하形 薄幸. 不幸せ. ¶ ~한 한평생 不幸せな一生.

박봉〔薄俸〕名 薄給. 安月給. ¶ ~에 허덕이다[시달리다] 薄給にあえぐ.

박빙〔薄氷〕名 薄氷.

박사¹〔博士〕名 **1** 博士. 物知り. **2** 博士. ¶ 경제학 ~ 経済学博士.

박사²〔薄紗〕名 薄紗. 薄絹.

박사³〔薄謝〕名 薄謝. 寸志.

박살¹ 名 粉みじんになること.

박살나다 自 粉々になる. めちゃめちゃになる. ¶ 유리창이 ~ ガラス窓が割れて粉々になる.

박살내다 他 たたき壊す. ぶち壊す.

박살²〔撲殺〕名 하他 撲殺.

박새 名〔動〕四十雀.

박색〔薄色〕名 醜女. 醜い顔の女.

박수¹ 名〔民俗〕男のムーダン(무당).

박수²〔拍手〕名 하自 拍手. ¶ 열렬한 ~를 보내다 熱烈な拍手を送る.

박수갈채 名 拍手喝采.

박스 名 ボックス. 箱. ¶ 아이스~ アイスボックス/맥주 한 ~ ビール一ボックス.

박식〔博識〕名 하形 博識. 博学. ¶ ~을 과시하다 博識を誇示する.

박아내다 他 (文字・写真などを) 印刷する. 刷り込む. ¶ 신문을 ~ 新聞を印刷する/달력을 ~ 暦を刷り込む.

박애〔博愛〕名 하他 博愛. ¶ ~ 정신 博愛精神/~주의 博愛主義.

박약〔薄弱〕名 하形 薄弱. ¶ 의지가 ~한 남자 意志が薄弱な男/그 학설은 과학적 근거가 ~하다 その学説は科学的な根拠が薄弱だ.

박우〔薄遇〕名 하他 薄遇. 冷遇.

박우물 名 (ひさごなどでくめるほどの) 浅

い井戸.

박운〔薄運〕 名 하形 薄運. 薄幸. ¶ ~한 운명 博幸な運命.

박은이 名 印刷者.

박음질 名 하自 返し縫い. 返し針.

-박이 接尾 〔무엇이 박힌 사람·동물·물건의 뜻〕 ¶ 금~ 金色の綾や / 점~ ほくろ[あざ]のある人.

박이것 名 **1** 返し縫いしてつくったもの. **2** 返し縫いしてつくった衣服.

박이다[1] 自 **1** (刺されたように)入っている. はまり込む. 立つ. ¶ 손에 가시가 박여 아프다 手にとげがささって痛い. **2** こびりつく. (型に)はまる. ¶ 고루한 생각이 머리에 ~ かたくなな考えが頭にこびりつく. **3** (手のひら·足の裏などに)たこができる. ¶ 발뒤꿈치에 못이 ~ かかとにたこができる.

박이다[2] 他 (写真などを)撮らせる. 写させる. (印刷物を)刷らせる. 印刷させる.

박이부정〔博而不精〕 名 하形 広く知ってはいるが詳しくないこと.

박이옷 名 返し縫いしてつくった衣服.

박자〔拍子〕 名〔樂〕 拍子. ¶ 손으로 ~를 맞추다 手で拍子を取る.

박장〔拍掌〕 名 하自 手のひらを打ち鳴らすこと.

박장대소〔一大笑〕 名 하自 手をたたいて大笑いすること.

박재〔薄才〕 名 薄才. 非才.

박절하다〔迫切一〕 形 薄情だ. つれない. 不人情だ. **박절히** 副 不人情に. つれなく. ¶ 청을 ~ 거절하다 願いを冷たく拒む.

박정하다〔薄情一〕 形 薄情だ. ¶ 박정한 사람 薄情な人 / 박정하게 대하다 つれなく当たる.

박제〔剝製〕 名 하自他 剝製. ¶ 사슴을 ~하다 鹿を剝製にする.

박주〔薄酒〕 名 **1** 粗酒. 粗末な酒. **2** 自分の出す酒の謙譲語.

박주산채〔一山菜〕 名 **1** 粗末な酒と山菜. **2** 〔자기가 내는 술과 안주를 겸손하게 이르는 말〕 粗酒粗肴.

박쥐 名〔動〕 蝙蝠.

박쥐우산〔一雨傘〕 名 蝙蝠傘.

박쥐족〔一族〕 名 昼は休み夜になれば活動を始める人.

박지[1]〔薄志〕 名 **1** 薄志. 意志が弱いこと. **2** 寸志.

박지[2]〔薄紙〕 名 薄紙.

박직〔剝職〕 名 하自 剝職. 官職を剝奪すること.

박진〔迫眞〕 名 迫真. ¶ ~감이 넘치는 연기 迫真あふれる演技.

박차[1]〔拍車〕 名 拍車.

◆**박차를 가하다** 拍車をかける.

박차[2]〔薄茶〕 名 **1** 粗茶. 粗末なお茶. **2** 自分の出すお茶の謙譲語.

박차다 他 **1** (足で)蹴る. 蹴飛ばす. ¶ 대문을 박차고 나가다 門を蹴って出ていく. **2** (困難·障害を)跳ね返す. 退ける.

박찬〔薄饌〕 名 粗末なおかず.

박처〔薄妻〕 名 하自他 妻を冷遇すること.

박치기 名 하自他 頭突き. 鉢合わせ. ぶつかること.

박탈[1]〔剝脫〕 名 하自他 剝脫. ¶ 은박이 ~되다 銀箔がはげ落ちる.

박탈[2]〔剝奪〕 名 하他 剝奪. 奪うこと. ¶ 직위를 ~하다 職位を剝奪する / ~당한 권리를 되찾다 剝奪された権利を取り戻す.

박테리아〔bacteria〕 名〔生〕 バクテリア. 「細菌.

박토〔薄土〕 名 やせ地. 貧土.

박편[1]〔剝片〕 名 剝片. 剝げ落ちたかけら.

박편[2]〔薄片〕 名 薄片. うすいかけら. うすい切れ端.

박피〔剝皮〕 名 하自他 表皮·毛皮などをはぐこと.

박하〔薄荷〕 名〔植〕 薄荷. ペパーミント.

박하뇌〔一腦〕 名 薄荷脳. メントール.

박하사탕〔一砂糖〕 名 薄荷糖.

박하유〔一油〕 名 薄荷油.

박하다〔薄一〕 形 反 厚い **1** 薄い. 薄情だ. 冷たい. ¶ 대접이 ~ 待遇が冷たい / 동네 인심이 ~ 村の人心が薄い. **2** けちだ. 辛い. ¶ 점수를 박하게 준다 点数を辛くつける. **3** (利益·所得が)少ない. とぼしい. ¶ 월급이 ~ 月給が少ない.

박학〔博學〕 名 하形 博学. 博識. ¶ ~다재 博学多才 / ~다문 博学多聞 / ~다식 博学多識.

박해〔迫害〕 名 하他 迫害. ¶ ~가 심하다 迫害がひどい / 모진 ~를 당하다 ひどい迫害を受ける.

박히다 自 **1** 差し込まれる. 打ち込まれる. 刺さる. ¶ 진주가 박힌 귀고리 真珠がはめ込まれたイヤリング / 가시가 손끝에 박혔다 とげが指先に刺さった. **2** (印刷物が)刷られる. (写真が)写される. **3** (心に)刻み込まれる. ¶ 마음속에 깊이 박힌 누이의 모습 心の中に深く刻まれた姉の面影. **4** 引きこもる. こもる. ¶ 방구석에 종일 박혀 있다 部屋の中に一日じゅうこもっている. **5** こびりつく. 場を占める. ¶ 자유주의 사상이 머릿속에 박혀 있다 自由主義の思想が頭にこびりついている. **6** (ある特質が)身につく. …らしくなる. ¶ 훈장 티가 어지간히 박혔다 教師然としたようすがかなり身についた.

밖 Ⅰ 名 **1** 外. 屋外. ¶ ~은 춥다 外は寒い / ~에 나가서 놀아라 外へ出て遊びなさい. **2** (境界·物の)外. 外側. 外部. ¶ 울타리 ~ 塀の外 / 집 ~으로 나가다 家の外へ出る. **3** (家·組織以外の)外部. 外. ¶ 오늘은 ~에서 식사를 한다 今日は外で食事を取る.

Ⅱ 依名 (一定の人·物事の)以外. ほか. ¶ 그 ~의 문제는 내가 알 바 아니다 その他の問題は私の知ったことじゃない / 입상했다는 것은 예상 ~이다 入賞したのは予想外だ.

밖에 助 …しか…ない. …外. …きり. …ぽっち. ¶ 조금~ 없다 少ししかない / 나~ 없습니다 私しかいません / 하나~ 없는 귀한 아들 一人きりのかわいい息子 / 혼자 살아가는 수밖에 없다 ひとりで暮らすほかしようがない / 기껏

해야 이것밖에 안 되는가 せいぜいこれっぽっちしかならないのか.

반[1]〔反〕Ⅰ 名〔哲〕反. 反定立. アンチテーゼ.
Ⅱ 接頭 反…. ¶ ~작용 反作用 / ~사회적 反社会的.

반[2]〔半〕Ⅰ 名 半. 半分. 半ば. ¶ ~으로 가르다 半分に割る / ~을 차지하다 半分を占める / 이제 ~쯤 왔다 もう半分くらい来た.
Ⅱ 接頭 半…. ¶ ~죽음 半殺し / ~나체 半裸体 / ~나절 半日

반[3]〔班〕名 **1** 並んだ位置. 順序. **2** (一定の目的のために組織された)組. グループ. 班. ¶ 미술~ 美術班 / 조사~ 調査班. **3**〔행정구의 최하급 단위〕班. ¶ 2통 5~ 2統5班. **4** (学校などの)組. 学級. クラス. ¶ 6학년 1~ 6年1組. **5**〔軍〕兵営内の部屋の一つ. 班. 分隊〈小隊をさらに区分した最小単位〉.

반[4]〔盤〕名 膳・盆の総称.

반가공품〔半加工品〕名 半加工品.

반가움 名 喜び. うれしさ. ¶ ~에 못 이겨 눈물이 어렸다 うれしさのあまり涙ぐんだ.

반가워하다 自 うれしがる. 懐かしむ. 喜ぶ. ¶ 아버지의 반가워하시는 모습이 보고 싶다 父の喜ぶ顔が見たい.

반감[1]〔反感〕名 反感. ¶ ~을 가지다 反感を抱く / 국민의 ~을 사다 国民の反感を買う.

반감[2]〔半減〕名 하自他 半減. ¶ 양을 ~하다 量を半分に減らす.

반갑다 形 懐かしい. 喜ばしい. うれしい. ¶ 반가운 손님 懐かしい客 / 반가운 소식 喜ばしい便り. **반가이** 副 懐かしく. 喜んで. うれしく. ¶ 손님을 ~ 맞이하다 お客を喜んで迎える.

반값〔半一〕名 半値. 半価. ¶ ~에 팔다 半値で売る.

반개[1]〔半個〕名 一個の半分.

반개[2]〔半開〕名 하自他 **1** 半開. 門・戸の半開き. **2** (花の)半開き.

반거들충이〔半一〕名 学んでいて中途でやめた人.

반겨하다 自 うれしがる. 喜ぶ. 懐かしがる.

반격〔反撃〕名 하他 反撃. 反攻. ¶ ~에 나서다 反撃に出る.

반경〔半徑〕名 半径. ¶ 행동 ~이 넓다 行動半径が広い.

반골[1]〔半一〕名 (紙・反物などの)半幅.

반골[2]〔叛骨〕名 反骨. 硬骨漢. ¶ 타고난 ~ 生まれつきの硬骨漢.

반공[1]〔反共〕名 하自 反共.

반공[2]〔反攻〕名 反攻. 反撃. ¶ ~으로 전환하다 反攻に転ずる.

반공[3]〔半空〕名〔'반공중'의 준말〕半空. 中空.

반공일〔半空日〕名 半ドン. 土曜日. 半日休みの日.

반공중〔半空中〕名 半空. 中天. 中空.

반관〔半官〕名〔'반관반민'의 준말〕半官.

반관반민〔一半民〕名 半官半民.

반구[1]〔半句〕名 半句. ¶ 일언 ~ 一言半句.

반구[2]〔半球〕名 半球. ¶ 북~ 北半球.

반국가적〔反國家的〕名 反国家的.

반군[1]〔反軍〕名 反軍〈軍部や軍国主義に反対すること〉. ¶ ~ 사상 反軍思想.

반군[2]〔叛軍〕名 叛軍. ¶ ~을 진압하다 叛軍を鎮圧する.

반굴〔反屈〕名 하自 後ろ[反対方向]に曲がること.

반궁〔半弓〕名 半弓〈大弓のほぼ半分の長さの弓〉.

반근〔盤根〕名 盤根. **1** 絡み合った根. **2** 込み入って解決の困難な事件.

반금〔半一〕名 半値. 半価.

반기[1]〔反旗〕名 反旗.
◆**반기를 들다** 反旗を翻す. 謀反を起こす.

반기[2]〔半期〕名 半期. ¶ 상~ 上半期 / 하~ 下半期.

반기[3]〔半旗〕名 半旗. 弔旗.

반기다 他 うれしがる. 懐かしがる. 喜ぶ. ¶ 무사한 생환을 ~ 無事な生還を喜ぶ.

반나마〔半一〕副 半分余り. 半分以上.

반나절〔半一〕名 半日の半分. 午前[午後]の半分. ¶ ~을 일했다 午前[午後]の半分ほど働いた.

반나체〔半裸體〕名 半裸.

반날〔半一〕名 小半日〈1日の半分近く〉.

반납〔返納〕名 하他 返納. ¶ 책을 ~하다 本を返納する.

반년〔半年〕名 半年. はんとし.

반농〔半農〕名 半農. ¶ ~반어 半農半漁.

반닫이〔半一〕名 表側の上半分が引き開きの扉になっているたんす.

반달〔半一〕名 **1** 半月. 弓張り月. 弦月. **2** 半月. **3** 爪の上部に張った半月形の色紙. **4** 小爪. 爪半月.

반당〔反黨〕名 反党. **1** 党の規定に反すること. **2** 反逆の徒.

반대〔反對〕名 하自他 反対. **1** (位置的に)反対. 逆. 向こう側. ¶ 길의 ~편 道の反対側. **2** (意見などの)反対. 対立. ¶ ~ 신문 反対尋問 / ~론 反対論 / ~색 反対色 / ~파 反対派 / 너의 의견에 ~할 이유가 없다 お前の意見に反対する理由がない.

반대급부〔一給付〕名 反対給付.

반대말 名 反対語.

반대어〔一語〕名 反対語.

반대쪽 名 反対方向. 反対側. ¶ ~으로 가다 反対方向に行く / ~에서 오다 反対側から来る.

반대기 名 **1** 薄くてまるく平らにつくったもの. ¶ 엿 ~ 薄く平らに伸ばした飴. **2** 薄く伸ばし広げたもの.

반도[1]〔半島〕名 半島. ¶ 한~ 韓半島.

반도[2]〔叛徒〕名 反徒. 逆徒. ¶ ~를 치다 反徒を討つ.

반도체〔半導體〕名〔物〕半導体. ¶

～ 소자 半導体素子／～ 레이저 半導体レーザー.

반동〔反動〕 名 反動. ¶ ～사상 反動思想／～분자 反動分子.

반동적〔一的〕 冠 名 反動的. ¶ ～인 언행 反動的な言行.

반두 名 (魚をとる)すくい網.

반드럽다 形 **1** つやがあって滑らかだ. ¶ 반드러운 피부 つやのあるすべすべした皮膚. **2** 人擦れして抜け目がない.

반드르르 副 하形 〔윤기가 있고 매끄러운 모양〕 つるつる. すべすべ. ¶ ～한 살갗 すべすべな肌／～하게 닦인 기둥 つるつるに磨かれた柱.

반드시 副 必ず. 必ずや. きっと. 必ずしも. 確かに. 絶対. 決まって. ¶ 약속은 ～ 지킨다 約束は必ず守る／사람은 ～ 죽는다 人は必ず死ぬ.

반들거리다〔-대다〕 自 **1** つるつるする. すべすべする. ¶ 마룻바닥이 ～ 床がつるつるする. **2** 利口に立ち回る. 抜け目なくふるまう. **3** のらくらする. 怠ける. ¶ 반들거리며 놀고만 있다 ぶらぶら遊んでばかりいる.

반들반들 副 하形 **1** つやつや(と). ぴかぴか(に). すべすべ. ¶ 구두를 ～하게 닦다 靴をぴかぴかに磨く. **2** 〔게으름을 피우는 모양〕 のらくら(と). ぶらぶら(と). **3** 〔빈틈없는 모양〕 抜け目がないようす.

반듯하다 形 **1** (斜めになったり曲がったりせず)まっすぐだ. ¶ 네모반듯한 방 正方形の部屋／가슴을 펴고 자세를 반듯하게 하다 胸を張って姿勢を正す. **2** (容姿·人柄が)きちんとしている. まともだ. ¶ 반듯한 옷차림 きちんとした身なり／이목구비가 ～ 目鼻だちが整っている. **반듯이** 副 まっすぐに. しゃんと. ちゃんと. ¶ ～ 드러눕다 まっすぐに横たわる.

반듯반듯 副 하形 すべてがきちんとしていてまっすぐなようす. ¶ ～하게 그리다 きちんと描く.

반등〔反騰〕 名 하自 〔經〕 反騰. ¶ 주가가 ～하다 株価が反騰する.

반디 名 〔動〕 蛍.

반딧불 名 蛍の光. 蛍光.

반뜻 副 〔빛이 반짝했다가 없어지는 모양〕 ちらり(と). ちらっと.

반뜻반뜻[1] 副 하自 ちらりちらり. ちらちら.

반뜻반뜻[2] 副 하形 すべてがきちんとしていてまっすぐなようす. ¶ 떡을 네모 ～하게 자르다 餅を四角にきちんとそろえて切る.

반라〔半裸〕 名 半裸.

반락〔反落〕 名 하自 反落. ¶ 주가가 ～하다 株価が反落する.

반란〔叛亂〕 名 하自 反乱. ¶ ～을 꾀하다 反乱をくわだてる.

반란군〔一軍〕 名 反乱軍. 反軍. 賊軍.

반란죄〔一罪〕 名 〔法〕 反乱罪.

반려[1]〔伴侶〕 名 伴侶. 道連れ. ¶ ～자 伴侶となる人／일생의 ～로 삼다 一生の伴侶とする.

반려[2]〔返戾〕 名 하他 返戻. 返却. ¶ 사표를 냈는데 그 자리에서 ～되었다 辞表を出したがその場で突き返された.

반례〔返禮〕 名 하自 返礼.

반론〔反論〕 名 하自 反論. 反駁. ¶ ～을 제기하다 反論を申し立てる.

반륜〔半輪〕 名 半輪. 半円形.

반립〔反立〕 名 〔哲〕 反.

반만년〔半萬年〕 名 5000年. ¶ ～의 유구한 역사 5000年の悠久たる歴史.

반말〔半一〕 名 하自 対等あるいは目下に対する言葉遣い. ぞんざいな言葉. ¶ 언제 봤다고 ～이냐? いつ会ったと言ってぞんざいな言葉遣いじゃ.

반말지거리 名 하自 ぞんざいな言葉づかいでしゃべること. ¶ 새파란 녀석이 얻다 대고 ～냐? 青二才奴が誰に向かってぞんざいな口のきき方をするんだ.

반면[1]〔反面〕 名 하自 故郷に帰って父母にまみえること.

반면[2]〔反面〕 名 反面. ¶ 명랑한 ～ 눈물이 많다 陽気な反面涙もろい.

반면[3]〔半面〕 名 半面. **1** 一つの面の半分. ¶ 달의 ～ 月の半面. **2** 顔の半分. 片面.

반면[4]〔盤面〕 名 盤面. **1** (碁·将棋·レコードなど)盤状のものの表面. **2** (碁·将棋の)局面. 勝負の形勢.

반면식〔半面識〕 名 半面識. 一面識. ¶ ～도 없는 사람 一面識もない人.

반모음〔半母音〕 名 〔言〕 半母音.

반목〔反目〕 名 하自 反目. ¶ 유산을 둘러싸고 형제가 ～하다 遺産をめぐり兄弟が反目する.

반문[1]〔反問〕 名 하他 反問. ¶ 날카롭게 ～하다 鋭く問い返す.

반문[2]〔斑紋〕 名 斑紋. まだら模様.

반미〔反美〕 名 反米. ¶ ～ 운동 反米運動／～ 감정 反米感情.

반미치광이〔半一〕 名 言行が正常でない人.

반민[1]〔反民〕 名 民族に叛逆すること.

반민[2]〔叛民〕 名 反乱を起こした民.

반민족〔反民族〕 名 反民族. 民族に背くこと.

반민주〔反民主〕 名 反民主. 民主主義に反対すること.

반박[1]〔反駁〕 名 하他 反駁. 反論. 論駁. ¶ 비난에 ～하다 非難に反駁する.

반박[2]〔半拍〕 名 〔樂〕 半拍.

반반〔半半〕 名 半々. **1** 半分ずつ. ¶ 찬반이 ～이다 賛成と反対が半々だ. **2** 〔'반의반'의 준말〕 半分の半分. 4分の1.

반반하다 形 **1** (表面が)平らだ. 平坦だ. なだらかだ. ¶ 반반한 표면 平らな表面／길이 ～ 道が平坦だ. **2** ましだ. ¶ 반반한 옷 한 벌 없다 ましな服一つない. **3** (顔かたちが)上品できれいだ. 整っている. **4** (家柄が)立派だ. **5** (目が)冴えている. ¶ 반반한 눈으로 밤을 새우다 目が冴えて夜を明かす. **반반히** 副 **1** 平らに. なだらかに. **2** (すがたかたちが)かなりきれいに.

반발〔反撥〕 名 하自 反発. 反抗. ¶

부모의 의견에 ~하다 親の意見に反発する.

반발력〔一力〕名 反発力. ¶ ~이 세다 反発力が強い.

반백1〔半白〕名 **1** 半白. ごましお頭. **2** 白米と玄米が半分ずつ混じった米.

반백2〔半百〕名 50. 50歳.

반백3〔斑白〕名 半白. 白髪がまじりの毛髪.

반벙어리〔半—〕名 舌足らず. 言葉の不自由な人.

반병신〔半病身〕名 **1** 体に障害のある人. **2** 出来そこない. うすばか.

반복1〔反復〕名 하自他 反復. 繰り返し. ¶ ~ 연습 反復練習.

반복 기호〔一記號〕名〔樂〕反復記号.

반복2〔反覆〕名 하他 **1** 言動が絶えず変わること. **2** 考えがころころ変わること.

반복무상〔一無常〕名 하形 言動が絶えず変わること.

반봇짐〔半褓—〕名 軽い手荷物.

반봉건〔半封建〕名 社会政治制度や人の意識の中にいまだに残っている封建的状態.

반분〔半分〕名 하他 **1** 半分. **2** 折半すること. ¶ 이익을 ~하다 利益を折半する.

반비〔反比〕名〔數〕反比. 逆比.

반비례〔反比例〕名 反比例. 逆比例.

반사〔反射〕名 하自他 反射. ¶ ~각 反射角 / ~ 망원경 反射望遠鏡 / 거울은 빛을 ~한다 鏡は光を反射する.

반사경〔一鏡〕名〔物〕反射鏡.

반사 광선〔一光線〕名〔物〕反射光線.

반사열〔一熱〕名〔物〕反射熱.

반사 운동〔一運動〕名〔生〕反射運動.

반사율〔一率〕名〔物〕反射率.

반사 작용〔一作用〕名〔物〕〔心〕反射作用.

반사적〔一的〕冠 名 反射的. ¶ ~으로 몸을 피하다 反射的に体を引く.

반사회적〔反社會的〕冠 名 反社会的. ¶ ~ 행동 反社会的行動.

반상1〔班常〕名 両班と常民.

반상2〔飯床〕名〔'반상기'의 준말〕膳立てに用いる一揃いの食器.

반상3〔盤上〕名 **1** 盤上. 盤の上. **2** (碁などの)盤の上. 形勢.

반상기〔飯床器〕名 膳立てに用いる一揃いの食器.

반색 名 하自 (恋しい人·長らく望んでいた事物などを迎えて)非常に喜ぶこと. とてもうれしがること. 非常になつかしがること. ¶ ~을 하며 친구를 맞아들이다 非常に喜んで友を迎え入れる.

반생〔半生〕名 半生. ¶ ~을 교직에 바치다 半生を教職にささげる.

반생반사〔半生半死〕名 半死半生·半生半死. ¶ ~의 몽롱한 상태 半死半生のもうろうとした状態.

반서〔返書〕名 返書. 返信. 返事の手紙.

반석〔盤石〕名 盤石〈大きな岩〉. ばんせき. いわお. ¶ ~ 같은 준비 盤石の備え.

반설음〔半舌音〕名〔言〕「訓民正音」で子音のうち, 'ㄹ'を指す.

반성1〔反省〕名 하他 反省. 省みること. ¶ ~의 기미가 보이지 않다 反省の色が見えない.

반성2〔半醒〕名 半醒〈なかば醒めること〉.

반세1〔半世〕名 半生. 一生の半分.

반세2〔半歳〕名 半歳. 半年.

반세상〔半世上〕名 半生.

반소1〔反訴〕名〔法〕反訴.

반소2〔半燒〕名 하自 半焼.

반소경〔半—〕名 **1** 片目. めっかち. **2** 弱視の人. **3** 文盲.

반소매〔半—〕名 半袖. ¶ ~ 와이셔츠 半袖のワイシャツ.

반속〔反俗〕名 反俗.

반송1〔返送〕名 하他 返送. ¶ 서류를 ~하다 書類を送り返す.

반송2〔搬送〕名 하他 搬送. 運搬. ¶ 컨테이너를 ~하다 コンテナを搬送する.

반송대〔一帶〕名 コンベヤー.

반송파〔一波〕名〔物〕搬送波.

반송장〔半—〕名 瀕死の状態にある人.

반수1〔半睡〕名 하自〔'반수반성'의 준말〕半睡半醒.

반수반성〔一半醒〕名 하自 半睡半醒. なかば眠ってなかば目を覚ましていること. うとうとすること.

반수2〔半數〕名 半数. ¶ ~ 이상이 반대하다 半数以上が反対する.

반수둑이〔半—〕名 半乾き. 生かわき.

반수성 가스〔半水性 gas〕名 半水性ガス.

반숙〔半熟〕名 하自他 半熟. なまにえ. ¶ 계란을 ~하다 卵を半熟にする.

반숙련공〔半熟練工〕名 半熟練工.

반숙마〔半熟馬〕名 **1** なかば馴らした馬. **2**〔史〕小さい功のある官吏に賞として与えた馬.

반승반속〔半僧半俗〕名 半僧半俗. (半ばは僧に属し半ばは俗人の意で)はっきりした名称がつけがたいことのたとえ.

반시1〔半時〕名 **1** 半時間. **2** 非常に短い時間.

반시2〔盤柹〕名 平たい柿.

반시간〔半時間〕名 半時間. 30分.

반식민지〔半植民地〕名 半植民地.

반신1〔半身〕名 半身. ¶ 상~ 上半身 / 하~ 下半身.

반신불수〔一不隨〕名〔醫〕半身不随. ¶ ~가 되다 半身不随になる.

반신상〔一像〕名 半身像.

반신2〔半信〕名 하他 半信.

반신반의〔一半疑〕名 하自他 半信半疑. ¶ ~의 표정 半信半疑の面持ち / ~로 듣다 半信半疑で聞く.

반신3〔返信〕名 返信. 返書. ¶ ~ 우표를 동봉하다 返信切手を同封する.

반신4〔叛臣〕名 叛臣. 逆臣.

반실〔半失〕名 하他 なかば損失を被ること.

반심1〔半心〕名 **1** 躊躇する心. ためらい. **2** 本気でない心.

ㅂ

반심²〔叛心〕 名 叛心．背こうとする心．
반액〔半額〕 名 半額．半値．半金．¶ ~으로 드리지요 半値で差し上げましょう．
반야¹〔半夜〕 名 **1** 半夜．夜半．真夜中．**2** 一夜の半分．
반야²〔般若〕 名〔佛〕般若．
  반야경〔一經〕 名〔佛〕般若経．
  반야심경〔一心經〕 名〔佛〕般若心経．
  반야탕〔一湯〕 名〈隱〉般若湯．酒．
반양식〔半洋式〕 名 半洋式．¶ ~집 半洋式の家．
반양장〔半洋裝〕 名 半洋装．なかば洋風の服装や装丁．
반어〔反語〕 名 反語．アイロニー．
  반어법〔一法〕 名〔文〕反語法．
반역〔反逆〕 名 하自他 反逆．謀反．¶ 압정에 ~하다 圧政に反逆する．
반열〔班列〕 名 **1** 位階の順序．**2** 身分·等級の順序．
반영¹〔反映〕 名 하自他 反映．¶ 나무들의 푸른 빛이 호면에 ~되다 木々の緑が湖面に反映する / 민의를 ~시키다 民意を反映させる．
반영²〔反影〕 名 反影．反映した影．
반영³〔半影〕 名〔物〕半影．
반영구〔半永久〕 名 半永久．¶ ~적인 수명 半永久的な寿命．
반올림〔半一〕 名 하他〔數〕四捨五入．
반우〔返虞〕 名 하自他 葬式後に位牌を奉じて帰ること．その手続き．
반원¹〔半圓〕 名〔數〕半円．
반원²〔班員〕 名 班員．班の構成員．
반원형〔半圓形〕 名〔數〕半円形．
반월〔半月〕 名 **1** 半月．**2** 半月．
  반월창〔一窓〕 名 枠が半月形の窓．
반음〔半音〕 名〔樂〕半音．
  반음 음계〔一音階〕 名〔樂〕十二音音階．
반음계〔半音階〕 名〔樂〕半音階．
반음정〔半音程〕 名〔樂〕半音．
반응〔反應〕 名 하自 **1** 反応．手ごたえ．¶ ~이 없다 反応がない / 상대의 ~을 살피다 相手の手ごたえをうかがう．**2**〔化〕反応．¶ 화학적인 ~을 일으키다 化学的な反応を起こす．
  반응열〔一熱〕 名〔化〕反応熱．
반의¹〔反意〕 名 하自他 **1** 意思に反すること．**2** 反対の意味．
반의²〔叛意〕 名 叛心．
반의반〔半一半〕 名 半分の半分．4分の1．
반의어〔反義語〕 名〔言〕反意語．対義語．
반일¹〔反日〕 名 反日．¶ ~ 감정[운동] 反日感情[運動]．
반일²〔半一〕 名 **1** 一日の仕事量の半分．**2** ある仕事の半分．
반일³〔半日〕 名 半日．昼間の半分．¶ ~ 걸리는 일 半日がかりの仕事．
반입〔搬入〕 名 하自他 搬入．
반입자〔反粒子〕 名〔物〕反粒子．
반자 名〔建〕天井板．天井張り．
반자성〔反磁性〕 名〔物〕反磁性．
반작¹ 副 하自他〔반작이는 모양〕きらっと．ちらりと．ぴかっと．
반작²〔半作〕 名 하他 **1** 小作．**2** 半作〈平年作の半分の収穫〉．
반작거리다[-대다] 自他 きらきらする．ぴかぴかする．ちらつく．¶ 멀리서 반작거리는 불빛 遠くでちらつく明かり．
  반작반작 副 하自他 きらきら．ぴかぴか．ちらちら．
반작용〔反作用〕 名〔物〕反作用．¶ ~을 일으키다 反作用を起こす．
반잔〔半盞〕 名 1杯の半分の量．
반장〔班長〕 名 班長．¶ 수사 ~ 捜査班長 / 작업반 ~ 作業班の班長．
반장화〔半長靴〕 名 半長靴．半長．
반적〔叛賊〕 名 叛賊．逆賊．
반전¹〔反戰〕 名 하自 反戦．¶ ~ 운동[사상] 反戦運動[思想]．
  반전론〔一論〕 名 反戦論．
반전²〔反轉〕 名 하自 反転．¶ 기수를 ~하다 機首を反転する．
  반전 도형〔一圖形〕 名〔心〕反転図形．
  반전 필름〔一film〕 名 反転フィルム．
반절¹〔反切〕 名 **1** 反切〈漢字の字音を頭子音と母音·末子音に分解し他の2字の漢字で示す方法〉．**2** ハングル(한글)の字母の別称．
  반절 본문〔一本文〕 名 ハングルの反切表．
반절²〔半切〕 名 하他 半切．**1** 半分に切ること．**2** 半折〈唐紙·白紙などを縦に二つに切ったもの，またその書画〉．
반점¹〔半點〕 名 **1** 1点の半分．0.5点．**2** 半時間．**3** ほんの少し．**4** 句点．「，」の印．
반점²〔斑點〕 名 斑点．まだら．¶ 목에 빨간 ~이 생기다 首に赤い斑点ができる．
반점³〔飯店〕 名 飯店．中国料理店．
반정〔反正〕 名 하自他 反正．**1** 正しい状態に返すこと．**2** 悪い王を廃して新しい王が代わって立つこと．¶ 인조 ~ 仁祖の反正．**3** 乱れを正すこと．
반정립〔反定立〕 名〔哲〕(弁証法の)反定立．反立．アンチテーゼ．
반정부〔反政府〕 名 反政府．
반제¹〔反帝〕 名 反帝．反帝国主義．¶ ~ 투쟁 反帝闘争．
반제²〔返濟〕 名 하他 返済．¶ 대금을 ~하다 代金を返済する．
반제품〔半製品〕 名 半製品．
반조〔返照〕 名 하自 反照．**1** 照り返すこと．**2** 夕映え．
반주¹〔半周〕 名 하他 半周．
반주²〔伴走〕 名 하自 伴走〈走る競技者につきそって走ること〉．
반주³〔伴奏〕 名 하自〔樂〕伴奏．¶ 피아노로 ~하다 ピアノで伴奏する．
  반주 악기〔一樂器〕 名〔樂〕伴奏楽器．
반주⁴〔飯酒〕 名 하自 食事のとき酒を飲むこと，またその酒．¶ 저녁 ~로 한잔하다 晩酌に一杯やる．
반주그레하다 形 器量がよい．見目よい．¶ 반주그레한 여성 見目よい女性．
반죽¹ 名 하他 練り粉．こね粉．生地．粉を練ること．¶ ~이 눅다 練り粉が柔らかい．
◆**반죽이 좋다** 腹立ちや恥ずかしがる

ことのない．

반죽²〔斑竹〕名〔植〕斑竹．

반죽필〔—筆〕名 斑竹筆．

반죽음〔半—〕名 하自 半死．半殺しになること．¶～ 상태 瀕死の状態／～을 당하다 半殺しの目にあう．

반증〔反證〕名 하他 反証．¶～을 들다 反証をあげる．

반지¹〔半紙〕名 半紙．和紙．

반지²〔斑指〕名 指輪．リング．¶다이아～ ダイヤの指輪／결혼～ 結婚指輪．▷가락지

반지기〔半—〕名〔불순물이 섞인 것〕混じり．¶뉘～ 籾混じりの米．

반지랍다 形 滑らかだ．つやつやしている．つるつるしている．¶반지라운 마루 つるつるの床．

반지르르 副 하形 **1**〔매끄럽고 윤이 나는 모양〕つるつる(と)．つやつや(と)．てかてか(と)．¶～한 대머리 てかてかしたはげ頭／～한 얼굴빛 つやつや(と)した顔色．**2**〔겉만 그럴듯한 모양〕うわべだけとりつくろうようす．¶실언을 어떻게든 ～하게 얼버무리다 失言をなんとかとりつくろう．

반지름〔半—〕名〔數〕半径．

반지빠르다 形 **1** 高慢で憎らしい．¶반지빠른 놈[짓] 生意気なやつ[ふるまい]．**2** 中途半端で役に立たない．¶옷감이 저고릿감으로는 ～ チョゴリをつくるには生地が足りない．

반짇고리 名〔'바느질고리'의 준말〕針箱．裁縫箱．

반질거리다[-대다] 自 **1** つやつやする．つるつるする．てかてかする．¶대머리가 ～ はげ頭がてかてか光る．**2** しきりにこそこそ怠ける．ずるける．¶반질거리며 일을 안 한다 怠けて仕事をしない．

반질반질 副 하自 **1**〔매끈하게〕つやつや(と)．つるつる．すべすべ．¶～한 머리(油で)つやつやした髪／～한 종이 つるつるした紙．**2** のらくら．のらりくらり．

반짝¹ 副 **1**〔수월하게 들어올리는 모양〕さっと．ひょいと．¶고개를 ～ 들다 頭をさっと上げる．**2**〔갑자기 눈을 뜨는 모양〕はっと．ぱっちり．¶～ 눈을 뜨다 はっと目を開く．**3**〔갑자기 정신이 드는 모양〕はっと．¶정신이 ～ 들다 はっと気がつく．

반짝² 副 하自他 きらっと．ちらりと．ぴかっと．

반짝거리다[-대다] 自他 しきりにきらめく[きらめかす]．¶불빛이 ～ 明かりがしきりにきらめく．

반짝반짝 副 하自他 ちらちら．ぴかぴか．¶～하는 보석 きらきらする宝石．

반짝이다 自他 きらめく．ひらめく．きらめかす．ひらめかす．¶눈을 ～ 目を輝かせる／햇빛에 거울이 ～ 日光に鏡がきらめく．

반쪽〔半—〕名 **1** (1個を二つに分けた)半分．片方．¶사과 ～ りんごの半分．**2** (肉が落ちて)やせていること．¶뺨이 ～이 되다 頬がげっそりとこける．

반찬〔飯饌〕名 おかず．総菜．お菜．副食．¶맛있는 ～ おいしいおかず．

〔속담〕**반찬 먹은 개** おかずを食べた犬〈いくらいじめられても文句の言えない立場〉．

반찬 가게 名 総菜屋．おかずの材料を売る店．

반찬거리 名 おかずの材料．

반창고〔絆創膏〕名 絆創膏．

반체제〔反體制〕名 反体制．¶～ 작가 反体制作家／～ 운동 反体制運動．

반초서〔半草書〕名 なかば草書で書いた字．

반추〔反芻〕名 하自他 反芻．¶～ 동물 反芻動物／스승의 충고를 ～하다 師の忠告を反芻する．

반출〔搬出〕名 하他 搬出．運び出すこと．¶쌀을 ～하다 米を搬出する．

반출증〔—證〕名 搬出を認める証書．

반취〔半醉〕名 하自 半酔．生酔い．

반취반성〔—半醒〕名 半酔半醒．

반측〔反側〕名 反側．**1** 寝返りを打つこと．**2** 背くこと．

반칙〔反則〕名 하自 反則．¶～을 범하다 反則を犯す．

반침〔半寢〕名 **1** 大部屋に付属した物置用小部屋．**2** (宮廷の)半間の部屋．

반코트〔半coat〕名 半コート．ハーフコート．

반타다〔半—〕他 二等分する．半分にする．

반타작〔半打作〕名 하他〔農〕**1** 地主と小作人が収穫を等分すること，またその制度．**2** 予想の半分しか収穫できないこと．

반탁〔反託〕名 하自 信託統治に反対すること．

반투명〔半透明〕名 하形 半透明．

반투명체〔—體〕名 半透明体．

반편〔半偏〕名 **1** 半分．**2**〔'반편이'의 준말〕うすばか．出来そこない．

반편스럽다 形 間の抜けたところがある．ばかみたいだ．足りない．

반편이 名 出来そこない．うすのろ．まぬけ．うすばか．

반포¹〔反哺〕名 하自 反哺．親の恩に報いること．

반포조〔—鳥〕名 烏の別称．

반포지효〔—之孝〕名 反哺の孝．

반포²〔頒布〕名 하他 頒布．¶법률을 ～하다 法律を頒布する．

반폭〔半幅〕名 半幅．¶～짜리 족자 半幅の掛け軸．

반푼〔半—〕名 **1** 半文．ごくわずかのお金．¶～어치 가치도 없는 물건 わずかの値打ちもない品物．**2** 1分の長さの半分．約1.5センチメートル．**3**〔'반푼쭝'의 준말〕半匁(の重さ)．

반푼쭝 名 半匁(の重さ)．

반품¹〔半—〕名 半日分の手間[労力]．

반품²〔返品〕名 하他 返品．¶～ 사절 返品お断り／불량품을 ～하다 不良品を返品する．

반풍수〔半風水〕名 下手な地相見．

〔속담〕**반풍수 집안 망친다** 下手な地相見が家を滅ぼす〈生兵法はけがのもと〉．

반하다¹ 自 **1** 惚れる．恋しがる．魅惑

される. ¶미모에 홀딱 ～ 美貌にぞっこん惚れる. **2** (気だてや人となりが)気に入る. 惚れ込む. ¶인품에 ～ 人柄に惚れ込む. **3** 〔사로잡혀 감탄하다〕とりこになる. ¶설악산의 절경에 ～ 雪嶽山の絶景に惚れる.

반하다²〔反―〕 自 反する. ¶기대에 반하는 결과가 되었다 期待に反する結果になった / 일이 바빠진 데(에) 반하여 수입은 줄었다 仕事が忙しくなったのに反して収入は減った.

반하다³〔叛―〕 他 裏切る. 背く.

반하다⁴ 形 〔'빤하다'의 여린말〕☞빤하다

반합〔飯盒〕 名 飯盒.

반항〔反抗〕 名 하自 反抗. ¶부모에게 ～하다 親にはむかう[逆らう].

반항기〔―期〕 名〔心〕反抗期.

반해〔半楷〕 名 半楷書〈行書に近い楷書〉.

반행〔半行〕 名 半行書〈行書を少しくずした字体〉.

반향〔反響〕 名 反響. **1** 音の響き. こだま. ¶음의 ～이 좋지 않다 音の反響がよくない. **2** 反応. 受け. ¶각 방면으로부터 ～이 있었다 各方面から反応があった.

반허락〔半許諾〕 名 하自他 なかば許すこと. なかば承諾すること.

반혁명〔反革命〕 名 反革命. ¶～군 反革命軍.

반호〔半戸〕 名 **1** 昔, 税金·費用を半分だけ割り当てられた家. **2** (囲碁で)半目.

반혼〔班婚〕 名 하自 常民が両班の子女と結婚すること.

반환〔返還〕 名 하他 返還. 返却. 折り返すこと. 戻すこと. ¶～점 折り返し点 / 빌렸던 책을 ～하다 借りていた本を返す.

반회〔班會〕 名 班の会合.

반회장〔半回裝〕 名 **1** 女性のチョゴリ(저고리)の袖先·襟·結びひもを紫·藍色などの布で縁どったもの. **2** '반회장저고리'의 준말.

반회장저고리 名 袖先·襟·結びひもを身ごろと違う布で縁どったチョゴリ.

반휴〔半休〕 名 하自 半日休み.

반휴일〔半休日〕 名 半日休みの日. 半ドン.

반흔〔瘢痕〕 名 瘢痕. 傷跡.

반흘림〔半―〕 名 行書を少しくずして草書に近いように書いた字体.

받걷이 名 하他 **1** お金·品物を方々から取り入れること. **2** 他人の要求·頼みをよく聞き入れること.

받다¹ Ⅰ 他 **1** 受ける. もらう. 取る. 受け取る. 収める. いただく. ¶편지를 ～ 手紙を受け取る / 선물을 ～ 贈り物をもらう / 주문을 ～ 注文を受ける. **2** (書類·申し込みなどを)受け付ける. ¶입학 원서를 ～ 入学願書を受け付ける. **3** (税金·賃金などを)取る. 受け取る. 取り立てる. ¶세금을 ～ 税金を取り立てる. **4** (風·日に)当たる. ¶바람을 ～ 風に当たる / 햇볕을 ～ 日光に当たる. **5** (物を下から他の物で)支える. 受ける. ¶담이 쓰러지지 않도록 버팀목으로 ～ 塀が倒れないようにつっかい棒で支える. **6** (品物などを)仕入れる. ¶매일 시장에서 과일을 받아다 판다 毎日市場で果物を仕入れて売る. **7** (上方から来るものを下で)受ける. 受け止める. ¶외야수가 볼을 ～ 外野手がボールを受ける. **8** (水などを)受ける. 汲む. ¶수돗물을 양동이에 받아 두다 水道の水をバケツに汲んでおく. **9** (傘などを)差す. かざす. ¶우산을 ～ 傘を差す. **10** (人の歌·読みのあとを継いで)続ける. ¶글을 받아 읽다 文章を続けて読む / 노래를 받아 부르다 歌を続けて歌う. **11** (商売で客を)迎える. 取る. ¶손님을 받는 데 바쁘다 客を迎えるのに忙しい. **12** (電話·信号などを)受け答えする. 受ける. ¶전화를 ～ 電話を受ける. 電話に出る / 좌회전 신호를 ～ 左折信号を受ける. **13** 受ける. こうむる. …される. ¶초대를 ～ 招待を受ける. 招待される / 사랑을 ～ 愛される. かわいがられる / 칭찬을 ～ 称賛される. ほめられる / 질문을 ～ 質問を受ける / 간섭을 ～ 干渉される. **14** (言い分·行動を)容認する. 受け入れる. ¶요구를 받아 줄 수 없다 要求を受け入れることはできない. **15** (子を)取り上げる. ¶산파가 여아를 받았다 産婆が女の子を取り上げた. **16** (血筋などを)受ける. ¶아버지의 피를 받아서 영리하다 父の血筋を受けて利口だ.

Ⅱ 自 **1** (食べ物などを体が)受けつける. 行ける. ¶오늘은 술이 잘 받는군 今日は酒がなかなか行けるね. **2** (色や形が)釣り合う. ふさわしい. ¶그 자리에 받는 복장 その場にふさわしい服装. **3** (人物の写真が)実物の顔よりよく撮られる. ¶그 여자는 사진이 잘 받는다 彼女は写真がよく写る.

받다² 他 (頭·角で)突く. ぶつける. ¶소가 뿔로 사람을 받았다 牛が角で人を突いた.

-받다³ 接尾 《일부의 명사 아래》〔'입다·당하다'의 뜻을 나타냄〕…される. …られる. ¶귀염～ かわいがられる / 사랑～ 愛される / 버림～ 見放される.

받들다 他 奉る. **1** 敬う. 崇める. まつる. 戴く. ¶부모를 잘 ～ 父母をよく敬い尊ぶ / 총재로 ～ 総裁に推戴する. **2** (物を落ちないように)支える. ¶깨지기 쉬우니 밑에서 잘 받들어라 壊れやすいから下のところをちゃんと持っていなさい. **3** (教え·命令·意向などを)支持する. 奉じる. 従う. ¶명을 받들어 시행하다 命を奉じて施行する.

받들어총〔―銃〕 感 名 하自〔軍〕ささげ銃, またその号令.

받아넘기다 他 **1** (人の話に)うまく答え返す. (歌を)歌い返す. ¶짓궂은 사람의 농담을 ～ 意地悪い人の冗談をうまくあしらう. **2** (質問·攻撃などに)うまく受け答えする. うまく処理する. ¶어려운 질문을 척척 ～ 難しい

質問にてきぱきと受け答えする.

받아들이다 他 **1** 受け入れる. 取り入れる. 取り寄せる. ¶ 실업자를 받아들일 태세 失業者を受け入れる態勢. **2** (ある言葉·頼みなどを)聞き入れる. 承諾する. 受け入れる. 受け付ける. ¶ 반대 의견을 ~ 反対意見を受け入れる.

받아쓰기 名 하他 書き取り.

받아쓰다 他 書き取る. 書き取りをする. ¶ 강의 내용을 ~ 講義の内容を書き取る.

받을어음 名 受取手形.

받쳐들다 他 物を下から支え持つ.

받치다 Ⅰ 自 **1** (消化不良で)食べたものが戻る. むかむかする. ¶ 속이 ~ 胃がむかむかする. **2** (感情が)込み上げる. ¶ 화가[설움이] ~ 怒り[悲しみ]が込み上げる. **3** (座席·寝床などが)固くて体にこたえる.

Ⅱ 他 **1** 支える. ¶ 기둥을 ~ 柱を支える. **2** (あるものの)内側に別のものを挟み込む. ¶ 속적삼을 저고리 안에 받쳐입다 一重の肌着をチョゴリの下に着る. **3** 〔言〕(ハングルで)母音字の下に子音字をつける. **4** '받다'의 힘줌말. ¶ 우산을 받치고 가다 傘をかざして行く.

받침 名 **1** 支え. 下敷き. 台. ¶ 책~ 下敷き / ~을 괴다 支えるものを当てる. **2** 〔言〕(ハングルで)母音字の下に書かれた子音字. パッチム. 終声字. ¶ ~을 달다 終声字をつける.

받침대 名 支柱.

받침돌 名 礎. 礎石.

받침두리 名 (たんすなどの下に当てる)支え.

받침점〔一點〕 名〔物〕支点.

받히다 自 突かれる. ¶ 소에게 ~ 牛に突かれる.

발[1] Ⅰ 名 **1** (人間やけものの)足. ▷다리 ¶ ~에 맞지 않는 구두 足に合わない靴 / ~로 차다 足で蹴る / ~을 삐다 足をくじく. **2** (物を支える)脚. ¶ 뒤주의 ~ 米櫃の脚. **3** (漢詩で)詩句の脚韻. ¶ ~을 달다 脚韻を踏む. **4** 歩み. 歩調. ¶ ~이 느리다[재다] 歩みが遅い[速い] / ~을 멈추다 足を止める.

Ⅱ 依名 〔발걸음을 세는 말〕…歩. ¶ 몇 ~ 옮기다 数歩歩む / 한 ~ 더 앞으로 나서다 さらに1歩前に出る.

◆**발 벗고 나서다** 一肌脱ぐ.
◆**발을 구르다** 地団駄を踏む.
◆**발을 끊다** 絶交する. 関係を断つ.
◆**발을 빼다** 手を引く. 引退する.
◆**발을 씻다** ① 足を洗う. ② 〈俗〉 堅気になる.
◆**발을 펴다[뻗다]** 足を伸ばす. 安心する.
◆**발이 넓다** 交際が広い. 知り合いが多い. 顔が広い.
◆**발이 뜨다** 時たま行き来する.
◆**발이 맞다** 歩調が合う. 足並みがそろう.
◆**발이 묶이다** 足止めをくう.
◆**발이 익다** (何度も行き来して)足が慣れる.
◆**발이 잦다** しきりに行き来する.
◆**발이 저리다** 足がしびれる.
◆**발이 짧다** (足が短いの意で)遅れて来てごちそうにありつけない.

〔속담〕 **발 없는 말이 천 리 간다** 足のない言葉が千里を行く〈口を慎むべきだ〉.

발[2] 名 すだれ. ¶ ~을 치다 すだれをかける.

발[3] 名 **1** 織物の目. ¶ ~이 굵다[곱다] 織り目が粗い[細かい]. **2** 麵の太さの程度.

발[4] 依名 〔두 팔을 펴서 벌린 길이〕尋. ¶ 한 ~ 一尋.

발[5]〔發〕 依名 **1** 〔탄알의 수효〕…発. ¶ 한 ~의 공포를 쏘다 1発の空砲を撃つ. **2** 〔機〕〔발동기의 수효〕…発. ¶ 쌍~ 비행기 双発の飛行機.

-발[6]〔發〕 接尾 **1** 〔출발〕…発. ¶ 부산 ~ 서울행 특급 열차 釜山発ソウル行の特急列車. **2** 〔발신〕…発. ¶ 런던~ 3일자 로이터 통신 ロンドン発3日付けのロイター通信.

발가락 名 足の指.

〔속담〕 **발가락의 티눈만큼도 안 여긴다** 足の指の魚の目ほどにも思わない〈はなはだしく蔑視すること〉.

발가벗기다 他 〔'발가벗다'의 사동사〕 **1** 裸にする. ¶ 어린애를 발가벗겨 목욕시키다 子供を裸にして風呂に入れる. **2** (金銭·財物を巻き上げるか使い果たさせて)まる裸にする.

발가벗다 自 **1** 裸になる. ¶ 발가벗고 목욕하다 裸になって入浴する. **2** 山がはげる. ¶ 발가벗은 산 はげた山. <벌거벗다

발가숭이 名 **1** 裸. まる裸. ¶ 아이들이 ~가 되어 헤엄치다 子供たちがまる裸になって泳ぐ. **2** 財産などをまったく持たない人. 裸一貫. **3** はげ山. <벌거숭이

발각〔發覺〕 名 하自 発覚. 露顕. ばれること. 暴露. 明らかにすること. 知ること. 分かること. ¶ 범행[부정]이 ~되다 犯行[不正]が発覚する.

발간〔發刊〕 名 하他 発刊. ¶ 매달 ~되는 잡지 毎月発行される雑誌.

발강 名 赤色(の染料).

발강이 名 赤色のもの.

발갛다 形 **1** うす赤い. ¶ 발갛게 상기된 얼굴 赤く上気した顔. **2** ('발간'의 꼴로) とんでもない. まったくの. ¶ 발간 거짓말 真っ赤な嘘. <벌겋다

발개지다 自 赤くなる. ¶ 무안을 당해 얼굴이 ~ 恥をかいて顔がぱっと赤くなる. <벌게지다

발걸음 名 足どり. 歩幅. 歩み. 歩. ¶ ~이 빠르다[늦다] 足が速い[遅い] / ~을 멈추다 足を止める / ~이 뜸해지다 足が遠のく.

◆**발걸음을 재촉하다** 急いで行く. 足を速める.

발걸이 名 **1** (机などの)足掛け. **2** (自転車などの)ペダル.

발견〔發見〕 名 하他 発見. ¶ 구석기 시대의 유물이 ~되다 旧石器時代の遺物が発見される.

발고무래 名〔農〕さらい〈くまでのような

形をした農機具〉.

발광¹〔發光〕 名 하自 発光. ¶ ~ 동물[식물] 発光動物[植物] / ~ 도료 発光塗料.

발광기〔一器〕 名〔生〕発光器.

발광체〔一體〕 名〔物〕発光体.

발광²〔發狂〕 名 하自 **1** 発狂. 気が狂うこと. **2** 荒れ狂うこと. ¶ 뜻대로 안 된다고 ~하다 思いどおりにならないので荒れ狂う.

발구 名 山で牛馬のひくそり.

발군〔拔群〕 名 하形 抜群. 特に優れていること. ¶ ~의 실력을 발휘하다 抜群の実力を発揮する. / 실력이 ~하여 승진을 거듭했다 実力が抜群で昇進を重ねた.

발굴〔發掘〕 名 하他 発掘. ¶ 숨은 인재의 ~ 隠れた人材の発掘 / 지하 자원을 ~하다 地下資源を発掘する.

발굽 名 ひづめ. ¶ 말~ 소리 馬のひづめの音.

발권〔發券〕 名 하自他 発券.

발권 은행〔一銀行〕 名〔經〕発券銀行.

발그대대하다 形 赤ばんでいる. くすんだ赤色をしている.

발그댕댕하다 形 均等でなく赤みを帯びている.

발그레하다 形 ほんのりと赤い. やや美しく赤みを帯びている.

발그림자 名 足跡. 人影. 姿.

◆**발그림자도 안 하다** 全然顔を見せない.

발그무레하다 形 かすかに薄赤い. ¶ 상기된 얼굴이 ~ 上気した顔がうっすらと赤い.

발그스름하다[-스레하다] 形 いくらか赤い. 赤みを帯びている. ¶ 단풍이 발그스름하게 들다 うっすらと赤く紅葉する.

발그족족하다 形 ややくすんで赤い.

발금〔發禁〕 名 하他〔'발매 금지'의 준말〕発禁.

발급〔發給〕 名 하他 発給. ¶ 여권이 ~되다 旅券が発給される.

발긋발긋 副 하形 点々と鮮やかに赤く. ¶ 꽃이 들에 ~ 폈다 花が野原に点々と赤く咲いた.

발기¹〔勃起〕 名 하自 勃起.

발기 부전〔一不全〕 名〔醫〕勃起不全.

발기²〔發起〕 名 하他 発起. ¶ ~문 発起文 / 회사의 설립을 ~하다 会社の設立を発起する.

발기인〔一人〕 名 発起人.

발기다 他 **1** 裂いて取り出す. 切り開く. ¶ 옥수수의 껍질을 ~ とうもろこしの皮をむいて身を取り出す. **2** 裂いて殺す. ¶ 저런 발겨 죽일 놈 この裂いて殺しても飽き足りないやつめ.

발기발기 副 切れ切れに. びりびりに. ¶ 서류를 ~ 찢어 버리다 書類をびりびりに破ってしまう.

발길 名 (蹴ったり歩いたり跳ねたりする)足. 足先. 足どり. きびす. ¶ ~로 차다 足で蹴る / ~을 돌리다 引き返す / ~ 닿는 대로 가겠다 足の向くまま行くよ.

◆**발길이 내키지 않다** 行く気になれない.

◆**발길이 떨어지지 않다** さらりと去る気になれない.

◆**발길이 멀어지다**[뜸해지다] 足が遠くなる. 足が遠のく.

◆**발길이 무겁다** 行く気になれない.

발길질 名 하自 足蹴.

발깍 副 **1**〔갑자기 성내거나 힘쓰는 모양〕かっと. さっと. ¶ ~ 성을 내고 나가다 かっと腹を立てて出て行く / 방문을 ~ 열어 젖히다 部屋の扉をさっと押し開ける. **2**〔갑자기 뒤집히거나 소란스런 모양〕急にひっくり返ったり大騒ぎになったりするようす. ¶ 동네가 ~ 뒤집히다 村が大騒ぎになる.

발꿈치 名 踵. きびす.

발끈 副 하自 **1**〔왈칵 성내는 모양〕かっと. ¶ ~ 화를 내다 かっと怒る. **2**〔시끄러운 모양〕騒々しいようす. ¶ 부부 싸움으로 집안이 ~ 뒤집혔다 夫婦げんかで家の中が上を下への大騒ぎになった.

발끈거리다[-대다] 自 (怒りっぽくて)かっとなる.

발끈발끈 副 **1** かっかかっかと. **2** がやがや(と). わいわい(と).

발끝 名 足先. つま先. ¶ 머리끝에서 ~까지 물을 뒤집어썼다 頭のてっぺんからつま先まで水をかけられた.

발단〔發端〕 名 하自 発端. 糸口. ¶ 이야기의 ~ 物語の発端.

발달〔發達〕 名 하自 発達. ¶ 지능의 ~ 知能の発達 / 교통이 ~하다 交通が発達する / 과학이 급속히 ~하다 科学が急速に発達する / 남태평양에서 ~한 저기압 南太平洋で発達した低気圧.

발달 심리학〔一心理學〕 名〔心〕発達心理学.

발달 지수〔一指數〕 名〔心〕発達指数.

발덧 名 歩き疲れて起こる足の痛み.

발돋움 名 하自 **1** 背伸び. 爪立ち. ¶ ~하여 선반에서 물건을 내리다 背伸びして棚から物を下ろす. **2** 踏み台. 足継ぎ. **3** (目標などに向かって)必死になること. 力をふりしぼること.

발동〔發動〕 名 하自他 **1** 発動. ¶ 강권을 ~시키다 強権を発動させる / ~을 걸다 エンジンをかける. **2** 勢いづくこと. ¶ 한번 ~이 걸리면 밤을 새고 마신다 一度調子づくと徹夜で飲む.

발동기〔一機〕 名 発動機. エンジン.

발동기선〔一機船〕 名 発動機船.

발뒤꿈치 名 踵. きびす. (履き物の)踵.

발뒤축 名 踵.

발들여놓다 自 **1** ある場所に出入りする. **2** ある環境に身をおく. ¶ 교육계에 ~ 教育界に身を入れる.

발등 名 足の甲.

◆**발등에 불이 떨어지다** 足下に火がつく. 事態が切迫している.

◆**발등을 디디다** 機先を制する.

◆**발등을 밟히다** 先を越される.

◆**발등을 찍히다** 背かれる.

◆**발등의 불을 끄다** 身辺に迫った危機をかわす.

발등걸이 名 하自 **1**〔體〕〈シルム(씨름

で)踵で相手の足の甲を踏んで倒す技. **2** 〔體〕 (鉄棒で)両足の甲を鉄棒にかけて逆さにぶら下がること. **3** 先手を打つこと. 機先を制すること.

발딱 副 **1** 〔급하게 일어나는 모양〕 がばっと. ぱっと. ¶ 시계를 보고 ~ 일어났다 時計を見てがばっと起き上がった. **2** 〔갑자기 자빠지는 모양〕 ばったり(と). ¶ ~ 쓰러지다 ばったり倒される.

발딱거리다[-대다] 自 **1** ずきんずきん脈打つ. **2** 胸がどきどきする. ¶ 가슴이 ~ 胸がどきどきする. **3** (水などを)がぶがぶ飲む. ¶ 물을 발딱거리며 다 마셨다 水をがぶがぶと飲み干した. <벌떡거리다

발딱발딱 副 하自 **1** ずきんずきん(と). **2** どきんどきん(と). **3** がぶがぶ(と).

발라내다 他 **1** (皮·殻などをむいて)中身を取り出す. ¶ 밤톨을 ~ 栗の(皮をむいて)実を取り出す. **2** (必要な物だけを)えり分ける. ¶ 생선의 살을 ~ 魚の身をえり分ける.

발라드〔프 ballade〕 名 バラード.

발라맞추다 自 うまく言いくるめる. 甘言で欺く. へつらう. おべっかを使う. ¶ 형을 발라맞추어 용돈을 얻어 쓰다 兄のごきげんをとって小遣いをせびる.

발라먹다 他 **1** (皮·骨などを除いて)中身を食べる. ¶ 포도를 ~ ぶどうの皮をむいて食べる / 생선 살만 ~ 魚の骨を取り除いて身だけを食べる. **2** かすめ取る. ぺてんにかける.

발랄하다〔潑剌―〕 形 溌剌としている. きびきびしている. 生き生きしている. ¶ 발랄한 동작 きびきびした動作 / 발랄한 소녀 溌剌とした少女.

발랑 副 〔뒤로 자빠지거나 눕는 모양〕 ぱったり(と). ¶ 방바닥에 ~ 눕다 部屋の床にばたっとあお向けに寝る. <벌렁

발레〔프 ballet〕 名 バレエ.

발레리나〔이 ballerina〕 名 バレリーナ.

발령〔發令〕 名 하自他 発令. 辞令. ¶ 경계 경보 ~ 警戒警報発令 / 부장 ~이 나다 部長の辞令が出る.

발로〔發露〕 名 하自 発露. 現われ. ¶ 선의의 ~ 善意の発露.

발룩하다 形 少しすき間[割れ目, 裂け目]がある. ¶ 툇마루가 ~ 縁側に少し割れ目がある. <벌룩하다

발론〔發論〕 名 하自 発議. 発案. 提唱. ¶ 선배의 ~으로 만 원씩 갹출했다 先輩の発議で1万ウォンずつ醵出した.

발름하다 形 少しすき間[割れ目, 裂け目]があいている. <벌름하다

발리다[1] 自 〔'바르다[1]'의 피동사〕 (液体などが)塗られる. ¶ 벽에 페인트가 발렸다 壁にペンキが塗られた.

발리다[2] Ⅰ 自 〔'바르다[2]'의 피동사〕 (中身や骨についた肉などが)えぐられる. そがれる. くりぬかれる. ¶ 발린 생선 뼈 身をそがれた魚の骨.
Ⅱ 他 〔'바르다[2]'의 사동사〕 くりぬかせる. そがせる. えぐらせる.

발림 名 へつらい. おべっか. おせじ. 甘言. ¶ 사탕~으로 꾀다 甘言で釣る.

발림수작〔―酬酌〕 名 へつらい. おべっか. おべんちゃら. おせじ. ¶ ~으로 속이다 おせじでごまかす.

발맞추다 自 足並みをそろえる.

발매[1] 名 하他 (山林の)伐採.
◆**발매를 놓다** 伐採に取り掛かる.
◆**발매를 놓다** びっしりと茂った樹木を一度に切り払う.

발매나무 名 切り出した薪.

발매[2]〔發賣〕 名 하他 発売. ¶ ~중 発売中 / 신제품이 ~되다 新しい製品が発売される.

발매 금지〔―禁止〕 名 하他 発売禁止. 発禁.

발명[1]〔發明〕 名 하他 発明. ¶ ~권 発明権 / 필요는 ~의 어머니 必要は発明の母.

발명왕〔―王〕 名 発明王.

발명품〔―品〕 名 発明品.

발명[2]〔發明〕 名 하他 **1** 経史の意味を解き明かすこと. **2** 弁明. 弁解. 言い訳.

발모〔發毛〕 名 하自 発毛. ¶ ~제 発毛剤.

발목[1] 名 足首. ¶ ~이 부러지다 足首の骨が折れる / ~을 삐다 足首をくじく.
◆**발목을 잡히다** ① 抜き差し[のっぴき]ならない羽目に陥る. ② 弱みを握られる. ¶ ~을 잡힐 일은 없다 付け込まれそうなことはない.

발목물 名 やっと足首が浸るほどの浅い水.

발목[2]〔撥木〕 名 〔樂〕 撥.

발문〔跋文〕 名 跋文. 跋. 後書き.

발밑 名 足もと. 脚下. ¶ 어느새 어두워져서 ~이 안 보인다 いつの間にか暗くなって足もとが見えない.

발바닥 名 足の裏. ¶ ~에 물집이 생기다 足の裏にまめができる.

발바리 名 **1** 〔動〕 狆. **2** 〈俗〉 軽薄で落ち着きのない人. おっちょこちょい.

발바투 副 いち早く. 素早く. ¶ 노름이라면 ~ 덤빈다 賭け事のこととなるといち早く加わる.

발반〔發斑〕 名 하自 〔韓方〕 発疹.

발발[1]〔勃勃〕 名 하形 勃勃. さかんに起こり立つさま.

발발[2]〔勃發〕 名 하自 勃発. ¶ 일대 사건이 ~하다 一大事件が勃発する.

발발[3] 副 **1** 〔떠는 모양〕 (寒さや恐怖で)ぶるぶる. ¶ 추워서 ~ 떨다 寒くてぶるぶる震える. **2** 〔몹시 아끼는 모양〕 (取るに足らないものを)けちけち(と). ¶ 돈 몇 푼 가지고 ~ 떤다 わずかのお金でけちけちする. **3** 〔기는 모양〕 のろのろ(と). のそのそ(と). ¶ 뱀이 ~ 기어 온다 蛇がのろのろはって来る. <벌벌

발발[4] 副 하自 〔삭아서 잘 찢어지는 모양〕 ぼろぼろ. びりびり. ¶ 묵은 천이 ~ 터진다 古ぎれがびりびり裂ける.

발밭다 形 機をみるに敏だ. ちゃっかりしている.

발버둥질 名 하自 あがく[もがく]こと. じたばたすること. 地団駄を踏むこと. ¶ 이제 와서 ~쳐도 소용없다 今更じたばたしても始まらない.

발버둥치다 自 **1** じたばたする. 地団

駄を踏む. 足をばたばたさせる. ¶ 분해서 ～ 悔しくて地団駄を踏む / 아이가 발버둥치면서 울고 있다 子供が足をばたばたさせて泣いている. **2** 逃がれようとしてもがく[あがく]. ¶ 부도를 막으려고 ～ 不渡りを防ごうとあがく.
발병[1]〔一病〕 名 足の病気. ¶ 십 리도 못 가서 ～ 난다 1里も行かないうちに足が痛み出す.
발병[2]〔發兵〕 名 하自 出兵.
발병[3]〔發病〕 名 하自 発病. ¶ ～하여 5일째다 発病してから5日目だ.
발보이다 他 **1** 才能をひけらかす. **2** 物の一部だけをちょっと見せる. ほのめかす.
발복〔發福〕 名 하自 開運. 幸運が到来すること.
발복지지〔一之地〕 名〔民俗〕 縁起のよい家の敷地や墓地.
발본〔拔本〕 名 하自他 抜本. 根本の原因を除くこと.
발본색원〔一塞源〕 名 하他 抜本塞源. ¶ 공무원의 부정을 ～하다 公務員の不正を抜本塞源する.
발부[1]〔發付〕 名 하他 発付. 発給. ¶ 영장을 ～하다 令状を発付する.
발부[2]〔髮膚〕 名 髪膚. からだ. ¶ 신체 ～ 身体髪膚. 全身.
발부리 名 爪先. 足先. ¶ ～가 돌에 채여 넘어지다 石につまずいて倒れる.
발분〔發憤〕 名 하自 発奮.
발붙이다 自 頼る. 寄りかかる. 取り付く. ¶ 발붙일 곳도 없다 取り付く島もない.
발뺌 名 하自 言い逃れ. 言い抜け. 言い訳. 弁解. ¶ 비겁하게 ～하려 든다 卑怯にも言い逃れしようとする.
발사〔發射〕 名 하自他 発射. ¶ 미사일 ～ ミサイル発射 / 갑자기 권총을 ～하다 突然ピストルを発射する.
발산〔發散〕 名 하自他 発散. ¶ 냄새를 ～하다 臭いを発散する / 빛과 열을 ～하다 光と熱を発散する / 젊은 에너지를 ～시키다 若いエネルギーを発散させる.
발상[1]〔發祥〕 名 하自 発祥. ¶ 고대 문명의 ～ 古代文明の発祥.
발상지〔一地〕 名 発祥地. ¶ 오리엔트 문명의 ～ オリエント文明の発祥地.
발상[2]〔發喪〕 名 하自 発喪〈人の死を世間に知らせること〉.
발상[3]〔發想〕 名 発想. ¶ 기발한 ～ 奇抜な発想 / ～이 좋다 発想がすばらしい.
발샅 名 足の指の間.
발새 名 足の指の間.
발색〔發色〕 名 하自 発色. 色の仕上がり. ¶ 염색물의 ～ 染め物の色の仕上がり.
발생〔發生〕 名 하自 発生. ¶ ～지 発生地 / 교통 사고가 ～하다 交通事故が発生する / 뇌염이 ～하다 脳炎が発生する.
발생 생리학〔一生理學〕 名〔生〕 発生生理学.
발생학〔一學〕 名〔生〕 発生学.
발설〔發說〕 名 하自他 口に出すこと. 口外すること. 公表. ¶ ～을 금하다 口外を禁ずる / 진실을 ～하다 真実を公表する.
발성〔發聲〕 名 하自他 発声. ¶ ～법 発声法 / ～ 연습 発声練習.
발소리 名 足音. ¶ ～가 나다 足音がする / ～를 죽이다 足音を忍ばせる.
발송〔發送〕 名 하他 発送. ¶ ～인 発送人 / 화물을 ～하다 貨物を発送する.
발솥 名 脚が3本ついている釜.
발쇠 名 告げ口. 密告.
◆**발쇠를 서다** (人の秘密を探って)密告する. ひそかに告げる.
발쇠꾼 名 密告者. スパイ.
발신[1]〔發身〕 名 하自他 卑賤な身分から出世すること.
발신[2]〔發信〕 名 하他 発信. ¶ ～인 불명의 편지 差出人不明の手紙 / ～국 発信局 / ～지 発信地.
발심〔發心〕 名 하自 発心. 発起. やる気を起こすこと. ¶ 무슨 일을 꼭 하겠다고 ～하다 あることを必ずやると決心する.
발싸개 名 〈ポソン(버선)や履き物を履くときぴったり合うように〉足に巻く布や紙.
발씨름 名 足相撲.
발아〔發芽〕 名 하自〔植〕 発芽. 芽生え. ¶ 씨앗이 ～하기 시작했다 種が芽を出しはじめた.
발아기〔一期〕 名 萌芽期.
발아율〔一率〕 名 発芽率.
발악〔發惡〕 名 하自 (善悪·正邪をわきまえず)悪態をつくこと. 暴れ回ること. あがき. もがき. ¶ 최후의 ～ 最後のあがき.
발안〔發案〕 名 하自他 発案. ¶ ～권 発案権 / ～자 発案者 / 새로운 방법을 ～하다 新しい方法を発案する.
발암〔發癌〕 名 하自 発癌. ¶ ～ 물질 発癌物質.
발양〔發揚〕 名 하他 発揚. 奮い起こすこと. 発揮. ¶ 국위를 ～하다 国威を発揚する.
발언〔發言〕 名 하自 発言. ¶ ～의 기회를 주다 発言の機会を与える.
발언권〔一權〕 名 発言権. ¶ ～을 얻다 発言権を得る.
발연〔勃然〕 名 하形 勃然. **발연히** 副 勃然と. 突然. ¶ ～ 반대 의견을 내다 突然反対意見を出す.
발열〔發熱〕 名 하自 発熱. ¶ 감기로 인한 ～ 風邪による発熱.
발염〔拔染〕 名 하自他 抜染. 抜き染め. ¶ ～제 抜染剤.
발원[1]〔發源〕 名 하自 発源. 源. 起源.
발원지〔一地〕 名 発源地.
발원[2]〔發願〕 名 하他 発願. 祈願. ¶ 자식을 낳도록 ～하다 子供が授かるよう祈願する.
발육〔發育〕 名 하自 発育. 成長. ¶ ～ 부전 発育不全 / ～이 좋다 発育がいい / ～이 빠르다 発育が早い.
발육기〔一期〕 名 発育期.
발음〔發音〕 名 하自他 発音. ¶ ～ 기관 発音器官 / ～이 좋다 発音がよい.
발음 기호〔一記號〕 名〔言〕 発音記号.
발음체〔一體〕 名〔物〕 発音体.
발의[1]〔發意〕 名 하他 発意. 考え出

すこと. ¶ 이것은 내가 ~한 것이다 これは私の考え出したものだ.

발의[2]〔發議〕名 하他 発議. ¶ 수정안을 ~하다 修正案を発議する.

발인〔發靷〕名 하自 発引. 出棺.

발인제〔一祭〕名 出棺の際に行なう儀式.

발자국 名 足跡. 足形. 足. ¶ ~ 소리가 들린다 足音が聞こえる.

발자귀 名 (動物の)足跡.

발자취 名 足跡. ¶ 위대한 ~를 남기다 偉大な足跡を残す.

발작〔發作〕名 하自 発作. (ある種の感情·行動が)急に起こること. ¶ ~을 일으키다 発作を起こす / ~적인 범행 発作的な犯行.

발장구 名 足をばたばたすること. ばた足. ¶ 물가에서 ~를 치며 노는 어린이 水辺で足をばたつかせて遊ぶ子供.

발장단〔一長短〕名 足拍子. ¶ 노래 곡조에 맞추어 ~을 하다 歌の調子に合わせて足拍子をとる.

발재봉틀〔一裁縫一〕名 足踏みミシン.

발적〔發赤〕名〖醫〗発赤〈皮膚が炎症により赤く腫れ上がること〉.

발전[1]〔發展〕名 하自 発展. ¶ 해외로 ~하는 기업 海外へ発展する企業 / 사업의 ~ 事業の発展 / 사건은 뜻하지 않은 방향으로 ~했다 事件は思いがけない方向に発展した.

발전[2]〔發電〕名 하自 **1** 発電. ¶ 수력[화력] ~ 水力[火力]発電 / 자가 ~ 自家発電. **2** 電報を打つこと. 発信.

발전기〔一機〕名 発電機. ダイナモ.

발전 기관〔一器官〕名 発電器官.

발전선〔一船〕名 発電船.

발전소〔一所〕名 発電所. ¶ 원자력 ~ 原子力発電所.

발정[1]〔發情〕名 하自 発情. ¶ ~ 호르몬 発情ホルモン.

발정기〔一期〕名 発情期.

발정[2]〔發程〕名 하自 旅立ち. 門出. 出立.

발족〔發足〕名 하自 発足. ¶ 회사가 ~하다 会社が発足する.

발주〔發注〕名 하他 発注. ¶ 비품의 ~ 備品の発注.

발진[1]〔發疹〕名 하自 発疹. ¶ ~티푸스 発疹チフス / ~이 생기다 発疹が出る.

발진열〔一熱〕名〖醫〗発疹熱.

발진[2]〔發振〕名 하自 発振. 電気振動を発すること. ¶ ~기 発振器.

발진[3]〔發進〕名 하自 発進. ¶ ~ 기지 発進基地 / 긴급 ~ 緊急発進.

발질 名 하自〔'발길질'의 준말〕足蹴.

발짓 名 하自 足を動かすこと.

발짝 依名〔걸음의 수효〕…歩. ¶ 두어 ~ 앞으로 2歩ほど前へ.

발쭉하다 形 細長く開いて突き出ている. **발쭉이** 副 すきまが少し開いているようす.

발찌 名〖韓方〗首の後ろの髪の生え際に出る腫れ物.

발차〔發車〕名 하自 発車. 反 停車. ¶ ~ 시간 発車時間 / 30분마다 ~한다 30分毎に発車する.

발착〔發着〕名 하自 発着. ¶ ~ 시간 発着時間.

발창〔一窓〕名 すだれをはめ込んだ窓.

발초〔拔抄〕名 하他 抜粋. 抜き書き. ¶ ~록 抄録.

발췌〔拔萃〕名 하自他 抜粋. 抜き書き. ¶ ~곡 抜粋曲 / 중요한 부분만을 ~하다 重要な部分を抜き書きする.

발치[1] 名 **1** (寝るとき)足のいくほう. 反 枕元 **2** あるものの下端の部分.

발칫잠 名 人の足下で寝ること.

발치[2]〔拔齒〕名 하自 抜歯. ¶ ~술 抜歯術.

발칙하다 形 **1** ぶしつけだ. 無作法だ. 乱暴だ. ¶ 발칙한 아이 無作法な子供. **2** 非難すべきだ. 不届きだ. 不埒だ. ¶ 이 발칙한 놈 같으니 この不埒者めが.

발칵 副〔'발깍'의 거센말〕**1** 急に元気がわくようす. ¶ 문을 ~ 열다 一気に戸を押しあける. **2** かっと. ¶ 화를 ~ 내다 かっと怒る. **3** 突然騒動を起こすようす. ¶ 집안이 ~ 뒤집혔다 家じゅうが大騒ぎになった.

발코니〔balcony〕名 バルコニー. 露台. (劇場の)二階桟敷.

발탁〔拔擢〕名 하他 抜擢. ¶ 신인을 ~하다 新人を抜擢する.

발톱 名 足の爪.

발톱눈 名 足の爪の左右の隅.

발틀 名 **1** 足踏み機械. **2**〔'발재봉틀'의 준말〕足踏みミシン.

발파〔發破〕名 하他 発破. 爆破. ¶ ~ 작업 発破作業 / ~ 장치를 하다 発破装置をかける.

발판〔一板〕名 **1** 足場. 踏み台. 足掛かり. ¶ ~을 놓다 足場を置く. **2** (自動車·乗降口の)ステップ. **3** (水泳·跳躍運動の)はね板. 飛び板. 跳躍板. **4** (目的を達成するための)踏み台. てだて. 足掛かり. 土台. 基礎. ¶ 남을 ~으로 하여 출세하다 他人を踏み台にして出世する / 정치인으로서의 ~을 굳히다 政治家としての足場を固める.

발포[1]〔發布〕名 하他 発布. 公布. ¶ 계엄령이 ~되다 戒厳令が発布される.

발포[2]〔發泡〕名 하自 発泡. ¶ ~제 発泡剤 / ~ 스티롤 発泡スチロール.

발포[3]〔發疱〕名 하自〖醫〗発疱〈皮膚に水疱が生じること〉.

발포[4]〔發砲〕名 하自 発砲. ¶ ~ 명령 発砲命令.

발표〔發表〕名 하他 発表. ¶ 당선자 ~ 当選者発表 / 신작의 ~ 新作の発表 / 의견을 ~하다 意見を発表する.

발표회〔一會〕名 発表会.

발하다〔發一〕自 他 **1** (気力·熱·光などを)発する. 出す. ¶ 빛을 ~ 光を発する / 라일락이 향기를 ~ ライラックが香り出す. **2** 公にする. 公表する. ¶ 법령을 ~ 法令を発する / 성명을 ~ 声明を出す.

발한〔發汗〕名 하自 発汗. ¶ ~제 発汗剤.

발함〔發艦〕名 하自 発艦.

발행〔發行〕 名 하自他 発行. ¶ ~ 부수 発行部数 / ~ 금지[정지] 発行禁止[停止] / 신문[잡지]의 ~ 新聞[雑誌]の発行 / 새로운 지폐가 ~된다 新しい紙幣が発行される.

　발행 가격〔一價格〕 名〔經〕発行価格.

　발행고〔一高〕 名 発行高.

　발행인〔一人〕 名 発行者.

　발행처〔一處〕 名 発行所.

발헤엄 名 하自 立ち泳ぎ.

발현〔發現〕 名 하自他 発現. ¶ 자의식의 ~ 自意識の発現.

발현 악기〔撥絃樂器〕 名〔樂〕撥弦楽器.

발호〔跋扈〕 名 하自 跋扈. ¶ 외척의 ~ 外戚の跋扈.

발화〔發火〕 名 하自 発火. 点火. ¶ 자연 ~ 自然発火 / 창고에서 ~되다 倉庫から発火する.

　발화성〔一性〕 名 発火性.

　발화점〔一點〕 名 発火点.

발회〔發會〕 名 하自 発会. ¶ ~식 発会式.

발효[1]〔發效〕 名 하自 発効. ¶ 법령의 ~일 法令の発効日 / 조약이 ~되다 条約が発効する.

발효[2]〔醱酵〕 名 하自〔化〕発酵. ¶ ~균 発酵菌 / ~ 식품 発酵食品 / ~유 発酵乳.

발휘〔發揮〕 名 하他 発揮. ¶ 실력을[솜씨를] ~하다 実力[腕前]を発揮する.

발흥〔勃興〕 名 하自 勃興. ¶ ~기 勃興期.

밝기 名 明るさ(の程度).

밝다 Ⅰ 形 **1** (光·色が)明るい. ¶ 등불이 ~ 灯火が明るい / 불을 켜서 방안을 밝게 하다 灯をつけて部屋を明るくする. **2** (性格·見通しなどが)明るい. ¶ 밝은 표정[얼굴] 明るい表情[顔] / 전망이 ~ 見通しが明るい. **3** (物事に)通じている. 明るい. 詳しい. ¶ 예의 범절에 ~ 礼儀正しい / 그는 세상 물정에 ~ 彼は世情に通じている. **4** 公正だ. 公明だ. 明るい. やましいところがない. ¶ 밝은 정치 公正な政治. **5** (聴力·視力が)非常によい. ¶ 귀가 ~ 耳がよい / 눈이 ~ 目がよい.

　Ⅱ 自 (夜·年が)明ける. ¶ 날이 밝았으니 떠날 준비를 하자 夜が明けたから出かける準備をしよう.

밝을녘 名 明け方. 夜明け.

밝히다 他 **1** (電灯などを)つける. ¶ 불을 ~ 火をともす / 밤을 환하게 밝혀 주다 夜を明るく照らしてくれる. **2** (物事の事情·状態を)はっきりさせる. 明かす. ¶ 죄상을 ~ 罪状をただす / 신분을 ~ 身分を明かす. **3** 〈俗〉(夜を)明かす. ¶ 독서로 밤을 ~ 読書で夜を明かす. **4** (女·金などを)好む. ¶ 여자를 ~ 女好きだ / 돈을 ~ お金に目がない.

밟다 他 **1** (足で)踏む. ¶ 남의 발을 ~ 人の足を踏む / 보리를 ~ 麦を踏む / 디딤돌을 밟고 올라가다 踏み石を踏んで登る. **2** 踏む. (ある所に)行く. ¶ 10년 만에 조국 땅을 ~ 10年ぶりに祖国の土を踏む. **3** (手続きを)踏む. ¶ 절차를 ~ 手続きを踏む / 출국 수속을 ~ 出国手続きをする. **4** 経験する. 歩む. ¶ 무대를 ~ 舞台を踏む / 인생의 험한 길을 밟아 왔다 人生の険しい道を踏んできた. **5** 後をつける. 追跡する. ¶ 범인의 뒤를 ~ 犯人の後を追う.

밟히다 Ⅰ 自〔'밟다'의 피동사〕踏まれる. 踏みつけられる. ¶ 구둣발로 ~ 靴で踏まれる.

　Ⅱ 他〔'밟다'의 사동사〕踏ませる.

밤[1] 名 夜. 晩. 夜間. 反 昼 ¶ 간 ~ ゆうべ / 깊은 ~ 深夜 / ~이나 낮이나 夜も昼も / ~이면 ~마다 夜ごと / ~이 깊어지다 夜が更ける / 이틀 ~을 한숨도 자지 못했다 二晩を一睡もできなかった.

　◆**밤을 도와** 夜明かしで. 徹夜で. ¶ ~을 도와 얘기를 나누다 夜通し語り合う.

　〔속담〕**밤말은 쥐가 듣고 낮말은 새가 듣는다** 夜の言葉は鼠が聞き, 昼の言葉は鳥が聞く〈壁に耳あり障子に目あり〉.

밤[2] 名 栗. ¶ 삶은 ~ ゆで栗 / ~송이가 벌어지다 いが栗が笑む.

밤거리 名 夜のちまた. 夜の街. ¶ ~를 헤매다 夜の街をぶらつく.

밤길 名 夜道. ¶ ~을 가다 夜道を行く.

밤꾀꼬리 名〔動〕ナイチンゲール.

밤나무 名〔植〕栗の木.

밤낮 Ⅰ 名 夜と昼. 昼夜. 日夜. ¶ ~을 가리지 않는 노력 昼夜を分かたぬ努力.

　Ⅱ 副 いつも. しょっちゅう. ¶ ~ 책만 읽고 있다 いつも本ばかり読んでいる.

　◆**밤낮 없이** いつも. 常に. ¶ ~ 없이 놀기만 한다 いつも遊んでばかりいる.

　◆**밤낮을 가리지 않다** 休まずに継続する. 昼夜を分けない.

밤놀이 名 하自 夜遊び.

밤눈 名 夜目. 夜に物を見る目. ¶ ~이 밝다 夜目が利く.

　◆**밤눈이 어둡다** 夜目が利かない.

밤늦다 形 夜が遅い. ¶ 밤늦게 찾아오다 夜遅く訪ねてくる.

밤도둑 名 夜盗.

밤들다 自 夜が深まる.

밤마다 副 毎晩. 夜ごと. 夜な夜な. ¶ ~ 무서운 꿈을 꾼다 夜ごと恐ろしい夢をみる.

밤무대〔一舞臺〕 名 (芸能人がバーやキャバレーなどで)夜間に出演する舞台. 夜の舞台.

밤바 名 ⇨범퍼

밤바람 名 夜風. ¶ ~이 차다 夜風が冷たい.

밤밥 名 栗ご飯. 栗飯.

밤버섯 名〔植〕栗茸.

밤볼 名 ふっくらとした頰.

　◆**밤볼이 지다** 頰がふっくらとしている.

밤비 名 夜雨. 夜の雨. ¶ ~가 부슬부슬 내린다 夜の雨がしとしと降る.

밤빛 名 栗色.

밤사이 名 夜のうち. 夜中. 夜間. ¶~에 눈이 내린 모양이다 夜のうちに雪が降ったらしい.
밤새 名 〔'밤사이'의 준말〕 夜のうち. 夜中. ¶~ 비가 내렸다 夜中に雨が降った.
밤새껏 副 夜が明けるまで. 夜通し. 一晩じゅう. ¶~ 비가 그치지 않았다 夜通し雨がやまなかった.
밤새다 自 〔'밤새우다'의 준말〕 徹夜する.
밤새우다 自 夜明かしをする. 徹夜する. ¶밤새워 공부하다 徹夜で勉強する.
밤새움 名 하自 徹夜. 夜明かし. ¶상가에서 ~을 하다 喪家でお通夜をする.
밤색〔—色〕 名 栗色.
밤샘 名 하自 〔'밤새움'의 준말〕 夜明かし.
밤소 名 栗あん. 蒸した栗をつぶしたあん.
밤소경 名 鳥目. 夜盲症(の人).
밤소일〔—消日〕 名 하自 (遊びなどで)夜を過ごすこと.
밤손님 名 〈俗〉 夜のお客(泥棒を遠回しに言うお言葉).
밤송이 名 いが栗. 栗のいが.
밤안개 名 夜霧.
밤알 名 栗の実. ¶~ 줍기 栗拾い.
밤엿 名 胡麻や豆の粉をまぶした栗の大きさほどの白い飴.
밤이슬 名 夜露.
◆**밤이슬 맞는 놈** (夜露にぬれるやつの意で)夜盗.
밤일 名 하自 **1** 夜なべ. 夜の仕事. 夜勤. 夜業. **2** 〈俗〉 房事.
밤자갈 名 栗石(道路舗装などに使う小石).
밤잠 名 夜の眠り. ¶~을 설쳐서 몸이 무겁다 寝そびれて体がだるい.
밤재우다 他 一晩おく[寝かせる]. ¶밀가루 반죽을 ~ 小麦粉を練ったものを一晩おく.
밤중〔—中〕 名 夜更け. 夜中. 深夜. ¶~에 잠이 깨다 夜中に目が覚める.
밤차〔—車〕 名 夜行列車. 夜汽車. ¶~로 떠나다 夜行列車で出発する.
밤참〔—站〕 名 夜食. 夜のおやつ. ¶~을 들다 夜食をとる.
밤톨 名 栗の実. ¶~을 줍다 栗の実を拾う/~만한 녀석 ちっぽけなやつ.
밤하늘 名 夜空. ¶~에 빛나는 별 夜空に輝く星.
밥¹ 名 **1** 飯. ご飯. ¶~이 질다[되다] ご飯が柔らかい[固い]/~을 푸다 ご飯を盛る[よそう]/~을 먹다 ご飯を食べる/~을 짓다 ご飯を炊く/~이 뜸들다 ご飯が蒸れる. **2** 食事. ¶아침~ 朝ご飯. 朝飯/저녁~ 夕ご飯. 夕飯. **3** えさ. ¶늑대 ~이 되다 狼の餌食となる. **4** 分け前. ¶제 ~도 못 찾아 먹는다 自分の分け前ももらいそこねる. **5** いけにえ. かも. 餌食. ¶권력의 ~이 되다 権力の犠牲になる.
◆**밥 먹듯 하다** (ご飯を食べるように)いつもする.
◆**밥을 주다** 時計のぜんまいを巻く.

밥² 依名 かんなくず. おがくず. ¶대팻~ かんなくず/실~ 糸くず/톱~ のこくず.
밥값 名 **1** 食事代. 食費. **2** 食い扶持程度の働き. ¶~도 못 하는 사람 食い扶持程度の働きもない人間.
밥공기〔—空器〕 名 飯茶碗. 碗.
밥그릇 名 飯茶碗. 食器.
밥맛 名 **1** ご飯の味. **2** 食欲. ¶~이 없다[나다] 食欲がない[わく].
밥물 名 **1** ご飯を炊くとき入れる水. **2** 煮抜き. おねば.
밥밑 名 (糅飯をつくるために)米の下に敷いて炊く麦・豆などの雑穀.
밥밑콩 名 糅飯に混ぜて炊く大豆.
밥벌레 名 ごくつぶし.
밥벌이 名 하自 やっと暮らせる程度の稼ぎ[仕事]. ¶~가 되느냐? 暮らせるぐらいの稼ぎか/~가 떨어지다 職を失う.
밥보 名 大食い. 大食.
밥보자기〔—褓子—〕 名 お膳・食器などの覆い. お膳カバー.
밥상〔—床〕 名 食膳. お膳. ¶~을 차리다 食膳をととのえる/~이 푸짐하다 お膳がにぎやかだ.
밥상머리 名 お膳を挟んで向かい側.
밥솥 名 飯釜. ¶전기 ~ 電気釜.
밥술 名 **1** 幾さじかのご飯. 少量のご飯. ¶~이나 먹는다 暮らし向きがさほど困らない[ゆとりがある]. **2** (ご飯を食べる)匙.
◆**밥술을 놓다** 〈俗〉 死ぬ.
밥쌀 名 米. 飯米.
밥알 名 ご飯粒. ¶턱에 ~이 붙었다 あごにご飯粒がついている.
밥장사 名 하自 飯屋商売.
밥장수 名 하自 飯屋の主人. 飯売り.
밥주걱 名 しゃもじ. 飯杓子.
밥줄 名 **1** 〈俗〉 (生計を立てる道の意で)職業. 生業. 仕事. ¶~을 잡다 職を得る. 仕事にありつく. **2** 〔生〕 食道.
◆**밥줄이 끊어지다** 職を失う. 飯の食い上げになる.
밥집 名 飯屋. 一膳飯屋. 簡単な食堂.
밥통〔—桶〕 名 **1** 飯びつ. おひつ. **2** 〈俗〉 胃袋. **3** ごくつぶし. 能なし. 間抜け.
밥투정 名 하自 (食事の時の)むずかり.
밥풀 名 **1** 糊の代わりに使うご飯粒. 続飯. **2** ご飯粒.
밥풀과자〔—菓子〕 名 おこし.
밥하다 自 ご飯を炊く. 食事の仕度をする.
밧다 他 〔'바수다'의 준말〕 砕く. 粉々にする.
밧줄 名 綱. ロープ. ¶~을 치다 綱を張る/~로 묶다 綱で縛る.
방¹〔房〕 名〔建〕 部屋. 室. 間. ¶넓은[좁은] ~ 広い[狭い]部屋/큰~ 大部屋/빈 ~이 있다 空き部屋がある.
◆**방을 내놓다** (不動産屋を通して)部屋を貸しに出す.
◆**방을 놓다** オンドル(온돌)部屋の床を張る.

[單語帳] 방에 관한 말

〈韓国式家屋〉 온돌방(溫突房) オンドル部屋 / 안방 居間 / 사랑방(舍廊房) 客間 / 건넌방 居間の向いの部屋 / 문간방(門間房) 門の脇の部屋 / 부엌 台所 / 마루 板の間 / 다락방 屋根裏 / 툇마루 縁側 / 벽장(壁欌) 押し入れ / 문 戸 / 천장(天障) 天井 / 부뚜막 かまど / 장판(壯版) 油紙を張ったオンドル部屋の床

〈西洋式家屋〉 응접실 応接間 / 거실 居室 / 현관 玄関 / 침실 寝室 / 서재 書斎 / 독방(獨房) 個室 / 욕실 浴室 / 화장실 トイレ / 변소 便所 / 베란다 ベランダ / 계단 階段 / 복도(複道) 廊下 / 창문(窓門) 窓. ▷집¹ [單語帳]

방²〔榜〕 [名] **1** 〔'방목'의 준말〕 科挙の合格者の名簿. **2** 〔'방문'의 준말〕 公示文. ¶ ~을 붙이다 公示文を張る.

방³〔放〕 [依名] (弾丸·おならなどを数える)発. ¶ 총을 한 ~ 쏘다 銃を1発撃つ.

-방⁴〔方〕 [接尾] 〔방위를 나타냄〕…の方. ¶ 동북~ 東北の方.

방가〔放歌〕 [名][하自] 放歌. 大声で歌うこと. ¶ 고성 ~ 高声放歌.

방갈로〔bungalow〕 [名] バンガロー.

방갓〔方一〕 [名] 喪に服する者が外出のときかぶる笠.

방갓쟁이 [名] 〈俗〉 방갓をかぶった人.

방개 [名] 〔'물방개'의 준말〕 源五郎.

방계〔傍系〕 [名] 傍系. [反] 直系. ¶ ~ 혈족 傍系血族 / ~ 회사 傍系会社 / ~ 친족 傍系親族.

방계친〔一親〕 [名] 傍系親.

방고래〔房一〕 [名] (熱と煙の通る)オンドル(온돌)の煙道.

방곡〔防穀〕 [名][하自] 穀物を他の場所に搬出させないようにすること.

방공¹〔防共〕 [名][하自] 防共. ¶ ~ 사상 防共思想.

방공²〔防空〕 [名][하自] 防空. ¶ ~ 연습[훈련] 防空演習[訓練].

방공호〔一壕〕 [名] 防空壕.

방과〔放課〕 [名] 放課. ¶ ~ 후에 만나자 放課後に会おう.

방관〔傍觀〕 [名][하他] 傍観. ¶ ~자 傍観者 / ~적 태도 傍観的態度 / 그냥 ~만 한다 ただ傍観するばかりだ.

방광¹〔放光〕 [名][하自] 放光.

방광²〔膀胱〕 [名]〔生〕 膀胱. ¶ ~ 결석 膀胱結石 / ~암 膀胱癌.

방광염〔一炎〕 [名]〔醫〕 膀胱炎.

방구들〔房一〕 [名] オンドル(온돌).

방구석〔房一〕 [名] **1** 部屋の隅. **2** 〈俗〉 部屋の中. ¶ 코딱지만한 ~에서 셋이 잤다 鼻くそみたいに小さな部屋で3人で寝た.

방국〔邦國〕 [名] 邦国. 国家.

방귀 [名] おなら. 屁. ガス.

방귀뀌다 [自] 屁をひる.

〔속담〕 **방귀뀐 놈이 성낸다** おならをして腹を立てる〈自分で誤ちを犯しておきながら他人に対して腹を立てる〉.

방그레 [副] にっこり(と). ¶ ~ 웃는 소녀의 얼굴 にっこり笑う少女の顔.

방글거리다[-대다] [自] ほほえむ. にっこり笑う. <벙글거리다

방글방글 [副][하自] にこにこ(と). ¶ ~ 웃는 얼굴로 손님들을 안내하다 にこにこした顔でお客を案内する.

방글라데시〔Bangladesh〕 [名]〔地〕 バングラデシュ〈インドの東にある共和国〉.

방금〔方今〕 [副] 今. たった今. 今し方. ちょうど. ただ今. ¶ ~ 그 곳에 있었다 今し方そこにいた / ~ 도착했습니다 たった今到着いたしました.

방긋 [副][하自] にこやかに. にっこり(と). ¶ ~ 웃다 にこやかに笑う. **방긋이¹** [副] にこっと. にっこり(と). ¶ ~ 미소짓다 にっこりとほほえむ.

방긋거리다[-대다] [自] にこにこと笑う.

방긋방긋 [副][하自] にこにこ(と).

방긋하다 [形] 少し開いている. **방긋이²** [副] 少し開き目に. ¶ 문이 ~ 열려 있다 戸が少し開いている.

방기¹〔芳紀〕 [名] 芳紀. 芳春.

방기²〔放棄〕 [名][하他] 放棄. ¶ 책임을 ~하다 責任を放棄する.

방끗 [副] 〔'방긋'의 센말〕 にこやかに. にっこり(と).

방끗거리다[-대다] [自] にこにこ笑う.

방끗방끗 [副][하自] にこにこ(と).

방나다〔榜一〕 [自] (科挙·試験の)合格者が発表される.

방년〔芳年〕 [名] 芳年. 芳紀. ¶ ~ 19세 芳紀19歳.

방념〔放念〕 [名][하自] 放念. 安心.

방뇨〔放尿〕 [名][하自] 放尿.

방담〔放談〕 [名][하自] 放談. ¶ 신춘 ~ 新春放談.

방대하다〔尨大一〕 [形] 膨大だ. ¶ 방대한 양 膨大な量. **방대히** [副] 膨大に.

방도〔方道〕 [名] 方途. 方法. ¶ 개선의 ~ 改善の方途 / 해결의 ~를 찾다 解決の方法を探る.

방독〔防毒〕 [名][하自] 防毒. ¶ ~면 防毒マスク.

방둥이 [名] 動物の尻.

방랑〔放浪〕 [名][하自] 放浪. 流浪. さすらい. ¶ ~벽 放浪癖 / ~의 길 さすらいの旅 / ~객 放浪生活をする人 / 여러 나라를 ~하다 諸国を放浪する.

방략〔方略〕 [名] 方略. はかりごと. 計略.

방론〔放論〕 [名][하自] 放論. 放言.

방류〔放流〕 [名][하他] 放流. ¶ 강에 잉어를 ~하다 川に鯉を放流する.

방만하다〔放漫一〕 [形] 放漫だ. ¶ 방만한 경영[생활] 放漫な経営[生活].

방만히 [副] 気ままに. でたらめに.

방망이 [名] 棒. 砧. ¶ 빨랫~ 洗濯棒 / 다듬잇~ 砧(の棒).

◆**방망이를 들다** 人に干渉し邪魔をする.

방망이꾼 [名] 邪魔ばかりする人.

방망이질 [名][하自] **1** 砧を打つこと. 棒でたたくこと. **2** 胸がどきどきすること.

방매〔放賣〕 [名][하他] 売り出し. 安値

で売り払うこと. ¶ 재고품을 ～하다 在庫品を安値で売る. たたき売る.
방매가〔一家〕 名 売り家.
방면¹〔方面〕 名 方面. **1** (ある地域の)方向. (…の)方. ¶ 서울 ～으로 향하다 ソウル方面に向かう. **2** ある分野. 道. ¶ 과학 ～에 흥미가 있다 科学の方面に興味がある.
방면²〔放免〕 名 하他 放免. ¶ 무죄 ～되다 無罪放免される.
방명〔芳名〕 名 芳名. ¶ ～록 芳名録.
방모〔紡毛〕 名 하自 紡毛.
방모사〔一絲〕 名 紡毛糸.
방목¹〔放牧〕 名 하他 放牧. ¶ ～장 放牧場 / 말을 ～하다 馬を放牧する.
방목²〔榜目〕 名〔史〕科挙の合格者の名簿.
방묵〔芳墨〕 名 芳墨. **1** 香りのよい墨. **2** 他人の手紙に対する尊敬語.
방문¹〔方文〕 名 〔'약방문'의 준말〕 処方箋.
방문²〔房門〕 名 戸. 部屋の戸.
방문³〔訪問〕 名 하他 訪問. ¶ 가정 ～家庭訪問 / 호별 ～ 戸別訪問 / ～객 訪問客.
방문⁴〔榜文〕 名 公示文. 掲示.
방물 名 (女性用の)小間物〈化粧品·針道具·装身具など〉.
방물장사 名 하自 小間物の行商.
방물장수 名 小間物を行商する女性.
방바닥〔房一〕 名 部屋の床面.
방방곡곡〔坊坊曲曲〕 名 至る所. 津々浦々. ¶ 전국 ～에서 모인 선수들 全国至る所から集まった選手たち.
방방이〔房房一〕 副 部屋ごと. 部屋という部屋すべて.
방백〔傍白〕 名〔演〕傍白. わきぜりふ.
방범〔防犯〕 名 하自 防犯. ¶ ～ 주간 防犯週間 / ～등 防犯灯.
방법〔方法〕 名 方法. 仕方. やり方. てだて. 仕様. すべ. ¶ 인사하는 ～ あいさつの仕方 / 달리 할 ～이 없다 ほかになすすべがない / 구체적인 ～을 세우다 具体的な方法を立てる.
방법론〔一論〕 名〔哲〕方法論.
방벽〔防壁〕 名 防壁. ¶ ～을 쌓다 防壁を築く.
방부〔防腐〕 名 하他 防腐.
방부제〔一劑〕 名 防腐剤.
방분〔放糞〕 名 하自 大便をすること.
방불〔彷彿〕 名 하形 彷彿. 髣髴. ¶ 실전을 ～케 하는 훈련 実戦を髣髴させる訓練.
방비〔防備〕 名 하他 防備. 備え. 守り. ¶ ～선 防備線 / 수도를 ～하다 首都を防備する.
방사¹〔房事〕 名 하自 房事. 性交. 交合.
방사²〔放射〕 名 하自他 放射. ¶ 열을 ～하다 熱を放射する.
방사상〔一狀〕 名 放射状.
방사열〔一熱〕 名〔物〕放射熱.
방사형〔一形〕 名 放射状.
방사³〔放飼〕 名 하他 放し飼い. ¶ ～하는 닭 放し飼いの鶏.
방사⁴〔紡絲〕 名 하自他 紡糸. 糸を紡ぐこと, またその糸.
방사능〔放射能〕 名 放射能. ¶ ～ 병기 放射能兵器 / ～비 放射能雨 / ～오염 放射能汚染.
방사림〔防沙林〕 名 防砂林.
방사선〔放射線〕 名〔物〕放射線. ¶ ～과 放射線科 / ～ 요법 放射線療法 / ～ 장애 放射線障害.
방사선 의학〔一醫學〕 名〔醫〕放射線医学.
방사성〔放射性〕 名 放射性. ¶ ～ 동위 원소 放射性同位体 / ～ 물질 放射性物質 / ～ 원소 放射性元素.
방산〔放散〕 名 하自他 放散. ¶ 열을 ～시키다 熱を放散させる.
방색〔防塞〕 名 하他 防塞. ¶ ～을 쌓다 防塞を築く.
방생〔放生〕 名 하他〔佛〕放生.
방생회〔一會〕 名〔佛〕放生会.
방서¹〔方書〕 名 **1** 方術を記した文. **2** 処方箋を書いた本.
방서²〔芳書〕 名 〔'남의 편지'의 높임말〕 芳書.
방석〔方席〕 名 座布団. ¶ ～을 깔고 앉다 座布団を敷いて座る.
방석니〔方席一〕 名〔生〕小臼歯.
방선〔傍線〕 名 傍線. サイドライン.
방선균〔放線菌〕 名〔生〕放線菌. ¶ ～병 放線菌病. 「雪林」
방설〔防雪〕 名 하自 防雪. ¶ ～림 防
방성〔放聲〕 名 하自 声を張り上げること, またその声.
방성대곡〔一大哭〕 名 하自 大きな声で激しく泣くこと.
방성통곡〔一痛哭〕 名 하自 慟哭. 大声で泣き悲しむこと.
방세〔房貰〕 名 部屋代. 家賃. 間代. ¶ ～가 비싸다 部屋代が高い.
방세간〔房一〕 名 室内の家具.
방손〔傍孫〕 名 傍系の子孫.
방송〔放送〕 名 하他 放送. ¶ ～ 교육 放送教育 / 생～ 生放送 / 녹화 ～録画放送 / 텔레비전 ～ テレビ放送 / ～국 放送局 / ～극 放送劇. ラジオドラマ / 일본어 강좌가 ～되고 있다 日本語講座が放送されている.
방수¹〔防水〕 名 하自 防水. ¶ ～복 防水服 / ～제 防水剤 / ～화 防水靴 / ～ 시계 防水時計.
방수²〔防銹〕 名 하自 防銹. さび止め. ¶ ～ 도료 さび止め塗料.
방수³〔放水〕 名 하他 放水.
방수로〔一路〕 名 放水路.
방수⁴〔傍受〕 名 하自 傍受. ¶ 무전을 ～하다 無線を傍受する.
방순〔芳醇〕 名 芳醇. 香り高く味のよい酒.
방습〔防濕〕 名 하自 防湿. ¶ ～지 防湿紙 / ～제 防湿剤.
방시레 副 にっこり(と). にこっと. ¶ ～웃다 にっこりと笑う.
방식¹〔方式〕 名 方式. やり方. 様式. ¶ 생활 ～ 生活様式 / 일정한 ～에 따르다 一定の方式に従う.
방식²〔防蝕〕 名 防食.
방식제〔一劑〕 名〔化〕防食剤.
방실거리다〔-대다〕 自 にこにこする. ほ

ㅂ

ほえむ.

방실방실 副 하自 にこにこ(と).

방심〔放心〕 名 하自 **1** 油断. ¶ ~은 금물 油断は禁物 / 남의 ~을 틈타다 人のすきをつく. **2** 安心.
◇일본어의 放心은 '멍함, 망연함, 안심'의 뜻이다.

방싯 副 하自 にこっと. ¶ ~ 웃는 아기 にこっと笑う赤ん坊.

방싯거리다[-대다] 自 にこにこする.

방싯방싯 副 하自 にこにこ(と).

방아 名 穀物を搗く器具の総称. ¶ 디딜~ 踏み臼. 唐臼 / ~를 찧다 踏み臼で穀物を搗く.

방아 타령〔一打令〕 名 京畿道の民謡〈4分の3拍子の臼搗き歌〉.

방아품 名 踏み臼で穀物を搗く賃仕事.

방앗간〔一間〕 名 (穀物を)搗く所. 精米所.

방앗공이 名 (踏み臼などの)杵.

방아깨비 名〔動〕 精霊飛蝗.

방아두레박 名 はねつるべ.

방아벌레 名〔動〕 米搗虫.

방아살 名 (牛の)ヒレ肉.

방아쇠 名 (銃の)引き金. ¶ ~를 당기다 引き金を引く.

방안[1]〔方案〕 名 方案. ¶ ~을 세우다[내다] 方案を立てる[出す].

방안[2]〔方眼〕 名 方眼. ¶ ~ 칠판 方眼黒板.

방안지〔一紙〕 名 方眼紙.

방약〔方藥〕 名 方薬.

방약무인〔傍若無人〕 名 하形 傍若無人. ¶ ~한 태도 傍若無人な態度.

방어[1]〔邦語〕 名 邦語. 国語.

방어[2]〔防禦〕 名 하他 防御. ¶ 밀집 ~ 密集防御 / 타이틀을 ~하다 タイトルを防御する.

방어망〔一網〕 名 **1**〔軍〕 防御網. 防潜網. **2** 防御のための警戒網.

방어선〔一線〕 名〔軍〕 防御線.

방어율〔一率〕 名〔體〕 (野球の)防御率.

방어전〔一戰〕 名 防御戦.

방어[3]〔魴魚〕 名〔動〕 鰤.

방언[1]〔方言〕 名 方言. なまり. ⊛反 標準語.

방언[2]〔放言〕 名 하自他 放言. ¶ 장관의 ~이 문제가 됐다 大臣の放言が問題になった.

방언 고론〔一高論〕 名 하自 何の憚りもなく大声で論じること.

방역[1]〔邦譯〕 名 하他 邦訳. 自国語訳.

방역[2]〔防疫〕 名 하他 防疫. ¶ ~ 대책 防疫対策.

방열〔放熱〕 名 하自 放熱.

방열기〔一器〕 名〔機〕 放熱器. ラジエーター.

방영〔放映〕 名 하自他 放映. ¶ ~ 시간 放映時間.

방울[1] 名 鈴. ¶ ~ 소리 鈴の音 / ~을 울리다 鈴を鳴らす.

방울눈 名 どんぐり眼.

방울[2] Ⅰ 名 水滴. しずく. 玉. ¶ 물~ 水玉. 水滴 / 빗~ 雨のしずく.
Ⅱ 依名 …滴. ¶ 눈물 한 ~ 涙1滴.

방울뱀 名〔動〕 がらがらへび.

방울벌레 名〔動〕 鈴虫.

방울새 名〔動〕 河原鶸.

방울집게 名 頭の丸いやっとこ.

방원〔方圓〕 名 方円. 方形と円形.

방위[1]〔方位〕 名 方位. 方角. ¶ ~선 方位線 / ~가 좋다 方角がいい.

방위각〔一角〕 名 方位角.

방위[2]〔防衛〕 名 하他 防衛. ¶ 정당~ 正当防衛 / ~ 산업 防衛産業.

방위선〔一線〕 名〔軍〕 防衛線.

방음〔防音〕 名 하自 防音. ¶ ~재 防音材.

방음벽〔一壁〕 名 防音壁.

방음 장치〔一裝置〕 名〔建〕 防音装置.

방인〔傍人〕 名 傍人. そばにいる人.

방일〔放逸〕 名 하自 放逸. ¶ ~한 행동 勝手気ままな行動.

방임〔放任〕 名 하他 放任. ¶ 자유~ 自由放任 / ~주의 放任主義.

방자 名 하自他 呪いをかけること.

방자스럽다 形 放恣だ. 横柄だ.

방자하다〔放恣一〕 形 放恣だ. 気ままだ. ¶ 방자한 행동 放恣なふるまい.

방잠〔防潛〕 名 防潜. 敵の潜水艦に対する防衛.

방잠망〔一網〕 名 防潜網. 防御網.

방장[1]〔方丈〕 名 方丈. 1丈四方(の広さ).

방장[2]〔房帳〕 名 (外からの寒い風を防ぐ目的で)部屋の中に張り巡らすとばり.

방재〔防災〕 名 하自 防災. ¶ ~ 설비 防災設備.

방적〔紡績〕 名 하自 紡績. ¶ ~ 공업 紡績工業 / ~ 회사 紡績会社.

방적 견사〔一絹絲〕 名 紡績絹糸. 絹紡糸.

방적 기계〔一機械〕 名 紡績機械. 紡機.

방적 돌기〔一突起〕 名〔動〕 紡績突起. 出糸突起.

방적면사〔一綿絲〕 名 紡績綿糸.

방적사〔一絲〕 名 紡績糸.

방전〔放電〕 名 하自〔物〕 放電. ¶ 공중~ 空中放電.

방전관〔一管〕 名 放電管.

방전등〔一燈〕 名 放電灯.

방전 전류〔一電流〕 名〔物〕 放電電流.

방점〔傍點〕 名 傍点. ¶ ~을 찍다 傍点を打つ.

방정 名 軽はずみな言動. おっちょこちょい.

방정꾸러기 名 お調子者. おっちょこちょい.

방정꾼 名 軽率な人. お調子者.

방정떨다 自 軽々しくふるまう.

방정맞다 形 **1** 浮かれて騒ぎまわる. ちょこまかしている. そそっかしい. **2** 不吉だ. 縁起でもない. ¶ 방정맞은 소리 작작 해라 縁起でもないことを言うのはもういいかげんにしろ.

방정식〔方程式〕 名〔數〕 方程式. ¶ 이차 ~ 二次方程式 / ~을 풀다 方程式を解く.

방정하다〔方正一〕 形 方正だ. ¶ 품행이 ~ 品行が方正だ.

방제[1]〔方劑〕 名 하他 薬を調合すること, また調合した薬.
방제[2]〔防除〕 名 하他 防除. ¶ 충해 ～ 虫害の防除.
방조〔幇助〕 名 하他 幇助.
　방조범〔一犯〕 名〔法〕幇助犯.
　방조죄〔一罪〕 名〔法〕幇助罪. ¶ 자살 ～ 自殺幇助罪.
방조림〔防潮林〕 名 防潮林.
방조제〔防潮堤〕 名 防潮堤.
방종〔放縱〕 名 하形 放縦. 勝手気まま. 放恣. ¶ ～한 생활 放縦な生活 / ～하게 지내다 勝手気ままに暮らす.
방주[1]〔方舟〕 名 **1** 箱船. 方形の船. **2**〔聖〕ノアの方舟.
방주[2]〔方柱〕 名〔建〕方柱. 四角い「柱」.
방주[3]〔旁註〕 名 傍注. 旁註. ¶ ～를 달다 傍注をつける.
방죽 名 堤防. 土手. 堤.
방증〔傍證〕 名 하他 傍証. 間接的な証拠. ¶ ～을 수집하다 傍証を集める.
방지〔防止〕 名 하他 防止. ¶ 사고 ～ 事故防止 / 소음을 ～하다 騒音を防止する.
방직〔紡織〕 名 하他 紡織. ¶ ～ 공업 紡織工業 / ～ 기계 紡織機械.
　방직공〔一工〕 名 紡織工.
방진[1]〔方陣〕 名 方陣. 兵士を方形に配した陣.
방진[2]〔防塵〕 名 하自 防塵. 塵が入るのを防ぐこと. ¶ ～ 장치 防塵装置.
방책[1]〔方策〕 名 方策. ¶ ～을 강구하다 方策を講ずる / ～을 세우다 方策をたてる.
방책[2]〔防柵〕 名 (敵を防ぐための) 柵.
방척〔放擲〕 名 하他 放擲.
방천〔防川〕 名 하自 堤防を築いて川の氾濫を防ぐこと, またその堤防.
　방천숲 名 川の氾濫を防ぐための林.
방첨탑〔方尖塔〕 名 方尖塔. オベリ「スク.
방첩〔防諜〕 名 하自 防諜.
방청〔傍聽〕 名 하他 傍聴. ¶ ～객 傍聴客 / ～권 傍聴券 / ～석 傍聴席.
방초〔芳草〕 名 芳草. 香りのよい草.
방추[1]〔方錐〕 名 方錐. **1** 四つ目錐. **2**〔數〕正四角錐. ¶ ～형 方錐形.
방추[2]〔紡錘〕 名 **1** 紡錘. つむ. ¶ ～형 紡錘形. **2** 杼[梭].
　방추사〔一絲〕 名〔生〕紡錘糸.
방축〔防縮〕 名 하他 防縮. 縮むのを防ぐこと. ¶ ～ 가공 防縮加工.
방축〔放逐〕 名 하他 放逐. 追放.
방출〔放出〕 名 하他 放出. ¶ ～미 放出米 / 자금을 ～하다 資金を放出する.
방충〔防蟲〕 名 하他 防虫. ¶ ～망 防虫網. 網戸 / ～제 防虫剤.
방취〔防臭〕 名 하他 防臭. ¶ ～제 防臭剤.
방치〔放置〕 名 하他 放置. ¶ 역전에 ～된 자전거 駅前に放置された自転車.
방침〔方針〕 名 方針. ¶ 지도 ～을 정하다 指導方針を決める / ～을 세우다 方針を立てる.
방탄〔防彈〕 名 하自 防弾. ¶ ～유리 防弾ガラス / ～조끼 防弾チョッキ.
방탕〔放蕩〕 名 하形 放蕩. ¶ ～한 자식 放蕩息子 / ～아 放蕩児 / ～으로 신세를 망치다 放蕩で身を持ち崩す.
방파제〔防波堤〕 名 防波堤. ¶ ～를 쌓다 防波堤を築く.
방패〔防牌〕 名 盾. ¶ ～로 삼다 盾にする / 청년은 조국의 ～ 青年は祖国の盾.
　방패막이 名 하自他 なにかを盾に取って, 自分の立つ瀬を方御する手段・方法.
　방패연〔一鳶〕 名 とんび凧. 正方形で穴があがなく尾のついた凧.
방편〔方便〕 名 **1**〔佛〕方便. **2** てだて. ある目的のため一時的に使う手段. ¶ 거짓말도 ～ うそも方便.
방풍〔防風〕 名 하自 防風. ¶ ～림 防風林.
방학〔放學〕 名 하自 (夏休み·冬休みなど学校の長期の) 休み.
방한[1]〔防寒〕 名 하自 防寒. ¶ ～구 防寒具 / ～모 防寒帽 / ～복 防寒服 / ～화 防寒靴.
방한[2]〔訪韓〕 名 하自 訪韓. 韓国を訪れること.
방해〔妨害〕 名 하他 妨害. 邪魔. ¶ 영업 ～ 営業妨害 / 안면을 ～하다 安眠を妨げる.
　◆**방해를 놓다** (人の) 邪魔をする.
　방해물〔一物〕 名 妨害物. 邪魔物.
방향[1]〔方向〕 名 **1** 方向. 向き. 方位. ¶ 반대 ～ 反対の方向 / ～ 전환 方向転換 / ～을 바꾸다 向きを変える / 나침반으로 ～을 잡다 コンパスで方位を定める. **2** 人が進んで行く道. 方向. ¶ 장래의 ～ 将来の方向.
방향[2]〔芳香〕 名 芳香. かぐわしい香り. ¶ ～제 芳香剤 / ～을 내뿜다 芳香を放つ.
　방향유〔一油〕 名 芳香油. 精油.
방형〔方形〕 名 方形. 四角形. ¶ ～진 方形の陣.
방호〔防護〕 名 하他 防護. ¶ ～벽 防「護壁.
방화[1]〔邦貨〕 名 邦貨. 自国の貨幣.
방화[2]〔邦畫〕 名 邦画. 自国の映画.
방화[3]〔防火〕 名 하自 防火. ¶ ～림 防火林 / ～전 防火栓.
　방화벽〔一壁〕 名 防火壁.
　방화선〔一線〕 名 防火線.
방화[4]〔放火〕 名 하自 放火. ¶ ～범 放火犯 / ～죄 放火罪.
방황〔彷徨〕 名 하自 彷徨. さまようこと. さすらうこと. ¶ 청춘의 ～ 青春の彷徨 / 정처없이 ～하다 当てもなくさまよう.
밭[1] 名 **1** 畑·はた. ¶ 보리～ 麦畑 / 채소～ 野菜畑 / ～을 갈다 畑を耕す / ～을 일구다 畑を掘り起こす. **2** 植物が茂っている所. ¶ 꽃～ 花畑 / 솔～ 松林 / 사과～ りんご畑. **3** ある物が多く広がっている平地. ¶ 자갈～ 砂利の多い土地 / 모래～ 砂原.
밭-[2] 接頭 〔'바깥'의 준말〕外の. ¶ ～사돈 男の相舅. しゅうと同士.
밭갈이 名 하自 畑を耕すこと.
밭걷이 名 하自 畑作の取り入れ.

밭고랑 名 畝間. 畝と畝の間.
밭곡식〔—穀—〕名 畑の穀物.
밭골 名〔'밭고랑'의 준말〕畝間.
밭농사〔—農事〕名 하自 畑作.
밭다1 自 **1** 煮詰まる. **2** やせ衰える.
밭다2 他 濾す. 濾過する. ¶누룩을 ~ 麹を濾す.
밭다3 形 **1** けちだ. ¶사람이 ~ 人がけちだ. **2** (時間や距離が)とても近い. さし迫っている. 切迫している. ¶시일이 ~ 日時がさし迫っている. **3** (長さが)短い. ¶목이 ~ 首が短い. **4** (息づかいが)せわしくあえぐ. ¶밭은 숨을 몰아쉬다 せわしく呼吸する.
밭도랑 名 畑の周りの溝.
밭두둑 名 **1** 畑の畝. **2** 畑の畔.
밭둑 名 畑の周りの土手.
밭뙈기 名 小さい畑. わずかばかりの畑.
밭매기 名 하自 畑の草取り.
밭문서〔—文書〕名 畑の所有権を証明する文書.
밭벼 名 陸稲. 畑稲.
밭부모〔—父母〕名〔'바깥 부모'의 준말〕父. 父親.
밭은기침 名 しきりにする空せき.
밭이다 自〔'밭다2'의 피동사〕濾される.
밭이랑 名 畑の畝.
밭일 名 하自 畑仕事.
밭장다리 名 外股, また外股の人.
밭주인〔—主人〕名〔'바깥주인'의 준말〕主人. ご主人. 亭主.
밭치다 他〔'밭다2'의 힘줌말〕濾す.
배1 Ⅰ 名 **1** (人·動物などの)腹部. 腹. おなか. ¶~가 툭 튀어나오다 腹が出っ張る / ~가 살살 아프다 腹がしくしく痛む / ~를 깔고 기다 腹ばいになってはいはいする. **2** 胎内. ¶~ 다른 형제 腹違いの兄弟 / 한 ~의 형제 同腹の兄弟. **3** (物体の)中央の膨らんだ部分. ¶~가 부른 독 中央部の膨らんだ甕.
Ⅱ 依名〔짐승이 새끼를 낳는 횟수를 세는 말〕回. ¶한 ~에 네 마리를 낳다 1回に4匹産む.
◆**배가 맞다** ① (男女が)情を通じる. 密通する. ② (よくないことをするのに)気が合う. ぐるになる.
◆**배가 아프다** ① 腹が痛い. ② 嫉妬する.
◆**배를 내밀다** ごり押しする.
◆**배를 따다** (魚などの)腹を割く.
◆**배를 불리다[채우다]** 腹を肥やす.
◆**배를 앓다** (他人がよくなることを)嫉妬する. ねたむ.
〔속담〕**배보다 배꼽이 더 크다** 腹よりへそのほうが大きい〈本末転倒〉.
배2 名 船. 舟. ¶작은 ~ 小舟 / 낚시~ 釣り船 / ~를 젓다 船を漕ぐ.
배3 名 梨. ¶~를 깎아 먹자 梨をむいて食べよう.
배4〔胚〕名〔生〕胚.
배5〔倍〕名 倍. ¶물가가 ~로 올랐다 物価が倍に上がった.
배6〔杯〕依名〔술·음료수의 잔 수를 세는 말〕…杯.
-배7〔輩〕接尾 …輩. 徒輩. ¶폭력~ 不良の輩.
배가〔倍加〕名 하自他 倍加. ¶~의 노력 倍する努力 / 상급자가 되니 책임이 ~되었다 上役になって責任が倍になった.
배갈 名 コーリャン酒.
배격〔排擊〕名 하他 排撃. ¶사대 사상을 ~하다 事大思想を排撃する / 반대 의견을 ~하다 反対意見を排撃する.
배견〔拜見〕名 하他 拝見.
배경〔背景〕名 **1** (絵画·舞台などの)背景. ¶~ 그림 絵画の背景. 書き割り. **2** 背後にある事情. 背景. ¶그 사건에는 정치적 ~이 있다 その事件には政治的背景がある. **3** 背後の勢力. バック. ¶그 남자의 성공에는 유력한 ~이 있었다 あの男の成功には有力な後ろ盾があった.
배고프다 形 腹がすいている. 空腹だ. ¶아침을 안 먹었더니 배고파 죽겠다 朝食を取らなかったので腹がすいて死にそうだ.
배곯다 自 飢える. 腹をすかす.
배관1〔拜觀〕名 하他 拝観.
배관2〔配管〕名 하自他 配管. ¶~ 공사 配管工事 / ~공 配管工.
배광성〔背光性〕名〔植〕背光性. 背日性.
배교〔背教〕名 하自 背教.
배구〔排球〕名 하自〔體〕排球. バレーボール.
배금〔拜金〕名 拝金. ¶~주의 拝金主義.
배급〔配給〕名 하他 配給. ¶~소 配給所 / ~제 配給制 / ~품 配給品 / ~된 담요를 받다 配給された毛布を受け取る.
배기〔排氣〕名 하自他 排気. ¶~가스 排気ガス / ~량 排気量 / ~관 排気管 / ~ 장치를 하다 排気装置をつける.
배기다1 自 (床などが固くて)身にこたえる. 痛む. ¶등이 ~ 背がこたえる.
배기다2 自他 **1** 耐え忍ぶ. こらえる. 我慢する. 辛抱する. ¶힘든 훈련을 배기어 내지 못했다 つらい訓練を耐え切れなかった / 어려운 시련을 용하게 배겨 냈다 たいへんな試練をみごとに耐え抜いた. **2** ('…않고는 배기지 못하다'의 꼴로) …しなければ気がすまない. ¶독서를 하지 않고는 하루도 배기지 못한다 読書をしなければ一日も気がすまない.
배꼬다 他 〈卑〉皮肉る. ¶통렬히 ~ 痛烈に皮肉る.
배꼽 名 **1** へそ. ほぞ. ¶~이 빠지게 웃다 あごを外すほど笑う. **2**〔植〕果実の萼の跡〈へたのついていた所〉. **3** 牛の胸のあたりの肉.
◆**배꼽을 빼다** 大笑いする. へそで茶を沸かす. おかしくてたまらない.
◆**배꼽을 쥐다[잡다]** 腹を抱えて大笑いする.
◆**배꼽이 웃다** 笑止千万だ. ばかばかしい.
배꼽노리 名 へその周り.
배꼽점〔—點〕名 (碁盤の)天元. 天元に置いた石.
배나무 名〔植〕梨の木.
배낭1〔胚囊〕名〔植〕胚嚢.
배낭2〔背囊〕名 背嚢. リュックサック.

¶ ～을 메다 背嚢を担ぐ.
배내- 接頭 腹の中にいるときからの…. 胎児の….
배내똥 名 **1** 胎便〈新生児が生後初めてする大便〉. **2** 死ぬ時に排出する大便.
배내옷 名 産着.
배냇냄새 名 赤ん坊のにおい.
배냇니 名 乳歯.
배냇머리 名 産毛.
배냇병신〔一病身〕名 先天的な身体障害.
배냇저고리 名 産着.
배냇짓 名 하自 寝ているときの赤ん坊のしぐさ.
배뇨〔排尿〕名 하自 排尿.
배다¹ 自 **1** しみこむ. しみつく. しみる. ¶ 셔츠에 땀이 ～ シャツに汗がしみつく / 기름이 밴 옷 油がしみこんだ服. **2** 身につく. 慣れる. ¶ 일이 손에 ～ 仕事が手に慣れる / 친절이 몸에 ～ 親切が身につく.
배다² 他 **1** (子を)はらむ. 身ごもる. 宿す. 妊娠する. ¶ 아이를 밴 여자 身ごもった女 / 소가 새끼를 ～ 牛が子をはらむ. **2** (穂を)膨らます. はらむ. ¶ 이삭을 밴 보리 穂をはらんだ麦.
〔속담〕 **배지 않은 아이를 낳으라 한다** はらんでいない子を産めという〈無理な要求をする〉.
배다³ 他〔'배우다'의 준말〕習う. 学ぶ.
배다⁴ 形 **1** 詰まっている. すき間がない. 目が細かい. ¶ 그물코가 ～ 網の目が細かい / 모를 배게 심다 苗をぎっしり詰めて植える. **2** (考えが)狭い. 狭量だ. ¶ 속이 너무 밴 사람 心があまりにも狭い人.
배다르다 形 腹違いである. ▷배¹
배다리 名 船橋. 浮き橋.
배달〔配達〕名 하他 配達. 届けること. ¶ 우편～ 郵便配達 / 신문을 ～하다 新聞を配達する.
배달원〔一員〕名 配達員.
배달 증명 우편〔一證明郵便〕名〔法〕配達証明郵便.
배달나라〔倍達一〕名 古代の韓国の称.
배달민족〔倍達民族〕名 韓民族の古風な表現.
배당〔配當〕名 하他 配当. 割り当て. ¶ ～금 配当金 / 이익금을 ～하다 利益金を配当する.
배당락〔一落〕名〔經〕配当落ち.
배당률〔一率〕名〔經〕配当率.
배당부〔一附〕名〔經〕配当付き.
배당 소득〔一所得〕名〔經〕配当所得.
배덕〔背德〕名 하自 背徳. ¶ ～ 행위 背徳行為.
배독〔拜讀〕名 하他 拝読.
배돌다 自 仲間はずれになる. 仲間に加わらない. 一匹狼になる.
배동 名 穂ばらみ.
◆**배동이 서다** 穂が膨らむ.
배동바지 名 穂が膨らむ時期.
배두렁이 名 (幼児の)腹当て. 腹掛け. 腹巻.
배둥근끌 名 (彫刻用の)丸のみ.
배드민턴〔badminton〕名 バドミントン.
배등〔倍騰〕名 하自 (物価が)倍に上がること.
배때기 名〈俗〉腹.
배뚜로 副 曲がって. 斜めに. ねじけて. ¶ 자꾸 ～ 나가다 ねじくれるばかりだ.
배뚜름하다 形 (少し)傾いている. ＜비뚜름하다 **배뚜름히** 副 斜めに. ややねじけて.
배뚤다 形 **1** 傾いている. 斜めだ. **2** (心が)ゆがんでいる. ひねくれている. ＜비뚤다
배뚤어지다 自 **1** 一方に傾く. 偏る. **2** (心が)ひねくれる. ねじくれる. ＜비뚤어지다
배라먹다 自他 乞食をする. 物ごいをして暮らす. ＜빌어먹다
배란〔排卵〕名 하自〔生〕排卵. ¶ ～기 排卵期.
배량〔倍量〕名 倍量.
배럴〔barrel〕依名〔석유 등의 용량의 단위〕バーレル.
배려〔配慮〕名 하他 配慮. 心遣い. ¶ 특별한 ～ 特別な配慮 / 그의 처지를 ～하다 彼の立場を配慮する.
배령〔拜領〕名 하他 拝領. 拝受.
배례〔拜禮〕名 하自 拝礼. 拝むこと. ¶ 부처님을 ～하다 仏を拝む.
배륜〔背倫〕名 倫理にもとること.
배리〔背理〕名 背理.
배리다 形 **1** 生臭い. 青臭い. **2** (少なくて)物足りない. ¶ 배릴 만큼 적은 보수 がっかりするほど少ない報酬. **3** けちくさい. みみっちい. ＜비리다
배리배리 副 하形〔여윈 모양〕がりがり. ひょろひょろ. ¶ 몸이 ～하다 体がやせている. ＜비리비리
배릿하다 形 少し生臭い. ＜비릿하다
배메기 名 하他〔農〕地主と小作人が収穫物を等分に分ける制度.
배메기 농사〔一農事〕名〔農〕収穫物を折半することを条件として耕作すること.
배면〔背面〕名 背面. 後ろ側.
배명〔拜命〕名 하自他 拝命. ¶ 국장을 ～하다 局長を拝命する.
배목 名〔建〕取っ手・くさび栓につける釘状の金具.
배문〔拜聞〕名 하他 拝聞. 拝聴.
배미 Ⅰ 名〔'논배미'의 준말〕1枚の田. Ⅱ 依名〔논의 구획을 세는 단위〕枚.
배밀이¹ 名 하自 **1** 赤ん坊が這うこと. はいはい. **2**〈シルム(씨름)で〉相手を腹で押す技.
배밀이² 名 하他〔建〕障子の桟を組み立てて紙を張る側を鉋で削ること.
「総称」〉.
배반¹〔杯盤〕名 杯盤〈酒席の道具の
배반²〔胚盤〕名〔動〕胚盤.
배반³〔背反〕名 하他 背反. (論理的に)相いれないこと. ¶ 이율～ 二律背反.
배반⁴〔背叛〕名 하他 背叛. 裏切り. 背くこと. ¶ ～자 裏切り者 / 동료를 ～하다 同僚を裏切る / 부하에게 ～당하다 部下に裏切られる.
배배 副 幾重にもよじれたようす. ＜비비

◆**배배 꼬다** 何度もよじる. 何回も綯う. 幾重にも縒る.

◆**배배 꼬이다** ① ねじれる. ¶줄이 ~ 꼬이다 ひもがねじれる. ② (物事が) 順調にはかどらない.

배백〔拜白〕名 拝白. 啓白〈手紙の終わりに用いられる〉.

배뱅잇굿 名〔民俗〕黄海道一帯に伝わる民俗劇〈死んだ若い女の霊を呼び戻して慰める歌と台詞からなる〉.

배변〔排便〕名 하自 排便.

배별〔拜別〕名 하自他 尊敬する人との別れを高めていう語.

배복¹〔拜伏〕名 하自 拝伏. ひれ伏すこと.

배복²〔拜覆·拜復〕名 (返信の冒頭に用いて) 拝復.

배본〔配本〕名 하他 配本.

배부¹〔背部〕名 背部. 背の部分.

배부²〔配付〕名 하他 配付. くばりわたすこと. ¶무상 ~ 無償配付.

배부르다 形 **1** 満腹である. 腹がいっぱいだ. ¶배부르게 먹다 腹いっぱい食べる. **2** 腹が膨れている. 腹が出ている. 真ん中が膨らんでいる. **3** 十分である. 満ち足りている.

배분〔配分〕名 하他 配分. ¶비례 ~ 比例配分 / 이익 ~ 利益配分.

배불〔排佛〕名 排仏. 仏教を排斥すること, またその思想.

배불뚝이 名 腹の出ている人. 太鼓腹.

배불리 副 腹一杯に. たらふく.

배붙이기 名 交織反物の一つ〈絹糸が外側に, 木綿糸が内側になるように織ったもの〉.

배빗대 名 機織り機の緒巻きに縦糸を巻くときにあいだあいだに挟む棒.

배사¹〔背斜〕名〔地〕背斜.

배사 구조〔一構造〕名〔地〕背斜構造.

배사²〔拜謝〕名 하自 拝謝.

배사³〔拜辭〕名 하他 拝辞.

배상¹〔拜上〕名 하他 (手紙の末尾に用いて) 拝具. 敬具.

배상²〔賠償〕名 하他 賠償. 償うこと. ¶~금 賠償金 / 손해를 ~하다 損害を賠償する.

배상액〔一額〕名 賠償額.

배상부리다 自 横柄で狡猾にふるまう.

배색〔配色〕名 하自他 配色. ¶~이 잘 되다 配色がいい.

배서〔背書〕名 하自 裏書き. ¶~인 裏書き人.

배서 금지〔一禁止〕名〔法〕裏書禁止.

배석〔陪席〕名 하自 陪席. ¶~ 판사 陪席判事.

배선〔配線〕名 하自 配線. ¶~도 配線図 / ~ 공사 配線工事.

배선반〔一盤〕名 配線盤.

배설¹〔排泄〕名 하他 排泄. ¶~물 排泄物 / ~기 排泄器.

배설 작용〔一作用〕名〔生〕排泄作用.

배설²〔排設〕名 하他 儀式に使用する道具を並べること.

배소¹〔配所〕名 配所. 流刑地.

◆**배소 가다** 流刑に処される.

배소²〔焙燒〕名 하他〔化〕焙焼. あぶり焼くこと.

배속〔配屬〕名 하他 配属. ¶~ 장교 配属将校 / 타부대로 ~되었다 他部隊に配属された.

배송¹〔拜送〕名 하他 拝送. お見送り.

배송²〔配送〕名 하他 配送.

배수¹〔拜受〕名 하他 拝受. 謹んで受けること.

배수²〔配水〕名 하自 配水. 水を送ること. ¶~관 配水管 / ~탑 配水塔 / ~지 配水池.

배수³〔背水〕名 背水.

배수진〔一陣〕名 背水の陣. ¶~을 치다 背水の陣を敷く.

배수⁴〔倍數〕名 倍数.

배수성〔一性〕名〔生〕倍数性.

배수체〔一體〕名〔生〕倍数体.

배수⁵〔排水〕名 하自他 排水. 水捌け. ¶~갱 排水坑 / ~관 排水管 / ~구 排水口 / ~펌프 排水ポンプ / ~로 排水路.

배스듬하다 形 少し斜めになっている. 少し傾いている. <비스듬하다 **배스듬히** 副 少し斜めに.

배슥하다 形 やや傾いている. <비슥하다 **배슥이** 副 やや斜めに.

배승¹〔拜承〕名 하他 拝承. 謹んで承ること.

배승²〔倍勝〕名 하形 倍も勝っていること.

배승³〔陪乘〕名 하他 陪乗.

배식¹〔陪食〕名 하他 陪食.

배식²〔培植〕名 하他 植物を栽培すること.

배신〔背信〕名 하自他 背信. 裏切り. ¶~자 裏切り者 / 용서 못 할 ~ 행위 許せない背信行為.

배심〔陪審〕名 하自 陪審. ¶~원 陪審員 / ~ 제도 陪審制度 / ~ 재판 陪審裁判.

배아〔胚芽〕名〔植〕胚芽.

배아미〔一米〕名 胚芽米.

배알¹ 名〈俗〉**1** はらわた. ¶물고기의 ~을 꺼내다 魚のはらわたを取り除く. **2** 心. 内心.

◆**배알이 꼴리다**〔**뒤틀리다**〕癪に障る.

배알²〔拜謁〕名 하他 拝謁. 目通り. ¶천자를 ~하다 天子に拝謁する.

배앓이 名 腹痛.

배액〔倍額〕名 倍額.

배약 名 하自 背約. 違約.

배양〔培養〕名 하他 **1** 培養. ¶~기 培養基 / ~액 培養液 / ~토 培養土 / 세균을 ~하다 細菌を培養する. **2** 培うこと. 育成. 養成. ¶인재 ~ 人材育成 / 어려서부터 근로 정신을 ~하다 幼いときから勤労精神を培う.

배어루러기 名 腹部に斑な毛のある獣.

배역¹〔背逆〕名 하他 悖逆. 逆らい背くこと.

배역²〔配役〕名 하他 配役. 役. ¶좋은 ~을 받다 いい役をもらう.

배연〔排煙〕名 하自 排煙.

배열〔配列〕名 하他 配列. ¶카드를 ~하다 カードを配列する / 일직선으로 ~된 책상 まっすぐに並べられている机.

배엽〔胚葉〕 名〔生〕胚葉.
배영〔背泳〕 名〔體〕背泳. 背泳ぎ.
배외¹〔拜外〕 名 하他 拝外. 外国の文物·思想を崇拝すること.
배외²〔排外〕 名 하他 排外. ¶ ~적 정책 排外的政策.
배우¹〔配偶〕 名 配偶. つれあい. 夫婦.
배우자¹〔一子〕 名〔生〕配偶子.
배우자²〔一者〕 名 配偶者. つれあい.
배우체〔一體〕 名〔植〕配偶体.
배우²〔俳優〕 名 俳優. 役者. ¶ 연극 ~ 演劇俳優.
배우다 他 **1** 習う. 見習う. ¶ 일을 ~ 仕事を見習う / 자동차의 운전을 ~ 車の運転を習う. **2** 教わる. 教えてもらう. ¶ 프랑스어를 ~ フランス語を教わる. **3** (学問を)学ぶ. 修める. ¶ 대학에서 경제학을 ~ 大学で経済学を学ぶ. **4** (経験を通じて)学ぶ. 知る. わかる. ¶ 인생이 무엇인가를 ~ 人生が何たるかを学ぶ.
배움배움 名 (見聞きして習った)教養や知識. 学識. ¶ 할아버지는 ~이 대단하다 おじいさんは博学だ.
배움터 名 学び舎. 教えの庭. 学校.
배웅 名 하他 見送り. 反 出迎え ¶ 공항까지 ~하다 空港まで見送る.
배유〔胚乳〕 名〔植〕胚乳.
배율¹〔倍率〕 名〔物〕倍率.
배율²〔排律〕 名 排律(対句を6句以上並べた漢詩).
배은〔背恩〕 名 하自 背恩.
배은망덕〔一忘德〕 名 하自 恩知らず. 忘恩. ¶ 이 ~한 녀석아 この恩知らずめ.
배일¹〔排日〕 名 하他 日割り. 毎日いくらかずつ割り当てること.
배일²〔排日〕 名 하自 排日. ¶ ~ 감정 排日感情.
배일성〔背日性〕 名〔植〕背日性. 背光性.
배임〔背任〕 名 하自他 背任. ¶ ~죄 背任罪 / ~ 행위 背任行為.
배자¹〔胚子〕 名〔生〕胚子. 胚.
배자²〔褙子〕 名 (女性が)チョゴリ(저고리)の上に着る袖なしの防寒衣.
배재기 名 妊婦. はらぼて.
배전¹〔倍前〕 名 倍旧. ¶ ~의 노력 倍旧の努力.
배전²〔配電〕 名 하自 配電. ¶ ~반 配電盤 / ~선 配電線 / ~소 配電所.
배점〔配點〕 名 하自 配点.
배접〔褙接〕 名 하他 (紙·布·薄板などを重ねて糊で)張り合わせること.
배정¹〔拜呈〕 名 하他 拝呈. 謹んで贈ること.
배정²〔配定〕 名 하他 割り振り. 配分. 分配. ¶ ~된 수량이 적다 割り当てられた数量が少ない.
배젖〔胚一〕 名〔植〕胚乳.
배제¹〔配劑〕 名 하他 配剤. 薬を調合すること.
배제²〔排除〕 名 하他 排除. ¶ 간섭을 ~하다 干渉を排除する.
배좁다 形 非常に狭い. せまくるしい. <비좁다
배종〔陪從〕 名 하他 陪従.
배주〔胚珠〕 名〔植〕胚珠.
배주룩하다 形 (物の先が)少し突き出ている. <비주룩하다 **배주룩이** 副 にょきっと. ぽっと.
배주룩배주룩 副 하形 にょきにょき.
배죽하다 形〔'배주룩하다'의 준말〕(物の先が)少し突き出ている. <비죽하다
배증〔倍增〕 名 하自 倍増. ¶ 소득의 ~ 所得の倍増.
배지¹〔培地〕 名〔生〕培地. 培養基.
배지²〔badge〕 名 バッジ. ¶ ~를 달다 バッジをつける.
배지기 名 〈シルム(씨름)で〉腰投げ.
배지느러미 名〔動〕腹びれ.
배지성〔背地性〕 名〔植〕背地性.
배진〔配陣〕 名 하自 配陣. 陣立て.
배질 名 하自 **1** 船をこぐこと. **2** 座ってこっくりと居眠りをすること.
배징〔倍徵〕 名 하他 倍額を徴収すること.
배짱 名 **1** 腹. 腹の中. 心中. つもり. ¶ ~이 시커멓다 腹が黒い. **2** 肝っ玉. 度胸. 強腰. ¶ ~이 세다 肝っ玉が大きい. 心臓が強い / ~이 두둑하다 腹が据わっている.
◆**배짱을 내밀다**[**부리다**] 無理に押し切る.
◆**배짱을 대다**[**퉁기다**] ごり押しする.
◆**배짱이 맞다** 互いに気持ちが通じ合う.
◆**배짱이 좋다** 度胸がいい.
배쭉 副 하自他 **1** (不機嫌なとき·泣き出しそうになったときに)口先がとがるようす[口先をとがらすようす]. ¶ ~ 내민 입 にゅっと出した口. **2** やや突き出るようす[突き出すようす]. ¶ 얼굴을 창밖으로 ~ 내밀다 顔を窓の外にちらっとのぞかせる. <비쭉
배차〔配車〕 名 하自 配車. ¶ ~원 配車係.
배척〔排斥〕 名 하他 排斥. ¶ 외제 ~ 운동 外国製品排斥運動.
배청〔拜聽〕 名 하他 拝聴.
배추 名〔植〕白菜.
배추김치 名 白菜のキムチ.
배추꼬랑이 名 白菜の根.
배추속대 名 白菜の芯.
배추벌레 名〔動〕青虫. 紋白蝶などの幼虫.
배출¹〔倍出〕 名 하自 (以前の)倍生産されること.
배출²〔排出〕 名 하他 **1** 排出. ¶ 오염된 물을 ~하다 汚染された水を排出する. **2** 排泄.
배출구〔一口〕 名 はけ口. 排出口. ¶ 불만의 ~ 不満のはけ口.
배출³〔輩出〕 名 하自他 輩出. ¶ 많은 인재를 ~한 고장 多くの人材を輩出した地方.
배치¹〔背馳〕 名 하自 背馳. 反対になること. ¶ 민주주의에 ~되다 民主主義に背馳する.
배치²〔配置〕 名 하他 配置. ¶ 감시원을 요소 요소에 ~하다 見張りを要所要所に配置する.
배타〔排他〕 名 하自他 排他. ¶ ~주의 排他主義 / ~적 排他的.

배탈 名 腹痛. 食あたり. 下痢.
배탈나다 自 腹痛を起こす. 腹をこわす.
배태〔胚胎〕 名 하自他 胚胎. ¶ 모순을 ~하다 矛盾を胚胎する.
배터〔batter〕 名 (野球で) バッター. 打者. ¶ ~ 박스 バッターボックス.
배터리〔battery〕 名 **1** (野球で) バッテリー. **2**〔物〕 バッテリー. 蓄電池.
배턴〔baton〕 名 バトン. ¶ ~ 터치 バトンタッチ / 새로운 대통령에게 ~을 넘기다 新しい大統領にバトンを渡す.
배토[1]〔坏土〕 名 坏土〈陶磁器をつくるのに用いる土〉.
배토[2]〔培土〕 名 하他 (植物を植えてその根もとに) 土盛りすること, またその土.
배트〔bat〕 名 (野球などの) バット.
배틀다 他 ねじる. よじる. ¶ 손목을 잡아 ~ 手首をつかんでねじる. ＜비틀다
배틀리다 自 〔'배틀다'의 피동사〕 ねじられる. よじられる.
배틀어지다 自 ねじれる. よじれる. ＜비틀어지다
배판〔倍判〕 名〔印〕 倍判. 一定規格の倍の大きさ. ¶ 사륙~ 四六倍判.
배편〔一便〕 名 船便. ¶ ~은 하루에 두 번이다 船便は1日に2便だ.
배포[1]〔配布〕 名 하他 配布. ¶ 전단을 ~하다 散らしを配る.
배포[2]〔排布〕 名 하他 **1** 思いめぐらすこと. 胸の内. 考え. ¶ 그 사람의 ~를 누가 알겠소? 彼の胸中を誰が知ろうか. **2** 度胸. 胆力. **3** 排置.
◆**배포가 유하다** あわてることなく悠然としている.
◆**배포가 크다** 太っ腹だ. 胆が太い.
배표〔一票〕 名 船の切符. 乗船券.
배필〔配匹〕 名 配偶. つれあい. ¶ 좋은 ~을 만나다 よい配偶者に巡り合う.
배합〔配合〕 名 하他 配合. 組み合わせ. 取り合わせ. ¶ ~ 사료 配合飼料.
배합 비료〔一肥料〕 名〔農〕 配合肥料.
배행〔陪行〕 名 하他 **1** 随行. 身分の高い人に付き従っていくこと. **2** 見送り.
배향〔配享〕 名 하他〔史〕 **1** 宗廟に功臣の位牌を祭ること. **2** 文廟などに学徳のある人の位牌を祭ること.
배화교〔拜火教〕 名〔宗〕 拝火教. ゾロアスター教.
배회〔徘徊〕 名 하自他 徘徊. うろつくこと. ぶらつき. さまようこと. ¶ 거리를 ~하다 街を徘徊する.
배후〔背後〕 名 背後. **1** 後ろ. ¶ 적의 ~ 敵の背後 / ~에서 찌르다 背後から突く. **2** (物事の) 裏. 陰. ¶ ~에서 조종하다 陰であやつる.
백[1]〔白〕 名 **1** 白. **2** 〔'백지'의 준말〕 白の碁石. **3** 〔'백군'의 준말〕 白組.
백[2]〔百〕 數 百. ¶ ~ 명 100名 / ~ 점 100点 / ~에 하나 百に一つ. ▷일(一) 單語帳
백[3]〔back〕 名 하他 バック. **1** 背景. **2** (球技での) 後衛. ¶ ~이 약하다 後衛が弱い. **3** (自動車などの) 後進. ¶ 차를 ~시키다 車をバックさせる. **4** 縁故. 後援(者). ¶ ~이 좋아 출세했다 後ろ盾がよくて出世した. **5** 背中. 後ろ.
백[4]〔bag〕 名 バッグ. かばん. ¶ 핸드~ ハンドバッグ / 보스턴~ ボストンバッグ.
백[5]〔白〕 依名 〔아뢸·사뢸〕 「申し上げる」の意. ¶ 맹견 주의. 주인 ~ 猛犬注意. 主人敬白.
백가〔百家〕 名 **1** 百家. 多くの学者. ¶ ~쟁명 百家争鳴. **2** 〔'백가서'의 준말〕 百家の著書.
백간죽〔白簡竹〕 名 キセル用の矢竹.
백계〔百計〕 名 百計. あらゆる方策. ¶ ~를 다하다 百計を尽くす.
백고천난〔百苦千難〕 名 あらゆる苦難.
백곡〔百穀〕 名 百穀. あらゆる穀物.
백골〔白骨〕 名 **1** 白骨. **2** (漆を塗る前の) 白木.
백골난망〔一難忘〕 名 死んで白骨になっても恩を忘れられないこと. ¶ 베풀어 주신 은혜는 ~이옵니다 施してくださったご恩は死んでも忘れません.
백골집 名 〈俗〉 **1** 白木造りの宮殿. **2** 白木造りの家.
백곰〔白一〕 名〔動〕 白熊. 北極熊.
백과[1]〔百果〕 名 あらゆる果実.
백과주〔一酒〕 名 焼酎にいろいろの果物を入れてつくった果実酒.
백과[2]〔百科〕 名 百科. ¶ ~사전 百科事典.
백과전서〔一全書〕 名 百科全書.
백관〔百官〕 名 百官. ¶ 문무~이 열석하다 文武百官が列席する.
백광〔白光〕 名 **1** 白光. 白色光. **2**〔天〕 コロナ.
백구[1]〔白球〕 名 (野球などの) 白球.
백구[2]〔白鷗〕 名〔動〕 鷗.
백군〔白軍〕 名 白軍. (競技の) 白組.
백귀야행〔百鬼夜行〕 名 하自 百鬼夜行.
백그라운드〔background〕 名 バックグラウンド. 背景.
백금〔白金〕 名〔化〕 白金. プラチナ. ¶ ~ 다이아 반지 白金ダイヤの指輪.
백금족 원소〔一族元素〕 名〔化〕 白金族元素.
백기〔白旗〕 名 白旗. ¶ ~를 들다 白旗を揚げる. 降服する.
백난〔百難〕 名 万難. いろいろの災難.
백날〔百一〕 **I** 名 子供が生まれて百日目の日, またその祝い.
II 副 いくら…しても. いくら骨折っても. いくら長くかかっても. ¶ ~ 해 봐야 안 될걸 いくら頑張ったってできないだろうよ.
백납〔白一〕 名〔韓方〕 白癜.
◆**백납이 먹다** 白癜にかかる.
백내장〔白内障〕 名〔醫〕 白内障.
백넘버〔back＋number〕 名 バックナンバー.
백년〔百年〕 名 **1** 百年. ¶ ~ 후 100年後. **2** 一生涯. **3** 長い歳月.
백년가약〔一佳約〕 名 若い男女が結婚して一生ともに生きようという約束.
백년대계〔一大計〕 名 百年の計.
백년 전쟁〔一戰爭〕 名〔史〕 百年戦

争.

백년지객〔—之客〕 名 (いくら親密でも礼儀を守りいつも丁重に迎えなければならない客の意で) 婿.

백년하청〔—河清〕 名 百年河清.

백년해로〔—偕老〕 名 하自 百年偕老.

백답〔白畓〕 名 (日照り続きのため) 田植えができない田.

백당〔白糖〕 名 **1** 白砂糖. **2** 白い飴.

백대〔百代〕 名 百代. 永遠.

백대지과객〔—之過客〕 名 百代の過客. 再び戻らない歳月.

백대지친〔—之親〕 名 遠い祖先の代からの親しい間柄.

백덕〔百德〕 名 あらゆる徳行.

백도〔白道〕 名〔天〕白道. 月の軌道.

백동〔白銅〕 名 白銅. ¶ ～전 白銅銭/～화 白銅貨.

백두〔白頭〕 名 白頭. 白髪頭.

백두옹〔—翁〕 名 白頭翁. 白髪の老人.

백등유〔白燈油〕 名 白灯油.

백랍¹〔白蠟〕 名 **1** いぼた蠟. **2** 白蠟. 白い蠟.

백랍²〔白鑞〕 名 白鑞. 白目. 半田.

백랍벌레〔白蠟—〕 名〔動〕水蠟虫.

백련〔白蓮〕 名 **1**〔'백목련'의 준말〕白木蓮. **2** 白蓮.

백로¹〔白露〕 名 **1** 白露〈二十四節気の一つ. 陽暦9月7日-8日頃〉. **2** しらつゆ. 白露.

백로지〔—紙〕 名 ざら紙.

백로²〔白鷺〕 名〔動〕白鷺.

백립〔白笠〕 名 (3回忌終了後2か月の間, また国葬のときなどにかぶる) 白い麻製のカッ(갓).

백마¹〔白馬〕 名 白馬.

백마통〔—通〕 名〔韓方〕白馬の尿〈薬材として用いられる〉.

백마²〔白魔〕 名 白魔. 災害を与えるほどの大雪.

백만〔百萬〕 名 百万. ¶ ～장자 百万長者/～언 百万言/～인 100万人.

백만교태〔—嬌態〕 名 あらゆる嬌態.

백면〔白麵〕 名 **1** そば粉. **2** そば.

백면서생〔白面書生〕 名 **1** 勉強ばかりしていて世情に疎い人. **2** 顔色の白い男. **3** 若者. 未熟者. 青二才.

백모〔伯母〕 名 伯父の妻. 伯母.

호칭·지칭 백모·숙모

おば/伯母/叔母

• 부모의 자매와 부모의 형제의 아내./おばさんは 어린이가 많이 사용하며, 또 그 사람을 직접 부를 때 사용한다./伯母(さん)은 아버지의 형의 아내 및 누나와, 어머니의 언니 및 오빠의 아내에 대해 쓴다. 백모, 고모, 외숙모, 이모./叔母(さん)은 부모의 누이 동생과 부모의 남동생의 아내에 대해 쓴다./3인칭에는 おば, おばさん, おばさまを, 2인칭에는 おばさん, おばさま, 질녀·생질에 대한 자칭으로서 おばさんを 쓴다. ▷백부·숙부

백모란〔白牡丹〕 名 白い牡丹.

백목〔白木〕 名 木綿.

백목전〔—廛〕 名〈俗〉綿布を売る店.

백목련〔白木蓮〕 名〔植〕白木蓮.

백묘화〔白描畫〕 名〔美〕白描画.

백무일실〔百無一失〕 名 何事にも失敗のないこと.

백무일취〔百無一取〕 名 言行の中に何一つとるべき所がないこと.

백묵〔白墨〕 名 白墨. チョーク.

백문〔百聞〕 名 百聞.

〔속담〕 **백문이 불여일견** 百聞は一見にしかず.

백물〔百物〕 名 あらゆる物. 万物.

백미¹〔白米〕 名 白米.

〔속담〕 **백미에 뉘 섞이듯** 白米に混じっている籾のよう〈非常に珍しく得がたいこと〉.

백미²〔白眉〕 名 白眉. 随一. ¶ 역사소설의 ～ 歴史小説の白眉.

백미³〔百媚〕 名 (人が惑わされる) あらゆる媚態.

백미러〔back＋mirror〕 名 バックミラー.

백민〔白民〕 名 無位無官の平民. 庶民.

백반¹〔白斑〕 名 白斑. **1** 白い斑点. **2** (太陽の) 白斑.

백반²〔白飯〕 名 **1** 白米のご飯. **2** (飲食店でご飯·スープ·おかずをそろえた) 定食. ¶ 불고기 ～ 焼き肉定食.

백반³〔白礬〕 名〔化〕明礬.

백발〔白髮〕 名 白髪. ¶ ～이 성성한 머리 白髪まじりの頭.

백발노인〔—老人〕 名 白髪の老人.

백발백중〔百發百中〕 名 하自 百発百中. ¶ ～의 명사수 百発百中の名射手.

백방¹〔白放〕 名 하他 無罪放免.

백방²〔百方〕 名 百方. **1** いろいろな方法. **2** (《'백방으로'의 꼴로》) あらゆる方面に. ¶ ～으로 노력하다 百方手をつくして努力する.

백배¹〔百拜〕 名 하自 百拝. 何度も礼をすること.

백배사례〔—謝禮〕 名 하自 感謝して何度もお辞儀をすること.

백배사죄〔—謝罪〕 名 하自 幾度も頭を下げて謝罪すること.

백배²〔百倍〕 名 하自 百倍. ¶ 용기～하다 勇気が百倍になる. がぜん勇気が出る.

백벽〔白壁〕 名 白壁.

백병¹〔白兵〕 名 白兵. **1** 刀·槍などの兵器. **2** 白刃.

백병전〔—戰〕 名 하自 白兵戦. 刀や槍などを用いての接戦.

백병²〔百病〕 名 あらゆる病気. 万病.

백복〔百福〕 名 百福. 万福.

백부〔伯父〕 名 父の長兄. 伯父.

호칭·지칭 백부·숙부

おじ/伯父/叔父

• 부모의 형제와 부모의 자매(姉妹)의 남편./おじさんは 어린이가 많이 사용하며, 또 그 사람을 직접 부를 때 사용한다./伯父(さん)은 아버지의 형 및 누나의 남편과 어머니의 오빠 및 언니의 남편에 대해 쓴

다. 백부, 외숙부, 고모부, 이모부./叔父(さん)은 아버지의 동생 및 누이 동생의 남편과 어머니의 동생 및 여동생의 남편에 대해 쓴다. 숙부, 외숙부, 고모부, 이모부./3인칭에는 おじ, おじさん, おじさま를, 2인칭에는 おじさん, おじさま, 생질·질녀에 대한 자칭으로서 おじさん을 쓴다. ▷백모·숙모

백분[1]〔白粉〕 名 白粉. **1** 白い粉. **2** おしろい.

백분[2]〔百分〕 名 하他 百分. 百に分けること.

백분비〔一比〕 名 百分比.

백분율〔一率〕 名 百分率.

백비탕〔百沸湯〕 名 白湯.

백사[1]〔白沙〕 名 白砂·白沙.

백사장〔一場〕 名 (川辺·海辺の)白い砂原.

백사청송〔一青松〕 名 白砂青松〈海岸の美しい景色〉.

백사[2]〔白蛇〕 名 白蛇.

백사[3]〔白絲〕 名 白糸.

백사[4]〔百事〕 名 百事. さまざまなこと. すべてのこと.

백사불성〔一不成〕 名 하自 すべて失敗に終わること.

백사여의〔一如意〕 名 하自 百事如意. すべての事柄がうまく進行すること.

백사기〔白沙器〕 名 白磁.

백사탕〔白砂糖〕 名 白砂糖.

백색〔白色〕 名 白色. **1** 白い色. **2** 〈俗〉(社会主義·共産主義に対して)資本主義を象徴する色. **3** 右翼. 反革命. 反動.

백색광〔一光〕 名 白色光.

백색 시멘트〔一cement〕 名 白色セメント.

백색 인종〔一人種〕 名 白色人種.

백서〔白書〕 名〔政〕白書. ¶ 노동 ~ 労働白書.

백석[1]〔白石〕 名 白石. 白い石.

백석[2]〔白晳〕 名 하形 白晳. 顔色が白く見目好いこと. ¶ ~의 청년 白晳の美青年.

백석영〔白石英〕 名〔鑛〕無色の透明な水晶.

백선[1]〔白線〕 名 白線.

백선[2]〔白癬〕 名〔醫〕(皮膚病の)白癬.

백선[3]〔百選〕 名 百選. ¶ 영시 ~ 英詩百選/명화 ~ 名画百選.

백설〔白雪〕 名 白雪. しらゆき. ¶ ~ 공주 白雪姫.

백설기〔白一〕 名 粳の粉の蒸し餅.

백성〔百姓〕 名 民. 人民. 国民. ¶ 무고한 ~ 無辜の民/~을 위한 정치 国民のための政治.

백세[1]〔百世〕 名 百世. 長い年代. 万世.

백세지사〔一之師〕 名 百世の師. 後世まで師とあがめられる人.

백세[2]〔百歲〕 名 **1** 百歲. **2** 百年.

백세지후〔一之後〕 名 **1** 百年後. **2** 人の死後.

백소주〔白燒酒〕 名 (無色透明の)焼酎.

백송〔白松〕 名〔植〕白松.

백수[1]〔白壽〕 名 白寿. 99歳.

백수[2]〔白鬚〕 名 白鬚. 白いあごひげ.

백수[3]〔百獸〕 名 百獣. ¶ 사자는 ~의 왕 ライオンは百獣の王.

백수건달〔白手乾達〕 名 一文なしのごろつき. のらくら者. ¶ 놀고 먹는 ~ 遊んでばかりいるならず者.

백숙〔白熟〕 名 하他 (肉や魚を)水煮にすること, また水煮にしたもの.

백신〔vaccine〕 名〔醫〕ワクチン.

백씨〔伯氏〕 名 他人の長兄の尊敬語.

백악[1]〔白堊〕 名 白亜. **1** 灰白色のもろい泥灰石. ¶ ~질 白亜質/~층 白亜層. **2** 白壁.

백악계〔一系〕 名〔地〕白亜系.

백악관〔一館〕 名 ホワイトハウス〈アメリカ大統領官邸〉.

백악기〔一紀〕 名〔地〕白亜紀.

백악[2]〔百惡〕 名 あらゆる悪. すべての悪行.

백안〔白眼〕 名 白眼.

백안시〔一視〕 名 하他 白眼視. 冷たい目で見ること. ¶ 타관 사람을 ~하다 よそ者を白眼視する.

백야〔白夜〕 名 白夜.

백약〔百藥〕 名 百薬. いろいろな薬.

백약 무효〔一無效〕 名 하形 どんな薬も効きめがないこと.

백약지장〔一之長〕 名 百薬の長〈酒のこと〉.

백양[1]〔白羊〕 名 白羊. 白い羊.

백양궁〔一宮〕 名〔天〕白羊宮〈黄道十二宮の1番目〉.

백양[2]〔白楊〕 名〔植〕泥木. 泥柳.

백양[3]〔百樣〕 名 百様. 百態. ¶ ~ 백색 いろいろなようすとさまざまの色. さまざま.

백어〔白魚〕 名〔動〕白魚.

백업〔back up〕 名〔體〕バックアップ.

백여우〔白一〕 名 **1** 白狐. 白い狐. **2** 〈俗〉妖女. 妖婦.

백열〔白熱〕 名 하自 白熱. **1**〔物〕白熱. ¶ ~광 白熱光/~점 白熱点. **2** (力·熱情·議論などが)最高潮に達すること.

백열등〔一燈〕 名 白熱灯.

백열전〔一戰〕 名 白熱戦. ¶ ~을 벌이다 白熱戦を繰り広げる.

백열전구〔一電球〕 名 白熱電球.

백엽상〔百葉箱〕 名〔氣〕百葉箱.

백옥〔白玉〕 名 白玉. 白い玉. ¶ ~같이 흰 살결 白玉のように真っ白な肌.

백옥루〔一樓〕 名 白玉楼〈文人墨客が死後に行くというあの世にある楼閣〉.

백우[1]〔白雨〕 名 **1** ひょう. あられ. **2** 夕立. にわか雨.

백우[2]〔百憂〕 名 いろいろの悩み.

백운〔白雲〕 名 白雲.

백운모〔白雲母〕 名〔鑛〕白雲母.

백의〔白衣〕 名 白衣. **1** 白い衣. **2** 官位のない学者. **3**〔佛〕白衣〈僧が俗人を指していう〉.

백의민족〔一民族〕 名 (昔から白衣を好んだことから)韓民族.

백의용사〔一勇士〕 名 傷痍軍人.

백의정승〔一政丞〕 名 儒生から大臣となった人.

백의종군〔一從軍〕 名 하自 官位のない

人の従軍.

백인1〔白人〕名 白人. 白色人種.

백인2〔白刃〕名 白刃. 抜いた刀.

백인3〔百忍〕名 あらゆる困難を堪え忍ぶこと.

백인종〔白人種〕名〔'백색 인종(白色人種)'의 준말〕白人種.

백일1〔白日〕名 白日. **1** 照り輝く太陽. **2** 白昼. 日中. **3** (疑いなどが晴れて)潔白とされること. ¶ 청천 ~의 몸이 되다 青天白日の身となる.

백일몽〔一夢〕名 白日夢. 白昼夢.

백일장〔一場〕名 **1**〔史〕朝鮮時代に学業奨励のため, 地方で行なわせた詩文の競作. **2** 詩文の競作のための公開行事.

백일2〔百日〕名 **1** 百日. **2** 子供が生まれて百日目の日.

백일기도〔一祈禱〕名 하自 百日もうで. 百日参り.

백일재〔一齋〕名〔佛〕百日祭. 百箇日.

백일주〔一酒〕名 百日間土中に埋めて醸した酒.

백일천하〔一天下〕名〔史〕百日天下.

백일해〔一咳〕名〔醫〕百日ぜき.

백일홍〔百日紅〕名〔植〕百日紅.

백자〔白瓷〕名 白磁.

백자 청화〔一青華〕名 白地に青色の文様のある陶磁器.

백작〔伯爵〕名 伯爵.

백작약〔白芍藥〕名〔植〕山芍薬.

백장 名 **1** 昔畜殺に従事した人. **2** こりやなぎで行李·箕をつくって売る人.

백전〔百戰〕名 百戦.

백전노장〔一老將〕名 大ベテラン. 古つわもの.

백전백승〔一百勝〕名 하自 百戦百勝. ¶ ~의 명장 百戦百勝の名将.

백전풍〔白癜風〕名〔韓方〕白癜.

백절불굴〔百折不屈〕名 하自 不撓不屈. ¶ ~의 정신 不撓不屈の精神.

백정〔白丁〕名 (昔)畜殺に従事した人.

백제〔百濟〕名〔史〕百済.

백조〔白鳥〕名〔動〕白鳥.

백조자리 名〔天〕(星座の)白鳥座.

백종〔百種〕名 百種. 多くの種類.

백주1〔白酒〕名 **1** 白酒. どぶろく. **2** コーリャン酒.

백주2〔白晝〕名 白昼. まひる.

백주에 副 無理やりに. わけもなく. とてつもなく. ¶ ~ 생사람 잡다 わけもなく無実な人を責める.

백중1〔百中〕名〔佛〕〔'백중날'의 준말〕盆.

백중날 名〔佛〕盆. 陰暦7月15日.

백중맞이 名 하自 **1**〔佛〕盂蘭盆. **2**〔民俗〕陰暦7月15日の盆に行なうムーダン(무당)のクッ(굿).

백중물 名 陰暦7月15日(盆)前後の大雨.

백중2〔伯仲〕名 하形 **1** 伯仲. 優劣のないこと. ¶ 실력이 ~하다 実力が伯仲している. **2** 長兄と次兄.

백중지간〔一之間〕名 実力伯仲の間柄.

백중지세〔一之勢〕名 (両者ともに優れていて)優劣の差をつけにくい形勢. 伯仲の状態.

백지〔白紙〕名 **1** 白紙. ¶ ~ 답안 白紙の答案/모든 것을 ~로 돌리다 すべてのことを白紙に戻す. **2** (ある物事に対して)なんの知識もないこと. ¶ 문학에 대해서는 아주 ~다 文学に対してはなにも分からない.

백지장〔一張〕名 **1** 白い1枚の紙. **2** 真っ白いもの. ¶ 얼굴이 ~ 같다 顔が真っ白い.

〔속담〕**백지장도 맞들면 낫다** 紙1枚もいっしょに持てば軽い〈たやすいことでも共同ですればもっとたやすい〉.

백지화〔一化〕名 하自他 白紙化. ¶ 계획을 ~하다 計画を白紙に戻す.

백지도〔白地圖〕名 白地図. 白図.

백차〔白車〕名 (警察·憲兵の)白い巡察車. パトロールカー.

백척간두〔百尺竿頭〕名 百尺竿頭. 風前の灯. 絶対絶命. ¶ ~에 있다 風前の灯である.

백천만사〔百千萬事〕名 あらゆること.

백청〔白淸〕名 上質の蜂密.

백초〔百草〕名 百草. 多くの草.

백출1〔白朮〕名〔韓方〕白朮. 朮の根.

백출주〔一酒〕名 朮の根を入れて醸造した酒.

백출2〔百出〕名 하自 百出. いろいろさまざまに出ること. ¶ 의견과 비판이 ~하다 意見と批判が百出する.

백치〔白癡〕名 白痴. 痴呆. ¶ ~미 白痴美.

백탄〔白炭〕名 白炭. 堅炭.

백탕〔白湯〕名 白湯.

백태1〔白苔〕名 **1**〔韓方〕舌苔. **2** 目星〈眼病の一種〉.

백태2〔百態〕名 百態. いろいろな姿. ¶ 미인 ~ 美人百態.

백토1〔白土〕名 白土. 陶土.

백토2〔白兎〕名 白兎.

백통〔← 白銅〕名 白銅.

백통돈 名 白銅銭.

백파〔白波〕名 白波.

백판1〔白板〕名 白い板.

백판2〔白板〕**I** 名 何もない状態. 何も分からない状態.

II 副 まったく. ¶ 나는 기계에 대해서는 ~ 모른다 僕は機械については全然分からない.

백팔〔百八〕名 百八. **1**〔佛〕人間の煩悩の数. **2** 1年の12か月·二十四気·七十二候をあわせた数.

백팔 번뇌〔一煩惱〕名〔佛〕百八煩悩.

백팔 염주〔一念珠〕名〔佛〕百八の数珠.

백팔종〔一鐘〕名〔佛〕百八の鐘.

백폐〔百弊〕名 百弊. 多くの弊害. ¶ ~구존 あらゆる弊害が存在すること.

백포〔白布〕名 白い布地.

백포도주〔白葡萄酒〕名 白葡萄酒. 白ワイン.

백학〔白鶴〕名〔動〕☞두루미

백합〔百合〕名〔植〕百合.

백합화〔一花〕[名] 百合の花.
백해〔百害〕[名] 百害. 多くの弊害. ¶ ~무익 百害あって一利なし.
백행〔百行〕[名] 百行. あらゆる行ない. ¶ 효는 ~의 으뜸 孝は百行の本.
백혈구〔白血球〕[名]〔生〕白血球.
백혈병〔白血病〕[名]〔醫〕白血病.
백형〔伯兄〕[名] 伯兄. 長兄.
백호[1]〔白虎〕[名] 白虎. **1** 毛の白い虎. **2**〔民俗〕主峰から右側に伸びた山の峰. ¶ 좌청룡 우~ 左に青竜, 右に白虎.
백호[2]〔白狐〕[名] 白狐. 白い狐.
백호주의〔白濠主義〕[名] 白豪主義.
백화[1]〔白花〕[名] 白い花.
백화[2]〔白話〕[名] 白話.
백화문〔一文〕[名] 白話文.
백화 문학〔一文學〕[名]〔文〕白話文学.
백화 소설〔一小說〕[名]〔文〕白話小説.
백화[3]〔百花〕[名] 百花. さまざまの花.
백화난만〔一爛漫〕[名] 百花爛漫.
백화요란〔一燎亂〕[名] 百花繚乱.
백화주〔一酒〕[名] いろいろの花を入れてつくった酒.
백화춘〔一春〕[名] もち米でつくった香りのよい酒.
백화점〔百貨店〕[名] 百貨店. デパート. デパートメントストア.
밴댕이 [名]〔動〕さっぱ.
◆**밴댕이 소갈머리** 非常に狭くて浅い了見.
밴덕 [名] 気まぐれ.
밴덕부리다 [自] 気まぐれなふるまいをする.
밴드[1]〔band〕[名] バンド. 帯. ベルト.
밴드[2]〔band〕[名] バンド. 楽団.
밸 [名]〔'배알[1]'의 준말〕はらわた.
◆**밸이 꼴리다** 腹の虫が治まらない.
밸런스〔balance〕[名] バランス. つりあい. ¶ ~가 잡히다 つりあいがとれる.
밸브〔valve〕[名] バルブ. 弁. ¶ 안전~ 安全バルブ.
뱀 [名]〔動〕蛇. ¶ ~이 똬리를 틀다 蛇がとぐろを巻く.
뱀딸기 [名]〔植〕蛇苺.
뱀띠 [名]〔民俗〕巳年生まれ.
뱀장어〔一長魚〕[名]〔動〕鰻.
뱁새 [名]〔動〕達磨柄長.
〔속담〕**뱁새가 황새 걸음을 걸으면 가랑이가 찢어진다** だるまえながこうのとりの歩き方をまねると股が裂ける〈人のまねをして自分の能力以上のことをするとひどい目にあう〉.
뱁새눈 [名] 小さくて細い目.
뱁새눈이 [名] 目が小さくて細い人.
뱃가죽 [名]〈俗〉腹の皮.
〔속담〕**뱃가죽이 땅 두께 같다** 腹の皮が地面の厚さのようだ〈面の皮が厚い〉.
뱃고동 [名] (船の)汽笛.
뱃길 [名] 船路. 航路. 海路. ¶ ~의 안전을 빌다 航路の安全を祈る.
뱃노래 [名] 船歌. 舟唄.
뱃놀이 [名][하自] 船遊び.
뱃덧 [名] 食もたれ. 消化不良.
뱃덧나다 [自] 食もたれがする.
뱃머리 [名] 船首. へさき. ¶ ~를 돌리다 へさきを向ける.
뱃멀미 [名][하自] 船酔い. ¶ ~가 나다 船酔いする.
뱃병〔一病〕[名] 腹の病気. 腹痛. ¶ ~이 나다 腹痛を起こす.
뱃사공〔一沙工〕[名] 船方. 船乗り. 船頭.
뱃사람 [名] 船乗り. 船員. かこ.
뱃삯 [名] 船賃. ¶ ~을 치르다 船賃を払う.
뱃살 [名] 腹の肉. 腹筋. ¶ ~을 잡고 웃다 腹を抱えて笑う.
뱃소리 [名] **1** 船歌. **2** (船を漕いだり魚をとるときの)かけ声.
뱃속 [名] **1** 腹の中. ¶ ~이 좋지 않다 腹具合が悪い. **2**〈俗〉心の中. 腹. ¶ 시커먼 ~ 真っ黒い腹の中.
◆**뱃속이 검다** 腹黒い.
뱃심 [名] 図太さ. 厚かましさ. ¶ ~이 두둑한 사람 とても図太い人間.
◆**뱃심이 좋다** 図太い. ずうずうしい.
뱃심부리다 [他] 図太くふるまう.
뱃자반〔一佐飯〕[名] 漁場でとりたての魚を塩漬けしたもの.
뱃전 [名] 船端. 船べり. 舷. ¶ ~에 걸터앉다 船べりにすわる.
뱃짐 [名] 船荷. ¶ ~을 싣다 船荷を積む / ~을 부리다 船荷を降ろす.
뱃집 [名]〔建〕切妻屋根の家.
뱅 [副] **1**〔한 바퀴 도는 모양〕くるっと. くるりと. ¶ 한 바퀴 ~ 돌다 くるっと一回りする. **2**〔정신이 아찔해지는 모양〕くらっと. ¶ 머리가 ~ 돌다 頭がくらっとする. **3**〔에워싼 모양〕ぐるりと. ¶ 팬들이 인기 배우를 ~ 둘러싸다 ファンが人気俳優の周りをぐるっと取り囲む. <빙
뱅그레 [副] にこっと. にっこり(と). <빙그레
뱅그르르 [副]〔한 바퀴 도는 모양〕(小さい物が滑らかに)くるりと. <빙그르르
뱅글뱅글 [副][하自] (小さい物がなめらかに)くるくる(と). ¶ 바람개비가 ~ 돌다 風車がくるくると回る. <빙글빙글
뱅뱅 [副] **1**〔자꾸 뱅 도는 모양〕くるくる(と). **2**〔돌아다니는 모양〕あちこち回るようす. ¶ 역 근처를 ~ 돌았다 駅のまわりをぐるぐるまわった. <빙빙
뱅시레 [副][하自] にこやかに. にっこり(と). <빙시레
뱅어〔一魚〕[名]〔動〕白魚.
뱅어포〔一脯〕[名] 白子干し.
-뱅이 [接尾]〈蔑〉ある習慣・性質などの持ち主. ¶ 주정~ のんべえ / 게으름~ 怠け者.
뱅충맞다 [形] 愚かだ. <빙충맞다
뱅충이 [名] 愚かもの. ぐず. うすのろ.
뱉다 [他] **1** (口の中の物を)吐く. 吐き出す. ¶ 가래를 ~ 痰を吐く / 침을 뱉지 마세요 つばを吐かないでください. **2** 元へ返す. ¶ 착복한 돈을 뱉어 내다 着服したお金を返す. **3** やたらにしゃべる. ¶ 말을 마구 ~ しゃべりまくる.
뱉듯이 [副] 吐き捨てるように. ¶ ~ 말하다 吐き捨てるように言う.
뱐덕 [名] むら気. 気まぐれ. 移り気. <변덕
뱐뱐하다 [形] なだらかだ. 顔だちが整っ

ている. ＜변변하다

버걱 副 하自他 きいっと. ¶문이 ～ 소리를 내며 열리다 門がきいっと音をたてながら開いた. 「む.

버걱거리다[-대다] 自他 しきりにきしむ.

버겁다 形 (扱いが)手に余る. 手ごわい. ¶상대가 ～ 相手が手ごわい / 어린애에게는 버거운 일이다 子供には手に余る仕事だ.

버그러뜨리다[-트리다] 他 (組み立ててある物を)いびつにする. 使いものにならないようにする. ¶장난감을 ～ おもちゃをいびつにする.

버그러지다 自 (組み立ててある物が)いびつになる. ¶네 귀가 다 버그러진 궤짝 四隅がすっかりいびつになった箱.

버그르르 副 하自 **1** 〔끓어오르는 모양[소리]〕ふつふつ. ぐっぐっ. **2** 〔거품이 일어나는 모양[소리]〕ぶくぶく. ＞바그르르

버글거리다[-대다] 自 **1** (湯がぐらぐらと)沸く. **2** ぶくぶく泡立つ. **3** (人·虫が)うようよする. ごった返す. ¶사람들로 ～ 人々でごった返す. **4** 気をもむ. いらだつ. ¶시각이 다가와 속이 ～ 時刻がせまってきていらだつ. ＞바글거리다

버글버글 副 하自 **1** ぐらぐら(と). **2** ぶくぶく(と). **3** うようよ(と). **4** いらいら(と).

버금 名 次. 2番目.

버금가다 自 (…に)次ぐ. ¶사장 버금가는 실력자 社長に次ぐ実力者.

버긋하다 形 (接している部分に)ややすき間があいている. ¶마루청이 ～ 床板にすき間があいている.

버꾸 名〔樂〕農楽用の小鼓.

버꾸놀음 名 하自 農夫が버꾸をたたきながら楽しむこと.

버꾸재비 名〔樂〕버꾸をたたく人.

버너〔burner〕 名 バーナー. ¶석유 ～ 石油バーナー.

버둥거리다[-대다] 自他 **1** (手足を)しきりにばたつかせる. ¶손발을 버둥거리며 울다 手足をばたつかせて泣く. **2** もがく. ¶아무리 버둥거려도 돈은 생기지 않는다 いくらもがいても金はできない. 「たばた.

버둥버둥 副 하自他 **1** ばたばた. **2** じたばた.

버둥질 名 하自 〔'발버둥질'의 준말〕足掻き.

버둥질치다 自 足をもがく.

버드나무 名〔植〕柳.

버드러지다 自 **1** (固い物の先が)出っ張る. ¶앞니가 ～ 前歯が出っ張っている. **2** (死んで)硬直する. ¶버드러진 시체 硬直した死体.

버드름하다 形 張り出している. ちょっと突き出ている.

버들 名 柳. ¶～잎 柳の葉 / ～가지 柳の枝.

버들강아지 名 柳絮.

버들개지 名 柳絮. 柳の花の咲いたあとに残る綿毛のついた種.

버들고리 名 柳行李.

버들눈 名 柳の芽.

버들피리 名 **1** 柳の枝でつくった笛. **2** 柳笛(柳の葉を折り畳み口にくわえて吹く).

버러지 名 虫.

버럭 副 〔갑자기〕かっと. ¶～ 소리를 지르다 かっと声を張り上げる / 화를 ～ 내다 かっと腹を立てる.

버럭버럭 副 かっかっと.

버력[1] 名 神仏の下す罰. 祟り. 神罰. 天罰. 「ける.

◆**버력을 입다** (罪を犯して)神罰を受ける.

버력[2] 名〔鑛〕(鉱山での)廃石. ぼた.

버르르 副 하自 **1** 〔물이 끓어오르는 모양[소리]〕ぐらぐら(と). **2** 〔성을 내는 모양〕かっと. ¶～ 화를 내며 방을 나가 버렸다 かっと腹を立てて部屋を出ていってしまった. **3** 〔몸을 떠는 모양〕ぶるぶる(と). わなわな(と). ¶입술을 ～ 떨다 くちびるがわなわな震える. **4** 〔불이 타오르는 모양〕ぼうぼう(と). ¶마른 검불이 불에 ～ 타올랐다 干し草が火にぼうぼうと燃え上がった.

버르장머리 名〈俗〉しつけ. 行儀. 礼儀作法. ¶～ 없는 녀석 行儀の悪いやつ.

버르장이 名〈俗〉しつけ. 行儀.

버르적거리다[-대다] 自他 踠く. ばたつく. ばたばたする. ＞바르작거리다

버르적버르적 副 하自他 ばたばた.

버르집다 他 **1** 掘り返してまわりに散らす. ¶흙을 ～ 土を掘り返す. **2** 暴く. **3** 誇張する.

버름하다 形 **1** すき間が少し開いている. ¶대문이 ～ 門が少し開いている. **2** (仲が)しっくりしない. 反りが合わない. 疎い.

버릇 名 **1** 癖. ¶손～ 手癖 / 나쁜 ～이 생기다 悪い癖がつく / 툭하면 우는 ～ すぐに泣き出す癖. **2** 目上に尽くすべき礼儀作法. しつけ. 行儀. ¶귀여워했더니 ～이 없어졌다 甘やかしたら行儀が悪くなった.

◆**버릇을 고치다** 癖を直す.

◆**버릇이 되다** 癖になる. 習慣がつく. 前例になる.

버릇없다 形 礼儀をわきまえない. 無作法だ. ぶしつけだ. ¶버릇없는 태도 無作法な態度. **버릇없이** 副 ぶしつけに. ¶～ 굴다 無作法にふるまう.

버릇하다 補動 〔자꾸 거듭하여 습관이 됨〕…し慣れる. …しつける. ¶먹어 버릇한 음식 食べつけた食べ物 / 반주를 해 버릇하여 습관이 되었다 晩酌をやりつけて習慣になった.

버리다[1] 他 **1** 捨てる. ほうる. ¶쓰레기를 아무 데나 ～ ごみをどこにでも捨てる / 창문에서 담배 꽁초를 ～ 窓から吸いさしをほうる. **2** 見捨てる. 顧みない. 見放す. 離れる. ¶가족을 ～ 家族を見捨てる / 가정을 ～ 家庭を顧みない / 속세를 버리고 절로 갔다 俗世を離れて寺に行った. **3** 壊す. そこなう. 台無しにする. ¶과음해서 위장을 ～ 飲み過ぎて胃腸を壊す / 비장의 명기를 ～ 秘蔵の名器をそこなう / 물에 젖어 책을 ～ 水でぬらして本を台無しにする. **4** あきらめる. 放棄する. ¶출세할 생각을 ～ 出世をあきらめる / 권리를 ～ 権利を放棄する. **5**

省略する. 切り捨てる. ¶ 끝수를 ～ 端数を切り捨てる.

버리다² 補動 〔동작의 완료〕…(して)しまう. ¶ 아주 가 버렸다 永久に行ってしまった / 깜박 잊어 ～ うっかり忘れてしまう. ど忘れしてしまう / 죽어 ～ 死んでしまう.

버림받다 自 見捨てられる. 捨てられる. ¶ 남자에게 버림받은 여자 男に見捨てられた女.

버마재비 名 〔動〕蟷螂.

버무리다 他 混ぜる. 混ぜ合わせる. あえる. ¶ 시금치에 깨를 넣어서 ～ ほうれんそうに胡麻を入れてあえる.

버무리떡 名 大豆または小豆と米の粉を混ぜてつくった餅.

버물다 自 (悪事·犯罪などに)かかわりあう. 関係する. 連座する. ¶ 오직 사건에 ～ 汚職事件に連なる.

버석 副 하自他 〔가랑잎을 밟을 때 나는 소리〕がさっと. ＞바삭

버석거리다[-대다] 自他 がさがさと鳴る. ¶ 가랑잎이 ～ 枯れ葉ががさごそいう.

버석버석 副 하自他 がさがさ(と). ¶ ～ 낙엽을 밟으며 다가오는 발소리 がさがさと落ち葉を踏みながら近づく足音.

버선 名 ポソン〈韓国足袋〉. ¶ ～을 신다 ポソンを履く.

버선등 名 ポソンの甲の部分.

버선목 名 ポソンの足首の部分.

버선발 名 足袋はだし. ¶ ～로 뛰쳐나가다 足袋はだしでとび出す.

버선본[一本] 名 ポソンの型紙.

버선볼 名 **1** ポソンの寸法. **2** ポソンを繕うときの当て切れ.

버선코 名 ポソンのつま先のとがった部分.

버섯 名 きのこ. たけ. ¶ 송이～ 松茸 / 표고～ しい茸.

버성기다 形 **1** すき間がある. すき間ができる. **2** (仲が)しっくりいかない. 疎遠である. 気まずくなる. ¶ 옆방 사람과 버성기게 지내다 隣の部屋の人と疎遠になる.

버스[bus] 名 バス. ¶ 관광～ 観光バス / ～ 요금 バス代 / ～편 バス便.

> 單語帳 버스에 관한 말
>
> 고속버스 高速バス / 시내버스 市内バス / 시외버스 市外バス / 좌석 버스 座席バス〈市内を走る急行バス〉/ 자율 버스(自律—) ワンマンバス / 버스 타는 곳 バス乗り場 / 버스 정류장(—停留場), 버스 정거장(—停車場) バス停 / 차장 車掌 / 경로석(敬老席) シルバーシート. 優先席 / 첫차(—車) 始発 / 막차(—車) 終車 / 종점 終点 / 토큰 トークン〈市内バス専用乗車コイン〉/ 손잡이 吊り革. ▷기차(汽車) 單語帳

버스럭 副 하自他 〔낙엽을 밟거나 뒤적일 때 나는 소리〕がさっと. ＞바스락

버스럭거리다[-대다] 自他 がさがさと音がする[をさせる]. ¶ 나뭇잎이 바람에 버스럭거린다 木の葉が風に吹かれてがさがさと音をたてる.

버스럭버스럭 副 하自他 がさがさ(と).

버스름하다 形 (きちんと閉めずに)少しあいている. ¶ 현관문이 버스름하게 열려 있다 玄関の戸が少しあいている.

버스름히 副 すきまがあるようす.

버스트[bust] 名 バスト.

버저[buzzer] 名 ブザー.

버적버적 副 하自 **1** 〔마른 물건을 씹거나 빻는 소리〕ばりばり(と). **2** 〔마른 물건이 타는 소리〕ぱちぱち(と). ¶ 장작이 ～ 타 들어간다 薪がぱちぱちと燃えていく. **3** 〔마음이 몹시 죄어드는 모양〕じりじり(と). ¶ 마음을 ～ 끓이다[태우다] じりじりと気をもむ. ＞바작바작

버젓하다 形 堂々としている. 貫禄がある. 立派だ. 臆する色がない. ¶ 버젓한 태도 堂々とした態度 / 사장으로서 ～ 社長としての貫禄を備えている. **버젓이** 副 堂々と. ¶ 피고는 법관 앞에서 ～ 진술했다 被告は裁判官の前で堂々と陳述した.

버정이다 自 ぼんやりと歩き回る. ぶらつく. ¶ 공원에서 버정이며 시간을 보냈다 公園でぶらぶらして時間をつぶした.

버짐 名 〔韓方〕疥.

버쩍 副 **1** 〔물기가 몹시 졸아붙거나 타 버리는 모양〕からからに. かさかさに. ¶ 국물이 ～ 졸다 汁がかさかさに煮詰まる. **2** 〔차지게 달라붙거나 세차게 우기거나 죄는 모양〕ぎゅっと. ぴったり(と). ¶ ～ 우기다 強情を張る. **3** 〔갑자기 늘거나 주는 모양〕ぐっと. ぐんと. ¶ 능률이 ～ 오르다 能率がぐんと上がる. **4** 〔몹시 긴장하는 모양〕ぱっと. ¶ 정신이 ～ 들다 ぱっと正気に返る.

버쩍버쩍 副 からから. ぎゅうぎゅう. ぐっと. ぐんと. ¶ 요즘 김 군의 실력이 ～ 늘고 있다 このごろキム君の実力がぐんぐん伸びている.

버찌 名 さくらんぼ.

버캐 名 (液体の中に混じっている)塩分のかす.

버클[buckle] 名 バックル.

버터[butter] 名 バター. ¶ ～ 나이프 バターナイフ / 빵에 ～를 바르다 パンにバターを塗る.

버튼[button] 名 ボタン.

버티다 Ⅰ 自 **1** 持ちこたえる. こらえる. 辛抱する. 耐え忍ぶ. ¶ 끝까지 ～ 最後までこらえる / 고통을 지그시 참고 ～ 苦痛をじっと耐え忍ぶ. **2** 対抗する. 頑張る. 言い張る. ¶ 양쪽이 서로 옳다고 ～ 両方が互いに正しいと言い張る.

Ⅱ 他 **1** 支える. ¶ 버팀목으로 벽을 ～ つっかい棒で壁を支える. **2** 持ちこたえる. 支える. ¶ 둑이 수압을 버티지 못하고 무너지다 堤が水圧を持ちこたえられず崩れる.

버팀목[一木] 名 つっかい棒. 支え木. 心張り棒. ¶ 쓰러져 가는 담벼락에 ～을 괴다 倒れかかった塀につっかいをする.

벅 副 **1**〔찢는 소리〕びりっと. ¶ 포장지가 ~ 찢어지다 包み紙がびりっと破れた / 옷이 못에 걸려 ~ 찢어졌다 衣服がくぎに引っかかってびりっと破れた. **2**〔긁는 소리〕がりっと. ¶ 고양이가 발톱으로 ~ 긁었다 猫が爪でがりっとひっかいた.

벅벅[1] 副 びりっと. がりっと. すうっと.

벅벅[2] 副 ひどく意地を張る様子. ¶ 끝까지 ~ 우기다 最後まで我を立てて曲げない.

벅적거리다[-대다] 自 ざわつく. ごった返す. ¶ 역전 광장은 귀성 인파로 벅적거린다 駅前の広場は大勢の帰省客でごった返す.

벅적벅적 副 하自 ざわざわ. ¶ 관광객으로 ~ 뒤끓고 있다 観光客でごった返している.

벅차다 形 **1** 手に負えない. かなわない. 無理だ. ¶ 하루에 하기에는 벅찬 일 1日でするには手に負えない仕事. **2** いっぱいに満ちあふれている. 活気がある. ¶ 분에 넘치는 벅찬 영광 身に余るあふれんばかりの光栄 / 행복에 가슴이 ~ 幸福で胸がいっぱいだ.

번〔番〕 Ⅰ 名 **1** 順番に交替すること. **2** 順番に日直[宿直]をすること. ¶ 든~ 当番 / 난~ 明け番. 上がり.
Ⅱ 依名 **1**〔순서〕番. 番目. ¶ 4~ 타자 4番打者. **2**〔횟수〕度. 回. ¶ 한 ~도 못 가 보았다 一度も行っていない / 몇 ~이고 읽어야 합니다 何回も読まなくてはなりません.
◆**번을 들다** 当番になる.

번가루 名 (粉を練るとき)練り具合を加減するために入れる粉.

번각〔飜刻〕 名 하他 翻刻. 復刻. ¶ ~본 翻刻本.

번갈아〔番一〕 副 代わり番こに. 交互に. 代わる代わる. ¶ 둘이서 ~ 코를 골다 二人で代わる代わるいびきをかく.

번갈아들다 自 順番に仕事を受け持つ.

번갈아들이다 他 順ぐりに入れかえさせる.

번개 名 **1** 稲妻. 稲光. 電光. ¶ ~가 치다 稲光がする[走る]. **2** 動作が機敏で素早い人[こと].
〔속담〕 **번개가 잦으면 천둥을 한다** 稲妻が続くと雷が鳴る〈徴候があれば必ず現われる〉.

번개같다 形 稲妻のようだ. 非常に早い. ¶ 번개같은 솜씨 素早い手ぎわ.

번개같이 副 稲光のように. 非常に速く. さっさと. ¶ 사나이는 ~ 나타났다가 이내 사라져 버렸다 男は稲光のように現われてすぐ消えてしまった.

번갯불 名 稲光. 雷火. 電光.
〔속담〕 **번갯불에 콩 볶아 먹겠다** 稲光で豆を炒って食う〈動作·行動が速い〉.

번거롭다 形 **1** 煩わしい. 煩雑だ. やっかいだ. ¶ 번거로운 절차 ややこしい手続き. **2** 騒々しい. 騒がしい. **번거로이** 副 煩わしく. 騒がしく. ¶ 사람들이 ~ 왔다 갔다 한다 人々が騒がしく行ったり来たりする.

번견〔番犬〕 名 番犬.

번나다〔番一〕 自 非番になる.

번뇌〔煩惱〕 名 하自 煩悩. **1** 悩み煩うこと. **2**〔佛〕 心身を悩ます一切の欲望. ¶ 백팔 ~ 百八煩悩.

번다하다〔煩多一〕 形 煩多だ. 煩わしいぐらい多い.

번답〔反畓〕 名 하他 畑を水田に変えること.

번데기 名 **1**〔動〕 蛹. **2** 蚕の蛹(を煮につけたもの).

번드럽다 形 **1** つやつやして滑らかである. ¶ 마룻바닥이 ~ 床が滑らかだ. **2** 抜け目がない. >반드럽다

번드레하다 形 見た目がつややかだ. ¶ 번드레한 머리털 つやつやしている髪の毛. >반드레하다

번드르르 副 하形 つやつや(と). つるつる(と). ¶ 겉만 ~ 하다 うわべだけつやつやしている. >반드르르

번득 副 하自他 ぴかっと. ぱっと. ¶ 정신이 ~ 나다 ぱっと我に返る. >반득

번득거리다[-대다] 自他 きらきらする. ちらちらする. ¶ 서치라이트가 ~ サーチライトがきらきらする.

번득번득 副 하自他 ぴかぴか(と). きらきら(と).

번득이다 Ⅰ 自 ぴかっと光る. きらきら輝く. ¶ 은빛 날개가 햇빛에 ~ 銀色の翼が太陽の光できらきら輝く.
Ⅱ 他 きらっと光らせる. きらきら輝かせる. ¶ 눈빛을 날카롭게 ~ 目をきらりと光らせる.

번들거리다[-대다] 自 **1** つやつやする. てかてかする. ¶ 번들거리는 대머리 つるつるしているはげ頭 / 바지의 엉덩이 부분이 ~ ズボンのおしりの部分がてかてか光っている. **2** 小利口にふるまう. **3** 怠ける. のらくらする. ¶ 번들거리며 지내다 のらくらして日を送る.

번들번들 副 하自形 **1** つやつや(と). つるつる(と). ¶ 닦은 구두가 ~하다 磨いた靴がぴかぴかしている. **2** のらくら. ぶらぶら.

번듯하다 形 まっすぐだ. 端正だ. >반듯하다 **번듯이** 副 まっすぐに. きちんと.

번듯번듯 副 하形 (多くのものがみなまっすぐなようす). きちんきちんと.

번뜩 副 하自他 〔'번득'의 센말〕 ぴかりと. ちらっと.

번뜩거리다[-대다] 自他 ぴかぴか光る.

번뜩번뜩 副 하自他 ぴかぴか(と).

번뜩이다 〔'번득이다'의 센말〕 Ⅰ 自 (きらっと)光る. (一瞬)ひらめく. ¶ 눈이 ~ 目が光る / 칼이 ~ 刃がひらめく.
Ⅱ 他 (きらっと)光らせる. ¶ 총검을 ~ 銃剣を光らせる / 섬광을 ~ 火花を散らす.

번뜻 副 하自他 さっと. ちらっと. ¶ 불이 ~ 보였다 火がちらっと見えた.

번뜻하다 形 〔'번듯하다'의 센말〕 偏らず正しい. まっすぐだ. **번뜻이** 副 まっすぐに.

번뜻번뜻 副 하形 多くのものがみなまっすぐなようす.

번론〔煩論〕 名 하自他 煩論. 煩わしい議論.

번롱〔飜弄〕 名 하他 翻弄.

번망하다〔煩忙―〕 形 繁忙だ．用事が多くて忙しい．
번무〔煩務〕 名 煩務．煩わしい用務．
번문욕례〔繁文縟禮〕 名 繁文縟礼．
번민〔煩悶〕 名 하自 煩悶．悩み．悶えること．¶사랑에 ～하다 恋に悩む．
번바라지〔番―〕 名 하自 当直者の食事の面倒などを見ること．
번번이〔番番―〕 副 毎度．そのつど．いつも．¶～ 폐를 끼쳐 죄송합니다 毎度面倒をかけて申し訳ありません．
번번하다 形 **1** 平らだ．滑らかだ．**2** (容姿が)端整だ．きれいだ．¶여하튼 외모만은 ～ ともかく見かけだけは立派だ．**3** (身分·家柄が)かなり高い．¶번번한 집안 相当な家柄．**4** (服·家具などが)まともだ．＞반반하다
　번번히 副 滑らかに．きれいに．
번복〔飜覆〕 名 하他 飜覆．覆すこと．¶증언을 ～하다 証言を覆す．
번서다〔番―〕 自 当番をする．当直する．
번설〔煩說〕 名 하他 **1** 煩わしい話．**2** うわさを立てること．
번성[1]〔蕃盛〕 名 하自 **1** 子孫が増えること．**2** 繁茂．
번성[2]〔繁盛〕 名 하自 繁盛．にぎわい栄えること．¶사업이 ～하다 事業が繁盛する / 시장이 날로 ～하다 市が日ごとににぎわう．
번수[1]〔番手〕 依名 〔실의 굵기〕 番手．
번수[2]〔番數〕 名 番手．順番．順序．
번식〔繁殖〕 名 하自 繁殖．¶～기 繁殖期．
　번식 기관〔―器官〕 名〔植〕 繁殖器官．
　번식력〔―力〕 名 繁殖力．
번안〔飜案〕 名 하他 翻案．¶～극 翻案劇 / 희곡을 ～하다 戯曲を翻案する．
번역〔飜譯〕 名 하他 翻訳．¶～물 翻訳物 / ～자 翻訳者 / 일본말로 ～해 주세요 日本語に訳してください．
　번역가〔―家〕 名 翻訳家．
번연〔幡然〕 副 하形 翻然．知らなかったことを忽然悟るようす．**번연히** 副 翻然と．¶～ 깨닫다 翻然と悟る．
번열〔煩熱〕 名〔韓方〕 ☞번열증
　번열증〔―症〕 名〔韓方〕 煩熱症．
번영〔繁榮〕 名 하自形 繁栄．栄えること．¶～기 繁栄期 / 기업의 ～을 가져오다 企業の繁栄をもたらす．
번의〔飜意〕 名 하自 翻意．意志をひるがえすこと．
번인〔蕃人〕 名 蛮人．野蛮人．
번잡〔煩雜〕 名 하形 煩雑．¶～을 피하다 煩雑を避ける / ～한 절차 煩雑な手続き．
　번잡스럽다 形 煩雑だ．
번적 副 하自他 ぴかっと．きらっと．▷번쩍
　번적거리다[-대다] 自他 きらめく．ぴかぴかする．
번전〔反田〕 名 하他 田を畑に変えること．
번지〔番地〕 名 番地．¶같은 ～에 살다 同じ番地に住む．
　번지수〔―數〕 名 番地の数．
　◆**번지수가 틀리다** 見当違いをする．
　◆**번지수를 잘못 찾다** とんでもない所に行き着く．
번지다 自 **1** (液体などが)にじむ．染みる．¶잉크가 종이에 ～ インクが紙に染みる．**2** 伝播する．広がる．広まる．¶산불이 크게 ～ 山火事が大きく広がる / 전염병이 ～ 伝染病が広がる．**3** 拡大する．¶일이 크게 번지기 전에 처리해라 事が大きくならないうちに処理しろ．**4** (皮膚病や傷などが)広がり大きくなる．¶부스럼[여드름]이 ～ できもの[にきび]が大きくなる．
번지레 副 하形 はなやかに．盛んに．¶말만 ～하게 늘어놓다 話だけは景気がいい / 집을 ～하게 꾸미다 家をぴかぴかに飾り立てる．
번지르르 副 하形 **1** ぴかぴか．てかてか．つやつや．¶머릿기름을 발라 ～하다 髪油を塗っててかてかしている．**2** 口先滑らかに．¶거짓말을 ～하게 늘어놓다 嘘を立て板に水とばかりに並べ立てる．＞반지르르
번질거리다[-대다] 自 **1** ぴかぴかする．てかてかする．つるつるする．¶땀으로 번질거리는 이마 汗で光る額．**2** サボる．怠ける．＞반질거리다
　번질번질 副 하自 ぴかぴか(と)．てかてか(と)．つるつる(と)．てらてら(と)．
번째〔番―〕 依名 …番目．…度目．¶네～ 4度目 / 첫～로 도착했다 1番に到着した．
번쩍 副 하自他 **1**〔가볍게 얼른 드는 모양〕 軽々と．さっと．¶고개를 ～ 들다 頭をさっと上げる / 짐을 ～ 들다 荷物を軽々と持ち上げる．**2**〔순간적으로 빛나는 모양〕 ぴかっと．きらっと．¶칼날이 ～하다 刃がきらっと光る．**3**〔갑자기 정신이 들거나 마음이 끌리는 모양〕 はっと．¶～ 정신이 들다 はっと我に返る / 귀가 ～ 뜨이는 이야기 耳寄りな話．**4**〔눈을 크게 뜨는 모양〕 ぱっと．¶눈을 ～ 뜨다 目をぱっと見開く．
　번쩍거리다[-대다] 自他 ぴかぴかする．きらめく．¶번개가 칠 때마다 하늘이 ～ 稲妻が走るたびに空が光る．
　번쩍번쩍 副 하自他 軽々と．ぴかぴかと．¶번개가 ～한다 電光がぴかぴか光る / 무거운 짐을 ～ 들어 나르다 重い荷物を軽々と持ち上げて運ぶ．
　번쩍이다 自他 ぴかぴかする．きらめく．
번창〔繁昌〕 名 하自 繁盛．盛んなこと．¶가내 ～ 家内繁盛 / 사업이 ～하다 事業が繁盛する．
번철〔燔鐵〕 名 (焼いたり炒めたりするのに用いる)平たい鉄鍋．
번트〔bunt〕 名 하他〔體〕 (野球で)バント．¶보내기 ～ 送りバント．
번하다 形 **1** ほのかに明るい．薄明るい．¶새벽 하늘이 ～ 明け方の空が薄明るい．**2** はっきりしている．明白だ．知れている．¶실패할 것은 ～ 失敗するのは明らかだ．**3** (忙しい中にも)暇がある．**4** (病気が少し)よくなる．**5** (梅雨がしばらく止んで)日が照る．
번호〔番號〕 名 番号．¶～표 番号票 / ～를 붙이다 番号をつける．
번화가〔繁華街〕 名 繁華街．

번화하다〔繁華—〕 形 繁華だ. にぎやかだ. ¶서울에서 제일 번화한 거리 ソウルでいちばんにぎやかな町.
벋가다 自 (常道から)はずれる. それる. ぐれる. ¶벋가기 쉬운 청소년들 ぐれやすい青少年たち.
벋나가다 自 はずれて出る. わきにそれる.
벋니 名 〔'버드렁니'의 준말〕 反っ歯. 出っ歯.
벋다[1] 自 **1** (枝·蔓などが)伸びる. ¶칡덩굴이 멋대로 ~ 葛の蔓が勝手に伸びる. **2** (道路などが)長くなる. 延びる. ¶길게 벋은 신작로 長く延びた新道. **3** (勢力が)及ぶ. ¶세계 구석구석까지 벋어 있는 정보망 世界の隅々まで広がっている情報網.
벋다[2] 形 (先が外側に)反っている. ¶앞니가 ~ 前歯が反っている.
벋대다 自 意地を張る. 抵抗する.
벋디디다 他 **1** (足に力を入れて)ふんばる. ¶발을 벋디디고 서다 足に力を入れて立つ. **2** (足を)踏みはずす.
벋새 名〔建〕平瓦. 「らう.
벋서다 自 対抗する. 手向かう. 逆
벋정다리 名 **1** (病気などにより)曲がりにくくなった足. 棒のような足. **2** 硬直したもの. かちかちになったもの.
벋쳐오르다 自 (噴水などの水が)噴き上がる.
벌[1] 名 原. 野原. 平野. ¶너른 ~이 끝없이 펼쳐져 있다 広い野原が果てしなく広がっている.
벌[2] Ⅰ 名 (衣服·食器などの)揃い. 一式. セット.
Ⅱ 依名 〔옷·그릇 등을 세는 단위〕 着. 揃い. ¶양복 한 ~ 洋服1着/찻잔 한 ~ 茶器ひとそろい.
벌[3] 名〔動〕 **1** 蜂. ¶~집 蜂の巣/~이 윙윙거린다 蜂がブンブンいう. **2** 〔'꿀벌'의 준말〕 蜜蜂.
◆**벌에 쏘이다** 蜂に刺される. 「れる.
벌[4]〔罰〕 名 罰. ¶~을 면하다 罰を免
벌거벗기다 他 〔'벌거벗다'의 사동사〕 (着ている衣服を)はぎ取る. すっ裸にする. ¶아이를 벌거벗기고 목욕시키다 子供を裸にして風呂に入らせる. >발가벗기다
벌거벗다 自 **1** 裸になる. (衣服を)脱ぐ. ¶아이들이 벌거벗고 헤엄치다 子供たちが裸になって泳ぐ. **2** (山に木や草が)なくなる. はげる. ¶벌거벗은 산 はげ山. >발가벗다
벌거숭이 名 **1** 真っ裸. **2** 一文なし. まる裸. ¶집에 불이 나서 ~가 되었다 家が火事で一文なしになった. >발가숭이
벌거숭이산〔—山〕 名 はげ山.
벌겋다 形 うす赤い. 赤い. ¶눈이 ~ 目が充血して赤い. >발갛다
벌게지다 自 赤くなる. >발개지다
벌교〔筏橋〕 名 浮き橋〈いかだをつないでつくった橋〉.
벌그데데하다 形 (少し下品な感じで)赤みがかっている. 赤みを帯びている.
벌그레하다 形 (かわいらしく)ほんのり赤い. ¶볼이 ~ 頰がほんのり赤い.
벌그무레하다 形 ごくうっすらと赤い. ほんのりと赤い.
벌그스름하다[-스레하다] 形 ほんのりと赤い. やや赤みがかっている. **벌그스름히** 副 やや赤く.
벌그죽죽하다 形 (色合いが平均せず濁って)薄赤い.
벌금〔罰金〕 名 罰金. ¶~을 과하다 罰金を科する/~을 물다 罰金を払う.
벌금형〔—刑〕 名〔法〕罰金刑.
벌기다 他 開く. 広げる. 裂く. ¶석류를 ~ ざくろを割る.
벌꺽 副 **1** ぐっと. かっと. ¶~ 성을 내다 かっと怒る. **2** 突然ひっくり返るようす. 大騒ぎになるようす. ¶집안이 ~ 뒤집혔다 家の中が大騒ぎになった. >발깍
벌꺽벌꺽 副 하自他 **1** 〔술이 발효되는 모양〕ぶくぶく(と). **2** 〔빨래 등이 끓어오르는 모양〕ふつふつ(と). **3** 〔액체를 시원스럽게 들이켜는 모양〕がぶがぶ(と). ¶술을 ~ 들이켜다 酒をがぶがぶと飲み込む.
벌다[1] 自 (すき間が)できる. 開く. 裂ける. ▷벌어지다
벌다[2] 他 **1** 稼ぐ. ¶애써 번 돈 骨折って稼いだお金/아르바이트를 해서 용돈을 ~ アルバイトをして小遣いを稼ぐ. **2** 儲ける. ¶투기로 한 밑천 ~ 一山当てる. **3** (時を)稼ぐ. 引きのばす. ¶원군이 올 때까지 시간을 ~ 援軍が来るまで時を稼ぐ. **4** (悪いことをして罰を自ら)招く. 叱られる.
벌떡 副 **1** 〔급하게 일어나는 모양〕ぱっと. すっくと. ¶자리에서 ~ 일어났다 席からぱっと立ち上がった. **2** 〔뒤로 자빠지는 모양〕ばったり(と). ばたっと. ¶~ 자빠지다 ばったり仰向けに倒れる. >발딱
벌떡거리다[-대다] 自 **1** (脈が)打つ. (胸が)どきどきする. ¶놀라서 가슴이 ~ 驚いて胸がどきどきする. **2** (水などを)がぶがぶ飲む. **3** (子供が手足を)ばたつかせる. だだをこねる.
벌떡벌떡 副 하自 どきどき(と). がぶがぶ(と). ばたばた(と).
벌떼 名 蜂の群れ.
벌렁 副 〔뒤로 자빠지거나 눕는 모양〕ばたっと. ころっと. ¶마룻바닥에 ~ 나가자빠졌다 床にころっと仰向けに倒れた. >발랑
벌렁거리다[-대다] 自 (すばしこく動いて)せかせかする. ¶이리저리 ~ あちこちせかせか動き回る.
벌렁벌렁 副 하自 せかせか(と).
벌레 名 **1** 虫. 虫けら. 昆虫. ¶~ 소리 虫の音/~ 먹은 이 虫歯/~ 같은 놈 虫けらのようなやつ. **2** (物事に)熱中する人. ¶책~ 本の虫/일~ 仕事の虫.
벌룩하다 形 (すき間·穴などが)やや大きく開いている. ¶벌룩한 코 少し開きぎみの鼻.
벌름거리다[-대다] 自他 ひくひくする[させる]. ¶코를 ~ 鼻をひくひくさせる.
벌름벌름 副 하自他 (鼻が)ひくひく(と).
벌름하다 形 (弾力性のあるものが

すぼまないで)少し開いている.
벌리다¹ 自 (金が)もうかる. ¶돈이 잘 벌리는 직업 金のよくもうかる職業.
벌리다² 他 **1** あける. 開く. ¶자루를 ～ 袋をあける／주머니를 ～ 財布をあける／입을 크게 ～ 口を大きくあける. **2** (手足などを)広げる. ¶다리를 ～ 脚を広げる／팔을 ～ 腕を広げる. **3** (中味を)取り出す. **4** (二人の間を)引き離す.
벌림새 名 多くのものを配列した状態. 並べ具合.
벌목〔伐木〕 名 하自他 伐木. 木を切り倒すこと.
벌바람 名 野風. 野原に吹く風.
벌받다〔罰一〕 自 罰を受ける.
벌배〔罰杯〕 名 罰杯. 罰酒.
벌벌 副 **1**〔떠는 모양〕ぶるぶる(と). おどおど(と). ¶추워서 ～ 떨다 寒くてぶるぶる震える／죽을까 봐 ～ 떨었다 死ぬんじゃないかとぶるぶる震えた. **2**〔몹시 아끼는 모양〕(ささいな物を)けちけち(と). ¶단돈 천 원에도 ～ 떤다 たったの1000ウォンにもけちけちする.
벌새 名〔動〕蜂鳥.
벌술〔罰一〕 名 罰酒.
벌써 副 **1** もう. すでに. とっくに. ¶준비는 ～ 되어 있다 準備はもうできている／네 시는 ～ 지났다 4時はとっくに過ぎている. **2** もはや. いつのまにか. ¶비는 ～ 그쳤다 雨はいつのまにかやんだ／우리 딸도 ～ 어른이 되었다 私の娘ももはや大人になった.
벌쓰다〔罰一〕 自 罰を受ける. 罰せられる.
벌씌우다〔罰一〕 他〔'벌쓰다'의 사동사〕罰を受けさせる. 罰する. ¶장난친 학생을 ～ いたずらをした生徒を罰する.
벌어들이다 自 稼いで持ってくる. ¶우수한 제품을 수출해서 외화를 ～ 優秀な製品を輸出して外貨をもたらす.
벌어먹다 自 稼いで生計をたてる. ¶근근이 ～ やっと稼いで食べている.
벌어지다 自 **1** ひびが入る. すき間ができる. 開く. 広がる. ¶벌어진 상처 広がった傷口／절반쯤 벌어진 꽃봉오리 半分ほど開いたつぼみ. **2** (遮えるものがなく)広がる. ¶눈앞에 벌어진 푸르고 넓은 바다 眼前に広がる青くて広い海. **3** (互いの仲が)疎くなる. ひびが入る. ¶두 사람 사이가 점점 ～ 二人の仲がだんだん疎遠になる. **4** (体·胸·肩などが)盛り上がる. がっちりする. ¶딱 벌어진 체격 がっしりした体格. **5** (事が)起こる. 繰り広げられる. ¶싸움이 ～ けんかが始まる／열띤 토론이 ～ 熱っぽい討論が繰り広げられる. **6** (枝葉などが)伸びる. 生長する. ¶싹이 트고 가지가 ～ 芽が出て枝が伸びる. **7** (器などの口が)広がっている. ¶위가 벌어진 화병 上が広がっている花瓶.
벌이 名 하自 稼ぐこと. 稼ぎ. もうけ. ¶～가 신통치 않다 稼ぎがあまりよくない／부부가 함께 ～하다 夫婦が共働きする.
벌잇줄 名 稼ぎ口.
벌이다 他 **1** (仕事などを)始める. 取りかかる. 着手する. ¶사업을 ～ 事業に取りかかる. **2** (宴会などを)開く. 設ける. 張る. ¶축하연을 ～ 祝宴を張る. **3** (色色な品物を)陳列する. 並べる. ¶책을 벌여 놓다 本を並べておく. **4** 繰り広げる. 展開する. ¶캠페인을 ～ キャンペーンを繰り広げる
벌이줄 名 **1** (テントなどの)張り糸. 支えひも. **2** 凧糸.
◆**벌이줄을 잡다** 凧糸を結びつける.
벌인춤 名 やりかけたこと. 乗りかかった船. ¶이왕 ～이니 여러 말 해도 소용이 없다 やりだしたことなんだから今さらどうのこうの言っても仕方がない.
벌전〔罰錢〕 名 (賭博などでの)罰金.
벌점〔罰點〕 名 罰点.
벌족〔閥族〕 名 閥族〈国に功をたてた官職者の多い家柄〉.
벌주〔罰酒〕 名 罰杯. 罰酒.
벌주다〔罰一〕 他 罰する. 罰を与える.
벌집 名 蜂の巣.
◆**벌집을 건드리다** つついてはならぬものをいたずらにつついて災いのもとをつくる.
◆**벌집을 쑤신 것 같다** 蜂の巣をつついたようだ〈大騒ぎになって収拾がつかない〉.
벌쭉 副 **1**〔조금 열려 있는 모양〕ぽかり(と). **2**〔입을 조금 벌려 소리 없이 웃는 모양〕にっと.
벌쭉거리다[-대다] 自他 **1** 開いたりすぼんだりする. **2** にやにや笑う.
벌쭉벌쭉 副 하自他 開いたりすぼんだりするようす.
벌창 名 하自 氾濫. **1** 水があふれ出ること. ¶흙탕물이 ～했다 泥水があふれ出た. **2** 品物があふれるように出回ること. ¶시장에 외래품이 ～하다 市場に外国製品があふれる.
벌채〔伐採〕 名 하他 伐採. ¶～한 나무 伐採した木.
벌책〔罰責〕 名 하他 罰責. 軽く罰すること.
벌초〔伐草〕 名 하自 (春と秋に)墓の雑草を刈ってきれいにすること.
벌충 名 하他 補充. 埋め合わせ. 補うこと. ¶손해를 ～했다 損害を埋め合わせた.
벌칙〔罰則〕 名 罰則. ¶～이 적용되다 罰則が適用される.
벌컥 副〔'벌꺽'의 거센말〕**1** かっと. ¶화를 ～ 내다 かっと怒る. **2** 大騒ぎになるようす. 急にひっくり返るようす. ¶사내가 ～ 뒤집히다 社内が大騒ぎになる. ＞발칵
벌컥거리다[-대다] 自他 **1** がぶがぶと飲む. **2** ぶつぶつと発酵する.
벌컥벌컥 副 하自他〔'벌꺽벌꺽'의 거센말〕**1** ぶつぶつ(と). ぼこぼこ(と). **2** (水などを)ごくごく(と). ¶물을 단숨에 ～ 들이마시다 水をごくごく一息に飲み干す. **3** ぶくぶく(と). ぼこぼこ(と).
벌통〔一桶〕 名 密蜂の巣箱.
벌판 名 広い野原. 平野. 平原.

범¹ 名〔動〕 虎. ¶ ~이 어흥하고 울부짖는다 虎がウォーッとほえる.

범²〔犯〕 依名 〔형벌을 받은 횟수〕…犯. ¶ 전과 2~ 前科2犯.

범-³〔汎〕 接頭 汎…. ¶ ~국민 운동 汎国民運動 / ~태평양 회의 汎太平洋会議.

-범⁴〔犯〕 接尾 〔범행·범인〕…犯. ¶ 살인~ 殺人犯 / 형사~ 刑事犯.

범고래 名〔動〕 鯱.

범골〔凡骨〕 名 **1** 凡骨. 凡人. **2**〔史〕 新羅時代の王族でない平民.

범국민적〔汎國民的〕 冠 名 汎国民的. ¶ ~인 행사 汎国民的な行事.

범금〔犯禁〕 名 하自 禁制を犯すこと.

범나비 名〔動〕 揚羽蝶.

범띠 名 寅年生まれ.

범람〔汎濫〕 名 하自 氾濫. ¶ 외래품의 ~ 外国製品の氾濫 / 큰비로 강이 ~했다 豪雨で川が氾濫した.

범례〔凡例〕 名 凡例.

범론〔汎論〕 名 汎論. 通論.

범류〔凡類〕 名 凡人. 平凡な人間の部類.

범미〔汎美〕 名 汎米. 汎アメリカ. ¶ ~주의 汎米主義. パンアメリカニズム.

범민〔凡民〕 名 凡民. 庶民.

범백〔凡百〕 名 **1** 凡百. もろもろ. かずかず. さまざま. ¶ ~의 상담에 응하다 凡百の相談に応じる. **2** 常識的な言行.

범벅 名 **1** (カボチャなどを混ぜて)穀物の粉を糊のように炊いた食べ物. ¶ 호박~ カボチャのごった煮. **2** ごちゃまぜ.

◆**범벅이 되다** まぜこぜになる. 入り乱れる. 見分けがつかなくなる.

범법〔犯法〕 名 하自 犯法. 法を犯すこと. ¶ ~자 法を犯した者.

범부〔凡夫〕 名 凡夫. 凡人.

범사〔凡事〕 名 **1** 万事. すべてのこと. **2** ありふれたこと. 平凡なこと.

범상하다〔凡常―〕 形 平凡だ. 簡単だ. ¶ 범상하지 않은 인품 凡庸でない人柄. **범상히** 副 平凡に. やすやすと.

범서〔梵書〕 名 **1** 梵書. 梵字で記録された文章. **2**〔佛〕 仏経.

범선〔帆船〕 名 帆船.

범속하다〔凡俗―〕 形 凡俗だ. ¶ 범속한 생각 凡俗な考え.

범신교〔汎神教〕 名〔宗〕 汎神教.

범신론〔汎神論〕 名〔哲〕 汎神論.

범실〔凡失〕 名〔體〕 (野球で)凡失. ¶ ~이 잦다 凡失が多い.

범심론〔汎心論〕 名〔哲〕 汎心論.

범안〔凡眼〕 名 凡眼. 平凡な眼識.

범애〔汎愛〕 名 하他 汎愛. 博愛. ¶ ~주의 汎愛主義.

범어〔梵語〕 名 梵語. サンスクリット.

범연하다〔泛然―〕 形 ぞんざいだ. きちょうめんでない. おおざっぱだ. **범연히** 副 ぞんざいに. おおざっぱに.

범용 컴퓨터〔汎用 computer〕 名 汎用コンピューター.

범용하다〔凡庸―〕 形 凡庸だ. ¶ 범용한 사람 凡庸な人.

범위〔範圍〕 名 範囲. ¶ ~가 좁다[넓다] 範囲が狭い[広い] / 시험 ~ 試験の範囲.

범의〔犯意〕 名〔法〕 犯意. ¶ ~를 인정하다 犯意を認める.

범의귀 名〔植〕 雪の下.

범인¹〔凡人〕 名 凡人. 凡夫.

범인²〔犯人〕 名 犯人. ¶ ~ 은닉죄 犯人隠匿罪 / ~을 체포하다 犯人を逮捕する.

범자〔梵字〕 名 梵字. サンスクリット文字.

범작〔凡作〕 名 凡作. 平凡な作品.

범재〔凡才〕 名 凡才.

범절〔凡節〕 名 (日常生活の)きまり. 物事の手順と作法. ¶ 예의~ 礼儀作法. 礼節.

범접〔犯接〕 名 하自 やたらに近付き接触すること.

범죄〔犯罪〕 名 하自 犯罪. ¶ ~를 저지르다 犯罪を犯す / ~ 행위 犯罪行為 / ~ 소설 犯罪小説.

범죄 단체〔―團體〕 名〔法〕 犯罪団体.

범죄 심리학〔―心理學〕 名〔心〕 犯罪心理学.

범죄인〔―人〕 名 犯罪人.

범죄자〔―者〕 名 犯罪者.

범죄학〔―學〕 名〔法〕 犯罪学.

범주¹〔帆走〕 名 하自 帆走. 帆を立てて航行すること.

범주²〔範疇〕 名 範疇. カテゴリー. ¶ 같은 ~에 속하다[들다] 同じ範疇に属する[入る].

범책〔凡策〕 名 凡策. 平凡な策.

범처〔梵妻〕 名 梵妻. 僧の妻.

범칙〔犯則〕 名 하自 反則. ¶ ~ 행위 反則行為 / ~금 反則金.

범타〔凡打〕 名 하自〔體〕 (野球の)凡打.

범태평양〔汎太平洋〕 名 汎太平洋.

범퇴〔凡退〕 名 하自〔體〕 (野球で)凡退. ¶ 삼자 ~ 3者凡退.

범퍼〔bumper〕 名 (自動車の)バンパー.

범포〔帆布〕 名 帆布.

범품〔凡品〕 名 平凡な品物.

범하다〔犯―〕 他 犯す. ¶ 잘못을 ~ 過ちを犯す / 죄를 ~ 罪を犯す / 부녀자를 ~ 婦女子を犯す.

범해 名〔民俗〕 寅年.

범행〔犯行〕 名 하自 犯行. ¶ ~ 현장 犯行現場 / ~ 일체를 자백하다 犯行のいっさいを自白する.

법〔法〕 名 法. **1** 法律. ¶ ~을 지키다 法を守る / ~을 어기다 法に背く. **2** 道理. きまり. (世間·個人の)ならわし. ¶ 손님을 내버려 두는 ~이 어디 있어 客を放っておくという法があるものか. **3** 方法. 様式. 方式. 仕方. ¶ 원고 쓰는 ~ 原稿の書き方 / 인사하는 ~ あいさつする法. **4** ('-ㄴ/는' 아래에 쓰여)〔당연함을 나타냄〕…するものだ. ¶ 죄를 지으면 벌을 받는 ~이지요 罪を犯したら罰を受けるものですよ. **5** ('-는' 아래에 쓰여)〔행동·습성을 나타냄〕…ということがない. ¶ 사정이 급해도 서두르는 ~이 없다 事情が差し迫っても慌てることがない.

◆**법 없이 살다** 正しく善良で法の規

制がなくても悪いことをしない.
〔속담〕 **법은 멀고 주먹은 가깝다** 法は遠く拳は近い〈冷静に是非を明らかにしようとせずにすぐ暴力に訴えること〉.

법가〔法家〕 名 **1**〔史〕(古代中国の)法家. **2** 法律家. **3** 礼節を尊ぶ家柄.

법계[1]〔法界〕 名 **1**〔佛〕法界. **2** 仏教徒の社会. **3**〔'법조계'의 준말〕法曹界.

법계불〔一佛〕 名〔佛〕如来の別称.

법계신〔一身〕 名〔佛〕法界身. 法身.

법계[2]〔法階〕 名〔佛〕修行者の階級.

법고〔法鼓〕 名〔佛〕(仏像の前に供えておく)小さな鼓.

법과〔法科〕 名 法科.

법과 대학〔一大學〕 名 (大学の)法学部.

법관〔法官〕 名 法官. 裁判官.

법권〔法權〕 名 **1** 法権. ¶치외 ~ 治外法権. **2** 法律の権限.

법규〔法規〕 名 法規. ¶나라의 ~ 国の法規 / 교통 ~를 지키다 交通法規を守る.

법규범〔法規範〕 名〔法〕法規範.

법난〔法難〕 名〔佛〕法難. 仏法を広める際に受ける迫害.

법당〔法堂〕 名〔佛〕法堂. 講堂.

법대〔法大〕 名〔'법과 대학'의 준말〕法学部.

법도〔法度〕 名 **1** 法度. 法律と制度. **2** (家門の)礼法と掟. 礼儀作法. 家法. ¶~ 있는 집안 礼法の厳格な家柄.

법등〔法燈〕 名〔佛〕法灯.

법랑〔琺瑯〕 名 琺瑯. エナメル. ¶~유 琺瑯のうわぐすり / ~질 琺瑯質.

법령〔法令〕 名〔法〕法令.

법령 심사권〔一審査權〕 名〔法〕法令審査権.

법례〔法例〕 名 法例. ¶~집 法例集.

법론〔法論〕 名〔佛〕法論. 仏教の法義に関する議論.

법률〔法律〕 名 法律. ¶~의 해석 法律の解釈 / ~ 위반 法律違反 / ~로 정하다 法律で定める.

법률가〔一家〕 名 法律家.

법률 고문〔一顧問〕 名〔法〕法律顧問.

법률문제〔一問題〕 名 法律問題.

법률 사무소〔一事務所〕 名〔法〕法律事務所.

법률 사항〔一事項〕 名〔法〕法律事項.

법률심〔一審〕 名〔法〕法律審.

법률안〔一案〕 名〔法〕法律案. ¶~ 거부권 法律案拒否権.

법률 요건〔一要件〕 名〔法〕法律要件.

법률학〔一學〕 名 法律学.

법률 행위〔一行爲〕 名〔法〕法律行為.

법리〔法理〕 名 **1**〔法〕法理. 法律の原理. **2** 法律に内在する道理. **3** 法的な論理. **4**〔佛〕仏法の道理.

법리학〔一學〕 名 法理学. 法哲学.

법망〔法網〕 名 法網. 法の網. ¶~을 뚫다 法網をくぐる / ~에 걸리다 法の網にかかる.

법명〔法名〕 名〔佛〕法名.

법무〔法務〕 名 法務. **1**〔法〕法律に関するいっさいの事務. **2**〔佛〕寺の法会の事務, またそれをつかさどる僧職.

법무관〔一官〕 名 法務官.

법무부〔一部〕 名 法務部〈日本の法務省に当たる〉.

법무 행정〔一行政〕 名 司法行政.

법문〔法門〕 名〔佛〕法門. 仏の教え.

법보〔法寶〕 名〔佛〕仏経を宝にたとえていう語.

법복〔法服〕 名 **1** 法服. **2**〔佛〕僧衣. 法衣. **3** 王の礼服.

법사〔法師〕 名〔佛〕法師.

법상〔法相〕 名 **1**〔佛〕法相. **2**〔'법상종'의 준말〕法相宗.

법서〔法書〕 名 法書.

법석[1] 名 하自 大騒ぎ. 騒動. わいわい[がやがや]と騒ぎたてること. ¶아침부터 왜 저 ~들인가? 朝からなぜあんなに騒いでいるのかね / 야단 ~을 떨다 大騒ぎをする. 一騒ぎを演ずる.

법석거리다[-대다] 自 騒ぎたてる. ¶교실에서 아이들이 ~ 教室で子供たちが騒ぎたてる.

법석법석 副 하自 わいわい(と). がやがや(と).

법석[2]〔法席〕 名〔佛〕法席. 法座. 法筵.

법성〔法性〕 名〔佛〕法性.

법술〔法術〕 名 法術. **1** 道士の方術. **2** 方法と技術.

법술사〔一士〕 名 方士. 道士.

법식〔法式〕 名 **1** 法式. 礼法と様式. ¶예의 ~에 따르다 礼儀法式に則る. **2** 方式. **3**〔佛〕仏前での法式. 法要の儀式.

법안〔法案〕 名 法案. ¶~을 제출[가결]하다 法案を提出[可決]する.

법어〔法語〕 名〔佛〕法語.

법연〔法筵〕 名〔佛〕法筵〈仏法を説く場所〉.

법열〔法悅〕 名 法悦. **1**〔佛〕説教を聞き真理を悟ったときの喜び. **2** エクスタシー. 陶酔. ¶~의 경지에 잠기다 法悦の境にひたる.

법왕〔法王〕 名 法王. **1**〔佛〕仏法の王. 釈迦. **2**〔基〕教皇.

법외〔法外〕 名 法外. 法律の外.
◇일본어에서는 '터무니없음·과도함'의 뜻이다.

법요〔法要〕 名〔佛〕法要.

법원〔法院〕 名〔法〕裁判所.

법원장〔一長〕 名〔法〕裁判所長.

법의〔法衣〕 名〔佛〕法衣. 僧の衣服.

법의식〔法意識〕 名 法意識.

법의학〔法醫學〕 名〔醫〕法医学.

법익〔法益〕 名〔法〕法益〈法によって保護される利益〉.

법인〔法人〕 名〔法〕法人. ¶공~ 公法人 / 사단[학교] ~ 社団[学校]法人 / ~을 설립하다 法人を設立する.

법인세〔一稅〕 名〔法〕法人税.

법인격〔法人格〕 名〔法〕法人格. 法律上の人格.

법적〔法的〕 冠 名 法的. ¶~ 규제 法的な規制 / ~ 제재를 가하다 法的な

制裁を加える.
법전〔法典〕 名 法典.
법정¹〔法廷〕 名 法廷. ¶～ 투쟁 法廷闘争/～ 모욕죄 法廷侮辱罪/～에 서다[나서다] 法廷に立つ[出る].
법정²〔法定〕 名 하他 法定. ¶～ 기간[의무] 法定期間[義務]/～ 이자[통화] 法定利子[通貨]/～ 전염병 法定伝染病.
법정 가격〔一價格〕 名 法定価格.
법정 공휴일〔一公休日〕 名 法定休日.
법정 대리〔一代理〕 名〔法〕法定代理.
법정범〔一犯〕 名〔法〕法定犯.
법정 이율〔一利率〕 名〔法〕法定利率.
법정 적립금〔一積立金〕 名〔法〕 法定積立金.
법정 준비금〔一準備金〕 名〔法〕 法定準備金.
법정 증거주의〔一證據主義〕 名〔法〕 法定証拠主義.
법정 통화〔一通貨〕 名〔經〕 法定貨幣. 法貨.
법정 혈족〔一血族〕 名〔法〕 法定血族. 準血族.
법정형〔一刑〕 名〔法〕法定刑.
법정 후견인〔一後見人〕 名〔法〕 法定後見人.
법정³〔法政〕 名 法政.
법제〔法制〕 名 法制.
법제사〔一史〕 名 法制史.
법제처〔一處〕 名〔法〕法制処〈日本の法制局に相当〉.
법제자〔法弟子〕 名〔佛〕仏弟子.
법조〔法曹〕 名 法曹.
법조계〔一界〕 名 法曹界.
법주¹〔法主〕 名〔佛〕法主.
법주²〔法酒〕 名 一定の法式にしたがって醸した酒.
법질서〔法秩序〕 名 法秩序.
법철학〔法哲學〕 名 法哲学.
법첩〔法帖〕 名 法帖. 法書.
법치〔法治〕 名 法治. ¶～ 국가 法治国家/～주의 法治主義.
법칙〔法則〕 名 法則. ¶만유 인력의 ～ 万有引力の法則.
법통〔法統〕 名〔佛〕 法統. 仏法の伝統.
법하다 補形 (‘-ㄹ 법하다’의 꼴로)〔가능·추측〕 …(し)そうだ. …らしい. ¶가능성이 있을 법한 이야기 可能性のありそうな話/그럴 법한 일이다 もっともらしいことだ.
법학〔法學〕 名 法学.
법학 개론〔一概論〕 名 法学概論.
법학사〔一士〕 名 法学士.
법학자〔一者〕 名 法学者.
법호〔法號〕 名〔佛〕 法号. 法名. 僧の雅号.
법화¹〔法貨〕 名〔經〕〔‘법정 통화’의 준말〕 法貨.
법화²〔法話〕 名〔佛〕 法話. 仏法の話.
법화경〔法華經〕 名〔佛〕〔‘묘법연화경’의 준말〕 法華経.
법화종〔法華宗〕 名〔佛〕 法華宗.
법회〔法會〕 名〔佛〕 法会.
벗 名 友. 友達. 友人. ¶마음의 ～ 心の友/오래 사귀어 온 ～ 古くからの友人/말～ 話し相手.
〔속담〕 **벗 따라 강남 간다** 友について江南に行く〈友と一緒なら遠い所へも行く〉.
벗가다 自 〔‘벗나가다’의 준말〕 (一定の範囲から)それる. はずれる. 出る.
벗겨지다 自 **1** 脱げる. むける. 剝げる. ¶껍질이 벗겨진 나무 皮がむけた木/도금한 것이 ～ メッキが剝げる/모자가 바람에 벗겨졌다 帽子が風で脱げた. **2** (頭が)はげる. ¶머리가 ～ 頭がはげる. **3** (汚名·恥などが)そそがれる. ¶누명이 ～ えん罪がそそがれる.
벗기다 Ⅰ 他 **1**〔‘벗다’의 사동사〕 脱がせる. 脱がす. ¶아기의 옷을 ～ 赤ちゃんの服を脱がせる. **2** (果物などの皮を)むく. (獣の皮を)剝ぐ. ¶소의 가죽을 ～ 牛の皮を剝ぐ/양파[삶은 달걀]의 껍질을 ～ たまねぎ[ゆで卵]の皮をむく. **3** (物の表面を)こすり落とす. ¶때를 ～ 垢をこすり落とす. **4** (かぶせたり覆ったりした物などを)はぐ. めくる. ¶이불을 ～ 布団をめくる/뚜껑을 ～ 蓋を取る. **5** (貼ってある物などを)はがす. ¶벽지를 ～ 壁紙をはがす. **6** (締まっている物などを)はずす. ¶빗장을 ～ かんぬきをはずす/단추를 ～ ボタンをはずす.
Ⅱ 自 **1**〔‘벗다’의 피동사〕 脱げる. 取れる. ¶신발이 커서 벗긴다 靴が大きくて脱げる. **2** (雲·霧などが)晴れる. ¶구름이 벗긴 하늘 雲が晴れた空.
벗나가다 自 (一定の範囲から)それる. はずれる. 出る. ¶금 밖으로 ～ 線の外にそれる/벗나간 행동 常軌をはずれた行動.
벗다 他 **1** (身につけた物を)脱ぐ. 取る. はずす. ¶모자를[장갑을] ～ 帽子[手袋]を脱ぐ/구두를[양말을] ～ 靴[靴下]を脱ぐ/안경을 벗어 놓다 眼鏡をはずして置く. **2** (動物が)脱皮する. ¶매미가[뱀이] 허물을 ～ 蟬[蛇]が脱皮する. **3** (担いだ荷を)おろす. ¶배낭을 벗어 놓다 リュックサックをおろして置く. **4** (責任·義務などを)逃れる. 免れる. ¶구실을 내세워 책임을 ～ 口実を持ち出して責任を免れる. **5** (借金を)払う. ¶은행 빚을 ～ 銀行の借金を払う. **6** (汚名·恥辱などを)そそぐ. 晴らす. ¶오해를 ～ 誤解を解く/억울한 누명을 ～ 耐えがたい冤罪を晴らす. **7** 垢抜ける. ¶촌티를 ～ 田舎臭さを垢抜ける.
벗바리 名 後援者. 後押し. 後ろだて.
벗삼다 他 友とする. ¶책을 ～ 本を友とする/자연을 벗삼아 산다 自然を友として生きる.
벗어나다 自他 **1**〔…에서 헤어나다〕(困難などから)脱け出す. 免れる. 逃れる. 自由になる. ¶곤경에서 ～ 苦境から脱け出す/일에서 ～ 仕事から解放される/생지옥을 ～ 生き地獄から逃れる. **2**〔눈에 들지 못하다〕疎まれる. 見放される. ¶상사의 눈에 ～ 上役に見放される. **3**〔어긋나다〕

(規律·道理などから)はずれる. それる. 逸する. ¶예의에 ~ 礼儀にはずれる/상식에서 벗어난 행동 常識からはずれた行動. **4**〔범위·한계 밖으로 나가다〕はみ出す. はずれる. それる. ¶궤도에서 벗어난 열차 脱線した列車/인공 위성이 궤도에서 ~ 人工衛星が軌道からそれる.

벗어붙이다 自他 (勢いよく)脱ぎ捨てる. ¶웃옷을 벗어붙이고 일에 달라붙다 上着を脱ぎ捨てて仕事に取りかかる. 「ぐ.

벗어젖히다 他 (衣服を)勢いよく脱

벗어지다 自 **1** (身に着けた物が)脱げる. 取れる. ¶모자가 ~ 帽子が脱げる/신이 벗어지는 것도 모르고 뛰어갔다 靴が脱げるのも分からずに駆けた. **2** (皮膚などが)擦りむける. むける. ¶넘어져 무릎이 벗어졌다 転んで膝が擦りむけた. **3** (頭が)はげる. ¶머리가 ~ 頭がはげる.

벗하다 自他 **1** 友とする. ¶자연을 ~ 自然を友とする. **2** 気安く交わる.

벙거지 名 **1** 昔, おもに兵卒や下僕がかぶった毛の帽子. **2** 〈俗〉帽子.

벙그레 副 にっこり(と). ¶~ 웃는 얼굴이 귀엽다 にっこり笑う顔がかわいい. >방그레

벙글거리다[-대다] 自 にこにこ笑う. ¶아기가 엄마를 보고 ~ 赤ん坊が母親を見てにこにこ笑う. >방글거리다

벙글벙글 副 하自 にこにこ(と). ¶좋은 일이 있는지 연해 ~한다 いいことがあるのかしきりににこにこする.

벙긋 副 하自 にこっと. にっこり(と).

벙긋거리다[-대다] 自 にこにこ笑う.

벙긋벙긋 副 하自 にこにこ(と).

벙긋하다 形 少し開いている. ¶문이 벙긋하게 열려 있다 戸が少し開いている/기뻐서 입이 저절로 벙긋해진다 うれしくて口元が自然にほころぶ. **벙긋이** 副 少し開いて.

벙벙하다 形 **1** 呆然とする. ぽかんとする. ¶어안이 ~ あきれてものが言えない. **2** (水が一面に)満ちている. ¶부엌 바닥에 물이 ~ 台所の床が一面水びたしになる. **벙벙히** 副 ぽかんと. 呆然と. ぼうっと. ¶영문을 몰라 ~ 앉아 있다 理由が分からずぽかんとして座っている.

벙실거리다[-대다] 自 にこにこ笑う. にこにこする.

벙실벙실 副 하自 にこにこ(と).

벙어리[1] 名 唖. 口のきけない人.

벙어리[2] 名 (陶器製の)貯金箱.

벙어리매미 名〔動〕雌の蟬.

벙어리장갑〔一掌甲〕名 ミトン. 二またの手袋.

벙커시유〔bunker C油〕名 シー(C)重油.

벚꽃 名 桜花. 桜の花. 桜.

벚나무 名〔植〕桜.

베 名 **1** (麻糸·綿糸·絹糸などで織った)布地. ¶~를 짜다 機を織る. **2** 〔'삼베'의 준말〕麻布. ¶~적삼 麻布の上衣.

베개 名 枕. ¶~를 베다 枕をする.

베갯머리 名 枕元. ¶~에 시계를 놓다 枕元に時計を置く.

베갯모 名 枕の両端につける飾り.

베갯밑공사〔一公事〕名 枕元の公事〈夜寝床で妻が夫に願い事をささやくこと〉.

베갯속 名 枕の中身. 枕の詰めもの.

베갯잇 名 枕カバー. 枕当て.

베고니아〔begonia〕名〔植〕ベゴニア.

베끼다 他 (文字などを)書き写す. 写す. 書き取る. ¶책을 ~ 本を写す/가사를 공책에 ~ 歌詞をノートに書き取る.

베네수엘라〔Venezuela〕名〔地〕ベネズエラ〈南米大陸北部の共和国〉.

베니어〔veneer〕名 ベニヤ. ¶~ 합판 ベニヤ板.

베다[1] 他 **1** (刃物で)切る. 刈る. 断つ. ¶낫으로 벼를[풀을] ~ 鎌で稲[草]を刈る/나이프로 손을 ~ ナイフで手を切る/나무를 베어 버리다 木を切り払う. **2** 首にする. 解雇する. 辞職させる. ¶횡령한 과장의 목을 ~ 横領した課長を首にする.

베다[2] 他 枕をする. ¶베개를 베고 비스듬히 드러눕다 枕をして斜めに横たわる/무릎을 ~ 膝枕をする.

베돌다 自 仲間からはずれる. 孤立する. ¶친구들 틈에 끼지 않고 혼자 ~ 仲間たちと交わらないで独りぼっちでいる. >배돌다

베돌이 名 のけ者にされた人. 人付き合いが苦手な人.

베드 신〔bed scene〕名 ベッドシーン.

베란다〔veranda〕名 ベランダ.

베레〔프 béret〕名 ベレー. ¶~모 ベレー帽.

베목〔一木〕名 木綿·麻で織った布地.

베물다 他 かみ切る. 食いちぎる. かじる.

베스트 드레서〔best dresser〕名 ベストドレッサー.

베스트셀러〔best seller〕名 ベストセラー. ¶금주의 ~ 今週のベストセラー.

베실 名 麻糸.

베어내다 他 切り取る. 刈り取る. 切り出す. ¶쇠고기를 한 토막 ~ 牛肉を一切れ切り取る/사과의 상한 부분만 ~ りんごの傷んだ部分だけ切り取る. 「け.

베어링〔bearing〕名 ベアリング. 軸受

베어먹다 他 **1** 切って食べる. ¶떡을 ~ 餅を切って食べる. **2** 切り取る. ¶기계톱이 손가락을 ~ 機械のこに(全部の)指が切り取られる.

베옷 名 麻の衣服.

베이다 自〔'베다'의 피동사〕切られる. 切れる. 刈られる. ¶칼에 손을 ~ ナイフで手を切られる.

베이비〔baby〕名 ベビー. 赤ん坊. ¶~ 골프 ベビーゴルフ.

베이스[1]〔base〕名 ベース. ¶~ 라인 ベースライン/~ 러너 ベースランナー. 走者. 「プ.

베이스캠프〔一camp〕名 ベースキャン

베이스[2]〔bass〕名〔樂〕バス. ベース. ¶~ 트롬본 バストロンボーン.

베이스볼〔baseball〕名 ベースボール. 野

球.
베이지[beige] 名 ベージュ. らくだ色.
베이컨[bacon] 名 ベーコン.
베이킹파우더[baking powder] 名 ベーキングパウダー.
베일[veil] 名 ベール. ¶～을 쓰다[벗기다] ベールをかぶる[はがす]/～에 싸인 배후 인물 ベールに包まれた背後の人物.
베짱이 名〔動〕馬追虫.
베테랑[(프)vétéran] 名 ベテラン. ¶광고계의 ～으로 꼽히다 広告界のベテランにかぞえられる.
베트남[Vietnam] 名〔地〕ベトナム〈東南アジア·インドシナ半島にある共和国〉.
베틀 名 機. 織機.
베풀다 他 **1** (宴会などを)催す. 設ける. 張る. ¶환갑 잔치를 ～ 還暦祝いを催す/술자리를 베풀어 대접했다 酒席を設けてもてなした. **2** (恩恵·慈善などを)施す. 与える. 恵む. 敷く. ¶은혜를 ～ 恩恵を施す/자선을 ～ 慈善を施す/자비를 베풀어 주소서 慈悲を賜わらんことを.
벤젠[benzene] 名〔化〕ベンゼン. ベンゾール.
벤졸[benzol] 名〔化〕ベンゾール. ベンゼン.
벤진[benzine] 名〔化〕ベンジン.
벤처 캐피털[venture capital] 名〔經〕ベンチャーキャピタル〈先端技術の開発など不確実で危険性の高い企業活動に投下される資本〉.
벤치[bench] 名 ベンチ. ¶～에 앉다 ベンチに座る/～를 지키다 ベンチを暖める.
벨[bell] 名 ベル. ¶전화～ 電話のベル/비상～을 울리다 非常ベルを鳴らす.
벨기에[België] 名〔地〕ベルギー〈ヨーロッパ西部の王国〉.
벨벳[velvet] 名 ベルベット. ビロード.
벨트[belt] 名 ベルト. **1** バンド. ¶원피스 위에 ～를 매다 ワンピースの上にベルトをしめる/～를 늦추다 ベルトをゆるめる. **2** 調帯. ¶～ 컨베이어 ベルトコンベア. **3** 地帯. ¶그린～ グリーンベルト.
벼 名〔植〕稲. ¶～ 이삭 稲穂/～가 익다[시들다] 稲が実る[枯れる]/～를 베다 稲を刈る/～ 타작 稲の脱穀.
벼농사[一農事] 名 하自 稲作. ¶금년～는 평년작이다 今年の稲作は平年作だ.
벼락 名 **1** 雷. 落雷. ¶～이 치다 雷が落ちる. **2** 大目玉を食うこと. 雷が落ちること. **3** 物事の急に起こるさま. にわか仕立て. にわかづくり. ¶～잔치를 치르다 にわかづくりの祝宴を設ける. **4** 素早く行動したり片付けたりすること. ¶～으로 해치우다 またたく間にやってしまう.
◆**벼락 맞을 소리** 道理にはずれた発言. 罰当たりな発言.
◆**벼락을 맞다** ① 雷に打たれる. ¶～을 맞아 죽다 雷に打たれて死ぬ. ② 罰が当たる. ¶그런 소릴 하다간 ～을 맞는다 そんなこと言ったら罰が当たるぞ.
◆**벼락이 내리다[떨어지다]** ① 異変が起きる. ② 大目玉を食う. 頭ごなしに叱りつける. ¶상관에게서 ～이 떨어졌다 上官の雷が落ちた.
벼락감투 名 にわかに得た高位の官職.
벼락같이 副 (稲妻のように)すばやく. 速く.
벼락공부[一工夫] 名 하自他 (試験が迫ってからの)にわか勉強.
벼락김치 名 即席キムチ.
벼락닫이 名〔建〕上げ下げ式の窓.
벼락부자[一富者] 名 成金. にわか分限.
벼락장[一醬] 名 即席のコチュジャン(고추장).
벼락출세[一出世] 名 하自 にわか出世. ¶부친의 후광으로 ～를 했다 父親の七光りで急に出世した.
벼락치기 名 (差し迫っての)にわか仕事. どろなわ. ¶～로 공사를 하다 やっつけ工事をする.
벼랑 名 断崖. がけ. 絶壁. ¶～ 끝 がけっぷち/～ 아래로 굴러 떨어지다 がけの下に転げ落ちる.
벼랑길 名 がけ道. がけっぷちの道.
벼루 名 硯.
벼룻돌 名 硯石.
벼룻물 名 硯水. 硯の水.
벼룻집 名 硯箱.
벼룩 名〔動〕蚤. ¶～에 여기저기 물리다 蚤にあちこち食われる.
〔속담〕**벼룩도 낯짝이 있다** 蚤にも面子がある〈厚かましい人をいさめる語〉.
벼룩의 간을 내먹는다 蚤の肝を取り出して食う〈とても浅ましい. ひどくけちだ〉.
벼룩시장[一市場] 名 蚤の市. 古物市.
벼르다[1] 他 (機会を)ねらう. 待ち構える. (事をなし遂げようと)もくろむ. 決心する. ¶반격의 기회를 ～ 反撃の機会をねらう/벼르고 벼르던 좋은 기회가 오다 待ちに待ったよい機会が来る.
벼르다[2] 他 分配する. 配分する. 取り分ける. ¶감을 세 몫으로 ～ 柿を3人に分配する.
벼리 名 **1** 網の元綱. **2** 大筋. 本筋. かなめ.
벼릿줄 名 網の元綱.
벼리다 他 **1** (鈍くなった刃物などを)焼き直して研ぐ. 鍛える. 練り上げる. ¶식칼을 ～ 包丁を焼き直す/예리하게 벼린 칼 鋭く研いだ刀. **2** 気を引き締める.
벼메뚜기 名〔動〕翅長稲子.
벼슬 名 하自 官職. 官位. ¶～이 높다 官位が高い/～을 그만두다 官職を退く.
◆**벼슬을 살다** 官吏として奉職する. 官職についている.
벼슬길 名 官吏になる道. 官途. ¶～에 나서다[오르다] 仕官の途にのぼる. 官途につく.

벼슬살이 名 하自 官吏暮らし.
벼슬아치 名 官吏. 役人. 官員.
벼쭉정이 名 粃. 実のない籾.
벼훑이 名 稲こき.
벽[1]〔壁〕 名 **1** 壁. ¶ ~을 바르다 壁を塗る / ~이 갈라지다 壁にひびが入る. **2** 障壁. 障害物. ¶ 연구가 ~에 부딪치다 研究が壁に突き当たる.
◆**벽을 쌓다** 交わりを絶つ. 関係を絶つ. ¶ 친하던 두 집이 ~을 쌓고 지낸다 親しかった両家が交際を絶っている.
벽[2]〔癖〕 名 《일부의 동사나 명사 뒤에 쓰여》 (物事に凝る)癖·へき. ¶ 도~ 盗癖 / 수집~ 収集癖.
벽걸이〔壁—〕 名 壁掛け.
벽공〔碧空〕 名 碧空. 青空. ¶ 구름 한 점 없는 ~ 雲一つない青空.
벽난로〔壁煖爐〕 名 ペチカ. 壁につくりつけた暖炉. 壁付き暖炉.
벽돌〔甓—〕 名 れんが. ¶ 붉은 ~ 赤いれんが / ~을 쌓다 れんがを積む / ~을 굽다 れんがを焼く.
벽돌공〔—工〕 名 れんが工. れんが職人.
벽돌담 名 れんが塀.
벽돌집 名 れんが造り(の家).
벽두〔劈頭〕 名 劈頭. 冒頭. はじめ. ¶ 새해 ~ 新年早々 / 개회 ~부터 혼란에 빠졌다 開会の冒頭から混乱に陥った.
벽력〔霹靂〕 名 霹靂. 雷. ¶ 청천~ 青天の霹靂.
벽력같다 形 (声が)雷のようだ. ¶ 벽력같은 소리를 내지르다 雷のような声を張り上げる. **벽력같이** 副 雷のように.
벽면〔壁面〕 名 壁面. 壁の表面.
벽보〔壁報〕 名 壁新聞. 張り紙. ¶ ~를 붙이다 壁新聞を張る.
벽서[1]〔僻書〕 名 (内容の)珍しい本. 珍書.
벽서[2]〔壁書〕 名 하自 壁書. 壁書き.
벽설〔僻說〕 名 僻説. 偏った考え.
벽성〔僻姓〕 名 ごく稀な姓.
벽시계〔壁時計〕 名 柱時計. 掛け時計.
벽신문〔壁新聞〕 名 壁新聞.
벽안〔碧眼〕 名 碧眼. 青い目.
벽오동〔碧梧桐〕 名〔植〕 青桐.
벽옥〔碧玉〕 名 碧玉. 青や緑の玉.
벽운〔碧雲〕 名 碧雲. 青雲.
벽자〔僻字〕 名 あまり使われない字.
벽장〔壁欌〕 名 つくりつけの押し入れ.
벽장코 名 あぐら鼻. またそのような人.
벽지[1]〔僻地〕 名 僻地. ¶ 산간 ~ 山間の僻地 / ~ 학교 僻地の学校 / ~ 근무 僻地勤務.
벽지[2]〔壁紙〕 名 壁紙. ¶ ~를 바르다 壁紙を張る.
벽창호〔碧昌—〕 名 意地っ張りでぶっきらぼうな人. 頑固者. 分からず屋. 朴念仁. 強情っ張り.
벽처〔僻處〕 名 僻処. 僻地.
벽촌〔僻村〕 名 僻村. 片田舎.
벽토〔壁土〕 名 壁土.
벽파〔碧波〕 名 碧波. 青い波.
벽해〔碧海〕 名 碧海. 青い海.
벽해상전〔—桑田〕 名 桑田碧海.
벽화〔壁畫〕 名 壁画.
변[1]〔便〕 名 大小便. (特に)大便. ¶ ~을 보다 大便をする.
변[2]〔邊〕 名 **1** 端. へり. 縁. **2**〔數〕 (多角形の)辺. ¶ 삼각형의 밑~ 三角形の底辺. **3**〔數〕 (等式·不等式の)辺. **4** (碁で)辺. **5** (射撃や弓術で)的の中央以外の部分.
변[3]〔邊〕 名〔經〕〔'변리(邊利)'의 준말〕 金利. 利息.
변[4]〔變〕 名 異常な事件. 災難. 不幸. 変乱. 大騒ぎ. ¶ 갑자기 ~을 당하다 不意にひどい羽目に陥る / ~이 나다 変乱が起こる.
-변[5]〔邊〕 接尾〔가장자리〕 …ほとり. …あたり. 端. ¶ 한강~ 漢江のほとり.
변개〔變改〕 名 하自他 変更.
변격〔變格〕 名 変格. 変則.
변경[1]〔邊境〕 名 辺境.
변경[2]〔變更〕 名 하他 変更. 改めること. ¶ 예산 ~ 予算の変更 / 주소 ~ 住所変更 / 날짜를 ~하다 日にちを変更する.
변고〔變故〕 名 変故. 異変. ¶ ~를 당하다 異変にあう.
변광성〔變光星〕 名〔天〕 変光星.
변괴〔變怪〕 名 **1** 変わった出来事. ¶ 마른 하늘에 번개가 치다니 이 무슨 ~인고? 晴天に稲妻が走るとは, これはいったい何事だ. **2** 道理にはずれた悪行.
변기〔便器〕 名 便器.
변놀이〔邊—〕 名 하自 金貸し.
변덕〔變德〕 名 気まぐれ. むら気. 移り気. 心変わり. ¶ ~이 심한 사람 非常に気まぐれな人.
〔속담〕 **변덕이 죽 끓듯 하다** むら気がおかゆのふき上がるようだ〈非常に気まぐれだ〉.
변덕꾸러기 名 気まぐれ者. お天気屋. 気分屋. ¶ 심한 ~라 믿을 수 없다 とても気まぐれだから信じられない.
변덕부리다 自 気まぐれだ.
변덕스럽다 形 気まぐれだ. 移り気だ. ¶ 변덕스러운 날씨[성미] 気まぐれな天気[性格].
변덕쟁이 名 気まぐれ者. 気分屋. お天気屋.
변돈〔邊—〕 名 利息を払う条件で貸借した金.
변동〔變動〕 名 하自 変動. 変更. 改変. ¶ 물가[시세]의 ~ 物価[相場]の変動 / ~ 환율제 変動為替相場制 / 경제 정세가 ~되다 経済情勢が変動する / ~된 버스 노선 変更されたバス路線.
변두리〔邊—〕 名 **1** ある地域の端. 町はずれ. 場末. ¶ 서울 ~ ソウルの町はずれ. **2** (器などの)縁. 端. ¶ 쟁반의 ~ お盆の縁.
변란〔變亂〕 名 変乱. 騒乱. 事変.
변량〔變量〕 名〔數〕 変量.
변론〔辯論〕 名 하他 弁論. ¶ 구두 ~

口頭弁論 / ～ 능력 弁論能力.
변론가[一家] 名 弁論家.
변리[1][辨理] 名 하他 弁理. ¶ ～ 공사 弁理公使.
변리사[一士] 名 〔法〕 弁理士.
변리[2][邊利] 名 〔經〕 金利. 利息. 利子. ¶ ～가 비싸다 金利が高い.
변말 名 隠語. 隠し言葉.
변명[1][辨明] 名 하他 弁明. 言いわけ. ¶ 서투른[쓸데없는] ～ 下手な[無用な]言いわけ / ～의 기회를 주다 弁明の機会を与える.
◇일본어의 弁明는 '자기가 옳다는 것을 여러 사람 앞에서 주장하다'의 뜻이다. 우리말의 '변명'은 言いわけ나 弁解를 쓴다.
변명[2][變名] 名 하自他 変名.
변모[變貌] 名 하自 変貌. 面変わり. 変わった姿やようす. ¶ 완전히 ～되어 낯선 사람 같다 まったくさま変わりして見知らぬ人のようだ.
변모없다[變貌一] 形 **1** 自分勝手で機転がきかない. ¶ 변모없게 그런 말을 하면 어찌 하느냐? 相手のことも考えずにそんな話をしてどうするんだ. **2** きまじめで融通がきかない. **변모없이** 副 **1** 勝手気ままに. **2** 愚直に.
변미[變味] 名 하自 変味. 味の変わること, また変わった味.
변박[辯駁] 名 하他 弁駁. 論駁.
변발[辮髮] 名 하自他 辮髪.
변방[邊方] 名 辺境.
변법[變法] 名 하自 変法. 変則的な方式·方法.
변변하다 形 かなりよい. **1** (人となり·格好が)よい. ひけを取らない. (事物が)まともである. ¶ 변변한 그릇 하나 없다 まともな食器がひとつもない / 변변치 못한 놈 같으니 ろくでなしめが. **2** (身分·暮らしなどが)人に劣らない. ¶ 변변한 집안 人に劣らない家柄. **3** 立派だ. 十分である. ¶ 변변한 대접 十分なもてなし / 차린 것은 변변치 않지만 많이 드세요 大したものはありませんがたくさんめしあがってください. **변변히** 副 ろくに. 十分に. 満足に. ¶ 일요일에조차 ～ 쉬지 못했다 日曜すらろくに休めなかった.
변별[辨別] 名 하他 **1** 弁別. 識別. **2** 分別.
변별력[一力] 名 弁別する能力.
변보[變報] 名 変報. 変事の知らせ.
변복[變服] 名 하自 変装. ¶ 여자로 ～하다 女に変装する.
변비[便秘] 名 便秘. ¶ ～가 생기다 便秘になる.
변비증[一症] 名 便秘症.
변사[1][辯士] 名 弁士.
변사[2][變死] 名 하自 **1** 変死. ¶ ～자 変死者 / ～체 変死体. **2** 自殺. 自害.
변사[3][變事] 名 変事. 異変.
변상[辨償] 名 하他 **1** 返済. **2** 弁償. 賠償. ¶ 손해를 ～하다 損害を弁償する.
변색[變色] 名 하自他 変色. ¶ ～된 옷 変色した服.
변설[辯舌] 名 弁舌. ¶ 유창한 ～ よどみない弁舌 / ～에 능하다 弁舌に長けている.
변성[1][變成] 名 하自 変成.
변성암[一巖] 名 〔鑛〕 変成岩.
변성 작용[一作用] 名 〔地〕 変成作用.
변성[2][變性] 名 하自他 変性. ¶ ～ 알코올 変性アルコール.
변성[3][變姓] 名 하自 変姓. 改姓. 姓を変えること. 名字を変えること.
변성[4][變聲] 名 하自 変声. 声変わり.
변성기[一期] 名 変声期.
변성명[變姓名] 名 하自 姓名を変えること.
변소[便所] 名 便所. トイレ. お手洗い. ¶ 수세식 ～ 水洗式便所.
변속[變速] 名 하自他 変速. ¶ ～ 장치 変速装置 / 기어를 ～하다 ギアを変える.
변수[變數] 名 **1** 〔數〕 変数. **2** (ある状況の)可変的要因. ¶ 지역 감정이 선거의 ～로 작용하다 地域的感情が選挙の変数として作用する.
변스럽다[變一] 形 変だ. おかしい. 不思議だ. ¶ 변스러운 일[징조] おかしなこと[兆候].
변시체[變屍體] 名 変死体.
변신[變身] 名 하自 変身. ¶ 작가에서 사업가로 ～하다 作家から事業家に変身する.
변심[變心] 名 하自 変心. 心変わり. ¶ ～한 애인 心変わりした恋人.
변쓰다 自 暗号で言う. 合言葉で話す.
변압[變壓] 名 하自他 変圧. ¶ ～기 変圧器. トランス.
변역[變易] 名 하自他 変易. 変改.
변온 동물[變溫動物] 名 〔動〕 変温動物.
변용[變容] 名 하自 変容. 変貌.
변위[變位] 名 変位. ¶ ～ 전류 変位電流 / ～ 기호 変位記号.
변음[變音] 名 〔樂〕 変音.
변이[1][變移] 名 하自 変移.
변이[2][變異] 名 変異. ¶ 돌연 ～ 突然変異.
변장[變裝] 名 하自 変装. 化けること. ¶ ～술 変装術 / 상인으로 ～했다 商人に変装した.
변재[1][邊材] 名 辺材. 白太. 白材.
변재[2][辯才] 名 弁才. 口才.
변전[變轉] 名 하自 変転. ¶ ～하는 국제 정세 変転する国際情勢.
변전소[變電所] 名 変電所.
변절[變節] 名 하自 変節. ¶ ～자 変節者 / ～한 変節漢 / 보신을 위해 ～하다 保身のために変節する.
변제[辨濟] 名 하他 弁済. 返済.
변조[1][變造] 名 하他 変造. ¶ ～ 화폐 変造貨幣 / ～ 수표 変造小切手.
변조[2][變調] 名 하自 **1** 〔樂〕 変調. **2** 異状. ¶ 몸에 ～를 가져오다 体に変調をきたす. **3** 〔物〕 変調. ¶ 주파수 ～ 周波数変調.
변조기[一器] 名 〔物〕 変調器.
변조파[一波] 名 〔物〕 変調波.
변종[變種] 名 変種. **1** 種類が変

わること，その種類．**2** 〔生〕原種と違った種．¶ 인공 ～ 人工変種．

변주곡〔變奏曲〕 名 〔樂〕 変奏曲．バリエーション．

변죽〔邊─〕 名 (器物の)縁．へり．

◆변죽을 울리다 遠回しに言う．ほのめかす．

◆변죽 좋다 ずうずうしい．図太い．

변죽울림 名 間接的に与える暗示．ほのめかし．

변증〔辨證〕 名 하他 弁証．

변증법〔辨證法〕 名 〔哲〕 弁証法．

변증법적〔─的〕 冠 名 〔哲〕 弁証法的．¶ ～ 유물론 弁証法的唯物論．

변질〔變質〕 名 하自 変質．¶ ～자 変質者 / ～된 음식 変質した食べ物．

변천〔變遷〕 名 하自 変遷．移り変わり．¶ 시대의 ～ 時代の変遷 / ～하는 세상 移り変わる世の中．

변칙〔變則〕 名 変則．¶ ～ 동사[형용사] 変則活用動詞[形容詞] / ～적인 운영 変則的な運営．

변태〔變態〕 名 変態．¶ ～성 変態性 / 완전 ～ 完全変態 / ～적인 사람 変態的な人．

변태 성욕〔─性慾〕 名 変態性慾．

변태 심리〔─心理〕 名 〔心〕 異常心理．¶ ～학 異常心理学．

변통¹〔便通〕 名 하自 便通．通じ．

변통²〔變通〕 名 하他 **1** 変通．融通．状況に応じてうまく処理すること．¶ 고지식하여 일을 ～할 줄 모른다 くそまじめで仕事を要領よく進めることを知らない．**2** (物·金などの) やりくり．工面．融通．¶ 임시～ 一時しのぎ / 돈을 ～하다 お金を工面する．

변통성〔─性〕 名 融通性．¶ ～이 있는[없는] 사람 融通性のある[ない]人．

변통수〔─數〕 名 やりくりの方法．¶ 무슨 ～가 있겠지. 너무 걱정하지 말게 何らかのやりくりのしようがあるさ．あんまり心配するなよ．

변하다〔變─〕 自 **1** (物事が) 前と異なる．変わる．¶ 경치가 ～ 景色が変わる / 감기가 들어서 목소리가 변했다 風邪をひいて声が変わった．**2** (人の心·性質·趣味·習慣などが) 変わる．¶ 변하기 쉬운 세상 인심 変わりやすい世間の人情 / 언제나 변하지 않는 사랑 永く変わらぬ恋 / 입맛이 ～ 味覚が変わる．**3** (年月が) 改まる．(世相が) 変化する．¶ 시대가 ～ 時代が変わる．

변함없다〔變─〕 形 変わりない．変化がない．¶ 산천은 ～ 山河は変わりない / 나의 결심은 ～ 私の決心は変わらない．**변함없이** 副 相変わらず．¶ 할아버지는 ～ 건강하시다 祖父は相変わらず元気だ．

변혁〔變革〕 名 하自他 変革．¶ 일대 ～을 가져오다 一大変革をもたらす / 기술상의 ～ 技術上の変革．

변형〔變形〕 名 하自他 変形．¶ 사고로 ～된 차체 事故で変形した車体．

변형균〔─菌〕 名 〔植〕 変形菌．粘菌．

변호〔辯護〕 名 하他 弁護．¶ 자기 ～ 自己弁護 / 그들의 행동을 ～하다 彼らの行動を弁護する．

변호사〔─士〕 名 弁護士．¶ 고문 ～ 顧問弁護士 / 엉터리 ～ もぐりの代言人．三百代言．

변화〔變化〕 名 하自 変化．¶ 온도가 ～하다 温度が変化する / 표정의 ～를 읽다 表情の変化を読み取る / 어미 ～ 語尾変化．

변화구〔─球〕 名 (野球で) 変化球．

변화난측〔─難測〕 名 変化が多くて測りがたいこと．

변화무궁〔─無窮〕 名 変化がきわまりのないこと．

변화무상〔─無常〕 名 変化無常．

변환¹〔變幻〕 名 하自 変幻．

변환²〔變換〕 名 하自他 変換．変更．¶ 에너지의 ～ エネルギーの変換．

별¹ 名 **1** 星．¶ 샛～ 明星 / ～이 빛나는 밤하늘 星の輝く夜空．**2** 星模様[星形]のもの．¶ ～표 星印．**3** 将官の肩章．将官の階級．¶ ～ 네 개 四つ星(の将官)．大将 / ～을 달다 将官になる．**4** 〈俗〉 前科．¶ 저 녀석은 ～이 다섯 개다 あいつは星が5つだ〈前科5犯だ〉．

〔속담〕 **하늘의 별따기** 空の星を取ること〈不可能に近いこと〉．

별-²〔別〕 接頭 特別な．違った．変わっている．¶ ～문제 없다 別に問題ない / ～다르다 特別変わっている．

-별³〔別〕 接尾 (명사 아래)〔구별을 나타냄〕…別．¶ 종류～ 種類別 / 남녀～로 그룹을 짓다 男女別にグループを分ける．

별갑〔鼈甲〕 名 鼈甲．

별개〔別個〕 名 別個．¶ 그것과 이것은 ～의 일이다 それとこれとは別個の事柄である．

별거〔別居〕 名 하自 別居．¶ ～ 생활 別居生活．

별걱정〔別─〕 名 いらぬ心配．つまらない気苦労．取り越し苦労．¶ 넌 ～을 다 하는구나 お前はいらぬ心配をしているね．

별건〔別件〕 名 別件．別の事件[用件]．¶ ～ 체포 別件逮捕．

별것〔別─〕 名 **1** 特異なもの[こと]．珍奇なもの[こと]．たいしたもの[こと]．¶ ～을 다 보겠다 珍しいこともあるね / ～ 아니니까 걱정 마라 たいしたことじゃないから心配するな．**2** 他のもの．別個のもの．

별고〔別故〕 名 **1** 別条．変わった事．特別な事故．¶ ～ 없으십니까? お変わりはありませんか / ～ 없이 지내고 있습니다 つつがなく暮らしています．**2** 別の理由．¶ ～ 없으면 채택해 주게 別の理由がなかったら採択してくれ．

별관〔別館〕 名 別館．

별구경〔別─〕 名 特別の見物．簡単に見られないものを見ること．

별궁리〔別窮理〕 名 いろいろの思案．

별꼴〔別─〕 名 ぶざまなようす．見すごせぬふるまい．¶ ～ 다 보겠다 なんというざまだ．見てはいられない．

별나다〔別─〕 形 普通と異なる．変わっている．変だ．風変わりだ．¶ 인간

이 ～ 人間が変わっている / 별난 취미를 가진 사람 変な趣味を持った人.

별나라 名 星の国. 星の世界.

별납〔別納〕 名 하他 別納. ¶ 요금 ～ 우편 料金別納郵便.

별놈〔別―〕 名 変わったやつ. へんてこなやつ.

별다르다〔別―〕 形 特に変わっている. 特別だ. 並はずれている. ¶ 성격이 좀 ～ 性格がちょっと変わっている / 별다른 이유도 없이 결석했다 特別な理由もなく欠席した.

별달리〔別―〕 副 ほかに. 別に. 殊更. 取り立てて. ¶ ～ 말할 정도의 것도 아니다 取り立てて言うほどのことでもない.

별당〔別堂〕 名 **1** 離れ. 離れ座敷. 離れ家. 母屋の傍らに別に建てた家. **2** お寺の住持または講師の居所.

별도〔別途〕 名 別途. 別のやり方. 別の方面. ¶ ～ 지급하다 別途支給する / 그 점은 ～로 고려한다 その点は別途考慮する.

별도리〔別道理〕 名 別の方法. 施す術. なす術. これといった方法. ¶ 도망칠 수밖에 ～ 없다 逃げる以外に方法がない.

별동대〔別動隊〕 名〔軍〕 別働隊.

별똥 名〈俗〉流星.

별똥돌 名〈俗〉隕石.

별똥별 名〈俗〉流星.

별로〔別―〕 副《부정하는 표현과 함께 쓰여》 別に. さほど. 特別に. たいして. 特に. 取り立てて. あまり. ¶ ～ 바쁘지 않다 たいして忙しくない / ～ 춥지 않다 さほど寒くない / 가지고 싶은 건 ～ 없습니다 別に欲しいものはありません.

별말〔別―〕 名 **1** 意外[心外]な言葉. とんでもない話. ¶ 자네 ～을 다 하는군 君とんでもない話をするもんだ / 살다보니 ～을 다 듣겠다 生きていると意外なことを聞かされるよ. **2** 特別な話. 取り立てた話. ¶ ～은 없었네 取り立てた話はなかったよ.

별명¹〔別名〕 名 別名. 異名. あだ名. ニックネーム.

별명²〔別命〕 名 別命. 特別の命令. ¶ ～이 있을 때까지 대기하라 別命のあるまで待機せよ.

별무늬 名 星の模様.

별무신통〔別無神通〕 名 別に奇妙でもないこと. たいしたものでないこと.

별문제〔別問題〕 名 別問題. **1** 他の問題. ¶ 그것과 이것과는 ～다 それとこれとは別問題だ. **2** 特別な(変わった)問題. ¶ ～ 없이 끝나다 これといった問題もなく終わる. **3** いろいろな問題. ¶ 이야기를 하다 보니 ～가 다 나왔다 話をしてみるといろいろな問題が出てきた.

별미〔別味〕 名 珍味. 優れた味. 独特の味. ¶ 자네 집 요리는 ～더군 君の家の料理は格別だね.

별반〔別般〕 副 別段. 格別. とりわけ. さして. それほど. たいして. ¶ ～ 중요한 것은 없다 さして重要なことはない.

별배〔別杯〕 名 別杯. 別れの杯.

별별〔別別〕 冠 ありとあらゆる(種類の). いろいろな. さまざまな. ¶ ～ 수단을 다 써 보았다 ありとあらゆる手段を講じてみた.

별보〔別報〕 名 別報.

별빛 名 星の光. 星明かり. 星影. ¶ ～을 따라가다 星明かりを頼りに行く.

별사람〔別―〕 名 **1** 変人. 変わり者. **2** いろいろな人.

별상어 名〔動〕 星鮫.

별석〔別席〕 名 別席. 特別席. ¶ ～을 차리다 別席を設ける.

별세〔別世〕 名 하自 〔'죽음'의 높임말〕 逝去.

별세계〔別世界〕 名 別世界. 別天地. ¶ 도시에 비하면 ～처럼 고요하다 都会に比べると別世界のような静けさだ.

별소리〔別―〕 名 하自 とんでもない話. 心外[意外]な話. ¶ ～를 다 하는구나 とんでもない話をするんだね.

별송〔別送〕 名 하他 別送. ¶ 대금은 ～합니다 代金は別送します.

별수〔別―〕 名 特別な方法. いろいろな方法. 妙案. ¶ 그라고 뭐 ～가 있을라고? 彼だって特別な方法なんかあるもんか.

별수없다 形 仕方ない. ほかに方法がない. ¶ 아무리 궁리해 봐도 ～ いくら思案してみてもほかに方法がない. **별수없이** 副 仕方なく. やむなく.

별스럽다〔別―〕 形 変だ. へんてこだ. 風変わりだ. 珍しい. ¶ 별스럽게 굴다 変わったことをする / 별스럽게 고집을 부리다 変に強情を張る. **별스레** 副 へんてこに. おかしく. 珍しく.

별식〔別食〕 名 (ふだんは食べない)特別なうまい食べ物.

별실〔別室〕 名 **1** 別室. 別の間. ¶ ～에 모시다 別室にご案内する. **2** 妾.

별안간〔瞥眼間〕 副 突然. いきなり. にわかに. 急に. ¶ ～ 총소리가 울렸다 突然銃声が響いた / ～ 쏟아진 소나기 にわかに降り出した夕立ち.

별의〔別意〕 名 別意. 他意. ¶ ～는 조금도 없다 他意はさらさらない.

별의별〔別―別〕 冠 ありとあらゆる. もろもろの. ¶ ～ 방법을 다 써 봤다 あらゆる方法を皆やってみた.

별인〔別人〕 名 **1** 別人. **2** 外の人. 別の人.

별일〔別―〕 名 別事. 普通と変わったこと. ¶ 그간 ～ 없는가? その間特に変わったことはないか.

별자리 名〔天〕 星座.

별장〔別荘〕 名 別荘.

별장지기 名 別荘の管理人.

별저〔別邸〕 名 別荘.

별정〔別定〕 名 別に定めること.

별정 우체국〔―郵遞局〕 名〔法〕 特定郵便局.

별정직〔―職〕 名 特別職.

별제〔別製〕 名 別製. 特製.

별종〔別種〕 名 **1** 別種. **2** 特別な贈り物. **3** 奇人. 変人. 風変わりな人.

별주〔別酒〕 名 **1** 別れを惜しんで飲む

酒. **2** 特別な方法で醸した酒.
별지〔別紙〕 名 別紙. ¶～ 참조 別紙参照 / 해답은 ～에 쓸 것 解答は別紙に書くこと.
별지장〔別支障〕 名 支障. 差し支え. 差し障り. ¶～ 없으면 와 주었으면 싶다 差し支えがなければ来てほしい.
별집〔別集〕 名 個人の詩文集.
별짜〔別―〕 名 〈俗〉 **1** 異様なもの. **2** へんてこな人. 風変わりな人.
별짜리 名 〈俗〉 将官級.
별쭝나다 形 風変わりだ. ¶별쭝나게 행동한다 風変わりなふるまいをする.
별쭝스럽다 形 風変わりなところがある. ¶별쭝스러운 데가 있어 風変わりなところがあるよ.
별차〔別差〕 名 非常な違い. 大差. ¶이것과 저것은 ～가 없는 것 같다 これとあれと大差はないようだ.
별찬〔別饌〕 名 特別につくったおかず.
별채〔別―〕 名 離れ. 別の棟. ¶～에서 기거하다 離れで起居する.
별책〔別冊〕 名 別冊. ¶～ 부록 別冊付録.
별천지〔別天地〕 名 別天地. 別世界. ¶이곳은 ～로구나 ここは別世界だなあ.
별첨〔別添〕 名 하他 (書類などを)別に添えること, またその書類.
별칭〔別稱〕 名 別称. 別名.
별택〔別宅〕 名 別宅. 別邸.
별파〔別派〕 名 別派. 別の流派.
별편〔別便〕 名 **1** 別に出す手紙. **2** 別の便.
별표〔別表〕 名 別表. ¶～와 같음 別表のとおり.
별품〔別品〕 名 別品. 特別に優れた品.
별하다〔別―〕 形 普通とは異なっている. 風変わりだ.
별항〔別項〕 名 別項.
별행〔別行〕 名 別行. ¶～을 잡다 別行を取る.
별호〔別號〕 名 **1** 別号. 別名. あだ名. **2** 号.
별후〔別後〕 名 別後. 別れたあと.
볍씨 名 種籾.
볏[1] 名 とさか. とりさか. 鶏冠.
볏[2] 名 唐鋤の鐴.
볏가리 名 稲むら.
볏가을 名 하自 稲の取り入れ. 稲を取り入れて脱穀すること.
볏단 名 稲束.
볏모 名 稲の苗. 早苗.
볏섬 名 米俵.
볏짚 名 稲わら. わら.
병[1]〔丙〕 名 **1** 〔民俗〕 丙. 十干の第3番目. **2** (甲・乙に次ぐ)丙.
병[2]〔兵〕 名〔軍〕 兵〈下士官の下の軍人〉.
병[3]〔病〕 名 **1** 病気. 病. 患い. 疾病. ¶～에 걸리다 病気にかかる / ～이 낫다 病気が治る / ～으로 죽다 病気で死ぬ / 불치의 ～으로 고생하다 不治の病で苦しむ. **2** 悪い癖. 欠点. ¶예의 나쁜 ～이 시작되었다 例の悪い癖が始まった. **3** 故障.
〔속담〕 **병 주고 약 준다** 病気を与えて薬を与える〈害を及ぼしてから助けるふりをする〉.

單語帳 병에 관한 말

감기(感氣) 風邪 / 독감(毒感) インフルエンザ / 몸살 疲れ病〈風邪のひどい症状を指していうことが多い〉 / 설사(泄瀉) 下痢 / 식중독 食中毒 / 무좀 水虫 / 다래끼 ものもらい / 치질(痔疾) 痔 / 디스크 ぎっくり腰 / 신경통 神経痛 / 맹장염 盲腸炎 / 폐병 肺病 / 중이염 中耳炎 / 간염 肝炎 / 위궤양 胃潰瘍 / 성병 性病 / 에이즈 エイズ / 뇌졸중 脳卒中 / 고혈압 高血圧 / 심장병 心臓病 / 암 癌 / 성인병 成人病 / 정신병 精神病 / 생리통 生理痛 / 냉증 冷え症.
▷병원(病院)·아프다 單語帳

병[4]〔瓶〕 **Ⅰ** 名 瓶. ¶술～ 酒瓶 / 빈～ 空き瓶 / 꽃～ 花瓶 / ～에 넣다 瓶に詰める / ～이 깨지다 瓶が割れる. **Ⅱ** 依名 〔병의 수로 양을 헤아리는 말〕 本. ¶맥주 한 ～ 갖다 주세요 ビール1本持ってきてください.
병가[1]〔兵家〕 名 兵家. 兵法者.
병가상사〔―常事〕 名 (勝敗は)兵家の常.
병가[2]〔病家〕 名 病家. 患家.
병가[3]〔病暇〕 名 病気休暇.
병간호〔病看護〕 名 하自他 看病.
병객〔病客〕 名 **1** 〔'포병객'의 준말〕 持病持ち. **2** 病人.
병거〔兵車〕 名 兵車.
병결〔病缺〕 名 하自 病欠.
병고[1]〔病苦〕 名 病苦. ¶～에 시달리다 病苦にさいなまれる / ～를 이겨내다 病苦に打ち克つ.
병고[2]〔病故〕 名 病気にかかること.
병골〔病骨〕 名 病弱な体. 病弱な人.
병과[1]〔兵科〕 名〔軍〕 **1** 兵科〈軍務の種別〉. **2** 直接戦闘に従事する兵種.
병과[2]〔倂科〕 名 하他〔法〕 併科. 二つ以上の刑を同時に科すること.
병구〔病軀〕 名 病軀. 病気の体. ¶～를 이끌고 참석하다 病軀をおして出席する.
병구완〔病―〕 名 하他 看病. 介抱. 看護. ¶밤새도록 ～을 하다 夜通し看病をする.
병권〔兵權〕 名 〔'병마지권'의 준말〕 兵権.
병균〔病菌〕 名 病原菌.
병근〔病根〕 名 病根. **1** 病原. 病気の原因. **2** 悪習. 悪弊のもと. ¶사회의 ～을 없애다 社会の病根を絶つ.
병기[1]〔兵器〕 名〔軍〕 兵器. 武器. ¶～고 兵器庫 / 원자 ～ 核兵器 / ～학 兵器学.
병기창〔―廠〕 名〔軍〕 兵器廠.
병기[2]〔倂記〕 名 하他 併記. ¶양친의 이름을 ～하다 両親の名前を併記する.
병나다〔病―〕 自 **1** 病気になる. 患

う. **2** 故障する.
병나발〔瓶一〕 名 〈俗〉らっぱ飲み. ¶ ~을 불다 らっぱ飲みする.
병난〔兵難〕 名 兵難. 戦災.
병내다〔病一〕 他 〔'병나다'의 사동사〕 **1** 病を起こす. 病気にかからせる. **2** 故障を起こす.
병독〔病毒〕 名 病毒.
병동〔病棟〕 名 病棟. 病舎. ¶ 제2 ~ 第二病棟 / 격리 ~ 隔離病棟.
병들다〔病一〕 自 **1** 病気にかかる. 病む. **2** (精神を)患う. ¶ 마음이 병든 젊은이 心を病んでいる若者.
병따개〔瓶一〕 名 栓抜き.
병란〔兵亂〕 名 兵乱. 戦乱.
병략〔兵略〕 名 兵略. 軍略.
병량〔兵糧〕 名 兵糧. 軍糧.
병력1〔兵力〕 名 兵力. 戦闘力.
병력2〔病歷〕 名 病歴. ¶ ~에 따라 치료법이 달라진다 病歴によって治療法が違ってくる.
병렬〔竝列〕 名 하自他 〔電〕 並列. 反 直列 ¶ ~ 회로 並列回路 / ~로 늘어놓다 並列に並べる.
병리〔病理〕 名 病理. ¶ ~ 생리학[해부학] 病理生理学[解剖学].
병리학〔一學〕 名 〔醫〕 病理学.
병립〔竝立〕 名 하自 並立.
병마1〔兵馬〕 名 〔軍〕 兵馬.
병마지권〔一之權〕 名 兵馬の権. 統水権.
병마2〔病馬〕 名 病気にかかった馬.
병마3〔病魔〕 名 病魔. ¶ 오랫동안 ~에 시달리고 있다 長い間病魔に苦しめられている.
병마개〔瓶一〕 名 瓶の栓. ¶ 맥주 ~를 따다 ビール瓶の栓を抜く.
병명〔病名〕 名 病名. 病気の名.
병목〔瓶一〕 名 瓶の首.
병몰〔病沒〕 名 하自 病没. 病死.
병무〔兵務〕 名 兵務. 軍務.
병무 소집〔一召集〕 名 〔軍〕 現役を終えた者に対する再教育のための召集.
병무청〔一廳〕 名 〔法〕 国防部傘下機関の一つ〈徴集·召集など兵務に関する行政をつかさどる〉.
병반〔病斑〕 名 病気による斑点.
병발〔竝發〕 名 하自 併発. ¶ 여병이 ~하다 余病を併発する.
병법〔兵法〕 名 兵法. 軍学. 兵術. 兵学. ¶ ~에 능하다 兵法にたける.
병벽〔病癖〕 名 病癖. 病的な癖.
병비〔兵備〕 名 兵備. 武備. 軍備.
병사1〔兵士〕 名 〔軍〕 兵士.
병사2〔兵舍〕 名 〔軍〕 兵舎. 兵営.
병사3〔兵事〕 名 〔軍〕 兵事. 軍事.
병사4〔病死〕 名 하自 病死. 病没. ¶ 외지에서 ~하다 外地で病死する.
병사5〔病舍〕 名 病舎.
병살〔倂殺〕 名 (野球で)併殺. ダブルプレー. ゲッツー.
병상1〔病床〕 名 病床. ¶ ~에 누워 있다 病床に伏している.
병상2〔病狀〕 名 病状. ¶ ~이 악화되었다 病状が悪化した.
병색〔病色〕 名 病人の顔色. 病人のような顔色.
병서1〔兵書〕 名 兵書.
병서2〔竝書〕 名 하他 ハングルの子音を二つまたは三つ横に書き並べること.
병석〔病席〕 名 病床. 病席. ¶ ~에 누워 있다 病床にある.
병선〔兵船〕 名 兵船〈戦争用の船〉.
병설〔竝設〕 名 하他 併設. ¶ 대학에 연구소를 ~하였다 大学に研究所を併設した.
병세〔病勢〕 名 病勢. 病状. ¶ ~가 호전[악화]되다 病状が好転[悪化]する.
병소〔病巢〕 名 〔醫〕 病巣. ¶ ~를 제거하다 病巣を取り除く.
병술1〔丙戌〕 名 丙戌. ひのえいぬ. ▷육십갑자(六十甲子) 單語帳
병술2〔兵術〕 名 兵術. 戦術.
병술3〔瓶一〕 名 瓶詰めの酒.
병시중〔病一〕 名 하自他 看病. 病人の世話. ¶ ~을 들다 看病をする.
병신1〔丙申〕 名 丙申. ひのえさる. ▷육십갑자(六十甲子) 單語帳
병신2〔病身〕 名 **1** (心身)障害者. **2** 病身. 病軀. **3** ばか. 間抜け. あほう. **4** (器物の)傷物. 半端. ¶ 뚜껑이 없어 ~이 된 주발 ふたが無くて半端な鉢.
병신 구실 名 하自 ばかなまね. ばかげた行為.
병신성스럽다 形 あほらしい. ばからしい.
병실〔病室〕 名 病室.
병아리 名 **1** (鶏の)ひよこ. 雛. 雛鳥. **2** (身体·学問·技術など が)未熟な人. 青二才. 新米. ひよこ. ¶ 너 같은 햇~가 무슨 소릴 하느냐 君のような青二才が何を言うか.
병약〔病弱〕 名 하形 病弱. ¶ ~한 몸 病弱な身.
병어 名 〔動〕 真魚鰹.
병역〔兵役〕 名 兵役. ¶ ~ 기피 兵役忌避 / ~의 의무 兵役の義務.
병영〔兵營〕 名 兵営. 軍営.
병오〔丙午〕 名 丙午. ひのえうま. ▷육십갑자(六十甲子) 單語帳
병용〔竝用〕 名 하他 併用. ¶ 한글과 한자를 ~한 문장 ハングルと漢字を併用した文章.
병원1〔病院〕 名 病院. ¶ 종합 ~ 総合病院 / ~에 다니다 病院に通う.
병원선〔一船〕 名 病院船.

單語帳 **병원에 관한 말**

◆내과 内科 / 외과 外科 / 소아과 小児科 / 산부인과 産婦人科 / 안과 眼科 / 이비인후과 耳鼻咽喉科 / 비뇨기과 泌尿器科 / 피부과 皮膚科 / 정신과 精神科 / 성형외과 形成外科 / 정형외과 整形外科 / 방사선과 放射線科 / 치과 歯科.
◆대학 병원 大学病院 / 종합 병원 総合病院 / 의사 医者 / 간호사 看護士. 看護婦 / 약제사 薬剤士 / 입원 入院 / 퇴원 退院 / 수술 手術 / 검사 検査 / 면회 面会 / 병실 病室 / 재활 의

학 リハビリテーション/ 앰뷸런스[구급차] 救急車/ 한방의 韓方医/ 진찰(권) 診察(券)/ 치료(비) 治療(費)/ 침을 놓다 鍼を打つ/ 뜸을 놓다 灸を据える/ 처방하다 処方する/ 문병을 가다 見舞いに行く. ▷병(病) 單語帳

병원²〔病原〕 名 病原. 病因.
　병원균〔—菌〕 名 病原菌.
　병원체〔—體〕 名 病原体.
병유〔幷有〕 名 併有. 合わせ持つこと.
병인¹〔丙寅〕 名 丙寅. ひのえとら. ▷육십갑자(六十甲子) 單語帳
병인²〔病因〕 名 病因. 病気の原因. ¶ ~을 밝히다 病因を明らかにする.
병자¹〔丙子〕 名 丙子. ひのえね. ▷육십갑자(六十甲子) 單語帳
병자²〔病者〕 名 病人. 病者. ¶ ~를 위로하다 病人を見舞う.
병장〔兵長〕 名〔軍〕〔한국군의 병사 계급의 하나〕 兵長.
병적¹〔兵籍〕 名 兵籍.
　병적부〔—簿〕 名 兵籍簿.
병적²〔病的〕 冠名 病的. ¶ 그의 행동은 ~이다 彼の行動は病的だ.
병정〔兵丁〕 名 兵丁. 兵隊. 軍人.
　병정놀이 名 兵隊ごっこ.
병제〔兵制〕 名〔軍〕 兵制.
병조림〔瓶—〕 名 하他 瓶詰め.
병존〔竝存〕 名 하自 併存. ¶ 신구 세력의 ~ 新旧勢力の併存.
병졸〔兵卒〕 名〔軍〕 兵卒. 兵士. 兵.
병주머니〔病—〕 名 いろいろな病気を持っている人. ¶ 그는 ~다 彼はしょっちゅう病気をする.
병줄〔病—〕 名 長患い.
　◆**병줄을 놓다** 長患いから快復する.
병중〔病中〕 名 病中. 病気の間.
병증〔病症〕 名 病症. 病状. ¶ 특이한 ~을 보이다 特異な病症を現わす.
병진¹〔丙辰〕 名 丙辰. ひのえたつ. ▷육십갑자(六十甲子) 單語帳
병진²〔竝進〕 名 하自 並進.
병질〔病質〕 名 病質. 病性. 病気の性質.
병집〔病—〕 名 **1** 病巣. ¶ ~을 뽑아내다 病巣を摘出する. **2** 欠点. (深く身についた)悪い癖. ¶ 소심한 게 자네의 ~일세 気の小さいところが君の欠点だよ. **3** 故障の原因.
병참〔兵站〕 名〔軍〕 兵站. ¶ ~ 기지 兵站基地.
　병참선〔—線〕 名〔軍〕 兵站線.
병창〔竝唱〕 名 하他 楽器を演奏しながら自分でそれに合わせ歌うこと.
병추기〔病—〕 名 病弱な人.
병충해〔病蟲害〕 名 病虫害.
병치〔倂置〕 名 하他 併置.
병치레〔病—〕 名 病を患うこと. ¶ ~로 세월을 보내다 長い間病を患う.
병칭〔竝稱〕 名 하他 併称.
병탄〔竝呑〕 名 하他 併呑. ¶ 소국을 ~하다 小国を併呑する.
병태〔病態〕 名 病状.
병폐〔病弊〕 名 病弊. ¶ 그로 말미암은 ~가 심하다 それによる病弊がはなはだしい.
병풍〔屛風〕 名 屛風.
　병풍차〔—次〕 名 屛風に張りつける書画.
병학〔兵學〕 名 兵学. 軍学.
병합〔倂合〕 名 하他 併合. 合併. ¶ 대기업에 ~되다 大企業に併合される.
병해〔病害〕 名 病害. (病気による)農作物の被害. ¶ 올해는 ~가 심한 것 같다 今年は病害がひどいようだ.
병행〔竝行〕 名 하自他 並行. ¶ 두 가지를 ~하여 성취시키자 二つを並行してなし遂げよう.
병화¹〔兵火〕 名 兵火. 戦火. ¶ ~를 면한 마을 戦火を免れた村.
병화²〔兵禍〕 名 兵禍. 戦禍.
병환〔病患〕 名 〔'병'의 높임말〕 ご病気. ¶ 아버지께서는 ~으로 누워 계십니다 父は病気で寝ております.
병후〔病後〕 名 病後. 病み上がり.
볕 名 〔'햇볕'의 준말〕 日差し. 日の光. 日当たり. ¶ ~이 따갑다 日差しが強い/ 봄~이 좋다 春の日差しが柔らかだ.
볕들다 自 日が差す. 日が当たる.
보¹ 名 〔'들보'의 준말〕 梁.
보²〔洑〕 名〔農〕 **1** 堰. 井堰. ¶ ~를 트다[막다] 堰を切る[つくる]. **2** 〔'봇물'의 준말〕 井堰[井手]に溜まった水.
보³〔褓〕 名 **1** ふろしき. ¶ 식탁~ テーブルクロス. テーブル掛け. **2** (じゃんけんの)紙. パー. ▷가위바위보
보⁴〔步〕 依名 〔거리를 발걸음으로 재는 단위〕 歩. ¶ 오십 ~ 내지 백 ~ 50歩ないし100歩.
-보⁵ 接尾 〔무엇을 매우 즐기거나, 무엇의 정도가 심한 사람을 나타냄〕 …好き. ¶ 떡~ 餅好き/ 심술~ 意地悪/ 먹~ 食いしん坊/ 울~ 泣き虫.
-보⁶〔補〕 接尾 …補〈ある官職または職責の補佐官〉. ¶ 기사~ 技士補/ 차관~ 次官補.
보각〔補角〕 名〔數〕 補角.
보감〔寶鑑〕 名 宝鑑.
보강¹〔補強〕 名 하他 補強. ¶ 인원을 ~하다 人員を補強する/ 조직을 ~하다 組織を補強する.
보강²〔補講〕 名 하自他 補講. ¶ ~을 받다 補講を受ける.
보건〔保健〕 名 保健. ¶ ~ 행정 保健行政/ ~ 위생 保健衛生/ ~ 교육 保健教育.
　보건림〔—林〕 名 保健林.
　보건 복지부〔—福祉部〕 名 保健福祉部〈保健衛生と社会福祉に関する業務を管掌する〉.
　보건소〔—所〕 名 保健所.
　보건 체조〔—體操〕 名 健康維持・増進のための体操.
보검〔寶劍〕 名 宝剣. 宝刀.
보결〔補缺〕 名 하他 補欠. ¶ ~ 선거 補欠選挙/ ~ 시험 補欠試験/ ~로 들어가다 補欠で入る.
　보결생〔—生〕 名 補欠で選ばれた学生.

보고[1]〔報告〕 名 하他 報告. レポート. ¶중간 ～ 中間報告 / 사건의 경과를 ～하다 事件の経過を報告する.
보고 문학〔—文學〕 名〔文〕 記録文学.
보고서〔—書〕 名 報告書. レポート.
보고[2]〔寶庫〕 名 宝庫. ¶지식의 ～ 知識の宝庫 / 수산 자원의 ～ 水産資源の宝庫.
보고[3] 助〔'…에게'. '…더러'의 뜻을 나타냄〕…に. …に向かって. …に対して. ¶누가 너～ 가랬나? 誰がおまえに行けと言ったのか〈誰もお前に行けと言ったことはない〉.
보관[1]〔保管〕 名 하他 保管. 預ずること. ¶금고에 ～해 두다 金庫に保管しておく / 이것을 잠시 ～해 주세요 これをしばらく保管してください.
보관료〔—料〕 名 保管料.
보관증〔—證〕 名 保管証.
보관[2]〔寶冠〕 名 宝冠.
보교〔步轎〕 名 屋根があずまやのような形になっている輿の一種.
보교판〔補橋板〕 名 舟橋に渡す板.
보국〔報國〕 名 하自 報国. 国の恩に報いること.
보궐〔補闕〕 名 하他 補欠.
보궐 선거〔—選擧〕 名〔政〕 補欠選挙.
보균〔保菌〕 名 하自 保菌.
보균자〔—者〕 名 保菌者.
보그르르 副 하自 **1**〔소량의 액체가 끓어오르는 모양[소리]〕ぶつぶつ(と). ぶくぶく(と). ¶죽이 ～ 끓고 있다 粥がぶくぶく煮えている. **2**〔거품이 이는 모양〕ぶくぶく(と). ¶～ 거품이 일다 ぶくぶくと泡が立つ.
보글거리다[-대다] 自 **1** ふつふつと沸く. ¶주전자 물이 ～ やかんの湯がふつふつと沸く. **2** 泡がぶくぶく立つ. 泡立つ.
보글보글 副 하自 **1**〔소량의 액체가 끓는 모양〕ぶくぶく(と). ぐらぐら(と). **2**〔거품이 이는 모양〕ぶくぶく(と).
보금자리 名 **1** 巣. ねぐら. ¶제비가 ～를 짓다 燕が巣をかける. **2** (住み心地のよい)すみか. 家庭. ¶행복과 사랑의 ～ 幸福と愛情の巣.
보급[1]〔普及〕 名 하他 普及. ¶컴퓨터를 ～하다 コンピューターを普及する.
보급판〔—版〕 名 普及版.
보급[2]〔補給〕 名 하他 補給. ¶～ 기지 補給基地 / 식량 ～이 끊어졌다 食糧の補給が絶たれた.
보급선〔—線〕 名〔軍〕 補給線. 補給路.
보급품〔—品〕 名 補給品.
보기[1] 名〔'본보기'의 준말〕例. 見本. 手本. ¶～를 들다 例を挙げる.
보기[2]〔補氣〕 名 하自〔韓方〕 補気. 薬を飲んで元気を補うこと.
보기[3]〔寶器〕 名 宝器. 貴い器物.
보깨다 自 **1** (消化不良で)胃がもたれる. 苦しい. ¶떡을 과식하여 위가 ～ 餅を食べすぎて胃がもたれる. **2** (事がよくはかどらず)心が憂鬱になる. ¶일에 보깨어 정신이 없다 仕事で気がめいってぼうっとしている.
보꾹 名 屋根裏の天井.
보나마나 副 하形 見るまでもなく. 見なくとも. ¶～ 결과는 뻔하다 見るまでもなく結果は明らかだ.
보내기〔洑—〕 名〔農〕 (灌漑のために)水路をつくること.
보내기 번트〔—bunt〕 名 (野球の)送りバント.
보내다 他 **1** (物を)送る. 届ける. (手紙を)出す. 回す. ¶돈을 ～ お金を送る[送金する] / 편지를 ～ 手紙を出す / 항공편으로 보냈다 航空便で送った. **2** 供給する. 提供する. 送る. ¶전기[가스]를 ～ 電気[ガス]を送る. **3** (人を一定の場所へ)行かせる. 遣る. 遣わす. 通わせる. ¶아들을 군대에 ～ 息子を軍隊に入れる / 심부름을 보낸 사람이 아직 안 온다 使いにやった者がまだ帰ってこない / 애를 학교에 ～ 子供を学校に通わせる. **4** (人を)失う. 別れる. ¶젊은이를 교통 사고로 보내고 말았다 若者を交通事故で亡くしてしまった. **5**〔시집이나 장가를 보내다〕結婚させる. 縁組をさせる. ¶아들을 장가 ～ 息子に嫁を取らせる / 딸을 시집～ 娘を嫁にやる. **6** (時・歳月を)送る. 過ごす. ¶시골에서 어린 시절을 ～ 田舎で幼い時期を過ごす / 바닷가에서 휴가를 ～ 海辺で休暇を過ごす. **7** (合図などを)送る. ¶신호를 ～ 合図を送る / 선전한 선수들에게 박수를 ～ 善戦した選手たちに拍手を送る / 윙크[추파]를 ～ ウインクをする. **8** (視線を)向ける. 注ぐ. ¶문 쪽으로 시선을 ～ ドアの方に視線を注ぐ.
보너스〔bonus〕 名 ボーナス. 賞与.
보늬 名 渋皮. (栗などの)内皮.
보다[1] 他 見る. **1** 見る. 眺める. 目撃する. ¶이것 좀 보세요 これをちょっと見てください / 밤하늘의 별을 ～ 夜空の星を眺める / 범행을 ～ 犯行を目撃する. **2** 鑑賞する. 観覧する. ¶영화를 ～ 映画を見る / 그림을 보고 있는 사람 絵を鑑賞している人 / 연극을 ～ 演劇を観覧する. **3** 調べる. 診断する. ¶고장났는가를 잘 보세요 故障したのかよく調べてください / 손금을 ～ 手相をみる / 관상을 ～ 人相をみる. **4** (ようすなどを)見る. ¶남의 눈치만 본다 人の顔色ばかりうかがう / 기회를 보아 만나러 가겠네 機会を見て会いにいくよ. **5** 会う. 出会う. ¶자네를 보러 갔었네 君に会いに行ったんだよ. **6** (家などの)留守番をする. 守る. (子供の)お守りをする. ¶집을 ～ 留守番をする / 아이를 ～ 子守をする. **7** (仕事を)引き受ける. 処理する. 執る. ¶사무를 ～ 事務を執る / 좌담회에서 사회를 ～ 座談会で司会を引き受ける. **8** (子・孫・嫁・婿などを)得る. 迎える. ¶사위를 ～ 婿を迎える / 손자를 ～ 孫ができる / 며느리를 ～ 嫁を迎える. **9** (ある結果を)見る. 達する. ¶일의 끝장을 ～ 事の結末を見る / 겨우 합의를 ～ ようやく合意に達する. **10** (品物の値を)見積もる. つける. ¶값을 ～ 値をつ

ける. **11** (試験を)受ける. ¶ 입사 시험을 ～ 入社試験を受ける. **12** (損害·利益などを)受ける. こうむる. ¶ 천만 원의 손해를 ～ 1千万ウォンの損害を受ける / 혜택을 ～ 恩恵をこうむる. **13** (大小便を)する. ¶ 소변을 ～ 小便をする. **14** (市場で)買い物をする. ¶ 장(을) 보러 가자 市場へ買い物に行こう. **15** (味を)見る. 評価する. ¶ 김치 맛을 ～ キムチの味を見る. **16** (膳の)したくをする. ¶ 상을 ～ 膳立てをする. **17** けなす. ¶ 남의 흉을 ～ 他人の欠点をけなす.

◆**보란 듯이** これ見よがしに. 得意げに. 誇らしげに. ¶ ～ 치장을 하고 나서다 これ見よがしにおめかしして出かける.

◆**볼 낯이 없다** 合わせる顔がない. 面目ない. ¶ 어리석은 짓을 해서 볼 낯이 없다 ばかなことをして面目ない.

〔속담〕 **보기 좋은 떡이 먹기도 좋다** 見かけのよい餅は食べてもおいしい〈見かけのよい物は内容もよい〉.

보다² Ⅰ 補動 **1** 〔시험 삼아 하는 뜻을 나타냄〕…(して)みる. ¶ 읽어 ～ 読んでみる / 써 ～ 書いてみる / 잘 생각해 ～ よく考えてみる. **2** 〔경험함을 나타냄〕…(して)みる. ¶ 외국에 가 본 적이 있어요? 外国へ行ったことがありますか.

Ⅱ 補形 **1** 〔추측하는 뜻을 나타냄〕…のようだ. …らしい. …みたいだ. ¶ 집에 없는가 봐요 家にいないようです / 이 쪽이 더 좋은가 ～ こちらのほうがもっとよさそうだ / 어젯밤에 비가 왔나 ～ 昨夜雨が降ったらしい / 저 사람은 좀 지쳤는가 봐 あの人はちょっと疲れているみたいだ. **2** 〔막연히 의지를 나타냄〕…し(てみ)ようかな. ¶ 난 그만둘까 봐 私やめてしまおうかな.

보다³ Ⅰ 助 〔비교하는 대상을 나타냄〕…より(も). ¶ 해는 달～ 크다 太陽は月より大きい / 그 사람은 검약가라기 ～ 구두쇠다 彼は倹約家というよりけちん坊だ.

Ⅱ 副 より. なおいっそう. ¶ ～ 유리한 조건 より有利な条件 / ～ 나은 대우를 받다 よりよい待遇を受ける.

보다 못해 副 見るに見かねて. 耐えかねて. ¶ 하는 짓이 같잖아 ～ 야단을 쳤다 やることがひどいので見るに見かねて叱りつけた.

보답〔報答〕 名 하自他 報い. 恩返し. 報答. ¶ 부모의 은혜에 ～하다 父母の恩に報いる / 이토록 고생했는데 ～을 못 받았다 こんなにまで苦労したのに報われなかった.

보도¹〔步道〕 名 歩道. 人道. ¶ 횡단 ～ 横断歩道.

보도²〔報道〕 名 하他 報道. ¶ ～ 기관 報道機関 / ～ 관제 報道管制 / 이미 ～된 바와 같이 すでに報道されたように.

보도진〔一陣〕 名 報道陣.

보도³〔輔導〕 名 하他 補導. ¶ 가출 소년을 ～하다 家出の少年を補導する.

보도⁴〔寶刀〕 名 宝刀. 宝剣. ¶ 전가의 ～ 伝家の宝刀.

보동보동 副 하形 ふっくら(と). むっちり(と). 丸々(と). ¶ ～ 살찐 젖먹이 丸々(と)太った赤ちゃん.

보드득 副 하自他 **1** 〔단단한 물건을 비빌 때 나는 소리〕きゅっと. ぎりぎり. ¶ 이를 ～ 갈다 きゅっと歯がみをする. **2** 〔무른 변을 눌 때 나는 소리〕ぴちぴち(と).

보드득거리다[-대다] 自他 しきりにきゅっきゅっと音がする.

보드득보드득 副 하自他 ¶ 눈을 밟을 때마다 ～ 소리가 난다 雪を踏むたびにきゅっきゅっと音がする.

보드랍다 形 **1** (触れた感じが)柔らかい. なよやかだ. ¶ 보드라운 봄바람 穏やかな春風 / 이 비단은 무척 ～ この絹はとても柔らかい. **2** (粉·砂などの)目が細かい. さらさらしている. ¶ 보드라운 흙 目が細かい土. **3** (気立て·態度が)やさしい. ＜부드럽다

보드레하다 形 とても柔らかそうに見える. ¶ 보드레한 우단 とても柔らかそうなビロード.

보득솔 名 丈が低く枝の多い松.

보들보들하다 形 滑らかだ. 柔らかだ. しなやかだ. ¶ 보들보들한 아기의 살결 滑らかな赤ん坊の肌 / 보들보들한 손가락 しなやかな指.

보디〔body〕 名 ボディー. ¶ ～가드 ボディーガード.

보디빌딩〔—building〕 名〔體〕 ボディービルディング. ボディービル.

보따리〔褓一〕 Ⅰ 名 ふろしき包み. 包み. くるみ. ¶ 옷 ～ 服の包み / ～를 끄르다 包みをほどく.

Ⅱ 依名 〔보자기에 꾸린 뭉치를 세는 말〕包み. ¶ 두 ～의 책 二包みの本.

◆**보따리를 싸다** ① 包みをくるむ. ふろしきを包む. ② 関係している事から手を引く. 職場を辞める. 店を畳む.

보따리장수 名 (ふろしき包みを担いで売り歩く)行商人.

보라 名 紫. 紫色.

보라색〔一色〕 名 紫色.

보라매 名〔動〕 その年にかえしたひなを慣らした狩猟用の鷹.

보람 名 하自 **1** (行為に値するだけの)しるし. 甲斐. 効き目. 効果. 値打ち. ¶ 약 쓴 ～이 나타났다 薬の効果が現われてきた / 을러댄 ～이 있다 おどかした効き目がある / 일에 ～을 느끼다 仕事にやり甲斐を感じる / 애쓴 ～이 없다 苦労した甲斐がない. **2** (忘れないように, または区別するための)標識. 目印. 印.

보람 없다 形 (やり)甲斐がない. 効き目がない. ¶ 아무 보람 없는 일 まるでやり甲斐のない仕事. **보람 없이** 副 甲斐なく.

보람차다 形 (やり)甲斐がある. 張り合いがある. ¶ 보람찬 나날을 보내다 張り合いのある日々を送る.

보로통하다 形 **1** 腫れている. 膨らんでいる. ¶ 얼굴이 보로통해지다 顔が腫れている. **2** (癪に障って)膨れている. むくれている. 機嫌が悪い. むっとしている. ¶ 보로통해서 입을 삐죽거리다 膨れて口をとがらせる. **보로통히** 副 不

機嫌に. ぷんと. むっと.

보료 名 (綿や毛などを入れたぶ厚い)敷物.

보루〔堡壘〕名 堡塁. とりで. ¶ 민주주의 ～ 民主主義の堡塁.

보류〔保留〕名 하他 保留. ¶ 예산 집행을 ～하다 予算の執行を保留する/내달까지 ～한다 来月までお預けだ.

보르르 副 하他 **1**〔몸을 떠는 모양〕ぶるぶる(と). **2**〔가볍게 불이 타오르는 모양〕めらめら(と). ¶ 나뭇개비가 ～ 타다 棒切れがめらめら(と)燃える. **3**〔적은 물이 끓어오르는 모양[소리]〕くらくら(と). ふつふつ(と). ¶ 더운물이 ～ 끓고 있다 湯がふつふつとたぎっている.

보름 名 **1** 15日間. **2**〔'보름날'의 준말〕(陰暦で)15日. ¶ 정월 ～ 正月15日.

보름날 名 (陰暦で)15日.

보름달 名 満月. 十五夜の月.

보름차례〔—茶禮〕名 陰暦の15日に家の祠堂にあげる祭礼.

보리 名〔植〕麦. 大麦. ¶ ～ 파종 麦の種まき/～ 찧기 麦搗き.

보리깜부기 名 麦の黒穂.

보리등겨 名 麦ぬか.

보리밟기 名 하自〔農〕麦踏み.

보리밥 名 麦飯.

보리밭 名 麦畑.

보리술 名 麦でつくった酒.

보리쌀 名 精麦. 精白した麦.

보리차〔—茶〕名 麦茶. 麦湯.

보리타작〔—打作〕名 하自 **1**〔農〕麦落とし. 麦打ち. **2**〈俗〉むちでひどく打たれること.

보리피리 名 麦笛.

보릿가루 名 麦粉.

보릿가을 名 **1** 麦秋. 麦の熟するころ. **2** 麦の取り入れ.

보릿겨 名 麦の小ぬか.

보릿고개 名 農家の食糧事情が悪化する春の端境期.

보릿대 名 麦わら. 麦幹.

보릿자루 名 麦俵.

보릿짚 名 麦わら.

보리문〔菩提門〕名〔佛〕仏道. 菩提に入る門.

보리바둑 名 でたらめに打つ碁. へぼ碁.

보리새우 名〔動〕車海老.

보리수〔菩提樹〕名 **1**〔佛〕菩提樹〈釈迦がその下で悟りを開いたという木〉. **2**〔植〕菩提樹.

보리심〔菩提心〕名〔佛〕菩提心〈悟りを得ようと努める心〉.

보링〔boring〕名 ボーリング. **1** 試錐. **2** 穿孔.

보막이〔洑—〕名 하自〔農〕堰をつくる[修理する]こと.

보매 副 一見. ふと見ると. 見たところ. ¶ ～ 정직한 사람 같다 見たところ正直な人のようだ.

보모〔保姆〕名 保母.

보무〔步武〕名 歩武. 足どり. あゆみ. ¶ ～당당 歩武堂々〈足どりが堂々としていること〉.

보무라지 名 (紙·布などの)端切れ. 紙[布]くず. ¶ 실 ～ 糸くず.

보물〔寶物〕名 宝物. 宝. 財宝. ¶ 다시없는 소중한 ～ かけがえのない大切な宝.

보배 名 宝. 貴重品. 財宝. ¶ 어린이는 나라의 ～다 子供は国の宝だ.

보배롭다 形 重宝だ. 非常に貴重だ. ¶ 보배로운 물건 貴重な品物. **보배로이** 副 とても大切に.

보병〔步兵〕名〔軍〕歩兵.

보병대〔—隊〕名〔軍〕歩兵隊.

보병총〔—銃〕名〔軍〕歩兵銃.

보복〔報復〕名 하自 報復. 仕返し. 敵討ち. ¶ ～ 관세 報復関税/반드시 ～하겠다 必ず仕返しをしてやる.

보본〔補本〕名 하他 損失した元金を補うこと.

보부상〔褓負商〕名〔史〕行商人.

보비〔補肥〕名 하自 補肥. 追肥.

보비리 名 けちんぼう. しみったれ.

보빈〔bobbin〕名 ボビン. **1** 紡織用具の一つ〈整理用の糸巻き〉. **2** 電線を巻いてコイルや抵抗器を作る筒. **3** ミシンの下糸を巻く金具.

보뺄목 名〔建〕柱を貫いて突き出た梁の先.

보삭보삭 副 하形 **1** ばさばさしてつぶれやすいようす. **2** 肌が少し腫れているようす.

보살〔菩薩〕名〔佛〕**1** 菩薩. **2** 老いた女性信徒の尊敬語. **3** 高僧の尊敬語. **4** 占い師の別称.

보살승〔—乘〕名〔佛〕菩薩乗.

보살탑〔—塔〕名〔佛〕菩薩塔.

보살할미 名 剃髪しない尼.

보살감투 名 豚の胃袋についた肉.

보살피다 他 面倒をみる. 世話をする. 見守る. ¶ 환자를 ～ 患者の世話をする/부상자를 ～ 負傷者の面倒をみる.

보상[1]〔報償〕名 하他 報償. 償い. 借りを返すこと. ¶ ～금 報償金/아무런 ～도 없다 何の報償もない.

보상[2]〔補償〕名 하自他 補償. 償い. ¶ 피해를 ～하다 被害を補償する.

보색〔補色〕名 **1**〔美〕補色. 余色. **2**〔心〕ある色の消極的な残像として現われる色.

보석[1]〔步石〕名 **1** 飛び石. 踏み石. **2** 石段.

보석[2]〔保釋〕名 하他〔法〕保釈.

보석금〔—金〕名 保釈金.

보석[3]〔寶石〕名 宝石. 宝玉. 玉.

보석 반지〔—半指〕名 宝石の指輪.

보석상〔—商〕名 宝石商.

보선[1]〔保線〕名 하自 保線. 線路を保全すること.

보선공〔—工〕名 保線工.

보선[2]〔普選〕名 普通選挙. 普選.

보선[3]〔補選〕名 補欠選挙. 補選.

보선[4]〔補繕〕名 하他 補修.

보세〔保稅〕名 保税. ¶ ～ 창고[화물] 保税倉庫[貨物].

보세 가공〔—加工〕名 保税加工. ¶ ～ 무역 保税加工貿易.

보세 구역〔—區域〕名 保税区域.

보송보송 副 하形 **1**〔물기가 없는 모양〕かさかさ. ぱさぱさ. ¶ 빨래가 ～하게 마르다 洗濯物がかさかさに乾く. **2** 〔살결 등이 곱고 보드라운 모양〕すべすべ. ¶얼굴의 피부가 ~하다 顔の皮膚がすべすべしている.
보수¹〔步數〕名 歩数. ¶~를 재어 보다 歩数を数えてみる.
보수²〔保手〕名〔'보증 수표'의 준말〕保証小切手.
보수³〔保守〕名 하他 保守. ¶~주의[세력] 保守主義[勢力].
보수당〔一黨〕名〔政〕保守党.
보수적〔一的〕冠名 保守的.
보수파〔一派〕名 保守派.
보수⁴〔補修〕名 하他 補修. 手いれ. ¶둑의 ~ 공사 堤防の補修工事.
보수⁵〔報酬〕名 하自 報酬. お礼. 報い. 返礼. ¶~를 지불하다 報酬を支払う / ~는 두둑이 주마 お礼はうんとはずもう.
보스〔boss〕名 ボス. 親分.
보슬보슬 副〔눈·비가 내리는 모양〕しとしと(と). さらさら(と). ¶~ 내리는 가랑비 しとしとと降る小雨.
보슬비 名 小雨. 細雨. 小糠雨.
보습¹ 名〔農〕犂先. 犂のへら.
보습²〔補習〕名 하他 補習. ¶~ 교육 補習教育.
보습살 名 牛の臀部の肉.
보시〔布施〕名 하他〔佛〕布施.
보시기 名 (漬物などを盛る)陶器の小鉢.
보신¹〔保身〕名 하自 保身.
보신용〔一用〕名 保身用. 護身用.
보신²〔補身〕名 하自 補薬·栄養剤などを食べて身体を強健にすること.
보신탕〔一湯〕名 強壮の効力がある肉のスープ〈犬肉のスープ〉.
보신³〔補腎〕名 하自 補薬を服用して精力を補うこと.
보쌈〔褓一〕名 **1**〔民俗〕昔, 名門の娘が二人以上の夫に仕える運勢にあるとき, 厄よけとして未婚の男性を袋詰めにして誘拐し, 一夜床を共にさせたのち殺したこと. **2** 不意に誰かにさらわれること.
보쌈김치〔褓一〕名〔料理〕ポサムキムチ〈塩漬けした白菜に薬味を入れて葉でくるんで漬けたキムチ〉.
보아주다 他 大目にみる. 見逃す. 目をつぶる. ¶이번만 보아주십시오 今度だけ大目にみてください.
보아하니 副 見たところ. 察するに. 一見するところ. 思うに. ¶~ 아직은 환갑 전인 것 같다 見たところまだ還暦を迎えていないようだ.
보안¹〔保安〕名 하他 保安. ¶~ 조치 保安処置.
보안 경찰〔一警察〕名〔法〕保安警察.
보안관〔一官〕名 保安官.
보안등〔一燈〕名 保安灯.
보안림〔一林〕名 保安林.
보안 처분〔一處分〕名 保安処分.
보안²〔保眼〕名 하自 目を保護すること.
보약〔補藥〕名 補薬. 強壮剤.
보양¹〔保養〕名 하他 保養. 養生.
보양지〔一地〕名 保養地.
보양²〔補陽〕名 하自 薬で男性の精力を養うこと.
보얗다 形 かすんでいる. (ほこりなどで)白っぽくなっている. ぼやけている. ¶산이 안개로 보얗게 보인다 山が霧でぼんやりとかすんで見える / 책상에 먼지가 보얗게 앉다 机にほこりが白っぽくたまる.
보얘지다 自 かすむ. ぼやける. ぼんやりする. ¶유리창이 입김으로 ~ 窓ガラスが息で曇る.
보어〔補語〕名〔言〕補語.
보옥〔寶玉〕名 宝玉. 宝石.
보온〔保溫〕名 하自 保温.
보온병〔一瓶〕名 魔法瓶.
보온성〔一性〕名 保温性. ¶~이 뛰어난 방한복 保温性の優れた防寒服.
보온재〔一材〕名〔建〕保温材. 断熱材.
보완〔補完〕名 하他 補完. 増補. ¶교과서의 내용을 ~하다 教科書の内容を補完する.
보우〔保佑〕名 하他 補佑. 補助.
보위¹〔保衛〕名 하他 保衛. 保護し防衛すること. ¶국가를 ~하다 国家を保衛する.
보위²〔寶位〕名 宝位. 帝王の位.
보유¹〔保有〕名 하他 保有. ¶~량 保有量 / 핵 ~국 核保有国.
보유²〔補遺〕名 하他 補遺.
보유스름하다[-스레하다] 形 乳色がかっている. うっすらと白みがかっている.
보육〔保育〕名 하他 保育.
보육원〔一院〕名 孤児院.
보은〔報恩〕名 하自 報恩. 恩返し.
보음〔補陰〕名 하自〔韓方〕補薬で体の陰気を増強すること.
보이다 Ⅰ 自 **1**〔'보다'의 피동사〕目に入る. 目にとまる. (目に)見える. ¶눈에 ~ 目に見える / 이 방에선 바다가 잘 보인다 この部屋からは海がよく見える / 앞날이 ~ 前途が見える / 눈치가 ~ いやがる気色が見える. **2**〔'-게 보이다, -로[으로]·-아[-어]로 보이다, -처럼 보이다'의 꼴로〕…のように見える. …のように思われる. …(して)みせる. ¶얌전해 ~ しとやかに見える / 언제나 젊어 보인다 いつも若く見える / 만족한 것처럼 보인다 満足したように思われる.
Ⅱ 他 **1**〔'보다'의 사동사〕見せる. 示す. ¶선을 ~ お目見えさせる. 見合いをさせる / 적당한 예를 ~ 適当な例を見せる / 증명서를 ~ 証明書を見せる. **2**〔알아볼 수 있게 드러내다〕示す. ¶감소 추세를 ~ 減少の趨勢を示す / 관심을 ~ 関心を示す.
보이콧〔boycott〕名 하他〔社〕ボイコット. **1** 排斥. **2** 不買同盟.
보일락말락 副 하形〔보일 듯 하면서도 잘 안 보이는 모양〕ちらちら(と). ¶~하게 높이 떠 가는 비행기 見え隠れしながら高く飛んで行く飛行機.
보일러〔boiler〕名〔工〕ボイラー. 汽缶.
보일보〔步一步〕副 歩一歩. 一歩一歩. 少しずつ. ¶~ 발전하다 徐々に発展する.
보임〔補任〕名 하他 補任. 職責を

与え官に任じること.

보자기〔褓—〕 名 ふろしき. ¶ 책을 ~로 싸다 本をふろしきで包む.

보잘것없다 形 **1** 見るべき価値がない. 取るに足りない. つまらない. ¶ 읽어보니 보잘것없는 책이다 読んでみたがつまらない本だ. **2** 醜い. さえない. 物足りない. ¶ 솔직히 말해서 인물이 ~ 率直に言って人物が物足りない / 보잘것없는 사나이 さえない男. **보잘것없이** 副 **1** 見るべき価値がなく. つまらなく. **2** 物足りなく.

보장〔保障〕 名 하他 保障. ¶ 안전 ~ 安全保障 / 자유를 ~하다 自由を保障する.

보장점령〔—占領〕 名〔軍〕保障占領.

보쟁기 名〔農〕先に刃をつけた鋤.

보전[1]〔保全〕 名 하他 保全. ¶ 영토의 ~ 領土の保全 / 몸을 ~하다 身を守る.

보전 처분〔—處分〕 名 하他〔法〕保全処分.

보전[2]〔補塡〕 名 하他 補填. ¶ 적자를 ~하다 赤字を補填する.

보전[3]〔寶典〕 名 宝典. 貴重な法典[本].

보정〔補正〕 名 하他 補正. ¶ ~ 예산 補正予算 / 결함을 ~하다 欠陥を補正する.

보제〔補劑〕 名 **1** 補薬. **2** 補剤.

보조[1]〔步調〕 名 歩調. 足並み. ¶ ~를 맞추어 행진하다 歩調を合わせて行進する.

보조[2]〔補助〕 名 하他 補助.

보조금〔—金〕 名 補助金.

보조 기관〔—機關〕 名 補助機関.

보조 단위〔—單位〕 名〔數〕補助単位.

보조 동사〔—動詞〕 名〔言〕 補助動詞.

보조비〔—費〕 名 補助費.

보조사〔—詞〕 名 特殊助詞.

보조원〔—員〕 名 補助員.

보조 형용사〔—形容詞〕 名〔言〕動詞·形容詞に付いて補助的に用いられる形容詞.

보조 화폐〔—貨幣〕 名〔經〕 補助貨幣.

보조개 名 えくぼ. ¶ ~가 귀여운 처녀 えくぼが愛らしい娘.

보족〔補足〕 名 하他 補足.

보존〔保存〕 名 하他 保存. ¶ 유적이 잘 ~되어 있다 遺跡がよく保存されている.

보존 등기〔—登記〕 名〔法〕保存登記.

보존림〔—林〕 名 保安林.

보존 혈액〔—血液〕 名〔醫〕保存血液.

보좌〔補佐·輔佐〕 名 하他 補佐. ¶ ~인 補佐人.

보좌관〔—官〕 名 補佐官.

보주[1]〔補註〕 名 하他 補注.

보주[2]〔寶珠〕 名 宝珠. **1** 宝玉. **2** 〔佛〕 宝珠の玉. **3** 如意宝珠. **4** 〔建〕 塔など九輪の頂上にのせる玉模様の飾り.

보증〔保證〕 名 하他 保証. ¶ ~인 保証人 / 신원을 ~하다 身元を保証する. ◆**보증을 서다** 保証する. 保証人になる.

보증금〔—金〕 名 保証金.

보증 대출〔—貸出〕 名〔經〕保証貸付.

보증서〔—書〕 名 保証書.

보증 수표〔—手票〕 名〔經〕 保証小切手.

보지[1]〔保持〕 名 하他 保持. ¶ 선수권 ~자 選手権保持者 / 제일인자의 지위를 ~하다 第一人者の地位を保持する.

보지[2]〔報知〕 名 하他 報知. 通知.

보지락 依名〔강우량을 헤아리는 단위〕 雨水が土中に染み込んだ深さが, ちょうど鋤の先が入り込む程度.

보직〔補職〕 名 하他 補職.

보짱 名 肝っ玉. 腹. ¶ ~이 크다 肝っ玉が太い.

보채다 自 **1** 〔아이가 칭얼거리다〕 うるさくむずかる. ¶ 젖먹이가 한참 ~ 赤ん坊がひとしきりむずかる. **2** 〔조르다〕 うるさくねだる. せがむ. ¶ 허락을 해 달라고 ~ 許しをくれといってうるさくせがむ. 〔속담〕 **보채는 아이 밥 한 술 더 준다** むずかる子供にもう一さじご飯をやる〈ごね得〉.

보철〔補綴〕 名 하他 **1** 補綴. **2** 〔醫〕 補綴.

보첩〔譜牒〕 名 族譜. 譜牒.

보청기〔補聽器〕 名〔醫〕補聴器.

보초〔步哨〕 名〔軍〕 歩哨. 哨兵. ¶ 성벽에 ~를 세우다 城壁に歩哨を立てる.

보초병〔—兵〕 名〔軍〕 歩哨兵.

보초선〔—線〕 名〔軍〕 歩哨線.

보추 名 進取性. ¶ ~ 없다 進取の気性がない.

보충〔補充〕 名 하他 補充. 補うこと. ¶ ~ 설명 補充説明 / 모자라는 인원을 ~하다 足りない人員を補充する.

보충대〔—隊〕 名〔軍〕 補充隊.

보충병〔—兵〕 名〔軍〕 補充兵.

보충 수업〔—授業〕 名 補充授業.

보충 판결〔—判決〕 名〔法〕補充判決.

보칙〔補則〕 名〔法〕補則.

보컬〔vocal〕 名 ボーカル. 声楽. ¶ ~ 그룹 ボーカルグループ.

보탑〔寶塔〕 名 宝塔.

보태기 名〔數〕足し算. 加法.

보태다 他 **1** 足す. 加える. ¶ 둘에 다섯을 보태면 일곱이 된다 2に5を足すと7になる. **2** (不足を)補う. 補充する. ¶ 학비에 보태어 써라 学費の足しに使いなさい.

보토〔補土〕 名 하他 くぼんだ所などに土を補充すること.

보통〔普通〕 **I** 名 普通. 並み. ¶ ~ 예금 普通預金 / ~ 일이 아닌 것 같다 ただ事でないようだ.

II 副 ふつう. 通常. 一般的に. ¶ ~ 하루 두 시간씩 책을 읽는다 通常1日に2時間ずつ本を読む.

보통 교육〔—教育〕 名 普通教育.

보통내기 名 ただ者. 並の人. 普通の人. ¶ 그는 ~가 아니다 彼はただ者ではない.

보통 명사〔—名詞〕 名〔言〕普通名詞.

보통 선거〔—選擧〕 名〔政〕 普通選挙.

보통세〔—稅〕 名 普通税.

보통 우편〔—郵便〕 名〔經〕普通郵便.

보통 은행〔—銀行〕 名〔經〕普通銀行.

보통주〔一株〕 名〔經〕 普通株.
보퉁이〔褓—〕 名 包み. ふろしき包み. ¶ ~를 머리에 인 아낙네들 包みを頭に載せた女たち.
보트〔boat〕 名 ボート.
보편〔普遍〕 名 普遍. ¶ ~의 원리 普遍の原理.
보편성〔一性〕 名 普遍性. 一般性. ¶ ~이 있는 논리 普遍性のある論理.
보편적〔一的〕 冠 名 普遍的. ¶ ~인 진리 普遍的な真理.
보편주의〔一主義〕 名〔哲〕 普遍主義.
보편타당성〔一妥當性〕 名〔哲〕 普遍妥当性.
보편화〔一化〕 名 하自他 普遍化. ¶ 새로운 영농 방법이 ~되고 있다 新しい営農方法が普及している.
보폭〔步幅〕 名 歩幅. コンパス.
보표〔譜表〕 名〔樂〕 譜表. 五線譜.
보푸라기 名 毛羽(の一つ一つ). ¶ ~가 일다 毛羽が立つ.
보풀 名 毛羽. けばけば. ¶ ~이 일어서 보기 흉한 스웨터 毛羽立ってみっともないセーター.
보풀명주〔一明紬〕 名 繭糸の屑で織った絹織物.
보풀다 自 毛羽立つ.
보풀리다 他 毛羽立てる. 毛羽立たせる.
보풀보풀 副 하形 〔보풀이 잘게 일어난 모양〕 けばけば(と). もじゃもじゃ(と). ¶ ~한 털이 많은 모직 옷감 けばけばして毛の多い毛織物.
보필[1]〔補筆〕 名 하他 補筆. 加筆. ¶ 논문을 ~하다 論文を補筆する.
보필[2]〔輔弼〕 名 하他 輔弼. 王·君主などの施政を補佐すること.
보하다〔補—〕 하自他 **1** (栄養の豊かな食物とか補薬を食べて)元気づける. 健康を増進させる. **2** (職に)任ずる. 補する. ¶ 사무관에 ~ 事務官に補する.
보합[1]〔步合〕 名 歩合. 割合.
보합산〔一算〕 名〔數〕 歩合算.
보합[2]〔保合〕 名〔經〕 持ち合い. 横ばい.
보합세〔一勢〕 名〔經〕 持ち合い相場.
보행〔步行〕 名 하自 **1** 歩行. ¶ ~자 歩行者. **2** 遠方への急ぎの使い. 飛脚.
보행기〔一器〕 名 歩行器.
보험〔保險〕 名 保険. ¶ ~ 계약[증서] 保険契約[証書] / 생명 ~ 生命保険 / ~에 들다[가입하다] 保険に入る[加入する].
보험 가격〔一價格〕 名〔經〕 保険価格.
보험금〔一金〕 名 保険金.
보험료〔一料〕 名 保険料.
보험 약관〔一約款〕 名〔經〕 保険約款.
보험자〔一者〕 名 保険者.
보험 증권〔一證券〕 名〔經〕 保険証券.
보험 회사〔一會社〕 名 保険会社.
보헤미안〔Bohemian〕 名 ボヘミアン.
보혈〔補血〕 名 하自〔韓方〕 補血. ¶ ~제 補血剤.
보호〔保護〕 名 하他 保護. ¶ ~ 조약 保護条約 / ~ 관세[무역] 保護関税[貿易] / 미아를 ~하다 迷子を保護する.
보호국〔一國〕 名 保護国.
보호림〔一林〕 名 保護林.
보호색〔一色〕 名〔生〕 保護色.
보호조〔一鳥〕 名〔動〕 保護鳥. 禁鳥.
보호 처분〔一處分〕 名〔法〕 保護処分.
보화〔寶貨〕 名 宝物·宝物.
복[1] 名〔動〕 河豚. ¶ ~요리 河豚料理.
복[2]〔伏〕 名 〔'복날'의 준말〕 伏日.
복[3]〔服〕 名 **1** 〔'복제'의 준말〕 服制. **2** 喪服.
복[4]〔福〕 名 **1** 福. 幸福. 幸い. 幸せ. ¶ ~이 많은[없는] 사람 福が多い[ない]人 / ~을 받다 福を受ける. **2** (ある物事に)恵まれていること. ¶ 돈 ~ 있는 사람 お金に恵まれた人.
복-[5]〔複〕 接頭 複…. ¶ ~선 複線 / ~식 複式 / ~수 複数.
복각〔復刻〕 名 하他 覆刻. 復刻.
복각본〔一本〕 名〔印〕 覆刻本.
복간〔復刊〕 名 하他 復刊. ¶ 잡지를[신문을] ~하다 雑誌[新聞]を復刊する.
복강〔腹腔〕 名〔生〕 腹腔.
복강 동맥〔一動脈〕 名〔生〕 腹腔動脈.
복개〔覆蓋〕 名 하他 **1** 蓋. 覆い. **2** (溝などに)蓋をすること. 覆いかぶせること. ¶ 도랑을 ~하다 (コンクリートなどで)溝を覆いかぶせる.
복건〔幅巾〕 名 男の子が初誕生の祝い·節日などにかぶる頭巾.
복걸〔伏乞〕 名 하他 伏して請うこと. ねんごろに乞い願うこと.
복계〔復啓〕 名 復啓. 拝復(返信の冒頭に書く語).
복고〔復古〕 名 하他 復古. ¶ ~주의 復古主義 / 왕정 ~ 王政復古.
복고조〔一調〕 名 復古調. ¶ ~의 노래 復古調の歌.
복교〔復校〕 名 하自 復学. 復校.
복구〔復舊〕 名 하他 復旧. ¶ ~ 작업[공사] 復旧作業[工事] / 철도를 ~하다 鉄道を復旧する / 원상태로 ~하다 元の状態に復旧する.
복권[1]〔復權〕 名 하自他〔法〕 復権. ¶ 특별 사면에 의해 ~하다 恩赦によって復権する.
복권[2]〔福券〕 名 宝くじ. 富くじ. 富札. ¶ ~이 당첨되다 宝くじが当たる.
복귀〔復歸〕 名 하自 復帰. ¶ 현역으로 ~하다 現役に復帰する.
복근〔腹筋〕 名〔生〕 腹筋.
복날〔伏一〕 名 伏日. 三伏の日.
복년〔卜年〕 名 (うらなって定まった年の意で)王朝の運命.
복놀이〔伏一〕 名 하自 伏日に肉類を煮て食べながら遊ぶこと.
복닥거리다〔-대다〕 自 わいわい騒ぐ. ごった返す. 混雑する. ¶ 복닥거리는 시내를 벗어나다 混雑している市内を抜け出す.
복닥복닥 副 하自 〔많은 사람이 뒤끓는 모양〕 ごたごた(と). ごちゃごちゃ(と).
복달임〔伏一〕 名 하自 **1** 伏日あたりの酷暑の時節. 真夏. **2** 〔民俗〕 伏

日に夏負けしないように肉類を煮て食べること.

복당〔復黨〕 名 하自 復党.

복대〔腹帶〕 名 腹帯. 岩田帯. ¶～를 감다 腹帯を締める.

복대기다 自 1 (大勢の人が)込み合う. ごった返す. ざわめく. ¶복대기는 장터[역전] ごった返している市場[駅頭]. 2 (仕事などに)せき立てられる. 3 (客などが)押し寄せる.

복대기치다 自 目が回るほどひどく込み合う. ごった返す.

복더위〔伏―〕 名 〔'삼복더위'의 준말〕 三伏の暑さ.

복덕방〔福德房〕 名 不動産屋. (家屋などの)仲介をするところ.

복도〔複道〕 名 廊下. 渡り廊下.

복되다〔福―〕 形 (福を受けて)幸福で楽しい. 恵まれている. ¶복된 가정을 꾸리다 楽しい家庭を築く.

복띠〔服―〕 名 (かつて)喪服に用いた麻の帯.

복락〔福樂〕 名 幸福と安楽.

복력〔福力〕 名 福を享有する力.

복록〔福祿〕 名 福禄. 幸福.

복룡〔伏龍〕 名 伏竜.

복리[1]〔福利〕 名 福利. ¶～ 증진에 기여하다 福利増進に寄与する.

복리 사업〔―事業〕 名 福利事業.

복리 시설〔―施設〕 名 福利施設.

복리[2]〔複利〕 名〔經〕 複利.

복리법〔―法〕 名〔經〕 複利法.

복리표〔―表〕 名〔經〕〔數〕 複利表.

복마전〔伏魔殿〕 名 伏魔殿.

복막〔腹膜〕 名〔生〕 腹膜.

복막염〔―炎〕 名〔醫〕 腹膜炎.

복막 임신〔―妊娠〕 名〔醫〕 腹膜妊娠.

복망〔伏望〕 名 하他 伏して請うこと.

복면〔覆面〕 名 하自 覆面. ¶～을 벗기다 覆面をはぐ/～한 강도 覆面をした強盗.

복멸〔覆滅〕 名 하自他 覆滅. ¶적의 함대를 ～하다 敵の艦隊を覆滅する.

복명〔復命〕 名 하自他 復命. 報命.

복명복창〔―復唱〕 名 하他 復命復唱.

복명서〔―書〕 名 復命書.

복모〔伏慕〕 名 하他 目上の人をうやまい慕うこと.

복모구구〔―區區〕 名 「伏してお慕いの念限りありません」の意の手紙文.

복무〔服務〕 名 하自 服務. ¶～ 규정[연한] 服務規程[年限].

복문〔複文〕 名〔言〕 複文.

복물〔伏―〕 名 伏日またはそのころに降る雨.

◆**복물이 지다** 伏日の前後に雨が多く降る.

복받치다 自 1 (感情などが)こみ上げる. ¶기쁨[슬픔]이 ～ 喜び[悲しみ]がこみ上げる/나는 복받치는 감격을 억제하지 못했다 私はこみ上げてくる感激を抑えることができなかった. 2 (力·涙などが)あふれ出る. ¶복받치는 눈물을 참을 수 없다 あふれ出る涙を抑え切れない.

복배[1]〔伏拜〕 名 하自 伏拝.

복배[2]〔腹背〕 名 腹背. 前後.

복배수적〔―受敵〕 名 하自 腹背に敵を受けること.

복배지수〔覆杯之水〕 名 覆水〈もはや取り返しがつかないことのたとえ〉.

복백〔伏白〕 名 「伏して申しあげる」の意で, 手紙につかう語.

복벗다〔服―〕 自 喪が明ける.

복벽〔腹壁〕 名 腹壁〈腹腔の周囲〉.

복병〔伏兵〕 名 伏兵. ¶～을 만나다 伏兵に遭遇する.

복복 副 1〔보드라운 물건을 갈거나 긁는 모양〕ごしごし(と). ぼりぼり(と). ぽりぽり(と). ¶때를 ～ 밀다 垢をごしごしと落とす. 2〔무르고 두툼한 물건을 찢는 소리〕ばりばり(と). びりびり(と). ¶편지를 봉투째 ～ 찢어 버렸다 手紙を封筒ごとびりびりと破って捨ててしまった. <북북

복복선〔複複線〕 名 複々線.

복본〔複本〕 名 1 副本. 2〔經〕 複本.

복본위제〔複本位制〕 名〔經〕 複本位制. ¶금은 ～ 金銀複本位制.

복부〔腹部〕 名〔生〕 腹部.

복부르다〔復―〕 他 招魂する.

복부인〔福婦人〕 名 〈俗〉 なかば職業的に不動産の投機をする家庭婦人.

복분해〔複分解〕 名〔化〕 複分解.

복불복〔福不福〕 名 運と不運. 人間の運勢. ¶～이라 어찌 할 도리가 없다 運のなせる業でありどうにも仕様がない.

복비〔僕婢〕 名 僕婢. 下男と下女. 奴婢.

복사[1] 名 〔'복숭아'의 준말〕 桃.

복사꽃 名 〔'복숭아꽃'의 준말〕 桃の花.

복사나무 名〔植〕〔'복숭아나무'의 준말〕 桃の木.

복사[2]〔伏射〕 名 하他〔軍〕 伏射. 寝撃ち.

복사[3]〔複寫〕 名 하他 複写. コピー. ¶서류를 ～하다 書類をコピーする.

복사기〔―器〕 名 複写器[機].

복사지〔―紙〕 名 複写紙. カーボン紙.

복사판〔―版〕 名 1 複写した本. 複製本. 2 複写版.

복사[4]〔輻射〕 名 하自〔物〕 輻射. 放射.

복사계〔―計〕 名〔物〕 放射計.

복사선〔―線〕 名〔物〕 放射線.

복사 안개 名〔氣〕 放射霧.

복사 에너지〔―energy〕 名〔物〕 放射エネルギー.

복사열〔―熱〕 名〔物〕 放射熱.

복사뼈 名〔生〕 踝.

복상[1]〔服喪〕 名 하自 服喪.

복상[2]〔福相〕 名 福相. 福々しい顔.

복상사〔腹上死〕 名 하自 腹上死.

복색〔服色〕 名 1 身分·職業などにふさわしい身なり. 2 衣服の色.

복서[1]〔卜筮〕 名 하自 卜筮. 占い.

복서[2]〔boxer〕 名 ボクサー.

복선[1]〔伏線〕 名 伏線. ¶그의 말에는 뭔가 ～이 깔려 있다 彼の話には何かしら伏線が敷かれている.

복선[2]〔複線〕 名 1 複線. 二つ以上の平行線. 2〔'복선 궤도'의 준말〕(鉄道で)複線. ¶철도를 ～화하다 鉄

道を複線化する.
　복선 궤도〔一軌道〕 名 複線軌道.
복성〔複姓〕 名 複姓. 二字からなる姓. 例えば '사공(司空)·제갈(諸葛)' など.
복성스럽다 形 (顔つきが)福々しい. ¶ 복성스럽게 생긴 처녀 福々しい顔立ちの娘. **복성스레** 副 福々しく.
복성 화산〔複成火山〕 名〔地〕 複成火山.
복속〔服屬〕 名 하自 服属. ¶ 대국에 ~하는 소국 大国に服属する小国.
복송〔復誦〕 名 하他 復誦. ¶ 명령을 ~하다 命令を復誦する.
복수[1]〔復水〕 名 하他〔化〕 復水.
복수[2]〔復讐〕 名 하自 復讐. あだ討ち.
　복수심〔一心〕 名 復讐心. ¶ ~에 불타다 復讐心に燃える.
　복수전〔一戰〕 名 復讐戦. 雪辱戦.
복수[3]〔腹水〕 名〔醫〕 腹水.
복수[4]〔複數〕 名 複数.
복수[5]〔覆水〕 名 覆水.
복술〔卜術〕 名 占術.
복숭아 名 桃. 桃の実.
　복숭아꽃 名 桃の花.
　복숭아나무 名〔植〕 桃の木.
　복숭앗빛 名 桃色. ピンク色.
복스럽다〔福一〕 形 福々しい. 裕福そうだ. ¶ 얼굴이 참 복스럽게 생겼다 顔つきが本当に福々しい. **복스레** 副 福々しく. ふくよかに.
복슬복슬 副 하形 〔짐승이 살이 찌고 털이 많이 난 모양〕 ふくよかに. ¶ ~한 강아지 丸々としてふくよかな子犬.
복습〔復習〕 名 하他 復習. おさらい. 反 予習 ¶ 영어를 ~하다 英語の復習をする.
복식[1]〔服飾〕 名 服飾.
　복식품〔一品〕 名 服飾品.
복식[2]〔複式〕 名 複式. ¶ ~ 화산 複式火山/~ 경기 複式競技.
복식 호흡〔腹式呼吸〕 名 腹式呼吸.
복신〔福神〕 名〔民俗〕 福神. 福の神.
복심[1]〔腹心〕 名 腹心.
복심[2]〔覆審〕 名 하他〔法〕 覆審.
복십자〔複十字〕 名 複十字.
복싱〔boxing〕 名〔體〕 ボクシング.
복아〔複芽〕 名〔植〕 複芽.
복안[1]〔腹案〕 名 腹案. ¶ ~을 짜다[세우다] 腹案を練る[立てる].
복안[2]〔複眼〕 名〔動〕 複眼.
복약〔服藥〕 名 하自他 服薬. 服用.
복어〔一魚〕 名〔動〕 鰒.
복역〔服役〕 名 하自 服役. **1** 兵役に服すること. ¶ 보병으로 ~하다 歩兵として服役する. **2** 懲役に服すること. ¶10년 동안 ~했다 10年の間服役した.
　복역수〔一囚〕 名 服役囚.
복역혼〔服役婚〕 名 労役婚〈花嫁になる女の父母の為に一定の間はたらき, その代償として女をめとるならわし〉.
복연〔復緣〕 名 하自 復縁.
복엽〔複葉〕 名〔植〕 複葉. 「機」.
　복엽기〔一機〕 名 複葉機. 複葉飛行
복용〔服用〕 名 하他 服用. 服薬. 飲むこと. ¶ 하루 3회 식전에 ~할 것 1日3回食前に服用すること.
복운〔福運〕 名 福運. ¶ ~을 타다 福運を授かる.
복원[1]〔復元·復原〕 名 하自他 復元. ¶ 유적을 ~하다 遺跡を復元する/선사 시대의 주거지가 ~되다 先史時代の住居地が復元される.
　복원력〔一力〕 名 復元力.
복원[2]〔復員〕 名 하他〔軍〕 復員.
　복원령〔一令〕 名〔軍〕 復員令.
복위〔復位〕 名 하自 復位. ¶ 물러났던 왕이 ~하다 退いた王が復位する.
복음[1]〔福音〕 名 **1** うれしい知らせ. **2**〔基〕 福音. ¶ ~을 전하다 福音を伝える. **3** 福音書.
복음[2]〔複音〕 名 **1**〔樂〕 複音. **2**〔言〕 複音. 重音.
복일[1]〔卜日〕 名 하他 卜日. 吉日を占うこと.
복일[2]〔伏日〕 名 伏日.
복자[1]〔卜者〕 名 卜者. 易者.
복자[2]〔伏字〕 名〔印〕 **1** 伏せ字. **2** (組み版で)必要な活字がないとき代わりに他の活字を裏にして入れたもの. 伏せ字.
복자엽〔複子葉〕 名〔植〕 双子葉.
복자음〔複子音〕 名〔言〕 二つ以上の子音が連続した子音.
복작거리다[-대다] 自 **1** ごたごたする. 込み合う. ごった返す. 混雑する. ¶ 온 마을이 축제 기분으로 복작거리고 있다 村中がお祭り気分でごった返している. **2** (酒などが)発酵したりすえたりしてぶくぶくと湧く. ¶ 술이 익어서 ~ 酒が発酵して泡だつ.
　복작복작 副 하自 **1** ごちゃごちゃ(と). ごたごた(と). ¶ 귀성객으로 ~하는 터미널 帰省客でごった返すターミナル. **2** ごぼごぼ(と). ぶくぶく(と). ¶ 술이 ~ 괴다 酒がぶくぶくと発酵する.
복잡다단〔複雜多端〕 名 하形 多事多端. ¶ ~하던 1년을 보내다 多事多端であった1年を送る.
복잡하다〔複雜一〕 形 **1** 複雑だ. 入り組んでいる. ¶ 내용이 매우 ~ 内容がきわめて複雑だ. **2** 混雑している. 込み合っている. ごたごたしている. ¶ 이 네거리는 언제나 복잡해요 この交差点はいつも混雑しています. **3** (頭の中が)混乱している. ¶ 지금 머리가 복잡해요 今頭が混乱しています.
복장[1] 名 **1** 胸の真ん中. 胸ぐら. ¶ 울분이 치밀어 ~이 터질 것만 같았다 うっぷんが込み上げて胸がはちきれそうであった. **2** 腹の中. 心の底. 腹.
복장[2]〔服裝〕 名 服装. 身なり. 装い. ¶ ~을 단정히 하다 服装を端正にする/그 ~은 너한테 어울리지 않는다 その身なりはお前に不釣り合いだ.
복적〔復籍〕 名 하自〔法〕 復籍. 復戸. ¶ 양자를 취소하고 ~하다 養子縁組みを取り消しして復籍する.
복절〔伏節〕 名 三伏の季節. 酷暑の候. 真夏.
복제[1]〔服制〕 名 **1** 喪服に関する五つの制度. **2** 服制. ¶ ~를 간소화하다 服制を簡素化する.

복제²〔複製〕 名 하他 複製. ¶ ～화 複製画 / ～ 불허 複製不許.

복제판〔―版〕 名 複製版.

복제품〔―品〕 名 複製品.

복조리〔福笊籬〕 名〔民俗〕 1年の福をもたらすといわれるジョリ(조리). 元旦の夜明けに買う.

복족류〔腹足類〕 名〔動〕 腹足類.

복종〔服從〕 名 하自 服従. ¶ 명령에 ～하다 命令に服従する / 강제로 ～시키다 強制的に服従させる.

복좌〔複座〕 名 (航空機などの)複座. ¶ ～기 複座機.

복죄〔服罪〕 名 하自 伏罪.

복중¹〔伏中〕 名 三伏のさなか. 暑中. 真夏. 盛夏. ¶ ～에 댁내 평안하십니까? 暑さの折, ご家族の皆様お変わりございませんか.

복중²〔服中〕 名 喪中.

복중³〔腹中〕 名 腹中.

복지¹〔伏地〕 名 하自 地面に身を伏せること.

복지유체〔―流涕〕 名 하自 地に伏して涙を流すこと.

복지²〔服地〕 名〔'양복지'의 준말〕 服地. 生地.

복지³〔福地〕 名 **1** 福地. 仙人が住むところ. **2** 福にめぐまれ住みよい所. **3**〔民俗〕 地徳のいい所. **4**〔基〕 エデンの園.

복지⁴〔福祉〕 名 福祉. ¶ ～ 사회[국가] 福祉社会[国家] / ～ 시설 福祉施設.

복직〔復職〕 名 하自 復職. ¶ ～ 교수 復職教授.

복창〔復唱〕 名 하他 復唱. ¶ 명령을 ～하다 命令を復唱する.

복채〔卜債〕 名 卜占の見料.

복철〔覆轍〕 名 覆轍.

복타다〔福―〕 自 幸運を授けられて生まれる. 福にめぐまれる.

복통〔腹痛〕 名 하自 **1** 腹痛. ¶ 식중독으로 심한 ～을 일으켰다 食中毒で激しい腹痛を起こした. **2** ひどく悔しかったり, あきれ返ったりすること. ¶ ～할 노릇이다 実に悔しいことだ.

복판 名 **1** 真ん中. 中央. ¶ 길 ～에 쓰러졌다 道の真ん中にぶっ倒れた. **2** 牛の肋·内股·臀部などの真ん中の肉.

복학¹〔復學〕 名 하自 復学. 復校. ¶ ～생 復学した学生 / 휴학을 끝내고 ～하다 休学を終えて復学する.

복학²〔腹瘧〕 名〔韓方〕 脾臓が腫れて起こる子供の病気.

◆**복학을 잡다** 복학を(病む子供を)完全に治す.

복합〔複合〕 名 하自 複合. ¶ 다수 민족이 ～된 복잡한 국가 구조 多数の民族が複合した複雑な国家構造.

복합 단백질〔―蛋白質〕 名〔化〕 複合たんぱく質.

복합 비타민제〔―vitamin劑〕 名〔藥〕 複合ビタミン剤.

복합 사회〔―社會〕 名 複合社会.

복합어〔―語〕 名〔言〕 複合語. 合成語.

복행〔伏幸〕 名 自分の幸いをへりくだって言う手紙用語.

복혼〔複婚〕 名 複婚.

복화술〔腹話術〕 名 腹話術.

볶다 他 **1** 炒る. ¶ 금방 볶은 땅콩 炒りたての南京豆 / 깨를 ～ ごまを炒る. **2** (少量の水·油を入れて)いためる. ¶ 고기를 ～ 肉類をいためる. **3** (しつこく)ねだる. せがむ. ¶ 아이들이 동물원에 가자고 달달 볶는다 子供たちが動物園に行こうとしつこくねだる.

볶아대다 他 しきりに悩ます. いじめとおす. 責め立てる. てこずらせる. ¶ 늦게 귀가하는 남편을 ～ 帰宅の遅い夫を責め立てる.

볶아치다 自 せきたてる. ¶ 빨리 가자고 ～ 早く行こうとせきたてる.

볶음 名〔料理〕 下味をつけた材料をしょう油·油などでいためた食べ物. いため物. ¶ 낙지 ～ いいだこのいため物.

볶음밥 名〔料理〕 いためご飯. 焼き飯. チャーハン.

볶이다 自〔'볶다'의 피동사〕 いじめられる. 苦しめられる. 炒られる. いためられる. ¶ 빚쟁이에게 ～ 借金取りに苦しめられる / 콩이 덜 볶였다 豆がよく煎られていない.

본¹〔本〕 名 **1**〔본보기〕 手本. 模範. ¶ ～을 보이다 手本を示す / 형의 ～을 따르다 兄を手本とする[見習う]. **2**〔'본관²'의 준말〕 本貫. ¶ 성은 같으나 ～이 다르다 姓[名字]は同じだが本貫がちがう. **3**〔'본전'의 준말〕 元金. 元手. ¶ ～까지 날렸다 元手までなくした. **4** (洋裁などの)型紙. ¶ ～대로 마르다 型紙のとおりに裁つ.

본-²〔本〕 接頭 **1** 本…. 根本になる…. ¶ ～집 本家 / ～국 本国. **2** もとの…. 本来の…. ¶ 사과의 ～고장 りんごの本場.

본³〔本〕 冠 この…. 当…. 本…. ¶ ～사 当社 / ～ 대학 当大学.

본가〔本家〕 名 **1** (分家する前の)本家. 親元の家. ¶ ～에 문안 가다 本家へご機嫌うかがいに行く. **2** 実家. 里. ¶ ～에 다녀오다 里帰りする. **3** 母屋.

본값〔本―〕 名 元値. 仕入れ価格. 原価.

본거〔本據〕 名 **1** 本拠. ¶ 서울을 ～로 삼다 ソウルを本拠とする. **2** (根本になる)証拠.

본거지〔―地〕 名 本拠地. ¶ 아군의 ～ わが軍の本拠地.

본건〔本件〕 名 本件. この件. この事件. ¶ ～ 피고인에 대하여 本件の被告人に対し.

본격〔本格〕 名 本格. 本式.

본격 소설〔―小說〕 名〔文〕 本格小説.

본격적〔―的〕 冠 名 本格的. ¶ ～인 장마철에 들어갔다 本格的な梅雨に入った.

본격화〔―化〕 名 하自他 本格化. ¶ 전쟁이 ～하다 戦争が本格化する / 공사가 ～되다 工事が本格化する.

본견〔本絹〕 名 本絹. 純絹. 正絹.

본계집〔本一〕 名 〈俗〉 本妻.
본고장〔本一〕 名 **1** 本場. ¶ 파리는 유행의 ~이다 パリは流行の本場だ. **2** (生まれ育った)土地. 生まれ故郷.
본고향〔本故鄕〕 名 本郷.
본과〔本科〕 名 本科. ¶ ~에 올라가다 本科に上がる.
본관1〔本官〕 名 **1** 〔史〕 居住地の守令. **2** 監司や兵使の所在地の地方官. **3** 本官. 修習·試補·見習·雇員および嘱託などでない正規の官職. **4** 本官. 本職〈高位の官吏が自分をさす語〉.
본관2〔本貫〕 名 本貫.
본관3〔本館〕 名 (別館·分館に対する)本館. ¶ 대학 ~ 大学の本館.
본교〔本校〕 名 **1** (分校に対する)本校. **2** (他校に対する)自分の学校. 当校.
본국1〔本局〕 名 本局.
본국2〔本國〕 名 本国. 祖国. 母国.
본궤도〔本軌道〕 名 根幹となる重要な軌道. (物事の)本格的な進行. 本調子. ¶ 수출이 ~에 오르다 輸出が本格的なペースに乗る.
본금〔本金〕 名 **1** 元値. 買値. 元金. **2** 純金.
본급〔本給〕 名 本給. 本俸.
본기〔本紀〕 名 本紀〈紀伝体の歴史書で王の事跡を記したもの〉.
본남편〔本男便〕 名 **1** (間男に対して)正式の夫. 本夫. **2** 再婚する前の夫. 先夫. 前夫.
본년〔本年〕 名 本年. 今年. 当年. ¶ ~도의 예산 本年度の予算.
본능〔本能〕 名 本能. ¶ 자기 보존의 ~ 自己保存の本能.
　본능적〔一的〕 冠名 本能的. ¶ ~으로 위기를 느끼다 本能的に危機を察する.
본대〔本隊〕 名 本隊. **1** 司令部がある部隊. **2** この部隊.
본댁〔本宅〕 名 **1** 〔'본집'의 높임말〕 ご本家. ¶ ~은 어디십니까? ご本家はどちらですか. **2** 〔'본댁네'의 준말〕 本妻.
　본댁네 名 本妻. 正妻.
본데 名 (身についた)しつけ. 礼儀作法. 腕前. 知識. ¶ ~가 있다 礼儀をわきまえている.
　본데없다 形 (しつけ·腕前·知識に関して)ぶしつけだ. 礼儀知らずだ. 才能がない. みっともない. 無作法だ. ¶ 본데없는 아이 しつけの悪い子. **본데없이** 副 ぶしつけに. みっともなくも. ぶざまに. ¶ ~ 자라다 しつけが悪く育つ.
본도1〔本道〕 名 本道. **1** 正しい道. ¶ 이것이 남아의 ~다 これが男の本道だ. **2** 本街道. 本道. **3** この道.
본도2〔本島〕 名 本島. この島.
본동〔本洞〕 名 **1** 自分が住んでいる洞. **2** この洞.
본동사〔本動詞〕 名〔言〕 本動詞.
본드〔bond〕 名 ボンド. 接着剤.
본등기〔本登記〕 名〔法〕 本登記.
본디〔本一〕 名 **1** 元. 根. 根源. 本来. 元来. ¶ ~부터 타고난 성품 元から持って生まれた品性. **2** 〔부사적으로 쓰여〕 もともと. ¶ 두 사람은 ~ 친한 사이였다 二人は元々親しい間柄であった.
본때 名 手本になるようなこと. 見事な出来栄え. ¶ 어떤 일이라도 ~ 있게 해치운다 どんな仕事でも手際よくやってのける.
　◆**본때가 있다** ① 手本になる[ならうべき]所がある. ¶ ~ 있는 사람 ならうべき所がある人. ② 見事だ. 出来栄えがいい. ¶ ~ 있는 한판 승부였다 見事な一本勝負であった.
　◆**본때를 보이다** 見せしめのために懲らしめる. (見るに見かねて)範を垂れる.
본뜨다〔本一〕 他 型や手本のまねをする. 模範としてまねる. 写す.
본뜻〔本一〕 名 **1** (心に秘めた)本意. 真意. ¶ 그의 ~이 어디에 있는지 알 수가 없다 彼の真意がどこにあるのか測りかねる. **2** 原義. ¶ ~이 변한 말 原義が転じた語.
본래〔本來〕 名 **1** 本来. もともと. 元来. ¶ ~의 모습 本来の姿. **2** 〔부사적으로 쓰여〕 本来. ¶ 미는 ~ 주관적인 것이다 美は本来主観的なものだ.
본론〔本論〕 名 本論. 本すじ. ¶ 이제부터 ~으로 들어갑시다 今から本論に入りましょう.
본루〔本壘〕 名 本塁. **1** 根拠地. ¶ 적은 ~를 점령했다 敵は根拠地を占領した. **2** (野球で)ホームベース. ¶ ~를 밟다 本塁を踏む.
　본루타〔一打〕 名 (野球で)本塁打. ホームラン.
본류〔本流〕 名 本流. **1** (河川などの)主流. 幹流. **2** おもな流派[流儀]. 中心となる系統. ¶ 무술의 ~ 武術の本流.
본마누라〔本一〕 名 本妻.
본마음〔本一〕 名 本心. 本意. ¶ 두 사람은 숨김없이 ~을 털어놓고 화해했다 二人は隠すところなく本心をさらけ出して和解した.
본말〔本末〕 名 本末. ¶ ~을 그르친 처사일세 本末を誤った処置だ.
본맘〔本一〕 名〔'본마음'의 준말〕 本心.
본명1〔本名〕 名 **1** 本名. 実名. ¶ ~을 밝히다 本名を明かす. **2** 〔基〕 洗礼名.
본명2〔本命〕 名 **1** 本命. 生まれた年の干支. **2** 天命. 天寿.
본무〔本務〕 名 本務.
본무대〔本舞臺〕 名 本舞台.
본문1〔本文〕 名 本文. **1** (序文や跋文に対して)書物の主要部分をなす文章. ¶ ~이 뜻하는 바는 本文が意味するところは. **2** (翻訳文に対する)原文. 原典. ¶ ~의 필자 原文の筆者. **3** 〔'반절 본문'의 준말〕 ハングルの反切表.
본문2〔本門〕 名 **1** 正門. 表門. **2** 〔佛〕 本門.
본바닥〔本一〕 名 **1** 本元. 地元. ¶ 이곳 ~ 사람 ここの地元の人. **2** 本場. ¶ 불어를 ~에서 배우다 フランス語を本場で習う.

본바탕〔本一〕 名 本質. 本性. 生地. 下地. 素質. ¶ 술에 취하자 ~이 드러났다 酒に酔うや本性が現われた.

본받다〔本一〕 他 手本とする. 模範とする. 写す. 見習う. ¶ 좋은 점을 ~ よい点を見習う.

본방[1]〔本方〕 名〔韓方〕 本方.

본방[2]〔本邦〕 名 本邦.

본법〔本法〕 名 本法. この法律. ¶ ~ 제10조 규정에 의하여 本法第10条の規定により.

본보〔本報〕 名 本紙. この新聞. ¶ 이미 ~가 보도했거니와 本紙既報のごとく.

본보기〔本一〕 名 **1** 標本. 見本. 例. ¶ ~를 꺼내 보이다 見本を出して見せる. **2** 見せしめ. 戒め. ¶ 여러 사람의 ~로 벌을 주다 大勢への見せしめのために罰を与える. **3** 模範. 手本. ¶ 국민의 ~가 되다 国民の模範となる. ◆**본보기 내다** ① ひな形をつくる. ② 見せしめにする. 悪者をこらしめる.

본보다〔本一〕 他 手本とする. 模範とする. 見習う.

본봉〔本俸〕 名 本俸. 本給.

본부〔本部〕 名 本部. ¶ 수사 ~를 두다 捜査本部を置く.

본부석〔一席〕 名 本部席.

본분〔本分〕 名 本分. **1** 自分に適した身分. 持ち前の本領. ¶ 그것은 ~에 어긋나는 짓이다 それは本分にはずれたふるまいだ. **2** その人の尽くすべき義務. 本来の責任. ¶ 국가 공무원으로서의 ~을 다하다 国家公務員としての本分を尽くす.

본사[1]〔本寺〕 名 本寺. **1** 自分が初めて僧になった寺. **2** 本山. **3** この寺. 自分が所属している寺.

본사[2]〔本社〕 名 **1** 本社. ¶ ~ 근무의 발령이 나다 本社勤務の辞令が出る. **2** 当社. ¶ ~ 업무에 대하여 말씀드린다면 当社の業務について申し上げますと.

본산〔本山〕 名〔佛〕 本山. 本寺.

본살〔本一〕 名 (賭博などで)元金. 元. ¶ ~까지 다 털었다 元金まではたいてしまった.

본새〔本一〕 名 **1** (ある事物の)元のようす. 最初の出来具合. 原形. **2** (ある行ないや癖などの)本来のようす. 性質. 気立て. ¶ 일하는 ~ 仕事ぶり / 그의 말하는 ~는 의젓했다 彼の話しぶりは重みがあった.

본색〔本色〕 名 **1** 本色. 本来の色. 固有の色. **2** 本性. 生まれつきの性質. ¶ ~을 드러내다[숨기다] 本性を現わす[隠す].

본서〔本署〕 名 本署.

본서방〔本書房〕 名 (浮気をしている女性の)夫.

본선[1]〔本船〕 名 本船. 親船. ¶ ~에 연락하다 本船に連絡する.

본선[2]〔本線〕 名 本線. 幹線.

본선[3]〔本選〕 名 本選. ¶ ~에 오르다 本選に上がる.

본성[1]〔本姓〕 名 本姓. 元の姓.

본성[2]〔本性〕 名 本性. 本心. 天性. 持ち前. ¶ ~이 드러나다 本性が現われる / ~이 어질다 心根は善良だ.

본소〔本訴〕 名〔法〕 **1** 本訴. **2** この訴.

본숭만숭 副 하他 見て見ぬ振りをするようす. 知らん顔をするようす. 冷ややかにあしらうようす. ¶ ~ 인사도 안 한다 見て見ぬ振りであいさつもしない.

본시〔本是〕 副 本来. 元来. 元々. ¶ ~ 내것이다 もともと私のものだ / ~ 성품이 착한 사람이다 もともと善良な人だ.

본시험〔本試験〕 名 本試験. ¶ ~에 합격하다 本試験に合格する.

본식〔本式〕 名 本式. 正式. ¶ ~으로 요리를 배우다 正式に料理を習う.

본실〔本室〕 名 正室. 嫡室. 本妻. 正妻. ¶ ~ 자식 正妻の子. 嫡子.

본심〔本心〕 名 本心. 真心. 正気. ¶ ~을 털어놓다 本心を打ち明ける / ~이 착한 사람 本性が善良な人.

본안〔本案〕 名 **1** 本案. 原案. **2**〔法〕 本案. **3** 本案. この案件.

본안 판결〔一判決〕 名〔法〕 本案判決.

본업〔本業〕 名 本業. 本職. ¶ 그는 작가가 ~이다 彼は作家が本業だ.

본연〔本然〕 名 本然. ¶ ~의 자세 本然の姿勢 / 인간 ~의 모습 人間の本然の姿.

본연지성〔一之性〕 名 本然の性.

본영〔本營〕 名〔軍〕 本営. 本陣.

본예산〔本豫算〕 名 本予算. 当初予算.

본원[1]〔本院〕 名 本院.

본원[2]〔本源〕 名 本源. 根源.

본원[3]〔本願〕 名 本願. **1** 本来の願い. **2**〔佛〕 本誓.

본위〔本位〕 名 本位. **1** 基準・中心となるもの. ¶ 흥미 ~ 興味本位 / 능력 ~ 能力本位. **2** 貨幣制度の基準. ¶ 금~ 제도 金本位制度 / ~ 화폐 本位貨幣.

본위 기호〔一記號〕 名〔樂〕 本位記号. ナチュラル.

본의[1]〔本意〕 名 本意. 本心. 真心. ¶ ~는 아니나 다른 도리가 없다 不本意ながらほかにすべがない.

본의[2]〔本義〕 名 本義. 本旨. ¶ 학문의 ~ 学問の本義.

본이름〔本一〕 名 本名. 実名.

본인〔本人〕 名 **1** 本人. 当人. 当事者. ¶ ~의 이야기 本人の話 / ~에게 물어 보아라 当人に聞いてみろ. **2** 私. ¶ ~으로서는 인정할 수 없습니다 私としては認めることができません.

본적〔本籍〕 名〔法〕〔'본적지'의 준말〕 本籍.

본적지〔一地〕 名〔法〕 本籍地.

본전〔本錢〕 名 **1** 本金. 元金. 元手. 資本金. ¶ ~도 못 건지다 元も取れない. **2** 元値. 原価. ¶ 상품을 ~에 팔다 商品を元値で売る. ◆**본전도 못 찾다** 元金さえも取り返せない〈したことがかえってむだになる〉.

본점〔本店〕 名 本店. 本舗. ¶ ~으로 전근되다 本店に転勤になる.

본정〔本情〕 名 本心. 真心.

본정신〔本精神〕 名 正気. 本来の健

全な精神. ¶ 그의 하는 짓을 보니 ~이 아니다 彼のふるまいを見ていると正気じゃない.

본제〔本題〕 名 **1** 本題. ¶ ~에 들어가다 本題に入る. **2** この題目.

본존〔本尊〕 名〔佛〕本尊. 本尊仏.

본줄기〔本―〕 名 本筋. 主脈. ¶ ~에서 갈라진 산맥 主脈から分かれた山脈.

본지¹〔本旨〕 名 本旨. 本義. ¶ 이 모임의 ~를 어기다 この会の本旨を背く.

본지²〔本紙〕 名 本紙. ¶ ~ 사회란 本紙の社会欄 / ~ 기자 本紙記者.

본지³〔本誌〕 名 本誌. ¶ ~ 구독자 本誌の購読者.

본직〔本職〕 名 本職. **1** 本業. ¶ ~은 작가다 本業は作家だ. **2**〔관리의 자칭〕本官.

본진〔本陣〕 名 本陣.

본질〔本質〕 名 本質. ¶ 문제의 ~을 잘못 보다 問題の本質を見誤まる.

　본질적〔―的〕 冠名 本質的. ¶ ~인 차이 本質的な差異.

본집〔本―〕 名 本家. 我が家.

본처〔本妻〕 名 本妻.

본청〔本廳〕 名 本庁.

본체〔本體〕 名 **1** 本体. 正体. ¶ ~를 파악하다 本体を把握する. **2** 実相. ¶ 사회의 ~ 社会の実相.

본체만체 副 하他 見て見ないふりをするようす. 知らん顔をするようす. ¶ 사람을 보고도 ~한다 人を見て知らん顔をする.

본초¹〔本初〕 名 本初. はじめ. 根本. ¶ ~ 자오선 本初子午線. グリニッジ子午線.

본초²〔本草〕 名 **1** 木と草. 植物. **2**〔韓方〕本草. 薬草. ¶ ~가 本草家. **3**〔'본초학'의 준말〕本草学.

　본초학〔―學〕 名 本草学.

본칙〔本則〕 名 本則.

본태〔本態〕 名 本態. ¶ ~를 알아내다 本態を見現わす.

본토〔本土〕 名 **1** 本土. ¶ ~에서 멀리 떨어진 섬 本土から遠く離れた島. **2** 自分の住んでいる土地. 生まれ故郷. ¶ 서울 ~ 사람 ソウルの土地っ子. **3** その地方. ¶ 제주 ~ 사람 済州地方の人.

　본토박이 名 土地っ子. 生え抜き.

　본토인〔―人〕 名 土地っ子.

본포¹〔本圃〕 名 本圃〈苗·苗木を移植する畑〉.

본포²〔本鋪〕 名 本舗. 本店.

본향〔本鄕〕 名 本郷. 本来の故郷.

본형¹〔本刑〕 名〔法〕本刑. 主刑.

본형²〔本形〕 名 原形.

본회¹〔本會〕 名 本会. この会.

본회²〔本懷〕 名 本懐.

본회의〔本會議〕 名 **1** 本会議. ¶ 국회 ~ 国会の本会議. **2** この会議.

볼¹ 名 頰. 頰っぺた. ¶ ~을 붉히다 頰を染める[赤らめる].

볼² 名 (細長いものの)幅. ¶ ~이 좁은 구두 幅が狭い靴.

볼³〔ball〕 名 **1** ボール. 球. ¶ 럭비 ~ ラグビーのボール / ~을 차다 ボールを蹴る. **2** (野球で)ボール. ¶ 원 스트라이크 투 ~ ワン-ストライク-ツー-ボール.

볼가지다 自 **1** (表に)はみ出る. 張り出す. 飛び出る. 突き出る. ¶ 눈알이 톡톡 볼가진 금붕어 目玉がぼこっと飛び出た金魚. **2** (上のほうに)膨れ上がる. 膨らむ. ¶ 종기가 ~ おできが膨れ上がる. **3** (隠されていたものが)あらわになる. むき出しになる. (物事が)急に発生する. ¶ 자질구레한 일이 여기저기서 ~ こまごました用事があちこちで持ち上がる.

볼거리 名〔韓方〕お多福風邪. 流行性耳下腺炎.

볼그대대하다 形 (やや下品な感じで)赤味がかっている.

볼그댕댕하다 形 (ぶざまなほどに)赤味がかっている.

볼그레하다 形 (とてもきれいに)赤味がかっている. ほんのりと赤い. ¶ 두 볼이 ~ 頰がほんのり赤い.

볼그름하다 形 ほんのりと赤い.

볼그무레하다 形 うっすらと赤味がかっている. ほんのりと薄赤い.

볼그속속하다 形 じみに赤い.

볼그스름하다 形 ほんのりと赤い. 赤味を帯びている. ¶ 꽃망울이 볼그스름해졌다 花のつぼみが赤味を帯び始めた.

　볼그스름히 副 ほんのりと薄赤く.

볼그족족하다 形 (ややくすんだ)赤色である.

볼긋하다 形 色が少し赤味がかっている. やや赤いようだ.

　볼긋볼긋 副 하形 所々がうっすらと赤いようす.

볼기 名 尻. 臀部. ¶ 볼깃살 尻肉 / ~에 주사를 맞다 尻に注射を打たれる[打ってもらう].

　◆**볼기를 맞다** ① 尻をたたかれる. ② 尻たたきの刑を受ける.

　볼기짝 名 尻っぺた. 尻べた.

볼꼴 名 外見. 外観. 見かけ. 体裁.

　◆**볼꼴이 사납다** ぶざまだ. みっともない. 格好が悪い. ¶ ~ 사나운 모양으로 남 앞에 나서다 ぶざまな格好で人前に出る.

　◆**볼꼴 좋다** (皮肉って)ぶざまな格好だ. いいていたらくだ.

볼때기 名〈卑〉頰っぺた.

볼락 名〔動〕眼張.

볼록 副 하形 ふっくら(と). ¶ 항아리의 배가 ~하다 壺の中央部がやや膨らんでいる / 무엇이 들었는지 주머니가 ~하다 何が入っているのかポケットがふっくらしている. ＜불룩 **볼록이** 副 ふっくら(と).

　볼록거리다[-대다] 自他 (弾力性のある物の表面が[を])膨れたりへこんだりする[させる]. ¶ 개구리의 배가 ~ 蛙の腹が膨れたりへこんだりする.

　볼록볼록 副 하自他 膨れたりへこんだりする[させる]ようす.

볼리비아〔Bolivia〕 名〔地〕ボリビア〈南米中部にある共和国〉.

볼링〔bowling〕 名〔體〕ボーリング.

볼만하다 自 見る値打ちがある. 見るに

足る. 見ごたえがある. ¶이번 시합은 ~ 今度の試合は見ごたえがある / 요즘은 볼만한 프로가 없다 近ごろは見るべき番組がない. ▷만하다[1]

볼맞다 自 **1** (互いに)気が合う. **2** (優劣の差異がなく)ほどほどだ. 負けず劣らずだ.

볼맞추다 他 (互いにぴったり)合わせる.

볼메다 形 むっとしている. 膨れている. 不機嫌だ. ¶볼멘 얼굴로 외면하다 膨れっつらをしてそっぽを向く.

볼멘소리 名 ぶっきらぼうな話しぶり. つっけんどんな口ぶり. ¶~로 대꾸하다 つっけんどんに言い返す.

볼모 名 **1** 〔약속 이행의 담보로 상대방에 잡혀 두는 사람〕担保物. 抵当. かた. ¶빚 ~로 집을 잡다 借金のかたに家屋を取る. **2** 〔인질〕人質. ¶~로 적국에 남은 왕자 人質として敵国に残った王子.

볼썽 名 見かけ. 格好. 外見. なり.

볼썽사납다 形 見苦しい. みっともない. ぶざまだ. ¶너의 그 차림새는 ~ お前のその身なりはみっともない.

볼쏙하다 形 膨らんでいる. 盛り上がっている. 突き出ている. ¶배가 ~ 腹が突き出ている. **볼쏙이** 副 ふっくら(と). ぽこっと. にゅっと.

볼연지〔—臙脂〕名 頬紅.

볼일 名 用. 用事. 用件. ¶~이 있어서 못 가겠다 用事があって行けない / ~은 다 보았습니까? 用件はみなすみましたか.

볼통볼통[1] 副 하自 〔퉁명스럽게 말하는 모양〕ぶつぶつ(と). つっけんどんに. ぶっきらぼうに.

볼통스럽다 形 (話し方が)ぶっきらぼうである. そっけない. つっけんどんだ. 無愛想だ. **볼통스레** 副 ぶっきらぼうに.

볼통하다 形 まるくはみ出ている. まるくふくらんでいる. ¶가운데가 볼통하게 생긴 기둥 真ん中がふっくらとまるく膨らんだ柱.

볼통볼통[2] 副 하形 〔군데군데 둥근 것이 톡톡 볼가진 모양〕ぼこぼこ(と). 凸凹で. ¶~ 나온 바위 凸凹と突き出た岩.

볼트[1]〔bolt〕名 ボルト.

볼트[2]〔volt〕依名〔物〕〔전압의 단위〕ボルト.

볼펜〔ball pen〕名 ボールペン.

볼품 名 外見. 外観. 見かけ. 体裁. 格好. ¶~ 사납다 見苦しい. みっともない.

봄 名 春. **1** (四季のうちの)春. ¶따뜻한[화창한] ~ 暖かい[うららかな]春. **2** 人生の盛り. 青春. ◆**봄을 타다** 春に食欲がなく体が弱る.

單語帳 **계절에 관한 말**

계절 季節 / 봄 春 / 여름 夏 / 가을 秋 / 겨울 冬 / 춘하추동 春夏秋冬 / 설 元旦 / 추석(秋夕)[한가위] チュソク / 초여름 初夏 / 늦가을 晩秋 / 김장철 キムジャンの季節〈立冬前後のキムチを漬け込む季節〉/ 환절기(換節期) 季節の変わりめ / 한여름 真夏 / 더위 暑さ / 추위 寒さ / 꽃샘추위 花冷え / 복날 伏日〈夏の酷暑の期間〉/ 장마철 梅雨の季節.

봄가물 名 春の日照り.

봄갈이 名 하他〔農〕田打ち. 春耕.

봄나들이 名 하自 春の外出. 春にぶらりと出かけること.

봄날 名 春の日. 春日. ¶화창한 ~ のどかな春の日.

봄놓이 名 春に織った木綿.

봄내 副 春じゅう. 春の間. ¶~ 가뭄이 계속되다 春じゅう日照りが続く.

봄눈 名 春雪. 春の雪.

◆**봄눈 녹듯** ① ある物事が長く続かないですぐ消え失せる. ② 食べたものの消化が早い.

봄맞이 名 하自 春を迎えること. 春の遊び.

봄물 名 春の雪解け水.

봄바람 名 春風. 東風. こち.

봄볕 名 春の陽光[日差し]. 春光. ¶~에 살갗이 그을다 春の日差しに肌が焼ける.

봄보리 名〔植〕春まきの麦.

봄비 名 春雨.

봄빛 名 春景. 春色. 春光. ¶~이 가득한 산과 들 春たけなわの山野.

봄새 名 春じゅう. 春の間.

봄철 名 春の季節. 春季.

봄추위 名 春先の寒さ.

봇도랑〔洑—〕名 灌漑用水路.

봇물〔洑—〕名 井堰に溜まった水.

봇짐〔褓—〕名 風呂敷包み. 包み(物).

봇짐 장수 名 行商人. かつぎ屋.

봉[1] 名 (器物などの穴を)埋めるもの. 当てもの. 詰めもの. ふさぐもの. ¶주전자의 구멍을 ~으로 메우다 やかんの穴を当てものでふさぐ / ~을 박다 (穴を)当てものでふさぐ. 鋳掛けをする.

봉[2]〔峰〕**I** 名〔'산봉우리'의 준말〕峰. **II** 接尾 …峰. …山.

봉[3]〔鳳〕名 **1** 〔'봉황'의 준말〕鳳凰. **2** 鳳〈鳳凰の雄〉. **3** 愚かでだましやすいもの. かも. ¶~ 잡히다 かもにされる / ~으로 삼다 かもにする.

봉건〔封建〕名〔史〕**1** 封建. ¶~ 국가 封建国家 / ~ 사회[시대] 封建社会[時代] / ~주의 封建主義. **2** 〔'봉건 제도'의 준말〕封建制度.

봉고도〔棒高跳〕名〔體〕棒高跳び.

봉곳하다 形 **1** (丘・峰などが)やや高く突き出ている. **2** (腹が)たくさん食べて膨らんでいる. **3** (貼り合わせたものが)少し浮き上がっている. 膨らんでいる. **4** (器に盛ったものが)盛り上がっている. 山盛りだ. ＜봉긋하다 **봉곳이** 副 小高く.

봉공〔奉公〕名 하自 奉公. ¶멸사~ 滅私奉公.

봉급〔俸給〕名 俸給. 給料. サラリー. ¶~ 봉투 給料袋 / ~생활자 俸給生活者. サラリーマン / ~을 받다[타다] 俸給をもらう.

봉급쟁이 名〈俗〉俸給取り. 月給

取り. サラリーマン.
봉기〔蜂起〕 名 하自 蜂起. ¶농민 ～ 農民蜂起.
봉답〔奉畓〕 名 〔'봉천답'의 준말〕 天水田.
봉당〔封堂〕 名〔建〕 土間.
봉대〔烽臺〕 名 のろし台.
봉독〔奉讀〕 名 하他 奉読.
봉돌 名 (釣り糸の)重り.
봉두〔蓬頭〕 名 蓬頭. 乱れた頭髪.
 봉두난발〔一亂髮〕 名 ぼさぼさに乱れた頭髪. 蓬髪.
봉랍〔封蠟〕 名 하他 封蝋.
봉련〔鳳輦〕 名 鳳輦. 宝輿.
봉록〔俸祿〕 名 俸禄.
봉명〔奉命〕 名 하他 奉命.
 봉명 사신〔一使臣〕 名 奉命使臣. 王命を奉じて外国へ行く使臣.
봉밀〔蜂蜜〕 名 蜂蜜.
봉발〔蓬髮〕 名 〔'봉두 난발'의 준말〕 蓬髪.
봉변〔逢變〕 名 하自 **1** 人から侮辱されること. ¶～당하다 侮辱される. **2** 不意の災いをこうむること. ¶큰 ～을 당하다 とんでもないひどい目にあう.
봉분〔封墳〕 名 하自 土を盛り上げて墓をつくること, またその墓.
 봉분제〔一祭〕 名 埋葬して墓を築いてからの祭祀.
봉사[1]〔奉仕〕 名 하自 奉仕. サービス. ¶～ 활동[정신] 奉仕活動[精神] / 사회에 ～하다 社会に奉仕する.
 봉사료〔一料〕 名 サービス料. チップ.
봉사[2]〔奉事〕 名 하他 **1** 奉事. 長上に仕えること. **2** 盲人.
봉사[3]〔奉祀〕 名 하自 奉祀.
봉서〔封書〕 名 **1** 封書. ¶～를 부치다 封書を送る. **2**〔史〕 王が王族·近臣にくだした親書. **3**〔史〕 王妃が実家に送った手紙.
봉선화〔鳳仙花〕 名〔植〕 鳳仙花.
봉소〔蜂巢〕 名 蜂の巣.
봉송〔奉送〕 名 하他 奉送. ¶성화를 ～하다 聖火をリレーする.
봉쇄〔封鎖〕 名 하他 封鎖. ¶해상[경제] ～ 海上[経済]封鎖 / 도로를 ～하다 道路を封鎖する.
봉수〔烽燧〕 名 のろし.
 봉수대〔一臺〕 名〔史〕 のろしをあげる高台. のろし台.
봉숭아 名 鳳仙花.
봉시〔逢時〕 名 하自 時運にめぐりあうこと.
봉안〔奉安〕 名 하他 奉安.
봉양〔奉養〕 名 하他 奉養. ¶부모를 ～하다 父母を奉養する.
봉영〔奉迎〕 名 하他 奉迎.
봉오리 名 〔'꽃봉오리'의 준말〕 つぼみ.
봉왕〔蜂王〕 名〔動〕 女王蜂.
봉욕〔逢辱〕 名 하自 侮辱を受けること.
봉우리 名 〔'산봉우리'의 준말〕 峰.
봉인[1]〔封印〕 名 하自 封印. ¶～ 있는 문서 封印つきの文書.
봉인[2]〔鋒刃〕 名 (槍や刀などの)刃.
봉입〔封入〕 名 하他 封入.
봉작〔封爵〕 名 하他 **1** 封爵. **2**〔史〕 内命婦·外命婦などの女官を封じたこと.
봉잠〔鳳簪〕 名 表面に鳳凰の模様を刻んだかんざし.
봉장〔鳳欌〕 名 飾りとして鳳凰の模様を刻んだたんす.
봉접〔蜂蝶〕 名 蜂と蝶.
봉정〔奉呈〕 名 하他 奉呈. ¶신임장을 ～하다 信任状を奉呈する.
봉제〔縫製〕 名 하他 縫製. ¶～업 縫製業 / ～ 공장 縫製工場.
봉제사〔奉祭祀〕 名 하自 祖先の祭祀を奉ること.
봉죽 名 하他 手伝い.
 ◆**봉죽을 들다** 仕事の手伝いをする.
 봉죽꾼 名 仕事を手伝う人.
봉지〔封紙〕 **I** 名 紙袋. 袋. ¶설탕 ～ 砂糖袋 / 비닐 ～ ビニール袋. **II** 依名 〔봉지를 세는 단위〕 袋. ¶과자 한 ～ 菓子1袋.
봉직〔奉職〕 名 하自 奉職. ¶모교에 ～하다 母校に奉職する.
봉착〔逢着〕 名 하自 逢着. 直面すること. 出会うこと. 出くわすこと. ¶위기에 ～하다 危機に直面する.
봉창[1]〔奉唱〕 名 하他 奉唱. 厳粛に歌うこと.
봉창[2]〔封窓〕 名 하自他 **1** 窓を封ずること, またその窓. **2** 壁に穴をあけて枠をつけず紙を貼りつけた窓.
봉창질 名 하他 (物を)ひそかに集めて隠しておくこと.
봉창하다 他 **1** (物を)隠しておく. **2** (損害などを)埋め合わせる. 補充する. ¶작년에 입은 손해를 금년에 봉창했다 昨年こうむった損失を今年埋め合わせた.
봉천답〔奉天畓〕 名 天水田.
봉추〔鳳雛〕 名 鳳雛.
봉축〔奉祝〕 名 하他 奉祝. ¶성대한 ～ 행사 盛大な奉祝行事.
봉충다리 名 (人や物の)片方が短い足[脚].
봉치 名 結納, またはその品.
봉토〔封土〕 名 하自 **1** (墓の)土を丸く盛り上げること, またその土. 封土. **2** 封疆. 封境. 諸侯の領地.
봉투〔封套〕 名 封筒. 状袋. ¶편지 ～ 手紙の封筒 / 월급 ～ 月給袋.
봉하다〔封一〕 他 **1** 封ずる. 封じ込める. ふたをする. 緘する. ¶병을 단단히 ～ 瓶を固く封ずる. **2** (門などを)封ずる. 閉鎖する. 目張りする. ¶출입문을 ～ 出入り口を閉鎖する. **3** 口をふさぐ. 口をとじる. 口をつぐむ. 口を緘する. ¶입을 봉하고 말하려 하지 않는다 口をつぐんで語ろうとしない. **4** 墓に土を盛る. 封土する. **5**〔史〕 領地を与えて封ずる. 封地する. **6**〔史〕 爵位を与える.
봉함[1]〔封函〕 名 封書.
봉함[2]〔封緘〕 名 하他 封緘. ¶～엽서 封緘はがき.
봉합[1]〔封合〕 名 하他 封じ合わせること.
봉합[2]〔縫合〕 名 하他 縫合. 縫い合わせること. ¶상처를 ～하다 傷口を縫合する.

봉행〔奉行〕 名 하他 奉行. 長上の言葉をつつしんで行うこと.
봉헌〔奉獻〕 名 하他 奉献.
봉혈〔封穴〕 名 ありの巣. 穴をふさぐこと.
봉화〔烽火〕 名 烽火. のろし. ¶ ～대 烽火台.
◆**봉화를 들다[올리다]** ① のろしをあげる. ② 先駆的な役割を果たす. ¶ 독립 운동의 ～를 들다 独立運動ののろしをあげる.
봉화지기 名 のろし守り. のろしを見張る人.
봉홧둑 名 のろし台.
봉홧불 名 のろし.
봉환〔奉還〕 名 하他 奉還. お返し申し上げること.
봉황〔鳳凰〕 名 鳳凰.
봐주다 他 〔'보아주다'의 준말〕 **1** 世話をする. 面倒をみる. **2** 大目にみる. 見逃す.
봐하니 副 〔'보아하니'의 준말〕 見たところに. 察するに.
뵈다 他 (目上の人に)お目見えする. お伺いする. お目にかかる. ¶ 내일 뵈러 가겠습니다 あすお伺いにまいります / 할아버지를 뵈었다 おじいさんにお目にかかった.
뵈옵다 他 〔'뵈다'의 겸양어〕 お目にかかる.
뵘 名 裂け目を詰めるか支えること.
뵙다 他 〔'뵈옵다'의 준말〕 お目にかかる. ¶ 처음 뵙겠습니다 初めまして / 또 뵙겠습니다 またお目にかかります.
부1〔父〕 名 父. ちち.
부2〔夫〕 名 夫. おっと.
부3〔否〕 名 否〈議案表決などでの不賛成〉. 反 可 ¶ 가～ 동수 可否同数.
부4〔部〕 **I** 名 部. **1** 中央行政官庁. ¶ 외무～ 外務部. **2** 官庁·会社などの組織の区分. ¶ 총무～ 総務部.
II 依名 **1** 〔신문·잡지 등을 세는 단위〕 部. ¶ 발행 부수가 십만 ～를 넘었다 発行部数が10万部を超えた. **2** 部. 事物を区分けしたその一区分. ¶ 제1～ 第1部.
부5〔婦〕 名 婦.
부6〔富〕 名 富. 多大な財産.
부-7〔不〕 接頭 ('ㄷ·ㅈ'으로 시작하는 말 앞에 붙어)〔부정을 나타냄〕 不…. ¶ ～도덕 不道徳 / ～자유 不自由.
부-8〔副〕 接頭 副…. **1** 次, または2番目であることを表わす. ¶ ～사장 副社長. **2** 二次的なものであることを表わす. ¶ ～상 副賞 / ～수입 副収入.
-부9〔附〕 接尾 **1** 〔날짜〕 …付け. ¶ 2월 1일～의 소인 2月1日付けの消し印 / 4월 1일～로 발령이 나다 4月1日付けで発令される. **2** 〔소속·부속〕 …付き. ¶ 주미 대사관～ 무관 駐米大使館付き武官.
부가1〔附加〕 名 하他 付加. ¶ ～형 付加刑 / ～ 조항 付加条項.
부가 가치〔一價値〕 名〔經〕 付加価値.
부가 가치세〔一價値稅〕 名〔法〕 付加価値税.
부가2〔富家〕 名 富家. 金持ち.
부각1 名 こんぶの両面にもち米の糊を塗りつけて乾かしたのち油で揚げた食品.
부각2〔浮刻〕 名 하他 浮き彫り. **1** 〔美〕 レリーフ. **2** 特徴づけて浮き出させること. ¶ 쟁점이 ～되었다 争点が浮き彫りになった.
부감〔俯瞰〕 名 하他 俯瞰. 鳥瞰.
부감도〔一圖〕 名 俯瞰図. 鳥瞰図.
부갑상선〔副甲狀腺〕 名〔生〕 副甲状腺.
부강하다〔富強一〕 形 富強だ. ¶ 부강한 나라 富強な国家.
부검〔剖檢〕 名 하他 剖検. ¶ 시체를 ～하다 屍体を剖検する.
부검지 名 藁屑. 藁稭.
부결〔否決〕 名 하他 否決. 反 可決 ¶ 법안이 ～되다 法案が否決される.
부계〔父系〕 名 父系. 反 母系. ¶ ～가족 父系家族 / ～친 父系親.
부고〔訃告〕 名 하自他 訃告. 訃報. 訃音. ¶ ～를 받다 訃報を受ける.
부고환〔副睾丸〕 名〔生〕 副睾丸.
부고환염〔一炎〕 名〔醫〕 副睾丸炎.
부공〔婦功〕 名 **1** 内助の功. **2** 女性の仕事〈機織りや針仕事など〉.
부과〔賦課〕 名 하他 賦課. ¶ 조세의 ～ 租税の賦課.
부과금〔一金〕 名 賦課金.
부관〔副官〕 名 副官.
부관참시〔剖棺斬屍〕 名 하他〔史〕 死後に大罪が発覚したとき棺を割り死体を取り出して首を切ったりした刑罰.
부광〔富鑛〕 名〔鑛〕 富鉱.
부광대〔一帶〕 名〔鑛〕 鉱脈が豊かな地帯.
부교1〔父敎〕 名 **1** 父の教訓. **2** 父の命令.
부교2〔浮橋〕 名 浮き橋. 船橋.
부교감 신경〔副交感神經〕 名〔生〕 副交感神経.
부교수〔副敎授〕 名 教授と助教授の間の地位.
부국1〔部局〕 名 (官庁·企業などの) 部局.
부국2〔富國〕 名 富国.
부국강병〔一強兵〕 名 富国強兵.
부군1〔夫君〕 名 夫君. ご亭主. ご主人.
부군2〔父君〕 名 父君.
부군3〔府君〕 名 府君〈亡父や男性の祖先に対する尊敬語〉.
부권1〔夫權〕 名〔法〕 夫権.
부권2〔父權〕 名〔法〕 父権.
부귀〔富貴〕 名 하形 富貴. 反 貧賤 ¶ ～공명 富貴功名 / ～영화를 누리다 富貴栄華を享受する.
부그르르 副 하自 **1** 〔물이 끓는 모양[소리]〕 ぐらぐら(と). ¶ 주전자의 물이 ～ 끓다 やかんの湯がぐらぐら沸く. **2** 〔거품이 이는 모양[소리]〕 ぶくぶく(と). ＞보그르르
부근〔附近〕 名 付近. 辺り. 近所.

ほとり. ¶ 서울역 ～ ソウル駅の付近 / 우리집 ～에 사는 사람들 私の家の近所に住んでいる人たち.

부글거리다[-대다] 自 **1** (しきりに)沸き上がる. ぐらぐら沸く. **2** (しきりに)泡だつ. ぶくぶくと泡だつ. **3** (いろいろな考えがわき起こって)心が騒ぐ. **4** (人・獣などが)うようよする. うごめく. ひしめく.

부글부글 副 하自 **1**〔액체가 끓는 모양〕ぐらぐら(と). ふつふつ(と). ¶ 국이 ～ 끓다 汁がぐらぐら沸く. **2**〔거품이 이는 모양〕ぶくぶく(と). ぽこぽこ. ¶ 거품이 ～ 일어난다 泡がぶくぶく立つ. **3**〔마음이 언짢은 모양〕ふつふつ. むしゃくしゃ. **4**〔사람·동물이 북적거리는 모양〕うようよ(と). うじゃうじゃ(と). ¶ 시장에 사람들이 ～한다 市場に人がうようよひしめいている.

부금〔賦金〕名 賦金. **1** 賦課金. **2** 掛け金. ¶ 이달의 ～을 붓다 今月の掛け金を払う.

부급〔負笈〕名 하自 負笈. 遊学すること.

부기¹〔附記〕名 하他 付記. ¶ 주의 사항을 ～하다 注意事項を付記する.

부기 등기〔一登記〕名〔法〕付記登記.

부기²〔浮氣〕名 腫れ. むくみ. ¶ ～가 내리다[빠지다] 腫れが引く.

부기³〔簿記〕名〔經〕簿記. ¶ ～를 적다 簿記をつける.

부꾸미 名 もち米・小麦・きびなどの粉をこねて円形にしフライパンで焼いた餅.

부끄러움 名 恥じらい. はにかみ. 恥ずかしさ. ¶ ～을 무릅쓰고 말하다 恥をしのんで話す.

부끄러워하다 自他 恥じらう. 恥ずかしがる. きまり悪がる. はにかむ. ¶ 새색시처럼 ～ 花嫁さんのように恥ずかしがる.

부끄럼 名〔'부끄러움'의 준말〕恥じらい. はにかみ. 恥ずかしさ. 恥. ¶ ～ 없는 생활을 하다 恥じることのない生活を送る.

부끄럼타다 自 恥ずかしがり屋だ. 恥ずかしがる. はにかむ.

부끄럽다 形 恥ずかしい. 顔向けできない. 面目なく思う. 気恥ずかしい. ¶ 사회인으로서 부끄러운 행위 社会人として恥ずかしい行為 / 지나온 과거는 부끄럽기 짝이 없다 過ぎし日は慙愧に耐えない / 부끄러워서 얼굴이 빨개졌다 恥ずかしくて顔が赤くなった. **부끄러이** 副 恥ずかしく. きまり悪く.

부낭〔浮囊〕名 浮嚢. 浮き袋. ¶ 구명용 ～ 救命用浮き袋.

부내〔部內〕名 部内.

부녀¹〔父女〕名 父女. 父と娘.

부녀²〔婦女〕名〔'부녀자'의 준말〕婦女.

부녀자〔一子〕名 婦女子.

부농〔富農〕名 富農. ¶ ～가 富農家.

부닐다 自〔붙임성 있게 굴다〕人なつこくふるまう. 愛想よくふるまう.

부닥뜨리다[-트리다] 自他 出くわす. 突き当たる. ぶつかる.

부닥치다 自他 ぶち当たる. 突き当たる. ぶつかる. ¶ 사업이 난관에 ～ 事業が難関に突き当たる.

부단〔不斷〕名 하形 不断. **1** 絶え間ないこと. ¶ ～한 노력 不断の努力. **2** 決断力がないこと. ¶ 우유～ 優柔不断. **부단히** 副 いつも. 不断に.

부담〔負擔〕名 하他 負担. 負い目. ¶ ～금 負担金 / ～을 주다[덜어주다] 負担を与える[減らす].

부담스럽다 形 いかにも負担だ.

부답복철〔不踏覆轍〕名 先人の失敗を繰り返さないこと.

부당〔不當〕名 하形 不当. ¶ ～성 不当性 / ～한 요구를 하다 不当な要求をする. **부당히** 副 不当に.

부당 이득〔一利得〕名 不当利得.

부대¹〔附帶〕名 하他 付帯. ¶ ～ 조건 付帯条件 / ～ 사업 付帯事業.

부대²〔負袋〕名 袋. ¶ 밀가루 ～ 小麦粉袋 / 쌀을 ～에 담는다 米を袋に入れる.

부대³〔浮袋〕名 浮き袋.

부대⁴〔部隊〕名 部隊. **1**〔軍〕軍隊の組織単位の一つ. ¶ 기동 ～ 機動部隊. **2** 集団的な行動をとる人々の集まり. ¶ 응원 ～ 応援部隊.

부대끼다 自 苦しめられる. さいなまれる. 悩まされる. もまれる. ¶ 속이 ～ 胃がもたれる / 살림에 ～ 家計の維持に悩まされる.

부덕¹〔不德〕名 하形 不徳. ¶ 이번 일은 제 ～의 소치입니다 今回のことは私の不徳の致すところです.

부덕²〔婦德〕名 婦徳. 婦人として守るべき徳. ¶ 학식과 ～을 겸비하다 学識と婦徳を兼ね備える.

부도¹〔不渡〕名〔經〕不渡り. ¶ ～를 내어 도산했다 不渡りを出して倒産した.

부도나다 自 不渡りになる.

부도 수표〔一手票〕名〔經〕不渡り小切手.

부도 어음 名〔經〕不渡り手形.

부도²〔附圖〕名 付図. ¶ 역사[지리] ～ 歴史[地理]付図.

부도³〔婦道〕名 婦道. 女性として守るべき道. ¶ ～를 닦다 婦道を磨く.

부도⁴〔浮屠〕名〔佛〕浮図[浮屠]. **1** 仏陀. **2** 卒塔婆. **3** 僧侶.

부도덕〔不道德〕名 하形 不道徳. ¶ ～한 행위 不道徳な行為.

부도옹〔不倒翁〕名 不倒翁. 起き上がりこぼし.

부도체〔不導體〕名〔物〕不導体.

부독본〔副讀本〕名 副読本.

부동¹〔不動〕名 하自 不動. ¶ ～의 자세를 취하다 不動の姿勢をとる / ～의 신념을 가지다 不動の信念をもつ.

부동²〔浮動〕名 하自 浮動. ¶ 도시에는 ～ 인구가 많다 都市には浮動人口が多い.

부동표〔一票〕名 浮動票.

부동명왕〔不動明王〕名〔佛〕不動明王. 不動尊.

부동산〔不動產〕名 不動産. ¶ ～ 금융 不動産金融 / ～ 취득세 不動産取得税 / ～업 不動産業.

부동액〔不凍液〕 名〔化〕不凍液.
부동항〔不凍港〕 名 不凍港.
부동하다〔不同—〕 形 不同だ.
부두〔埠頭〕 名 埠頭. 波止場. ¶ ~에 댄 배 埠頭に横付けにした船.
　부두꾼 名 港湾労働者.
　부둣가 名 波止場のほとり.
부둑하다 形 (水気がほぼ乾いて)やや固い.
　부둑부둑 副 하形 〔물기가 거의 말라 조금 뻣뻣한 모양〕ごわごわ(と). ¶ 빨래가 말라서 ~하다 洗濯物が乾いて少しごわごわしている.
부둥부둥 副 하形 まるまると. ¶ ~ 살이 찐다 まるまると太る.
부둥켜안다 他 ぎゅっと抱き締める. 抱き込む. 抱かえる. ¶ 아들을 ~ 息子をぎゅっと抱きしめる.
부둥키다 他 抱き締める. (両手で)ぐいとつかむ. 抱かえる. ¶ 어린애를 ~ 子供を抱き締める/배를 부둥키고 웃다 腹を抱えて笑う.
부드드하다 形 けちけちする. けちくさい.
부드득 副 하自他 がりがり(と). ぎりぎり(と). ¶ 분해서 이를 ~ 갈다 くやしくてぎりぎり歯ぎしりする.
　부드득거리다[-대다] 自他 しきりにぎりぎりきしる.
　부드득부드득 副 하自他 がりがり. ごりごり.
부드럽다 形 **1** やわらかい. 感触がよい. ¶ 부드러운 살결 やわらかい肌. **2** (性格・態度が)やわらかい. 柔軟だ. 和やかだ. 穏やかだ. 温厚だ. ¶ 부드러운 태도 やわらかい態度. **부드러이** 副 やわらかく. 穏やかに. 和やかに.
부득부득 副 **1** (しつこく)我を張るようす. ¶ ~ 고집을 피우다 執拗に意地を張る. **2** 〔자꾸 조르는 모양〕やいやい(と). やいのやいの(と). ¶ 안 된다는데 왜 그리 ~ 조르니? 駄目だというのにどうしてそんなにやいやいせがむの.
부득불〔不得不〕 副 やむを得ず. やむなく. ¶ ~ 중지하다 やむを得ず中止する.
부득이〔不得已〕 副 하形 やむなく. 余儀なく. 仕方なく. ¶ ~ 인수하다 やむを得ず引き受ける/~한 사정 やむを得ない事情.
부들 名〔植〕小蒲.
부들부들 副 〔몸을 떠는 모양〕ぶるぶる(と). わなわな(と). がくがく(と). ¶ 무서워서 ~ 떨다 恐ろしくてがくがく震える. >바들바들
부들부들하다 形 (感触が非常に)やわらかい. ¶ 부들부들한 살결 やわらかい肌/천이 아주 ~ 布がとてもやわらかい. >보들보들하다
부듯하다 形 **1** (締めつけられるような感じで)窮屈だ. ¶ 많이 먹어서 배가 ~ 食べすぎておなかが窮屈だ. **2** 胸がいっぱいだ. 満ちている. ¶ 기쁨으로 가슴이 ~ 喜びで胸がいっぱいだ. **부듯이** 副 窮屈に. いっぱいに. 満ち足りて.
부등〔不等〕 名 하形 不等. 等しくないこと.
　부등식〔—式〕 名〔數〕不等式.
　부등호〔—號〕 名〔數〕不等号.
부디 副 (願い・頼みの意を込めて)どうか. どうぞ. ぜひとも. なにとぞ. くれぐれも. ¶ ~ 참석해 주십시오 ぜひともご参席ください/허물을 ~ 용서해 주십시오 過ちをどうかお許しください.
　부디부디 副 くれぐれも. ぜひとも.
부딪다 自他 ぶつかる[ぶつける]. 当たる. 突き当たる. ¶ 차를 전봇대에 ~ 車を電柱にぶつける.
부딪뜨리다[-트리다] 他 非常に強くぶつける.
부딪치다 自他 **1** 強く突き当たる[ぶつかる]. 強く打ちつける[ぶつける]. 打つ. ¶ 바위에 부딪친 파도가 부서지다 岩にぶつかった波が砕ける. **2** 出くわす. ¶ 거리에서 친구와 뜻밖에 부딪쳤다 道で友人に思いがけなく出くわした. **3** 当たる. ぶつかり合う. ¶ 겁먹지 말고 부딪쳐 봐 おじけづかないでぶつかってみろ.
부딪히다 自他 ぶつかる. ぶつけられる. 打ちつけられる. ¶ 벽에 머리를 ~ 壁に頭をぶつけられる/배가 암초에 ~ 船が暗礁に衝突する.
부뚜막 名 かまど. へっつい.
　〔속담〕 **부뚜막의 소금도 집어 넣어야 짜다** かまどの塩もつまんで入れてこそ塩辛い〈いくらたやすいことでも手を下さなければ成就しない〉.
부라리다 他 (怖がらせるため)目をぎょろつかせる. 目をむく. 目を怒らす. ¶ 화를 내면서 눈을 부라렸다 怒って目をむいた.
부라부라 感 赤ん坊の両脇を抱かえて揺するときにあやす言葉.
부라질 名 하自 **1** 赤ん坊の両脇を抱かえて左右に振りながらあやすこと. **2** 体を左右に振ること.
부락〔部落〕 名 部落. 集落.
부란¹〔孵卵〕 名 하自他 孵卵. ¶ ~기 孵卵器.
부란²〔腐爛〕 名 하自 腐乱. ¶ ~한 시체 腐乱した死体.
부랑〔浮浪〕 名 하自 浮浪.
　부랑배〔—輩〕 名 浮浪者の群れ.
　부랑아〔—兒〕 名 浮浪児.
　부랑자〔—者〕 名 浮浪者. ごろつき.
부랴부랴 副 大急ぎで. あたふた(と). 早々に. あわてて. ¶ 비행기를 놓칠까 봐 ~ 떠났다 飛行機に乗り遅れはしないかとあたふたと出発した.
부러 副 わざと. 故意に. ¶ ~ 거짓말을 하다 わざと嘘をつく.
부러뜨리다[-트리다] 他 折る. 折ってしまう. ¶ 연필을 ~ 鉛筆を折る.
부러워하다 他 うらやむ. うらやましがる. ¶ 남의 성공을 ~ 人の成功をうらやむ/부러워하는 눈빛으로 바라보다 うらやましそうな目つきで眺める.
부러지다 自 折れる. ¶ 나뭇가지가 ~ 枝が折れる.
부럼 名〔民俗〕陰暦正月15日に子供たちがかみ砕いて食べる栗・くるみ・ピーナツ・松の実などの総称.
부럽다 形 うらやましい. 欲しい. ¶ 그지없이 ~ この上なくうらやましい/아름다운 목소리가 ~ 美しい声がうらや

ましい.

부레 名 **1** (魚の)浮き袋. 鰾. **2** 〔'부레풀'의 준말〕鰾膠.

부레질 名 하他 膠づけにすること.

부레풀 名 鰾膠. 膠.

부려 먹다 他 こき使う. 酷使する. ¶ 머슴처럼 ~ 下男のようにこき使う / 실컷 ~ さんざん酷使する.

부력[1]〔浮力〕名〔物〕浮力. ¶ ~ 중심 浮心.

부력[2]〔富力〕名 富力. 経済力.

부령〔部令〕名〔法〕省令〈行政の各部の長官がその職務に関して発する命令〉.

부록〔附錄〕名 付録. ¶ 권말 ~ 巻末付録.

부루퉁하다 形 **1** 膨れっ面をしている. 不機嫌そうだ. ¶ 꾸중을 듣고 부루퉁해 있다 叱られて膨れっ面をしている. **2** 膨れ上がっている. 腫れ上がっている. ¶ 부루퉁한 손 腫れ上がった手.

부룩 名〔農〕間作.

◆**부룩을 박다** 間作する.

부룩소 名 小さい雄牛.

부룩송아지 名 まだ馴らしていない子牛.

부류〔部類〕名 部類. ¶ 같은 ~에 속하다 同じ部類に属する.

부르다[1] 他 **1** (言葉·手まねで)呼ぶ. 招く. 招待する. ¶ 보이를 ~ ボーイを呼ぶ / 구급차를 ~ 救急車を呼ぶ. **2** (名前·文章を)読み上げる. 読む. 呼ぶ. ¶ 출석을 ~ 出席を取る. **3** (ある定まった方向へ)導く. ついて来させる. 呼ぶ. ¶ 바다가 우리를 부른다 海が我らを呼ぶ. **4** 口ずさむ. 歌う. ¶ 노래를 ~ 歌を歌う. **5** (大声で)叫ぶ. 唱える. ¶ 구호[만세]를 ~ スローガン[万歳]を叫ぶ. **6** 呼ぶ. 称する. 呼称する. いう. ¶ 그 아이를 똘똘이라고 부른다 その子をお利口さんと呼ぶ. **7** (金額·値を)いう. つける. ¶ 값을 싸게 ~ 値段を安くつける.

부르다[2] 形 **1** (腹が)いっぱいだ. 満腹だ. ¶ 배 부르게 먹다 腹一杯食べる. **2** (物の中央が)突き出ている. 膨れている. ¶ 배가 부른 단지 胴の膨らんでいる素焼きのつぼ. **3** (身ごもった腹が)大きい. 膨れている. ¶ 만삭이라 배가 ~ 産み月で腹が膨れている.

부르르 副 **1** 〔떠는 모양〕ぶるぶる(と). わなわな(と). ¶ 추워서 ~ 떨다 寒くてぶるぶる震える. **2** 〔불이 붙어 타오르는 모양〕めらめら(と). **3** 〔끓어오르는 모양[소리]〕ぶくぶく(と). ぐらぐら(と). ¶ 밥이 ~ 끓는다 ご飯がぶくぶくと沸き立つ. **4** 〔성을 내는 모양〕かっと. ¶ ~ 성을 내며 나가다 かっとなって出て行く.

부르릉 副 하自他 〔발동기가 발동할 때 나는 소리〕ぶるん. ぶるるん. ぶうん.

부르릉거리다[-대다] 自他 ぶるんぶるんと音を立てる.

부르릉부르릉 副 하自他 ぶるんぶるん.

부르주아〔프 bourgeois〕名 ブルジョア.

부르쥐다 他 (拳を)握りしめる. ¶ 주먹을 부르쥐고 외치다 拳を握りしめて叫ぶ.

부르짖다 自 **1** 叫ぶ. わめく. 大声をあげる. ¶ 살려 달라고 ~ 助けてくれと叫ぶ. **2** 主張する. 唱える. ¶ 절대 반대를 ~ 絶対反対を唱える.

부르터나다 自 ばれる. 暴露される.

부르트다 自 **1** (皮膚に)水膨れができる. まめができる. ¶ 입술이 ~ 唇に水膨れができる. **2** (虫にかまれて)膨れる. 腫れる. ¶ 모기에 물린 자리가 ~ 蚊にかまれたところが腫れる.

부릅뜨다 他 (目を)むく. ¶ 눈을 부릅뜨고 놀라다 目をむいて驚く.

부리 名 **1** (鳥などの)くちばし. ¶ ~가 길다 くちばしが長い. **2** (物の) 端のとがった部分. ¶ 돌~ 石の(地上に)突き出た部分 / 소맷~ 袖口 / 총~ 筒先. 銃口. **3** (瓶などの)口の先.

부리나케 副 大急ぎで. 一目散に. ¶ ~ 달려가다 大急ぎで駆けつける / ~ 도망가다 一目散に逃げる.

부리다[1] 他 **1** (人·牛馬などを)使う. 用いる. 働かせる. こき使う. ¶ 가정부를 심하게 ~ お手伝いさんをこき使う / 소를 ~ 牛を使う. **2** (機械などを)操縦する. 操る. 動かす. ¶ 자동차를 ~ 自動車を運転する / 배를 ~ 船を操縦する. **3** (計略などを)弄する. (知恵·手腕などを)働かせる. ¶ 수단을 ~ 手段を講ずる / 재주를 ~ 曲芸を披露する. **4** (行動·性質などを)あらわに示す. ¶ 위세를 ~ 威をふるう / 말썽을 ~ 悶着を起こす / 고집을 ~ 意地を張る.

부리다[2] 他 **1** (積み荷を)おろす. 荷おろしをする. **2** 弓弦をはずす.

부리부리하다 形 目が大きくてぎらぎらしている. ¶ 부리부리한 눈 大きくぎらぎらする目.

부림꾼 名 人に使われる者.

부마〔駙馬〕名〔史〕〔'부마 도위'의 준말〕駙馬.

부마도위〔一都尉〕名〔史〕駙馬都尉. 王の婿.

부면〔部面〕名 部面. ¶ 생물학적인 ~ 生物学的な部面.

부명[1]〔父名〕名 父の名.

부명[2]〔父命〕名 父の命令.

부모〔父母〕名 父母. 両親. 親.

부모구몰〔一俱沒〕名 하自 両親が共に亡くなったこと.

부모구존〔一俱存〕名 하自 両親が共に生きていること.

부모상〔一喪〕名 父母の喪.

호칭·지칭 **부모**

親 / 両親 / 二親 / 父母 / 父母

• 親는 부모 중의 한쪽이나 양쪽에 대해 다 쓰며, 부모가 자신을 가리킬 때도 쓰고 인간 이외의 동물에도 사용한다. 일상 회화에서 자기 부모에 대해서는 親·両親을 쓰고, 상대의 부모에 대해서는 親御さん·ご両親(様)을 쓴다. / 両親과 二親는 둘다 부모의 뜻이나, 二親는 両親에 비해 일반

적이지 못하며, 片親가 아니라 아버지와 어머니 양쪽을 가리키는 뉘앙스가 강하여 단순히 両親과 대치할 수 없다. 또 二親는 보호자로서의 '어버이'에 대해 말할 때도 쓴다. / 父母는 학교 등에서 보호자를 가리켜 말하는 이외에는, 문장어로만 사용된다. ちちはは도 문장어이다. ▷아버지, 어머니

부목[1]〔浮木〕 名 浮木. うきぎ.
부목[2]〔副木〕 名 副木. 添え木.
부목[3]〔腐木〕 名 腐木. くちき.
부문[1]〔浮文〕 名 うわべ飾りの軽薄な文章.
부문[2]〔部門〕 名 部門. ¶ ~별로 심사하다 部門別に審査する.
부민[1]〔浮民〕 名 流民. 浮浪の民.
부민[2]〔富民〕 名 富民. 富んでいる民.
부박하다〔浮薄—〕 形 軽薄だ. 軽はずみだ. ¶ 부박한 행동을 삼가라 軽はずみな行動を慎みなさい.
부별〔部別〕 名 하他 部別. 部分け.
부보〔訃報〕 名 訃報. 訃音. ¶ ~를 보내다 訃報を出す.
부복〔俯伏〕 名 하自 俯伏. 平伏. ぬかずくこと. ¶ 왕 앞에 ~하다 王の前に平伏する.
부본〔副本〕 名 副本. 副書. 控え. ¶ 보고서 ~ 報告書の控え.
부부〔夫婦〕 名 夫婦. 夫妻. めおと. ¶ 화목한 ~ 생활 むつまじい夫婦生活.
부부성〔—星〕 名 夫婦星. 牽牛と織女.
부부유별〔—有別〕 名 夫婦の間でも守るべき人倫の区別があるという儒教の教え.
부분〔部分〕 名 部分. 反 全体. ¶ ~품 部分品 / ~ 월식[일식] 部分月食[日食] / ~으로 나누다 部分に分ける.
부분식〔—蝕〕 名〔天〕 部分食.
부분적〔—的〕 冠名 部分的. ¶ ~으로 파악하다 部分的に把握する.
부빙〔浮氷〕 名 하自 **1** 浮氷. **2** 川から氷を切りとること.
부사〔副詞〕 名〔言〕 副詞. ¶ ~어 副詞語 / ~절 副詞節 / ~형 副詞形.
부사리 名 突く癖のある雄牛.
부사장〔副社長〕 名 副社長.
부산떨다 自 騒々しく振舞う. せわしく立ち回る. ¶ 부산떠는 녀석이군, 좀 가만히 있어요 せわしない子だね, 少しじっとしていなさい.
부산물〔副産物〕 名 副産物. ¶ 그것은 의학 연구의 ~이다 それは医学研究の副産物だ.
부산하다 形 せわしい. 騒々しい. ¶ 여행 준비로 ~ 旅行のしたくでせわしい / 연말이라 시장 안이 ~ 歳末で市場の中が騒々しい. **부산히** 副 せわしく. やかましく.
부삽 名 十能. 火掻き.
부상[1]〔父喪〕 名 父喪. 父の喪.
부상[2]〔負傷〕 名 하自他 負傷. けが. ¶ ~자 負傷者 / ~을 입다 負傷する / 다리를 ~하다 足を負傷する.
부상[3]〔浮上〕 名 하自 浮上. ¶ 인기가 ~하다 人気が出る / 대통령 후보로 ~하다 大統領候補として浮上する.
부상[4]〔副賞〕 名 副賞. ¶ 백만 원의 ~ 100万ウォンの副賞.
부상[5]〔富商〕 名 富商. 豪商.
부생〔浮生〕 名 浮生. 浮き世. はかない人生.
부서[1]〔部署〕 名 部署. 持場. ¶ 어느 ~에서 일을 보고 있소? どの部署で働いていますか.
부서[2]〔副署〕 名 하自〔法〕 副署.
부서뜨리다[-트리다] 他 〔'부스러뜨리다'의 준말〕 ぶち壊す. 押しつぶす.
부서지다 自 **1** 砕ける. 粉々になる. ¶ 거울[유리컵]이 산산이 ~ 鏡[ガラスのコップ]が粉々に砕ける. **2** (建物·家具などが) 壊れる. 崩れる. ¶ 의자가 ~ 椅子が壊れる. **3** (希望·期待などが) 壊れる. 破れる. ¶ 꿈이 ~ 夢が壊れる.
부석[1]〔浮石〕 名 **1**〔鑛〕 浮石. 軽石. うきいし. **2** 水面の上に突き出していて浮かんでいるように見える岩石.
부석[2]〔浮石〕 名 하自 **1** 採石. **2** (工事場で) 使い残しの石材.
부석부석 副 하形 〔살이 부어 오른 모양〕 ぶよぶよ(と). ぶくぶく(と). ¶ 산모의 얼굴이 아직 ~하다 産婦の顔がまだ少しむくんでいる / 잠을 너무 자서 눈이 ~하다 寝すぎて目が少し腫れぼったい.
부선거〔浮船渠〕 名 浮きドック.
부설[1]〔附設〕 名 하他 付設. ¶ 연구소를 ~하다 研究所を付設する.
부설[2]〔浮說〕 名 浮説. 浮言.
부설[3]〔敷設〕 名 하他 敷設. ¶ ~함 敷設艦 / 기뢰[철도]를 ~하다 機雷[鉄道]を敷設する.
부성〔父性〕 名 父性.
부성애〔—愛〕 名 父性愛.
부성분〔副成分〕 名 副成分.
부세[1]〔浮世〕 名 浮き世.
부세[2]〔賦稅〕 名 하他 賦税. 課税.
부속〔附屬〕 名 하自 付属. ¶ ~ 시설[학교] 付属施設[学校].
부속물〔—物〕 名 付属物.
부속 병원〔—病院〕 名 付属病院.
부속실〔—室〕 名 **1** 付属する部屋. **2** 秘書室の役割を受け持つ部屋.
부속품〔—品〕 名 付属品.
부수[1]〔附隨〕 名 하自他 付随. ¶ ~된 문제 付随した問題.
부수적〔—的〕 冠名 付随的. ¶ ~ 조건 付随的条件.
부수[2]〔部首〕 名 (漢字の) 部首.
부수[3]〔部數〕 名 部数. ¶ 신문의 발행 ~ 新聞の発行部数.
부수다 他 **1** 割る. 砕く. ¶ 흙덩이를 잘게 ~ 土の塊を細かく砕く. **2** 壊す. つぶす. 破る. ¶ 건물을 ~ 建物を壊す / 적의 방어진을 ~ 敵の防御陣を破る.
부수뜨리다[-트리다] 他 力任せに壊してしまう.
부수수하다 形 〔'에부수수하다'의 준말〕 ぱさぱさしている. ¶ 부수수한 머리 ぱさ

ぱさした髪.

부수입〔副收入〕名 副収入. 役得. 余禄. ¶ ~이 많은 직업 余禄の多い職業.

부수지르다 他 手当たり次第にぶち壊す.

부숭부숭 副 하形 **1**〔물기가 아주 없는 모양〕からから. ぱさぱさ. からりと. **2** (肌·顔·ふるまいが)垢抜けて美しくしなやかなようす. >보송보송

부스대다 自 (じっとしていないで)がさがさと音を立てる. がさつく. ¶ 부스대는 바람에 잠을 깨다 ごそごそするので目を覚ます.

부스러기 名 屑. 切れ端. 残りかす. ¶ 떡[과자] ~ 餅[お菓子]の切れ端.

부스러뜨리다[-트리다] 他 ぶち壊す. 押しつぶす. 砕いてしまう.

부스러지다 自 粉々になる. 砕ける. 壊れる. つぶれる. ¶ 돌이 ~ 石が砕ける / 비스킷이 ~ ビスケットが粉々になる. >바스러지다

부스럭 副 하自他 がさっと. ばさっと. ¶ 마루 밑에서 ~ 소리가 난다 床下でがさっと音がする.

부스럭거리다[-대다] 自他 がさつく. ばさつく. ¶ 나뭇잎이 바람에 ~ 木の葉が風にばさばさと音を立てる.

부스럭부스럭 副 하自他 ばさばさと. がさがさと.

부스럼 名 できもの. 腫れ物. おでき. ¶ ~이 나다 できものができる.

부스스 副 하形 **1**〔천천히 몸을 일으키는 모양〕やおら. おもむろに. ¶ 한밤중에 ~ 일어나 앉다 真夜中にのっそりと起きあがる. **2**〔머리털 등이 헝클어진 모양〕もじゃもじゃ. ぼうぼう. ¶ 머리가 ~한 청년 髪がもじゃもじゃの青年. **3**〔부스러기가 헤어지는 모양[소리]〕ばらばら(と). ¶ 흙더미가 ~ 무너져 내리다 盛り土がばらばらと崩れ落ちる. **4**〔문을 조용히 여닫는 모양[소리]〕そっと. ¶ 미닫이가 ~ 열리다 障子がそっと開く.

부슬부슬[1] 副 さらさら(と). しとしと(と). ¶ ~ 내리는 봄비 しとしと降る春雨 / 눈이 ~ 내리다 雪がさらさらと降る. >보슬보슬

부슬부슬[2] 副 하形〔물기가 적어서 엉기지 못하는 모양〕(小さな塊·粉末などが)ばらばら(と). かさかさ(と). ¶ 담벼락의 흙이 ~ 떨어진다 土塀の土がばらばら落ちる / 떡이 말라서 ~하다 餅が乾いてかさかさしている. >보슬보슬

부슬비 名 小雨. こぬか雨. ¶ 소리없이 조용히 내리는 ~ 音もなく静かに降るこぬか雨. >보슬비

부시 名 火打ちがね[がま].

부시쌈지 名 火打ち袋.

부싯돌 名 火打ち石.

부시다[1] 他 (器などを)ゆすぐ. ¶ 밥그릇을 ~ 飯茶碗をゆすぐ.

부시다[2] 形 まぶしい. まばゆい. ¶ 햇빛에 눈이 ~ 日光で目がまぶしい.

부식[1]〔扶植〕名 하他 扶植. 植え付けること. ¶ 사내에 세력을 ~하다 社内に勢力を扶植する.

부식[2]〔副食〕名〔'부식물'의 준말〕副食. おかず.

부식물〔一物〕名 副食物.

부식비〔一費〕名 副食費. おかず代.

부식[3]〔腐植〕名 하自 腐植.

부식질〔一質〕名 腐植質.

부식토〔一土〕名 腐植土.

부식[4]〔腐蝕〕名 하自他 腐食. ¶ ~ 작용 腐食作用.

부식 동판〔一銅板〕名〔印〕腐食銅板. エッチング.

부신〔副腎〕名〔生〕副腎.

부신 피질〔一皮質〕名〔生〕副腎皮質. ¶ ~ 호르몬 副腎皮質ホルモン.

부신경〔副神經〕名〔生〕副神経.

부실〔不實〕名 하形 **1** 不実. 誠実でないこと. ¶ ~한 사나이 不誠実な男. **2** 心身が丈夫でないこと. ¶ 그 아이는 몸이 ~하다 その子は体が弱い. **3** 内容が充実していないこと. 不十分なこと. 貧弱なこと. ¶ 내용이 ~한 글 内容の不十分な文章.

부실기업〔一企業〕名 不実な企業. 不健実な企業.

부심〔腐心〕名 하自 腐心. 苦心. ¶ 불황 타개에 ~하다 不況打開に腐心する.

부썩 副 **1** 我を張るようす. ¶ 꼭 하겠다고 ~ 졸라댄다 どうしてもやるんだといってしつこくせがむ. **2**〔갑자기 늘거나 주는 모양〕ぐんと. ばっと. めっきり(と). ¶ 장마로 강물이 ~ 늘었다 梅雨で川の水がぐんと増えた / 실력이 ~ 늘다 実力がぐんと伸びる.

부썩부썩 副 ぐんぐん(と). めっきり(と). めきめき(と). ¶ 병이 ~ 좋아졌다 病気がめきめきよくなってきた.

부아 名 **1** 肺臓. **2** 憤り. 癇癪. 癪. ¶ ~가 치밀어 참을 수 없다 腹の虫が収まらない. 腹が立って我慢できない.

◆**부아를 돋우다** 癇癪を起こさせる. 怒らせる.

부아나다 自 癪に障る. 腹が立つ.

부아내다 自 癇癪をおこす. 腹を立てる.

부아통 名 癇癪.

◆**부아통이 터지다** 癇癪を起こす.

부앙〔俯仰〕名 하他 俯仰. うつむくことと仰ぐこと.

부앙무괴〔一無愧〕名 俯仰天地に愧じないこと.

부양[1]〔扶養〕名 하他 扶養. ¶ ~ 의무 扶養義務 / ~가족 扶養家族.

부양[2]〔浮揚〕名 하自他 浮揚. ¶ 침몰선의 ~ 작업 沈没船の引き揚げ作業 / 경기 ~책 景気浮揚策.

부어〔鮒魚〕名〔動〕鮒.

부언〔附言〕名 하他 付言. ¶ ~하면 다음과 같다 付言すれば次のとおり.

부업[1]〔父業〕名 **1** 父の職業. **2** 祖先伝来の職業. ¶ ~을 계승하다 祖先伝来の職業を継ぐ. ▷가업(家業)

부업[2]〔副業〕名 副業. 内職. 反 本業. ¶ ~으로 양돈을 하다 副業として養豚を営む.

부엉부엉 副〔부엉이의 울음소리〕ほうほう.
부엉새 名 ☞부엉이
부엉이 名〔動〕このはずく〈ふくろう科の一種〉.
부엉이셈 名 愚かな勘定.
부엌 名 台所. 炊事場. 厨房. ¶ ～문 勝手口 / 어머니는 ～에서 일하고 계신다 母は台所で仕事をしている.
부엌데기 名〈俗〉飯炊き女.
부엌일 名 台所の仕事. 水仕事.
부엌칼 名 包丁.

單語帳 **부엌·식기 등에 관한 말**

◆그릇 食器の総称 / 접시 皿 / 공기(空器) 茶碗 / 밥그릇 ご飯茶碗 / 컵 コップ. カップ / 찻잔 湯飲み茶碗 / 커피 잔 コーヒー茶碗 / 젓가락 箸 / 숟가락 スプーン / 나이프 ナイフ / 포크 フォーク.
◆냄비 鍋 / 주전자 やかん / 솥 釜 / 전기 밥솥 電気釜 / 프라이팬 フライパン / 석쇠 焼き網 / 소쿠리 ざる / 시루 こしき / 김칫독 キムチの甕.
◆도마 まな板 / 식칼 包丁 / 국자 玉杓子 / 주걱 しゃもじ / 쟁반 お盆 / 행주 ふきん / 앞치마 エプロン / 수세미 たわし / 싱크대 流し台 / 가스 레인지 ガスレンジ / 찬장(饌欌) 食器棚 / 냉장고 冷蔵庫 / 밥상 膳.
◆설거지하다 後片づけをする. 皿洗いをする / 씻다 洗う / 헹구다 すすぐ.

부여[1]〔附與〕名 하他 付与. ¶ 권리를 ～하다 権利を付与する.
부여[2]〔賦與〕名 하他 賦与. 分け与えること. ¶ 하늘이 ～해 준 재능 天の賦与した才能.
부여잡다 他 ひっつかむ. 握りしめる. ¶ 소매치기의 멱살을 ～ すりの襟首をひっつかむ.
부역[1]〔附逆〕名 하自 反逆に加担すること. ¶ ～자[행위] 反逆者[行為].
부역[2]〔賦役〕名 賦役. ¶ ～을 나가다 賦役に出かける.
부연[1]〔附椽〕名〔建〕飛檐垂木.
부연[2]〔敷衍〕名 하自他 敷衍. ¶ ～하여 설명하다 敷衍して説明する.
부엽토〔腐葉土〕名〔農〕腐葉土.
부영사〔副領事〕名 副領事.
부영양호〔富營養湖〕名〔地〕富栄養湖.
부영이 名 **1** けむった色. **2** ねずみ色のけもの.
부옇다 形 不透明だ. 不鮮明だ. ぼやけている. ¶ 안개가 짙어 모두가 ～ 霧が深くてすべてがぼやけている. ＞보얗다
부예지다 自 薄くぼやける. ¶ 사진이 ～ 写真がぼやける / 김이 서려 창문이 ～ 湯気が立ちこめて窓が曇る. ＞보얘지다
부외〔部外〕名 部外. ¶ ～자 部外者.
부용[1]〔芙蓉〕名〔植〕芙蓉.
부용[2]〔附庸〕名 付庸. 属国.
부용[3]〔婦容〕名 婦容. 女の身だしなみ.
부운〔浮雲〕名 浮雲. 浮き雲.
부원〔部員〕名 部員.
부원군〔府院君〕名〔史〕朝鮮時代, 王妃の実父·正一品の功臣などに授けた爵号.
부위〔部位〕名 部位. ¶ 신체 각 ～의 명칭 身体各部位の名称.
부유[1]〔浮遊〕名 하自 浮遊. ¶ ～ 생물 浮遊生物.
부유 기뢰〔一機雷〕名〔軍〕浮遊機雷.
부유[2]〔富裕〕名 하形 富裕. ¶ ～한 집 富裕な家.
부유층〔一層〕名 富裕な階層.
부유[3]〔蜉蝣〕名〔動〕蜉蝣. かげろう.
부유인생〔一人生〕名 蜉蝣のような人生. はかない人生.
부유스름하다[-스레하다] 形 やや白みがかっている. ほの白くぼやけている.
부육〔扶育〕名 하他 扶育.
부음〔訃音〕名 訃音. 死亡通知.
부응〔副應〕名 하自 (期待などに)添って応ずること. 添うこと. ¶ 기대에 ～하도록 노력하다 期待に添うよう努力する.
부의[1]〔附議〕名 하他 付議. ¶ ～ 안건 付議案件.
부의[2]〔賻儀〕名 하自 香典. 香料.
부의장〔副議長〕名 副議長.
부익부〔富益富〕名 하自 富めばますます富むこと.
부인[1]〔夫人〕名〔'남의 아내'의 높임말〕夫人. 奥様. 奥さん. ¶ ～께서도 안녕하신가? 奥さんもお変わりないか.
부인[2]〔否認〕名 하他 否認. 反 是認 ¶ 사실을 ～하다 事実を否認する.
부인[3]〔副因〕名 副因.
부인[4]〔婦人〕名 婦人. 婦女. ¶ 중년 ～ 中年の婦人.
부인과〔一科〕名〔醫〕婦人科.
부인병〔一病〕名〔醫〕婦人病.
부인복〔一服〕名 婦人服.
부인회〔一會〕名 婦人会.
부일〔夫日〕名 両親の命日.
부임〔赴任〕名 하自 赴任. ¶ ～지 赴任地.
부자[1]〔父子〕名 父子. 父と子.
부자상전〔一相傳〕名 父子相伝.
부자유친〔一有親〕名 父子親有り〈五倫の一つ〉.
부자[2]〔夫子〕名 夫子〈徳行の高い人の敬称〉.
부자[3]〔富者〕名 金持ち.
부잣집 名 金持ちの家.
〔속담〕**부잣집 맏며느리 감이다** 金持ちの長男の嫁候補だ〈顔が福々しく円満な女性〉.
부자연스럽다〔不自然一〕形 不自然だ. わざとらしい. ¶ 부자연스러운 웃음을 띤 얼굴 不自然な笑顔. **부자연스레** 副 不自然に. わざとらしく.
부자연하다〔不自然一〕形 不自然だ. ¶ 부자연한 태도 不自然な態度.
부자유스럽다〔不自由一〕形 不自由だ. ¶ 옷을 두껍게 입어 행동이 ～ 厚着をして動きが不自由だ. **부자유스레** 副

不自由に.
부자유하다〔不自由一〕 形 不自由だ.
부작용〔副作用〕 名 副作用. ¶주사약의 ～ 注射薬の副作用.
부작위〔不作爲〕 名〔法〕 不作為.
부작위범〔一犯〕 名〔法〕 不作為犯.
부작위 채무〔一債務〕 名〔法〕 不作為債務.
부장1〔副長〕 名 副長.
부장2〔副葬〕 名 하他 副葬.
부장품〔一品〕 名 副葬品.
부장3〔部長〕 名 部長.
부재1〔不才〕 名 不才.
부재2〔不在〕 名 하自 不在. ¶～자 不在者 / ～자 투표 不在者投票.
부재 증명〔一證明〕 名〔法〕 不在証明.
부재3〔部材〕 名〔建〕 部材.
부저 名〔'부젓가락'의 준말〕 火ばし.
부적〔符籍〕 名〔民俗〕 護符. お守り. 呪符. お札. ¶항상 ～을 몸에 지닌다 いつもお守りを身につけている.
부적당하다〔不適當一〕 形 不適当だ. ¶부적당한 예 不適当な例.
부적응〔不適應〕 名 하形 不適応. ¶～아 不適応児.
부적임〔不適任〕 名 하形 不適任.
부전1〔不全〕 名 하形 不全. 不完全. 一部分. ¶발육 ～ 発育不全.
부전2〔不戰〕 名 不戦. ¶～ 조약을 맺다 不戦条約を結ぶ.
부전승〔一勝〕 名 하自 不戦勝.
부전3〔附箋〕 名 付箋. 張り紙.
부전자전〔父傳子傳〕 名 하他 父子相伝.
부절1〔不絶〕 名 하自 不断. 絶えないこと. ¶왕래가 ～하다 往来が絶えない.
부절2〔符節〕 名 符節. 割り符.
부절제〔不節制〕 名 하自他 不節制.
부접 名 하自 **1** 人なつっこい性質[態度]. **2** 人に頼ること.
◆**부접을 못 하다** ① 寄せつけない. 近づけない. 親しくできない. ¶성격이 까다로워서 ～을 못 한다 性格が気難しくて親しくできない. ② 一か所に落ち着いていられない. 浮き腰で落ち着かない. こらえきれない. 耐えられない. ¶식모가 ～을 못 한다 お手伝いさんがいつかない.
부젓가락 名 火ばし.
부정1〔不正〕 名 하形 不正. ¶～ 투표[선거] 不正投票[選挙] / ～ 행위 不正行為.
부정2〔不定〕 名 하形 不定. ¶주소[주거] ～ 住所[住居]不定 / ～ 방정식 不定方程式.
부정 관사〔一冠詞〕 名〔言〕 不定冠詞.
부정형〔一形〕 名 不定形.
부정3〔不貞〕 名 하形 不貞. ¶～한 아내 不貞な妻.
부정4〔不淨〕 名 하形 **1** 不浄. けがれ. ¶～한 돈 不浄なお金. **2** 物忌みのときに人が死んだり出産したりすること. **3**〔民俗〕 クッ(굿)の最初の不浄祓いの一区切り.
◆**부정을 치다** 不浄を払う.
◆**부정을 타다** けがれのために祟る.
부정5〔否定〕 名 하他 否定. ¶아무도 ～할 수 없는 사실 誰も否定できない事実.
부정문〔一文〕 名〔言〕 否定文.
부정적〔一的〕 冠 名 否定的. ¶결론은 ～이다 結論は否定的だ.
부정기〔不定期〕 名 不定期. ¶～선 不定期船.
부정기형〔一刑〕 名〔法〕 不定期刑.
부정당하다〔不正當一〕 形 正当でない.
부정맥〔不整脈〕 名〔醫〕 不整脈.
부정직하다〔不正直一〕 形 不正直だ. ¶부정직한 말 不正直なことば.
부정하다〔不精一〕 形 不精だ. ぞんざいで汚い.
부정확〔不定確〕 名 하形 不正確. ¶～한 정보 不正確な情報.
부제〔副題〕 名 副題. サブタイトル.
부조1〔父祖〕 名 父祖. 先祖. ¶～의 땅 父祖の地 / ～ 전래 父祖伝来.
부조2〔不調〕 名 하形 不調. 不順.
부조증〔一症〕 名〔醫〕 月経不順.
부조3〔扶助〕 名 하他 **1** 祝儀. 香典. ¶친척 결혼에 ～하다 親族の結婚に祝儀を出す. **2** 扶助. 力を添えて助けること. ¶상호 ～하다 相互扶助する.
부조4〔浮彫〕 名〔美〕 浮き彫り. レリーフ.
부조5〔浮藻〕 名 浮藻. 浮き藻.
부조리〔不條理〕 名 하形 不条理. ¶사회의 ～ 社会の不条理.
부조화〔不調和〕 名 하自 不調和.
부족1〔不足〕 名 하形 不足. 足りないこと. 乏しいこと. ¶영양[수면] ～ 栄養[睡眠]不足 / 여비가[일손이] ～하다 旅費[人手]が不足する / ～한 살림 不満足な生活.
부족감〔一感〕 名 不足感.
부족분〔一分〕 名 不足分.
부족증〔一症〕 名〔韓方〕 陰虚・肺病などで心身が衰弱する症状.
부족2〔部族〕 名 部族. ¶～ 국가[사회] 部族国家[社会].
부존〔賦存〕 名 하自 天然に存在すること. ¶～ 자원 天然資源.
부종〔浮腫〕 名〔韓方〕 浮腫. むくみ.
부주1 名 子孫が遺伝によりもっている素質.
부주2〔父主〕 名 父上〈漢文調の手紙で用いられる〉.
부주교〔副主教〕 名〔基〕 司教の下の聖職.
부주의〔不注意〕 名 하自 不注意. 手落ち. ¶～ 때문에 사고가 일어났다 不注意から事故が起きた.
부줏술 名 親譲りの酒好き.
부증〔浮症〕 名〔韓方〕 浮腫. むくみ.
부지1〔不知〕 名 하他 不知.
부지거처〔一去處〕 名 行方不明.
부지기수〔一其數〕 名 数えられぬほど多いこと. 無数. ¶약속을 어긴 일이 ～이다 約束を破ったことは数えきれないほどだ.
부지불식간〔一不識間〕 名 知らず知らずの間. いつのま.
부지중〔一中〕 名 知らぬ間. いつの間にか. ¶～에 차가 가 버렸다 知らぬ間

に車が行ってしまった.
부지하세월〔一何歳月〕 名 何時成るやら期することができないほど遅れること.
부지[2]〔扶支·扶持〕 名 하他 苦労をしのいで長く持ちこたえること. ¶ 목숨만을 겨우 ～하다 命だけをようやく持ちこたえる.
부지[3]〔敷地〕 名 敷地. ¶ ～ 면적 敷地面績 / 건축 ～ 建築の敷地.
부지깽이 名 火搔き棒.
부지꾼 名 いたずらが好きで意地悪な人.
부지런 名 勤勉. まめまめしいこと.
부지런스럽다 形 勤勉だ. 手まめだ.
부지런스레 副 勤勉に. 手まめに.
부지런피우다 自 わざとまめに働く.
부지런하다 形 勤勉だ. まめまめしい.
부지런히 副 勤勉に. 手まめに. せっせと. ¶ ～ 돈을 모으다 せっせとお金をためる.
부지사〔副知事〕 名 副知事.
부지지 副 하自 〔뜨거운 쇠 등을 물에 담글 때 나는 소리〕じゅじゅうっと.
부지직 副 하自 **1** じゅじゅうっと. **2**〔뻣뻣하고 질긴 물건이 째지거나 갈라지는 소리〕びりびり(と). ¶ 바지가 ～ 찢어지다 ズボンがびりびりと破られる. **3**〔무른 똥을 눌 때 나는 소리〕びりびりっ(と).
부직〔副職〕 名 副職. 兼職.
부진[1]〔不振〕 名 하形 不振. ¶ 식욕 ～ 食欲不振 / 사업이 ～하다 事業が不振だ.
부진[2]〔不進〕 名 하自 前に進まないこと. 進歩しないこと. ¶ 지지～하다 遅々として進まない.
부진[3]〔不盡〕 名 하形 不尽.
부질없다 形 ためにならない. つまらない. しがない. 無駄だ. ¶ 부질없는 생각 つまらない考え / 부질없는 소리 取り留めのない話. **부질없이** 副 無駄に. 無為に.
부집 名 하自 因縁をつけて言い争うこと. ¶ ～ 잡다 因縁をつける.
부집게 名 火箸.
부쩍 副 **1**〔물기가 졸아들거나 마른 모양〕水分が非常に煮詰まるか乾いてしまうようす. ¶ 생선찌개가 ～ 졸았다 魚の鍋料理が煮詰まってしまった. **2**〔매우 가까이 달라붙는 모양〕すぐ目の前にぐっと迫るようす. ¶ 마감날이 ～ 다가오다 締め切り日が目の前に迫る. **3**〔사물이 갑자기 늘거나 주는 모양〕ぐっと. ぐんと. うんと. ¶ 강물이 ～ 불었다 川の水がぐっと増えた / 체중이 ～ 줄었다 体重がぐっと減った. **4**〔완강한 모양〕かたくなに. 一徹に. ¶ 자기는 싫다고 ～ 반대하다 自分はいやだとかたくなに反対する.
부쩍부쩍 副 ぐんぐん. どんどん. ¶ 키가 ～ 커지다 背がぐんぐん伸びる.
부차〔副次〕 名 副次. 二次.
부차적〔一的〕 冠 名 副次的. 二次的. ¶ ～ 문제 副次的な問題.
부착〔附着〕 名 하自他 付着. ¶ 벽보를 게시판에 ～하다 張り紙を掲示板に張りつける.
부착근〔一根〕 名〔植〕付着根.
부착력〔一力〕 名〔物〕付着力.
부착어〔一語〕 名〔言〕付着語. 膠着語.
부창부수〔夫唱婦隨〕 名 夫唱婦随.
부채[1] 名 扇. 扇子. うちわ. ¶ 접～ 扇 / 자루 ～ うちわ / ～를 부치다 扇[うちわ]をあおぐ.
부채꼭지 名 扇の要.
부채꼴 名 扇形.
부채잡이 名 (扇を持っているほうの意で)左. 左側〈盲人を相手に話すときの語〉.
부채질 名 하自 **1** (扇で)あおぐこと. あおること. **2** おだてること. そそのかすこと. 扇動すること. ¶ 두 사람을 ～하여 싸우게 했다 二人をそそのかしてけんかさせた.
부채춤 名 扇の舞〈特に花扇を両手に群舞する踊り〉.
부챗살 名 扇の骨. 扇骨.
부채[2]〔負債〕 名 負債. 借金. 負い目. ¶ ～가 많다 借金が多い / ～를 청산하다 負債を清算する.
부처[1] 名〔佛〕仏. **1** 釈迦如来. 仏陀. **2** 仏像. **3** 仏教の大道を悟った聖人.
부처[2]〔夫妻〕 名 夫妻. 夫婦.
부처[3]〔部處〕 名 政府の各部と処. 省庁. ¶ 관계 ～ 関係省庁.
부처님 名 **1** 仏様. お釈迦様. **2** 正直で慈悲心の深い人. 気のよい人. お人よし. ¶ 배운 것은 없지만 사람이야 ～이지 学問はないが人はいいんだ.
부처손 名〔植〕岩桧葉.
부촌〔富村〕 名 暮らしが豊かな村.
부총리〔副總理〕 名 副総理.
부총장〔副總長〕 名 副総長.
부총재〔副總裁〕 名 副総裁.
부추 名〔植〕韮.
부추기다 他 そそのかす. けしかける. あおる. 焚きつける. 煽動する. ¶ 싸움을 하도록 ～ けんかするようそそのかす.
부축 名 하他 〔'곁부축'의 준말〕(年寄りなどの)わきを抱えて歩くのを助けること. ¶ ～해서 일으키다 肩をかして起こす.
부츠〔boots〕 名 ブーツ. 長靴. 深靴.
부치다[1] 自 手に余る. 力に余る. 手に負えない. ¶ 이 일은 내 힘에 부친다 この仕事は私の手に余る.
부치다[2] 他 あおぐ. あおる. ¶ 부채로 ～ 扇であおぐ / 잘 안 타는 아궁이의 불을 ～ よく燃えないかまどの火をあおぐ.
부치다[3] 他 **1** (手紙·物などを)送る. 届ける. 出す. ¶ 편지를 ～ 手紙を出す. **2** 付す. 回す. ¶ 토의에 ～ 討議に付す / 인쇄에 ～ 印刷に回す. **3** なぞらえる. 寄せる. 託する. ¶ 졸업생에게 부치는 글 卒業生に寄せる文.
부치다[4] 他 耕す. 培う. 耕作する. ¶ 밭을 ～ 畑を耕作している.
부치다[5] 他 (フライパンなどに油をひいて)焼く. ¶ 빈대떡을 ～ ビンデトックを焼く.
부칙〔附則〕 名 付則. ¶ ～에 의거 付

則により.
부친〔父親〕 名 お父様. 父上. 父親.
부침〔浮沈〕 名 하自 浮沈. ¶ ~이 많은 일생 浮き沈みの多い一生.
부침개 名 おこのみやき. フライパンに油をひいて焼く食べ物.
부케〔프bouquet〕 名 ブーケ. 小さな花束.
부탁〔付託〕 名 하他 依頼. 頼み. 願い. 付託. ¶ 사건을 변호사에게 ~했다 事件を弁護士に依頼した / 어제 ~한 일 잘 됐나? 昨日頼んだ仕事はうまくいったか.
부탄[1]〔Bhutan〕 名〔地〕 ブータン〈ヒマラヤ山脈東部にある王国〉.
부탄[2]〔butane〕 名〔化〕 ブタン. ¶ ~ 가스 ブタンガス.
부터 助 **1**〔시작을 나타냄〕…から. …より. ¶ 너~ 출발해라 君から出発しろ / 내일~ 휴가입니다 あしたから休みになります / 여섯 시~ 개회 예정 6時より開会の予定. **2**《'형용사 어간+아서[-어서]부터'의 꼴로》…のころから. ¶ 젊어서~ 若いころから. **3**《'-면서[-으면서]부터'의 꼴로》…(して)以来. ¶ 90년대에 들어서면서~ 90年代に入って以来.
부토〔腐土〕 名 腐植土.
부통령〔副統領〕 名 副大統領.
부패〔腐敗〕 名 하自 腐敗. ¶ 정치가의 ~ 政治家の腐敗 / ~한 사회 풍조 腐敗した社会の風潮.
부패균〔一菌〕 名 腐敗菌.
부평초〔浮萍草〕 名〔植〕 浮草.
부표[1]〔否票〕 名 (票決での)反対の票. 反 賛成票.
부표[2]〔附表〕 名 付表. ¶ ~를 참조하라 付表を参照せよ.
부표[3]〔浮標〕 名 浮標. 浮き. ブイ.
부푸러기 名 毛羽の一つ一つ. ¶ ~가 일다 毛羽立つ. ＞보푸라기
부풀 名 (紙·布などの表面の)毛羽. ＞보풀
부풀다 自 **1** (紙·布などが)毛羽立つ. ¶ 담요의 털이 ~ 毛布が毛羽立つ. **2** (皮膚などが)腫れ上がる. 膨れる. ¶ 종기가 ~ おできが腫れ上がる. **3** (物の体積が)膨れる. 増える. かさばる. 張る. ¶ 기구가 ~ 気球が膨らむ. **4** (希望·期待などで)胸が膨らむ. 満ちる. ¶ 기대감에 ~ 期待感に満ちあふれる.
부풀리다 他 膨らます. 膨らめる. ¶ 빵을 ~ パンを膨らます / 풍선에 바람을 넣어 ~ 風船に空気を入れて膨らます.
부풀부풀 副 하形 毛羽立つようす.
부풀어오르다 自 膨れ上がる. 膨らむ. 盛り上がる. ¶ 벌레에 쏘인 자리가 ~ 虫にさされたあとが膨れ上がる.
부품〔部品〕 名〔'부분품'의 준말〕部品.
부프다 形 **1** (軽い物が)かさばっている. **2** せっかちだ. 気が荒い.
부픈짐 名 (重くないが)かさばっている荷物.
부픗하다 形 **1** かさばっている. **2** おおげさだ.

부피 名 **1** かさ. 容積. ¶ 짐의 ~ 荷物のかさ / ~가 크다 かさ張る. **2**〔數〕 体積. ¶ 넓이와 ~ 面積と体積.
부하[1]〔負荷〕 名 하自他 負荷.
부하[2]〔部下〕 名 部下. 手下. 子分. 配下. ¶ ~ 직원 部下の職員 / ~들을 거느리다 手下たちを引き連れる.
부하다〔富一〕 形 **1** 太っている. 肥えている. ¶ 몸이 매우 부해졌다 体がとても太った. **2** お金持ちである. 富裕だ. ¶ 생활이 ~ 暮らしが裕福だ.
부합[1]〔附合〕 名 하自他 付合. くっつけること.
부합[2]〔符合〕 名 하自 符合. ぴったり合うこと. 一致すること. ¶ 말과 행동이 ~되다 言葉と行動が一致する.
부항〔附缸〕 名〔韓方〕 腫れ物の傷口に小さな灸のつぼを当てて悪血や膿を吸い取ること.
부항단지 名 悪血や膿の吸い取りつぼ.
부형〔父兄〕 名 父兄.
부형자제〔一子弟〕 名 父兄の教えを受けて育った子弟.
부호[1]〔符號〕 名 符号. しるし. ¶ 모르스 ~ モールス符号.
부호[2]〔富豪〕 名 富豪. 長者. 大金持ち. ¶ ~가 되다 長者となる.
부화[1]〔浮華〕 名 하形 浮華. ¶ ~에 빠지다 浮華に流れる.
부화[2]〔孵化〕 名 하自 孵化. ¶ 인공 ~ 人工孵化 / 병아리가 ~하다 ひよこが孵る.
부화기〔一器〕 名 孵化器.
부화[3]〔附和〕 名 하自 付和.
부화 뇌동〔一雷同〕 名 하自 付和雷同.
부활[1]〔復活〕 名 하自 復活. 蘇生. 再興. 復興. ¶ 예수의 ~ キリストの復活 / 파산한 업체를 ~시키다 破産した会社を復興させる.
부활절〔一節〕 名〔基〕 復活祭.
부활 주일〔一主日〕 名〔基〕 復活祭.
부활[2]〔賦活〕 名 하他〔醫〕 賦活. ¶ ~제 賦活剤.
부황〔浮黃〕 名 飢えて皮膚が黄色くむくむ病気.
부회[1]〔部會〕 名 部会.
부회[2]〔附會〕 名 하他 付会. ¶ 견강~ 牽強付会.
부회장〔副會長〕 名 副会長.
부흥〔復興〕 名 하自他 復興. ¶ 문예 ~ 文芸復興 / 경제 ~ 経済復興.
부흥회〔一會〕 名〔基〕 信仰復興伝道集会. リバイバル伝道集会.
북[1] 名 **1** 杼[梭]. **2** ミシンのボビン.
북[2] 名〔樂〕 太鼓. ¶ ~소리 太鼓の音 / ~을 치다 太鼓を打つ.
◆**북을 메우다** (鼓の胴に)皮を張る.
북[3] 名 草木の根を包んでいる土.
◆**북을 주다** 草木の根に土を盛り上げてよく育つようにする.
북[4]〔北〕 名 北. 反 南. ¶ ~극 北極 / ~미 北アメリカ / ~부 北部.
북[5] 副 **1**〔거칠게 긁거나 문대는 소리〕がりっと. **2**〔두툼하고 무른 물건을 단번에 찢는 소리〕ばりっと. ¶ 책을 ~ 찢다 本をばりっと引き裂く.

북구〔北歐〕 名 北欧. 北ヨーロッパ.
북구라파〔北歐羅巴〕 名 北ヨーロッパ.
북국〔北國〕 名 北国. 北方の国.
북극〔北極〕 名 北極. ¶ ~ 지방 北極地方 / ~ 탐험 北極探険.
　북극권〔一圈〕 名 北極圏.
　북극성〔一星〕 名〔天〕 北極星.
　북극해〔一海〕 名〔地〕 北極海.
북극곰〔北極一〕 名〔動〕 北極熊. 白熊.
북녘〔北一〕 名 北方. 北の方. ¶ ~땅 北方の地.
북단〔北端〕 名 北端. ¶ 우리 나라의 최~ わが国の最北端.
북데기 名 (わら·草などの)屑の塊.
북돋우다 他 **1** (植物の)根株に土を盛り上げる. **2** 励ます. 鼓舞する. ¶ 기분을 ~ 気持ちを引き立てる.
북돋움 名 하自 土寄せ. (根株に)土をこんもりとかぶせること.
북동〔北東〕 名 北東.
　북동풍〔一風〕 名 北東の風.
북두〔北斗〕 名〔天〕〔'북두칠성'의 준말〕 北斗.
　북두성〔一星〕 名〔天〕〔'북두칠성'의 준말〕 北斗星.
　북두칠성〔一七星〕 名〔天〕 北斗七星.
북등〔一燈〕 名 太鼓型のちょうちん〈細い竹ひごで枠をつくって紙を張ったもの〉.
북로〔北路〕 名 **1** 北に通じる道. 北にある道路. **2** ソウルから咸鏡道に通じる道.
북록〔北麓〕 名 山の北側のふもと.
북류〔北流〕 名 하自 (川が)北の方に流れること.
북망산〔北邙山〕 名 北邙. 墓場.
북망산천〔北邙山川〕 名 墓場のある所. 人が死んでから行く所.
북면〔北面〕 名 하自 北面. **1** 北に面すること. **2** (師の前での)弟子の座位. **3** 臣下の座位.
북문〔北門〕 名 北門. 北の門.
북미〔北美〕 名〔地〕 北米.
북반구〔北半球〕 名〔地〕 北半球.
북받치다 自 (力·感情·涙などが)底[下]から突き上がる. 湧き上がる. あふれる. 込み上げる. ¶ 눈물이 ~ 涙があふれる / 설움이 ~ 悲しみが込み上げる.
북방〔北方〕 名 北方.
북벌〔北伐〕 名 하自 北伐. 北を攻めること.
북변〔北邊〕 名 北辺.
북부〔北部〕 名 北部. ¶ ~ 지방 北部地方.
북북 副 **1**〔거칠게 긁거나 문대는 소리〕 ごしごし(と). がりがり(と). ぼりぼり(と). ¶ 허벅지를 ~ 긁다 股をがりがり引っ掻く. **2**〔연달아 찢는 소리〕 びりびり(と). ばりばり(と). ¶ 커튼을 ~ 찢다 カーテンをびりびりと引き裂く.
북북동〔北北東〕 名 北々東.
북북서〔北北西〕 名 北々西.
북삼〔北蔘〕 名 **1** 咸鏡道で産出する山参. **2** 中国の東北部で産する朝鮮人参.
북상〔北上〕 名 하自 北上. ¶ 태풍이 ~ 중에 있다 台風が北上しつつある.
북새 名 大騒ぎ. 大勢でもみ合うこと. 雑踏. ごった返し.
　◆**북새를 놓다** ① もみ合う. ごった返す. 騒ぎ立てる. ② 邪魔をする.
　◆**북새를 떨다** 大騒ぎを演ずる.
　북새통 名 大騒ぎ. もみ合いの最中. どさくさの最中. ¶ 추석을 앞둔 시장은 온통 ~이다 秋夕を控えて市場はすっかりごった返している.
　북새판 名 もみ合い. 押し合い. へし合い. もみ合いの場. 込み合いの場. 騒ぎの場. ¶ ~에 그만 보따리를 잃었다오 大混雑でつい包みを無くしてしまったよ.
북서〔北西〕 名 北西.
　북서풍〔一風〕 名 北西の風.
북신〔北辰〕 名〔天〕 北辰. 北極星.
북십자성〔北十字星〕 名〔天〕 北十字星.
북아메리카〔北America〕 名〔地〕 北アメリカ.
북안〔北岸〕 名 北岸.
북양〔北洋〕 名 北洋.
　북양 어업〔一漁業〕 名 北洋漁業.
북어〔北魚〕 名 干したすけとうだら.
　북어보풀음 名 干したすけとうだらをたたいて細かくちぎったもの.
　북어쾌 名 干したすけとうだら20匹を1本の萩に挿したもの.
북위〔北緯〕 名 北緯. 反 南緯. ¶ ~ 38도선 北緯38度線.
북유럽〔北Europe〕 名〔地〕 北ヨーロッパ.
북장구 名 太鼓と鼓.
북재비 名 太鼓たたき. 鼓手.
북적〔北狄〕 名〔史〕 北狄〈中国で北方の異民族を軽蔑して呼んだ語〉.
북적거리다[-대다] 自 **1** (大勢がより集まって)ごった返す. がやがや騒ぐ. (人が)込み合う. ひしめく. ¶ 시장에 사람들이 ~ 市場に人々がひしめく. **2** (酒など発酵したものが)ぶくぶく泡立つ.
　북적북적 副 하自 がやがや. わいわい. ぶくぶく.
북정〔北征〕 名 하自 北征.
북조〔北朝〕 名〔史〕 北朝.
북진〔北進〕 名 하自 北進.
북쪽〔北一〕 名 北. 北方. 反 南, 南方.
북창〔北窓〕 名 北を向いた窓.
　북창삼우〔一三友〕 名 コムンゴ(거문고)·酒·詩を合わせて言う語.
북채 名 太鼓のばち.
북촌〔北村〕 名 **1** 北の村. **2** ソウルの北寄りにある村.
북춤 名 太鼓をたたきながら踊る古典舞踊の一種.
북측〔北側〕 名 北側.
북치〔北一〕 名 北部地方の産物や生き物.
북통〔一筒〕 名 太鼓の胴.
　북통같다 形 太鼓腹だ.
북틀 名 太鼓をのせる台.

북풍〔北風〕 [名] 北風. 朔風. ¶ ~이 휘몰아치다 北風が吹きすさぶ.
북풍받이 [名] 北風をまともに受ける場所.
북행〔北行〕 [名][하自] 北に行くこと.
북향〔北向〕 [名][하自] 北向き.
북향집 [名] 北向きの家.
북회귀선〔北回歸線〕 [名]〔地〕 北回帰線.
분[1]〔分〕 [名] 〔'분수(分數)'의 준말〕 分. ¶ ~에 맞는 생활 分相応の生活.
분[2]〔憤〕 [名] 〔'분심(忿心)·분기(憤氣)'의 준말〕 腹立ち. 憤り. 口惜しさ. ¶ ~에 못 이겨 어쩔 줄 모른다 あまりに腹が立ってどうしていいか分からない. ▷분하다[3](憤—)
◆**분을 풀다** 怒りを解く. 怒りを鎮める.
◆**분이 나다** 怒りがこみ上がる. 怒る.
분[3]〔盆〕 [名] 鉢. 植木鉢.
분[4]〔粉〕 [名] **1** 〔'백분(白粉)'의 준말〕 おしろい. **2** 〔美〕 白い彩色. **3** 粉末. 粉.
◆**분을 바르다** おしろいをつける.
분[5] [依名] **1** 〔사람을 높이어 이르는 말〕 方. お方. ¶ 이 ~은 누구십니까? この方はどなたですか. **2** 〔윗사람을 세는 단위〕 …人. …人様. …名様. ¶ 몇 ~이세요? 何名様ですか.
분[6]〔分〕 [依名] **1** 〔시간의 단위〕 分. ¶ 2시 10~ 2時10分. **2** 〔數〕〔분수를 읽을 때〕 分. **3** 〔경위도·각도의 단위〕 分. ¶ 북위 22도 2~ 北緯22度2分.
-분[7]〔分〕 [接尾] …分. **1** 全体をいくつかに分けた部分. ¶ 2~의 1 2分の1. **2** 〔몫·분량〕 分け前. 分け前の分量. ¶ 식사 10인~ 食事10人分. **3** 物質の成分. ¶ 지방~이 많은 음식 脂肪分の多い食べ物.
분가〔分家〕 [名][하自] 分家. 新家. 別家. ¶ 아내를 얻어 ~하다 嫁をもらって分家する.
분가시〔粉—〕 [名] 白粉中毒によるにきびのような吹出物.
분간〔分揀〕 [名][하他] 見分け. 見境. 分別. ¶ 동서 남북의 ~도 못 하다 東西南北の見分けもつかない / 가짜라고 ~하기 어렵다 偽物と見分けにくい.
분갑〔粉匣〕 [名] おしろい入れ.
분개〔憤慨〕 [名][하自他] 憤慨. ¶ 사장의 불공평한 처사에 ~했다 社長の不公平な処置に憤慨した.
분격[1]〔憤激〕 [名][하自] 憤激. ¶ ~한 군중들의 함성 憤激した群衆の喊声.
분격[2]〔奮激〕 [名][하自] 奮激. 激しく心を奮い起こすこと.
분격[3]〔奮擊〕 [名][하他] 奮撃. 力を奮って敵を討つこと.
분견〔分遣〕 [名][하他] 分遣.
분견대〔—隊〕 [名]〔軍〕 分遣隊.
분결〔憤—〕 [名] 腹立ちまぎれ. くやしまぎれ. ¶ ~에 대들다 口惜しさのあまりくってかかる.
분결같다〔粉—〕 [形] (肌がおしろいのように)白くて美しい. 色白だ.
분계〔分界〕 [名] 分界.
분계선〔—線〕 [名] 分界線. ¶ 군사 ~ 軍事境界線.
분골쇄신〔粉骨碎身〕 [名][하自] **1** 粉骨砕身. ¶ ~하여 사회를 위하여 애쓰다 粉骨砕身して社会のために尽くす. **2** 無残な死に方をすること.
분과〔分科〕 [名] 分科. ¶ ~ 위원회 分科委員会.
분관〔分館〕 [名] 分館. ¶ 박물관의 ~ 博物館の分館.
분광[1]〔分光〕 [名][하自]〔物〕 分光.
분광계〔—計〕 [名]〔物〕 分光計.
분광기〔—器〕 [名]〔物〕 分光器.
분광 분석〔—分析〕 [名]〔化〕 分光分析.
분광[2]〔分鑛〕 [名][하自]〔鑛〕 鉱業権者に代金を納めて一定期間自由に採掘する鉱業.
분교〔分校〕 [名] 分校.
분교장〔分教場〕 [名] 分教場.
분구〔分區〕 [名] **1** 地域を等しく分けた区域. **2** 区を数個に分けた区域.
분국〔分局〕 [名] 分局.
분권〔分權〕 [名][하自] 分権. ¶ 지방 ~ 地方分権.
분규〔紛糾〕 [名] 紛糾. もつれ. ごたごた. いざこざ. もめ事. ¶ ~를 원만히 해결하다 もめ事をまるく収める / 수리 문제로 ~가 일어났다 水利を巡っていざこざが起こった.
분기[1]〔分岐〕 [名][하自] 分岐. ¶ 철도가 이 곳에서 여러 갈래로 ~한다 鉄道がここでいくつかに分岐する.
분기점〔—點〕 [名] 分岐点. 分かれ目. ¶ 인생의 중대한 ~ 人生の重大な分かれ目.
분기[2]〔憤氣〕 [名] 憤りの心.
분기충천〔—衝天〕 [名][하自] 憤りが天を突くほどであること.
분기[3]〔噴氣〕 [名][하自] 噴気.
분기공〔—孔〕 [名]〔地〕 噴気孔.
분기[4]〔奮起〕 [名][하自] 奮起. ¶ ~를 촉구하다 奮起を促す.
분김〔憤—〕 [名] 腹立ちまぎれ. くやしまぎれ. ¶ ~에 뺨을 한 대 치다 腹立ちまぎれにほっぺたを一度殴る.
분꽃〔粉—〕 [名]〔植〕 白粉花.
분납〔分納〕 [名][하他] 分納. ¶ 납입금을 ~하다 納入金を分納する.
분내〔粉—〕 [名] おしろいの香り.
분노〔憤怒〕 [名][하自] 憤怒. 怒り. ¶ ~로 얼굴이 일그러지다 憤怒で顔がゆがむ.
분뇨〔糞尿〕 [名] 糞尿. ¶ ~ 처리장 糞尿処理場.
분단[1]〔分段〕 [名][하他] **1** 分段. 事物をいくつかの段階に分けること. **2** 文章を段落に分けること. 段落.
분단[2]〔分團〕 [名] 分団.
분단[3]〔分斷〕 [名][하他] 分断. 寸断. ¶ ~ 국가 分断国家.
분단장〔粉丹粧〕 [名] 化粧. ¶ ~을 하고 옷을 차려 입다 化粧をし衣服を着飾る.
분담〔分擔〕 [名][하他] 分担. 手分け. ¶ 일을 ~하여 빨리 해치우자 仕事を手分けして早く片づけよう / 비용을 ~하다 費用を分担する.

분당〔分黨〕 名 하自他 党派を分かつこと. 分かれた党派.
분대[1] 名 하自 〔'분대질'의 준말〕 悶着を引き起こすこと.
　분대꾼 名 悶着を起こす人.
　분대질 名 하自 悶着を引き起こすこと.
분대[2]〔分隊〕 名 하自 〔軍〕 分隊. ¶ ～장 分隊長.
분대[3]〔粉黛〕 名 粉黛. **1** おしろいとまゆ墨. **2** 化粧した美人.
분도기〔分度器〕 名 分度器.
분독〔粉毒〕 名 おしろい中毒. おしろい焼け.
분돋움〔憤—〕 名 하他 怒りをあおり立てること. 怒らせること.
분동[1]〔分銅〕 名 分銅.
분동[2]〔分洞〕 名 하他 (行政区域の単位である)洞をいくつかに分けること.
분등〔奔騰〕 名 하自 (物価の)奔騰. 急騰.
분란〔紛亂〕 名 하形 紛乱. 混乱. ごたごたと騒ぎ立てること. ¶ ～을 일으키다 ごたごたを引き起こす.
분량〔分量〕 名 分量. 量. ¶ ～을 달다 分量を量る.
분려〔奮勵〕 名 하自 奮励.
분류[1]〔分流〕 名 하自 分流. 支流.
분류[2]〔分類〕 名 하他 分類. ¶ ～법 分類法 / 카드를 ～하다 カードを分類する.
　분류학〔—學〕 名 〔生〕 分類学.
분류[3]〔奔流〕 名 하自 奔流. ¶ 둑을 넘어 ～하다 堤防を越えて奔流する.
분리[1]〔分利〕 名 하自 **1** 利益を分けること. **2** 〔醫〕 分利.
분리[2]〔分離〕 名 하他 分離. ¶ ～ 과세 分離課税 / 불순물의 ～ 不純物の分離.
분립〔分立〕 名 하自他 分立. ¶ 삼권 ～ 三権分立 / 군소 국가로 ～되다 群小国家に分立する.
분마〔奔馬〕 名 奔馬. 駿馬.
분만[1]〔分娩〕 名 하自他 分娩. 出産. ¶ ～실 分娩室 / ～ 휴가 出産休暇. 産休.
분만[2]〔憤懣〕 名 하形 憤懣. ¶ ～을 터뜨리다[표시하다] 憤懣をぶちまける[表わす].
분말〔粉末〕 名 粉末. 粉.
　분말약〔—藥〕 名 粉薬.
　분말 주스〔—juice〕 名 粉末ジュース.
분망하다〔奔忙—〕 形 非常に忙しい. 多忙だ. ¶ 분망하여 깜박 약속을 잊었습니다 忙しくてつい約束を忘れました. **분망히** 副 忙しく. せわしく. ¶ 하루 종일 ～ 돌아다니다 一日中忙しく駆けずり回る.
분매〔分賣〕 名 하他 分売. 分けて売ること. ¶ 낱권으로 ～하다 1巻ずつ分売する.
분명하다〔分明—〕 形 **1** はっきりしている. 明らかだ. ¶ 전후 사정이 분명하지 않다 前後の事情が明らかでない. **2** 間違いない. 確かだ. ¶ 이것은 분명한 사실이다 これは間違いのない事実だ.
　분명히 副 明らかに. 確かに. はっきり(と). ちゃんと. ¶ 너의 입장을 ～ 밝혀라 お前の立場をはっきりさせなさい.
분모〔分母〕 名 〔數〕 分母. 反 分子.
분묘〔墳墓〕 名 墳墓. 墓.
분무〔噴霧〕 名 하自他 噴霧. ¶ 살충제를 ～하다 殺虫剤を吹きかける.
　분무기〔—器〕 名 噴霧器. 霧吹き. スプレー.
분반[1]〔分半〕 名 하他 折半.
분반[2]〔分班〕 名 하他 いくつかの班に分けること, またその分かれた班.
분반[3]〔噴飯〕 名 하自 噴飯. おかしくて噴き出すこと.
분발〔奮發〕 名 하自 奮発. 発奮. ¶ 더욱 ～하여 최선을 다하라 いっそう奮発して最善を尽くせ.
분방자재〔奔放自在〕 名 奔放自在.
분방하다〔奔放—〕 形 奔放だ. ¶ 자유분방한 생활 自由奔放な生活.
분배〔分配〕 名 하他 分配. ¶ 이익금의 ～ 利益金の分配.
분별〔分別〕 名 하他 **1** 分別. 見分け. 区別. ¶ 흑백을 ～하다 黒白を見分ける. **2** 分別. 世間的な経験などから導き出される考え. ¶ ～ 있는 사람 分別ある人 / ～을 잃다 分別を失う.
분복〔分福〕 名 生まれつきの福.
분봉[1]〔分封〕 名 하他 天子が諸侯に土地を分け与えること.
분봉[2]〔分蜂〕 名 하自他 はちが巣分けすること. 巣分けさせること.
분부〔分付〕 名 하自他 (目上の人の)言いつけ. 命令. 用命. 仰せ. ¶ ～대로 하겠습니다 仰せのとおりいたします.
분분하다〔紛紛—〕 形 **1** (事情・物情が)乱れて穏やかでない. ¶ 세상이 ～ 世情が騒然としている. **2** (雪・花片・落葉などが)乱れ散っている. ¶ 낙화가 ～ 落花が乱れ散る. **3** (異説・意見が)入り乱れている. まちまちである. 紛紛としている. ¶ 의견이 ～ 意見がまちまちだ.
분비〔分泌〕 名 하他 〔生〕 分泌. ¶ ～물 分泌物 / ～선[액] 分泌腺[液].
분비나무 名 〔植〕 椴松.
분사[1]〔分詞〕 名 〔言〕 分詞.
분사[2]〔焚死〕 名 하自 焼死. 焼け死ぬこと.
분사[3]〔憤死〕 名 하自 憤死.
분사[4]〔噴射〕 名 하他 噴射. ¶ ～ 기관[장치] 噴射機関[装置] / ～ 추진 噴射推進.
분산〔分散〕 名 하自他 分散. 散り散りになること. ¶ 산업 시설의 지방 ～ 産業施設の地方分散.
분상〔粉狀〕 名 粉状. 粉末状.
분서〔焚書〕 名 하自 焚書.
　분서갱유〔—坑儒〕 名 〔史〕 焚書坑儒.
분석〔分析〕 名 하他 分析. ¶ 상황 ～ 状況分析 / 정량 ～ 定量分析 / 실패의 원인을 ～하다 失敗の原因を分析する.
　분석 화학〔—化學〕 名 〔化〕 分析化学.
분설〔分設〕 名 하他 主体となる設備から分けて設置すること.
분소〔分所〕 名 分所.
분속〔分速〕 名 分速.
분쇄〔粉碎〕 名 하他 粉砕. ¶ 광석을

~하다 鉱石を粉砕する / 적의 공세를 ~하다 敵の攻勢を粉砕する.
분수1〔分水〕 名 하自 分水.
분수령〔一嶺〕 名 分水嶺.
분수2〔分數〕 名 **1** 分別. わきまえ. ほど. 限度. ¶ 농담도 ~가 있지 冗談もほどがあるぞ. **2** 分. 分限. 分際. 身のほど. ¶ 제 ~에 맞게 살다 分相応に暮らす / ~를 모르다 身のほどを知らない. 分別がない.
분수없다 わきまえがない. 分別がない.
분수없이 副 わきまえず. ¶ ~ 까불지마 身のほどもわきまえず大きな口をたたくな.
분수3〔分數〕 名〔數〕分数.
분수 방정식〔一方程式〕 名〔數〕 分数方程式.
분수식〔一式〕 名〔數〕分数式.
분수4〔噴水〕 名 噴水.
분수기〔一器〕 名 噴水器.
분수지〔一池〕 名 噴水池.
분승〔分乘〕 名 하自 分乗. ¶ 일행은 택시 세 대에 ~했다 一行はタクシー3台に分乗した.
분식1〔粉食〕 名 하自 粉食. ¶ ~으로 저녁을 때우다 粉食で夕食をすます.
분식2〔粉飾〕 名 하他 粉飾. ¶ ~ 결산 粉飾決算.
분신1〔分身〕 名 하自 分身. ¶ 작품은 작가의 ~이다 作品は作家の分身だ.
분신2〔焚身〕 名 하自 焼身. ¶ ~ 자살하다 焼身自殺する.
분실1〔分室〕 名 分室. ¶ 관청의 지방 ~ 官庁の地方分室.
분실2〔紛失〕 名 하他 紛失. ¶ ~물 紛失物 / 지갑을 ~하다 財布を紛失する.
분실 신고〔一申告〕 名 紛失届.
분심〔憤心〕 名 憤慨. 憤り. ¶ ~이 치밀다 憤りが込み上げる.
분야〔分野〕 名 分野. 領域. ¶ 연구 ~ 研究分野.
분양〔分譲〕 名 하他 分譲. ¶ 토지 ~ 土地の分譲 / 주택 ~ 住宅の分譲.
분양지〔一地〕 名 分譲地.
분업〔分業〕 名 하他 分業. ¶ ~ 사회 分業社会 / 의약 ~ 医薬分業.
분업화〔一化〕 名 하自他 分業化. ¶ ~된 사회 分業化された社会.
분연하다1〔憤然一〕 形 憤然としている.
분연히1 副 憤然と. ¶ ~ 일어나다 憤然と立ち上がる.
분연하다2〔奮然一〕 形 奮然としている. 奮い立っている. **분연히2** 副 奮然と. ¶ ~ 일어서다 奮然と立ち上がる.
분열1〔分列〕 名 하自他 分列. ¶ ~ 행진 分列行進 / 열병 ~ 閲兵分列.
분열식〔一式〕 名 分列式.
분열2〔分裂〕 名 하自 分裂. ¶ 세포 ~ 細胞分裂 / 핵~ 核分裂 / 국론이 ~되다 国論が分裂する.
분외〔分外〕 名 分外. 過分. 身に余ること. ¶ ~의 영광입니다 身に余る光栄です / ~의 대접을 받다 過分なもてなしを受ける.
분요〔紛擾〕 名 하形 紛擾. ごたごた. ¶ ~를 일으키다 ごたごたを引き起こす.
분원〔分院〕 名 分院.
분위기〔雰圍氣〕 名 雰囲気. 感じ. 環境. ムード. ¶ 가정의 화목한 ~ 家庭の和やかな雰囲気 / ~를 깨다 雰囲気を壊す.
분유1〔分有〕 名 하自 分有.
분유2〔粉乳〕 名 粉乳. 粉ミルク. ¶ 탈지~ 脱脂粉乳.
분익〔分益〕 名 하自 分益. 利益を分けること.
분익 소작〔一小作〕 名〔農〕分益小作.
분임〔分任〕 名 하自 分任. 任務を分けて担当すること.
분자〔分子〕 名 **1**〔數〕分子. ㊀分母 **2**〔化〕 分子. ¶ ~ 구조 分子構造. **3** 一団体を構成する各個人. 分子. ¶ 반동[악질] ~ 反動[悪質]分子.
분자 스펙트럼〔一spectrum〕 名〔物〕分子スペクトル.
분자 운동〔一運動〕 名〔物〕分子運動.
분잡하다〔紛雜一〕 形 ごった返している. ¶ 분잡한 장터 ごった返しの市場.
분장1〔分掌〕 名 하他 分掌. 手分けして受け持つこと. ¶ 업무를 ~하다 業務を分掌する.
분장2〔扮裝〕 名 하自 扮装. ¶ ~실 楽屋 / 왕자로 ~하다 王子に扮装する.
분재1〔分財〕 名 하自他 財産を家族に分け与えること.
분잿깃 名 分けてもらった財産. (財産の)分け前.
분재2〔盆栽〕 名 盆栽. ¶ ~에 취미를 붙이다 盆栽に興味を覚える.
분쟁〔紛爭〕 名 하自 紛争. ¶ 국경 ~ 国境紛争 / 국제간의 ~이 끊이지 않는다 国際間の紛争がやまない.
분전1〔分錢〕 名 はした金.
분전2〔奮戰〕 名 하自 奮戦. ¶ ~했으나 졌다 奮戦したが負けた.
분절〔分節〕 名 하他 分節.
분절음〔一音〕 名〔言〕 分節音素〈音節を構成している個々の音素〉.
분점〔分店〕 名 分店. 支店. ¶ 주요 도시에 ~을 내다 主要都市に支店を出す.
분제〔粉劑〕 名 粉剤. こなぐすり.
분주살스럽다〔奔走一〕 形 非常に忙しそうだ. **분주살스레** 副 非常に忙しそうに.
분주하다〔奔走一〕 形 忙しい. せわしい. ¶ 분주한 나날을 보내다 忙しい毎日を送る. **분주히** 副 忙しく.
분지1〔分枝〕 名 分枝. 枝分かれ.
분지2〔盆地〕 名〔地〕盆地.
분지3〔粉脂〕 名 おしろいと紅. 脂粉.
분진1〔粉塵〕 名 粉塵.
분진2〔奮進〕 名 하自 奮進. 奮い立って進むこと.
분책〔分冊〕 名 하他 分冊. ¶ 이 전집은 ~으로도 판다 この全集は分冊でも売る.
분천〔噴泉〕 名 噴泉.
분철〔分綴〕 名 하他 **1** (文書・新聞などを)分けて綴じること. **2**〔言〕 分綴.
분첩1〔分貼〕 名 하他 薬の材料を調合して包みに分けること, またその包

み.

분첩²〔粉貼〕 名 **1** おしろいたたき. パフ. ¶ 얼굴을 ~으로 두드리다 顔をパフでたたく. **2** 厚紙を屛風のように折り畳んで, 油で練ったおしろいを染み込ませたもの〈子供が字を書く練習に使った〉.

분초〔分秒〕 名 分秒. 寸暇. わずかな時間. ¶ ~를 아끼다 寸暇を惜しむ / ~를 다투다 一刻を争う.

분촌〔分寸〕 名 寸分. ごくわずかなこと. ¶ ~도 틀리지 않다 寸分も違わない.

분출〔噴出〕 名 하自他 噴出. ¶ 용암~ 溶岩の噴出 / 석유가 ~하다 石油が噴出する.

분침〔分針〕 名 (時計の)分針.

분탄〔粉炭〕 名 粉炭.

분탕〔焚蕩〕 名 하自他 蕩産. **1** 財産を使い果たすこと. **2** 騒がしくふるまうこと.

분통¹〔粉桶〕 名 おしろい箱.

분통²〔憤痛〕 名 하形 痛憤. 激憤.

분통터지다 自 憤りが爆発する. ¶ 속은 생각을 하니 분통터진다 だまされたと思うと怒り心頭に発する.

분투〔奮鬪〕 名 하自 奮闘. ¶ 고군~한 결과 孤軍奮闘した結果.

분파〔分派〕 名 하自他 **1** 分派. ¶ 동·서의 양파로 ~하다 東西両派に分かれる. **2** 分遣. ¶ 증원 부대를 ~하다 増援部隊を分遣する.

분패〔憤敗〕 名 하自 惜敗. ¶ 선전도 보람없이 ~했다 善戦むなしく惜敗した.

분포〔分布〕 名 하自 分布. ¶ ~율 分布率 / 각지에 ~하다 各地に分布する.

분포도〔一圖〕 名 分布図.

분풀이〔憤一〕 名 하自 腹いせ. うっぷん晴らし. ¶ ~로 깡통을 내차다 腹いせに缶をけとばす.

분필¹〔分筆〕 名 하自 〔法〕 分筆. ¶ ~등기 分筆登記.

분필²〔粉筆〕 名 白墨. チョーク.

분하다¹〔分一〕 他 分ける.

분하다²〔扮一〕 自 扮する. 扮装する.

분하다³〔憤一〕 形 **1** くやしい. 無念だ. いまいましい. ¶ 누명을 쓰다니 ~ ぬれぎぬを着せられるとは無念だ. **2** 惜しい. 残念だ. ¶ 놓치다니 정말 분하군 逃がすとは実に惜しいな.

분한〔分限〕 名 分限. **1** 一定の限界. **2** 身分の尊卑·上下の限界. **3** 法律の規定によって享有する特別な地位の限界.

◆**분한이 없다** ① たくさんの物でも使い方が荒ければすぐなくなる. ② 見かけは多くても使おうとすれば取るに足らない.

◆**분한이 있다** ① 一定の限度がある. ② 見かけは少ないようでもいろいろなところに分けて使える.

분할¹〔分割〕 名 하他 分割. ¶ ~ 상속[상환] 分割相続[償還] / 토지를 ~하다 土地を分割する.

분할²〔分轄〕 名 하他 分轄. 分けて管轄すること. ¶ 직무를 ~하다 職務を分轄する.

분합¹〔分合〕 名 하自他 分合.

분합²〔粉盒〕 名 おしろいを入れる小さい磁器の器.

분항아리〔粉一〕 名 おしろい壺.

분해〔分解〕 名 하自他 分解. ¶ 공중~ 空中分解 / 기계를 ~하다 機械を分解する.

분향〔焚香〕 名 하自 焚香. 焼香. ¶ 불전에 ~하다 仏前に焼香する.

분향재배〔一再拜〕 名 하自 焚香再拝. 香を焚いて2度礼をすること.

분형〔焚刑〕 名 焚刑. 火あぶりの刑.

분홍〔粉紅〕 名 〔'분홍빛'의 준말〕 桃色. ピンク.

분홍빛 名 桃色. 薄紅. ピンク.

분홍색〔一色〕 名 桃色. 薄紅. ピンク.

분화¹〔分化〕 名 하自 分化. ¶ ~ 작용 分化作用 / 사회 제도가 ~되다 社会制度が分化する.

분화²〔噴火〕 名 하自 噴火.

분화구〔一口〕 名 〔地〕 噴火口.

분회〔分會〕 名 分会.

붇다 自 **1** ふやける. 水膨れする. ¶ 물에 담근 콩이 ~ 水に浸した豆がふやける. **2** (財産·数量などが)増える. 増す. 増加する. ¶ 체중[재산]이 불었다 体重[財産]が増えた / 비가 와서 강물이 불었다 雨が降って川の水が増した.

불¹ 名 **1** 火. 炎. ¶ 성냥~ マッチの火 / 숯~ 炭火 / ~을 끄다 火を消す. **2** ('뿜다·토하다'와 함께 쓰여) 弾丸. 砲弾. ¶ ~을 뿜는 총구 火を吐く銃口. **3** 〔화재〕 火災. 火事. ¶ ~이 삽시간에 번졌다 火事がまたたく間に広がった. **4** 〔어둠을 밝히는 것〕 灯火. ともしび. 明かり. ¶ 전깃~ 電灯 / ~을 켜다[끄다] 明かりをつける[消す]. **5** 〔불빛〕 火のように光る物体. 光. ¶ 반딧~ 蛍の光 / 번갯~ 稲妻 / 도깨비~ 鬼火. きつね火. **6** 〔격렬한 감정〕 情熱や欲望が猛烈にわき起こる現象. ¶ 정열의 ~이 탄다 情熱の火が燃える.

◆**불을 때다** (焚き口などに)火をたく.

◆**불을 지피다** (焚き口·こんろ·ストーブなどに)燃料を入れて火をつける.

◆**불을[에] 쬐다** 火に当たる.

◆**불을 켜다** 灯をともす. 明かりをつける.

◆**불을 피우다** 火を起こす.

〔속담〕 **불 안 땐 굴뚝에 연기 날까** 火をたかない煙突から煙が出るものか〈火のない所に煙は立たぬ〉.

불²〔佛〕 名 仏. 仏陀.

불³〔佛〕 名 〔'불란서'의 준말〕 仏.

불⁴〔弗〕 依名 ドル.

불-⁵〔不〕 接頭 〔아님·어긋남〕 不…. ¶ ~합격 不合格 / ~행 不幸 / ~기소 不起訴.

불가¹〔不可〕 名 하形 不可. 反 可 **1** いけないこと. よくないこと. ¶ 그 방법은 절대 ~해요 その方法は絶対にいけません. **2** (成績を表して)不可.

불가근〔一近〕 名 하形 近くすべきでないこと.

불가부득〔一不得〕 副 하形 やむを得ず. しかたなく. ¶ ~한 사정으로 모임에

참석을 못 하겠네 やむを得ない事情で会には出席できないんだ.
불가분〔一分〕 名 不可分. 密接に結びついていること. ¶ ~의 관계 不可分の関係.
불가불〔一不〕 副 やむを得ず. しかたなく. ¶ ~ 그들의 요구를 들어 주다 やむを得ず彼等の要求を受け入れる.
불가사의〔一思議〕 名 하形 不可思議. 不思議. 謎. ¶ 우주의 ~ 宇宙の不可思議 / 그 사건은 참으로 ~하다 その事件は本当に謎だ.
불가²〔佛家〕 名 **1** 仏家. 仏教を信ずる人, その社会. 仏門. 釈家. 釈門. 僧侶. **2** 寺.
불가서〔一書〕 名〔佛〕 仏書. 仏典.
불가결〔不可缺〕 名 하形 不可欠. ¶ 필요 ~한 요소 必要不可欠な要素.
불가능〔不可能〕 名 하形 不可能. ¶ 실현 ~한 계획 実現不可能な計画.
불가리아〔Bulgaria〕 名〔地〕 ブルガリア〈バルカン半島東部にある共和国〉.
불가뭄 名 ひどい日照り.
불가사리¹ 名 プルガサリ〈伝説上の動物〉. ¶ ~ 같은 사람 得体の知れない恐ろしい男.
불가사리² 名〔動〕 海星.
불가시광선〔不可視光線〕 名〔物〕 不可視光線.
불가지〔不可知〕 名 知り得ないこと. 分からないこと. ¶ ~론 不可知論.
불가침〔不可侵〕 名 不可侵. ¶ ~권 不可侵権.
불가침 조약〔一條約〕 名 不可侵条約.
불가피하다〔不可避一〕 形 不可避だ. 避けられない. 必至だ. ¶ 불가피한 사정으로 못 갔다 避けられない事情で行けなかった.
불가항력〔不可抗力〕 名 不可抗力. ¶ ~의 사고 不可抗力の事故.
불가해〔不可解〕 名 하形 不可解. ¶ ~한 행동 不可解な行動.
불각〔佛閣〕 名 仏閣. 仏堂.
불간섭〔不干涉〕 名 하自 不干渉. ¶ 내정 ~ 内政不干渉 / ~주의 不干渉主義.
불감〔不堪〕 하他 不堪. 堪えがたいこと.
불감당〔一當〕 名 하他 堪えられないこと.
불감생심〔不敢生心〕 名 하他 (恐れ入って, または力量が不足して)あえてやる気が起こらないこと. ¶ 너무 규모가 커서 ~ 엄두가 안 난다 あまりにも規模が大きくてとてもやる気が起こらない.
불감증〔不感症〕 名 不感症.
불감청〔不敢請〕 名 (切に願っていることだが)あえて請うことができないこと.
◆**불감청이언정 고소원이라** あえて請わざるといえどももとより願うところなり〈願ってもないことだ〉.
불감출두〔不敢出頭〕 名 하自 恐れてあえて頭も上げ得ないこと.
불강아지 名 やせこけた子犬.
불개 名 日食や月食のときに太陽や月を食うという想像上の犬.
불개미 名〔動〕 赤山蟻.
불개입〔不介入〕 名 하自 不介入. ¶ ~ 방침 介入しない方針.
불거웃 名 陰毛. 恥毛.
불거지다 自 **1** 丸くはみ出る. 出っ張る. 突き出る. ¶ 불거진 눈망울 飛び出た目玉. **2** 膨れる. 腫れ上がる. ¶ 기둥에 부딪쳐 이마가 불거졌다 柱にぶつかって額が腫れ上がった. **3** あらわになる. 暴露する. (隠されたものが)ばれる. (急に)起こる. ¶ 언제 어디서 무슨 일이 불거질지 모른다 いつ, どこで何が起こるやら見当がつかない.
불건전하다〔不健全一〕 形 不健全だ. ¶ 생각이 ~ 考えが不健全だ.
불결하다〔不潔一〕 形 不潔だ. ¶ 불결한 몸 不潔な体.
불경〔佛經〕 名 仏経. 教典. ¶ ~을 외우다 お経を唱える[そらんじる].
불경기〔不景氣〕 名 不景気. 不況. ¶ 요즘은 ~다 近ごろは不景気だ.
불경스럽다 形 いかにも不敬だ. 無礼だ. **불경스레** 副 不敬に. もったいなく.
불경제〔不經濟〕 名 不経済.
불경하다〔不敬一〕 形 不敬だ. 無礼だ. ¶ 불경한 태도 不敬な態度.
불계¹〔不計〕 名 하他 **1** 物事の是非や利害にとらわれないこと. **2** 事情にこだわったり追求したりしないこと. **3** (囲碁で)中押し.
불계승〔一勝〕 名 하自 (囲碁で)中押しで勝つこと.
불계²〔佛戒〕 名 仏戒〈仏陀が指摘した戒律〉.
불계³〔佛界〕 名〔佛〕 仏界. 浄土.
불고¹〔不告〕 名 하他 不告. 告げないこと. 訴えないこと.
불고불리〔一不理〕 名〔法〕 不告不理(の原則).
불고²〔不顧〕 名 하他 顧みないこと. 構わないこと.
불고염치〔一廉恥〕 名 하自 恥を顧みないこと.
불고기 名〔料理〕 プルゴギ. 焼き肉. 〈味をつけた牛肉を専用の鉄鍋で焼いた料理〉.
불곰 名〔動〕 ひぐま.
불공¹〔不攻〕 名 하他 攻めないこと.
불공²〔佛工〕 名 仏工. 仏師.
불공³〔佛供〕 名 하自〔佛〕 供養.
불공드리다 自 仏を供養する.
불공쌀 名 供養米.
불공대천〔不共戴天〕 名 하自 不倶戴天. ¶ ~지원수 不倶戴天の敵.
불공스럽다〔不恭一〕 形 高慢なようすだ. 不遜だ. **불공스레** 副 傲慢無礼に. 横柄に.
불공정〔不公正〕 名 하形 不公正. ¶ ~ 거래 不公正取引.
불공평하다〔不公平一〕 形 不公平だ. ¶ 불공평한 처사 不公平な処置.
불공하다〔不恭一〕 形 不遜だ. 高慢だ. 無礼だ. 横柄だ. ¶ 불공한 태도 不遜な態度.
불과〔不過〕 副 하形 わずか. ほんの. ものの. ¶ ~ 10분도 안 걸립니다 ものの10分もかかりません / 그건 변명에 ~하

다 それは弁明にすぎない.
불관〔不關〕 名 하自他 かかわらないこと.
불관지사〔—之事〕 名 関係のないこと.
불교〔佛教〕 名 〔宗〕 仏教. ¶ ~ 미술 仏教美術 / ~ 문화 仏教文化.
불교도〔—徒〕 名 仏教徒.
불구¹〔不久〕 名 하形 久しくないと. 遠からないこと.
불구²〔不具〕 名 不具. **1** かたわ. **2** 〔편지 끝에 쓰는 말〕 不具. 不備.
불구자〔—者〕 名 障害者.
불구³〔佛具〕 名 〔佛〕 仏具.
불구소절〔不拘小節〕 名 하自 こまかな礼節にこだわらないこと.
불구속〔不拘束〕 名 하他 不拘束. ¶ 피의자를 ~으로 조사하다 被疑者を拘束しないで調査する.
불구하다〔不拘—〕 自 (‘에도·-ㄴ데도[-은데도]·-는데도 불구하고’의 꼴로) …(にも)かかわらず. ¶ 청우에 불구하고 출발한다 晴雨にかかわらず出発する.
불굴〔不屈〕 名 하自 不屈. ¶ ~의 의지 不屈の意志.
불궤〔不軌〕 名 不軌. **1** 法に従わないこと. **2** 謀反を企てること. ¶ ~지심 謀反の心.
불규칙〔不規則〕 名 하形 不規則. ¶ 생활이 ~하다 生活が不規則だ.
불규칙 용언〔—用言〕 名 〔言〕 不規則用言.
불규칙적〔—的〕 冠 名 不規則的.
불균형〔不均衡〕 名 하形 不均衡. 不釣り合い. アンバランス. ¶ 무역의 ~을 시정하다 貿易の不均衡を改める.
불그데데하다 形 (やや品のないくすんだ色合いで)赤みがかっている. ¶ 불그데데한 치마 くすんだ赤のスカート.
불그뎅뎅하다 形 (不自然に)赤みがかっている.
불그레하다 形 (ほどよく)赤みがかっている. ほんのりと赤い.
불그름하다 形 〔‘불그스름하다’의 준말〕 やや赤い. **불그름히** 副 やや赤く.
불그무레하다 形 (目立たないほどに)赤みがかっている. 赤らんでいる. 薄赤い.
불그스름하다 形 やや赤い. 赤みがかっている. 薄赤い. ¶ 산을 불그스름하게 물들이는 진달래 山を薄赤く染めるつつじ. **불그스름히** 副 やや赤く. 薄赤く. 赤みがかって.
불그죽죽하다 形 (ややくすんだ)赤みを帯びている. >볼그족족하다
불근신〔不謹愼〕 名 하自 不謹慎.
불금〔不禁〕 名 하他 禁止しないこと.
불급¹〔不及〕 名 하自 不及. 及ばないこと.
불급²〔不急〕 名 하形 不急. 緊急でないこと. ¶ 불요 ~ 不要不急 / ~의 물자 不急の物質.
불긋하다 形 赤みがかっている. やや赤い. 赤らんで見える.
불긋불긋 副 하形 あっちこっちが赤みがかっているようす. ところどころが赤らんでいるようす.
불기¹〔—氣〕 名 火の気. 火気. ¶ 방에 ~가 돌기 시작한다 部屋に火の気が回り始める.
불기²〔不羈〕 名 하自 不羈.
불기³〔佛器〕 名 〔佛〕 仏器〈仏前に用いる器具〉.
불기둥 名 火柱. ¶ ~이 하늘 높이 치솟다 火柱が空高く噴き上がる.
불기소〔不起訴〕 名 〔法〕 不起訴. ¶ ~처분 不起訴処分.
불기운 名 火の気. 火気. 火の勢い. ¶ ~이 조금도 없는 방 火の気が少しもない部屋.
불길 名 **1** 火. 火の手. 火炎. 炎. ¶ ~이 빨리 번지다 炎が速く広がる. **2** 燃え上がる情熱[感情]. ¶ 눈에 질투의 ~이 일다 目に嫉妬の炎が燃え上がる. **3** 社会運動などが勢いよく広がる現象. ¶ 민족 독립 운동의 ~ 民族独立運動の炎.
불길지조〔不吉之兆〕 名 不吉な兆し.
불길하다〔不吉—〕 形 不吉だ. 縁起が悪い. ¶ 불길한 소식 縁起の悪い知らせ / 불길한 예감이 든다 不吉な予感がする.
불김 名 火気. 火の気. 火の勢い. 火から出る熱気. ¶ ~이 약하다 火の勢いが弱い.
불깃 名 山火事延焼防止のために防止線として森林を焼き払うこと.
불꽃 名 **1** 炎. 火炎. 花火. ¶ ~이 타오르다 炎が燃え上がる. **2** 火花. スパーク. ¶ 부주의로 콘센트에 ~이 튀었다 不注意でコンセントにスパークが起こった / ~ 튀기는 경쟁을 벌이다 火花を散らして競争をする.
불꽃놀이 名 (祝祭日などでの)花火遊び.
불끈 副 하自 **1** 〔갑자기 성내는 모양〕 かっと. むっと. ¶ 화를 ~ 내다 かっと腹を立てる / 적개심이 ~ 치밀었다 敵愾心がむくむくとこみ上げてきた. **2** 〔주먹을 쥐는 모양〕 ぐっと. ¶ 두 주먹을 ~ 쥐고 일어서다 両拳をぐっと握りしめて立ち上がる. **3** 〔갑자기 위로 떠오르거나 솟아나는 모양〕 ぱっと.
불끈거리다[-대다] 自 (度量が狭くて)よく怒る. しきりに腹を立てる. ¶ 저 녀석은 툭하면 불끈거린단 말야 あいつは何かあるとすぐかっとなるんだ.
불끈불끈 副 하自 かっかっと.
불나다 自 火事が起こる.
〔속담〕 **불난 집에 부채질한다** 火の出たところをうちわであおぐ〈怒った人をますます怒るようにけしかける. 人の不幸に輪をかけるような言動をする〉.
불난리〔—亂離〕 名 火事騒ぎ.
불납〔不納〕 名 하他 不納. ¶ 세금을 ~하다 税金を納めない.
불놀이 名 하自 **1** 〔民俗〕 提灯に火をともしたり, 花火などを打ち上げたりしてにぎやかに祝う遊び. **2** ⇨불장난
불능〔不能〕 名 하形 不能. 不可能. ¶ 재기~ 再起不能 / 실현은 ~하다 実現は不可能だ.
불능범〔—犯〕 名 〔法〕 不能犯.
불다 Ⅰ 自 (風が)吹く. ¶ 북풍이 세차게 ~ 北風が強く吹く / 봄바람이 불어온다 春風が吹いてくる.

Ⅱ 他 **1** (息を)吹きかける. ¶ 풍선을 ~ 風船に息を吹き込む / 언 손을 입으로 호호 ~ 凍えた手にはあはあと息を吹きかける. **2** (楽器などに口をつけて)吹く. 演奏する. ¶ 휘파람을 불며 걷다 口笛を吹きながら歩く. **3** (罪みなどを)白状する. 泥を吐く. ¶ 범행을 순순히 ~ 犯行を隠さずに白状する.
〔속담〕 **불면 꺼질까 쥐면 터질까** 吹けば消えはしないだろうか, 握ったらつぶれはしないだろうか〈幼い子を蝶よ花よと育てるようす〉.

불단〔佛壇〕 名 仏壇.

불당〔佛堂〕 名 仏堂. 仏殿.

불더위 名 酷暑. 炎熱.

불덩어리 名 熾火. おき. 火の玉. 火の塊.

불덩이 名 **1** 火の玉. 火の塊. 火だるま. ¶ 삽시간에 ~로 화했다 またたく間に火だるまとなった. **2** 熱い体. 物体. ¶ 열이 나서 몸이 ~ 같다 熱が出て体が火の玉のようだ.

불도¹〔佛徒〕 名 〔'불교도'의 준말〕 仏徒.

불도²〔佛道〕 名 仏道. ¶ ~에 귀의[정진]하다 仏道に帰依[精進]する.

불도저〔bulldozer〕 名 **1** ブルドーザー. **2** 前後をわきまえず事を強引に推し進める人.

불돌 名 火鉢の火を長持ちさせるのに用いる石.

불두덩 名 恥丘.

불등걸 名 よく燃えついて真っ赤になった木炭.

불땀 名 火力の強弱の程度. ¶ 참나무 숯은 ~이 세다 なら炭は火力が強い.

불똥 名 **1** ろうそくやランプの芯などの先が燃えついて塊になっている部分. **2** 火の粉. 火花. **3** 飛び火. とばっちり.
◆**불똥이 튀다** ① 火の粉や火花などが飛び散る. ② 事件や災いなどが他の場所に飛び火する. 災いが及ぶ. とばっちりを食う.

불뚱거리다[-대다] 自 腹を立てて当たり散らす. ¶ 성미를 부리며 ~ 癇癪を起こして当たり散らす.
불뚱불뚱 副 하自 腹を立てて当たり散らすようす.
불뚱이 名 よく腹を立てる性質. 癇癪持ち.
◆**불뚱이가 나다** 癇癪が起こる. 癇癪玉が破裂する.
◆**불뚱이를 내다** 癇癪を起こす.

불란〔不亂〕 名 하形 不乱. 乱れないこと. ¶ 일사~하게 一糸乱れず.

불란서〔佛蘭西〕 名 〔地〕 フランスの漢字音表記.

불량〔不良〕 名 하形 不良. ¶ ~ 상품 不良商品 / 성적 ~ 成績不良.
불량배〔一輩〕 名 不良. 与太者. ごろつき. ならず者. やくざ.
불량아〔一兒〕 名 不良児.
불량품〔一品〕 名 不良品.

불러내다 他 呼び出す. ¶ 친구를 전화로 불러내서 만났다 友人を電話で呼び出して会った.

불러들이다 他 呼び入れる. 呼び寄せる. 呼び込む. 呼びつける. ¶ 애들을 집안으로 ~ 子供たちを家の中に呼び入れる / 외국 주재 대사를 본국으로 ~ 外国駐在大使を本国に呼び寄せる.

불러오다 他 呼んでくる. 呼びつける. ¶ 친구를 ~ 友達を呼んでくる.

불러일으키다 他 **1** 呼び起こす. 呼び覚ます. ¶ 자는 아이들을 ~ 眠っている子供たちを呼び起こす / 애국심을 ~ 愛国心を呼び覚ます. **2** (感動·興味などを)呼び起こす. (いらいらなどを)引き起こす. ¶ 호기심을 ~ 好奇心を呼び起こす / 선풍적인 인기를 불러일으키고 있다 爆発的な人気を呼んでいる.

불력〔佛力〕 名 〖佛〗 仏力. ¶ ~에 의지하다 仏力に頼る.

불령〔不逞〕 名 不逞.
불령 분자〔一分子〕 名 不逞分子.

불로¹〔不老〕 名 하形 不老.
불로불사〔一不死〕 名 하自 不老不死.
불로불소〔一不少〕 名 하自 老いも若くもないこと.
불로장생〔一長生〕 名 하自 不老長寿.
불로초〔一草〕 名 不老草〈年を取らないという伝説上の薬草〉.

불로²〔不勞〕 名 하自 不労.
불로 소득〔一所得〕 名 不労所得.

불룩 副 하形 ふっくらと. ¶ 호주머니가 ~하다 ふところが温かい. **불룩이** 副 ふっくらと.
불룩거리다[-대다] 自他 膨らんだりへこんだりする[膨らませたりへこませたりする].
불룩불룩 副 하自他 **1** しきりに膨らんだりへこんだりするようす. **2** 多くのものが突き出ていたり膨らんでいるようす.

불륜〔不倫〕 名 하形 不倫. ¶ ~의 관계를 맺다 不倫の関係を結ぶ.

불리다¹ 他 **1** (金属を)焼いて鍛える. 錬る. 焼きを入れる. ¶ 쇠를 ~ 鉄を鍛える. **2** (穀物を)ひる.

불리다² 他 (腹を)みたす. ¶ 국으로 배를 ~ スープで腹をみたす.

불리다³ Ⅰ 自 吹かれる. ¶ 낙엽이 바람에 ~ 落ち葉が風に吹かれる.
Ⅱ 他 **1** (楽器を)吹かせる. ¶ 나팔을 ~ ラッパを吹かせる. **2** 自白させる. ¶ 용의자에게 범행을 ~ 容疑者に犯行を吐かせる.

불리다⁴ 自 〔'부르다'의 피동사〕 **1** 呼ばれる. 招待される. ¶ 상관에게 불리어 가다 上官に呼ばれて行く. **2** 呼ばれる. 称される. ¶ 명인으로 불린다 名人と呼ばれる. **3** 歌われる. ¶ 어린 애들에게 불리는 노래 子供たちに歌われる歌.

불리다⁵ 他 〔'붇다'의 사동사〕 **1** (水などに浸して)ふやかす. 膨れさせる. ¶ 콩을 물에 ~ 豆を水に浸してふやかす. **2** 増やす. ¶ 저축으로 재산을 ~ 貯蓄で財産を増やす / 배를 ~ 腹を肥やす.

불리하다〔不利一〕 形 不利だ. ¶ 불리한 조건 不利な条件 / 입장이 불리해지다 立場が不利となる.

불림 名 金属を焼いて鍛えること. 焼

き入れ.
불만〔不滿〕 名 하形 不満. 苦情. 文句. 不平. ¶～ 분자 不満分子 / ～을 털어놓다 不満をぶちまける.
불만족〔不滿足〕 名 하形 不満足. 不満. ¶～스러운 표정을 짓다 不満足な顔をする.
불망〔不忘〕 名 하他 不忘. 忘れないこと. 忘れられないこと.
　불망기〔一記〕 名 後日のために記しておく物. 覚え書き.
　불망지은〔一之恩〕 名 忘れ難い恩.
불매〔不買〕 名 하他 不買. ¶～ 운동 不買運動 / ～ 동맹 不買同盟.
불면〔不眠〕 名 不眠. ¶～의 밤을 보내다 眠れない夜を送る.
　불면불휴〔一不休〕 名 하自 不眠不休.
　불면증〔一症〕 名 不眠症.
불멸[1]〔不滅〕 名 하自 不滅. ¶영구 ～ 永久不滅 / ～의 위업 不滅の偉業.
불멸[2]〔佛滅〕 名〔佛〕仏滅. 入滅.
불명[1]〔不明〕 名 하形 不明. **1** はっきりしないこと. 明らかでないこと. ¶생사 ～ 生死不明. **2** 事理に暗いこと. 愚かであること. ¶모두가 내 ～의 탓이다 すべてが私の愚かさのせいだ.
불명[2]〔佛名〕 名〔佛〕仏名.
불명료하다〔不明瞭一〕 形 不明瞭だ. ¶대답이 ～ 答えが不明瞭だ.
불명예〔不名譽〕 名 하形 不名誉. ¶씻을 수 없는 ～ ぬぐい切れない不名誉.
　불명예스럽다 形 不名誉である. ¶불명예스러운 행위 不名誉な行為.
불명확하다〔不明確一〕 形 不明確だ. 不確かだ. ¶불명확한 소식 不明確な消息.
불모〔不毛〕 名 不毛. ¶～의 사막 不毛の砂漠 / ～의 시대 不毛の時代.
　불모지〔一地〕 名 不毛の地.
불목 名 〈オンドル(온돌)の焚き口に近い〉いちばん暖かい所.
불목하다〔不睦一〕 形 仲がむつまじくない.
불무하다〔不無一〕 形 なきにしもあらず. ないわけではない.
불문[1]〔不問〕 名 하他 不問. **1** 問題にしないこと. 追求しないこと. ¶과거를 ～하기로 하다 過去を問わないことにする. **2** 区別しないこと. ¶남녀 ～하고 모두 채용하다 男女を問わずみんな採用する.
　◆**불문에 부치다** 不問に付す.
　불문가지〔一可知〕 名 問わなくても分かること. ¶～의 뻔한 사실 聞かなくても分かる当然なこと. 分かりきったこと.
　불문곡직〔一曲直〕 名 하自 事の正否を問わないこと.
불문[2]〔佛門〕 名 仏門. 仏道.
불문법〔不文法〕 名〔法〕不文法.
불문율〔不文律〕 名 不文律.
불문학〔佛文學〕 名 仏文学. フランス文学.
불미스럽다〔不美一〕 形 かんばしくない傾向がある.
불미하다〔不美一〕 形 かんばしくない. はしたない. ¶불미한 사건 かんばしくない事件. (特に)スキャンダル.
불민하다[1]〔不敏一〕 形 不敏だ. ふつつかだ. ¶이것은 나의 불민한 소치입니다 これは私の不敏のいたすところです.
불민하다[2]〔不憫一〕 形 不憫だ. 気の毒だ.
불바다 名 火の海. ¶온 동네가 ～가 되다 町じゅうが火の海と化する.
불발[1]〔不拔〕 名 하自他 不抜. 確固. ¶견인～ 堅忍不抜 / ～의 의지로 성공하다 不抜の意志で成功する.
불발[2]〔不發〕 名 하自 不発. 爆発しないこと. ¶～탄 不発弾 / 쿠데타는 ～로 끝났다 クーデターは不発に終わった.
불밤송이 名 熟さないままで枯れ落ちたいが栗.
불벌〔佛罰〕 名〔佛〕仏罰.
불범〔不犯〕 名 하他 **1** 他人の物を犯さないこと. **2**〔佛〕不犯. 邪淫戒を犯さないこと.
불법[1]〔不法〕 名 하形 不法. ¶～ 감금[행위] 不法監禁[行為] / 무기의 ～ 소지 武器の不法所持.
　불법적〔一的〕 冠 名 不法的. ¶～으로 점거하다 不法に占拠する.
　불법 점유〔一占有〕 名 하他〔法〕不法占有.
　불법화〔一化〕 名 하他 不法なものと認めること. ¶옥외 집회를 ～하다 屋外集会を不法なものと見なす.
불법[2]〔佛法〕 名〔佛〕仏法. ¶～을 설하다 仏法を説く.
불법승〔佛法僧〕 名〔佛〕仏法僧. 三宝.
불벼락 名 激しい怒り. 烈火の怒り. 大目玉. ¶선생님의 ～이 떨어지다 先生の雷が落ちる / 아버지에게 ～을 맞았다 おやじから大目玉を食らった.
불벼룩 名 飢えてひどくかむ蚤.
불변〔不變〕 名 하自他 不変. ¶영구 ～의 진리 永久不変の真理.
　불변색〔一色〕 名 不変色.
　불변성〔一性〕 名 不変性.
　불변 자본〔一資本〕 名〔經〕不変資本.
불볕 名 かんかんに照りつける真夏の日差し. ¶～더위 真夏の暑さ. 猛暑. 酷暑.
　불볕나다 自 梅雨があけてかんかん照りが始まる.
불보〔佛寶〕 名〔佛〕仏宝.
불보살〔佛菩薩〕 名 仏菩薩.
불복〔不服〕 名 하自他〔'불복종'의 준말〕不服従. 従わないこと. ¶명령에 ～하다 命令に服さない.
불복종〔不服從〕 名 하自 不服従.
불분동서〔不分東西〕 名 하自 東西の区別もできないほど愚かなこと.
불분명하다〔不分明一〕 形 不分明だ. 不明瞭だ.
불분상하〔不分上下〕 名 하自 上下の区別ができないこと.
불붙다 自 **1** 火がつく. 火がついて燃え始める. **2** ある情熱がわき始める.
불붙이다 他 火をつける.
불비〔不備〕 名 하形 不備. **1** 備わっていないこと. ¶～한 점이 있다 不備な点がある. **2** 手紙の末尾に添える語.
불빛 名 **1** 炎. ¶활활 타오르는 ～ ぼうぼうと燃え上がる炎. **2** (電灯・灯火

などの)明かり. 光. **3** 火のように赤い色.

불사[1]〔不仕〕 名 하自 官職をすすめても仕えないこと.

불사[2]〔不死〕 名 하自 不死. ¶ 불로~ 不老不死.

불사불멸〔一不滅〕 名 하自 不死不滅. ¶ ~의 존재 不死不滅の存在.

불사신〔一身〕 名 不死身.

불사약〔一藥〕 名 不死の薬.

불사조〔一鳥〕 名 不死鳥.

불사[3]〔不辭〕 名 하他 辞さないこと. 辞退しないこと. ¶ 죽음도 ~한 각오 死をも辞さない覚悟.

불사[4]〔佛事〕 名 仏事. 法事.

불사[5]〔佛師〕 名 仏師〈仏像をつくる工匠〉.

불사르다 他 燃やす. 火にくべる. ¶ 마른 풀을 ~ 枯れ草を燃やす.

불사리〔佛舍利〕 名〔佛〕仏舎利.

불상[1]〔不祥〕 名 하形 不祥.

불상사〔一事〕 名 不祥事. ¶ ~가 일어나다 不祥事が起こる.

불상[2]〔不詳〕 名 하形 不詳.

불상[3]〔佛相〕 名〔佛〕仏相.

불상[4]〔佛像〕 名〔佛〕仏像.

불상견〔不相見〕 名 하自 互いに会わないこと.

불상놈〔不常一〕 名 礼儀を知らない卑しい人. げす.

불상동〔不相同〕 名 하形 同じくないこと.

불상용〔不相容〕 名 하形 互いに相いれないこと.

불상응〔不相應〕 名 하自 不相応.

불생불멸〔不生不滅〕 名 하自〔佛〕不生不滅.

불서〔佛書〕 名〔佛〕〔'불가서(佛家書)'의 준말〕仏書.

불석〔不惜〕 名 하他 惜しまないこと.

불석신명〔一身命〕 名 하自〔佛〕不惜身命.

불석천금〔一千金〕 名 하自 千金をも惜しまないこと.

불선[1]〔不宣〕 名 不宣〈目下の人に対する手紙の末尾に添える語〉.

불선[2]〔不善〕 名 하形 不善.

불선명하다〔不鮮明一〕 形 不鮮明だ.

불선불후〔不先不後〕 名 하自 あいにくと不運な時期にぶつかること.

불설〔佛說〕 名 仏説. 仏の教え.

불섭생〔不攝生〕 名 하自 不摂生.

불성[1]〔不成〕 名 하自 **1** 事が成就しないこと. **2** 中途で止めること.

불성[2]〔佛性〕 名〔佛〕仏性.

불성공〔不成功〕 名 하自 不成功.

불성립〔不成立〕 名 하自 不成立.

불성실하다〔不誠實一〕 形 不誠実だ.

불세출〔不世出〕 名 하形 不世出. ¶ ~의 예술가 不世出の芸術家.

불소〔弗素〕 名〔化〕弗素.

불소급〔不遡及〕 名 하他〔法〕不遡及. ¶ ~의 원칙 不遡及の原則.

불소하다〔不少一〕 形 少なくない.

불속 名 火の中. 火中. ¶ ~으로 집어던지다 火の中に投げ入れる.

불손〔不遜〕 名 하形 不遜. ¶ ~한 태도 不遜な態度. **불손히** 副 不遜に.

불수〔不隨〕 名 不随. ¶ 반신 ~ 半身不随.

불수의〔不隨意〕 名 不随意. 思いのままにならないこと. ¶ ~ 작용 不随意作用.

불수의근〔一筋〕 名〔生〕不随意筋.

불순〔不純〕 名 하形 不純. ¶ ~한 동기 不純な動機.

불순물〔一物〕 名 不純物.

불순하다〔不順一〕 形 **1** 不順だ. ¶ 월경이 ~ 月経が不順だ. **2** 従順でない. ¶ 불순한 행동 従順でない行動.

불승인〔不承認〕 名 하他 承認しないこと.

불시〔不時〕 名 **1** 不時. 不意. ¶ ~의 손님 思いがけない客 / ~의 재난을 맞다 不時の災難に遭う. **2** (‘불시로’의 꼴로) 不意に. 思いがけないときに. 突然に. ¶ ~로 습격을 당하다 不意に襲撃にあう. **3** (‘불시에’의 꼴로) にわかに. 突然に. 思いがけなく. ¶ ~에 공격하다 突然攻撃する.

불시착〔一着〕 名 하自 〔‘불시 착륙(不時着陸)’의 준말〕 不時着. ¶ 항공기가 짙은 안개로 ~했다 航空機が濃霧で不時着した.

불식[1]〔不食〕 名 하他 食べないこと.

불식[2]〔佛式〕 名 仏式. **1** 仏教の儀式. **2** 仏教の方式.

불식[3]〔拂拭〕 名 하他 払拭. ¶ 인습을 ~하다 因習を払拭する.

불신[1]〔不信〕 名 하他 不信. ¶ ~감 不信感 / 국민의 ~을 사다 国民の不信を買う.

불신[2]〔佛身〕 名〔佛〕仏身.

불신임〔不信任〕 名 하他 不信任. ¶ ~안 不信任案 / ~ 결의 不信任決議.

불실[1]〔不實〕 名 하形 不実.

불실[2]〔不失〕 名 하他 失わぬこと.

불실기본〔一其本〕 名 하自他 **1** 本分を失わぬこと. **2** 元金を失わぬこと.

불실본색〔一本色〕 名 하自他 本色を失わないこと.

불심[1]〔不審〕 名 하形 **1** 不審. 疑わしいこと. ¶ ~한 거동 不審な挙動. **2** よくわからないこと.

불심 검문〔一檢問〕 名 하他 不審尋問. 職務質問.

불심[2]〔佛心〕 名〔佛〕仏心.

불쌍하다 形 かわいそうだ. 哀れだ. 気の毒だ. ¶ 불쌍한 신세 かわいそうな身の上 / 불쌍한 소리로 울다 哀れな声で泣く. **불쌍히** 副 かわいそうに. 気の毒に. 哀れに. ¶ ~ 여기다 気の毒に思う.

불쏘다 他 **1** 的がはずれる. 射そこなう. **2** 目的を達せられない.

불쏘시개 名 焚きつけ.

불쑥 副 **1**〔갑자기 쑥 내미는 모양〕にゅっと. 突然. だしぬけに. ¶ 어둠 속에서 괴한이 ~ 나타났다 暗がりからあやしい男がにゅっと現われた. **2**〔앞뒤 생각없이 말하는 모양〕いきなり. だしぬけに. 急に. ふっと. ひょいと. ¶ ~ 결혼 이야기를 꺼내다 急に結婚の話を言い出す.

불쑥거리다〔-대다〕 自他 **1** たて続けににゅっと現われたり突き出たりする. **2**

出まかせにしゃべる.

불쑥불쑥 副 하自他 にょきにょきと. ¶ 우후 죽순처럼 ~ 나타났다 雨後のたけのこのようににょきにょきと現われた.

불쑥하다 形 突き出ている. 突き出て膨らんでいる. ¶ 한창 먹어 댔더니 배가 ~ ひとしきりかき込んだら腹が膨れあがった. **불쑥이** 副 にゅっと. にょきっと.

불씨 名 **1** 火種. 種火. ¶ ~를 꺼뜨리다 火種をきらす. **2** (物事の)きっかけ. 糸口. 種. ¶ 스카웃 문제가 분쟁의 ~가 되었다 スカウトの問題が紛争の種となった.

불안〔不安〕名 하形 不安. **1** 気がかりで落ち着かないこと. ¶ ~한 마음 不安な気持ち. **2** (世の中が)騒然としていること. ¶ 정정의 ~ 政情の不安/경제적 ~ 経済的不安. **불안히** 副 不安に.

불안감〔一感〕名 不安感.

불안스럽다 形 不安そうだ. **불안스레** 副 不安そうに.

불안전〔不安全〕名 하形 不安全. ¶ ~한 시설 不安全な施設.

불안정〔不安定〕名 하形 不安定. ¶ 날씨가 ~하다 天候が不安定だ.

불알 名〔生〕睾丸. きんたま.

불야성〔不夜城〕名 不夜城. ¶ ~을 이룬 밤거리 不夜城をなした夜の街.

불어[1]〔不漁〕名 不漁.

불어[2]〔佛語〕名 フランス語.

불어[3]〔佛語〕名〔佛〕仏語. 仏の説いた言葉. 仏教に関する語.

불어나다 自 増える. 増す. 膨れ上がる. ¶ 홍수로 강물이 ~ 洪水で川の水が増す/인구가 ~ 人口が増える.

불어넣다 他 吹き込む. ¶ 새로운 사상을 ~ 新しい思想を吹き込む/고무풍선에 바람을 ~ ゴム風船に空気を吹き込む.

불어세우다 他 のけ者にする.

불어오다 自 吹いてくる. ¶ 봄바람이 ~ 春風が吹いてくる.

불어제치다 自 吹きまくる. 吹きすさぶ. 吹き荒れる. ¶ 철 늦은 태풍이 ~ 時季遅れの台風が吹き荒れる.

불어터지다 自 (麵などが)伸びる. ふやける. ¶ 국수가 ~ そばが伸びる.

불언〔不言〕名 하自 不言.

불언가지〔一可知〕名 言わなくても知ることができること.

불언실행〔一實行〕名 하自他 不言実行.

불여귀〔不如歸〕名〔動〕ほととぎす.

불여우 名 **1**〔動〕赤狐. **2**〈俗〉(気まぐれで)口やかましい女. 意地の悪い女.

불여의하다〔不如意一〕形 不如意だ. 思うようにならない.

불역[1]〔不易〕名 하自他 不易. 不変.

불역[2]〔佛譯〕名 하他 仏訳. フランス語訳.

불연[1]〔不然〕名 하形 (주로 '불연이면'의 꼴로) そうでなければ. さもなければ.

불연즉〔一則〕副 しからずんば. さもなくば. ¶ 노력하라, ~ 실패하리라 努力せよ, さもなくば失敗せん.

불연[2]〔不燃〕名 不燃. ¶ ~ 건축 不燃建築.

불연[3]〔佛緣〕名〔佛〕仏縁. 仏との縁.

불연속〔不連續〕名 不連続. ¶ ~면 不連続面/~선 不連続線.

불온〔不穩〕名 하形 不穏. 穏やかでないこと. ¶ 사상이 ~하다 思想が不穏だ/~한 언사를 쓰다 不穏な言辞を弄する.

불완전〔不完全〕名 하形 不完全. ¶ ~ 연소 不完全燃焼.

불완전 동사〔一動詞〕名〔言〕不完全動詞.

불완전 변태〔一變態〕名〔動〕不完全変態.

불완전 중립국〔一中立國〕名〔政〕不完全中立国.

불요〔不撓〕名 하形 不撓. 撓まないこと. くじけないこと.

불요불굴〔一不屈〕名 不撓不屈. ¶ ~의 정신으로 싸워라 不撓不屈の精神で戦え.

불요하다〔不要一〕形 不要だ. ¶ 일상생활에는 불요한 물건 日常生活には不要な品.

불용[1]〔不用〕名 不用. **1** 用のないこと. ¶ ~품 不用品. **2** 役に立たないこと.

불용[2]〔不容〕名 하他 許すことができないこと.

불용성〔不溶性〕名〔化〕不溶性.

불우하다〔不遇一〕形 不遇だ. ¶ 불우한 생애 不遇な生涯.

불운〔不運〕名 하形 不運. ¶ ~의 탓이라고 체념하다 不運のせいとあきらめる.

불원[1]〔不遠〕名 하形 遠くないこと.

불원간〔一間〕副 遠くない間に. 近いうちに. ¶ ~ 무슨 일이 생길 것 같다 近々何か事が起こりそうだ.

불원천리〔一千里〕名 하自他 千里の道も遠いと思わぬこと. ¶ ~하고 찾아온 옛벗 遠い道もいとわず訪ねてきた旧友.

불원[2]〔不願〕名 하他 願わないこと.

불유쾌하다〔不愉快一〕形 不愉快だ. 不快だ.

불은〔佛恩〕名〔佛〕仏恩.

불음〔不飮〕名 하他 飲まないこと.

불응〔不應〕名 하自 応じないこと. ¶ 명령에 ~하는 사람 命令に応じない人.

불의[1]〔不意〕名 **1** 不意. ¶ ~의 습격을 받고 당황하다 不意打ちを食わされてあわてる. **2** ('불의에'의 꼴로) 不意に. 思いがけなく. いきなり. ¶ ~에 찾아온 재난 不意にやってきた災難.

불의[2]〔不義〕名 하形 不義. 人の道にはずれること. ¶ ~에 항거하다 不義に抗する/~의 자식 不義の子.

불이익〔不利益〕名 不利益. 損. ¶ 이번 조치는 사업에 ~을 초래했다 今回の措置は事業に不利益をもたらした.

불이행〔不履行〕名 하他 不履行. ¶ 계약 ~ 契約不履行.

불인[1]〔不忍〕名 不忍. 忍ばないこと.

불인견〔一見〕名 見るに忍びないこと. ¶ ~의 참상 見るに忍びない惨状.

불인문〔一聞〕 名 聞くに忍びないこと.
불인정시〔一正視〕 名 正視するに忍びないこと.
불인[2]〔佛人〕 名 仏人. フランス人.
불인가〔不認可〕 名 하他 不認可.
불인정하다〔不人情一〕 形 不人情だ.
불인하다〔不仁一〕 形 **1** 不仁だ. 仁の道に背く. **2** 体の一部が麻痺して動作が不自由だ.
불일[1]〔不一〕 名 하形 **1** 〔'불일치'의 준말〕 不一致. **2** 均等でないこと. **3** (手紙の末尾に添える)不一.
불일[2]〔不日〕 名 〔'불일내'의 준말〕 不日.
불일간〔一間〕 名 近日中.
불일내〔一內〕 名 **1** 不日. 近日中. **2** ('불일내로, 불일내에'의 꼴로) 不日. 数日内に. ¶ ~로 상경하겠다 数日内に上京する.
불일치〔不一致〕 名 하形 不一致. ¶ ~한 의견 一致しない意見 / 언행 ~ 言行不一致.
불임〔不姙〕 名 하自 不妊. ¶ ~증 不妊症.
불입〔拂入〕 名 하他 (お金を)払い込むこと. 納入. ¶ ~금 払い込み金 / 입학금을 ~하다 入学金を払い込む.
불잉걸 名 (燃え盛った)真っ赤な炭火.
불자[1]〔佛子〕 名〔佛〕 仏子. **1** 仏の弟子. **2** 衆生. **3** 菩薩.
불자[2]〔佛者〕 名〔佛〕 仏者. 仏の弟子.
불자동차〔一自動車〕 名〈俗〉 消防車.
불장난 名 하自 火遊び. **1** (子供などの)火遊び. **2** (男女の)無分別な付き合い. **3** (戦争を挑発するような)危険な行為.
불적〔佛跡〕 名 仏跡.
불전[1]〔一錢〕 名 てら銭〈博打をするときの場所の借り賃〉.
불전[2]〔佛典〕 名〔佛〕 仏典.
불전[3]〔佛前〕 名〔佛〕 **1** 仏前. ¶ ~에 꿇어 엎드리다 仏前にぬかずく. **2** 仏陀の誕生以前.
불전[4]〔佛殿〕 名〔佛〕 仏殿.
불전[5]〔佛錢〕 名 仏前にささげるお金. 賽銭.
불제자〔佛弟子〕 名〔佛〕 仏弟子.
불조심〔一操心〕 名 하自 火の用心.
불종〔一鐘〕 名 半鐘.
불좌〔佛座〕 名 仏座. 仏の座る座.
불지〔佛智〕 名〔佛〕 仏智.
불지르다 自 (物を燃やすために)点火する. 火をつける. ¶ 초봄, 논두렁에 ~ 春先, 畦に火をつける.
불질 名 하自 **1** (かまどなどに)火をたくこと. **2** (銃砲などを)発射すること.
불집 名 **1** (門前などにつる灯火の)火をともして入れる部分. **2** 危険性のある所[要因].
◆**불집을 건드리다** 危険を自ら招く.
불집게 名 火箸.
불차〔一車〕 名〈俗〉 消防車.
불착〔不着〕 名 하自他 **1** 不着. 到着しないこと. **2** 着用しないこと.
불찬성〔不贊成〕 名 하他 不賛成.
불찰[1]〔不察〕 名 手落ち. 不注意. 不覚. ¶ 이번 일은 저의 ~이었습니다 今度のことは私の手落ちでした.
불찰[2]〔佛刹〕 名 仏刹. 寺.
불참〔不參〕 名 하自 不参. 不参加. ¶ 회의에 ~하다 会議に参加しない.
불철저하다〔不徹底一〕 形 不徹底だ. ¶ 불철저한 수사 不徹底な捜査.
불철주야〔不撤晝夜〕 名 副 하自 夜昼を分けないこと. ¶ ~로 일하다 夜昼なく働く.
불청〔不聽〕 名 하他 **1** 聞かないこと. **2** 聞き入れないこと.
불청객〔不請客〕 名 招かざる客. 勝手に来た客. ¶ ~ 자래 招かざる客が自分がってに来ること.
불초〔不肖〕 名 하形 不肖. **1** 父母の徳行や偉業を継ぐ能力のないこと[人]. ¶ ~ 자식 不肖の子. **2** 自分の謙譲語.
불초손〔一孫〕 名 祖父母に対する孫の自称.
불초자〔一子〕 名 親に対する子の自称.
불초자제〔一子弟〕 名 父母の徳望や事業を相続するに値しない子供.
불출〔不出〕 名 하自 **1** (門を閉ざして)家の外に出ないこと. **2** 愚かなこと[人]. ¶ 저의 ~한 자식 私の愚かな息子.
불출마〔不出馬〕 名 하自 不出馬. ¶ 이번 선거에 ~를 선언했다 今度の選挙に不出馬を宣言した.
불충〔不忠〕 名 하自 不忠. ¶ 임금에게 ~하다 国王に不忠である / ~ 불효 不忠不孝.
불충분〔不充分〕 名 하形 不十分. ¶ ~한 준비 不十分な準備.
불충실하다[1]〔不充實一〕 形 充実でない. ¶ 내용이 ~ 内容が充実でない.
불충실하다[2]〔不忠實一〕 形 忠実でない. ¶ 가정에 불충실한 남편 家庭に忠実でない夫.
불취〔不取〕 名 하他 取らないこと.
불취동성〔不娶同姓〕 名 하自 同姓どうしは結婚しないこと.
불측지변〔不測之變〕 名 不測の事故.
불측하다〔不測一〕 形 **1** 計り知れない. 予測できない. ¶ 불측한 사태 不測の事態. **2** よこしまだ. 陰険だ. 腹黒い. ¶ 불측한 음모를 꾀하다 腹黒い陰謀を巡らす.
불치〔不治〕 名 **1** 不治. 病気が治らないこと. ¶ ~의 병 不治の病. **2** 政治が正しく行なわれないこと.
불치하문〔不恥下問〕 名 하自 目下の人[自分より劣る人]に問うことを恥じとしないこと.
불친절〔不親切〕 名 하形 不親切.
불침[1]〔不侵〕 名 하自 侵略しないこと. 不可侵.
불침[2]〔一鍼〕 名 **1** 焼いて赤くなった鉄の串. ¶ ~질 熱した鉄の串で人の皮膚を焼くこと. **2** マッチの燃えさしを眠っている人の肌につき立ててそこに灸を据えるように火をつけて驚かすいたずら. ¶ ~을 놓다 マッチの燃えさしで灸のいたずらをする.

불침번〔不寢番〕 名 不寝番. ¶ ～을 서다 不寝番に立つ.

불쾌감〔不快感〕 名 不快感.

불쾌지수〔不快指數〕 名 不快指数.

불쾌하다〔不快―〕 形 不快だ. ¶ 그를 만나면 언제나 ～ 彼に会うといつも不愉快だ. **불쾌히** 副 不快に. ¶ ～ 여기다 不快に思う.

불타〔佛陀〕 名 仏陀. 仏.

불타다 自 **1** (火が)燃える. ¶ 집이 ～ 家が燃える. **2** (気持ちが)高ぶる. 燃える. ¶ 불타는 가슴 熱い心.

불탄일〔佛誕日〕 名 仏生日. 釈迦の誕生日〈陰暦の4月8日〉.

불탑〔佛塔〕 名 寺の塔. 仏塔.

불태우다 他 **1** 火を燃やす. **2** (気持ちを)高ぶらせる. 燃やす. 焦がす.

불토〔佛土〕 名 仏土. 浄土.

불통〔不通〕 名 하自 不通. **1** (交通・通信などが)通じないこと. ¶ 전화가 ～이다 電話が不通だ / 철도가 ～되다 鉄道が不通になる. **2** (話・意思などが)通じないこと. ¶ 고집 ～이다 頑固一徹だ. **3** 世間のことに通じないこと. 世情に疎いこと. ¶ 소식 ～이다 何も分からない. 世情に疎い.

불퇴전〔不退轉〕 名 하自 不退転. **1** 〘佛〙 修行が退転しないこと. **2** 決して後にひかないこと. ¶ ～의 공격 정신 不退転の攻撃精神.

불투명〔不透明〕 名 하形 不透明. ¶ ～한 액체 不透明な液体 / ～한 태도 はっきりしない態度 / 금년도의 경제 성장은 ～하다 今年度の経済成長は見通しがつかない.

불퉁거리다[-대다] 自 ぶっきらぼうで乱暴な口をきく. ¶ 무슨 불만이라도 있는 것처럼 불퉁거린다 何か不満でもあるかのようにつっけんどんに言う.

불퉁불퉁[1] 副 하自 ぶっきらぼうに. ¶ ～ 함부로 말하다 やたらに乱暴な口をきく.

불퉁그러지다 自 ごつごつと突き出る.

불퉁불퉁[2] 副 하形 〔군데군데 툭툭 불거진 모양〕 ごつごつ. でこぼこ. ¶ ～한 바위 ごつごつした岩.

불퉁스럽다 形 口のきき方がぶっきらぼうだ. ¶ 불퉁스럽게 대답하다 ぶっきらぼうに返事をする.

불퉁하다 形 表面が節くれだってごつごつしている.

불특정〔不特定〕 名 不特定. ¶ ～ 다수 不特定多数 / ～물 不特定物.

불티 名 火の粉. 火花.

불티나다 自 飛ぶように売れる.

불패〔不敗〕 名 하自 不敗. ¶ ～를 자랑하다 不敗を誇る.

불편[1]〔不便〕 名 하形 **1** 窮屈. 不便. 反 便利. ¶ 교통이 ～한 곳에 살고 있다 交通が不便な所に住んでいる. **2** (体の)具合が悪いこと. 調子が悪いこと. ¶ 몸이 좀 ～해요 ちょっと体の具合が悪いのです. **3** 気まずくなること. ◇일본어의 不便은 '몸이 불편하다, 자리가 불편하다' 등 신체적인 것이나 정신적인 것에는 잘 쓰이지 않는다.

불편스럽다 形 窮屈だ. 不便だ. 具合が悪い. ¶ 불편스러운 생활 환경 不便な生活環境.

불편[2]〔不偏〕 名 하自 不偏. 偏らず公平であること.

불편부당〔―不黨〕 名 하形 不偏不党. ¶ ～이 그의 정치 이념이었다 不偏不党が彼の政治理念であった.

불평〔不平〕 名 하他 不平. 不満. 愚痴. 文句. こぼすこと. ¶ ～거리 不平の種 / ～을 늘어놓다 不平を並べ立てる.

불평가〔―家〕 名 不平ばかりこぼしている人.

불평불만〔―不滿〕 名 不平不満.

불평등〔不平等〕 名 하形 不平等. ¶ ～ 조약 不平等条約 / ～한 취급 不平等な取り扱い.

불폐풍우〔不蔽風雨〕 名 하自 家が古びて風雨に堪えないこと.

불포화〔不飽和〕 名 하自 不飽和. ¶ ～ 지방산 不飽和脂肪酸 / ～ 화합물 不飽和化合物.

불피풍우〔不避風雨〕 名 하自 風雨を冒して働くこと.

불필요하다〔不必要―〕 形 不必要だ. ¶ 설명이 ～ 説明が不要だ.

불하[1]〔不下〕 名 하自 **1** 劣らないこと. 少なくないこと. **2** 降伏しないこと.

불하[2]〔拂下〕 名 하他 払い下げ. ¶ 정부는 국유지의 일부를 ～했다 政府は国有地の一部を払い下げた.

불학〔不學〕 名 하形 不学. 無学.

불학무식〔―無識〕 名 하形 無学文盲.

불한당〔不汗黨〕 名 群盗.

불합격〔不合格〕 名 하自 不合格. 落第. ¶ 검정에 ～이 되다 検定に不合格となる.

불합리하다〔不合理―〕 形 不合理だ. 理不尽だ. ¶ 그런 요구는 ～ そんな要求は理不尽だ.

불행〔不幸〕 名 하形 **1** 不幸. 不幸せ. ¶ ～을 초래하다 不幸を招く / ～한 세월을 보내다 不幸な歳月を送る. **2** 不運. 不祥事. よくないこと. ¶ 뜻밖의 ～을 만났다 思いがけない不幸に見舞われた. **불행히** 副 不幸に. 不幸せに. ¶ ～도 건강을 해쳤다 不幸にも健康をそこねた.

◆**불행 중 다행** 不幸中の幸い.

불허〔不許〕 名 하他 不許. 許さないこと. 許可しないこと. ¶ 복제 ～ 不許複製 / 타의 추종을 ～하다 他の追随を許さない.

불현듯 副 ふと. 突然. ¶ ～ 뇌리를 스치는 시상 ふと脳裏をかすめる詩想.

불현듯이 副 ふと. 突然. だしぬけに. にわかに. いきなり. ¶ ～ 돌아가신 어머니 생각이 났다 ふと亡くなった母を思い出した.

불협화음〔不協和音〕 名 不協和音.

불협화 음정〔不協和音程〕 名 〘樂〙 不協和音程.

불호령〔―號令〕 名 激しい叱責. ¶ 아버지의 ～이 떨어지다 おやじの雷が落ちる. おやじの大目玉を食う.

불혹〔不惑〕 名 不惑〈40歳の別称〉.

불혹지년〔―之年〕 名 不惑の年. 40歳.

불화[1]〔不和〕 名 하形 不和. 仲たがい. ¶부부의 ～ 夫婦の不和.
불화[2]〔弗化〕 名〔化〕 弗化.
불화[3]〔弗貨〕 名 ドル貨. 米貨.
불화[4]〔佛畫〕 名 仏画. 仏教絵画.
불확실〔不確實〕 名 하形 不確実. ¶～한 정보 不確実な情報.
불확정〔不確定〕 名 하形 不確定. ¶～한 요소를 내포하고 있다 不確定な要素を含んでいる.
 불확정 기한〔一期限〕 名〔法〕 不確定期限.
 불확정성 원리〔一性原理〕 名〔物〕 不確定性原理.
불환 지폐〔不換紙幣〕 名 不換紙幣.
불활성 기체〔不活性氣體〕 名〔化〕 不活性ガス. 希ガス元素.
불황〔不況〕 名 不況. 不景気. ¶～을 타개하다 不況を打開する.
불효〔不孝〕 名 하形 不孝. 親不孝. ¶～한 자식을 용서해 주세요 親不孝者を容赦してください.
 불효부〔一婦〕 名 しゅうとに不孝な嫁.
 불효자〔一子〕 名 **1** 親不孝者. **2** (親に手紙を出すとき)自分をへりくだっていう語.
불후〔不朽〕 名 하形 不朽. 不滅. ¶～의 명작 不朽の名作.
 불후지공〔一之功〕 名 不朽の功. 輝かしい手柄.
불휴〔不休〕 名 하自 不休. ¶불면～ 不眠不休.
붉다 Ⅰ 形 赤い. ¶술을 마셔서 얼굴이 ～ 酒を飲んで顔が赤い / 붉게 익은 사과 赤く熟れたりんご.
 Ⅱ 自 赤くなる. 赤らむ. ¶동녘 하늘이 서서히 붉는다 東の空が徐々に赤らむ / 수줍어 얼굴이 붉는다 はずかしくて顔が赤くなる.
붉디붉다 形 真っ赤だ.
붉어지다 自 赤くなる. 赤らむ. ¶부끄러워서 얼굴이 붉어졌다 恥ずかしくて顔が赤くなった.
붉으락푸르락 副 하形 (非常に興奮したり怒ったりして顔色が)真っ赤になったり真っ青になったりするようす. ¶～ 어찌할 바를 모르다 赤くなったり青くなったりしてどうすればよいのか分からない.
붉은팥 名 赤黒いあずき.
붉히다 他 (恥ずかしがったり怒ったりして)顔を赤くする. 赤らめる. ¶얼굴을 ～ 顔を赤らめる.
붐〔boom〕 名 ブーム. 一時的な流行. ¶～을 타다 ブームに乗る.
붐비다 自 込み合う. 混雑する. 混む. ¶버스 안이 ～ バスの中が込み合う / 붐비는 거리 混雑する通り / 국제 공항은 항상 붐비고 있다 国際空港はいつも混雑している.
붐하다 形 〔'희붐하다'의 준말〕ほの白い. 薄明るい. ¶붐한 새벽녘의 하늘 ほの白い夜明けの空.
붓 名 **1** 筆. 毛筆. ¶～글씨 筆の字. 書道. **2** 鉛筆·ペン·万年筆などの総称. (文章などを)書くこと.
 ◆**붓을 꺾다** 筆を折る.
 ◆**붓을 놓다** ① 筆をおく. 書き終える. ② 筆を断つ.
붓끝 名 **1** 筆先. 筆の穂先. **2** 筆勢. 筆力. 筆づかい.
붓다[1] 自 **1** 腫れる. むくむ. ¶벌에 쏘인 자리가 ～ はちに刺されたところが腫れる / 다친 발목이 부어 있다 傷ついた足首が腫れている. **2** ふくれる. むくれる. ふてくされる. ¶주의를 들으면 금방 붓는다 注意されるとすぐにふくれる / 꾸중을 듣고 ～ 叱られてふてくされる.
붓다[2] 他 **1** そそぐ. つぐ. 差す. ¶항아리에 물을 ～ 甕に水をそそぐ[差す] / 기계에다 기름을 ～ 機械に油をさす. **2** 密に種をまく. ¶볍씨를 ～ 種もみをびっしりとまく. **3** (掛け金などを)払い込む. ¶상품 대금을 월부로 ～ 商品の代金を月割りで払う.
붓대 名 筆軸. 筆柄. ¶～를 꺾다 筆を折る.
붓두껍 名 筆のさや.
붓방아 名 (筆が進まないで)筆で紙面をとんとんつくこと.
 ◆**붓방아를 찧다** (筆が進まないで)筆をとんとんつく.
 붓방아질 名 하自 (筆が進まないで)筆で紙面をとんとんつくこと.
붓질 名 하自 筆で絵をかくこと.
붕 副 **1**〔막혔던 기체·가스가 터져 나오는 소리〕ぶうっと. ぶすっと. **2**〔비행기·벌 등의 나는 소리〕ぶうんと. **3**〔경적 소리〕ぶうっと. **4**〔무엇을 허망하게 날리는 모양〕あっけなくなくすさま. ¶노름에서 백만 원을 ～ 날렸다 博打で100万ウォンをあっけなくなくした.
붕괴〔崩壞〕 名 하自 崩壊. ¶둑이 ～하다 堤防が崩壊する.
붕궤〔崩潰〕 名 하自 崩壊.
붕긋하다 形 **1** (丘などが)小高い. 盛り上がっている. ¶붕긋한 고개 小高い峠. **2** (壁紙などがぴったりつかずに)浮いている. **붕긋이** 副 小高く. ふくれて.
 붕긋붕긋 副 하形 あちこちが盛り上がっているようす.
붕당〔朋黨〕 名 朋党. 徒党.
붕대〔繃帶〕 名 包帯. ¶～를 감다[풀다] 包帯を巻く[ほどく].
붕락〔崩落〕 名 하自 崩落. **1** 崩壊. ¶포격으로 성벽이 ～하다 砲撃で城壁が崩壊する. **2** 暴落. ¶주가가 ～하다 株価が暴落する.
붕사〔硼砂〕 名〔化〕 硼砂.
 붕사땜 名 硼砂を用いた溶接.
붕산〔硼酸〕 名〔化〕 硼酸.
 붕산면〔一綿〕 名〔醫〕 硼酸綿.
 붕산 연고〔一軟膏〕 名〔藥〕 硼酸軟膏.
붕새〔鵬一〕 名 鵬. 大鵬〈想像上の鳥〉.
붕소〔硼素〕 名〔化〕 硼素.
붕어[1] 名〔動〕 鮒.
 붕어자물쇠 名 鮒形の錠前.
 붕어톱 名 背の丸いのこぎり.
붕어[2]〔崩御〕 名 하自 崩御〈国王を敬ってその死をいう語〉.

붕우〔朋友〕 名 朋友. 友達. 友人.
붕우유신〔一有信〕 名 朋友信あり.
붕익〔鵬翼〕 名 鵬翼. **1** 鵬の翼. **2** 計画中の大事業をいう語. **3** 飛行機をいう語.
붕장어〔一長魚〕 名〔動〕真穴子.
붕정〔鵬程〕 名 鵬程. 遠い道のり. ¶～만리 はるかに遠い道のり.
붙다 自 つく. **1** つく. くっつく. 張ってある. ¶붙은 그림을 떼었다 張ってあった絵をはがした/우표가 붙은 편지 봉투 切手が張ってある封筒. **2** 付設されている. ¶연구소가 붙어 있다 研究所が付設されている/욕실이 붙어 있는 방 浴室つきの部屋. **3** (そばに)つく. くっつく. ¶반대파에 ～ 反対派につく/바싹 붙어 앉다 ぴったりくっついて座る/환자에게 간병인이 ～ 患者に着病人がつく. **4** (両方が)掛け合う. ¶흥정이 ～ 商売のかけあいが始まる/언쟁이 ～ 口げんかになる. **5** 付随する. つく. 増す. ¶나쁜 습관이 ～ 悪い習慣がつく/일어 실력이 ～ 日本語の実力がつく/살이 ～ 肉がつく. **6** (一定の場所に)居つく. じっとしている. ¶한시도 집에 붙어 있지 않는 아들 すこしも家に居つかない息子. **7** (火などが)つく. 燃える. ¶벽에 불이 ～ 壁に火がつく. **8** (怨霊などに)取りつかれる. 祟る. ¶악령이 ～ 悪霊がたたる/재수가 ～ 運がつく. **9** (試験などに)合格する. 受かる. ¶시험에 ～ 試験に合格する. **10** (くじに)当たる. ¶추첨에 ～ くじにあたる. **11** (興味·感情などが)起こる. 涌く. ¶흥미가 ～ 興味がわく/정이 ～ 愛情がわく. **12** 番う. つるむ. かかる. 交尾する. ¶개가 흘레～ 犬が交尾する.
붙당기다 他 **1** (手でつかんで)引っ張る. **2** 人を味方に引きいれる.
붙동이다 他 縛りつける.
붙들다 他 **1** つかむ. ぎゅっと握る. ¶멱살을 붙들고 싸우다 胸ぐらをつかんでけんかをする/서로 손을 붙들고 기뻐하다 互いに手をつかんで喜ぶ. **2** 捕まえる. ¶소매치기를 뒤쫓아가 ～ すりの後を追って行き捕まえる. **3** 引き止める. ¶가겠다는 사람을 ～ 帰ろうとする人を引き止める. **4** (倒れないようにわきを)支える. 手助けする. ¶그 노인을 좀 붙들어 드려라 そのご老人をちょっと支えてさしあげなさい.
붙들리다 自 **1** 捕まえられる. 捕まる. ¶좀도둑이 ～ こそ泥が捕まる. **2** 引き止められる. ¶밤 늦게까지 붙들려 있었다 夜遅くまで引き止められていた.
붙따르다 他 **1** ぴったりと付き従う. ぴたっと追いつく. **2** 尊敬してつき従う.
붙매이다 自 (仕事などに)縛られる. 拘束される. ¶의리에 ～ 義理に縛られる/시간에 ～ 時間に縛られる.
붙박이 名 固定. 固着.
붙박이별 名〔天〕恒星.
붙박이장〔一欌〕 名 押し入れ. 作り付けのたんす.
붙박이창〔一窓〕 名〔建〕はめこみの窓.
붙박이다 自 閉じこもる. ¶종일 연구실 안에 붙박여 있었다 一日じゅう閉じこもり実験台の前を離れなかった.
붙안다 他 胸に抱く. 抱き締める. ¶아이를 꼭 ～ 子をしかと抱き締める.
붙어먹다 他 〈卑〉姦通する.
붙어살다 自 **1** 人に頼って暮らす. 寄生する. ¶친척 집에 ～ 親戚の家に居候する. **2** 入りびたる. (ある場所に)居続ける.
붙은문자〔一文字〕 名 ある物事の説明にぴったり当てはまる熟語.
-붙이 接尾〔동족·동계를 나타냄〕…類. ¶일가～ 親類/쇠～ 金物類/피～ 血族.
붙이다 他 **1** 貼りつける. 貼る. くっつける. 寄せる. ¶우표를 ～ 切手を貼る/타일을 ～ タイルを貼る/깨진 물건을 접착제로 ～ 割れ物を接着剤でくっつける/차를 담에 붙여 대다 車を塀に寄せてつける. **2** (条件·意見などを)つける. つけ足す. (利子を)つける. ¶한 가지 조건을 ～ 一つ条件をつける/해설을 ～ 解説を加える. **3** (火を)つける. 点火する. ¶담뱃불을 ～ たばこに火をつける. **4** (仲を)結びつける. 仲介する. 折り合いをつける. ¶흥정을 ～ 取引を仲立ちする/두 남녀를 붙여 주다 二人の男女を結びつけてやる. **5** (人をそばに)つける. ¶경호원을 ～ 護衛をつける. **6** (習慣などを身に)つける. ¶바둑에 취미를 ～ 碁を趣味とする. **7** (名前を)つける. 命名する. ¶태어난 아이에게 이름을 ～ 生まれた子に名をつける. **8** (平手で)張る. 打つ. 撲る. ¶귀싸대기를 올려 ～ 横っつらを張る. **9** (言葉を)かける. ¶낯선 사람에게 말을 ～ 見知らぬ人に話しかける. **10** (事をある状態に)付する. 任せる. ¶불문에 ～ 不問に付す/심의에 ～ 審議にかける. **11** 交尾させる. ¶말을 흘레～ 馬を交尾させる. **12** (賭け事でお金を)賭ける.
붙임성〔一性〕 名 人づきあいの善さ. 愛想の善さ. 人当りのよさ. 社交性. ¶～이 있다 人当りがいい.
붙임풀 名 〈チョゴリ(저고리)の襟などを整えるための〉硬めの糊.
붙잡다 他 **1** つかむ. 握る. ¶버스의 손잡이를 ～ バスの取っ手をつかむ/물에 빠지면 지푸라기라도 붙잡는다 おぼれる者はわらをもつかむ. **2** (仕事に)手をつける. (職に)つく. ¶견실한 직업을 ～ 堅い職業につく. **3** 捕らえる. 捕まえる. ¶달아나는 도둑을 ～ 逃げる泥棒を捕らえる. **4** 引き止める. ¶돌아가려는 손님을 ～ 帰ろうとする客を引き止める. **5** 得る. つかむ. (内容を)把握する. ¶좋은 기회를 ～ いい機会をつかむ.
◆**붙잡아 주다** (倒れないように)支えてやる. 助ける. ¶환자가 쓰러지지 않게 옆에서 ～ 患者が倒れないようにそばで支えてやる.
붙잡히다 自 捕まる. 捕らえられる. ¶

경찰에게 ~ 警察に捕まる.
뷔페〔프 buffet〕 名 ビュッフェ. バイキング方式.
브라보〔이 bravo〕 感 ブラボー.
브라운〔brown〕 名 ブラウン. 褐色.
브라운관〔Braun管〕 名〔物〕ブラウン管.
브라질〔Brazil〕 名〔地〕ブラジル(南米の共和国).
브래지어〔brassiere〕 名 ブラジャー.
브랜드〔brand〕 名 ブランド. 商標.
브랜디〔brandy〕 名 ブランデー.
브러시〔brush〕 名 ブラシ.
브레이크〔brake〕 名 ブレーキ. ¶ ~를 걸다 ブレーキをかける / ~가 안 듣다 ブレーキが効かない.
브로마이드〔bromide〕 名 ブロマイド.
브로치〔brooch〕 名 ブローチ.
브로커〔broker〕 名 ブローカー.
브롬〔독 Brom〕 名〔化〕ブロム.
브리핑〔briefing〕 名 하自 ブリーフィング.
브이아이피〔VIP←very important person〕 名 ブイアイピー. ビップ.
브이티아르〔VTR←video tape recorder〕 名 ブイティーアール. ビデオテープレコーダー.
블라우스〔blouse〕 名 ブラウス.
블라인드〔blind〕 名 ブラインド.
블랙〔black〕 名 ブラック. ¶ ~리스트 ブラックリスト.
　블랙마켓〔—market〕 名〔經〕ブラックマーケット. 闇市.
　블랙박스〔—box〕 名 ブラックボックス.
　블랙커피〔—coffee〕 名 ブラックコーヒー. ブラック.
블록[1]〔bloc〕 名 ブロック. ¶ ~ 경제 ブロック経済.
블록[2]〔block〕 名 ブロック. ¶ ~담 ブロック塀.
블루스〔blues〕 名〔樂〕ブルース.
블루칼라〔blue collar〕 名 ブルーカラー.
비[1] 名 雨. ¶ ~가 내리다[오다] 雨が降る / ~가 그치다[멎다] 雨がやむ / ~가 새다 雨が漏る.
　◆**비를 긋다** 雨宿りする.
　〔속담〕**비 온 뒤에 땅이 굳어진다** 雨降って地固まる.

單語帳 **비에 관한 말**

보슬비, 실비, 가랑비, 이슬비, 안개비 小雨・霧雨のように細かく降る雨 / 궂은비 じめじめと長く降る雨 / 소나기 にわか雨. 夕立. / 억수, 폭우 どしゃぶりの雨 / 봄비 春雨 / 장마 長雨. 梅雨 / 가을비 秋雨 / 찬비 冷雨 / 진눈깨비 みぞれ / 밤비 夜の雨 / 큰비 大雨 / 단비 慈雨 / 작달비 篠突く雨. ▷날씨 單語帳

비[2] 名 ほうき. ¶ ~로 마당을 쓸다 ほうきで庭を掃く.
비[3]〔比〕 名 比.
비[4]〔妃〕 名 妃. ¶ 왕~ 王妃.
비[5]〔非〕 名 非. ¶ 자기의 ~를 깨닫다 自分の非を悟る.
비[6]〔碑〕 名 碑. ¶ ~를 세우다 碑を建てる.
비-[7]〔非〕 接頭 非…. ¶ ~민주적 非民主的 / ~인간적 非人間的 / ~합법적 非合法的.
-비[8]〔費〕 接尾 …費. ¶ 생활~ 生活費 / 연료~ 燃料費 / 인건~ 人件費.
비가〔悲歌〕 名 悲歌. エレジー.
비각〔碑閣〕 名 碑を蓋う建物.
비감〔悲感〕 名 하形 悲感. 悲しく感じること. ¶ ~에 잠기다 悲感に沈む.
비강〔鼻腔〕 名〔生〕鼻腔.
비겁하다〔卑怯—〕 形 卑怯だ. ¶ 비겁한 놈 卑怯なやつ / 도망을 가다니 ~ 逃げるとは卑怯だ.
비게질 名 하自 牛馬が木や石に体をこすりつけること.
비격〔飛檄〕 名 하自 飛檄. 檄文を急いで回すこと.
비견[1]〔比肩〕 名 하自 比肩. 肩を並べること. 同等なこと. ¶ ~할 사람도 없는 수재 比肩するものとてない秀才.
비견[2]〔鄙見〕 名 하自 〔'자기 의견'을 겸손하게 이르는 말〕卑見. 鄙見.
비결〔秘訣〕 名 秘訣. 奥の手. こつ. ¶ 건강의 ~ 健康の秘訣.
비경[1]〔秘境〕 名 秘境.
비경[2]〔悲境〕 名 悲境. 悲しい境遇. ¶ ~에 빠져 있다 悲境に陥っている.
비경이 名 (織機で)縦糸の糸巻き. ▷베틀
비계[1] 名 (豚の)脂身.
비계[2] 名〔建〕足場.
　비계목〔—木〕 名 足場を組む丸太.
비계[3]〔秘計〕 名 秘計. 秘密の計略.
비고〔備考〕 名 備考. ¶ ~란 備考欄.
비곡〔悲曲〕 名 悲曲.
비골〔鼻骨〕 名〔生〕鼻骨.
비공〔鼻孔〕 名 鼻孔. 鼻の穴.
비공개〔非公開〕 名 非公開. ¶ ~로 심의하다 非公開で審議する.
비공식〔非公式〕 名 非公式. ¶ ~ 회담 非公式会談.
비관〔悲觀〕 名 하他 悲観.
　비관론〔—論〕 名 悲観論.
　비관적〔—的〕 冠 名 悲観的. ¶ 사태를 ~으로 보다 事態を悲観的に見る.
비교〔比較〕 名 하他 比較. 比べること. ¶ 양국의 경제력을 ~하다 両国の経済力を比較する / 10년 전과는 ~가 안 될 만큼 연구가 앞서 있다 10年前とは比較にならないほど研究が進んでいる.
　비교 심리학〔—心理學〕 名〔心〕比較心理学.
　비교 언어학〔—言語學〕 名〔言〕比較言語学.
　비교적〔—的〕 冠 名 比較的. 割合. ¶ 작년 여름은 ~ 더운 편이었다 昨年の夏は割りに暑いほうだった.
비교인〔非敎人〕 名 信者でない人.
비교전자〔非交戰者〕 名 非交戦者.
비구[1]〔比丘〕 名 比丘.
　비구니〔—尼〕 名 比丘尼. 尼.
　비구승〔—僧〕 名 比丘.
비구[2]〔飛球〕 名 (野球で)飛球. フライ.
비구름 名 **1** 雨と雲. **2** 雨雲.

비국민〔非國民〕 名 非国民.

비굴〔卑屈〕 名 하形 卑屈. ¶ ~한 태도 卑屈な態度. **비굴히** 副 卑屈に. ¶ ~ 굴다 卑屈に振るまう.

비극〔悲劇〕 名 **1** 悲劇. 結末が不幸な演劇. **2** 非常に悲惨な事件. 反 喜劇 ¶ 교통 사고가 많은 ~을 초래한다 交通事故が多くの悲劇を生む.

비극적〔一的〕 冠 名 悲劇的. ¶ ~인 생애 悲劇的な生涯 / ~인 광경 悲劇的な光景.

비근〔卑近〕 名 하形 卑近. 身近でありふれていること. ¶ ~한 예 卑近な例.

비금〔飛禽〕 名 飛禽. 飛ぶ鳥.

비금주수〔一走獸〕 名 飛禽走獣. 鳥や獣.

비금비금하다 形 似たり寄ったりだ. ほとんど同じである. ¶ 어느 것이나 ~ どれもこれも似たり寄ったりだ.

비금속¹〔非金屬〕 名 非金属.

비금속 원소〔一元素〕 名〔化〕 非金属元素.

비금속²〔卑金屬〕 名 卑金属.

비기〔祕記〕 名 **1** 秘記. 秘録. **2**〔民俗〕 人の吉凶禍福を予言した記録〔書物〕.

비기다¹ 自 他 **1** (勝負などを)引き分ける. ¶ 바둑을 ~ 碁を引き分ける / 어제 축구 시합은 1대 1로 비겼다 きのうのサッカー試合は1対1で引き分けた. **2** 相殺する. たがいに帳消しにする.

비기다² 他 **1** 比べる. 比較する. 肩を並べる. ¶ 그에게 비길 만한 사람이 없다 彼と肩を並べるだけの人物はいない / 비길 데 없는 호인이지 無類のお人よしなのさ. **2** たとえる. なぞらえる. ¶ 인생을 나그네길에 ~ 人生を旅路にたとえる / 아름다움을 꽃에 ~ 美しさを花にたとえる.

비기다³ 他 (あいた穴に)布などを当てて繕う. ¶ 뚫어진 양말을 ~ 靴下の穴に継ぎを当てる.

비김수〔一手〕 名 (囲碁・将棋などで)引き分け. 持ち. 無勝負.

비꼬다 他 **1** (紐などを)縒る. 縒り合わせる. なう. ねじる. よじる. ¶ 종이노끈을 비꼬아 만들다 こよりを縒る. **2** (体を)ひねる. ねじる. よじる. ¶ 몸을 ~ 体をよじる. **3** 皮肉る. 当てこする. ¶ 비꼬아 말하다 皮肉って言う.

비꼬이다 自 **1** 〔'비꼬다 1'의 피동사〕 (ひもなどが)縒られる. ねじれる. もつれる. ¶ 끈이 ~ 紐が縒れる. **2** ひねくれる. ねじける. ¶ 비꼬인 사고 방식 ひねくれた考え方. **3** (物事が)思うとおりにならない. こじれる. ¶ 일이 묘하게 비꼬이기만 하는군 事が妙にこじれる一方だね.

비꾀다 自〔'비꼬이다'의 준말〕 縒れる. ひねくれる. こじれる.

비꾸러지다 自 **1** ひどくねじれる. ¶ 넥타이가 몹시 비꾸러져 있다 ネクタイがひどくねじれている. **2** はずれる. それる. 食い違う. (予測・予定が)狂う. ¶ 정부의 경제 예측이 대폭으로 비꾸러졌다 政府の経済予測が大幅に狂った.

비끄러매다 他 縛りつける. ¶ 고삐를 버드나무에 ~ 手綱をやなぎに縛りつける.

비끗하다 自 **1** きしむ. ¶ 문이 ~ 戸がきしむ. **2** 食い違う. ¶ 결과가 당초의 예측과 ~ 結果が当初の予測と食い違う.

비끼다 自 **1** (光が)斜めに射す. ¶ 고성에 석양이 ~ 古城に夕日が斜めに射す **2** 斜めに置かれる. 垂れている. ¶ 굴뚝에서 뽀얀 연기가 가로 비껴 있다 煙突から白い煙が横にたなびいている. **3** (顔にある表情が)ちらっと表われる. かすめる.

비나리치다 自 へつらう. おもねる. おべっかを使う. ¶ 윗사람에게는 비나리치고 부하에게는 뽐내다 上役にはへつらい部下には威張る.

비난〔非難〕 名 하他 非難. とがめ. 責め. ¶ ~을 퍼붓다 非難を浴びせる / ~을 받다 非難を受ける.

비녀 名 かんざし.

비녀장 名 **1** 車軸の両端に差し込む大釘. **2**〔建〕 込栓. 柱に貫を差し込んで固める太い木釘.

비농가〔非農家〕 名 非農家.

비뇨기〔泌尿器〕 名〔生〕 泌尿器.

비뇨기과〔一科〕 名〔醫〕 泌尿器科.

비누 名 石鹼. シャボン. ¶ 가루~ 粉石鹼 / 세숫~ 洗顔用石鹼.

비누질 名 하自 石鹼で洗うこと.

비눗물 名 石鹼水.

비늘 名 鱗.

비늘구름 名〔天〕 鱗雲. いわし雲.

비늘긁기 名 魚の鱗を落とす道具.

비늘무늬 名 鱗模様. 鱗形.

비늘눈 名〔植〕 鱗芽.

비능률적〔非能率的〕 冠 名 非能率的. ¶ ~인 방법 非能率的な方法.

비닉〔祕匿〕 名 하他 秘匿.

비닐〔vinyl〕 名〔化〕 ビニール. ¶ ~봉지 ビニール袋 / ~우산 ビニール傘.

비다¹ 形 **1** 空く. ¶ 비가 오는 날의 백화점은 비어 있다 雨の日のデパートは空いている / 뱃속이 ~ おなかがすく / 방이 비었다 部屋が空いた. **2** 席が空く. 空席になる. ¶ 과장 자리가 비었다 課長のポストが空いた / 잠깐 자리를 ~ ちょっと席を空ける. **3** (金額・数量などが)足りない. 不足する. 欠ける. ¶ 만 원에서 천 원이 비는군요 1万ウォンに1000ウォン足りませんね. **4** 空っぽだ. 空である. ¶ 빈 병 空き瓶 / 빈 택시 空のタクシー / 빈 손으로 돌아오다 手ぶらで帰る. **5** 空疎だ. ¶ 빈 말만 늘어놓은 글 空言ばかり並べた文章.

비다² 他〔'비우다'의 준말〕 あける.

비다듬다 他 きれいに整える. 美しくつくろう. うまくつくろう. ¶ 머리를 ~ 髪をつくろう / 그 자리를 비다듬어 발뺌하다 その場をうまくつくろって言い逃れる.

비단¹〔非但〕 副 ただ. 単に. ¶ 이런 일은 ~ 어제 오늘만의 일이 아니다 こんな事はただ昨今のみのことではない.

비단²〔緋緞〕 名 絹織物. 絹. ¶ ~이불 絹の布団 / ~실 絹糸 / ~ 장수 絹物商.
　비단결 名 絹の織り目.
　◆**비단결 같다** ① 物の表面が滑らかだ. ¶ 피부가 ~ 같다 肌が滑らかだ. ② おとなしくてやさしい. ¶ 마음씨가 ~ 같다 心がやさしく温かい.
　비단신 名 絹の靴. 両側を絹地で飾った靴.
　비단옷 名 絹製の衣服. 絹物.
비단벌레〔緋緞一〕 名〔動〕 玉虫.
비대〔肥大〕 名 하形 肥大. ¶ 심장 ~ 心臓肥大 / ~해진 산업 구조 肥大化した産業構造.
비대다 他 人の名を借りる. 騙る. 名乗る. ¶ 남의 이름을 비대어 사기를 치다 人の名を騙って詐欺を働く.
비덕〔非德〕 名 하形 非徳. 徳の薄いこと.
비도〔非道〕 名 非道. 道理でないこと.
비도덕적〔非道德的〕 冠 名 非道徳的. ¶ ~인 행위 非道徳的行為.
비동맹국〔非同盟國〕 名 非同盟国.
비둔하다〔肥鈍一〕 形 (太ったり衣服をたくさん着こんだりして) 動作が鈍い.
비둘기 名〔動〕 鳩.
　비둘기장〔一欌〕 名 はと小屋. 鳩舎.
　비둘기파〔一派〕 名 はと派. 和平論者.
비듬 名 ふけ. ¶ ~투성이의 머리 ふけだらけの頭.
비등¹〔沸騰〕 名 하自 沸騰. **1** (液体が)沸騰すること. **2** (世論などが)盛んに起こること. 沸き立つこと. ¶ 여론이 ~하다 世論が沸騰する.
　비등점〔一點〕 名〔化〕 沸点. 沸騰点.
비등²〔飛騰〕 名 하自 飛揚. 高く飛び上がること.
비등비등하다〔比等比等一〕 形 似たり寄ったりである. ¶ 그들은 나이가 모두 ~ 彼らは年齢がみな似たり寄ったりだ.
비등하다〔比等一〕 形 (長短・優劣の差がなく) 同じぐらいである. 似通っている. ¶ 실력이 ~ 実力が同じぐらいだ.
비디오〔video〕 名 **1** ビデオ. **2**〔'비디오테이프리코더'의 준말〕 ビデオテープレコーダー. **3**〔'비디오테이프'의 준말〕 ビデオテープ.
　비디오테이프〔一tape〕 名 ビデオテープ.
　비디오테이프리코더〔一tape recorder〕 名 ビデオテープレコーダー.
비딱하다 形 傾いている. やや斜めだ. ¶ 벽에 걸려 있는 그림이 ~ 壁に掛かっている絵が傾いている.
　비딱거리다〔-대다〕 自 (あちらこちらに)かたむく. よろめく. ふらつく.
　비딱비딱 副 하自 よろよろ. ふらふら.
비뚜로 副 少し傾いて. やや斜めに. 少し曲がって.
비뚜름하다 形 少し曲がっている. やや傾いている. ¶ 줄이 ~ 列が少し曲がっている / 전봇대가 ~ 電信柱が少し傾いている. **비뚜름히** 副 少し曲がって. やや傾いて.
비뚤거리다〔-대다〕 自 **1** (あちこちに傾いて) 揺れ動く. ふらつく. ぐらつく. よろよろする. ¶ 술에 취해 ~ 酒に酔ってふらつく / 걸상 다리가 ~ 椅子の足がぐらつく. **2** 曲がりくねる. くねくねする. ¶ 몸을 비뚤거리며 춤추다 体をくねくねさせて踊る.
　비뚤비뚤 副 하自形 **1** くねくね(と). ¶ 줄이 ~하다 列がくねくねしている. **2** ゆらゆら. よろよろ. ふらふら.
비뚤다 形 曲がっている. ゆがんでいる. ¶ 선이 ~ 線が曲がっている / 심사가 비뚤어져 있다 性根が曲がっている.
비뚤어지다 自 曲がる. ゆがむ. **1** 一方に傾く. ¶ 목이 ~ 首が曲がる / 얼굴이 ~ 顔がゆがむ. **2** ひねくれる. ゆがむ. ねじける. ぐれる. ¶ 비뚤어진 것은 실연 탓이다 ぐれたのは失恋のせいだ.
비뚤이 名 **1** (障害があって) 体の一部が曲がっている人. **2** つむじ曲がり. **3** 傾斜地.
비라리 名 窮状を述べて恵みを請うこと. 物ごい. ¶ 굶어 죽어도 ~는 못 하겠다 飢え死にしても物ごいはしたくない.
　◆**비라리를 치다** 物ごいをする.
비래〔飛來〕 名 하自 飛来. 飛んでくること. ¶ 남쪽에서 ~한 철새 南方から飛来した渡り鳥.
비량¹〔比量〕 名 하他 比量. 比較.
　비량적〔一的〕 冠 名〔哲〕 比量的. 論証的.
비량²〔鼻梁〕 名 鼻梁. 鼻筋.
비럭질 名 하他 〈俗〉 物ごい.
비렁뱅이 名〔'거지'의 낮춤말〕 乞食. 物もらい.
비력〔臂力〕 名 臂力. うでの力.
비련〔悲戀〕 名 悲恋.
비례¹〔比例〕 名 하自他 比例. **1** 例をあげて比べること. 比べてみること. **2** 比例. ¶ 정~ 正比例 / 반~ 反比例 / ~ 대표제 比例代表制 / ~ 배분 比例配分.
　비례 상수〔一常數〕 名〔數〕 比例定数.
　비례세〔一稅〕 名〔法〕 比例税.
　비례식〔一式〕 名〔數〕 比例式.
비례²〔非禮〕 名 非礼. 無礼. 失礼. ¶ ~를 사과하다 非礼を詫びる / 지나친 공손은 ~가 된다 丁寧すぎるのは非礼となる.
비로소 副 初めて. ようやく. ¶ 만나고서야 ~ 오해가 풀렸다 会って初めて誤解がとけた.
비록¹〔祕錄〕 名 秘録. ¶ 제2차 세계 대전 ~ 第2次世界大戦秘録.
비록² 副 たとえ. 仮に. ¶ ~ 농담이라도 그런 말은 하지 말게 たとえ冗談でもそんな話はよしたまえ / ~ 그렇다 해도 仮にそうだとしても.
비롯하다 他 **1** (多くの中で)はじめとする. ¶ 식료품을 비롯한 여러 가지 생필품 食料品をはじめとするいろいろの生活必需品 / 사장을 비롯하여 사원 일동 社長をはじめとして社員一同. **2** はじまる. 由来する. ¶ 그 일은 어제 오늘에 비롯한 일이 아닐세 そのことは昨日今日に始まったことじゃないんだ.

비료〔肥料〕 名 肥料. ¶ ~ 작물 肥料作物/~를 주다 肥料を施す.

비루[1] 名 犬·馬などの毛が抜けながら全身に及ぶ皮膚病.

비루먹다 自 (犬·馬などが)皮膚病にかかる.

비루[2]〔飛樓〕 名 高い楼閣. たかどの.

비루[3]〔悲淚〕 名 悲涙. 悲しみの涙.

비루하다〔鄙陋—〕 形 鄙陋だ. 卑しい. 下品だ. ¶ 비루한 말씨 下品な言葉遣い.

비류〔比類〕 名 比類. たぐい. ¶ ~가 없는 걸작품 比類のない傑作.

비름 名〔植〕 莧.

비리〔非理〕 名 非理. 非道. ¶ ~를 저지르다 道理にはずれたことをする.

비리다 形 **1** 生臭い. 青臭い. ¶ 두부에 비린내가 배다 豆腐に生臭いにおいがうつる. **2** みみっちい. けちだ. しみったれている. ¶ 그만한 돈으로 비린 소리 하지 말게 それぐらいの金でけち臭いことを言うな.

비리비리 副 하形 〔몹시 여윈 모양〕 がりがり. ¶ ~한 사나이 がりがりにやせこけた男.

비리척지근하다 形 少し生臭い. ¶ 비리척지근한 바닷바람 少し生臭い潮風.

비리치근하다 形 〔'비리척지근하다'의 준말〕 いくらか生臭い.

비린내 名 生臭いにおい.

비린내나다 自 **1** 生臭いにおいがする. **2** (言葉や行動が)幼稚だ. 乳臭い.

비린하다〔鄙吝—〕 形 けち臭い. しみったれている.

비릿하다 形 (においや味が)少し生臭い. ¶ 날콩이 덜 볶여서 ~ 生の豆がよく煎られていないので生臭い.

비릿비릿 副 하形 **1** (においや味が)ひどく生臭いようす. **2** みみっちくて乳臭いようす. けちけち.

비만〔肥滿〕 名 하形 肥満. ¶ ~아 肥満児/~형 肥満型/~증 肥満症.

비말〔飛沫〕 名 飛沫. しぶき. とばしり. ¶ ~ 전염 飛沫伝染/폭포수의 ~ 滝のしぶき.

비망〔備忘〕 名 備忘.

비망록〔—錄〕 名 備忘録.

비매품〔非賣品〕 名 非売品.

비명[1]〔非命〕 名 非命. 非業. 横死. ¶ ~의 죽음 非業の死/~에 가다 横死を遂げる.

비명횡사〔—橫死〕 名 하自 非命の死. 横死. 変死.

비명[2]〔悲鳴〕 名 하自 悲鳴. ¶ ~을 지르다 悲鳴をあげる/그만 일에 ~을 지르면 안 된다 それしきのことで弱音を吐いてはいけない.

비명[3]〔碑銘〕 名 碑銘. ¶ ~을 새기다 碑銘を刻む.

비목〔費目〕 名 費目.

비몽사몽〔非夢似夢〕 名 夢うつつ. ¶ ~간에 夢うつつに.

비무장〔非武裝〕 名〔軍〕 非武装. ¶ ~ 도시[지대] 非武装都市[地帯].

비문〔碑文〕 名 碑文. ¶ ~을 판독하다 碑文を判読する.

비밀〔秘密〕 名 하形 秘密. ないしょ. ¶ ~ 결사 秘密結社/~ 경찰 秘密警察/~ 정보 秘密情報/~ 문서 秘密文書/~을 지키다 秘密を守る/~이 새다 秘密が漏れる. **비밀히** 副 秘密に. 秘かに. こっそり(と).

비밀리〔—裏〕 名 秘密裏. ¶ ~에 일을 진행시키다 秘密裏に事を進める.

비밀 번호〔—番號〕 名 暗証番号.

비바람 名 **1** 雨と風. 風雨. ¶ 오랜 세월 ~에 시달려 있다 長い間雨風にさらされている. **2** 嵐. ¶ ~이 몰아치다 嵐が吹きつける.

비바리 名 (未婚の)海女.

비발[1] 名 費用.

비발[2] 名 〔'비바리'의 준말〕 (未婚の)海女.

비방[1]〔秘方〕 名 秘方. **1** 秘密の方法. **2** 秘密にされている薬の処方.

비방[2]〔誹謗〕 名 하他 誹謗. ¶ 남을 ~하는 버릇 他人の悪口をいう癖.

비배〔肥培〕 名 하自 肥培. 肥やしをやって育てること. ¶ ~ 관리 肥培管理.

비번〔非番〕 名 非番.

비범하다〔非凡—〕 形 非凡だ. ¶ 비범한 재능 非凡な才能. **비범히** 副 非凡に.

비법[1]〔非法〕 名 하形 非法.

비법[2]〔秘法〕 名 秘法. 極意. 奥の手. ¶ 불로장수의 ~ 不老長寿の秘法.

비보[1]〔飛報〕 名 하他 飛報. 急報.

비보[2]〔秘報〕 名 하他 秘密に報告すること.

비보[3]〔秘寶〕 名 秘宝. 秘蔵の宝.

비보[4]〔悲報〕 名 悲報. ¶ 뜻밖의 ~에 접하다 思いがけない悲報に接する.

비복〔婢僕〕 名 婢僕. 下男と下女.

비본〔秘本〕 名 秘本. 大切に保存された本.

비봉〔秘封〕 名 하他 秘封. 他人に見られないように厳重に封をしておくこと.

비부[1]〔婢夫〕 名 下女の夫.

비부[2]〔鄙夫〕 名 鄙夫. 卑しい男.

비분〔悲憤〕 名 하形 悲憤. ¶ ~을 참다 悲憤をこらえる.

비분강개〔—慷慨〕 名 하形 悲憤慷慨.

비비[1] 副 〔여러 번 꼬이거나 뒤틀린 모양〕 きりきり(と). ぐるぐる. ¶ 새끼를 ~ 꼬다 縄を何度もなう.

◆**비비 꼬다** ① (こよりなどを)何度も縒る. よじる. なう. ¶ 끈을 ~ 꼬다 ひもを何度も縒る. ② 身もだえする. 身をよじる. ③ 皮肉る. あてこする.

◆**비비 꼬이다** ① (何度も繰り返し)よじれる. よれる. ねじれる. ② (物事がうまくいかず)もつれる. こじれる.

◆**비비 틀다** 何度もねじる. ¶ 팔을 ~ 틀다 腕をひどくねじる.

◆**비비 틀리다** 何度もねじれる. ひどく縒れる. ¶ 그네줄이 ~ 틀려 있다 ぶらんこがひどく縒れている.

비비[2]〔狒狒〕 名〔動〕 狒々.

비비다 他 **1** 〔문지르다〕 こする. もむ. ¶ 따뜻한 물에 손을 비벼 씻다 湯で手をこすって洗う/빨래를 비벼 빨다 洗濯物をもみ洗いする/벌레가 날개를 ～ 虫が羽をこすり合わせる/담배를 재떨이에 비벼서 껐다 たばこを灰皿でもみ消した/송곳을 비벼 구멍을 뚫다 錐をもんで穴をあける. **2** (手のひらで)丸める. ¶경단을 ～ だんごを丸める. **3** 〔버무리다〕 (ご飯などを)混ぜ合わせる. 混ぜる. ¶나물을 넣어 밥을 ～ ナムルを入れてご飯を混ぜ合わせる. **4** 〔비집다〕 押し分ける. 掻き分ける. ¶사람들 속을 비비고 들어가다 人込みを押し分けて入る.

비비대기치다 自 **1** 込み合う. もみ合う. 押し合いへし合いする. ¶전철 안에서 ～ 電車の中で押し合いへし合いする. **2** 忙しく動き回る.

비비대다 他 しきりにこすりつける. すりつける. (手を)もむ. ¶소가 나무에 등을 대고 ～ 牛が木に背を当ててこすりつける/두 손을 비비대며 사과하다 両手をもみながら謝る.

비비송곳 名 揉み錐.

비비적거리다[-대다] 他 こすり続ける. もみ続ける. ¶송아지들은 서로 몸을 비비적거리며 외양간 밖으로 뛰쳐 나오려 했다 子牛たちが互いに体をこすりつけながら牛舎の外に飛び出ようとした.

비비적비비적 副 하他 ごしごし(と).

비빈〔妃嬪〕 名〔史〕 妃嬪. 王の妻と側室.

비빔 名〔料理〕 ご飯·麺類に肉·ナムル(나물)やコチュジャン(고추장)などを混ぜこむこと.

비빔밥 名〔料理〕 ビビンバ〈肉·ナムルなどを混ぜた御飯〉.

비사¹〔卑辭〕 名 自分の言葉の謙譲語.

비사²〔祕史〕 名 秘史. ¶외교 ～ 外交秘史/궁중 ～ 宮中秘史.

비사³〔祕事〕 名 秘事. 秘密の事柄.

비사문천왕〔毘沙門天王〕 名〔佛〕 毘沙門天王.

비산¹〔砒酸〕 名〔化〕 砒酸.

비산²〔飛散〕 名 하自 飛散.

비상¹〔非常〕 名 非常. ¶～사태 非常事態/～ 수단 非常手段.

비상경계〔一警戒〕 名 非常警戒.

비상계엄〔一戒嚴〕 名〔法〕 非常戒厳.

비상구〔一口〕 名 非常口.

비상금〔一金〕 名 非常用のお金.

비상선〔一線〕 名 非常線. ¶～을 치다 非常線を敷く.

비상소집〔一召集〕 名 非常召集.

비상시〔一時〕 名 非常時. ¶～의 탈출구 非常の時の逃げ道.

비상식량〔一食糧〕 名 非常食.

비상²〔砒霜〕 名 砒素.

비상³〔飛上〕 名 하自 飛び立つ[上がる]こと.

비상⁴〔飛翔〕 名 하自他 飛翔.

비상⁵〔悲傷〕 名 하形 悲傷. 悲しんで心を痛めること.

비상근〔非常勤〕 名 非常勤. ¶～ 이사 非常勤理事.

비상식적〔非常識的〕 冠 名 非常識的.

비상임 이사국〔非常任理事國〕 名 (国連の)非常任理事国.

비상하다〔非常―〕 形 程度がはなはだしい. ¶비상한 재주 非常に優れた才能/머리가 ～ 頭が非常にいい. **비상히** 副 非常に.

비색〔比色〕 名 比色. 色の濃さや色調を比べること.

비색계〔一計〕 名〔化〕 比色計.

비생산적〔非生産的〕 冠 名 非生産的. ¶～인 사업 非生産的事業.

비서〔祕書〕 名 **1** (会社などの)秘書. ¶～실 秘書室/사장 ～ 社長秘書. **2** 秘書. 秘本.

비석〔碑石〕 名 碑石. **1** 石碑の材料にする石. **2** 碑. 石碑. ¶～을 세우다 碑を立てる.

비설¹〔飛雪〕 名 飛雪〈風に飛ばされながら降る雪〉.

비설²〔祕說〕 名 秘説.

비설거지 名 하自 雨よけ.

비소¹〔卑小〕 名 하形 卑小.

비소²〔砒素〕 名〔化〕 砒素. ¶～ 중독 砒素中毒.

비소³〔誹笑〕 名 하他 あざ笑うこと.

비소설〔非小說〕 名〔文〕 ノンフィクション.

비속¹〔卑俗〕 名 하形 卑俗. 低俗. ¶그건 ～한 취미야 それは低俗な趣味だ.

비속²〔卑屬〕 名 卑属. ¶직계 ～ 直系卑属.

비수¹〔匕首〕 名 匕首.

비수²〔悲愁〕 名 悲愁.

비술〔祕術〕 名 秘術. ¶～을 다하다 秘術を尽くす.

비스듬하다 形 やや傾いている. 少し斜めだ. はすかいだ. ¶기둥이 한쪽으로 ～ 柱が一方に傾いている. **비스듬히** 副 斜めに. はすかいに. ¶파를 ～ 자르다 ねぎを斜めに切る.

비스러지다 自 ややゆがむ. 曲がる. ¶그 틀은 비스러져 못 쓰겠군 その枠はゆがんでいて使えないね.

비스름하다 形 似ている. 少し似通っている. ¶형과 동생의 얼굴이 ～ 兄と弟の顔が似ている. **비스름히** 副 似たように. 似せて. ¶그런대로 ～ 그렸다 それなりに似せて描いた.

비스킷〔biscuit〕 名 ビスケット.

비슥하다 形 一方にやや傾いている. 傾きかげんである. **비슥이** 副 傾いて. 片よって. ¶태풍 때문에 가로수가 ～ 기울었다 台風のため街路樹が傾いた.

비슷비슷하다 形 似たり寄ったりだ. 似通っている. (多くのものが)互いに似ている. ¶두 학생의 성적이 ～ 二人の学生の成績はどんぐりの背比べだ/화장품의 성분은 광고문과는 달리 ～ 化粧品の成分は広告文とは異なりどれも似たようなものだ.

비슷하다¹ 形 **1** ほとんど同じだ. 似ている. ¶그 소녀는 자기 아버지와 생김생김이 ～ その少女は父親と顔が似ている/저에게도 이것하고 비슷한 타자기가 있어요 私にもこれと同じようなタイプライターがあります. **2** …のようだ. …みたいだ. ¶그 여자아이는 책 비슷한 걸 손에 들고 있다 その女の子は本のようなものを手に持っている.

비슷이[1] 副 似通って.
비슷하다[2] 形 一方に少し傾いている.
비슷이[2] 副 (やや)一方に傾いて. ¶ ~ 앉다 体を傾けて座る.
비승비속[非僧非俗] 名 (僧でも俗人でもないの意から)中途はんぱであること.
비실비실 副 하自 よろよろ(と). ふらふら(と). ひょろひょろ(と). ¶ 취해서 ~ 갈지자걸음으로 걸어간다 酔ってふらふらと千鳥足で歩く.
비실용적[非實用的] 冠 名 非実用的.
비싸다 形 (値段が)高い. 値が張る. 反 安い ¶ 물건 값이 ~ 品物の値が張る / 책이 꽤 비쌌지만 사지 않을 수 없었다 本の値段がかなり高かったが買わないわけにはいかなかった / 잘 나오지도 않는 텔레비전을 왜 그렇게 비싸게 주고 샀어? よく映りもしないテレビをなぜそんなに高く買ったの.
◆**비싸게 굴다** 尊大に[傲慢に]にふるまう.
비싼흥정 名 하自 **1** 高値の取引. **2** 厳しい条件の取引.
비쌔다 自 **1** 素知らぬふりをする. やせ我慢する. **2** 打ち解けない.
비아[非我] 名 〔哲〕 非我.
비아냥거리다[-대다] 自 (憎らしく)当てこする. 皮肉を言う. 当てつける. ¶ 비아냥거리는 말처럼 받아들여지다 当てこすりのように受けとられる.
비아냥스럽다 形 皮肉っぽい. いやみだ.
비안개 名 雨霧.
비애[悲哀] 名 悲哀. ¶ 인생의 ~를 맛보다 人生の悲哀を味わう.
비약[1][飛躍] 名 하自 飛躍. ¶ 중공업의 ~적 발전 重工業の飛躍的発展.
비약[2][秘藥] 名 秘薬. 妙薬. ¶ 불로불사의 ~ 不老不死の秘薬.
비양[飛揚] 名 하自 飛揚. **1** 飛び上がること. **2** 高い地位に上がること. **3** いばること.
비어[1][卑語] 名 卑語.
비어[2][祕語] 名 秘語. 秘密の言葉.
비어[3][飛語] 名 飛語. 根拠のないうわさ. ¶ 유언 ~ 流言飛語.
비어지다 自 **1** (中の物が)はみだす. にゅっと突き出る. ¶ 이불의 솜이 비어져 나오다 布団の綿がはみだす. **2** (隠したことなどが)ばれる. むき出しになる.
비언[鄙諺] 名 鄙諺. 卑俗な諺.
비엘[B/L ← bill of landing] 名 〔經〕 ビーエル. 船荷証券.
비열[比熱] 名 〔物〕 比熱.
비열하다[卑劣―] 形 卑劣だ. 下劣だ. 汚い. ¶ 비열한 수단 卑劣な手段 / 비열한 짓을 하다 卑劣なふるまいをする.
비염[鼻炎] 名 〔醫〕 鼻炎. 鼻カタル.
비영비영하다 形 (病気で)体がふらつく. よろよろしている.
비옥[翡玉] 名 赤い点の入った翡翠.
비옥하다[肥沃―] 形 肥沃だ. ¶ 비옥한 땅 肥沃な土地.
비올라[伊 viola] 名 〔樂〕 ビオラ.
비옷 名 雨着. レインコート.
비용[費用] 名 費用. ¶ 입원 ~ 入院の費用 / ~이 많이 들다 費用がかさむ / ~을 절약하다[줄이다] 費用を節約する[減らす].
비우다 他 **1** 空にする. 空ける. ¶ 술잔을 ~ 杯を干す / 양동이의 물을 ~ バケツの水を空ける / 휴지통을 아침마다 비운다 くずかごを毎朝空にする. **2** (ある所を)留守にする. 不在にする. (席を)外す. 離れる. ¶ 집을 ~ 家を留守にする / 점심을 먹으러 가서 자리를 비웠다 昼食を食べに行って席を空けた. **3** 明け渡す. ¶ 다음 달까지 방을 비워 주세요 来月までに部屋を空けてください. **4** (行間を)空ける. ¶ 한 줄 비우고 쓰다 一行空けて書く.
비운[悲運] 名 悲運. ¶ ~을 한탄하다 悲運を嘆く.
비웃 名 (食品としての)鰊.
비웃다 他 あざ笑う. せせら笑う. ばかにして笑う. あざける. ¶ 남의 실패를 ~ 人の失敗をあざ笑う.
비웃음 名 嘲笑. あざ笑い. ¶ 남의 ~을 사다 他人の嘲笑を買う.
비원[1][悲願] 名 悲願. ¶ ~ 성취 悲願成就 / 통일의 ~ 統一の悲願.
비원[2][祕苑] 名 **1** 禁苑[禁園]. **2** 秘苑〈ソウルの昌徳宮内にある庭苑〉.
비위[1][非違] 名 非違. 不正. 違法. ¶ ~를 들추어내다 不正をあばき出す.
비위[2][脾胃] 名 **1** 〔生〕 脾臓と胃. **2** (食べ物や物事に対する好き嫌いの)気持ち. 気分. 機嫌. むら気. ¶ ~가 동하다 食指が動く / ~에 안 맞는 음식 口に合わない食べ物. **3** 剛腹なこと. 図太いこと. 厚かましいこと. ずうずうしいこと. 度胸のいいこと. ¶ ~도 좋고 수완도 있는데 사업은 잘 안 되었다 度胸もあり手腕もあるのに事業はうまくいかなかった.
◆**비위가 당기다** 興味をそそられる. 食欲がわく. ¶ 잘 구워진 스테이크에 ~가 당기다 よく焼けたステーキに食欲がわく / 제법 ~가 당기는 사업 이야기 けっこう興味をそそる事業の話.
◆**비위가 사납다** (他人のすることが気にくわなくて)胸がむかつく. 腹が煮え返る.
◆**비위가 상하다** 気に障る. 癪に障る. むかつく.
◆**비위가 좋다** ① (食べ物に)好き嫌いがない. ② 太っ腹だ. ずうずうしい. 面の皮が厚い.
◆**비위가 틀리다** (気にくわなくて)機嫌が悪くなる.
◆**비위를 건드리다[긁다]** (他人の)気分を害する. 損ねる. 刺激する.
◆**비위를 맞추다** 機嫌を取る. 取り入る. おもねる. ¶ 시어머니의 ~를 맞추다 姑の機嫌を取る.
◆**비위에 거슬리다** 気にくわない. 虫が好かない. ¶ ~에 거슬리는 사람 気にくわない人.
비위생적[非衛生的] 冠 名 非衛生的. ¶ ~인 생활 환경 非衛生的な生活環

境.
비유〔比喩〕 [名] [하他] 比喩. たとえ. ¶ ~적 比喩的 / ~해서 말하다 たとえて言う.
비육〔肥育〕 [名] [하他] 〔農〕 肥育〈家畜の肉量増加のために行なう飼育法〉.
비육지탄〔髀肉之歎〕 [名] 髀肉の嘆. むなしく時を過ごすのを嘆くこと.
비율〔比率〕 [名] 〔數〕 比率. 割合. ¶ ~이 높다[낮다] 比率が高い[低い].
비음〔鼻音〕 [名] 〔言〕 鼻音〈鼻を通して音声を発する子音〉.
비이슬 [名] **1** 雨と露. **2** 雨が降って草の葉などにたまった水玉.
비익〔鼻翼〕 [名] 鼻翼. 小鼻.
비인[1]〔非人〕 [名] 〔佛〕 非人. **1** 人間でないもの〈悪鬼·夜叉など〉. **2** 世を離れた僧の自称.
비인[2]〔鄙人〕 [名] 鄙人. **1** 下賤の者. 田舎者. **2** 自分の卑称.
비인간〔非人間〕 [名] **1** 人非人. ひとでなし. ¶ ~적인 행동 人間的でない行動.
비인도적〔非人道的〕 [冠] [名] 非人道的.
비일비재〔非一非再〕 [名] [하形] 一度や二度でないこと. ¶ 불쾌한 일이 ~다 不快なことが一度や二度ではない.
비자[1]〔榧子〕 [名] 〔韓方〕 榧の実. 榧子.
비자나무 [名] 〔植〕 榧.
비자[2]〔visa〕 [名] ビザ. 査証.
비장[1]〔秘藏〕 [名] [하他] 秘蔵. ¶ 가보로서 ~하다 家宝として秘蔵する / ~의 무기 秘蔵の武器.
비장[2]〔悲壯〕 [名] [하形] 悲壮. ¶ ~감 悲壮感 / ~한 각오 悲壮な覚悟.
비장미〔一美〕 [名] 悲壮美.
비장[3]〔脾臟〕 [名] 〔生〕 脾臓.
비재〔非才〕 [名] 非才. ¶ 천학~ 浅学非才 / ~를 무릅쓰고 非才にもかかわらず.
비적〔匪賊〕 [名] 匪賊.
비적비적 [副] 包んである物が(ところどころ)外にはみ出るようす. ¶ 방석의 솜이 ~ 비어져 나온다 座布団の綿がところどころはみ出す.
비전[1]〔祕傳〕 [名] [하自他] 秘伝. ¶ ~의 가보 秘伝の家宝.
비전[2]〔vision〕 [名] ビジョン.
비전투원〔非戰鬪員〕 [名] 非戦闘員.
비점〔沸點〕 [名] 〔物〕 沸点.
비정〔秕政〕 [名] 秕政[粃政]. 悪政.
비정규〔非正規〕 [名] 非正規.
비정규군〔一軍〕 [名] 〔軍〕 非正規軍.
비정상〔非正常〕 [名] 正常でないこと. 異常. ¶ ~적인 성격 異常な性格 / 혈압이 ~이다 血圧が正常でない.
비정하다〔非情一〕 [形] 非情だ. ¶ 어린 애를 버리고 집을 나간 비정한 어머니 子供を見捨てて家出した非情の母.
비조[1]〔飛鳥〕 [名] 飛鳥.
비조[2]〔鼻祖〕 [名] 鼻祖. 元祖.
비족〔鄙族〕 [名] 自分の身内の謙称.
비좁다 [形] (多くの人が寄り集まって場所が)狭苦しい. 窮屈だ. 手狭だ. ¶ 비좁은 방에서 아이들이 떠들어댄다 狭苦しい部屋で子供たちが騒ぎたてる.
비주룩하다 [形] (物の端が)やや長く突き出ている. **비주룩이** [副] にょきっと.
비주룩비주룩 [副] [하形] にょきにょき(と). ¶ 죽순이 ~ 나 있다 筍がにょきにょき生えている.
비죽 [副] [하自他] **1** 〔(얼굴이나 물건의 형체만) 살짝 내밀거나 나타내는 모양〕 ひょいと. ちらっと. **2** 〔불만이 있을 때 입을 뾰로통하게 내미는 모양〕 つんと. きゅっと.
비죽거리다[-대다] [自][他] (不満があったりまたは笑うか泣こうとするとき)唇が[を]ぴくぴくする[させる].
비죽비죽 Ⅰ [副] [하自他] ぴくぴく.
Ⅱ [副] [하形] にょきにょき(と). ¶ 잔디밭의 풀이 ~ 나오다 芝生の草がすくすくと育ち始める.
비준〔批准〕 [名] [하他] 〔法〕 批准. ¶ 조약을 ~하다 条約を批准する.
비중〔比重〕 [名] 比重. ¶ 학력보다도 경험에 ~을 두다 学歴よりも経験に比重を置く.
비중계〔一計〕 [名] 〔物〕 比重計.
비중병〔一瓶〕 [名] 〔物〕 比重瓶.
비즈니스〔business〕 [名] ビジネス. ¶ ~맨 ビジネスマン.
비지[1] [名] おから. 卯の花.
비지 껍질 [名] 〔生〕 (皮膚の)表皮.
비지땀 [名] 脂汗.
비지떡 [名] おから入りお焼き.
비지[2]〔鄙地〕 [名] 自分の居所の謙譲語.
비질 [名] [하自他] ほうきで掃くこと. ¶ 교실 마루를 ~하다 教室の床を掃く.
비집다 [他] **1** 〔틈내다·벌리다〕 (くっついている所を広げて)間をあける. こじあける. ねじあける. ¶ 치마 솔기를 비집어 뜯다 チマの縫い目をほどく. **2** (人込みの中を)かき分けて入る. 割り込む. ¶ 만원 버스에 비집고 들어갔다 満員バスに割り込んだ. **3** 〔눈을 비벼 뜨다〕 (目を)こすってあける. ¶ 눈을 비집어 뜨다 目をこすってあける.
비쭉 [副] [하自他] 〔'비죽'의 센말〕 **1** ひょいと. ひょっこり. **2** つんと. きゅっと.
비쭉거리다[-대다] [自][他] (不満があったり, または笑ったり泣いたりするとき)唇をつんと突き出す.
비쭉비쭉 [副] [하自他] **1** ぴくぴく. ひくひく. ¶ 입을 ~하며 울려고 한다 口をぴくぴくさせながら泣き出しそうだ. **2** にょきにょき(と). ¶ 풀밭의 풀이 ~ 싹이 나 있다 野原の草が至る所ににょきにょきと芽を出している.
비참하다〔悲慘一〕 [形] 悲惨だ. 無惨だ. 惨めだ. ¶ 비참한 광경 悲惨な光景. **비참히** [副] 悲惨に. むごたらしく.
비창하다〔悲愴一〕 [形] 悲愴だ.
비책〔祕策〕 [名] 秘策. 秘計.
비척거리다[-대다] [自][他] 〔'비치적거리다'의 준말〕 よろめく. よろよろする.
비척걸음 [名] 千鳥足.
비척비척 [副] [하自他] よろよろ. よたよた.
비천〔飛天〕 [名] 〔佛〕 **1** 飛天. **2** 迦陵頻伽.
비천하다〔卑賤一〕 [形] 卑賤だ. ¶ 비천

한 몸 卑賤の身.

비철〔非一〕 名 季節はずれ.

비철 금속〔非鐵金屬〕 名〔鑛〕非鉄金属.

비첨〔飛檐〕 名〔建〕立派に建てた家の高く反りかえった庇.

비첩1〔婢妾〕 名 召し使いから妾になった女性.

비첩2〔碑帖〕 名 石摺り. 石摺りの搨本.

비추〔悲秋〕 名 하自 悲秋. もの悲しく感じられる秋. ¶ ～의 외로움 悲秋のわびしさ.

비추다 他 **1** 照らす. ¶ 회중전등으로 얼굴을 ～ 懐中電灯で顔を照らす. **2** 〔견주다·비교하다〕照らし合わせる. 照らす. 比べる. 鑑みる. ¶ 규칙에 ～ 規則に照らす / 양심에 비추어 보아라 良心に照らしてみよ. **3** (水面·鏡などに)映す. ¶ 푸른 하늘을 비춘 수면 青空を映した水面 / 거울에 얼굴을 ～ 鏡に顔を映す. **4** そっとほのめかす. 暗示する. ¶ 입후보할 의향을 ～ 立候補する意向をほのめかす.

비추이다 自〔'비추다'의 피동사〕照らされる. 照らし出される. 映される. ¶ 무대에 조명이 비추였다 舞台に照明が照らされた / 하늘이 수면에 파랗게 ～ 空が水面に青く映される.

비축〔備蓄〕 名 하他 備蓄. 蓄えること. ¶ 군량을 ～하다 軍糧を備蓄する / ～미 備蓄米.

비취〔翡翠〕 名 **1**〔動〕川蟬. **2**〔鑛〕翡翠.

비취금〔一衾〕 名 若い夫婦がかけるはでなふとん.

비취색〔一色〕 名 翡翠色.

비취옥〔一玉〕 名 翡翠の玉. 翡翠.

비취잠〔一簪〕 名 翡翠で作った簪.

비취다 自〔'비추이다'의 준말〕照らされる.

비치〔備置〕 名 하他 備えておくこと. ¶ 가재 도구를 ～하다 家財道具を備える.

비치근하다 形〔'비리척지근하다'의 준말〕少し生臭い.

비치다 Ⅰ 自 **1** (光が)照る. 射す. ¶ 해가 ～ 日が射す / 달이 ～ 月が照る / 불이 ～ 明かりが照る. **2** (光を受けて)姿·ようすなどが現われる. 照らされる. ¶ 라이트를 켜자 도망가는 괴한의 모습이 비쳤다 ライトをつけるや逃げる怪しい男の姿が現われた. **3** 〔투영하다〕(物の影が)映る. 映ずる. ¶ 창문에 비친 그림자 窓に映った影 / 초췌한 내 얼굴이 거울에 비쳤다 やつれた私の顔が鏡に映った. **4** 〔투시되다〕(ガラス·薄絹などが)透き通る. 透けて見える. ¶ 속살이 환히 비치는 셔츠 肌が透けて見えるシャツ / 유리창 너머로 비치는 풍경 ガラス窓越しに映る風景. **5** (ある表情·気持ちなどが)気配が見える. ¶ 싫어하는 눈치가 ～ 嫌がる気配が見える.
Ⅱ 他 **1** (相手の意中をさぐるために)ほのめかす. 探る. ¶ 결혼할 의사를 비쳤으나 반응이 없었다 結婚の意思をほのめかしたが手ごたえがなかった. **2** (ちょっと)顔出しをする. 姿を見せる. ¶ 시간이 없어 그 모임에는 얼굴만 비치고 왔다 時間がなくてその集まりには顔だけ出してきた.

비치적거리다[-대다] 自 よろめく. よろよろする. よろよろさせる. よたよたする. ¶ 강펀치를 얻어맞고 비치적거렸다 強いパンチをくらってよろめいた.

비치적비치적 副 하自 よろよろ. よたよた. ¶ 술에 만취되어 ～ 걷고 있다 酒に酔いつぶれてよろよろ歩いている.

비치파라솔〔beach parasol〕 名 ビーチパラソル.

비칠거리다[-대다] 自他 よろよろする[させる]. よたよたする[させる]. とぼとぼと歩く. ¶ 병후라 아직 비칠거린다 病後でまだよたよたしている.

비칠비칠 副 하自他 よろよろ. よたよた.

비칭〔卑稱〕 名 卑称.

비켜나다 自 (身をよけて)退く. よける. どく. ¶ 자리를 ～ 席[座]を退く / 자전거가 지나갈 수 있도록 비켜나세요 自転車が通れるようにどいてください.

비켜서다 自 どく. よける. 退く. ¶ 뒤로 ～ 後ろに退く / 길을 비켜서서 개선하는 선수를 환영했다 道からわきにどいて凱旋する選手を歓迎した.

비키니〔bikini〕 名 ビキニ(スタイル).

비키다 Ⅰ 自 のく. どく. 引き下がる. 退く. ¶ 옆으로 ～ 横にのく / 타자는 공을 비키려다가 자빠졌다 打者はボールをよけようとしてひっくり返った.
Ⅱ 他 **1** (位置を)移す. 変える. (邪魔物を)取り除く. ¶ 자동차를 길옆으로 비켜 세웠다 自動車を道路のわきに移してとめた / 의자를 조금만 비켜 주시겠습니까? 椅子を少しだけ動かしてくださいませんか. **2** (障害物を避けるために)方向を少し変える. よける. 身をかわして逃れる. 遠ざかる. ¶ 몸을 비키는 순간 자전거에 부딪혀 버렸다 身をかわして逃れる瞬間に自転車にぶつかってしまった.

비타민〔vitamin〕 名〔化〕ビタミン.

비타민 결핍증〔一缺乏症〕 名〔醫〕ビタミン欠乏症.

비타민제〔一劑〕 名〔化〕ビタミン剤.

비타협적〔非妥協的〕 冠 名 非妥協的.

비탄1〔悲歎〕 名 하自他 悲嘆. 嘆き. ¶ ～에 빠지다 悲嘆にくれる.

비탄2〔飛彈〕 名 飛弾. 飛んでくる弾丸.

비탈 名 斜面. 勾配. 傾斜. ¶ ～이 가파르다 傾斜が急だ.

비탈길 名 坂. 坂道. ¶ ～을 오르다 坂を上る.

비토〔肥土〕 名 肥土. 沃土.

비통하다〔悲痛一〕 形 悲痛だ. ¶ 비통한 심정 悲痛な心情.

비틀 副 하自 よろよろ. ふらふら. ¶ 이리 ～저리 ～ あっちへよろりこっちへよろり.

비틀거리다[-대다] 自 ふらふら歩く. ひょろつく. ふらつく. よろつく. よろける. ¶ 주정꾼이 비틀거리며 술집을 나왔다 酔っ払いがふらつきながら飲み屋から出てきた.

비틀걸음 名 よろよろした足どり. 千鳥足. ¶ ～으로 걷다 千鳥足で歩く.

비틀비틀 副 하自 ひょろひょろ. ふらふら. よろよろ. ¶술에 취해 ～ 걷다 酒に酔ってふらふら歩く.

비틀다 他 **1** ひねる. ねじる. よじる. ねじまげる. ¶허리를 왼쪽으로 ～ 腰を左にひねる / 이 열쇠는 오른쪽으로 비틀면 열린다 この鍵は右の方に回すと開く. **2** (物事を)狂わす. 食い違わせる. ¶갑작스런 대설로 예정을 비틀 수밖에 없었다 突然の大雪で予定を変えざるを得なかった.

비틀리다 自 **1** 〔'비틀다'의 피동사〕ねじられる. ¶손목을 ～ 手首をねじられる. **2** ねじれる. よじれる. ひねくれる. ¶철사가 너무 비틀려서 끊어져 버렸다 針金があまりねじれて切れてしまった.

비틀어지다 自 **1** ねじれる. 傾く. ¶기둥이 비틀어져 있다 柱が傾いている. **2** (心が)ひねくれる. ¶근성이 비틀어진 사람 根性がねじれた人. **3** (関係が)もつれる. 仲が悪くなる. ¶재산 상속 문제로 형제간의 사이가 비틀어졌다 財産相続の問題で兄弟の仲がこじれた. **4** 支障ができる. (物事が)ややっこしくなる. もつれる. ¶부도 어음 때문에 장사가 비틀어졌다 不渡手形のために商売に支障をきたすようになった.

비틀하다 形 やや生臭くこってりした味だ.

비틈하다 形 遠回しに言う. 暗示的である. ほのめかす. **비틈히** 副 遠回しに. 間接的に. ¶～ 경고하다 遠回しに警告する.

비파〔琵琶〕名〔樂〕琵琶. ¶～를 타다 琵琶を弾く.

비판〔批判〕名 하他 批判. ¶～할 여지가 없다 批判する余地がない.

비판적〔一的〕冠 名 批判的.

비판 철학〔一哲學〕名〔哲〕批判哲学.

비평〔批評〕名 하他 批評.

비평가〔一家〕名 批評家. 評論家. ¶문학 ～ 文学批評家.

비평안〔一眼〕名 批評眼.

비폭〔飛瀑〕名 飛瀑. 高い所から落ちる滝.

비품〔備品〕名 備品. ¶사무용 ～ 事務用備品.

비프스테이크〔beefsteak〕名 ビーフステーキ.

비하〔卑下〕名 하他形 **1** 地面の低いこと. **2** 地位の低いこと. **3** 卑下. へりくだること.

비하다〔比一〕Ⅰ 他 比べる. 比較する. ¶장미의 아름다움을 무엇에 비하랴 ばらの美しさは他に比べようがない. Ⅱ 自《주로 '…에 비하면, …에 비하여[비해서]'의 꼴로》…に比べると. …に比べて. ¶가격에 비하여 그다지 좋지 않다 値段のわりにあまりよくない / 이것에 비하면 훨씬 예쁘다 これに比べるとずっときれいだ.

비학자〔非學者〕名 非学者. **1**〔佛〕大乗·小乗の学を修めない人. **2** 学者でない人.

비합리〔非合理〕名〔哲〕非合理. 不合理. ¶～주의 非合理主義.

비합리적〔一的〕冠 名 非合理的.

비합법〔非合法〕名 非合法.

비행1〔非行〕名 非行. ¶～을 저지르다 非行をはたらく / ～ 청소년 非行青少年.

비행2〔飛行〕名 하自他 飛行. ¶～ 물체 飛行物体 / ～ 거리 飛行距離.

비행기〔一機〕名 飛行機.

◆**비행기를 태우다** (飛行機に乗せるの意で) おだてる. 持ち上げる. おべっかを使う.

비행 기지〔一基地〕名 飛行基地.

비행사〔一士〕名 飛行士. パイロット.

비행선〔一船〕名 飛行船.

비행장〔一場〕名 飛行場.

비행접시 名 空飛ぶ円盤. UFO.

비현실적〔非現實的〕冠 名 非現実的. 空想的. ¶～인 생각 非現実的な考え.

비호1〔庇護〕名 하他 庇護. かばい守ること.

비호2〔飛虎〕名 飛ぶように速く走る虎. ¶～처럼 달려왔다 飛ぶように速く走ってきた.

비호같다 形 動作が非常に速くて勇ましい.

비화1〔飛火〕名 하自 **1** 飛び火. **2** とばっちり.

비화2〔飛花〕名 飛花. 風に飛び散る花.

비화3〔祕話〕名 秘話. ¶외교 ～ 外交秘話.

비화4〔悲話〕名 悲話. 悲しい物語.

비황〔備荒〕名 하自 備荒. ¶～저축 備荒貯蓄.

비황 작물〔一作物〕名〔農〕備荒作物〈凶作や災害のために栽培する作物〉.

비후〔肥厚〕名 하形 肥厚. 太って厚いこと.

비훈〔祕訓〕名 秘密の訓令.

비훼〔誹毀〕名 하他〔法〕非毀〈他人の悪事や醜行をあばいてその名誉を毀損すること〉.

비희〔悲喜〕名 悲喜. 悲しみと喜び.

비희교집〔一交集〕名 하自 悲喜交交に至ること.

빅뉴스〔big news〕名 ビッグニュース.

빅수〔一手〕名〔'비김수'의 준말〕囲碁·将棋などで引き分けになること. 持ち.

빅토리〔victory〕名 ビクトリー.

빈〔嬪〕名〔史〕嬪. **1** 朝鮮時代, 王の第一側室で正二品の女官. **2** 世子の正妃.

빈가〔貧家〕名 貧家.

빈객〔賓客〕名 賓客. 大事な客人.

빈고〔貧苦〕名 하形 貧苦.

빈곤〔貧困〕名 하形 貧困. ¶～한 집안 貧しい家 / 화제가 ～하다 話題が乏しい. **빈곤히** 副 貧しく.

빈광〔貧鑛〕名〔鑛〕貧鉱〈鉱物の含有量の少ない鉱石〉.

빈국〔貧國〕 名 貧国.

빈궁¹〔貧窮〕 名 하形 貧窮. ¶ ～에 허덕이다 貧窮にあえぐ.

빈궁²〔嬪宮〕 名〔史〕王世子の妃.

빈농〔貧農〕 名 貧農.

빈대 名〔動〕南京虫.

◆**빈대 붙다** (なんきんむしのように他について)働かずに甘い汁を吸う. ただで分け前にあずかる.

빈대떡 名〔料理〕ピンデトック〈水でふやかした緑豆を臼でひき豚肉·ねぎ·もやしなどを混ぜて平たくしてお好み焼きのようにしたもの〉.

빈도〔頻度〕 名 頻度. ¶ 사용 ～가 높다 使用頻度が高い.

빈둥거리다[-대다] 自 ぶらぶらする. のらくら怠ける. ぐずぐずする. だらだらする. ¶ 시험이 며칠 안 남았는데 왜 이렇게 빈둥거리고 있니? 試験まで幾日もないのにどうしてこんなにぶらぶらしているの.

빈둥빈둥 副 하自 ぶらぶら. のらくら(と). ぐずぐず. だらだら. ごろごろ. ¶ ～놀고만 있다 のらくら遊んでばかりいる.

빈들거리다[-대다] 自 大きな顔で遊んでばかりいる.

빈들빈들 副 하自 ぶらぶら. のらくら. のらりくらり. ¶ 아무 일도 않고 ～ 놀고 있을 뿐이다 何の仕事もせずにぶらぶら遊んでいるばかりだ.

빈랑〔檳榔〕 名 **1**〔植〕びんろうじゅ. **2**〔韓方〕びんろうじゅの果実.

빈말 名 하自 空言. 空世辞. ¶ ～로 칭찬하다 空世辞でほめる / ～만 늘어놓는 사람 おべんちゃらばかり並べ立てる人.

빈모〔鬢毛〕 名 鬢毛. 鬢の毛.

빈미주룩하다 形 先がはみ出ようとして少しつき出ている. **빈미주룩이** 副 先が少しはみ出ているさま.

빈민〔貧民〕 名 貧民. ¶ ～굴 貧民窟 / ～ 구제 貧民救済.

빈민가〔—街〕 名 貧民街.

빈발〔頻發〕 名 하自 頻発. ¶ 교통사고가 ～하다 交通事故が頻発する.

빈방〔—房〕 名 空き部屋. 空き間.

빈번하다〔頻繁—〕 形 頻繁だ. ひっきりなしだ. ¶ 이 거리는 사람의 왕래가 ～ この通りは人の往来が頻繁だ / 차량의 출입이 ～ 車の出入りが激しい. **빈번히** 副 頻繁に. しきりに. ¶ 교통사고가 ～ 일어나고 있다 交通事故が頻繁に起きている.

빈부〔貧富〕 名 貧富. ¶ ～의 차가 심한 사회 貧富の差がはなはだしい社会.

빈빈하다¹〔彬彬—〕 形 彬々[斌々]としている. 文物が盛んである.

빈빈하다²〔頻頻—〕 形 頻々だ. **빈빈히** 副 頻々と. 繁く.

빈사¹〔賓辭〕 名〔論〕賓辞.

빈사²〔瀕死〕 名 瀕死. ¶ ～ 상태에 빠지다 瀕死の状態に陥る.

빈상〔貧相〕 名 貧相. ¶ 얼굴이 ～이다 顔が貧相だ.

빈소〔殯所〕 名 仮殯の部屋〈出棺のときまで棺を安置するところ〉.

빈속 名 空き腹. 空腹.

빈손 名 素手. 空手. 手ぶら. ¶ ～으로 방문하다 手ぶらで訪問する / ～으로 시작하다 無一物で始める.

빈약〔貧弱〕 名 하形 貧弱. **1** 財力などが乏しく力のないこと. ¶ ～한 재원 貧弱な財源. **2** 見劣りがしてみすぼらしいこと. ¶ ～한 몸 貧弱な体 / 논문의 내용이 ～하다 論文の内容が貧弱だ.

빈자〔貧者〕 名 貧者.

빈자일등〔—一燈〕 名 貧者の一灯.

빈자리 名 空席. 空き.

빈정거리다[-대다] 自他 当てこする. 皮肉る.

빈정빈정 副 하自他 ねちねち(と).

빈주먹 名 素手. 無一物. 裸一貫. ¶ ～으로 장사를 시작하다 裸一貫で商売を始める.

빈지 名〔'널빈지'의 준말〕雨戸. 板戸.

빈지문〔—門〕 名〔建〕繰り戸. 雨戸.

빈집 名 空き家. 留守の家.

빈차〔—車〕 名 空車.

빈천〔貧賤〕 名 하形 貧賤. 貧乏で身分が低いこと. 反 富貴 ¶ ～한 신분 貧賤な身分.

빈천지교〔—之交〕 名 貧しい時の知り合った友.

빈첩〔嬪妾〕 名 王の側室.

빈촌〔貧村〕 名 貧村. 貧しい村.

빈총〔—銃〕 名 実弾をこめてない銃.

빈축〔嚬蹙〕 名 하自 顰蹙. ¶ 주위의 ～을 사다 周囲の顰蹙を買う.

빈출〔頻出〕 名 하自 頻出.

빈타〔貧打〕 名 하他 貧打〈野球などで打撃がふるわないこと〉.

빈탈타리 名 一文無し.

빈탕 名 **1** (固い殻の果実や木の実などで)中身がからっぽなもの. **2** 中身のない人[物事].

빈터 名 空地. ¶ ～에서 놀다 空地で遊ぶ.

빈털터리 名 一文無し. すかんぴん. すってんてん. 無一文. ¶ ～가 되다 一文無しになる.

빈틈 名 **1** すき. すき間. 間隙. ¶ ～으로 바람이 들어오다 すき間から風が入ってくる. **2** すき. 油断. 気のゆるみ. ¶ ～이 많은 사람 すきの多い人 / 감시의 ～을 타서 달아났다 監視のすきに乗じて逃げ出した.

빈핍〔貧乏〕 名 하形 貧乏.

빈한하다〔貧寒—〕 形 貧寒だ. 貧しくて寒々しい.

빈혈〔貧血〕 名〔醫〕貧血. ¶ ～증 貧血症.

빌다 他 **1** 祈る. ¶ 부처님께 ～ 仏様に祈る / 행운[성공]을 ～ 幸運[成功]を祈る / 명복을 ～ 冥福を祈る. **2** 謝る. 詫びる. 請う. 頼む. ¶ 용서해 달라고 울며 ～ 許してくれと泣いて謝る / 살려 달라고 두 손 모아 ～ 助けてくれと両手を合わせて頼む. **3** 物乞いをする. ¶ 빌어서 먹고 다니다 物乞いして歩く.

〔속담〕 **비는 데는 무쇠도 녹는다** 謝れば鉄も溶ける〈一生懸命謝罪す

れば許されるものだ〉.
빌딩〔building〕 名 ビルディング. ビル.
빌라〔villa〕 名 ビラ.
빌리다 他 **1** 借りる. 借用する. ¶ 돈을 ～ 金を借りる. 借金する / 책을 ～ 本を借りる. **2** 貸す. 貸与する. ¶ 돈이 필요하면 빌려 주겠다 金が必要なら貸してやろう / 그 소설책 좀 빌려 다오 その小説ちょっと貸してくれ. **3** 助けを受ける. ¶ 경찰의 힘을 ～ 警察の力を借りる.
빌며빌며 副 頼み込んで. 拝み倒して. ¶ ～ 용서를 구했다 平謝りに謝りながら許しを求めた.
빌미 名 たたり. 呪い. 不幸の原因.
빌미잡다 他 (災難や病気などを)たたりのせいにする.
빌붙다 自 こびる. へつらう. 取り入る. ¶ 권문 세가에 빌붙어 지내다 権門勢家にへつらって過ごす.
빌어먹다 自他 乞食をする. 物乞いをして暮らす.
빌어먹을 感 (思い通りにならないときや癪に障ったときに発する語で) こん畜生. くそ食らえ. いまいましい. ¶ ～ 놈 くそったれ.
빔[1] 名 晴れ着. 晴れ着姿. ¶ 설～ お正月の晴れ着姿.
빔[2]〔beam〕 名 ビーム. **1**〔物〕光や電子の流れ. 光束. **2** 建築物の梁. 桁.
빗[1] 名 櫛. ¶ ～으로 머리를 빗다 櫛で髪をとかす.
빗-[2] 接頭 ゆがんで. 斜めに. 傾いて. 間違って. ¶ ～면 斜面 / ～나가다 それる. はずれる.
빗가다 自〔'빗나가다'의 준말〕ゆがんで. 間違って.
빗각〔一角〕 名〔數〕斜角.
빗금 名〔數〕斜線.
빗기다 他 (髪に)櫛を入れる. 櫛ですいてやる.
빗꽂이 名 斜めに挿し木すること.
빗나가다 自 **1** (狙い·予測などが)それる. はずれる. ¶ 화살이 ～ 矢がそれる. **2** (本来の正しい道から)ぐれる. それる. 堕落する. ¶ 고등학교에 들어간 후부터 빗나가기 시작했다 高校に入ってからぐれ出した.
빗다 他 (髪に)櫛を入れる. くしけずる. ¶ 머리를 ～ 髪に櫛を入れる.
빗대다 他 **1** 遠回しに言う. ほのめかす. 当てこする. ¶ 넌지시 ～ それとなく当てこする. **2** 事実を曲げて言う.
빗더서다 自 **1** 向きを少しずらして立つ. **2** わきによける.
빗돌〔碑一〕 名 碑石.
빗듣다 他 聞き違える. 聞き誤る.
빗디디다 他 踏みそこなう. 踏み誤る. ¶ 계단을 빗디뎌 굴러 떨어졌다 階段を踏みはずして転がり落ちた.
빗뚫다 他 (誤って)斜めに穴をあける.
빗뛰다 自 (コースからはずれて)曲がって走る.
빗뜨다 他 横目でにらむ.
빗맞다 自 **1** (ねらった的に)はずれる. 射そこなう. ¶ 화살이 ～ 矢がはずれる. **2** (予想·当てが)はずれる. ¶ 예상이 빗맞았다 予想がはずれた.
빗먹다 自 鋸が墨糸の線をはずれる.
빗면〔一面〕 名 斜面.
빗물 名 雨水.
빗물다 他 やや斜めにくわえる. ¶ 담배를 ～ たばこを斜めにくわえる.
빗밑 名 雨の上がり具合.
빗발 名 雨脚. ¶ 굵은 ～ 強い雨脚.
빗발치다 自 **1** 雨が激しく降る. ¶ 소나기가 빗발치게 내리다 にわか雨が激しく降りかかる. **2** (弾丸などが)激しく降りそそぐ. **3** (催促·非難などが)非常に厳しい. ¶ 비난의 소리가 ～ 非難の声が降りそそぐ.
빗방울 名 雨粒. 雨のしずく. 雨垂れ. ¶ 처마 끝에서 떨어지는 ～ 소리 軒端から落ちる雨の音.
빗보다 他 見間違える. 見誤る. 見損なう. ¶ 숫자를 ～ 数字を見誤る.
빗빠지다 自 足を踏みはずして落ちる.
빗살 名 櫛の歯.
빗살무늬 토기〔一土器〕 名〔史〕櫛目文土器.
빗살문〔一門〕 名〔建〕桟を斜めに櫛目模様に組んだ戸.
빗살창〔一窓〕 名〔建〕桟を斜めに組んだ窓.
빗서다 自〔'빗더서다'의 준말〕向きを少しかえて立つ.
빗소리 名 雨の音.
빗속 名 雨中. 雨の降る中.
빗솔 名 櫛の歯の汚れをとるためのブラシ.
빗장 名〔'문빗장'의 준말〕かんぬき.
빗장고름 名 形よくきれいに結んだチョゴリ(저고리)の結びひも.
빗장뼈 名〔生〕鎖骨.
빗줄기 名 雨脚. 降りそそぐ雨.
빗질 名 하自他 髪をすくこと. ¶ 머리를 곱게 ～하다 髪をきれいにすく.
빗치개 名 毛筋立て. 毛筋棒.
빙 副 **1** ぐるりと. ぐぐるっと. ¶ 한 바퀴 ～ 돌다 ぐるりと一回り[一周]する. **2**〔둘레를 에워싼 모양〕ぐるりと. ¶ 한 자리에 ～ 둘러앉다 同じ座にぐるりと円座する. **3**〔정신이 어찔해지는 모양〕くらくら(と). くらっと. ¶ 갑자기 일어섰더니 눈이 ～ 돌았다 急に立ち上がって目がくらっとした. **4**〔눈물이 글썽해지는 모양〕じわっと. ¶ 눈물이 ～ 돌다 涙がじわっとにじみ出る.
빙결〔氷結〕 名 하自 氷結.
빙고[1]〔氷庫〕 名 氷室. 氷室.
빙고[2]〔bingo〕 名 ビンゴ.
빙과〔氷菓〕 名 氷菓. 氷菓子.
빙괴〔氷塊〕 名 氷塊. 氷の塊.
빙구〔氷球〕 名 アイスホッケー.
빙그레 副 하自〔부드럽게 웃는 모양〕にっこり(と). にこっと. ¶ 젖먹이가 ～ 웃다 赤ん坊がにっこり笑う.
빙그르르 副〔미끄러지듯 한 바퀴 도는 모양〕くるっと. くるり(と). ¶ ～ 한 바퀴 돌다 くるっと一回転する.
빙글거리다[-대다] 自 にこにこする.
빙글빙글[1] 副 하自 にこにこ. ¶ ～ 웃다

にこにこ笑う.

빙글빙글² 副 〔계속해서 도는 모양〕くるくる(と). きりきり. ¶ 회전의자를 ～ 돌리다 回転椅子をくるくる回す.

빙긋 副 하自 〔소리 없이 웃는 모양〕にこっと. にっこり(と). にんまり(と). ¶ ～ 웃다 にっこり笑う. **빙긋이** 副 にっこり(と).

빙긋거리다[-대다] 自 しきりににこにこ笑う.

빙긋빙긋 副 하自 にこにこ.

빙낭〔氷囊〕名 氷囊.

빙모〔聘母〕名 妻の母. 義母.

빙무〔氷霧〕名 氷霧.

빙벽〔氷壁〕名 **1** 氷山の壁. **2** 氷や雪に覆われた岩壁.

빙부〔聘父〕名 妻の父. 義父.

빙빙 副 **1** 〔자꾸 도는 모양〕ぐるぐる(と). くるくる(と). くらくら. ふらふら. ¶ 물방아가 ～ 돌다 水車がぐるぐる回る. **2** 〔하는 일 없이 돌아다니는 모양〕ぶらぶら(と).

빙산〔氷山〕名 氷山. ¶ ～의 일각 氷山の一角.

빙상〔氷上〕名 氷上. ¶ ～ 경기 氷上競技.

빙설〔氷雪〕名 **1** 氷雪. 氷と雪. ¶ ～ 기후 氷雪気候 / ～에 갇히다 氷雪に閉ざされる. **2** 潔白であること. ¶ ～의 지조 氷雪の志操.

빙수〔氷水〕名 氷水. かき氷. ¶ 팥～ 氷あずき.

빙시레 副 〔소리 없이 웃는 모양〕にっこり(と).

빙식〔氷蝕〕名〔地〕氷食〈氷河による浸食〉.

빙어 名〔動〕公魚.

빙옥〔氷玉〕名 **1** 氷と玉. **2** 清純なこと.

빙원〔氷原〕名 氷原. ¶ 남극의 ～ 南極の氷原.

빙자〔憑藉〕名 하自他 **1** 人の勢力を借りてそれに頼ること. ¶ 권력을 ～하여 큰소리치다 権力を笠に着ていばる. **2** 口実にすること. 事寄せること. かこつけること. ¶ 병을 ～하여 참가를 사절하다 病気にかこつけて参加を断る.

빙장〔聘丈〕名 岳父.

빙점〔氷點〕名〔物〕氷点.

빙점하〔一下〕名 氷点下. 零下.

빙질〔氷質〕名 氷質. 氷の凍った程度.

빙초산〔氷醋酸〕名〔化〕氷酢酸.

빙충맞다 形 愚かでしっかりしていない.

빙충이 名 愚か者.

빙탄〔氷炭〕名 氷炭. 互いに調和できない関係. ¶ ～간 氷炭間. 互いに調和できない間柄 / ～불상용 氷炭相入れず.

빙택〔聘宅〕名 他人の妻の実家に対する尊敬語.

빙퉁그러지다 自 ひねくれる. ねじける. ¶ 빙퉁그러진 사고 방식 ひねくれた考え方 / 마음이 빙퉁그러진 사람 心のねじけた人.

빙판〔氷板〕名 凍りついた路面. ¶ ～에 자빠지다 凍りついた路面でひっくり返る.

빙하〔氷河〕名 氷河. ¶ ～기 氷河期.

빙하 시대〔一時代〕名〔地〕氷河時代.

빙하호〔一湖〕名〔地〕氷河湖.

빙하다 形 酒に酔って頭がぼやっとする.

빙해¹〔氷海〕名 氷海. 氷結している海.

빙해²〔氷解〕名 하自 氷解. ¶ 의문이 ～하다 疑問が氷解する.

빙화〔氷花〕名 氷花〈植物などに水分が氷結して白い花のようになる現象〉.

빚 名 **1** 借金. 負債. 借り. ¶ ～을 갚다 借金を返す / 그에게 많은 ～이 있다 彼に多くの借りがある. **2** 負い目. ¶ ～이 있어 거절할 수 없다 負い目があって断れない.

◆**빚을 놓다** (営利で)金を貸す. ¶ 비싼 이자로 ～을 놓다 高い利子で金を貸す.

◆**빚을 물다** 借金を肩代わりして返す.

◆**빚을 주다** (利子付きで)金を貸す.

빚꾸러기 名 借金だらけの人.

빚내다 自 金を借りる. 借金する.

빚다 他 **1** (酒を)醸造する. 醸す. ¶ 술을 ～ 酒を醸造する. **2** (粉・土をこねてだんご・ギョーザ・餅・陶磁器などを)つくる. ¶ 만두를 ～ ギョーザをつくる / 도자기를 빚는 곳 陶磁器をつくる所. **3** (ある事態を)つくり出す. もたらす. 引き起こす. 醸す. ¶ 물의를 ～ 物議を醸す.

빚돈 名 借金. 貸した金. ¶ ～을 내다 借金をする.

빚두루마기 名 借金で首が回らなくなった人. 借金だらけの人.

빚물이 名 하自 他人の借金を肩代わりして返済すること.

빚받이 名 하自 貸した金を取り立てること.

빚쟁이 名 〈俗〉借金取り. ¶ 성화 같은 ～의 독촉 借金取りの矢の催促.

빚지다 自 **1** 借金をする. 負債を負う. **2** 他人の世話になる.

빛 名 **1** 光. 光線. ¶ 햇～ 日光 / 달～ 月光. **2** 色. 色彩. ¶ 젖～ 乳色 / 푸른 ～ 青色. **3** 顔色. 気色. 気配. ¶ 피로의 ～이 완연하다 疲れた顔色がありありとしている / 호경기로 전환될 ～이 보이지 않는다 好景気に転換する気配が見えない. **4** つや. 光沢. ¶ 반짝반짝 ～이 나다 ぴかぴかとつやが出る. **5** 輝き. 栄光. 光明. ¶ 희망의 ～ 希望の光 / 눈부신 황금～ まばゆい黄金の輝き / 어두운 이 세상에 ～을 던지시다 暗黒のこの世に光明をお与えくださる. **6** 明かり.

◆**빛을 보다** 人に知られ真価を認められる.

〔속담〕**빛 좋은 개살구** 色のよい満州杏〈見かけ倒し. くわせもの〉.

빛깔 名 色彩. 色. ¶ 무지개 ～ 虹の色彩 / ～이 바래다 色があせる.

빛나다 自 光る. 輝く. **1** 光を放

つ. 輝く. きらめく. ¶밤하늘에 빛나는 별 夜空に光る星/눈이 반짝반짝 ～ 目がきらきら輝く. **2** 光る. つやつやする. 輝く. ¶햇빛을 받아 강물이 반짝반짝 ～ 日差しを受けて川の水がぴかぴかと光る. **3** (名誉·名声が)輝かしい. 輝く. ¶청사에 길이 빛날 그의 업적 青史にいつまでも輝くであろう彼の業績.

빛내다 他 輝かす. 輝かせる. ¶눈을 ～ 目を輝かせる/조국의 이름을 ～ 祖国の名を輝かす/자리를 빛내 주셔서 대단히 감사합니다 ご光臨賜わりどうもありがとうございます.

빛살 名 光線.

빛없다 形 面目ない. 会わせる顔がない.

빛접다 形 (公明正大で)堂々としている. 恥じるところがない.

빠개다 他 **1** (固い物を)いくつかに割る. 裂く. ¶장작을 ～ 薪を割る. **2** (固い物体のすきまを)ひらく. **3** (仕事などを)ぶち壊す. 台無しにする. **4** 〈俗〉 (うれしくて)口もとをほころばす. ¶좋다고 빠개지 마 有頂天になって笑うんじゃない.

빠개지다 自 **1** (固い物が)割れる. 裂ける. **2** (仕事などが)ぶち壊しになる. 台無しになる. ¶일이 빠개지고 말았다 仕事が台無しになってしまった.

빠그라지다 自 (物が)割れてしまう. 壊れてしまう. ¶걸상이 빠그라져 버렸다 腰掛が壊れてしまった.

빠그르르 副 하自 〔'바그르르'의 센말〕 ぐらぐら(と). ぶくぶく(と). ¶～ 끓다 ぐらぐらと沸く.

빠근하다 形 **1** (体が)だるい. 重苦しい. ¶다리가 ～ 脚がけだるい. **2** 手に負えない.

빠기다 自 いばる. たかぶる. ¶자동차 샀다고 빠기지 마라 車を買ったからって自慢するな. ＜뻐기다

빠끔거리다[-대다] 他 **1** すぱすぱ吸う. **2** 口をぱくぱくさせる.

빠끔빠끔¹ 副 하他 **1** すぱすぱ(と). ¶담배를 ～ 피우다 たばこをすぱすぱと吸う. **2** ぱくぱく(と). ¶금붕어가 입을 ～ 하다 金魚が口をぱくぱくさせる.

빠끔하다 形 (すき間·穴などが)ぽっかりあいている. **빠끔히** 副 ぽっかり(と). ぱっくり(と). ¶상처가 ～ 벌어지다 傷口がぱっくりあいた.

빠끔빠끔² 副 하形 ぽこぽこ(と). ぼこぼこ(と). ¶장지에 구멍이 ～ 뚫려 있다 障子に穴がぽこぽこあいている.

빠닥빠닥하다 形 **1** (乾いて)ぱりぱりしている. ¶빨래가 말라서 ～ 洗濯物が乾いてぱりぱりしている. **2** (紙幣などが)ぱりぱりしている. ¶빠닥빠닥한 천원짜리 지폐 手の切れるような1000ウォン札.

빠득빠득 副 〔우기거나 조르는 모양〕 頑として. こちこち. ¶제가 잘했다고 ～ 우긴다 自分がよくやったと頑として言い張る.

빠득빠득하다 形 **1** (頑固で)素直でない. こちこちだ. 意地っ張りだ. **2** (後味などが)渋い.

-빠듯 接尾 〔조금 모자람을 나타냄〕 ぎりぎり. ¶백 미터～ 100メートルぎりぎり.

빠듯하다 形 **1** (物事の程度が)ぎりぎりだ. 精一杯だ. ¶예산이 ～ 予算がぎりぎりだ. **2** (すき間がなく)きっちりだ. ぴったりだ. きちきちだ. ¶발에 빠듯한 구두 足にぴったりした靴. **빠듯이** 副 きっちりと. ぎりぎりに. ¶～ 시간에 대다 時間ぎりぎりに間に合う.

빠뜨리다 他 **1** 陥れる. ¶함정에 ～ わなに陥れる. **2** 見落とす. 見逃がす. 抜かす. ¶중요한 말을 빠뜨렸다 大切なことを言い忘れた. **3** (持ち物を)落とす. 失う. ¶지갑을 ～ 財布を落とす.

빠르다 形 反 遅い, のろい **1** 速い. すみやかだ. 迅速だ. (理解が)速い. ¶빠른 성장 速い成長/눈치가 ～ 目端がきく/병의 회복이 ～ 病気の回復が速い. **2** (時刻·時期が)早い. ¶일어나기에는 아직 ～ 起きるにはまだ早い. **3** (時間が)短い. 短期間だ. ¶빠른 시일 내에 일을 끝냅시다 短期間で仕事を終えましょう. **4** (順序が)早い. 先だ. 前だ. ¶시계는 2분쯤 ～ 時計は2分ほど進んでいる. **5** 近道だ. 容易だ. ¶출세에의 빠른 길 出世への近道.

빠이빠이[bye-bye] 感 〈俗〉 バイバイ.

빠지다¹ 自 落ちる. 抜ける. **1** (穴に)落ち込む. はまり込む. (計略などに)陥る. ¶계략[혼란]에 ～ 計略[混乱]に陥る/절망[곤경]에 ～ 絶望[苦境]に陥る. **2** (汚れ·色などが)落ちる. (油気が)抜ける. ¶얼룩이 ～ 染みが落ちる/타이어의 공기가 ～ タイヤの空気が抜ける. **3** 抜ける. 取れる. (力などが)なくなる. (水が)引く. 抜け落ちる. 欠ける. ¶이가 ～ 歯が抜ける/접시에 이가 빠졌다 皿のふちが欠けた/기력이 ～ 気力がなくなる/논물이 ～ 田の水が引く/명부에서 ～ 名簿から抜け落ちる. **4** (水に)溺れる. (酒色·妄想に)ふける. ¶물에 ～ 水に溺れる/술독에 ～ 酒に溺れる/망상에 ～ 妄想にふける. **5** (集団などから)抜け出る. 脱退する. (会議などから)抜け出す. 逃れ出る. ¶조직에서 ～ 組織から抜け出る/수업 도중에 빠져 나왔다 授業の途中で抜け出してきた. **6** (場所を)通り抜ける. (状況から)抜け出す. ¶인파를 빠져나오다 人ごみを通り抜ける/포위망을 ～ 包囲網をくぐり抜ける. **7** (筋肉が)落ちる. (体重が)減る. すんなりしている. ¶군살이 ～ 贅肉が取れる/체중이 많이 빠졌다 体重がずいぶん減った. **8** 劣る. 引けを取る. ¶성적은 남에게 빠지지 않는다 成績は人に劣らない/운동으로는 누구에게도 빠지지 않는다 運動では誰にも引けを取らない. **9** (道に)はずれる. 背く. ¶그것은 경위에 빠지는 짓이다 それは道理にはずれた行いだ. **10** 〈俗〉 スタイルがよい. ¶몸이 잘 빠진 청년 すらっとした青

年.

빠지다² 補動 〔정도가 심한 것을 나타냄〕 …し切る. ¶늙어 ～ 老いぼれる/썩어 ～ 腐り切る.

빠지지 副 하形 〔뜨거운 금속에 물기가 닿아 나는 소리〕 じゅっと.

빠짐없이 副 漏れなく. 手落ちなく. 抜かりなく. ¶～ 기입하다 漏れなく記入する.

빡빡¹ 副 **1** 〔몹시 얽은 모양〕 ぼこぼこ(と). ¶～ 얽은 얼굴 ぼこぼことあばたになった顔. **2** 〔머리털을 짧게 깎은 모양〕 くりくり(と). ¶～ 깎은 중머리 くりくりに刈った坊主頭.

빡빡² 副 **1** 〔바닥을 갈거나 긁는 소리[모양]〕 がりがり(と). ぼりぼり(と). ¶모기에게 물린 데를 ～ 긁다 蚊に刺されたところをぼりぼり掻く. **2** 〔얇고 질긴 물건을 찢는 소리[모양]〕 びりびり(と). ばりばり(と). ¶신문을 ～ 찢다 新聞をびりびり破る. **3** 〔담배를 세게 빠는 모양〕 すぱすぱ(と).

빡빡이¹ 副 間違いなく. 当然.

빡빡하다 形 **1** (水気がなくて)ぼそぼそしている. ぱさぱさしている. ¶빡빡한 밥 ぼそぼそとしたご飯. **2** どろっとしている. ¶국이 ～ 汁がどろっとしている. **3** (時間的·経済的に)ぎりぎりだ. かつかつだ. ¶돈 사정이 ～ お金の具合がぎりぎりだ/날짜가 ～ 日取りがかつかつだ. **4** (すき間がなく)ぴったりと窮屈だ. きちきちだ. ¶발에 빡빡한 구두 足にきちきちの靴. **5** (滑らかに回らないで)ぎしぎしする. 固い. ¶문이 너무 ～ 戸が固すぎる. **6** つっけんどんだ. 融通がきかない. こちこちだ. ¶너무 빡빡하게 굴지 말아라 そんなにつっけんどんにふるまうなよ. **빡빡이²** 副 ぼそぼそして. どろっとして. ぎりぎりで. きちきちで. こちこちで.

빡작지근하다 形 (筋肉が)こる. ¶어깨가 ～ 肩がこる. ＜뻑적지근하다 **빡작지근히** 副 こって.

빤드럽다 形 **1** つやがあって滑らかだ. すべすべしている. ¶마룻바닥이 ～ 床がすべすべしている. **2** ちゃっかりしている. 抜け目がない.

빤드르르 副 하形 〔윤기가 있고 매끄러운 모양〕 ぴかぴか. つるつる. つやつや. ¶～ 윤기가 흐르는 비단 つるつるとつやのある絹.

빤빤스럽다 形 ふてぶてしい. ずうずうしい. ¶빤빤스러운 놈 厚かましいやつ. **빤빤스레** 副 ずうずうしく. 厚かましく.

빤빤하다 形 **1** (表面が)非常に平坦である. なだらかだ. すべすべしている. ¶대패로 빤빤하게 다듬다 鉋で平たく削る. **2** (顔立ちが)かなり整っている. ¶제법 빤빤하게 생겼구나 なかなか美人じゃないか. **3** 厚かましい. ずうずうしい. 恥知らずだ. ¶줄에 새치기하다니 ～ 列に割り込んでくるとはずうずうしい. **빤빤히** 副 ずうずうしく. 厚かましく.

빤지르르 副 하形 〔매끄럽고 윤이 나는 모양〕 つやつや. つるつる.

빤질거리다[-대다] 自 **1** つやがあってつるつるする. てかてかする. **2** ずるける. **3** ふてぶてしくふるまう.

빤질빤질 副 하形 **1** すべすべ. つやつや. ¶～한 마룻바닥 すべすべした床. **2** ずる賢いようす. ¶～한 녀석 ずる賢いやつ. **3** 怠けるようす. のらくらするようす.

빤짝 副 하自他 〔빛이 빤짝이는 모양〕 ぴかっと. きらっと. ぴかりと.

빤짝거리다[-대다] 自他 きらきらときらめく. ぴかぴか光る.

빤짝빤짝 副 하自他 ぴかぴか. きらきら.

빤짝이다 自他 きらめく. ひらめく.

빤하다 形 **1** ほの明るい. ¶빤한 등불 ほのかに明るい灯火. **2** (忙しい中に)少し暇がある. ¶빤한 틈도 없다 ちょっとの暇もない. **3** 見え透いている. 分かりきっている. ¶그건 빤한 거짓말이야 それは見え透いた嘘だ. **4** (病気が)少しよくなる. ¶병세가 좀 ～ 病状が少し持ち直した. **5** (梅雨がしばらくやんで日が射して)明るい. **빤히** 副 **1** はっきり(と). ¶속셈이 ～ 들여다보인다 意図がはっきり見える/～ 들여다보이는 거짓말을 한다 すぐばれる嘘をつく. **2** みすみす. ¶～ 알고도 손해보다 みすみす損をする. **3** じろじろ. ¶남의 얼굴을 ～ 쳐다본다 人の顔をじろじろ眺める.

빨가벗기다 他 **1** まる裸にする. ¶아이를 빨가벗겨 몸을 씻어 준다 子供をまる裸にして体を洗ってやる. **2** (他人の財産をすっかり奪い取って)一文なしにする.

빨가벗다 自 **1** すっ裸になる. まる裸になる. ¶빨가벗은 아이 すっ裸の子供. **2** 山の地肌が見えるほどになる. ¶빨가벗은 산 はげ山.

빨가숭이 名 まる裸. すっ裸. 一文なし. ¶화재로 ～가 되었다 火事でまる裸になった.

빨강 名 赤. 赤色.

빨강이 名 **1** 赤い色の物. **2** ⇨빨갱이

빨갛다 形 赤い. ¶빨갛게 물든 저녁놀 真っ赤に染まった夕焼け/빨갛게 상기된 두 볼 赤く上気した両頰.

빨개지다 自 赤くなる. 赤らむ. 焼ける. ¶얼굴이 ～ 顔が赤くなる.

빨갱이 名 共産主義者のこと.

빨그스름하다 形 うっすらと赤い. 赤みがかっている. ¶귓전이 부끄러움에 ～ 耳もとが恥ずかしさでほんのりと赤い. **빨그스름히** 副 うっすらと赤く.

빨긋빨긋 副 하形 〔군데군데 붉어진 모양〕 赤く点々と. ¶뾰루지가 ～ 나다 吹き出物が赤く点々と出る.

빨깍 副 **1** 〔갑자기 성내거나 힘쓰는 모양〕 ぐっと. かっと. ¶～ 화내다 かっとなる. **2** 〔갑자기 뒤집히는 모양〕 どっと. わっと. ¶그 일로 온 집안이 ～ 뒤집혔다 そのことで家中がわあっと大騒ぎになった.

빨다¹ 他 **1** 吸う. ¶젖을 ～ 乳を吸う/담배를 ～ たばこを吸う. **2** (口に入れて)なめる. しゃぶる. ¶사탕을 ～ あめ玉をなめる.

빨다² 他 洗う. 洗濯する. ¶옷을 ～

衣服を洗う.

빨다³ 形 先が尖っている. ¶ 턱이 ~ あごが尖っている.

빨대 名 ストロー.

빨딱 副 **1**〔급하게 일어나는 모양〕がばっと. ぱっと. すっと. ¶ 불이야 하는 소리에 ~ 일어났다 火事だという声にぱっと飛び起きた. **2**〔뒤로 자빠지는 모양〕ばったり. ばたっと. ¶ 길이 미끄러워 ~ 넘어졌다 道がつるつるしていてばたっとひっくり返ってしまった.

빨래 名 하自 **1** 洗濯. ¶ 애벌~ 下洗い. **2** 洗い物. 洗濯物. ¶ ~를 빨다 洗濯物を洗う / ~를 널다 洗濯物を干す / ~를 걷다 洗濯物を取り込む.

빨래집게 名 洗濯ばさみ.

빨래터 名 洗濯場.

빨래판〔一板〕名 洗濯板.

빨랫감 名 洗濯物.

빨랫돌 名 洗濯するときにその台となる平たい石.

빨랫방망이 名 洗濯棒.

빨랫비누 名 洗濯せっけん.

빨랫줄 名 洗濯物の干しひも.

빨리 副 速く. 素早く. 早く. 急いで. ¶ ~ 달리다 速く走る / ~ 오너라 速く来い / 너무 ~ 왔다 早く来すぎた / ~ 부탁하네 早いこと頼むよ / 늦기 전에 ~ 가게 遅くならないうちに急いで行きなさい / ~ 해치워라 早いことやってしまえ.

빨리빨리 副 さっさと. 早く早く. ¶ ~ 뛰어라 さっさと走れ.

빨리다¹ Ⅰ 自 吸われる. 搾り取られる. Ⅱ 他 吸わせる. (乳を)飲ませる. ¶ 아기에게 젖을 ~ 赤ん坊に乳を飲ませる.

빨리다² Ⅰ 自 洗われる. Ⅱ 他 洗わせる.

빨리하다 他 早める. 速くする. ¶ 걸음을 ~ 歩みを速くする.

빨빨 副 **1**〔바쁘게 다니는 모양〕ばたばた(と). せかせか(と). **2**〔땀을 많이 흘리는 모양〕だくだく(と). たらたら(と). ¶ 땀을 ~ 흘린다 汗をたらたら流す. <뻘뻘

빨아내다 他 吸い出す. ¶ 고약으로 고름을 ~ 膏薬で膿みを吸い出す.

빨아들이다 他 吸い込む. 吸収する. 引きつける. ¶ 신선한 공기를 가슴 가득히 ~ 新鮮な空気を胸いっぱい吸い込む.

빨아먹다 他 **1** 吸う. すする. ¶ 젖을 ~ 乳を吸う. **2** しゃぶる. ¶ 사탕을 ~ あめ玉をしゃぶる. **3** 絞り上げる. ¶ 백성의 피와 땀을 ~ 人民の血と汗を絞り取る.

빨아올리다 他 吸い上げる. ¶ 펌프로 물을 ~ ポンプで水を吸い上げる.

빨치산〔← 러 partizan〕名 パルチザン. 遊撃隊.

빨판 名〔動〕吸盤.

빨펌프〔一pump〕名 吸い上げポンプ.

빳빳하다 形 **1** かちかちである. こちこちだ. ¶ 빳빳하게 얼다 かちかちに凍る. **2** (糊がきいて)ぱりぱりしている. ごわごわしている. しわがなくまっすぐである. ¶ 여름에는 빳빳한 옷이 좋다 夏には糊のきいた衣服がいい. **빳빳이** 副 かちかちと. こちこちと.

빵¹〔← 포 pão〕名 パン. ¶ 팥~ あんパン / 식~ 食パン.

빵² 副 **1**〔갑자기 터지는 소리〕ぱんと. ぽんと. ¶ 풍선이 ~ 터졌다 風船がぱんと割れた. **2**〔공을 차는 모양〕ぽんと. ¶ 공을 ~ 차다 ボールをぽんと蹴る. **3**〔구멍이 뚫린 모양〕ぽかんと. ぱっくり. ¶ 벽에 구멍이 ~ 뚫렸다 壁に穴がぽっかりとあいた. **4**〔자동차의 경적 소리〕ぷう. ぶっぶう.

빵그레 副〔소리 없이 웃는 모양〕にっこり. にこっと. ¶ 소녀가 ~ 웃다 少女がにこっとほほえむ.

빵긋 副 하自〔소리 없이 자연스럽게 웃는 모양〕にこっと. にっこり. **빵긋이**¹ 副 にっこり.

빵긋거리다[-대다] 自 にこにこ笑う.

빵긋빵긋 副 하自 にこにこ.

빵긋하다 形 やや開いている. **빵긋이**² 副 やや開いて.

빵빵 副 하自 **1**〔연달아 터지는 소리〕ぱんぱん(と). ぽんぽん(と). ¶ ~하고 총소리가 들린다 ぱんぱんと銃声が聞こえる. **2**〔연달아 경적이 울리는 소리〕ぶうぶう(と). **3**〔공을 연달아 차는 소리〕ぽんぽん(と). **4**〔구멍이 여러 개 뚫어진 모양〕ぽこぽこ(と). ¶ 구멍이 ~ 뚫려 있다 穴がぽこぽこあいている.

빵빵거리다[-대다] 自 しきりにぱんぱんと鳴らす.

빵점〔一點〕名〈俗〉(試験などで)零点.

빵집 名 パン屋. パーラー.

빻다 他 碾く. 搗く. ¶ 껍질째 빻은 메밀가루 殻ごと碾いたそば粉.

빼 副 **1**〔어린애가 새되게 우는 소리〕ひいひい(と). ぎゃあぎゃあ(と). ¶ 어린애가 ~ 울다 幼い子がひいひいと泣く. **2**〔피리를 불 때 나는 새된 소리〕ぴいっと. ¶ 피리를 ~ 불다 笛をぴいと吹く.

빼기 名〔數〕引き算. 減法.

빼나다 自〔'빼어나다'의 준말〕ぬきんでる. 秀でる.

빼내다 他 **1** (刺さっている物を)抜く. 抜き取る. 抜き出す. ¶ 가시를 ~ とげを抜く. **2** (多くのうちから)選び出す. 抜き取る. ¶ 더러운 것만 ~ 汚い物だけをより抜く. **3** (人の物を)盗む. くすねる. ¶ 서랍에서 돈을 ~ 引き出しからお金をくすねる. **4** (他に属している者を)引き抜く. ¶ 타사에서 기술자를 ~ 他社から技術者を引き抜く. **5** (拘束された身を)請け出す. ¶ 술집에서 여자를 빼내 주었다 飲み屋から女を請け出してやった. **6** (凧あげの勝負のとき敵の攻撃を避けて)安全な所に凧を引き出す.

빼놓다 他 **1** 除く. 省く. 締め出す. 除外する. 置く. ¶ 나만 빼놓고 구경가기냐? 僕だけ置いて見物に行く気か. **2** (打ち込まれている物を)抜いて置く. 引き抜いて置く. **3** (多くの中から)選び出す. より抜く. ¶ 증거물로 빼놓은 사진 証拠品として選び

出した写真.

빼다[1] [自] **1** 〔'내빼다'의 준말〕 逃げ出す. **2** 〔두렵거나 싫어서 하지 않으려 하다〕 逃げる. 身を引く.

빼다[2] [他] **1** 引き抜く. 抜く. 取り出す. ¶ 칼을 ~ 刀を抜く/어깨의 힘을 ~ 肩の力を抜く/타이어의 바람을 ~ タイヤの空気を抜く. **2** (しみ·汚れなどを)取り除く. ¶ 얼룩을 ~ 汚れを取る. **3** (ある物から一部を)取り除く. 除外する. 引く. 取る. 外す. ¶ 아랫배의 군살을 ~ 下腹のぜい肉を取る/20에서 3을 빼면 17이다 20から3を引けば17だ. **4** 〔똑같이 닮다〕 そっくりだ. そっくり其のままだ. ¶ 저 딸애는 제 어미를 쏙 뺐다 あの娘は自分の母親にそっくりだ. **5** (('발을 빼다'의 꼴로)) 手を引く. 足を洗う. ¶ 범죄 조직에서 발을 ~ 犯罪組織から足を洗う. **6** (首を) 伸ばす. ¶ 목을 길게 빼고 기다리다 首をながく伸ばして待つ. **7** (歌うときなどに声を)張り上げる. ¶ 목청을 길게 빼며 노래한다 声を張り上げて歌う. **8** 〔저금을 돈으로 찾다〕 引き出す. 下ろす. ¶ 은행에서 예금을 빼 쓰다 銀行から預金を下ろす. **9** (衣服をぱりっと)着こなす. めかし込む. ¶ 새 옷을 쫙 빼고 나갔다 新調の服をぱりっと着こなして出かけた. **10** 〔행동을 일부러 지어 보이다〕 気取る. 上品ぶる. すます. ¶ 점잔을 ~ 上品ぶる/얌전만 ~ 気取ってばかりいる. **11** 〔긴 물건을 뽑다〕 紡ぐ. ¶ 목화에서 실을 ~ 綿から糸を紡ぐ.

◆**빼도 박도 못 하다** 抜き差しならない. にっちもさっちもいかない.

빼돌리다 [他] (物や人を)こっそりと他へ移す. ¶ 살림을 친정으로 ~ 家財道具をこっそり実家に送る.

빼뚜름하다 [形] 少し傾いている. やや曲がっている. **빼뚜름히** [副] やや傾いて. 少し斜めに.

빼뚤거리다[-대다] [自] ゆらゆら動く. くねくねする.

빼뚤빼뚤 [副][하自] **1** 〔이리저리 흔들거리는 모양〕 ゆらゆら(と). **2** 〔이리저리 구부러진 모양〕 くねくね(と).

빼뚤어지다 [自] **1** 傾く. 傾斜する. ¶ 쌓아 놓은 상자가 빼뚤어졌다 積み上げた箱が傾いた. **2** (心が)ひねくれる. **3** (怒って)むくれる. つむじを曲げる. ¶ 빼뚤어진 목소리 ふてくされた声.

빼먹다 [他] **1** (串に刺した物を)抜いて食べる. **2** (語句などを)入れ落とす. 抜かす. ¶ 꼭 해야 할 말을 빼먹었다 肝心なことを言い忘れた. **3** (授業などを)サボる. ¶ 수업을 ~ 授業をサボる. **4** (人の物を)くすねる. かすめ取る.

빼물다 [自][他] **1** (横柄にまたは怒って)口をとがらせる. ¶ 화가 나서 입을 ~ 怒って口をとがらせる. **2** 舌を突き出す.

빼빼[1] [副][하形] 〔여윈 모양〕 がりがり. ¶ ~ 말랐어 がりがりにやせちゃったな.

빼빼[2] [副] **1** 〔어린애가 새되게 우는 소리〕 ひいひい. ぎゃあぎゃあ. **2** 〔피리를 불 때 나는 새된 소리〕 ぴいぴい.

빼쏘다 [他] そっくり似る. 生き写しだ. ¶ 어머니를 ~ 母に生き写しだ.

빼앗기다 [他] 取られる. 奪われる. ¶ 돈을 ~ 金を奪われる/아름다운 자태에 마음을 ~ 美しい姿態に心を奪われる.

빼앗다 [他] **1** 奪い取る. 横取りする. ¶ 재물을 ~ 財物を奪う. **2** (地位·仕事·財産などを)取り上げる. ¶ 관직을 ~ 官職を奪う. **3** 心や目をひきつける. ¶ 여자의 마음을 ~ 女の心を奪う. **4** 男が女の肉体を犯す.

빼어나다 [形] ぬきんでる. 秀でる. ずば抜ける. ¶ 빼어난 학자 秀でた学者.

빼주룩빼주룩 [副][하形] つんつん(と). ¶ 고드름이 ~ 달려 있다 つららがつんつん垂れ下がっている.

빼주룩하다 [形] (物の)先がとがっている. つんと突き出ている. **빼주룩이** [副] 先がとがって.

빼죽 [副][하自他] 〔얼굴이나 물건을 살짝 내미는 모양〕 にゅっと. きゅっと. ちらっと. ¶ 얼굴을 ~ 내밀다 顔をにゅっとつきだす.

빼죽빼죽 [副][하形] つんと. ¶ 턱이 ~하다 顎がつんととがっている.

빼쭉하다 [形] 先がとがっている. 先が鋭い. ¶ 칼 끝이 ~ 刀の先が鋭い.

빽빽 [副] 〔날카롭게 지르는 소리〕 ぎゃあぎゃあ(と). ひいひい(と). ¶ 아기가 ~ 울다 赤ん坊がぎゃあぎゃあ泣く.

빽빽하다 [形] **1** (物が詰まって)ぎっしりだ. びっしりだ. 稠密だ. ¶ 상자에 빽빽하게 담다 箱にぎっしり詰める/집이 빽빽하게 들어서 있다 家がびっしり(と)たてこんでいる. **2** (キセルなどの穴が詰まって)煙が通りにくい. ¶ 진이 차서 빽빽한 담뱃대 やにがたまって通りの悪くなったキセル. **3** (性格が)こちこちだ. 融通がきかない. ¶ 빽빽한 할아버지 こちこちのおじいさん. **빽빽이** [副] こんもり(と). ぎっしり(と). ¶ 나무가 ~ 우거진 숲 樹木がこんもりと生い茂っている森.

뺀들거리다[-대다] [自] のらくら怠ける. のらくらする.

뺀들뺀들 [副] のらくら(と). ぶらぶら(と).

뺄셈 [名][하自] 引き算. ㊎ 足し算 ¶ ~ 표 減号.

뺏기다 [他] 〔'빼앗기다'의 준말〕 奪われる.

뺏다 [他] 〔'빼앗다'의 준말〕 奪う.

뺑 [副] **1** 〔일정한 둘레를 한 바퀴 도는 모양〕 くるっと. ぐるっと. くるりと. ¶ ~ 등을 돌리다 くるりと背を向ける. **2** 〔정신이 아찔해지는 모양〕 ふらり(と). ¶ ~하고 쓰러질 것 같다 ふらりとして倒れそうになる. **3** 〔에워싼 모양〕 ぐるりと. ¶ ~ 둘러싸다 ぐるりと取り囲む.

뺑그레 [副] 〔소리 없이 웃는 모양〕 にこっと. にっこり. ¶ 어린아이가 ~ 웃다 赤ん坊がにこっと笑う.

뺑그르르 [副] 〔작은 것이 매끄럽게 도는 모양〕 くるくる. ¶ 팽이가 ~ 돌다 こまがくるくる回る.

뺑뺑 [副] 〔작은 것이 자꾸 뱅 도는 모양〕 くるくる(と).

빵빵이 名 伝助. 伝助賭博.
빵소니 名 **1** 素早く逃げること. ずらかること. ¶ 어디론가 ~를 치고 말았다 どこかへずらかってしまった. **2** 当て逃げ. ひき逃げ.
빵소니차[一車] 名 当て逃げ自動車. ひき逃げ自動車.
빵소니치다 自 逃げ去る. ずらかる. ¶ 사람을 치고 ~ ひき逃げする.
빵시레 副 〔소리 없이 웃는 모양〕にっこり(と). にこやかに.
뺨 名 **1** 頰. ¶ ~을 붉히다 頰を染める. **2** 物の両端の広さ.
◆**뺨을 때리다** びんたを食わす.
◆**뺨을 맞다** 頰を打たれる. ほおをぶたれる.
뺨따귀 名 〈俗〉 ほっぺた.
뺨치다 自他 **1** びんたを食わす. **2** 劣らない. 顔負けする. ¶ 전문가 뺨칠 솜씨 玄人はだしの腕前 / 가수 뺨치는 노래 솜씨 歌手顔負けの歌いっぷり.
빼개다 他 **1** (固い物を)割る. 裂く. ¶ 장작을 ~ 薪を割る. **2** (物事を)駄目にする. ぶちこわす. ¶ 다 된 흥정을 ~ ほとんどまとまった値段の交渉を台無しにする. **3** 〈俗〉 (うれしくて) 口をほころばす.
빼그러지다 自 隙間ができる. 歪みができる. 駄目になる. 仲たがいする. ¶ 나무 상자가 ~ 木箱に隙間ができる / 흥정이 ~ 商談が駄目になる / 두 사람 사이가 빼그러졌다 二人の仲が悪くなった.
빼그르르 副 **1** 〔물이 끓어오르는 모양〕ぐらぐら. ふつふつ. **2** 〔거품이 퍼져 일어나는 모양〕ぐつぐつ. ぶくぶく.
빼근하다 形 **1** (身体が) だるい. 重苦しい. 凝る. ¶ 몸이 ~ 体がだるい / 어깨가 ~ 肩が凝る. **2** (ある感情で)胸がいっぱいだ. ¶ 조국에 도착한다고 생각하니 가슴이 ~ 祖国に着くと思うと胸がいっぱいだ. **3** 手に余る. きつい. ¶ 그 일은 혼자서는 ~ その仕事はひとりでは手に余る. **빼근히** 副 じいんと. ¶ 등이 ~ 아프다 背中がじいんと痛い.
빼기다 自 いばる. 得意がる. ¶ 권력을 믿고 ~ 権力をかさにきていばる.
빼꾸기 名〔動〕郭公.
빼꾹 副 〔빼꾸기의 우는 소리〕カッコー.
빼꾹새 名〔動〕郭公.
빼끔거리다[-대다] 他 **1** たばこをすぱすぱ吸う. **2** 魚がぱくぱくする.
빼끔빼끔[1] 副 하他 **1** 〔담배 피우는 모양〕すぱすぱ. ぷかぷか. ¶ 담배를 ~ 피우다 たばこをすぱすぱ吸う. **2** 〔물고기가 입을 벌리는 모양〕ぱくぱく.
빼끔하다 形 ぽっかりあいている. ¶ 벽에 구멍이 빼끔하게 뚫려 있다 壁に穴がぽっかりとあいている. **빼끔히** 副 ぽっかりと.
빼끔빼끔[2] 副 〔여러 군데 빼끔한 모양〕ぽっかりぽっかり. ぽつぽつ.
빼덕빼덕하다 形 水気がなく滑らかでない. かさかさだ. ¶ 손이 ~ 手がかさかさしている.
빼드러지다 自 **1** (物の先が)出っ張る. 反る. 曲がる. ¶ 기둥이 ~ 柱が反る. **2** 〈俗〉 硬直する. 死ぬ.
빼드렁니 名 出っ歯. 反っ歯.
빼세다 形 **1** (物が)こわばってかたい. ごわごわだ. ばりばりだ. **2** 頑固である. 無骨だ.
빼적빼적 副 하自 〔'버적버적'의 센말〕 **1** ばりばり(と). **2** ぱちぱち(と). **3** じりじり(と).
빽빽 副 **1** 〔긁는 소리〕がりがり(と). ぼりぼり(と). ¶ 머리를 ~ 긁다 頭をぼりぼりかく. **2** 〔선 등을 강하게 긋는 모양〕ぐいぐい(と). ぐっぐっ(と). **3** 〔찢는 소리〕ばりばり(と). びりびり(と). ¶ 두꺼운 종이를 ~ 찢다 厚紙をばりばり(と)引きさく. **4** 〔문지르는 소리〕ごしごし(と). ¶ ~ 문질러 빨다 ごしごし洗う. **5** むやみやたらに. ¶ ~ 우기다 むやみやたらに我を張る. **6** 〔담배 피우는 모양〕ぷかぷか(と). すぱすぱ(と).
빽빽하다 形 **1** (水気が少なくて)非常に濃い. どろっとしている. ¶ 국이 ~ スープがどろっとしている. **2** (すき間がなくて) きちきちだ. きゅうきゅうだ. ¶ 양복바지가 ~ ズボンがきちきちだ. **3** (時間がなくて) ぎりぎりだ. ¶ 기한을 빽빽하게 잡다 期限ぎりぎりの日程を組む. **4** (動作が)滑らかでない. ぎこちない. ¶ 빽빽한 솜씨 ぎこちない手つき. **5** 強情で融通がきかない. こちこちだ. ¶ 빽빽해서 상대하기 힘들다 こちこちでつきあいにくい. **빽빽히** 副 **1** どろっと. **2** きちきち. **3** きつく. **4** ぎこちなく.
빽적지근하다 形 全身にずきずきする痛みがある. けだるい. **빽적지근히** 副 ずきずきと. けだるげに.
뺀 依名 ('-ㄹ[-을] 뺀했다'의 꼴로) …するところだった. ¶ 하마터면 자동차에 치일 ~했다 危うく自動車にひかれるところだった / 높은 파도에 휩쓸려 익사할 ~했다 高波にのまれ溺死するところだった.
뺀드럽다 形 **1** つやがあって滑らかだ. つるつるしている. **2** 抜け目がない. そつがない.
뺀드레하다 形 見かけだけ立派だ. ¶ 주머니 속은 비어 있어도 차림새는 ~ ふところは空っぽでも身なりはぱりっとしている.
뺀드르르 副 하形 〔윤기가 있고 미끄러운 모양〕つるつる. つやつや. ¶ ~ 기름진 얼굴 つやつやと脂ぎった顔.
뺀뺀스럽다 形 ずうずうしい. 横着だ. ふてぶてしい. 厚かましい. 臆面が[も]ない. ¶ 뺀뺀스럽게도 어떻게 그런 말을 할 수 있을까 ずうずうしくもそんなことをよくも言えたもんだ. **뺀뺀스레** 副 ずうずうしく. 厚かましく. ぬけぬけと. ¶ ~ 거짓을 말하다 ぬけぬけとうそをつく.
뺀뺀하다 形 厚かましい. ずうずうしい. ¶ 뺀뺀한 태도 厚かましい態度. **뺀뺀히** 副 ずうずうしく. 厚かましく. ぬけぬけと.
뺀지르르 副 하形 **1** 〔미끄럽고 윤이 나는 모양〕てらてら. てかてか. ¶ ~한 얼굴 てらてらした顔. **2** 見かけのいいようす. ¶ 겉만 ~하지 속은 텅텅 빈 사람

이야 見かけだけはいいが中身は空っぽの人だ.

뻔질나게 副 頻繁に. たびたび. 足しげく. ¶ ~ 돌아다니다 足しげく歩き回る / ~ 드나들다 頻繁に出入りする.

뻔쩍 副 하自他 ちらっと. ぴかっと. ¶ ~ 하면서 눈앞으로 빛이 지나갔다 ぴかっと目の前を光が通り過ぎた.

뻔쩍거리다[-대다] 自他 ひらめく. ひらめかす. ぴかぴかする.

뻔쩍뻔쩍 副 하自他 ちらちら(と). ぴかぴか(と).

뻔쩍이다 自他 きらめく. ひらめく. ひらめかす.

뻔쩍하면 副 ややもすれば. ともすると. ¶ 그 사람은 ~ 말썽을 피운다 あの人はともすればトラブルを起こす.

뻔하다 形 **1** (暗い中で)ほんのり明るい. ¶ 동쪽 하늘이 뻔해 오다 東の空がほんのり明らんでくる. **2** 言わずと知れている. 分かりきっている. 確かだ. 明らかだ. 自明だ. ¶ 뻔한 결과 言わずと知れた結果 / 뻔한 말을 하다 分かりきったことを言う. **3** (忙しい合間に)ちょっと暇だ. **4** (病状が)目立ってよくなる. **뻔히** 副 **1** ほんのり明るく. **2** 確かに. ちゃんと. 十分に. ¶ ~ 알면서 질문하다 ちゃんと知っていながら質問する.

뻗가다 自 正道からはずれる. 常軌を逸する.

뻗다 Ⅰ 自 **1** 伸びる. 延びる. 成長する. (根などが)張る. ¶ 가지가 ~ 枝が伸びる / 나무 뿌리가 ~ 木の根が張る / 덩굴이 ~ (植物の)つるが這う. **2** 力が及ぶ. ¶ 멀리 외국에까지 세력이 ~ 遠く外国にまで勢力が及ぶ. **3** 〈俗〉死ぬ. くたばる. ¶ 그 놈은 뻗었다 あいつはくたばった.
Ⅱ 他 **1** (手·足·勢力などを)伸ばす. ¶ 세력을 ~ 勢力を伸ばす / 다리 뻗고 앉으세요 足を伸ばしてお座りください. **2** (手などを)差し出す. 差し伸べる. ¶ 구원의 손길을 ~ 救援の手を差し伸べる.

뻗대다 自 意地を張る. ¶ 소년은 끝까지 모른다고만 뻗대었다 少年は最後まで知らないと言い張った.

뻗정다리 名 **1** 屈伸ができず伸ばしたままの足, またそういう足の人. **2** 硬直して曲げることのできないもの.

뻗치다 自他 **1**〔'뻗다'의 힘줌말〕強く伸びる. 強く伸ばす. 張る. ¶ 힘이 ~ 力が伸びる / 세력을 ~ 勢力を伸ばす. **2** 耐え抜く. 頑張り通す.

-뻘 接尾〔친족끼리의 서열·관계를 나타내는 말〕¶ 형~ 兄貴分 / 조카~이 된다 甥にあたる.

뻘거벗다 自 **1** 真っ裸になる. **2** はげ山になる.

뻘거숭이 名 **1** 真っ裸. **2** (財産を失って)無一文. すかんぴん. **3** 丸坊主のはげ山.

뻘겋다 形 非常に赤い. 真っ赤だ. ¶ 뻘건 태양 真っ赤な太陽 / 뻘겋게 달아오른 숯불 真っ赤におこった炭火.

뻘그스름하다 形 ほんのりと赤い. うっすらと赤い. ¶ 소녀의 볼이 ~ 少女の頬がほんのりと赤い.

뻘떡 副 **1**〔갑자기 일어나는 모양〕がばっと. ぱっと. すっくと. ¶ ~ 일어서다 ぱっと立ち上がる. **2**〔갑자기 자빠지는 모양〕ばたっと. どさっと. ¶ 얼음판 위에 ~ 나자빠졌다 氷が張った所でばたっとひっくりかえった.

뻘뻘 副 **1**〔바쁘게 쏘다니는 모양〕せかせか(と). ¶ 어디를 그리 ~ 쏘다니느냐? どこをそうせかせかとかけ回っているんだい. **2**〔땀이 많이 나는 모양〕たらたら(と). ¶ 비지땀을 ~ 흘리다 脂汗をたらたら流す.

뻣뻣하다 形 **1** こちこちだ. こわばっている. 硬直している. ¶ 목이 막대기처럼 뻣뻣해졌다 首が棒のようにこわばった. **2** (布が糊気で)ぱりぱりしている. ¶ 풀이 뻣뻣한 옷 糊がぱりぱりの衣服. **3** (態度や性格が)かちかちだ. 頑固だ.

뻣세다 形 (人の性格や物が)固くこわばっている.

뻥[1] 名 **1**〔'뻥짜'의 준말〕台無しになった物事. **2**〈俗〉うそっぱち. 法螺.

뻥[2] 副 **1**〔구멍이 뚫어진 모양〕ぽっかり. ¶ ~ 뚫린 구멍 ぽっかりあいた穴. **2**〔갑자기 터지는 소리〕ばん. ぱん. ¶ 다이너마이트가 ~ 터졌다 ダイナマイトがばあんと爆発した. **3**〔공을 힘차게 차는 모양〕ぽん.

뻥긋 副 하自〔소리 없이 웃는 모양〕にこっと. にっこり.

뻥긋거리다[-대다] 自 にこにこほほえむ.

뻥긋뻥긋[1] 副 하自 にこにこ(と).

뻥긋뻥긋[2] 副 하自 しきりに細めに開くようす. ¶ 붕어가 입을 ~ 벌린다 ふなが口を小さくあける.

뻥긋하다 形 (戸などが)少し開いている. **뻥긋이** 副 少し開いて.

뻥나다 自〈俗〉秘密がばれる.

뻥놓다 他〈俗〉(人の)秘密をばらす.

뻥뻥 副 **1**〔연달아 터지는 소리〕ぱんぱん(と). **2**〔공을 연방 차는 모양〕ぽんぽん(と). **3**〔구멍이 여러 개 뚫어진 모양〕ぽこっぽこっと.

뻥뻥거리다[-대다] 自 (相次いで)大口をたたく.

뻥뻥하다 形 どうすべきか知らずまごつく. 処理しにくい. **뻥뻥히** 副 処理しにくくて.

뻥짜 名 台無しになってしまった物事.

뼈 名 **1** 骨. ¶ 팔~가 부러졌다 腕の骨が折れた / ~가 쑤시다 骨がずきずき痛む / 병치레를 하더니 ~만 남았다 闘病の末にがりがりにやせた. **2** 遺骨. ¶ 고향에 ~를 묻고 싶다 故郷に骨を埋めたい. **3** (物の)心. (物事の)骨子. 骨組み. ¶ 불에 타서 ~만 남은 집 燃えて骨組みだけが残った家 / 조직의 ~가 되는 인재 組織の中心(核)になる人材. **4** 気骨. 気概. ¶ ~가 있는 사람 骨のある人. **5** 底意. 下心. ¶ 자네 말 속에 ~가 있네 君の言葉には下心が感じられるよ.

◆**뼈가 빠지게[휘도록]** 骨身を惜しま

ずに.
◆**뼈도 못 추리다** (骨も拾えないの意で) さんざんな目にあってあとかたもなくなる.
◆**뼈에 사무치다** (恨みや苦痛などが) 骨髄に徹する.
뼈다귀 名 **1** 〈俗〉骨. **2** 骨のかけら.
뼈대 名 **1** (体の)骨格. 骨組み. ¶ ~가 굵다 骨格ががっちりしている. **2** (建物や文章の)骨組み.
◆**뼈대가 있다** (骨があるの意で) ① 家柄がいい. ② 気骨がある. ¶ ~가 있는 사람 気骨のある人.
뼈도가니 名 牛の膝蓋骨についている肉.
뼈마디 名 **1** 関節. 骨っ節. ¶ ~가 쑤시다 関節がずきずき痛む. **2** 骨片の一つ一つ.
뼈아프다 形 骨身にしみる[こたえる]. ¶ 뼈아픈 일패 痛恨の一敗.
뼈저리다 形 痛切だ. 骨髄にしみる. ¶ 뼈저리게 느끼는 추위 骨身にしみる寒さ / 그 한마디가 뼈저리게 느껴졌다 あの一言が骨身にこたえた.
뼈지다 形 **1** (見かけによらず)骨がある. 一筋が通っている. ¶ 뼈진 남자 骨っぽい男. **2** (議論·理由に)なるほどと思わせるところがある.
뼘 名 指尺. ¶ 굵기는 어른 ~으로 셋쯤 된다 太さは大人の指尺で三つほどだ.
뼘치 名 指を広げたくらいの大きさの物[魚].
뼛골 名 骨髄.
◆**뼛골에 사무치다** 骨髄に徹する.
◆**뼛골이 빠지다** 精根尽き果てる.
뽀그르르 副 하自 〔소량의 더운 물이 끓어오르는 모양〕 ぐつぐつ(と). ぶくぶく(と).
뽀드득 副 하自 **1** 〔단단하고 반드러운 것을 비빌 때 나는 소리〕 きりきり. ぎりぎり. **2** 〔무른 똥을 힘들여 눌 때 나는 소리〕 ぴちっと.
뽀로통하다 形 **1** 腫れ上がっている. 膨れ上がっている. **2** 怒ってぷんとしている. 膨れっ面だ. **뽀로통히** 副 不満そうに. 膨れっ面をして. ぷんと. むっと.
뽀얗다 形 (煙·霧·ほこりなどが立ちこめたように)かすんでいる. ぼやけている. ぼんやりしている. ¶ 먼 산이 어렴풋이 뽀얗게 보인다 遠くの山がぼんやり(と)かすんで見える.
뽀얘지다 自 かすむ. ぼやける. ぼんやりする.
뽀유스름하다 形 ややかすんでいる. 乳色がかっている. やや濁っている.
뽐내다 自他 **1** いばる. 偉ぶる. ¶ 권력을 믿고 ~ 権力をかさにきていばる. **2** 誇る. 自慢する. ¶ 자기의 박식을 ~ 自分の博識を自慢する.
뽑다 他 **1** 抜く. 引き抜く. 抜き取る. 取り除く. 取る. ¶ 칼을 ~ 刀を抜く / 뿌리를 ~ 根を抜く / 못을 ~ 釘を抜く / 튜브에서 바람을 ~ チューブから空気を抜く / 제비를 ~ くじを引く / 국수를 ~ うどんを引き抜く. **2** 選び抜く. 選抜する. ¶ 선수를 ~ 選手を選ぶ / 정예를 ~ 精鋭を選抜する. **3** 差し引く. 元を取る. ¶ 본전을 뽑고도 이윤이 남았다 元金を引いても利潤が出た. **4** 長くする. 伸ばす. ¶ 목을 길게 뽑고 기다린다 首を長くして待つ. **5** (声や歌などを)長々と出す. 歌う. 歌い上げる. ¶ 한 곡 ~ 1曲歌う.
뽑히다 自 抜ける. 選ばれる. ¶ 가시가 뽑혔다 とげが抜けた / 그림이 우수작으로 뽑혔다 絵が優秀作として選ばれた.
뽕 名 **1** 〔'뽕잎'의 준말〕 桑の葉. **2** 〔植〕〔'뽕나무'의 준말〕 桑.
뽕나무 名 〔植〕 桑.
뽕밭 名 桑畑. 桑田.
뽕빠지다 自 元金をごっそりなくす. すっからかんになる. 無一文になる.
뽕뽕 副 **1** 〔막혔던 공기나 가스가 터져 나오는 소리〕 ぷうぷう. **2** 〔자동차의 경적이 계속 나는 소리〕 ぶうぶう. **3** 〔작은 구멍이 계속 뚫리는 소리〕 ぽんぽん.
뽕잎 名 桑の葉.
뾰로통하다 形 つんとしている. 膨れっ面をしている. 口を尖らかせている. ¶ 입을 뾰로통하게 내밀고 말대꾸를 한다 口をつんととがらせて口答えする.
뾰루지 名 吹き出物. できもの.
뾰조록하다 形 先がやや突き出ている. とがっている. **뾰조록이** 副 つんと.
뾰족구두 名 ハイヒール.
뾰족집 名 **1** とんがり屋根の洋館. **2** 〈俗〉教会堂.
뾰족하다 形 (物の先が)細くなってとがっている. 突き出ている. ¶ 뾰족한 연필 先のとがった鉛筆.
뾰족뾰족 副 하形 つんつん(と). つんけん.
뾰쭉 副 하形 〔끝이 뾰쭉한 모양〕 つんと. **뾰쭉이** 副 とがって. つんと.
뾰쭉뾰쭉 副 하形 つんつん.
뿌그르르 副 하自 **1** 〔물이 끓어오르는 모양〕 ぐらぐら. **2** 〔거품이 일어나는 모양〕 ぶくぶく.
뿌덕뿌덕하다 形 **1** (渋柿を食べたように)口の中がさっぱりしない. **2** (まぶたが重くて)目がしょぼつく. ¶ 두 눈이 ~ 両目がしょぼしょぼする.
뿌둑하다 形 (水気が)ほとんど乾いている. ごわごわしている.
뿌드드하다 形 **1** けちくさい. (しっかり握って)放そうとしない. **2** 〔'찌뿌드드하다'의 준말〕 体がだるい.
뿌드득 副 하自他 **1** 〔단단하고 번드러운 물건을 비빌 때 나는 소리〕 ぎりぎり(と). ¶ 이를 ~ 갈다 ぎりぎり歯ぎしりする. **2** 〔무른 똥을 눌 때 나는 소리〕 びちびち(と).
뿌드득거리다[-대다] 自他 **1** ぎりぎり音を立てる. **2** びちびち音を立てる.
뿌득뿌득 副 **1** 〔억지를 부리는 모양〕 頑固に. 強情に. ¶ ~ 자기 말만 내세운다 強情に我を張る. **2** 〔자꾸 조르는 모양〕 やいのやいの(と). **3** 〔'뿌드득뿌드득'의 준말〕 ぎりぎり(と). びちびち(と).
뿌듯하다 形 **1** きっちり入っている. ぴ

ったりだ. **2** ぎっしり詰まっている. いっぱいだ. 満たされている. ¶기쁨으로 가슴이 ～ うれしさで胸がいっぱいだ. **뿌듯이** 副 ぎっしり(と). ぴったり(と).

뿌루퉁하다 形 **1** 腫れ上がっている. 膨れ上がっている. **2** (怒って)ぷんぷんしている. ぷりぷりしている. ふくれている.

뿌리 名 **1**〘植〙根. ¶～를 내리다 根を下ろす / 잡초를 ～째 뽑다 雑草を根こそぎにする. **2** (物の)根もと. ¶기둥～ 柱の根元. **3** (物事の)根本. ¶악의 ～를 뽑다 悪の根を絶つ.

◆**뿌리 깊다** 根深い. 根強い. ¶～ 깊은 항쟁 根深い抗争.

뿌리박다 自 **1** 根付く. 根をおろす. 根差す. ¶모래톱에 뿌리박은 소나무 砂浜に根差した松の木. **2** 定着する. ¶땅에 뿌리박고 살다 土地に定着して暮らす.

뿌리다 Ⅰ 自 (雨などが)ぱらつく. ¶때때로 가랑비가 뿌린다 時々小雨がぱらつく.

Ⅱ 他 **1** 振りまく. まく. 注ぐ. ¶길에 물을 ～ 道に水をまく / 밭에 씨를 ～ 畑に種をまく. **2** (お金などを)ばらまく. ¶물쓰듯이 돈을 ～ 惜しげもなくお金をばらまく. **3** (悲しくて涙を)落とす. ¶눈물을 ～ 涙を落とす. **4** (光を)放つ. ¶광채를 ～ 光彩を放つ.

뿌리치다 他 **1** 振り切る. ¶소매를 ～ 袖を振り払う / 유혹의 손길을 ～ 誘惑の手を振り切る. **2** (人の好意などを)振り切る. 拒む. 拒絶する. 突っぱねる. ¶만류하는 것을 ～ 引き止めるのを振り切る / 권고를 ～ 勧告を突っぱねる. **3** 振り切る. (追ってくるものを)追いつかせない. ¶상대를 뿌리치고 골인했다 相手を振り切ってゴールインした.

뿌옇다 形 (不透明に)ぼうっとしている. かすんでいる. 白っぽく濁っている. ¶산이 ～ 山がかすんでいる.

뿌예지다 自 雲がかかったようになる. 白く濁る. 色あせる. うす明るくなる. ¶김이 서려 유리창이 ～ 湯気で窓ガラスが曇る.

뿌유스름하다 形 不鮮明に白みがかっている. 白っぽく濁ったようにかすんでいる. **뿌유스름히** 副 白々と. 白っぽくかすんで.

뿌지지 副形 〔뜨거운 금속을 물에 담글 때 나는 소리〕じゅじゅっと.

뿌지직 副 하自 **1**〔'뿌지지' 소리가 급히 그치는 모양〕じゅっと. **2**〔무른 똥을 급히 쌀 때 나는 소리〕びちびち(と).

뿐 Ⅰ 依名 **1**〔한정의 뜻을 나타냄〕だけ. のみ. ばかり. まで. ¶명령에 따랐을 ～이다 命令に従っただけだ. **2**《'뿐(만) 아니라'의 꼴로》…するのみならず. …であるのみならず. …であるだけでなく. ¶그는 시인일 ～ 아니라 화가이기도 하다 彼は詩人であるだけでなく画家でもある.

Ⅱ 助 …のみ. …だけ. ¶소문～이지 실제는 다르다 うわさだけで実際には違う / 남은 것은 이것～이다 残ったのはこれだけだ.

◆**뿐(만) 아니라** …のみならず. …だけでなく. ¶나～ 아니라 모두들 기뻐했네 私だけでなくみんなが喜んだよ / 비～(만) 아니라 바람도 불었다 雨ばかりか風も吹いた.

-뿐더러 接尾 《대명사 '그'와만 결합하여》…だけでなく. …のみならず. …ばかりでなく. ¶그～ そればかりでなく.

뿔 名 **1** 角. ¶사슴 ～ 鹿の角. **2** (物の)突き出た部分. 突起.

뿔그스름하다 形 (色が)やや赤い. かすかに赤い.

뿔긋뿔긋 副 하形 〔군데군데 붉은 모양〕点々と赤く.

뿔따구 名 〈俗〉(不快·怒り·不満などによる)立腹. 癇癪.

◆**뿔다구가 나다** 腹が立つ.

뿔뿔이 副 ばらばらに. 散り散りに. ほうぼうに. はなればなれに. わかれわかれに. ¶사방으로 ～ 헤어졌다 四方に散り散りに別かれた / ～ 흩어져 아이를 찾았다 あちこちに散らばって子供をさがした.

뿜다 他 **1** (煙などを)吹き出す. 噴く. 吐く. ¶화산이 불을 ～ 火山が火を噴く. **2** 霧を吹く. 水を吹きかける. ¶옷에 물을 뿜어 다리다 服に霧を吹いてアイロンを掛ける. **3** (光·香りなどを)発散する. ¶꽃이 향기를 ～ 花が香りをまき散らす.

뿜어내다 他 吹き出す. 噴出する. ¶연기를 ～ 煙を吹き出す.

뿡 副 **1**〔막혔던 가스·기체 등이 나오는 소리〕ぷうぷう. **2**〔비행기·벌 등이 날 때 나는 소리〕ぶうん. ぶん. **3**〔자동차·배 등의 경적 소리〕ぶうぶう. ¶경적을 ～ 울리다 警笛をぶうぶう鳴らす.

쀼루퉁하다 形 膨れっ面をしている. むっとしている. ¶무시되어 ～ 無視されてむっとしている.

쀼주룩하다 形 先がにゅっと突き出ている. **쀼주룩이** 副 にゅっと.

쀼죽하다 形 (物の先が)鋭くとがっている. 突き出ている.

삐 副 **1**〔어린애 우는 소리〕ぎゃあっと. **2**〔피리를 불 때 높게 나는 소리〕ぴいっと.

삐걱 副 하自他 〔물건이 닿아 갈리는 소리〕きしきし. きいっと. ¶～하고 대문이 열렸다 きいっと門が開いた.

삐걱거리다[-대다] 自他 きしんできいきい音を立てる. ¶소달구지 바퀴가 ～ 牛車の車輪がきいきいときしむ.

삐걱삐걱 副 하自他 きいきい(と). ぎしぎし(と). みしみし(と). ¶기름이 떨어져 ～ 소리가 나다 油がきれてきいきい(と)鳴る.

삐끗거리다[-대다] 自 **1** 合わない. かみ合わない. ¶양복장 문짝이 ～ たんすの戸がきしむ. **2** (よく出来そうでありながら)うまく運ばない. ¶하는 일마다 삐끗거리기만 한다 することなすことがみなうまくいかない.

삐끗삐끗 副 하自 〔끼일 물건이 어긋나서 맞지 않는 모양〕ぎしぎし(と).

삐다 Ⅰ 自 (関節が)はずれる. ¶허리가 ～ 腰がはずれる.

Ⅱ 他 くじく. ¶손목을 ～ 手首をくじく／발목을 ～ 足首をくじく.

삐대다 自 (ひと所に長くとどまって)迷惑をかける. ¶이제 그만 삐대고 돌아가시오 もう迷惑をかけるのもこのぐらいにして帰りなさい.

삐딱하다 形 傾いている. ¶탑이 좀 ～ 塔がやや傾いている.

삐딱거리다[-대다] 自 よろよろする. ぐらぐらする.

삐딱삐딱 副 하形 ぐらぐら(と). よろよろ(と).

삐뚜로 副 ゆがめて. 曲がって. 斜めに.

삐뚜름하다 形 やや傾き加減だ. **삐뚜름히** 副 やや傾き加減に.

삐뚤거리다[-대다] 自 **1** ぐらつく. よろめく. **2** (道などが)曲がりくねる. くねくね曲がる. ¶삐뚤거리는 고갯길을 넘다 曲がりくねった坂道を越える.

삐뚤삐뚤 副 하自 **1** よろよろ(と). ふらふら. ゆらゆら. **2** くねくね(と). ¶～한 산길 くねくね(と)曲がった山道／～한 글씨 くねくね(と)書かれた文字.

삐뚤어지다 自 **1** 片方に傾く. **2** 曲がる. ¶넥타이가 삐뚤어져 있다 ネクタイが曲がっている. **3** ひねくれる. ねじける. ひがむ. ¶삐뚤어진 사고 방식 ひねくれた考え方／마음이 삐뚤어진 사람 心のねじけた人.

삐뚤이 名 **1** (体の一部分が)曲がっている人. **2** 心がゆがんでいる人. ひねくれ者. **3** (丘の下の)曲がりくねった坂道.

삐라[←㉢Pira] 名 ⇨전단(傳單)

삐삐 副 〔비틀리도록 여윈 모양〕がりがりに. ¶～ 말랐다 がりがりにやせている.

삐악 副 〔병아리의 울음소리〕ピヨと. ピイと.

삐악삐악 副 ピヨピヨ(と). ¶병아리가 ～ 울다 ひよこがピヨピヨ鳴く.

삐주룩하다 形 (外に)ちょっと突き出ている. ¶돼지 새끼들의 삐주룩한 주둥이 子豚たちのちょっと突き出た口. **삐주룩이** 副 つんと. にゅっと.

삐죽 副 하自他 〔'비죽'의 센말〕ひょいと. ちらっと.

삐죽거리다[-대다] 自他 唇が[を]ぴくぴくする[させる].

삐죽삐죽 副 하自他 ぴくぴく.

삐쭉 副 하自他 **1** 〔입술을 살짝 내미는 모양〕つんと. ¶야단맞고 ～ 입술을 내밀다 叱られてつんと唇をとがらせる. **2** 〔얼굴을 내미는 모양〕ひょっこり(と). ひょいと. ¶창 밖으로 얼굴을 ～ 내밀었다 窓から顔をひょいと突き出した. **3** 〔물건의 끝이 불쑥 튀어나온 모양〕にゅっと.

삐쭉거리다[-대다] 自他 唇をつんと突き出す.

삐쭉삐쭉 副 하自他 つんと.

삐치다[1] 自 **1** 疲れて元気がなくなる. **2** すねる. へそを曲げる. ¶과자를 안 사 왔다고 삐쳤니? お菓子を買って来なかったのでへそを曲げているのかい.

삐치다[2] 他 (字を書くとき)筆先をはねる.

삑 副 **1** 〔기적 등이 새되게 울리는 소리〕ぴいっ. ¶～하고 기적을 울렸다 ぴいっと汽笛を鳴らした. **2** 〔크고 날카롭게 지르는 소리〕ぎゃあ(と).

삥 副 **1** 〔빙 에워싼 모양〕ぐるりと. **2** 〔한 바퀴 도는 모양〕ぐるっと. くるりと. ¶선 채로 ～ 한 바퀴 돌다 立ったままでくるりと一回転する. **3** 急に涙ぐむようす. **4** 〔정신이 어찔해지는 모양〕くらっと. ¶머리가 ～ 돈다 頭がくらっとする.

삥그레 副 〔소리 없이 웃는 모양〕にっこり(と). ¶어린애가 ～ 웃다 赤ん坊がにっこりと笑う.

삥그르르 副 〔미끄러지듯 한 바퀴 도는 모양〕ぐるりと. くるりと.

삥글삥글 副 〔연하여 미끄럽게 도는 모양〕ぐるぐる.

삥등그리다 他 (不満がって)顔をそむける. そっぽを向く.

삥삥 副 〔자꾸 빙 도는 모양〕ぐるぐる.

ㅅ

ㅅ 名 ハングル子音字母の一つとして第七番目の字. 字母の名称はシ옷.

사[1] 名 穴かがり. ボタン穴などをかがること.

사[2] 名〔樂〕ト音. ▷다[1]

사[3]〔士〕名 士〈将棋の駒の一つ〉.

사[4]〔巳〕名〔民俗〕巳. **1** 十二支の6番目. **2**〔'사방(巳方)'의 준말〕巳の方角. **3**〔'사시(巳時)'의 준말〕巳の時.

사[5]〔死〕名 死. ¶ 생과 ~ 生と死. 生死.

사[6]〔私〕名 私. ㊎ 公 **1** 私事. 個人的な事柄. ¶ 공과 ~ 公と私. **2** 私心. 私情. ¶ ~가 없는 의원 私心のない議員.

사[7]〔邪〕名 邪. **1** 邪気. 邪悪な気運. **2** よこしまなこと. 邪悪. **3**〔韓方〕病気を起こす種々の要因.

사[8]〔社〕名 社. 会社.

사[9]〔紗〕名 紗. 薄絹. ¶ ~창 薄絹を垂らした窓.

사[10]〔四〕數 4. 四つ. ¶ ~ 형제 4人兄弟 / 금리가 ~ 퍼센트까지 인하되었다 金利が4パーセントに引き下げられた.

-사[11]〔士〕接尾 …士. ¶ 운전~ 運転士. ドライバー / 회계~ 会計士.

-사[12]〔史〕接尾 …史. ¶ 철학~ 哲学史 / 동양~ 東洋史.

-사[13]〔寺〕接尾 …寺. ¶ 해인~ 海印寺.

-사[14]〔事〕接尾 …事. ¶ 경조~ 慶弔(事).

-사[15]〔舍〕接尾 …舎. ¶ 역~ 駅舎.

-사[16]〔社〕接尾 …社. ¶ 신문~ 新聞社 / 출판~ 出版社.

-사[17]〔師〕接尾 …師. ¶ 사진~ 写真師 / 약~ 薬剤師.

-사[18]〔辭〕接尾 …辞. ¶ 취임~ 就任の辞 / 송별~ 送別の辞.

사가[1]〔史家〕名 史家. 歴史家.

사가[2]〔私家〕名 私家. 個人の家.

사각[1]〔四角〕名 四角. **1**〔'사각형'의 준말〕四角形. **2** 四つの角. ¶ ~기둥 四角柱 / ~뿔 四角錐.

사각모자〔一帽子〕名 角帽.

사각팔방〔一八方〕名 四角八方. あらゆる方面.

사각형〔一形〕名〔數〕四角形.

사각[2]〔死角〕名〔軍〕死角. ¶ ~지대 死角地帯.

사각[3]〔射角〕名 射角.

사각[4]〔斜角〕名〔數〕斜角.

사각[5]〔寫角〕名 写角. 画角. カメラアングル.

사각거리다〔-대다〕自他 (果物などをかむ音が) さくさくする.

사각사각 副 하自他 さくさく(と). ¶ ~ 배를 먹다 さくさくと梨を食べる.

사간원〔司諫院〕名〔史〕朝鮮時代, 王への諫言をつかさどった官庁.

사갈〔蛇蝎〕名 蛇蝎. **1** 蛇とさそり. **2** 人に危害を加えたりして忌み嫌われる人.

사갈시〔一視〕名 하他 (蛇やさそりを見るように)非常に忌み嫌うこと.

사감[1]〔私感〕名 私感. 個人的な感想. ¶ ~을 버리다 私感を捨てる.

사감[2]〔私憾〕名 私的なうらみ. ¶ ~을 품다 私的なうらみを抱く.

사감[3]〔舍監〕名 **1** 舎監. **2**〔史〕宮家の田畑を管理した人.

사개 名〔建〕蟻差. 蟻枘と蟻溝. ¶ ~를 물리다 蟻差でぴったりはめ合わせる.

사개맞춤 名〔建〕(柱の頭部での)蟻差による接合. 蟻掛け. 蟻継ぎ.

사갱〔斜坑〕名〔鑛〕斜坑.

사거리[1]〔四一〕名 十字路. 四つ角. 交差点. 四つ辻.

사거리[2]〔射距離〕名 射距離.

사건〔事件〕名 事件. ¶ 도난 ~ 盗難事件 / ~을 조작하다 事件をでっち上げる / 간첩 ~에 연루되다 スパイ事件に関係する.

사격〔射擊〕名 하他 射撃. ¶ ~장 射撃場 / ~ 경기 射撃競技 / ~ 훈련 射撃訓練 / ~에 능하다 射撃がうまい.

사견[1]〔私見〕名 私見. ¶ ~이라고 전제하고서 이야기하다 私見だと前置きしてから話す.

사견[2]〔邪見〕名 邪見. 正しくない見解. よこしまな考え. ¶ ~을 버리다 邪見を捨てる.

사경[1]〔四更〕名 四更. 丑の刻〈午前2時から4時まで〉.

사경[2]〔四經〕名 四経. **1** 詩経・書経・易経・春秋の四つの経書. **2** 春秋左氏伝・春秋穀梁伝・古文尚書・毛詩の四つの経書.

사경[3]〔死境〕名 死境. 死地. ¶ ~을 헤매다 死境をさまよう.

사경제〔私經濟〕名 私経済. ㊎ 公経済.

사계[1]〔四季〕名 四季.

사계도〔一圖〕名 四季の絵.

사계[2]〔射界〕名 射界. 弾丸の届く範囲.

사계[3]〔斯界〕名 斯界. ¶ ~의 권위자 斯界の権威者.

사계[4]〔詐計〕名 はかりごと. 奸計.

사고[1]〔史庫〕名〔史〕高麗・朝鮮時代に歴代の実録や重要な文書・史料を保存するために設けた政府の書庫.

사고[2]〔四苦〕名〔佛〕四苦. 生・老・病・死の四つの苦しみ.

사고팔고〔一八苦〕 名 四苦八苦. ¶ ~의 고통 四苦八苦の苦しみ.
사고[3]〔四顧〕 名 하自 四顧. **1** 四方. 辺り. **2** 四方を顧みること. ¶ ~무인 四顧無人. 辺りに人気がなく寂しいこと.
사고무친〔一無親〕 名 하形 まったく寄る辺のないこと.
사고[4]〔死苦〕 名 死苦. **1** 〔佛〕 四苦の一つ. **2** (死ぬほどの)ひどい苦しみ.
사고[5]〔事故〕 名 **1** 事故. ¶ 철도 건널목 ~ 鉄道の踏切事故 / ~가 나다 事故が起こる. **2** 理由. わけ. 事情. ¶ ~로 결석했다 事情があって欠席した.
사고뭉치 名 〈俗〉 事故やいざこざを起こしがちな人.
사고[6]〔社告〕 名 社告.
사고[7]〔思考〕 名 하他 思考. **1** 思い考えること. ¶ ~력 思考力. **2** 〔哲〕 思惟.
사고방식〔一方式〕 名 思考. 考え方. ¶ 낡은 ~ 古くさい考え方.
사골〔四骨〕 名 牛の四脚の骨(薬種となる).
사공〔沙工〕 名 〔'뱃사공' 의 준말〕 船頭. 〔속담〕 **사공이 많으면 배가 산으로 간다[올라간다]** 船頭多くして船山に登る.
사과[1]〔沙果〕 名 りんご. ¶ ~ 껍질을 깎다 りんごの皮をむく.
사과나무 名 〔植〕 りんご.
사과산〔一酸〕 名 〔化〕 りんご酸.
사과[2]〔謝過〕 名 하自他 謝ること. 謝罪. わび. ¶ ~를 드리다 おわび申し上げる / 결례했음을 ~하다 欠礼をわびる.
사과문〔一文〕 名 謝罪文. わび状.
사관[1]〔士官〕 名 士官. 将校. ¶ ~학교 士官学校 / ~후보생 士官候補生.
사관[2]〔仕官〕 名 하自 仕官. **1** 官に仕えること. **2** むかし, 部下が毎月初めに上司に会いに行ったこと.
사관[3]〔史官〕 名 〔史〕 史官(国家の歴史書を編修した官吏).
사관[4]〔史觀〕 名 史観. ¶ 유물 ~ 唯物史観.
사광〔沙鑛〕 名 〔鑛〕 砂鉱.
사교[1]〔邪教〕 名 邪教. 邪宗.
사교도〔一徒〕 名 邪教徒.
사교[2]〔社交〕 名 하自 社交. ¶ ~계 社交界 / ~성 社交性 / ~술 社交術.
사교댄스〔一dance〕 名 社交ダンス.
사교적〔一的〕 冠 名 社交的. ¶ ~인 사람 社交的な人.
사교춤 名 社交ダンス.
사교[3]〔詐巧〕 名 하他 巧みに欺くこと.
사구[1]〔四球〕 名 〔體〕 (野球の) 四球. フォアボール.
사구[2]〔死球〕 名 〔體〕 (野球の) 死球. デッドボール.
사구[3]〔沙丘〕 名 〔地〕 砂丘. 砂山.
사군자〔四君子〕 名 〔美〕 四君子(梅·菊·蘭·竹). ¶ ~의 병풍 四君子の屛風.
사군지도〔事君之道〕 名 王に仕える臣下の道.
사굴[1]〔私掘〕 名 하他 他人の墓を無断で掘り返すこと.
사굴[2]〔蛇窟〕 名 蛇の穴.
사권〔私權〕 名 〔法〕 私権.
사귀다 自他 つきあう. 交際する. 交わる. ¶ 사람과[을] ~ 人とつきあう / 저 사람은 사귈수록 좋은 사람이다 あの人はつきあうほどいい人だ.
사귐 名 交わり. つきあい. 交際.
사귐성〔一性〕 名 人づきあい. 社交性. ¶ ~이 좋다 人づきあいがよい.
사규〔社規〕 名 社規. 会社の規則.
사그라뜨리다[-트리다] 他 **1** 朽ち果てさせる. さびつかせる. **2** (怒りを)解く. (恨みを)晴らす. (腫れ物を)散らす. ¶ 치미는 화를 ~ 込み上げる怒りを抑える.
사그라지다 自 **1** さびたり朽ちたりしてなくなる. 朽ち果てる. 腐り果てる. **2** (怒り·恨み·腫れなどが) おさまる. ¶ 원한이 ~ 恨みが解ける / 부기가 ~ 腫れが引く.
사극〔史劇〕 名 〔'역사극' 의 준말〕 史劇. 歴史劇.
사근사근하다 形 **1** 人当たりがよい. 優しい. 愛想がよい. ¶ 그는 사근사근하고 붙임성이 좋다 彼は人当たりがよくて社交性がある. **2** (りんご·梨をかじるときのように) 歯触りがよい. さくさくする. **사근사근히** 副 愛想よく. さくさく(と).
사글사글하다 形 (性質·顔つき·態度などが) 思いやりがあって優しい. <서글서글하다
사글세〔一貰〕 名 家賃を月払いにすること, またその家賃.
사글셋방〔一房〕 名 月払いの借間.
사글셋집 名 月払いの借家.
사금〔沙金〕 名 〔鑛〕 砂金.
사금파리 名 陶磁器のかけら.
사기[1]〔士氣〕 名 士気. ¶ ~왕성 士気旺盛 / ~가 오르다 士気が上がる / ~를 꺾다 士気をくじく.
사기[2]〔史記〕 名 史記.
사기[3]〔死期〕 名 死期. 死ぬとき. 死ぬべきとき. ¶ ~가 다가오다 死期が迫る.
사기[4]〔沙器〕 名 陶磁器. 瀬戸物.
사기그릇 名 陶磁器.
사기대접 名 陶磁器の平鉢.
사기[5]〔詐欺〕 名 詐欺. ¶ ~를 당하다 詐欺にあう.
사기꾼 名 詐欺師. ぺてん師.
사기술〔一術〕 名 詐術. 人をだます術.
사기죄〔一罪〕 名 〔法〕 詐欺罪.
사기 치다 自 詐欺を働く. ¶ 사기 치고 달아나다 詐欺を働いて逃げる.
사기횡령〔一横領〕 名 하他 **1** 詐欺と横領. **2** 詐欺で他人の財産を不法に奪うこと.
사기업〔私企業〕 名 〔經〕 私企業.
사나나달 名 3·4日ないし4·5日. ¶ ~ 뒤에 만나자 3·4日ないし4·5日後に会おう.
사나워지다 自 荒くなる. 険しくなる.
사나이 名 男. **1** 〈俗〉 男子. 男性. **2** (一人前の)男. ¶ ~로서 그런 일은 할 수 없다 男としてそんなことはできない.

　사나이답다 形 男らしい. ¶ 사나이다운 사나이 男らしい男.
사날 名 3·4日. ¶ 한 ～쯤 쉬다 だいたい3·4日ぐらい休む.
사납다 形 **1** 粗暴だ. 荒々しい. 獰猛だ. ¶ 개가 사납게 짖어댄다 犬が荒々しくほえたてる / 사나운 짐승 獰猛な獣. **2** (顔つき·表情が)険しい. ¶ 사나운 얼굴 険しい顔つき. **3** (雨·風などが)激しい. ひどい. ¶ 날씨가 ～ 天気が悪い / 바람이 사납게 분다 風が激しく吹く. **4** (運·縁起などが)悪い. ¶ 꿈자리가 ～ 夢見が悪い. **5** (人情などが)せちがらい. 荒い. ¶ 사나운 세파에 시달리다 荒い世の波にもまれる.
사내[1] 名 **1** 〔'사나이'의 준말〕 男. **2** 〈俗〉 情夫. ¶ 그 여자에겐 ～가 있다 あの女には男がいる. **3** 〔'사내아이'의 준말〕 男の子.
　사내놈 名 〈卑〉 男.
　사내답다 形 男らしい.
　사내대장부〔一大丈夫〕 名 ますらお. 男一匹.
　사내새끼 名 〈俗〉 **1** 男. **2** 男の子.
　사내아이 名 男の子. 少年.
　사내자식〔一子息〕 名 〈俗〉 **1** 男. ¶ ～이 그까짓 일로 大の男がそれぐらいのことで. **2** 息子.
사내[2]〔社內〕 名 社内. ¶ ～보 社内報.
사냥 名 하自他 狩り. 狩猟. ¶ 토끼 ～ うさぎ狩り / ～을[～하러] 가다 狩りに行く.
　사냥감 名 (狩猟の対象としての)獲物.
　사냥개 名 **1** 猟犬. **2** 〈俗〉 回し者. スパイ. ¶ 적의 ～노릇을 하다 敵のスパイをする.
　사냥꾼 名 狩人. 猟師.
　사냥질 名 하自 狩りをすること. 狩り.
　사냥철 名 猟期.
　사냥총〔一銃〕 名 猟銃.
　사냥터 名 狩り場. 猟場.
사념〔邪念〕 名 邪念. ¶ ～이 없는 깨끗한 마음 邪念のない清い心.
사농공상〔士農工商〕 名 士農工商.
사느랗다 形 **1** やや冷たい. ¶ 손이 ～ 手が冷たい. **2** (意外なことに驚いたり心配事があったりして)ひやっとする. どきっとする. ¶ 놀라서 가슴이 사느래지다 驚いてひやっとする. **3** (表情·性格が)冷たい. 冷ややかだ. ¶ 사느란 눈매 冷たい目つき. <서느렇다
사늘하다 形 **1** 冷たい. 冷え冷えしている. ひんやりしている. ¶ 사늘한 날씨 ひんやりした天気. **2** 冷淡である. 冷たい. よそよそしい. ¶ 사늘한 눈으로 보다 冷たい目で見る. **3** (驚き·恐怖で)ひやっとする. ぞっとする. ¶ 등골이 ～ 背筋がひやっとする. <서늘하다
사다 他 **1** 〔구입하다〕 買う. 反 売る ¶ 차표를 ～ 乗車券を買う / 백화점에 물건을 사러 갔다 デパートへ買い物に行った. **2** 〔초래하다〕 (反感·怒り·恨みなどを)買う. (誤解を)招く. ¶ 상사의 노여움을 ～ 上司の怒りを買う / 반감을 ～ 反感を買う / 오해를 ～ 誤解を招く. **3** 〔인정하다〕 価値を認める. 評価する. ¶ 그의 끈기는 높이 사 줘야 한다 彼の根性は高く買ってやるべきだ. **4** 〔자진하여 하다〕 (苦労や病気を)買う. 招く. 得る. ¶ 고생을 사서 하다 苦労を買ってする. **5** 〔고용하다〕 (人を)雇う. ¶ 날품을 사서 집을 수리했다 日雇い人夫を雇って家を修理した. **6** 〔곡식을 팔아 돈으로 바꾸다〕 (穀物·野菜などを売って)金に換える. 売る. ¶ 채소를 팔아서 팥을 ～ 野菜を売って小豆に換える.
사다리 名 〔'사닥다리'의 준말〕 はしご.
　사다리꼴 名 〔數〕 梯形. 台形.
사닥다리 名 はしご.
사단[1]〔社團〕 名 〔法〕 社団.
　사단 법인〔一法人〕 名 〔法〕 社団法人.
사단[2]〔師團〕 名 〔軍〕 師団.
사담〔私談〕 名 하自 私語. 私的な話. ¶ ～은 그만둡시다 私語はやめましょう.
사당[1] 名 〔民俗〕 群れをなして各地を巡りながら歌と舞で生計を立てる女芸人.
사당[2]〔私黨〕 名 私党.
사당[3]〔祠堂〕 名 祠堂. 霊屋. 位牌を安置するところ. ¶ 신주를 ～에 모시다 位牌を祠堂にまつる.
사대[1]〔私大〕 名 〔'사립 대학'의 준말〕 私大.
사대[2]〔事大〕 名 하自 事大. ¶ ～사상 事大思想 / ～주의 事大主義.
사대[3]〔師大〕 名 〔'사범 대학'의 준말〕 師範大学.
사대문〔四大門〕 名 〔史〕 朝鮮時代, ソウルにあった四つの城門.
사대부〔士大夫〕 名 士大夫. 官吏. 家柄の高い人. ¶ ～집 자손 士大夫の家柄の子孫.
사대 성인〔四大聖人〕 名 四聖〈キリスト·ソクラテス·釈迦·孔子〉.
사도[1]〔私道〕 名 私道.
사도[2]〔邪道〕 名 邪道. 反 正道
사도[3]〔使徒〕 名 使徒. ¶ 자유와 평화의 ～ 自由と平和の使徒.
사도[4]〔師道〕 名 師道. 師としての道.
사도[5]〔斯道〕 名 斯道. ¶ ～의 대가 斯道の大家.
사돈〔査頓〕 名 하自 **1** 相舅. 結婚した両家の親どうしまたは義理の兄弟どうしが互いに呼ぶ語. **2** 姻戚. 結婚によってできた親類.
　◆**사돈의 팔촌** 非常に遠い親戚.
　사돈댁〔一宅〕 名 **1** 〔'사돈집'의 높임말〕 縁家. **2** 相舅の夫人.
　사돈도령 名 사돈집の未婚の息子の尊敬語.
　사돈집 名 姻戚の家. 縁家.
　〔속담〕 **사돈집과 뒷간은 멀어야 한다** 姻戚の家と便所は遠くなければいけない〈口うるさい姻戚の家と臭い便所は遠いほどいい〉.
사동사〔使動詞〕 名 〔言〕 使役動詞.
사들이다 他 仕入れる. 買い込む. 買い入れる. (商品を)仕込む. ¶ 피아노를 ～ ピアノを買い入れる / 상품을 ～ 商品を仕入れる.

사등분〔四等分〕 名 하他 4等分.
사디스트〔sadist〕 名 サディスト.
사디즘〔sadism〕 名〔心〕サディスム. 変態性欲の一つ.
사또 名〔史〕**1** 軍隊で部下が将を呼ぶ尊敬語. **2** 中央政府から派遣された地方長官の敬称.
사뜨다 自他 (ボタン穴などを)かがる.
사뜻하다 形 清楚である. さっぱりしている. こぎれいだ. ¶사뜻한 몸차림 こざっぱり(と)した身なり.
사라지다 自 **1** 消える. なくなる. 見えなくなる. ¶자취도 없이 ～ 跡形もなく消えうせる. **2** (考え·感情などが)薄れてなくなる. 感じられなくなる. 消滅する. ¶젊은 날의 꿈은 사라졌다 若き日の夢は消えた. **3** (死んで)消える. ¶물고기의 밥으로 ～ 魚の餌[海の藻くず]と消える.
사람 Ⅰ 名 **1**〔인류〕人. 人間. 者. ¶불쌍한 ～ 哀れな人 / 행복한 ～ 幸福な人 / ～은 만물의 영장이다 人は万物の霊長である. **2**〔동물과 구별되는 존재로서 이르는 말〕人. 人間. ¶～으로 태어나서 ～대접을 못 받고 살다 人として生まれ人間扱いされずに生きる. **3**〔덕성을 갖춘 인격체〕人. 人間. ¶학문을 하기 전에 ～이 되어라 学問をする前にまず人となれ. **4** 人. 他人. ¶왜 ～을 치느냐? なぜ人を殴るのか / ～들은 날 욕하지만… 人たちは私に悪口を言うけれど…. **5** 自分. 私. ¶～을 어떻게 보고 하는 말이야 人を何だと思っていっているんだ. **6** 人品. 人柄. ¶～이 좋아서 친구들에게 인기가 있다 人柄がいいので友達に人気がある. **7** 人. 人材. ¶～을 기르다 人材を養う. **8**〔일정한 곳에서 살거나 태어난 이〕人. …出身の人. ¶시골 ～ 田舎の人 / 일본 ～ 日本人 / 서울 ～ ソウルの人. **9**〔'자기'나 어떤 '대상자'를 가리키는 말〕¶이 ～아, ～을 그렇게 대접하는 것이 아닐세 やあ君, 人をそんなに扱うものじゃないよ. **10**〔권리와 의무의 주체인 자연인〕人. 人間. ¶～은 법 앞에 평등하다 人は法の前では平等である.
◆**사람을 버리다** 人間らしさをそこなう. 人間が悪くなる.
◆**사람을 잡다** ① 人を殺す. ② 人をひどい事態に陥れる.
◆**사람이 좋다** 人[人柄]がいい.
〔속담〕**사람 위에 사람 없고 사람 밑에 사람 없다** 人の上に人なく, 人の下に人無し〈人はみんな平等である〉. **사람은 죽으면 이름을 남기고 범은 죽으면 가죽을 남긴다** 人は死して名を残し虎は死して皮を残す.
Ⅱ 依名 人. 名. ¶세 ～ 3人.
사람답다 形 人間らしい. 人がましい. ¶사람답게 살고 싶다 人間らしく生きたい.
사람됨 名 人となり. 性格. ¶～이 좋다 性格がいい.
사랑[1] 名 하他 **1** 愛. 愛情. 慈しむ心. ¶～이 어린 충고 愛情をこめた忠告 / 어버이의 ～ 親の愛. **2** 恋情. 恋愛. 恋. 恋人. ¶짝～ 片思い[片恋] / 첫～ 初恋 / ～에 빠지다 恋に落ちる. **3** 愛好. ¶서화를 ～하다 書画を愛する / 화초에 대한 각별한 ～ 草花に対する格別の好み.
사랑니 名 親知らず. 知歯.
사랑스럽다 形 愛らしい. かわいい. かわいらしい. ¶몹시 사랑스러운 아이 とてもかわいい子供. **사랑스레** 副 愛らしく. かわいらしく. ¶～ 생긋 웃다 かわいらしくにっこり笑う.
사랑싸움 名 하自 夫婦げんか. 痴話げんか. ¶～도 적당히 해라 痴話げんかもいいかげんにしろ.
사랑[2]〔舍廊·斜廊〕 名 客間を兼ねた主人の書斎. ¶손님을 ～에 안내하다 お客を主人の居間に案内する.
사랑방〔一房〕 名 出居. 客間を兼ねた主人の書斎として使う部屋.
사랑양반〔一兩班〕 名〔남의 남편을 그의 부인 앞에서 일컫는 말〕ご主人.
사랑채 名 外に開かれた出居のある棟.
사래 名 墓守や小作管理人が報酬としてもらって耕作する田畑.
사래질 名 하他 箕·ふるいなどで穀物をふり分けること.
사레 名 (飲食物などが気管に入って)むせること.
사레들리다 自 むせる. むせぶ. ¶밥을 먹다가 ～ ごはんを食べかけてむせる.
사려〔思慮〕 名 하他 思慮. 思念. ¶～가 깊다 思慮深い.
사력[1]〔死力〕 名 死力. ¶～을 다하다 死力を尽くす.
사력[2]〔沙礫〕 名 砂礫. ¶～ 단구 砂礫段丘 / ～지 砂礫地.
사력[3]〔社歷〕 名 社歴.
사련〔邪戀〕 名 邪恋. 道ならぬ恋.
사령[1]〔司令〕 名 하他〔軍〕司令. ¶～관 司令官 / ～부 司令部 / ～탑 司令塔.
사령[2]〔使令〕 名 하自 使令. **1**〔史〕官庁の下級職員. **2** 指図して人を使うこと.
사령[3]〔辭令〕 名 辞令. ¶외교～ 外交辞令 / ～을 받다 辞令を受ける.
사령장〔一狀〕 名 辞令状.
사례[1]〔四禮〕 名 冠婚葬祭.
사례[2]〔事例〕 名 事例. ¶～ 연구 事例研究. ケーススタディー / 성공 ～ 成功の事例.
사례[3]〔謝禮〕 名 하自 謝礼. 御礼. 感謝. ¶만원～ 満員御礼 / 선물로써 ～하다 贈り物でお礼する.
사로잡다 他 **1** 生け捕る. 生け捕りにする. ¶노루를 ～ のろを生け捕る. **2** (心を)とらえる. 魅惑する. ひきつける. ¶청중을 사로잡는 연주 聴衆を魅了する演奏 / 남자의 마음을 사로잡는 매력 男の心をとらえる魅力.
사로잡히다 自 **1** 生け捕られる. 生け捕りにされる. ¶사로잡힌 곰 生け捕りにされた熊. **2** 魅了される. ひきつけられる. ¶여자의 미모에 ～ 女性の美貌にひきつけられる. **3** (因習·既成概念などに)とらわれる. ¶선입관에 ～ 先入観にとらわれる. **4** (ある感

情·欲望などに)駆られる. おそわれる. ¶공명심에 ~ 功名心に駆られる.

사론〔邪論〕 名 邪論. 邪説.

사뢰다 他 (慎んで)申し上げる. 言上する. ¶사뢸 말씀이 있습니다 申し上げたいことがございます.

사료[1]〔史料〕 名 史料. ¶~ 수집 史料の収集.

사료[2]〔思料〕 名 하他 思料. 思量. おもんぱかること. 考えること. ¶잘 ~해서 정하다 よく考えて決める.

사료[3]〔飼料〕 名 飼料. えさ. 飼い葉. ¶~ 식물 飼料植物.

사륙〔四六〕 名 四六.

사륙문〔一文〕 名〔文〕四六文. 四六駢儷文.

사륙 반절〔一半切〕 名〔印〕四六半切.

사륙 배판〔一倍判〕 名〔印〕(書籍·雑誌の)四六倍判.

사륙판〔一判〕 名〔印〕四六判.

사륜〔四輪〕 名 四輪. 四つの車輪.

사륜마차〔一馬車〕 名 四輪馬車.

사르다[1] 他 **1** 燃やす. 焼却する. ¶쓰레기를 ~ ごみを燃やす. **2** (たき口などに)火をつける. 火を起こす. ¶화덕에 불을 ~ かまどに火をたく.

사르다[2] 他 (穀物を)箕にかけてふるい分ける.

사르르 副 **1**〔부드럽게 풀리는 모양〕(結び目などが)するりと. ¶머리를 묶은 고무줄이 ~ 풀렸다 髪を縛ったゴムひもがするりとほどけた. **2**〔눈을 감거나 뜨는 모양〕すうっと. ¶졸려서 눈이 ~ 감긴다 眠くてまぶたが自然とふさがる. **3** (雪·氷などが) いつのまにか溶けてなくなるようす. ¶따뜻한 봄바람에 잔설이 ~ 녹는다 暖かい春風に残雪がいつのまにか溶ける. **4**〔살며시 움직이는 모양〕そっと. すうっと. ¶자리에서 ~ 일어서다 席からそっと立ち上がる. <스르르

사리[1] Ⅰ 名〔국수·실·새끼 등의 감은 뭉치〕玉. 束. 巻き. かせ. ¶냉면 ~ 冷麵の玉/새끼~ 縄を巻いたもの. Ⅱ 依名 …巻き. …玉. ¶국수 한 ~ 麵1玉/새끼 두 ~ 縄2巻き.

사리[2]〔私利〕 名 私利. ¶~사욕 私利私欲/~만 추구하다 私利ばかり追求する.

사리[3]〔事理〕 名 事理. 物事の道理. 筋道. わけ. 適否. 常識. ¶~ 분별 物事に対する分別. 道理をわきまえること/~에 맞지 않는다 道理に合わない/~를 밝히다 道理を明らかにする.

사리[4]〔舍利〕 名 舎利. **1**〔佛〕仏舎利. **2** 火葬して残った骨.

사리탑〔一塔〕 名 舎利塔.

사리다 他 **1** (糸や縄など細くて絡みやすいものを乱れないように) うず巻き状に束ねる. 玉にする. ¶국수를 삶아 찬물에 담갔다 건져서 사린다 麵をゆでて冷水にさらし玉にする. **2** (へびが)とぐろを巻く. ¶뱀이 서리서리 몸을 사리고 있다 蛇がぐるぐるとぐろを巻いている. **3** (動物が驚いたり怖がったりして)尾を股の間に巻いて入れる. **4** 突き出た釘の頭を曲げて打ちつける. **5** (全力を尽くさず) 力を出し惜しむ. 身を入れない. **6** 用心深く行動する. 心をひきしめる. 気をつける. ¶난세에는 몸을 사리는 것이 좋다 乱世には自重するほうがよい.

사리사리[1] 副〔연기가 가늘게 올라가는 모양〕ゆらゆら(と).

사리사리[2] 副 **1**〔빙빙 둘러서 둥그렇게 포개어 감은 모양〕ぐるぐる(と). くるくる(と). ¶명주실을 ~ 쌓아 놓다 絹糸をぐるぐる高く積み上げる. **2**〔어떤 감정이 복잡하게 얽힌 모양〕ごちゃごちゃ. ぐるぐる(と).

사립[1] 名〔'사립문'의 준말〕しおり戸.

사립문〔一門〕 名 柴の戸. しおり戸.

사립짝 名 しおり戸の扉.

사립[2]〔私立〕 名 私立.

사립대학〔一大學〕 名 私立大学.

사립학교〔一學校〕 名 私立学校.

사마귀[1] 名 ほくろ.

사마귀[2] 名〔動〕蟷螂.

사막〔沙漠〕 名〔地〕砂漠. ¶~ 기후 砂漠気候/~ 지대 砂漠地帯.

사막꿩〔沙漠一〕 名〔動〕沙鶏.

사막하다 形 **1** 苛酷である. あまりひどすぎる. **2** (苛酷で少しも) 容赦しない.

사망〔死亡〕 名 하自 死亡. 反 出生. ¶~ 진단서 死亡診断書.

사망률〔一率〕 名 死亡率.

사망 신고〔一申告〕 名 死亡届け.

사면[1]〔四面〕 名 四面. 四方. ¶~이 산으로 둘러싸인 마을 四方が山に囲まれた村.

사면체〔一體〕 名〔數〕四面体.

사면초가〔一楚歌〕 名 四面楚歌.

사면[2]〔斜面〕 名 斜面. 傾斜した面. ¶급~ 急斜面.

사면[3]〔赦免〕 名 하他 赦免. 罪を許し刑罰を免ずること.

사면장〔一狀〕 名 赦免状.

사멸〔死滅〕 名 하自 死滅. 絶滅. ¶~된 고생대의 생물 死滅した古生代の生物.

사명[1]〔使命〕 名 使命. ¶~감 使命感/~을 다하다[완수하다] 使命を全うする[なし遂げる].

사명[2]〔社名〕 名 社名. 会社の名.

사명[3]〔社命〕 名 社命. 会社の命令.

사명일〔四名日〕 名〔民俗〕四大祝日〈正月·端午·中秋·冬至〉.

사명절〔四名節〕 名 ☞사명일(四名日)

사모[1]〔思慕〕 名 하他 **1** 思慕. 恋い慕うこと. 懐かしく思うこと. ¶은밀히 그를 ~하다 ひそかに彼を恋い慕う. **2** 敬い慕うこと. ¶성현의 덕을 ~하다 聖賢の徳を敬い慕う.

사모[2]〔師母〕 名 (恩)師の夫人.

사모님 名 **1** (恩)師の夫人に対する尊敬語. **2**〔윗사람의 부인을 높여 부르는 말〕奥様. 奥さん.

사모[3]〔紗帽〕 名 紗帽〈昔の官服を着るときにかぶる黒い紗でつくった官吏の帽子〉.

사모관대〔一冠帶〕 名 하自 **1** 紗帽と冠

帯. **2** 衣冠束帯の礼装.

사무¹〔事務〕名 事務. ¶～ 관리 事務管理 / ～직 事務職 / ～장 事務長 / ～ 인계 事務引き継ぎ.

◆**사무를 보다** 事務をとる.

사무관〔一官〕名 事務官.

사무소〔一所〕名 事務所.

사무실〔一室〕名 事務室. 事務所. オフィス.

사무원〔一員〕名 事務員.

사무 자동화〔一自動化〕名 オフィスオートメーション. オーエー(OA).

사무적〔一的〕冠名 事務的. ¶～으로 말하다 事務的に話す.

사무²〔社務〕名 会社の用務. 社用.

사무치다 自 (身に)しみる. 胸が痛む. しみとおる. ¶뼈에 사무치게 느끼다 骨身にしみて感じる.

사문¹〔死文〕名 死文. **1** 条文だけあって実際には効力のない法令や規則. **2** 内容や精神のこもっていない文章. つまらない文章.

사문²〔査問〕名 하他 査問. ¶～위원회 査問委員会 / 수뢰의 혐의로 ～하다 収賄の容疑で査問する.

사문³〔師門〕名 師門. **1** 師の家. **2** 師の門下.

사문⁴〔蛇紋〕名 蛇紋〈蛇の斑紋に似た模様〉.

사문서〔私文書〕名 私文書.

사문서 위조죄〔一僞造罪〕名〔法〕私文書偽造罪.

사문직〔斜紋織〕名 斜文織り. あや織り.

사물¹〔四物〕名 **1**〔佛〕法鼓・雲板・木魚・大鐘の総称. **2**〔佛〕仏教儀式のとき, 伴奏に用いる鼓・どら・木魚・唐人笛の総称. **3**〔樂〕農楽に用いるかね(꽹과리)・どら(징)・チャング(장구)・太鼓(북)の総称. ▷사물놀이

사물놀이 名 かね(꽹과리)・どら(징)・チャング(장구)・太鼓(북)を用いて行なう農楽.

사물²〔私物〕名 私物. 私有物.

사물함〔一函〕名 私物箱.

사물³〔事物〕名 **1** 物事. 事物. ¶～의 이치를 알다 事の道理を知る. **2**〔法〕事件と目的物.

사뭇 副 **1** (初めから終わりまで)ずっと. ¶학교까지 ～ 뛰어갔다 学校までずっと走って行った. **2** まったく. ほんとに. いかにも. 全然. ¶～ 놀란 표정 いかにも驚いた表情 / 듣는 것과 보는 것과는 ～ 다르다 聞くと見るとはまるで違う.

사민〔四民〕名 四民. **1**〔史〕士農工商. **2** 一般国民. 全国民.

사민평등〔一平等〕名 四民平等.

사바〔娑婆〕名〔佛〕娑婆. 人間世界. 俗世間. 現世.

사바세계〔一世界〕名 ☞사바(娑婆)

사박스럽다 形 見るからに残忍で大胆不敵だ. 荒々しい. とげとげしい.

사박자〔四拍子〕名〔樂〕4拍子.

사반기〔四半期〕名 四半期.

사발〔沙鉢〕**Ⅰ** 名 (ご飯・スープ・マッコリ用の陶製の)鉢. どんぶり. ¶～에 국을 담다 どんぶりにスープをつぐ.
Ⅱ 依名〔사발의 수를 세는 말〕杯. ¶밥 한 ～ 飯1杯.

사발시계〔一時計〕名 丸型の置き時計.

사발통문〔一通文〕名 (檄文などで)関係者の名前を鉢型にまるく署名した回状.

사방¹〔四方〕名 四方. **1** 四つの方角. 東・西・南・北. 東西南北. ¶～이 다 막혀 있다 四方が全部ふさがっている. **2** 周囲. 方々. ¶～을 살펴보다 周囲をうかがう / ～에서 소란이 일어났다 方々で騒ぎが起こった.

사방탁자〔一卓子〕名 四角柱の形をした飾り棚.

사방팔방〔一八方〕名 四方八方. あらゆる方向. ¶～에서 사람이 모여들었다 四方八方から人が集まってきた.

사방²〔砂防〕名 砂防. ¶～ 공사 砂防工事 / ～ 댐 砂防ダム / ～림 砂防林.

사범¹〔事犯〕名〔法〕事犯.

사범²〔師範〕名 師範. **1** 手本. 模範. **2** 武術または技芸を教える人. 師匠.

사범 대학〔一大學〕名 教員養成大学. 教育学部.

사범학교〔一學校〕名 師範学校.

사법¹〔司法〕名 司法. ¶～ 경찰 司法警察 / ～ 기관 司法機関 / ～권 司法権 / ～ 시험 司法試験. ▷입법(立法)・행정(行政)

사법 처분〔一處分〕名〔法〕司法処分.

사법 행정〔一行政〕名 司法行政.

사법²〔私法〕名〔法〕私法. 反 公法 ¶～학 私法学.

사법인〔私法人〕名〔法〕私法人.

사변¹〔四邊〕名 四辺. **1** 周り. あたり. ¶～을 둘러보다 あたりを見回す. **2** 四方の境界. ¶～의 방비 四辺の防備. **3**〔數〕四つの辺.

사변형〔一形〕名〔數〕四辺形. ¶평행 ～ 平行四辺形.

사변²〔事變〕名 事変. ¶상하이 ～ シャンハイ事変.

사변³〔思辨〕名 하自 思弁.

사변 철학〔一哲學〕名〔哲〕思弁哲学〈理性を知識の唯一の根拠とする哲学〉.

사변⁴〔斜邊〕名〔數〕斜辺.

사별〔死別〕名 하自 死別. ¶남편과 ～하다 夫と死別する.

사병¹〔士兵〕名 兵士. 兵卒.

사병²〔死病〕名 死病. しにやまい.

사병³〔私兵〕名 私兵.

사보〔社報〕名 社内報. 社報.

사보타주〔(프) sabotage〕名 하自他 サボタージュ. 怠業.

사복¹〔私服〕名 하自 私服.

사복형사〔一刑事〕名 私服刑事.

사복²〔私腹〕名 私腹. ¶～을 채우다 私腹を肥やす.

사본〔寫本〕名 하他 写本. 書き写すこと.

사부〔師父〕名 師父. **1** 師と父. **2** 父のように敬愛する師.

사부랑삽작 副〔살짝 뛰어오르는 모양〕はしこく. 身軽く. すばやく. ぴょんと. ひらりと. ¶～ 몸을 피하다 ひらりと体をかわす.
사부랑하다 形 束ねたり積んだ物などがしまりなくなっている.
사부인〔査夫人〕名〔자녀 배우자의 어머니를 높여 호칭하는 말〕おかあさま.
사부작사부작 副 하自 **1**〔힘들이지 않고 행동하는 모양〕ひそひそ(と). こっそり(と). ¶～ 일을 잘한다 静かによく仕事をする.
사북 名 **1** (扇の)かなめ. **2** 最も重要な部分.
사분〔四分〕名 하他 四分. 四つに分けること.
　사분기〔一期〕名 四半期. ¶1～ 第一四半期.
　사분오열〔一五裂〕名 하自 四分五裂. ¶회사는 지금 ～된 상태이다 会社はいま四分五裂の状態だ.
　사분원〔一圓〕名〔數〕四分円. 象限.
　사분음표〔一音標〕名〔樂〕四分音符.
사분사분하다 形 優しく愛想がいい. ¶사분사분한 아가씨 愛想のいい娘.
사붓 副〔발을 가볍게 내디디는 소리[모양]〕さっと. そっと. すっと. ¶여인이 이쪽을 향하여 ～ 걸어온다 女性がこちらに向かって軽やかに歩いてくる.
　사붓사붓 副 さっさと.
사붓이 副 そっと. 軽やかに. ¶발을 ～ 내놓다 足をそっと出す.
사붙이〔紗一〕名 紗の類. 薄絹類.
사비[1]〔私費〕名 私費. 自費. 反 公費 ¶～생 私費生／～ 유학 私費留学.
사비[2]〔社費〕名 社費. 会社の費用.
사뿐 副〔소리 안 나게 발을 가볍고 조심스럽게 내디디는 모양〕ひらりと. 軽く静かに. そっと. ¶～ 뛰어내리다 ひらりと飛び下りる. **사뿐히**[1] 副 ひらりと. 軽やかに. ¶새가 땅에 ～ 내려앉았다 鳥が地上に軽やかに舞い降りた.
　사뿐사뿐 副 하形 さっさと. 身軽に. ¶발걸음도 ～ 걸어간다 足どりも軽やかに歩いて行く.
사뿐하다 形 (心身が)軽くさわやかだ. さっぱりする. すがすがしい. 爽快だ. ¶감기가 나아서 기분이 ～ 風邪が治って気分がさっぱりする. **사뿐히**[2] 副 さわやかに. すがすがしく.
사뿟 副〔'사붓'의 센말〕足を軽やかにそっと踏み出すようす[音].
　사뿟사뿟 副 さっさと. ¶～ 걸어오다 軽やかに歩いてくる.
사사[1]〔私事〕名 私事.
사사[2]〔事事〕名 事々. あれこれいろいろなこと.
　사사건건〔一件件〕Ⅰ 名 事々. すべての事. あらゆる事件.
　Ⅱ 副 事ごとに. あらゆる事件ごとに. ¶～ 트집만 잡고 있다 事ごとに難癖ばかりつけている.
사사[3]〔師事〕名 하他 師事. 師と仰いで仕えること.
사사[4]〔賜死〕名 하自他〔史〕(本来なら死刑に処すべき者を減刑して) 王が毒薬を与えて自決させたこと.
사사롭다〔私私一〕形 私的だ. 個人的だ. ¶사사로운 일에 공금을 쓴다 私的なことに公金を使う. **사사로이** 副 私的に. 個人的に.
사사오입〔四捨五入〕名 하他〔數〕四捨五入.
사산〔死産〕名 하他〔醫〕死産.
　사산아〔一兒〕名〔醫〕死産児.
사살[1] 名 하他 小言を並べ立てること.
사살[2]〔射殺〕名 하他 射殺.
사삿일〔私私一〕名 私事. 個人的な事.
사상[1]〔史上〕名 史上. 歴史上. ¶～ 처음으로 성공한 실험 史上初めて成功した実験.
사상[2]〔四象〕名 四象.
　사상의〔一醫〕名〔韓方〕人間の体質を四象(太陽・少陽・太陰・少陰)に分けて同じ病気でもその体質によっておのおの異なる薬で治す医術[医者].
사상[3]〔死相〕名 死相. **1** 死人の顔. **2** 死の兆しが現われている顔.
사상[4]〔死傷〕名 하自 死傷.
　사상자〔一者〕名 死傷者. ¶많은 ～를 냈다 多くの死傷者を出した.
사상[5]〔私傷〕名 私傷.
사상[6]〔事象〕名 事象.
사상[7]〔砂上〕名 砂上. 砂の上.
　사상누각〔一樓閣〕名 砂上の楼閣. 基礎が弱くて長く続かないこと.
사상[8]〔思想〕名 思想. ¶～가 思想家／～극 思想劇／민주주의 ～ 民主主義思想.
　사상범〔一犯〕名 思想犯.
사상[9]〔絲狀〕名 糸状.
　사상균〔一菌〕名〔植〕糸状菌.
사색[1]〔四色〕名 **1** 四色. 四つの色. **2**〔史〕朝鮮時代中期の四つの党派. ▷당쟁(黨爭)
　사색잡놈〔一雜一〕名 **1** 時と場所, 事の正邪などはお構いなしに自分勝手にふるまうやから. **2** あらゆる種類の野卑なやから.
　사색판〔一版〕名〔印〕四色版. 四色刷り.
사색[2]〔死色〕名 死色. 死相.
사색[3]〔思索〕名 하自他 思索. ¶～가 思索家／～에 잠기다 思索にふける.
사생[1]〔死生〕名 生死. ¶～을 같이한 전우 生死をともにした戦友.
　사생결단〔一決斷〕名 하自他 生死を顧みず決断すること. 決着をつけるために命をかけること. ¶무슨 일이 있어도 ～을 내자 どんなことがあっても決着をつけよう.
사생[2]〔寫生〕名 하他 写生. スケッチ. ¶～ 대회 写生大会／～화 写生画.
사생아〔私生兒〕名 私生児.
사생활〔私生活〕名 私生活.
사서[1]〔司書〕名 **1** 司書. **2** 朝鮮時代に侍講院で経史と道義を講義した正六品の官位.
사서[2]〔史書〕名 史書. 歴史書.
사서[3]〔四書〕名 四書(大学・中庸

·論語·孟子〉.
사서삼경〔一三經〕 名 四書三経.
사서오경〔一五經〕 名 四書五経.
사서4〔私書〕 名 私書. **1** 私信. **2** ひそかに出す手紙. **3**〔法〕私法上の権利·義務を表わすために作成する文書〈手形·預かり証書·貨物引換証など〉.
사서함〔一函〕 名 私書箱.
사서5〔辭書〕 名 辞書. 「所.
사석1〔私席〕 名 私的な席. 私的な場
사석2〔捨石〕 名 (囲碁で)捨て石.
사선1〔死線〕 名 死線. **1** 生死の境. ¶ 중병으로 ~을 헤매다 重病で死線をさまよう. **2** 牢獄または捕虜収容所などで周囲に設けられた境界線. ¶ 자유를 찾아 ~을 넘다 自由を求めて死線を越える.
사선2〔私選〕 名 하他 私選. ¶ ~ 변호인 私選弁護士.
사선3〔斜線〕 名 斜線.
사설1〔私設〕 名 하他 私設. 反 公設 ¶ ~ 묘지 私設墓地 / ~ 시장 私設市場 / ~탐정 私設探偵.
사설 철도〔一鐵道〕 名 私有鉄道. 私鉄.
사설2〔社說〕 名 社説. ¶ ~란 社説欄 / 신문 ~ 新聞の社説.
사설3〔辭說〕 名 하自 **1** (歌·パンソリなどの合間に挟む)語りの部分. **2** くどくどしい小言. ¶ 길게 ~을 늘어놓다 くどくどと小言を並べ立てる.
사성1〔四星〕 名 四柱單子, または四柱単子の封筒に書く言葉.
◆사성을 받다 縁談がまとまって新郎の四柱單子を受け取る.
◆사성을 보내다 縁談がまとまって新婦の家に新郎の四柱單子を送る.
사성2〔四聖〕 名 四聖〈釈迦·キリスト·孔子·ソクラテス〉.
사성3〔四聲〕 名 四声.
사성점〔一點〕 名 傍點. 「い.
사세1〔社勢〕 名 会社の伸びゆく勢
사세2〔事勢〕 名 事勢. 物事のなりゆき. 情勢. 状況. ¶ 이러한 ~ 아래에서는 このような状況の下では.
사세부득이〔一不得已〕 副 하形 事のなりゆきでやむなく. ¶ ~ 물러서다 やむなく後退する.
사소설〔私小說〕 名 私小説.
사소하다〔些少一〕 形 些少だ. とても少ない. わずかだ. とるに足りない. つまらない. 細かい. ¶ 사소한 일로 말다툼을 했다 つまらない事で口げんかをした.
사수1〔死守〕 名 하他 死守. 命がけで守ること. ¶ 진지를 ~하라 陣地を死守せよ.
사수2〔射手〕 名 射手. 撃ち手.
사숙1〔私淑〕 名 하自他 私淑. ¶ ~하는 작가 私淑する作家.
사숙2〔私塾〕 名 私塾. 私設の書堂.
사숙3〔舍叔〕 名 他人に対して自分の父方の叔父[伯父]を言う語.
사순〔四旬〕 名 **1** 40日. **2** 40年. **3** 40歳.
사순절〔一節〕 名〔基〕四旬節. 四旬祭.

사술1〔射術〕 名〔軍〕射術. ¶ ~이 능하다 射術にたけている. 「し.
사술2〔詐術〕 名 詐術. 詭計. ごまか
사슬 名〔'쇠사슬'의 준말〕鎖.
사슴 名〔動〕鹿. ¶ ~의 뿔 鹿の角.
사시1〔巳時〕 名〔民俗〕巳の刻. 巳の時. **1** 午前9時から11時の間. **2** 午前9時30分から10時30分の間.
사시2〔四時〕 名 四時. **1** 四季. **2** ひと月のうちの晦·朔·弦·望の四つの時. **3** 一日中の朝·昼·夕方·夜の四つの時. **4** (부사적으로 쓰여) いつも. 年中. 絶えず. ¶ ~ 푸른 나무 一年中青い木.
사시가절〔一佳節〕 名 四季の佳節.
사시도〔一圖〕 名 四季の風景を描いた絵. ¶ ~를 그린 병풍 四季の風景を描いた屛風.
사시장청〔一長青〕 名 하形 (松や竹のように)一年じゅう青々としていること.
사시장춘〔一長春〕 名 **1** いつも春のようであること. **2** いつも元気で暮らしていること[人].
사시3〔社是〕 名 社是. 会社の経営上の方針.
사시4〔斜視〕 名 하自他 **1**〔醫〕斜視. **2** 横目で見ること.
사시나무 名〔植〕やまならし.
◆사시나무 떨듯 (やまならしが震えるように)非常に恐れおののくようす.
사시절〔四時節〕 名 春夏秋冬. 四季.
사식1〔私食〕 名 (囚人への)差し入れの食べ物.
사식2〔寫植〕 名〔'사진 식자'의 준말〕写植.
사신1〔私信〕 名 私信. ¶ ~을 보내다 私信を出す.
사신2〔使臣〕 名 使臣. ¶ 외국에 ~을 보내다 外国に使臣を遣わす.
사실1〔史實〕 名 史実. ¶ ~을 왜곡하다 史実を歪曲する. 「屋.
사실2〔私室〕 名 私室. 個人用の部
사실3〔事實〕 名 **1** 事実. ¶ ~을 밝히다 事実を明らかにする / ~상 事実上. **2** (부사적으로 쓰여) 事実. 実際に. 本当に. まったく. ¶ ~, 나는 아무것도 모르고 있었다 本当に私は何も知らなかったのだ.
사실무근〔一無根〕 名 하形 事実無根. ¶ ~한 소문 事実無根のうわさ.
사실심〔一審〕 名〔法〕事実審.
사실혼〔一婚〕 名〔法〕事実婚.
사실4〔查實〕 名 하自 事実を調査す
사실5〔寫實〕 名 하他 写実. 「ること.
사실 소설〔一小說〕 名〔文〕写実小説.
사실적〔一的〕 冠 名 写実的. ¶ ~으로 묘사하다 写実的に描写する.
사실주의〔一主義〕 名 写実主義. リアリズム.
사심1〔私心〕 名 私心. ¶ ~을 떠나서 私心を離れて.
사심2〔邪心〕 名 邪心. よこしまな心. ¶ ~을 품다 邪心を抱く.
사십〔四十〕 **I** 數 40. ¶ ~년생 40年生まれ / ~대 40代. **II** 名 40歳.

사십구일〔四十九日〕 名〔佛〕 四十九日. なななぬか. しちしちにち.
 사십구일재〔一齋〕 名〔佛〕 四十九日の法要.
사악하다〔邪惡一〕 形 邪悪だ. ¶ 사악한 마음 邪悪な心.
사안1〔私案〕 名 私案.
사안2〔事案〕 名 事案.
사안3〔斜眼〕 名 斜眼. 横目.
사암〔沙巖〕 名〔鑛〕 砂岩.
사약1〔死藥〕 名 飲めば死ぬ毒薬.
사약2〔賜藥〕 名 하自〔史〕 罪を犯した臣下に王が毒薬を与えること, またその毒薬.
사약3〔瀉藥〕 名 瀉薬. 下剤.
사양1〔斜陽〕 名 斜陽. **1** 夕日. 入り日. ¶ ~에 긴 그림자를 드리운다 入り日に長い影を落とす. **2** 時勢について行けず没落していくこと.
 사양 산업〔一產業〕 名 斜陽産業.
사양2〔飼養〕 名 하他 飼養. 飼育.
사양3〔辭讓〕 名 하他 辞退. 遠慮. 辞譲. 丁重に断わること. ¶ ~할 필요는 없다 断わる必要はない.
사양토〔沙壤土〕 名〔地〕 砂壌土.
사어〔死語〕 名〔言〕 死語. 廃語.
사업〔事業〕 名 하自 事業. ¶ ~체 事業体 / 자선 ~ 慈善事業 / ~을 일으키다 事業を興す.
 사업가〔一家〕 名 事業家.
 사업 소득〔一所得〕 名〔法〕 事業所得.
 사업 자본〔一資本〕 名〔經〕 事業資本.
 사업주〔一主〕 名 事業主.
사역〔使役〕 名 하他 使役.
 사역 동사〔一動詞〕 名〔言〕 使役動詞.
사연1〔事緣〕 名 (物事の)事情. わけ. 事由. ¶ ~을 말해 보라 わけを話してみなさい / 무슨 ~이 있는 모양이지 何か事情があるようだね.
사연2〔辭緣〕 名 手紙や話の内容. ¶ 편지의 ~이 무엇인가 手紙の内容は何かね.
사열〔査閱〕 名 하他 査閲. ¶ ~대 査閲台 / ~식 査閲式 / ~을 받다 査閲を受ける.
사영〔私營〕 名 하他 私営. ¶ ~ 철도 私営鉄道.
사오〔四五〕 數 4·5. 四つか五つ. ¶ ~ 개 4·5個 / ~ 명 4·5人.
-사오이다 語尾 ☞-오이다
사옥〔社屋〕 名 社屋. ¶ ~을 이전하다 社屋を移転する.
-사옵니까 語尾 ☞-옵니까
-사옵니다 語尾 ☞-옵니다
-사옵디까 語尾 ☞-옵디까
-사옵디다 語尾 ☞-옵디다
사왕〔死王〕 名〔佛〕 死王. **1** 死んだ王. **2** 閻魔大王.
-사외다 語尾 ☞-외다2
사욕1〔沙浴〕 名 하自 砂浴. **1** (鳥の)砂浴び. **2** 砂風呂.
사욕2〔私慾〕 名 私欲. ¶ 사리~ 私利私欲 / ~만 차리다 私欲のみを図る.
사용1〔私用〕 名 하他 私用. 反 公用 **1** (公共物を)私事に使うこと. ¶ 공금을 ~하다 公金を私用する. **2** 個人的な用件. ¶ ~으로 쉬다 私用で休む.
사용2〔社用〕 名 社用. ¶ ~으로 출장 중이다 社用で出張中である.
사용3〔使用〕 名 하他 使用. 使うこと. 用いること. ¶ ~자 使用者 / ~료 使用料 / 돈을 유용하게 ~하다 お金を有効に使う.
 사용권〔一權〕 名〔法〕 使用権.
 사용법〔一法〕 名 使用法.
 사용인〔一人〕 名 使用人.
사우〔社友〕 名 社友.
사우나〔sauna〕 名 サウナ.
사우디아라비아〔Saudi Arabia〕 名〔地〕 サウジアラビア〈アラビア半島にある王国〉.
사운〔社運〕 名 社運. ¶ ~이 기울다 社運が傾く.
사운드〔sound〕 名 サウンド. 音. ¶ ~트랙 サウンドトラック.
사원1〔寺院〕 名〔佛〕 寺院.
사원2〔私怨〕 名 私怨. ¶ ~을 풀다 私怨を晴らす.
사원3〔社員〕 名 社員. ¶ 중견[신입] ~ 中堅[新入]社員.
사월〔四月〕 名 4月.
 사월 파일〔一八日〕 名〔佛〕〔본음은 '사월 팔일'〕 仏生日である陰暦四月八日.
사위1 名 하他 禁忌. 災いを恐れてある物事や言行を忌むこと. ¶ ~를 범하다 禁忌を犯す.
 사위스럽다 形 (迷信的に)縁起が悪い. 不吉な気がする.
사위2 名 婿. ¶ ~를 보다 婿を取る / 데릴~ 婿養子.
 사윗감 名 婿の候補となる人. 婿がね.
사유1〔私有〕 名 하他 私有. ¶ ~ 재산 私有財産 / ~지 私有地.
 사유림〔一林〕 名 私有林.
 사유물〔一物〕 名 私有物.
사유2〔事由〕 名 事由. 理由. 原因. ¶ ~ 여하를 불문하고 事由のいかんを問わず / ~를 묻다 事由を問う.
사유3〔思惟〕 名 하他 思惟. 考えること. ¶ 논리적 ~ 論理的思惟.
 사유 법칙〔一法則〕 名〔哲〕 思惟法則.
사육〔飼育〕 名 하他 飼育. 飼養. ¶ ~ 동물 飼育動物 / 말을 ~하다 馬を飼育する.
사육제〔謝肉祭〕 名〔基〕 謝肉祭. カーニバル.
사은〔謝恩〕 名 하自 謝恩. ¶ ~회 謝恩会.
사음1〔邪淫〕 名 하形 邪淫. 邪悪で淫乱であること.
사음2〔寫音〕 名 하他 写音. 音声どおりに記すこと, またその音声.
 사음 문자〔一文字〕 名〔言〕 **1** 音声符号. **2** 表音文字.
사의1〔私意〕 名 私意. **1** 私見. 個人の意見. **2** 私心. 私欲をむさぼる心.
사의2〔私誼〕 名 個人的な情誼.
사의3〔謝意〕 名 謝意. **1** 感謝の気持ち. ¶ 심심한 ~를 표한다 深甚なる謝意を表わす. **2** 過ちをわびる気持ち.
사의4〔辭意〕 名 辞意. ¶ ~를 표명하다

辞意を表明する.

사이 名 **1** (空間的な)間. 間隔. 隔たり. ¶…를[을] ～에 두고 …を隔てて / ～를 좁히다 間隔をせばめる / 구름 ～로 달이 보인다 雲の間から月が見える. **2** (時間的な)間. 間隔. 暇. ¶몇 년 ～에 크게 성장하다 数年の間に大きく成長する / 신문 볼 ～도 없다 新聞を読む暇もない. **3** (人間関係での)間柄. 仲. ¶부부 ～ 夫婦の間柄 / 절친한 ～ きわめて親しい間柄 / ～가 나쁘다 仲が悪い. **4** 範囲. 間. ¶학생들 ～에서 인기가 있다 学生の間で人気がある.

◆**사이가 뜨다** ① (距離が)離れている. ¶그 집과는 조금 ～가 뜨다 その家とは少し離れている. ② 疎遠だ. ¶요즈음 와서 그와는 ～가 떠졌다 最近になって彼とは仲が疎遠になった. ③ (時間が)久しい.

사이사이 名 (空間的に)あいだあいだ. ¶책갈피 ～에 메모를 끼워 두다 本のページのあいだあいだにメモをはさんでおく / 일하는 ～ 쉬기도 한다 仕事の合間合間に休みもする.

사이좋다 形 親しい. 仲がよい. 睦まじい. ¶사이좋은 형제 仲のいい兄弟 / 사이좋게 지내다 仲よく暮らす.

사이다〔cider〕名 サイダー.

사이드〔side〕名 サイド. 側. 側面.

사이드라인〔sideline〕名〔體〕サイドライン.

사이드 아웃〔side out〕名〔體〕サイドアウト.

사이렌〔siren〕名 サイレン.

사이비〔似而非〕名 えせ. 偽. いんちき. ¶～ 학자 えせ学者.

사이시옷 名〔言〕子音で終わる名詞が他の名詞とともに複合名詞を形成するとき後続名詞の頭子音が濃音になることを示すために両音の間に置かれた記号.

사이즈〔size〕名 サイズ. ¶～가 크다 サイズが大きい.

사이코드라마〔psychodrama〕名〔心〕サイコドラマ. 心理劇.

사이클〔cycle〕名 サイクル.

사이클링〔cycling〕名 サイクリング.

사익〔私益〕名 私益. 私利. ¶～을 도모하다 私益を謀る.

사인[1]〔死因〕名 死因. ¶～ 불명 死因不明.

사인[2]〔私人〕名 私人. 一個人. 反 公人 ¶일개 ～으로서 一個の私人として.

사인 소추〔一訴追〕名〔法〕私人訴訟.

사인[3]〔私印〕名 私印.

사인 도용〔一盜用〕名 私印盜用.

사인 위조〔一僞造〕名〔法〕私印僞造.

사인[4]〔社印〕名 社印.

사인[5]〔sign〕名 하自 サイン. 署名. ¶계약서에 ～하다 契約書に署名する.

사인[6]〔sine〕名〔數〕正弦. サイン.

사인교〔四人轎〕名 4人がかりで担ぐ輿.

사임〔辭任〕名 하他 辞任. 辞職.

사자[1]〔死者〕名 死者. 死人.

사자[2]〔使者〕名 使者. ¶～를 보내다 使者を送る.

사자[3]〔嗣子〕名 嗣子. 跡継ぎ.

사자[4]〔獅子〕名〔動〕獅子. ライオン.

사자무〔一舞〕名〔民俗〕獅子舞.

사자춤 名〔民俗〕獅子舞.

사자후〔一吼〕名 하自 獅子吼.

사장[1]〔死藏〕名 하他 死蔵. ¶재화를 ～하다 財貨を死蔵する.

사장[2]〔沙場〕名 砂場.

사장[3]〔私藏〕名 하他 私蔵. ¶국보급 문화재를 ～하고 있다 国宝級の文化財を私蔵している.

사장[4]〔社長〕名 社長.

사장[5]〔社章〕名 社章.

사장[6]〔社葬〕名 社葬.

사장[7]〔査丈〕名 親類で自分より年上の人を指す尊敬語.

사장[8]〔射場〕名 射場. 弓道場.

사장[9]〔寫場〕名 写真屋. スタジオ.

사장[10]〔謝狀〕名 謝状. **1** 礼状. **2** わび状.

사장석〔斜長石〕名〔鑛〕斜長石.

사장조〔一長調〕名〔樂〕ト長調.

사재〔私財〕名 私財. 私有財産. ¶～를 털어서 학교를 세우다 私財を投じて学校を設立する.

사재기 名 하他 買い占め. 買い溜め.

사저〔私邸〕名 私邸. 私宅.

사적[1]〔史的〕冠名 史的. ¶～ 고찰 史的考察.

사적 유물론〔一唯物論〕名〔哲〕史的唯物論.

사적[2]〔史蹟〕名 史跡. ¶～을 탐방하다 史跡を探訪する.

사적[3]〔史籍〕名 史籍. 史書.

사적[4]〔私的〕冠名 私的. ¶～ 감정 私的感情 / ～ 행동 私的行動.

사적 제재〔一制裁〕名〔法〕私的制裁.

사적[5]〔事績〕名 事績. 業績.

사적[6]〔事蹟·事跡·事迹〕名 事跡. 事件の痕跡. ¶역사상의 ～ 歴史上の事跡.

사적[7]〔射的〕名 射的. 弓や銃砲の的.

사전[1]〔寺田〕名 高麗·朝鮮時代, 寺が所有した農地.

사전[2]〔私田〕名 私田.

사전[3]〔私錢〕名 昔の偽のお金.

사전[4]〔事典〕名 事典. ¶백과～ 百科事典.

사전[5]〔事前〕名 事前. ¶～ 협의 事前協議 / ～ 운동 事前運動 / ～에 통고하다 事前に通告する.

사전[6]〔辭典〕名 辞典. 辞書. ¶국어～ 国語辞典 / ～을 찾다 辞書を引く.

사절[1]〔使節〕名 使節. ¶조문 ～ 弔問使節 / 친선 ～ 親善使節 / ～단 使節団.

사절[2]〔謝絶〕名 하他 謝絶. 断わること. ¶면회 ～ 面会謝絶.

사절기〔四節氣〕名 四節気〈春分·夏至·秋分·冬至〉.

사정[1]〔司正〕名 하他 司正. 誤ちを正すこと.

사정[2]〔私情〕名 私情. ¶～을 두다 私情をさし挟む.

사정[3]〔事情〕名 **1** 事情. わけ. ¶무슨 ～이 있겠지 何かわけがあるんだろう /

부득이한 ~으로 결근했다 やむを得ない事情で欠勤した. **2** 都合. 状況. ¶주머니 ~이 좋지 않다 ふところ具合がよくない / 남의 ~도 들어 보자 他人の都合も聞いてみよう.

사정사정〔一事情〕 副 하自他 頼み込んで. 懇願して. 拝み倒して. ¶억지로 ~하다 無理に頼み込む.

사정없다 形 無慈悲だ. 容赦ない. 思いやりがない. **사정없이** 副 無慈悲に. 容赦なく.

사정[4]〔事情〕 名 하自 頼み. 願い. ¶한번 ~을 해보면 어떨까? 一度頼んでみたらどうだろうか.

사정[5]〔査定〕 名 하他 査定. ¶근무 성적을 ~하다 勤務成績を査定する.

사정[6]〔射程〕 名 射程.

사정거리〔一距離〕 名 射程距離. ¶~에 들다 射程距離に入る.

사정[7]〔射精〕 名 하自〔生〕 射精.

사제[1]〔司祭〕 名〔基〕 司祭. 神父.

사제[2]〔私製〕 名 하他 私製. 反 官製. ¶~엽서 私製葉書.

사제[3]〔舍弟〕 名 舎弟. **1** 自分の弟の謙譲語. **2** (手紙などで)兄に対する弟の自称.

사제[4]〔師弟〕 名 師弟. ¶~ 관계 師弟関係.

사제 간〔一間〕 名 師と弟子との間柄.

사조〔思潮〕 名 思潮. ¶문예 ~ 文芸思潮.

사족[1]〔四足〕 名 **1** 四足. 四つ足の獣. **2** 〈俗〉 四肢. 手足.

◆**사족을 못 쓰다** 手足を使えない. ぞっこん惚れる. 惑わされる. 何かにおぼれる. ¶그녀를 한 번 보았을 때부터 ~을 못 쓴다 彼女を一目見た時から惚れこんだ.

사족[2]〔蛇足〕 名 蛇足. ¶~을 붙이다 蛇足を加える.

사졸〔士卒〕 名 軍人. 兵士. 兵隊.

사죄[1]〔死罪〕 名 死罪.

사죄[2]〔謝罪〕 名 하自他 謝罪. ¶~ 광고 謝罪広告 / 정중히 ~하다 丁重に謝罪する.

사주[1]〔四柱〕 名〔民俗〕 四柱. **1** 人の生まれた年・月・日・時の四つの干支(吉凶禍福を占う資料になる). **2** ☞사주단자(四柱單子)

◆**사주를 보다** 四柱を見る. 四柱によって運勢を占う.

사주단자〔一單子〕 名〔民俗〕 縁定めのあと新郎の四つの干支を書いて新婦の家に送る書状.

사주쟁이 名 四柱によって人の運勢を占う人.

사주점〔一占〕 名〔民俗〕 四柱による占い.

사주팔자〔一八字〕 名 **1** 四柱の干支八字. **2** 持って生まれた運命. 定め. 星回り. ¶~가 좋다 運勢がよい.

사주[2]〔使嗾〕 名 하他 指嗾. けしかけること. そそのかすこと. ¶학생을 ~하여 소동을 일으키다 生徒をそそのかして騒動を起こす.

사주[3]〔社主〕 名 社主.

사주[4]〔沙洲〕 名〔地〕 砂州.

사중〔四重〕 名 四重.

사중주〔一奏〕 名〔樂〕 四重奏. ¶현악 ~ 弦楽四重奏.

사중창〔一唱〕 名〔樂〕 四重唱.

사증〔査證〕 名 査証. ビザ. ¶입국[관광] ~ 入国[観光]ビザ / ~이 나오다 ビザがおりる.

사지[1]〔四肢〕 名 四肢. ¶~가 떨리다 手足が震える.

사지[2]〔寺址〕 名 寺址. 寺院の跡.

사지[3]〔死地〕 名 死地. ¶~로 가다 死地に赴く / ~로 몰아놓다 死地へ追い込む.

사지[4]〔邪智〕 名 邪知. よこしまな知恵. 悪知恵.

사지 식물〔沙地植物〕 名〔植〕 砂地植物.

사직[1]〔司直〕 名 司直. 法官. ¶~ 당국 司法当局.

사직[2]〔社稷〕 名 社稷. 国家. 朝廷.

사직단〔一壇〕 名〔史〕 王が民のために土地の神と穀物の神のための祭祀を行なった祭壇.

사직[3]〔辭職〕 名 하自他 辞職. 辞任. ¶권고~ 勧告辞職.

사직원〔一願〕 名 辞職願い. ¶~을 내다 辞職願いを出す.

사진[1]〔沙塵〕 名 砂塵. 砂煙. 砂ぼこり.

사진[2]〔寫眞〕 名 写真. ¶원색 ~ 原色写真 / ~ 판정 写真判定 / ~발이 잘 받는다 写真うつりがいい.

사진관〔一館〕 名 写真館.

사진기〔一機〕 名 写真機. カメラ.

사진 기자〔一記者〕 名 写真記者. カメラマン.

사진사〔一師〕 名 写真師.

사진틀 名 写真を入れる額. 写真立て. 額縁.

單語帳 사진에 관한 말

◆카메라 カメラ / 필름 フィルム / 컬러 カラー / 흑백(黑白) 白黒 / 네거티브 ネガ / 망원 렌즈 望遠レンズ / 조리개 絞り / 노출 露出 / 촬영 撮影 / 역광 逆光 / 확대 引き伸ばし / 스냅 사진 スナップ写真 / 일회용 카메라 使いきりカメラ / 앨범 アルバム / 사진가 写真家

◆찍다, 박다 撮る / 현상하다, 빼다, 뽑다 現像する

◆핀트를[초점을] 맞추다 ピントを合わせる / 핀트가 맞다 ピントが合う / 플래시를 터뜨리다 フラッシュをたく / 포즈를 취하다 ポーズをとる / 셔터를 눌러 주세요 シャッターを押してください / 좀더 사이를 좁히세요 もう少し間隔を詰めてください / 찍습니다, 하나 둘 셋 撮りますよ, いち, に, さん.

사질토〔砂質土〕 名 砂質土.

사차 방정식〔四次方程式〕 名〔數〕 四次方程式.

사차원〔四次元〕 名 四次元. ¶~ 세계 四次元の世界.

사차원 공간〔一空間〕 名〔物〕 四次元空間.

ㅅ

사찬〔私撰〕 名 하自 私撰.

사찰¹〔寺刹〕 名〔佛〕 寺刹. 寺.

사찰²〔査察〕 名 하他 査察. ¶ 공중 ～ 空中査察 / 세무 ～ 税務査察.

사창〔私娼〕 名 私娼.

사창가〔一街〕 名 私娼の多い所.

사창굴〔一窟〕 名 私娼窟.

사채¹〔私債〕 名 私債. ¶ ～를 쓰다 私債を使う.

사채²〔社債〕 名 社債. ¶ 담보부 ～ 担保付社債 / 기명 ～ 記名社債.

사천왕〔四天王〕 名〔佛〕 四天王.

사천왕문〔一門〕 名〔佛〕 四天王門〈四天王を造って左右に立てた門〉.

사철¹〔四一〕 名 **1** 四季. 四節. ¶ ～의 경치 四季の景色. **2** (부사적으로 쓰여) どの季節にも. いつも. 常に. ¶ ～ 꽃이 피는 열대 지방 一年中花が咲く熱帯地方.

사철²〔私鐵〕 名〔'사설 철도'의 준말〕 私鉄.

사철³〔沙鐵〕 名〔鑛〕 砂鉄.

사철나무 名〔植〕 柾.

사철쑥 名〔植〕 河原艾.

사체¹〔四體〕 名 **1** 四肢. **2** 四体. 手足と頭と胴. 全身.

사체²〔死體〕 名 死体. 死骸. 屍体. ¶ ～ 안치소 死体安置所.

사체 검안〔一檢案〕 名〔法〕 死体検案.

사체 유기죄〔一遺棄罪〕 名〔法〕 死体遺棄罪.

사초〔莎草〕 名 하自 **1**〔植〕 かやつりぐさ科の植物. **2** 浜菅. **3** 芝. **4** 古くなって崩れた墓に芝を植え手入れすること〈多く寒食の日に行なう〉.

사촌〔四寸〕 名 **1** いとこ(従兄弟·従姉妹). ¶ ～ 동생 年下のいとこ / ～ 누이 (男から見て)女のいとこ / 이웃 ～ 親しい近隣の人. **2** (寸法の)4寸.

〔속담〕 **사촌이 땅을 사면 배가 아프다** いとこが土地を買えば腹が痛い〈他人が自分よりよくなるのを見るといい気持ちがしない〉.

사춘기〔思春期〕 名 思春期. ¶ ～에 접어들다 思春期に入る.

사출〔射出〕 名 하自他 射出.

사출기〔一機〕 名 射出機. カタパルト.

사취〔詐取〕 名 하他 詐取. だまし取ること. ¶ 금품을 ～하다 金品をだまし取る.

사치〔奢侈〕 名 奢侈. ぜいたく. ¶ ～성 소비재 奢侈性消費財. ぜいたく品 / ～를 조장하다 ぜいたくを助長する / ～를 극하다 ぜいたくを極める.

사치세〔一稅〕 名 奢侈税〈過度にぜいたくな消費に対する課税〉.

사치스럽다 形 奢侈だ. ぜいたくだ. 華美に過ぎる. ¶ 그건 사치스러운 생각이야 それはぜいたくな考えだ.

사치품〔一品〕 名 ぜいたく品.

사치하다 Ⅰ 自 おごる. ぜいたくをする. ¶ 분수에 맞지 않게 사치해서는 안 된다 分不相応なぜいたくをしてはいけない.
Ⅱ 形 奢侈だ. ぜいたくだ. ¶ 사치하기 이를 데 없는 생활 ぜいたくこの上ない生活.

사칙〔社則〕 名 社則. 会社の規則.

사친회〔師親會〕 名 父母と教師の会. PTA.

사칭〔詐稱〕 名 하他 詐称. 偽称. ¶ 남의 이름을 ～하다 人の名をかたる.

사카린〔saccharin〕 名〔化〕 サッカリン.

사타구니 名〈俗〉 またぐら.

사탄〔Satan〕 名 サタン. 悪魔.

사탑¹〔寺塔〕 名 寺塔. 寺の塔.

사탑²〔斜塔〕 名 斜塔. ¶ 피사의 ～ ピサの斜塔.

사탕〔沙糖〕 名 **1** あめ玉. ドロップ. キャンディー. ¶ 눈깔 ～ あめ玉. **2** 砂糖.

사탕발림 名 하他 おだてすかすこと. お世辞. 甘言. ¶ 그것은 ～에 불과하다 それはおだてに過ぎない.

사탕무〔沙糖一〕 名〔植〕 砂糖大根. 甜菜.

사탕수수〔沙糖一〕 名〔植〕 砂糖黍.

사태¹ 名 牛の膝の後ろ側の肉.

사태²〔沙汰〕 名 **1** 地滑り. 雪崩. 山崩れ. ¶ 눈～ 雪崩 / 산～ 山崩れ. **2** 人·物などがたくさんあふれ出ること. …波. …の山. …の群れ. ¶ 거리에 쏟아져 나온 사람 ～ 街に繰り出して来た人の波.

사태³〔事態〕 名 事態. ¶ 비상～ 非常事態 / ～가 악화되다 事態が悪化する.

사택¹〔私宅〕 名 私宅. 私邸. 自宅.

사택²〔舍宅〕 名 官舎.

사택³〔社宅〕 名 社宅.

사토〔沙土〕 名〔地〕 砂土. ¶ ～질 砂土質.

사통¹〔四通〕 名 하自 四通.

사통오달〔一五達〕 名 하自 四通八達. あらゆる方向に通じること.

사통팔달〔一八達〕 名 하自 四通八達.

사통²〔私通〕 名 하自他 **1** 公事に関して手紙などでひそかに連絡すること. またその手紙. **2** 私通. 密通. 男女がひそかに関係を持つこと.

사퇴〔辭退〕 名 하自他 辞退. ¶ 관계에서 자진 ～하다 自ら官界を退く / 입후보를 ～하다 立候補を辞退する.

사투〔死鬪〕 名 하自 死闘. ¶ ～를 벌이다 死闘を繰り広げる.

사투리 名 訛. 方言. ¶ 고향 ～ お国訛 / 심한 ～ ひどいなまり.

사파이어〔sapphire〕 名〔鑛〕 サファイア.

사팔눈 名 やぶにらみ. 斜視.

사팔뜨기 名〈蔑〉 斜視の人. やぶにらみの人.

사포〔沙布〕 名 紙やすり. サンドペーパー. ¶ ～로 닦다 紙やすりで磨く.

사표¹〔師表〕 名 師表. 師範. ¶ 후세의 ～가 되다 後世の師表となる.

사표²〔辭表〕 名 辞表. ¶ ～를 내다 辞表を出す.

사푼 副〔'사뿐'의 거센말〕 そっと. すっと. ¶ 발을 ～ 내디디다 足をそっと踏み出す.

사푼사푼 副 하形 しずしずと. さっさと. 軽やかに.

사품 名 (あることが進行している)間. すき. 機会. ¶ 말다툼하는 ～에 아이들이 달아났다 口げんかしているすきに

子供たちが逃げた.
사풋 副〔'사붓'의 거센말〕そっと.
 사풋사풋 副 하形 身軽に. 軽やかに. ¶～ 걸어가다 軽やかに歩いていく.
사필귀정〔事必歸正〕名 하自 万事必ず正しい道理に帰するということ.
사하다[1]〔瀉―〕自 瀉する. 下痢する. くだる.
사하다[2]〔赦―〕他 (過ち·罪などを)許す. ¶죄를 ～ 罪を許す.
사하다[3]〔賜―〕他 下賜する.
사하다[4]〔謝―〕自他 謝する. 感謝する. 礼をいう. ¶오랫동안 베풀어 준 후의를 ～ 長年の御厚情を謝する.
사학[1]〔史學〕名〔'역사학'의 준말〕史学. ¶～가 歴史家.
사학[2]〔私學〕名 私学. 反 官学.
사학[3]〔邪學〕名 性理学をあがめた朝鮮時代に天主教をあやしくて邪悪な学問であると排斥して言ったことば.
사학[4]〔斯學〕名 斯学. この学問. ¶～의 권위[태두] 斯学の権威[泰斗].
사한[1]〔私恨〕名 私恨. 私怨.
사한[2]〔私翰〕名 私信. 私書. 個人間の手紙. 反 公的書簡.
사항〔事項〕名 事項. ことがら. ¶주의 ～ 注意事項 / 유의해야 할 ～ 留意すべき事項.
사해[1]〔四海〕名 四海.
 사해동포〔―同胞〕名 四海同胞.
 사해형제〔―兄弟〕名 四海兄弟. 四海同胞.
사해[2]〔死海〕名〔地〕死海.
사해[3]〔死骸〕名 死骸.
사행[1]〔射倖〕名 하自 射幸.
 사행 계약〔―契約〕名〔法〕射幸契約.
 사행심〔―心〕名 射幸心.
 사행 행위〔―行爲〕名 射幸行為.
사행[2]〔蛇行〕名 하自 蛇行.
사행시〔四行詩〕名〔文〕四行詩. 一節が四行からなる詩.
사향〔麝香〕名 麝香.
 사향낭〔―囊〕名〔動〕麝香嚢.
 사향내 名 麝香のにおい.
사혈[1]〔死血〕名〔韓方〕けがをした部位のどす黒い血.
사혈[2]〔瀉血〕名 하自 瀉血.
사형[1]〔死刑〕名 하他〔法〕死刑. ¶～을 선고하다 死刑を宣告する.
 사형수〔―囚〕名〔法〕死刑囚.
 사형장〔―場〕名 死刑場. 刑場.
사형[2]〔私刑〕名〔法〕私刑. リンチ.
사형[3]〔舍兄〕名 舎兄. **1** 自分の兄の謙譲語. **2** (主に手紙文で)弟に対する兄の自称.
사호〔社號〕名 社号. 会社の称号.
사화[1]〔士禍〕名〔史〕15–16世紀に門閥官僚が新進官僚を弾圧した事件.
사화[2]〔史話〕名 史話. 史談.
사화[3]〔史禍〕名 史禍. **1** 史書に関連する筆禍. **2** 史筆による大獄.
사화[4]〔私和〕名 하自 **1** 私和. 示談. ¶당사자끼리 ～하다 当事者同士で示談ですます. **2** 和解. ¶서로 원한을 풀고 ～하세 お互いに恨みを解いて和解しよう.
사화산〔死火山〕名〔地〕死火山.
사환〔使喚〕名 使い走り. 給仕.
사활〔死活〕名 死活. ¶～을 건 싸움 死活をかけた戦い.
사회[1]〔司會〕名 하自 司会. **1** 会の進行をつかさどること. ¶～를 보다 司会をつとめる. **2** 〔'사회자'의 준말〕司会者.
 사회자〔―者〕名 司会(者).
사회[2]〔社會〕名 **1** 社会. 共同生活の集団. ¶～ 개발 社会開発 / ～ 교육 社会教育 / ～ 구조 社会構造 / ～ 규범 社会規範 / ～극 社会劇 / ～ 민주주의 社会民主主義 / ～봉사 社会奉仕 / ～사업 社会事業 / ～ 운동 社会運動 / ～ 정책 社会政策 / ～ 조직 社会組織 / ～ 집단 社会集団 / ～ 체제 社会体制 / ～ 통념 社会通念 / ～학 社会学 / ～화 社会化 / ～ 정세 社会情勢 / ～ 제도 社会制度 / ～ 질서 社会秩序 / ～ 개혁 社会改革 / ～가 불안해지다 社会不安が起こる / ～에 이바지하다 社会に貢献する. **2** 同類の集まり. ¶상류 ～ 上流社会 / 예술가의 ～ 芸術家の社会.
 사회 계약설〔―契約說〕名 社会契約説. 民約論.
 사회 과학〔―科學〕名 社会科学.
 사회면〔―面〕名 (新聞の)社会面.
 사회 문제〔―問題〕名 社会問題.
 사회 보장〔―保障〕名〔社〕社会保障.
 사회 복지〔―福祉〕名 社会福祉. ¶～ 사업 社会福祉事業.
 사회부〔―部〕名 (新聞社などの)社会部. ¶～ 기자 社会部記者.
 사회생활〔―生活〕名 社会生活.
 사회 소설〔―小說〕名〔文〕社会小説.
 사회 심리학〔―心理學〕名〔心〕社会心理学.
 사회악〔―惡〕名 社会悪.
 사회 윤리〔―倫理〕名〔倫〕社会倫理.
 사회의식〔―意識〕名〔社〕社会意識. 集団意識.
 사회인〔―人〕名 社会人.
 사회 인류학〔―人類學〕名〔社〕社会人類学.
 사회 자본〔―資本〕名〔經〕社会資本.
 사회적〔―的〕冠 名 社会的.
 사회주의〔―主義〕名〔社〕社会主義.
사후[1]〔死後〕名 死後. 没後. ¶저서는 ～에 간행되었다 著書は没後に刊行された.
〔속담〕**사후 약방문**(藥方文) 死後の処方箋〈後の祭り〉.
 사후 경직〔―硬直〕名 死後硬直. 死後強直.
사후[2]〔事後〕名 事後. ¶～ 처리 事後処理 / ～ 승낙 事後承諾.
사훈〔社訓〕名 社訓.
사흘 名 3日. **1** 3日間. ¶～ 동안 3日間 / 이 일은 ～ 걸릴 것 같다 この仕事は3日かかりそうだ. **2** 〔'사흗날·초사흘'의 준말〕(月の)3日.
◆**사흘이 멀다 하고** 3日と置かずに. し

ばしば. ¶ ～이 멀다하고 찾아오다 3日と置かずにやってくる.

〔속담〕 **사흘 굶어 도둑질 아니 할 놈 없다** 3日飢えて盗みを働かない者はいない〈いくら善良な人でも貧しくなると悪いことをするようになる〉.

사흘돌이로 副 三日毎(に). 毎三日に. ¶ ～ 온다 三日毎にくる.

삭[1]〔朔〕 Ⅰ 名 **1** 〔'합삭(合朔)'의 준말〕 太陽と地球との間に月が入って一直線になる時. **2** 〔'삭일(朔日)'의 준말〕 朔日. 陰暦の1日.

Ⅱ 依名 〔달 수를 나타내는 말〕 (か)月. ¶ 4·5～쯤 걸리겠소 4·5か月ほどかかるでしょう.

삭[2] 副 **1** 〔단번에 베거나 써는 소리[모양]〕 さあっと. すぱっと. ばっさり. ¶ 종이가 ～ 잘렸다 紙がすぱっと切れた. **2** 〔거침없이 밀거나 쓸어 나가는 모양〕 さあっと. ¶ 먼지를 ～ 쓸어 버렸다 ごみをさあっと掃いてしまった. **3** 〔완전히〕 ひとつ残らず. 完全に. すっかり. ¶ ～ 먹어 치우다 すっかり食べてしまう[平らげる] / 태도가 ～ 바뀌어 냉정해졌다 態度ががらりと変わって冷たくなった.

삭감〔削減〕 名 하他 削減. ¶ 예산을 대폭 ～하다 予算を大幅に削減する.

삭다 自 **1** 〔썩다〕 朽ちる. (布·木などが)ぼろぼろになる. すりきれる. よれよれになる. ¶ 목재가 삭아서 푹석푹석하다 木材が腐ってぼろぼろになる. **2** (粥などが)腐る. 腐敗する. ¶ 풀이 오래되어 삭아 버렸다 糊が長い時間たって腐敗してしまった. **3** (食べたものが)消化される. こなれる. ¶ 먹은 것이 삭는다 食べた物がこなれる. **4** 〔가라앉다〕 (興奮·緊張·怒りが)ほぐれる. 静まる. 和らぐ. 落ち着く. ¶ 흥분이 삭지 않는다 興奮が静まらない. **5** (漬け物·塩辛などが)漬かる. 味がつく. (酒が)発酵する. ¶ 김치가 알맞게 삭았다 キムチがほどよく漬かった.

삭도〔索道〕 名 〔'가공 삭도(架空索道)'의 준말〕 索道.

삭둑 副 ちょきんと. すぱっと. ¶ 무를 ～ 자르다 大根をすぱっと切る.

삭둑삭둑 副 하自他 ちょきんちょきん. すぱすぱ.

삭막하다〔索莫—〕 形 **1** 度忘れする. 忘れて思い出せない. **2** 索漠としている. 荒涼としてもの寂しい. ¶ 삭막한 겨울 풍경 索漠とした冬景色.

삭모〔削毛〕 名 하自 毛をそること.

삭박〔削剝〕 名 하自他 削剝. **1** 削りはぐこと. **2** 河水·氷河·風などによって地盤が削られて平らになること.

삭발〔削髮〕 名 하自他 **1** 剃髪. 髪をそること. **2** 出家すること. **3** 木·野菜などをむやみに切ってしまうこと.

삭발식〔—式〕 名 剃髪式.

삭삭[1] 副 **1** 〔종이나 헝겊 등을 거침없이 베는 모양[소리]〕 さくさく. ちょきちょき. しゃきしゃき. **2** 〔연하여 가볍게 쓰는 모양〕 さっさっと. すっすっと. ¶ 방을 ～ 치우다 部屋をすっすっと片付ける. **3** 〔완전히〕 すっかり.

삭삭[2] 副 (謝ったり哀願するとき)手をすり合わせるようす. ¶ ～ 빌다 手をすり合わせて謝る.

삭신 名 体の筋肉と関節. 全身. ¶ ～이 쑤시고 아프다 全身がずきずきと痛む.

삭월〔朔月〕 名 新月. 朔.

삭이다 他 **1** (食べた物を)消化する. こなす. ¶ 먹은 것을 삭이지 못해 체했다 食べたものが消化しなくてもたれてしまった. **2** (怒り·くやしさなどを)静める. 和らげる. **3** 消費する. 使う. ¶ 많은 비용을 삭일 필요는 없다 たくさんの費用を使う必要はない.

삭일〔朔日〕 名 朔日. 陰暦の1日.

삭정이 名 生木の枯れ枝.

삭제〔削除〕 名 하他 削除. 削ること. ¶ 명부에서 ～하다 名簿から削除する.

삭탈〔削奪〕 名 하他 〔史〕 褫奪.

삭탈관직〔—官職〕 名 하他 〔史〕 褫奪〈官位と階級をとりあげ名簿から名前を削除すること〉.

삭풍〔朔風〕 名 朔風. 冬の北風. ¶ ～이 휘몰아치다 北風が吹きまくる.

삭히다 他 **1** (甘酒などをいい味になるまで)糖化·発酵させる. ¶ 식혜를 ～ 甘酒を発酵させる. **2** (キムチ·塩辛などをいい味になるまで)漬ける. ¶ 김치를 알맞게 ～ キムチをほどよく漬ける.

삯 名 **1** 賃金. 報酬. 労賃. ¶ 바느질～ 仕立て賃 / 품～ 労賃. **2** 代金. 料金. …賃. …代. ¶ 찻～ 車代 / 뱃～ 船賃.

삯바느질 名 하自他 賃針仕事. 針内職.

삯일 名 하自 賃仕事. 手間仕事. 内職.

산[1]〔山〕 名 **1** 山. ¶ 벌거벗은 ～ はげ山 / ～에 오르다 山に登る / ～에서 내려오다 山から下りる. **2** 〔'산소(山所)'의 준말〕 墓. 墓地.

〔속담〕 **산 넘어 산이다** 山また山だ〈一難去ってまた一難〉. **산에 가야 범을 잡는다** 山に行ってこそ虎を捕まえられる〈虎穴に入らずんば虎子を得ず〉.

산[2]〔算〕 名 計算.

산[3]〔酸〕 名 〔化〕 酸.

-산[4]〔産〕 接尾 …産. ¶ 아프리카～ アフリカ産.

산간〔山間〕 名 山間. 山あい. ¶ ～벽지 山間僻地.

산개〔散開〕 名 하自他 散開. 散らばり広がること. ¶ ～전 散開戦 / ～ 대형 散開隊形.

산경〔山景〕 名 山景. 山の景色.

산계〔山系〕 名 〔地〕 山系. ¶ 알프스 ～ アルプス山系.

산고〔産苦〕 名 産みの苦しみ.

산골〔山—〕 名 山奥. 山里. 山あい.

산골짜기〔山—〕 名 谷. 山峡. 谷間. 谷あい.

산구〔産具〕 名 産具. 出産に要する道具.

산국화〔山菊花〕 名 〔植〕 油菊.

산기[1]〔山氣〕 名 山の雄々しく秀でた景観.

산기[2]〔産氣〕 名 産気. 出産の気配.

¶ ～가 들다 産気づく.
산기³〔産期〕 名 出産の時期. ¶ ～가 임박하다 出産の時期が差し迫る.
산기슭〔山―〕 名 山すそ. 山のふもと. 山麓.
산길〔山―〕 名 山道. 山路. ¶ 꼬불꼬불한 ～ 曲がりくねった山道.
산꼭대기〔山―〕 名 山頂. 山の頂. 頂上. 尾上.
산나리〔山―〕 名〔植〕山百合.
산나물〔山―〕 名 山菜.
산누에〔山―〕 名〔動〕野蚕〈やままゆが科に属するがの幼虫〉.
산누에고치 名 野蚕からとれる繭.
산누에나방 名〔動〕柞蚕〈やままゆが科のがの総称〉.
산달〔産―〕 名 産月. 産み月. 臨月.
산달래〔山―〕 名〔植〕野蒜.
산대〔山臺〕 名〔民俗〕 **1** 道端や空き地に高く台を設けて劇を演じること, またその舞台. **2** '산대놀음'의 준말.
산대놀음 名 하自〔民俗〕 仮設舞台で行なう韓国の代表的仮面劇〈高麗・朝鮮時代を通じて行なわれた宮廷演劇から平民が両班に対するあざけりや破戒僧に対する嘲笑などを内容とする民間芸術に変遷した〉.
산더미〔山―〕 名 物事が山のようにたくさんあること. 山. ¶ 물건이 ～같이 쌓였다 品物が山のように積まれている.
산도〔酸度〕 名〔化〕酸度.
산돼지〔山―〕 名 ☞멧돼지
산드러지다 形 (身のこなしが)しなやかで軽快だ. 粋である.
산들거리다[-대다] 自 **1** そよそよと吹く. そよぐ. ¶ 갈댓잎이 ～ あしの葉がそよぐ. **2** (女性が)さわやかでやさしくふるまう.
산들산들 副 하形 **1** そよそよ(と). ¶ ～ 봄바람이 분다 そよそよと春風が吹く. **2** 軽快でやさしく.
산들바람 名 そよ風. 涼風. 微風. 軟風.
산등성〔山―〕 名〔'산등성이'의 준말〕尾根.
산등성마루 名 尾根の高くなったところ. 峰. 頂.
산등성이 名 尾根. 稜線. 尾根すじ. ¶ ～를 타고 가다 尾根を伝って行く.
산디 名〔民俗〕☞산대(山臺)
산디놀음 名〔民俗〕☞산대놀음(山臺―)
산딸기〔山―〕 名〔植〕熊苺.
산뜻 副〔가볍고 상쾌한 모양〕すっと.
산뜻하다 形 **1** (風などの動きが軽く速く)さわやかだ. ¶ 산뜻한 바람이 불다 さわやかな風が吹く. **2**〔상쾌하다〕(気分や感じが)すがすがしい. すっきりしている. ¶ 기분이 ～ 気分がすがすがしい. **3**〔깨끗하다〕(身なりなどが)こざっぱりしている. **4**〔담백하다〕(味などが)さっぱりしている. ¶ 조기는 맛이 산뜻한 생선이다 いしもちは味がさっぱりした魚だ. **산뜻이** 副 **1** すがすがしく. **2** こざっぱり(と).
산란¹〔産卵〕 名 하自 産卵.
산란기〔―期〕 名 産卵期.
산란 회유〔―回游〕 名〔動〕産卵回遊.
산란²〔散亂〕 名 하形 散乱. 散り乱れること. 散らかっていること. (精神状態が)落ち着かないこと. 気が散っていること. ¶ 마음이 ～하여 공부도 잘 안 된다 気持ちが落ち着かなくて勉強もうまくいかない.
산령¹〔山嶺〕 名 山嶺. 山の峰.
산령²〔山靈〕 名〔'산신령'의 준말〕山霊. 山の神.
산록〔山麓〕 名 山麓. ふもと.
산록대〔―帶〕 名〔地〕山麓帯.
산록 빙하〔―氷河〕 名〔地〕山麓氷河.
산류〔酸類〕 名〔化〕酸類.
산림〔山林〕 名 **1** 山林. ¶ ～ 지대 山林地帯 / ～ 보호 山林保護 / ～업 山林業 / ～ 조합 山林組合. **2** 官職に就いていないが学識と徳の高い隠士.
산림계〔―契〕 名 (山林の所有者と地元の農民が協力して, 造林などの事業をするため組織した)社団.
산림녹화〔―綠化〕 名 山林の緑化.
산림욕〔―浴〕 名 森林浴.
산림청〔―廳〕 名〔法〕山林庁.
산마루〔山―〕 名 山頂.
산마루터기〔山―〕 名 山稜の最も高く突き出た所.
산막〔山幕〕 名 山小屋.
산만하다〔散漫―〕 形 散漫だ. ¶ 주의가 ～ 注意が散漫だ.
산말 名 生きた言葉. 場面とぴったり合った言葉.
산매〔散賣〕 名 하他 小売り.
산매상〔―商〕 名 小売商.
산매업〔―業〕 名 小売業.
산맥〔山脈〕 名〔地〕山脈. ¶ 알프스 ～ アルプス山脈.
산모〔産母〕 名 産婦.
산모퉁이〔山―〕 名 山裾の角地.
산목숨 名 生きている命. 生命.
산문¹〔山門〕 名 **1** 山の入り口. **2**〔佛〕山門.
산문²〔散文〕 名〔文〕散文. 反 韻文. ¶ ～극 散文劇.
산문시〔―詩〕 名〔文〕散文詩.
산물〔産物〕 名 産物. **1** 地方の工業産物・農作物. **2** 成果. ¶ 노력의 ～ 努力の産物.
산미¹〔山味〕 名 山から出る果実や山菜, またその味.
산미²〔酸味〕 名 酸味. 酸っぱい味.
산 밑〔山―〕 名 山の下. ふもと.
산바람〔山―〕 名 山風.
산발¹〔散發〕 名 하自他 散発.
산발성〔―性〕 名〔醫〕散発性.
산발적〔―的〕 冠名 散発的.
산발²〔散髮〕 名 하自他 乱れた髪. 髪をぼさぼさにすること. 結った髪をほどくこと.
산법〔算法〕 名 算法. 計算の方法.
산벚나무〔山―〕 名〔植〕山桜.
산보〔散步〕 名 하自 散歩. 散策.
산보살〔―菩薩〕 名 **1**〔佛〕生き菩薩.

ㅅ

生き仏. 高徳の僧. **2** 仏のように善良な人.
산복〔山腹〕 名 山腹. 山の中腹.
산봉〔山峰〕 名 峰.
산봉우리〔山一〕 名 峰. 高嶺.
산부〔産婦〕 名 産婦.
산부인과〔産婦人科〕 名 産婦人科.
산부처 名 生き仏. **1** 〔佛〕 仏のように徳の高い僧. **2** 非常に情け深く善良な人.
산불〔山一〕 名 山火事. 山火.
산비둘기〔山一〕 名〔動〕 山鳩.
산비탈〔山一〕 名 山裾の急斜面.
산뽕나무〔山一〕 名〔植〕 山桑.
산사〔山寺〕 名 山寺.
산사나무〔山査一〕 名〔植〕 山査子.
산사람〔山一〕 名 山人. 山に住む人.
산사육〔山査肉〕 名〔韓方〕 種を抜いたさんざしの実〈健胃剤·消化剤などに用いる〉.
산사태〔山沙汰〕 名〔地〕 山崩れ.
산산이〔散散一〕 副 ばらばらに. ちりぢりに. 粉々に. こっぱみじんに. ¶ 유리창이 ～ 깨졌다 窓ガラスが粉々に壊れた / 희망이 ～ 부서지다 希望が粉々に砕ける.
산산조각〔散散一〕 名 こっぱみじん. ばらばら. 散り散りばらばら. ¶ 꽃병이 떨어져 ～이 나다 花瓶が落ちてこなごなに壊れる.
산산하다 形 肌寒い. ひんやりする. やや冷たい. ¶ 아침저녁으로 산산하게 느끼다 朝夕は肌寒く感じる. ＜선선하다
산삼〔山蔘〕 名 サンサム〈山奥に野生する朝鮮人参〉.
산상〔山上〕 名 **1** 山上. **2** 墓づくりの仕事をする所.
산상 수훈〔一垂訓〕 名〔基〕 山上の垂訓.
산새〔山一〕 名 山鳥.
산성¹〔山城〕 名 山城. 山の上に築いた城郭.
산성²〔酸性〕 名〔化〕 酸性. ¶ ～ 식품 酸性食品.
산성도〔一度〕 名〔化〕 酸性度.
산성비 名〔氣〕 酸性雨.
산성 토양〔一土壤〕 名 酸性土壌.
산세〔山勢〕 名 山勢. ¶ ～가 험하다 山勢が険しい.
산소¹〔山所〕 名 **1** 〔'뫼'의 높임말〕 墓. ¶ ～에 가다 お墓参りに行く. **2** 墓場. 墓地. 墓のある所.
산소²〔酸素〕 名〔化〕 酸素.
산소땜 名 酸素溶接.
산소마스크〔一mask〕 名 酸素マスク.
산소 요법〔一療法〕 名〔醫〕 酸素療法.
산소 호흡〔一呼吸〕 名 酸素呼吸.
산소리 名 하自 意地を張って言うこと. やせ我慢. 強がり.
산속〔山一〕 名 山中. 山奥. 山の中. ¶ ～의 절 山中の寺.
산송장 名 生ける屍. 廃人.
산수¹〔山水〕 名 **1** 山水. 自然の風景. **2** やまみず. 山中を流れる水. **3** 〔'산수화'의 준말〕 山水画.
산수화〔一畫〕 名〔美〕 山水画.
산수²〔算數〕 名 算数.
산수유〔山茱萸〕 名〔韓方〕 山茱萸の実〈解熱·強壮剤として用いる〉.
산술〔算術〕 名 算術. 「数学」.
산술급수〔一級數〕 名〔數〕 算術級数.
산술 평균〔一平均〕 名〔數〕 算術平均. 相加平均.
산승〔山僧〕 名〔佛〕 山僧. **1** 山寺の僧. **2** 〔중이 자기를 낮추어 이르는 말〕 愚僧.
산신¹〔山神〕 名〔民俗〕 山神. 山祇. やまつみ. 山の神.
산신당〔一堂〕 名〔民俗〕 山神をまつった祠.
산신제〔一祭〕 名〔民俗〕 山の神祭. 山の神霊をまつる祭祀.
산신²〔産神〕 名〔民俗〕 産神.
산신령〔山神靈〕 名〔民俗〕 山の神. 山に鎮座する神霊.
산실¹〔産室〕 名 **1** 産室. うぶや. **2** ある事を産み出す所. ¶ 명작의 ～ 名作の産室.
산실²〔散失〕 名 하他 散失. 散逸.
산쑥〔山一〕 名〔植〕 山艾.
산아〔産兒〕 名 하自 産児. 子供を産むこと, またその生まれた子供. ¶ 산모도 ～도 모두 건강하다 母子ともに健康だ.
산아 제한〔一制限〕 名 産児制限.
산악〔山嶽·山岳〕 名 山岳. ¶ ～인 登山家 / ～ 기후 山岳気候.
산악병〔一病〕 名 山岳病.
산악전〔一戰〕 名〔軍〕 山岳戦.
산악 철도〔一鐵道〕 名 山岳鉄道.
산악회〔一會〕 名 山岳会.
산앵두〔山櫻桃〕 名 **1** 〔植〕 庭梅. **2** 庭梅の実.
산야〔山野〕 名 山野. 山と野. 野山. ¶ 넓은 ～ 広い野山.
산약〔散藥〕 名 散薬. 粉ぐすり.
산양〔山羊〕 名〔動〕 **1** 山羊. **2** 羚羊.
산언덕〔山一〕 名 小山. 丘. 丘陵.
산언저리〔山一〕 名 山辺. 山際. 山の周辺.
산업〔産業〕 名 産業. ¶ ～ 구조 産業構造 / ～ 스파이 産業スパイ / ～예비군 産業予備軍.
산업계〔一界〕 名 産業界. ¶ 자동차 ～ 自動車産業界.
산업공해〔一公害〕 名 産業公害.
산업 도로〔一道路〕 名 産業道路.
산업 도시〔一都市〕 名 産業都市.
산업 디자인〔一design〕 名 産業デザイン.
산업 박람회〔一博覽會〕 名 産業博覧会.
산업별 노동조합〔一別勞動組合〕 名〔社〕 産業別労働組合. 産業別組合. 産別組合.
산업 사회〔一社會〕 名 産業社会.
산업 심리학〔一心理學〕 名〔心〕 産業心理学.
산업용 로봇〔一用robot〕 名 産業用ロボット.
산업 자본〔一資本〕 名 産業資本.
산업 자원부〔一資源部〕 名 産業資源部〈商業·貿易·工業·エネルギーなどに関する業務を管掌する〉.

산업 재해 보상 보험〔一災害補償保險〕 名 産業災害補償保険.
산업 채권〔一債券〕 名 産業債券.
산업체〔一體〕 名 生産企業体.
산업 폐기물〔一廢棄物〕 名 産業廃棄物.
산업 포장〔一褒章〕 名 産業褒章.
산업 합리화〔一合理化〕 名〔經〕 産業合理化.
산업 혁명〔一革命〕 名 産業革命.
산업화〔一化〕 名 하自他 産業化.
산업 훈장〔一勳章〕 名 産業勲章.
산역〔山役〕 名 하自 (死体を埋めて)墓をつくる作業.
산역꾼 名 墓をつくる人.
산열〔散熱〕 名 하自 散熱. 放熱.
산영〔山影〕 名 山影. 山の影.
산욕〔産褥〕 名〔醫〕 産褥〈子供を産むときに産婦が敷く布団〉.
산욕기〔一期〕 名〔醫〕 産褥期.
산욕열〔一熱〕 名〔醫〕 産褥熱.
산용〔山容〕 名 山容. ¶ ～수상(水相) 山容水態〈山水の景色〉.
산울 名〔'산울타리'의 준말〕 生け垣.
산울타리 名 生け垣. まがき.
산울림〔山一〕 名 **1** 山鳴り. **2** 山びこ. こだま.
산원〔産院〕 名 産院. 産科医院.
산월〔産月〕 名 産み月. 臨月. ¶ ～이 다가오다 臨月が近づいてくる.
산유〔産油〕 名 石油を生産すること.
산유국〔一國〕 名 産油国.
산의〔産衣〕 名 産ぶ着. うぶぎぬ.
산인〔山人〕 名 **1** 隠遁生活者. 世捨て人. **2**〔佛〕 山中に住む僧. 道士.
산일〔散佚〕 名 하自 散逸. ¶ ～한 시집 散逸した詩集.
산입〔算入〕 名 하他 算入. ¶ 경비에 ～하다 経費に算入する.
산자〔饊子〕 名 もち米の粉をこねて薄く切り油でいためた後はちみつをからめて揚げた飯粒やごまをまぶした菓子.
산자밥풀 名 산자(饊子)·강정(羌訂)などにまぶす油で揚げた飯粒.
산자수명〔山紫水明〕 名 하形 山紫水明. ¶ ～한 경치 山水の清らかで美しい景色.
산장〔山莊〕 名 山荘.
산재[1]〔散在〕 名 하自 散在. 点在. ¶ 골짜기에 인가가 ～하고 있다 谷間に人家が散在している.
산재[2]〔散財〕 名 하自他 散財.
산재목〔一材木〕 名 伐採したままの木材.
산적[1]〔山賊〕 名 山賊.
산적[2]〔山積〕 名 하自 山積. 山積み. ¶ 어려운 문제가 ～해 있다 難しい問題が山積している.
산적[3]〔散炙〕 名〔料理〕 サンジョク〈細長く切った牛肉に合わせ調味料をつけた串焼き〉.
산전[1]〔山戰〕 名 山岳戦.
산전수전〔一水戰〕 名 海千山千. 海千河千. ¶ ～ 다 겪은 여주인 海千山千の女将.
산전[2]〔産前〕 名 産前. 臨月.
산정[1]〔山頂〕 名 山頂. 山のいただき.
산정[2]〔算定〕 名 하他 算定. ¶ ～ 가격 算定価格 / ～된 임금 算定された賃金.
산제[1]〔山祭〕 名〔'산신제'의 준말〕 山の神祭り.
산제[2]〔産制〕 名 産児制限.
산제[3]〔散劑〕 名 散剤. 粉薬.
산조〔散調〕 名〔樂〕 サンジョ〈伽倻琴·玄琴などを太鼓の伴奏で独奏する南部地方の曲〉.
산주〔山主〕 名 **1** 山主. 山のあるじ. **2**〔民俗〕 巫女たちが組織した団体の職名の一つ. **3**〔民俗〕 クゥンデ(광대)たちが組織した組合の頭〈산대탈を保存する人〉.
산줄기〔山一〕 名 山脈. 山並み.
산중〔山中〕 名 山中. 山奥. ¶ 첩첩 ～에서 밤을 새우다 深い山奥で夜を明かす.
산중호걸〔一豪傑〕 名 (山の中の豪傑の意で)虎. 虎のような気性.
산증〔疝症〕 名〔韓方〕 疝気. 疝病.
산지[1]〔山地〕 名 **1** 山地. **2** 墓地に適する地.
산지[2]〔産地〕 名 **1**〔'산출지'의 준말〕 産地. ¶ 귤의 ～ みかんの産地. **2** (人の)出生地.
산지기〔山一〕 名 山守. 山番. 墓守.
산지대〔山地帶〕 名 山地帯.
산지사방〔散之四方〕 **Ⅰ** 名 四方八方に散らばること. ¶ 적의 수색대는 ～으로 흩어졌다 敵の捜索隊は四方八方に散らばった.
Ⅱ 副 あちらこちらに. 四方八方に. ¶ 소문은 ～ 퍼져 나갔다 うわさは四方八方に広まった.
산지식〔一知識〕 名 生きた知識. 実用的な知識.
산지옥〔一地獄〕 名 生き地獄. ¶ 이승의 ～ この世の生き地獄.
산짐승〔山一〕 名 山に住む獣.
산채[1]〔山寨〕 名 **1** 山塞. 山砦. 山中のとりで. **2** 山賊の巣窟.
산채[2]〔山菜〕 名 山菜. ¶ ～ 무침 山菜のあえもの.
산책〔散策〕 名 하自他 散歩. 散策. ¶ 공원을 ～하다 公園を散歩する.
산천〔山川〕 名 山川. 山河. ¶ 그리운 고향 ～ 懐かしい故郷の山河.
산천초목〔一草木〕 名 山川草木. 自然.
산철쭉〔山一〕 名〔植〕 朝鮮山躑躅.
산초[1]〔山椒〕 名〔植〕 山椒の実.
산초나무 名〔植〕 山椒.
산초[2]〔散草〕 名 束ねていない刻みたばこ.
산초어〔山椒魚〕 名〔動〕 山椒魚.
산촌[1]〔山村〕 名 山村. 山里.
산촌[2]〔散村〕 名 散村.
산출[1]〔産出〕 名 하自他 産出. ¶ ～량[고] 産出量[高] / 석탄을 ～하다 石炭を産出する.
산출[2]〔算出〕 名 하他 算出. ¶ 견적 금액을 ～하다 見積もり額を算出する.
산치성〔山致誠〕 名 山神[やまのかみ]に真心を込めること.
산타클로스〔Santa Claus〕 名 サンタク

ロース.
산탄〔散彈〕 名〔軍〕 **1** 散弾. 霰弾. ばらだま. **2** 一発ずつ撃つ弾丸.
산태〔山汰〕 名〔地〕山崩れ.
산턱〔山一〕 名 山腹の斜面に少しうずたかく盛り上がった所.
산토끼〔山一〕 名 野兎.
산통[1]〔産痛〕 名〔醫〕産痛. 陣痛.
산통[2]〔算筒〕 名 盲人が占いに使う算木を入れる小さな筒.
◆**산통을 깨다** (事が成功しないように)妨害[邪魔]する. ぶち壊す. ¶ 왜 ~만 깨고 다니나? なぜ邪魔ばかりして歩くんだ.
◆**산통이 깨지다** おじゃんになる. 台無しになる.
산파〔産婆〕 名 産婆. 助産婦.
산파술〔一術〕 名〔醫〕分娩·妊婦·胎児などを扱う技術.
산파역〔一役〕 名 産婆役. ¶ 연구소 설립의 ~을 맡다 研究所設立の産婆役を受持つ.
산패〔酸敗〕 名 하自〔化〕酸敗.
산포〔散布〕 名 하他 散布. ¶ 약제를 ~하다 薬剤を散布する.
산포도〔山葡萄〕 名〔植〕 **1** 山葡萄. **2** 蔦.
산포수〔山砲手〕 名 山で狩りを生業とする猟師.
산표〔散票〕 名 散票. 投票がいろいろな候補に散らばること, またその票.
산하[1]〔山河〕 名 山河. ¶ 고향의 ~ ふるさとの山河.
산하[2]〔傘下〕 名 傘下. ¶ 대기업의 ~에 들어가다 大企業の傘下に入る.
산학[1]〔産學〕 名 産業界と学界. ¶ ~ 협동 産学協同.
산학[2]〔算學〕 名〔數〕算学. 数学.
산해〔山海〕 名 山海.
산해진미〔一珍味〕 名 山海の珍味.
산행〔山行〕 名 하自 山行. 山歩き.
산허리〔山一〕 名 **1** 山腹. 山腰. **2** 尾根のくぼんだ所. 鞍部.
산혈〔山穴〕 名〔民俗〕山の精気が集まっている墓所.
산호〔珊瑚〕 名〔動〕珊瑚. ¶ ~ 목걸이 さんごの首飾り.
산호초〔一礁〕 名 珊瑚礁.
산화[1]〔山火〕 名 山火. 山火事.
산화[2]〔散華〕 名 하自 散華. **1** 花が散ること. 散った花. **2** 華々しく戦死すること. ¶ 남해에서 ~한 용사 南海で散華した勇士. **3**〔佛〕花をまいて仏に供養すること.
산화[3]〔酸化〕 名 하自〔化〕酸化.
산화물〔一物〕 名〔化〕酸化物.
산화탄소〔一炭素〕 名〔化〕酸化炭素.
산회〔散會〕 名 하自 散会. ¶ 묵도한 후 일동은 ~했다 黙禱した後一同は散会した.
산후〔産後〕 名 産後. 出産後. ¶ ~ 몸조리 産後の肥立ち[養生].
살[1] 名 **1** 肉. 魚肉. 身. ¶ ~이 빠지다 やせる / 다랑어는 ~이 많고 맛이 좋다 まぐろは身が多いし味がいい. **2** (脂肪や筋のまざらない)質のいい肉. 赤身. 精肉. **3** (かにや貝などの)むきみ. 抜き身. 中身. ¶ 조갯~ 貝の抜き身. **4** 肌. 皮膚. ¶ ~이 거칠어지다 肌が荒れる. **5** 果肉. 身. ¶ 배는 ~에 물이 많다 梨は肉に水分が多い. **6** 田畑のやわらかい土. ¶ ~이 무르다 土がやわらかい.
◆**살로 가다** (食べたものが)肉になる. 身になる.
◆**살을 깎고 뼈를 갈다** 骨身を削る. 非常に苦労する.
◆**살을 붙이다** 補充する. 肉付けする. ¶ 남의 말에 ~을 붙이다 人の話に補足する.
◆**살을 에다** 身を切るようだ. ¶ ~을 에는 슬픔 身を切られるような悲しみ.
◆**살이 내리다**[**빠지다**] やせる. 肉がおちる.
◆**살이 오르다**[**찌다**] 太る.
살[2] 名 **1** (障子·戸などの)桟. (凧·扇子などの)骨. (車輪の)輻. スポーク. ¶ ~이 부러진 부채 骨の折れた扇子. **2** (服·顔などの)しわ. **3** (櫛の)歯. **4** (餅につけた)模様. **5** (光·水の流れなどの)勢い. ¶ 물~이 세다 水の流れが急だ / 햇~이 강하다 日差しが強い. **6** (蜂の)針. ¶ ~에 쏘이다 (蜂の)針に刺される. **7**〔'어살'의 준말〕やな. **8**〔'화살'의 준말〕矢. ¶ 시위를 떠난 ~ 弓の弦を離れた矢.
살[3]〔煞〕 名〔民俗〕 **1** (人や物を害する)妖気. 邪気. ものの怪. (悪霊の)たたり. 悪鬼のしわざ. ¶ ~을 풀다 厄払いをする. **2** 兄弟·親類の間のわだかまり. 憎しみ.
◆**살을 맞다** (喪家や婚家などに行って)不吉な目にあう. ¶ 상문~을 맞다 喪家につきまとう悪鬼のたたりを受ける.
◆**살이 끼다** 不吉な兆しが見える. 悪い事の起こりそうな前兆が見える.
살[4] 依名〔나이를 세는 단위〕…歳. ¶ 한 ~ 1歳 / 스무 ~ 20歳.
살갑다 形 **1** (家や所帯道具などが)見かけより中が広い. **2** 気立てが優しい. ¶ 살가운 사람 気立ての優しい人.
살강 名 (台所の)食器棚.
살갗 名 肌. 皮膚. ¶ ~이 거칠어지다 肌が荒れる.
살결 名 肌のきめ. 肌. ¶ ~이 곱다 肌がきれいだ / ~이 희다 肌が白い.
살구 名 杏子の実.
살구꽃 名 杏子の花.
살구나무 名〔植〕杏.
살균〔殺菌〕 名 하自 殺菌.
살균력〔一力〕 名 殺菌力.
살균제〔一劑〕 名 殺菌剤.
살그머니 副 ひそかに. そっと. こっそり. ¶ 뒷문으로 ~ 나가다 裏門からこっそり出ていく.
살금살금 副〔남모르게 행동하는 모양〕こっそり. こそこそ. ひそかに. ¶ 고양이가 쥐를 향해 ~ 다가가다 猫が鼠に向かってこっそり近寄る.
살긋하다 形 やや歪んでいる. やや傾いている.
살기〔殺氣〕 名 殺気. ¶ 얼굴에는 ~가 차 있다 顔には殺気がみなぎっている.

살기등등〔一騰騰〕 名 하形 殺気がみなぎること. 殺気だつこと. ¶ ~하여 날뛰다 殺気だって暴れる.

살길 名 生きる道. 暮らしの道. 生活の手段. 生計. ¶ ~을 찾다 暮らしの手立てを探す / ~이 막연하다 生活のめどがはっきりしない.

살깃 名 矢羽根.

살날 名 **1** 余命. 残りの命. ¶ ~이 며칠 남지 않았다 余命いくばくもなかった. **2** (豊かに)暮らせる日. 日の目を見る日. ¶ 살아가노라면 잘 ~도 오겠지 生きていけばまともに暮らせる日もくるだろう.

살내 名 体臭. 体のにおい.

살다¹ 自 **1** 生きる. 生存する. 反 死ぬ ¶ 살아 있는 한 生きている限り / 언제나 희망을 안고 ~ いつも希望をいだいて生きる. **2** 住む. 生活する. 暮らす. ¶ 누구나 건강하게 살기를 원한다 誰も健康に暮らすことを願う. **3** 住む. 棲む. ¶ 내가 사는 아파트 私の住んでいるマンション / 숲에 사는 늑대 森に棲む狼. **4** 生命力がある. 生き生きとしている. ¶ 옛날 현인의 가르침은 오늘날에도 살아 있다 昔の賢人の教えは今日も生きている. **5** (囲碁·将棋などで)生きる. ¶ 두 집 나서 ~ (囲碁で)目が二つできて生きる. **6** (効力が)生きる. ¶ 그 계약도 내년까지는 살아 있다 その契約も来年までは効力がある. **7** (時計·機械などが)その機能を果たしている. 動いている. ¶ 이 시계는 아직 살아 있다 この時計はまだ動いている. **8** (組織·意識などが)残っている. ¶ 조직은 지금까지 살아 있다 組織は今なお残っている. **9** (火が)燃えている. ¶ 연탄불이 살아 있다 練炭の火が燃えている.
〔속담〕 **산 사람 입에 거미줄 치랴** 生きている人の口にくもの巣が張ろうか〈いかに暮らしが貧しくても何とか食べていけるものだ〉.

살다² 他 (官職·身分を持って)務める. 暮らす. 従事する. 服役する. ¶ 벼슬을 ~ 官職に就く / 3년간 징역을 살았다 3年間懲役に服した.

살다³ 形 (大きさなどが)基準·標準よりやや大きい. ¶ 한 자가 조금 산다 1尺をやや越えている.

살담배 名 刻みたばこ. 刻み.

살대¹ 名 〔'화살대'의 준말〕 矢柄.

살대² 名 〔建〕 支柱. 支え棒. つっかい棒. ¶ 기둥에 ~를 받치다 柱に支え棒を当てる.

살덩어리 名 肉塊. 肉の塊.

살뜰하다 形 **1** つましい. 質素だ. ¶ 마누라는 집안일에 ~ 女房は家事につましい. **2** 愛情深く細やかだ. ¶ 살뜰한 아내 愛情細やかな妻. **살뜰히** 副 **1** つましく. 質素に. **2** 愛情深く.

살랑 副 〔바람이 가볍게 부는 모양〕 そよと. そよそよ. ¶ ~ 부는 봄바람 そよと吹く春風.

살랑거리다[-대다] 自 **1** (少しひんやりするほどの風が)軽くしきりに吹く. そよぐ. そよ吹く. ¶ 갈댓잎이 ~ あしの葉がそよぐ. **2** 軽く風を切って歩く. ¶ 살랑거리며 걸어가다 軽く風を切って歩いていく.

살랑살랑 副 하自 **1** そよそよ. **2** 軽やかに歩くようす. ¶ ~ 걸어간다 軽やかな足どりで歩く.

살랑살랑하다 形 (部屋などの空気が)肌寒い. 薄ら寒い. ¶ 오늘의 날씨는 몹시 ~ 今日はとても冷え冷えする.

살랑하다 形 **1** (空気が)冷ややかだ. 薄ら寒い. ひんやりする. ¶ 초여름이라고 하는데 ~ 初夏だというのに薄ら寒い. **2** (びっくりして)少しどきっとする. 少し冷やっとする. ¶ 깜짝 놀라 가슴이 살랑했다 びっくりして胸がどきっとした.

살래살래 副 〔머리를 가볍게 흔드는 모양〕 頭を振るさま. ¶ 모르겠다는 듯이 고개를 ~ 흔들다 知らないというように首を軽く振る. <설레설레

살롱〔프 salon〕 名 サロン.

살리다¹ 他 **1** 生かす. (特性を十分に)発揮させる. 活用する. ¶ 능력을 ~ 能力を生かす / 여백을 살려서 쓰다 余白を生かして使う. **2** (校正で)生きにする. 消したものを元に戻す.

살리다² 他 〔'살다'의 사동〕 **1** 生かす. 生きるようにする. 暮らすようにする. **2** 蘇生させる. よみがえらせる. 生き返らせる. ¶ 인공 호흡으로 ~ 人工呼吸で蘇生させる. **3** 扶養する. 養う. 食わす. ¶ 자식을 먹여 살릴 책임이 있다 子供を扶養する責任がある.

살림 名 하自 **1** 暮らし. 生活. 所帯. ¶ 신혼~ 新婚所帯 / 두 집 ~ 二軒所帯〈めかけを持つこと〉/ 그녀와 ~을 차렸다 彼女と所帯を持った. **2** 暮らし向き. 家計の状態. 生計. 財産. ¶ 검소한 ~ つましい生活 / ~이 가난하다 暮らしが貧しい / ~이 늘어 가다 暮らし向きがよくなっていく.
◆**살림을 나다** 新所帯を持つ. 分家して独立する.
◆**살림이 꿀리다** 暮らしに窮する. 暮らし向きが苦しい.

살림꾼 名 **1** 所帯の受け持ち. 主婦. 主人. **2** 家事の切り回し[やりくり]の上手な人. ¶ 그녀는 알뜰한 ~이다 彼女はまめな主婦である.

살림때 名 世間にそまること. 所帯やつれ. ¶ ~가 묻다 所帯やつれする. 所帯じみる.

살림방〔一房〕 名 (生活をするための)部屋. 居室. ¶ 가게에 딸린 ~ 店に付属している居室.

살림살이 名 하自 **1** 暮らし. 生活. **2** 所帯道具. ¶ 빠듯한 ~를 해왔다 ぎりぎりの生活をして来た.

살림집 名 住居用の家.

살림터 名 生活する所.

살맛¹ 名 **1** (他人と)肌が触れ合うときの感じ. **2** 性行為のたのしみ.

살맛² 名 生きる楽しみ. 生きがい. ¶ ~ 없다 生きる楽しみがない.

살맛 나다 自 生きがいを感じる. 生きる楽しみを覚える.

살며시 副 そっと. こっそり. ひそかに. ¶

～ 남의 편지를 훔쳐보다 こっそり人の手紙を盗み読む / ～ 들어가다 そっと入り込む.

살무사 名〔動〕蝮.

살문〔―門〕名〔建〕格子戸.

살바람 名 **1** (戸などの)冷たいすきま風. **2** 早春の冷たい風.

살벌하다〔殺伐―〕形 殺伐としている. ¶분위기가 ～ 雰囲気が殺伐としている.

살붙이 名 **1** 肉親. 血族. 身内. ¶～의 정 肉親の情. **2** (骨のついていない)獣肉. 赤身.

살빛 名 肌色. 皮膚の色. 肉色.

살살[1] 副 **1**〔그릇의 물이 천천히 끓는 모양〕ふつふつ(と). ぼこぼこ(と). ¶주전자의 물이 ～ 끓다 やかんの水がぼこぼこと沸く. **2**〔온돌방이 고루 더운 모양〕ぽかぽか(と). ¶온돌 바닥이 ～ 따뜻해지다 オンドルの床がぽかぽか温かくなる. **3**〔벌레가 기어 다니는 모양〕もそもそ(と). ¶벌레가 ～ 기어 다니다 虫がもそもそ這いまわる. **4**〔'살래살래'의 준말〕いやいや. ¶싫다고 머리를 ～ 흔들다 いやだとかぶりを振る.

살살[2] 副 **1**〔'살금살금'의 준말〕こっそり(と). ひそかに. こそこそ(と). しずしず(と). ¶～ 도망 다니다 こそこそ逃げ回る / ～ 다가가다 ひそかに忍び寄る. **2**〔모르는 사이에 사르르 녹는 모양〕いつのまにか. 知らず知らずのうちに. ゆっくり. 徐々に. ¶눈이 봄바람에 ～ 녹다 雪が春の風に触れて徐々に溶けている. **3**〔살그머니 달래거나 꾀는 모양〕たくみに. うまうまと. まんまと. やんわり. ¶마누라를 ～ 달래다 妻をやんわりなだめる / 아이를 ～ 꾀어내다 子供をたくみにおびき寄せる. **4**〔가볍게 문지르거나 긁는 모양〕そうっと. ¶～ 긁다 そうっと掻く. **5**〔바람이 보드랍게 부는 모양〕さわやかに. そよそよ(と). **6**〔가만히 눈웃음을 치거나 눈치를 보는 모양〕こっそり(と). ¶～ 눈치를 살피다 こっそりと顔色をうかがう.

살살[3] 副〔배가 쓰리며 아픈 모양〕しくしく. ¶위가 ～ 쓰리고 아프다 胃がしくしくしみて痛い.

살살이 名 おべっか使い. ごますり.

살상〔殺傷〕名 하他 殺傷.

살생〔殺生〕名 하他 殺生. ¶～을 금하다 殺生を禁ずる.

살수〔撒水〕名 하自 散水. 撒水. ¶～기 散水器.

살수차〔―車〕名 散水車.

살신성인〔殺身成仁〕名 하自 命を捨てて仁を成すこと.

살아가다 自 **1** 生きていく. 生き抜く. ¶파란만장한 삶을 살아간다 波瀾万丈の人生を生きていく. **2** 暮らしていく. やりくりする. ¶빠듯하게 ～ 精一杯やりくりする[暮らしていく].

살아나다 自 **1** 助かる. 蘇生する. 生き返る. 息を吹き返す. ¶기적적으로 ～ 奇跡的に助かる / 기절한 사람이 ～ 気絶した人が息を吹き返す. **2** (困難な局面を)切り抜ける. ¶곤경에서 살아났다 苦境を切り抜けた. **3** (消えかけた火などが)再び燃え上がる. ¶연탄불이 ～ 練炭の火が再び燃え上がる. **4** (記憶などが)よみがえる. 思いうかぶ. ¶잊었던 기억이 ～ 忘れていた記憶がよみがえる. **5** (勢いなどが)戻る. 復活する. 復興する. ¶기세가 ～ 勢いが戻る / 경기가 ～ 景気が復活する. **6** (くぼんだ所などが)元どおりになる. ¶꺼진 볼이 ～ こけた頬が元どおりになる.

살아생이별〔―生離別〕名〔'생이별'을 강조한 말〕生き別れ.

살아생전〔―生前〕名 副 生前. 生前. 生きている間. 生きているうち. ¶～의 효도 生きているうちの孝行.

살아오다 自 **1** 生き長らえる. 暮らしてくる. ¶덧없는 인생을 살아왔다 はかない人生を生き長らえた. **2** (官職などに)仕えてくる. ¶대대로 벼슬아치로 ～ 代々官吏として仕えてきた. **3** 危機を抜け出る. 生還する. 生きて帰る. ¶전쟁터에서 살아온 사람 戦地から生還した人.

살얼음 名 薄氷·薄氷.

◆**살얼음을 밟듯이** 薄氷を踏むように.

살얼음판 名 **1** 薄氷の張った所. **2** 非常に危うい状況. ¶회사는 ～ 위에 서 있다 会社は非常に危うい状況に直面している.

살여울 名 早瀬.

살육〔殺戮〕名 하他 殺戮.

살의〔殺意〕名 殺意. ¶～를 느끼다 殺意を感じる.

-살이 接尾 …住まい. …暮らし. ¶감옥～ 監獄暮らし / 처가～ 夫が妻の実家で暮らすこと / 타향～ 異郷暮らし.

살인〔殺人〕名 하自 殺人. ¶～ 사건 殺人事件 / ～ 미수 殺人未遂.

살인귀〔―鬼〕名 殺人鬼.

살인범〔―犯〕名 殺人犯.

살인적〔―的〕冠 名 殺人的. ¶～인 인파 ものすごい人出.

살점〔―點〕名 小さな肉片. ¶～을 에는 듯한 겨울바람 肉をえぐるような冬の風.

살지다 形 **1** (体が)肥えている. 肉づきがいい. 太っている. **2** (土地が)肥えている. 肥沃だ. ¶살진 땅 肥沃な土地.

살지르다 自 **1** 仕切りをする. 部屋を仕切る. **2** (賭博で)賭けた金に加えて更に賭ける. **3** 梁を水のなかに立てる.

살집 名 肉づき. ¶～이 좋은 중년의 신사 肉づきがいい中年の紳士.

살짝 副 **1** 素早く. そっと. こっそり. ¶～ 빼돌리다 こっそり横流しする / ～ 쓰다듬어 보다 そっとなでてみる. **2**〔가볍게〕さっと. たやすく. すっと. すらりと. するっと. ¶손을 ～ 내밀다 手をすっと差し出す. **3**〔심하지 않게 약간〕うっすら. ちらっと. ほんのり. さっと. ¶～ 눈을 감다 ちらっと目をつむる / ～ 분을 바른 얼굴 うっすらおしろいをつけた顔.

살짝곰보 名 薄あばた(の人). 「そり.

살짝살짝 副 こそこそ(と). こっそりこっ

살쩍 名 鬢. びん髪. もみあげ.
살찌다 自 太る. 肉がつく. ¶ 살찌는 게 두려워 하루 두 끼 먹는다 太るのがこわくて一日二食食べる.
살찌우다 他 太らす. ¶ 말을 ～ 馬を太らす.
살창〔一窓〕 名 格子窓. 連子窓.
살촉〔一鏃〕 名〔'화살촉'의 준말〕やじり.
살충〔殺蟲〕 名 하自 殺虫.
  살충제〔一劑〕 名 殺虫剤.
살코기 名 精肉. 赤身の肉.
살팍지다 形 肉づきがよく締まっている. がっしりしている. ¶ 살팍지게 생긴 몸 がっしりした体.
살판나다 自 **1** (幸運に巡り合って)暮らし向きがよくなる. ¶ 복권이 당첨되어 일시에 ～ 宝くじが当たって一気に暮らしがよくなる. **2** (はばかることなく)意のままに暮らす. 気兼ねすることがない.
살펴보다 他 注意してみる. 探る. 見回す. ¶ 적정을 ～ 敵情を探る / 집안의 형편을 ～ 部屋の中を見回す.
살포〔撒布〕 名 하他 散布. 撒布. ¶ 농약을 ～하다 農薬を散布する / 전단을 ～하다 ちらしを散布する.
  살포제〔一劑〕 名 散布剤.
살포시 副 軽く. そっと. 静かに. ¶ ～ 끌어안다 そっと抱きしめる / ～ 걸어가다 静かに歩いて行く.
살풀이〔煞一〕 名 하自〔民俗〕 **1** 悪運を前もって防ぐため巫子が行なう厄払い. **2** 巫子の舞楽の一つ. **3** 2から派生した民俗舞踊の一つ.
살풍경〔殺風景〕 名 하形 **1** 殺風景. ¶ ～한 신개발지 殺風景な新開地. **2** ぞっとすること. そら恐ろしいこと.
살피다 他 **1** (注意深く)調べる. 見回す. 探る. うかがう. 注意する. ¶ 인기척을 ～ 人の気配をうかがう / 살펴 가세요 (目上の人に対するあいさつで)お気をつけていらしてください. **2** (情勢·民心などを) 見きわめる. 探る. ¶ 정세를 ～ 情勢を見きわめる / 적정을 ～ 敵情を探る.
살해〔殺害〕 名 하他 殺害. ¶ ～범 殺害犯 / 도둑에게 ～되었다 盗賊に殺された.
삶 名 **1** 生きること. 生きていること. 生. 人生. ¶ 숭고한 ～ 崇高な人生 / ～의 보람 生きがい. **2** 命. 生命. ¶ ～이 다하도록 命の限り.
삶다 他 **1** ゆでる. 煮る. ¶ 삶은 달걀 ゆで卵 / 시금치를 살짝 ～ ほうれんそうをさっとゆでる. **2** 丸め込む. うまく説き落とす. ¶ 누나를 삶아 용돈을 얻다 姉さんを丸め込んで小遣いをもらう. **3** 田畑の土をかきならして柔らかくする. 代掻きする.

> 單語帳 요리에 관한 동사
>
> ◆굽다 焼く / 튀기다 揚げる / 찌다 蒸す. ふかす / 볶다 炒める / 부치다, 지지다 (フライパンに油を引いて)焼く.
> ◆데치다 湯がく. ゆでる / 고다 (肉や骨などをどろどろになるまで)煮込む / 조리다 (しょう油などを加えて)煮詰める / 익히다 火を十分に通す / 끓이다 沸かす. (コーヒーを)いれる. (インスタントラーメンを) つくる.
> ◆짓다 (ご飯を)炊く / 쑤다 (粥などを)炊く / 데우다 温める / 빚다 (だんご·ギョーザなどを)つくる / 무치다 和える / 버무리다 軽く混ぜ合わせる / 비비다 混ぜ合わせる / 담그다 漬ける.
> ◆썰다 薄切りにする. 刻む / 자르다 切る / 다지다 (にんにくなどを)つぶして細かくする / 채 치다, 채 썰다 千切りにする / 갈다 挽く. する. おろす / 불리다 ふやかす / 절이다 塩漬けにする / 재다, 쟁이다 海苔, 肉などに味をつけて積み重ねる. ▷요리(料理) 單語帳

삼¹ 名〔醫〕 星目〈目にできる白色の小点〉.
  ◆**삼이 서다** 星目ができる.
삼² 名〔植〕 麻. 大麻.
삼³〔蔘〕 名 人参.
삼⁴〔三〕 數 3. 三つ.
삼가 副 慎んで. 謹んで. かしこまって. ¶ ～ 명복을 빕니다 慎んでご冥福をお祈りいたします.
삼가다 他 慎む. 遠慮する. 控える. ¶ 말을 ～ 言葉を慎む / 담배를 삼가시오 たばこを遠慮してください.
삼각¹〔三角〕 名 **1** 三角. ¶ ～ 관계 三角関係. **2**〔數〕〔'삼각형'의 준말〕 三角形. **3**〔數〕〔'삼각법'의 준말〕 三角法.
  삼각 무역〔一貿易〕 名 三角貿易.
  삼각자 名 三角定規.
  삼각주〔一洲〕 名〔地〕 三角州. デルタ.
  삼각 측량〔一測量〕 名 三角測量.
  삼각 함수〔一函數〕 名〔數〕 三角関数. ¶ ～표 三角関数表.
  삼각형〔一形〕 名〔數〕 三角形.
삼각²〔三脚〕 名 **1** (織機で)縦糸の糸巻き. **2**〔'삼각의자'의 준말〕 (携帯用の) 三脚椅子. **3**〔'삼각가'의 준말〕 (カメラなどの)三脚架.
  삼각가〔一架〕 名 (カメラの)三脚. 三脚架.

> 單語帳 도형에 관한 말
>
> 삼각형, 세모꼴 三角形 / 사각형, 네모꼴 四角形 / 원 円 / 동그라미 丸 / 타원 楕円 / 삼각기둥 三角柱 / 사각뿔 四角錐 / 구 球 / 정육면체, 입방체 立方体 / 정사각형, 정방형 正方形 / 마름모 ひし形 / 평행 사변형, 나란히꼴 平行四辺形 / 사다리꼴 台形

삼간초가〔三間草家〕 名 きわめて小さな家屋.
삼강〔三綱〕 名 三綱.
  삼강오륜〔一五倫〕 名 三綱五倫.
삼거리〔三一〕 名 三叉路. 丁字路.
삼겹살〔三一〕 名 三枚肉. ばら肉.
삼겹실〔三一〕 名 三つ縒りの糸.

삼경〔三更〕 名 三更.

삼계〔三界〕 名〔佛〕三界.

삼계탕〔蔘鷄湯〕 名〔韓方〕サムゲタン〈若鶏の内臓を取り出したあとに朝鮮人参・なつめ・もち米を詰めて煎じた強壮剤〉.

삼고¹〔三考〕 名 하他 三考. よく考えること.

삼고²〔三顧〕 名 三顧. ¶ ~의 예 三顧の礼.

삼고초려〔一草廬〕 名 人材を求めて根気よく努力すること.

삼관왕〔三冠王〕 名 三冠王. ¶ 수영 경기에서 ~이 탄생했다 水泳競技で三冠王が誕生した.

삼교¹〔三校〕 名〔印〕三校. 3度目の校正.

삼교²〔三教〕 名 三教.

삼국〔三國〕 名 三国. **1** 三つの国. **2**〔史〕新羅・百済・高句麗の三国. **3**〔史〕中国, 後漢末の魏・呉・蜀の三国.

삼국 동맹〔一同盟〕 名 三国同盟.

삼군〔三軍〕 名 三軍. **1**〔軍〕陸軍・海軍・空軍の総称. **2**〔史〕軍隊の左翼・中軍・右翼の総称. **3** 中国, 周時代の上軍・中軍・下軍の総称.

삼권〔三權〕 名〔法〕三権.

삼권 분립〔一分立〕 名〔法〕三権分立.

삼극〔三極〕 名 三極.

삼극 진공관〔一眞空管〕 名〔電〕三極真空管.

삼꽃 名 **1**〔植〕麻の花. **2**〔韓方〕乳児の肌に熱気によってできる赤い斑点.

삼끈 名 麻ひも. 麻なわ.

삼남〔三男〕 名 三男. **1** 3番目の息子. **2** 男の三兄弟.

삼년상〔三年喪〕 名 3年の喪. 忌服3年.

삼농〔蔘農〕 名 朝鮮人参を栽培する農業.

삼눈 名〔醫〕星眼.

삼다¹〔三多〕 名 **1** (作文上達に必要な)多読・多作・多考. **2** (済州島で)風・女・石が多いこと.

삼다도〔一島〕 名 済州島の別称.

삼다² 他 (…を)…にする. **1** (人と縁を結んで)…にする. ¶ 고아를 양자로 ~ 孤児を養子にする / 며느리로 ~ 嫁にする. **2** (人・物を)…と見なす. …と仮定する. ¶ 교직을 평생의 직업으로 ~ 教職を生涯の業とする.

삼다³ 他 **1** (わらじ・ぞうりなどを)編む. つくる. ¶ 짚신을 ~ わらじを編む. **2** (麻などの繊維を)縒りつなぐ. ¶ 삼을 ~ (はいだ麻皮を細く裂いて)麻糸を縒りつなぐ.

삼단 名 麻束.

〔속담〕 **삼단 같은 머리** ふさふさとして長い女性の髪.

삼단 논법〔三段論法〕 名〔論〕三段論法.

삼단뛰기〔三段一〕 名 三段跳び.

삼당숙〔三堂叔〕 名 高祖父(祖父の祖父)の兄弟のひ孫.

삼당숙모〔一母〕 名 삼당숙の妻. 高祖父の兄弟のひ孫の妻.

삼대¹ 名 麻の茎. 麻幹.

삼대²〔三代〕 名 三代. ¶ ~가 한 집에 살다 親・子・孫の三代が一軒の家に住む.

삼대독자〔一獨子〕 名 三代続きの一人息子.

삼대양〔三大洋〕 名 三大洋.

삼덕〔三德〕 名 三徳.

삼도내〔三途一〕 名〔佛〕三途の川.

삼독〔蔘毒〕 名 朝鮮人参が体質にあわぬか服用しすぎて体の熱が上がること.

삼동〔三冬〕 名 三冬. **1** 冬の3か月. **2** 3回の冬. 3年.

삼두 정치〔三頭政治〕 名〔史〕三頭政治.

삼라〔森羅〕 名 하形 森羅. 無数に立ち並んでいること.

삼라만상〔一萬象〕 名 森羅万象.

삼락〔三樂〕 名 三楽〈君子の三つの楽〉.

삼루〔三壘〕 名〔體〕三塁.

삼루수〔一手〕 名〔體〕三塁手.

삼루타〔一打〕 名〔體〕三塁打.

삼류〔三流〕 名 三流. ¶ ~ 소설가 三流小説家.

삼륙판〔三六判〕 名〔印〕三六判. さぶろくばん.

삼륜〔三輪〕 名 三輪.

삼륜차〔一車〕 名 三輪自動車. オート三輪.

삼림〔森林〕 名 森林. 森. 林. ¶ ~지대 森林地帯 / ~ 보호 森林保護.

삼림 공원〔一公園〕 名 森林公園.

삼림대〔一帶〕 名〔地〕森林帯.

삼림 철도〔一鐵道〕 名 森林鉄道.

삼매〔三昧〕 名〔佛〕三昧. ¶ 독서~에 빠지다 読書三昧にふける.

삼매경〔一境〕 名〔佛〕三昧境.

삼면〔三面〕 名 三面. **1** 三つの方面. ¶ ~으로부터 공격을 받다 三面から攻撃を受ける. **2**〔數〕三つの平面. ¶ ~체 三面体. **3** 新聞の社会面. ¶ ~기사 三面記事.

삼면각〔一角〕 名〔數〕三面角.

삼면경〔一鏡〕 名 三面鏡.

삼모작〔三毛作〕 名〔農〕三毛作.

삼목〔杉木〕 名〔植〕杉.

삼무〔三無〕 名 三無〈無声の楽と無体の礼と無服の喪. すなわち精神があって形式がないこと〉.

삼무도〔一島〕 名 (盗人・乞食・門がない島の意で)済州島のこと.

삼무오다〔一五多〕 名 (盗人・ものもらい・車の三つが無く, 雪・風・烏賊・伊吹・美人の五つが多いという意で)鬱陵島のこと.

삼문〔三門〕 名 三門. **1** 王宮や官庁などで中央の大きな門と左右に連ねた二つの小さな門. **2**〔佛〕空門・無相門・無作門.

삼민주의〔三民主義〕 名〔政〕三民主義.

삼바〔samba〕 名〔樂〕サンバ.

삼박 副 하自〔쉽게 베어지는 모양〕すぱっと. ばっさり(と).

삼박삼박 副 하自 すぱっすぱっと. ばっさりばっさりと.

삼박자〔三拍子〕 名〔樂〕 三拍子.
삼발이 名 **1** 五徳. **2** 三脚.
삼밭 名 麻畑.
삼배[1]〔三拜〕 名 하自 三拝. **1** 3度拝礼すること. **2**〔佛〕 3度ひざまずいて拝礼すること.
삼배[2]〔三倍〕 名 하他 3倍.
삼백예순날〔三百一〕 名 一年中. 年がら年中. 毎日. ¶ ～ 마음 편한 날이 없다 年がら年中心の安らかな日がない.
삼베 名 麻布. 麻. 麻織り. ¶ ～옷 麻布の衣服〈粗末な衣服の意味もある〉.
　삼베길쌈 名 하自 麻布の機織り.
삼보〔三寶〕 名 三宝.
　삼보가지〔一加持〕 名〔佛〕 三宝加持.
　삼보인〔一印〕 名〔佛〕 三宝印.
삼복〔三伏〕 名 三伏.
　삼복더위 名 三伏の暑さ.
　삼복중〔一中〕 名 三伏中.
삼분〔三分〕 名 하他 三分. ¶ 몫이 ～되다 分け前が三分される.
　삼분법〔一法〕 名〔論〕 三分法.
　삼분오열〔一五裂〕 名 하自 四分五裂. ちりぢりばらばらになること.
　삼분천하〔一天下〕 名 하自 三分天下.
삼불거〔三不去〕 名 三不去.
삼불혹〔三不惑〕 名 三不惑. 酒・女・財物に惑わないこと.
삼빡 副 하自 〔쉽게 베어지는 모양〕 ばっさり(と). ばさっと. ばさりと. すぱっと.
삼사〔三史〕 名 三史.
삼사분기〔三四分期〕 名 第三四半期.
삼사월〔三四月〕 名 3・4月. 3月または4月.
　◆**삼사월 긴긴 해** 3・4月の長い日.
삼사 정계〔三斜晶系〕 名〔鑛〕 三斜晶系.
삼삼오오〔三三五五〕 名 三三五五. ¶ ～ 떼를 지어 돌아가다 三三五五かたまって帰る.
삼삼하다[1] 形 **1** 塩気が足りないが味はいい. **2** 〈俗〉 悪くない. いける.
삼삼하다[2] 形 目の前にちらつく. ありありと目に浮かぶ. ¶ 그 때의 광경이 눈에 ～ あのときの光景が鮮やかに目に浮かぶ.
삼삼하다[3]〔森森一〕 形 こんもりと茂っている. **삼삼히** 副 こんもりと. うっそうと.
삼상〔蔘商〕 名 朝鮮人参の商い, またその商人.
삼상 교류〔三相交流〕 名〔電〕 三相交流.
삼색〔三色〕 名 三色.
　삼색과〔一果〕 名 〔'삼색과실'의 준말〕 三色の果物.
　삼색과실〔一果實〕 名 祭祀用の3種類の果物.
　삼색기〔一旗〕 名 三色旗.
　삼색판〔一版〕 名〔印〕 三色版.
삼선〔三選〕 名 三選. ¶ ～ 의원 三選議員.
삼성[1]〔三省〕 名 하他 三省. 三度の反省. ¶ 일일 ～ 一日三省.
삼성[2]〔三聖〕 名〔史〕 三聖. **1** 韓国上古時代の3人の聖人〈桓因・桓雄・桓儉〉. **2** 世界の3人の聖人〈釈迦・孔子・キリスト〉. **3** 古代ギリシャの3人の聖人〈ソクラテス・プラトン・アリストテレス〉.
삼성들리다 自 **1** むさぼり食う. **2**〔民俗〕 (巫女が厄払いの儀式で)食べ物を口いっぱい詰め込む.
삼성 장군〔三星將軍〕 名〔軍〕 中将の別称.
삼세〔三世〕 名 **1** 三世. 三代. **2**〔佛〕 三世. 三界. 三際.
삼세번〔三一番〕 名 ちょうど3回. かっきり3回.
삼세판〔三一〕 名 三番勝負. 三度きりの勝負.
삼속〔三屬〕 名 (父方・母方・妻方の)三族.
삼수[1]〔三壽〕 名 三寿.
삼수[2]〔滲水〕 名 染み込んだ水.
삼순〔三旬〕 名 **1** 三旬. **2** 30歳.
삼승〔三乘〕 名〔數〕 3乗.
　삼승근〔一根〕 名〔數〕 三乗根.
삼시〔三時〕 名 三時. **1** 朝・昼・夕3度の食事. ¶ ～ 세끼 朝・昼・夕3度の食事. **2** 過去・現在・未来. **3** 農業を行なう上で大切な春・夏・秋の三つの時節.
삼식〔三食〕 名 三食.
삼신[1]〔三神〕 名 **1** 上古時代, 韓国の国土を開いたという桓因・桓雄・桓儉の三神. **2**〔民俗〕 子を授け産母と新生児を守護するという産神.
삼신[2] 名 生麻で荒く編んだ履き物.
삼실 名 麻糸.
삼심 제도〔三審制度〕 名〔法〕 三審制度.
삼십〔三十〕 **I** 數 30. ¶ 섭씨 ～ 도 摂氏30度.
　II 名 30歳.
삼십육계〔三十六計〕 名 三十六計. **1** 博打の一つ〈親が当てた人に掛け金の36倍を支払う〉. **2** 36種類の計略. 多くのはかりごと. **3** (形勢が不利な時)逃げること.
　◆**삼십육계를 놓다** 逃げる. 逃げ出す.
　〔속담〕 **삼십육계에 줄행랑이 제일** 三十六計逃げるにしかず.
삼씨 名〔韓方〕 麻の種〈難産・恐水病・便秘などに使う〉.
　삼씨기름 名 麻の実油.
삼악도〔三惡道〕 名〔佛〕 三悪道・三悪道〈地獄道・畜生道・餓鬼道〉.
삼언시〔三言詩〕 名〔文〕 三言詩. 一句が三言からなる漢詩.
삼엄하다〔森嚴一〕 形 森厳だ. ものものしい. 重々しい. いかめしい. ¶ 삼엄한 경계망 ものものしい警戒網.
삼업〔蔘業〕 名 朝鮮人参を生産する事業.
삼엽충〔三葉蟲〕 名〔動〕 三葉虫.
삼오야〔三五夜〕 名 三五夜.
삼오판〔三五判〕 名〔印〕 三五判〈横約9センチメートル, 縦約15センチメートルの書物の大きさ〉.
삼용〔蔘茸〕 名〔韓方〕 朝鮮人参と鹿茸.

삼우〔三友〕 名 三友. **1** 詩と酒と玄琴. **2** 松と竹と梅. **3** 山水と松竹と琴酒.
삼우제〔三虞祭〕 名 葬式後3度目の祭祀.
삼원색〔三原色〕 名 三原色.
삼월〔三月〕 名 3月.
　삼월 삼질〔一三一〕 名 上巳. 陰暦の3月3日.
삼위일체〔三位一體〕 名 三位一体. **1**〔基〕父·子·聖霊を同じ神格とする教義. **2** 三つのものが一つのものになること.
삼이웃〔三一〕 名 隣近所. 向こう三軒両隣. ¶ ~이 함께 의논하다 向こう三軒両隣がいっしょに相談する.
삼인칭〔三人稱〕 名〔言〕三人称.
삼일신행〔三日新行〕 名 結婚式の3日後に花婿が花嫁の実家に行くこと. 花嫁が花婿の実家に行くこと.
삼일장〔三日葬〕 名 死後3日目に行なう葬式.
삼일절〔三一節〕 名 三一節〈三一独立運動を記念する祝日〉.
삼일천하〔三日天下〕 名 三日天下.
삼자〔三者〕 名 三者. **1** 第三者. ¶ ~는 말하지 마라 第三者は口を出すな. **2** 3人の人.
삼잡이〔三一〕 名 長鼓を打つ人·笛吹き·横笛吹きの3人.
삼재¹〔三才〕 名 三才. **1** (陰陽説で)天·地·人の総称. **2**〔民俗〕(観相学で)額(天)·鼻(人)·顎(地)の総称.
삼재²〔三災〕 名〔民俗〕三災. **1** 水災·火災·風災の三つの災害. **2** 疾病·飢饉·戦(戦乱).
삼절〔三絶〕 名 三絶. **1**〔'위편삼절'의 준말〕韋編三絶. **2** 三つの優れた事物. **3** 三つの優れた技芸を持った人.
삼정〔蔘精〕 名 参精〈朝鮮人参のエキス〉.
삼조〔三朝〕 名 三朝. **1** 三始. **2** その月の第3日. **3** 3代の朝廷.
삼족〔三族〕 名 三族. **1** 父母·兄弟·妻子. **2** 父の家系·母の家系·妻の家系.
삼존〔三尊〕 名 三尊. **1**〔佛〕阿弥陀三尊, 薬師三尊, 釈迦三尊. **2** 敬うべき3人の人〈主君·父·師〉.
삼종〔三從〕 名 '삼종형제'의 준말.
　삼종형제〔一兄弟〕 名 (男性から見て)父方の高祖父が同じで曾祖父が異なる8親等の男子.
삼주기〔三周忌〕 名 三周忌. 三回忌.
삼중〔三重〕 名 三重. 3度[三つ]重なること. ¶ ~ 충돌 三重衝突/~고 三重苦.
　삼중 결합〔一結合〕 名〔化〕三重結合.
　삼중 수소〔一水素〕 名〔化〕三重水素. トリチウム.
　삼중주〔一奏〕 名〔樂〕三重奏.
　삼중창〔一唱〕 名〔樂〕三重唱.
삼지사방〔一四方〕 名 四方八方. あちこち. ¶ ~을 찾다 四方八方を捜す.
삼지창〔三枝槍〕 名 **1** 先が三つまたになっている槍. **2**〈俗〉フォーク.
삼진〔三振〕 名 (野球で)三振. ¶ ~을 빼앗다 三振を奪う.
삼짇날〔三一〕 名〔民俗〕陰暦の3月3日.
삼질〔三一〕 名〔'삼짇날'의 준말〕陰暦の3月3日.
삼차¹〔三叉〕 名 三叉. 三つまた.
　삼차 신경〔一神經〕 名〔生〕三叉神経.
　삼차 신경통〔一神經痛〕 名〔醫〕三叉神経痛.
삼차²〔三次〕 名 三次. **1** 三度目. 三番目. **2**〔數〕次数が三であること.
　삼차 곡선〔一曲線〕 名〔數〕三次曲線.
　삼차 방정식〔一方程式〕 名〔數〕三次方程式.
　삼차 산업〔一産業〕 名 三次産業.
삼차원〔三次元〕 名 三次元.
　삼차원 세계〔一世界〕 名〔物〕三次元世界.
삼창〔三唱〕 名 하他 三唱. ¶ 만세 ~ 万歳三唱.
삼채〔三彩〕 名 三彩. 三色で彩色した陶器. ¶ 당~ 唐三彩.
삼척〔三尺〕 名 **1** 3尺. **2**〔'삼척검'의 준말〕3尺ほどの長さの剣.
　삼척동자〔一童子〕 名 三尺の童子. 無知な人.
삼천¹〔三千〕 數 3千. ¶ ~ 장 3千枚/닭 ~ 마리 鶏3千羽.
　삼천 궁녀〔一宮女〕 名〔史〕百済の滅亡時, 白馬江へ身を投じたという多くの宮女のこと.
　삼천리〔一里〕 名 **1** 3千里〈日本の300里〉. **2** 韓国半島の別称. ¶ ~ 방방곡곡에 꽃이 피다 韓国の至るところ花が咲く.
삼천²〔三遷〕 名 하自他 三遷. **1** 3度移り変わること. **2**〔'삼천지교'의 준말〕三遷の教え.
　삼천지교〔一之教〕 名 三遷の教え. 孟母三遷の教え.
삼촌〔三寸〕 名 **1** おじ. **2** 3寸.
　삼촌댁〔一宅〕 名 **1**〈俗〉おば. **2** おじの家. ¶ ~에서 지내다 おじの家で暮らす.
삼추〔三秋〕 名 三秋. **1** 秋の3か月. **2** 3年の年月. **3** 長い年月.
　◆**삼추 같다** 三秋のようだ. とても待ち遠しい. ¶ 하루가 ~ 같은 마음 一日三秋の思い.
삼출〔滲出〕 名 하自 滲出.
　삼출성염〔一性炎〕 名〔醫〕滲出性炎症.
　삼출액〔一液〕 名 滲出液.
삼취〔三娶〕 名 하自 妻を3度めとること, またその妻.
삼층장〔三層欌〕 名 3段づくりのたんす.
삼치 名〔動〕鰆.
삼친〔三親〕 名 三つの最も親しい関係〈父子·夫婦·兄弟〉.
삼칠일〔三七日〕 名 三七日. 出産後21日目の祝い.
삼키다 他 飲む. 飲み込む. **1**〔목구멍으로 넘기다〕(食べ物を)飲み下す. まる飲みする. ¶ 침을 ~ つばを飲み込む

/쓴 약을 한 번에 ～ 苦い薬をいっきに飲み込む. **2**〔횡령하다〕着服する. 横領する. 横取りする. ¶유산을 혼자 ～ 遺産を一人占めする. **3**〔억지로 참다〕(感情の表出を)こらえる. 抑える. ¶웃음[슬픔]을 ～ 笑い[悲しみ]をこらえる.

삼태〔三胎〕名〔'삼태생(三胎生)'의 준말〕品胎. 三生児. 三つ子.

삼태기 名 あじか.

삼투〔滲透〕名 하自 浸透. ¶～성 浸透性.

삼투압〔一壓〕名〔物〕浸透圧.

삼파전〔三巴戰〕名 三つどもえの戦い.

삼판〔杉板〕名 杉板.

삼판양승〔三一兩勝〕名 하他 3回勝負して2勝すること.

삼팔따라지〔三八一〕名 **1** 賭博で3と8が合わさって出た1点. **2**〈俗〉北緯38度線を越えて南下した人.

삼팔선〔三八線〕名〔'삼십팔도선'의 준말〕38度線.

삼포〔蔘圃〕名 朝鮮人参を栽培する畑.

삼품〔三品〕名 **1**〔史〕三品〈官位の3番目の品階で, 正と従の別がある〉. **2** 三品.

삼한〔三韓〕名〔史〕三韓〈古代朝鮮の南部にあった馬韓·辰韓·弁韓の総称〉.

삼한 사온〔三寒四溫〕名 三寒四温.

삼할미 名〈蔑〉老いた産婆.

삼합사〔三合絲〕名 三つ縒りの糸.

삼항식〔三項式〕名〔數〕三項式. 多項式の一つ.

삼호잡지〔三號雜誌〕名 三号雑誌〈長続きのしない雑誌のたとえ〉.

삽 Ⅰ 名 シャベル. スコップ. ¶～으로 도랑을 파다 シャベルで溝を掘る.
Ⅱ 依名〔삽으로 파거나 떠낸 분량을 헤아리는 말〕杯.

삽괭이 名 幅が狭く柄の長い金鍬〈水田の水の導入口の開閉に使われる〉.

삽구〔插句〕名 하他 挿句. 挿入句. 文中に句をはさむこと.

삽목〔插木〕名 하他 挿し木.

삽사리 名 **1** 毛のふさふさした犬. むく犬. **2**〔動〕鳴蝗.

삽살개 名 むく犬. むく.

삽삽하다〔澁澁一〕形 **1**〔껄껄하다〕(滑らかでなく)がさがさしている. **2**(ことば·文章などが)不明瞭で分かりにくい. **3**〔몹시 떫다〕(味が)とても渋い.

삽시〔插匙〕名 하自 祭祀でお供えのご飯に匙を挿すこと.

삽시간〔霎時間〕名 ('삽시간에'의 꼴로) あっという間に. またたく間に. つかの間に. 一瞬の間に. ¶～에 해치우다 またたく間にやってしまう/～의 일 つかの間のできごと.

삽입〔插入〕名 하他 挿入. ¶필요한 말을 ～하다 必要な言葉を挿入する.

삽입구〔一句〕名〔文〕挿入句.

삽지[1]〔插枝〕名 挿し木.

삽지[2]〔插紙〕名 하自〔印〕手挿し. 挿しつけ〈印刷するとき機械に用紙を挿し入れること〉.

삽질 名 하自 シャベルで土砂などをすくうこと. シャベルを使うこと.

삽화[1]〔插花〕名 하自 花を花瓶などに挿すこと.

삽화[2]〔插話〕名 挿話. エピソード.

삽화[3]〔插畫〕名 挿絵. 挿画. ¶～가 挿絵画家/～가 많은 책 挿絵の多い本.

삿갓 名 **1**(竹·あしなどで粗く編んだ)笠. 編みがさ. かぶりかさ. **2**〔植〕菌傘. きのこのかさ.

삿갓구름 名 笠雲.

삿대 名〔'상앗대'의 준말〕棹.

삿대질 名 하自〔'상앗대질'의 준말〕**1** 棹で漕ぐこと. 棹をさすこと. **2** 相手の面前に向かって手を上げたり下げたりしながら怒ること.

삿자리 名 あしで編んだ敷物.

상[1]〔上〕Ⅰ 名 **1**〔'상감(上監)'의 준말〕王の尊敬語. **2** 階級·順序がいちばん高いこと. **3**(上·中·下に分けるときの)上.
Ⅱ 接尾〔'…에 있어서, …의 관계로'의 뜻을 나타냄〕…上. ¶사업～의 용무로 事業上の用務で.

상[2]〔床〕名 膳·机·縁台などの総称. (特に)お膳.

상[3]〔相〕Ⅰ 名 相. **1** 面相. 人相. ¶고양이 ～ 猫のような顔つき/크게 될 ～ 大物になる相. **2**(正常でない)顔の表情[面]. ¶아파서 죽을 ～을 하고 있다 痛くて死にそうな顔をしている.
Ⅱ 接尾 **1**〔관료〕…相. ¶외～ 外相. **2**(物事の)外面のようす. ありさま. 相. ¶심상치 않은 사회～ 尋常でない社会相.

상[4]〔商〕Ⅰ 名 商. **1**〔數〕割り算の答え. **2**〔樂〕商〈五音の一つ〉. **3**〔天〕商星. 中子星. **4** 商業.
Ⅱ 接尾〔'장사·장수'의 뜻을 나타냄〕…商. ¶도매～ 卸商.

상[5]〔喪〕名 喪. ¶～중 喪中/～을 입다 喪に服する.

상[6]〔想〕名 想. **1** 作家の作品の構想. **2**〔佛〕対象を心中で静かに考えること.

상[7]〔像〕名 像. **1**〔物〕(実像·虚像などの)像. ¶～이 맺히다 像が結ばれる. **2**(彫刻や絵などの)形体. ¶인자한 부처의 ～ 慈しみ深い仏の像.

상[8]〔賞〕名 賞. 褒美. ¶우등～ 優等賞/～을 타다 褒美をもらう.

-상[9]〔狀〕接尾〔모양·상태를 나타냄〕…状. ¶방사～ 放射状.

상가[1]〔商家〕名 商家.

상가[2]〔商街〕名 商店街. ¶지하～ 地下商店街.

상가[3]〔喪家〕名 喪家. 喪中の家.

상각〔償却〕名 하自他 償却.

상간〔相姦〕名 하自 相姦. ¶근친～ 近親相姦.

상감[1]〔上監〕名 王の尊敬語.

상감마마〔一媽媽〕名〈宮廷〉王に対する最高の尊敬語.

상감²〔象嵌〕 名 象眼(金属・陶磁器などの表面にいろいろな模様を彫りそこに金・銀・赤銅などをはめ込む技術). ¶ ~ 세공 象眼細工 / ~ 청자 (陶磁器の)象眼青磁.
상갑판〔上甲版〕 名 (船の)上甲板.
상강〔霜降〕 名 霜降(二十四節気の一つ).
상객〔上客〕 名 **1** 上客. **2** 結婚のとき新郎や新婦を連れて行く人.
상거래〔商去來〕 名 商取引.
상견〔相見〕 名 하自 相見. 互いに見ること. 会うこと.
　상견례〔一禮〕 名 相見の礼. (結婚式で)新郎と新婦が向かい合って礼を交わすこと.
상경¹〔上京〕 名 하自 上京. ¶ 사업상의 용무로 ~하다 事業上の用務で上京する.
상경²〔相敬〕 名 하自 **1** 互いに敬語を使うこと. **2** 互いに敬うこと.
상계¹〔上計〕 名 上計. 上策. 賢明な策.
상계²〔相計〕 名 하他 〔法〕 相殺.
상고¹〔上古〕 名 上古.
　상고사〔一史〕 名 〔史〕 上古史.
　상고 시대〔一時代〕 名 〔史〕 上古時代.
상고²〔上告〕 名 하他 **1** 目上の人に告げること. **2** 〔法〕 上告. ¶ ~ 기각 上告棄却.
　상고심〔一審〕 名 〔法〕 上告審.
상고³〔詳考〕 名 하他 詳細に検討すること. 詳らかに参考すること.
상고머리 名 角刈りの頭.
상공¹〔上空〕 名 上空. ¶ 한 점의 구름도 없는 ~ 一点の雲もない上空.
상공²〔商工〕 名 〔'상공업'의 준말〕 商工.
　상공업〔一業〕 名 商工業.
　상공 회의소〔一會議所〕 名 商工会議所.
상과〔商科〕 名 商科.
　상과 대학〔一大學〕 名 商科大学.
상관¹〔上官〕 名 하自 上官. 上役. ¶ ~에게 여쭈어 보다 上官に伺いを立てる.
상관²〔相關〕 名 하自他 **1** 関係. かかわり. (性的な)関係. ¶ 그 사람하고는 아무런 ~도 없다 あの人とはなんのかかわりもない. **2** 相関. ¶ ~관계 相関関係.
　상관 계수〔一係數〕 名 〔數〕 相関係数.
　상관없다 形 **1** (互いに)関係がない. ¶ 전혀 상관없는 사람 全然関係のない人. **2** 気にかけない. 心配ない. ¶ 지붕을 고쳤으니 비가 와도 ~ 屋根を直したので雨が降っても心配ない.
　상관없이 副 関係なく. 構わず. お構いなしに. ¶ 남의 기분 같은 건 ~ 人の気持ちなどお構いなしに.
상구〔喪具〕 名 葬具.
상국〔上國〕 名 小国から朝貢を受けた大国.
상궁〔尙宮〕 名 〔史〕 朝鮮時代, 正五品の女官.
상권¹〔上卷〕 名 (書物の)上巻.
상권²〔商圈〕 名 商圏. ¶ ~의 확대를 꾀하다 商圏の拡大を図る.
상권³〔商權〕 名 〔法〕 商権. ¶ ~을 유지하다 商権を保持する.
상궤〔常軌〕 名 常軌. ¶ ~를 벗어난 행위 常軌を逸した行為.
상규〔常規〕 名 常規. **1** 通常の規程[規則]. **2** 常に変わらない規則.
상그레 副 하自 〔소리 없이 귀엽게 웃음 짓는 모양〕 にこっと. にっこり(と). ¶ ~ 웃었다 にこっとほほえんだ.
상극〔相剋〕 名 相克. 両者が相いれない関係にあること. いがみ合う間柄であること. ¶ 이성과 감정의 ~ 理性と感情の相克 / 불과 물은 ~이다 火と水は相いれない関係にある.
상근〔常勤〕 名 하自 常勤.
상글방글 副 하自 にこにこ(と).
상금¹〔賞金〕 名 賞金.
상금²〔尙今〕 副 今なお. いまだ(に). まだ. ¶ 허가는 ~ 안 나왔다 許可は今なお下りていない.
상급〔上級〕 名 上級. ¶ ~ 관청 上級官庁 / ~ 법원 上級裁判所 / ~자 上級者.
상긋방긋 副 하自 〔귀엽게 계속 웃는 모양〕 にこにこ(と).
상기¹〔上記〕 名 하自他 上記. ¶ ~와 같이 上記の如く.
상기²〔上氣〕 名 하自 上気. のぼせること. ¶ ~된 얼굴 上気した顔.
상기³〔想起〕 名 하他 想起. 思い出すこと. ¶ 옛날 일을 ~하다 昔のことを思い出す.
상기⁴〔詳記〕 名 하他 詳記. 詳録. ¶ 강연 내용을 ~하다 講演内容を詳録する.
상끗 副 하自 〔'상긋'의 센말〕 にっこり(と). にこっと.
상납〔上納〕 名 하他 上納. **1** 〔史〕 税などを中央官庁に納めること. **2** 官吏・職員などが上司に金品を進上すること.
　상납금〔一金〕 名 上納金.
상냥하다 形 優しい. にこやかだ. ¶ 누구에게나 상냥한 얼굴 誰にでもにこやかな顔つき. **상냥히** 副 にこやかに. やさしく. おだやかに.
상년〔常一〕 名 〈卑〉 あま. **1** 女性をののしる語. **2** 昔, 支配階級の人が一般の女性をさげすんで言った語.
상념〔想念〕 名 想念. 思い. 考え. ¶ 여러 가지 ~이 떠오른다 さまざまな想念が浮かび上がる.
상노〔床奴〕 名 むかし, 膳を運んだり小間使いをした子供.
상놈〔常一〕 名 **1** 下司(両班でない常民(一般庶民)に対する卑語). **2** 野郎(男性をののしる言葉). ¶ 이 ~아 この野郎.
상늙은이〔上一〕 名 (座中で)いちばん年長の老人.
상다리〔床一〕 名 膳の脚. ¶ ~가 부러지도록 음식을 차리다 膳の脚が折れるほどたくさん食べ物をのせる.
상단¹〔上段〕 名 上段. ¶ 손님을 ~에 모시다 客を上段にすえる.
상단²〔上端〕 名 上端.
상달¹〔上一〕 名 〔'시월상달'의 준말〕 新

穀を神に供えるのに最もいい月である10月のこと.

상달²〔上達〕 名 하自他 上達. ¶ 하의 ~ 下意上達.

◇일본어에서처럼 '학문이나 기예의 숙달, 향상'의 뜻은 없다.

상담¹〔相談〕 名 하自他 相談. ¶ 결혼 ~소 結婚相談所.

상담역〔一役〕 名 相談役. コンサルタント.

상담²〔商談〕 名 하自 商談. ¶ ~이 성립하다 商談が成立する.

상답〔上畓〕 名 上田. 地味の肥えた田.

상당〔相當〕 Ⅰ 名 하自 相当. 当てはまること. 釣り合うこと. ¶ ~량 相当量 / 죄에 ~하는 벌 罪に見合う罰. Ⅱ 하形 相当だ. かなりだ. ¶ ~한 재산가 相当な財産家 / ~한 비용 かなりの費用. **상당히** 副 相当に. かなり. だいぶ. よほど. ¶ ~ 벅찬 상대다 相当に手ごわい相手だ.

상당수〔一數〕 名 相当数. **1** かなり多い数. ¶ 반대표도 ~ 있다 反対票も相当数ある. **2** ある基準に相当する数.

상당액〔一額〕 名 相当額. **1** かなりの金額. **2** ある基準量に値する金額.

상대¹〔相對〕 名 하自 **1** 相対. 向かい合うこと. 相対すること. ¶ ~끼리 이야기를 마무리짓다 相対で話をつける. **2** 〔'상대자'의 준말〕 相手. 相手になること. ¶ 놀이[결혼] ~ 遊び[結婚]相手 / 일[말] ~ 仕事[話]相手.

상대 가격〔一價格〕 名 相対価格.

상대 개념〔一概念〕 名 相対概念.

상대국〔一國〕 名 相手国.

상대방〔一方〕 名 相手方. 相手.

상대성〔一性〕 名〔哲〕 相対性.

상대성 원리〔一性原理〕 名〔物〕 相対性原理.

상대성 이론〔一性理論〕 名〔物〕 相対性理論.

상대역〔一役〕 名 相手役.

상대자〔一者〕 名 相手. 相棒.

상대적〔一的〕 冠名 相対的. ¶ ~ 빈곤 相対的貧困.

상대편〔一便〕 名 相手方. 相手側. 相手. ¶ ~의 입장에 서다 相手方の立場に立つ.

상대²〔商大〕 名 〔'상과 대학'의 준말〕 商大.

상도〔常道〕 名 常道. ¶ ~에서 벗어나다 常道から外れる.

상도덕〔商道德〕 名 商道徳. ¶ ~이 무너지다 商道徳がすたれる.

상동¹〔上同〕 名 同上. 上に同じ.

상동²〔相同〕 名 하形 **1** 相等. 互いに等しいこと. **2** 〔生〕 相同.

상두〔喪一〕 名 〈俗〉 棺輿.

상두꾼 名 棺輿を担ぐ人.

상등¹〔上等〕 名 上等.

상등답〔一畓〕 名 上田.

상등병〔一兵〕 名〔軍〕 上等兵.

상등석〔一席〕 名 上等席.

상등품〔一品〕 名 上等品.

상등²〔相等〕 名 하形 相等. 相等しいこと.

상란〔上欄〕 名 上欄. 上の欄.

상람〔上覽〕 名 하他 上覧. 王が見ること.

상략¹〔上略〕 名 하他 上略. (文章などの)初めの部分を略すこと.

상략²〔商略〕 名 商略. 商業上の策略[かけひき].

상량〔上樑〕 名 하自 〔建〕 **1** 棟上げ. 上棟. 建て前. **2** 棟木. 棟.

상량식〔一式〕 名 上棟式. 棟上げ式. 建て前.

상량하다〔爽涼一〕 形 爽涼だ. 外気がさわやかで涼しい. ¶ 상량한 아침 さわやかな朝.

상련〔相憐〕 名 하自 相哀れむこと.

상례¹〔上例〕 名 上例. 上にあげた例. ¶ ~와 같이 上例のように.

상례²〔常例〕 名 常例. 普通にあること. ¶ ~를 좇다 常例に従う.

상례³〔喪禮〕 名 喪礼. 喪中の礼法.

상록〔常綠〕 名 常緑.

상록수〔一樹〕 名〔植〕 常緑樹. 常磐木.

상록 활엽수〔一闊葉樹〕 名〔植〕 常緑広葉樹.

상론〔詳論〕 名 하他 詳論. 詳しく論じること.

상류〔上流〕 名 上流. 反 下流 **1** (川の)上流. 川上. ¶ 한강 ~ 漢江の上流. **2** 上流階層. ¶ ~ 계급 上流階級 / ~ 사회 上流社会.

상륙〔上陸〕 名 하自 上陸. ¶ ~ 작전 上陸作戦.

상륙군〔一軍〕 名〔軍〕 上陸軍.

상륙용 주정〔一用舟艇〕 名 上陸用舟艇.

상린관계〔相隣關係〕 名〔法〕 相隣関係.

상막하다 形 記憶がはっきりしない. おぼろげである. ¶ 오래된 일이어서 기억이 ~ 前のことなので記憶がおぼろげだ.

상말〔常一〕 名 하自 **1** 下品な言葉. 俗な表現. **2** 俗談. 俚言.

상머리〔床一〕 名 膳の横(前). ¶ ~에 앉다 膳の前にすわる.

상면〔相面〕 名 하自他 **1** 対面. ¶ 10년 만에 ~하다 10年ぶりに対面する. **2** 初対面のあいさつを交わして知り合いになること.

상명〔上命〕 名 上命.

상목〔上木〕 名 하他 **1** 上質の綿布. **2** 上質の木材. **3** 上梓.

상몽〔祥夢〕 名 めでたい夢. 吉夢.

상무¹〔尙武〕 名 하自 尚武. ¶ ~ 정신 尚武精神 / ~의 기상 尚武の気性.

상무²〔常務〕 名 **1** 常務. 日常の業務. **2** 〔'상무이사'의 준말〕 常務理事. **3** 〔'상무위원'의 준말〕 常務委員.

상무위원〔一委員〕 名 常務委員.

상무이사〔一理事〕 名 常務理事.

상무³〔商務〕 名 商務.

상무관〔一官〕 名〔法〕 商務官.

상문〔詳問〕 名 하他 詳しく聞くこと. 詳しい質問.

상미¹〔上米〕 名 上米. 上等米.

상미²〔嘗味〕 名 하他 味見すること. 試食すること.

상미3[賞味] 名 하他 賞味.
상미4[賞美] 名 하他 賞美. ほめたたえること. 賛美すること. ¶ 위업을 ~하다 偉業を賛美する.
상민[常民] 名 平民. 常民. 庶民.
상박1[上膊] 名〔生〕上膊. 上腕. ¶ ~골 上膊骨/ ~근 上膊筋.
상박2[相撲] 名 하自 相打つこと.
상반1[相反] 名 하自 相反. 相反すること. ¶ 서로 ~된 의견 互いに相反した意見.
상반2[相半] 名 하形 相半ばすること. 五分五分. 似たり寄ったり.
상반기[上半期] 名 上半期. 上期. 反 下半期
상반부[上半部] 名 上半部. 上部.
상반신[上半身] 名 上半身.
상발[霜髮] 名 霜髪. 白髪.
상밥[床一] 名 一膳飯.
　상밥집 名 一膳飯屋.
상방[上方] 名 上方. 上の方.
상배[賞杯] 名 賞杯. 賞盃. カップ. トロフィー.
상벌[賞罰] 名 賞罰.
상법[商法] 名〔法〕商法.
　상법전[一典] 名 商法典.
상병1[上兵] 名〔軍〕〔'상등병'의 준말〕上等兵.
상병2[傷兵] 名 傷兵. 負傷兵.
상병3[傷病] 名 傷病.
상보1[床褓] 名 お膳かけ. テーブルクロス. 卓布.
상보2[詳報] 名 하他 詳報. ¶ 사건의 ~ 事件の詳報.
상복1[常服] 名 常服. ふだん着.
상복2[喪服] 名 喪服〈伝統的に白が用いられる〉.
상봉[相逢] 名 하自他 対面. 出会い. 巡り合い. ¶ 이산 가족의 ~ 離散家族の対面 / 10년 만에 ~하다 10年ぶりに再会する.
상부1[上部] 名 上部. **1** 上の部分. **2** より上の地位にある官庁や人. ¶ ~에 보고하다 上部に報告する.
　상부 구조[一構造] 名 **1** 上部の構造. **2**〔哲〕上部構造.
상부2[相扶] 名 하自 相扶.
　상부상조[一相助] 名 하自 相互扶助.
상비[常備] 名 하他 常備. ¶ ~금 常備金.
　상비군[一軍] 名 常備軍.
　상비약[一藥] 名 常備薬.
상빈1[上賓] 名 上客.
상빈2[傷貧] 名 하自 貧窮のため心が傷むこと.
상사1[上士] 名 上士. **1**〔佛〕菩薩. **2**〔軍〕(以前の)下士官階級の一つ.
상사2[上司] 名 上司. 上役. ¶ ~의 지시에 따르다 上司の指示に従う.
상사3[相似] 名 하形〔數〕〔生〕相似.
　상사형[一形] 名 相似形.
상사4[相思] 名 하他 相思.
　상사병[一病] 名 恋煩い. 恋病.
상사5[商社] 名 商社.
상사6[商事] 名 商事.
　상사 중개인[一仲介人] 名 商事仲介人.
　상사 회사[一會社] 名 商事会社.
상사7[常事] 名〔'예상사(例常事)'의 준말〕ありふれたこと. 常事.
상사8[喪事] 名 喪にあうこと. 人の死.
상사뒤야 感 歌のはやしことばの一つ. ああこりゃこりゃ.
상사람[常一] 名 常民. 庶民.
상상1[上上] 名 上々. 最上. ¶ 기분은 ~이다 気分は上々だ.
　상상봉[一峰] 名 最高峰.
　상상품[一品] 名 最上品.
상상2[想像] 名 하自他 想像. **1** 心に思い描くこと. ¶ ~을 초월하다 想像を絶する. **2** 空想. ¶ ~만 해도 즐겁다 空想するだけでも楽しい.
　상상력[一力] 名 想像力.
　상상 임신[一妊娠] 名 想像妊娠.
　상상화[一畫] 名〔美〕想像画.
상서1[上書] 名 하自〔史〕目上の人に書状を差し上げること, またその書状.
상서2[祥瑞] 名 祥瑞. 瑞祥. めでたい兆し.
　상서롭다 形 縁起がよさそうだ. よい兆しだ. 幸先がよい.
상석1[上席] 名 上席. 上座.
상석2[床石] 名 墓前に供え物を並べる台石.
상선[商船] 名 商船. ¶ ~ 학교 商船学校/ ~ 회사 商船会社.
상설1[常設] 名 하他 常設. ¶ ~ 위원회 常設委員会.
　상설관[一館] 名 常設館.
상설2[詳說] 名 하他 詳説.
상세하다[詳細一] 形 詳細だ. 詳しい. ¶ 상세한 이야기 詳しい話. **상세히** 副 詳細に. 詳しく. ¶ ~ 보고[설명]하다 詳しく報告[説明]する.
상소1[上疏] 名 하自 上疏. 奏疏. 上書.
상소2[上訴] 名 하自〔法〕上訴. ¶ 판결에 불복하여 ~하다 判決を不服として上訴する.
　상소권[一權] 名 上訴権.
　상소심[一審] 名 上訴審.
상소리[常一] 名 **1** 卑俗な言葉. 下品な言葉. **2** 俗謡. 卑俗な歌.
상속[相續] 名 하他 相続. ¶ ~권 相続権/ 유산을 ~하다 遺産を相続する.
　상속세[一稅] 名〔法〕相続税.
　상속인[一人] 名〔法〕相続人.
　상속 재산[一財産] 名〔法〕相続財産.
상쇄[相殺] 名 하他 相殺. ¶ 대차를 ~하다 貸し借りを相殺する.
상수1[上手] 名 うわ手. 腕利き. ¶ 나보다는 ~다 僕よりはうわ手だ.
상수2[上水] 名 上水.
　상수도[一道] 名 上水道.
상수3[常數] 名 **1**〔數〕常数. 定数. **2** 定まった運命.
상수리 名 くぬぎの実. どんぐり.
　상수리나무 名〔植〕櫟.
상순[上旬] 名 上旬. 初旬.
상술1[上述] 名 하自他 上述. ¶ ~한 바와 같이 上述のとおり.

상술[2]〔床一〕名 肴を添えて売る酒.
상술[3]〔商術〕名 商才. ¶ ~이 좋다 商才にたけている.
상술[4]〔詳述〕名 하自他 詳述. ¶ 경위를 ~하다 いきさつを詳述する.
상스럽다〔常一〕形 (言動が)卑しい. 下品だ. はしたない. ¶ 상스러운 말씨 下品な言葉遣い / 언동이 ~ 言動が下品だ. **상스레** 副 卑しく. 下品に. はしたなく.
상습〔常習〕名 常習.
 상습범〔一犯〕名〔法〕常習犯.
 상습자〔一者〕名 常習者.
 상습적〔一的〕冠 名 常習的.
상승[1]〔上昇〕名 하自 上昇. アップ. ¶ ~ 기류 上昇気流 / 기온이 ~하다 気温が上昇する.
상승[2]〔相乘〕名 하他〔數〕相乗.
 상승효과〔一效果〕名 相乗効果. ¶ ~를 노리다 相乗効果をねらう.
상승[3]〔常勝〕名 하自 常勝. ¶ ~ 가도를 달리다 常勝街道を走る.
 상승장군〔一將軍〕名 常勝将軍.
상시〔常時〕Ⅰ 名〔'평상시'의 준말〕常時. ¶ ~ 대기 常時待機.
Ⅱ 副 いつも. ふだん. 常に. 平素. ¶ ~ 명심하거라 いつも肝に銘じろ.
상식[1]〔上食〕名 喪家で朝夕霊前に供える食事.
상식[2]〔常食〕名 하他 常食.
상식[3]〔常識〕名 常識. ¶ ~이 부족하다 常識が足りない.
 상식적〔一的〕冠 名 常識的.
 상식화〔一化〕名 하自他 常識化.
상신〔上申〕名 하他 上申. ¶ 국장에게 ~하다 局長に上申する.
상실〔喪失〕名 하他 喪失. ¶ 기억 ~ 記憶喪失 / 자격을 ~하다 資格を喪失する.
상심〔傷心〕名 하自 傷心. 心をいためること. ¶ ~한 나머지 병을 얻었다 傷心のあまり病気になった.
상씨름〔上一〕名 決勝を争うシルム(씨름).
상아〔象牙〕名 象牙.
 상아색〔一色〕名 象牙色.
 상아질〔一質〕名〔生〕象牙質.
 상아탑〔一塔〕名 象牙の塔.
상악〔上顎〕名〔生〕上顎.
 상악골〔一骨〕名〔生〕上顎骨.
상앗대 名 (船を操る)棹. 水棹.
 상앗대질 名 하自 **1** 棹で漕ぐこと. 棹をさすこと. **2** (口げんかをするとき)指やこぶしなどを相手の鼻先に突きつけること.
상애〔相愛〕名 하自他 相愛. 愛し合うこと. ¶ ~상조 愛し合い助け合うこと.
상양〔相讓〕名 하他 互いに譲り合うこと.
상어 名〔動〕鮫.
상업〔商業〕名 商業. ¶ ~ 부기 商業簿記 / ~적 수완 商業的手腕.
 상업 고등학교〔一高等學校〕名 商業高等学校.
 상업 금융〔一金融〕名 商業金融.
 상업도덕〔一道德〕名 商業道徳.
 상업 등기〔一登記〕名〔法〕商業登記.
 상업 은행〔一銀行〕名 商業銀行.
 상업 자본〔一資本〕名〔經〕商業資本.
 상업화〔一化〕名 하自他 商業化.
상여[1]〔喪輿〕名 棺[柩]輿〈遺体をのせて墓地まで運ぶ輿〉.
 상여꾼 名 ひつぎのこしを担ぐ人.
 상엿소리 名 挽歌.
상여[2]〔賞與〕名 하他 賞与. ボーナス.
 상여금〔一金〕名 賞与金. ボーナス. ¶ 두둑한 ~ 多額のボーナス.
상연〔上演〕名 하他 上演. ¶ ~ 기간 上演期間 / ~료 上演料.
상영〔上映〕名 하他 上映. ¶ 문예 영화를 ~하다 文芸映画を上映する.
상오〔上午〕名 上午. 午前. ¶ 일요일 ~ 日曜日の午前.
상온〔常溫〕名 常温. 恒温.
상완[1]〔上腕〕名〔生〕上腕. 上膊.
 상완골〔一骨〕名〔生〕上腕骨.
상완[2]〔賞玩〕名 하他 賞玩. 玩味.
상용[1]〔常用〕名 하他 常用. ¶ ~하면 해로운 약 常用すると有害な薬.
 상용어[1]〔一語〕名 常用語.
 상용자〔一者〕名 常用者.
상용[2]〔商用〕名 商用. **1** 商業上の用務. ¶ ~으로 출장가다 商用で出張する. **2** 商売に用いること.
 상용문〔一文〕名 商用文.
 상용어[2]〔一語〕名 商用語.
상운[1]〔祥雲〕名 祥雲. 瑞雲〈吉兆を示す雲〉.
상운[2]〔商運〕名 商運. 商売上の運.
상원〔上院〕名〔政〕上院.
상위[1]〔上位〕名 上位. ¶ ~권 上位圏 / 성적은 반에서 ~에 속한다 成績はクラスで上位に属する.
상위[2]〔相違〕名 하自 相違. 差異. 違い. ¶ 원본과 ~가 없다 原本と相違ない.
상위[3]〔常委〕名 **1**〔'상임 위원'의 준말〕常任委員. **2**〔'상임 위원회'의 준말〕常任委員会.
상응〔相應〕名 하自 **1** 相応. 釣り合うこと. ふさわしいこと. ¶ 노력에 ~하는 보수 努力に見合う報酬. **2** 呼応. 互いに応じること. ¶ ~하여 공동 전선을 펴다 呼応して共同戦線を張る. **3** 気心が通じ合うこと.
상의[1]〔上衣〕名 上衣. **1** チョゴリ(저고리). **2** 上着.
상의[2]〔上意〕名 上意. **1** 王の考え. **2** 上の人の意見. ¶ ~하달 上意下達.
상의[3]〔相議〕名 하他 相談. 商議. 協議. ¶ 여행 일정을 ~하다 旅行の日程を相談する.
상이[1]〔相異〕名 하形 相違. ¶ ~점 相違点.
상이[2]〔傷痍〕名 傷痍. けが. ¶ ~군인 傷痍軍人.
상인[1]〔常人〕名 常民.
 상인 계급〔一階級〕名 常民階級. **1** 庶民層. **2**〔史〕(両班に対して)平民階級.
상인[2]〔商人〕名 商人. あきんど. ¶ 소매~ 小売商人.
상일[1]〔常一〕名 하自 荒仕事. 力仕

事. 「人.
　상일꾼 名 雑役夫. 荒仕事をする
상일²〔祥日〕 名 大祥忌. 三回忌.
상임〔常任〕 名 하他 常任. ¶～ 위원 常任委員/～ 이사 常任理事.
　상임 위원회〔一委員會〕 名 常任委員会.
상자〔箱子〕 名 箱. ¶나무 ～ 木箱/～에 담다 箱に詰める[入れる].
상작〔上作〕 名 上作. 豊作.
상잔〔相殘〕 名 하自 互いに争い害すること.
상장¹〔上場〕 名 하他 〔經〕 上場. ¶～ 회사 上場会社/～ 증권 上場証券.
　상장주〔一株〕 名 〔經〕 上場株.
상장²〔喪章〕 名 喪章.
상장³〔賞狀〕 名 賞状. ¶～과 부상을 받다 賞状と副賞を受ける.
상재¹〔上才〕 名 優れた才能, またはその持ち主.
상재²〔上梓〕 名 하他 上梓.
상재³〔商才〕 名 商才.
상재⁴〔霜災〕 名 霜害. 作物が霜枯れすること. ¶～를 입다 霜枯れにあう.
상쟁〔相爭〕 名 하自 互いに争うこと. ¶골육～ 骨肉相争うこと.
상적〔商敵〕 名 商売がたき.
상적하다〔相敵―〕 形 匹敵する. 伯仲する. ¶저 선수와 상적할 사람은 없다 あの選手にかなう人はいない.
상전¹〔上田〕 名 上田.
　상전옥답〔一沃畓〕 名 地味の肥えた上等な田畑.
상전²〔上典〕 名 〔史〕 (奴婢に対して)主人.
상전³〔相傳〕 名 하他 相伝. 代々受け継ぐこと. ¶부자～의 의업 父子二代にわたる医業.
상전⁴〔桑田〕 名 桑畑. 桑田.
　상전벽해〔一碧海〕 名 桑田碧海.
상점〔商店〕 名 商店. 店. ¶식료품～ 食料品店/～가 商店街.
상접〔相接〕 名 하自 相接すること. 互いにくっつくこと. ¶피골이 ～하다 骨と皮がくっついている.
상정¹〔上程〕 名 하他 上程. ¶예산안을 국회에 ～하다 予算案を国会に上程する.
상정²〔常情〕 名 常情. 誰もが持っている人情.
상정³〔想定〕 名 하他 想定. ¶그런 일은 없을 것으로 ～한다 そういうことはないものと想定する.
상제¹〔上帝〕 名 上帝.
상제²〔上製〕 名 上製. **1** 上等につくったもの. **2** 〔'상제본(上製本)'의 준말〕 上製本.
상제³〔喪制〕 名 **1** 父母や祖父母の喪に服する人. **2** 喪に関する制度.
상제⁴〔喪祭〕 名 喪祭. 葬祭. 喪礼[葬礼]と祭礼.
상조¹〔尙早〕 名 時機尚早. 尚早.
상조²〔相助〕 名 하自 互助. ¶상부～ 相互扶助.
상존¹〔尙存〕 名 하自 今なお存在していること.
상존²〔常存〕 名 하自 常在.
상종〔相從〕 名 하自 つきあうこと. 交わること. ¶그런 놈들하고 ～하지 말게 そんなやつらとは付き合うな.
상좌〔上座〕 名 上座. **1** 上席. 高座. **2** 〔佛〕 住持·禅師·元老などの座席. **3** 〔佛〕 寺で僧侶を指揮し寺務を統轄する者(今の住職に同じ).
　상좌승〔一僧〕 名 〔佛〕 上座に座わる僧. 首座.
상주¹〔上奏〕 名 하他 上奏. ¶의견을 ～하다 意見を上奏する.
상주²〔上酒〕 名 上酒. 高級酒.
상주³〔常住〕 名 하自 常住. ¶산의 암자에 ～하다 山の庵に常住する.
상주⁴〔常駐〕 名 하自 常駐. ¶～군 常駐軍.
상주⁵〔喪主〕 名 喪主.
상주⁶〔詳註〕 名 詳しい注解.
상주⁷〔賞酒〕 名 褒美として与える酒.
상중〔喪中〕 名 喪中. 忌中.
상중하〔上中下〕 名 上中下. ¶～로 나누다[평가하다] 上中下に分ける[で評価する].
상지¹〔上旨〕 名 上旨. 上意.
상지²〔上肢〕 名 〔生〕 上肢.
상지상〔上之上〕 名 一等級のうちの一位. 一番すぐれたもの.
상지중〔上之中〕 名 上等の中間.
상지하〔上之下〕 名 上等の下.
상질〔上質〕 名 上質.
상징〔象徵〕 名 하他 象徴. シンボル. 表象. ¶～파[주의] 象徴派[主義]
　상징극〔一劇〕 名 〔演〕 象徴劇.
　상징시〔一詩〕 名 〔文〕 象徴詩.
　상징적〔一的〕 冠 名 象徴的.
상찬¹〔上饌〕 名 非常によいおかず.
상찬²〔常餐〕 名 日常の食事.
상찬³〔常饌〕 名 日常のおかず. 総菜.
상찬⁴〔賞讚〕 名 하他 賞賛. ¶～을 받다 賞賛を受ける.
상찰〔詳察〕 名 하他 詳察. 詳しく調べること.
상책¹〔上策〕 名 上策. 賢明な策. いい策略. ¶중지하는 것이 ～이다 中止するのが上策だ.
상책²〔商策〕 名 商略.
상처¹〔喪妻〕 名 하自 妻に死なれること. ¶～한 지 3년 妻に死なれて3年.
상처²〔傷處〕 名 傷. 傷口. 痛手. ¶～를 입다 傷を負う. 傷つく/전쟁의 ～ 戦争の傷跡.
상체〔上體〕 名 上体. 上半身. ¶～ 운동 上体の運動.
상초〔上草〕 名 上質の刻みたばこ.
상추 名 〔植〕 萵苣. レタス.
　상추쌈 名 サンチュサム(コチュジャン(고추장)をつけてご飯を包んで食べるちしゃの葉, またそうして食べる食事).
상춘¹〔常春〕 名 常春. ¶～의 땅 常春の地.
상춘²〔賞春〕 名 하自 春の景色を愛で楽しむこと.
　상춘객〔一客〕 名 春のよい景色を愛でる行楽客.
상충〔相衝〕 名 하自 相いれないこと. 食

い違うこと. ¶ 두 사람의 의견이 ～하다 二人の意見が相いれない.

상층〔上層〕 名 上層. ¶ ～ 계급 上層階級 / ～ 사회 上層社会.

상층 기류〔一氣流〕 名〔氣〕上層気流.

상층운〔一雲〕 名〔氣〕上層雲.

상치[1]〔上一〕 名 (同じ種類の物の中で)上等なもの. 上物.

상치[2]〔上齒〕 名 上歯.

상치[3]〔常置〕 名 하他 常置. 常に置いてあること. ¶ ～원 常置員.

상치[4]〔相馳〕 名 하自 (志や事柄が)相反すること. 相容れないこと. 食い違い.

상친〔相親〕 名 하自 互いに親しくすること.

상친간〔一間〕 名 互いに親しい仲.

상칭〔相稱〕 名 하自〔物〕相称. ¶ 좌우 ～ 左右相称.

상쾌하다〔爽快一〕 形 爽快だ. さわやかだ. 心地よい. すがすがしい. ¶ 상쾌한 기분 爽快な気持ち / 상쾌한 바람이 불어 온다 すがすがしい風が吹いてくる. **상쾌히** 副 爽快に. さわやかに. 心地よく.

상큼 副〔짧은 다리를 가볍게 높이 들어 걷는 모양〕ぬき足さし足. そろそろ.

상큼상큼 副 そろりそろり.

상큼하다 形 **1** (においとか味などが)芳しくあっさりしている. **2** 若い女性の姿がきれいでさっぱりする.

상탁하부정〔上濁下不淨〕 名 上に立つ者が不正を行なえば部下も不正を行なうようになること.

상탄〔賞歎〕 名 하他 賞嘆.

상태[1]〔狀態〕 名 状態. ようす. 具合. 調子. ありさま. ¶ 정신 ～ 精神状態 / 건강 ～가 별로 좋지 않다 健康状態があまりよくない.

상태[2]〔常態〕 名 常態. 平常の状態.

상토〔上土〕 名〔農〕真土.

상통〔相通〕 名 하自 **1** 相通. 相通ずること. ¶ 유무～하다 有無相通ずる. **2** 共通すること. ¶ 양자에 ～되는 점을 찾아보자 両者に共通する点をさがしてみよう.

상퇴〔上腿〕 名〔生〕上腿.

상투[1] 名 (昔, 結婚した男が髪を結い上げ, 頭のてっぺんで結んだ) まげ.

◆**상투를 틀다** 結婚して一人前の大人になる.

〔속담〕 **상투 위에 올라앉다** (まげの上に乗って座るの意で) 相手を軽視して思い上がる.

상투[2]〔常套〕 名 常套. ¶ ～ 수단 常套手段.

상투어〔一語〕 名 常套語. 常套句.

상투적〔一的〕 冠名 常套的. ¶ ～인 수법 常套的手段[手法].

상판〔相一〕 名 〔'상판대기'의 준말〕〈俗〉面.

상판대기 名〈俗〉面. 面構え.

상팔자〔上八字〕 名 とてもいい運勢. たいへんな幸運.

상패[1]〔上牌〕 名 (花札·トランプなどでのよい札[手].

상패[2]〔賞牌〕 名 賞牌. メダル. ¶ ～를 받다[수여하다] 賞牌をもらう[授与する].

상편〔上篇〕 名 上編.

상포〔喪布〕 名 葬儀に使う反物.

상포계〔一契〕 名 葬儀の費用を助け合うための契.

상표〔商標〕 名〔經〕商標. マーク. ¶ 등록 ～ 登録商標.

상표권〔一權〕 名〔經〕商標権.

상품[1]〔上品〕 名 **1** 上品. 品のよいこと. **2** 上物. 上等なもの. ¶ 사과를 ～으로 한 상자 주세요 りんごを上等なもので1箱ください.

상품[2]〔商品〕 名〔經〕商品. 品. ¶ ～ 진열창 商品陳列窓. ショーウィンドー / 새로 출하된 ～ 新しく出荷された商品.

상품권〔一券〕 名 商品券.

상품 목록〔一目錄〕 名〔經〕商品目録.

상품화〔一化〕 名 하自他 商品化.

상품[3]〔賞品〕 名 賞品. 褒美. ¶ ～으로 공책을 타다 賞品にノートをもらう.

상피[1]〔上皮〕 名〔生〕上皮. ¶ ～ 조직 上皮組織.

상피 소체〔一小體〕 名〔生〕上皮小体.

상피[2]〔相避〕 名 하自 **1** むかし, 親族関係などのために同じ部署での仕官や聴聞·試験官などを互いに避けること. **2** 近親相姦.

상피나다 自 近親相姦事件が起こる.

상피붙다 自 近親間で相姦する.

상하[1]〔上下〕 名 하自 **1** (空間·人間関係·品質などの) 上下. ¶ ～로 움직이다 上下に動く / 지위의 ～에 관계없이 地位の上下に関係なく. **2** 上り下り. 上がり下がり. ¶ 물가의 ～ 변동 物価の上下変動.

상하분〔一墳〕 名 夫婦を同じ墓所の上下二段に葬った墓.

상하[2]〔常夏〕 名 常夏.

상하권〔上下卷〕 名 上下巻.

상하다〔傷一〕 **Ⅰ** 自 **1**〔파손하다·흠이 생기다〕傷む. 壊れる. 破損する. ¶ 옷이 ～ 服が傷む. **2**〔부패하다〕(食べ物などが) 傷む. 腐る. ¶ 상한 음식 傷んだ食べ物. **3** (心などが)傷つく. ¶ 체면이 ～ 体面が傷つく / 자존심이 ～ 自尊心が傷つく. **4**〔야위다〕やせる. やつれる. ¶ 몸이 많이 상했군 ずいぶん体がやせたね.

Ⅱ 他 **1** (自分の体またはその一部を)傷つける. けがをする. ¶ 칼에 손을 상했다 ナイフで手を傷つけた. **2** ('상하게 하다'의 꼴로) (他人の体·心などを)傷つける. ¶ 남의 기분을 상하게 하다 他人の気持ちを傷つける.

상학[1]〔上學〕 名 하自 (学校で)その日の授業を始めること. 始業.

상학종〔一鐘〕 名 授業開始の鐘. 始業ベル.

상학[2]〔相學〕 名 相学.

상학[3]〔商學〕 名 商学.

상한〔上限〕 名 上限. ¶ ～선 上限線.

상항[1]〔上項〕 名 上の項目.

상항[2]〔商港〕 名 商港. 貿易港.

상해[1]〔傷害〕 名 하他 傷害. ¶ ～ 보험

傷害保険/～ 치사 傷害致死.
상해죄〔一罪〕 名〔法〕傷害罪.
상해²〔詳解〕 名 하他 詳解. 詳しく解釈すること.
상해³〔霜害〕 名 霜害.
상행〔上行〕 名 하自 **1** 下から上に行くこと. **2** 上京. **3**〔'상행 열차'의 준말〕上り列車.
상행 열차〔一列車〕 名 上り列車.
상행위〔商行爲〕 名 商行為. ¶ 법에 위반되는 ～ 法に違反する商行為.
상향〔上向〕 名 하自 上向き. **1** 上に向くこと. その方向. **2** 向上すること. **3** 相場·物価が上がること. ¶ 쌀값은 ～ 시세다 米価は上向きだ.
상현〔上弦〕 名〔天〕上弦.
상현달 名〔天〕上弦の月.
상형〔象形〕 名 象形. **1** かたどること. **2**〔'상형 문자'의 준말〕象形文字.
상형 문자〔一文字〕 名〔言〕象形文字.
상호¹〔相互〕 名 **1** 相互. 交互. ¶ ～간의 이익 相互間の利益. **2**（부사적으로 쓰여）お互いに. ¶ ～ 협력하는 태도가 바람직하다 お互いに協力する態度が望ましい.
상호 관계〔一關係〕 名 相互関係.
상호 보험〔一保險〕 名〔法〕相互保険.
상호 부조〔一扶助〕 名 相互扶助.
상호 신용 금고〔一信用金庫〕 名〔經〕相互信用金庫.
상호 작용〔一作用〕 名 相互作用. 交互作用.
상호주의〔一主義〕 名〔法〕相互主義.
상호²〔商號〕 名 商号.
상호권〔一權〕 名 商号権.
상혼〔商魂〕 名 商魂. ¶ 무서운 ～이다 恐るべき商魂だ.
상화〔霜花〕 名 **1** 霜花〈花のようにきれいな霜〉. **2** '상화떡'의 준말.
상화떡 名 蜜をかけたあんこを入れて蒸した小麦粉の餅〈七夕につくる〉.
상환¹〔相換〕 名 하他 引き換え. 交換.
상환²〔償還〕 名 하他 償還. ¶ ～ 공채 償還公債/～ 기한 償還期限.
상황¹〔狀況〕 名 状況. ようす. ¶ ～ 판단 状況判断/～을 파악하다 状況を把握する.
상황²〔商況〕 名 商況. 商状. ¶ ～이 악화되다 商況が悪化した.
상회¹〔上廻〕 名 하他 上回ること. ¶ 평년작을 ～할 것으로 보인다 平年作を上回るものと予想される.
상회²〔商會〕 名 商会.
상훈〔賞勳〕 名 하他 賞勲. **1** 賞と勲章. **2** 勲功のある人をたたえること.
상흔〔傷痕〕 名 傷痕. 傷あと. ¶ 전쟁의 ～을 씻다 戦争の傷あとをいやす.
샅 名 **1** 股間. またぐら. **2**（木などの）股状の部分.
샅바 名 **1**〈シルム(씨름)で〉太ももに結んで四つに組むときのつかみ所とする帯. ¶ ～를 죄다[늦추다] 샅바を締める[緩める]. **2** 昔, 罪人の脚をくくった縄.
샅바지르다 他（罪人の）脚を縄で縛る.
샅샅이 副 まんべんなく. くまなく. 隅々まで漏れなく. ¶ 구석구석까지 ～ 뒤지다 隅々まで漏れなく調べる.
새¹ 名〔'사이¹'의 준말〕間. すき間. ¶ 조금도 놀 ～가 없다 少しも休む間がない/차가 쉴 ～ 없이 지나다닌다 車がひっきりなしに通り過ぎる.
새² 名 **1** 鳥. 小鳥. ¶ ～를 기르다 鳥を飼う[育てる]. **2**〔'참새'의 준말〕すずめ.
〔속담〕 **새 까먹은 소리** すずめがついばむ音〈根も葉もないうわさ〉. **새발의 피** 鳥の足の血〈雀の涙〉.

> **單語帳** 새에 관한 말
>
> 참새 すずめ/ 제비 つばめ/ 까치 かささぎ/ 두루미, 학 鶴/ 기러기 雁/ 독수리 わし/ 매 たか/ 까마귀 からす/ 꿩 きじ/ 뻐꾸기 かっこう/ 올빼미 ふくろう/ 소리개 とび/ 오리 かも/ 고니, 백조 はくちょう/ 닭 にわとり/ 앵무새 おうむ/ 꾀꼬리 うぐいす/ 종달새 ひばり/ 황새 こうのとり/ 뜸부기 くいな/ 메추라기 うずら/ 비둘기 はと/ 갈매기 かもめ/ 해오라기, 백로 しらさぎ.
> ◆병아리 ひよこ/ 철새 渡り鳥/ 텃새 留鳥. ▷동물(動物) 單語帳

새³ 名〔植〕ちがや·すすきなどの総称.
새⁴ 冠 新しい…. 新…. ¶ ～ 구두[옷] 新しい靴[服].
새-⁵ 接頭〔빛깔이 짙고 산뜻함〕真っ…. ¶ ～하얗다 真っ白だ/～빨갛다 真っ赤だ.
-새⁶ 接尾（일부 명사나 용언의 명사형에 붙어）〔모양·상태 등을 나타냄〕ざま. さま. …ぶり. ¶ 생김～ 顔だち. 顔つき/짜임～가 있다（組織や構成の）状態[仕組み]がよい/쓰임～ 使いっぷり.
새가슴 名 はと胸.
새것 名 新しい物. 新品.
새겨듣다 他 **1**（言葉の意味を）かみしめる. 聞き分ける. 納得する. ¶ 내 말을 잘 새겨들어라 私の言うことをよくかみしめて聞きなさい. **2** 注意して聞く. 心に刻みつける. ¶ 선배의 충고를 ～ 先輩の忠告を心に刻みつける.
새고기 名 **1** 鳥肉. **2** すずめの肉.
새곰하다 形 やや酸っぱい.
새곰새곰 副 하形 どれもこれもやや酸っぱいようす.
새그물 名 鳥網. 霞網.
새근거리다[-대다]¹ 自 **1** 息をはずませる. あえぐ. 息切れがする. ¶ 화를 참지 못해서 ～ 怒りをこらえきれずに息を荒くする. **2**（幼児が）すやすやと寝息を立てる.
새근새근¹ 副 하自 **1**〔숨이 가쁜 모양〕はあはあ(と). **2**〔아이가 잠들어 조용히 숨 쉬는 모양〕すやすや(と).
새근거리다[-대다]² 自 軽くずきずきする. ¶ 무릎이 ～ 膝が少しずきずきする.
새근새근² 副 하形〔뼈마디가 자꾸 시근거리는 모양〕ずきずき(と).
새금하다 形 やや酸っぱい.
새금새금 副 하形 やや酸っぱいようす.

새기다¹ 他 刻む. 刻みつける. **1** 〔조각하다〕 彫りつける. ¶ 바위에 새긴 불상 岩に彫った仏像. **2** 〔명심하다〕 深く記憶する. 銘ずる. (心に)刻む. ¶ 성현의 가르침을 염두에 ~ 聖賢の教えを念頭に置く.

새기다² 他 **1** 〔풀이하다〕 (言葉·文の意味を)分かりやすく解釈する. かみくだく. ¶ 한자어의 뜻을 쉬운 말로 ~ 漢字語の意味を易しい言葉で解釈する. **2** 〔번역하다〕 翻訳する. 訳する. ¶ 영어를 일본어로 ~ 英語を日本語に訳する.

새기다³ 他 (牛·羊などの反芻動物が)反芻する. ¶ 소가 먹은 것을 새기고 있다 牛が食べたものを反芻している.

새김 名 **1** 文意を解き明かすこと. **2** (木·石などに)字や絵を刻みつけること, またその刻んだもの. **3** (漢字の)訓.

새김질 名 하自他 **1** (木·石などに)文字や絵などを刻みつけること. **2** 反芻.

새까맣다 形 **1** 真っ黒だ. ¶ 얼굴이 새까맣게 탔다 顔が真っ黒に焼けた. **2** まったく知らない. ¶ 그 분야에 대해서는 ~ その分野についてはまったく知らない. **3** 全然記憶にない. ¶ 편지 부치는 걸 새까맣게 잊고 있었다 手紙を出すのをすっかり忘れていた. **4** (距離的·時間的に)非常に遠い. ¶ 갈 길이 ~ 道が非常に遠い.

새까매지다 自 真っ黒になる. ¶ 먹물이 묻어 손이 새까매졌다 墨がついて手が真っ黒になった.

새끼¹ 名 縄. ¶ ~를 꼬다 縄をなう.

새끼줄 名 縄. 縄ひも. ¶ ~을 치다 縄を張る.

새끼² 名 **1** 子. 動物の子. ¶ 토끼 ~ 兎の子 / ~를 낳다[배다] 子を産む[はらむ]. **2** 〈俗〉 子. 子供. 坊や. 息子. **3** 〈卑〉 野郎. やつ. ¶ 개~ この野郎. こん畜生.

◆**새끼를 치다** ① (動物が)子·卵を産んで繁殖する. ¶ 쥐가 ~를 치다 鼠が繁殖する. ② (何かを元として)その数が増える. (元金が)利子を生む. ¶ 꾸어 준 돈이 ~를 쳐서 큰돈이 되었다 貸し金が利子を生んで大金になった.

새끼발가락 名 足の小指.

새끼손가락 名 手の小指.

새끼집 名 動物の子宮.

새나다 自 (秘密が)漏れる. ばれる. ¶ 정보가 ~ 情報が漏れる.

새다¹ Ⅰ 自 (夜が)明ける. 白む. ¶ 날이 샐 무렵 夜明けごろ.
Ⅱ 他 〔'새우다'의 준말〕 夜を明かす. 徹夜する.

새다² 自 **1** 漏れる. すき間を通って出る. ¶ 천장에서 비가 ~ 天井から雨が漏る / 불빛이 ~ 明かりが漏れる. **2** (秘密が)他人に知れる. **3** (分からないように)そっと抜け出る. 席を外す. ¶ 회의 도중에 슬쩍 ~ 会議の途中でこっそり抜け出る.

새달 名 来月. 次の月. ¶ ~ 보름께 来月15日ごろ.

새댁〔一宅〕 名 **1** 〔'새색시'의 높임말〕 新妻. **2** 婚姻を結ぶ時, 両家が互いに呼びあう語.

새되다 形 (声が)甲高い. ¶ 새된 목소리가 귀를 때린다 金切り声が耳を突く.

새득새득 副 하形 〔좀 시들어 윤기가 없는 모양〕 ぐんなり. しんなり. ¶ 잎이 시들어서 ~하다 葉がしおれてなえている.

새들새들 副 하形 〔조금 시든 모양〕 くなくな. しなしな. ¶ 나팔꽃이 시들어 ~ 해졌다 朝顔がしおれてなえてしまった.

새때 名 食事と食事の間. 食間.

새뜻하다 形 新しくさっぱりしている. すがすがしい. ¶ 새뜻한 아침 すがすがしい朝.

새로 副 **1** 新たに. 新しく. ¶ ~ 나온 물건 新しく出た品物. **2** 再び. 改めて. ¶ 각오를 ~ 하다 覚悟を新たにする / ~ 해 보아라 新たにやってみなさい.

새록새록 副 **1** 〔새로운 일이 잇달아 생기는 모양〕 続々と. 新しく次々と. 相次いで. ¶ ~ 생기는 유행의 물결 次々に生まれる流行の波. **2** 〔거듭 새로움을 느끼는 모양〕 ますます. しみじみ. いよいよ. ¶ 행복감을 ~ 느낀다 幸福感をしみじみ感じる.

새롭다 形 **1** 新しい. 初めてだ. ¶ 새로운 방법 新しい方法 / 새롭게 발명된 기계 新しく発明された機械. **2** なお新しく感じられる. なお鮮やかだ. ¶ 아직도 기억에 ~ いまだ記憶に新しい. **3** 《주로 수량을 나타내는 말과 함께 쓰여》 非常に貴重だ. 要る. 欲しい. ¶ 모내기 철에는 단 하루가 ~ 田植えのときはたった1日でも非常に貴重だ. **새로이** 副 新しく. 新たに. ¶ 마음을 ~ 하다 心を新たにする.

새롱거리다[-대다] 自 **1** ぺちゃくちゃしゃべる. 無駄口をたたく. ¶ 무엇을 그렇게 새롱거리는 거야? 何をそんなにぺちゃくちゃしゃべっているのか. **2** (男女が)互いにふざける. いちゃつく. 戯れる. ¶ 젊은 남녀가 새롱거리고 있다 若い男女がふざけあっている.

새말 名 新語. 新造語.

새무룩하다 形 **1** むっつりしている. 膨れっ面をしている. すねている. ¶ 꾸지람을 듣고 ~ 叱られてから膨れっ面をする. **2** 天気がどんより曇っている. ¶ 새무룩한 하늘 どんよりした空.

새물 名 **1** (果物·鮮魚などの)初物. はしり. ¶ ~ 수박 すいかの初物. **2** 洗いたての着物. 新調した衣服.

새발장식〔一裝飾〕 名 扉につける鳥足模様の金具.

새발톱표〔一標〕 名 〔言〕 引用符号(' ').

새밭 名 茅原(かや·すすきの生い茂った所).

새벽 名 **1** 夜明け. 明け方. 暁. ¶ ~에 일어나 공부하다 明け方に起きて勉強する. **2** 朝までの午前を表わす. ¶ ~ 한 시 午前1時.

새벽같이 副 朝早く. 明け方早く. 朝っぱらから.

새벽녘 名 夜明けごろ. 明け方.

새벽달 名 残月. 夜明けの月.
새벽바람 名 明け方の冷たい風.
새벽밥 名 早朝早く炊いて食べる飯.
새벽잠 名 夜明け頃に寝入る深い眠り.
새봄 名 新春. 初春.
새빨갛다 形 真っ赤だ. ¶ 새빨간 사과 真っ赤なりんご／그녀는 얼굴이 새빨갛게 되었다 彼女は顔が真っ赤になった.
◆**새빨간 거짓말** 真っ赤な嘘.
새빨개지다 自 真っ赤になる. ¶ 얼굴이 ～ 顔が真っ赤になる.
새뽀얗다 形 (煙や霧のように)ほの白い.
새뽀얘지다 自 ほの白くなる.
새사람 名 **1** 新人. **2** 新妻. **3** 心を入れ替えて生活態度を改めた人. ¶ 발을 빼고 ～이 되다 足を洗って真人間になる. **4** 〔基〕 霊的に生まれ変わった人.
새살 名 肉芽〈新しい組織〉.
새살거리다[-대다] 自 にこにこしながら面白そうにしゃべる.
새살궂다 形 非常に軽はずみで騒々しい.
새살떨다 自 むやみにはしゃぐ.
새살새살 副 하自 〔웃으면서 재잘재잘 지껄이는 모양〕 ぺちゃくちゃ.
새살스럽다 形 そそっかしくはしゃぎたがっている.
새살림 名 하自 新所帯. ¶ ～을 차리다 新所帯を持つ.
새삼스럽다 形 今更のようだ. 事新しい. ¶ 그의 집념에는 새삼스럽게 놀랐다 彼の執念には今更のように驚いた／알고 있는 이야기를 새삼스럽게 꺼낼 게 뭐요? 知っている話を事新しく持ち出して何になるんです. **새삼스레** 副 今更. 今更のように. 事新しく. ¶ ～ 말할 것도 없는 일이지만 今更言うまでもないことですが.
새새[1] 名 〔'사이사이'의 준말〕 あいまあいま. すきますきま.
새새틈틈 名 すきますきま. ひまひま. ¶ 창문의 ～으로 바람이 들어온다 窓のすき間すき間から風が入る／공장에 다니면서 ～ 공부하다 工場に勤めながらひまひまに勉強する.
새새[2] 副 〔'새실새실'의 준말〕 笑いふざけるようす.
새새거리다[-대다] 自 やたらに笑いはしゃぐ.
새색시 名 花嫁. 新婦. 新妻.
새서방〔一書房〕 名 〈俗〉 **1** 花婿. 新郎. **2** 新たに迎えた夫.
새소리 名 鳥の鳴き声.
새순〔一筍〕 名 新芽. 若芽.
새시〔sash〕 名 サッシュ. ¶ 알루미늄 ～ アルミサッシュ.
새신랑〔一新郎〕 名 花婿. 新郎.
새싹 名 **1** 若芽. 新芽. ¶ 봄이 되면 ～이 돋아난다 春になると若芽が生え出る. **2** 物事の支えとなるものの芽生え. ¶ 어린이는 나라의 ～이다 子供は国の若芽だ.
새아기 名 舅や姑が新婚の嫁を言う語.
새아기씨 名 〔'새색시'의 높임말〕 新妻.
새아씨 名 〔'새아기씨'의 준말〕 新妻.
새아주머니 名 新しく迎えた兄嫁・弟嫁などの呼び名.
새알 名 **1** 鳥の卵. **2** すずめの卵.
새알사탕〔一沙糖〕 名 (すずめの卵ぐらいの)飴玉.
새알콩 名 〔植〕 大豆の一種〈半分は薄緑色, 他の半分は斑点がある〉.
새알팥 名 〔植〕 小豆の一種〈粒が小さく, 半分は白く他の半分は薄黒い筋がある〉.
새앙 名 〔植〕 生薑.
새옹〔塞翁〕 名 塞翁.
새옹지마〔一之馬〕 名 塞翁が馬. ¶ 인간 만사 ～ 人間万事塞翁が馬.
새우 名 〔動〕 蝦.
〔속담〕 **새우 싸움에 고래 등 터진다** えびのけんかに鯨の背が裂ける〈目下の者が犯した過ちで目上の者が被害をこうむる〉.
새우등 名 猫背.
새우잠 名 (えびのように)背中を丸くして寝ること.
새우젓 名 小えびの塩辛.
새우다[1] 他 (夜を)明かす. 徹夜する. ¶ 뜬눈으로 밤을 ～ まんじりともせず夜を明かす.
새우다[2] 他 ねたむ. そねむ. 焼きもちを焼く. 嫉妬する.
새잎 名 若葉. ¶ ～이 나다 若葉が出る.
새장〔一欌〕 名 鳥かご. ¶ ～ 속의 새 かごの中の鳥.
새점〔一占〕 名 〔民俗〕 小鳥がつまんで出す札の卦によって吉凶を占うこと.
새중간〔一中間〕 名 〔'중간'의 힘줌말〕 ちょうど中間. ¶ 두 사람의 ～에 들어서 화해를 시켰다 二人の間に入って仲直りをさせた.
새집[1] 名 **1** 鳥の巣. **2** すずめの巣.
새집[2] 名 **1** 新居. 新築の家. 新しく入居した家. **2** 姻戚の家. 縁家.
새참 名 〔'사이참'의 준말〕 間食. おやつ.
새척지근하다 形 食べ物が饐えてややすっぱい.
새총〔一銃〕 名 **1** 鳥打ち用の空気銃. **2** (おもちゃの)ぱちんこ.
새치 名 若白髪.
새치기 名 하自 **1** 割り込み. ¶ 줄을 서지 않고 ～하다 並ばないで列に割り込む. **2** 本職の仕事の合間に他のことをすること.
새치름하다 形 何くわぬ顔をしている. つんと取り澄ましている. ¶ 무엇이 마음에 들지 않는지 ～ 何が気に入らないのか素知らぬ顔をしている.
새치부리다 自 いかにも遠慮するようなふりをする. 謙遜ぶる. 取り澄ます.
새침데기 名 澄まし屋. 気取り屋.
새침하다 Ⅰ 形 つんと澄ましている. ¶ 얼굴이 곱살스럽고 새침한 아이 顔だちがきれいでつんと澄ました子供.
Ⅱ 自 何くわぬ顔をする. つんと取り澄ます.

새카맣다 形 真っ黒だ. ¶ 얼굴이 햇볕에 타서 새카맣게 되었다 顔が日に焼けて真っ黒になった.
새콤하다 形 やや酸っぱい. ¶ 김치가 ~ キムチがやや酸っぱい.
 새콤새콤 副 하形 多くのものがいずれも酸っぱいようす. 非常に酸っぱいようす.
새콤달콤하다 形 甘酸っぱい.
새털 名 鳥毛. 鳥の羽.
새파랗다 形 **1** 真っ青だ. ¶ 구름 한 점 없는 새파란 하늘 雲一つない真っ青な空. **2** とても若い. まだ幼い.
 ◆새파랗게 젊다 とても若い. 青二才だ. ¶ 아직 새파랗게 젊은 주제에 まだ青二才のくせに.
 ◆새파랗게 질리다 (恐れなどで)顔が青白くなる. 青ざめる.
새판 名 **1** 新局面. **2** (賭博·囲碁·将棋などの)新しい局. やり直しの勝負. ¶ ~에서는 꼭 이기겠다 この次は必ず勝ってみせる.
새하얗다 形 真っ白だ. ¶ 눈으로 새하얗게 뒤덮인 산 真っ白な雪で覆われている山.
새하얘지다 自 真っ白になる. 真っ白くなる.
새해 名 新年. ¶ ~ 복 많이 받으세요 明けましておめでとうございます / ~를 맞이하다 新年を迎える.
 새해 문안[一問安] 名 新年のあいさつ.
 새해 차례[一茶禮] 名〔民俗〕元旦の祭祀.
색[色] **I** 名 **1** 色. 色彩. ¶ 피부 ~ 皮膚の色 / ~이 밝고 곱다 色が明るくてきれいだ. **2** 女色. 色事. 情事. ¶ ~을 좋아하다 色を好む. **II** 接尾 **1** …色. ¶ 녹~ 緑色 / 다갈~ 茶褐色. **2** 〔특색·경향을 나타냄〕…色. ¶ 지방~ 地方色.
색갈이[色一] 名 하他 春に旧穀を貸与し秋に新穀で返済させること.
색감[色感] 名 色感.
색계[色界] 名 **1**〔佛〕色界(三界の第二). **2** 花柳界.
색골[色骨] 名 好色漢. すけべえ.
색광[色狂] 名 色情狂. 色気違い.
색깔[色一] 名 色彩. 色.
색노끈[色一] 名 **1** 美しく染色したひも. **2** 色紙でよったこより.
색다르다[色一] 形 変わっている. 風変わりだ. 目新しい. 特色がある. ¶ 색다른 성격 変わった性格.
색덕[色德] 名 (女性の)美貌と徳.
색도[色度] 名〔物〕色度. ¶ ~계 色度計.
색동[色一] 名 5色の縞を入れた子供服の袖の布地.
 색동저고리 名 袖に색동をつけてつくった子供のチョゴリ.
색떡[色一] 名 色とりどりの餅.
색마[色魔] 名 色魔.
색맹[色盲] 名〔生〕色盲.
색상[色相] 名 **1** 色相. **2** 色合い. 色調. ¶ 다양한 디자인과 ~의 스키웨어 多様なデザインと色合いのスキーウェア.
색색[1][色色] 名 色々. **1** 各種の色. ¶ ~으로 꾸며 놓은 아치 色とりどりに飾りたてたアーチ. **2** 種々. さまざま. ¶ 물건을 ~으로 갖추어 놓다 品物を色々取りそろえておく. **색색이** 副 色々に. 色とりどりに. さまざまに.
색색[2] 副 하自 **1**〔숨을 가느다랗게 쉬는 소리〕すやすや(と). すうすう(と). **2**〔숨을 헐떡이는 모양〕はあはあ(と). ふうふう(と).
 색색거리다[-대다] 自 **1** すやすや寝息を立てる. **2** はあはあと息を切らす.
색소[色素] 名 色素.
 색소 결핍증[一缺乏症] 名〔醫〕先天性色素欠乏症. 白子.
 색소 세포[一細胞] 名〔生〕色素細胞.
 색소체[一體] 名 色素体.
색소폰[saxophone] 名〔樂〕サキソホン. サックス.
색시 名 **1** 年ごろの若い女性. (未婚の)乙女. 娘. **2** 飲み屋などで働いている若い女性. ホステス. **3** 〔'새색시'의 준말〕新婦. 新妻. 花嫁. 嫁.
 색싯집 名 **1**〈俗〉妻の実家. **2** 客の接待をする女性がいる飲み屋.
색실[色一] 名 色糸. 染め糸.
색안경[色眼鏡] 名 色眼鏡. サングラス. ¶ ~을 쓰고 보다 色眼鏡をかけて見る.
색약[色弱] 名〔生〕色弱.
색연필[色鉛筆] 名 色鉛筆.
색욕[色慾] 名 色欲. 色情.
색원[塞源] 名 하自他 塞源. 元をふさぐこと. ¶ 발본~ 抜本塞源.
색유리[色琉璃] 名 色ガラス.
색인[索引] 名 索引. 見出し. インデックス. ¶ ~을 찾다 索引を引く.
색정[色情] 名 色情. 情欲. ¶ ~광 色情狂.
 색정 도착증[一倒錯症] 名〔心〕色情倒錯症.
색조[色調] 名 色調. **1** 色合い. ¶ 저 그림의 ~는 좀 어둡다 あの絵の色調は少し暗い. **2** 彩り. 色彩.
색종이[色一] 名 色紙. ¶ ~를 접다 色紙を折る.
색주가[色酒家] 名 売春を兼ねた飲み屋, その店の女.
색즉시공[色卽是空] 名〔佛〕色即是空.
색지[色紙] 名 色紙.
색채[色彩] 名 色彩. **1** 色. 彩り. ¶ 밝은 ~ 明るい色彩 / ~ 감각 色彩感覚. **2** (物事·人の態度などに表われる)一定の性質·傾向. ¶ 진보적 ~ 進歩的傾向 / 좌익 ~를 띠다 左翼的傾向を帯びる.
 색채 조절[一調節] 名 色彩調節.
색채움[色一] 名 하自 品物をいろいろ取りそろえること.
색출[索出] 名 하他 探索. 捜索. ¶ 범인 ~에 전력을 쏟다 犯人の探索に全力を傾ける.
색칠[色漆] 名 하自 色塗り. 色を塗ること. ¶ 벽에 ~을 하다 壁に色を塗る.
색한[色漢] 名 **1** 好色漢. **2** 痴漢.
색향[色香] 名 色香. ¶ 여자의 ~에

취하다 女の色香に迷う.

샌님 名 **1** 〔'생원님(生員—)'의 준말〕一般庶民が儒生を呼ぶ語. **2** 堅物. 頑固者. おとなしいだけで融通のきかない人.

샌드백〔sandbag〕名 サンドバッグ.

샌드위치〔sandwich〕名 **1** サンドイッチ. **2** 間に挟まれた状態.

샌드위치맨〔—man〕名 サンドイッチマン.

샌들〔sandal〕名 サンダル.

샐그러뜨리다[-트리다] 他 (物体を) 一方に傾ける. ゆがめる.

샐그러지다 自 (物体が)一方に傾く. ゆがむ.

샐긋하다 形 片方にやや傾いている[ゆがんでいる].

샐긋거리다[-대다] 自他 しきりに傾いたりゆがんだりする. しきりに傾けたりゆがめたりする. ひくひくさせる. ¶ 입을 샐긋거리며 이야기한다 口をとがらしたりゆがめたりしながら話す.

샐긋샐긋 副 하自他 ぐらぐら.

샐녘 名 夜明け. 明け方.

샐러드〔salad〕名 サラダ.

샐러리맨〔salaried man〕名 サラリーマン.

샐룩 副 하自他 ぴくりと. ぴくっと. ¶ 눈썹이 ~하다 眉がぴくりとする.

샐룩거리다[-대다] 自他 ぴくぴく[ひくひく]する. ぴくぴく[ひくひく]させる. ¶ 입술을 ~ 唇をひくひくさせる. 「く.

샐룩샐룩 副 하自他 ひくひく. ぴくぴ

샐샐 副 하自 〔실없게 살며시 웃는 모양〕へらへら(と). ¶ ~ 웃기만 한다 へらへら笑ってばかりいる.

샐쭉 副 하自他 **1** 〔입이나 눈을 한쪽으로 샐긋하고 움직이는 모양〕ぴくっと. ¶ ~ 웃다 にこっと笑う. **2** 〔마음에 차지 않아 고까워하는 태도를 짓는 모양〕つんと. ¶ ~ 돌아서다 すねて背を向ける.

샐쭉거리다[-대다] 自他 **1** 物体がゆがむようにしきりに動く[動かす]. **2** (気に食わないことがあって)しきりに顔や口をゆがませたりする. ¶ 입을 ~ 口をひくひくさせる.

샐쭉샐쭉 副 하自他 ぴくっぴくっと.

샘[1] 名 **1** 泉. ¶ ~이 터지다 泉が湧き出る / ~이 솟다 泉が湧く. **2** 井戸. **3**〔生〕腺. ¶ 땀~ 汗腺.

샘솟다 自 わく. わき出る. (力・感情・涙などが)あふれ出る. わき上がる. ¶ 새로운 힘이 샘솟는 것을 느낀다 新しい力がわいてくるのを覚える.

샘[2] 名 하他 嫉妬. ねたみ. 勝ち気. 負けん気. ¶ ~이 많은 여자 嫉妬深い女.

샘나다 自 ねたましくなる. ¶ 샘나서 못 견디겠다 ねたましくてたまらない.

샘내다 自他 ねたむ. うらやむ. ¶ 남의 승진을 ~ 人の昇進をねたむ.

샘구멍 名 泉のわき出る口.

샘물 名 泉の水. わき水. ¶ ~을 긷다 泉の水をくむ.

샘터 名 **1** 泉. 水のわき出る所. **2** 泉のほとりの洗濯場. ¶ ~에서 빨래를 하다 泉のほとりで洗濯をする.

샘플〔sample〕名 サンプル. 見本. ¶ 상품의 ~ 商品のサンプル.

샛 接頭 (빛깔을 나타내는 형용사에 붙어)〔빛깔이 매우 새뜻하거나 짙음을 나타냄〕真っ…. ¶ ~까맣다 真っ黒だ. ▷새-[5]

샛강〔—江〕名 (川の)本流から分かれて中間で島をなし, あとで本流と合流する支流.

샛길 名 横道. わき道. 抜け道. 間道. ¶ ~로 빠져나가다 わき道へ抜け出る.

샛노랗다 形 真っ黄色だ. ¶ 은행잎이 샛노랗게 물들었다 銀杏の葉が真っ黄色に染まった.

샛노래지다 自 真っ黄色になる.

샛눈 名 うす目. 細目. ¶ ~을 떠서 보다 うす目をあけて見る.

샛돔 名〔動〕疣鯛.

샛문 名 **1** (大門の)脇門. **2** 仕切り戸.

샛말갛다 形 とても清い. とても澄んでくる. ¶ 샛말갛게 높은 하늘 すっきりと澄んだ高い空.

샛말개지다 自 とても清くなる. とても澄んでくる. 冴える.

샛바람 名 (船員用語で)東風.

샛밥 名 **1** 小昼. **2** 間食.

샛별 名〔天〕明けの明星.

샛별눈 名 明けの明星のように澄んで輝く目.

샛서방〔—書房〕名 間男. 情夫.

생[1]〔生〕名 生. 生命. 生きること.

생[2]〔生〕名〔편지 등에서 웃어른께 자기를 낮추어 이르는 말〕生. 小生.

생-[3]〔生〕接頭 **1**〔손을 대지 않은 그대로의 상태임〕生の…. ¶ ~밤 生ぐり / ~쌀 生米 / ~가죽 生皮. **2**〔피륙을 빨거나 누이지 않았음을 나타냄〕生…. ¶ ~모시 生平. **3**〔공연한 억지〕無理やり. 曖昧. ¶ ~난리를 부리다 空騒ぎをする / ~트집 難癖. **4**〔살아 있는 상태임을 나타냄〕生きながら. ¶ ~이별 生き別れ / ~지옥 生き地獄. **5** 産みの. ¶ ~모 産みの母.

-생[4]〔生〕接尾 **1** (干支・年・月などに付いて)…生まれ. ¶ 3월~ 3月生まれ. **2**〔성(姓)에 붙어〕若い人や気楽に付き合える人を表わす. ¶ 김~ キム生. **3** 樹齢を表わす. ¶ 5년~ 사과나무 樹齢5年のりんごの木.

생가〔生家〕名 **1** 生家. **2**〔'본생가'의 준말〕養子の生家.

생가슴〔生—〕名 取り越し苦労. 無駄な気遣い. よけいな心配. ¶ ~을 태우다 よけいな心配をする.

◆**생가슴을 앓다** いたずらに気をもむ. 取り越し苦労をする.

생가죽〔生—〕名 生皮. 粗皮.

생가지〔生—〕名 生木の枝.

생각 名 하自他 **1** 考え. 思い. ¶ 좋은 ~이 떠오른다 いい考えが浮かぶ / ~에 잠기다 思いにふける. **2** 意見. 信念. ¶ ~을 말하다[듣다] 意見を述べる[聞く]. **3** 想像. 想念. 思い. ¶ ~조차 못 했던 일 想像さえできなかったこと. **4**

記憶. 回想. 思い出. 追憶. ¶ ～에 잠기다 思い出にふける. **5** 分別. 思慮. ¶ ～ 없이 말을 내뱉다 見境も[分別]なく言い捨てる. **6** (…したい)気持ち. 願い. ¶ 별로 ～이 없다 別に欲しくない[したくない]. **7** 意図. つもり. ¶ 내주 떠날 ～이다 来週出発するつもりだ.

◆**생각이 꿀떡 같다** 思い[欲望·願い]が切である.

생각건대 副 思うに. 考えるに.

생각나다 自 **1** 考えつく. 思いつく. 何かをしたい気分になる. ¶ 좋은 방법이 ～ いい方法を思いつく. **2** 思い出す. ¶ 그가 누구인지 잘 생각나지 않는다 彼が誰だかよく思い出せない.

생각다 他 〔'생각하다'의 준말〕 思う. 考える. ¶ 생각지 못한 사태 考えも及ばない事態.

◆**생각다 못하여** 考えあぐねて. 思い余って. 思案にくれて. ¶ ～ 못하여 허락하다 考えあぐねて許可する.

생강〔生薑〕 名 〔植〕 生姜.

생강뿔 名 **1** しょうがの根の角状に突き出た部分. **2** 2本とも短い牛の角.

생강주〔一酒〕 名 しょうが酒.

생강차〔一茶〕 名 しょうが茶.

생거름〔生一〕 名 十分に腐っていない堆肥.

생걱정〔生一〕 名 하自他 いらぬ心配. 取り越し苦労. 杞憂.

생것〔生一〕 名 生物. ¶ ～을 먹고 배탈이 났다 生物を食べておなかをこわした.

생겨나다 自 **1** 生ずる. 成立する. 発生する. ¶ 새로운 문제가 ～ 新しい問題が生ずる. **2** 生まれる. ¶ 결혼하면 어린애가 생겨나기 마련이다 結婚すれば子供ができるものだ.

생견〔生絹〕 名 生絹.

생경하다〔生硬一〕 形 生硬だ. **1** (詩などの表現の)こなれていない. 未熟だ. ¶ 생경한 문장 生硬な文章. **2** 世間の事情にうとく頑固だ. ¶ 사람을 대하는 태도가 ～ 人に対する態度が生硬だ.

생계〔生計〕 名 生計. 暮らし. ¶ ～를 꾸리다 生計を立てる / ～가 어렵다 暮らしに困る.

생계비〔一費〕 名 生計費. 生活費.

생고기〔生一〕 名 生肉.

생고무〔生一〕 名 生ゴム.

생고생〔生苦生〕 名 하自 余計な苦労. ¶ ～을 사서 한다 余計な苦労を買って出る.

생고집〔生固執〕 名 えこじ. 片意地. ¶ ～을 부리다 片意地を張る.

생과부〔生寡婦〕 名 **1** 夫と生き別れた女性. **2** 結婚してまもなく夫が死んで独りになった女性.

생과자〔生菓子〕 名 生菓子.

생굴〔生一〕 名 生牡蛎.

생그레 副 하自 〔소리 없이 눈웃음만 치는 모양〕 にこっと. ¶ 아가씨가 ～ 웃다 娘がにこっと笑う.

생글거리다〔-대다〕 自 にこにこする. にこやかに笑う.

생글생글 副 하自 にこにこ(と). ¶ ～ 웃다 にこにこ笑う.

생글뱅글 副 하自 〔기뻐서 웃는 모양〕 にこにこ(と).

생급스럽다 形 不意だ. だしぬけだ. 途方もない. ¶ 그는 시계를 보자 생급스럽게 옷을 입고 나갔다 彼は時計を見るとやにわに服を着て外出した.

생긋 副 하自 〔소리 없이 살짝 눈웃음만 치는 모양〕 にこっと. にっこり(と). ¶ 소녀는 ～ 웃었다 少女はにっこり笑った. **생긋이** 副 にこっと. にっこり(と).

생긋거리다〔-대다〕 自 にこにこ笑う.

생긋뱅긋 副 하自 にこにこ(と).

생긋생긋 副 하自 にこにこ(と).

생기〔生氣〕 名 生気. 活気. 生色. ¶ 그 사람의 얼굴은 ～에 가득 차 있다 その人の顔は生気に満ちている.

생기발랄〔一潑剌〕 名 하形 生気溌剌. ¶ ～한 청년 生気溌剌とした青年.

생기다 Ⅰ 自 **1** できる. 生じる. ¶ 지하철이 ～ 地下鉄ができる / 손에 물집이 ～ 手にまめができる / 이상한 버릇이 ～ 変な癖がつく. **2** 手に入る. できる. ¶ 돈이 ～ 金ができる / 집이 ～ 家が手に入る. **3** 起こる. 生じる. 生まれる. ¶ 교통사고가 ～ 交通事故が起こる / 볼일이 생겨서 오지 못했다 用事ができて来られなかった. **4** (顔つき·容貌·形が)…である. …のように見える. ¶ 잘생긴 남자 顔立ちの整った男性 / 못생긴 얼굴 醜い顔. Ⅱ 補形 (동사의 어간+'게 생기다'의 꼴로) …するはめになる. ¶ 다 퇴근해 버렸으니 내가 청소하게 생겼다 みんな退勤してしまったので僕が掃除するはめになった.

생김새 名 格好. 容姿. 姿. 顔つき. ¶ ～가 사내답다 顔かたちが男らしい.

생김생김 名 格好. 顔つき.

생김치〔生一〕 名 生漬け. 若い青菜で漬けた漬物.

생나무〔生一〕 名 生木.

생남〔生男〕 名 하自 男の子が生まれること.

생남주〔一酒〕 名 男の子が生まれたときにふるまう酒.

생녀〔生女〕 名 하自 女の子が生まれること.

생년월일〔生年月日〕 名 生年月日.

생니〔生一〕 名 健康な歯.

생담배〔生一〕 名 (吸いさしのまま)燃え続けるたばこ.

생도〔生徒〕 名 生徒.

생돈〔生一〕 名 無駄金. 無駄な出費.

생동〔生動〕 名 하自 生動. 生き生きしていること.

생동감〔一感〕 名 生動感. 生き生きした感じ. ¶ ～이 넘친다 生動感があふれている.

생동생동하다 形 (いつまでも)生き生きしている. ぴんぴんしている.

생딴전〔生一〕 名 突拍子もないこと. ¶ ～을 부리다 突拍子もないことをする.

생땅〔生一〕 名 未開墾地. ¶ ～을 일구다 未開墾地を開く.

생때같다〔生一〕 形 (病気がなく)とても丈夫だ. 非常に元気だ.

생떼〔生一〕 名 〔'생떼거리'의 준말〕 ごり

押し.

생떼거리 名 横車. ごり押し. できない事を強引にやろうとすること.

생떼거리쓰다 自 横車を押す.

생래〔生來〕 名 生来. 生まれつき. 生まれてこのかた. ¶ ~의 음치 生来の音痴.

생략〔省略〕 名 하他 省略. ¶ 쓸데없는 말은 ~하라 無駄な言葉は省きなさい.

생략법〔一法〕 名 省略法.

생력〔省力〕 名 省力.

생력 농업〔一農業〕 名〔農〕省力農業.

생령〔生靈〕 名 **1** 生命. **2** 生きている人の魂.

생로병사〔生老病死〕 名〔佛〕四苦. 生·老·病·死. ▷사고(四苦)

생리〔生理〕 名 生理. **1** (生物の)生理. ¶ ~ 작용 生理作用. **2**〔'생리학'의 준말〕生理学. **3** 月経.

생리대〔一帶〕 名 生理帯. 月経帯.

생리일〔一日〕 名 生理日.

생리 휴가〔一休暇〕 名 生理休暇.

생리사별〔生離死別〕 名 生き別れと死別.

생마〔生麻〕 名 生麻

생매장〔生埋葬〕 名 하他 **1** 生き埋め. **2** (落ち度もない人を)社会的に葬ること.

생맥주〔生麥酒〕 名 生ビール.

생면〔生面〕 名 하自 **1**〔'생면목'의 준말〕生面. 初対面. **2** (自分の)顔を立てること. 恩に着せること.

생면부지〔一不知〕 名 一度も会ったことのない人. 全然知らない人.

생면목〔生面目〕 名 初対面.

생멸〔生滅〕 名 하自〔佛〕生滅.

생명〔生命〕 名 生命. **1** 命. ¶ ~을 보전하다 生命を保つ / ~을 바치다 命をささげる. **2** 寿命. ¶ ~이 다하다 寿命が尽きる. **3** 生命. ¶ ~을 잉태하다 生命を孕む. **4** 活動の原動力. ¶ 신용이 상인의 ~이다 信用が商人の生命だ. **5** 神髄. ¶ 시계의 ~은 정확성에 있다 時計の生命は正確さにある.

생명력〔一力〕 名 生命力.

생명 보험〔一保險〕 名〔經〕生命保険.

생명선〔一線〕 名 **1** (生死にかかわる)生命線. **2** (手相の)生命線.

생명주〔生明紬〕 名 生絹. すずし〈練らない生糸で織った絹織物〉.

생명주실 名 生糸. 繭糸.

생모〔生母〕 名 生母. 実母. 産みの母.

생모시〔生一〕 名 生麻. さらしていない苧麻. 生平.

생목〔生木〕 名 **1** 生木綿. さらしていない木綿. **2** 生木.

생목숨〔生一〕 名 **1** 生きている命. **2** 罪なき人の命. ¶ ~을 앗아가다 無実の人の命を奪い取る.

생몰〔生沒〕 名 生まれることと死ぬこと.

생무지〔生一〕 名 (まったくの)素人.

생물〔生物〕 名 生物. 生き物. ¶ 바다의 ~ 海の生物 / ~체 生物体.

생물 발광〔一發光〕 名〔生〕生物発光.

생물학〔一學〕 名 生物学.

생물 화학〔一化學〕 名 生物化学. 生化学.

생밤〔生一〕 名 生ぐり.

생방송〔生放送〕 名 하他 生放送.

생배앓다〔生一〕 自 うらやむ. ねたむ. うらやましがる. ¶ 사촌이 땅을 사면 생배앓는다 いとこが土地を買うとねたむ.

생벼락〔生一〕 名 **1** 突然の雷. **2** 思いがけない災難.

◆**생벼락을 맞다** 思いがけない災難をこうむる.

생병〔生病〕 名 **1** 過労や心労による病気. **2** 仮病.

생복〔生鰒〕 名 生鮑.

생부〔生父〕 名 実父.

생부모〔生父母〕 名 生み父母.

생불〔生佛〕 名 **1**〔佛〕生き仏. 高徳の僧. **2** 〈俗〉 幾日にも何も食べていない人.

생사¹〔生死〕 名 生死. 生と死. ¶ ~의 기로에 서다 生死の岐路に立つ.

생사존망〔一存亡〕 名 生死存亡. 死生存亡.

생사²〔生絲〕 名 生糸.

생사람〔生一〕 名 **1** 無辜の人. 無実な人. ¶ 도둑은 못 잡고 ~을 끌고 간다 泥棒は捕らえず無辜の人を捕らえていく. **2** 全然かかわりのない人. **3** (病気もなく)非常に丈夫な人.

◆**생사람을 잡다** 無実の罪に陥れる.

생산〔生產〕 名 하他 **1** 生産. ¶ 쌀이 많이 ~되는 옥토 米が多く生産される沃土. **2** 出産. 子を生むこと.

생산 가격〔一價格〕 名〔經〕生産価格.

생산 과잉〔一過剩〕 名 生産過剰.

생산 관리〔一管理〕 名 生産管理.

생산 기관〔一機關〕 名〔經〕生産機関.

생산력〔一力〕 名〔經〕生産力.

생산비〔一費〕 名〔經〕生産費.

생산성〔一性〕 名〔經〕生産性. ¶ ~을 높이다 生産性を高める.

생산 수단〔一手段〕 名〔經〕生産手段.

생산자〔一者〕 名 生産者.

생산적〔一的〕 冠名 生産的.

생산 카르텔〔一(독)Kartell〕 名〔經〕生産カルテル.

생산 코스트〔一cost〕 名〔經〕生産コスト.

생살¹〔生一〕 名 **1** 肉芽. **2** (傷·おできなどのない)健康な皮膚.

생살²〔生殺〕 名 하他 生殺. 活殺. 生かすことと殺すこと.

생살권〔一權〕 名 生殺の権利.

생살여탈〔一與奪〕 名 하他 生殺与奪.

생삼〔生蔘〕 名 ☞수삼

생색〔生色〕 名 (援助を与えたりして自分の)面目を立てること. 恩に着せること.

생색나다 自 面目が立つ. 体面が保たれる.

생색내다 他 恩に着せる. 顔を立てる. ¶ 그녀는 뭔가 해 주면 곧 생색낸다 彼女は何かやってくれるとすぐ恩に着せる.

생생이 名 (賭博の)いかさま.

생생이판 名 いかさまの場面.

생생하다〔生生一〕 形 **1** 生き生きしている. 新鮮だ. ¶ 그 생선은 아직 ~ その魚はまだ新鮮だ. **2** 明白だ. はっきりしている. 生々しい. ¶ 그 때의 기억

이 생생하게 머리에 떠오른다 その時の記憶が生々しく脳裏に浮かび上がる. **생생히** 副 生々しく. 生き生きと.

생석회〔生石灰〕名〔化〕生石灰. 酸化カルシウム.

생선〔生鮮〕名 (食物としての)魚. 鮮魚. ¶ ~구이 焼き魚 / 막 잡은 ~ 取れたての魚 / ~회 魚の刺身 / ~가게 魚屋 / ~을 굽다 魚を焼く.

> 單語帳 **바닷물고기에 관한 말**
>
> 명태(明太) すけとうだら / 갈치 たちうお / 조기 いしもち / 대구(大口) たら / 꽁치 さんま / 멸치 かたくちいわし / 고등어 さば / 꽁치 さんま / 참치·다랑어 まぐろ / 도미 たい / 연어(鰱魚) さけ / 넙치 ひらめ / 가오리 えい / 가자미 かれい / 정어리 いわし / 전갱이 あじ / 복어 ふぐ / 방어(魴魚) ぶり / 아귀 あんこう / 임연수어(林延壽魚)·이면수 ほっけ / 붕장어(一長魚) あなご / 청어(青魚) にしん. ▷물고기·동물(動物) 單語帳

생성〔生成〕名 하自他 生成. ¶ 화산의 ~ 火山の生成.

생소나무〔生一〕名 **1** 生えている松の木. **2** 切って間もない乾いていない松の木.

생소리〔生一〕名 하自 **1** (理屈に合わない)とんでもない話. **2** わざとらしい話.

생소하다〔生疏一〕形 **1** 疎い. 親しい間柄でない. 疎遠だ. 見慣れない. なじんでいない. ¶ 생소한 얼굴[사람] 見慣れない顔[人] / 생소한 사이 疎遠な間柄. **2** 不慣れだ. 不案内だ. ¶ 그 지방 사정에는 ~ その地方の事情には疎い.

생손 名〔'생인손'의 준말〕ひょうそ.

생수〔生水〕名 **1** 生水. 泉からわき出る水. **2**〔基〕神の福音.

생숙〔生熟〕名 生熟. **1** 生の物と火を加えた物. **2** 未熟なことと熟練していること.

생시〔生時〕名 **1** 生時. 生まれたとき[時間]. **2** 生時. 生きている間. **3** (寝ていないで)覚めているとき. ¶ 꿈인지 ~인지 알 수 없다 夢かうつつか分からない.

생식[1]〔生食〕名 하他 生食.

생식[2]〔生殖〕名 하自 生殖. ¶ ~기 生殖期 / ~ 기능 生殖機能 / ~ 세포 生殖細胞.

생식기〔一器〕名〔生〕生殖器. ¶ ~ 숭배 生殖器崇拝.

생식 불능〔一不能〕名〔醫〕生殖不能.

생식욕〔一慾〕名〔生〕生殖欲.

생신〔生辰〕名 生辰. 誕生日の尊敬語. ¶ 할아버지의 ~ 축하연 おじいさんのお誕生日の祝宴.

생심〔生心〕名 하自 何かをしようとすること. 何かをする気になること, またその考え.

생쌀〔生一〕名 なま米.

생애〔生涯〕名 生涯. 一生の間. ¶ 화려한 ~ 華やかな生涯.

생야단〔生惹端〕名 **1** やたらに騒ぎたてること. ¶ 말 한 마디에 온 집안이 ~이다 一言で家中が大騒ぎだ. **2** やたらに叱りつけること.

생약〔生藥〕名 生薬. 生ぐすり.

생억지〔生一〕名 無理押し. 横車. 難癖. ◆**생억지를 쓰다** 横車を押す. 無理押しする.

생업〔生業〕名 生業. なりわい. 稼業. ¶ 농사를 ~으로 삼다 農事を生業とする.

생욕〔生辱〕名 不当に受ける恥辱[侮辱].

생원〔生員〕名〔史〕**1** 科挙の小科の最終日の試験科目である経義に合格した人. **2** 年配の人の姓につけて親しげに呼ぶ語. ¶ 허 ~ ホさん.

생월〔生月〕名 生月. 生まれ月.

생육〔生肉〕名 生肉.

생으로〔生一〕副 **1** 生で. 生のままで. ¶ 고기를 ~ 먹다 肉を生のまま食べる. **2** 無理やり. 理由もなく. ¶ 고생을 ~ 사서 하다 苦労をいたずらに買って出る.

생이별〔生離別〕名 하自他 (夫婦の)生き別れ.

생인〔生因〕名 (事物や現象の)生ずる原因.

생인손 名 手の指先にできる腫れ物. 瘭疽.

생일〔生日〕名 誕生日. ¶ ~을 축하합니다 誕生日おめでとうございます.

생일날 名 誕生日.

생일잔치 名 誕生日の祝い. 誕生パーティー.

생자〔生者〕名 生者.

생자필멸〔一必滅〕名〔佛〕生者必滅.

생장〔生長〕名 하自 生長. ¶ ~이 빠른 나무 生長の早い木.

생장작〔生長斫〕名 乾いていない薪.

생전〔生前〕Ⅰ 名 生前. 生きている間. 死ぬ前. ¶ 어머님 ~에 お母さんの生前に.

Ⅱ 副 いくらやってみても. とうてい. ¶ 그것은 ~ 해 봐도 안 될걸 それはいくらやってみても駄目だよ.

생존〔生存〕名 하自 生存. ¶ ~자 生存者 / 인류의 ~을 위협하는 가공할 핵무기 人類の生存を脅かす恐るべき核兵器.

생존 경쟁〔一競爭〕名 生存競争.

생존권〔一權〕名 生存権.

생죽음〔生一〕名 하自 非業の死. 横死. ¶ 교통사고로 ~을 당하다 交通事故で非命に倒れる.

생쥐 名〔動〕二十日鼠.

생즙〔生汁〕名 果物などをすりつぶして絞り出した汁.

생지옥〔生地獄〕名 生き地獄. ¶ 아비규환의 ~ 阿鼻叫喚の生き地獄.

생질〔甥姪〕名 姉妹の息子. おい.

생질녀〔一女〕名 姉妹の娘. めい.

생질부〔一婦〕名 姉妹の息子の妻. おいの妻.

생질서〔一壻〕名 姉妹の娘の夫. めいの夫.

생짜〔生一〕名 (調理したりしてない)生のもの.

생채[1]〔生彩〕名 生彩. 生気. ¶ 이 그

림에는 ~가 없다 この絵には生気がない.

생채[2]〔生菜〕 名〔料理〕 生野菜のナムル.

생채기 名 傷. 傷口.

생철〔—鐵〕 名 ブリキ.

생철통〔—桶〕 名 ブリキ缶.

생체〔生體〕 名 生体. ¶~ 반응 生体反応.

생체 공학〔—工學〕 名〔生〕生体工学. バイオニクス.

생체 실험〔—實驗〕 名 生体実験.

생체 해부〔—解剖〕 名 生体解剖.

생크림〔生cream〕 名 生クリーム.

생태〔生態〕 名 生態. ¶~계 生態系 / ~ 변화 生態変化 / ~학 生態学.

생트집〔生—〕 名 하自他 言いがかり. 無理難題. 難癖.

◆**생트집을 잡다** 理由もなく因縁をつける. 無理難題を吹っかける.

생판〔生—〕 Ⅰ 名 全く知らないこと. 全くの不案内. ¶그는 집안 살림에는 아주 ~이다 彼は家事のことは全然知らない.

Ⅱ 副 **1** 全く. 全然. ¶~ 모르는 사람 全く知らない人. **2** 無理に. むやみやたらに. ¶그렇게 ~으로 우겨대지 마라 そんなにむやみやたらと我を張らないで.

생포〔生捕〕 名 하他 生捕. 生け捕り. ¶곰을 ~하다 熊を生け捕る.

생필름〔生film〕 名 生フィルム.

생필품〔生必品〕 名 〔'생활필수품'의 준말〕 生活必需品.

생호령〔生號令〕 名 하自 理由もなく怒鳴りつけること.

생화〔生花〕 名 生花.

생화학〔生化學〕 名〔化〕生化学.

생환〔生還〕 名 하自 生還. ¶기적적으로 ~하다 奇跡的に生還する.

생활〔生活〕 名 生活. 暮らし. ¶~ 습관 生活習慣 / ~양식 生活様式 / ~환경 生活環境 / 단체 ~ 団体生活 / ~에 여유가 있다 生活にゆとりがある.

생활 감정〔—感情〕 名 生活感情.

생활고〔—苦〕 名 生活苦. ¶~에 시달리다 生活苦に悩まされる.

생활공간〔—空間〕 名 生活空間.

생활 교육〔—教育〕 名 生活教育.

생활난〔—難〕 名 生活難.

생활력〔—力〕 名 生活力. ¶~이 강하다 生活力が旺盛だ.

생활 방식〔—方式〕 名 生活方式.

생활비〔—費〕 名 生活費.

생활상〔—相〕 名 生活状態. 生活振り.

생활수준〔—水準〕 名 生活水準.

생활 통지표〔—通知表〕 名 通知表.

생활필수품〔—必需品〕 名 生活必需品.

생활 학습〔—學習〕 名 生活学習.

생활화〔—化〕 名 하自他 習慣化. ¶물자 절약을 ~하다 物資の節約を習慣化する.

생후〔生後〕 名 生後. 出生後. ¶~ 6개월 된 아기 生後6か月の赤ちゃん.

생흙〔生—〕 名 **1** 掘り返したことのない土. **2** 水によく解けず, またよく練られない土.

샤머니즘〔shamanism〕 名〔宗〕シャーマニズム. 巫俗. 巫術.

샤워〔shower〕 名 하自 シャワー. シャワーを浴びること. ¶~기 シャワー装置.

샤프〔sharp〕 名 하形 シャープ. **1** 鋭いこと. ¶머리가 ~하다 頭がシャープだ. **2**〔樂〕嬰記号. **3**〔'샤프펜슬'의 준말〕シャープペンシル.

샤프펜슬〔—pencil〕 名 シャープペンシル.

샴페인〔(프)champagne〕 名 シャンペン.

샴푸〔shampoo〕 名 하自 シャンプー.

샹들리에〔(프)chandelier〕 名 シャンデリア.

샹송〔(프)chanson〕 名〔樂〕シャンソン.

서[1]〔西〕 名〔'서쪽'의 준말〕西. 反 東.

서[2]〔序〕 名 **1** 文章形態の一つで, 事績の要旨を書いた文. **2**〔'서문'의 준말〕序. 序文.

서[3]〔署〕 Ⅰ 名〔'경찰서·세무서'의 준말〕署.

Ⅱ 接尾 …署. ¶경찰~ 警察署 / 세무~ 税務署.

서[4] 冠 (ㄷ·ㅁ·ㅂ·ㅍ을 첫소리로 하는 말 앞에 붙어) 三つの…. 3…. ¶~ 말 3斗 / ~ 되 3升 / ~ 푼 3文.

서[5] 助 **1**〔'에서'의 준말〕…で. …から. ¶서울~ 대전까지 ソウルから大田まで. **2** (사람의 수를 나타내는 체언에 붙어)〔'인원으로'의 뜻을 나타냄〕…人で. ¶이걸 나 혼자~ 어떻게 해? これを僕一人でどうやってやるんだい. **3**〔완료·모양·이유 등의 뜻을 나타냄〕…して. …してから.

서-[6]〔庶〕 接頭〔본처가 아닌 몸에서 난 사람〕庶…. ¶~동생 庶弟.

서가[1]〔序歌〕 名 序歌. **1** 序詞をつけた歌. **2** 序に代わる歌.

서가[2]〔書架〕 名 書架. 書棚. 本棚.

서가[3]〔書家〕 名 書家.

서각〔犀角〕 名 **1** 犀の角. **2**〔韓方〕犀の角の先端部を粉にしたもの〈解毒剤·解熱剤に用いられる〉.

서간〔書簡〕 名 書簡. 手紙.

서간문〔—文〕 名 書簡文.

서간전〔—箋〕 名 書簡箋. 便箋.

서간체〔—體〕 名 書簡体.

서거〔逝去〕 名 하自〔'사거'의 높임말〕逝去.

서걱거리다〔-대다〕 自他 (新鮮なりんご·梨などをかじって)かりかりいう. さくさくいう.

서걱서걱 副 하自他 さくさく(と). かりかり(と). ¶~ 양배추를 썰다 さくさくとキャベツを刻む.

서경[1]〔書經〕 名〔文〕書経.

서경[2]〔敍景〕 名 하自 叙景.

서경문〔—文〕 名〔文〕叙景文.

서고〔書庫〕 名 書庫. 文庫.

서곡〔序曲〕 名 **1**〔樂〕序曲. ¶카르멘 ~ カルメン序曲. **2** 前触れ.

서광〔曙光〕 名 曙光. **1** 夜明けの太陽の光. **2** 前途にさす希望の光. ¶평화의 ~이 비치다 平和の曙光がさす.

서구〔西歐〕 名〔'서구라파'의 준말〕西

欧. ¶～ 문화 西欧文化.
서글서글하다 形 度量が広く優しい. ¶서글서글한 눈매 優しい眼差し.
서글프다 形 うら悲しい. やるせない. もの悲しい. わびしく哀れだ. ¶낙엽 지는 서글픈 가을 枯れ葉の落ちるもの悲しい秋 / 서글픈 표정을 짓다 もの寂しい表情をする.
서기¹〔西紀〕名 西紀. 西暦.
서기²〔書記〕名 書記. **1** 会議の記録を担当する人. **2** 8級公務員.
서기³〔暑氣〕名 暑気.
서기⁴〔瑞氣〕名 瑞気. めでたい兆候.
서까래 名〔建〕垂木.
서껀 助〔여럿의 대상에 함께 포함됨을 나타냄〕…やら. …もいっしょに. ¶조카～ 다 데리고 왔습니다 甥までいっしょに皆連れてきました.
서남〔西南〕名 西南.
서남간〔─間〕名 西と南との間の方位.
서남쪽 名 西南の方.
서남풍〔─風〕名 西南の風.
서낭 名〔民俗〕**1** 村の守護神が宿っているという木. **2**〔'서낭신'의 준말〕村の守護神.
서낭당〔─堂〕名〔民俗〕村の守護神をまつるために石を積み上げた所.
서낭신〔─神〕名 村の守護神.
서낭제〔─祭〕名 村の守護神の祭り.
서너 冠 三つか四つの…. 3·4…. ¶～ 명 3·4名 / ～ 차례 3·4回.
서넛 數 三つか四つ. 3·4.
서녀〔庶女〕名 庶出の女子.
서녘〔西─〕名 西の方. 西方. ¶～에 해가 떨어지다 西に日が落ちる.
서느렇다 形 **1** (温度·気候が)冷たい. 肌寒い. ひんやりする. ¶서느런 공기 ひんやりした空気. **2** (急に驚いて)ひやっとする. ぞっとする. ¶놀래서 가슴이 서느레졌다 驚いて胸がひやっとした.
서늘하다 形 **1** ひんやりしている. 涼しい. ¶서늘한 고원의 공기 ひんやり(と)した高原の空気. **2** (不意に驚いたり恐れたりして)ひやりとする. ぞっとする. ¶무서워서 등골이 서늘했다 怖くて背中がひやっとした. **3** (雰囲気などが)冷え冷えとしている.
서다 自 **1** 立つ. ¶줄을 서 있는 사람들 並んで立っている人々. **2** (建物が)建つ. 建設される. ¶기념비가 ～ 記念碑が建つ. **3** (国などが)建つ. 設立される. ¶나라가 ～ 建国される. **4** (動いているものが)止まる. 停止する. ¶자동차는 집 앞에 섰다 自動車は家の前で止まった / 거기 서 (そこで)止まれ. **5**《타동사적으로 쓰여》(…に)立つ. (…を)つとめる. ¶보초를 ～ 歩哨に立つ / 앞장을 ～ 先頭に立つ / 보증을 ～ 保証してやる. **6**〔'에 서다'의 꼴로〕(…の立場に)立つ. つく. ¶교단에 ～ 教壇に立つ / 불리한 입장에 ～ 不利な立場に立つ. **7** (刃が)鋭くなる. とがる. ¶날이 잘 서 있다 刃がよくとがっている. **8** (市などが)立つ. 出る. ¶닷새마다 장이 선다 5日ごとに市が立つ. **9** (虹が)立つ. 出る. 昇る. かかる. ¶무지개가 ～ 虹が立つ. **10** (青筋·血管が)立つ. 出る. ¶핏발이 선 눈 血走った目. **11** (計画·方針が)立つ. (値段·覚悟が)つく. 決まる. ¶굳은 결심이 ～ 堅い決心がつく / 판단이 서질 않는다 判断がつかない. **12** (秩序·規律·面目·体面が)守られる. 保たれる. 立つ. ¶면목이 ～ 面目が立つ / 위신이 서지 않는다 威信が保たれない. **13** (筋が)通る. (論理が)立つ. ¶명분이 서지 않는 행동 大義名分の立たない行動. **14** 妊娠する. ¶아기 선 지 5개월이 됐다 妊娠して5か月になった.
서당〔書堂〕名〔史〕漢文などを教えた私塾.
〔속담〕**서당 개 삼 년에 풍월을 한다** 書堂の犬も3年にして風月を詠む〈門前の小僧習わぬ経を読む〉.
서도¹〔西道〕名〔地〕黄海道·平安南北道をあわせた地方.
서도²〔書道〕名 書道. ¶～가 書道家.
서두〔序頭〕名 冒頭. 前口上. 書き出し. 前置き. ¶～에 말했듯이 冒頭で述べたように.
서두르다 自他 急ぐ. あせる. 慌てる. ¶결론을 내는 데 너무 서두르지 마라 結論を出すのにあまりあせるな / 길을 ～ 道を急ぐ.
서둘다 自他〔'서두르다'의 준말〕急ぐ. あせる. 慌てる.
서랍 名 引き出し.
서랑〔壻郞〕名 他人の娘婿に対する尊敬語.
서러움 名 悲しみ.
서러워하다 自他 悲しむ. 痛ましく思う. 嘆く. ¶아들을 잃고 ～ 子を失って悲しむ.
서럽다 形 悲しい. 悲痛だ. つらい. ¶서럽게 울다 悲しそうに泣く / 서러워 못 견디겠다 つらくてたまらない.
서력〔西曆〕名 西暦. 西紀.
서로 名 **1** 互い. 双方. 両方. ¶이런 일이 없도록 ～가 조심하자 こんなことがないようにお互いに気をつけよう. **2**《부사적으로 쓰여》互いに. ともに. 一緒に. ¶～ 격려하다 互いに励まし合う.
서로서로 副 互いに. 相互に. ともども. ¶～ 도와 가면서 화목하게 살고 있다 お互いに助け合いながらむつまじく暮らしている.
서록〔書錄〕名 하他 書録. 記録.
서론〔序論〕名 序論. 序説. 前置き.
서류〔書類〕名 書類. 文書. ¶비밀 ～ 秘密書類.
서른 數 30.
서름서름하다 形〔'서름하다'의 힘줌말〕**1** よそよそしい. **2** 不慣れだ.
서름하다 形 **1** 水臭い. よそよそしい. ¶서름한 태도 よそよそしい態度. **2** 不案内だ. 不慣れだ.
서리¹ 名 **1** 霜. ¶～가 내렸다 霜が降りた. **2** 白髪. **3** 打撃. 被害.
◆**서리를 이다** 霜をいただく. 白髪になる.
서리꽃 名 窓ガラスなどに水蒸気が

が氷結してできた花のような模様.
서리맞다 自 大きな打撃を受けて打ちしおれる.
서릿바람 名 霜風.
서릿발 名 **1** 霜柱. **2** (権威·刑罰などが)厳しいこと.
서릿발같다 形 (権威·刑罰などが)非常に厳しい.
서릿발치다 自 **1** 霜柱が立つ. **2** 厳しい.
서리² 名 하他 集団で他人のものを盗んで食べるいたずら ¶ 참외 ~ (畑の)まくわうりを盗み食いするいたずら.
◆**서리를 맞다** いたずら者たちに盗まれる.
서리꾼 名 人の畑のうり類やよその家の鶏などを盗むいたずら者.
서리³ 名 山積み. 堆積. 大勢の人. ¶ 나무 ~ 薪の山 / 사람 ~ 人の群れ.
서리⁴〔署理〕 名 하他 代理. 職務代理. ¶ 국무총리 ~ 国務総理代理.
서리다¹ 自 **1** (水蒸気·霧などが)立ちこめる. 湯気で曇る. ¶ 안개가 ~ 霧が立ちこめる. **2** (香りが)漂う. **3** (細い線状のものが)密に絡まる. ¶ 방구석에 거미줄이 서려 있다 部屋の隅にくもの糸が張っている. **4** (心の中に)潜む. 秘められる. こもる. ¶ 가슴 속에 서린 원한 胸に秘めた恨み. **5** (表情などに)漂う. 現れる. ¶ 눈에 애정이 서려 있다 目に愛情が漂っている.
서리다² 他 (長いものを渦状に)巻く. ¶ 뱀이 몸을 ~ 蛇がとぐろを巻く.
서리서리 副 **1** 〔끈·줄 등이 동그랗게 포개어 감겨지는 모양〕ぐるぐる(と). **2** 〔감정이 복잡하게 얽힌 모양〕こもごも.
서림〔書林〕 名 書林. 書店. 本屋.
서막〔序幕〕 名 序幕. **1** 演劇などで最初の幕. **2** 物事の始まり. ¶ 권력 투쟁의 ~ 権力闘争の序幕.
서머스쿨〔summer school〕 名 サマースクール. 夏期講習会.
서머 타임〔summer time〕 名 サマータイム. 夏時間.
서머하다 形 面目がない. 顔向けできない.
서먹서먹하다 形 よそよそしい. 気まずい. 照れくさい. ぎごちない. きまりが悪い. ¶ 아는 사람이 없어서 서먹서먹했다 知っている人がいないので気まずかった.
서먹하다 形 よそよそしい. 気まずい. 照れくさい. ぎごちない. きまりが悪い. ¶ 어쩐지 말을 걸기가 ~ なんだか話しかけるのが照れくさい.
서면〔書面〕 名 書面. **1** 文面. **2** 書き付け. 文書. 手紙.
서면 계약〔一契約〕 名〔法〕書面契約.
서면 심리〔一審理〕 名〔法〕書面審理.
서명¹〔書名〕 名 書名. 本の名.
서명²〔署名〕 名 하自 署名. サイン. ¶ 계약 문서에 ~하다 契約文書に署名する.
서명 날인〔一捺印〕 名〔法〕署名捺印.
서명 운동〔一運動〕 名〔社〕署名運動.
서모〔庶母〕 名 庶母. 父のめかけ.
서목〔書目〕 名 書目. 書物の目録.
서몽〔瑞夢〕 名 瑞夢.
서무〔庶務〕 名 庶務. ¶ ~과 庶務課.
서문¹〔序文〕 名 序文. 序. はしがき.
서문²〔誓文〕 名 誓文.
서민〔庶民〕 名 庶民. ¶ 일반 ~ 一般庶民 / ~ 계급 庶民階級.
서민적〔一的〕 冠名 庶民的.
서민층〔一層〕 名 庶民層.
서반구〔西半球〕 名 西半球.
서방¹〔西方〕 名 **1** 西方. 西の地方. **2** 〔'서방 국가'의 준말〕西欧諸国. **3** 〔'서방 극락'의 준말〕西方極楽.
서방 국가〔一國家〕 名 西欧諸国.
서방 극락〔一極樂〕 名〔佛〕西方極楽. 西方浄土.
서방 세계〔一世界〕 名 **1** 西欧諸国. **2** 西方極楽.
서방 정토〔一淨土〕 名 西方浄土.
서방²〔書房〕 **I** 名〈俗〉夫. **II** 依名 官職のない人の名字につけて呼ぶ語. ¶ 김 ~ キムさん.
◆**서방을 맞다**〔얻다〕 (女性が)結婚する.
서방님 名 **1** 〔'남편'의 높임말〕だんな様. **2** 夫の結婚している弟に対する呼称. **3** 〔史〕庶民が官職のない若い儒生を呼ぶ語.
서방맞이 名 하自 (女性が)結婚すること.
서방질 名 하自 間男. 夫のある女性が他の男と密通すること.
서벅돌 名 もろい石.
서법〔書法〕 名 書法.
서부〔西部〕 名 西部. **1** 西の方の部分. **2** 〔史〕朝鮮時代の, ソウルを五つに分けた行政区画の一つ, またそれを管轄した官庁. **3** アメリカの西部.
서부극〔一劇〕 名 西部劇.
서부 영화〔一映畫〕 名 西部劇映画.
서부 활극〔一活劇〕 名 西部劇.
서부렁섭적 副 〔가볍게 건너뛰거나 올라서는 모양〕ひょいと. ぴょんと. ひらりと. ¶ 개울을 ~ 뛰어넘다 小川をひょいと飛び越える.
서부렁하다 形 (縛ったり積んだりしたものが)緩んでいる. ¶ 꽉 싼 보자기가 서부렁하게 되었다 しっかりと包んだ風呂敷が緩んできた.
서부렁서부렁 副 하形 〔여럿을 묶거나 쌓은 것이 느슨한 모양〕ゆるゆる. がたがた.
서분서분하다 形 (性格が)優しく愛想がいい.
서분하다 形 やや緩い. やや締まりがない.
서브〔serve〕 名 하自 サーブ.
서비스〔service〕 名 하自 サービス. ¶ 애프터~ アフターサービス.
서비스업〔一業〕 名〔社〕サービス業.
서사¹〔序詞〕 名 序詞. 序文.
서사²〔敍事〕 名 하自他 叙事.
서사시〔一詩〕 名〔文〕叙事詩.
서사체〔一體〕 名〔文〕叙事体.
서산〔西山〕 名 西山. 西の山.
서산낙일〔一落日〕 名 **1** 西の山に沈む日. **2** 権力や勢力が没落する状況.

서상〔瑞相〕 名 瑞相. 瑞兆.

서생〔書生〕 名 **1** むかし, 儒学を勉強する人. **2** 書生. 他人の家で家事を助けながら勉強をする人.

서생원〔鼠生員〕 名 鼠を擬人化して呼ぶ語.

서서히〔徐徐―〕 副 徐々に. おもむろに. ゆっくり. ¶ ~ 스피드를 내다 徐々にスピードを出す.

서설¹〔序說〕 名 序説. 序論.

서설²〔瑞雪〕 名 瑞雪. めでたい雪.

서성거리다[-대다] 自他 うろうろする. うろつく. 歩き回る. ¶초조하여 방 안을 서성거렸다 いらいらして部屋の中を歩き回った.

서성서성 副 하自他 うろうろ(と).

서수〔序數〕 名〔數〕序数. 順序数.

서술〔敍述〕 名 하他 叙述.

서스펜스〔suspense〕 名 サスペンス.

서슬 名 **1** 刃物などのとがった部分. 刃. ¶ ~이 푸른 칼날 鋭い刃先. **2** (言葉つきなどの)鋭さ. 気勢. 剣幕. ¶무서운 ~로 대들다 ものすごい剣幕でつめよる.

◆**서슬이 시퍼렇다**[**푸르다**] ① 刃物などがぞっとするほど鋭く光る. ② 勢いがひどく激しい. ¶ ~이 시퍼래가지고 으르댄다 ひどい剣幕で脅しつける.

서슴다 自他 ためらう. 躊躇する. ¶서슴지 않고 말을 걸어오다 ためらわず話しかけてくる.

서슴없다 形 ためらわない. 躊躇しない. **서슴없이** 副 ためらわずに. 躊躇しないで. ¶ ~ 대답하다 ためらわずに返事をする.

서시〔序詩〕 名 序詩. 巻頭の詩.

서식¹〔書式〕 名 書式. ¶ ~에 맞추어 쓰다 書式に合わせて書く.

서식²〔棲息〕 名 하自 棲息. 生息. ¶ 숲속에 ~하다 森の中に生息する.

서식지〔一地〕 名 生息地.

서신〔書信〕 名 書信. 手紙. 便り.

서안¹〔西岸〕 名 西岸.

서안²〔書案〕 名 書案. **1** 文書の草案. **2** 机.

서약〔誓約〕 名 하他 誓約. 誓い. ¶명령에 복종할 것을 ~합니다 命令に服従することを誓約します.

서약문〔一文〕 名 誓文.

서약서〔一書〕 名 誓約書. 誓紙.

서양〔西洋〕 名 西洋.

서양사〔一史〕 名 西洋史.

서양식〔一式〕 名 西洋式. 洋式. ¶ ~ 건축 西洋式建築.

서양 요리〔一料理〕 名 西洋料理.

서양 음악〔一音樂〕 名〔樂〕西洋音楽. 洋楽.

서양인〔一人〕 名 西洋人.

서양화¹〔一化〕 名 하自他 西洋化.

서양화²〔一畫〕 名〔美〕西洋画.

서양자〔壻養子〕 名 하自他 婿養子をとること, またその養子.

서언¹〔序言〕 名 序文. 前書き. はしがき.

서언²〔誓言〕 名 誓言. 誓詞.

서역〔西域〕 名 西域.

서열〔序列〕 名 序列. **1** 順番に並ぶこと, またその列. **2** 順序. ¶연공 ~ 年功序列.

서예〔書藝〕 名 書芸. 書道. ¶ ~가 書芸家.

서우〔瑞雨〕 名 瑞雨. 慈雨. ¶ ~가 내리다 瑞雨が降る.

서운¹〔瑞雲〕 名 瑞雲. 祥雲.

서운²〔曙雲〕 名 曙雲. あけぼのの雲.

서운하다 形 物足りない. 寂しい. 名残惜しい. 残念だ. ¶헤어져야 하다니 서운하구나 別れなければならないとは名残惜しいね. **서운히** 副 寂しく. 名残惜しく. 物足りなく.

서울 名 **1** 都. 京. 首都. ¶ ~로 나가다[올라가다] 都に上る. **2**〔地〕ソウル〈大韓民国の首都〉.

〔속담〕**서울 가서 김서방 찾기** ソウルに行ってキムさんさがし〈当てずっぽうに探し回る〉.

서울깍쟁이 名 せちがらいソウル野郎. 抜け目のないソウルっ子. ちゃっかりしたソウルっ子.

서울내기 名 ソウル生まれ. ソウルっ子.

서울뜨기 名〈俗〉ソウル生まれの人.

서원¹〔署員〕 名 署員〈署のつく機関の職員〉. ¶경찰~ 警察署員 / 소방~ 消防署員.

서원²〔誓願〕 名 하他 誓願. ¶신불께 ~하다 神仏に祈願する.

서위〔敍位〕 名 하自 叙位.

서의〔書意〕 名 書意. 手紙·書物などに書かれた意味.

서인〔庶人〕 名 庶人. 庶民.

서임〔敍任〕 名 하他 叙任.

서자¹〔書字〕 名 **1** 簡単な手紙. **2** 文や文字.

서자²〔庶子〕 名 庶子. 妾腹の子.

서자녀〔庶子女〕 名 庶出の息子と娘.

서작〔敍爵〕 名 하自 叙爵.

서장¹〔書狀〕 名 書状. 手紙.

서장²〔誓狀〕 名 誓約書.

서장³〔署長〕 名 署長. ¶세무~ 税務署長.

서재〔書齋〕 名 書斎.

서적〔書籍〕 名 書籍. 本. 書物.

서전¹〔書典〕 名 書典. 書籍. 書物. 典籍.

서전²〔緖戰〕 名 緒戦. ¶ ~을 장식하다 緒戦を飾る.

서점〔書店〕 名 書店. 本屋.

서정¹〔抒情〕 名 하自 叙情. 反 叙事.

서정문〔一文〕 名〔文〕叙情文.

서정 소곡〔一小曲〕 名〔樂〕幻想的でロマンチックな小曲. ノベレット.

서정시〔一詩〕 名〔文〕叙情詩.

서정적〔一的〕 冠 名 叙情的. ¶ ~인 문장 叙情的な文章.

서정²〔庶政〕 名 庶政. 各方面の政治. ¶ ~쇄신 庶政刷新.

서제¹〔序題〕 名 序文.

서제²〔庶弟〕 名 庶弟. 腹違いの弟.

서조모〔庶祖母〕 名 父方の祖父のめかけ.

서족〔庶族〕 名 庶族. 庶出の一族.

서중〔書中〕 名 書中.

서증〔書證〕 名〔法〕書証.

서지¹〔書旨〕 名 書旨. 書面の趣旨.

서지²〔書誌〕 名 書誌. 書籍. 書物.

서지학〔一學〕 名 書誌学.
서진〔書鎭〕 名 文鎮.
서질〔書帙〕 名 書帙. **1** 書籍. 書物. **2** 帙. 書物を包む覆い.
서쪽〔西一〕 名 西. 西方. 反 東, 東方. ¶ ～에서 불어오는 바람 西の方から吹いてくる風.
〔속담〕 **서쪽에서 해가 뜨다** 西の空から日が昇りそうだ〈まったく理屈に合わない話を聞いたときにいう語〉.
서찰〔書札〕 名 書き付け. 手紙.
서창[1]〔西窓〕 名 西側の窓.
서창[2]〔書窓〕 名 書窓. 書斎の窓.
서책〔書冊〕 名 書籍. 書物. 本.
서천〔西天〕 名 西天. **1** 西の空. **2** 〔'서천 서역국'의 준말〕 西天西域国.
서천 서역국〔一西域國〕 名 〔史〕 西天西域国. インド.
서체〔書體〕 名 書体. **1** 文字の書きぶり. **2** 文字の諸々の書き方.
서축〔書軸〕 名 書軸.
서출〔庶出〕 名 庶出. 妾腹.
서치라이트〔searchlight〕 名 サーチライト. 探照灯.
서캐 名 しらみの卵.
〔속담〕 **서캐 훑듯 하다** しらみの卵を梳き取るようにする〈しらみつぶしにする〉.
서커스〔circus〕 名 サーカス.
서클〔circle〕 名 サークル. クラブ.
서통[1]〔書通〕 名 하自 書通. 文通.
서통[2]〔書筒〕 名 封筒.
서투르다 形 **1** 下手だ. 不慣れだ. 未熟だ. 不器用だ. 不得手だ. まずい. ¶ 일이 아직 ～ 仕事がまだ未熟だ / 글씨는 깨끗하지만 문장은 ～ 字はきれいだが文章がまずい. **2** 〔'서투르게'의 꼴로〕 下手に. うかつに. ¶ 지금 서투르게 움직이다가는 위험하다 いま下手に動いては危険だ.
서편〔西便〕 名 西側. 西の方.
서평〔書評〕 名 書評. ¶ ～란 書評欄.
서폭〔書幅〕 名 書幅. 書軸. 文字の書いてある掛け物.
서표〔書標〕 名 しおり. 挟み紙.
서푼〔一分〕 名 三文. **1** 一文銭3枚. **2** 値うちのないこと. ¶ ～어치 값어치도 안 되는 녀석 三文の値打ちもないやつ.
서품식〔敍品式〕 名 〔基〕 叙階式.
서풍[1]〔西風〕 名 西風.
서풍[2]〔書風〕 名 書風. 書体. 書きぶり. ¶ 힘찬 ～ 勢いのよい書きぶり.
서핑〔surfing〕 名 サーフィン. 波乗り.
서학〔西學〕 名 **1** 西学. 西洋の学問. **2** 朝鮮時代, カトリック教をさした語.
서한〔書翰〕 名 書簡. 手紙.
서한문〔一文〕 名 〔文〕 書簡文.
서한지〔一紙〕 名 便箋. 書翰箋.
서한체〔一體〕 名 書簡体.
서함〔書函〕 名 **1** 手紙. **2** 書函.
서해〔西海〕 名 **1** 西海. 西の海. **2** 黄海を指す語.
서행〔徐行〕 名 하自 徐行. ¶ 제차 ～ 諸車徐行 / ～ 표지판 徐行標識.
서향〔西向〕 名 西向き.
서향집 名 西向きの家.
서형〔庶兄〕 名 庶兄. 妾腹に生まれた兄.
서화〔書畫〕 名 書画. 書と絵画.
서화가〔一家〕 名 書画家. 書画に優れた人, またそれを業とする人.
서화상〔一商〕 名 書画を取り扱う商人.
서화첩〔一帖〕 名 書画帳.
서훈〔敍勳〕 名 하自 叙勲.
석[1]〔石〕 依名 〔곡식의 용량을 나타내는 단위〕 石. ¶ 쌀 200～ 米200石.
석[2]〔席〕 依名 〔좌석을 세는 단위〕 …席. ¶ 500～ 500席.
석[3] 冠 三つ. 3. ▷셋. ¶ ～ 달 3か月 / ～ 섬 3石 / ～ 자 3尺.
석[4] 副 **1** 〔단숨에 베거나 써는 모양〕 ずばっ(と). すぱっ(と). ざくっ(と). ¶ 단번에 ～ 잘라 버렸다 一息にすぱっと切ってしまった. **2** 〔거침없이 밀거나 쓸어 나가는 모양〕 さっ(と). すっ(と). ¶ ～ 물러서라 すっと退け. **3** 少しも残さずにすっかり.
-석[5]〔席〕 接尾 …席. ¶ 금연～ 禁煙席 / 내빈～ 来賓席.
석가〔釋迦〕 名 〔佛〕 釈迦.
석가모니〔一牟尼〕 名 〔佛〕 釈迦牟尼.
석가모니여래〔一牟尼如來〕 名 〔佛〕 釈迦牟尼如来.
석가 삼존〔一三尊〕 名 〔佛〕 釈迦三尊.
석가여래〔一如來〕 名 〔佛〕 釈迦如来.
석가산〔石假山〕 名 築山.
석각〔石刻〕 名 하他 石刻.
석간〔夕刊〕 名 〔'석간신문'의 준말〕 夕刊.
석간신문〔一新聞〕 名 夕刊紙.
석간수〔石間水〕 名 岩清水.
석검〔石劍〕 名 石剣.
석경[1]〔夕景〕 名 夕景. 夕方の景色.
석경[2]〔石鏡〕 名 **1** ガラスの鏡. **2** 手鏡.
석계〔石階〕 名 石階. 石段.
석고〔石膏〕 名 〔鑛〕 石膏. ¶ ～상 石膏像.
석고 붕대〔一繃帶〕 名 〔醫〕 ギプス.
석고대죄〔席藁待罪〕 名 하自 犯した罪に対する処分を待つこと.
석공〔石工〕 名 **1** 石工. 石大工. **2** '석공업'의 준말.
석공업〔一業〕 名 石・コンクリート・れんがなどを扱う職業.
석관〔石棺〕 名 石棺.
석광〔錫鑛〕 名 〔鑛〕 錫の鉱山.
석교〔石橋〕 名 石橋.
석굴〔石窟〕 名 石窟. 岩窟.
석권〔席卷〕 名 하他 席巻. ¶ 세계 시장을 ～하다 世界の市場を席巻する.
석권지세〔一之勢〕 名 席巻の勢い.
석기〔石器〕 名 石器.
석기 시대〔一時代〕 名 〔史〕 石器時代. ¶ 신～ 新石器時代.
석녀〔石女〕 名 石女.
석다 自 **1** (積もった雪が)中から溶ける. **2** (酒などが発酵するとき)泡が消える.
석단〔石壇〕 名 石で造った壇.
석대〔石臺〕 名 石台. 石でつくった台.
석두〔石頭〕 名 石頭.
석둑 副 〔단번에 자르거나 베는 모양〕 すぱっと. ¶ 생선 대가리를 ～ 베다 魚の頭をすぱっと切り落とす.

석등〔石燈〕 名 石灯籠.
석등롱〔石燈籠〕 名 石灯籠.
석랍〔石蠟〕 名〔化〕石蝋. パラフィン.
석류〔石榴〕 名 **1**〔植〕石榴の実. **2**〔韓方〕石榴の実の皮. **3** 飾りもちの一種〈もち米粉をこねて赤く染め, ざくろの形につくって油で焼き, もちの上に飾ったもの〉.
석류꽃 名 ざくろの花.
석류나무 名〔植〕石榴.
석류피〔一皮〕 名〔韓方〕石榴皮.
석류석〔石榴石〕 名〔鑛〕石榴石.
석마〔石馬〕 名 石馬. 王陵などの前に置かれる石造りの馬.
석면〔石綿〕 名〔鑛〕石綿.
석면도기〔一陶器〕 名 石綿陶器.
석면 슬레이트〔一slate〕 名 石綿スレート.
석명〔釋明〕 名 하他 釈明.
석명권〔一權〕 名〔法〕釈明権.
석명 의무〔一義務〕 名〔法〕釈明義務.
석묵〔石墨〕 名〔鑛〕石墨. 黒鉛.
석문[1]〔石文〕 名 石文. 石碑·れんが·瓦などに刻んだ文.
석문[2]〔石門〕 名 石門.
석문[3]〔石紋〕 名 石の地紋様.
석문[4]〔釋門〕 名〔佛〕釈門.
석물〔石物〕 名 墓の前に立てる石づくりもの〈石人·石獣など〉.
석방〔釋放〕 名 하他〔法〕釈放. ¶ 가～ 仮釈放.
석벽〔石壁〕 名 石壁. **1** 石を積み上げた壁. **2** 岩壁.
석별〔惜別〕 名 하自他 惜別. ¶ ～연 惜別の宴.
석불〔石佛〕 名 石仏.
석비〔石碑〕 名 石碑.
석사〔碩士〕 名 **1** むかし, 官職のない儒者に対する尊敬語. **2** 修士.
석산〔石山〕 名 石山. 石の多い山.
석삼년〔一三年〕 名 9年. 長い年月.
석상[1]〔石像〕 名 石像.
석상[2]〔席上〕 名 席上. 席. 座上.
석송〔石松〕 名〔植〕日陰蔓.
석쇠 名 焼き網.
석수[1]〔石手〕 名 石工. 石屋.
석수장이 名〈蔑〉石工.
석수[2]〔石數〕 名 (穀物の)石数.
석수[3]〔石獸〕 名 石獣〈墓の前に設けた獣を形どった石像〉.
석순[1]〔石筍〕 名〔鑛〕石筍.
석순[2]〔席順〕 名 席順.
석실〔石室〕 名 **1** 石でつくった箱. **2** 石室.
석실분〔一墳〕 名〔史〕石室墳.
석양〔夕陽〕 名 夕陽. **1** 夕日. 入り日. 斜陽. 落陽. ¶ ～이 비친 창가 夕日の射す窓際. **2** 夕暮れ. 夕方. ¶ 이미 ～ 무렵이었다 すでに夕暮れごろだった. **3** 老年をたとえて言う語. たそがれ(どき). ¶ 인생의 ～에 선 남자들 人生のたそがれに立った男たち.
석양녘 名 夕暮れ時.
석얼음 名 **1** 水晶の中に見える細かい筋. **2** 水に浮いている氷. **3** 窓ガラスなどに凍りついた霜.
석연하다〔釋然一〕 形 釈然とする. すっきりする. ¶ 석연치 않은 이야기 釈然としない話.
석영〔石英〕 名〔鑛〕石英.
석영 유리〔一琉璃〕 名 石英ガラス.
석유〔石油〕 名〔鑛〕石油. ¶ ～난로 石油ストーブ/～등 石油灯/～통 石油缶/～램프 石油ランプ/～ 화학 공업 石油化学工業/～ 산업 石油産業.
석유 기관〔一機關〕 名 石油機関. 石油エンジン.
석의〔釋義〕 名 하他 釈義.
석이〔石耳〕 名〔植〕岩茸.
석이다 他 **1** (暖気が)雪を溶かす. **2** (酒などが発酵するときに)泡を消す.
석인[1]〔石人〕 名 石人〈墓の前に立てられた人を形どった石像〉. ¶ ～ 석수 石人石獣.
석인[2]〔石印〕 名 **1** 石印. 石に彫った印. **2**〔'석판 인쇄'의 준말〕石版印刷.
석인[3]〔碩人〕 名 学徳の高い人.
석일〔昔日〕 名 昔日.
석장[1]〔石匠〕 名 石工. 石匠.
석장[2]〔錫杖〕 名〔佛〕錫杖.
석재〔石材〕 名 石材.
석전〔釋典〕 名〔佛〕釈典. 仏典.
석조[1]〔石彫〕 名 石彫り.
석조[2]〔石造〕 名 石造. 石造り. ¶ ～ 건물 石造りの建物.
석조전〔一殿〕 名 石造の宮殿.
석존〔釋尊〕 名〔佛〕〔'석가 세존'의 준말〕釈尊.
석종유〔石鍾乳〕 名〔鑛〕石鍾乳. 鍾乳石.
석주〔石柱〕 名 石柱.
석죽〔石竹〕 名〔植〕石竹. からなでしこ.
석질〔石質〕 名 石質. 石の性質.
석차〔席次〕 名 席次. **1** 席の順. **2** 成績の順位.
석천〔石泉〕 名 岩清水.
석청〔石淸〕 名 山中の木·岩石などの間で採れるはちみつ.
석축〔石築〕 名 **1** 石積み. **2** 石垣.
석출〔析出〕 名 하他〔化〕析出. ¶ 독소를 ～하다 毒素を析出する.
석탄〔石炭〕 名〔鑛〕石炭. ¶ ～ 가스 石炭ガス/～을 캐다 石炭を掘る.
석탄광〔一鑛〕 名 炭鉱.
석탄산〔一酸〕 名〔化〕石炭酸. フェノール.
석탄층〔一層〕 名〔地〕石炭層.
석탑〔石塔〕 名 石塔.
석판〔石版〕 名〔印〕石版. ¶ ～화 石版画.
석판 인쇄〔一印刷〕 名〔印〕石版印刷. 石版.
석패〔惜敗〕 名 하自 惜敗. ¶ 2대 3으로 ～했다 2対3で惜敗した.
석편〔石片〕 名 石片. 石のかけら.
석필〔石筆〕 名 石筆.
석학〔碩學〕 名 碩学. 大学者.
석화〔石火〕 名 石火. ¶ 전광～와 같이 電光石火のごとく.
석화광음〔一光陰〕 名 石火のように非常に速い歳月.
석회〔石灰〕 名〔化〕石灰. ¶ ～ 가마 石灰窯/～ 비료 石灰肥料.

석회동〔—洞〕 名〔地〕 石灰洞. 鍾乳洞.
석회 모르타르〔—mortar〕 名 石灰モルタル.
석회분〔—分〕 名 石灰分. 石灰の成分.
석회석〔—石〕 名〔鑛〕 石灰石. 石灰岩.
석회수〔—水〕 名〔化〕 石灰水. 石灰液.
석회암〔—巖〕 名〔鑛〕 石灰岩.
석회유〔—釉〕 名〔工〕 石灰釉.
석회질〔—質〕 名 石灰質.
석회질소〔—窒素〕 名〔化〕 石灰窒素. 石窒.
섞갈리다 自 こんがらかる. 紛れる. ごたごたする. 入り乱れる. もつれる. ¶ 이야기가 ~ 話がもつれる.
섞다 他 **1** (ほかのものを入れて)混ぜる. 混ぜ合わせる. ¶ 쌀에 보리를 ~ 米に麦を混ぜる. **2** (ある行動に他の行動を)交える. 間に挟む. ¶ 농담을 섞어 가면서 이야기하다 冗談を交えながら話をする.
섞바꾸다 他 交互に順序を替える.
섞바뀌다 自 交互に順序が替わる.
섞사귀다 自 (地位·環境の違う人たちが)交際する. 交わる.
섞이다 自 混ざる. 混じる. ¶ 웃음 섞인 목소리 笑い混じりの声.
선[1] 名 (結婚の相手を選ぶときの)見合い. 顔見せ. ¶ ~을 보고 교제를 시작하다 見合いして交際を始める.
선[2]〔先〕 名 하自 **1** 〈囲碁·将棋·ユンノリ(윷놀이)などの〉先. 先手. **2** (花札などの)親. ¶ 화투의 ~ 花札の親.
선[3]〔善〕 名 善. 反 悪. ¶ ~과 악을 구별하다 善悪を区別する.
선[4]〔腺〕 名〔生〕 腺. ¶ 호르몬 분비~ ホルモン分泌腺.
선[5]〔線〕 名 **1** 線. 筋. ¶ 도로에 하얀 ~을 긋다 道路に白い線を引く. **2** 路線. ¶ 국내~ 国内線 / 국제~ 国際線. **3** (電話の)線. ¶ 전화~ 電話線. **4** 〔美〕ある物の輪郭をなす部分. ¶ 조각의 ~이 곱다 彫刻の線が美しい. **5** ある限度. ¶ 그 ~에서 합의를 보도록 하시오 その線で合意するようにしなさい.
◆**선을 넘다** ① 限度を越す. ② 男女が性的関係にまで進む.
◆**선을 대다** コネをつける.
◆**선이 가늘다** ① 線が細い. ② 気が小さい. 小心だ.
◆**선이 굵다** ① 線が太い. ② 気が大きい. 心が広く大胆だ.
◆**선이 닿다** コネがつく.
선[6]〔縇〕 名 衣服·座布団などの縁.
◆**선을 두르다** 縁どりをする.
선[7]〔選〕 名 選. えらぶこと. ¶ ~에 들다 選に入る.
선[8]〔禪〕 名〔佛〕 禅.
선-[9] 接頭 不慣れな…. 生半可な. ¶ ~지식 生かじりの知識 / ~잠 うたた寝 / ~밥 生煮えの飯.
-선[10]〔仙〕 接尾 〔신선(神仙) 또는 재능이 뛰어남의 뜻을 나타냄〕…仙. ¶ 시~ 詩仙.
-선[11]〔船〕 接尾 …船. ¶ 여객~ 旅客船 / 화물~ 貨物船.
선가[1]〔仙家〕 名 **1** 仙家. **2** 道家.
선가[2]〔船價〕 名 船賃.
선가[3]〔禪家〕 名〔佛〕 禅家.
선각〔先覺〕 名 하自他 先覚.
선각자〔—者〕 名 先覚者.
선개교〔旋開橋〕 名 旋開橋.
선객[1]〔先客〕 名 先客. 先に来ている客.
선객[2]〔船客〕 名 船客.
선거[1]〔船渠〕 名 船渠. ドック.
선거[2]〔選擧〕 名 하自 選挙. ¶ ~ 공약 選挙公約 / ~일 選挙日 / 공명 ~를 치르다 公明選挙を行なう.
선거 관리 위원회〔—管理委員會〕 名〔法〕 選挙管理委員会.
선거구〔—區〕 名 選挙区.
선거권〔—權〕 名〔法〕 選挙権.
선거법〔—法〕 名 選挙法. ¶ ~ 위반 選挙法違反.
선거 운동〔—運動〕 名 選挙運動.
선거인〔—人〕 名 選挙人. ¶ ~ 명부 選挙人名簿.
선거전〔—戰〕 名 選挙戦.
선걸음 名 (‘선걸음에’의 꼴로) 出かけたついでに. 出かけたその足で. ¶ ~에 책방에 들렀다 出かけたついでに本屋に寄った.
선견[1]〔先見〕 名 先見.
선견지명〔—之明〕 名 先見の明.
선견[2]〔先遣〕 名 하他 先遣. ¶ ~ 부대 先遣部隊.
선결〔先決〕 名 하他 先決. ¶ ~ 문제 先決問題.
선경〔仙境〕 名 仙境.
선계〔仙界〕 名 仙界.
선고[1]〔先考〕 名 先考. 亡父.
선고[2]〔宣告〕 名 하他 宣告. ¶ 무기 징역형을 ~하다 無期懲役刑を宣告する.
선고 유예〔—猶豫〕 名〔法〕 宣告猶予.
선고형〔—刑〕 名〔法〕 宣告刑.
선고[3]〔船庫〕 名 船蔵. 船小屋.
선고[4]〔選考〕 名 하他 選考[銓衡].
선곡〔選曲〕 名 하自他 選曲. ¶ ~이 잘된 프로그램 選曲のよいプログラム.
선공[1]〔先攻〕 名 하自他 先攻.
선공[2]〔船工〕 名 船大工. 船工.
선공후사〔先公後私〕 名 公のことを先にし, 私事は後に回すこと.
선과〔選科〕 名 選科.
선광〔選鑛〕 名 하自他〔鑛〕 選鉱.
선교[1]〔宣教〕 名 하自他 宣教.
선교사〔—師〕 名 宣教師.
선교[2]〔船橋〕 名 船橋. **1** 浮き橋. **2** 艦橋. ブリッジ.
선교[3]〔善教〕 名 善教. よい教え.
선교[4]〔禪教〕 名〔佛〕 **1** 禅宗と教宗. **2** 禅学と教法.
선구[1]〔先驅〕 名 先駆. 先駆け.
선구자〔—者〕 名 先駆者. ¶ 개척의 ~ 開拓の先駆者.
선구[2]〔船具〕 名 船具.
선구[3]〔選球〕 名 하自 (野球で)選球.
선구안〔—眼〕 名 (野球で)選球眼.
선국〔選局〕 名 하自 選局.
선굿 名〔民俗〕 立って行なうムーダン

(무당)のクッ(굿).
선글라스〔sunglasses〕 名 サングラス.
선금〔先金〕 名 前金. ¶～을 주고 사다 前金を払って買う.
선급¹〔先給〕 名 하自 前払い. 先払い.
선급²〔船級〕 名 船級.
선기〔船旗〕 名 船旗. ¶～를 달다 船旗を揚げる.
선남〔善男〕 名 善男. **1** 善良な男. **2** 仏教に帰依した男性.
선남 선녀〔一善女〕 名 善男善女. **1** 善良な男女. **2** 仏教に帰依した男女.
선납〔先納〕 名 하他 前納. 予納.
선내〔船内〕 名 船内. ¶～ 하역 船内荷役.
선녀¹〔仙女〕 名 仙女. 天女.
선녀²〔善女〕 名 善女.
선다형〔選多型〕 名 多肢選択法〈客観テストの一形式〉.
선단¹〔先端〕 名 先端. 先. 端.
선단²〔船團〕 名 船団. ¶포경 ～ 捕鯨船団 / ～ 호송 船団護送.
선대¹〔先代〕 名 先代. 前代. ¶～로부터 물려받다 先代から受け継ぐ.
선대²〔先貸〕 名 하他 先貸し. 前貸し.
선대³〔船隊〕 名 船隊. ¶～를 짓다 船隊を組む.
선대부인〔先大夫人〕 名 他人の亡母に対する尊敬語.
선대왕〔先大王〕 名 崩御した前王の尊敬語.
선대인〔先大人〕 名 他人の亡父の尊敬語.
선대칭〔線對稱〕 名〔數〕 線対称.
선덕〔善德〕 名 善徳. 善行による徳.
선도¹〔先導〕 名 하他 先導. ¶～차 先導車 / ～적 역할 先導的役割.
선도²〔善導〕 名 하他 善導. よい方向に導くこと. ¶불량 청소년 ～ 사업 不良青少年の善導事業.
선도³〔鮮度〕 名 鮮度. ¶～가 떨어지다 鮮度が落ちる.
선도표〔線圖表〕 名〔數〕 線グラフ.
선돌 名〔史〕 立石. メンヒル.
선동〔煽動〕 名 하他 扇動. ¶～자 扇動者 / 학생을 ～하다 学生を扇動する.
선두¹〔先頭〕 名 先頭. ¶대열의 ～에 서다 隊列の先頭に立つ.
선두²〔船頭〕 名 船首. 舳先.
선드러지다 形 (態度が) 軽快でさわやかだ. すっきりしている.
선득 副 하形 〔갑자기 놀라거나 찬 느낌을 받는 모양〕 ひやりと. ひやっと. ぞおっと. ¶가슴이 ～하다 ぞおっとする.
선득거리다[-대다] 自 ひやひやする. ひやっとする.
선들거리다[-대다] 自 **1** (ひんやりした風が) そよそよ吹く. **2** (性質が) 軽快でさっぱりしている.
선들선들 副 하自 そよそよ(と). ¶가을 바람이 ～ 불어온다 秋風がそよそよ吹いてくる.
선들바람 名 そよ風. 涼風.
선등〔船燈〕 名 船灯. 船にともす灯火.
선떡 名 生煮えの餅. よく蒸されていない餅.
〔속담〕 **선떡 가지고 친정에 간다** 生煮えの餅を持って里帰りする〈お土産が粗末なこと〉.
선똥 名 (食べすぎて) 十分に消化されずに出る大便.
선뜩 副 하形 〔'선득'의 센말〕 ひやっと. ひやりと. ぞおっと. ¶손이 칼날에 닿는 순간 ～했다 手が刃に触れる瞬間ひやりとした.
선뜻 副 気軽に快く. さっさと. あっさり(と). ¶내 청을 ～ 들어주었다 私の願いを快く聞いてくれた.
선뜻하다 形 **1** (服装などが) すっきりする. こざっぱりしている. ¶선뜻한 차림새 すっきりした身なり. **2** (気分や感じが) さわやかである. すがすがしい. **선뜻이** 副 すっきり(と). さらりと.
선량하다〔善良一〕 形 善良だ. ¶선량한 시민 善良な市民.
선량〔選良〕 名 選良. **1** 選ばれた人物. **2** 国会議員の別称.
선령¹〔船齡〕 名 船齢.
선령²〔先靈〕 名 **1** 祖先の霊魂. **2** 昔の烈士たちの霊魂.
선례〔先例〕 名 **1** 先例. ¶～를 만들다 先例をつくる. **2**〔法〕 典例. 典拠となる先例.
선로¹〔船路〕 名 船路. 航路.
선로²〔線路〕 名 **1** 線路. **2** (送電線・電信線など) 屋外の有線電気回路の総称. ¶전화 ～ 공사 電話回線工事.
선린〔善隣〕 名 善隣. ¶～ 외교 善隣外交.
선망〔羨望〕 名 하他 羨望. ¶～의 대상이 되다 羨望の的となる.
선매〔先賣〕 名 하他 先売り.
선매권〔先買權〕 名 先買権.
선머리〔先一〕 名 **1** 最初. はじめ. **2** (行列の) 先頭.
선머슴 名 腕白小僧. いたずら坊主.
선명¹〔宣明〕 名 하他 宣明. ¶정치적 입장을 ～하다 政治的立場を宣明する.
선명²〔船名〕 名 船名.
선명하다〔鮮明一〕 形 鮮明だ. 鮮やかだ. ¶선명한 인쇄물 鮮明な印刷物 / 기억이 ～ 記憶が鮮やかだ. **선명히** 副 鮮明に. 鮮やかに.
선모¹〔旋毛〕 名 旋毛. つむじげ. つむじ.
선모²〔羨慕〕 名 하他 羨慕. うらやみ慕うこと.
선모³〔腺毛〕 名〔生〕 腺毛.
선묘¹〔先墓〕 名 先祖の墓.
선묘²〔線描〕 名 하他〔美〕 線描. 線がき.
선무〔宣撫〕 名 하他 宣撫.
선무 공작〔一工作〕 名 宣撫工作.
선무당 名〔民俗〕 未熟なムーダン. 霊験の薄いムーダン.
〔속담〕 **선무당이 사람 죽인다**[잡는다] 未熟なムーダンが人を殺す〈生兵法は大けがのもと〉.
선문¹〔線紋〕 名 縞模様.
선문²〔禪門〕 名〔佛〕 禅門.
선물¹〔先物〕 名〔經〕 先物.
선물 거래〔一去來〕 名〔經〕 先物取引.
선물²〔膳物〕 名 하他 贈り物. 土産.

プレゼント. ¶ 생일 ～ 誕生日のプレゼント[贈り物].
선미〔船尾〕 名 船尾. とも.
　선미등〔一燈〕 名 船尾灯.
선민〔選民〕 名 選民. ¶～의식 選民意識.
선바람 名 着の身着のまま.
선바람쐬다 自 不慣れな地方を歩き回る.
선박〔船舶〕 名 船舶. ¶～ 보험 船舶保険／～ 억류 船舶抑留／～ 신호 船舶信号／～ 톤수 船舶トン数.
　선박 공학〔一工學〕 名 船舶工学.
　선박 등기〔一登記〕 名〔法〕船舶登記.
선반[1] 名 棚. ¶벽 쪽에 ～을 달다 壁に棚をつる.
　선반턱 名 棚の縁につけた板.
선반[2]〔旋盤〕 名〔工〕旋盤.
선발[1]〔先發〕 名 하自 先発. ¶～ 투수 先発投手.
　선발대〔一隊〕 名 先発隊.
선발[2]〔選拔〕 名 하他 選抜. えり抜くこと. ¶～ 시험 選抜試験／～된 대표 선수 選抜された代表選手.
선방[1]〔善防〕 名 하他 善く防ぐこと.
선방[2]〔禪房〕 名〔佛〕禅室. 座禅をする部屋.
선배〔先輩〕 名 先輩. 反 後輩. ¶학교 ～ 学校の先輩.
선번〔線番〕 名〔'선번호'의 준말〕線番.
　선번호〔一號〕 名 線番号.
선변[1]〔一邊〕 名 毎月支払う利子.
선변[2]〔先邊〕 名〔經〕先払いの利子.
선별〔選別〕 名 하他 選別.
선병〔腺病〕 名〔醫〕腺病. るいれき.
　선병질〔一質〕 名〔醫〕腺病質.
선보다 自他 見合いする.
선보이다 他 **1** 初公開する. お目見えさせる. ¶신형 차량을 ～ 新型車両を初公開する. **2** 見合いをさせる.
선복〔船腹〕 名 船腹.
선봉〔先鋒〕 名 先鋒. 先頭. 先駆け. ¶당의 ～에 서다 党の先鋒にたつ.
　선봉대〔一隊〕 名 先鋒の部隊.
선뵈다 他〔'선보이다'의 준말〕**1** 初公開する. **2** 見合いをさせる.
선부[1]〔先夫〕 名 先夫. 前夫.
선부[2]〔先父〕 名 先父. 亡父.
선부[3]〔船夫〕 名 船夫. 船頭.
선분[1]〔線分〕 名〔數〕線分.
선분[2]〔選分〕 名 하他 選別.
선불[1] 名 流れ弾. それ弾. すれすれに当たった弾丸.
　◆**선불을 걸다[놓다]** ① 生はんかに手を出す. 下手な[生ぬるい]ことをする. ② 関係のないことに手出しして損害をこうむる.
　〔속담〕 **선불 맞은 호랑이 뛰듯[선불 맞은 노루 모양]** 流れ弾に当たった虎の跳びはねるよう[流れ弾に当たったのろじかのよう]〈怒りを爆発させて乱暴を働く〉.
　선불질 名 하自 下手な鉄砲打ち. まずい射撃.
선불[2]〔先拂〕 名 하他 先払い. 前払い. 前勘定. ¶대금을 ～하다 代金を先払いにする.
선비[1] 名 **1** 学識はあるが官職に就かない人. **2** 学者. **3** 学問を修める人. **4** 礼儀正しく慈しみのある人.
선비[2] 名 (立って掃く)柄の長いほうき.
선비[3]〔船費〕 名 **1** 船賃. **2** 船舶の運航に要する経費.
선사[1]〔先史〕 名 先史. 前史. 史前.
　선사 시대〔一時代〕 名 先史時代.
선사[2]〔先師〕 名 先師.
선사[3]〔善事〕 名 하他 **1** 善事. よいこと. **2** (目上の人に)よく仕えること. **3** 神仏に供養すること.
선사[4] 名 하他 贈り物をすること. ¶화환을 ～하다 花輪を贈る.
선사[5]〔禪師〕 名〔佛〕禅師.
선산〔先山〕 名 先祖の墓. 先祖の墓のある山.
선상[1]〔扇狀〕 名 扇状. 扇形・おうぎがた.
　선상지〔一地〕 名〔地〕扇状地.
선상[2]〔船上〕 名 船上. 船の上.
선상[3]〔線上〕 名 線上. **1** 線上. **2** 物事の分かれ目になる状態. ¶기아 ～ 飢餓線上.
선상[4]〔線狀〕 名 線状.
선생〔先生〕 名 **1** 先生. 師範. 師匠. ¶초등학교 ～ 小学校の先生. **2** 学識の高い人・経験豊かな人に対する尊敬語. **3**〔'하오' 할 상대에 대해, 격식을 갖추어 이르는 말〕さん. ¶김 ～ 金さん. **4**〔史〕成均館の教員. **5**〔史〕官庁の前任職員.
　선생님 名〔'선생'의 존경어〕先生.
　선생질 名 하自 〈俗〉学校で学生を教えること.
선서〔宣誓〕 名 하他 宣誓. ¶증인으로서 ～하다 証人として宣誓する／선수 ～ 選手宣誓.
선선하다 形 **1** (ほどよく)涼しい. さわやかだ. ¶아침 공기가 ～ 朝の空気がさわやかだ／해변의 선선한 바람 海辺の涼しい風. **2** (性格が)快活であっさりしている. **선선히** 副 快く. 気持ちよく. あっさり(と). ¶～ 승낙해 주었다 快く承諾してくれた.
선성[1]〔先聖〕 名 先聖. むかしの聖人.
선성[2]〔先聲〕 名 **1** 古くからの名声. **2** 前触れ. 予告. **3** 事が起こる前のうわさ.
선세[1]〔先世〕 名 先代.
선세[2]〔先貰〕 名 (おもに不動産の賃貸で)借り主が貸し主に払う保証金.
선셈〔先一〕 名 하他 前払い. 先払い.
선소리[1] 名〔樂〕5・6人が輪になって一人が先に歌うと他の人たちが囃子を入れたりする雑歌の一つ.
선소리[2] 名 하自 理屈に合わない話. おかしな話. とんちんかんな話.
선소리치다 自 先に声を張り上げる.
선속〔船速〕 名 船の速度. 船足.
선손〔先一〕 名 先手. 先駆け. 機先を制すること.
　선손질 名 하自 先に手出しする[殴る]こと.
　〔속담〕 **선손질 후방망이** 先に手で殴って後で棍棒で殴られる〈人に害を与えると後で人からもっと大きな害をこうむ

る〉.

선수¹〔先手〕 名 先手. ¶ ~를 치다 先手を打つ / 바둑을 ~로 두다 囲碁を先にうつ.

◆**선수를 걸다** 先手を打つ. 先に手出しをする.

◆**선수를 쓰다** 先手を打つ.

선수²〔船首〕 名 船首. へさき. みよし. ¶ ~의 방향을 돌리다 船首の方向を変える.

선수³〔選手〕 名 選手. ¶ 테니스 ~ テニスの選手 / 국가 대표 ~로 뽑혔다 国家代表選手に選ばれた.

선수권〔一權〕 名 選手権. ¶ 세계 ~ 世界選手権.

선술〔仙術〕 名 仙術. 仙人の術.

선술집 名 立ち飲み屋. 居酒屋.

선승¹〔先勝〕 名 하自 先勝.

선승²〔禪僧〕 名〔佛〕禅僧.

선실〔船室〕 名 船室. キャビン.

선심¹〔善心〕 名 善心. **1** 善良な心. **2** 人を助けようとする心. **3** 金品を気前よく使って人の歓心を買うこと. ¶ ~ 공세를 펴다 (選挙のときなどに)気前よく金品をばらまく.

◆**선심을 쓰다** 人に善を施す. 気前よく物を施す.

선심²〔線審〕 名 〔'선심판'의 준말〕(球技の)線審. ラインズマン.

선심판〔線審判〕 名 (球技の)線審.

선악〔善惡〕 名 善悪. ¶ ~을 가려서 행동한다 善悪をわきまえて行動する.

선악과〔一果〕 名 **1**〔基〕禁断の木の実. **2**〔佛〕善果と悪果.

선약¹〔仙藥〕 名 仙薬. **1** 仙丹. 不老不死の薬. **2** 霊薬. 非常に利き目のある薬.

선약²〔先約〕 名 하他 先約. 先に約束したこと. ¶ 오늘은 ~이 있습니다 今日は先約があります.

선양〔宣揚〕 名 하他 宣揚. ¶ 국위를 ~하다 国威を宣揚する.

선어〔鮮魚〕 名 鮮魚.

선언〔宣言〕 名 하自他 宣言. ¶ 폐회를 ~하다 閉会を宣する.

선언문〔一文〕 名 宣言文.

선열〔先烈〕 名 先烈. **1** 義のために戦って死んだ烈士. ¶ 순국~ 殉国烈士. **2** 先烈. 先代の功績.

선영〔先塋〕 名 先塋. 先祖の墓.

선왕〔先王〕 名 先王. 先代の王.

선외〔選外〕 名 選外.

선외가작〔一佳作〕 名 選外佳作.

선용〔善用〕 名 하他 善用. ¶ 여가를 ~하다 余暇を善用する.

선우후락〔先憂後樂〕 名 하自 先憂後楽.

선운〔船運〕 名 하他 海運.

선웃음 名 つくり笑い. お世辞笑い.

선원〔船員〕 名 船員. 船乗り.

선원수첩〔一手帖〕 名 船員手帖.

선월〔先月〕 名 先月. 前月.

선유〔船遊〕 名 하自 船遊び.

선율〔旋律〕 名〔樂〕旋律. メロディー.

선의¹〔船醫〕 名 船医.

선의²〔善意〕 名 善意. ¶ ~로 해석하다 善意に解釈する.

선이자〔先利子〕 名 天利. 天引きの利子.

선인¹〔仙人〕 名 仙人. 神仙.

선인²〔先人〕 名 先人. **1** 先父. 先考. **2** 昔の人.

선인³〔善人〕 名 善人.

선인⁴〔善因〕 名〔佛〕善因.

선인장〔仙人掌〕 名〔植〕サボテン.

선일 名 立ち仕事.

선임¹〔先任〕 名 하他 先任.

선임자〔一者〕 名 先任者.

선임제〔一制〕 名〔社〕昇進·解雇·休職などにおいて古参を優遇する制度.

선임 하사관〔一下士官〕 名〔軍〕先任下士官.

선임²〔船賃〕 名 船賃.

선임³〔選任〕 名 하他 選任. ¶ 이사를 ~하다 理事を選任する.

선입관〔先入觀〕 名 先入観. ¶ ~에 사로잡히면 판단을 그르치기 쉽다 先入観にとらわれると判断を誤りやすい.

선자〔選者〕 名 選者. えらびて.

선잠 名 うたた寝.

◆**선잠을 깨다** ① うたた寝から覚める. ② 寝足りないまま目が覚める.

선장¹〔船長〕 名 船長.

선장실〔一室〕 名 船長室.

선장²〔船檣〕 名 船檣. マスト.

선장등〔一燈〕 名 船の前の帆柱につける航海灯.

선장³〔禪杖〕 名 **1** 僧の杖. **2** 警策〈座禅のとき眠気を払うための杖〉.

선재〔船材〕 名 船材.

선저〔船底〕 名 船底.

선적¹〔先蹟〕 名 先跡. 先人の事跡.

선적²〔船積〕 名 하他 船積み. 船積. ¶ 화물을 ~하다 貨物を船積みする.

선적항〔一港〕 名 船積み港.

선적³〔船籍〕 名〔法〕船籍.

선전¹〔宣傳〕 名 하他 宣伝. ¶ 상품~ 商品の宣伝 / ~효과 宣伝効果 / ~문 宣伝文.

선전술〔一術〕 名 宣伝術.

선전²〔宣戰〕 名 하自 宣戦.

선전 포고〔一布告〕 名 宣戦布告.

선전³〔善戰〕 名 하自 善戦. ¶ ~했지만 분패했다 善戦したが惜敗した.

선점〔先占〕 名 하他 先占.

선점 취득〔一取得〕 名〔法〕先占取得.

선정¹〔善政〕 名 하自 善政. ¶ ~을 베풀다 善政を施す.

선정비〔一碑〕 名 善政碑.

선정²〔煽情〕 名 하自他 扇情. ¶ ~적인 장면 扇情的な場面.

선정³〔選定〕 名 하他 選定. ¶ 우량 업체로 ~되다 優良企業に選定される.

선제¹〔先帝〕 名 先帝.

선제²〔先制〕 名 하自 先制. ¶ ~공격 先制攻撃.

선조¹〔先祖〕 名 先祖. 祖先.

선조²〔先朝〕 名 先朝. 前朝.

선종¹〔選種〕 名 하他〔農〕種を選ぶこと.

선종²〔禪宗〕 名〔佛〕禅宗. ¶ ~ 본산 禅宗の本山.

선주¹〔先主〕 名 先主. **1** 先代の君主. **2** 前の主人.

선주²〔船主〕 名 船主. 船の持ち主.

선주민〔先住民〕 名 先住民.
선중〔船中〕 名 船中. 船の中.
선지[1] 名 (獣の)鮮血.
선지피 名 **1** 畜殺するときに出る鮮血. **2** 傷口から迸り出る鮮血.
선짓국 名 牛の血の凝固したものを実にしたスープ.
선지[2]〔先知〕 名 하他 先知. **1** 人より先に知ること. **2** 人より先に道に通じること. **3** 〔'선지자'의 준말〕 予言者.
선지자〔一者〕 名〔基〕 預言者.
선진[1]〔先陣〕 名 先陣.
선진[2]〔先進〕 名 先進. ¶ ～ 문명 先進文明.
선진국〔一國〕 名 先進国.
선집〔選集〕 名 選集.
선착[1]〔先着〕 名 하自 先着.
선착순〔一順〕 名 先着順. ¶ ～으로 줄을 서다 先着順に並ぶ.
선착[2]〔船着〕 名 하自 着船.
선착장〔一場〕 名 船着き場.
선창[1]〔先唱〕 名 하他 先唱. 先に唱えること. 音頭を取ること. ¶ ～자 先唱者/만세를 ～하다 万歳の音頭を取る.
선창[2]〔船艙〕 名 埠頭. 船着き場. 桟橋. ¶ ～에 배를 대다 桟橋に船を着ける.
선창[3]〔船窓〕 名 船窓.
선책〔善策〕 名 善策. 上策.
선처〔善處〕 名 하他 善処. ¶ 이번 일을 ～해 주시기 바랍니다 このたびの件を善処してくださるようお願いします.
선천〔先天〕 名 先天.
선천성〔一性〕 名 先天性. ¶ ～ 심장병 先天性心臓病.
선천성 면역〔一性免疫〕 名〔醫〕 先天性免疫. 自然免疫.
선천적〔一的〕 冠名 先天的. ¶ ～으로 生まれつき/～인 소질 先天的な素質.
선철[1]〔先哲〕 名 先哲. ¶ ～의 명언 先哲の名言.
선철[2]〔銑鐵〕 名〔鑛〕 銑鉄.
선체〔船體〕 名 船体.
선축〔先蹴〕 名 하自他〔體〕 (サッカー・ラグビーなどで) キックオフ.
선출〔選出〕 名 하他 選出. ¶ 대표를 ～하다 代表を選出する.
선충류〔線蟲類〕 名〔動〕 線虫類.
선취〔先取〕 名 하他 先取. 先取り.
선취점〔一點〕 名 先取点.
선취 특권〔一特權〕 名〔法〕 先取特権.
선취득〔先取得〕 名 하他 人より先に取得すること.
선측〔船側〕 名 船側. **1** 船べり. **2** 船のそば.
선치〔善治〕 名 하他 善政.
선친〔先親〕 名 〔남에게 '돌아가신 자기의 아버지'를 이르는 말〕 先父. 先考.
선키 名 立ったときの背丈.
선탁〔宣託〕 名 宣託. 託宣. 神のお告げ.
선탄〔選炭〕 名 하自 選炭.
선태〔鮮太〕 名 生魚の明太.
선택〔選擇〕 名 하他 選択. ¶ ～ 과목 選択科目/도심의 호텔이 회의 장소로 ～되었다 都心のホテルが会議の場所に選ばれた.
선택권〔一權〕 名 選択権.
선투〔善投〕 名 하他 善く投げること.
선편〔船便〕 名 船便. ¶ 책을 ～으로 부치다 本を船便で送る.
선평〔選評〕 名 하他 選評.
선포〔宣布〕 名 하他 宣布. ¶ 계엄령을 ～하다 戒厳令を敷く.
선폭〔船幅〕 名 船幅. 船の幅.
선표〔船票〕 名 乗船券.
선풍〔旋風〕 名 旋風. **1** つむじ風. **2** 突発的な事件. ¶ 정계에 ～을 불러일으키다 政界に旋風を巻き起こす.
선풍기〔扇風機〕 名 扇風機.
선하〔船荷〕 名 船荷.
선하주〔一主〕 名 船荷主.
선하 증권〔一證券〕 名〔法〕 船荷証券.
선하다[1] 形 はっきりと思い出される. ありありと目に浮かぶ. ¶ 지금도 눈을 감으면 어머니의 얼굴이 눈에 ～ 今も目をつぶれば母の顔がありありと目に浮かぶ. **선히** 副 ありありと. 目に見えるように.
선하다[2]〔善一〕 形 よい. 善良だ.
선하품 名 生あくび. ¶ ～이 나오다 生あくびが出る.
선학[1]〔先學〕 名 先学. 学問上の先輩.
선학[2]〔禪學〕 名〔佛〕 禅学.
선행[1]〔先行〕 名 하自他 先行. ¶ ～ 조건 先行条件/말보다 실천이 ～되어야 한다 言葉より実行が先立たなければならない.
선행[2]〔善行〕 名 善行.
선향〔仙鄕〕 名 仙郷.
선험론〔先驗論〕 名〔哲〕 先験論.
선험적〔先驗的〕 冠名〔哲〕 先験的. アプリオリ.
선헤엄 名 立ち泳ぎ.
선현〔先賢〕 名 先賢. 先哲.
선혈〔鮮血〕 名 鮮血.
선형[1]〔扇形〕 名 扇形.
선형[2]〔船型・船形〕 名 船型.
선형[3]〔線形〕 名 線形. ¶ ～동물 線形動物.
선호〔選好〕 名 하他 選好. 選り好み. ¶ 남아 ～ 사상 男児を好む傾向.
선홍색〔鮮紅色〕 名 鮮紅色.
선화[1]〔船貨〕 名 船荷.
선화[2]〔線畫〕 名〔美〕 線画.
선화지〔仙花紙〕 名 仙花紙.
선황〔先皇〕 名〔'선황제'의 준말〕先皇. 先帝.
선황제〔先皇帝〕 名 先皇帝. 先帝.
선회〔旋回〕 名 하自 旋回. ¶ ～ 비행 旋回飛行/～하여 가다 旋回していく.
선후[1]〔先後〕 名 하自他 先後. 後先. ¶ 일에는 ～가 있다 物事には順序がある.
선후당착〔一撞着〕 名 하自 前後撞着. ¶ ～에 빠지다 前後撞着に陥る.
선후도착〔一倒錯〕 名 하自 順序が逆になること.
선후[2]〔善後〕 名 善後.
선후지책〔一之策〕 名 善後策. ¶ ～을 강구하다 善後策を講じる.
선후책〔一策〕 名 善後策.
선후배〔先後輩〕 名 先輩と後輩.

선후평〔選後評〕 名 (文芸作品などの)選評. 選後評.

선달 名 (陰暦の)12月. 師走. ¶ ~ 보름 師走の15日.

선달그믐 名 大みそか. 大つごもり.

선부르다 形 (腕が)未熟だ. おぼつかない. ¶ 선부른 솜씨로는 그 일을 해내기가 무리다 おぼつかない手つきではその仕事をやり遂げるのは無理だ.

선불리 副 生半可に. なまじっか. うかつに(も). うっかり. ¶ ~ 얘기해 버리다 うっかりしゃべってしまう. うっかり口を滑らす.

설[1] 名 **1** 正月. 元日. 元旦. ¶ ~을 쇠다 元旦を祝う. **2** 1年の初め. 年頭.

설[2]〔說〕 **I** 名 説. **1** 見解. 主義. 学説. ¶ 그와는 ~을 달리한다 彼とは見解を異にする. **2** 風説. うわさ. ¶ 이런 ~ 저런 ~이 나돌고 있다 こんな風説, あんな風説が言い触らされている. **II** 接尾 《명사에 붙어》〔'학설'의 뜻을 나타냄〕…説. ¶ 노동 가치~ 労働価値説.

설-[3] 接頭 《동사·명사 앞에 붙어》〔'불충분'의 뜻을 나타냄〕 ¶ ~익다 十分に熟していない. 十分煮えていない / ~마르다 完全に乾いていない.

설거지 名 하自他 **1** (食後の)後片づけ. 皿洗い. ¶ 딸에게 ~를 시키다 娘に皿洗いをさせる. **2**〔'비설거지'의 준말〕雨よけ.

설겅거리다[-대다] 自 ごりごりする. ¶ 콩이 설익어 입 안에서 설겅거린다 豆がよく煮えていないので口の中でごりごりする.

설겅설겅 副 하自 〔설익은 밤이나 콩을 씹을 때 나는 소리[느낌]〕ごりごり(と).

설경〔雪景〕 名 雪景. 雪景色. ¶ 설악산의 아름다운 ~ 雪嶽山の美しい雪景色.

설계〔設計〕 名 하他 設計. ¶ 건축 ~ 建築設計 / ~자 設計者 / 장래의 생활을 ~하다 将来の生活を設計する.

설계도〔一圖〕 名 設計図.

설교〔說教〕 名 하自 説教. ¶ ~사 説教師 / 목사의 ~ 牧師の説教.

설구이 名 하他 (陶器の)素焼き.

설기 名 〔'백설기'의 준말〕うるち粉をせいろでふかした餅.

설날 名 元旦. 元日.

설다[1] 自 **1** (食べ物が)十分煮えていない. 生煮えだ. (実が)熟していない. ¶ 감자가 ~ じゃがいもが煮えていない. **2** 寝不足だ. 眠りが浅い. ¶ 잠이 ~ 睡眠が足りない / 선잠을 깼다 ねぼけまなこをこすった.

설다[2] 形 未熟だ. 不慣れだ. 下手だ. ¶ 낯이 선 사람 見知らぬ人 / 연장 다루는 솜씨가 ~ 道具の扱い方が未熟だ.

설다루다 他 いいかげんに扱う. おろそかに扱う. ¶ 그 문제를 설다루면 큰일 난다 その問題をおろそかに扱うとたいへんなことになる.

설단〔舌端〕 名 舌端. 舌先.

설대 名 〔'담배설대'의 준말〕キセルの管. ラオ.

설데치다 他 ゆで方が十分でない. ¶ 설데친 낙지 十分にゆでていない蛸.

설득〔說得〕 名 하他 説得. ¶ 여러 가지로 ~해 보았지만 허사였다 いろいろと説得してみたが無駄だった.

설득력〔一力〕 名 説得力. ¶ ~이 부족하다 説得力が足りない.

설듣다 他 いいかげんに聞く. 人の話をよく聞かない. ¶ 설들어서 잘 모르겠다 しっかりと聞いていなかったのでよく分からない.

설랑 助 では. ¶ 여기~ 떠들지 말아 주게 ここでは騒がないでくれ.

설랑은 助 〔'설랑'의 힘줌말〕では.

설렁 名 軒先などにつり, 人を呼ぶときひもを引いて鳴らす鈴.

설렁줄 名 설렁を鳴らすとき引くひも.

설렁탕〔一湯〕 名〔料理〕ソルロンタン〈牛の頭·足·ひじ肉·骨·内臓などを煮たスープ〉.

설레 依名 はしゃぐ行動[状態]. 大騒ぎ. ¶ 아이들 ~에 일을 못 했다 子供たちがはしゃぐので仕事ができなかった.

설레다 自 **1** (不安や驚きで)そわそわする. ときめく. 胸騒ぎがする. ¶ 운동회 전날은 마음이 설레기 마련이다 運動会の前日は心がわくわくするものだ. **2** (じっとしていないで)あちこち動き回る. ¶ 아이들이 설레는 바람에 어머니는 잠을 깼다 子供たちが動き回るはずみに母親は目を覚ました.

설레설레 副 (頭·尾などを)軽く大きく横に振るようす. ¶ 머리를 ~ 흔들다 頭を横に振る.

설령〔設令〕 副 たとえ. 仮に. ¶ ~ 농담이라 할지라도 너무 지나치다 たとえ冗談にしてもひどい.

설립〔設立〕 名 하他 設立.

설립자〔一者〕 名 設立者.

설립 행위〔一行爲〕 名〔法〕設立行為.

설마 副 まさか. よもや. ¶ ~ 그런 어리석은 짓은 안 하겠지 まさかそんなばかげたことはしないだろう.

〔속담〕 **설마가 사람 죽인다** まさかが人を殺す〈油断してはいけない〉.

설마르다 形 乾ききらない. 生乾きである. ¶ 설마른 빨래 生乾きの洗濯物.

설맞다 自 **1** (弾·矢などが)的[急所]をはずれる. ¶ 설맞은 멧돼지가 날뛰고 있다 手負いの猪が暴れ回っている. **2** (手加減して)殴られる. 本気で殴られない. ¶ 저 녀석 아직 매를 설맞아서 여전히 까분다 あいつまだ本気で殴られないので相変わらずふざけている.

설멍하다 形 **1** 脚が不似合いに細長い. **2** 着物が不似合いに短い.

설멍설멍 副 〔가늘고 긴 다리로 걷는 모양〕ひょろりひょろりと.

설명〔說明〕 名 하他 説明. ¶ 기계의 조작법을 ~하다 機械の操作法を説明する.

설명문〔一文〕 名〔文〕説明文.

설명서〔一書〕 名 説明書.

설문〔設問〕 名 하他 設問.

설미지근하다 形 **1** (食べ物が)生煮えだ. **2** (態度が)生ぬるい. 煮えきらない. ¶ 설미지근한 태도 煮えきらない態度.

설백〔雪白〕 名 하形 雪白. 雪のように白いこと.

설법〔說法〕 名 하自 〔佛〕 説法.

설보다 他 いいかげんに見る. 見間違える.

설복〔說伏〕 名 하他 説得.

설봉[1]〔舌鋒〕 名 舌鋒. 鋭い弁舌.

설봉[2]〔雪峯〕 名 雪で覆われた峰.

설부〔雪膚〕 名 雪膚. 雪のように白い肌.

설비〔設備〕 名 하他 設備. ¶ 기계 ~ 機械設備 / ~ 투자 設備投資 / 각종 오락 기구를 ~하다 各種の娯楽器具を備えつける.

설비 자금〔一資金〕 名 〔經〕 設備資金.

설빔 名 하自 正月の晴れ着. ¶ ~을 차려 입은 소녀 正月の晴れ着を着た少女.

설사[1]〔泄瀉〕 名 하自 下痢. 腹くだし. ¶ ~가 나다 下痢が起こる / 상한 음식을 먹고 ~했다 傷んだ食べ物を食べて腹をこわした.

설사약〔一藥〕 名 **1** 下痢止め. 止瀉剤. **2** 下剤.

설사[2]〔設使〕 副 たとえ. 仮に. ¶ ~ 반대에 부딪힌다 하더라도 결코 굴복하지 않겠다 よしんば反対に出くわしたとしても決して屈服しない.

설산〔雪山〕 名 **1** 雪山. **2** ヒマラヤ山脈の別称.

설삶기다 自 十分煮えていない.

설삶다 他 生ゆでにする.

설상〔舌狀〕 名 舌状. 舌のような形状.

설상 화관〔一花冠〕 名 〔植〕 舌状花冠〈菊·たんぽぽなど〉.

설상가상〔雪上加霜〕 名 (雪の上に霜を加えるの意から)不幸なことが重なること. 弱り目にたたり目. 泣き面に蜂. ¶ 실직하여 어려운 판국에 ~으로 병까지 났다 失業して苦労している上に病気にまでなった.

설설 副 **1** 〔물이 끓는 모양〕 しゅんしゅん(と). ¶ 주전자의 물이 ~ 끓기 시작한다 やかんの水がしゅんしゅんと沸きはじめる. **2** 〔온돌방이 고루 더운 모양〕 ぬくぬく(と). ほかほか(と). ¶ 군불을 때었더니 방이 ~ 끓는다 オンドルの火をたいたら部屋がほかほかと暖まってくる. **3** 〔벌레 따위가 움직여 기어다니는 모양〕 もぞもぞ(と). **4** 〔쩔쩔 매는 모양〕 たじたじ(と). **5** 〔설레설레〕 頭をゆっくり横に振るようす.

◆**설설 기다** たじたじとなる. たじろぐ. ¶ 사장 앞에서 위세에 눌려 ~ 기다 社長の前まで威勢に押されてたじたじとなる.

설쇠다 自 新年を迎える. 正月[元旦]を過ごす.

설암〔舌癌〕 名 〔醫〕 舌癌.

설야〔雪夜〕 名 雪夜. 雪の降る夜.

설영〔設營〕 名 하自 設営.

설왕설래〔說往說來〕 名 하自 言葉のやり取り. 言い争い.

설욕〔雪辱〕 名 하自他 雪辱. ¶ ~전 雪辱戦.

설움 名 悲しみ. 悲しさ.

설원[1]〔雪原〕 名 雪原. 雪の原.

설원[2]〔雪冤〕 名 하自他 雪冤. 無実の罪を晴らすこと.

설유〔說諭〕 名 하他 説諭. 教え諭すこと.

설음식〔一飮食〕 名 正月料理.

설익다 自 生煮え[半煮え]になる. 十分に煮えていない. ¶ 고기가 설익었다 肉がよく煮えていない[半煮えだ].

설자리 名 **1** 立つ瀬. 自分の立場. ¶ 그렇게 되면 내 ~가 없어진다 そうなれば私の立つ瀬がなくなってしまう. **2** (射場で)矢を射るときに立つ場所.

설잡다 他 (しっかりつかまないで)いいかげんにつかむ.

설전〔舌戰〕 名 하他 舌戦. 口論. ¶ ~을 벌이다 舌戦を戦わす.

설정〔設定〕 名 하他 設定. ¶ 규칙을 ~하다 規則を設定する.

설죽〔雪竹〕 名 〔植〕 紫竹.

설죽다 自 **1** まだ生きている. **2** 勢いが完全になくなっていない.

설중〔雪中〕 名 雪中. 雪の降る中. 雪の積もった中. ¶ 이 ~에 어디를 가십니까? この雪の降る中をどこへおいでになるんですか.

설중사우〔一四友〕 名 雪中四友〈玉梅·臘梅·茶梅·水仙の総称〉.

설취하다〔一醉一〕 自 生酔いする. 酔い足りない.

설치[1]〔雪恥〕 名 하自他 雪辱. 恥をすすぐこと.

설치[2]〔設置〕 名 하他 設置. 据え付け. 取り付け. 設けること. ¶ 기계의 ~ 機械の設置 / 자동 판매기를 ~하다 自動販売機を設置する.

설치다[1] 自 **1** 暴れる. 荒れる. 横行する. のさばる. ¶ 깡패들이 ~ 不良たちが暴れる / 술을 먹고 설치고 다닌다 酒を飲んで暴れ回る. **2** あわてふためく.

설치다[2] 他 …しそびれる. やりそこなう. ¶ 어젯밤 잠을 설쳐 몸이 좋지 않다 昨晩は寝そびれて体の具合が悪い.

설치류〔齧齒類〕 名 〔動〕 齧歯類.

설컹거리다[-대다] 自 ごりごりする. こりこりする. ¶ 덜 구워져서 설컹거리는 밤 よく焼けていなくてごりごりする栗.

설컹설컹 副 하自 〔'설겅설겅'의 거센말〕 ごりごり. こりこり.

설탕〔雪糖〕 名 〔본음은 '설당'〕 砂糖. 白砂糖. ¶ 각~ 角砂糖 / 커피에 ~을 넣다 コーヒーに砂糖を入れる.

설태〔舌苔〕 名 〔醫〕 舌苔.

설파〔說破〕 名 하他 **1** (真理などを)説き明かすこと. **2** 説破. 相手の説を言い負かすこと.

설편〔雪片〕 名 雪片.

설풍〔雪風〕 名 風雪. 雪と風. 雪まじりの風. 吹雪.

설피다 形 **1** すき間がある. まばらだ. (織り目が)粗い. ¶ 치맛감으로는 너무 ~ チマの布地としては目が粗すぎる

/설피던 자리가 구경꾼으로 꽉 들어찼다 それまでまばらだった場所が見物客でいっぱいになった. **2** そそっかしく大ざっぱだ.

설핏하다 形 **1** 少しすき間がある. (織物·編み物が)ちょっと粗い. ¶설핏한 삼베 目の粗い麻布. **2** (日が暮れて)薄暗い. ¶해가 설핏할 무렵 日が落ち薄暗くなるころ.

설핏설핏 副 하形 **1** 織り目·編み目などの粗いようす. **2** (日が暮れて)薄暗いようす.

설한〔雪寒〕名 雪が降るころや雪が降ったあとの寒さ. ¶엄동~ 雪の降る厳しい冬の寒さ.

설한풍〔一風〕名 **1** 雪の上に吹く風. **2** 吹雪.

설해〔雪害〕名 雪害.

설형 문자〔楔形文字〕名 楔形文字. くさび形文字.

설혹〔說或〕副 たとえ. 仮に. ¶~ 선생님이 잘못했다 하더라도 たとえ先生が誤っていたとしても.

설화¹〔舌禍〕名 舌禍.

설화²〔雪花〕名 **1** 雪花. 花のように降る雪. **2** 木の枝についた雪.

설화 석고〔一石膏〕名〔鑛〕雪花石膏.

설화³〔雪禍〕名 雪害. 大雪による災害.

설화⁴〔說話〕名 하他 説話. 物語.

설화 문학〔一文學〕名〔文〕説話文学.

섧다 形 悲しい. 悲痛だ. つらい.

섬¹ Ⅰ 名 俵.
Ⅱ 依名 〔곡식·액체의 용량을 나타내는 단위〕石.

섬² 名 **1** 石段. 石階. **2** (家の上がり口に設けた)踏み石. 石段.

섬³ 名 島. ¶크고 작은 ~들 大小の島々.

섬거적 名 俵をつくるためのむしろ. 俵をほどいたむしろ.

섬곡식〔一穀一〕名 1石ほどの穀物.

섬광〔閃光〕名 閃光. ¶~ 신호 閃光信号.

섬광등〔一燈〕名 閃光灯.

섬교〔纖巧〕名 하形 繊巧. 繊細で巧みなこと. ¶~한 민예품 繊巧な民芸品.

섬기다 他 仕える. ¶부모를 ~ 父母に仕える.

섬나라 名 島国.

섬도〔纖度〕名 繊度〈糸の太さの度合い〉.

섬돌 名 (家の上がり口に設けた)踏み石. 石段.

섬뜩하다 形 (身の毛がよだつほど)ひやっとする. ぎくっとする. ひやりとする. ¶버스가 좁은 비탈길을 돌 때마다 가슴이 섬뜩했다 バスが狭いがけ道を曲がるたびに肝を冷やした.

섬록암〔閃綠巖〕名〔鑛〕閃緑岩.

섬멸〔殲滅〕名 하他 殲滅. ¶적군을 ~하다 敵軍を殲滅する.

섬모〔纖毛〕名 **1** 繊毛. **2** 繊維.

섬모 운동〔一運動〕名 繊毛運動.

섬모충류〔一蟲類〕名〔動〕繊毛虫類.

섬벅 副 하自 〔잘 드는 칼에 쉽게 베어지는 모양〕すぱっと. ざっくりと. ¶무가 ~ 베어지다 大根がすぱっと切れる.

섬벅섬벅 副 하自 ざっくりざっくり.

섬벼 名 俵入りの籾.

섬사람 名 島人. 島の人.

섬서하다 形 よそよそしい. 他人行儀だ.

섬섬〔纖纖〕名 하形 繊々. か細いさま.

섬섬옥수〔一玉手〕名 細くてきれいな女の手.

섬섬하다〔閃閃一〕形 きらきらする.

섬세하다〔纖細一〕形 繊細だ. **1** ほっそりして優雅だ. ¶신라의 예술 작품은 섬세하고 아름답다 新羅の芸術作品は繊細で美しい. **2** 感情などが細やかで微妙だ. デリケートだ. ¶섬세한 감각 繊細な感覚.

섬수〔纖手〕名 繊手. か細くたおやかな手.

섬약하다〔纖弱一〕形 弱々しい. ¶섬약한 피부 弱々しい皮膚.

섬유〔纖維〕名 繊維. ¶~ 조직 繊維組織/합성 ~ 合成繊維/~ 제품 繊維製品.

섬유 공업〔一工業〕名〔工〕繊維工業.

섬유소〔一素〕名 繊維素.

섬유질〔一質〕名 繊維質.

섬조〔纖條〕名 繊条. **1** 金属などの細い線. **2** フィラメント.

섬지기 依名 種籾1石分の苗を植えるほどの田の面積. 1マジギ(마지기)の20倍.

섬쩍지근하다 形 胸がどきどきするぐらい恐ろしい感じがいつまでも抜けない. (気持ちが)すっきりしない.

섬통 名 穀物を入れた俵の分量.

섭금류〔涉禽類〕名〔動〕渉禽類〈鶴·さぎ·こうのとりなど〉.

섭렵〔涉獵〕名 하他 渉猟. ¶널리 문헌을 ~하다 広く文献を渉猟する.

섭리〔攝理〕名 하他 **1** 養生. 療養. **2** 摂理. ¶자연의 ~ 自然の摂理.

섭새기다 他〔美〕浮き彫りにする.

섭새김 名 하他〔美〕浮き彫り.

섭생〔攝生〕名 하他 摂生. 養生. ¶항상 ~에 힘쓸 필요가 있다 常に摂生に努める必要がある.

섭섭하다 形 **1** 名残惜しい. ¶이대로 헤어지기는 정말 ~ このまま別れるのはほんとうに名残惜しい. **2** 惜しい. 残念だ. 心残りだ. ¶혼란기에 이런 지도자를 잃었다는 것은 참 섭섭한 일이다 混乱期にこのような指導者を失ったということは実に惜しいことだ. **3** 寂しい. 恨めしい. もの足りない. 残念だ. ¶자네가 나를 그렇게밖에 인정하지 않다니 참 ~ 君が私をそういう風にしか認めないとは本当に寂しいことだ. **섭섭히** 副 なごり惜しく. 残念に. 寂しく.

섭씨〔攝氏〕名〔物〕摂氏.

섭씨온도계〔一溫度計〕名〔物〕摂氏温度計. 摂氏寒暖計.

섭양〔攝養〕名 하他 摂養. 養生.

섭외〔涉外〕名 하自 渉外. ¶~ 활동 渉外活動.

섭정〔攝政〕名 하自他〔政〕摂政.

섭조개 名〔動〕紫貽貝.

섭취〔攝取〕名 하他 摂取. ¶영양 ~

栄養の摂取 / 선진 제국의 신지식을 ~했다 先進諸国の新知識を摂取した.

성¹ 名 怒り. 憤り. 癇癪. ¶~이 풀리다 怒りがとける[おさまる] / ~을 못 참아 씩씩거리다 憤りをこらえきれず息巻く.

◆성이 머리끝까지 나다 怒り心頭に発する.

성²〔姓〕名 姓. 名字.

◆성을 갈겠다 姓を変えるよ〈固く誓ったり間違いないことを断言するときに用いる〉.

성³〔性〕Ⅰ 名 性. **1** 人間や事物の本質. **2**〔佛〕万有の本質. **3** 男女·雌雄の別. **4**〔言〕インド·ヨーロッパ語の文法上の性質の一つ〈男性·女性·中性など〉. **5**〔'성욕'의 준말〕性欲.

Ⅱ 接尾 (일부 명사 뒤에 붙어)〔특성·성질을 나타냄〕…性. ¶ 가능~ 可能性 / 귀염~ かわいげ.

성⁴〔省〕名 省. **1** (昔の中国の)宮中. 禁中. **2** 中書省〈昔の中国の中央政府〉. **3** 中国の地方行政区画. ¶ 광동~ 広東省. **4** 日本の中央行政機関. ¶ 외무~ 外務省.

성⁵〔城〕名 城. ¶~주 城主.

성⁶〔聖〕Ⅰ 名 **1**〔'신성'의 준말〕神聖. **2**〔'성인'의 준말〕聖人.

Ⅱ 接頭〔基〕聖…. ¶~누가 聖ルカ.

성가¹〔聖架〕名〔基〕キリストがはりつけにされた十字架.

성가²〔聖歌〕名〔基〕聖歌.

성가대〔一隊〕名〔基〕聖歌隊.

성가³〔聲價〕名 声価. 名声.

성가시다 形 やっかいだ. 煩わしい. うるさい. 面倒だ. 迷惑だ. 面倒くさい. ¶성가시게 해 드려서 죄송합니다 迷惑をかけてすみません / 어머니 편찮으신데 곁에 가서 성가시게 굴지 마 母さんが体の具合が悪いのにそばに行ってうるさくするな.

성각〔城閣〕名 城の楼閣.

성감〔性感〕名 性感.

성감대〔一帶〕名 性感帯.

성게 名〔動〕海胆.

성격〔性格〕名 性格. ¶ 쾌활한 ~ 快活な性格 / 나는 김 군과는 ~이 맞지 않는다 私はキム君とは性格が合わない / 문제의 ~을 잘 파악하다 問題の性格をよくつかむ.

성격 묘사〔一描寫〕名 性格描写.

성격 배우〔一俳優〕名 性格俳優.

성격 이상〔一異常〕名 性格異常.

성결¹〔性一〕名 気立て. 心. 性質. ¶~이 곱다 気立てがいい.

성결²〔聖潔〕名 하形 神聖で清らかなこと.

성경〔聖經〕名 聖経. **1**〔基〕聖書. バイブル. **2**〔佛〕仏法の経典. 小経. **3** 聖人の教えを書いたもの.

성공〔成功〕名 하自 成功. ¶~을 빌다 成功を祈る / 광업으로 크게 ~했다 鉱業で大いに成功した.

성공적〔一的〕冠 名 成功裏. 成功. ¶ 대회를 ~으로 치르다 大会を成功裏に執り行なう.

성과〔成果〕名 成果. ¶ 큰 ~를 거두었다 大きな成果を収めた / 일의 ~에 따라서 보수를 준다 仕事の成果に応じて報酬を与える.

성곽〔城郭〕名 城郭. ¶~ 도시 城郭都市.

성관〔盛觀〕名 盛観. すばらしい見物.

성광〔星光〕名 星光. 星の光.

성교¹〔性交〕名 하自 性交. 交接. 交合. ¶~ 중절법 性交中絶法.

성교²〔聖教〕名 聖教. **1** 聖人の教え. 孔子の教え. **2** カトリック. **3** 釈迦の教え. 仏教.

성교육〔性教育〕名 性教育.

성구¹〔成句〕名 하自 成句. 慣用句.

성구²〔聖句〕名 聖句〈聖書にある文句〉.

성군¹〔星群〕名〔天〕星群.

성군²〔聖君〕名 聖君. 聖帝. 聖王.

성그레 副 하自〔부드럽게 눈웃음짓는 모양〕にこっと. にっこり(と).

성극〔聖劇〕名〔樂〕オラトリオ.

성글벙글 副 하自〔소리나지 않게 부드럽게 웃는 모양〕にこにこ(と).

성금¹ 名 (言った言葉やした仕事の)甲斐. 効果.

성금²〔誠金〕名 寄付金. 献金.

성급하다〔性急一〕形 性急だ. せっかちだ. 短気だ. ¶성급한 개혁안 性急な改革案. **성급히** 副 性急に. 気短かに. 気ぜわしく. ¶~ 일을 추진하다 性急に事を運ぶ.

성기〔性器〕名〔生〕性器. 生殖器.

성기다 形 **1** (目が)粗い. まばらだ. 間がすいている. ¶성긴 베 目の粗い布 / 머리카락이 ~ 髪の毛が薄い / 소쿠리의 눈이 ~ ざるの目が粗い. **2** (関係が)疎遠になる. 疎い. ¶ 발길이 ~ 足が遠のいている.

성깃하다 形 かなり粗い. まばらだ. 粗めだ. ¶스웨터가 ~ セーターの目が粗い.

성깃성깃 副 하形 あちこちがまばらなようす.

성깔〔性一〕名 **1** たちが悪いこと. 性悪. ¶~을 부리다 陰険にふるまう. **2** きつい性格. ¶~이 있는 사람 気の強い人.

성깔머리 名〈俗〉**1** たちが悪いこと. 性悪. **2** きつい性格.

성나다 自 **1** 腹が立つ. 憤る. ¶성난 군중 怒った群衆. **2** (腫れ物などが)もっと赤くひどくなる. 腫れ物が悪化する.

성내〔城内〕名 城内.

성내다 自 腹を立てる. 怒る. 癇癪を起こす.

성냥 名 マッチ. ¶~을 그어 담뱃불을 붙인다 マッチを擦ってたばこに火をつける.

성냥갑〔一匣〕名 マッチ箱.

성냥개비 名 マッチの軸木.

성녀〔聖女〕名〔基〕聖女.

성년¹〔成年〕名〔法〕成年. ¶~기 成年期 / 20세가 되면 ~이 된다 20歳になれば成年となる.

성년식〔一式〕名 成年式. 成人式.

성년²〔盛年〕名 盛年. 若盛り(の人).

성능〔性能〕名 性能. ¶그 기계는 ~

이 좋다 その機械は性能がいい.
성단[1]〔星團〕 名〔天〕星団.
성단[2]〔聖斷〕 名 聖断. 天子の裁断. 天子の決定.
성당〔聖堂〕 名 聖堂. **1**〔基〕(カトリックの)教会堂. **2** 孔子の廟. 文廟.
성대[1] 名〔動〕魴鮄.
성대[2]〔聖代〕 名 聖代. 優れた天子が治める時代.
성대[3]〔聲帶〕 名〔生〕声帯. ¶~모사 声帯模写.
성대하다〔盛大一〕 形 盛大だ. ¶결혼식을 성대하게 치르다 結婚式を盛大に行なう. **성대히** 副 盛大に. ¶기념식을 ~ 거행하다 記念式を盛大に挙行する.
성덕[1]〔成德〕 名 하自 成徳. 徳をつんで人格を高めること.
　성덕군자〔一君子〕 名 成徳の君子.
성덕[2]〔聖德〕 名 聖徳. **1** 聖人の徳. **2** 天子の徳.
성도[1]〔成道〕 名 하自 **1** 道を修めて完全な境地に至ること. **2**〔佛〕成道. 成仏得道の意.
성도[2]〔聖徒〕 名〔基〕聖徒. **1** キリスト教徒の尊敬語. **2** 聖者. 偉大な殉教者や信徒の尊敬語.
성도[3]〔聖道〕 名 **1** 聖道. 聖人の道. **2**〔佛〕聖道.
성도착〔性倒錯〕 名〔心〕性倒錯.
성량〔聲量〕 名 声量. ¶풍부한 ~ 豊かな声量.
성령〔聖靈〕 名〔基〕聖霊〈父なる神, 子なるキリストとともに三位一体の第3位〉.
성례〔成禮〕 名 하自 **1** 儀式を挙げること. **2** 婚礼を挙げること.
성루[1]〔城樓〕 名 城の楼閣.
성루[2]〔城壘〕 名 城塁.
성리〔性理〕 名〔哲〕性理.
　성리학〔一學〕 名〔哲〕性理学.
성립〔成立〕 名 하自 成立. ¶조약의 ~ 条約の成立 / 알리바이가 ~되다 アリバイが成立する.
　성립 조건〔一條件〕 名 成立条件.
성마르다〔性一〕 形 度量が狭く性急だ. 気忙しい. ¶성마른 짓을 하면 손해다 短慮を起こしては損だ.
성망〔聲望〕 名 声望. 名声と人望.
성명[1]〔姓名〕 名 姓名. 氏名. ¶주소 ~을 적다 住所氏名を記す.
　성명부지〔一不知〕 名 姓名を知らないこと.
　성명 철학〔一哲學〕 名 姓名判断を哲学にたとえて言う語.
성명[2]〔性命〕 名 性命. **1** 天性と天命. **2** 生命. 命.
성명[3]〔聲明〕 名 하他 声明. ¶중대 ~을 발표하다 重大声明を発表する.
　성명서〔一書〕 名 声明書. ステートメント.
성모〔聖母〕 名 **1**〔基〕聖母. **2** 聖人の母. **3** 国母の尊敬語.
성묘[1]〔省墓〕 名 하自 墓参り. 墓参. ¶~하러 가다 墓参りに行く.
성묘[2]〔聖廟〕 名 聖廟. 孔子の廟.
성문[1]〔成文〕 名 하自他 成文. ¶~ 계약 成文契約.
　성문법〔一法〕 名 成文法.
　성문율〔一律〕 名 成文律.
　성문화〔一化〕 名 하自他 成文化. ¶합의 사항을 ~하다 合意事項を成文化する.
성문[2]〔城門〕 名 城門. ¶~을 지키다 城門を守る.
성문[3]〔聲門〕 名〔生〕声門.
성문[4]〔聲紋〕 名 声紋〈指紋とともに犯罪捜査に利用〉.
성미〔性味〕 名 気性. 性分. 気だて. 気質. ¶한번 한다면 꼭 하는 ~다 一度やるといったら必ずやる性分だ.
　◆성미가 가시다 腹立ちがおさまる. ¶펄펄 살았던 ~가 가시다 いきり立っていた気持ちが和らぐ.
　◆성미가 나다 怒りがこみ上げる.
　◆성미를 부리다 やたらに当たり散らす. ¶부하 직원에게 ~를 부리다 部下の職員に当たり散らす.
성바지〔姓一〕 名 いろいろの名字. ¶각~ それぞれ名字の異なる人たち. 名字の異なる異父兄弟.
성밖〔城一〕 名 城外.
성배〔聖杯〕 名 聖杯. **1** 神聖な杯. **2**〔基〕キリストが最後の晩餐に用いた杯.
성벽[1]〔性癖〕 名 性癖. 癖.
성벽[2]〔城壁〕 名 城壁. ¶오래된 ~ 古い城壁.
성별〔性別〕 名 性別.
성병〔性病〕 名〔醫〕性病.
성보〔城堡〕 名 城堡. とりで.
성부[1]〔成否〕 名 成否. ¶일의 ~는 너의 노력에 달렸다 事の成否は君の努力次第だ.
성부[2]〔聖父〕 名〔基〕創造主としての父である神〈キリスト·聖霊とともに三位一体の第1位〉.
성부[3]〔聲部〕 名〔樂〕声部. パート.
성북〔城北〕 名 城の北側.
성분〔成分〕 名 **1** 成分. ¶유해 ~이 검출되다 有害成分が検出される. **2** (思想や出身階級によって区分される)社会的階層. ¶출신 ~ 出身階層.
　성분비〔一比〕 名〔化〕成分比.
성불〔成佛〕 名 하自〔佛〕成仏. **1** 煩悩を脱して悟りを開くこと. **2** 死んで仏となること.
성불성〔成不成〕 名 成否. ¶~간에 약속한 돈은 지불한다 事の成否にかかわらず約束の金は支払う.
성사[1]〔成事〕 名 하自 事を成すこと. 事が成ること. ¶혼인을 ~시키다 婚姻を成立させる.
성사[2]〔盛事〕 名 盛事. 盛大な事柄.
성산〔成算〕 名 成算. ¶이번 상담은 ~이 있다 今度の商談は成算がある.
성상[1]〔性狀〕 名 性状.
성상[2]〔星霜〕 名 星霜. 年月. ¶고향을 떠나온 지 몇 ~인가 故郷を離れて幾星霜か.
성상[3]〔聖上〕 名 聖上〈存命中の自国の王を指す尊敬語〉
성상[4]〔聖像〕 名 聖像. **1** 聖人や天子

の肖像. **2** キリストや聖母マリアの像.
성새〔城塞〕 名 城塞.
성색〔聲色〕 名 声色.
성생활〔性生活〕 名 性生活.
성서〔聖書〕 名 聖書. **1** 聖人の書き表わした本. **2**〔基〕バイブル.
성선〔性腺〕 名〔生〕性腺.
성선설〔性善說〕 名〔哲〕性善説.
성성이〔猩猩―〕 名〔動〕猩猩. オランウータン.
성성하다〔星星―〕 形 白髪が混じりである. ごま塩頭である. ¶ 백발이 ～ 白髪が混じっている.
성세¹〔成勢〕 名 하自 勢力を成すこと.
성세²〔盛世〕 名 盛世. 盛代.
성세포〔性細胞〕 名〔生〕性細胞.
성쇠〔盛衰〕 名 盛衰. ¶ 흥망～ 興亡盛衰.
성수¹〔星宿〕 名〔天〕星宿.
성수²〔聖水〕 名〔基〕各種の儀式に使うため祝聖した塩水.
성수³〔聖壽〕 名 聖寿. 天子の年齢.
성수기〔盛需期〕 名 盛んに使われる[需要の最も多い]時期. ¶ 난방 기구의 ～ 暖房器具の最も需要の多い時期.
성숙〔成熟〕 名 하自 成熟. ¶ ～아 成熟児 / ～한 사회 成熟した社会 / 여론의 ～을 기다리다 世論の成熟を待つ / ～기 成熟期.
　성숙란〔―卵〕 名〔生〕成熟卵.
성스럽다〔聖―〕 形 神聖だ. 神々しい. ¶ 성스러운 의식 神聖な儀式. **성스레** 副 神々しく.
성시¹〔成市〕 名 하自 **1** 市が立つこと. **2** 市場を成すこと. ¶ 문전～ 門前市を成す.
성시²〔城市〕 名 城市. 城壁をめぐらした町.
성시³〔盛市〕 名 にぎわっている市場.
성시⁴〔盛時〕 名 盛時. **1** 血気盛んな時期. **2** 盛世. 国運が隆盛の時期.
성신¹〔星辰〕 名 星辰. 星. ¶ ～ 숭배 星辰崇拝.
성신²〔聖神〕 名〔基〕聖霊.
성실〔誠實〕 名 하形 誠実. ¶ ～한 인품 誠実な人柄. **성실히** 副 誠実に. まじめに. ¶ ～ 일하다 まじめに働く.
성심¹〔聖心〕 名 **1** 聖なる心. **2**〔基〕キリストと聖母マリアの心.
성심²〔誠心〕 名 誠心. 真心. ¶ ～성의 誠心誠意.
　성심껏 副 真心を尽くして. 誠を尽くして. ¶ ～ 봉사하다 真心を尽くして奉仕する.
성싶다 補形 〔막연한 추측을 나타냄〕…のようだ. …(し)そうだ. …のような気がする. ¶ 그 얘기는 한 번 들은 ～ その話は一度聞いたような気がする / 눈이 올 ～ 雪が降りそうだ.
성씨〔姓氏〕 名 姓氏. 名字.
성악¹〔聖樂〕 名〔樂〕 聖楽〈賛美歌・ミサ曲〉.
성악²〔聲樂〕 名〔樂〕声楽.
　성악가〔―家〕〔樂〕声楽家.
성악설〔性惡說〕 名〔哲〕性悪説.
성안¹〔成案〕 名 하他 成案. すでに作成された案. ¶ ～을 위원회의 토의에 부치다 成案を委員会の討議に付す.
성안²〔城―〕 名 城内.
성애〔性愛〕 名 性愛.
성야〔聖夜〕 名 聖夜. クリスマスイブ.
성약〔成約〕 名 하自 成約. ¶ 수입 계약이 ～되다 輸入契約が成約した.
성어¹〔成魚〕 名 成魚. 成長した魚.
성어²〔成語〕 名 成語. ¶ 고사～ 故事成語.
성어기〔盛漁期〕 名 魚の多くとれる時期.
성업¹〔成業〕 名 하自他 成業. 事業や学業を成し遂げること.
성업²〔盛業〕 名 盛業.
성업³〔聖業〕 名 聖業. **1** 神聖な事業. **2** 王の業績.
성에 名 **1** 冬に窓ガラスなどについた霜. **2**〔'성엣장'의 준말〕流氷.
　성엣장 名 流氷.
성역¹〔聖域〕 名 聖域. ¶ ～을 침범하다 聖域を侵す.
성역²〔聲域〕 名〔樂〕声域. ¶ ～이 넓다 声域が広い.
성연〔盛宴〕 名 盛宴. 盛大な宴会.
성염〔盛炎〕 名 盛暑.
성염색체〔性染色體〕 名〔生〕性染色体.
성오〔省悟〕 名 하自他 省悟. 反省して過ちを悟ること.
성왕〔聖王〕 名 聖王.
성외〔城外〕 名 城外.
성욕〔性慾〕 名 性欲. ¶ ～ 묘사 性欲描写 / ～ 이상 性欲異常.
성우¹〔成牛〕 名 成牛. 成長した牛.
성우²〔聲優〕 名 声優.
성운〔星雲〕 名〔天〕星雲.
　성운군〔―群〕 名〔天〕星雲群.
　성운설〔―說〕 名〔天〕星雲説.
성웅〔聖雄〕 名 偉大な英雄. ¶ ～ 이순신 장군 偉大な英雄李舜臣将軍.
성원¹〔成員〕 名 成員. **1** 団体・組織などの構成員. **2** 会議の成立に必要な人員. メンバー. ¶ ～ 미달 成員不足.
성원²〔聲援〕 名 하他 声援. ¶ ～에 힘입어 이겼다 声援に力づけられて勝利した.
성위〔星位〕 名〔天〕星位. 恒星の位置.
성육〔成育〕 名 하自 成育. ¶ 치어의 ～ 稚魚の成育.
성은〔聖恩〕 名 聖恩. **1** 天子の恩恵. ¶ ～이 망극하옵니다 聖恩の限りでございます. **2**〔基〕神の恩恵.
성음〔聲音〕 名 声音. 声.
성의¹〔聖意〕 名 **1** 聖旨. **2**〔基〕天主のみ心.
성의²〔誠意〕 名 誠意. 真心. ¶ ～를 다하다 誠意を尽くす / ～ 있는 태도 誠意ある態度.
　성의껏 副 誠意の限り. 誠意を尽くして. ¶ ～ 손님을 대접하다 誠意を尽くして客をもてなす.
성인¹〔成人〕 名 하自 成人. おとな.

성인 교육〔一教育〕 名 成人教育.
성인병〔一病〕 名〔醫〕成人病.
성인[2]〔成因〕 名 成因.
성인[3]〔聖人〕 名 聖人. ¶ ～군자 聖人君子.
성자[1]〔姓字〕 名 姓を表わす文字.
성자[2]〔聖子〕 名〔基〕御子〈三位の一つ〉.
성자[3]〔聖者〕 名 **1** 聖人. **2**〔佛〕聖者. 聖人. **3**〔基〕高潔な信者. 殉教者.
성장[1]〔成長〕 名 하自 成長. ¶ ～률 成長率 / 식물의 ～을 관찰·기록하다 植物の生長を観察記録する / 경제 ～ 経済の成長.
성장기〔一期〕 名 成長期.
성장소〔一素〕 名〔植〕成長素. オーキシン.
성장[2]〔盛裝〕 名 하自 盛装. ¶ ～하고 외출하다 盛装して外出する.
성적[1]〔成績〕 名 成績. 出来ばえ. ¶ ～표 成績表 / ～을 올리다 成績を上げる / 판매 ～이 좋지 않다 販売成績がよくない.
성적[2]〔性的〕 冠名 性的. セクシュアル. ¶ ～ 매력 性的魅力.
성전[1]〔成典〕 名 成典. **1** 定められた法則. **2** 定められた儀式. **3** 成文の法典.
성전[2]〔性典〕 名 性典.
성전[3]〔盛典〕 名 盛典. 盛大な儀式.
성전[4]〔聖典〕 名 聖典. 聖書.
성전[5]〔聖殿〕 名 聖殿. **1** 神聖な殿堂. **2**〔基〕教会堂. 聖堂.
성전[6]〔聖戰〕 名 聖戦.
성전환〔性轉換〕 名 性転換.
성정〔性情〕 名 性情. ¶ ～이 온화한 사람 性情が温和な人.
성정머리 名〈俗〉性情. 性根. ¶ ～가 고약하다 性根が腐っている.
성제〔聖帝〕 名 **1** 聖君. 聖王. **2** 巫女などがまつる関羽の霊.
성조〔聲調〕 名 声調. 声の調子.
성좌〔星座〕 名〔天〕星座.
성주[1] 名〔民俗〕家の守護神.
성주받이 名 하自〔民俗〕家の新築時や引っ越しのあとに家の守護神を迎え入れる巫女の儀式.
성주풀이 名 하自〔民俗〕巫女が성주받이をするとき幸福を祈って歌う歌.
성주[2]〔城主〕 名 **1** 城主. **2** (祖先の墓のある)郡の長.
성주기〔性週期〕 名 性周期. 発情周期.
성중〔城中〕 名 城中. 城の中. 城内.
성지[1]〔城址〕 名 城址. 城跡.
성지[2]〔聖地〕 名 聖地. 宗教的な遺跡のある所.
성지 순례〔一巡禮〕 名 聖地巡礼.
성지[3]〔聖旨〕 名 聖旨. 天子のおぼしめし.
성직[1]〔聖職〕 名 聖職.
성직자〔一者〕 名 聖職者.
성직[2]〔誠直〕 名 하形 誠直.
성질〔性質〕 名 性質. **1** 生まれつきの気質. 質. 気性. ¶ 온화한 ～ 温和な性質. **2** 事物の特性. ¶ 소금은 습기를 흡수하는 ～이 있다 塩は湿気を吸収する性質がある.
성징〔性徵〕 名 性徴.
성찬[1]〔盛饌〕 名 豪華な御馳走.
성찬[2]〔聖餐〕 名 **1**〔基〕聖餐. **2**〔佛〕仏前に供える食物. 仏飯.
성찬식〔一式〕 名〔基〕聖餐式. 聖体拝領.
성찰〔省察〕 名 하他 省察.
성채〔城砦〕 名 城塞. 城. 砦. ¶ ～를 쌓다 砦を築く.
성책〔城柵〕 名 城柵. 城を取り巻く柵.
성천자〔聖天子〕 名 聖天子. 聖徳の高い天子.
성철〔聖哲〕 名 聖哲. 聖人と哲人.
성체〔聖體〕 名 聖体. **1** 天子の体. **2**〔基〕イエスの体. **3**〔基〕聖体拝領.
성총〔聖寵〕 名 **1** 帝王の恩寵. **2**〔基〕神の恩寵.
성충〔成蟲〕 名〔動〕成虫.
성취〔成就〕 名 하他 成就. ¶ 숙원을 ～하다 宿願を成就する / 비원이 ～되다 悲願が成就する.
성층〔成層〕 名 成層.
성층권〔一圈〕 名〔氣〕成層圏.
성층 화산〔一火山〕 名〔地〕成層火山.
성크름하다 形 **1** (反物などの)織り目が粗い. **2** 肌寒い. やや強く吹く風が肌身にしみる.
성큼 副 **1** (足どりが)大またに. のっしのっし. ¶ ～ 발을 내디디다 大またに足を踏み出す. **2**〔동작이 막힘이 없는 모양〕つかつか. ずかずか. ¶ ～ 다가오다 つかつか(と)歩み寄る.
성큼성큼 副 のっしのっし. ¶ 키가 큰 사나이가 ～ 걸어 들어온다 背の高い男が大またに歩いてくる.
성큼하다 形 (不釣り合いに)背が高い. ひょろ長い. ¶ 키가 성큼한 남자 背のひょろっと高い男.
성탄〔聖誕〕 名 **1** 聖誕. 天子·聖人の誕生. **2**〔'성탄절'의 준말〕聖誕祭.
성탄일〔一日〕 名 **1** 聖誕日. 天子·聖人の誕生日. **2**〔基〕キリストの誕生日.
성탄절〔一節〕 名〔基〕聖誕祭. クリスマス.
성터〔城一〕 名 城址. 城跡.
성토〔聲討〕 名 하他 多くの人たちが集まって誤りを討論·糾弾すること.
성패〔成敗〕 名 成敗. 成否. 成功と失敗. ¶ 일의 ～는 하늘에 맡기자 事の成否は天に任せよう.
성패간〔一間〕 副 成否のいかんにかかわらず. 成否はともかく. ¶ ～ 일은 추진한다 成否はともかく事は推進する.
성폭행〔性暴行〕 名 強姦.
성풀이 名 하自 怒りを晴らすこと. 腹いせ. ¶ ～로 술을 마시다 腹いせに酒を飲む.
성품[1]〔性品〕 名 品性. 性分. 心根. 気性. 根. ¶ 온화한 ～ 温和な性分 / ～이 고약하다 品性が下劣だ / ～이 착하다 根が善良だ.
성품[2]〔性稟〕 名 気だて. 人柄. 人品.

¶ 훌륭한 ~ りっぱな人柄.

성하¹〔城下〕 名 城下. 城下町.

성하²〔盛夏〕 名 盛夏. 真夏.

성하다¹ 形 **1** 傷んでいない. まだ新しい. 無傷だ. もとのままでいる. ¶ 성한 그릇 傷のない器 / 이 가방은 아직 ~ このかばんはまだ新しい. **2** 丈夫だ. 元気だ. ¶ 돈은 없어도 아직 몸은 ~ 金はないがまだ体は丈夫だ. **성히** 副 異常なく. 元気に. すこやかに. ¶ 몸 ~ 잘 계세요 お元気で.

성하다²〔盛一〕 形 **1** 栄えている. 盛んだ. ¶ 나라가 ~ 国が栄えている. **2** 生い茂っている. ¶ 잡초가 ~ 雑草が生い茂っている.

성함〔姓銜〕 名 〔'성명·이름'의 높임말〕 お名前. 芳名. ¶ ~은 어떻게 되십니까? お名前は何とおっしゃいますか.

성행¹〔性行〕 名 性行. 素行. ¶ ~이 나쁜 청소년 素行の悪い青少年.

성행²〔盛行〕 名 하自 盛行. ¶ 마약 밀매가 ~하다 麻薬の密売が盛行する.

성행위〔性行爲〕 名 性行為.

성향〔性向〕 名 性向. 気質. ¶ 소비 ~ 消費性向.

성현〔聖賢〕 名 聖賢. 聖人と賢人. ¶ ~의 교훈 聖賢の教訓.

성혈〔聖血〕 名〔基〕 聖血. **1** キリストが十字架上で流した血. **2** 聖餐式でその血になぞらえて用いるぶどう酒.

성형〔成形〕 名 하自他 成形.

성형 수술〔一手術〕 名〔醫〕 形成手術.

성호르몬〔性 hormone〕 名〔生〕 性ホルモン.

성혼〔成婚〕 名 하自 成婚.

성홍열〔猩紅熱〕 名〔醫〕 猩紅熱.

성화¹〔成火〕 名 하自 **1** 気をもむこと. いらいら[じりじり]すること. ¶ 너무 더디어 ~하다 あんまり遅いのでいらいらする. **2** 煩わしい気持ちにさせること. だだをこねること. うるさくまといつくこと.

◆**성화를 대다** うるさくまといつく.

◆**성화를 먹이다** うるさくして人を煩わす.

성화²〔星火〕 名 **1**〔天〕 隕星. 流星. **2** 隕星が落ちるときの光. **3** 火急なこと. **4** きわめて小さな炎.

성화같다 形 (催促などが)矢のようだ. ¶ 빚 독촉이 ~ 借金の督促が矢のようだ. **성화같이** 副 矢のように. 急いで.

성화³〔聖火〕 名 **1** 聖火. 神にささげる神聖な火. **2** (オリンピックの)聖火.

성화⁴〔聖化〕 名 하自他 聖化. **1** 聖人や王の徳心. **2** 神聖化. **3**〔基〕 聖霊によって人間の罪や汚れが清められること. **4** 聖別.

성화⁵〔聖畫〕 名〔美〕 宗教画.

성황〔盛況〕 名 盛況. ¶ 축하회는 ~이었다 祝賀会は盛況だった.

성황리〔一裏〕 名 盛況裏. ¶ 결혼식은 ~에 끝났다 結婚式は盛況のうちに終わった.

성회〔成會〕 名 하自 会議が成立すること. 定足数に達すること.

섶¹ 名 (草木の)添え木. 支え木. 手.

섶² 名 (着物の)衽.

섶³ 名 〔'섶나무'의 준말〕 柴や枯れ草などの通称.

〔속담〕 **섶을 지고 불로 들어가려 한다** 枯れ草を背負って火に入ろうとする〈飛んで火に入る夏の虫〉.

섶⁴ 名 **1** (蚕の)蔟. **2** 魚が集まりやすいように水中にしかけた木の枝のやぶ.

세¹〔稅〕 名〔'조세'의 준말〕 税.

세²〔貰〕 名 **1** 借り料. 借り賃. 貸し料. 貸し賃. **2** 賃借り. 賃貸し.

세내다 他 賃借りする. ¶ 점포를 ~ 店舗を賃借りする.

세놓다[주다] 他 賃貸しする.

세³〔勢〕 名 **1**〔'세력'의 준말〕 勢い. ¶ 정계에서 ~가 꺾이다 政界で勢いがくじける. **2** 力. 気力. **3** 形勢. ¶ 아무래도 ~가 불리하다 どうも形勢は不利だ.

세⁴ 冠 三つ. 3. ¶ ~ 개 3個 / ~ 살 3歳.

-세⁵ 語尾 〔함께 하자는 뜻을 나타냄〕 …しよう. ¶ 좀더 참아 보~ もう少し我慢してみよう / 같이 한술 드~ いっしょに食事しよう.

-세⁶〔世〕 接尾 …世. **1**〔地〕 地質時代の区分の単位. ¶ 충적~ 沖積世 / 홍적~ 洪積世. **2** (家督·統治権などを相続する場合の)…代. ¶ 나폴레옹 1~ ナポレオン1世.

세가¹〔世家〕 名 世家〈代々国の重要な地位を占め世禄を受ける家柄〉.

세가²〔貰家〕 名 貸し家. 借家.

세가³〔勢家〕 名 **1** 勢家. 権勢のある家柄. **2**〔'세력가'의 준말〕 勢力のある人.

세간¹ 名 所帯道具.

◆**세간을 나다** 分家する.

◆**세간을 내다** 分家させる. ¶ 둘째 아들[차남]을 ~ 내다 2番目の子[次男]を分家させる.

세간치장〔一治粧〕 名 하自 世帯道具に磨きを掛けること.

세간²〔世間〕 名 世間. **1** 世の中. **2**〔佛〕 衆生が頼り合って生きていく世.

세계¹〔世系〕 名 世系. 先祖代々受け継いだ系統.

세계²〔世界〕 名 世界. ¶ 온[전]~ 全世界 / 어린이의 ~ 子供の世界 / ~ 기록 世界記録 / ~ 여러 나라 世界各国.

세계관〔一觀〕 名〔哲〕 世界観.

세계 대전〔一大戰〕 名 世界大戦. ¶ 제2차 ~ 第二次世界大戦.

세계 문학〔一文學〕 名 世界文学.

세계사〔一史〕 名 世界史.

세계 시장〔一市場〕 名 世界市場.

세계열강〔一列強〕 名 世界列強.

세계적〔一的〕 冠名 世界的. ¶ ~ 불황 世界的不況 / ~으로 유명한 정치가 世界的に有名な政治家.

세계지도〔一地圖〕 名 世界地図.

세계화〔一化〕 名 하自他 世界化. 世界的なものになる[する]こと.

세곡〔稅穀〕 名 租税として納める穀

物.

세공[1]〔細工〕 名 細工. ¶ 가죽 ～ 皮細工 / 조개 껍질 ～ 貝殻細工.

세공품〔一品〕 名 細工物.

세공[2]〔細孔〕 名 小さい穴.

세관[1]〔細管〕 名 細管. 細い管.

세관[2]〔稅關〕 名 税関.

세관 보세 구역〔一保稅區域〕 名 税関上屋.

세광〔洗鑛〕 名 하他〔鑛〕 洗鉱.

세권〔稅權〕 名 税権. 課税の権利.

세균〔細菌〕 名 細菌.

세균 병기〔一兵器〕 名 細菌兵器. 生物兵器.

세균전〔一戰〕 名〔軍〕 細菌戦.

세균학〔一學〕 名〔生〕 細菌学.

세금〔稅金〕 名 税金. ¶ ～을 징수하다 税金を徴収する / ～을 내다 税金を納める / ～을 부과하다 税金を課する.

세기〔世紀〕 名 依名 世紀. ¶ 20～ 20世紀 / ～의 대사건 世紀の大事件 / 우주 개발의 새로운 ～를 열다 宇宙開発の新しい世紀を開く.

세기말〔一末〕 名 世紀末. ¶ ～적 퇴폐 풍조 世記末的頽廃風潮.

세끼 名 三度の食事. ¶ 그럭저럭 ～의 밥은 굶지 않고 있다 どうにか三度の食事は欠かかないでいる.

세나다[1] 自 (腫れ物などが)悪化する. こじれる.

세나다[2] 自 (物が飛ぶように)よく売れる.

세나절 名〔'한나절의 세 배'라는 뜻〕 簡単に済ませられることを故意に長引かせている間の時間.

세납〔稅納〕 名 하自 納税.

세농〔細農〕 名 **1** 小規模の農業. **2** 零細農家.

세농가〔一家〕 名 零細農家.

세뇌〔洗腦〕 名 하他 洗脳. ¶ ～ 공작 洗脳工作.

세다[1] 自 **1** 髪が白くなる. ¶ 센 머리 白髪頭. **2** (顔が)青白くなる. 血の気が失せる.

세다[2] 他 数える. 計算する. ¶ 참가 인원을 ～ 参加人員を数える.

세다[3] 形 **1** (力·技が)強い. (度·効力が)強い. (水準が)上だ. ¶ 힘이 ～ 力が強い / 바둑이 ～ 囲碁が強い / 도수가 센 안경 度の強い眼鏡 / 팔심이 센 사람 腕っぷしの強い人 / 술이 ～ 酒が強い. **2** (風·火·水の勢いが)強い. 激しい. ¶ 물살이 ～ 水の流れが強い[速い] / 바람이 세게 불다 風が強く[激しく]吹く / 빗발이 ～ 雨足が強い / 파도가 ～ 波が強い / 불길이 ～ 火の手が速い. **3** (気·我が)強い. ¶ 기가 ～ 気が強い / 고집이 센 사람 頑固な人. 強情な人 / 콧대가 ～ 鼻っ柱が強い. **4** (仕事が)きつい. ¶ 공장 일이 ～ 工場の仕事がきつい. **5** (骨·毛などが)かたい. (皮膚が)荒い. ¶ 밤송이의 가시가 ～ いが栗のとげがかたい / 살결이 ～ 皮膚が荒れている. **6** かちかちで強い. ¶ 풀기가 ～ 糊気が強い. **7** (運勢·星回りが)不運である. 悪い. ¶ 팔자가 세어 고생하다 星回りが悪くて苦労する / 집의 지상이 ～ 家の地相が悪い.

세대[1]〔世代〕 名 **1** 代々. **2** 世代. ¶ 아버지 ～ 父の世代 / ～가 바뀌다 世代が替わる / ～차를 느끼다 世代の差を感じる. **3** 生物が生まれて死ぬまでの間. 代.

세대교체〔一交替〕 名 **1**〔生〕 世代交番. **2** 世代交代. ¶ 정계도 차차 ～를 할 때다 政界もぼつぼつ世代交代をする時だ.

세대[2]〔世帶〕 名 世帯. 所帯. ¶ 결혼해서 새 ～를 갖다 結婚して新しい所帯を持つ.

세대주〔一主〕 名 世帯主.

세도[1]〔世道〕 名 **1** 世の中を正しく治める道. **2** 世道. 世の道義.

세도인심〔一人心〕 名 世道人心.

세도[2]〔勢道〕 名 하自 政治上の権力と勢力. 権勢. 権勢を振るうこと.

◆**세도를 부리다[쓰다]** 権力を振るう. 権勢を振り回す.

세도가〔一家〕 名 政治上の権勢を握った人, またその家門.

세도 정치〔一政治〕 名〔史〕 朝鮮時代に特定人物や集団が国王の信任を得て権力を独占したこと.

세레나데〔serenade〕 名〔樂〕 セレナーデ. 小夜曲.

세력〔勢力〕 名 勢力. 勢い. ¶ ～ 다툼 勢力争い / ～을 얻다 勢力を得る / ～을 휘두르다 勢力を振り回す.

세력가〔一家〕 名 勢力家.

세력권〔一圈〕 名 勢力圏. 縄張り. 領分.

세련〔洗練〕 名 하他 洗練. 垢ぬけすること. ¶ ～미 洗練美 / ～된 문장 洗練された文章 / ～된 옷차림 垢ぬけた着こなし.

세례〔洗禮〕 名 洗礼. **1**〔基〕 バプテスマ. ¶ ～자 洗礼者 / ～를 받다 洗礼を受ける. **2** 浴びせられる非難や攻撃. ¶ 주먹 ～를 퍼붓다 げんこつの洗礼を浴びせる / 소나기 ～를 받다 にわか雨の洗礼を受ける.

세로 Ⅰ 名 縦. 反 横. ¶ ～ 선을 긋다 縦の線を引く.

Ⅱ 副 縦に. 垂直に. ¶ 나무를 ～ 켜라 木を縦に挽く.

세로글씨 名 縦書きの字.

세로금 名 縦の線. 縦線.

세로쓰기 名 縦書き.

세록〔世祿〕 名 世禄. 世襲する家禄.

세론〔世論〕 名 世論. 輿論. ¶ ～ 조사 世論調査.

세리〔稅吏〕 名 税吏.

세마치 名 하自 (鍛冶屋で金属を鍛えるとき)3人が代わる代わる振り下ろすハンマー.

세말[1]〔細末〕 名 하他 細末. 細かい粉末.

세말[2]〔歲末〕 名 歳末. 年末. 年の瀬. ¶ ～이 다가오다 年の瀬が迫ってくる.

세면〔洗面〕 名 洗面. ¶ ～대 洗面台 / ～도구 洗面道具.

세면기〔一器〕 名 洗面器.

세모[1] 名 三角. 三角形の三つの角.

세모꼴 名〔數〕 三角形.

세모자 名 三角定規.
세모지다 形 三角にとがっている.
세모²〔細毛〕 名 **1** 細い毛. **2**〔植〕袋海苔.
세모³〔歳暮〕 名 歳暮.
세모시〔細—〕 名 木目細かい苧麻.
세목¹〔細木〕 名 目の細かい木綿.
세목²〔細目〕 名〔'세절목'의 준말〕細目. 細かな項目.
세목장〔—帳〕 名 細目を記録する帳簿.
세무〔稅務〕 名 税務.
세무사〔—士〕 名 税理士.
세무서〔—署〕 名 税務署.
세무 조사〔—調査〕 名 税務調査.
세무 행정〔—行政〕 名 税務行政.
세문〔勢門〕 名 勢門. 世家.
세문안〔歲問安〕 名 하自 新年のあいさつ. 年始回り, またそのあいさつ.
세물〔貰物〕 名 人に貸す物.
세미〔細微〕 名 하形 細微.
세미나〔seminar〕 名 ゼミナール. セミナー. ゼミ.
세미콜론〔semicolon〕 名〔言〕セミコロン.
세민〔細民〕 名 細民. 貧民. ¶～ 구제 細民救済.
세밀〔細密〕 名 하形 細密. ¶～한 조사 細密な調査. **세밀히** 副 細密に. 細かく. 詳しく.
세밑〔歲—〕 名 歳末. 年末.
세발〔洗髮〕 名 하自 洗髪. 髪洗い.
세발자전거〔—自轉車〕 名 三輪車.
세배〔歲拜〕 名 하自 年始回り. 新年のあいさつ. ¶～를 드리다 新年のあいさつを申し上げる.
세배꾼 名 年始回りの人.
세배상〔—床〕 名 年始回りに来た人をもてなす食膳.
세뱃돈 名 お年玉.
세버들〔細—〕〔植〕糸柳.
세법〔稅法〕 名〔法〕税法.
세보〔世譜〕 名 世譜. 世系. 系図.
세부〔細部〕 名 細部. ¶～ 사항 細部事項／～적 細部的.
세부득이〔勢不得已〕 副 하形〔'사세 부득이'의 준말〕やむを得ず. やむなく.
세분〔細分〕 名 하他 細分. ¶조직을 ～하다 組織を細分する.
세비〔歲費〕 名 歳費. **1** 官庁の1年間の費用. **2** 国会議員がもらう給与.
세사¹〔世事〕 名 世事. 世間の事.
세사²〔世嗣〕 名 世子. 跡継ぎ. 子孫.
세사³〔細事〕 名 細事. ささいなこと.
세살부채〔細—〕 名 骨の細いうちわ.
세살창〔細—窓〕 名〔建〕骨[桟]の細い障子窓.
세상¹〔世上〕 Ⅰ 名 **1** 世の中. 世. 世間. 社会. 地上. 世界. ¶이 ～ この世／무서운 ～이다 物騒な世の中だ／어지러운 ～ 目まぐるしい世間／～의 낙원 地上の楽園. **2** (ある特定の)時代. 代. ¶물건이 남아도는 ～ 物があり余る時代／～은 변했다 時代は変わった. **3** (欲しいままにふるまえる)独り舞台. 天下. ¶～을 뒤흔드는 사건 天下を揺るがす事件／그 분야라면 그의 ～이다 その分野とくれば彼の独り舞台だ. **4** (刑務所や寺院など制約された社会から見て)外の世界. 俗世. 娑婆. ¶속박이 없는 자유로운 ～에 나가다 束縛のない自由な娑婆に出る.
Ⅱ 副 **1** なんとまあ. 実に. 一体. ¶～에 이런 일이 있을 수 있겠는가? 一体このようなことがありうるものだろうか. **2** この上なく. ¶그는 ～ 편한 사람이야 彼はこの上なく気楽な人だよ.
◆**세상을 떠나다[뜨다]** この世を去る. 亡くなる.
◆**세상을 모르다** ① 世間のことを知らない. ② ぐっすり寝込んで何も分からない. ③ (見聞が狭くて)前後もわきまえない. 前後の見境がない.
◆**세상을 버리다** 世を捨てる. 死ぬ.
◆**세상이 바뀌다** (制度・構造・組織などの面で)社会が変わる.
세상만사〔—萬事〕 名 世の中で起こるすべてのこと.
세상맛 名 世間の面白み. 暮らしの苦楽. ¶～을 보다 世の中の酸いも甘いもなめる.
세상사〔—事〕 名 世事. 世間のこと. 俗事.
세상살이 名 하自 処世. 世過ぎ. 世渡り. ¶～에 능숙한 사나이 世渡りに巧みな男.
세상없어도 副 どんなことがあっても. きっと. 必ず. ¶～ 약속을 지키겠다 どんなことがあっても約束を守る.
세상없이 副 世にまたとないほど. 比類なく. ¶～ 착한 사람 世にまたとないほど善良な人.
세상인심〔—人心〕 名 世人の心. 世間の人情. ¶야속한 ～ 冷たくうらめしい世人の心.
세상²〔世相〕 名 世相. 世態. ¶～을 반영하다 世相を反映する.
세석〔細石〕 名 細石. こまかい石. さざれ石.
세선〔細線〕 名 細い線.
세설¹〔世說〕 名 世評.
세설²〔細雪〕 名 細雪. 粉雪.
세세¹〔世世〕 名 世々. 代々.
세세상전〔—相傳〕 名 하他 代々伝わること.
세세²〔歲歲〕 名 歳々. 年々.
세세연년〔—年年〕 名 年々歳々. 毎年.
세세하다〔細細—〕 形 **1** 非常に詳しい. 非常に細かい. ¶세세한 설명[기록] 細かい説明[記録]. **2** あまり細かくて取るに足りない. **세세히** 副 詳細に. 細々しく. 細々と. ¶결과를 ～ 이야기하다 結果を詳しく話す.
세속〔世俗〕 名 世俗. **1** 世の風俗. ¶～을 따르다 世の風俗に倣う. **2** 俗世間. ¶～을 떠나서 살다 俗世間を離れて暮らす.
세속 오계〔—五戒〕 名 新羅時代花郎に与えた五つの戒律.
세속적〔—的〕 冠 名 世俗的. ¶～인 일에는 흥미가 없다 世俗的なことには興味がない.
세손〔世孫〕 名〔'왕세손'의 준말〕王世

子の長子.

세수¹〔洗手〕 名 하他 洗顔. 洗面. ¶ 냉수로 ～하다 冷水で洗面する / ～수건 手拭い.

세숫비누 名 化粧せっけん.

세수²〔歲首〕 名 歳首. 年頭. 年始.

세슘〔cesium〕 名〔化〕 セシウム.

세습¹〔世習〕 名 世の風習. 世の習い.

세습²〔世襲〕 名 하他 世襲. ¶ ～제 世襲制.

세습 군주국〔―君主國〕 名〔政〕 世襲君主国.

세습 재산〔―財産〕 名 世襲財産.

세시〔歲時〕 名 **1** 歳時. 一年中の折々. **2** 正月. 年始.

세시기〔―記〕 名 歳時記.

세심하다〔細心―〕 形 細心だ. 注意深い. ¶ 세심한 주의를 기울이다 細心の注意を払う.

세쌍둥이〔―雙―〕 名 三つ子. 三生児.

세안¹〔洗眼〕 名 하自 洗眼.

세안²〔洗顔〕 名 하自 洗顔.

세안³〔細案〕 名 **1** 詳細でぬけめのない案. **2** 精密で具体的な学習指導案.

세액〔稅額〕 名 税額.

세업〔世業〕 名 世業. 世襲の家業.

세우〔細雨〕 名 細雨. 小雨. 霧雨.

세우다 他 **1** 立てる. 起こす. ¶ 기둥을 ～ 柱を立てる / 쓰러진 묘목을 ～ 倒れた苗木を起こす. **2** 建てる. 建設する. 造る. ¶ 동상을 ～ 銅像を建てる. **3** (候補·証人に)立てる. ¶ 시장 후보를 ～ 市長候補を立てる / 증인으로 ～ 証人に立てる. **4** (動いているものを)止める. ¶ 차를 ～ 車を止める. **5** (刃を)立てる. ¶ 식칼 날을 ～ 包丁の刃を立てる. **6** (青筋を)立てる. ¶ 핏대를 세우고 화를 내다 青筋を立てて怒る. **7** (計画·予定·生計を)立てる. ¶ 계획[예정]을 ～ 計画[予定]を立てる / 예산을 ～ 予算を立てる. **8** (功績·手柄を)挙げる. 立てる. ¶ 공을 ～ 手柄を立てる. **9** (面目·体面を)保つ. 立てる. ¶ 면목을 ～ 面目を保つ / 남편의 체면을 세워 주다 夫の体面を立ててやる. **10** (伝統·組織·学説·道理を)うち立てる. ¶ 전통을 ～ 伝統をうち立てる / 학설을 ～ 学説を立てる / 기준을 ～ 基準を立てる. **11** (意志·我を)通す. 張る. ¶ 고집을 ～ 我を張る.

세운〔世運〕 名 世運. 世の運勢.

세원〔稅源〕 名〔經〕 税源.

세월〔歲月〕 名 **1** 歳月. 年月. ¶ 반세기의 ～을 허비하다 半世紀の歳月を費やす / ～은 유수와 같다 歳月は流れ動く水の如し. **2** 時節. 時世. ¶ 살아가기 힘든 ～이 되었다 せちがらい時節になった / 살기 좋은 ～ 住みよい世の中.

◆**세월이 없다** ① (商売が)不景気だ. もうからない. ② (ある仕事がいつ終わるか)予期することができない. とてものろのろした仕事ぶりだ.

〔**속담**〕 **세월이 약** 歳月が薬〈つらいことや悲しい思いも歳月が立つと自然に消え失せるものだ〉.

세율〔稅率〕 名〔經〕〔'과세율'의 준말〕 税率. ¶ 누진～ 累進税率.

세의¹〔歲儀〕 名 歳暮の贈り物. ¶ ～를 보내다 お歳暮をする.

세의²〔世誼〕 名 先祖代々のよしみ.

세이레 名 出産後21日目の日.

세이프〔safe〕 名 (野球·テニスなどで)セーフ.

세인〔世人〕 名 世人. 世間の人. ¶ ～의 관심을 끌다 世人の関心を引く.

세일〔sale〕 名 セール. (商店の)売り出し. ¶ 백화점의 바겐～ デパートのバーゲンセール.

세일러복〔sailor服〕 名 セーラー服.

세일즈맨〔salesman〕 名 セールスマン.

세입¹〔稅入〕 名〔經〕 税収. 租税の収入.

세입²〔歲入〕 名〔經〕 歳入. ¶ 경상 ～ 経常歳入 / 임시 ～ 臨時歳入.

세자¹〔世子〕 名〔史〕〔'왕세자'의 준말〕 王世子.

세자²〔細字〕 名 細字. 細かい字.

세전¹〔世傳〕 名 하自他 世伝. 先祖伝来.

세전지보〔―之寶〕 名 世伝の宝物.

세전²〔歲前〕 名 正月前. 歳暮.

세정¹〔世情〕 名 世情. 世態と人情. ¶ ～에 밝은 사람 世情に明るい人.

세정²〔洗淨〕 名 하他 洗浄.

세정제〔―劑〕 名 洗浄剤.

세정³〔稅政〕 名 税政. 税務に関する行政.

세제¹〔洗劑〕 名 **1** 洗剤. **2**〔'세척제'의 준말〕 洗滌剤.

세제²〔稅制〕 名〔法〕 税制.

세제곱 名〔數〕 三乗.

세제곱근〔―根〕 名〔數〕 立方根. 三乗根.

세족¹〔洗足〕 名 하自 洗足. 足を洗うこと.

세족²〔勢族〕 名 勢力のある一門.

세족³〔世族〕 名 世族. 世家.

세존〔世尊〕 名〔佛〕〔'석가세존'의 준말〕 世尊.

세주다〔貰―〕 他 賃貸しする. ¶ 방을 ～ 間貸しをする.

세지〔世智〕 名 世知. 世智. 世渡りの才. ¶ ～에 능하다 世知にたける.

세차¹〔洗車〕 名 하自 洗車. ¶ ～장 洗車場.

세차²〔貰車〕 名 貸し自動車. レンタカー.

세차³〔歲差〕 名〔地〕 歳差.

세차다 形 力強く激しい. 強烈だ. 強い. 激しい. ¶ 바람이 세차게 불다 風が激しく吹く / 파도가 세차게 몰아쳤다 波が激しく押し寄せた.

세찬〔歲饌〕 名 **1** 正月のごちそう. **2** 歳暮. 年末の贈り物.

세척〔洗滌〕 名 하他 洗滌.

세척기〔―器〕 名〔醫〕 洗滌器.

세척제〔―劑〕 名〔藥〕 洗滌剤.

세초〔歲初〕 名 年始. 年初.

세출〔歲出〕 名〔經〕 歳出.

세칙〔細則〕 名 細則. ¶ 시행 ～ 施行細則.

세칭〔世稱〕 名 世の中で一般の人がいうこと. ¶～ 일류 대학을 나온 사람 いわゆる一流大学を出た人.

세컨드〔second〕 名 **1** (ボクシングの)セコンド. **2**〈俗〉妾.

세탁〔洗濯〕 名 하他 洗濯. 洗い. クリーニング. ¶물～ 水洗い / 깨끗이 ～하다 きれいに洗濯する.

　세탁기〔―機〕 名 洗濯機.

　세탁물〔―物〕 名 洗濯物. 洗い物.

　세탁 비누 名 洗濯せっけん.

　세탁소〔―所〕 名 洗濯屋. クリーニング屋.

세태〔世態〕 名 世態. 世の中のありさま. ¶급변하는 ～ 急変する世相.

　세태 소설〔―小說〕 名 世態小説.

　세태인정〔―人情〕 名 世態と人情.

세톨박이 名 実が三つ入っているいが栗.

세트〔set〕 名 セット. **1** (道具などの)一そろい. ¶커피 ～ コーヒーセット. **2** (映画で)撮影用に組まれる設備. ¶오픈 ～ オープンセット.

세파[1]〔世波〕 名 世の荒波. つらい世の中. ¶모진 ～에 시달리다 厳しい世の荒波に苦しむ.

세파[2]〔細波〕 名 細波. さざれ波.

세평[1]〔世評〕 名 世評. 世間の評判. ¶～이 나쁘다 世間の評判が悪い.

세평[2]〔細評〕 名 하他 細評. 詳細に批評すること.

세포〔細胞〕 名 細胞. ¶～막 細胞膜 / ～ 분열 細胞分裂.

　세포 조직〔―組織〕 名 細胞組織.

세필〔細筆〕 名 하他 細筆. 細かい字で書くこと. 細かい字を書くための筆.

세한〔歲寒〕 名 歲寒. 寒い季節. 冬.

　세한삼우〔―三友〕 名 歲寒三友〈東洋画の画題になる松・竹・梅〉.

세화〔細畫〕 名〔美〕 繊細に描いた絵.

세후〔歲後〕 名 正月過ぎ.

섹스〔sex〕 名 セックス. ¶～ 어필 セックスアピール.

섹시하다〔sexy―〕 形 セクシーだ. 性的だ. 肉感的だ. ¶섹시한 목소리 セクシーな声.

센말 名 (意味は同じだが)語感の強い語. 強勢語.

센머리 名 白髪. 白髪の頭. ¶완전히 ～가 되었다 すっかり白髪になってしまった.

센물 名〔化〕 硬水.

센서〔sensor〕 名〔電〕 センサー. 感知装置.

센서스〔census〕 名 センサス. **1** 国勢調査. **2** 実態調査.

센세이션〔sensation〕 名 センセーション. ¶일대 ～을 불러일으키다 一大センセーションをまき起こす.

센스〔sense〕 名 センス. ¶～가 있다 センスがある.

센터〔center〕 名 センター. ¶쇼핑～ ショッピングセンター / ～ 라인 センターライン.

　센터 서클〔―circle〕 名〔體〕 センターサークル.

　센터 포워드〔―forward〕 名〔體〕 センターフォーワード.

　센터 플라이〔―fly〕 名〔體〕 センターフライ.

　센터 필드〔―field〕 名〔體〕 センターフィールド.

센티〔centi〕 **I** 依名〔'센티미터'의 준말〕センチ.
II 接頭 メートル法の諸単位につけてその100分の1を表わす語.

센티멘털하다〔sentimental―〕 形 センチメンタルだ. 感傷的だ. ¶센티멘털한 음악 センチメンタルな音楽.

센티미터〔centimeter〕 依名 〔길이의 단위〕センチメートル.

센티하다〔senti―〕 形 センチだ. センチメンタルだ. ¶센티해지다 センチになる.

셀로판〔cellophane〕 名〔化〕 セロハン. セロファン.

셀프서비스〔self-service〕 名 セルフサービス.

셈 **I** 名 하他 **1** 算数. 計算. ¶덧～ 足し算 / 뺄～ 引き算 / ～이 빠르다 計算が速い. **2** 勘定. 算用. 支払い. ¶보름마다 ～하다 15日毎に勘定する / ～을 연기하다 支払いを延ばす. **3** (物事を判断する)分別. 判断. ¶～이 들다 分別がつく. 物心がつく. **4**〔'셈평 2'의 준말〕暮らし向き.
II 依名 **1** 《'-ㄴ/은 셈이다'의 꼴로 쓰여》〔'셈판'의 뜻을 나타냄〕いきさつ. 訳. (物事の)事情. 理由. ¶어떻게 된 ～인지 통 모르겠다 どういう訳かさっぱり分からない. **2** 《'-ㄹ/을 셈이다[셈으로]'의 꼴로 쓰여》〔'작정·속셈'의 뜻을 나타냄〕つもり. 心づもり. 胸算用. 考え. ¶언제 갈 ～이냐? いつ行くつもりだい / 어쩔 ～으로 그랬나? どうするつもりでそうしたのか. **3** 《'셈치다'의 꼴로 쓰여》〔미루어 가정함을 뜻함〕…のわけだ. ¶결국 내가 진 ～이지 結局私が負けたわけさ.

　◆**셈을 치다** ① 支払う. ② つもりになる. つもりでいる. ¶잃어버린 돈은 없는 ～치다 なくしたお金はもともとなかったことにする.

　◆**셈이 질기다** (支払いなどを)出し渋る. なかなか払わない.

셈속 名 **1** 内幕. 内容. **2** 心づもり. 胸算用. ¶～은 나도 모르겠다 本心は僕にも分からない.

셈판 名 (物事の)事情. 理由. わけ.

셈평 名 **1** 打算的な考え. **2** 暮らし向き.

　◆**셈평이 펴이다** 暮らし向きがよくなる.

셈하다 他 数える. 計算する. ¶주판으로 셈하면 빠르다 そろばんで計算すると速い.

셋 數 **1** 三つ. 3. ¶하나 둘 ～ 一二三. 一つ二つ三つ. **2** 3人. ¶우리 ～이서 갑시다 私たち3人で行きましょう / 제게는 동생이 ～ 있습니다 私には弟が3人います.

셋돈〔貰―〕 名 借り賃.

셋방〔貰房〕 名 貸し間.

　셋방살이 名 하自 貸し間暮らし. 間借り生活.

셋잇단음표〔―音標〕 名〔樂〕 三連音符.

셋집〔貰―〕 名 貸し家. 借家.

셋째 数 三つ目. 3番目. ¶～ 아들 3番目の息子.
셍기다 他 **1** しゃべりまくる. ¶마구 주워 ～ 何でもかんでもしゃべりちらす. **2** (仕事が切れないように)続けて仕事を与える.
-셔요 語尾 〔'-시어요'의 준말〕…なさいます(か). …(し)ましょう. …してください. ¶하～ してください/주～ ください/빨리 가～ 早速行ってください. 早速行きましょう. ▷-으셔요
셔츠〔shirts〕名 シャツ.
셔터〔shutter〕名 シャッター. **1** よろい戸. **2** (カメラの)シャッター.
션찮다 形 〔'시원찮다'의 준말〕思わしくない. はかばかしくない. かんばしくない. ¶손님 대접이 ～ お客のもてなしが思わしくない.
소[1] 名〔動〕牛. ¶수～ 雄牛/암～ 雌牛/～를 기르다 牛を飼う.
◆**소같이 먹다** 牛のようにやたらにたくさん食べる.
〔속담〕**소같이 벌어서 쥐같이 먹어라** 牛のように稼いで鼠のように食べろ〈一生懸命働いて節約して使うべきだ〉. **소 닭 보듯 닭 소 보듯** (牛が鶏を見るように鶏が牛を見るように)互いに無関心なこと. **소 잃고 외양간 고친다** 牛を失って牛小屋を直す〈泥棒を見て縄をなう〉.
소[2] 名 **1** 餡. 餡こ. ¶팥～ あずき餡/만두～ ギョーザの餡. **2** (キムチの中に入れる)いろいろの薬味.
소[3]〔小〕**Ⅰ** 名 小. (大・中・小に分けるとき)いちばん小さいもの.
Ⅱ 接頭 小…. ¶～극장 小劇場.
소[4]〔沼〕名 沼.
소[5]〔素〕名 素. **1** 魚と肉を使わない食べ物. **2**〔民俗〕忌中に魚と肉を食べないこと.
소[6]〔疏〕名 疏. **1**〔佛〕死人のために仏前で冥府に告げる祝詞. **2** 王に奉る文. 上奏文.
소[7]〔訴〕名〔法〕訴え. 訴訟. ¶～의 취하 訴訟の取り下げ.
-소[8] 語尾 **1**〔평서·의문·명령·권유·감탄을 나타냄〕…です. …ます. …ですか. …ますか. お[ご]…なさい. …ですね. ¶있～? ありますか/얼마나 아름답～ どんなに美しいことでしょう/밥을 먹～ ご飯を食べます. **2**〔명령을 나타냄〕お[ご]…なさい. ¶빨리 가～ はやく(お)行きなさい.
-소[9]〔所〕接尾 …所. ¶강습～ 講習所/사무～ 事務所.
소가족〔小家族〕名 小家族.
소가지 名 性根. 心だて. 心がら. ¶～가 못됐다 性根が悪い/～가 비뚤어지다 心がらがひねくれる.
소각[1]〔消却·銷却〕名 하他 消却. **1** 消すこと. **2** 負債などを返済すること.
소각[2]〔燒却〕名 하他 燒却. ¶～장 燒却場/쓰레기를 ～하다 ごみを燒却する.
소각로〔一爐〕名 燒却炉.
소간사〔所幹事〕名 用. 用事.
소갈딱지 名〈俗〉心がら. 意志. 心だて.
소갈머리 名 意志. 心. 心だて. 心がら. 了見. ¶그렇게 ～가 좁아서야 そんなに心が狭くては.
소갈증〔消渴症〕名〔韓方〕消渇〈絶えずのどが乾わく症状〉.
소감〔所感〕名 所感. 所存. ¶～을 말하다 所感を述べる.
소강〔小康〕名 하形 小康. ¶치열한 전투가 ～ 상태에 들어가다 熾烈な戦いが小康状態に入る.
소개[1]〔紹介〕名 하他 紹介. 引き合わせること. ¶가정교사를 ～하다 家庭教師を紹介する/아르바이트를 ～받다 アルバイトを紹介してもらう.
소개소〔一所〕名 紹介所.
소개장〔一狀〕名 紹介状.
소개[2]〔疏開〕名 하他 疎開. ¶시골로 ～시키다 田舎に疎開させる.
소거〔消去〕名 하自他 消去.
소거법〔一法〕名〔數〕消去法.
소견〔所見〕名 所見. 考え. ¶임상 ～ 臨床所見/저의 ～으로는 私の考えでは.
소견머리 名 心. 心だて. ¶～ 없는 사람 思慮の足りない人間.
소결〔燒結〕名 하自他〔化〕燒結.
소결 합금〔一合金〕名〔工〕燒結合金.
소경 名 **1** 盲人. 目の不自由な人. **2** 字の読めない人.
소계〔小計〕名 小計.
소고[1]〔小考〕名 小考. 系統的でない簡単な考察. ¶현대 문학 ～ 現代文学小考.
소고[2]〔小鼓〕名〔樂〕小鼓. こつづみ.
소곤거리다[-대다] 自他 ささやく. ひそひそ[こそこそ]と話す. ¶옆방에서 소곤거리는 소리가 들렸다 隣の部屋からひそひそと話す声が聞こえた.
소곤소곤 副 하自他 ひそひそ(と). こそこそ(と). ぼそぼそ(と). ¶～ 이야기를 나누다 ひそひそと話を交わす.
소곳하다 形 **1** 少しうつむいている. うなだれている. ¶야단맞고 ～ 叱られてうつむく. **2** おとなしい. 素直だ. ¶소곳하게 충고를 듣다 素直に忠告をきく.
소공〔小功〕名 小功. 小さな功績.
소관[1]〔小官〕名 小官. 小職.
소관[2]〔所管〕名 所管. 所轄.
소관[3]〔所關〕名 関係する所. ¶팔자 ～이다 運命のしからしめるところだ/그 일은 우리 ～이 아니다 それは我々のあずかり知らぬことだ.
소관사〔一事〕名 かかわりのあること.
소구[1] 名〔樂〕⇨소고
소구[2]〔遡求〕名 하他〔法〕遡求.
소구분〔小區分〕名 하他 小区分.
소국〔小國〕名 小国.
소굴〔巢窟〕名 巢窟. 巢. ¶도둑놈 ～ 泥棒の巢窟.
소권〔訴權〕名〔法〕訴権.
소귀나무 名〔植〕山桃.
소규모〔小規模〕名 小規模.
소극[1]〔笑劇〕名〔演〕笑劇. ¶～을 상연하다 笑劇を上演する.
소극[2]〔消極〕名 消極. 反 積極. ¶～ 행위 消極行為/～ 방어 消極防御

/～성 消極性.
소극적〔一的〕冠 名 消極的. ¶～인 성격 消極的な性格.
소금 名 塩. 食塩. ¶～에 절이다 塩漬けにする.
〔속담〕**소금 먹은 놈이 물켠다** 塩を食べたやつが水を飲む〈罪を犯した者が罰を受けるものだ〉. **소금이 쉴까** 塩がすえるか〈そんなことはあり得ないとのこと〉.
소금구이 名 하自 塩焼き.
소금기〔一氣〕名 塩気. 塩分.
소금물 名 塩水.
소금엣밥 名 きわめて粗末な食事.
소금절이 名 하他 塩漬け.
소금쟁이 名〔動〕飴坊.
소급〔遡及〕名 하他 遡及. ¶월급을 ～하여 인상하다 月給を遡及して引き上げる.
소급력〔一力〕名〔法〕遡及力.
소기〔所期〕名 所期. ¶～의 목적을 달성하다 所期の目的を達する.
소기름 名 牛脂. ヘット.
소기업〔小企業〕名 小企業.
소꿉 名 ままごとの道具.
소꿉놀이 名 하自 ままごと.
소꿉동무 名 幼友達. 幼なじみ.
소꿉질 名 하自 ままごと遊び.
소나기 名 夕立. にわか雨. 驟雨. ¶～를 만나다 夕立にあう/～가 내릴 것 같다 にわか雨が降りそうだ.
소나기구름 名〔氣〕入道雲. 積乱雲.
소나기밥 名 (日頃は小食であるが)時には急に大食すること.
소나기술 名 (日頃は飲まないが)一旦飲み出したら底無しに飲む酒.
소나무 名〔植〕松. ¶～를 심다 松の木を植える.
소나타〔㊀sonata〕名〔樂〕ソナタ.
소나타 형식〔一形式〕名〔樂〕ソナタ形式.
소나티네〔㊀sonatine〕名〔樂〕ソナチネ.
소납¹ 名 ある事に用いられる物.
소납²〔笑納〕名 하他 笑納 ¶하찮은 것이지만 ～하여 주십시오 つまらない物ですがご笑納ください.
소녀〔少女〕名 少女. 乙女. 娘. 反 少年 ¶～ 시절 少女時代/나이는 들어도 마음은 ～ 같다 年はとっても心は少女のようだ.
소년〔少年〕名 少年. 反 少女 ¶～기 少年期/～ 범죄 少年犯罪.
소년단〔一團〕名 少年団. ボーイスカウト.
소년원〔一院〕名〔法〕少年院.
소농〔小農〕名 小農.
소뇌〔小腦〕名〔生〕小脳.
소다〔soda〕名〔化〕ソーダ. **1**〔'가성소다'의 준말〕苛性ソーダ. **2**〔'탄산소다'의 준말〕炭酸ソーダ.
소다수〔一水〕名 ソーダ水.
소달구지 名 牛車. 牛に引かせる荷車.
소담¹〔小膽〕名 하形 小胆. 小心.
소담²〔笑談〕名 하自 笑談. 笑い話.
소담스럽다 形 ふっくらと整っている. ふくよかだ.
소담하다 形 **1** 食べ物がたっぷりあっておいしそうだ. **2** ふっくらとしている. ほどよく整って風雅なところがある. ¶소담한 꽃송이 ふっくらとした花房. **소담히** 副 風雅に. ふっくらと.
소대〔小隊〕名〔軍〕小隊.
소대장〔一長〕名〔軍〕小隊長.
소대상〔小大祥〕名 小祥(忌)と大祥(忌). 一周忌と三回忌.
소댕 名 釜の蓋.
소댕꼭지 名 釜の蓋の取っ手.
소도¹〔小島〕名 小島. 小さい島.
소도²〔小刀〕名 小刀. わきざし. ¶～를 허리에 차다 小刀を腰に差す.
소도구〔小道具〕名〔演〕小道具.
소도둑 名 **1** 牛泥棒. **2** 陰険で欲深い人.
소도록하다 形 山盛りになっている. うずたかくなっている. ¶밥이 그릇에 ～ ご飯が器に山盛りになっている. **소도록이** 副 うずたかく. 山盛りに. どっさり(と).
소독〔消毒〕名 하他 消毒.
소독기〔一器〕名〔醫〕消毒器.
소독약〔一藥〕名 消毒薬.
소독저〔一箸〕名 割り箸.
소동〔騷動〕名 하自 騒動. 騒ぎ. ¶～이 일어나다 騒動が起こる.
소두¹〔小斗〕名 5升入りの枡.
소두²〔小豆〕名〔植〕小豆.
소득〔所得〕名 所得. 得るもの. 得るところ. ¶～세 所得税/～ 공제 所得控除.
소득소득 副 하形〔몹시 시들어 마른 모양〕かさかさ. しなしな.
소들소들 副 하形〔조금 시들어 마른 모양〕かさかさ. しなしな.
소등〔消燈〕名 하自 消灯.
소등나팔〔一喇叭〕名 消灯ラッパ. ¶～을 불다 消灯ラッパを吹く.
소띠 名〔民俗〕丑年生まれ.
소라 名 **1**〔動〕栄螺. **2**〔樂〕法螺.
소라고둥 名〔動〕法螺貝.
소란〔騷亂〕名 하形 騒乱. 騒動. 騒ぎ. ¶～을 피우다 騒ぎ立てる/세상이 ～하다 世の中が騒々しい.
소란스럽다 形 騒がしい. 騒々しい. 物騒だ. ¶갑자기 소란스러워졌다 急に騒々しくなった. **소란스레** 副 騒がしく. 騒々しく. 物騒に.
소래기 名 皿状の陶器の甕の蓋〈食器としても用いられる〉.
소량¹〔小量〕名 小量. 狭量.
소량²〔少量〕名 少量. 少ない分量.
소령〔少領〕名〔軍〕少領. 少佐.
소로〔小路〕名 小路. 小道.
소록소록 副 **1**〔아기가 곱게 자는 모양〕すやすや(と). ¶～ 잠들다 すやすやと眠る. **2**〔비가 보슬보슬 내리는 모양〕しとしと(と). ¶～ 내리는 봄비 しとしとと降る春の雨.
소론¹〔所論〕名 所論. 論ずるところ.
소론²〔小論〕名 小論. 規模の小さい論説[論文].
소르르 副 **1**〔얽힌 것이 잘 풀리는 모양〕するする(と). ¶옷고름이 ～ 풀리다 チョゴリの結びひもがするするとほどける. **2**〔부드러운 바람이 부는 모양〕

そよそよ(と). ¶봄바람이 ～ 불어오다 春風がそよそよと吹いてくる. **3**〔물이나 가루 등이 새는 모양〕さらさら(と). ¶～ 흐르는 실개천의 물 さらさらと流れる小川の水. **4**〔졸음이 오는 모양〕うとうと(と). とろとろ(と). ¶양달에서 ～ 잠이 들다 ひなたでうとうととする.

소름 名 鳥肌.

◆소름이 끼치다 鳥肌が立つ. 身の毛がよだつ. 総毛立つ. ¶～이 끼치는 끔찍한 이야기 身の毛がよだつようなむごたらしい話.

소리[1] 名 하自 **1** 音. ¶발～ 足音 / ～가 나다 音が出る. 音がする / ～를 내다 音を出す. **2** (人の)声. (動物の)鳴き声. ¶새가 우는 ～ 鳥の鳴き声 / 사람을 부르는 ～ 人を呼ぶ声. **3** 世論. 声. うわさ. ¶백성의 ～에 귀를 기울이다 民の声に耳を傾ける / 항간에는 이런 ～도 있다 ちまたにはこういううわさもある. **4** 話. 言葉. ¶그게 무슨 ～냐? それはどういう話なのか. 何を言っているのか. **5** パンソリ(판소리)·雑歌など伝統的な歌. ¶그 여자는 ～를 잘한다 彼女は歌がうまい.

◆소리 소문도 없이 ひそかに. こっそり(と). 人に知られないように.

소리글자〔一字〕 名 表音文字.

소리꾼 名 〈パンソリ(판소리)·雑歌など〉歌の上手な人.

소리소리 副〔크게 소리를 지르는 모양〕張り上げて. ¶～ 지르다 大声を張り上げる.

소리쟁이 名 歌手. 歌うたい.

소리판 名 音盤.

소리[2]〔小利〕 名 小利. わずかな利益.

소리개 名〔動〕鳶. とんび.

소립〔小粒〕 名 小粒. 小さな粒.

소립자〔素粒子〕 名〔物〕素粒子.

소립자론〔一論〕 名〔物〕素粒子論.

소마소마 副 하形〔두려운 모양〕びくびく. おどおど.

소만〔小満〕 名 小満〈二十四節気の一つ〉.

소만두〔素饅頭〕 名 肉の入らない野菜だけのギョーザ.

소말리아〔Somalia〕 名〔地〕ソマリア〈アフリカ大陸の東端にある共和国〉.

소말소말 副 하形〔마맛자국이 얕게 얽은 모양〕ぽつぽつ(と).

소망[1]〔所望〕 名 所望. 望み. 希望. ¶～대로 되다 望みどおりになる.

소망[2]〔素望〕 名 素望. かねてからの望み.

소매[1] 名 袖. ¶～를 걷어 올리다 袖をまくり上げる.

◆소매를 걷고 나서다 袖をまくって進み出る. 自ら積極的に出る[先頭に立つ].

소매치기 名 すり. 巾着切り.

소맷부리 名 袖口.

소맷자락 名 袖. たもと.

소매[2]〔小賣〕 名 하他 小売り. ¶～ 가격 小売価格 / ～상 小売商 / ～업 小売業 / ～인 小売業者 / ～점 小売店.

소맥〔小麥〕 名〔植〕小麦.

소맥분〔一粉〕 名 小麦粉.

소면[1]〔素面〕 名 素面. 素顔. 化粧していない顔.

소면[2]〔素麵〕 名 肉の入ってない麵類.

소멸[1]〔消滅〕 名 하自 消滅. ¶조약의 효력이 ～되다 条約の効力が消滅する.

소멸 시효〔一時效〕 名〔法〕消滅時効.

소멸[2]〔掃滅〕 名 하他 掃滅. はらいのぞくこと. ¶적을 완전히 ～하다 敵を完全に掃滅する.

소멸[3]〔燒滅〕 名 하自他 焼滅. ¶사찰이 ～되다 寺刹が焼滅した.

소명[1]〔召命〕 名 **1** 臣下を呼ぶ王の命令. **2**〔基〕召命.

소명[2]〔疏明〕 名 하他 疎明. **1** 弁明すること. **2**〔法〕裁判官に, 一応確からしいとの推測を抱かせること.

소모[1]〔消耗〕 名 하他 消耗. ¶～량 消耗量 / 물자를 ～하다 物資を消耗する / 체력을 ～하다 体力を消耗する.

소모전〔一戰〕 名 消耗戦.

소모품〔一品〕 名 消耗品.

소모[2]〔梳毛〕 名 하他 梳毛.

소모사〔一絲〕 名 梳毛糸.

소목〔小木〕 名〔'소목장이'의 준말〕指物師.

소목장이 名 指物師.

소몰이 名 하自 牛追い. 牛方.

소묘〔素描〕 名〔美〕素描. デッサン.

소문〔所聞〕 名 うわさ. 評判. 風説. 世評. ¶～에 의하면 うわさによれば / 터무니없는 ～ 根拠のないうわさ.

소문나다 自 うわさが立つ. 評判である. ¶구두쇠로 ～ しみったれとのうわさが立つ / 소문난 작가 評判の高い作家.

소문내다 他 うわさを立てる[流す]. 言い触らす. ¶온 동네에 ～ 村中に言い触らす.

〔속담〕**소문난 잔치에 먹을 것 없다** うわさの立っている宴会に食べるべきものはない〈世間の評判に比べて内容はつまらない〉.

소문자〔小文字〕 名 小文字.

소밀〔疏密〕 名 粗密. 粗いことと細かいこと. ¶인구의 ～ 人口の粗密.

소바리 名 牛の背中に載せて荷物を運ぶこと, またその荷物.

소박〔疏薄〕 名 하他 妻を疎んじ冷遇すること.

소박데기 名 夫に疎んじられている妻. 出戻り.

소박맞다 自 夫に疎んじられる. 追い出される. ¶첫날밤에 ～ 初夜に疎んじられる.

소박미〔素朴美〕 名 素朴な美しさ.

소박이 名 **1**〔'오이소박이김치'의 준말〕オイソバギキムチ. **2** 餡を入れた食物.

소박하다〔素朴一〕 形 素朴だ. ¶소박한 인품 素朴な人柄.

소반[1]〔小盤〕 名 膳.

소반[2]〔素飯〕 名 魚や肉のない食事.

소밥〔素一〕 名 精進物. 肉·魚のない食事.

소방〔消防〕 名 하他 消防. ¶～대 消防隊 / ～서 消防署 / ～차 消防車 / ～관 消防官.

소변〔小便〕 名 小便.
소변기〔一器〕 名 小便器.
◆**소변을 보다** 小便をする.
소복〔素服〕 名 하自 素服. **1** 白地の衣服. **2** 喪服.
소복하다 形 **1** 〔도드라지게 담겨 있거나 쌓여 있다〕 こんもりしている. うずたかい. 山盛りだ. ¶밥을 소복하게 담다 ご飯を山盛りに盛る. **2** (顔·手足などが)むくんでいる. 腫れている. ¶눈두덩이가 소복하게 부어 있다 上まぶたが腫れている. <수북하다 **소복이** 副 うずたかく. こんもり(と). ¶눈이 지붕에 ~ 쌓였다 雪が屋根にこんもりと積もった.
소복소복 副 하形 (どれもこれも)みなうずたかく. こんもり(と). ¶서류를 ~ 쌓다 書類をうずたかく積む.
소분〔小分〕 名 하他 小分け.
소비〔消費〕 名 하他 消費. ¶~세 消費税 / 시간을 헛되이 ~하다 時間を無駄に消費する.
소비 도시〔一都市〕 名 消費都市.
소비 성향〔一性向〕 名〔經〕 消費性向.
소비자〔一者〕 名 消費者.
소비자 가격〔一者價格〕 名〔經〕 消費者価格.
소비자 보호 운동〔一者保護運動〕 名 消費者保護運動.
소비재〔一財〕 名 消費財.
소비조합〔一組合〕 名〔經〕 消費組合.
소사[1]〔小史〕 名 小史. 簡単な歴史.
소사[2]〔小使〕 名 小使.
소사[3]〔掃射〕 名 하他 掃射.
소사[4]〔燒死〕 名 하自 焼死.
소산[1]〔所産〕 名 **1** 所産. ¶근대 과학의 ~ 近代科学の所産. **2** 〔'소산물'의 준말〕 産物.
소산물〔一物〕 名 産物.
소산[2]〔消散〕 名 하自 消散. 消え散ること.
소산[3]〔燒散〕 名 하他 焼いて散らしてしまうこと.
소상[1]〔小祥〕 名 小祥(忌). 一周忌.
소상[2]〔塑像〕 名〔美〕 塑像.
소상인〔小商人〕 名 小商人. 営業規模の小さい商人.
소상하다〔昭詳一〕 形 詳しい. ¶경위를 소상하게 설명하다 いきさつを詳しく説明する. **소상히** 副 詳しく.
소생[1]〔所生〕 名 実子. ¶본처 ~ 嫡出の子.
소생[2]〔蘇生·甦生〕 名 하自 蘇生. よみがえること. ¶죽어 가는 사람을 ~시키다 死にかかった人を蘇生させる.
소생[3]〔小生〕 代 〔남자가 웃어른에게 자기를 낮추어 이르는 말〕 小生.
소서[1]〔小暑〕 名 小暑〈二十四節気の11番目〉.
-소서[2] 語尾 〔바라거나 시키는 뜻을 정중히 나타냄〕 …なさいませ. …(して)ください(ませ). ¶우리의 소원을 들어 주~ 我らの願いを聞き入れたまえ / 신이여 우리를 구원하~ 神よ我らを救いたまえ. ▷-으소서
소석회〔消石灰〕 名〔化〕 消石灰. 水酸化カルシウム.
소선거구〔小選擧區〕 名 小選挙区.
소설[1]〔小雪〕 名 小雪〈二十四節気の20番目〉.
소설[2]〔小說〕 名 **1** 小説. ¶단편 ~ 短編小説 / 역사 ~ 歴史小説. **2** 〔'소설책'의 준말〕 小説の本. ¶~을 읽다 小説を読む.
소설가〔一家〕 名 小説家. 作家. 文士.
소설책〔一册〕 名 小説. 小説本.
소성[1]〔塑性〕 名〔物〕 塑性. 可塑性.
소성 가공〔一加工〕 名 塑性加工.
소성[2]〔燒成〕 名 하他 焼成. 陶磁器を焼くこと.
소성 인비〔一燐肥〕 名 焼成燐肥.
소소리바람 名 **1** 肌にしみるような早春の冷たい風. **2** つむじ風.
소소리패〔一牌〕 名 年若く過ちを犯しやすい者たち.
소소하다[1]〔小小一〕 形 **1** 細々ましい. ささいだ. 細かい. ¶소소한 일까지 간섭하다 細かいことまで干渉する. **2** 粗末だ. ¶소소한 물건이지만 받아 주십시오 粗末なものですがお受け取りください. **소소히** 副 細々と.
소소하다[2]〔小少一〕 形 **1** 小柄で若い. **2** わずかだ.
소소하다[3]〔昭昭一〕 形 昭々としている. 明らかだ. 明白だ. ¶그로 하여금 사건의 전말이 소소하게 밝혀졌다 それによって事件の顛末が火を見るよりも明らかになった.
소속〔所屬〕 名 하自 所属. ¶우리가 ~해 있는 단체 私たちの所属している団体 / 무~ 無所属.
소손〔燒損〕 名 하自他 焼損. 焼いてこわすこと. 焼けてこわれること. ¶변압기의 ~ 変圧器の焼損.
소송〔訴訟〕 名 하他〔法〕 訴訟. ¶~ 관계인 訴訟関係人 / ~ 기록 訴訟記録 / ~ 당사자 訴訟当事者 / ~ 대리인 訴訟代理人 / ~ 판결 訴訟判決 / ~ 행위 訴訟行為 / 민사 ~ 民事訴訟 / ~ 절차 訴訟手続き / ~을 제기하다 訴訟を起こす.
소송법〔一法〕 名〔法〕 訴訟法.
소송 사건〔一事件〕 名〔法〕 訴訟事件.
소송장〔一狀〕 名〔法〕 訴状.
소수[1]〔小數〕 名〔數〕 小数.
소수점〔一點〕 名〔數〕 小数点.
소수[2]〔少數〕 名 少数. 反 多数. ¶~ 정예주의 少数精鋭主義 / ~ 민족 少数民族.
소수당〔一黨〕 名〔政〕 少数党.
소수 대표제〔一代表制〕 名〔政〕 少数代表制.
소수[3]〔素數〕 名〔數〕 素数.
소스[1]〔sauce〕 名 ソース.
소스[2]〔source〕 名 ソース. 出処. 根処. ¶기사의 ~ 記事のソース.
소스라뜨리다〔-트리다〕 Ⅰ 自 (驚いて)のけぞる.
Ⅱ 他 びっくり仰天させる.
소스라치다 自 びっくりして体をのけぞらせる. びっくり仰天する. ¶쾅 소리에 소스라칠 정도로 놀랐다 ドカンとい

う音でびっくり仰天した.
소슬하다〔蕭瑟—〕形 (吹く秋風が)肌寒くもの寂しい. ¶소슬한 가을 바람 もの寂しい秋風.
소승[1]〔小乘〕名〔佛〕小乗. 反 大乗 ¶～ 불교 小乗仏教.
소승[2]〔小僧〕名〔중이 자기를 낮추어 이르는 말〕愚僧. 拙僧.
소시〔少時〕名 少時. 若いとき.
소싯적 名 幼い時分. ¶～의 꿈은 덧없이 사라졌다 幼いときの夢ははかなく消え去った.
소시민〔小市民〕名 小市民. プチブル. ¶～적 사고방식 小市民的な考え方.
소시지〔sausage〕名 ソーセージ. 腸詰め.
소식[1]〔小食〕名 하他 小食. ¶～가 小食家.
소식[2]〔消息〕名 消息. **1** 便り. 知らせ. ニュース. 手紙. (おめでたの)便り. ¶봄[꽃]～ 春[花]の便り / ～이 끊기다 消息が絶える / 친구로부터 고향 ～을 전해 들었다 友人から故郷の便りを伝え聞いた / 가끔 ～을 전해 주세요 ときどき消息を伝えてください. **2** 事情. 動静. 動き. ¶동창회 ～ 同窓会の消息. 「と.
◆**소식이 깡통** まったく知らないでいるこ
소식란〔—欄〕名 消息欄. ¶신문[잡지]의 ～ 新聞[雑誌]の消息欄.
소식불통〔—不通〕名 **1** 音信不通. 消息不明. ¶그 후 ～이다 その後消息が絶えて何も分からない. **2** 疎いこと. ¶우리는 벌써 알고 있었는데 너만 ～이구나 私たちはすでに知っていたのに君だけ何も知らないんだな.
소식통〔—通〕名 消息通. 消息筋. ¶정계의 ～ 政界の消息通.
소신[1]〔小臣〕名〔신하가 임금에 대하여 자기를 낮추어 이르는 말〕小臣.
소신[2]〔所信〕名 所信. 信ずるところ. ¶～껏 信念に従って / ～에 따라 행동하다 信ずるところにしたがって行動する / 쉽게 자기의 ～을 굽혀서는 안 된다 たやすく自分の所信を曲げてはいけない.
소실[1]〔小室〕名 妾. ¶～을 두다 妾を囲う.
소실[2]〔消失〕名 하自他 消失. ¶증거물이 ～되다 証拠物が消失する.
소실[3]〔燒失〕名 하他 焼失. ¶문화재가 ～되다 文化財が焼失する.
소심하다〔小心—〕形 **1** 小心だ. 臆病だ. ¶소심한 사람 小心な人 / 소심해서 당당히 말하지 못했다 臆病なので堂々と言えなかった. **2** 細心だ.
소아[1]〔小我〕名 小我. **1**〔哲〕宇宙の絶対的な我と区別した人間の小さな自我. **2**〔佛〕肉体の我れ.
소아[2]〔小兒〕名 小児. 子供.
소아 결핵〔—結核〕名〔醫〕小児結核.
소아과〔—科〕名 小児科.
소아마비〔—痲痺〕名〔醫〕小児麻痺. ポリオ.
소아병〔—病〕名 小児病.
소액〔少額〕名 少額. ¶～권으로 바꾸다 少額紙幣に換える.
소야곡〔小夜曲〕名〔樂〕小夜曲. セレナーデ.
소양[1]〔素養〕名 素養. たしなみ. ¶한학에 ～이 있는 사람 漢学の素養のある人.
소양[2]〔搔痒〕名 하他 搔痒. ¶격화～ 隔靴搔痒.
소연〔小宴〕名 小宴.
소연하다[1]〔蕭然—〕形 蕭然としている. もの寂しい.
소연하다[2]〔騷然—〕形 騒然としている. 騒がしい. ¶소연한 세상 騒然たる世の中.
소염제〔消炎劑〕名〔藥〕消炎剤.
소엽[1]〔小葉〕名〔植〕小葉.
소엽[2]〔蘇葉〕名〔韓方〕紫蘇の葉.
소옥〔小屋〕名 小屋. 小さな家.
소외〔疏外〕名 하他 疎外. ¶～감을 느끼다 疎外感を感じる.
소요[1]〔所要〕名 하自 所要. ¶～ 인원 所要人数 / 많은 자금이 ～되는 사업 多額の資金を要する事業. 「き.
소요[2]〔逍遙〕名 하自他 逍遥. そぞろ歩
소요[3]〔騷擾〕名 하自 騒擾. 大勢の人が寄り集まって騒ぎ立てること.
소요죄〔—罪〕名〔法〕騒擾罪.
소욕〔少慾〕名 하形 小欲. 欲の少ないこと.
소용[1]〔小勇〕名 小勇. つまらないことにふるう無用の勇気.
소용[2]〔所用〕名 所用. 入用. 使い道. 必要. ¶～ 있는 물건 使い道のあるもの / 그것은 우리에게 ～이 없다 それは私たちには不要だ / 중학생에게 ～되는 참고서 中学生に役に立つ参考書.
소용없다 形 使い道がない. 役に立たない. 必要がない. 要らない. 無駄だ. 効き目がない. ¶소용없는 물건을 버리다 不要の物を捨てる / 아무리 잔소리해도 ～ どんなに小言を言っても効き目がない.
소용돌이 名 **1** 渦. 渦巻き. ¶～에 휘말리다 渦に巻き込まれる. **2**〔物〕渦動.
소용돌이치다 自 渦巻く. 逆巻く. ¶미친 듯이 소용돌이치는 탁류 狂ったように渦巻く濁流 / 갖가지 생각이 뇌리에서 ～ さまざまな思いが脳裏に渦巻く.
소우〔小雨〕名 小雨.
소우주〔小宇宙〕名〔哲〕小宇宙.
소원[1]〔小圓〕名 小円. **1** 小さい円. **2**〔數〕小圏.
소원[2]〔所願〕名 하他 所願. 念願. 願い. ¶～이 이루어지도록 하나님께 빌다 願いがかなうように神に祈る / 아버지가 나의 미국 유학의 ～을 풀어 주셨다 父が私のアメリカ留学の願いをかなえてくれた.
소원 성취〔—成就〕名 하自他 所願成就. 「と.
소원[3]〔訴冤〕名 하他 無実を訴えるこ
소원[4]〔訴願〕名 하他 訴願. 訴え願うこと.
소원하다〔疏遠—〕形 疎遠だ. ¶소원한 사이 疎遠な間柄 / 오랫동안 만나지 않으면 소원해진다 長い間会わないと疎遠になる.

소위[1][少尉] 名〔軍〕少尉.

소위[2][所爲] 名 所為. しわざ. ふるまい. ¶신의 ~로밖에 생각되지 않는다 神のなせるわざだとしか思えない.

소위[3][所謂] 冠 いわゆる. 俗にいう. 世にいう. ¶~「지식인」으로 불리는 사람들 いわゆる「知識人」と呼ばれている人々.

소유[所有] 名 하他 所有. ¶큰 빌딩을 ~하다 大きなビルを所有する.

소유권[一權] 名〔法〕所有権.

소유 대명사[一代名詞] 名〔言〕所有代名詞.

소유물[一物] 名 所有物.

소유욕[一慾] 名 所有欲.

소유자[一者] 名 所有者. 持ち主. ¶날씬한 체격의 ~ すらりとした体格の人.

소유주[一主] 名 所有主.

소유지[一地] 名 所有地. ¶개인 ~ 個人の所有地.

소음[1][消音] 名 하自 消音. 音を消すこと. ¶~ 권총 消音ピストル/~ 장치 消音装置.

소음기[一器] 名 (オートバイなどの)消音器. マフラー.

소음[2][騷音] 名 騒音. ¶~ 공해 騒音公害/~ 때문에 잠을 못 이루다 騒音のために寝つけない.

소이[1] 名〔動〕牛虱.

소이[2][所以] 名 所以. わけ. 理由. ¶감히 이것을 공표하는 ~는 あえてこれを公表する所以は.

소이연[一然] 名 そうなったわけ[いわれ].

소이[3][小異] 名 하形 小異. わずかな違い. ¶대동~ 大同小異.

-소이다 語尾 ☞-오이다

소이탄[燒夷彈] 名〔軍〕焼夷弾.

소인[1][小人] Ⅰ 名 小人. **1** 子供. ¶~의 요금은 대인의 반액이다 子供の料金は大人の半額だ. **2** 背の低い人. 侏儒. **3** 度量が狭く品性の卑しい人. 小人物.
Ⅱ 代〔윗사람에 대해 자신을 낮추어 이르던 말〕小生. 手前. ¶~은 이만 물러가겠습니다 小生はこれでお暇申し上げます.

소인배[一輩] 名 小人物の輩.

소인스럽다 形 狭量でずる賢い.

소인[2][消印] 名 하他 消印. ¶~을 찍다 消印を押す.

소인[3][素人] 名 素人. アマチュア.

소인극[一劇] 名〔演〕素人劇.

소인[4][素因] 名 素因. **1** 根本的な原因. **2** ある病気にかかりやすい性状.

소인[5][燒印] 名 焼き印. 烙印.

소인물[小人物] 名 小人物.

소일[消日] 名 하自 消日. 日を過ごすこと. ¶독서로 ~하다 読書で日を過ごす.

소일거리 名 暇つぶしのたね.

소임[所任] 名 任された役目. 任. 任務. 職責. ¶자기의 ~을 다하다 自分の任を全うする.

소자[1][小子] 代〔아들이 부모에 대해 자기를 낮추어 이르는 말〕小子.

소자[2][小字] 名 小字. 細かい字. 細字.

소자[3][素子] 名〔物〕素子.

소자본[小資本] 名 小資本.

소작[小作] 名 하他〔農〕小作.

소작농[一農] 名 小作農.

소작료[一料] 名 小作料.

소작인[一人] 名〔農〕小作人.

소작 쟁의[一爭議] 名〔社〕小作争議.

소장[1][小腸] 名〔生〕小腸.

소장[2][少壯] 名 하形 少壮. 若くて意気盛んなこと. ¶~파 의원 少壮派議員.

소장[3][少將] 名〔軍〕少将.

소장[4][所長] 名 所長.

소장[5][所藏] 名 하他 所蔵. ¶박물관 ~의 고려 자기 博物館所蔵の高麗磁器.

소장품[一品] 名 所蔵品.

소장[6][消長] 名 하自 消長. 盛んになることと衰えること. ¶국가의 ~ 国家の消長.

소장[7][訴狀] 名 訴状. ¶~을 제출하다 訴状を提出する.

소재[1][小才] 名 **1** 小才. わずかの才知[才能]. **2** 才能が特にない人.

소재[2][所在] 名 **1**〔'소재지'의 준말〕所在地. **2** 所在. ありか. 居所.

소재지[一地] 名 所在地.

소재[3][素材] 名 素材. ¶자기의 ~ 磁器の素材.

소저[1][小姐] 名 小姐.

소저[2][小著] 名 **1** ページ数の少ない著書. **2** 自分の著書の謙称.

소전제[小前提] 名〔論〕小前提.

소절[小節] 名 小節. **1** わずかの節操や義理. **2** 文章の小さな区切り. **3**〔樂〕楽譜の縦線で区切られた部分.

소정[1][小艇] 名 小艇. 小舟.

소정[2][所定] 名 所定. ¶~의 절차를 밟다 所定の手続きを踏む.

소제[1][掃除] 名 하他 掃除.

소제[2][少弟] 代 小弟. 年がいくつか上の同僚に対する自分の謙称.

소조[塑造] 名 하他〔美〕塑造.

소주[1][小註] 名 細かく解いた注釈.

소주[2][燒酒] 名 焼酎.

소주명곡[小奏鳴曲] 名〔樂〕小奏鳴曲. ソナチネ.

소중하다[所重一] 形 きわめて大切だ. 貴重だ. 大事だ. ¶소중한 물건 貴重な物/나에게 있어 누구보다도 소중한 사람 私にとって誰よりも大切な人.

소중히 副 大切に. 大事に. ¶귀중품을 ~ 다루다 貴重品を大切に取り扱う.

소지[1][小指] 名 小指.

소지[2][小智] 名 小知.

소지[3][小誌] 名 小誌. **1** 小さい雑誌. **2** 自分の関与している雑誌の謙称.

소지[4][沼池] 名 沼と池. 沼沢.

소지[5][沼地] 名 沼地.

소지[6][所持] 名 하他 所持. ¶무기를 불법 ~하다 武器を不法に所持する.

소지품[一品] 名 所持品. 持ち物.

소지[7]〔素地〕 名 素地. 下地. ¶ 작가로서의 ~가 있다 作家としての素地がある.

소지[8]〔燒紙〕 名 하自〔民俗〕神霊に祈る意味で白い薄紙を空中へ燃やし上げること. またその紙.

소직〔小職〕 名〔관리가 스스로 낮추어 일컫는 말〕小職.

소진[1]〔消盡〕 名 하自 消尽. 消耗しつくすこと. ¶ 기력이 ~하다 気力が消尽する.

소진[2]〔燒盡〕 名 하自 焼尽. すっかり焼けてしまうこと. ¶ 큰불로 시의 중심가가 ~되었다 大火で市の中心街が焼尽した.

소질〔素質〕 名 素質. ¶ 문학에 ~이 있는 사람 文学に素質のある人.

소집〔召集〕 名 하他 召集. ¶ 국회 ~ 国会の召集 / 형은 군에 ~되어 갔다 兄は軍隊に召集されていった.

소집령〔一令〕 名 召集令.

소집 영장〔一令狀〕 名 召集令状.

소쩍새 名〔動〕木の葉木菟.

소차〔小差〕 名 小差. わずかの差.

소찬〔素饌〕 名 粗膳. ¶ ~이나마 많이 드세요 粗末なものですがたくさんお上がりください.

소채〔蔬菜〕 名 蔬菜. 青物. 野菜.

소책자〔小冊子〕 名 小冊子. パンフレット.

소천지〔小天地〕 名 小天地. 狭い世界[社会].

소철〔蘇鐵〕 名〔植〕蘇鉄.

소첩〔小妾〕 代 女性が自分を指して言う謙譲語.

소청[1]〔所請〕 名 하他 請願. 願い出ること.

소청[2]〔訴請〕 名 하他〔法〕訴願.

소총〔小銃〕 名〔軍〕小銃. ¶ 자동 ~ 自動小銃.

소추〔訴追〕 名 하他〔法〕訴追.

소춘〔小春〕 名 小春·小春〈陰暦10月〉.

소출〔所出〕 名 (一定の田畑から産出する)収量.

소치〔所致〕 名 致すところ. (…の)至り. せい. ゆえ. 仕業. ¶ 부덕의 ~ 不徳の致すところ.

소침〔消沈〕 名 하自 消沈. 消えうせること. 衰えること. ¶ 의기~ 意気消沈.

소켓〔socket〕 名 ソケット.

소쿠리 名 笊. 竹籠.

소탈하다〔疏脫一〕 形 磊落だ. 気取らない. 見栄を張らない. ¶ 소탈하게 웃다 磊落に笑う / 그의 소탈한 말씨에 호감이 간다 彼の気さくな話しぶりに好感が持てる.

소탐대실〔小貪大失〕 名 하自 小を貪って大を失うこと.

소탕〔掃蕩〕 名 하他 掃討. 討ち払うこと. ¶ 게릴라 ~ ゲリラの掃討 / ~ 작전을 벌이다 掃討作戦を繰り広げる.

소태 名 **1**〔'소태나무'의 준말〕苦木. **2**〔'소태껍질'의 준말〕苦木の樹皮.

소태같다 形 ひどく苦い. ¶ 맛이 ~ 味がひどく苦い.

소태나무 名〔植〕苦木.

소택〔沼澤〕 名 沼沢. 沼と沢.

소택지〔一地〕 名 沼沢地.

소통〔疏通〕 名 하自 **1** 疎通. (意見などが)相手によく通じること. ¶ 의사 ~이 잘 된다 意志の疎通がうまくいく. **2** (交通が)渋滞せず円滑なこと. ¶ 교통의 ~이 원활하다 交通が円滑だ.

소파[1]〔搔爬〕 名 하他〔醫〕搔爬.

소파 수술〔一手術〕 名 하他〔醫〕搔爬手術.

소파[2]〔sofa〕 名 ソファー.

소편〔小片〕 名 小片. かけら.

소포〔小包〕 名 小包. **1** 小包郵便物. ¶ 책을 ~로 보내다 本を小包で送る. **2** 小さな包み.

소포 우편〔一郵便〕 名 小包郵便.

소품〔小品〕 名 **1**〔'소품문'의 준말〕小品. 小品文. **2**〔'소품물'의 준말〕(絵·彫刻などの)小品. 小規模の作品. **3** 粗品. 粗末な品物. **4**〔演〕小道具.

소품곡〔一曲〕 名〔樂〕小曲. 短い楽曲.

소품문〔一文〕 名〔文〕小品文. 小品.

소품물〔一物〕 名 (絵·彫刻などの)小品.

소풍〔逍風〕 名 하自 **1** 遠足. ハイキング. ピクニック. ¶ 내일 ~을 간다 明日遠足に行く. **2** 散歩. 散策. 逍遥.

소프라노〔ⓘ soprano〕 名〔樂〕ソプラノ. ¶ ~ 가수 ソプラノ歌手.

소프트볼〔softball〕 名 (球技の)ソフトボール.

소프트웨어〔software〕 名 (コンピューターの)ソフトウェア.

소피〔所避〕 名 하自 小便をすること.

소피보다 自 小便をする.

소한〔小寒〕 名 小寒〈二十四節気の23番目〉.

소할〔所轄〕 名 所轄. 管轄. ¶ ~ 세무서 所轄の税務署.

소항〔遡航〕 名 하自 遡航.

소해〔掃海〕 名 하自他〔軍〕掃海. ¶ ~정 掃海艇 / ~ 작업 掃海作業.

소행[1]〔所行〕 名 所行. 所業. ふるまい. 仕業. 行ない. ¶ 이것은 누구의 ~인가? これは誰の仕業なのだ.

소행[2]〔素行〕 名 素行. 品行. ¶ ~이 좋지 않다 素行がよくない.

소행[3]〔溯行〕 名 하自 溯行. 流れをさかのぼって行くこと.

소형[1]〔小形〕 名 小形.

소형[2]〔小型〕 名 小型. ¶ ~ 라디오 小型ラジオ / ~ 자동차 小型自動車.

소호[1]〔沼湖〕 名 沼湖. 沼と湖.

소호[2]〔SOHO←Small Office Home Office〕 名 ソーホー〈小資本でおもにコンピューターを活用して狭い事務室とか家の隅で展開しうる新しい事業の形態. 特に情報サービス事業を称する〉.

소홀하다〔疏忽一〕 形 なおざりだ. いいかげんだ. おろそかだ. そこつだ. ¶ 경계가 소홀한 틈을 타서 침입했다 警戒がおろそかなすきをねらって侵入した / 손님 접대에 소홀함이 없도록 주의해야 한다 お客さまの接待に手落ちがないよ

うに注意しなければならない. **소홀히** 副 おろそかに. なおざりに. いいかげんに. ¶ 경계를 ～ 하지 마라 警戒をおろそかにするな.

소화[1]〔消火〕 名 하自 消火. ¶ ～기 消火器 / ～전 消化栓.

소화[2]〔消化〕 名 하自他 消化. **1**〔生〕(食物の)消化. ¶ ～관 消化管 / ～액 消化液 / ～기 消化器 / ～제 消化剤 / ～ 효소 消化酵素 / ～ 불량에 걸리다 消化不良になる / 음식을 잘 ～시키다 食べ物をよく消化させる. **2** 物事を十分に理解して自分のものにすること. ¶ 외래문화를 ～하다 外来文化を消化する. **3** (仕事·商品などを)残さずに始末·処理をすること. ¶ 재고품의 ～ 在庫品の消化.

소화[3]〔笑話〕 名 笑話. 笑い話.

소화물〔小貨物〕 名 小荷物.

소환[1]〔召喚〕 名 하他〔法〕 召喚. ¶ 법원에 ～되다 裁判所に召喚される.
 소환장〔一狀〕 名〔法〕 召喚状.

소환[2]〔召還〕 名 하他〔法〕 召還. ¶ 대사를 ～하다 大使を召還する.

소회〔所懷〕 名 所懐. 平素に思っていること.

속[1] 名 内. 中. **1** (液体·物体の)内部. 中. ¶ 물 ～ 水の中 / 주머니 ～에서 돈을 꺼냈다 ポケットの中からお金を取り出した / 깊은 산 ～을 헤매었다 深い山の中をさまよった. **2** (ある状態·事柄などの)内部. (抽象的に)中. ¶ 자네 말 ～에는 가시가 있군 君の言葉の中にはとげがあるぞ / 군중 ～으로 사라졌다 群衆の中に消えた / 꿈 ～을 헤매는 것 같다 夢の中をさまよっているようだ. **3** 中身. 芯. ¶ 배추 ～ 白菜の芯 / 베갯～ 枕の中身 / 사과 ～이 썩었다 りんごの芯が腐っている. **4**〔뱃속〕腹. 腹具合. ¶ 요즘 ～이 좋지 않아 약을 먹고 있다 近ごろおなかの調子がよくないので薬を飲んでいる / ～이 비어 있는 상태에서 술을 마시면 몸에 좋지 않다 おなかがすいている状態で酒を飲むと体によくない. **5**〔내용물〕中身. 内容. 実質. ¶ 겉보기는 그럴듯 하지만 ～은 보잘것없다 外観はもっともらしいが内容は取るに足りない / 이 호박은 ～이 텅 비어 있다 このカボチャは中が空っぽだ. **6**〔마음〕心中. 胸中. 腹(の中). ¶ ～이 시커먼 녀석 腹黒いやつ / 그 사람 ～은 도무지 알 수가 없다 あの人の腹はさっぱり分からない / ～이 편치 않다 心中穏やかでない. **7** 物心. 分別.

◆속을 끓이다 気をもむ. 頭を悩ます. ¶ 아이들 때문에 ～을 끓이다 子供たちのことで気をもむ.

◆속을 떠보다 人の心をそれとなく知ろうとする. ¶ 현 정권을 어떻게 생각하는지 은근히 ～을 떠보았다 現政権をどう考えているのか, それとなくかまをかけてみた.

◆속을 썩이다 ① 心をいためる. 気に病む. ② 心配をかけて苦しめる. ¶ 어머니의 ～을 썩이는 아이 母親に心配をかける子供.

◆속을 주다 心を許す. ¶ 그 사람에게 섣불리 ～을 주어서는 안 된다 あの人にたやすく心を許してはいけない.

◆속을 태우다 ① 気をもむ. ¶ 그런 일로 너무 ～을 태울 필요는 없다 そんなことであまり気をもむ必要はない. ② 思い煩わせる.

◆속이 달다 気がもめる. 心配でいらいらする. やきもきする.

◆속이 뒤집히다 (腹が裏返しになるの意で)へどが出るほど憎らしくてむかむかする.

◆속이 보이다 心中が見透かされる. ¶ ～ 보이는 거짓말 見え透いた嘘.

◆속이 상하다 気に障る. 腹が立つ. ¶ 아이들이 말을 안 들어서 ～이 상한다 子供たちが言うことを聞かないので腹が立つ.

◆속이 시원하다 気がせいせいする. ¶ 문제가 해결되어 ～이 시원하다 問題が解決して気がせいせいする.

◆속이 썩다 ① 内が腐る. ② 気がめいる.

◆속이 타다 気がもめる. いら立つ. ¶ 시험에 떨어지지 않을까 몹시 ～이 탔다 試験に落ちるのではないかと非常に気がもめた.

◆속이 트이다 さばさばしている. 磊落だ. ¶ ～이 트인 사람 さばさばした人.

◆속이 풀리다 怒りがおさまる. 気が晴れる. ¶ 사과의 말을 듣고서야 ～이 풀렸다 謝罪の言葉を聞いて初めて怒りがおさまった.

속[2]〔束〕 依名〔묶음·다발〕束.

속-[3]〔續〕 接頭〔'속편'을 나타내는 말〕続…. ¶ ～오례의 続五礼儀.

속가[1]〔俗家〕 名 **1** 俗家. 俗人の家. **2** 僧の生家.

속가[2]〔俗歌〕 名 俗歌. 流行歌. 俗謡.

속가량〔一假量〕 名 하他 胸算用.

속간〔續刊〕 名 하他 続刊.

속강〔續講〕 名 하自他 講義を続けること. またその講義.

속개〔續開〕 名 하他 続開. 継続して開くこと. ¶ 회의를 ～하다 会議を続開する.

속결〔速決〕 名 하他 速決. 即決. ¶ 속전 ～ 速戦即決.

속계〔俗界〕 名 俗界. 俗人の住む世界.

속고갱이 名 (白菜などの)柔らかい芯の部分.

속고의〔一袴衣〕 名 パジ(바지)の下に履く単衣の下着.

속곳 名 チマ(치마)の下に着る속속곳と단속곳の総称.
 속곳 바람 名 下着姿.

속공〔速攻〕 名 하他 速攻. ¶ ～ 전술 速攻戦術.

속관〔屬官〕 名 属官.

속구〔速球〕 名 (野球で)速球. ¶ 강～ 剛速球.

속국〔屬國〕 名 属国.

속귀 名〔生〕内耳.

속기[1]〔俗氣〕 名 俗気. 俗界の気風.

속기[2]〔速記〕 名 하他 速記. ¶ ～록 速記録 / ～법 速記法 / ～사 速記者 /

～술 速記術.
속껍질 名 渋皮. 甘皮. 内皮. 表皮の内側にある薄い皮.
속내 名 内情. 内幕.
속내다 他 (かんな·のみなどの)刃を立てる.
속내의〔一內衣〕名 **1** 肌着の外側に着る下着. **2** 肌着. 下着.
속념〔俗念〕名 俗念. 俗人の考え.
속눈 名 薄目. 細目.
◆**속눈을 뜨다** 薄目をあける. ¶～을 뜨고 보다 薄目をあけて見る.
속눈썹 名 まつげ. ¶～이 길다 まつげが長い.
속다 自 だまされる. 謀られる. 欺かれる. 一杯食わされる. ¶사기꾼에게 ～ 詐欺師にだまされる/보기 좋게 속았다 まんまと一杯食わされた/아차, 속았다 しまった, 謀られた.
속닥거리다[-대다] 自 ひそひそと話をする. こそこそ話し合う. ¶무엇을 그리 속닥거리느냐? 何をそんなにこそこそ話し合っているんだ.
속닥속닥 副 하自 ひそひそ. こそこそ. ¶～ 비밀 이야기를 한다 ひそひそと内緒話をする.
속단〔速斷〕名 하他 速断. 早合点. ¶～은 금물이다 速断は禁物だ.
속달〔速達〕名〔'속달 우편'의 준말〕速達. ¶편지를 ～로 부치다 手紙を速達で出す.
속달 우편〔一郵便〕名 速達郵便.
속담〔俗談〕名 **1** 諺. **2** 俗談. 俗説. 俗な話.
속답〔速答〕名 하自 速答. 即答.
속대¹ 名 野菜などの内側の葉[茎].
속대쌈 名 白菜の内側の葉で包んで食べるもの.
속댓국 名 白菜の芯の部分の葉を実にしたスープ.
속대²〔束帶〕名 하自 束帯. 冠をかぶり帯を締めること. ¶의관 ～ 衣冠束帯.
속대중 名 하自他 胸算用. 心の中での推量[見当].
속도¹〔速度〕名 速度. スピード. ¶～ 위반 スピード違反/～를 내다 スピードを出す/～를 줄이다 速度をおとす/～가 떨어지다 スピードが落ちる.
속도계〔一計〕名 速度計. タコメーター.
속도²〔屬島〕名 属島〈大陸や大きな島に付属している島〉.
속독〔速讀〕名 하他 速読. ¶～술 速読術/～법 速読法.
속돌 名〔鑛〕軽石.
속되다〔俗一〕形 **1** 俗っぽい. 世俗的だ. 俗だ. ¶속된 말로 말하면 俗っぽい言葉で言うと. **2** 卑しい. 下品だ. ¶속된 표현 下品な言い方.
속등〔續騰〕名 하自 続騰. ¶쌀값이 ～하다 米価が続騰する.
속뜨물 名 (米を幾度もといだ後に出る)きれいな白水.
속뜻 名 **1** 底意. 本心. **2** (文の底に流れている)本当の意味.
속락〔續落〕名 하自 続落. ¶증권 시세가 ～하다 証券相場が続落する.
속력〔速力〕名 速力. スピード. ¶전 ～ 全速力. フルスピード/～을 내다 スピードを出す/～을 줄이다 速力を減らす.
속령〔屬領〕名 属領.
속례〔俗禮〕名 俗礼. 俗世間の礼儀.
속론〔俗論〕名 俗論. 世俗の議論や意見.
속립〔粟粒〕名 粟粒. **1** 粟の穀粒. **2** きわめて小さいもの.
속마음 名 内心. 本心. 気心. 腹中. 内意. 奥底. ¶그녀의 ～을 모르겠다 彼女の本心が分からない/솔직히 ～을 털어놓아라 率直に気持ちを打ち明けなさい.
속말 名 하自 (心からの)本当の話. 本音.
속맘 名〔'속마음'의 준말〕内心. 本心.
속명〔俗名〕名 **1** 俗名. 言いならわされた名称. **2**〔佛〕出家する前の名前. **3** 世俗的な名声.
속문〔俗文〕名 俗文. **1** 通俗的な文. **2** 内容のつまらない[俗っぽい]文.
속물¹〔俗物〕名 俗物. ¶～근성 俗物根性.
속물²〔贖物〕名 贖物.
속바지 名 パジ(바지)の下に履く単衣の下着.
속박〔束縛〕名 하他 束縛. ¶자유를 ～하다 自由を束縛する/가족에게 ～된 생활 家族に束縛された生活.
속발¹〔束髮〕名 하自 束髪. 髪を束ねて結うこと.
속발²〔速發〕名 하自 **1** 急いで出かけること. **2** 速効. 効能が早く現われること.
속발³〔續發〕名 하自 続発. ¶사고가 ～하다 事故が続発する.
속발톱 名 足の爪の小爪.
속밤 名 いがの中に入っている栗の実.
속방〔屬邦〕名 属邦. 属国.
속배〔俗輩〕名 俗人たち. 俗流. 俗輩.
속배포〔一排布〕名 腹案. 心づもり.
속버선 名 綿入れのポソン(버선)の下に履く二重のポソン.
속벌 名 外衣の中に着る民族服の一そろい〈チョゴリ(저고리)·パジ(바지)·チョッキ(조끼)など〉.
속병〔一病〕名 **1**〈俗〉長患いの病. **2**〈俗〉胃腸病.
속보¹〔速步〕名 速歩. 早足.
속보²〔速報〕名 하他 速報. ¶～판 速報板/뉴스 ～ ニュース速報.
속보³〔續報〕名 하他 続報. ¶사고 소식의 ～ 事故のニュースの続報.
속사¹〔俗事〕名 俗事. 世間の煩わしい事柄.
속사²〔速射〕名 하他 速射.
속사포〔一砲〕名 速射砲.
속사³〔速寫〕名 하他 速写. はやく写すこと. ¶～ 케이스 速写ケース.
속삭거리다[-대다] 自他 ひそひそささやく. ¶은밀히 귀에다 대고 ～ ひそかに

耳もとでささやく.

속삭속삭 副 하自他 ひそひそ. こそこそ. ¶자기들끼리만 ~ 이야기하다 自分たちだけでひそひそ話をする.

속삭이다 自他 ささやく. ひそひそ話す. ¶사랑을 ~ 恋をささやく.

속산〔速算〕 名 하他 速算.

속살 名 **1** (衣服に隠れている)肌. ¶블라우스가 얇아서 ~이 비쳐 보인다 ブラウスが薄いので素肌が透けて見える. **2** (見かけより)詰まった身. 肉. ¶~이 찬 게 身の詰まった蟹. **3** 牛の口の中についている肉.

◆**속살이 찌다** ① 見かけより肉づきがいい. 着やせする. ¶~이 찐 여자 見かけより肉づきのいい女. ② 見かけとは違って中身が充実している. 暮らしになかなか余裕がある.

속살거리다[-대다] 自他 しきりにひそひそ話す. ¶아이들이 속살거리기 시작했다 子供たちがひそひそささやき始める.

속살속살 副 하自他 ひそひそ. こそこそ.

속새 名〔植〕木賊.

속생각 名 하自 心中の思い. 思案. 心の中で考えを巡らすこと.

속설〔俗說〕 名 **1** 俗説. **2** 諺.

속성¹〔俗姓〕 名〔佛〕俗姓. 出家する前の姓.

속성²〔速成〕 名 하自他 速成. ¶~ 교육 速成教育 / ~ 재배 速成栽培.

속성과〔一科〕 名 速成科.

속성³〔屬性〕 名 属性. ¶인간의 ~ 人間の属性 / 연체 동물의 ~ 軟体動物の属性.

속성 개념〔一概念〕 名〔論〕属性概念.

속세〔俗世〕 名 俗世. 俗世間. 浮き世. ¶~를 떠나 수도원으로 들어갔다 俗世間を離れて修道院に入った.

속셈 名 하自 **1** 胸算用. 心づもり. 下心. ¶~이 따로 있다 魂胆が別にある / 그의 ~을 알 도리가 없다 彼の腹づもりを知るすべがない. **2** 暗算.

속소그레하다 形 多くの粒の大きさがほぼ同じである.

속속〔續續〕 副 続々(と). どんどん. 次々に. ¶지원자가 ~ 접수계로 모여든다 志願者が続々と受付に集まって来る.

속속들이 副 もれなく徹底的に. 隅から隅まで. 根掘り葉掘り. すっかり. あらいざらい. くまなく. ¶그 사건의 경위는 ~ 알고 있다 その事件のいきさつはすっかり知っている.

속속히〔速速一〕 副 非常に速く. さっさと.

속손톱 名 手の爪の小爪.

속수〔束數〕 名 束の数.

속수무책〔束手無策〕 名 お手上げ. (手をこまねいているだけで)なすすべのないこと. ¶집이 불타고 있는 것을 목격하였으나 ~이었다 家が焼けているのを目撃したがどうにもなすすべがなかった.

속습〔俗習〕 名 俗習.

속승〔俗僧〕 名 俗僧.

속심〔俗心〕 名 俗心. 世俗に引かれる心.

속쌀뜨물 名 米を1·2回いちにかいといだ後のきれいなとぎ汁. 〈汁物などをつくるときに使う〉.

속씨식물〔一植物〕 名〔植〕被子植物.

속아넘어가다 自 (まんまと)だまされる. 一杯食わされる. ペテンにかかる.

속악하다〔俗惡一〕 形 俗悪だ. ¶속악한 취미 俗悪な趣味.

속어〔俗語〕 名 俗語.

속어림 名 하他 胸算用. 当て推量. 心の中で見積もること.

속언〔俗諺〕 名 俗諺. 俗語.

속없다 形 **1** 主体性がない. 定見がない. **2** 悪意がない. **속없이** 副 主体性なく. 魂が抜けたように. 悪意がなく. ¶욕을 먹어도 ~ 웃기만 한다 叱られてもへらへらと笑ってばかりいる.

속여넘기다 他 一杯食わせる. うまくだます. ¶순진한 아이를 ~ 純真な子供をうまくだます.

속여먹다 他 人をだまして得をする. たぶらかす. 一杯食わす. ¶감쪽같이 ~ うまくペテンにかける.

속연¹〔俗緣〕 名 俗縁.

속연²〔續演〕 名 하他 (演劇などの)続演.

속영〔續映〕 名 하他 (映画の)続映.

속옷 名 肌着. 下着. 反 上着. ¶~을 갈아입다 肌着を着替える.

속요〔俗謠〕 名 俗謡.

속요량〔一料量〕 名 하他 推量. 見当.

속음〔屬音〕 名〔樂〕属音.

속이다 他 だます. 欺く. 偽る. ごまかす. ¶자기 나이를 ~ 自分の年齢をごまかす / 저울눈을 ~ はかりの目盛りをごまかす.

속인〔俗人〕 名 俗人.

속인주의〔屬人主義〕 名〔法〕属人主義〈外国に出ても本国法の適用を受けなければならないという立場〉.

속임수〔一數〕 名 手管. 手練. 術策. 詭計. トリック. ぺてん. いんちき. ごまかし. ¶~에 넘어가다 術策に引っかかる / ~로 남을 함정에 빠뜨렸다 トリックを使って人をわなにはめた.

속잎 名 **1** (白菜などの)内側の葉. **2** (草木の)若葉.

속자〔俗字〕 名 俗字.

속잠방이 名 パジ(바지)の下に履くももひき.

속장〔一張〕 名 新聞·雑誌などを重ねたとき, 両側の表紙に挟まれた紙面.

속저고리 名 女性のチョゴリ(저고리)の下に着るチョゴリ.

속적삼 名 チョゴリ(저고리)の下に着る単衣のチョゴリ.

속전속결〔速戰速決〕 名 하自 速戦即決.

속절없다 形 どうしようもない. 仕方ない. やるせない. 空しい. **속절없이** 副 どうしようもなく. やるせなく. むなしく. ¶~ 늙어가는 가련한 인생 むなしく老いていく哀れな人生.

속정¹〔一情〕 名 **1** 秘密な事情や内容. **2** 真実で密やかな情.

속정²〔俗情〕 名 俗情. 世俗の名誉·利益を求める心.

속죄〔贖罪〕 名 하自 贖罪. 罪をあがな

うこと. ¶ ～금 贖罪金/～자 贖罪者.
속죄론〔一論〕 名〔基〕 贖罪論.
속지〔屬地〕 名 属地. ¶ ～법 属地法.
속지주의〔一主義〕 名〔法〕 属地主義〈国籍に関係なく居住する国家の法律に従わなければならないという立場〉.
속진〔俗塵〕 名 俗塵. ¶ ～을 피하여 산중에 살다 俗塵を逃れて山中に住む.
속짐작〔一斟酌〕 名 하他 推量. 見当.
속창 名 靴の底革.
속출〔續出〕 名 하自 続出. ¶ 피해자가 ～하다 被害者が続出する.
속취¹〔俗臭〕 名 俗臭. ¶ ～가 아직 가시지 않은 중 俗臭のまだ抜けていない僧.
속취²〔俗趣〕 名 俗趣. 卑俗な趣味.
속치레 名 하自 内部をよく手入れして飾ること.
속치마 名 中に着るチマ(下着).
속치장〔一治粧〕 名 하自 目に見えない部分の装い[飾り].
속칭〔俗稱〕 名 하他 俗称. 通称.
속탈〔一頉〕 名 消化不良. ¶ ～이 나다 消化不良になる.
속태〔俗態〕 名 俗態. 下品な態度.
속편〔續篇〕 名 続編.
속표지〔一表紙〕 名 (本の)扉.
속풍〔俗風〕 名 俗風. 俗習. 世俗の習わし.
속필〔速筆〕 名 速筆. 書くのが速いこと.
속하다¹〔速一〕 形 速い. ¶ 속한 효험 速い効き目. **속히** 副 早[速]く. 速やかに. ¶ ～ 출발해라 早く出発しなさい/하루～ 1日も早く.
속하다²〔屬一〕 自 属する. ¶ 고래는 포유류에 속한다 鯨は哺乳類に属する.
속행¹〔速行〕 名 하自他 **1** 速く行くこと. **2** 速く行なうこと.
속행²〔續行〕 名 하他 続行. ¶ 심의를 ～하다 審議を続行する.
속화〔俗化〕 名 하自他 俗化. ¶ 관광 붐으로 고도도 ～되었다 観光ブームで古都も俗化した.
속회〔續會〕 名 하自 会議を続行すること. ¶ 점심 후 한 시에 ～한다 昼食後1時から会議を続行する.
속효〔速效〕 名 速効. ¶ ～성 비료 速効性肥料.
솎다 他 間引く. うろ抜く. ¶ 배추를 솎아 주다 白菜を間引いてやる.
솎음 名 하他 間引き. ¶ ～ 배추 間引き白菜.
솎음질 名 하他 間引きすること.
손¹ 名 手. **1** 手首から先の部分. 手のひら. ¶ 두 ～ 両手/～을 씻다 手を洗う. **2**〔손가락〕 指. ¶ ～으로 집다 手でつまむ/～꼽히는 인물 屈指の人物. **3**〔팔〕 手と腕. 上肢. ¶ 질문이 있는 학생은 ～을 들어요 質問のある生徒は手を上げなさい. **4**〔손잡이〕 (ひきうす·綿繰り車などの)握り. 取っ手. ¶ 맷돌의 ～ ひきうすの取っ手. **5**〔일손〕 働き手. 人手. ¶ ～이 남아돈다 手があり余る. **6**〔수고·품〕 手間. 手数. ¶ 이 꽃은 가꾸는 데 별로 ～이 많이 가지 않는다 この花は育てるのにあまり手が多くかからない. **7**〔도움이 되는 힘〕 手助け. 助力. 力. ¶ 대회를 우리 ～으로 성공시키자 大会を我々の手で成功させよう. **8**〔수중·소유〕 手中. 所有. ¶ 보물을 ～에 넣다 宝物を手に入れる/남의 ～에 넘어가다 人の手に渡る. **9**〔관계·교제〕 交際. 関係. ¶ 친구와 ～을 끊다 友達と手を切る[関係を絶つ]. **10**〔잔꾀·계략〕 術策. 手管. ¶ 장사꾼의 ～에 놀아났다 商人の手に乗せられた. **11**〔植〕 巻きひげ.
◆**손에 걸리다** 手にかかる. ¶ 그 악당의 ～에 걸리기만 하면 큰일이다 その悪党の手にかかりでもしたらたいへんだ.
◆**손에 넣다** 手に入れる. ¶ 별장을 ～에 넣다 別荘を手に入れる/많은 부하를 ～에 넣다 大勢の部下を掌握する.
◆**손에 달리다** 手腕にかかる. 手腕次第だ. ¶ 일의 성패는 자네 ～에 달렸다 事の成否は君の手腕にかかっている.
◆**손에 땀을 쥐다** 手に汗を握る. ¶ ～에 땀을 쥐게 하는 열전 手に汗握る熱戦.
◆**손에 떨어지다** 手に落ちる. 手に入る. ¶ 적의 ～에 떨어지다 敵の手に落ちる.
◆**손에 붙다** やる気がして能率が上がる. ¶ 요즘은 어쩐 일인지 일이 ～에 붙지 않는다 このごろどうしたわけか仕事が手につかない.
◆**손에 익다** 手慣れる. ¶ ～에 익은 칼솜씨 堂に入った包丁さばき.
◆**손에 잡히다** (仕事などが)手につく.
◆**손을 거치다** 手を経る. ¶ 여러 사람의 ～을 거치다 多数の人の手を経る.
◆**손을 끊다** 手を切る. 縁を切る.
◆**손을 내밀다** ① 手を出して物を要求する. ② 手を出す. かかわりあう.
◆**손을 늦추다** 手を緩める. ¶ 단속의 ～을 늦추다 取り締まりの手を緩める.
◆**손을 떼다** ① 手を引く. 手を切る. 関係を絶つ. ¶ 동업에서 ～을 떼다 同業から手を引く. ② (仕事を)終える. 手を置く.
◆**손을 벌리다** 手を差し出して金品を要求する.
◆**손을 빌리다** 手を借りる. ¶ 남의 ～을 빌릴 것까지는 없다 人の手を借りるまでもない.
◆**손을 빼다** (あることから)手を引く.
◆**손을 뻗치다** 手を伸ばす. ¶ 침략의 ～을 뻗치다 侵略の手を伸ばす.
◆**손을 씻다** ① 手を洗う. ②〈俗〉 堅気になる.
◆**손을 젓다** 手を振る. 拒絶する.
◆**손을 주다** ① (植物のつるなどが巻き上がれるように)支柱を立ててやる. ② 勧めや催促に応ずる.
◆**손을 털다** 元手をはたく. 足を洗う.
◆**손이 가다** 手が込む. 手間がかかる. ¶ ～이 많이 가는 세공품 手の込んだ細工品.
◆**손이 거칠다** ① 手くせが悪い. ② (仕事が)雑だ. ていねいでない.
◆**손이 나다** 手が空く. ¶ 바빠서 ～이 날 틈이 없다 忙しくて手が空く間が

ない.
◆**손이 놀다** 手が空く. 暇になる.
◆**손이 달리다** 人手が不足する. ¶ 농번기에는 언제나 ~이 달린다 農繁期にはいつも人手が不足する.
◆**손이 맑다** ① 財運に恵まれない. ② けちだ. しみったれている.
◆**손이 맞다** (お互いに)息が合う.
◆**손이 맵다** **1** 手の力が強い. **2** することがしっかりしている. **3** 草花や家畜などをうまく育てられない.
◆**손이 모자라다** 人手が不足する.
◆**손이 미치다** 手が届く. 力が及ぶ.
◆**손이 발이 되도록 빌다** 「どうか許してください, どうぞ助けてください」と懇願する.
◆**손이 비다** ① 手が空く. ② 手持ちがない. ③ 手ぶらだ. 素手だ.
◆**손이 서투르다** 手慣れていない. 腕が未熟だ.
◆**손이 싸다** 手(の動き)が早い. 仕事が早い.
◆**손이 작다** けちだ. 気前がよくない.
◆**손이 크다** ① けちけちしない. 気前がいい. ② いろいろな手段を心得ている.
〔속담〕 **손 안 대고 코 풀기** 手もつけずに鼻をかむ〈物事をいともたやすくやってのけること〉.

손² 名 客. ¶ 이 집은 ~이 떨어질 날이 없다 この家はお客の絶える日がない. ▷손님
◆**손을 겪다** 客をもてなす.
◆**손을 치르다** (行事などで)多数の客をもてなす.

손³ 名〔民俗〕日によって四方を巡りながら人の活動を妨げるという鬼神.

손⁴〔孫〕名〔'후손'의 준말〕子孫. ¶ ~이 많은 집안 子孫の多い家.

손⁵〔損〕名〔'손해'의 준말〕損害.

손⁶ 依名 (目下の)者. ¶ 그 ~ その人 / 젊은 ~ 若い人.

손⁷ 依名〔시장에서 물건을 세는 말〕白菜などは2株, 魚などは2匹, 芹·葱などは一つかみという. ¶ 고등어 두 ~ さば4匹.

손가늠 名 하他 手でおおよその長さを測ること.

손가락 名 (手の)指. ¶ 다섯 ~ 5本の指. 五指 / ~을 걸다 指切りする. 約束する.
손가락질 名 하他 **1** 指でさし示すこと. **2** (人を)指差すこと. 後ろ指. ¶ 모두가 그를 ~하며 욕을 한다 みんなが彼を(後ろ)指をさして悪口を言う.

손가마 名 手車〈二人で両手を伸ばして井の字型に組み, その上に人を乗せる遊び〉.

손가방 名 手提げかばん.

손거스러미 名 指のささくれ. 逆むけ.

손거울 名 手鏡.

손겪이 名 하自 客をもてなすこと. 接待.

손결 名 手の甲のきめ. 手の肌触り. ¶ 비단결 같은 ~ 絹のような手の肌触り.

손괘〔巽卦〕名〔民俗〕巽卦. 八卦の一つで, 風を象徴する.

손괴〔損壞〕名 하他 損壊.

손궤〔一櫃〕名 手文庫. 手箱.

손금¹ 名 手筋. 手相.
◆**손금을 보다**〔民俗〕手相を見る.
손금쟁이 名 手相見. ¶ 잘 알아맞히는 ~ よく当てる手相見.

손금²〔損金〕名 損金.

손기계〔一機械〕名 手動の機械.

손길 名 (差し伸べる)手. ¶ ~이 닿는 곳에 두다 手の届くところに置く / 사랑[구원]의 ~을 펴다 愛[救援]の手を差し伸べる.
◆**손길을 잡다** 手を結ぶ. 手を取り合う.

손꼽다 自 指を折って数える. ¶ 여름 방학을 손꼽아 기다리다 夏休みを指折り数えて待ちわびる / 손꼽히는 대재벌 指折りの大財閥.

손끝 名 **1** 指先. 手先. ¶ ~에 가시가 박혔다 指先にとげが刺さった. **2** いたずらに手をつけたために生じた悪い結果. **3** 手先の仕事の腕前. 手並み. 手際.
◆**손끝이 맵다** ① 手(先)の力が強い. ② することがしっかりしている. ③ 草花や家畜などをうまく育てられない.
◆**손끝이 여물다** 手先が器用だ.

손녀〔孫女〕名 孫娘.
손녀딸 名 孫娘をいとおしんでいう語.

손놓다 自 していたことをやめる. ¶ 다들 잠깐 손놓고 이쪽을 봐 주세요 みんなしばらく仕事の手を止めてこちらを見てください.

손님 名〔'손²'의 높임말〕お客(さん). ¶ 단골~ 常連客. 得意先 / ~을 맞다 お客を迎える.
손님마마〔一媽媽〕名〈俗〉天然痘. 痘瘡.

손닿다 自 手が届く. 力が及ぶ. 手が回る.

손대다 自 **1** 手をつける. 着手する. 関係する. ¶ 광산업에 ~ 鉱産業に手をつける. **2** (女と)関係を結ぶ. **3** 使い込む. ¶ 공금에 ~ 公金に手をつける. **4** (食べ物に)はしをつける. **5** 手を触れる. 触る. ¶ 그림에 손대지 말 것 絵に触れないこと. **6** 手を出す. 殴る. **7** 手を入れる[加える]. 修正する.

손대야 名 小さな洗面器.

손대중 名 하他 手加減. 手心. ¶ ~으로 간을 맞추다 手加減で味付けをする.

손더듬이 名 하他 手探り.

손덕〔一德〕名 偶然によく当たる賭博の運.

손도끼 名 手おの.

손도장〔一圖章〕名 つめ印. 拇印.

손독〔一毒〕名 (かゆいところやおできなどを)いじったりして生じた毒気.
◆**손독이 오르다** かゆいところやおできなどをいじって毒気が生じる.

손득〔損得〕名 損得. 損失と利得. ¶ ~을 도외시하다 損得を度外視する.

손들다 自 降参する. 参る.

손등 名 手の甲.

손때 名 **1** 手あか. ¶ ~ 묻은 가구 手あかのついた家具. **2** 手沢. 使い慣れること. ¶ ~가 올라 반들반들 윤이 나는 책상 使い古されてつやつやしている机.
◆**손때를 먹이다** ① つやが出るようにす

る. ② 久しい間使い慣らす. ③ 手塩にかける.

손료〔損料〕 名 損料.

손모〔損耗〕 名 하自他 損耗.

손모가지 名 〈俗〉 **1** 手. **2** 手首.

손목 名 手首. ¶ ~이 가늘다 手首が細い.

손목시계〔一時計〕 名 腕時計.

손바구니 名 手かご.

손바꿈 名 하他 **1** 得意とする仕事をお互いに交換してすること. **2** 人手を交換すること.

손바느질 名 하自他 手縫い.

손바닥 名 手のひら. たなごころ.

◆**손바닥을 뒤집듯 하다** 手のひらを返す. 急に態度を変える.

손바람 名 手並み. 手際. 手の動きが調子に乗ること. ¶ ~이 나다 仕事が調子づく.

손발 名 手と足. 手足. ¶ ~이 차다 手足が冷たい.

◆**손발이 되다** 手足となる.

◆**손발이 맞다** (いっしょに何かをするときに) 歩調が合う.

손발톱 名 手足の爪.

손버릇 名 手癖. **1** 無意識に行なう手の動き. ¶ 이상한 ~ 妙な手癖. **2** 人を殴ったり人の物を盗んだり壊したりする癖. ¶ ~이 나쁘다 手癖が悪い.

손보기 名 手入れ.

손보다 自 手を入れる. 手を加える. 手入れする. ¶ 정원을 ~ 庭園の手入れをする / 원고를 ~ 原稿に手入れをする.

손부〔孫婦〕 名 孫の妻.

손부끄럽다 形 もらおうとして手を出したが思うとおりにならず恥ずかしくなる.

손뼉 名 手首から先の手. 手のひら.

◆**손뼉을 치다** 手をたたく. 手を打つ. 拍手する. ¶ ~을 치며 노래하다 手をたたきながら歌を歌う / ~을 치며 기뻐하다 手をたたいて喜ぶ.

손상〔損傷〕 名 하自他 損傷. ¶ 명예를 ~시키는 행위 名誉を傷つける行為 / 차체가 심한 ~을 입었다 車体がはなはだしい損傷を受けた.

손색〔遜色〕 名 遜色.

손색없다 形 遜色がない. ¶ 외국 제품과 비교하여 조금도 ~ 外国製品と比べて少しも遜色がない. **손색없이** 副 遜色なく. 劣るところなく.

손서〔孫壻〕 名 孫娘の夫.

손속 名 (賭博で) 運がついていること.

손수 副 手ずから. ¶ 어머니가 ~ 지어 주신 옷 お母さんが手ずからつくってくださった服.

손수건〔一手巾〕 名 ハンカチ.

손수레 名 手車. 手押し車.

손쉽다 形 たやすい. 容易だ. 楽だ. 手っ取り早い. 簡単だ. ¶ 가장 손쉬운 방법 最もたやすい方法 / 손쉽게 할 수 있는 일 たやすくできる仕事.

손시늉 名 手まね. 手ぶり.

손실〔損失〕 名 하自他 損失. 損. ¶ ~금 損失金 / 막대한 ~을 입다 莫大な損失をこうむる.

손심부름 名 하自 身の回りの雑用をこなす使い.

손쓰다 自 手を回す. ¶ 손써서 사건을 무마하다 手を回して事件をうまく収める.

손아귀 名 手の内. 手中. 掌中. ¶ 적의 ~에서 벗어났다 敵の手の内から脱した.

◆**손아귀에 넣다** 手中に入れる. 掌中に収める. 掌握する.

손아래 名 年下(の人). 目下. 反 年上(の人) ¶ ~ 동서 妻からみて夫の弟の嫁. 夫からみて妻の妹の婿.

손아래뻘 名 (おもに傍系親族の間で) 世代数の低い人.

손아랫사람 名 年下の者.

손어림 名 하他 手加減. 手ばかり. ¶ ~이 제법 정확하다 手で触ってかなり正確に分量を言い当てる.

손위 名 年上(の人). 目上. 反 年下(の人) ¶ ~ 시누이 妻からみて夫の姉.

손윗사람 名 目上の人.

손익〔損益〕 名 損益. 損得. ¶ ~ 계산 損益計算 / ~ 계산서 損益計算書 / ~ 계정 損益勘定.

손자〔孫子〕 名 (男の) 孫. 反 孫娘

손자며느리 名 孫の妻.

손자귀 名 (片手で使う) 小さな手斧.

손잡다 自 手を握る. 力を合わせる. 互いに協力する.

손잡이 名 取っ手. つまみ. 握り. 柄. ハンドル. 手すり. つり革. ¶ 도어의 ~ ドアの取っ手 / 우산의 ~ 傘の柄.

손장난 名 하自 手遊び. 手慰み.

손장단 名 手拍子. ¶ 신이 나서 ~을 맞춘다 興に乗って手拍子をとる.

손재간〔一才幹〕 名 手際. 手並み.

손재봉틀〔一裁縫一〕 名 手回しミシン.

손재수〔損財數〕 名 財物を失う運.

손재주 名 手際. 手並み. 手先が器用なこと. ¶ ~가 있다 手先が器用だ.

손저울 名 手秤.

손전등〔一電燈〕 名 懐中電灯.

손질 名 하他 **1** 手入れ. 手を入れる[加える]こと. ¶ 피부의 ~ 皮膚の手入れ / 이 원고는 ~을 좀 해야겠다 この原稿は少し手を加えなければならない. **2** 手出し. 殴ること.

손짐작〔一斟酌〕 名 하他 手加減.

손짓 名 하自 手ぶり. 手まね. ¶ ~해서 부르다 手で招く. 差し招く / 말이 안 통해서 ~ 발짓으로 겨우 의사 소통을 했다 言葉が通じないので身ぶり手ぶりでやっと意思を通じさせた.

손찌검 名 하自 手出し. 手で殴ること. ¶ 형이 어린 동생에게 ~을 하면 못써 兄が幼い弟に暴力を振るっては駄目だ.

손톱 名 (手の) 爪.

◆**손톱도 안 들어간다** 爪も入らない〈非常に頑固でけちなこと〉.

손톱깎이 名 爪切り.

손톱자국 名 爪あと. ¶ 얼굴에 ~을 내다 顔に爪あとをつける.

손틀 名 **1** 手動機械. **2** 〔'손재봉틀'의 준말〕 手回しミシン.

손풍금〔一風琴〕 名 〔樂〕 手風琴. ア

コーディオン.

손해〔損害〕 名 損害. 反 利益. ¶ ～를 벌충하다 損害を埋め合わせる.

◆**손해를 보다** 損害を受ける. 損をする. 損する. ¶ 주가 하락으로 ～를 많이 보았다 株価の下落でたくさん損をした.

손해나다 自 損害が発生する. 損になる. 損する.

손해 배상〔一賠償〕 名〔法〕 損害賠償. ¶ ～금 損害賠償金.

손해 보험〔一保険〕 名〔法〕 損害保険. 損保.

솔[1] 名〔植〕 松.

솔[2] 名 ブラシ. はけ. ¶ 칫～ 歯ブラシ / 구둣～ 靴ブラシ / 옷～ 洋服ブラシ.

솔[3] 名〔'솔기'의 준말〕 縫い目.

솔[4]〔ⓘ sol〕 名〔樂〕(階名の) ソ. ▷도[4]

솔가〔率家〕 名 하自 一家全員を連れて行くこと.

솔가리 名 **1** 枯れ落ちた松葉. **2** 松の薪束.

솔가지 名 薪用の松枝.

솔개 名〔動〕 鳶. とんび.

솔기 名 縫い目. ¶ ～가 터지다 縫い目がほころびる.

솔깃하다 形 気が向く. 乗り気になる. 心が引かれる. ¶ 귀가 ～ 乗り気になる. **솔깃이** 副 気が向いて. 乗り気になって.

솔다[1] 自 (傷やコンクリートなどが) 乾いて固くなる. 乾いて縮む.

솔다[2] 形 耳にたこができる. ¶ 이제 그만 해라. 귀가 솔아서 못 듣겠다 いいかげんにやめてくれ. 何度も同じことを聞いていられない.

솔다[3] 形 (広さ·幅などが十分でなく) 狭い. ¶ 저고리의 품이 ～ チョゴリの胸幅が狭い.

솔다[4] 形 かくと痛くてそのままにしおくとかゆい.

솔로〔ⓘ solo〕 名〔樂〕 ソロ. **1** 独唱. **2** 独奏.

솔방울 名 松かさ.

솔밭 名 松林. 松原.

솔뿌리 名 松の根.

솔선〔率先〕 名 하自 率先. ¶ ～수범 率先垂範 / ～해서 청소를 하다 率先して掃除をする.

솔솔 副 **1**〔물·가루 따위가 계속 흐르거나 새어 나오는 모양〕 さらさら(と). ちょろちょろ(と). **2**〔바람이 부드럽고 가볍게 부는 모양〕 そよそよ(と). すうすう(と). ¶ 봄바람이 ～ 분다 春風がそよそよ吹いている / 창문 틈에서 ～ 바람이 들어온다 窓のすきまからすうすう風が入ってくる. **3** 霧雨が静かに降るようす. **4**〔말을 막힘 없이 잘하는 모양〕 ぺらぺら(と). すらすら(と). **5**〔얽힌 실 등이 쉽게 잘 풀려 나오는 모양〕 するする(と). <술술

솔솔바람 名 そよ風.

솔솔이 副 縫い目ごとに.

솔숲 名 松林.

솔잎 名 松葉.

솔잎대강이 名 いが栗頭. 短く刈ったためにつっ立っている髪.

솔직하다〔率直—〕 形 率直だ. ¶ 솔직한 고백 率直な告白. **솔직히** 副 率直に. ¶ ～ 말하면 率直に言えば.

솔질 名 하自他 ブラシをかけること.

솔찜 名 하自他 '솔찜질'의 준말.

솔찜질 名 하自他 松葉を蒸しその蒸気に患部を当てて病気を治す方法.

솜 名 綿. ¶ ～을 타다 綿を打つ / 이불에 ～을 넣다 布団に綿を入れる.

솜몽둥이 名 つや出しやペンキぬりに用いる綿棒.

솜방망이 名 綿を棒状にして金串に刺したもの〈油をしみ込ませ松明のように用いる〉.

솜버선 名 綿入れのポソン.

솜병아리 名 卵からかえったばかりのひよこ.

솜사탕〔一沙糖〕 名 綿菓子. 綿あめ.

솜솜 副 하形〔마맛자국이 얕게 얽은 모양〕 ぼこぼこ. ぽつぽつ.

솜씨 名 手際. 手並み. 腕前. 手の内. ¶ 세공 ～ 細工の手際 / 음식 ～가 좋다 料理の腕前がよい.

솜옷 名 綿入れ(の衣服).

솜털 名 綿毛. **1** 綿から生じる毛. **2** 綿のように柔らかい毛. 産毛.

솜틀 名 打綿機.

솜화약〔一火藥〕 名 綿火薬〈火薬類に用いられるニトロセルロース〉.

솟구다 他 はね上がらせる.

솟구치다 自他 (勢いよく) 跳ね上がる. 噴き上がる. ほとばしる. ¶ 분수가 높이 ～ 噴水が高くほとばしる.

솟다 自 **1** (液体が) 湧く. 噴き上がる. ¶ 샘이 ～ 泉が湧く. **2** そびえる. そばだつ. ¶ 빌딩이 ～ ビルがそびえる / 산이 우뚝 솟아 있다 山が高くそびえている. **3** (太陽·月·煙などが) 昇る. 上がる. 出る. ¶ 해가 지고 달이 ～ 日が落ち月が昇る / 굴뚝에서 연기가 솟고 있다 煙突から煙が立ち上っている. **4** (感情などが) わく. ほとばしる. ¶ 희망이 ～ 希望がわく / 용기가 ～ 勇気がわく. **5** 噴き出る. ¶ 땀이 ～ 汗が噴き出る. **6** 突き出る. 隆起する. ¶ 못이 ～ 釘が突き出る.

솟아나다 自 わき出る. 噴き出る. 突き出る. ¶ 온천이 ～ 温泉がわき出る / 기쁨이 ～ 喜びがわき上がる.

솟아오르다 自 わき上がる. ほとばしる. 突き出る. ¶ 용기가 ～ 勇気がわき上がる / 고래 등에서 물기둥이 솟아오른다 鯨の背中から潮が噴き上がる.

솟을대문〔一大門〕 名 両脇の屋根より高くつくった正門.

솟을무늬 名 (布地の) 地紋.

솟치다 他 (低い所にあるものを) 上の方に上げる. 飛び上がらせる.

송〔頌〕 名 頌. 功徳をたたえる文.

송가〔頌歌〕 名 頌歌. ほめたたえる歌.

송고〔送稿〕 名 하自 送稿. 原稿を送ること.

송골송골 副〔땀 등이 잘게 많이 돋아나는 모양〕 ぶつぶつ(と). ぽつぽつ(と). ¶ 이마에 땀방울이 ～ 돋아나다 額に汗の滴がぽつぽつと吹き出る.

송곳 名 錐.

〔속담〕 **송곳도 끝부터 들어간다** 錐も先から入る〈何事にも手順があるものである〉.
송곳눈 名 冷たい[鋭い]目つき.
송곳니 名〔生〕犬歯. 糸切り歯.
송구〔送球〕名 하自〔體〕送球. **1** ボールを他の選手に送ること. **2** ハンドボール.
송구스럽다 形 恐れ多い. 恐縮している. ¶송구스럽기 그지없습니다 恐縮の至りです. **송구스레** 副 恐縮に. 申し訳なく. 恐れ多く.
송구영신〔送舊迎新〕名 하自 旧年を送り新年を迎えること.
송구하다〔悚懼一〕形 恐縮している. ¶대단히 송구하오나 誠に恐れ入りますが.
송금〔送金〕名 하自他 送金. ¶~ 수표 送金小切手 / ~환 送金為替 / ~ 환어음 送金手形.
송기¹〔松肌〕名 松の甘皮.
송기떡 名 渋みを抜いた松の甘皮とうるち米の粉とを混ぜてつくった餅.
송기²〔送氣〕名 送気. ¶~관 送気管.
송년〔送年〕名 年を送ること.
송년사〔一辭〕名 越年にあたってのあいさつ.
송년호〔一號〕名 (新聞·雑誌などの)年末号.
송달〔送達〕名 하他 **1** 送達. 送り届けること. **2**〔法〕送達.
송달리〔一吏〕名〔法〕送達吏.
송당송당 副 **1**〔물건을 조금 자잘하게 빨리 써는 모양〕すばすば(と). さくさく(と). ¶무를 ~ 썰고 있다 大根をさくさく切っている. **2** 縫い目を粗く縫うようす. ¶~ 꿰매다 粗く縫う.
송덕〔頌德〕名 하自他 頌徳. 徳をほめたたえること. ¶~문 頌徳文 / ~비 頌徳碑.
송독〔誦讀〕名 하他 誦読. 読誦.
송두리째 副 根こそぎ. 全部. まるごと. すっかり. ことごとく. ¶폭풍우로 가로수가 ~ 뽑혀 버렸다 暴風雨で街路樹が根こそぎ抜かれてしまった.
송료〔送料〕名 送料.
송림〔松林〕名 松林.
송배〔送配〕名 하他 送配. 送り配ること.
송백〔松柏〕名 松柏. **1** 松と朝鮮松. **2** 皮をむいて松葉に刺し通した松の実.
송백조〔一操〕名 松柏の操. 困難にもくじけない固い節操.
송별〔送別〕名 하他 送別. 見送り. ¶~연 送別の宴 / ~회 送別会.
송별사〔一辭〕名 送別の辞.
송부〔送付〕名 하他 送付. ¶서류를 ~하다 書類を送付する.
송사¹〔訟事〕名 하自他 **1**〔史〕民間で紛争があったとき, その是非の判断を官庁に訴えたこと. **2**〈俗〉訴訟.
송사²〔頌辭〕名 頌辞. 頌詞. 人徳や功績をほめたたえる言葉.
송사리 名 **1**〔動〕目高. **2** (地位も権力も財産もない)小者. ざこ. ちんぴら.
송송 副 **1**〔물건을 잘게 빨리 써는 모양〕さくさく(と). ¶오이를 ~ 썰다 きゅうりをさくさく刻む. **2**〔구멍이 많이 뚫린 모양〕ぽつぽつ(と). ¶냄비에 구멍이 ~ 뚫려 있다 鍋にぽつぽつ穴がたくさんあいている. **3** 汗が吹き出るようす. ¶얼굴에 땀방울이 ~ 맺히다 顔一面に汗が吹き出る. ＜숭숭
송수¹〔送水〕名 하自 送水. ¶~관 送水管.
송수²〔送受〕名 送受. **1** 送ることと受けること. **2** 送信と受信.
송시〔頌詩〕名 頌詩. ほめたたえる詩.
송신〔送信〕名 하自他 送信. ¶~기 送信機 / ~소 送信所.
송실〔松實〕名 松の実.
송아리 名 (花や実の)房.
송아지 名 仔牛.
송악 名〔植〕木蔦.
송알송알 副 **1**〔술·고추장 등이 괴어 끓는 모양〕ぶくぶく(と). **2**〔물·땀이 많이 맺힌 모양〕ぽつりぽつり(と). ぶつぶつ(と).
송액〔松液〕名 松やに.
송어〔松魚〕名〔動〕鱒.
송연〔松煙〕名 松煙. 松を燃やすときに出るすす〈墨の原料とされる〉.
송연묵〔一墨〕名 松の油煙でつくった墨.
송연하다〔悚然一〕形 悚然とする. 恐れてびくびくする. **송연히** 副 悚然と.
송엽〔松葉〕名 松葉.
송엽주〔一酒〕名 松葉を入れてつくった酒.
송영¹〔送迎〕名 하自 **1** 送迎. 送り迎え. **2**〔'송구영신'의 준말〕旧年を送り新年を迎えること.
송영대〔一臺〕名 送迎デッキ.
송영²〔誦詠〕名 하他 誦詠.
송유관〔送油管〕名 油送パイプ[管].
송이¹ **Ⅰ** 名 (花·雪などが一つのかたまりを成している)房. (栗などの)いが. ¶꽃~ 花房 / 눈~ 雪のひら. 雪片 / 포도~ ぶどうの房 / 밤~ 栗のいが.
Ⅱ 依名〔꽃 등을 세는 단위〕…房. …輪. …本. ¶국화 한 ~ 菊1輪.
송이밤 名 いが栗.
송이송이 副 ふさふさと. 鈴なりに. ¶~ 탐스럽게 열린 포도나무 みごとに実ったぶどうの木.
송이²〔松栮〕名〔植〕松茸.
송이버섯 名〔植〕松茸.
송장¹ 名〈俗〉しかばね. 死骸. なきがら. 死体.
〔속담〕 **송장 때리고 살인났다** 死体を殴って殺人者となる〈ささいなことで厳しく責められること〉.
송장²〔送狀〕名 送り状. 仕切り状.
송장개구리 名〔動〕赤蛙.
송전〔送電〕名 하自 送電. ¶~선 送電線.
송정유〔松精油〕名〔化〕松脂油. テレビン油.
송조〔宋朝〕名 宋朝. **1** (中国の)宋の朝廷. **2**〔'송조체'의 준말〕宋朝体.
송조체〔一體〕名〔印〕宋朝体〈活字の

一種〉.
송조 활자〔一活字〕 名〔印〕宋朝活字. 宋朝体の活字.
송죽〔松竹〕 名 松竹. 松と竹.
송죽매〔一梅〕 名 松竹梅.
송증〔送證〕 名 送り状.
송진〔松津〕 名 松脂.
송청〔送廳〕 名 하他〔法〕送検. ¶ 살인 용의자를 ～하다 殺人容疑者を送検する.
송축〔頌祝〕 名 하他 慶事を祝うこと.
송춘〔送春〕 名 하自 送春. 春を送ること.
송충〔松蟲〕 名〔動〕松毛虫.
송충나방 名〔動〕松枯葉.
송충이 名〔動〕松毛虫.
〔속담〕 **송충이가 갈잎을 먹으면 떨어진다** 松毛虫が柏の葉を食べたら落ちる〈身のほどをわきまえずに行動すると失敗するものだ〉.
송치〔送致〕 名 하他 送致. ¶ 용의자를 ～하다 容疑者を送致する.
송판〔松板〕 名 松の板.
송편〔松一〕 名 ソンピョン〈うるち米の粉を練り餡を入れて, 松葉を敷いた蒸し釜で蒸した餅〉.
송풍관〔送風管〕 名 送風管.
송풍기〔送風機〕 名 送風機.
송화[1]〔松花〕 名 松の花[花粉].
송화[2]〔送話〕 名 하自 送話. ¶ ～기 送話機.
송환〔送還〕 名 하他 送還. ¶ ～자 送還者 / 본국에 ～되다 本国に送還される.
솥 名 釜.
◆**솥을 걸다** 釜をかまどにかける.
솥귀 名 釜の耳[取っ手].
솥뚜껑 名 釜のふた.
솨 副 **1**〔나뭇가지나 물건의 틈 사이로 스쳐 부는 바람 소리〕ひゅうっと. びゅうっと. **2**〔비바람 소리〕ざあっと. ¶ ～하고 소나기가 내리기 시작했다 ざあっと夕立が降り出した. **3**〔액체가 급히 내려가거나 나오는 소리〕ざあ. しゃあ. じゃあ. ¶ ～ 하고 수돗물이 쏟아져 나온다 水道の水がじゃあっとほとばしり出る.
솨솨 副 ひゅうひゅう(と). びゅうびゅう(と). ざあざあ(と). しゃあしゃあ(と). じゃあじゃあ(と).
솰솰 副 **1**〔물이 거침없이 흐르는 소리〕ざあざあ(と). じゃあじゃあ(と). **2**〔가루 등이 체의 구멍으로 빠져 내리는 소리〕ざあっざあっ(と). **3**〔머리를 빗질하거나 짐승의 털을 솔질하는 모양〕さっさっ. すっすっ.
쇄골〔鎖骨〕 名〔生〕鎖骨.
쇄골분신〔碎骨粉身〕 名 하自 粉骨砕身.
쇄광〔碎鑛〕 名 하自 砕鉱. ¶ ～기 砕鉱機.
쇄국〔鎖國〕 名 하自 鎖国. ¶ ～ 정책 鎖国政策.
쇄도〔殺到〕 名 하自 殺到. ¶ 희망자가 ～하다 希望者が殺到する.
쇄빙〔碎氷〕 名 하自 砕氷. ¶ ～선 砕氷船.
쇄상〔鎖狀〕 名 鎖状.
쇄상 화합물〔一化合物〕 名〔化〕鎖式化合物.
쇄석〔碎石〕 名 하自他 砕石. ¶ ～기 砕石機. クラッシャー.
쇄신[1]〔刷新〕 名 하他 刷新. ¶ 교풍 ～ 校風刷新.
쇄신[2]〔碎身〕 名 하自 砕身. ¶ 분골～ 粉骨砕身.
쇄편〔碎片〕 名 砕片.
쇄항〔鎖港〕 名 하自他 鎖港. 外国との通商を禁じその船の入港を許さないこと.
쇠[1] 名 **1** 鉄. **2** 金属の総称. 金. **3**〈俗〉磁石. **4**〔'열쇠'의 준말〕鍵. **5**〔'자물쇠'의 준말〕錠前. **6**〈俗〉お金. ¶ ～푼이나 있다고 으스대는군 お金があるからといっていばるねえ.
쇠-[2] 接頭 (동식물명에 붙어) 小さい種類のものである意を表わす. ¶ ～백로 小鷺 / ～뜸부기 ひめくいな.
쇠-[3] 接頭 (명사에 붙어)「牛の」の意を表わす. ¶ ～간 牛の肝 / ～고기 牛肉 / ～족 牛の足.
쇠가죽 名 牛皮. 牛の皮.
쇠갈고리 名 鉄の鉤. 手鉤.
쇠고기 名 牛肉.
쇠고랑 名〈俗〉手錠. ¶ ～을 채우다 手錠をかける.
쇠고리 名 鉄輪. 金属製の輪.
쇠골 名 牛の脳髄.
쇠구들 名 火を焚いても暖まらなくなったオンドル.
쇠귀 名 牛耳. 牛の耳.
〔속담〕 **쇠귀에 경 읽기** 牛の耳に経を読むようなもの〈馬の耳に念仏〉.
쇠귀나물 名〔植〕くわい.
쇠기름 名 牛脂. 牛の脂肪.
쇠기침 名 慢性の咳. 長患いで常時出る咳.
쇠꼬리 名 牛の尾. 牛後.
쇠꼬챙이 名 金串.
쇠나다 自 **1** 金気が生じる. (食べ物に金気がしみ込んで)金臭いにおいがする. **2** できものが悪化する.
쇠년〔衰年〕 名 衰年. 年老いてだんだん気力が衰えていく年齢.
쇠다[1] 自 **1** (野菜などが盛りを過ぎてみずみずしさがなくなり)柔らかみがなくなる. 薹が立つ. **2** (病気が)こじれる. ¶ 감기가 쇠어서 폐렴이 되었다 風邪がこじれて肺炎になった.
쇠다[2] 他 (祝日や祭日を迎えて)祝う. 迎えて過ごす. ¶ 설을 ～ お正月を送る / 추석을 쇠러 고향에 가다 秋夕を過ごすために故郷に帰る.
-쇠다[3] 語尾〈俗〉〔'-소이다'의 준말〕ござんす. ¶ 그렇～ そうでござんす. ▷-오이다
쇠다리 名 牛の脚.
쇠달구 名 鉄製の胴突き.
쇠도끼 名 鉄の斧.
쇠등 名 牛の背中.
쇠똥[1] 名 (鉄を鍛造するときに出る)くず鉄.
쇠똥[2] 名 牛糞. 牛の糞.
쇠똥구리 名〔動〕球押黄金. スカラベ.
쇠뜨기 名〔植〕杉菜.

쇠락〔衰落〕 名 하自 衰え落ちること. 枯れて落ちること.
쇠막대기 名 金棒. 鉄の棒.
쇠망〔衰亡〕 名 하自 衰亡. 衰えて滅びること.
쇠망치 名 金槌. ハンマー.
쇠머리 名 牛の頭.
쇠먹이 名 牛の飼料.
쇠멸〔衰滅〕 名 하自 衰滅.
쇠못 名 金釘.
쇠몽둥이 名 鉄の棒. 金棒.
쇠뭉치 名 鉄の塊.
쇠백장 名 牛の畜殺を業とする者.
쇠불알 名 牛の睾丸.
쇠붙이 名 **1** 金属. **2** 金物.
쇠뿔 名 牛の角.
〔속담〕 **쇠뿔도 단김에 빼랬다** 牛の角も一気に抜けという〈何事もやる気のあるうちにしてしまえ〉.
쇠사슬 名 **1** 金鎖. 鉄鎖. 鎖. **2** 抑圧. 圧制. 束縛. ¶ 일제의 ~에 묶여 있던 36년간 日帝の圧制の下におかれていた36年間.
쇠살문〔一門〕 名〔建〕(城の水口などに用いる)鉄格子の門. 錯戸.
쇠서 名 (食用の)牛の舌.
쇠숟가락 名 真鍮製の匙.
쇠스랑 名 鉄製の熊手鍬.
쇠안〔衰眼〕 名 視力の衰えた眼.
쇠약〔衰弱〕 名 하形 衰弱. ¶ 신경 ~ 神経衰弱 / 병으로 ~해지다 病気で衰弱する.
쇠양배양하다 形 思慮分別がなく軽々しい.
쇠여물 名 牛の飼料.
쇠운〔衰運〕 名 衰運. ¶ ~의 징조 衰運の兆し.
쇠잔〔衰残〕 名 하形 衰残. 衰えること. ¶ ~한 몸 衰残の身.
쇠잡이 名〔樂〕 農楽で銅羅や鉦を鳴らすこと[人].
쇠장〔一場〕 名 牛の市.
쇠전〔一廛〕 名 牛の市.
쇠죽〔一粥〕 名 刻み藁や大豆などを混ぜて煮込んだ牛の飼料.
쇠죽가마 名 牛の飼料を煮る釜.
쇠줄 名 鉄線. 針金.
쇠진〔衰盡〕 名 하自 衰え尽きること. ¶ 기력이 ~하다 気力が衰える.
쇠창살〔一窓一〕 名 鉄格子.
쇠코 名 牛の鼻.
쇠코뚜레 名 鼻木. 鼻輪.
쇠태〔衰態〕 名 衰えた状態.
쇠털 名 牛の毛.
쇠테 名 鉄製の箍. 鉄製の枠[縁].
쇠톱 名 金属用ののこぎり.
쇠통〔一桶〕 名 鉄製の桶.
쇠퇴〔衰退〕 名 하自 衰退. 衰えること. ¶ 섬유 공업이 ~하다 繊維工業が衰退する.
쇠파리 名〔動〕牛蠅.
쇠푼 名 わずかなお金. いくらかのお金. 小銭. ¶ ~이나 있다고 いくらかお金を持っているからといって.
쇠풍경〔一風磬〕 名 牛のあごの下につるす鈴.
쇠하다〔衰一〕 自 衰える. ¶ 체력이 ~ 体力が衰える.
쇤네 名〔하인이 상전에 대하여 자기를 낮추어 이르는 말〕手前.
쇳가루 名 鉄粉.
쇳내 名 金臭いにおい.
쇳덩이 名 鉄の塊.
쇳독〔一毒〕 名 鉄の毒.
쇳소리 名 **1** 金属音. **2** 金切り声.
쇳조각 名 **1** 鉄片. **2** 冷淡でおっちょこちょいな人.
쇼〔show〕 名 ショー. ¶ 패션~ ファッションショー.
쇼맨십〔showmanship〕 名 ショーマンシップ.
쇼윈도〔show window〕 名 ショーウインドー.
쇼크〔shock〕 名 ショック. ¶ ~사 ショック死 / ~를 받아 쓰러지다 ショックを受けて倒れる.
쇼킹〔shocking〕 名 하形 ショッキング. ¶ ~한 사건 ショッキングな事件.
쇼핑〔shopping〕 名 하自 ショッピング. 買物. ¶ ~백 ショッピングバッグ.
숄〔shawl〕 名 ショール. 肩掛け.
수¹ Ⅰ 名 雄. 牡. 反 雌, 牝.
Ⅱ 接頭 雄…. 牡…. ¶ ~소 雄牛 / ~캐 雄犬 / ~탉 おんどり / ~나사 雄ねじ.
수²〔手〕 Ⅰ 名 〈将棋·囲碁·シルム(씨름)などの〉技. ¶ 바둑은 그가 나보다 한 ~ 위다 囲碁は彼のほうが僕より一枚上手だ.
Ⅱ 依名 〔바둑·장기 등에서 한 번씩 번갈아 두는 번수〕 手. ¶ 두서너 ~ 앞을 내다보다 2·3手先を読む.
Ⅲ 接尾 《명사 뒤에 붙어》〔그 일에 종사하는 사람을 나타냄〕…手. ¶ 교환~ 交換手 / 운전~ 運転手.
수³〔秀〕 名 秀〈成績を評価する5段階の秀·優·美·良·可のうちの最高位〉.
수⁴〔壽〕 名 **1** 寿. 長寿. 長生きすること. ¶ ~를 누리다 長寿を保つ. ▷ 수하다(壽一) **2** 年齢. よわい. とし. ¶ 백의 ~ 百歳の寿. **3**〔'수명'의 준말〕寿命.
수⁵〔數〕 Ⅰ 名 数. **1** かず. 数量. ¶ 두 자리 ~ 2桁の数 / ~를 세다 数を数える / 얼마나 되는지 ~를 알 수 없다 どのくらいあるか, 数が分からない. **2**〔숫자〕数字. ¶ ~에 밝은 사람 数字に明るい人. **3** (自然数·無理数·虚数など)数の種類の総称. **4**〔'수학'의 준말〕数学.
Ⅱ 接頭 〔'여럿·몇'의 뜻을 나타냄〕数. 幾. 何. ¶ ~명 数名 / ~백 数百 / ~천만 원 数千万ウォン.
◆**수를 놓다** 数を数える. 計算する.
수⁶〔數〕 名 **1** いい運. 幸運. ¶ 열심히 해 가노라면 무슨 ~를 만나겠지 一生懸命にやっていくうちに運が開けてくるでしょう. **2**〔'운수'의 준말〕運. 運勢.
◆**수가 사납다** 運が悪い.
수⁷〔繡〕 名 繍. 刺繍.
◆**수를 놓다** 縫い取りする. 刺繍する. ¶ ~를 놓은 방석 縫い取りした座布団.

수8〔髓〕 名〔植〕 髓.

수9 Ⅰ 依名 **1**〔일을 처리하는 방법이나 수단〕方法. 手段. ¶좋은 ~가 있다 よい方法がある／신통한 ~가 없다 あらたかな手段がない. **2**〔가능한 경우임을 나타내는 말〕…することが[も]ある. ¶한여름에도 우박이 떨어지는 ~가 있다 真夏にもあられが降ることがある. **3**〔능력이나 가능한 방법을 나타내는 말〕できるだけ. できる限り. ¶될 ~ 있는 대로 가까이 가지 마 できるだけ近寄るな／될 ~ 있는 한 오세요 できる限り御出でなさい. **4**〔확실치는 않으나 가능함을 나타냄〕…するかも知れない. ¶내일 비가 올 ~도 있다 あした雨が降るかも知れない. **5**〔용납함을 나타내는 말〕…(することが)できる. ¶자격을 갖춘 사람만이 응시할 ~ 있다 資格を備えた人だけ試験に応じることができる.

Ⅱ 名〔가장 좋은 방법〕上策. ¶자신 없을 때에는 차라리 꽁무니를 빼는 게 ~다 自信がない時はむしろ身を引くのが上策だ.

수10〔首〕 依名 **1**〔시나 노래를 세는 단위〕首. ¶시조 한 ~ 時調1首. **2** 羽. 匹. ¶닭 여섯 ~ 鶏6羽.

-수11〔囚〕 接尾 …囚. ¶탈옥~ 脱獄囚／기결~ 既決囚.

수간1〔手簡〕 名 手簡. 書簡. 手紙.

수간2〔數間〕 名 (家の)数部屋の広さ.

수간두옥〔一斗屋〕 名 部屋数の少ない小さな家.

수간초옥〔一草屋〕 名 部屋数の少ない草ぶきのみすぼらしい家.

수간3〔樹幹〕 名 樹幹. 樹木の幹.

수간4〔獸姦〕 名 하自 獣姦.

수간호사〔首看護師〕 名 看護婦·看護士の長.

수감〔收監〕 名 하他 収監. ¶범인을 ~하다 犯人を収監する.

수갑〔手匣〕 名 手錠. ¶~을 채우다 手錠をかける.

수강〔受講〕 名 하自他 受講. ¶~료 受講料／~생 受講生.

수개〔數個〕 名 数個.

수개월〔一月〕 名 数か月.

수갱〔垂坑〕 名〔鑛〕 竪坑〈垂直に掘り下げた坑道〉.

수거〔收去〕 名 하他 回収. ¶빈병 ~ あきびんの回収.

수건〔手巾〕 名 手ぬぐい. タオル. ¶~으로 얼굴을 닦다 手ぬぐいで顔をふく.

수검〔受檢〕 名 하他 受検.

수결〔手決〕 名 花押. 書き判.

◆**수결을 두다** 花押を押す.

수경1〔水莖〕 名〔'수중경'의 준말〕水中の茎.

수경2〔水耕〕 名 水耕. 水栽培. ¶~ 재배 水耕栽培.

수경법〔一法〕 名〔農〕 水耕法. 水栽培.

수계1〔水系〕 名〔地〕 水系.

수계 감염〔一感染〕 名 水系伝染.

수계2〔水界〕 名 水界. **1** 水圏. **2** 水陸の境界.

수계3〔受戒〕 名 하自〔佛〕 受戒.

수계4〔授戒〕 名 하自〔佛〕 授戒.

수고1 名 하自 苦労. 骨折り. ¶더운데 ~하십니다 暑いのにご苦労さまです／~의 보람이 없다 苦労の甲斐がない.

수고롭다 形 ご苦労だ. 大変だ. **수고로이** 副 ご苦労なことに.

수고스럽다 形 なかなか苦労なことだ. 大儀なことだ. ¶수고스럽지만 이 일을 좀 부탁드립니다 お手数をかけますがこの仕事をちょっとお願いいたします. **수고스레** 副 大儀に.

수고2〔樹高〕 名 木の高さ.

수공1〔手工〕 名 手工. 手先でする工芸.

수공업〔一業〕 名 手工業.

수공품〔一品〕 名 手工芸品.

수공2〔水攻〕 名 水攻め. ¶~으로 성을 함락시키다 水攻めで城を落とす.

수관〔水管〕 名 水管. 水を通す管.

수관계〔一系〕 名〔動〕 水管系.

수관 보일러〔一boiler〕 名 水管ボイラー.

수괴〔首魁〕 名 首魁. かしら. 頭領.

수교1〔手交〕 名 하他 手交. 手渡すこと. ¶신임장을 ~하다 信任状を手渡す.

수교2〔垂教〕 名 하自 垂教. 垂訓. 教え.

수교3〔修交〕 名 하自 修交. 修好. ¶~ 조약 修好条約.

수교 포장〔一褒章〕 名 修交[修好]褒章.

수교 훈장〔一勳章〕 名 修交[修好]勲章.

수구1〔水球〕 名〔體〕 水球. ウォーターポロ.

수구2〔守舊〕 名 하自 守旧. 保守. ¶~파 守旧派. 保守派.

수구당〔一黨〕 名 朝鮮末期の保守派.

수구레 名 牛の皮からはぎ取った肉くず.

수국〔水菊〕 名〔植〕 紫陽花.

수군〔水軍〕 名〔史〕 水軍. 海軍.

수군거리다[-대다] 自他 ひそひそ話す. ささやく.

수군수군 副 하自他 ひそひそ(と). ¶~ 비밀 얘기를 한다 ひそひそと内緒話をする.

수군덕거리다[-대다] 自他 しきりにひそひそと話す.

수군덕수군덕 副 하自他 ひそひそ(と).

수굿하다 形 **1** ややうつむいている. (頭を)やや下げている. **2** (興奮が)少し和らぐ. ¶화가 풀렸는지 좀 수굿해졌다 怒りが解けたのか少し穏やかになった. **수굿이** 副 うつむき加減に.

수궁〔水宮〕 名 竜宮.

수권1〔水圈〕 名〔地〕 水圏.

수권2〔授權〕 名〔法〕 授権.

수권 자본〔一資本〕 名〔經〕 授権資本.

수권 행위〔一行爲〕 名〔法〕 授権行為.

수그러지다 自 **1** (頭が)下がる. 垂れ下がる. ¶헌신적인 봉사에 머리가 ~ 献身的な奉仕に頭が下がる. **2** (激しさが)和らぐ. 静まる. 穏やかになる. ¶거친 태도가 ~ 荒い態度が和らぐ.

수그리다 他 **1** (頭を)垂れる. 下げる. ¶고개를 ~ 頭を垂れる. **2** (気勢を)曲げる. おさえる. そぐ. ¶기세를 ~ 気勢をそぐ.

수근〔樹根〕 名 樹根. 木の根.

수금¹〔水禽〕 名 水禽. 水鳥.

수금²〔收金〕 名 하自 集金. 収金. ¶ 회비를 ~하다 会費を集金する.

수급¹〔受給〕 名 하自 受給. 給与・配給などを受けること. ¶ ~자 受給者.

수급²〔首級〕 名 首級. 討ち取った敵の首.

수급³〔需給〕 名 需給. 需要と供給. ¶ ~ 조정 需給調整.

수급⁴〔收給〕 名 収入と支給.

수긍〔首肯〕 名 하他 首肯. うなずくこと. ¶ ~하기 어려운 설 首肯しがたい説.

수기¹〔手記〕 名 **1** 手記. ¶ 생활 ~ 生活手記 / ~를 쓰다 手記を書く. **2** 小切手.

수기²〔手旗〕 名 手旗. ¶ ~ 신호 手旗信号.

수꽃 名〔植〕雄花.

수꽃술 名〔植〕雄蕊.

수나다〔數一〕 自 運が向く[開ける].

수나사〔一螺絲〕 名 雄ねじ.

수난¹〔水難〕 名 水難. 水による災難. ¶ ~을 입다[당하다] 水難をこうむる.

수난²〔受難〕 名 하自 受難. ¶ 작년은 ~의 한 해였다 昨年は受難の1年であった.

수난곡〔一曲〕 名〔樂〕受難曲.

수난극〔一劇〕 名〔演〕受難劇.

수난주〔一週〕 名〔基〕受難週.

수납¹〔收納〕 名 하他 収納. ¶ 국고에 ~하다 国庫に収納する.

수납고〔一庫〕 名 収納庫.

수납 기관〔一機關〕 名 収納機関.

수납장〔一帳〕 名 収納帳.

수납²〔受納〕 名 하他 受納.

수낭〔水囊〕 名 水嚢.

수녀〔修女〕 名〔基〕修道女.

수녀원〔一院〕 名 女子修道院.

수년〔數年〕 名 数年. ¶ ~ 동안 数年の間.

수년래〔一來〕 名 数年来. ¶ ~ 처음 보는 가뭄 数年来初めて見る日照り.

수노루 名〔動〕雄のノロ.

수놈 名 **1** 雄. **2** 義侠心の強い人.

수놓다〔繡一〕 自 縫い取る. 刺繍する.

수뇌〔首腦〕 名 首脳. ¶ ~부 首脳部 / ~ 회담 首脳会談.

수뇨관〔輸尿管〕 名〔生〕輸尿管.

수다¹ 名 おしゃべり. 無駄口.

수다떨다 自 しゃべりちらす. 無駄口をたたく.

수다스럽다 形 おしゃべりだ. 口数が多い. **수다스레** 副 口数多く.

수다쟁이 名 おしゃべり(な人).

수다²〔數多〕 名 하形 あまた. 数多いこと.

수단¹〔手段〕 名 **1** 手段. 方法. ¶ 상투적 ~ 常套手段 / ~이 좋다 やり手だ / 최후의 ~ 最後の手段. **2** 手並み. 手際. ¶ ~이 놀랍다 手並みは実に見事だ.

수단²〔Sudan〕 名〔地〕スーダン〈アフリカ北東部の共和国〉.

수달〔水獺〕 名〔動〕川獺.

수달피〔一皮〕 名 かわうその皮.

수담관〔輸膽管〕 名〔生〕輸胆管.

수당〔手當〕 名 手当. ¶ 특근 ~ 特別勤務手当.

수대〔樹帶〕 名 樹帯.

수더분하다 形 素朴だ. 純朴だ. ¶ 수더분한 사람 純朴な人.

수도¹〔手刀〕 名 〈テコンドー(태권도)・空手の〉チョップ.

수도²〔水都〕 名 水都. 水の都. ¶ ~ 베니스 水都ベニス.

수도³〔水道〕 名 水道.

수도관〔一管〕 名 水道管.

수도꼭지 名 水道の栓. ¶ ~를 틀다 水道の栓をひねる.

수돗물 名 水道の水.

수도⁴〔水稻〕 名 水稲.

수도⁵〔首都〕 名 首都. 首府. 都.

수도권〔一圈〕 名 首都圏.

수도⁶〔修道〕 名 하自 修道.

수도사〔一士〕 名 修道士.

수도원〔一院〕 名〔基〕修道院.

수동¹〔手動〕 名 手動. ¶ ~식 手動式.

수동²〔受動〕 名 하自 受動. 受身. 反 能動.

수동적〔一的〕 冠 名 受動的.

수동태〔一態〕 名〔言〕受動態.

수두〔水痘〕 名〔醫〕水痘. 水ぼうそう.

수두룩하다 形 (珍しくないほど)たくさんある. ありふれている. ざらにある. おびただしい. ¶ 이 호수에는 고기가 ~ この湖には魚がたくさんある. **수두룩이** 副 ざらに. おびただしく.

수득¹〔收得〕 名 하他 収得.

수득세〔一稅〕 名〔法〕収得税.

수득²〔修得〕 名 하他 修得.

수득수득 副 하形 〔마르고 시든 모양〕 からから. ¶ ~ 마른 대지 からからに乾いた大地.

수들수들 副 하形 〔뿌리가 시들어 생기가 없는 모양〕 しおれたさま. ¶ 가뭄이 계속되어 마당의 꽃이 ~하다 日照り続きで庭の花がしおれる.

수땜〔數一〕 名 하自 前もって苦難を受けると将来の災いを逃れることができるという迷信.

수떨다 自 やかましくしゃべりたてる.

수띠〔繡一〕 名 刺繍をした帯.

수라¹〔水剌〕 名 〈宮廷〉王の食事.

수라간 名 〈宮廷〉王の食事を調理する所. 御厨子所.

수라상〔一床〕 名 〈宮廷〉王の食膳.

수라²〔修羅〕 名〔佛〕修羅. **1** 〔'아수라'의 준말〕 阿修羅. **2** 勇敢によく戦う鬼神の名前.

수라장〔一場〕 名 修羅場. ¶ 회의장이 양 파의 싸움으로 ~이 되었다 会議場が両派の争いで修羅場となった.

수락〔受諾〕 名 하他 受諾. 受けいれること. ¶ 요구를 ~하다 要求を受諾する / 제의를 ~하다 申し入れを受けいれる.

수란〔水卵〕 名 落とし卵.

◆**수란을 뜨다** (卵を熱湯に入れ)落とし卵をつくる.

수란짜 名 落とし卵をつくるときに使う杓子.

수란관〔輸卵管〕 名〔生〕輸卵管.

수랭식〔水冷式〕 名 水冷式.
수량¹〔水量〕 名 水量. ¶ 풍부한 ~ 豊富な水量.
수량²〔收量〕 名 収量. 収穫量. ¶ 농작물의 ~ 農作物の収量.
수량³〔數量〕 名 数量. ¶ 충분한 ~ 十分な数量 / ~이 모자란다 数量が足りない.
 수량 경기〔—景氣〕 名〔經〕 数量景気.
수럭수럭 副 하形 (言行の)はきはきとして元気のあるさま.
수럭스럽다 形 快活だ. 陽気だ.
수런거리다[-대다] 自 ざわつく. がやがやする. ¶ 관중이 ~ 観衆がざわつく.
 수런수런 副 하自 〔시끄럽게 지껄이는 모양〕 ざわざわ(と). がやがや(と).
수렁 名 泥沼. ¶ ~길 泥道 / ~에 빠지다 泥沼にはまり込む / ~에서 헤어나다 泥沼からぬけ出る.
 수렁논 名 泥田.
수레 名 車. ¶ 손~ 手車.
 〔속담〕 **수레 위에서 이를 간다** 車に乗って歯ぎしりをする〈あとの祭りだ〉.
수레바퀴 名 車輪. ¶ ~가 돌아가다 車輪が回る.
수려하다〔秀麗—〕 形 秀麗だ. ¶ 수려한 강산 秀麗な山川 / 이목구비가 ~ 目鼻立ちが整って美しい.
수력〔水力〕 名 水力.
 수력 발전〔—發電〕 名 水力発電. ¶ ~소 水力発電所.
수련¹〔修鍊〕 名 하他 修練. ¶ ~을 쌓다 修練を積む.
수련²〔睡蓮〕 名〔植〕 睡蓮.
수련하다 形 素直で優しい.
수렴¹〔收斂〕 名 하他 収斂. **1** 〔모아들임〕 (金品を)取り立てること. (物を)集めること. ¶ 자료를 ~하다 資料を集める. **2** (放蕩児が)反省すること. 慎むこと. **3** 縮むこと. 縮めること. **4** 租税の徴収. **5** (意見や主張などを)一つのものにまとめること. **6** 〔數〕 収束.
 수렴제〔—劑〕 名〔藥〕 収斂剤.
수렴²〔垂簾〕 名 하自 垂簾. **1** すだれを垂らすこと. 垂らしたすだれ. **2** 〔'수렴 청정'의 준말〕 垂簾の政.
 수렴청정〔—聽政〕 名 하自 〔史〕 垂簾の政.
수렵〔狩獵〕 名 하他 狩猟. 狩り. ¶ ~기 狩猟期 / ~ 면허 狩猟免許.
수령¹〔受領〕 名 하他 受領. ¶ 우편물을 ~하다 郵便物を受領する.
수령²〔首領〕 名 首領. 領袖. ¶ 도적의 ~ 盗賊の首領.
수령³〔樹齡〕 名 樹齢. ¶ ~ 300년이 넘은 은행나무 樹齢300年を越えた銀杏.
수로〔水路〕 名 水路.
 수로교〔—橋〕 名 水路橋.
 수로 안내〔—案內〕 名 水先案内.
수록〔收錄〕 名 하他 収録. ¶ 이 책에 ~된 논문 この書物に収録された論文.
수뢰¹〔水雷〕 名〔軍〕 水雷.
 수뢰정〔—艇〕 名〔軍〕 水雷艇.
수뢰²〔受賂〕 名 하自 収賄.
수료〔修了〕 名 하他 修了. ¶ ~자 修了者 / ~증 修了証.
수류〔水流〕 名 水流.
 수류 펌프〔—pump〕 名〔物〕 水流ポンプ.
수류탄〔手榴彈〕 名〔軍〕 手榴弾.
수륙〔水陸〕 名 水陸.
 수륙 양용〔—兩用〕 名〔軍〕 水陸両用. ¶ ~ 전차 水陸両用戦車.
수르르 副 **1** 〔잘 풀리는 모양〕 するする(と). するっと. するりと. ¶ 실을 당기니 ~ 풀렸다 糸を引くとするするとほどけた. **2** 〔부드러운 바람이 부는 모양〕 そよそよ(と). すっと. ¶ 바람이 ~ 불어오다 風がそよそよ吹いてくる. **3** 〔부드럽게 새어 나오는 모양〕 さらさら(と). ¶ 자루에 구멍이 뚫어져 밀가루가 ~ 새 나온다 袋に穴があいて小麦粉がさらさらと漏れ出る. **4** 〔졸음이 오는 모양〕 うとうと(と). うつらうつら(と). とろとろ(と). ¶ 어느새 ~ 졸고 있었다 いつの間にかとろとろとしていた.
수리¹ 名〔動〕 鷲.
수리²〔水利〕 名 水利. ¶ ~의 편의가 좋다 水利の便宜がよい.
 수리권〔—權〕 名〔法〕 水利権.
 수리 안전답〔—安全畓〕 名 (水利·灌漑の施設がよくて)安全に農作のできる水田.
 수리 조합〔—組合〕 名 水利組合.
수리³〔水理〕 名 水理.
 수리학〔—學〕 名 水理学.
수리⁴〔受理〕 名 하他 受理. ¶ 사표를 ~하다 辞表を受理する.
수리⁵〔修理〕 名 하他 修理. 修繕. ¶ 차는 ~ 중이다 車は修理中だ.
수리⁶〔數理〕 名 数理. ¶ ~에 밝다 数理に明るい.
 수리 경제학〔—經濟學〕 名〔經〕 数理経済学.
 수리 철학〔—哲學〕 名〔哲〕 数理哲学.
수리먹다 自 栗·どんぐりなどの実の一部が傷んでくずれる.
수리부엉이 名〔動〕 鷲木菟.
수리수리 副 하形 おぼろげなさま. ぼんやり. もうろう. ¶ 안개로 주변이 ~ 흐려지다 霧であたりがもうろうと霞む.
수림〔樹林〕 名 樹林. ¶ ~ 지대 樹林地帯.
수립〔樹立〕 名 하他 樹立. ¶ 신기록을 ~하다 新記録を樹立する.
수마¹〔水魔〕 名 水魔. ¶ ~가 할퀴고 간 자리 水魔の爪跡.
수마²〔睡魔〕 名 睡魔. ¶ ~에 사로잡히다 睡魔に襲われる.
수마석〔水磨石〕 名 波に洗われて丸くなった小石.
수막〔髓膜〕 名〔生〕 髄膜.
수만〔數萬〕 數 冠 数万. ¶ ~의 병력 数万の兵力.
수많다〔數—〕 形 夥しい. 数多い. ¶ 하늘에 빛나는 수많은 별 空に輝く数多い星.
수말 名 雄馬.
수매¹〔水媒〕 名〔植〕 水媒. ¶ ~화 水媒花.
수매²〔收買〕 名 하他 (おもに政府が農民から穀物を)買い入れること.

수맥〔水脈〕名 水脈.
수면1〔水面〕名 水面. ¶ 거울같이 잔잔한 ~ 鏡のように静まり返っている水面.
수면계〔一計〕名 水面計.
수면2〔睡眠〕名 하自 睡眠. ¶ ~ 부족 睡眠不足 / ~제 睡眠薬 / 충분히 ~을 취하다 十分睡眠をとる.
수면 상태〔一狀態〕名 睡眠状態.
수면3〔獸面〕名 **1** 獣の顔, またはそのような醜い顔. **2** 獣の顔をかたどった仮面や彫刻など.
수명1〔受命〕名 하自 受命. 命令を受けること.
수명2〔壽命〕名 寿命. ¶ ~이 길다 寿命が長い / ~을 다하다 寿命を全うする / 이 기계는 ~이 짧다 この機械は寿命が短い.
수명3〔水明〕名 水明. ¶ 산자~의 땅 山紫水明の地.
수모1〔受侮〕名 하自 侮辱されること. ¶ ~를 당하다[겪다] 侮辱を受ける. 侮られる.
수모2〔首謀〕名 首謀. 主謀.
수모자〔一者〕名 首謀者. 張本人.
수목〔樹木〕名 樹木. ¶ ~이 울창한 숲 樹木がうっそうとした森.
수묵〔水墨〕名 水墨. 淡い墨汁.
◆**수묵을 치다** (間違ったところなどを)淡い墨色で塗りつぶす.
◆**수묵이 지다** (墨絵や字の画に)墨が淡くにじみでる.
수묵화〔一畫〕名〔美〕水墨画. 墨絵.
수문1〔水文·水紋〕名 水紋. **1** 水面にできる波紋. **2** 波のようにゆらゆらする紋.
수문2〔水門〕名〔建〕水門.
수문3〔守門〕名 하自 守門. 門を守ること.
수문군〔一軍〕名〔史〕宮殿の門や城門などの開閉, 通行人の取り締まりを行なった兵.
수문장〔一將〕名〔史〕宮殿·城門などを守護する武官の官職.
수미1〔秀眉〕名 秀眉. 美しい眉.
수미2〔首尾〕名 首尾. **1** 頭と尾. **2** 始めと終わり.
수미3〔愁眉〕名 愁眉. 心配そうな顔つき.
수미산〔須彌山〕名〔佛〕須弥山〈世界の中心にそびえるという高山〉.
수밀도〔水蜜桃〕名 水蜜桃.
수바늘〔繡一〕名 刺繍針.
수박 名〔植〕西瓜.
〔속담〕**수박 겉 핥기** すいかの皮をなめ〈内実も知らず表面的に事を行なう〉.
수반1〔水盤〕名 水盤.
수반2〔首班〕名 首班. ¶ 내각 ~ 内閣の首班.
수반3〔隨伴〕名 하他 随伴. **1** つきしたがうこと. ¶ 사장을 ~하여 출장가다 社長に随伴して出張する. **2** ある物事にともなって起こること. ¶ 국토 개발에 ~하여 생기는 환경 오염 国土開発によって生じる環境の汚染.
수반구〔水半球〕名〔地〕水半球.
수방〔水防〕名 하自他 水防. ¶ ~ 공사 水防工事.
수방림〔一林〕名 水防林.
수배1〔手配〕名 하他 手配. **1** 用意. 準備. ¶ 작업원의 ~를 끝내다 作業員の手配を終える. **2** 犯人を捕まえるための指令. ¶ 지명 ~ 指名手配 / 전국에 ~되다 全国に手配される.
수배2〔受配〕名 하他 配給を受けること.
수백〔數百〕數 冠 数百. ¶ ~, 수천에 달하다 数百, 数千に達する.
수버선〔繡一〕名 (赤ん坊にはかせる)刺繍入りのポソン.
수범1〔垂範〕名 하自 垂範. ¶ 솔선~ 率先垂範.
수범2〔首犯〕名 主犯. ¶ ~을 검거하다 主犯を検挙する.
수법〔手法〕名 手法. **1** 手段. やり方. 手口. ¶ 교묘한 ~ 巧妙な手段 / ~을 바꾸다 やり方を変える. **2** 技巧. 技法. ¶ 뛰어난 ~ 優れた手法.
수병1〔水兵〕名〔軍〕水兵.
수병2〔守兵〕名 守兵. 守備する兵隊.
수보다〔數一〕自 幸運にありつく[巡り合う].
수복1〔收復〕名 하他 失地回復.
수복2〔壽福〕名 長命で幸福なこと.
수복3〔修復〕名 하他 **1** 修復. ¶ 황폐한 절을 ~하다 すたれた寺院を修復する. **2** 返事の手紙を書くこと.
수본〔繡本〕名 刺繍の下絵.
수부1〔水夫〕名 水夫.
수부2〔首府〕名 **1** 首府. **2**〔史〕道の監営があった所.
수부족〔手不足〕名 하形 **1** 手不足. 人手不足. **2** (囲碁·将棋などで)手が劣ること.
수북하다 形 **1** うずたかい. 高く盛り上がっている. ¶ 책상에 먼지가 ~ 机にほこりがうずたかい. **2** (顔·手足などが)むくんでいる. 腫れている. **수북이** 副 うずたかく. 山盛りに. ¶ 그릇에 떡을 ~ 담다 お盆に餅を山盛りに盛る / 눈이 ~ 쌓였다 雪がうずたかく積もっている.
수북수북 副 하形 うずたかく. どっさり. いっぱい. ¶ 밥을 ~ 담다 ご飯をみんな山盛りに盛る.
수분1〔水分〕名 水分.
수분2〔受粉〕名〔植〕受粉.
수불〔受拂〕名 하他 受け払い. 受け取りと支払い. ¶ 대금의 ~ 代金の受け払い.
수비〔守備〕名 하他 守備. ¶ 국경 ~ 国境の守備 / ~진 守備陣 / ~에 들어가다 守備につく.
수비둘기 名 雄のはと.
수빙〔樹氷〕名 樹氷〈霧が木などに凍りついて白く見えるもの〉.
수빠지다 自 言行を誤って他人に弱みを握られる.
수사1〔手寫〕名 하他 手写.
수사본〔一本〕名 手写本.
수사2〔修士〕名〔基〕修道士〈独身で修道する男子〉.
수사3〔修辭〕名 하自 修辞.
수사법〔一法〕名 修辞法.
수사학〔一學〕名 修辞学.
수사4〔搜査〕名 하他 捜査. ¶ 살인 사

건을 ～하다 殺人事件を捜査する.

수사망〔—網〕 名 捜査網. ¶～을 펴다 捜査網を敷く／～을 좁히다 捜査網を狭める.

수사진〔—陣〕 名 捜査陣.

수사5〔數詞〕 名〔言〕数詞.

수사납다〔數—〕 形 運が悪い.

수사돈〔—査頓〕 名 嫁側の家族から見た婿側の家. ▷사돈

수산〔水産〕 名 水産. ¶～물 水産物／～ 자원 水産資源.

수산업〔—業〕 名 水産業.

수산화나트륨〔水酸化 (독)Natrium〕 名〔化〕水酸化ナトリウム.

수산화물〔水酸化物〕 名〔化〕水酸化物.

수삼〔水蔘〕 名〔植〕乾燥させてない生の朝鮮人参.

수삼차〔數三次〕 名 再三. 二度三度. ¶～ 충고하였음에도 불구하고 再三忠告したにもかかわらず.

수상1〔手上〕 名 目上の人.

수상2〔手相〕 名 手相. 手相による占い. ¶～을 보다 手相を見る.

수상3〔水上〕 名 水上. ¶～ 경기 水上競技／～ 경찰 水上警察／～ 비행기 水上飛行機／～ 스키 水上スキー.

수상목〔—木〕 名 水上木. 上流から筏に組んで下る材木.

수상4〔受像〕 名 하自 受像.

수상기〔—機〕 名 受像機.

수상5〔受賞〕 名 하自 受賞. ¶～자 受賞者／～작 受賞作.

수상6〔首相〕 名 **1** 首相. **2** 朝鮮時代の領議政の別称.

수상7〔授賞〕 名 하自 授賞. ¶～식 授賞式.

수상8〔樹上〕 名 樹上. 木の上.

수상9〔隨想〕 名 随想.

수상록〔—錄〕 名 随想録.

수상10〔穗狀〕 名 穂状〈穀物の穂のような形状〉. ¶～ 화서 穂状花序.

수상스럽다〔殊常—〕 形 怪しい. 疑わしい. いかがわしい.

수상쩍다〔殊常—〕 形 どうも怪しい. 怪しいところがある.

수상하다〔殊常—〕 形 怪しい. 疑わしい. いぶかしい. いかがわしい. ¶수상한 남자 怪しい男／수상하게 여기다 怪しく思う／행동에 수상한 점이 있다 行動にいぶかしい点がある. **수상히** 副 あやしく. いかがわしく. うたがわしく. ¶～ 여기다 怪しいと思う. いぶかしく思う.

수색1〔愁色〕 名 愁色. 心配そうな気色. ¶～에 찬 얼굴 愁色をたたえた顔.

수색2〔搜索〕 名 하他 捜索. ¶～대 捜索隊／～망 捜索網／～ 영장 捜索令状.

수생〔水生〕 名 하自 水生. ¶～ 동물［식물］ 水生動物［植物］.

수서1〔手書〕 名 하自 手書. 自分の手で書いた手紙.

수서2〔水棲〕 名 하自 水生.

수서 동물〔—動物〕 名〔動〕 水生動物.

수석1〔水石〕 名 **1** 水と石. **2** 水と石からなる自然の景色. **3** 水中にある石. **4** 盆石. 観賞用の自然石.

수석2〔首席〕 名 首席. 首位. 一番. ¶～대표 首席代表／～으로 졸업하다 首席で卒業する.

수석3〔壽石〕 名 盆石.

수선1 名 하形 気ぜわしいこと. 騒々しいこと.

수선거리다[-대다] 自 **1** 気ぜわしい. 騒がしい. 騒々しい. ¶기괴한 일에 물 끓듯 ～ 奇怪なことで沸き立つように騒がしい. **2** 気が散る. 落ち着かない. ¶마음이 ～ 心が散り乱れる.

수선떨다 自 騒がしくふるまう. やたらにうるさくしゃべりたてる. ¶있는 일 없는 일을 마구 ～ あることないことをやたらにしゃべりちらす.

수선부리다 自 騒ぎたてる. ¶매스컴이 ～ マスコミが騒ぎたてる.

수선피우다 自 やかましくする.

수선2〔水仙〕 名 **1** 水の中に住んでいるという神仙. **2**〔植〕水仙.

수선화〔—花〕 名〔植〕水仙.

수선3〔垂線〕 名〔數〕 垂線. ¶～을 긋다 垂線を引く.

수선4〔修繕〕 名 하他 修繕. 修理. ¶양복을 ～하다 洋服を修繕する.

수선장〔修船場〕 名 船の修理場.

수성1〔水性〕 名 水性. ¶～ 도료 水性塗料.

수성2〔守成〕 名 하自 守成〈創始者や父祖の業を継いでさらに堅固なものとすること〉.

수성3〔守城〕 名 하自 城を守ること.

수성군〔—軍〕 名 城を守る軍隊.

수성4〔獸性〕 名 獣性.

수성암〔水成巖〕 名〔鑛〕水成岩.

수세1〔水洗〕 名 하他 水洗. 水で洗うこと.

수세식〔—式〕 名 水洗式. ¶～ 변소 水洗(式)便所.

수세2〔水稅〕 名 〔'보수세'의 준말〕 ため池の水の使用料.

수세3〔收稅〕 名 하自 収税. 税を取り立てること.

수세4〔守勢〕 名 守勢. 反 攻勢. ¶～에 몰리다 守勢にまわる.

수세5〔水勢〕 名 水勢. 水の流れるいきおい.

수세공〔手細工〕 名 手細工.

수세미 名 たわし.

수세미외 名〔植〕糸瓜.

수소1 名 雄牛.

수소2〔水素〕 名〔化〕 水素. ¶～ 폭탄 水素爆弾.

수소 이온〔—ion〕 名〔化〕水素イオン.

수소3〔受訴〕 名 하自〔法〕受訴〈訴訟を受理すること〉.

수소문〔搜所聞〕 名 하他 風説などをたどって調べたりさがしたりすること.

수속1〔收束〕 名 하他 収束. **1** 集めて束にすること. **2**〔數·物〕収斂.

수속2〔手續〕 名 하他 手続き. ¶입원 ～을 하다 入院手続きをとる.

수송〔輸送〕 名 하他 輸送. ¶～기 輸送機／～력 輸送力／～업 輸送業.

수쇠 名 **1** (ひき臼の)下臼の中央にある突起. **2** 錠の内部にある突

起.

수수[1] 名〔植〕蜀黍. 唐黍. ¶ ～밭 黍畑.

수수경단〔一瓊團〕名 きびだんご.

수수깡 名 黍の茎.

수수떡 名 黍餅.

수수밥 名 黍飯.

수수엿 名 黍飴.

수수[2]〔收受〕名 하他 収受. ¶ 무상으로 금품을 ～하다 無償で金品を収受する.

수수[3]〔袖手〕名 하自 袖手.

수수방관〔一傍觀〕名 하他 袖手傍観.

수수[4]〔授受〕名 하他 授受. 受け渡し. やりとり.

수수께끼 名 **1** なぞなぞ. **2** 謎. ¶ ～의 인물 謎の人物/그의 생활은 ～에 싸여 있다 彼の生活は謎に包まれている.

수수꾸다 他 からかって恥ずかしがらせる. 冷やかす. ¶ 신혼부부를 ～ 新婚夫婦を冷やかす.

수수료〔手數料〕名 手数料.

수수하다[1] 形 (装い・態度・性質・物の品質などが)よくも悪くもない. 地味だ. 渋い. ひかえ目だ. ¶ 수수한 사람 地味な人/수수한 성격 地味な性格/언제나 수수하게 차려 입고 있다 いつも地味な服装をしている.

수수하다[2] 形 (騒々しくて)落ち着かない. 心が乱される.

수술[1] 名〔植〕雄しべ.

수술대 名〔植〕(雄しべの)花糸.

수술머리 名 雄しべの一番上の部分.

수술[2]〔手術〕名 하他 手術. ¶ ～실 手術室/～을 받다 手術を受ける.

수슬수슬 副 하形 (痘瘡や傷などが)少し乾いたようす.

수습[1]〔收拾〕名 하他 収拾. ¶ 노사 분규를 원만히 ～하다 労使の紛糾を円満に収拾する/정국이 잘 ～되지 않는다 なかなか政局の収拾がつかない.

수습책〔一策〕名 収拾策. ¶ ～을 논의하다 収拾策を議論する.

수습[2]〔修習〕名 하他 修習. 習って身につけること. ¶ ～공 見習工/～생 実習生/～사원 見習い社員.

수시〔隨時〕名 (‘수시, 수시로’의 꼴로 부사적으로 쓰여) 随時. そのおりおり. いつでも. ¶ ～로 입출금할 수 있는 예금 随時出し入れできる預金.

수시변통〔一變通〕名 하他 そのときどきの事情によって物事を処理すること.

수시응변〔一應變〕名 하他 臨機応変.

수식[1]〔水蝕〕名〔地〕水食.

수식곡〔一谷〕名〔地〕水食谷.

수식[2]〔修飾〕名 하他 修飾.

수식사〔一詞〕名〔言〕修飾語.

수식어〔一語〕名〔言〕修飾語.

수식[3]〔數式〕名〔數〕数式.

수신[1]〔繡一〕名 刺繍を施した絹でふちをとった履き物.

수신[2]〔水神〕名 水神. 水の神.

수신[3]〔受信〕名 하自他 受信. ¶ ～소 受信所/～기 受信機/～인 受信人/～자 受信者/～함 郵便受け.

수신[4]〔受信〕名〔經〕(銀行などの)受信業務.

수신[5]〔修身〕名 하自 修身.

수신제가〔一齊家〕名 하自 修身斉家. ¶ ～ 치국평천하 修身斉家治国平天下.

수신호〔手信號〕名 手信号.

수실〔繡一〕名 刺繍糸.

수심[1]〔水心〕名 水心. 水面の中心.

수심[2]〔水深〕名 水深. 水の深さ.

수심[3]〔愁心〕名 하自 愁心. 憂い. 悲しい気持ち. ¶ ～에 찬 얼굴 愁心をたたえた顔.

수심가〔一歌〕名〔樂〕平安道の民謡の一つ. 人生のむなしさを悲しい曲調で歌う.

수심[4]〔獸心〕名 獣心. ¶ 인면～ 人面獣心.

수십〔數十〕數 冠 数十. ¶ ～명 数十名.

수압〔水壓〕名 水圧. 水の圧力. ¶ ～계 水圧計/～관 水圧管/～기 水圧機/～이 세다[약하다] 水圧が強い[弱い].

수액[1]〔水厄〕名 水厄. 水難.

수액[2]〔樹液〕名 樹液.

수양[1]〔收養〕名 하他 収養. 他人の子を引き取って養育すること. ¶ ～가다[오다] 養子に行く[来る].

수양딸 名 養女.

수양아들 名 養子.

수양아버지 名 養父.

수양어머니 名 養母.

수양[2]〔修養〕名 하他 修養. 修めること. ¶ ～이 부족하다 修養がたりない.

수양버들〔垂楊一〕名〔植〕垂柳. しだれやなぎ.

수어〔數語〕名 二言三言.

수어지교〔水魚之交〕名 水魚の交わり. きわめて親しい交際.

수억〔數億〕數 冠 数億. ¶ ～의 인구 数億の人口.

수업[1]〔受業〕名 하他 受業.

수업[2]〔修業〕名 하自他 修業. ¶ ～증서 修業証書/신부 ～ 花嫁修業.

수업[3]〔授業〕名 하自 授業. ¶ 과외 ～ 課外授業/～ 일수[시간] 授業日数[時間].

수업료〔一料〕名 授業料.

수없다〔數一〕形 数えきれないほど多い. 数限りない. おびただしい. 無数だ.

수없이 副 数えきれないほど. 数限りなく. ¶ ～ 많다 数えきれないほど多い.

수여〔授與〕名 하他 授与. 授けること. ¶ 졸업 증서를 ～하다 卒業証書を授与する.

수여식〔一式〕名 授与式. ¶ 훈장 ～ 勲章の授与式.

수역〔水域〕名 水域. ¶ 전관 ～ 専管水域.

수연[1]〔水煙〕名 水煙. **1** 水煙. 水しぶき. **2**〔佛〕仏塔の九輪の上部にある火炎形の装飾.

수연[2]〔垂涎〕名 하自 垂涎. **1** (食べたくて)よだれを垂らすこと. **2** 強く欲しがること. ¶ ～의 대상 垂涎の的.

수연[3]〔壽宴〕 名 寿宴. 長寿の祝いの酒宴〈主に還暦の祝いをいう〉.
수열〔數列〕 名〔數〕 数列.
수염〔鬚髥〕 名 **1** (人間·動物の) ひげ. ¶ 콧~ 口ひげ / ~이 덥수룩한 얼굴 ひげぼうぼうの顔 / ~을 깎다 ひげをそる / 염소~ やぎのひげ. **2** (稲·麦·とうもろこしなどの) 実に生える毛のようなもの.
〔속담〕 **수염이 대 자라도 먹어야 양반이다** ひげが5尺でも食べてこそ両班だ〈人間は食べることが第一だ〉.
수염발 名 長く垂れ下がったひげ. ¶ 할아버지의 새하얀 ~ おじいさんの真っ白く垂れ下がった長いひげ.
수염뿌리 名〔植〕 (稲·麦などの) ひげ根.
수엽〔樹葉〕 名 樹葉. 木の葉.
수영〔水泳〕 名 하自 水泳. ¶ ~ 선수 水泳の選手 / ~ 대회 水泳大会 / ~을 배우다 水泳を習う.
수영모〔一帽〕 名 水泳帽.
수영복〔一服〕 名 水着. 海水着. 水泳着.
수영장〔一場〕 名 プール.
수예〔手藝〕 名 手芸. ¶ ~품 手芸品.
수온〔水溫〕 名 水温. ¶ ~계 水温計.
수완〔手腕〕 名 **1** 手腕. 腕前. 手並み. ¶ ~을 발휘하다 手腕を発揮する. **2** 手首のくびれたところ.
수완가〔一家〕 名 手腕家. やり手.
수요〔需要〕 名 需要. ¶ ~자 需要者 / ~가 늘다[줄다] 需要が増える[減る] / ~ 공급의 법칙 需要供給の法則.
수요일〔水曜日〕 名 水曜日.
수욕[1]〔水浴〕 名 하自 水浴. 水浴び.
수욕[2]〔受辱〕 名 하自 他人から辱められること. 恥をかくこと.
수욕[3]〔獸慾〕 名 獣欲. 獣のような欲情.
수욕주의〔一主義〕 名 獣欲主義.
수용[1]〔收用〕 名 하他 収用. **1** 取り上げて使用すること. **2** 国家·公共団体が強制的に所有権を取得すること. ¶ 강제 ~ 強制収用.
수용[2]〔收容〕 名 하他 収容. ¶ ~ 능력 収容能力 / ~ 인원 収容人員 / 그 많은 고아들을 ~하기에는 시설이 부족하다 その多くの孤児たちを収容するのには施設が不足している.
수용소〔一所〕 名 収容所.
수용[3]〔受容〕 名 하他 受容. 受け入れること. ¶ 외래문화를 ~하다 外来の文化を受容する.
수용[4]〔需用〕 名 하他 需用. ¶ ~가 需用家.
수용성〔水溶性〕 名〔化〕 水溶性. ¶ ~ 물질 水溶性物質.
수용액〔水溶液〕 名 水溶液. ¶ 설탕의 ~ 砂糖の水溶液.
수운〔水運〕 名 하他 水運.
수원[1]〔水源〕 名 水源.
수원지〔一池〕 名 水源池.
수원[2]〔受援〕 名 하自 受援. 援助を受けること. ¶ ~국 受援国.
수원[3]〔隨員〕 名 随員. 随行員.
수월내기 名 扱いやすい人.
수월찮다 形 容易ではない. **수월찮이** 副 たやすくなく. むずかしく. ¶ ~ 힘든 일이다 なかなかつらい仕事だ.
수월하다 形 たやすい. 容易だ. やさしい. 楽だ. ¶ 말하기는 수월하나 실행하기는 어렵다 言うは易く行なうは難しい / 서울의 남산 정도라면 누구나 수월하게 오를 수 있다 ソウルの南山ぐらいなら誰でも楽に登れる. **수월히** 副 たやすく. やさしく. 手軽に.
수월수월 副 하形 やすやす(と). 楽々(と). ¶ ~ 들어올리다 やすやすと持ち上げる.
수위[1]〔水位〕 名 水位. ¶ 위험 ~ 危険水位 / 장마로 ~가 높아졌다 長雨で水位が高まった.
수위[2]〔守衛〕 名 하他 守衛. ¶ ~실 守衛室.
수위[3]〔首位〕 名 (等級·職位などの) 首位. ¶ ~를 다투다 首位を争う.
수유〔授乳〕 名 하自 授乳.
수유기〔一期〕 名 授乳期.
수육[1] 名 煮た牛肉.
수육[2]〔獸肉〕 名 獣肉.
수은[1]〔水銀〕 名〔化〕 水銀. ¶ ~ 온도계 水銀温度計 / ~ 전지 水銀電池.
수은등〔一燈〕 名 水銀灯.
수은제〔一劑〕 名 水銀剤.
수은 중독〔一中毒〕 名〔醫〕 水銀中毒.
수은[2]〔受恩〕 名 하自 恩を受けること.
수음〔手淫〕 名 하自 手淫. 自慰.
수의[1]〔囚衣〕 名 囚衣. 囚人服.
수의[2]〔壽衣·襚衣〕 名 寿衣. 経帷子. 死人に着せる衣.
수의[3]〔隨意〕 名 随意. ¶ ~ 계약 随意契約.
수의근〔一筋〕 名〔生〕 随意筋.
수의[4]〔獸醫〕 名 獣医. ¶ ~학 獣医学.
수의[5]〔繡衣〕 名 **1** 繡衣. 刺繡をした衣服. **2** 暗行御史の別称.
수의사〔獸醫師〕 名 獣医.
수익[1]〔收益〕 名 하自 収益. ¶ ~ 가치 収益価値 / ~성이 좋다 収益性が高い / ~세 収益税 / ~ 자산 収益資産.
수익[2]〔受益〕 名 하自 受益. ¶ ~권 受益権 / ~자 受益者 / ~ 증권 受益証券.
수인[1]〔手印〕 名 手印. **1** 手のひらで押した印. **2** 自分でした署名. 自筆の文書.
수인[2]〔囚人〕 名 囚人. ¶ ~노동 囚人労働.
수인[3]〔數人〕 名 数人.
수인사〔修人事〕 名 하自 **1** 日常の礼節. **2** 人事を修めること. 人事を尽くすこと.
수인사 대천명〔一待天命〕 名 하自 人事を尽くして天命を待つこと.
수일〔數日〕 名 数日. ¶ ~ 동안 数日の間.
수임〔受任〕 名 하他 受任.
수임자〔一者〕 名 受任者.
수입[1]〔收入〕 名 하他 収入. ¶ 현금 ~ 現金収入 / ~원 収入源 / ~을 올리다 収入をあげる.
수입 인지〔一印紙〕 名 収入印紙.

수입[2]〔輸入〕 名 하他 輸入. 反 輸出 ¶ ~ 관리 輸入管理 / ~ 면장 輸入免状 / ~ 신용장 輸入信用状 / ~ 의존도 輸入依存度 / ~ 초과 輸入超過 / 농산물을 ~하다 農産物を輸入する.
　수입세〔一稅〕 名〔法〕 輸入税.
　수입품〔一品〕 名 輸入品.
　수입 할당 제도〔一割當制度〕 名〔經〕 輸入割当制度.
　수입환〔一換〕 名〔經〕 輸入為替.
수자원〔水資源〕 名 水資源. 農·工業·発電用などの資源としての水.
수작[1]〔秀作〕 名 秀作. 優秀な作品.
수작[2]〔酬酌〕 名 하自 **1** 酒杯のやりとり. **2** 言葉のやりとり. **3** 他人の言動をあざけっていう語.
　수작떨다 自 騒々しくしゃべりまくる.
　수작부리다 自 (人を)ペテンにかける.
수장[1]〔水葬〕 名 하他 水葬.
수장[2]〔收藏〕 名 하他 収蔵. ¶ ~품 収蔵品 / 고서를 많이 ~하다 古書をたくさん収蔵する.
수장[3]〔首長〕 名 首長.
수장[4]〔袖章〕 名 袖章〈制服の袖につけて官職の等級などを表わすもの〉.
수재[1]〔水災〕 名 水災. 水害. ¶ ~를 입다 水害をこうむる.
수재[2]〔秀才〕 名 秀才. ¶ ~들만이 들어갈 수 있는 명문교 秀才のみが入れる名門校.
수저[1] 名 **1** さじ. スプーン. **2** さじと箸.
수저[2]〔水底〕 名 水底.
　수저선〔一線〕 名 水底線. 水底に敷設してある電信·電話線.
수적〔手迹〕 名 手跡. 筆跡.
수전[1]〔水田〕 名 水田. 田.
수전[2]〔水戰〕 名 하自 水戦. 海戦.
수전[3]〔守戰〕 名 하自 守戦. 侵入する敵を防ぎ戦うこと. ¶ ~ 동맹 守戦同盟.
수전노〔守錢奴〕 名 守銭奴.
수전증〔手顫症〕 名〔韓方〕 手がしびれてしきりに震える症状.
수절〔守節〕 名 하自 守節. **1** 節義を守ること. **2** 女性が貞節を守ること.
수정[1]〔水晶〕 名〔鑛〕 水晶. ¶ ~궁 水晶宮 / ~ 시계 水晶時計 / ~ 유리 水晶ガラス.
　수정체〔一體〕 名〔生〕 水晶体.
수정[2]〔水精〕 名 水精. **1** 水の精. **2** 月の別称.
수정[3]〔受精〕 名 하自〔生〕 受精.
　수정낭〔一囊〕 名〔生〕 受精嚢.
　수정란〔一卵〕 名 受精卵.
　수정막〔一膜〕 名〔生〕 受精膜.
수정[4]〔修正〕 名 하他 修正. ¶ 궤도 ~ 軌道修正 / 근본적인 ~을 가하다 根本的な修正を加える.
　수정안〔一案〕 名 修正案.
　수정 자본주의〔一資本主義〕 名〔社〕 修正資本主義.
수정[5]〔修訂〕 名 하他 修訂. 書籍などの誤りを訂正すること. ¶ ~판 修訂版.
수정과〔水正果〕 名〔料理〕 スジョングァ〈煎じたしょうが汁にはちみつや砂糖を入れ, 干し柿·松の実·にっけいを加えて冷やした飲み物〉.
수정관〔輸精管〕 名〔生〕 輸精管.
수제〔手製〕 名 하他 〔'수제품'의 준말〕 手製.
　수제품〔一品〕 名 手製品.
수제비 名〔料理〕 すいとん. 小麦粉をこねてちぎりスープに入れて煮込んだもの.
　◆**수제비를 뜨다** ① 小麦粉をこねてちぎりスープに入れて煮込む. ② (水面に石を投げて) 水切りをする.
수제자〔首弟子〕 名 一番弟子. 高弟.
수조[1]〔水鳥〕 名 水鳥.
수조[2]〔水槽〕 名 水槽.
수조[3]〔水藻〕 名 藻.
수족[1]〔手足〕 名 手足. ¶ ~이 차다[따뜻하다] 手足が冷たい[温かい] / 그는 눈먼 아버지의 ~이 되었다 彼は目の見えない父親の手足となった.
　◆**수족을 놀리다** 手足を動かす.
수족[2]〔水族〕 名 水族. 水中にすむ動物.
　수족관〔一館〕 名 水族館.
수종[1]〔水腫〕 名 水腫. むくみ.
　수종다리 名〔醫〕 ☞수중다리
수종[2]〔數種〕 名 数種. ¶ ~의 새 数種類の鳥.
수종[3]〔隨從〕 名 하他 随従. **1** 付き従って使いをするしもべ. **2** 世話をすること.
　수종들다 自 付き添う. 面倒を見る. 世話をする.
수좌〔首座〕 名 首座. **1** 首席. **2**〔佛〕 国師の尊敬語.
수죄〔首罪〕 名 首罪. 最も重い罪.
수주〔水柱〕 名 水柱.
수준〔水準〕 名 **1** 水準. ¶ 생활 ~ 生活水準 / ~ 이하 水準以下 / 일정의 ~에 도달했다 一定の水準に達した. **2**〔'수준기'의 준말〕 水準器.
　수준기〔一器〕 名 水準器.
　수준 원점〔一原點〕 名 水準原点.
　수준의〔一儀〕 名 水準儀.
　수준점〔一點〕 名 水準点.
수줍다 形 内気だ. はにかみ屋だ. 恥ずかしがり屋だ. ¶ 처녀가 좀 수줍은 듯이 두 손으로 얼굴을 가리고 나왔다 娘がちょっとはにかむように両手で顔を隠して出てきた.
　수줍음 名 恥じらい. はにかみ. ¶ ~을 잘 타는 아가씨 はにかみ屋の娘.
수줍어하다 自 恥ずかしがる. はにかむ. 恥じらう. 照れる. ¶ 혹시 틀려도 조금도 수줍어할 것 없다 もしまちがってもちっとも恥ずかしがることはない.
수중[1]〔手中〕 名 手中. 手の中. 手の内. 自由にできる範囲. ¶ 적의 ~에 떨어지다 敵の手中に落ちる.
수중[2]〔水中〕 名 水中. ¶ ~ 발레 水中バレー / ~ 식물 水中植物.
　수중안경〔一眼鏡〕 名 水中眼鏡.
　수중익선〔一翼船〕 名 水中翼船.
　수중 촬영〔一撮影〕 名 水中撮影.
수중다리〔←수종다리(水腫一)〕 名〔醫〕 病気で腫れ上がった脚.

수증기〔水蒸氣〕 名 水蒸気.

수지[1]〔手指〕 名 指.

수지[2]〔收支〕 名 収支. 収入と支出. ¶ 국제 ～ 国際収支 / 무역 ～ 貿易収支 / ～가 맞지 않는다 割りが悪い.

수지맞다 自 利益になる. 割りがよい. 引き合う.

수지[3]〔樹枝〕 名 樹枝. 木の枝.

수지상〔一狀〕 名 木の枝のように幾筋にものびたようす.

수지[4]〔樹脂〕 名 樹脂. ¶ ～ 가공 樹脂加工 / ～비누 樹脂石鹼 / 합성 ～ 合成樹脂.

수지[5]〔獸脂〕 名 獣脂.

수직[1]〔手織〕 名 하他 手織り.

수직기〔一機〕 名 手織り機. 機.

수직[2]〔垂直〕 名 垂直. ¶ ～ 분포 垂直分布 / 막대를 지면에 ～으로 세우다 棒を地面に垂直に立てる.

수직 거리〔一距離〕 名〔數〕 垂直距離.

수직선〔一線〕 名 垂直線. 垂線.

수진〔受診〕 名 하自 受診. 診察を受けること.

수진본〔袖珍本〕 名 袖珍本. ポケットに入るほど小さい本.

수질〔水質〕 名 水質. ¶ ～ 검사 水質検査.

수집[1]〔收集〕 名 하他 収集. ¶ 폐품 ～ 廃品収集.

수집[2]〔蒐集〕 名 하他 収集. コレクション. ¶ ～가 収集家 / 우표 ～ 切手の収集 / 정보를 ～하다 情報を収集する.

수집광〔一狂〕 名 収集狂.

수집벽〔一癖〕 名 収集癖.

수차[1]〔水車〕 名 水車.

수차[2]〔收差〕 名〔物〕 収差. ¶ 색～ 色収差.

수차[3]〔數次〕 名 **1** 数回. ¶ ～에 걸쳐 数回にわたって. **2** (부사적으로 쓰여) 数次. 数度. 数回. ¶ ～ 충고를 하였으나 허사였다 数度忠告をしたんだが無駄だった.

수찬〔修撰〕 名 하他 修撰. 書籍, 特に歴史書などを編纂すること.

수창〔首唱〕 名 하他 **1** 首唱. 真っ先に唱えること. **2** 座中でいちばん先に詩を吟ずること.

수채 名 どぶ. 下水道.

수채통〔一筒〕 名 下水管.

수챗구멍 名 下水道の口.

수채움 名 하自 **1** 一定の数になるまで補うこと. **2** 臨時にほかのものを代わりとしてあてること.

수채화〔水彩畫〕 名 水彩画.

수처〔數處〕 名 数か所.

수척하다〔瘦瘠一〕 形 やせこけている. やつれている. ¶ 수척해진 얼굴 やせこけた顔.

수첩〔手帖〕 名 手帳.

수청〔守廳〕 名〔史〕 **1** そば仕えすること. **2** 両班の家に住みこんで雑務を担当した下男.

수청들다 自 **1** そば仕えする. **2** 妓生が役人の寝室にはべる.

수초〔水草〕 名 水草. 藻.

수축[1]〔收縮〕 名 하自 収縮. ¶ 모직물은 물에 빨면 ～된다 毛織物は水洗いをすると収縮する.

수축[2]〔修築〕 名 하他 修築. ¶ 가옥을 ～하다 家を修築する.

수출〔輸出〕 名 하他 輸出. 反 輸入. ¶ ～ 공업 輸出工業 / ～ 신고서 輸出申告書 / ～ 신용장 輸出信用状 / ～ 장려금 輸出奨励金 / ～ 관세 輸出関税 / ～ 초과 輸出超過 / ～을 늘리다 輸出を増やす.

수출세〔一稅〕 名〔經〕 輸出税.

수출 송장〔一送狀〕 名〔經〕 輸出送り状.

수출입〔一入〕 名 輸出入.

수출품〔一品〕 名 輸出品.

수취〔受取〕 名 하他 受け取り. ¶ ～ 어음 受取手形.

수취인〔一人〕 名 受取人.

수치[1]〔羞恥〕 名 羞恥. 恥. 恥辱. ¶ ～로 알다 恥と思う.

수치스럽다 形 恥ずかしい. **수치스레** 副 恥ずかしく.

수치심〔一心〕 名 羞恥心.

수치[2]〔數値〕 名〔數〕 数値. 値.

수치질〔一痔疾〕 名〔醫〕 いぼ痔. 痔核.

수칙〔守則〕 名 守るべき規則. 心得. ¶ 수영장에서의 안전 ～ 水泳場での安全のための規則.

수침〔水沈〕 名 하自 水に沈むこと. 水につかること.

수캉아지 名 雄の子犬.

수캐 名 雄犬.

수컷 名 (動物の)雄.

수키와 名 牡瓦. 筒瓦.

수탁〔受託〕 名 하他 受託. ¶ ～ 매매 受託売買 / ～물 受託物 / ～ 판매 受託販売 / ～인 受託人.

수탄〔愁歎〕 名 하他 愁嘆. 嘆き悲しむこと.

수탈〔收奪〕 名 하他 収奪. 強制的に奪い取ること.

수탉 名 雄どり.

수탐〔搜探〕 名 하他 捜探. 調べ探すこと.

수태〔受胎〕 名 하自 受胎. 身ごもること.

수태 고지〔一告知〕 名〔基〕 受胎告知.

수태 조절〔一調節〕 名〔醫〕 受胎調節.

수토〔水土〕 名 水と土.

수통〔水筒〕 名 水筒.

수퇘지 名 雄ぶた.

수틀〔繡一〕 名 刺繡枠.

수판〔數板〕 名 そろばん.

◆**수판을 놓다** そろばんを入れる. そろばんをはじく. ¶ 득인지 손해인지 ～을 놓아 보다 得か損かそろばんをはじいてみる.

수판셈 名 하自他 珠算.

수평〔水平〕 名 水平.

수평각〔一角〕 名〔數〕 水平角.

수평 거리〔一距離〕 名 水平距離.

수평면〔一面〕 名 水平面.

수평선〔一線〕 名 水平線.

수평아리 名 雄のひよこ.

수포[1]〔水泡〕 名 水泡. **1** 水の泡. **2** はかないこと. かいがないこと. ¶ 모든 노력이 ～로 돌아갔다 あらゆる努力が水泡に帰した.

수포[2]〔水疱〕 名〔醫〕 水疱. ¶ ～성 가

스 水疱性ガス.
수포진〔一疹〕 名〔醫〕水疱疹.
수폭〔水爆〕 名〔'수소 폭탄'의 준말〕水爆.
수표¹〔手票〕 名〔經〕小切手. ¶ ~를 끊다[발행하다] 小切手を切る[振り出す].
수표²〔數表〕 名〔數〕数表〈対数表·関数表など〉.
수풀 名 **1** 森. 林. **2** 茂み. 草むら. ¶ ~ 속에 숨다 茂みに隠れる.
수프〔soup〕 名 スープ.
수피¹〔樹皮〕 名 樹皮. 木の皮.
수피²〔獸皮〕 名 獣皮. 獣の皮.
수필〔隨筆〕 名 随筆.
수필가〔一家〕 名 随筆家.
수필집〔一集〕 名 随筆集.
수하¹〔手下〕 名 目下の者.
수하²〔誰何〕 **I** 代 誰彼. ¶ ~를 막론하고 誰彼を問わず.
II 名 하自他 誰何すること(警備の者が通行する人に誰かと問うこと). ¶ 어둠 속에서 ~하다 やみの中で誰何する.
수하다〔壽一〕 自 長生きする.
수하물〔手荷物〕 名 手荷物.
수하인〔受荷人〕 名 荷受人.
수학¹〔受學〕 名 하他 学問を受けること.
수학²〔修學〕 名 하他 修学. 学問を修めること.
수학여행〔一旅行〕 名 修学旅行.
수학³〔數學〕 名 数学. ¶ ~ 문제 数学の問題.
수해¹〔水害〕 名 水害. ¶ ~를 입다 水害をこうむる.
수해²〔受害〕 名 하自 害を受けること.
수해³〔樹海〕 名 樹海. 広大な森林.
수행¹〔修行〕 名 하自 修行. ¶ ~을 쌓다 修行を積む.
수행자〔一者〕 名〔佛〕修行者.
수행²〔遂行〕 名 하他 遂行. なし遂げること. ¶ 직무를 ~하다 職務を遂行する.
수행³〔隨行〕 名 하他 随行. 付き従って行くこと. ¶ 대통령을 ~하다 大統領に随行する.
수행원〔一員〕 名 随行員.
수험〔受驗〕 名 하自 受験.
수험료〔一料〕 名 受験料.
수험생〔一生〕 名 受験生.
수험표〔一票〕 名 受験票.
수혈¹〔竪穴〕 名 縦穴. 竪穴.
수혈²〔輸血〕 名 하自 輸血.
수형〔受刑〕 名 하自 受刑. 刑罰を受けること. ¶ ~자 受刑者.
수호¹〔守護〕 名 하他 守護. 守ること. ¶ 진지를 ~하다 陣地を守る.
수호²〔修好〕 名 하自 修好.
수호 조약〔一條約〕 名〔法〕修好条約.
수화¹〔水火〕 名 水火. 水と火.
수화 상극〔一相剋〕 名 (水と火は互いに相いれないように)非常に仲が悪いこと.
수화²〔手話〕 名 手話.
수화법〔一法〕 名 手話法.
수화³〔受話〕 名 하自 受話. 電話を受けること.
수화기〔一器〕 名 受話器.
수확〔收穫〕 名 하他 収穫. 取り入れ. 刈り入れ. 成果. ¶ 농작물을 ~하다 農作物を取り入れる / 이번 답사 여행에서는 ~이 컸다 今度の調査旅行では成果が大きかった.
수확고〔一高〕 名 収穫高.
수확기〔一期〕 名 収穫期.
수회¹〔收賄〕 名 하自 収賄. ¶ ~의 혐의 収賄の嫌疑.
수회²〔數回〕 名 数回. 数度. ¶ ~에 걸친 교섭 数回にわたる交渉.
수효〔數爻〕 名 (事物の)数. ¶ ~를 세다 数を数える.
수훈¹〔垂訓〕 名 垂訓. 教えを示すこと.
수훈²〔殊勳〕 名 殊勲. ¶ ~자 殊勲者 / ~ 선수 殊勲選手 / ~을 세우다 殊勲を立てる.
숙고〔熟考〕 名 하他 熟考. ¶ 진로에 대하여 ~하다 進路についてよく考える / ~한 후에 결론을 내렸다 熟考の末に結論を下した.
숙군〔肅軍〕 名 하自 粛軍.
숙녀〔淑女〕 名 淑女.
숙다 自 **1** (前に)傾く. かしぐ. ¶ 액자가 너무 앞으로 숙었으니 조금 끈을 죄어야겠다 額縁がずいぶん前に傾いているから少しひもをぴんと張らなくてはいけない. **2** (元気が)衰える. 減る. ¶ 기가 ~ 気が抜ける.
숙달〔熟達〕 名 하自 熟達. ¶ 일에 ~하다 仕事に熟達する.
숙당〔肅黨〕 名 하自 粛党. ¶ ~으로 당의 기강을 확립하다 粛党で党の綱紀を確立する.
숙덕공론〔一公論〕 名 하自他 巷説. ひそかに話す議論. せけんのとりざた.
숙덕거리다〔-대다〕 自 (大勢が集まって)しきりにささやく. ひそひそと話し合う. ¶ 복도에 몰려 서서 숙덕거리는 사람들 廊下に集まってひそひそ内緒話をする人たち.
숙덕숙덕 副 하自 ひそひそ(と). こそこそ(と). ¶ 무엇을 ~하고 있느냐? 何をひそひそ[こそこそ]話しているのか.
숙독〔熟讀〕 名 하他 熟読.
숙람〔熟覽〕 名 하他 熟覧. 詳細に見ること.
숙련〔熟鍊〕 名 하自 熟練. ¶ ~을 요하는 일 熟練を要する仕事 / 무슨 일이든 ~되기까지는 많은 시간이 걸린다 どんな仕事でも熟練するまでには多くの時間がかかる.
숙련공〔一工〕 名 熟練工.
숙망〔宿望〕 名 宿望. **1** かねてからの願望. ¶ ~을 이루다 宿望を実現する. **2** 久しい以前からの名望.
숙맥〔菽麥〕 名 菽麦. **1** 豆と麦. **2** 〔'숙맥불변'의 준말〕物の区別がつかない愚かな人. ばか.
숙맥불변〔一不辨〕 名 物の区別がつかない愚かな人.
숙면¹〔熟面〕 名 見慣れた顔.
숙면²〔熟眠〕 名 하自 熟眠. 熟睡. ¶ ~을 취하다 ぐっすり眠る.
숙명〔宿命〕 名 宿命. ¶ ~의 라이벌 宿命のライバル / ~으로 여기다 宿命と思う.

숙명론〔一論〕 名 〔哲〕 宿命論.
숙명적〔一的〕 冠名 宿命的. ¶ ～인 대결 宿命的な対決.
숙모〔叔母〕 名 叔母. おば. 叔父の妻.
숙박〔宿泊〕 名 하自 宿泊. ¶ 여관에 2일간 ～하다 旅館に2泊する.
숙박료〔一料〕 名 宿泊料.
숙박업〔一業〕 名 宿泊業.
숙변〔宿便〕 名 宿便. (便秘で)腸内に長くたまっている糞便.
숙병〔宿病〕 名 宿病. 長らく患っている病気.
숙부〔叔父〕 名 叔父. おじ.
숙부드럽다 形 おとなしくおっとりしている. 気立てがやさしい. ¶ 그녀는 아버지와 달리 상냥하고 숙부드러운 맛이 있었다 彼女は父親と違って優しくおっとりしたところがあった.
숙사[1]〔宿舎〕 名 宿舎.
숙사[2]〔熟思〕 名 하他 熟思. 熟慮.
숙사[3]〔熟絲〕 名 練り糸.
숙성〔熟成〕 名 하自他 熟成.
숙성하다〔夙成一〕 形 早熟だ. 大人びている. ¶ 열두 살로는 보이지 않을 정도로 숙성하다 12歳とは見えないほど大人びている.
숙소〔宿所〕 名 하自 宿所. 宿. ¶ ～를 정하다 宿所を定める.
숙수[1]〔熟手〕 名 **1** 宴会やお祭りのとき食べ物をこしらえる人. 賄い方. 庖人. 料理人. **2** 料理をうまくこしらえる人.
숙수[2]〔熟睡〕 名 하自 熟睡.
숙수그레하다 形 たくさんの物が目立って大きくも小さくもなくほとんど同じだ. 揃っている.
숙식〔宿食〕 名 하自 **1** 寝食. 寝泊まりして食べること. **2** 一夜過ぎても消化されない食べ物.
숙씨〔叔氏〕 名 他人の3番目の兄または弟を指す尊敬語.
숙안〔宿案〕 名 宿案. 前々から考えていた案.
숙어〔熟語〕 名 熟語.
숙어지다 自 **1** 前に傾く. 下がる. ¶ 깜빡 졸아 상체가 숙어졌다 うっかり居眠りをして上体が前のめりになった. **2** 勢いが弱まる. 元気がなくなる. ¶ 드세던 기세가 ～ 盛んだった気勢がしぼむ.
숙연〔宿緣〕 名 宿縁. 前世からの因縁. ¶ 전세의 ～ 前世の宿縁.
숙연하다〔肅然一〕 形 粛然としている. 厳かだ. ¶ 숙연한 태도 粛然とした態度. **숙연히** 副 厳かに. 粛然として. ¶ ～ 옷깃을 여미다 粛然と襟を正す.
숙영〔宿營〕 名 〔軍〕 宿営.
숙원[1]〔宿怨〕 名 宿怨. ¶ ～을 풀다 宿怨をはらす.
숙원[2]〔宿願〕 名 宿願. ¶ ～을 이루다 宿願をはたす.
숙은〔肅恩〕 名 하自 恩に対して厚く謝すること.
숙의〔熟議〕 名 하他 熟議. 十分に評議すること.
숙이다 他 (頭·首を)下げる. うなだれる. うつむく. ¶ 고개를 ～ 首を垂れる
숙적〔宿敵〕 名 宿敵.
숙정〔肅正〕 名 하他 粛正. ¶ 기강을 ～하다 綱紀を粛正する.
숙제〔宿題〕 名 宿題. ¶ ～를 해 오다 宿題をやってくる / 이것을 어떻게 해결하느냐가 금후의 ～이다 これをどう解決するかが今後の宿題だ.
숙죄〔宿罪〕 名 宿罪. **1** 〔佛〕 前世に犯した罪. **2** 〔基〕 原罪.
숙주〔宿主〕 名 〔生〕 宿主. 寄主.
숙주나물 名 八重なりのもやし.
숙지〔熟知〕 名 하他 熟知. ¶ 사정은 ～하고 있다 事情は熟知している.
숙지근하다 形 下火になる. 猛烈な勢いがおさまりかける.
숙지다 自 (ある現象·気勢などが)次第に弱まる. 衰える. ¶ 아버지 노기가 ～ 父の怒りが治まる / 신선한 바람이 불기 시작했지만 더위는 채 숙지지 않았다 涼しい風が吹き始めたが暑さはいまだに衰えていない.
숙직〔宿直〕 名 하自 宿直. ¶ ～원 宿直員.
숙직실〔一室〕 名 宿直室.
숙질〔叔姪〕 名 叔姪. 叔父と甥[姪].
숙청〔肅清〕 名 하他 粛清. ¶ ～을 당하다 粛清される / 반대파를 ～하다 反対派を粛清する.
숙체〔宿滯〕 名 〔韓方〕 長くなった[時日が経っても治らない]食もたれ症.
숙취〔宿醉〕 名 宿酔. 二日酔い.
숙친〔熟親〕 名 하形 非常に親しい間柄.
숙폐〔宿弊〕 名 宿弊. 古くからの弊害.
숙환〔宿患〕 名 宿痾. 持病. 長患い.
순[1]〔筍〕 名 草木の芽. ¶ 죽～ 竹の子 / ～에서 꽃이 피다 芽から花が咲く.
순[2]〔純〕 **I** 冠 **1** 〔욕할 때〕「ほんとうに」の意を表わす. ¶ ～ 나쁜 놈 ほんとうに悪いやつ. **2** 混じり気のないの意を表わす. ¶ ～ 거짓말 全くのうそ / ～ 10대들만 모이는 다방 10代の人たちばかり集まる喫茶店.
II 接頭 純. 純粋な. まったくの. ¶ ～금 純金 / ～이익 純利益 / ～백색 混じり気のない白色. 純白.
-순[3]〔旬〕 接尾 **1** 〔10일간〕…旬. ¶ 상～ 上旬 / 중～ 中旬 / 하～ 下旬. **2** 高齢者の年齢を10歳単位で数える語. ¶ 나이 팔～을 넘다 齢80歳に余る.
-순[4]〔順〕 接尾 〔순서〕…順. ¶ 가나다～ カナダ順〈日本語の五十音順に当たる〉.
순간[1]〔旬刊〕 名 하他 旬刊. ¶ ～ 잡지 旬刊雑誌.
순간[2]〔瞬間〕 名 **1** 瞬間. ¶ ～ 풍속 瞬間風速 / 결정[역사]적인 ～ 決定[歴史]的な瞬間 / 때리는 ～ 홈런인 줄 알았다 打った瞬間ホームランと分かった / 그것을 본 ～ 놀랐다 それを見た瞬間驚いた.
순견〔純絹〕 名 純絹. 本絹.
순결〔純潔〕 名 하形 純潔. ¶ ～한 마음 純潔な心 / ～을 지키다[잃다] 純潔を守る[失う].

순결 교육〔—教育〕 名 純潔教育.
순경〔巡警〕 名 巡査. ¶ 교통 ~ 交通巡査 / ~ 아저씨 おまわりさん.
순계〔純系〕 名〔生〕 純系. ¶ ~ 분리 純系分離 / ~설 純系説.
순교〔殉教〕 名 하自 殉教. ¶ ~ 정신 殉教精神.
순교자〔—者〕 名 殉教者.
순국〔殉國〕 名 하自 殉国. ¶ ~의 혼 殉国の魂.
순국선열〔—先烈〕 名 殉国した先祖の烈士.
순금〔純金〕 名 純金. ¶ ~ 목걸이 純金のネックレス / ~량 純金量.
순난〔殉難〕 名 하自 殉難.
순년〔旬年〕 名 旬年. 10年.
순당하다〔順當—〕 形 順当だ.
순대 名〔料理〕 スンデ〈米·豆腐·もやしなどを詰めて蒸した腸詰め〉.
순도〔純度〕 名 純度. ¶ ~ 높은 알코올 純度の高いアルコール.
순동〔純銅〕 名 純銅.　　「じめだ.
순되다〔順—〕 形 人柄が素直でま
순두부〔—豆腐〕 名 圧し固めないままの豆腐. 朧豆腐.
순량〔純量〕 名 純量. 正味の量.
순량하다¹〔純良—〕 形 淳良だ. 素朴で善良である.
순량하다²〔順良—〕 形 順良だ. 柔順で善良だ. ¶ 순량한 청년 順良な青年.
순력〔巡歷〕 名 하他 巡歴. ¶ 고적지를 ~하다 古跡を巡歴する.
순례〔巡禮〕 名 하他〔宗〕 巡礼. ¶ 성지 ~ 聖地巡礼.
순록〔馴鹿〕 名〔動〕 トナカイ.
순리¹〔純利〕 名〔'순이익'의 준말〕 純利.
순리²〔純理〕 名 純理. 純粋な理論.
순리³〔順理〕 名 하自 当たり前の道理, また道理に従うこと. ¶ ~대로 처리하다 当たり前の道理に従って処理する.
순면〔純綿〕 名 純綿. ¶ ~으로 된 메리야스 純綿のメリヤス.
순모〔純毛〕 名 純毛. ¶ ~ 털실 純毛の毛糸.
순무 名〔植〕 蕪菁.
순문학〔純文學〕 名〔文〕 純文学.
순미〔純味〕 名 (他の味の混じっていない)純粋の味.
순박하다〔淳朴—〕 形 純朴だ. ¶ 순박한 농촌 사람들 純朴な農村の人々.
순발력〔瞬發力〕 名 瞬発力.
순발신관〔瞬發信管〕 名 瞬発信管. 小さな衝撃にも破裂する信管.
순방〔巡訪〕 名 하他 歴訪. ¶ 구라파 각국을 ~하다 ヨーロッパ諸国を歴訪する.
순배〔巡杯〕 名 하自 順杯[順盃]. 酒席で杯を順次に回すこと.
순백〔純白〕 名 하形 純白. **1**〔'순백색'의 준말〕 混じり気のない白色. ¶ ~의 웨딩 드레스 純白のウエディングドレス. **2** 一点の汚れもなく清らかできれいなこと. ¶ ~한 마음 汚れのない清い心.
순번〔順番〕 名 順番. ¶ 숙직 ~이 돌아오다 宿直の順番が回ってくる.
순보〔旬報〕 名 旬報.
순사〔殉死〕 名 하自 **1** 殉国. **2** 殉死.
순산〔順産〕 名 하自他 安産. ¶ 옥동자를 ~하다 玉のような男の子を無事に出産する.
순색〔純色〕 名 純色.
순서〔順序〕 名 順序. 順. 手順. ¶ ~를 정하다[지키다] 順序を決める[守る] / ~대로 알기 쉽게 말해 주세요 順序よく分かりやすく話してください.
순서수〔—數〕 名〔數〕 順序数.
순성〔馴性〕 名 **1** 動物のよく飼い慣らされる性質. **2** 人の言うことによく従う性質.
순소득〔純所得〕 名 純所得.
순손해〔純損害〕 名 純損失.
순수〔純粹〕 名 하形 純粋. ¶ ~ 개념 純粋概念 / ~시 純粋詩 / ~ 이성 純粋理性 / ~한 애정 純粋な愛情 / 동기가 ~하다 動機が純粋だ.
순순하다¹〔順順—〕 形 **1** (性質が)おとなしい. 温順だ. やさしい. **2** 味加減がいい. ¶ 된장국이 ~ みそ汁がいい味加減だ. **순순히**¹ 副 素直に. おとなしく. ¶ ~ 말을 듣다 素直にいうことを聞く / ~ 따라와 おとなしくついてこい.
순순하다²〔諄諄—〕 形 諄々としている. **순순히**² 副 諄々と. ¶ ~ 타이르다 諄々と諭す.
순시〔巡視〕 名 하他 巡視. ¶ 대통령의 지방 ~ 大統領の地方巡視.
순식간〔瞬息間〕 名 《'순식간에'의 꼴로》 一瞬のうちに. 瞬く間に. ¶ ~에 먹어 치우다 瞬く間に平らげる / ~에 사람들이 벌떼같이 모여들었다 一瞬のうちに人々が蜂の群れのようにより集まった.
순애〔純愛〕 名 純愛.　　「ること.
순양〔巡洋〕 名 하他 海洋を巡察す
순양함〔—艦〕 名〔軍〕 巡洋艦.
순역〔順逆〕 名 順逆. **1** 恭順と反逆. **2**〔佛〕 順縁と逆縁. **3** 順理と逆理.
순연¹〔巡演〕 名 하自他 巡演. 巡回公演.
순연²〔順延〕 名 하他 順延. ¶ 우천 ~ 雨天順延.
순열〔順列〕 名〔數〕 順列.
순위〔順位〕 名 順位. ¶ ~ 결정전 順位決定戦 / ~를 매기다[다투다] 順位をつける[競う].
순은〔純銀〕 名 純銀.
순음〔脣音〕 名〔言〕 両唇音〈ㅁ·ㅂ·ㅃ·ㅍなど〉.
순응〔順應〕 名 하自 **1** おとなしく従うこと. ¶ 부모님의 말씀에 ~해야 한다 父母の言いつけに素直に従うべきだ. **2** 順応. ¶ 환경에 ~하다 環境に順応する.
순이익〔純利益〕 名 純益. 純利.
순익〔純益〕 名 純益.
순익금〔—金〕 名 純益金.
순장〔殉葬〕 名 하他〔史〕 王が死んだときに臣下や奴婢をいっしょに生き埋

めにすること.

순전하다〔純全―〕形 **1** 純粋で完全だ. ¶순전한 금 純金. **2** 疑う余地がない. ¶순전한 거짓말 誰が見ても明らかな嘘. **순전히** 副 純然と. まったく. ¶～ 거짓말만 하고 다닌다 まったく嘘ばかりついて回る.

순절〔殉節〕名 하自 **1** 殉死. **2** 貞節を守って死ぬこと.

순정¹〔純正〕名 純正.

순정 화학〔―化學〕名〔化〕純正化学.

순정²〔純情〕名 純情. ¶～을 바치다[고백하다] 純情をささげる[告白する].

순조〔順調〕名 順調.

순조롭다 形 順調だ. ¶경과는 ～ 経過は順調だ/별 어려움 없이 일이 순조롭게 진행되었다 何の困難もなく仕事が順調に進んだ. **순조로이** 副 順調に. ¶공사가 ～ 진척되고 있다 工事が順調に進捗している.

순종〔純種〕名 純血. 純血種.

순종〔順從〕名 하自 おとなしく従うこと. ¶부모님 말씀에 ～하다 親の言いつけに従う.

순직〔殉職〕名 하自 殉職. ¶～한 경찰관 殉職した警察官.

순직하다¹〔順直―〕形 順直だ. おとなしくて素直だ.

순직하다²〔純直―〕形 純一で正直だ.

순진하다〔純眞―〕形 純真だ. 素直だ. ¶순진한 아이를 속이다 純真な子供をだます/그녀는 순진하고 명랑한 성격을 가지고 있다 彼女は純真で明るい性格を持っている.

순차〔順次〕名 順次. ¶～적으로 보고하다 次々と報告する.

순찰〔巡察〕名 하他 巡察. 巡視.

순찰대〔―隊〕名 巡察隊.

순찰병〔―兵〕名〔軍〕巡察兵.

순찰사〔―使〕名〔史〕巡察使. **1** 兵乱のとき地方の軍務を巡察した臨時の官職. **2** 朝鮮時代, 道内の軍務を巡察した官職.

순찰함〔―函〕名 警備上の要所に設置し, 巡回した報告書などを入れておく箱.

순치¹〔脣齒〕名 唇歯. 唇と歯.

순치²〔馴致〕名 하他 馴致. **1** 動物を慣れさせること. **2** 次第にある状態に到達させること.

순치다〔筍―〕自 草木の芽を切り取る.

순탄하다〔順坦―〕形 **1** おとなしくて気難しくない. ¶순탄한 어조 穏やかな口調. **2** 道が平坦である. ¶순탄한 길 平坦な道. **3** 物事が平穏である. たんたんとしている. ¶순탄한 생활 平穏な生活.

순풍¹〔淳風〕名 淳風. 純朴な風俗.

순풍미속〔―美俗〕名 淳風美俗. 人情の厚い美しい風俗·習慣.

순풍²〔順風〕名 **1** 穏やかな風. 和風. **2** 順風. 追い風. ¶배는 ～을 타고 항해했다 船は順風に乗って航海した.

순하다〔順―〕形 **1** (性質が)穏やかだ. おとなしい. 素直だ. ¶순한 양 おとなしい羊/우리 애는 참 순해요 うちの子供はとてもおとなしいです. **2** (味が)軽い. 薄い. まろやかだ. マイルドだ. ¶순한 술 まろやかな酒/순한 담배 まろやかなタバコ. **3** (物事が)ややこしくない. やさしい. ¶일이 순하게 풀려 간다 物事が簡単に解決していく.

순항〔巡航〕名 하他 巡航.

순항 미사일〔―missile〕名〔軍〕クルーズミサイル.

순항 속도〔―速度〕名 巡航速度.

순행〔順行〕名 하自 順行.

순행 운동〔―運動〕名〔天〕順行運動.

순화¹〔純化·醇化〕名 하自他 純化. ¶국어 ～ 운동 国語純化運動/마음을 ～하다 心を純化する.

순화²〔馴化〕名 하自 馴化. ¶살벌한 기질을 ～시키다 殺伐な気質を馴化する.

순화하다〔順和―〕形 たんたんとして安らかだ.

순환〔循環〕名 하自他 循環. ¶악～ 悪循環/시내를 ～하는 버스 市内を循環するバス.

순환계〔―系〕名〔生〕循環系.

순환 과정〔―過程〕名 循環過程.

순환기〔―器〕名〔生〕循環器.

순환 도로〔―道路〕名 循環道路.

순환 소수〔―小數〕名〔數〕循環小数.

순회〔巡廻〕名 하他 巡回. ¶～ 강연 巡回講演/지방 ～ 공연 地方巡業/～ 도서관 巡回図書館.

순회 대사〔―大使〕名 巡回大使.

순후하다〔淳厚―〕形 醇厚だ. 素朴で人情に厚い.

숟가락 Ⅰ 名 さじ. スプーン. ¶설탕은 작은 ～으로 한 ～ 넣어 주세요 砂糖は小さじ1杯入れてください/～으로 국을 떠서 먹다 さじでスープをすくって飲む.

Ⅱ 依名〔수저로 분량을 세는 단위〕…さじ.

◆**숟가락을 놓다** 死ぬ.

숟가락질 名 하自 さじを使うこと.

숟갈 名〔'숟가락'의 준말〕さじ. スプーン.

술¹ 名 酒. ¶독한 ～ 強い酒/～ 취한 사람 酔っ払い/～을 따르다 酒をつぐ/～을 마시다 酒を飲む/～이 취하다 酒に酔う/～이 세다[약하다] 酒が強い[弱い].

〔속담〕**술에 술 탄 듯, 물에 물 탄 듯** (酒に酒を入れたよう, 水に水を入れたようの意で) ① 物事が味気ないようす. ② いくら手を加えても本質は少しも変わらないこと.

單語帳 **술에 관한 말**

막걸리 マッコリ/맥주 ビール/소주 焼酎/위스키 ウイスキー/정종 日本酒/동동주 トンドン酒/과실주 果実酒/포도주 ぶどう酒/인삼주 朝鮮人参酒/더덕주 蔓人参酒/고량주, 배갈 コーリャン酒/칵테일 カクテル/매실주 梅酒/오가피주 五加皮酒.

◆취하다 酔う/건배 乾杯/축배 祝杯/술고래 のんべえ/포장

마차 屋台/ 대폿집 居酒屋/	
숙취 二日酔い/ 해장술 迎え酒.	

술² 名 (本·紙·布などを重ねた)束. 嵩.

술³ 名 (カーテン·ひもなどの端につけた)房.

술⁴〔戌〕名〔民俗〕**1** 戌(十二支の11番目). **2**〔'술시(戌時)'의 준말〕戌. いぬの刻.

-술⁵〔術〕接尾 …術. ¶ 검~ 剣術.

술가〔術家〕名 占い師. 易者. 陰陽家.

술값 名 酒代. 飲み代. 酒手. ¶ ~을 치르다 酒代を支払う.

술고래 名 大酒飲み. 大酒家. のんべえ.

술구더기 名 こした酒に浮いている飯粒.

술국 名 飲み屋で肴として出すみそ汁.

술기〔一氣〕名 酒気. ¶ ~가 돌자 온 몸이 노곤해졌다 酒気が回ると全身がだるくなった.

술기운 名 酒の勢い. 酒気. ¶ ~을 빌어 큰소리치다 酒の勢いを借りて大声を張り上げる.

술김 名 酒の上. 酔った勢い. ¶ ~에 한 말이니 용서해 주게 酔った勢いでしゃべった話だから勘弁してくれ.

술꾼 名 酒飲み. 酒客. 上戸. 左党.

술내 名 酒気. 酒のにおい. ¶ ~가 나다 酒気を帯びる.

술대접〔一待接〕名 하他 酒のもてなし. 酒をふるまうこと. ¶ ~을 받다 酒のもてなしを受ける.

술도가〔一都家〕名 酒の卸屋.

술독¹ 名 **1** 酒の甕. **2** (ふざけて)大酒飲み.

술독²〔一毒〕名 酒焼け. ¶ 그는 ~이 올라 늘 얼굴이 발그스레하다 彼は酒焼けでいつも顔が赤らんでいる.

술래 名 (かくれんぼの)鬼.

술래잡기 名 하自 かくれんぼ.

술렁거리다〔-대다〕自 ざわめく. どよめく. ざわつく. ¶ 온 마을이 술렁거린다 村全体がざわめく.

술렁술렁 副 하自 ざわざわ(と). そわそわ(と).

술렁이다 自 (心が)そわそわして落ち着かない. ¶ 마음이 술렁이어 일이 손에 잡히지 않는다 心がそわそわして仕事が手につかない.

술망나니 名 酔いどれ. 酔っ払い.

술명하다 形 地味だがよく似合っている. ¶ 술명하게 차려진 잔치 つつましくすっきりと調えられた祝宴.

술밑 名 酒母. こうじを混ぜた酒強飯.

술밥 名 **1** 酒強飯. **2** 米に酒·砂糖·しょう油などを混ぜて炊いたご飯.

술법〔術法〕名〔民俗〕陰陽と占術に関する理論, またその方法.

술병¹〔一病〕名 酒病. 飲酒による病気.

술병²〔一瓶〕名 酒瓶. 酒壺. 徳利. 銚子.

술사〔術士〕名 **1** 占い師. **2** 術士. 策士.

술상〔一床〕名 酒肴を整えたお膳.

술서〔術書〕名〔民俗〕陰陽·占術に関する本.

술수〔術數〕名 術数. **1**〔民俗〕陰陽·卜筮などで吉凶を占う方法. **2** 計略. ¶ 권모 ~ 権謀術数.

술술 副 **1**〔물·가루 등이 잇달아 흐르거나 새는 모양〕さらさら(と). ちょろちょろ(と). ¶ 물이 ~ 새다 水がちょろちょろ漏れる / 자루에서 쌀이 ~ 샌다 袋から米がさらさらと漏れ出る. **2**〔바람이 부드럽게 부는 모양〕そよそよ(と). すうすう(と). すいすい(と). ¶ 시원한 바람이 ~ 불어 온다 涼しい風がそよそよと吹いてくる. **3**〔얽힌 실·문제 등이 쉽게 풀리는 모양〕すらすら(と). するする(と). ¶ 어려운 문제가 ~ 풀리다 難しい問題がすらすら解ける / 실이 ~ 풀리다 糸がするするほどける. **4**〔말이 막힘없이 잘 나오는 모양〕すらすら(と). ぺらぺら(と). ¶ 말이 청산유수같이 ~ 나온다 言葉が立て板に水のごとくすらすら出てくる. **5**〔가는 비가 내리는 모양〕しとしと(と).

술시〔戌時〕名〔民俗〕戌. いぬの刻. **1** 十二時の11番目. 午後7時から9時までの間. **2** 二十四時の21番目. 午後7時半から8時半までの間.

술안주〔一按酒〕名 肴. 酒肴. ¶ ~가 푸짐하다 酒の肴がふんだんだ.

술어〔述語〕名〔言〕述語.

술자리 名 酒席. ¶ ~를 마련하다 酒席を設ける.

술잔〔一盞〕名 杯. 盃. 酒杯. ¶ ~을 비우다 杯をほす[あける].

술잔치 名 酒宴. 酒盛り. うたげ. 宴会. ¶ ~를 벌이다 酒宴を催す.

술집 名 飲み屋. 酒場. ¶ 선~ 居酒屋.

술찌끼 名 酒かす.

술책〔術策〕名 術策. 策略. 術計. 計略. たくらみ. ¶ ~에 넘어갔다 策略にひっかかった.

술청 名 居酒屋で酒をついだ杯を置く台.

술추렴 名 하自 **1** 多くの人が割り勘で酒を飲むこと. **2** 順繰りに酒をおごること.

술친구〔一親舊〕名 飲み友達. 飲み仲間.

술타령 名 하自 酒浸り. ¶ 그는 늘 ~이다 彼はいつも酒浸りだ.

술통〔一桶〕名 酒樽.

술판 名 酒を飲んで楽しむ場面. 酒盛り. ¶ ~을 벌이다 酒盛りを繰り広げる. 酒宴を催す.

술회〔述懷〕名 하自他 述懐. ¶ 당시의 일을 ~하다 当事のことを述懐する.

숨 名 **1** (鼻や口でする)息. 呼吸. ¶ ~이 가쁘다 息が苦しい / ~이 끊어지다 息が絶える. 死ぬ. **2** (野菜などの)青くささ. 新鮮さ.

◆**숨을 거두다** 息を引き取る.

◆**숨을 끊다** 命を断つ.

◆**숨을 돌리다** ① はずんでいた息を鎮める. 息を継ぐ. ¶ ～을 좀 돌리고 말씀하세요 息をちょっと継いでからお話しなさい. ② 息を抜く. 息をつく. ¶ 너무 바빠서 ～을 돌릴 사이도 없다 あまり忙しくて息を抜くひまもない.

◆**숨을 몰아쉬다** 大きく息をする. 吐息をつく.

◆**숨을 쉬다** 息をする. 呼吸する.

◆**숨이 넘어가다** 息が絶える. 息を引き取る.

◆**숨이 막히다** 息が詰まる. ¶ 방이 좁고 더워서 ～이 막힐 듯하다 部屋が狭くて暑くて息が詰まりそうだ.

◆**숨이 죽다** (野菜・草木などが) しおれて生気がなくなる.

◆**숨이 턱에 닿다** (息があごにつかえるの意で) ひどく息切れがする.

숨결 名 息遣い. ¶ 거친 ～ 荒い息遣い / 아기의 보드라운 ～ 赤ん坊の柔らかな息遣い.

숨구멍 名 **1** 気管呼吸をする穴. **2** ひよめき. **3** 〔植〕 気孔. **4** 〔動〕 気門.

숨기[一氣] 名 息の気配.

숨기다 他 隠す. **1** (物・体などを) 見えないようにする. ¶ 장롱 속에 돈을 숨겨 놓다 たんすの中にお金を隠しておく. **2** (事実・もくろみなどを) 包み隠す. 秘する. 秘める. ¶ 비밀을 ～ 秘密を隠す / 아무리 숨겨도 소용없다 いくら隠しても駄目だ. **3** (人を) かくまう. ¶ 잠시 동안만 나를 숨겨 주세요 しばらくの間私をかくまってください.

숨김없다 形 隠しだてのない. 偽りない. ¶ 그것은 숨김없는 사실이다 それは偽らざる事実だ. **숨김없이** 副 隠しだてせずに. ありのまま. ¶ 지은 죄를 ～ 털어놓았다 犯した罪を隠しだてせずに打ち明けた.

숨다 自 **1** 隠れる. 潜む. ¶ 사람들 틈에 ～ 人混みの中に紛れ込む. **2** (‘숨은’의 꼴로 쓰여) 隠れた…. 見えない…. ¶ 이번 일로 그의 숨은 재능이 나타나기 시작했다 今度の仕事で彼の隠れた才能が現われはじめた.

숨바꼭질 名 하自 **1** かくれんぼう. ¶ ～하며 논다 かくれんぼうをして遊ぶ. **2** 何かが出没すること.

숨소리 名 息をする音. ¶ ～가 들려온다 息をする音が聞こえてくる.

숨숨 副 하形 顔にあばたなどがまばらにあるようす.

숨죽이다 自 **1** 息を殺す. ¶ 숨죽이고 가만히 있다 息を殺してじっとしている. **2** (塩などで) 野菜の青くささをなくす.

숨지다 自 息が絶える. 死ぬ.

숨차다 自 息が切れる. 息切れがする. ¶ 뛰어왔더니 숨차서 못 견디겠다 走ってきたので息が切れてたまらない.

숨통[一筒] 名 〔生〕 気管.

숨표[一標] 名 〔樂〕 ブレス.

숫- 接頭 混じり気のない…. 汚されない…. 生…. ¶ ～처녀 生娘.

숫구멍 名 〔生〕 ひよめき. おどりこ.

숫기[一氣] 名 人なつっこさ.

◆**숫기가 없다** 恥ずかしがり屋だ. はにかんでばかりいる.

◆**숫기가 좋다** 恥ずかしがらない. はにかまない.

숫돌 名 砥石.

숫되다 形 うぶだ. 世慣れしていない. 純真だ.

숫자[數字] 名 数字. ¶ 아라비아 ～ アラビア数字.

숫접다 形 素朴で純真なところがある.

숫제 副 **1** むしろ. かえって. いっそ(のこと). ¶ 일을 이렇게 할 바에는 ～ 안 하는 것이 낫다 仕事をこんなふうにするよりはいっそしないほうがましだ. **2** (嘘ではなくて) 本当に. ¶ 그녀는 그가 ～ 싫다고 하였다 彼女は彼が本当に嫌いだと言った.

숫지다 形 純朴で人情に厚い.

숫처녀[一處女] 名 処女. バージン. 生娘.

숫총각[一總角] 名 童貞.

숫하다 形 うぶだ. 純朴で正直だ. ¶ 사람이 숫하여 남에게 속기 쉽다 人間が純朴で人にだまされやすい.

숭고하다[崇高一] 形 崇高だ. ¶ 숭고한 정신을 지니다 崇高な精神を抱く.

숭굴숭굴하다 形 **1** 気難しいところがなく素朴でおうようだ. **2** 顔立ちが福々しく感じがいい.

숭늉 名 スンニュン. おこげ湯〈釜の底に残ったおこげに水を加えて温めたお茶代わりの湯〉.

숭덩숭덩 副 **1** 〔굵직하고 거칠게 빨리 써는 모양〕 ざくざく(と). ¶ 배추를 큼직하게 ～ 썰었다 白菜を大きめにざくざくと切った. **2** 針目を大きく粗雑に平縫いするようす.

숭모[崇慕] 名 하他 尊び慕うこと.

숭배[崇拜] 名 하他 崇拝. ¶ 우상 ～ 偶像崇拝 / 내가 ～하는 인물 わたしの崇拝する人物.

숭불[崇佛] 名 하自 崇仏. 仏や仏教をあがめ尊ぶこと. ¶ ～ 사상 崇仏思想.

숭상[崇尙] 名 하他 あがめ尊ぶこと. ¶ 고구려에서는 무엇보다도 무예를 ～했다 高句麗では何よりも武芸をあがめ尊んだ.

숭숭 副 **1** 〔물건을 듬성듬성 빨리 써는 모양〕 ざくざく(と). ¶ 무를 ～ 썬다 大根をざくざく切る. **2** 〔조금 큰 구멍이 많이 뚫린 모양〕 ぽこんぽこん(と). ぽこっぽこっと. ¶ 곰보 자국 같은 구멍이 ～ 나 있는 월면의 사진 あばたのような穴がぽこんぽこんとあいている月面の写真. **3** 肌に大粒の汗が噴き出たり鳥肌が立っているようす.

숭앙[崇仰] 名 하他 あがめ敬うこと.

숭어 名 〔動〕 鯔.

숭어리 名 花・実などが群がり一つの塊をなしているもの.

숭조[崇祖] 名 하自 祖先を敬うこと.

숯 名 炭. ¶ ～을 굽다 炭を焼く.

숯가마 名 炭窯. 炭焼き窯.

숯검정 名 炭の煤.

숯내 名 炭火をおこすときに出るガスのにおい.

숯등걸 名 炭窯で完全な炭にならず

に残った炭材のかけら.
숯막〔一幕〕 名 炭焼き小屋.
숯먹 名 油煙墨. 松の油煙でつくった墨.
숯불 名 炭火. ¶～ 구이 갈비 炭火焼きのカルビ／～을 피우다 炭火をおこす.
숯장수 名 **1** 炭売り. **2** 顔の黒い人を冗談で言う語.
숯쟁이 名 炭焼き(人).
숱 名 髪の毛などの濃さの程度. ¶머리 ～이 많다[적다] 髪が濃い[薄い].
숱하다 形 多い. 数多い. ざらにある. ありふれている. ¶숱한 우여곡절 多くの紆余曲折／숱하게 볼 수 있는 물건 ざらにあるもの.
숲 名 林. 森. 茂み. やぶ. ¶밤나무 ～ くり林／대나무 ～ 竹やぶ／우거진 ～ こんもり茂った森.
숲길 名 森路. 林道. 森の中の道.
숲정이 名 村の近くにある森.
쉬 感 鶏や雀を追う声.
쉬[1] 名 蠅の卵.
쉬슬다 自 蠅が卵を産みつける.
쉬[2] 副〔'쉬이'의 준말〕たやすく. ¶산이 험해서 ～ 넘을 수가 없다 山が険しくてたやすく越えられない.
쉬[3] 感〔조용히 하라는 뜻으로 내는 소리〕しっ. ¶～, 조용히 해 しっ, 静かにしろ.
쉬[4] 感〔어린애에게 오줌을 누일 때 하는 소리〕しいしい. おしっこ.
쉬다[1] 自 すえる. (食物が)腐りかけてすっぱくなる. ¶밥이 ～ ご飯がすえる.
쉬다[2] 自 (声が)かすれる. かれる. しわがれる. しゃがれる. ¶쉰 목소리 しわがれた声.
쉬다[3] 自他 **1** 休む. 憩う. 休息する. 休息をとる. ¶집에서 푹 ～ 家でゆっくり休む／좀 쉬었다 가자 ちょっと休んで行こう. **2** 中断する. ¶종일 쉬지 않고 비가 내리다 終日休まずに雨が降る. **3** 欠席する. 欠勤する. ¶병나서 ～ 病気で欠勤する. **4** 泊まる. ¶오늘밤은 우리집에서 쉬어 가게 今晩は私の家で泊まっていきなさい. **5** 寝る. 眠る. ¶이제 쉬십시오 もうお休みください. **6** 休める. 休ませる. 休養させる. ¶피곤한 몸을 ～ 疲れた体を休める.
쉬다[4] 他 息をする. 呼吸する. 息をつく. ¶계속 뛰어서 숨을 쉬기가 가쁘다 走り続けて息が切れる／한숨을 ～ ため息をつく.
쉬쉬하다 他 (人に知られないように)隠す. 内緒にする. もみ消す. ¶별것도 아닌데 쉬쉬한다 たいしたことでもないのに秘密にする／쉬쉬한다고 될 일이 아니다 隠してすむことじゃない.
쉬엄쉬엄 副 **1** 休み休み. 休みながら. ¶～ 해도 된다 休み休みやってもいい／～ 산꼭대기까지 올라갔다 休み休み山の頂まで登った. **2** とぎれとぎれに. 断続的に. ¶～ 비가 온다 断続的に雨が降る.
쉬이 副 **1** たやすく. 簡単に. わけなく. ¶그 일은 ～ 되질 않는다 その仕事はたやすくできない. **2** 遠からず. 近いうちに. まもなく. ¶～ 또 만나뵙게 될지 모르겠습니다 近いうちにまたお目にかかれるかもしれません.
쉬이보다 他 たやすいと見る[思う].
쉬이여기다 他 たやすく思う. 簡単なことだと思う.
쉬파리 名〔動〕青蠅. 金蠅.
쉬하다 自 おしっこする. 小便する.
쉰 Ⅰ 冠 50の. ¶～ 개 50個.
Ⅱ 數 50(歳). ¶～치고는 젊다 50にしては若い.
쉰내 名 (食べ物の)すえたにおい.
쉰둥이 名 (父や母が)50歳になって産んだ子供.
쉼표〔一標〕 名〔樂〕休止符.
쉽다 形 たやすい. 反 難しい **1** たやすい. 易しい. 容易である. 楽だ. 簡単だ. ¶쉽게 설명하다 易しく説明する／이 문제는 쉽게는 해결되지 않는다 この問題はたやすくは解決しない. **2** (('-기(가) 쉽다'의 꼴로 쓰여)) …しやすい. …しがちだ. 可能性が高い. ¶깨지기 쉬운 유리 그릇 割れやすいガラスの器.
◆**쉽게 여기다** 軽く見る. 見くびる. 甘く見る. たやすく考える. ¶상대 팀을 쉽게 여겼다가 참패하다 相手チームを見くびって惨敗する.
쉽사리 副 たやすく. 簡単に. わけなく. 楽々と. 難なく. ¶～ 합격했다 難なく合格した／노여움은 ～ 풀릴 것 같지 않다 怒りは簡単に解けそうもない.
슈미즈〔프 chemise〕 名 シュミーズ.
슈크림〔프 chou cream〕 名 シュークリーム.
슈퍼 名〔'슈퍼마켓'의 준말〕スーパー.
슈퍼마켓〔supermarket〕 名 スーパーマーケット.
슛〔shoot〕 名 하自他 シュート.
스낵바〔snack bar〕 名 スナックバー.
스냅〔snap〕 名 スナップ.
스노타이어〔snow tire〕 名 スノータイヤ.
스님 名 **1** 僧がその師を指していう語. **2**〔'중'을 높여 부르는 말〕お寺さま. お坊さん.
스라소니 名〔動〕大山猫.
스란치마 名 足先まですっかり隠れるように裾に布を継ぎ足したチマ.
스러지다 自 **1** 消えうせる. 消えてなくなる. 消える. ¶목숨은 햇빛에 스러지는 이슬과 같다 命は日差しに消えうせる露と同じ. **2** (火の気が弱くなって)消える. なくなる.
-스럽다 接尾〔명사 아래에 붙어 형용사를 만듦〕…(ら)しい. …のようすがうかがえる. …げだ. …そうだ. ¶복～ 福々しい／한심～ 嘆かわしい. 情けない／행복～ 幸せそうだ／자연～ 自然だ.
스르르 副 **1**〔부드럽게 풀리는 모양〕するりと. するする(と). ¶매듭이 ～ 풀리다 結び目がするするとほどける. **2**〔눈 등이 저절로 녹는 모양〕自然に. いつともなしに. **3**〔졸음이 오는 모양〕うつらうつら(と). とろとろ(と). うとうと(と). ¶그만 ～ 잠이 들고 말았다 ついうとうと眠ってしまった. **4**〔화가 가라앉는 모양〕すうっと. すっと. ¶화가 ～

삭다 怒りがすうっと静まる. **5** 〔슬며시 움직이는 모양〕そっと. すうっと. ¶ 차가 ～ 와서 멈추었다 車がすうっと来て止まった.

-스름하다 接尾 〔빛깔이 엷거나 그 형상과 비슷함을 나타내는 말〕…がかっている. …っぽい. …を帯びている. ¶ 하야～ 白っぽい/불그스름한 얼굴 赤みがかった顔/동그스름한 돌 丸みを帯びた石.

스리랑카〔Sri Lanka〕 名〔地〕スリランカ〈インド半島の南東にある島からなる共和国〉.

스릴〔thrill〕 名 スリル. 戦慄.

스마일〔smile〕 名 スマイル. 微笑.

스마트〔smart〕 名 하形 スマート. ¶ ～한 차림새 スマートな身なり.

스멀거리다[-대다] 自 (肌が)むずがゆい. むずむずする. もぞもぞする. ¶ 발의 동상이 ～ 足のしもやけがむずがゆい.

스멀스멀 副 하自 むずむず. もぞもぞ.

스며들다 自 **1** 入り込む. 染み入る. 染み込む. 染みわたる. 染みる. ¶ 서늘한 바람이 창문으로 스며든다 涼しい風が窓から入り込む. **2** (ある感情が)染み入る. ¶ 가슴에 스며드는 감동 胸に染み入る感動.

스모그〔smog〕 名 スモッグ.

스무 冠 20. ¶ ～ 개 20個/～ 살 二十歳/～ 명 20名/～ 마리 20匹/～ 이틀 22日.

스무고개 名 二十の扉〈ゲームの一種〉.

스무드〔smooth〕 名 하形 スムーズ. スムース. ¶ 교섭이 ～하게 진행되다 交渉がスムーズに進行する.

스물 數 20. 二十歳. ¶ ～의 젊은이 はたちの若者.

스미다 自 **1** (液体などが)染みる. 入り込む. にじむ. ¶ 빗물이 벽에 ～ 雨水が壁に染みる. **2** (気体・風などが)しみこむ. 入り込む. ¶ 추위가 몸에 ～ 寒さが身にしみこむ. **3** (心に)深く感じる. 身にしみる. ¶ 가슴 깊이 스미는 외로움 胸に深く感じる寂しさ.

스산하다 形 **1** 荒涼としてもの寂しい. ¶ 홀로 스산한 날을 보내다 ひとりもの寂しい日を送る. **2** (風が)冷たく荒々しい. ¶ 비를 머금은 스산한 바람 雨まじりの冷たく激しい風. **3** (心が)そわそわして落ち着かない. うら寂しい. 切ない. やるせない. ¶ 마음이 ～ 心がそわそわする. どうもうら寂しい.

스스럼없다 形 気安い. 心安い. 隔たりがない. 気兼ねがない. ¶ 스스럼없는 말씨 気安い言葉遣い/스스럼없는 친구 気安い友達. **스스럼없이** 副 気安く. 心安く. 気兼ねなく. ざっくばらんに. ¶ ～ 이야기를 꺼내다 気安く話しかける.

스스럽다 形 **1** (相手に対して)気兼ねする. ¶ 처음 만났지만 스스럽지 않았다 初めて会ったが他人行儀ではなかった. **2** 気恥ずかしい. ¶ 이런 일로 표창을 받다니 ～ こんなことで表彰されるとは気恥ずかしい.

스스로 Ⅰ 副 **1** 自ら. 自分で. 自ら進んで. ¶ ～ 깨우치다 自ら悟らせる/시키지 않아도 ～ 방을 청소한다 させなくても自ら進んで部屋を掃除する. **2** おのずから. 自然. ¶ 곧 ～ 알게 될 때가 올 것이다 いまにおのずとわかるときがくるだろう.
Ⅱ 名 自分. 自分自身. 自ら. ¶ 그런 문제는 ～가 해결해야지 そんな問題は自らが解決しなけりゃ.

스승 名 師. 先生. ¶ ～의 가르침 師の教え.

스웨덴〔Sweden〕 名〔地〕スウェーデン〈ヨーロッパ北部の王国〉.

스웨터〔sweater〕 名 セーター.

스위스〔Suisse〕 名〔地〕スイス〈ヨーロッパ中部の連邦共和国〉.

스위치〔switch〕 名 スイッチ.

스윙〔swing〕 名 スイング.

스치다 自 **1** かすめる. かする. わずかに触れる. ¶ 제비가 처마 끝을 스쳐 간다 つばめが軒先をかすめていく. **2** (考えなどが頭を)よぎる. かすめる. ¶ 퍼뜩 어머니의 얼굴이 머릿속을 스쳐 지나갔다 ふと母の顔が頭の中をよぎった. **3** (視線が)かすめていく. ¶ 날카로운 시선이 그의 얼굴을 스쳤다 鋭い視線が彼の顔をかすめた.

스카우트〔scout〕 名 하他 **1** スカウト. ¶ 보이 ～ ボーイスカウト/걸 ～ ガールスカウト/우수한 기술자를 ～하다 優秀な技術者をスカウトする.

스카치위스키〔Scotch whisky〕 名 スコッチウイスキー.

스카치테이프〔Scotch tape〕 名 セロハンテープ〈商品名〉.

스카프〔scarf〕 名 スカーフ.

스캔들〔scandal〕 名 スキャンダル.

스커트〔skirt〕 名 スカート. ¶ ～가 바람에 날린다 スカートが風にひらめく.

스케이트〔skate〕 名 スケート. ¶ ～장 スケートリンク.

스케일〔scale〕 名 スケール. ¶ ～이 크다 スケールが大きい.

스케줄〔schedule〕 名 スケジュール. ¶ ～을 짜다 スケジュールを組む.

스케치〔sketch〕 名 하他 スケッチ.

스코어〔score〕 名 スコア. **1** 競技の得点. 得点表. **2**〔樂〕楽譜.

스쿠버〔scuba〕 名 スキューバ. 水中肺.

스쿠버 다이빙〔—diving〕 名 スキューバダイビング.

스크랩〔scrap〕 名 하他 スクラップ. (新聞・雑誌などの)切り抜き.

스크럼〔scrum〕 名 スクラム.

스크루〔screw〕 名 スクリュー. (船の)推進器.

스크린〔screen〕 名 スクリーン.

스크립터〔scripter〕 名〔演〕スクリプター. 記録係.

스크립트〔script〕 名 スクリプト. **1**〔演〕台本. 脚本. **2**〔印〕筆記体の活字.

스키〔ski〕 名 スキー.

스킨 다이빙〔skin diving〕 名 スキンダイビング.

스타〔star〕 名 スター.

스타디움〔㋣stadium〕 名 スタジアム.
스타일〔style〕 名 スタイル. ¶ 최신 유행 ～ 最新流行のスタイル.
스타킹〔stocking〕 名 ストッキング.
스타트〔start〕 名 하自 スタート.
스태그플레이션〔stagflation〕 名〔經〕スタグフレーション.
스태미나〔stamina〕 名 スタミナ. ¶ ～가 떨어지다 スタミナが切れる.
스태프〔staff〕 名 スタッフ.
스탠더드〔standard〕 名 スタンダード.
스탠드〔stand〕 名 スタンド.
스탠드바〔—bar〕 名 スタンドバー.
스탬프〔stamp〕 名 スタンプ.
스턴트맨〔stunt man〕 名〔映〕スタントマン.
스테레오〔stereo〕 名 ステレオ.
스테이지〔stage〕 名 ステージ.
스테이크〔steak〕 名 ステーキ.
스텝〔step〕 名 ステップ. ¶ ～을 밟다 ステップを踏む.
스토리〔story〕 名 ストーリー.
스톱워치〔stop watch〕 名 ストップウォッチ. タイマー.
스튜〔stew〕 名〔料理〕シチュー.
스튜디오〔studio〕 名 スタジオ.
스튜어디스〔stewardess〕 名 スチュワーデス.
스트라이크〔strike〕 名 **1** (野球で)ストライク. **2** (ボウリングで)ストライク. **3** (同盟罷業で)ストライキ. スト.
스트레스〔stress〕 名 ストレス. ¶ ～ 해소 ストレス解消.
스트립쇼〔strip show〕 名 ストリップショー.
스티로폼〔Styrofoam〕 名 スチロフォーム.
스티커〔sticker〕 名 ステッカー.
스팀〔steam〕 名 スチーム.
스파게티〔㋑spaghetti〕 名〔料理〕スパゲッティ.
스파링〔sparring〕 名 (ボクシングで)スパーリング.
스파이〔spy〕 名 スパイ. ¶ 산업 ～ 産業スパイ / ～전 スパイ戦.
스파이크〔spike〕 名 하自 (バレーボールで)スパイク.
스파이크 슈즈〔—shoes〕 名 スパイクシューズ.
스파크〔spark〕 名〔物〕スパーク.
스패너〔spanner〕 名 スパナ.
스펀지〔sponge〕 名 スポンジ.
스페어〔spare〕 名 スペア. ¶ ～ 운전수 スペア運転手 / ～ 타이어 スペアタイヤ.
스페이스〔space〕 名 スペース. 空間. 間隔.
스페인〔Spain〕 名〔地〕スペイン〈ヨーロッパの南西部, イベリア半島にある立憲君主国〉.
스펙트럼〔spectrum〕 名〔物〕スペクトル.
스펠링〔spelling〕 名 スペリング. つづり.
스포츠〔sports〕 名 スポーツ.

單語帳 **스포츠에 관한 말**

◆검도 剣道 / 배드민턴 バドミントン / 복싱·권투 ボクシング / 사격 射撃 / 스키 スキー / 승마 乗馬 / 양궁 アーチェリー / 역도 重量挙げ / 수영 水泳 / 등산 登山 / 요트 ヨット / 골프 ゴルフ / 태권도 テコンドー / 씨름 相撲 / 유도 柔道 / 레슬링 レスリング / 육상 경기 陸上競技 / 조깅 ジョギング / 체조 体操 / 펜싱 フェンシング.
◆팀 チーム / 선수 選手 / 게임 ゲーム / 이기다 勝つ / 지다 負ける / 비기다 引き分ける / 듀스 (テニスなどで)ジュース / 승률 勝率 / 반환점 折り返し点 / 심판 審判 / 결승전 決勝戦 / 우승 優勝 / 역전승 逆転勝ち / 팬 ファン
◆달리다 走る / 뛰다 跳ぶ. 駆ける / 던지다 投げる / 치다 打つ / 차다 蹴る. ▷축구·취미·야구 單語帳

스포츠맨〔sportsman〕 名 スポーツマン.
스포츠맨십〔sportsmanship〕 名 スポーツマンシップ.
스포트라이트〔spotlight〕 名〔演〕スポットライト.
스포티〔sporty〕 名 하形 スポーティー. ¶ ～한 옷차림 スポーティーな身なり.
스폰서〔sponsor〕 名 スポンサー.
스푼〔spoon〕 名 スプーン.
스프레이〔spray〕 名 スプレー. ¶ 헤어 ～ ヘアスプレー.
스프링〔spring〕 名 スプリング.
스프링클러〔sprinkler〕 名 スプリンクラー. 散水器.
스피드〔speed〕 名 スピード. ¶ ～를 내다 スピードを出す.
스피커〔speaker〕 名 スピーカー.
슬개골〔膝蓋骨〕 名〔生〕膝蓋骨.
슬겁다 形 **1** (家などが)見かけよりは中が広い. **2** 寛大である. 頼もしい.
슬관절〔膝關節〕 名〔生〕膝関節.
슬그머니 副 そっと. こっそり(と). ひそかに. ¶ ～ 나가 버렸다 そっと出て行ってしまった.
슬그미 副〔'슬그머니'의 준말〕そっと. こっそり(と).
슬근거리다[-대다] 自 物が触れ合ってしきりに擦れ合う.
슬근슬근 副 하自 **1** 物と物が軽く擦れ合うようす. **2** 力を抜いて行動するようす. ¶ ～ 일을 한다 力まずゆっくり仕事をする.
슬금슬금 副 하他 こそこそ(と). こっそり(と). ひそかに. そっと. ひそひそ(と). ¶ ～ 남의 눈치를 본다 こっそり人の機嫌をみる.
슬금하다 形 賢明で心が広い.
슬기 名 知恵. 才知. ¶ 선인의 ～ 先人の知恵.
슬기롭다 形 知恵がある. 賢明だ. 賢い. 才知に富む. 要領がよい. ¶ 난관을 슬기롭게 극복했다 難関を見事に克服した. **슬기로이** 副 賢く. 要領よく. ¶ ～ 일을 처리하다 要領よく仕事を処理する.
슬다[1] 自 **1**〔채소가 시들어 가다〕枯れていく. しおれる. 傷む. **2** (おでき·鳥

肌などが)きれいに治る. 消える.

슬다² 自 **1** (かびが)生える. ¶ 떡에 곰팡이가 슬었다 餅にかびが生えた. **2** 錆がつく. さびる. ¶ 못에 녹이 슬었다 釘に錆がついた.

슬다³ 他 **1** 糊のききすぎた洗濯物をもんで糊の気をやわらげる. **2** 金属を焼きなまして軟らかくする.

슬다⁴ 他 (虫や魚が)卵を生みつける. ¶ 파리가 쉬를 슬었다 はえが卵を生みつけた.

슬라이드[slide] 名 スライド.

슬라이딩[sliding] 名 スライディング.

슬래브[slab] 名〔建〕スラブ.

슬럼[slum] 名 スラム. 貧民窟. ¶ ~가 スラム街.

슬럼프[slump] 名 スランプ. 不振. ¶ ~에서 벗어나다 スランプから抜け出る.

슬레이트[slate] 名 スレート.

슬로건[slogan] 名 スローガン.

슬로 모션[slow motion] 名 スローモーション.

슬로바키아[Slovakia] 名〔地〕スロバキア(ヨーロッパ東部にある共和国).

슬로프[slope] 名 スロープ. 傾斜地. 斜面.

슬롯머신[slot machine] 名 スロットマシン.

슬리퍼[slipper] 名 スリッパ.

슬리핑백[sleeping bag] 名 スリーピングバッグ. 寝袋.

슬립[slip] 名 スリップ.

슬며시 副 **1** そっと. こっそり(と). なにげなく. それとなく. 内々に. ひそかに. ¶ 뒷문으로 ~ 돌아가다 裏口からこっそり帰る. **2** それとなく. 内々に. ひそかに. ¶ ~ 내막을 들어보다 それとなく内情を聞いてみる / ~ 일러바치다 ひそかに告げ口をする.

슬몃슬몃 副 (何度も続けて)そっと. こっそり(と). 内々に.

슬슬 副 **1**〔천천히 시작하는 모양〕そろそろ. ぼつぼつ. ゆるゆる. ¶ ~ 걸어가자꾸나 ゆっくり歩いて行こうよ / 이제 ~ 시작해 봅시다 もうそろそろ始めてみましょう. **2**〔스르르 녹는 모양〕すっと. しずしず(と). ¶ 눈이 ~ 녹다 雪がしずしずと溶ける. **3**〔꾀거나 달래는 모양〕それとなく. うまく. 巧みに. ¶ 놀러 가자고 ~ 꾀다 遊びに行こうとうまく誘う. **4**〔부드럽게 부는 모양〕そよそよ(と). ¶ ~ 불어오는 가을 바람 そよそよ吹いてくる秋の風. **5**〔가만히 문지르거나 긁는 모양〕軽く. ¶ 아픈 데를 ~ 문질러 주다 痛い所を軽くもんでやる. **6**〔'슬금슬금'의 준말〕こそこそ(と). こっそり(と). ¶ ~ 뒷꽁무니를 빼다 こそこそとしりごみをする.

슬쩍 副 **1**〔남이 모르는 사이에 재빨리〕こっそり(と). さっと. ¶ ~ 쪽지를 전하다 さっとメモを渡す. **2** わけもなく簡単に. たやすく. すっと. するりと. ¶ ~ 해치우다 たやすくやってのける / 상대를 ~ 피했다 相手をするりとかわした. **3** 軽く. さっと. ¶ ~ 건드리다 軽く触れる / 시금치를 ~ 데치다 ほうれんそうをさっとゆがく.

슬퍼하다 他 悲しむ. 嘆く. 反 喜ぶ, うれしがる. ¶ 아무리 슬퍼해도 죽은 사람은 돌아오지 않는다 いくら悲しんでも死んだ人は戻ってこない.

슬프다 形 **1** 悲しい. 反 うれしい, 喜ばしい ¶ 슬픈 이야기 悲しい話 / 어머니가 돌아가셔서 ~ 母に死なれて悲しい. **2** かわいそうだ. あわれだ. 気の毒だ. 嘆かわしい. ¶ 최근의 풍조는 참으로 ~ 最近の風潮は実に嘆かわしい.

슬픔 名 悲しみ. 嘆き. 悲哀. ¶ ~을 감추다 悲しみを隠す / ~을 참다 悲しみをこらえる.

슬피 副 悲しく. 悲しげに. 悲しそうに.

슬하[膝下] 名 膝下. ひざもと. ¶ 부모 ~를 떠나다 親の膝下を離れる.

슴벅거리다[-대다] 自他 **1** (目を)ぱちぱちさせる. ¶ 눈을 슴벅거리는 버릇 目をぱちぱちさせる癖. **2** (目が)しょぼつく. (目を)しょぼしょぼさせる.

슴벅슴벅 副 하自他 ぱちぱち(と). しょぼしょぼ(と).

슴벅이다 自他 まばたきをする. ぱちぱちする[させる].

슴베 名 (刀·鍬·鎌などの)小身. 刀心. 中子.

습격[襲擊] 名 하他 襲撃. 襲うこと. ¶ 적의 진지를 ~했다 敵の陣地を襲撃した.

습곡[褶曲] 名〔地〕褶曲. ¶ ~ 산맥 褶曲山脈 / ~ 산지 褶曲山地.

습관[習慣] 名 習慣. ¶ 좋은 ~을 몸에 붙이다 よい習慣を身につける / 하루에 두 번 이를 닦는 것이 ~이 되었다 1日に2度歯を磨くのが習慣となった / 지방에 따라 ~은 조금씩 다르다 地方によって習わしは少しずつ違う.

습관성[一性] 名 習慣性. 慣れた性質. ¶ ~ 탈구 習慣性脱臼.

습관화[一化] 名 하自他 習慣化. 習慣づけること.

습기[濕氣] 名 湿気. 湿り気. ¶ ~를 제거하다 湿気を除く.

-습니까 語尾〔물음을 나타내는 종결 어미〕…ですか. …でございますか. ¶ 아직도 덥~? まだ暑いですか / 시간이 있~? 時間がありますか.

-습니다 語尾〔상태·사실을 나타내는 종결 어미〕…です. …でございます. ¶ 사무실에는 아무도 없~ 事務室には誰もいません / 고민이 많으시겠~ さぞかしお悩みのことでしょう.

습도[濕度] 名 湿度.

습도계[一計] 名 湿度計.

습독[習讀] 名 하他 (文字を)習って読むこと.

습득¹[拾得] 名 하他 拾得. ¶ ~물 拾得物 / ~자 拾得者.

습득²[習得] 名 하他 習得. 習い覚えること. ¶ 실무를 ~하다 実務を習得する.

습득 관념[一觀念] 名〔哲〕習得観念.

-습디까 語尾〔경험한 사실을 묻는 뜻을 나타냄〕…でしたか. …でありましたか. …しましたか. …かったですか. ¶ 사람이 많~ 人が多かったですか.

-습디다 語尾〔경험을 설명하는 종결 어미〕…でした. …でありました. …しま

した. …かったです. ¶ 거리에 사람이 많~ 街には人が多かったです.

습랭〔濕冷〕 名〔韓方〕 湿気のために体が, 特に腰から下の部分が冷めたくなる病気.

습벽〔習癖〕 名 習癖.

습성[1]〔習性〕 名 習性. 癖. ¶ 밤샘하는 것이 ~이 되다 夜ふかしが習性となる / 개미의 ~ ありの習性.

습성[2]〔濕性〕 名 湿性.

습성 늑막염〔一肋膜炎〕 名〔醫〕 湿性肋膜炎.

습속〔習俗〕 名 習俗. ¶ ~ 규범 習俗規範.

습용〔襲用〕 名 하他 襲用. 従来のとおりに用いること. 受け継いで用いること. ¶ 상점 이름을 ~하다 店の名を襲用する.

습유〔拾遺〕 名 하他 **1** 拾遺. 漏れているものを拾い補うこと. **2** 拾得. 落としものを拾うこと.

습윤〔濕潤〕 名 하形 湿潤. ¶ ~도 湿潤度 / ~성 湿潤性 / ~ 기후 湿潤気候.

습의〔襲衣〕 名 死に装束.

습자〔習字〕 名 하自 習字.

습작〔習作〕 名 하他 習作.

습증〔濕症〕 名〔韓方〕 湿気によって起こる疾患.

습지〔濕地〕 名 湿地.

습지 식물〔一植物〕 名〔植〕 湿地植物. 湿生植物.

습진〔濕疹〕 名〔醫〕 湿疹.

습토〔濕土〕 名 湿土.

습포〔濕布〕 名 하自 湿布.

습하다[1]〔襲一〕 他 死体を洗い清めて着替えさせること.

습하다[2]〔濕一〕 形 じめじめする. 湿り気がある. しめっぽい. ¶ 집안이 ~ 家の中がしめっぽい.

승[1]〔僧〕 名〔佛〕 僧. **1** 僧. 僧侶. 坊主. **2** 尼. 比丘尼.

승[2]〔升〕 依名 升.

승가〔僧家〕 名 **1** 僧家. 寺. 寺院. **2** 僧の社会.

승강〔昇降〕 名 하自 昇降.

승강구〔一口〕 名 昇降口.

승강기〔一機〕 名 昇降機. エレベーター.

승강타〔一舵〕 名 (飛行機の)昇降舵.

승강이〔昇降一〕 名 하自 押し問答. ¶ ~를 벌이다 押し問答をする.

승객〔乘客〕 名 乗客. ¶ 고속 버스 ~ 高速バスの乗客 / ~ 명부 乗客名簿.

승격〔昇格〕 名 하自 昇格. ¶ 부장에서 상무 이사로 ~했다 部長から常務理事に昇格した.

승경〔勝景〕 名 勝景. 絶景.

승계〔承繼〕 名 하他 承継. 受け継ぐこと.

승계인〔一人〕 名 承継人. 受け継ぐ人.

승계 취득〔一取得〕 名 하他〔法〕 承継取得.

승공〔勝共〕 名 하自 共産主義の勢力に打ち勝つこと.

승군〔僧軍〕 名 僧兵.

승급[1]〔昇級〕 名 하自 昇級.

승급[2]〔昇給〕 名 하自 昇給.

승낙〔承諾〕 名 하他 承諾. ¶ 사후 ~ 事後承諾.

승낙서〔一書〕 名 承諾書.

승냥이 名〔動〕 山犬.

승니〔僧尼〕 名 僧尼. 僧と尼.

승단〔昇段〕 名 하自 昇段. ¶ 2단으로 ~했다 2段に昇段した.

승당〔僧堂〕 名〔佛〕 僧堂〈僧が座禅し起臥する堂〉.

승도〔僧徒〕 名 僧徒. 僧の仲間.

승려〔僧侶〕 名 僧侶. 僧.

승률〔勝率〕 名 勝率. ¶ ~은 5할을 밑돌았다 勝率5割を割った.

승리〔勝利〕 名 하自 勝利. ¶ 완전한 ~ 完全な勝利 / ~를 거두다 勝利を収める.

승마〔乘馬〕 名 하自 乗馬. ¶ ~대 乗馬隊 / ~술 乗馬術.

승마복〔一服〕 名 乗馬服.

승무〔僧舞〕 名 高麗末期以後に発展した舞の一つ〈山形の笠をかぶり僧衣をまとい僧のように装って踊る〉.

승무원〔乘務員〕 名 乗務員.

승문〔僧門〕 名〔佛〕 僧門.

승방〔僧房〕 名 〔'여승방(女僧房)'의 준말〕 尼寺.

승법〔乘法〕 名 乗法. 掛け算.

승벽〔勝癖〕 名 〔'호승지벽(好勝之癖)'의 준말〕 勝ち気. 負けん気. きかん気.

◆**승벽을 부리다** 勝ち気になる. 負けん気になる. どんなことをしてでも勝とうとする.

승병〔僧兵〕 名 僧兵.

승복[1]〔承服〕 名 하自 **1** 承服. 承伏. ¶ ~하기 어려운 일이다 承服しがたいことである. **2** 罪を白状すること.

승복[2]〔僧服〕 名 僧服. 僧衣. 法衣.

승부〔勝負〕 名 勝負. 勝ち負け. ¶ ~의 세계는 냉엄하다 勝負の世界は厳しい.

승산[1]〔乘算〕 名 掛け算. 乗算.

승산[2]〔勝算〕 名 勝算. 勝ち目. ¶ ~이 없는 시합 勝ち目のない試合.

승상〔丞相〕 名〔史〕 丞相.

승선〔乘船〕 名 하自 乗船.

승선표〔一票〕 名 乗船切符.

승세〔勝勢〕 名 勝勢. 勝ちそうな勢い. ¶ ~를 타고 맹공을 퍼부었다 勝勢に乗じて猛攻を浴びせた.

승소〔勝訴〕 名 하自 勝訴. ¶ 원고의 ~로 돌아갔다 原告の勝訴に帰した.

승수〔乘數〕 名〔數〕 乗数.

승승장구〔乘勝長驅〕 名 하自 勝った余勢を駆っていっそう猛烈に攻撃すること. ¶ ~하여 파죽지세로 진격했다 勝った余勢を駆って破竹の勢いで進撃した.

승용〔乘用〕 名 乗用.

승용차〔一車〕 名 乗用車.

승운〔勝運〕 名 勝運. 勝つ運.

승원〔僧院〕 名 僧院. 寺院.

승의〔僧衣〕 名 僧衣. 僧服.

승인[1]〔承認〕 名 하他 承認. ¶ ~을 얻다 承認を得る.

승인[2]〔勝因〕 名 勝因. 勝利の原因. ¶ ~을 분석하다 勝因を分析する.

승자〔勝者〕 名 勝者. 勝利者.

승적〔僧籍〕 名〔佛〕 僧籍.

승전[1]〔承前〕 名 하自 承前. 前文·前例などを受け継ぐこと.
승전[2]〔承傳〕 名 하他 **1** 承伝. 受け伝えること. **2** 王の意を伝えること.
승전[3]〔勝戰〕 名 하自 勝ち戦. 戦勝. ¶ ～비 戦勝碑.
　승전고〔一鼓〕 名 勝鼓〈戦に勝った合図に鳴らす太鼓〉.
승정원〔承政院〕 名〔史〕 承政院〈朝鮮時代, 王命を司った中央政府の機関〉.
승제〔乘除〕 名〔數〕 乗除. 掛け算と割り算.
승지[1]〔承旨〕 名〔史〕 承旨〈朝鮮時代承政院に属した正三品の官職〉.
승지[2]〔勝地〕 名 勝地. 景勝の地.
승직〔昇職〕 名 하自 昇任. 昇進.
승진〔昇進〕 名 하自 昇進. ¶ 부장으로 ～하다 部長に昇進する.
승차〔乘車〕 名 하自 乗車. 反 下車 ¶ 무임～ 無賃乗車 / ～구 乗車口.
　승차권〔一券〕 名 乗車券.
승천〔昇天〕 名 하自 昇天. ¶ 욱일～의 기세 旭日昇天の勢い.
승통〔僧統〕 名〔史〕 僧兵を統率した僧職.
승패〔勝敗〕 名 勝敗. 勝ち負け. ¶ ～가 나다 勝敗がつく / ～를 가리다 勝敗を決する.
승하〔昇遐〕 名 하自 崩御.
승하다[1]〔乘一〕 他 (数字を)掛ける.
승하다[2]〔勝一〕 形 まさっている. よりよい.
승하선〔乘下船〕 名 하自 乗船と下船.
승함〔乘艦〕 名 하自 乗艦.
승합〔乘合〕 名 乗り合い. 相乗り. ¶ ～자동차 乗り合い自動車.
승화〔昇華〕 名 하自〔物〕 昇華.
　승화압〔一壓〕 名〔物〕 昇華圧.
　승화열〔一熱〕 名〔物〕 昇華熱.
승후〔承候〕 名 하自 目上の人の安否を問うこと.
시[1]〔市〕 名 市. **1** 市. 市場. **2** 都市. 市街. **3** 〔'시청(市廳)'의 준말〕 市庁. 市役所. **4** 〔法〕 地方行政区域の一つ.
시[2]〔是〕 名 是. **1** 正しいこと. 反 非 ¶ ～와 비를 가리다 是と非を裁く. **2** 道理にかなうこと.
시[3]〔矢〕 名 矢.
시[4]〔時〕 **I** 名 時. **1** 一昼夜の区分. ¶ 내가 난 ～는 인～다 私の生まれた時刻は寅の刻だ. **2** (ある事柄·現象が起こる)とき. 時間. ¶ 언제 어디서 죽을는지 그 ～와 장소는 아무도 알 수 없다 いつどこで死ぬか, その時と場所は誰も分からない. **3** 人が生まれた時刻.
　II 依名 〔시간의 단위〕 時. ¶ 현재 시각은 열한 ～ 삼십 분이다 現在の時刻は11時30分だ.
시[5]〔詩〕 名 詩. ¶ 서정～ 叙情詩.
시[6] 名〔樂〕 (階名の)シ. ▷도[6]
-시-[7] 語尾 〔존경의 뜻을 나타냄〕 お…になる. …(ら)れる. …でいらっしゃる. ¶ 돌아오～다 お帰りになる / 교장 선생님이～다 校長先生でいらっしゃる.
시-[8] 接頭 〔빛깔이 매우 짙음을 나타내는 말〕 真っ…. ¶ ～꺼멓다 真っ黒い / ～뻘겋다 真っ赤だ / ～퍼렇다 真っ青だ.
시-[9]〔媤〕 接頭 (結婚した女性側から見た)婚家を表わす語. ¶ ～아버지 夫の父. 舅 / ～누이 夫の姉妹. 小姑 / ～동생 夫の弟. 義弟.
시가[1]〔市街〕 名 市街. ¶ ～행진 市街行進.
　시가전〔一戰〕 名 市街戦.
　시가지〔一地〕 名 市街地.
시가[2]〔市價〕 名 市価. ¶ ～의 반값 市価の半値.
시가[3]〔時價〕 名 時価. ¶ ～ 발행 時価発行.
시가[4]〔媤家〕 名 嫁ぎ先の家. 婚家.
시가[5]〔詩歌〕 名 詩歌.
시가[6]〔cigar〕 名 シガー. 葉巻.
시각[1]〔時刻〕 名 時刻. ¶ 출근[퇴근] ～ 出勤[退勤]時刻 / ～표 時刻表.
시각[2]〔視角〕 名〔物〕 視角.
시각[3]〔視覺〕 名〔生〕 視覚. ¶ ～ 교육 視覚教育 / ～화 視覚化.
시간[1]〔屍姦〕 名 하自 屍姦.
시간[2]〔時間〕 **I** 名 **1** 時間. 時. ¶ ～개념 時間概念 / ～이 많이 걸린다 ずいぶん時間がかかる / 바빠서 식사할 ～도 없다 忙しくて食事をする暇もない. **2** 時刻. ¶ 기상[취침] ～ 起床[就寝]時間 / 약속 ～을 지키다 約束の時間を守る / 돌아오는 ～이 늦다 帰りの時間が遅い.
　II 依名 〔시간을 세는 단위〕 時間. ¶ 기차로 세 ～ 걸리는 거리 汽車で3時間かかる距離.
　시간급〔一給〕 名 時間給.
　시간문제〔一問題〕 名 時間の問題. 時間に左右される問題.
　시간외근무〔一外勤務〕 名 超過勤務.
　시간표〔一表〕 名 **1** 時刻表. **2** 時間割り表.
시감〔詩感〕 名 詩的感興.
-시거든 語尾 …なせられたら. お…なさったら. お…になったら. ¶ 일어나～ 불러 주시오 お起きになられたら呼んで下さい.
시거에 副 **1** とりあえず. あとのことはともかく. ¶ ～ 이 일부터 시작하자 とりあえずこの仕事から始めよう. **2** ぐずぐずせずに[ためらわずに]すぐ.
시건드러지다 形 小生意気だ. 小癪だ. こましゃくれている.
시건방지다 形 こしゃくだ. 小生意気だ. 差し出がましい. しゃらくさい. ¶ 시건방진 녀석 小生意気なやつ / 시건방지게 굴다 差し出がましくふるまう.
시격〔詩格〕 名 詩格. 詩の格式[品格].
시경〔詩境〕 名 詩境.
시계[1]〔時計〕 名 時計. ¶ 벽～ 柱時計 / 손목～ 腕時計.
　시계추〔一錘〕 名 時計の重り[振り子].
　시계탑〔一塔〕 名 時計塔. 時計台.
시계[2]〔視界〕 名 視界. 視野. ¶ ～에 들어오다 視界に入る.
시고모〔媤姑母〕 名 夫の父の姉妹.
시고모부〔媤姑母夫〕 名 (夫の父の姉妹)の夫.

시골 名 田舎. **1** 都会から離れた土地. 反 都会 ¶ ~ 청년 田舎の青年 / ~에서 자랐다 田舎で生まれて育った. **2** 地方にある生まれ故郷.
시골구석 名 片田舎.
시골내기 名 田舎育ちの人.
시골뜨기 名 〈俗〉田吾作. 田舎っぺ. お上りさん.
시골말 名 田舎言葉. 田舎の人が使う方言.
시골집 名 田舎[村]の家. 故郷にある自分の家.
시골티 名 山出し. 田舎者があか抜けしていないこと. ¶ ~가 나는 옷차림 やぼったい身なり.
시공[1]〔施工〕名 하他 施工.
시공법〔一法〕名 施工法.
시공[2]〔時空〕名 時空.
시공 세계〔一世界〕名〔物〕時空世界. 四次元世界.
시교〔示教〕名 하他 教示.
시구[1]〔市區〕名 市区. **1** 市と区. **2** 市街の区域.
시구[2]〔始球〕名 하自 始球.
시구식〔一式〕名 始球式.
시구[3]〔詩句〕名 詩句. 詩の一節.
시국〔時局〕名 時局. ¶ ~의 안정 時局の安定.
시국담〔一談〕名 時局についての話.
시굴〔試掘〕名 하他〔鑛〕試掘.
시굴권〔一權〕名〔法〕試掘権.
시굴정〔一井〕名〔鑛〕試掘井.
시굼하다 形 ややすっぱい. ¶ 풋과일이라 ~ 熟していない果実なので少しすっぱい.
시굼시굼 副 하形 すべてがすっぱいようす. とてもすっぱいようす.
시궁 名 (汚水がよどんで腐ったぬかるみの)溝.
시궁구멍 名 下水口. 溝口.
시궁쥐 名〔動〕溝鼠.
시궁창 名 下水のたまり. 汚水がよどんで腐ったぬかるみのところ. ¶ ~에 빠졌다 下水のたまりに落ちた.
시권〔時圈〕名〔天〕時圏.
시그널〔signal〕名 シグナル. 信号. 信号機〈特に鉄道の信号柱〉.
시그널 뮤직〔—music〕名 シグナルミュージック.
시그러지다 自 **1** (力が)衰える. **2** (興奮状態が)しずまる.
시그무레하다 形 ややすっぱい.
시극〔詩劇〕名〔文〕詩劇.
시글시글 副 하形 うじゃうじゃ(と). うようよ(と). ¶ 명동에 사람들이 ~하다 明洞に人がうようよ群がっている.
시금〔試金〕名 하他 試金.
시금석〔一石〕名 試金石. **1**〔鑛〕金の品位を鑑定する黒色の石. **2** 価値や能力などを試して評価する機会や物事. ¶ 사람의 능력을 시험하는 ~ 人の能力を試す試金石.
시금떨떨하다 形 (味が)ややすっぱくて渋い.
시금하다 形 ややすっぱい. ¶ 김치가 ~ キムチが少しすっぱい.
시금씁쓸하다 形 (味が)すっぱくて苦い.

시금치 名〔植〕菠薐草.
시금털털하다 形 味がややすっぱくて渋い. ¶ 시금털털한 개살구 すっぱくて渋い満州杏.
시급하다〔時急—〕形 急だ. 緊急だ. 急を要する. ¶ 사태는 매우 ~ 事態は非常に急を要する. **시급히** 副 急に. 緊急に. 急いで. 一刻も早く. ¶ ~ 수술해야 한다 一刻も早く手術しなければならない.
시기[1]〔時期〕名 時期. 時. 期. 折. ¶ 입학 ~ 入学時期 / 초목이 무성한 ~ 草木の茂る時期.
시기적〔—的〕冠 名 時期的. ¶ 수영을 하기에는 ~으로 아직 이르다 水泳をするには時期的にまだ早い.
시기[2]〔時機〕名 時機. 適当な機会. ころあい. ¶ ~상조 時期尚早 / ~를 놓치다 時機を逸する / 아직 ~가 이른 듯하다 まだ時機が早い[熟していない]ように思われる.
시기[3]〔猜忌〕名 하他 猜忌. ねたみ嫌うこと.
시기심〔—心〕名 ねたみ嫌う心.
시기[4]〔試技〕名〔體〕(重量挙げ競技の)試技.
시꺼멓다 形 真っ黒だ. ¶ 시꺼멓게 탄 얼굴 真っ黒に焼けた顔 / 시꺼먼 뱃속을 몰랐었다 腹黒いことを知らなかった.
시꺼메지다 自 真っ黒くなる.
시끄럽다 形 **1** やかましい. 騒々しい. 騒がしい. うるさい. ¶ 차 소리가 ~ 車の音がやかましい / 라디오 소리가 시끄러워서 공부를 못 하겠다 ラジオの音が騒々しくて勉強ができない. **2** 煩わしい. うるさい. 面倒だ. やっかいだ. ¶ 문제가 점점 시끄럽게 되어 간다 問題がだんだん面倒になっていく.
시끌시끌하다 形 **1** 非常にやかましい. 騒々しい. わいわいがやがやしている. ごたごたしている. ¶ 애들이 시끌시끌하게 떠든다 子供たちがわいわいがやがや騒ぐ. **2** もめている. ごたごたしている. (頭の中が)ごちゃごちゃだ. ¶ 여러 가지 문제로 회사가 ~ いろんな問題で会社がごたごたしている.
시나리오〔scenario〕名〔演〕シナリオ. ¶ ~ 작가 シナリオライター.
시나브로 副 **1** 知らぬ間に少しずつ. ¶ 그 많은 재산을 ~ 다 없애 버렸다 その多くの財産を知らぬ間に少しずつすべて失ってしまった. **2** (ほかのことをする)あいまあいまに. ひまひまに. ¶ ~ 짜다보니 스웨터가 다 되었다 ひまひまに編んでセーターがすっかりできあがった.
시난고난 副 病気が次第に重くなっていくようす. 病気が長引くようす.
시내[1] 名 小川. 川. 細い流れ.
시냇가 名 小川のほとり.
시냇물 名 小川の水.
시내[2]〔市內〕名 市内. 街. ¶ ~ 통화 市内通話.
시내버스〔—bus〕名 市内バス.
시너〔thinner〕名〔化〕シンナー.
시네마〔cinema〕名 シネマ. **1** 映画. **2** 映画館.

시녀〔侍女〕 名 **1** 宮女. **2** 侍女. 腰元.

시누〔媤—〕 名 〔'시누이'의 준말〕 小姑.

시누이 名 小姑·小姑. 夫の姉妹.

시누이올케 名 夫の姉妹と夫の兄弟の妻.

시늉 名 하自 (ある動作·姿の)まね. ふり. 素振り. しぐさ. ¶자는 ～을 하다 寝たふりをする.

시니어〔senior〕 名 シニア. **1** 年長者. 先輩. **2** 上級生.

시니컬〔cynical〕 名 하形 シニカル. シニック. ¶～한 태도 シニカルな態度.

시다 Ⅰ 形 **1** (味が)酸い. すっぱい. ¶신맛이 나다 すっぱい味がする / 사과가 굉장히 ～ りんごがとてもすっぱい. **2** (目が)まぶしい. ちかちかする. ¶어두운 곳에서 갑자기 밝은 곳으로 나오니 눈이 ～ 暗い所から急に明るい所に出ると目がまぶしい. **3** (手足が)少しずきずき痛む. ¶발목이 시어서 걸을 수 없다 足首がずきずき痛んで歩けない. **4** (ふるまいなどが)気にくわない. 目障りだ. いやらしい. 目にあまる. ¶그 녀석이 거들먹거리는 꼴은 눈꼴이 시어서 볼 수 없다 あいつの高飛車な態度はいやらしくて見ていられない.
Ⅱ 自 (食べ物が)すっぱくなる. ¶김치가 벌써 시었다 キムチがもうすっぱくなった.

시단〔詩壇〕 名 詩壇. 詩人の社会.

시달〔示達〕 名 하他 示達.

시달리다 Ⅰ 自 苦しむ. 悩む. 苦しめられる. 悩まされる. いじめられる. ¶시험공부에 시달리는 젊은이들 試験勉強に苦しんでいる若者たち / 생활고에 시달려 왔다 生活苦に悩まされて[あえいで]きた.
Ⅱ 他 苦しめる. 悩ます. 煩わす.

시담〔示談〕 名 示談. ¶～이 성립했다 示談が成立した.

시당숙〔媤堂叔〕 名 夫の父の従兄弟.

시대〔時代〕 名 時代. 時世. 代. ¶～감각 時代感覚 / ～사조 時代思潮 / ～정신 時代精神.

시대착오〔—錯誤〕 名 時代錯誤.

시댁〔媤宅〕 名 〔'시가(媤家)'의 높임말〕 婚家.

시도¹〔市道〕 名 市道.

시도²〔試圖〕 名 하他 試図. ためし. ¶재기를 ～하다 再起を試みる.

시독〔屍毒〕 名 〖生〗 死毒. プトマイン.

시동〔始動〕 名 하自他 始動. ¶자동차의 ～을 걸다 自動車のエンジンをかける.

시동기〔—機〕 名 始動機.

시동생〔媤同生〕 名 夫の弟. 義弟.

시드럭부드럭 副 하形 〔꽃·풀 등이 차차 시드는 모양〕 しおしお. しなしな. ¶가물어서 화단의 꽃이 ～하다 日照りで花壇の花がしおれる.

시드럭시드럭 副 하形 〔꽃·풀 등이 시들어 윤기가 없는 모양〕 しおしお. しなしな.

시들다 自 **1** しぼむ. しおれる. 枯れる. ¶꽃잎이 시들어 버렸다 花びらがしおれてしまった. **2** 勢いがなくなる. 衰える. ¶나이가 들면 기력이나 기백이 다 시들어 버린다 年をとると気力も気迫もみな衰えてしまう. **3** (流行が)廃れる. 落ちる. さびれる. ¶건축 붐이 시들어 가고 있다 建築ブームが廃れかけている.

시들먹하다 形 気が進まないようである. 乗り気にならないらしい.

시들방귀 名 (物事を)軽視すること. へとも思わないこと. ¶이쪽에서는 진지하게 얘기하는데 상대는 ～로 여긴다 こちらは真剣に話しているのに相手はへとも思わない.

시들병〔—病〕 名 筋萎縮症. 体が慢性的に衰弱する病気.

시들부들 副 하形 ややしおれて柔らかいようす.

시들하다 形 気乗り薄だ. 気乗りがしない. もの足りなさそうだ. 興味がない. ¶달라는 것을 주었는데도 시들한 얼굴이었다 欲しがっているものをやったのにもの足りないといったような顔だった / 같이 영화를 보러 가자고 했으나 시들한 표정이었다 いっしょに映画を見に行こうといったが, 気乗り薄な表情だった. **시들히** 副 気乗り薄に. もの足りなさそうに. 興味がなさそうに.

시들시들 副 하形 しおしお. しなしな. ¶시금치를 볕에 두었더니 금방 ～해졌다 ほうれんそうを日なたに置いておいたらたちまちしおれてしまった.

시디〔CD ← compact disk〕 名 シーディー(CD). コンパクトーディスク.

시디롬〔CD-ROM ← compact disk read only memory〕 名 シーディーロム.

시디시다 形 ひどくすっぱい. ¶냉면에 식초를 너무 쳐서 ～ 冷麵に酢をかけすぎてひどくすっぱい.

시뜻하다 形 **1** 気にくわない. 気乗りしない. ¶시뜻해서 대답도 안 한다 気にくわないといった顔で返答もしない. **2** 嫌気がさす. うんざりしている. ¶대답도 없이 시뜻해서 앉아 있다 答えもしないでうんざりした顔で座っている. **시뜻이** 副 しぶしぶ. あきあきして. うんざりと.

시래기 名 干葉. ¶～죽 干葉の粥.

시러베아들 名 〈蔑〉まじめでない人. でたらめな人. うそつき. ろくでなし.

시럽〔syrup〕 名 シロップ. ¶과일 ～ 果物のシロップ.

시렁 名 (物を載せておくために部屋の壁に寄せて2本の太い棒を渡してつくった)棚.

시력〔視力〕 名 視力.

시력 검사〔—檢査〕 名 〖醫〗 視力検査.

시련〔試鍊·試練〕 名 試練. 鍛えること. ¶온갖 ～을 겪어 왔다 さまざまな試練を受けてきた.

시론¹〔時論〕 名 時論.

시론²〔詩論〕 名 詩論.

시료¹〔施療〕 名 하他 施療. 無料治療. ¶～ 병원 施療病院.

시료²〔詩料〕 名 詩料. 詩作の材料.

시루 名 甑. 蒸し器. 蒸籠. ¶～에

찌다 蒸し器で蒸す.
〔속담〕 **시루에 물 퍼 붓기** 甑に水を注ぐよう〈骨折り損のくたびれもうけ〉.
시루떡 名 シルトック〈蒸し餅. 蒸し器で蒸した餅〉.

시류〔時流〕 名 時流. 時代の風潮や流行. ¶ ～에 영합하다 時流に迎合する / ～에 물들다 時流に染まる.

시르죽다 自 **1** 元気がなくなる. 気が抜ける. ¶ 시르죽어 가는 목소리 消え入るような声. **2** 意気消沈する. 縮こまる. ¶ 선생님 앞에서는 시르죽어 말도 못 한다 先生の前では体がすくんで話もできない.

시름 名 하他 心配. 憂い. 嘆き. 悩み. ¶ ～에 젖은 얼굴 憂いに沈んだ顔 / 술로 ～을 달래다 酒に悩みを紛らせる.
시름겹다 形 耐えられないほど悩みが多い.
시름없다 形 **1** 憂い[悩み]で元気がない. ¶ 어머니의 병환으로 시름없는 나날을 보내고 있다 母の病気が心配で元気のない日々を送っている. **2** ぼんやりしている. ぼうぜんとしている. **시름없이** 副 ぼんやりと. ¶ ～ 먼 하늘만 쳐다보고 있다 ぼんやりと遠い空を眺めているだけだ.

시름시름 副 病状が悪くもよくもならないで長引くようす. ¶ ～ 앓다가 드디어는 죽고 말았다 長患いの末に死んでしまった.

시리다 形 (体の一部分が)しびれを感じるほど冷たい. 冷ややかだ. 冷たく感じる. ¶ 갑자기 추워져서 손이 ～ 急に寒くなって手がしびれる.

시리아〔Syria〕 名〔地〕 シリア〈西アジアの地中海沿岸にある共和国〉.

시리즈〔series〕 名 シリーズ.

시립[1]〔市立〕 名 市立. ¶ ～ 병원 市立病院.

시립[2]〔侍立〕 名 하自 侍立. 目上の人のそばにつき従って立つこと.

시말〔始末〕 名 始末. 始めと終わり. 首尾.
시말서〔一書〕 名 始末書.

시망스럽다 形 とても意地悪だ. **시망스레** 副 ひどく意地悪に.

시먹다 形 (しつけが悪くて)人の言うことを聞かない. わがままだ. 自分勝手だ. ¶ 애가 시먹어서 타일러도 소용없다 子供がわがままで教え諭しても聞かない.

시멘트〔cement〕 名 セメント.

시묘〔侍墓〕 名 하自 父母の忌服中にその墓のそばに小屋を建てて3年間過ごすこと.

시무[1]〔始務〕 名 하自 **1** 事務を執り始めること. **2** 御用始め.
시무식〔一式〕 名 御用始めの式.

시무[2]〔時務〕 名 時務. 当世の急務.

시무룩하다 形 膨れっ面をしている. ぶすっとしている. 仏頂面をしている. ¶ 시무룩해 가지고 대답도 하지 않는다 膨れっ面をして返事もしない.

시문[1]〔詩文〕 名 詩文. 詩歌と散文.
시문서화〔一書畫〕 名 詩文と書画.

시문[2]〔試問〕 名 하他 **1** 試問. ¶ 구두 ～ 口頭試問. **2** 試験問題.

시문학〔詩文學〕 名〔文〕 詩文学. 詩歌に関する文学.

시민〔市民〕 名 市民. ¶ ～ 사회 市民社会 / ～의 편의를 도모하다 市民の便宜を図る.
시민권〔一權〕 名 市民権.

시발〔始發〕 名 하自 始発. ¶ ～역 始発駅.

시방〔時方〕 名 **1** 〈方〉 今. 今しがた. ¶ ～은 좋지만 나중이 문제다 今はいいが今後が問題だ. **2** (부사적으로 쓰여) 今. ¶ ～ 몇 시인가? 今, 何時だい.

시방서〔示方書〕 名 仕様書.

시범〔示範〕 名 하他 示範. 模範を示すこと. ¶ ～ 운전 模範運転.

시변〔市邊〕 名 **1** 都市の周辺. **2** 市場で貸し借りする時の金利.

시보[1]〔時報〕 名 時報. **1** その時々の報知. ¶ 동창회 ～ 同窓会時報. **2** 標準時刻をラジオなどで知らせること. ¶ 아홉 시의 ～ 9時の時報.

시보[2]〔試補〕 名 試補. ¶ 검사 ～ 検事試補.

시봉〔侍奉〕 名 하他 父母にかしずくこと. ¶ ～ 과세(過歲) 父母に仕えながら正月を迎えること.

시부렁거리다[-대다] 自他 (くだらないことを)ぺちゃくちゃしゃべる. ¶ 무슨 말인지 알아듣지도 못할 말을 혼자서 시부렁거리고 있다 何を言っているのか分からないことを独りでぺちゃくちゃしゃべっている.
시부렁시부렁 副 하自 ぺちゃくちゃ(と). べらべら(と).

시부모〔媤父母〕 名 夫の父母. 舅と姑.

시부저기 副 特に力を入れずに. さりげなくそっと. ¶ ～ 한 일이 마침 잘 되었다 さりげなくやったことがちょうどよかった[いい結果になった].

시부적시부적 副 하形 静かにさりげなく行動するようす.

시비[1]〔侍婢〕 名 侍婢. 腰元.

시비[2]〔是非〕 名 하自 是非. **1** 是と非. 理非. よいことと悪いこと. ¶ ～를 가리다 是非を弁ずる. 裁く / ～를 논하다 是非を論ずる. **2** 是非を論ずること. 批評すること. 言い争うこと. ¶ ～할 것 없이 서로 양보하는 것이 좋다 言い争うことなくお互いに譲歩するのがよい / ～를 걸다 けんかをふっかける.
시비곡직〔一曲直〕 名 理非曲直. ¶ ～을 가리다 理非曲直を弁ずる.
시비조〔一調〕 名 詰問調. けんか腰. ¶ ～로 말을 꺼내다 けんか腰で話を切り出す.

시비[3]〔施肥〕 名 하自 施肥. 肥料を施すこと.

시비[4]〔詩碑〕 名 詩碑.

시뻐하다 他 もの足りなく思う. 不満に思う.

시뻘겋다 形 真っ赤だ. ¶ 그는 밤이라도 새웠는지 눈이 ～ 彼は徹夜でもしたのか目が真っ赤だ.

시뻘게지다 自 真っ赤になる. ¶ 부끄러

워서 얼굴이 시뻘게졌다 恥ずかしくて顔が真っ赤になった.

시뿌옇다 形 白濁している. ぼうっとしている. ¶ 안개가 끼어 하늘이 ～ 霧が立ちこめて空がぼうっとかすんで見える.

시쁘다 形 不満だ. 気にくわない. もの足りない. ¶ 시쁜 표정 不満な表情.

시쁘둥하다 形 とても気にくわないといったような顔だ. 仏頂面だ.

시사[1]〔示唆〕 名 하他 示唆. ¶ ～하는 바가 크다 示唆に富む.

시사[2]〔時事〕 名 時事. ¶ ～ 만평 時事漫評／～물 時事物／～ 보도[해설] 時事報道[解説].

시사[3]〔試射〕 名 하他 **1** (弓·銃砲などの)試射. **2**〔史〕弓の名手を試験によって選抜すること.

시사[4]〔試寫〕 名 하他 試写. ¶ ～회 試写会.

시산〔試算〕 名 하他 試算.

시산표〔―表〕 名〔經〕試算表.

시살〔弑殺〕 名 하他 弑逆. 父母や王を殺害すること.

시삼촌〔媤三寸〕 名 夫のおじ. 舅の兄弟. おじさん.

시상[1]〔施賞〕 名 하他 授賞.

시상식〔―式〕 名 授賞式.

시상[2]〔詩想〕 名 詩想.

시새다 他 〔'시새우다'의 준말〕 **1** ねたむ. **2** (自分より優れた者と)競う.

시새우다 他 **1** うらやむ. 嫉妬する. ねたむ. そねむ. ¶ 남의 잘된 것을 ～ 人の成功をねたむ. **2** (自分より優れた者と)競う. 競い合う. 張り合う.

시생〔侍生〕 名 (手紙などで)自分のことをへりくだっていう語.

시생대〔始生代〕 名〔地〕始生代.

시서〔詩書〕 名 詩書. 詩の本.

시서늘하다 形 食べ物が冷えて冷めたい.

시석〔矢石〕 名 矢石. 昔戦場で使った矢と石.

시선[1]〔視線〕 名 視線. ¶ 날카로운[따가운] ～ 鋭い[刺すような]視線／모든 사람의 ～이 나에게 집중되었다 すべての人の視線が私に集中した.

시선[2]〔詩仙〕 名 詩仙. 詩の大家.

시설〔施設〕 名 하自他 **1** 施設. ¶ 복지～ 福祉施設. **2** 設置すること.

시설물〔―物〕 名 施設物.

單語帳 **공공 시설에 관한 말**

영화관 映画館／역 駅／학교 学校／교회 教会／은행 銀行／구청 区役所／경찰서 警察署／극장 劇場／예식장 結婚式場／공원 公園／공중 변소 公衆便所／파출소 交番／법원 裁判所／시청 市庁／소방서 消防署／성당 聖堂／세무서 税務署／목욕탕 銭湯／대사관 大使館／도청 道庁／도서관 図書館／박물관 博物館／미술관 美術館／병원 病院／호텔 ホテル／면사무소 面役場／동사무소 洞役場／우체국 郵便局／양로원 老人ホーム／영사관 領事館／여관 旅館. ▷거리[2] 單語帳

시성〔詩聖〕 名 詩聖. ¶ ～ 두보 詩聖杜甫.

시세[1]〔市勢〕 名 **1** 市勢(市の人口·産業·財政·施設などの総合的な状態). **2**〔經〕経済界における需要供給関係の円滑度.

시세[2]〔時勢〕 名 **1** 時勢. 世の中の成り行き. ¶ ～에 순응하다 時勢に順応する. **2** 相場. 市価. 時価. ¶ ～가 오르다 相場が上がる.

◆**시세가 닿다** 値が相場に合っている[ふさわしい].

시세 예측〔―豫測〕 名 相場見通し.

시소〔seesaw〕 名 シーソー.

시소게임〔―game〕 名 シーソーゲーム.

시속[1]〔時俗〕 名 時俗. その時代の風俗.

시속[2]〔時速〕 名 時速. ¶ ～ 100킬로미터로 달리다 時速100キロで走る.

시수〔柴水〕 名 薪と飲料水.

시숙〔媤叔〕 名 夫の兄弟. 小舅.

시술〔施術〕 名 하自他 施術. 手術を行なうこと.

시스템〔system〕 名 システム.

시승〔試乘〕 名 하他 試乗. ¶ 새 차 ～ 新しい車の試乗.

시시〔時時〕 名 時々. その時その時. 時刻ごと.

시시각각〔―刻刻〕 名 《부사적으로 쓰여》 時々刻々. 刻一刻. ¶ ～ 위험이 닥쳐오다 時々刻々危険が迫ってくる.

시시로 副 時々.

시시덕거리다[-대다] 自 むやみに笑いしきりにしゃべりたてる. 軽々しくふざける. はしゃぐ. ¶ 일은 하지 않고 시시덕거리기만 한다 仕事はしないでおしゃべりばかりしている.

시시덕이 名 はしゃぎ屋. おしゃべり.

시시비비〔是是非非〕 名 하自 是々非々. ¶ ～주의 是々非々主義.

시시콜콜 副 하形 **1** 面白くもなんともないようす. 無味乾燥なようす. ¶ ～한 장난 くだらない遊び. **2** つまらぬことをしつこく尋ねるようす. 根掘り葉掘り. ¶ ～ 캐묻다 根掘り葉掘り問い詰める.

시시하다 形 つまらない. 取るに足りない. くだらない. ばからしい. ¶ 시시한 질문 くだらない質問／시시한 소리 마라 つまらないことを言うな／그 영화는 시시해서 못 보겠더라 その映画はつまらなくて見ていられなかったよ.

시식〔試食〕 名 하他 試食.

시신[1]〔侍臣〕 名 侍臣. 近臣.

시신[2]〔屍身〕 名 死体. 死骸.

시신경〔視神經〕 名〔生〕視神経.

시심〔詩心〕 名 詩心. 詩興. 詩情.

시아버님〔媤―〕 名 〔'시아버지'의 높임말〕 舅.

시아버지〔媤―〕 名 夫の父. 舅.

시아주버니〔媤―〕 名 夫の兄. 小舅.

시안〔試案〕 名 試案. ¶ ~을 마련하다 試案をつくる[立てる].
시앗 名 夫の妾.
◆시앗을 보다 夫が妾を囲う.
시야〔視野〕 名 視野. 視界. ¶ 좀더 ~를 넓힐 필요가 있다 もう少し視野を広げる必要がある.
시야비야〔是也非也〕 名 하他 是非を論ずること.
시약[1]〔施藥〕 名 하自 施薬. 薬を施し与えること.
시약[2]〔試藥〕 名〔化〕 試薬.
시어〔詩語〕 名 詩語.
시어머니〔媤—〕 名 夫の母. 姑.
시어머님〔媤—〕 名〔'시어머니'의 높임말〕 姑.
시업〔始業〕 名 하自他 始業. ¶ ~식 始業式.
시업림〔施業林〕 名 施業林. 特殊の目的のため人工的に作った森林.
시에이티브이〔CATV ← community antenna television〕 名 シーエーティーブイ(CATV). ケーブルテレビジョン.
시에프〔C.F. ← commercial film〕 名 シーエフ.
시엠〔C.M. ← commercial message〕 名 シーエム. コマーシャル. ¶ ~송 シーエムソング.
시여[1]〔施與〕 名 하他 施与. 施し与えること.
시여[2] 助〔호격 조사 '여'를 더 높인 말〕 …よ. ¶ 존경하는 선생님이~ 尊敬申し上げる先生.
시역[1]〔市域〕 名 市域. 市の区域.
시역[2]〔弑逆〕 名 하他 弑逆. 父母や王を殺すこと.
시연〔試演〕 名 하他 試演.
시영〔市營〕 名 市営. ¶ ~ 아파트 市営アパート.
시오리〔十五里〕 名 15里〈日本の1里半〉. ¶ ~ 길을 걸어서 왔다 1里半の道のりを歩いて来た.
시외〔市外〕 名 市外. ¶ ~ 전화 市外電話 / ~ 버스 市外バス.
시외가〔媤外家〕 名 夫の外家. 夫の母の実家.
시외삼촌〔媤外三寸〕 名 夫の母方の叔父.
시외삼촌댁〔—宅〕 名 **1** 夫の母方の叔父の妻. **2** 夫の母方の叔父の家.
시외편〔媤外便〕 名 姑の里方. 夫の母方の親類筋.
시용[1]〔施用〕 名 하他 施用. 目的にあてはめて使用すること.
시용[2]〔試用〕 名 하他 試用.
시우[1]〔時雨〕 名 時雨. ほどよいときに降る雨.
시우[2]〔詩友〕 名 詩友. 詩をつくる仲間.
시운[1]〔時運〕 名 時運. 時の運命.
시운[2]〔詩韻〕 名 詩韻. 詩の韻律[韻字].
시운전〔試運轉〕 名 하他 試運転. ¶ 발전기의 ~ 発電機の試運転.
시울 名 目や口などの縁. ¶ 눈~이 뜨거워져서 눈물을 금치 못했다 目頭が熱くなり涙をこらえきれなかった / 입~에 경련이 일다 口もとがひきつる.
시원〔始原〕 名 始原. 物事のはじめ. ¶ 불의 ~ 火の始原.
시원섭섭하다 形 せいせいしている一方で寂しくもある. ほっとする一方で名残惜しい. ¶ 이사를 가려니 ~ 引っ越しをしようとするとさっぱりする一方で寂しい気もする / 학교를 졸업하게 되니 ~ 学校を卒業することになったがほっとする一方で名残惜しい.
시원스럽다 形 さっぱりしている. はっきりして気持ちがいい. はきはきしている. てきぱきしている. ¶ 옷차림이 ~ 身なりがさっぱりしている / 대답이 시원스러워서 좋다 返答がはきはきしていい. **시원스레** 副 さっぱり(と). はきはき(と). あっさり(と).
시원시원하다 形 はきはきしている. さっぱりしている. あっさりしている. てきぱきしている. ¶ 일하는 동작이 ~ 働く動作がてきぱきとしている / 그는 원래 시원시원한 사람이다 彼はもともとさっぱりした人である. **시원시원히** 副 はきはき(と). てきぱき(と). あっさり(と).
시원찮다 形 思わしくない. かんばしくない. どうももの足りない. はかばかしくない. さえない. ¶ 대답이 ~ 返事がはかばかしくない / 일 솜씨가 ~ 仕事ぶりがはかばかしくない.
시원하다 形 **1** 涼しい. すがすがしい. さわやかだ. 快い. ¶ 시원한 고원의 아침 すがすがしい高原の朝 / 크고 시원한 눈이 매력적이다 大きくて涼やかな目が魅力的だ. **2** (気分が) すっきりしている. せいせいしている. さっぱりする. ¶ 시험이 끝나서 ~ 試験が終わって気分がすっきりしている. **3** (言行が) はっきりしている. 明快だ. ¶ 시원한 대답 はっきりした[気持ちのよい] 返答 / 사건에 얽힌 내막을 시원하게 파헤치다 事件にまつわる内幕を明快にあばき出す. **4** (食べ物の味が) さっぱりしている. あっさりしている. ¶ 시원한 국물 さっぱりしたスープ. **시원히** 副 涼しく. さっぱり(と). はきはき(と).
시월〔← 十月〕 名 10月.
시월상달 名〔民俗〕 新穀を神に供えるのに最もいい月である陰暦10月のこと.
시위〔示威〕 名 하自他 示威. デモンストレーション. デモ. ¶ ~ 행렬에 끼다 デモの行列に加わる.
시위적거리다〔-대다〕 自 のろのろといいかげんにする. ¶ 시위적거리지 말고 서둘러라 のろのろやっていないで早くしろ.
시위적시위적 副 하自〔일을 천천히 하는 모양〕 のろのろ. だらだら.
시유〔市有〕 名 市有. ¶ ~지 市有地.
시율〔詩律〕 名 詩律. 詩の音律. 作詩の規則.
시은〔施恩〕 名 하自 **1** 恩を施すこと. **2**〔佛〕 施主から受けた恩.
시음〔試飮〕 名 하他 試飲. ¶ ~용 위스키 試飲用のウイスキー.
시읍면〔市邑面〕 名 行政区域の単位である市と邑と面.
시의[1]〔侍醫〕 名 侍医. 王や王族の診療に当たった医者.

시의[2]〔時宜〕 名 時宜. ¶ ~에 맞는 조치다 時宜にかなった措置である.
시의[3]〔猜疑〕 名 하他 猜疑. ¶ ~심이 많은 사람 猜疑心の強い人.
시의원〔市議員〕 名 市議会議員.
시의회〔市議會〕 名 市議会.
　시의회 의원〔一議員〕 名 市議会議員.
시인[1]〔是認〕 名 하他 是認. 反 否認 ¶ 자기 잘못을 ~하다 自分の過ちを認める.
시인[2]〔詩人〕 名 詩人.
시일〔時日〕 名 **1** 期日. 期限. 日時. 日取り. 日程. ¶ 개최 ~ 開催の時日. **2** 日数. 時. ¶ 마감까지는 ~이 있다 締め切りまでは日数がある.
시작[1]〔始作〕 名 하自他 (物事の)始め. 始まり. スタート. 序の口. ¶ 수업의 ~을 알리다 授業の始まりを知らせる / 일본어 공부를 ~했다 日本語の勉強を始めた.
　〔속담〕 **시작이 반이다** 始まりが半分だ〈物事は始めさえすれば半分は成就したも同じだ〉.
시작[2]〔詩作〕 名 하自 詩作.
시작[3]〔試作〕 名 하他 試作. ¶ 신제품을 ~하다 新製品を試作する.
시장[1] 名 하形 おなかがすくこと. 空腹. ひもじいこと. ¶ ~하지 않으세요? おなかがすいていらっしゃいませんか.
　〔속담〕 **시장이 반찬이다** ひもじさがおかず〈空腹のときはおかずがなくてもおいしく食べられる〉.
　시장기〔一氣〕 名 空腹感. ひもじさ. ¶ ~를 느끼다 ひもじさを感じる. 空腹を覚える.
시장[2]〔市長〕 名 市長.
시장[3]〔市場〕 名 **1** 市場. マーケット. ¶ 어~ 魚市場 / ~에 다녀왔다 市場に行ってきた. **2** 〔經〕 市場. マーケット. ¶ ~ 경제 市場経済 / 수출 ~ 輸出市場 / 해외 ~ 海外市場.
　시장 가격〔一價格〕 名〔經〕 市場価格.
　시장 조사〔一調査〕 名 市場調査. マーケットリサーチ.
시재[1]〔時在〕 名 持ち合わせの金銭·穀物.
　시잿돈 名 手持ちの金銭. 手元金.
시재[2]〔詩才〕 名 詩才. 詩をつくる才能.
시적〔詩的〕 冠名 詩的. ¶ ~ 표현 詩的表現.
시적거리다[-대다] 自他 いやいやながらする. しぶしぶする. ¶ 일을 ~ 仕事をいやいやながらする.
　시적시적 副 하自他 しぶしぶ. いやいや. 不承不承. ¶ ~ 빨래를 하다 いやいや洗濯をする.
시절〔時節〕 名 時節. **1** 〔계절〕 季節. 時候. ¶ 곡식이 익어가는 ~ 穀物の実る季節. **2** 〔때〕 時. 時機. 機会. ¶ 좋은 ~을 기다리다 いい時機を待つ. **3** 時代. 時世. ¶ 아직 자동차가 없었던 ~ まだ自動車がなかった時代.
시점[1]〔時點〕 名 時点. ¶ 이 ~에서 계획을 포기할 수 없다 この時点で計画を放棄することはできない.
시점[2]〔視點〕 名 視点. ¶ ~을 달리하다 視点を異にする.
시접 名 縫い込み. 縫い代.
시정[1]〔市井〕 名 **1** 市井. 巷. まち. **2** 〔'시정아치'의 준말〕 市井の商人.
　시정배〔一輩〕 名 市井の商人.
　시정아치 名 〈卑〉 市井の商人.
시정[2]〔市政〕 名 市政. 市の行政.
시정[3]〔是正〕 名 하他 是正. ¶ 결함[잘못]을 ~하다 欠陥[過ち]を是正する.
시정[4]〔施政〕 名 하自 施政. ¶ ~ 방침[연설] 施政方針[演説].
시정[5]〔詩情〕 名 詩情. 詩心. ¶ ~을 자아내는 풍경 詩情をそそる風景.
시제[1]〔時制〕 名〔言〕 時制.
시제[2]〔時祭〕 名 毎年4回, 季節ごとに行なう宗廟の祭祀.
시제[3]〔試製〕 名 하他 試製. 試験的につくってみること. ¶ ~품 試製品.
시제[4]〔詩題〕 名 詩題. 詩の題目.
시조[1]〔始祖〕 名 始祖. 元祖. ¶ 가문의 ~ 家門の始祖 / 천문학의 ~ 天文学の始祖.
시조[2]〔始釣〕 名 氷が解けてから初めてする魚釣り.
시조[3]〔時調〕 名〔文〕 時調.
시조모〔媤祖母〕 名 夫の祖母.
시조부〔媤祖父〕 名 夫の祖父.
시조새〔始祖一〕 名〔動〕 始祖鳥〈古生物〉.
시종[1]〔始終〕 名 하自 **1** 始終. 始めと終わり. **2** 最初から最後まで. ¶ 이야기는 푸념으로 ~했다 話は愚痴に終始した. **3** 〔부사적으로 쓰여〕 終始. 始めから終わりまで. ¶ ~ 입을 다물고 있었다 終始口をつぐんでいた.
　시종일관〔一一貫〕 名 하他 終始一貫. 首尾一貫. ¶ ~하여 자기의 주장을 견지하였다 終始一貫して自分の主張を堅持した.
시종[2]〔侍從〕 名 **1** 侍従. **2** 〔史〕 朝鮮時代, 王に近侍した侍従院の官職の一つ. **3** 〔基〕 ミサなどのとき司祭を手伝う侍者.
시주[1]〔施主〕 名 하他〔佛〕 **1** 施主. **2** 布施.
　시주걸립〔一乞粒〕 名 托鉢.
시주[2]〔試走〕 名 試走. ¶ ~의 실지 테스트 試走の実地テスト.
시준〔視準〕 名〔物〕 視準.
　시준기〔一器〕 名 視準器. コリメーター.
　시준 오차〔一誤差〕 名〔天〕 視準誤差.
　시준의〔一儀〕 名〔天〕 視準儀.
시중[1] 名 하他 いろいろ面倒を見ること. 世話をすること. 介抱すること.
　시중들다 他 付き添う. 面倒を見る. 世話をする. ¶ 환자를 ~ 病人の世話をする.
시중[2]〔市中〕 名 市中. 町中.
　시중 은행〔一銀行〕 名 市中銀行. 都市銀行.
시중[3]〔試中〕 名 하自 試験に及第すること.
시즌〔season〕 名 シーズン.
시지근하다 形 (食べ物が傷んで)少しすっぱい. ¶ 밥이 ~ ご飯が傷んでち

ょっとすっぱい.

시지르다 自 〈俗〉いねむりする. うとうとする. まどろむ.

시진〔視診〕名 하他 〔醫〕視診.

시집[1]〔媤―〕名 (女性の)婚家. 夫の実家. 反 さと

시집가다 自 嫁ぐ. 嫁入りする. 嫁に行く.

시집보내다 他 嫁がせる. 嫁入りさせる. 嫁にやる.

시집오다 自 嫁いでくる. 嫁入りしてくる. 嫁に来る.

시집살이 名 하自 **1** 嫁入り暮らし. 婚家暮らし. **2** 他人の監督や干渉を受ける不自由な苦しい生活. (一般に)職場での生活.

시집[2]〔詩集〕名 詩集.

시차[1]〔時差〕名 時差. **1**〔天〕均時差. **2**〔地〕世界の各標準時相互間の差. **3** 時刻をずらすこと.

시차제〔―制〕名 時差制. 時差出勤制.

시차[2]〔視差〕名 視差.

시차 운동〔―運動〕名〔天〕視差運動.

시찰〔視察〕名 하他 視察. ¶ 지방 ～ 地方視察.

시채〔市債〕名〔經〕市債.

시책〔施策〕名 하自 施策. ¶ 정부 ～ 政府の施策.

시척지근하다 形 (食べ物が古くなって)ややすっぱい味がする.

시청[1]〔市廳〕名 市庁. 市役所.

시청[2]〔視聽〕名 하他 視聴. ¶ 텔레비전 뉴스를 ～하다 テレビのニュースを視聴する.

시청각〔―覺〕名 視聴覚.

시청각 교육〔―覺教育〕名 視聴覚教育.

시청료〔―料〕名 視聴料.

시청률〔―率〕名 視聴率.

시청자〔―者〕名 視聴者.

시청[3]〔試聽〕名 하他 試聴.

시체〔屍體〕名 死体. 遺体. 死骸.

시초〔始初〕名 いちばん初め. 始まり. 最初. ¶ 건국의 ～ 建国の初め.

시추〔試錐〕名 하他〔鑛〕試錐. ボーリング.

시취〔詩趣〕名 詩趣. 詩情.

시치근하다 形〔'시척지근하다'의 준말〕(食べ物が古くなって)ややすっぱい味がする.

시치다 他 仮縫いする. 仕付け縫いをする.

시치름하다 形 澄ましてつんとしている. つんつんしている. 不機嫌で愛想がない. **시치름히** 副 つんつん.

시치미 名 たかの飼い主の住所を書いて尾の中に結んでおく四角の札.

시치미떼다 自 しらを切る. しらばくれる. とぼける. 知らぬふりをする. ¶ 시치미떼고 대답도 안 한다 しらばくれて返事もしない.

시침[1] 名 **1** '시치미'의 준말. **2**〔'시침질'의 준말〕(着物などの)仕付け. 地縫い.

시침바느질 名 하他 仮縫い. 下縫い.

시침질 名 하自他 仕付け. 地縫い.

시침[2]〔時針〕名 (時計の)時針. 短針.

시침하다 形〔'시치름하다'의 준말〕つんつんしている. 澄ましてつんとしている.

시커멓다 形 真っ黒けだ. 真っ黒い. 真っ黒だ. ¶ 얼굴이 시커멓게 탔다 顔が真っ黒に日焼けした.

시쿰하다 形 とてもすっぱい.

시쿰시쿰 副 하形 どれもこれもみんなすっぱいようす. とてもすっぱいようす.

시크무레하다 形 少しすっぱい.

시큰둥하다 形 (言動に)誠意がない. ¶ 시큰둥하게 굴다 小生意気なふるまいをする.

시큰하다 形 ずきんずきん痛む.

시큰거리다[-대다] 自 (関節が)ずきずきする[痛む]. ¶ 손목이 ～ 手首がずきずきする.

시큰시큰 副 하形〔뼈마디가 저리고 신 모양〕ずきんずきん. ずきずき. ¶ 발목이 ～하다 足首がずきずきする.

시큼하다 形 非常にすっぱい. ¶ 귤 맛이 ～ みかんの味がすっぱい.

시큼시큼 副 하形 どれもこれもすっぱいようす. 非常にすっぱいようす.

시키다[1] 他 **1** させる. やらせる. ¶ 심부름을 ～ お使いをさせる / 서울 구경을 시켜 주었다 ソウル見物をさせてやった. **2** 命じる. ¶ 부하를 시켜 조사를 하게 했다 部下に命じて調査をさせた. **3** 注文する. 頼む. ¶ 웨이터를 불러 맥주를 ～ ウェイターを呼んでビールを注文する.

-시키다[2] 接尾《동작성 명사에 붙어서》…(するように)させる. ¶ 퇴학～ 退学させる / 발전～ 発展させる.

시퉁스럽다 形 生意気なところがある. 差し出がましい. **시퉁스레** 副 生意気に. 差し出がましく.

시퉁하다 形 (身の程を知らずに)生意気だ. とても差し出がましい.

시트[1]〔seat〕名 シート. 座席.

시트[2]〔sheet〕名 **1** シーツ. **2** (荷物などを覆う)シート. **3** (紙の)シート.

시틋하다 形 飽きて嫌気がさす. うんざりする. **시틋이** 副 うんざりして. 嫌気がさして.

시판〔市販〕名 하他 市販.

시퍼렇다 形 **1** 真っ青だ. ¶ 시퍼런 바다 真っ青な海. **2** (驚いたり怒ったりして)顔に血の気がない. ¶ 시퍼렇게 질린 얼굴 真っ青になった顔. **3** (研ぎ澄まされた刃が)ぎらぎらする. **4** (威勢などが)すごい. ¶ 서슬이 ～ すごい剣幕だ. **5** (まだ元気で)ぴんぴんしている.

시퍼레지다 自 真っ青になる.

시평[1]〔時評〕名 時評. ¶ 사회 ～ 社会時評.

시평[2]〔詩評〕名 詩評.

시폐〔時弊〕名 時弊. その時代の弊害や弊習. ¶ ～를 바로잡다 時弊を正す.

시풍〔詩風〕名 詩風.

시필〔試筆〕名 하自他 試筆. 試しに字を書いてみること.

시하[1]〔侍下〕名 父母や祖父母に仕え

ている立場[人].
시하²〔時下〕 名 時下. ¶～ 엄동지절에 時下厳冬の候.
시학〔視學〕 名 하他 視学. 学事を視察すること.
시한〔時限〕 名 時限. 刻限. ¶～폭탄 時限爆弾.
시할머니〔媤一〕 名 夫の祖母.
시할아버지〔媤一〕 名 夫の祖父.
시합〔試合〕 名 하自 試合. ¶야구 ～ 野球の試合.
시해〔弑害〕 名 하他 弑逆. 父母や王を弑害すること.
시행¹〔施行〕 名 하他 施行. ¶새 법률을 ～하다 新しい法律を施行する.
 시행 기일〔一期日〕 名〔法〕施行期日.
 시행령〔一令〕 名〔法〕 施行令.
시행²〔試行〕 名 하他 試行.
 시행착오〔一錯誤〕 名 試行錯誤.
시허옇다 形 真っ白い. 真っ白だ. ¶머리가 ～ 頭髪が真っ白だ.
시험〔試驗〕 名 하他 試験. 考査. テスト. ¶～을 치르다 試験を受ける/～해 보다 試す. やってみる.
 시험관〔一管〕 名〔化〕 試験管. ¶～아기 試験管ベビー.
 시험대〔一臺〕 名 試験台. ¶～에 오르다 試験台に上がる.
 시험장〔一場〕 名 試験場.
 시험적〔一的〕 冠名 試験的.
 시험지〔一紙〕 名 **1** (試験の)問題用紙. 答案用紙. **2**〔化〕 試験紙.
 시험지옥〔一地獄〕 名 試験地獄.
시현〔示現〕 名 하他〔佛〕 **1** 示現. **2** 示顕. 示しあらわすこと.
시형〔詩形〕 名 詩形. 詩の形式.
시혜〔施惠〕 名 하自 恩を施すこと.
시호〔諡號〕 名 諡号. 贈り名.
시화¹〔詩畫〕 名 **1** 詩と絵. **2** 詩を書き入れた絵.
 시화전〔一展〕 名 (‘시화 전람회’의 준말) 詩画展覧会.
 시화축〔一軸〕 名 詩画軸. 詩軸.
시화²〔詩話〕 名 詩話. 詩に関する話.
시화법〔視話法〕 名 相手の口の動きを見て発音を知覚し, 発音法を身につける方法.
시환〔時患〕 名〔韓方〕 季節によりはやる病気.
시황〔市況〕 名 市況.
시회〔詩會〕 名 詩会(詩をつくり鑑賞する会).
시효〔時效〕 名〔法〕 時効. ¶～가 성립하다 時効が成立する/～ 기간 時効期間/～ 정지 時効停止.
 시효 중단〔一中斷〕 名〔法〕時効中断.
시흥〔詩興〕 名 詩興. ¶～을 불러일으키다[돋우다] 詩興を誘う[そそる].
식〔式〕 Ⅰ 名 式. **1** 方式. やり方. ¶그런 ～으로는 안 된다 そんなやり方では駄目だ/늘 하던 ～으로 하자 いつもの要領でやろう. **2** (‘의식’의 준말) 儀式. ¶～을 마치다 式を終える. **3**〔數〕 (数学·物理·化学などの)式. ¶방정～ 方程式/～을 풀다 式を解く.
 Ⅱ 接尾 …式. …法式. ¶결혼～ 結婚式/졸업～ 卒業式/영국～ 英国式.
식각〔蝕刻〕 名 하他 腐刻. 食刻.
식간〔食間〕 名 食間. ¶약은 ～에 복용한다 薬は食間に服用する.
식객〔食客〕 名 食客. 居候. ¶숙부댁의 ～이 되다 叔父の家に居候をする.
식걱정〔食一〕 名 飯の心配. 貧乏暮らしの苦労.
식견〔識見〕 名 識見. 見識. ¶탁월한 ～ 卓越した識見.
식경〔食頃〕 名 1回分の食事を終えるぐらいの時間.
식곤증〔食困症〕 名 食事後, 非常にけだるくなってしきりに眠気がさす症状.
식구〔食口〕 名 家族. ¶～가 늘다 家族が増える.
식권〔食券〕 名 食券.
식기〔食器〕 名 食器.
식다 自 冷める. 冷える. **1** (熱いものの温度が自然に)下がる. ぬるくなる. ¶차가 ～ お茶が冷める/목욕물이 ～ 風呂の湯がぬるくなる. **2** (高ぶっていた熱意·感情·関心などが)薄らぐ. ¶애정이 식어 가다 愛情が冷めていく.
 〔속담〕 **식은 죽 먹기** (冷たい粥を食べるの意で)朝飯前だ. 至ってたやすいことだ.
식단〔食單〕 名 献立. メニュー. ¶저녁 ～ 夕食の献立.
식당〔食堂〕 名 食堂. ¶구내～ 構内食堂/～가 食堂街/～에 가서 점심을 먹었다 食堂に行って昼食をとった.
 식당차〔一車〕 名 食堂車.
식대〔食代〕 名 **1** 食事代. 飯代. ¶점심 ～ 昼食代. **2** 公役に服する人が交代して食事をすること.
식도〔食道〕 名〔生〕 食道.
 식도경〔一鏡〕 名〔醫〕 食道鏡.
 식도암〔一癌〕 名〔醫〕 食道癌.
식도락〔食道樂〕 名 食道楽. 食い道楽.
식량¹〔食量〕 名 食べる量. 食べられる量.
식량²〔食糧〕 名 食糧. ¶～의 자급자족 食糧の自給自足.
 식량난〔一難〕 名 食糧難.
 식량 연도〔一年度〕 名〔農〕 食糧年度.
식량³〔識量〕 名 識量. 識見と度量.
식력〔識力〕 名 識力. 物事を識別する能力.
식례〔式禮〕 名 **1** 礼儀. **2** 儀式.
식료〔食料〕 名 食料. 食べ物の材料. 食べ物.
 식료품〔一品〕 名 食料品. ¶～ 공업 食料品工業.
식림〔植林〕 名 하自 植林.
식모¹〔食母〕 名 お手伝いさん. 家政婦.
식모²〔植毛〕 名 하自〔醫〕 植毛.
 식모술〔一術〕 名〔醫〕 植毛術.
식목〔植木〕 名 하自 植樹. 植木.
 식목일〔一日〕 名 植樹の日(毎年4月5日).
식물〔植物〕 名 植物. ¶～도감 植物図鑑/～ 분포 植物分布.

식물 군락〔一群落〕 名〔植〕 植物群落.
식물대〔一帶〕 名〔植〕 植物帯.
식물성〔一性〕 名 植物性. ¶～ 식품 植物性食品 / ～ 단백질 植物性蛋白質.
식물원〔一園〕 名 植物園.
식물인간〔一人間〕 名 植物人間.
식물 채집〔一採集〕 名 植物採集.
식물학〔一學〕 名 植物学.
식물 호르몬〔—hormone〕 名 植物ホルモン.
식민〔植民〕 名 하自他 植民.
식민 정책〔一政策〕 名 植民政策.
식민지〔一地〕 名 植民地.
식별〔識別〕 名 하他 識別. ¶암수를 ～하다 雌雄を識別する.
식보〔食補〕 名 하自 薬食い. 栄養になる物を食べて元気を補うこと.
식복〔食福〕 名 食べ物に恵まれる運.
식비〔食費〕 名 食費.
식빵〔食一〕 名 食パン.
식사¹〔式辭〕 名 하自 式辞. ¶교장 선생님의 ～ 校長先生の式辞.
식사²〔食事〕 名 하自 食事. ¶아침 ～ 朝の食事 / ～에 초대하다 食事に招待する.
식산〔殖産〕 名 하自 殖産.
식상〔食傷〕 名 하自 食傷. 1〔韓方〕 食あたり. 食中毒. 2 同じ食べ物が続いたり同じ事に接することが多くて飽きること.
식생활〔食生活〕 名 食生活. ¶～의 개선 食生活の改善.
식성〔食性〕 名 1 食べ物に対する好き嫌い. 食べ物の好み. ¶～이 좋다 (好き嫌いがなく)何でもよく食べる. 2 (動物の)食性〈草食性·肉食性·雑食性など〉.
식솔〔食率〕 名 家族. 眷属. ¶많은 ～을 거느리고 있다 多くの家族を養っている.
식수¹〔食水〕 名 飲み水. 飲用水. 飲料水.
식수²〔植樹〕 名 하自 植樹. 植木.
식순〔式順〕 名 式次.
식식 副 하自 〔숨을 매우 가쁘게 쉬는 모양〕 はあはあ(と). はっはっ(と). ふうふう(と). ¶～하면서 올라가다 ふうふうあえぎながら上がっていく.
식식거리다〔-대다〕 自 続けて荒く息を吐く. はあはあいう. ふうふうあえぐ. ¶식식거리며 뛰어왔다 ふうふういいながら駆けてきた.
식언〔食言〕 名 하自 食言. ¶～을 밥 먹듯[예사로]하다 食言を常とする.
식염〔食鹽〕 名 食塩. 塩.
식염수〔一水〕 名 食塩水.
식염천〔一泉〕 名〔地〕 食塩泉.
식욕〔食慾〕 名 食欲. 食思. 食い気. ¶～이 왕성하다 食欲が旺盛だ / ～ 부진 食欲不振.
식욕 이상〔一異常〕 名〔醫〕 食欲異常.
식용〔食用〕 名 하他 食用. ¶～ 개구리 食用がえる / ～ 색소 食用色素.
식육〔食肉〕 名 하自 食肉. ¶～성 食肉性. 肉食性.
식은땀 名 1 盗汗. ねあせ. 病的な汗. 2 冷汗. ¶긴장해서 ～을 흘리다 緊張して冷汗をかく.
식음〔食飮〕 名 하他 飲食. 飲み食い.
식음 전폐〔一全廢〕 名 하自 飲み食いを全廃すること.
식이〔食餌〕 名 食餌. 食べ物.
식이 요법〔一療法〕 名〔醫〕 食餌療法.
식인〔食人〕 名 食人. 人食い.
식인종〔一種〕 名 人食い人種.
식자¹〔植字〕 名 하他〔印〕 植字.
식자공〔一工〕 名〔印〕 植字工.
식자²〔識字〕 名 識字.
식자우환〔一憂患〕 名 知識のあるのがかえって憂いのもとになるということ.
식자³〔識者〕 名 識者. 学識のある人.
식장〔式場〕 名 式場. ¶결혼 ～ 結婚式場.
식재〔殖財〕 名 하自 殖財. 財産をふやすこと.
식전¹〔式典〕 名 式典. ¶경축 ～ 慶祝の式典.
식전²〔食前〕 名 1 食前. 反 食後 ¶～ 30분에 복용할 것 食前30分に服用すること. 2 朝食をとる前. 早朝. 明け方. ¶～에 떠났다 明け方に出発した.
식전바람 名 朝食前. 朝っぱら. ¶～에 생선 시장에 갔다 왔다 朝っぱらから魚市場に行ってきた.
식전잠 名 朝食前に再び寝ること.
식전참〔一站〕 名 起きてから朝食をとるまでの間.
식중독〔食中毒〕 名〔醫〕 食中毒. 食あたり.
식지〔食指〕 名 食指. 人差し指.
식체〔食滯〕 名〔韓方〕 食滞. 食もたれ.
식초〔食醋〕 名 食酢. 食用の酢. ¶～를 쳐서 맛을 내다 酢をかけて味加減をする.
식충〔食蟲〕 名 1 食虫類などが虫を捕食すること. 2 ごくつぶし.
식충류〔一類〕 名 食虫類. 食虫目.
식충 식물〔一植物〕 名〔植〕 食虫植物.
식충이 名 1 大飯食い. 2 ごくつぶし.
식칼〔食一〕 名 包丁. 出刃包丁.
식탁〔食卓〕 名 食卓. ちゃぶ台. 飯台.
식탁보〔一褓〕 名 テーブル掛け. テーブルクロス.
식탈〔食頉〕 名 食あたり. ¶～이 나다 食あたりする.
식탐〔食貪〕 名 하自他 食い意地. 食い気. ¶～이 많다 食い意地が張っている.
식품〔食品〕 名 食品. 食料品. ¶냉동 ～ 冷凍食品 / ～ 위생 食品衛生 / 인스턴트 ～ インスタント食品.
식해〔食醢〕 名 小切れにした魚に塩·粟飯·大根·とうがらし粉などを入れ, とりまぜた食べ物.
식혜〔食醯〕 名 麦芽の溶液に固めのご飯を入れて発酵させた甘酒の一種.
식후〔食後〕 名 食後. 反 食前
식히다 他 冷やす. 冷ます. ¶뜨거운 물을 ～ お湯を冷ます / 머리를 ～ 頭を冷やす.

신¹ 名 履き物. 靴. ¶ ~을 벗어라 履き物を脱ぎなさい / 솔로 ~을 닦다 ブラシで靴を磨く.

> **單語帳** 신발에 관한 말
>
> ◆구두 靴 / 하이힐 ハイヒール / 로힐 ローヒール / 스니커 スニーカー / 고무신 ゴム靴 / 운동화 運動靴 / 부츠 ブーツ / 장화 長靴 / 샌들 サンダル / 등산화 登山靴 / 워커 軍靴 / 짚신 わらじ / 슬리퍼 スリッパ.
>
> ◆구두주걱 靴べら / 신장(―欌) 下駄箱 / 구두약(―藥) 靴墨 / 구두닦이 靴磨き.
>
> ◆신다 履く / 벗다 脱ぐ / 닦다 磨く / 굽을 갈다 踵を取り替える.

신² 名 浮かれること. 得意になること. いい調子になること. ¶ 도무지 ~이 나지 않는다 どうも興がわかない. 少しも面白くない.

신³〔申〕 名〔民俗〕 申. 十二支の第9番目.

신⁴〔臣〕 名 **1** 臣. 臣下. **2** (臣下が王に対して自分を指していう語)臣.

신⁵〔信〕 名 信.

신⁶〔神〕 名 **1** 神. ¶ ~의 은총 神の恩寵 / ~의 계시 神の啓示. **2**〔'귀신'의 준말〕鬼神. **3**〔'신명'의 준말〕神明.

◆**신이 내리다** 神がムーダン(무당)に乗り移る.

신⁷〔scene〕 名 シーン. ¶ 라스트 ~ ラストシーン.

신-⁸〔新〕 接頭 新…. ¶ ~기록 新記録 / ~기원 新紀元.

신간¹〔新刊〕 名 하他 新刊. ¶ ~ 도서 新刊図書 / 이달의 ~ 今月の新刊.

신간²〔新墾〕 名 하他 新墾. ¶ ~지 新墾地. 新開地.

신감각파〔新感覺派〕 名〔文〕 新感覚派.

신격〔神格〕 名 神格.

신격화〔―化〕 名 하他 神格化.

신경〔神經〕 名 神経. ¶ ~과민 神経過敏 / ~ 조직 神経組織 / ~ 중추 神経中枢 / ~이 예민하다 神経が鋭敏だ.

◆**신경을 쓰다** 気にかける. 気を病む. 気を使う. ¶ 너무 ~ 쓰지 마세요 あまり気を使わないでください.

신경계〔―系〕 名〔生〕 神経系.

신경 마비〔―痲痺〕 名〔醫〕 神経麻痺.

신경 세포〔―細胞〕 名〔生〕 神経細胞.

신경 쇠약〔―衰弱〕 名〔醫〕 神経衰弱. ¶ ~에 걸리다 神経衰弱にかかる.

신경전〔―戰〕 名〔軍〕 神経戦.

신경질〔―質〕 名 ヒステリー. 神経質. ¶ 너무 늦어서 ~이 난다 あんまり遅いのでいらいらする.

신경통〔―痛〕 名〔醫〕 神経痛.

신경지〔新境地〕 名 新しい境地. ¶ ~를 개척하다 新しい境地を開く.

신경향〔新傾向〕 名 新傾向. ¶ 패션의 ~ ファッションの新傾向.

신고¹〔申告〕 名 하他 申告. 届け. ¶ 출생[사망] ~ 出生[死亡]届け.

신고 납세 제도〔―納稅制度〕 名〔法〕 申告納税制度.

신고자〔―者〕 名 申告人.

신고²〔辛苦〕 名 辛苦. 苦辛. ¶ 갖은 ~를 겪었다 あらゆる辛苦を嘗めた.

신곡¹〔新曲〕 名 新曲. ¶ ~을 발표하다 新曲を発表する.

신곡²〔新穀〕 名 新穀. 新米.

신곡머리 名 新穀の出る頃.

신골 名 足型. 靴型.

신공¹〔神工〕 名 神工. ¶ ~의 솜씨 神工の業.

신공²〔神功〕 名 神功. **1** 神の功徳. **2** 神のような霊妙な功績. **3**〔基〕祈禱と善功.

신관¹ 名〔'얼굴'의 높임말〕お顔. 尊顔. ¶ ~이 좋으시군요 顔色がいいですね.

신관²〔信管〕 名 信管. ¶ 착발 ~ 着発信管.

신관³〔新官〕 名 新しく任命された[赴任した]役人.

신관⁴〔新館〕 名 新館. 反 旧館.

신교¹〔信敎〕 名 하自 信教. ¶ ~의 자유 信教の自由.

신교²〔新敎〕 名 新教. プロテスタント.

신교도〔―徒〕 名 新教徒.

신교육〔新敎育〕 名 新教育.

신구〔新舊〕 名 新旧.

신구 교대〔―交代〕 名 하自 新旧交代.

신구 세계〔―世界〕 名 **1** 新大陸と旧大陸. **2** 動植物の分布学上区分した新世界と旧世界.

신구약〔―約〕 名〔基〕 新旧約. 新約聖書と旧約聖書.

신국면〔新局面〕 名 新局面. ¶ ~에 접어들었다 新局面に入った[を迎えた].

신권〔神權〕 名 **1** 神権. 神の権威. **2**〔基〕聖職者の職権.

신규〔新規〕 名 新規. ¶ ~ 가입 新規加入 / ~ 사업 新規事業.

신극〔新劇〕 名〔演〕 新劇. 1920年以降に西欧の近代演劇の影響を受けて成立した演劇形態.

신금〔宸襟〕 名 宸襟. 王の心.

신기¹〔神技〕 名 神技. 神わざ. ¶ 정말 ~라고 할 수 있는 솜씨 神技といえる腕前.

신기²〔神氣〕 名 神気. **1** 気力. **2** 不思議な力. **3** 精神と気力. ¶ ~가 약하다 神気が弱い.

신기³〔神機〕 名 神機. **1** 霊妙なはたらき. **2** 計り知ることのできない機略.

신기다 他 履かせる. ¶ 애한테 양말을 ~ 子供に靴下を履かせる.

신기록〔新記錄〕 名 新記録. ¶ 세계 ~을 세우다 世界新記録を樹立する.

신기루〔蜃氣樓〕 名 蜃気楼.

신기원〔新紀元〕 名 新紀元. ¶ ~을 이루다 新紀元をつくる.

신기전〔新起田〕 名 新しく鋤き起こした畑.

신기축〔新機軸〕 名 新機軸.

신기하다¹〔神奇―〕 形 なんとも不思議だ. ¶ 신기한 현상 不思議な現象. 신

기롭다[1] 形 神妙だ. 不思議だ.
신기하다[2]〔新奇一〕 形 珍しい. 新奇だ. ¶ 산촌에서만 살아와서 바다가 ~ ずっと山村で育ったので海が珍しい.
신기롭다[2] 形 珍しい. 目新しい.
신나다 自 興がわく. 得意になる. 浮かれる. ¶ 신나서 춤을 춘다 浮かれて踊りをおどる.
신년〔新年〕 名 新年. 反 旧年. ¶ 근하~ 謹賀新年.
신년사〔一辭〕 名 新年の祝辞. 新年のあいさつの辞.
신념〔信念〕 名 信念. ¶ ~을 관철하다 信念を貫く.
신다 他 (靴·靴下などを)履く. ¶ 양말을 신고 나서 신을 신어라 靴下を履いてから靴を履きなさい.
신당[1]〔神堂〕 名 神霊をまつった祀堂.
신당[2]〔新黨〕 名 新党. ¶ ~을 결성[조직]하다 新党を結成[組織]する.
신대륙〔新大陸〕 名 新大陸.
신도[1]〔臣道〕 名 臣道. 臣下として守るべき道.
신도[2]〔信徒〕 名 信徒. 信者.
신도[3]〔神道〕 名 神道. **1** 〔'귀신(鬼神)'의 높임말〕神祇. 天地の神々. **2** 霊妙な道理. **3** 日本固有の宗教.
◇일본 고유의 민속 신앙인 神道의 뜻은 없다.
신도[4]〔新都〕 名 新都.
신동〔神童〕 名 神童.
신둥부러지다 形 生意気千万だ. 横柄だ.
신뒤축 名 履き物のかかと.
신드롬〔syndrome〕 名 シンドローム. 症候群.
신라〔新羅〕 名〔史〕 新羅.
신랄하다〔辛辣一〕 形 辛辣だ. ¶ 신랄한 비난을 퍼부었다 辛辣な非難を浴びせた.
신랑〔新郎〕 名 新郎. 花婿. 反 新婦.
신랑감 名 花婿候補. 婿がね. ¶ ~을 구하다 花婿候補を求める.
신력[1]〔神力〕 名 神力. 神の威力. 神の通力.
신력[2]〔新曆〕 名 新暦. **1** 新しい暦. **2** 太陽暦.
신령〔神靈〕 名 하形 **1** 〔民俗〕 神霊〈風習として崇めるすべての神〉. ¶ 산~ 山の神. **2** 不思議で霊妙なこと.
신례〔新例〕 名 新例. 新しい例.
신록〔新綠〕 名 新緑. ¶ ~으로 덮인 산야 新緑に包まれた[覆われた]山野.
신론〔新論〕 名 新論.
신뢰〔信賴〕 名 하他 信頼. ¶ ~도 信頼度 / ~할 만한 사람 信頼できる人.
신맛 名 すっぱい味. 酸味. ¶ 레몬의 ~ レモンの酸味.
신망〔信望〕 名 하他 信望. ¶ ~이 두텁다 信望が厚い.
신면목〔新面目〕 名 新面目. 新しい姿. ¶ ~을 보이다 新面目を見せる.
신명[1] 名 興に乗った愉快な気分. わき起こる興.
신명나다 自 興がわく. 上機嫌になる. ¶ 신명나서 엉덩이 춤을 춘다 興に乗って尻ふりダンスをする.
신명[2]〔身命〕 名 身命. ¶ ~을 바치다 身命をなげうつ.
신명[3]〔神明〕 名 神明. 神. ¶ 천지~ 天地神明.
신묘하다〔神妙一〕 形 神妙だ. ¶ 신묘한 꾀 神妙なはかりごと.
신문[1]〔訊問〕 名 하他 尋問. 訊問. ¶ 증인으로서 ~을 받다 証人として尋問を受ける.
신문 조서〔一調書〕 名〔法〕 尋問調書.
신문[2]〔新聞〕 名 新聞. ¶ 조간 ~ 朝刊新聞 / ~ 기사 新聞の記事 / ~구독료 新聞購読料. 新聞代 / ~에 실리다 新聞に載る / 어제 일어난 강도 사건이 ~에 났다 きのう起きた強盗事件が新聞に出た.
신문 광고〔一廣告〕 名 新聞広告.
신문 기자〔一記者〕 名 新聞記者.
신문 배달원〔一配達員〕 名 新問配達人.
신문사〔一社〕 名 新聞社.
신문지〔一紙〕 名 新聞紙.
신문팔이 名 新聞売り.

> 單語帳 신문에 관한 말
>
> ◆신문사 新聞社 / 기사 記事 / 조간 朝刊 / 석간 夕刊 / 스포츠 신문 スポーツ新聞 / 일간지 日刊紙 / 지방 신문 地方紙 / 보도 기관 報道機関 / 지방판 地方版.
> ◆일면 一面 / 삼면 기사 三面記事 / 사설 社説 / 정치면 政治面 / 문화면 文化面 / 칼럼 コラム / 텔레비전 프로 テレビ番組 / 신문 소설 新聞小説 / 만화 漫画 / 톱 뉴스 トップニュース / 스쿠프 スクープ / 머리 기사 トップ記事 / 광고 広告 / 투고 投稿.
> ◆신문 기자 新聞記者 / 편집장 編集長 / 주필 主筆 / 신문 배달원 新聞配達人 / 신문지 新聞紙 / 호외 号外 / 마감 締め切り / 원고 原稿 / 인쇄 印刷 / 검열 検閲 / 휴간 休 刊.
> ◆신문을 보다[읽다] 新聞を見る[読む] / 구독하다 購読する.

신문학〔新文學〕 名〔文〕 新文学〈19世紀末, 西欧の近代文芸思潮を受け入れた現代文学〉.
신물[1] 名 **1** 〔生〕 むしず. ¶ ~이 올라오다 むしずがあがってくる. **2** いや気. うんざり. こりごり.
신물나다 自 こりごりする. 嫌気がさす. むしずが走る. ¶ 목소리만 들어도 신물난다 声を聞くだけでむしず走る.
신물[2]〔新物〕 名 新しく出るもの. 初物.
신바닥 名 靴底. 履き物の底. ¶ ~이 닳도록 뛰어다니다 靴底がすり減るほど奔走する.
신바람 名 得意になって肩で風を切ること.
◆**신바람이 나다** 得意になる. 肩で風を切る. 興がわく. 上機嫌になる.

신발 [名] 履き物. 靴.
신발명〔新發明〕[名][하他] 新発明. ¶ ～품 新発明品.
신발장〔一欌〕[名] げた箱.
신방¹〔神方〕[名] **1** 神薬の処方箋. **2** 神妙な方術.
신방²〔新房〕[名] 新婚夫婦の部屋. ¶ ～을 차리다 初夜の部屋を設ける.
신벌〔神罰〕[名] 神罰. 天罰. ¶ ～이 내리다 神罰が下る.
신변〔身邊〕[名] 身辺. 身のまわり. ¶ ～ 경호 身辺警護 / ～이 위태롭다 身辺が危うい.
신변잡기〔一雜記〕[名] 身辺雑記.
신병¹〔身柄〕[名] 身柄. ¶ ～ 확보 身柄確保 / ～을 인도하다 身柄を引き渡す.
신병²〔身病〕[名] 病気. 身のやまい. ¶ ～에 걸리다 やまいに冒される.
신병³〔新兵〕[名] 新兵.
신보〔新報〕[名] 新報. 新しい知らせ.
신복¹〔臣服〕[名][하自] 臣服. 臣下として服従すること.
신복²〔信服〕[名][하他] 信服. 信頼して服従すること.
신볼 [名] 靴の(前の方の)横幅.
신봉〔信奉〕[名][하他] 信奉. ¶ 민주주의를 ～하다 民主主義を信奉する.
신부¹〔神父〕[名]〔基〕神父. 司祭.
신부²〔新婦〕[名] 新婦. 花嫁. ㊀反 新郎. ¶ ～를 맞다 新婦を迎える.
신붓감 [名] 花嫁にふさわしい娘.
신분〔身分〕[名] 身分. ¶ ～ 보장 身分保障 / 미천한 ～ 微賤な身分.
신분권〔一權〕[名]〔法〕身分権.
신분법〔一法〕[名]〔法〕身分法.
신분증명서〔一證明書〕[名] 身分証明書.
신불〔神佛〕[名] 神仏. ¶ ～에 기도하다 神仏に祈る.
신비〔神祕〕[名][하形] 神秘. ¶ ～의 세계 神秘の世界 / ～적인 아름다움 神秘的な美しさ.
신비롭다 [形] 神秘的だ. 神秘だ. ¶ 신비로운 하늘의 조화 神秘的な天の造化.
신비스럽다 [形] 神秘に思われる. 神秘的に見える. 神秘的なところがある.
신비경〔一境〕[名] 神秘境. 神秘の境地.
신비주의〔一主義〕[名] 神秘主義.
신빙〔信憑〕[名][하他] 信憑. 信頼.
신빙성〔一性〕[名] 信憑性. ¶ ～이 있는 정보 信憑性のある情報.
신사〔紳士〕[名] 紳士. ¶ ～용 紳士用 / ～적인 태도 紳士的な態度.
신사도〔一道〕[名] 紳士道.
신사복〔一服〕[名] 紳士服. 背広.
신사협약〔一協約〕[名] 紳士協約.
신사상〔新思想〕[名] 新思想.
신사실주의〔新寫實主義〕[名]〔文〕新写実主義.
신산¹〔辛酸〕[名][하形] 辛酸. ¶ 온갖 ～을 맛보다 あらゆる辛酸をなめる.
신산²〔神算〕[名] 神算. すぐれたはかりごと.
신상¹〔身上〕[名] 身上. 身の上. ¶ ～ 상담 身の上相談 / ～ 조사 身上調査.
신상명세서〔一明細書〕[名] 身上明細書.
신상²〔紳商〕[名] 紳商. 品位のある大商人.
신상³〔神像〕[名] 神像. 神霊の画像や肖像.
신상필벌〔信賞必罰〕[名] 信賞必罰. ¶ ～로 임하다 信賞必罰でのぞむ.
신색〔神色〕[名]〔'안색'의 높임말〕神色. お顔の色.
신생〔新生〕[名][하自] 新生.
신생대〔一代〕[名]〔地〕新生代.
신생아〔一兒〕[名] 新生児.
신생활〔新生活〕[名] 新生活.
신생활 운동〔一運動〕[名]〔社〕新生活運動.
신서¹〔信書〕[名] 信書. 手紙. 書状.
신서의 비밀〔一祕密〕[名]〔法〕信書の秘密.
신서²〔新書〕[名] 新書. **1** 新刊本. **2**〔'신서판'의 준말〕新書判.
신서판〔一判〕[名] 新書判.
신석기 시대〔新石器時代〕[名] 新石器時代.
신선¹〔神仙〕[名] 神仙. 仙人.
신선도〔一圖〕[名]〔美〕神仙の遊ぶようすや暮らしぶりを描いた絵.
신선로〔一爐〕[名] **1** 鍋料理に用いる鍋〈中央に炭火を入れる筒がある〉. **2**〔料理〕シンソルロ〈野菜・魚・肉などに薬味をきかせて煮込ませた薄味の鍋料理. 宮廷料理の一種〉.
신선²〔新選〕[名][하他] 新選. 新しく選ぶこと. ¶ ～ 의원 新選議員.
신선하다〔新鮮一〕[形] 新鮮だ. ¶ 신선한 생선 新鮮な魚 / 젊은이의 신선한 감각 若者たちの新鮮な感覚.
신설〔新設〕[名][하他] 新設. ¶ 대학을 ～하다 大学を新設する.
신성¹〔神性〕[名] 神性.
신성²〔神聖〕[名][하形] 神聖. ¶ ～한 의식 神聖な儀式.
신성 모독〔一冒瀆〕[名]〔基〕神聖冒瀆.
신성불가침〔一不可侵〕[名] 神聖不可侵.
신성시〔一視〕[名][하他] 神聖視.
신성³〔新星〕[名] 新星. **1**〔天〕新しく発見された星. **2** 社会, 特に芸能界・スポーツ界などにデビューして人気を集める人.
신세〔身世〕[名] **1** (他人から受ける)世話. (他人にかける)面倒. やっかい. **2** 身の上. 身. 境涯. 運命. さだめ. ¶ 언제 우리 ～도 좀 피게 될는지 いつになったら私たちの運も開けてくるのだろうか.
◆**신세를 지다** 世話になる. 面倒をかける. ¶ ～를 많이 졌습니다 いろいろお世話になりました.
신세타령〔一打令〕[名][하自] 自分の身の上のことについて愚痴をこぼすこと.
신세계〔新世界〕[名] 新世界.
신세기〔新世紀〕[名] 新世紀.
신세대〔新世代〕[名] 新世代. 新しい世代.
신속〔臣屬〕[名][하自] 臣属.
신속하다〔迅速一〕[形] 迅速だ. すばや

い．すみやかだ．¶신속한 행동 迅速な行動．신속히 副 迅速に．素早く．¶～ 처리하다 迅速に処理する．

신수[1]〔身手〕名 **1** 容貌と風采．**2** 顔色に現われた健康状態．¶～가 말이 아니다 顔色が非常に悪い．
◆**신수가 훤하다** 風貌が立派だ．

신수[2]〔身數〕名 星回り．運勢．運．¶～가 사납다[나쁘다] 運が悪い．

신수[3]〔神授〕名 神授．¶왕권～설 王権神授説．

신승〔辛勝〕名 辛勝．反 楽勝

신시[1]〔申時〕名〔民俗〕申の刻．午後3時から5時までの間．

신시[2]〔新詩〕名 **1** 新作の詩．**2** 思想的・形式的に新しい傾向を志向する詩．**3** 新体詩．

신식〔新式〕名 新式．

신신〔申申〕副 重ね重ね．くれぐれも．繰り返し繰り返し．

신신당부〔一當付〕名 하他 何度も繰り返して頼むこと．

신신부탁〔一付託〕名 하他 何度も繰り返して頼むこと．¶꼭 전해 달라고 ～했다 必ず伝えてくれと何度も繰り返し頼んだ．

신심〔信心〕名 **1** 信心．信仰心．**2** 正しいと固く信ずる心．

신안〔新案〕名 新案．新しい考案．¶～ 특허 新案特許．

신앙〔信仰〕名 하他〔宗〕信仰．¶～의 자유 信仰の自由．

신앙 고백〔一告白〕名〔基〕信仰告白．

신앙심〔一心〕名 信仰心．¶두터운 ～ あつい信仰心．

신애〔信愛〕名 하他 信愛．

신약[1]〔身弱〕名 하形 体が弱いこと．

신약[2]〔神藥〕名 神薬．不思議な効き目のある薬．

신약[3]〔新約〕名〔基〕新約．反 旧約 **1** 神の新しい約束．**2**〔'신약 성서'의 준말〕新約聖書．

신약 성서〔一聖書〕名〔基〕新約聖書．

신약 시대〔一時代〕名〔宗〕新約時代．キリストの誕生から再臨までの時代．

신약[4]〔新藥〕名 **1** 新薬．**2** 西洋医学の薬．

신어〔新語〕名 新語．

신언〔愼言〕名 하自 言葉を慎むこと．

신여성〔新女性〕名 19世紀末の開化期に新しい教育を受けた女性．

신역〔新譯〕名 하他 新訳．新たに翻訳すること．新しい翻訳．

신열〔身熱〕名 (病気による)体の熱．

신예〔新銳〕名 新鋭．¶～기 新鋭機．

신용〔信用〕名 하他 信用．¶～을 잃다 信用を失う / 장사는 ～이 제일이다 商売は信用が第一だ．

신용 거래〔一去來〕名〔經〕信用取引．

신용 경제〔一經濟〕名〔經〕信用経済．

신용 기관〔一機關〕名〔經〕信用機関．

신용 대부〔一貸付〕名〔經〕信用貸付．

신용 어음 名〔經〕信用手形．

신용장〔一狀〕名〔經〕信用状．

신용 조합〔一組合〕名〔經〕信用組合．

신용 증권〔一證券〕名〔經〕信用証券．

신용 카드〔一card〕名 クレジットカード．

신용 판매〔一販賣〕名〔經〕信用販売．

신우[1]〔神佑〕名 神佑．神助．

신우[2]〔腎盂〕名〔生〕腎盂．

신우염〔一炎〕名〔醫〕腎盂炎．

신원[1]〔身元〕名 身元．¶～ 조사 身元調査 / ～을 조회하다 身元を照会する．

신원 보증〔一保證〕名 身元保証．¶～인 身元保証人．

신원[2]〔伸冤〕名 하自他 恨みをはらすこと．

신위〔神位〕名 神位〈神霊として設けられたものや場所〉．

신음〔呻吟〕名 하自 呻吟．うめくこと．¶～ 소리가 들리다 うめき声が聞こえる．

신의[1]〔信義〕名 信義．¶～를 지키다 信義を守る．

신의[2]〔神意〕名 神意．神のおぼしめし．

신의[3]〔神醫〕名 神のように病気をよく治す医者．

신의[4]〔新醫〕名〈俗〉洋医．

신인〔新人〕名 **1** 新妻．新婦．**2** 新人．¶～을 발굴하다 新人を発掘する．

신임[1]〔信任〕名 하他 信任．¶～ 투표 信任投票 / 불～ 不信任 / 상관의 ～을 얻다 上官の信任を得る．

신임장〔一狀〕名〔法〕信任状．

신임[2]〔新任〕名 하自 新任．¶～ 교사 新任の教師．

신입〔新入〕名 하自 新入．新参．¶～ 사원 新入社員．

신입생〔一生〕名 新入生．

신자〔信者〕名 信者．¶불교 ～ 仏教信者．

신작〔新作〕名 하他 新作．¶～ 소설 新作小説．

신작로〔一路〕名 広い道．道路．新道．

신장[1]〔一欌〕名 げた箱．靴入れ．

신장[2]〔身長〕名 身長．背丈．背．

신장[3]〔伸長〕名 하他 伸長．伸びること．伸ばすこと．¶금속의 ～ 金属の伸長．

신장[4]〔伸張〕名 하他 伸張．¶국위를 해외에 ～하다 国威を海外に伸張する．

신장[5]〔新裝〕名 하自他 **1** 新しい服装．**2** 新装．新しくしつらえること．¶～개업 新装開店．

신장[6]〔腎臟〕名〔生〕腎臓．

신장 결석〔一結石〕名〔醫〕腎臓結石．

신장병〔一病〕名〔醫〕腎臓病．

신장염〔一炎〕名〔醫〕腎臓炎．

신저〔新著〕名 新著．新しい著作．

신전[1]〔伸展〕名 하他 伸展．¶국력의 ～을 꾀하다 国力の伸展をはかる．

신전[2]〔神殿〕名 神殿．

신접〔新接〕名 하自 **1** 新たに所帯を持つこと．**2** よそから移り住むこと．

신접살이 名 하自 初めて構えた所帯．新所帯．

신정[1]〔新正〕名 新正．陽暦のお正月[元旦]．陽暦の1月．反 旧正月

신정[2]〔新政〕名 新政．新しい政治．

신제[1]〔新制〕 名 新制. 新しい制度[体制].

신제[2]〔新製〕 名 하他 新製. 新製品.

신제품〔新製品〕 名 新製品.

신조[1]〔信條〕 名 信条. ¶근검 저축을 ~로 삼다 勤倹貯蓄を信条とする.

신조[2]〔神助〕 名 神助. ¶천우~ 天佑神助.

신조[3]〔新造〕 名 하他 新造. 新しくつくること.
◇일본어에서처럼 '타인의 젊은 아내, 새댁'의 뜻은 없다.

신조[4]〔新調〕 名 하他 詩の曲調. 新調.

신종〔新種〕 名 新種. ¶~ 바이러스 新種のウイルス.

신주[1]〔神主〕 名 神主. 位牌. 霊牌.
◆**신주 모시듯** 〈位牌を扱うように〉とても大事に.

신주[2]〔新株〕 名〔經〕新株. 子株.

신중 名〈俗〉尼僧. 尼. 比丘尼.

신중〔愼重〕 名 하形 慎重. ¶~한 태도 慎重な態度. **신중히** 副 慎重に. ¶~ 다루다 慎重に扱う.

신진[1]〔新陳〕 名 新陳. 新しいものと古いもの. ¶~대사 新陳代謝.

신진[2]〔新進〕 名 하自 **1** 新進. ¶~ 작가 新進作家. **2** 新たに官職につくこと.

신짝 名 履き物の片方.

신차〔新車〕 名 新車.

신찬〔新撰〕 名 하他 新撰.

신참〔新參〕 名 하自 新参.

신창 名 履き物の底. 靴底.

신책〔神策〕 名 神策. 霊妙なはかりごと.

신천지〔新天地〕 名 新天地. 新しい世の中.

신철〔伸鐵〕 名 くず鉄を加熱·圧延した鋼鉄.

신청〔申請〕 名 하他 申請. 申し込み. 申し出. ¶~ 마감이 다가왔다 申し込みの締め切りが近づいた.

신청서〔一書〕 名 申請書. 申し込み用紙.

신청인〔一人〕 名 申請人.

신청부같다 形 **1** あまり心配事が多くてささいなことは顧みるいとまがない. **2** 事物があまりにも小さくて[足りなくて]不満だ. もの足りない.

신체[1]〔身體〕 名 **1** 身体. **2** 死んだばかりの遺体に対する尊敬語.

신체검사〔一檢査〕 名 身体検査.

신체발부〔一髮膚〕 名 身体髪膚. からだ全体.

신체장애인〔一障礙人〕 名 身体障害者.

신체[2]〔神體〕 名 神体. み霊代. 霊体.

신체[3]〔新體〕 名 新体. 新しい体裁.

신체시〔一詩〕 名〔文〕新体詩.

신축[1]〔伸縮〕 名 하自他 伸縮.

신축 관세〔一關稅〕 名 伸縮関税.

신축성〔一性〕 名 伸縮性.

신축자재〔一自在〕 名 伸縮自在.

신축[2]〔新築〕 名 하他 新築. ¶~된 빌딩 新築されたビル.

신춘〔新春〕 名 新春. **1** 初春. **2** 新年.

신출〔新出〕 名 하自 **1** 新出. **2** 初物.

신출내기 名 駆け出し. 新米.

신출귀몰〔神出鬼沒〕 名 하自 神出鬼没.

신코 名 履き物のつま先.

신탁[1]〔信託〕 名 하他 信託. ¶~ 통치 信託統治 / ~ 은행 信託銀行 / ~ 사업 信託事業 / ~ 회사 信託会社 / 투자 ~ 投資信託.

신탁[2]〔神託〕 名 神託. 神のお告げ.

신탄〔薪炭〕 名 薪炭. たきぎと炭.

신통력〔神通力〕 名 神通力.

신통하다〔神通一〕 形 **1** (すべてのことに)不思議なほどよく通じている. **2** 新奇だ. ¶신통하게 잘 맞힌다 不思議によく当てる. **3** (薬効が)あらたかだ. 不思議によく効く. ¶부스럼에 신통하게 잘 듣는 약 できものに不思議によく効く薬. **4** 感心だ. 称賛に値する. ¶고학을 하면서 수석으로 졸업하였다니 참 ~ 苦学をしながら首席で卒業したとは, ほんとうに感心なことだ. **신통히** 副 不思議なほど.

신트림 名 하自 すっぱいげっぷ.

신파〔新派〕 名 **1** 新派. 新しい流派. **2** '신파 연극'의 준말.

신파 연극〔一演劇〕 名〔演〕新派劇〈1910年代から40年代まではやった演劇〉.

신판〔新版〕 名 新版. ¶~ 서적 新版書籍.

신표〔信標〕 名 後日の証として互いに交換する物.

신풀이〔新一〕 名 하他 新たに田を拓くこと, またその田. 新田.

신품[1]〔神品〕 名 神品. **1** 最も神聖な品位. **2** 非常に優れたものや作品.

신품[2]〔新品〕 名 新品. ¶~과 마찬가지다 新品同様だ.

신풍〔新風〕 名 新風. ¶패션계에 ~을 불어넣었다 ファッション界に新風を吹き込んだ.

신하〔臣下〕 名 臣下. 家来. 臣.

신학〔神學〕 名 神学.

신학자〔一者〕 名 神学者.

신학기〔新學期〕 名 新学期.

신학문〔新學問〕 名 新学問〈開化期に西洋から入った新しい学問〉.

신해혁명〔辛亥革命〕 名〔史〕(中国の)辛亥革命.

신행〔新行〕 名 하自 結婚のとき花婿[花嫁]が花嫁[花婿]の家へ行くこと.

신허〔腎虛〕 名〔韓方〕腎虚.

신형〔新型〕 名 新型. ¶~차 新型車.

신호〔信號〕 名 하自他 信号. 合図. ¶교통 ~ 交通信号 / ~ 위반 信号違反 / ~를 보내다 信号を送る. 合図する.

신호기〔一旗〕 名 信号旗.

신호등〔一燈〕 名 信号灯.

신혼〔新婚〕 名 하自 新婚. ¶~여행 新婚旅行.

신화[1]〔神火〕 名 神火. 鬼火.

신화[2]〔神話〕 名 神話. ¶단군 ~ 檀君神話.

신흥〔新興〕 名 하自 新興. ¶ ~ 계급 新興階級 / ~ 국가 新興国家 / ~ 세력 新興勢力.
신흥 종교〔—宗教〕 名〔宗〕 新興宗教.
싣다 他 **1** 積む. 載せる. 積載する. ¶ 짐을 ~ 荷物を積む / 사과를 가득 실은 트럭 りんごを満載したトラック. **2** 掲載する. 載せる. 掲げる. ¶ 잡지에 실을 재미있는 기사 雑誌に載せるような面白い記事. **3** (井せきや田に)水を溜める. **4** (自然現象がある種の気配を)伴う.
실¹ Ⅰ 名 糸. ¶ 털~ 毛糸 / 명주~ 絹糸 / 굵은[가는] ~ 太い[細い]糸.
Ⅱ 接頭 糸のように細長いものの総称. ¶ ~고추 糸のように細く切ったとうがらし / ~구름 糸のように細い雲.
실²〔失〕 名 **1** 賭博場で負けて失った金. **2** 失. 失うこと. なくすこと. ¶ 득보다 ~이 많다 得るものより失うほうが多い.
실³〔實〕 Ⅰ 名 **1** 実. ¶ 명분을 버리고 ~을 취하다 名を捨てて実を取る. **2** (‘실은’의 꼴로) 実は. ¶ ~은 내가 거짓말을 했네 実は僕が嘘をついたんだ. **3** (‘실로’의 꼴로) 実に. ¶ ~로 놀라운 일이다 実に驚くべきことだ.
Ⅱ 接頭 実際の. まじめな. ¶ ~생활 実生活.
실⁴〔室〕 Ⅰ 依名 室. ¶ 300~을 가진 호텔 300室を有するホテル.
Ⅱ 接尾 **1** 〔일정한 목적에 쓰이는 말〕…室. ¶ 대기~ 控え室 / 응접~ 応接室. **2** 〔사무 부서의 이름을 나타내는 말〕 ¶ 홍보~ 弘報室.
실가〔實價〕 名 実価. 掛け値のない値段.
실가지 名 糸のように細い枝.
실각〔失脚〕 名 하自 失脚. ¶ 정적의 ~을 꾀하다 政敵の失脚を謀る.
실감〔實感〕 名 하他 実感. ¶ 참 ~이 나는 이야기다 ほんとうに実感のわく話だ.
실개천 名 細流.
실격〔失格〕 名 하自 失格. ¶ 예선에서 ~했다 予選で失格した.
실경〔實景〕 名 実景.
실고추 名 糸のように細く切ったとうがらし.
실과¹〔實果〕 名 食べられる草本の実. 果実.
실과²〔實科〕 名 実科. 実用性を主とした科目.
실국수 名 素麺.
실권¹〔失權〕 名 하自 失権. 権力·権利を失うこと.
실권²〔實權〕 名 実権. ¶ ~을 쥐다[장악하다] 実権を握る[掌握する].
실그러뜨리다[-트리다] 他 (一方に)ゆがめる. 傾ける.
실그러지다 自 一方にゆがむ[傾く]. ¶ 실그러진 초가집 一方に傾いた草ぶきの家.
실금¹ 名 **1** (器などの)細かいひび. **2** 糸のように細く引いた線.
실금가다 自 (器などに)細かいひびが入る.
실금²〔失禁〕 名 하自 失禁.
실기¹〔失期〕 名 하自 時期を失すること.
실기²〔失機〕 名 하自 機会を逃す[失する]こと.
실기³〔實技〕 名 実技. ¶ 이론과 ~ 理論と実技.
실기⁴〔實記〕 名 実記. 実録.
실꾸리 名 丸く巻いた糸の束.
실낱 名 糸筋.
실낱같다 形 **1** か細い. とても細くて小さい. ¶ 실낱같은 희망 一縷の望み. **2** 今にも息が絶えそうだ. 死に瀕している. 危ない.
실내〔室內〕 名 **1** 室内. 部屋の中. ¶ ~경기 室内競技 / ~ 장식 室内装飾. **2** 他人の妻の上品な言い方. 奥様.
실내등〔—燈〕 名 室内灯.
실내악〔—樂〕 名 室内楽. ¶ ~단 室内楽団.
실내화〔—靴〕 名 上履き.
실념〔失念〕 名 하他 失念. **1** 物忘れ. 度忘れ. **2** 〔佛〕 正念を失うこと.
실눈 名 細目. 薄目. 細く小さな目. 細く開いた目. ¶ ~을 뜨다 薄目を開ける.
실답다〔實—〕 形 信頼[信用]できる. 頼もしい. ¶ 실답지 않은 얘기를 잘한다 空言ばかり言っている.
실대패 名 細く削り取る小さな鉋.
실덕〔失德〕 名 하自 失徳. 徳義にはずれること.
실동 시간〔實動時間〕 名 実働時間.
실뚱머룩하다 形 気が進まない. 気乗りがしない. ふしょうぶしょうだ.
실뜨기 名 하自 あや取り. 糸取り.
실랑이 名 하自 人をいじめたりすること. 煩わすこと.
실랑이질 名 하自 けんか腰でうるさく文句をつけていじめること.
실력〔實力〕 名 実力. ¶ ~ 행사 実力行使 / ~에 호소하다 実力に訴える.
실력자〔—者〕 名 実力者. ¶ 정계의 ~ 政界の実力者.
실례¹〔失禮〕 名 하自 失礼. ¶ 잠깐 ~합니다 ちょっと失礼します. ごめんなさい.
실례²〔實例〕 名 実例. ¶ ~를 보이다 実例を示す.
실로〔實—〕 副 実に. まさに. ¶ ~ 묘안이다 実に妙案だ.
실로폰〔xylophone〕 名〔樂〕 シロホン. 木琴.
실록〔實錄〕 名 実録. ¶ ~물 実録物 / 제2차 대전 ~ 第2次大戦実録.
실루엣〔프 silhouette〕 名 シルエット.
실룩 副 하自他 〔근육의 한 부분이 실그러지게 움직이는 모양〕 ぴくっと.
실룩거리다[-대다] 自他 ぴくぴくする. ¶ 입을 실룩거린다 口をぴくぴくさせる.
실룩실룩 副 하自他 ぴくぴく.
실룩샐룩 副 하自他 ぴくぴく(と).
실리〔實利〕 名 実利. 実益. ¶ ~를 추구하다 実利を追求する.
실리주의〔—主義〕 名 実利主義.
실리다 Ⅰ 自 載せられる. 載る. 積まれる. ¶ 트럭에 실린 이삿짐 トラックに

積まれている引っ越し荷物.

Ⅱ 他 **1** 載せさせる. 掲載させる. 積ませる. ¶ 일꾼을 시켜 짐을 마차에 ～ 労働者を使って荷物を馬車に積ませる. **2** もたせかける. ¶ 침대에 등을 실리며 앉다 ベッドに背をもたせかけて座る.

실리콘〔silicone〕名〔化〕シリコーン.

실린더〔cylinder〕名〔工〕シリンダー. 気筒.

실마리 名 糸口. **1** 糸の端. **2** 端緒. 手掛かり. きっかけ. ¶ 해결의 ～를 잡다 解決の糸口をつかむ.

실망〔失望〕名 하自 失望. がっかりすること. ¶ 무책임한 발언에 ～했다 無責任な発言に失望した[がっかりした].

실명¹〔失明〕名 하自 失明. ¶ 교통사고로 ～하다 交通事故で失明する.

실명²〔實名〕名 実名. 本名.

실몽당이 名 糸を丸く巻いた塊.

실무〔實務〕名 実務. ¶ ～가 実務家.

실무자〔一者〕名 実務にたけた者. 実務家.

실물¹〔失物〕名 하自 遺失物. 忘れ物.

실물수〔一數〕名 物をなくす運.

실물²〔實物〕名 実物. ほんもの. 現品. ¶ ～을 보여 주세요 実物を見せてください.

실물 거래〔一去來〕名〔經〕実物取引.

실물대〔一大〕名 実物大. 原寸大. ¶ ～의 그림 実物大の絵.

실미적지근하다 形 **1** 生ぬるい. ¶ 실미적지근한 미역국 生ぬるいわかめスープ. **2** (仕事などに)気が入っていない. ¶ 일하는 품이 ～ 仕事ぶりが中途半端だ.

실미지근하다 形 **1** 生ぬるい. **2** 無精でふまじめだ.

실바람 名 そよ風.

실밥 名 **1** (衣服の) 縫い目. **2** 糸くず.

실백〔實柏〕名 皮をむいた朝鮮松の実.

실백잣 名 皮をむいた朝鮮松の実.

실뱀 名〔動〕黄背筋蛇.

실뱀장어 名〔動〕しらすうなぎ〈うなぎの稚魚〉.

실버들 名〔植〕しだれ柳. 糸柳.

실보무라지 名 糸くず.

실비〔實費〕名 実費. ¶ ～ 제공 実費提供.

실사〔實査〕名 하他 実査. 実際に検査すること.

실사회〔實社會〕名 実社会. 実世間. ¶ ～의 냉엄한 현실 実社会の厳しい現実.

실살 名 外面に現れない実際の利益.

실살스럽다 形 (表面に現れないが) 内容がある. 充実している. 中身がある.

실상¹〔實狀〕名 **1** 実状. **2** (『실상은』의 꼴로) 実際は. ¶ ～은 우리 생각과는 딴판이었다 実際は, 私たちの考えとはまったく違っていた.

실상²〔實相〕名 実相. ¶ 생활의 ～을 그대로 보여 주다 生活の実相をありのまま見せてやる.

실상³〔實像〕名〔物〕実像.

실색〔失色〕名 하自 (驚いて)色を失うこと.

실생활〔實生活〕名 実生活. ¶ ～에 응용하다 実生活に応用する.

실선〔實線〕名 実線.

실성〔失性〕名 하自 精神の異常を来すこと. 本性を失うこと. 「と.

실세¹〔失勢〕名 하自 勢力を失うこ

실세²〔實勢〕名 実勢. **1** 実際の勢力. 現実の勢い. **2** 実際の相場.

실소〔失笑〕名 하自 失笑. ¶ 엉겁결에 ～했다 思わず失笑した.

실속¹〔失速〕名 하自 失速. ¶ ～으로 추락하다 失速して墜落する.

실속²〔實一〕名 **1** 実. 中身. (物の) 実質の内容. ¶ 겉보기는 그럴 듯하나 ～은 그렇지도 않다 うわべはなかなか立派なように見えるが中身はそうでもない. **2** (外に現われない)実利. 実益. ¶ 혼자 몰래 ～을 차린다 独りでこっそり実をとる.

실수¹〔失手〕名 하自 **1** 失敗. 失策. しくじり. ミス. 誤り. 間違い. へま. エラー. ¶ ～하지 않도록 해라 しくじらないようにしなさい. **2** 失礼. ¶ 요전에는 ～했습니다 先日は失礼しました.

실수²〔實收〕名 実収. 実収入.

실수요자〔實需要者〕名 実際の需要者.

실수입〔實收入〕名 実収入.

실습〔實習〕名 하他 実習. ¶ 교육 ～ 教育実習 / 현장 ～ 現場での実習.

실습생〔一生〕名 実習生. 「と.

실시¹〔失時〕名 하自 時期を逸するこ

실시²〔實施〕名 하他 実施. ¶ 계획을 ～하다 計画を実施する.

실신〔失神〕名 하自 失神. 失心. ¶ 놀란 나머지 ～하다 驚きのあまり失神する.

실실 副 하自 〔실없이 웃는 모양〕へらへら(と). ¶ 영문도 모르고 ～ 웃기만 한다 わけもわからずへらへら笑ってばかりいる.

실심〔失心〕名 하自 気を落とすこと.

실안개 名 薄霧. 薄い霧.

실액〔實額〕名 実際の金額.

실어〔失語〕名 하自 失語. **1** 失言. **2** 言葉の機能を冒されること.

실어증〔一症〕名〔醫〕失語症.

실언〔失言〕名 하自 失言. ¶ ～을 사과했다 失言を謝った.

실업¹〔失業〕名 하自 失業. ¶ ～률 失業率 / ～ 인구 失業人口 / ～ 대책을 강구하다 失業対策を講じる.

실업 보험〔一保險〕名 失業保険.

실업자〔一者〕名 失業者.

실업²〔實業〕名 実業.

실업가〔一家〕名 実業家.

실업계〔一界〕名 実業界.

실업 교육〔一教育〕名 実業教育.

실업 학교〔一學校〕名 実業学校.

실없다〔實一〕形 不まじめだ. ふざけている. 不実だ. ¶ 실없는 소리 하지 마 ふざけたことを言うな. **실없이** 副 ふざけて. ふまじめに. おどけて. ¶ ～ 굴지

마 ふざけるな.
실연[1]〔失戀〕 名 하自 失恋. ¶ ～의 상처 失恋の痛手.
실연[2]〔實演〕 名 하自他 実演.
실오리 名 糸筋. 糸の一筋. ¶ ～ 같은 희망 かすかな希望.
실외〔室外〕 名 室外.
실용〔實用〕 名 하他 実用. ¶ ～ 단계에 이르다 実用の段階に至る.
실용 단위〔一單位〕 名〔物〕 実用単位.
실용성〔一性〕 名 実用性.
실용적〔一的〕 冠 名 実用的.
실용화〔一化〕 名 하自他 実用化.
실의〔失意〕 名 하自 失意. ¶ ～에 빠지다 失意のどん底に陥る.
실익〔實益〕 名 実益. ¶ 아무 ～이 없는 일 何も実益のないこと.
실인[1]〔室人〕 名 自分の妻. 家内.
실인[2]〔實印〕 名 実印. ¶ ～을 찍다 実印を押す.
실잠자리 名〔動〕 灯心蜻蛉.
실재〔實在〕 名 하自 実在. **1** 実際に存在すること. ¶ ～ 인물을 소재로 하다 実在する人物を素材にする. **2**〔哲〕 主観とは独立して客観的に存在するもの.
실재론〔一論〕 名〔哲〕 実在論.
실재성〔一性〕 名〔哲〕 実在性.
실적〔實績〕 名 実績. ¶ 판매 ～ 販売実績／～을 올리다 実績を上げる.
실전〔實戰〕 名 実戦. ¶ ～을 방불케 하는 훈련 実戦を彷彿させる訓練.
실점〔失點〕 名 하自 失点. 反 得点 ¶ ～을 만회했다 失点を挽回した.
실정[1]〔失政〕 名 하自 失政. ¶ ～을 바로잡다 失政を正す.
실정[2]〔實情〕 名 実情. ¶ 회사의 ～ 会社の実情／～에 맞지 않는 계획 実情に合わない計画.
실정법〔實定法〕 名〔法〕 実定法.
실제〔實際〕 名 **1** 実際. ¶ 이론과 ～와는 다른 경우가 많다 理論と実際とは異なる場合が多い. **2** (‘실제로’의 꼴로) 実際に. ¶ ～로 있었던 일 実際にあったこと.
실조〔失調〕 名 失調. ¶ 영양～ 栄養失調.
실족〔失足〕 名 하自 **1** 足を踏みはずすこと. ¶ 계단에서 ～했다 階段を踏みはずした. **2** 行ないが正道をはずれること. **3**〔基〕 人間を罪に陥れて滅亡に導く原因.
실존〔實存〕 名 하自 実存.
실존 철학〔一哲學〕 名〔哲〕 実存哲学.
실종〔失踪〕 名 하自 失踪. ¶ ～ 선고 失踪宣告／집을 나간 형이 ～되었다 家を出た兄が失踪した.
실종자〔一者〕 名 失踪者. 失踪した人.
실증〔實證〕 名 하他 実証. ¶ 그것은 이 사실로써 ～되다 それはこの事実で実証される.
실증론〔一論〕 名〔哲〕 実証論.
실증적〔一的〕 冠 名 実証的.
실증주의〔一主義〕 名〔哲〕 実証主義.
실지[1]〔失地〕 名 失地. ¶ ～ 회복 失地回復.
실지[2]〔實地〕 名 **1** 実地. ¶ ～ 검증 実地検証／～ 답사 実地踏査. **2** (‘실지로’의 꼴로) 実地に. 実際に. ¶ 사격을 ～로 해보다 射撃を実際にやってみる.
실직〔失職〕 名 하自 失職. 失業. ¶ 현재 ～ 중이다 現在失職中だ.
실직자〔一者〕 名 失職者. 失業者.
실질〔實質〕 名 実質.
실질범〔一犯〕 名〔法〕 実質犯.
실질 임금〔一賃金〕 名 実質賃金.
실질적〔一的〕 冠 名 実質的.
실질주의〔一主義〕 名 実質主義.
실쭉하다 **Ⅰ** 自他 すねる. ふてくされる. ¶ 형한테 야단을 맞고 실쭉했다 兄に強くしかられてふてくされた.
Ⅱ 形 **1** 片方に長くゆがんでいる. **2** すねている. ふてくされている. ¶ 싫은 소리를 했더니 실쭉해서 가 버렸다 嫌なことを言ったらすねて帰ってしまった.
실쭉거리다[-대다] 自他 **1** 物が一方に長くねじれゆがんでしきりに動く. **2** しきりに不満がましくつんつんしている.
실쭉실쭉 副 하自他 〔마음에 차지 않아 고까워하는 모양〕 つんつん.
실쭉샐쭉 副 하自他 〔마음에 차지 않아 고까워하는 모양〕 つんつん.
실책〔失策〕 名 失策. ¶ 당국의 ～으로 인한 결과 当局の失策による結果.
실천〔實踐〕 名 하他 実践. ¶ 이론을 ～에 옮기다 理論を実践に移す.
실천가〔一家〕 名 実践家.
실천력〔一力〕 名 実践力.
실천 윤리〔一倫理〕 名〔倫〕 実践倫理.
실천적〔一的〕 冠 名 実践的.
실천 철학〔一哲學〕 名〔哲〕 実践哲学.
실체〔實體〕 名 実体. ¶ 배후 인물의 ～를 파악하다 背後の人物の実体をつかむ.
실체경〔一鏡〕 名〔物〕 実体鏡. ステレオスコープ.
실체법〔一法〕 名〔法〕 実体法.
실체화〔一化〕 名 하他〔哲〕 実体化.
실추〔失墜〕 名 하自 失墜. ¶ 권위가 ～되다 権威が失墜する.
실측〔實測〕 名 하他 実測. ¶ 다리의 높이를 ～하다 橋の高さを実測する.
실측도〔一圖〕 名 実測図.
실측 면적〔一面積〕 名 実測面積.
실컷 副 思う存分. 飽きるほど. いやというほど. 心ゆくまで. たっぷり. たらふく. さんざん. ¶ ～ 놀았다 心ゆくまで楽しんだ.
실크〔silk〕 名 シルク.
실크해트〔一hat〕 名 シルクハット.
실크 로드〔Silk Road〕 名 シルクロード.
실큼하다 形 嫌気がさす. 気乗りしない.
실탄〔實彈〕 名 実弾. ¶ ～ 사격 実弾射撃／～ 연습 実弾演習.
실태[1]〔失態〕 名 失態. 失体. ¶ 만취하여 ～를 부렸다 泥酔して失態を演じた.
실태[2]〔實態〕 名 実態. ¶ 인구 유동의 ～를 조사하다 人口流動の実態.
실토〔實吐〕 名 하他 吐露. (隠していることを)事実どおりに話すこと. ¶ 진정

을 ~하다 真情を吐露する.

실톱 名 糸のこ.

실투〔失投〕 名 하自 失投. 投げそこなうこと.

실파 名 細い葱.

실팍지다 形 丈夫だ. 壮健だ. がっちりしている. 健やかだ. ¶ 실팍지게 자라다 健やかに育つ.

실팍하다 形 (人·物が)非常に丈夫そうだ. (見るからに)頑丈[堅固]だ. ¶ 실팍한 의자 見るからに頑丈そうな椅子.

실패¹ 名 糸巻き.

실패²〔失敗〕 名 하自他 失敗. 失策. しくじり. 反 成功 ¶ 사업에 ~하다 事業に失敗する.

실하다〔實—〕 形 **1** 丈夫だ. 頑丈だ. ¶ 몸이 ~ 体が頑丈だ. **2** (財産が)豊かだ. ¶ 집은 작지만 살림은 ~ すまいは小さいが暮らし向きは豊かだ. **3** (中身が)ぎっしり詰まっている. **4** 頼もしい. 頼りになる. まじめだ. ¶ 실하게 일한다 まじめに働く.

실학〔實學〕 名 **1** 実学. 実際に役立つ学問. **2** 朝鮮中期に性理学に対する反動として起こった経世済民の実現を唱えた学問.

　실학주의〔—主義〕 名 実学主義.

실함〔失陷〕 名 하自 失陥. 陥落. ¶ 요새가 ~되었다 要塞が陥落した.

실행¹〔失行〕 名 하自 失行.

　실행증〔—症〕 名〔醫〕失行症.

실행²〔實行〕 名 하他 実行. ¶ 계획대로 ~하다 計画どおりに実行する.

　실행력〔—力〕 名 実行力.

　실행 예산〔—豫算〕 名 実行予算.

실향〔失鄕〕 名 하自 故郷を失うこと. 故郷を奪われること.

　실향민〔—民〕 名 故郷を失い異郷に暮らす人々.

실험〔實驗〕 名 하他 実験. ¶ ~ 과학 実験科学.

　실험 극장〔—劇場〕 名 実験劇場.

　실험 소설〔—小說〕 名〔文〕 実験小説.

　실험실〔—室〕 名 実験室.

실현〔實現〕 名 하自他 実現. ¶ 공약의 ~을 기대하다 公約の実現を期待する.

　실현성〔—性〕 名 実現性. ¶ ~이 없는 이야기다 実現性のない話だ.

실형¹〔實兄〕 名 実兄.

실형²〔實刑〕 名 実刑. 体刑. ¶ ~ 판결 実刑判決.

실화¹〔失火〕 名 하自 失火. ¶ ~로 인한 화재 失火による火災.

실화²〔實話〕 名 実話.

실황〔實況〕 名 実況. ¶ ~ 중계 実況中継 / 현지의 ~을 보고하다 現地の実況を報告する.

　실황 방송〔—放送〕 名 実況放送.

실효¹〔失效〕 名 하自 失効. ¶ 법률의 ~ 法律の失効.

실효²〔實效〕 名 実効. ¶ 그런 조치로는 ~를 거두기 어렵다 そんな措置では実効をあげがたい.

　실효성〔—性〕 名 実効性. ¶ ~이 희박한 계획 実効性の薄い計画.

실히〔實—〕 副 充分に.

싫다 形 **1** いやだ. 嫌いだ. 欲しくない. 好かない. ¶ 얼굴을 보기도 ~ 顔を見るのもいやだ / 돈도 명예도 다 ~ 金も名誉もどちらも欲しくない. **2** …したくない. (…するのが)いやだ. 気が向かない. ¶ 추워서 일어나기 ~ 寒くて起きるのがいやだ.

싫어하다 他 **1** 嫌がる. 嫌う. いとう. 嫌いだ. ¶ 약을 먹기를 ~ 薬を飲むのを嫌がる / 연휴의 혼잡을 ~ 連休の混雑を嫌う. **2** …したがらない. (…することを)好まない. ¶ 하기 싫어하는 것을 억지로 시키지 마라 やりたがらないのを無理やりにさせるな.

싫증〔—症〕 名 嫌気. 飽き. ¶ ~을 잘 내는 사람 飽きっぽい人.

　싫증나다 自 嫌気がさす. 嫌になる. 飽き飽きする. 飽きる. うんざりする. ¶ 같은 음식을 자꾸 먹으면 싫증난다 同じ食べ物を何度も食べると嫌になる.

심¹ 名 牛の筋. ¶ 등~ ロース.

심²〔心〕 名 心. 芯. **1** 鉛筆の芯. **2** 粥の中に入れるだんご類. **3** (傷口に薬を塗って差し込む)ガーゼ. 紙. **4** 木の髄. **5** ろうそくの心. **6** 洋服の肩の心. **7** 野菜などの芯.

심³〔尋〕 依名 尋. 縄や水深などを計る長さの単位〈一尋は約6尺〉.

-심⁴〔心〕 接尾 …心. ¶ 애국~ 愛国心 / 탐구~ 探究心.

심각하다〔深刻—〕 形 深刻だ. ¶ 심각한 문제[고민] 深刻な問題[悩み].

심경¹〔心境〕 名 心境. ¶ 착잡한 ~ 複雑な心境.

심경²〔深耕〕 名 하他〔農〕深耕. 深く耕すこと.

심계〔心悸〕 名 心悸. 心臓の鼓動.

　심계 항진〔—亢進〕 名〔醫〕心悸亢進.

심곡〔深谷〕 名 深谷. 深い谷.

심교〔深交〕 名 하自 深交.

심근¹〔心筋〕 名〔生〕心筋.

　심근 경색증〔—梗塞症〕 名〔醫〕 心筋梗塞症.

심근²〔心根〕 名 心根. 心. 心づかい.

심금〔心琴〕 名 心の琴線. ¶ 만인의 ~을 울린 명연주 万人の心の琴線に触れた名演奏.

심기¹〔心氣〕 名 心気. 気持ち. 気分. ¶ ~가 좋지 않다 気分がよくない.

　심기증〔—症〕 名〔醫〕心気症.

심기²〔心機〕 名 心機. 心の働き.

　심기일전〔—一轉〕 名 하自 心機一転. ¶ ~하여 분발하다 心機一転して発奮する.

심낭〔心囊〕 名〔生〕心嚢.

심다 他 **1** 植える. ¶ 뜰에 나무를 ~ 庭に木を植える / 논에 모를 ~ 水田に田植えをする. **2** (心に)植えつける. ¶ 몰래 심복을 심어 두다 ひそかに心腹を植えつける. **3** (種を)まく. ¶ 해바라기 씨를 ~ ひまわりの種をまく.

심대하다〔甚大—〕 形 甚大だ. ¶ 심대한 피해를 입었다 甚大な被害をこうむった.

심덕〔心德〕 名 寛大で善良な心の

徳. 優しさと気立てのよさ. ¶ ~이 좋아야 복을 받는다 気立てがよくてこそ福に恵まれるものだ.

심도〔深度〕 名 深度.

심드렁하다 形 **1** 興味がわかない. 関心がない. ¶ 심드렁하게 대답하다 気乗りのしない返事をする. **2** (病気がよくも悪くもならずに)長引く. ぐずつく.

심란하다〔心亂―〕 形 心が落ち着かず乱される. そわそわ[いらいら]する.

심려[1]〔心慮〕 名 하他 心慮. 心配. おもんぱかり. ¶ 선생님에게 ~를 끼치다 先生に心配をかける.

심려[2]〔深慮〕 名 하他 深慮. 深く考えること.

심력〔心力〕 名 心力. 心の力[働き]. ¶ ~을 기울이다 心力を傾ける.

심령〔心靈〕 名 心霊. ¶ ~학 心霊学 / ~ 현상 心霊現象.

심령술〔―術〕 名 心霊術.

심로〔心勞〕 名 하自他 **1** 心労. 気苦労. **2** 気疲れ. 精神的疲労.

심리[1]〔心理〕 名 心理. ¶ ~극 心理劇 / ~ 상태 心理状態 / ~ 묘사 心理描写.

심리전〔―戰〕 名 心理戦.

심리학〔―學〕 名 心理学.

심리[2]〔審理〕 名 하他〔法〕 審理. ¶ 사건을 ~하다 事件を審理する.

심마니 名 深山に自生する朝鮮人参の採取を業とする人.

심마니말 名 심마니の間で使われる隠語.

심메 名 山に自生する朝鮮人参を採りに行くこと.

◆**심메를 보다** 自生の朝鮮人参をさがし出す.

심모〔深謀〕 名 하他 深謀. 深いはかりごと.

심문[1]〔審問〕 名 하他 審問.

심문[2]〔尋問〕 名 하他 **1** 尋問[訊問]. **2** 訪問.

심미〔審美〕 名 審美.

심미안〔―眼〕 名 審美眼.

심미학〔―學〕 名 美学.

심박동〔心搏動〕 名〔生〕 心拍.

심방[1] 名〔建〕 2本の門柱にわたした横木.

심방[2]〔心房〕 名〔生〕 心房.

심방[3]〔尋訪〕 名 하他 訪問. ¶ 신자의 가정을 ~하다 信者の家庭を訪問する.

심벌〔symbol〕 名 シンボル.

심벌즈〔cymbals〕 名〔樂〕 シンバル.

심병〔心病〕 名 **1** 心中の憂い. **2**〔醫〕 極度に興奮して気絶する病気.

심보〔心―〕 名 底意地. 根性. こころね. ¶ ~가 나쁘다 底意地が悪い.

심복[1]〔心腹〕 名 心腹. **1** 胸と腹. **2** 胸の内. 心中. **3**〔'심복지인'의 준말〕 腹心.

심복지인〔―之人〕 名 心腹の部下. 腹心.

심복지환〔―之患〕 名 心の病い. 心配.

심복[2]〔心服〕 名 하自〔'심열성복'의 준말〕 心服.

심부〔深部〕 名 深部. ¶ 동굴의 ~ 洞窟の深部.

심부름 名 하自 (お)使い. ¶ ~을 보내다 使いに立てる / ~ 가다 使いに行く.

심부름꾼 名 使い. 使いをする人.

심부전〔心不全〕 名〔醫〕 心不全.

심사[1]〔心事〕 名 心事. 心中. 心に考えている事柄.

심사[2]〔心思〕 名 (人のすることを妨げようとするような)意地悪な根性.

◆**심사가 사납다** 意地悪だ. 根性が悪い.

◆**심사를 부리다** わざと人のことを邪魔する[害する]. 意地悪をする.

심사[3]〔深思〕 名 하他 深思. 熟慮.

심사숙고〔―熟考〕 名 하自他 深思熟考. 深く思い十分考えること.

심사[4]〔審査〕 名 하他 審査. ¶ 서류 ~ 書類審査 / 자격 ~ 資格審査.

심사원〔―員〕 名 審査員.

심사[5]〔深謝〕 名 하他 深謝. ¶ 실례된 언행을 ~하다 失礼な言行を深謝する.

심산[1]〔心算〕 名 心算. 心づもり. つもり. ¶ 여생을 시골에서 지낼 ~이다 余生を田舎で過ごす心づもりだ.

심산[2]〔深山〕 名 深山. 奥山. ¶ ~유곡 深山幽谷.

심살내리다 自 細々した心配ごとが心から離れない.

심상[1]〔心狀〕 名 心状. 心の状態.

심상[2]〔心象·心像〕 名〔心〕 心象.

심상[3]〔尋常〕 名 하形 尋常. ¶ ~치 않은 사태 尋常でない事態.

심성〔心性〕 名 **1**〔'심성정'의 준말〕(生まれつきの)心がけ. **2**〔佛〕 不変な心の本体.

심성암〔深成巖〕 名〔鑛〕 深成岩.

심수〔心髓〕 名 **1** 心髄. **2** 心中.

심술〔心術〕 名 **1** 意地悪な心. **2** 強情. 意地. ¶ 공연한 ~로 가지 않겠다고 하다 つまらない強情をはって一緒に行かないと言う.

◆**심술을 내다[부리다·피우다]** 意地悪をする.

◆**심술이 사납다** ひどく意地悪だ.

심술궂다 形 意地悪だ. ¶ 심술궂게 굴다 意地悪をする.

심술꾸러기 名 意地悪な人.

심술딱지 名〈俗〉 意地悪な心. 強情.

심술쟁이 名 意地悪な人.

심술퉁이 名 ねたんで意地悪をする人.

심술패기 名 意地悪な子供.

심신[1]〔心身〕 名 心身. ¶ 격무에 시달려 ~이 피로했다 激務に悩まされて心身が疲れた.

심신[2]〔心神〕 名 心神. 心. 精神. ¶ ~산란 心神を取り乱すこと.

심신 상실자〔―喪失者〕 名〔法〕 心神喪失者.

심실〔心室〕 名〔生〕 心室.

심심산천〔深深山川〕 名 奥深い山川.

심심소일〔―消日〕 名 하自 退屈しのぎに何かをすること. 暇つぶし.

심심풀이 名 退屈しのぎ. 暇つぶし. 消閑. ¶ ~로 서점에 들리다 暇つぶしに本屋をのぞく.

심심하다[1] 形 味が薄い. ¶ 국이 너무

～ 汁の味が薄すぎる.
심심하다[2] 形 退屈だ. 所在ない. 無聊だ. ¶ 심심하여 신문을 되풀이해서 읽다 所在無いままに新聞を読み返す.
심심하다[3]〔甚深―〕形 深甚だ. ¶ 심심한 사의를 표하는 바입니다 深甚なる謝意を表する次第です.
심심하다[4]〔深深―〕形 非常に奥深い.
심쌀〔心―〕名 粥に入れる米.
심악하다〔甚惡―〕形 **1** はなはだ悪い. ¶ 사태가 ～ 事態が険悪だ. **2** 過酷で容赦ない. ¶ 심악한 착취 過酷な搾取.
심안〔心眼〕名 心眼. ¶ ～을 열었다 心眼を開いた.
심야〔深夜〕名 深夜. 深更. ¶ ～ 극장 深夜劇場.
심약하다〔心弱―〕形 気が弱い. ¶ 심약한 사람 気の弱い人.
심연〔深淵〕名 深淵. 深いふち. ¶ 절망의 ～에서 헤어나다 絶望の深淵から抜け出る.
심오〔深奧〕名 하形 深奥. 奥深いこと. ¶ ～한 경지 深奥な境地.
심원〔深遠〕名 하形 深遠. ¶ ～한 이론 深遠な理論.
심의[1]〔審議〕名 하他 審議. ¶ 법안을 ～하다 法案を審議する.
심의회〔―會〕名 審議会. ¶ 국어 ～ 国語審議会.
심의[2]〔深意〕名 深意. 深い意味.
심인〔心因〕名 心因.
심인 반응〔―反應〕名〔醫〕心因反応.
심장[1]〔心臟〕名 心臓. **1**〔生〕心臓. ¶ ～ 마비 心臓麻痺. **2** 事物の中心部. ¶ 국가 행정의 ～부 国家行政の心臓部. **3** 度胸. ¶ ～이 강하다 心臓が強い[厚かましい].
심장병〔―病〕名〔醫〕心臓病.
심장 판막증〔―瓣膜症〕名〔醫〕心臓弁膜症.
심장[2]〔深長〕名 하形 深長. ¶ 의미～한 말 意味深長なことば.
심적〔心的〕冠 名 心的. ¶ ～ 변화 心的変化.
심적 현상〔―現象〕名 心的現象. 意識の現象.
심전도〔心電圖〕名 心電図.
심정〔心情〕名 心情. 胸中. ¶ ～을 헤아리다 心情を察する.
심줄 名 腱.
심중〔心中〕名 心中. 心のうち. 内心. ¶ ～을 털어놓다 心中を打ち明ける.
심증〔心證〕名 心証. ¶ 상관의 ～을 해치다 上役の心証を害する.
심지[1]〔心―〕名 **1** (石油ランプ·ろうそくなどの)灯心. 芯. ¶ ～에 불을 붙이다 灯心に火をつける. **2** くじ. **3** (ダイナマイトなどの)導火線. **4** (穴やすき間をふさぐための綿·ガーゼ·石綿などの)詰め物.
심지[2]〔心地〕名 心根. 気立て. ¶ ～가 고운 사람 心根のやさしい人.
심지[3]〔心志〕名 心志. 志. 意志.
심지어〔甚至於〕副 はなはだしくは. それにもまして. その上. ¶ 날은 저물고 ～ 비까지 온다 日は暮れるし, その上雨まで降ってきた.
심창〔深窓〕名 深窓. 奥深い居間. ¶ ～의 가인 深窓の佳人.
심천〔深淺〕名 深浅. 深いことと浅いこと.
심축〔心祝〕名 하他 心から祝福すること.
심취[1]〔心醉〕名 하自 心酔. ¶ 프랑스 문학에 ～하다 フランス文学に心酔する.
심취[2]〔深醉〕名 하自 (酒などに)ひどく酔うこと.
심층〔深層〕名 深層. 深い層. 奥深く隠れた所. ¶ ～부 深層部 / ～ 심리학 深層心理学.
심통[1]〔心―〕名 悪い心根. 根性. 意地悪. ¶ 아우를 보고 나서 ～이 늘었다 弟が生まれてから意地悪になった.
심통[2]〔心痛〕名 하形 心痛. ¶ ～한 나머지 心痛のあまり.
심판〔審判〕名 하他 審判. ¶ 여론의 ～을 받다 世論の審判を受ける / ～에 항의하다 審判に抗議する / 최후의 ～ 最後の審判.
심판관〔―官〕名 審判官.
심판대〔―臺〕名 審判台.
심판원〔―員〕名〔體〕審判員. アンパイア.
심포니〔symphony〕名〔樂〕シンフォニー. 交響楽.
심포지엄〔symposium〕名 シンポジウム.
심하다〔甚―〕形 はなはだしい. ひどい. 激しい. 厳しい. 過酷だ. ¶ 노인을 속이다니 너무 ～ 老人をだますとはあまりにもひどい / 심한 더위가 계속된다 厳しい暑さが続く. **심히** 副 はなはだしく. ひどく. 激しく. 非常に. とても. ¶ 이번 사태는 ～ 유감스럽다 この度の事態は甚だ遺憾である.
심해〔深海〕名 深海. ¶ ～ 성층 深海成層.
심해어〔―魚〕名 深海魚.
심허〔心虛〕名〔韓方〕精神虚弱症.
심혈〔心血〕名 心血. ¶ 연구에 ～을 기울이다 研究に心血を注ぐ.
심호흡〔深呼吸〕名 하自 深呼吸.
심혼〔心魂〕名 心魂. 心. 精神.
심홍〔深紅〕名 深紅. 濃い紅色.
심화[1]〔心火〕名 **1** 心火. **2**〔韓方〕心火によって起こる病症.
심화병〔―病〕名 心火による病症.
심화[2]〔深化〕名 하自他 深化. ¶ 분쟁이 날로 ～하다 紛争が日増しに深化する.
심후하다〔深厚―〕形 深厚だ. (仁徳·心根などが)深く厚い.
심흉〔心胸〕名 心胸. 胸のうち. 胸中. ¶ ～을 피력하다 心胸を披瀝する.
십〔十〕數 10. とお.
십간〔十干〕名 十干. 甲·乙·丙·丁·戊·己·庚·辛·壬·癸の総称.
십계〔十戒〕名〔佛〕十戒.
십계명〔十誡命〕名〔基〕十誡〈神がモーゼに啓示した10の戒律〉.

십년〔十年〕 名 10年.
십년감수〔一減壽〕 名 하自 (10年も命が縮まるという意で)ひどい恐怖·危険に会ったときに使う語. ¶ 얼마나 무서웠던지 ~했다 どんなに恐ろしかったのか命が10年も縮まった.
십년공부〔一工夫〕 名 10年の勉強. 長い間の苦労と努力.
〔속담〕 **십년공부 도로 아미타불** 長い間の努力が一朝にして水泡に帰する.
십년지계〔一之計〕 名 10年の計.
십년지기〔一知己〕 名 10年の知己. 長くつき合っている友人.
십대〔十代〕 名 10代. **1** 10の世代. ¶ ~째 이 곳에서 산다 10代続けてここに住んでいる. **2** 10歳から19歳までの年齢(の人). ¶ ~ 소년의 범죄 10代の少年の犯罪.
십리〔十里〕 名 一里〈日本の一里に当たる〉.
십만〔十萬〕 數 10万.
십분〔十分〕 副 十分. 充分. ¶ 능력을 ~ 발휘하다 能力を十分発揮する.
십상[1] 名 **1** 好都合. もってこいであること. ちょうどいいこと. あつらえ向き. ¶ 이 신은 작업화로는 ~이다 この靴は作業靴としてはもってこいだ. **2** (부사적으로 쓰여) けっこう. あつらえ向きに. ちょうど. ぴったり. ¶ 아이들이 쓰기에는 ~ 좋다 子供たちが使うにはもってこいだ.
십상[2]〔十常〕 名 '십상팔구'의 준말.
십상팔구〔一八九〕 名 十中八九. たいてい. ほとんど. ¶ 지금 떠나면 ~ 늦을 거야 今出かけたら十中八九は遅刻するだろう.
십오야〔十五夜〕 名 十五夜. ¶ ~ 밝은 달 十五夜の明るい月.
십이시〔十二時〕 名 十二時.
십이월〔十二月〕 名 12月. 師走.
십이지〔十二支〕 名 十二支.
십이지장〔十二指腸〕 名〔生〕 十二指腸. ¶ ~ 궤양 十二指腸潰瘍.
십인십색〔十人十色〕 名 十人十色. ¶ 사람의 생각은 ~이다 人の考え方は十人十色だ.
십일〔十日〕 名 十日. 「달
십일월〔十一月〕 名 11月. ▷동짓
십일조〔十一條〕 名〔基〕 教会で自己収入の一割を献納させること.
십자〔十字〕 名 十字. 十字形.
십자가〔一架〕 名 十字架.
십자군〔一軍〕 名〔史〕 十字軍.
십자로〔一路〕 名 十字路.
십자 포화〔一砲火〕 名 十字砲火.
십자형 화관〔一形花冠〕 名〔植〕 十字花冠.
십자매〔十姉妹〕 名〔動〕 十姉妹.
십장〔什長〕 名 **1** 人足の頭. **2**〔史〕 兵卒10人の頭.
십장생〔十長生〕 名 長生不死を象徴する10種のもの〈太陽·山·水·石·雲·松·不老草·亀·鶴·鹿〉.
십종 경기〔十種競技〕 名〔體〕 10種競技.
십중팔구〔十中八九〕 名 十中八九. ほとんど. たいてい. ¶ ~는 실패할 거야 十中八九は失敗するだろう.
십진법〔十進法〕 名〔數〕 十進法.
십진 분류법〔十進分類法〕 名 十進分類法〈図書分類法の一つ〉.
십팔금〔十八金〕 名 十八金.
십팔기〔十八技〕 名 十八般〈中国の18種の武芸〉.
싯- 接頭 〔색채가 짙고 선명함을 나타내는 말〕 真っ….
싯누렇다 形 真っ黄色い. 真っ黄色だ.
싱가포르〔Singapore〕 名〔地〕 シンガポール〈マレー半島の東南端に位置する共和国〉.
싱건김치 名 薄塩で漬けた大根の漬け物.
싱겁다 形 **1** 水っぽい. (味が)薄い. 淡い. 塩気がきいていない. 反 塩辛い ¶ 국이 너무 ~ 汁の味が薄すぎる. **2** (酒の味が)濃くない. 気が抜けている. ¶ 물을 탔는지 술맛이 ~ 水で割ったのか酒の味が薄い. **3** (言動が)味わいや面白みがない. つまらない. くだらない. ¶ 싱거운 사람 面白みのない人/싱거운 소리를 하다 つまらないことを言う. **4** (体格が)不釣り合いだ. 似合わない. ¶ 키는 싱겁게 크군 背がやたらに高いな.
싱겅싱겅하다 形 (部屋が)冷え冷えする.
싱그럽다 形 すがすがしい. 新鮮な香りがする. ¶ 싱그러운 고원의 아침 すがすがしい高原の朝/싱그러운 해초 新鮮でこうばしい海草.
싱그레 副 하自 〔슬며시 눈웃음짓는 모양〕 にっこり(と). にこっと. ¶ ~ 웃다 にこっと笑う.
싱글〔single〕 名 シングル.
싱글벙글 副 하自 にこにこ(と). ¶ 무슨 좋은 일이 있는 듯이 ~하고 있다 何かいいことでもあるらしくにこにこしている.
싱글거리다〔-대다〕 自 にこにこ笑う. ¶ 싱글거리면서 인사하다 にこにこ笑いながらあいさつする.
싱글싱글 副 하自 にこにこ(と). ¶ ~ 웃기만 한다 にこにこ笑ってばかりいる.
싱긋 副 하自 にっこり(と). にこっと. ¶ ~ 웃다 にこっと笑う. **싱긋이** 副 にこっと. にっこり(と).
싱긋거리다〔-대다〕 自 にこにこする.
싱긋싱긋 副 하自 にこにこ(と).
싱긋벙긋 副 하自 にこにこ(と). にんまり. ¶ ~ 회심의 미소를 짓다 にんまりとほくそえむ.
싱둥싱둥하다 形 まだまだ元気だ. まだまだ生き生きしている.
싱둥하다 形 **1** 新鮮で生気がある. 生き生きしている. **2** 厚かましくおざなりだ.
싱숭생숭 副 하形 〔마음이 들떠 어수선한 모양〕 そわそわ(と). うきうき(と). ¶ 왜 그런지 ~하다 なぜかそわそわしている.
싱싱하다 形 **1** 生きがよい. みずみずしい. 新鮮だ. ¶ 싱싱한 과일 みずみずしい果物/생선이 ~ 魚が新鮮だ. **2** (色が)鮮やかだ. ¶ 유월은 싱싱한 초

록빛 계절이다 6月は鮮やかな緑の季節だ. **3** 元気だ. ¶ 나무가 싱싱하게 자라다 木が勢いよく育つ.

싱크로나이즈드 스위밍〔synchronized swimming〕 名 シンクロナイズドスイミング.

싶다 Ⅰ 補形 **1** (동사의 어미 '-고' 아래)〔바라는 상태를 나타냄〕…(し)たい. ¶ 외국에 유학가고 ~ 外国に留学したい/보고 ~ 会いたい. **2** (어미 -ㄴ가[-은가]·-는가·-지·-다의 아래)〔추측을 나타냄〕…ようだ. …らしい. …ではないかと思う. ¶ 좀 큰가 ~ ちょっと大きいようだ/오늘은 떠나는가 ~ 今日は出発するらしい. **3** (어미 '-ㄹ까·-을까'의 아래)〔의문·걱정·두려움을 나타냄〕…ではないかと思う. ¶ 물가가 오를까 ~ 物価が上がりそうだ. **4** (-았[-었·였]으면을 가진 동사나 형용사의 어미 '-면·-으면' 아래)〔희망을 나타냄〕…だったらなあと思う. ¶ 비행기를 한번 타 봤으면 싶었다 飛行機に一度乗ってみたいと思っていた.

Ⅱ 接尾 (의존 명사 '-듯·-성' 다음)〔가능성이 큰 것으로 추측됨을 나타냄〕…らしい. …(の)ようだ. …(し)そうだ. ▷ 듯싶다. 성싶다

싶어하다 補動 …(し)たがる. ¶ 자고 ~ 眠りたがる/보고 ~ 会いたがる.

싸개 名 (物を包む)紙. 布. 包み. ¶ 상자 ~ 箱の包み紙.

싸개질 名 하自他 **1** 物を包装すること. **2** ベッド·椅子などに布·皮·ビニールなどを張ること.

싸고돌다 他 **1** (中心を囲んでその)周囲を動き回る. **2** かばう. 庇護する. えこひいきする. ¶ 부하를 ~ 部下をかばう.

싸구려 Ⅰ 感〔장사치가 싸다는 뜻으로 외치는 말〕安いよ.

Ⅱ 名 **1** 時価より安く売る品物. 安売り品. **2** (値打ちのない)安物.

싸느랗다 形 **1** ひんやりしている. 冷え冷えしている. (表情などが)冷たい. 冷ややかだ. ¶ 싸느란 밤 공기 冷ややかな夜の空気. **2** (驚きや恐怖で)ぞっとする. ひやっとする.

싸늘하다 形 **1** 冷ややかだ. 冷え冷えしている. 冷やっこい ¶ 인기척이 없는 싸늘한 방 人気のない冷え冷え(と)した部屋. **2** (体が)冷たい. ¶ 네 손은 왜 이렇게 싸늘하냐? お前の手はどうしてこんなに冷たいのか. **3** (表情·態度が)冷たい. 冷淡だ. (雰囲気が)冷たい. ¶ 싸늘한 웃음 冷ややかな笑い.

싸다[1] 他 **1** 包む. 包装する. ¶ 선물을 포장지에 ~ 贈り物を包装紙に包む. **2** (弁当を)こしらえる. つくる. ¶ 도시락을 ~ 弁当をこしらえる. **3** 取り囲む. 包囲する. ¶ 농장을 울타리로 ~ 農場を垣根で囲う.

싸다[2] 他 (こらえきれずに大小便を)垂れる. 排泄する. もらす.

싸다[3] 形 **1** (口が)軽い. 軽率だ. ¶ 입이 싸서 믿을 수 없다 口が軽くて信じられない. **2** (動作が)速い. 素早い. 敏捷だ. ¶ 싸게 걸어라 速く歩け. **3** (火力が)強い. 激しい. ¶ 불이 싸서 밥이 타버렸다 火力が強くてご飯が焦げてしまった. **4** (性質が)荒く機敏だ. 激しく性急だ. **5** (勾配が)急だ. ¶ 지붕의 물매가 ~ 屋根の勾配が急だ.

싸다[4] 形 **1** (値段が)安い. 反 高い ¶ 싼 물건 安い品物. 賃金が安い. **2** (罰を受けても)当たり前だ. 当然だ. ¶ 매를 맞아도 ~ 殴られて当然だ.

〔속담〕 싼 것이 비지떡 安いのがおからの餅(安かろう悪かろう).

싸다니다 自他 出歩く. ほっつき歩く. 走り回る. ¶ 하루 종일 ~ 一日中ほっつき歩く.

싸대다 自他 〔'싸다니다'의 준말〕出歩く.

싸데려가다 自 新郎側がすべての費用を負担して貧しい新婦と結婚する.

싸라기 名 **1** 砕米. 砕け米. 屑米. **2**〔'싸라기눈'의 준말〕あられ.

싸라기눈 名 あられ.

싸락눈 名〔'싸라기눈'의 준말〕あられ.

싸리 名〔植〕萩.

싸리나무 名〔植〕萩.

싸리문〔一門〕 名 **1** 萩でつくったしおり戸. **2** しおり戸.

싸리버섯 名〔植〕箒茸·鼠茸.

싸리비 名 萩を束ねてつくったほうき.

싸매다 他 (布·ふろしき·わらなどで)包む. 巻く. 巻きつける. くくる. ¶ 짚으로 가로수를 싸맸다 わらを街路樹に巻きつけた.

싸우다 自 戦う. **1** けんかをする. 諍う. 争う. ¶ 싸우지 말고 놀아라 けんかしないで遊びなさい. **2** 戦争をする. ¶ 이웃 나라와 ~ となりのくにと戦う. **3** (優劣を)競う. 争う. ¶ 최선을 다해 싸운 경기 最善を尽くして競った競技. **4** (障害·困難などと)闘う. ¶ 모진 병마와 ~ むごい病魔と闘う/빈곤과 ~ 貧困と闘う.

싸움 名 하自 戦い. けんか. 競争. 争い. 闘い. ¶ ~을 걸다 けんかを売る. 戦いを挑む. 試合を挑む.

싸움닭 名 闘鶏. 軍鶏.

싸움질 名 하自 けんか. 争い. 戦い.

싸움터 名 戦場.

싸움판 名 争っている場面. けんかが繰り広げられている場.

싸움패〔一牌〕 名 ごろつき. 与太者.

싸이다[1] 自 覆われる. 包まれる. 囲まれる. 取り巻かれる. ¶ 산꼭대기는 구름에 싸여 있다 山の頂は雲に包まれている.

싸이다[2] 他 大小便をさせる.

싸잡다 他 ひっくるめる. 含める. 包含する. ¶ 싸잡아서 팔아 치웠다 みんなまとめて売り払った.

싸잡히다 自 ひっくるめられる. 含められる. ¶ 싸잡혀 욕을 먹었다 みんな一緒にして小言をくらった.

싸전〔一廛〕 名 米屋.

싸지르다 Ⅰ 自他 〈俗〉出歩く. ほっつき歩く.

Ⅱ [他] 〈俗〉 (大小便を)垂れる.

싸하다 [形] (舌·のど·鼻などが)ひりひりする. ひりっとする. ¶아, 맵다. 혀가 ~ ああ辛い. 舌がひりひりする.

싹¹ [名] **1** 芽. ¶~이 돋아나다 芽生える. **2** 〔맨 처음의 조짐〕 芽. 兆し. ¶악의 ~을 잘라 버리다 悪の芽を切り取ってしまう.

◆**싹이 노랗다** 初めから望みがない. 見込みがない.

싹² [副] **1** 〔베는 소리·모양〕 すぱっと. ちょきっと. ちょきりと. ちょきんと. ¶종이 귀퉁이를 ~ 베다 紙の耳をちょきっと切り取る. **2** 〔거침없이 밀거나 쓸어 나가는 모양〕 さっと. ¶방안을 비로 ~ 쓸다 部屋の中をほうきでさっと掃く. **3** 〔남김없이 모두〕 すっかり. きれいに. ¶~ 먹어 버렸다 きれいに食べてしまった / ~ 잊어버리고 있었다 すっかり忘れていた. **4** 〔책임을 회피하거나 모른 체하는 모양〕 けろりと. まったく. ¶부탁 받은 용건을 ~ 잊다 頼まれた用件をけろり(と)忘れる.

싹둑 [副] 〔단번에 자르는 모양[소리]〕 すぱりと. すぱっと. ざくっと. ちょきんと. ばっさりと. ¶무를 ~ 자르다 大根をすぱっと切る.

싹둑거리다[-대다] [自他] すぱすぱ切る. ざくざく刻む. ちょきんちょきん切る.

싹둑싹둑 [副] [하自他] ちょきんちょきん. すぱすぱ. ざくざく. ¶~ 오이를 썰다 さくさくときゅうりを刻む.

싹수 [名] 兆し. 芽. 望み. 見込み. 将来性. ¶~가 보인다 芽が出てきた. 見込みがある.

싹수없다 [形] 将来性がない. 見込みがない. 望みがない. **싹수없이** [副] 見込みなく. 望みなく.

싹싹 [副] 〔손으로 비는 모양〕 揉み手しながら. ¶~ 용서를 구하다 もみ手しながら許しを請う.

싹싹하다 [形] 気さくだ. 親切だ. 気だてがよい. ¶싹싹한 아가씨 気さくな娘.

싹쓸이 [名] [하他] 〈俗〉すっかり掃き出すこと. (賭け事などに勝って)独り占めすること.

싹트다 [自] **1** 芽生える. **2** ある物事が起こり始める.

싼값 [名] 安値. 廉価.

싼거리 [名] 安値で買うこと. その品物.

쌀 [名] **1** 米. ¶멥~ うるち. **2** いね科に属する穀物(麦·あわなど).

[單語帳] 곡물에 관한 말

◆쌀 米 / 보리·보리쌀 麦 / 조·좁쌀 あわ / 옥수수 とうもろこし / 콩 豆 / 팥 あずき / 피 ひえ / 수수 きび / 깨 ごま / 벼 稲 / 육도 陸稲 / 수도 水稲.

◆이삭 稲穂 / 햅쌀 新米 / 찹쌀 もち米 / 햇곡식 新しく取り入れた穀物 / 추수(秋收) 秋の取り入れ / 농사(農事) 農業 / 풍년 들다(豊年一) 豊作になる / 흉년 들다(凶年一) 凶作になる

쌀가게 [名] 米屋.

쌀가루 [名] 米粉. 米の粉. 糝粉.

쌀겨 [名] 米ぬか. こぬか. 糠.

쌀고치 [名] 白くて大きい上質の繭.

쌀긋하다 [形] ややゆがんでいる. やや傾いている.

쌀누룩 [名] 米こうじ.

쌀눈 [名] 米の胚芽.

쌀독 [名] 米の甕.

쌀되 [名] **1** 米を量る枡. **2** 1升余りの米.

쌀뜨물 [名] とぎ汁. 白水.

쌀랑쌀랑하다 [形] 肌寒い. 薄ら寒い.

쌀랑하다 [形] ひやりとする. **1** (空気が)冷たい. 肌寒い. ¶오늘 아침은 좀 쌀랑하군 今朝はちょっとひんやりするなあ. **2** (驚いて)ひやりとする. ひやっとする. ¶쌀랑한 느낌의 바깥 공기 ひやりとした感じの外気.

쌀래쌀래 [副] 頭を軽く横に振るようす. ¶고개를 ~ 젓다 いやいやをするように首を横に振る.

쌀밥 [名] 米のご飯.

쌀벌레 [名] **1** 穀象虫. 米食い虫. **2** ごくつぶし. 働かずに遊び暮らしている人.

쌀보리 [名] **1** 〔植〕 裸麦. **2** 脱穀した大麦.

쌀부대〔一負袋〕 [名] 米袋.

쌀쌀¹ [副] **1** 〔벌레가 기어다니는 모양〕 もぞもぞ. ¶송충이가 ~ 움직이다 松毛虫がもぞもぞ(と)動く. **2** 〔마음이 들떠서 계속 돌아다니는 모양〕 ほっつき回る. ¶여기저기 ~ 돌아다니다 あちこちほっつき回る. **3** 〔'쌀래쌀래'의 준말〕 頭を軽く横に振る. ¶싫다고 머리를 ~ 흔들다 いやだと頭を軽く横に振る. **4** 〔소량의 액체가 서서히 끓는 모양〕 ぶつぶつ(と). ぼこぼこ(と). ¶물이 ~ 끓다 水がぼこぼこと沸く.

쌀쌀² [副] 〔배가 쓰리며 아픈 모양〕 ちくちく(と). ¶배가 ~ 아프다 腹がちくちく痛む.

쌀쌀맞다 [形] (性質·態度が)憎たらしいほど冷たい.

쌀쌀하다 [形] 冷たい. 冷ややかである. **1** 肌寒い. ひんやりしている. ¶쌀쌀한 고원의 공기 ひんやり(と)した高原の空気. **2** よそよそしい. 冷淡だ. ¶태도가 ~ 態度がよそよそしい / 쌀쌀한 눈으로 본다 冷たい目で見る. **쌀쌀히** [副] 冷ややかに. 冷たく. ¶~ 군다 よそよそしくふるまう.

쌀알 [名] 米粒.

쌀장사 [名] [하自] 米の売買.

쌀장수 [名] 米屋. 米商人.

쌀캉거리다[-대다] [自] (豆やくりなどが)こりこりする. ごりごりする.

쌀캉쌀캉 [副] [하自] 〔설삶은 콩이나 밥을 씹는 모양[소리]〕 こりこり(と). ごりごり(と).

쌀풀 [名] 米糊.

쌈¹ [名] 〔料理〕 海苔·ちしゃ·はくさいなどでご飯とおかずを包んで食べること, またはその料理.

쌈² [名] [하自] 〔'싸움'의 준말〕 戦い. けんか. 争い.

쌈³ 〈依名〉 **1** 縫い針24本を一単位として数える語. **2** 砧に載せるのにちょうどいい分量を包んだ布地の一塊. **3** 金100両の重さ.
쌈박 副 〔칼에 쉽게 베어지는 모양〕 すぱっと. すぱりと. ざくっと.
　쌈박쌈박 副 하自形 すぱすぱ. ざくざく. ¶무를 ~ 자르다 大根をすぱすぱ(と)切る.
쌈싸우다 自 **1** 争う. けんかする. **2** 戦争をする. 戦う. 戦をする.
쌈지 名 たばこを入れる袋. たばこ入れ. 〔속담〕 **쌈짓돈이 주머니 돈** たばこ入れのお金が巾着のお金〈区別する必要がなく, 同じものだ〉.
쌉싸래하다 形 ちょっと苦みがある. ほろ苦い.
쌉쌀하다 形 少し苦みがある. ほろ苦い. ¶쌉쌀한 인삼차 やや苦みのある朝鮮人参茶.
쌍〔雙〕 **Ⅰ** 名 対. ペア. ¶~을 이루다 対をなす.
　Ⅱ 〈依名〉 対. つがい. 組. ¶한 ~의 부부 一組の夫婦.
쌍가마〔雙―〕 名 二つのつむじ. つむじが二つあること.
쌍각〔雙脚〕 名 双脚. 両脚.
쌍갈지다〔雙―〕 自 二またに分かれる.
쌍견〔雙肩〕 名 双肩.
쌍겹눈〔雙―〕 名 二重まぶたの目.
쌍고치〔雙―〕 名 玉繭. ふたつまゆ.
쌍곡선〔雙曲線〕 名〔數〕 双曲線.
쌍권총〔雙拳銃〕 名 二丁拳銃.
쌍그렇다 形 (冷たい風が吹くときに麻の服を着ているようすが) 見るからに寒々しい. 見るからに寂しい.
쌍그레 副 하自 〔눈웃음짓는 모양〕 にこっと. ¶얼굴에 ~ 웃음짓다 顔ににこっと笑みを浮かべる.
쌍글빵글 副 하自 〔눈웃음에 미소짓는 모양〕 にこにこ(と).
쌍긋빵긋 副 하自 にこにこ. にっこりと.
쌍꺼풀〔雙―〕 名 二重まぶた.
　◆**쌍꺼풀이 지다** 二重まぶたになる.
쌍끗 副 하自 〔귀엽게 눈웃음짓는 모양〕 にこっと. にっこり. **쌍끗이** 副 にこっと. にっこりと.
　쌍끗거리다[-대다] 自 にこにこほほえむ.
쌍끗빵끗 副 하自 〔눈웃음과 미소짓는 모양〕 にこにこ(と).
쌍날칼〔雙―〕 名 もろ刃. 両刃.
쌍년 名 〈卑〉 女. ばいた. あま.
쌍놈 名 〈卑〉 男. げす. 野郎.
쌍동딸〔雙童―〕 名 女子の双子.
쌍동아들〔雙童―〕 名 男の双子.
쌍되다 形 卑しい. はしたない. 下品だ.
쌍두〔雙頭〕 名 **1** 双頭. 両頭. **2** 2頭. 2匹.
　쌍두마차〔―馬車〕 名 2頭立ての馬車.
쌍둥이〔雙童―〕 名 双生児. 双子.
　쌍둥이자리 名〔天〕 双子座〈黄道十二宮の一つ〉.
쌍룡〔雙龍〕 名 一つがいの竜. 2匹の竜.
쌍륙〔雙六〕 名 双六.
쌍륜〔雙輪〕 名 **1** 二輪. 双輪. **2** 二輪車.
쌍말 名 하自 卑語. 下品な言葉. 汚い言葉. ¶~로 욕을 한다 汚い言葉でののしる.
쌍무〔雙務〕 名〔法〕 双務.
　쌍무 계약〔―契約〕 名〔法〕 双務契約.
쌍무지개〔雙―〕 名 二重にかかった虹.
쌍미〔雙眉〕 名 双眉. 左右の眉.
쌍바라지〔雙―〕 名 両開き. 両開きの扉. ¶~농 両開きのたんす.
쌍받침〔雙―〕 名〔言〕 同じ子音が重なってできた濃音終声.
쌍발〔雙發〕 名 **1** 双発. 発動機が二つあること. ¶~ 비행기 双発飛行機. **2** 銃口が二つあること. ¶~엽총 二連の猟銃.
쌍방〔雙方〕 名 双方. 両方. ¶~의 의견을 듣다 双方の意見を聞く.
　쌍방 대리〔―代理〕 名〔法〕 双方代理.
쌍벌죄〔雙罰罪〕 名〔法〕 相姦者双方を罰する姦通罪.
쌍벽〔雙璧〕 名 双璧. ¶조선 시대 유학의 ~ 朝鮮時代の儒学の双璧.
쌍봉〔雙峰〕 名 双峰.
쌍봉낙타〔雙峰駱駝〕 名〔動〕 二瘤駱駝.
쌍분〔雙墳〕 名 並べてつくった夫婦の二つの墳墓.
쌍생〔雙生〕 名 하自他 双生. 双子を生むこと. 双子が生まれること.
　쌍생아〔―兒〕 名 双生児. 双子.
쌍소리 名 下品な言葉・話. ¶~를 지껄이다 下品な言葉をはく.
쌍수〔雙手〕 名 双手. 両手. もろ手. ¶~를 들어 환영하다 もろ手を挙げて歓迎する.
　쌍수검〔―劍〕 名 両刀. 両手に1本ずつ持つ刀.
쌍스럽다 形 下品だ. 下劣だ. 卑しい. ¶말하는 품이 ~ 口のきき方が下品だ.
쌍심지〔雙―〕 名 **1** 2本の灯心. **2** ひどく怒って両目を血走らせることのたとえ.
　◆**쌍심지가 나다[서다·오르다]** 激怒して両目を血走らせる.
쌍쌍〔雙雙〕 名 2組以上の対[カップル].
쌍안〔雙眼〕 名 双眼.
　쌍안경〔―鏡〕 名 双眼鏡.
쌍올실〔雙―〕 名 織り糸2本でより合わせた糸.
쌍욕〔―辱〕 名 下品[下劣]な悪口.
쌍자엽〔雙子葉〕 名〔植〕 双子葉.
쌍전〔雙全〕 名 하形 両全. 両方とも完全であること.
쌍지팡이〔雙―〕 名 一対の松葉づえ.
　◆**쌍지팡이 짚고 나서다** (一対の松葉づえをついて出るの意で) いらぬおせっかいをする.
쌍창〔雙窓〕 名 二枚戸の窓.
　쌍창 미닫이 名 二枚戸の障子.
쌍칼 名 両刀(遣い). 二刀流.
쌍태〔雙胎〕 名 双子を身ごもること. 胎内にいる双子.
　쌍태 임신〔―姙娠〕 名〔生〕 双胎妊娠. 双子を妊娠すること.
쌍항아리〔雙―〕 名 小さい二つのつぼをくっつけたつぼ.

쌍화탕[雙和湯] 名〔韓方〕疲労回復のための煎じ薬.

쌓다 他 **1** (物を)積む. 積み重ねる. 重ねる. ¶볏섬을 쌓아 올리다 米俵を積み重ねる. **2** (修養などを)積む. (技術などを)磨く. ¶수양을 ～ 修養を積む. **3** (建物などを)築く. ¶돌담을 ～ 石垣を築く.

쌓이다 自 **1** 積まれる. 積もる. ¶산처럼 쌓인 쌀섬 山のように積まれた米俵／눈이 지붕에 ～ 雪が屋根に積もる. **2** (心配·不平などが)重なって増える. (仕事が)たまる. ¶불만이 쌓여 폭발하였다 不満が積もって爆発した.

쌔근거리다[-대다] 自 息をはずませる. あえぐ.

쌔근쌔근 副 하自 **1** はあはあ. **2** すやすや(と).

쌔다[1] 自 あり余るほどある. ざらにある. いくらでもある. うんとある. ¶그런 것은 시장에 가면 쌨다 そんなものは市場に行ったらいくらでもある.

◆**쌔고 쌨다** あり余るほどある. いくらでもある. ざらにある. ¶그만한 미인은 쌔고 쌨다 それ位の美人はいくらでもある.

쌔다[2] 自〔'쌓이다'의 준말〕積もる. 積まれる.

쌔다[3] 自〔'싸이다'의 준말〕覆われる. 包まれる.

쌔무룩하다 形 **1** 仏頂面をしている. つんとしている. ふくれている. ¶쌔무룩한 얼굴을 하다 仏頂面をする. **2** 天気がどんより曇っている.

쌔비다 他〈俗〉盗む. かすめ取る. ちょろまかす. ¶핸드백을 ～ ハンドバッグをかすめ取る.

쌕 副〔얼른 눈웃음치고 그만두는 모양〕にこっと. にっと. ¶～ 웃고 고개를 숙였다 にっと笑って下を向いた.

쌕쌕 副 하自〔가늘게 숨쉬는 모양〕すやすや.

쌕쌕거리다[-대다] 自 すやすやと眠る. はあはあ息をはずませる.

쌜그러뜨리다[-트리다] 他 ゆがめる. 傾ける. ¶고통으로 얼굴을 ～ 苦痛に顔を歪める.

쌜그러지다 自 ゆがむ. 傾く.

쌜룩 副 하自他〔근육의 일부분이 갑자기 움직이는 모양〕ぴくっと. びくっと. ぴくりと. びくりと. ¶눈썹을 ～ 움직이다 まゆをぴくっと動かす.

쌜룩거리다[-대다] 自他 ぴくぴくする. ひくひくする.

쌜룩쌜룩 副 하自他 ぴくぴく. ひくひく.

쌩 副〔세찬 바람이 부는 소리〕ひゅう(と). ぴゅう(と). ¶일진광풍이 ～ 불다 一陣の狂風がぴゅうと吹く.

쌩그레 副 하自〔눈웃음짓는 모양〕にこっと.

쌩글뺑글 副 하自〔계속해서 눈웃음, 미소를 짓는 모양〕にこにこ(と).

쌩긋 副 하自〔정답게 눈웃음만 치는 모양〕にっこり(と). にこっと. ¶～ 웃다 にっこり笑う. **쌩긋이** 副 にっこりと.

쌩긋거리다[-대다] 自 にこにこする.

쌩긋쌩긋 副 하自 にこにこ(と). にっこりと.

쌩긋빵긋 副 하自 にこにこ(と).

쌩쌩 副〔바람이 세차게 지나가는 소리[모양]〕ひゅうひゅう(と). ぴゅうぴゅう(と). ¶찬 바람이 ～ 분다 冷たい風がぴゅうぴゅう吹いてくる.

쌩쌩하다 形 **1** ぴちぴちしている. 生き生きしている. とても新鮮だ. **2** 明白だ. 生々しい. はっきりしている. ¶그 당시의 일은 아직도 기억에 ～ その当時のことは記憶にまだ生々しい.

써 ☞로써[으로써]

써내다 他 書いて出す.

써넣다 他 書き込む. 書き入れる. 記入する. ¶성명란에 이름을 ～ 氏名欄に名前を書き込む.

써느렇다 形 **1** (温度や気候が)冷たい. 冷ややかだ. ひやりとする. ¶밤바람이 ～ 夜風が冷たい. **2** (急に驚いて)ぞっとする. ひやひやする. ¶가슴이 ～ 肝を冷やす.

써늘하다 形 ひやりとする. **1** (風·空気·物が)ひんやりする. 冷ややかだ. ¶밤공기가 ～ 夜の空気がひんやりする. **2** (危険や恐怖を感じて)ひやりとする. ¶조교가 흔들려 써늘했다 つり橋がゆれてひやりとした.

써다 自 (潮やたまった水などが)引く. ¶바닷물이 썰 때까지 기다리자 潮が引くまで待とう.

써레 名〔農〕馬鍬. まんが.

써레질 名 하他〔農〕代かき〈田をかきならす作業〉.

써리다 他〔農〕馬鍬でならす.

써먹다 他〈俗〉活用する. 利用する.

썩[1] 副 **1** ぐずぐずせずに早く. さっさと. さっと. ¶～ 나가거라 さっさと出て行け. **2** ずば抜けて. 非常に. とても. ¶생각했던 것과는 달리 ～ 잘한다 考えていたのとは違ってとてもうまい.

썩[2] 副 **1**〔칼이나 가위로 단숨에 베는 모양〕さっくりと. ざっくりと. **2**〔밀거나 쓸어 나가는 모양〕さっと. ¶문을 ～ 열고 나가다 戸をさっとあけて出ていく. **3**〔거리낌없이 남 앞에 나서는 모양〕すっと. ¶묻지도 않는데 ～ 나서다 聞きもしないのにさっと前へ出る.

썩다 自 **1** 腐る. 腐敗する. ¶생선이 썩어 간다 魚が腐りかけている. **2** 堕落する. 乱れる. 腐る. ¶근성이 ～ 根性が腐る／썩은 정치 腐った政治. **3** 気が沈む. 心を痛める. めいる. 腐る. ¶시합에 져서 속이 ～ 試合に負けて気が腐る. **4** 死蔵される. ¶썩고 있는 자본을 활용하다 遊休資本を活用する. **5** (才能などが)埋もれる. 持ち腐れになる. 朽ちる. ¶아까운 재능이 썩고 있다 すぐれた才能が埋もれている.

썩둑 副 すぱっと. ざくっと. ¶무를 ～ 자르다 だいこんをすぱっと切る.

썩둑썩둑 副 하他 すぱっすぱっと.

썩썩 副 **1**〔가볍게 비비거나 쓰는 모양〕さっさっ(と). **2**〔종이·피륙 등을 거침없이 베거나 써는 모양[소리]〕ちょきちょき(と). さくさく(と).

썩썩거리다[-대다] 自他 さっさっと音を立てる.

썩썩하다 形 気さくだ. 物腰が柔らかくはきはきしている.

썩어빠지다 自 腐りきる. 朽ち果てる. ¶ 썩어 빠진 생활 태도 腐りきった生活態度.

썩이다 他 **1** 腐らせる. ¶ 과일을 ～ 果物を腐らせる. **2** 気をもませる. 頭を痛ませる. ¶ 부모의 속을 ～ 親の気をもませる / 진학 문제로 마음을 ～ 進学問題で心を痛ます.

썩정이 名 **1** 腐ったもの. **2** 生木の枯れ枝.

썩히다 他 腐らせる. ¶ 거름을 ～ 肥やしを腐らせる / 우수한 인재를 ～ 優れた人材を腐らせる.

썰다 他 (食物を)刻む. 切る. ¶ 파를 ～ ねぎを刻む / 무를 통째로 ～ だいこんを輪切りにする.

썰렁하다 形 **1** (風·空気などが)少し冷たい. ひんやりしている. ¶ 방안이 ～ 部屋の中が冷やっとする. **2** (不意に驚いて)ひやりとする. **3** がらんとしている. ¶ 사람의 모습도 없이 썰렁한 경내 人影もなくがらんとしている境内.

썰레썰레 副 頭を振るようす.

썰리다 Ⅰ 自 切られる. 刻まれる. 切れる. ¶ 식칼은 잘 썰린다 包丁はよく切れる.

Ⅱ 他 切らせる. 刻ませる.

썰매 名 そり. ¶ ～를 타다 そりに乗る.

썰물 名 引き潮. 干潮. 下げ潮.

썰썰 副 **1**〔'썰레썰레'의 준말〕頭を振るようす. **2**〔'설설'의 센말〕ぐらぐら. しゅんしゅん.

◆**썰썰 기다** 恐れ入って身を伏せる. 恐れ入る. かしこまる. 恐れてはいつくばう. ¶ 형님 앞에서 ～ 긴다 兄さんの前では縮こまっている.

썰썰하다 形 ちょっとひもじい.

썰음질 名 細い鋸で木を切ること.

썸벅 副 하自〔쉽게 베어지는 모양〕すっぱり(と). ずばりと. ざくっと. ¶ 수박이 ～ 쪼개지다 すいかがざくっと割れる.

썸벅썸벅 副 하自 ずばっずばっと. すぱっすぱっと.

썽그레 副 にこっと. にんまり(と). ¶ ～ 미소를 짓다 にんまりとほくそえむ.

썽긋 副 하自 にこっと. にっこり.

썽긋뺑긋 副 하自 にこにこ(と).

썽긋썽긋 副 하自 にこにこ(と).

쏘가리 名〔動〕しなけつぎょ.

쏘개질 名 하自 告げ口. 密告.

쏘곤거리다[-대다] 自 ささやく. こそこそ[ひそひそ]話す.

쏘곤쏘곤 副 하自 ひそひそ. こそこそ.

쏘다 Ⅰ 他 **1** 射る. 撃つ. 放つ. ¶ 과녁을 쏘아 맞히다 的に射当てる. **2** 刺す. ¶ 벌이 얼굴을 ～ はちに顔を刺される. **3** 鋭く言い放つ. **4** (においなどが)鼻をつく. (味が)舌を刺す. ¶ 겨자 맛이 톡 ～ わさびが鼻をつんと刺す.

Ⅱ 自 うずく. 刺すように痛む. ずきずきする. ¶ 허리[다리]가 ～ 腰[脚]がうずく.

쏘다니다 自他 やたらに出歩く. うろつき回る. 歩き回る. ¶ 밤 거리를 ～ 夜の街を歩き回る.

쏘삭거리다[-대다] 他 **1** ひっかき回す. つっつき回す. **2** おだててそそのかす. ¶ 사람을 쏘삭거려 마음을 들뜨게 한다 人をおだてて浮わつかせる.

쏘삭쏘삭 副 하他 **1** しきりにつつき回すようす. **2** しきりにそそのかす[おだてる]ようす.

쏘시개 名〔'불쏘시개'의 준말〕焚きつけ.

쏘시개나무 名 火つけ木.

쏘아보다 他 にらむ. にらみつける. ¶ 매서운 눈초리로 ～ 険しい目つきでにらみつける.

쏘아붙이다 他 鋭く言い放つ.

쏘이다 自 **1** 刺される. ¶ 벌에 얼굴을 ～ はちに顔を刺される. **2** 撃たれる.

쏙 副 **1**〔몹시 내밀거나 들어간 모양〕にゅっと. ぼこん(と). ぽっかり. ¶ 머리를 ～ 내밀다 頭をにゅっと突きだす. **2**〔깊이 밀어 넣거나 뽑아내는 모양〕ぐいっと. ぐっと. すぽっと. ¶ 묘목을 ～ 뽑아 버리다 苗木をぐいっと引き抜いてしまう. **3**〔거리낌없이 함부로 참견하는 모양〕ぶしつけに. 遠慮なく. 唐突に. ¶ 어른들 이야기에 ～ 나서다 年上の人たちの話にぶしつけに口をはさむ. **4**〔아주 매끈한 모양〕ととのった. すんなり(と). ¶ ～ 빠진 용모 ととのった容貌.

쏙닥거리다[-대다] 自 ひそひそ話をする.

쏙닥쏙닥 副 하自〔쏙닥거리는 모양〕ひそひそ(と). こそこそ(と). ¶ ～ 귓전에 대고 속삭이다 ひそひそ(と)耳もとでささやく.

쏙닥이다 自 ひそひそと話す. こそこそとささやく.

쏙소그레하다 形 揃っている. 大きくも小さくもなくみな同じぐらいだ.

쏜살같다 形 射られた矢のようだ. 非常に速い. **쏜살같이** 副 矢のように. 非常に速く.

쏟다 他 **1** こぼす. 空ける. 流す. ¶ 물통의 물을 ～ 桶の水を空ける[ぶちまける] / 국을 ～ スープをこぼす. **2** (不平などを)ぶちまける. ¶ 불만을 쏟아 놓았다 不満をぶちまけた. **3** (心を)注ぐ. 傾注する. ¶ 연구에 심혈을 ～ 研究に心血を注ぐ. **4** (涙や血などを)流す. 出す. こぼす. ¶ 눈물을 하염없이 ～ 涙をとめどなく流す.

쏟아지다 自 **1** こぼれる. ¶ 잉크가 ～ インクがこぼれる. **2** あふれる. とめどなく流れる. ¶ 눈물이 ～ 涙があふれ出る. **3** 降りしきる. 降り注ぐ. ¶ 눈이 펑펑 쏟아진다 雪がこんこんと降りしきる.

쏠다 他 **1** (ねずみなどが)かじる. かみ切る. ¶ 쥐가 찬장을 ～ ねずみが茶だんすをかじる. **2** 悪口を言う. そしる. ¶ 배은망덕하다고 ～ 恩知らずとそしる.

쏠리다 自 **1** 傾く. かたよる. (物が)斜めになる. ¶ 배가 왼쪽으로 ～ 船が左に傾く. **2** (心·視線などが)一方に寄る. 集まる. 引かれる. ¶ 미모에 ～ 美貌に引かれる.

쏠쏠하다 形 (質が)かなりよい. ¶ 가게는 작아도 쏠쏠한 물건이 많다 店は小

さくとも結構いい品物がたくさんある.
쏠쏠히 副 かなりよく. 結構.
쏭당쏭당 副 **1**〔야채를 잘게 써는 모양〕ざくざく. すばすば. ¶파를 ～ 썬다 ねぎをざくざく刻む. **2**〔바늘 땀을 성기게 깁는 모양〕粗く. とびとびに.
쏴 副 **1**〔나뭇가지를 스쳐 부는 바람 소리〕ひゅう(と). ぴゅう(と). ¶～하고 불어오는 바람 소리 ひゅうと吹いてくる風の音. **2**〔비바람 소리나 밀려오는 바닷물 소리〕ざあっと. ¶소나기가 ～ 내리기 시작하다 夕立がざあっと降り出す.
쐐 副 **1**〔나뭇가지 사이로 바람이 몰아쳐 부는 소리〕ひゅう(と). ぴゅう(と). **2** ざあっと.
쐐기[1] 名 くさび.
◆**쐐기를 박다[치다]** ① くさびを差す. 打ち込む. ② 後腐れのないように駄目を押す. ③ 人を離間させるためそしる.
쐐기돌 名〔建〕楔石.
쐐기[2] 名〔動〕刺虫.
쐐기풀 名〔植〕刺草.
쐬다[1] 他 **1** 浴びる. さらす. 当てる. ¶일광을 ～ 日光を浴びる/습기찬 옷가지를 바람에 ～ 湿った衣類を風に当てる. **2** (価値を)見てもらう. 評価させる.
쐬다[2] 自〔'쏘이다'의 준말〕刺される. ¶꿀벌에 쐬었다 みつばちに刺された.
쑤군거리다[-대다] 自他 こそこそ[ひそひそ]話す. ひそかにささやく.
쑤군쑤군 副 하自他〔쑤군거리는 소리〕ひそひそ(と). こそこそ(と). ¶둘이서 ～ 하고 있다 二人でひそひそ話している.
쑤다 他 (粥を)炊く. 作る. ¶풀을 ～ 糊をつくる.
쑤석거리다[-대다] 他 **1** しきりにつっつき回す. ひっかき回す. ほじくる. ¶화롯불을 ～ 火鉢の火をひっかき回す. **2** おだてあげる. かつぎあげる. そそのかす. ¶사람을 쑤석거려 선거에 출마하게 하다 人をくどき落として選挙に出馬させる.
쑤석쑤석 副 하他 **1** つっつき回したりひっかき回したりするようす. ほじくったりするようす. **2** しきりにおだてあげるようす.
쑤시다[1] 自 うずく. ちくちくする. ずきずき痛む. ¶이가 ～ 歯がうずく/허리가 ～ 腰がずきずき痛む.
쑤시다[2] 他 **1** ほじくる. つっつく. 差し込む. ¶막대로 수챗구멍을 ～ 棒で下水口をつっつく. **2** (雰囲気などを) ひっかき回す. ¶분위기를 쑤셔 흐려놓다 雰囲気をひっかき回して台無しにする.
쑥[1] 名〔植〕蓬. 艾.
쑥[2] 名 こっけいで愚かな人. まぬけ. お人よし. ばか. ¶말을 들어 보니 정말 ～이더군 話を聞いてみたけれど本当にばかだよ.
쑥[3] 副 **1**〔몹시 내밀거나 들어간 모양〕ぼこんと. にゅっと. ぬっと. ¶뒤통수가 ～ 튀어나온 사람 後頭部がぼこんと突き出ている人. **2**〔깊이 밀어넣거나 길게 뽑아내는 모양〕ぐいっと. ¶무를 ～ 뽑아내다 だいこんをぐいっと引き抜く/안 쓰는 용품을 광에 ～ 밀어넣다 使わない用品を物置にぐいっと押し込む. **3**〔말이 경솔한 모양〕ぶしつけに. 唐突に.
쑥갓 名〔植〕春菊.
쑥대 名 蓬の茎.
쑥대김 名 粗く漉いた岩海苔.
쑥대머리 名 蓬頭.
쑥대밭 名 **1** 蓬が生い茂った荒れ地. **2** 廃墟. ¶～이 된 도시 廃墟と化した都. **3** ある勢力が打撃を受けてひどく衰えること.
쑥덕공론〔—公論〕 名 하自 何人かでひそかにこそこそと交わす議論.
쑥덕거리다[-대다] 自他 ひそひそと話し合う. ¶마을 사람들이 쑥덕거리고 있다 村の人がひそひそ話している.
쑥덕쑥덕 副 하自他〔여럿이 수군거리는 모양〕ひそひそ(と). こそこそ(と). ¶～ 뒷말을 한다 ひそひそ陰口を言う.
쑥덕이다 自他 (大勢で)ひそひそと話し合う. ¶쑥덕이는 말을 엿듣다 ひそひそと話していることを立ち聞きする.
쑥떡 名 蓬餅. 草餅.
쑥밭 名〔'쑥대밭'의 준말〕蓬の茂った荒れ地.
쑥버무리 名〔料理〕米の粉に蓬を混ぜて蒸した餅.
쑥새 名〔動〕頭高.
쑥스럽다 形 照れくさい. きまり悪い. おこがましい. 気恥ずかしい. 恥ずかしい. ¶쑥스러워 얼굴을 들 수 없다 照れくさくて顔が上げられない.
쑥쑥 副 **1**〔쑥 내밀거나 들어간 모양〕にょきにょき. ぼこぼこ(と). ¶죽순이 ～ 돋아나다 竹の子がにょきにょき(と)生える. **2**〔힘차게 성장하는 모양〕すくすく(と). ¶봄비에 젖은 화초가 ～ 자라다 春雨にぬれた草花がすくすくと伸びる. **3**〔잘 빠지거나 뽑히는 모양〕ぐいぐい(と). ¶하수도 물이 ～ 빠지다 下水道の水がぐいぐい引く. **4**〔바늘로 쑤시듯이 아픈 모양〕ずきずき. ずきんずきん. きりきり(と). **5**〔말을 거리낌없이 하거나 나서는 모양〕ずけずけ(と). ¶건방지게 ～ 나서다 生意気にずけずけ(と)出しゃばる.
쑬쑬하다 形 (品質が)かなりよい. 結構だ. まずまずだ. 相当だ. ¶품질이 그만한 수준이면 ～ 品質がそのぐらいの水準ならかなりよい.
쑹덩쑹덩 副 **1**〔물건을 굵직하게 빨리 써는 모양〕ざくざく(と). ¶파를 ～ 썰다 葱をざくざく切る. **2** 縫い目を粗く. ¶아무렇게나 ～ 꿰매 입다 適当に縫いあげて着る.
쒜쒜 感〔어린아이의 다친 데를 만져주며 달래는 소리〕ちちんぷいぷい.
쓰개 名 頭にかぶる物の総称.
쓰개치마 名 昔, 女性が外出するとき着た頭から上半身を覆い隠すようになっているチマ(치마).
쓰다[1] 他 **1** (文字を)書く. ¶이름을 ～ 名前を書く/주소를 잘못 ～ 住所を書きそこなう. **2** (文章を)書

く. 綴る. 著作する. ¶ 소설을 ~ 小説を書く / 일기를 ~ 日記を書く.

쓰다[2] ㊀他 **1** (帽子などを)かぶる. (眼鏡を)かける. (傘を)さす. (布団などを)引っ被る. ¶ 모자를 ~ 帽子をかぶる / 안경을 ~ 眼鏡をかける / 양산을 쓰고 가다 日傘をさして歩く. **2** (ごみなどを)かぶる. ¶ 먼지를 ~ ほこりをかぶる. **3** (ぬれぎぬを)きせられる. (罪を)かぶる. ¶ 누명을 ~ ぬれぎぬをきせられる. **4** (仮面を)かぶる. ¶ 탈을 쓰고 춤을 추다 仮面をかぶって踊る.

쓰다[3] **I** ㊀他 使う. **1** (お金·物を)使用する. 用いる. 費やす. 投入する. ¶ 도구를 ~ 道具を使う / 경비를 ~ 経費を使う. **2** (人を)雇う. 働かせる. 使う. ¶ 사무원을 ~ 事務員を雇う[使う]. **3** (주로 부정적인 말과 함께 쓰여) 〔몸의 일부를 제대로 놀리다〕 動かす. ¶ 한쪽 팔을 쓰지 못한다 片方の腕を動かせない. **4** (頭·心を)働かす. 使う. 尽くす. 注ぐ. ¶ 옷차림에 신경을 ~ 身だしなみに気を使う / 머리를 ~ 頭を働かす. **5** (材料·原料として)用いる. (…に)する. ¶ 나무를 써서 만든 책상 木材を使ってつくった机. **6** (薬を)服用する. 塗布する. 飲む. 使う. ¶ 상처에 요오드팅크를 ~ 傷口にヨードチンキをぬる. **7** 〈ユンノリ(윷놀이)や将棋で〉駒を進ませる. 動かす. ¶ 말을 잘 ~ 駒の動かし方がうまい. **8** (策を)用いる. ¶ 꾀를 ~ 計略を用いる. **9** (我を)張る. (だだを)こねる. ¶ 억지를 ~ 我を張る / 떼 쓰지 마 だだをこねるんじゃない. **10** おごる. もてなす. ¶ 한턱 쓰겠소 一杯おごります. 一席設けます.

II ㊀自 (반문하거나 부정하는 말의 서술어로 쓰여) 〔바른 상태가 되다〕 いけない. 使いものにならない. けしからん. ¶ 어른에게 대들면 쓰나 大人にたてついていいのか.

쓰다[4] ㊀他 墓をつくる. 埋葬する. ¶ 선산 밑에 뫼를 ~ 祖先の墓の下の方に埋葬する.

쓰다[5] ㊀形 **1** 苦い. ¶ 양약은 입에 ~ 良薬は口に苦い. **2** 食欲がない. ¶ 입맛이 써서 못 먹겠다 食欲がなくて食べられない. **3** 苦々しい. 面白くない. つらい. ¶ 쓴 경험을 하다 苦い経験をする.

쓰다듬다 ㊀他 **1** なでる. なでさする. さする. ¶ 머리를 ~ 頭をなでる. **2** なだめすかす. ¶ 나무라지 말고 쓰다듬어 주어라 叱らないでなだめすかしてやりなさい.

쓰디쓰다 ㊀形 苦々しい. **1** (味が)ひどく苦い. ¶ 쓰디쓴 술 非常に苦い酒. **2** (心が)苦しい. 辛い.

쓰라리다 ㊀形 **1** ひりひりする. ずきずきする. うずく. ¶ 상처가 ~ 傷口がずきずきする. **2** 辛い. 苦しい. ¶ 쓰라린 이별 つらい別れ / 쓰라린 경험 苦い経験.

쓰러뜨리다[-트리다] ㊀他 倒す. ¶ 다리를 걸어 상대를 ~ 脚を引っかけて相手を倒す / 독재정부를 ~ 独裁政府を倒す.

쓰러지다 ㊀自 倒れる. ¶ 과로로 ~ 過労で倒れる / 흉탄에 ~ 凶弾に倒れる / 폭풍으로 나무가 ~ 嵐で木が倒れる.

쓰렁쓰렁하다 ㊀形 (親しかった仲が気まずくなって)よそよそしい. うとい.

쓰레기 ㊀名 ごみ. ちり. くず. ¶ ~를 버리다 ごみを捨てる.

쓰레기차[一車] ㊀名 清掃車.

쓰레기통[一桶] ㊀名 ごみ箱. ちり箱. 屑入れ. 屑かご.

쓰레받기 ㊀名 ごみ取り. ちり取り.

쓰레질 ㊀名 ㊀하自 掃き掃除.

쓰레하다 ㊀形 倒れそうになっている. ¶ 쓰레하게 서 있는 원두막 倒れそうに建っている番小屋.

쓰르라미 ㊀名 〔動〕 蜩·かなかな.

쓰리다 ㊀形 **1** ひりひりする. ずきずき痛む. ¶ 상처가 ~ 傷口がひりひりする. **2** (心が)ちくちく痛む. **3** (ひどく飢えて)気力が尽きる.

쓰이다[1] **I** ㊀自 書かれる. ¶ 이 붓은 글씨가 잘 쓰인다 この筆では字がよく書ける. **II** ㊀他 書かせる. ¶ 학생에게 리포트를 ~ 学生にレポートを書かせる.

쓰이다[2] ㊀自 使われる. 用いられる. ¶ 영어는 세계의 여러 지역에서 쓰인다 英語は世界の多くの地域で使われている.

쓰적거리다[-대다] **I** ㊀自 (物が互いに)擦れ合う. 触れ合う. **II** ㊀他 大ざっぱに掃く.

쓰적쓰적 ㊀副 **1** ざっと掃くさま. **2** すっすっと擦れ合うさま.

쏙 ㊀副 **1** 〔슬쩍 사라지는 모양〕 すっと. そっと. こっそり(と). ¶ ~ 사라지다 すっと消える / 뒷문으로 ~ 돌아오다 裏口からそっと帰る. **2** 〔척 내닫는 모양〕 さっと. ぱっと. ¶ ~ 뛰쳐나가다 さっと飛び出す. **3** 〔빨리 지나가는 모양〕 さっと. ¶ ~ 가로지르다 さっと横切る. **4** 〔슬쩍 문지르는 모양〕 そっと. ¶ ~ 문지르다 そっともむ[こする].

쓱싹 ㊀副 〔톱질이나 줄질할 때 나는 소리〕 ごしごし. ぎこぎこ.

쓱싹거리다[-대다] ㊀自他 ぎこぎこ[ごしごし]音がする. 音をたてる.

쓱싹쓱싹 ㊀副 ㊀하自他 ごしごし.

쓱싹하다 ㊀他 **1** (よくないこと·過ちなどを)もみ消す. 見逃す. **2** (人の物を)猫ばばする. ¶ 지갑을 ~ 財布を猫ばばする. **3** (勘定などを)棒引きにする. 相殺する.

쓱쓱 ㊀副 ㊀하他 **1** 〔자꾸 쓱 문대는 모양〕 ごしごし. ¶ 냄비의 바닥을 ~ 문지르다 鍋の底をごしごし(と)こする. **2** 〔일을 손쉽게 해치우는 모양〕 すらすら. ¶ 일이 생각보다 ~ 진척되다 仕事が思ったよりすらすら(と)運ぶ.

쓴맛 ㊀名 苦み. 苦さ.

〔속담〕 **쓴맛 단맛 다 보았다** 酸いも甘いもみな味わった〈人生のあらゆる経験をしたということ〉.

쓴웃음 ㊀名 苦笑い. 苦笑. ¶ ~을 짓다 苦笑いをする.

쓸개 ㊀名 〔生〕 胆嚢.

◆**쓸개가 빠지다** 主観のないのをあざわらって言うこと.

쓸다[1] 他 **1** 掃く. ¶방을 ～ 部屋を掃く/마당을 깨끗이 ～ 庭をきれいに掃く. **2** (手で軽く)なでる. ¶아이의 머리를 ～ 子供の頭をなでてやる. **3** (伝染病が)広まる. (台風·洪水などが)吹き荒れて一帯を総なめにする. ¶홍수가 마을을 쓸고 갔다 洪水が村を総なめにしていった. **4** (お金·物などを)独り占めする. かき集める. ¶판돈을 몽땅 쓸어 갔다 (賭場の)場銭をすべて独り占めしていった.

쓸다[2] 他 (やすりなどで)こする. 擦る. ¶톱날을 ～ のこぎりの目を擦る. 研ぐ.

쓸데없다 形 役に立たない. 要らない. 無用だ. 無駄だ. ¶쓸데없는 수고 役に立たない苦労. 徒労. **쓸데없이** 副 無駄に. いたずらに. 無用に. ¶～ 걱정만 하고 있다 無駄に心配ばかりしている.

쓸리다[1] 自 擦りむける. ¶발뒤꿈치가 쓸렸다 かかとが擦りむけた.

쓸리다[2] 自 (植物が風で)一方に傾きなびく.

쓸리다[3] 自 (雨·風などによって)吹き払われる. ¶바람에 낙엽이 쓸려 갔다 風で落ち葉が吹き払われた.

쓸모 名 使い道. 利用価値. 効用. 用. ¶～ 없는 인간 使い道のない人間/이것은 ～가 많다 これは使い道が多い.

쓸쓸하다 形 **1** 寂しい. うら寂しい. 孤独だ. わびしい. ¶친구가 없어서 ～ 友達がいなくて寂しい/쓸쓸한 독신 생활 侘しい一人暮らし. **2** (空模様がどんよりして)薄ら寒い. 肌寒い. ひえびえする. ¶쓸쓸한 기분 ひえびえ(と)した気持ち. **쓸쓸히** 副 寂しく. 孤独に. ぽつねんと. しょんぼり. ¶～ 노후를 보내다 寂しく老後を送る.

쓸어들이다 他 掃き寄せる. 掻き集める. ¶낙엽을 ～ 落ち葉を掃き寄せる.

쓸어버리다 他 掃き捨てる. 掃いてしまう. 「げる.

쓿다 他 (穀物などを)精白する. 精

씀씀이 名 (生活などに費やされる)費用. 入費. 掛かり. ¶～가 크다[헤프다] 金遣いが荒い.

씁쓰레하다 形 ほろ苦い. ¶맥주는 씁쓰레한 맛이 기분이 좋다 ビールはほろ苦い味が快い.

씁쓸하다 形 ほろ苦い. ややにがい. ¶씁쓸한 추억 ほろ苦い思い出/씁쓸한 웃음 ほろ苦い笑み.

씌다[1] 自 (鬼神に)とりつかれる. ¶귀신이 씌어서 무당이 되다 鬼神にとりつかれて巫女になる.

씌다[2] 他〔'씌우다'의 준말〕かぶせる.

씌다[3] 自〔'쓰이다'의 준말〕書かれる. ¶영어로 씌어 있다 英語で書かれている.

씌다[4] 自〔'쓰이다'의 준말〕使われる. 用いられる.

씌우개 名 覆い. カバー.

씌우다 他 **1** 上から覆う. かぶせる. ¶피아노에 커버를 ～ ピアノにカバーを掛ける. **2** (罪などを)かぶせる. (ぬれぎぬを)きせる. ¶누명을 ～ ぬれぎぬをきせる/죄를 남에게 ～ 罪を他人にかぶせる.

씨[1] 名 **1** (植物の)種. 種子. ¶꽃～ 花の種/호박～ カボチャの種. **2** (果実の中の)さね. ¶복숭아～ もものさね. **3** (父の)血筋. 胤. 血統. **4** (物事の)根源. もと. ¶분쟁의 ～ 紛争の種.

◆**씨도 없이** 何も残さずことごとく. ¶재산을 ～도 없이 잃다 財産をことごとく失う.

◆**씨를 말리다** 種を絶やす. 一つも残さずみんななくしてしまう. 一人残さず皆殺しにする.

씨[2] 名 (織物の)緯. 横糸.

씨[3]〔氏〕**Ⅰ** 名〔성이나 성명을 생략한 채로 이르는 존칭〕そのお方. 氏. ¶～의 위대한 업적 氏の偉大なる業績. **Ⅱ** 依名 …氏. …さん. ¶김영호 ～ キムヨンホ氏.
Ⅲ 接尾〔성에 붙여 그 성을 높여 나타냄〕…氏. ¶경주 김～ 慶州金氏.

씨그둥하다 形 耳障りだ.

씨근거리다[-대다] 自 息をはずませる. あえぐ. 息を切らす. ¶밥을 과식하여 씨근거린다 ご飯を食べすぎてふうふう言う.

씨근씨근[1] 副 하自 はあはあ(と). ふうふう(と). ¶～하고 있다 はあはあいっている.

씨근씨근[2] 副〔어린애가 자며 숨쉬는 소리〕すやすや(と).

씨눈 名〔生〕胚.

씨닭 名 種付け用のおんどり. 種鶏.

씨도둑 名 一家の血統に似ないで他人に似ること.

〔속담〕**씨도둑은 못 한다** 血筋は争えない.

씨도리 名 '씨도리 배추'의 준말.

씨도리배추 名 種をとるために根もとを残して切った白菜.

씨돼지 名 種豚.

씨름 名 하自 **1** シルム. 韓国の相撲. ¶～을 하다 シルムを取る. **2** 真剣に事に当たること. 真剣に取り組むこと. ¶새 분야의 개척과 ～하고 있다 新分野の開拓に取り組んでいる.

씨름판 名 シルム場. 相撲場.

씨말 名 種馬.

씨명〔氏名〕名 氏名. 姓名.

씨무룩하다 形 むっつりしている. 膨れている. ¶씨무룩해 가지고 외면하다 膨れてそっぽを向く. **씨무룩이** 副 むっつりと. 膨れて.

씨받기 名 採種.

씨받이 名 **1** 種つけ. ¶～ 소 種牛. **2** 昔, 妻が子を生めないとき後継ぎの子を他の女性に生ませたこと, またその女.

씨방〔—房〕名 子房.

씨보〔氏譜〕名 族譜.

씨부렁거리다[-대다] 自 しきりにしゃべる. 無駄口をたたく.

씨부렁씨부렁 副 하自 べちゃべちゃ.

씨식잖다 形 目障りだ. こしゃくだ.

씨실 名 (織物の)ぬき糸. 横糸.

씨아 名 綿繰り車. 綿車.

씨아질 名 綿繰り.

씨알 名 **1**〔生〕種卵. たねたまご. **2** 穀物などの種粒. **3**〔鑛〕鉱物の細

かい粒.

씨알머리 名 〔사람의 혈통을 빈정거리는 말〕 素性. 血統. ¶인사도 할 줄 모르는 ~ 없는 놈 あいさつもできないできそこないめ.

씨암탉 名 種卵を産ませるためのめんどり.

씨앗 名 (作物·植物の)種. ¶~을 뿌리다 種をまく/~을 받다 種をとる.

씨족〔氏族〕 名 氏族. ¶~ 사회 氏族社会/~ 제도 氏族制度.

씩[1] 副 にやっと. にたっと. ¶멋쩍게 ~ 웃다 気まずそうににやっと笑う.

-씩[2] 接尾 …ずつ. ¶수박을 잘라 한 쪽~ 먹었다 すいかを切って一切れずつ食べた/돈을 반~ 나누다 お金を半分ずつ分ける.

씩씩 副 하自 〔숨을 매우 가쁘게 쉬는 소리〕 はあはあ(と). ふうふう(と).

씩씩거리다[-대다] 自 はあはあいう. ふうふうと荒い息をする. ¶화가 나서 ~ 腹が立ってはあはあいう.

씩씩하다 形 りりしい. 男らしい. 雄々しい. 勇ましい. ¶씩씩한 청년 りりしい青年.

씰그러뜨리다[-트리다] 他 (片方に)傾ける. ゆがめる.

씰그러지다 自 (一方に)傾く. ゆがむ.

씰룩 副 하自他 〔근육의 한 부분이 실그러지는 모양〕 ひくっと. ぴくっと.

씰룩거리다[-대다] 自他 ひくひくする[させる]. ¶입술을 ~ 唇をひくひくさせる.

씰룩씰룩 副 하自他 ぴくぴく(と). ひくひく(と). ¶코를 ~하다 鼻をひくひくさせる.

씰룩쌜룩 副 ひくひく(と). ぴくぴく(と).

씹 名 하自 **1** 女性の陰部. 陰門. **2** 〈俗〉性交.

씹다 他 **1** かむ. 咀嚼する. ¶잘 씹어 먹다 よくかんで食べる/떡이 굳어서 씹을 수가 없어 餅が固くてよくかめないわ. **2** (他人のことを)悪く言う. 非難する. けなす. 陰口をきく.

씹히다 Ⅰ 自 (食べ物などが)かめる. ¶너무 질겨서[굳어서] 잘 씹히지 않는다 あまり固くてよくかめない.

Ⅱ 他 かむようにさせる. かませる. ¶애에게 음식을 ~ 子供に食べ物をかませる.

씻기다 Ⅰ 自 洗われる. ¶물결에 씻겨 닳은 조약돌 波に洗われてすり減った小石.

Ⅱ 他 洗ってやる. 洗わせる. すすがせる. ¶접시를 ~ 皿を洗わせる.

씻다 他 **1** 洗う. 流す. ¶손발을 깨끗이 ~ 手足をきれいに洗う. **2** ふく. ぬぐう. ¶땀을 ~ 汗をふく/눈물을 ~ 涙をぬぐう. **3** (汚名を)そそぐ. ¶오명을 ~ 汚名をそそぐ. **4** (恨みなどを)晴らす. ¶지난날의 원한을 깨끗이 씻어 버리다 昔の恨みをきれいに晴らす. **5** (痕跡を)なくす. ぬぐい去る.

씻은 듯이 副 洗ったように. きれいに. きれいさっぱり. すっかり. ¶머리 아픈 것이 ~ 나았다 頭の痛みがすっかり治った/원한을 ~ 잊어버리다 恨みをきれいさっぱりと忘れてしまう.

씽 副 〔세찬 바람 소리〕 ひゅう(っと). ぴゅう(っと).

씽그레 副 하自 〔눈만 움직여서 웃는 모양〕 にこっと. にやっと.

씽글뻥글 副 하自 にこにこ(と). ¶언제나 ~ 웃고 있다 いつもにこにこ(と)笑っている.

씽긋 副 하自 〔정답게 살짝 눈웃음치는 모양〕 にこっと. にこりと. ¶~ 눈으로 웃는다 にこっと目で笑う. **씽긋이** 副 にこっと.

씽긋거리다[-대다] 自 にこにこ笑う.

씽긋씽긋 副 하自 にこにこ(と).

씽긋뻥긋 副 하自 〔기쁜 듯이 눈·입으로 웃는 모양〕 にこにこ(と).

씽씽 副 하自 **1** 〔세차게 지나가는 바람 소리〕 ひゅうひゅう(と). ぴゅうぴゅう(と). ¶찬 바람이 ~ 불어오다 冷たい風がぴゅうぴゅう吹いてくる. **2** 〔씽씽매미의 울음 소리〕 にいにい(と).

씽씽매미 名〔動〕 にいにいぜみ.

씽씽하다 形 生き生きしている. ぴちぴちしている. 元気旺盛だ. 生気はつらつだ. ¶생선이 ~ 魚がぴちぴちしている/여전히 씽씽하군 그래 相変わらず元気旺盛だな.

ㅇ

ㅇ 名 ハングルの子音字母の一つとして第八番目の字. 字母の名称は이응.

아¹ 感 **1**〔놀람·당황·초조 등이나 급할 때 내는 소리〕あ. あっ. ああ. ¶～, 놀랬어요 ああ, びっくりしました. **2**〔남을 부르거나 주의를 환기할 때 내는 소리〕あ. あの. ああ. おい. ¶～, 잠깐 기다려 あ, ちょっと待って/～, 자네 좀 보세 あの, 君ちょっと来てくれ.

아² 感〔감동·한탄할 때 내는 소리〕ああ. おお. ¶～, 슬프다 ああ, 悲しい/～, 덧없는 인생 ああ, はかない人生(だ).

아³ 助〔부름을 나타내는 호격 조사〕…よ. …や. …め. …ちゃん. ¶이 사람～ おい君/달～, 달～, 밝은 달～ 月よ, 月よ, 明るい月よ.

아-⁴〔亞〕接頭 **1**〔'다음 가는'의 뜻〕亜…. ¶～열대 亜熱帯/～한대 亜寒帯. **2**〔무기산의 산소 원자가 적음을 나타냄〕¶～황산 亜硫酸.

-아⁵〔兒〕接尾 …児. ¶신생～ 新生児/풍운～ 風雲児.

아가 名 **1** 赤ちゃん. 坊や. お嬢ちゃん. **2** 舅·姑が若い嫁を呼ぶ語.

아가리 名〈卑〉**1** 口. くちばし. ¶～ 다물어라 だまれ. **2** (容器などの)口.

아가리질 名 하自 **1**〈卑〉あることないこと言い触らすこと. 言い争うこと. **2** 悪たれ口. ののしること.

아가미 名〔動〕えら. あぎと.

아가씨 名 **1** お嬢さん. 娘さん. お姉さん. ¶시골 ～ 田舎娘. **2** 妻が夫の未婚の妹を呼ぶ語.

아교〔阿膠〕名 にかわ. 阿膠.

아교질〔一質〕名 にかわ質.

아구창〔牙口瘡·鵝口瘡〕名〔韓方〕鵝口瘡. 舌にできる白いできもの.

아군〔我軍〕名 わが軍. 味方. 友軍.

아궁이 名 かまど. たき口. ¶～에 나무를 지피다 かまどに薪をくべる.

아귀¹ 名 **1** 物の分かれ目. 股. ¶손～ 指の股/손～에 넣다 手中に収める/입～가 헐다 口角がただれる. **2** 衣服のわき口. **3** (種の)新芽が出るところ.

◆**아귀가 맞다** (見当をつけた標準の)数量にぴったり合う.

◆**아귀가 무르다** 屈しやすい. 意気地がない. 気が弱い.

◆**아귀가 트다** 芽が吹く[出る]. 芽ぐむ.

◆**아귀를 맞추다** (見当をつけた標準の)数量にぴったり合わせる.

아귀²〔餓鬼〕名 **1**〔佛〕餓鬼. **2** けんか好きな人.

아귀다툼 名 하自〈卑〉口げんか. 口論.

아귀세다 形 **1** 意志が強固だ. **2** 握力が強い.

아귀아귀 副〔욕심껏 입에 넣고 마구 씹어 먹는 모양〕がつがつ(と). むしゃむしゃ(と).

아근바근 副 하形 **1**〔짝 맞춘 자리가 벌어져 움직이는 모양〕がたぴし. **2**〔마음이 서로 맞지 않는 모양〕ごたごた(と). ¶～ 다투어 본 일이 없다 ごたごたと争ったことがない.

아긋하다 形 **1** (継ぎ目が合わず)すき間があいている. **2** (ある基準に)やっと届いている. ぎりぎりだ. ¶아긋하게 한 자가 된다 やっと1尺になる.

아기 名 **1** 赤ちゃん. 赤ん坊. **2**〔사람의 뱃속에 잉태된 아이〕赤ご. ¶～를 배다 赤ごをはらむ. **3** うら若い嫁や娘の愛称.

◆**아기가 서다** 妊娠する. 身ごもる.

아기씨 名 **1**〔지난날, 미혼의 여자·시집온 색시를 지칭하던 말〕お嬢さん. 若奥様. **2** 妻が夫の年下の妹を敬って言う語.

아기자기 副 하形 **1** むつまじくて楽しいようす. 情愛のこまやかなようす. ¶～한 신혼 생활 仲むつまじい新婚生活. **2** 調和がとれて美しく繊細なようす. ¶～한 건축 양식 調和のとれた建築様式. **3** (興味深く)ぞくぞくするようす.

아기집 名〈俗〉子宮.

아까 Ⅰ 副 **1** ちょっと前. さっき. 先ほど. 先刻. ¶～부터 기다리고 있었다 さっきから待っていた/그가 ～ 다녀갔다 彼が先ほど立ち寄って行った.
Ⅱ 名 さっき. ¶～의 그 서류 さっきのあの書類/～는 실례했습니다 先ほどは失礼しました.

아까워하다 他 惜しく思う. 惜しがる. 惜しむ. もったいなく思う. ¶돈쓰기를 ～ 金を出し惜しむ.

아깝다 形 **1** 惜しい. もったいない. 残念だ. 大事だ. 大切だ. ¶버리기는 너무 ～ 捨てるのはとても惜しい. **2** 残念だ. 遺憾だ. ¶아깝게도 졌다 残念ながら負けた. **3** 大切だ. 大事だ. ¶돈 아까운 줄 모르고 물쓰듯하다 お金の大切なこともわきまえず湯水のように使う.

아끼다 他 **1** 節約する. 惜しむ. 大切に使う. ¶돈을 ～ お金を倹約する[惜しむ]/물을 아껴 써라 水を大切に使いなさい. **2** 大事にする. いたわる. いとおしむ. ¶서로가 아끼는 사이 お互いにいたわりあう間柄/자연 환경을 ～ 自然環境を大事にする.

아낌없다 形 惜し気ない. 惜しみない. ¶아낌없는 박수와 성원을 보내다 惜しみない拍手と声援を贈る. **아낌없이** 副 惜しみなく. 惜しげもなく. 惜しまず.

아나 [感] 〔아이에게 물건을 줄 때 하는 말〕ほら. ほれ. ¶ ~, 이것 받아라 ほら, これを受けなさい.

아나운서〔announcer〕 [名] アナウンサー.

아낙 [名] **1** 〔부녀자의 거처〕(家庭の)婦女の部屋. **2** 〔'아낙네'의 준말〕女. かかあ.

아날로그〔analogue〕 [名]〔物〕アナログ.

아날로그 계산기〔—計算機〕 [名] アナログ計算機.

아내 [名] 妻. 家内. 女房. [反] 夫 ¶ ~를 맞다 妻をめとる.

아녀자〔兒女子〕 [名] **1** 子供と女性. **2** 〔여자를 낮추어 이르는 말〕女子供.

아뇨 [感] 〔'아니요'의 준말〕いいえ.

아늑하다 [形] **1** (風もなく)ぽかぽかと暖かい. ¶ 음력 시월의 아늑한 날씨 ぽかぽかとした小春日和. **2** (静かで)こぢんまりしている. ¶ 일광이 좋고 아늑한 방 日当たりがよくこぢんまりした部屋.

아니[1] [副] 《용언 앞에 쓰여》〔부정을 나타냄〕…ない. ¶ ~ 먹다 食べない / ~ 웃다 笑わない.

아니[2] [感] **1** 〔부정의 뜻으로 대답하는 말〕いや. いいえ. [反] はい ¶ 추워? ~ 춥지 않아 寒い? いや寒くない. **2** 〔전술한 사실보다 뒤의 것을 강조하는 말〕いや. ¶ 그것은 나의 믿음, ~ 나의 생명이오 それは私の信念, いや私の生命です. **3** 〔놀라움을 나타내어 하는 말〕ええっ. なんだって. おやっ. あれっ. ¶ ~, 그게 사실인가? ええっ, それはほんとうか.

아니꼽다 [形] **1** 癪に障る. 目障りだ. 鼻につく. ¶ 말하는 투가 ~ 話しぶりが気にくわない / 아니꼬운 존재 目障りな存在. **2** (むかむかして)吐き気がする.

아니꼽살스럽다 [形] 見るからにむかむかする. とても癪に障る. きざなようすが目障りだ. **아니꼽살스레** [副] ひどく生意気に.

아니나다를까 [感] 予想どおり. 案の定. 果たして. ¶ ~ 저 녀석의 소행이다 案の定あいつのしわざだ.

아니다 [形] 〔사실을 부정하는 뜻을 나타내는 말〕…でない. …ではない. 違う. ¶ 그녀가 결혼했다는 건 사실이 ~ 彼女が結婚したということは事実でない.

아니야 [感] 〔부정의 뜻을 나타냄〕いや. いやあ. いいや. ¶ ~, 난 싫어 いや, 僕はいやだぜ.

아니참 [感] 〔생각이 문득 떠올랐을 때 쓰이는 말〕あっ. そうだ. おっと. ¶ ~ 우산을 두고 왔어 おっと, 傘を置き忘れた.

아니하다 [補動] [補形] 〔부정하는 뜻을 나타냄〕…しない. …ではない. …くない. ¶ 밥을 먹지 ~ ご飯を食べない / 얼굴빛이 희지 아니하고 검다 顔色が白くなくて黒い.

아니할말로 [副] 口にすべきではないが. こう言ってはなんだが. 言ってはいけないことだが. ¶ ~ 자네도 여간 만만찮구먼 こう言っちゃあなんだけど君もなかなかしたたかだね.

아닌 게 아니라 [副] ほんとうに. 果たして. まったく. さすがに. なるほど. まさしく. ¶ 이야기로는 들었지만 ~ 멋진 벚나무다 話には聞いていたがなるほど見事な桜だ.

아닌 밤중에〔—中—〕 [副] 突然. 不意に. いきなり. 急に. やぶから棒に. だしぬけに. ¶ ~ 일어난 일이라 판단할 수 없다 突然起きたことなので判断できない.

〔속담〕 **아닌 밤중에 홍두깨 내밀듯** 突然綾巻の棒を出すように〈やぶから棒に〉.

아담하다〔雅淡—〕 [形] こぢんまりとして上品だ. シックだ. ¶ 변두리에 아담한 집을 마련했다 町はずれにこぢんまりとして上品な家を準備した.

-아도 [語尾] 〔사실을 인정하나 다음 말과는 상관없음을 나타냄〕…(し)ても. …でも. ¶ 키는 작~ 담이 크다 背は低くても肝っ玉が大きい.

아동〔兒童〕 [名] 児童. 子供. ¶ ~복 児童服 / ~ 문학 児童文学.

아둔하다 [形] とても鈍い. (頭が)冴えない. 愚鈍だ. 愚かだ. ¶ 아둔하여 남에게 이용만 당한다 愚かで人に利用されてばかりいる.

아드님 [名] 〔남을 높여 그의 아들을 이르는 말〕ご子息. 息子さん.

아득바득 [副] [하自] 〔고집을 부리거나 애를 쓰는 모양〕ねちねち(と). ¶ ~ 졸라대다 ねちねちせがむ / 끝까지 ~ 우기다 最後まで意地を貫き通す.

아득하다 [形] **1** 果てしなく遠い. はるかだ. ¶ 아득한 옛날 일 はるか昔のこと / 아득히 솟아 있는 국경의 산들 はるかにそびえる国境の山々. **2** 目あてがつかない. 漠然とする. ¶ 살아갈 일이 아득하기만 하다 生きていくことが漠然であるだけだ.

아들 [名] 息子. せがれ. [反] 娘

아들놈 [名] 〔'아들자식'을 겸손히 이르는 말〕せがれ.

아들딸 [名] 息子と娘. 子女.

아등그러지다 [自] **1** 干からびて反り返る. **2** 天気が崩れかかる. 曇り始める.

아따 [副] 〔못마땅할 때 내는 소리〕ほほう. まったくもって. おいおい. ¶ ~, 귀찮게 구네 まったくしつこいな.

아뜩하다 [形] くらっと目まいがする. 気が遠くなる. ¶ 정신이 아뜩해지다 ふっと気が遠くなる.

아뜩아뜩 [副] [하形] 〔어지러워 까무러칠 듯하는 모양〕ふらふら(と). くらくら(と).

-아라 [語尾] **1** 〔명령을 나타냄〕…せよ. …しろ. …しなさい. ¶ 자, 이걸 받~ さあ, これを受けなさい. **2** 〔감탄을 나타냄〕…だなあ. …だわ. ¶ 참 달이 밝~ ほんとに月が明るいなあ.

아라비아 숫자〔Arabia 數字〕 [名]〔數〕アラビア数字.

아람 [名] 十分に熟した栗やどんぐりの実. ◆**아람이 벌다** (栗などの)いがが裂ける.

아랑곳 [名] [하自] 与り知るところ. おせっかい. 必要のない口出し. ¶ 남이

무어라 하든 ～하지 않는다 他人が何と言おうと気にかけない.
아랑곳없다 形 あずかり知ることではない. ¶정치 따위는 아랑곳없는 듯이 政治などはかかわり知ったことじゃないとでもいうように. **아랑곳없이** 副 知らん顔をして, 関係なく.
아래 名 反 上 **1** 下. 下方. 低い方. ¶언덕[산] ～ 丘[山]のふもと / ～로 내려가 보아라 下の方へ降りてみなさい. **2** (年齢·地位·身分が)下. ¶아랫사람 目下の人 / 내 ～에서 일하다 私の下で働く. **3** (数量·品質が)下. 劣る. 以下. ¶질이 이것보다 ～다 質がこれより劣る. **4** 後に続くこと. 次. 以下. ¶설명은 ～와 같다 説明は次のとおりである. **5** (支配·影響·条件の)下. ¶참가한다는 조건 ～ 参加する条件の下に.
아래위 名 上と下. 上下·うえした.
아래위턱 名 目上と目下の区別.
아래윗벌 名 衣服の下のズボン[チマ]と上着.
아래짝 名 (上下ひとそろいの物の)下の部分.
아래쪽 名 下の方.
아래층〔一層〕 名 (2階以上の建物の)下層. 下の階.
아래턱 名 下あご.
아래편짝〔一便一〕 名 下に偏った方.
아랫것 名 目下の者. 下部. 下男·下女.
아랫길 名 **1** 下の方の道. **2** 品質が劣っていること[もの].
아랫니 名 下歯.
아랫다리 名 脛. はぎ.
아랫단 名 (着物の)裾.
아랫도리 名 **1** 下半身. **2** 地位の低い階級. **3** 腰の下につける着物.
아랫동아리 名 **1** 下半分. **2** 下半身.
아랫마을 名 下の方にある村.
아랫막이 名 物の下の先をふさいだ部分.
아랫목 名 オンドル(온돌)のたき口に近い部分.
아랫물 名 下流の水.
아랫방〔一房〕 名 **1** 離れの部屋. **2** オンドルのたき口に近い方の部屋.
아랫배 名 下腹. ¶～가 살살 아프다 下腹がしくしく痛い.
아랫사람 名 **1** 目下の人. **2** 地位や身分の低い人.
아랫입술 名 下唇.
아랫자리 名 **1** 末席. 下座. **2**〔数〕数値の下の位.
아랫집 名 下の方位にある隣の家.
아량〔雅量〕 名 雅量. 大きな度量. ¶～을 베풀다 雅量をもって処す.
아련하다 形 (記憶などが)かすかだ. おぼろげだ. はっきりしない. ¶고향의 풍경이 ～ 故郷の風景がおぼろげだ. **아련히** 副 かすかに.
아렴풋하다 形 **1** (声が)かすかに聞こえる. (物が)ほのかに見える. ¶아렴풋한 달빛 ほのかにさす月光. **2** (記憶が)かすかだ. はっきりしない. ¶옛일이 아렴풋하게 생각난다 昔のことがかすかに思い出される. **아렴풋이** 副 ぼうっと. おぼろげに.
아령〔啞鈴〕 名〔體〕亜鈴. バーベル. ¶～체조 亜鈴体操.
아로새기다 他 **1** 美しく彫りつける. ちりばめる. ¶자개 무늬를 아로새긴 경대 螺鈿で装飾を施した鏡台. **2** (心の中に)刻みつける. 肝に銘じる. ¶마음 속에 아로새긴 추억 心の中に刻みつけた思い出.
아롱거리다[-대다] 自 目に浮かぶ. ちらちらする. かすかにちらつく. かすかに見え隠れする. ¶배가 수평선에서 아롱거린다 船が水平線に見え隠れする.
아롱아롱 副 하形 ちらほら(と). ぼうっと.
아롱다롱 副 하形 〔점이나 줄이 고르지 않게 아롱진 모양〕まだらに. ちらちら. ¶～한 무늬의 비단 まだら模様の絹織物.
아롱무늬 名 まだら模様. ぶち.
아롱사태 名 牛の後足のもも肉.
아롱지다 Ⅰ 自 まだら模様に彩られる. ¶동산이 노란 개나리로 아롱졌다 山が黄色いれんぎょうで彩られた.
Ⅱ 形 まだら模様だ.
아뢰다 他 **1** (目上の人に)申し上げる. **2** (目上の人に)音楽を奏でる[演奏する].
아류〔亞流〕 名 亜流. **1** 同じ流派を継ぐ人. 同じ仲間. **2** 二流の人. (独創的でない)追随者. ¶그 사람은 피카소의 ～다 彼はピカソの亜流だ.
아르곤〔argon〕 名〔化〕アルゴン.
아르바이트〔(독) Arbeit〕 名 アルバイト.
아르헨티나〔Argentina〕 名〔地〕アルゼンチン〈南アメリカ南部の共和国〉.
아른거리다[-대다] 自 **1** かすかに見え隠れする. ちらつく. 明滅する. ¶태양이 구름 사이에서 ～ 太陽が雲間に見え隠れする / 그녀의 모습이 눈앞에 ～ 彼女の姿が目の前にちらつく. **2** (水·鏡などに映った姿が)揺れ動く. 揺らぐ. ¶여울에 아른거리는 달 그림자 早瀬に揺らぐ月の影.
아른아른 副 하自 ちらちら(と). ゆらゆら(と).
아름 Ⅰ 名 一かかえの太さ. ¶～드리 나무 一かかえの木.
Ⅱ 依名 〔두 팔로 껴안은 둘레의 길이나 물건의 양을 세는 단위〕…かかえ. ¶두 ～이나 되는 큰 나무 二かかえもある大木.
아름거리다[-대다] 自他 **1** (言動を)はっきりさせない. もたもたする. ¶이야기의 내용을 ～ 話の内容をあいまいにする. **2** (仕事を)でたらめにする. 目を欺く.
아름아름 副 하自他 うやむやに.
아름답다 形 **1** (姿·形状·景色などが)美しい. きれいだ. ¶용모가 아름다운 여인 容貌がきれいな女性 / 아름다운 한 떨기의 국화 美しい一叢の菊. **2** (本性や行動が)美しい. 立派だ. けなげだ. ¶아름다운 희생 정신

美しい犠牲精神.
아름드리 名 一かかえを越す木や物.
아리다 形 1 (辛みが強く)ひりひりする. えがらっぽい. ¶이 고추는 매워 입이 ～ このとうがらしは辛くて口の中がひりひりする. 2 (傷口などが)ひりひりと痛む. ¶불에 덴 자리가 ～ やけどのあとがひりひりする.
아리땁다 形 きれいだ. あでやかだ. 美しい. ¶아리따운 아가씨 美しい娘.
아리송하다 形 不明瞭だ. はっきりしない. 曖昧だ. ¶그가 한 말이 무슨 뜻인지 ～ 彼の言ったことがどういうわけかはっきりしない.
아리아〔(이)aria〕名〔樂〕アリア. 1 (オペラの)詠唱. 2 叙情的な小曲.
아리아리하다 形 1 すべてが曖昧だ. ぼうっとしている. ¶아리아리해서 뭐가 뭔지 모르겠다 ぼうっとして何が何やら分からない. 2 ひりひりする. ¶혀끝이 ～ 舌の先がひりひりする.
아리잠직하다 形 1 背が低く子供っぽい. 2 すなおで温順である.
아릿하다 形 口がひりひりする.
아릿아릿 副 하自 ひりひり(と).
아마[1]〔亞麻〕名〔植〕亜麻.
아마[2] 名〔'아마추어'의 준말〕アマ. アマチュア.
아마[3] 副 おそらく. たぶん. おおかた. ¶내일도 ～ 좋은 날씨일 거야 あしたもおそらく天気だろう.
아마추어〔amateur〕名 アマチュア. アマ.
아망 名 子供の負けん気. 片意地. 強がり.
아망부리다 自 強情を張る. 強がりを言う.
아메리칸 풋볼〔American football〕名 アメリカンフットボール.
아멘〔(히)amen〕感〔基〕アーメン.
아명〔兒名〕名 幼名.
아목〔亞目〕名〔生〕亜目.
아무 I 代 1〔긍정문에서 임의의 사람을 가리킴〕誰(でも). ¶～라도 좋다 誰でもいい. 2 (부정문에 쓰여) 誰(も). ¶～도 모른다 誰も知らない. 3〔이름을 대신하여 쓰는 말〕なにがし. 某. 誰がし. ¶김 ～라는 친구 キムなにがしとかいう友人.
II 冠 (부정문에 쓰여)〔어떤·아무런〕何の. 何かの. どんな. ¶～ 걱정도 마라 何も心配するな/～ 일도 없었다 何事もなかった.
아무개 代〔사람의 이름을 대신하여 이르는 말〕なにがし. ¶김 ～의 집 キムだれがしの家.
아무것 代 1〔막연히 가리키는 말〕なに. なん. ¶～이라도 좋다 なんでもいいよ/～이나 주게 なんでもいいからくれ. 2 (‘아무것도’의 꼴로 부정문과 함께 쓰여)〔전부 부정을 나타냄〕何も(…ない). ¶서랍 속에는 ～도 없다 引き出しの中には何もない.
아무데 代 どこ. ¶～도 없다 どこにもない/～라도 좋다 どこでもいい.
아무때 代 いつ. ¶～라도 좋다 いつでもいい/～나 있다 いつでもある[いる].
아무래도 副 1〔아무리 생각해[하여] 보아도〕どうでも. どんなやり方でも. ¶～ 이번에는 성공하기 어렵다 どんなやり方でも今度は成功し難い. 2 どうしても. 何といっても. どうあっても. やはり. ¶～ 저놈이 수상하다 どうしてもあいつがいぶかしい. ▷아무렇다
아무러면 副 1 いくらなんでも. どうだって. まさか. ¶～ 비는 안 오겠지 まさか雨は降らないだろう. 2 どうだって. どうあろうと. ¶가문이야 ～ 어때 家門なんかどうだっていい. ▷아무렇다
아무러하다 形 (ある状態·程度·事情などが)こうこうしかじかである. どうこうである. ¶내게 간섭할 아무러한 이유도 없다 私に干渉するいかなる理由もない.
아무런 冠〔부정적인 말과 함께 쓰여 범위를 나타냄〕何の. いかなる. 何らの. ¶～ 고생도 모르고 자라다 何の苦労も知らずに育つ.
아무렇다 形〔'아무러하다'의 준말〕1 こうこうしかじかである. どうこうである. どんな状態だ. どんな程度だ. ¶다친 데는 아무렇지도 않아요? けがはなんともありませんか. 2 (‘아무런’의 꼴로) どんな. なんの. ¶아직 아무런 소식도 없다 まだ何の便りもない. 3 (‘아무렇게’의 꼴로) どんなに. どのように. ¶아무렇게 가든 서울만 가면 된다 どのように行こうとソウルに着きさえすればよい.
아무려나 感 どうでもいいように. 好きなように. ¶나가도 좋습니까?—～ 좋을 대로 해라 出かけてもいいですか.—どうでも好きなようにしなさい.
아무려니 感 いくらなんでも. まさか. ¶～ 가출까지야 했을라고 いくらなんでも家出まではするはずはないだろう.
아무려면 感 そうだとも. もちろん. そうそう. ¶～ 가고말고 そうだとも, もちろん行くさ.
아무렴 感 もちろん. 当然さ. ¶～ 가고말고요 もちろん行きますとも.
아무리 I 副 どんなに. いくら. どれほど. ¶～ 추워도 가야만 한다 どんなに寒くても行かねばならない.
II 感 いくらなんでも. まさか. ¶～, 그럴 리가 있나? いくらなんでも, そんなはずはないだろう.
아무아무 I 代 誰々. 誰それ. ¶～는 이 사건과 무관하다 誰それはこの事件と無関係だ.
II 冠 かくかくの. しかじかの. ¶～ 때 무어무어 하라고 지시하다 かくかくのときに何々をせよと指示する.
아무짝 名 どの方面(も). どうにも. こうにも. どっちにしても(…ない). ¶～에도 쓸데없는 물건 なんの役にも立たない物.
아무쪼록 副 何とぞ. ぜひとも. くれぐれも. どうか. ¶～ 잘 부탁드립니다 くれぐれもよろしくお願い申し上げます.
아무튼 副 とにかく. とにもかくにも. いずれにせよ. ともあれ. ¶～ 이것은 네 책임이다 とにかくこれは君の責任だ/～ 분쟁은 피하지 못할 것이다 いずれにしても紛争は避けられまい.
아무튼지 副 とにかく. 何はともあれ.

아문〔亞門〕 名〔生〕 亜門(あもん).

아물거리다[-대다] 自 **1** かすんで見(み)える. おぼろに見える. ちらつく. ¶항구의 등불이 눈에 ~ 港(みなと)の明(あ)かりがちらちら見える. **2** 話(はなし)がしどろもどろだ. ¶답변이 ~ 答弁(とうべん)がしどろもどろになる.

아물아물 副 하自 **1**〔아물거리는 모양〕ちらちら(と). ¶눈이 ~하다 目(め)がかすむ / 먼바다의 외딴 섬이 ~ 보인다 沖合(おきあい)の孤島(ことう)がかすかに見える. **2**〔언행이 시원스럽지 못한 모양〕ぐずぐず(と). しどろもどろ(に). もじもじ(と).

아물다 自 いえる. 治(なお)る. ¶상처가 빨리 ~ 傷(きず)がはやくいえる.

아물리다 他 **1** 傷(きず)をいやす. 治(なお)す. ¶종기를 ~ 出来物(できもの)をいやす. **2** (話(はなし)·勘定(かんじょう)の)始末(しまつ)をつける. **3** (仕事(しごと)を)とりまとめる. 収拾(しゅうしゅう)する. ¶일을 제대로 아물리지도 못한다 仕事をろくにとりまとめもできない.

아뭏지도 副 なんとも. どうとも. ¶그런 건 내게는 ~ 않다 そんなことは私(わたし)にはなんでもない.

아미타〔阿彌陀〕 名〔佛〕 阿弥陀(あみだ).

아미타경〔一經〕 名〔佛〕 阿弥陀経(きょう).

아미타불〔一佛〕 名〔佛〕 阿弥陀仏(ぶつ).

아바마마〔一媽媽〕 名 〈宮廷〉 父上(ちちうえ). 父君(ちちぎみ).

아방가르드〔(프)avant-garde〕 名〔文〕 アバンギャルド. 前衛派(ぜんえいは).

아버님 名〔'아버지'의 높임말〕 父上(ちちうえ). お父様(とうさま).

아버지 名 父(ちち). 父親(ちちおや). お父(とう)さん.

◇◇◇◇◇◇◇◇◇◇◇◇◇◇◇◇◇◇◇◇◇◇◇◇

호칭·지칭 아버지

父(ちち) / 父親(ちちおや) / 男親(おとこおや) / お父(とう)さん / 父上(ちちうえ) / おやじ / パパ

• 父는 아버지의 통상적인 지칭으로 가장 일반적인 말이며, 비유적으로 창시자나 선구자 등의 의미로도 쓰인다. / 父親는 아버지에 대해 어버이로서의 입장을 강조한 일반화된 말이며, 男親는 남자로서의 입장을 강조한 말이다. / おとうさん은 아버지에 대해 공경하여, 또는 친근하게 부르는 말이다. 보다 정중하게는 御父様(おとうさま), 보다 격의 없는 경우나 어린이는 おとうちゃん이며, 더욱 격의 없고 친근한 표현은 父さん이다. / 父上는 父의 높임말로서 현대에는 별로 쓰이지 않고 주로 문장어로만 사용된다. / おやじ(さん)는 아버지를 친근하게 부르는 말로서, 어린이의 나이가 비교적 많을 때 쓰며 주로 남자가 사용하고, パパ는 나이가 적은 어린이가 사용한다.

• お父さん, おやじ, パパ는 어린이가 아버지를 부를 때 사용되지만, おとうさん(父さん)이 가장 일반적이다. 자기 아버지를 남에 대해 말할 때는 ちち라고 한다. 또 お父さん, パパ는 어린이에게 그렇게 불리는 아버지가 자식에 대해 자신을 가리킬 때도 사용하며, 아내나 아이의 할머니 등 가족 중의 다른 사람이 아이의 아버지를 부를 경우에도 사용된다.

• 타인의 아버지에 대한 높임말로는 父君(ふくん)·父君(ちちぎみ)·父御(ちちご)와 尊父(そんぷ)·御親父(ごしんぷ) 등이 있는데, 父君·ちちぎみ·ちちご는 상대방의 아버지와 제3자의 아버지에 대해 쓰이고 尊父·御親父는 주로 상대방의 아버지에 대해 쓰이지만, 현재는 편지 등에서만 사용된다.

• 実父(じっぷ)에 대한 말로 義父(ぎふ)·養父(ようふ)·まま父(ちち)(의붓아버지)와 舅(しゅうと)(시아버지·장인)·岳父(がくふ)(장인) 등이 있는데, 자식뻘의 사람이 직접 부를 때는 おとうさん이라 한다. ▷부모, 어머니

◇◇◇◇◇◇◇◇◇◇◇◇◇◇◇◇◇◇◇◇◇◇◇◇

아범 名 **1**〔'아비'를 약간 대접하여 이르는 말〕内(うち)の人(ひと). **2** 親(おや)が子供(こども)を持(も)った息子(むすこ)を指(さ)して言(い)う語(ご). **3**〔지난날, 중년 정도의 남자 하인을 좀 대접하여 이르는 말〕爺(じい)や.

아베 마리아〔(라)Ave Maria〕 名 アベマリア.

아부〔阿附〕 名 하自 阿付(あふ). へつらうこと. おもねること. 媚(こ)びること. ¶상사에게 ~하다 上役(うわやく)にへつらう.

아비 名 **1**〔'아버지'를 낮추어 이르는 말〕父(ちち). 親父(おやじ). **2**〔아이가 있는 며느리가 시부모 앞에서 남편을 지칭하는 말〕内(うち)の人(ひと).

아비규환〔阿鼻叫喚〕 名 阿鼻叫喚(あびきょうかん).

아비지옥〔阿鼻地獄〕 名 阿鼻地獄(あびじごく).

아빠 名 パパ. お父(とう)ちゃん〈父(ちち)の幼児語(ようじご)〉.

아뿔싸 感 しまった. ¶~, 벌써 다섯 시다 しまった, もう5時(じ)だ.

아사〔餓死〕 名 하自 餓死(がし). うえじに. ¶기근으로 많은 사람이 ~했다 飢饉(ききん)で多(おお)くの人(ひと)が餓死した.

아사지경〔一之境〕 名 餓死線上(せんじょう).

아삭 副 하自他 〔과실이나 채소 등을 깨물 때 나는 소리〕さくっ(と).

아삭거리다[-대다] 自 他 さくさくいう.

아삭아삭 副 さくさく.

아서[1] 感〔'아서라'의 준말〕やめろ. よせ.

-아서[2] 語尾 **1**〔시간적 전후 관계를 나타냄〕…して. ¶앉~ 의논합시다 座(すわ)って相談(そうだん)しましょう. **2**〔이유·근거를 나타냄〕…(し)で. ¶달이 밝~ 좋다 月影(つきかげ)がさやかでよい. **3**〔방법을 나타냄〕…して. ¶잉어를 고~ 먹다 鯉(こい)を煮込(にこ)んで食(た)べる. ▷-여서

아서라 感〔하지 말라고 막는 말〕やめろ. よせ. ¶~, 발 다칠라 やめろ, 足(あし)をけがするよ.

아성〔牙城〕 名 牙城(がじょう). 本陣(ほんじん). 本拠地(ほんきょち). ¶개혁파의 ~ 改革派(かいかくは)の牙城.

아세안〔ASEAN ← Association of Southeast Asian Nations〕 名 アセアン. 東南(とうなん)アジア諸国連合(しょこくれんごう).

아세톤〔acetone〕 名〔化〕 アセトン.

아세트산〔←acetic酸〕 名〔化〕 酢酸(さくさん).

아세틸렌〔acetylene〕 名〔化〕 アセチレン.

아수라〔阿修羅〕 名〔佛〕 阿修羅(あしゅら).

아수라도〔一道〕 名〔佛〕 阿修羅道(どう).

아수라왕〔一王〕 名〔佛〕 阿修羅王(おう).

아쉬워하다 他 惜(お)しむ. もの足(た)りなく思(おも)う. ¶가는 봄을 ~ ゆく春(はる)を惜しむ.

아쉽다 形 **1** もの足(た)りない. 心残(こころのこ)りだ. 名残(なごり)惜(お)しい. ¶아쉬운 마음 もの足りない気持(きも)ち / 아쉬운 작별 名残惜(なごりお)しい別(わか)れ. **2**〔필요할 때 없거나 모자라서〕不便(ふべん)だ. 欲(ほ)しい. ¶없을 때는 쌀

한 줌이 ~ ない時は米一握りが欲しい/아쉬운 대로 이거라도 쓰자 間に合わせにこれでも使おう.

아스라하다 [形] **1** 非常に高い. はるか遠い. ¶ 아스라한 절벽 非常に高い絶壁. **2** 〔기억이 어렴풋하다〕かすかだ.

아스라이 [副] はるかに. かすかに. ¶ 어린 시절의 추억이 ~ 떠오른다 幼い時の追憶がかすかに思い出される.

아스러뜨리다[**-트리다**] [他] (かたまりを)砕く. 粉々にする.

아스러지다 [自] **1** (かたまりが)粉々になる. **2** 皮膚が擦りむける.

아스스 [副][하形] (寒さや恐ろしさで) ひんやり(と). ひやっと. ぞうっと. ¶ 새벽 공기가 ~하다 夜明けの空気がひんやりする.

아스팍〔ASPAC ← Asian and Pacific Council〕 [名] アスパック. アジア太平洋協議会.

아스팔트〔asphalt〕 [名] アスファルト.

아스피린〔(독)Aspirin〕 [名]〔薬〕アスピリン.

아슥아슥하다 [形] 一様に片方に少し曲がっている.

아슬아슬 [副][하形] **1** 〔한기가 드는 모양〕ぞくぞく(と). ¶ 열이 있는 듯 몸이 ~하다 熱があるらしくからだがぞくぞくする. **2** 〔두려움을 느끼는 모양〕はらはら(と). ひやひや(と). ¶ ~한 극적인 순간 はらはらさせる劇的な瞬間.

아슴푸레 [副][하形] **1** (光が)ぼんやり(と). ぼうっと. ほんのり. ¶ 날이 ~ 밝기 시작했다 夜がほんのり明け始めた. **2** (目·耳に)ぼうっと. かすかに. うすうす. ¶ 그 일을 ~ 눈치채고 있다 そのことをうすうす気づいている. **3** (記憶が)ぼんやり(と). ¶ ~한 추억 ぼんやりとした思い出.

아시아〔Asia〕 [名]〔地〕アジア.

아쓱 [副][하形] 〔무섭거나 차가울 때 몸이 움츠러드는 모양〕びくっと. ぞくっと. ひやりと. ¶ 인기척에 ~하다 人の気配にびくっとする.

아씨 [名] 〔옛날, 하인이 상전의 젊은 여자를 지칭하던 말〕若奥様. お嬢様.

아아 [感] **1** 〔뜻밖의 일을 당했을 때 내는 소리〕ああ. あっ. おお. ¶ ~ 깜짝이야 ああ, びっくりした/~ 큰일이군 ああ, たいへんだ. **2** 〔기세를 올리려고 내는 소리〕わあ.

아악〔雅樂〕 [名]〔楽〕雅楽.

아야[1] [感] 〔아픔을 느끼고 내는 소리〕痛い. あっ痛っ. ¶ ~, 왜 때려? あっ痛っ, 何で殴るんだ.

-아야[2] [語尾] **1** 〔뒷말에 대한 강한 조건을 나타냄〕…してこそ. …してはじめて. …なければ(…ない). ¶ 먹어 보~ 맛을 안다 食べてみてこそ味を分かる. **2** 〔'아무리'와 함께 부정적 문장 중에 쓰임〕いくら…しても. いかに…しても. ¶ 아무리 울어야 소용없다 いくら泣いてもしようがない.

-아야만 [語尾] 〔'-아야'의 센말〕…してこそ. …してはじめて. ¶ 마음이 맞~ 함께 일을 하지 心が合ってこそ共に仕事をするよ.

-아야지 [語尾] **1** 〔혼잣말로 다짐하는 뜻을 나타냄〕…すべきだ. …しなけりゃ. ¶ 범인은 반드시 내 손으로 잡~ 犯人は必ず僕の手で捕えるべきだ. **2** 〔동의를 구하는 뜻을 나타냄〕…しないのだから…しようがない. ¶ 그에게 전화했어?—전화 번호를 알~ 彼に電話したかい.—電話番号を知らないのだからしようがないだろ.

아양 [名] 愛嬌. 媚び. 嬌態.

아양떨다 [自] 媚びる. 愛嬌を振りまく.

아양부리다[**피우다**] [自] 媚びる. 媚びへつらう.

아양스럽다 [形] 愛嬌がある. **아양스레** [副] 愛嬌たっぷりに.

아어〔雅語〕 [名] 雅語. 雅言.

아역〔兒役〕 [名] 子役. 子供役.

아연[1]〔亞鉛〕 [名]〔化·鑛〕亜鉛. ¶ ~광 亜鉛鉱/~판 亜鉛版.

아연 도금〔一鍍金〕 [名]〔化〕亜鉛めっき.

아연 철판〔一凸板〕 [名]〔印〕亜鉛凸板.

아연 평판〔一平版〕 [名]〔印〕亜鉛平版. ジンク平版.

아연화〔一華〕 [名]〔化〕亜鉛華. 酸化亜鉛.

아연[2]〔俄然〕 [副][하形] 俄然. 急に. にわかに. ¶ ~ 공세로 전환했다 俄然攻勢に転じた.

아연[3]〔啞然〕 [副][하形] 啞然. ¶ 모두들 ~하여 말도 안 나온다 一同啞然として言葉も出ない. **아연히** [副] 啞然(と).

아연실색〔一失色〕 [名][하自] 啞然として顔色が変わること. 意外なことにあきれ返ること.

아열대〔亞熱帶〕 [名]〔地〕亜熱帯. ¶ ~ 기후 亜熱帯気候/~림 亜熱帯林.

아예 [副] **1** 最初から. てんで. まったく. てんから. ¶ ~ 소용없다 てんで役に立たない. **2** 絶対に. 決して. ¶ ~ 반대하다 絶対に反対する/~ 안 가다 決して行かない.

아옹 [副][하自] 〔고양이 우는 소리〕ニャーオ.

아옹거리다[**-대다**] [自] **1** ぶつぶつ言う. 愚痴をこぼす. 不平をいう. **2** (ささいなことで)互いに言い争う. いがみ合う.

아옹다옹 [副][하自] 〔서로 자꾸 다투는 모양〕ああだこうだ(と). ¶ ~ 다투지 마라 ああだこうだ言い争うな.

아옹하다 [形] **1** 深くくぼんでいる. **2** (考えの狭い人が)すねている. いじけている. 膨れっ面をする. ¶ 아옹해서 묻는 말에 대답도 않는다 むくれてものを聞いても返事すらしない.

-아요 [語尾] 〔서술·의문·지시·권유의 뜻을 나타냄〕…します. …です. …しますか. …ですか. お[ご]…ください. …して(ください). …しましょう. ¶ 어서 여기 앉~ どうぞここに座って/이거 좀 먹어 보~ これちょっと食べてみて.

아우 [名] **1** 弟. 妹. **2** 同僚の中で年下の者. **3** (仲間どうしで)自分の謙譲語.

◆**아우를 보다** 2番目以降の子をみごもる. 弟[妹]ができる[産ませる].

◆**아우를 타다** (母がみごもって)乳飲

み子がやせてくる.
아우님 名 '아우'の尊敬語.
아우러지다 自 一団となる. 仲間になる. 交わる.
아우르다 他 **1** いっしょにする. 合わせる. ¶세력을 ~ 勢力を結集する. **2** 〈ユンノリ(윷놀이)で〉駒を二つ以上重ねて進めること.
아우성 名 大勢の人の叫び. 大勢のわめき声. ¶자유를 부르짖는 민중의 ~ 自由を唱える民衆の叫び.
아우트라인〔outline〕名 アウトライン. 輪郭. 概略.
아욱 名〔植〕冬葵.
아울러 副 合わせて. ともに. ¶행운과 ~ 건강을 빕니다 幸運とともに健康を祈ります.
아울리다 自 **1** いっしょになる. 仲間になる. つき合う. ¶불량 소년과 ~ 不良少年と交わる. **2** 似合う. よく釣り合う. ¶옷과 아울리는 모자 衣服とよく合う帽子. <어울리다
아웃〔out〕名 (球技の)アウト.
아웃사이더〔outsider〕名 アウトサイダー. 局外者.
아웃사이드〔outside〕名 アウトサイド.
아유¹〔阿諛〕名 하自 阿諛. おべっか.
아유² 感 **1**〔뜻밖의 일에 대한 놀라움을 나타내는 소리〕いや. あら. まあ. ああ. ¶~, 이게 웬일일까 いや, これはどうしたことか. **2**〔힘에 부치거나 피곤할 때 내는 소리〕ああ. ふう. ¶~, 또 질문이야? ふう, また質問かい.
아이¹ 名 **1** 子供. 童. **2** 息子. 娘. 子供. ¶~가 셋 있다 子供が三人いる. **3** 胎児. 子. ¶~를 낳다 子を産む.
◆**아이가 서다** 身ごもる. 妊娠する.
◆**아이가 지다** 死産する. 流産する.
◆**아이를 배다** 子をはらむ. 身ごもる. 妊娠する.
아이년 名〈卑〉女の子.
아이놈 名〈卑〉男の子. がき.
아이아버지 名 **1** 子供のいる男. **2** (子のいる女性が)自分の夫を第三者にいうときの語.
아이어머니 名 **1** 子供のいる女性. **2** (子のいる男が)自分の妻を第三者にいうときの語.
아이종 名 幼い召し使い.
아이² 感 **1**〔재촉하거나 내키지 않을 때 내는 소리〕ねえ. やい. おい. ¶~, 빨리 가요 ねえ, 早く行きましょう. **2**〔'아이고'의 준말〕あら. まあ. ああ. ¶~, 이걸 어떻게 하면 좋지? まあ, これをどうしたらいいのかしら.
아이참 感〔기대에 어그러질 때·기다릴 때의 느낌을 나타냄〕まあ. ほんとに. ちぇっ. ¶~, 속상해 まあ, くやしい / ~, 죽겠네 こりゃ, たまらん.
아이고 感 **1**〔반가움을 나타냄〕あら. まあ. やあ. ¶~, 너 오랜만이구나 やあ, 君, 久しぶりだね. **2**〔기막힐 때 내는 소리〕まあ. やれやれ. ¶~, 야단났구나 やれやれ, これはたいへんなことになったぞ. **3**〔놀람을 나타냄〕ひゃあ. ああ. わあ. ¶~, 깜짝이야 ああびっくりした. **4**〔원통함을 나타냄〕くやしい. 無念だ. ¶~, 분해! ああ, くやしい! **5**〔몹시 아프거나 힘듦을 나타냄〕ああ. ふうっ. ¶~, 피곤해라 ああ, 疲れた. **6** (葬式などで)哭するときの声.
아이고나 感〔어린아이의 재롱·착한 일에 대하여 하는 말〕あらまあ. おや. おやおや. ほんとに. ¶~, 너 혼자서 여길 다 쓸었니? あらまあ, あんた一人でここをみんな掃いたの.
아이고머니 感〔'아이고'의 힘줌말〕あらまあ.
아이디어〔idea〕名 アイディア. アイデア.
아이러니〔irony〕名 アイロニー.
아이리스〔iris〕名〔植〕アイリス.
아이보리〔ivory〕名 アイボリー.
아이섀도〔eye shadow〕名 アイシャドー.
아이스 링크〔ice rink〕名 アイスリンク.
아이스박스〔icebox〕名 アイスボックス.
아이스 쇼〔ice show〕名 アイスショー.
아이스커피〔㊐ice coffee〕名 アイスコーヒー.
아이스크림〔ice cream〕名 アイスクリーム.
아이스하키〔ice hockey〕名 アイスホッケー.
아이슬란드〔Iceland〕名〔地〕アイスランド〈北大西洋にある共和国〉.
아이코 感〔부딪치거나 갑자기 놀랐을 때 내는 소리〕あっ. ひゃあ. ああ.
아이큐〔intelligence quotient〕名〔心〕アイキュー. IQ. 知能指数.
아일랜드〔Ireland〕名〔地〕アイルランド〈大西洋にある共和国〉.
아작 副 하自他〔과자·과일 따위를 씹을 때 나는 소리〕さくっ(と). かりっ. ぽりっ.
아작거리다〔-대다〕自他 ぽりぽりする. かりかりする.
아작아작 副 하自他 かりかり. ぽりぽり. さくさく.
아장거리다〔-대다〕自 よちよち歩く. ちょこちょこ歩く. ¶아장거리는 아이 よちよちと歩く子供.
아장아장 副 하自 よちよち(と). ちょこちょこ(と).
아재 名 '아저씨·아주버니'を低めて言う語.
아재비 名 '아저씨'を低めて言う語.
아저씨 名 **1**〔아버지의 친형제를 제외한 남자를 이르는 말〕おじさん. おにいさん. 反 おばさん **2**〔부모와 동년배의 남자를 이르는 말〕おじさん.
아전〔衙前〕名〔史〕朝鮮時代の官庁の下級役人.
아전인수〔我田引水〕名 我田引水.
아주¹ 副 **1** とても. たいへん. 非常に. おおいに. ¶~ 기쁘다 非常にうれしい / 오늘은 ~ 바쁘다 今日はとても忙しい. **2** 完全に. まったく. すっかり. 永久に. ¶~ 건강해졌다 まったく健康になった / 그는 ~ 가 버렸다 彼は永久に去ってしまった.
아주² 感〔남의 잘하는 체하는 언행을 조롱하는 말〕ふん. なんだい. いやはや. これはこれは. さも. ¶~, 제법인데 ふん, なかなかやっているわい / ~, 너무 재지 마 ふん, あまりいばり散らすな.
아주까리 名〔植〕蓖麻. 唐胡麻.
아주까리기름 名 ひまし油.
아주까리씨 名 蓖麻子.

아주머니 名 **1** 〔부모와 같은 항렬의 여자를 이르는 말〕おばさん. 反 おじさん **2** 〔형뻘이 되는 남자의 아내에 대해 이르는 말〕姉さん.
아주머님 名 〔'아주머니'의 높임말〕奥様.
아주버니 名 〔남편의 형뻘이 되는 사람에 대한 지칭〕おじさん.
아주버님 名 〔'아주버니'의 높임말〕おじさん.
-아지 接尾 〔일부 동물의 명사에 붙어 그 동물의 '새끼'를 뜻하는 말〕子. ¶ 강~ 子犬/송~ 子牛/망~ 子馬.
아지랑이 名 かげろう. ¶ ~가 피다 かげろうが立つ.
아지트〔러 agit*punkt*〕名 アジト.
아직 副 **1** まだ. いまだに. いまだ. ¶ 원인은 ~ 규명되지 않았다 原因はいまだ究明されていない. **2** なお. やはり. 今なお. いまだ. ¶ 지금도 ~ 구전되고 있다 今なお語り継がれている.
　아직까지 副 いまだに. まだ. 今まで. ¶ ~ 소식이 없다 いまだに便りがない.
　아직껏 副 今まで. 今なお.
　아직도 副 〔'아직'의 힘줌말〕まだ. いまだに.
아질아질 副 하形 〔어지러워지는 모양〕くらくら(と). <어질어질
아집〔我執〕名 我執. ¶ ~을 세우다 我を張る.
아찔하다 形 目まいがする. くらっとする. ふらっとする. ふらりとする. ¶ 갑자기 현기증이 나더니 아찔했다 急に目まいがしてくらっとした.
　아찔아찔 副 하形 くらくら(と). ふらふら(と).
아차 感 〔잘못을 갑자기 깨달을 때 내는 소리〕あっ. しまった. ¶ ~ 할 사이도 없이 충돌했다 あっという間もなく衝突した.
아첨〔阿諂〕名 하自 お世辞. へつらい. おべっか. 媚びること. ¶ 권력에 ~하다 権力に媚びる.
아취〔雅趣〕名 雅趣. 優雅な趣.
아치¹〔arch〕名〔建〕アーチ.
-아치² 接尾 〔그 일에 종사하는 사람을 홀하게 이르는 말〕¶ 구실~ 官庁の下役人/장사~ 商売人.
아침 名 **1** 朝. ¶ ~ 햇살이 눈부시다 朝の日差しがまぶしい. **2** 〔'아침밥'의 준말〕朝食. 朝ご飯. ¶ ~을 하다 朝ご飯をつくる[食べる]. 朝飯にする.
　아침거리 名 朝食の材料.
　아침결 名 **1** 朝方. 朝の内. **2** 午前. 昼前.
　아침나절 名 午前中.
　아침내 副 朝の間. 朝の内.
　아침녘 名 朝方.
　아침놀 名 朝焼け.
　아침때 名 **1** 朝方. **2** 朝食の時間.
　아침밥 名 朝食. 朝ご飯.
　아침술 名 朝酒.
　아침쌀 名 朝ご飯を炊くための米.
　아침잠 名 朝寝.
　아침진지 名 〔'아침밥'의 높임말〕朝のお食事.
　아침참〔一站〕名 **1** (工事場で)朝食の後に休む時間. **2** 朝食と昼食の間にとる間食.

單語帳 **아침·점심·저녁**

◆오전, 상오 午前/ 오후, 하오 午後/ 아침 朝/ 낮 昼/ 대낮 真昼/ 저녁 夕方·晩/ 밤 夜/ 밤중 夜中/ 한밤중 真夜中/ 새벽 夜明け/ 초저녁 宵の口.
◆아침 저녁으로 朝に夕に/ 아침 일찍 朝早く/ 밤늦게 夜遅く/ 밤새 夜通し/ 밤마다 夜毎(に)/ 오늘 밤 今夜/ 어젯밤 昨夜/ 내일 밤 明日の夜/ 해가 돋다[뜨다] 日が昇る/ 해가 지다 日が沈む/ 동이 트다 夜が明ける.

아카데미〔academy〕名 アカデミー. ¶ ~상 アカデミー賞.
아카시아〔acacia〕名〔植〕アカシア.
아 카펠라〔이 a cappella〕名〔樂〕アカペラ.
아케이드〔arcade〕名 アーケード.
아코디언〔accordion〕名〔樂〕アコーデオン. 手風琴.
아퀴 名 (仕事の)締めくくり. 結末.
　◆아퀴를 짓다 仕事を締めくくる. 結末をつける. けりをつける.
아퀴쟁이 名 股になった枝. 股木.
아킬레스 힘줄〔Achilles—〕名〔生〕アキレス腱.
아틀리에〔프 atelier〕名 アトリエ. 画室.
아티스트〔artist〕名 アーチスト. 芸術家.
아파트〔apart*ment*〕名 アパート. マンション.
　◇일본에서의 '아파트'는 목조의 집세가 가장 싼 주거 형태로서, 보통 2층 연립으로 되어 있다. 철근 콘크리트로 된 것은 'マンション'이라 하여 집세가 'アパート'에 비해 훨씬 비싸다.
아파하다 自 痛がる. 痛く感じる. ¶ 불행을 마음 ~ 不幸に心を痛める.
아편〔阿片·鴉片〕名 阿片.
　아편굴〔一窟〕名 阿片窟.
　아편쟁이 名 〈俗〉阿片中毒者.
　아편 전쟁〔一戰爭〕名〔史〕阿片戦争.
아폴로〔Apollo〕名 アポロ.
　아폴로 계획〔一計劃〕名 アポロ計画.
아프가니스탄〔Afghanistan〕名〔地〕アフガニスタン〈アジア南西部の共和国〉.
아프다 形 **1** 痛い. (体の具合が)悪い. ¶ 허리가 ~ 腰が痛い. **2** (心が)苦しい. 痛い. ¶ 아픈 곳을 찔렀군 痛いところをついたね/듣기에 가슴 ~ 聞くと胸が痛む.

單語帳 **병의 증상**

◆열이 나다[내리다] 熱が出る[下がる]/ 두통이 나다 頭痛がする/ 피곤하다 疲れている/ 구역질이[욕지기가] 나다 吐き気がする/ 붓다 腫れる/ 멍(이) 들다 あざになる/ 멀미나다 乗り物酔いする/ 어깨가 뻐근하다 肩が凝る/ 삭신이 쑤시다 全身がずきずき痛む/ 몸이 나

큰하다 体がだるい.
◆가렵다 かゆい / 따끔따끔하다 ひりひりする / 상처가 아리다 傷口がしみる / 발이 저리다 足がしびれる / 경련을 일으키다 けいれんを起こす.
◆쓰러지다 倒れる / 정신을 잃다 気を失う. 失神する / 헐떡이다 息切れする / 가슴이 답답하다 胸苦しい / 창백해지다 青ざめる / 심장이 두근거리다 動悸がする / 혈압이 오르다[내리다] 血圧が上がる[下がる].
◆귀가 울다 耳鳴りがする / 코가 막히다 鼻が詰まる / 콧물이 나다 鼻水が出る / 기침이 나다 咳が出る / 재채기가 나다 くしゃみが出る / 가래가 나다 痰が出る / 오줌이 노랗다 小便が黄色い / 피똥을 싸다 血便をする.
◆잠이 안 오다 眠れない / 감각이 없다 感覚がない / 병세가 악화되다 病状が悪化する / 좋아지다 良くなる / 낫다 治る. ▷병(病)·병원(病院) 單語帳

아프리카 〔Africa〕 名〔地〕アフリカ.
아픔 名 痛み. ¶사람은 누구나 ~을 안고 살아간다 人は誰しも痛みをかかえて生きていく.
아하 感〔미처 생각하지 못한 것을 깨달았을 때 내는 소리〕ああ. ははあ. ¶~, 알았다 ははあ, 分かったぞ / ~, 이제야 생각이 났다 ああ今やっと思い出した.
아하하 感〔큰 소리로 웃는 소리〕あはは. わはは.
아한대〔亞寒帶〕名〔地〕亜寒帯.
아호〔雅號〕名 雅号.
아홉 數 九つ. 9. 9人.
아홉무날 名 潮の干満を測る3日と18日.
아홉수〔一數〕名 9·19·29·39·49のように9で終わる数〈男はこの数の年を忌む〉.
아홉째 數 9番目. 九つ目.
아황산〔亞黃酸〕名〔化〕亜硫酸.
아흐레 名 **1** 9日間. ¶~나 걸렸다 9日間もかかった. **2**〔'초아흐레'의 준말〕(月の)9日.
아흐렛날 名 **1** 9日目. **2**〔'초아흐렛날'의 준말〕(月の)9日.
아흔 數 90.
아희〔兒戲〕名 児戯. 子供のいたずら.
악[1] 名 ありったけの力. 死にもの狂いの[必死の]あがき.
◆**악에 받치다** やけくそになる. あがく. ¶~에 받쳐 소리를 지르다 怒り狂って大声で怒鳴る.
악[2]〔惡〕名 反 善 **1** 道徳に反する行為. ¶은혜를 ~으로 갚다니 恩をあだで返すとは. **2** (不正·腐敗などの)悪. ¶사회~을 뿌리뽑자 社会悪を根こそぎにしよう.
악[3]〔蕚〕名〔植〕萼. うてな.
악[4] 感 **1**〔놀라도록 갑자기 지르는 소리〕わあっ. **2**〔놀랐을 때 무의식적으로 지르는 소리〕あっ.

악감정〔惡感情〕名 悪感情. ¶~을 품고 있다 悪感情を抱いている.
악계〔樂界〕名 楽界.
악곡〔樂曲〕名 楽曲.
악귀〔惡鬼〕名 **1** 悪鬼. **2** あくどい人.
악극〔樂劇〕名〔樂〕楽劇.
악극단〔一團〕名 楽劇団.
악기〔樂器〕名〔樂〕楽器. ¶현~ 弦楽器 / 관~ 管楽器 / 타~ 打楽器.

單語帳 악기에 관한 말
〈民族楽器〉
가야금 伽倻琴 / 거문고 コムンゴ / 아쟁 牙箏 / 해금 胡弓 / 북 太鼓 / 장구 杖鼓 / 버꾸 小鼓 / 태평소, 날라리 チャルメラ / 단소 短簫 / 대금 大琴 / 피리 笛 / 징 銅鑼 / 꽹과리 鉦 / 편종 編鐘 / 편경 編磬
〈洋楽器〉
피아노 ピアノ / 바이올린 バイオリン / 첼로 チェロ / 트럼펫 トランペット / 트롬본 トロンボーン / 플루트 フルート / 클라리넷 クラリネット / 오보에 オーボエ / 비올라 ビオラ / 색소폰 サキソホン / 콘트라베이스 コントラバス / 하프 ハープ / 오르간 オルガン / 기타 ギター / 드럼 ドラム.
▷음악(音樂) 單語帳

악녀〔惡女〕名 悪女.
악다구니 名 하自 **1** 激しく言い争うこと. 悪態をつくこと. ¶~를 퍼붓다 罵詈雑言を浴びせる. **2** 反目すること.
악단[1]〔樂團〕名 **1** 楽団. ¶관현 ~ 管弦楽団. **2**〔'악극단'의 준말〕楽劇団.
악단[2]〔樂壇〕名 楽壇. 音楽界. ¶~의 거성 楽壇の巨星.
악담〔惡談〕名 하自 悪口. 憎まれ口. ¶남을 ~해서는 안 된다 人に憎まれ口をきいてはいけない.
악당〔惡黨〕名 悪党. 悪人.
악대〔樂隊〕名 楽隊. ¶군~ 軍楽隊.
악덕〔惡德〕名 悪徳. ¶~ 업자 悪徳業者.
악독스럽다〔惡毒一〕形 いかにもあくどそうだ. いかにもしつこそうだ.
악독하다〔惡毒一〕形 邪悪だ. ¶악독한 정치 あくどい政治. **악독히** 副 あくどく. 邪悪に.
악동〔惡童〕名 悪童. 悪太郎.
악랄하다〔惡辣一〕形 悪辣だ. あくどい. ¶악랄한 수법 あくどい手口. **악랄히** 副 悪辣に. あくどく.
악력〔握力〕名 握力. ¶~계 握力計 / ~ 지수 握力指数.
악령〔惡靈〕名 悪霊. もののけ.
악마〔惡魔〕名 悪魔. ¶~파 悪魔派 / ~ 들리다 悪魔に憑かれる.
악마주의〔一主義〕名〔文〕悪魔主義.
악머구리 名 (よく鳴くの意で)とのさま蛙の別称.
〔속담〕**악머구리 끓듯 하다** 蛙がたかったようだ〈わいわい騒ぎたてる〉.
악명〔惡名〕名 悪名. ¶~이 높다

悪名が高い.

악몽〔惡夢〕 名 悪夢. ¶ ~을 꾸다 悪い夢を見る / ~에 시달리다 悪夢にうなされる.

악물다 他 (歯を)食いしばる. ¶ 이를 악물고 연구하다 歯を食いしばって研究する.

악바리 名 **1** 我の強い人. **2** 悪賢い人.

악법〔惡法〕 名 **1** 悪法. 悪い法律. ¶ ~도 법이냐? 悪法も法か. **2** 悪い方法.

악보〔樂譜〕 名〔樂〕楽譜.

악사〔樂士〕 名 楽士.

악상¹〔惡相〕 名 悪相. 恐ろしい人相.

악상²〔樂想〕 名 楽想. ¶ ~이 떠오르다 楽想が浮かぶ.

악서〔惡書〕 名 悪書.

악선전〔惡宣傳〕 名 悪宣伝. ¶ ~에 현혹되다 悪宣伝にまどわされる.

악성¹〔惡性〕 名 悪性. ¶ ~감기 悪性の風邪.

악성 빈혈〔一貧血〕 名〔醫〕悪性貧血.

악성 종양〔一腫瘍〕 名〔醫〕悪性腫瘍.

악성²〔樂聖〕 名 楽聖. ¶ ~ 베토벤 楽聖ベートーベン.

악세다 形 **1** (体が)頑丈だ. (意志が)強固だ. **2** (植物の茎·葉などが)硬い.

악센트〔accent〕 名 アクセント.

악수¹〔握手〕 名 하自 握手. ¶ 화해하는 뜻으로 ~하자 仲直りの意味で握手しよう.

악수례〔一禮〕 名 握手する礼儀.

악수²〔惡手〕 名 (将棋·碁などで)悪手.

악순환〔惡循環〕 名 悪循環. ¶ ~을 되풀이하다 悪循環を繰り返す.

악습〔惡習〕 名 悪習. 悪癖. ¶ ~을 고치다 悪習を直す.

악식〔惡食〕 名 하自 悪食. 粗食.

악심〔惡心〕 名 悪心. 悪意. ¶ ~을 품다 悪意を抱く.

악쓰다 自 わめき散らす. わめく. 怒鳴る. わめきあばれる.

악악거리다[-대다] 自 (不満や憤りで)さけび[どなり]たてる.

악어〔鰐魚〕 名〔動〕鰐.

악업〔惡業〕 名〔佛〕悪業.

악역〔惡役〕 名 悪役. 敵役. 憎まれ役.

악연〔惡緣〕 名 悪縁. 腐れ縁.

악연하다〔愕然一〕 形 愕然としている. ¶ 악연한 표정 愕然とした表情.

악영향〔惡影響〕 名 悪影響.

악용〔惡用〕 名 하他 悪用. ¶ 권력을 ~하다 権力を悪用する.

악우〔惡友〕 名 悪友.

악운〔惡運〕 名 悪運. ¶ ~이 세다 悪運が強い.

악음〔樂音〕 名 楽音.

악의¹〔惡衣〕 名 悪衣. 粗衣.

악의악식〔一惡食〕 名 하自 悪衣悪食. 粗衣粗食.

악의²〔惡意〕 名 悪意. ¶ ~에 찬 말 悪意に満ちた言葉 / 호의를 ~로 받아들이다 好意を悪意に受け取る.

악인〔惡人〕 名 悪人. 悪漢. 悪者.

악인역〔一役〕 名 悪役. 敵役.

악장¹〔樂長〕 名〔樂〕楽長.

악장²〔樂章〕 名 **1**〔樂〕楽章. **2**〔史〕(宮中の祭典·宴会で)音楽に合わせてうたう奏楽の文.

악재〔惡材〕 名〔經〕悪材料.

악전¹〔惡戰〕 名 하自 悪戦.

악전고투〔一苦闘〕 名 하自 悪戦苦闘.

악전²〔樂典〕 名 楽典.

악정〔惡政〕 名 悪政. ¶ ~에 신음하는 국민 悪政に呻吟する国民.

악조건〔惡條件〕 名 悪条件.

악종〔惡種〕 名 たちの悪い人[動物]. ¶ 천하의 ~ 天下の悪者.

악질¹〔惡疾〕 名 悪疾. 悪病.

악질²〔惡質〕 名 悪質.

악질분자〔一分子〕 名 悪質分子.

악착〔齷齪〕 名 **1** しぶといほど粘り強いこと. がむしゃら. **2** 意地っ張り. **3** 残忍この上ないこと. <억척

악착같다 形 がむしゃらだ. 粘り強い. あくせくする. **악착같이** 副 しゃにむに. 粘り強く. あくせく. ¶ 돈을 벌려고 ~ 일하다 金をもうけようとあくせく働く.

악착꾸러기 名 粘り強く働く頑張り屋.

악착빼기 名 根気強い子供.

악착스럽다 形 粘り強い. がむしゃらだ. ¶ 악착스럽게 일을 하다 わき目もふらず働く. **악착스레** 副 粘り強く. がむしゃらに.

악처〔惡妻〕 名 悪妻.

악천후〔惡天候〕 名 悪天候. 悪い天気. ¶ ~를 무릅쓰고 등산 간다 悪天候をついて山登りをする.

악취〔惡臭〕 名 悪臭. ¶ ~가 풍기는 쓰레기통 悪臭のするごみ箱.

악취미〔惡趣味〕 名 悪趣味.

악평〔惡評〕 名 하他 悪評.

악폐〔惡弊〕 名 悪弊. ¶ 종래의 ~를 제거하다 旧来の悪弊を除く.

악풍〔惡風〕 名 悪風. 悪習. ¶ ~에 물들다 悪風に染まる.

악필〔惡筆〕 名 悪筆. 下手な字.

악하다〔惡一〕 形 悪い. 不道徳だ. ¶ 악한 마음 邪悪な心.

악한〔惡漢〕 名 悪漢. ¶ ~의 습격을 받았다 悪漢に襲われた.

악행〔惡行〕 名 悪行. 悪事. ¶ ~의 대가를 받는다 悪行の償いを受ける.

악화¹〔惡化〕 名 하自 悪化. ¶ 병세가 ~하다 病状が悪化する.

악화²〔惡貨〕 名 悪貨. ¶ ~는 양화를 구축한다 悪貨は良貨を駆逐する.

안¹ 名 **1**〔내부〕(空間的に)内. 内部. 中. ¶ ~쪽 内側 / 방 ~에 틀어박히다 部屋の内にこもる / 건물 ~에서 일하다 建物の中で仕事をする. **2**〔때·동안〕(時間的に)以内. 内. ¶ 사흘 ~에 끝내라 3日以内に仕上げろ. **3**〔아내〕(夫に対して)妻. ¶ ~주인 奥さん / ~사람 女房. 家内. **4**〔안감〕(衣服の)裏. 裏地. ¶ 옷에 ~을 대다 衣服に裏地をつける.

안²〔案〕 名 **1**〔'안건'의 준말〕案. ¶ 예산~ 予算案. **2** 考え. 計画. ¶ 좋은 ~이 없나? いい考えがないか.

안³ 副〔'아니'의 준말〕…しない. …くない. ¶ 밥을 ~ 먹는다 ご飯を食べない

/ 일을 ~ 한다 仕事をしない / ~ 그래요 そんなことありませんよ / ~ 좋다 よくない.

안간힘 名 必死のあがき. 歯を食いしばる努力. ありったけの力.
 ◆안간힘을 쓰다 必死の努力をする. ¶ 경기에 이기기 위해서 ~을 쓰다 競技に勝つために力をふりしぼって戦う.

안감 名 (衣服の)裏地. ¶ 옷에 ~을 대다 衣服に裏地を当てる.

안강〔鮟鱇〕 名〔動〕 鮟鱇.
 안강망〔一網〕 名 鮟鱇網.

안갚음 名 하自 **1** 親に恩返しをすること. **2** 反哺.

안개 名 霧. もや. 霞. ¶ 자욱한 ~ 深い[濃い]霧 / ~가 개다[걷히다] 霧が晴れる / ~가 끼다 霧が立ち込める.
 안개구름 名 霧雲. 層雲.
 안개비 名 霧雨.
 안개뿜이 名 噴霧器. 霧吹き. スプレー.

안거〔安居〕 名 하自 安居.

안건〔案件〕 名 案件. ¶ 중요 ~을 처리하다 重要案件を処理する.

안경〔眼鏡〕 名 めがね. ¶ ~을 쓰다[끼다] めがねをかける / ~을 벗다 めがねをはずす.
 안경다리 名 (めがねの)つる.
 안경쟁이 名 めがねをかけた人.
 안경집 名 めがね入れ.
 안경테 名 めがねの縁[フレーム].

안계〔眼界〕 名 眼界. 視野.

안고나다 自 人の責任を代わりに負う. 引っ被る. ¶ 남의 일까지 ~ 他人のことまで引き受ける.

안고름 名〔'안옷고름'의 준말〕 チョゴリ(저고리)の内側の結びひも.

안공〔眼孔〕 名 眼孔. 見識.

안과〔眼科〕 名 眼科.
 안과의〔一醫〕 名 眼科医.

안광〔眼光〕 名 **1** 眼光. 目つき. ¶ 날카로운 ~ 鋭い目つき. **2** 眼識. ¶ 뛰어난 ~의 소유자 優れた眼識の所有者.

안구〔眼球〕 名〔生〕 眼球. 目玉.
 안구근〔一筋〕 名〔生〕 眼球筋. 眼筋.

안기다 Ⅰ 自 抱かれる. ¶ 품에 안겨 자는 아기 懐に抱かれて寝る赤ん坊.
 Ⅱ 他 **1**〔'안다'의 사동사〕 抱かせる. ¶ 아기를 엄마에게 ~ 赤子を母に抱かせる / 닭에게 알을 ~ 鶏に卵を抱かせる. **2** (責任などを)負わす. ¶ 남에게 책임을 ~ 他人に責任を負わせる. **3**〈俗〉 殴る. 打つ. ¶ 그 녀석. 매를 안겨라 あいつ, 一発食らわせろ.

안껍데기 名 内皮.

안내〔案内〕 名 하他 案内. 手引き. 通知. ¶ ~서 案内書. ガイドブック / ~소 案内所 / ~업 案内業 / ~인 案内人.
 안내장〔一狀〕 名 案内状.
 안내판〔一板〕 名 案内の掲示板.

안녕〔安寧〕 名 安寧. 安泰. 平和なこと. ¶ 공공의 ~을 유지하다 公共の安寧を保つ.
 안녕질서〔一秩序〕 名 安寧秩序. ¶ 사회의 ~ 社会の安寧秩序.

안녕하다〔安寧一〕 形 元気だ. つつがない. 無事だ. ¶ 여러분 안녕하십니까? 皆さん, こんにちは. **안녕히** 副 安らかに. 無事に. ¶ ~ 가십시오 (立ち去る人に対して) さようなら / ~ 계십시오 (とどまる人に対して) さようなら / ~ 주무십시오 おやすみなさい.

안다 他 **1**〔껴안다〕 抱く. かかえる. 抱きしめる. ¶ 어머니가 아기를 ~ 母が子供を抱く. **2**〔마음속에 가지다〕 (心に)いだく. ¶ 희망[슬픔]을 ~ 希望[悲しみ]をいだく. **3**〔알을 품다〕 (鳥が卵を)抱く. ¶ 암탉이 알을 ~ めんどりが卵を抱く. **4**〔맞받다〕 (雨・風などを)まともに受ける. はらむ. ¶ 돛배가 바람을 안고 나아간다 帆掛け船が風をはらんで進む. **5**〔떠맡다〕 (責任を)負う. 引き受ける. ¶ 남의 빚을 ~ 他人の負債を背負う.

안다미 名 하他 (他人の責任を)背負うこと. 引き受けること.
 안다미씌우다 他 自分の責任を人になすりつける.

안달 名 하自 いらだち. やきもきすること. 気をもむこと. 焦ること. ¶ ~하다 やきもきする. 焦る / 결과를 알지 못해 ~이다 結果が分からなくていらいらする.
 안달뱅이 名〈蔑〉 すぐに気をもみいらいらする人.

안달복달하다 自 ひどく気をもむ. やきもきする. ¶ 애가 타서 ~ 気が気でない.

안대〔眼帶〕 名 眼帯.

안도〔安堵〕 名 하自 安堵. ¶ ~의 한숨을 쉬다 安堵の胸をなで下ろす.
 안도감〔一感〕 名 安堵感.

안도라〔Andorra〕 名〔地〕 アンドラ〈ピレネー山脈中にある共和国〉.

안 되다¹ 自 **1** うまくいかない. ¶ 일이 계획대로 ~ 仕事が計画どおりにいかない. **2** (주로 '-면, -아서는'에 붙어) 駄目だ. いけない. ならない. ¶ 여기서 담배를 피우면 안 된다 ここでたばこを吸ってはいけない. **3** ('-지 않으면 안되다'의 꼴로) …しなければならない. …くなければならない. ¶ 더 크지 않으면 안돼 もっと大きくならなくちゃ駄目だよ.

안되다² 形 気の毒だ. 残念だ. 哀れだ. ¶ 병중이라니 정말 안됐다 病気とは本当に気の毒だ.

안뜰 名 内庭. 中庭.

안락〔安樂〕 名 하形 安楽. 安穏. ¶ ~하게 살다 安楽に暮らす.
 안락사〔一死〕 名 安楽死.
 안락의자〔一椅子〕 名 安楽椅子.

안력〔眼力〕 名 眼力. 視力. ¶ ~이 약해지다 視力が衰える / 진위를 분간하는 ~을 갖고 있다 真贋を見分ける眼力をもっている.

안료〔顔料〕 名 顔料.

안마¹〔按摩〕 名 하他 按摩. マッサージ.

안마²〔鞍馬〕 **1**〔體〕 (体操の)鞍馬. **2** 鞍を置いた乗馬.

안마당 名 内庭. 中庭.

안마루 名 母屋の縁側.

안면¹〔安眠〕 名 하自 安眠. ¶ ~방해 安眠妨害.

안면²〔顔面〕 名 **1** 顔. 面. 顔面. **2**

顔見知り. 顔なじみ. ¶～이 있는 사람 顔見知りの人 / ～이 넓다 顔が広い.
◆**안면을 바꾸다** 突然態度を変えて冷酷になる.

안면근〔一筋〕 名〔生〕 顔面筋.

안면박대〔一薄待〕 名 顔見知りの人をわざと冷遇すること.

안면부지〔一不知〕 名 会ったこともない人.

안면 신경〔一神經〕 名〔生〕 顔面神経. ¶～ 마비[통] 顔面神経麻痺[痛].

안목〔眼目〕 名 **1** 眼識. 見分ける目. ¶～이 높다 目が高い. **2** 眼目. 主眼. 大切な点.

안무〔按舞〕 名 하自 (舞踊の)振り付けをすること. ¶～가 振り付け師.

안받다 自 **1** 親鳥が子鳥からえさをもらう. **2** 親が子から養育の恩を受ける.

안방〔一房〕 名 奥の間. 居間(母屋の台所についている部屋).

안방샌님 名 いつも部屋に閉じこもってばかりいる男.

안배〔按排〕 名 하他 案配. 程よく配置[処置]すること. ¶좌석을 ～하다 座席を案配する.

안벽〔岸壁〕 名 岸壁.

안부〔安否〕 名 安否. ¶～를 걱정하다[묻다] 安否を気遣う[尋ねる].

안분〔按分〕 名 하他 案分[按分]. ¶일을 ～하다 仕事を案分する.

안빈〔安貧〕 名 하自 貧に安んじること.

안빈낙도〔一樂道〕 名 하自 貧しくても心を安らかにして分を守ること.

안사돈〔一查頓〕 名 相舅の婦女.

안사람 名 女房. 家内.

안살림 名 '안살림살이'의 준말.

안살림살이 名 主婦による家計の切り盛り.

안상제〔一喪制〕 名 喪中の女姓.

안색〔顔色〕 名 顔色. 気色. 血相. ¶～을 바꾸다 顔色を変える / ～을 살피다 顔色をうかがう.

안성맞춤〔安城一〕 名 あつらえ向き. 願ってもない好都合. 打ってつけ. ¶초학자에게 ～의 참고서 初学者にあつらえ向きの参考書.

안섶 名 〈チョゴリ(저고리)·トゥルマギ(두루마기)などの〉内側の衽.

안손님 名 女の客.

안수〔按手〕 名 하自〔基〕 按手.

안수 기도〔一祈禱〕 名〔基〕 按手祈禱.

안식¹〔安息〕 名 하自 安息.

안식교〔一教〕 名〔基〕 安息日再臨派.

안식년〔一年〕 名〔宗〕 安息年.

안식일〔一日〕 名〔宗〕 安息日.

안식처〔一處〕 名 安息の場.

안식²〔眼識〕 名 眼識. ¶～이 높다 目が肥えている / ～이 있다 目がきく.

안식구〔一食口〕 名 **1** 女の家族. **2** 〈俗〉 女房. 家内.

안심¹ 名 牛のあばら骨の内側の肉. ロース. ¶～구이 ロースの焼き肉.

안심²〔安心〕 名 하自 **1** 安心. 安堵. ¶그에게 맡기면 ～할 수 있다 彼にまかせておけば安心だ. **2**〔佛〕 安心.

안심찮다 形 **1** (人に迷惑をかけて)すまない. 申しわけない. **2** 安心できない. 心配である. 不安だ.

안심부름 名 女性が言いつける仕事や使い.

안쓰럽다 形 **1** (目下の人に迷惑をかけて)すまない. **2** いじらしい. 痛々しい. 気の毒だ. ¶안쓰러울만큼 야위었다 痛々しいほどやせてしまった.

안아맡다 他 (人の責任を)引き受ける. 受け持つ.

안압〔眼壓〕 名〔生〕 眼圧.

안약〔眼藥〕 名 目薬. ¶～을 넣다 目薬をさす.

안염〔眼炎〕 名 目の炎症.

안온하다〔安穩一〕 形 **1** 安穏だ. 平穏だ. ¶안온한 가정 安穏な家庭. **2** (天気が)暖かく穏やかだ. ¶안온한 날씨가 계속된다 穏やかな天気が続く.

안옷고름 名 チョゴリ(저고리)の内側の結びひも.

안위〔安危〕 名 安危. ¶국가의 ～에 관련되는 일 国家の安危にかかわる問題.

안이하다〔安易一〕 形 **1** 安易だ. たやすい. ¶일을 안이하게 생각하다 安易に物を考える. **2** 心配がなくのんきだ. ¶안이한 태도 のんきな態度.

안일〔安逸〕 名 하形 安逸. ¶무사 ～ 無事安逸 / ～한 사고방식 いいかげんな考え方.

안잠자기 名 住み込みお手伝いさん.

안장¹ 名〔印〕〔'안걸장'의 준말〕(本の)扉.

안장²〔安葬〕 名 하他 安らかに葬ること. ¶묘지에 ～하다 墓地に安らかに葬る.

안장³〔鞍裝〕 名 **1** 鞍. ¶～을 지우다 鞍を置く. **2** (自転車などの)サドル.

안장코 名 あぐら鼻.

안전¹〔安全〕 名 하形 安全. ¶～벨트 安全ベルト / ～모 安全帽 / ～ 보장 安全保障. **안전히** 副 安全に.

안전 교육〔一教育〕 名 安全教育.

안전등〔一燈〕 名 安全灯.

안전면도기〔一面刀器〕 名 安全かみそり.

안전 보장 이사회〔一保障理事會〕 名 (国連の)安全保障理事会.

안전성냥 名 安全マッチ.

안전장치〔一裝置〕 名 安全装置.

안전제일〔一第一〕 名 安全第一.

안전지대〔一地帶〕 名 安全地帯.

안전²〔眼前〕 名 眼前. 目の前.

안절부절못하다 自 そわそわする. いらいらする. いたたまれない. ¶따가운 시선에 ～ 刺すような視線にいたたまれない.

안정¹〔安定〕 名 하自 安定.

안정감〔一感〕 名 安定感.

안정도〔一度〕 名 安定度.

안정²〔安靜〕 名 하形 하自 安静. ¶절대 ～을 요함 絶対安静を要する.

안존하다〔安存一〕 形 **1** しとやかだ. ¶안존한 부인 しとやかな婦人. **2** 安穏だ.

안주¹〔安住〕 名 하自 安住. ¶～할 땅 安住の地 / 소시민적 생활에 ～하다 小市民的生活に安住する.

안주²〔按酒〕 名 酒の肴. つまみ. ¶마른～ 干し物の肴. 乾きもの / 술～ 酒

の肴.

안주감 名 肴の材料. ¶ ~을 장만하다 肴の材料を準備する.

안주머니 名 ふところ. 内ポケット.

안주인 名 女主人. 主婦. (宿屋などの)女将.

안중〔眼中〕名 眼中. ¶ ~에 없다 眼中にない. 眼中に置かない.

안중문〔一中門〕名 中庭に通ずる門.

안질〔眼疾〕名 眼疾. 眼病.

안집 名 **1** 母屋. **2** 家主の家. **3** (召し使いが)主人の家を指す語.

안짝 名 (標準·距離·数の)一定範囲内. ¶ 자동차로 10분 ~의 거리 自動車で10分以内の距離.

안짱다리 名 内股. 内わに.

안쪽 名 内. 内側. ¶ 문을 ~으로 열다 ドアを内側に開く.

안찝 名 **1** (服の)裏地. **2** (牛·豚の)臓物. **3** 柩. 棺おけ.

안착〔安着〕名 하自 安着.

안창 名 (靴の)中敷き.

안채 名 母屋. 主棟.

안추르다 他 **1** 苦痛を堪え忍ぶ. **2** 怒りをおさえる.

안출〔案出〕名 하他 案出. ¶ 묘책을 ~하다 妙策を案出する.

안치〔安置〕名 하他 安置. ¶ 불상을 ~하다 仏像を安置する.

안치다 他 (煮炊きすべきものを釜などに入れて)仕掛ける. 煮炊きの準備をする. ¶ 떡을 시루에 ~ 餅を蒸し器に入れる.

안타〔安打〕名 (野球で)安打. ヒット. ¶ ~를 치다 ヒットを打つ.

안타까워하다 他 気の毒がる. 気の毒に思う. じれったがる. もどかしがる.

안타깝다 形 **1** (見るに)気の毒だ. 不憫だ. ¶ 그는 보기에도 안타까웠다 彼は見るも気の毒だった. **2** もどかしい. いらいらする. 切ない. じれったい. ¶ 말을 잘하지 못해 ~ うまく言えなくてもどかしい. **안타까이** 副 切ない気持ちで. もどかしそうに. じれったく.

안태〔安泰〕名 하形 安泰. ¶ 국가 ~ 国家の安泰.

안테나〔antenna〕名 アンテナ.

안통 名 **1** (器の)内側の広さ. **2** 内心. 心中.

안팎 名 **1** 内外. ¶ 나라 ~의 정세 国内外の情勢. **2** およそ. そこそこ. 内外. ¶ 서른 ~의 부인 30前後の婦人. **3** 妻と夫. 夫婦.

안팎곱사등이 名 **1** 胸と背が前と後ろに曲がっている人. **2** することなすことがすべてうまくいかず八方ふさがりの状態.

안팎노자〔一路資〕名 往復の旅費.

안팎벽〔一壁〕名 内壁と外壁.

안팎살림 名 (男女の家族構成員の)生計や生活.

안팎식구〔一食口〕名 (男女の構成員を合わせた)家族全員.

안팎일 名 家の内外の用事.

안팎채 名 母屋と離れ家.

안표〔眼標〕名 目印. 標識.

안표지〔一表紙〕名〔印〕(本の)扉.

안피지〔雁皮紙〕名 雁皮紙. 斐紙.

안하〔眼下〕名 眼下.

안하무인〔一無人〕名 傍若無人.

앉다 自 **1** 座る. 腰かける. ¶ 안락의자에 ~ 安楽椅子に座る / 마룻바닥에 털썩 앉았다 床の上にどっかと座った. **2** (鳥·虫などが)とまる. ¶ 잠자리가 울타리에 앉아 있다 とんぼが垣根にとまっている. **3** (建物などが)据えられる. ¶ 집이 남향으로 앉았다 家が南向きに建っている. **4** (地位·職に)就く. 座る. ¶ 장관 자리에 ~ 長官の地位に就く / 부장 자리에 ~ 部長のポストに座る. **5** (ほこりなどが)溜まる. 積もる. ¶ 방바닥에 먼지가 앉았다 部屋の床にほこりが溜まっている. **6** (苔などが)生える. つく. ¶ 곰팡이가 ~ かびが生える. **7** 《'앉아(서)'의 꼴로》 動かないでじっとして. ¶ 앉아서 걱정만 할 것이 아니다 何もしないで心配ばかりしている場合ではない.

앉은걸음 名 膝行. いざる.

앉은뱅이 名 いざり. 足がなえた人.

앉은뱅이걸음 名 いざること.

앉은뱅이저울 名 台秤.

앉은부채 名〔植〕座禅草.

앉은자리 名 **1** 即座. 即席. (すぐ)その場. 立ち所. ¶ ~에서 아픔이 가시다 立ち所に痛みがさる. **2** 席. 座席. 座っている場所.

앉은키 名 座高. 坐高.

앉을자리 名 **1** 物を置く場所. **2** 座る場所.

앉음앉음 名 座り方. 居ずまい. ¶ ~이 여자답지 못하다 座り方が女らしくない.

앉히다 他 **1** 座らせる. ¶ 빈자리에 ~ 空席に座らせる. **2** (職·地位に)就かせる. ¶ 회장 자리에 ~ 会長の職に就かせる. **3** (上に)置く. 乗せる. ¶ 화덕에 솥을 ~ かまどに釜を載せる. **4** (行儀などを)しつける. 仕込む. **5** (文書などに)別途の項目を設けて記入する.

않다〔'아니하다'의 준말〕 I 補動 …(し)ない. ¶ 아무것도 먹지 않는다 何も食べない.
II 補形 …ではない. …くない. ¶ 그리 덥지 않구나 それほど暑くないなあ.

알 I 名 **1** (鳥·虫·魚などの)卵. ¶ 청어 ~ にしんの卵. 数の子 / ~을 까다 卵を孵す / ~을 낳다 卵を産む. **2** (小さい果実の)実. ¶ 콩~ 豆の実 / 밤~이 작다 栗の実が小さい. **3** 玉. 珠. 弾丸. ¶ 권총 ~ ピストルの弾 / 주판~ そろばんの珠. **4** 鶏卵.
II 依名 粒. ¶ 눈깔사탕 한 ~ 飴玉一粒 / 한 ~의 쌀 一粒の米.
III 接頭 **1** 粒状の…. ¶ ~약 丸薬 / ~사탕 飴玉. **2** 覆いがない…. 裸の…. むき出しの…. ¶ ~몸 真っ裸. **3** 本物の…. 典型的な…. ¶ ~짜 本物. **4** 非常に小さい…. ¶ ~뚝배기 小さい素焼きの鉢.

알갱이 名 **1** 粒. 実. ¶ ~가 굵다 粒が大きい. **2** 微粒子.

알거지 名 無一文の乞食. ¶ 하루

아침에 ～가 되다 一朝一夕に無一文の乞食になる.
알건달〔一乾達〕 名 無一文のごろつき.
알겨내다 他 (弱い者の持ち物を)だまして奪う. 巻き上げる.
알겨먹다 他 かすめ取る. ¶ 어린이의 과자를 ～ 子供のお菓子をかすめ取る.
알곡〔一穀〕 名 **1** 粒になっている穀物. **2** 混じり物のない穀類. **3** 莢をむいた豆類〈あずき·緑豆など〉.
알곡식〔一穀食〕 名 混じり物のない穀類.
알궁둥이 名 まる出しの尻.
알근하다 形 **1** (辛みが効いて)口の中がぴりっとする. **2** ほろ酔い機嫌だ. **알근히** 副 ぴりっと. ほろ酔い機嫌で.
알깍쟁이 名 **1** ひどく意地悪な人. **2** ちゃっかりした子供.
알껍질 名 卵殻.
알나리 名 官職に就いた若くて小柄な人.
알나리깔나리 感 子供たちが互いに相手をからかう語.
알다 他 **1** 分かる. 知る. 知識を得る. 知っている. ¶ 처음으로 안 사실 初めて知った事実/알 게 없다 (これ以上)知ることがない. **2** 理解する. 知る. ¶ 도저히 알 수가 없다 どうしても理解できない. **3** (…と)解釈する. 思う. 感ずる. ¶ 말씀하신 줄로만 알고 있었어요 おっしゃったのだとばかり思っていました. **4** 顔見知りである. 顔なじみである. 面識がある. 知り合いだ. ¶ 저이는 내가 아는 사람입니다 あの人とは私の知り合いです. **5** かかわる. 関知する. 知る. ¶ 내가 알 바가 아니다 私の関知するところではない. **6** (…だけを)重視する. ¶ 돈만 알지 그 밖의 것은 모른다 金もうけ以外のことは知らない. **7** わきまえる. 判断する. 分別する. ¶ 자신의 처지를 ～ 自分の立場をわきまえる/사태를 ～ 事態を分別する. **8** 承知する. ¶ 알겠[았]습니다 承知しました/알아 두어야 할 것 心得.
〔**속담**〕 **아는 것이 병** 知るが病〈中途半端な知識はむしろ災いのもとになる〉. **아는 길도 물어 가라** 知っている道も尋ねて行け〈念には念を入れよ〉.
알뜰살뜰 副 하形 つましく家事の切り盛りが上手なようす. まめまめしいようす. **알뜰살뜰히** 副 (家事·暮らしを)つましく切り盛りして. まめまめしく.
알뜰하다 形 **1** (家事の切り盛りが)つましくしっかりしている. **2** 愛情がこまやかで深い. ¶ 어버이의 알뜰한 사랑 親の深い愛情. **3** こまやかでつつましい. 充実している. ¶ 알뜰한 살림 充実した生活. **알뜰히** 副 まめまめしく. つましく. 抜け目なく. 愛情こまやかに.
알락달락 副 하形 まだらなようす. 色とりどりなようす.
알랑거리다[**-대다**] 自 (気に入られようとして)機嫌を取る. こびへつらう. お世辞を言う. ごまをする. ¶ 상사에게 ～ 上司にこびへつらう.
알랑알랑 副 하自 こびへつらうようす. ¶ 여자에게 ～하다 女の機嫌を取る.
알랑방귀 名 〈俗〉こびへつらい. 追従. おべっか.
알랑방귀뀌다 自 こびへつらう. 追従する. おべっかを使う.
알랑쇠 名 おべっかを使う人. ごますり.
알량하다 形 みすぼらしい. 見劣りする. つまらない. 取るに足りない. ¶ 알량한 기술 取るに足りない技術/알량한 월급 ちょっぴりの月給.
알레르기〔(독) Allergie〕 名 アレルギー.
알레르기성 질환〔一性疾患〕 名〔醫〕アレルギー性疾患.
알려지다 自 **1** 知れわたる. 有名になる. 知られる. ¶ 약효가 있다고 알려진 인삼 薬効があることで知られている人参. **2** 分かるようになる. 判明する. ¶ 사인은 곧 알려졌다 死因はすぐ判明した.
알력〔軋轢〕 名 軋轢. **1** 車輪がきしること. **2** 不和. いざこざ. ¶ 회사 내의 ～ 社内のいざこざ.
알로까다 形 〈俗〉抜け目がない. ちゃっかりしている.
알로록달로록 副 하形 色とりどりの斑点や縞模様がまばらにまだらなようす.
알로에〔aloe〕 名〔植〕アロエ.
알록달록 副 하形 斑点や縞模様がまばらにまだらなようす.
알롱이 名 まだら模様の動物[物].
알루미늄〔aluminium〕 名〔化〕アルミニウム. アルミ.
알리다 他 知らせる. 告げる. 教える. ¶ 사실을 ～ 事実を知らせる.
알리바이〔alibi〕 名〔法〕アリバイ.
알맞다 形 適当だ. 適する. 合う. ふさわしい. 程よい. 手ごろだ. ¶ 알맞은 가격 手ごろな価格/나이에 알맞게 年相応に/이 꽃에는 그 화분이 ～ この花にはその鉢がふさわしい.
알맞추 副 適当に. 程よく. ふさわしく. ¶ ～ 운동하다 適度に運動する.
알맹이 名 中身. **1** (皮をむいた)中の部分. 実. **2** (物事の)中心. 要点. ¶ ～ 없는 강의 実のない講義.
알몸 名 **1** 裸. 裸体. 裸身. ¶ ～이 되다 裸になる. **2** 無一文. 一文なし. ¶ ～으로 갑부가 되다 裸一貫から大金持ちになる.
알몸뚱이 名 〈卑〉まっ裸.
알바니아〔Albania〕 名〔地〕アルバニア〈バルカン半島の西部にある共和国〉.
알밤 名 **1** (毬を取り除いた)栗の実. **2** げんこつ.
◆**알밤을 먹이다** げんこつを食わせる.
알배기 名 **1** 子持ちの魚. **2** (うわべより)中が詰まっていること. ¶ ～ 배추 中が詰まった白菜.
알배다 自 卵をはらむ.
알부랑자〔一浮浪者〕 名 ひどいやくざ者. ひどい与太者.
알사탕〔一沙糖〕 名 飴玉.
알선〔斡旋〕 名 하他 斡旋. 周旋. ¶ 취직을 ～하다 就職を斡旋する.
알세포〔一細胞〕 名〔生〕卵細胞.
알속 名 **1** 見かけよりも充実した内容. **2** 核心. 芯. 精髄. ¶ 문제의 ～을 파악하다 問題の本質を把握

する. **3** 秘密. ¶그 친구의 ~을 알고 있다 その人の秘密を知っている. **4** 正味. ¶~ 500그램 正味500グラム.

알속하다 他 密かに内容を知らせる.

알싸하다 形 (辛い味・煙などで口の中や鼻が)ひりひりする. えがらっぽい.

알쏭달쏭 副 하形 **1** まだらなようす. **2** ぼやっと. ¶눈앞이 흐려서 ~하게 보인다 眼がかすんでぼやっと見える. **3** こんがらかってよく分からないようす. ¶저 사람 말은 ~해서 분간을 못 하겠다 あの人の話はややこしくて分からない.

알쏭알쏭 副 하形 **1** まだらなようす. **2** あいまいに. ぼうっと. ¶~한 문제 あいまいな問題.

알쏭하다 形 〔'아리송하다'의 준말〕 不明瞭だ. はっきりしない.

알아내다 他 **1** 分かる. 見分ける. 知る. ¶진의를 ~ 真意を理解する. **2** 割り出す. 見つけ出す. 探し出す. 究める. ¶비밀을 ~ 秘密を探り出す / 진상을 ~ 真相を究める.

알아듣다 他 **1** 理解する. 納得する. 飲み込む. ¶충분히 알아들었다 十分に理解した. **2** 聞き取る. 聞き分ける. ¶빨리 말씀하시면 못 알아들어요 速く話されると聞き取れません.

알아맞히다 他 当てる. いい当てる. 正確に答える. ¶누군지 알아맞혀 보세요 誰か当ててごらんなさい.

알아먹다 他 〈俗〉 分かる. 合点がいく. ぴんと来る. ¶무슨 의미인지 알아먹을 수가 없네 どういう意味なのかぴんと来ないな.

알아보다 他 **1** 調べる. 探る. ようすを見る. ¶사람의 의중을 ~ 人の意中を探る. **2** 記憶する. 覚えている. 見分ける. ¶젖먹이가 엄마를 ~ 乳飲み子が母親を見分ける. **3** 認める. ¶상대의 실력을 ~ 相手の実力を認める.

알아주다 自他 **1** (他人の長所・美点を)認める. 評判が高い. ¶인격을 ~ 人格を認める. **2** (他人の立場を)察してやる. 同情する. 推し量る. 思いやる. ¶딱한 사정을 ~ 苦しい事情を思いやる.

알아차리다 他 予知する. 気づく. 見破る. 見抜く. ¶속셈을 ~ 下心を見抜く.

알아채다 他 機微を知る. 気づく. 感じる. 悟る. ¶싫어하는 눈치를 ~ 嫌がる気配を感じる.

알알이 副 粒ごとに. ¶~ 익은 포도 粒一つ一つが熟したぶどう.

알알하다 形 **1** (辛みの刺激などで舌が)ひりひりする. ¶김치가 매워서 혀가 ~ キムチが辛くて舌がひりひりする. **2** (傷などが)ひりひりする. ちくちくする. ¶벗겨진 상처가 ~ むけた傷がひりひりする. **3** (日に焼けて)ひりひりする. ¶여름 햇볕을 쬐어 피부가 ~ 夏の日ざしを浴びて皮膚がひりひりする. ＜얼얼하다

알약〔一藥〕 名 丸薬. 錠剤.

알은체하다 自他 **1** 知ったかぶりをする. かかわり合う. ¶이 사건에는 알은체하지 않는 것이 좋다 この事件にはかかわらないほうがよい. **2** 知り合いのような態度を取る. 親しい素振りをする. 目くばせする. ¶싱긋 웃으며 ~ にっこり笑って親しい素振りをする.

알음 名 **1** 面識のあること. 知り合い. なじみ. ¶두 사람은 전부터 ~이 있는 사이다 二人は前から知り合いなんだ. **2** 見識. 知っていること. 知ること. 知識. ¶천박한 ~ 浅はかな知識. **3** 神の加護. 神のおかげ.

알음알음 名 親交. よしみ. つて. ¶~으로 취직하다 つてで就職する.

알음알이 名 **1** 利口な手段. ¶~로 처리하다 賢く処理する. **2** 親しい人. 知人. 知り合い. ¶~들이 모여서 놀다 親しい人たちが集まって遊ぶ. **3** 才能の伸び. ¶그의 ~가 대단하다 彼の才能の伸びはすばらしい.

알음장 名 하他 目つきで知らせること. 目くばせ. ¶~해서 이야기를 중단시키다 目くばせして話をやめさせる.

알젓 名 **1** 魚卵の塩辛. **2** 〈俗〉擦り切れた靴下からはみ出た足の指.

알제리〔Algérie〕 名〔地〕 アルジェリア〈アフリカ大陸北西部の共和国〉.

알조 名 合点のいくこと. ¶그만하면 ~다 その程度やれば納得できる.

알주머니 名 魚の卵嚢.

알집 名〔生〕 卵巣.

알짜 名 **1** 最も重要なもの. えり抜きのもの. めぼしいもの. ¶~만 골라내다 めぼしいものだけ選び出す. **2** 典型的なもの. 模範的なもの.

알짝지근하다 形 **1** (皮膚が)ひりひりする. ¶살갗이 ~ 肌がひりひりする. **2** (味が)やや辛い. えがらっぽい. ¶알짝지근한 생선찌개 舌がぴりぴりする魚チゲ. **3** (酒で)ほろ酔いきげんだ. ¶한 잔 술에 알짝지근하게 취했다 一杯の酒でほろ酔いきげんに酔った.

알짱거리다[-대다] 自 **1** 取り入ってだます. ¶알짱거려 돈을 우려내다 こびへつらって金をせびり取る. **2** うろつき回る. ぶらつく. ¶매일같이 번화가를 ~ 毎日のように盛り場をうろつき回る.

알짱알짱 副 하自 **1** ぺこぺこ(と). **2** ぶらぶら(と).

알찌개 名〔料理〕 卵チゲ〈卵を割ってしょう油・塩辛の汁を入れ, 肉・ねぎを煮た鍋料理〉.

알차다 形 **1** 内容が充実している. ¶이 책은 값도 싸고 내용도 ~ この本は値段も安くて内容も充実している. **2** (穀物などが)ぎっしり詰まっている. ¶알찬 벼 よく実った稲.

알칼리〔alkali〕 名 アルカリ. ¶~성 アルカリ性.

알코올〔alcohol〕 名 アルコール. ¶~ 중독 アルコール中毒 / ~ 램프 アルコールランプ.

알탄〔一炭〕 名 豆炭.

알토〔ⓘalto〕 名〔樂〕 アルト.

알토란〔一土卵〕 名 皮をむいた里芋.

◆**알토란 같다** ① 暮らしが豊かだ. ② (内容が)充実している.

알통 名 力こぶ. ¶~이 나온 팔 力こ

ぶの盛り上がった腕.
알파벳〔alphabet〕 名 アルファベット.
알파벳순〔一順〕 名 ABC順.
알현〔謁見〕 名 하他 謁見.
앓다 自他 **1** (病気を)患う. 病む. ¶간염을 ~ 肝炎を病む / 독감을 앓았다 悪性の感冒を患った. **2** 胸を痛める. 苦しむ. ¶자식의 일로 부모가 마음을 ~ 子供のことで父母が胸を痛める.
〔속담〕 **앓던 이 빠진 것 같다** 虫歯が抜けたみたいだ(心配事がなくなってすっきりする).
앓아눕다 自 (病気で)床につく. 寝込む. ¶감기로 ~ 風邪で寝込む.
-앓이 接尾 …病. …痛. ¶이~ 歯痛 / 배~ 腹痛.
암¹ Ⅰ 名 雌. 牝.
Ⅱ 接頭 雌…. 牝…. ¶~꽃 雌花 / ~소 牝牛 / ~말 雌の馬. 牝馬.
암²〔庵〕 名 〔'암자'의 준말〕 小さい寺.
암³〔癌〕 名 **1**〔醫〕癌. ¶위~ 胃癌. **2** (ある機構·組織の)大きな障害. ¶~적 존재 癌のような存在.
암⁴ 感 〔'아무렴'의 준말〕 もちろん.
-암⁵〔巖〕 接尾 …岩. ¶석회~ 石灰岩.
암갈색〔暗褐色〕 名 暗褐色.
암거〔暗渠〕 名〔土〕暗渠. 地下につくった水路. ¶~ 배수 暗渠排水.
암거래〔暗去來〕 名 하他 やみ取引.
암계〔暗計〕 名 하他 秘密の策.
암굴〔巖窟〕 名 岩窟. ほら穴.
암기〔暗記〕 名 하他 暗記.
암기력〔一力〕 名 暗記力.
암꽃 名〔植〕雌花.
암나사〔一螺絲〕 名 雌ねじ. ナット.
암내¹ 名 하他 (動物の)雌が発情期に発するにおい. 動物のさかり.
◆**암내가 나다** (牛·馬·豚などが)発情する. さかりがつく.
◆**암내를 내다** 雌が交尾欲を起こしにおいを発する. さかりがつく.
암내² 名 わきが.
암녹색〔暗綠色〕 名 暗緑色.
암놈 名 動物の雌.
암담하다〔暗澹一〕 形 暗澹としている. 明るい見通しがなく絶望的だ. ¶암담한 기분 暗澹とした気持ち.
암되다 形 女々しい. 男らしくない.
암띠다 形 **1** 秘密を好むたちだ. **2** 内気だ. ¶남자가 어째 그리 암띠냐? 男がどうしてそんなにはにかむのかね.
암만¹ 名 〔밝힐 필요가 없는 값이나 수량〕 いくらか. これこれ. しかじか. ¶숫자를 ~이라고 그랬던가? 数字をいくらだといったの.
암만² 副 《암만 ….-아도[-어도]의 꼴로》 いくら…しても. ¶~ 노력해도 따라잡을 수 없다 いくら努力しても追いつけない.
암만해도 副 どうやっても. とうてい. ¶~ 이길 것 같지가 않다 どうやっても勝てそうにない.
암매¹〔暗買〕 名 하他 闇買い.
암매²〔暗賣〕 名 하他 闇売り.
암매매〔暗賣買〕 名 하他 闇取引.
암매장〔暗埋葬〕 名 하自 密葬.
암모나이트〔ammonite〕 名 アンモナイト.
암모니아〔ammonia〕 名〔化〕アンモニア.
암모니아수〔一水〕 名〔化〕アンモニア水.
암묵〔暗默〕 名 하他 暗黙. ¶~의 양해 暗黙の了解.
암묵리〔一裡〕 名 暗黙裏. ¶~에 인정하다 暗黙のうちに認める.
암반〔巖盤〕 名 岩盤.
암벽〔巖壁〕 名 岩壁. ¶~ 등반 岩壁登攀.
암산〔暗算〕 名 하他 暗算.
암살〔暗殺〕 名 하他 暗殺. ¶~을 기도하다 暗殺をくわだてる.
암상 名 하形 嫉妬心. 焼きもち.
암상궂다 形 ひどく嫉妬深く意地悪い.
암상내다 自 嫉妬する.
암상떨다 自 ひどく焼きもちを焼く.
암상부리다 自 嫉妬する.
암상스럽다 形 嫉妬深い. ¶암상스러운 여자 嫉妬深い女. **암상스레** 副 そねみがましく.
암상피우다 自 ねたましげにふるまう.
암석〔巖石〕 名 岩石.
암석권〔一圈〕 名〔地〕岩石圏.
암석학〔一學〕 名〔地〕岩石学.
암세포〔癌細胞〕 名 癌細胞.
암소 名 牝牛.
암송〔暗誦〕 名 하他 暗誦. そらよみ.
암수¹ 名 雌と雄. 雌雄.
암수²〔暗數〕 名 悪計. トリック.
암술 名〔植〕〔'암꽃술'의 준말〕 雌しべ.
암술대 名〔植〕花柱.
암술머리 名〔植〕柱頭.
암시〔暗示〕 名 하他 暗示. ヒント. ¶~를 주다 ヒントを与える / ~ 요법 暗示療法.
암시법〔一法〕 名〔文〕暗示法.
암시세〔暗時勢〕 名 やみ値. やみ相場.
암시장〔暗市場〕 名 闇市. 闇市場.
암실〔暗室〕 名 暗室.
암암리〔暗暗裡〕 名 暗暗裏. 内々. ひそかにすること. ¶~에 일을 치르다 内々で事をすませる.
암야〔暗夜〕 名 暗夜. 暗い夜.
암약〔暗躍〕 名 하自 暗躍. ¶이면에서 ~하다 裏側で暗躍する.
암염〔巖鹽〕 名〔鑛〕岩塩. 山塩.
암영〔暗影〕 名 暗影. ¶정국에 ~을 던지다 政局に暗影を投げかける.
암운〔暗雲〕 名 暗雲. ¶~이 감돌다 暗雲がただよう.
암울하다〔暗鬱一〕 形 暗鬱だ. ¶암울한 표정 暗鬱な表情.
암자〔庵子〕 名〔佛〕**1** 大寺に付属する小さい寺. **2** 僧が修行する仮の家.
암자색〔暗紫色〕 名 暗紫色.
암장〔暗葬〕 名 하他 密葬.
암적색〔暗赤色〕 名 暗赤色.
암죽〔一粥〕 名 重湯.
암중〔暗中〕 名 **1** 暗中. **2** 暗々裏.
암중모색〔一摸索〕 名 하他 暗中模索. ¶수사는 ~ 중이다 捜査は暗中模索をしている.
암초〔暗礁〕 名 暗礁. ¶배가 ~에 걸

리다 船が暗礁に乗り上げる.

암치질〔一痔疾〕 名〔醫〕内痔核.

암캉아지 名 雌の子犬.

암캐 名 雌犬.

암컷 名 (動物の)雌.

암키와 名 牝瓦.

암탉 名 めんどり.

〔속담〕 **암탉이 울면 집안이 망한다** めんどりが鳴けば家が滅びる.

암톨쩌귀 名 壺金. 肘壺.

암퇘지 名 雌豚.

암투〔暗闘〕 名 하自 暗闘.

암팡스럽다 形 攻撃的である. 荒々しい. 精悍である. ¶ 암팡스러운 얼굴 精悍な顔つき.

암팡지다 形 精悍だ. 果敢だ. (性格が)強情だ. 負けん気が強い. ¶ 암팡진 여자 負けん気の強い女性 / 암팡지게 대들다 果敢に挑む.

암페어〔ampere〕 依名〔物〕アンペア.

암평아리 名 雌のひよこ.

암표〔暗票〕 名 やみ取引の切符. ¶ ~상 だふ屋.

암행〔暗行〕 名 하自 密行. 潜行. 微行.

암행어사〔一御史〕 名〔史〕朝鮮時代, 王命によりひそかに地方官の治績や非行を調査するために派遣された臨時の官職.

암호〔暗號〕 名 暗号. ¶ ~문 暗号文 / ~해독 暗号解読.

암흑〔暗黑〕 名 하形 暗黒. ¶ ~대륙 暗黒大陸 / ~사회 暗黒社会 / ~세계 暗黒世界 / ~시대 暗黒時代.

암흑가〔一街〕 名 暗黒街. ¶ ~의 보스 暗黒街のボス.

암흑기〔一期〕 名 暗黒期.

암흑면〔一面〕 名 暗黒面. ¶ 사회의 ~ 社会の暗黒面.

압권〔壓卷〕 名 圧巻. 出色. ¶ 이 부분이 이 작품의 ~이다 この部分がこの作品の出色の出来である.

압도〔壓倒〕 名 하他 圧倒. ¶ 기성 작가를 ~하다 既存の作家を圧倒する.

압도적〔一的〕 冠 名 圧倒的. ¶ ~인 승리 圧倒的な勝利.

압력〔壓力〕 名 圧力. ¶ 대기의 ~ 大気の圧力 / ~ 단체 圧力団体 / 무언의 ~ 無言の圧力.

압력계〔一計〕 名 圧力計.

압력솥 名 圧力釜.

압류〔押留〕 名 하他〔法〕差し押さえ. ¶ 세금 체납으로 ~당하다 税金滞納で差し押さえられる.

압맥〔壓麥〕 名 押し麦. 平麦.

압박〔壓迫〕 名 하他 圧迫. ¶ 정신적 ~ 精神的圧迫.

압박감〔一感〕 名 圧迫感.

압사〔壓死〕 名 하自 圧死. ¶ 벼랑이 무너져 ~하다 崖崩れで圧死する.

압송〔押送〕 名 하他〔法〕押送. 護送. ¶ 범인을 ~하다 犯人を護送する.

압수〔押收〕 名 하他〔法〕押収. ¶ 증거물을 ~하다 証拠物件を押収する.

압승〔壓勝〕 名 하自 圧勝. 大勝.

압연〔壓延〕 名 하他〔工〕圧延.

압연기〔一機〕 名 圧延機.

압정1〔押釘〕 名 押しピン. 画鋲.

압정2〔壓政〕 名 圧政. ¶ 독재주의의 ~ 独裁主義の圧政.

압제〔壓制〕 名 하他 圧制. ¶ ~ 정치 圧制政治.

압지〔押紙·壓紙〕 名 吸い取り紙. 押し紙.

압착〔壓搾〕 名 하他 圧搾.

압착기〔一機〕 名 圧搾機.

압축〔壓縮〕 名 하他 圧縮. ¶ ~ 공기 圧縮空気 / ~기 圧縮機 / ~ 산소 圧縮酸素.

앗 感〔다급하거나 놀라서 내는 소리〕 あっ. ¶ ~, 차표를 잊었다 あっ, 切符を忘れた.

앗기다 自〔'앗다'의 피동사〕 とられる. 奪われる.

앗다 他 **1** 奪い取る. ¶ 인명을 앗은 폭풍우 人命を奪った暴風雨. **2** (皮·さやをむいて)実·種子を取る. ¶ 씨아로 목화씨를 ~ 綿繰りで綿花の種を取り除く.

-았- 語尾 **1**〔과거를 나타냄〕…した. ¶ 누가 받~느냐? 誰が受け取ったか. **2**〔부정문에서〕…しなかった. …していない. ¶ 그 영화는 아직 못 보~어요 その映画はまだ見ていません. **3**〔현재의 상태를 나타냄〕…だ. …(し)ている. ¶ 그는 아버지를 닮~다 彼はお父さんに似ている. **4**〔단정적인 미래를 나타냄〕…だぞ. ¶ 너는 내일 큰일났다 君は明日たいへんだぞ.

앙 感 **1**〔어린아이의 울음소리〕 ああん. わあ. わっ. **2**〔남을 놀라게 하려고 지르는 소리〕 わあ. わっ.

앙가발이 名 **1** がにまた. がにまたの人. **2** 人にうまく取り入る人.

앙가슴 名 両乳房の間. 胸の中央.

앙감질 名 하自 片足跳び.

앙갚음 名 하自他 報復. 復讐. かたき討ち. 仕返し. ¶ 원한을 ~하다 恨みをはらす / ~을 당하다 復讐される.

앙괭이 名 煤や墨を塗りたくった顔.

◆**앙괭이를 그리다** 顔に墨や煤を塗りたくる.

앙금 名 하自 (澱粉などの)沈殿物. おり. かす. ¶ ~을 가라앉히다 おりを沈める.

앙금앙금 副 (幼児·脚の短い動物が)よちよち(と). <엉금엉금

앙다물다 他 かみしめる. 固くつぐむ. ¶ 입술을 ~ 唇をかみしめる.

앙등〔仰騰·昂騰〕 名 하自 高騰. ¶ 주가의 ~ 株価の高騰.

앙똥하다 形 (言動が)突飛だ. 途方もない. とてつもない.

앙망〔仰望〕 名 하他 **1** 仰望. 期待すること. ¶ 조속한 회신을 ~합니다 速やかなご回答をお待ちいたします. **2** 仰ぎ見ること.

앙버티다 他 ねばり強くしんぼうする. (最後まで)突っ張る. 頑張る. ¶ 이를 악물고 ~ 歯を食いしばって頑張る.

앙상궂다 形 ひどくやつれている. ひどくやせ衰えている.

앙상블〔프 ensemble〕 名 **1** (衣服の)

アンサンブル．2〔樂〕アンサンブル．

앙상하다 形 **1** (葉が落ちて枝ばかりが)もの寂しい．残っている．¶가지만 앙상하게 남아있다 枝だけ寂しく残っている．**2** やせ衰えている．やつれている．¶뼈만 앙상하게 남은 아이 骨と皮ばかりになった子．**3** (着物などが)不つりあいだ．ふざまだ．不格好だ．

앙숙〔怏宿〕名 かたき同士．¶서로 ~이다 互いに憎み合っている．

앙심〔怏心〕名 復讐心．恨み．¶~을 품다 恨みを抱く．

◆**앙심을 먹다** 恨みを抱く．根に持つ．

앙알거리다[-대다] 自 恨みがましい声でぶつぶつ言う．(子供が)ぐずる．¶앙알거리는 사람 恨めしくぶつぶつ言う人．

앙알앙알 副 하自 ぶつぶつ．

앙앙 副 하自 〔어린아이가 크게 우는 소리〕あんあん(と)．わあわあ(と)．

앙앙거리다[-대다] 自 (子供が)大声を出して泣く．あんあんと泣く．

앙양〔昂揚〕名 하他 高揚．昂揚．¶국위를 ~하다 国威を高揚する．

앙증맞다 形 小さなものが小憎らしいほどにかわいらしい．

앙증스럽다 形 **1** ふさわしくなく小さく見える．**2** (小さな物や人が)かわいい．

앙증스레 副 よくととのってかわいく．

앙증하다 形 **1** 不釣合いに小さい．**2** 幼い子が心憎いほどにかわいらしい．

앙짜 名 **1** 大人ぶって取り澄ました態度．気取ったふり．**2** ねちねちして嫉妬深い人．

앙천〔仰天〕名 하自 天を仰ぐこと．

앙천대소〔一大笑〕名 하自 天を仰いで声高く笑うこと．

앙천축수〔一祝手〕名 하自 天を仰いで祈ること．

앙칼스럽다 形 とげとげしい．¶앙칼스럽게 말한다 とげとげしく話す．**앙칼스레** 副 とげとげしく．

앙칼지다 形 **1** (声などが)鋭くて厳しい．荒々しい．¶앙칼진 목소리를 내다 荒々しい声を出す．**2** 腹黒い．**3** 負けん気が強い．¶앙칼진 데가 있다 負けん気の強いところがある．

앙케트〔프 enquête〕名 アンケート．

앙코르〔프 encore〕名 アンコール．

앙큼상큼 副 하形 (足の短い人が)さっさと．とっとと．

앙큼스럽다 形 見かけによらず陰険だ．狡猾だ．悪賢い．¶앙큼스럽게 시치미를 뗀다 陰険にもしらを切る．**앙큼스레** 副 悪賢く．狡猾に．

앙큼하다 形 (見かけによらず)陰険だ．狡猾だ．隅に置けない．¶앙큼한 계획을 세우다 ずるい計画を立てる．

앙탈 名 하自 **1** 言い逃れ．逃げ口上．**2** 無理．むちゃ．だだ．¶절대로 못 가겠다고 ~을 한다 絶対に行けないとわがままを言う．

앙탈부리다 自 わがままを言う．だだをこねる．

앙하다 形 恨みをもって怒っている．心を深く害している．

앙화〔殃禍〕名 災い．たたり．

앞 Ⅰ 名 反 後ろ，あと **1** (空間的に)前方．前．¶~을 보다 前方を見る／마을 ~에는 시냇물이 흐른다 村の前には小川が流れている．**2**〔먼저〕(時間的に)前．先程．¶~에서 지적했듯이 先程指摘したように．**3** (順序の上で)先．前．¶~ 페이지 前のページ．**4**〔미래〕今後．将来．未来．前途．¶~을 위해서 将来のために．**5**〔맡은 몫〕持ち前．持ち分．取り分．**6**〔국부〕陰部．前．下．

Ⅱ 依名 (편지·초대장 등에서 손아랫사람 이름 뒤에 써서) …宛て．¶네 ~으로 온 편지 君宛の手紙．

◆**앞을 다투다** (競技·競争などで)先を争う．

◆**앞을 못 보다** ① 盲目である．② 将来を見通す能力がない．

◆**앞이 깜깜하다[캄캄하다]** お先真っ暗だ．

앞가슴 名 **1** 胸部．胸元．**2** チョゴリ(저고리)などの前身ごろ．

앞길 名 **1** 前途．将来．行く末．¶~이 험난해도 극복해야 한다 前途が険しくても克服しなければならない．**2** 目的地までの道のり．**3** 家や村の前あるいは南側を通る道．

앞날 名 **1** 後日．後．未来．¶일을 ~로 미루지 마라 仕事を後日に回すな．**2** 将来．未来．¶네 ~에 영광 있으라 君の将来に栄光あれ．**3** (死ぬまでに)残った日．余命．**4** 過ぎ去った前の日．¶~과는 다른 말을 하네 この前とは違ったことを言うね．**5** (期限までに)残った日にち．

앞니 名 前歯．門歯．

앞다리 名 **1** (動物の)前脚．**2** 両足を前後に開いたときの前のほうの足．**3** (椅子などの)前のほうの足．**4** (流れ作業のとき)自分の直前に作業する人．先の手．**5** 移転先．引っ越し先．

앞당기다 他 (予定を)早める．繰り上げる．¶계획을 일주일 앞당겼다 計画を1週間繰り上げた．

앞대문〔一大門〕名 家の正門．

앞두다 他 目の前にする．目前に控える．¶결혼을 앞두고 매우 바쁘다 結婚を控えてたいへん忙しい．

앞뒤 名 前後．前と後ろ．

◆**앞뒤가 막히다** ① 四方がふさがって息苦しい．② 融通性が少しもない．

◆**앞뒤가 맞다** つじつまが合う．筋道が通る．

◆**앞뒤를 재다** ① 前後のことをよくわきまえる．② 利害関係をはっきりさせる．

앞뒷문〔一門〕名 正門と後門．

앞뒷집 名 前の家と後ろの家．¶~에 살던 사이 隣に住んでいた仲．

앞뜰 名 前庭．

앞마당 名 前庭．

앞면〔一面〕名 前面．

앞문〔一門〕名 表門．表口．

앞바다 名 沖．沖合．

앞발 名 **1** 動物の前足．**2** 先に踏み出す足のこと．

앞발굽 名 (牛·馬の)前足のひづめ．

앞발질 名 하自 前足蹴り．前足をしき

りに動かすこと.

앞서 副 **1** 先に. 前に. あらかじめ. ¶ ~ 떠난 사람들 先に出発した人たち. **2** 先日. 先ほど. 先だって. このあいだ. ¶ ~ 부탁드린 일 この間, お願いいたしましたこと. **3** 前もって. 先に. ¶ 출발에 ~ 장비 점검을 해라 出発する前に装備の点検をしなさい. **4** 《'-기에 앞서'의 꼴로》…する前に. …に先立って.

앞서가다 自他 **1** 先に立って行く. **2** 先んずる. **3** (他人より)ぬきんでる. 秀でる.

앞서다 自 **1** 人に先立つ. 先頭に立つ. ¶ 남보다 앞서서 일을 하다 人に先立って仕事をする. **2** (他の事に)先立つ. 先に行なう. ¶ 말보다 실천이 앞서야 한다 口より実践が先でなければならない. **3** 他人よりぬきんでる. すぐれる.

◆**앞서거니 뒤서거니** 先になったり後になったり.

앞서서 副 先だって. ¶ ~ 착수하다 先だって着手する.

앞세우다 他 **1** 親より先に死なせる. 先立たれる. ¶ 남편을 ~ 夫に先立たれる. **2** 先に立たせる. 前面に押し立てる. ¶ 말만 앞세우고 실행을 못 한다 口先ばかりが先立って実行が伴わない.

앞앞 名 各自. おのおの. 各自の前. **앞앞이** 副 銘々に. それぞれの前に. 各自の前に.

앞이마 名 額の真ん中. おでこ.

앞일 名 **1** 未来のこと. ¶ ~이 걱정이다 先の事が心配だ. **2** 自分に与えられたこと. ¶ 제 ~도 못하는 주제에 自分のこともまともにできないくせに.

앞자락 名 前裾.

앞잡이 名 **1** 先導者. **2** (人の)手先. 走狗. ¶ 경찰의 ~ 警察の手先.

앞장 名 先頭. 真っ先.

앞장서다 自 先頭に立つ. 先立つ. ¶ 앞장서서 강력히 추진하다 先頭に立って強力に推し進める.

앞장세우다 他 先に立たせる. 先頭に立たせる. ¶ 안내자를 앞장세우고 등산한다 ガイドを先頭に立たせて山登りをする.

앞지르다 他 **1** 追い越す. 追い抜く. ¶ 선두를 ~ 先頭を追い抜く. **2** (他人を)しのぐ. 先んずる. 出し抜く. ¶ 전성기를 앞지르는 인기 全盛期をしのぐ人気.

앞집 名 前にある家.

앞쪽 名 (物事の)前面. 前方.

앞차〔一車〕名 **1** (先に出かけた)前方の車. **2** 前を走っている車. ¶ ~를 앞지르다 前の車を追い越す. **3** (列車の)前方の車両.

앞채[1] 名 母屋の前の棟.

앞채[2] 名 **1** 輿や柩車の前方の轅. **2** 牛の荷鞍の前の方の横木.

앞치마 名 前掛け. エプロン.

앞폭〔一幅〕名 **1** 前身ごろの幅. **2** (家具などの)前面に当てる板. **3** 品物の前面の幅.

애[1] 名 **1** 気苦労. 心配. 苦労. ¶ 아이가 아파서 ~를 태운다 子供が病気で気をもむ. **2** 心身の疲労.

애[2] 名〔'아이'의 준말〕子供. ¶ 이 ~는 말괄량이다 この子はおてんばだ.

애-[3] 接頭 **1**〔맨 처음〕最初の…. 初めの…. ¶ ~당초부터 初めから. **2**〔어린·앳된〕幼い…. 若い…. ¶ ~송아지 子牛 / ~벌레 幼虫.

-애[4]〔愛〕接尾 …愛. ¶ 부부~ 夫婦愛 / 인류~ 人類愛.

애가〔哀歌〕名 哀歌. 悲歌. エレジー.

애간장〔一肝臟〕名 애[1] の強調形. ¶ ~을 태우다 気をもませる. やきもきさせる.

애개 感 **1**〔아뿔사〕あら. しまった. あれえっ. ¶ ~, 또 틀렸네 あら, また間違った / ~, 가방을 두고 왔네 しまった, かばんを忘れてきた. **2**〔대단치 않은 것을 업신여겨 내는 소리〕ありゃ. あれ. なんだ. ¶ ~, 이게 다냐? あれ, これで全部なの.

애개개 感〔'애개'의 힘줌말〕ありゃりゃ. なあんだ. あれれえ.

애걸〔哀乞〕名 하自 哀願. ¶ 도와 달라고 ~한다 手伝ってくれと哀願する.

애걸복걸〔一伏乞〕名 하自他 平身低頭して哀願すること.

애견〔愛犬〕名 하自 愛犬. ¶ ~가 愛犬家.

애고[1]〔愛顧〕名 하他 愛顧.

애고[2] 感〔'아이고'의 준말〕ああ. まあ.

애고대고 副 하自〔큰 소리로 우는 모양〕わあわあ(と).

애고머니 感〔'아이고머니'의 준말〕ああ.

애고애고 感 喪に服するものが哭する声.

애교〔愛嬌〕名 愛嬌. 愛想. ¶ ~가 있다[없다] 愛嬌がある[ない].

애교떨다 自 愛嬌を振りまく.

애교부리다 自 愛嬌を見せる.

애국〔愛國〕名 하自 愛国. ¶ ~심 愛国心 / ~자 愛国者.

애국가〔一歌〕名〔樂〕愛国歌.

애국선열〔一先烈〕名 愛国烈士.

애국지사〔一志士〕名 愛国の志士.

애기〔愛機〕名 愛機.

애기뿌리 名〔植〕幼根.

애꾸 名〔'애꾸눈·애꾸눈이'의 준말〕片目. 片目の人.

애꾸눈 名 片目. 独眼.

애꾸눈이 名 片目の人. 独眼の人.

애꿎다 形 **1** とばっちりをうける. 巻き添えを食う. 割りを食う. ¶ 애꿎게 나만 꾸중을 들었다 とばっちりをうけて私だけが叱られた. **2** 《'애꿎은'의 꼴로》(そのことと)なんの関係もない…. 罪もない…. 無辜の…. ¶ 애꿎은 동생한테 화풀이를 한다 何のかかわりもない弟に当たりちらす.

애끊다 自 断腸の思いをする.

애끓다 自 (心配で)気が気でない. やきもきする.

애늙은이 名 年寄りじみた若者. 若年寄. おじんくさいこと.

애니메이션〔animation〕名〔演〕アニメーション. アニメ. 動画.

애니미즘〔animism〕 名〔宗〕 アニミズム. 精霊崇拝.

애달다 自 (たいへん気にかかって)いらいらする. じりじりする.

애달프다 形 **1**〔쓰라리다〕 つらい. 耐えがたい. ¶사는 것이 ~ 生きるのがつらい. **2**〔안타깝다〕 切ない. やるせない. ¶애달픈 심정을 털어놓다 切ない思いを打ち明ける.

애당초〔—當初〕 名〔'애초'의 힘줌말〕 初め. 当初. ¶~부터 잘못한 일이다 初めから間違っていたことだ.

애도〔哀悼〕 名 하他 哀悼. 哀惜. ¶~가 哀悼歌/~의 뜻을 표하다 哀悼の意を表する.

애독〔愛讀〕 名 하他 愛読. ¶~자 愛読者/연애 소설을 ~하다 恋愛小説を愛読する.

애동대동하다 形 若々しい.

애드벌룬〔adballoon〕 名 アドバルーン.

애락〔哀樂〕 名 哀楽. ¶희로~을 같이하다 喜怒哀楽を共にする.

애련¹〔哀憐〕 名 하自 哀憐.

애련²〔哀戀〕 名 悲恋. 哀恋.

애로〔隘路〕 名 隘路. **1** 狭い道. **2** 難関. 支障. ¶~를 타개하다 難関を切り抜ける.

애림〔愛林〕 名 하自 山林の愛護. ¶~ 주간 山林愛護週間.

애마〔愛馬〕 名 愛馬.

애매모호하다〔曖昧模糊—〕 形 曖昧模糊としている. ¶애매모호한 표현 曖昧模糊とした表現.

애매하다¹ 形 無実である. 罪もないのに責められてくやしい. ¶애매한 사람을 골탕먹이다 罪のない人をひどい目にあわせる.

애매하다²〔曖昧—〕 形 曖昧だ. あやふやだ. ¶애매한 대답을 하지 마라 あやふやな返事をするな.

애먹다 自 気があせる.

애먹이다 他 心配をかける.

애먼 冠 **1** とんでもない. 度はずれな. まったく別の. ¶여기 있는 데 ~ 데서 찾고 있나? ここにあるのに見当違いの場所でさがすの. **2** 無関係の. 無実の. ¶~ 사람을 잡고 따진다 無関係の人をつかまえて問い詰める.

애모〔愛慕〕 名 하他 愛慕. 愛し慕うこと.

애무〔愛撫〕 名 하他 愛撫.

애물 名 **1** (父母に先立って)幼くして死んだ子. **2** たいへん手を焼かせるもの[人]. 苦労の種. ¶자식은 ~이다 子供は苦労の種だ.

애버리지〔average〕 名 アベレージ. 平均点.

애벌 名 (一つのことを何度か繰り返すときに)最初にある程度手をかけておくこと. ¶배추를 우선 ~ 씻다 白菜をまず下洗いする.

　애벌갈이 名〔農〕 田畑の最初の耕作.

　애벌구이 名 하他 素焼き.

　애벌빨래 名 下洗いの洗濯.

애벌레 名〔動〕 幼虫.

애보기 名 お守り. 子守.

애사¹〔哀史〕 名 哀史. 悲史.

애사²〔愛社〕 名 하自 愛社. ¶~ 정신 愛社精神.

애서다 自〔'아이서다'의 준말〕 妊娠する. はらむ.

애석하다〔哀惜—〕 形 哀惜する. 実に惜しい. ¶한참 일할 나이에 죽다니 참으로 애석한 일이다 働きざかりの年で亡くなるとはほんとに惜しいことだ.

애소〔哀訴〕 名 하他 哀訴. 哀願. ¶선처를 ~하다 善処を哀訴する.

애송〔愛誦〕 名 하他 愛誦.

애송이 名 青二才. 若造. 小僧っ子.

애수〔哀愁〕 名 哀愁. 哀感. ¶~에 잠기다 哀感にふける.

애쓰다 自 非常に努力する. 尽くす. 努める. ¶애쓴 보람도 없이 努力のかいもなく.

애애〔靄靄〕 名 하形 靄々. **1** 靄や雲が集まりたなびいているようす. **2** なごやかな気分が満ちているようす. ¶화기~한 분위기 和気靄々とした雰囲気.

애연〔愛煙〕 名 하自 愛煙. ¶~가 愛煙家.

애오라지 副 ただ. いくぶん. 単に. ¶~ 한 가닥의 희망을 품고 ただ一縷の望みを抱いて.

애완〔愛玩〕 名 하他 愛玩. ¶~품 愛玩品.

　애완구〔—具〕 名 愛玩具. おもちゃ.

　애완동물〔—動物〕 名 愛玩動物.

　애완용〔—用〕 名 愛玩用. ¶~ 개 愛玩用[ペット]の犬.

애욕〔愛慾〕 名 愛欲. 性欲. ¶~에 빠지다 愛欲におぼれる.

애용〔愛用〕 名 하他 愛用. ¶국산품을 ~하다 国産品を愛用する.

애원〔哀願〕 名 하他 哀願. 哀訴. ¶조명을 ~하다 助命を哀願する.

애육〔愛育〕 名 하他 愛育.

애음〔愛飮〕 名 愛飲. ¶생맥주를 ~하다 なまビールを愛飲する.

애인〔愛人〕 名 하自 **1** 人を愛すること. **2** 恋人.

애자〔礙子〕 名 (電線の)碍子.

애잔하다 形 **1** か弱い. 弱々しい. ¶애잔한 몸 か弱い体. **2** もの悲しい. うら寂しい. いじらしい. **애잔히** 副 弱々しく. いじらしく.

애장〔愛藏〕 名 하他 愛蔵. ¶~품 愛蔵品.

애저〔—豬〕 名 食用の子豚.

애절하다〔哀切—〕 形 哀切だ. 悲しい. ¶애절하기 그지없는 이야기 哀切きわまりない物語. **애절히** 副 哀切に.

애정¹〔哀情〕 名 哀情. かわいそうに思う心.

애정²〔愛情〕 名 愛情. ¶이성 간의 ~ 異性間の愛情/부모에 대한 ~ 父母への愛情.

애조〔哀調〕 名 哀調. もの悲しい調べ. ¶~를 띤 노래 哀調を帯びた歌.

애족〔愛族〕 名 하自 民族を愛すること.

애주〔愛酒〕 名 하自 愛酒. 愛飲. ¶~가 愛酒家.

애증〔愛憎〕 名 愛憎. ¶~이 상반하다 愛憎相半ばする.

애지중지〔愛之重之〕名 하他 たいへん愛して大切にすること. ¶ ~하는 골동 非常に大切にする骨董.
애착〔愛着〕名 하他 **1** 愛着. **2**〔佛〕愛執. 愛染. 煩悩.
　애착심〔一心〕名 愛着心.
애창〔愛唱〕名 하他 愛唱.
　애창곡〔一曲〕名 愛唱曲.
애처〔愛妻〕名 하自 愛妻.
　애처가〔一家〕名 愛妻家.
애처롭다 形 ふびんだ. 気の毒だ. かわいそうだ. 痛ましい. いじらしい. 痛々しい. ¶ 애처로운 신상 かわいそうな身の上. **애처로이** 副 かわいそうに. ふびんに. いじらしく.
애첩〔愛妾〕名 愛妾. 寵妾.
애청〔愛聽〕名 하他 愛聴. ¶ ~자 愛聴者.
애초 名 **1** 初め. 当初. 最初. ¶ ~부터 初めから / ~의 생각 最初の考え. **2**〔'애초에'의 꼴로〕初めに. 初めから. 最初から. ¶ 왜 ~에 그렇게 말하지 않았느냐? なぜ初めにそう言わなかったのか.
애칭〔愛稱〕名 愛称.
애타〔愛他〕名 하自 愛他. ¶ ~주의 愛他主義.
　애타심〔一心〕名 愛他心.
애타다 自 気があせる. 気が気でない. いらいらする. いら立つ. ¶ 애타게 기다리는 소식 待ち焦がれる便り.
애태우다 他 心配をかける. やきもきする. 気をもむ. ¶ 돌아오기를 애태우며 기다리다 帰りをやきもきしながら待つ.
애통〔哀痛〕名 하自 哀痛. 悲しみいたむこと.
　애통터지다 自 心配事で胸が張り裂けそうだ. 心配で気が気でない.
애틋하다 形 **1** うら悲しい. もの悲しい. やる瀬ない. 切ない. ¶ 애틋한 사랑 切ない恋 / 애틋한 심정 うら悲しい思い. **2** 哀惜の念がある. **애틋이** 副 やる瀬なく. 切なく. 哀切に.
애티 名 子供らしさ. 子供っぽさ. 稚気. ¶ ~가 흐르고 있다 子供っぽさが漂っている.
애프터서비스〔afterservice〕名 アフターサービス.
애해 感〔가소롭거나 기막힌 일을 볼 때에 내는 소리〕へえ. えっ.
애햄 感〔점잔을 빼거나 인기척을 낼 때 기침하는 소리〕えへん. ¶ 할아버지는 ~하고 헛기침을 했다 おじいさんはえへんとせき払いをした.
애향〔愛鄕〕名 愛郷. ¶ ~심 愛郷心.
애호[1]〔愛好〕名 하他 愛好. ¶ 동물 ~가 動物愛好家.
애호[2]〔愛護〕名 하他 愛護. ¶ 자연을 ~하다 自然を愛護する.
애호박 名 熟してないカボチャ.
애화〔哀話〕名 哀話. 悲話.
애환〔哀歡〕名 哀歓. ¶ 인생의 ~ 人生の哀歓.
액[1]〔厄〕名 厄. 災い. 不運. 災難. ¶ ~을 면하다 災難を免れる.
　액때우다 自 厄払いをする.
　액때움 名 하自 厄払い. 厄落とし. ¶ 이번 교통사고는 ~했다고 생각해라 今回の交通事故は厄落としと思いなさい.
　액땜 名 하自〔'액때움'의 준말〕厄払い. 厄落とし.
액[2]〔液〕名 液. 汁.
액[3]〔額〕名 額縁.
-액[4]〔額〕接尾 …額. ¶ 수출~ 輸出額 / 생산~ 生産額.
액년〔厄年〕名 厄年.
액달〔厄一〕名 厄月.
액막이〔厄一〕名 하自〔民俗〕厄よけ. 厄払い. 厄落とし.
　액막이굿 名 하自 その年の厄よけのために行なうクッ(굿).
　액막이옷 名 正月15日に厄よけの意で捨てる衣服.
액면〔額面〕名 額面. ¶ ~ 백만 원의 공채 額面100万ウォンの公債 / 그 말을 ~ 그대로 믿을 수 없다 その話を額面どおりに信じられない.
액사〔縊死〕名 하自 縊死. 首をくくって死ぬこと.
액살〔縊殺〕名 하他 扼殺. 首を絞めて殺すこと.
액상〔液狀〕名 液状.
액세서리〔accessory〕名 アクセサリー.
액셀러레이터〔accelerator〕名 (自動車の)アクセルレータ. アクセル. 加速ペダル.
액션〔action〕名 アクション.
액수〔額數〕名 **1** 金額. 金高. **2** 人員数.
액신〔厄神〕名 厄神. 厄病神.
액운〔厄運〕名 厄運. ¶ ~을 없애다 厄払いをする.
액자[1]〔額子〕名 額縁.
액자[2]〔額字〕名 額に書かれた大きな文字.
액체〔液體〕名 液体. ¶ ~ 공기 液体空気 / ~ 압력 液体圧力 / ~ 연료 液体燃料 / ~ 산소 液体酸素.
액화〔液化〕名 하自〔物〕液化.
앨범〔album〕名 アルバム. 写真帳.
앰뷸런스〔ambulance〕名 アンビュランス. 救急車.
앰플리파이어〔amplifier〕名 アンプリファイア. 増幅器.
앰하다 形〔'애매하다'의 준말〕無実である. 罪がない. 不当である.
앳되다 形 子供っぽく見える. 幼なく見える. ¶ 나이에 비해 앳되게 보인다 年に比べて幼く見える.
앵[1] 副〔벌레가 나는 소리〕ぶうんと.
앵[2] 感〔불쾌할 때 내는 소리〕ええん. ああん. ちえっ.
앵글〔angle〕名 アングル. 角. 角度.
앵돌아지다 自 **1** すっかりすねる. ¶ 어린이가 앵돌아져서 울다 子供がすねて泣く. **2** (物が)ねじれる. よじれる. 反る.
앵두〔櫻桃〕名 ゆすらうめの実.
　앵두나무 名〔植〕梅桃.
앵무새〔鸚鵡一〕名〔動〕鸚鵡.
앵속〔罌粟〕名 罌粟.
앵앵 副 하自〔벌레가 날 때 나는 소리〕ぶんぶん(と).
　앵앵거리다〔-대다〕自 ぶんぶん音を立てる.
앵커맨〔anchorman〕名 アンカーマン.

앵하다 形 (損をして)残念がる. 悔しがる. 惜しがる.
앵화〔櫻花〕 名 **1** ゆすらうめの花. **2** 桜花. さくらの花.
야[1] 感 **1**〔놀랍거나 반가울 때 내는 소리〕おや. やあ. おう. まあ. ¶～, 이것 참 오랜만이군 やあ, これはおめずらしい. **2**〔허물없이 부를 때 쓰는 말〕やあ. おい. ¶～, 이리 좀 와 おい, ちょっとこちらへ来いよ.
야[2] 助〔사람·물건을 부를 때 씀〕…よ. …や. …め. …ちゃん. ¶순자～ 이리 오너라 スンジャやこっちへおいで / 애～ おい.
야[3] 助 **1**〔강조하는 뜻을 나타냄〕…は. …こそは. …だけは. …してやっと. ¶이제～ 알았다 今になってやっと分かった / 이번에～ 붙겠지 今度こそは合格するだろう. **2** …じゃないか. …なあ. ¶어서 가자～ 早く行こうじゃないか / 오늘은 참 덥다～ 今日は実に暑いなあ.
-야[4] 語尾 …だ. …か. …よ. ¶아무것도 아니～ なんでもないよ / 이 아이가 막내딸이～ これは末娘だ.
야간〔夜間〕 名 **1** 夜間. **2**〔'야간부(夜間部)'의 준말〕夜間部.
　야간도주〔一逃走〕 名 하自 夜逃げ.
　야간부〔一部〕 名 (学校の)夜間部.
　야간열차〔一列車〕 名 夜間列車.
　야간작업〔一作業〕 名 하自 夜間作業.
　야간 촬영〔一撮影〕 名 하他 夜間撮影.
　야간 학교〔一學校〕 名 夜間学校.
야경[1]〔夜景〕 名 夜景. 夜の景色.
야경[2]〔夜警〕 名 하自 夜警. ¶～꾼 夜警員.
야곡〔夜曲〕 名 夜曲. 小夜曲.
야광〔夜光〕 名 夜光.
　야광 시계〔一時計〕 名 夜光時計.
　야광주〔一珠〕 名 夜光の玉.
야광충〔夜光蟲〕 名〔動〕夜光虫.
야구〔野球〕 名〔體〕野球. ¶～장 野球場 / 프로 ～ プロ野球.
　야구 방망이 名 野球のバット.

單語帳 야구에 관한 말

◆투수 ピッチャー / 포수 キャッチャー / 타자 バッター / 내야수 内野手 / 외야수 外野手 / 감독 監督 / 코치 コーチ / 심판 審判 / 사번 타자 4番打者.
◆안타 ヒット / 홈런 ホームラン / 삼진 三振 / 포볼, 사구(四球) フォアボール / 데드볼, 사구(死球) デッドボール / 외야 플라이 外野フライ / 땅볼 ゴロ / 스트라이크 ストライク / 볼 ボール / 파울 ファウル.
◆도루 盗塁 / 세이프 セーフ / 아웃 アウト / 번트 バント / 더블 플레이 ダブルプレー / 체인지 チェンジ.
◆홈, 본루 ホーム. 本塁 / 퍼스트, 일루 ファースト. 一塁 / 세컨드, 이루 セカンド. 二塁 / 서드, 삼루 サード. 三塁 / 쇼트 ショート / 센터 センター / 레프트 レフト / 라이트 ライト.
◆3회초[말](三回初[末]) 3回表[裏] / 타점 打点 / 4타수 3안타 4打数 3安打 / 프로 야구 プロ野球 / 고교 야구 高校野球.
◆역전승[패] 逆転勝ち[負け] / 이기다 勝つ / 지다 負ける / 비기다 引き分ける / 무승부 引き分け / 7승 2무 3패(七勝二無三敗) 7勝3敗2引き分け / 팽팽한 투수전 息詰まる投手戦. ▷스포츠 單語帳

야근〔夜勤〕 名 하自 夜勤.
야금[1]〔冶金〕 名 冶金. ¶～학 冶金学.
야금[2]〔野禽〕 名 野禽. 野鳥.
야금거리다〔-대다〕 自他 **1** (少しずつ口に入れて)ゆっくりとかみしめる. もぐもぐする. ¶야금거리며 씹다 もぐもぐとかむ. **2** しきりに少しずつ消費する. しきりに欲しがって少しずつ自分のものにする.
　야금야금 副 하自他 **1**〔조금씩 먹는 모양〕もぐもぐ(と). **2** 財産·物品などを少しずつ食いつぶすようす.
야긋야긋 副 하形 のこぎりの歯のようにぎざぎざのあるようす.
야기[1]〔夜氣〕 名 夜気.
야기[2]〔惹起〕 名 하他 惹起. 引き起こすこと. ¶어려운 문제를 ～시키다 困難な問題を引き起こす.
야뇨증〔夜尿症〕 名〔醫〕夜尿症.
야단〔惹端〕 名 하自 **1** やかましく騒ぐこと. 大騒ぎ. 大騒動. ¶왜 이리 ～들이냐? どうしてこんなに騒ぐのか. **2** 大声で叱ること. ¶선생님께 ～을 맞았다 先生にこっぴどく怒られた. **3** (何か事件を起こしかねない)とても困難な問題. 一大事. ¶폭우가 계속되면 ～이군 暴雨が続くとえらいことになるな.
　◆**야단을 치다** ① 大声で叱りとばす. 叱る. ② やたらに大騒ぎする.
　야단나다 自 **1** たいへん騒がしいことが起こる. 大騒ぎになる. **2** とても難しいことが生じる.
　야단맞다 自 叱られる. 怒られる.
　야단법석 名 大騒ぎ. らんちき騒ぎ. どんちゃん騒ぎ.
　야단야단〔一惹端〕 名 하自 **1** 勝手に騒ぎ立てること. **2** (부사적으로 쓰여)〔마구 꾸짖는 모양〕がみがみと.
야담〔野談〕 名 野史の講談. 歴史の裏話.
야당〔野黨〕 名 野党. ¶～ 공세 野党攻勢.
야독〔夜讀〕 名 하自他 夜に読書をすること. ¶주경(晝耕)～ 昼は田畑を耕し夜は書物を読むこと.
야드〔yard〕 依名 ヤード.
　야드파운드법〔—pound 法〕 名 ヤード·ポンド法.
야드르르 副 하形〔윤이 나고 보드라운 모양〕すべすべ. つややかでやわらかなさま.
야들야들 副 하形〔윤이 나고 보들보들한 모양〕すべすべ(と). つやつや. ¶～한 살결 すべすべした肌.
야로 名 (内密な)はかりごと. たくらみ. 下心. ¶～를 꾸미다 はかりごとをめぐらす.

야료〔惹鬧〕 名 하自 無理な言いがかりをつけて騒ぎ立てること.
야릇하다 形 おかしい. 不思議だ. 変だ. 風変わりだ. 奇怪だ. ¶ 야릇한 몸짓 奇怪なふるまい / 그는 요즈음 아무래도 ~ 彼は近頃どうも変だ.
야마리 名 廉恥.
야만〔野蠻〕 名 하形 野蛮. ¶ ~인 野蛮人 / ~적인 행위 野蛮な行為.
야말로 助 〔'그것이야 참말로'의 뜻을 나타냄〕…こそ(は). ¶ 이번에~ 놓치지 않겠다 今度こそ逃さない. ▷이야말로
야망〔野望〕 名 野望. 野心. ¶ ~가 野心家 / 정치적 ~ 政治的野心.
야맹증〔夜盲症〕 名〔醫〕 夜盲症. 鳥目.
야멸스럽다 形 思いやりの心がない. つれない. 薄情だ. 冷淡だ. ¶ 야멸스럽게 거절했다 つれなく断わった.
야멸치다 形 (思いやりの心がなくて)冷淡だ. つれない. 薄情だ.
야무지다 形 **1** ちゃっかりしている. 抜け目がない. ¶ 야무지게 말한다 抜け目のないことを言う. **2** 手抜かりなく切り回す. ¶ 야무지게 일처리한다 手抜かりなくきちんと仕事をまとめる. **3** がっしりしている. ¶ 야무진 체격 がっちりした体格. **4** (金遣いが荒くなく)堅実だ.
야물다 Ⅰ 形 **1** ちゃっかりしている. 抜け目がない. ¶ 야물게 생겼다 抜け目のない顔つきをしている. **2** 手抜かりがない. きちんとしている. ¶ 일을 야물게 마무리하다 仕事を手抜かりなく仕上げる. **3** (金遣いが荒くなくて)堅実だ. ¶ 야물게 생활한다 堅実に暮らす.
Ⅱ 自 (実などが)しっかりと結ぶ. よく実っている. ¶ 벼가 야물게 영글었다 稲が固く実った.
야바위 名 **1** いかさま賭博. **2** (人をだます)手品. ペテン. まやかし. いんちき. ¶ ~에 걸려서 만 원 잃었다 ペテンにかかって1万ウォン取られた.
야바위꾼 名 ペテン師. いかさま師.
야바위치다 他 人目を欺く. ごまかす. ペテンにかける.
야바위판 名 いかさま[いんちき]賭博の場.
야바윗속 名 からくりの内幕.
야박스럽다 形 薄情だ. 不人情だ. **야박스레** 副 不人情に. 薄情に.
야박하다〔野薄―〕 形 薄情だ. 不人情だ. 無情だ. ¶ 야박한 말 薄情な言葉.
야반〔夜半〕 名 夜半. 夜中.
야밤중〔夜―中〕 名 真夜中. 深夜. ¶ ~까지 영업을 한다 真夜中まで営業をする.
야비다리 名 つまらない者が偉ぶること.
야비다리치다 自 猫をかぶる.
야비하다〔野卑―·野鄙―〕 形 野卑だ. 下品で卑しい. ¶ 야비한 근성 下品で卑しい根性 / 야비한 말 下品な言葉.
야사〔野史〕 名 野史. 外史.
야산〔野山〕 名 外山. 端山.
야살 名 生意気な言動. こましゃくれていること.
◆**야살을 까다** 小憎らしくふるまう.
야살떨다 自 ひねくれた態度をとる. こましゃくれたことをする.
야살부리다 自 わざとひねくれた態度をとる.
야살스럽다 形 (言動が)小憎らしい.
야살스레 副 小憎らしく. こましゃくれて.
야살쟁이 名 こざかしくふるまう者.
야상곡〔夜想曲〕 名〔樂〕 夜想曲. 夜曲. ノクターン.
야생〔野生〕 名 하自 野生. ¶ ~ 동물[식물] 野生動物[植物].
야생종〔―種〕 名 野生種.
야생화〔―花〕 名 野生の花.
야성〔野性〕 名 野性.
야성미〔―美〕 名 野性美.
야성적〔―的〕 冠名 野性的. ¶ ~으로 생겼다 野性的な顔立ちだ.
야속스럽다〔野俗―〕 形 薄情だ. 冷淡だ. 恨めしい. ¶ 남편의 처사가 무척 야속스러웠다 夫の仕打ちがとても恨めしかった. **야속스레** 副 薄情にも. 冷淡にも. 無情にも.
야속하다〔野俗―〕 形 薄情だ. 冷淡だ. 無情だ. ¶ 야속한 남편 薄情な夫 / 야속한 표정 冷淡な表情.
야수[1]〔野手〕 名 (野球の)野手. ¶ 외~ 外野手 / 내~ 内野手.
야수[2]〔野獸〕 名 野獣.
야습〔夜襲〕 名 하他 夜襲. 夜討ち.
야시장〔夜市場〕 名 夜市. 夜店.
야식〔夜食〕 名 하自 夜食.
야심〔野心〕 名 野心. ¶ ~작 野心作 / ~을 품다 野心を抱く.
야심가〔―家〕 名 野心家.
야심만만〔―滿滿〕 名 하形 野心満満.
야심하다〔夜深―〕 形 夜が深い. 深夜である. ¶ 야심한 이 시각에 어디에 가십니까 夜も深い今時どこにおいでになりますか.
야업〔夜業〕 名 하自 夜業. 夜なべ.
야영〔野營〕 名 하自 野営. 露営.
야영지〔―地〕 名 野営地.
야옹 感 〔고양이 울음소리〕 ニャー. ニャン.
야외〔野外〕 名 野外. 郊外. ¶ ~ 수업 野外授業 / ~극장 野外劇場.
야욕〔野慾〕 名 **1** 野望. 野心. **2** 野卑な情欲.
야위다 自 やせ衰える. やせ細る. やつれる. やせる. ¶ 병 간호하다 ~ 病人の看護をしてやせ細る.
야유[1]〔野遊〕 名 하自 野遊び. 野遊.
야유회〔―會〕 名 野遊び.
야유[2]〔揶揄〕 名 하他 揶揄. からかうこと.
야음〔夜陰〕 名 夜陰. ¶ ~에 사라지다 夜陰に紛れる.
야인〔野人〕 名 **1** 粗野な人. やぼな人. **2** 在野の人. 仕官しない人. **3** 田舎の人. **4** 野蛮人.
야자〔椰子〕 名 **1** 椰子の木. **2** 椰子の実.
야자나무 名〔植〕 椰子.
야자수〔―樹〕 名 椰子の木.
야자유〔―油〕 名 椰子油.
야적〔野積〕 名 하他 野積み.
야적장〔―場〕 名 露天の積み場. 野積み場.
야전〔野戰〕 名 하自 野戦.
야전군〔―軍〕 名 野戦軍.

야전 병원〔一病院〕 名〔軍〕野戦病院.

야전포〔一砲〕 名 野戦砲. 野砲.

야조¹〔夜鳥〕 名〔動〕夜鳥.

야조²〔野鳥〕 名 野鳥.

-야지 語尾 …でなくては[…しなければ]ならない. …べきだ. ¶ 일을 하려면 먼저 밥을 먹어~ 働くにはまず飯を食べなければならない.

야지랑떨다 自 いやにまじめくさった顔つきでずるくふるまう.

야지랑스럽다 形 小憎らしいまでに澄ましこんでいる. そらとぼけている. **야지랑스레** 副 空とぼけて.

야차〔夜叉〕 名 **1**〔佛〕夜叉. **2**〔佛〕閻魔卒.

야차두〔一頭〕 名 夜叉の頭. 夜叉の乱れ髪. 醜怪で険しい形相.

야채〔野菜〕 名 野菜. ¶ ~ 가게 八百屋.

> 單語帳 야채에 관한 말
>
> 배추 はくさい/ 무 だいこん/ 파 ねぎ/ 시금치 ほうれんそう/ 양파 たまねぎ/ 고추 とうがらし/ 상추 ちしゃ/ 부추 にら/ 콩나물 大豆もやし/ 호박 カボチャ. ズッキーニ/ 고사리 わらび/ 감자 じゃがいも/ 고구마 さつまいも/ 우엉 ごぼう/ 가지 なす/ 오이 きゅうり/ 토마토 トマト/ 깻잎 えごまの葉/ 당근 にんじん/ 미나리 せり/ 양배추 キャベツ.

야코죽다 自〈俗〉圧倒される. 精神的に威圧される. 気押される. ¶ 위엄에 ~ 威厳に圧倒される.

야코죽이다 他〈俗〉威圧する. 圧倒する. へこます.

야트막하다 形 **1** 案外浅い. ¶ 야트막하구나, 더 깊은 줄 알았는데 案外浅いなあ, もっと深いと思ったのに. **2** 案外低い. ¶ 야트막한 언덕 かなり低い丘.

야틈하다 形 やや浅目だ. やや低目だ.

야포〔野砲〕 名〔'야전포'의 준말〕野砲.

야포대〔一隊〕 名 野砲隊.

야하다〔野一〕 形 (色合い·顔つきなどが)下品でなまめかしい. 派手でけばけばしい. ¶ 복장이 ~ 服装が下品でなまめかしい.

야학〔夜學〕 名 하自 夜学. ¶ ~생 夜学生.

야학교〔一校〕 名 夜間学校.

야합〔野合〕 名 하自 **1** 野合. 私通. **2** 悪事を共謀すること.

야행〔夜行〕 名 하自 夜行. ¶ ~ 열차 夜行列車.

야행성〔一性〕 名〔動〕夜行性.

야호 感〔등산객이 서로 부르는 소리〕ヤッホー.

야화¹〔夜話〕 名 夜話·夜話.

야화²〔野話〕 名 巷に広まっている話.

야회〔夜會〕 名 하自 夜会. ¶ ~복 夜会服. イブニングドレス.

약¹ 名 **1** (ある種の植物が成熟して持つ)刺激性成分. ¶ 담뱃잎에 ~이 오르다 たばこの葉に苦みがつく. **2** 癪に障ること.

◆**약을 올리다** 怒らせる.

◆**약이 오르다** ① よく熟して刺激性の成分が強くなる. ¶ ~이 오른 고추 成熟して辛くなったとうがらし. ② 癪に障る. 腹が立つ.

약²〔約〕 冠 約. およそ. おおよそ.

약³〔藥〕 名 **1** 薬·薬. 薬剤. 薬品. ¶ 효과가 좋은 ~ 効果のある薬. **2**〔'화약'의 준말〕火薬. ¶ ~을 재다 火薬をこめる. **3** (つや出し用の)うわぐすり·靴墨など. ¶ ~을 바른 사기그릇 うわぐすりをかけた磁器. **4** 農薬や試薬など.

◆**약을 팔다** 〈俗〉(いろいろなことを吹聴して)話に花を咲かせる.

-약⁴〔弱〕 接尾 …弱. 反 …強.

약가심〔藥一〕 名 하自 服薬のあとの口直し.

약간〔若干〕 副 **1** 若干. いくらか. 少しばかり. ちょっと. やや. 幾分. わずかに. ¶ ~ 어려운 문제 少々難しい問題. **2** (명사적으로 쓰여) 若干. ¶ ~의 친절을 베풀다 少しばかりの親切を施す.

약값〔藥一〕 名 薬代·薬代. 薬の代金. 薬価.

약골〔弱骨〕 名 **1** 病弱な人. **2** 弱い骨格.

약과〔藥果〕 名 **1** ヤッカ〈小麦粉にはちみつまたは砂糖水を入れてこね, 油で揚げた菓子〉. **2** たやすいこと. なんでもないこと. ¶ 그런 일쯤이야 ~다 その程度のことならたやすいことだ.

약관¹〔約款〕 名〔法〕約款. ¶ ~에 위반하다 約款に違反する.

약관²〔弱冠〕 名 弱冠. 若年.

약국〔藥局〕 名 薬局. **1** 韓方薬店. **2** 薬屋. 薬局. **3** (病院内の)薬局.

약국방〔一方〕 名〔法〕薬局方.

약기〔略記〕 名 하他 略記. ¶ 경력을 ~하다 経歴を略記する.

약다 形 **1**〔똑똑하다〕賢い. 才気がある. ¶ 약지는 못하지만 성실하다 賢くはないが誠実だ. **2** 利口だ. 自分の利を図るのに巧みだ. ずるい. ずる賢い. 要領よく立ち回る. ¶ 생쥐처럼 ~ はつかねずみのように利口だ.

약대〔藥大〕 名 薬学大学.

약도〔略圖〕 名 略図.

약독〔藥毒〕 名 薬毒.

약동〔躍動〕 名 하自 躍動. ¶ 젊음이 ~하고 있다 若さが躍動している.

약동감〔一感〕 名 躍動感.

약되다〔藥一〕 自 薬が効いて体がよくなる.

약력〔略歷〕 名 略歴. ¶ ~을 소개하다 略歴を紹介する.

약리〔藥理〕 名 薬理.

약리학〔一學〕 名 薬理学.

약물¹〔約物〕 名〔印〕約物.

약물²〔藥物〕 名 薬物. 薬品. 薬剤.

약물 요법〔一療法〕 名 薬物療法.

약물 중독〔一中毒〕 名 薬物中毒.

약밥〔藥一〕 名〔料理〕ヤクパプ〈はちみつ·黒砂糖·ごま油·しょう油·栗·な

つめなどを入れたおこわ〉.

약방〔藥房〕名 薬局. 薬屋. 薬舗. 〔속담〕**약방에 감초** 薬屋に甘草〈韓方薬に甘草が不可欠であるようにどんなことにも首を突っ込む人. 出しゃばりな人. 欠くことのできないもの〉.

약방문〔藥方文〕名 処方箋. ¶ 사후～ 死後の処方箋〈あとの祭り〉.

약보 名 利ざとい人のあだ名.

약봉지〔藥封紙〕名 薬を入れる袋. 薬袋.

약분〔約分〕名 하他〔數〕約分.

약빠르다 形 すばしこい. 利にさとい. はしこい. ¶ 약빠르게 돌아다니다 はしこく立ち回る. 〔속담〕**약빠른 고양이 밤눈이 어둡다** すばしこい猫が夜目が暗い〈利口で抜け目のなさそうな人が案外失敗する〉.

약빠리 名 すばしこい人. 利にさとい人.

약사¹〔略史〕名 略史. 小史.

약사²〔藥師〕名 薬剤師. 調剤師.

약삭빠르다 形 すばしこい. こざかしい. 小利口だ. 如才ない. ¶ 그놈은 참 약삭빠른 놈이다 あいつはほんとうにこざかしいやつだ.

약삭스럽다 形 如才ない. すばしこく見える. **약삭스레** 副 如才なく. 目ざとく.

약석〔藥石〕名 薬石. ¶ ～도 보람없이 薬石も効なく.

약세〔弱勢〕名 **1** 劣勢. 勢いが弱いこと. ¶ ～에 몰린 A팀 劣勢に追い込まれたAチーム. **2** 物価・株価などが下降すること.

약소〔弱小〕名 하形 弱小. 弱くて小さいこと. 反 強大

약소국가〔一國家〕名 弱小国家.

약소민족〔一民族〕名 弱小民族.

약소하다〔略少一〕形 (贈り物などが)少なくて粗末だ. ¶ 약소한 물건이오나 소납하시기 바랍니다 粗末な品物でございますがご笑納ください.

약속〔約束〕名 하他 約束. ¶ ～을 지키다 約束を守る／～을 어기다 約束を破る.

약속 어음 名〔經〕約束手形.

약손〔藥一〕名 **1**〔'약손가락'의 준말〕薬指. **2** (子供たちの痛い所を)軽くさすりなでてやる大人の手. ¶ 내 손은 ～이야 私の手はよく効く手だよ.

약손가락〔藥一〕名 薬指. 無名指. 紅差し指.

약솜〔藥一〕名 脱脂綿.

약수¹〔約數〕名〔數〕約数.

약수²〔藥水〕名 薬水. 薬効があるという鉱泉水.

약수터 名 薬水の出る所.

약술¹〔略述〕名 하他 略述.

약술²〔藥一〕名 薬酒. 薬として飲む酒.

약시중〔藥一〕名 하自 病人に薬の世話をすること. ¶ ～을 들어 주다 薬の世話をしてやる.

약식¹〔略式〕名 略式.

약식 명령〔一命令〕名〔法〕略式命令.

약식 절차〔一節次〕名〔法〕略式手続き.

약식²〔藥食〕名 ☞약밥

약실〔藥室〕名 薬室.

약심부름〔藥一〕名 하自 服薬の世話.

약쑥〔藥一〕名 艾. 薬用よもぎ.

약아빠지다 形 ずるがしこい. 小ざかしい.

약어〔略語〕名 略語.

약연〔藥碾〕名 薬研.

약용〔藥用〕名 하他 薬用.

약용 비누 名 薬用せっけん.

약용 식물〔一植物〕名 薬用植物.

약육강식〔弱肉強食〕名 弱肉強食.

약은꾀 名 ずる賢い知恵.

약음〔弱音〕名 弱音. ミュート.

약음기〔一器〕名〔樂〕弱音器.

약자¹〔弱者〕名 弱者. ¶ ～ 편에 서다 弱者の側に立つ〈弱者に味方する〉.

약자선수〔一先手〕名 (碁・将棋などの)弱者先手.

약자²〔略字〕名 略字.

약장¹〔藥欌〕名 薬だんす.

약장²〔略章〕名 略章. 略綬.

약재〔藥材〕名 薬料.

약전¹〔藥典〕名〔法〕薬局方. 局方.

약전²〔弱電〕名 弱電.

약전³〔略傳〕名 略伝.

약점〔弱點〕名 弱点. 欠点. 短所. 弱味. 急所. 反 強み ¶ ～을 찌르다 弱点をつく／～을 잡히다 弱点を握られる.

약정〔約定〕名 하他 約定.

약정서〔一書〕名 約定書.

약정 이자〔一利子〕名 約定利息.

약제〔藥劑〕名 薬剤.

약제실〔一室〕名 調剤室.

약조〔約條〕名 하他 条件付きの約束. 約束して定めた条項.

약조금〔一金〕名〔法〕約定金.

약종〔藥種〕名 薬種. 薬料.

약종상〔一商〕名 薬種店(の主人).

약주〔藥酒〕名 **1** 薬酒. **2**〔'맑은술'을 달리 이르는 말〕清酒. **3**〔'술'의 미화어〕お酒.

약지〔藥指〕名 薬指. 無名指.

약진¹〔弱震〕名〔地〕弱震.

약진²〔躍進〕名 하自 躍進. ¶ ～하는 조선업 躍進する造船業.

약질〔弱質〕名 弱質. 虚弱体質. 弱虫.

약체〔弱體〕名 弱体.

약초〔藥草〕名 薬草.

약취〔略取〕名 하他 略取.

약취 강도〔一強盜〕名〔法〕略取強盗.

약취 유괴〔一誘拐〕名 하他〔法〕略取誘拐.

약취 유인〔一誘引〕名 하他〔法〕略取誘引.

약칠〔藥一〕名 하自他 **1** 患部に薬を塗ること. ¶ 상처에 ～을 하다 傷口に薬を塗る. **2** 薬を塗ってつや出しをすること. ¶ 구두에 ～을 하다 靴にクリームを塗ってつやを出す.

약칭〔略稱〕名 하他 略称.

약탈〔掠奪〕名 하他 略奪.

약탈혼〔一婚〕名 略奪婚.

약탕관〔藥湯罐〕名 薬料を煎じる陶器.

약탕기〔藥湯器〕名 **1** 煎じ薬を盛る器. **2** 薬料を煎じる陶器.

약품〔藥品〕名 薬品.

약품명〔一名〕 名 薬品名.
약하다[1]〔弱一〕 形 ㊇強い **1** 弱い. もろい. ¶ 바람이 ～ 風が弱い. **2** (意志などが)弱い. もろい. ¶ 마음이 ～ 気が弱い. **3** (能力などが)足りない. ¶ 실력이 ～ 実力が足りない. **4** (濃度などが)弱い. 薄い. ¶ 약한 술 弱い酒.
약하다[2]〔略一〕 他 略する.
약하다[3]〔約一〕 他 **1** 約束する. 契約する. **2**〔數〕約分する.
약하다[4]〔藥一〕 他 **1** 薬にする. ¶ 약하려고 두었던 인삼 薬につかおうとおいてあった朝鮮人参. **2** 薬を用いる.
약학〔藥學〕 名〔藥〕 薬学. ¶ ～ 대학 薬学大学.
약해[1]〔藥害〕 名 薬害.
약해[2]〔略解〕 名 하他 略解. ¶ 고전의 ～ 古典の略解.
약호〔略號〕 名 略号.
약혼〔約婚〕 名 하自 婚約. ¶ ～자 婚約者. 許嫁 / ～반지 婚約指輪. エンゲージリング.
약화[1]〔弱化〕 名 하自他 弱化. ¶ 국력의 ～ 国力の弱化.
약화[2]〔略畫〕 名 略画.
약효〔藥效〕 名 薬効. 薬の効き目.
얄개 名 生意気な言動. こましゃくれていること.
얄궂다 形 **1** 変んだ. 妙だ. 奇妙だ. ¶ 얄궂은 사람 変な人. **2**〔'얄망궂다'의 준말〕偏屈だ. へそまがりだ.
얄긋하다 形 ややゆがんでいる. やや傾いている. ¶ 물건이 얄긋해 보인다 物がゆがんで見える.
얄따랗다 形 (思ったよりも)薄い. 薄っぺらだ. ¶ 이 책은 너무 ～ この本はあまりに薄っぺらだ.
얄망궂다 形 **1** 偏屈だ. いこじだ. へそ曲がりだ. ¶ 좀 얄망궂은 데가 있다 ちょっとへそ曲がりなところがある. **2** 礼儀をわきまえない. かえって失礼になる.
얄망스럽다 形 憎たらしい. 偏屈なところがある. **얄망스레** 副 憎たらしく.
얄밉다 形 憎たらしい. 憎らしい. ¶ 얄미운 말만 한다 憎まれ口ばかりたたく.
얄밉상스럽다 形 憎たらしい. 小面憎い. ¶ 얄밉상스러운 녀석 小面憎い奴だ. **얄밉상스레** 副 憎たらしく.
얄브스름하다 形 やや薄っぺらだ. ¶ 얄브스름한 천 やや薄っぺらな生地. **얄브스름히** 副 やや薄く.
얄찍하다 形 薄っぺらだ. 薄い. ¶ 무를 얄찍하게 썰다 大根を薄切りにする.
얄팍하다 形 **1** (厚みが)かなり薄い. ¶ 얄팍한 종이 薄い紙. **2** 浅薄だ. 浅はかだ. ¶ 얄팍한 속임수 浅はかな計略.
얄팍얄팍 副 하形 二つ以上のものがみな薄っぺらなようす.
얇다 形 **1** (厚さが)薄い. ¶ 얇은 책[종이] 薄い本[紙]. **2** (行動・考えなどが)浅薄だ. 浅はかだ. ¶ 얇은 생각 浅はかな考え. **3** (濃度・色が)薄い. ¶ 그 옷은 색깔이 ～ その服は色が薄い.
얌생이 名 〈俗〉 こそこそと盗み出すこと.
얌생이꾼 名 〈俗〉 人の物をこっそり盗み出す人. こそ泥. こぬすびと.
얌생이몰다 自 こそこそと盗み出す.
얌심 名 ねたみ深い心. 嫉妬心.
얌심꾸러기 名 ねたみ深い人.
얌심부리다 自 嫉妬深い態度を見せる. ねたむ. そねむ.
얌심피우다 自 ねたましそうなふりをする. ねたむ. そねむ.
얌전떨다 自 わざとおとなしそうなふりをする.
얌전부리다 自 おとなしいふりをする. しとやかなふりをする.
얌전빼다 自 わざとおとなしそうなふりをする.
얌전이 名 おとなしい人.
얌전피우다 自 おとなしいふりをする. 猫を被る.
얌전하다 形 **1** おとなしい. しとやかだ. まじめだ. ¶ 얌전한 아이 おとなしい子. **2** 見事だ. 立派だ. 見栄えがする. ¶ 그녀의 바느질 솜씨는 퍽 ～ 彼女の針仕事の腕は実に見事だ. **얌전히** 副 つつましやかに. おとなしく. ¶ 장난치지 말고 ～ 있어 いたずらしないでおとなしくしていろ.
얌체 名 恥知らずな[あこぎな]ふるまい. そのようなふるまいをする人. 恥知らずな人. 破廉恥な人.
얌치 名 廉恥. 恥を知る心を持っていること.
얌통머리 名 〈俗〉 廉恥.
얏 感 〔힘을 불끈 줄 때 내는 소리〕 やあ. やっ.
양[1]〔羊〕 名 羊. **1**〔動〕羊. 緬羊. ¶ ～같이 순하다 羊のようにおとなしい. **2**〔基〕信徒. ¶ 방황하는 어린 ～들아 さまよえる子羊たちよ.
양[2]〔良〕 名 良〈成績評価の5段階の4番目〉. ▷수(秀)
양[3]〔兩〕 名 **1**〔지난날의 화폐·무게의 단위〕両. **2**〔'한 냥'의 준말〕1両.
양[4]〔胖〕 名 (牛の)胃袋.
양[5]〔陽〕 名 (易学で)陽.
양[6]〔量〕 名 量. **1** 分量. 数量. ㊇質 **2**〔'식량'의 준말〕食糧.
양[7]〔樣〕 名 **1**〔'양식(樣式)'의 준말〕様式. **2**〔'양태(樣態)'의 준말〕様態.
양[8] 依名 **1**《'-는 양(으로)'의 꼴로》(さも)…するように. ¶ 모든 것을 다 아는 ～ 행세하다 すべてをさも皆分かるようにふるまう. **2**《'-ㄹ[-을] 양(으로)'의 꼴로》…するつもりで. …しようとして. ¶ 집에 갈 ～으로 일어섰다 家に帰るつもりで立ち上がった. **3**《'-ㄴ[-은] 양(으로)'의 꼴로》(さも)…したかのように. …であるかのように. ¶ 그 말이 사실인 ～싶다 その話が事実であるかのようだ.
양[9]〔孃〕 **I** 依名 …嬢. …さん. ¶ 최 ～ チェさん / 다나카 ～ 田中嬢.
II 接尾 〔직업에 종사하는 여성을 나타냄〕…嬢. ¶ 안내～ 案内嬢 / 교환～ 交換嬢.
양-[10]〔兩〕 冠 両方の. 二つの. 両. ¶ ～ 진영 両陣営.
양-[11]〔洋〕 接頭 洋…. 洋式の. ¶ ～장 洋装 / ～담배 洋もく / ～주 洋酒.
양-[12]〔養〕 接頭 養…. 養いの. ¶ ～부

養父/~자 養子.
양가¹〔良家〕 名 良家. ¶~ 규수 良家の娘.
 양갓집 名 良家.
양가²〔兩家〕 名 両家.
양가³〔養家〕 名 養家. 養子先の家.
양각〔陽刻〕 名 하他〔美〕 陽刻. 浮き彫り.
양감〔量感〕 名〔美〕 量感. ¶~이 풍부하다 量感に富む.
양갱〔羊羹〕 名 羊羹.
양계〔養鷄〕 名 하自 養鶏.
 양계장〔一場〕 名 養鶏場.
양곡〔糧穀〕 名 糧食用の穀物.
양과자〔洋菓子〕 名 洋菓子.
양광 名 分に過ぎる豪奢な暮らし.
양국〔兩國〕 名 両国.
양군〔兩軍〕 名 両軍.
양궁〔洋弓〕 名〔體〕 洋弓. アーチェリー.
양귀비〔楊貴妃〕 名〔植〕 罌粟.
 양귀비꽃 名〔植〕 罌粟の花.
양극¹〔兩極〕 名 両極. **1**〔地〕 北極と南極. ¶~ 지방 両極地方. **2**〔物〕 陽極と陰極. **3** 両極端.
양극²〔陽極〕 名〔物〕 陽極. プラスの極.
양극단〔兩極端〕 名 両極端.
양근〔陽根〕 名 男根. ペニス.
양금〔洋琴〕 名 洋琴. ピアノ.
양기〔陽氣〕 名 **1** 陽光の気. **2** 陽気. 万物が動き生まれ出ようとする気. **3** 男の精気[精力].
양껏〔量一〕 副 ありったけ. できるだけ. 思う存分に. ¶~ 드십시오 存分に召し上がってください.
양끝〔兩一〕 名 両端.
양난〔兩難〕 名 二つの難儀.
양날〔兩一〕 名 両刃. もろは.
 양날톱 名 両刃の鋸.
양냥거리다[-대다] 自 (なかなか満足せずに)しきりにせがむ.
양녀〔養女〕 名 養女. ¶~로 키운다 養女として育てる.
양년〔兩年〕 名 両年. 2年. 2か年.
양념 名 하自 **1** 薬味. 調味料. 味付け. たれ. ¶~을 치다 味付けする. **2** 興趣を添えるためにつけ加えるもの.
 양념장〔一醬〕 名 薬味を加えたしょう油.
양다리〔兩一〕 名 二また. もろあし.
 ◆**양다리를 걸다**[**걸치다**] 二またをかける.
양단¹〔兩端〕 名 **1** 両端·はし. **2** 婚礼に使われる青と紅色の絹織物.
 양단간〔一間〕 副 とにかく. ともかく. どちらか. ¶만날 날짜를 ~에 결정하자 会う日をどちらかに決定しよう.
양단²〔兩斷〕 名 하他 両断. ¶국토 ~의 비극 国土両断の悲劇.
양단³〔洋緞〕 名 高級な絹織物.
양달〔陽一〕 名 日なた.
양담배〔洋一〕 名 西洋たばこ. 洋もく.
양도¹〔兩刀〕 名 二刀. 両刀.
 양도 논법〔一論法〕 名 両刀論法. ジレンマ.
양도²〔糧道〕 名 **1** 食糧の費用. **2** 兵糧を運ぶ道. 糧道. ¶적군의 ~를 끊다 敵軍の糧道を断つ.
양도³〔讓渡〕 名 하他 譲渡. ¶~ 소득세 譲渡所得税/~ 담보 譲渡担保.
 양도인〔一人〕 名 譲渡人.
양도체〔良導體〕 名 良導体. 導体.
양돈〔養豚〕 名 하自 養豚.
양동이〔洋一〕 名 バケツ.
양동 작전〔陽動作戰〕 名〔軍〕 陽動作戦.
양돼지〔洋一〕 名 **1** 西洋種の豚. **2** 太った人. 欲張りの人. 豚.
양두〔羊頭〕 名 羊頭. 羊の頭〈韓方の薬料となる〉.
 양두구육〔一狗肉〕 名 羊頭狗肉.
양두 정치〔兩頭政治〕 名 両頭政治.
양득〔兩得〕 名 하自他 〔'일거양득'의 준말〕 両得.
양딸〔養一〕 名 養女.
양딸기〔洋一〕 名 オランダ苺.
양띠〔羊一〕 名〔民俗〕 未年の生まれ.
양력¹〔揚力〕 名〔物〕 揚力.
양력²〔陽曆〕 名 〔'태양력(太陽曆)'의 준말〕 陽暦. 新暦. 反 陰暦.
양로〔養老〕 名 하自 養老. ¶~ 보험[연금] 養老保険[年金].
 양로원〔一院〕 名 養老院.
양론〔兩論〕 名 両論. ¶찬부 ~ 賛否両論.
양륙〔揚陸〕 名 하他 揚陸. 陸揚げ. ¶~기 揚陸機/~비 陸揚げ賃.
양립〔兩立〕 名 하自 両立. ¶가사와 근무를 ~시키다 家事と勤めを両立させる.
양말〔洋襪〕 名 靴下. ソックス.
 양말대님 名 靴下止め. ガーター.
양면〔兩面〕 名 **1** 両面. ¶~ 인쇄 両面印刷. **2** 二つの方面. ¶물심 ~으로 도와 주다 物心両面に渡って援助する.
양명〔揚名〕 名 하自 揚名. ¶입신~ 立身揚名.
양명학〔陽明學〕 名〔哲〕 陽明学.
양모¹〔羊毛〕 名 羊毛.
양모²〔養母〕 名 養母.
양모제〔養毛劑〕 名 毛生え薬. 養毛剤.
양물¹〔洋一〕 名 西洋の文物や風習. ¶~을 먹다 西洋の文物に接する.
양물²〔洋物〕 名 洋物. 西洋の物.
양미¹〔兩眉〕 名 双眉. 左右の眉.
 양미간〔一間〕 名 眉間. ¶~을 찌푸리다 眉間にしわを寄せる.
양미²〔糧米〕 名 糧米.
양민〔良民〕 名 良民.
양반〔兩班〕 名 **1**〔史〕 両班〈昔の特権的身分階層〉. **2** 礼儀正しい紳士. **3** 妻が第三者に対して自分の夫を指す語. ¶우리 집 ~ うちの主人. **4** 男性をやや敬う語. 男性をややさげすむ語. ¶주인 ~ ご主人/이 ~이 정신이 나갔나? この旦那, どうかしちゃったんじゃないか.
 〔**속담**〕 **양반은 얼어 죽어도 겻불은 안 쬔다** 両班は凍え死んでももみ殻の火には当たらない〈武士は食わねど高楊子〉.
 양반 계급〔一階級〕 名〔史〕 両班の階級.
양방〔兩方〕 名 両方. 双方.
양배추〔洋一〕 名〔植〕 キャベツ. 玉菜.

ㅇ

양버들〔羊—〕 名〔植〕 ポプラ.
양법〔良法〕 名 **1** よい法規. **2** 良法. よい方法.
양변〔兩邊〕 名 **1** 両辺. **2** 両側.
양병〔養兵〕 名 하自 養兵.
양보〔讓步〕 名 하他 譲歩. 譲ること. ¶ 서로 ~하다 互いに譲歩する.
양복〔洋服〕 名 洋服. 背広. ¶ ~점 洋服店. テーラー / 새로 맞춘 ~ 新しくあつらえた背広.
  양복감 名 洋服の生地. 服地.
  양복바지 名 ズボン.
  양복장〔—欌〕 名 洋服だんす.
  양복저고리 名 背広の上着.
  양복지〔—地〕 名 洋服の生地. 服地.
양본위제〔兩本位制〕 名〔經〕 ☞복본위제
양봉〔養蜂〕 名 하自 養蜂.
  양봉업〔—業〕 名 養蜂業.
양부¹〔良否〕 名 良否. 良し悪し. ¶ 일의 ~를 묻다 事の良否を問う.
양부²〔養父〕 名 養父.
양부모〔養父母〕 名 養父母. 養親.
양분¹〔兩分〕 名 하他 両分. 二分. ¶ 이익을 ~하다 利益を二分する.
양분²〔養分〕 名 養分. 栄養分. 滋養分.
  양분표〔—表〕 名 養分表.
양사〔養嗣〕 名 하他 養子を迎えること.
양사자〔養嗣子〕 名 養嗣子.
양산¹〔洋傘〕 名 洋傘. こうもり傘. 傘.
양산²〔陽傘·涼傘〕 名 日傘. パラソル.
양산³〔量産〕 名 하他 〔'대량 생산'의 준말〕 量産. 大量生産.
양상〔樣相〕 名 様相. 状態. 様態. 有様. ¶ 복잡한 ~을 띠다 複雑な様相を呈する.
양상군자〔梁上君子〕 名 梁上の君子. 泥棒(泥棒を上品に言う語).
양상추〔洋—〕 名〔植〕 レタス.
양색〔兩色〕 名 2色, または物.
양생〔養生〕 名 하自 養生. **1** 摂生. **2** 保養. ¶ ~을 위하여 해변으로 간다 保養のため海辺へ行く. **3** コンクリートを固めること.
양서¹〔良書〕 名 良書.
양서²〔兩棲〕 名 両生.
  양서류〔—類〕 名〔動〕 両生類.
양서³〔洋書〕 名 洋書. 洋本.
양성¹〔良性〕 名 良性. 反 悪性.
양성²〔兩性〕 名 両性. ¶ ~ 산화물 両性酸化物 / ~ 화합물 両性化合物 / ~ 생식 両性生殖.
양성³〔陽性〕 名 陽性.
  양성 모음〔—母音〕 名〔言〕 陽母音.
  양성 반응〔—反應〕 名〔醫〕 陽性反応. ¶ 투베르쿨린의 ~ ツベルクリンの陽性反応.
양성⁴〔養成〕 名 하他 養成. 育成. ¶ 후계자를 ~하다 後継者を養成する.
양성⁵〔釀成〕 名 하他 醸成.
양소매책상〔兩—册床〕 名 両袖机.
양속〔良俗〕 名 良俗. ¶ 미풍~ 美風良俗.
양손〔兩—〕 名 両手. ¶ ~을 들어 환영합니다 もろ手を上げて歓迎します.
양손자〔養孫子〕 名 息子の養子. 孫養子.
양송이〔洋松栮〕 名 西洋種の松茸.
양수¹〔羊水〕 名〔生〕 羊水.
양수²〔兩手〕 名 両手. 双手. もろて. 両方の手.
  양수겸장〔—兼將〕 名 (将棋で)両王手.
  양수잡이 名 하他 両手利き.
양수³〔揚水〕 名 하自 揚水. ¶ ~기 揚水機 / ~ 펌프 揚水ポンプ.
양수⁴〔讓受〕 名 하他 譲り受けること.
  양수인〔—人〕 名 譲り受け人.
양수기〔量水器〕 名 量水器. 量水計. 水量計.
양수사〔量數詞〕 名〔言〕 基数詞.
양순하다〔良順—〕 形 善良だ. 順良だ. ¶ 성질은 아주 ~ 性質は極く順良だ. **양순히** 副 善良に.
양식¹〔良識〕 名 良識. 健全な識見. ¶ ~에 호소하다 良識に訴える.
양식²〔洋食〕 名 洋食.
양식³〔樣式〕 名 様式. スタイル. **1** 方式. **2** 一定の形式. ¶ 문서의 ~ 文書の様式. **3** 表現形態. ¶ 고딕 ~ ゴシック様式.
양식⁴〔養殖〕 名 하他 養殖. ¶ ~업 養殖業 / ~ 진주 養殖真珠.
양식⁵〔糧食〕 名 **1** 糧食. 食糧. **2** 精神的な支え. 糧.
양실〔洋室〕 名 洋間. 洋室.
양심〔良心〕 名 良心. ¶ ~에 부끄러운 행동 良心に恥じる行動.
  양심적〔—的〕 冠 名 良心的. ¶ ~으로 생각하다 良心的に考える.
양쌀〔洋—〕 名 西洋産の米.
양아들〔養—〕 名 養子.
양아버지〔養—〕 名 養父.
양아치 名〈俗〉 乞食の隠語.
양악〔洋樂〕 名 洋楽.
양악기〔洋樂器〕 名 洋楽器.
양안¹〔良案〕 名 良案.
양안²〔兩岸〕 名 両岸. 左右の岸.
양안³〔兩眼〕 名 両眼.
양약¹〔良藥〕 名 良薬. よく効く薬.
양약²〔洋藥〕 名 **1** 西洋医学の薬. **2** 西洋から輸入した薬.
양약국〔洋藥局〕 名 (漢薬店に対して)一般の薬屋. 薬局.
양약방〔洋藥房〕 名 薬局.
양양하다¹〔洋洋—〕 形 洋々としている. **1** 水が満ちて限りなく広がっている. ¶ 양양한 대해 洋々たる大洋. **2** 希望に満ちている. ¶ 전도가 양양한 청년 前途洋々たる青年.
양양하다²〔揚揚—〕 形 揚々としている. ¶ 의기양양하게 개선하다 意気揚々と凱旋する.
양어〔養魚〕 名 하自 養魚. ¶ ~장 養魚場.
양어머니〔養—〕 名 養母.
양여〔讓與〕 名 하他 譲与.
양연〔良緣〕 名 良縁.
양옥〔洋屋〕 名 西洋式の家屋.
  양옥집 名 洋式の家.
양요〔洋擾〕 名〔史〕 19世紀後半に西洋人によって起こった事件.
양요리〔洋料理〕 名 西洋料理.
양용〔兩用〕 名 両用. ¶ 수륙 ~ 水

陸両用.
양웅〔兩雄〕 名 両雄. ¶ ～이 패권을 겨루다 両雄が覇権を争う.
양웅 불구립〔一不俱立〕 名 両雄は並び立たないこと.
양원〔兩院〕 名〔法〕両院.
양원제〔一制〕 名〔法〕両院制. 二院制.
양위¹〔兩位〕 名 **1**〔'양위분(兩位分)'의 준말〕 父母や父母のように仕える御夫妻. **2**〔佛〕死亡した夫婦.
양위분〔一分〕 名 父母や父母のように仕える御夫妻.
양위²〔讓位〕 名 하自 譲位.
양육〔養育〕 名 하他 養育. ¶ ～비 養育費 / ～원 養育院.
양으로〔陽一〕 副 陽に. ¶ 음으로 ～ 보살피다 陰に陽に世話をする.
양은〔洋銀〕 名 **1** 洋銀. **2**〔'양은전(洋銀錢)'의 준말〕 西洋の銀貨.
양은그릇 名 洋銀製の器.
양은전〔洋銀錢〕 名 西洋の銀貨.
양의¹〔良醫〕 名 良医.
양의²〔洋醫〕 名 洋医.
양이〔攘夷〕 名 하自 攘夷. ¶ ～론 攘夷論.
양일〔兩日〕 名 両日. 二日. ¶ ～간 二日間.
양자¹〔兩者〕 名 両者. 両人. 両方.
양자택일〔一擇一〕 名 하自 二者択一.
양자²〔陽子〕 名〔物〕陽子.
양자³〔量子〕 名〔物〕量子.
양자 가설〔一假說〕 名〔物〕量子仮説.
양자론〔一論〕 名 量子論.
양자 역학〔一力學〕 名〔物〕量子力学.
양자 화학〔一化學〕 名〔化〕量子化学.
양자⁴〔養子〕 名 하自 養子.
◆**양자로 가다** 養子に行く.
◆**양자를 들다** 養子に入る.
◆**양자를 들이다[세우다]** 養子をとる.
양잠〔養蠶〕 名 하自 養蚕.
양잠업〔一業〕 名 養蚕業.
양장〔洋裝〕 名 하自 洋装. **1** (服装の)洋装. ¶ ～미인 洋装美人. **2** 書籍の洋とじ. ¶ ～ 제본 洋装製本.
양재¹〔良材〕 名 良材. **1** よい木材. よい材料. **2** 優れた人材.
양재²〔洋裁〕 名 洋裁. ¶ ～ 학원 洋裁学院.
양재기〔洋一〕 名 **1** ほうろう引きの器の総称. **2** アルミニウム製の器.
양잿물〔洋一〕 名 洗濯用の苛性ソーダ.
양적〔量的〕 冠 名 量的. ¶ ～으로 앞서 있다 量的に上まわっている.
양전극〔陽電極〕 名 陽極. プラスの電極.
양전기〔陽電氣〕 名〔物〕陽電気.
양전자〔陽電子〕 名〔物〕陽電子.
양정〔量定〕 名 하他 量定. ¶ 형의 ～ 刑の量定.
양젖〔羊一〕 名 羊の乳.
양조〔釀造〕 名 하他 醸造. ¶ ～가 造り酒家.
양조장〔一場〕 名 醸造場.
양조주〔一酒〕 名 醸造酒.
양주¹〔兩主〕 名 夫婦.
양주²〔洋酒〕 名 洋酒.
양즙〔膟汁〕 名 牛の胃袋を煮詰めて絞った汁.
양지¹〔洋紙〕 名 洋紙. 西洋紙.
양지²〔陽地〕 名 日なた. ¶ ～에서 졸다 日なたでうたた寝する.
〔속담〕 **양지가 음지 되고 음지가 양지 된다** 日なたが日陰になり, 日陰が日なたになる〈天下は回り持ち〉.
양지바르다 形 日当たりがよい. 日なたである.
양지 식물〔一植物〕 名〔植〕陽性植物.
양지쪽 名 日なたのほう.
양지³〔諒知〕 名 하他 承知. 了承. ¶ 아무쪼록 ～해 주시기 바랍니다 よろしく御了承ください.
양지머리 名 牛の胸部の肉と骨.
양질〔良質〕 名 良質. ¶ ～의 종이 良質の紙.
양짝〔兩一〕 名 一対.
양쪽〔兩一〕 名 両方. 双方. ¶ ～을 동시에는 할 수 없다 両方を同時にはできない.
양차〔兩次〕 名 両次. 2度. 2回. ¶ ～의 대지진 両次の大地震.
양찰〔諒察〕 名 하他 諒察. 思いやること. ¶ 사정을 ～하다 事情を思いやる.
양처〔良妻〕 名 良妻. ¶ 현모～ 良妻賢母.
양철〔洋鐵〕 名 ブリキ.
양철가위 名 ブリキばさみ. 金ばさみ.
양철통〔一桶〕 名 ブリキ缶.
양초〔洋一〕 名 ろうそく.
양춘〔陽春〕 名 陽春. **1** 陰暦正月. **2** 暖かい春.
양춘가절〔一佳節〕 名 陽春の佳節.
양춘화기〔一和氣〕 名 春の暖かくて澄んだ気.
양춤〔洋一〕 名 ダンス〈バレー·社交ダンスなど〉.
양측〔兩側〕 名 **1** 両方. ¶ ～의 입장 両方の立場. **2** 両側. ¶ 길 ～에 피어 있는 코스모스 道の両側に咲いているコスモス.
양치〔養齒〕 名 하自 〔'양치질'의 준말〕 うがい. 歯磨き.
양치질 名 하自 **1** うがい. **2** 歯を磨くこと. 歯磨き.
양칫물 名 口をすすぐ水.
양치기〔羊一〕 名 羊飼い.
양치식물〔羊齒植物〕 名〔植〕羊歯植物.
양친〔兩親〕 名 両親. 父母. ¶ ～을 여의다 二親を失う.
양코〔洋一〕 名 **1** 西洋人の鼻. 西洋人. **2** 高い鼻(の持ち主).
양코배기 名〈俗〉西洋人.
양키〔Yankee〕 名〈蔑〉ヤンキー. アメリカ人.
양탄자〔洋一〕 名 絨毯. 毛氈. カーペット.
양태〔樣態〕 名 様態. ようす. 様相. 状態.

양털〔羊―〕 名 羊毛. ウール. ¶ ～실 毛糸.
양파〔洋―〕 名〔植〕玉葱.
양팔〔兩―〕 名 両腕.
양편[1]〔兩便〕 名 両側. 両方.
　양편공사〔―公事〕 名 両方の話を聞いて良し悪しを判断すること.
　양편짝 名 両側. 両方.
　양편쪽 名 両側の方.
양편[2]〔兩便〕 名 하形 両方ともやすらかなこと.
양푼 名 真鍮製の口の広い鉢.
양품〔洋品〕 名 洋品. **1** 舶来品. **2** 洋服·装身具などの品物. ¶ ～점 洋品店.
양풍[1]〔良風〕 名 良風. 美風. ¶ ～미속 良風美俗.
양풍[2]〔洋風〕 名〔'서양풍(西洋風)'의 준말〕洋風. 西洋風.
양피〔羊皮〕 名 羊皮. キッド.
　양피 구두 名 羊皮製[キッド]の靴.
　양피지〔―紙〕 名 羊皮紙.
양하다 補動 …するふりをする. …したふりをする. ¶ 무엇이든 아는 ～ 何でも知ったふりをする.
양학〔洋學〕 名 洋学. 西洋の学問.
양항〔良港〕 名 良港. ¶ 천연의 ～ 天然の良港.
양해〔諒解〕 名 하他 了解. 理解. ¶ 상대방의 ～가 필요하다 相手の了解が必要だ.
양행〔洋行〕 名 하自 洋行. **1** 欧米へ行くこと. **2** 欧米との貿易を専門にする店や商社.
양형〔量刑〕 名 量刑.
양호〔養護〕 名 하他 養護. ¶ ～ 시설 養護施設.
양호하다〔良好―〕 形 良好だ. ¶ 수술 후의 경과는 ～ 手術後の経過は良好だ.
양화[1]〔良貨〕 名 良貨.
양화[2]〔洋靴〕 名 靴.
　양화점〔―店〕 名 靴屋.
양화[3]〔洋畫〕 名 洋画. **1**〔美〕西洋画. **2** 西洋の映画.
양화[4]〔陽畫〕 名 陽画. ポジ.
양회〔洋灰〕 名 セメント.
얕다 形 **1** (表面·外面からの距離が)浅い. 低い. ¶ 얕은 개울 浅い小川/산이 ～ 山が低い. **2** (研究·経験などが)深くない. (性格·考えなどが)軽率だ. 浅はかだ. ¶ 생각이 얕은 사람 考えの浅はかな人. **3** (眠りが)浅い. 淡い. ¶ 얕은 잠에서 눈을 떴다 浅い眠りから目を見開いた. **4** (日数·年限などが)いくらもたっていない. 長くない. 短い. ¶ 경력이 ～ 経歴が浅い.
얕디얕다 形〔'얕다'의 센말〕とても浅い. ¶ 얕디얕은 강 とても浅い川.
얕보다 他 侮る. なめる. さげすむ. 見下げる. 見下ろす. 見くびる. 軽んじる. ¶ 상대를 ～ 相手を見くびる/얕보고 웃다 軽蔑して笑う/얕보고 냉담하게 대하다 軽んじて冷淡にあしらう/사람을 얕보는 듯한 태도를 취하다 人を見下したような態度をとる.
얕은꾀 名 浅知恵. ¶ ～에 넘어갔다 浅知恵に乗せられた.
얕은맛 名 薄くあっさりした味. ¶ 이 음식은 ～이 있다 この料理はあっさりした味がある.
얕잡다 他 甘く見る. なめる. さげすむ. 見下ろす. 見くびる. 侮る. ¶ 얕잡아 보고 덤비다 なめてかかる.
얕추 副 浅く. 見下げて. 侮って. さげすんで. ¶ ～ 보지 마라 見下げるな. 侮るな.
얘[1] 代〔'이 아이'가 준 말〕この子.
얘[2] 感 あら. おお. おや. まあ. ¶ ～ 질렸다 まあ, あきれた/～ 너무 했어 まあ, ひどいわ.
얘기 名 하自他〔'이야기'의 준말〕話. ¶ 지난 일을 ～하다 過ぎたことを話す.
얘깃거리 名〔'이야깃거리'의 준말〕話題.
얘야 感〔'이 애야'의 뜻으로 부르는 말〕坊や. お嬢ちゃん. ¶ ～ 너의 집이 어디냐? お嬢ちゃん, あなたの家はどこ.
어[1] 感 **1**〔놀람·당황한 느낌을 나타내는 말〕あっ. あれ. おや. おっ. ¶ ～, 책을 두고 왔구나 あっ, 本を忘れてきた. **2**〔부르는 소리〕おい. ¶ ～, 나 좀 보게 おい, ちょっとこっちを見ろ.
어[2] 感〔기쁨·슬픔·후회·칭찬을 나타내는 말〕ああ. あれ. うむ. やあ. おう. まあ. あれえ. わあ. ¶ ～, 그것 잘 되었군 おう, それはよかった/～, 그래 おう, そうか/～, 기쁘다 ああ, うれしい.
-어[3] 語尾 **1**〔시간적 선후 관계를 나타냄〕…(し)て. ¶ 먹～ 봐라 食べてみなさい/멍하니 서 있다 ぼんやり立っている. **2**〔이유·근거 등을 나타냄〕…して. …くて. …ので. ¶ 밤이 깊～ 가다 夜が更けていく/이해가 엇갈리～ 분열되었다 利害が食い違ったので分裂した. **3**〔어떤 사실을 서술하거나 물음을 나타냄〕…だ. …か. …よ. ¶ 누가 왔～? 誰が来たの/내가 혼자 하겠～ 私がひとりでするわ. **4**〔명령이나 권유를 나타냄〕…しろ. …(し)よう. ¶ 가만히 있～ じっとしていなさい/깊이 묻～ 深く埋めろ.
-어[4]〔語〕 接尾〔'말'의 뜻을 나타냄〕…語. ¶ 중국～ 中国語/외국～ 外国語.
어간[1]〔魚肝〕 名 魚の肝臓.
　어간유〔―油〕 名 肝油.
어간[2]〔語幹〕 名〔言〕語幹.
어감〔語感〕 名 語感. ¶ ～이 좋다 語感が良い/～의 차이 語感の違い.
어개〔魚介〕 名 魚介.
어거지 名 強引. ごりおし.
어거하다〔馭車―〕 他 **1** 牛や馬を御する. **2** 制御する.
어구[1]〔語句〕 名 語句.
어구[2]〔漁具〕 名 漁具.
어구[3]〔漁區〕 名 漁区.
어군[1]〔魚群〕 名 魚群. ¶ ～ 탐지기 魚群探知機.
어군[2]〔語群〕 名〔言〕語群.
어귀〔←於口〕 名 入り口. ¶ 공원 ～ 公園の入り口.
어귀차다 形 (意志が強くやることが)

しっかりしている. 剛気だ. ¶어귀차게 일하다 精力的に働く.
어그러지다 自 **1** (物体が)ゆがむ. よじれる. ずれる. がたがただ. ¶의자가 ~ 椅子ががたがただ. **2** (考え·予定·約束·期待が)はずれる. 食い違う. ¶기대에 ~ 期待に反する. **3** 〔사이가 나쁘게 되다〕仲たがいする. 悪くなる. ¶그녀와 사이가 ~ 彼女との仲が悪くなる.
어근〔語根〕名〔言〕語根.
어근버근 Ⅰ 副 하形 〔짝 맞춘 자리가 벌어지는 모양〕がたがた(と). ぐらぐら. ¶층계가 ~하다 階段ががたがたする. Ⅱ 副 하自 〔마음이 서로 안 맞는 모양〕ちぐはぐ. ぎくしゃく. ¶~한 관계 ぎくしゃくした関係.
어글어글하다 形 **1** (顔立ちが)大づくりだ. **2** 心が広い. 質がやわらかい.
어금니 名 奥歯. 臼歯.
어금지금하다 形 似たりよったりだ. どっこいどっこいだ. ¶어느 것이나 ~ どれもこれも似たりよったりだ.
어긋나다 自 **1** ずれる. はずれる. 食い違う. ¶다리뼈가 ~ 足の骨がずれる. **2** 行き違う. ¶길이 어긋나서 못 만났다 道を行き違えて会えなかった. **3** (期待·予定などが)はずれる. **4** 狂う. はずれる. ¶도리에 어긋나는 행동 道理にはずれた行動.
어긋매끼다 他 互い違いにする. 交差する. ¶통나무를 어긋매껴 싣다 丸太を互い違いに積む.
어긋물리다 Ⅰ 自 互い違いに組み合わさる[組み合わされる]. Ⅱ 他 互い違いに組み合わせる.
어긋버긋 副 하形 一様でないようす. ちぐはぐなようす. 食い違っているようす. ちぐはぐに.
어긋어긋 副 하形 物の各部分が少しずつ食い違っているようす. ちぐはぐに.
어긋하다 形 (端が)食い違っている. すき間がある. はずれている.
어기〔漁期〕名 漁期.
어기다 他 (規則·約束·時間·命令などを)破る. 反する. 背く. 違反する. 守らない. 従わない. ¶날짜를 ~ 日にちを守らない / 계약을 ~ 契約に違反する / 약속을 ~ 約束を破る.
어기대다 自 抵抗する. 逆らう. 手向かう. ¶윗사람에게 ~ 目上の人に逆らう.
어기뚱하다 形 **1** (言動が)突飛だ. **2** 尊大ぶる. **3** 少しすき間が生じている.
어기야디야 感 〔뱃사람이 노를 저을 때 내는 소리〕えんやら. えんや. えいや. えやこら.
어기적거리다[-대다] 自 もたもた歩く. よたよた歩く.
어기적어기적 副 하自 〔다리를 부자연스럽게 천천히 걷는 모양〕もたもた(と). よたよた(と). ¶~ 뛰다 もたもた走る.
어기중하다〔於其中―〕形 中ほどだ. 中間ぐらいだ. ¶성적은 ~ 成績は中くらいだ.
어기차다 形 気丈だ. 気丈夫だ. ¶어기찬 여성 気丈な女性.
어김 名 違反. 間違い. そむくこと.
어김없다 形 確かだ. 間違いない. ¶그 사람은 ~ その人は間違いない. **어김없이** 副 確かに. 決まって. 必ず. きっと. 間違いなく. ¶~ 돌아오겠다 必ず帰ってくる.
어깃장 名 わざと逆らう行動.
◆**어깃장을 놓다** わざとひねくれる. 反抗してすなおに従わない.
어깨 名 肩. **1** 肩. ¶~가 가벼워지다 肩が軽くなる / ~에 짐을 지다 肩に荷物を担ぐ. **2** 衣服の襟と袖刳りの間. ¶~에 패드를 넣다 肩にパッドを入れる. **3** 〈俗〉やくざ. ごろつき.
◆**어깨가 무겁다** 肩が重い. 重責を担う.
◆**어깨를 겨누다[겨루다]** 肩を並べる. 競争相手になる.
어깨걸이 名 ショール.
어깨너멋글 名 耳学問.
어깨동무 名 하自 **1** 肩を組むこと, またその遊び. **2** 竹馬の友. 幼なじみ.
어깨뼈 名〔生〕肩骨.
어깨총〔―銃〕名 感〔軍〕担え銃.
어깨춤 名 うれしくて肩を振ること. 肩を振りながら踊ること.
어깨통 名 肩回り. 肩幅.
어깻바대 名 (上着の)肩当て.
어깻바람 名 肩で風を切ること. 興に乗って活発に立ち回ること.
어깻숨 名 肩を動かしながらするせわしい息. 肩息.
어깻죽지 名 肩先. 肩口.
어깻짓 名 肩の動作. 肩の動き.
어느 冠 **1** 〔선택 의문을 나타냄〕どの. 何. ¶~ 사람 どの人 / ~ 종류 何種類. **2** 〔불특정의 것을 가리킴〕ある. とある. ¶~ 날 ある日 / 번화가의 ~ 점포 下町のとある店. **3** 〔임의의 것을 가리킴〕どの. いかなる. ¶~ 의미에서나 いかなる意味においても. **4** 〔부정문 중에 쓰여 전부 부정을 나타냄〕どの. ¶~ 방도 비어 있지 않다 どの部屋も空いていない.
〔속담〕**어느 구름에서 비가 올지** どの雲から雨が降るだろうか〈いつどんな事件が起こるか分からない〉. **어느 장단에 춤추랴** どの拍子に合わせて踊ればいいのやら〈方々からの指示·命令があったときどちらに従うか迷う〉.
어느것 代 どれ. どちら. どういう物. どの物. ¶마음에 드는 게 ~입니까? 気に入ったのはどれですか.
어느겨를에 副 いつのまにか. いつの日に. ¶비는 ~ 그쳤다 雨はいつのまにかやんだ.
어느누구 代 〔'누구'의 힘줌말〕誰だ. ¶~의 짓이냐? 誰の仕業か.
어느덧 副 いつのまにか. ¶~ 10년이 흘렀다 いつのまにか10年が流れた.
어느새 副 いつのまにか. はや. もはや. すでに. ¶~ 해도 진다 はや日も傾く.
어느 세월에〔―歲月―〕副 いつになったら. いつの日に. ¶저 아기가 ~ 어른이

될까? あの赤ちゃんはいつになったら大人になるのか.

어느 천년에〔一千年一〕 副 いつの日に. いつになったら.

-어도 語尾 〔가정·양보 등을 나타내는 연결 어미〕…ても. …でも. …とも. …だとしても. ¶ 못생겼~ 마음은 착하다 不器量でも心根はよい / 길이 멀~ 가야만 한다 道が遠くても行かなければならない.

어두〔語頭〕 名 語頭.

어두워지다 自 **1** 暗くなる. **2** (視力·聴力などが)弱くなる. **3** (世の中のことに)疎くなる.

어두육미〔魚頭肉尾〕 名 魚は頭のほうが獣は尻のほうの肉がおいしいこと.

어두컴컴하다 形 薄暗い. ¶ 저녁 때가 되어 ~ 夕暮れになって薄暗い.

어둑새벽 名 薄暗い夜明け. 黎明.

어둑어둑하다 形 (物がはっきり見えないほどに)暗い. かなり暗い.

어둑하다 形 **1** かなり暗い. **2** 世間ずれせずうぶだ.

어둠 名 暗がり. 暗闇. 闇.

어둠길 名 暗がりの道.

어둠별 名 宵の明星. 金星.

어둠침침하다 形 うす暗い. 暗くてどんよりしている. **어둠침침히** 副 暗くどんよりして.

어둡다 形 **1** (色·光などが)暗い. 反 明るい ¶ 어두운 방 暗い部屋 / 어두운 밤길 暗い夜道. **2** (視力·聴力などが)弱い. 遠い. ¶ 눈이 ~ 視力が弱い / 귀가 ~ 耳が遠い. **3** (世の中のことに)疎い. 暗い. ¶ 세상 일에 ~ 世事に疎い. **4** (表情などが)暗い. うっとうしい. (性格が)陰気だ. ¶ 표정이 ~ 表情が暗い. **5** 暗澹としている. 暗い. ¶ 수출의 전망이 ~ 輸出の見通しが暗い.

어디 Ⅰ 代 **1** 〔알지 못하는 곳〕どこ. どちら. いずこ. ¶ ~ 사십니까? どちらにお住まいですか / ~가 어딘지 모르겠습니다 どこがどこだか分かりません. **2** 〔장소를 막연하게 가리킴〕どこか. ¶ ~ 좀 다녀왔어요 ちょっとそこまで行って来ました / ~서 본 적이 있다 どこかで見たことがある. **3** 〔반어 의문문으로 쓰여〕どんなに. たいした.

Ⅱ 感 **1** 〔다짐하거나 벼를 때 이르는 말〕よし. ようし. さあ. ¶ 이 녀석, ~ 두고 보자 こいつ, ようし今にみろ. **2** 〔반문할 때 쓰는 말〕そもそも. いったい. ¶ ~, 그럴 수가 있습니까? いったいそんなことがありうるでしょうか.

〔속담〕 **어디 개가 짖느냐 한다** どこの犬がほえるのかと言う〈人の話をちっとも聞こうとしない〉.

어디여 感 **1** 〔소를 바른 길로 가게 모는 소리〕どうどう. **2** 〔소를 오른편으로 가게 모는 소리〕どうどう.

어따 感 〔마음에 못마땅할 때 내는 소리〕まあ. なんと. まあまあ. ¶ ~, 이 사람 그만 좀 해 두게 おいおい君, ほどほどにしておけよ.

어때 〔'어떠해'의 준말〕どうだい. ¶ ~, 근사하지? どう, かっこいいだろう.

어떠하다 形 どういうふうだ. どうである. ¶ 이 방에는 어떠한 가구가 좋을까요? この部屋にはどんな家具がいいでしょうか.

어떡하다 他 〔'어떠하게 하다'가 준 말〕どういうふうにする. どうする. 如何にする. ¶ 네가 그만두면 나는 어떡하지? 君がやめたら, 僕はどうする?

어떤 冠 〔'어떠한'이 준 말〕或る. どんな. ¶ ~ 곳 或る所 / 상대는 ~ 남자인가 相手はどんな男だ.

어떻게 副 〔'어떠하게'의 준말〕 **1** どのようにして. いかが. どのように. どうすれば. ¶ ~ 갈까 どう行こうか. **2** どうして. なぜ. ¶ ~ 오셨어요? どんな用件でいらっしゃったんですか. **3** どうにか. なんとか. なんと. ¶ ~ 마련될지 모르겠다 なんとか工面がつくかも知れない.

어떻다 形 〔'어떠하다'가 준 말〕どうだ. どんなふうだ. ¶ 내일 같이 가면 어때요? 明日いっしょに行ったらどうですか.

어떻든지 〔'어떠하든지'의 준말〕どうあろうとも. いずれにしても. とにかく. ¶ ~ 분쟁은 피할 수 없겠군 いずれにしても紛争は避けられまい.

어뜩 副 ちらっと. ちらりと. ¶ ~ 보니 바로 그 사람이었다 ちらっと見たらまさにその人だった.

-어라 語尾 ☞-아라

어란〔魚卵〕 名 塩漬けにして干した魚の卵.

어럽쇼 感 〔'어어'를 속되게 이르는 말〕あれ. おやっ. ¶ ~, 여기에 둔 책이 어디 있지 ここに置いた本はどこだ.

어레미 名 目の粗いふるい.

어려워하다 他 **1** (目上の人を敬遠して)気兼ねする. 遠慮する. ¶ 아버지 앞에서 그렇게 어려워하지 말아라 父の前でそんなに気兼ねするな. **2** (仕事などを)もてあます.

어련무던하다 形 **1** さほど悪くない. 無難だ. まずまずだ. まあまあだ. ¶ 어련무던한 성적 まずまずの成績. **2** (性格が)円満だ. ¶ 자넨 어지간히 어련무던한 사람일세 君はかなり円満な人だね. **어련무던히** 副 さほど悪くなく.

어련하다 形 《의문형으로만 쓰여》 間違いがあろうか. 確かだ. 違うはずがない. ¶ 그분의 말이니 어련하겠나 あの方の話だから間違いがあろうか. **어련히** 副 間違いなく. 確かに.

어렴성〔一性〕 名 遠慮. 気兼ねすること. はばかり. ¶ 아무런 ~도 없이 출입하다 何のはばかりもなく出入りする.

어렴풋하다 形 **1** (光や音が)かすかだ. ¶ 달빛이 어렴풋하게 비친다 月光がかすかに照る. **2** (記憶などが)ぼんやりしている. もうろうとしている. ¶ 그이의 얼굴이 어렴풋하게 기억 난다 その人の顔がぼんやりと思い出される. **3** (眠りなどが)浅い. うつらうつらする. **어렴풋이** 副 ぼんやりと. おぼろげに. うつらうつら(と).

어렵〔漁猟〕 名 **1** 漁猟. ¶ ~선 漁猟船. **2** 漁業と狩猟. ¶ ~ 시대 漁猟時代.

어렵다 形 **1** (事が)難しい. 困難だ. 難解だ. 骨が折れる. 難儀だ

(反) たやすい ¶아주 어려운 일 骨が折れる仕事. **2** (暮らしなどが)貧しい. 厳しい. 苦しい. ¶식구가 많아 집안이 ～ 家族が多くて生活が苦しい. **3** (性質などが)気難しい. ¶어렵고 완고한 부친 気難しく頑固な父親. **4** (目上の人が)近寄りがたい. 窮屈だ. 気兼ねする. ¶어려운 존재 近寄りがたい存在. **5** 《'-기(가) 어렵다'의 꼴로 쓰여》…するのが困難だ. …しにくい. ¶이 글은 이해하기가 ～ この文章は理解しにくい.

어령칙하다 [形] (記憶が)はっきりしない. ぼんやりする. おぼろげだ. **어령칙이** [副] ぼんやり(と). おぼろげに. ¶안개 속에 배의 형적이 어령칙하게 보인다 霧の中に船影がおぼろげに見える.

어로〔漁撈〕[名][하他] 漁労. 漁業.

어로권〔一權〕[名]〔法〕漁業権.

어로선〔一船〕[名] 漁船.

어록〔語錄〕[名] **1** 語録. **2** 短い説話を集めた記録.

어뢰〔魚雷〕[名]〔軍〕魚雷.

어뢰정〔一艇〕[名]〔軍〕魚雷艇.

어루꾀다 [他] **1** 人をたぶらかす. 口車に乗せる. **2** だます.

어루더듬다 [他] **1** 手探りする. 探る. ¶어루더듬으면서 굴 속을 나아가다 手探りしながら穴の中を進む. **2** 模索する. 手探りする. ¶상대의 생각을 어루더듬어 보다 相手の意図を模索する.

어루러기 [名]〔醫〕癜. 癜風(皮膚病の一種).

어루러기지다 [自] まだらになる. むらができる.

어루만지다 [他] **1** 軽くなでる. さする. ¶머리를 ～ 頭をなでる / 산들바람이 볼을 ～ そよ風が頬をなでる. **2** いたわる. 慰める. ¶어머니의 말은 마음을 어루만져 준다 母の言葉は心を慰めてくれる.

어류〔魚類〕[名] 魚類.

어르다 [他] **1** (子供などを)あやす. すかす. ¶아기를 ～ 赤ん坊をあやす. **2** 〔'어우르다'의 준말〕一塊にする.

어르룽이 [名] (散らばっている)斑点. 縞. まだらの模様.

어르신 [名] '어르신네'의 준말.

어르신네 [名] 他人の父や老人に対する尊敬語. ¶～는 어디 사십니까? そちら様はどちらにお住まいですか.

어른 [名] **1** 大人. 成人. **2** 〔연령·지위·친등이 위인 사람〕目上の人. 上長. ¶직장의 ～ 職場の上長 / 집안의 ～ 身内の上長.

어른스럽다 [形] (子供が)大人っぽい. 大人びている. ¶어른스러운 복장 大人らしい服装. **어른스레** [副] 大人ぽっく. 大人らしく.

어른거리다[-대다] [自] **1** 見え隠れする. ちらつく. ちらちらする. ¶달이 나무 사이로 ～ 月が木の間に見え隠れする. **2** ゆらめく. ゆらゆらする. ¶물에 어른거리는 네온의 빛 水にゆらめくネオンの光.

어른어른 [副][하形] **1** 〔보이다 말다 하는 모양〕ちらちら(と). **2** 〔물·거울 등에 비친 모습이 움직이는 모양〕ゆらゆら(と).

어름 [名] **1** 二つの物が接する所. 継ぎ目. **2** 物と物の中間.

어름거리다[-대다] [自] **1** ぐずぐずする. しどろもどろにものを言う. ¶어름거리다가 시간에 대지 못하다 ぐずぐずしていて時間に遅れる. **2** (仕事などを)いいかげんにしてごまかす. ¶일을 ～ 仕事をいいかげんに片づける.

어름어름 [副][하自] **1** 〔언행이 똑똑하지 못한 모양〕ぐずぐず(と). しどろもどろに. **2** いいかげんに. 雑に.

어리광 [名][하自] (大人に)甘えること. ねだること.

어리광떨다 [自] 甘ったれる. しきりに甘える.

어리광부리다 [自] わざと甘える.

어리광피우다 [自] 甘える態度を見せる.

어리굴젓 [名] 粉とうがらしを入れ薄塩で漬けた牡蠣の塩辛.

어리다[1] [自] **1** (涙が)にじむ. 涙ぐむ. (目が)潤む. ¶어머니를 바라보니 눈물이 어린다 母を眺めると涙がにじむ. **2** 漂う. (心が)こもっている. ¶정성 어린 선물 心のこもった贈り物. **3** 映る. ¶수면에 어린 산 그림자 水面に映った山の姿. **4** (目が)くらむ. まぶしい. ¶햇빛이 강해서 눈이 ～ 日ざしが強くて目がくらむ. **5** 凝り固まる. 凝る. ¶피가 어려 어깨가 뻐근하다 血が凝って肩が張る.

어리다[2] [形] **1** 幼い. 小さい. ¶나이 어린 철부지 幼い世間知らず. **2** (考え·経験などが)足りない. 未熟だ. ¶그 젊은이는 아직 경험이 ～ その若者はまだ経験が足りない. **3** 幼稚だ. 子供っぽい. ¶행동이 아직 ～ 行動がまだ子供っぽいと.

어리둥절하다 [形] めんくらう. とまどう. まごつく. おどおどする. ¶갑자기 발언의 요청을 받아 ～ 急に発言を求められてとまどう. **어리둥절히** [副] めんくらって. ぼやっと. ぼやぼやと.

어리벙벙하다 [形] まごつく. 呆然となる. もうろうとしている. ¶돌변한 태도에 ～ 急変した態度に呆然となる. **어리벙벙히** [副] 呆然と. あきれはてて. あっけにとられて.

어리석다 [形] 愚かだ. 間抜けだ. ばかだ. ¶어리석도록 고지식하다 愚かなまでに実直である.

어리숙하다 [形] 人擦れしていない. うぶだ. 賢くない.

어리숭하다 [形] **1** 見るからに愚かだ. **2** 物事が入り交じって見分けがつかない. 似たり寄ったりだ.

어리어리하다 [形] **1** 皆が愚かに見える. **2** 皆似たり寄ったりだ.

어리젓 [名] 薄塩で漬けた塩辛.

어리호박벌 [名]〔動〕熊蜂.

어린것 [名]〈俗〉幼い子供. ちび.

어린 소견〔一所見〕[名] 幼い者の所見. 幼稚な考え.

어린아이 [名] 幼児. 子供. 幼子.

어린애 [名]〔'어린아이'의 준말〕幼児.

어린양〔一羊〕[名] **1** 〔基〕人類に代わって贖罪した救世主としてのキリ

스트. **2** 柔順な人. **3** 天真爛漫な人.

어린이 名 子供. 児童.

어린이날 名 子供の日〈5月5日〉.

어린이 헌장〔一憲章〕 名 児童憲章.

어림 名 하他 概算. 見積もり. 見当.

어림셈 名 하他 概算.

어림수 名 概数.

어림잡다 他 概算してみる. 大まかに見積もる. 見当をつける.

어림재기 名 (目測·歩測などで)大きさ·重さ·長さなどを推量すること.

어림짐작 名 하他 おおよその見当[見積もり]. 当て推量.

어림없다 形 **1** 定見がない. 無定見だ. ¶ 어림없는 시책 無定見な施策. **2** (数が)多くて概算すらできない. 見当もつかない. ¶ 어림없는 크기다 見当もつかない大きさだ. **3** 考えられない. 可能性がない. 望めない. ¶ 그 일은 네 힘으론 ~ その仕事はお前の実力では無理だ. **어림없이** 副 遠く及ばなくて. とんでもなく.

어릿광대 名 **1** 道化役者. ピエロ. **2** (事をはかどらせるため)前もって地ならしをする人. 根回しをする人. **3** 提灯持ち. 太鼓持ち.

어마뜨거라 感 〔매우 무섭거나 꺼리는 것을 만났을 때 내는 소리〕 きゃあ. ひゃあ. わあ.

어마어마하다 形 いかめしい. ものものしい. ものすごい. ¶ 어마어마하게 큰 건물 ものすごく大きな建物.

어망〔漁網〕 名 魚網. 魚をとる網.

어머 感 〔여자가 놀랐을 때 내는 소리〕 ああ. あっ. あら. あれ. まあ. あらまあ.

어머나 感 〔'어머'의 힘줌말〕 ああ. あら. あれ. まあ. あらまあ. ¶ ~, 그런 일이 있었군요 まあ, そんな事があったんですの.

어머니 名 **1** 母. 母親. お母さん. **2** 〔자녀의 이름 뒤에 붙여 자기 아내를 지칭하는 말〕 お母さん. ¶ 영희 ~, 이리 좀 와요 ヨンフィお母さん, こちらにちょっとおいでなさい. **3** 源となるもの. 母. ¶ 필요는 발명의 ~ 必要は発明の母.

호칭·지칭 어머니

母 / 母親 / 女親 / お母さん / 母上 / お袋 / ママ

• 母는 어머니의 통상적인 지칭으로 가장 일반적인 말이며, 비유적으로 어떤 것을 낳게 한 사람이나 사물의 의미로도 쓰이고, 인간 이외의 동물에도 사용한다. / 母親는 어머니에 대해 어버이로서의 입장을 강조한 일반화된 말이며, 女親는 여자로서의 입장을 강조한 말이다. / おかあさん은 어머니에 대해 공경하여, 또는 친근하게 부르는 가장 일반적인 말이다. 보다 정중하게는 お母様, 보다 격의 없는 경우나 어린이 등은 お母ちゃん, 더욱 격의 없고 친근한 표현은 母さん이다. / 母上는 母의 공경어로서 현대에는 별로 쓰이지 않고 문장어로만 사용된다. / お袋(さん)은 어머니를 친근하게 부르는 말로, 어린이의 나이가 비교적 많을 때 쓰며 주로 남자가 사용하고, ママ는 나이 적은 어린이들이 사용한다.

• おかあさん, おふくろ, ママ는 어린이가 어머니를 부를 때 모두 사용되지만, おかあさん(かあさん)이 가장 일반적이다. 자신의 어머니를 남에 대해 말할 때는 はは라 한다. 또 おかあさん, ママ는 어린이에게 그렇게 불리는 어머니가 자식에 대해 자신을 가리킬 때도 사용하고, 남편이나 시어머니 등 가족 중의 다른 사람이, 아이의 어머니를 부를 경우에도 사용된다.

• 타인의 어머니에 대한 높임말로는 母君·母御·母堂 등이 있는데, 상대방의 어머니나 제3자의 어머니에 대해서 사용할 수 있지만, 현대에는 별로 쓰이지 않는다.

• 実母에 대한 말로 義母·養母·まま母(의붓어머니)와 姑(시어머니·장모) 등이 있는데, 자식뻘의 사람이 직접 부를 때는 おかあさん이라 한다. ▷부모, 아버지

어머님 名 〔'어머니'의 높임말〕 母上. お母様.

어멈 名 **1** (既婚の)使用人の女性. **2** 〈卑〉 母.

어명〔御命〕 名 王の命令.

어묵〔魚一〕 名 かまぼこ.

어문〔語文〕 名 言葉と文章. 言文.

어문일치〔一一致〕 名 言文一致.

어문학〔語文學〕 名 語学と文学.

어물〔魚物〕 名 **1** 魚. **2** 干し魚. 干物.

어물전〔一廛〕 名 魚屋.

어물거리다[-대다] 自 **1** ちらつく. ちらちらする. **2** まごまごする. もたもたする. ぐずぐずする.

어물어물 副 하自 **1** まごまご(と). ぐずぐず(と). もたもた(と). ¶ 거기서 뭘 ~하나? そこでなにをもたもたしているんだ. **2** ちらちら(と).

어물쩍 副 하自他 曖昧に. ぼやかして.

어물쩍거리다[-대다] 自他 (言行が)曖昧だ. あやふやだ. うやむやにする. ぼやかす.

어물쩍어물쩍 副 하自他 (言行を)ぼやかすさま.

어미[1] 名 **1** 〔'어머니'를 낮추어 이르는 말〕 母. おふくろ. ¶ 네 ~는 어디 갔니? お前の母ちゃんはどこへ行ったの. **2** 子を生んだ動物の雌. ¶ ~ 개 親犬.

어미그루 名〔農〕 親株.

어미자 名 (副尺に対して)固定している物指し.

어미[2]〔語尾〕 名〔言〕 語尾.

어미변화〔一變化〕 名〔言〕 語尾変化.

어민〔漁民〕 名 漁民.

어버이 名 父母. 両親. 親.

어버이날 名 父母の日〈5月8日〉.

어법〔語法〕 名 語法. 文法.

어복〔魚腹〕 名 **1** 魚腹. 魚の腹. **2** 〔生〕 膨ら脛. **3** (囲碁で)碁盤の真ん中の部分.

어부〔漁夫〕 名 漁夫. 漁師.

어부지리〔一之利〕 名 漁夫の利.

어부바 感 하自他 〔어린애가 업어 달라고 하는 소리〕 おんぶ.

어분〔魚粉〕 名 魚粉.

어불성설〔語不成說〕 名 話が理屈に合わないこと. ¶ 네 말은 ~이다 君の言っていることは理屈に合わない.

어뿔싸 感〔잘못을 깨닫고 뉘우쳐 탄식하는 소리〕しまった. ¶ ~, 또 당했군 しまった, またやられた.
어사리〔漁―〕 名 하自 網を張ってたくさん魚を取ること.
어살〔魚―〕 名 梁. 簎.
어색하다〔語塞―〕 形 **1**〔말이 막히다〕(筋道だてて話せず)言葉に窮する. 理が通らない. ¶ 어색한 변명을 한다 無理な弁解をする. **2**〔부자연스럽다〕不自然だ. ぎごちない. ¶ 어색한 두 사람 사이 ぎごちない二人の仲. **3**〔쑥스럽다〕きまりが悪い. 気恥ずかしい. ¶ 어색해서 머리를 숙였다 きまり悪げに首を垂れた.
어서 副 速く. さあ. どうぞ. ¶ ~ 오게 ようこそ / ~ 오너라 よく来たね / ~ 오세요[오십시오] いらっしゃいませ. ようこそおいでくださいました.
어선〔漁船〕 名 漁船.
어설프다 形 **1** ぶざまだ. がさつだ. 不手際だ. 不格好だ. ¶ 어설픈 행동 がさつな行動. **2** 生半可だ. 中途半端だ. ¶ 어설픈 생각 中途半端な考え.
어설피 副 がさつに. 生半可に. なまじっか. うかつに. 下手に.
어세〔語勢〕 名 語勢. 語気.
어수룩하다 形 **1** うぶだ. 頭が単純だ. 世間ずれしていない. 無邪気だ. ¶ 그는 사람됨이 ~ 彼は人間が世間ずれしていない. **2** (物事が)たやすい. ぼろい. ¶ 어수룩하게 돈을 벌었다 お金をぼろもうけした.
어수선산란하다〔―散亂―〕 形 とても慌ただしい. (心が)落ち着きを失って乱れている. とても散らかっている.
어수선하다 形 **1** 散らかっている. ごちゃごちゃしている. 乱れている. ¶ 아이들이 놀던 방이 ~ 子供たちが遊んでいた部屋が散らかっている / 세상이 ~ 世の中が騒がしい. **2** 慌ただしい. 気が散る. 落ち着かない. ¶ 말소리에 어수선해서 일이 안 된다 話し声に気が散って仕事がはかどらない.
어순〔語順〕 名 語順.
어스러지다 自 **1** 常軌を逸する. それる. ¶ 어스러진 행동 常軌を逸したふるまい. **2** (縫い目が)擦り切れる.
어스레하다 形 薄暗い. ほの暗い. ¶ 어스레한 달빛 薄暗い月の光.
어스름 名 (明け方・夕方の)薄暗い状態. ¶ 사방에 ~이 내린다 四方が薄暗くなる / ~ 달 おぼろ月.
어슥어슥 副 하形 多くのものが皆一方に少しずつゆがんでいるようす.
어슬렁거리다[-대다] 自他 うろつく. うろうろする. のそのそ歩き回る.
　어슬렁어슬렁 副 하自他 ぶらぶら(と). のそりのそり(と).
어슴푸레 副 하形 **1** 薄暗く. ほの暗く. ¶ ~한 초승달 薄暗い三日月. **2** (はっきり聞こえず)かすかに. ¶ 산사의 종소리가 ~ 들린다 山寺の鐘の音がかすかに聞こえる. **3** (記憶が)かすかに. おぼろげに. ¶ 지금도 ~ 기억에 남아 있다 今もかすかに記憶に残っている.
어슷비슷하다 形 **1** 似通っている. 似たり寄ったりだ. ¶ 어슷비슷한 성적 似たり寄ったりの成績. **2** あっちに傾いたりこっちに傾いたりしてそろっていない. ゆがんでいる. ¶ 어슷비슷하게 쌓아 올리다 いびつに積み上げる.
어슷하다 形 やや傾いている. 少し斜めである. ¶ 집이 어슷하게 기울어져 있다 家がやや斜めに傾いている.
　어슷어슷 副 하形 多くのものがやや傾いているようす.
어시〔魚市〕 名〔'어시장(魚市場)'의 준말〕魚市場.
　어시장〔―場〕 名 魚市場.
어안〔魚眼〕 名 魚眼. ¶ ~ 렌즈 魚眼レンズ.
　어안 사진〔―寫眞〕 名 魚眼写真.
　어안석〔―石〕 名〔鑛〕魚眼石.
어안이벙벙하다 形 唖然となる. 呆気にとられる. あきれて物が言えない. ¶ 지나친 처사에 ~ あまりの仕打ちにあきれて二の句がつげない.
-어야 語尾 **1**〔뒷말에 대한 조건이 필요함을 나타냄〕…してこそ. …してはじめて. ¶ 매사에 적극적이~ 성공할 수 있다 事毎に積極的であってこそ成功することが出来る. **2**〔가정을 아무리 크게 하여도 큰 영향이 없음을 나타냄〕…したって. ¶ 뛰~ 벼룩이다 跳んだってのみだよ.
어야디야 感〔'어기야디야'의 준말〕えんやこりゃ〈船を漕ぐときのかけ声〉.
-어야만 語尾 …してこそ. ¶ 씨를 심~ 수확을 거둘 수 있다 種をまいてこそ収穫を収めることが出来る.
-어야지 語尾〔'-어야 하지'의 준말〕…(し)なければならない. ¶ 못 오면 전화라도 걸~ 来られなかったら電話でもかけてくれなきゃならない.
어언〔於焉〕 副〔'어언간(於焉間)'의 준말〕いつのまにか.
　어언간〔―間〕 副 いつのまにか. はや. ¶ ~ 10년이란 세월이 흘렀다 いつのまにか10年の歳月が流れた.
어업〔漁業〕 名 漁業. ¶ 원양 ~ 遠洋漁業 / ~ 자원 漁業資源.
　어업권〔―權〕 名〔法〕漁業権.
　어업 면허〔―免許〕 名〔法〕漁業免許.
　어업 조합〔―組合〕 名 漁業組合.
어여쁘다 形〔'예쁘다'의 예스러운 말〕美しい. きれいだ. かわいい.
어여삐 副 美しく. きれいに. かわいらしく.
어여차 感〔여럿이 힘을 합할 때 일제히 내는 소리〕よいしょ. えんやこりゃ.
어연번듯하다 形 堂々として恥ずかしくない. れっきとしている. ¶ 어연번듯한 가문 れっきとした家門. **어연번듯이** 副 堂々と. れっきと.
어엿하다 形 正々堂々としている. 立派だ. 正当だ. **어엿이** 副 堂々と. ひけめなく.
-어요 語尾 ☞-아요
어용〔御用〕 名 御用. **1** 王が使うこと. **2** 権力者に利用されること.
　어용 문학〔―文學〕 名 御用文学.
　어용 신문〔―新聞〕 名 御用新聞.
　어용학자〔―學者〕 名 御用学者.

어우러지다 自 一塊になる. 一団となる. ¶남녀노소 모두 한데 어우러져 노래도 부르고 춤도 추었다 老若男女全員が一つになって歌を歌ったり踊ったりした.

어우렁더우렁 副 하自 多くの人と仲良く過ごすようす.

어우르다 他 **1** (多くのものを集めて)一塊にする. 一つにする. 合わせる. ¶힘을 어울러서 力を合わせて. **2** 〈ユンノリ(윷놀이)で〉二つ以上の駒を合わせる. **3** 性交する.

어울리다 自 **1** 調和する. 釣り合う. 似合う. ふさわしい. ¶잘 어울리는 부부 似合いの夫婦/그 옷은 네게 어울리지 않는다 その服はお前に似合わない. **2** 交わる. ¶그는 어떤 사람과도 잘 어울린다 彼は誰とでもうまく付き合う.

어웅하다 形 (うつろなほら穴の中などが)薄暗くてよく見えない.

어원〔語源〕 名〔言〕 語源.

어유[1]〔魚油〕 名 魚油.

어유[2] 感 **1**〔뜻밖에 일어난 일에 대한 놀라움을 나타내는 소리〕ああ. おう. ありゃ. あらあら. **2**〔힘에 부치거나 피곤할 때 내는 소리〕ああ. おお. やれやれ.

어육〔魚肉〕 名 **1** 魚肉. 魚と獣肉. **2** 魚の肉. **3** 踏みにじられること. むごい死に方をすること.

어음[1] 名〔經〕 手形. ¶~ 교환소 手形交換所/할인 ~ 割引手形/~ 지불인 手形支払人.

어음 할인〔一割引〕 名〔經〕 手形割引.

어음 행위〔一行爲〕 名〔法〕 手形行為.

어음[2]〔語音〕 名 語音. 音韻.

어의〔語義〕 名 語義.

어이[1] 名 (‘어이가 없다’의 꼴로) あきれる. とんでもない. あいた口がふさがらない.

어이[2] 副 何ゆえ. ¶~ 해서 何ゆえに.

어이[3] 感〔친구나 아랫사람을 부르는 소리〕おい. ¶~, 좀 기다려 おい, ちょっと待って.

어이구 感 **1**〔반갑거나 좋을 때 내는 소리〕おう. ああ. わあ. うぅん. ¶~, 기쁘다 ああ, うれしい. **2**〔기막힐 때 내는 소리〕あれ. おう. うぅん. ああ. ¶~, 이게 무슨 꼴이냐? おう, これはいったい何のざまだ. **3**〔놀랄 때 내는 소리〕おう. やあ. ¶~, 무섭다 おう, 恐ろしい. **4**〔아프거나 힘들 때 내는 소리〕あ. ああ. おう. 痛いっ. ¶~, 아파 おう, 痛い. **5**〔분할 때 내는 소리〕ああ. うぅん. ¶~, 분해 ああ, くやしい.

어이구나 感〔아이의 영리함 등을 보고 감탄해서 내는 소리〕あらまあ.

어이구머니 感〔‘어이구’의 힘줌말〕ああ. おう. うぅん.

어이없다 形 あきれる. とんでもない. あいた口がふさがらない. ¶어이없어 말을 못 하겠다 あきれてものが言えない. **어이없이** 副 あきれて. あえなく. ¶~ 패했다 あえなく敗れた.

어이쿠 感〔‘어이구’의 힘줌말〕ああ. おう. あっ. いや.

어장〔漁場〕 名 漁場. ¶전용 ~ 専用漁場/원해 ~ 遠海漁場.

어저께 名 昨日.

어적 副 하自他〔좀 단단한 과실 등을 단번에 씹을 때 나는 소리〕かりかりっと. かりっと.「む.

어적거리다[-대다] 自 他 かりかりかむ.

어적어적 副 하自他 かりかり(と).

어전〔御前〕 名 御前. ¶~ 회의 御前会議.

어정거리다[-대다] 自 のそのそと歩く. うろうろする. ぶらつく. ¶어디서 어정거리다가 지금 나타나? どこをうろついて今時分やってきたんだ.

어정어정 副 하自 のそのそ(と). うろうろ(と).

어정뜨다 形 (当然なすべきことをやらず他のことばかりして)いいかげんだ. 雑だ.

어정버정 副 하自〔일 없이 한가롭게 어정거리는 모양〕うろうろ(と).

어정쩡하다 形 どっちつかずだ. 曖昧だ. はっきりしない. ¶태도가 ~ 態度が曖昧だ.

어제 名 **1** 昨日. きのう. ¶~ 밤 夕べ. 昨晩/그는 ~의 그가 아니다 彼はきのうの彼ではない. **2** (부사적으로 쓰여) 昨日. きのう. ¶~ 올까 해서 종일 기다렸어 昨日来るかと思って一日中待ってたんだよ.

어제오늘 名 **1** 昨日と今日. **2** 昨今. 最近. 近ごろ. このごろ. ¶~의 세계정세 最近の世界情勢.

어조〔語調〕 名 語調. 口調. ¶흥분한 ~ 興奮した口調.

어족[1]〔魚族〕 名〔動〕 魚族.

어족[2]〔語族〕 名〔言〕 語族. ¶인도-유럽 ~ インド-ヨーロッパ語族.

어줍다 形 **1** (言行が)はっきりしない. はきはきしていない. きびきびしていない. ぎごちない. ¶발음이 ~ 発音がはっきりしない. **2** 不慣れでまずい. 下手だ. ¶기계를 다루는 솜씨가 ~ 機械を扱う手つきが慣れていない. **3** 手足·筋肉がしびれて自由に動かせない.

어중간하다〔於中間一〕 形 **1** 中ほどだ. 中ぐらいだ. **2** 中途半端だ. どっちつかずだ. ¶시간이 ~ 時間が中途半端だ. **어중간히** 副 中途半端に. どっちつかずに.

어중되다〔於中一〕 形 中途半端だ. どっちつかずだ. ¶지금부터 출발해도 시간이 ~ 今から出かけても時間が中途半端だ.

어중이떠중이 名 烏合の衆. 野次馬.

어지간하다 形 **1** (一定の期待値に)ほぼ近い. まずまずだ. ¶일이 어지간하게 되어 간다 仕事がまずまず思ったとおりになる. **2** ほどよい. 適当だ. ¶어지간한 거리 ほどよい距離. **3** 中ぐらいだ. 普通だ. ややよい. まあまあだ. ¶어지간한 사람으로서는 상상조차 못 하는 일이다 普通の人間では想像もできないことだ. **어지간히** 副 まあまあ. ほどよく. かなり. 度を越して. 大分. なかなか. ¶그런대로 ~ 팔렸다 それなりにまあまあの売れ行きだった.

어지러뜨리다[-트리다] 他 取り散らかす. 散らかす. ¶어지러뜨린 방 안을 정리하다 散らかした部屋を片づける.

어지럼증〔―症〕 名 目まい.

어지럽다 形 **1** 目まいがする. 目まぐるしい. ¶옥상에서 내려다 보면 ～ 屋上から見下ろすと目まいがする. **2** 気ぜわしい. 慌ただしい. 落ち着かない. ¶첫무대를 앞두고 마음이 ～ 初舞台を控えて心が落ち着かない. **3** 入り乱れている. 収拾がつかない状態だ. ¶사업을 어지럽게 벌여 놓다 事業をむやみに広げる. **4** (部屋などが)雑然としている. **어지러이** 副 めまぐるしく. ごちゃごちゃに.

어지럽히다 他 **1** 惑わす. ¶인심을 ～ 人心を惑わす. **2** 散らかす. ¶방 안을 어지럽히지 마라 部屋を散らかすな.

어지르다 他 取り散らかす. ごちゃごちゃにする. ¶마당을 ～ 庭を取り散らかす.

어지빠르다 形 中途半端だ. どっちつかずだ.

어질다 形 善良だ. 素直だ. 賢い. ¶마음씨가 어진 사람 心が善良な人.

어질병〔―病〕 名〔韓方〕目まいがする病気.

〔속담〕 **어질병이 지랄병 된다** 目まいが癲癇になる〈小さな欠陥が大きいものになる〉.

어질어질 副 하形 〔현기증이 나는 모양〕 ふらふら(と). くらくら(と). ¶눈이[머리가] ～하다 目が[頭が]くらくらする.

어째 副 どうして. なぜ. ¶～ 안 왔지 どうして来なかったんだい.

어째서 どうして. なぜ. ¶～ 나쁜지 모르겠다 どうして悪いか, わからない.

어쨌든 副 とにかく. 何はともあれ. いずれにせよ. ¶～ 기다려 봅시다 ともかくも待ってみましょう.

어쨌든지 副 とにかく. 何はともあれ.

어쩌고저쩌고 副 なんだかんだと. ああだこうだと. ¶～ 하는 사이에 다 왔다 なんだかんだいっている間にもう来てしまった.

어쩌다[1] 自他 〔'어찌하다'의 준말〕 どうする. ¶이걸 어쩌나? これをどうしようか.

어쩌다[2] 副 〔'어쩌다가'의 준말〕 **1** 偶然に. ふと. **2** ときどき. ときたま.

어쩌다가 副 **1** 偶然に. ふと. たまたま. はからずも. ¶～ 알게 되었다 偶然に知り合った. **2** ときどき. ときたま. ¶～ 만난다 たまに会う.

어쩌면 Ⅰ 副 **1** どうすれば. どうしたら. ¶이 일을 ～ 좋을까? このことをどうすればよいだろうか. **2** ひょっとすると. どうかすると. あるいは. ¶～ 사실일지 모른다 あるいは事実かもしれない.
Ⅱ 感 あれ. まあ. あら. ¶～ 이런 데서 자네를 만나다니 やあ, こんなところで君に会うなんて.

어쩐지 副 どういうわけか. どうやら. なぜか. なんだか. ¶～ 하는 짓이 수상하다 なんだかふるまいが怪しい.

어쭙잖다 形 **1** 取るに足りない. たいしたことない. ばかばかしい. くだらない. ¶시골뜨기라고 해서 어쭙지않게 대한다 田舎者だと言って軽んじる. **2** 身のほどをわきまえない. 生意気だ.

어찌 副 **1** どうして. なぜ. ¶～ 늦었느냐? なぜ遅れたのか. **2** どのように. どうやって. ¶사태가 ～ 될까 걱정했다 事態がどうなるかと心配した. **3** どんなにか. あまりに. ¶날씨가 요즈음 ～ 더운지 ここ数日, なんと暑いことか.

어찌나 副 〔'어찌'의 힘줌말〕 どんなに. あまりに. ¶～ 맛있는지 세 개나 먹었다 あまりにおいしくて3個も食べた.

어찌하다 自他 どうする. ¶그렇다면 어찌할 수 없다 そうであるならしかたない.

어찌하여 副 どうして.

어차피〔於此彼〕 副 どうせ. いずれにしても. いずれ. どのみち. 結局は. ¶～ 잊어야 할 사람 どうせ忘れなければならない人/～ 알 수 있다 いずれわかることだ.

어처구니 名 思いもよらぬほど大きな人や物.

어처구니없다 形 あきれる. あっけにとられる. とんでもない. なみはずれている. ¶모두 어처구니없어서 얼굴을 마주 보았다 一同あきれて顔を見合わせた.

어처구니없이 副 あきれたことに. 思いもよらず. あっけなく. ¶동생은 ～ 낙제했다 弟はあきれたことに落第した.

어촌〔漁村〕 名 漁村.

-어치 接尾 《'금액'을 나타내는 말에 붙어》 その値段に値する分量. 分. 程度. ¶1000원～ 1000ウォン分.

어칠비칠 副 하自 〔키 큰 사람이 기운 없이 느리게 걷는 모양〕 よろよろ. ふらふら. ぐらぐら.

어탁〔魚拓〕 名 하他 魚拓.

어투〔語套〕 名 語気. 話しぶり. 口ぶり. ¶～가 거칠다 語気が荒い.

어퍼컷〔uppercut〕 名 (ボクシングで)アッパーカット.

어폐〔語弊〕 名 語弊. ¶그렇게 말하면 ～가 있다 そういっては語弊がある.

어포〔魚脯〕 名 魚の干肉〈おもに酒の肴として供する〉.

어필〔appeal〕 名 하自 アピール.

어하다 他 甘やかす. ¶할머니는 손자를 어한다 おばあさんは孫を甘やかす.

어학〔語學〕 名 **1** 語学. **2** 〔'언어학'의 준말〕 言語学.

어항[1]〔魚缸〕 名 金魚鉢.

어항[2]〔漁港〕 名 漁港.

어허 感 **1** 〔미처 생각지 못하던 것을 깨달아 느꼈을 때 내는 소리〕 ははあ. おお. ¶～, 그걸 모르고 있었구나 ははあ, それを知らずにいたんだね. **2** 〔아랫사람의 행동이 못마땅하거나 나무랄 때 내는 소리〕 うむ. ううん. ¶～, 그것 참 うむ, それはどうも.

어허둥둥 感 〔아기를 어르는 소리〕 おお. よしよし.

어허허 感 高笑いの声. はははは.

어험 感 〔위엄을 내어 기침하는 소리〕 えへん. おほん.

어험스럽다 形 さも威厳ありげに見える.

어혈〔瘀血〕 名〔韓方〕瘀血.

어형〔語形〕 名〔言〕語形. ¶～ 변화 語形変化.

어화 感〔기쁜 마음을 나타내어 노래로 누구를 부르는 소리〕おお. ああ. ¶～, 벗님네야 おお, 友よ.
어화둥둥 感 おお, よしよし.
어회〔魚膾〕名 膾. 魚の刺身.
어획〔漁獲〕名 하他 漁獲. ¶～량 漁獲量 / ～물 漁獲物.
어휘〔語彙〕名 語彙.
어흥 感 **1**〔호랑이 우는 소리〕ウオー. **2**〔어린애를 겁나게 하기 위하여 범의 소리를 흉내내는 소리〕ウオー.
억〔億〕数 億. ¶30～ 원 30億ウォン.
억누르다 他 (感情·行動などを)抑える. 抑圧する. ¶흥분된 마음을 ～ たかぶった気持ちを抑える.
억눌리다 自 抑えられる. 苦しめられる. 抑圧される. ¶독재 정치에 ～ 独裁政治に苦しめられる.
억대〔億臺〕名 億台. 多くの数量·財産. ¶～의 재산 何億もの財産.
억류〔抑留〕名 하他 抑留. ¶～자 抑留者 / ～ 생활 抑留生活.
억만〔億萬〕名 億万. ¶～장자 億万長者 / ～년 億万年.
억병 名 際限なく飲む酒. 泥酔したようす. 大酒. へべれけ. ¶～으로 취하다 へべれけに酔う.
억보 名 頑固者. 押しの強い人. 意地っぱり.
억새 名〔植〕薄.
억설〔臆說〕名 憶説.
억세다 形 **1** (体が)頑丈だ. (意志が)強固だ. 強情だ. ¶성질이 ～ 性質が強情だ / 억센 손 頑丈な手. **2** (葉·茎などが)固い. 強い. ¶수염이 ～ ひげが強い.
억수 名 どしゃ降り. 豪雨. ¶～같이 쏟아지는 비 どしゃ降りの雨.
억압〔抑壓〕名 하他 抑圧. ¶언론을 ～하다 言論を抑圧する.
억양〔抑揚〕名 하他 抑揚. イントネーション.
억울하다〔抑鬱―〕形 (ぬれぎぬを着せられたりして)無念だ. 納得しがたい. 悔しい. やりきれない. ¶억울하게 이심에서도 패소했다 無念にも二審でも敗訴した.
억장〔億丈〕名〈俗〉胸.
　◆**억장이 무너지다** (悲しさ·絶望感のために)胸が裂ける.
억제〔抑制〕名 하他 抑制. ¶감정을 ～하다 感情を抑える.
억조〔億兆〕名 億兆. 限りなく多い数.
　억조창생〔―蒼生〕名 億兆蒼生. 数多くの人々.
억지 名 強引. ごり押し. 無理強い.
　◆**억지가 세다** 意地っぱりだ. 我が強い.
　◆**억지를 세우다** 我を通す.
　억지다짐 名 強引に承諾させること.
　억지로 副 **1** 無理やりに. 無理に. 強制的に. 強いて. **2** かろうじて. やっとのことで.
　억지부리다 自 我を張る. 意地を張る.
　억지쓰다 自 強情に我を通す. だだをこねる. 理屈をこねる. 我を張る.
　억지웃음 名 つくり笑い.
억척 名 **1** たくましいこと. 粘り強いこと. しつこいこと. がむしゃらなこと. **2** (부사적으로 쓰여) がむしゃらに. 粘り強く. しつこく.
　억척같다 形 がむしゃらだ. 粘り強い. しつこい. あくどい. ¶저렇게 억척같은 사람은 처음이다 あんなにしつこい男は初めてだ. **억척같이** 副 がむしゃらに. 粘り強く. しつこく.
　억척꾸러기 名 非常に根気強い人.
　억척떨다 自 がむしゃらにふるまう. 粘り強く行動する.
　억척부리다 自 がむしゃらにふるまう. 根気強く行動する.
　억척빼기 名 非常に根気強い子供.
　억척스럽다 形 がむしゃらだ. 意志が強く勤勉でどんな困難にも屈せずに粘り通すようすだ. **억척스레** 副 がむしゃらに. 根気強く.
　억척으로 副 しつこく. 根強く. あくどく.
억측〔臆測〕名 하他 憶測.
억패듯 副 情容赦なく. ¶～ 꾸중을 했다 情容赦なく叱りとばした.
언감생심〔焉敢生心〕名 あえてそんなことは考えることすらできないこと. 少しでもよこしまな心を持つなどあり得ないこと.
언감히〔焉敢―〕副 どうしてあえて. いずくんぞ.
언걸 名 (他人からこうむる)苦しみや損害. とばっちり. 巻き添え.
　언걸먹다 自 巻き添えを食う.
　언걸입다 自 巻き添え[とばっちり]を食う.
언급〔言及〕名 하自 言及. 言い及ぶこと. ¶앞에서 ～한 문제 前に言及した問題.
언니 名 **1**〔여동생이 친언니를 부르는 말, 또는 여성이 자기보다 나이 많은 여자를 부르는 말〕お姉さん. 姉さん. **2**〈幼〉〔남동생이 형을 부르는 말〕兄さん.
언더라인〔underline〕名 アンダーライン. 下線.
언더웨어〔underwear〕名 アンダーウェア. 下着.
언덕 名 **1** 丘. 丘陵. 高台. ¶～을 넘다 丘を越える. **2** 坂.
　◆**언덕이 지다** (やや)傾斜している. (やや)坂になっている.
　언덕길 名 丘の坂道.
　언덕배기 名 丘の頂上. 傾斜のはげしい坂.
언동〔言動〕名 言動. ¶～을 삼가다 言動を慎む.
언두부〔―豆腐〕名 凍り豆腐. 凍み豆腐. 高野豆腐.
언뜻 副 **1** ちらっと. ちらりと. ¶거리에서 그를 ～ 보았다 街で彼をちらっと見かけた. **2** ちょっと. ふと. ¶좋은 생각이 ～ 났다 いい考えがふっと浮かんだ.
　언뜻언뜻 副 ちらちら(と).
언론〔言論〕名 言論. ¶～의 자유 言

論の自由／～ 기관 言論機関／～ 통제 言論統制.

-언마는 [語尾] …だけれども. …であろうに. ¶겉은 초라한 집이～ 내부는 화려하다 外観はみすぼらしいけれど内部は派手だ. ▷-건마는

언명[言明] [名][하他] 言明. ¶공식 ～을 피하다 公式の言明を避ける.

언문[言文] [名] 言文. 言語と文章.

언문일치[──致] [名] 言文一致.

언변[言辯] [名] 口弁. 話術. ¶능란한 ～ 巧みな話術／그는 ～이 좋다 彼は口が達者だ.

언사[言辭] [名] 言辞. 言葉. 話. ¶～를 조심하다 言葉を慎む.

언성[言聲] [名] 話し声. ¶～을 높여 꾸짖다 声を高めて叱りつける.

언약[言約] [名][하他] 口約束. 誓い. ¶결혼하기로 ～한 사이예요 結婚を誓い合った仲です.

언어[言語] [名] 言語. 言葉.

언어도단[─道斷] [名] 言語道断.

언어불통[─不通] [名][하自] 言葉が互いに通じないこと.

언어상통[─相通] [名][하自] 言語が相通ずること.

언어 예술[─藝術] [名] 言語芸術.

언어 장애[─障礙] [名] 言語障害.

언어학[─學] [名] 言語学.

언외[言外] [名] 言外. ¶슬며시 ～에 비치다 それとなく言外にほのめかす.

언쟁[言爭] [名][하自] 言い争い. 口げんか. 口論. ¶아까부터 둘이서 ～을 하고 있다 さっきから二人で言い争いしている.

언저리 [名] 周り. 縁. ほとり. 周囲. ¶입～ 口の周り.

-언정 [語尾] …であって. …でも. ¶싫증이 나는 일이～ 꾹 참고 해내라 嫌気のさす仕事でもぐっとこらえてやりとおしなさい.

언제 [代] **1**〔의문을 나타냄〕いつ. ¶～ 되는가? いつできるか／이달의 ～가 좋은가? 今月のいつがいいか. **2**〔미래의 어느 때〕いつか. ¶～ 한번 놀러 오세요 いつか一度遊びにいらしてください. **3**〔과거의 어느 때〕いつ. いつものとき. ¶～ 한번 그를 만난 기억이 난다 いつか彼に一度会った覚えがある. **4**(‘언제든지, 언제라도’의 꼴로)〔임의의 때를 나타냄〕いつでも. ¶～든지 오세요 いつでも来てください／다음 주라면 ～라도 좋습니다 来週ならいつでも結構です.

언제나 [副] **1** しょっちゅう. いつも. 常に. 年中. ¶～ 깨끗한 차림으로 다닌다 いつもきれいな服装をしている. **2** いつごろ. いつになったら. ¶～ 철이 들까? いつになったら落ち着くだろうか.

언제인가 [副] **1** (将来について)いつか. ¶～ 후회할 때가 올 것이다 いつか後悔するときがくるだろう. **2** (過去について)いつか. かつて. いつだったか. ¶～ 가 본 적이 있다 いつか行って見たことがある.

언젠가 [副]〔‘언제인가’의 준말〕いつか.

언죽번죽 [副][하形] ずけずけ(と). ずうずうしく. ¶처녀애가 ～ 말도 잘 한다 小娘がずけずけよくものを言う.

언중[言中] [名] 言葉の中.

언중유골[─有骨] [名] 何気ない言葉の中に本意があること.

언중유언[─有言] [名] 言葉の中に風刺や含みのあること.

언질[言質] [名] 言質. 言葉質.

◆**언질을 잡다** 言質を取る.

◆**언질을 주다** 言質を与える.

언짢다 [形] **1** (天気が)うっとうしい. すっきりしない. ¶오늘은 날씨가 ～ 今日は天気がすっきりしない. **2** (気持ちが)すぐれない. やりきれない思いだ. ¶언짢은 표정 すぐれない表情.

언짢아지다 [自] うっとうしくなる. 気がめいる. やりきれなくなる.

언짢아하다 [他] うっとうしがる. 残念がる. やりきれなさそうにする.

언청이 [名] 兎唇の人. 三つ口. 欠唇.

언치 [名] 馬・牛の鞍の下に敷く毛布などの敷物. 鞍下毛布.

언턱거리 [名] 口実. 言いがかり. 難癖.

언필칭[言必稱] [副] 話すたびに必ず. 口を開けば決まって. ¶우리 아버지는 ～ 잔소리부터 나온다 私の父は口を開けば決まって小言から始まる.

언해[諺解] [名][하他] 漢文をハングル(한글)に翻訳したこと. またその本.

언행[言行] [名] 言行.

언행록[─錄] [名] 言行録.

언행일치[──致] [名] 言行一致.

얹다 [他] **1** 置く. 上げる. 載せる. ¶책상 위에 텔레비전을 ～ 机の上にテレビを載せる. **2** (一定の価格に)上乗せする. ¶원가의 8퍼센트를 얹어서 팔다 原価の8パーセントを上乗せして売る.

얹은머리 [名] 髪を長く編んで頭にぐるりと巻き上げた女の髪形.

얹혀살다 [自] 居候する. 寄食する. ¶친구 집에 ～ 友人の家に寄食する.

얹히다 **Ⅰ** [自] **1** (船が浅瀬・暗礁に)乗り上げる. ¶배가 암초에 ～ 船が暗礁に乗り上げる. **2** (食べたものが)もたれる. ¶떡에 ～ 餅が胃にもたれる. **3** やっかいになる. 頼る. ¶삼촌에게 ～ 叔父のやっかいになる.
Ⅱ [他] 載せられる. ¶선반 위에 얹힌 상자 棚の上に載せられた箱.

얻다¹ [他] **1** もらう. いただく. ¶이웃집에서 꽃씨를 ～ 隣から花の種をもらう／휴가를 ～ 休暇をもらう. **2** (信用・慰めなどを)得る. 受ける. (許可・承認などを)得る. ¶승인을 ～ 承認を得る／국민의 지지를 ～ 国民の支持を得る. **3** (勝利・利益などを)得る. 占める. ¶명성을 ～ 名声を得る／이윤을 ～ 利潤を得る. **4** (勇気・自信などを)持つ. 得る. ¶그 일에 자신을 얻었다 その仕事に自信を得た. **5** (夫・妻・婿などを)迎える. ¶아내를 ～ 妻をめとる. **6** (部屋などを)借りる. ¶셋방을 ～ 間借りする. **7** (病気に)なる. ¶위장병을 ～ 胃腸病になる.

얻다² 副〔'어디에다'가 준 말〕どこに. ¶그 많은 돈을 ～ 썼느냐? あの大金をどこに使ったんだ.
얻다가 副〔'어디에다가'가 준 말〕どこに.
얻어걸리다 自〈俗〉(偶然に物・職などを)得る. ありつく. ¶일자리가 ～ 思いがけず仕事の口が見つかる.
얻어듣다 他 人づてに聞く. 聞き込む. 漏れ聞く. 小耳に挟む. ¶그의 소문을 ～ 彼のうわさを耳にする.
얻어맞다 他 殴られる. ¶따귀를 얻어맞았다 平手で頬をぶたれた.
얻어먹다 自他 **1** もらって食べる. 乞食する. **2** おごってもらう. ごちそうになる. もてなされる. ¶선배한테 저녁을 얻어먹었다 先輩に夕食をおごってもらった. **3** (悪口などを)言われる. ののしられる. ¶영문도 모르고 욕을 ～ わけも分からずののしられる.
얻어터지다 他〈俗〉殴られる.
얼¹ 名 精神. 魂. 霊. みたま. ¶순국자의 ～ 앞에 맹세하다 殉国者の霊の前に誓う.
얼-² 接頭 **1** (명사 앞에 붙어) 物や知恵が足りない意を表わす. ¶～뜨기 間抜け. **2** (동사 앞에 붙어)「曖昧だ」「はっきりしない」の意を表わす. ¶～보이다 かすんで見える / 말을 ～버무리다 話をごまかす.
얼간 名 하他 薄塩. 甘塩. ¶～ 고등어 鯖の浅漬け.
얼간망둥이 名 うすのろ. 間抜け. とんま.
얼간이 名 うすのろ. 間抜け. とんま.
얼개 名 組み立て. 仕組み. 構造.
얼결에 名〔'얼떨결에'의 준말〕うっかりして.
얼굴 名 **1**〔낯〕顔. ¶～ 생김새 顔つき / 부끄러워서 ～을 가리다 恥ずかしくて顔を覆う. **2**〔체면〕体面. 面目. ¶내 ～을 보아서 참아 주게 僕の顔に免じて我慢してくれ / 그 일로 ～이 깎였다 そのことで顔をつぶされた. **3**〔표정〕容貌. 表情. ¶웃는 ～ 笑顔 / 험악한 ～ 険悪な顔 / 비웃는 ～로 사람을 보다 あざ笑うような表情で人を見る. **4** つきあい. 交際. ¶～이 많이 알려진 사람 顔が広い人.
◆**얼굴에 노랑꽃이 피다** (顔に黄色い花が咲くの意で)顔が黄色く腫れて病人の顔色だ.
◆**얼굴에 똥[먹]칠을 하다** 顔に糞[墨]をつける〈不名誉な行ないをする〉.
◆**얼굴에 철판을 깔다** (顔に鉄板を敷いたように)厚かましい. ずうずうしい.
◆**얼굴에 침 뱉다** (顔につばを吐くの意で)面前で侮辱する.
◆**얼굴을 깎다** 面目をつぶす.
◆**얼굴을 내밀다** 顔を出す.
◆**얼굴을 못 들다** (恥ずかしさなどのために)顔を上げられない. 顔が合わせられない.
◆**얼굴이 간지럽다** 面はゆい. 照れくさい. 恥ずかしい.
◆**얼굴이 뜨겁다** 顔が熱い. 顔から火が出る.
◆**얼굴이 반반하다** 顔がきれいだ. 顔立ちがととのっている.
◆**얼굴이 팔리다** 顔が売れる. 有名になる.
◆**얼굴이 피다** (年ごろになって)色気づく.
얼굴값 名 顔つきにふさわしい行ない. ¶그 사람은 ～을 못 한다 彼は面目を保ち得ない.
얼굴빛 名 顔色. 血色. 顔の表情. ¶～이 변하다 顔色が変わる.

單語帳 **얼굴 부위**

머리 頭. 髪 / 머리카락 髪の毛 / 이마 額 / 관자놀이 こめかみ / 미간 眉間 / 눈썹 眉 / 눈 目 / 속눈썹 まつげ / 눈동자 瞳 / 눈초리 目じり / 코 鼻 / 콧방울 小鼻 / 살쩍·귀밑털 もみあげ / 귀 耳 / 귓불 耳たぶ / 뺨·볼 ほお / 광대뼈 ほお骨 / 인중 人中. はなみぞ / 입 口 / 입술 唇 / 이 歯 / 혀 舌 / 턱 あご.

얼근하다 形 **1** 辛くて口がひりひりする. **2** ほろ酔い機嫌だ. **얼근히** 副 ひりひりと. ほろ酔い機嫌で.
얼기설기 副 하形〔(실 등이)이리저리 얽힌 모양〕ごちゃごちゃ. ¶등나무 덩굴이 ～ 얽혀 있다 藤のつるがごちゃごちゃに絡み合っている.
얼김에 副 はずみで. ¶～ 모든 일을 털어놓았다 はずみですべてのことをぶちまけた.
얼다 自 **1** 凍る. 凍りつく. 凍てる. ¶물이 얼어서 항아리가 깨졌다 水が凍って壺が割れた. **2** (寒さのために)感覚がなくなる. 凍える. かじかむ. ¶손발이 꽁꽁 얼었다 手足がかちかちにかじかんだ. **3** (身が)すくむ. 怖じ気づく. こわばる. かたくなる. 緊張する. ¶그는 연단에 서자, 얼어서 말을 더듬거렸다 彼は演壇に立つやかたくなってどもった. **4**〈俗〉酒に酔う.
얼떨결에 副 うっかりして. どさくさまぎれに. ¶～ 그만 허락해 버렸다 うっかり承諾してしまった.
얼떨떨하다 形 頭がふらつく. めんくらう. 戸惑ってなすすべを知らない. どぎまぎする. ¶잠을 잘 못 자서 정신이 ～ よく眠れなくて頭がふらふらする.
얼뜨기 名 うすのろ. 間抜け. とんま.
얼뜨다 形 臆病でぼんやりしている. 間が抜けている. 愚かだ. ¶얼뜬 사람 間抜けな人.
얼럭 名 まだら. むら. 染み.
얼럭지다 自 **1** むらがある. 染みができる. **2** (やり方に)むらがある. 不公平である.
얼렁뚱땅 副 하自 うまく言い繕って人を巧みにごまかすようす. 仕事などをいいかげんにするようす. ¶무슨 일이든지 ～ 해치우다 何事もいいかげんにやる.
얼레 名 (凧糸を巻く)かせ. (紡いだ糸を巻く)糸車.
얼레빗 名 目の粗い櫛. 解き櫛.
얼레지 名〔植〕片栗.
얼레짓가루 名 片栗粉.
얼룩 名 染み. まだら. 斑点. 斑. ¶～을 빼다 染みを抜く.

얼룩덜룩 副 하形 まだらに.
얼룩무늬 名 まだら模様. 斑紋.
얼룩빼기 名 縞物. まだら模様の動物や物.
얼룩소 名 (毛色が)まだらの牛.
얼룩점〔一點〕 名 (特に動物·昆虫などの)斑点. まだら.
얼룩지다 自 染みがつく. むらができる. まだらになる.
얼룩말 名〔動〕 **1** 縞馬. **2** 斑の馬.
얼룽덜룽 副 하形 まだらに. 段だらに.
얼른 副 早く. すぐ. 速やかに. 急いで. 素早く. 直ちに. さっさと. ¶ ~ 대답해라 すぐ答えろ.
얼른거리다[-대다] 自 **1** ちらつく. ちらちら見える. ちらちらする. ¶ 모습이 ~ 面影がちらつく. **2** ゆらゆら揺れる[揺らめく]. ¶ 물에 얼른거리는 네온의 빛 水に揺らめくネオンの光.
얼른얼른 副 하自 **1**〔어른거리는 모양〕ちらちら(と). **2**〔흔들거리는 모양〕ゆらゆら(と).
얼리다[1] 自 **1**〔'어울리다'의 준말〕似合う. ふさわしい. **2** (凧が)絡みあう.
얼리다[2] 他 凍らせる. 冷凍する. ¶ 고기를 ~ 肉を冷凍する.
얼마 名 **1** いくら. どのくらい. いくつ. ¶ 이 배는 ~씩이에요? この梨は一ついくらですか. **2**《부사적으로 쓰여》いくら(か)少し. 少々. わずか. ちょっと. ¶ ~ 되지 않는 양 いくらにもならない量/~ 안 되다 わずかだ.
얼마간〔一間〕 名 **1** いくらか. どのくらい. いくらぐらい. 多少. ¶ ~의 돈은 갖고 있다 いくらかの金は持っている. **2**《부사적으로 쓰여》しばらくの間. 当分. ¶ ~ 서울에 머물겠다 当分ソウルにとどまるつもりだ.
얼마나 副 **1** いくらぐらい. どれくらい. ¶ 서울에 온 지 ~ 되었느냐? ソウルに来てどれくらいになるのか. **2** どんなに. どれほど. ¶ 그 상처가 ~ 아팠을까? そのけがはどんなに痛かっただろうか.
얼마든지 副 いくらでも. ¶ 비용은 ~ 내겠다 費用はいくらでも出す.
얼마만큼 副 どれくらい. どれほど. ¶ 눈이 ~ 왔을까? 雪がどのくらい降ったかな.
얼마쯤 副 いくらぐらい. どれくらい. ¶ 생활비는 ~ 듭니까? 生活費はいくらぐらいかかりますか.
얼마큼 副〔'얼마만큼'의 준말〕どれくらい. どれほど.
얼버무리다 自他 **1** ごまかす. お茶を濁す. はぐらかす. ¶ 말을 ~ 話をはぐらかす. **2** 闇に葬る. (事件を)もみ消す. ¶ 수회 사건을 ~ 収賄事件を闇に葬る. **3** よくかまずに飲み込む. **4** まぜこぜにする.
얼보다 他 **1** 直視しない. **2** (光がまぶしくて)直視できない.
얼보이다 自 **1** はっきり見えない. **2** 正しく見えない. ゆがんで見える. ¶ 거울이 ~ 鏡がゆがんで見える.
얼빠지다 自 気がぬける. ぼんやりする. 間がぬける. ¶ 얼빠진 남자 ぼんやりした男.
얼싸 感〔흥겨워 내는 소리〕そうれ. そうら. よいやよいやさ.
얼싸둥둥 Ⅰ 感〔아이를 어르는 소리〕ああよしよし. あばばあ.
Ⅱ 副〔남의 운에 끌려 멋모르고 행동하는 모양〕浮き浮き.
얼싸안다 他 (両腕を広げて)抱き込む. 抱き締める. 抱きかかえる. 抱き合う. ¶ 얼싸안고 울기 시작했다 抱き合って泣き始めた.
얼씨구 感 **1**〔흥겨워 장단을 맞추며 내는 소리〕よいやよいやさ. ¶ ~ 좋다 あれよいよい. **2**〔아니꼬울 때 조롱하는 소리〕いい気になって. 格好つけて. さも.
얼씨구나 感〔'얼씨구'의 힘줌말〕よいやよいや. しめた.
얼씨구절씨구 感〔흥겨워 장단으로 내는 소리〕よいやよいや. よいやよいやさと.
얼씬 副 하自 目の前にしきりに現われるようす.
◆**얼씬 못 하다** 顔も出せない. ちらりと見えない. 全く姿を見せない.
얼씬거리다[-대다] 自 しきりに現われる.
얼씬얼씬 副 하自 ちらちら.
얼어붙다 自 凍りつく. 凍結する. 氷結する. ¶ 수도꼭지가 ~ 水道の蛇口が凍りつく/강물이 얼어붙었다 川の水が氷結した.
얼얼하다 形 **1** (辛くて口の中が)ひりひりする. しびれる. ¶ 매운지 입 안이 ~ 辛いせいか口の中がひりひりする. **2** (傷口などが)ひりひりする. ちくちくする. **3** (体が)しびれる. もうろうとしている. ¶ 온몸이 ~ 体中がしびれる.
얼음 名 氷. ¶ ~물 氷水/~판 氷の面/~ 베개 氷まくら/~이 얼다 氷が張る/~을 깨다 氷を割る.
◆**얼음을 지치다** 氷すべりをする.
◆**얼음이 박이다** 凍傷にかかる.
얼음과자〔一菓子〕 名 氷菓子〈アイスキャンデー·アイスクリームなど〉.
얼음덩이 名 氷塊.
얼음사탕〔一沙糖〕 名 氷砂糖.
얼음주머니 名 氷嚢. 氷袋.
얼음찜질 名 하自 氷湿布をすること.
얼음장같다 形 〈オンドル(온돌)·手足·体などが〉たいへん冷たい.
얼쩍지근하다 形 **1** (皮膚などが)ずきずき痛い. **2** (辛くて)ひりひりする. ぴりぴりする. **3** ほろ酔い機嫌だ.
얼쩡거리다[-대다] 自 **1** たぶらかす. **2** うろうろする. 用事もなくぶらつく. ¶ 눈앞에서 얼쩡거리지 마라 目の前をぶらぶらうろつくんじゃない.
얼쩡얼쩡 副 하自 **1** 甘言を弄し人をたぶらかすようす. **2** ぶらぶら. うろうろ.
얼추 副 大概. ほとんど. だいたい. おおかた. ¶ ~ 끝났습니다 ほとんど終わりました.
얼추잡다 他 大ざっぱに見積もる.
얼치기 名 どっちつかずのもの. 中途半端なこと. ¶ ~ 신사 えせ紳士/~ 의사 やぶ医者.
얼크러지다 自 絡む. もつれる. 入り乱れる. ¶ 이야기가 ~ 話がもつれる.
얼큰하다 形 **1** (辛くて口の中が)ひり

ひりする. ぴりぴりする. **2** ほろ酔いきげんだ. **얼큰히** 副 **1** ひりひり(と). **2** ほろ酔いきげんで.

얼키설키 副 하形 〔이리저리 얽힌 모양〕ごしゃごしゃ(と). ¶～ 뒤얽힌 칡덩굴 ごしゃごしゃともつれた葛のつる.

얼토당토아니하다 形 **1** とんでもない. 愚にもつかない. 滅相もない. 見当違いだ. ¶그것은 얼토당토아니한 소문이다 それは根も葉もないうわさだ. **2** まったく関係がない. ¶나에게는 얼토당토아니한 일이다 私には何のかかわりもないことだ.

얼핏 副 **1** ちらっと. ¶～ 보면 착각할 수도 있겠지 ちょっと見ただけでは錯覚することもあるだろうよ. **2** ふと.

얽다[1] 自 **1** あばたになる. ¶얼굴이 많이 얽었다 顔がひどいあばただ. **2** (物の表面に)ぼこぼこしたきずが多くできる.

얽다[2] 他 **1** 〔없는 일을 꾸미다〕でっち上げる. 捏造する. ¶남을 모략하여 죄를 ～ 人を陥れて罪をでっち上げる. **2** 〔묶다〕(ひも·縄などで)縛りつける. くくる. ¶짐을 끈으로 ～ 荷物をひもでくくる.

얽매다 他 **1** (物を)くくる. **2** 束縛する. ¶사람의 자유를 ～ 人の自由を束縛する. **3** (仕事に)心身を傾ける.

얽매이다 自 **1** 縛りつけられる. くくられる. ¶수족이 밧줄로 ～ 手足がロープで縛りつけられる. **2** (自由などが)束縛される. (情に)ほだされる. ¶인정에 얽매여 죄를 용서하다 情にほだされて罪を許す. **3** かまける. ¶아이에게 얽매여서 책을 읽을 틈이 없다 子供にかまけて本を読むひまもない.

얽어내다 他 **1** (物を)縛って引きずり出す. **2** (人の物を)だまし取る.

얽어매다 他 **1** (精神的に)拘束する. 束縛する. **2** くくる. 縛りつける. がんじがらめにする. ¶철사로 ～ 針金で縛りつける.

얽적빼기 名 〈俗〉あばた面の人.

얽적얽적 副 하形 顔に大小の深いあばたが密にあるようす.

얽히다 自 **1** 互いに絡み合う. もつれあう. 絡みつく. ¶나뭇가지가 ～ 木の枝が絡み合う / 낚싯줄이 해초에 얽혔다 釣り糸が海藻に絡みついた. **2** 巻き添えを食う. ぬれぎぬを着せられる. ¶관계 없는 사건에 ～ 関係のない事件に巻き込まれる. **3** 錯綜する. (考えが)入り乱れる. ¶이 생각 저 생각이 복잡하게 ～ あれこれ考えが入り乱れる. **4** 〔'얽다[2]'의 피동사〕縛られる. 絡まれる. ¶쇠사슬에 ～ 鎖に縛りつけられる.
◆**얽히고설키다** (物事が)複雑にもつれる. こんがらかる.

엄격하다〔嚴格―〕形 厳格だ. 厳しい. **엄격히** 副 厳格に.

엄금〔嚴禁〕名 하他 厳禁. ¶흡연 ～ 喫煙厳禁.

엄니 名 〔生〕牙.

엄단〔嚴斷〕名 하他 厳重に処断すること.

엄동〔嚴冬〕名 厳冬.

엄동설한〔―雪寒〕名 雪の降る極寒期.

엄두 名 何かをしようとする心構え. 意欲. 考え. ¶그 공사는 ～도 못 낸다 その工事は思いもよらない.

엄마 名 ママ. お母さん. お母ちゃん. 母さん. 反 パパ, お父さん **1** 母親に対する親しみを込めた呼称. **2** 小さい子供を持つ男性が妻を呼ぶとき, または母親が自分を指して言う語. **3** 子供の名前につけてその母親を呼ぶ語.

엄매 副 〔소나 송아지의 울음소리〕モー.

엄명〔嚴命〕名 하他 厳命. ¶사장의 ～ 社長の厳命.

엄밀하다〔嚴密―〕形 厳密だ. ¶엄밀한 검사 厳密な検査. **엄밀히** 副 厳密に.

엄벌〔嚴罰〕名 하他 厳罰. ¶～에 처하다 厳罰に処する.

엄벙덤벙 副 하自 むてっぽうに. 向こう見ずに. あたふたと. ¶～하다가 큰 실수를 저질렀다 向こう見ずにふるまって大きな失敗を犯した.

엄벙뗑 副 하自他 仕事などをいいかげんにするようす. うまく言い繕って人を巧みにごまかすようす.

엄벙하다 形 着実でなくいいかげんだ. でたらめだ. ¶그 사람이 하는 말은 항상 ～ 彼が言うことはいつもいいかげんだ.

엄부〔嚴父〕名 厳父. 厳格な父親.

엄살 名 하自 (痛み·苦しみなどを)大げさに訴えること. わざと困ったふりをすること.
엄살궂다 形 (痛み·苦しみなどを)ひどく大げさに訴える.
엄살꾸러기 名 痛がり屋.
엄살떨다 自 (痛み·苦しみなどを)大げさに訴える.
엄살부리다 自 大げさに痛がる.
엄살스럽다 形 大げさに痛いふりをする.
엄살스레 副 痛がるのが大げさに.

엄선〔嚴選〕名 하他 厳選.

엄수〔嚴守〕名 하他 厳守. ¶시간 ～ 時間厳守.

엄숙하다〔嚴肅―〕形 厳粛だ. ¶엄숙한 의식 厳粛な儀式. **엄숙히** 副 厳粛に.

엄습〔掩襲〕名 하自他 不意討ち. 不意に襲撃すること. 闇討ちすること.

엄연하다〔儼然―〕形 厳然たり. ¶엄연한 사실 厳然たる事実. **엄연히** 副 厳然と.

엄전하다 形 威厳がある.

엄정 중립〔嚴正中立〕名 厳正中立.

엄정하다〔嚴正―〕形 厳正だ. ¶엄정하게 처리하다 厳正に処理する. **엄정히** 副 厳正に.

엄존〔儼存〕名 하自 厳存. ¶그 법률은 ～해 있다 その法律は厳存している.

엄중하다〔嚴重―〕形 厳重だ. ¶엄중한 처벌 厳重な処罰. **엄중히** 副 厳重に. 厳しく.

엄지 名 〔'엄지가락'의 준말〕(手足の)親指.
엄지가락 名 (手足の)親指.
엄지발 名 〔'엄지발가락'의 준말〕足

の親指.
엄지발가락 名 足の親指.
엄지발톱 名 足の親指の爪.
엄지손 名 〔'엄지손가락'의 준말〕 手の親指.
엄지손가락 名 手の親指.
엄지손톱 名 手の親指の爪.
엄처시하〔嚴妻侍下〕 名 恐妻家. 妻の尻に敷かれている夫.
엄청나다 形 途方もない. どえらい. とんでもない. 度はずれだ. ¶ 엄청난 피해 途方もない被害 / 엄청나게 많은 사람들 とてつもなく多くの人々.
엄친〔嚴親〕 名 厳親. 厳父.
엄폐〔掩蔽〕 名 하他 掩蔽. ¶ 죄상을 ～하다 罪状を覆い隠す.
엄폐물 名〔軍〕 掩蔽物.
엄폐호 名〔軍〕 掩蔽壕.
엄포 名 見えすいた脅し. 空いばり. こけおどし.
◆**엄포를 놓다** 脅す.
엄하다〔嚴—〕 形 **1** 厳しい. きつい. 厳重だ. ¶ 엄하게 꾸짖다 厳しく叱る / 경계가 ～ 警戒が厳しい. **2** 厳格だ. ¶ 엄하게 키우다 厳しく育てる. **3** 冷酷だ. 苛酷だ. ¶ 엄한 형벌 冷酷な刑罰. **엄히** 副 厳しく. 厳に.
엄호〔掩護〕 名 하他 掩護. ¶ 아군을 ～하다 味方を掩護する.
엄호 사격〔—射擊〕 名 掩護射撃.
업[1] 名〔民俗〕 一家の福の神.
업[2]〔業〕 Ⅰ 名 **1**〔'직업'의 준말〕 職業. **2**〔佛〕 業. 善悪の所行.
Ⅱ 接尾〔업종을 나타냄〕 …業. ¶ 광산～ 鉱山業 / 수산～ 水産業.
업계〔業界〕 名 業界. ¶ 전자 ～ 電子業界 / ～의 움직임 業界の動静.
업다 他 **1** (背中に)背負う. おぶう. おんぶする. 負う. ¶ 아기를 ～ 赤ん坊をおんぶする. **2** (ある勢力を)背景にする. 後ろ盾にする. 担ぐ. ¶ 권력자를 등에 ～ 権力者を後ろ盾にする.
〔속담〕 **업어다 난장 맞힌다** 背負ってきたもののせいでかえってめった打ちにされる〈努力してきたことが自分に損な結果になること〉.
업둥이 名 拾い子.
업무〔業務〕 名 業務.
업무 감사〔—監査〕 名〔經〕 業務監査.
업무 방해죄〔—妨害罪〕 名〔法〕 業務妨害罪.
업무용 서류〔—用書類〕 名 業務用書類.
업보〔業報〕 名〔佛〕 業報. 因果.
업신여기다 他 蔑視する. ばかにする. 侮る. 見くびる. さげすむ. ¶ 학력으로 사람을 ～ 学歴で人を蔑視する.
업신여김 名 軽蔑. 蔑視. 侮辱.
업어치기 名 背負い投げ.
업자〔業者〕 名 〔'당업자(當業者)'의 준말〕 業者. ¶ ～간의 협정 業者間の協定.
업적〔業績〕 名 業績. 実績. ¶ ～을 남기다 業績を残す.
업종〔業種〕 名 業種.
업주〔業主〕 名 〔'영업주(營業主)'의 준말〕 業主.
업체〔業體〕 名 事業・企業の主体.
업히다 Ⅰ 自 背負われる. おぶわれる. おんぶされる. ¶ 아기가 엄마 등에 ～ 赤ん坊が母におんぶされる.
Ⅱ 他 背負わせる. 負わせる. おんぶさせる. ¶ 부상병을 전우에게 ～ 負傷兵を戦友に負わせる.
없다 形 ない. 反 ある **1** (人・物が)存在しない. いない. ない. ¶ 지옥은 정말 있는가 없는가 地獄は本当にあるかないか. **2** (事柄が)行なわれない. ¶ 오늘은 행사가 ～ 今日は行事はない. **3** (物事が)起こらない. ¶ 별로 논쟁은 없을 것이다 別に論争は起こらないだろう. **4** 所有してない. 持ってない. ¶ 담배 없니? たばこないのか / 한푼도 없습니다 一銭もありません. **5** 欠如している. ¶ 재미가 ～ 面白くない / 그 일에 흥미가 없습니다 その仕事に興味がありません. **6** (時間が)ない. ¶ 우리에게는 시간이 ～ 我々には時間がない. **7** (経済的に)貧しい. ¶ 없는 집에 태어나다 貧しい家に生まれる. **8** 多くない. 取るに足らない. ¶ 찬 없는 식사 おかずのない粗末な食事. **9** 棲まない. ¶ 겨울이 되면 제비가 없다 冬になると燕が棲まない. **10** ('가만두지 않겠다'는 뜻으로 쓰여) ただではすまない. 許さない. ¶ 또 그 따위 거짓말을 하면 없어 またそのような嘘をついたら許さんぞ. **11** ('-ㄹ 수 없다'의 꼴로 쓰여) できない. 可能でない. ¶ 이룰 수 없는 꿈 遂げられない夢.
없애다 他 なくす. 取り除く. 省く. ¶ 노름으로 많은 재산을 ～ 賭け事で多くの財産をなくす.
없어지다 自 なくなる. **1** 消える. 消失する. ¶ 아픔이 ～ 痛みがなくなる. **2** 減る. ¶ 연필이 닳아 ～ 鉛筆が擦り減る. **3** 紛失する. ¶ 시계가 없어졌다 時計がなくなった. **4** 尽きる.
없이 副 …なしに. …のない状態で. ¶ 쉴 새 ～ 일만 하다 休むひまもなく仕事ばかりする.
없이살다 自 貧しく暮らす.
없이하다 他 なくす. 取り除く. 省く. ¶ 이 세상에서 전쟁을 ～ この世から戦争をなくす.
엇- 接頭 それて. はずれて. 斜めに. 互い違いに. 少し. ちょっと. ¶ ～나가다 横へそれる / ～걸리다 互い違いに掛かる / ～구수하다 少しおいしそうだ.
엇가다 自 **1** (言行が)事理に外れる. 横に逸れる. 道理に悖る. **2** (線・列などが)横へそれる. 斜めにゆがむ.
엇갈리다 自 **1** 行き違う. すれ違う. 入り違う. ¶ 서로 엇갈려 못 만났다 互いに行き違いになって会えなかった / 양자의 의견이 ～ 両者の意見が食い違う. **2** 交錯する. ¶ 희비가 ～ 悲しみと喜びが交錯する.
엇걸다 他 互い違いに置く. 交差させる.
엇걸리다 自 互い違いに掛かる.
엇결 名 板目. ねじれた木目.
엇깎다 他 斜めに削る.
엇나가다 自 **1** (線・列などが)斜めにゆがむ. 横へそれる. ¶ 행렬이 ～ 行列が横へそれる. **2** (言行が)常

軌を逸する. ひねくれる.

엇대다 他 **1** (布切れなどを)斜めに当てる. **2** 当てこする. 当てつける. ¶ 엇대어 말하다 当てつけて言う.

엇바꾸다 他 互いに交換する. 交替する. ¶ 의견을 ～ 意見を交換する.

엇베다 他 はす[ななめ]に切る.

엇비뚜름하다 形 やや斜め[はす]だ. ¶ 액자가 엇비뚜름하게 걸렸다 額縁がやや斜めにかかった. **엇비뚜름히** 副 やや斜め[はす]に.

엇비슷하다 形 **1** (物·実力などが)やや似ている. ほぼ等しい. 似たり寄ったりだ. ¶ 값이 ～ 値段がほぼ等しい. **2** やや斜め[はす]だ. 少し傾いている. **엇비슷이** 副 ほとんど同じに. ほぼ等しく. 少しななめに.

엉거주춤 副 하自 **1** 中腰の姿勢で. 及び腰で. ¶ ～한 자세 中腰の姿勢. **2** するのかしないのかはっきりしないで. ためらって. あやふやで. ¶ 태도가 ～하다 態度があやふやだ.

엉겁결에 副 瞬間的に. とっさに. 思わず. ¶ ～ 응 하고 대답을 해 버렸다 とっさにうんと答えてしまった.

엉겅퀴 名〔植〕野薊.

엉구다 他 (物事を)取りまとめる. (あれこれ寄せ集めて)事が成り立つようにする.

엉금엉금 副 のろのろ(と). のそのそ(と). のっそりのっそり(と). ¶ 거북이가 ～ 기어가다 亀がのそのそと這って行く.

엉기다 自 **1** 凝固する. 固まる. ¶ 피가 ～ 血が凝固する. **2** 群がる. 集まる. たかる. ¶ 설탕에 개미가 ～ 砂糖に蟻がたかる. **3** (仕事などがはかどらずに)おろおろする. まごつく. もたもたする. ぐずぐずする. ¶ 힘에 부치는 일에 엉기어 고생하다 力に余る仕事にてこずって苦労する. **4** (蔓や細長いひもなどが)からみつく. からまる. ¶ 돌담에 담쟁이 덩굴이 엉겨 있다 石垣に蔦のつるがからみついている. **5** やっと這う.

엉너리 名 おべっか. 追従. ごますり.

◆**엉너리를 치다** おもねる. ごまをする. (人に)取り入る.

엉너릿손 名 人をたぶらかす手管.

엉덩방아 名 尻餅.

◆**엉덩방아를 찧다** 尻餅をつく.

엉덩이 名 尻. ¶ ～가 가볍다 尻が軽い.

◆**엉덩이가 근질근질하다** (尻がむずむずするの意で)じっとしていられない.

◆**엉덩이가 무겁다** 尻が重い.

◆**엉덩이를 붙이다** 一か所に長くとどまる. 長居をする.

엉덩잇바람 名 (得意になって)威勢よく尻を振りながら歩くこと.

엉덩잇짓 名 하自 尻を振ったり動かしたりするしぐさ.

엉덩춤 名 (喜びのあまり)尻を振っておどる踊り.

엉뚱하다 形 **1** 身分不相応だ. 身の程しらずだ. ¶ 엉뚱한 대망 身の程しらずの大望. **2** とんでもない. めっそうもない. 突飛だ. ¶ 엉뚱한 착각에 빠져 있다 とんでもない錯覚に陥っている.

엉뚱스럽다 形 とんでもないようすだ. いかにも突飛だ. **엉뚱스레** 副 とてつもなく. 突拍子もなく.

엉망 名 めちゃくちゃ(に). めちゃめちゃ(に). 台なし. 散々. ¶ 비에 젖어 모자가 ～이다 雨にぬれて帽子が台なしだ / 장마로 꽃이 ～이 되었다 梅雨で花がめちゃめちゃになった.

엉망진창 名〔'엉망'의 힘줌말〕台なし(に). めちゃくちゃ(に).

엉성하다 形 **1** やせこけている. ひどくやつれている. ¶ 엉성한 가지만 남았다 やせこけた枝ばかり残った. **2** まばらだ. 粗い. ¶ 머리카락이 ～ 髪の毛がまばらだ. **3** (物事の内容が)いいかげんだ. 雑だ. ¶ 엉성하게 만든 물건 粗末な品物. **엉성히** 副 やつれて. 締まりなく. まばらに. 雑に.

엉엉 副 하自〔목을 놓아 크게 우는 소리. 또는 그 모양〕わあわあ(と). ああんああん(と).

엉엉거리다[-대다] 自 **1** しきりに大声を出して泣く. **2** 大げさに貧乏の苦しみを訴える.

엉클다 他 **1** 混ぜてかき乱す. 散らかす. ¶ 장난감을 엉클어 놓다 おもちゃを散らかす. **2** (物事を)混同する. もつれさせる. 乱す. ¶ 엉클어 놓은 일들을 정리하다 めちゃくちゃにした仕事を整理する.

엉클어지다 自 (糸·髪の毛·または物事が)もつれる. 絡む. 乱れる. こじれる.

엉큼성큼 副〔큰 걸음으로 걷는 모양〕のしのし(と). のっしのっし(と).

엉큼스럽다 形 腹黒い所がある. **엉큼스레** 副 腹黒げに.

엉큼하다 形 腹黒い. 陰険だ. 腹に一物ある. ¶ 엉큼한 사내 陰険な男.

엉키다 自 **1**〔'엉클어지다'의 준말〕もつれる. 絡む. 乱れる. **2** 凝固する. 固まる.

엉터리 名 **1** でたらめ. いいかげん. うそ. いんちき. ¶ ～ 의사 えせ医者 / 그 사람 하는 말은 다 ～야 その人の言うことはみんなでたらめさ. **2** 大体の輪郭. あらまし. あらすじ. ¶ 겨우 ～가 잡혔다 やっと大筋がつかめた.

엉터리없이 副 法外に. とてつもなく. 途法もなく. ¶ ～ 비싼 값 とてつもなく高い値段.

엊그저께 名 2·3日前. おとといか先おととい. 数日前. ¶ 저분은 ～ 만났던 사람이다 あの方は数日前に会った人だ.

엊그제 名〔'어제 그제'가 준 말〕2·3日前. 数日前. ¶ 시골서 ～ 올라왔다 田舎から数日前に上京した.

엊저녁 名〔'어제 저녁'이 준 말〕昨夜. 昨晩. 夕べ.

엎다 他 **1** ひっくり返す. 伏せる. 裏返す. 覆す. ¶ 책을 엎어 놓고 나가다 本を伏せて置いて出る. **2** 駄目にする. 滅ぼす. 覆す. ¶ 정설을 ～ 定説を覆す / 정부를 ～ 政府を倒す.

엎드러지다 自 四つん這いになる. (前へ)転ぶ. つんのめる. うつぶせる. ¶ 돌멩

이에 채어 ~ 石ころにつまずいてつんのめる.

엎드리다 自 **1** 四つん這いになる. うつ伏せになる. 身を伏せる. 腹這いになる. ¶ 땅에 엎드려 하느님의 용서를 빌다 地に伏して神の赦しを乞う. **2** (一か所に)閉じこもる. ¶ 휴가중 집에만 엎드려 있었다 休暇中家に閉じこもっていた.

엎어놓다 他 ひっくり返して置く. 倒して置く. 伏せて置く. うつ伏せにする. ¶ 카드를 ~ カードを伏せて置く.

엎어누르다 他 (起きられないように)押さえつける. 伏せて押さえる.

엎어뜨리다[-트리다] 他 倒す. ひっくり返す.

엎어삶다 他 **1** 甘言で言いくるめる. だます. ¶ 사람을 ~ 人を甘い言葉でだます. **2** (賭博で)勝った金を全部賭ける.

엎어지다 自 **1** (前に)倒れる. **2** ひっくり返る. 覆る. ¶ 천지가 엎어질 듯한 큰 소동 天地が覆るような大騒ぎ. **3** (物事が)台無しになる. 駄目になる. ¶ 사업이 불황으로 ~ 事業が不況で駄目になる.

엎지르다 他 (器の中の液体を)こぼす. ¶ 우유를 ~ 牛乳をこぼす.

〔속담〕 **엎지른 물** こぼした水〈覆水盆に返らず〉.

엎질러지다 自 こぼれる.

엎치다 Ⅰ 他 〔'엎다'의 힘줌말〕 伏せる. Ⅱ 自 腹ばいになる.

〔속담〕 **엎친 데 덮친다** 倒れたところへ覆いかぶさる〈泣きっ面に蜂〉.

엎치락뒤치락 副 하自他 **1** しきりに寝返りをうつようす. **2** ああしたりこうしたりして策をめぐらすようす. **3** 優劣のないようす. 追いつ追われつのようす.

에[1] 感 **1** 〔역정으로 내는 소리〕 えい. えいくそ. いや. ¶ ~ 속상해 えいっ, いまいましい. **2** 〔나무라거나 거절할 때 내는 소리〕 えい. やめろ. ¶ ~, 난 그만두겠네 えい, 僕はやめた. **3** 〔기분이 좋거나 상쾌할 때 내는 소리〕 ああ. わあ. ¶ ~, 이제야 끝났군 ああ, 今まさに終わったなあ.

에[2] 助 **1** 〔장소를 나타냄〕 …に. …で. ¶ 들~ 핀 꽃 野原に咲いた花 / 두 나라 사이~ 다툼이 심해졌다 両国の間で争いが激しくなった. **2** 〔동작·작용의 귀착점을 나타냄〕 …に. …へ. ¶ 병원~ 가다 病院に行く / 공항~ 마중나가다 空港へ出迎えに行く. **3** 〔때를 나타냄〕 …に. …で. ¶ 다섯 시~ 만납시다 5時に会いましょう. **4** 〔도구·수단을 나타냄〕 …で. …に. ¶ 난로불~ 몸을 녹이다 ストーブで体を暖める / 눈물~ 젖은 얼굴 涙にぬれた顔. **5** 〔원인을 나타냄〕 …に. ¶ 미모~ 반하다 美貌にひかれる / 바람~ 날리는 낙엽 風に吹かれる落ち葉. **6** 〔값을 나타냄〕 …で. ¶ 이 시계는 5000원~ 샀다 この時計は5000ウォンで買った. **7** 〔동작이나 행동의 영향을 입은 대상을 나타냄〕 …に. ¶ 화초~ 물을 주다 草花に水をやる. **8** 〔일정한 기준을 나타냄〕 …に. ¶ 도의~ 어긋나다 道義にもとる / 헌법~ 위배되다 憲法に反する. **9** 〔단위나 비율을 나타냄〕 …に. …で. ¶ 한 여름~ 한 차례씩 ひと夏に1回ずつ / 왕복~ 1000원입니다 往復で1000ウォンです. **10** 〔열거를 나타냄〕 …やら. …に. ¶ 수박~ 포도~ 잔뜩 먹었다 すいかにぶどうにたっぷり食べた.

에게 助 **1** 〔앞의 체언이 행동·작용이 미치는 대상임을 나타냄〕 …に. ¶ 사람들~ 알리다 人々に知らせる. **2** 〔이동의 귀착점을 나타냄〕 …に. …のところに. ¶ 나~ 와 봐 私のところに来てごらん. **3** 〔장소를 나타냄〕 …に. …のところに. ¶ 그 서류는 어제까지 나~ 있었다 その書類は昨日まで私のところにあった. **4** 〔의미상의 동작의 주체임을 나타냄〕 …に. …によって. ¶ 선생님~ 칭찬을 받고 싶다 先生にほめられたい.

에게로 助 …に. …のところに. …へ. ¶ 책임을 모두 그~ 돌리다 責任を皆彼になすりつける.

에게서 助 …から. ¶ 그녀~ 편지가 오다 彼女から手紙が来る.

에계 感 **1** しまった. ありゃ. ¶ ~, 벌써 다섯 시다 しまった, もう5時だ / ~, 이게 뭐니 ありゃ, これは何だ. **2** なんだ. あら. あれ. ¶ ~, 그것도 못 들어? なんだ, それも持ち上げられんのか.

에계계 感 〔'에계'의 힘줌말〕 あれあれ. ややっ. ええっ.

에고이스트〔egoist〕 名 エゴイスト. 利己主義者.

에고이즘〔egoism〕 名 エゴイズム.

에구 感 〔'어이구'의 준말〕 おう. わあ. あれ. ああ.

에구데구 副 〔마구 소리지르며 우는 소리〕 わあわあ. おうおう.

에구머니 感 〔'어이구머니'의 준말〕 ああ. おう. ううん.

에구에구 感 〔상중에 곡하는 소리〕 おうおう.

에구구 感 〔상심하거나 놀랐을 때 나오는 소리〕 ああ. あらら. あれれ. ありゃ. ¶ ~, 불쌍해라 あら, かわいそうに.

에그 感 〔가엾거나 섬뜩하거나 징그러울 때 내는 소리〕 ええ. おやまあ. あれまあ. おっと.

에그그 感 〔매우 놀랐을 때 저절로 나는 소리〕 あららっ. ああっ. ありゃありゃ.

에기 感 〔마음에 마땅찮을 때 내는 소리〕 えい. くそ. ¶ ~, 이게 무슨 짓이냐 えい, これはなんたる仕業だ.

에꾸나 感 〔깜짝 놀랐을 때 내는 소리〕 あららっ. あら. おやまあ.

에끼 感 〔마음에 마땅찮을 때 내는 소리〕 えい. くそ. ちくしょう. ¶ ~, 이 못난 놈 같으니 くそっ, このろくでなしめ.

에끼다 他 相殺する. 埋め合わせる. ¶ 이것으로 외상값을 에끼세요 これでつけを帳消しにしてください.

에나멜〔enamel〕 名 エナメル.

에나멜질〔一質〕 名 琺瑯質.

에너지〔energy〕 名 エネルギー.

에누리 名 하他 **1** 掛け値. ¶ ~ 없는

값 掛け値なしの値段. **2** 値引き. 値切り. **3** 物事を大げさに言うこと.

에누리없다 形 掛け値のない. 値引きしない. ¶이 물건은 에누리없습니다 この品物は値引きできません. **에누리없이** 副 掛け値なく. 値引きなしで.

에는 助 …には. ¶도서관～ 책이 많다 図書館には本が多い.

에다[1] 他 **1** えぐる. 切る. ¶살을 에는 듯한 추위 身を切るような寒さ. **2** 心を痛める. ¶가슴을 에는 듯한 슬픔 胸が張り裂けるような悲しみ.

에다[2] 助 ☞에다가

에다가 助 **1**〔동작이 미치는 대상을 나타냄〕…に. ¶물～ 소금을 타다 水に塩を混ぜる. **2**〔병렬을 나타냄〕…に. …に加えて. ¶맥주～ 양주까지 마셔서 취했다 ビールに加えて洋酒まで飲んで酔っぱらった.

에도 助 …にも. ¶요즘～ 자주 바둑을 두세요? 最近もよく碁をなさいますか.

에돌다 他 **1** 遠回りする. ¶일부러 에돌아 가다 わざわざ遠回りしていく. **2** ぐるぐる回る. ¶하늘로 빙빙 에돌아 나는 솔개 空にぐるぐると飛び回っている鳶.

에두르다 他 **1** (周りを)取り囲む. 張りめぐらす. ¶범인의 집을 ～ 犯人の家を取り囲む. **2** 遠回しに言う. ¶에둘러서 표현하다 遠回しに表現する.

에뜨거라 感〔'혼날 뻔하였다'는 뜻으로 내는 소리〕あう. 桑原桑原.

에라 感 **1**〔단념이나 실망의 뜻을 나타냄〕あああ. えい. ちくしょう. ¶～, 모르겠다 えいくそ, なるようになれ. **2**〔아이에게 그리 말라는 뜻으로 나무라는 소리〕こらっ. さあさあ. ¶～, 이놈들 그만두지 못하겠니? こらっ, やめんか. **3**〔'에루화'의 준말〕よいよい. それよいよい.

에러[error] 名 エラー. 失策.

에로[← erotic] 名 エロ. エロチック.

에로 문학[一文學] 名〔文〕エロ文学.

에로티시즘[eroticism] 名 エロチシズム.

에로틱[erotic] 名 하形 エロチック.

에루화 感〔노래할 때 흥겨움을 나타내는 소리〕よいよい. それよいよい. ¶～ 좋구나 さのよいよい.

에를 …に. …へ. ¶고향～ 간다고 한다 故郷に行くそうだ.

에메랄드[emerald] 名〔鑛〕エメラルド. 緑玉. 翠玉. 緑柱玉.

에멜무지로 副 **1**〔물건을 단단히 묶지 않은 모양〕締まりなく. ゆるく. ¶볏단을 ～ 묶으면 안 된다 稲束をゆるく束ねてはいけない. **2** 試験的に. ためしに. こころみに.

에부수수하다 形 **1** (物事が)ばらばらしている. 粗くまばらだ. ¶바람에 날려서 에부수수하게 된 머리 風に吹かれてばさばさになった髪. **2** 中身がぎっしり詰まっていない. がぼがぼだ.

에비 名感〔어린애에게 '무서운 것'이라는 뜻으로 하는 말〕おお. こわい. お化け. おに(ばば).

에서 助 **1**〔어떠한 행위의 장소를 나타냄〕…で. …において. ¶백화점～ 물건을 사다 デパートで買い物をする. **2**〔행동의 출발점을 나타냄〕…から. …より. ¶집～ 학교까지 10분 걸린다 家から学校まで10分かかる. **3**〔문장의 주어가 단체임을 나타냄〕…で. ¶우리 회사～ 경비를 부담한다 うちの会社で経費を負担する.

에서부터 助〔움직임의 출발점을 나타냄〕…から. …より. ¶여기～ 저기까지 뛰어라 ここからあそこまで走れ.

에세이[essay] 名 エッセイ. 随筆.

에센스[essence] 名 エッセンス.

에스오에스[SOS] 名 エスオーエス.

에스컬레이터[escalator] 名 エスカレーター.

에스코트[escort] 名 エスコート.

에스키모[Eskimo] 名 エスキモー(イヌイット).

에스페란토[Esperanto] 名〔言〕エスペラント.

에야디야 感〔'어기야디야'의 준말〕えんやら. えんやらや. えいや.

에어[air] 名 エア.

에어라인[airline] 名 エアライン.

에어로빅스[aerobics] 名 エアロビクス.

에어 메일[airmail] 名 エアメール. 航空郵便.

에어버스[airbus] 名 エアバス.

에어컨디셔너[air conditioner] 名 エアコンディショナー. エアコン.

에어 펌프[air pump] 名 エアポンプ.

-에요 語尾〔설명·의문을 나타냄〕…です. …ですか. ¶이거 누구 것이～? これ, 誰のですか / 저는 일본 사람이～ 私は日本人です / 저기 보이는 것은 호수～, 바다～? あそこに見えるのは湖ですか, 海ですか.

에우다 他 **1** (周りを)囲む. 包囲する. ¶첩첩한 산이 마을을 에우고 있다 畳々たる山が村を囲んでいる. **2** (道などを)迂回する. 回って行く. ¶길을 에워서 가다 道を遠回りして行く. **3** (帳簿から不必要な部分を)消す. 取り除く. ¶현역 외는 명단에서 ～ 現役以外は名簿からはずす. **4** (食事を簡単な物で)間に合わせる. 済ます.

에워싸다 他 囲む. 包囲する. 取り巻く. ¶경찰들이 집을 에워싸고 있다 警察が家を取り囲んでいる.

에의 助 …への. ¶결혼식～ 초대장 結婚式への招待状.

에이 感 **1**〔실망하여 단념할 때 내는 소리〕えい. ままよ. ¶～, 깨끗이 잊어버리자 えい, きれいに忘れてしまおう. **2**〔'에이끼'의 준말〕えい. やい.

에이그 感〔밉거나 한탄스러울 때 내는 소리〕なんと. まあ. えい. ¶～, 지지리도 못난 녀석 なんとでくの坊め.

에이끼 感〔손아랫사람을 꾸짖을 때 내는 소리〕えい. やい. こら. ¶～, 배은망덕한 녀석 やい, この恩知らずめ.

에이스[ace] 名 エース. **1** (さいころ·トランプの)1. **2** (テニス·バレーボールの)サービスエース. **3** 第一人者. **4** 野球の主戦投手.

에이전트[agent] 名 エージェント. 代理人. 代理店.

에이즈〔AIDS ← Acquired Immune Deficiency Syndrome〕 名〔醫〕 エイズ. 後天性免疫不全症候群.
에이프런〔apron〕 名 エプロン.
에잇 感 〔비위에 거슬릴 때에 내는 소리〕 えいっ. くそっ. なにっ. ¶ ~, 귀찮다 えいっ, めんどうくさい.
에참 感 〔뜻에 맞지 않으나 어찌할 수 없을 때 내는 소리〕 ちぇっ. ¶ ~, 이건 꼭 내가 해야 하나? ちぇっ, これはどうしても僕がしなくちゃいけないのか.
에코〔Echo〕 名 エコー〈ギリシア神話のニンフの名〉.
에콰도르〔Ecuador〕 名〔地〕 エクアドル〈南米大陸北西部の共和国〉.
에쿠 感 〔'에쿠나'의 준말〕 あっ. やっ.
에쿠나 感 〔놀랐을 때 내는 소리〕 あっ. やっ.
에크나 感 〔갑자기 놀랐을 때 내는 소리〕 やっ. あっ. おっ. ひゃあっ.
에키 感 〔갑자기 놀랐을 때 내는 소리〕 あっ. あら. おお. ¶ ~, 뱀이다 あっ, 蛇だ.
에티오피아〔Ethiopia〕 自〔地〕 エチオピア〈アフリカ北東部の共和国〉.
에티켓〔㊄ étiquette〕 名 エチケット.
에틸알코올〔ethyl alcohol〕 名〔化〕 エチルアルコール.
에피소드〔episode〕 名 エピソード. 逸話. 挿話.
에필로그〔epilogue〕 名 エピローグ.
에헤 感 **1**〔가소로운 일을 당할 때에 내는 소리〕 へえ. ふうん. **2** 歌の始めのかけ声.
에헤야 感 〔노래에서 '에헤'를 멋있게 맺는 소리〕 えいやっ. ¶ ~, 줄을 당겨라 えいやっ, 綱を引け.
에헤헤 感 **1**〔가소롭다는 듯이 웃는 웃음소리〕 えへへ. へへ. **2**〔천하고 비굴하게 웃는 웃음소리〕 えへへ.
에헴 感 〔남의 주의를 환기시킬 때 내는 헛기침 소리〕 えへん.
엑스선〔X線〕 名〔物〕 エックス線.
엑스트라〔extra〕 名〔演〕 エキストラ.
엑스포〔Expo〕 名 エキスポ.
엔[1]〔㊐ en〕 **I** 名 〔일본의 화폐〕 円. **II** 依名 〔일본의 화폐 단위〕 円.
엔[2] 〔'에는'의 준말〕 …には. ¶ 지금 여기 ~ 아무도 없어 今ここには誰もいないよ.
엔간찮다 形 普通でない. 手ごわい. 並大抵でない. 一筋縄ではいかない. ¶ 보기보다 하는 짓이 ~ みかけよりもふるまいは普通でない.
엔간하다 形 〔'어연간하다'의 준말〕 普通だ. ほどほどだ. **엔간히** 副 適当に. 程よく. ¶ ~ 먹다 程よく食べる/~ 구워지다 適度に焼ける.
엔들 助 〔반어의 뜻을 나타냄〕 …になんか. …にでも. ¶ 당신을 꿈~ 잊으리오 あなたを夢にも忘られようか.
엔지〔NG ← No good〕 名〔映〕 エヌジー.
엔지니어〔engineer〕 名 エンジニア.
엔진〔engine〕 名 エンジン.
엔트리〔entry〕 名 エントリー.
엘 〔'에를'의 준말〕 …に. …へ. ¶ 매일 아침 도서관~ 간다 毎朝図書館に行く.
엘니뇨〔㊈ el Niño〕 名 エルニーニョ.
엘리베이터〔elevator〕 名 エレベーター.
엘리트〔㊄ élite〕 名 エリート.
엘살바도르〔El Salvador〕 名〔地〕 エルサルバドル〈中米の共和国〉.
엠브이피〔MVP ← most valuable player〕 名〔體〕 エムブイピー. 最優秀選手.
엣 助 〔'에의'의 뜻을 가짐〕 …にある. …の. ¶ 옥~ 티 玉にきず.
엥 感 〔성나거나 싫증이 날 때에 내는 소리〕 えい. くそ.
여[1]〔余〕 代 〔'나'를 예스럽게 표현한 말〕 予. 余. おのれ. われ.
여[2] 助 〔부르거나 호소하는 뜻을 나타냄〕 …よ. ¶ 슬픔이~ 안녕 悲しみよ, さようなら/청년들이~ 대망을 가져라 青年よ, 大志を抱け.
여[3]〔女〕 名 女. 女性. ㊊ 男.
여[4]〔汝〕 代 汝. お前. そち.
-여[5] 語尾 (어미 '아'의 뜻으로 쓰이는 연결 어미) …で. …して. ¶ 잘 하~ 보자 うまくして見よう.
-여[6]〔餘〕 接尾 …余. …あまり. ¶ 500~ 명 500余名.
여가〔餘暇〕 名 余暇. ひま. いとま. ¶ 편지를 쓸 ~도 없다 手紙を書くひまもない.
여간〔如干〕 **I** 副 (부정어와 함께 쓰여) 並大抵(…ではない). ありきたりの(…ではない). ¶ 고생이 ~ 아니다 苦労が並大抵ではない.
II 名 ('아니다'를 서술어로 하여) 普通. 尋常. 並み. 通常. ¶ 말솜씨가 ~이 아니다 話しぶりが並みではない.
여간내기 名 凡人. ただ者. 普通の人. ¶ 그 사람은 ~가 아니다 彼はただ者ではない.
여감〔女監〕 名 女監.
여감방〔女監房〕 名 女監.
여객〔旅客〕 名 旅客.
여객기〔一機〕 名 旅客機.
여객선〔一船〕 名 旅客船. 客船.
여건〔與件〕 名 **1**〔論〕 与件. ¶ 어떠한 ~ 아래에서도 いかなる与件のもとでも. **2** 与えられた条件.
여걸〔女傑〕 名 女傑. 女丈夫.
여겨듣다 他 耳を傾ける. 傾聴する. 熱心に聞く.
여겨보다 他 見入る. 注視する. じっと見つめる. 念入りに見る.
여경〔女警〕 名 婦人警官.
여고〔女高〕 名 〔'여자 고등학교'의 준말〕 高女.
여공〔女工〕 名 女工. 女子工員.
여과〔濾過〕 名 하他 濾過.
여과기〔一器〕 名 濾過器.
여과지[1]〔一池〕 名 濾過池.
여과지[2]〔一紙〕 名 濾過紙.
여관[1]〔女官〕 名 女官. 宮女.
여관[2]〔旅館〕 名 旅館. 宿屋. はたごや.
여교사〔女教師〕 名 女教師.
여군〔女軍〕 名〔軍〕 女性の軍人, またその軍隊.

여권¹〔女權〕 名 女権. ¶～의 신장 女権の拡張/～주의 女権主義.
여권²〔旅券〕 名 旅券. パスポート.
여급〔女給〕 名 女給. ウエートレス.
여기¹〔餘技〕 名 余技.
여기² Ⅰ 代 **1**〔말하는 사람이 자기가 있는 장소를 이르는 말〕ここ. この所. こちら. ¶～에 천막을 칩시다 ここにテントを張りましょう. **2**〔거론하고 있는 대상을 이르는 말〕このこと. この点. ¶～에서 손을 떼라 このことから手を引け. Ⅱ 副 ここ. ¶그 물건은 ～ 놔 두세요 その品物はここに置いてください.
여기저기 Ⅰ 代 あちこち. 方々. ¶～를 보며 돌아다녔다 あちこちを見て回った.
Ⅱ 副 あちらこちら. ここかしこ. ¶～ 벌레 소리가 나다 ここかしこで虫の音がする.
여기다 他 思う. 感ずる. ¶직업을 천직으로 ～ 職を天職と思う.
여기자〔女記者〕 名 おんなの記者.
여난〔女難〕 名 女難. ¶～의 상이 있다 女難の相がある.
여남은 冠 十あまり. 10余. ¶～ 개 들이의 상자 10余個入りの箱.
여념〔餘念〕 名 余念. 他念. ¶독서에 ～이 없다 読書に余念がない.
여느 冠 普通の. 通常の. 普段の. なみの. ¶그의 태도가 ～ 때와 다르다 彼の態度がいつもと違う.
여단〔旅團〕 名〔軍〕旅団.
여닫다 他 (ドア·障子などを)開け閉めする. あけたてする. 開閉する.
여닫이 名 **1** 開け閉めすること. **2** 引き戸. 上げ下ろし戸.
여담〔餘談〕 名 余談. 雑談.
여당〔與黨〕 名 与党.
여대〔女大〕 名 女子大学. 女子大. ¶～생 女子大生.
여덟 數 8. 八つ. 8人. ¶아침 식사는 ～ 시 朝食は8時.
여독〔旅毒〕 名 旅疲れ. ¶～을 풀다 旅疲れをいやす.
여동생〔女同生〕 名 妹.
여드레 名 **1** 8日間. **2**〔'초여드레'의 준말〕(月の)8日.
여드렛날 名 **1** 8日目. **2**〔'초여드렛날'의 준말〕(月の)8日.
여드름 名 にきび. ¶～을 짜다 にきびをつぶす/～이 나다 にきびができる.
여든 數 80.
-여라 語尾 《명령·감탄의 뜻을 나타내는 종결 어미》…せよ. …しろ. …しなさい. …だなあ. …だわ. ¶열심히 노력하～ 懸命に努力しなさい/아이구 가엽기도 하～ まあ, かわしそうだわ.
여러 冠 数々の. さまざまな. いろいろの. ¶～ 사람 いろいろな人. 大勢/～ 민족 いろいろな民族.
여러모로 副 多角的に. いろいろな面で. 各方面で. ¶～ 신세를 지다 いろいろな面で世話になる.
여러분 名 皆さん. 皆様. ¶～의 덕택으로 皆様のおかげで.
여럿 數 (人·物の数が)多い. たくさん. 多数. 人々. ¶～ 중에서 하나를 고르다 多くの中から一つを選ぶ/～이 참가하다 たくさんの人が参加する.
여력〔餘力〕 名 余力. ¶아직 ～이 있다 まだ余力がある.
여로〔旅路〕 名 旅路. ¶죽어서 저승으로 가는 ～ 死出の旅路.
여론〔輿論〕 名 輿論. 世論. ¶～의 동향 世論の動向/～에 호소하다 世論に訴える.
여론 조사〔一調査〕 名 世論調査.
여론화〔一化〕 名 하自他 世論化.
여류〔女流〕 名 女流. ¶～ 시인 女流詩人/～ 작가 女流作家.
여름 名 夏. ¶～의 태양 夏の太陽/～휴가 夏休み/초～ 初夏/늦～ 晩夏/한～에 真夏に/올～ 今年の夏.
◆**여름을 타다** 夏負けする.
여름날 名 夏の日.
여름내 副 夏じゅう. ¶～ 병으로 고생했다 夏じゅう病気で苦しんだ.
여름 방학〔一放學〕 名 (学校の)夏休み.
여름철 名 夏季.
여리꾼 名 (店の前の)客引き.
여리다 形 **1** か細い. 弱い. 軟らかい. ¶다리가 여린 노인 足の弱いお年寄り. **2** (意志·感情が)もろい. 弱い. ¶의지가 여린 사람 意志の弱い人/감정이 여린 여자 情にもろい女性. **3** 少し足りない. ¶옷감이 좀 ～ 生地が少し足りない.
여말〔麗末〕 名 高麗末期.
여망¹〔餘望〕 名 まだ残っている望み. 将来の希望. ¶～이 없다 希望がない.
여망²〔輿望〕 名 輿望. 衆望. ¶국민의 ～을 짊어지다 国民の輿望を担う.
여명¹〔餘命〕 名 余命. 余生. ¶～이 얼마 남지 않았다 余命いくばくもない.
여명²〔黎明〕 名 黎明. 夜明け. **1** 明け方. ¶～의 하늘 黎明の空. **2** 希望の光.
여명기〔一期〕 名 黎明期. ¶문예 부흥의 ～ 文芸復興の黎明期.
여무지다 形 **1** (性格·行動が)しっかりしている. すきがない. ¶여무진 며느리 しっかりした嫁. **2** (物事が)きちんとしている. ¶살림을 여무지게 하다 家事をきちんと切り盛りする.
여물 名 飼い葉. まぐさ. ¶말에게 ～을 주다 馬にまぐさをやる.
여물간〔一間〕 名 まぐさ小屋.
여물죽〔一粥〕 名 煮た飼い葉.
여물다¹ 自 (穀物·果実などが)よく実る. 熟する. 熟れる. ¶잘 여문 감 よく熟した柿.
여물다² 形 **1** (言動·体つきが)立派である. しっかりしている. **2** (生活が)つつましい. 無駄がない. ¶살림살이를 여물게 하다 暮らしに無駄がない.
여물리다 他 **1** 実らせる. 熟させる. **2** 結末をつけさせる. ¶일이 시작은 쉬워도 끝을 여물리기 어렵다 仕事は初めは簡単でも最後をしめくくるのが難しい.
여미다 他 整える. 直す. ただす. ¶옷의 터진 데를 ～ 着物のほころびを直す.

여반장〔如反掌〕 名 (手のひらを返すように)非常にたやすいこと. 朝飯前. ¶이 문제는 ~으로 해결되지 않는다 この問題はとてもたやすくは解決しない.
여배우〔女俳優〕 名 女優.
여백〔餘白〕 名 余白. 空白.
여벌〔餘一〕 名 **1** 余分の物. 余った分. 余計な物. **2** 余分の着替え.
여병〔餘病〕 名 余病. 合併症.
여보 感 **1** (夫婦間で)あなた. おまえ. おい. ¶~, 저녁밥은 아직 멀었어? おい, 夕飯はまだか / ~, 오늘은 일찍 오세요 あなた, 今日は早く帰ってらしてね. **2** もし. おい. ¶~, 잠깐 기다려요 もし, ちょっとお待ちなさい.
여보게 感 ねえ. 君.
여보세요 感 〔낯선 사람이나 전화에서 상대를 부르는 말〕もしもし. ¶~, 누굴 찾으십니까? もしもし, どなたをお訪ねですか.
여보시게 感 〔'여보게'를 좀더 높여 이르는 말〕君. おい. ¶~, 내 말도 좀 들어 주시게 君, 私の言うこともちょっと聞いてください.
여보시오 感 〔'여보'를 좀더 높여 이르는 말〕もしもし. ちょっと.
여보십시오 感 〔'여보시오'의 높임말〕もしもし.
여복〔女福〕 名 艶福.
여봐라 感 〔손아랫사람을 부르는 말〕これこれ. おい. ¶~, 게 잠깐 기다려라 これこれ, ちょっとお待ちなさい.
◆**여봐란 듯이** これ見よがしに. ¶여봐란 듯이 꾸미다 これ見よがしに飾り立てる.
여부〔與否〕 名 可否. よしあし. 当否. …(した)かどうか. ¶사실의 ~를 묻다 事の当否をたずねる / 그야, ~가 있겠습니까 そりゃ, もちろんですとも[当然なことです].
여부없다 形 疑う余地がない. 間違いない. 確かだ. **여부없이** 副 間違いなく. 確かに.
여북 副 하形 《주로 의문문에 쓰여》どんなにか. どれほど. さぞかし. さだめし. 当然. ¶자네가 한 일인데 ~ 잘 했을라구 君のしたことだ, さぞかしうまくやったのだろう / ~해서 도망을 쳤겠나? どんなにかつらくて逃げたんだろう.
여북이나 副 どんなにか. どれほど. さぞかし. ¶~ 기뻐했는지 자네는 모를 거야 どれほどうれしがったか君にはわかるまい.
여분〔餘分〕 名 余り. 余分. 残り. ¶~이 하나 있다 余りが一つある.
여불비〔餘不備〕 名 〔'여불비례'의 준말〕手紙の末尾にもちいる語.
여불비례〔餘不備禮〕 名 (礼を尽くすことが不十分だったの意で)手紙の末尾に用いる語.
여비〔旅費〕 名 旅費. 路用. ¶왕복 ~는 각자 부담이다 往復の旅費は自前[自分持ち]だ.
여비서〔女秘書〕 名 女秘書.
여사〔女史〕 名 女史.
여사무원〔女事務員〕 名 女事務員.
여사장〔女社長〕 名 女性の社長.
여상〔女相〕 名 男性の女性的な顔立ち.
여색〔女色〕 名 女色.
여생〔餘生〕 名 余生. 老い先. 余命. ¶~을 즐기다 余生を楽しむ.
-여서 語尾 …して. …ので. ¶노력하~ 성공하다 努力して成功する.
여선생〔女先生〕 名 女性の教師.
여섯 數 六つ. 6. 6人. ¶매일 아침 ~ 시에 일어난다 毎朝6時に起きる / ~째 6番目.
여성[1]〔女性〕 名 女性. 反 男性. ¶~의 지위가 향상되다 女性の地位が向上する.
여성적〔一的〕 冠 名 女性的.
여성[2]〔女聲〕 名 女声. ¶~ 합창 女声合唱.
여세〔餘勢〕 名 余勢. ¶~를 몰아 추격하다 余勢を駆って追撃する.
여송연〔呂松煙〕 名 葉巻たばこ. (特にフィリピン産の)葉巻たばこ.
여수〔旅愁〕 名 旅愁. ¶~를 달래다 旅愁をなぐさめる.
여순경〔女巡警〕 名 婦人警官. 婦警.
여승〔女僧〕 名 〖佛〗女僧. 尼. びくに.
여승당〔一堂〕 名 尼寺.
여식〔女息〕 名 娘.
여신[1]〔女神〕 名 女神. ¶행운의 ~ 幸運の女神.
여신[2]〔與信〕 名 (銀行などの)与信. 取引先に金を貸し出すこと.
여신 업무〔一業務〕 名 〖經〗与信業務.
여실하다〔如實一〕 形 如実だ. **여실히** 副 如実に. ¶전쟁의 비참함이 ~ 묘사되어 있다 戦争の悲惨さが如実に描かれている.
여심〔女心〕 名 女心.
여아〔女兒〕 名 娘. 女の子.
여야[1]〔與野〕 名 与党と野党.
-여야[2] 語尾 …しなければ. …しないと. ¶토요일까지는 등록을 하~ 한다 土曜日までは登録をしなければならない.
여열〔餘熱〕 名 余熱. **1** ほとぼり. **2** 残暑. **3** 余った熱量.
여염〔閭閻〕 名 村里. 閭巷.
여염집 名 民家. ¶~ 처녀 世間一般の娘.
여왕〔女王〕 名 女王.
여왕개미 名 〖動〗女王蟻.
여왕벌 名 〖動〗女王蜂.
여왕봉〔一蜂〕 名 女王蜂.
여우[1] 名 〖動〗狐.
◆**여우 같다** 狐のように悪賢い.
여우[2]〔女優〕 名 女優.
여우별 名 雨天にちょっと現われてすぐに消える日差し.
여우비 名 日照り雨. 天気雨. 狐の嫁入り.
여운〔餘韻〕 名 余韻. ¶종소리가 길게 ~을 남기다 鐘の音が長く余韻を残す / 흥분의 ~이 사라지지 않는다 興奮の余韻が冷めない.
여운시〔一詩〕 名 〖文〗余韻を残して効果をねらう叙情詩の一形式.
여울 名 瀬. 早瀬. ¶얕은 ~로 건너가다 早瀬を渡る.
여울목 名 早瀬の狭い部分.

여울여울 副〔불이 조용하게 타는 모양〕ゆらゆら(と).

여위다 自 やせ衰える. やせ細る. ひどくやつれる. ¶불품없이 ～ 見る影もなくやせ衰える.

여유〔餘裕〕名 余裕. ゆとり. ¶～가 있는 태도 余裕のある態度.

여유작작〔一綽綽〕名 하形 余裕しゃくしゃく.

여의[1]〔女醫〕名 女医.

여의[2]〔如意〕名 如意.

여의주〔一珠〕名〔佛〕如意宝珠.

여의다 他 **1** 死に別れる. 亡くす. ¶일찍이 어머니를 여의었다 早く母に死なれた. **2** (娘を)嫁がせる. ¶고명딸을 ～ 一人娘を嫁がせる.

여의사〔女醫師〕名 女医.

여의찮다〔如意一〕形 思いどおりにならない. 不如意である. ¶사업이 ～ 事業が思わしくない.

여인[1]〔女人〕名 女人. 婦女子.

여인[2]〔旅人〕名 旅人·りょじん. 旅客.

여인숙〔一宿〕名 宿屋. 木賃宿.

여일하다〔如一一〕形 終始変わりない. ¶처음과 끝이 ～ 終始一貫している.

여자[1]〔女子〕名 女子. 女性. 女. 女の人. 反 男

여자[2]〔勵磁〕名 励磁.

여자기〔一機〕名 励磁機.

여장[1]〔女裝〕名 하自 (男性の)女装.

여장[2]〔旅裝〕名 旅装. 旅の装い. ¶～을 풀다 旅装を解く.

여장부〔女丈夫〕名 女丈夫. 女傑.

여전하다〔如前一〕形 前と同じである. 相変わらずだ. ¶늙었어도 별난 성격은 ～ 年を取っても変な性格は相変わらずだ. **여전히** 副 相変わらず. 依然として. 今も変わらず. 今もなお. なお. ¶～ 평소의 행실이 고쳐지지 않는다 依然として素行があらたまらない.

여점원〔女店員〕名 女の店員.

여정[1]〔旅情〕名 旅情. ¶～에 잠기다 旅情にひたる.

여정[2]〔旅程〕名 旅程. 旅行の日程. 旅行の道のり.

여제〔女帝〕名 女帝.

여종〔女一〕名 はしため. 下働きの女. 下女.

여죄〔餘罪〕名 余罪. ¶～를 캐다[추궁하다] 余罪を追及する.

여주인공〔女主人公〕名 女主人公. ヒロイン.

여중〔女中〕名 女子中学校.

여지〔餘地〕名 余地. 余裕. ¶입추의 ～도 없다 立錐の余地もない / 아직 재기할 수 있는 ～는 있다 まだ再起できる余地はある.

여지없다 形 余地がない. ¶의심할 ～ 疑う余地がない. **여지없이** 副 余地なく.

여진〔餘震〕名 余震. 揺り返し.

여쭈다 他 **1**〔말씀드리다〕申し上げる. 申す. **2** (目上の人にあいさつを)申し上げる. **3**〔묻다〕お伺いする.

여쭙다 他〔'여쭈다'의 높임말〕伺う.

여차[1] 名 ささいなこと. 副次的なこと.

여차[2] 感〔'이영차'의 준말〕よいしょ. よいとこさ. どっこいしょ.

여차여차하다〔如此如此一〕形 かくかくしかじかである.

여차하다〔如此一〕形 **1** かくのごとくである. かくかくしかじかである. **2** 《'여차하면'의 꼴로》いざとなったら. ¶여차하면 도망갈 생각이다 いざとなったら逃げようと思う.

여창〔旅窓〕名 旅の宿. 客窓.

여축〔餘蓄〕名 하他 使った残りを蓄えること. またその物.

여치 名〔動〕朝鮮太ぎりぎりす.

여타〔餘他〕名 その他のもの[こと]. ¶～의 것은 책임질 수 없다 そのほかの事は責任が取れない.

여탈〔與奪〕名 하他 与奪. ¶생사～권 生死与奪の権.

여탕〔女湯〕名 女湯.

여태 副〔'여태까지'의 준말〕今まで. いまだに. ¶～ 그것도 몰랐어? 今までそれも知らなかったのか.

여태까지 副 今まで. 今になっても. いまだに.

여태껏 副 今まで. 今になっても. ¶집을 나간 애가 ～ 안 돌아오다 家を出た子供が今になっても帰ってこない.

여투다 他 節約して余りをためておく.

여트막하다 形 やや低い[浅い]. ¶여트막한 언덕 やや低い丘.

여파〔餘波〕名 余波. あおり. ¶경제 공황의 ～ 経済恐慌のあおり.

여편네 名 **1**〈俗〉既婚女性. **2**〈卑〉妻.

여폐〔餘弊〕名 余弊. ¶전쟁의 ～가 아직 가시지 않았다 戦争の余弊が消え去っていない.

여필종부〔女必從夫〕名 妻は必ず夫に従うべきであること.

여하〔如何〕名 하形 如何. ¶수요 ～에 따라서 需要いかんによって / 사정 ～에 따라서는 고려한다 事情の如何によっては考慮する.

여하간〔一間〕副 ともかく. とにかく. ¶～ 그 사람과 만나보면 알 거야 とにかくその人に会ってみれば分かるよ.

여학교〔女學校〕名 女学校.

여학사〔女學士〕名 **1** 女性の学士. **2** 学問の秀でた女性.

여학생〔女學生〕名 女生徒. 女学生.

여한〔餘恨〕名 遺恨. ¶～을 풀다 遺恨を晴らす.

여행[1]〔旅行〕名 하自他 旅行. 旅. ツアー. ¶관광 ～ 観光旅行 / ～을 떠나다 旅行に出る / 수학～ 修学旅行.

여행기〔一記〕名 旅行記. 紀行文.

여행사〔一社〕名 旅行社.

여행[2]〔勵行〕名 하他 励行.

여향〔餘響〕名 余響. 余音.

여형제〔女兄弟〕名 女の兄弟. 姉妹.

여호와〔← Jehovah〕名〔基〕エホバ. ヤーウェ.

여황〔女皇〕名 女皇. 女帝.

여흥〔餘興〕名 余興. ¶연회에서 ～

을 즐기다 宴会で余興を楽しむ.
역[1]〔役〕 名 役·え. **1** 配役. **2** 任務. ¶ 감사~ 監査役.
역[2]〔易〕 名 〔'주역(周易)'의 준말〕 易. 周易.
역[3]〔逆〕 Ⅰ 名〔論〕逆.
Ⅱ 接頭 〔'거꾸로·반대'의 뜻을 나타냄〕 逆. ¶ ~코스 逆コース / ~함수 逆関数.
역[4]〔譯〕 名 〔'번역(飜譯)'의 준말〕 訳.
역[5]〔驛〕 名 駅. ¶ 시발~ 始発駅.
역겹다〔逆—〕 形 腹だたしい. 頭にくる. むかつくようだ. うとましい. ¶ 그 일은 참 ~ そのことは実に頭にくる / 역겨운 냄새 むかつくようなにおい.
역경〔逆境〕 名 逆境. ¶ ~과 싸우다 逆境と闘う / ~에 빠지다 逆境に陥る.
역공〔力攻〕 名 하他 力攻め. 力のかぎり攻めること.
역광〔逆光〕 名〔物〕〔'역광선(逆光線)'의 준말〕 逆光.
역광선〔逆光線〕 名〔物〕 逆光線. 逆光.
역군〔役軍〕 名 **1** (工事現場で)賃仕事をする人. **2** 働き手.
역기[1]〔力技〕 名 重量挙げ.
역기[2]〔力器〕 名 バーベル.
역내〔域內〕 名 域内. ¶ ~ 출입 금지 域内出入り禁止.
역대〔歷代〕 名 歴代. 代々. ¶ ~ 대통령 歴代大統領.
역도〔力道〕 名〔體〕 重量挙げ.
역량〔力量〕 名 力量. ¶ ~이 있는 경영인 力量のある経営人.
역력하다〔歷歷—〕 形 歴々だ. ありありと見える. はっきりしている. ¶ 역력한 사실 はっきりした事実. **역력히** 副 ありありと. はっきり. まざまざと. ¶ 얼굴에 불안감이 ~ 나타나다 顔に不安感がありありと現われる.
역류〔逆流〕 名 하自他 逆流. **1** 逆水. **2** 逆流. ¶ 바닷물이 강으로 ~하다 海水が川へ逆流する.
역마살〔驛馬煞〕 名 いつもあちこち流れ歩くようになる厄運.
역마차〔驛馬車〕 名 駅馬車.
역모〔逆謀〕 名 하自 逆謀. 謀逆.
역무원〔驛務員〕 名 駅務員. 駅員.
역문〔譯文〕 名 訳文.
역반응〔逆反應〕 名〔化〕 逆反応.
역방〔歷訪〕 名 하他 歴訪. ¶ 각국을 ~하다 各国を歴訪する.
역법〔曆法〕 名 暦法.
역병〔疫病〕 名 疫病. 伝染病.
역부족〔力不足〕 名 하形 力量·技量などが不足すること[及ばぬこと].
역불급〔力不及〕 名 하形 力及ばぬこと.
역비〔逆比〕 名〔數〕 逆比.
역비례〔逆比例〕 名〔數〕 逆比例. 反比例.
역사[1]〔力士〕 名 力士. 力持ち.
역사[2]〔役事〕 名 하自 土木·建築の仕事. 普請.
역사터 名 工事場.
역사[3]〔歷史〕 名 歴史. ¶ ~에 길이 남다 長く歴史に残る / ~학 歴史学. 史学.
역사가〔—家〕 名 歴史家. 史家.
역사관〔—觀〕 名 歴史観. 史観.
역사극〔—劇〕 名 歴史劇. 史劇.
역사 법칙〔—法則〕 名 歴史法則.
역사상〔—上〕 名 歴史上.
역사 소설〔—小說〕 名 歴史小説.
역사적〔—的〕 冠名 歴史的. ¶ ~ 연구 歴史的研究.
역사책〔—冊〕 名 歴史の本. 史書.
역사 철학〔—哲學〕 名 歴史哲学.
역사[4]〔轢死〕 名 하自 轢死.
역사[5]〔驛舍〕 名 駅舎.
역산[1]〔逆產〕 名 하他 **1** 反逆者の財産. **2**〔醫〕逆産. 逆子.
역산[2]〔逆算〕 名 하他 逆算.
역서[1]〔易書〕 名 易書.
역서[2]〔曆書〕 名 暦書. **1** 暦. 暦本. **2** 暦学に関する書物.
역서[3]〔譯書〕 名 訳書. 翻訳書.
역선전〔逆宣傳〕 名 하他 逆宣伝. ¶ 적의 ~에 속다 敵の逆宣伝にだまされる.
역설[1]〔力說〕 名 하自他 力説. ¶ 과학 교육의 중요성을 ~하다 科学教育の重要性を力説する.
역설[2]〔逆說〕 名 逆説. ¶ ~가 逆説家.
역설적〔—的〕 冠名 逆説的.
역성 名 하他 えこひいき. 肩を持つこと.
역성들다 他 えこひいきする. 肩を持つ. 身びいきする. ¶ 한쪽을 ~ 一方の肩を持つ.
역성혁명〔易姓革命〕 名 易姓革命.
역수입〔逆輸入〕 名 하他 逆輸入.
역수출〔逆輸出〕 名 하他 逆輸出.
역순〔逆順〕 名 逆順.
역습〔逆襲〕 名 하他 逆襲. ¶ 적을 ~하다 敵を逆襲する.
역시[1]〔譯詩〕 名〔文〕 訳詩.
역시[2]〔亦是〕 副 やはり. やっぱり. **1**〔또한·마찬가지로〕 同様に. また. ¶ 그 사람만 나쁜 게 아니라 너도 ~ 나쁘다 彼だけが悪いのでなく君もまた悪い. **2**〔아무리 생각해도〕 いくら考えても. ¶ 이 일은 ~ 자네가 맡는 게 좋겠네 この仕事はやはり君が引き受けるのがいいな. **3**〔예상한 바대로〕 思ったとおり. さすが. さすがに. ¶ 그 시험은 ~ 어려웠다 その試験はやはり難しかった.
역신〔疫神〕 名 하自 **1**〔民俗〕疫病神. 天然痘をもたらすという鬼神. **2** 天然痘. ¶ ~을 하다 天然痘にかかる.
역심〔逆心〕 名 逆心. **1** 主君にそむく心. 謀反心. **2** 反発心.
역어〔譯語〕 名 訳語. ¶ 적절한 ~가 생각나지 않는다 適切な訳語が思いつかない.
역연하다〔歷然—〕 形 歴然としている. はっきりしている. **역연히** 副 歴然と. はっきりと. ¶ 증거는 ~ 남아 있다 証拠は歴然と残っている.
역외〔域外〕 名 域外.
역용〔逆用〕 名 하他 逆用. 逆利用. ¶ 상대의 힘을 ~하다 相手の力を逆用する.
역원[1]〔役員〕 名 役員.

역원[2]〔驛員〕 名 駅員.
역이용〔逆利用〕 名 하他 逆利用.
역임〔歷任〕 名 하他 歴任. ¶ 요직을 ~하다 要職を歴任する.
역자[1]〔易者〕 名 易者.
역자[2]〔譯者〕 名 訳者. 翻訳者.
역작〔力作〕 名 하他 力作. 労作.
역장〔驛長〕 名 駅長.
역저〔力著〕 名 力をこめて書いた著作. 労作の著書.
역적〔逆賊〕 名 逆賊. 謀反の徒. ¶ ~ 모의 謀反の謀議.
  역적질 名 하自 逆賊行為.
역전[1]〔逆轉〕 名 하自 逆転. ¶ 사태는 ~되었다 事態は逆転した.
  역전승〔一勝〕 名 하自 逆転勝ち.
  역전패〔一敗〕 名 하自 逆戦負け.
역전[2]〔歷戰〕 名 하自 歴戦. ¶ ~의 용장 歴戦の勇将.
역전[3]〔驛前〕 名 駅前. ¶ ~의 여관 駅前の旅館.
역전 경주〔驛傳競走〕 名〔體〕 駅伝競走.
역점〔力點〕 名 力点. **1**〔物〕 梃で物を動かすとき力を加える点. **2** 重点を置く箇所. 主眼となる箇所. ¶~을 두다 力点をおく.
역정[1]〔逆情〕 名 **1** 衝動的に発する怒り. 癇癪. **2** ご不興〈目上の人の怒りに対していう語〉.
  역정나다 自 腹が立つ. 気に障る.
  역정내다 自 腹を立てる. 怒る.
  역정풀이 名 하自他 八つ当たり. ¶ 가족에게 ~하다 家族に八つ当たりする.
역정[2]〔歷程〕 名 歴程. 歩んで来た道.
역조[1]〔逆潮〕 名 逆潮.
역조[2]〔逆調〕 名 逆調. ¶ 무역 ~ 貿易逆調.
역주〔力走〕 名 하自 力走. ¶ 마라톤을 끝까지 ~했다 マラソンの最後まで力走した.
역진[1]〔力盡〕 名 하自 力が尽きること.
역진[2]〔逆進〕 名 하自 逆に進むこと.
역질〔疫疾〕 名 天然痘.
역참〔驛站〕 名〔史〕 駅站. 宿駅.
역청〔瀝青〕 名〔化〕 瀝青.
  역청암〔一巖〕 名〔鑛〕 瀝青岩.
  역청탄〔一炭〕 名〔鑛〕 瀝青炭.
역탐지〔逆探知〕 名 하他 (敵のレーダーなどの)逆探知.
역토〔礫土〕 名〔地〕 礫土.
역투〔力投〕 名 하自 力投. ¶ 팬의 기대에 부응하여 ~하다 ファンの期待にこたえて力投する.
역풍〔逆風〕 名 하自 逆風. むかい風.
역하다〔逆一〕 形 **1** むかつく. 吐き気がする. ¶ 역한 냄새 むかつくいやなにおい. **2** 不愉快だ. 気に障る. むかむかする. ¶ 그가 아첨하는 꼴은 보기만 해도 ~ 彼がおべっかを言うのは見ただけでむかむかする.
역학[1]〔力學〕 名〔物〕 力学. ¶ 응용 ~ 応用力学.
역학[2]〔易學〕 名 易学.
역할〔役割〕 名 役割. ¶ ~을 바꾸다 役割を替える / ~을 분담하다 役割を分担する.
역행[1]〔力行〕 名 하他 力行. ¶ 고학 ~ 苦学力行.
역행[2]〔逆行〕 名 하自他 逆行. ¶ 시세에 ~하다 時勢に逆行する / 민주주의에 ~하다 民主主義に逆行する.
  역행 운동〔一運動〕 名〔天〕 逆行運動.
역효과〔逆效果〕 名 逆効果.
엮다 他 **1** (縄・ひもなどで)編む. ¶ 돗자리를 ~ 花むしろを編む / 짚을 엮어서 가마니를 만들었다 わらを編んでかますをつくった. **2** (ある事実を)話し続ける. 書きつづる. 編集する. 編纂する. ¶ 사전을 ~ 辞書を編纂する.
엮은이 名 編者.
엮음 名 **1** 編むこと. 編集すること. **2**〔樂〕 民謡などで速いテンポで歌う唱法.
연[1]〔年〕 名 年. 1年. ¶ ~ 10퍼센트의 이자 年10パーセントの利子.
연[2]〔鳶〕 名 凧. ¶ ~을 날리다 凧をあげる.
연[3]〔蓮〕 名 蓮の花.
연[4]〔緣〕 名 **1** 縁. ゆかり. **2**〔佛〕 因縁. ¶ 전세의 ~ 前世の縁.
연[5]〔連〕 依名 〔양지 500장의 단위〕 連. ¶ 한 ~ 1連.
연[6]〔延〕 **Ⅰ** 冠 延べ. ¶ ~ 300명 延べ300人.
  Ⅱ 接頭 延べ…. ¶ ~인원 延べ人員 / ~일수 延べ日数.
연-[7]〔軟〕 接頭 〔'부드러운·연한·엷은'의 뜻〕 軟. ¶ ~보라색 薄紫色.
연-[8]〔連〕 接頭 《횟수·시간을 나타내는 말에 붙어》〔계속하여·잇대어〕 連続して…. 継続して…. ¶ ~닷새째 비가 내린다 続けて5日間雨が降る / ~네 번 이겼다 続けて4回勝った.
연가〔戀歌〕 名 恋歌.
연간〔年間〕 名 年間. ¶ ~ 계획을 세우다 年間計画をたてる.
연감〔年鑑〕 名 年鑑. ¶ 경제 ~ 経済年鑑.
연갑〔年甲〕 名 同年輩.
연거푸〔連一〕 副 引き続き. 続けざまに. ¶ ~ 사건이 일어나다 続けざまに事件が起こる.
연건평〔延建坪〕 名 延べ坪. ¶ ~ 3000평 延べ坪3000坪.
연결〔連結〕 名 하他 **1** 連結. つなぐこと. ¶ ~기 連結器 / 차량을 ~하다 車両を連結する. **2** 協力すること. 手をつなぐこと.
  연결어미〔一語尾〕 名〔言〕 連結語尾. 接続語尾.
연계〔連繫〕 名 하自他 連係. 互いにつながること.
연고[1]〔軟膏〕 名〔藥〕 軟膏.
연고[2]〔緣故〕 名 **1** 事由. わけ. ¶ 그가 상경한 데에는 ~가 있다 彼が上京したのはわけがある. **2** 縁故. 血縁. 縁つづき. ゆかり. ¶ ~자 縁故者.
  연고지〔一地〕 名 縁故地.
연고로〔然故一〕 副 そういうわけで. それゆえに. しかるがゆえに.
연골〔軟骨〕 名 **1** 幼い者. **2**〔生〕 軟骨.
  연골막〔一膜〕 名〔生〕 軟骨膜.
  연골 조직〔一組織〕 名〔生〕 軟骨組織.
  연골한〔一漢〕 名 軟骨漢. 意志薄

弱で節操がない男.

연공[1]〔年功〕 名 年功. ¶ ～가봉 年功加俸 / ～서열 年功序列.

연공[2]〔年貢〕 名 年貢.

연관[1]〔鉛管〕 名 鉛管.

연관[2]〔聯關〕 名 하自 関連. 連関. ¶ 지구의 온난화는 오존층 파괴와 ～이 깊다 地球の温暖化はオゾン層の破壊と関連が深い.

연관성〔一性〕 名 関連性.

연구[1]〔研究〕 名 하他 研究. 調べること. 工夫. ¶ ～실 研究室 / ～소 研究所 / ～원 研究員 / 그 문제에 대해서는 지금 ～ 중이다 その問題については今研究中だ.

연구생〔一生〕 名 研究生.

연구 수업〔一授業〕 名 研究授業.

연구[2]〔軟球〕 名〔體〕 軟球.

연구개〔軟口蓋〕〔生〕 軟口蓋.

연구개음〔一音〕 名〔言〕 軟口蓋音.

연극〔演劇〕 名 演劇. 劇. 芝居.

연극계〔一界〕 名 演劇界.

연극단〔一團〕 名 劇団.

연극인〔一人〕 名 演劇人.

연극장〔一場〕 名 演劇場. 劇場.

연근〔蓮根〕 名〔植〕 蓮根.

연금[1]〔年金〕 名 年金. ¶ ～ 제도 年金制度 / 종신 ～ 終身年金.

연금 공채〔一公債〕 名〔經〕 年金公債.

연금 보험〔一保險〕 名〔經〕 年金保険.

연금[2]〔軟禁〕 名 하他 軟禁. ¶ 자택에 ～된 상태 自宅に軟禁された状態.

연금[3]〔鍊金〕 名 하自 錬金.

연금사〔一師〕 名 錬金術師.

연금술〔一術〕 名 錬金術.

연기[1]〔延期〕 名 하他 延期. ¶ 운동회는 비 때문에 ～되었다 運動会は雨のために延期された.

연기[2]〔連記〕 名 하他 連記. 並べて書くこと. ¶ ～명 투표 連記名投票.

연기[3]〔煙氣〕 名 煙. ¶ ～가 나다 煙が出る / 담배 ～가 눈에 맵다 たばこの煙が目にしみる.

〔속담〕 **아니 땐 굴뚝에 연기 날까** たかない煙突に煙が立つだろうか〈火のないところに煙は立たぬ〉.

연기[4]〔演技〕 名 하自 演技. 芸. 芝居. 演じること. ¶ 좋은 ～ 立派な演技.

연기자〔一者〕 名 演技者.

연꽃〔蓮一〕 名 蓮の花.

연날리기〔鳶一〕 名 凧揚げ.

연내〔年內〕 名 年内. ¶ ～에 완성하다 年内に仕上げる.

연년[1]〔年年〕 名 年々. 毎年. **연년이** 副 毎年. 年々に. 年毎に.

연년생〔一生〕 名 年子.

연년세세〔一歲歲〕 名 年年歳歳. 毎年毎年.

연년[2]〔連年〕 名 連年. 何年も続くこと. ¶ ～의 풍작[흉작] 連年の豊作[凶作].

연놈 名 〈俗〉 野郎とあま.

연단〔演壇〕 名 演壇. ¶ ～에 오르다 演壇に登る.

연달다〔連一〕 自他 《주로 '연달아'의 꼴로 부사적으로 쓰여》 相次いで. 立て続けに. ¶ 연달아 일어나는 방화 사건 相次いで起こる放火事件.

연담〔緣談〕 名 縁談.

연대[1]〔年代〕 名 年代. ¶ 사건을 ～순으로 기술하다 事件を年代順に記述する.

연대표〔一表〕 名 年表. 年代表.

연대[2]〔連帶〕 名 하他 協力しあうこと. 連帯. ¶ ～하여 책임을 지다 連帯して責任を負う.

연대 보증〔一保證〕 名〔法〕 連帯保証.

연대 채무〔一債務〕 名〔法〕 連帯債務.

연대 책임〔一責任〕 名〔法〕 連帯責任.

연대[3]〔聯隊〕 名〔軍〕 連隊.

연대장〔一長〕 名〔軍〕 連隊長.

연도[1]〔年度〕 名 年度. ¶ 회계 ～ 会計年度 / 다음 ～로 이월하다 次の年度に繰り越す.

연도[2]〔沿道〕 名 沿道. ¶ ～에 늘어선 군중 沿道に立ち並んだ群衆.

연독〔鉛毒〕 名 **1** 鉛毒. **2**〔醫〕 鉛中毒.

연동〔聯動〕 名 하自 連動. ¶ ～ 장치 連動装置.

연동 운동〔蠕動運動〕 名 蠕動運動.

연두[1]〔年頭〕 名 年頭. 年始. ¶ ～ 교서 年頭教書.

연두사〔一辭〕 名 年頭の辞.

연두송〔一頌〕 名 新年を讃える文.

연두[2]〔軟豆〕 名〔'연둣빛'의 준말〕 薄緑色.

연두색〔一色〕 名 薄緑色.

연둣빛 名 薄緑色.

연들다 自 柿が熟して軟らかくなる.

연등〔燃燈〕 名 **1**〔'연등절'의 준말〕 燃灯節. **2**〔'연등회'의 준말〕 燃灯会.

연등절〔一節〕 名〔佛〕 燃灯節〈陰暦の4月8日. 提灯に火をともして仏に祈りをささげる日〉.

연등회〔一會〕 名〔佛〕 燃灯会〈陰暦の1月15日. 提灯をともして仏に祈りをささげる儀式〉.

연때〔緣一〕 名 因縁で結ばれる機会. めぐりあわせ. ¶ ～가 맞아 결혼했다 縁があって結婚した.

연락〔連絡〕 名 하自 連絡. ¶ ～망 連絡網 / ～처 連絡所 / 폭풍으로 ～이 두절되다 暴風のため連絡がとぎれる.

연락병〔一兵〕 名〔軍〕 連絡兵. 伝令.

연락부절〔一不絶〕 名 하自 連絡が絶えないこと.

연락선〔一船〕 名 連絡船.

연래〔年來〕 名 年来. ¶ ～의 숙원이 이루어지다 年来の宿願が成就する.

연령〔年齡〕 名 年齢. 年. ¶ 평균 ～ 平均年齢 / ～층 年齢層 / ～별 인구 조사 年齢別の人口調査.

연례〔年例〕 名 毎年行なわれるしきたり. ¶ ～의 체육 대회 例年の体育大会.

연례회〔一會〕 名 毎年行なう例会.

연로하다〔年老一〕 形 老いている. ¶ 연로하신 부모님 年老いた父母.

연료〔燃料〕 名 燃料. ¶ ～비 燃料費 / ～가 부족하다 燃料が不足する.

연루〔連累〕 名 하自 連累. 連座. 巻き添え. ¶ ～자 連累者 / 독직 사건에 ～되다 汚職事件に巻き込まれる.

연륜〔年輪〕 名 **1**〔植〕年輪. **2**〔인생의 노고〕年輪. ¶ ~을 쌓은 예능 年輪を重ねた芸.
연리〔年利〕 名〔經〕年利.
연립〔聯立〕 名 하自 連立. ¶ 유력 후보가 ~하다 有力候補が連立する.
연립 내각〔一內閣〕 名 連立内閣.
연립 방정식〔一方程式〕 名〔數〕連立方程式.
연립 정부〔一政府〕 名〔政〕連立政府.
연마〔研磨·練磨·鍊磨〕 名 하他 **1** (石·金属などの)研磨. ¶ 렌즈를 ~하다 レンズを研磨する. **2** (学問·技術などの)錬磨. ¶ 기예를 ~하다 技芸を錬磨する.
연막〔煙幕〕 名 煙幕. ¶ ~전술 煙幕戦術.
◆**연막을 치다** 煙幕を張る.
연막탄〔一彈〕 名 煙幕弾.
연만하다〔年晩一〕 形 老いている.
연말〔年末〕 名 年末. 年の暮れ. 年の瀬. ¶ ~ 대매출 年末大売り出し / ~이 다가온다 年の暮れが迫る.
연맥〔燕麥〕 名〔植〕燕麦.
연맹〔聯盟〕 名 하自 連盟. リーグ. ¶ 국제~ 国際連盟 / ~전 リーグ戦.
연면적〔延面積〕 名 延べ面積.
연면하다〔連綿一〕 形 連綿としている.
연면히 副 連綿と. ¶ ~ 이어지는 역사의 흐름 連綿と続く歴史の流れ.
연명1〔延命〕 名 하自 延命. ¶ 친척의 도움으로 겨우 ~하다 親戚の助けでやっと食いつなぐ.
연명2〔連名〕 名 하自 連名. ¶ ~의 탄원서 連名での嘆願書.
연모1 名 物を作る材料と道具.
연모2〔戀慕〕 名 하他 恋慕. 恋い慕うこと. ¶ ~의 정 恋慕の情.
연목구어〔緣木求魚〕 名 (木に登って魚をさがすの意から)無理なことを望むこと. 不可能なこと.
연못〔蓮一〕 名 はすの花の咲いている池.
연무1〔煙霧〕 名 煙霧. スモッグ.
연무 신호〔一信號〕 名 霧信号.
연무2〔演武〕 名 하自 演武. ¶ ~장 演武場.
연무3〔鍊武〕 名 錬武. 武芸を磨くこと.
연문〔戀文〕 名 恋文. ラブレター.
연미복〔燕尾服〕 名 燕尾服.
연민〔憐憫〕 名 하形 憐憫. あわれみ. ¶ ~의 정을 느끼다 憐憫の情をおぼえる. **연민히** 副 あわれに. ふびんに.
연발1〔延發〕 名 하自 延発. 遅れて出発すること. ¶ 기관 고장으로 한 시간 ~했다 エンジンの故障で1時間遅れて出発した.
연발2〔連發〕 名 하自他 連発. ¶ 감탄의 소리를 ~하다 感嘆の声を連発する.
연발총〔一銃〕 名 連発銃.
연밥〔蓮一〕 名 蓮の実.
연방1 副 続いて. 続けざまに. 頻繁に. しょっちゅう. しきりに. ひっきりなしに. ¶ ~ 울기만 한다 ひっきりなしに泣いてばかりいる.
연방2〔聯邦〕 名 連邦. ¶ ~ 의회 連邦議会.
연방3〔連放〕 名 하他 続けざまに放つこと. 連発.
연배〔年輩〕 名 年輩. 同年輩. ¶ 나하고 같은 ~다 私と同じ年輩だ.
연변1〔沿邊〕 名 (境界線·大通り·川などの)ほとり. 沿道. 沿線. ¶ 강~을 따라 걷다 川のほとりに沿っていく.
연변2〔年邊〕 名〔經〕年利.
연병〔練兵〕 名 하自 練兵. 平時の軍隊の訓練. ¶ ~장 練兵場.
연보1〔年報〕 名 年報. ¶ 무역 ~ 貿易年報.
연보2〔年譜〕 名 年譜. ¶ 톨스토이 ~ トルストイの年譜.
연보3〔捐補〕 名 하他 **1** 金品を恵んで他人を助けること. 施与. **2**〔基〕教会の維持のために献金すること.
연보금〔一金〕 名〔基〕献金.
연보라〔軟一〕 名 薄紫. 藤色. 若紫.
연봉1〔年俸〕 名 年俸. 年給. ¶ ~으로 급료를 받다 年俸で給料をもらう.
연봉2〔連峯〕 名 連峰. 連山. ¶ 알프스의 ~ アルプスの連峰.
연부〔年賦〕 名 年賦. 年払い. ¶ ~ 상환 年賦償還.
연부금〔一金〕 名 年賦金.
연부역강〔年富力強〕 名 하形 年が若くて力が強いこと.
연분〔緣分〕 名 **1** 縁. **2** 夫婦の縁. ¶ 천생 ~ 天生縁分〈よく似合った夫婦であること〉.
연분홍〔軟粉紅〕 名 薄桃色. 薄紅色. 鴇色.
연불1〔年拂〕 名 年賦.
연불2〔延拂〕 名 하他 延べ払い. ¶ ~ 수출 延べ払い輸出.
연비〔連比〕 名〔數〕連比.
연사〔演士〕 名 **1** 演説者. 弁士. ¶ 찬조 연설의 ~ 応援演説の弁士. **2** 講演者.
연산1〔年産〕 名 年産. ¶ 쌀의 ~을 줄이다 米の年産を減らす.
연산2〔連山〕 名 連山. 山並み.
연산3〔演算〕 名 하他 演算. 運算.
연상1〔年上〕 名 年上. 年長. ¶ ~의 여자 年上の女性 / 그분은 저보다 10년은 ~일 겁니다 あの方は私より10歳は年上でしょう.
연상2〔聯想〕 名 하他〔心〕連想. ¶ 검정색에서 죽음을 ~하다 黒い色から死を連想する.
연상 심리학〔一心理學〕 名〔心〕連想心理学.
연서〔連署〕 名 하他 連署. ¶ ~인 連署人.
연석1〔宴席〕 名 하自 宴席. 酒席. ¶ ~에 참석하다 宴席に列する.
연석2〔連席〕 名 하自 多くの人が一か所に並んで座ること, その場所. 列座.
연선〔沿線〕 名 沿線. ¶ 철도 ~ 鉄道沿線.
연설〔演說〕 名 하自 演説. ¶ 가두~ 街頭演説 / 선거 ~에 귀를 기울이다 選挙演説に耳をかたむける.
연설조〔一調〕 名 演説調.
연성〔軟性〕 名 軟性.

연성 하감〔—下疳〕名〔醫〕軟性下疳.
연세〔年歲〕名〔'나이'의 높임말〕お年. ¶～가 어떻게 되십니까? お年はおいくつですか. おいくつになられましたか.
연소[1]〔年少〕名 하自 年少. 若年. ¶～자 年少者.
연소배〔—輩〕名 若輩.
연소[2]〔燃燒〕名 하自 燃焼. ¶～물 燃焼物/불완전 ～ 不完全燃焼.
연소관〔—管〕名〔化〕燃焼管.
연소열〔—熱〕名〔化〕燃焼熱.
연소율〔—率〕名 燃焼率.
연소[3]〔延燒〕名 하自 延焼. 類焼. 貰い火. ¶바람 받는 쪽 건물에 ～하다 風下の建物に延焼する.
연속〔連續〕名 하自他 連続. ¶3일간 ～해서 비가 내렸다 3日間連続して雨が降った.
연속극〔—劇〕名 連続ドラマ.
연속범〔—犯〕名〔法〕連続犯.
연속적〔—的〕冠名 連続的.
연속파〔—波〕名〔物〕連続波.
연쇄〔連鎖〕名 하他 連鎖. ¶～ 반응 連鎖反応.
연쇄극〔—劇〕名〔演〕連鎖劇.
연쇄상 구균〔—狀球菌〕名〔生〕連鎖球菌. 連鎖状球菌.
연쇄식〔—式〕名〔論〕連鎖式.
연쇄점〔—店〕名 連鎖店. チェーンストア.
연수[1]〔年收〕名 年収.
연수[2]〔年數〕名 年数. ¶～가 지나다 年数がたつ.
연수[3]〔研修〕名 하他 研修. ¶～생 研修生/사원 ～ 社員研修.
연수[4]〔軟水〕名〔化〕軟水.
연수[5]〔延髓〕名〔生〕延髄.
연수정〔煙水晶〕名〔鑛〕煙水晶.
연수표〔延手票〕名 先付小切手.
연습[1]〔演習〕名 하他 演習. **1** 練習. **2**〔軍〕模擬軍事行動.
연습림〔—林〕名 演習林.
연습[2]〔練習〕名 하他 練習. 稽古. ¶～선 練習船/～장 練習帳/～곡 練習曲.
연습기〔—機〕名〔軍〕練習機.
연승〔連勝〕名 하自 連勝. ¶연전～ 連戦連勝.
연승식〔—式〕名 連勝式.
연시[1]〔年始〕名 年始. 年の始め. 年初. 年頭. 正月.
연시[2]〔軟柹〕名 熟柿.
연식〔軟式〕名 軟式. ¶～ 야구 軟式野球/～ 정구 軟式庭球.
연안〔沿岸〕名 沿岸.
연안국〔—國〕名 沿岸国.
연안류〔—流〕名 沿岸流.
연안 무역〔—貿易〕名〔經〕沿岸貿易.
연안 어업〔—漁業〕名 沿岸漁業.
연안 항로〔—航路〕名 沿岸航路.
연애〔戀愛〕名 하自他 恋愛. 恋. ¶～ 결혼 恋愛結婚/～ 소설 恋愛小説/～ 편지 恋文. ラブレター.
연애지상주의〔—至上主義〕名 恋愛至上主義.
연액〔年額〕名 年額. ¶～ 백만 원의 이익 年額百万ウォンの利益.
연약외교〔軟弱外交〕名〔政〕軟弱[弱腰]外交.
연약하다〔軟弱—〕形 軟弱だ. 柔弱だ. か弱い. ¶연약한 체질 軟弱な体質.
연어〔鰱魚〕名〔動〕鮭.
연역〔演繹〕名 하他〔論〕演繹.
연역 논리학〔—論理學〕名〔論〕演繹論理学.
연역법〔—法〕名〔論〕演繹法.
연역적〔—的〕冠名〔論〕演繹的. ¶～ 방법 演繹的方法.
연역학파〔—學派〕名〔經〕演繹学派.
연연하다〔戀戀—〕**Ⅰ**自 恋い慕う. 未練を残す. 執着する. 恋い焦がれる. ¶은밀히 ～ ひそかに恋い慕う. **Ⅱ**形 恋々としている. ¶이웃집 아가씨에게 연연한 정을 품다 隣の娘に恋心を抱く.
연예〔演藝〕名 하自 演芸. 芸能. ¶～계 芸能界/인기 ～인 人気タレント.
연옥[1]〔軟玉〕名 軟玉.
연옥[2]〔煉獄〕名〔基〕煉獄.
연원〔淵源〕名 淵源. 根源.
연월일〔年月日〕名 年月日. 年と月と日. ¶～시 年月日時/출생 ～ 生年月日.
연유[1]〔煉乳〕名 練乳. コンデンスミルク.
연유[2]〔緣由〕名 하自 縁由. 理由. 由来. ¶사건을 일으키게 된 ～를 물었다 事件を起こすに至った理由を尋ねた.
연의〔演義〕名 하他 演義. ¶삼국지 ～ 三国志演義.
연의 소설〔—小說〕名〔文〕演義小説.
연이나〔然—〕副 しかれども. しかし. だが.
연이율〔年利率〕名 年利率.
연인〔戀人〕名 恋人.
연인원〔延人員〕名 延べ人員. ¶그 작업의 ～은 백 명이 넘었다 その作業の延べ人員は100人を超えた.
연일〔連日〕副 連日. 日ごとに. 毎日毎日. ¶～ 맹훈련을 거듭했다 連日猛訓練を重ねた.
연일수〔延日數〕名 延べ日数.
연임〔連任〕名 하他 再任. 重任.
연잇다〔連—〕他 相次ぐ. 引き続く. ¶이다음 연이어 쇼가 있습니다 このあと, 引き続いてショーがあります.
연잎〔蓮—〕名〔植〕蓮の葉.
연자매〔硏子—〕名 (牛馬に引かせて穀物を)ひく臼.
연자맷간〔—間〕名 연자매(硏子—)で穀物をひく小屋.
연자방아〔硏子—〕名 ☞연자매
연작〔聯作〕名 하他 **1**〔農〕連作. **2**〔文〕(小説·絵画などの)連作.
연장[1] 名 **1** 道具. ¶목수의 ～ 大工道具. **2**〈俗〉男根.
연장걸이 名〈シルム(씨름)で〉右足の外掛け.
연장궤〔—櫃〕名 道具箱.
연장주머니 名 道具袋.
연장[2]〔年長〕名 年長. 年上. ¶～자 年長者.
연장[3]〔延長〕名 하自他 **1** 延長. 延ばすこと. 反 短縮. ¶～선 延長線/기

간을 ～하다 期間を延長する. **2** 延長. 全長. ¶～ 1000킬로미터의 선로 延長1000キロの線路.

연장 기호〔一記號〕 名〔樂〕延長記号.

연장전〔一戰〕 名〔體〕延長戦.

연재〔連載〕 名 하他 連載. ¶신문의 ～ 소설 新聞の連載小説.

연적¹〔硯滴〕 名 硯滴. 水入れ.

연적²〔戀敵〕 名 恋敵.

연전¹〔連戰〕 名 하自 連戦. ¶～연승 連戦連勝.

연전²〔年前〕 名 何年か以前の年. 先年. ¶～에 신세를 졌다 先年お世話になった.

연정〔戀情〕 名 恋情. 恋心. ¶～에 불타는 남녀 恋情に燃える男女.

연제〔演題〕 名 演題.

연조〔年條〕 名 **1** (ある事に従事した)年数. ¶～를 쌓다 年功を積む. **2** (事物の)歴史と由来. ¶그 낡은 불상은 오랜 ～를 말하여 준다 その古びた仏像は長い歴史を物語っている.

연좌〔連坐〕 名 하自 連座. **1** 多くの人がつながって座ること. **2** (犯罪の)巻き添え. ¶오직 사건에 ～되어 책임을 지다 汚職事件に連座して責任を負う.

연주〔演奏〕 名 하他 演奏. ¶～가 演奏家/바이올린을 ～하다 バイオリンを演奏する.

연주곡목〔一曲目〕 名 演奏曲目.

연주법〔一法〕 名 演奏法. 奏法.

연주자〔一者〕 名 演奏者. プレーヤー.

연주회〔一會〕 名〔樂〕演奏会. コンサート.

연줄¹〔鳶一〕 名 凧糸.

연줄²〔緣一〕 名 縁故. かかりあい. てづる. つて. コネ. ¶～이 있어서 취직했다 コネがあって就職した/그들 사이에는 아무 ～도 없다 彼らの間には何のつながりもない.

연줄연줄〔一緣一〕 副 (주로 '연줄연줄로'의 꼴로) 縁故をたどって.

연중〔年中〕 名 年中. ¶～행사 年中行事/～무휴 年中無休.

연즉〔然則〕 副 それゆえ. そうであるから.

연지〔臙脂〕 名 **1** 伝統的な結婚式で新婦が両頰につける紅. **2** 臙脂色.

연질〔軟質〕 名 軟質.

연차〔年次〕 名 年次. ¶～ 계획 年次計画.

연차 휴가〔一休暇〕 名〔法〕年次有給休暇.

연착〔延着〕 名 하自 延着. ¶대설 때문에 열차가 ～했다 大雪のため列車が延着した.

연착륙〔軟着陸〕 名 하自 軟着陸.

연천하다〔年淺一〕 形 **1** 年若だ. 若年だ. **2** 年数が浅い. ¶개업한 지 ～ 開業してまだ年数が浅い.

연철〔鍊鐵〕 名〔鑛〕錬鉄. 練鉄.

연체¹〔延滯〕 名 하自他 延滞. ¶지불을 ～하다 支払いを延滞する.

연체료〔一料〕 名 延滞料.

연체 이자〔一利子〕 名 延滞利息.

연체²〔軟體〕 名 軟体.

연체동물〔一動物〕 名〔動〕軟体動物.

연초¹〔年初〕 名 年初. 年始. 年頭.

연초²〔煙草〕 名 たばこ.

연출〔演出〕 名 하他 演出.

연출가〔一家〕 名 演出家.

연타¹〔連打〕 名 하他 連打. **1** 続けて打つこと. ¶화재의 경종을 ～하다 火事の半鐘を連打する. **2** 野球で安打が続くこと.

연타²〔軟打〕 名 하他 (野球の)バント.

연탄〔煉炭〕 名 練炭. ¶～가스 練炭ガス.

연통〔煙筒〕 名 煙筒. 排気筒.

연투〔連投〕 名 하他〔體〕連投.

연파〔連破〕 名 하他 連破. ¶상대 팀을 ～하다 相手のチームを連破する.

연판¹〔連判〕 名 하自 連判.

연판장〔一狀〕 名 連判状.

연판²〔鉛版〕 名〔印〕鉛版. ステロ版.

연패¹〔連敗〕 名 하自 連敗. ¶하위팀에 ～하다 下位のチームに連敗する.

연패²〔連覇〕 名 하自 連覇. ¶3～를 이루다 3連覇を遂げる.

연평수〔延坪數〕 名 延べ坪.

연표〔年表〕 名 年表. ¶역사～ 歴史年表.

연필〔鉛筆〕 名 鉛筆. ¶～을 깎다 鉛筆を削る.

연필깎이 名 鉛筆削り.

연필심〔一心〕 名 鉛筆の芯.

연필화〔一畫〕 名 鉛筆画.

연하¹〔年下〕 名 年下(の人). ¶～의 남편 年下の夫/열두 살 ～ 一回り年下.

연하²〔年賀〕 名 年賀. ¶～전보[우편] 年賀電報[郵便].

연하장〔一狀〕 名 年賀状.

연하다¹〔軟一〕 形 **1** (肉などが)軟らかい. ¶연한 살코기 軟らかな赤身の肉. **2** (色が)薄い.

-연하다²〔然一〕 接尾 〔…-인 체하다〕…然とする. …を気取る. …ぶる. …らしくふるまう. ¶성인 군자～ 聖人君子然とする/정치가～ 政治家らしくふるまう.

연하다³〔連一〕 自 連ねる. 連なる. 引続く. ¶두 집이 연하여 있다 二軒の家が連なっている.

연한〔年限〕 名 年限. ¶유효 ～ 有効年限.

연합〔聯合〕 名 하自他 連合. ¶～국 連合国/상인들이 ～했다 商人たちが連合した.

연합군〔一軍〕 名 連合軍. ¶～ 사령부 連合軍司令部/～ 병사 連合軍の兵士.

연합 함대〔一艦隊〕 名〔軍〕連合艦隊.

연해¹〔沿海〕 名 沿海. ¶～ 무역 沿海貿易/～ 어업 沿海漁業.

연해 기후〔一氣候〕 名〔地〕沿海気候.

연해선〔一線〕 名〔地〕海岸線.

연해안〔一岸〕 名 (海の)沿岸.

연해어〔一魚〕 名 沿海魚.

연해²〔連一〕 副 〔'연하여'의 준말〕引き続き. 続けて. しきりに.

연행〔連行〕 名 하他 連行. ¶용의자를 ～하다 容疑者を連行する.

연혁〔沿革〕 名 沿革. ¶ 우리 회사의 ~ わが社の沿革.
연호¹〔年號〕 名 年号. 元号.
연호²〔連呼〕 名 하他 連呼. ¶ 입후보자의 이름을 ~하다 立候補者の名前を連呼する.
연화¹〔軟化〕 名 하自他 軟化. **1** 固い物が[を]軟らかくなる[する]こと. **2** 強硬な言動が穏やかになること. ¶ 그의 태도가 ~되었다 彼の態度が軟化した. **3** 〔經〕 金利·相場が下がること.
연화병〔一病〕 名 〔農〕 軟化病.
연화²〔軟貨〕 名 〔經〕 軟貨.
연회〔宴會〕 名 宴会. ¶ ~장 宴会場 / ~석 宴会の席 / ~를 베풀다 宴会を催す.
연후〔然後〕 副 (‘연후, 연후에’의 꼴로) そうした後で. しかる後に. ¶ 돈을 번 ~에 집을 사자 金をもうけた後で家を買おう.
연휴〔連休〕 名 連休. ¶ ~를 즐기는 관광객 連休楽しむ観光客.
열¹〔列〕 Ⅰ 名 列. ¶ ~을 짓다 列を作る. 「ぶ. Ⅱ 依名 …列. ¶ 2~로 서다 2列に並
열²〔熱〕 名 熱. **1** 〔物〕 熱. ¶ 이 유리는 ~에 강하다 このガラスは熱に強い. **2** 〔‘신열’의 준말〕 (体の)熱. ¶ 감기로 ~이 났다 風邪で熱が出た. **3** 〔‘열성’의 준말〕 熱. 情熱. ¶ 축구~ サッカー熱. **4** 〔‘열화(熱火)’의 준말〕 激しいようす.
열³ 數 十. 10. ¶ ~ 달 10か月 / ~ 손가락 十指.
〔속담〕 **열 길 물속은 알아도 한 길 사람의 속은 모른다** 十尋の水の底は分かっても一尋の人間の心の底は分からない〈とかく人の心は知り難いものだ〉. **열 번 찍어 아니 넘어가는 나무 없다** 10回も切りつけられて倒れない木はない〈繰り返して努力すればついには成功するものだ. いくら強固な決意をしていても繰り返して誘惑されるとついにはその誘惑に負ける〉.
열-⁴ 接頭 若い·幼いの意を表わす. ¶ ~무 幼い大根.
열⁵ 名 〔‘총열’의 준말〕 銃身.
열간 압연〔熱間壓延〕 名 〔工〕 熱間圧延.
열강〔列強〕 名 列強. 強い国々. ¶ 세계의 ~ 世界の列強.
열거〔列擧〕 名 하他 列挙. ¶ 문제점을 ~하다 問題点を列挙する.
열광〔熱狂〕 名 하自 熱狂. ¶ ~의 도가니 熱狂のるつぼ / 청중을 ~시키다 聴衆を熱狂させる.
열광적〔一的〕 冠 名 熱狂的. ¶ ~인 환영을 받다 熱狂的な歓迎を受ける.
열국〔列國〕 名 列国. 各国.
열기〔熱氣〕 名 熱気. **1** 熱い空気. 暑気. ¶ 여름의 ~에 지쳤다 暑気負けをした. **2** 高い体温. ¶ 아직도 몸에 ~가 있다 いまだに熱がある. **3** 興奮した意気込み. ¶ ~에 가득찬 응원 熱気に満ちた応援.
열기 요법〔一療法〕 名 〔醫〕 熱気浴.
열기욕〔一浴〕 名 〔醫〕 熱気浴.
열기관〔熱機關〕 名 〔物〕 熱機関.
열김〔熱一〕 名 **1** 胸の底から込み上がる勢い. **2** 腹立ちまぎれ. 腹いせ.
열나다〔熱一〕 自 **1** (体の)熱が出る. **2** 意欲がわいて気勢があがる. 熱を上げる. ¶ 열나게 공부하다 熱心に勉強する. **3** 怒る. 興奮する. 癪に障る. ¶ 열나게 하지 마 怒らせるな.
열나절 名 (ある限度内で)非常に長い間. ¶ ~ 저렇게 잠만 자고 있네 いつまであんなに寝てばかりいるんだろう.
열녀〔烈女〕 名 烈女. 烈婦.
열녀문〔一門〕 名 烈女を顕彰するために立てた赤い門.
열녀비〔一碑〕 名 烈女の碑.
열녀전〔一傳〕 名 烈女伝.
열다¹ 自 (実が)実る. なる. ¶ 귤이 ~ みかんがなる.
열다² 他 **1** (戸·窓·ふた·栓などを)開く. 開ける. ¶ 창문을 ~ 窓を開ける / 냄비 뚜껑을 ~ 鍋のふたを開ける. **2** (事業·店などを)始める. 開業する. 営業する. 開く. ¶ 상점을 새로 ~ 店を新たに始める / 가게를 일찍 열고 손님을 맞다 店を早目に開いてお客を迎える. **3** (会議·集まりなどを)開く. 催す. ¶ 국회를 ~ 国会を開く / 주주 총회를 ~ 株主総会を催す. **4** (関係を)結ぶ. 開く. 開放する. ¶ 외교 관계의 길을 ~ 外交関係の道を開く / 문호를 ~ 門戸を開放する. **5** (進むべき道を)切り開く. 開拓する. ¶ 새 시대를 ~ 新しい時代を開く.
열대〔熱帶〕 名 〔地〕 熱帯. ¶ ~림 熱帯林 / ~어 熱帯魚 / ~병 熱帯病 / ~ 기후 熱帯気候.
열대과실〔一果實〕 名 〔植〕 熱帯果実.
열대 식물〔一植物〕 名 〔植〕 熱帯植物.
열대야〔一夜〕 名 熱帯夜.
열댓 數 15ぐらい. ¶ ~ 사람의 회원 15人ぐらいの会員.
열도〔列島〕 名 〔地〕 列島.
열독〔閱讀〕 名 하他 閲読. ¶ 연감을 ~하다 年鑑を閲読する.
열등〔劣等〕 名 하形 劣等. 反 優等 ¶ ~생 劣等生 / ~의식 劣等意識.
열등감〔一感〕 名 〔心〕 劣等感. コンプレックス. ¶ ~을 가지다 劣等感を抱く.
열띠다〔熱一〕 形 熱を帯びる. 熱っぽくなる. ¶ 열띤 어조로 역설하다 熱っぽい口調で力説する / 열띤 응원을 하다 熱のこもった応援をする.
열람〔閱覽〕 名 하他 閲覧. 閲読. ¶ ~자[실] 閲覧者[室] / 도서를 ~하다 図書を閲読する.
열량〔熱量〕 名 〔物〕 熱量. ¶ 초콜릿은 ~이 높다 チョコレートは熱量が高い.
열량계〔一計〕 名 〔物〕 熱量計.
열렬하다〔熱烈一·烈烈一〕 形 熱烈だ. 烈々だ. ¶ 열렬한 사랑 熱烈な愛 / 열렬한 투지 烈々たる闘志. **열렬히** 副 熱烈に. ¶ ~ 환영하다 熱烈に歓迎する.
열리다¹ 自 (実が)実る. なる. ¶ 사과가 ~ りんごがなる.
열리다² 自 **1** (戸·窓などが)開かれる.

開く. あく. ¶ 정문이 ～ 正門が開く / 창문이 ～ 窓が開かれる. **2** (文化が)開発される. 開花する. ¶ 경제 발전의 길이 ～ 経済発展の道が開かれる. **3** (集会などが)開かれる. 催される. ¶ 임시 총회가 ～ 臨時総会が開かれる / 환영회가 ～ 歓迎会が催される. **4** (業務が)始まる. ¶ 은행은 아홉 시에 열린다 銀行は9時に開く. **5** (道が)開ける. ¶ 해결에의 길이 ～ 解決への道が開ける.

열망〔熱望〕 名 하他 熱望. 熱願. ¶ 자주 독립을 ～하다 自主独立を熱望する.

열매 名 **1** 果実. 実. ¶ 나무 ～ 木の実 / 감나무에 ～가 많이 맺혔다 柿の実がたくさんなった. **2** 成果. 実. ¶ 피나는 노력이 오늘의 ～를 맺게 했다 身をけずるような努力が今日の成功をもたらした.

열무 名 幼い大根.

열반〔涅槃〕 名 하自 〔佛〕 涅槃. ¶ ～에 드신 고승 涅槃に入った高僧.

열변〔熱辯〕 名 熱弁. ¶ ～을 토하다 熱弁を吐く[ふるう].

열병¹〔閱兵〕 名 하自 〔軍〕 閲兵. ¶ ～식 閲兵式.

열병²〔熱病〕 名 **1** 熱病. **2** 〈俗〉 腸チフス.

열브스름하다 形 (ふとん·綿入れの衣服などが)やや薄い. ¶ 이불을 열브스름한 것으로 바꾸다 ふとんを薄めのものに替える.

열사〔烈士〕 名 烈士. ¶ 항일 ～ 抗日の烈士.

열사병〔熱射病〕 名〔醫〕 熱射病.

열상〔裂傷〕 名 裂傷. ¶ 다리에 ～을 입었다 足に裂傷を負った.

열석〔列席〕 名 하自 列席. ¶ ～한 내빈 列席した来賓.

열성¹〔劣性〕 名 劣性. 反 優性. ¶ ～ 유전 劣性遺伝.

열성²〔列聖〕 名 列聖.

열성조〔一朝〕 名 歴代の王朝.

열성³〔熱誠〕 名 熱誠. ひたむきな真心. ¶ ～을 바치다 真心をささげる.

열성껏 副 真心を尽くして. ¶ ～ 봉사하다 真心を尽くして奉仕する.

열성적〔一的〕 冠名 熱烈. 熱心. ¶ ～인 지원 熱い支援.

열세〔劣勢〕 名 하形 劣勢. ¶ ～에 몰리다 劣勢に陥る / ～를 만회하다 劣勢を挽回する.

열쇠 名 **1** 鍵. キー. ¶ ～로 문을 열다 鍵でドアを開ける / ～ 구멍 鍵穴. **2** (問題解決などの)手がかり. 鍵. ¶ 이 사건의 ～는 그가 쥐고 있다 この事件の鍵は彼が握っている.

열심〔熱心〕 名 熱心. 熱意. ¶ 학문에 대한 ～이 이만저만이 아니다 学問に対する熱意が並大抵ではない. **열심히** 副 一生懸命. 熱心に. ¶ ～ 일하다 一生懸命働く.

열싸다 形 すばしこい. (よく気が)つく. 回る. ¶ 열싼 행동 すばしこい動き.

열악하다〔劣惡一〕 形 劣悪だ. ¶ 열악한 작업 환경 劣悪な作業環境.

열애〔熱愛〕 名 하他 熱愛.

열어젖뜨리다〔-젖트리다〕 他 (戸·窓などを)思いきり開け放つ. ¶ 창문을 ～ 窓を開け放つ.

열없다 形 **1** 〔부끄럽다〕 照れくさい. きまりが悪い. 気恥ずかしい. ¶ 열없어 웃고만 있는 아가씨 気恥ずかしくて笑ってばかりいる娘. **2** (性格·行動が)しまりがない. しっかりしていない. ¶ 하는 짓마다 열없는 사나이 することなすことがしまりがない男. **3** 〔겁이 많다〕 臆病だ. ものおじする. ¶ 열없는 아이 臆病な子供. **열없이** 副 恥ずかしそうに. 照れくさく.

열에너지〔熱一〕 名〔物〕 熱エネルギー.

열역학〔熱力學〕 名〔物〕 熱力学.

열연〔熱演〕 名 하他 熱演. ¶ 햄릿역을 ～하다 ハムレット役を熱演する.

열외〔列外〕 名 列外. ¶ ～로 나오다 列外に出る.

열용량〔熱容量〕 名〔物〕 熱容量.

열원¹〔熱源〕 名〔物〕 熱源.

열원²〔熱願〕 名 하他 熱願. 熱望. ¶ 성공을 ～하다 成功を熱願する.

열의〔熱意〕 名 熱意. ¶ 일에 대한 ～가 없다 仕事に対する熱意がない.

열전¹〔列傳〕 名 列伝. ¶ 위인 ～ 偉人列伝.

열전²〔熱戰〕 名 熱戦. ¶ 일대 ～을 벌였다 一大熱戦を繰り広げた.

열전도〔熱傳導〕 名〔物〕 熱伝導.

열전자〔熱電子〕 名〔物〕 熱電子.

열정¹〔劣情〕 名 劣情. ¶ ～을 자극하다 劣情を刺激する.

열정²〔熱情〕 名 熱情. ¶ ～이 넘치는 연설 熱情あふれる演説.

열중〔熱中〕 名 하自 熱中. 夢中. ¶ 공부에만 ～하는 학생 勉強にのみ専念する学生 / 낚시에 ～해 있다 釣りに熱中している.

열중쉬어〔列中一〕 感 〈号令で〉休め.

열째 數 10番目. 第10.

열차〔列車〕 名 列車. ¶ 급행[완행] ～ 急行[鈍行]列車 / 상행[하행] ～ 上り[下り]列車 / ～를 타다 列車に乗る.

열창〔熱唱〕 名 하他 熱唱.

열처리〔熱處理〕 名 하他 熱処理.

열탕〔熱湯〕 名 熱湯. 煮え湯.

열퉁적다 形 ぶしつけだ. ぶっきらぼうだ. ¶ 열퉁적게 말을 건네다 ぶしつけに言葉をかけた.

열풍¹〔烈風〕 名 烈風. ¶ ～이 불다 烈風が吹く.

열풍²〔熱風〕 名 熱風. ¶ 사막의 ～ 砂漠の熱風.

열학〔熱學〕 名〔物〕 熱学.

열핵〔熱核〕 名〔物〕 熱核.

열핵 반응〔一反應〕 名〔物〕 熱核反応.

열핵 융합〔一融合〕 名 熱核融合.

열혈〔熱血〕 名 熱血. ¶ ～한 熱血漢.

열화〔烈火〕 名 烈火. ¶ ～와 같은 정열 烈火のような情熱.

열효율〔熱效率〕 名〔物〕 熱効率.

열흘 名 **1** 10日. 10日間. 旬日. ¶ 병으로 ～이나 쉬었다 病気で10日も休んだ. **2** 〔'열흘날'의 준말〕 十日目. **3** 〔'초열흘'의 준말〕 (月の)10日. ¶3

월 ～ 3月の10日.
 열흘날 名 **1** 10日目. **2** 〔'초열흘날(初一)'의 준말〕(月の)10日.
엷다 形 **1** (厚さが)薄い. ¶ 엷은 이불 薄い布団. **2** (味·色彩などが)薄い. 淡い. ¶ 엷은 하늘색 薄い空色. **3** (学識などが)浅い. (態度が)軽薄だ. **4** (笑いなどが)かすかだ. ¶ 입가에 엷은 미소를 띠다 口元に笑みをたたえる. **5** (密度·濃度が)薄い. ¶ 엷은 안개가 끼었다 うっすらと霧が立ちこめた.
염¹〔炎〕 **Ⅰ** 名 炎症. **Ⅱ** 接尾 …炎. ¶ 중이～ 中耳炎 / 피부～ 皮膚炎.
염²〔鹽〕 名 **1** 塩. **2** 〔化〕 塩. ¶ 황산～ 硫酸塩.
염³〔殮〕 名 하他 〔'염습(殮襲)'의 준말〕 死体を清めた後, 帷子を着せること.
염가〔廉價〕 名 廉価. 安価. 安値. 低価. ¶ ～ 판매 廉価販売.
염기〔鹽基〕 名〔化〕 塩基. ¶ ～도 塩基度.
 염기산〔一酸〕 名〔化〕 塩基酸.
 염기성〔一性〕 名〔化〕 塩基性. ¶ ～ 산화물 塩基性酸化物 / ～암 塩基性岩 / ～염 塩基性塩 / ～ 염료 塩基性染料.
염낭〔一囊〕 名 巾着.
 염낭쌈지 名 巾着型のたばこ入れ.
염두〔念頭〕 名 **1** 念頭. ¶ ～에 두다[없다] 念頭に置く[ない]. **2** 意欲. 考え. 心.
염라〔閻羅〕 名 閻羅. 閻魔.
 염라국〔一國〕 名〔佛〕 閻羅王の統治するあの世. 閻魔の庁. 冥府.
 염라대왕〔一大王〕 名〔佛〕 閻魔大王.
염려〔念慮〕 名 하他 配慮. 心配. 気遣い. 気がかり. 心掛かり. ¶ 남에게 알려질 ～는 없다 人に知られる心配はない / 건강이 ～된다 健康が気遣われる.
 염려스럽다 形 気遣わしい. 気がかりだ. **염려스레** 副 気遣わしく.
염료〔染料〕 名 染料. ¶ ～ 식물 染料植物 / 합성 ～ 合成染料.
염류〔鹽類〕 名 塩類.
 염류천〔一泉〕 名〔地〕 塩類泉.
염마〔閻魔〕 名〔佛〕 閻魔. 閻羅.
염매〔廉賣〕 名 하他 廉売. 安売り.
염문〔艶聞〕 名 艶聞. ¶ ～이 끊이지 않다 艶聞がたえない.
염병〔染病〕 名 하自 **1** 〔韓方〕 腸チフス. **2** 〔'전염병'의 준말〕 伝染病.
염복〔艶福〕 名 艶福. ¶ ～이 있는 사나이인 줄 생각 못 했다 艶福のある男とは思わなかった.
염분〔鹽分〕 名 塩分. 塩気. ¶ ～을 없애다 塩気を取り除く.
염불〔念佛〕 名 하自 〔佛〕 念仏. ¶ ～을 외다 念仏を唱える.
 〔속담〕 **염불에는 맘이 없고 잿밥에만 맘이 있다** 念仏にはうわの空で, 供え物だけに気がある〈本筋をはずれて瑣末なことのみに関心を示す〉.
 염불 삼매〔一三昧〕 名〔佛〕 念仏三昧.
염산〔鹽酸〕 名〔化〕 塩酸.
 염산가스 名〔化〕 塩酸ガス.
염색〔染色〕 名 하他 染色. ¶ ～법 染め方 / 머리를 ～하다 髪を染める.
 염색체〔一體〕 名〔生〕 染色体.
염서〔炎暑〕 名 炎暑. 炎熱.
염세〔厭世〕 名 하自 厭世. ¶ ～가 厭世家.
 염세관〔一觀〕 名 厭世観. ペシミズム.
 염세 문학〔一文學〕 名〔文〕 厭世文学.
 염세적〔一的〕 冠 名 厭世的. ¶ ～인 사고방식 厭世的な考え方.
 염세주의〔一主義〕 名 厭世主義. ペシミズム.
염소¹ 名〔動〕 山羊.
염소²〔鹽素〕 名〔化〕 塩素.
 염소량〔一量〕 名 塩素量.
 염소산〔一酸〕 名〔化〕 塩素酸.
 염소산나트륨〔一酸 (독) Natrium〕 名〔化〕 塩素酸ナトリウム.
 염소산칼륨〔一酸 (독) Kalium〕 名〔化〕 塩素酸カリウム.
염송〔念誦〕 名 하他〔佛〕 念誦.
염수〔鹽水〕 名 塩水.
염습〔殮襲〕 名 하他 死体を清めた後, 衣を着せて布で縛ること.
염열〔炎熱〕 名 炎熱. 炎暑.
염오〔厭惡〕 名 하他 厭悪. 嫌悪.
염원〔念願〕 名 하他 念願. ¶ 성공을 ～하고 있었다 成功を念願していた / ～이 이루어졌다 念願がかなう.
염장〔鹽藏〕 名 하他 塩蔵. 塩漬け.
염전〔鹽田〕 名 塩田.
염정〔艶情〕 名 艶情. 恋情.
염좌〔捻挫〕 名〔韓方〕 捻坐.
염주〔念珠〕 名〔佛〕 念珠. 数珠.
염증¹〔炎症〕 名〔醫〕 炎症. ¶ ～이 생기다 炎症が生じる.
염증²〔厭症〕 名 飽きること. 嫌気. ¶ ～이 나다 嫌気が差す / ～을 느끼다 嫌気を催す.
염직〔染織〕 名 하他 染織. **1** 染色すること. **2** 布を染めることと織ること.
염천〔炎天〕 名 **1** 炎天. 炎暑. **2** 九天の一つ. 南の空.
염초〔焰硝〕 名 焔硝. **1**〔韓方〕朴硝からなる韓方の薬料. **2** 火薬. **3** 硝酸カリウム.
염출〔捻出〕 名 하他 捻出. **1** 案出. ひねり出すこと. ¶ 적당한 예문을 ～하다 適当な例文を考え出す. **2** 拠出. ¶ 비용을 ～하다 費用を捻出する.
염치〔廉恥〕 名 廉恥.
 염치머리 名 〈俗〉 廉恥.
 염치없다 形 恥知らずだ. 破廉恥だ. **염치없이** 副 破廉恥に.
염탐〔廉探〕 名 하他 ひそかに事情を探ること.
 염탐꾼 名 密偵. 回し者. スパイ. 間諜.
염통 名〔生〕 心臓.
염하다¹〔殮一〕 他 死体を清め経帷子を着せる.
염하다²〔念一〕 他〔佛〕 念ずる. 祈願する.
염화〔鹽化〕 名 하自〔化〕 塩化. ¶ ～나트륨 塩化ナトリウム / ～칼륨 塩化カリウム.

염화물〔一物〕 名〔化〕 塩化物.
엽견〔獵犬〕 名 猟犬.
엽관〔獵官〕 名 하自 猟官.
엽궐련 名 葉巻. シガー.
엽기〔獵奇〕 名 猟奇. ¶ ～ 소설 猟奇小説.
엽기적〔一的〕 冠 名 猟奇的. ¶ ～인 사건 猟奇的な事件.
엽록소〔葉綠素〕 名〔植〕 葉緑素.
엽록체〔葉綠體〕 名〔植〕 葉緑体.
엽맥〔葉脈〕 名〔植〕 葉脈.
엽병〔葉柄〕 名〔植〕 葉柄.
엽산〔葉酸〕 名〔化〕 葉酸.
엽상〔葉狀〕 名 葉状.
엽상경〔一莖〕 名〔植〕 葉状茎.
엽상 식물〔一植物〕 名〔植〕 葉状植物.
엽상체〔一體〕 名〔植〕 葉状体.
엽색〔獵色〕 名 하自 猟色. 漁色.
엽색가〔一家〕 名 猟色家.
엽서〔葉書〕 名 葉書. ¶ 그림 ～ 絵葉書 / ～를 띄우다 葉書を出す.
엽전〔葉錢〕 名 黄銅でつくった昔の通貨.
엽차〔葉茶〕 名 葉茶.
엽총〔獵銃〕 名 猟銃.
엿¹ 名 飴.
엿² 數 六つ. 6. ¶ ～ 되 6升 / 쌀 ～ 말 米6斗 / ～새째 六日目. ▷ 하나¹
엿가락 名 棒状の飴.
엿가래 名 棒状の飴.
엿가위 名 飴売りの打ち鳴らす大きな鋏.
엿기름 名 麦芽.
엿기름가루 名 麦芽の粉.
엿기름물 名 麦芽の粉を水に浸した上水.
엿듣다 他 立ち聞きする. 盗み聞きする. 盗聴する. ¶ 전화를 ～ 電話を盗聴する.
엿보다 他 **1** 盗み見る. のぞき見る. のぞく. ¶ 밖에서 안을 ～ 外から内をのぞき見る. **2** うかがい知る. うかがう. ねらう. ¶ 달아날 틈을 ～ 逃げ出す隙をねらう.
엿새 名 6日. **1** 6日間. ¶ ～ 동안의 출장 6日間の出張. **2** 〔'엿샛날'의 준말〕 6日目. **3** 〔'초엿새'의 준말〕 (月の)6日.
엿샛날 名 **1** 6日目. **2** 〔'초엿샛날'의 준말〕 月の6番目の日. 6日.
엿장수 名 飴売り.
엿치기 名 하自 棒飴を折って, 切り口に穴のあるなし, または穴の大小で勝負する賭け.
영¹ 名 〔'이엉'의 준말〕 わらぶき用の屋根わら.
영²〔令〕 名 **1** 〔'명령'의 준말〕 令. 命令. **2**〔'법령'의 준말〕 令. 法令.
영³〔英〕 名 **1** 〔'영국'의 준말〕 英国. イギリス. ¶ 주～ 대사 駐英大使. **2**〔'영어'의 준말〕 英語.
영⁴〔零〕 名 零. ゼロ. ¶ 야구에서 3대 ～으로 졌다 野球で3対0で負けた.
영⁵〔嶺〕 名 峰. 峠.
영⁶〔靈〕 名 霊. **1**〔'신령'의 준말〕 神霊. **2**〔'영혼'의 준말〕 霊魂.
영⁷ 副 まったく. 全然. ¶ ～ 기운이 없어 보인다 まるで元気がなさそうに見える.
영⁸〔永〕 副〔'영영'의 준말〕 とわに. 永遠に. ¶ ～ 소식이 없다 とわに便りがない.
영-⁹〔令〕 接頭〔남의 가족을 경의를 표하여 부르는 말〕 令…. ¶ ～매 令妹 / ～부인 令夫人.
영가〔靈歌〕 名〔樂〕 霊歌. ¶ 흑인 ～ 黒人霊歌.
영감¹〔令監〕 名 **1** 老夫婦の妻が夫を呼ぶ尊敬語. **2** (他人の)老年の男性に対する尊敬語. **3**〔史〕 正三品と従二品の官吏の呼び名.
영감마님 名 '영감 3'의 높임말.
영감쟁이 名 老いぼれ.
영감태기 名 〈俗〉 老人をぞんざいに言う語.
영감²〔靈感〕 名 霊感. お告げ. インスピレーション. ¶ ～이 떠오르다 霊感が浮かぶ.
영걸〔英傑〕 名 하形 英傑. **1** 英雄と豪傑. **2** 英敏でずば抜けていること[人]. ¶ ～한 인물이다 傑出した人物だ.
영걸지주〔一之主〕 名 英傑な君主.
영검〔靈一〕 名 하形 霊験. ¶ 참으로 신통 ～한 신불 ほんとに霊験あらたかな神仏.
영겁〔永劫〕 名〔佛〕 永劫. 永遠の月日. ¶ ～ 불변 永劫不変 / ～ 회귀 永劫回帰.
영결〔永訣〕 名 하自 永訣. 死別.
영결식〔一式〕 名 葬礼の告別式.
영결종천〔一終天〕 名 하自 永遠に死に別れること.
영계¹〔一鷄〕 名 若鶏.
영계구이 名〔料理〕 若鶏の焼き肉.
영계백숙〔一白熟〕 名〔料理〕 若鶏の丸のままの水炊き.
영계찜 名〔料理〕 若鶏の丸蒸し.
영계²〔靈界〕 名 霊界.
영고〔榮枯〕 名 栄枯. ¶ ～성쇠 栄枯盛衰.
영공〔領空〕 名 領空. ¶ ～설 領空説 / ～ 침범 領空侵犯.
영공권〔一權〕 名 領空権.
영관¹〔領官〕 名〔軍〕 少領・中領・大領の総称.
영관²〔榮冠〕 名 栄冠. 栄誉. ¶ 성공[승리]의 ～ 成功[勝利]の栄冠 / 입상의 ～을 얻었다 入賞の栄誉に浴した.
영광〔榮光〕 名 栄光. 光栄. ¶ 승리의 ～ 勝利の栄光 / 분에 넘치는 ～을 얻었다 身に余る光栄に浴した.
영광스럽다 形 栄光[光栄]の至りだ. 名誉である. ¶ 영광스러운 오늘의 졸업식 栄えある今日の卒業式. **영광스레** 副 光栄に.
영구¹〔永久〕 名 하形 永久. 永遠. 恒久. ¶ ～불변 永久不変 / ～ 보존 永久保存. **영구히** 副 永久に.
영구 기관〔一機關〕 名〔物〕 永久機関.
영구성〔一性〕 名 永久性. 恒久性.
영구 운동〔一運動〕 名〔物〕 永久運動.
영구 자석〔一磁石〕 名〔物〕 永久磁石.

　영구적〔一的〕 冠 名 永久的. 恒久的.
　영구치〔一齒〕 名〔生〕永久歯.
　영구화〔一化〕 名 하自他 永久化.
영구²〔靈柩〕 名 霊柩.
　영구차〔一車〕 名 霊柩車.
영국〔英國〕 名〔地〕英国. イギリス.
　영국 연방〔一聯邦〕 名 イギリス連邦. 英連邦.
영기¹〔英氣〕 名 英気. 才気.
영기²〔靈氣〕 名 霊気. ¶ ～가 서린 깊은 산 霊気が立ちこめる深い山.
영내¹〔領內〕 名 領内. 領地内.
영내²〔營內〕 名 営内. 兵営内.
영년〔永年〕 名 永年. 長い歳月.
영농〔營農〕 名 하自 営農. ¶ ～ 자금 営農資金 / ～비 営農費.
영단〔英斷〕 名 하他 英断. ¶ ～을 내리다 英断を下す.
영달〔榮達〕 名 하他 栄達. 出世.
영도¹〔零度〕 名 零度. ¶ 기온이 ～ 이하로 내려갔다 気温が零度以下に下がった.
영도²〔領導〕 名 하他 領導. 率先して指導すること. ¶ ～자 領導者.
영락〔零落〕 名 하自 零落. 落ちぶれること. ¶ ～한 귀족 零落した貴族.
　영락없다 形 的中する. 確かである. 間違いない. ¶ 그는 영락없는 범인이다 彼は間違いなく犯人だ. **영락없이** 副 たしかに. 間違いなく.
영령¹〔英領〕 名 英領. イギリスの領土. 英国領.
영령²〔英靈〕 名 英霊. ¶ 순국 ～ 殉国の英霊.
영롱하다〔玲瓏一〕 形 澄んでいる. きらきら輝いている. ¶ 영롱한 음성 澄んだ声 / 영롱한 구슬 きらきら輝いている玉.
영리〔營利〕 名 営利. ¶ ～ 법인 営利法人 / ～사업 営利事業 / ～주의 営利主義.
영리하다〔怜悧一·伶俐一〕 形 怜悧だ. 賢い. 利口だ. 頭が切れる. ¶ 영리한 소년 賢い少年.
영림〔營林〕 名 하自 営林. ¶ ～서 営林署.
영마루〔嶺一〕 名 山頂. 山の頂. ¶ ～는 눈에 덮여 있다 山の頂は雪に覆われている.
영매〔靈媒〕 名 霊媒. ¶ ～술 霊媒術.
영면〔永眠〕 名 하自 永眠. 永逝. 長逝. ¶ 졸연히 ～하다 卒然として永眠する.
영명〔令名〕 名 **1** 令名. 名声. ¶ ～을 천하에 떨치다 名声を天下にとどろかす. **2**〔남의 이름에 대한 높임말〕お名前.
영명하다〔英明一〕 形 英明だ. 英邁だ. ¶ 영명한 군주 英邁な君主.
영묘하다〔靈妙一〕 形 霊妙だ. 霊異だ.
영문¹ 名 わけ. 理由. 成り行き. ¶ 어찌된 ～인지 알 수가 없어요 どうなったのかわけが分かりません.
　◆**영문을 모르다** わけが分からない. 理由が分からない. ¶ 학업을 중단한 ～을 모르겠다 学業を中断した理由が分からない.
영문²〔英文〕 名 **1** 英文. ¶ ～과 英文科. **2** ローマ字. ¶ ～으로 쓰다 ローマ字で書く.
영문법〔英文法〕 名 英文法.
영문학〔英文學〕 名 英文学.
영물〔靈物〕 名 霊物.
영민하다〔英敏一〕 形 明敏だ. ¶ 두뇌가 매우 ～ 頭脳がきわめて明敏だ.
영별〔永別〕 名 하自 永別. 死別.
영봉¹〔零封〕 名 하他 (野球·サッカーなどの)完封. シャットアウト.
영봉²〔靈峯〕 名 霊峰. ¶ ～ 알프스 霊峰アルプス.
영부인〔令夫人〕 名 令夫人.
영빈〔迎賓〕 名 하自 迎賓. 客を迎えること. ¶ ～관 迎賓館.
영사¹〔映寫〕 名 하他 映写.
　영사기〔一機〕 名 映写機.
　영사막〔一幕〕 名 映写幕.
　영사실〔一室〕 名 映写室.
영사²〔領事〕 名 領事. ¶ ～ 재판권 領事裁判権.
　영사관〔一館〕 名 領事館.
영사³〔影寫〕 名 하他 影写. 敷き写し. 透き写し.
　영사본〔一本〕 名 影写本.
영산〔靈山〕 名 **1** 霊山. 神聖な山. **2** 神仏を祭る神聖な山.
영상〔映像〕 名 映像. **1** 像. ¶ 거울에 비친 ～ 鏡に映る映像. **2** イメージ. ¶ 아버지의 ～ 父の映像. **3** 画像. ¶ 텔레비전 ～에 나타났다 テレビの映像に現われた.
영색〔令色〕 名 令色. ¶ 교언～ 巧言令色.
영생〔永生〕 名 하自 永生. **1** 永遠の生命. **2**〔基〕天国での永遠の生命.
　영생불멸〔一不滅〕 名 하自 永生不滅.
영선〔營繕〕 名 하他 営繕. 造営と修繕.
　영선비〔一費〕 名 営繕費.
영세¹〔永世〕 名 永世. 永久. 永代. ¶ ～ 중립국 永世中立国.
　영세불망〔一不忘〕 名 하他 いつまでも忘れないこと.
영세²〔零細〕 名 하形 **1** 零細. ¶ ～ 기업 零細企業 / ～농 零細農. **2** 暮らしが貧しいこと. ¶ ～민에 대한 원조 零細民に対する援助.
영세³〔領洗〕 名〔基〕洗礼.
영속〔永續〕 名 하自他 永続. ながつづき.
　영속 변이〔一變異〕 名〔生〕永続変異.
　영속성〔一性〕 名 永続性.
　영속적〔一的〕 冠 名 永続的.
영송〔迎送〕 名 하他 送迎.
영수¹〔領收〕 名 하他 領収. 受領. ¶ ～증 領収証 / ～인 領収印.
영수²〔領袖〕 名 領袖. 首領.
영시¹〔英詩〕 名 英詩. 英語の詩.
영시²〔零時〕 名 零時. 夜の12時. ¶ ～발 야간열차 0時発の夜間列車.
영식〔令息〕 名 令息.
영신〔迎新〕 名 하自 新年を迎えること. ¶ 송구～ 旧年を送り新年を迎えること.
영아〔嬰兒〕 名 嬰児. 赤ん坊. 乳飲み児. 乳児. ¶ ～ 세례 嬰児洗礼.
영악스럽다 形 (見た目に)がめつい. 抜け目ない. **영악스레** 副 がめつく.

영악하다[1]〔靈惡―〕 形 (利害関係に)がめつい. 抜け目ない. 利にさとい. 小利口だ. ¶영악한 아이 利にさとい子供.
영악하다[2]〔獰惡―〕 形 獰猛だ. 凶悪で荒々しい. ¶영악한 도둑의 괴수 凶悪な盗賊の頭.
영안실〔靈安室〕 名 霊安室.
영약〔靈藥〕 名 霊薬. 妙薬.
영애〔令愛〕 名 令愛. 令嬢.
영양[1]〔令孃〕 名 令嬢.
영양[2]〔羚羊〕 名〔動〕羚羊.
 영양각〔―角〕 名〔韓方〕羚羊角.
영양[3]〔營養〕 名 栄養. ¶～실조 栄養失調／～을 섭취하다 栄養を摂取する.
 영양가〔―價〕 名 栄養価.
 영양분〔―分〕 名 栄養分.
 영양 불량〔―不良〕 名 栄養不良.
 영양사〔―士〕 名 栄養士.
 영양소〔―素〕 名 栄養素.
 영양식〔―食〕 名 栄養食.
 영양 장애〔―障礙〕 名〔生〕栄養障害.
 영양제〔―劑〕 名 栄養剤.
 영양학〔―學〕 名 栄養学.
영어[1]〔囹圄〕 名 囹圄. 牢屋.
영어[2]〔英語〕 名 英語. ¶～로 말하다 英語で話す.
영업〔營業〕 名 하自 営業. ¶～부 営業部／～자 営業者／～용 営業用／～ 금지 営業禁止／～시간 営業時間／～권 営業権／～세 営業税.
 영업 감찰〔―鑑札〕 名 営業鑑札.
 영업비〔―費〕 名 営業費.
 영업소〔―所〕 名 営業所.
 영업 소득〔―所得〕 名 営業所得.
 영업 정지〔―停止〕 名〔法〕営業停止.
영역[1]〔英譯〕 名 하他 英訳. ¶소월의 시를 ～하다 ソウォルの詩を英訳する.
영역[2]〔領域〕 名 領域. **1**〔法〕国家の主権の及ぶ範囲. ¶～을 침범한 적기 領域を侵犯した敵機. **2** 領分. 分野. ¶수학의 ～ 数学の領域／타인의 ～을 침범하다 他人の領分を侵す.
영역[3]〔靈域〕 名 霊域. 霊地. 神域.
영영〔永永〕 副 永久に. いつまでも. 永遠に. ¶～ 돌아오지 않았다 永久に帰って来なかった.
영예〔榮譽〕 名 栄誉. 栄名. 誉れ. ¶수상의 ～를 얻다 受賞の栄誉に浴する.
 영예롭다 形 栄誉である. 誉れである.
 영예로이 副 光栄に.
 영예스럽다 形 栄誉と思われる. 誉れと思われる.
영외〔營外〕 名 営外. 兵営の外. ¶～ 거주 営外居住.
영욕〔榮辱〕 名 栄辱. 栄誉と恥辱. ¶일신의 ～ 一身の栄辱.
영웅〔英雄〕 名 英雄. ヒーロー. ¶～숭배 英雄崇拝.
 영웅심〔―心〕 名 英雄心.
 영웅전〔―傳〕 名 英雄伝.
 영웅주의〔―主義〕 名 英雄主義.
 영웅호걸〔―豪傑〕 名 英雄豪傑.
영원[1]〔永遠〕 名 하形 永遠. 永久. 永劫. ¶～불멸 永遠不滅／그녀와의 ～한 이별 彼女との永遠の別れ.
 영원히 副 永遠に. 永久に. とこしえに.
 영원무궁〔―無窮〕 名 하形 永遠無窮.
영원[2]〔蠑蚖·蠑螈〕 名〔動〕井守.
영위〔營爲〕 名 하他 営為. 営み. 経営. ¶가정을 ～하다 家庭を営む.
영유〔領有〕 名 하他 領有. ¶～권 領有権／～지 領有地.
영육〔靈肉〕 名 霊肉. 霊魂と肉体.
 영육 일치〔―一致〕 名〔哲〕霊肉一致.
영이별〔永離別〕 名 하自 永訣. 永別. ながの別れ. 永久に別れること. ¶그와 ～했다 彼と永別した.
영인〔影印〕 名 하他 影印.
 영인본〔―本〕 名 影印本.
영일〔寧日〕 名 寧日. 安らかな日. ¶국사가 다망하여 ～이 없다 国事が多忙で気の休まる日がない.
영입〔迎入〕 名 하他 迎え入れること. ¶유능한 경영자를 ～하다 有能な経営者を迎え入れる.
영자〔英字〕 名 英字. ¶～ 신문을 구독하다 英字新聞を購読する.
영작〔英作〕 名〔'영작문'의 준말〕英作文.
 영작문〔―文〕 名 英作文.
영장[1]〔令狀〕 名 令状. ¶소집 ～ 召集令状／체포 ～ 逮捕令状.
영장[2]〔靈長〕 名 霊長. ¶사람은 만물의 ～이다 人は万物の霊長だ.
 영장류〔―類〕 名〔動〕霊長類.
영재〔英才〕 名 英才. ¶～ 교육 英才教育.
영적〔靈的〕 冠名 霊的. ¶～인 세계 霊的な世界.
영전[1]〔榮轉〕 名 하自 栄転. ¶2계급 특진과 함께 ～되었다 二階級特進とともに栄転した.
영전[2]〔靈前〕 名 霊前. ¶고인의 ～에 꽃을 바치다 故人の霊前に花を手向ける.
영점〔零點〕 名 零点. ゼロ. ¶시험에서 ～을 받다 試験で零点を取る.
영접〔迎接〕 名 하他 迎接. 出迎えて応対すること. ¶공항에서 ～하다 空港で出迎えて応接する.
영정〔影幀〕 名 影像. 肖像を表装した掛け物.
영제〔令弟〕 名 令弟.
영조〔營造〕 名 하他 営造. 造営.
 영조물〔―物〕 名 **1** 建造物. **2**〔法〕営造物.
영존〔永存〕 名 하自他 永存. 永久に存在すること.
영주[1]〔永住〕 名 하自 永住. ¶그들에게 ～의 땅은 어디에도 없었다 彼らに永住の地はどこにもなかった.
 영주권〔―權〕 名 永住権.
영주[2]〔英主〕 名 英主. 明君.
영주[3]〔領主〕 名 **1**〔史〕領主. 領地·荘園の所有者. ¶～ 재판권 領主裁判権. **2** 地主.
영지[1]〔領地〕 名 領地.
영지[2]〔靈芝〕 名〔植〕万年茸. 霊芝.
영지[3]〔靈地〕 名 霊地. 霊場. 霊境. ¶～ 순례 霊地巡礼.
영진〔榮進〕 名 하自 栄進. 栄達. ¶

편집국장으로 ~했다 編集局長に栄進した.

영차 感〔'이영차'의 준말〕よいしょ. よいさ.

영창¹〔詠唱〕名〔樂〕詠唱. アリア.

영창²〔映窓〕名〔建〕部屋と板の間との間仕切りにはめて明かりを取る2枚の引き障子.

영창³〔營倉〕名〔軍〕営倉.

영치〔領置〕名 하他〔法〕領置. ¶ 피고의 유류품을 ~하다 被告の遺留品を領置する.

영치금〔一金〕名 領置金.

영치기 感〔무거운 물건을 여럿이 목도하여 운반할 때 힘을 맞추기 위하여 내는 소리〕よいしょ. よいさ. えいやこら. どっこいしょ.

영탄〔詠歎〕名 하自 詠嘆. ¶ ~의 소리를 내다 詠嘆の声を漏らす.

영토〔領土〕名〔法〕領土. ¶ ~ 분쟁 領土紛争 / 타국의 ~를 침범하다 他国の領土を侵す.

영토 주권〔一主權〕名〔法〕領土主権.

영특하다〔英特一〕形 英明だ. ¶ 영특한 군주 英明な君主.

영패〔零敗〕名 하自 零敗. ゼロ敗. ¶ ~를 당하다[면하다] 零敗を喫する[免れる].

영하〔零下〕名 零下. 氷点下. ¶ ~ 18도 零下18度.

영한〔英韓〕名 英韓. **1** イギリスと韓国. **2** 英語と韓国語. ¶ ~사전 英韓辞典.

영합〔迎合〕名 하自 **1** 迎合. へつらい. 取り入ること. ¶ ~주의 迎合主義 / 독자에게 ~하다 読者に迎合する. **2** 気が合うこと. ¶ ~하여 사업을 같이하다 気が合って事業を共に行なう.

영해〔領海〕名〔法〕領海. ¶ ~ 침범 領海侵犯 / ~권 領海権 / ~ 어업 領海漁業.

영향〔影響〕名 影響. ¶ ~력 影響力 / ~을 미치다 影響を及ぼす / ~을 주다[받다] 影響を与える[受ける].

영험〔靈驗〕名 霊験.

영형〔令兄〕名 **1**〔남의 형의 높임말〕令兄. **2** (手紙で)親友の尊敬語.

영혼〔靈魂〕名 霊魂. 魂. ¶ ~ 불멸 霊魂不滅.

영화¹〔映畫〕名 映画. ¶ 외국 ~ 外国映画 / ~계 映画界 / ~배우[감독] 映画俳優[監督] / ~ 구경 가다 映画を見に行く.

영화관〔一館〕名 映画館.

영화사〔一社〕名 映画社.

영화 예술〔一藝術〕名 映画芸術.

영화 음악〔一音樂〕名 映画音楽.

영화제〔一祭〕名 映画祭.

영화화〔一化〕名 하自他 映画化.

영화²〔榮華〕名 栄華. ¶ ~를 누리다 栄華を極める.

영화롭다 形 栄華を極める. ¶ 영화로운 생애 栄華を極めた生涯. **영화로이** 副 栄華を極めて.

영화스럽다 形 華やかなようすである.

영화스레 副 栄華を極めて.

옅다 形 **1** 浅い. ¶ 옅은 강 浅い川. **2** (色が)薄い. ¶ 빛깔이 ~ 色が薄い. **3** 薄情だ. ¶ 정이 옅은 사람 薄情な人. **4** (考えや知識が)浅い. ¶ 학식이 ~ 学識が浅い / 소견이 ~ 所見が浅い.

옆 名 横. そば. 傍ら. わき. 隣. ¶ ~에 다가서다 そばに寄る / 학교 바로 ~에 살고 있다 学校のすぐ隣に住んでいる / ~에서 도와주다 傍らで面倒を見る / ~에서 참견하지 마 横から口を出すな.

옆구리 名 脇. わき腹. 横腹. 脾腹. ¶ ~가 아프다 横腹が痛む / 책을 ~에 끼다 本を脇に抱かえる.

옆길 名 わき道. 横道. 横筋. ¶ 늘 ~을 지나서 집으로 간다 いつも横道を通って家へ帰る.

옆면〔一面〕名 側面.

옆바람 名 船の帆の横を吹き抜ける風.

옆발치 名 寝ている人の足下の方.

옆방〔一房〕名 隣の部屋.

옆얼굴 名 横顔.

옆자리 名 隣席. 隣の席.

옆줄 名 **1** 横に伸びた線. 横線. よこの列. **2**〔動〕側線.

옆질 名 하自 (船の)横揺れ. ローリング.

옆집 名 隣家. 隣の家.

옆찌르다 自 ひそかに知らせるため脇をつつく.

예¹ 名 昔. 古. ずっと以前. かつて. ¶ ~로부터 昔から / ~나 지금이나 변함없는 인정 昔も今も変わらない人情.

예²〔例〕名 **1**〔'전례'의 준말〕例. 前例. 先例. ためし. ¶ 약속 시간에 온 ~가 없다 約束の時間に来たためしがない. **2** (世の中の)ありふれたこと. 例. ¶ ~를 들면 例えば / 그런 ~는 얼마든지 있다 そういう例はいくらでもある. **3**〔'예의'의 꼴로〕例の. いつもの. (以前に話題にのぼった)例の. ¶ ~의 그 다방에서 만납시다 いつものあの喫茶店で会いましょう.

예³〔禮〕名 礼. **1** 礼儀. エチケット. ¶ 윗사람에게 ~를 지키다 目上の人に対して礼を守る. **2** 礼式. **3**〔'경례'의 준말〕敬礼.

예⁴ 代〔'여기'의 준말〕ここ. ここに. ¶ ~가 어디냐? ここはどこだ.

예⁵ 感 **1**〔긍정적인 대답〕はい. ええ. ¶ ~, 선배님의 말씀 그대로입니다 はい, 先輩のお言葉のとおりです. **2**〔재우쳐 묻는 소리〕えっ. ¶ ~, 뭐라고요? えっ, 何ですって.

예각〔銳角〕名〔數〕鋭角.

예감〔豫感〕名 하他 予感. 第六感. 虫の知らせ. ¶ 불길한 ~이 든다 不吉な予感がする / 그가 온다는 ~이 맞았다 彼が来るという予感があたった.

예거〔例擧〕名 하自他 挙例. 例をあげること.

예견〔豫見〕名 하他 予見. 予測. ¶ 먼 장래를 ~하다 遠い将来を予見する.

예고〔豫告〕名 하他 予告. 前ぶれ. ¶ ~편 予告篇 / ~도 없이 前ぶれもなく.

예과〔豫科〕名 予科. 教養課程. ¶ 의과 대학 ~ 医科大学予科.

예광탄〔曳光彈〕 名〔軍〕 曳光弾.
예규〔例規〕 名 例規. ¶ 법률 ~ 法律の例規.
예금〔預金〕 名 하他 預金. ¶ ~ 통장 預金通帳 / 정기 ~ 定期預金 / 은행에 ~하다 銀行に預金する.
　예금 보험〔—保険〕 名〔經〕 預金保険.
　예금 어음 名〔經〕 預金手形.
　예금 협정〔—協定〕 名〔經〕 預金協定.
예기¹〔鋭氣〕 名 鋭気. ¶ 결전을 앞두고 ~를 기르다 決戦を控えて鋭気を養う.
　◆**예기를 지르다** (人の)鋭気をくじく.
　예기방장〔—方張〕 名 하形 鋭気が極めて盛んなこと.
예기²〔豫期〕 名 하他 予期. 予想. ¶ ~치 못한 일 予期し得なかったこと.
예끼 感〔때릴 듯한 기세로 나무랄 때 하는 소리〕 やい. こら. ¶ ~, 이 녀석아 こら, こいつめ.
예납〔豫納〕 名 하他 予納. 前納. ¶ ~금 前納金.
예년〔例年〕 名 例年. **1** 毎年. ¶ ~의 행사 例年の行事. **2** いつもの年. ¶ ~에 비해서 물가가 비싸다 例年に比べて物価が高い.
예능〔藝能〕 名 芸能. 技芸. ¶ ~계 芸能界.
예니레 名 (月の)6日か7日. 6·7日間. ¶ 나는 여기서 ~ 묵고 갈 생각이다 私はここで6·7日泊まっていくつもりだ.
예닐곱 數 六つか七つ. ¶ ~ 사람 6·7人. ▷하나¹
예단¹〔豫斷〕 名 하他 予断. 予測.
예단²〔禮單〕 名 祝儀の品を書いた目録.
예단³〔禮緞〕 名 礼物として贈る絹織物.
예도〔藝道〕 名 芸道. 技芸や演芸の道.
예라 感 **1**〔아이들이 하는 짓이 못마땅할 때 하는 소리〕 やめろ. よせ. ¶ ~, 그런 실없는 소리 마라 よせ, そんなくだらないこと言うんじゃない. **2**〔확신이 서지 않는 일을 결단할 때 내는 소리〕 よし. ¶ ~, 그냥 가 보자 よし, そのまま行ってみよう.
예라꼐라 感〔'물렀거라' 따위로 외치는 소리〕 どいたどいた. そこのけそこのけ.
예리하다〔鋭利—〕 形 鋭い. 鋭利だ. ¶ 예리한 흉기 鋭利な凶器 / 예리한 관찰력 鋭い観察力.
예매¹〔豫買〕 名 하他 前もって買うこと. ¶ 입장권을 ~하다 入場券を前もって買う.
예매²〔豫賣〕 名 하他 前売り.
　예매권〔—券〕 名 前売り券.
　예매처〔—處〕 名 前売りする場所.
예멘〔Yemen〕 名〔地〕 イエメン〈アラビア半島の南西にある共和国〉.
예명〔藝名〕 名 芸名.
예모〔禮帽〕 名 礼帽.
예문〔例文〕 名 例文. ¶ ~을 만들다 例文をつくる.
예물〔禮物〕 名 **1** 礼物. 贈り物. お礼の品. **2** 婚礼で花嫁の初対面のあいさつを受けた舅と姑の返礼の品物. **3** 結婚式で新郎·新婦の交換する記念品.
예민하다〔鋭敏—〕 形 鋭敏だ. ¶ 예민한 감각 鋭敏な感覚 / 예민한 두뇌 鋭敏な頭脳.
예바르다〔禮—〕 形 礼儀正しい. ¶ 예바른 행동 礼儀正しい行動.
예방¹〔豫防〕 名 하他 予防. ¶ ~책 予防策 / 전염병을 ~하다 伝染病を予防する.
　예방법〔—法〕 名 予防法.
　예방 접종〔—接種〕 名〔醫〕 予防接種.
　예방 주사〔—注射〕 名 予防注射.
예방²〔禮訪〕 名 하他 礼儀上やあいさつのための訪問.
예배〔禮拜〕 名 하自 礼拝.
　◆**예배를 보다** 礼拝を行なう. 礼をして拝む.
　예배당〔—堂〕 名〔基〕 礼拝堂. 教会.
　예배일〔—日〕 名 礼拝日.
예법〔禮法〕 名 礼法. 礼儀作法. ¶ ~에 어긋나는 일 礼法に反すること.
예보〔豫報〕 名 하他 予報. ¶ 일기 ~ 天気予報 / ~된 대로 비가 왔다 予報されたとおり雨が降った.
예복〔禮服〕 名 礼服. 式服.
예봉〔鋭鋒〕 名 鋭鋒. ¶ 적의 ~을 피하다 敵の鋭鋒をかわす / ~을 휘두르다 鋭鋒をふるう.
예불〔禮佛〕 名 하自 仏を拝むこと.
　예불상〔—床〕 名〔佛〕 礼仏するとき供えるお膳.
예비〔豫備〕 名 하他 予備. ¶ ~ 조사 予備調査 / ~ 타이어 スペアタイヤ.
　예비 교육〔—教育〕 名 予備教育.
　예비금〔—金〕 名 予備金. 予備費.
　예비비〔—費〕 名 予備費.
　예비시험〔—試驗〕 名 予備試験.
　예비역〔—役〕 名〔軍〕 予備役.
　예비지식〔—知識〕 名 予備知識.
예쁘다 形 きれいだ. 美しい. かわいい. ¶ 꽃이 ~ 花がきれいだ / 예쁜 얼굴 きれいな顔 / 글을 예쁘게 쓴다 字をきれいに書く.
예쁘장스럽다 形 きれいに見える. かわいらしい. **예쁘장스레** 副 かわいらしく.
예쁘장하다 形 かわいらしい. ¶ 예쁘장한 인형 かわいらしい人形.
예사〔例事〕 名〔'예상사'의 준말〕 ありふれたこと. 日常茶飯事. 平気なこと.
　예사로 副 平気で. ありふれたこととして. ¶ 그는 거짓말을 ~ 한다 彼はうそを平気で言う.
　예사롭다 形 当たり前だ. 尋常だ. ありふれたことだ. ¶ 지각하는 것을 예사롭게 여기는 모양이다 遅刻するのを当たり前に思うらしい. **예사로이** 副 当たり前に. 平気で. ありふれたこととして. ¶ 그는 남을 속이는 일을 ~ 생각한다 彼は人をだますことを何でもないことのように思う.
　예사말 名 **1** (敬語ではない)普通の言葉. 並の言葉遣い. **2** ありきたりの言葉. ¶ ~로 듣지 말고 잘 들어라 いつもの話として(いいかげんに)聞かな

いでよく聞きなさい.

예삿일 名 普通のこと. ただ事. 日常茶飯事. ¶이건 정말 ~이 아니다 これは本当にただ事ではない.

예산〔豫算〕名 予算. ¶~금[액] 予算金[額]/~안 予算案.

예산 단가〔一單價〕名〔經〕予算単価.

예산 심의〔一審議〕名〔法〕予算審議.

예상〔豫想〕名 하他 予想. 予期. ¶~대로 予想どおり/~이 어긋나다 予想がはずれる.

예상고〔一高〕名 予想高.

예상외〔一外〕名 予想外. ¶시험 문제는 ~로 쉽다 試験問題は予想外にやさしい.

예상사〔例常事〕名 ありふれたこと. 日常茶飯事.

예서〔隷書〕名 隷書〈漢字の字体の一つ〉.

예선¹〔'여기서는'의 준말〕ここでは. ¶~ 담배를 피우지 마시오 ここではたばこを吸わないでください.

예선²〔豫選〕名 하他 予選. 反 本選. ¶~ 경기 予選競技/~을 통과하다 予選を通過する.

예속〔隷屬〕名 하自 隷属. ¶~물 隷属物/~ 부대 隷属部隊.

예수¹〔豫受〕名 하他 あらかじめ受け取ること.

예수금〔一金〕名 あらかじめ受け取る金. 仮受金.

예수²〔←Jesus〕名〔基〕イエス. ¶~ 그리스도 イエス=キリスト.

예수교〔一教〕名〔宗〕**1** 新教. プロテスタント. **2** (新教·旧教を含めて)キリスト教.

예수교인〔一教人〕名 キリスト教徒. クリスチャン.

예수교회〔一教會〕名 キリスト教会.

예순 數 60. ▷하나¹

예술〔藝術〕名 芸術. ¶~가 芸術家/~계 芸術界/~인 芸術家. 芸術人.

◆**예술은 길고 인생은 짧다** 芸術は長く人生は短い.

예술 사진〔一寫眞〕名 芸術写真.

예술성〔一性〕名 芸術性.

예술원〔一院〕名 芸術院.

예술적〔一的〕冠名 芸術的. ¶~ 가치 芸術的価値.

예술제〔一祭〕名 芸術祭.

예술 지상주의〔一至上主義〕名 芸術至上主義.

예술품〔一品〕名 芸術品.

예스럽다 形 古風だ. 古めかしい. ¶이 건물은 ~ この建物は古風だ.

예습〔豫習〕名 하他 予習. 下調べ. 反 復習.

예시¹〔例示〕名 하他 例示. ¶쓰는 방식을 ~하다 書き方を例示する.

예시²〔豫示〕名 하他 予示. ¶이동 계획표를 ~하다 移動計画表を前もって示す.

예식¹〔例式〕名 例式. しきたり. ¶~을 어기다 例式に反する.

예식²〔禮式〕名 礼式. ¶~장 結婚式場.

예심〔豫審〕名〔法〕予審.

예악〔禮樂〕名 礼楽. 礼儀と音楽.

예약〔豫約〕名 하他 予約. ¶~ 판매 予約販売/자리를 ~하다 席を予約する.

예약금〔一金〕名 予約金.

예약 출판〔一出版〕名 予約出版.

예약 판매〔一販賣〕名 予約販売.

예언〔豫言·預言〕名 하他 予言. 預言. ¶~자 預言者.

예외〔例外〕名 例外. ¶거의 ~ 없이 ほとんど例外なしに/어느 정도 ~는 있다 ある程度例外はある.

예우〔禮遇〕名 하他 礼遇. ¶최고의 ~를 하다 最高の礼遇をする.

예의¹〔銳意〕名 鋭意. ¶~ 검토하다 鋭意検討する.

예의²〔禮儀〕名 礼儀. ¶~상 礼儀上/~ 바르다 礼儀正しい.

예의범절〔一凡節〕名 礼儀作法. エチケット. ¶~을 지키다 エチケットを守る.

예인선〔曳引船〕名 引き船. 曳船.

예입〔預入〕名 하他 預け入れ. 預金. ¶~금 預金/돈을 은행에 ~하다 お金を銀行に預ける.

예장〔禮裝〕名 하自 礼装. ¶~으로 식전에 참석한다 礼装で式典に参席する.

예전 名 昔. ずっと前. 遠い過去.

예절〔禮節〕名 礼節. 礼儀. 礼法. ¶~을 모른다 礼儀を知らない/~ 바르다 礼節正しい.

예정〔豫定〕名 하他 予定. 見込み. つもり. ¶~대로 실시한다 予定どおり実施する/~보다 빨리 마쳤다 予定より早く終わった/내일 친정에 갈 ~이에요 明日実家に帰るつもりですわ.

예정일〔一日〕名 予定日.

예정표〔一表〕名 予定表.

예제¹ 名 あちこち. こちらとあちら. ¶~에서 고함 소리가 난다 あちこちでどなり声がする.

◆**예제가 없다** あちらとこちらの区別がない. ほとんど変わらない.

예제²〔例題〕名 例題.

예증〔例證〕名 하他 例証. ¶~을 들다 例証をあげる.

예지¹〔豫知〕名 하他 予知. ¶지진을[폭풍우를] ~하다 地震[暴風雨]を予知する.

예지²〔叡智〕名 英知. **1** 優れた知恵. ¶~가 번득이는 청년 英知がひらめく青年. **2**〔哲〕認識する能力.

예진〔豫診〕名 하他〔醫〕予診.

예찬〔禮讚〕名 하他 礼賛. ¶~자 礼賛者.

예측〔豫測〕名 하他 予測. ¶내년 경기를 ~하다 来年の景気を予測する.

예치〔預置〕名 하他 (お金·物などを)預けて置くこと. 預け.

예치금〔一金〕名〔經〕**1** 預かり金. 預かったお金. ¶~ 잔고 預かり金の残高. **2** 預け金. 預けた金.

예컨대〔例一〕副 例えば. 例をあげれば. ¶목숨의 덧없음은 ~ 하루살이와 같은 것이다 命のはかなさはたとえばかげろうのようなものだ.

예탁〔預託〕名 하他 預託. ¶~금 預託金/~ 증서 預託証書.

예편〔豫編〕 名 하自 予備役編入.
예포〔禮砲〕 名〔軍〕 礼砲.
예항〔曳航〕 名 하自他 曳航.
예해〔例解〕 名 하他 例解. ¶ 어려운 어구의 사용법을 ~하다 むずかしい語句の使い方を例解する.
예행〔豫行〕 名 하自 予行. ¶ ~연습 予行演習.
예화〔例話〕 名 例話. たとえ話.
예후〔豫後〕 名 予後. ¶ ~가 나쁘다 予後が悪い.
옌장 感〔실망의 뜻을 나타내는 소리〕 ちぇっ. えい. ¶ ~, 마음대로 해라 えい, 勝手にしろ / 소풍날 비가 오다니, ~ 遠足の日に雨が降るとは, ちぇっ.
옐로카드〔yellow card〕 名 イエローカード.
옛 冠 昔の. ずっと前の. 往時の. いにしえの. ¶ ~ 추억 往時の思い出 / ~ 모습 昔の面影.
옛날 名 昔. 昔日. 往時. ¶ ~도 아주 까마득한 ~의 일입니다 昔もはるか昔のことです / ~을 회상한다 昔を回想する.
옛날 옛적 名 昔々. 大昔.
옛날이야기 名 昔話. 昔語り. おとぎ話.
옛말 名 **1** 古語. **2** 昔話. ¶ 지금은 그것도 ~이 되었다 今ではそれも昔話となった. **3** 古人の言葉. 古語. ¶ ~에 이르기를 古語に曰く. **4** 過ぎし日の話. 往時の話. ¶ ~을 한다 往時を語る.
옛사람 名 **1** 古人. 昔の人. 故人. ¶ ~의 말에 의하면 古人の言によれば. **2** 古風な人. 古めかしい人.
옛사랑 名 **1** 昔の恋. **2** 昔の恋人.
옛이야기 名 昔話. 昔の物語.
옛일 名 **1** 昔の事. **2** 往事. 過去の事柄. ¶ ~은 묻지 않겠다 過去のことは問わない.
옛적 名 昔. 遠い過去. 以前. ¶ 그것은 모두 ~ 일이다 それはすべて昔のことだ.
옛정〔一情〕 名 旧情. 以前のつきあった情. ¶ ~을 새로이 하다 旧交を温める.
옛집 名 **1** 古家. 古屋. ¶ 고색 창연한 ~들 古色蒼然たる古い家々. **2** 昔のすみか. 旧家. ¶ 고향에는 ~이 그대로 남아 있다 故郷には旧家がそのまま残っている.
옛터 名 古蹟. 遺蹟. 旧蹟.
옜네 感〔'여기 있네'가 준 말〕 ここにあるよ. ほら. ¶ ~, 세어 보게 ここにあるよ, 数えてみなさい.
옜다 感〔'여기 있다'가 준 말〕 ここにある. ¶ ~, 가져라 さあ, お前にやろう.
옜소 感〔'여기 있소'가 준 말〕 さあ, ここにあります. ¶ ~, 마음껏 고르세요 さあ, 自由に選びなさい.
옜습니다 感〔'여기 있습니다'가 준 말〕 ここにあります. ¶ ~, 받으십시오 ここにあります, 収めてください.
옜어 感 '옜다' のぞんざいな言い方.
오[1]〔午〕 名〔民俗〕 うま. 十二支の第7番目.
오[2]〔五〕 數 5. 五つ. ¶ ~남매 5人兄弟.
오[3] 感 **1**〔수긍이나 감탄을 나타내는 말〕 そうそう. そのとおり. そうだ. よろしい. ¶ ~, 그렇게 하면 된다 そうそう, そうすればいいんだ. **2**〔탄성을 나타내는 말〕 ああ. おお. ¶ ~, 슬프도다 ああ, 悲しいかな.
-오[4] 語尾 〔의문·명령·설명을 나타냄〕 …です. …ます. …ですか. …ますか. お[ご]…なさい. ¶ 어디로 가~? どこへ行きますか / 이것은 책상이~ これは机です / 당신이 주인이~? あなたがご主人ですか. ▷-소[8]
오가다 自他 行き来する. 往来する. 行き交う. 去来する. ¶ 추워서 거리를 오가는 사람이 없다 寒くて通りを往来する人がいない.
오가리 名 **1** (瓠·カボチャなどの)かんぴょう. 切り干し. **2** (植物の葉が)枯れてしおれること. **3** 小さな素焼きの鉢.
오가리들다 自 (植物の葉が)枯れてしおれる.
오가피〔五加皮〕 名 ☞오갈피
「柱.
오각〔五角〕 名 五角. ¶ ~기둥 五角
오각형〔一形〕 名〔數〕 五角形.
오갈 名 '오가리'의 준말.
오갈들다 自 **1** (植物の葉が)枯れてしおれる. **2** 震えあがる.
오갈피 名〔韓方〕 五加皮〈五加皮の根の皮で滋養強壮剤となる〉.
오갈피나무 名 五加.
오갈피술 名 五加皮酒.
오감〔五感〕 名 五感.
오감스럽다 形 世事に疎い. 軽々しい. ¶ 오감스러운 언동을 삼가다 軽々しい言動を慎む.
오경〔五經〕 名 五経. ¶ 사서~ 四書五経.
오곡〔五穀〕 名 **1** (米·麦·粟·豆·黍の)五穀. **2** 穀類の総称. ¶ ~이 여무는 계절 五穀が実る季節.
오곡밥 名 五穀を混ぜて炊いたご飯. 五穀飯.
오골계〔烏骨鷄〕 名〔動〕 烏骨鶏.
오공이〔悟空一〕 名 (孫悟空のようだの意から)小柄でがっちりした人.
오관〔五官〕 名〔生〕 五官.
오구〔烏口〕 名 (製図用の)烏口.
오그라들다 自 **1** 縮む. 縮んで丸くなる. 縮こまる. ¶ 오징어를 구우면 오그라든다 するめを焼くと縮んでくる. **2** (暮らしが)前より悪くなる. 窮する. ¶ 살림이 오그라들었다 暮らし向きが悪くなった.
오그라뜨리다[-트리다] 他 縮める. 収縮させる. ¶ 몸을 ~ 体を縮める.
오그라지다 自 **1** (物体が)内側に曲がる. へこむ. ひしゃげる. ¶ 깡통이 오그라졌다 空き缶がへこんだ. **2** (表面が)しわくちゃになる. 縮まる. ¶ 모자가 오그라진다 帽子がしわくちゃになる. **3** (物事が)うまく運ばない. 傾く. ¶ 오그라져 가는 사업 衰えてゆく事業.
오그랑이 名 **1** 内側に曲がっている物. **2** 性根が曲がった人.

오그랑장사 名 利益のない商い. 損をする商売.
오그리다 他 (物を)内側にへこませる. 曲げる. 引っ込める. すぼめる. ¶ 입술을 ~ 唇をすぼめる / 흠칫하고 손을 오그렸다 ぎくっとして手を引っ込めた.
오글거리다[-대다] 自 **1** (湯が)たぎる. ぐつぐつ沸き立つ. **2** (小さい虫などが)一所に集まってうじゃうじゃとうごめく.
오글오글[1] 副 하自 **1** 〔물 등이 오글거리는 모양〕ぐらぐら(と). ぐつぐつ(と). **2** 小さな昆虫などが一か所でうようよするようす.
오글보글 副 하自 〔액체가 끓는 소리[모양]〕ぐらぐら(と). ぐつぐつ(と). ¶ 냄비가 ~ 끓는다 鍋がぐつぐつ煮え立つ.
오글오글[2] 副 하形 〔주름이 많이 잡힌 모양〕くちゃくちゃ. くしゃくしゃ. しわくちゃ. ¶ 할머니의 얼굴은 ~ 주름졌다 祖母の顔はしわくちゃだ.
오글쪼글 副 하形 〔오그라지고 쪼그라진 모양〕くしゃくしゃ. しわくちゃ.
오금 名 **1** ひかがみ. よぼろ. うつあし. **2** 肘を曲げた内側. **3** 弓の鳥打の部分.
◆**오금아 날 살려라** ひかがみよ, 助けてくれ〈急いで逃げるとき, 脚が速く動いてくれることを願う言葉〉.
◆**오금을 못 쓰다** 動きがとれない.
◆**오금을 박다** (日ごろの勇ましさにそぐわぬ言動を取り上げて)相手をやり込める. とどめを刺す.
◆**오금이 쑤시다** ひかがみがうずうずする〈何か事をしたくてたまらないことの意〉.
◆**오금이 저리다** ひかがみがしびれる〈あやまちがばれるのじゃないかとびくびくするの意〉.
오금대패 名 丸鉋.
오금팽이 名 **1** 〈卑〉ひかがみ. **2** 曲がったものの内側の部分. **3** 〈卑〉ひかがみのようにくぼんでいる所.
오긋하다 形 (内側が)ややへこんでいる.
오긋이 副 (内側が)ややへこみ気味に.
오긋오긋 副 하形 (各部分が)そろってへこんでいるようす.
오기[1]〔傲氣〕 名 負けず嫌い. 勝ち気. やせ我慢. 意地. ¶ 녀석은 ~가 있다 あいつは負けず嫌いだ / 무리하게 ~를 부리다 無理にやせ我慢する.
오기[2]〔誤記〕 名 하他 誤記. ¶ 번지를 ~하다 番地を誤記する.
오나가나 副 どこへ行っても. どこでも. 至る所. ¶ ~ 말썽이다 どこへ行っても問題だ.
오냐 感 **1** 〔아랫사람의 물음이나 요청에 긍정하여 대답하는 말〕うん. よし. そうか. ¶ ~, 알았다 うん, 分かった / ~, 곧 가마 そうか, すぐ行くよ. **2** 〔어떤 사실을 혼잣말로 다짐하는 말〕よし. ようし. ¶ ~, 어디 두고 보자 ようし, 今にみてろよ.
오너〔owner〕 名 オーナー.
오너드라이버〔owner driver〕 名 オーナードライバー.
오너라가너라 副 하他 (来いと言ったり行けと言ったりするの意で)人を自分勝手に振り回したり, 指図したりするようす. ¶ 네가 뭔데 남을 ~하는 거야 君が何で人を勝手に指図するんだ.
오뇌〔懊惱〕 名 하自 懊悩.
오누 名 〔'오누이'의 준말〕兄と妹. 姉と弟.
오누이 名 兄と妹. 姉と弟.
오뉘 名 〔'오누이'의 준말〕兄と妹. 姉と弟.
오뉴월〔五六月〕 名 (陰暦の)5・6月. 真夏.
〔속담〕 **오뉴월 감기는 개도 아니 앓는다** 5·6月の風邪は犬も引かない〈夏に風邪を引いた人をからかう言葉〉.
오늘 Ⅰ 名 **1** 今日. 本日. ¶ ~이 며칠입니까? 今日は何日ですか / ~ 하루만은 푹 쉬세요 今日1日だけはゆっくりお休みください. **2** 〔'오늘날'의 준말〕今日.
Ⅱ 副 今日. ¶ ~ 가기로 되어 있다 今日行くことになっている.
오늘껏 副 今日まで. 今まで. ¶ ~ 한번도 결석한 적이 없다 今まで一度も欠席したことがない.
오늘날 名 今日. 現時. 現今. ¶ 고난을 이겨내어 ~의 번영을 쌓다 苦難を耐えて今日の繁栄を築く.
오늘내일〔―來日〕 副 今日明日. 今日明日の間に. すぐに. ¶ 병석의 할머니는 ~ 한다 病床の祖母は余命いくばくもない.
오늘 따라 副 (よりによって)今日のような日に. 今日に限って. ¶ ~ 비가 온다 今日に限って雨が降る.
오다[1] Ⅰ 自 **1** 来る. やって来る. ¶ 내일 오기로 되어 있다 明日来ることになっている / 우리 나라에 온 관광객 わが国にやってきた観光客. **2** (時期・機会などが)来る. 到来する. ¶ 가을이 가고 겨울이 ~ 秋が去って冬が来る / 기다리고 기다리던 기회가 왔다 待ちに待ったチャンスが来た. **3** (便りなどが)来る. 届く. (電話が)かかってくる. ¶ 소식이 ~ 知らせが届く / 장거리 전화가 왔었다 長距離電話がかかってきていた. **4** 〔다른 곳에서 이곳으로 옮기다〕赴任する. ¶ 교장 선생님이 새로 오셨다 校長先生が新しく赴任しました. **5** (ある基準や程度に)及ぶ. 達する. 至る. ¶ 발목까지 오는 긴 스커트 足首まで至る長いスカート. **6** (雨・雪が)降る. ¶ 비가 ~ 雨が降る / 소나기가 올 것 같다 にわか雨が降りそうだ. **7** 《'와서·와서는·와서야'의 꼴로》(時期・段階に)なって. 至って. ¶ 이제 와서 딴말하면 어떡하니? 今になってとんでもない話をしたらどうするの. **8** (順番が)回ってくる. (分け前が)与えられる. ¶ 차례가 ~ 順番が回ってくる. **9** (…から)生じる. 来る. 起こる. 由来する. ¶ 고생 끝에 낙이 ~ 苦労の末に楽が来る / 이 말은 그리스 말에서 왔다 この言葉はギリシア語から来た. **10** (電灯・ガス・火などが)つく. ともる. (電流が)流れる. ¶ 전깃불이 왔다 電灯がともった / 손에 전기가 온다 手に感電する. **11** (眠

気などが)さす. (風邪を)ひく. ¶ 졸음이 ～ 眠気がさす / 감기가 ～ 風邪を引く.

Ⅱ 他 (あることをするために)やって来る. ¶ 견학을 ～ 見学に来る / 면회를 ～ 面会に来る / 문병을 ～ 病気見舞いに来る.

〔속담〕 **오는 말이 고와야 가는 말이 곱다** 来る言葉が優しければ返る言葉も優しくなる〈売り言葉に買い言葉〉. **오는 정이 있어야 가는 정이 있다** 来る情があってこそ行く情がある〈魚心あれば水心〉.

오다² 補動 **1** 〔어떤 행동·상태의 진행을 나타냄〕 (ずっと)…(し)てくる. (次第に)…してくる. ¶ 온갖 수모를 겪어 왔다 あらゆる侮辱を受けてきた / 어느새 날이 밝아 온다 いつのまにか夜が明けてくる. **2** 〔일정한 시일이 가까워짐을 나타냄〕 …(に)なってくる. ¶ 이곳에 몸담아 온 지가 어언 10년이 되어 온다 ここに身を寄せて[勤めて]きてからもう10年になろうとする.

오다가다 副 **1** 行き来のついでに. 通りすがりに. ¶ ～ 길에서 만난 사람 通りすがりに道で会った人. **2** たまたま. 偶然に. ¶ ～ 한번 들렀을 뿐이다 たまたま一度立ち寄っただけだ.

오달지다 形 手抜かりがない. しっかりしている. そつがない. 抜け目がない. ¶ 오달진 응답 そつがない受け答え.

오답〔誤答〕 名 하自 誤答.

오대양〔五大洋〕 名〔地〕 五大洋〈地球上の五つの大洋〉.

오대주〔五大洲〕 名〔地〕 五大州〈地球上の五つの大陸〉.

오더〔order〕 名 オーダー. 順序. 注文.

오뎅〔←⑪ oden〕 名〔料理〕 おでん.

오도〔誤導〕 名 하他 導き誤ること.

오도깝스럽다 形 無分別だ. 軽率だ. ¶ 오도깝스럽게 굴면 안 돼 軽々しく出しゃばってはいけないよ. **오도깝스레** 副 軽率に. 無分別に.

오도독 副 하自他 〔단단한 물건을 깨무는 소리〕 ぽりぽり(と). こりこり(と).

오도독거리다[-대다] 自他 こりこりとかみ砕く. ¶ 오도독거리며 무를 먹는다 こりこりと音を立てながら大根を食べる.

오도독뼈 名 (牛·豚の)軟骨.

오도독오도독 副 하自他 こりこり(と). ぽりぽり(と).

오도방정 名 ⇨오두방정

오도카니 副 (気力を失って)ぼんやりと. しょぼんと. しょんぼりと. ぽつねんと. つくねんと. ¶ 혼자 ～ 앉아 있다 ひとりぽつねんとして座っている.

오독〔誤讀〕 名 하他 誤読.

오돌또기 名〔樂〕 濟州道民謡の一つ.

오돌오돌 副 하形 **1** 〔깨물기에 좀 단단한 모양〕 こりこり(と). がりがり(と). **2** (米などの粒状の食べ物が)生煮えで口当たりが滑らかでないようす. **3** ふっくらとしてやわらかいようす.

오동〔梧桐〕 名 桐.

오동나무 名〔植〕 桐.

오동상장〔一喪杖〕 名 桐でつくった杖〈母の喪にあってつく〉.

오동통 副 하形 体つきがずんぐりとしたようす. ¶ ～하게 살찌다 まんまると太る.

오두막〔一幕〕 名 人がやっと寝起きするほどの小さな小屋.

오두막집〔一幕一〕 名 小屋. あばら屋. 小さく粗末な家.

오두방정 名 〔매우 방정맞은 행동〕 ちょこちょこ(と). おっちょこちょいで縁起でもない言動. ¶ 그렇게 ～을 떨지 말고 좀 침착해라 そうちょこちょこしないで少しは落ち着けよ.

오들오들 副 〔춥거나 무서워서 몸을 떠는 모양〕 ぶるぶる(と). ¶ 무서워서 ～ 떨린다 恐ろしくてぶるぶる震える / 추위에 ～ 떨고 있다 寒さにぶるぶる震えている.

오등〔吾等〕 名 我ら. 我々.

오디 名 桑の実.

오디션〔audition〕 名 オーディション.

오디오〔audio〕 名 オーディオ.

오뚝 副 하形 〔작은 물건이 도드라지게 높이 솟아 있는 모양〕 にょきっと. 高く. 屹然と. ¶ 얼굴에 어울리는 ～한 코 顔に似合う高い鼻.

오뚝오뚝 副 하形 にょきにょき. ¶ ～ 솟아난 죽순을 뽑아 내다 にょきにょき伸びた竹の子を抜き取る.

오뚝이 名 起きあがりこぼし. 不倒翁.

오라 名〔史〕 捕縄. 早縄. 捕縄. ¶ ～로 묶다 早縄で縛る / ～를 풀다 捕縄を解く.

◆**오라를 지다** 早縄で縛られる.

오라기 名 (縄·紙·布切れ·糸などの)細長い切れ端.

오라버니 名 〔'오빠'를 정중히 지칭하는 말〕 お兄様. お兄さん.

오라버님 名 〔'오라버니'의 높임말〕 お兄様.

오라범 名 '오라버니'의 낮춤말.

오라범댁〔一宅〕 名 女性から見た兄弟の妻.

오라비 名 **1** 他人に対して自分の兄を低めて言う語. **2** 他人に対して自分の弟を指して言う語.

오락〔娛樂〕 名 **1** 娯楽. ¶ 건전 ～ 健全娯楽. **2** ☞환락(歡樂)

오락실〔一室〕 名 娯楽室.

오락가락 副 하自 **1** 行きつ戻りつ. 行ったり来たり. **2** (雨·雪が)降ったりやんだり. ¶ ～ 내리는 비 降ったりやんだりの雨. **3** 〔정신이 있다 없다 하는 모양〕 もうろうと. ぼんやり. ¶ ～하는 기억 おぼろげな記憶.

오랏줄 名 早縄の太い縄.

오랑캐 名〔史〕 **1** 〈虜〉 (中国東北地方に居住した)女真族. **2** 蛮人.

오랑캐꽃 名〔植〕 ☞제비꽃

오래 副 (時間が)長く. 永らく. 久しく. ¶ ～ 살다 長生きする / ～ 전의 일이다 昔のことだ / 치료가 ～ 걸린다 治療が長くかかる.

오래간만 名 久しぶり. 久々. ¶ ～에 만난 사람 久しぶりに会った人.

오래도록 副 長く. 長らく. 久しく. ¶ ~ 만나지 못했다 長らく会えなかった / ~ 기억에 남는 일 長く記憶に残る出来事.

오래되다 形 長い時間がたっている. 古い. 久しい. ¶ 오래된 친구 古い友人 / 오래된 우유 長い時間がたった牛乳.

오래오래 副 長くいつまでも. いく久しく. 行く末長く. ¶ 할머니, ~ 사세요 おばあさん, いついつまでも長生きなさってください.

오래전 名 ずっと以前. 前々. ¶ ~부터 ずっと以前から.

오랫동안 名 長い間. 久しい間. ¶ ~ 기다렸다 長いこと待った / 그 사람과는 ~ 만나지 않았다 彼とは久しく会っていない.

오래다 形 (時間が)長くたっている. 久しい. ¶ 영광에 빛나는 오랜 역사 栄光に輝く長い歴史 / 그 일이 끝난 지 ~ その事が終わって久しい.

오랜만 名 〔'오래간만'의 준말〕 しばらくぶり. 久々. ¶ 야, ~일세 やあ, 久しぶりだね.

오렌지〔orange〕 名〔植〕 オレンジ. ¶ ~ 주스 オレンジジュース.

오렌지색〔一色〕 名 オレンジ色. 橙色. サーモン.

오로라〔aurora〕 名〔地〕 オーロラ.

오로지 副 もっぱら. ひとえに. ひたすら. 一途に. ただ. ¶ 책임은 ~ 너한테 있다 責任はもっぱら君にある / 마음은 ~ 그 사람에게만 가 있다 心はひたすらその人にだけ向かっている.

오롱이조롱이 名 種々雑多なもの. とりどりのもの.

오롱조롱 副 하形 〔작은 물건 여럿이 모양과 크기가 다른 모양〕 さまざまに. とりどりに. ¶ ~ 진열된 많은 상품 とりどりに陳列された多くの商品.

오룡차〔烏龍茶〕 名 ウーロン茶.

오류〔誤謬〕 名 **1** 誤謬. 誤り. 過ち. 間違い. ¶ ~를 범하다 過ちを犯す. **2**〔論〕 理論に合わない認識.

오륙〔五六〕 数 5·6. 五つか六つ. ¶ ~회 5·6回 / ~개월 5·6箇月.

오륜〔五輪〕 名 五輪. オリンピック大会のマーク.

오륜기〔一旗〕 名 五輪旗. オリンピックの旗.

오륜 대회〔一大會〕 名 オリンピック大会. 五輪大会.

오르가슴〔(프)orgasme〕 名 オルガズム.

오르간〔organ〕 名〔樂〕 オルガン.

오르내리다 自他 **1** 上り下りする. 上がったり下がったりする. ¶ 계단을 걸어서 ~ 階段を歩いて上り下りする. **2** 食べた物が消化されないで胸がむかつく. **3** (物価·熱などが)上下する. 上がったり下がったりする. ¶ 열이 40도까지 ~ 熱が40度まで上がり下がりする. **4** (人の口に)のぼる. ¶ 그 동요는 어린이들 입에 오르내리게 되었다 その童謡は子供たちに口ずさまれるようになった.

오르다 Ⅰ 自 **1** (高所に)登る. 上がる. ¶ 산에 ~ 山に登る / 선생님이 교단에 ~ 先生が教壇に上がる. **2** 上陸する. ¶ 뭍에 ~ 陸に上がる. **3** (乗り物に)乗る. ¶ 기차에 ~ 汽車に乗る. **4** 昇進する. 上がる. 就く. ¶ 부장에 ~ 部長に昇進する / 사장 자리에 ~ 社長のポストに就く. **5** (利益·成果などが)上がる. 得られる. ¶ 성적이 ~ 成績が上がる / 수익[이익]이 ~ 収益[利益]が上がる. **6** (収入などが)増える. 上がる. ¶ 월급이 ~ 月給が上がる / 수입이 얼마나 올랐어요? 収入がいくらくらい増えましたか. **7** (値段などが)上がる. 高くなる. ¶ 쌀값이 ~ 米の値段が上がる / 물가가 ~ 物価が高くなる. **8** (数量が)達する. 至る. 上る. ¶ 관중이 오만 명 이상으로 ~ 観衆が5万人以上にのぼる. **9** (漆に)かぶれる. (皮膚病に)かかる. ¶ 옻이 ~ 漆にかぶれる / 옴이 올라서 가렵다 疥癬にかかってかゆい. **10** 載る. 掲載される. ¶ 신문에 기사가 ~ 新聞に記事が載る / 내 이름이 리스트에 올라 있다 私の名前がリストに載っている. **11** (旅路に)つく. (旅に)出る. ¶ 훌쩍 여행길에 ~ ふらりと旅路に出る / 귀로에 ~ 帰路につく / 출세의 길에 ~ 出世コースに乗る. **12** (肉が)つく. ¶ 비지살만 올라서 걱정이에요 ぜい肉ばかりついて心配です. **13** (歓声などが)上がる. ¶ 승리의 환성이 ~ 勝利の歓声が上がる. **14** (食卓などに)のぼる. 出る. ¶ 송이가 식탁에 ~ 松茸が食卓にのぼる / 식탁에 진수성찬이 ~ 食卓にごちそうが出る. **15** (話題·議題に)のぼる. ¶ 여성 문제가 화제에 ~ 女性の問題が話題にのぼる. **16** (酒などが)体に回る. ¶ 취기가 ~ 酔いが回る. **17** (熱が)上がる. ¶ 감기에 걸려 열이 올랐다 風邪を引いて熱が上がった. **18** (巫女が)神がかりになる. ¶ 무당이 신이 ~ みこが神がかりになる.
Ⅱ 他 〔사람·동물이 물체를 타고 위로 움직여 가다〕 登る. 上がる. ¶ 산을 ~ 山を登る / 계단을 ~ 階段を上がる.
〔속담〕 **오르지 못할 나무는 쳐다보지도 말아라** 登れない木は仰ぎ見てもいけない〈不可能なことだったら初めから望むな〉.

오르락내리락 副 하自他 上がったり下がったりするようす. ¶ 계단을 ~하며 놀다 階段を上がったり下がったりしながら遊ぶ / 체온이 ~하다 熱が上がったり下がったりする.

오르르 副 하自 **1** 〔어린이나 동물이 한꺼번에 움직이는 모양〕 ばたばた(と). ¶ 아이들이 복도를 ~ 뛰어가다 子供たちが廊下をばたばた走って行く. **2** 〔작은 물건이 무너지는 모양〕 ばらばら(と). どっと. **3** 〔작은 그릇의 물이 끓는 소리〕 ぐらぐら(と). **4** 〔갑자기 추워서 옹그리고 떠는 모양〕 ぶるぶる(と). ¶ 몸을 ~ 떨다 体をぶるぶる震わせる.

오르막 名 上り道. 上り坂. ¶ 여기서부터 길은 ~이다 ここから上り坂だ.

오르막길 名 上り坂の道. 上り坂.

오른 冠 右側の. 右の.

오른손 名 右手. 反 左手.
오른손잡이 名 右利き.
오른쪽 名 右. 右側. 右の方. 反 左. ¶신호기에서 ~으로 돌아가세요 信号機から右に曲がってください.
오른팔 名 右腕.
오른편〔一便〕 名 ☞오른쪽
오름세〔一勢〕 名 (物価の)上がり気味. 騰勢.
오리¹ 名 (糸·木材·竹などの)切れ端. 切れ. ¶나무 ~ 木ぎれ/실 한 ~ 一糸.
오리² 名〔動〕鴨. 家鴨.
오리발 名 **1**〔動〕水かき. **2**〈俗〉大の仲よし.
◆**오리발을 내밀다** とぼける. ごまかす.
오리³〔五厘〕 名 **1** 5厘. **2** 半匁.
오리⁴〔汚吏〕 名 汚吏. ¶탐관~ 貪官汚吏.
오리나무 名〔植〕榛の木.
오리다 他 切り取る. 切り抜く. ¶신문을 ~ 新聞を切り取る.
오리무중〔五里霧中〕 名 五里霧中. ¶수사는 ~이다 捜査は五里霧中だ.
오리엔테이션〔orientation〕 名 オリエンテーション.
오리지널〔original〕 名 オリジナル.
오막살이 名 **1** 粗末な家. 小屋. **2** あばらや暮らし.
오막살이집 名 粗末な家. 小屋.
오만¹〔五萬〕 數 5万. 非常に多い数量. ¶~ 가지 장사꾼 よろず屋.
오만날 名 毎日毎日. しょっちゅう.
오만상〔一相〕 名 しかめっ面. 渋面. ¶~을 찌푸리다 しかめっ面をつくる.
오만소리 名 へらへらとしゃべりちらすくだらない言いぐさ.
오만²〔傲慢〕 名 傲慢. ¶~불손 傲慢不遜/~무례 傲慢無礼.
오만스럽다 形 傲慢である.
오만하다 形 傲慢だ. ¶오만한 남자 傲慢な男.
오매〔寤寐〕 名 寤寐. 目が覚めているときと寝ているとき.
오매불망〔一不忘〕 名 하他 寝ても覚めても忘れないこと. ¶~으로 寝ても覚めても.
오명〔汚名〕 名 汚名. 不名誉. ¶~을 쓰다[씻다] 汚名をこうむる[そそぐ].
오목〔五目〕 名 五目(並べ). 連珠.
오목 거울 名〔物〕凹面鏡. 反 凸面鏡.
오목 렌즈 名〔物〕凹レンズ. 反 凸レンズ
오목조목 副 하形 やや大きいものと小さいものが凸凹しているようす.
오목하다 形 ぼこっとくぼんでいる. へこんでいる.
오목오목 副 하形〔군데군데 조금씩 들어간 모양〕ぺこぺこ. ぼこぼこ.
오묘하다〔奥妙一〕 形 奥妙だ. 玄妙だ.
오물〔汚物〕 名 汚物.
오물거리다〔-대다〕 自他 **1** 口をもぐもぐさせる. **2** うようよする. **3** ぼそぼそ話す.
오물오물 副 하自他 **1**〔벌레 등이 곰지락거리는 모양〕うようよ(と). **2**〔음식을 입에 넣고 자꾸 씹는 모양〕もぐもぐ(と). **3**〔말을 중얼거리는 모양〕ぼそぼそ(と).
오므라들다 自 縮む. つぼむ. すぼむ. へこむ. くぼむ. しぼむ. ¶옷을 빨았더니 오므라들었다 服を洗濯したら縮んでしまった.
오므라뜨리다〔-트리다〕 他 すぼめる. つぼめる. 縮める. ¶입을 ~ 口をすぼめる.
오므라이스〔←omelet rice〕 名〔料理〕オムライス.
오므라지다 自 すぼむ. 縮む. つぼむ. ¶추워서 온 몸이 오므라졌다 寒くて体がすっかり縮こまってしまった.
오므리다 他 つぼめる. 縮める. すぼめる. ¶어깨를 ~ 肩をすくめる/입을 ~ 口をつぼめる.
오믈렛〔omelet〕 名〔料理〕オムレツ.
오미〔五味〕 名 (食物の)五味. 5種の味.
오미자〔五味子〕 名〔韓方〕五味子.
오미자나무 名〔植〕朝鮮五味子.
오미자차〔一茶〕 名 五味茶. 五味子と朝鮮人参の細い根を煎じた茶.
오밀조밀〔奥密稠密〕 副 하形 **1** (意匠·細工などが)細かく凝っているようす. **2** きちょうめんで細かいようす.
오발〔誤發〕 名 하他 **1** (ピストルなどの)誤発. 暴発. ¶~ 사고 暴発事故. **2** 失言.
오발탄〔一彈〕 名 誤発弾. 暴発弾.
오밤중〔午一中〕 名 真夜中. 深夜.
오배자〔五倍子〕 名〔韓方〕五倍子.
오버〔over〕 名 하他 オーバー.
오버코트〔overcoat〕 名 オーバーコート.
오버타임〔overtime〕 名 オーバータイム.
오보〔誤報〕 名 하自他 誤報. ¶~가 실리다 誤報が載る.
오보에〔ⓘoboe〕 名〔樂〕オーボエ.
오복〔五福〕 名 五福.
오불관언〔吾不關焉〕 名 我関せず.
오붓하다 形 **1** こぢんまりとしている. ほどよくまとまっている. ¶둘이서만 오붓하게 살다 二人だけでこぢんまりと暮らす. **2** 充実している. 心豊かだ. ¶부자는 아니지만 오붓하게 살고 있다 金持ちではないが心豊かに暮らしている.
오붓이 副 こぢんまりと. 心豊かに.
오븐〔oven〕 名 オーブン. 天火.
오비이락〔烏飛梨落〕 名 (烏が飛んで梨が落ちるの意で)偶然の一致で他人の嫌疑を受けること.
오빠 名〔한 가족에서 누이동생이 나이가 위인 남자에 대하여, 또 일반적으로 나이가 적은 여자가 나이가 위인 남자를 허물없이 부르는 말〕お兄さん. お兄ちゃん. 兄.
오사리 名 **1** 陰暦の5月前後の大潮のときにとれる初物の海産物. **2** (農産物の)初収穫. 初物.
오사리잡놈〔一雜一〕 名 **1** あらゆるいやらしい悪事をしでかすならず者. **2** 不良の雑輩.
오산〔誤算〕 名 하他 誤算. 計算違い

い. 見込み違い. ¶ 성공하리라고 믿은 것은 ~이었다 成功すると信じたのは誤算であった.

오색〔五色〕 名 五色.

오색실 名 五色の糸.

오색영롱〔—玲瓏〕 名 하形 五色玲瓏. 多くの色が一度にまばゆく輝くようす.

오색잡놈〔—雜—〕 名 あらゆるいやらしい悪事をしでかすならず者.

오색찬란〔—燦爛〕 名 하形 五色燦然. ¶ ~하게 빛난다 五色燦然と輝く.

오선〔五線〕 名〔樂〕五線.

오선지〔—紙〕 名〔樂〕五線紙.

오성〔五星〕 名〔天〕五星.

오소리 名〔動〕穴熊. 狢.

오손〔汚損〕 名 하他 汚損. ¶ 국기를 ~하다 国旗を汚損する.

오솔길 名 寂しい小道. ¶ 숲속의 ~ 林の中の寂しい小道.

오솔하다 形 しいんとして寂しい. 恐ろしいくらい静かだ.

오수¹〔午睡〕 名 午睡. 昼寝.

오수²〔汚水〕 名 汚水.

오순도순 副 仲むつまじく. 仲よく. 和気あいあいと. ¶ 가난하지만 ~ 살아가는 정다운 가족 貧しいながらも仲むつまじく暮らす一家.

오순절〔五旬節〕 名〔基〕五旬節.

오스트레일리아〔Australia〕 名〔地〕オーストラリア.

오스트리아〔Austria〕 名〔地〕オーストリア〈中部ヨーロッパの共和国〉.

오슬오슬 副 하形〔소름이 끼칠 정도로 추워지는 모양〕ぞくぞく(と). ¶ 감기가 걸려서 ~ 떨린다 風邪をひいてぞくぞく震える.

오시〔午時〕 名〔民俗〕午の刻〈午前11時から午後の1時まで〉.

오식〔誤植〕 名 하他〔印〕誤植. ミスプリント.

오신〔誤信〕 名 하他 誤信. 誤って信ずること. 考え違いをすること.

오심¹〔惡心〕 名〔韓方〕悪心. むかつき. 吐き気.

오심²〔誤審〕 名 하他 誤審.

오십〔五十〕 Ⅰ 數 50. ¶ ~ 분 수업 50分授業.
Ⅱ 名 50歳.

오십보백보〔—步百步〕 名 五十歩百歩.

오싹 副 하自〔무섭거나 추워서 몸이 움츠러드는 모양〕ひやりと. ぞっと. ¶ 찬 바람에 몸이 ~해진다 寒風にひやりとして体がすくむ.

오싹오싹 副 하自 ひしひし. ぞくぞく. ¶ 감기로 등골이 ~한다 風邪で背筋がぞくぞくする.

오아시스〔oasis〕 名 オアシス.

오악〔五惡〕 名〔佛〕五悪.

오얏 名〔植〕李.

오언〔五言〕〔文〕五言〈一句が5字で成る漢詩の句, またはその詩体〉.

오언시〔—詩〕 名〔文〕五言詩.

오언 율시〔—律詩〕 名〔文〕五言律詩.

오언 절구〔—絶句〕 名〔文〕五言絶句.

오역〔誤譯〕 名 하他 誤訳. ¶ 부주의로 ~하다 不注意から誤訳する.

오열〔嗚咽〕 名 하自 嗚咽. むせび泣き. ¶ ~하는 소리 むせび泣く声.

오염〔汚染〕 名 하自 汚染. ¶ 대기 ~ 大気汚染 / 하천을 ~시키다 河川を汚染する / ~된 토양 汚染された土壌.

오염도〔—度〕 名 汚染度.

오염물〔—物〕 名 汚染物.

오염원〔—源〕 名 汚染源.

오욕¹〔五欲〕 名〔佛〕五欲.

오욕²〔汚辱〕 名 하他 汚辱. ¶ ~을 입다[씻다] 汚辱をこうむる[そそぐ].

오용〔誤用〕 名 하他 誤用. ¶ ~되기 쉽다 誤用されやすい.

오월〔五月〕 名 5月.

오유〔烏有〕 名 烏有. 何物もないこと. ¶ ~로 돌아가다 烏有に帰す.

오유선생〔—先生〕 名 烏有先生. 架空の人物.

오음〔五音〕 名〔樂〕五音〈音律の五つの音〉.

오음 음계〔—音階〕 名〔樂〕五音音階.

오이 名〔植〕胡瓜. ¶ ~를 소금에 절이다 胡瓜を塩漬けにする.

오이소박이김치 名〔料理〕オイソバギキムチ〈胡瓜の中の部分を四よすじに縦割りして, その中にねぎ·にら·にんにく·しょうが·とうがらしなどを混ぜた薬味を入れてつくったキムチ〉.

오이지 名 胡瓜の塩漬け.

-오이다 語尾〔모음으로 끝나는 어간에 붙어〕〔현재의 사실을 설명하는 종결어미〕…でございます. …です. ¶ 아니~ そうではございません.

오인¹〔吾人〕 名 吾人. **1** 我れ. 私. **2** 我々. 人類.

오인²〔誤認〕 名 하他 誤認. 見誤り. ¶ 형을 동생으로 ~했다 兄を弟と間違えた.

오입〔誤入〕 名 하自 妻以外の女性と浮気すること. 特に売春婦を買うこと.

오입쟁이 名 浮気者. 女たらし.

오입질 名 하自 浮気すること.

오자〔誤字〕 名 誤字. ¶ ~ 탈자 誤字脱字.

오작〔烏鵲〕 名 烏鵲. 烏と鵲.

오작교〔—橋〕 名 烏鵲の橋. 天の川の橋.

오장〔五臟〕 名〔韓方〕五臓.

◆**오장을 긁다** (五臓を掻くの意で) 人の気分をそこなう. 怒らせる.

◆**오장이 뒤집히다** はらわたが煮えくり返える.

오장 육부〔—六腑〕 名 五臓六腑. 臓腑.

오쟁이 名 藁でつくった小さい俵.

◆**오쟁이를 지다** 妻が浮気する.

오전¹〔午前〕 名 午前. 反 午後 ¶ ~중에 이 일을 끝내야지 午前中にこの仕事を仕上げてしまわなきゃ.

오전반〔—班〕 名 (二部制の授業で)午前の組み.

오전²〔誤傳〕 名 하他 誤伝. 誤報. ¶ 생존자 수가 ~되다 生存者数が誤報される.

오점〔汚點〕 名 汚点. **1** けがれ. しみ.

2 不名誉. ¶ 역사상에 ~을 남기다 歴史上に汚点を残す.
오정〔午正〕 名 正午.
오존〔ozone〕 名〔化〕オゾン. ¶ ~층 オゾン層.
오종〔五種〕 名 五種. **1** 五つの種類. **2** 五穀.
오종 경기〔一競技〕 名〔體〕五種競技.
오죽 副 いかに. さぞかし. どんなにか. 如何ほど. ¶ ~ 기뻐하랴 どんなに喜ぶことだろうか / ~ 원통한 일이였으랴 さぞかし無念なことだったろう.
오죽이나 副 いかに. さぞかし. どんなにか.
오죽잖다 形 取るに足りない. つまらない. ¶ 오죽잖은 인물 取るに足りない人物.
오죽하다 形 **1** (‘오죽하랴’의 꼴로) さぞかし大変であろう. ¶ 그 괴로움이 오죽하겠니 その苦しみはさぞ大変であろう. **2** (‘오죽하면·오죽해서’의 꼴로) どれほどひどくて…だろうか. ¶ 오죽하면 사표를 내던졌겠느냐 どんなにかひどくて辞表をたたきつけたのであろうか.
오줌 名 小便. 尿. 小水. おしっこ.
오줌누다 自 小便をする.
오줌마렵다 形 小便がしたい. 尿意を催す.
오줌버캐 名 小便つぼの内壁にたまる白いかす.
오줌소태 名 (膀胱炎や尿道炎などによる女性の) 頻尿症.
오줌싸개 名 寝小便をした子供.
오줌싸다 自 小便を漏らす.
오줌장군 名 小便たご. にないおけ.
오줌통〔一桶〕 名 **1** 膀胱. **2** 小便つぼ.
오중〔五重〕 名 五重.
오중주〔一奏〕 名〔樂〕五重奏.
오중탑〔一塔〕 名〔佛〕五重の塔.
오지[1] 名 **1**〔‘오지그릇’의 준말〕赤粘土製の陶器. **2**〔‘오짓물’의 준말〕釉薬.
오지그릇 名 赤粘土製の陶器.
오지벽돌〔一甓一〕 名 釉薬をかけたれんが.
오짓물 名 釉薬. ¶ ~을 칠하다 釉薬をかける.
오지[2]〔奧地〕 名 奥地. ¶ 아마존 유역의 ~ アマゾン流域の奥地.
오지다 形 〔‘오달지다’의 준말〕手抜かりがなくてしっかりしている. 抜け目がない.
오지랖 名 上着の前身ごろ.
◆**오지랖이 넓다** 必要以上に出しゃばる. 差し出がましい.
오직[1]〔汚職〕 名 汚職. 瀆職. ¶ ~ 사건 汚職事件.
오직[2] 副 ただ. ひたすら. ひとえに. もっぱら. ¶ 방법은 ~ 하나 뿐이다 方法はただ一つだけだ.
오진〔誤診〕 名 하他 誤診. ¶ ~이 사고를 불러일으킨다 誤診が事故を引き起こす.
오징어 名〔動〕鯣烏賊.
오징어포〔一脯〕 名 するめ.
오차〔誤差〕 名 誤差. ¶ ~율 誤差率 / ~가 생기다 誤差が生じる.
오찬〔午餐〕 名 午餐. 昼食. 昼飯. ¶ ~을 같이하다 昼食を共にする.
오찬회〔一會〕 名 午餐会.
오체〔五體〕 名 **1** 五体. 全身. **2**〔佛〕人の頭と四肢. **3** (書道で) 五つの書体.
오케스트라〔orchestra〕 名 オーケストラ.
오케이〔O.K.〕 名 感 オーケー. **1** 完了. 万事解決. 合格. 正しい. **2**〔印〕校了.
오토바이〔auto+bicycle〕 名 オートバイ.
오톨도톨 副 하形 〔물건의 거죽·바닥이 잘게 부풀어 오른 모양〕でこぼこ. ぶつぶつ. ぼこぼこ.
오판〔誤判〕 名 하他 誤判. ミスジャッジ.
오팔〔opal〕 名〔鑛〕オパール.
오퍼레이터〔operator〕 名 オペレーター.
오페라〔opera〕 名 オペラ. 歌劇.
오페라 하우스〔一house〕 名 オペラハウス.
오프셋〔offset〕 名〔印〕オフセット. ¶ ~ 인쇄 オフセット印刷.
오픈 게임〔open game〕 名 オープンゲーム. 公開競技.
오픈카〔open car〕 名 オープンカー.
오피스〔office〕 名 オフィス.
오피스텔〔← office+hotel〕 名 住居兼用オフィス.
오한〔惡寒〕 名〔韓方〕悪寒. 寒気. ¶ ~이 나다 悪寒がする.
오합〔烏合〕 名 하自 烏合.
오합지졸〔一之卒〕 名 烏合の衆.
오해〔誤解〕 名 하他 誤解. ¶ ~를 풀다 誤解を解く / ~를 사다 誤解を受ける.
오호〔嗚呼〕 感 〔슬플 때나 탄식할 때 내는 소리〕ああ.
오호라 感 ああ.
오호애재〔一哀哉〕 感 ああ. 悲しいかな.
오호통재〔一痛哉〕 感 ああ. 悲しいかな. いたましいかな.
오호호 副 하自 〔간드러지게 웃는 여자의 웃음소리〕おほほ.
오후〔午後〕 名 午後. 反 午前.
오히려 副 むしろ. かえって. それでも. ¶ 아우보다는 ~ 형이 문제다 弟よりもむしろ兄が問題だ / ~ 그 편이 다행이었다 かえってそのほうが幸いだった.
옥[1]〔玉〕 名〔鑛〕玉〈宝石の一つ〉.
〔속담〕**옥에도 티가 있다** 玉にもきずがある〈どんなに立派な人や品物にも一つぐらい欠点がある〉. **옥에 티** 玉にきず〈非の打ち所がないが, ただ一つの欠点がある〉.
옥[2]〔獄〕 名 獄. 牢屋. ¶ ~에 갇히다 獄につながれる.
옥-[3] 接頭 (명사나 동사 앞에 붙어)〔‘안으로 오그라진’의 뜻을 나타냄〕内曲がり. ¶ ~니 歯並びが内側にひっこんでいる歯 / ~갈다 刃を斜めに研ぐ.
-옥[4]〔屋〕 接尾 〔음식점·상점의 상호에 붙는 말〕…屋. …や. ¶ 서울~ ソウル屋.
옥가락지〔玉一〕 名 玉の指輪.
옥고[1]〔玉稿〕 名 〔다른 사람의 원고를 높여 이르는 말〕玉稿.
옥고[2]〔獄苦〕 名 牢屋暮らしの苦しみ.

옥내〔屋内〕 名 屋内.
옥니 名 歯並びが内側にひっこんでいる歯.
옥니박이 名 〈蔑〉 歯が内側にひっこんでいる人.
옥다 Ⅰ 形 内側に曲がる.
Ⅱ 自 元手を食い込む.
옥답〔玉畓〕 名 沃田. 美田.
옥도〔沃度〕 名〔化〕ヨード.
옥도정기〔一丁幾〕 名〔藥〕ヨードチンキ.
옥돌〔玉一〕 名 玉の混じっている石. 加工してない玉.
옥돔〔玉一〕 名〔動〕赤甘鯛.
옥동자〔玉童子〕 名 **1** 玉のような子. **2** 幼い男の子をかわいらしく言う語.
옥바라지〔獄一〕 名 하自 牢獄の囚人に差し入れをして世話をすること.
옥비녀〔玉一〕 名 玉でつくったかんざし.
옥살이〔獄一〕 名 하自 〔'감옥살이'의 준말〕 監獄暮らし. 服役.
옥상〔屋上〕 名 屋上. 屋根の上.
옥상가옥〔一架屋〕 名 屋上屋を架す. よけいなことを重ねてすること.
옥상 정원〔一庭園〕 名 屋上庭園.
옥새〔玉璽〕 名 玉璽. 御璽.
옥색〔玉色〕 名 やや青味がかった色. 空色.
옥생각 名 하自他 ひねくれた考え. ひがんだ考え.
옥석〔玉石〕 名 玉石. **1** 玉の交じっている石. **2** 玉と石. **3** いいものと悪いもの. 善と悪.
옥석구분〔一倶焚〕 名 玉石ともに焚くこと. よいものと悪いものがともに滅びること.
옥석혼효〔一混淆〕 名 玉石混淆.
옥셈 名 하他 誤算. 間違って自分に不利な計算をすること.
옥쇄〔玉碎〕 名 하自 玉砕. ¶ 부대는 전원 ~했다 部隊は全員玉砕した.
옥수〔玉手〕 名 玉手. **1** 王の手. **2** 玉のようなきれいな手.
옥수수 名〔植〕玉蜀黍. 唐黍.
옥수수쌀 名 挽き臼で挽いて皮をむいたとうもろこしの中身.
옥신각신 副 하自 **1**〔말다툼하는 모양〕ああだこうだと. やっさもっさ. なんだかんだと. すったもんだ. ¶ ~ 입씨름만 하다 ああだこうだと言い争ってばかりいる. **2**《명사적으로 쓰여》ごたごた. いざこざ. ¶ ~이 벌어지다 いざこざが起こる.
옥안〔玉顔〕 名 玉顔. **1** 王の顔. **2** 美しい顔.
옥양목〔玉洋木〕 名 白木綿. キャラコ.
옥외〔屋外〕 名 屋外. 戸外. 野天. ¶ ~ 집회 屋外集会.
옥외등〔一燈〕 名 外灯.
옥음〔玉音〕 名 玉音. **1** 王の声. **2** (女性の) 美しい声. **3** 相手の音信の敬称.
옥잠〔玉簪〕 名 玉のかんざし.
옥잠화〔玉簪花〕 名〔植〕擬宝珠.
옥졸〔獄卒〕 名 獄卒. 牢番.
옥좌〔玉座〕 名 玉座. 王座. 御座.
옥죄다 他 (体の一部分を) 固く締めつける. ¶ 목을 너무 옥죄지 마라 首をあまりひどく締めるな.
옥죄이다 自 固く締められる. ¶ 목이 옥죄이니 넥타이를 당기지 마라 首が絞めつけられ苦しいのでネクタイを引っ張るな.
옥중〔獄中〕 名 獄中. ¶ ~에서 순국하다 獄中で殉国する.
옥창〔獄窓〕 名 獄窓. 刑務所の窓.
옥체〔玉體〕 名 玉体. **1** 王の体. **2** 玉のように美しい体. **3** 尊体.
옥타브〔octave〕 名〔樂〕オクターブ.
옥토〔沃土〕 名 沃土. 沃地.
옥토끼〔玉一〕 名 **1** (月に住むという) 伝説上の兎. **2** 白い毛の兎.
옥편〔玉篇〕 名 玉篇. 漢字の字引き. 字書.
옥호〔屋號〕 名 屋号. 商号.
온 冠 〔전부의·모두의〕 全…. ¶ ~ 몸 全身. 体中 / ~ 나라 全国 / ~ 힘 全力.
온갖 冠 あらゆる種類の. すべての. ¶ ~ 수단을 다하다 あらゆる手段を試みる / ~ 소리 あらゆる話.
온건파〔穩健派〕 名 穏健派. 鳩派.
온건하다〔穩健一〕 形 穏健だ. ¶ 온건한 사상 穏健な思想. **온건히** 副 穏健に.
온고지신〔溫故知新〕 名 하自 温故知新.
온기〔溫氣〕 名 温気. 温かみ.
◆**온기가 돌다** 温まってくる. 温まる.
온난〔溫暖〕 名 하形 温暖. ¶ ~한 기후 温暖な気候 / ~ 전선 温暖前線.
온당하다〔穩當一〕 形 穏当だ. ¶ 그렇게 하는 것이 ~ そうするのが穏当だ / 온당한 조치 穏当な措置.
온대〔溫帶〕 名〔地〕温帯. ¶ ~ 식물 温帯植物 / ~ 기후 温帯気候.
온대림〔一林〕 名〔地〕温帯林.
온대호〔一湖〕 名〔地〕温帯湖.
온데간데없다 形 行方不明である. 影も形もない. ¶ 서랍 속에 넣어 둔 돈이 ~ 引き出しに入れておいたお金がすっかりなくなった. **온데간데없이** 副 影も形もなく. 跡形もなく. ¶ ~ 사라지다 影も形もなく逃げてしまう.
온도〔溫度〕 名 温度. ¶ ~ 감각 温度感覚 / ~를 조절하다 温度を調節する.
온도계〔一計〕 名 温度計.
온돌〔溫突〕 名 オンドル.
온돌방〔一房〕 名 オンドル部屋.
온두라스〔Honduras〕 名〔地〕ホンジュラス〈中央アメリカのカリブ海に面する共和国〉.
온라인〔on-line〕 名〔컴〕オンライン.
온랭〔溫冷〕 名 温かさと冷たさ.
온면〔溫麵〕 名〔料理〕オンミョン〈熱いスープに入れて食べる〉.
온몸 名 全身. 体全体. ¶ ~ 운동 全身運動 / ~이 땀으로 흠뻑 젖었다 全身が汗でびっしょりだ.
온밤 名 終夜. 一晩中. ¶ ~을 새워 경비를 했다 夜通しで警備に当たった.
온상〔溫床〕 名 温床. ¶ ~모 温床苗 / ~ 재배 温床栽培 / 범죄의 ~ 犯罪の温床.
온색〔溫色〕 名 温色. **1**〔美〕暖色.

2 温和な顔色.
온수〔溫水〕 名 温水. ¶～ 보일러 温水ボイラー／～난방 温水暖房.
온순하다〔溫順―〕 形 温順だ. 従順だ. おとなしい. 優しい. ¶온순한 성질 温順な性質.
온쉼표〔―標〕 名〔樂〕全休符.
온스〔ounce〕 依名 オンス.
온실〔溫室〕 名 温室. ¶～ 재배로 육성한 채소 温室栽培で育成した野菜／～에서 자란 아이 温室育ちの子.
온실 효과〔―效果〕 名〔地〕温室効果.
온아하다〔溫雅―〕 形 温雅だ. ¶온아한 인물[태도] 温雅な人物[態度].
온유하다〔溫柔―〕 形 穏やかで温かい. ¶성질이 ～ 性質が穏やかで素直だ.
온음〔―音〕 名〔樂〕全音.
온음 음계〔―音階〕 名〔樂〕全音音階.
온음표〔―標〕 名〔樂〕全音符.
온음정〔―音程〕 名〔樂〕全音程. 全音.
온장〔―張〕 名 (紙・布などの)全紙. 全幅. ¶～에 그린 포스터 全紙に描いたポスター.
온전하다〔穩全―〕 形 欠けたところがなく完全だ. まともだ. ¶온전한 정신을 가진 사람 まともな精神の持ち主.
온전히 副 完全に. 無事に. 全く.
온점〔溫點〕 名〔生〕(皮膚の)温点.
온정〔溫情〕 名 温情. ¶～주의 温情主義／～을 베풀다 温情を施す.
온종일〔―終日〕 名 一日中. 終日. ¶조금도 쉬지 않고 ～ 일한다 少しの休みもなく一日中働く.
온채 名 一棟の全体. ¶～를 빌리다 一棟全体を借りる.
온챗집 名 一棟全体を使う家. ¶～ 전세를 구하다 一棟全体の借家を求める.
온천〔溫泉〕 名 温泉. いで湯. ¶～이 솟다 温泉がわく.
온천장〔―場〕 名 温泉場. 湯治場.
온탕〔溫湯〕 名 温湯. **1** 温泉の湯. **2** あたたかい湯.
온통 副 全部. すべて. 皆. ことごとく. 一面に. 一様に. ¶하늘이 ～ 흐렸다 空が一面に曇った／～ 나쁘다고 말할 수는 없다 一様に悪いとは言えない.
온통으로 副 まるのままで. ことごとく. 全部を. すっかり.
온폭〔―幅〕 名 (紙・織物などの)全幅.
온풍기〔溫風器〕 名 温風器.
온하다〔溫―〕 形 **1**〔韓方〕(薬の性質が)温かい. **2** 暖かい.
온혈〔溫血〕 名 **1** 温血. **2**〔韓方〕強壮剤として飲む鹿や獐の血.
온혈 동물〔―動物〕 名〔動〕温血動物. 恒温動物.
온화하다[1]〔溫和―〕 形 温和だ. のどかだ. もの柔らかだ. ¶온화한 날씨 暖かくのどかな日和／온화한 성격 温厚な性格.
온화하다[2]〔穩和―〕 形 穏和だ. なごやかだ. 穏やかだ. ¶온화한 품성 穏和な性格.
온후하다〔溫厚―〕 形 温厚だ. ¶온후한 인품 温厚な人がら.
올[1] 名 〔'올해'의 준말〕 今年. ¶～봄 今春.
올[2] **I** 名 布目. 糸すじ. ¶～이 굵다[촘촘하다] 布目が荒い[つんでいる].
II 依名 (糸・ひもなどの)すじ. ¶명주실 한 ～ 絹糸の一すじ.
올-[3] 接頭 早熟の意を表わす語. ¶～벼 早稲.
올가미 名 罠. **1** (動物を捕らえる)罠. ¶～를 놓아서 짐승을 잡다 罠を仕掛けて獣を捕らえる. **2** 計略. 陰謀. 罠. ¶적의 ～에 걸리다 敵の罠にかかる.
◆**올가미를 쓰다** 罠にかかる. 他人の策略に陥れられる.
◆**올가미를 씌우다** 罠にかける. 他人を計略に陥れる.
올감자 名 早生のじゃがいも.
올곧다 形 **1** 心が正しい. 生真面目だ. ¶올곧은 마음 まっすぐな心がけ. **2** (線や筋などが)まっすぐだ.
올내년〔―來年〕 名 今明年. 今年か来年. ¶～에 착수한다 今明年のうちに着手する.
올되다[1] 自 (生地の)布目がつんで生地が丈夫だ.
올되다[2] 自 **1** (作物などが)早生する. ¶올된 복숭아 早生の桃. **2** (年齢のわりに)ませる. ¶올된 아이 ませた子.
올드미스〔old＋miss〕 名 オールドミス.
올라가다 自 **1**〔높이 오르다〕(高いところに)登る. 上がる. ¶기온이 ～ 気温が上がる／산에 ～ 山に登る／단상에 올라간 연사 壇上に登った講演者. **2** (高い地位に)昇る. (一定の水準や程度に)達する. ¶과장으로 ～ 課長に昇進する／결승전에 ～ 決勝戦に勝ち上がる. **3**〔강을 거슬러 상류로 가다〕(流れを)さかのぼる. ¶배가 상류로 ～ 船が上流にのぼる. **4**〔지방에서 서울로 가다〕地方から都に行く. 上京する. ¶서울에 ～ ソウルへ上京する. **5**〔값이 비싸지다〕(物価・給料などが)上がる. ¶쌀값이 ～ 米価が騰貴する／월급이 올라가는 달 昇給の月. **6**〔진보하다〕(成績などが)よくなる. 上がる. ¶영어 성적이 ～ 英語の成績がよくなる. **7**〔없어지다〕(財産・元手などが)なくなる. ¶시세 폭락으로 밑천까지 다 ～ 相場の暴落で元手まですっからかんになる. **8**〔상륙하다〕上陸する. ¶뭍으로 ～ 陸に揚がる. **9**〈俗〉〔죽다〕死ぬ.
올라서다 自 **1** (高い所に)上がる. 登る. ¶언덕에 ～ 丘に登る／교단에 ～ 教壇に立つ. **2** (高い地位に)昇る. (一定の水準や程度に)達する. ¶과장으로 ～ 課長に昇進する／경영이 궤도에 ～ 経営が軌道に乗る.
올라앉다 自 **1** (一段と高い所に)座る. ¶상석에 ～ 上座に座る. **2** (高い地位に)つく. ¶부사장에서 사장 자리로 ～ 副社長から社長の座に

つく. **3** (あるものの上に)上がって座る. 乗る. またがる. ¶자전거 위에 ～ 自転車にまたがる.

올라오다 自 **1** 上がってくる. 登ってくる. ¶전망대에 ～ 展望台に登ってくる. **2** (高い地位に)昇る. (一定の水準や程度に)達する. ¶3학년으로 ～ 3年生になる / 전문대에서 대학으로 ～ 短期大学から大学に昇格する / 차장이 부장으로 ～ 次長が部長になる / 강물이 가슴까지 ～ 川の水が胸まで上がってくる. **3** さかのぼって来る. さかのぼる. ¶물고기가 산란을 위해 상류로 ～ 魚が産卵のために上流にさかのぼって来る. **4** 上京してくる. ¶출장으로 서울에 ～ 出張でソウルへ上京してくる.

올라타다 自 **1** (乗り物に)乗る. 乗り込む. ¶열차에 ～ 列車に乗り込む. **2** 馬乗りになる.

올려놓다 他 上に置く. 載せる. ¶선반에 ～ 棚に載せる.

올려다보다 他 **1** 見上げる. 仰ぎ見る. ¶언덕을 ～ 丘を見上げる / 푸른 하늘을 ～ 青空を仰ぎ見る. **2** 尊敬する.

올려붙이다 他 **1** (手を挙げて)敬礼する. ¶거수경례를 ～ 挙手敬礼をする. **2** 〈俗〉 殴りつける. くらわせる. ¶뺨을 ～ 頬を殴りつける.

올록볼록 副 하形 凹凸. でこぼこ. ¶～한 표면 でこぼこした表面.

올리다 他 **1** (高い所に)上げる. 揚げる. ¶짐을 엘리베이터로 ～ 荷物をエレベーターで上げる / 로켓을 쏘아 ～ ロケットを打ち上げる. **2** (値段·賃金などを)上げる. ¶석유 값을 10퍼센트 ～ 石油の値段を10パーセント上げる. **3** (目上の人に)差し上げる. 申し上げる. ¶식사를 곧 올리겠습니다 食事をすぐ差し上げます / 말씀을 ～ お話を申し上げる. **4** (結婚式などを)挙げる. 行なう. 取り行なう. ¶결혼식을 ～ 結婚式を挙げる. **5** (瓦などで屋根を)葺く. 覆う. ¶청기와를 올린 별당 青瓦を葺いた離れ. **6** (表面に漆などを)塗る. (メッキを)する. **7** 殴りつける. ¶한 대 ～ 1発お見舞いする. **8** (話題などに)のぼらせる. **9** (病気を)移す.

올리브〔olive〕 名〔植〕 オリーブ. ¶～색 オリーブ色 / ～유 オリーブ油.

올림표〔一標〕 名〔樂〕 シャープ(#).

올림픽〔Olympic〕 名 オリンピック. ¶～경기 オリンピック競技 / ～종목 オリンピック種目.

올망졸망 副 하形 小さい物が不ぞろいに多く並んでいるようす. ¶설익은 대추가 ～ 달려 있다 未熟のなつめが大小不ぞろいにぶらさがっている.

올무[1] 名 (鳥·獣を捕らえる)罠.

올무[2] 名 早生の大根.

올바로 副 正しく. 正直に. ¶～ 말하라 正直に話しなさい / 문제를 ～ 파악하다 問題を正しく把握する.

올바르다 形 正しい. 正当である. 適切だ. 正直だ. ¶그 방법이 가장 ～ その方法がいちばん適切である / 올바른 인간 正直な人間.

올밤 名 早生の栗.

올백〔all＋back〕 名 オールバック.

올벼 名 早稲.

올벼신미〔一新味〕 名 하自 早稲の米をその年に始めて味わうこと.

올빼미 名〔動〕 梟.

올새 名 (生地の)織り目.

-올시다 語尾 ('이다·아니다'의 어간에 붙어) …であります. …でございます. ¶이것이 문제의 그 편지～ これが問題のその手紙でございます / 아니～ いいえ, 違います.

올쏙볼쏙 副 하形 (おもに稲の苗が不ぞろいに)ぽつぽつ(と).

올차다 形 **1** (体格が)がっしりしている. ¶올차게 생긴 얼굴 がっしりしていて元気いっぱいな顔. **2** 実がぎっしり詰まっている. ¶올찬 옥수수 実の詰まっているとうもろこし.

올챙이 名 おたまじゃくし.

올챙이배 名 (おたまじゃくしのように)膨れあがった腹. 太鼓腹.

올케 名 (女性からみて)男兄弟の妻.

올콩 名 早生の大豆.

올톡볼톡 副 하形 でこぼこ. ¶～한 길 でこぼこ道.

올통볼통 副 하形 でこぼこ.

올팥 名 早生のあずき.

올해 名 今年. この年. 本年. ¶～안에 今年中に / ～는 풍년이다 今年は豊作だ.

옭다 他 **1** (ひもなどで)くくりつける. 縛る. 縛り上げる. ¶새끼로 짐을 ～ 縄で荷物を縛る. **2** くくり罠にかける. ¶여우를 ～ きつねをくくり罠にかける. **3** 人を陥れる. ¶사람을 부정 사건에 옭아 넣다 人を不正な事件に陥れる.

옭매다 他 小間結びにする. 玉結びにする. ¶끈을 ～ ひもを玉結びにする.

옭매듭 名 小間結び. 玉結び.

옭아내다 他 **1** 輪差などにかけて引っ張り出す. **2** 巻き上げる. かすめ取る. だまし取る.

옭아매다 他 **1** 縛る. ¶개 목을 쇠줄로 ～ 犬の首を鎖でつなぐ. **2** 無実の罪をかぶせる. ¶무고한 사람을 ～ 罪のない人を罪に陥れる.

옭히다 自 **1** 〔'옭다'의 피동사〕 縄などで縛られる. くくり罠にかかる. ¶의리에 ～ 義理に縛られる. **2** (多くの物事が)絡まる. もつれる. ¶이야기가 ～ 話がもつれる / 문제가 옭혀 있다 問題が絡んでいる.

옮기다 他 **1** 〔자리를 다른 곳으로 바꾸다〕 移す. 移動させる. 運ぶ. ¶자리를 ～ 席を移す / 짐짝을 날라 ～ 荷物を持ち運ぶ / 직장을 ～ 職場を変える. **2** 〔실천하다〕 (物事を)移す. 始める. ¶생각을 실행에 ～ 思ったままを実行に移す. **3** 〔전염시키다〕 (病気を)移す. 伝染させる. ¶뇌염을 옮기는 모기 脳炎を移す蚊 / 유행성 감기를 ～ 流行性感冒を移す. **4** 〔바꾸다〕 (居所などを)移す. 移転する. ¶하숙을 ～ 下宿を変える / 호적을

～ 戸籍を移す. **5**〔돌리다〕(関心·視線などを)移す. 変える. 注ぐ. 向ける. ¶ 시선을 바다로 ～ 視線を海に向ける. **6**〔말 등을 전하다〕(聞いた話を)人に伝える. 口外する. ¶ 비밀 이야기를 무심코 ～ 秘密の話をうっかり漏らす. **7**〔번역하다·베끼다〕書き写す. 訳す. ¶ 영문으로 ～ 英文に訳す / 이름과 전화번호를 수첩에 옮겨 적다 名前と電話番号を手帳に書き留める.

옮다 自 **1** (場所·位置などが)移る. 変わる. 移動する. 移転する. ¶ 뒷자리에서 앞자리로 옮아 앉다 後ろの席から前の席に移って座る. **2** (火事などが)燃え移る. ¶ 이웃집으로 옮아 붙은 불 隣家に燃え移った火. **3** (病気·癖などが)感染する. 移る. ¶ 감기가 ～ 風邪が移る / 하품이 ～ あくびが移る.

옮아가다 自 **1** (場所·位置などが)移っていく. 移る. 変わる. 転じる. **2** (うわさ·病気などが)広まる. 伝わる. ¶ 자꾸 옮아가는 소문 しきりに広まっていくうわさ.

옮아오다 自 **1** 移ってくる. 引っ越して来る. **2** 伝わってくる. 広がってくる. ¶ 산불이 ～ 山火事が広がってくる.

옳다 Ⅰ 形 **1** 正しい. (道徳的に)正しい. ¶ 옳은 답 正しい答え / 네 행위는 ～ 君の行為は正しい. **2** 道理にかなっている. もっともだ. ¶ 옳은 말 もっともな話. **3** きちんとしている. ¶ 옷을 옳게 입다 服をきちんと着る.

Ⅱ 感〔어떤 기억이나 생각이 문득 떠올랐을 때 내는 소리〕そのとおり. そうそう. ¶ ～, 그거야말로 좋은 생각이다 そうそう, それこそいい考えだ.

옳아 感 そうそう. よろしい. そうだ. ¶ ～, 그대로다 そうそう, 其の通りだ.

옳지 感 そのとおり. そうそう. ¶ ～, 그렇지 うん, そのとおりだ / ～, 그만하면 됐다 よし, それぐらいでいい.

옴[1] 名〔醫〕疥癬.

옴[2]〔Ohm〕 依名〔電〕オーム.

옴니버스〔omnibus〕 名 オムニバス. ¶ ～ 영화 オムニバス映画.

옴니암니 名 (こまごましたことに要する)雑費.

옴쏙 副 하形〔오목하게 들어간 모양〕(物の表面·底などが)ぼこんと. へこんと. ¶ 땅바닥이 ～ 들어갔다 地面がぼこんとへこんでいる.

옴쏙옴쏙 副 하形 べこんべこん(と). ぼこんぼこん(と).

옴쟁이 名〈卑〉疥癬患者.

옴짝달싹 副 하自《주로 '못 하다·없다'와 함께 쓰여》ぴくっと. ¶ ～도 안 하다 ぴくっともしない / 사람이 꽉 차서 ～도 못 하겠다 人がぎっしりつまって身動きもできない.

옴쭉 副 하自他 ぴくっと. ¶ ～도 안 하다 ぴくっともしない.

◆**옴쭉 못 하다** 少しも身動きできない. ものも言えない.

옴쭉거리다[-대다] 自他 少しずつ体を動かす. ¶ 옴쭉거리지 말고 가만 있어 ぴくぴく体を動かさないでじっとしていなさい.

옴쭉옴쭉 副 하自他 ぴくぴく(と).

옴찔 副 하自他 びくっと. ぎくりと. ¶ 인기척에 ～하다 人の気配にびくっとする.

옴찔거리다[-대다] 自他 怖がってびくびくする.

옴찔옴찔 副 하自他 びくびく(と).

옴츠러들다 自 縮こまる. すくみあがる. 小さくなる. ¶ 추위에 몸이 ～ 寒さで体が縮こまる.

옴츠러뜨리다[-트리다] 他 (身を)すくめる. 縮める. ¶ 달팽이가 촉각을 ～ かたつむりが触角を引っこめる.

옴츠리다 他 (身を)すくめる. ¶ 수줍어서 몸을 ～ 恥ずかしくて身をすくめる / 추워서 목을 ～ 寒くて首をすくめる.

옴켜잡다 他 (手で)握りしめる. つかみ取る. ¶ 고양이가 쥐를 ～ 猫が鼠をひっつかまえる.

옴켜쥐다 他 **1** (手で)握りしめる. つかみ取る. **2** しっかりと手に入れて放さない.

옴큼 依名 握り. すくい. ¶ 쌀 한 ～ 米一握.

옴키다 他 しっかりつかむ. わしづかみにする. ¶ 소리개가 병아리를 ～ とんびがひよこをひっさらう.

옴파다 他 (中身を)ほじくり出す. ¶ 벌레가 밤을 ～ 栗の中が虫食いの状態になる.

옴팡눈 名 かなつぼ眼. くぼ目.

옴패다 自 えぐり取られる. 掘り取られる.

옴폭 副 하形 べこんと. ぼこっと. ¶ 오래 앓아서 눈이 ～해졌다 長患いで目がだいぶくぼんだ.

-옵나이다 語尾〔동작·상태·사실을 공손히 나타냄〕…いたす. …でございます. ¶ 제가 방까지 안내하겠사～ 私が部屋まで御案内いたします.

-옵니까 語尾〔'-옵나이까'의 준말〕…ますか. …でございますか. ¶ 어디 사시～? どちらにお住まいでございましょうか.

-옵니다 語尾〔'-옵나이다'의 준말〕…でございます. ¶ 아니～ そうではございません / 그렇사～ そうでございます.

-옵디까 語尾〔회상을 나타냄〕…ましたか. …でございましたか. ¶ 그런 말씀을 하시고 가시～? そのような言葉を残していらっしゃいましたか.

-옵디다 語尾〔회상을 나타냄〕…になりました. …でございました. ¶ 벌써 자고 있사～ すでに寝ていらっしゃいました / 사정이 그러하～ 事情がさようでございました.

옵션〔option〕 名 オプション. ¶ ～거래 オプション取引.

옷 名 衣服. 服. 洋服. 衣装. ¶ 맞춤～ あつらえた服 / ～을 입다 服を着る / ～을 벗다 服を脱ぐ / ～을 갈아입다 服を着替える.

〔속담〕**옷은 새 옷이 좋고 사람은 옛 사람이 좋다** 服は新しいのがよく人は昔なじみがいい. **옷이 날개라** 衣服は翼だ〈いい衣服を着るとその人まで偉く見える, 馬子にも衣装〉.

單語帳 의복에 관한 말

〈民族衣装〉 치마 チマ/ 바지 パジ/ 저고리 チョゴリ/ 두루마기 トゥルマギ/ 마고자 (チョゴリの上に重ねて着る)上着/ 적삼 上着/ 색동저고리(色—) セットンチョゴリ/ 설빔 正月の晴れ着/ 도포(道袍) 袖が長くて広い礼服/ 한복(韓服) 韓国の民族衣装.
〈洋服〉 원피스 ワンピース/ 투피스 ツーピース/ 스리피스 スリーピース/ 와이셔츠 ワイシャツ/ 블라우스 ブラウス/ 스웨터 セーター/ 티셔츠 ティーシャツ/ 청바지(青—) ジーパン/ 파카 パーカ/ 재킷 ジャケット/ 점퍼, 잠바 ジャンパー/ 조끼 チョッキ/ 반소매, 반팔(半—) 半袖/ 반바지(半—) 半ズボン/ 치마, 스커트 スカート/ 코트 コート/ 속옷, 내복(内服), 내의(内衣) 下着/ 모피 毛皮/ 신사복 紳士服, 背広/ 숙녀복(淑女服) 婦人服/ 아동복 児童服/ 정장 正装/ 캐주얼 カジュアル/ 비옷 雨ガッパ. レインコート. ▷신¹ 單語帳

옷가게 名 衣服を売る店.
옷가슴 名 衣服の胸の部分.
옷가지 名 何着かの衣服. 衣類. ¶ 번번한 ～가 하나도 없다 めぼしい服が一着もない.
옷감 名 生地. 服地. 反物. ¶ ～을 마르다 服地を裁断する.
옷값 名 衣装代.
옷거리 名 着こなし. ¶ ～가 좋다 着こなしがいい.
옷걸이 名 衣桁. 衣紋掛け. ハンガー.
옷고름 名 チョゴリ(저고리)·トゥルマギ(두루마기)などの結びひも.
옷기장 名 (衣服の)丈. ¶ ～이 길다[짧다] 衣服の丈が長い[短い].
옷깃 名 襟. ¶ ～을 여미다 襟を正す.
 옷깃차례〔—次例〕 名 初めの人から右回りの順番.
옷단 名 上着の裾や袖口などの縁の折り返し.
옷매무시 名 하自 着こなし. 拵え. ¶ ～가 훌륭하다 着こなしがうまい.
옷맵시 名 **1** 着こなし. ¶ ～가 나다 着映えがする. **2** 身なり. ¶ 그녀의 ～가 멋지다 彼女の身なりはすばらしい.
옷벌 名 何着かの衣服. かなりな数の衣服.
옷상자〔—箱子〕 名 衣装箱.
옷소매 名 袖.
옷솔 名 衣服ブラシ.
옷자락 名 (衣服の)裾. ¶ ～이 길어서 끌리다 裾が長くて引きずる.
옷장〔—欌〕 名 衣装だんす. ¶ ～ 속에 걸어 놓다 たんすの中にかけておく.
옷차림 名 身なり. 装い. 服装. ¶ ～이 수수하다 装いが地味だ/ 단정한 ～ 端正な装い.
옷차림새 名 衣服を着た姿. 身なり.
옷치레 名 하自 着飾ること. 服飾. ¶ 돈만 생기면 ～에 다 써 버린다 お金ができるとおしゃれに全部使ってしまう.
옹고집〔翁固執〕 名 意固地. 片意地. 意地っぱり. ¶ ～을 부리는 노인 頑固な老人.
 옹고집쟁이 名 意固地な人. 意地っぱり.
옹골지다 形 (中身などが)ぎっしり詰まっている. 充実している. ¶ 옹골진 살림 充実した暮らし.
옹골차다 形 **1** (非常に)充実している. ぎっしり詰まっている. ¶ 옹골차게 여문 벼 ぎっしりと実の入った稲. **2** がっしりしている. ¶ 옹골찬 몸매 がっしりした体つき. **3** 気丈だ. ¶ 그 청년은 옹골찬 데가 있다 その青年は気丈なところがある.
옹근 冠 (欠けたり足らぬことなく)元のままの. 完全な. ¶ ～ 사과 丸一個のりんご.
옹글다 形 **1** (物が壊れたり欠けたりしていないで)そっくりそのままである. ¶ 옹글게 잘 싸인 짐 きちんと包まれた荷物. **2** (中身が)いっぱいになっている. ¶ 속이 옹글게 들어찬 밤 実がぎっしり詰まった栗.
옹기〔甕器〕 名 陶器.
 옹기가마 名 陶器の焼き窯.
 옹기그릇 名 素焼きの器.
 옹기장수 名 陶磁器を商う人.
 옹기장이〔—匠—〕 名 陶工.
 옹기전〔—廛〕 名 陶磁器店.
 옹기점〔—店〕 名 **1** 陶磁器店. **2** 陶器をつくるところ.
옹기옹기 副 하形 うようよ(と). ¶ ～ 모여 있는 병아리들 うようよ群がっているひよこたち.
옹기종기 副 하形 (大きさの不ぞろいな物が)集まっているようす. ¶ 아이들이 ～ 모여 있다 子どもたちが一団となって寄り集まっている.
옹달- 接頭 「小さくへこんだ」の意を表わす語.
옹달샘 名 くぼんだ小さな泉.
옹달솥 名 くぼんだ小さな釜.
옹달우물 名 口が狭い井戸.
옹당이 名 水たまり. <웅덩이
옹동고라지다 自 すっかり萎みよじれる. 内側に反りかえる.
옹두라지 名 木にできた小さなこぶ.
옹두리 名 木のこぶ.
 옹두리뼈 名 膝蓋骨. 膝皿.
옹립〔擁立〕 名 하他 擁立. ¶ 황제로 ～하다 皇帝に擁立する.
옹색하다〔壅塞—〕 形 **1** 〔군색하다〕 困窮している. ¶ 생활이 매우 ～ 暮らしが非常に苦しい. **2** 〔옹졸하다〕 融通がきかない. ゆとりがない. ¶ 옹색한 사나이 融通のきかない男. **3** 〔비좁다〕 狭苦しい. ¶ 방이 ～ 部屋が狭苦しい.
옹생원〔—生員〕 名 偏狭で融通のきかない人. 偏屈居士.
옹알거리다[-대다] 自他 **1** (おもに女性が)ぐちをこぼす. **2** (まだ言葉を話せない)赤ん坊が声を出す.

옹알옹알 副 하自他 ぶつぶつ(と).
옹알이 名 하自 まだ話せない赤ん坊が一人でつぶやくこと.
옹이 名 木の節目.
옹졸하다〔壅拙―〕 形 融通がきかない. 度量が狭い. ¶옹졸한 남자 狭量な男.
옹주〔翁主〕 名〔史〕朝鮮時代, 王の側室が生んだ娘.
옹호〔擁護〕 名 하他 擁護. ¶여권 ～ 女権擁護 / 인권을 ～하다 人権を擁護する.
옻 名 **1** 漆の木から出る液. 漆. **2** 漆かぶれ.
◆**옻을 타다** 漆に負ける. 漆に負けやすい体質である.
◆**옻이 오르다** 漆にかぶれる.
옻나무 名〔植〕漆.
옻칠〔―漆〕 名 하自 漆の塗料.
와[1] 副 **1**〔여럿이 한목에 움직이는 모양〕わあっと. どっと. ¶수많은 학생들이 ～ 밀려왔다 大勢の学生たちがわあっと押し寄せた. **2**〔여럿이 떠드는 소리〕どっと. ¶～ 웃다 どっと笑う.
와[2] 感〔말이나 소를 멈추게 할 때 내는 소리〕どうどう.
와[3] 助 **1**〔열거를 나타냄〕…と. ¶해～ 달 太陽と月 / 배～ 사과～ 포도 梨とりんごとぶどう. **2**〔비교의 대상을 나타냄〕…と. …に. ¶바다～ 비슷한 호수 海に似た湖 / 너는 키가 나～ 같다 君は背が僕と同じだ. **3**〔함께 행동함을 나타냄〕…と. ¶나～ 같이 가자 僕といっしょに行こう / 그녀～ 만나다 彼女と会う.
와그르르 副 하自 **1**〔무너지는 모양[소리]〕がらがら(と). ¶벽돌이 ～ 무너지다 れんががががらがらっと崩れる. **2**〔적은 물이 끓어오르는 소리〕ぐらぐら(と). ¶주전자의 물이 ～ 끓는다 やかんの湯がぐらぐらと沸きたつ. **3**〔천둥소리〕ごろごろ(と). がらがら(と).
와글거리다[-대다] 自 (人·虫などが集まりうごめいて)うようよする. わいわいする. ひしめく. ¶야구장에 관객이 ～ 野球場で観客がわあわあ騒ぎたてる.
와글와글 副 하自 わいわい(と). がやがや(と). わあわあ(と).
와닥닥 副 하自〔놀라서 갑자기 뛰어나오는 모양[소리]〕慌てふためいて. ¶～ 밖으로 뛰어나가다 急に外へ飛び出す.
와당탕 副 하自 ばたんと. がたんと. ¶마루 위에 ～ 넘어지다 床の上にばたんと倒れる.
와당탕거리다[-대다] 自 どたんと[ばたんと]音がする.
와당탕와당탕 副 하自 どたんどたん(と). ばたんばたん(と).
와당탕퉁탕 副 하自 どたんばたん(と). ¶～ 시끄러운 소리를 내다 どたんばたんと騒がしい音を出す.
와드득 副 하自 ばりっと.
와드득와드득 副 하自 ばりばり(と). ¶누룽지를 ～ 깨물어 먹다 お焦げをばりばりかんで食べる.
와드등와드등 副 하自 がちゃがちゃ(と). ¶항아리가 ～ 깨어졌다 壺ががちゃがちゃと壊れた.
와들와들 副 하自 がたがた(と). わなわな(と). ¶호된 추위에 ～ 떨다 ひどい寒さにがたがた震える / 겁에 질려 ～ 떨다 おじけづいてわなわな震える.
와락 副 ぐいと. にわかに. 突然. ¶엄마를 보자 ～ 껴안다 お母さんを見るや突然抱きつく.
와락와락 副 하自 **1** 続けて飛びついたり抱きついたりするようす. **2** 暑気がますます激しくなるようす.
와류〔渦流〕 名 하自 渦流. 渦を巻く流れ.
와르르 副 하自 **1**〔무너지는 모양[소리]〕がらがら(と). ¶돌담이 ～ 무너지다 石垣ががらがらと崩れる. **2**〔천둥소리〕ごろごろ(と). **3**〔물이 끓는 소리〕ぐらぐら(と). **4**〔여럿이 동시에 몰려드는 모양〕がやがや(と). ¶구경꾼이 ～ 모여들다 見物人ががやがやと集まる.
와병〔臥病〕 名 하自 臥病. 病臥. ¶아버지는 오랫동안 ～ 중이다 父は長いこと病床に伏している.
와삭 副 하自他 かさっと. ばさっと.
와삭거리다[-대다] 自他 がさつく. かさこそ音を立てる.
와삭와삭 副 하自他 かさかさ(と). がさがさ(と). ¶마른 잎이 ～ 소리를 내다 枯れ葉がかさかさと音を立てる.
와스스 副 하自 **1**〔가랑잎이 떨어져 내리는 소리〕はらはら(と). かさこそ(と). ¶가랑잎이 ～ 떨어지다 枯れ葉がはらはら落ちる. **2**〔가벼운 물건이 무너지는 모양〕ぱらぱら(と). ばらばら(と).
와신상담〔臥薪嘗膽〕 名 하自 臥薪嘗胆.
와언〔訛言〕 名 訛言. **1** 誤ったうわさ. 風評. **2** 訛. 方言. 「音.
와음〔訛音〕 名 訛音. 訛韻. なまった
와이셔츠〔whiteshirt〕 名 ワイシャツ.
와이어〔wire〕 名 ワイヤ.
와이퍼〔wiper〕 名 ワイパー.
와이프〔wife〕 名 ワイフ. 妻.
와인〔wine〕 名 ワイン.
와작와작 副 하自他 **1**〔일을 억지로 급하게 해 나가는 모양〕ばりばり. もりもり. ¶～ 일을 하다 ばりばり仕事をする. **2**〔김치나 무 등을 마구 씹는 모양[소리]〕がりがり(と). ぼりぼり(と). ¶참외를 ～ 씹어 먹었다 まくわうりをさくさくかんで食べた.
와전〔訛傳〕 名 하他 訛伝.
와중〔渦中〕 名 渦中. ¶분쟁의 ～에 말려들다 紛争の渦中に巻き込まれる.
와지끈 副 하自〔단단한 물건이 부러지거나 부서지는 소리〕ぼきりと. どかんと. がちゃんと. がたんと. ¶～ 굵은 나뭇가지가 부러지다 ぼきりと太い枝が折れる.
와지끈거리다[-대다] 自 しきりにがちゃんがちゃんと音を立てる.
와지끈뚝딱 副 하自 がちゃんがちゃん. がたんがたん. どかんどかん.
와지끈와지끈 副 하自 どかんどかん. が

ちゃんがちゃん. がたんがたん.
와짝 副 〔급격하게 변하는 모양〕ぱっと. ぐっと. ¶어제부터 ～ 추워졌다 昨日からぐっと寒くなった.
와트〔watt〕 名 〔物〕ワット.
와트시〔―時〕 依名 〔物〕ワット時.
와하하 副 わはは(と). ¶～ 넌 재미있는 녀석이야 わはは, 君は面白いやつだ.
와해〔瓦解〕 名 하自 瓦解. ¶독재 정권이 ～되다 独裁政権が瓦解する.
왁살스럽다 形 〔'우악살스럽다'의 준말〕粗野だ. 乱暴だ.
왁스〔wax〕 名 ワックス.
왁시글거리다[-대다] 自 込み合う. ひしめく. ¶관중들이 ～ 観衆がひしめく.
왁시글왁시글 副 하自 込み合うようす. ¶백화점은 손님들로 ～ 붐비고 있었다 百貨店はお客でごった返していた.
왁자그르르 副 하自 **1** がやがや(と). ¶장내는 ～해졌다 場内は騒然となった. **2** うわさがにわかに広まって騒がしいようす. ¶스캔들을 일으킨 배우의 화제로 장안이 ～하다 スキャンダルを起こした俳優の話題で街中持ちきりだ.
왁자지껄하다 自 (多くの人が集まり)大声でしゃべりまくる. ¶옆집에선 왜 저렇게 왁자지껄하느냐? お隣では何であんなに騒がしいの.
왁자하다 形 **1** 目がまわるほど騒々しい. さんざめく. **2** うわさが広まって騒々しい.
완강하다〔頑強―〕 形 頑強だ. ¶완강한 태도를 취하다 頑強な態度をとる.
완강히 副 頑強に. ¶～ 저항하다 頑強に抵抗する.
완결〔完結〕 名 하自他 完結. ¶연속 드라마가 ～되다 連続ドラマが完結する.
완고하다〔頑固―〕 形 頑固だ. ¶완고한 노인 頑固な老人. **완고히** 副 頑固に. ¶～ 자설을 주장하다 頑固に自説を主張する.
완곡하다〔婉曲―〕 形 婉曲だ. ¶완곡하게 거절하다 婉曲に断る/완곡한 표현 婉曲な表現. **완곡히** 副 婉曲に. ¶～ 말하다 婉曲に言う.
완골〔腕骨〕 名 〔生〕腕骨.
완공〔完工〕 名 하他 完工. 竣工. ¶철교가 ～되다 鉄橋が完工する.
완구〔玩具〕 名 玩具. おもちゃ. ¶～점 玩具店.
완급〔緩急〕 名 緩急. ¶～ 자재 緩急自在.
완납〔完納〕 名 하他 完納. ¶할부금을 ～하다 割賦金を完納する.
완두〔豌豆〕 名 〔植〕豌豆.
완력〔腕力〕 名 腕力. ¶～을 휘두르다 腕力をふるう/～에 호소하다 腕力に訴える.
완료〔完了〕 名 하自他 完了. ¶준비 ～ 準備完了/공사가 ～되다 工事が完了する.
완류〔緩流〕 名 하自 緩流.
완만하다〔緩慢―〕 形 緩慢だ. 緩やかだ. 緩るい. ¶완만한 동작 緩慢な動作/완만한 흐름 緩やかな流れ. **완만히** 副 緩慢に. 緩やかに.
완미하다〔頑迷―〕 形 頑迷だ. ¶완미한 노인 頑迷な老人.
완벽〔完璧〕 名 하形 完璧. ¶～을 기하다 完璧を期する/～한 경호 完璧な警護. **완벽히** 副 完璧に.
완본〔完本〕 名 完本.
완봉〔完封〕 名 하他 完封. ¶상대방 팀을 ～하다 相手のチームを完封する/～승 完封勝ち.
완불〔完拂〕 名 하他 完全に支払うこと.
완비〔完備〕 名 하他 完備. ¶난방 ～ 暖房完備.
완사〔緩斜〕 名 緩やかな傾斜. ¶～지 緩傾斜地.
완사면〔―面〕 名 緩やかな斜面.
완상〔玩賞〕 名 하他 愛でること. ¶가을 풍경을 ～하다 秋の風景を愛でる.
완성〔完成〕 名 하他 完成. ¶그 작품은 작년에 ～했다 その作品は昨年完成した/호텔은 곧 ～된다 ホテルはもうすぐ完成する.
완성품〔―品〕 名 完成品.
완수〔完遂〕 名 하他 完遂. ¶책임을 ～하다 責任を完遂する.
완숙〔完熟〕 名 하自他 完熟. ¶～한 수박 よく熟れたすいか.
완승〔完勝〕 名 하自 完勝. ¶～을 거두다 完勝を収める.
완역〔完譯〕 名 하他 完訳. ¶～본 完訳本.
완연하다〔宛然―〕 形 **1** (まるで目の前に見えるかのように)はっきりしている. はっきり感じられる. ¶가을 기운이 ～ 秋の気配がはっきりと感じられる. **2** (状態・性質が)そっくりだ. ¶저 아이는 어머니의 모습과 ～ あの子は母親そっくりだ. **완연히** 副 宛然と. **1** ありあり(と). まざまざ(と). **2** さながら. あたかも.
완월〔玩月〕 名 하自 観月. 月見.
완자[1] 名 〔料理〕細かく切った牛肉に卵・豆腐などを混ぜて丸め, 小麦粉をまぶし, 溶き卵をつけて油で揚げたもの.
완자[2]〔←만자(卍字)〕 名 卍.
완자문〔―紋〕 名 卍の模様をつないでつくった紋様.
완자창〔―窓〕 名 桟を卍の形につくった窓. 卍窓.
완장〔腕章〕 名 腕章. ¶～을 두르다 腕章を巻く.
완재〔完載〕 名 하他 完載.
완전〔完全〕 名 하形 完全. ¶～ 범죄 完全犯罪/～을 기하다 完全を期する/～한 승리 完全な勝利. **완전히** 副 完全に. まったく. すっかり. ¶날이 ～ 밝았다 夜がすっかり明けた/～ 소탕하다 完全に掃蕩する.
완전 동사〔―動詞〕 名 〔言〕完全動詞.
완전무결〔―無缺〕 名 하形 完全無欠. ¶～한 논리 完全無欠な論理.
완전 시합〔―試合〕 名 〔體〕完全試合. パーフェクトゲーム.
완전 제곱 名 〔數〕完全平方.
완제[1]〔完製〕 名 完全につくること, またその製品. ¶～품 完成品.

완제²〔完濟〕 名 하他 **1** 完済. ¶빚을 ~하다 借金を完済する. **2** 完了.
완주〔完走〕 名 하他 完走. ¶마라톤의 풀 코스를 ~하다 フルマラソンを完走する.
완충〔緩衝〕 名 하他 緩衝. ¶~ 지대 緩衝地帯.
 완충기〔一器〕 名〔機〕緩衝器.
 완충 장치〔一裝置〕 名 緩衝装置.
완치〔完治〕 名 하他 完治. ¶병이 ~되다 病気が完治する.
완쾌〔完快〕 名 하自 全快. 全治. ¶~ 축하 全快祝い.
완투〔完投〕 名 하自〔體〕(野球で)完投.
완패〔完敗〕 名 하自 完敗. ¶리그전에서 ~하다 リーグ戦で完敗する.
완하제〔緩下劑〕 名〔藥〕緩下剤.
완행〔緩行〕 名 하自 緩行. 鈍行.
 완행 열차〔一列車〕 名 緩行列車. 鈍行列車.
 완행차〔一車〕 名 緩行車.
완화〔緩和〕 名 緩和. ¶긴장 ~ 緊張緩和 / 교통난을 ~하다 交通難を緩和する.
왈〔曰〕 **I** 曰く. ¶공자 ~ 孔子曰く. **II** 副 いわゆる.
왈가닥 名〈俗〉おてんば. おきゃん.
왈가닥거리다[-대다] 自 がちゃがちゃする[させる].
 왈가닥왈가닥 副 하自 がちゃがちゃ(と). かたかた(と).
왈가닥달가닥 副 하自 がちゃがちゃ(と).
왈가왈부〔曰可曰否〕 名 하他 あれこれ言い立てること. あげつらうこと.
왈강달강 副 하自〔단단한 물건이 서로 부딪치는 소리〕がちゃがちゃ(と).
왈딱 副 하自 **1**〔게워 내는 모양〕げえっ(と). **2** 液体が急に吹きこぼれるようす. **3** 急にひっくり返るようす.
왈짜〔曰字〕 名 おしゃべりでおてんばな人.
왈짜 자식〔曰字子息〕 名 不良.
왈츠〔waltz〕 名〔樂〕ワルツ.
왈칵 副 **1**〔게워 내는 모양〕げえっと. **2**〔급작스레 많이 쏟아지는 모양〕どっと. ¶눈물이 ~ 쏟아지다 涙がどっとこぼれる. **3**〔힘껏 밀치거나 잡아당기는 모양〕ぐっと. ¶방문을 ~ 당기다 部屋の戸をぐっと引く. **4**〔격한 감정이 치밀어 오르는 모양〕ぐっと. かっと. ¶슬픔이 ~ 솟다 悲しみがどっと込み上げる.
왈칵하다 形 非常にせっかちだ. 短気だ.
왈패〔曰牌〕 名 おしゃべりでおてんばな人.
왔다갔다 副 하自 **1** 行きつ戻りつ. 行ったり来たり. ¶거리를 ~하다 通りを行ったり来たりする. **2** 気を失ったり気がついたりすること.
왕¹〔王〕 名 **1**〔임금〕王. 王様. 国王. **2**〔제일인자〕(トップをいく人や物の)王. 王者. 第一人者. ¶발명~ 発明王 / 타격~ 打撃王.
왕-²〔王〕 接頭 非常に大きいことを表わす語. ¶~방울 大きな鈴 / ~파리 大きな蠅.
왕-³〔王〕 接頭 祖父の系列に対する尊敬語. ¶~고모 大伯母. 大叔母.
왕가¹〔王家〕 名 王家. 王室. 王族. ¶~ 혈통 王家の血統.
왕가²〔王駕〕 名 車駕.
왕개미〔王一〕 名〔動〕大蟻.
왕거미〔王一〕 名〔動〕鬼蜘蛛.
왕겨〔王一〕 名 粗糠. 籾殻.
왕고래〔王一〕 名〔動〕白長須鯨.
왕고모〔王姑母〕 名 祖父の姉妹.
왕골 名〔植〕ワングル. かんえんがやつり.
 왕골기직 名 粗く裂いたワングルで編んだ莫蓙.
 왕골껍질 名 ワングルの皮.
 왕골논 名 ワングルを植える田.
 왕골 방석〔一方席〕 名 ワングルの皮で編んだ座蒲団.
 왕골속 名 ワングルの皮をむいた茎の中身.
왕공〔王公〕 名 王公.
왕관〔王冠〕 名 王冠.
왕국〔王國〕 名 王国.
왕궁〔王宮〕 名 王宮.
왕권〔王權〕 名 王権. ¶~신수설 王権神授説.
왕기¹〔王氣〕 名 **1** 王が生まれる兆し. 王位につく兆し. **2** 大成する兆し.
 ◆왕기가 뜨이다 王が現われる兆しが見える.
왕기²〔旺氣〕 名 **1** 幸福になる兆し. **2** 旺盛になる兆し.
 ◆왕기가 뜨이다 幸福になる兆しが見える.
왕녀〔王女〕 名 王女.
왕년〔往年〕 名 往年. 昔. 往時. ¶~의 명우 往年の名優.
왕눈이〔王一〕 名 目の大きい人. 出目の人.
왕당〔王黨〕 名 王党. ¶~파 영수 王党派の領袖.
왕대〔王一〕 名〔植〕真竹.
왕대부인〔王大夫人〕 名 他人の祖母の尊敬語.
왕대비〔王大妃〕 名 存命の前王の妃.
왕대인〔王大人〕 名 他人の祖父の尊敬語.
왕대포〔王一〕 名 (居酒屋で)大きな杯で飲むこと, またその酒.
왕도¹〔王都〕 名 王都. 都. 京.
왕도²〔王道〕 名 王道.
왕래〔往來〕 名 하自 **1** 往来. 行き来. ¶~가 빈번하다 往来が激しい. **2** (書信の)やりとり. ¶친하게 ~하다 親しく往来する. **3** 路銀. 旅費.
왕릉〔王陵〕 名 王陵.
왕림〔枉臨〕 名 하自 枉駕. 来臨. ¶귀빈이 ~하다 貴賓が来臨する.
왕머루〔王一〕 名〔植〕山葡萄.
왕명〔王命〕 名 王命. ¶~에 따르다 王命に従う.
왕모래〔王一〕 名 粒の粗い砂.
왕밤〔王一〕 名 大きい栗.
왕방울〔王一〕 名 大きい鈴. ¶~만한 눈 どんぐり眼[大目玉].
왕법〔王法〕 名 王が定めた法律.
왕복〔往復〕 名 하自 往復. 行き帰り. ¶~ 엽서 往復はがき / ~ 차표[승차권] 往復切符[乗車券].
 왕복 기관〔一機關〕 名〔物〕往復機関.
 왕복 운동〔一運動〕 名〔物〕往復運動.
왕봉〔王蜂〕 名〔動〕女王蜂.

왕비〔王妃〕 名 王妃. 王后. 后.
왕사¹〔王師〕 名 王師. **1** 王の軍隊. **2** 王の師.
왕사²〔往事〕 名 往事. 過ぎ去ったこと. ¶ ~를 되돌아보다 往事をしのぶ.
왕새우〔王一〕 名〔動〕 箱海老.
왕생〔往生〕 名 하自 〔佛〕 往生.
왕생극락〔一極樂〕 名 하自 〔佛〕 極楽往生.
왕성〔王城〕 名 王城.
왕성하다〔旺盛一〕 形 旺盛だ. 盛んだ. ¶ 왕성한 의욕 旺盛な意欲 / 식욕이 왕성해지는 계절 食欲が旺盛になる季節. **왕성히** 副 旺盛に.
왕세손〔王世孫〕 名 王の世継ぎの長子. 王太孫.
왕세자〔王世子〕 名 王世子〈国王の世継ぎ〉.
왕세자비〔一妃〕 名 王世子の正妃.
왕소금〔王一〕 名 粗塩.
왕손〔王孫〕 名 王孫.
왕수〔王水〕 名〔化〕 王水.
왕시〔往時〕 名 往時. 昔. ¶ ~를 생각하면 감개무량하다 往時をしのべば感慨無量だ.
왕실〔王室〕 名 王室. 王家.
왕업〔王業〕 名 王業. 国王の国家統治の大業.
왕왕〔往往〕 副 往々. しばしば. ¶ ~ 있는 일 往々にあること / 실수하는 일도 ~ 있다 しくじることもしばしばある.
왕위〔王位〕 名 王位. ¶ ~에 오르다 王位につく.
왕자¹〔王子〕 名 王子.
왕자²〔王者〕 名 王者. ¶ ~의 위광 王者の威光 / 밀림의 ~ 密林の王者.
왕잠자리〔王一〕 名〔動〕 ぎんやんま.
왕정〔王政〕 名 王政.
왕정복고〔一復古〕 名 王政復古.
왕제〔王弟〕 名 王弟. 王の弟.
왕조〔王朝〕 名 王朝.
왕족〔王族〕 名 王族.
왕좌〔王座〕 名 王座. ¶ 가요계의 ~에 오르다 歌謡界の王座にのぼる.
왕진〔往診〕 名 하他 往診. 来診. ¶ ~을 부탁하다 往診を頼む.
왕창 副〈俗〉とても. すっかり. 全部.
왕청되다 形 差が大きい. 差異が甚だしい.
왕청스럽다 形 大差があるようだ. へだたりが大きいようだ.
왕초〔王一〕 名〈俗〉 **1** 乞食·くず拾い仲間の頭. **2** 親分. ボス.
왕토〔王土〕 名 王土. 王の領土.
왕통〔王統〕 名 王統. 王の血統. ¶ ~을 잇다 王統を継ぐ.
왕파〔王一〕 名 太く大きなねぎ.
왕후¹〔王后〕 名 王后. 后.
왕후²〔王侯〕 名 王侯.
왕후장상〔一將相〕 名 王侯将相.
왜¹〔倭〕 名〔'왜국'의 준말〕 倭〈日本に対する卑称〉.
왜² 副 なぜ. なにゆえ. どうして. 何で. ¶ 울기는 ~ 울어? 何で泣くのか / ~ 늦었는가 なぜ遅れたのか / ~ 그런지 모르게 슬퍼지는군 どういうわけか悲しくなるなあ.
왜³ 感 **1**〔의문이나 이의를 제기함〕おや. えっ. どうしたんだ. ¶ ~ 무슨 일이 있었나? おやっ, 何かあったのか / ~ 벌써 일어날 테야? おや, もう起きるのかね. **2**〔어떤 사실에 대한 확인을 촉구함〕(相手にある事を思い出させようとして)ほら. ¶ ~ 언젠가 같이 경복궁에 갔지요? ほら, いつだったかいっしょに景福宮に行ったでしょ.
왜-⁴〔倭〕 接頭 日本式·日本産·日本製の意を表わす語. ¶ ~무 日本の大根 / ~된장 日本式のみそ.
왜가리 名〔動〕 青鷺.
왜각대각 副 하自他 〔그릇 따위가 부딪거나 깨지는 소리〕がちゃがちゃ. がちゃんがちゃん.
왜간장〔倭一醬〕 名 日本式のしょう油.
왜건〔wagon〕 名 ワゴン.
왜곡〔歪曲〕 名 하他 歪曲. ¶ 진실을 ~하여 전하다 真実を歪曲して伝える / ~된 보도 歪曲された報道.
왜구¹〔倭寇〕 名〔史〕 倭寇.
왜구²〔矮軀〕 名 矮軀. 背の低い体.
왜국〔倭國〕 名 倭国.
왜낫〔倭一〕 名 刃が薄く柄が長い鎌.
왜냐하면 副 なぜかというと. どうしてかと言えば. なんとなれば. なぜならば. ¶ 지금은 공표할 수 없다. ~ 아직 토의 단계이므로 今は公表できない. なぜならまだ討議の段階だから.
왜말〔倭一〕 名〈卑〉 日本語.
왜모시〔倭一〕 名 苧麻の一種〈中国産より織り目が粗い〉.
왜무〔倭一〕 名 日本種の大根.
왜병〔倭兵〕 名 (昔の) 日本兵.
왜색〔倭色〕 名 日本風. ¶ ~ 가요 日本風の歌謡曲.
왜소하다〔矮小一〕 形 矮小だ. 丈が低い. ¶ 왜소한 사람 背の低い人.
왜솥〔倭一〕 名 (鋳鉄製の釜に対して)アルミニウム製の釜.
왜식¹〔倭式〕 名〈卑〉日本式. 和式.
왜식²〔倭食〕 名〈卑〉 和食. 日本料理. ¶ ~집 和食屋.
왜인¹〔倭人〕 名〈卑〉倭人. 日本人.
왜인²〔矮人〕 名 矮人. 小人.
왜자기다 自 がやがや騒ぐ.
왜자하다 形 うわさが広まって騒々しい.
왜장녀〔一女〕 名 **1** 体が大きく恥知らずな女. **2**〔산대놀음에서〕女の仮面をかぶって踊る人, またその仮面.
왜장치다 自 いたずらに大声で叫ぶ. ¶ 왜장치며 돌아다니다 大声で叫びながら歩き回る.
왜적〔倭敵〕 名 (敵国としての)日本. 日本人.
왜정〔倭政〕 名 日本統治下の政治. ¶ ~ 시대 日本統治時代.
왜죽왜죽 副 하自 手を振り振り速く歩くさま.
왜쭉왜쭉 副 하自 ちょっとしたことで腹を立てて口をとがらすようす.
왜퉁스럽다 形 普通でない. かなり変わっている.
왜틀비틀 副 하自 〔비틀거리며 걷는 모양〕よろよろ(と). よたよた(と).
왜풍〔倭風〕 名〈卑〉 日本の風俗. 和風.

왜화〔矮花〕 名 小さい花.
왜 副 하自 1〔게워 내는 소리〕げえっと. 2〔왜가리의 울음소리〕があっと.
왜왜 副 하自 1 げえげえ(と). 2 青鷺がしきりに鳴く声.
왜왜거리다[-대다] 自 1 しきりにげえげえと吐く. 2 (青鷺が)しきりに鳴く.
왱 副 하自 1〔바람이 세차게 불 때 나는 소리〕びゅんと. 2〔작은 날벌레·돌팔매가 날아갈 때 들리는 소리〕ぶんと. ぶうんと. びゅうんと.
왱왱 副 하自 1 びゅんびゅん(と). 2 ぶんぶん(と). びゅんびゅん(と).
왱왱거리다[-대다] 自 びゅんびゅんと音を立てる. ぶんぶんと鳴る.
외[1] 名〔'오이'의 준말〕きゅうり.
외[2]〔外〕 Ⅰ 名 (…の)外. (…の)他. ¶ 예상 ~로 쉬운 문제 予想外に易しい問題 / 그 ~에도 많은 일이 있다 その他にも多くの仕事がある.
Ⅱ 接頭 1〔외가〕母方の…. 外…. ¶ ~할아버지 外祖父(母方の祖父). 2〔밖·표면〕外側の…. 外…. ¶ ~분비 外分泌 / ~과피 外果皮.
외-[3] 接頭 ただ一つの意を表わす. ¶ ~톨 一粒 / ~나무다리 丸木橋 / ~아들 一人息子.
외가〔外家〕 名 母の実家.
외갓집 名 母の里. 母の実家.
외가닥 名 一筋. ¶ ~ 길을 가다 一本道を行く.
외각[1]〔外角〕 名〔數〕外角.
외각[2]〔外殼〕 名 外殻.
외간남자〔外間男子〕 名 (女性の立場で)親戚以外の男性を女性が呼ぶ語. よその男.
외갈래 名 一筋. ¶ ~의 강 一筋の川 / ~ 길 一筋の道.
외견〔外見〕 名 外見. 外観. 見かけ. うわべ. ¶ ~뿐이고 성의가 없다 うわべだけで誠意がない.
외겹 名 一重. ¶ ~의 여름옷 一重の夏服.
외경〔畏敬〕 名 하他 畏敬. ¶ ~하는 선배 畏敬する先輩.
외계〔外界〕 名 外界. 外部の世界. ¶ ~의 사물 外界の事物.
외계인〔一人〕 名 宇宙人.
외고집〔一固執〕 名 片意地. 意地っ張り. 強情. 意固地. ¶ ~쟁이 頑固者 / ~을 부리다 意地を張る.
외골목 名 袋小路.
외곬 名 1 一方にだけ通じた道. 2 (『외곬으로』의 꼴로) 一筋に. ひたむきに. ¶ ~으로만 생각하는 사람 一つのことだけに思いつめる人間.
외과〔外科〕 名〔醫〕外科. ¶ ~의 外科医.
외곽〔外廓〕 名 外郭. 外側の囲い. ¶ 도회지의 ~ 지대 市街地の周辺部.
외곽 단체〔一團體〕 名〔社〕外郭団体.
외관〔外觀〕 名 外観. 見かけ. 体裁. ¶ 건물의 ~ 建物の外観 / ~은 좋지 않지만 맛은 좋다 見かけは悪いが味はいい.
외교〔外交〕 名 外交. ¶ ~관 外交官 / ~가 外交家 / ~ 기관 外交機関 / ~문서 外交文書 / ~ 사절 外交使節 / ~ 정책 外交政策 / ~ 특권 外交特権 / ~파우치 外交パウチ.
외교원〔一員〕 名 外交員. ¶ 보험 ~ 保険の外交員.
외교통상부〔一通商部〕 名 外交通商部〈日本の外務省に当たる〉.
외구〔外寇〕 名 外寇. 外敵.
외국[1]〔外國〕 名 外国. ¶ ~인[사람] 外国人 / ~ 공채 外国公債 / ~ 사절 外国使節 / ~ 자본 外国資本.
외국산〔一産〕 名 外国産. 舶来. ¶ ~ 상품 外国商品.
외국어〔一語〕 名 外国語. 外語.
외국 영화〔一映畫〕 名 外国映画. ¶ ~를 보러 가다 外国映画を見に行く.
외국제〔一製〕 名 外国製.
외국환〔一換〕 名〔經〕外国為替.
외국[2]〔外局〕 名 外局.
외근〔外勤〕 名 하自 外勤.
외기〔外氣〕 名 外気.
외기권〔一圈〕 名〔地〕外気圏.
외기러기 名 孤雁〈連れのない1羽の雁〉.
외길 名 一本道. 一筋道.
외길목 名 四方の道が集まって一本道になった所.
외김치 名〔'오이김치'의 준말〕胡瓜のキムチ.
외나무다리 名 一本橋. 丸木橋. 〔속담〕 **외나무다리에서 만날 날이 있다** 一本橋で出会う日がある〈いがみ合っている相手がいると運悪く出会う〉.
외난〔外難〕 名 外患. 外憂. 外難.
외눈 名 独眼. 片目. 隻眼. めっかち. 一眼.
외다[1] 他〔'외우다'의 준말〕暗記する. 覚える. 記憶する. ¶ 구구단을 ~ 九九を暗記する / 영어 단어를 ~ 英語の単語を覚える.
-외다[2] 語尾〔'오이다'의 준말〕…でございます. …です. ¶ 그것은 내 것이~ それは私のでございます.
외대 名 (木の)1本の幹. (草の)1本の茎.
외대박이 名 1 帆を一つ掛けた舟. 2 片方の目が不自由な人. 3 白菜, または大根の一株を一束にしたもの.
외대다[1] 他 (真実を)偽って言う. 偽る. ¶ 외대지 말고 바른 대로 말하세요 偽らずに正直に話してください.
외대다[2] 他 1 ぞんざいにあしらう. 冷遇する. 2 忌み嫌って退ける.
외대머리 名 (結婚式を挙げずに髪を結いあげた者の意で)芸者. 売春婦.
외도〔外道〕 名 하自 1 道にはずれること. 2 遊女買い. 妻以外の女性と関係を持つこと. 3〔佛〕仏教以外の宗教. 外道.
외돌토리 名 (寄るべのない)一人ぼっち. 孤児. 独り者. ¶ 전쟁으로 부모 형제를 잃고 ~가 되었다 戦争で親兄弟を失い孤児になった.
외동딸 名〔'외딸'의 애칭〕一人娘.

외동아들 名 〔'외아들'의 애칭〕 一人息子. 「子.
외둥이 名 〔'외아들'의 애칭〕 一人息
외등〔外燈〕 名 〔'옥외등(屋外燈)'의 준말〕 外灯.
외따로 副 一人ぼっちで. 一つだけ別に. ぽつんと. ¶ 마을에서 ~ 떨어진 집 村から離れた一軒家.
외딴 冠 (離れて)ただ一つの. 人里離れた. ¶ 산 속의 ~ 집 山の中の一軒家.
외딴곳 名 人のいない所. 人里離れた所.
외딴길 名 (人里離れてもの寂しい)小路.
외딴몸 名 一人ぼっちの身. 独り身.
외딴섬 名 離れ島. 孤島.
외딴집 名 一軒家. ¶ 동구 밖의 ~ 村はずれの一軒家.
외딸 名 **1** (息子のない)一人娘. **2** (子女のなかで)ただ一人の娘.
외딸다 形 《주로 '외딴'의 꼴로》 ひとり離れている. 外につながりがない.
외떨어지다 形 寂しく離れている. ¶ 외떨어진 데에 살고 있다 ぽつんと離れた所に住んでいる.
외람〔猥濫〕 名 하形 僭越. ¶ ~한 짓을 하다 僭越な事をする.
　외람되다 形 僭越だ. 僭越である. ¶ 외람되지만 사회는 제가… 僭越ながら司会は私が…. **외람되이** 副 僭越にも. おこがましくも.
외래〔外來〕 名 外来. **1** 外部から来ること. ¶ ~자 外来者. **2** 外国から国内へ入ってくること. ¶ ~ 사상 外来思想. **3** (病院の)外来. ¶ ~ 환자 外来患者.
　외래어〔一語〕 名 外来語.
　외래품〔一品〕 名 外来品. 舶来品.
외려 副 〔'오히려'의 준말〕 むしろ. かえって. ¶ 그런 짓을 하면 ~ 좋지 않다 そんなことをしたらかえってよくない.
외력〔外力〕 名 外力. ¶ ~이 가해지다 外力が加わる.
외로 副 **1** 左側に向かって. 左の方に. 左に. ¶ 고개를 ~ 돌리다 首を左にまわす. **2** 斜めに. はすかいに. ¶ ~로 교차하는 도로 はすかいにまじわる道路.
외로워하다 他 (頼りなくて)心細がる. 寂しがる.
외로움 名 寂しさ. 孤独. ¶ 독서로 ~을 달래다 読書で寂しさを紛らす.
외롭다 形 わびしい. 心細い. 寂しい. 孤独だ. 身寄りがない. ¶ 외롭고 괴로운 세월 寂しく苦しい歳月/부모도 형제도 없는 외로운 사람 両親も兄弟もいない孤独な人間. **외로이** 副 心細く. 寂しく. ぽつねんと. ¶ 혼자 ~ 앉아 있다 ひとりぽつねんとして座っている.
외마디 名 **1** (竹などの)ひと節. **2** ひと言. ひと声.
　외마디소리 名 悲鳴. ¶ ~를 지르다 悲鳴をあげる.
외면〔外面〕 名 外面. 見た目. ¶ ~으로는 얌전해 보인다 見た目はおとなしく見える. 「写.
　외면 묘사〔一描寫〕 名 〔文〕 外面描
　외면적〔一的〕 冠 名 外面的.
　외면치레 名 하他 見せかけ. うわべの飾り.
외면하다〔外面一〕 自 他 **1** 顔をそむける. 素知らぬふりをする. 目をそらす. ¶ 외면하고 지나가다 顔をそむけて通り過ぎる. **2** 無視する. ¶ 외면할 수 없는 문제 無視できない問題.
외모〔外貌〕 名 外貌. 見かけ. 外見. ¶ ~를 가다듬어 꾸미다 外見をつくろう.
외무〔外務〕 名 外務.
　외무원〔一員〕 名 外務員. 外交員.
외문〔外聞〕 名 外聞. 世の評判. 人聞き.
외미〔外米〕 名 〔'외국미(外國米)'의 준말〕 外米.
외바퀴 名 一つの輪. 片輪.
　외바퀴차〔一車〕 名 一輪車.
외박〔外泊〕 名 하自 外泊. ¶ ~을 허락하다 外泊を許可する.
외방[1]〔外方〕 名 **1** ソウル以外のすべての地方. **2** 外地.
외방[2]〔外邦〕 名 外邦. 外国.
외밭 名 胡瓜や真桑瓜の畑.
외벽〔外壁〕 名 〔建〕 外壁.
외변〔外邊〕 名 外辺. 外側. 外周.
외봉치다〔外一〕 名 物を盗んで他の所に移す.
외부〔外部〕 名 外部. 外側. 外. 外方. 反 内部 ¶ ~로부터의 압력 外部からの圧力/회사 기밀이 ~로 새다 会社の機密が外部に漏れる.
외분비〔外分泌〕 名 〔生〕 外分泌. ¶ ~선 外分泌腺.
외빈〔外賓〕 名 外賓.
외사[1]〔外史〕 名 外史. **1** 外国の歴史. **2** 野史.
외사[2]〔外事〕 名 外事. **1** 外部に関すること. **2** 外国に関すること.
외사촌〔外四寸〕 名 〔'외종 사촌'의 준말〕 いとこ. 母方のおじの子.
외삼촌〔外三寸〕 名 母方のおじ.
외상[1] 名 掛け. 掛け売り. つけで買うこと. ¶ ~값 掛け金/~으로 술을 마시다 つけで酒を飲む.
〔속담〕 **외상이면 소도 잡아먹는다** つけで買うなら牛も屠って食べる〈後の事は考えずその場さえよければ何でもする〉.
　외상질 名 하他 掛けで買うこと.
외상[2]〔一床〕 名 一人用に食事のしつらえがしてある膳.
외상[3]〔外相〕 名 外相. 外務大臣.
외상[4]〔外傷〕 名 外傷.
외상없다 形 少しも間違いない. 違えることがない.
외서[1]〔外書〕 名 外書. 洋書.
외서[2]〔猥書〕 名 猥書. 猥本. 淫本.
외선〔外線〕 名 **1** 外線. **2** 屋外の電線.
외설〔猥褻〕 名 하形 猥褻. ¶ ~물 猥褻物.
외성[1]〔外姓〕 名 外姓. 母方の姓.
외성[2]〔外城〕 名 外城. 城の外郭. そとぐるわ.
외세〔外勢〕 名 **1** 外国の勢力. **2**

外部の情勢. ¶ ~를 살피다 外部の情勢を探る.
외손[1] [名] 片手. 片方の手.
외손잡이 [名] **1** 手仕事で片手だけ強くなった人. 片手きき. **2** 〈シルム(씨름)で〉技に優れた人が片方の手だけで勝負すること.
외손지다 [形] 物が片方に片寄っているので片手しか使えないから不便だ.
외손[2]〔外孫〕[名] 外孫. **1** 娘の子. **2** 娘の子孫.
외손녀〔外孫女〕[名] 孫娘. 娘が産んだ女の子.
외손자〔外孫子〕[名] 外孫. そとまご.
외숙〔外叔〕[名] 外叔. 母方のおじ. 母の男兄弟.
외숙모〔外叔母〕[名] 母方のおじの妻.
외식[1]〔外食〕[名][하自] 外食.
외식[2]〔外飾〕[名][하他] **1** 外飾. 外側の装飾. **2** うわべを飾ること.
외신〔外信〕[名] 外信. 外電. ¶ ~ 기자 外信記者 / ~부 外信部.
외심〔外心〕[名] **1** 二心·ふた心. 他意. ¶ ~을 품다 二心を抱く. **2**〔數〕外心.
외아들 [名] 一人息子.
외알박이 [名] (豆粒·銃弾·眼鏡の玉などが)一つだけ入っているもの. ¶ ~ 안경 片眼鏡.
외야〔外野〕[名] (野球で)外野. ¶ ~수 外野手.
외양[1]〔外洋〕[名] 外洋. 外海.
외양[2]〔外樣〕[名] 見かけ. 外見. うわべ. 外面. ¶ ~이 안 좋다 外見がよくない / ~만으로 알 수 없다 見かけだけでは分からない.
외양간〔一間〕[名] 牛馬の小屋.
외어서다 [自] **1** 道をよける. わきに寄る. **2** 方向を変えて立つ.
외어앉다 [自] **1** 席を譲ってわきに座る. **2** 向きを変えて座る.
외연〔外緣〕[名] 外縁. ふち. まわり.
외연 기관〔外燃機關〕[名]〔機〕外燃機関.
외올 [名] (糸などをより合わせる前の)一筋.
외올베 [名] 一筋の木綿糸で編んだ柔らかくて薄い布.
외올실 [名] 片糸. より合わせる前の糸.
외욕질 [名][하自] 吐き気.
외용[1]〔外用〕[名][하他] 外用. ¶ ~약 外用薬.
외용[2]〔外容〕[名] 外容. 見かけ.
외우[1]〔外憂〕[名] **1** 外憂. 外患. **2** 父の喪.
외우[2] [副] **1** 人里離れて. ひっそりと. ¶ ~ 선 오두막집 人里離れて立つあばら屋. **2** 遠く.
외우다 [他] 暗記する. 覚える. 記憶する. ¶ 구구단을 ~ 九九を暗記する.
외유〔外遊〕[名][하自] 外遊. ¶ ~ 길에 오르다 外遊の途にのぼる.
외유내강〔外柔內剛〕[名][하形] 外柔内剛.
외음부〔外陰部〕[名]〔生〕外陰部.
외이〔外耳〕[名]〔生〕外耳. ¶ ~염 外耳炎.
외인[1]〔外人〕[名] **1** 家族以外の人. 他人. **2** 部外者. ¶ ~ 출입 금지 関係者以外立ち入り禁止. **3** 外国人. ¶ ~부대 外人部隊.
외인[2]〔外因〕[名] 外因.
외입〔外入〕[名][하自] ☞오입(誤入)
외자[1]〔一字〕[名] 一字. ¶ ~ 이름 一字名. 1字からなる名前.
외자[2]〔外資〕[名]〔經〕外資. 外国資本. ¶ ~ 도입 外資導入.
외잡하다〔猥雜一〕[形] 猥雑だ.
외적[1]〔外的〕[冠][名] 外的. ¶ ~ 생활 外的生活 / ~ 원인 外的原因.
외적[2]〔外敵〕[名] 外敵. ¶ ~을 막다 外敵を防ぐ.
외전[1]〔外電〕[名] 外電.
외전[2]〔外傳〕[名] 外伝〈本伝以外の伝記〉.
외접〔外接〕[名][하自]〔數〕外接.
외접구〔一球〕[名]〔數〕外接球.
외접원〔一圓〕[名]〔數〕外接円.
외정〔外情〕[名] 外情. 外部[外国]の事情.
외제[1]〔外製〕[名]〔'외국제'의 준말〕外国製. ¶ ~품 外国製品 / ~차 外車.
외제[2]〔外題〕[名][하自] **1** 外題. 表紙に書いた書籍の名. **2** 本の内容が題目とは異なること.
외조〔外祖〕[名]〔'외조부'의 준말〕外祖父.
외조부〔外祖父〕[名] 外祖父. 母方の祖父.
외조모〔外祖母〕[名] 外祖母.
외족〔外族〕[名] **1** 母方の親族. **2** 自分の一族ではない他の一族.
외종〔外從〕[名]〔'외종 사촌'의 준말〕母方のいとこ.
외종 사촌〔一四寸〕[名] 母方のおじの子. いとこ.
외종제〔一弟〕[名] 母方のいとこのうち年下の男.
외종형〔一兄〕[名] 母方のいとこのうち年上の男.
외종형제〔一兄弟〕[名] 母方の従兄弟.
외주[1]〔外注〕[名][하他]〔經〕外注. ¶ 부품 제조를 ~하다 部品の製造を外注する.
외주[2]〔外周〕[名] 外周.
외줄 [名] 単線. 1本の線. 一筋.
외줄기 [名] **1** 一筋. 一本筋. **2** 枝のない幹.
외줄기문서〔一文書〕[名] 簡単な契約や覚え書き.
외지[1] [名]〔'오이지'의 준말〕胡瓜の塩漬け.
외지[2]〔外地〕[名] 外地. **1** 他地. よその土地. ¶ 고향을 떠나 ~로 가다 故郷を離れて外地に行く. **2** 外国. **3** 植民地.
외지[3]〔外紙〕[名] 外紙. ¶ ~의 보도 外紙の報道.
외지[4]〔外誌〕[名] 外国の雑誌.
외지다 [形] へんぴだ. 人里離れている. ひっそりとしている. ¶ 외진 산골 人里離れた山奥 / 외진 곳에 살고 있다 へんぴな所に住んでいる.
외질빵 [名] 片方の肩だけでになう担いひも.
외짝 [名] 片方. 片一方. 片がわ. ¶

장갑 ~이 안 보인다 手袋が片方見えない.
외짝다리 名 **1** (食卓や膳などの)片脚. **2** 〈俗〉片方の足がない人.
외쪽 名 **1** (相対するものの)片方. 片一方. **2** 一片. 一切れ.
외쪽미닫이 名 一本引障子.
외채〔外債〕名 外債.
외챗집 名 一軒家.
외처〔外處〕名 他郷. よそ. ¶~ 사람이 와서 정착했다 よその人がやって来て住みついた.
외척〔外戚〕名 外戚. 母方の親類.
외출〔外出〕名 하自 外出. ¶~ 금지 外出禁止 / 부부 동반하여 ~하다 夫婦同伴で出かける / 이제 막 ~하려는 참이다 今ちょうど出かけるところだ.
외출복〔一服〕名 外出着. よそゆき.
외출증〔一證〕名 外出許可書.
외출혈〔外出血〕名〔醫〕外出血.
외측〔外側〕名 外側.
외치〔外治〕名 外交.
외치다 自他 叫ぶ. わめく. 声を張り上げる. ¶만세를 ~ 万歳を叫ぶ / 살려 달라고 큰 소리로 ~ 助けてくれと大きな声で叫ぶ.
외탁〔外一〕名 하自 容貌·性格·体質が母方に似ていること.
외톨 名 **1** にんにく·栗などの実が一粒しか入っていないもの. **2**〔'외톨이'의 준말〕孤独な人. ひとりぼっち.
외톨박이 名 **1** 一つしか入っていない栗·にんにくなど. **2** ☞외톨이
외톨밤 名 一つしか入っていない栗.
외톨이 名 身寄りのない人. 孤独な人. ひとりぼっち.
외통〔一通〕名 **1** 一方だけに通ずること. **2** (将棋の)一手詰めの王手.
외통수〔一手〕名 (将棋の)一手詰めの手.
외통장군〔一將軍〕名 (将棋で)一手詰めの王手をかけること.
외투〔外套〕名 外套. オーバー.
외판〔外販〕名 하他 外販. 外交販売.
외판원〔一員〕名 セールスマン. 外販員.
외팔 名 片腕. 隻腕.
외팔이 名 片方の腕のない人.
외풍〔外風〕名 **1** 外国の風俗. **2** すき間風. ¶~이 세어 방이 차다 すき間風がひどくて部屋が寒い.
외피〔外皮〕名 外皮.
외할머니〔外一〕名 外祖母.
외할아버지〔外一〕名 外祖父.
외항[1]〔外港〕名〔地〕外港.
외항[2]〔外項〕名〔數〕外項.
외해〔外海〕名 **1** 外海. **2** 外洋.
외향성〔外向性〕名〔心〕外向性.
외형〔外形〕名 外形. 見かけ. ¶사람은 ~만 보아서는 알 수 없다 人は見かけによらない.
외혼〔外婚〕名 外婚. 族外婚.
외화[1]〔外貨〕名 外貨. ¶~ 획득 外貨獲得 / ~ 어음 外貨手形.
외화[2]〔外畫〕名 外国映画. 洋画.
외환[1]〔外患〕名 外患. ¶내우 ~ 内憂外患.
외환[2]〔外換〕名〔經〕〔'외국환'의 준말〕外国為替. ¶~ 시장 外国為替市場.
외환율〔一率〕名 為替レート. ▷환시세(換時勢)
외환 은행〔一銀行〕名 外国為替銀行.
왼 冠 左の. 左側の. 反 右の
◆**왼고개를 젓다** 頭を左に振る〈反対や否定の意を表わす〉.
◆**왼고개를 틀다** 無視する.
왼나사〔一螺絲〕名 左ねじ.
왼발 名 左足.
왼뺨 名 左側の頰.
왼새끼 名 左縄〈しめ縄などに用いる〉. 〔속담〕**왼새끼를 꼬다** 左縄をなう〈非常に気遣わしい事があって気をもむ〉.
왼소리 名 人が死んだといううわさ. ¶~가 전해지다 人が死んだといううわさが伝わる.
왼손 名 左手. 反 右手
왼손잡이 名 左利きの人.
왼씨름 名 〈シルム(씨름)で〉回し(샅바)は右足にし, 頭と肩は左側に当てる組み方.
왼짝 名〔'왼편짝'의 준말〕左側(のもの).
왼쪽 名 左. 左側. 反 右 ¶~으로 돌아가세요 左に曲がってください.
왼팔 名 左腕. ¶~ 투수 左腕投手.
왼편〔一便〕名 ☞왼쪽
왼편짝〔一便一〕名 左のほう. 左側(のもの).
욀재주〔一才一〕名 よく覚える才能.
욀총〔一聰〕名 暗記力. 記憶力.
요[1]〔要〕名《주로 '요는'의 꼴로 쓰여》要は. ¶~는 본인의 노력 나름이다 要は本人の努力次第だ.
요[2]〔褥〕名 敷布団. しとね. 敷.
요[3] 冠 **1** この. これしきの. ¶~ 부분이 중요해요 この部分が重要です. **2**〔시간·거리의 가까움을 나타내는 말〕ここ. この. ¶~ 근처 この近所.
-요[4] 語尾 **1**《접속 어미》…であり. …であって. ¶이것은 내 차~ 그것은 형의 차다 これは私の車でありそれは兄の車だ. **2**〔단정하는 뜻을 나타냄〕…です. ¶이것은 개가 아니라 늑대~ これは犬じゃなくて狼です. **3**〔물음을 나타냄〕…ですか. ¶몇 분이세~?—두 사람이요 何人さまですか. —二人です / 누구세~?—나요 どちらさまですか. —僕だよ. **4** …ですね. …してください. ¶그럼~, 여기서 기다릴게~ それならですね, ここでお待ちしておりますわ / 빨리~ 早くしてください.
요가 名 ヨガ〈バラモンの修行法〉.
요강[1] 名 溲瓶. おまる. おかわ.
요강[2]〔要綱〕名 要綱. ¶정책 ~ 政策の要綱.
요개 感〔개를 쫓을 때 외치는 소리〕しっしっ.
요거[1]〔搖車〕名 乳母車.
요거[2] 代〔'요것'의 준말〕これ. こいつ.
요거[3]〔饒居〕名 하自 裕福に暮らすこ

と.

요건¹〔要件〕 名 要件. ¶ 성립 ~ 成立要件/~을 갖추다 要件をそなえる.

요건²〔'요것은'의 준말〕これは.

요걸〔'요것을'의 준말〕これを. こいつを. ¶~ 갖다 주어라 これを持っていってやれ.

요것 代 **1** これ. ¶~만 있으면 뭐든지 할 수 있다 これさえあれば何でもできる. **2** こいつ. ¶~아, 어디서 그 따위 말버릇을 배웠어? こいつめ, どこでそんな口のきき方を覚えたのか.

요게〔'요것이'의 준말〕**1** これが. ¶~ 잘되면 만사가 해결이다 これがうまく行けば万事解決だ. **2** こいつが. ¶~ 한 짓이다 こいつの仕業だ.

요격〔邀擊〕 名 하他 邀撃. 迎撃. ¶~ 미사일 迎撃ミサイル.

요결〔要訣〕 名 要訣. 秘訣. 奥義.

요골〔腰骨〕 名〔生〕腰骨.

요관〔尿管〕 名〔生〕尿管. 輸尿管.

요괴〔妖怪〕 名 하形 妖怪. 化け物. 変化. ¶~의 짓 妖怪のしわざ.

요구〔要求〕 名 하他 要求. 求めること. ¶봉급 인상을 ~하다 賃上げを要求する/~에 응하다 要求に応ずる/숙련이 ~되는 일 熟練が要求される仕事.

요구르트〔yoghurt〕 名 ヨーグルト.

요귀〔妖鬼〕 名 妖鬼. 化け物. 妖怪. 妖魔.

요금〔料金〕 名 料金. ¶급행~ 急行料金/버스 ~ バス代/~을 인상하다 料金を引き上げる.

요기¹〔妖氣〕 名 妖気. ¶~가 서리다 妖気が漂う.

요기부리다 自 よこしまで妖しいことをする.

요기스럽다 形 妖気が漂って気味が悪い. よこしまで妖しい.

요기²〔療飢〕 名 하自 腹の足し. 虫押さえ. 口しのぎ. 虫養ない. ¶뭐 ~할 것 없습니까? 何か腹の足しになるものはないですか.

요기³ 代〔'여기'를 범위를 좁혀서 이르는 말〕ここ. こちら. これ. この点. ¶자 ~를 봐 さあ, ここを見なさい/어제는 분명히 ~ 있었다 きのうは確かにここにあった.

요긴하다〔要緊—〕 形 重要だ. 緊要だ. 非常に大切だ. ¶우리 사업에 요긴한 사람 私たちの事業に緊要な人. **요긴히** 副 緊要に. 大切に.

요까짓 冠 (たった)これくらいの. これしきの. これほどの. ¶~ 고생에 주저앉다니 これしきの苦労でへこたれるとは.

요나마 副 (十分ではないが)これさえも. これまでも. これだけでも. ¶~ 남은 것이 다행이다 これだけでも残ったのが幸いだ/~ 내놓게 됐다 これさえも売りに出すようになった.

요날요때 名 今日のこの時. この日のこの時. ¶~를 3년이나 기다려 왔다 この日のこの時を3年も待ってきた.

요날조날 名 今日明日. あの日この日. ¶~ 대금 결재를 미룬다 今日明日と代金の決済を延ばす.

요냥 副 このまま. ¶~ 내버려 둬라 このまま放っておけ/선반에 ~ 얹어 놓아라 棚にこのまま載せておきなさい.

요녀〔妖女〕 名 妖女. 妖婦.

요다음 名 この次. 今度. 後日. ¶~ 만납시다 この次会いましょう.

요다지 副 こんなにまでも. これほどまで. このようにも. こうまでも. ¶문제가 ~ 까다로울 줄 몰랐다 問題がこんなにまでややこしいとは知らなかった.

요담¹ 名〔'요다음'의 준말〕この次.

요담²〔要談〕 名 하自 要談. ¶~을 나누다 要談を交わす.

요대〔腰帶〕 名 腰帯.

요대로 副 このとおりに. このままに. ¶~ 만들어라 このとおりにつくりなさい/날 ~ 내버려 둬 このまま私に構わないで.

요도¹〔尿道〕 名〔生〕尿道. ¶~염 尿道炎.

요도²〔腰刀〕 名 腰刀.

요독증〔尿毒症〕 名〔醫〕尿毒症.

요동〔搖動〕 名 하自 揺動. 揺れ. 動揺. ¶배가 ~하다 船が揺れる.

요들〔yodel〕 名〔樂〕ヨーデル. ¶~송 ヨーデルの歌.

요따위 名 **1** こんなやつら. 代物. ¶뭐 ~가 다 있어 なんだって, こんなやつらがなんてあるのか. **2** このくらいのもの. ¶~는 얼마든지 있다 このくらいのものはいくらでもある.

요때기 名 粗末な敷布団.

요란〔擾亂·搖亂〕 名 하形 **1** 騒がしいこと. うるさいこと. けたたましいこと. 騒々しいこと. ¶안내 방송이 ~하다 案内の放送が騒がしい/~하게 사이렌을 울리다 けたたましくサイレンを鳴らす. **2** けばけばしい. 大げさだ. ¶~한 옷차림의 여인 けばけばしい身なりの女.

요란스럽다 形 やかましい. ¶어린애 우는 소리가 ~ 子どもの泣き声がやかましい. **요란스레** 副 やかましく. 騒がしく. けばけばしく.

요람¹〔要覽〕 名 要覧. ¶행정 ~ 行政要覧.

요람²〔搖籃〕 名 ゆりかご. 揺籃. ¶~에서 무덤까지 揺りかごから墓場まで.

요람기〔一期〕 名 揺籃期. ¶현대 문명의 ~ 現代文明の揺籃期.

요람지〔一地〕 名 揺籃の地.

요래도〔'요리 하여도'가 준 말〕これでも. こうでも. かくても. こうしても.

요래라조래라 副 ああしろこうしろ. あのようにしろこのようにしろ. ¶~ 말도 많다 ああしろこうしろとずいぶんうるさい.

요래봬도 副 こう見えても. ¶~ 이 마을에서는 제일 가는 부자다 こう見えてもこの村では一番の金持ちだ.

요래서〔'요리 하여서'가 준 말〕こんな状態だから. これだから. こんなにして.

요래서야〔'요리 하여서야'가 준 말〕こんな状態では. こんなやり方では. これでは. こうしては. ¶~ 어디 희망인들 가지겠나 これではそもそも希望でも持てるだろうか.

요래조래 副 ああしてこうして. あれこれして. どっちみち. ¶~ 손해만 봤다 どっちみち損だけした.

요랬다조랬다 副 〔'요리 하였다 조리 하였다'가 준 말〕ああしたかと思うとこうしたり. ああしたりこうしたり. ああだこうだと気まぐれに. ¶～ 하는 변덕쟁이 ああだこうだという気まぐれ者.

요량〔料量〕 名 하他 考え. 推量. 見当. つもり. ¶어떻게 할 ～인가? どうするつもりか / 무슨 ～이 있는 것 같다 何か思わくがあるらしい.

요러나조러나 副 **1** 〔'요러하나 조러하나'의 준말〕こうでもああでも. **2** 〔'요리하나 조리하나'의 준말〕ああしてもこうしても. ¶～ 마찬가지다 ああしてもこうしても同じだ.

요러니조러니 副 ああだこうだと. どうのこうのと. ¶～ 핑계를 대다 ああだこうだと理屈をつける.

요러다 自 こうする. このようにする. ¶요러는 게 좋아 このようにするのがよい.

요러다가 こうするうちに. ▷요러다

요러면 これでは. こうしたら. これなら. ¶～ 잘 되겠지 こうしたらよくできるだろう. ▷요렇다

요러므로 こういうわけで. こうだから.

요러요러하다 形 (いきさつなどが)かくかくである. こうこうである. かようかようである. しかじかである. ¶사건의 경위는 ～ 事件のいきさつはこうこうである.

요러조러하다 形 そんなこんなである. しかじかである. ¶요러조러하여 늦었습니다 そんなこんなで遅くなりました.

요러쿵조러쿵 副 なんだかんだと. なんのかのと. ああだこうだ(と). ¶～ 말하고 있을 때가 아니다 なんだかんだと言ってる場合じゃない.

요러하다 形 このようだ. こうだ. ¶소설의 줄거리는 ～ 小説のあらすじはこうだ.

요럭조럭 副 **1** どうにかこうにか. どうやらこうやら. ¶～ 일을 끝마쳤다 どうやらこうやら仕事を終えた. **2** いつのまにか. 知らず知らず. ¶～ 3년의 세월이 흘렀다 いつの間にか3年が過ぎた. **3** あれこれするうちに. ぶらぶらする間に.

요런[1] 感 〔놀라서 내는 소리〕まあ. おや. なんと. ¶～ 또 실수를 했네 なんと, またしくじったなあ.

요런[2] 冠 こんな. このような. こうした. ¶～ 일은 처음이다 こんなことは初めてだ.

요렁조렁 副 하自 あのようにこのように. かれこれして. どうこうして. どうやらこうやら. ¶～하는 사이에 해가 지다 かれこれしているうちに, 日が暮れる.

요렇다 形 〔'요러하다'의 준말〕こうだ. このようだ. このとおりだ. ¶사건의 진상은 ～ 事件の真相はこうだ.

요렇다조렇다 副 ああだこうだ. なんだかんだ. ¶～ 말이 많다 なんだかんだと文句が多い.

요렇든지조렇든지 副 こうであってもあであっても. いずれにしても.

요렇듯 副 〔'요렇듯이'의 준말〕かくも. このように. こんなに. ¶～ 성대한 모임을 베풀어 주시어 かくも盛大な会を催していただき.

요렇듯이 副 かくのごとく. こんなに. このように.

요령[1]〔要領〕 名 **1** 要領. 要点. ¶～만 말해라 要点だけ話せ / ～이 없다 要領が悪い. **2** 要領. こつ. ¶일의 ～을 익히다 仕事の要領を覚える. **3** 浅知恵. こざかしい策. ¶～을 부리다 浅知恵を働かせる.

요령부득〔一不得〕 名 하形 不得要領. 要領を得ないこと. ¶～한 설명 不得要領な説明.

요령[2]〔鐃鈴〕 名 **1** 振鈴. **2** 〔佛〕(仏家で法要を行なうとき振る)鈴.

요로〔要路〕 名 要路. **1** 主要な交通路. ¶교통의 ～를 막다 交通の要路を抑える. **2** 重要な地位. ¶정부 ～의 사람 政府要路の人.

요르단(Jordan) 名 〔地〕ヨルダン〈アラビア半島北西部にある王国〉.

요리[1]〔料理〕 名 하他 **1** 料理. ¶서양[중국] ～ 西洋[中国]料理 / 채소 ～ 精進料理. **2** (物事を)手際よく処理すること. ¶이런 문제는 가볍게 ～할 수 있다 こんな問題は軽く料理できる.

요리대〔一臺〕 名 料理台.

요리사〔一師〕 名 調理師. 料理人.

요리상〔一床〕 名 料理を並べた膳.

요릿집 名 料理屋. 料理店.

單語帳 **요리에 관한 말**

◆구이 焼きもの: 생선 구이 焼き魚 / 더덕 구이 蔓人参焼き / 대합 구이 焼きはまぐり / 장어 구이 鰻のかば焼き.

◆국, 탕(湯) 汁. スープ: 갈비탕(一湯) 牛カルビスープ / 삼계탕(蔘鷄湯) サムゲタン / 된장국 みそ汁 / 미역국 若布スープ / 떡국 雑煮 / 매운탕(一湯) メウンタン / 만두국(饅頭一) ワンタンに似たスープ / 곰탕(一湯) コムタン. 牛のテール骨を煮込んだスープ.

◆김치 キムチ. ▷김치 單語帳

◆나물, 무침 ナムル. 和え物: 콩나물 무침 大豆もやしのナムル / 도라지 나물 ききょうのナムル / 고사리 나물 わらびのナムル.

◆떡 餅

◆면 麵. ▷냉면(冷麵) 單語帳

◆밥 飯: 비빔밥 ビビンバ / 볶음밥 チャーハン / 콩나물밥 大豆もやしの炊き込みご飯 / 돌솥밥 石釜飯.

◆볶음 炒めもの: 오징어 볶음 いかのコチュジャン(고추장)炒め / 멸치 볶음 じゃこの炒めもの.

◆산적 串焼き: 쇠고기 산적 牛肉の串焼き.

◆전(煎) チョン: 파전 パジョン〈ねぎのチョン〉/ 풋고추전 プッコチュジョン〈青とうがらしのチョン〉/ 빈대떡 ピンデトック.

◆전골 炒め鍋: 곱창 전골 牛のホルモン炒め鍋 / 생굴 전골 生牡蛎の炒め鍋 / 해물 잡탕(海物雜湯) 海産物の炒め鍋.

◆조림 煮物: 삼치 조림 さわらの煮付け / 감자 조림 じゃがいもの煮物 / 고등어 조림 鯖の煮付け.

> ◆죽 粥: 흰죽 白粥/ 전복죽(全鰒粥) あわび粥/ 잣죽 松の実入り粥/ 깨죽 ごま粥.
> ◆찌개 鍋. チゲ: 김치 찌개 キムチチゲ/ 두부 찌개 豆腐チゲ/ 생선찌개 魚チゲ.
> ◆찜 蒸しもの. 煮込み: 갈비찜 カルビの煮込み/ 도미찜 鯛蒸し/ 닭찜 鶏の煮込み.
> ◆회(膾) 刺身: 육회 牛刺し/ 오징어회 いか刺し/ 생선회 刺身.
> ◆양식 洋食: 햄버거 스테이크 ハンバーグステーキ/ 샌드위치 サンドイッチ/ 돈까스 とんカツ/ 스테이크 ステーキ/ 스파게티 スパゲッティ/ 카레 라이스 カレーライス/ 햄버거 ハンバーガー/ 오므라이스 オムライス. ▷삶다 [單語帳]

요리² [副] **1** このように. こう. ¶그 물건은 ~ 만들어라 その品物はこのようにつくりなさい. **2** こちらへ. ¶~ 오너라 こちらへおいで(なさい).

요리조리 [副] **1** あれこれと. ¶~ 궁리하다 あれこれ工夫する. **2** あちらこちらに. あっちこっちに.

요마〔妖魔〕[名] 妖魔. 妖怪. 魔物.

요마마하다 [形] このくらいだ. これくらいだ.

요마적 [名] 最近. 近頃.

요만 Ⅰ [冠] このくらいの. これしきの. ¶~ 일에 울다니 これしきのことで泣くとは. Ⅱ [副] これくらいで. この程度にして.

요만것 [名] これくらいのこと. 大したことのないこと. ¶~으로 화를 내다니 これくらいのことで腹を立てるとは.

요만큼 [副] これくらいに. 少し. この程度で. ¶친절한 마음은 ~도 없다 親切心はこれっぱかりもない.

요만하다 [形] これくらいだ. この程度のものだ.

요맘때 [名] 今時分. 今ごろ. ¶작년 ~ 去年の今ごろ.

요망¹〔妖妄〕[名][하形] (女性が)妖しくみだらなこと.

요망떨다 [自] みだらにふるまう.

요망부리다 [自] みだらにふるまう.

요망²〔要望〕[名][하他] 要望. ¶~에 부응하여 전력을 다하다 要望にこたえて全力を尽くす.

요면〔凹面〕[名] 凹面. (反)凸面 ¶~경 凹面鏡.

요면 동판〔一銅版〕[名]〔印〕凹面銅版.

요모조모 [名][副] あれこれ.

요목〔要目〕[名] 要目. 重要な項目.

요무〔要務〕[名] 要務. 重要な任務.

요물〔妖物〕[名] **1** 邪悪で怪しいもの. **2**〈俗〉邪悪な人.

요밀요밀하다〔要密要密一〕[形] とても細密だ.

요배〔遙拜〕[名][하他] 遥拝.

요번〔一番〕[名] 今度. 今回. このたび. ¶~ 기회에 今度の機会に.

요법〔療法〕[名] 療法. 病の治療法. ¶식이 ~ 食餌療法.

요변〔妖變〕[名][하自] **1** よこしまで軽率なふるまいをすること. **2** 怪しい変事.

요변떨다 [自] よこしまで勝手気ままなことをする.

요변부리다 [自] わざとよこしまで気ままに行動する.

요부¹〔妖婦〕[名] 妖婦. 魔性の女.

요부²〔要部〕[名] 要所. もっとも重要な部分.

요부³〔腰部〕[名] 腰部.

요사¹〔夭死〕[名][하自] 夭死. 夭折.

요사²〔妖邪〕[名][하形] あやしく邪悪であること. ¶~꾼 よこしまな行動をよくする人.

요사떨다 [自] よこしまにふるまう.

요사부리다 [自] よこしまな言動をする.

요사피우다 [自] やたらによこしまな言動をする.

요사이 [名][副] **1** 最近. 近ごろ. **2** (時間的に·空間的に)少しの間. わずかな間.

요새¹ [名][副] 〔'요사이'의 준말〕 **1** 近ごろ. 最近. このごろ. ¶~는 어떻게 지내십니까? 近ごろいかがお過ごしですか. **2** 少しの時間. この間. **3** わずかな空間. **4** (부사적으로 쓰여) 近ごろ. 最近. ¶~ 그 사람을 만난 일이 없다 最近その人に会ったことがない.

요새²〔要塞〕[名] 要塞. とりで. ¶~ 지대 要塞地帯.

요새전〔一戰〕[名]〔軍〕要塞戦.

요새지〔一地〕[名]〔軍〕要塞地.

요서〔夭逝〕[名][하自] 夭逝. 夭折.

요석〔尿石〕[名]〔醫〕尿石.

요설〔饒舌〕[名][하自] 饒舌.

요소¹〔尿素〕[名]〔化〕尿素.

요소 수지〔一樹脂〕[名]〔化〕尿素樹脂.

요소²〔要所〕[名] 要所. ¶~를 굳히다 要所を固める.

요소³〔要素〕[名] 要素. ¶구성 ~ 構成要素.

요순〔堯舜〕[名]〔史〕堯舜〈中国古代の伝説上の王である堯と舜. 徳をもった理想的な帝王とされる〉.

요순시대〔一時代〕[名] **1** 堯舜の時代. **2** 太平な時代.

요술〔妖術〕[名][하自] **1** 妖術. 魔法. ¶~로 속이다 妖術でたぶらかす. **2** 奇術. 手品.

요술쟁이 [名] 魔術師. 魔法使い.

요승〔妖僧〕[名]〔佛〕妖僧.

요시찰인〔要視察人〕[名]〔法〕行政·警察上の要注意人物.

요식〔要式〕[名] 要式. ¶~ 행위 要式行為.

요식업〔料食業〕[名] 飲食業. ¶~자 飲食業をする人.

요신〔妖神〕[名] 妖神. 災いをなす神.

요악하다〔妖惡一〕[形] 怪しく邪悪だ.

요약〔要約〕[名][하自他] 要約. ¶한마디로 ~하면 ひとことに要約すれば.

요양〔療養〕[名][하自他] 療養. ¶시골로 ~하러 가다 田舎へ療養に行く.

요양소〔一所〕[名] 療養所.

요양원〔一院〕[名] 療養所.

요언¹〔妖言〕[名] 妖言. 人を惑わせる流言.

요언²〔要言〕[名] 要言. 要点をまとめた言葉.

요업〔窯業〕[名] 窯業.

요연〔瞭然〕[名][하形] 瞭然. ¶일목~

一目瞭然.

요염하다〔妖艶―〕 形 妖艶だ. ¶ 요염한 웃음을 던지다 妖艶な笑みを送る.

요오드〔㊍Jod〕〘化〙 ヨード. 沃度.

요우〔僚友〕 名 僚友. 同僚.

요원1〔要員〕 名 要員. ¶ 보안 ~ 保安要員.

요원2〔燎原〕 名 燎原.

◆**요원의 불길** 燎原の火(勢いが盛んで防ぎようがないもののたとえ).

요원하다〔遙遠―·遼遠―〕 名 하形 遥遠だ. 遼遠だ. ¶ 전도가 ~ 前途遥遠だ.

요의1〔尿意〕 名 尿意.

요의2〔要義〕 名 要義. **1** 重要な意義. **2** 要約した意義.

요인1〔要人〕 名 要人. ¶ 정부 ~ 政府の要人.

요인2〔要因〕 名 要因. ¶ 주된 ~ 主な要因／실패의 ~ 失敗の要因.

요일〔曜日〕 名 曜日. ¶ 일~ 日曜日／무슨 ~에 오시겠습니까? 何曜日にいらっしゃいますか.

요전〔―前〕 名 この前. 先日. この間. 先だって. ¶ ~에 왔던 손님 この前来たお客／~에는 신세를 많이 졌습니다 先日は大変お世話になりました.

요전번〔―前番〕 名 先ごろ. 先日. この前. 先だって. ¶ ~에 귀국했습니다 先ごろ帰朝しました.

요절1〔夭折〕 名 하自 夭折. ¶ ~한 천재 화가 夭折した天才画家.

요절2〔腰絶〕 名 하自 (腰が折れるほど)笑いこけること.

요절복통〔―腹痛〕 名 하自 笑いこけて腹痛をおぼえるほどであるようす.

요절나다〔撓折―〕 自 **1** 使えなくなるほどに壊れる. **2** (計画中のことが)駄目になる.

요절내다〔撓折―〕 他 壊す. 駄目にする. 台なしにする.

요점〔要點〕 名 要点. ¶ ~을 설명하다 要点を説明する.

요정1〔妖精〕 名 妖精.

요정2〔料亭〕 名 料亭. 料理屋.

요조〔窈窕〕 名 하形 窈窕. 美しく奥ゆかしいようす.

요조숙녀〔―淑女〕 名 美しくしとやかな淑女.

요주의〔要注意〕 名 要注意. ¶ ~ 인물 要注意人物.

요즈막 名 副 このごろ. つい最近. ¶ ~에 있었던 사건 つい最近起こった事件.

요즈음 名 副 **1** 近ごろ. 最近. このごろ. ¶ ~의 경기 동향 最近の景気動向／~ 드문 미담이다 近ごろ珍しい美談だ. **2** (부사적으로 쓰여) 近ごろ. このごろ. ¶ ~ 어떻게 지낼까? 今ごろどうしているだろうか／~ 통 보이지 않습니다 近ごろ全然顔を見せません.

요즘 名 副 (‘요즈음’의 준말) 近ごろ. このごろ.

요지1〔了知〕 名 하他 了知. 了承. ¶ ~를 구하다 了承を求める.

요지2〔要地〕 名 要地. ¶ 군사 ~ 軍事要地.

요지3〔要旨〕 名 要旨. あらまし. 要点. 大意. ¶ 연설의 ~ 演説の要旨.

요지경〔瑤池鏡〕 名 のぞき眼鏡. のぞきからくり. ¶ ~ 속같이 돌아가는 세상 のぞきからくりのようにくるくる回る世の中.

요지부동〔搖之不動〕 名 하自 揺るぎないこと. ¶ 그 회사의 기반은 ~이다 その会社の基盤は堅固で揺るぎない.

요직〔要職〕 名 要職. ¶ ~에 앉다 要職に就く.

요처〔要處〕 名 要所.

요철〔凹凸〕 名 하形 凹凸. でこぼこ. ¶ ~ 렌즈 凹凸レンズ.

요청〔要請〕 名 하他 要請. 請うこと. ¶ 원조를 ~하다 援助を要請する／시국의 ~에 따르다 時局の要請に応じる.

요체〔要諦〕 名 要諦. 重要な点. ¶ 불교의 ~를 깨닫다 仏教の要諦を悟る.

요추〔腰椎〕 名〘生〙 腰椎.

요축〔饒―〕 名 生活にゆとりのある人々.

요충〔要衝〕 名 (‘요충지’의 준말) 要衝.

요충지〔―地〕 名 **1** 要衝. 要地. 要所. ¶ 교통의 ~ 交通の要衝. **2** 要害の地.

요컨대〔要―〕 副 要するに. 要は. つまり. ¶ ~ 무엇을 말하려는 것인가? 要するに何を言いたいのか.

요탓조탓 名 副 あれやこれやとかこつけるようす. ¶ ~ 핑계만 일삼다 あれこれと口実ばかり設ける.

요통〔腰痛〕 名 腰痛.

요트〔yacht〕 名 ヨット.

요판〔凹版〕 名〘印〙 凹版. ㊀凸版. ¶ ~ 인쇄 凹版印刷. グラビア印刷.

요포대기 名 敷布団にも使えるねんねこ.

요하다〔要―〕 他 要する. 必要とする. ¶ 기계 조작에 주의를 요한다 機械の操作に注意を要する.

요항1〔要項〕 名 要項. ¶ 모집 ~ 募集要項.

요항2〔要港〕 名 要港. ¶ 군사 ~ 軍事要港.

요해1〔了解〕 名 하他 了解. ¶ 상사의 ~를 얻다 上司の了解を得る.

요해2〔要害〕 名 (‘요해처’의 준말) 要害.

요해처〔―處〕 名 要害. **1** 地勢が険しくて守りやすく攻めにくいところ. **2** 体の重要な部分.

요행〔僥倖〕 名 하形 僥倖. 思いがけない幸運, またそれに出あうこと. ¶ 만일의 ~을 바라다 万一の僥幸を頼む.

요행히 副 運よく. 幸運にも. さいわいに.

요행수〔―數〕 名 まぐれ当たり. ¶ ~를 바라다 山をかける[張る].

요화〔妖花〕 名 妖花. 妖艶な女.

욕〔辱〕 名 **1** (‘욕설’의 준말) 悪口. 悪罵. 悪たれ口. ののしること. ¶ ~을 하다 悪口を言う. **2** 恥辱. 辱め. ¶ ~을 당하다 恥辱をこうむる.

욕가마리〔辱―〕 名 悪口を言われて当然な人.

욕감태기〔辱―〕 名 いつも他人から非難されたり悪口を言われてばかりいる人.

욕객〔浴客〕 名 浴客.
욕계〔欲界〕 名〔佛〕欲界.
욕구〔欲求〕 名 하他 欲求. ¶ ~를 충족시키다 欲求を満たす.
  욕구 불만〔—不滿〕 名〔心〕欲求不満.
욕기〔欲氣〕 名 欲気. 欲心.
  ◆**욕기를 부리다** 欲気づく. 欲心を出す.
욕되다〔辱—〕 形 恥になる. 面目がない. 不名誉だ. ¶ 부모의 이름을 욕되게 하다 父母の名を辱める.
욕망〔欲望〕 名 欲望. ¶ 인간의 ~에는 한이 없다 人間の欲望には限りがない.
욕먹다〔辱—〕 自 **1** 悪口を言われる. 非難される. **2** 叱られる.
욕보다〔辱—〕 自 **1** 恥をかく. 閉口する. 恥辱を受ける. 困る. 往生する. ¶ 면접 시험에서 대답을 하지 못해 욕봤다 面接試験で答えられず恥をかいた. **2** ひどく苦労する. ¶ 그의 집을 찾는 데 욕봤다 彼の家を捜すのに苦労した. **3** 〈俗〉強姦される.
욕보이다〔辱—〕 他 **1** 恥をかかせる. **2** 苦労をかける. **3** 〈俗〉強姦する.
욕설〔辱說〕 名 하自 悪口. ののしり. 罵詈雑言. 悪態. ¶ ~을 퍼붓다 悪口を浴びせる.
욕실〔浴室〕 名 浴室. 風呂.
욕심〔欲心〕 名 欲. 欲心. ¶ ~이 많은 사람 欲の深い人 / ~에 눈이 어두워지다 欲に目がくらむ.
  ◆**욕심이 눈을 가리다** 欲に目がくらむ.
  ◆**욕심이 사납다** ごうつくばりだ.
  욕심꾸러기 名 欲張りな人.
  욕심나다 自 欲が出る. 欲しいと思う. ¶ 며느릿감으로 욕심나는 아가씨 息子の嫁に欲しい娘.
  욕심내다 他 欲を出す. 欲張る.
  욕심부리다 自 欲張る.
  욕심쟁이 名 欲張りな人.
욕장〔浴場〕 名 浴場. 風呂場.
욕쟁이〔辱—〕 名 悪口をよく言う人.
욕정〔欲情〕 名 欲情. **1** 物を欲しがる気持ち. **2** 色欲.
욕조〔浴槽〕 名 浴槽. 湯船.
욕지거리〔辱—〕 名 하自 〈俗〉悪口. ¶ ~를 하다 悪態をつく.
욕지기 名 하自 吐き気.
  욕지기나다 自 吐き気を催す. 吐き気がする.
욕질〔辱—〕 名 하自 ののしったり悪口を言ったりすること.
욕창〔褥瘡〕 名 蓐瘡. 床擦れ.
욕탕〔浴湯〕 名〔'목욕탕(沐浴湯)'의 준말〕風呂屋. 銭湯. 風呂.
욕통〔浴桶〕 名〔'목욕통'의 준말〕湯船.
욕하다〔辱—〕 自他 ののしる. 悪口を言う. けなす. ¶ 남을 욕하지 마세요 人の悪口を言わないでください.
욧속〔褥—〕 名 敷布団の中綿.
욧잇〔褥—〕 名 敷布団の人が寝る側に用いる白い布地.
용¹〔茸〕 名〔'녹용'의 준말〕鹿茸.
용²〔龍〕 名 **1** 竜. ¶ ~꿈을 꾸다 縁起のよい夢を見る. **2** (十二支の)辰. ¶ ~띠 辰年.
-용³〔用〕 接尾 …用. ¶ 어린이~ 子供用 / 연습~ 練習用.
용감무쌍하다〔勇敢無雙—〕 形 他に類をみないほど勇敢だ.
용감스럽다〔勇敢—〕 形 勇敢だ. 勇ましい.
용감하다〔勇敢—〕 形 勇敢だ. 勇ましい. ¶ 용감한 청년 勇敢な青年. **용감히** 副 勇敢に. ¶ ~ 돌격하다 勇敢に突撃する.
용건〔用件〕 名 用件. 用事. ¶ ~이 무엇입니까 用件は何ですか.
용골〔龍骨〕 名 (船の)竜骨.
  용골 돌기〔—突起〕 名〔動〕竜骨突起.
용공〔容共〕 名 容共. ¶ ~ 정책 容共政策.
용광로〔鎔鑛爐〕 名〔工〕溶鉱炉.
용구〔用具〕 名 用具.
용군〔庸君〕 名 庸君. 愚かな君主.
용궁〔龍宮〕 名 竜宮.
용기¹〔用器〕 名 用器.
용기²〔勇氣〕 名 勇気. ¶ ~를 내라 勇気を出せ.
용기³〔容器〕 名 容器. 箱. 入れ物. 器.
용꿈〔龍—〕 名 竜の夢. 瑞祥の夢.
  ◆**용꿈을 꾸다** 縁起のよい夢を見る.
용납〔容納〕 名 하他 (人の意見などを)受け入れること. 承諾すること. ¶ 고급 관리의 부정은 ~할 수 없다 高級官吏の不正は容認できない.
용단〔勇斷〕 名 하他 勇断. 勇気ある決断. ¶ ~을 내리다 勇断を下す.
용달〔用達〕 名 하他 小荷物を運送すること.
  용달사〔—社〕 名 小荷物を運送することを業とする会社.
  용달차〔—車〕 名 用達車.
용담〔用談〕 名 用談.
용도¹〔用度〕 名 用度. 必要な費用.
용도²〔用途〕 名 用途. ¶ ~가 넓다 用途が広い.
용돈〔用—〕 名 小遣い. 小遣い銭. ポケットマネー. ¶ 어머니한테 ~을 타다 母から小遣いをもらう.
용두레 名〔農〕水を水田にくみ上げる道具.
용두사미〔龍頭蛇尾〕 名 竜頭蛇尾.
용두질 名 하自 手淫. 自慰.
용량¹〔用量〕 名〔藥〕用量. 使用分量.
용량²〔容量〕 名〔物〕容量. ¶ ~ 분석 容量分析.
용렬하다〔庸劣—〕 形 庸劣だ.
용례〔用例〕 名 用例. ¶ ~를 들다 用例を挙げる.
용마〔龍馬〕 名 竜馬. きわめて優れた駿足の馬.
용마루〔龍—〕 名 屋根の棟.
용마름〔龍—〕 名〔建〕(わら屋根·土塀などの棟部分を葺く)わらで編んだむかで形の「へ」の字の覆い.
용매〔溶媒〕 名〔化〕溶媒.
용맹〔勇猛〕 名 하形 勇猛. ¶ ~을 떨친 장군 勇猛をふるった将軍.
  용맹스럽다 形 見るからに勇猛だ. **용맹스레** 副 勇猛に.
용명〔勇名〕 名 勇名. ¶ 온 세계에 ~을 떨치다 全世界に勇名をとどろかす.

용모〔容貌〕名 容貌. 顔形. 顔つき.
용모파기〔一疤記〕名 하他 人相書き.
용무〔用務〕名 用務. 用事. ¶ ~를 다하다 用務を果たす.
용법〔用法〕名 用法. 使い方.
용변〔用便〕名 하自 用便. ¶ ~을 보다 用を足す. 用便をする.
용병[1]〔用兵〕名 하自 用兵.
용병법〔一法〕名 用兵法.
용병술〔一術〕名 用兵術.
용병[2]〔勇兵〕名 勇兵. 勇ましい兵士.
용병[3]〔傭兵〕名 하自 傭兵.
용불용설〔用不用説〕名 用不用説.
용비〔用費〕名 費用.
용사〔勇士〕名 勇士. 勇者. ¶ 역전의 ~ 歴戦の勇士.
용상[1]〔龍床〕名〔史〕〔'용평상'의 준말〕玉座. 御座. 王座.
용상[2]〔聳上〕名 하他〔體〕(重量挙げの)ジャーク.
용색〔容色〕名 容色. みめかたち. 容貌と顔色.
용서〔容恕〕名 하他 容赦. 許すこと. 勘弁. ¶ ~를 빌다 許しを請う / 부디 ~해 주세요 どうぞ許してください.
용선〔傭船〕名 하自 傭船. チャーター船.
용선로〔鎔銑爐〕名 溶銑炉. キューポラ.
용소〔龍沼〕名 滝壺.
용솟음〔湧一〕名 하自 (水・力などが)勢いよくほとばしること. わき立つこと.
용솟음치다 自 ほとばしる. たぎり立つ. 湧きあがる. ¶ 용솟음치는 열기 ほとばしる熱気 / 피가 ~ 血が湧きあがる.
용수[1] 名 **1** (酒やしょう油を漉す)萩や竹でつくった筒状のざる. **2** (囚人を外に連行するとき)顔が見えないようにかぶせる深い編み笠.
◆**용수를 지르다** (酒・しょう油などを漉すために)甕にざるを入れる.
용수[2]〔用水〕名 用水. **1** (飲料水に対する)雑用の水. **2** (消火・灌漑・飲料用に)遠くから水を引くこと, またその水.
용수로〔一路〕名 灌漑用水を送るための水路.
용수철〔龍鬚鐵〕名 ばね. ぜんまい. スプリング. ¶ ~저울 ぜんまい秤.
용신〔龍神〕名〔佛〕竜神. 竜王.
용신굿 名〔民俗〕ムーダン(무당)が竜王に祈りをささげるクッ(굿).
용신제〔一祭〕名〔民俗〕竜神祭り〈陰暦6月15日に田畑のあたりで竜神に雨ごいをして豊作を祈る祭祀〉.
용심〔用心〕名 하自 (真心を込めて)気遣うこと.
용심 名 意地悪な心.
용심꾸러기 名 たいへん意地悪な人.
용심부리다 自 人に意地悪をする.
용심쟁이 名〈俗〉意地悪な人.
용쓰다 自 **1** 力を込める. 必死になる. **2** 堪え忍ぶ. ふんばる.
용안〔龍顔〕名 竜顔. 天顔. 王の顔.
용암〔鎔巖〕名〔地〕溶岩.
용암구〔一丘〕名〔地〕溶岩丘.
용암대지〔一臺地〕名〔地〕溶岩台地.
용암층〔一層〕名〔地〕溶岩層.
용액〔溶液〕名〔化〕溶液.
용약〔勇躍〕名 하自 勇躍. ¶ 적지에 ~ 뛰어들다 敵地に勇躍のりこむ.
용어〔用語〕名 用語. ¶ 전문 ~ 専門用語 / 학술 ~ 学術用語.
용언〔用言〕名〔言〕用言〈動詞・形容詞など活用する品詞〉.
용역〔用役〕名 用役. ¶ ~ 회사 用役会社.
용역 수출〔一輸出〕名〔經〕サービス輸出. 保険・金融・運送などのサービスを外国に輸出し外貨を得ること〈労働力の輸出も含む〉.
용왕〔龍王〕名 竜王. 竜神.
용원〔傭員〕名 **1** 官庁の臨時雇い. **2** 手間取り.
용융〔鎔融〕名 하自〔化〕溶融. 融解.
용의[1]〔用意〕名 하他 用意. 準備. 支度. 注意. 心遣い.
용의주도〔一周到〕名 하形 用意周到. ¶ 매사에 ~하다 すべてに用意周到だ.
용의[2]〔容疑〕名 容疑. 犯罪の疑い.
용의자〔一者〕名〔法〕容疑者. 被疑者. ¶ 살인 사건의 ~ 殺人事件の容疑者.
용이하다〔容易一〕形 容易だ. たやすい. ¶ 이 일은 ~ この仕事はたやすい.
용인[1]〔用人〕名 하自 人を使うこと.
용인[2]〔容認〕名 하他 容認. 認容.
용인[3]〔庸人〕名 庸人. 凡庸な人. 凡人.
용인[4]〔傭人〕名 傭人. 雇い人. 雇われている人.
용자[1]〔勇者〕名 勇者. 勇士.
용자[2]〔勇姿〕名 勇姿. 勇ましい姿. ¶ 마상의 ~ 馬上の勇姿.
용자[3]〔容姿〕名 容姿. ¶ ~가 단려하다 容姿が端麗だ.
용자례〔用字例〕名 字の使い方の例.
용자창〔用字窓〕名 桟を用の字の形に組んだ窓. ▷장지문(障一門)
용장〔勇將〕名 勇将. ¶ ~ 밑에 약졸 없다 勇将の下に弱卒なし.
용장하다〔勇壯一〕形 勇壮だ.
용재〔用材〕名 用材. ¶ 건축 ~ 建築用材.
용적〔容積〕名 容積.
용적계〔一計〕名 容積計.
용적량〔一量〕名 容積量.
용전〔勇戰〕名 하自 勇戦. 勇ましく戦うこと.
용점〔鎔點〕名〔物〕融点. 融解点.
용접〔鎔接〕名 하他〔工〕溶接. ¶ ~봉 溶接棒.
용제〔溶劑〕名〔化〕溶剤.
용지[1]〔用地〕名 用地. ¶ 주택 ~ 住宅用地.
용지[2]〔用紙〕名 用紙. ¶ 투표 ~ 投票用紙.
용진〔勇進〕名 하自 勇進.
용질〔溶質〕名〔化〕溶質.
용처〔用處〕名 用いる場所. 使い道. ¶ ~ 없는 사람 使い道のない人間 / 돈의 ~를 모른다 金の使い道を知らない.
용천〔湧泉〕名 湧泉. 湧き出る泉.
용천맞다 形 気まぐれなところがある. 甚だ悪いところがある. 不吉なとこ

ろがある.

용천하다 形 **1** 甚だよくない. **2** 気まぐれなところがある.

용출〔湧出〕 名 하自 湧出.

용춤 名 おだてに乗ること.

◆**용춤을 추다** おだてられいい気になって言われるままにする.

◆**용춤을 추이다** おだてて自分の意のままにさせる.

용태〔容態〕 名 容態. 病状. ¶ ～가 악화되다 容態が悪化する.

용퇴〔勇退〕 名 하自 勇退.

용트림〔龍―〕 名 하自 もったいぶったげっぷ.

용틀임〔龍―〕 名 宮殿などに竜を描いたり彫刻したりした装飾.

용품〔用品〕 名 用品. ¶ 생활～ 生活用品 / 전자～ 電子用品.

용하다 形 **1** 腕がいい. 技量が優れている. 上手だ. ¶ 용한 의사의 진단을 받다 腕のいい医者の診断を受ける. **2** あっぱれだ. すばらしい. 偉い. ¶ 젊은이가 어려운 일을 해치우다니 ～ 若い年で難しい仕事をやり遂げるとは偉い. **3** 愚直だ. ばか正直だ. ¶ 너무 용해서 탈이다 あまりにもばか正直で困る.

용해¹〔溶解〕 名 하自他 溶解. ¶ ～도 溶解度 / ～열 溶解熱.

용해²〔鎔解〕 名 하自他 熔解. 金属が液体になること.

용해³〔龍―〕 名 辰年. ¶ ～ 태생 辰年の生まれ.

용허〔容許〕 名 하他 許容.

용혈〔溶血〕 名 溶血.

용혈 반응〔―反應〕 名〔醫〕 溶血反応.

용혈성 빈혈〔―性貧血〕 名〔醫〕 溶血性貧血.

용혈소〔―素〕 名〔生〕 溶血素.

용호〔龍虎〕 名 竜虎. **1** 竜と虎. **2** 力量の伯仲した英雄・豪傑.

용호상박〔―相搏〕 名 하自 強い者同士が闘うこと.

용화〔鎔化〕 名 하自他 熔化. 火に溶けて形が変わること.

용훼〔容喙〕 名 하自 容喙.

우¹〔右〕 名 右. 右側. 反 左・左. ¶ ～로 나란히 右へ倣え.

우²〔優〕 名 優(成績評価の5段階の2番目). ▷수(秀)

우³ 副 **1**〔비·바람이 몰아치는 모양〕 びゅうっと. ざあっと. **2**〔여럿이 한꺼번에 몰리는 모양〕 どやどや(と). どっと. ¶ 선생님을 보자 아이들이 ～ 몰려왔다 先生を見るや子供たちがどっと押し寄せてきた.

우간다〔Uganda〕 名〔地〕 ウガンダ(アフリカ中東部の共和国).

우거〔寓居〕 名 하自 〔'자기 집'의 낮춤말〕 寓居. 仮住まい.

우거지 名 **1** 白菜などの外側についているくず葉または大根の葉など, 茎や外側の葉. **2** 甕に漬けた漬物・塩辛などの漬かっていない上のほうの部分.

우거지상〔―相〕 名 〈俗〉 渋面. しかめっ面. 苦がりきった顔. ¶ 그는 언제나 ～을 하고 있다 彼はいつもしかめっ面をしている.

우거지다 自 生い茂る. 茂る. はびこる. ¶ 소나무가 우거진 숲 松の木が生い茂った森.

우걱우걱 副 하自 〔짐을 진 마소가 걸음을 걸을 때마다 나는 소리〕 ぎいぎい(と). ぎしぎし(と).

우걱지걱 副 하自 〔달구지에 실은 짐 등이 움직이면서 나는 소리〕 ぎいぎい(と). ぎしぎし(と). がたがた(と).

우겨대다 他 言い張る. 意地を張る. 強情を張る. ¶ 모른다고 끝까지 ～ どこまでも知らないと言い張る.

우격다짐 名 하自他 《주로 '우격다짐으로'의 꼴로》 無理やりに. 力ずくで. ¶ ～으로 끌고 가다 無理やり連れていく.

우격으로 副 無理やりに. 強制的に.

우견〔愚見〕 名 愚見.

우경〔右傾〕 名 하自 右傾.

우계〔雨季〕 名 雨季.

우국〔憂國〕 名 하自 憂国. ¶ ～지사 憂国の志士 / ～지심 憂国の心.

우군〔友軍〕 名 友軍. ¶ ～기 友軍機.

우그러들다 自 (内側に)へこむ. へこんで小さくなる.

우그러뜨리다[**-트리다**] 他 へこませる. ぺしゃんこにする. ¶ 깡통을 짓밟아 ～ 缶を踏みつけてへこます.

우그러지다 自 **1** (物体の底が)へこむ. くぼむ. ¶ 물통의 한쪽이 우그러졌다 バケツの一方がへこんでしまった. **2** (物体の表面が)へこんでしわが寄る. 縮られる.

우그렁이 名 (方々がへこんで)でこぼこになったもの.

우그렁하다 副 ややへこんでいる. ややくぼんでいる.

우그르르¹ 副 하自 〔바닥이 깊은 그릇의 물이 끓어오르는 소리[모양]〕 ぐらぐら(と). ぶつぶつ(と).

우그르르² 副 하形 〔사람·벌레 등이 한 곳에 많이 모여 있는 모양〕 うようよ(と). うじゃうじゃ(と).

우그리다 他 (物を)へこます. くぼませる.

우글거리다[**-대다**] 自 **1** (湯が沸き上がって)ぐらぐら音を立てる. **2** (人・獣・虫などが)うようよする. ¶ 바퀴벌레가 ～ ごきぶりがうようよしている / 시장에 사람들이 ～ 市場に人が群れ集まっている.

우글우글 副 **1**〔물이 자꾸 끓는 소리[모양]〕 ぐらぐら(と). ぶつぶつ(と). **2**〔벌레 등이 한 곳에 많이 모여 움직이는 모양〕 うじゃうじゃ(と). うようよ(と).

우글다 形 へこんでいる.

우글부글 副 하自 〔액체가 부글거리며 끓는 소리〕 ぶつぶつ(と).

우글쭈글 副 하形 〔여기저기 우그러져 주름진 모양〕 くちゃくちゃ. しわくちゃ.

우금〔于今〕 副 今まで.

우긋하다 形 ややへこみ気味だ.

우긋우긋 副 あちこちへこんでいるようす.

우기〔雨期〕 名 雨期. 反 乾期.

우기다 自 意地を張る. 言い張る. 我を張る. ¶ 잘못이 없다고 ～ 間違って

いないと言い張る.

우김성〔一性〕名 強情っぱり.

우꾼우꾼하다 自 **1** ある種の勢いが一時に湧き上がる. **2** 多数の人が一時にどよめき騒ぐ.

우꾼하다 自 **1** ある種の勢いがどっと湧き上がる. **2** どっと一時にどよめく.

우는살 名 鏑矢. 嚆矢.

우는소리 名 **1** 泣き声. **2** わざと苦しいふりをすること. 泣き言. 愚痴. ¶ ~ 좀 작작 해라 泣き言を言うのもいいかげんにしろ.

우단〔羽緞〕名 ビロード. ベルベット.

우담화〔優曇華〕名 優曇華. **1**〔佛〕インドの想像上の植物. **2**〔植〕桑科の落葉高木.

우당〔右黨〕名 右党.

우당탕 副 하自 〔물건이 요란하게 떨어지거나 마루에서 뛸 때 나는 소리〕どしんと. がたんと.

  우당탕거리다[-대다] 自 しきりにどしんと鳴る.

  우당탕우당탕 副 하自 どしんどしんと. がたんがたんと.

  우당탕퉁탕 副 하自 がたんがたんと.

우대〔優待〕名 하他 優待. ¶ ~권 優待券 / 애독자를 ~하다 愛読者を優待する.

우동〔←日 udon〕名 うどん.

우두〔牛痘〕名〔醫〕**1** 牛痘. **2** 種痘.

우두둑 副 하自他 **1**〔단단한 물건을 깨물거나 부러지는 소리〕がりがり(と). ぽきんと. **2**〔빗방울 등이 세차게 내리는 소리〕ざあざあ(と). びしゃびしゃ(と).

  우두둑거리다[-대다] 自他 がりがりする. ざあざあと音がする.

  우두둑우두둑 副 하自他 がりがり(と). ぽきんぽきん(と). ざあざあ(と).

우두망찰하다 自 うろたえる. まごつく. 途方に暮れる.

우두머리 名 **1** 頂. 頂上. てっぺん. **2** かしら. 頭目. ¶ 산적의 ~ 山賊の頭目.

우두커니 副 **1** ぼんやりと. ぼさっと. 呆然と. ¶ ~ 앉아 있다 ぼさっと座っている. **2** ぶらぶら(と). ごろごろ(と). ¶ 실직하여 ~ 놀고 있다 失職してぶらぶらしている.

우둑우둑 副 하自他 〔'우두둑우두둑'의 준말〕**1** がりがり(と). ぽきんと. **2** ざあざあ(と). びしゃびしゃ(と).

우둔하다〔愚鈍—〕形 愚鈍だ.

우둘우둘 副 하形 **1**〔깨물기에 조금 단단한 모양〕ごりごり. ぽりぽり. **2**〔우둥퉁하고 부드러운 모양〕ふっくら. ふっくり.

우둥우둥 副 하自 〔여러 사람이 황망히 드나드는 모양〕せかせか(と). あたふた(と).

우둥퉁하다 形 大柄だ. 大兵だ.

우들우들 副 하自他 〔몸이 큰 사람이 심하게 떠는 모양〕ぶるぶる(と). がたがた(と). ¶ 무서워 ~ 떨리다 怖くてぶるぶる震える.

우듬지 名 梢.

우등〔優等〕名 하自 優等. 反 劣等.

  우등상〔一賞〕名 優等賞.

  우등생〔一生〕名 優等生.

우뚝 副 하形 **1**〔높이 솟은 모양〕にょっきり. ¶ 구름 위에 ~ 솟은 높은 봉우리 雲の上ににょっきりそびえ立つ高峰. **2**〔남보다 뛰어난 모양〕ぐんと. ずっと. ぐっと.

  우뚝우뚝 副 하形 にょきにょき(と).

우라늄〔uranium〕名〔化〕ウラニウム. ウラン.

우락부락 副 하形 **1** 大柄で人相にすごみのあるようす. **2** 行動が荒っぽいようす.

우란분〔盂蘭盆〕名〔佛〕盂蘭盆.

우람스럽다 形 雄大壮厳である.

우람지다 形 雄大壮厳だ.

우람하다 形 雄大壮厳だ. 堂々としている. たくましい. ¶ 우람한 육체 たくましい肉体.

우량[1]〔雨量〕名 雨量.

  우량계〔一計〕名 雨量計.

우량[2]〔優良〕名 하形 優良. ¶ ~도서 優良図書.

  우량주〔一株〕自〔經〕優良株.

우러나다 自 にじみ出る. 染み出る. 抜ける. ¶ 매실의 신맛이 ~ 梅のすっぱい味が染み出る.

우러나오다 自 **1** (考え·味などが)わき出る. にじみ出る. ¶ 진심에서 우러나온 말 真心からわき出た言葉. **2** (涙·音が)流れ出る.

우러러보다 他 **1** 仰ぎ見る. 見上げる. ¶ 별을 ~ 星を仰ぎ見る. **2** 仰ぐ. 敬う. 尊敬する. ¶ 스승으로 ~ 師と仰ぐ.

우러르다 自他 **1** 頭をもたげる. 仰ぐ. **2** 仰ぐ. 敬う. 尊ぶ. ¶ 스승을 우러러 모시다 師を敬い仕える.

우럭우럭 副 하形 **1**〔불기운이 세차게 일어나는 모양〕かっかっ. ぼうぼう(と). かっかと. ¶ 불이 ~ 타다 火がぼうぼう(と)燃える. **2**〔술기운이 얼굴에 나타나는 모양〕ぽうっと. ¶ 술을 마셨기 때문에 ~해졌다 酒を飲んだのでぽうっとしてきた. **3**〔병이 점점 악화되는 모양〕どんどん. ¶ 병세가 ~ 악화되다 病状がどんどん悪化する.

우렁쉥이 名〔動〕真海鞘.

우렁우렁 副 하形 〔소리가 매우 크게 울리는 모양〕がらがら(と). がらんがらん(と).

우렁이 名〔動〕田螺.

  우렁잇속같다 形 田螺の体のようだ〈内容が複雑で分かりにくいこと. 本心を打ち明けず何を考えているか分からないこと〉.

우렁차다 形 響きが大きく力強い. ¶ 우렁차게 노래를 부르다 力強く歌を歌う.

우레 名 雷.

  ◆**우레와 같은 박수** 雷のような拍手. 万雷の拍手.

우려〔憂慮〕名 하他 憂慮. おそれ. 憂い. ¶ ~해야 할 사태 憂慮すべき事態.

우려내다 他 **1** (水に浸して色·味·灰汁などを)抜く. とる. 出す. ¶ 옷에 묻은 잉크물을 ~ 服についたインクのしみを抜く. **2** 巻き上げる. 取り上げ

る. しぼり上げる. ¶ 과부의 돈을 ~ 後家のお金を巻き上げる.

우려먹다 他 **1** (水に浸して味・灰汁などを) 抜いて食べる. **2** (金品を) しぼり取る. (人を)食いものにする.

우로〔雨露〕 名 雨露. ¶ ~를 막을 집도 없다 雨露をしのぐ家もない.

우론〔愚論〕 名 愚論. **1** 愚かな論議. **2** 自分の理論・意見の謙譲語.

우롱〔愚弄〕 名 하他 愚弄. ¶ 독자를 ~하는 데도 한도가 있다 読者を愚弄するにもほどがある.

우루과이〔Uruguay〕 名〔地〕 ウルグアイ〈南米大陸南東部の共和国〉.

우르르 副 하自 **1** 〔한꺼번에 몰려가는 모양〕 わあっと. どやどやと. どかどかと. ¶ 교실로 ~ 몰려들었다 どやどやと教室になだれこんだ. **2** 〔쌓인 물건이 무너지거나 떨어지는 모양[소리]〕 がらがら(と). ごろごろ(と). **3** 〔물 등이 끓어오르거나 한꺼번에 쏟아지는 모양[소리]〕 ぐらぐら(と). ざあっと.

우리[1] 名 檻. (動物の)小屋. ¶ 돼지 ~ 豚小屋.

우리[2] 代 **1** 私たち. 我々. ¶ ~가 여기 있는 줄 어떻게 알았지? 私たちがここにいるのがどうして分かったの. **2** 私たちの. 我々の. わが. うちの. ¶ ~ 나라 我が国 / ~ 의견으로는 我々の意見では. ▷나[2] ¶ ~ 집 私の家. わが家 / ~ 회사 私の会社 / ~ 아버지 私の父 / ~ 마누라 うちのかみさん.

우리네 代 我ら. 私たち. 僕たち. ¶ ~ 노인들도 할 일이 있다 我ら老人たちもやるべき仕事はある.

우리들 代 我々. 我ら. 私たち.

우리말 名 私たちの言葉. 国語.

호칭·지칭 **우리·저희들**

私達 / 我我 / 私共 / 手前共 / 我ら

• 모두 제1인칭(자칭)의 복수 용어들로서, 私達는 가장 일반적이며 구어나 문어로 다 사용된다. / 我我는 문어적인 딱딱한 말씨이며, 我ら도 문어적인 말씨이다. / 私共는 겸양어로서 자신을 낮춘 말씨이다. 저희. / 手前共도 겸양어로서 상점이나 회사 등에서 고객에 대하여 사용된다. ▷나

우리다 他 **1** (水に浸して味・色・灰汁などを)抜く. **2** (おどしたりすかしたりして)巻き上げる. 奪い取る. **3** 力強く殴る. ¶ 사람의 뺨을 ~ 人のほっぺたをぶん殴る.

우마〔牛馬〕 名 牛馬. ¶ ~처럼 부려먹다 牛馬のようにこき使う.

우마차〔一車〕 名 牛車と馬車.

우매하다〔愚昧一〕 形 愚昧だ.

우멍거지 名 包茎.

우멍하다 形 **1** へこんでいる. くぼんでいる. **2** 愚かなふりをする. とぼける.

우모〔羽毛〕 名 羽毛.

우무 名 ところてん.

우묵하다 形 (真ん中が少し丸く)ぼこっとへこんでいる.

우묵우묵 副 하形 ぼこぼこ(と). でこぼこに.

우문〔愚問〕 名 愚問. ¶ ~우답 愚問愚答.

우물 名 井戸. 井. ¶ ~을 파다 井戸を掘る / ~이 마르다 井戸が涸れる.

◆**우물을 치다** 井戸さらいをする.

〔속담〕 **우물 안 개구리** 井の中の蛙〈見識が狭くて広い世の中を知らないこと〉. **우물을 파도 한 우물을 파라** 井戸を掘るにしても一つの井戸を掘れ〈何事でも一つのことに励めば成功する〉.

우물가 名 井戸端.

우물물 名 井戸水.

우물거리다[-대다] 自他 **1** (食べ物を口に含んで)もぐもぐする. もぐもぐかむ. ¶ 군밤을 입에 넣고 ~ 焼き栗を口に入れてもぐもぐとかむ. **2** (はっきり言わずに)もぐもぐする. 口ごもる. ¶ 우물거리지 말고 분명히 말해라 口ごもらないではっきり言いなさい. **3** (虫・魚などが)うようよする. うじゃうじゃいる. ¶ 미꾸라지가 우물거리는 도랑 どじょうがうようよいる溝.

우물우물 副 하自他 うようよ(と). うじゃうじゃ(と). もじもじ(と).

우물쩍주물쩍 副 하自他 〔'우물쭈물'의 힘줌말〕 ぐずぐず(と).

우물쭈물 副 하自他 ぐずぐず(と). もたもた(と). まごまご(と). もじもじ(と). ¶ ~하지 말고 어서 들어와 ぐずぐずしないで早く入ってこい.

우뭇가사리 名〔植〕 天草.

우므러들다 自 すぼまる. 縮まる. 縮こまる.

우므러뜨리다[-트리다] 他 すぼめる. 縮こめる. 縮ませる.

우므러지다 自 縮こまる. すぼまる.

우므리다 他 すぼめる. 縮める. ¶ 입술을 ~ 唇をすぼめる.

우미하다〔優美一〕 形 優美だ.

우민〔愚民〕 名 愚民. ¶ ~ 정책 愚民政策.

우박〔雨雹〕 名 ひょう. あられ. ¶ ~이 쏟아지다 ひょうが飛ぶ.

우발〔偶發〕 名 하自 偶発. ¶ 전쟁의 ~을 방지하는 조치 戦争の偶発を防止する措置.

우발범〔一犯〕 名〔法〕 偶発犯.

우방[1]〔友邦〕 名 友邦. 邦国.

우방[2]〔牛蒡〕 名〔植〕 牛蒡.

우범〔虞犯〕 名 虞犯. ¶ ~ 소년 虞犯少年 / ~ 지대 虞犯地帯.

우변〔右邊〕 名 右辺. 右側の方.

우보〔牛步〕 名 牛歩. 牛の歩み. のろい歩み.

우부룩하다 形 生い茂っている. ¶ 우부룩한 풀숲 ぼうぼうとした草むら. **우부룩이** 副 ぼうぼうと.

우북하다 形〔'우부룩하다'의 준말〕 生い茂っている. **우북이** 副 ぼうぼうと.

우비〔雨備〕 名 雨具. レーンコート.

우비다 他 ほじる. ほじくる. ¶ 귀를 ~ 耳をほじくる.

우사〔牛舍〕 名 牛舎. 牛小屋.

우산〔雨傘〕 名 傘. 雨傘. ¶ 접는 ~ 折り畳み傘 / ~을 쓰다 傘を差す / ~을 접다 傘を畳む.

우산대 名 傘の柄.
우산살 名 傘の骨.
우상[偶像] 名 偶像. ¶ ～ 숭배 偶像崇拝.
우상화[―化] 名 하自他 偶像化. ¶ ～된 인물 偶像化された人物.
우생학[優生學] 名 〔生〕 優生学.
우선¹[右旋] 名 하自 右回り.
우선²[優先] 名 하自 優先. ¶ ～권 優先権 / ～순위 優先順位.
우선적[―的] 冠 名 優先的. ¶ ～으로 처리하다 優先的に処理する.
우선주[―株] 名 〔經〕 優先株.
우선³[于先] 副 **1** 〔먼저〕 最初に. まず初めに. とりあえず. なにはさておき. 先に. ¶ ～ 이번 일을 설명하겠습니다 まず今回のことを説明いたします / ～ 차부터 한잔 하자 まずお茶を1杯飲もう. **2** 〔일단은〕 ともかく. 何はともあれ. ひとまず. まずもって. 当面. ¶ 이것으로 ～은 안심이다 これでまずは安心だ / ～ 침식에는 걱정 없다 さしずめ寝食には事欠かない.
〔속담〕 **우선 먹기는 곶감이 달다** さし当たって食べるには干し柿が甘い(あとのことはどうなろうとも, まず得になるほうを選ぶ).
우선하다 形 **1** (病状が) 少し回復する. ¶ 병이 우선해서 다행이오 病気が少し回復して幸いだ. **2** 〔급박하던 형편이 한결 나아진 상태에 있다〕 楽になったようだ.
우설[牛舌] 名 牛の舌.
우성[優性] 名 〔生〕 優性. 反 劣性 ¶ ～ 유전 優性遺伝.
우세¹ 名 하自 恥さらし. 物笑いの種. 嘲笑されること.
우셋거리 名 物笑いの種. 恥さらしなこと.
우세²[優勢] 名 하形 優勢. ¶ 시합을 ～하게 전개하다 試合を優勢に運ぶ.
우송[郵送] 名 하他 郵送. ¶ ～ 요금 郵送料 / 서류를 ～하다 書類を郵送する.
우수¹[雨水] 名 **1** 雨水. 天水. **2** 雨水(二十四節気の一つ).
우수²[偶數] 名 〔數〕 偶数.
우수³[憂愁] 名 憂愁. ¶ ～에 잠긴 나날을 보내다 憂愁に閉ざされた日々を送る.
우수하다[優秀―] 形 優秀だ. 優れている. ¶ 성적이 ～ 成績が優秀だ.
우수리 名 **1** 釣り. 釣り銭. ¶ ～를 받다 お釣りをもらう. **2** 端数. 余り. 残り. ¶ ～가 없다 端数がない.
우수수 副 하自 **1** 〔물건이 수북하게 쏟아지는 모양〕 ばらばら(と). ざあっと. ¶ 쌀가마니가 터져서 쌀이 ～ 쏟아졌다 米俵が破れて米がざあっとこぼれた. **2** 〔바람이 불어 낙엽이 떨어지는 모양〕 さらさら(と). ぱらぱら(と). ¶ 나뭇잎이 ～ 떨어지다 木の葉がぱらぱらと散る. **3** 〔묶어 놓은 것이 저절로 물러나는 모양〕 ばらばら(と). するする(と).
우스개 名 おどけ. おどけること. たわむれ. 冗談. ¶ ～로 이야기한 거에요 冗談で言った事ですよ.
우스갯소리 名 笑い話. 冗談.
우스갯짓 名 おどけたまね. おどけたしぐさ.
우스꽝스럽다 形 見るからにおどけている. とてもこっけいだ. ¶ 우스꽝스러운 옷차림으로 거리를 걷다 こっけいな身なりで街を歩く. **우스꽝스레** 副 おかしく. こっけいに.
우습다 形 **1** おかしい. お笑いだ. こっけいだ. 面白い. ¶ 우습고 재미나는 이야기 面白おかしい話. **2** 笑止千万だ. くだらない. ばからしい. 笑い種だ. ¶ 주빈이 참석하지 않았다니 참 우습게 되었군 主賓が出席しなかったというのではお笑い種だな.
◆**우습게 보다** 見くびる. ¶ 그의 솜씨를 우습게 보다 彼の腕前を見くびる.
◆**우습게 여기다** 軽んじる. ¶ 언론을 우습게 여기는 경향 言論を軽視する傾向.
우승[優勝] 名 하自 優勝. ¶ ～기 優勝旗 / ～배 優勝杯 / ～자 優勝者. チャンピオン / 탁구 시합에서 ～했다 卓球の試合で優勝した.
우시장[牛市場] 名 牛市.
우심방[右心房] 名 〔生〕 右心房.
우심실[右心室] 名 〔生〕 右心室.
우심하다[尤甚―] 形 さらにはなはだしい. もっとひどい.
우썩 副 〔단번에 썩 나아가거나 갑자기 늘거나 줄어드는 모양〕 どっと. ぐっと. めっきり. ¶ 저 애가 요즘 ～ 여위는데 あの子はこのごろめっきりやせたね.
우썩우썩 副 どっと. めきめき(と). ぐんぐん(と). ¶ 비 온 뒤에 옥수수가 ～ 자란다 雨が降ったあとにとうもろこしがぐんぐんと育つ.
우아 感 〔뜻밖의 기쁨을 나타내는 소리〕 わあ.
우아하다[優雅―] 形 優雅だ. ¶ 우아한 모습 優雅な姿.
우악살스럽다[愚惡―] 形 粗野だ. 乱暴だ. **우악살스레** 副 乱暴に. 荒々しく.
우악스럽다[愚惡―] 形 粗野だ. 乱暴だ. ¶ 말버릇이 ～ 言葉遣いが乱暴だ. **우악스레** 副 乱暴に. 荒々しく.
우애[友愛] 名 하自 友愛. ¶ ～의 정신 友愛の精神.
우어 感 〔마소를 멈추게 할 때 내는 소리〕 どう.
우어우어 感 どうどう.
우엉 名 〔植〕 牛蒡.
우여곡절[迂餘曲折] 名 紆余曲折. ¶ ～을 겪다 紆余曲折を経る.
우연[偶然] 名 하形 偶然. ¶ ～의 일치 偶然の一致. **우연히** 副 偶然に. ふと. たまたま. ¶ 옛친구와 ～ 만났다 むかしの友達に偶然に会った.
우연론[―論] 名 〔哲〕 偶然論.
우연만하다 形 **1** ややよい. **2** 間に合う程度だ. まずまずだ. まあまあだ.
우열¹[右列] 名 右の列.
우열²[優劣] 名 優劣. ¶ ～을 가리다 優劣をつける.
우열하다[愚劣―] 形 愚劣だ. ¶ 우열한 질문 愚劣な質問.
우완[右腕] 名 右腕.

우왕좌왕〔右往左往〕 名 하自 右往左往. ¶혼란 속에서 ~하는 군중 混乱のなかで右往左往する群衆.

우우 Ⅰ 副 하自 **1**〔세찬 바람 소리〕びゅうびゅう. **2**〔한꺼번에 몰려오는 모양〕わあわあ(と).
　Ⅱ 感〔야유하는 소리〕やあいやあい.

우울병〔憂鬱病〕 名〘醫〙 憂鬱病.

우울증〔憂鬱症〕 名 憂鬱症.

우울하다〔憂鬱―〕 形 憂鬱だ. うっとうしい. ¶우울한 마음 憂鬱な心 / 우울한 얼굴 憂鬱な顔.

우원하다〔迂遠―〕 形 迂遠だ. ¶우원한 설명 迂遠な説明.

우월감〔優越感〕 名 優越感.

우월하다〔優越―〕 形 優越だ. 優れている. 勝っている. ¶나보다 기술이 ~ 私よりも技術が上だ.

우위〔優位〕 名 優位. ¶~를 차지하다 優位を占める.

우유〔牛乳〕 名 牛乳.

우유부단〔優柔不斷〕 名 하形 優柔不断. ¶~한 정치가 優柔不断な政治家.

우유하다〔優柔―〕 形 優柔だ. 煮えきらない.

우음〔牛飮〕 名 하他 牛飲. ¶~마식 牛飲馬食.

우의¹〔友誼〕 名 友誼. 友情. ¶~를 돈독히 하다 友情を篤くする.

우의²〔羽衣〕 名 羽衣.

우의³〔雨衣〕 名 雨着.

우의⁴〔寓意〕 名 하自 寓意.
　우의 소설〔―小說〕 名〔文〕寓意小説.

우이〔牛耳〕 名 **1** 牛耳. **2** 盟主. かしら.
　◆**우이를 잡다** ① 牛耳る. 万事自分のしたいようにする. ② かしらになる.
　우이독경〔―讀經〕 名 馬の耳に念仏.

우익〔右翼〕 名 右翼.
　우익수〔―手〕 名 (野球で)右翼手. ライト.

우인¹〔友人〕 名 友人.

우인²〔愚人〕 名 愚人. 愚物.

우자〔愚者〕 名 愚者. 愚人.
　우자스럽다 形 愚かだ. ばかげている.
　우자일득〔――得〕 名 愚者も千慮に一得あり.

우작〔愚作〕 名〔'자기 작품'에 대한 낮춤말〕愚作.

우장〔雨裝〕 名 하自 雨具. 雨具をつけること.

우적우적 副 하自他 **1**〔거침없이 나아가는 모양〕ずんずん(と). どんどん(と). ¶~ 나아가다 ずんずんと進む. **2**〔일을 무리하게 서둘러 해 나가는 모양〕どしどし(と). ¶~ 정리하다 どしどしと片付ける. **3**〔단단하고 무거운 물건이 무너지는 소리[모양]〕めりめり(と). ¶강풍으로 울타리가 ~ 부러지다 強風で塀がめりめりと折れる. **4**〔야채 등을 마구 씹는 소리[모양]〕がりがり(と).

우접다 自他 **1** 抜きんでる. 秀でる. **2** 先輩を凌ぐ.

우정〔友情〕 名 友情. 友誼. ¶두터운 ~ 厚い友情.

우제¹〔愚弟〕 名 愚弟.

우제²〔虞祭〕 名 (葬式を終えた後)家に帰って行なう3度の祭祀.

우족〔右足〕 名 右の足.

우주〔宇宙〕 名 宇宙. ¶~ 공간 宇宙空間 / ~ 공학 宇宙工学 / ~ 로켓 宇宙ロケット / ~복 宇宙服 / ~ 비행 宇宙飛行 / ~ 스테이션 宇宙ステーション.
　우주선〔―船〕 名 宇宙船.
　우주인〔―人〕 名 **1** 宇宙飛行士. **2** 宇宙人. 地球以外の天体に存在すると考えられている知的生物体.

우줄거리다[-대다] 自他 大きな図体を律動的に動かす. ゆらりゆらりする.
　우줄우줄 副 하自他〔몸이 큰 물체가 가볍게 율동적으로 움직이는 모양〕ゆらりゆらり(と).

우중〔雨中〕 名 雨中. 雨の中.

우중충하다 形 **1** 暗くじめじめしている. ¶우중충한 날씨 暗くじめじめした天気. **2** 色があせて鮮やかでない.

우지¹ 名 泣き虫. 泣きみそ.

우지²〔牛脂〕 名 牛脂. 牛の脂肪.

우지끈 副 하自〔단단하고 부피가 큰 물체가 부서지거나 부러지는 모양[소리]〕ぼきんと. がちゃんと.
　우지끈거리다[-대다] 自 ぼきんぼきんと折れる. がちゃんがちゃんと壊れる.
　우지끈뚝딱 副 하自〔크고 단단한 물건이 부러지거나 부서지는 모양[소리]〕ぼきんと. がちゃんと.
　우지끈우지끈 副 하自 ぼきんぼきん(と). がちゃんがちゃん(と).

우지직 副 하自 **1**〔장작·보리짚이 불타는 소리〕ぱちぱち(と). **2**〔국물이 졸아드는 소리〕ぐつぐつ(と). じゅうじゅう(と). **3**〔단단한 것을 부러뜨릴 때 나는 소리〕ぽきりと.
　우지직거리다[-대다] 自 ぽきぽきという. ぱちぱちという.
　우지직우지직 副 하自 ぱちぱち(と). ぽきっぽきっ.

우직하다〔愚直―〕 形 愚直だ. ばか正直だ.

우질부질 副 하形 (行動·性質が)穏やかでなく荒々しいようす.

우집다 自他 軽蔑する. さげすむ. ばかにする.

우짖다 自 **1** (鳥が)さえずる. ¶종달새 우짖는 들판 ひばりのさえずる野原. **2** (犬や猛獣などが)ほえる. 泣き叫ぶ. 泣きわめく. ¶어흥하고 우짖는 호랑이 ウォーとほえる虎.

우쩍 副〔단번에 거침없이 나아가거나, 갑자기 늘거나 줄어드는 모양〕ぐんぐん(と). ずんずん(と).
　우쩍우쩍¹ 副 ぐんぐん(と).

우쩍우쩍² 副 하自他 '우적우적'의 힘줌말.

우쭉우쭉 副 **1**〔몸을 위아래로 흔들며 걷는 모양〕のっしのっし(と). **2**〔키나 몸이 자꾸 커지는 모양〕ぐんぐん(と).

우쭐거리다[-대다] 自他 **1** '우줄거리다'의 센말. **2** もったいぶる. 偉そうに

ふるまう.

우쭐우쭐 副 하自他 '우줄우줄'의 센 말.

우쭐하다 自 偉そうにふるまう. いい気になる. いばる. うぬぼれる. ¶ 조금 칭찬해 주니까 그는 곧 우쭐해서 떠들었다 少しほめてやったら彼はすぐうぬぼれて何だかんだ言う.

우차〔牛車〕 名 牛車.

우책〔愚策〕 名 愚策.

우처〔愚妻〕 名 愚妻.

우천〔雨天〕 名 雨天. ¶ ~에도 불구하고 雨天にもかかわらず.

우천순연〔一順延〕 名 하自 雨天順延.

우체〔郵遞〕 名 郵便.

우체국〔一局〕 名 郵便局.

우체부〔一夫〕 名 郵便配達人.

우체통〔一筒〕 名 郵便ポスト.

우측〔右側〕 名 右側. 右. ¶ ~통행 右側通行.

우툴두툴 副 하形 (表面·底が)でこぼこ.

우파〔右派〕 名 (団体·政党などの)右派. 右翼.

우편[1]〔右便〕 名 右側. 右手. 右の方.

우편[2]〔郵便〕 名 郵便. ¶ ~물 郵便物 / ~ 요금 郵便料金 / ~함 郵便受け / 항공 ~ 航空郵便 / ~배달을 하다 郵便配達をする.

우편낭〔一囊〕 名 郵便行囊. 郵袋.

우편 번호〔一番號〕 名 郵便番号.

우편엽서〔一葉書〕 名 郵便はがき. 葉書.

우편집배원〔一集配員〕 名 郵便集配人. 郵便配達人.

우편환〔一換〕 名 郵便為替.

우표〔郵票〕 名 郵便切手. 切手. ¶ 편지에 ~를 붙이다 手紙に切手を張る.

우표딱지 名 〈俗〉郵便切手.

우표수집 名 郵便収集.

우현〔右舷〕 名 右舷. ¶ 배는 ~으로 기울었다 船は右舷に傾いた.

우형〔愚兄〕 名 愚兄.

우호〔友好〕 名 友好. ¶ ~ 관계 友好関係 / ~ 조약 友好条約.

우호적〔一的〕 冠 名 友好的.

우화[1]〔羽化〕 名 하自 羽化. **1** (昆虫の)羽化. **2** 〔'우화등선'의 준말〕 羽化登仙.

우화등선〔一登仙〕 名 羽化登仙. 人間が天上に登り仙人になること.

우화[2]〔雨靴〕 名 雨靴. レーンシューズ.

우화[3]〔寓話〕 名 寓話.

우화집〔一集〕 名 寓話集.

우환〔憂患〕 名 **1** 憂患. 心配. 心痛. 憂い. **2** 疾病.

우황〔牛黃〕 名〖韓方〗牛黄.

우회〔迂廻〕 名 하自他 迂回. 遠回り. ¶ 산을 ~하여 가다 山を迂回して行く / ~로 迂回路.

우회전〔右回轉〕 名 하自 右回転. 右折.

우후〔雨後〕 名 雨後. 雨上がり.

우후죽순〔一竹筍〕 名 雨後の竹の子. ¶ ~처럼 생겨나는 정당 雨後の竹の子のように出てくる政党.

욱기〔一氣〕 名 かっとなる性質.

욱다 **I** 形 すぼんでいる. 内側に曲がっている. ¶ 욱은 그릇 深い器. **II** 自 意気をそがれる. やる気が失せる.

욱대기다 他 **1** 脅す. 脅かす. おびやかす. ¶ 사람을 욱대겨 일을 하게 하다 人を脅して仕事をさせる. **2** 我をとおす. やりたい放題にふるまう.

욱시글거리다[-대다] 自 ひしめき合う. うごめく. うようよする.

욱시글욱시글 副 하自 うようよ(と). うじゃうじゃ(と).

욱시글득시글 副 하自 〔몹시 북적거리는 모양〕 うようよ(と). うじゃうじゃ(と). ¶ 구더기가 ~ 우글거리다 うじ虫がうじゃうじゃとうごめく.

욱신거리다[-대다] 自 **1** ひしめく. ひしめき合う. ごった返す. ¶ 플랫폼에 승객이 ~ ホームに乗客がひしめき合う. **2** (傷や頭などが)ずきずき痛む.

욱신욱신 副 하自 **1** 〔북적거리는 모양〕 うじゃうじゃ(と). ¶ 거리에 사람들이 ~하다 通りが人々でひしめき合っている. **2** 〔머리·상처 등이 쑤시는 모양〕 ずきんずきん. ずきずき. ¶ 신경통으로 허리가 ~ 아프다 神経痛で腰がずきんずきんする.

욱실득실 副 하自 〔'욱시글득시글'의 준말〕 うようよ(と). うじゃうじゃ(と).

욱실욱실 副 하自 〔'욱시글욱시글'의 준말〕 うようよ(と). うじゃうじゃ(と).

욱여들다 自 回りから中心に集まる.

욱여싸다 他 **1** 包む. ¶ 김치독을 얼지 않도록 짚으로 ~ キムチの甕を凍らないようにわらで包む. **2** とり囲む. 包囲する. ¶ 도둑을 잡으려고 집을 ~ 泥棒を捕まえようと家を包囲する.

욱이다 他 へこます.

욱일〔旭日〕 名 旭日. 朝日.

욱일승천〔一昇天〕 名 旭日昇天. 朝日が昇ること.

욱죄다 他 (体の一部を)ぎゅっと締めつける. 食いこませる.

욱죄이다 自 ぎゅっと締めつけられる.

욱지르다 他 (人を)脅迫して気をくじく. ¶ 욱질러 돈을 빼앗다 脅かして金をぶんどる.

욱질리다 自 脅されて気をくじかれる.

욱하다 自 かっとする. のぼせ上がる. 癇癪を起こす. ¶ 욱하는 성질 かっとしやすい性格.

운[1]〔運〕 名 〔'운수'의 준말〕 運. 巡り合わせ. 間. 運勢. ¶ ~좋게 합격했다 運よく合格した / 모든 것을 ~에 맡기다 すべてを運に任せる.

운[2]〔韻〕 名 〔'운자'의 준말〕 韻. 韻字.

◆**운을 달다** 韻を踏む.

◆**운을 떼다** ① 話し始める. 話を切り出す. ② それとなく暗示する.

운구〔運柩〕 名 하自 棺を運ぶこと.

운김 名 気勢. 勢い.

운니지차〔雲泥之差〕 名 雲泥の差.

운동〔運動〕 名 하自 運動. **1** (物体の)運動. ¶ 뉴턴의 ~ 법칙 ニュートンの運動法則. **2** (体の)運動. 体育. スポーツ. ¶ ~선수 運動選手 / ~장 運動場 / ~ 경기 運動競技 / 준비

～ 準備運動. **3** (ある目的を達成するための)運動. ¶ 선거 ～ 選挙運動 / 사회 ～가 社会運動家.
운동량〔一量〕 名 運動量.
운동복〔一服〕 名 運動着.
운동 신경〔一神經〕 名〔生〕運動神経.
운동 에너지〔一energy〕 名〔物〕運動エネルギー.
운동원〔一員〕 名 運動員.
운동화〔一靴〕 名 運動靴.
운동회〔一會〕 名 運動会.
운두 名 器·靴などの縁. ¶ ～가 높은 그릇 縁の高い器.
운명¹〔運命〕 名 運命. 宿命. 運. 巡り合わせ. ¶ ～론 運命論 / 비참한 ～을 맞다 悲惨な運命に見舞われる.
운명적〔一的〕 冠名 運命的.
운명²〔殞命〕 名 하自 死ぬこと. 落命. ¶ 뒷일을 부탁하고 ～하다 後の事を頼んで死ぬ.
운모〔雲母〕 名〔鑛〕雲母. きらら.
운모 편암〔一片巖〕 名〔鑛〕雲母片岩.
운무〔雲霧〕 名 雲霧. 雲と霧.
운문〔韻文〕 名〔文〕韻文. (漢詩など)韻を踏んだ文.
운문 문학〔一文學〕 名〔文〕韻文文学.
운반〔運搬〕 名 하他 運搬. 運送. 運ぶこと. ¶ ～ 기구 運搬器具.
운반비〔一費〕 名 運搬費.
운봉〔雲峰〕 名 雲峰.
운산¹〔雲山〕 名 雲と山. 雲のかかっている山.
운산²〔運算〕 名 하自他〔數〕運算. 演算.
운상〔運喪〕 名 하自 棺を墓地に運ぶこと.
운석〔隕石〕 名〔天〕隕石.
운송〔運送〕 名 하他 運送.
운송료〔一料〕 名 運送料.
운송 보험〔一保險〕 名〔法〕運送保険.
운송비〔一費〕 名 運送費.
운송선〔一船〕 名 運送船.
운송업〔一業〕 名 運送業.
운송인〔一人〕 名 運送人.
운송장〔一狀〕 名 運送状.
운수¹〔雲水〕 名 雲水. **1** 雲と水. **2** 〔'운수승'의 준말〕雲水僧.
운수승〔一僧〕 名 〔'탁발승'의 미칭〕雲水僧.
운수²〔運數〕 名 運. 星回り. 巡り合わせ. 運勢. ¶ ～가 좋다 運がいい / 금년의 ～를 보다 今年の運勢を占う.
◆**운수가 사납다** 運が非常に悪い.
운수불길〔一不吉〕 名 하形 運が悪いこと. ついてないこと.
운수소관〔一所關〕 名 人力ではいかんともし難い運命.
운수³〔運輸〕 名 하他 運輸. ¶ ～ 회사 運輸会社.
운수업〔一業〕 名 運輸業. 運送業.
운신〔運身〕 名 하自 体を動かすこと. 身じろぎ. 身動き. ¶ ～도 하지 않고 이야기에 귀를 기울이다 身じろぎもしないで話に聞き入る.
운영〔運營〕 名 하他 運営. ¶ ～ 자금 運営資金 / 회사를 ～하다 会社を運営する.
운용〔運用〕 名 하他 運用. ¶ ～비 運用費 / 효과는 ～ 여하에 달려 있다 効果は運用いかんにかかっている.
운우〔雲雨〕 名 雲雨.
운우지락〔一之樂〕 名 雲雨の交わり〈男女の関係〉.
운우지정〔一之情〕 名 雲雨の情. 男女の交わり.
운운〔云云〕 名 하自他 云々. ¶ 이제 와서 ～해 봤자 소용 없다 いまさら云々しても始まらない.
운위하다〔云謂一〕 他 言う. 語る.
운율〔韻律〕 名 韻律. リズム. ¶ 운문의 ～ 韻文の韻律.
운임〔運賃〕 名 運賃. 運送料.
운자〔韻字〕 名 韻字.
운전〔運轉〕 名 하他 運転. **1** (機械·自動車などを)運転すること. ¶ 안전 ～ 安全運転 / ～면허 運転免許. **2** (資金などを)動かすこと. ¶ 금융 업자가 자금을 ～하다 金融業者が資金を運用する.
운전대 名 (車などの)ハンドル.
운전사〔一士〕 名 運転士.
운전 자금〔一資金〕 名 運転資金. 回転資金.
운집〔雲集〕 名 하自 雲集. 群がること. ¶ 광장에 ～하다 広場に雲集する.
운치〔韻致〕 名 韻致. 風致. 風雅な趣.
운필〔運筆〕 名 하自 運筆. 筆遣い. 書き方. ¶ 힘찬 ～ 力のこもった運筆.
운하〔運河〕 名 運河. ¶ 수에즈 ～ スエズ運河.
운항〔運航〕 名 하自他 運航. ¶ 주 2회 ～하다 週2回運航する.
운해〔雲海〕 名 雲海. ¶ 눈 아래 펼쳐지는 ～ 眼下に広がる雲海.
운행〔運行〕 名 하自他 運行. ¶ 지하철은 5분 간격으로 ～한다 地下鉄は5分おきに運行する.
운휴〔運休〕 名 하自 運休. ¶ 폭풍우로 여객선이 ～하다 嵐で旅客船が運休する.
울¹ 名 頼りになる身内. 一族. 内輪の者.
울² 名 **1** 〔'신울'의 준말〕履き物の側面. **2** 〔'울타리'의 준말〕垣根. 囲い. ¶ ～을 만들다 垣根をつくる.
울³〔wool〕 名 ウール. **1** 羊毛. **2** 毛織物. **3** 毛糸.
울가망하다 形 (心配事などのために)心が晴れない. 心が落ちつかない.
울겅불겅 副 하自 もぐもぐ. がりがり. こりこり.
울결〔鬱結〕 名 하自 鬱結. 心がふさがって晴れ晴れしないこと.
울고불고 副 하自 (くやしくて)泣きわめくようす. ¶ ～하며 떼를 쓰다 泣きわめいて駄々をこねる.
울근불근¹ 副 하他 〔질긴 것을 씹는 모양〕がりがり(と). ごりごり(と).
울근불근² 副 하形 〔몸이 여위어서 뼈가 드러나 보이는 모양〕(骨が)あらわに見えるようす. 骨張っているようす.
울긋불긋 副 하形 色とりどり. ¶ ～ 꽃이 만발했다 色とりどりの花が咲き乱

れている.
울기〔鬱氣〕 名 鬱気. 気塞ぎ.
울꺽 副 하自他 **1**〔갑자기 토하려고 하는 모양[소리]〕むかむか(と). げえげえ(と). げえっと. **2**〔갑자기 감정이 치미는 모양〕かっと. むらむら(と). むかむか(と). ¶～ 화가 치밀다 むらむらと怒りが込み上げる.
울꺽거리다[-대다] 自 むかむかする. ¶위가 ～ 胃がむかむかする.
울꺽울꺽 副 하自他 **1** げえげえ(と). **2** かっかと. むらむら(と). むかむか(と).
울남〔一男〕 名 泣き虫の男の子.
울녀〔一女〕 名 泣き虫の女の子.
울다 自 **1** 泣く. ¶목놓아 ～ 大声で泣く／훌쩍훌쩍 ～ しくしく泣く／흐느껴 ～ すすり泣く／목메어 ～ 咽び泣く／숨을 죽이고 ～ 声を殺して泣く／울어서 눈이 퉁퉁 부었다 泣きはらした. **2** (鳥・獣・虫などが)鳴く. さえずる. ほえる. うなる. いななく. ¶우듬지에서 참새가 ～ 梢で雀がさえずる／풀숲에서 벌레가 ～ 草やぶで虫が鳴く. **3** (物体が震動して)音をたてる. (雷が)鳴る. ¶문풍지가 우는 겨울밤 目張りが風に当たって音をたてる冬の夜／새벽종이 ～ 暁の鐘が鳴る／천둥이 ～ 雷が鳴る. **4** (紙・布地などが)伸縮して歪む. 皺が寄る. ¶풀칠을 잘못하여 창호지가 ～ 糊付をあやまって障子紙に皺が寄る. **5** 耳鳴りがする. ¶귀가 ～ 耳鳴りがする.
〔속담〕 **울려는 아이 뺨 치기** 泣き出そうとする子の頬を殴る〈処置をあやまって騒ぎがいっそう大きくなる〉. **울며 겨자 먹기** 泣きながらからしを食べる〈いやなこともやむを得ずすること〉. **울지 않는 아이 젖 주랴** 泣かぬ子に乳をやろうか〈黙っていると何も与えられない〉.
울대[1] 名 柵・籬の支え木.
울대[2] 名 (鳥類の)鳴管.
울뚝 副 하形 〔성미가 급하여 언행을 함부로 하는 모양〕かっと. ¶～하는 성미 かっとする性分.
울뚝불뚝 副 하形 **1**〔변덕맞고 언행을 우악스럽게 하는 모양〕かっと. ¶무슨 일에나 ～ 화를 잘 낸다 何かにつけてすぐ向かっ腹を立てる. **2** でこぼこに. ¶～한 산길 でこぼこしている山道.
울뚝울뚝 副 하形 かっかと.
울렁거리다[-대다] 自 **1** (驚き・恐怖・喜びなどで胸が)わくわくする. どきどきする. ときめく. ¶봄바람에 울렁거리는 처녀 마음 春風にわくわくする乙女心. **2** (波や船が)ぐらりと揺れる. ゆらゆらする. ¶갑자기 배가 울렁거렸다 突然船がぐらりと揺れた. **3** (吐き気で)むかむかする. むかつく. むかっとする.
울렁울렁 副 하自 **1** わくわく(と). どきどき(と). **2** ゆらゆら(と). **3** むかむか(と).
울렁출렁 副 하自 〔큰 물결이 부딪쳐서 오가는 소리〕ゆらゆら(と).
울레줄레 副 〔사람들이 떼를 지어 뒤따르는 모양〕ぞろぞろ(と). ¶～ 따라가다 ぞろぞろとついて行く.
울력 名 하自他 大勢が力を合わせて仕事をすること, またその力. ¶온 마을 사람들이 ～하여 둑을 쌓다 村中の人が力を合わせて土手を築く.
울력다짐 名 하自他 大勢の力でなし遂げること.
울룩불룩 副 하形 でこぼこなようす.
울릉대다 他 脅す. 怖がらせる. 脅かす. 威嚇する. ¶죽이겠다고 ～ 殺すと脅す.
울리다 Ⅰ 自 **1** (音が)出る. 鳴る. 響く. 響き渡る. とどろく. こだまする. どよめく. ¶종이 ～ 鐘が鳴る／전화가 ～ 電話が鳴る／갑자기 총성이 울렸다 突然, 銃声が響いた／메아리가 ～ 山びこが響き渡る／환성이 울려퍼지다 歓声がとどろく. **2** (広く世に)知られる. 鳴る. とどろく. ¶세상에 쩡쩡 울리던 이름 世にあまねく鳴り響いた名.
Ⅱ 他 **1** 泣かせる. 泣かす. ¶부모를 울리는 짓만 하고 있다 親を泣かせることばかりしている／언제까지 울리고 있는가 いつまで泣かしておくのだ. **2** (鐘・ベルなどを)鳴らす. 響かせる. とどろかす. ¶초인종을 ～ 呼び鈴を鳴らす／북소리를 ～ 太鼓の音を響かせる／비행기가 폭음을 ～ 飛行機が爆音をとどろかす. **3** (名声などを)世に響かせる. とどろかす. 鳴らす. ¶천하에 이름을 ～ 天下に名をとどろかす.
울림 名 響き. 鳴り. ¶산～ 山びこ／땅～ 地鳴り.
울림소리 名〔言〕 有声音.
울먹거리다[-대다] 自 べそをかく. べそをつくる. いまにも泣き出しそうになる. ¶울먹거리는 소리로 말하다 泣きそうな声で話す.
울먹울먹 副 하自 泣き出しそうに. ¶～하는 아이 べそをかいている子.
울먹이다 自 泣き出しそうになる. べそをかく.
울먹줄먹 副 하形 (多くのものが)大小さまざまに. 不ぞろいに. ごろごろ. ごちゃごちゃ. ¶커다란 돌이 ～ 흩어져 있다 大小さまざまな石が不ぞろいに散らばっている.
울멍줄멍 副 하形 (多くのあるものが)大小さまざまに. ぞろぞろ(と). ¶～한 이삿짐 大小さまざまの引っ越し荷物／빌딩에서 ～ 나오는 샐러리맨 ビルからぞろぞろ(と)出てくるサラリーマン.
울며불며 副 泣き泣き. 泣く泣く. ¶～ 사정을 호소하다 泣き泣き事情を訴える.
울묵줄묵 副 하形 〔큰 덩어리가 고르지 않게 벌여 있는 모양〕ごろごろ. ばらばら.
울뭉줄뭉 副 하形 〔큰 덩어리가 배게 벌여 있는 모양〕不ぞろいに. ¶크고 작은 집들이 ～ 들어서 있다 大小の家などが不ぞろいに建っている.
울밑 名 垣根の根元.
울바자 名 籬. 間狭. ませがき.
울보 名 泣き虫. よく泣く子.
울부짖다 自 泣き叫ぶ. ほえたける. ¶구원을 청하여 ～ 助けを求めて泣き叫

ぶ.

울분〔鬱憤〕 名 하自 鬱憤. ¶ ~을 풀다 鬱憤を晴らす / ~을 삼키다 怒りを抑える.

울상〔—相〕 名 泣き顔. 泣きべそ. ¶ ~이 되다[~을 짓다] 泣きべそをかく.

울세다 形 身内と親戚が多い.

울쑥불쑥 副 하形 〔불규칙하게 높이 솟은 모양〕 巍々と. ¶ 알프스의 준령이 ~ 솟아 있다 アルプスの峻嶺がぎぎとそびえている.

울안 名 囲い(柵·垣·籬など)の中.

울어리 名 囲い. ¶ 사람은 사회 규범이라는 ~를 벗어날 수 없다 人間は社会規範という囲いから脱することはできない.

울울창창하다〔鬱鬱蒼蒼—〕 形 うっそうとしている. ¶ 울울창창한 숲 うっそうとした森.

울울하다〔鬱鬱—〕 形 鬱々としている. **1** 心が晴れない. **2** 草木が生い茂っている.

울음 名 泣くこと. 鳴くこと. ¶ ~을 그치다 泣き止む / ~이 터져나오다 わっと泣き出す.

울음바다 名 大勢の人がいっせいに泣いている情景.

울음보 名 泣くこと. ¶ ~가 터지다 (堰を切ったように)わっと泣き出す.

울음소리 名 泣き声.

울적하다〔鬱寂—〕 形 寂しくて憂鬱だ. ¶ 비가 오기만 하면 울적해진다 雨が降りさえすれば憂鬱になる.

울증〔鬱症〕 名 憂鬱症.

울짱 名 **1** 柵. 木柵. **2** 垣根. 囲い. **3** (柵の)長い杭.

울창하다〔鬱蒼—〕 形 〔'울울창창하다'의 준말〕 鬱蒼だ. ¶ 울창한 산림 鬱蒼とした山林.

울컥 副 하自他 **1** 〔'울꺽'의 거센말〕 げえっと. **2** 〔갑자기 감정이 치미는 모양〕 かっと. ¶ ~ 화가 치밀다 かっと怒りがこみ上げる.

울컥거리다[-대다] 自 他 むかむかする.

울컥울컥 副 하自他 **1** げえげえと. **2** かっかと. むらむら(と).

울타리 名 垣根. 囲い. 垣. まがき. 生け垣. ¶ 낮은 ~ 姫垣 / 대~ 竹垣.

울툭불툭 副 하形 でこぼこ(と). ごつごつ(と). ¶ ~한 바위 ごつごつ(と)した岩.

울퉁불퉁 副 하形 でこぼこ(と). ごつごつ(と). ¶ ~한 비포장 도로 でこぼこ(と)した非舗装道路.

울하다〔鬱—〕 形 (心が塞いで)うっとうしい.

울혈〔鬱血〕 名〔醫〕 鬱血.

울화〔鬱火〕 名 うっとうしいこと. 立腹. 怒り.

울화병〔—病〕 名〔韓方〕 心気症. 心気病.

울화증〔—症〕 名 心気病.

울화통 名 堪忍袋. 癇癪.

울화통터지다 自 堪忍袋の緒が切れる.

움[1] 名 **1** 芽. 若芽. 新芽. ¶ 새 ~이 트는 3월 新芽が出る3月. **2** (理想·思想などの)芽生え. 兆し.

〔속담〕 **움도 싹도 없다** 芽も双葉もない. **1** 人や物が跡形もなくなくなる. **2** 将来性なんてまったくないことのたとえ.

움[2] 名 穴蔵.

◆**움을 묻다** 穴蔵をつくる.

움나다 自 新芽が出る. 芽をふく.

움돋다 自 新芽が出る. 芽をふく.

움돋이 名 ひこばえ. 又生え.

움막〔—幕〕 名 穴蔵.

움막살이 名 하自 穴蔵住まい.

움버들 名 新芽が生えた柳.

움뽕 名 ひこばえの桑の葉.

움실거리다[-대다] 自 (虫などが)うようよする. うじゃうじゃする. うごめく. ¶ 모충이 ~ 毛虫がうごめく.

움실움실 副 하自 〔벌레 등이 모여 움직거리는 모양〕 うようよ(と). うじゃうじゃ(と).

움쑥 副 하形 〔바닥이 우묵한 모양〕 ぺこんと. ¶ ~ 팬 땅 ぺこんとへこんだ地面.

움쑥움쑥 副 하形 ぺこんぺこん(と).

움씰 副 하自 〔놀라서 몸을 움츠리는 모양〕 ぎょっと. ぎくっと. どきっと. ぞっと.

움잎 名 (草花·野菜などの)芽から出た葉.

움죽 副 하自他 びくっと. ぎくっと. ¶ 인기척에 ~하다 人の気配にびくっとする.

움직거리다[-대다] 自他 しきりに動く[動かす]. ¶ 움직거리지 말고 가만 있어라 しきりに動かないでじっとしていなさい.

움직움직 副 하自他 しきりに動くようす.

움직이다 自他 **1** (ものが)動く. (ものを)動かす. ¶ 바람에 움직이는 나뭇잎 風に動く木の葉 / 가구를 움직여 방을 다시 꾸미다 家具の位置を変えて部屋の模様替えをする. **2** (機械·組織などが[を])動く. 作動する. 活動する. 動かす. 運営する. 経営する. ¶ 엔진이 ~ エンジンが作動する / 발전기를 ~ 発電機を動かす. **3** (心が)動く. 動揺する. (心を)動かす. 動揺させる. ¶ 성의에 마음이 ~ 誠意に心が動く. **4** 感動する. 感動させる. ¶ 그의 업적은 뭇사람의 마음을 움직이게 했다 彼の業績は人々の心を感動させた. **5** (情勢·現象などが)変わる. 変える. 変化する. 変化させる. ¶ 정세가 불리한 쪽으로 ~ 情勢が不利な方に変わる.

움직도르래 名 動滑車.

움직임 名 動き. 動向. 変動. 変化. 動静. ¶ 세상의 ~ 世の中の動き / ~을 살피다 動向を探る.

움집 名 穴蔵.

움집살이 名 하自 穴蔵暮らし.

움쭉 副 하自他 〔'움죽'의 센말〕 びくっと. ぎくっと. ¶ ~ 못 하다 身動きもできない.

움쭉거리다[-대다] 自 他 縮めたり伸ばしたりする.

움쭉움쭉 副 하自他 しきりに身動きするようす.

움쭉달싹 副 《주로 '못 하다'와 함께 쓰여》 身動きできない.

움찍거리다[-대다] 自他 〔'움직거리다'의 힘줌말〕しきりに動く[動かす].
움찍움찍 副 하自他 しきりに動くようす.
움찔 副 하自他 〔갑자기 놀라 움츠리는 모양〕びくりと. ぎくりと.
움찔거리다[-대다] 自他 びくびくする.
움찔움찔 副 하自他 びくびく(と).
움츠러들다 自 縮こまる. 縮み上がる. すくむ. すぼまる. ¶추워서 몸이 ~ 寒さで体が縮こまる/성난 목소리에 움츠러들었다 怒った声に縮み上がった.
움츠러뜨리다[-트리다] 他 (寒さ·恐ろしさで体を)すくませる. 縮み上がらせる.
움츠러지다 自 (体が)縮み上がる. すくむ. ¶추워서 몸이 ~ 寒くて体がすくむ/뱀을 보자 몸이 움츠러졌다 蛇を見るや体がすくみ上がった.
움츠리다 他 **1** (体を)急にすくめる. 縮める. ¶몸을 움츠린 채 떨었다 体をすくめたまま震えた. **2** (突き出した体を)引っこめる. ¶목을 ~ 首を引っこめる.
움치다 他 〔'움츠리다'의 준말〕すくめる. 縮める. 引っこめる.
움켜잡다 他 つかむ. つかみ取る. 握る. ¶물에 빠진 사람은 지푸라기라도 움켜잡는다 おぼれる者はわらをもつかむ/지폐뭉치를 ~ 札束をつかみ取る.
움켜쥐다 他 握る. 握りしめる. ¶손목을 꽉 ~ 手首を握りしめる/정권을 ~ 政権を握る.
움큼 依名 すくい. 握り. ¶한 ~ 一握り.
움키다 自 **1** 握りしめる. ¶주먹을 ~ こぶしを握りしめる. **2** わしづかみにする. 捕まえる. ¶범이 토끼를 움켰다 虎が兎を捕まえた.
움트다 自 芽吹く. 芽ぐむ. 萌え出す. ¶버드나무가 ~ 柳が芽吹く/새싹이 ~ 新芽が萌え出す.
움파 名 **1** 穴蔵で育てた黄色みを帯びたねぎ. **2** ひこばえのねぎ.
움파다 他 深く広く掘る.
움패다 自 掘られる. くぼむ. へこむ.
움펑눈 名 窪目. 金壺眼.
움펑눈이 名 窪目の人.
움푹 副 하形 〔푹 꺼져 우묵한 모양〕ぼこんと. ぺこんと. ¶땅이 ~ 꺼지다 地面がぼこんとへこむ.
움푹움푹 副 하形 ぼこぼこ(と).
웃- 接頭 〔'위'의 뜻을 나타냄〕¶~돈 追い銭/~어른 目上の人.
웃거름 名 하自 〔農〕追い肥. 追肥.
웃국 名 (しょう油·油などの)上澄み.
웃기 名 **1** 餅·果物などを盛るとき上部を飾るもの. **2** '웃기떡'의 준말.
웃기떡 名 (皿などに)盛り上げた餅の上部を飾るために重ねる餅.
웃기다 他 笑わす. 笑わせる. ¶익살떨어 남을 ~ おかしなことを言って人を笑わせる/저래가지고 프로라니 웃긴다 あれでプロだとは, 笑わせる.
웃날 名 曇っている天気. 曇った空もよう.
◆**웃날이 들다** 曇っていた天気が晴れる.
웃다 自 **1** 笑う. ¶웃는 얼굴 笑顔/싱긋이 ~ にやりと笑う/큰 소리로 ~ 高笑いする/낄낄 ~ くすくす笑う/너털너털 ~ げらげら笑う/벙글벙글 ~ にこにこ笑う/자지러지게 ~ 笑いこける. **2** 《타동사적으로 쓰여》嘲笑する. 嘲笑う. せせら笑う. ¶경멸의 웃음을 ~ 軽蔑してせせら笑う. **3** 花が開く. ¶방긋 웃는 월계꽃 にこりと笑う月季花.
〔속담〕**웃는 낯에 침 뱉으랴** 笑う顔につばは吐けない〈愛想のいい人に邪険なことは言えない〉.
웃더껑이 名 蓋. 覆い. カバー.
웃돈 名 追銭. ¶~을 얹다 差額を出す.
웃돌다 他 上回る. ¶예상을 ~ 予想を上回る.
웃물 名 ⇨윗물
웃비 名 (あまもようではあるが)ざあっと降ってから止んだ雨.
◆**웃비가 걷다** しばらく雨があがる. ¶~가 걷자 귀로를 재촉했다 雨が一時あがるやいなや, 帰り道を急いだ.
웃어넘기다 他 笑って済ます. 笑い流す. 無視してしまう. ¶이것은 웃어넘길 수 없다 これは笑って済まされない.
웃어 대다 自 しきりに笑う.
웃어른 名 目上の人.
웃옷 名 上衣. うわぎ.
웃음 名 笑い. 笑み. 嘲笑. ¶비~ 冷笑/쓴~ 苦笑/~ 띤 얼굴 笑みを浮かべた顔.
◆**웃음을 사다** もの笑いの種になる.
◆**웃음을 팔다** 媚を売る〈女性が花柳界の生活をする〉.
웃음가마리 名 人の笑いぐさになる人. 笑いもの.
웃음거리 名 笑いぐさ. もの笑いの種. 笑いもの. 人笑わせ. 笑い事. 御笑い. ¶세상의 ~가 되다 世間の笑いものになる.
웃음꽃 名 多くの人が楽しく笑うようす. ¶~을 피우다 楽しく笑いさざめく.
웃음보 名 大笑い. 笑いこけること. ¶~를 터뜨리다 噴き出す.
웃음소리 名 笑い声.
웃음엣소리 名 笑い話. 笑談. 冗談.
웃음엣짓 名 笑わせるためのしぐさ.
웃음판 名 笑いの渦[場面]. ¶~이 벌어지다 どっと笑う.
웃짐 名 上荷.
웃통 名 上体. 上半身.
웅거〔雄據〕 名 하自 盤踞. ¶성에 ~하다 城にたてこもる.
웅그리다 他 (身を)縮める. すくめる.
웅긋쭝긋 副 하形 〔굵고 잔 것들이 머리를 내민 모양〕ぼこんぼこん(と). にょきにょき(と). ¶빌딩이 ~ 하늘로 솟아 있다 ビルがにょきにょきとそそり立っている.
웅기중기 副 하形 大きさの違うものがまばらに集まっているようす. ¶~ 서 있는 시골집 点々と建っている田舎家.
웅담〔熊膽〕 名 〔韓方〕熊の胆嚢.
웅대하다〔雄大一〕 形 雄大だ. ¶웅대한 뜻 雄大な志/스케일의 웅대함 スケールの雄大さ.

웅덩이 图 水(みず)たまり. よどみ. ¶비가 와서 ~가 패어 있다 雨降(あめふ)って水たまりができている.

웅덩이지다 自 (雨などで)水たまりになる.

웅도[雄途] 图 雄途(ゆうと). 門出(かどで). ¶세계일주 여행의 ~에 오르다 世界一周(せかいいっしゅう)旅行(りょこう)の雄途につく.

웅도[雄圖] 图 雄図(ゆうと). 壮図(そうと). ¶~를 품다 雄図を抱(いだ)く.

웅략[雄略] 图 雄略(ゆうりゃく). ¶~을 품다 雄略を抱く.

웅변[雄辯] 图 雄弁(ゆうべん). ¶~을 토하다 雄弁をふるう/사실이 ~으로 말해 주고 있다 事実(じじつ)が雄弁に物語(ものがた)っている.

웅변가[一家] 图 雄弁家(ゆうべんか).

웅변술[一術] 图 雄弁術(ゆうべんじゅつ).

웅비[雄飛] 图 雄飛(ゆうひ). ¶해외로 ~하다 海外(かいがい)に雄飛する.

웅성[雄性] 图 雄性(ゆうせい). ¶~ 호르몬 雄性ホルモン.

웅성거리다[-대다] 自 (多(おお)くの人(ひと)が)ざわめく. ひしめく. ざわつく. ¶회의장이 ~ 会場(かいじょう)がざわめく.

웅성웅성 副 하타 ざわざわ(と), がやがや(と). ¶뭘 그렇게 ~ 떠들고 있는가 何をそうがやがやと騒(さわ)いでいるのだ.

웅그리다 他 (寒(さむ)さ・恐(おそ)ろしさなどで)体(からだ)をすくめる.

웅숭깊다 形 1 度量(どりょう)が広(ひろ)い. 2 (器(うつわ)などの底(そこ)が)深い. 深まっている.

웅숭크리다 他 '웅숭그리다'의 거센말) 体をすくめる.

웅얼거리다[-대다] 自他 口(くち)の中(なか)でつぶやく. ひとり言(ごと)をいう.

웅얼웅얼 副 하타自他 ぶつぶつ. ¶~ 불평을 말하다 ぶつぶつ不平(ふへい)を言(い)う.

웅자[雄姿] 图 雄姿(ゆうし). ¶안개가 걷히자 산이 그 ~를 드러냈다 霧(きり)が晴(は)れると山(やま)がその雄姿を表(あらわ)した.

웅장하다[雄壯一] 形 雄壮(ゆうそう)だ. 雄壮(ゆうそう)な建築(けんちく)様式(ようしき) 雄壮な建築様式(けんちくようしき).

웅재[雄材] 图 雄才(ゆうさい).

웅지[雄志] 图 雄志(ゆうし). 大望(たいもう). ¶~를 품다 雄志を抱く.

웅크리다 他 (寒(さむ)さ・恐(おそ)ろしさで)体(からだ)をすくめる(縮(ちぢ)める). しゃがむ. しゃがみこむ. ¶춥다고 웅크리고 있다 寒(さむ)いといって体をすくめている.

웅혼[雄渾] 图 하타形 雄渾(ゆうこん). ¶~한 서사시 雄渾(ゆうこん)な叙事詩(じょじし).

워 感 '우어'의 준말. 마소를 멈추게 할 때 내는 소리. どう.

워그르르 副 하타 1 〔쌓였던 큰 물건이 무너지는 소리〕がらがら(と). 2 〔많은 물이 끓어오르는 소리〕ぐつぐつ. 3 〔천둥이 요란스럽게 치는 소리〕ごろごろ.

워낙 副 1 あまりにも. なにしろ. なにせ. ¶~ 큰 사건이라 윤곽을 못 잡다 あまりにも大(おお)きな事件(じけん)で輪郭(りんかく)がつかめない/급한 일이 있지만 ~ 急(いそ)がしいの仕事(しごと)があるのだがなにしろ忙(いそが)しくて. 2 もともと. 元来(がんらい). ¶~ 사나운 사람이니 조심하라 もともと荒(あら)っぽい人(ひと)だから注意(ちゅうい)しなさい.

워드 프로세서[word processor] 图 ワードプロセッサー. ワープロ.

―――単語帳――― 워드 프로세서에 관한 말―――

◆**본체** 本体(ほんたい) / 전원 스위치 電源(でんげん)スイッチ / 자관(字板) キーボード / 쉬프트 키 シフトキー / 키를 치다 キーを打(う)つ / 화면(畫面) ディスプレイ. 画面(がめん) / 프린터 プリンター / 리본 インクリボン / 감열 용지 感熱用紙(かんねつようし) / 플로피디스크 ドライブ フロッピードライブ / 디스켓 フロッピーディスク.

◆**입력** 入力(にゅうりょく) / 편집 編集(へんしゅう) / 커서 カーソル / 문서 작성 文書作成(ぶんしょさくせい) / 문서 수정(文書修正) 文書更新(ぶんしょこうしん) / 앞화면 前画面(まえがめん) / 뒷화면 次画面(じがめん) / 행처음 行頭(ぎょうとう) / 행끝 行末(ぎょうまつ) / 한자 변환 漢字変換(かんじへんかん) / 외자 外字(がいじ) / 등록 登録(とうろく) / 행바꿈 改行(かいぎょう) / 후퇴 後退(こうたい) / 취소 取(と)り消(け)し / 전각 全角(ぜんかく) / 반각 半角(はんかく) / 배각 글자 倍角文字(ばいかくもじ) / 밑줄 アンダーライン / 복사 複写(ふくしゃ) / 삽입 挿入(そうにゅう) / 삭제 削除(さくじょ) / 중앙 정렬 (中央整列) センタリング / 실행 実行(じっこう) / 호출 呼出(よびだ)し / 저장(貯蔵) 保存(ほぞん) / 포메팅 初期化(しょきか). フォーマット.

워럭 副 〔급히 대들거나 잡아당기는 모양〕ぱっと. ばっと. ぐっと. ¶개가 ~ 달려들다 犬(いぬ)がぱっと飛(と)びかかる.

워럭워럭 副 하타 〔더운 기운이나 분한 마음이 일어나는 모양〕かっかっ.

워리 感 犬(いぬ)を呼(よ)ぶ声(こえ).

워밍업[warming-up] 图 ウオーミングアップ.

워워 感 '우어우어'의 준말) どうどう.

워크숍[workshop] 图 ワークショップ.

워키토키[walkietalkie] 图 ウォーキートーキー. 近距離用(きんきょりよう)小型(こがた)トランシーバー.

원[依] 图 한국의 화폐의 단위) ウォン. ¶만 ~ 1万(まん)ウォン.

원[怨] 图 '원한·원망'의 준말) 恨(うら)み. ¶~을 품다 恨みを抱(いだ)く.

원[圓] 图 円(えん). ¶~를 그리다 円(えん)を描(えが)く.

원[願] I 图 〔바라는 것〕願(ねが)い. 望(のぞ)み. ¶~을 들다 願(ねが)いをかなえる. II 接尾 〔원하는 글을 나타냄〕…願(ねがい). ¶휴직 ~ 休職(きゅうしょく)願.

원 [뜻밖의 일로 놀라거나 기분이 언짢을 때 하는 말] あら. まあ. なんて. ¶~, 참 별꼴 다 보겠다 なんというざまだ / ~, 이렇게 억울한 일이 있나 또, こんなにくやしいことがあるのか.

원-[元·原] 〔'본디'·'시초'의 뜻을 나타내는 말〕元(もと)の. もともとの. 始(はじ)めの. ¶~이름 元の名(な) / ~위치로 돌아가라 元(もと)の位置(いち)に戻(もど)れ.

-원[員] 接尾 〔어떤 일에 종사하는 사람을 나타냄〕…員(いん). ¶공무 ~ 公務員(こうむいん) / 종업 ~ 従業員(じゅうぎょういん) / 은행 ~ 銀行員(ぎんこういん).

-원[院] 接尾 〔공공 기관·병원 등을 나타냄〕…院(いん). ¶대학 ~ 大学院(だいがくいん) / 양로 ~ 養老院(ようろういん).

원가[原價] 图 原価(げんか). 元値(もとね). 元(もと).

スト. ¶ ~ 계산 原価計算 / ~로 팔다 原価で売る.

원간〔原刊〕名 初刊.

원거리〔遠距離〕名 遠距離. ¶ ~ 통근 遠距離通勤.

원격〔遠隔〕名 遠隔. ¶ ~ 제어[조작] 遠隔操作. リモートコントロール.

 원격 유도〔—誘導〕名〔物〕遠隔誘導.

원경〔遠景〕名 遠景.

원고¹〔原告〕名〔法〕原告. 反 被告.

원고²〔原稿〕名 原稿. 草稿. 下書き. ¶ ~ 마감이 촉박했다 原稿の締め切りが迫った.

 원고료〔—料〕名 原稿料.

 원고용지〔—用紙〕名 原橋用紙.

원광〔原鑛〕名 原鉱. 粗鉱.

원교근공〔遠交近攻〕名 遠交近攻. ¶ ~의 정책 遠交近攻の政策.

원군〔援軍〕名 援軍. ¶ 시급히 ~을 요청하다 至急, 援軍を要請する.

원귀〔冤鬼〕名 怨霊. 恨みを持って死んだ人の霊. ¶ 저 집에는 ~가 들끓는데 あの家には怨霊がうようよしているんだそうだ.

원근〔遠近〕名 遠近. ¶ ~법 遠近法.

원금〔元金〕名 元金. 元手. 本金. 本銀. ¶ 빌린 ~을 갚다 借りた元金を返済する.

원기¹〔元氣〕名 精気. 元気. ¶ ~ 왕성하다 元気旺盛だ.

 원기 부족〔—不足〕名 하形 元気不足.

원기²〔原器〕名 原器. ¶ 미터 ~ メートル原器.

원기둥〔圓—〕名〔數〕円柱.

원내〔院內〕名 院内. ¶ ~ 총무 院内総務 / ~ 교섭 단체 院内交渉団体.

원년〔元年〕名 元年.

원념〔怨念〕名 怨念. ¶ ~을 품다 怨念を抱く.

원님〔員—〕名〔史〕郡守の尊敬語.

원단¹〔元旦〕名 元旦.

원단²〔原緞〕名 反物.

원달구〔圓—〕名〔建〕(地面を固めるために用いる)大きい石に綱をつけたもの.

 원달구질 名 하自 '원달구'で地面を固めること.

원대〔原隊〕名〔軍〕原隊. ¶ ~ 복귀하다 原隊復帰する.

원대하다〔遠大—〕形 遠大だ. ¶ 원대한 포부 遠大な抱負. **원대히** 副 遠大に. ¶ 희망을 ~ 갖다 希望を遠大に持つ.

원도¹〔原圖〕名 原図.

 원도지〔—紙〕名〔美〕原図を描く紙.

원도²〔遠島〕名 遠島.

원동¹〔原動〕名 原動.

 원동기〔—機〕名 原動機.

 원동력〔—力〕名 原動力.

원동²〔遠東〕名 極東.

원두〔園頭〕名 畑に栽培するまくわうり·胡瓜·すいかなどの野菜の総称.

 ◆**원두를 놓다** 野菜を栽培する.

 ◆**원두를 부치다** 野菜の種をまいて栽培する.

 원두막〔—幕〕名 まくわうり·胡瓜·すいか畑などの番小屋.

원래¹〔元來〕名 副 元来. はじめから. そもそも. もともと. ¶ ~ 몸이 약하다 もともと体が弱い / ~가 완고한 사람이다 元来が頑固な人間だ.

원래²〔遠來〕名 하自 遠来. ¶ ~의 손님 遠来のお客(さん).

원량〔原量〕名 元の量. ¶ ~에서 조금도 줄여서는 안 된다 元の量から少しでも減らしてはいけない.

원력〔原力〕名 元からの力.

원령〔怨靈〕名 怨霊. 恨みをもって死んだ人の霊魂.

원로¹〔元老〕名 元老. ¶ 의학계의 ~ 医学界の元老.

 원로원〔—院〕名〔史〕元老院.

원로²〔遠路〕名 遠路. 遠いみちのり. ¶ ~에 와 주셔서 감사합니다 遠路お越しくださいましてありがとうございます.

원론〔原論〕名 原論. ¶ 경제 ~ 経済原論.

원뢰〔遠雷〕名 遠雷.

원료〔原料〕名 原料. ¶ 종이의 ~는 펄프이다 紙の原料はパルプだ.

 원료당〔—糖〕名 原料糖. 原糖.

원류〔源流〕名 源流. ¶ 강의 ~를 찾다 川の源流をたどる / 동양 문화의 ~ 東洋文化の源流.

원리¹〔元利〕名 元利. 元金と利子. ¶ ~금 元利金 / ~ 합계 元利合計.

원리²〔原理〕名 原理. ¶ 아르키메데스의 ~ アルキメデスの原理 / ~ 원칙대로 原理原則通り.

원만하다〔圓滿—〕形 **1**〔모난 데가 없고 부드럽다〕円満だ. ¶ 성격은 ~ 性格は円満だ. **2** (仲が)むつまじい. 円満だ. ¶ 원만한 신혼부부 むつまじい新婚の夫婦. **3**〔일이 잘 되어 가 순조롭다〕円滑だ. ¶ 일의 처리가 ~ 仕事の処理が円滑だ. **원만히** 副 円満に. ¶ 일을 ~ 해결하다 ことを円満に解決する.

원말〔原—〕名〔言〕転化する前のもとの語形.

원망¹〔怨望〕名 하他 怨望. 恨み. ¶ 남을 ~하다 他人を恨む.

 원망스럽다 形 くやしい. ¶ 기회를 놓친 것이 ~ 機会を逃したのはくやしい.

 원망스레 副 恨めしそうに. くやしそうに.

원망²〔願望〕名 하他 願望. ¶ 다년간의 ~이 이루어지다 長年の願望がかなう.

원매인¹〔願賣人〕名 売り手.

원매인²〔願買人〕名 買い手.

원맥〔原麥〕名 原麦.

원맨쇼〔one-man show〕名 ワンマンショー.

원면〔原綿〕名 原綿.

원명〔原名〕名 原名. もとの名前.

원모¹〔原毛〕名 原毛. ¶ 호주산 ~ オーストラリア産の原毛.

원모²〔遠謀〕名 하他 遠謀. 遠略. ¶ ~를 짜내다 遠謀をめぐらす.

원목〔原木〕名 原木. ¶ 펄프의 ~ パルプの原木.

원무〔圓舞〕名 円舞. 輪舞.

 원무곡〔—曲〕名〔樂〕円舞曲. ワルツ. ロンド.

원문〔原文〕名 **1** 原文. テキスト. ¶ ~

을 번역하다 原文を翻訳する. **2** 本文.
원물[1]〔原物〕 名 原物. 実物. オリジナル.
원물[2]〔元物〕 名〔法〕元物.
원반[1]〔原盤〕 名 原盤. ¶ 레코드의 ～ レコードの原盤.
원반[2]〔圓盤〕 名 円盤.
　원반던지기 名 하自〔體〕円盤投げ.
원방[1]〔遠方〕 名 遠方. ¶ ～에서 온 손님 遠方から来たお客.
원방[2]〔遠邦〕 名 遠国.
원배〔遠配〕 名 하他 遠流. 配流.
원병〔援兵〕 名 援兵. 援軍. ¶ ～을 청하다 援軍を請う.
원본〔原本〕 名 **1** 根源. **2**〔'원간본'의 준말〕初刊本. **3**〔등사·초록·번역 등을 하기 전의 본디의 책〕原本. **4** 正本.
원부[1]〔原簿〕 名 原簿. ¶ 호적 ～ 戸籍原簿.
원부[2]〔怨府〕 名 怨府. ¶ 서민의 ～가 되다 庶民の怨府となる.
원불교〔圓佛敎〕 名〔佛〕円仏教〈仏教教派の一つ〉.
원비[1]〔元妃〕 名 王の正妃.
원비[2]〔元肥〕 名 原肥. もとごえ.
원뿔〔圓一〕 名〔數〕円錐.
원사[1]〔原絲〕 名 原糸.
원사[2]〔冤死〕 名 하自 無実の罪で死ぬこと.
원사[3]〔遠寫〕 名 하他 遠写. ロングーショット.
원사 시대〔原史時代〕 名 原史時代.
원산[1]〔原産〕 名 原産. ¶ ～지 原産地.
원산[2]〔遠山〕 名 **1** 遠山. **2** 眼鏡のブリッジ. **3** (便器の)金隠し. **4** 戸が止まるように敷居の真ん中に打ちこんだ金物.
원상〔原狀〕 名 原状. ¶ ～으로 복원하다 原状に復元する.
원색〔原色〕 名 原色.
　원색판〔一版〕 名〔印〕原色版.
원생[1]〔院生〕 名〔'원(院)'자로 끝나는 이름의 기관·학교에 소속된 사람〕院生. ¶ 대학～ 大学院生 / 소년～ 少年院生.
원생[2]〔原生〕 名 原生. ¶ ～대 原生代 / ～림 原生林 / ～생물 原生生物.
　원생 동물〔一動物〕 名〔動〕原生動物.
원서[1]〔原書〕 名 原書. ¶ ～를 번역하다 原書を翻訳する.
원서[2]〔願書〕 名 願書. ¶ 입학 ～ 入学願書.
원석〔原石〕 名 原石. ¶ 다이아몬드 ～ ダイヤモンドの原石.
원성[1]〔怨聲〕 名 怨声. 恨む声. ¶ 백성의 ～이 자자하다 国民の怨声が広まっている.
원성[2]〔原性〕 名 本性. 本来の性質.
원소[1]〔元素〕 名 元素. ¶ ～ 기호 元素記号.
　원소 분석〔一分析〕 名〔化〕元素分析.
원소[2]〔冤訴〕 名 하自 **1** 無実の罪を訴えること. **2** 不服を申し立てること.
원손[1]〔元孫〕 名 王世子の長男.
원손[2]〔遠孫〕 名 遠孫. 末孫.
원수[1]〔元首〕 名 元首. ¶ 국가 ～ 国家の元首.
원수[2]〔元帥〕 名〔軍〕元帥.
원수[3]〔怨讐〕 名 怨讐. 仇. かたき. 仇敵. ¶ 불구대천의 ～ 不倶戴天の仇.
　◆**원수가[를] 지다** 互いにかたきどうしとなる.
　◆**원수를 갚다** 恨みを晴らす. かたきを討つ.
　〔속담〕 **원수는 외나무다리에서 만난다** 仇敵は一本橋の上で出会う〈嫌な相手にはどこかで必ず会うものだ〉.
원수[4]〔員數〕 名 員数. ¶ ～를 맞추다 員数をそろえる / ～가 안 맞다 員数が合わない.
원수폭〔原水爆〕 名 原水爆. ¶ ～ 금지 운동 原水爆禁止運動.
원숙하다〔圓熟一〕 形 円熟している. ¶ 원숙한 경지에 이르다 円熟の境に入る.
원숭이 名〔動〕猿.
　〔속담〕 **원숭이도 나무에서 떨어진다** 猿も木から落ちる.
　원숭이띠 名 申年.
　원숭이해 名〔民俗〕申年. 申の年.
원시[1]〔原始·元始〕 名 原始. 元始. はじめ. おおもと. ¶ ～ 시대 原始時代 / ～적 原始的.
　원시림〔一林〕 名 原始林.
　원시인〔一人〕 名 原始人.
　원시 종교〔一宗教〕 名 原始宗教.
원시[2]〔原詩〕 名 原詩. もとの詩.
원시[3]〔遠視〕 名〔醫〕遠視. 遠眼. 遠目.
　원시경〔一鏡〕 名 遠視鏡. 老眼鏡.
　원시안〔一眼〕 名〔醫〕遠視眼.
원심[1]〔怨心〕 名 恨む心. 怨恨.
원심[2]〔原審〕 名〔法〕原審. 原裁判. ¶ ～대로 유죄 原審どおり有罪.
원심[3]〔遠心〕 名 遠心.
　원심력〔一力〕 名〔物〕遠心力.
　원심 분리기〔一分離機〕 名〔機〕遠心分離機.
원아〔園兒〕 名 (幼稚園の)園児.
원안[1]〔原案〕 名 原案. ¶ ～대로 의결하다 原案どおり議決する.
원안[2]〔遠眼〕 名〔醫〕〔'원시안(遠視眼)'의 준말〕遠眼. 遠視.
원앙〔鴛鴦〕 名〔動〕鴛鴦. おしどり.
　원앙금〔一衾〕 名 **1** 鴛鴦を刺繍した布団. **2** 夫婦がいっしょにかける布団.
　원앙새 名 鴛鴦.
　원앙침 名 **1** 鴛鴦を刺繍したまくら. **2** 夫婦がいっしょにするまくら.
원액〔原液〕 名 原液.
원야〔原野〕 名 原野. 野原. ¶ 황막한 ～ 荒漠たる原野.
원양〔遠洋〕 名 遠洋. ¶ ～ 어업 遠洋漁業 / ～ 어선 遠洋漁船.
원어〔原語〕 名 原語.
원영〔遠泳〕 名 遠泳. ¶ 대안까지 ～을 하다 対岸まで遠泳する.
원예〔園藝〕 名〔農〕園芸. ¶ ～가 園芸家 / ～ 시험장 園芸試験場 / ～학 園芸学 / 가정 ～ 家庭園芸.
　원예농〔一農〕 名 園芸農業.
　원예사〔一師〕 名 園芸師.

원예 작물〔一作物〕 名〔植〕園芸作物.
원외[1]〔院外〕 名 院外.
원외 운동〔一運動〕 名〔政〕院外運動.
원외[2]〔員外〕 名 員外. ¶ ～ 교수 員外教授.
원용〔援用〕 名 하他 援用. ¶ 외국의 논문을 자기의 학설에 ～하다 外国の論文を自己の学説に援用する.
원운동〔圓運動〕 名〔物〕円運動.
원유〔原油〕 名 原油. ¶ ～가 原油価格 / ～ 수입 原油の輸入.
원유회〔園遊會〕 名 園遊会.
원음〔原音〕 名 **1** 原音. **2**〔樂〕幹音.
원의[1]〔原意·原義〕 名 原意. 原義.
원의[2]〔院議〕 名 院議. ¶ ～로써 제명하다 院議をもって除名する.
원인[1]〔原人〕 名 原人. 原始人. ¶ ～ 시대 原人時代.
원인[2]〔原因〕 名 原因. ¶ 실패의 주된 ～ 失敗のおもな原因 / ～과 결과 原因と結果 / ～을 규명하다 原因を究明する.
원인[3]〔猿人〕 名 猿人.
원인[4]〔遠因〕 名 遠因. ¶ 분쟁의 ～이 되다 紛争の遠因となる.
원인[5]〔願人〕 名 願人. 願い主.
원일〔元日〕 名 元日〈1月1日〉.
원자[1]〔元子〕 名〔史〕王の長男.
원자[2]〔原子〕 名 原子. ¶ ～ 기호 原子記号 / ～단 原子団 / ～론 原子論 / ～ 번호 原子番号.
원자가〔一價〕 名〔化〕原子価.
원자량〔一量〕 名〔化〕原子量.
원자력〔一力〕 名 原子力. ¶ ～ 잠수함 原子力潜水艦 / ～ 발전 原子力発電.
원자로〔一爐〕 名〔物〕原子炉.
원자설〔一說〕 名 原子説.
원자 에너지〔一energy〕 名〔物〕原子エネルギー.
원자 폭탄〔一爆彈〕 名〔軍〕原子爆弾. 原爆.
원자핵〔一核〕 名〔物〕原子核. ¶ ～ 분열 原子核分裂 / ～ 붕괴 原子核崩壊 / ～ 융합 原子核融合.
원자핵 화학〔一核化學〕 名〔化〕原子核化学.
원자재〔原資材〕 名 原料と資材. ¶ ～ 수입난 原材料の輸入難.
원작〔原作〕 名 原作. ¶ ～자 原作者 / 드라마의 ～ ドラマの原作.
원장[1]〔元帳〕 名〔經〕(経理の)元帳. ¶ ～에 기입하다 元帳に記入する.
원장[2]〔院長〕 名 (学院·病院などの)院長. ¶ 학술원 ～ 学術院の院長.
원장[3]〔園長〕 名 園長. ¶ 유치원 ～ 幼稚園の園長.
원재료〔原材料〕 名 原材料. ¶ ～의 수입 原材料の輸入.
원저자〔原著者〕 名 原著者. 原作者.
원적〔原籍〕 名〔法〕原籍.
원적지〔一地〕 名 原籍地. 本籍地. ¶ ～에 조회하다 本籍地に照会する.
원전〔原典〕 名 原典. ¶ ～ 비판 原典批判 / 라틴어의 ～을 번역하다 ラテン語の原典を訳する.
원점〔原點〕 名 原点. ¶ ～으로 되돌아가다 原点に戻る.
원정[1]〔園丁〕 名 園丁. 庭師. 庭造り.
원정[2]〔遠征〕 名 하自 遠征. ¶ ～ 시합 遠征試合 / 히말라야 ～대 ヒマラヤ遠征隊.
원정군〔一軍〕 名 **1** 遠征軍. **2** 遠征に行くスポーツのチーム[団体].
원제〔原題〕 名 原題.
원조[1]〔元祖〕 名 元祖. 始祖. ¶ 가문의 ～ その家の始祖.
원조[2]〔元朝〕 名 元旦.
원조[3]〔援助〕 名 하他 援助. ¶ ～금 援助金 / 긴급히 ～를 요청하다 緊急に援助を要請する.
원족〔遠足〕 名 遠足.
원종〔原種〕 名 原種.
원죄[1]〔怨罪〕 名 怨みを含んで極悪な事をした罪.
원죄[2]〔原罪〕 名 **1** 罪を許して刑を加えないこと. **2**〔基〕原罪.
원죄[3]〔冤罪〕 名 冤罪. 無実の罪. ¶ ～를 뒤집어쓰다 冤罪をこうむる.
원주[1]〔圓周〕 名〔數〕円周.
원주율〔一率〕 名〔數〕円周率.
원주[2]〔圓柱〕 名 円柱. ¶ ～ 곡면 円柱曲面.
원주민〔原住民〕 名 原住民.
원주소〔原住所〕 名 原籍.
원주지〔原住地〕 名 原住地.
원지[1]〔原紙〕 名 原紙.
원지[2]〔遠志〕 名 遠志. 遠大な志.
원지점〔遠地點〕 名〔天〕遠地点.
원질〔原質〕 名 原質. もとの性質.
원채〔原一〕 名 母屋.
원척〔遠戚〕 名 遠戚. 遠い親類.
원천〔源泉〕 名 源泉. **1** 水のわき出る源. **2** 物事の生ずるもと. ¶ 문화의 ～ 文化の源泉 / ～ 징수 源泉徴収.
원천 과세〔一課稅〕 名〔法〕源泉課税.
원체[1]〔元體〕 名 本体. 物体の形態を成す骨組み.
원체[2]〔元體〕 副 元来. もともと. もとから. ¶ ～ 건강하다 もともと健康である / ～ 나쁜 사람은 아니다 もともと悪い人ではない.
원초〔原初〕 名 元初. 原初. ¶ 우주의 ～ 宇宙の原初.
원초적〔一的〕 冠 名 原初的.
원촌[1]〔原寸〕 名 原寸.
원촌[2]〔遠寸〕 名 血筋の遠い間柄.
원추〔圓錐〕 名〔數〕円錐.
원추형〔一形〕 名〔數〕円錐形.
원칙〔原則〕 名 原則. ¶ ～을 세우다 原則を立てる.
원칙법〔一法〕 名〔法〕原則法.
원칙적〔一的〕 冠 名 原則的.
원친〔遠親〕 名 遠い親戚.
원컨대〔願一〕 副 願わくは. どうか. ¶ ～ 성공하기를 바란다 願わくは成功してほしい.
원탁〔圓卓〕 名 円卓. ¶ ～회의 円卓会議.
원통〔圓筒〕 名 円筒.
원통 도법〔一圖法〕 名 円筒図法.
원통형〔一形〕 名 円筒形.

원통하다〔冤痛—〕 [形] くやしい. 残念だ. 無念だ. うらめしい. 残念で仕方がない. ¶시합에 아깝게도 져서 ～ 試合に惜しくも負けてくやしい. **원통히** [副] くやしそうに.

원판[1] [名][副] 本来の状態[場面]. 本来.

원판[2]〔原版〕 [名] 原版. ¶사진 ～ 写真の原版.

원판[3]〔圓板〕 [名] 円板.

원폭〔原爆〕 [名] 〔'원자 폭탄'의 준말〕 原爆.

원풀이[1]〔怨—〕 [名][하自] 恨みを晴らすこと.

원풀이[2]〔願—〕 [名][하自] 願いがかなうこと.

원피〔原皮〕 [名] 原皮.

원피스〔one-piece〕 [名] ワンピース.

원하다〔願—〕 [他] 願う. 望む. 期待する. (…したいと)思う. ¶비가 오기를 ～ 雨が降ることを願う/내가 원하는 것은 노래를 잘 부르는 것이다 私の願いは歌を上手に歌うことだ.

원한〔怨恨〕 [名] 怨恨. 恨み. ¶～을 품다 怨恨を抱く.

원해〔遠海〕 [名] 遠海. [反] 近海

원해어〔—魚〕 [名] 遠海魚.

원행〔遠行〕 [名][하自] 遠行. 遠出.

원형[1]〔原形〕 [名] 原形. ¶～을 잃다 原形を失う.

원형질〔—質〕 [名]〔生〕 原形質.

원형[2]〔原型〕 [名] 原型. ¶주물의 ～ 鋳物の原型.

원형[3]〔圓形〕 [名] 円形. ¶～ 극장 円形劇場.

원호[1]〔援護〕 [名][하他] 援護. ¶～ 사업 援護事業/～ 대상자 援護対象者.

원호[2]〔圓弧〕 [名]〔數〕 円弧. 弧.

원혼〔冤魂〕 [名] 冤魂. 無実の罪で死んだ魂.

원화〔原畫〕 [名] 原画.

원활하다〔圓滑—〕 [形] 円滑だ. **원활히** [副] 円滑に. ¶일이 ～ 진행되다 仕事が順調に進む.

원훈〔元勳〕 [名] 元勲.

원흉〔元兇〕 [名] 元凶. 悪者のかしら. ¶대기 오염의 ～으로 지목되다 大気汚染の元兇と目される.

월〔月〕 Ⅰ [名] **1** 月. ¶～ 평균 수입 平均月収. **2** 〔'월요일'의 준말〕 月. Ⅱ [依名] (1年を12か月に分けた)月·月·月. ¶삼～ 3月/일개～ 1か月.

월간[1]〔月刊〕 [名] 月刊. ¶～ 잡지 月刊雑誌.

월간지〔—誌〕 [名] 月刊誌.

월간[2]〔月間〕 [名] 月間. 1か月の間.

월경[1]〔月經〕 [名]〔生〕 月経. ¶～ 불순 月経不順/～통 月経痛/첫～ 初潮.

월경[2]〔越境〕 [名][하自] 越境. ¶불법 ～을 하다 不法越境する.

월계〔月計〕 [名][하他] 月計. ¶～표 月計表.

월계관〔月桂冠〕 [名] 月桂冠. ¶승리의 ～ 勝利の月桂冠.

월계수〔月桂樹〕 [名]〔植〕 月桂樹.

월광〔月光〕 [名] 月光. 月の光.

월권〔越權〕 [名] 越権. ¶～ 행위 越権行為.

월급〔月給〕 [名] 月給. サラリー. ¶～을 받다 月給を受け取る/～이 오르다 月給が上がる.

월급날 [名] 月給日.

월급쟁이 [名] 月給取り. サラリーマン. ¶～ 생활 サラリーマンの暮らし.

월남[1]〔越南〕 [名] **1** 南の方に越えて行くこと. **2** 38度線の以北から以南に越えて行くこと.

월남[2]〔越南〕 [名]〔地〕 ベトナム.

월내〔月內〕 [名] 月内. ¶상품 대금의 ～ 지불 商品代金の月内支払い.

월년〔越年〕 [名][하自] 越年. ¶한라 산정에서 ～하다 ハンラ山頂で越年する.

월년성〔越年性〕 [名]〔植〕 越年性. ¶～ 화초 越年性の草花.

월당〔月當〕 [名] 月額. 月当たり. ¶～ 50만원 月額50万ウォン.

월동〔越冬〕 [名][하自] 越冬. ¶～비 越冬費/～ 준비를 하다 冬を越す準備をする.

월등하다〔越等—〕 [形] 並みはずれている. けたはずれだ. ¶월등한 수재 ずば抜けた秀才. **월등히** [副] けたはずれに. ずば抜けて. ¶그 편이 ～ 낫다 そのほうが段違いによい/그의 성적이 ～ 위다 彼の成績は飛び抜けている.

월력〔月曆〕 [名] 暦.

월령〔月齡〕 [名]〔天〕 月齢.

월례〔月例〕 [名] 月例. ¶～회 月例会/～ 행사를 거행하다 月例の行事を執り行なう.

월륜〔月輪〕 [名] 月輪. 月. 月の暈.

월리〔月利〕 [名] 月利. ¶～ 육 푼의 고리 대금 月利6分の高利貸し.

월말〔月末〕 [名] 月末. つきずえ. ¶～ 지불 月末払い.

월면〔月面〕 [名] 月面. 月の表面. ¶～도 月面図.

월명〔月明〕 [名][하形] 月明. 月明かり. 月の明るいこと.

월반〔越班〕 [名][하自] 飛び級.

월별〔月別〕 [名] 月別. ¶～ 통계 月別統計.

월병〔月餠〕 [名] **1** 円い月形の餅. **2** 月餅〈中国の菓子の一つ〉.

월보〔月報〕 [名] 月報. ¶경제 ～ 経済月報.

월봉〔月俸〕 [名] 月俸. 月給.

월부〔月賦〕 [名] 月賦. 月割り. ¶～ 판매 月賦販売/가구를 ～로 사다 家具を月賦で買う.

월북〔越北〕 [名][하自] **1** 北の方に越えて行くこと. **2** 38度線の以北に越えて行くこと.

월사금〔月謝金〕 [名] 月謝. 授業料.

월산〔月産〕 [名] 月産.

월색〔月色〕 [名] 月色. 月光. ¶보름달의 ～이 맑고 밝다 満月の光が澄んで明るい.

월세〔月貰〕 [名] 月払いの家賃. 月払いの借間[借家].

월세계〔月世界〕 [名] 月世界. ¶～ 탐사 月探査.

월수〔月收〕 名 月収. ¶ ~ 백만 원 月収100万ウォン.
월수입〔月收入〕 名 月収.
월식〔月蝕〕 名 하自 〔天〕 月食. ¶ 개기 ~ 皆既月食.
월액〔月額〕 名 月額. ¶ 수강료는 ~ 3만 원이다 受講料は月額3万ウォンだ.
월야〔月夜〕 名 月夜.
월여〔月餘〕 名 月余. 一か月あまり.
월요병〔月曜病〕 名 月曜病.
월요일〔月曜日〕 名 月曜日.
월용〔月容〕 名 月のような美しい顔.
월일〔月日〕 名 月日. **1** 月と太陽. **2** (暦の上での)月日. ¶ 생년~ 生年月日.
월장〔越墻〕 名 하自 越墻. 垣を越えること.
월정〔月定〕 名 月ぎめ. ¶ ~ 구독료 月ぎめの購読料.
월중 행사〔月中行事〕 名 月中行事. 月行事. ¶ ~표 月中行事表.
월차〔月次〕 名 **1** 月次. 毎月. 月々. ¶ ~ 유급 휴가 月次有給休暇 / ~ 계획 毎月計画. **2** 月の位置.
월척〔越尺〕 名 釣り上げた魚が1尺を超えること, またその魚.
월초〔月初〕 名 月の初め. ¶ ~에 한 달치를 선불하다 月初めに1か月分を先払いする.
월출〔月出〕 名 하自 月の出.
월평〔月評〕 名 月評. ¶ 연예~ 演芸月評.
월하노인〔月下老人〕 名 月下老人. 月下氷人〈中国の故事から夫婦の縁を結ぶという老人〉.
월하빙인〔月下氷人〕 名 月下氷人. なこうど.
월훈〔月暈〕 名 月暈. 月の暈.
웨딩드레스〔wedding dress〕 名 ウエディングドレス.
웨딩 마치〔wedding march〕 名 ウエディングマーチ.
웨이스트〔waist〕 名 ウエスト. 腰.
웨이터〔waiter〕 名 ウエーター. (飲食店·喫茶店などの)ボーイ.
웨이트리스〔waitress〕 名 ウエートレス.
웩 副 **1** 〔토하는 모양〕 げえっ(と). **2** 〔새·짐승 등을 쫓는 소리〕 わあっ(と).
웩웩 副 하自 げえげえ(と). わあわあ(と).
웬 冠 どんな. なんという. どうした. どういうわけの. どういう素性の. 見知らぬ. とある. ¶ ~ 돈이 이렇게 많으냐? どうしてお金がこんなに多いのか / ~ 청년이 당신을 기다리고 있어요 見知らぬ青年があなたを待っています.
〔속담〕 **웬 떡이냐** どうした餅か〈思いがけない幸運に巡り合ったときに言う〉.
웬걸 感 〔'웬 것을'의 준말〕 何を. どうしてそんな. なんでまた. いや. ¶ 소개를 받아 그 사람을 실제로 만나봤더니, ~ 紹介されてその人に実際会ってみたら, がっかりしたよ.
웬만큼 副 いいかげんに. そこそこに. ¶ ~ 해 두게 いいかげんにしておけ / ~ 먹었으니 이제 일어나자 まあまあ食べたからもう立ち上がろう.
웬만하다 形 **1** まあまあだ. まずまずだ. ¶ 생김생김이 ~ 顔立ちがまあまあだ / 수입이 ~ 収入がまあまあだ. **2** 《'웬만하면'의 꼴로》 差し支えなければ. よかったら. ¶ 웬만하면 네가 참아라 できれば君が我慢するんだね / 웬만하면, 차나 한잔 마십시다 よかったらお茶でも1杯飲みましょう.
웬일 名 どういうこと. 何ごと. ¶ ~이냐? どうしたんだ / ~로 떠드냐? いったい何ごとで騒ぐのか.
웰터급〔welter 級〕 名 〔體〕 (ボクシングの)ウエルター級.
웽그렁뎅그렁 副 하自 〔종·풍경 따위가 부딪치며 나는 소리〕 がらんがらん.
위[1] 名 **1** 上. 上の方. ¶ ~를 보다 上を見る / 봉우리가 구름 ~로 솟아 있다 峰が雲の上にそびえている. **2** 高いところ. 頂上. 頂. 上層. 上部. ¶ 산 ~로 올라가다 山の頂に登る / 경제력 바탕 ~에 복지 국가를 건설하다 経済力の土台の上に福祉国家を建設する. **3** 表面. 表. 上. ¶ 지구 ~에 사는 생물 地球の上に生きる生物 / 배가 바다 ~를 달린다 船が海の上を走る / 선반 ~에 얹다 棚の上にのせる. **4** (ある物事に比べて)優れているほう. ¶ 그것보다는 품질이 ~다 それよりは品質が勝っている / 수완이 훨씬 ~다 手腕がずっと優れている. **5** 上司. 目上. ¶ ~에서 시키는 일 上部から命じられる仕事 / ~에다 보고했다 上に報告した. **6** 前に述べたこと. 以上. ¶ ~에서 말한 바와 같이 前述のように / ~와 같은 조건으로 합의했다 以上のような条件で合意した.

單語帳 위치에 관한 말

위 上 / 아래 下方 / 밑 下·根本 / 앞 前 / 뒤 後ろ / 옆 横 / 곁 脇·傍 / 오른쪽, 바른쪽, 우측 右側 / 왼쪽, 좌측 左側 / 안, 속, 중 中 / 밖, 바깥 外 / 동쪽 東側 / 서쪽 西側 / 남쪽 南側 / 북쪽 北側 / 가운데 中央 / 전후, 앞뒤 前後 / 좌우 左右 / 상하, 위아래 上下 / 여기, 이곳 ここ / 거기, 그곳 そこ / 저기, 저곳 あそこ / 이리, 이쪽으로 こちらへ / 그리, 그쪽으로 そちらへ / 저리, 저쪽으로 あちらへ.

위[2]〔位〕 Ⅰ 名 〔지위〕 位. 職位. ¶ 정승의 ~에 오르다 丞相の位に就く / ~가 높다 職位が高い.
Ⅱ 依名 **1** 〔등수·등급〕 位. ¶ 제 18~ 第18位. **2** 〔위패로 모신 신의 수〕 位. 柱. ¶ 영령 100~ 英霊百柱.
위[3]〔胃〕 名 〔生〕 胃. ¶ ~가 아프다 胃が痛い / ~가 튼튼하다 胃がじょうぶだ.
위각〔違角〕 名 異常. 正常な状態からはずれていること.
위각나다 自 正常な状態からはずれる.
위경[1]〔危境〕 名 危篤状態. ¶ ~에 이른 증세 危篤状態に至った症状.

위경²〔胃鏡〕 名〔醫〕 胃鏡. ¶ ～ 검사 胃鏡検査.
위경련〔胃痙攣〕 名〔醫〕 胃痙攣.
위계¹〔危計〕 名 危険な計画.
위계²〔位階〕 名 位階. ¶ ～질서 (軍隊の)階級秩序.
위계³〔僞計〕 名 하自 偽計. 人を欺く計略. ¶ ～로 적을 유인하다 偽計で敵を誘引する.
위관〔尉官〕 名 尉官.
위광〔威光〕 名 威光. ¶ 조상의 ～을 배경으로 삼다 先祖の威光を笠に着る.
위구〔危懼〕 名 하自他 危惧. 気がかり. ¶ ～심을 품다 危惧の念をいだく.
위국¹〔危局〕 名 危局. ¶ ～에 직면하다 危局に直面する.
위국²〔爲國〕 名 하自 国の為になること. ¶ ～충절 国のため忠誠を尽くすこと.
위궤양〔胃潰瘍〕 名〔醫〕 胃潰瘍.
위급존망지추〔危急存亡之秋〕 名 危急存亡の秋.
위급하다〔危急―〕 形 危急だ. 危急を要する. ¶ 위급한 사태 危急を要する事態.
위기〔危機〕 名 危機. ¶ ～에 빠지다 危機に陥る / ～를 벗어나다 危機を脱け出す.
　위기의식〔―意識〕 名 危機意識.
　위기일발〔――髮〕 名 危機一髪. ¶ ～에서 벗어났다 危機一髪のところを逃れた.
위난〔危難〕 名 危難. ¶ ～을 면하다 危難を免れる.
위대하다〔偉大―〕 形 偉大だ. 偉い. ¶ 위대한 업적을 쌓다 偉大な業績を築く / 위대한 인물 偉大な人物.
위덕〔威德〕 名 威徳. ¶ ～을 겸한 군왕 威徳を兼ね備えた君王.
위도〔緯度〕 名〔地〕 緯度. ¶ ～ 변화 緯度変化.
위독하다〔危篤―〕 形 危篤だ. ¶ 환자가 갑자기 위독해지다 患者が急に危篤に陥る.
위락〔慰樂〕 名 慰楽. 慰みと楽しみ. ¶ ～ 시설 慰楽施設.
위란하다〔危亂―〕 形 (国が)危うく乱れている.
위력¹〔威力〕 名 威力. ¶ 돈의 ～ 金の威力.
위력²〔偉力〕 名 偉力. ¶ 핵폭탄의 ～ 核爆弾の偉力.
위령¹〔威令〕 名 威令. 威力ある命令.
위령²〔違令〕 名 하自 違令. 命令に違反すること.
위령³〔慰靈〕 名 하自 慰霊. ¶ ～탑 慰霊塔.
　위령제〔―祭〕 名 慰霊祭. ¶ 전몰장병 ～ 戦没将兵の慰霊祭.
위로〔慰勞〕 名 하他 慰労. なぐさめ. ¶ ～회 慰労会 / ～ 여행 慰労旅行 / 아들을 잃은 어머니를 ～하다 息子をなくした母親を慰める.
　위로금〔―金〕 名 慰労金.
위망〔威望〕 名 威望. 威光と人望.
위명¹〔威名〕 名 威名.
위명²〔僞名〕 名 偽名. ¶ ～을 쓰다 偽名を使う.
위명하다〔僞名―〕 自 称する. 名乗る. ¶ 학자로 위명한 자 学者を名乗る者.
위무〔慰撫〕 名 하他 慰撫. ¶ 민심을 ～하다 民心を慰撫する.
위문〔慰問〕 名 하他 慰問. ¶ ～단 慰問団 / ～편지 慰問状.
　위문품〔―品〕 名 慰問品.
위민〔爲民〕 名 하自 為民. 国民のためにすること.
위반〔違反〕 名 하他 違反. ¶ 교통〔주차〕 ～ 交通〔駐車〕違反.
위배〔違背〕 名 하他 違背. 違反. ¶ 법에 ～되다 法に背く.
위법〔違法〕 名 하自 違法. ¶ ～자 違法者 / ～ 행위〔처분〕 違法行為〔処分〕.
위벽〔胃壁〕 名〔生〕 胃壁.
위병¹〔胃病〕 名〔醫〕 胃病.
위병²〔衛兵〕 名 衛兵.
　위병소〔―所〕 名〔軍〕 衛兵所.
위복〔威服〕 名 하自他 威服. 威力で従わせること.
위산〔胃酸〕 名〔生〕 胃酸. ¶ ～ 과다증 胃酸過多症.
　위산 결핍증〔―缺乏症〕 名〔醫〕 胃酸欠乏症.
위상〔位相〕 名 位相. ¶ ～ 수학 位相数学 / ～ 기하학 位相幾何学.
위생〔衛生〕 名 衛生. ¶ ～ 관리 衛生管理.
　위생 공학〔―工學〕 名〔工〕 衛生工学.
　위생법〔―法〕 名 衛生法.
　위생병〔―兵〕 名〔軍〕 衛生兵.
　위생복〔―服〕 名 (医者·看護婦などの)衛生服. 白衣.
　위생적〔―的〕 冠名 衛生的.
　위생학〔―學〕 名 衛生学.
위서〔僞書〕 名 偽書.
위선〔僞善〕 名 하自 偽善.
　위선자〔―者〕 名 偽善者.
　위선적〔―的〕 冠名 偽善的.
위성〔衛星〕 名〔天〕 衛星. ¶ ～ 도시 衛星都市 / 인공～ 人工衛星.
　위성 국가〔―國家〕 名 衛星国家.
위세〔威勢〕 名 威勢. ¶ ～가 당당하다 威勢がいい / ～에 눌리다 威勢におされる.
위세척〔胃洗滌〕 名 하自〔醫〕 胃洗浄.
위수〔衛戍〕 名〔軍〕 衛戍.
　위수병〔―兵〕 名〔軍〕 衛兵.
　위수 병원〔―病院〕 名〔軍〕 衛戍病院.
위스키〔whisky〕 名 ウイスキー.
위시하다〔爲始―〕 他 始めとする. ¶ 장군을 위시하여 병졸까지 将軍を始めとして兵卒に至るまで.
위식〔違式〕 名 하自 違式. 格式に違うこと.
위신〔威信〕 名 威信. ¶ 장관의 ～을 지키다 長官の威信を守る.
위아래 名 **1** 上下. 上と下. ¶ 양복 ～ 背広の上下. **2** (身分·地位·年齢などの)上下. 上級者と下級者. ¶ 가족회의에 ～ 모두 모였다 家族会議に大人から子供までみな集まった.
　위아래막이 名 上着と下着.

위아랫물지다 自 **1** (一つの容器の中の2種類の液体が)よく溶け合わず層をつくる. **2** (年齢·身分の違いから)打ち解けられない.

위안〔慰安〕 名 하他 慰安. 慰め. ¶ 마음의 ～ 心の慰安 / 종교에서 ～을 얻다 宗教に慰めを求める.

위안부〔一婦〕 名 慰安婦.

위안회〔一會〕 名 慰安会. ¶ ～를 열다 慰安会を催す.

위암〔胃癌〕 名〔醫〕胃癌.

위압〔威壓〕 名 하他 威圧. ¶ 막강한 군비로 상대국을 ～하다 強大な軍備で相手国を威圧する.

위압감〔一感〕 名 威圧感. ¶ ～을 느끼다 威圧感を感じる.

위액〔胃液〕 名 胃液.

위약〔違約〕 名 하自 違約. ¶ ～자 違約者.

위약금〔一金〕 名〔法〕違約金.

위양〔委讓〕 名 하他 委譲. ¶ 권한을 ～하다 権限を委譲する.

위엄〔威嚴〕 名 威厳. ¶ ～ 있는 태도 威厳のある態度.

위엄스럽다 形 いかめしい. ¶ 위엄스러운 모습 威厳のある風貌. **위엄스레** 副 いかめしく.

위엄차다 形 非常にいかめしい.

위업〔偉業〕 名 偉業. ¶ 통일의 ～을 달성하다 統一の偉業を成し遂げる.

위없다 形 最もよい. この上ない. **위없이** 副 この上なく.

위염〔胃炎〕 名〔醫〕胃炎. 胃カタル.

위요〔圍繞〕 名 하自他 囲繞.

위요지〔一地〕 名〔法〕囲繞地.

위용¹〔威容〕 名 威容. ¶ ～을 자랑하다 威容を誇る.

위용²〔偉容〕 名 偉容. ¶ ～을 드러내다 偉容をあらわす.

위원〔委員〕 名 委員. ¶ ～단 委員団 / 집행[상임] ～ 執行[常任]委員 / 편집[논설] ～ 編集[論説]委員 / ～을 지내다 委員を務める.

위원장〔一長〕 名 委員長.

위원회〔一會〕 名 委員会.

위의〔威儀〕 名 威儀. ¶ ～를 갖추고 사신을 만나다 威儀をととのえて使臣を迎える.

위인¹〔爲人〕 名 人となり. 人柄. ¶ 그의 ～을 잘 나타내고 있다 彼の人となりをよく表わしている.

위인²〔偉人〕 名 偉人. ¶ ～전 偉人伝.

위인³〔僞印〕 名 偽印. 偽造した印. にせ印.

위임〔委任〕 名 하他 委任. ¶ ～자 委任者 / 관리를 ～하다 管理を委任する / ～된 권한 委任された権限.

위임 대리〔一代理〕 名〔法〕委任代理.

위임 명령〔一命令〕 名〔法〕委任命令.

위임 입법〔一立法〕 名〔法〕委任立法.

위임장〔一狀〕 名〔法〕委任状.

위자〔慰藉〕 名 하他 慰藉. 慰謝. ¶ ～금 慰藉金.

위자료〔一料〕 名〔法〕慰謝料. 涙金. ¶ ～를 청구하다 慰謝料を請求する.

위작¹〔位爵〕 名 位と爵. 地位と爵位.

위작²〔僞作〕 名 하自他 偽作. 贋作. にせもの. ¶ ～품 偽造品 / ～ 소설 贋作小説.

위장¹〔胃腸〕 名 胃腸. ¶ ～약 胃腸薬.

위장병〔一病〕 名 胃腸病.

위장염〔一炎〕 名 胃腸炎.

위장²〔僞裝〕 名 하自他 偽装. ¶ ～ 공작 偽装工作 / ～망 偽装網.

위장부〔偉丈夫〕 名 偉丈夫.

위정〔爲政〕 名 하自 為政. 政治を行なうこと. ¶ ～자 為政者.

위조〔僞造〕 名 하他 偽造. ¶ ～ 지폐[어음] 偽造紙幣[手形] / ～문서 偽造文書 / 유명 상표를 ～하다 有名ブランドを偽造する.

위조죄〔一罪〕 名〔法〕偽造罪.

위조품〔一品〕 名 偽造品. ¶ ～에 속았다 偽造品にだまされた.

위주〔爲主〕 名 《주로 '위주로'의 꼴로》 主として. 第一に. ¶ 현금 ～로 거래하고 있다 現金本位で取り引きしている.

위중하다〔危重一〕 形 病が重い. 危篤だ. ¶ 병세가 ～ 病状が重い.

위증〔僞證〕 名 하他 偽証.

위증죄〔一罪〕 名〔法〕偽証罪.

위지〔危地〕 名 危地. **1** 危ないところ. ¶ ～를 벗어나다 危地を脱する. **2** 危ない地位.

위짝 名 (上下で一対をなす物の)上の方.

위쪽 名 上の方. 上方. 上手. ¶ 강 ～ 川上 / ～에서 내려다보다 上の方から見下ろす.

위차〔位次〕 名 位次. 位階の高下による順序.

위촉〔委囑〕 名 하他 委嘱. 委託. ¶ ～을 받다 委嘱を受ける / 문화재 위원으로 ～하다 文化財委員として委嘱する.

위축〔萎縮〕 名 하自 萎縮. ¶ 그녀 앞에서 완전히 ～되다 彼女の前ですっかり萎縮する.

위층〔一層〕 名 **1** 上側の層. 上層. **2** (1階に対する)2階. ¶ ～에 공부방이 있다 2階に勉強部屋がある.

위치〔位置〕 名 하自 位置. **1** (物·事柄などが)占める[置かれるべき]場所. ¶ 저 가게는 ～가 좋다 あの店は位置がいい. **2** ある所. 位置する場所. ¶ 그 산은 서남쪽에 ～하고 있다 その山は西南の方角に位置している. **3** (社会における)地位. ¶ 출세하기에는 유리한 ～에 있다 出世するのに有利な立場にいる / 아내로서의 ～ 妻としての立場.

위치 감각〔一感覺〕 名〔心〕位置感覚.

위치 에너지〔一energy〕 名〔物〕位置エネルギー.

위 카메라〔胃camera〕 名 (胃の内壁を撮影する)胃カメラ.

위카타르〔胃catarrh〕 名〔醫〕胃カタル.

위탁〔委託〕 名 하他 委託. 依託. 委嘱. ¶ ～물[품] 委託物[品] / ～판매 委託販売 / 업무를 민간에 ～하다 業務を民間に委嘱する.

위탁 가공 무역〔一加工貿易〕 名〔經〕

委託加工貿易.
위탁 매매〔一賣買〕 名〔經〕 委託売買.
위탁인〔一人〕 名 委託人. 委託者.
위탁 출판〔一出版〕 名 委託出版.
위태롭다〔危殆一〕 形 危ない. 危うい. 危機に瀕している. ¶ 도로에서 노는 것은 ～ 道路で遊ぶのは危ない. **위태로이** 副 危うく.
위태위태하다〔危殆危殆一〕 形 大変危ない. ひやひやする. ¶ 위태위태한 곡예 ひやひやする曲芸.
위태하다〔危殆一〕 形 危ない. 危うい. 危機に瀕している. ¶ 목숨이 ～ 生命が危ない / 병세가 ～ 病状が危険だ.
위턱 名 上顎. 上あご.
위통〔胃痛〕 名 胃痛. 胃の痛み.
위트〔wit〕 名 ウイット. 才知. しゃれ.
위패〔位牌〕 名 位牌. ¶ ～를 모시다 位牌をまつる.
위패당〔一堂〕 名 位牌堂.
위폐〔僞幣〕 名 偽金. 偽造紙幣.
위풍〔威風〕 名 威風.
위풍당당〔一堂堂〕 名 하形 威風堂々. ¶ ～한 행진 威風堂々とした行進.
위필〔僞筆〕 名 하他 偽筆. ¶ ～과 진필 偽筆と真筆.
위하다〔爲一〕 他 **1** (《'위하여' '위한' 의 꼴로》 …のため. …のために. …のための. ¶ 조국을 위하여 몸을 바치다 祖国のために身をささげる. **2** (目上の人を) 敬う. 思う. ¶ 스승을 ～ 師を敬う / 부모님을 위한 정성이 두텁다 親を思う心が深い. **3** (人·物を) 大事にする. 慈しむ. 大切にする. 愛する. ¶ 부하를 ～ 部下を大事にする / 내 자식처럼 ～ 我が子のように慈しむ.
위하수〔胃下垂〕 名〔醫〕 胃下垂.
위해〔危害〕 名 危害. 危険な災害. ¶ ～물 危害物 / ～를 가하다 危害を加える.
위헌〔違憲〕 名 하自 違憲. ¶ ～ 판결 違憲判決.
위헌성〔一性〕 名 違憲性.
위험〔危險〕 名 하形 危険. 危ないこと. 危ういこと. ¶ ～물 危険物 / ～을 무릅쓰다 危険をおかす / 그것은 ～천만이다 それは危険千万だ / ～한 짓은 아예 하지 마라 危ないことは初めからするな.
위험 부담〔一負擔〕 名〔法〕 危険負担.
위험성〔一性〕 名 危険性.
위험 수위〔一水位〕 名 危険水位.
위험스럽다 形 危なっかしい. ¶ 위험스러워 보이는 어린이의 장난 危なっかしい子供のいたずら. **위험스레** 副 危なく. 危うく.
위험 신호〔一信號〕 名 危険信号.
위험인물〔一人物〕 名 危険人物.
위협〔威脅〕 名 하他 威嚇. 脅威. 脅し. ¶ ～사격 威嚇射撃 / ～하여 돈을 빼앗다 脅して金を奪う.
위협적〔一的〕 冠 名 威嚇的. ¶ ～인 태도를 취하다 威嚇的な態度をとる.
위화〔違和〕 名 違和.
위화감〔一感〕 名 違和感. ¶ ～이 생기다 違和感が生じる.
위확장〔胃擴張〕 名〔醫〕 胃拡張.
위훈〔偉勳〕 名 偉勲. 偉大なる手柄. ¶ 대승리의 ～을 세우다 大勝利の偉勲をたてる.
윈드서핑〔windsurfing〕 名 ウインドサーフィン.
윗간 名 (2間続きの) オンドル(온돌)の焚き口から遠い方の部屋.
윗길 名 **1** 上の方の道. **2** よりよい品物. 上質の物.
윗누이 名 姉.
윗눈썹 名 上睫.
윗니 名 上あごの歯.
윗대〔一代〕 名 祖先. 先祖.
윗도리 名 **1** 上半身. **2** 左官仕事のかしら. **3** 〈俗〉 上半身に着ける衣類.
윗동 名 〔'윗동아리'의 준말〕 上半. 上半身. 上衣.
윗동아리 名 **1** 上半. **2** 上半身. **3** 上衣.
윗동네 名 上手の集落.
윗막이 名 **1** 物の上部をふさぐもの. **2** 上衣の総称.
윗머리 名 上端. 上下が同じものの上の部分.
윗목 名 オンドル(온돌)の部屋の焚き口から遠い部分.
윗몸 名 上体. ¶ ～을 펴다 上体を伸ばす.
윗물 名 上流の水.
〔속담〕 **윗물이 맑아야 아랫물이 맑다** 川上の水が澄んでこそ川下も澄む〈上に立つ者の行ないが正しければ下の者の行ないも正しくなる〉.
윗바람 名 **1** 隙間風. **2** (凧を揚げるときの) 西風. **3** 川の上流から吹く風.
윗반〔一班〕 名 上の組. 上のクラス.
윗방〔一房〕 名 (2間続きの) オンドル(온돌)の焚き口から遠い方の部屋.
윗배 名 へその上の方の腹. 上腹.
윗벌 名 上下服の上着.
윗사람 名 目上の人.
윗수염〔一鬚髯〕 名 口髭.
윗옷 名 上着. 上着.
윗입술 名 上唇.
윗잇몸 名 上歯茎.
윗자리 名 **1** 目上の人の席. 上座. ¶ 손님을 ～에 모시다 客を上座に据える. **2** 位階の高い人の席. 上席.
윙 副 하自 **1** 〔바람 소리〕 ひゅうっと. びゅうっと. **2** 〔벌레나 비행기 소리〕 ひゅうっと. びゅうっと. **3** 〔기계 소리〕 ひゅうっと. びゅうっと. ぶうんと.
윙윙 副 하自 ひゅうひゅう(と). びゅうびゅう(と). ぶんぶん(と). ¶ 바람이 ～ 불다 風がひゅうひゅう吹く.
윙윙거리다〔-대다〕 自 しきりにぶんぶん音がする. ¶ 벌이〔파리가〕 ～ 蜂〔蝿〕がぶんぶんいう.
윙크〔wink〕 名 하自 ウインク.
유[1]〔有〕 **I** 名 〔존재함〕 有. 反 無 ¶ 무에서 ～를 낳다 無から有を生じる.
II 接頭 〔있음〕 有…. ¶ ～자격자 有資格者.
유[2]〔酉〕 名 酉〈十二支の第10番目〉.
유[3]〔類〕 名 **1** 〔종류〕 類. たぐい. ¶ 이

련 ～의 소설 この類の小説. **2**〔생물 분류 단위의 하나〕綱·目の代わりに用いる語.

유가[1]〔有價〕㊔ 有価.

유가물〔一物〕㊔〔法〕有価物.

유가 증권〔一證券〕㊔ 有価証券.

유가[2]〔儒家〕㊔ 儒家. 儒者の家. 儒者.

유가족〔遺家族〕㊔ 遺家族.

유감〔遺憾〕㊔ 遺憾. 残念. 口惜しく思うこと. ¶ ～천만 遺憾千万/그 점에 대해서는 ～으로 생각합니다 その点については遺憾に思います.

유감스럽다 ㊒ 遺憾だ. 残念だ. ¶ 유감스럽게도 그 광경을 직접 보지는 못했다 残念ながらその光景を直接見られなかった. **유감스레** ㊓ 遺憾に. 残念に.

유감없다 ㊒ 申し分ない. 十分である. ¶ 그 일에 대해서는 ～ そのことについては文句ない. **유감없이** ㊓ 申し分なく. 十分に. ¶ 시합에서 ～ 힘을 발휘했다 試合で余すところなく力を発揮した.

유감 지진〔有感地震〕㊔〔地〕有感地震.

유개념〔類概念〕㊔〔哲〕類概念.

유개차〔有蓋車〕㊔ 有蓋車.

유개 화물차〔有蓋貨物車〕㊔ 有蓋貨車.

유객[1]〔遊客〕㊔ 遊客. ¶ 온천지의 ～ 温泉地の遊客.

유객[2]〔誘客〕㊔ 하他 客引きすること. 客取り. ¶ ～ 행위 금지 客引き行為の禁止.

유격〔遊擊〕㊔ 하他〔軍〕遊撃.

유격대〔一隊〕㊔〔軍〕遊撃隊.

유격수〔一手〕㊔ (野球で)遊撃手. ショート(ストップ).

유격전〔一戰〕㊔〔軍〕遊撃戦.

유고[1]〔有故〕㊔ 하形 事故があること. ¶ 사장의 ～시에는 부사장이 대리한다 社長が事故の時は副社長が代理を務める.

유고[2]〔遺稿〕㊔ 遺稿. ¶ 스승의 ～를 정리하다 師の遺稿をまとめる.

유고슬라비아〔Yugoslavia〕㊔〔地〕ユーゴスラビア〈バルカン半島に位置する国〉.

유곡〔幽谷〕㊔ 幽谷. ¶ 심산～ 深山幽谷.

유골 ㊔ 遺骨. ¶ 전몰장병의 ～ 戦没将兵の遺骨.

유공〔有功〕㊔ 有功. ¶ ～자 有功者.

유과〔乳菓〕㊔ 乳菓.

유곽〔遊廓〕㊔ 遊郭. くるわ.

유관속〔維管束〕㊔〔植〕維管束.

유괴〔誘拐〕㊔ 하他 誘拐. ¶ 부녀자～ 婦女子の誘拐.

유괴범〔一犯〕㊔ 誘拐犯.

유교[1]〔遺教〕㊔ **1** 遺命. **2**〔佛〕遺教〈釈迦の残した教訓〉.

유교[2]〔儒教〕㊔ 儒教. ¶ ～ 사상 儒教思想.

유구무언〔有口無言〕㊔ 口があっても言えないこと. 弁解の余地がないこと. ¶ 그렇게 말하니 나로서는 ～일세 そう言われると私としては弁解の余地がない.

유구불언〔有口不言〕㊔ 立場が苦しくて, または興がわかなくて何も言わないこと.

유구하다〔悠久一〕㊒ 悠久だ. ¶ 5000년의 유구한 역사 5千年の悠久の歴史.

유권〔有權〕㊔ 有権. ¶ ～적 해석 有権解釈.

유권자〔一者〕㊔ (選挙の)有権者.

유급[1]〔有給〕㊔ 有給. ¶ ～직 有給職.

유급 휴가〔一休暇〕㊔ 有給休暇. ¶ ～를 받다 有給休暇をもらう.

유급[2]〔留級〕㊔ 하自 留年. 落第.

유기[1]〔有期〕㊔〔'유기한'의 준말〕有期. ㊌ 無期. ¶ ～ 징역 有期懲役/～형 有期刑.

유기한〔一限〕㊔ 有期.

유기[2]〔有機〕㊔ 有機. ㊌ 無機. ¶ ～ 비료 有機肥料/～ 화학[화합물] 有機化学[化合物].

유기물〔一物〕㊔ 有機物.

유기적〔一的〕冠㊔ 有機的. ¶ ～ 결합 有機的な結合.

유기체〔一體〕㊔ 有機体.

유기[3]〔遊技〕㊔ 遊技. ¶ ～장 遊技場.

유기[4]〔遺棄〕㊔ 하他 遺棄. ¶ ～물 遺棄物/사체 ～ 死体遺棄/직무 ～ 職務遺棄.

유기죄〔一罪〕㊔ 遺棄罪.

유기[5]〔鍮器〕㊔ 真鍮製の器.

유난 ㊔ 하形 ふつうと違うこと. 変わっていること. 際立っていること. ¶ 그 사람은 성질이 ～해서 대하기가 힘들다 あの人は性格が変わっていて相手するのが難しい. **유난히** ㊓ ひときわ. 際立って. 特別に. ¶ 오늘은 ～ 예뻐 보이는군 今日はひときわ美しく見えるね.

유난떨다 自 異常にふるまう. 風変わりな態度をとる. 大げさにする. ¶ 공연히 유난떠는군 不必要に大げさだなあ.

유난스럽다 ㊒ いかにも変わっている. 際立っている. ¶ 너무 유난스럽게 치장하지 말아라 あまり目立った身なりは避けたほうがいい. **유난스레** ㊓ 際立って. ひときわ. ¶ ～ 정열적으로 춤추는 여인 際立って情熱的に踊る女性.

유년〔幼年〕㊔ 幼年. ¶ ～ 시절 幼年時代.

유년기〔一期〕㊔ 幼年期.

유념〔留念〕㊔ 하他 気にとめて置くこと. 留意. ¶ 건강에 ～하다 健康に留意する.

유능하다〔有能一〕㊒ 有能だ. ¶ 유능한 사원 有能な社員.

유니버시아드〔Universiade〕㊔ ユニバーシアード. 国際大学生競技大会.

유니세프〔UNICEF ← United Nations International Children's Emegency Fund〕㊔ ユニセフ. 国際児童基金.

유니섹스〔unisex〕㊔ ユニセックス.

유니크〔unique〕㊔ 하形 ユニーク. 独特. 唯一. ¶ ～한 스타일 ユニークなスタイル.

유니폼〔uniform〕 名 ユニホーム.
유다르다〔類―〕 形 異なっている. 違っている. 格別だ. 異様だ. ¶ 남과 유다르게 행동하다 人とは違った行動をとる. **유달리** 副 格別に. とりわけ. ひときわ. ¶ 오늘밤 달빛은 ~ 아름답다 今晩の月は格別に美しい.
유단자〔有段者〕 名 (柔道·囲碁などの)有段者.
유대[1]〔紐帶〕 名 紐帯. つながり. 結びつき. 絆. ¶ 국가간의 긴밀한 ~ 国家間の緊密なつながり.
유대[2]〔← Judea〕 名 ユダヤ.
유대교〔← Judea 教〕 名〔宗〕ユダヤ教.
유덕[1]〔有德〕 名 하形 有徳. 徳のあること. ¶ ~한 임금 有徳な君主.
유덕[2]〔遺德〕 名 遺徳. 後世に残された徳. ¶ 조상이 남긴 ~ 祖先が残した遺徳.
유도[1]〔乳道〕 名 **1** 乳の出る分量. **2** 乳腺.
유도[2]〔柔道〕 名〔體〕柔道.
유도[3]〔誘導〕 名 하他 誘導. ¶ ~ 단위 誘導単位 / ~ 신문 誘導尋問 / ~ 전류 誘導電流 / 비행기를 ~하다 飛行機を誘導する.
　유도체〔―體〕 名〔化〕誘導体.
　유도탄〔―彈〕 名〔軍〕誘導弾.
유도[4]〔儒道〕 名 儒道. **1** 儒教の道. 孔孟の教え. **2** 儒教と道教.
유독[1]〔有毒〕 名 하形 有毒. ¶ ~ 가스 有毒ガス / ~한 성분 有毒な成分.
유독[2]〔唯獨〕 副 **1** ただ独り. ただ一つ. 唯一. ¶ ~ 그 사람만이 반대를 했다 ただ一人, 彼のみが反対をした. **2** ひときわ. 目立って. ¶ 그 여인만이 ~ 아름다워 보였다 その女性だけが目立ってきれいに見えた.
유동[1]〔流動〕 名 하自 流動. ¶ 사태는 시시각각으로 ~하고 있다 事態は時々刻々と流動している.
　유동 공채〔―公債〕 名〔經〕流動公債.
　유동성〔―性〕 名 流動性.
　유동식〔―食〕 名 流動食.
　유동 자본〔―資本〕 名〔經〕流動資本.
　유동적〔―的〕 冠 名 流動的. ¶ 정세는 ~이다 情勢は流動的だ.
유동[2]〔遊動〕 名 하自 遊動. 自由に動くこと.
유두〔乳頭〕 名〔生〕乳頭.
유들유들 副 하形 しゃあしゃあ(と). あつかましく. ずうずうしく. ¶ 새치기를 하다니 ~하다 列に割り込んでくるとはずうずうしい.
유라시아〔Eurasia〕 名 ユラシア.
유람〔遊覽〕 名 하他 遊覧.
　유람객〔―客〕 名 遊覧客.
　유람선〔―船〕 名 遊覧船.
유랑〔流浪〕 名 하自他 流浪. ¶ ~자 流浪者 / ~ 생활 流浪の生活.
　유랑민〔―民〕 名 流浪の民.
유래〔由來〕 名 하自 由来. ¶ ~를 더듬다 由来をたずねる.
유량[1]〔乳量〕 名 乳の量. ¶ 모유의 ~이 적어 우유를 먹인다 母乳の量が少なくて牛乳を飲ませる.
유량[2]〔流量〕 名〔物〕流量. 流水量. ¶ ~계 流量計.
유럽〔Europe〕 名〔地〕ヨーロッパ. 欧州.
　유럽 공동체〔―共同體〕 名〔經〕ヨーロッパ共同体. イーシー(EC).
유려하다〔流麗―〕 形 流麗だ. ¶ 유려한 필치 流麗な筆致.
유력시〔有力視〕 名 하他 有力視.
유력자〔有力者〕 名 有力者. ¶ 재계의 ~ 財界の有力者.
유력하다〔有力―〕 形 有力だ. ¶ 유력한 후보자 有力な候補者.
유령〔幽靈〕 名 幽霊. ¶ ~ 인구 幽霊人口 / ~ 도시 ゴーストタウン / ~ 회사 幽霊会社.
　유령주〔―株〕 名〔經〕幽霊株.
유례〔類例〕 名 類例. ¶ ~ 없이 類例なく. 珍しく / 세계 역사상 ~ 없는 사고 世界歴史上類例のない事故.
유로〔Euro〕 名 ユーロ〈ヨーロッパ連合の共同貨幣の単位〉.
유료〔有料〕 名 有料. ¶ ~ 도로 有料道路.
유루〔遺漏〕 名 하自 遺漏. 手落ち. ¶ ~ 없이 만전을 기하다 遺漏なく万全を期する.
유류[1]〔油類〕 名 油類. ¶ ~ 파동 オイルショック. 石油危機.
유류[2]〔遺留〕 名 하自 遺留.
　유류품〔―品〕 名 遺留品.
유리[1]〔流離〕 名 하自 流離. さすらうこと.
　유리걸식〔―乞食〕 名 하自 乞食の身になって流浪すること.
　유리표박〔―漂泊〕 名 하自 流離漂泊. 定めなくさすらうこと.
유리[2]〔琉璃〕 名〔化〕ガラス. ¶ 젖빛 ~ すりガラス / ~가 깨지다 ガラスが割れる.
　유리관〔―管〕 名 ガラス管.
　유리그릇 名 ガラスの器物.
　유리면〔―綿〕 名 ガラス綿.
　유리병〔―瓶〕 名 ガラス瓶.
　유리 섬유〔―纖維〕 名 ガラス繊維.
　유리알 名 眼鏡の玉[レンズ].
　유리창〔―窓〕 名 ガラス窓.
　유리컵〔―cup〕 名 ガラスのコップ.
유리[3]〔遊離〕 名 하自 遊離. ¶ 현실과 ~된 공상 現実と遊離した空想.
　유리 세포〔―細胞〕 名〔生〕遊離細胞.
유리[4]〔瑠璃〕 名 瑠璃〈宝石の一種〉.
유리수〔有理數〕 名〔數〕有理数.
유리하다〔有利―〕 形 有利だ. ¶ 사태는 우리에게 ~ 事態は我々に有利だ / 유리한 계약 조건 有利な契約条件.
유린〔蹂躪〕 名 하他 蹂躙. ¶ 인권 ~ 人権の蹂躙.
유림〔儒林〕 名 儒林. 儒者の仲間. 儒学の世界.
유막〔帷幕〕 名 帷幕. 本陣.
유만부동〔類萬不同〕 名 하形 **1** 似たものは多いが同じものではないこと. **2** (度を超して)とんでもないこと. ¶ 사람을 속여도 ~이지 그렇게까지 거짓말을 하다니 人を欺くにも程があろうに, それほどまでに嘘をつくとは.
유망주〔有望株〕 名 **1**〔經〕有望株. **2** 有望な人間. ¶ 연극계의 ~를 발

굴하다 演劇界の有望な人を発掘する.
유망하다〔有望―〕形 有望だ. 見込みがある. ¶ 전도가 유망한 젊은이 前途が有望な若者.
유머〔humor〕名 ユーモア. ¶ ～가 있는 사람 ユーモアのある人.
유머러스〔humorous〕名 하形 ユーモラス. 風刺的. 諧謔的.
유명[1]〔有名〕名 하形 有名. ¶ ～인 有名人 / 일약 ～해지다 一躍有名になる / ～한 소설가[성악가] 有名な小説家[声楽家] / 구두쇠로 ～한 노인 けちで有名な老人.
유명무실〔―無實〕名 하形 有名無実. ¶ ～한 규칙 有名無実な規則.
유명세〔―稅〕名 有名税.
유명[2]〔幽明〕名 幽明. **1** 明暗. **2** 冥土と現世. ¶ ～을 달리하다 幽明相隔だつ.
유명[3]〔遺命〕名 遺命. ¶ 아버님의 ～ 父の遺命.
유모〔乳母〕名 乳母.
유모차〔―車〕名 乳母車.
유목[1]〔流木〕名 流木. ¶ 홍수로 ～이 흘러간다 洪水で流木が流れていく.
유목[2]〔遊牧〕名 하自 遊牧. ¶ ～ 민족 遊牧民族.
유무〔有無〕名 有無. ¶ ～를 막론하고 有無を言わせず.
유무간〔―間〕名 **1** あるなしにかかわらないこと. ¶ 반대자의 ～에 강행하겠다 反対者の有無にかかわらず強行する. **2** (부사적으로 쓰여) あろうとなかろうと. 有無にかかわらず.
유무상통〔―相通〕名 하他 あるものとないものを互いに融通すること.
유묵〔遺墨〕名 遺墨. 故人の筆跡[書画]. ¶ ～ 전시회 遺墨展示会.
유문〔遺文〕名 遺文. ¶ ～집 遺文集.
유물[1]〔唯物〕名 唯物. ¶ ～주의 唯物主義 / ～ 변증법 唯物弁証法 / ～ 사관 唯物史観.
유물관〔―觀〕名〔哲〕唯物観.
유물론〔―論〕名〔哲〕唯物論.
유물[2]〔遺物〕名 遺物. ¶ 구시대의 ～ 旧時代の遺物.
유민[1]〔流民〕名 流民.
유민[2]〔遊民〕名 遊民. ¶ 고등 ～ 高等遊民.
유민[3]〔遺民〕名 遺民.
유박〔油粕〕名 ごまの油かす.
유발[1]〔乳鉢〕名 乳鉢. ¶ ～로 알약을 갈다 乳鉢で錠剤をすりつぶす.
유발[2]〔誘發〕名 하自他 誘発. ¶ 감기가 합병증을 ～하다 かぜが余病を誘発する.
유방[1]〔乳房〕名 乳房.
유방[2]〔遺芳〕名 遺芳. 後世にのこる名誉. 業績.
유배〔流配〕名 하他〔史〕流配. 島流し.
유백색〔乳白色〕名 乳白色. 乳色.
유법〔遺法〕名 遺法. **1** 古人の遺した法. しきたり. **2**〔佛〕仏の教え.
유별[1]〔有別〕名 하形 区別や差別のあること. ¶ 남녀가 ～하다 男女の区別あり.
유별나다 形 格別だ. 並みはずれている. 風変わりだ. ¶ 유별난 옷차림 風変わりな装い / 금년에는 유별나게 비가 많이 내린다 今年はいやに雨が多く降る.
유별[2]〔類別〕名 하自他 類別. ¶ 장서를 ～하여 보관하다 蔵書を類別して納める.
유보〔留保〕名 하他 留保. 保留. ¶ 결정을 ～하다 決定を留保する.
유복[1]〔有服〕名 '유복지친'의 준말.
유복지친〔―之親〕名 しきたりに従って喪服を着る近親.
유복[2]〔有福〕名 하形 有福. 福があること.
유복지인〔―之人〕名 有福の人.
유복자〔遺腹子〕名 遺腹の子. 遺児.
유복하다〔裕福―〕形 裕福だ. 富裕だ. ¶ 유복한 살림살이 裕福な暮らし.
유부[1]〔有夫〕名 하形 有夫. 夫のあること.
유부녀〔―女〕名 夫のいる女性. 人妻. 亭主持ち.
유부[2]〔有婦〕名 하形 有婦. 妻がいること.
유부남〔―男〕名 妻のいる男性.
유부[3]〔油腐〕名 油揚げ. 揚げ.
유부국수 名 きつねうどん.
유분수〔有分數〕名 (‘…도 유분수지’의 꼴로) …にもほどがあること. ¶ 농담도 ～지 그런 말을 하다니 冗談を言うにもほどがある, そんなことを言うとは.
유불〔儒佛〕名 儒仏. 儒教と仏教.
유불선 삼도〔―仙三道〕名 儒道·仏道·仙道の三つの道.
유비〔類比〕名 하他 類比. 比べ合わせること. 類推.
유비무환〔有備無患〕名 備えあれば憂い無し.
유빙〔流氷〕名 流氷.
유사[1]〔遊絲〕名 (時計の)ひげぜんまい.
유사[2]〔有史〕名 有史. ¶ ～ 이전 有史以前 / ～ 시대 有史時代.
유사[3]〔有事〕名 하形 有事.
유사시〔―時〕名 有事の際. 事あるとき. 戦争が起こるとき. ¶ ～에는 무기를 들고 싸운다 有事の際には武器を取って戦う.
유사[4]〔類似〕名 하形 類似. ¶ ～점 類似点 / ～품 類似品 / ～한 사건 類似の事件.
유사 종교〔―宗教〕名 類似宗教.
유사증〔―症〕名 類似症.
유산[1]〔有産〕名 有産. ¶ ～자 有産者 / ～ 계급 有産階級.
유산[2]〔乳酸〕名〔化〕乳酸.
유산균〔―菌〕名 乳酸菌.
유산[3]〔流産〕名 하自他 流産. ¶ 인공 ～ 人工流産 / 아기가 ～되다 子供を流産する / 계획이 ～되다 計画が流れる.
유산[4]〔遺産〕名 遺産. ¶ ～ 상속인 遺産相続人 / ～을 상속하다 遺産を相続する / 귀중한 문화 ～을 계승하다 貴重な文化遺産を継承する.
유상[1]〔有償〕名 有償. ¶ ～ 교부 有償交付 / ～ 증자 有償増資.
유상[2]〔油狀〕名 油状.
유상[3]〔乳狀〕名 乳状. ¶ ～ 석회 乳状石灰 / ～ 화장품 乳状化粧品.
유상무상〔有象無象〕名 有象無象.
유색〔有色〕名 하形 有色. ¶ ～ 인종

有色人種.

유생[1]〔幼生〕 名〔動〕 幼生. ¶～ 기관 幼生器官／～ 생식 幼生生殖.

유생[2]〔有生〕 名 生命のあること.

유생물〔一物〕 名 生物.

유생[3]〔儒生〕 名 儒生. 儒者.

유서[1]〔由緒〕 名 由緒. ¶～ 있는 가문 由緒のある家門／～ 깊은 도시 由緒深い都市.

유서[2]〔遺書〕 名 遺書. 遺言状. ¶～를 남기다 遺書をのこす.

유서[3]〔類書〕 名 類書. 類本.

유선[1]〔有線〕 名 有線. ¶～ 방송 有線放送／～ 전신 有線電信／～ 전화 有線電話.

유선[2]〔乳腺〕 名〔生〕 乳腺.

유선염〔一炎〕 名 乳腺炎.

유선[3]〔流線〕 名〔物〕 流線.

유선형〔一型〕 名 流線型.

유선[4]〔遊船〕 名 遊船.

유성[1]〔有性〕 名〔生〕 有性. ¶～ 생식 有性生殖.

유성[2]〔油性〕 名 油性. ¶～ 크림 コールドクリーム／～ 페인트 油性ペイント.

유성[3]〔流星〕 名〔天〕 流星. ¶～군 流星群.

유성우〔一雨〕 名〔天〕 流星雨.

유성기〔留聲器〕 名 蓄音機.

유성음〔有聲音〕 名〔言〕 有声音.

유세[1]〔有稅〕 名 하自 有税.

유세[2]〔有勢〕 名 하自 **1** 権勢のあること. **2** 偉そうに権力をふるうこと. ¶네가 대체 뭘 믿고 ～냐? お前いったい何を頼って偉そうにふるまっているのか.

유세떨다 自 権勢をほしいままにする.

유세부리다 自 (金·財産·勢力などを自慢して)権勢をふるう. 偉そうにふるまう.

유세통 名 権勢をふるう勢い.

유세[3]〔遊說〕 名 하自他 遊説. ¶입후보자가 지방 ～를 하다 立候補者が地方遊説をする.

유소〔類燒〕 名 하自 類焼. 類火.

유소년〔幼少年〕 名 幼年と少年.

유소시〔幼少時〕 名 幼少時. 幼いとき.

유속[1]〔流俗〕 名 流俗. 風俗.

유속[2]〔流速〕 名 流速. 水の流れの速さ. ¶～계 流速計.

유속[3]〔遺俗〕 名 遺俗. 遺風.

유수[1]〔有數〕 名 하形 有数. 屈指. 素晴らしいこと. ¶전국 ～의 두 개 은행 全国有数の2銀行／～한 인재 有数の人材.

유수[2]〔幽囚〕 名 하他 幽囚. ¶～의 몸이 되다 幽囚の身となる.

유수[3]〔流水〕 名 流水. ¶～ 같은 세월 水の流れのごとき歳月.

유수지〔遊水池〕 名 遊水池.

유숙〔留宿〕 名 하自 留宿. 止宿. 人の家に泊まること. ¶숙부 집에 ～하다 おじの家に止宿する.

유순하다〔柔順一〕 形 柔順だ. 従順だ. ¶유순한 태도 柔順な態度／성질이 ～ 性質が従順だ. **유순히** 副 柔順に. おとなしく素直に.

유스 호스텔〔youth hostel〕 名 ユースホステル. 「し.

유습〔遺習〕 名 遺習. 昔からの習わ

유시[1]〔酉時〕 名 酉の時刻〈午後5時から7時までの時刻〉.

유시[2]〔諭示〕 名 하他 諭示.

유시무종〔有始無終〕 名 하形 始めはあって終わりがないこと. 始めた仕事を途中で止めること.

유시유종〔有始有終〕 名 하形 始めがあって終わりがあること. 始めた仕事を最後まですること.

유식〔有識〕 名 하形 有識. 識見や学問のあること. ¶～자 有識者／그 사람 꽤 ～하지 彼はなかなかの物知りだよ.

유신[1]〔有信〕 名 하形 信義のあること. ¶붕우～ 朋友信あり.

유신[2]〔維新〕 名 하他 維新. 改新.

유신[3]〔遺臣〕 名 遺臣. **1** 前代からの臣下. **2** 王朝が滅びた後に, 残っている旧臣.

유신론〔有神論〕 名〔哲〕 有神論.

유실[1]〔流失〕 名 하自 流失. ¶～된 가옥 流失した家屋.

유실[2]〔遺失〕 名 하他 遺失. ¶～물 遺失物.

유실수〔有實樹〕 名〔植〕 実を結ぶ木〈栗の木やなつめの木など〉.

유심〔唯心〕 名〔哲〕 唯心.

유심론〔一論〕 名〔哲〕 唯心論.

유심 사관〔一史觀〕 名 唯心史観.

유심하다〔有心一〕 形 **1** 心中に秘めている. **2** 注意深い. **유심히** 副 注意深く. つくづく. ¶～ 살펴보다 注意深く探る.

유아[1]〔幼兒〕 名 幼児.

유아기〔一期〕 名 幼児期.

유아[2]〔乳兒〕 名 乳児. 乳飲み児.

유아기〔一期〕 名 乳児期.

유아[3]〔遺兒〕 名 遺児. **1** 父母に死なれた子. 遺子. **2** 捨て子. 棄児.

유아독존〔唯我獨尊〕 名 唯我独尊.

유안〔硫安〕 名〔化〕 硫安.

유암〔乳癌〕 名〔醫〕 乳癌.

유압〔油壓〕 名 油圧. ¶～계 油圧計.

유액〔乳液〕 名〔植〕 乳液.

유야무야〔有耶無耶〕 名 하形 うやむや. はっきりしないこと. あいまいなこと. ¶결론이 ～하게 되어 버렸다 結論がうやむやになってしまった.

유약하다[1]〔幼弱一〕 形 幼弱だ. ¶유약한 어린이 幼弱な子供.

유약하다[2]〔柔弱一〕 形 柔弱だ. ¶성품이 너무 ～ 性分があまりに柔弱だ.

유어[1]〔幼魚〕 名 幼魚. 稚魚.

유어[2]〔類語〕 名 類語. 類義語.

유언[1]〔流言〕 名 流言. デマ.

유언비어〔一蜚語〕 名 流言飛語.

유언[2]〔遺言〕 名 하自 遺言. ¶～을 남기다 遺言をのこす.

유언장〔一狀〕 名 遺言状.

유업〔遺業〕 名 遺業. ¶선대의 ～ 先代の遺業.

유에프오〔UFO ← unidentified flying object〕 名 ユーエフオー. ユーフォー. 未確認飛行物体.

유엔〔UN ← United Nations〕 名 国際

連合. ¶ ~군 国連軍 / ~ 총회 国連総会.

유여〔有餘〕 [接尾]〔이상〕…有余. ¶ 삼십 ~ 30有余.

유역〔流域〕 名〔地〕 流域. ¶ 한강 ~ 漢江の流域.

유연[1]〔由緣〕 名 하他 由縁.

유연[2]〔油煙〕 名 油煙.

유연[3]〔類緣〕 名 類縁. 親類. 一族.

유연성〔柔軟性〕 名 柔軟性. 柔軟な性質.

유연체조〔柔軟體操〕 名 柔軟体操.

유연탄〔有煙炭〕 名〔鑛〕 有煙炭.

유연하다[1]〔柔軟—〕 形 柔軟だ. 柔らかい. ¶ 유연한 사고방식 柔軟な考え方 / 살결이 ~ 肌が柔らかい. **유연히**[1] 副 柔軟に.

유연하다[2]〔悠然—〕 形 悠然としている. ¶ 유연한 태도 悠然とした態度. **유연히**[2] 副 悠然と.

유열〔愉悅〕 名 愉悦. 楽しくうれしいこと. ¶ 삶의 ~에 잠기다 生の愉悦に浸る.

유영〔游泳〕 名 하自 遊泳. ¶ 우주 ~ 宇宙遊泳.

유영 동물〔—動物〕 名〔動〕 遊泳動物.

유예〔猶豫〕 名 하自他 猶予. ¶ 집행 ~ 執行猶予 / 10일간의 ~를 얻었다 10日間の猶予を得た.

유요〔柳腰〕 名 柳腰. 美人の腰.

유용[1]〔有用〕 名 하形 有用. ¶ ~한 인재를 등용하다 有用な人材を登用する.

유용 가격〔—價格〕 名〔經〕 有用価格.

유용 식물〔—植物〕 名〔植〕 有用植物.

유용[2]〔流用〕 名 하他 流用. ¶ 자금을 ~하다 資金を流用する.

유우〔乳牛〕 名〔動〕 乳牛.

유원지〔遊園地〕 名 遊園地.

유원하다〔悠遠—〕 形 悠遠だ. 悠久だ.

유월〔六月〕 名 6月. ¶ 신록의 ~ 新緑の6月.

유월절〔逾越節〕 名〔宗〕 過越しの祭.

유위〔有爲〕 名 하形 **1** 有為. ¶ ~한 청년을 키워내다 有為な青年を育てる. **2**〔佛〕 有為.

유위전변〔—轉變〕 名 有為転変.

유유낙낙〔唯唯諾諾〕 名 하自 唯々諾々. ¶ ~하게 따르다 唯々諾々として従う.

유유상종〔類類相從〕 名 하自 仲間どうしで親しむこと.

유유아〔乳幼兒〕 名 乳幼児.

유유자적〔悠悠自適〕 名 하形 悠々自適. ¶ 여생을 ~하게 지내다 余生を悠々自適に過ごす.

유유하다〔悠悠—〕 形 悠々としている. ¶ 유유한 창공 悠々たる青空 / 유유한 갈매기 떼 悠々たる鷗の群れ. **유유히** 副 悠々と. のんびりと. ¶ ~ 흐르는 대하 悠々と流れる大河.

유의[1]〔有意〕 名 하形 有意. ¶ ~ 주의 有意注意 / ~ 행동 有意行動.

유의[2]〔留意〕 名 하自 留意. ¶ ~해야 할 점 留意すべき点 / 건강에 ~하다 健康に留意する.

유의어〔類義語〕 名 類義語. 類語.

유의의하다〔有意義—〕 形 有意義だ.

유익하다〔有益—〕 形 有益だ. ¶ 유익한 정보 有益な情報 / 돈을 유익하게 쓰다 金を有益に使う.

유인[1]〔誘引〕 名 하他 誘引. 誘い込むこと. ¶ 손님을 ~하다 客を誘引する.

유인[2]〔誘因〕 名 誘因. ¶ 전쟁의 ~이 되다 戦争の誘因となる.

유인물〔油印物〕 名 謄写刷り. プリント.

유인원〔類人猿〕 名 類人猿.

유일무이〔唯一無二〕 名 하形 唯一無二. ¶ ~한 존재 唯一無二の存在.

유일신교〔唯一神教〕 名〔宗〕 唯一神教.

유일하다〔唯一—〕 形 唯一だ. ¶ 나의 유일한 벗 私の唯一の友.

유임〔留任〕 名 하自 留任. ¶ 위원장의 ~이 결정되었다 委員長の留任が決まった.

유입〔流入〕 名 하自 流入. ¶ 서양 문화가 ~되다 西洋文化が流入する.

유자[1]〔幼者〕 名 幼者. 子供.

유자[2]〔柚子〕 名 柚子の実. ¶ ~차 柚子茶.

유자나무 名〔植〕 柚子.

유자[3]〔遺子〕 名 遺子. 遺児.

유자[4]〔儒者〕 名 儒者.

유자격자〔有資格者〕 名 有資格者.

유자녀〔遺子女〕 名 **1** 故人の子女. **2** 戦病・戦死者の子女. ¶ 군인 ~ 軍人の遺児.

유작〔遺作〕 名 遺作. ¶ ~전 遺作展.

유장하다〔悠長—〕 形 悠長だ. のんびりとしている. **유장히** 副 悠長に.

유재〔遺財〕 名 遺財. 遺産.

유저〔遺著〕 名 遺著. 後世に残した著作.

유적〔遺跡〕 名 遺跡. 古跡. ¶ 구석기 시대 ~ 旧石器時代の遺跡.

유전[1]〔油田〕 名 油田. ¶ ~ 개발 油田の開発.

유전[2]〔流轉〕 名 하自 流転. **1** 限りない変転. **2**〔佛〕 輪廻. **3** さすらい歩くこと.

유전[3]〔遺傳〕 名 하自他 遺伝. ¶ ~ 공학 遺伝子工学 / 자손에게 ~되다 子孫に遺伝する.

유전병〔—病〕 名 遺伝病.

유전설〔—說〕 名 遺伝説.

유전성〔—性〕 名 遺伝性.

유전자〔—子〕 名〔生〕 遺伝子.

유전질〔—質〕 名 遺伝質.

유전학〔—學〕 名 遺伝学.

유전형〔—型〕 名〔生〕 遺伝子型.

유정[1]〔有情〕 名〔佛〕 有情. ¶ 일체 ~ 一切有情.

유정[2]〔油井〕 名 油井. ¶ ~ 굴착 油井の掘削.

유정[3]〔遺精〕 名 遺精. 夢精.

유제[1]〔油劑〕 名 油剤.

유제[2]〔乳劑〕 名〔化〕 乳剤. ¶ 간유 ~ 肝油乳剤 / 감광 ~ 感光乳剤.

유제[3]〔類題〕 名 類題.

유제품〔乳製品〕 名 乳製品.

유조1〔油槽〕 名 油槽. 油のタンク.
 유조선〔一船〕 名 油槽船. タンカー.
 유조차〔一車〕 名 タンクローリー.
유조2〔留鳥〕 名〔動〕 留鳥.
유족〔遺族〕 名 遺族. 遺家族. ¶ ～연금 遺族年金.
유족하다〔裕足一〕 形 暮らしが裕福だ. 富裕だ. ¶ 유족한 살림 裕福な暮らし.
유종〔有終〕 名 하形 有終. ¶ ～의 미를 거두다 有終の美を飾る.
유죄1〔有罪〕 名 하形 有罪. ¶ ～를 선고하다 有罪を宣告する.
유죄2〔流罪〕 名 流罪.
유지1〔有志〕 名 有志. 有力者. 顔利き. ¶ 이 고장의 ～ この地方の有力者.
유지2〔乳脂〕 名 乳脂肪.
유지3〔油脂〕 名 油脂.
 유지 공업〔一工業〕 名〔工〕 油脂工業.
 유지 작물〔一作物〕 名〔農〕 油脂作物.
유지4〔油紙〕 名 油紙. ¶ ～창 油紙を張った窓.
유지5〔維持〕 名 하他 維持. 保つこと. ¶ 최저 생활을 ～하다 最低の生活を維持する / 친선 관계가 ～되다 親善関係が保たれる[維持される].
 유지비〔一費〕 名 維持費.
유지6〔遺志〕 名 遺志. ¶ 고인의 ～를 받들어 사회 사업을 하다 故人の遺志を尊重して社会事業をする.
유지7〔遺址〕 名 遺址.
유지8〔遺旨〕 名 遺旨. ¶ 고인의 ～에 따라 故人の遺旨により.
유지9〔諭旨〕 名〔史〕 諭旨. 王が臣下に下した文書.
유지방〔乳脂肪〕 名 乳脂肪.
유질〔流質〕 名 하自〔法〕 流質. 質流れ.
유징〔油徵〕 名〔地〕 油徵. 石油が埋蔵されている徵候. ¶ 해저에서 ～을 찾아내다 海底で油徵を探し出す.
유착〔癒着〕 名 하自 癒着. ¶ 정경 ～ 政界と財界の癒着 / 늑막이 ～되다 肋膜が癒着する.
유찰〔流札〕 名 하自 入札流れ.
유창하다〔流暢一〕 形 流暢だ. 言葉がすらすらとよどみない. ¶ 유창하게 연설하다 流暢に演説する. **유창히** 副 流暢に.
유채〔油菜〕 名〔植〕 油菜.
유책〔有責〕 名 하形 有責. 責任があること.
 유책 행위〔一行爲〕 名〔法〕 有責行為. 法律上の責任のある行為.
유체1〔流體〕 名〔物〕 流体. ¶ ～ 역학 流体力学.
유체2〔遺體〕 名 遺体. **1** (父母が残した体の意味で) 自分の体. **2** 死体. 遺骸.
유추〔類推〕 名 하他 類推. ¶ 그 사실로 ～해 보면 その事実から類推すると.
유축 농업〔有畜農業〕 名〔農〕 有畜農業.
유출〔流出〕 名 하自 流出. ¶ 두뇌 ～ 頭脳流出 / 시중에 불법으로 ～된 원자재 市中に不法に流出した原材料.
유충〔幼蟲〕 名〔動〕 幼虫.
유취1〔乳臭〕 名 乳臭. 乳のにおい.
유취2〔幽趣〕 名 幽趣. 奥ゆかしい趣.
유층〔油層〕 名〔地〕 油層.
유치1〔乳齒〕 名〔生〕 乳歯.
유치2〔留置〕 名 하他〔法〕 留置. ¶ ～장 留置場 / 용의자를 ～하다 容疑者を留置する.
 유치권〔一權〕 名〔法〕 留置権.
 유치 우편〔一郵便〕 名 留め置き郵便.
유치3〔誘致〕 名 하他 誘致. ¶ 관광객 ～를 위한 선전 観光客誘致のための宣伝.
유치원〔幼稚園〕 名 幼稚園.
유치하다〔幼稚一〕 形 幼稚だ. 幼い. ¶ 유치한 행동 幼稚な行動.
유쾌하다〔愉快一〕 形 愉快だ. ¶ 유쾌한 기분 愉快な気分/오늘도 유쾌하게 지냈다 今日も愉快に過ごした. **유쾌히** 副 愉快に.
유탄1〔流彈〕 名 流弾. 流れ弾. ¶ ～에 맞아 쓰러졌다 流れ弾に当たって倒れた.
유탄2〔榴彈〕 名 榴弾〈砲弾の一種〉.
유태〔猶太〕 名 ユダヤ. ¶ ～교 ユダヤ教.
유택〔幽宅〕 名 幽宅. 墓.
유턴〔U-turn〕 名 하自 ユーターン. ¶ ～금지 ユーターン禁止.
유토피아〔Utopia〕 名 ユートピア.
유통〔流通〕 名 하自他 流通. ¶ 상품의 ～ 과정[기구] 商品の流通過程[機構] / 새로운 지폐는 내달부터 ～된다 新しい紙幣は来月から流通する.
 유통 경제〔一經濟〕 名〔經〕 流通経済.
 유통 자본〔一資本〕 名〔經〕 流通資本.
 유통 화폐〔一貨幣〕 名〔經〕 流通貨幣.
유파〔流派〕 名 流派. ¶ 여러 ～로 갈라지다 多くの流派に分かれる.
유폐〔幽閉〕 名 하自他 幽閉. 監禁. ¶ 그는 저택 안에 ～되어 있었다 彼は邸内に幽閉されていた.
유포1〔油布〕 名 油をひいた布.
유포2〔流布〕 名 하自他 流布. ¶ 유언비어를 ～시키다 流言飛語を流布させる / 널리 ～된 학설 広く流布している学説.
유품〔遺品〕 名 遺品. 形見.
유풍〔遺風〕 名 遺風. ¶ 조상의 ～ 先祖の遺風.
유피〔鞣皮〕 名 なめし革.
유하다1〔柔一〕 形 **1** 柔らかい. **2** 気持ちがゆったりしている. ¶ 유한 태도 ゆったりした態度.
유하다2〔留一〕 自 寝る. 泊まる. 滞在する. ¶ 파리에 3일 동안 유했다 パリに3日間滞在した.
유학1〔留學〕 名 하自 留学. ¶ 외국에 ～을 가다 外国へ留学する.
 유학생〔一生〕 名 留学生.
유학2〔遊學〕 名 하自 遊学.
유학3〔儒學〕 名 儒学. ¶ ～자 儒学者.
유한1〔有限〕 名 하形 有限. ¶ ～ 회사 有限会社 / ～ 책임 有限責任 / ～한 생명 限りある命. **유한히** 副 有限に.
 유한 급수〔一級數〕 名〔數〕 有限級数.
 유한 소수〔一小數〕 名〔數〕 有限小

数.
유한 직선〔一直線〕名〔數〕有限直線. 線分.
유한 책임 회사〔一責任會社〕名 有限責任会社.
유한²〔有閑〕名 하形 有閑. ¶ ~ 계급 有閑階級 / ~ 마담 有閑マダム.
유한³〔遺恨〕名 遺恨. 恨み. ¶ ~을 풀다[품다] 遺恨をはらす[抱く].
유합〔癒合〕名 하自 (傷口の)癒合.
유해¹〔有害〕名 하形 有害. 反 無害. ¶ ~ 식품 有害な食品 / 청소년에게 ~한 책 青少年に有害な本.
유해 곤충〔一昆蟲〕名 有害昆虫.
유해무익〔一無益〕名 하形 有害無益.
유해²〔遺骸〕名 遺骸. 遺体. ¶ ~를 안치하다 遺体を安置する.
유행〔流行〕名 하自 流行. はやり. 盛んなこと. **1** (新しい服装·行動などが)はやること. 流行すること. ¶ 최신 ~ 最新流行 / ~의 첨단을 걷는다 流行の先端を歩く / 작년에 ~한 노래 昨年流行した歌 / ~에 뒤지다 流行に遅れる. **2** (伝染病などが)広まること. はやること. ¶ 감기가 ~하다 風邪がはやる.
유행가〔一歌〕名 流行歌.
유행병〔一病〕名 流行病. **1** はやり病. **2** 流行を過度に追う傾向.
유행복〔一服〕名 流行服.
유행성〔一性〕名 流行性. ¶ ~ 감기 流行性感冒. インフルエンザ.
유행어〔一語〕名 流行語. はやり言葉.
유향¹〔遺香〕名 遺香. **1** 移り香. **2** 故人の残した美徳.
유향²〔儒鄕〕名 儒生の多く住んでいる村[町].
유현하다〔幽玄一〕形 幽玄だ.
유혈〔流血〕名 流血. ¶ ~이 낭자하다 流血がはなはだしい. 血まみれだ.
유혈극〔一劇〕名 流血騒ぎ.
유형¹〔有形〕名 하形 有形. ¶ ~물 有形物.
유형 무역〔一貿易〕名〔經〕有形貿易.
유형무형〔一無形〕名 하形 有形無形.
유형 문화재〔一文化財〕名 有形文化財.
유형 재산〔一財産〕名 有形財産.
유형²〔流刑〕名〔史〕流刑. 流罪.
유형지〔一地〕名 流刑地.
유형³〔類型〕名 類型.
유혹〔誘惑〕名 하他 誘惑. 誘い. ¶ ~을 물리치다 誘惑を退ける / ~에 빠지다 誘惑に陥る.
유혼〔幽魂〕名 幽魂. 死者の霊魂.
유화¹〔乳化〕名 乳化.
유화제〔一劑〕名〔化〕乳化剤.
유화²〔油畫〕名〔美〕油絵. 油彩.
유화구〔一具〕名〔美〕油絵の具.
유화³〔宥和〕名 하自 宥和.
유화 정책〔一政策〕名 宥和政策.
유화하다〔柔和一〕形 柔和だ. ¶ 유화한 얼굴 柔和な顔つき.
유황〔硫黃〕名〔化〕硫黄.
유황천〔一泉〕名〔地〕硫黄泉.
유회〔流會〕名 하自 流会. ¶ 정족수 부족으로 ~가 되다 定足数不足で流会になる.
유효〔有效〕名 하形 有効. ¶ 그 협정은 내년까지 ~하다 その協定は来年まで有効だ.
유효 기간〔一期間〕名 有効期間.
유효 사거리〔一射距離〕名〔軍〕有効射距離.
유효 사정〔一射程〕名〔軍〕有効射程. 有効射距離.
유효 수요〔一需要〕名〔經〕有効需要.
유효 숫자〔一數字〕名 有効数字.
유훈〔遺訓〕名 遺訓. 遺戒.
유휴〔遊休〕名 遊休. ¶ ~지 遊休地 / ~ 시설 遊休施設.
유휴 자본〔一資本〕名〔經〕遊休資本. 遊資.
유흔〔遺痕〕名 遺した痕跡.
유흥〔遊興〕名 하自 遊興. ¶ ~에 빠지다 遊興にふける.
유흥비〔一費〕名 遊興費.
유흥업〔一業〕名 風俗営業.
유흥장〔一場〕名 遊興の場所.
유흥지〔一地〕名 遊興施設を設けた所.
유희〔遊戲〕名 하自 遊戯. ¶ ~를 가르치다 遊戯を教える.
유희적〔一的〕冠名 遊戯的.
육〔六〕數 6. 六つ. ¶ ~일 6日.
육각형〔六角形〕名 六角形.
육감¹〔六感〕名 第六感. インスピレーション. ¶ ~으로 알아차렸다 勘で分かった.
육감²〔肉感〕名 肉感.
육감적〔一的〕冠名 肉感的. ¶ ~인 여자 肉感的な女性.
육개장〔肉一〕名〔料理〕ユッケジャン〈煮込んだ牛肉を細かく裂いて味付けした後ねぎ·とうがらしの粉などをたくさん入れて辛くしたスープ〉.
육계〔肉桂〕名〔韓方〕肉桂〈健胃薬·強壮剤となる〉.
육계주〔一酒〕名 肉桂酒.
육교〔陸橋〕名 陸橋. 歩道橋.
육군〔陸軍〕名〔軍〕陸軍. ¶ ~ 사관학교 陸軍士官学校 / ~ 본부 陸軍本部.
육기통〔六氣筒〕名 六気筒.
육담〔肉談〕名 みだらな話. 猥談.
육대주〔六大洲〕名〔地〕**1** 六大州. **2** 全世界.
육덕〔肉德〕名 肉付きがいいので徳のある風格に見えること.
육도〔陸稻〕名 陸稲. おかぼ.
육두문자〔肉頭文字〕名 猥談など卑俗なことをいう言葉.
육로〔陸路〕名 陸路. ¶ ~ 수송 陸路輸送.
육류〔肉類〕名 肉類.
육면체〔六面體〕名〔數〕六面体.
육모〔六一〕名 六角.
육모정〔一亭〕名 六角形の東屋.
육묘〔育苗〕名 하自 育苗.
육미¹〔六味〕名 六味〈苦·酸·甘·辛·鹹·淡の6種の味〉.
육미²〔肉味〕名 **1** 肉料理. **2** 肉の味.
육미붙이 名 各種の食用肉.
육박〔肉薄〕名 하自 肉薄. ¶ 적진에 ~했다 敵陣に肉薄した.

육박전〔—戰〕 名 肉薄戦.
육반구〔陸半球〕 名〔地〕 陸半球.
육발이〔六—〕 名 六指[駢拇]〈足指が六本ある人〉.
육법〔六法〕 名〔法〕 六法.
육법전서〔—全書〕 名 六法全書.
육보〔肉補〕 名 하自 肉を食べて体力を補うこと.
육봉〔肉峰〕 名〔動〕 駱駝の瘤.
육부〔六腑〕 名〔韓方〕 六腑. ¶ 오장 ~ 五臓六腑.
육분의〔六分儀〕 名〔物〕 六分儀.
육붕〔陸棚〕 名〔地〕 大陸棚.
육붙이〔肉—〕 名 〔'육미붙이'의 준말〕 各種の食用肉.
육사〔陸士〕 名〔軍〕 陸軍士官学校. 陸士.
육산〔陸産〕 名 陸産.
육산물〔—物〕 名 陸産物.
육상〔陸上〕 名 陸上. ¶ ~ 운송 陸上運送 / ~ 경기 陸上競技.
육성¹〔育成〕 名 하他 育成. ¶ 선수 ~ 選手の育成.
육성²〔肉聲〕 名 肉声. ¶ 마이크도 없이 ~으로 연설하다 マイクもなしに肉声で演説する.
육속〔陸續〕 名 하自 陸続. 続続. ¶ 인마의 왕래가 ~ 부절이다 人馬の往来が陸続として絶えない.
육손이〔六—〕 名 六指[駢拇]〈指が六本ある人〉.
육송〔陸送〕 名 하他 陸送. 陸運. 陸上運送.
육수〔肉水〕 名 肉汁.
육순〔六旬〕 名 60歳.
육시〔戮屍〕 名 하他 死体にさらに斬刑を加えること.
육시랄 冠 〔'육시를 할'의 준말〕 戮屍すべき. ¶ ~ 놈 殺しても飽き足りないやつ.
육식〔肉食〕 名 하自 肉食.
육식성〔—性〕 名 肉食性.
육식수〔—獸〕 名〔動〕 肉食獣.
육식조〔—鳥〕 名〔動〕 肉食鳥. 猛禽.
육신〔肉身〕 名 肉身.
육십〔六十〕 Ⅰ 數 60. ¶ 한 시간은 ~ 분이다 1時間は60分である. ▷일(一) 單語帳
Ⅱ 名 60歳.
육십갑자〔—甲子〕 名 十干(甲·乙·丙·丁·戊·己·庚·辛·壬·癸)と十二支(子·丑·寅·卯·辰·巳·午·未·申·酉·戌·亥)を組み合わせたもの. 十干十二支. 干支. ▷下段 單語帳
육아〔育兒〕 名 하自 育児.
육아낭〔—囊〕 名〔動〕 (カンガルーやコアラなどの)育児嚢.
육아법〔—法〕 名 育児法.
육안〔肉眼〕 名 肉眼. 裸眼. ¶ ~으로도 보이는 별 肉眼でも見える星.
육영〔育英〕 名 하自 育英. 英才の教育. ¶ ~ 자금 育英資金 / ~ 사업 育英事業.
육욕〔肉慾〕 名 肉欲. 情欲. 色欲. ¶ ~에 빠지다 肉欲に陥る / ~주의 肉欲[官能]主義.
육용〔肉用〕 名 하他 肉用. ¶ ~으로 돼지를 기르다 肉用に豚を飼う.
육용종〔—種〕 名 肉用種.
육우〔肉牛〕 名 (食肉用の)肉牛.
육운〔陸運〕 名 陸運. 陸上運送. ¶ ~ 화물 陸運貨物.
육자배기〔六字—〕 名〔樂〕 朝鮮半島の南部で広く歌われる雑歌.
육장〔六場〕 Ⅰ 名 5日おきに毎月6回開かれる市.
Ⅱ 副 いつも. 常に. ¶ 만나기만 하면 ~ 불평투성이다 会いさえすれば, いつも不平ばかりだ.
육전〔陸戰〕 名〔軍〕 陸戦. ¶ ~대 陸戦隊.
육젓〔六—〕 名 6月にとったえびの塩辛.
육종¹〔肉腫〕 名〔醫〕 肉腫.
육종²〔育種〕 名 하自他〔生〕 育種.
육중하다〔肉重—〕 形 (図体が大きくて)どっしりしている. ¶ 육중한 체격의 씨름꾼 大きな図体の相撲取り.
육지〔陸地〕 名 陸地. 陸上. 陸. ¶

單語帳 十干十二支(육십갑자)

1 갑자(甲子)きのえね·こうし	2 을축(乙丑)きのとうし·おつちゅう	3 병인(丙寅)ひのえとら·へいいん
4 정묘(丁卯)ひのとう·ていぼう	5 무진(戊辰)つちのえたつ·ぼしん	6 기사(己巳)つちのとみ·きし
7 경오(庚午)かのえうま·こうご	8 신미(辛未)かのとひつじ·しんび	9 임신(壬申)みずのえさる·じんしん
10 계유(癸酉)みずのととり·きゆう	11 갑술(甲戌)きのえいぬ·こうじゅつ	12 을해(乙亥)きのとい·おつがい
13 병자(丙子)ひのえね·へいし	14 정축(丁丑)ひのとうし·ていちゅう	15 무인(戊寅)つちのえとら·ぼいん
16 기묘(己卯)つちのとう·きぼう	17 경진(庚辰)かのえたつ·こうしん	18 신사(辛巳)かのとみ·しんし
19 임오(壬午)みずのえうま·じんご	20 계미(癸未)みずのとひつじ·きび	21 갑신(甲申)きのえさる·こうしん
22 을유(乙酉)きのととり·おつゆう	23 병술(丙戌)ひのえいぬ·へいじゅつ	24 정해(丁亥)ひのとい·ていがい
25 무자(戊子)つちのえね·ぼし	26 기축(己丑)つちのとうし·きちゅう	27 경인(庚寅)かのえとら·こういん
28 신묘(辛卯)かのとう·しんぼう	29 임진(壬辰)みずのえたつ·じんしん	30 계사(癸巳)みずのとみ·きし
31 갑오(甲午)きのえうま·こうご	32 을미(乙未)きのとひつじ·おつび	33 병신(丙申)ひのえさる·へいしん
34 정유(丁酉)ひのとのとり·ていゆう	35 무술(戊戌)つちのえいぬ·ぼじゅつ	36 기해(己亥)つちのとい·きがい
37 경자(庚子)かのえね·こうし	38 신축(辛丑)かのとうし·しんちゅう	39 임인(壬寅)みずのえとら·じんいん
40 계묘(癸卯)みずのとう·きぼう	41 갑진(甲辰)きのえたつ·こうしん	42 을사(乙巳)きのとみ·おつし
43 병오(丙午)ひのえうま·へいご	44 정미(丁未)ひのとひつじ·ていび	45 무신(戊申)つちのえさる·ぼしん
46 기유(己酉)つちのととり·きゆう	47 경술(庚戌)かのえいぬ·こうじゅつ	48 신해(辛亥)かのとい·しんがい
49 임자(壬子)みずのえね·じんし	50 계축(癸丑)みずのとうし·きちゅう	51 갑인(甲寅)きのえとら·こういん
52 을묘(乙卯)きのとう·おつぼう	53 병진(丙辰)ひのえたつ·へいしん	54 정사(丁巳)ひのとみ·ていし
55 무오(戊午)つちのえうま·ぼご	56 기미(己未)つちのとひつじ·きび	57 경신(庚申)かのえさる·こうしん
58 신유(辛酉)かのととり·しんゆう	59 임술(壬戌)みずのえいぬ·じんじゅつ	60 계해(癸亥)みずのとい·きがい

～ 동물 陸上動物 / ～의 면적 陸地の面積.
육질〔肉質〕 名 肉質.
육찬〔肉饌〕 名 牛肉などのおかず. 肉類のおかず.
육체[1]〔肉滯〕 名〔韓方〕 肉を食べて起こす食滞.
육체[2]〔肉體〕 名 肉体. 身体. 反 精神 ¶ ～노동 肉体労働.
육체미〔一美〕 名 肉体美.
육체적〔一的〕 冠名 肉体的.
육체파〔一派〕 名 肉体派. ¶ ～ 배우 肉体派の俳優.
육촌〔六寸〕 名 **1** (長さの)6寸. **2** 父母のいとこに当たる人の子. 二従兄弟. またいとこ. はとこ.
육친〔肉親〕 名 肉親. ¶ 전쟁으로 말미암아 ～을 모두 잃었다 戦争で肉親をすべて失った.
육탄〔肉彈〕 名 肉弾. ¶ ～전 肉弾戦.
육탈〔肉脫〕 名 하自 **1** 体がやせこけること. **2** 埋めた死体の肉がすっかり腐って骨ばかり残ること.
육포〔肉脯〕 名 脯. 干肉. 乾肉.
육필〔肉筆〕 名 肉筆. 自筆. ¶ ～ 연하장 肉筆の年賀状.
육해공군〔陸海空軍〕 名〔軍〕 陸海空軍.
육혈포〔六穴砲〕 名 リボルバー.
육회〔肉膾〕 名〔料理〕 肉の膾〈生の牛肉の赤身·肝·第三胃などを細切りにしてヤンニョム(양념)をつけたもの〉.
윤〔潤〕 名〔'윤기'의 준말〕 つや. ¶ ～이 도는 얼굴 つやつやした顔.
윤간〔輪姦〕 名 하他 輪姦.
윤곽〔輪廓〕 名 輪郭. ¶ 사건의 ～을 파악하다 事件の輪郭を把握する / ～이 뚜렷한 얼굴 目鼻だちがはっきりした顔 / 계획의 ～을 설명하다 計画のアウトラインを説明する.
윤기〔潤氣〕 名 つや. 光沢. ¶ ～가 흐르는 장판 つやつやしたオンドルの床.
윤나다〔潤一〕 自 つやが出る.
윤내다〔潤一〕 他 つやを出す.
윤년〔閏年〕 名〔天〕 閏年.
윤달〔閏一〕 名〔天〕 閏月.
윤독〔輪讀〕 名 하他 輪読. 回読.
윤똑똑이 名 まるで自分だけが利口であるかのようにふるまう人. 利口すぎる人.
윤락〔淪落〕 名 하自 淪落. ¶ ～ 여성 淪落の女 / ～ 행위 淪落行為. 売春行為.
윤리〔倫理〕 名 **1** 倫理. ¶ ～에 어긋나다 倫理に反する. **2**〔'윤리학'의 준말〕 倫理学.
윤리 신학〔一神學〕 名 倫理神学.
윤리적〔一的〕 冠名 倫理的.
윤리학〔一學〕 名 倫理学.
윤무〔輪舞〕 名 輪舞. 円舞.
윤번〔輪番〕 名 하他 輪番. 回り番.
윤번제〔一制〕 名 輪番制.
윤벌〔輪伐〕 名 하他 輪伐. ¶ 삼림을 ～하다 森林を輪伐する.
윤색〔潤色〕 名 하他 潤色. ¶ 사실을 ～한 소설 史実を潤色した小説.
윤월〔閏月〕 名 閏月.
윤일〔閏日〕 名〔天〕 閏日〈2月29日〉.
윤작〔輪作〕 名 하他〔農〕 輪作. ¶ ～ 재배 輪作栽培.
윤전〔輪轉〕 名 하自他 輪転.
윤전기〔一機〕 名〔印〕 輪転機.
윤중제〔輪中堤〕 名 川や島の周りを囲んだ堤.
윤택하다〔潤澤一〕 形 潤沢だ. **1** 暮らしが富裕だ. ¶ 국민의 생활이 매우 윤택해지고 있다 国民の生活が非常に豊かになっている. **2** 油気がある.
윤허〔允許〕 名 하他 允許. 王の許可. ¶ ～를 받아 시행하다 王の許しを受けて施行する.
윤화〔輪禍〕 名 輪禍. 交通事故. ¶ ～를 입다 輪禍にあう.
윤활〔潤滑〕 名 하形 潤滑. 滑らかなこと. **윤활히** 副 潤滑に. 滑らかに.
윤활유〔一油〕 名 潤滑油.
윤활제〔一劑〕 名 潤滑剤.
윤회〔輪廻〕 名 하自 輪廻. **1** 順に回ること. **2**〔佛〕 輪廻.
윤회생사〔一生死〕 名〔佛〕 輪廻生死.
-율[1]〔律〕 接尾 (모음이나 'ㄴ'으로 끝나는 명사 다음에 붙어)〔'법칙'을 나타냄〕 …律. ¶ 인과～ 因果律 / 불문～ 不文律. ▷-률[1](律)
-율[2]〔率〕 接尾 (모음이나 'ㄴ'으로 끝나는 명사 다음에 붙어)〔'비율'을 나타냄〕 …率. ¶ 백분～ 百分率 / 사고～ 事故率. ▷-률[2](率)
율동〔律動〕 名 律動. リズム.
율동 체조〔一體操〕 名〔體〕 律動体操. リズム体操.
율령〔律令〕 名 律令.
율무 名〔植〕 鳩麦.
율무쌀 名 鳩麦の実. 薏苡仁.
율문〔律文〕 名 律文. 法律の条文.
율법〔律法〕 名 律法. **1** 法律. **2**〔佛〕 戒律. **3**〔基〕 神が人間に下した規範.
율법주의〔一主義〕 名〔宗〕 律法主義.
율사〔律師〕 名〔佛〕 律師〈戒律に通じた僧〉.
율시〔律詩〕 名 律詩. 律〈漢詩の一体〉.
융기〔隆起〕 名 하自 隆起. ¶ ～ 해안 隆起海岸.
융기도〔一島〕 名〔地〕 隆起島.
융기 산호초〔一珊瑚礁〕 名〔地〕 隆起珊瑚礁.
융단〔絨緞〕 名 絨毯. カーペット.
융단 폭격〔一爆擊〕 名〔軍〕 絨毯爆撃.
융모〔絨毛〕 名〔生〕 絨毛.
융비〔隆鼻〕 名 高い鼻.
융비술〔一術〕 名 隆鼻術. 鼻の整形美容術.
융성〔隆盛〕 名 하自 隆盛. ¶ 사업의 ～ 事業の隆盛.
융성기〔一期〕 名 隆盛期.
융숭하다〔隆崇一〕 形 (態度·もてなしなどが)丁重だ. ¶ 융숭한 대접을 받았다 丁重なもてなしを受けた. **융숭히** 副 丁重に.
융융하다〔融融一〕 形 融々だ. 融和

して楽しそうだ.
융자〔融資〕 [名] [하他] 融資. ¶ 은행 ~ 銀行融資 / 자금을 ~받다 資金の融資を受ける.
융제〔融劑〕 [名] 融剤.
융창〔隆昌〕 [名] [하自] 隆昌. ¶ 국가의 ~ 国家の隆昌.
융털〔絨—〕 [名] **1** 絨毯の表の柔らかい毛. **2** 絨毛.
융통〔融通〕 [名] [하他] 融通. ¶ ~ 어음 融通手形 / 사업 자금을 ~하다 事業資金を融通する.
　융통성〔—性〕 [名] 融通性. ¶ ~이 있는[없는] 사람 融通がきく[きかない]人.
융합〔融合〕 [名] [하自] **1** 融合. ¶ 핵~ 核融合. **2** 協調. ¶ 노사의 ~을 도모하다 労使の協調をはかる.
융해〔融解〕 [名] [하自] 融解.
　융해열〔—熱〕 [名] 〔物〕 融解熱.
　융해점〔—點〕 [名] 〔物〕 融解点.
융화〔融和〕 [名] [하自] 融和. ¶ 형제간에 ~가 잘 되지 않는다 兄弟の間がうまくいかない.
윷놀이 [名] [하自] ユンノリ.
으그러뜨리다[**-트리다**] [他] 押しつぶす. へこませる. ¶ 통조림 깡통을 ~ 缶詰の空き缶を押しつぶす.
으그러지다 [自] **1** (物の表面が)へこむ. つぶれる. ¶ 냄비가 ~ なべがへこむ. **2** 組み合わされた物がばらばらになる. ¶ 으그러진 상자 ばらばらに壊れた箱.
으그르르 [副] [하自] 〔먹은 음식이나 물이 목구멍으로 끓어오르는 소리〕 げげっと.
으깨다 [他] **1** すりつぶす. つぶす. 砕く. 砕いて粉にする. ¶ 감자를 ~ じゃがいもをすりつぶす. **2** 硬い物を軟らかくする.
-으나 [語尾] ☞-나[6]
-으나마 [語尾] ☞-나마[2]
-으냐 [語尾] ☞-냐
-으냐고 [語尾] ☞-냐고
-으냐는 ☞-냐는
-으냔 ☞-냔
-으니 [語尾] ☞-니[1,2,3,4]
-으니까 [語尾] **1** 〔원인·이유를 나타냄〕 …するから. …だから. …ので. ¶ 식구가 많~ 지출도 굉장하다 家族が多いので出費もたいへんだ / 잘 부탁했~ 안심해라 よく頼んでおいたから安心しなさい. **2** 〔앞의 행위로 인하여 알게 된 인식이나 경험을 나타냄〕 …すると. …したが. …したら. ¶ 어머니는 아기가 젖을 먹~ 비로소 안심했다 母は赤ちゃんが乳を飲むと初めて安心した. ▷-니까
-으니라 [語尾] ☞-니라
-으되 [語尾] ☞-되[3]
으드득 [副] [하自他] **1** 〔단단한 물건을 깨물어 깨뜨리는 소리〕 がりっと. ばりっと. ¶ 호두를 ~ 깨물다 くるみをがりっとかみ砕く. **2** 〔이를 세게 가는 소리〕 ぎりりと. きりっと. ¶ 분을 참지 못하여 ~ 이를 갈다 憤怒のあまりぎりりと歯ぎしりをする.
　으드득거리다[-대다] [自他] **1** しきりにがりがり[ばりばり]と音を立てる. **2** ぎりぎりと歯ぎしりする.
　으드득으드득 [副] [하自他] **1** がりがり. ばりばり. **2** ぎりぎり.
으등그러지다 [自] **1** からからに乾いて反る. ねじれる. ひからびる. ¶ 햇볕에 놓아둔 재목이 으등그러졌다 太陽にさらしておいた材木が反り返った. **2** 天気がだんだん崩れそうになる. ¶ 좋았던 날씨가 오후가 되면서 으등그러졌다 晴れていた天気が午後になって崩れ出した.
으뜸 [名] **1** 第一. 一番. 頭. 長. 最上. 最高. ¶ 세계 ~의 산유국 世界一の産油国 / 이 마을 ~의 신붓감 この村一番の花嫁候補. **2** 基本. 根本. 根源. 源. ¶ 덕의 ~ 徳の根本.
　으뜸가다 [自] 最上だ. 最高だ. ¶ 인생의 으뜸가는 기쁨 人生の最上の喜び / 세계에서 으뜸가는 높은 산 世界で最高の山.
-으라 [語尾] ☞-라[3]
-으라고 [語尾] ☞-라고[2]
-으라느냐 ☞-라느냐
-으라는 ☞-라는
-으라니 ☞-라니[2]
-으라니까 [語尾] ☞-라니까[2]
-으라든지 [語尾] ☞-라든지
-으라면 ☞-라면[2]
-으라지 ☞-라지[2]
-으락 [語尾] ☞-락
-으란 [語尾] ☞-란[2]
-으랄 ☞-랄
-으람 [語尾] ☞-람[2]
-으래 ☞-래
-으래서 ☞-래서
-으래야 ☞-래야
-으래요 ☞-래요
-으랴 [語尾] ☞-랴
-으러 [語尾] ☞-러
으레 [副] **1** いつも. 決まって. 必ず. 間違いなく. ¶ 일요일에는 ~ 비가 내린다[온다] 日曜日は決まって雨が降る / 겨울이 되면 ~ 백조가 날아온다 冬になると必ず白鳥が渡ってくる. **2** 言うまでもなく. 当然. もちろん. ¶ ~ 그렇게 되리라고 각오는 하고 있었지만 当然そうなるだろうと覚悟はしていたが.
-으려거든 [語尾] ☞-려거든
-으려고 [語尾] ☞-려고
-으려기에 ☞-려기에
-으려나 [語尾] ☞-려나
-으려네 ☞-려네
-으려느냐 ☞-려느냐
-으려는가 ☞-려는가
-으려는데 ☞-려는데
-으려는지 ☞-려는지
-으려니 [語尾] ☞-려니[1,2]
-으려니와 [語尾] ☞-려니와
-으려다 [語尾] ☞-려다
-으려다가 ☞-려다가
-으려더니 ☞-려더니
-으려더라 ☞-려더라
-으려던가 ☞-려던가
-으려도 ☞-려도
-으려면 [語尾] ☞-려면

-으려면야 語尾 ☞-려면야
-으려무나 語尾 ☞-려무나
-으려오 ☞-려오
-으련다 語尾 ☞-련다
-으련마는 語尾 ☞-련마는
-으렵니까 語尾 ☞-렵니까
-으렵니다 語尾 ☞-렵니다
-으렷다 語尾 ☞-렷다
으로 助 (‘ㄹ’ 이외의 자음 아래) **1** 〔수단·방법·도구를 나타냄〕 …で. …を使って. …によって. ¶ 비행기 편~ 간다 飛行機の便で行く / 트럭~ 실어 나른다 トラックで運ぶ / 톱~ 자르다 のこぎりで切る / 정신력~ 버티다 精神力で耐える. **2** 〔재료·원료·구성 요소를 나타냄〕 …で. …から. ¶ 대학생~ 구성된 단체 大学生で構成された団体 / 엿~ 만든 과자 飴でつくった菓子. **3** 〔원인·이유를 나타냄〕 …で. …から. …のために. …によって. ¶ 눈~ 교통이 두절되었다 雪で交通が途絶した / 독감~ 앓아누웠다 ひどい風邪で床についた / 전쟁~ 나라가 피폐하다 戦争で国が疲弊する. **4** 〔기준을 나타냄〕 …で. ¶ 일당~ 받다 日当でもらう / 수확고는 섬~ 계산했다 収穫高は石で計算した. **5** 〔근거를 나타냄〕 …で. …から. ¶ 안색~ 건강을 가늠하다 顔色で健康を推し量る. **6** 〔행동의 양식을 나타냄〕 …で. …でもって. …に. ¶ 공동~ 해결해야 할 문제 共同で解決すべき問題. **7** 〔금액을 나타냄〕 …で. ¶ 100원~ 두 개 살 수 있다 100ウォンで2個買える. **8** 〔공간적으로 방향을 나타냄〕 …に. …へ. …と. …から. ¶ 태평양~ 나가다 太平洋に出て行く / 남쪽~ 흐르는 강 南の方へ流れる川. **9** 〔경로를 나타냄〕 …から. …を通って. ¶ 창문~ 바람이 들어온다 窓から風が入ってくる. **10** 〔규정·결정의 내용을 나타냄〕 …に. …と. ¶ 신붓감~ 정하다 妻にしようと心に決める / 행동의 지침~ 삼다 行動の指針とする. **11** 〔변화를 나타냄〕 …に. ¶ 비가 눈~ 바뀌다 雨が雪に変わる / 선진국~ 발전하다 先進国へと発展する. **12** 〔결과를 나타냄〕 …に. …と. …で. ¶ 추축국의 패전~ 끝났다 枢軸国の敗戦で幕を閉じた. **13** 〔분류·분할·증감의 정도를 나타냄〕 …に. ¶ 인구는 십만 명~ 늘어났다 人口は10万人に増えた / 셋~ 나누다 三つに分ける. **14** 〔시간의 구분을 나타냄〕 …に. …までに. …で. ¶ 판결은 내년~ 미루어졌다 判決は来年に持ち越された / 나머지 10분~ 시험이 끝난다 あと10分で試験が終了する. **15** 〔지위·신분·자격을 나타냄〕 …として. …であって. ¶ 건강 식품~ 각광을 받는다 健康食品として脚光を浴びる. ▷로
으로는 ☞로는
으로도 ☞로도
으로부터 助 ☞로부터
으로서 助 (‘ㄹ’ 이외의 자음 아래) **1** 〔지위·신분·자격의 뜻을 나타냄〕 …として. ¶ 의장~ 한마디 하겠습니다 議長として一言申し上げます. **2** …から. …であって. ¶ 분쟁은 저 편~ 시작되었다 紛争はあちら側から始まった. ▷로서
으로써 助 〔도구나 수단을 나타냄〕 …で. …でもって. ¶ 용기와 신념~ 난관을 극복하다 勇気と信念をもって難関を克服する. ▷로써
으론 ☞론[1]
으르다[1] 他 (ふやかした米を)すりつぶす.
으르다[2] 他 脅す. 脅かす. 威嚇する. ¶ 으르고 농친다 脅したりすかしたりする.
으르대다 自 いきまく. 脅しつける. 脅迫する. ¶ 가만두지 않겠다고 ~ ただではおかぬといきまく.
으르렁 副 하自 〔짐승이 성내어 우는 소리〕 うおっと. うおん.
으르렁거리다[-대다] 自 **1** (獣が)うなる. ほえる. ¶ 호랑이가 ~ 虎がうなる. **2** いがみ合う. ¶ 형제가 서로 으르렁거린다 兄弟が互いにいがみ合う / 만나기만 하면 으르렁거린다 会いさえすればいい争う.
으르렁으르렁 副 하自 **1** しきりにうなる[ほえる]ようす. **2** しきりにいがみ合うようす.
으르르 副 하自 〔추위나 두려움으로 몸이 떨리는 모양〕 ぶるぶる(と).
으름 名 通草の実.
으름덩굴 名 〔植〕 通草.
으름장 名 脅し. 威嚇. 脅迫. ¶ 그 사람에게는 ~이 통하지 않는다 彼には脅しがきかない.
◆으름장을 놓다 脅す. 恐喝する. 威嚇する. ¶ 빚쟁이가 ~을 놓고 돌아갔다 借金取りが脅し文句を並べて帰った.
-으리까 語尾 ☞-리까
-으리다 語尾 ☞-리다
-으리라 語尾 ☞-리라[2]
-으리요 語尾 ☞-리요
으리으리하다 形 豪華絢爛だ. 豪壮だ. ぴかぴかだ. ¶ 으리으리한 넓은 대청마루 ぴかぴかの広い板の間 / 으리으리한 혼숫감 豪華な嫁入り道具.
-으마 語尾 ☞-마[6]
-으며 語尾 (‘ㄹ’ 이외의 자음으로 끝나는 어간에 붙는 연결 어미) **1** 〔동작·상태를 나열함〕 …して. …であって. …したり. ¶ 웃~ 울며 笑ったり泣いたり / 쫓~ 쫓기며 追いつ追われつ / 선물을 주며 받~ 한다 贈り物をやったりもらったりしている. **2** 〔‘-으면서’의 준말〕 …ながら. ¶ 걸~ 얘기합시다 歩きながら話しましょう. ▷-며[2]
-으면 語尾 (‘ㄹ’ 이외의 자음으로 끝나는 어간에 붙는 연결 어미) 〔가정을 나타냄〕 …(する)と. …(なら)ば. …(すれ)ば. …(し)たら. ¶ 물이 맑~ 고기가 없다 水清ければ魚住まず / 남~ 싸 주실래요? 残ったら包んでもらえますか. ▷-면[5]
-으면서 語尾 (‘ㄹ’ 이외의 자음 아래) **1** 〔두 가지 이상의 동작·상태가 동시에 존재함을 나타냄〕 …(し)ながら. …(である)と同時に. …するときに. ¶ 음악을 들~ 책을 본다 音楽を聞きながら本を読む / 저녁이나 먹~ 의논할

까요? 夕飯でも食べながら相談しましょうか. **2** 〔대립적 관계를 나타냄〕…(する)のに. …でありながら. ¶ 알고 있~ 모르는 척한다 知っていながら知らん顔をする. ▷-면서
-으면은 語尾 ☞-면은
-으므로 語尾 ☞-므로
으밀아밀 副 하自 〔밀담하는 모양〕ひそひそ. こそこそ.
-으셔요 語尾 ☞-셔요
-으소서 語尾 ☞-소서[2]
으스대다 自 いばる. いからす. ¶ 어깨를 으스대고 걷다 肩をいからして歩く / 권력을 믿고 ~ 権力をかさにきていばる.
으스러뜨리다[-트리다] 他 砕く. つぶす. (塊を)砕きつぶす. 押しつぶす. 傷める. ¶ 호두를 망치로 ~ くるみを金づちで砕きつぶす.
으스러지다 自 砕ける. つぶれる. 崩れる. こわれる. ひしゃげる. ¶ 교통 사고로 뼈가 ~ 交通事故で骨が砕ける / 돌담이 ~ 石垣が崩れる.
으스름달밤 名 おぼろ月夜.
으스름하다 形 月の光がぼやけている. おぼろだ.
으스스 副 하形 〔차거나 섬뜩한 것이 몸에 닿았을 때 소름이 끼치는 모양〕ぞくぞく. ぞっと. ¶ 날씨가 ~ 춥다 天気がうすら寒い / 생각만 해도 ~한 체험 思い出してもぞっとする体験.
으슥하다 形 **1** (薄気味悪いほど)奥まって静かだ. ¶ 으슥한 산길 奥まって静かな山道. **2** ひっそりしている. しんとしている. ¶ 으슥한 주택가의 골목길 ひっそりとした住宅街の路地.
으슬으슬 副 하形 〔소름이 끼칠 듯이 차가운 느낌이 드는 모양〕ぞくぞく(と). ¶ 감기가 들었는지 ~ 춥다 風邪をひいたのかぞくぞくと寒い.
으슴푸레하다 形 (光·明かりなどが)ほのかに明るい. ほの暗い. うす暗い. おぼろだ. ¶ 으슴푸레한 가로등 불빛 ほの明るい街路灯の明かり.
으쓱[1] 副 하形 〔추위·무서움으로 몸이 움츠러드는 모양〕びくっと. ぞっと. ¶ 인기척에 ~하다 人の気配にびくっとする.
으쓱으쓱[1] 副 하自 びくびく.
으쓱[2] 副 하自他 肩をそびやかすようす. 得意になるようす. ¶ 박수를 보내자 그는 ~해졌다 拍手を送るや彼は得意になった.
으쓱거리다[-대다] 自他 しきりに肩を怒らす. 気取る. 得意になる. 尊大ぶる.
으쓱으쓱[2] 副 하自他 しきりに肩をそびやかせるようす.
으아 感 **1** 〔젖먹이가 우는 소리〕おぎゃあ. **2** 〔감탄하여 외치는 소리〕わあ. ああ. やあ.
으악 感 **1** 〔토하는 소리〕げえ. **2** 〔자기가 놀라거나 남을 놀라게 하려고 지르는 소리〕あっ. わっ.
으앙 感 〔젖먹이가 우는 소리〕おぎゃあ.
으앙으앙 感 おぎゃあおぎゃあ. うわあんうわあん. ああんああん.
-으오이다 語尾 ☞-오이다
-으옵니까 語尾 ☞-옵니까
-으옵니다 語尾 ☞-옵니다
-으옵디까 語尾 ☞-옵디까
-으옵디다 語尾 ☞-옵디다
-으외다 語尾 ☞-외다[2]
으응 感 **1** 〔'해라·하게'할 자리에 반문·긍정하는 말〕うん. ああ. ¶ ~, 네 말이 맞다 うん, 君の言うことが正しいよ / ~, 그게 정말이냐? なに, それ本当かね. **2** 〔마음에 안 들거나 짜증이 날 때 쓰는 말〕ううん. ええい. ¶ ~, 싫어 ええい, いやだよ.
-으이 語尾 ☞-이[10]
으지직 副 하自他 〔단단한 물건이 깨지거나 짜그러지는 소리〕めりめり(と). みりみり(と). ¶ 나무 상자가 ~하고 부서지다 木箱がめりめりとつぶれる.
으지직거리다[-대다] 自他 めりめりと音を立てる. ¶ 벼락이 떨어져서 거목이 으지직거리며 쓰러졌다 落雷で巨木がめりめりと音を立てて倒れた.
으지직으지직 副 하自他 めりめり(と). みりみり(と).
으쩍 副 하自他 **1** 〔단단한 물건을 세게 깨무는 소리〕ばりっと. **2** 〔단단한 물건을 부수는 소리〕かしゃっと.
으쩍으쩍 副 하自他 ばりばり. がしゃがしゃ.
으츠러지다 自 (軟らかい物が)形が崩れる. (植物などが)しおれる. ¶ 시금치가 ~ ほうれんそうがしおれる.
으흐흐 副 〔음흉하게 웃는 소리〕ひひひ. うふふ. ¶ ~ 잘 됐다 잘 됐어 ひひひ, しめしめうまくいった.
윽물다 他 (怒り·苦痛などをこらえて歯を)かみしめる. くいしばる. ¶ 이를 윽물고 모욕을 참다 歯をかみしめて侮辱に耐える.
윽물리다 自 (強く)かみしめられる. 食いしばられる.
윽박다 他 やり込める. 頭ごなしに抑えつける. ¶ 너무 그렇게 윽박지 말게 そう頭ごなしに叱るなよ.
윽박지르다 他 さんざんにやり込める. 押さえつける. 頭ごなしに気をくじく. どやしつける. ¶ 어린 것에게 너무 윽박지르지 마라 子供をあまりしかりつけるな.
은[1] 〔銀〕 名 〔鑛〕 銀.
은[2] 助 《자음으로 끝나는 체언·부사에 붙는 보조사》 **1** 〔주제를 나타냄〕…は. ¶ 술~ 내가 산다 お酒はぼくが買う. **2** 〔대조를 나타냄〕…は. ¶ 형~ 부지런하고 동생~ 게으르다 兄は勤勉で弟[妹]は怠惰だ. **3** 〔강조를 나타냄〕…は. …には. ¶ 당장~ 알 수 없다 すぐには分からない. **4** 《'아니다'와 함께 쓰여》…では(ない). ¶ 이것은 내 지갑~ 아니지만 버릴 수 없다 これは僕の財布ではないが捨てるわけにはいかない. ▷는[1]
-은[3] 語尾 《자음 어간에 붙어》 **1** 〔과거 시제를 나타냄〕…(し)た…. ¶ 맡~ 일에 대해서는 책임을 진다 引き受けた仕事には責任を持つ. **2** 〔현재 시제를 나타냄〕…い…. …な…. ¶ 굳~ 결심 堅い決心 / 높~ 생활수준 高い生活水準. ▷-ㄴ

-은가 [語尾] ☞-ㄴ가

은가락지〔銀—〕[名] 銀の指輪.

은거〔隱居〕[名][하自] 隠居. 閑居.

-은걸 [語尾] ☞-ㄴ걸

은결들다 [自] **1** (内部に)傷ができる. **2** (人知れず)心が痛む. 傷心する. 心が傷つく.

-은고[1] [語尾] ☞-ㄴ고

은고[2]〔恩顧〕[名][하他] 恩顧. 情をかけること. ¶ 선생님의 각별한 ~를 입다 先生の格別な恩顧をこうむる.

은공〔恩功〕[名] 恩. 恩恵と功労. ¶ ~을 모르는 사람 恩知らずの人.

은광〔銀鑛〕[名]〔鑛〕銀鉱.

은괴〔銀塊〕[名] 銀塊.

은군자〔隱君子〕[名] **1** 富貴栄華をよそに世を逃がれた君子. **2** 菊花の別称. **3** 〈俗〉淫売婦.

은근짜 [名]〈俗〉**1** 売春婦. **2** 腹黒い人. 陰険な人.

은근하다〔慇懃—〕[形] 慇懃だ. **1** 礼儀正しく丁寧だ. ¶ 은근한 태도 慇懃な態度. **2** 睦まじい. ¶ 그 사람은 그 여자와 은근한 사이이다 あの人はあの女性と親しい関係にある. **3** ひそかだ. **은근히** [副] ひそかに. 人知れず. なんとなく. どうしてなかなか. 意外に. ¶ ~ 바라고 있다 ひそかに望んでいる / ~ 화가 났다 なんとなく腹が立った.

은급〔恩給〕[名] 恩給.

은기〔銀器〕[名] 銀器.

은기명〔銀器皿〕[名] 銀製の器物.

은니〔銀—〕[名] 銀歯. 銀の入れ歯.

은닉〔隱匿〕[名][하他] 隠匿. 秘匿. ¶ 물자를[범인을] ~하다 物資[犯人]を隠匿する / ~된 재산 隠された財産.
은닉죄〔—罪〕[名]〔法〕隠匿罪.
은닉 행위〔—行爲〕[名]〔法〕隠匿行為.

은덕〔恩德〕[名] 恩徳. 恩恵. 慈しみ. ¶ ~을 입다 恩恵をこうむる.

-은데 [語尾] ☞-ㄴ데

은도금〔銀鍍金〕[名][하他] 銀めっき.

은돈〔銀—〕[名] 銀貨.

은둔〔隱遁〕[名][하自] 隠遁. 遁世. ¶ ~ 생활 隠遁生活.

-은들 [語尾] ☞-ㄴ들

은딱지〔銀—〕[名] (時計などの)銀側.

은령〔銀嶺〕[名] 銀嶺.

은륜〔銀輪〕[名] 自転車. 銀輪.

은린〔銀鱗〕[名] 銀鱗. **1** 銀色の鱗. **2** 魚の別称.

은막〔銀幕〕[名] 銀幕. スクリーン. 映画界. ¶ ~의 여왕 銀幕の女王.

은메달〔銀medal〕[名] 銀メダル.

은몰〔銀 (포)mogol〕[名] 銀モール. ¶ 모자의 ~ 장식 帽子の銀モールの飾り.

은밀하다〔隱密—〕[形] 隠密だ. 内密だ. 秘密だ. ¶ 은밀한 이야기 内密の話/은밀하게 일을 진행하다 隠密に事をはこぶ. **은밀히** [副] 内密に.

-은바 [語尾] ☞-ㄴ바

은박〔銀箔〕[名] 銀箔. ¶ ~을 입히다 銀箔を張る.
은박지〔—紙〕[名] 銀紙. 銀箔.

은반〔銀盤〕[名] **1** 銀盤. **2** 月の別称. **3** スケート場. ¶ ~의 여왕 銀盤の女王 / ~계 氷上競技界.

은반지〔銀斑指〕[名] 銀の指輪.

은발〔銀髮〕[名] 銀髪. **1** 銀白色の髪の毛. **2** 白髪.

은방〔銀房〕[名] 金銀製の物を売る店.

은방울〔銀—〕[名] 銀鈴.

은방울꽃〔銀—〕[名]〔植〕鈴蘭.

은배〔銀杯〕[名] 銀杯. 銀製のカップ.

은백색〔銀白色〕[名] 銀白色.

은병〔銀甁〕[名] 銀製の瓶.

은본위제〔銀本位制〕[名]〔經〕銀本位制.

은분〔銀粉〕[名] 銀粉.

은붙이〔銀—〕[名] 銀製品の総称.

은비녀〔銀—〕[名] 銀製のかんざし.

은빛〔銀—〕[名] 銀色.

은사[1]〔恩師〕[名] 恩師. ¶ 모교의 ~ 母校の恩師.

은사[2]〔恩赦〕[名][하他] 恩赦. 赦免.

은사[3]〔恩賜〕[名][하他] 恩賜.

은사[4]〔銀絲〕[名] 銀糸.

은사[5]〔隱士〕[名] 隠士. 隠者.

은산〔銀山〕[名] 銀鉱. 銀山.

은상〔恩賞〕[名][하他] 恩賞. 王が下す賞.

은색〔銀色〕[名] 銀色. しろがねいろ.

은세계〔銀世界〕[名] 銀世界. 雪景色.

은세공〔銀細工〕[名][하自] 銀細工.

은수저〔銀—〕[名] 銀製のさじと箸.

은시계〔銀時計〕[名] 銀時計.

은신〔隱身〕[名][하自] 身を隠すこと.
은신처〔—處〕[名] 隠れ場.

은실〔銀—〕[名] 銀糸.

은애〔恩愛〕[名] 恩愛.

은어[1]〔銀魚〕[名]〔動〕鮎.

은어[2]〔隱語〕[名] 隠語. 隠し言葉.

은연중〔隱然中〕[名][副] (‘은연중에’의 꼴로) 隠然たる中に. それとなく. ひそかに. ¶ ~에 어디론가로 사라졌다 ひそかにどこかへ消え去った.

은원〔恩怨〕[名] 恩怨. 恩讐.

은유법〔隱喩法〕[名]〔言〕隠喩法.

은은하다[1]〔殷殷—〕[形] (雷·大砲·鐘などの音が)とどろく. 鳴りひびく. ¶ 은은한 포성 殷々たる砲声. **은은히**[1] [副] 殷々と.

은은하다[2]〔隱隱—〕[形] **1** かすかで明らかでない. ¶ 먼 산이 은은하게 보인다 遠い山がぼんやりと見える. **2** 隠々としている. **은은히**[2] [副] ほのかに. かすかに. ¶ ~ 들려오는 절간의 종소리 かすかに聞こえてくる寺の鐘の音.

은의〔恩義〕[名] 恩義. 恩恵と義理.

은인[1]〔恩人〕[名] 恩人. ¶ 생명의 ~ 命の恩人.

은인[2]〔隱人〕[名] 隠者. 隠遁者.

은인[3]〔隱忍〕[名][하自] 隠忍. 耐え忍ぶこと. ¶ ~자중 隠忍自重.

은자〔隱者〕[名] 隠者. 隠士.

은잔〔銀盞〕[名] 銀杯.

은잠〔銀簪〕[名] 銀のかんざし.

은장도〔銀粧刀〕[名] (女性用の装身具で)銀製の懐刀.

은장이〔銀匠—〕[名] 金·銀·銅などの細工職人.

은저울〔銀—〕[名] 金·銀などを量る秤.

은전〔恩典〕[名] 恩典. ¶ ~을 베풀다 恩典を施す.

은정〔恩情〕 名 恩情.
은제〔銀製〕 名 銀製. ¶ ~ 식기 銀製の食器.
은종이〔銀―〕 名 銀紙.
-은즉 語尾 ☞-ㄴ즉²
-은즉슨 語尾 '-은즉'의 힘줌말.
-은지 語尾 ☞-ㄴ지
-은지고 語尾 ☞-ㄴ지고
-은지라 語尾 ☞-ㄴ지라
은총〔恩寵〕 名 恩寵. 恵み. 慈しみ.
은커녕 助 ☞-는커녕
은컵〔銀cup〕 名 銀製のコップ.
은택〔恩澤〕 名 恩沢. 恩恵. めぐみ. おかげ. ¶ ~을 입다 恩沢に浴する.
은퇴〔隱退〕 名 하自 隠退. 退隠. 引退. ¶ ~하여 시골에서 산다 隠退して田舎で暮らす.
은파〔銀波〕 名 銀波.
은폐〔隱蔽〕 名 하他 隠蔽. ¶ 사실을 ~하다 事実を隠す.
은하〔銀河〕 名〔天〕銀河. 天の川.
은하계〔―系〕 名〔天〕銀河系.
은하수〔―水〕 名 天の川.
은행¹〔銀行〕 名 銀行. ¶ ~가 銀行家 / ~ 거래 銀行取引 / ~권 銀行券 / ~ 수표[어음] 銀行小切手[手形] / 혈액 ~ 血液銀行.
은행원〔―員〕 名 銀行員.
은행 이율〔―利率〕 名〔經〕銀行利率.
은행장〔―長〕 名 銀行の頭取.
은행 할인〔―割引〕 名〔經〕銀行割引.
은행²〔銀杏〕 名 銀杏.
은행나무 名〔植〕銀杏.
은현〔隱現〕 名 하自 隠見. 見え隠れ. ¶ ~하는 섬들 見え隠れする島々.
은혜〔恩惠〕 名 恩恵. 恵み. 恩. ¶ 어버이[스승]의 ~ 親[師]の恩 / ~를 입다 恩をこうむる.
〔속담〕 **은혜를 원수로 갚는다** 恩を仇で返す.
은혜롭다 形 恩を受けてありがたい感じである. 恵み深い. **은혜로이** 副 ありがたく. 慈しみ深く.
은혼식〔銀婚式〕 名 銀婚式.
은화〔銀貨〕 名 銀貨.
은화식물〔隱花植物〕 名〔植〕隠花植物.
을¹〔乙〕 名 **1** 乙〈順番や等級をつけるときの2番目〉. **2**〔民俗〕十干の乙.
을² 助〔자음으로 끝나는 체언에 붙는 목적격 조사〕 **1**〔동작·작용의 대상을 나타냄〕…を. …に. ¶ 물~ 마시다 水を飲む / 책~ 읽다 本を読む / 사람~ 만나다 人に会う. **2**〔능력이나 상태 서술어의 대상을 나타냄〕…を. …が. ¶ 수박~ 좋아한다 すいかが好きだ / 운동~ 못 하는 아이 運動ができない子. **3**〔동작·작용이 행해지는 장소·방향을 나타냄〕…へ. …に. …を. ¶ 산 속~ 헤매다 山中をさまよう. **4** …(し)に行く. ¶ 등산~ 가다 登山に行く / 쇼핑~ 가다 買い物に行く. **5**〔동작의 목적·지향·불문(不問)을 나타냄〕…の. …を. …に. ¶ 조국 발전~ 위하여 祖国の発展のために / 연령~ 막론하고 참가할 수 있다 年齢を問わず参加できる. ▷를
-을³ 語尾〔자음 어간에 붙어 사실이나 추측을 나타내는 어미〕 **1**〔예정·의도·의무·추측·가능성을 나타냄〕…する…. …すべき…. …である…. ¶ 언젠가는 웃~ 날이 오겠지 いつかは笑う日がくるだろう. **2**〔때를 나타내는 말 앞에 쓰여〕…する…. …である…. ¶ 밥을 먹~ 때는 조용히 해라 ご飯を食べるときは静かにしなさい. **3**〔능력·추측·예정·의도 등을 나타냄〕…いる(と)…. …られる…. ¶ 사실을 아는 사람이 있~ 것이다 事実を知っている人がいると思う / 믿~ 수 있는 사람 信じられる人. **4**〔과거 시제의 보조어간 뒤에서〕…した…. …だった…. ¶ 전화가 걸려 왔~ 때 난 목욕중이었다 電話がかかってきたとき, 私は入浴中だった. ▷-ㄹ³
-을거나 語尾 ☞-ㄹ거나
-을걸 語尾 ☞-ㄹ걸
-을까 語尾 ☞-ㄹ까
-을까 말까 語尾 ☞-ㄹ까 말까
-을꼬 語尾 ☞-ㄹ꼬
-을라 語尾 ☞-ㄹ라
-을라치면 語尾 ☞-ㄹ라치면
-을락 말락 語尾 ☞-ㄹ락 말락
을러메다 自 高飛車に脅しつける.
-을런가 語尾 ☞-ㄹ런가
-을망정 語尾 ☞-ㄹ망정
을밋을밋 副 하自〔일·기한 등을 자꾸 미루는 모양〕うやむや. だらだら. ずるずる. ¶ ~ 약속 기한을 미루다 約束の期限をだらだら延ばす.
-을밖에 語尾 ☞-ㄹ밖에
-을뿐더러 語尾 ☞-ㄹ뿐더러
-을세라 語尾 ☞-ㄹ세라
-을세말이지 語尾 ☞-ㄹ세말이지
-을수록 語尾 ☞-ㄹ수록
을씨년스럽다 形 **1** (天気が)曇ってうすら寒い. (景色などが)わびしい. 荒涼としている. (ようすなどが)みすぼらしくもの寂しい. ¶ 날씨가 ~ 天気がうすら寒い. **2** (暮らし向きが)貧乏臭くさい. 貧乏たらしい. ¶ 을씨년스러운 세간들 貧乏たらしい世帯道具. **을씨년스레** 副 うら寂しく. うすら寒く.
을종〔乙種〕 名 乙種. ¶ ~ 합격자 乙種合格者.
-을지 語尾 ☞-ㄹ지
-을지니라 語尾 ☞-ㄹ지니라
-을지라도 語尾 ☞-ㄹ지라도
-을지언정 語尾 ☞-ㄹ지언정
-을진대 語尾 ☞-ㄹ진대
-을진댄 語尾 ☞-ㄹ진댄
읊다 他 詠む. **1** 朗誦する. ¶ 소리 높여 시를 ~ 朗々と詩を詠む. **2** 詩をつくる. ¶ 친구들이 모여 시를 읊으며 즐긴다 友人たちが集まり詩をつくって楽しむ.
읊조리다 他 吟ずる. 詠ずる.
음¹〔音〕 名 **1** 音. **2** 漢字の字音.
음²〔陰〕 名 **1** (易学で)陰. **2**〔數〕負数. **3**〔物〕陰極.
◆**음으로 양으로** 陰に陽に. 陰になり日なたになり. ¶ ~ 돕다 陰になり日なたになり助ける.

음각〔陰刻〕 名 하他 〔美〕 陰刻.
음감〔音感〕 名 音感. ¶ ～이 둔하다 音感が鈍い.
음경〔陰莖〕 名 〔生〕 陰茎. 男根.
음계〔音階〕 名 〔樂〕 音階. ¶ 단～ 短音階.
음곡〔音曲〕 名 音曲.
음공〔陰功〕 名 **1** 陰で助ける功徳. **2** 隠れた功労.
음구〔音溝〕 名 音溝. サウンドトラック.
음극〔陰極〕 名 〔物〕 陰極. ¶ ～관 陰極管 / ～선 陰極線.
음기〔陰氣〕 名 陰気. **1** 陰鬱. 晴れ晴れしくない雰囲気. **2** 〔韓方〕 体内の陰の気.
음낭〔陰囊〕 名 〔生〕 陰嚢. ふぐり.
음담〔淫談〕 名 猥談.
　음담 패설〔—悖說〕 名 卑猥な話. 猥談.
음덕¹〔陰德〕 名 陰徳〈人知れず行なう善行〉.
음덕²〔蔭德〕 名 余徳. 祖先の徳. ¶ 조상의 ～으로 출세하다 祖先の余徳で出世する.
음독¹〔音讀〕 名 하他 音読. **1** 声を出して読むこと. **2** 漢字の音読み.
음독²〔飮毒〕 名 하自 服毒. ¶ ～자살 服毒自殺.
음란〔淫亂〕 名 하形 淫乱. ¶ ～ 행위 淫乱行為 / ～ 비디오 ポルノビデオ / ～한 이야기 みだらな話.
음량〔音量〕 名 音量. ¶ ～이 크다 音量が大きい.
음력〔陰曆〕 名 〔'태음력'의 준말〕 陰暦. 旧暦. 反 陽暦
음료〔飮料〕 名 飲料. ¶ 유산 ～ 乳酸飲料 / 청량～ 清涼飲料.
　음료수〔—水〕 名 飲料水. 飲み水.
음률〔音律〕 名 音律. **1** 音楽の調子. **2** 音楽の曲調〈五音と六律〉.
음모¹〔陰毛〕 名 陰毛. 恥毛.
음모²〔陰謀〕 名 하他 陰謀. 悪だくみ. ¶ ～를 꾀하다 陰謀を企てる.
음문〔陰門〕 名 〔生〕 陰門.
음미〔吟味〕 名 하他 吟味. **1** 芸術作品の趣を味わうこと. 鑑賞. ¶ 고미술품을 ～하다 古美術品を鑑賞する. **2** 物事をよく調べること. ¶ 포도주의 맛을 ～하다 ぶどう酒の味を吟味する.
음반〔音盤〕 名 音盤. レコード.
음보〔音譜〕 名 音譜. 楽譜.
음복〔飮福〕 名 하他 直会. 祭祀の供え物を分けて食べること.
음부〔陰部〕 名 陰部. 局部. 恥部.
음부 기호〔音部記號〕 名 〔樂〕 音部記号.
음부호〔陰符號〕 名 〔數〕 負の記号. マイナス記号(—).
음산하다〔陰散—〕 形 **1** 天気が陰鬱で薄ら寒い. ¶ 음산한 날씨 じめじめと薄ら寒い天気. **2** 陰々としている. (様子が) うら寂しい.
음색〔音色〕 名 音色.
음서〔淫書〕 名 淫書. 猥本.
음성¹〔音聲〕 名 音声. 声. ¶ ～이 곱다 音声がきれいだ / 탁한 ～ 濁った声. だみ声.
　음성 기관〔—器官〕 名 〔生〕 音声器官.
　음성 기호〔—記號〕 名 〔言〕 音声記号.
　음성학〔—學〕 名 音声学.
음성²〔陰性〕 名 陰性. 陰気. 闇. 裏.
　음성 모음〔—母音〕 名 〔言〕 陰母音〈音の感じが暗く鈍い母音〉.
　음성 반응〔—反應〕 名 陰性反応.
-음세¹ 語尾 〔기꺼이 그리 하겠다는 뜻을 나타내는 종결 어미〕 …しよう. …する(よ). ¶ 곧 갚～ すぐ返すよ.
음세²〔音勢〕 名 音の強弱.
음속〔音速〕 名 〔物〕 音速.
음송〔吟誦〕 名 하他 (詩歌の)吟詠. 吟誦.
음수〔陰數〕 名 〔數〕 負数.
음순〔陰脣〕 名 〔生〕 陰唇.
음습하다〔陰濕—〕 形 陰湿だ. 暗くてじめじめしている. ¶ 음습한 땅 陰湿な地.
음시〔吟詩〕 名 하自 詩吟.
음식〔飮食〕 名 飲食. 食べ物. 料理. ¶ 기름진 ～ 油っこい食べ物 / ～을 차리다 膳立てをする.
　음식물〔—物〕 名 飲食物.
　음식점〔—店〕 名 飲食店.
음신〔音信〕 名 音信. 便り.
음심〔淫心〕 名 みだらな心.
음악〔音樂〕 名 音楽. ¶ ～ 감상실 音楽鑑賞室 / ～가 音楽家.
　음악회〔—會〕 名 音楽会.

> 單語帳 음악에 관한 말
>
> ◆민요 民謡 / 동요 童謡 / 자장가 子守り歌 / 클래식 クラシック / 재즈 ジャズ / 팝송 ポップス / 록 ロック / 샹송 シャンソン / 포크송 フォークソング / 삼바 サンバ / 블루스 ブルース / 맘보 マンボ / 뽕짝 〈俗〉演歌 / 농악 農楽 / 판소리 パンソリ.
>
> ◆리듬 リズム / 멜로디 メロディー / 하모니 ハーモニー / 오케스트라 オーケストラ / 장단 リズム / 가락 曲調 / 다장조 ハ長調 / 가단조 イ短調 / 트로트 フォックストロット / 도레미파솔라시 ドレミファソラシ. ▷악기 單語帳

음양〔陰陽〕 名 陰陽. **1** (天地間の)相反する性質. **2** (電気の)陽極と陰極. **3** (男女の)性的差異に伴う性質.
　음양가〔—家〕 名 陰陽家.
　음양각〔—刻〕 名 〔美〕 **1** 陰刻と陽刻. **2** 陰刻と陽刻を交ぜて刻むこと.
　음양객〔—客〕 名 陰陽家.
　음양도〔—道〕 名 陰陽道.
　음양배합〔—配合〕 名 하自 男女が和合すること.
음역〔音域〕 名 音域. 音の幅. ¶ ～이 넓은 가수 音域が広い歌手.
음영¹〔吟詠〕 名 하他 吟詠.
음영²〔陰影〕 名 陰影. かげ.
　음영 화법〔—畫法〕 名 〔美〕 陰影画法.
음욕〔淫慾〕 名 淫欲. 情欲. 色欲.
음용〔飮用〕 名 하他 飲用. ¶ ～수 飲用水.

음우〔陰佑〕 名 하他 ひそかに人を助けること.

음운〔音韻〕 名 音韻.

음운론〔一論〕 名〔言〕 音韻論. 音韻学.

음운학〔一學〕 名〔言〕 音韻学.

음울하다〔陰鬱一〕 形 陰鬱だ. 陰気だ. ¶음울한 표정을 짓고 있다 陰気な顔をしている.

음위〔陰痿〕 名〔醫〕 陰萎. インポテンツ.

음이온〔陰ion〕 名〔化〕 陰イオン.

음자리표〔音一〕 名〔樂〕 音部記号. ¶높은 ~ ト音記号.

음전기〔陰電氣〕 名〔物〕 陰電気.

음전하다 形 しとやかだ. 言行がおとなしく上品だ. ¶음전한 아가씨 しとやかな娘.

음절〔音節〕 名〔言〕 音節. シラブル.

음절 문자〔一文字〕 名〔言〕 音節文字.

음절순〔一順〕 名 イロハ順.

음정〔音程〕 名〔樂〕 音程.

음조〔音調〕 名 音調.

음주〔飮酒〕 名 하自 飮酒. ¶~ 운전 飮酒運転.

음증〔陰症〕 名 陰気な性格.

음지〔陰地〕 名 日陰.

음지 식물〔一植物〕 名〔植〕 陰地植物. 陰生植物.

음질〔音質〕 名 音質. ¶~이 좋은 레코드 音質のよいレコード.

음충맞다 形 意地悪い. 陰険だ. 腹黒い.

음충스럽다 形 陰険なところがある. 一癖ありげなようすだ. **음충스레** 副 陰険なようすで.

음충하다 形 (性質が)腹黒くて陰険だ. ¶음충한 말로 둘러대다 陰険な口ぶりで言い訳する.

음치〔音癡〕 名 音痴.

음침하다〔陰沈一〕 形 陰気だ. 曇り気味で薄暗い. ¶날씨가 ~ うっとうしい天気だ/음침한 인상의 사나이 陰気な感じの男.

음탕하다〔淫蕩一〕 形 淫蕩だ. ¶음탕한 생활에 빠지다 淫蕩な生活にふける.

음파〔音波〕 名〔物〕 音波.

음표〔音標〕 名〔樂〕 音符. ¶4분 ~ 四分音符.

음표 문자〔音標文字〕 名 音標文字.

음풍[1]〔陰風〕 名 陰風. 陰気な風.

음풍[2]〔淫風〕 名 淫風. ¶말세적인 ~ 末世的な淫風.

음하다[1]〔淫一〕 形 みだらだ.

음하다[2]〔陰一〕 形 **1** 天気が曇っている. うっとうしい. **2** 腹黒い.

음핵〔陰核〕 名〔生〕 陰核.

음행〔淫行〕 名 淫行. みだらな行ない.

음향〔音響〕 名 音響. ¶~기 音響器/~ 신호 音響信号/~ 측심 音響測深/~학 音響学/~ 효과 音響効果.

음험하다〔陰險一〕 形 陰険だ. ¶음험한 성격 陰険な性格.

음화〔陰畫〕 名〔寫〕 陰画. ネガ.

음훈〔音訓〕 名 (漢字の)音訓.

음흉스럽다 形 見るからに陰険で凶悪だ. **음흉스레** 副 陰険そうに.

음흉하다〔陰凶一〕 形 陰険で凶悪だ. 腹黒い. ¶음흉한 흉계를 꾸미다 陰険な策略をたくらむ.

음흉주머니 名 陰険で凶悪な人.

읍[1]〔邑〕 名 邑. **1** 道の行政区域の一つ〈人口2万人以上5万人以下〉. **2**〔'읍내'의 준말〕 邑の区域内.

읍[2]〔揖〕 名 하自 揖. 両手を顔の前に組んで腰をかがめるあいさつ.

읍내〔邑內〕 名 邑の区域内.

읍소〔泣訴〕 名 하他 泣訴. ¶무죄를 ~하다 無罪を泣訴する.

읍장〔邑長〕 名 邑の長.

읍촌〔邑村〕 名 **1** 邑に属する村. **2** 邑と村.

응 感 **1**〔대답할 때, 대답을 촉구할 때, 앞의 말에 다짐을 두려 할 때 내는 소리〕 うん. なあ. ねえ. ああ. あん. ¶~, 그렇고말고 ああ, そうだとも. **2**〔마음에 들지 않아 불평할 때, 건성으로 대답할 때 내는 소리〕 ううん. ふん. ¶~, 그게 아냐 ううん, そうじゃないよ.

응결〔凝結〕 名 하自 凝結.

응결력〔一力〕 名 凝結力.

응고〔凝固〕 名 하自 凝固. ¶~열 凝固熱/~점 凝固点.

응그리다 他 **1** 顔をしかめる. ¶얼굴을 ~ 顔をしかめる. **2** しっかり握る. ¶응그리고 놓지 않으려고 한다 ぎゅっと握って放すまいとする.

응급〔應急〕 名 하他 応急. ¶~수단 応急手段/~조처 応急措置/~ 치료 応急手当/~ 환자를 수송하다 急患を輸送する.

응낙〔應諾〕 名 하他 応諾. 承諾. ¶제안에 ~하다 提案に応諾する.

응달 名 日陰. 陰地.
◆**응달이 지다** 陰になる.
〔속담〕 **응달에도 햇빛 드는 날이 있다** 陰地にも陽のあたる日がある〈待てば海路の日和あり〉.

응답〔應答〕 名 하自 応答. うけこたえ. ¶질의 ~ 質疑応答/아무 ~이 없다 何の応答がない.

응당〔應當〕 副 하形 当然. 必ず. ¶~ 그가 해야 할 일이다 当然彼がなすべきことだ. **응당히** 副 当然. 必ず.

응대[1]〔應待〕 名 하他 応接. ¶손님을 ~하다 客を接待する.

응대[2]〔應對〕 名 하自 応対. ¶전화 ~ 때문에 바쁘다 電話の応対でいそがしい.

응등그러지다 自 **1** (物が乾いたり固まったりして)反り返る. ¶응등그러진 나무 상자 ゆがんだ木箱. **2** (寒さや恐ろしさなどで)体が縮こまる.

응등그리다 他 (寒さ·恐ろしさなどで)体を縮こまらせる. ¶응등그리지 말고 반듯이 어깨를 펴라 縮こまらないでしゃんと胸を張れ.

응력〔應力〕 名〔物〕 応力.

응모〔應募〕 名 하自 応募. ¶~ 작품 応募作品/~자 応募者/현상에 ~하다 懸賞に応募する.

응변〔應變〕 名 하自 〔'임기응변'의 준말〕 応変. ¶임기~ 臨機応変.

응보〔應報〕 名 応報. 報い. 果報. ¶인과~ 因果応報.

응분[應分] 名 応分. 相応. ¶ ~의 대가 相応の代価.
응사[應射] 名 하自 応射. ¶ 적의 사격에 ~하다 敵の射撃に応射する.
응석 名 하自 甘えること. だだ.
◆**응석을 받다** 甘やかす.
응석꾸러기 名 甘えっ子. だだっ子.
응석둥이 名 甘えん坊. だだっ子.
응석받이 名 **1** 甘やかすこと. **2** だだっ子.
응석부리다 自 だだをこねる. 甘える.
응소[應召] 名 하自 応召.
응수[1][應手] 名 하自 応手. 碁や将棋などで相手の手に応じて打つ手. ¶ ~에 고심하다 応手に苦しむ.
응수[2][應酬] 名 하他 応酬. 言い返し. ¶ 지지않고 ~하다 負けずに応酬する.
응시[1][凝視] 名 하他 凝視. ¶ 상대를 ~하다 相手を凝視する.
응시[2][應試] 名 하自 受験. 試験に応じること. ¶ ~자 受験者.
응애응애 感 〔갓난아이의 울음소리〕 おぎゃあおぎゃあ.
응어리 名 **1** (筋肉·皮下組織の)しこり. ¶ ~가 풀리다 しこりが取れる. **2** (心の)しこり. わだかまり. ¶ 서로 ~를 풀고 살자 お互いにわだかまりをなくして付き合おう. **3** (果実の)核. さね.
응얼거리다[-대다] 自他 **1** (詩や文章を)口ずさむ. **2** (不平などを)ぶつぶつ言う.
응얼응얼 副 하自他 **1** ひとりで口ずさむようす. **2** ぶつぶつ. ¶ 혼자서 무얼 ~ 하고 있느냐? 独りで何をぶつぶつ言っているのか.
응용[應用] 名 하他 応用. ¶ ~문제 応用問題 / ~ 경제학 応用経済学 / ~과학 応用科学 / ~의 범위가 넓다 応用の範囲が広い.
응원[應援] 名 하他 応援. ¶ 모교팀을 ~하다 母校のチームを応援する.
응원가[一歌] 名 応援歌.
응원단[一團] 名 応援団.
응응 感 하自 **1** 〔잇달아 대답하는 모양[소리]〕 うんうん. **2** 〔어린아이가 떼를 쓰며 우는 소리〕 ああんああん.
응전[應戰] 名 하自 応戦. ¶ 포격으로 ~하다 砲撃で応戦する.
응접[應接] 名 하他 応接. ¶ 귀빈을 ~하다 貴賓をもてなす.
응접실[一室] 名 応接室. 客間. サロン. 応接間.
응집[凝集] 名 하自 凝集. ¶ ~ 반응 凝集反応.
응집력[一力] 名〔物〕 凝集力.
응징[膺懲] 名 하他 膺懲. 戒めること. 征伐して懲らしめること. ¶ ~의 철퇴를 내리다 膺懲の鉄槌を下す.
응착[凝着] 名 하自〔物〕 凝着. ¶ ~력 凝着力.
응찰[應札] 名 하自他 応札. 入札に応ずること.
응천순인[應天順人] 名 하自 天意に応じ民意に従うこと.
응체[凝滯] 名 하自 凝滞. 渋滞. 停滞.
응축[凝縮] 名 하自 凝縮. ¶ 짧은 말로 ~시킨 내용 短い言葉で凝縮した内容.
응축기[一機] 名〔物〕 凝縮機. コンデンサー.
응축열[一熱] 名〔化〕 凝縮熱.
응하다[應一] 自 応ずる. 答える. 応募する. 報いる. ¶ 기꺼이 초대에 ~ 喜んで招待に応ずる / 지원병 모집에 ~ 志願兵募集に応募する / 당장의 필요에 ~ さし当たりの必要に応ずる.
응혈[凝血] 名 하自 凝血.
의[1][義] 名 義. 道義. ¶ ~를 중히 여기다 義を重んずる/형제의 ~를 맺다 兄弟の義を結ぶ.
의[2][誼] 名 〔'정의'의 준말〕 情誼. ¶ 형제 사이의 ~가 좋다 兄弟の仲がむつまじい.
의[3] 助 …の. …が. **1** 〔소속되거나 소유됨을 나타냄〕 ¶ 나~ 가방 わたしのかばん / 기러기~ 울음소리 雁の泣き声. **2** 〔행동·작용의 주체가 됨을 나타냄〕 ¶ 우리~ 각오 我々の覚悟 / 인류 사회~ 발전 人類社会の発展. **3** 〔대상을 만들거나 이룬 주체임을 나타냄〕 ¶ 다윈~ 진화론 ダーウィンの進化論 / 원로 작가~ 노작 元老作家の労作. **4** 〔속성·상태가 앞의 체언에서 비롯됨을 나타냄〕 ¶ 장미꽃~ 향기 薔薇の花の香り. **5** 〔행동의 목표 대상임을 나타냄〕 ¶ 질서~ 확립 秩序の確立 / 전통 문화~ 보존 伝統文化の保存. **6** 〔사실이나 상태가 앞의 체언에 관한 것임을 나타냄〕 ¶ 서울~ 찬가 ソウルの賛歌. **7** 〔어떤 동작을 주된 목적·기능으로 하는 것임을 나타냄〕 ¶ 독서~ 계절 読書の季節 / 유랑~ 무리 流浪の群れ. **8** 〔의미적으로 동격이거나 대상의 다른 면을 나타냄〕 ¶ 통일~ 위업을 달성하다 統一の偉業を達成する. **9** 〔사회적·친족적 관계임을 나타냄〕 ¶ 친구~ 동생 友達の弟. **10** 〔시간에 제약된 상태임을 나타냄〕 ¶ 해질 무렵~ 바다 日暮れごろの海. **11** 〔수량에 제한됨을 나타냄〕 ¶ 한 잔~ 술 一杯の酒 / 일년~ 기간 1年の期間. **12** 〔한정적으로 꾸미는 뜻으로 쓰임을 나타냄〕 ¶ 고도~ 기술 高度の技術 / 절세~ 미인 絶世の美人. **13** 〔비유의 대상임을 나타냄〕 ¶ 초로~ 인생 初老の人生. **14** 〔재료임을 나타냄〕 ¶ 순금~ 반지 純金の指輪 / 대리석~ 기둥 大理石の柱. **15** 〔뒤의 체언을 꾸미는 기능을 가짐〕 ¶ 앞으로~ 일이 걱정이다 これからのことが心配だ.
-의[4] 語尾 '-으이'의 준말. ¶ 정말 술맛이 좋~ 本当に酒はうまいね.
의가[醫家] 名 医家. 医師.
의가서[一書] 名 医書.
의각[義脚] 名 義足.
의거[1][義擧] 名 하自 義挙. ¶ ~를 일으키다 義挙を起こす.
의거[2][依據] 名 하自他 依拠. (ある事実に)よること. 基づくこと. ¶ 원전에 ~하여 정정하다 原典に基づいて訂正する.

의건모하다 自 暮らしの計画を立てる.

의걸이〔衣―〕 名 '의걸이장'의 준말.

의걸이장〔―欌〕 名 上半分は衣服を掛け, 下半分には衣服を畳んで入れるように引き出しになっているたんす.

의견〔意見〕 名 意見. 見解. 考え. ¶ ～이 일치하다 意見が一致する / ～에 따르다 意見に従う.

의견서〔―書〕 名 意見書.

의결〔議決〕 名 하他 議決. ¶ ～권 議決権 / ～ 기관 議決機関 / ～된 안건 議決された案件.

의고〔擬古〕 名 하他 擬古. ¶ ～주의 擬古主義.

의과〔醫科〕 名 医科.

의과 대학〔―大學〕 名 医科大学.

의관[1]〔衣冠〕 名 하自 衣冠. 衣服と冠. ¶ ～ 속대 衣冠束帯.

의관[2]〔醫官〕 名〔史〕医官〈官庁に属した医師〉.

의구〔疑懼〕 名 하他 疑懼. ¶ ～심을 품다 疑懼の念を抱く.

의구하다〔依舊―〕 形 昔のようすと変わらない. ¶ 세월은 흘러도 산천은 ～ 歳月は流れても山河は変わらない.

의군〔義軍〕 名 義軍. 義兵. ¶ ～을 일으키다 義軍を起こす.

의금〔衣衾〕 名 衣衾. 衣服と夜具.

의기[1]〔意氣〕 名 意気. 気概. 心意気. ¶ ～충천 意気衝天 / ～도 드높게 意気も高らかに.

의기상투〔―相投〕 名 하自 意気投合.

의기소침〔―銷沈〕 名 하自 意気消沈. 意気沮喪. ¶ 그는 심한 꾸중을 듣고 ～했다 彼はきつく叱られて意気消沈した.

의기양양〔―揚揚〕 名 하形 意気揚揚. 昂然. 意気軒昂.

의기저상〔―沮喪〕 名 하自 意気消沈.

의기투합〔―投合〕 名 하自 意気投合. ¶ ～해서 밤새도록 마셨다 意気投合して夜を明かして飲んだ.

의기[2]〔義氣〕 名 義気. 男気. 義侠心.

의기남아〔―男兒〕 名 義気のある男児.

의남매〔義男妹〕 名 **1** 義理の兄妹. **2** 父また母の異なった兄と妹.

의낭〔衣囊〕 名 衣嚢. かくし. ポケット.

의념〔疑念〕 名 疑念. 疑い.

의논〔議論〕 名 하他 相談. 話し合い. 打ち合わせ. ¶ ～해서 정하다 相談をして決める.

의당〔宜當〕 副 하形 すべからく. 当然. ¶ ～ 그렇게 되어야 한다 当然そうなるべきだ. **의당히** 副 すべからく. 当然.

의대[1]〔醫大〕 名〔'의과 대학'의 준말〕医大.

의대[2]〔衣帶〕 名 衣帯. 装束.

의도〔意圖〕 名 하他 意図. ¶ 상대의 ～를 살피다 相手の意図を探る / ～적으로 행동하다 意図的に行動する.

의례〔儀禮〕 名 儀礼. 典礼. ¶ 국민 ～ 国民儀礼.

의례적〔―的〕 冠 名 儀礼的. ¶ ～인 인사 儀礼的なあいさつ.

의례건〔依例件〕 名 前例に従って当然すべきこと.

의롭다〔義―〕 形 義理堅い. 律義だ. ¶ 의로운 사람 義理堅い人. **의로이** 副 義理堅く.

의롱〔衣籠〕 名 衣裳箱. 衣裳箪笥.

의뢰〔依賴〕 名 하他 依頼. ¶ 강연을 ～하다 講演を依頼する.

의뢰심〔―心〕 名 依頼心.

의뢰인〔―人〕 名 依頼人.

의료[1]〔衣料〕 名 衣料. 衣服.

의료[2]〔醫療〕 名 医療. ¶ ～ 보험 医療保険 / ～ 시설 医療施設.

의료비〔―費〕 名 医療費.

의류〔衣類〕 名 衣類. 衣服.

의리〔義理〕 名 義理. ¶ ～부동 義理にはずれること / ～를 지키다 義理を立てる / ～에 어긋나다 義理にはずれる.

의매〔義妹〕 名 義妹. 義理の妹.

의명〔依命〕 名 하自 依命. 命令によること.

의명 통첩〔―通牒〕 名 依命通達.

의모〔義母〕 名 義母. 義理の母.

의무[1]〔義務〕 名 義務. ¶ ～ 교육 義務教育 / 국민의 납세 ～ 国民の納税義務 / ～를 다하다 義務を果たす.

의무감〔―感〕 名 義務感.

의무적〔―的〕 冠 名 義務的.

의무[2]〔醫務〕 名 医務. ¶ ～실 医務室.

의문〔疑問〕 名 疑問. ¶ ～ 대명사 疑問代名詞 / ～이 생기다 疑問が生じる / ～을 풀다 疑問を晴らす.

의문문〔―文〕 名〔言〕疑問文.

의문부〔―符〕 名〔言〕疑問符.

의문스럽다 形 疑わしい. 怪しい. ¶ 그가 정말 진범인지 ～ 彼がほんとうに真犯人か疑わしい.

의문점〔―點〕 名 疑問点.

의뭉스럽다 形 見かけによらず腹黒いところがある. **의뭉스레** 副 腹黒く.

의미〔意味〕 名 하他 意味. **1** 意義. 意味. ¶ 문장의 ～ 文章の意味 / 아무런 ～도 없는 행동 何の意味もない行動. **2** 動機となった理由. わけ. ¶ ～가 있어서 착수한 일이에요 わけがあって始めたことなんです.

의미론〔―論〕 名〔言〕意味論.

의미심장하다〔意味深長―〕 形 意味深長だ. ¶ 의미심장한 한마디 意味深長な一言.

의발〔衣鉢〕 名〔佛〕衣鉢.

의법〔依法〕 名 하自 法律によること.

의병〔義兵〕 名 義兵. 義軍. ¶ ～을 일으켜 외적과 싸우다 義兵を起こして外敵と戦う.

의복〔衣服〕 名 衣服. 服. 着物. ¶ 그 ～은 당신에게 잘 어울린다 その服はあなたによく似合う.

의부[1]〔義父〕 名 義父. 養父.

의부[2]〔義婦〕 名 義理を重んじる女性.

의분〔義憤〕 名 義憤. ¶ 민족적 ～ 民族的義憤 / ～을 느끼다 義憤を感ずる.

의불합하다〔意不合―〕 形 意が合わない.

의붓딸 名 (妻の前夫の)娘. 義理の娘.

의붓아들 名 (妻の前夫の)息子. 義理の息子.

의붓아버지 名 義父. 継父.
의붓어머니 名 義母. 継母.
의붓자식〔—子息〕名 (妻や妾の)連れ子. 継子.
의사[1]〔義士〕名 義士. 義人.
의사[2]〔義死〕名 하自 義死.
의사[3]〔意思〕名 意思. ¶ ~소통 意思の疎通 / ~ 표시 意思表示 / ~가 통하지 않다 意思が通じない.
　의사 능력〔—能力〕名〔法〕意思能力.
의사[4]〔縊死〕名 縊死.
의사[5]〔擬死〕名 擬死.
의사[6]〔擬似〕名 하形〔醫〕疑似. ¶ ~ 콜레라 疑似コレラ.
의사[7]〔醫師〕名 医師. 医者. ¶ 외과 ~ 外科医 / 돌팔이 ~ やぶ医者 / ~의 치료를 받다 医者の治療を受ける.
의사[8]〔議事〕名 議事. ¶ 회의에서 ~를 진행하다 会議で議事を進める.
　의사당〔—堂〕名 議事堂. ¶ 국회~ 国会議事堂.
　의사록〔—錄〕名 議事録.
　의사 방해〔—妨害〕名 議事妨害.
　의사일정〔—日程〕名 議事日程.
의상[1]〔衣裳〕名 衣装. ¶ 무대 ~ 舞台衣装.
　의상실〔—室〕名 **1** 衣服を置いたり着替えたりする部屋. 衣装部屋. **2** 洋装店.
의상[2]〔意想〕名 意想. 思い. 考え.
의생〔醫生〕名 韓方医.
의서〔醫書〕名 医書.
의석〔議席〕名 議席. ¶ ~을 얻다[잃다] 議席を得る[失う]/~수 議席数.
의성[1]〔擬聲〕名 擬声.
　의성어〔—語〕名〔言〕擬声語.
의성[2]〔醫聖〕名 医聖.
의세〔倚勢〕名 하自 勢力をたのむこと. (権力などを)笠にきること.
의수〔義手〕名 義手.
의숙〔義塾〕名 義塾.
의술〔醫術〕名 医術. 医方. ¶ ~이 발달하다 医術が発達する.
의식[1]〔衣食〕名 衣食. ¶ ~이 넉넉하다 衣食が足りる.
의식[2]〔意識〕名 하他 意識. ¶ ~을 되찾다 意識を取り戻す / 정치 ~ 政治意識 / 죄~ 罪の意識 / ~ 구조 意識構造 / ~ 불명 意識不明 / ~을 잃다 意識を失う. 失神する.
　의식 심리학〔—心理學〕名〔心〕意識心理学.
　의식적〔—的〕冠名 意識的.
의식[3]〔儀式〕名 儀式. 儀典. ¶ 종교~ 宗教の儀式 / ~을 순조롭게 거행하다 儀式を滞りなく執り行なう.
의식주〔衣食住〕名 衣食住. ¶ ~를 해결하다 衣食住を解決する.
의심[1]〔義心〕名 義心. 義侠心.
의심[2]〔疑心〕名 하他 疑心. 疑い. ¶ ~을 받다 疑いを受ける / ~할 여지가 없다 疑う余地がない / ~을 품다 疑心を抱く.
　의심나다 自 疑わしく思う. ¶ 의심나면 조사해 보아라 疑わしいと思ったら調べてみろ.
　의심스럽다 形 疑わしい. ¶ 진의가 ~ 真意が疑わしい. **의심스레** 副 疑わしく.
　의심쩍다 形 疑わしい. ¶ 저 자의 수작이 의심쩍기만 하다 あいつの行動は何とも疑わしい.
의아스럽다 形 いぶかしい. ¶ 의아스럽게 생각하다 いぶかしく思う. **의아스레** 副 いぶかしく.
의아하다〔疑訝—〕形 いぶかしい. 疑わしい. ¶ 의아한 표정 けげんな表情.
의안[1]〔義眼〕名 義眼. 入れ目.
의안[2]〔議案〕名 議案. ¶ ~을 제출하다 議案を提出する.
의약〔醫藥〕名 医薬.
　의약 분업〔—分業〕名 医薬分業.
의약품〔醫藥品〕名 医薬品.
의업〔醫業〕名 医業.
의역〔意譯〕名 하他 意訳. 反 直訳.
의연〔義捐〕名 義捐. 寄付. ¶ ~금 義捐金.
의연하다[1]〔依然—〕形 依然としている. 前と変わらない. ¶ 구태~ 旧態依然としている. **의연히**[1] 副 依然と.
의연하다[2]〔毅然—〕形 毅然としている. ¶ 의연한 태도 毅然とした態度. **의연히**[2] 副 毅然と. ¶ 고난을 ~ 참아내다 苦難を毅然と我慢する.
의열〔義烈〕名 하形 義烈. ¶ 충용 ~ 忠勇義烈.
의옥〔疑獄〕名 疑獄. ¶ ~ 사건에 관련되다 疑獄事件に連座する.
의외〔意外〕名 意外. 案外. 思いの外. ¶ ~의 사건 意外な事件 / ~로 시간이 걸렸다 意外に[案外]時間がかかった.
의욕〔意欲〕名 意欲. ¶ ~적 意欲的 / 삶의 ~을 잃다 生きる意欲を失う.
의용[1]〔義勇〕名 義勇.
　의용군〔—軍〕名 義勇軍.
　의용 소방대〔—消防隊〕名 義勇消防隊.
의용[2]〔儀容〕名 儀容. 容儀.
의원[1]〔依願〕名 依願. 願いによること. ¶ ~면직 依願免職.
의원[2]〔醫員〕名 医員.
의원[3]〔醫院〕名 医院.
의원[4]〔議院〕名 議院. 議会. ¶ ~ 내각제 議院内閣制.
의원[5]〔議員〕名 議員. ¶ 국회 ~ 国会議員.
의음〔擬音〕名 擬音. ¶ ~효과 擬音効果.
의의[1]〔意義〕名 **1** 意義. ¶ ~ 있는 일 意義のある仕事 / ~가 크다 意義が大きい. **2** (単語の)意義.
의의[2]〔疑義〕名 疑義.
의의하다〔依依—〕形 **1** 弱々しい. **2** (草が)みずみずしく青い. **3** (別れが)名残惜しい. **4** (過去の記憶が)かすかだ.
의인[1]〔義人〕名 義人. 義士.
의인[2]〔擬人〕名 하他 擬人.
　의인법〔—法〕名 擬人法.
　의인화〔—化〕名 하他 擬人化.
의자[1]〔椅子〕名 椅子. ¶ 회전~ 回転椅子/~에 앉다 椅子に座る.
의자[2]〔義子〕名 義子. 養子.
의작〔擬作〕名 하他 擬作. 似せてつく

ること. ¶ ～시 擬作詩.

의장[1]〔意匠〕 名 意匠. デザイン.

의장가〔一家〕 名 意匠家. デザイナー.

의장권〔一權〕 名〔法〕 意匠権.

의장[2]〔儀仗〕 名〔史〕 儀仗.

의장기〔一旗〕 名〔史〕 儀仗旗.

의장대〔一隊〕 名 儀仗隊.

의장병〔一兵〕 名 儀仗兵.

의장[3]〔議長〕 名 議長.

의장단〔一團〕 名 議長団.

의장[4]〔議場〕 名 議場. ¶ 국회 ～ 国会の議場.

의장[5]〔衣藏〕 名 衣装箪笥.

의장[6]〔艤裝〕 名 하自他 艤装. 船装.

의적〔義賊〕 名 義賊. 侠盗.

의전〔儀典〕 名 儀典. 典例.

의절〔義絶〕 名 하自 義絶. ¶ 아버지와 ～하다 父と義絶する.

의젓잖다 形 落ち着きがない. しっかりしていない.

의젓하다 形 堂々としている. 立派だ. しっかりしている. ¶ 의젓한 모습 堂々たる姿. **의젓이** 副 堂々と. 立派に.

의정〔議定〕 名 하他 議定.

의정서〔一書〕 名 議定書.

의정안〔一案〕 名 議定案.

의제[1]〔義弟〕 名 義弟. 兄弟の契りを結んだ仮の弟.

의제[2]〔擬制〕 名〔法〕 擬制.

의제 자본〔一資本〕 名〔經〕 擬制資本.

의제[3]〔擬製〕 名 하他 擬製. 模造.

의제[4]〔議題〕 名 議題. ¶ 중심 ～ 中心議題.

의족〔義足〕 名 義足. 継ぎ足.

의존〔依存〕 名 하自他 依存. ¶ ～도 依存度 / 상호 ～ 相互依存 / 원유를 오직 수입에 ～하는 나라 原油を輸入にのみ依存する国.

의존 명사〔一名詞〕 名〔言〕 形式名詞.

의중〔意中〕 名 意中. 心の中. ¶ 그의 ～을 떠보다 彼の腹の中を探る.

의중지인〔一之人〕 名 意中の人.

의지[1]〔意志〕 名 意志. ¶ ～력 意志力 / ～가 강하다 意志が強い.

의지박약〔一薄弱〕 名 意志薄弱.

의지[2]〔義肢〕 名 義肢.

의지[3]〔依支〕 名 하自他 **1** 支え. 頼り. 寄りかかること. もたれること. ¶ 벽에 ～하다 壁に寄りかかる / 지팡이에 ～하여 걷다 杖に頼って歩く. **2** 心のよりどころ. (精神的な)支え. 頼り. ¶ ～할 곳 없는 노인들을 돌보다 身寄りのない老人たちの世話をする.

의지가지없다 形 身寄りがまったくない.

의지가지없이 副 頼りなく.

의처증〔疑妻症〕 名 妻の行為を異常に疑う性癖.

의초 名 **1** 兄弟姉妹のよしみ. **2** 夫婦愛.

의초롭다 形 (兄弟仲·夫婦仲が)むつまじい. **의초로이** 副 むつまじく.

의치〔義齒〕 名 義歯. 入れ歯.

의타〔依他〕 名 하自 人に頼ること. ¶ ～심 依頼心.

의탁〔依託·依托〕 名 하他 依託. **1** 物事を他人に任せてやってもらうこと. ¶ 발송을 ～하다 発送を依託する. **2** 他[他人]に依存すること. ¶ 늙은 몸을 불도에 ～하다 老いの身を仏の道にゆだねる.

의태〔擬態〕 名 擬態.

의태법〔一法〕 名〔文〕 擬態法.

의태어〔一語〕 名〔言〕 擬態語.

의표〔意表〕 名 意表. ¶ ～를 찌르다 意表をつく.

의하다〔依一〕 自 **1** 因る. 基づく. ¶ 그의 말에 의하면 彼の言うところによれば / 폭풍에 의한 재해 暴風による災害. **2** (‘에 의하여[의해서]’의 꼴로) …によって. ¶ 규칙에 의하여 벌하다 規則によって罰する.

의학〔醫學〕 名 医学. ¶ ～계 医学界 / 정신 ～ 精神医学.

의학 박사〔一博士〕 名 医学博士.

의합하다〔意合一〕 形 **1** 意見が合う. 意気投合する. **2** むつまじい. 仲がよい.

의해〔義解〕 名 義解.

의향〔意向〕 名 意向. ¶ ～을 묻다 意向を問う.

의혈〔義血〕 名 義血. 正義のために流す血.

의협〔義侠〕 名 義侠.

의협심〔一心〕 名 義侠心. 侠気. ¶ ～ 많은 사람 義侠心に富む人.

의형〔義兄〕 名 義兄. 兄弟の契りを交わした仮の兄.

의형제〔義兄弟〕 名 義兄弟. 兄弟の契りを交わした仮の兄弟.

의혹〔疑惑〕 名 하自他 疑惑. ¶ ～이 풀리다 疑惑が晴れる.

의회〔議會〕 名 議会. ¶ ～ 소집 議会招集.

의회 정치〔一政治〕 名〔政〕 議会政治.

의회주의〔一主義〕 名〔政〕 議会主義.

이[1] 名 **1** 歯. ¶ ～가 나다 歯が生える / ～를 닦다 歯を磨く. **2** (鋸·歯車の)歯.

◆**이가 갈리다** 歯ぎしりをしてくやしがる.

◆**이가 맞다** しっかりかみ合う.

◆**이가 빠지다** ① 歯が抜ける. ② (陶磁器の)縁が欠ける. ¶ ～가 빠진 접시 縁の欠けた皿. ③ 刃が欠ける.

◆**이를 갈다** ① 歯ぎしりをしてくやしがる. ② 乳歯が抜けかわる.

◆**이를 악물다[깨물다]** 歯をくいしばる.

〔속담〕 **이 없으면 잇몸으로 살지** 歯がなければ歯茎で生きる〈必要なものがなくても, それなりにどうにかやっていけるものである〉. **이에 신물이 난다** 歯から酸っぱい水が出る〈二度と見たくないほどうんざりする〉.

이[2] 名〔動〕 虱.

◆**이 잡듯 하다** しらみを捕まえるようにする〈すみずみまで探す〉.

이[3]〔利〕 名 **1**〔‘이익’의 준말〕 利益. **2**〔‘변리’의 준말〕 利子.

이[4]〔里〕 名 里. 地方行政区域の最小単位. 面の下.

이[5]〔理〕 名 理. **1** (事物現象の存在する)不変の法則. 道理. **2** (朱子学で)宇宙の根本原理.

이[6] 依名〔사람을 나타냄〕 人. こと. ¶

오고 있는 ~는 우리 형인 것 같다 来る人はうちの兄らしい.

이[7]〔二〕 數 2. 二つ.

이[8] Ⅰ 冠 この. ¶ ~ 옷 この服/~ 집 この家/~ 책 この本.
Ⅱ 代 **1**〔'이것'의 준말〕これ. ¶ ~와 관련하여 これと関連して. ちなみに/~는 세계 최고의 기록이다 これは世界最高の記録だ. **2**〔'이이'의 준말〕この人.

이[9] 助 (자음으로 끝나는 체언에 붙는 격조사) **1**〔주격을 나타냄〕…が. …は. ¶ 하늘~ 푸르다 空が青い/선생님~ 오셨다 先生がいらっしゃった. ▷가[5] **2** ('되다'와 함께 쓰여)〔체언을 보어로 만듦〕…に. …と. ¶ 물이 얼음~ 되다 水が氷になる. **3** ('아니다'와 함께 쓰여)〔아님을 나타냄〕…で(ない). ¶ 저것은 말~ 아니다 あれは馬ではない.

-이[10] 語尾 (형용사의 모음 어간에 붙는 종결 어미)〔자기의 생각을 말할 때 씀〕…だな. …だね. …だよ. …だわ. ¶ 섭섭하~ 寂しいなあ/자네 주장이 옳으~ 君の主張が正しいよ. ▷-으이

-이[11] 接尾 **1** (용언의 어간에 붙어)〔명사로 만드는 말〕¶ 먹~(〈먹다) えさ/높~(〈높다) 高さ. **2** (형용사의 어간에 붙어)〔부사로 만드는 말〕¶ 높~ 뛰어라 高く飛べ/길~ 보관하다 永く保管する. **3**〔명사를 부사로 만드는 말〕¶ 일일~ 검토하다 一つ一つ検討する. **4**〔사람의 이름 밑에 붙여 어조를 고르는 말〕¶ 인숙~가 왔다 インスギが来た.

-이-[12] 接尾 **1** (형용사의 어간에 붙어)〔타동사를 만듦〕¶ 우표를 붙~다(〈붙다) 切手を貼る/사기를 높~다(〈높다) 士気を高める. **2** (동사의 어간에 붙어)〔사동·피동의 기능을 갖게 만듦〕¶ 밥을 먹~다(〈먹다) ご飯を食べさせる.

이간〔離間〕名 하他 離間. 仲たがいさせること. ¶ 둘을 ~시키다 二人を仲たがいさせる.
◆**이간을 붙이다** 仲たがいさせる.
이간질 名 하他 人の仲を裂くこと. ¶ 둘 사이를 ~하다 二人の間を裂く.

이감〔移監〕名 하他 移監.

이같이 副 このように. こんなに. ¶ ~ 예쁜 딸을 두었다니, 부럽다 こんなに美しい娘がいるとは, うらやましいな.

이거 代〔'이것'의 준말〕これ. こりゃ. これは. ¶ ~ 뭐야? これ何だ.

이건[1]〔'이것은'이 준 말〕これは. ¶ ~ 뭐냐? これは何だ/~ 쓸 수 없어요 これは使えません.

이건[2] 助 …でも. ¶ 커피~ 홍차~ 가져오너라 コーヒーでも紅茶でも持ってこい.

이걸〔'이것을'이 준 말〕これを. ¶ ~ 어쩌랴? これをどうしよう.

이걸로〔'이것으로'가 준 말〕これで. これをもって. ¶ ~ 끝내자 これで終わりにしよう/~ 싸우려고? これで争うつもりか.

이것 代 **1** これ. ¶ ~을 봐요 これを御覧よ/~은 마치고 나서 가자 これは済ましてから行こう. **2**〔방금 말한 것을 가리킴〕これ. こういうこと. ¶ 살아 있다는 것, ~만으로 만족이다 生きているということ, これだけで満足だ. **3**〔못마땅하게 여기는 사람을 낮추어 이르는 말〕こいつ. ¶ ~들이 어디서 까불고 있어 こいつらどこでふざけてるんだ. **4**〔반어적 표현으로 어린이에게 정답게〕こいつ. ¶ ~이 벌써 아양을 떠는구먼 こいつもう愛嬌を振りまくね.

이것저것 代 あれこれ. あれやこれや. いろいろと. ¶ ~ 일로 두루 생각하다 あれこれの事に思いをめぐらす/~ 여러 방법을 써 봤다 あれこれといろいろな手段を尽くしてみた.

이게〔'이것이'가 준 말〕これは. これが. ¶ ~ 도대체 어떻게 된 일이야? これは一体どうしたことだ.

이견〔異見〕名 異見. ¶ ~을 말하다 異見を述べる.

이경[1]〔耳鏡〕名〔醫〕耳鏡.

이경[2]〔異境〕名 異境. 他国. 他郷.

이경[3]〔離京〕名 하自 離京. 都をとくにソウルを離れること. ¶ 연말에 ~할 예정이다 年末に離京する予定だ.

이계〔異系〕名 異系.

이고 助〔두 가지 이상의 사물을 아울러 말할 때 쓰임〕…であれ. …でも. …も. ¶ 산~ 강~ 다 오염되었다 山であれ川であれほとんど汚染された. ▷고[7]

이골 名 慣れること. しつけ.
이골나다 自 習熟する. 経験を積む. すっかりなれる. ¶ 일에 ~ 仕事に習熟する.

이곳 代 ここ. 当所. 当地. この地. この地方. こちら. ¶ 이전에 ~에 온 적이 있다 以前ここに来たことがある/~에서 쉬어 가자 ここで休んでいこう.

이공〔理工〕名 理工. 理学と工学. ¶ ~과 理工科.

이과〔理科〕名 理科. ¶ ~를 전공하다 理科を専攻する.

이관〔移管〕名 하他 移管. ¶ 다른 기관에 ~하다 他の機関に移管する.

이괘〔离卦〕名〔民俗〕离. 八卦の一つ.

이교〔異教〕名 異教.
이교도〔一徒〕名 異教徒.

이구동성〔異口同聲〕名 異口同音. ¶ ~으로 대답하다 異口同音に答える.

이국〔異國〕名 異国. ¶ ~정취 異国情趣/~에 뼈를 묻다 異国に骨を埋める.
이국적〔一的〕冠 名 異国的. ¶ ~인 풍물 異国的な風物.
이국취미〔一趣味〕名 異国趣味.

이궁〔離宮〕名 **1** 東宮. **2** 行宮.

이권〔利權〕名 利権. ¶ ~을 수중에 넣다 利権を掌中にする.

이극 진공관〔二極眞空管〕名〔物〕二極真空管.

이글거리다〔-대다〕自 (太陽·炭火などが)赤々と燃える. ¶ 이글거리는 태양 赤々と燃える太陽.
이글이글 副 하自 **1**〔불꽃이 빨갛게 피어오르는 모양〕炎々と. かっかと. ¶ ~ 타오르는 산불 炎々と燃え上がる山

火事／～ 내리쬐는 태양 かっかと照りつける太陽. **2**〔얼굴이 상기하여 달거나 정열 등이 성하게 이는 모양〕かっかと. 赤々と. ¶～ 타오르는 정열 かっかと燃え上がる情熱.

이금〔泥金〕 名 泥金. 金泥. 膠に混ぜた金箔.

이금에〔而今―〕 副 今になって. 今にして. ¶～ 와서 생각하면 경솔했다 今にして思えばうかつだった／～ 와서 무슨 말인가? 今ごろになって何を言うんだ.

이급〔二級〕 名 2級.

이기[1]〔利己〕 名 利己.

이기설〔―說〕 名 利己説.

이기심〔―心〕 名 利己心.

이기적〔―的〕 冠 名 利己的.

이기주의〔―主義〕 名 利己主義.

이기[2]〔利器〕 名 利器. **1** 鋭利な刃物. 鋭い武器. **2** 便利な機械. ¶문명의 ～ 文明の利器. **3** 優れた才能. 優れた人.

이기[3]〔理氣〕 名〔哲〕理気.

이기다[1] 自他 **1** 勝つ. 負かす. 反 負ける ¶배구 시합에서 ～ バレーボールの試合に勝つ／한 점 차로 이겼다 一点差で負かした. **2** (病気に)耐える. (感情などを)こらえる. ¶고통을 ～ 苦痛に耐える. **3** 体を支える. ¶몸을 못 이기는 뚱뚱이 体を支えられない太っちょ.

이기다[2] 他 **1** (粉·土などを)こねる. 練りまぜる. ¶밀가루를 ～ 小麦粉をこねる. **2** (洗濯物を)もんで洗う. **3** (肉·野菜などを)細切りにしてよくたたく.

이기죽거리다[-대다] 自 ねちねちといやみを言う. ¶이기죽거리며 약을 올리다 ねちねちといやみを言って腹を立たせる.

이기죽이기죽 副 하自 ねちねち(と). くどくど(と). 嫌みたっぷりに.

이까짓 冠 これくらいの. これしきの. こればかりの. ¶뭐 ～ 비탈길 なんだ, これしきの坂／～ 일은 나도 하겠다 これくらいのことは私でもやれる.

이끌다 他 **1** (牛馬や人の手などを)引く. 連れる. ¶딸아이의 손을 이끌고 물건을 사러 가다 娘の手を引いて買物に行く／개를 이끌고 산책하다 犬を連れて散歩する. **2** 導く. 指導する. 率いる. ¶참된 배움의 길로 ～ 真の学問の道に導く. **3** (目·注意を)引く. ¶독자의 눈을 이끄는 광고 読者の目を引く広告.

이끌리다 自 引かれる. 導かれる. ¶미모에 ～ 美貌に引かれる／안방으로 ～ 奥の間に導かれる.

이끗〔利―〕 名 (利益になる)糸口. 利益になりそうな点.

이끼[1] 名〔植〕苔. ¶바위에 ～가 끼다 岩に苔が生える.

이끼[2] 感〔놀라 급히 뒷걸음질하며 내는 소리〕うわっ. あれっ. やっ.

이끼나 感〔'이끼'의 힘줌말〕うわっ. あれっ. やっ.

이나 助《자음으로 끝나는 체언이나 부사 아래에 붙는 보조사》**1**〔선택함을 나타냄〕…でも. …か. ¶오는 휴일에는 산～ 바다로 놀러 가자 来たる休日には山か海へ遊びに行こう. **2**〔상관없거나 지장이 없음을 나타냄〕…でも. ¶감이 없으면 밤～ 주세요 柿がないなら栗でもください. **3**〔마찬가지임을 나타냄〕…も …も. ¶죽는 것은 사람～ 짐승～ 다 마찬가지다 死ぬのは人間も動物もみな同じだ. **4**〔열거를 나타냄〕…や. ¶수업이 없을 때에는 도서관～ 다방에서 시간을 보낸다 授業がないときは図書館や喫茶店で時間を過ごす. **5**《수량을 나타내는 명사에 붙어》〔수량이 정도를 넘거나 막연한 수량을 가리킴〕…も. …に. …くらい. ¶어느 새 열 명～ 모였다 いつの間にか10名も集まった. **6**〔한정을 나타냄〕…だけが. ¶돈 있는 사람～ 갈 곳이야 金のある人だけが行くべき所だ.

이나마[1] 副 (十分ではないが)これさえも. これだけでも. ¶～ 없었으면 어쩔 셈이었소? これさえもなかったらどうするつもりだったの.

이나마[2] 助〔부족하지만 아쉬운 대로〕…でも. (少なくとも)…ぐらいは. …ではあるが(まずは). ¶가난하거든 몸～ 성해야지 貧しければ体ぐらいは丈夫でなくちゃ.

이날 名 今日. この日.

이날이때 名 今日のこの時. ¶～까지 보살펴 주신 부모님 今日のこの時まで世話してくださった両親.

이날저날 名 今日明日. ¶～ 미루기만 하고 언제 끝내려느냐? 今日明日と延ばすばかりでいつ終えるつもりなのか.

이남〔以南〕 名 **1** ある基準になる地点からその南方. **2** 韓半島の北緯38度線の南.

이내[1] 冠〔'나의'의 힘줌말〕この私の. ¶고달픈 ～ 신세 辛いこの私の身の上.

이내[2] 副 **1** すぐ. まもなく. 立ち所に. ただちに. ¶볼일이 끝나면 ～ 돌아오너라 用事が済んだらすぐ帰りなさい. **2** ずっと. ずうっと. つづけて. ¶헤어지고 ～ 감감소식이다 別れてからずうっと消息がない. **3** すぐ近くに. すぐ. ¶큰길을 따라가면 ～ 역이다 大通りに従って行くとすぐ駅だ.

이내[3]〔以內〕 名 以内. 内. ¶500자 ～로 요약하다 500字以内で要約する.

이내[4] 名 夕靄. 暮靄.

이냥 副 このまま. ¶～ 주저앉을 수는 없다 このままあきらめることはできない.

이냥저냥 副 どうにかこうにか. このまま. 適当に. なんとか. ¶덕택으로 ～ 해나가고 있다 おかげさまでどうにかこうにかやっている.

이네 代 この人たち. あの人たち. ¶～가 왜 이렇게 안 오지? この人たちはなぜまだ来ないんだ.

이녁 名 **1** 手前. こっち. こちら. ¶～이 이 집 주인입니다 手前が当家の主人でございます. **2**〔'하오'할 상대를 조금 낮추어 이르는 말〕そちら. 君. あんた. ¶～에겐 정말 미안하게 되었소 そちらには本当にすまないことになりま

した.

이념〔理念〕 名 理念. ¶～을 달리하다 理念を異にする.

이농〔離農〕 名 하自 離農. ¶～ 현상이 두드러지다 離農現象が目立っている.

이뇨〔利尿〕 名 하自 利尿.

이뇨제〔一劑〕 名〔藥〕利尿剤.

이니 助〔사물을 열거할 때에 씀〕…とか. …やら. ¶밤～ 감～ 가득 사들였다 栗やら柿やらいっぱい買いこんだ.

이다¹ 他 **1** (物を)頭に載せる. ¶물동이를 인 처녀 水がめを頭に載せた乙女. **2**〔머리 위에 무엇이 있는 것을 비유해서 하는 말〕頭の上にある. 頂く. ¶머리에 서리를 ～ 頭に霜を頂く/눈을 이고 있는 알프스의 연봉 雪を頂くアルプスの連峰.

이다² 他 葺く. ¶기와로 지붕을 ～ 瓦で屋根を葺く.

이다³ 助 …だ. …である. ¶독서는 마음의 양식～ 読書は心の糧である/저 건물이 우리 학교～ あの建物が我々の学校だ.

이다음 名 この次. 今度. 後日. ¶～ 또 만납시다 今度また会いましょう/～에 한잔 살게 この次一杯おごるよ.

이다지 副 こんなにまで. これ程にまで. ¶～ 멀 줄이야 こんなにまで遠いとは.

이다지도 副〔'이다지'를 강조하는 말〕こんなにまでも. これ程にまでも.

이단〔異端〕 名 異端.

이단시〔一視〕 名 하他 異端視.

이단자〔一者〕 名 異端者.

이달 名 今月. 本月. この月. 当月. ¶～ 20일 今月の20日/～호 今月号/～치 今月分.

이담 名〔'이다음'의 준말〕この次.

이당〔離黨〕 名 하自 離党. ¶주의를 달리하여 ～하다 主義を異にして離党する.

이대로 副 このまま. このように. このとおりに. ¶～ 가만히 계세요 このままじっとしていらしてください/～ 해도 좋습니까? このようにしてもいいですか. ▷그대로, 저대로

이데아〔㉢idea〕 名 イデア. 理念.

이데올로기〔㊀Ideologie〕 名 イデオロギー.

이도¹〔吏道〕 名 吏道. 官吏の守るべき道.

이도²〔利刀〕 名 利刀. 鋭利な刀.

이동¹〔異動〕 名 異動. ¶인사～ 人事異動/정기 ～ 定期異動.

이동²〔移動〕 名 하自他 移動. 移ること. 移すこと. ¶～식 移動式.

이동 경찰〔一警察〕 名〔法〕移動警察.

이동 무대〔一舞臺〕 名〔演〕移動舞台.

이동 방송〔一放送〕 名 移動放送.

이동성〔一性〕 名 移動性. ¶～ 고기압 移動性高気圧.

이동 통신〔一通信〕 名 移動体通信.

이두〔吏讀〕 名 吏読. 吏読文字〈韓国語を表記する方法. またはその文字〉. ¶～ 문학 吏読文学.

이둔〔利鈍〕 名 하形 利鈍. **1** (刃物などの)鋭いことと鈍いこと. **2** 賢いことと愚かなこと.

이드거니 副 ふんだんに. たっぷり. どっさり. ¶식량은 ～ 있다 食糧はふんだんにある.

이드르르 副 하形〔윤기가 돌고 부드러운 모양〕つやつやしい. ¶얼굴이 ～하다 顔のつやがいい/～한 살결 つやつやしい肌.

이드를 副 하形〔'이드르르'의 준말〕つやつやしい.

이득〔利得〕 名 利得. もうけ. 利益. 得. ¶～을 얻다 利益を得る/엄청난 ～을 보다 ぬれ手であわのぼろもうけをする.

이든 助〔'이든지'의 준말〕…でも. …なり(とも). ¶사람～ 짐승～ 다 귀한 목숨이다 人間でも生き物でもすべて貴い命である. ▷-든지

이든지 助〔가리지 아니함을 나타냄〕…でも. …なり(とも). ¶어떤 일～ 맡겨만 주십시오 どんな仕事でも任せてください. ▷-든지

이들 Ⅰ 代 **1** これら. **2** この人々. Ⅱ 冠 これらの.

이들이들 副 하形 (顔などが)とてもつややかなようす.

이듬달 名 翌月.

이듬해 名 翌年. 明くる年.

이등〔二等〕 名 2等. 2番.

이등병〔一兵〕 名 二等兵.

이등변삼각형〔二等邊三角形〕 名〔數〕二等辺三角形.

이등분〔二等分〕 名 하他 2等分.

이따 副〔'이따가'의 준말〕のちほど. あとで. ¶～ 만나자 あとで会おう.

이따가 副 のちほど. あとで. 少ししてから. ¶～ 또 오겠어요 あとでまた来ます.

이따금 副 時々. 時折. たまに. 時たま. ¶정류장에서 ～ 만난다 停留所で時たま会う/～ 바람이 분다 時折風が吹く/～ 얼굴을 나타내다 時々顔を見せる.

이따위 名 こんな物. こんな類い. たかがこのくらいのもの. ¶～를 뭣에 쓰라는 말인가? こんなものを何に使えというのか/～는 필요도 없다 こんな物は必要もない.

이때껏 副 今の今まで. ¶～ 무엇을 하고 있었니? 今の今まで何をしておったのか.

이똥 名 歯糞. 歯垢. 歯石.

이라 助〔'이다'의 어간에 붙는 종결 어미〕…だ. …である. …なり. ¶하나 보태기 하나는 둘～ 一足す一は二である.

이라고 助《자음으로 끝나는 체언에 붙는 조사》**1**〔남의 말을 인용함을 나타냄〕…だと. ¶그곳이 그의 고향～ 하더라 そこが彼の故郷だと言ったよ. **2**〔얕잡아 말하는 뜻을 나타냄〕…だって. ¶그때야 집～ 변변한 것이 있었나 そのときは家だってろくな物があったか. **3**〔별다를 바 없음을 나타냄〕…だからと. ¶부잣집～ 별수 있으랴 金持ちの家だからといって妙案なんてあろうか.

이라도 助〔양보의 뜻을 나타냄〕…でも. ¶이것만～ 끝내자 これだけでも済ませよう.

이라든지 助 〔사물을 열거할 때에 씀〕 …とか. ¶매일, 세탁~ 식사 준비에 쫓겨 책을 읽을 짬도 없다 毎日, 洗濯とか食事の支度に追われ本を読む暇もない.

이라서 助 …だから. …であるので. …なので. ¶아무래도 겨울~ 추울 겁니다 なにぶん冬ですので寒いでしょう.

이라야 助 〔필요한 사물임을 나타냄〕 …でなければ…ない. ¶그 사람~ 그 일을 해낼 수 있다 彼でなければその仕事を成し遂げられない.

이라야만 助 …であってはじめて. …であってこそ. …でなければ…ない. ¶새것~ 좋다는 생각은 버려라 新品であってこそよいという考え方は捨てろ.

이라크〔Iraq〕 名〔地〕イラク〈西アジアの共和国〉.

이란〔Iran〕 名〔地〕イラン〈西アジアの共和国〉.

이란성 쌍생아〔二卵性雙生兒〕 名〔生〕二卵性双生児.

이랑[1] 名 畝. ¶~ 재배 畝栽培.

이랑[2] 助 〔여럿을 대등한 자격으로 이어 줌〕 …なり. …であれ. …や. …とか. ¶책~ 연필~ 다 주마 本なり鉛筆なり皆やろう.

이래[1]〔以來〕 名 以来. このかた. ¶유사~ 有史以来 / 졸업한 ~ 한 번도 만나지 않았다 卒業してこのかた一度も会っていない.

이래[2] 〔'이리하여'가 준 말〕 このようにして. こうして.

이래도 〔'이리하여도'가 준 말〕 このようにしても. こうしても. ¶~ 안 되고 저래도 안 되니 어쩌겠나 こうしても駄目だしああでも駄目なのをどうしよう.

이래봬도 副 こう見えても. ¶~ 백만장자다 こう見えても百万長者だ.

이래저래 副 あれこれ. あれやこれや. どうやらこうやら. ¶~ 트집만 잡는다 あれやこれやとけちばかりつける / ~ 시험해 보다 あれこれと試す.

이래라저래라 〔'이리하여라 저리하여라'가 준 말〕 ああしろこうしろと. このようにしろあのようにしろ. ¶~ 말도 많다 こうしろああしろとずいぶんうるさい.

이래서 〔'이리하여서'가 준 말〕 だから. このようにして. ¶~ 둘은 원수가 되었다 このようにして二人はかたきどうしになった.

이래서야 〔'이리하여서야'가 준 말〕 こんな状態では. このようにしていては. ¶~ 면목이 없지 않은가 このようにしては面目がないんじゃないか.

이래야 〔'이리하여야'가 준 말〕 こうでこそ. こうでなければ. こうしてこそ. こうしなければ. ¶꼭 ~ 돈을 버나 必ずこうしてこそお金を稼ぐのか.

이랬다저랬다 ああ言ったりこう言ったり. ああしたりこうしたり. ¶~ 하여 요점을 알 수 없다 ああ言ったりこう言ったりして要点をつかめない.

이러구러 副 かれこれ. およそ. だいたい. ¶고향 떠나 ~ 10년이 흘렀다 故郷を離れてかれこれ10年が過ぎた.

이러나저러나 副 **1** 〔이리하나 저리하나〕 どっちみち. どうせ. ¶~ 안 된다 どうせできない. **2** 〔이러하나 저러하나〕 いずれにせよ. とにかく. ¶~ 분쟁은 피하지 못할 것이다 いずれにせよ紛争は避けられまい.

이러니 副 こうだから. ¶~ 더 분발해야겠다 こうだからもっと頑張らなければならない.

이러니저러니 副 どうのこうのと. 何のかのと. とやかく. ¶시국이 ~ 말도 많다 時局がどうのこうのと騒々しい.

이러다 自〔이리하다〕 こうする. このようにする. ¶~ 막차를 놓치겠다 こうしていては終列車に乗りそこなうぞ.

이러루하다 形 大体このようなものだ, やや似ている. ¶내 만년필도 대개 ~ 私の万年筆も大体このようなものだ.

이러면 副 こうすれば. ¶~ 어떨까? こうすればどうだろうか / ~ 안 돼요 こうしちゃ駄目ですよ.

이러므로 副 こういうわけで.

이러이러하다 形 しかじかだ. こうこうである. ¶이러이러한 이유로 しかじかの理由で / 사정이 ~ 事情がこうこうである.

이러저러하다 形 そんなこんなである. ¶이러저러한 일로 한동안 바빴다 そんなこんなで一時は忙しかった.

이러쿵저러쿵 副 하自 なんだかんだと. 何のかのと. あれこれと. ¶~ 말이 많다 何のかのと口うるさい.

이러하다 形 このようだ. こんな具合だ. ¶보시다시피 형편이 이러합니다 ごらんのとおり状況はこんな具合です.

이럭저럭 副 **1** どうにかこうにか. やっとのことで. ¶~ 정상에 당도했다 やっとのことで頂上にたどりついた. **2** 知らぬまに. いつのまにか. かれこれ. ¶~ 헛되이 세월만 흘렀다 いつのまにか年月だけがむなしく流れ去った.

이런[1] 冠 〔'이러한'의 준말〕 このような. こんな. ¶~ 방법은 바람직하지 않다 このような方法は好ましくない / ~ 일은 처음이다 こんなことは初めてだ.

이런고로〔一故一〕 副 このようなわけで. ¶사정이 ~ 좀더 기다려 주십시오 事情がこのようなわけですからもう少しお待ちください.

이런대로 副 これなりに. このように. まあまあ. ¶~ 살다 보면 좋은 일도 있겠지 このように暮らしていくうちにはいいこともあるだろう.

이런즉 副 このようなわけだから. こんなわけで. こうなので. このようだから. ¶~ 지금은 이곳에 있다 こんなわけで今はこちらにいる.

이런[2] 感 〔놀라서 내는 소리〕 あら. まあ. こりゃ. おやおや. これはこれは. ¶~ 세상에 あらまあ / 아이고 ~, 또 실수를 했다 やれやれこりゃ, またしくじった.

이렁성저렁성 副 하自 あれやこれや. ああでもありこうでもある. ¶~ 말만 많다 あれやこれやと口ばかりうるさい.

이렁저렁 副 하自 どうやらこうやら. どうにかこうにか. ¶~ 살아갑니다 どうにかこうにか暮らしています / ~ 결말이 났다 どうやらこうやら片がついた.

이렇다 形 〔'이러하다'의 준말〕 こうだ. このようだ. このとおりだ. ¶그 법령의 취지는 ～ その法令の趣旨はこうだ/～할 사건도 없었다 これといった事件もなかった.

이렇다저렇다 副 하自 ああだこうだ. なんだかんだ. ¶～ 말을 해야지 ああだとかこうだとか言わなくちゃ/～ 변명을 늘어놓다 ああだこうだと弁解を並べる/～ 할 입장이 아니다 何のかんの言う立場ではない.

이렇든저렇든 副 こうであってもああであっても. どっちみち. とにかく. ¶～ 내게는 상관없다 どっちみち私には関係がない/～ 잘 됐다 とにかくうまくいった.

이렇듯 副 〔'이렇듯이'의 준말〕 このように. これほどに. かくまで. かくも. ¶～ 신세만 져서 미안합니다 このようにご迷惑ばかりかけてあいすみません.

이렇듯이 副 こんなに. これほどに. このように. ¶～ 달 밝은 밤에 このように月の明るい夜に/～ 추운 겨울은 처음이다 こんなに寒い冬は初めてだ.

이레 名 **1** 7日間. ¶～ 만에 병석에서 일어나다 7日目に病床から起きる. **2** 〔어느 달의 일곱째 날을 가리킴〕 7日.

이렛날 名 7日目. (月の)7日.

이력〔履歷〕 名 履歴. 経歴. ¶～을 쌓다 経歴を積む/～이 다채롭다 経歴が豊かだ.

◆**이력이 나다** 永らく経験してそのことに熟達する.

이력서〔一書〕 名 履歴書.

이례〔異例〕 名 異例. ¶～의 조치 異例の措置.

이례적〔一的〕 冠 名 異例的. ¶～인 승진 異例の昇進/～인 일 異例の事.

이로부터 副 これ以後. これより. これから. その後から. ¶～ 세상에는 온갖 불행과 고통이 생겨났다 その後世の中にはあらゆる不幸と苦しみが生まれた.

이로써 副 **1** これをもって. これでもって. ¶～ 타산지석으로 삼아라 これをもって他山の石とせよ. **2** これによって. このことによって. ¶～ 분쟁의 씨앗이 뿌려졌다 これによって紛争の種がまかれた.

이론¹〔異論〕 名 異論. ¶～의 여지가 없다 異論の余地がない/～을 제기하다 異論を提起する.

이론²〔理論〕 名 理論. ¶～과 실제 理論と実際/～을 확립하다 理論を確立する.

이론 경제학〔一經濟學〕 名〔經〕 理論経済学.

이론 과학〔一科學〕 名 理論科学.

이론 물리학〔一物理學〕 名〔物〕 理論物理学.

이론적〔一的〕 冠 名 理論的.

이롭다〔利一〕 形 得だ. 有利だ. 有益だ. 利する. ¶그 쪽을 사는 편이 ～ そっちを買うほうが得だ/이롭게 상담을 끌고 간다 有利に商談を進める.

이루¹〔二壘〕 名 (野球の)二塁. ¶～수 二塁手/～타 二塁打.

이루² 副 《주로 '다'와 부정의 말과 같이 쓰여》 とうてい. ことごとく. いちいち. 全部. すべて. ¶～ 다 말할 수 없는 고통 とうてい言うに言いつくせない苦痛.

이루다 他 **1** 成す. つくりあげる. ¶가정을 ～ 家庭をつくる/문전성시를 ～ 門前市をなす. **2** 果たす. 遂げる. ¶청운의 뜻을 ～ 青雲の志を果たす/소원을 ～ 望みを遂げる. **3** (仕事を)終える. 完成する. なし遂げる. ¶땀으로 이룩한 사업 汗でなし遂げた事業.

이루어지다 自 なし遂げられる. なる. かなう. 成り立つ. できあがる. 構成される. ¶타협이 ～ 妥協が成り立つ/꿈이 ～ 夢がかなう/숙원 사업이 ～ 宿願の事業がなし遂げられる.

이룩되다 自 なし遂げられる. つくられる. ¶피와 땀으로 이룩된 사업 血と汗でなし遂げられた事業.

이룩하다 他 成す. 達成する. なし遂げる. 築く. つくる. ¶목표를 ～ 目標を達成する/위대한 업적을 ～ 偉大な業績をなし遂げる/풍요로운 복지 사회를 ～ 豊かな福祉社会を築く.

이류¹〔二流〕 名 二流. ¶～ 극장 二流劇場.

이류²〔異類〕 名 異類. **1** 異なった種類. **2** 異なった種族.

이륙〔離陸〕 名 하自 離陸. 反 着陸 ¶～ 활주 離陸滑走.

이륜차〔二輪車〕 名 二輪車.

이르다¹ 自 **1** 着く. 到着する. 到達する. ¶종착역에 ～ 終着駅に着く/목적지에 ～ 目的地に到達する. **2** (時間に)なる. 至る. ¶나이 50에 ～ よわい50に至る/비는 한밤에 이르러서 멎었다 雨は深夜になってやんだ. **3** 及ぶ. わたる. 達する. ¶세부에 이르기까지 細部にわたるまで/한계점에 이른 인구 밀도 限界点に達した人口密度.

이르다² 自 他 **1** 言う. 話す. 称する. 告げる. 申す. ¶옛 성인이 이르기를 いにしえの聖人曰く/청소년에게 이르노니 青少年に告ぐ. **2** 〔타이르다〕 言い聞かせる. 諭す. ¶불조심하라고 ～ 火の用心をせよと言い聞かせる/간곡히 ～ 懇々と諭す. **3** 〔고자질하다〕 告げ口する. 言い付ける. ¶선생님한테 일러줄 거야 先生に言いつけてやるぞ/상사에게 ～ 上役に告げ口する.

◆**이를 데 없다** この上もない. たとえようもない. ¶이를 데 없는 행복 この上もない幸せ/귀엽기 이를 데 없다 たとえようもなくかわいい.

이르다³ 形 早い. ¶이른 아침 明け方. 早朝/등교 시간은 아직 ～ 登校時間にはまだ早い/실망하기에는 아직 ～ 失望するのはまだ早い.

이르집다 他 **1** (皮を)引きはがす. 剝ぎ取る. ¶나무껍질을 ～ 樹皮を剝ぎ取る. **2** でっち上げる. 捏造する.

이른모 名〔農〕 早苗.

이른바 副 いわゆる. ¶그런 문학이 ～ 전후파 문학이다 そういう文学がいわゆる戦後派文学なんだ/～ 천재와는 또 다르다 いわゆる天才とはまた違う.

이른봄 名 早春. 初春. 春先. ¶ ~의 서향의 향기 早春の沈丁花のかおり.

이를테면 副 〔'이를터이면'의 준말〕 たとえば. いわば. たとえて言えば. 言ってみれば. ¶ ~ 말입니다 たとえばですね / 저 사장은 ~ 장식물이다 あの社長はいわば飾り物だ.

이름 名 하他 **1** 名前. 名. ¶ 태어난 아이의 ~을 짓다 生まれた子の名を付ける / 접수처에서 ~을 대다 受付で名前を名乗る. **2** 姓名. ¶ ~을 적어 넣다 姓名を書き入れる. **3** 名称. 名前. 称号. ¶ 이 꽃의 ~은 무궁화다 この花の名称は木槿だ / 회사 ~을 뭐라고 합니까? 会社の名前を何といいますか. **4** 名義. 名前. ¶ ~을 변경하다 名義を書き換える / 개인 ~의 재산 個人名義の財産. **5** 評判. うわさ. 名声. ¶ 작가로서 ~이 높다 作家として評判が高い / ~을 더럽히다 名声を汚す. **6** 名目. 口実. ¶ 자선 사업이라는 ~으로 영리를 도모하다 慈善事業という名目のもとに営利を図る. **7** 名誉. ほまれ. ¶ 학교의 ~을 빛내다 学校の名を輝かす.

◆**이름을 날리다** 名をはせる. ¶ 온 나라에 그 ~을 날리다 国中にその名をはせる.

◆**이름을 남기다** 名を残す. 名をとどめる. ¶ 역사에 ~을 남기다 歴史に名を残す.

◆**이름을 짓다** 名前をつける. 名付ける.

◆**이름을 팔다** ① 名を売る. 名が広く知れわたるようにする. ② 名をかたる. 名を詐称する.

◆**이름이 나다** 名が知られる. 有名になる. 有名だ.

이름자〔一字〕 名 (人の)名前を表わす字.

이름표〔一標〕 名 名札.

이리¹ 名 (魚の)白子.

이리² 名〔動〕狼.

이리³ 副 このように. こんなに. こう. ¶ ~ 되면 문제는 더욱 복잡해진다 こうなったら問題はますますややこしくなる.

이리⁴ 副 こっちへ. こちらへ.

◆**이리 뒤적 저리 뒤적** あちこちひっかき回すようす.

◆**이리 뒤척 저리 뒤척** 寝返りをうつようす.

이리로 副 〔'이리⁴'의 힘줌말〕こっちへ. こちらへ. ¶ ~ 전화 해 달라고 전해 주세요 こちらに電話するように伝えてください.

이리 온 感 こっちへおいで.

이리저리 副 **1** あちこち. あちらこちら. ¶ ~ 돌아다니다 あっちこっち歩きまわる. **2** かれこれ. ¶ ~ 구실을 붙여서 거절한다 あれこれと口実をつけて断わる.

이마 名 **1** 額. おでこ. ¶ ~가 좁다 額が狭い. **2** '이맛돌'의 준말.

이마받이 名 하自 **1** 額で突くこと. **2** (額を突きあわせるように)間近に接していること.

이맛돌 名 (かまどの上の)横にかけた長い石.

이맛살 名 額のしわ. ¶ ~을 찌푸리다 額にしわを寄せる.

이맛전 名 額の広い部分.

이마마하다 形 これくらいだ. この程度である. ¶ 이마마하면 되었나요 これくらいでいいですか.

이마적 名 最近. 近ごろ. ¶ ~엔 통 얼굴을 안 내민다 近ごろはさっぱり顔を見せない.

이만¹ 冠 これぐらいの. この程度の. ¶ ~ 일에 무슨 걱정이오? これぐらいのことで何が心配かね.

이만² 副 これで. これぐらいで. この程度で. ¶ 오늘의 회의는 ~ 끝내자 今日の会議はこれで終わりにしよう.

이만것 名 これぐらいのもの[こと].

이만저만하다 形 《부정의 표현과 함께 쓰여》 ちょっとやそっとの…ではない. 並大抵の…ではない. ¶ 그와는 이만저만한 사이가 아니다 彼とはちょっとやそっとの仲ではない.

이만하다 形 これぐらいだ. この程度だ. ¶ 이만한 상처에 무슨 엄살이야? これぐらいの傷でどうしてそんなに騒ぐの.

이만큼 副 これぐらいに. こんなに. これほど. ¶ ~ 벌었으면 충분하지 않을까? これぐらいもうかったら十分じゃないか.

이맘때 名 今時分. 今ごろ.

이며 助 ☞며¹

이면¹〔裏面〕 名 **1** 内幕. **2** 裏面. 裏側. ¶ ~을 모르면서 말참견을 한다 事情が分からないのに口出しする.

이면경계〔一境界〕 名 事の内容の是非.

이면공작〔一工作〕 名 裏面工作. 寝業.

이면부지〔一不知〕 名 理に背いた事をすること, またその人.

이면사〔一史〕 名 裏面史.

이면² ☞-면⁵

이면서 ☞-면서

이명¹〔耳鳴〕 名 耳鳴り.

이명²〔異名〕 名 異名. 異称.

이모¹〔二毛〕 名 **1** 黒い毛と白い毛. **2** 〔'이모지년'의 준말〕 三十二歳.

이모작〔一作〕 名 二毛作.

이모지년〔一之年〕 名 白髪が生え始める年. 三十二歳.

이모²〔姨母〕 名 母の姉妹. おば.

이모부〔姨母夫〕 名 母の姉妹の夫. おじ.

이모저모 名 あれこれ. 各方面. さまざま. ¶ ~로 세밀히 조사하다 あれこれと細かく調べる.

이목〔耳目〕 名 耳目. **1** 耳と目. **2** 世間の注目. 人目. ¶ ~을 꺼리다 人目を気にする.

◆**이목을 끌다** 人目を引く. 世間の注目を集める.

이목구비〔一口鼻〕 名 顔だち. 目鼻立ち. ¶ ~가 뚜렷한 얼굴 目鼻立ちのはっきりした顔.

이무기 名 **1** 竜になりそこなって深い水に住むという伝説上の大蛇. **2** 〈俗〉 熱帯地方の大蛇.

이문〔利文〕 名 利鞘. 利益金. もうけ. ¶ ~이 박한 장사 利益がうすい商売.

이물¹ 名 へさき. 船首.
이물²〔異物〕 名 異物. ¶ ～감 異物感.
이물스럽다 形 陰険で心の底が推し量られない. 腹黒い. **이물스레** 副 腹に一物あるようすで.
이므로 ☞-므로
이미 副 すでに. とうに. もはや. もう. ¶ ～ 지난 일을 후회해도 소용없다 すでに過ぎ去ったことを後悔しても仕方がない.
이미지〔image〕 名 イメージ. ¶ ～가 떠오르다 イメージがうかぶ/～를 바꾸다 イメージを変える.
이민〔移民〕 名 하自 移民.
이민족〔異民族〕 名 異民族.
이바지 名 하自他 **1** 貢献. 寄与. 社会のために役にたつこと. ¶ 경제 발전에 ～하다 経済発展に貢献する. **2** 真心を込めて食べものなどを送ること, またその食べもの. **3** 物をそろえて世話すること.
이반〔離反〕 名 하自 離反.
이발〔理髪〕 名 하自 理髪. 散髪. 調髪. ¶ ～하러 가다 散髪に行く.
이발관〔一館〕 名 理髪店. 床屋.
이발기〔一器〕 名 バリカン〈理髪用具〉.
이발사〔一師〕 名 理髪師. 理容師. 床屋.
이발소〔一所〕 名 理髪店. 床屋.
이밥 名 白いご飯. 米飯. 生飯.
이방¹〔← 예방(豫防)〕 名〔民俗〕 厄ばらい. 厄よけ. 厄おとし.
이방²〔異方〕 名 異方. 風俗·習慣の異なる地方.
이방³〔異邦〕 名 異邦. 異国. 外国.
이방인〔一人〕 名 異邦人.
이번〔一番〕 名 今度. この度. 今回. 今般. ¶ ～ 화재로 사상자가 많이 났다 今度の火災で死傷者がたくさん出た/～에는 내 차례다 今度は私の番だ.
이법〔理法〕 名 理法. **1** 理致と法則. ¶ 자연의 ～ 自然の理法. **2** 道理と礼法.
이벤트〔event〕 名 イベント.
이변〔異變〕 名 異変. 変事. ¶ 기상 ～ 気象の異変.
이별〔離別〕 名 하自 離別. 別離. 決別. 別れ. ¶ 슬픈 ～ 悲しい別れ/생～ 生き別れ/～을 고하다 別れを告げる.
이별가〔一歌〕 名 離別の歌. 別れの歌.
이별주〔一酒〕 名 離別の酒. 別れの酒.
이병〔罹病〕 名 하自 罹病.
이복〔異腹〕 名 異腹. 腹違い. 異母. ¶ ～형제 腹違いの兄弟.
이복동생〔一同生〕 名 腹違いの弟.
이본〔異本〕 名 異本. 珍本.
이봐 感〔'이 보아'의 뜻으로 사람을 부르는 말〕 おい. これ. ¶ ～ 어딜 가니? これ, どこへ行くの/～ 빨리 따라 와 おい, 早くついてこいよ.
이부¹〔二部〕 名 二部. ¶ ～ 교수 二部教授/～ 수업 二部受業/～ 합창 二部合唱/～작 二部作.
이부²〔異父〕 名 異父. 種違い. ¶ ～ 형제 異父兄弟.
이부자리 名 **1** 掛け布団と敷き布団. 寝具. **2** 寝床.
◆**이부자리를 보다** 布団を敷く.
이북〔以北〕 名 **1** 以北. **2** 韓半島の北緯38度線の北.
이분〔二分〕 名 하他 二分. **1** 二つに分けること. ¶ ～음표 二分音符. **2** 春分と秋分.
이분쉼표〔一標〕 名〔樂〕 二分休止符.
이분자〔異分子〕 名 異分子.
이불 名 布団. 掛け布団. ¶ ～을 개다 布団を畳む/～을 덮다 掛け布団をかける.
이불보〔一褓〕 名 布団を包む大きな風呂敷.
이불잇 名 布団カバー.
이불장〔一欌〕 名 布団を入れるたんす.
이비인후과〔耳鼻咽喉科〕 名〔醫〕 耳鼻咽喉科.
이빙〔履氷〕 名 하自 (薄氷をふむことの意で)非常に危険な事をすること.
이빨 名〈俗〉 歯.
이사¹〔理事〕 名〔法〕 理事. ¶ 법인의 ～ 法人の理事.
이사관〔一官〕 名〔法〕 理事官〈二級公務員〉.
이사국〔一國〕 名 理事国. ¶ 안전 보장 이사회의 상임 ～ 安全保障理事会の常任理事国.
이사장〔一長〕 名 理事長.
이사회〔一會〕 名 理事会.
이사²〔移徙〕 名 하自 引っ越し. 移転. 転居. ¶ 새집으로 ～하다 新居に引っ越す.
◆**이사를 가다** 引っ越す. 引っ越しする.
◆**이사를 오다** 引っ越してくる.
이삿짐 名 引っ越し荷物.
이사이 名 近ごろ. 最近.
이삭 名 穂. ¶ 벼 ～ 稲穂/～을 줍다 落ち穂を拾う.
◆**이삭이 패다** 穂が出る.
이산〔離散〕 名 하自 離散. ¶ ～가족 離散家族.
이산화〔二酸化〕 名〔化〕 二酸化. ¶ ～탄소 二酸化炭素.
이산화규소〔一硅素〕 名〔化〕 二酸化珪素.
이산화망간 名〔化〕 二酸化マンガン.
이산화수소〔一水素〕 名〔化〕 二酸化水素.
이산화황〔一黄〕 名〔化〕 二酸化硫黄.
이삼〔二三〕 冠 2·3. 二つか三つ. ¶ ～ 명 2·3名/～ 주 2·3週.
이상¹〔以上〕 名 以上. **1** ある数量や程度より上であること. 反 以下. ¶ 시험에서 90점 ～은 한 명도 없다 試験で90点以上は一人もいない. **2** 上述の事柄. ¶ ～의 논증으로 증명되듯이 以上の論証で証明されるように. **3**《어미 'ㄴ·-는'의 아래에 쓰여》…する[した]以上は. ¶ 일을 맡은 ～ 끝까지 해야지 仕事を引き受けた以上は最後までしなくては. **4** 文書の終結部分に使う語.
이상²〔異狀〕 名 異状. ¶ 몸에 ～이 있

는 것 같다 体に異状があるようだ.

이상[3]〔異常〕 名 異常. ¶ ~ 기후 異常気象.

이상 심리학〔一心理學〕 名 異常心理学.

이상아〔一兒〕 名 特殊児童.

◇일본어의 いじょう는 異常気象, 機械の異常 등 제한된 경우에만 쓰이고, おかしい, へんだ, 不思議だ 등의 뜻으로는 쓰이지 않는다.

이상[4]〔理想〕 名 理想. ¶ ~론 理想論 / ~성 理想性 / ~과 현실 理想と現実.

이상적〔一的〕 冠 名 理想的.

이상주의〔一主義〕 名〔哲〕理想主義. アイデアリズム.

이상향〔一鄕〕 名 理想郷.

이상스럽다 形 異常に見える. おかしい. 怪しい. ¶ 이상스럽게도 그 날따라 비바람이 세차게 불었다 おかしいことに, その日に限って風雨が激しかった.

이상스레 副 異常に.

이상야릇하다〔異常一〕 形 変だ. 変わっている. 不思議だ. ¶ 이상야릇한 글자 変てこな文字 / 이상야릇한 표정을 짓다 けげんそうな顔をする. **이상야릇이** 副 変に. 不思議そうに.

이상하다〔異常一〕 形 **1** 変だ. おかしい. ¶ 이상한 성격 変な性格 / 이상한 행동을 하다 おかしな行動をする. **2** 奇妙だ. 不可思議だ. 不思議だ. ¶ 자연의 섭리는 참으로 ~ 自然の摂理は実に不可思議だ / 이상한 힘을 지니고 있다 並外れた力を持っている. **이상히** 副 異常に. 不思議に.

이새 名 副 〔'이사이'의 준말〕 最近. 近ごろ.

이색〔異色〕 名 異色. ¶ ~분자 異色分子 / ~적인 작품 異色ある作品.

이색판〔二色版〕 名〔印〕二色版.

이생〔一生〕 名 現世. この世. ¶ 아무런 한도 남기지 않고 ~을 뜨다 何の恨みも残さずこの世を去る.

이서[1]〔以西〕 名 以西.

이서[2]〔異書〕 名 異書. 異本.

이서[3]〔裏書〕 名 하自 裏書き. **1** 裏に書くこと. **2** (書画の裏に本物であることを証明するために記す)裏書き. ¶ ~한 그림 裏書きのある絵画. **3** 〔法〕(小切手などの)裏書き.

이설[1]〔移設〕 名 하他 移して設置すること.

이설[2]〔異說〕 名 異説. **1** 異論. ¶ ~을 내세우다 異説を立てる. **2** 変な説. 怪しげな説.

이성[1]〔異性〕 名 異性. 反 同性

◆**이성에 눈을 뜨다** 性に目覚める.

이성애〔一愛〕 名 異性間の愛.

이성체〔一體〕 名〔化〕異性体.

이성[2]〔異姓〕 名 異姓. 他姓. ¶ ~ 양자 両親の姓と異なる養子.

이성친〔一親〕 名 母方の親類. 外戚.

이성[3]〔理性〕 名 理性. ¶ ~을 잃다 理性を失う / ~을 되찾다 理性をとり戻す.

이성론〔一論〕 名〔哲〕理性論.

이성적〔一的〕 冠 名 理性的. ¶ ~ 판단 理性的な判断.

이세〔二世〕 名 二世. **1** 外国に移住した人の子供. ¶ 재일 교포 ~ 在日同胞二世. **2** 次の世代. **3** その人の子供. ¶ 그 사람의 ~가 태어나다 彼の二世が生まれる. **4** '이세 국민'의 준말. **5** 〔佛〕現世と来世.

이세 국민〔一國民〕 名 次の世代を担う子供たち.

이속〔異俗〕 名 異俗. 異風. 異なった風俗.

이송〔移送〕 名 하他 移送. ¶ 화물을 ~하다 貨物を移送する.

이수[1]〔里數〕 名 里数. 距離を里の単位で測った数.

이수[2]〔移囚〕 名 하他 移監.

이수[3]〔履修〕 名 하他 履修. ¶ ~ 학점 履修単位.

이수[4]〔離水〕 名 하自 離水.

이수 활주〔一滑走〕 名 水上機が離水する時, 水面を滑走する動作.

이순〔耳順〕 名 耳順. 60歳.

이슈〔issue〕 名 イシュ. 問題. 論点. 争点.

이스라엘〔Israel〕 名〔地〕イスラエル〈西南アジアにある共和国〉.

이스트〔yeast〕 名 イースト. 酵母.

이슥하다 形 夜が更けている. ¶ 밤이 이슥하도록 이야기를 나누다 夜が更けるまで語り合う.

이슬 名 **1** 露. ¶ 아침 ~ 朝露. **2** 涙. ¶ 눈에 ~이 맺히다 目に涙がにじむ. **3** はかない命. ¶ 형장의 ~로 사라지다 刑場の露と消える. **4** おりもの.

이슬떨이 名 **1** 露払いをする人. **2** 露を払う棒切れ.

이슬받이 名 **1** 露が降りてから消えるまでの間. 露の間. **2** 草に露の降りた小道. **3** 露で服がぬれないように下半身に巻きつける蓑. **4** 露払いをする人. **5** 天幕などを張って露をよけること.

이슬방울 名 **1** 露の玉. **2** 涙の美化語. ¶ 눈에 ~이 맺히다 目に涙が光る.

이슬비 名 霧雨. 小糠雨.

이슬아침 名 露の乾かぬ早朝.

이슬점〔一點〕 名〔物〕露点.

이슬람교〔Islam教〕 名〔宗〕イスラム教.

이승[1] 名〔佛〕この世. 現世. 今生. ¶ ~에서 못 다한 일 この世でやり残したこと.

◆**이승을 떠나다** この世を去る. 死ぬ.

이승[2]〔尼僧〕 名〔佛〕尼僧.

이시여 助 よ. ¶ 신~ 神よ. ▷시여[2]

이식[1]〔利息〕 名 利息. 利子.

이식[2]〔利殖〕 名 하自 利殖. ¶ ~을 도모하다 利殖を図る.

이식[3]〔移植〕 名 하他 移植. ¶ 묘목을 ~하다 苗木を移植する / 장기 ~ 수술 臓器の移植手術.

이실고지〔以實告之〕 名 하自他 ⇨이실직고

이실직고〔以實直告〕 名 하自他 事実の通り告げること.

이심[1]〔二心〕 名 二心. ¶ ~을 품다 二心を抱く.

이심[2]〔二審〕 名〔法〕〔'제이심'의 준말〕二審.

이심³〔異心〕 名 異心. 二心. 他意.

이심전심〔以心傳心〕 名 하自 以心伝心. ¶ ~으로 통하다 以心伝心で通じる.

이십〔二十〕 Ⅰ 數 20. ¶ ~세기 20世紀/~세 미만 20歳未満. ▷일(一) 單語帳
Ⅱ 名 二十[20歳].

이십사금〔二十四金〕 名 二十四金.

이십사시〔二十四時〕 名 二十四時.

이십사 절기〔二十四節氣〕 名 二十四節気.

이쑤시개 名 爪楊枝. 小楊枝.

이아치다 他 **1** (自然の力によって)損害を与える. **2** 邪魔する. 迷惑をかける.

이악하다 形 利にさとい. ぬけ目がない. がむしゃらだ.

이알 名 米飯の粒.
〔속담〕 **이알이 곤두선다** 白米のご飯の粒が逆立ちする〈暮らし向きが少し楽になったのを鼻にかける〉.

이앓이 名 歯痛.

이앙〔移秧〕 名 하自 〔農〕 田植え.

이야 助 **1** (자음으로 끝나는 체언에 붙어)〔한도·강조·대조를 나타냄〕 …は. …こそは. …だけは. ¶ 사람~ 나무랄 데 없지 人間性だけは非のうちどころがないね/부모의 마음~ 오죽하랴 親の心はどんなであろうか. **2** (자음으로 끝나는 조사·어미에 붙어)〔한도·강조·대조를 나타냄〕 …しては. …してやっと. …は. ¶ 선생이 학생만큼~ 못 할라구 先生が学生ごときに引けを取るか. ▷야³

이야기 名 하自他 話. **1** 話. 会話. 話題. ¶ ~를 나누다 語り合う/앞뒤가 안 맞는 ~ つじつまの合わない話/~ 꽃을 피우다 話に花が咲く. **2** 不平. 文句. ¶ 일단 결정된 일인데 또 무슨 ~가 있나? いったん決まったことなのにまた何か文句があるのか. **3** 相談. 意見. 言い分. ¶ 잠깐 ~ 좀 하자 ちょっと話があるんだが/각계에서 여러 가지 ~가 나오고 있다 各界からいろいろな意見が出ている/그쪽 ~도 들어 보자 向こうの言い分も聞いてみよう. **4** うわさ. 評判. 消息. ¶ 뒷~ (何かの事件の)裏話/남의 ~ 좋아하는 사람 他人のうわさの好きな人. **5** 話. 説話. ¶ 아이가 ~를 해 달라고 조른다 子供がおとぎ話をしてほしいとせがむ.

이야기꾼 名 語り手. 話し手.

이야기책〔一册〕 名 小説本の古い言い方. 昔話の本.

이야깃거리 名 話の種. 話題. ¶ ~가 떨어지다 話の種が尽きる.

이야깃주머니 名 豊富な話題があること. 面白い話を多く持っていること.

이야말로¹ 〔'이것이야말로'가 준 말〕 これこそ. ¶ ~ 놀라운 일이 아닐 수 없다 これこそ驚くべきことだ.

이야말로² 助 ☞야말로

이양〔移讓〕 名 하他 委譲. ¶ 권한을 ~하다 権限を委譲する.

이어 副 続いて. 相ついで. ¶ 이 뉴스에 ~ 가요 프로가 방송된다 このニュースに続いて歌謡番組が放送される.

이어갈이 名 하他 〔農〕 連作.

이어달리기 名 하自 〔體〕 継走. リレー競技.

이어도 ☞-아도

이어받다 他 継承する. 受け継ぐ. 引き継ぐ. ¶ 전통을 ~ 伝統を受け継ぐ/아버지의 사업을 ~ 父の事業を受け継ぐ.

이어서 副 続いて. 相ついで. 引き続き. ¶ ~ 영화 상영이 있다 引き続き映画の上映がある.

이어야 ☞-아야²

이어요 ☞-아요

이어지다 自 つながる. 続く. ¶ 이웃 마을로 이어진 길 隣村に続いている道.

이어폰〔earphone〕 名 イヤホーン.

이언¹〔二言〕 名 하自 二言. ¶ 일구~ 一口両舌. 二枚舌.

이언²〔俚言〕 名 俚言. 俗言.

이언³〔俚諺〕 名 俚諺. 諺.

이언마는 ☞-언마는

이언정 助 ☞-언정

이엄이엄 副 〔끊이지 않고 이어가는 모양〕 続けざまに. めんめんと.

이엉 名 屋根や土塀の上などをふく藁. ¶ ~을 인 지붕 わらぶき屋根.

이에 副 ゆえに. よって. ここに. ¶ ~ 상장을 수여함 ここに賞状を授与す.

이에서 副 これより. これ以上. ¶ ~ 더 좋은 경사가 어디 있으랴? これ以上めでたいことはない.

이에요 ☞-에요

이에짬 名 継ぎ目.

이여 助 ☞여²

이여차 感 よいしょ. よいやさ.

이역¹〔二役〕 名 二役. ¶ 일인~ 一人二役.

이역²〔異域〕 名 異域. 異国. 外国.

이연〔異緣〕 名 〔佛〕 不思議な縁. 奇縁〈特に男女の縁を言う〉.

이열치열〔以熱治熱〕 名 (熱によって熱を治すこと) 力には力をもって対する.

이염기산〔二鹽基酸〕 名 〔化〕 二塩基酸.

이영차 感 〔여럿이 힘을 합쳐 어떤 일을 할 때 기운을 돋우려고 함께 내는 소리〕 よいしょ. よいやさ. どっこい.

이오 語尾 **1** 〔단정을 나타냄〕 …です. ¶ 이것은 텔레비전~ これはテレビです. **2** 〔의문을 나타냄〕 …ですか. ¶ 당신이 주인~ あなたが主人ですか. ▷-오

이오니아식〔Ionia式〕 名 〔建〕 イオニア式.

이온〔ion〕 名 〔化〕 イオン.
이온화〔一化〕 名 하自他 〔化〕 イオン化.

이올시다 ☞-올시다

이옵나이다 ☞-옵나이다

이옵니다 ☞-옵니다

이완〔弛緩〕 名 하自 弛緩. ゆるむこと. ¶ 정신이 ~되다 精神が弛緩する.

이왕〔已往〕 名 **1** すでに過ぎ去った時. 前. 以前. ¶ ~ 있던 집을 헐고 새로 지었다 以前にあった家を壊して新しく建てた. **2** ('이왕에'의 꼴로) せっかく. どうせ. ¶ ~에 여기까지 왔으니,

쉬었다 가자 せっかくここまで来たんだから休んで行こう.
이왕이면 副 どうせなら. 同じことなら. ¶～ 큰 것이 낫다 どうせなら大きいのがいい.
이왕지사[一之事] 名 すでに過ぎ去ったこと. 過去のこと.
이외[以外] 名 以外. ¶학비 ～에 용돈을 준다 学資以外に小遣いをやる.
이외다 ☞-외다[2]
이요 ☞-요[4]
이욕[利慾] 名 利欲. ¶～에 치우치다 利欲に走る.
이용[1][利用] 名 하他 利用. ¶～ 가치 利用価値/～후생 利用厚生/버스를 ～해서 통학하다 バスを利用して通学する.
이용[2][理容] 名 理容. ¶～사 理容師.
이우다 他 〔'이다'의 사동사〕頭に載せさせる. ¶물동이를 머리에 이워 주세요 水がめを頭に載せてください.
이울다 自 **1** (花·葉などが) しなびる. しおれる. ¶꽃이 ～ 花がしおれる. **2** (勢いが)衰える. ¶가운이 ～ 家運が衰える.
이웃 名 하自 **1** (境界が接している)隣. 隣家. ¶～ 나라 隣国/병원과 ～하고 있다 病院と隣り合っている. **2** 近所. ¶그분은 우리 ～에 살고 계십니다 その方はうちの近所に住んでおられます.
이웃간[一間] 名 隣近所の間柄. 隣り合わせ. ¶～에 싸우다 隣人と争う.
이웃사촌[一四寸] 名 隣近所の人. 近所の親しい人.
이웃집 名 隣の家. 隣近所.
이원[二元] 名〔數〕二元. ¶～ 일차 방정식 二元一次方程式.
이원론[一論] 名 二元論.
이원권[以遠權] 名〔法〕以遠権.
이원제[二院制] 名 両院制.
이월[1][二月] 名 2月.
이월[2][移越] 名 하自他〔經〕(簿記で)繰り越し. ¶잔고를 익년도로 ～하다 残高を翌年度に繰り越す.
이월금[一金] 名 繰り越し金.
이유[1][理由] 名 理由. 事由. わけ. いわれ. 口実. 弁明. いいわけ. ¶～는 어떻든 간에 理由はどうであろうと/지불이 늦어진 ～를 대다 支払いが遅れたいいわけをする.
이유[2][離乳] 名 하自他 離乳. ¶～기 離乳期/～식 離乳食.
이윤[利潤] 名 利潤. もうけ. ¶～을 올리다 利潤を上げる.
이윤율[一率] 名〔經〕利潤率.
이율[利率] 名 利率. ¶연 6푼의 ～ 年6分の利率/～이 좋은 투자 회사 利率のよい投資会社.
이율배반[二律背反] 名〔論〕二律背反.
이융 합금[易融合金] 名〔化〕易融合金. 可融合金.
이윽고 副 やがて. 間もなく. ほどなく. ¶～ 그는 어둠 속으로 사라졌다 やがて彼は暗やみの中に消えた.
이음매 名 つなぎ目. 結び目. ¶털실의 ～에 주의하면서 짜다 毛糸の結び目に注意しながら編む.
이의[1][異義] 名 異義. 意味が違うこと. ¶동음～ 同音異義.
이의[2][異議] 名 하自他 異議. 文句. ¶～를 제기하다 異議を申し立てる.
이의 신청[一申請] 名〔法〕異議の申し立て.
이이 代 この人. この方. ¶～는 내 동료다 この人は私の同僚だ.
이익[利益] 名 利益. もうけ. 得. 反 損害. ¶～을 얻다 利益を得る/아무런 ～도 없다 何の得もない/네게 아무런 ～도 되지 않는다 お前にとって少しもためにならない.
이익금[一金] 名 利益金. 益金.
이익 대표[一代表] 名〔社〕利益代表. 「当.
이익 배당[一配當] 名〔經〕利益配当.
이익 사회[一社會] 名〔社〕利益社会. ゲゼルシャフト.
이인[異人] 名 異人. **1** 才能が優れて非凡な人. **2** 外国人. **3** 別人. ¶동명～ 同名異人.
이인승[二人乘] 名 二人乗り. ¶～ 차 二人乗りの車.
이인칭[二人稱] 名〔言〕2人称.
이임[離任] 名 하自 離任. ¶～사 離任の辞.
이입[移入] 名 하他 移入. ¶감정이 ～되다 感情移入する.
이자[1] 名〔生〕膵臓.
이자[2][一者] 代 この人. この者.
이자[3][利子] 名 利子. 利息. ¶～가 붙다 利子がつく/비싼 ～ 高い利子.
이자락[一落] 名 利落ち.
이자부[一附] 名 利付き.
이자택일[二者擇一] 名 하自 二者択一.
이작[裏作] 名〔農〕裏作.
이장[移葬] 名 하他 改葬. ¶조상의 묘를 ～하다 祖先の墓を改葬する.
이재[1][理財] 名 하自 理財. ¶～가 理財家/～법 理財法/～학 理財学.
이재[2][罹災] 名 하自 罹災. 被災. ¶～ 상황 罹災状況.
이재민[一民] 名 罹災民. ¶수해로 인한 ～을 수용하다 水害による罹災民を収容する.
이적[1][利敵] 名 하自 利敵. ¶～죄 利敵罪/～ 행위 利敵行為.
이적[2][移籍] 名 하自 移籍. ¶다른 팀으로 ～하다 別のチームに移籍する.
이적[3][異蹟] 名 **1** 奇異な行跡. **2**〔基〕奇跡.
이적[4][離籍] 名 하他〔法〕離籍. ¶호적에서 ～된 사람 戸籍から離籍された人.
이전[1][以前] 名 以前. **1** それより前. 前. かつて. 以前. ¶5월 ～까지 끝내다 5月前に終える/～에는 여기가 밭이었다 昔はここが畑だった. **2** 先ほど. ¶～부터 先ほど来.
이전[2][移轉] 名 하他 移転. ¶사무실 ～ 事務所の移転/권리 ～ 権利の移転.

이점〔利點〕 名 利点. 有利な点.
이정〔里程〕 名 里程. 里数. 道程.
 이정표〔—標〕 名 里程標.
이제 名 **1** 今. ¶ ~부터 당분간 사태를 지켜볼 필요가 있다 今からしばらくの間事態を見守る必要がある. **2** 《부사적으로 쓰여》 今. もうすぐ. 今に. ただいま. ¶ 경기는 ~ 시작한답니다 試合は今すぐに始まるそうです / ~ 나가려는 참입니다 今まさに出かけるところです. **3** もう. すでに.
 이제껏 副 今に至るまで. 今まで. ¶ 그런 일은 ~ 전연 없던 일이다 そんなことは今までまったくなかったことだ.
 이제야 副 やっとのことで. 今まさに. ¶ ~ 겨우 목적지에 도착했다 やっと目的地に到着した.
이제나저제나 副 今か今かと. ¶ ~ 기다리던 편지가 왔다 今か今かと待ちかねていた手紙が来た.
이종¹〔姨從〕 名 〔'이종 사촌'의 준말〕 いとこ.
 이종 사촌〔—四寸〕 名 母の姉妹の子. いとこ.
이종²〔異種〕 名 異種. ¶ ~ 접합 異種接合 / ~ 교배 異種交配.
이종³〔移種〕 名 하他 移植用の苗を植えかえること.
이주〔移住〕 名 하自 移住.
 이주민〔—民〕 名 移住民.
이죽거리다〔-대다〕 自 〔'이기죽거리다'의 준말〕 ねちねちといやみを言う.
 이죽이죽 副 하自 ねちねち(と). くどくど(と).
이중〔二重〕 名 二重. ¶ 구두의 ~ 밑바닥 靴の二重底 / 일이 ~으로 겹치다 仕事が重なる.
 이중 가격〔—價格〕 名〔經〕二重価格.
 이중 결합〔—結合〕 名〔化〕二重結合.
 이중 경제〔—經濟〕 名〔經〕二重経済.
 이중고〔—苦〕 名 二重の苦労. 重なる苦労.
 이중과세〔—過歲〕 名 正月を陽暦と陰暦と2回祝うこと.
 이중 국적〔—國籍〕 名〔法〕二重国籍.
 이중 노출〔—露出〕 名 二重露出. 二重写し.
 이중 매매〔—賣買〕 名 二重売買.
 이중 모음〔—母音〕 名〔言〕二重母音. 複合母音.
 이중 밀착〔—密着〕 名 二重焼き付け.
 이중 번역〔—飜譯〕 名 二重翻訳. 重訳.
 이중생활〔—生活〕 名 二重生活.
 이중인격〔—人格〕 名 二重人格.
 이중주〔—奏〕 名〔樂〕二重奏. デュエット.
 이중창¹〔—唱〕 名〔樂〕二重唱. デュエット.
 이중창²〔—窓〕 名 二重窓.
 이중 효과〔—效果〕 名 二重の効果.
이즈막 名 このごろ. 近ごろ. 最近. ¶ ~의 드문 미담이다 近ごろの珍しい美談だ.
이즈음 名 このごろ. 近ごろ. 最近.
이즘 名 〔'이즈음'의 준말〕 このごろ.
이지〔理智〕 名 理知.
 이지적〔—的〕 冠 名 理知的. ¶ ~인 얼굴 理知的な顔.
이지다 自 (魚・豚・鶏などの動物が)脂がよくのっている. 丸々と太っておいしそうだ.
이지러뜨리다〔-트리다〕 他 (器物などの角や縁を)壊す. 欠かく.
이지러지다 自 (物の一部が)壊れる. 欠ける. ¶ 밥공기가 ~ 茶碗が欠ける / 달은 보름 뒤에는 차츰 이지러진다 月は満月の後は次第に欠けてくる.
이지렁떨다 自 わざととぼけるふりをする. とぼけた顔をする. しらばくれる. すました顔をする.
이지렁스럽다 形 知らんぷりしている.
이지마는 ☞-지마는
이지만 ☞-지마는
이직¹〔移職〕 名 하自 転職.
이직²〔離職〕 名 하自 離職. ¶ ~자 離職者.
이진〔二陣〕 名 二陣.
이질¹〔姨姪〕 名 姉妹の子供.
 이질녀〔—女〕 名 姉妹の娘. 姪.
 이질부〔—婦〕 名 甥の妻.
 이질서〔—壻〕 名 姪の夫.
이질²〔異質〕 名 異質. 反 同質.
이질³〔痢疾〕 名〔醫〕疫痢.
 이질 박테리아〔—bacteria〕 名〔生〕赤痢バクテリア.
 이질아메바〔—amoeba〕 名〔動〕赤痢アメーバ.
이집트〔Egypt〕 名〔地〕エジプト〈アフリカ北東部の共和国〉.
이쪽 名 こっち. こちら側. ¶ ~으로 오세요 こちらにいらしてください.
 이쪽저쪽 名 あちらこちら. あちこち. ¶ ~으로 나누어 놓다 あちこちと分けておく.
이쯤 名 副 このくらい. この程度. ¶ ~에서 그만두자 この程度でやめておこう.
이차〔二次〕 名 2次. 第2次. ¶ ~ 방정식 二次方程式 / ~ 산업 第2次産業.
이착륙〔離着陸〕 名 하自 離着陸.
이찹쌀 名 ⇨찹쌀
이채〔異彩〕 名 異彩. ¶ ~를 띤 존재 異彩を放つ存在.
 이채롭다 形 ひときわ目立っている.
이처럼 副 これほど. こんなに. このように. ¶ ~ 어려운 문제는 처음이다 これほど難しい問題ははじめてだ.
이첩〔移牒〕 名 하他 移牒.
이체¹〔移替〕 名 하自他 **1** 互いに替わり合うこと. 交替. **2** 交換・転用すること.
이체²〔異體〕 名 異体. ¶ ~동종 異体同種.
 이체동심〔—同心〕 名 異体同心.
이축〔移築〕 名 하他 移築. ¶ 사옥을 ~하다 社屋を移築する.
이출〔移出〕 名 하他 移出. ¶ 지방 ~ 地方移出.
이출입〔移出入〕 名 하他 移出入.
이취〔異臭〕 名 異臭. ¶ ~가 나다 異臭が漂う.
이층〔二層〕 名 2階. ¶ ~집 二階屋.
 이층장〔—欌〕 名 上下2段になっているたんす.

이치〔理致〕 名 理致. 道理. ¶ ～에 맞다 道理にかなう.
이칭〔異稱〕 名 異称. 別称.
이키 感 あっ. おっと.
이키나 感 〔놀랐을 때 내는 소리〕 あっ. おっと. ¶ ～, 독사 나온다 あっ, 毒蛇だ.
이타〔利他〕 名 利他. 愛他.
이타적〔—的〕 冠 名 利他的.
이타주의〔—主義〕 名 利他主義. 愛他主義.
이탄〔泥炭〕 名 〔鑛〕 泥炭.
이탈〔離脫〕 名 하自他 離脱. ¶ ～자 離脱者 / 군무를 ～하다 軍務を離脱する.
이탈리아〔Italia〕 名 〔地〕 イタリア〈ヨーロッパ南部の共和国〉.
이탓저탓 名 副 하自 ああだこうだ. 何にかにかこつけて.
이태 名 2年. ¶ ～ 전에 이사 왔다 2年前に引っ越してきた.
이탤릭〔italic〕 名 〔印〕 イタリック.
이토〔泥土〕 名 泥土. 泥.
이토록 副 こんなに. このように. これほどまでに. ¶ ～ 신경을 써 주시니 참으로 감사합니다 こんなに気を遣ってくださって本当にありがとうございます / 사태가 ～ 급한 줄은 몰랐네 事態がこれほど急だとは思わなかった.
이튿날 名 **1** 次の日. あくる日. ¶ ～ 밤 翌晩 / 그 ～ 나는 서울에 도착했다 その翌日, 私はソウルに到着した. **2** 〔'초이튿날' 의 준말〕 (月の)2日. ¶ 오늘이 5월 ～이냐? 今日は5月2日か.
이틀[1] 名 **1** 2日間. ¶ 이 일을 ～ 동안에 끝낼 수 있겠습니까? この仕事を2日間で終えられますか. **2** 〔'이튿날·초이틀' 의 준말〕 (月の)2日.
이틀거리 名 〔韓方〕 マラリア.
이틀[2] 名 〔生〕 歯槽.
이틈 名 歯と歯のすきま.
이파〔異派〕 名 異派. 別の流派.
이파리 名 草木の葉.
이판암〔泥板巖〕 名 〔鑛〕 (化石を多く含んでいる)泥板岩. 頁岩.
이판화〔離瓣花〕 名 〔植〕 離弁花.
이판화 식물〔—植物〕 名 〔植〕 離弁花植物.
이팔청춘〔二八青春〕 名 16歳ぐらいの若者. 若者. 青年男女.
이편 名 **1** こちらの方. こちら側. ¶ ～이 이겼다 こちらが勝った. **2** (話し手を指して) 私. 僕.
이풍〔異風〕 名 異風. **1** 人と異なる姿. **2** 異なる風俗.
이하〔以下〕 名 以下. 反 以上 ¶ 수준 ～ 水準以下 / 영도 ～의 추운 날씨다 零度以下の寒い気候だ / 인원수를 100명 ～로 줄이다 人員を100人以下に減らす.
이하선〔耳下腺〕 名 〔生〕 耳下腺. ¶ ～염 耳下腺炎.
이학〔理學〕 名 理学. **1** 中国の宋代に主唱された性理学. **2** (原理研究の学問という意で) 哲学. **3** 自然科学. **4** 物理学.
이한〔離韓〕 名 하自 韓国から離れること.
이합〔離合〕 名 하自 離合. ¶ ～집산 離合集散.
이항〔移項〕 名 하他 **1** 項目を移すこと. **2** 〔數〕 移項.
이항식〔二項式〕 名 〔數〕 二項式.
이항 정리〔二項定理〕 名 〔數〕 二項定理.
이해[1]〔利害〕 名 利害. ¶ ～관계 利害関係 / ～득실 利害得失 / ～상반 利害が相半ばすること / ～타산 利害と打算 / ～가 얽히다 利害がからむ.
이해간〔—間〕 副 利害を抜きにして. 損得抜きで.
이해[2]〔理解〕 名 하自他 理解. ¶ ～가 빠르다 理解が早い / 김교수의 강의는 ～하기 힘들다 キム教授の講義は理解しにくい / 그 일은 해보지 않고는 ～를 못 한다 その仕事はやってみない限り理解できない / ～할 수 없다는 표정을 짓다 解せない顔付きをする / 네 말은 ～가 가지 않는다 お前の話は合点がいかない.
이해력〔—力〕 名 理解力.
이해심〔—心〕 名 思いやり.
이행[1]〔移行〕 名 하自 移行. 移り変わり. ¶ 신제도로 ～하다 新制度に移行する.
이행[2]〔履行〕 名 하他 履行. 実行. ¶ ～불능 履行不能 / 법적 채무를 ～하다 法的債務を果たす.
이향〔離鄕〕 名 하自 離郷. 故郷を離れること.
이형〔異形〕 名 異形.
이형 배우자〔—配偶子〕 名 〔生〕 異形配偶子.
이형 분열〔—分裂〕 名 〔生〕 異形分裂.
이형질〔—質〕 名 〔生〕 異形質.
이호〔二號〕 名 二号. **1** 第2番. ¶ ～차 2号車. **2** 〈俗〉 妾.
이혼〔離婚〕 名 하自 離婚. ¶ ～ 소송 離婚訴訟.
이화[1]〔李花〕 名 **1** 李花. 李の花. **2** 大韓帝国の官吏が用いた李花の形をした記章. **3** 帽章.
이화[2]〔異化〕 名 〔'이화 작용' 의 준말〕 異化.
이화 작용〔—作用〕 名 〔生〕 異化作用.
이화[3]〔梨花〕 名 梨花. 梨の花.
이화학〔理化學〕 名 理化学.
이환〔罹患〕 名 하自 罹患. 罹病.
이환율〔—率〕 名 罹患率.
이황화탄소〔二黃化炭素〕 名 〔化〕 二硫化炭素.
이후〔以後〕 名 以後. 以降. 以来. 今後. ¶ 그 ～로는 소식이 끊겼다 それ以後は消息が絶えた / 그 ～에는 다시 그런 일이 없었다 その以降は二度とそのようなことがなかった.
이히히 感 **1** 〔자지러질 듯 크게 웃는 소리〕 わはは. ははは. **2** 〔익살맞게 또는 어리석게 웃는 소리〕 ひひ. いひひ. えへへ.
익년〔翌年〕 名 翌年.
익다[1] 自 **1** (種·実·穀物の粒などが) 実る. 熟れる. ¶ 사과가 ～ りんごが熟

す. **2** 煮える. ¶잘 익은 고구마 よく煮えたさつまいも. **3** (キムチが)漬かる. (酒·みそなどが)発酵する. ¶술이 ～ 酒が発酵する／김치가 ～ キムチが漬かる. **4** (日ざし·熱などで)ほてる. 焼ける. ¶생선이 ～ 魚が焼ける／뙤약볕에서 살갗이 빨갛게 익었다 照りつける日ざしで肌が赤く焼けた. **5** 腐る. ¶거름이 잘 ～ 肥やしが十分に腐る. **6** (時期が)熟する.

익다² 形 **1** 慣れている. なじんでいる. 熟達している. ¶손에 익은 일 手なれた仕事／낯이 ～ 顔なじみだ／귀에 익은 목소리 耳慣れた声. **2** 癖になっている. 習慣になっている. ¶잔소리에는 아주 익어서 이제는 듣는 둥 마는 둥 한다 小言にはもう慣れてしまって今では聞き流している.

익명〔匿名〕 名 하自 匿名. ¶～으로 기부하다 匿名で寄付する.

익모초〔益母草〕 名 **1** 〔植〕 益母草. 目弾き. **2** 〔韓方〕 花が咲いためはじきの全草を乾かしたもの.

익사〔溺死〕 名 하自 溺死. 水死. ¶～체 溺死体.

익살 名 こっけい. おどけ. ひょうきん. 洒落.

익살꾸러기 名 〈俗〉 いつもおどけて人を笑わせる人. おどけ者.

익살꾼 名 おどけ者. ひょうきん者.

익살떨다 自 おどける. ふざける.

익살맞다 形 こっけいだ.

익살부리다 自 おどける.

익살스럽다 形 こっけいだ. **익살스레** 副 こっけいに.

익살쟁이 名 おどけ者.

익숙하다 形 **1** 慣れている. 手慣れている. 熟練している. 上手だ. ¶익숙한 솜씨 慣れた手つき／영어에 ～ 英語が上手だ／기계에 ～ 機械に熟練している. **2** よく知っている. 親しい. なじみだ. ¶그 아주머니와는 익숙한 사이다 そのおばさんとは親しい間柄だ. **3** 精通している. 詳しい. **익숙히** 副 **1** 上手に. 巧みに. **2** よく. 十分. **3** 親しく.

익애〔溺愛〕 名 하他 溺愛. ねこかわいがり. ¶외동딸을 ～하다 一人娘を溺愛する.

익야〔翌夜〕 名 翌夜. 翌晩.

익우〔益友〕 名 益友. ためになる友.

익월〔翌月〕 名 翌月.

익일〔翌日〕 名 翌日.

익자삼우〔益者三友〕 名 益者三友.

익조¹〔翌朝〕 名 翌朝.

익조²〔益鳥〕 名 益鳥.

익히 副 〔'익숙히'의 준말〕 よく. 親しく. 上手に.

익히다 他 **1** 実らせる. **2** 十分に火を通す. 煮る. ¶야채를 살짝 ～ 野菜をさっとゆでる. **3** (酒などを)発酵させる. (キムチを)漬ける. 味をつける. ¶술은 오래 익힐수록 좋다 酒は長く発酵させるほどよい. **4** 身につける. 習う. (…に)なじむ. (…に)なれる. ¶기술을 ～ 技術を身につける／신입생의 낯을 ～ 新入生の顔を覚える. **5** ('를[을] …에 익히다'의 꼴로) …を…にならす[身につける]. ¶기술을 손에 ～ 技術を手にならす.

인¹ 名 一般の程度を越したたばこ·コーヒーなどの中毒.

◆**인이 박이다** 中毒になる. ¶아편에 ～이 박인 폐인 アヘン中毒の廃人.

인²〔人〕 **I** 依名 〔사람 수를 세는 말〕 …人. ¶콩트 3～집 コント3人集. **II** 接尾 …人. ¶사회～ 社会人.

인³〔仁〕 名 仁. ¶～애 仁愛.

인⁴〔仁〕 名 仁. **1** 〔植〕 果実の核. さね. 種. **2** 〔生〕 (細胞核に含まれる)仁.

인⁵〔印〕 名 印. 印章. ¶실～ 実印.

인⁶〔寅〕 名〔民俗〕 寅〈十二支の第3番目〉.

인⁷〔燐〕 名〔化〕 燐.

인가¹〔人家〕 名 人家. ¶～가 드문 골짜기 人家のまれな谷あい.

인가²〔認可〕 名 하他 認可. ¶～를 받다[얻다] 認可を得る.

인가증〔一證〕 名〔法〕 認可証.

인가³〔隣家〕 名 隣家. 隣.

인가난〔人一〕 名 人手不足. 人材不足.

인간〔人間〕 名 **1** 人間. 人. ¶～ 공학 人間工学／～관계 人間関係／～ 문화재 人間文化財／～의 존엄성 人間の尊厳性. **2** 〔마음에 들지 않는 사람을 경멸적으로 이르는 말〕 奴. ¶못된 ～ 駄目なやつ／너는 왜 ～이 그 모양이냐? お前はなんというやつだ. **3** 人間. 世間. 現世.

인간계〔一界〕 名 人間界. 人界. 俗世.

인간고〔一苦〕 名 浮き世の苦しみ.

인간답다 形 人間らしい. 人がましい. ¶인간다운 생활 人間らしい生活.

인간 독〔—dock〕 名〔醫〕 人間ドック.

인간미〔一味〕 名 人間味. 人情味. ¶인정미 넘치는 이야기 人情味あふれる話.

인간상〔一像〕 名 人間像.

인간 생태학〔一生態學〕 名〔社〕 人間生態学.

인간성〔一性〕 名 人間性.

인간적〔一的〕 冠名 人間的. ¶～인 대우 人間的な待遇.

인감〔印鑑〕 名 印鑑. 実印. ¶～ 증명 印鑑証明／～을 내다 印鑑を届け出る.

인감도장〔一圖章〕 名 実印. 印鑑登録してある印.

인감 증명서〔一證明書〕 名 印鑑証明書.

인갑〔印匣〕 名 印匣. 印章·印肉を入れて置く小箱.

인건비〔人件費〕 名 人件費.

인걸¹〔人傑〕 名 人傑. 優れた人物.

인걸² ☞-ㄴ걸

인격〔人格〕 名 人格. 人柄. ¶～자 人格者.

인격 교육〔一教育〕 名〔教〕 人格教育.

인격권〔一權〕 名〔法〕 人格権.

인격 분열〔一分裂〕 名〔心〕 人格分裂.

인격화〔一化〕 名 하自他 人格化.

인견〔人絹〕 名〔'인조견'의 준말〕 人絹.
인계〔引繼〕 名 하他 引き継ぐこと. 引き渡すこと. ¶ 범인을 경찰에게 ～하다 犯人を警察に引き渡す.
인계인수〔一引受〕 名 하他 引き継ぎと受け継ぎ. 受け渡し.
인고〔忍苦〕 名 하自 忍苦. ¶ 오랜 ～ 끝에 성공했다 長い忍苦の末に成功した.
인골〔人骨〕 名 人骨.
인공〔人工〕 名 人工. 人造. ¶ ～ 강우 人工降雨 / ～ 수정 人工受精 / ～ 위성 人工衛星 / ～호흡 人工呼吸.
인공 감미료〔一甘味料〕 名〔化〕 人工甘味料.
인공 강설〔一降雪〕 名 人工降雪.
인공 결정〔一結晶〕 名 人工結晶.
인공 교배〔一交配〕 名 人工交配.
인공 기흉 요법〔一氣胸療法〕 名〔醫〕 人工気胸療法.
인공림〔一林〕 名 人工林.
인공 방사능〔一放射能〕 名〔物〕 人工放射能.
인공 수분〔一受粉〕 名〔植〕 人工受粉.
인과〔因果〕 名 因果. **1** 原因と結果. ¶ ～ 관계 因果関係. **2**〔佛〕 前世の悪業の報い. ¶ ～응보 因果応報.
인과율〔一律〕 名〔哲〕 因果律. 因果法則. 自然法則.
인광[1]〔燐光〕 名 燐光. ¶ ～체 燐光体 / ～ 현상 燐光現象.
인광[2]〔燐鑛〕 名〔鑛〕 燐鉱.
인광석〔一石〕 名〔鑛〕 燐鉱石.
인교〔隣交〕 名 隣交. 隣との交わり.
인구〔人口〕 名 **1** 人口. ¶ ～가 늘다[줄다] 人口が増える[減る] / ～ 동태 人口動態 / ～론 人口論 / ～ 문제 人口問題 / ～ 밀도 人口密度 / ～ 조사 人口調査. **2** 人の口. 世間の口.
인국〔隣國〕 名 隣国.
인권〔人權〕 名 人権. ¶ ～ 유린 人権蹂躙 / 기본적 ～ 基本的人権 / ～ 옹호 人権擁護 / ～ 선언 人権宣言 / ～을 침해당하다 人権を侵害される.
인근〔隣近〕 名 近隣. ¶ ～ 마을 近隣の村.
인기〔人氣〕 名 人気. 世間のうけ. 評判. ¶ ～ 가수 人気歌手 / ～상 人気賞 / ～가 좋다 人気がある. 好評を博する / ～가 떨어지다 人気が落ちる.
인기인〔一人〕 名 人気者.
인기 직업〔一職業〕 名 人気職業.
인기척〔人一〕 名 하自 人気. 人の気配. ¶ ～이 없는 산 속 人気のない山の中.
인내[1]〔人一〕 名 **1** 人間の体臭. **2** 獣・虫などがかぎつける人のにおい.
인내[2]〔忍耐〕 名 하自他 忍耐. ¶ ～력 忍耐力 / ～심 忍耐心.
인내천〔人乃天〕 名〔宗〕 (天道教の教理の一つで) 人すなわち天であること.
인년〔寅年〕 名〔民俗〕 寅年.
인대〔靭帶〕 名〔生〕 靭帯.
인대명사〔人代名詞〕 名〔言〕 人称代名詞.
인덕〔人德〕 名 人と交流を深めることで受ける幸い.
인데 ☞-ㄴ데
인덱스〔index〕 名 インデックス. 索引.
인도[1]〔人道〕 名 人道. 人倫. ¶ ～에 어긋나다 人倫に背く.
인도적〔一的〕 冠 名 人道的. ¶ ～ 조치 人道的な措置.
인도주의〔一主義〕 名 人道主義.
인도[2]〔人道〕 名 歩道.
인도교〔一橋〕 名 (鉄道用の鉄橋に対して) 人専用の橋.
인도[3]〔引渡〕 名 하他 引き渡し. ¶ 범인을 ～하다 犯人を引き渡す.
인도[4]〔引導〕 名 하他 **1** 案内すること. 手引き. ¶ 선수단을 ～하다 選手団を案内する. **2** 引導. 指導. 教え悟らせること. ¶ 부랑아를 올바른 길로 ～하다 浮浪児を正しい道に導く.
인도[5]〔印度〕 名〔地〕 インド〈南アジアの共和国〉.
인도 철학〔一哲學〕 名〔哲〕 印度哲学.
인도네시아〔Indonesia〕 名〔地〕 インドネシア〈東南アジアの共和国〉.
인동〔忍冬〕 名 **1**〔植〕 忍冬. **2**〔韓方〕 すいかずらの葉と茎を乾燥させたもの〈利尿・殺菌・解熱の効能がある〉.
인두[1] 名 (裁縫・はんだ付けの) こて.
인두질 名 하他 こてを当てること[仕事].
인두판〔一板〕 名 こてをかけるのに用いる台.
인두[2]〔人頭〕 名 人頭. **1** 人の頭. **2** 人数.
인두세〔一税〕 名〔法〕 人頭税.
인두[3]〔咽頭〕 名〔生〕 咽頭. ¶ ～염 咽頭炎.
인두겁〔人一〕 名 人面. 人間の皮.
◆**인두겁을 쓰다** 人間の皮をかぶる〈人非人なることのたとえ〉.
인둘리다〔人一〕 自 人いきれに酔う.
인들 ☞-ㄴ들[2]
인디언〔Indian〕 名 インディアン.
인력[1]〔人力〕 名 **1** 人力. 人間の力. ¶ 거기까지 ～이 미치지 못하다 そこまで人間の力が及ばない. **2** 労働力.
인력거〔一車〕 名 人力車. ¶ ～꾼 人力車を引く人.
인력[2]〔引力〕 名〔物〕 引力.
인류〔人類〕 名 人類. ¶ ～애 人類愛 / ～의 평화 人類の平和.
인류학〔一學〕 名 人類学.
인륜〔人倫〕 名 人倫. ¶ ～에 어긋나다 人倫に背く.
인륜대사〔一大事〕 名 人間の一生における大きな行事〈出生, 結婚, 葬礼など〉.
인마〔人馬〕 名 人馬. **1** 人と馬. **2** 御者と馬.
인망〔人望〕 名 人望. ¶ ～이 두텁다 人望が厚い.
인맥〔人脈〕 名 人脈. 手づる. コネ. 縁故.
인면〔人面〕 名 人面. 人の顔.
인면수심〔一獸心〕 名 人面獣心. 恩知らず. 冷酷非情な人. 人でなし.
인멸〔湮滅〕 名 하自他 湮滅. ¶ 증거 ～ 証拠湮滅.

인명¹〔人名〕 名 人名. ¶ ~록 人名録 / ~부 人名簿.
인명²〔人命〕 名 人命. ¶ ~재천 人命在天.
인모〔鱗毛〕 名〔植〕 鱗毛.
인문〔人文〕 名 人文. ¶ ~ 과학 人文科学 / ~ 지리학 人文地理学.
인물〔人物〕 名 人物. **1** 人. ¶ 중요 ~ 重要人物. **2** 人材. ¶ 오늘날의 정계에는 ~이 적다 今の政界には人物が少ない. **3** 人柄. ¶ 그 사람은 전혀 나무랄 데가 없는 ~이다 彼は全く申し分のない人だ. **4** 容姿. 顔つき. ¶ ~이 반반하다 容貌が整っている.
인물고사〔一考査〕 名 人物考査.
인물평〔一評〕 名 人物評.
인물화〔一畫〕 名〔美〕 人物画.
인민〔人民〕 名 人民. ¶ ~재판 人民裁判.
인발〔印一〕 名 印影. 印を押したあと.
인방〔隣邦〕 名 隣邦. 隣国.
인버네스〔Inverness〕 名 インバネス.
인보이스〔invoice〕 名〔經〕 インボイス. 荷物送り状.
인보험〔人保險〕 名〔經〕 人保険.
인복〔人福〕 名 人と交流を深めることで受ける幸い.
인본〔印本〕 名 印本. 印刷した書物.
인본주의〔人本主義〕 名 人本主義.
인부〔人夫〕 名 人夫. 人足.
인부정〔人不淨〕 名〔民俗〕 不浄な人の出入りを制限しなかったためにおこる祟り.
◆**인부정을 타다** 不浄な人のために祟りがおこる.
인분¹〔人糞〕 名 人糞.
인분²〔鱗粉〕 名 鱗粉.
인사¹〔人士〕 名 人士. ¶ 유명 ~ 有名人士.
인사²〔人事〕 名 하自 **1** あいさつ. ¶ 작별 ~ 別れのあいさつ / ~를 나누다 あいさつを交わす. **2** 礼儀. 儀礼. ¶ 외교상의 ~말 外交辞令 / 저 사람은 ~를 차릴 줄 모른다 あの人は礼儀をわきまえない. **3** 人事. 人のなし得ること. ¶ ~를 다하고 천명을 기다리다 人事を尽くして天命を待つ. **4** 個人に関する事柄. 人事. ¶ ~과 人事課 / ~이동 人事異動. **5** 意識. ¶ ~불성 人事不省.
인사 고과〔一考課〕 名 人事考課.
인사란〔一欄〕 名 (新聞·雑誌の)消息欄.
인사말 名 あいさつの言葉.
인사 비밀〔一祕密〕 名 人事秘密.
인사성〔一性〕 名 あいさつを欠かさずよくする性質. ¶ ~이 밝다 礼儀をよくわきまえている.
인사치레 名 ほんのうわべだけのあいさつ. ¶ ~로 하는 말 お世辞で言う言葉.
인사 행정〔一行政〕 名 人事行政.

메모 인사 표현

안녕하십니까? こんにちは.
안녕히 가십시오. (留まる者が去る者に)さようなら.
안녕히 계십시오. (去る者が留まる者に)さようなら.
감사합니다, 고맙습니다. ありがとうございます.
처음 뵙겠습니다. はじめまして.
뵙게 돼서 반갑습니다. お目にかかれてうれしいです.
잘 먹겠습니다. ごちそうになります.
잘 먹었습니다. ごちそうになりました.
안녕히 주무셨습니까? ぐっすりお休みになられましたか.
편히 주무십시오. お休みなさい.
수고하십시오. お疲れさまです.
수고하셨습니다. お疲れさまでした.
오래간만입니다. お久しぶりです.
또 뵙겠습니다. またお目にかかります.
미안합니다. すみません.
죄송합니다. 申し訳ありません.
제가 잘못했습니다. 私が悪うございました.
실례하겠습니다. 失礼します.
실례했습니다. 失礼しました.
용서하십시오. ご容赦ください.
천만에요. どういたしまして.
별말씀을 다하십니다. とんでもございません.
신세를 많이 졌습니다. いろいろお世話になりました.
폐를 많이 끼쳤습니다. いろいろご迷惑をおかけしました.

인사이드〔inside〕 名 インサイド. 内側.
인산¹〔人山〕 名 人の山. 人の多いこと.
인산인해〔一人海〕 名 たくさんの人出.
인산²〔因山〕 名 王, または直系の王族の葬儀.
인산³〔燐酸〕 名〔化〕 燐酸.
인산나트륨〔一 獨 Natrium〕 名〔化〕 燐酸ナトリウム.
인산 비료〔一肥料〕 名〔化〕 燐酸肥料.
인산암모늄〔一ammonium〕 名〔化〕 燐酸アンモニウム.
인산칼슘〔一calcium〕 名〔化〕 燐酸カルシウム.
인삼〔人蔘〕 名〔植〕 朝鮮人参. 人参.
인삼차〔一茶〕 名 人参茶.
인상¹〔人相〕 名 人相. ¶ ~착의 人相と身なり / ~이 나쁘다 人相が悪い.
인상²〔引上〕 名 하他 **1** (物価·賃金などの)値上げ. 引き上げ. 上げること. ¶ 유가 ~ 石油価格の引き上げ. **2** (重量挙げで)スナッチ.
인상률〔一率〕 名 引き上げ率.
인상액〔一額〕 名 引き上げ額.
인상³〔印象〕 名 印象. ¶ 첫~ 第一印象 / ~에 남은 영화의 장면 印象に残った映画のシーン.
◆**인상을 쓰다** 〈俗〉 険悪な表情をする.
◆**인상이 깊다** 印象深い.
인상 비평〔一批評〕 名〔文〕 印象批評.
인상적〔一的〕 冠 名 印象的.
인상파〔一派〕 名 印象派.
인색하다〔吝嗇一〕 形 けち臭い. しみったれだ. けちだ. ¶ 인색한 사람 けちん坊 / 돈에 ~ 金にけちだ.
인생〔人生〕 名 人生. 生涯. ¶ ~관

人生観/ ~행로 人生行路/ 새로운 ~ 新しい人生.

〔속담〕 **인생은 짧고 예술은 길다** 人生は短く芸術は長し. **인생 칠십 고래희**(古來稀) 人生70古来稀なり.

인생무상〔一無常〕 名 人生無常〈人生のはかないこと〉.

인선〔人選〕 名 하自 人選. ¶ ~을 잘못하다 人選を誤まる.

인성〔人性〕 名 人性. 人間の先天的な性質.

인세〔印稅〕 名 印税.

인솔〔引率〕 名 하他 引率. ¶ 교사가 학생들을 ~하다 教師が学生たちを引率する.

인솔자〔一者〕 名 引率者.

인쇄〔印刷〕 名 하他 印刷. ¶ ~공 印刷工/ ~기 印刷機/ ~술 印刷術/ ~물 印刷物/ ~인 印刷人/ ~판 印刷版/ ~소 印刷所.

인수[1]〔人數〕 名 人数.

인수[2]〔引受〕 名 하他 引き受け. ¶ ~인 引き受け人/ 정권을 ~하다 政権を引き継ぐ.

인수은행〔一銀行〕 名〔經〕 引き受け銀行.

인수인계〔一引繼〕 名 하他 引き継ぎと受け継ぎ. 受け渡し.

인수[3]〔因數〕 名〔數〕 因数. ¶ ~ 분해 因数分解.

인순고식〔因循姑息〕 名 하自 因循姑息.

인술〔仁術〕 名 仁術. ¶ 의술은 ~이다 医は仁術なり.

인슐린〔insulin〕 名〔化〕 インシュリン.

인스턴트〔instant〕 名 インスタント. ¶ ~ 식품 インスタント食品.

인습[1]〔因習〕 名 因習. 昔からの習慣. ¶ ~도덕 因習道徳/ ~ 타파 因習打破/ ~에 얽매이다 因習にとらわれる.

인습[2]〔因襲〕 名 하他 因襲.

인시〔寅時〕 名〔民俗〕 寅の刻. 午前3時から5時までの時間.

인식〔認識〕 名 하他 認識. ¶ ~ 부족 認識不足/ ~을 새로이 하다 認識を新たにする.

인식론〔一論〕 名〔哲〕 認識論.

인식표〔一票〕 名〔軍〕 認識票.

인신〔人身〕 名 人身.

인신공격〔一攻擊〕 名 하自 人身攻撃.

인신매매〔一賣買〕 名 하自 人身売買.

인심〔人心〕 名 **1** 人心. 人間の心. **2** 人心. 民心. 民情. ¶ ~을 수습하다 民心を収拾する. **3** 人情. 同情心. ¶ ~이 후하다 人情が厚い/ ~ 좋은 마을 人情の厚い村.

◆**인심을 사다** 人心を得る.

◆**인심을 쓰다** 人情を施す. 同情する気前をよくする.

◆**인심을 잃다** 評判が落ちる.

◆**인심이 사납다** 人情がない. 不人情だ. 人心が荒れて薄情だ.

인심세태〔一世態〕 名 人情世態.

인애〔仁愛〕 名 하自 仁愛.

인양〔引揚〕 名 하他 引き揚げ. ¶ 침몰선의 ~ 작업 沈没船の引き揚げ作業.

인어〔人魚〕 名 (想像上の)人魚.

인업〔因業〕 名〔佛〕 因業.

인연〔因緣〕 名 하自 **1** 因縁. 縁. ゆかり. 絆. ¶ 그 남자와는 아무런 ~도 없다 彼とはまったく縁もゆかりもない. **2** 因縁. 由来. いわれ. ¶ 그 탑이 서게 된 ~에는 재미있는 이야기가 있다 その塔が立つことになった由来には面白い話がある. **3** 〔佛〕 因縁. ¶ 전생의 ~ 前生の因縁.

◆**인연을 끊다** 縁を切る.

◆**인연을 맺다** 縁を結ぶ.

인영〔印影〕 名 印影〈捺印のあと〉.

인왕〔仁王〕 名〔佛〕 仁王.

인용〔引用〕 名 하他 引用. ¶ 속담을 ~하다 諺を引用する.

인용구〔一句〕 名 引用句.

인용문〔一文〕 名 引用文.

인용부〔一符〕 名 引用符. クオーテーションマーク(" ").

인용서〔一書〕 名 引用書.

인용어〔一語〕 名 引用語.

인원〔人員〕 名 人員. ¶ ~ 정리 人員整理/ ~이 부족하다 人員が足りない.

인원수〔一數〕 名 人員数. 人数.

인위〔人爲〕 名 人為. 人工.

인위 도태〔一淘太〕 名〔生〕 人為選択.

인위 분류〔一分類〕 名〔生〕 人為分類.

인위 사회〔一社會〕 名 人為社会.

인위적〔一的〕 冠名 人為的. 人工的.

인의〔仁義〕 名 仁義.

인의예지〔一禮智〕 名 仁·義·礼·知の四端.

인의예지신〔一禮智信〕 名 (儒教の)仁·義·礼·知·信の五常.

인자[1]〔人子〕 名 **1** 人の子. **2** 〔基〕 イエスの自称.

인자[2]〔仁者〕 名 仁者. 心の広い人.

인자[3]〔因子〕 名 因子. ¶ 유전 ~ 遺伝因子.

인자[4]〔印字〕 名 하自 印字. ¶ ~기 印字機. タイプライター.

인자하다〔仁慈一〕 形 慈愛に満ちている. ¶ 인자한 할아버지 慈愛に満ちたおじいさん.

인장〔印章〕 名 **1** 印章. 印鑑. **2** 印影.

인재[1]〔人才〕 名 人才. 才能の優れた「人.

인재[2]〔人材〕 名 人材. 人物. ¶ 우수한 ~ 優秀な人材.

인재 등용〔一登用〕 名 하自 人材登用.

인적〔人跡〕 名 人跡. 人足. ¶ ~이 끊어진 심산유곡 人跡の絶えた深山幽谷.

인적 자원〔人的資源〕 名 人的資源.

인적 증거〔人的證據〕 名〔法〕 人的証拠.

인절미 名 マッチ箱大に切ってきな粉をまぶしたもち米の餅.

인접[1]〔引接〕 名 하他 引接. 引見.

인접[2]〔隣接〕 名 하自 隣接. ¶ ~한 지역 隣接した地域/ ~ 국가 隣接国家.

인정[1]〔人情〕 名 人情. 情け. 思いやり. ¶ ~을 베풀다 人情を施す/ ~이 많은 여인 情け深い女性/ ~에 끌리다 情にほだされる/ ~이 메마른 세

상 人情の干からびた世間.
인정머리 名 〈俗〉人情.
인정미〔一味〕名 人情味. 情味.
인정스럽다 形 情け深い. **인정스레** 副 情け深く.
인정²〔仁政〕名 仁政. ¶~을 베풀다 仁政を施す.
인정³〔認定〕名 하他 認定. 認めること. ¶자격을 ~하다 資格を認定する / 유망한 작가로 ~을 받다 有望な作家として認められる.
인정사정없다〔人情事情一〕形 情容赦ない. **인정사정없이** 副 情容赦なく. ¶~ 때리다 情容赦なく殴る.
인정 신문〔人定訊問〕名 하他〔法〕人定尋問.
인제 副 **1** 今になって. 今. ¶~ 와서 약속을 어기다니 今になって約束を破るとは / ~ 저녁을 먹고 치우는 중이에요 今夕食を食べて片づけているところです. **2** 今すぐ. ¶~ 곧 발표가 있을 것이다 もうすぐ発表があるはずだ / ~ 막 떠났다 たった今出発したばかりだ. **3** もはや. 今となっては.
인조〔人造〕名 人造.
인조견〔一絹〕名 人絹. レーヨン.
인조 보석〔一寶石〕名 人造宝石.
인조석〔一石〕名 人造石.
인조 피혁〔一皮革〕名 人造皮革.
인종¹〔人種〕名 人種. ¶~ 문제 人種問題 / ~ 차별 人種差別 / ~적 편견 人種的偏見 / ~학 人種学.
인종²〔忍從〕名 하自 忍従.
인주〔印朱〕名 朱肉.
인주갑〔一匣〕名 朱肉入れ. 肉池.
인주머니〔印一〕名 判子入れの袋.
인준〔認准〕名 하他〔法〕公務員の任命に関する国会の承認.
인줄〔人一〕名〔民俗〕(出産の後に不浄を嫌い人がみだりに出入りするのを禁じて門口に張る) しめ縄.
인중〔人中〕名 人中. 鼻みぞ.
◆**인중이 길다** 人中が長い〈寿命が長い〉.
인즉 ☞ㄴ즉¹
인즉슨 ☞ㄴ즉슨¹
인증¹〔人證〕名〔法〕人証. 証人が示す証拠.
인증²〔引證〕名 하他 引証.
인증³〔認證〕名 하他〔法〕認証. ¶공증인의 ~ 公証人の認証.
인지¹〔人指〕名 人指し指. 食指.
인지²〔人智〕名 人知. 人の知恵.
인지³〔印紙〕名 印紙. 収入印紙.
인지세〔一稅〕名 印紙税.
인지⁴〔認知〕名 하他 認知. ¶서출의 자식을 ~하다 庶出の子を認知する.
인지⁵ ☞-ㄴ지
인지라 ☞-ㄴ지라
인지상정〔人之常情〕名 人情の常. ¶약한 사람을 돕고 싶어하는 것은 ~이다 弱い者を助けたいと思うのは人情の常だ.
인지질〔燐脂質〕名〔化〕燐脂質.
인질〔人質〕名 人質. ¶~로 잡다 人質に取る.
인질극〔一劇〕名 人質を取って自分の望みをなし遂げようとする騒動.
인찰지〔印札紙〕名 美濃罫紙.
인책〔引責〕名 하自 引責. 責任を取ること.
인책 사임〔一辭任〕名 하他 引責辞任. ¶장관은 그 사건에 ~했다 長官はその事件に引責辞任した.
인척〔姻戚〕名 姻戚. 姻族.
인체〔人體〕名 人体. ¶농약은 ~에 해롭다 農薬は人体に有害だ.
인촌〔隣村〕名 隣村.
인축〔人畜〕名 人畜. 人間と家畜.
인출〔引出〕名 하他 引き出すこと. ¶은행에서 예금을 ~하다 銀行で預金をおろす.
인치〔引致〕名 하他 引致. ¶용의자를 ~하다 容疑者を引致する.
인치〔inch〕依名〔야드·파운드법의 길이의 단위〕インチ〈1インチは約2.54センチメートル〉.
인치다〔印一〕自 印を押す. 捺印する.
인칭〔人稱〕名〔言〕人称. ¶제3~ 第3人称 / ~ 대명사 人称代名詞.
인큐베이터〔incubator〕名 インキュベーター.
인터내셔널〔international〕名 インターナショナル. 国際的.
인터넷〔Internet〕名 インターネット.
인터벌〔interval〕名 インターバル.
인터뷰〔interview〕名 하他 インタビュー. 面談.
인터체인지〔interchange〕名 インターチェンジ〈高速道路の出入り口〉.
인터폰〔interphone〕名 インターホン.
인턴〔intern〕名 インターン〈医科大学卒業後1年間の臨床研修期間にある者〉.
인테리어〔interior〕名 インテリア. 室内装飾. ¶~ 디자이너 インテリアデザイナー.
인텔리 名〔'인텔리겐치아'의 준말〕インテリ.
인텔리겐치아〔(러) intelligentsia〕名 インテリゲンチャ. 知識階級.
인파〔人波〕名 人波. 人出. ¶~에 휩쓸리다 人波にのまれる.
인편¹〔人便〕名 人伝. ¶~으로 온 편지 人伝にきた手紙.
인편²〔鱗片〕名 鱗片.
인품〔人品〕名 品位. 品格. 人柄. 人物. ¶온화한 ~ 温和な人柄 / ~이 있는 사람 品位のある人.
인플레 名〔經〕〔'인플레이션'의 준말〕インフレ.
인플레이션〔inflation〕名〔經〕インフレーション.
인플루엔자〔influenza〕名〔醫〕インフルエンザ.
인하〔引下〕名 하他 (物価·料金などの)引き下げ. ¶가격 ~ 値下げ / 금리 ~ 金利の引き下げ / 철도 운임을 ~하다 鉄道運賃を下げる.
인하다〔因一〕自 **1** (『-로[-으로] 인하여[인해]』의 꼴로) …によって. …が原因で. …のせいで. …に基づいて. ¶오해로 인하여 사이가 나빠졌다 誤解によって仲が悪くなった. **2** (『로[으로] 인한』의 꼴로) …による. ¶태만으로 인

한 사고 怠慢による事故.

인항〔引航〕 名 하他 (船・グライダーの)曳航.

인해 전술〔人海戰術〕 名 人海戦術.

인행〔印行〕 名 하他 刊行.

인허〔認許〕 名 하他 認許. 認可.

인형[1]〔人形〕 名 人形.

인형극〔一劇〕 名〔演〕人形劇.

인형[2]〔印形〕 名 印形. 印章. 印鑑.

인형[3]〔仁兄〕 名 仁兄〈手紙で対等の相手に敬意を表していう語〉.

인혜〔仁惠〕 名 하形 仁恵. 恵み.

인호〔人戶〕 名 人戸. 人家.

인화[1]〔人和〕 名 하自 人和.

인화[2]〔引火〕 名 하自 引火. ¶ ~물 引火物 / ~성 引火性 / ~점 引火点.

인화[3]〔印畫〕 名 하他 印画. 焼きつけ. プリント.

인화지〔一紙〕 名 印画紙.

인화[4]〔燐火〕 名 **1** 燐火. 鬼火. きつね火. **2** 蛍の光.

인환〔引換〕 名 引き換え. ¶ ~증 引き換え証.

인회석〔燐灰石〕 名〔鑛〕燐灰石.

인후[1]〔仁厚〕 名 하形 仁厚. 慈悲の深いこと. ¶ ~한 군주 仁厚な君主.

인후[2]〔咽喉〕 名〔生〕咽喉. のど.

인후강〔一腔〕 名〔生〕咽喉腔.

인후염〔一炎〕 名〔醫〕咽喉炎.

인후 카타르〔—catarrh〕 名〔醫〕咽喉カタル.

일[1] 名 **1** 仕事. ¶ ~을 처리하다 仕事を片づける / ~이 밀려 있다 仕事がつかえている / ~이 손에 잡히지 않는다 仕事が手につかない. **2** 用事. 用件. 用. ¶ 무슨 ~로 부르셨습니까? どんなご用でお呼びになりましたか. **3** こと. ¶ 참 반가운 ~이다 ほんとうに喜ばしいことだ. **4** 行動. 行為. ¶ 그는 오늘 좋은 ~을 했다 彼は今日よい行為をした. **5** 事情. 成り行き. ¶ 불가피한 ~이 생기다 避けられない事情が生じる. **6** (過去の)経験. こと. ¶ 비행기를 타 본 ~이 있니? 飛行機に乗って見たことあるの. **7** 事実. 現状. ¶ 대학에 합격했다니 기쁜 ~이다 大学に合格したとはうれしいことだ / 환경의 파괴는 안타까운 ~이다 環境の破壊はもどかしい現状だ. **8** 動作. 状態. こと. ¶ 한 번도 웃는 ~이 없다 一度も笑うことがない. **9** 行事. ¶ 집안의 ~을 무사히 치르다 家庭の行事をつつがなく済ます. **10** 状況. 場面. ¶ 지난 ~을 돌이켜 보다 過ぎ去った状況を顧みる / 미래의 ~을 상상하다 未来のことを想像する. **11** 事件. ¶ 양당 사이엔 마침내 ~이 터지고 말았다 両党の間にはついに紛争が起こってしまった.

일[2]〔日〕 Ⅰ 名 **1**〔'일요일'의 준말〕日曜日. **2**〔하루를 이르는 말〕日. ¶ ~ 평균 1日平均.

Ⅱ 依名 **1**〔날짜를 세는 말〕日・か. ¶ 5~ 동안 기다렸다 5日間待った. **2** (月の)…日・か. ¶ 3월 7일 3月7日.

Ⅲ 接尾〔일부 명사에 붙어〕…の日. ¶ 국경~ 国民の祝日 / 월요~ 月曜日.

일[3]〔日〕 名〔'일본'의 준말〕日. ¶ 재~ 교포 在日の同胞 / 주~ 대사 駐日大使.

일[4]〔一〕 Ⅰ 數 1. 一つ. ¶ ~ 더하기 ~은 이 1足す1は2.

Ⅱ 冠〔한・첫째의 뜻〕一…. ¶ ~평생 一生涯 / ~직선 一直線.

> **單語帳 한문 숫자**
>
> 数詞には漢数詞と固有数詞があるが, 漢数詞は次のとおりである.
>
> | | | | | | | | |
> |---|---|---|---|---|---|---|---|
> | 1 일 | 6 육 | 11 십일 | 60 육십 | 百 | 백 |
> | 2 이 | 7 칠 | 20 이십 | 70 칠십 | 千 | 천 |
> | 3 삼 | 8 팔 | 30 삼십 | 80 팔십 | 万 | 만 |
> | 4 사 | 9 구 | 40 사십 | 90 구십 | 億 | 억 |
> | 5 오 | 10 십 | 50 오십 | 99 구십구 | 兆 | 조 |
>
> ◆ 助数詞・単位をつけた例: 삼 년(3年), 사십 명(40名), 팔십오 세(85歳), 구십 퍼센트(90パーセント), 백오십 미터(150メートル), 천구백사십오 년 팔월 십오일(1945年8月15日), 두 시 팔 분 이십오 초(2時8分25秒), 칠팔구(국)의 공공사일 번(789[局]の0041番), 종로 오 가 삼십육 번지(鍾路5丁目36番地).

일-[5] 接頭〔'일찍이'의 뜻을 나타냄〕早く. ¶ ~깨다 早く目覚める.

일가〔一家〕 名 **1** 一家. 一家族. ¶ 늘 화목한 ~ いつもむつまじい一家. **2** (同じ血筋の)同族. 親類. 一族. ¶ ~친척 親類一族. **3** 一家. (学問・技芸など)独自の流派. ¶ 농학계에서 ~를 이루다 農学界で一家を成す.

일가견〔一見〕 名 一見識. 一家言. ¶ ~을 갖고 있다 一見識をもっている.

일가 단란〔一團欒〕 名 하形 一家団欒.

일가붙이 名 血縁関係にあるもの. 親族. 一族.

일가족〔一家族〕 名 一家族. 一家.

일각[1]〔一角〕 名 一角. 片すみ. ¶ 연탄을 움막집 ~에 쌓아 놓다 煉炭を小屋の一角に積んでおく / 빙산의 ~ 氷山の一角.

일각 대문〔一大門〕 名〔建〕独立柱の屋根つき大門.

일각 중문〔一中門〕 名〔建〕柱が二つの中門.

일각[2]〔一刻〕 名 一刻. **1** 昔の時間の単位〈一刻は15分〉. **2** ごく短い時間. 瞬間. ¶ ~을 다투는 긴급사 一刻を争う緊急事.

〔속담〕 **일각이 여삼추** 一刻三秋の如し〈一日千秋. 一刻千秋〉.

일간[1]〔日刊〕 名 하他 **1** 日刊. ¶ ~지 日刊紙. **2**〔'일간 신문'의 준말〕日刊新聞.

일간 신문〔一新聞〕 名 日刊新聞.

일간[2]〔日間〕 Ⅰ 名 1日の間. 一日中.

Ⅱ 副 近いうちに. そのうちに. 最近. ¶ ~ 한번 찾아 뵙겠습니다 近いうちに一度伺います.

일간초옥〔一間草屋〕 名 一間くらいしかない小さなわらぶきの家.

일갈〔一喝〕 名 하他 一喝. ¶ 대성～ 大声一喝.
일감 名 仕事. ¶～이 밀려 있다 仕事がつかえている.
일개〔一介〕 冠 一介. ¶～ 가난한 서생 一介の貧しい書生.
일개미 名〔動〕働き蟻.
일개인〔一個人〕 名 一個人. ¶～으로서의 발언 一個人としての発言.
일거〔一擧〕 名 一挙. ¶～일동 一挙一動.
　일거양득〔一兩得〕 名 一挙両得. 一石二鳥.
일거리 名 なすべき仕事. ¶～가 없다 する仕事がない / ～를 구하러 나서다 仕事を求めに出かける.
일거수일투족〔一擧手一投足〕 名 一挙手一投足. ¶ 적수의 ～을 주시하다 敵の一挙手一投足を注視する.
일거야 ☞-ㄹ거야
일건〔一件〕 名 一件. ¶ 겨우 ～이 매듭 지어졌다 やっと一件落着となった.
　일건 기록〔一記錄〕 名〔法〕一件記録.
　일건 서류〔一書類〕 名〔法〕一件書類. ¶ 검찰청에 ～를 송치했다 検察庁に一件書類を送致した.
일걸 ☞-ㄹ걸
일격〔一擊〕 名 一撃. 一打ち. ¶～을 가하다 一撃を加える.
일견〔一見〕 **Ⅰ** 名 하他 一見. ¶ 백문이 불여～ 百聞は一見にしかず / ～해서 정체를 알아차리다 一見して正体を見抜く.
　Ⅱ 副 一見. ¶～ 신사풍의 남자 一見紳士風の男.
일계[1]〔一計〕 名 一計. ¶～를 생각해 내다 一計を案ずる / ～를 꾸미다 一計を巡らす.
일계[2]〔日計〕 名 日計. ¶～표 日計表.
일계[3]〔日系〕 名 日系. ¶～ 미국인 日系アメリカ人.
일고[1]〔一考〕 名 하他 一考. ¶～의 여지가 있다 一考の余地がある.
일고[2]〔一顧〕 名 하他 一顧. ちょっと考えてみること. ¶～의 가치도 없다 一顧の価値もない.
일고여덟 數 七八. 七つか八つ. 7·8人.
일곱 數 七つ. 7. 7人. ¶～ 번째 7番目. 七つ目 / 동복이 ～ 벌 冬服が7着. ▷하나[1] 單語帳
　일곱이레 名 子供が生まれて49日目.
일공〔日工〕 名 **1** 1日の賃金. 日給. **2** 日雇いの仕事. 日給の仕事. **3**〔'일공쟁이'의 준말〕日雇い労務者.
　일공쟁이 名 日雇い労務者.
일과[1]〔一過〕 名 一過. **1** 一度通過すること. ¶ 태풍 ～ 台風一過. **2** 一度目を通すこと.
　일과성〔一性〕 名〔醫〕一過性.
일과[2]〔日課〕 名 日課. ¶ 독서를 ～로 삼다 読書を日課とする.
일관〔一貫〕 名 하自他 一貫. ¶ 시종～ 終始一貫 / 초지를 ～하다 初志を貫徹する.
　일관성〔一性〕 名 一貫性.
　일관 작업〔一作業〕 名〔經〕一貫作業.
일괄〔一括〕 名 하他 一括. 一括り. ¶ 세 가지 의안을 ～해서 심의하다 三つの議案を一括して審議する.
일광〔日光〕 名 日光. ¶～ 소독 日光消毒.
　일광 요법〔一療法〕 名 日光療法.
　일광욕〔一浴〕 名 하自 日光浴. ¶～실 サンルーム.
일교차〔日較差〕 名〔天〕日較差.
일구〔一口〕 名 一口. **1** 一人. **2** 一口. 一言. **3** 異口同音の言葉.
　일구난설〔一難說〕 名 一言ではとうてい説明しがたいこと.
　일구이언〔一二言〕 名 하自 二枚舌. 食言.
일구다 他 **1** (荒れ地を)掘り起こす. ¶ 밭을 ～ 畑を掘り起こす. 開墾する. **2** (もぐらなどが)地面を盛り上げる.
일국〔一國〕 名 一国. ¶～의 대통령 一国の大統領.
일군[1]〔一軍〕 名 一軍. 全軍. ¶～의 명예를 걸고 싸우다 一軍の名誉にかけて戦う.
일군[2]〔一群〕 名 一群. ひとむれ. ¶～의 도둑 一群の盗賊.
일그러지다 自 ゆがむ. ¶ 얼굴이 ～ 顔がゆがむ.
일근〔日勤〕 名 하自 日勤.
일금〔一金〕 名〔돈의 액수를 쓸 때 그 액수 앞에 쓰는 말〕一金. ¶～ 삼만 원정 一金参万ウォン也.
일급[1]〔一級〕 名 一級. **1** (等級の分類上での)第1位. ¶～품 一級品. **2** 囲碁·テコンドー(태권도)などで初段のすぐ下の級位.
일급[2]〔日給〕 名 日給. ¶～제 日給制.
일긋알긋 副 하自 がたごと. ぐらぐら.
일기[1]〔一技〕 名 一技. 一芸. ¶ 일인～ 一人一芸.
일기[2]〔一期〕 名 **1** 一期. 生きている期間. 一生涯. ¶ 50세를 ～로 세상을 떠나다 50歳を一期として世を去る. **2** 一期. ¶～생 1期生.
일기[3]〔日記〕 名 **1** 日記. 日誌. ¶～를 쓰다 日記を書く. **2**〔史〕廃位された王の在位期間の治績を記した記録.
　일기 문학〔一文學〕 名〔文〕日記文学.
　일기장〔一帳〕 名 日記帳.
　일기체〔一體〕 名〔文〕日記体.
일기[4]〔日氣〕 名 天気. 天候. ¶～불순 天候不順 / ～가 고르지 못하다 天候が不順だ.
　일기 예보〔一豫報〕 名 하自 天気予報.
일기[5]〔一騎〕 名 一騎.
　일기당천〔一當千〕 名 一騎当千. ¶～의 무사 一騎当千の兵.
일까 ☞-ㄹ까
일깨다[1] 自 (朝早く)目覚める. 起きる.
일깨다[2] 他〔'일깨우다[2]'의 준말〕教え悟らせる. 言い聞かせる.
일깨우다[1] 他 (朝早く)起こす. 目覚めさせる.
일깨우다[2] 他 教え悟らせる. 言い聞

かせる. 注意を喚起する. ¶ 잘못을 ～ 過ちを悟らせる.

일껏 副 せっかく. わざわざ. ¶ ～ 써놓은 것을 찢다니 せっかく書いておいたのを破るとは.

일꼬 ☞-ㄹ꼬

일꾼 名 **1** 労働者. 働く人. 人手. 手伝い. ¶ 공사장의 ～ 工事現場の労働者 / 이사하는 데 ～이 몇 필요하다 引っ越しに何人か手伝いが要る. **2** 人材. 敏腕家. やり手. ¶ 그는 이 회사의 뛰어난 ～이다 彼はこの会社の優れた働き手だ.

일년〔一年〕 名 1年. 1か年. ¶ 그로부터 ～이 지났다 あれから1年たった.

일년감 名 トマト.

일년근〔一根〕 名 一年生植物の根.

일년생〔一生〕 名 **1** (学校の)1年生. ¶ 중학 ～ 中学1年生. **2**〔植〕一年生.

일년생 초본〔一生草本〕 名 一年生草本. 一年草.

일념〔一念〕 名 一念. **1** 終始変わらない心. ¶ 사회에 봉사하려는 ～ 社会に奉仕しようとする一念. **2**〔佛〕ひたすらに念仏を唱えること. ¶ ～ 발기하여 불도를 닦다 一念発起して仏道を修める.

일는지 ☞-ㄹ는지

일다[1] 自 **1** (自然現象·もめごとなどが)起こる. 生じる. ¶ 바람이 이는 날엔 출어를 못 한다 風の吹く日は出漁できない / 싸움이 일 것 같다 戦いが起こりそうだ. **2** 興る. 栄える. ¶ 살림이 ～ 暮らしが良くなる. **3** 沸き立つ. けば立つ. ¶ 물이 끓어 김이 ～ 湯が沸き上がる.

일다[2] 他 **1** (米などを)研ぐ. ¶ 쌀을 일어서 밥을 짓다 米を研いで飯をたく. **2** (箕などで穀物をあおいで)ごみを取り除く. ¶ 타작마당에서 곡식을 ～ 脱穀する庭で穀物のごみを取り去る.

일단[1]〔一旦〕 副 いったん. ひとたび. ひとまず. ¶ ～ 일이 생기면 ひとたび事が起これば / 이것으로 ～은 끝난 셈이다 これでひとまず終わったわけだ.

일단[2]〔一段〕 名 一段. ひとくぎり. ¶ 계단의 ～ 階段の一段 / 문장의 ～ 文章のひとくぎり.

일단[3]〔一團〕 名 一団. 一味. ¶ 병사의 ～ 兵士の一団.

일단[4]〔一端〕 名 一端. 一部分. ¶ 연구의 ～을 발표하다 研究の一端を発表する.

일단락〔一段落〕 名 一段落. ひとくぎり. ¶ 일이 ～되면 잠깐 쉬자 仕事が一段落したらひと休みしよう.

일당[1]〔一堂〕 名 一堂. 同じ場所. ¶ 전원이 ～에 모이다 全員が一堂に会する.

일당[2]〔一黨〕 名 **1** 一党. 仲間. 一味. ¶ ～ 독재 一党独裁. **2** 一つの政党. ¶ ～ 일파 一党一派.

일당[3]〔日當〕 名 日当. 日給. ¶ 급료를 ～ 계산으로 지불하다 給料を日給計算で支払う.

일당백〔一當百〕 名 (一人が100人に当たるの意で)非常に優れた人のたとえ. 一騎当千.

일대[1]〔一大〕 冠 一大. ¶ ～ 사건 一大事件 / ～ 개혁을 단행하다 一大改革を断行する.

일대사〔一事〕 名 一大事. **1** 重大なこと. **2**〔佛〕人の死ぬことと生まれること.

일대[2]〔一代〕 名 一代. ¶ ～ 잡종 一代雑種 / 일생～의 걸작 一世一代の傑作.

일대기〔一記〕 名 一代記. ¶ 영웅의 ～ 英雄の一代記.

일대[3]〔一隊〕 名 **1** (動物などの)ひと群れ. **2** (軍隊の)一隊. ¶ ～의 보병 一隊の歩 兵.

일대[4]〔一帶〕 名 一帯. あたり全体. 一円. ¶ ～에 대설 주의보가 내리다 一帯に大雪注意報が出た.

일더위 名 早目に来る暑さ.

일도양단〔一刀兩斷〕 名 하自 一刀両断.

일독〔一讀〕 名 하他 一読. ¶ ～을 권하다 一読を勧める.

일동〔一同〕 名 一同. ¶ 회원 ～ 会員「一同.

일되다 自 **1** (木の実·穀物などが)早く熟れる. 早く実る. ¶ 벼가 ～ 稲が早く実る. **2** (人が)早熟する. ¶ 일된 아이 早熟な子.

일득일실〔一得一失〕 名 一得一失.

일등〔一等〕 名 **1** 1等. 第1の等級. 1番. ¶ ～석 1等席 / ～지 1等地. **2** 最上. ¶ ～으로 치는 물건 品質が最高の品 物.

일등급〔一級〕 名 最上級.

일등병〔一兵〕 名〔軍〕一等兵.

일등품〔一品〕 名 一等品.

일떠나다[1] 自 元気よく起き上がる. 勢いよく立ち上がる.

일떠나다[2] 自 早く出発する.

일떠서다 自 勢いよく立ち上がる.

일라 ☞-ㄹ라

일락〔逸樂〕 名 하自他 逸楽. ¶ ～에 빠지다 逸楽にふける.

일란성 쌍생아〔一卵性雙生兒〕 名〔生〕一卵性双生児.

일람〔一覽〕 名 하他 一覧.

일람 출급 어음〔一出給一〕 名〔經〕一覧払い手形.

일람표〔一表〕 名 一覧表.

일랑 助 ☞ㄹ랑

일랑은 '일랑'의 힘줌말. ☞ㄹ랑

일러두기 名 凡例. 例言.

일러두다 他 申しつけておく. ¶ 문단속을 잘 하라고 ～ 戸締まりをきちんとしろと申しつけておく.

일러바치다 他 告げ口する. 言いつける. ¶ 짓궂게 굴면 일러바치겠다 いじわると言いつけるよ.

일러스트레이션〔illustration〕 名 イラストレーション.

일러주다 他 **1** 教えてやる. 言い聞かす. ¶ 다음부터 더 조심하라고 일러주어라 次からもっと気をつけるようにと教えてやれ. **2** 知らせる.

일렁거리다〔-대다〕 自 ゆらゆらする. ゆらりゆらり揺れる. ¶ 작은 배가 파도 위

에서 ～ 小船が波の上で揺れる.

일렁이다 自 ゆらゆらする. ゆらりゆらり. 揺れる.

일렁일렁 副 하自 〔물에 떠서 물결에 따라 이리저리 자꾸 흔들리는 모양〕ゆらゆら.

일력〔日曆〕 名 日めくり. 暦. はがし暦.

일련1〔一連〕 名 一連. ¶～번호 一連番号 / ～의 책임은 그에게도 있다 一連の責任は彼にもある.

일련2〔一聯〕 名 一連. 律詩でひとまとまりになる一対の句.

일련탁생〔一蓮托生〕 名 一蓮托生. ¶～의 몸 一蓮托生の身.

일렬〔一列〕 名 一列. ¶～로 빨리 서세요 一列に早く並びなさい.

일례〔一例〕 名 一例. ¶～를 들어서 설명하다 一例をあげて説明する.

일로〔一路〕 名 **1** 一筋に続く道. 一路. 一途. **2**〔부사적으로 쓰여〕一路. ひたすら. まっすぐに. ¶～매진하다 一路邁進する.

일루1〔一縷〕 名 一縷. ¶～의 희망 一縷の望み.

일루2〔一壘〕 名 **1**(野球での) 一塁. ¶～타 一塁打. **2**〔'일루수'의 준말〕一塁手.

일루수〔一手〕 名 (野球の)一塁手.

일류〔一流〕 名 一流. 第一等の地位. ¶～ 호텔 一流ホテル.

일륜1〔一輪〕 名 一輪. ¶～차 一輪車.

일륜명월〔一明月〕 名 一輪明月.

일륜2〔日輪〕 名〔佛〕日輪.

일률〔一律〕 名 **1** 一律. ¶천편 ～ 千編一律. **2** 死に値する罪.

일률적〔一的〕 冠 名 一律的. ¶임금을 ～으로 10퍼센트 인상하다 賃金を一律に10パーセント引き上げる.

일리1〔一理〕 名 一理. **1** 一つの真理. ¶그것도 ～가 있는 의견이다 それも一理ある意見だ. **2** 同一の理.

일리2〔一利〕 名 一利.

일리일해〔一一害〕 名 一利一害.

일막극〔一幕劇〕 名〔演〕一幕物.

일말〔一抹〕 名 一抹. ¶～의 비애를 느끼다 一抹の悲哀を感じる.

일망〔一望〕 名 하他 一望.

일망무애〔一無涯〕 名 一望千里.

일망무제〔一無際〕 名 一望千里.

일망정 ☞-ㄹ망정

일망타진〔一網打盡〕 名 하他 一網打尽. ¶마약 밀수단을 ～하다 麻薬密輸団を一網打尽する.

일맥상통〔一脈相通〕 名 하自 一脈相通ずること. ¶이 사설은 그의 주장과 ～하는 데가 있다 この社説は彼の主張と一脈相通じるところがある.

일면〔一面〕 Ⅰ 名 **1** (物事の)一面. 一側面. ¶사건의 ～만을 보고 속단하지 마라 事件の一面だけを見て速断するな. **2** (新聞の)1面. ¶그 사건은 ～ 톱에 실렸다 その事件は1面トップに載った. **3** 知らない人と初めて会うこと. 初対面. **4** 周囲一帯. 全体. Ⅱ 副 一方.

◆**일면이 여구(如舊)하다** 初めて会ったのに旧知のようになる.

일면식〔一面識〕 名 一面識. ¶～도 없는 사람 一面識もない人.

일명〔一名〕 名 一名. 別名. ¶청주를 ～ 교육의 도시라고 한다 清州を一名教育の都市という.

일모〔日暮〕 名 하形 日暮れ. 夕暮れ. 夕方.

일모작〔一毛作〕 名〔農〕一毛作.

일목〔一目〕 名 一目. **1** 一つの目. 片目. **2** 一度見ること. **3** (囲碁で)目.

일목요연〔一瞭然〕 名 하形 一目瞭然. ¶결과가 어떻게 되는가는 ～하다 結果がどうなるか一目瞭然だ.

일몰〔日沒〕 名 하他 日没. 日の入り. ¶～ 시간이 늦어지다 日没時間が遅くなる.

일무〔一無〕 名 하形 「少しも無い」の意.

일무소식〔一消息〕 名 消息が全然ないこと.

일문1〔一門〕 名 一門. 一家族. 一族.

일문2〔日文〕 名 日本文. ¶～으로 된 의학서 日本文で書かれた医学書.

일문3〔逸文〕 名 逸文. **1** 世に知られていない文. **2** 名文.

일문4〔逸聞〕 名 逸聞. 逸話.

일문일답〔一問一答〕 名 하自 一問一答. ¶～으로 된 인터뷰 기사 一問一答形式のインタビュー記事.

일물〔逸物〕 名 逸物.

일미〔一味〕 名 **1** たいへん優れた味. いちばんいい味. **2**〔佛〕仏の教えはひとつであるということ.

일박〔一泊〕 名 하自 1泊. ¶～ 이일의 관광 코스 1泊2日の観光コース.

일반〔一般〕 名 一般. **1** 普通. 普遍. ¶～에게 공개하다 一般に公開する / ～ 상식 문제 一般常識問題. **2** 同じこと. 一様. 同様. ¶오늘 하나 내일 하나 힘든 것은 ～이다 今日やっても明日やっても大変なのは同じである.

일반법〔一法〕 名〔法〕一般法.

일반석〔一席〕 名 一般席.

일반인〔一人〕 名 一般人. ¶～의 통행을 금함 一般人の通行を禁ずる.

일반적〔一的〕 冠 名 一般的. ¶～으로 말해서 一般的に言って.

일반직〔一職〕 名 一般職.

일반화〔一化〕 名 하自他 一般化.

일발1〔一發〕 名 一発. ¶곰을 ～로 쏘아 죽였다 熊を一発でしとめた.

일발2〔一髮〕 名 一髪. ¶위기～ 危機一髪.

일방〔一方〕 名 一方. 片方. ¶～통행 一方通行.

일방적〔一的〕 冠 名 一方的. ¶～인 승리 一方的な勝利.

일방 행위〔一行爲〕 名〔法〕一方行為.

일배〔一杯〕 名 一杯.

일배주〔一酒〕 名 1杯の酒.

일벌 名〔動〕働き蜂.

일벌백계〔一罰百戒〕 名 一人を厳しく罰して多くの人の戒めとすること.

일변1〔一變〕 名 하自 一変. ¶정세가 ～하다 情勢が一変する.

일변2〔一邊〕 Ⅰ 副 一方. 傍ら. ¶～

놀랍고 ~ 반갑다 驚く一方, また懐かしい.

Ⅱ 名 **1** 一方. 片方. **2**〔數〕一辺.

일변도〔一倒〕 名 一辺倒. ¶ 수출 ~의 경제 정책 輸出一辺倒の経済政策.

일변³〔日邊〕 名 日歩. ¶ ~으로 계산한 이자 日歩で計算した利子.

일변화〔日變化〕 名 日変化.

일별〔一瞥〕 名 하他 一瞥. ¶ ~해서 배우라는 걸 알았다 一瞥して俳優だと分かった.

일병〔一兵〕 名 **1**〔'일등병'의 준말〕一等兵. **2** 一兵. 一人の兵士.

일보¹〔一步〕 名 一歩. ¶ ~ 전진 一歩前進/죽음 ~ 직전에서 구해 준 은인 死ぬ一歩手前で救ってくれた恩人.

일보²〔日報〕 名 日報. **1** 毎日の報道. **2** 新聞.

일보다 自 仕事をする.

일복〔一福〕 名 仕事が非常に多いことを福にたとえた語. ¶ ~이 터지다 仕事がどっとおしよせる.

◆**일복이 많다** 仕事がひっきりなしにくる.

일본〔日本〕 名〔地〕日本. ¶ ~ 열도 日本列島/~말[어] 日本語/~사람 日本人.

일본 뇌염〔一腦炎〕 名〔醫〕日本脳炎.

일본 요리〔一料理〕 名 日本料理. 和食.

일본풍〔一風〕 名 日本式. 和式.

일봉〔一封〕 名 一封. お礼・賞金としてちょっとのお金を入れた封筒. ¶ 금~ 金一封.

일부¹〔一部〕 名 一部. 一つの部分. ¶ ~ 주권국 一部主権国/~ 사람들은 이것을 불만으로 여기고 있다 一部の人々はこれを不満に思っている.

일부²〔日附〕 名 日付.

일부 변경선〔一變更線〕 名〔地〕日付変更線.

일부인〔一印〕 名 日付印. ¶ ~을 찍다 日付印を押す.

일부³〔日賦〕 名 日賦. 日払い.

일부금〔一金〕 名 日払いで返済する金額.

일부⁴〔一夫〕 名 一夫.

일부다처〔一多妻〕 名 一夫多妻.

일부일부〔一一婦〕 名 一夫一婦. 一夫一妻.

일부종사〔一從事〕 名 一人の夫だけに仕えること.

일부종신〔一終身〕 名 一人の夫に操を立てて一生を終えること.

일부러 副 わざと. 故意に. わざわざ. せっかく. ¶ ~ 올 것까지는 없다 わざわざ来ることはない/~ 맛있는 음식을 장만하여 기다렸는데 せっかくおいしいごちそうをこしらえて待っていたのに.

일부분〔一部分〕 名 一部分. 一部. ¶ 가옥의 소실은 ~에 불과하다 家屋の焼失は一部分に過ぎない.

일분일초〔一分一秒〕 名 一分一秒. ごく短い時間. ¶ ~를 다투는 경기 一分一秒を争う競技.

일비〔日費〕 名 毎日の費用.

일비지력〔一臂之力〕 名 一臂の力.

일빈일소〔一嚬一笑〕 名 一嚬一笑. 顔をしかめたり笑ったりすること.

일사¹〔一事〕 名 一事. ¶ ~로써 만사를 안다 一事で万事を知る.

일사부재리〔一不再理〕 名〔法〕一事不再理.

일사²〔逸史〕 名 逸史. 正史からもれた史実.

일사³〔日射〕 名 日射.

일사병〔一病〕 名 日射病.

일사⁴〔逸事·軼事〕 名 逸事.

일사분기〔一四分期〕 名 第一四半期.

일사불란하다〔一絲不亂一〕 形 一糸も乱れない. ¶ 일사불란하게 행동하다 一糸も乱れず行動する.

일사천리〔一瀉千里〕 名 一瀉千里. 物事が一気に進むこと.

일산¹〔日産〕 名 日産. **1** 1日の生産高. ¶ ~ 백만 톤 日産100万トン. **2** 日本産.

일산²〔日傘〕 名 (露天商人などが立てる)日傘.

일산 염기〔一酸鹽基〕 名〔化〕一酸塩基.

일산화질소〔一酸化窒素〕 名〔化〕一酸化窒素.

일산화탄소〔一酸化炭素〕 名〔化〕一酸化炭素.

일삼다 他 **1** 仕事として行なう. その仕事に携わる. ¶ 일삼아 할 것은 없고 틈나는 대로 해 주세요 わざわざつきっきりでする必要はなく暇なときにしてください. **2** 没頭する. ふける. ¶ 노사 분쟁을 ~ 労使紛争にふける.

일상〔日常〕 名 **1** 日常. 普段. ¶ ~ 생활 日常生活/~ 용품을 사들이다 日用品を買い入れる. **2**《부사적으로 쓰여》常日ごろ. ¶ ~ 있는 일 常日ごろよくあること.

일상사〔一事〕 名 日常の事.

일상적〔一的〕 冠名 日常的.

일색〔一色〕 名 **1** 一色. ¶ 초록 ~ 緑一色. **2** そればかり. 一色. ¶ 상투적인 구호 ~의 웅변 常套句だらけの雄弁. **3** ずば抜けた美人.

일생〔一生〕 名 一生. 生涯. 終生. ¶ ~을 편히 지내다 一生を楽に暮らす.

일생토록 副 一生を終えるまで. 生涯を尽くして. ¶ ~ 헌신한 사람 生涯を尽くして献身した人物.

일석¹〔一夕〕 名 一夕. ¶ 일조~ 一朝一夕.

일석²〔日夕〕 名 日暮れ時. 夕方.

일석이조〔一石二鳥〕 名 一石二鳥. ¶ ~를 노린 계략 一石二鳥をねらった計略.

일선〔一線〕 名 一線. 第一線. 最前線. ¶ ~ 부대 第一線部隊.

일설〔一說〕 名 一説. ¶ ~에 의하면 一説によれば.

일성〔一聲〕 名 一声. ¶ 대갈~ 大喝一声.

일세¹ ☞-ㄹ세

일세²〔一世〕 名 **1** 一生. 一代. ¶ ~에 못다 할 일 一代で終わらぬ仕事. **2** 一人の王が王座にあった期間. 在位. **3** (30年を基準として)ある世代が次の世代と入れ替わる期間. **4** 当代. 当世. ¶ ~를 풍미하

다 一世を風靡する. **5** (国王·移民などの血統の)一世. 初代. ¶ 미국 이민의 ~ アメリカ移民の一世.
일세라 ☞-ㄹ세라
일세말이지 ☞-ㄹ세말이지
일소¹ 名 役牛.
일소²〔一笑〕名 하自他 一笑. ¶ 파안 ~ 破顔一笑.
◆**일소에 부치다** 一笑に付す.
일소³〔一掃〕名 하他 一掃. ¶ 부정부패를 ~하다 不正腐敗を一掃する.
일손 名 **1** 人手. ¶ ~이 모자라다 人手が足りない. **2** (仕事の)腕. 腕前. ¶ ~이 야무지다 腕がしっかりしている. **3** 仕事の手. ¶ ~을 멈추고 잠시 잡담을 하다 仕事の手を休めてしばらく雑談を交わす.
◆**일손을 놓다** 仕事をやめる. 手を引く. 仕事の手を休める. ¶ ~을 놓고 한잔 걸치다 仕事の手を休めて(酒を)1杯引っかける.
◆**일손을 떼다** ① 仕事をやめる. ② 仕事を終える.
◆**일손이 잡히다** (仕事に)意欲が出る. ¶ 요즘은 자식의 병이 걱정이어서 ~이 잡히지를 않아요 最近は息子の病気が心配で仕事が手につきません.
일수¹〔日收〕名 **1** 日済し. **2**〔'일수입'의 준말〕日収. 日銭.
일수놀이 名 日済し貸し.
일수쟁이 名 日済し貸し(人).
일숫돈 名 日済し金.
일수²〔日數〕名 **1** 日数. ¶ 작업 ~ 作業日数. **2**〔民俗〕その日の運. ¶ ~가 사나워서 손해 보다 その日の運が悪くて損をする.
일수록 ☞-ㄹ수록
일수판매〔一手販賣〕名 一手販売.
일순¹〔一巡〕名 하自他 一巡. 一回り. ¶ 타자 ~의 맹공 打者一巡の猛攻.
일순²〔一瞬〕名〔'일순간'의 준말〕一瞬. ¶ 감격의 ~ 感激の一瞬.
일순간〔—間〕名 一瞬間. 瞬く間. つかの間. ¶ ~에 생긴 사고 一瞬の間に起こった事故.
일습〔一襲〕名 (衣服·器物·器具などの)一揃い. ¶ 가구 ~ 家具一式.
일승일패〔一勝一敗〕名 一勝一敗.
일시¹〔一時〕名 **1** ('일시에'의 꼴로) 同時に. いちどきに. 一度に. ¶ ~에 두 가지 일을 하다 同時に二つのことをする. **2** かつて. 以前. 一時. ¶ 그도 ~는 돈을 번 일이 있다 彼も一時は金をもうけたことがある. **3** 一時. わずかの間. ¶ ~도 방치해 둘 수 없다 一刻も放置することができない.
일시 변이〔—變異〕名〔生〕一時変異. 個体変異.
일시불〔—拂〕名 一時払い.
일시적〔—的〕冠 名 一時的. ¶ ~인 감정 一時の感情.
일시 차입금〔—借入金〕名〔經〕一時借入れ金.
일시²〔日時〕名 日時. ¶ 대회 ~가 결정되다 大会の日時が決まる.
일시³ ☞-ㄹ시
일식¹〔一式〕名 一式. 一そろい.
일식²〔日食〕名 和食. 日本料理.
일식³〔日蝕〕名 하自〔天〕日食. ¶ 개기 ~ 皆既日食.
일신¹〔一身〕名 一身. ¶ 중망을 ~에 모으다 大衆の人気を一身に集める.
일신상〔—上〕名 一身上. ¶ ~에 관한 일 一身上に関すること.
일신²〔一新〕名 하自他 一新. ¶ 면목 ~ 面目一新 / 조직을 ~하다 組織を一新する.
일신³〔日新〕名 하自 日新. 日に日に新しくなること.
일신교〔一神教〕名〔宗〕一神教.
일실〔一室〕名 **1** 一室. **2** 同じ家で暮らす家族.
일심¹〔一心〕名 一心. ¶ 만나고 싶다는 ~ 会いたい一心.
일심동체〔—同體〕名 一心同体. 同じ心になること.
일심불란〔—不亂〕名 하自 一心不乱.
일심전력〔—專力〕名 하自 一心になって全力を尽くすこと. 縒りをかけること.
일심²〔一審〕名〔法〕〔'제일심'의 준말〕一審. ¶ ~ 판결에서 무죄를 선고받다 一審判決で無罪の宣告を受ける.
일심하다〔日甚—〕形 日々に甚だしくなる. 日ごとに厳しくなる.
일쑤 名 **1** (주로 '-기가 일쑤다'의 꼴로) …するのが常だ. ¶ 그 사람은 툭하면 결근하기가 ~다 彼はともすると欠勤しがちだ. **2** (부사적으로 쓰여) しばしば. たびたび. ¶ 몸이 약해서 ~ 병원을 찾는다 体が弱いからたびたび病院に行く.
일야¹〔一夜〕名 一夜. 一晩. ¶ ~ 숙박 一晩泊まり.
일야²〔日夜〕名 日夜. 昼夜.
일약〔一躍〕副 一躍. ¶ ~ 톱스타가 되었다 一躍トップスターになった.
일어〔日語〕名 日本語. ¶ ~ 회화 日本語会話 / ~책 日本語の本.
일어나다 自 **1** 起きる. 起き上がる. 起床する. 立ち上がる. 立つ. ¶ 아침 일찍 일어나서 체조를 한다 朝早く起きて体操をする / 의자에서 ~ 椅子から立ち上がる. **2** 生じる. 発生する. 起こる. ¶ 살인 사건이 ~ 殺人事件が発生する / 인플레로 인하여 일어나는 물가의 폭등 インフレによって起こる物価の暴騰. **3** (火·電気などが)起こる. ¶ 불이 활활 일어났다 火が勢いよく燃え上がった. **4** 繁栄する. 興る. ¶ 집안 형편이 일어나기 시작했다 家勢が興り始めた. **5** 奮い立つ. 奮起する. 立ち上がる. ¶ 청년들이여, 일어나라 青年よ, 立ち上がれ. **6** (気持ちが)生じる. ¶ 호기심이 ~ 好奇心が起こる.
일어서다 自 **1** 立つ. 立ち上がる. 起立する. ¶ 의자에서 벌떡 일어섰다 椅子からすっくと立ち上がった / 청중은 일제히 일어서서 박수를 쳤다 聴衆は一斉に立ち上がって拍手をした. **2** 立ち直る. ¶ 사업의 실패를 딛고 다시 일어섰다 事業の失敗を踏み越え

て再び立ち直った.
일어앉다 自 起き上がって座る.
일어탁수〔一魚濁水〕名 (一匹の魚が水を濁す意で)一人の過ちが多くの人に害を及ぼすこと.
일언〔一言〕名 一言. ¶～으로 축사를 대신합니다 ひとことをもって祝辞に代えます.
　일언거사〔―居士〕名 一言居士.
　일언반구〔―半句〕名 一言半句.
　일언이폐지〔―以蔽之〕名 하他 一言をもって言わんとする意を表わすこと.
　일언지하〔―之下〕名 一言のもと. 言下. ¶～에 거절당했다 言下に拒絶された.
일없다 形 **1** いらない. 必要でない. 不必要だ. ¶저런 것은 일없으니 가져가시오 あんなのはいらないから持っていきなさい. **2** 構わない. 大丈夫だ. ¶일없으니 조금도 걱정 말게 大丈夫だから少しも心配するな. **일없이** 副 **1** 用なく. 無用に. ¶～ 거리를 방황하다 用もなく街をうろつく. **2** わけもなく. いたずらに.
일여덟 數 冠 七八. 七つか八つ.
일엽편주〔一葉片舟〕名 一艘の小舟. 一葦.
일요〔日曜〕名 〔'일요일'의 준말〕日曜. ¶～ 학교 日曜学校 / ～화가 日曜画家.
　일요일〔―日〕名 日曜日.
일용[1]〔日用〕名 하他 日用. 毎日使うこと. ¶～ 잡화 日用雑貨.
　일용품〔―品〕名 日用品.
일용[2]〔日傭〕名 日雇い. ¶～ 근로자 日雇い労働者.
일원[1]〔一元〕名 一元. **1** ただひとつの根源. **2** 〔數〕代数方程式で未知数が一つであること.
　일원론〔―論〕名〔哲〕一元論.
　일원 묘사〔―描寫〕名〔文〕一元描写.
　일원화〔―化〕名 하自他 一元化. ¶기구를 ～해서 통제한다 機構を一元化して統制する.
일원[2]〔一員〕名 一員. ¶조직의 ～이 되다 組織の一員となる.
일원[3]〔一圓〕名 一円. ¶중부 지방 ～에 홍수가 났다 中部地方一円が洪水になった.
일원제〔一院制〕名〔法〕一院制.
일월[1]〔一月〕名 1月.
일월[2]〔日月〕名 日月. **1** 太陽と月. **2** 月日. 年月. 歳月.
　일월광〔―光〕名 **1** 太陽と月の光. **2** 〔佛〕袈裟の背に付ける刺繡.
　일월성신〔―星辰〕名 日月星辰.
일으키다 他 **1** (倒れたものを)起こす. (体を)起こす. 起き上がらせる. ¶넘어진 사람을 ～ 倒れた人を起こす / 쓰러진 벼를 ～ 倒れた稲を起こす. **2** (事業などを)興す. (訴訟などを)起こす. ¶새로운 사업을 ～ 新しい事業を興す / 소송을 ～ 訴訟を起こす. **3** (事件・問題などを)起こす. 引き起こす. ¶조그마한 부주의가 화재를 ～ ちょっとした不注意が火事を起こす. **4** (病気を)起こす. 発病する. ¶식중독을 일으켰다 食中毒を起こした. **5** 設立する. ¶학교를 일으켜 인재를 기른다 学校を設立して人材を養成する. **6** (土を)掘り起こす. 開墾する. ¶구릉지를 일으켜서 과수원을 만들었다 丘陵地を開墾して果樹園をつくった. **7** 盛んにする. 繁栄させる. ¶기울어진 가세를 다시 일으켰다 傾いた家勢を再び盛り返した. **8** (火・風などを)起こす. 発生させる. ¶화로에 불을 ～ 火鉢に火を起こす / 수력으로 전기를 ～ 水力で電気を起こす. **9** (身を)立てる.
일의대수〔一衣帶水〕名 一衣帯水.
일이〔一二〕數 冠 一二. 一つか二つ. ¶～위를 다투다 一二を競う. ▷일(一)
일익[1]〔一翼〕名 一翼. ¶조국 근대화의 ～을 담당하다 祖国近代化の一翼を担う.
일익[2]〔日益〕副 ますます. いよいよ. ¶～ 성장하다 ますます成長する.
일인[1]〔一人〕名 一人. ¶～당 一人当たり / ～분 一人分 / ～이역 一人二役.
　일인일기〔―一技〕名 一人一技.
　일인자〔―者〕名 一人者. ¶경제계의 제～ 経済界の第一人者.
일인[2]〔日人〕名 日本人.
일인칭〔一人稱〕名 一人称. ¶～ 소설 一人称小説.
일일[1]〔一日〕名 **1** 1日. 1日間. ¶～ 급수량 1日の給水量 / ～ 일선 一日一善. **2** (その月の)1日. ついたち. ¶2월 ～ 2月1日.
일일[2]〔日日〕名 日々. 毎日. ¶～ 매상고 毎日の売上高.
일일이[1] 副 事々に. ことごとく. すべて. ¶～ 참견하다 ことごとに口出しをする.
일일이[2]〔一一一〕副 いちいち. すべて. 事々に. ことごとく. ¶～ 책임을 묻다 いちいち責任を問う.
일임〔一任〕名 하他 一任. 任せること. ¶그 일은 자네에게 ～하겠네 その仕事は君に任せるよ.
일자[1]〔一字〕名 **1** 1字. 一つの文字. **2** 短い文. ¶～ 적어 보내다 簡単に書いて送る.
　일자무식〔―無識〕名 一文不知. 一文不通.
　일자총〔―銃〕名 一発で命中するよい銃.
　일자포수〔―砲手〕名 一発で命中させる名射手.
　일잣집 名〔建〕長屋.
일자[2]〔日字〕名 日. 日付. 日取り. 日数. ¶결혼 ～를 정하다 結婚の日取りを決める.
일자리 名 **1** 職. 勤め口. 職業. ¶～를 구하다 勤め口を探す. **2** 職場. 仕事場. ¶～에 나가다 職場に行く.
일장〔一場〕名 一場. 一席. ¶～ 연설을 하다 一場の演説をする. 一席ぶつ.
　일장춘몽〔―春夢〕名 一場の夢.
　일장풍파〔―風波〕名 一場のひどい騒ぎ.
일장일단〔一長一短〕名 一長一短.

¶사람에겐 각각 ～이 있다 人にはそれぞれ一長一短がある.

일재〔逸才〕 名 逸材.

일전¹〔一戰〕 名 하自 一戦. ¶～을 불사하다 一戦を辞さない.

일전²〔一轉〕 名 하自 一転. ¶형세가 ～하다 形勢が一転する / 심기～ 心機一転.

일전³〔日前〕 名 (‘일전에’의 꼴로) 先般. 先日. 過日. ¶～엔 여러 가지로 폐가 많았습니다 先日はいろいろとお世話になりました.

일절〔一切〕 名 (부정의 말을 수반하여) 一切. 全く. 全然. ¶담배는 ～ 피우지 않는다 たばこは一切すわない.

일점혈육〔一點血肉〕 名 自分が産んだただ一人の子供.

일점홍〔一點紅〕 名 一点紅.

일정¹〔日政〕 名 日本統治下の政治. ¶～ 시대 日本が統治した時代.

일정²〔日程〕 名 日程. ¶오늘의 ～을 끝내다 今日の日程を終える / 여행 ～을 세우다 旅行の日程を立てる.

일정표〔一表〕 名 日程表.

일정량〔一定量〕 名 一定量.

일정하다〔一定一〕 形 一定だ. ¶일정한 체온을 유지하다 一定の体温を保つ / 규격을 일정하게 하다 規格を一定にする.

일제¹〔一齊〕 名 一斉. ¶～ 단속 一斉取り締まり / ～ 사격 一斉射撃. **일제히** 副 一斉に. そろって. 一度に. ¶～ 일어서다 一斉に立ちあがる.

일제²〔日帝〕 名 〔‘일본 제국·일본 제국주의’의 준말〕 日帝. ¶～ 시대 日帝時代.

일제³〔日製〕 名 日本製. 和製. メードインジャパン. ¶～차 日本車 / ～품 日本製品.

일조¹〔一朝〕 名 **1** 〔‘일조일석’의 준말〕 一朝. ¶～에 해결하지 못한다 一朝一夕には解決できない. **2** 万一の場合. ¶～ 유사시엔 동원령이 내린다 万一有事の場合は動員令が下りる.

일조일석〔一一夕〕 名 一朝一夕. ¶～에 성공할 수 없다 一朝一夕に成功することはできない.

일조²〔日照〕 名 日照. ¶～ 시간 日照時間.

일조권〔一權〕 名 日照権.

일족〔一族〕 名 一族. 同族.

일종〔一種〕 名 一種. ¶비둘기는 조류의 ～이다 鳩は鳥類の一種である.

일주〔一周〕 名 하他 一周. 一巡り. 一回り. ¶세계를 ～하다 世界を一周する.

일주기〔一週忌〕 名 一周忌. 一回忌.

일주년〔一週年〕 名 一周年. ¶～ 기념 一周年記念.

일주 운동〔日週運動〕 名 〔天〕 日周運動.

일주일〔一週日〕 名 1週間.

單語帳 요일과 주(週)

◆일요일 日曜日 / 월요일 月曜日 / 화요일 火曜日 / 수요일 水曜日 / 목요일 木曜日 / 금요일 金曜日 / 토요일 土曜日 / 주일 日曜日.

◆이 주일 2週間 / 삼 주일 3週間 / 사 주일 4週間.

◆이번 주, 금주 今週 / 지난주, 전주 先週 / 지지난주, 전전주 先先週 / 다음 주, 내주 来週 / 다음다음 주, 내내주 再来週 / 매주 毎週 / 주말 週末 / 격주 隔週.

◆평일 平日 / 무슨 요일입니까? 何曜日ですか.

일지¹〔日誌〕 名 日誌. ¶당직 ～를 매일 쓰다 当直日誌を毎日つける.

일지² ☞-ㄹ지

일지라도 ☞-ㄹ지라도

일지언정 ☞-ㄹ지언정

일직〔日直〕 名 日直. ¶～ 수당 日直手当.

일직선〔一直線〕 名 一直線.

일진¹〔一陣〕 名 一陣. ひとしきり. ¶～ 광풍 一陣の狂風.

일진청풍〔一清風〕 名 一陣の清風.

일진²〔日辰〕 名〔民俗〕 その日の干支. 日柄. 日並み.

일진대 ☞-ㄹ진대

일진월보〔日進月步〕 名 하自 日進月歩. ¶～하는 과학 기술 日進月歩する科学技術.

일진일퇴〔一進一退〕 名 하自 一進一退. ¶～의 공방전 一進一退の攻防戦.

일쩝다 形 うるさい. 煩わしい.

일쭉얄쭉 副 〔불규칙적으로 허리를 좌우로 흔드는 모양〕 ぐらぐら(と). ゆらゆら(と).

일찌감치 副 もう少し早く. 早目に. ¶～ 일을 끝내다 早目に仕事を終える.

일찍 副 早く. 早目に. ¶～ 출근하다 早目に出勤する / 아침 ～ 일어났다 朝早く起きた.

일찍이 副 **1** かつて. 以前. ¶이와 같은 일은 ～ 없었다 こんなことは以前はなかった. **2** 早く. 早目に.

일차〔一次〕 名 **1** 一次. 最初. ¶～ 산업 一次産業 / ～ 시험 一次試験. **2**〔數〕 一次. ¶～ 방정식 一次方程式. **3** (부사적으로 쓰여) 一回. 一度. ¶～ 시음해 보십시오 一度ご試飲ください.

일차적〔一的〕 冠名 一次的. ¶～인 책임은 네게 있다 一次的な責任は君にある.

일차 전류〔一電流〕 名〔物〕 一次電流.

일차 전지〔一電池〕 名〔物〕 一次電池.

일차 코일〔一coil〕 名〔物〕 一次コイル.

일착〔一着〕 名 하自 **1** 1着. ¶100미터 달리기에서 ～으로 들어갔다 100メートル競走で1着で入ってきた. **2** 最初に始めること.

일척〔一擲〕 名 하他 一擲. ¶건곤～ 乾坤一擲.

일천하다〔日淺一〕 形 日が浅い. ¶역사가 ～ 歴史が浅い.

일철〔一轍〕 名 一轍. 一筋の道. 同じ道.

일체¹〔一切〕 名 **1** いっさい. 全部. ¶ 재산 ~를 처분하다 財産いっさいを処分する. **2**《부정의 표현과 함께 부사적으로 쓰여》いっさい…ない. ¶ 수업 중에는 ~ 잡담을 마라 授業中にはいっさい雑談をするな.

일체경〔一經〕 名〔佛〕一切経.

일체중생〔一衆生〕 名〔佛〕一切衆生〈この世に生を受けたすべてのもの, 特に人間〉.

일체²〔一體〕 名 一体. 同体. ¶ 혼연 ~ 渾然一体/~가 되어 응원하다 一体になって応援する.

일촉즉발〔一觸卽發〕 名 一触即発. ¶ ~의 긴장이 감돌다 一触即発の緊張が漂う.

일축〔一蹴〕 名 하他 一蹴. ¶ 제안을 ~하다 提案をはねつける.

일출¹〔日出〕 名 하自 日出. 日の出.

일출²〔溢出〕 名 하自 (水などが)溢れ出ること.

일취월장〔日就月將〕 名 하自 日進月歩. 日に月に進歩発展すること.

일층〔一層〕 **Ⅰ** 名 (建物の)1階. **Ⅱ** 副 一層. ひときわ. ますます. ¶ ~ 돋보이다 ひときわ見栄えがする.

일치〔一致〕 名 하自 一致. ¶ 만장 ~로 가결하다 満場一致で可決する.

일치 단결〔一團結〕 名 하自 一致団結.

일컫다 他 **1** 称する. 言う. ¶ 개성은 인삼의 고향이라 일컫는다 開城は朝鮮人参の故郷と称される. **2** 称賛する. たたえる. ¶ 그 사람은 판소리의 명인으로 일컬어졌다 その人はパンソリの名人とたたえられた.

일탈〔逸脫〕 名 하自他 逸脱. ¶ 본래의 목적에서 ~하다 本来の目的から逸脱する.

일터 名 **1** 仕事をするところ. 仕事場. 作業場. 工事現場. **2** 職場. ¶ ~에 나가다 職場に出る.

일통〔一統〕 名 하他 一統. 一つに統合すること.

◆**일통을 치다** 一つに統合する.

일파〔一派〕 名 一派. **1** 川の一つの支流. **2** (学芸·宗教など部門の)一つの流派. ¶ 학술 분야에서 ~를 이루다 学術分野で一派をなす. **3** 仲間. 一味. 同類. ¶ 악당 ~ 悪党一味.

일판 名 仕事が行なわれている場所. 作業場. 現場. ¶ ~을 찾아다니다 仕事場を探しまわる.

일패도지〔一敗塗地〕 名 하自 一敗地に塗れること〈徹底的に敗れて再び立ち上がれないこと〉.

일편¹〔一片〕 名 一片. ¶ ~의 동정심도 없다 一片の同情心もない.

일편단심〔一丹心〕 名 (ひたすら思う)真心.

일편²〔一便〕 名 一方.

일평생〔一平生〕 名 一生涯.

일품¹〔一品〕 名 一品. **1** 一つの品物. **2** 最上品. ¶ 천하 ~ 天下一品.

일품요리〔一料理〕 名 一品料理. アラカルト.

일품²〔逸品〕 名 逸品. 最上品. 一品. ¶ 예술의 극치를 이룬 ~이다 芸術の極致をなした逸品だ.

일필〔一筆〕 名 一筆. ¶ ~의 서화 一筆の書画.

일하다 自 仕事をする. 働く. 勤める. ¶ 파트타임으로 ~ パートタイムで働く.

일한〔日限〕 名 日限. 日切り. ¶ ~이 다가온다 日限が迫る.

일행〔一行〕 名 一行. 同行者. 同勢. 連れ. ¶ 열 명이 ~이 되어 여행을 떠났다 10名が連れだって旅行に出た.

일향〔一向〕 副 一向きに. ひたすら. ひたむき.

일혈〔溢血〕 名〔醫〕溢血. ¶ 뇌~ 脳溢血.

일호〔一毫〕 名 一毫. ほんの少し. ¶ ~의 잘못도 없다 一毫の過ちもない.

일화〔逸話〕 名 逸話. エピソード.

일확〔一攫〕 名 하他 **1** 一攫み. **2** たやすく得ること.

일확천금〔一千金〕 名 一攫千金. ¶ ~을 꿈꾸다 一攫千金を夢見る.

일환〔一環〕 名 一環. **1** 鎖などの一つの輪. **2** 全体的に密接な関係のある物事の一部分. ¶ 도시 계획의 ~으로 都市計画の一環として.

일환책〔一策〕 名 全体と関連する一部分としての方策.

일회기〔一回忌〕 名 一回忌.

일회용〔一回用〕 名 使い捨て. ¶ ~ 라이터 使い捨てのライター/~ 컵 紙コップ.

일후〔日後〕 名 後日. 他日.

일훈〔日暈〕 名 日暈.

일흔 數 70. ▷하나¹

일희일비〔一喜一悲〕 名 하自 一喜一憂.

읽다 他 **1** 読む. 読書する. 朗読する. ¶ 악보를 ~ 楽譜を読む/한자를 읽을 줄 안다 漢字が読める/어머니가 밤마다 아이에게 동화책을 읽어 준다 母親が毎晩子供に童話の本を読んでやる. **2** 読み取る. 解読する. ¶ 눈치로 남의 마음을 ~ 顔色で人の心を読み取る/바둑에서 수를 ~ 囲碁で手を読む.

읽히다 **Ⅰ** 自 読まれる. ¶ 어린이에게 잘 읽히는 동화 子供によく読まれる童話.
Ⅱ 他 読ませる. ¶ 그 소녀에게 이 책을 읽혀 보아라 その少女にこの本を読ませてみなさい.

잃다 他 **1** なくす. 紛失する. ¶ 재산을 ~ 財産をなくす/내기에서 ~ 賭けに負ける/시력을 ~ 視力を失う. **2** (地位·信頼·命を)失う. ¶ 신용을 ~ 信用を失う/힘을 ~ 力を失う. **3** (人を)亡くす. ¶ 처를 ~ 妻を亡くす. **4** (道に)迷う. (方向などを)失う. ¶ 길을 ~ 道に迷う/방향 감각을 ~ 方向感覚を失う. **5** (意識などを)失う. ¶ 이성을 ~ 理性を失う/일을 할 의욕을 ~ 仕事をする意欲をなく

す.

잃어버리다 他 なくす. 失う. ¶ 입장권을 ~ 入場券をなくす.

임[1] 名 恋い慕う人〈師・恋人・主君など〉.

〔속담〕 **임도 보고 뽕도 딴다** いとしい人にも会うし桑の葉も摘む〈一挙両得. 一石二鳥〉.

임[2] 名 頭の上に載せた物.

임[3]〔壬〕 名〔民俗〕 壬. 十干の9番目.

임간〔林間〕 名 林間. ¶ ~ 학교 林間学校.

임검〔臨檢〕 名 하他 臨検.

임계〔臨界〕 名 臨界.

임계각〔一角〕 名〔物〕臨界角.

임계 상태〔一狀態〕 名〔物〕臨界状態.

임계 압력〔一壓力〕 名〔物〕臨界圧力.

임계 온도〔一溫度〕 名〔物〕臨界温度.

임관〔任官〕 名 하自 任官. ¶ ~식 任官式/소위에 ~되다 少尉に任官される.

임균〔淋菌〕 名〔醫〕淋菌.

임금[1] 名 王. 君王. 君主.

임금님 名 王様.

임금[2]〔賃金〕 名 **1** 賃金. ¶ ~법 賃金法/~ 정책 賃金政策/~ 지수 賃金指数/~ 인상 賃上げ. **2** 賃借りの代金.

임금 기금설〔一基金說〕 名〔經〕賃金基金説.

임금 학설〔一學說〕 名〔經〕賃金学説.

임기[1]〔任期〕 名 任期. ¶ ~가 끝나다 任期が切れる/~ 만료 任期満了.

임기[2]〔臨機〕 名 하自 臨機.

임기응변〔一應變〕 名 하自 臨機応変. ¶ ~의 조치를 취하다 臨機応変の措置をとる.

임농〔臨農〕 名 하自 農作の時期に到ること.

임대〔賃貸〕 名 하他 賃貸. 賃貸し. ¶ ~ 계약 賃貸契約/~물 賃貸物/~인 賃貸人/~지 賃貸地/집을 ~하다 家を賃貸する.

임대료〔一料〕 名 賃貸料.

임대차〔賃貸借〕 名〔法〕賃貸借.

임리하다〔淋漓一〕 形 淋漓としている. (水・血・汗などが)したたり落ちる.

임립〔林立〕 名 하自 林立. ¶ 고층 건물이 ~해 있다 高層ビルが林立している.

임면〔任免〕 名 하自 任免. 任命と免職. ¶ ~권 任免権.

임명〔任命〕 名 하他 任命. ¶ ~장 任命状/이사관으로 ~되다 理事官に任命される.

임목〔林木〕 名 林木.

임무〔任務〕 名 任務. 役目. 職務. ¶ ~를 띠다 任務を帯びる/중대한 ~ 重大な任務.

임박〔臨迫〕 名 하自 差し迫ること. 切迫すること. ¶ 섣달 대목이 ~하다 大みそかが差し迫る/마감 시간이 ~해서 달려왔다 締め切り時間間際になって駆けつけた.

임부〔妊婦〕 名 妊婦.

임산[1]〔林產〕 名 林産物.

임산물〔一物〕 名 林産物.

임산 자원〔一資源〕 名 林産資源.

임산[2]〔臨產〕 名 하自 お産する時期になること.

임산부〔妊產婦〕 名 妊産婦.

임상〔臨床〕 名 하自 臨床. ¶ ~ 의학 臨床医学/~ 실습 臨床実習.

임상 강의〔一講義〕 名 臨床講義.

임상 신문〔一訊問〕 名 하他〔法〕臨床訊問.

임석〔臨席〕 名 하自 臨席. 臨場.

임소〔任所〕 名 任所. 任地.

임시〔臨時〕 名 **1** 臨時. ¶ ~ 국회 臨時国会/~비 臨時費/~ 고용 臨時雇い/~ 열차 臨時列車/~ 직원 臨時職員. **2** 特定の時に至ること, またその時.

임시변통〔一變通〕 名 하他 一時しのぎ. その場逃れ. ¶ ~의 운영 자금 当座しのぎの運転資金.

임시비〔一費〕 名 臨時費.

임시적〔一的〕 冠 名 臨時的. 一時的. ¶ ~ 조치 一時的な処置.

임시 총회〔一總會〕 名 臨時総会.

임신〔妊娠〕 名 하自 妊娠. ¶ ~ 중절 妊娠中絶.

임신부〔一婦〕 名 妊婦.

임야〔林野〕 名 林野. ¶ ~세 林野税.

임업〔林業〕 名 林業.

임용〔任用〕 名 하他 任用. ¶ 지점장으로 ~하다 支店長に任用する.

임우〔霖雨〕 名 霖雨. 長雨.

임원〔任員〕 名 役員. ¶ ~회 役員会.

임월〔臨月〕 名 하自 臨月. 産み月.

임의〔任意〕 名 任意. ¶ ~ 단체 任意団体/~ 동행 任意同行/~법 任意法/~ 수사 任意捜査/~ 출두 任意出頭. **임의로** 副 任意に.

임의 대리〔一代理〕 名〔法〕任意代理.

임의롭다 形 (何かに縛られることなく)自由である. 任意だ. 気ままだ. 勝手だ. ¶ 임의로운 생활 気ままな生活.

임자[1] 名 持ち主. 所有者. 主. ¶ 땅 ~ 土地の所有者. 地主/가게 ~가 바뀌다 店の主人が変わる.

◆**임자를 만나다** 好敵手[自分にぴったりあう相手]に巡りあう. 手ごわい相手に会う.

임자[2] 代 **1**〔친한 사람끼리 '자네'란 말 대신 쓰는 말〕あんた. 君. ¶ 이번 출장은 ~가 가도록 하게 今度の出張はあんたが行ってくれ. **2**〔부부간의 호칭〕あんた. あなた. お前.

임전〔臨戰〕 名 하自 臨戦. ¶ ~ 태세 臨戦態勢.

임전무퇴〔一無退〕 名 戦いに臨んで退かないこと.

임정[1]〔林政〕 名 林政〈林業に関する行政〉.

임정[2]〔臨政〕 名 臨時政府.

임종〔臨終〕 名 하自 **1** 臨終. 死に際. ¶ 편안한 ~ 安らかな臨終. **2** 親の死に立ち会うこと.

임지[1]〔任地〕 名 任地. ¶ ~로 떠나다 任地に赴く.

임지[2]〔臨地〕 名 臨地. ¶ ~ 조사 臨地調査.

임직〔任職〕 名 하他 職務を任せること.

임직원〔任職員〕 名 役員と職員.

임진왜란〔壬辰倭亂〕 名〔史〕 壬辰倭乱. 文禄の役. 文禄·慶長の役.
임질[1] 名 하自 物を頭の上に載せること.
임질[2]〔淋疾〕 名〔醫〕 淋疾. 淋病.
임차〔賃借〕 名 하他 賃借. 賃借り. ¶～권 賃借権/～료 借料. 借り賃/～물 賃借物/～인 賃借人/～지 賃借地.
임천〔林泉〕 名 **1** 林泉. 林と泉, また林の中にある泉. **2** 隠者の庭.
임치〔任置〕 名 하他 寄託.
임파〔淋巴〕 名〔生〕 リンパ. リンパ液.
임하다[1]〔任―〕 自他 任ずる. 任命する. ¶국장으로 ～ 局長に任ずる.
임하다[2]〔臨―〕 自 **1** 臨む. 臨席する. ¶졸업식에 ～ 卒業式に出席する. **2** 面する. ¶그 공장은 바다에 임해 있다 その工場は海に面している. **3** 当面する. 直面する. ¶국난에 ～ 国難に臨む. **4** (上の地位にある人が下の人に)対する. ¶부하 직원에게 임하는 태도 部下職員に対する態度.
임학〔林學〕 名 林学.
임해〔臨海〕 名 하自 臨海. ¶～ 공업지대 臨海工業地帯.
입 名 **1** (人·動物の)口. ¶～을 오무리다 口をすぼめる/～을 다물고 말이 없다 口をつぐんで何も言わない. **2**〔말〕口. ことばつき. 噂. 話. ¶남의 ～에 오르다 人の口にのぼる. **3**〔미각〕口. 味覚. ¶음식이 ～에 맞지 않는다 食べ物が口に合わない. **4**〔식구〕家族. ¶～을 줄이다 口減らしをする.
◆**입만 살다** ① 話だけで実行が伴わない. ② お金はないが口だけがおごっている.
◆**입만 아프다** 口ばかり痛い〈いくら教えてやっても教えがいがない〉.
◆**입에 거미줄 치다** 口にくもの巣が張る〈長い間飢える〉.
◆**입에 담다** 口に出していう. 口にする.
◆**입에 맞다** 口に合う.
◆**입에 발린 소리** 心にもないお世辞.
◆**입에서 젖내가 난다** 口から乳のにおいがする〈まだ幼い. 言動が幼稚だ〉.
◆**입에 오르내리다** うわさにのぼる.
◆**입에 올리다** うわさをする.
◆**입에 침이 마르도록** 口のつばが乾くほどに〈しきりにほめたたえる〉.
◆**입에 풀칠을 하다** 口に糊する〈糊口をしのぐ. やっと暮らしを立てる〉.
◆**입을 다물다** 口をつぐむ. 黙る.
◆**입을 맞추다** キスをする.
◆**입을 씻다** 知らんぷりする.
◆**입을 열다** 口を割る. 口を開く. ¶범인이 ～을 열다 犯人が口を割る.
◆**입이 가볍다** 口が軽い.
◆**입이 걸다** 口さがない.
◆**입이 궁금하다** 何か食べたい.
◆**입이 근질근질하다** 〈しゃべりたくて〉口がむずむずする.
◆**입이 닳도록** 口がすっぱくなるほど〈幾度も重ねて言う〉.
◆**입이 뜨다** 口数が少ない. 口が堅い.
◆**입이 무겁다** 口が重い.
◆**입이 싸다** 口が軽い.
◆**입이 짧다** 口がおごっている.
〔속담〕 **입에 맞는 떡** 口に合う餅〈気に入った物事〉. **입에 쓴 약이 병에는 좋다** 口に苦い薬が病気にはよい〈良薬口に苦し, 忠言耳に逆らう〉.
입가 名 口元. 口のあたり. ¶～에 미소를 띠다 口元に笑みを浮かべる.
입가심 名 하自 口直し. ¶과일로 ～하다 果物で口直しをする.
입각[1]〔入閣〕 名 하自 入閣. ¶내무 장관으로 ～하다 内務大臣として入閣する.
입각[2]〔立脚〕 名 하自 立脚. ¶사실에 ～한 의론 事実に立脚した議論.
입간판〔立看板〕 名 立て看板.
입감〔入監〕 名 하自 入獄. 入監.
입건〔立件〕 名 하他〔法〕 立件.
입경〔入京〕 名 하自 入京. 都に入ること.
입고〔入庫〕 名 하他 入庫. 反 出庫. ¶상품의 ～ 商品の入庫.
입고병〔立枯病〕 名〔農〕 立枯病.
입공〔入貢〕 名 하自 入貢. 貢ぎ物を持って朝廷に入ること.
입관〔入棺〕 名 하他 入棺. 納棺.
입교[1]〔入校〕 名 하自 入学. 入校.
입교[2]〔入教〕 名 하自 **1** 教門に入ること. **2**〔基〕 洗礼を受けて信者になること.
입구〔入口〕 名 **1** 入り口. 反 出口 ¶～가 좁아 불편하다 入り口が狭くて不便だ. **2** 乗車口.
입국[1]〔入國〕 名 하自 **1** 入国. ¶불법 ～ 不法入国/～ 비자 入国ビザ. **2** 領主が自分の領地に入ること.
입국[2]〔立國〕 名 하自 立国. 建国.
입궁〔入宮〕 名 하自 **1** 宮中に入ること. **2** (将棋で)駒が相手の王将の行動範囲に入ること. **3**〔史〕 宮女になること.
입궐〔入闕〕 名 하自 宮中に入ること.
입금〔入金〕 名 하自他 入金. ¶～ 전표 入金伝票/은행에 ～하다 銀行に入金する.
입길 名 口の端.
◆**입길에 오르내리다** 口の端に上る.
입김 名 **1** 息. 息遣い. **2** 影響力.
◆**입김을 넣다** 息を吹きかける〈影響·圧力をそっとかける〉.
입납〔入納〕 名 (手紙を差し上げるの意で)封筒に書く語.
입내[1] 名 口まね.
◆**입내를 내다** ものまねをする.
입내쟁이 名 ものまねをする人.
입내[2] 名 口臭.
입다 他 **1** 着る. 身につける. まとう. 履く. ¶양복을 ～ 洋服を着る/바지를 ～ ズボンを履く/옷을 고쳐 ～ 服を着直す. **2** (負傷などを)負う. (損害·恩恵などを)こうむる. 受ける. ¶손해를 ～ 損害をこうむる/상처를 ～ 手傷を負う/피해를 ～ 被害をこうむる/신의 은총을 ～ 神の恩寵を受ける.
입다물다 自 口をつぐむ. 黙る.

입다짐 名 하自他 言葉で確かめること.
입단〔入團〕 名 하自 入団. ¶ 프로 야구단에 ～하다 プロ野球団に入団する.
입담 名 話しぶり. 話術. 口. ¶ ～이 좋은 사람 弁説が巧みな人.
입당〔入黨〕 名 하自 入党.
입대〔入隊〕 名 하自 入隊. 反 除隊.
입덧 名 つわり. 悪阻.
　입덧나다 自 つわりが起こる.
입도〔立稻〕 名 青田. 立ち毛. ¶ ～매매[선매] 青田売買/～ 압류 青田差し押さえ.
입동〔立冬〕 名 立冬.
입되다 形 **1** 口が奢っている. **2** 食べ物の好き嫌いが激しい.
입력〔入力〕 名 하他 〔物〕 入力. インプット. 反 出力.
입론〔立論〕 名 하自 立論.
입막음 名 하自 口止め. 口固め. 口塞ぎ. ¶ ～으로 한몫 주다 口止めに分け前をやる.
입맛 名 **1** 食い気. 食欲. 口当たり. 口ざわり. ¶ ～을 돋우는 음식 食欲をそそる食べ物/～을 잃었다 食欲を失った. **2** 心がひかれること.
　◆**입맛을 다시다** ① (食べたいとか持ちたいとかやりたいとかの)欲が出る. ② (思ったとおりにならなくて)面倒くさがる. 苦しがる. ③ 舌なめずりする. 口なめずりする.
　◆**입맛이 당기다** ① 食べたくなる. ② 興味がわく.
　◆**입맛이 떨어지다** ① 食欲がなくなる. ② 興味がなくなる.
　◆**입맛이 쓰다** 思い通りにならずに腹立たしい.
입맞춤 名 キス. 口づけ. 接吻.
입매[1] 名 口の形. 口つき. ¶ ～가 고운 처녀 口元がかわいい娘.
입매[2] 名 하自他 **1** 飢えをちょっとしのぐこと. **2** (いいかげんに)見せかけだけの仕事をすること.
입맷상〔一床〕 名 前菜. (宴会などで)本膳に先立って出る簡単な膳.
입면〔立面〕 名 〔數〕 立面. ¶ ～도 立面図.
입멸〔入滅〕 名 하自 入滅. 入寂.
입명〔立命〕 名 하自 立命. ¶ 안심～ 安心立命.
입모습 名 口の形. 口つき.
입목〔立木〕 名 立木.
입몰〔入沒〕 名 하自 **1** 物事におぼれること. **2** 死ぬこと.
입묵〔入墨〕 名 하他 入墨.
입문〔入門〕 名 하自 入門. ¶ 독일어～ ドイツ語入門.
　입문서〔一書〕 名 入門書. 手引き.
입바르다 形 言うことがまっとうすぎる. ¶ 입바른 소리를 하다 歯に衣を着せないで言う.
입방〔立方〕 名 〔數〕 立方.
　입방근〔一根〕 名 〔數〕 立方根.
　입방체〔一體〕 名 〔數〕 立方体. 正六面体.
입방아 찧다 自 無駄口をたたく.
입버릇 名 口癖. ¶ ～이 나쁘다 口汚い/～처럼 말하다 口癖のように言う.
입법〔立法〕 名 하自 立法. ¶ ～과 사법 立法と司法.
　입법권〔一權〕 名 〔法〕 立法権.
　입법 기관〔一機關〕 名 立法機関.
　입법부〔一府〕 名 立法府.
　입법화〔一化〕 名 하自他 立法化.
입병〔一病〕 名 口の病気.
입비뚤이 名 〈卑〉 口のゆがんだ人.
입사[1]〔入舍〕 名 하自 入舎. 寄宿舎などに入ること.
입사[2]〔入社〕 名 入社. ¶ ～ 시험 入社試験.
입사[3]〔入射〕 名 하自 〔物〕 入射. 投射. ¶ ～각 入射角/～ 광선 入射光線.
입산〔入山〕 名 하自 入山. ¶ ～수도 入山修道.
입상[1]〔入賞〕 名 하自 入賞. ¶ ～자 入賞者.
입상[2]〔立像〕 名 立像.
입상[3]〔粒狀〕 名 粒状. ¶ ～반 粒状斑.
입석[1]〔立石〕 名 하自 立て石. **1** 〔史〕 メンヒル. **2** 道しるべに立てた石. **3** (記念の)碑を立てること.
입석[2]〔立席〕 名 立ち席. ¶ ～권 立席券.
입선[1]〔入線〕 名 하自 入線. ¶ 상행 열차가 ～하다 上り列車が入線する.
입선[2]〔入選〕 名 하自 入選. ¶ ～작 入選作.
입선[3]〔入禪〕 名 하自 〔佛〕 参禅のため禅室に入ること.
입성〔入城〕 名 하自 入城. ¶ 파리 ～ パリ入城.
입소〔入所〕 名 하自 入所. ¶ ～자 入所者.
입속말 名 ひとり言. つぶやき. ¶ ～로 중얼거리다 ぶつぶつひとり言をいう.
입수〔入手〕 名 하自他 入手. ¶ 새 정보를 ～했다 新しい情報を入手した.
입술 名 唇. ¶ ～이 얇다 唇が薄い/～이 두툼한 사람 唇が厚い人/～을 깨물고 참다 唇をかんでこらえる.
　〔속담〕 **입술에 침이나 바르지** 唇につばでもつけろ〈まことしやかに嘘をつく人に言う〉.
　입술연지〔一臙脂〕 名 口紅. リップスティック. ¶ ～를 바르다 口紅を差す.
입시〔入試〕 名 〔'입학 시험'의 준말〕 入試. ¶ ～ 제도의 개선책 入試制度の改善策.
입식[1]〔立式〕 名 台所などで立って行動するようになっている方式.
입식[2]〔立食〕 名 立食. 立ち食い. ¶ ～ 파티 立食パーティー.
입신[1]〔入神〕 名 하自 入神. ¶ ～의 경지에 달하다 入神の境地に達する.
입신[2]〔立身〕 名 하自 立身.
　입신양명〔一揚名〕 名 하自 立身揚名.
　입신출세〔一出世〕 名 하自 立身出世.
입실〔入室〕 名 하自 **1** 入室. **2** 〔佛〕 師に道を問うこと.
입심 名 勢いよい話し振り. 口の達者なこと. ¶ ～이 좋다 口達者だ.
입쌀 名 (もち米に対して)うるち米.
입씨름 名 하自 **1** 口利き. 話し合いでものごとを成立させること. **2** 〈俗〉 言い争い. 押し問答. ¶ ～만 하다가 결말이 안 났다 押し問答ばかりでけ

りがつかなかった.

입씻이 名 하自 **1** 口止め料. **2** 口すすぎ. 口直し.

입아귀 名 口角.

입안〔立案〕名 하他 **1** 立案. ¶ ~자 立案者. **2**〔史〕朝鮮時代, 官庁で発給した証明書.

입양〔入養〕名 하自 (血縁関係のない人同士での)養子縁組.

입어〔入漁〕名 하自 入漁. ¶ ~료 入漁料 / ~권 入漁権.

입영〔入營〕名 하自〔軍〕入営. 入隊.

입욕〔入浴〕名 하自 入浴.

입원〔入院〕名 하自 入院. 反 退院 ¶ ~실 入院室 / 벌써 한 달이나 ~해 있다 もうひと月も入院している.

입자〔粒子〕名〔物〕粒子. ¶ ~량 粒子量 / 소~ 素粒子.

입장¹〔入場〕名 하自 入場. ¶ ~권 入場券 / ~료 入場料 / ~식 入場式 / 무료 ~ 無料入場.

입장²〔立場〕名 立場. ¶ 곤란한 ~에 놓여 있다 困った立場に置かれている.

입장단〔一長短〕名 **1** (踊るときの)口拍子. **2** (人の話に)調子を合わせること.

입적¹〔入寂〕名 하自〔佛〕入寂. 入滅. 高僧などが死ぬこと.

입적²〔入籍〕名 하他 入籍. ¶ 양자 ~ 養子入籍.

입전〔入電〕名 하自 入電. 来電.

입정¹ 名 〈俗〉 **1** 口ぶり. 口癖. **2** (食べ物を食べる)口の動き.

◆**입정을 놀리다** ① ひっきりなしに何かを食べている. ② 口汚くののしる.

◆**입정이 사납다** ① 食べ物に貪欲である. がつがつしている. ② 口汚い.

입정²〔入廷〕名 하自 入廷. ¶ 피고가 ~하다 被告が入廷する.

입주¹〔入住〕名 하自 入居. ¶ 아파트에 ~하다 アパートに入居する.

입주²〔立柱〕名 하自 (家を建てるときに)柱を立てること.

입주상량〔一上樑〕名 하自 上棟. 棟上げ.

입증〔立證〕名 하他 立証. ¶ 결백함을 ~하다 潔白であることを立証する.

입지¹〔立地〕名 立地.

입지 조건〔一條件〕名 立地条件. ¶ ~이 좋다 立地条件がよい.

입지²〔立志〕名 立志.

입지전〔一傳〕名 立志伝.

입질 名 하自 (釣りで)当たり. 魚が餌に口をつけること.

입짓 名 口の動き. 口による合図[サイン]. ¶ ~으로 의사를 통하다 口の動きで意思を通ずる.

입찬소리 名 하自 大言壮語. 自慢話.

입찰〔入札〕名 하他 入札. ¶ ~ 공고 入札の公告 / ~자 入札者.

입천장〔一天障〕名〔生〕口蓋.

입체¹〔立替〕名 하他 立て替え. ¶ 대금을 ~하다 代金を立て替える.

입체²〔立體〕名 立体. ¶ ~감 立体感 / ~ 교차 立体交差 / ~ 녹음 立体録音 / ~ 영화 立体映画 / ~ 음향 立体音響 / ~전 立体戦 / ~파 立体派.

입체적〔一的〕冠 名 立体的. ¶ ~ 감각의 화면 立体的な感覚の画面.

입초¹〔入超〕名 輸入超過. 入超.

입초²〔立哨〕名 하自 立哨. 歩哨に立つこと. ¶ ~를 서다 歩哨に立つ.

입추¹〔立秋〕名 立秋.

입추²〔立錐〕名 立錐.

◆**입추의 여지가 없다** 立錐の余地がない. ¶ 강연회는 ~의 여지도 없는 성황이었다 講演会は立錐の余地もない盛況だった.

입춘〔立春〕名 立春.

◆**입춘대길** 立春大吉〈立春の日に吉運を祈って正門などに張りつける文句〉.

입출〔入出〕名 収入と支出.

입출금〔一金〕名 収入金と支出金.

입하¹〔入荷〕名 하自 入荷. ¶ 상품의 다량 ~ 商品の多量入荷.

입하²〔立夏〕名 立夏.

입학〔入學〕名 하自 入学. ¶ ~금 入学金 / ~기 入学期 / ~시험 入学試験 / ~ 원서 入学願書 / 대학에 ~하다 大学に入学する.

입학난〔一難〕名 入学難.

입학식〔一式〕名 入学式.

입항〔入港〕名 하自 入港. ¶ ~료 入港料 / 배가 ~하다 船が入港する.

입향순속〔入鄕循俗〕名 하自 郷に入っては郷に従うこと.

입헌〔立憲〕名 하自 立憲. ¶ ~ 군주국 立憲君主国 / ~ 정치 立憲政治 / ~주의 立憲主義.

입회¹〔入會〕名 하自 入会. ¶ ~권 入会権 / ~금 入会金.

입회²〔立會〕名 하自 立ち会い. ¶ ~인 立ち会い人 / ~를 요청하다 立ち会いを求める.

입후보〔立候補〕名 하自 立候補. ¶ ~자 立候補者 / 국회의원에 ~하다 国会議員に立候補する.

입히다 他 **1** (衣服などを)着せる. 着せてやる. ¶ 아기에게 옷을 입혀 주다 赤ん坊に衣服を着せてやる. **2** (被害などを)こうむらせる. 与える. 負わせる. ¶ 부상을 ~ 負傷を負わせる / 손해를 ~ 損害を負わせる. **3** (表面を)覆う. かぶせる. ¶ 금박을 ~ 金箔を施す.

잇¹ 名 (かけ布団·まくらなどの)カバー. ¶ 욧~ シーツ / 새하얀 ~을 씌운 이불 真っ白いカバーをかけたかけ布団.

잇² 名 **1**〔植〕紅花. **2** 紅花の花冠から採取する赤色の染料.

잇꽃 名〔植〕紅花.

잇다 Ⅰ 他 **1** 結ぶ. つなぎ合わせる. つなぐ. 連結する. ¶ 끈을 ~ ひもを結ぶ / 두 점을 직선으로 ~ 2点を直線で結ぶ / 근근이 생계를 ~ やっと生計をつなぐ. **2** 続ける. 引き継ぐ. 継ぐ. 継承する. ¶ 말을 ~ 言葉を続ける / 왕위를 ~ 王位を継ぐ / 전통 공예를 ~ 伝統工芸を継承する.

Ⅱ 自 続く. 継続する. ¶ 토론회에 이어 다과회가 있다 討論会に続いて茶菓会がある.

잇단음표〔一音標〕 名〔樂〕連音符.

잇달다 自他 **1** 相次ぐ. 引き続く. ¶ 잇단 교통사고 相次ぐ交通事故. **2** (('잇달아'의 꼴로)) あい次いで. どんどん. ¶ 잇달아 고기를 잡다 次々と魚を捕る / 버스가 잇달아 출발했다 バスが相次いで出発した.

잇닿다 自 つながる. 接する. 連なる. 続く. ¶ 국경에 잇닿은 산들 国境に連なる山々 / 길게 잇닿은 행렬 長く続く行列.

잇대다 他 **1** くっつける. つなぎ合わせる. ¶ 천 조각을 ~ 布切れを継ぎ合わせる / 의자를 잇대어 놓고 앉다 椅子をくっつけて座る. **2** (途切れないように)続ける. ¶ 다음 말을 ~ 次の話を続ける.

잇따르다 自 引き続く. 相次ぐ. ¶ 행운이 ~ 幸運が続く / 자동차가 ~ 自動車が列をなす / 잇따라 질문하다 たて続けに質問する.

잇몸 名 歯肉. 歯茎. ¶ ~이 헐다 歯茎がただれる.

잇바디 名 歯列. 歯並び. 歯なみ. ¶ ~가 곱다 歯並びがきれいだ.

잇새 名 歯と歯のすき間.

잇속[1] 名 歯の形. 歯の生えぐあい. ¶ ~이 고르다 歯並びがきれいだ.

잇속[2]〔利一〕 名 実利. 利得. ¶ ~ 있는 일 もうけになる仕事.

잇자국 名 歯形. ¶ 개가 문 ~ 犬がかんだ歯形の跡.

잇줄〔利一〕 名 利益を得る手段.

있다[1] 形 **1** ある. いる. 存在する. ¶ 산에는 아직 눈이 ~ 山にはまだ雪がある / 반대자도 ~ 反対者も存在する. **2** とどまる. いる. ¶ 여기서 같이 있자 ここに一緒にいようよ / 형은 프랑스에 ~ 兄はフランスにいる. **3** ある. 所有している. 持っている. ¶ 여권이 있습니까? 旅券がありますか / 호주머니에 있는 건 이것뿐이다 ポケットにあるのはこれだけだ. **4** (才能·資格·意志·勇気などが)ある. ¶ 용기가 있는 청년 勇気のある青年 / …할 뜻이 ~ …する意志がある / 있는 힘을 다하다 あらん限りの力を尽くす. **5** (親族などが)ある. いる. ¶ 아래로 동생이 둘 ~ 下に弟(妹)が二人いる. **6** (時間が)たつ. 経過する. ¶ 얼마 안 있으면 まもなく / 사흘만 있으면 돌아온다 3日もたてば帰ってくる. **7** (地位·職に)ある. ¶ 김 박사는 연구소에 ~ キム博士は研究所にいる / 저분은 회사 서무 과장으로 ~ あの方は会社の庶務課長である. **8** (事件などが)起こる. (会合などが)行なわれる. 催される. ¶ 강의가 ~ 講義がある / 여덟 시에 모임이 ~ 8時に会合がある. **9** (('있는'의 꼴로)) 金持ちの. 裕福な. ¶ 있는 집과 없는 집 裕福な家と貧乏な家 / 옷차림으로 보아 있는 집 아이 같군 身なりから見て裕福な家の子供らしい. **10** (ある状態に)ある. 置かれる. ¶ 진행 중에 ~ 進行中である / 마무리 단계에 ~ 仕上げの段階にある / 어려운 처지에 ~ 苦しい立場にある. **11** (('…에(게) 있어서'의 꼴로)) …において. ¶ 인간에게 있어서 자유는 소중한 것이다 人間において自由は大切なものである. **12** (('-ㄹ 수 있다'의 꼴로)) …できる. ¶ 무슨 일이든 할 수 ~ どんな仕事でもやることができる.

있다[2] 補動 (('-고' 다음에 쓰여))〔어떤 행동을 계속함을 나타냄〕…ている. …つつある. ¶ 텔레비전을 보고 ~ テレビを見ている / 애들이 공원에서 놀고 ~ 子供たちが公園で遊んでいる / 태풍이 다가오고 ~ 台風が近づきつつある.

있다[3] 補形 ((자동사의 어미 '-아·-어' 다음에 쓰여))〔동작·작용이 끝난 상태가 계속됨을 나타냄〕…ている. ¶ 집에 혼자 남아 ~ 家に独りで残っている / 개가 죽어 ~ 犬が死んでいる.

잉걸 名〔'불잉걸'의 준말〕真っ赤な炭火.

잉걸불 名 **1** 熾. 熾火. 赤く熱した炭火. **2** 薪の燃えさし.

잉꼬 名〔動〕鸚哥. ¶ ~부부 仲のよい夫婦. おしどり夫婦.

잉어 名〔動〕鯉.

잉여〔剩餘〕 名 剰余. 余剰. 余り. ¶ ~금 剰余金 / ~ 가치 剰余価値 / ~ 노동 剰余労働.

잉잉 副 하自〔어린아이가 우는 소리〕ああんああん(と).

잉잉거리다[-대다] 自 ああんああんと泣く. ¶ 갓난아기가 잉잉거리며 보채다 赤ん坊がああんああんと泣きながらむずかる.

잉크〔ink〕 名 インク. ¶ ~병 インク瓶 / ~를 쏟다 インクをこぼす.

잉태〔孕胎〕 名 하自他 子を孕むこと. 妊娠. 懐妊.

잊다 他 **1** 忘れる. 思い出せない. ¶ 약속을 ~ 約束を忘れる / 그 일은 까맣게 잊고 있다 そのことは度忘れしている. **2** (置き)忘れる. (持ってくるのを)忘れる. ¶ 우산을 ~ 傘を忘れる / 시계를 잊고 안 가져왔다 時計を忘れて持ってこなかった. **3** 背く. 忘れる. ¶ 부모의 은공을 ~ 親の恩恵を忘れる. **4**〔좋지 않았던 일을 마음에 두지 않다〕断念する. きっぱり諦める. 忘れる. ¶ 이제 지난 일일랑 모두 잊자 もう過ぎ去ったことなんかは皆忘れよう.

잊어버리다 他 すっかり忘れてしまう. 失念する. 忘れる. ¶ 친구 집의 전화 번호를 깜박 ~ 友人の家の電話番号を度忘れしてしまう / 배운 것을 완전히 잊어버렸다 習ったことを完全に忘れてしまった.

잊히다 自〔'잊다'의 피동사〕忘れられる. ¶ 그때의 감격적인 해후는 지금도 잊혀지지 않는다 あのときの感激的なめぐりあいは今も忘れられない.

잎 名〔植〕葉. ¶ 뽕~ 桑の葉 / 파릇파릇한 ~ 青々とした葉 / 가랑~ 枯れ葉.

잎눈 名〔植〕葉芽.

잎담배 名 葉たばこ.

잎사귀 名 個々の葉. 葉. 葉っぱ.

잎샘 名 하自 春に木の葉が出るころ, 急に寒くなること, またその寒さ.

ㅈ

ㅈ 名 ハングル子音字母の一つとして第九番目の字. 字母の名称は 지읒.

자[1] Ⅰ 名 物差し. 定規. ¶ 곱～ 曲尺 / 삼각～ 三角定規 / 줄～ 巻き尺 / ～로 재다 物差しで測る.
Ⅱ 依名 尺〈約30cm〉.

자[2]〔子〕名 子. **1** 子. 息子. **2** 子〈孔子の尊称〉.

자[3]〔子〕名〔民俗〕**1**〔십이지의 첫째〕子. **2**〔'자방(子方)'의 준말〕子の方位. **3**〔'자시(子時)'의 준말〕子の刻.

자[4]〔字〕Ⅰ 名 **1** 字〈成人男子が実名以外につけた別の名〉. **2**〔'글자'를 이르는 말〕字. 文字. ¶ 이것은 무슨 ～입니까? これはなんという字ですか.
Ⅱ 依名〔글자의 수효를 세는 말〕(原稿用紙の)字詰め. ¶ 400～ 원고지 400字詰めの原稿用紙.

자-[5]〔自〕接頭〔'부터·에서'의 뜻〕…より. …から. ¶ ～5월 지10월 5月より10月まで.

자[6]〔者〕Ⅰ 依名 者. 人. やつ. ¶ 저 ～는 누구냐? あいつは誰かね.
Ⅱ 接尾〔'어떠한 사람·어느 방면에 능통한 사람'의 뜻〕…者. ¶ 기술～ 技術者 / 노동～ 労働者.

자[7] 感 **1**〔행동을 재촉하거나 주의를 환기할 때 하는 말〕さあ. さて. ¶ ～, 그만하고 나가자 さあ, それくらいにして出かけよう. **2**〔답답하거나 미심쩍어 무심코 하는 말〕はて(な). さあ. さて. あれ. ¶ ～, 아무래도 이상하다 はてな, どうもおかしいぞ.

-자[8] 語尾 **1**〔권유의 뜻을 나타냄〕…しよう. …になろう. ¶ 어서 출발하～ 早く出発しよう. **2**〔하고자 하는 뜻을 나타냄〕…しようと. ¶ 장사를 하～ 하니 밑천이 없다 商売をしようとしても元手がない. **3** …してくれ. ¶ 볼펜 좀 쓰～ ボールペンちょっと貸してくれ.

-자[9] 語尾 **1**〔한 동작에 잇달아 다음 동작이 행해지는 뜻을 나타냄〕…するや(いなや). …するとすぐに. ¶ 까마귀 날～ 배 떨어진다 烏が飛び立つや梨が落ちる. **2**〔'이다'의 어간에 붙어〕…であると同時に. ¶ 그는 작가이～ 교수이다 彼は作家であると同時に教授である.

-자[10]〔子〕接尾 **1**〔미소한 물질임을 나타내는 말〕…子. ¶ 중성～ 中性子. **2**〔신문·잡지 등의 어떤 난을 맡은 기자의 자칭에 쓰는 말〕…子. ¶ 편집～ 編集子 / 만평～ 漫評子.

자가〔自家〕名 自家. **1** 自分の家. ¶ ～ 발전 自家発電. **2** 自分. 自己. ¶ ～ 당착 自家撞着 / ～ 본위 自己本位.

자가 수정〔一受精〕名〔生〕自家受精.

자가용〔一用〕名 **1** 自家用. **2** 自家用車. マイカー.

자가 중독〔一中毒〕名〔醫〕自家中毒.

자각〔自覺〕名 하他 自覚. ¶ 자신의 처지를 잘 ～하고 있다 自分の立場をよく自覚している.

자각 증상〔一症狀〕名〔醫〕自覚症状.

자간〔字間〕名 字間.

자갈 名 砂利. 小石. 石ころ.

자갈밭 名 砂利の多い土地.

자갈색〔紫褐色〕名 焦げ茶色.

자강〔自強·自彊〕名 하自 自彊. ¶ ～술 自彊術.

자개 名 螺鈿. ¶ ～ 그릇 螺鈿の器.

자개농〔一籠〕名 螺鈿のたんす.

자개장롱〔一欌籠〕名 螺鈿のたんす.

자객〔刺客〕名 刺客. ¶ ～의 손에 목숨을 잃다 刺客の手に命を失う.

자격〔資格〕名 資格. ¶ ～ 임용 資格任用 / 변호사 ～을 얻다 弁護士の資格を取る.

자격증〔一證〕名 資格証. ¶ 교사 ～ 教員免許状.

자격루〔自擊漏〕名 (朝鮮第4代王世宗のときにつくった)水時計.

자격지심〔自激之心〕名 自力では及ばぬ念.

자결〔自決〕名 하自 自決. **1** 自殺. ¶ ～로써 정조를 지키다 自決によって貞操を守る. **2** 自分のことは自分で解決すること. ¶ 민족 ～ 民族自決.

자계〔磁界〕名〔物〕磁界.

자고로〔自古一〕副〔'자고이래로'의 준말〕昔から. 古来.

자고이래로〔自古以來一〕副 昔から(ずっと). 昔から今に至るまで. 古来. ¶ ～ 전해 오는 풍습 昔からの風習.

자괴[1]〔自愧〕名 하自 自ら恥じること.

자괴지심〔一之心〕名 自ら恥じる心.

자괴[2]〔自壞〕名 하自 自壊. ¶ ～ 작용 自壊作用.

자구[1]〔字句〕名 字句. ¶ ～를 수정하다 字句を修訂する.

자구[2]〔自救〕名 하自 自救. 自力で救済すること. ¶ ～ 행위 自救行為.

자구권〔一權〕名〔法〕自救権.

자국[1] 名 跡. 痕跡. あとかた. ¶ 짐승이 지나간 ～ 獣の通った跡.
◆**자국을 밟다** 足跡を踏む. 先人の業に倣う.
◆**자국이 나다** 跡がつく[残る]. ¶ 손톱～이 났다 つめあとがついた.

자국눈 名 淡雪. (足跡がようやくつくほど)薄く降った雪.

자국[2]〔自國〕名 自国.

자궁〔子宮〕名〔生〕子宮. ¶ ～ 내막

염 子宮内膜炎.

자궤〔自潰〕 名 하自 自然につぶれること.

자귀 名 手斧. ておの.

자귀질 名 手斧で材木を削ること.

자귓밥 名 手斧から出る屑.

자귀나무 名〔植〕合歓木.

자규〔子規〕名〔動〕子規. 不如帰.

자그르르 副 하自 〔물이나 기름 등이 갑자기 끓어 나는 소리〕じいじい(と). じりじり(と).

자그마치 副 **1** 少し. 少しだけ. わずかばかり. ¶물을 ~ 붓고 끓여라 水を少しだけ入れて煮立てなさい. **2**〔'적지 않게'의 뜻으로 쓰이는 말〕わずかに. ほんの…ほど. …も. ¶이 좁은 방에 ~ 열 명이나 잤다더군 こんな狭い部屋に10人も寝たってよ.

자그마하다 形 やや小さい. 小さめだ. 小ぶりだ. ¶자그마한 그릇 小ぶりの器/자그마한 여자 小柄な女性.

자그맣다 形〔'자그마하다'의 준말〕やや小さい. ¶얼굴이 ~ 顔がやや小さい.

자극¹〔刺戟〕名 하他 刺激. 刺戟. ¶동료의 입상에 ~을 받다 仲間の入賞に刺激される.

자극적〔一的〕冠 名 刺激的.

자극제〔一劑〕名 刺激剤.

자극²〔磁極〕名〔物〕磁極.

자금¹〔資金〕名 資金. ¶사업 ~ 事業資金.

자금난〔一難〕名 資金難. ¶~으로 허덕이다 資金難にあえぐ.

자금 동결〔一凍結〕名〔經〕資金凍結.

자금 통제〔一統制〕名〔經〕資金統制.

자급〔自給〕名 하他 自給.

자급자족〔一自足〕名 하他 自給自足. ¶~주의 自給自足主義.

자긍〔自矜〕名 하自 自負. 自らを誇ること.

자기¹〔自己〕 **I** 名 自己. 自分. 自身. 自分自身. ¶~ 자본 自己資本/~ 모순 自己矛盾/~ 보존 自己保存/~ 본위 自己本位/~ 비판 自己批判. 反省/~앞 어음 自己あて手形/~ 중심 自己中心/~ 표현 自己顕示/~ 혐오 自己嫌悪/~ 주장 自分の主張/~ 기만 自己欺瞞/~ 만족 自己満足/~ 일은 ~가 해라 自分のことは自分でしなさい.

II 代 **1** 自分. 自身. ¶~가 잘못해 놓고는 남한테 야단을 치니 말이야 自分が悪かったのに他の人を叱りつけるなんてさ. **2**〈俗〉(恋人·夫婦の間で)あなた. 君. お前. ¶~는 무얼 먹고 싶어? あなたは何が食べたいの.

◆**자기도 모르게** 無意識のうちに. 思わず. われ知らず.

자기 과시〔一誇示〕名〔心〕自己顕示. ¶~욕 自己顕示欲.

자기류〔一流〕名 自己流. ¶~의 편협한 생각[판단] 自己流の偏狭な考え[判断].

자기²〔自記〕名 하他 自記. **1** 自ら記すこと. **2** 機械が自動的に記録すること. ¶~ 온도계 自記温度計.

자기³〔自棄〕名 하自 自棄. やけ. すてばち. ¶자포~ 自暴自棄.

자기⁴〔瓷器〕名 磁器. ¶고려 ~ 高麗磁器.

자기⁵〔磁氣〕名〔物〕磁気. ¶~ 녹음 磁気録音/~ 유도 磁気誘導/~ 저항 磁気抵抗/~를 띠다 磁気を帯びる.

자기력〔一力〕名 磁力. 磁気力.

자깝스럽다 形 **1** (年の割りに)ませている. こましゃくれている. ¶자깝스러워 귀여운 데가 없다 こましゃくれていてかわいげがない. **2** 卑しい. 下品だ. **자깝스레** 副 こましゃくれて.

자꾸 副 しきりに. ひっきりなしに. 何度も. ¶전화가 ~ 걸려 온다 電話がひっきりなしにかかってくる/비가 ~ 온다 しきりに雨が降る.

자꾸만 副〔'자꾸'를 강조하는 말〕しきりに. 何度も何度も. ¶~ 졸라대다 しきりにねだる.

자꾸자꾸 副 引き続いてしきりに.

-자꾸나 語尾〔권유의 뜻을 나타냄〕…(し)ようよ. ¶나하고 같이 놀~ 僕といっしょに遊ぼうよ/어서 출발하~ 早く出発しようよ.

자나깨나 副 寝ても覚めても. 明けても暮れても. ¶~ 자식 걱정 寝ても覚めても子供の心配.

자낭〔子囊〕名〔生〕子嚢〈胞子の入った袋〉.

자낭균〔一菌〕名〔生〕子嚢菌.

자네 代〔상대를 직접 부르거나 가리키는 말〕君. お前. ¶~ 요즘 뭘 하고 있는가? 君このごろ何をしているの.

자녀〔子女〕名 子女. 息子と娘. 子供. ¶~ 교육에 열성이다 子女教育に熱心である.

자다 自 **1** 寝る. 眠る. ¶낮잠을 ~ 昼寝をする. **2** (動いていた機械が)動かなくなる. 止まる. ¶시계가 자고 있다 時計が止まっている. **3** (風·波が)収まる. 止む. なぐ. ¶태풍이 ~ 台風が収まる/바다가 ~ 海がなぐ. **4** (異性と)寝る. 共寝する. 同衾する. ¶하룻밤을 ~ 一夜を共寝する. **5** (花札などの遊びで)ある札がめくり札のいちばん下にある. **6** (下敷きになって)しわが伸びる. 平たくなる.

자단〔紫檀〕名〔植〕紫檀.

자담〔自擔〕名 하他 自己負担. 自弁. ¶교통비는 ~한다 交通費は自弁する.

자답〔自答〕名 하自 自答. ¶자문 ~ 自問自答.

자당¹〔慈堂〕名〔'남의 어머니'의 존칭〕母堂. 母御.

자당²〔蔗糖〕名〔化〕蔗糖.

자동〔自動〕名 自動. (機械などの)自動. ¶~ 감지기 自動感知機. オートマチックセンサー/~ 조종 장치 自動操縦装置/~ 판매기 自動販売機/~ 제어 장치 自動制御装置/~ 소총 自動小銃.

자동문〔一門〕名 自動ドア.

자동식〔一式〕名 自動式. ¶~ 펌프 自動式ポンプ.

자동적〔一的〕冠 名 自動的. ¶~으로 움직이다 自動的に動く.

자동사〔自動詞〕 名〔言〕 自動詞.
자동차〔自動車〕 名 自動車. ¶ ～로 오다 自動車でくる / ～를 몰다 自動車を運転する.
자동차 보험〔—保險〕 名 自動車保険.
자동차 사고〔—事故〕 名 自動車事故.
자동차 전용 도로〔—專用道路〕 名 自動車専用道路.
자두〔←紫桃〕 名 李(の果実).
자드락 名 山のふもとの傾斜地.
자드락길 名 すそ野の小道.
자득〔自得〕 名 하他 自得. **1** (自力で)会得すること. **2** 自ら満足すること. **3** (自分の身に)報いを受けること. ¶ 자업～ 自業自得.
자디잘다 形 非常に細い. とても小さい.
자라 名〔動〕 鼈.
〔속담〕 **자라 보고 놀란 가슴 솥뚜껑 보고 놀란다** すっぽんを見て驚いた者が釜のふたを見て驚く〈蛇にかまれて朽ち縄に怖ず〉.
자라눈 名 乳児の両臀部のくぼみ.
자라목 名 **1** すっぽんの首. **2** 短い首. 猪首. 猪首の人.
자라나다 自 育つ. 成長する. 伸びる. ¶ 무럭무럭 자라나는 어린이들 すくすくと育つ子供たち.
자라다¹ 自 **1** 成長する. 育つ. 伸びる. ¶ 아이가 훌륭히 ～ 子が立派に成長する. **2**〔사람이 어느 곳에서 성장의 시절을 보내다〕 育つ. ¶ 해변에서 자랐다 海辺で育った. **3** 発展する. 進歩する. ¶ 조국이 선진국으로 ～ 祖国が先進国に発展する.
자라다² Ⅰ 形 足りる. 十分だ. ¶ 두 사람분의 식량은 이것으로 자란다 2人分の食糧はこれで足りる.
Ⅱ 自 (ある標準に)及ぶ. 届く. 達する. ¶ 손이 자라지 않는다 手が届かない / 힘이 자라는 한 협력하겠습니다 力の及ぶ限り協力いたします.
자라풀 名〔植〕 水鼈.
자락 名 (衣服の)裾.
자락자락 副〔갈수록 거리낌없이 구는 모양〕 ますます遠慮なく. いよいよ自分勝手に. ふてぶてしく.
자란자란 副 하形 **1** (液体が)なみなみと. ¶ 술을 ～ 따르다 酒をなみなみとつぐ. **2**〔다른 물건에 스칠 듯 말 듯한 모양〕 すれすれ(に).
자랑 名 하他 自慢. 誇り. ¶ 공적을 ～하다 手柄を自慢する.
자랑거리 名 自慢の種.
자랑스럽다 形 誇らしい. 自慢げだ. 誇らしげだ. ¶ 자랑스럽게 생각하다 誇らしく思う. **자랑스레** 副 誇らしく. 誇らかに. 誇らしげに. 自慢げに.
자력¹〔自力〕 名 自力. ¶ ～으로 완성시키다 自力で完成させる.
자력²〔資力〕 名 資力. ¶ ～이 부족하다 資力が乏しい.
자력³〔磁力〕 名〔物〕 磁力. 磁気力. ¶ ～선 磁力線.
자력계〔—計〕 名〔物〕 磁力計.
자료〔資料〕 名 資料. データ. ¶ ～를 수집하다 資料を収集する.
자루¹ Ⅰ 名 袋. ¶ 보릿～ 麦袋.
Ⅱ 依名〔자루의 수를 세는 단위〕 袋. ¶ 보리 한 ～ 麦1袋.
자루² Ⅰ 名 柄. つか. 取っ手. ¶ 칼～ 刀の柄 / 괭이 ～ 鍬の柄.
Ⅱ 依名〔필기 도구를 세는 단위〕 本. 挺. ¶ 연필 세 ～ 鉛筆3本.
자르다 他 **1** 切り離す. 切断する. 切る. 切り落とす. 断つ. ¶ 철판을 ～ 鉄板を切断する / 산의 나무를 ～ 山の木を切る. **2**〔부탁을 물리치다〕 断る. はねつける. ¶ 부탁을 ～ 願いを断る. **3**〔그만두게 하다〕 解雇する. 首を切る. ¶ 회사에서 과장의 목을 잘랐다 会社で課長の首を切った.
자르르 副 하形 **1**〔물기·기름기 등이 반드럽게 흐르는 모양〕 つやつや(と). ¶ ～ 윤기가 흐르는 머리카락 つやつやとつやのある髪. **2**〔근육이나 뼈 등에 자린 느낌이 일어나는 모양〕 ぴりぴり(と). ぴりっと.
자리¹ 名 **1** 席. 座. 座席. ¶ ～에 앉다 席に座る[つく] / ～가 비어 있다 席が空いている. **2** 場所. 所. 場. ¶ 차를 세울 ～가 없다 車をとめる場所がない. **3** 跡. ¶ 옛날에 절이 있었던 ～ 昔寺のあった跡. **4** 地位. ポスト. 椅子. ¶ 높은[낮은] ～ 高い[低い]地位. **5** (多くの中で)ある一定の対象. いい相手. ¶ 좋은 혼처 ～가 나서지 않다 いい結婚相手が現われない. **6**〔數〕 (十進法での)桁. 位. ¶ 100의 ～ 100の位. **7**〔天〕 (星座の)座. ¶ 오리온～ オリオン座.
◆**자리가 나다** ① 成果があらわれる. ② 席が空く. ポストができる[空く]. ③ 跡形が残る.
◆**자리가 잡히다** ① (仕事に)慣れてくる. ② (物事が)落ち着く. 定着する. ¶ 교통 질서가 ～ 잡히다 交通秩序が定着してくる. ③ (生活などが)安定する. 落ち着く.
◆**자리를 잡다** ① (職についたり結婚したりして)落ち着く. ② 場所をとる. 席をとる. ¶ ～를 잡고 앉다 席をとって座る. ③ ある場所で暮らすようになる. ④ (感情·ある考えなどが)頭にこびりつく. 頭から離れない.
자리다툼 名 하自 地位争い. 座席取りの争い.
자릿수〔—數〕 名〔數〕 数の桁数. 位.
자리² 名 **1** ござ. むしろ. 敷物. ¶ ～를 펴다 ござを敷く. **2** 布団. ¶ ～를 펴다 布団を敷く. **3**〔'잠자리'의 준말〕 寝床. ¶ ～에 들다 床につく.
자리끼 名 就寝前に枕元に準備しておく飲み水.
자리옷 名 寝巻き. 寝間着.
자리틀 名 ござ·むしろなどを織る機械.
자릿상〔—牀〕 名 布団を畳んで載せて置くテーブル.
자릿장〔—欌〕 名 寝具を入れるたんす.
자릿저고리 名 夜寝るときに着るチョゴリ.
자리공 名〔植〕 山牛蒡.
자리다 形 (手足や筋肉が一時的に)痺れる. ちくちくする. <저리다
자리돔 名〔動〕 雀鯛.

자리보전〔一保全〕 名 하自 病床に伏すこと.

자리자리하다 形 しきりに痺れる. びりびり(と)する. ¶ 다리가 ～ 脚がびりびりとする.

자립〔自立〕 名 하自 自立. ¶ 부모의 슬하를 떠나 ～하다 親もとを離れて自立する.

자립자영〔一自營〕 名 하他 自立自営.

-자마자 語尾 〔'그 동작을 하자 곧'의 뜻을 나타냄〕 …するやいなや. …するとすぐ. …するなり. ¶ 네가 집을 나가～ 전화가 걸려 왔다 君が家を出るとすぐ電話がかかってきた.

자막〔字幕〕 名 字幕. スーパー. タイトル.

자막대기 名 物差し用の竹や木の棒.

자만[1]〔自慢〕 名 하自 自慢.

자만심〔一心〕 名 慢心. おごりたかぶる心.

자만[2]〔自滿〕 名 하自 自ら満足に思うこと.

자매〔姉妹〕 名 姉妹. ¶ 형제 ～ 兄弟姉妹.

자매결연〔一結緣〕 名 姉妹縁組み.

자매지〔一紙〕 名 姉妹紙.

자매편〔一篇〕 名 姉妹編.

자맥질 名 하自 〔'무자맥질'의 준말〕 潜り.

-자면 語尾 …しようとすれば. …しようと思えば. …すると. ¶ 원고지 30장을 쓰～ 내일까지 걸리겠다 原稿30枚を書こうとすれば明日までかかるだろう.

자멸[1]〔自滅〕 名 하自 自滅. ¶ ～을 초래하다 自滅をきたす.

자멸[2]〔自蔑〕 名 하自 自らをさげすむこと.

자명〔自鳴〕 名 하自 **1** ひとりでに鳴ること. **2** 自然に響いたりすること.

자명고〔一鼓〕 名〔史〕 敵の侵入があれば自ずから鳴ると言われた太鼓.

자명종〔一鐘〕 名 目覚まし時計.

자명하다〔自明一〕 形 自明だ. ¶ 자명한 이치 自明の理.

자모[1]〔字母〕 名 字母.

자모[2]〔姉母〕 名 姉と母.

자모회〔一會〕 名 (幼稚園·小学校などの)女性の保護者からなる会.
◇일본의 'P.T.A.'와 비슷하다.

자모[3]〔慈母〕 名 **1** 慈母. **2** 生みの母を亡くしたあと養ってくれた庶母.

자목련〔紫木蓮〕 名〔植〕 木蓮.

자못 副 思ったよりはずっと. とても. いとも. ¶ ～ 기쁜 듯이 웃고 있었다 とてもうれしそうに笑っていた.

자문[1]〔自刎〕 名 하自 自刎.

자문[2]〔自問〕 名 하他 自問.

자문 자답〔一自答〕 名 하他 自問自答.

자문[3]〔刺文〕 名 하他 文身. 入れ墨.

자문[4]〔諮問〕 名 하他 諮問. ¶ ～ 기관 諮問機関 / ～에 응하다 諮問に応じる.

자물쇠 名 錠. 錠前. ¶ ～를 잠그다 錠をかける / ～를 열고 들어가다 錠をはずして入る.

자물통〔一筒〕 名 錠. 錠前.

자바라〔←啫哱囉〕 名〔樂〕 鐃鈸〈シンバルに似た真鍮製の打楽器の一つ〉.

자박 副〔가만히 내디디는 발소리〕 しずしずと. さくさく(と).

자박거리다〔-대다〕 自 さくさくと軽やかに歩く.

자박자박 副 하自 しずしずと. さくさく(と).

자반〔佐飯〕 名 塩物. 塩引き. ¶ ～ 고등어 塩鯖 / ～ 갈치 塩太刀魚.

자발〔自發〕 名 하自 自発.

자발성〔一性〕 名 自発性.

자발적〔一的〕 冠 名 自発的. ¶ ～으로 공부하다 自発的に勉強する.

자발없다 形 無分別だ. 堪え性がない. 軽はずみだ. ¶ 자발없는 아이다 堪え性のない子だ. **자발없이** 副 堪え性がなくて軽々しく. 無分別に. そそっかしく.

자밤 依名 〔양념을 손가락 끝으로 집을 만한 분량〕 つまみ. ¶ 깨소금 한 ～ 一つまみの胡麻塩.

자방〔子房〕 名〔植〕 子房.

자배기 名 丸く平たく口が広がっている陶製の器.

자백〔自白〕 名 하他 自白. 自供. ¶ 범행을 ～하다 犯行を自白する.

자벌레 名〔動〕 尺取虫.

자변〔自辨〕 名 하他 自弁. ¶ 여비를 ～하다 旅費を自弁する.

자별하다〔自別一〕 形 **1** おのずから他と違う. 格別だ. **2** ことに親しい仲だ. ¶ 친분이 ～ とりわけ親しい仲だ.

자복[1]〔子福〕 名 子福. 子を持つ幸せ.

자복[2]〔自服〕 名 하他 自首. 自白して服従すること.

자복[3]〔雌伏〕 名 하自他 雌伏. **1** 人に服従すること. **2** ひそかに隠れて過ごすこと. ¶ ～ 10년 雌伏10年.

자본〔資本〕 名〔經〕 資本. 元手. ¶ ～ 거래 資本取り引き / ～ 시장 資本市場 / ～재 資本財.

자본가〔一家〕 名 資本家.

자본금〔一金〕 名 資本金.

자본주의〔一主義〕 名〔經〕 資本主義.

자봉틀〔自縫一〕 名 ⇨재봉틀

자부[1]〔子婦〕 名 嫁. 息子の妻.

자부[2]〔自負〕 名 하他 自負. ¶ 기술에 있어서는 최고라고 ～한다 技術については最高だと自負する.

자부심〔一心〕 名 自負心. ¶ ～이 강하다 自負心が強い.

자부[3]〔慈父〕 名 慈父.

자부지 名 犂の柄.

자분자분[1] 副 하自 **1**〔사람을 쓸데없는 언행으로 성가시게 구는 모양〕 ねちねち. べたべた. **2**〔음식에 섞인 잔모래 같은 것이 귀찮게 씹히는 모양〕 じゃりじゃり(と).

자분자분[2] 副 하形 おとなしく落ち着いているようす.

자비[1]〔自費〕 名 自費. 私費. ¶ ～로 유학하다 自費で留学する.

자비[2]〔慈悲〕 名 하形 慈悲. ¶ ～를 베풀다 慈悲を施す.

자비롭다 形 慈悲深い. 情け深い.

자비로이 副 慈悲深く.

자비심〔一心〕 名〔佛〕 慈悲心.

자비옷 名〔佛〕 袈裟の別称.

자빠뜨리다〔-트리다〕 他 倒す. 転が

す. ¶ 발로 차서 ～ 足で蹴り倒す.

자빠지다 自 **1** 倒れる. 転がる. 転ぶ. ひっくり返る. ¶ 뒤로 ～ 後ろに倒れる. **2** (仕事から)関係を絶つ. 手を引く. ¶ 이 사건에서 자빠져라 この事件から手を引け. **3** 〈俗〉 横になる. 寝転ぶ. ¶ 늘 자빠져 있기만 한다 いつも寝転んでばかりいる.

자산〔資産〕 名 資産. 資財. ¶ ～ 동결 資産凍結 / ～주 資産株 / ～ 평가 資産評価.

자산가〔一家〕 名 資産家.

자살¹〔自殺〕 名 하自 自殺. 自害. 自刃. ¶ ～ 교사죄 自殺教唆罪 / ～ 방조죄 自殺幇助罪 / 음독 ～ 服毒自殺.

자살²〔刺殺〕 名 하他 刺殺. 刺し殺すこと.

자상〔刺傷〕 名 刺傷. 刺し傷.

자상하다〔仔詳一〕 形 **1** よく気がきく. 細やかだ. ¶ 성격이 자상한 사람 性格が細やかな人. **2** 詳細だ. 詳しい. ¶ 자상하게 알고 있다 詳細に知っている.

자새 名 **1** 糸車. 糸巻き. **2** 綱やひもをよるのに使う装置.

자새질 名 하自 糸車などを回す仕事.

자색¹〔姿色〕 名 姿色. 容色.

자색²〔紫色〕 名 紫色.

자생〔自生〕 名 하自 自生. ¶ ～ 식물 自生植物.

자서¹〔自敍〕 名 하他 自叙. ¶ ～ 문학 自叙文学.

자서전〔一傳〕 名 自叙伝.

자서²〔自書〕 名 하他 自筆. 自書.

자서³〔自署〕 名 하自他 自署. ¶ 본인의 ～가 있어야 하는 서류 本人の自署を要する書類.

자석〔磁石〕 名 磁石. **1** 〔物〕 マグネット. **2** 〔鑛〕 天然磁石.

자석강〔一鋼〕 名 磁石鋼.

자석영〔紫石英〕 名〔鑛〕 紫石英(紫水晶の別名).

자선¹〔自選〕 名 하自 自選. ¶ ～ 시집 自選の詩集.

자선²〔慈善〕 名 하他 慈善. ¶ ～가 慈善家 / ～ 사업 慈善事業 / ～ 냄비 社会なべ / ～ 단체 慈善団体.

자설〔自說〕 名 自説. ¶ ～을 굽히지 않는다 自説を曲げない.

자성¹〔自省〕 名 하自他 自省. ¶ 잘못을 깊이 ～하다 過ちを深く反省する.

자성²〔資性〕 名 資性. 資質. 天性. ¶ ～이 온화하다 資性温和である.

자성³〔雌性〕 名〔生〕 雌性.

자성⁴〔磁性〕 名〔物〕 磁性. ¶ ～을 띠다 磁性を帯びる.

자성체〔一體〕 名〔物〕 磁性体.

자세〔姿勢〕 名 姿勢. 構え. 心がけ. ¶ ～를 바르게 하다 姿勢を正す / 편안한 ～로 앉다 楽な姿勢で座る.

자세포〔刺細胞〕 名〔動〕 刺細胞.

자세하다〔仔細一〕 形 詳しい. 子細だ. 細かい. ¶ 자세한 내용은 모른다 詳しい内容は分からない. **자세히** 副 詳しく. 子細に. 詳細に. ¶ ～ 물어보다 詳しく聞いてみる.

자소로〔自少一〕 副 〔'자소이래로'의 준말〕 幼いときから今まで.

자소이래로〔自少以來一〕 副 幼いころから今に至るまでずっと.

자손〔子孫〕 名 子孫. 子と孫. ¶ ～들의 번영을 위하여 子孫の繁栄のために.

자손 행위〔自損行爲〕 名〔法〕 自ら自分の法益を損なう行為.

자수¹〔自手〕 名 **1** 自分の手. 自分の力. **2** 《'자수로'의 꼴로》 自分の手で. 自分の力で.

자수성가〔一成家〕 名 (遺産のない人が)自力で一家の暮らしを立てること.

자수²〔自首〕 名 하自 自首. ¶ 범인이 ～ 했다 犯人が自首した.

자수³〔自修〕 名 하他 自修. 独学.

자수⁴〔刺繡〕 名 하自 刺繡. 縫い取り.

자수정〔紫水晶〕 名〔鑛〕 紫水晶.

자숙〔自肅〕 名 하自 自粛. ¶ ～ 자계 自粛自戒.

자습〔自習〕 名 하他 自習. ¶ ～ 시간 自習時間.

자습서〔一書〕 名 自習書.

자승〔自乘〕 名 하他〔數〕 二乗. 自乗.

자승자박〔自繩自縛〕 名 하自 自縄自縛. ¶ ～의 결과를 가져오다 自縄自縛の結果をもたらす.

자시〔子時〕 名〔民俗〕 子の刻(午後11時から午前1時までと午後11時30分から午前0時30分まで).

자시다 他 〔'먹다'의 높임말〕 召し上がる. 上がる.

자식〔子息〕 名 **1** 子供. 子息. 息子と娘. ¶ ～을 훌륭하게 키우다 子供を立派に育てる / 부모 ～간의 인륜 親子の間の人倫. **2** 〔남자를 욕하는 말〕 やつ. 野郎. ¶ 이～ この野郎. **3** 〔어린아이를 귀엽게 이르는 말〕 こいつ.

◆**자식을 보다** 子供を持つ. 子供を産む.

자신¹〔自身〕 名 自身. 自分. 自己. ¶ ～의 힘으로 해내다 自分の力で成し遂げる.

자신²〔自信〕 名 하他 自信. ¶ ～이 없다 自信がない / ～에 찬 태도 自信に満ちた態度.

자신감〔一感〕 名 自信がわいてくる感じ. ¶ ～이 들다 自信がわいてくる.

자신만만하다〔一滿滿一〕 形 自信満々だ.

자실〔自失〕 名 하自 自失. ¶ 망연～ 茫然自失.

자심하다〔滋甚一〕 形 ますますはなはだしい. ますますひどくなっていく.

자씨〔姊氏〕 名〔남의 손위 누이를 높여 이르는 말〕 姉上. お姉さま.

자아〔自我〕 名 自我. ¶ ～실현 自我実現 / ～의식 自我意識.

자아내다 他 **1** (感情・興味などを)そそる. 起こさせる. かき立てる. ¶ 호기심을 ～ 好奇心をそそる / 폭소를 ～ 爆笑を起こさせる. **2** 糸を紡ぎだす. ¶ 고치에서 실을 ～ 繭から糸を紡ぐ. **3** (機械の力で液体・気体などが)流れ[噴き]出るようにする.

자아올리다 他 (機械の力を利用し

て)水を吸い上げる.
자아틀 名 ウインチ. 巻揚げ機.
자애[1]〔自愛〕名 하自 自愛. ¶ 자중~ 自重自愛.
자애[2]〔慈愛〕名 慈愛. 慈しみ.
자애롭다 形 慈しみ深い. ¶ 손자의 얼굴을 자애로운 눈으로 바라보다 孫の顔を慈愛に満ちた目で眺める.
자애지정〔一之情〕名 慈愛の情. 慈しむ心.
자약하다〔自若一〕形 自若としている. ¶ 태연~ 泰然自若としている.
자양〔滋養〕名 하他 滋養. ¶ ~제 滋養剤.
자양분〔一分〕名 滋養分.
자업자득〔自業自得〕名 自業自得.
자에〔玆一〕副 ここに. よって. 故に. ¶ 성적이 우수하여 ~ 이를 표창함 成績が優秀によりここにこれを表彰す.
자연[1]〔自然〕名 **1** 自然. 天然. ¶ ~ 보호 自然保護 / ~의 혜택을 받다 自然に恵まれる. **2** 《부사적으로 쓰여》 自然に. ¶ 다리를 다친 후 ~ 외출하는 일이 적어졌다 足をけがしてから自然と外出することが少なくなった. **자연히** 副 自然に. ひとりでに. おのずから. ¶ 병이 ~ 나았다 病気が自然に治った.
자연 과학〔一科學〕名 自然科学.
자연도태〔一淘汰〕名〔生〕自然淘汰.
자연미〔一美〕名 自然美.
자연법칙〔一法則〕名 自然法則.
자연사〔一死〕名 自然死.
자연스럽다 形 自然だ. ¶ 자연스러운 이치 自然の理. **자연스레** 副 自然に.
자연 숭배〔一崇拜〕自然崇拝.
자연인〔一人〕名 自然人.
자연적〔一的〕冠名 自然的.
자연주의〔一主義〕冠名 自然主義.
자연현상〔一現象〕名 自然現象.
자연[2]〔紫煙〕名 紫煙. たばこの煙.
자엽〔子葉〕名〔植〕子葉.
자영〔自營〕名 하他 自営. ¶ 양품점을 ~하다 洋品店を営む.
자예〔雌蕊〕名〔植〕雌しべ. 雌蕊.
자오선〔子午線〕名〔天〕子午線. ¶ ~ 관측 子午線観測 / ~ 통과 子午線通過.
자오의〔子午儀〕名〔天〕子午儀.
자옥하다 形 (霧·煙などが)立ちこめている. もやっている. 深い. 濃い. ¶ 방 안에 담배 연기가 ~ 部屋にたばこの煙が立ちこめている. **자옥이** 副 もやもやと. 深く. 濃く.
자외선〔紫外線〕名〔物〕紫外線. ¶ ~ 사진 紫外線写真 / ~ 요법 紫外線療法.
자우〔滋雨〕名 慈雨. ¶ 가뭄에 ~ 旱天の慈雨.
자우룩하다 形 (霧·煙などが)濃く立ちこめている. とてももやもやしている. ¶ 안개가 ~ 霧がとても深い.
자욱하다 形 (霧·煙などが)立ちこめている. もやもやしている. **자욱이** 副 深く. 濃く. もやもやと.
자운[1]〔紫雲〕名 紫雲. 紫色の雲. めでたい雲.
자운[2]〔字韻〕名 韻字. 文字の韻.
자웅〔雌雄〕名 雌雄. ¶ ~ 감별 雌雄鑑別 / ~ 동체[이체] 雌雄同体[異体].
◆**자웅을 겨루다** 雌雄を争う. 優劣を競う.
자원[1]〔字源〕名 字源. 漢字の起源.
자원[2]〔自願〕名 하自他 志願. みずから願い出ること. ¶ ~해서 입대하다 みずから志願して入隊する.
자원[3]〔資源〕名〔經〕資源. ¶ 지하 ~ 地下資源 / ~을 개발하다 資源を開発する.
자위[1] 名 〔눈알이나 새 따위의 알에서 빛깔을 따라 구분된 부분〕身. 目. ¶ 노른 ~ 黄身. 卵黄 / 흰~ 白身. 卵白. 白目 / 검은 ~ 黒目.
자위[2] 名 **1** 重い物が据えられていた所. **2** (胎動を始めるまでの)胎児の静的状態. **3** (栗が熟するまでの)いがの中での未熟な状態. **4** (野球·サッカーなどの運動競技で)相手にすきを見せてはいけない自分の 持ち場. 守るべき位置.
◆**자위를 뜨다** ① (重いものが)外部の力によりやっと少し動く. ② (胎児が)胎内で動き始める. ③ (栗が熟れて)いがが口を開ける. ④ (運動選手が)自分の守るべき位置を離れてすきができる.
자위[3]〔自慰〕名 하他 自慰. **1** 自分で自分を慰めること. **2** 手淫.
자위[4]〔自衛〕名 하他 自衛.
자위권〔一權〕名〔法〕自衛権.
자위대〔一隊〕名 **1** 自警団. **2** (日本の)自衛隊.
자유〔自由〕名 自由. ¶ 언론의 ~ 言論の自由 / ~를 보장하다 自由を保障する.
자유 결혼〔一結婚〕名 하自〔法〕自由結婚.
자유 경제〔一經濟〕名〔經〕自由経済.
자유롭다 形 自由だ. 気ままだ. ¶ 다리가 자유롭지 못하다 脚の自由がきかない. **자유로이** 副 自由に.
자유 무역〔一貿易〕名〔經〕自由貿易.
자유방임〔一放任〕名 自由放任.
자유스럽다 形 自由だ. ¶ 자유스러운 분위기 自由な雰囲気. **자유스레** 副 自由に.
자유업〔一業〕名 自由業.
자유 의지〔一意志〕名 自由意志.
자유자재〔一自在〕名 하形 自由自在.
자유재량〔一裁量〕名〔法〕自由裁量.
자유항〔一港〕名 自由港.
자유화〔一化〕名 하自他 自由化. ¶ 해외 여행의 ~ 海外旅行の自由化.
자율〔自律〕名 自律. ¶ ~ 정신 自律の精神.
자율 신경〔一神經〕名〔生〕自律神経.
자율적〔一的〕冠名 自律的.
자음[1]〔子音〕名〔言〕子音.
자음[2]〔字音〕名〔言〕字音. 漢字の音.
자의[1]〔字義〕名 字義. 文字の意味.
자의[2]〔自意〕名 自分の意思. 自分の考え. ¶ ~가 아니고 타의에 의한 自分の意思でなく, 他人の意思による.
자의[3]〔恣意〕名 恣意. 気ままな考え.

自分勝手な考え. ¶ ~로 행하다 恣意に[気ままに]行なう.

자의식〔自意識〕名〔心〕自意識. ¶ ~ 과잉 自意識過剰.

자익〔自益〕名 自益. 自分の利益. ¶ ~권 自益権 / ~ 신탁 自益信託.

자인¹〔自刃〕名 하自 自刃. 自害.

자인²〔自認〕名 하他 自認. ¶ 잘못을 ~하다 誤りを認める.

자일〔독 Seil〕名 ザイル.

자임〔自任〕名 하他 自任. ¶ 사계의 제일인자로 ~하다 この世界の第一人者と自任する.

자자손손〔子子孫孫〕名 子々孫々. ¶ ~에 이르기까지 子々孫々に至るまで.

자자하다〔藉藉—〕形 (うわさなどが)広まっている. やかましい. (うわさで)持ち切りだ. ¶ 증권으로 한밑천 잡았다는 소문이 ~ 証券でひともうけしたとのうわさが広まっている.

자작¹〔子爵〕名 子爵.

자작²〔自作〕名 하他 自作. ¶ ~시 自作詩 / ~지주 自作地主.

자작농〔—農〕名 自作農.

자작³〔自酌〕名 하他〔'자작자음(自酌自飮)'의 준말〕手酌. 自酌.

자작나무 名〔植〕白樺.

자작자작 副 하形 液体が乾いてだんだん少なくなるようす.

자잘하다 形 みな細かい[小さい]. みな小粒である. ¶ 밤알이 ~ 栗の実がみな小粒だ.

자장〔磁場〕名〔物〕磁場.

자장가〔—歌〕名 子守歌.

자장면〔←중 炸醬麪〕名〔料理〕ジャージャー麵. 肉みそそば.

자장자장 感〔어린아이를 재울 때 어르는 소리〕ねんねん. ¶ ~ 우리 아기, 잘도 잔다 착한 아기 ねんねんわが子よ, ねんねんいい子よ.

자재¹〔自在〕名 하形 自在. ¶ 자유~ 自由自在.

자재 스패너〔—spanner〕名 自在スパナ. モンキーレンチ.

자재화〔—畫〕名〔美〕自在画.

자재²〔資材〕名 資材. ¶ 건축 ~ 建築資材.

자저〔自著〕名 自著. 自分の著書.

자적〔自適〕名 하自 自適. ¶ 유유~ 悠々自適.

자전¹〔字典〕名 字典.

자전²〔自傳〕名 自伝. ¶ ~ 소설 自伝小説.

자전³〔自轉〕名 하自 自転. ¶ 지구의 ~ 地球の自転.

자전 주기〔—週期〕名〔天〕自転周期.

자전거〔自轉車〕名 自転車. ¶ ~를 타다 自転車に乗る.

자절〔自切〕名〔動〕自切. 自割.

자정〔子正〕名 夜の12時. 零時. 反 正午

자정 작용〔自淨作用〕名 自浄作用.

자제¹〔子弟〕名 子弟. **1**〔남을 높이어 그의 '아들'을 이르는 말〕ご子息. ¶ 그 분의 ~ その方のご子息. **2** 他人を尊敬して, その家の若い人たちを言う語.

자제²〔自制〕名 하自他 自制. ¶ 지나친 욕심을 ~하다 いきすぎた欲望を自制する.

자제력〔—力〕名 自制力.

자제심〔—心〕名 自制心. ¶ ~이 약하다 自制心が弱い.

자제³〔自製〕名 하他 自製. 手製. ¶ ~품 自製品.

자조¹〔自助〕名 하自 自助. ¶ 자립 ~의 정신 自立自助の精神.

자조²〔自嘲〕名 하自 自嘲. ¶ ~적인 웃음 自嘲的な笑い.

자족〔自足〕名 하自 自足. ¶ 자급 ~ 自給自足 / ~한 생활 満ち足りた生活.

자존¹〔自存〕名 하自 自存.

자존²〔自尊〕名 하自 自尊. ¶ 독립 ~ 独立自尊.

자존심〔—心〕名 自尊心. プライド. ¶ ~이 상하다 自尊心が傷つく.

자주¹〔自主〕名 自主. ¶ ~ 독립 自主独立.

자주권〔—權〕名 自主権.

자주성〔—性〕名 自主性.

자주적〔—的〕冠名 自主的.

자주²〔紫朱〕名 赤紫色.

자주색〔—色〕名 赤紫色.

자줏빛 名 赤紫色.

자주³ 副 しばしば. 度々. よく. しきりに. ¶ ~ 꾸중을 듣다 しばしば叱られる / 친구 집에 ~ 놀러 가다 友達の家にしきりに遊びに行く.

자주자주 副 頻繁に. ひっきりなしに. しきりに. しげしげ(と).

자죽〔紫竹〕名〔植〕紫竹.

자중¹〔自重〕名 自重. (車体や機械などの)それ自体の重さ.

자중²〔自重〕名 하自 自重. ¶ 아무쪼록 ~하시기 바랍니다 何とぞご自重なさるようお願いします.

자중지란〔自中之亂〕名 仲間内でのけんか. 内輪もめ.

자지 名 陰茎. ちんちん.

자지러뜨리다〔-트리다〕他 **1** (びっくりして)身をすくめる. すくませる. よじる. **2** (生き物が病気で)弱る. (植物が病気で)しおれる.

자지러지다 **I** 自 **1** びっくりして身がすくむ. よじれる. ¶ 자지러지게 놀랐다 身がすくむほどびっくりした. **2** (動物が病気で)弱る. (植物が病気で)よく育たずにしおれる. ¶ 옮겨 심은 달리아가 자지러졌다 植えかえたダリアがしおれた. **3** (笑い声·泣き声·拍子取りなどが)いらだたしいほどせわしくなる. ¶ 자지러지게 울다 いらだたしいほどしきりに泣き叫ぶ.
II 形 (絵·彫刻·音楽などが)精巧で美しい.

자지레하다 形〔'자질구레하다'의 준말〕細々している.

자지리 副 非常に. とても. きわめて. 何と言いようもなく.

자지복 名〔動〕虎河豚.

자진¹〔自進〕名 하自 自ら進んですること. 自発的にすること. ¶ ~해서 참가하다 自ら進んで参加する.

자진²〔自盡〕名 하自 **1** 自尽. 自殺.

2 (水気などが)自然に尽きること. **3** 真心をもって全力を尽くすこと.

자진가락 名〔樂〕テンポの早い曲.

자질〔資質〕名 資質. 素質. ¶ 화가로서의 ~이 없다 画家としての資質に欠ける.

자질구레하다 形 細々ましている. 断片的でつまらない. ¶ 신변의 자질구레한 물건 身の回りの細々した品.

자질자질 副 하形 水分が蒸発してだんだん減っていくようす.

자짜리 名 (魚釣りで)一尺(余り)の魚.

자차분하다 形 きちょうめんで落ち着いている.

자찬[1]〔自撰〕名 하他 自撰. 自選. ¶ ~집 自選集.

자찬[2]〔自讚〕名 하他 自賛. ¶ 자화~ 自画自賛.

자책〔自責〕名 하自他 自責. ¶ ~감에 사로잡히다 自責の念に駆られる.

자처〔自處〕名 하自他 **1** 自任. 自負. ¶ 애국자로 ~하다 愛国者を自任する. **2** 自殺.

자천〔自薦〕名 하自 自薦. ¶ ~ 후보자 自薦の候補者.

자철광〔磁鐵鑛〕名〔鑛〕磁鉄鉱.

자청〔自請〕名 하自他 自ら請うこと. 買って出ること. ¶ 임무를 ~하다 任務を買って出る.

자체[1]〔自體〕名 自体. ¶ 변명하는 것 ~가 마땅치 않다 弁明すること自体が気にくわない.

자체[2]〔字體〕名 字体. 書体.

자초〔自招〕名 하他 自ら招くこと. ¶ 파멸을 ~하다 破滅を自ら招く.

자초지종〔自初至終〕名 一部始終. 始末. 顚末.

자축〔自祝〕名 하他 自ら祝うこと. ¶ 생일을 ~하다 誕生日を自ら祝う.

자취[1] 名 跡. 跡形. 痕跡. ¶ 발~ 足跡 / ~도 없이 사라지다 跡形もなく消える.

◆**자취를 감추다** 姿をくらます. 行方をくらます. 雲隠れする.

자취[2]〔自炊〕名 하自 自炊. ¶ 방을 얻어 ~ 생활을 하다 部屋を借りて自炊生活をする.

자치〔自治〕名 하自 自治. ¶ ~ 기관 自治機関 / 지방 ~ 地方自治 / ~ 제도 自治制度.

자치권〔一權〕名〔法〕自治権.

자치 단체〔一團體〕名〔法〕自治団体. 自治体. 地方公共団体.

자치령〔一領〕名 自治領.

자치제〔一制〕名 自治制. 自治制度.

자치회〔一會〕名 自治会.

자치기 名 子供たちの遊びの一つ〈短い木の棒を長い木の棒で打ちとばし, その距離の遠近によって勝負を決める〉.

자친〔慈親〕名〔'어머니'의 높임말〕母. お袋.

자침〔磁針〕名〔物〕磁針.

자칫 副 **1** やや. 比較的. ¶ ~ 작은 듯하다 やや小さいようだ. **2** 《'자칫 잘못하면'의 꼴로》まかり間違えば. ¶ ~ 잘못하면 실패하기 쉽다 まかり間違えば失敗しやすい.

자칫하면 副 **1** ややもすると. ひょっとすると. ともすると. まかり間違えば. ¶ ~ 남을 의지하려고 한다 ともすると人を頼ろうとする. **2** すんでのところで. もう少しで. ¶ ~ 차에 치일 뻔했다 すんでのところで車にひかれるところだった.

자칭〔自稱〕名 하自 **1** 自称. ¶ ~ 학자 自称学者. **2**〔言〕第一人称.

자칭천자〔一天子〕名 自分が一番と自ら称する人.

자타〔自他〕名 自他. ¶ ~가 다 인정하는 바다 自他ともに認めることである.

자타 공인〔一共認〕名 하他 自他ともに許す[認める]こと. ¶ ~하는 사실 自他ともに認める事実.

자탄〔自歎〕名 하自他 自嘆.

자태〔姿態〕名 姿態. 姿. ¶ 고운 ~ 美しい姿態.

자택〔自宅〕名 自宅. ¶ ~에서 요양하고 있다 自宅で療養している.

자퇴〔自退〕名 하自他 自ら退くこと.

자투리 名 端ぎれ. 布ぎれ.

자파〔自派〕名 自派. ¶ ~ 세력의 확충 自派勢力の拡充.

자판[1]〔字板〕名 **1**〔印〕(写植の)文字盤. **2** (ワープロなどの)キーボード.

자판[2]〔自判〕名 하自他 **1** おのずから明らかになること. **2**〔法〕自判.

자판[3]〔自辦〕名 하他 自弁. **1** 自分のことを自分で処理すること. **2** 自分で費用を負担すること. 自前.

자판기〔自販機〕名 自動販売機.

자평〔自評〕名 하他 自己評価. 自評.

자폐증〔自閉症〕名〔醫〕自閉症.

자포자기〔自暴自棄〕名 하自 自暴自棄. ¶ ~에 빠지다 自暴自棄に陥る.

자폭〔自爆〕名 하自 自爆.

자풀이 名 하他 **1** (反物の)1尺当たりの値を割り出すこと. **2** 反物を尺単位で売ること.

자필〔自筆〕名 하他 自筆. 自書. ¶ ~ 이력서 自筆の履歴書.

자하〔紫蝦〕名〔動〕秋医蝦.

자학〔自虐〕名 하自 自虐. ¶ ~ 행위 自虐行為.

자해[1]〔自害〕名 하自 自害. 自尽.

자해[2]〔字解〕名 字解.

자행〔恣行〕名 하他 恣行. 勝手気ままに行なうこと.

자형[1]〔字形〕名 字形.

자형[2]〔字型〕名〔印〕(活字の)母型.

자형[3]〔姉兄〕名 姉の夫. 義兄.

자형[4]〔慈兄〕名 (特に手紙で)兄を指す尊敬語.

자혜〔慈惠〕名 慈恵.

자혜롭다 形 慈しみ深い.

자홍색〔紫紅色〕名 紫紅色. 紫がかった紅色.

자화〔雌花〕名〔植〕雌花.

자화상〔自畫像〕名 自画像.

자화 수정〔自花受精〕名〔植〕自家受精.

자화자찬〔自畫自讚〕名 하自 自画自賛.

자활〔自活〕 名 하自 自活.
자회사〔子會社〕 名〔經〕子会社.
자획〔字畫〕 名 字画.
자훈〔字訓〕 名 字訓.
자휘〔字彙〕 名 **1** 字彙. 字. **2** 文字の数.
자흑색〔紫黑色〕 名 紫黒色.
작[1]〔作〕 **Ⅰ** 名 〔제작·작품·저작(著作)을 나타내는 말〕作. ¶고흐 ～ ゴッホの作.
Ⅱ 接尾 **1** 〔작품·제작을 나타냄〕…作. ¶출세～ 出世作. **2** 〔작황·농사를 나타냄〕…作. ¶이모～ 二毛作.
작[2]〔勺〕 依名 勺. **1** 〔용량의 단위〕合の10分の1. **2** 〔면적의 단위〕坪の100分の1.
작[3]〔昨〕 冠 昨. 昨日の. ¶～ 20일 昨20日.
작가[1]〔作家〕 名 作家. ¶인기 ～ 人気作家.
작가[2]〔作歌〕 名 하自他 作歌.
작고〔作故〕 名 하自 〔'사망'의 높임말〕逝去. ¶그 분은 작년에 ～하셨다 その方は昨年逝去された.
작곡〔作曲〕 名 하自他〔樂〕作曲. ¶～가 作曲家/교가를 ～하다 校歌を作曲する.
작금〔作今〕 名 **1** 昨日と今日. **2** 昨今. ¶～의 정세 昨今の情勢.
작년〔昨年〕 名 昨年. 去年. ¶～에 대학을 나왔습니다 去年大学を出ました/～보다 올해의 실적이 신장됐구나 去年より今年の実績が伸びたね.
작다 形 **1** (大きさが)小さい. 細かい. ¶작은 접시 小さな皿/키가 ～ 背が低い. **2** 年が若い. 小さい. 幼い. ¶우리 아이는 아직 ～ うちの子はまだ小さい/작은 누나 下のお姉ちゃん. **3** 度量が狭い. 小さい. ¶스케일이 작은 사람 スケールの小さい人. **4** (声·音が)小さい. 低い. 弱い. ¶작은 소리로 말하다 小さい声で話す. **5** 些細である. 小さい. 細かい. わずかだ. ¶사내 대장부가 그런 작은 일로 걱정을 하다니 大の男がそんな小さなことで悩んでいるとは. **6** (量が)少ない. ¶작은 돈도 헛되이 써서는 안 된다 わずかなお金でも無駄なことに費やしてはいけない.
〔속담〕 **작은 고추가 더 맵다** 小さいとうがらしがもっと辛い〈なりは小さくてもがっしりしている〉.
작다리 名 背の低い人. ちび.
작달막하다 形 (体格の割りに)背丈が低い. ずんぐりしている.
작당〔作黨〕 名 하自 群れをなすこと. 徒党を組むこと.
작대기 名 **1** 長い棒〈チゲ(지게)を支えたりするのに使う〉. **2** (試験の答案などの)間違っているところに引く棒線. 斜線.
작대기바늘 名 太く長い針.
작대기찜질 名 棒でひどく打ったり突いたりすること.
작도[1]〔作圖〕 名 하自他 作図.
작도법〔一法〕 名 作図法.
작도[2]〔斫刀〕 名 押し切り. かいば切り.
작동〔作動〕 名 하自他 作動. ¶안전 장치가 ～하다 安全装置が作動する.
작두〔←斫刀〕 名 草·わらを切る道具. 押し切り. かいば切り.
작두질 名 하自 押し切りでまぐさなどを切ること.
작량〔酌量〕 名 하他 酌量. ¶정상을 ～하다 情状を酌量する.
작렬〔炸裂〕 名 하自 炸裂. ¶포탄이 ～하다 砲弾が炸裂する.
작례〔作例〕 名 作例. ¶～를 본보기로 하다 作例を見本とする.
작명〔作名〕 名 하自 名付け. 命名.
작문〔作文〕 名 하自 作文. ¶～법 作文法/～을 짓다 作文をつくる.
작물〔作物〕 名 〔'농작물(農作物)'의 준말〕作物. ¶～을 재배하다 作物を栽培する.
작물 한계〔一限界〕 名〔農〕作物限界.
작미〔作米〕 名 하他 精米すること.
작박구리 名 上に伸びた角.
작법〔作法〕 名 하自 作法. **1** 詩·小説などのつくり方. ¶소설 ～ 小説作法. **2** 法を定めること.
작벼리 名 河原.
작별〔作別〕 名 하自 別れ. 決別. ¶～ 인사 別れのあいさつ/～을 고하다 別れを告げる.
작보〔昨報〕 名 昨報.
작부〔酌婦〕 名 酌婦.
작사〔作詞〕 名 하自 作詞.
작살 名 銛. 簎. ¶～로 찌르다 銛で突く.
작살나다 自 めちゃめちゃにつぶれる. たたきのめされる.
작살내다 他 めちゃめちゃにつぶす. たたきのめす.
작설차〔雀舌茶〕 名 新芽でつくった茶.
작성〔作成〕 名 하他 作成. ¶기획안을 ～하다 企画案を作成する.
작시〔作詩〕 名 하自 作詩.
작심〔作心〕 名 하自 決心. 決意.
작심삼일〔一三日〕 名 (決心してもやっと3日の意で)決心が堅くないこと. 三日坊主.
작야〔昨夜〕 名 昨夜. 昨晩. 昨夕. ゆうべ.
작약[1]〔芍藥〕 名〔植〕芍薬.
작약[2]〔炸藥〕 名 炸薬.
작약[3]〔雀躍〕 名 하自 雀躍. 喜んで小躍りすること. ¶흔희 ～ 欣喜雀躍.
작업〔作業〕 名 하自 作業. ¶～량 作業量/～모 作業帽/～복 作業服/～장 作業場.
작열〔灼熱〕 名 하自 灼熱. ¶～하는 태양 灼熱の太陽.
작용〔作用〕 名 하自 作用. 働き. ¶약의 부～ 薬の副作用.
작위[1]〔作爲〕 名 作為. ¶～범 作為犯.
작위[2]〔爵位〕 名 爵位.
작은곰자리 名〔天〕(星座の)小熊座.
작은달 名 小の月.
작은댁〔一宅〕 名 〔'작은집'의 높임말〕分家.
작은딸 名 長女以外の娘.
작은마누라 名 妾を呼ぶときの語.
작은마마〔一媽媽〕 名〔韓方〕水痘.

작은방〔―房〕 名〔建〕 母屋に隣している部屋.
작은사랑〔―舎廊〕 名 息子や甥などが使う部屋.
작은설 名 元旦に対して大晦日.
작은아기 名 末娘や末息子の嫁を親しみを込めて呼ぶ語.
작은아기씨 名 ☞작은아씨
작은아버지 名 父の弟. 叔父.
작은아씨 名 **1** 身分の低い者が良家の未婚の娘を言う語. **2** 夫の未婚の妹を呼ぶ語. **3** 未婚の娘が数人いるとき年下の娘を指す語.
작은어머니 名 **1** 父の弟の妻. 叔母. **2** 実母と区別して庶母を呼ぶ語.
작은집 名 **1** 分家. **2** 妾. 妾宅. **3** 便所の美化語.
작의〔作意〕 名 作意. 趣向.
작자〔作者〕 名 **1** 作者. 著作者. **2** 買い手. ¶ ～가 없다 買い手がない. **3** 〈蔑〉者. やつ. ¶ 그 ～ 뻔뻔하기도 하더군 あいつ厚かましかったね. **4** 小作人.
 작자문〔―文〕 名 技巧を凝らして作った散文.
작작¹ 副 適度に. いいかげんに. 程よく. ほどほどに. ¶ 술 좀 ～ 마셔라 酒もほどほどにしなさい / 되지도 않는 소리 ～ 지껄여라 でたらめ言うのはいいかげんにしなさい.
작작² 副 하他 **1** 〔신발을 질질 끌며 걷는 소리〕 ずるずる(と). **2** 〔종이 등을 마구 찢는 소리〕 びりびり(と). ¶ 종이를 ～ 찢다 紙をびりびり破る. **3** 〔글씨의 획을 함부로 긋는 소리〕 さっさっと. すっすっと.
 작작거리다[-대다] 他 **1** 履き物を引きずる. **2** 紙などをびりびり破る. **3** 文字や線などを乱雑に書き殴る.
작전〔作戰〕 名 作戦. ¶ ～ 계획 作戦計画 / 합동 ～ 合同作戦 / ～을 짜다 作戦を練る / ～을 세우다 作戦をたてる.
작정〔作定〕 名 하自 決心すること. つもり. 考え. ¶ 너는 나를 바보로 만들 ～이냐? お前はおれをこけにするつもりかい / 대학에 갈 ～이다 大学に行くつもりだ.
작중 인물〔作中人物〕 名 作中人物.
작추〔昨秋〕 名 昨秋. 昨年の秋.
작춘〔昨春〕 名 昨春. 昨年の春.
작태〔作態〕 名 하自 **1** 〔겉모양을 내는 것〕 生態. 繕うこと. 容貌をつくろうこと. **2** ふるまい. 仕草. ¶ 한심스러운 ～에 분노를 금할 수 없다 情けないふるまいに憤怒を禁じ得ない.
작파〔作破〕 名 하他 (仕事·計画などを途中で)取りやめること. 中止すること.
작폐〔作弊〕 名 하自他 弊害をもたらすこと. ¶ ～를 없애다 弊害を取り除く.
작품〔作品〕 名 作品. ¶ ～집 作品集 / ～을 전시하다 作品を展示する.
작풍〔作風〕 名 作風. ¶ 남의 ～을 모방하다 他人の作風を模倣する.
작호〔爵號〕 名 爵号.
작황〔作況〕 名〔農〕 作況. 作柄. ¶ 금년의 ～ 今年の作柄.
작히 副 〔'작히나'의 준말〕 どんなに. どれほど.
작히나 副 どんなに. どれほど. ¶ 합격만 한다면 ～ 좋을까 合格しさえすればどんなにいいだろうか.
잔¹〔盞〕 **Ⅰ** 名 **1** 〔'술잔'의 준말〕 杯. 盃. ¶ ～을 돌리다 杯を回す / ～을 비우다 杯をほす. **2** (酒·茶·水などを飲むための)小さい茶わん. コップ. **Ⅱ** 依名 〔술·음료 등의 잔의 수를 세는 말〕 …杯. ¶ 소주 석 ～ 焼酎3杯.
-잔² 〔'-자고 하는'의 준말〕 …しようと言う. ¶ 그만두～ 말인가? やめようと言うのか.
잔-³ 接頭 「小さい, 細い, 細かい」などの意. ¶ ～돌 小石 / ～돈 小銭.
잔가시 名 魚の小骨.
잔가지 名 小枝.
잔걱정 名 細々した心配ごと.
잔걸음 名 **1** (部屋の中, 家の中などの)狭い範囲内を歩き回ること. **2** (近距離を)短く早い足どりで歩く歩み.
 ◆**잔걸음을 치다** (近い所を)早足で行ったり来たりする.
잔고〔殘高〕 名 残高. 残額. ¶ 예금 ～ 預金残高.
잔고기 名 小魚. 雑魚.
 〔속담〕 **잔고기 가시 세다** 小魚の骨は堅い〈体は小さいが心はしっかりしている〉.
잔광〔殘光〕 名 残光. 残照.
잔교〔棧橋〕 名 **1** 桟橋. **2** かけ橋.
잔글씨 名 細字.
잔금¹ 名 **1** 細い線. **2** 細いひび. ¶ 도자기에 ～이 갔다 陶器に細いひびが入った.
잔금²〔殘金〕 名 残金. ¶ ～을 치르다 残金を支払う.
잔기〔殘期〕 名 残期. 残った期間.
잔기침 名 하自 続けざまにする軽い咳.
잔꾀 名 猿知恵. 浅知恵. こざかしい策.
 ◆**잔꾀를 피우다** こざかしい策を弄する.
잔다리밟다 自 (地位·階級が)下からだんだんと上がる.
잔당〔殘黨〕 名 残党. 残徒. ¶ ～을 소탕하다 残党を掃討する.
잔대〔盞臺〕 名 (杯·茶わんなどの)受け皿.
잔도〔棧道〕 名 桟道. 懸け橋.
잔돈 名 **1** 小銭. ¶ ～ 가진 것이 없다 小銭の持ち合わせがない. **2** つり銭. おつり. ¶ ～을 받다 つり銭を受け取る.
 잔돈푼 名 わずかのお金. ¶ ～이 생기다 ちょっとお金ができる.
잔돌 名 小石.
 잔돌밭 名 小石の多い土地.
잔드근하다 形 落ち着いて我慢強い. 焦らず辛抱強い. **잔드근히** 副 辛抱強く.
잔득거리다[-대다] 自 **1** ねばつく. ねばねばする. **2** (肉などが)非常に固くてなかなか切れない[かみ切れない].

잔득잔득 副 하形 **1** ねばねば(と). ¶ ~한 액체 ねばねばした液体. **2** (肉などが固くて)かみ切れないようす.
잔득하다 形 辛抱強い. **잔득이** 副 辛抱強く.
잔디 名〔植〕芝. 高麗芝.
잔디밭 名 芝生.
〔속담〕**잔디밭에서 바늘 찾기** 芝生で針さがし(水の底の針をさがす).
잔뜩 副 **1** ひどく. 非常に. すっかり. ¶ ~ 화가 나다 ひどく怒る / 하늘이 ~ 흐렸다 すっかり曇り空になった. **2** いっぱい. たっぷり. たくさん. ¶ 밥을 ~ 먹다 飯をたっぷり食べる.
잔량〔殘量〕名 残った分量.
잔루〔殘壘〕名 **1** 残塁. 残っている砦. **2**〔體〕(野球で)残塁.
잔류〔殘留〕名 하自 残留. 居残り. ¶ ~ 부대 残留部隊.
잔말 名 하自 つまらない話. 無駄口. ¶ ~ 말고 시키는 대로 해라 つまらないこと言わないで言うとおりにしろ.
잔명〔殘命〕名 残命. 余命.
잔못 名 小さな釘.
잔무〔殘務〕名 残務. 残りの事務. ¶ ~를 처리하다 残務を処理する.
잔밉다 形 とても小憎らしい.
잔바느질 名 하自 細かい針仕事.
잔바늘 名 細い針.
잔반〔殘飯〕名 残飯.
잔병〔一病〕名 軽い病気. ¶ ~이 많다 病気がちだ.
잔병꾸러기 名 病気がちの人.
잔병치레 名 하自 病気がちであること.
잔부끄럼 名 ちょっとしたことにもすぐ恥ずかしがること.
잔뼈 名 (子供の)十分に成長していない骨.
◆**잔뼈가 굵어지다** 幼少時からある職場や環境の中で育つ. ¶ 철공소에서 ~가 굵어졌다 鉄工所で働きながら成長した.
잔뿌리 名 支根. 側根. ひげ根.
잔사설〔一辭說〕名 つまらない話. くどくどしい話. 無駄口.
잔상〔殘像〕名 残像.
잔생이 副 **1**〔지긋지긋하게 말을 듣지 않는 모양〕まるで. あくまで. てんで. 全く. ¶ 말을 ~ 듣지 않는다 言うことをまるで聞かない. **2**〔애걸복걸하는 모양〕切に. ひどく. ¶ 구명을 ~ 애원하다 助命を切に哀願する.
잔서〔殘暑〕名 残暑.
잔설〔殘雪〕名 残雪.
잔셈 名 하他 細かい計算.
잔소리 名 하自 **1** つまらない話. **2** 小言. ¶ 형한테 ~를 듣다 兄から小言を食う / ~가 심하다 口やかましい.
잔소리꾼 名 口うるさい人. 小言幸兵衛.
잔손 名 こまごました手数. 手間.
◆**잔손이 가다** こまごまと手数がかかる. ¶ ~만 많이 가는 일 手数ばかりかかる仕事.
잔손질 名 하自他 こまごました手入れ. こまごまと手数をかけること.
잔손금 名 (手のひらの)細かいしわ.
잔솔 名 小松. 若松.
잔솔밭 名 小松の群生している所.
잔술〔盞一〕名 **1** 杯の酒. 杯についだ酒. **2** 1杯単位で売っている酒. コップ酒. ¶ ~ 집 コップ売りの酒屋.
잔시중 名 こまごまとめんどうを見てやること.
잔심부름 名 하自 (身の回りの)こまごましたことの使い. 雑事の使い走り.
잔심부름꾼 名 こまごまとした仕事をする人.
잔악하다〔殘惡一〕形 残虐だ.
잔액〔殘額〕名 残額.
잔업〔殘業〕名 残業. オーバータイム. ¶ ~ 수당 残業手当て.
잔여〔殘餘〕名 残余. 残り. 余り.
잔열〔殘熱〕名 **1** 残暑. **2** ほとぼり. 余熱.
잔염〔殘炎〕名 残炎. 残暑.
잔인하다〔殘忍一〕形 残忍だ. ¶ 잔인한 범행 残忍な犯行.
잔일 名 (手間のかかる)こまごました仕事. 手間仕事.
잔작하다 形 年のわりに幼稚だ.
잔잔하다 形 静かだ. **1** (風・波・勢いなどが)静まり返っている. ¶ 잔잔한 바다 静かな海 / 바람이 ~ 風が静まり返っている. **2** (声が)低く落ち着いている. ¶ 잔잔한 목소리 静かな声. **3** (大きな変化や問題がなく)穏やかである. ¶ 잔잔하던 집안 분위기가 그 이후 이상해졌다 穏やかだった家の雰囲気がその以後おかしくなった. **잔잔히** 副 静かに. ¶ ~ 흐르는 냇물 静かに流れる川の水.
잔재〔殘滓〕名 残滓. ¶ 봉건주의 ~ 封建主義の残滓.
잔재미 名 細々とした楽しみごと.
잔재주 名 小細工. 小才. ¶ ~를 부리다 小細工を弄する.
잔적〔殘敵〕名 残敵.
잔정〔一情〕名 細やかな情.
잔존〔殘存〕名 하自 残存. ¶ ~ 세력 残存勢力.
잔주〔一註〕名 細注. 詳細な注.
잔주름 名 小じわ. ¶ 얼굴에 ~이 잡혔다 顔に小じわが寄った.
잔주름살 名 ☞잔주름.
잔주접 名 **1** (幼時の度重なる軽い病気による)発育不全. **2** できもの. 疥癬.
잔지러뜨리다[-트리다] 他 (びっくりさせて)体をすくませる.
잔지러지다 自 ひどく驚いて体がすくむ.
잔챙이 名 多くの中でもっとも小さく劣る人や物. ちんぴら. 雑魚. ¶ 오늘은 ~만 낚인다 きょうは雑魚ばかりかかる.
잔치 名 하自 宴. 宴会. 祝宴. パーティー. ¶ 혼인 ~ 結婚披露宴 / 환갑 ~ 還暦の祝宴 / 생일 ~ バースデーパーティー / ~를 베풀다[벌이다] 宴を催す[張る].
잔칫날 名 宴会の日. 結婚式の日. 祝祭日.
잔털 名 下毛. 産毛.
잔품〔殘品〕名 残品.
잔학하다〔殘虐一〕形 残虐だ. ¶ 잔학

한 행위 残虐な行為.

잔해〔殘骸〕 名 残骸.

잔향〔殘響〕 名 残響.

잔허리 名 細腰.

잔혹하다〔殘酷—〕 形 残酷だ. ¶ 잔혹한 처사 残酷な仕打ち / 더할 수 없이 ～ 残酷極まりない.

잘다랗다 形 非常に細かい. ¶ 글씨가 ～ 字がとても細かい.

잘달다 形 せせこましくけちくさい. みみっちい. ¶ 그만한 돈으로 잘달은 소리하지 말게 それぐらいの金でみみっちいことを言うな.

잘[1] 名 黒貂の毛皮.

잘[2] 副 よく. **1**〔좋고 훌륭하게〕立派に. 見事に. 上手に. うまく. 巧みに. ¶ 올해는 벼가 ～ 되었다 今年は稲がよくできた / 아들 딸을 ～ 키우다 息子や娘を立派に育てる. **2**〔익숙하고 능란하게〕(‘…을[를] 잘’의 꼴로) …を上手に(する). …をうまく(する). ¶ 그림을 ～ 그리는 사람 絵のうまい人 / 글씨를 ～ 쓴다 字を上手に書く. **3**〔상세히·분명히〕詳しく. 十分に. 確かに. はっきり. ¶ 무어라고 하는지 ～ 모르겠다 何を言っているのかよく分からない. **4**〔탈없이·무사히〕無事に. 元気よく. ¶ 목적지에 ～ 도착하다 目的地まで無事に到着する / 몸 성히 ～ 지내다 元気で無事に過ごしている. **5**〔충분히·마음대로〕十分に. 満足に. 思う存分. ¶ ～ 먹겠습니다 いただきます / ～ 먹었습니다 ごちそうさまでした. **6**〔자주〕しばしば. たびたび. ¶ 그는 극장에 ～ 간다 彼は映画館によく行く. **7**〔적절히〕都合よく. 折よく. ¶ 너 마침 ～ 왔다 お前, ちょうど折よく来たね. **8**〔옳고 착하게〕正しく. ¶ 큰 인물이 되려면 마음을 ～ 써야 한다 立派な人物になるには心を正しく持たねばならない. **9**〔조심하여 바르게〕注意して. 正しく. ¶ 차를 ～ 몰다 車を注意して運転する. **10** よろしく. ¶ 앞으로 ～ 부탁드립니다 今後ともよろしくお願いいたします. **11**〔넉넉하게〕優に. たっぷり. ¶ 아무리 서둘러도 이틀은 ～ 걸릴 것이다 いくら急いでも2日はたっぷりかかるだろう.

◆**잘 입다** ① 着るものに不自由しない. ② 上手に着こなす. ¶ 값싼 옷이라도 ～ 입으면 멋이 있다 安っぽい服でも上手に着るとかっこいい.

◆**잘 지내다** ① 何不自由なく暮らす. ② 親しくつきあう. 仲よくする. ¶ 이웃과 ～ 지내다 近所の人と親しくつきあう.

〔속담〕 **잘 자랄 나무는 떡잎부터 알아본다** よく育つ木は双葉のときから分かる〈栴檀は双葉より芳し〉.

잘깃하다 形 (紙や布·肉·性質などが)ちょっと固い. ちょっと強靭だ.

잘깃잘깃 副 하形 ちょっと固いようす.

잘끈 副〔바짝 동이거나 졸라매는 모양〕ぎゅっと. しっかり. ¶ 허리띠를 ～ 졸라매다 ベルトをぎゅっと締めつける.

잘나다 形 **1** 秀でている. 優れている. 賢い. 偉い. ¶ 그 정도 일로 잘난 체하지 마라 その程度のことで偉そうにふるまうな. **2** 見目よい. 器量がよい. ¶ 얼굴만 ～ 顔だけきれいだ. **3** たいしたことない. ろくでもない. くだらない. ¶ 그 잘난 것 가지고 뻐기지 말게 そんなつまらないものでいばるな.

잘다 形 **1** (粒が)細かい. ¶ 밤알이 ～ 栗の粒が小さい / 모래알이 ～ 砂の粒が細かい. **2** (文字が)小さい. ¶ 글씨가 깨알같이 ～ 文字が胡麻つぶのように小さい. **3** 度量が狭い. みみっちい. こせこせしている. ¶ 사람이 너무 ～ 人間があまりこせこせしている. **4** 細い. ¶ 나무의 뿌리가 ～ 木の根が細い / 못이 ～ 釘が細い.

잘되다 自 **1** よくできる. ¶ 벼[보리] 농사가 ～ 稲[麦]のできがよい. **2** うまくいく. 成功する. ¶ 그는 서울에 가서 잘되었다더라 彼はソウルへ行って成功したそうだ.

〔속담〕 **잘되면 제 탓 못되면 조상 탓** うまくいったら自分のせい, うまくいかなかったら祖先のせい〈うまくいけば自分の手柄とし, 失敗すれば他人のせいにする〉.

잘똑하다 形 (長い物のある部分が)くびれている.

잘똑잘똑 副 하形 長い物の所々がくびれているようす.

잘라매다 他 (ひもで)きつく縛る.

잘라먹다 他 **1** (一部分を)ちぎって食べる. ¶ 떡을 ～ 餅をちぎって食べる. **2** 踏み倒す. ¶ 빚을 ～ 借金を踏み倒す. **3** 横領する. ¶ 공금을 ～ 公金を横領する.

잘래잘래 副 頭を左右に軽く振るようす. <절레절레

잘록하다 形 (長い物のある個所が)くびれている. へこんでいる. ¶ 잘록한 개미 허리 くびれている蟻の腰.

잘름발이 名 軽く足を引きずる人. <절름발이

잘리다 自他 〔‘자르다’의 피동사〕 **1** 切断される. 切られる. ¶ 머리털이 ～ 髪が切られる / 기계에 손가락을 ～ 機械に指が切断される. **2** 踏み倒される. ¶ 빚을 ～ 貸し金を踏み倒される. **3** 解雇される. やめさせられる. ¶ 회사에서 목이 ～ 会社で首になる.

잘못 Ⅰ 名 **1** 過ち. 誤り. 間違い. ミス. やり損ない. 落ち度. ¶ 큰 ～을 저지르다 大きな過ちを犯す / 나에게는 ～이 없다 私に過ち[落ち度]はない.
Ⅱ 副 誤って. 間違って. うっかり. ¶ ～ 생각하다 勘違いする. 考え違いする / 사람을 ～ 보다 人を見間違える.

잘못되다 自 **1** 間違う. 誤る. ¶ 잘못된 생각 誤った考え方. **2** (事故などで)死ぬ. 命を落とす. ¶ 교통 사고로 잘못되었다 交通事故で命を落とした.

잘못짚다 自他 期待に外れる. 見当違いする.

잘못하다 自他 間違う. 間違える. 誤りを犯す. しくじる. ¶ 기계의 조작을 ～ 機械の操作を誤る.

잘배자〔—褙子〕 名 黒貂の毛皮を裏ち

に当てた女性用のチョッキ.

잘빠지다 形 **1** (体つきが)すらっとしている. ¶얼굴이 예쁠 뿐만 아니라 몸매도 ～ 顔がきれいなだけでなくスタイルも抜群だ. **2** (洋服の)仕立て上がりがいい.

잘살다 自 **1** 豊かに暮らす. よい暮らしをする. 安楽な暮らしをする. ¶잘사는 집 裕福な家. **2** つつがなく暮らす. 無事に過ごす. ¶아들이 타향에서 잘살고 있는지 궁금하다 息子がよそで無事に過ごしているかどうか気になる.

잘생기다 形 見目よい. 美人だ. ハンサムだ. 形が整っている.

잘쏙하다 形 くびれている. ¶허리가 ～ 腰がくびれている.

잘쏙잘쏙 副 하形 ところどころがくびれているようす.

잘잘[1] 副 **1** 〔끓는 모양〕ぐらぐら. ¶물이 ～ 끓는다 湯がぐらぐら沸く. **2** 〔온도가 높아 더운 모양〕ほかほか. ¶온돌이 ～ 끓는다 オンドルがほかほかする. **3** 〔액체가 흐르는 모양〕ちょろちょろ(と). <절절

잘잘[2] 副 〔쏘다니는 모양〕せかせか(と). せわしく.

잘잘거리다[-대다] 自 あちこちむやみにせかせか歩き回る.

잘잘[3] 副 **1** 〔기름기가 도는 모양〕てかてか(と). ¶머리에 윤기가 ～ 흐른다 髪がつやでてかてか光る. **2** 〔끌리는 모양〕(地面·床などを)ずるずる(と). ¶슬리퍼를 ～ 끌다 スリッパをずるずると引きずる.

잘잘못 名 是非. よしあし. ¶～을 가리다 是非を正す.

잘잘못간에〔—間—〕 副 是非はともかく.

잘하다 他 **1** 〔능란하게 하다〕うまくやる. 上手だ. ¶노래를 ～ 歌を上手に歌う. 歌が上手だ / 테니스를 ～ テニスがうまい. **2** 〔자주 하다〕よく…する. ¶웃기를 잘하는 아이 よく笑う子供 / 울기를 ～ よく泣く. **3** 〔올바르게 하다〕礼儀正しく行動する. ¶효도를 잘해야 한다 親孝行をしなければいけない.

잘해야 副 せいぜい. たかだか. 多く見積もっても. ¶참석자는 ～ 열 명쯤 되겠지 出席者はせいぜい10人ぐらいだろう.

잠 名 **1** 眠り. 睡眠. ¶낮～ 昼寝 / 선～ うたた寝 / ～에서 깨다 眠りから覚める / ～이 오다 眠気がさす / ～을 설치다 寝そびれる. **2** (蚕の)眠. ねむり. **3** 眠り. 活用·利用されないでいること. **4** (かさのあるものが押されて)ぺちゃんこになること. ¶～잔 이불솜 ぺちゃんこになった布団綿.

◆**잠이 깨다** ① 眠りから覚める. ② 悟る.

잠결 名 うとうとしている間. 夢うつつ. ¶～에 들은 소리 夢うつつで聞いた音.

잠귀 名 寝耳.

◆**잠귀가 밝다** 寝耳がさとい. 目ざとい.

◆**잠귀가 어둡다** 寝耳がにぶい.

잠그다[1] 他 **1** (鍵·ボタンなどを)かける. ¶자물쇠를 ～ 錠をおろす / 와이셔츠의 단추를 ～ ワイシャツのボタンをかける. **2** (戸·口などを)閉ざす. ¶단단히 문을 ～ かたく戸を閉ざす. **3** (水道の栓などを)しめる. ¶수도꼭지를 ～ 水道の栓をしめる.

잠그다[2] 他 (水に)浸す. つける. ¶개울에 손을 ～ 小川に手を浸す.

잠기〔—氣〕 名 眠気. 眠気がさしたり眠りからまだ覚めていないこと. ¶～가 있는 눈 眠そうな目つき.

잠기다[1] 自 〔'잠그다'의 피동사〕 **1** (錠などが)かかる. かけられる. ¶자물쇠가 잠겨 있다 錠がかかっている. **2** (戸などが)閉ざされる. 閉まる. ¶대문이 잠겨 있어서 들어갈 수 없다 門が閉ざされているので入れない. **3** (水道の栓などが)しめられる. ¶수도꼭지가 잘 잠겨 있나 보아라 水道の栓がしっかりしまっているかどうか見てみなさい.

잠기다[2] 自 (声が)かれる. しわがれる. ¶목이 잠겨서 소리가 안 난다 喉がかれて声が出ない.

잠기다[3] 自 **1** (水に)浸る. つかる. ¶장마 때문에 집이 물에 ～ 梅雨のせいで家が水につかる. **2** (何かに)埋もれる. 取り囲まれる. 覆われる. ¶안개에 잠긴 거리 霧に覆われた街. **3** (お金や物資が)死蔵される. 寝かせられる. ¶창고에 물건이 잠겨 있다 倉庫に品物が寝かせられている. **4** (心がある状態に)浸る. 沈む. ふける. ¶추억에 ～ 思い出にふける.

잠깐 Ⅰ 名 しばらくの間. ちょっとの間. ¶～의 실수 一瞬の過ち.

Ⅱ 副 しばらく. ちょっと. ¶～ 기다려 주세요 ちょっとお待ちください / ～ 실례합니다 ちょっと失礼します.

잠꼬대 名 하自 **1** 寝言. ¶～를 많이 한다 ずいぶん寝言を言う. **2** たわごと. わけのわからない言葉. ¶～ 같은 소리 하지 마 わけのわからないことを言うな.

잠꾸러기 名 朝寝坊.

잠들다 自 **1** 寝つく. 寝入る. ¶깊이 ～ 深く寝入る. **2** 永い眠りにつく. 永眠する. ¶영령이시여 고이 잠드소서 英霊よ, 安らかに眠られんことを.

잠란〔蠶卵〕 名 蚕卵.

잠망경〔潛望鏡〕 名 潜望鏡.

잠바〔← jumper〕 名 ジャンパー.

잠방 副 하自他 ばちゃっと. <점벙

잠방거리다[-대다] 自他 ばちゃばちゃ音を立てる.

잠방잠방 副 하自他 ばちゃばちゃ. どぶんどぶん.

잠방이 名 丈の短い一重のももひき〈多く夏に農夫たちが着る〉.

잠버릇 名 寝癖.

잠보 名 朝寝坊.

잠복〔潛伏〕 名 하自 潜伏.

잠복근무〔—勤務〕 名 하自 潜伏勤務.

잠복기〔—期〕 名 〔醫〕 潜伏期.

잠사〔蠶絲〕 名 蚕糸. ¶～업 蚕糸業.

잠수〔潛水〕 名 하自 潜水. 潜ること. ¶～병 潜水病 / ～복 潜水服 / ～부 潜水夫 / ～함 潜水艦.

잠시〔暫時〕 Ⅰ 名 **1** しばらくの間. ¶～

만 기다려 주세요 しばらくお待ちください.

Ⅱ 副 しばらく. しばし. ¶ ~ 쉬었다 갑시다 しばらく休んでから行きましょう.

잠식〔蠶食〕 名 하他 蚕食. ¶ 해외 시장을 ~하다 海外市場を蚕食する.

잠실〔蠶室〕 名 蚕室. 養蚕室.

잠언〔箴言〕 名 箴言. 戒めの言葉.

잠업〔蠶業〕 名〔'양잠업'의 준말〕蚕業.

잠열〔潛熱〕 名〘物〙潜熱.

잠옷 名 寝巻き. パジャマ. ネグリジェ.

잠입〔潛入〕 名 하自 潜入. ¶ 적지에 ~하다 敵地に潜入する.

잠자다 自 眠る. 寝る. ¶ 푹 ~ ぐっすり眠る.

잠자리[1] 名 하自 **1** 寝床. 床. ¶ ~를 깔다 寝床を敷く / ~에 들다 寝床に入る / ~를 걷다 寝床を片づける. **2** 〈俗〉同衾.

◆**잠자리를 보다** 布団を敷く.

잠자리[2] 名〘動〙蜻蛉.

◆**잠자리 날개 같다** (蜻蛉の羽のように苧麻などが)きわめて薄くて透けて見える.

잠자리비행기〔一飛行機〕 名 〈俗〉ヘリコプター.

잠자코 副 黙って. 黙々と. 無口で. ¶ 좀 ~ 있어라 すこし黙っていなさい.

잠잠하다 形 **1** (何一つ物音がなく)静かだ. ひっそりしている. ¶ 장내는 잠잠해졌다 場内はしいんと静まりかえった. **2** 黙っている. 口をきかない. ¶ 한바탕 울더니 잠잠해졌다 ひとしきり泣くと黙ってしまった. **잠잠히** 副 黙って. 静かにして.

잠재〔潛在〕 名 하自 潜在. ¶ ~ 의식 潜在意識.

잠재력〔一力〕 名 潜在力.

잠재적〔一的〕 冠 名 潜在的. ¶ ~ 실업 潜在的失業.

잠재우다 他 **1** 寝かす. 眠らせる. ¶ 아기를 ~ 赤ん坊を寝かす. **2** (かさばったものを)きちんと押さえつける. 整った形にする. ¶ 일어선 머리를 ~ 立った髪を押さえて形を整える.

잠적〔潛跡〕 名 하自 潜匿. 行方をくらますこと. ¶ 범인이 ~하다 犯人が行方をくらます.

잠정〔暫定〕 名 暫定. ¶ ~ 예산 暫定予算.

잠정적〔一的〕 冠 名 暫定的. ¶ ~인 조치 暫定的な処置.

잠종〔蠶種〕 名 蚕種. **1** 蚕の卵. **2** 蚕の品種.

잠투정 名 하自 子供が就寝前後にむずかること. ¶ ~을 부리다 むずかる.

잠항〔潛航〕 名 하自 潜航.

잠행〔潛行〕 名 하自他 潜行. ¶ 지하에 ~하다 地下に潜行する.

잡-〔雜〕 接頭 **1**〔여러 가지 잡다한〕雑. ¶ ~종 雑種 / ~수입 雑収入. **2**〔막된〕「つまらない」の意. ¶ ~놈 下品なやつ. ろくでなし.

잡가〔雜歌〕 名 **1** 俗っぽい歌. 俗歌. **2** 雅楽以外の歌. 雑曲. **3** 朝鮮時代の末ごろ, 民衆がつくって歌った歌.

잡거〔雜居〕 名 하自 雑居. ¶ ~ 생활 雑居生活 / ~ 감방 雑居監房.

잡건〔雜件〕 名 雑件.

잡것〔雜一〕 名 **1** (いろいろなものが混ざって)純粋でないもの. **2** 下品なやつ. ごろつき.

잡곡〔雜穀〕 名 雑穀. ¶ ~상 雑穀商.

잡곡밥 名 雑穀を混ぜたご飯.

잡교〔雜交〕 名 하自他 雑交. 交雑.

잡귀〔雜鬼〕 名 正体の分からないいろいろな鬼神.

잡균〔雜菌〕 名 雑菌.

잡기[1]〔雜技〕 名 하自 **1** いろいろの賭け事. 博打. 賭博. **2** 種々の技芸. 雑技.

잡기[2]〔雜記〕 名 하他 雑記. 雑録.

잡년〔雜一〕 名 ふしだらな女. 下品な女.

잡념〔雜念〕 名 雑念. 余念. ¶ ~을 버리다 雑念を捨てる.

잡놈〔雜一〕 名 みだらなやつ. 下品な男.

잡다[1] 他 **1** (手に)つかむ. 握る. 取る. ¶ 목덜미를 ~ 襟首をつかむ / 핸들을 ~ ハンドルを握る / 배의 노를 ~ 船の舵を取る. **2** (権力·証拠·機会などを)得る. 手に入れる. 掌握する. ¶ 실권을 ~ 実権を掌握する / 증거를 ~ 証拠を手に入れる / 기회를 ~ 機会を得る. **3** (弱点·欠点·端緒などを)つかむ. 握る. ¶ 약점을 ~ 弱みを握る / 단서를 ~ 端緒をつかむ. **4** (場所·方向·日取りを)定める. 決める. とる. ¶ 숙소를 ~ 宿をとる / 방향을 ~ 方向を定める / 날짜를 ~ 日取りを決める. **5** (動物や犯人を)捕らえる. 捕る. つかまえる. ¶ 잡은 것 獲物 / 범인을 ~ 犯人を捕らえる / 고양이가 쥐를 ~ 猫が鼠を捕る. **6** (担保として)取る. 質にとる. ¶ 집을 잡고 돈을 꾸어 주다 家屋を担保にして金を貸してやる. **7** (田に水を)引く. ¶ 논에 물을 ~ 田に水を引く. **8** (釜などに水を)注ぐ. 入れる. ¶ 국솥에 물을 너무 많이 잡았다 スープ用の釜に水を入れすぎた. **9** (人を)引き止める. ¶ 돌아가려는 손님을 ~ 帰ろうとする客を引き止める. **10** (電波·暗号などを)探知する. 捕捉する. 捕える. ¶ 무전 암호를 ~ 無電の暗号を探知する. **11** (車を)つかまえる. 拾う. ¶ 택시를 ~ タクシーを拾う. ▷잡아타다 **12** (人が姿勢を)取る. ¶ 화가 앞에서 포즈를 ~ 画家の前でポーズを取る. **13** 《'손을 잡다'의 꼴로》提携する. 手を携える. ¶ 국내외의 여러 단체와 손을 ~ 国内外の諸団体と手を携える. **14** (音律を)合わせる. 調律する. **15** (均衡などを)取る. ¶ 균형 정책을 ~ 均衡政策を取る.

◆**잡아 죽이다** 他 捕らえて殺す.

잡다[2] 他 **1** (草案·計画などを)立てる. 決める. ¶ 초안을 ~ 草案をつくる / 스케줄을 ~ スケジュールを決める. **2** (費用を)見積もる. ¶ 공사비를 ~ 工事費を見積もる. **3** (年貢などを大体見積もって)定める.

잡다[3] 他 **1** (食用にするために)殺す.

つぶす. ほふる. 屠畜する. ¶ 소[돼지]를 ～ 牛[豚]をほふる／닭을 ～ 鶏をつぶす. **2** (人を中傷して)窮地に陥れる. **3** (火事などを)消す. ¶ 불길을 ～ 火を消す. **4** (物価·投機などを)おさえる. 鎮める. ¶ 인플레를 ～ インフレをおさえる. **5** (心を)落ち着ける. 腰を据える. ¶ 마음을 잡고 학업에 전념하다 腰を据えて学業に専念する.

잡다⁴ 他 **1** (曲がったものをまっすぐに)直す. **2** (ズボンなどにひだ·折り目を)つける. ¶ 바지 주름을 ～ ズボンに折り目をつける.

잡다⁵ 他 〔'잡치다'의 준말〕 **1** しくじる. **2** (ものを)使えなくする. **3** (気分を)そこなう.

잡다하다〔雜多—〕 形 雑多だ. ¶ 잡다한 물건[상품] 雑多な品物[商品].

잡담〔雜談〕 名 하自 雑談. 無駄話.

잡도리 名 하他 **1** (失敗·過ちのないように)厳しく取締まる. **2** 前もって対策を講じ準備すること. 段取り.

잡동사니〔雜—〕 名 いろいろごちゃ混ぜになっていること[もの]. ざこ. がらくた. ¶ ～만 남았다 がらくたばかり残った.

잡되다〔雜—〕 形 **1** みだらだ. ふしだらだ. ¶ 잡된 말 みだらな言葉. **2** 入り混じって純粋でない.

잡록〔雜錄〕 名 하他 雑録.

잡말〔雜—〕 名 하自 雑言. つまらない雑談. ¶ ～ 말고 시키는 대로 해라 つべこべ言わずに言いつけたとおりにしろ.

잡맛〔雜—〕 名 いろいろな味が混ざって本来の味が失われたもの.

잡목〔雜木〕 名 雑木.

잡무〔雜務〕 名 雑務.

잡문〔雜文〕 名 雑文.

잡물〔雜物〕 名 雑物. **1** こまごましたいろいろな物. **2** 物質に入り混じった不純物.

잡배〔雜輩〕 名 雑輩. 不逞の輩.

잡범〔雜犯〕 名 雑犯. 政治犯以外の犯罪, またはその犯人.

잡부〔雜夫〕 名 **1**〖鑛〗(廃石をかき集めたり砕いたりする)人夫. **2** (会社などの)雑役夫.

잡부금〔雜賦金〕 名 さまざまな賦課金.

잡비〔雜費〕 名 雑費.

잡살뱅이 名 こまごました雑多なもの. がらくた.

잡상스럽다〔雜常—〕 形 **1** いやしい. 品が悪い. **2** みだらだ. ふしだらだ. **잡상스레** 副 **1** 俗っぽく. 卑しく. **2** みだらに. ふしだらに.

잡상인〔雜商人〕 名 各種の行商人.

잡서〔雜書〕 名 雑書. くだらない本.

잡석〔雜石〕 名 **1** (土木·建築用の)大小いろいろの石. **2** あまり役に立たない石.

잡세〔雜稅〕 名 雑税.

잡소리〔雜—〕 名 **1** くだらない話. 無駄口. ¶ ～ 말고 부지런히 일해라 無駄口をたたかずに仕事に精を出せ. **2** 雑音.

잡손〔雜—〕 名 '잡손질'의 준말.

잡손질 名 하自 無駄に手数をかけること. 不必要な手入れ. 無駄手間.

잡수다 Ⅰ 自 〔'먹다'의 높임말〕 耳が遠くなられる. ¶ 귀 잡순 분 耳の不自由な方.
Ⅱ 他 〔'먹다'의 높임말〕 召し上がる. ¶ 한번 잡숴 보세요 一度召し上がってごらんなさい.

잡수시다 他 〔'잡수다'의 높임말〕 召し上がる. ¶ 진지 잡수셨습니까? お食事召し上がりましたか.

잡수입〔雜收入〕 名 雑収入.

잡숫다 他 〔'잡수시다'의 준말〕 召し上がる.

잡스럽다〔雜—〕 形 ふしだらだ. 品が悪い. みだらだ. ¶ 잡스러운 이야기 品の悪い話.

잡식〔雜食〕 名 하自他 雑食. ¶ ～ 동물 雑食動物／～성 雑食性.

잡신〔雜神〕 名 正体の分からないいろいろな鬼神.

잡아가다 他 **1** (犯人などを)連行する. ¶ 순경이 소매치기를 잡아갔다 巡査がすりを連行して行った. **2** (獣を)捕らえて持って行く.

잡아내다 他 **1** (隠されているものを)ひっぱり出す. つかみ出す. ¶ 숨어 있는 범인을 ～ 隠れている犯人をひっぱり出す. **2** (欠点·過ち·誤りなどを)指摘する. さがし出す.

잡아넣다 他 捕まえて入れる. 押し込める. ¶ 범인을 유치장에 ～ 犯人を捕まえて留置場にぶち込む.

잡아당기다 他 引っ張る. 引き寄せる. 引く. ¶ 밧줄을 ～ 綱を引っ張る.

잡아들다 自 **1** ある時期や年齢に近づく. **2** ある場所に乗り込む.

잡아들이다 他 **1** (外にあるものを)捕まえて中に入れる. 押しこめる. ¶ 닭을 닭장 안에 ～ 鶏を鶏舎の中に捕まえて入れた. **2** (警察署などに)拘置する. ¶ 주모자를 ～ 主謀者を拘置する.

잡아떼다 他 **1** 引き離す. もぎ取る. ¶ 배를 나무에서 ～ 梨を木からもぎ取る. **2** しらを切る. (事実を)強く否認する. ¶ 끝까지 ～ 最後までしらを切る.

잡아매다 他 **1** 束ねる. 一つにまとめてくくる. ¶ 머리를 단정하게 ～ 髪をきちんと束ねる. **2** (逃げないように)つないでおく. ¶ 맹견을 사슬로 ～ 猛犬を鎖でつないでおく.

잡아먹다 他 **1** (動物を殺して)食べる. 捕って食べる. ¶ 닭을 ～ 鶏を食う. **2** (金·時間などを)必要とする. 食う. ¶ 시간을 많이 잡아먹는 일 多くの時間を要する仕事. **3** (空間を)占める. 取る. **4** (人を)いじる. やりこめる. ¶ 그는 나를 잡아먹지 못해 야단이다 彼は私をやりこめたくてやっきになっている.

잡아채다 他 引ったくる. たくる. ふんだくる. ¶ 핸드백을 ～ ハンドバッグを引ったくる.

잡아타다 他 (自動車などを)拾って[止めて]乗る. ¶ 택시를 ～ タクシーを

拾って乗る.

잡업〔雜業〕 名 雑業.

잡역〔雜役〕 名 **1** 公役以外の各種の夫役. **2** 雑役.

　잡역부〔一夫〕 名 雑役夫.

잡용〔雜用〕 名 **1** 雑用. **2** 雑費.

잡음〔雜音〕 名 雑音. **1** 騒がしい音. ¶ 라디오의 ～ ラジオの雑音. **2** まわりであれこれ言う意見や批判.

잡인〔雜人〕 名 一定の場所や作業に無関係な人. 第三者.

잡일〔雜一〕 名 하自 雑用. こまごました仕事. 雑事. 雑役.

잡종〔雜種〕 名 雑種. ¶ ～개 雑種の犬.

잡죄다 他 **1** 厳しく取り締まる. **2** 厳しく催促する. せきたてる.

잡지〔雜誌〕 名 雑誌. マガジン.

　잡지사〔一社〕 名 雑誌社.

잡채〔雜菜〕 名〔料理〕 チャプチェ〈材料別に油でいためた種々の野菜とはるさめ·肉を混ぜ合わせたもの〉.

잡초〔雜草〕 名 雑草. ¶ ～를 뽑다 雑草を抜き取る.

잡치다 他 **1** し損なう. しくじる. ¶ 일을 ～ 事をしくじる. **2** (ものを)使えなくする. 駄目にする. **3** (気分を)そこなう. 傷つける. ¶ 기분을 ～ 気分をそこなう.

잡칙〔雜則〕 名 雑則.

잡탕〔雜湯〕 名 **1**〔料理〕チャプタン〈細切りにした牛肉·なまこ·あわび·大根などに薬味を混ぜて煮込んだ汁〉. **2** 乱雑なようす[もの·人].

잡티〔雜一〕 名 (顔などにある)細かいほくろ[斑点].

잡필〔雜筆〕 名 하他 雑筆. 雑記.

잡혼〔雜婚〕 名 雑婚. 乱婚.

잡화〔雜貨〕 名 雑貨. 日用品. ¶ ～상 雑貨商.

잡히다1 自 **1** (動物が)捕れる. 捕まる. (獲物が)かかる. ¶ 명태가 ～ すけとうだらが捕れる / 너구리가 덫에 잡혔다 狸がわなにかかった. **2** (田に水が引かれて)たまる. ¶ 가득히 물이 잡힌 논 水のいっぱいたまった田. **3** 鎮火する. 消える. ¶ 불길이 ～ 火が消える. **4** (心·場所·ものごとなどが)落ち着く. 安定する. ¶ 마음이 ～ 心が落ち着く / 일이 손에 잡히지 않는다 仕事が手につかない. **5** (曲がったものが)まっすぐになる[伸ばされる]. **6** (折り目·ひだなどが)つく. (しわが)寄る. ¶ 주름 잡힌 스커트 ひだのついたスカート / 눈가에 주름이 ～ 目じりにしわが寄る. **7** 握られる. ¶ 손목을 ～ 手首を取られる. **8** (犯人が)捕まる. ¶ 범인이 경찰에 ～ 犯人が警察に捕まる. **9** (弱点などを人に)握られる. 見つけ出される. ¶ 남에게 흉을 ～ 人に欠点を知られる / 단서가 ～ 手がかりが得られる. **10** (流れ·池などに氷が)張る. ¶ 연못에 살얼음이 ～ 池に薄氷が張る. **11** (肌に水ぶくれが)できる. ¶ 손바닥에 물집이 ～ 手のひらに水ぶくれができる. **12** (計画などが)決まる. ¶ 여행의 일정이 ～ 旅行の日程が決まる / 스케줄이 ～ スケジュールが決まる.

잡히다2 他 **1** 担保にする. 抵当に入れる. 質に入れる. ¶ 집을 잡히고 돈을 빌리다 家屋を抵当に入れて金を借りる. **2** つかませる. 取らせる. 握らせる. ¶ 애한테 숟가락을 ～ 子供にスプーンを握らせる.

잣 名 朝鮮松の実.

잣나무 名〔植〕朝鮮松. 五葉松.

잣눈1 名 物差しの目盛り.

잣눈2 名 一尺ぐらい降り積もった「雪.

잣다 他 **1** (糸を)紡ぐ. ¶ 실을 ～ 糸を紡ぐ. **2** (水車などで水を)くみ上げる. ¶ 연못의 물을 자아 올리다 池の水をくみ上げる.

잣대 名 **1** 物差しに用いる竹や木の棒. **2**〔어떤 현상이나 문제를 평가하는 기준〕尺度. 基準.

잣송이 名 朝鮮松の松かさ.

잣죽 名 朝鮮松の実を入れた粥.

장1〔長〕 Ⅰ 名 (ある組織体·部署の)長. 頭. ¶ 일가의 ～ 一家の長.

　Ⅱ 接尾〔우두머리·책임자〕…長. ¶ 회～ 会長 / 시～ 市長.

장2〔長〕 名 長さ.

장3〔章〕 Ⅰ 名 (文章を構成している)章.

　Ⅱ 依名〔문장의 단락〕章.

장4〔將〕 名 **1** 将. 将帥. 将官. ¶ 패군의 ～ 敗軍の将. **2** 将棋の駒の一つ. 将. **3**〔'장군(將軍) 2'의 준말〕(将棋で)王手.

장5〔帳〕 名 帳.

장6〔場〕 名 **1**〔'시장(市場)'의 준말〕市. 市場. ¶ ～에 가다 市場に行く. **2**〔'장날(場一)'의 준말〕市日.

　◆**장을 보다** ① 市場に店を開いて商売する. ② 市場に行って買物をする.

　◆**장이 서다** 市が立つ. ¶ 5일에 한 번씩 ～이 선다 5日ごとに市が立つ.

장7〔場〕 Ⅰ 名〔物〕場.

　Ⅱ 依名〔演〕場. ¶ 제3막은 4～으로 되어 있다 第3幕は4場からなっている.

　Ⅲ 接尾〔장소〕…場. ¶ 사격～ 射撃場 / 회의～ 会議場.

장8〔腸〕 名〔生〕腸.

장9〔醬〕 名 **1**〔'간장'의 준말〕しょう油. **2** しょう油·みそなどの総称.

장10〔欌〕 名 たんす·茶だんす·本箱など物を入れる家具の総称.

장11〔臟〕 名 内臓.

장12〔丈〕 依名 丈. **1** 長さの単位〈10자〉. **2** 人の背丈ほどの長さを表わす語. ¶ 천 ～의 심해 千丈の深海.

장13〔張〕 依名〔종이·유리 등 얇고 넓적한 물건을 세는 말〕枚. 張. ¶ 종이 다섯 ～ 紙5枚 / 유리 열 ～ ガラス10枚.

장-14〔長〕 接頭〔긴·기다란〕長…. ¶ ～거리 長距離 / ～시간 長時間.

-장15〔丈〕 接尾〔'어른'의 뜻을 나타냄〕…さま. ¶ 춘부～ あなたの父上 / 노인～ ご老人. お年寄りの方.

-장16〔狀〕 接尾〔증서·문서·편지의 뜻을 나타냄〕…状. ¶ 신임～ 信任状 / 초청～ 招請状.

ㅈ

-장[17]〔帳〕 接尾 帳. ¶ 일기~ 日記帳.
장가〔丈家〕 名 妻をめとること.
장가들다 自 (男が)妻をめとる.
장가들이다 他 妻をめとらせる. 結婚させる.
장가보내다 他 妻をめとらせる. 結婚させる.
장갑[1]〔掌匣〕 名 手袋. ¶ ~을 끼다 手袋をはめる.
장갑[2]〔裝甲〕 名 하他 装甲.
장갑 부대〔一部隊〕 名〔軍〕装甲部隊.
장갑차〔一車〕 名〔軍〕装甲車.
장강〔長江〕 名 長江. **1** 長い川. **2** (中国の)長江. 揚子江.
장거〔壯擧〕 名 壮挙. ¶ 최초의 태평양 횡단 비행의 ~ 最初の太平洋横断飛行の壮挙.
장거리[1]〔長距離〕 名 長距離. ¶ ~ 경주 長距離競走 / ~포 長距離砲.
장거리 전화〔一電話〕 名 長距離電話.
장거리[2]〔場一〕 名 市が立つにぎやかな通り. 市場通り.
장거리[3]〔場一〕 名 市場で取引する商品.
장건〔壯健〕 名 하形 壮健. 達者.
장검〔長劍〕 名 長剣.
장결핵〔腸結核〕 名〔醫〕腸結核.
장경〔長徑〕 名〔數〕長径.
장계〔長計〕 名 〔'장구지계(長久之計)'의 준말〕長計.
장고〔杖鼓〕 名 ⇨장구[1]
장골〔壯骨〕 名 力強くがっちりとした骨格, またその人. ¶ 육 척 ~의 사나이 背が6尺もありがっちりした人.
장과〔漿果〕 名〔植〕漿果.
장관[1]〔壯觀〕 名 壮観. **1** 壮大な景観. ¶ 동해의 일출은 실로 ~이다 東海の日の出は実に壮観だ. **2** 〔남의 행동이나 어떤 상태를 비웃는 말〕見もの. ¶ 짙은 화장에 착 달라붙은 옷이 아주 ~이었지 濃い化粧にぴったりくっついた服は実に見ものだったよ.
장관[2]〔長官〕 名 長官〈日本の大臣にあたる〉.
장관[3]〔將官〕 名 **1** 将帥. **2** 〔軍〕将官.
장관[4]〔腸管〕 名〔生〕腸管.
장광설〔長廣舌〕 名 長広舌. ¶ ~을 늘어놓다 長広舌をふるう.
장교〔將校〕 名 将校.
장구[1] 名〔樂〕チャング〈鼓の一種〉.
장구머리 名 さいづち頭〈前後が突き出ている頭〉.
장구잡이 名 チャングの鼓手.
장구채 名 鼓を打つ細いばち.
장구통 名 鼓の胴部.
장구[2]〔長久〕 名 하形 長久. ¶ 무운 ~ 武運長久 / ~한 역사 長久の歴史.
장구히 副 永久に. 末長く.
장구지계〔一之計〕 名 長久の計.
장구[3]〔長軀〕 名 長軀. ¶ 육척 ~ 六尺の長軀.
장구[4]〔長驅〕 名 하自 長躯. ¶ 승승 ~ 勝利の勢いに乗って敵を追い払うこと.
장구[5]〔章句〕 名 章句.
장구[6]〔葬具〕 名 葬具.
장구[7]〔裝具〕 名 装具.
장구벌레 名〔動〕ぼうふら〈蚊の幼虫〉.
장국〔醬一〕 名 **1** 澄まし汁. **2** みそ汁以外の汁物の総称. **3** しょう油を混ぜた水.
장국밥 名 **1** (熱いスープをかけた)汁ご飯. **2**〔料理〕くし焼き肉や牛の尻肉などを入れ薬味を添えたクッパ(국밥).
장군[1] 名 水·酒·しょう油などを入れて運ぶときに用いる陶製または木製の器.
장군[2]〔將軍〕 名 **1** 将軍. **2** (将棋で)王手.
◆**장군 멍군** (将棋で)どちらもひけを取らない. 五分五分だ.
◆**장군을 받다** (王手をかけられて)王将の位置を変えて防御する. 王手に対処して王将を守る.
◆**장군을 부르다** 王手をかける.
장군목〔一木〕 名 宮廷の門や城門などを閉めるときに用いる大きなかんぬき.
장군전〔一箭〕 名 鉄製の矢.
장금〔場一〕 名 市場での価格.
장기[1]〔長技〕 名 特技. 十八番. おはこ. 御株. ¶ 노래 ~ のど自慢.
장기[2]〔長期〕 名 長期. ¶ ~ 거래 長期取り引き / ~ 예보 長期予報.
장기간〔一間〕 名 長期間.
장기전〔一戰〕 名 長期戦.
장기채〔一債〕 名〔經〕長期債.
장기화〔一化〕 名 하自他 長期化.
장기[3]〔將棋〕 名 将棋. ¶ ~를 두다 将棋を指す.
장기짝 名 将棋の駒.
장기판〔一板〕 名 将棋盤.
장기[4]〔臟器〕 名〔生〕臓器.
장기 요법〔一療法〕 名〔醫〕臓器療法.
장기 이식〔一移植〕 名 臓器移植.
장꾼〔場一〕 名 市で物を売買する人々.
장끼 名〔動〕雄の雉.
장난 名 하自 いたずら. 悪ふざけ. ¶ ~삼아 いたずら半分に / ~ 전화 いたずら電話.
장난감 名 玩具. おもちゃ.
장난기〔一氣〕 名 茶目っけ.
장난꾸러기 名 いたずら小僧. いたずらっ子. わんぱく.
장난치다 自 いたずらをする. 戯れる. ふざける.
장날〔場一〕 名 市日. 市の立つ日.
장남〔長男〕 名 長男.
장내〔場內〕 名 場内. ¶ ~가 소연해지다 場内騒然となる.
장녀〔長女〕 名 長女.
장년〔壯年〕 名 壮年.
장뇌〔樟腦〕 名〔化〕樟脳.
장뇌유〔一油〕 名〔化〕樟脳油.
장닉〔藏匿〕 名 하他 蔵匿.
장님 名 盲人の尊敬語.
장다리 名 大根·白菜などの茎.
장다리무 名 採種用の大根.
장단〔長短〕 名 **1** 長短. 長いことと短いこと. **2** 長短. 長所と短所. **3** 〔樂〕(歌や踊りなどの)拍子. 調子. リズム.

◆**장단을 맞추다** 調子を合わせる. ① 拍子を合わせる. ¶ ~에 맞추어 춤을 춘다 リズムに合わせて舞を舞う. ② 相手の気に入るように言葉や態度を合わせる.

◆**장단을 치다** (歌などの)調子に合わせて太鼓やチャング(장구)などを打つ.

◆**장단이 맞다** 調子が合う.

장단점〔長短點〕 名 長所と短所.

장담〔壯談〕 名 하自他 壮語. ¶ 호언 ~ 大言壮語.

장대〔長—〕 名 (竹や木の)長竿. 竿.

장대높이뛰기 名〔體〕 棒高跳.

장대하다¹〔壯大—〕 形 壮大だ. ¶ 장대한 건축물 壮大な建築物.

장대하다²〔長大—〕 形 長大だ. 背が高くて大きい. ¶ 체격이 ~ 体格が立派だ.

장도¹〔壯途〕 名 壮途. ¶ ~에 오르다 壮途に就く.

장도²〔壯圖〕 名 壮図. 雄図.

장도³〔粧刀〕 名 〔'장도칼'의 준말〕 さやのある小刀.

장도칼 名 さやのある小刀〈さやと柄は金·銀·こはく·角·木などで飾りを施し腰巾着などにつるして携帯する〉.

장도리 名 金槌兼用の釘抜き.

장독¹〔杖毒〕 名 杖刑を受けてできた傷の毒.

장독²〔醬—〕 名 しょう油甕. みそ甕.

장독대〔—臺〕 名 甕置き台〈しょう油甕やみそ甕を置く庭にある台〉.

장돌림〔場—〕 名 各地の市場を回りながら物を売る商人.

장돌뱅이〔場—〕 名 〈俗〉 各地の市場を回りながら物を売る商人.

장되〔場—〕 名 市場で穀物を量るのに使った枡.

장등〔長燈〕 名 하自 **1** 一晩中灯をつけて消さないこと. **2**〔佛〕 仏前に灯をともすこと.

장딴지 名 こむら. ふくらはぎ.

장딸기 名〔植〕 草苺.

장떡〔醬—〕 名 しょう油·みそ·コチュジャン(고추장)などで味つけしたお好み焼き.

장래〔將來〕 名 将来. 先. 前途. ¶ ~가 유망한 청년 将来有望な青年 / ~를 약속한 사이 将来(結婚)を約束した間柄.

장래성〔—性〕 名 将来性. ¶ ~이 있는 기업 将来性のある企業.

장려〔奬勵〕 名 하他 奨励. ¶ 저축을 ~하다 貯蓄を奨励する.

장려금〔—金〕 名 奨励金.

장려하다〔壯麗—〕 形 壮麗だ. ¶ 장려한 사원 壮麗な寺院.

장력〔張力〕 名〔物〕 張力.

장렬〔葬列〕 名 葬列.

장렬하다〔壯烈—〕 形 壮烈だ. ¶ 장렬한 최후를 마치다 壮烈な最後を遂げる. **장렬히** 副 壮烈に.

장례〔葬禮〕 名 葬儀. 葬式.

장례식〔—式〕 名 葬式.

장로〔長老〕 名 長老.

장로교〔—教〕 名〔基〕 長老教会. 長老派.

장롱〔欌籠〕 名 (服·布団を入れる)たんす.

장르〔㊈genre〕 名 ジャンル.

장리〔長利〕 名 **1** (春に穀物を貸与して秋の収穫期にその半分を取る)年5割の利息. **2** 物の長さ·数量が元の1.5倍になること.

장릿벼 名 年5割の利子で貸し借りする籾.

장마 名 梅雨. 長雨. ¶ ~가 그치지 않는다 梅雨が明けない.

◆**장마가 들다** 梅雨が始まる. 梅雨入りとなる.

◆**장마가 지다** 長雨になる.

장마 전선〔—前線〕 名〔氣〕 梅雨前線.

장마철 名 梅雨期. 長雨の季節.

장맛비 名 梅雨時の雨.

장마루〔長—〕 名〔建〕 長い板を張った床.

장막〔帳幕〕 名 天幕. テント. とばり. カーテン. ¶ ~을 치다 テントを張る.

장막극〔長幕劇〕 名 幕数の多い劇.

장만 名 하他 **1** つくりそろえること. **2** (買ったり作ったりして)準備すること. 用意すること. したく. ¶ 음식을 ~하다 食べ物を用意する / 겨울 옷을 ~하다 冬物を準備する.

장면〔場面〕 名 場面. 光景. 情景. シーン. ¶ 슬픈 ~ 悲しい場面 / ~이 바뀌다 場面が変わる.

장명〔長命〕 名 하形 長命. 長生き.

장명등〔長明燈〕 名 **1** 門外や軒下などにつるしておく常夜灯. **2**〔史〕 墓の前に設けた石灯籠.

장모〔丈母〕 名 妻の母. 義母. 反 義父.

장문¹〔長文〕 名 長文. ¶ ~의 편지 長文の手紙.

장문²〔掌紋〕 名 掌紋.

장물〔贓物〕 名〔法〕 贓物. 贓品.

장물아비 名 〈俗〉 贓物を買い受ける人.

장물죄〔—罪〕 名〔法〕 贓物罪.

장미〔薔薇〕 名〔植〕 薔薇. ¶ 빨간 ~ 꽃다발 赤いばらの花束.

장미꽃 名 ばらの花.

장미 석영〔—石英〕 名〔鑛〕 薔薇石英.

장미유〔—油〕 名 薔薇油. ばら油.

장미 전쟁〔—戰爭〕 名〔史〕 薔薇戦争.

장밋빛 名 ばら色.

장바구니〔場—〕 名 買いものかご.

장바닥〔場—〕 名 市場の中.

장발〔長髮〕 名 長髪. ¶ ~승 長髪僧.

장방형〔長方形〕 名〔數〕 長方形.

장벽¹〔腸壁〕 名〔生〕 腸壁.

장벽²〔障壁〕 名 障壁. ¶ ~에 가리워지다 障壁に遮られる.

장변〔場邊〕 名 市場で金を貸し借りするときの利息.

장변리〔場邊利〕 名 ☞장변

장병¹〔長病〕 名 長病. 長患い.

장병²〔將兵〕 名 将兵.

장복〔長服〕 名 하他 薬などを長期間服用すること.

장본¹〔張本〕 名 張本. 事件の起こったもと.

장본인〔—人〕 名 張本人.

장본²〔藏本〕 名 하自 蔵本.

장부¹ 名〔建〕 枘.

ㅈ

장부촉〔一鏃〕 名〔建〕 枘の端.
장붓구멍 名〔建〕 枘穴.
장부[2]〔丈夫〕 名 丈夫. **1** 一人前の男. **2**〔'대장부(大丈夫)'의 준말〕大丈夫.
〔속담〕 **장부 일언이 중천금** 男の一言は千金のように重い〈約束は必ず守らなければならない〉.
장부[3]〔帳簿〕 名 帳簿.
장부[4]〔臟腑〕 名〔韓方〕 臟腑.
장비〔裝備〕 名 하他 装備. ¶ 중~ 重装備 / 핵병기를 ~하다 核兵器を装備する.
장뼘〔長一〕 名 親指と中指を最大に延ばした長さ. ▷뼘
장사[1] 名 하自 商売. 商い. ¶ 과일 ~ 果物の商い / ~ 밑천 商売の元手.
장사꾼 名 **1** 商売の上手な人. **2** 商人.
장사아치 名 ⇨장사치
장사치 名〈卑〉商人. 商売人.
장삿속 名 **1** 商売の内情. **2** (利を計る)打算的な考え.
장사[2]〔壯士〕 名 壮士. **1** 意気盛んなたくましい人. **2** 力士.
장사[3]〔長蛇〕 名 長蛇. **1** 長大な蛇. 大蛇. **2** 列車や長い行列. ▷장사진
장사진〔一陣〕 名 長蛇の列.
장사[4]〔葬事〕 名 하他 葬式. 葬儀.
◆**장사를 지내다** 葬式を執り行なう.
장살〔杖殺〕 名 하他〔史〕 刑杖で打ち殺すこと.
장삼〔長衫〕 名 緇衣. 墨染めの衣.
장상[1]〔將相〕 名 将相. 将軍と宰相.
장상지재〔一之材〕 名 将相の材.
장상[2]〔掌狀〕 名 掌状.
장상맥〔一脈〕 名〔植〕 掌状脈.
장색〔匠色〕 名 匠人. 職人.
장생〔長生〕 名 하自 長生. 長生き. ¶ 불로~ 不老長寿.
장서[1]〔長逝〕 名 하自 長逝. 逝去.
장서[2]〔藏書〕 名 하自 蔵書.
장서판〔一版〕 名 蔵書版.
장서표〔一票〕 名 蔵書票.
장석〔長石〕 名〔鑛〕 長石.
장성[1]〔長成〕 名 하自 長成. 成長して大人になること. ¶ ~한 아들 もう成人になった息子.
장성[2]〔長城〕 名 長城.
장성[3]〔將星〕 名〔軍〕 将星. 将軍.
장세〔場稅〕 名 市場の露店商人から取りあげる場所使用料.
장소〔場所〕 名 場所. 場. 所. ¶ 약속 ~ 約束の場所.
장손〔長孫〕 名 初孫. 嫡孫.
장손녀〔長孫女〕 名 長男の長女. 初孫娘.
장송[1]〔長松〕 名 **1** 大きな松の木. **2** 幅25cm厚さ4cm長さ250cmの板.
장송[2]〔葬送〕 名 하自 葬送. 野辺送り.
장송곡〔一曲〕 名 葬送曲.
장수[1] 名 商人. あきんど. ¶ 과일 ~ 果物商 / 생선 ~ さかな屋さん.
장수[2]〔長壽〕 名 하自 長寿. 長命. 長生き. ¶ ~의 비결 長寿の秘訣.
장수[3]〔將帥〕 名 将帥. 将軍. 将官.
장수[4]〔張數〕 名 枚数. ¶ 종이의 ~를 세다 紙の枚数を数える.
장승〔←長栍〕 名 **1**〔民俗〕 チャンスン〈道端に立てて里数を示したり, 村の守り神として村の入口に立てておく男女一対の木像〉. **2** 背の高い人. のっぽ. ¶ ~처럼 서 있다 ぽかんと突っ立っている.
장시간〔長時間〕 名 長時間. ¶ ~에 걸친 토론 長時間にわたる討論.
장시세〔場時勢〕 名 市場での相場[値段].
장시일〔長時日〕 名 長時日. 長い間.
장식〔裝飾〕 名 하他 装飾. 装い. 飾り. ¶ ~ 미술 装飾美術 / 실내 ~ 室内装飾 / 화려하게 ~하다 華やかに飾る.
장식물〔一物〕 名 装飾品.
장식음〔一音〕 名〔樂〕 装飾音.
장식품〔一品〕 名 装飾品.
장신〔長身〕 名 長身.
장신구〔裝身具〕 名 装身具. アクセサリー.
장심〔掌心〕 名〔生〕 手のひらや足裏の真ん中.
장아찌 名〔料理〕 **1** 大根·きゅうり·白菜などを適当な大きさに切り, 干してしょう油に漬けたもの. **2** 間引きした大根や白菜·せりなどの塩漬け.
장악〔掌握〕 名 하他 掌握. 握ること. ¶ 실권을 ~하다 実権を掌握する.
장안〔長安〕 名 **1** (首都の意で)ソウル. **2** 長安〈中国唐の都. 現在の西安〉.
장암〔腸癌〕 名〔醫〕 腸癌.
장애〔障礙〕 名 障害. **1** 邪魔. 妨げ. ¶ ~가 생기다 障害が生じる. **2** (身体上の)不調. ¶ 위장 ~ 胃腸障害 / ~를 극복하다 障害を乗り越える.
장애물〔一物〕 名 障害物.
장애인〔一人〕 名 障害者.
장액[1]〔腸液〕 名〔生〕 腸液.
장액[2]〔漿液〕 名〔生〕 漿液.
장어〔長魚〕 名〔動〕〔'뱀장어'의 준말〕 うなぎ. ¶ ~구이 うなぎのかば焼き.
장언〔壯言〕 名 하自他 壮言. 壮語.
장엄하다〔莊嚴一〕 形 荘厳だ. ¶ 장엄한 의식 荘厳な儀式.
장염〔腸炎〕 名〔醫〕 腸炎. ¶ ~ 비브리오 腸炎ビブリオ.
장외〔場外〕 名 場外. ¶ ~ 홈런 場外ホームラン.
장외 거래〔一去來〕 名〔經〕 場外取引.
장운동〔腸運動〕 名〔生〕 腸運動.
장원[1]〔壯元〕 名 하自〔史〕 科挙に首席で合格すること, またその人.
장원 급제〔一及第〕 名〔史〕 科挙に首席で合格すること.
장원례〔一禮〕 名 하自〔史〕 書堂で文章や字がいちばん優秀とされた者がごちそうをおごること.
장원[2]〔莊園〕 名〔史〕 荘園.
장유〔長幼〕 名 長幼.

ㅈ

장유유서〔一有序〕 名 長幼の序あり.
장음〔長音〕 名〔言〕長音.
장음부〔一符〕 名 **1**〔言〕長音符号. **2**〔樂〕長音符.
장음계〔長音階〕 名〔樂〕長音階.
장의〔葬儀〕 名 葬儀. 葬式.
장의사〔一社〕 名 葬儀屋.
장의자〔長椅子〕 名 長椅子. ベンチ.
-장이 接尾 《일부 명사에 붙어》〔그것과 관련된 기술을 가진 사람〕…屋. ¶ 대장～ 鍛冶屋. ▷-쟁이 單語帳
장인¹〔丈人〕 名 妻の父. 義父. 岳父. ㊊ 義母
장인²〔匠人〕 名 匠人. 職人. たくみ. 工匠.
장자¹〔長子〕 名 長子. 長男.
장자²〔長者〕 名 長者. **1** 大人. 年上·目上の人. **2** 徳が優れて老成した人. ¶ ～풍도 長者の風度. **3** 金持ち. 富豪. ¶ 백만～ 百万長者.
장작〔長斫〕 名 薪. たきぎ. ¶ ～을 패다 薪を割る.
장작개비 名 割り木の一片.
장작더미 名 (積み上げた)薪の山.
장작불 名 薪の火.
장장〔長長〕 冠 長い長い. 非常に長い. ¶ ～ 열두 시간에 걸친 회의 12時間にもわたる長い会議.
장장이〔欌一〕 名 差し物師.
장재〔將材〕 名 大将になる器.
장전〔裝塡〕 名 하他 装塡. ¶ 총에 실탄을 ～하다 銃に実弾を装塡する.
장절하다〔壯絶一〕 形 壮絶だ. 壮烈だ. ¶ 장절한 최후를 마치다 壮絶な最後を遂げる.
장절〔章節〕 名 章節. 章と節.
장점〔長點〕 名 長所. メリット. ¶ 끈질긴 ～ 根気強い長所.
장점막〔腸粘膜〕 名〔生〕腸粘膜.
장정¹〔壯丁〕 名 壮丁. **1** 若くて血気盛んな男子. **2** 徴兵適齢期にある男子.
장정²〔長征〕 名 하自他 長征.
장정³〔長程〕 名 長程. 長い道のり.
장정⁴〔章程〕 名 章程. きまり.
장정⁵〔裝幀〕 名 하他 装丁. ¶ 멋진 ～의 책 すばらしい装丁の本.
장제〔葬祭〕 名 葬祭.
장조〔長調〕 名〔樂〕長調. ¶ 다～ ハ長調.
장조림〔醬一〕 名〔料理〕牛肉のしょう油煮.
장조카〔長一〕 名 長兄の長男.
장족〔長足〕 名 長足. ¶ ～의 발전을 이룩하다 長足の発展を遂げる.
장졸〔將卒〕 名 将卒.
장죽〔長竹〕 名 長いキセル.
장중〔掌中〕 名 掌中. ¶ ～에 넣다 掌中に収める.
장중보옥〔一寶玉〕 名 掌中の玉. 自分の最も大切な物.
장중하다〔莊重一〕 形 荘重だ. ¶ 장중한 음악 荘重な音楽. **장중히** 副 荘重に.
장지¹〔長指〕 名 長指. 中指.
장지²〔葬地〕 名 葬地. 埋葬地.
장지³〔障一〕 名 〔'장지문'의 준말〕 障子. ふすま. ¶ ～를 바르다 障子を張る.
장지문〔一門〕 名 障子. ふすま.
장지틀 名 障子の枠.
장지뱀 名〔動〕金蛇.
장질〔長姪〕 名 長兄の長男.
장질부사〔腸窒扶斯〕 名〔醫〕腸チフス.
장짠지〔醬一〕 名〔料理〕ゆでたきゅうりと白菜をしょう油に漬けてヤンニョム(양념)を入れ, チンジャン(진장)に漬け込んだもの.
장차〔將次〕 副 将来. 今後. ¶ 그 많은 돈을 ～ 어떻게 갚을지 걱정이다 そんな大きなお金を今後どうやって返すか心配だ.
장차다〔長一〕 形 **1** (距離が)遠い. ¶ 장찬 길 遠い道. **2** (時間が)長い. ¶ 장찬 세월 長い歳月. **3** まっすぐで長い.
장착〔裝着〕 名 하他 装着. ¶ 타이어에 체인을 ～했다 タイヤにチェーンを装着した.
장천〔長天〕 名 遠くて広い空.
장총〔長銃〕 名〔軍〕小銃.
장취〔長醉〕 名 하自 始終酒に酔っていること. 酒びたり.
장치〔裝置〕 名 하他 装置. 仕掛け. ¶ 안전 ～ 安全装置 / 도청 ～를 하다 盗聴装置をしかける.
장치다〔場一〕 自〔'독장치다(獨場一)'의 준말〕独り舞台だ. 独壇場だ.
장침¹〔長枕〕 名 直方体の脇息.
장침²〔長針〕 名 **1** 長い針. **2** (時計の)長針. 分針.
장카타르〔腸catarrh〕 名〔醫〕腸カタル.
장쾌하다〔壯快一〕 形 壮快だ. ¶ 장쾌한 스키 활강 壮快なスキーの滑降.
장타〔長打〕 名 (野球の)長打. ロングヒット.
장타령〔場打令〕 名 物ごいが市場や店を歩き回りながら歌う俗謡の一種.
장탄〔裝彈〕 名 하自他 装弾. ¶ ～ 장치 装弾装置.
장탄식〔長歎息〕 名 하自 長嘆息. ¶ 하늘을 우러러 ～하다 天を仰いで長嘆息する.
장터〔場一〕 名 市場. 市の立つ広場.
장티푸스〔腸typhus〕 名〔醫〕腸チフス.
장판¹〔壯版〕 名 하自 **1** 厚い油紙を張ったオンドル(온돌)の床. **2** '장판지'의 준말.
장판방〔一房〕 名 床面に油紙を張って仕上げたオンドル(온돌)部屋.
장판지〔一紙〕 名 オンドル(온돌)の床に張る厚い油紙.
장판²〔場一〕 名 **1** 市の立つ所. **2** (市場のように)大勢集まってごった返している所.
장편¹〔長篇〕 名〔文〕長編. ¶ ～ 소설 長編小説.
장편²〔掌篇〕 名〔文〕掌篇. コント.
장폐색증〔腸閉塞症〕 名〔醫〕腸閉塞症.

ㅈ

장품〔贓品〕 名〔法〕贓物. 贓品.

장하다〔壯一〕 形 **1** 立派だ. 見事だ. すばらしい. 偉い. ¶ 장한 업적 立派な業績. **2** 殊勝だ. けなげだ. ¶ 아직 어린데 어머니의 일을 돕다니 참 ～ まだ幼いのに母の仕事を助けるとはほんとにけなげである.

장학〔奬學〕 名 하自 奨学. 学問を奨励すること.

장학금〔一金〕 名 奨学金.

장학생〔一生〕 名 奨学生.

장한¹〔壯漢〕 名 壮漢.

장한²〔長恨〕 名 長恨. 長く忘れ難い恨み.

장해〔障害〕 名 障害. ¶ 위장 ～ 胃腸障害.

장해물〔一物〕 名 障害物.

장협착〔腸狹窄〕 名〔醫〕腸狭窄.

장형¹〔杖刑〕 名〔史〕杖刑.

장형²〔長兄〕 名 長兄.

장화〔長靴〕 名 長靴. ブーツ.

장황하다〔張皇一〕 形 冗漫だ. 冗長だ. くどい. だらだらと長たらしい. ¶ 이야기가 장황해지다 話がくどくなる.

장황히 副 冗漫に. だらだらと. 長ったらしく.

잦다¹ 自 (液体が)だんだん減って少し残る. (蒸発したりして)少なくなる. 干上がる. ¶ 가뭄에 연못 물이 잦았다 日照りで池の水が干上がった.

잦다² 形 頻繁だ. よくある. たびたび起こる. 激しい. ¶ 교통 사고가 ～ 交通事故がよくある[しばしば起こる].

잦다³ 形 (後ろに)反る. 傾く.

잦뜨리다[-트리다] 他 (力を入れて)体をぐっと後ろの方に反らせる.

잦바듬하다 形 **1** (後ろに倒れんばかりに)反り返っている. ふんぞり返っている. ¶ 잦바듬한 자세로 의자에 앉아 있다 ふんぞり返った姿勢で椅子に座っている. **2** 気乗りしない. 尻込みしそうだ.

잦아들다 自 **1** (液体がだんだん減って)ほとんどなくなりかける. ¶ 가뭄으로 논의 물이 거의 잦아들었다 日照りが続いて田んぼが干上がりそうだ. **2** (ある状態が)弱まる. 静まる. 和らぐ. ¶ 비바람이 ～ 風雨が弱まる.

잦아지다 自 (水などが)だんだん減ってなくなる.

잦추 副 しきりに. しげしげ(と). 絶え間なく. ¶ 그 가게에 ～ 다니다 その店にしげしげと通う

잦추다 他 しきりに催促する. せきたてる. ¶ 빚을 갚으라고 ～ 借金の返済をしきりに催促する.

잦추르다 他 ひどくせきたてる. しきりに催促する. ¶ 빨리 나오라고 ～ 早く出てこいとせきたてる.

잦혀놓다 他 **1** ひっくり返しておく. 裏返しておく. ¶ 책을 ～ 本を裏返しにする. **2** 内側が見えるようにしておく. (開き戸などを)完全に開けておく. ¶ 문을 ～ ドアをすっかり開けておく. **3** 後回しにする. ¶ 귀찮은 일은 ～ 面倒な仕事は後回しにする.

잦혀지다 自 **1** ひっくり返る. ¶ 대바구니가 잦혀져 있다 竹かごがひっくり返っている. **2** 内側が見えるように開く. ¶ 바람에 문이 ～ 風で戸がすっかり開く.

잦히다¹ 他 (炊きあがる直前に一度火を止めてから再び弱火で)水気を飛ばしご飯を炊き上げる.

잦히다² 他 **1** (物の)内側が表に出るようにする. ひっくり返す. 裏返しにする. **2** (戸をいっぱいに)開ける. **3** (上体·頭などを)反らす. ¶ 고개를 뒤로 ～ 首を後ろに反らす.

재¹ 名 灰. ¶ 다 타고 ～만 남았다 みんな燃えてしまって灰だけが残った.

재² 名 峠. ¶ ～를 넘어가다 峠を越えていく.

재³〔災〕 名 災い. **1**〔'재액(災厄)'의 준말〕災厄. **2**〔'재상(災傷)'의 준말〕自然界の変化による農作物の被害.

재⁴〔財〕 名 財. **1** 財産. **2** 家財. **3**〔經〕人間の物質的·精神的欲望を満たすもの.

재⁵〔齋〕 名 **1**〔佛〕法事. 供養. **2**〔'재계(齋戒)'의 준말〕斎戒.

◆**재를 올리다** 法事を営む.

재-⁶〔再〕 接頭 再…. ¶ ～확인 再確認 / ～검토 再検討.

재-⁷〔在〕 接頭 在…. ¶ ～경 在京 / ～미 在米.

재가¹〔在家〕 名 하自 **1** 在宅. **2**〔佛〕在家.

재가승〔一僧〕 名 在家僧.

재가²〔再嫁〕 名 하自 再嫁. 再縁. 再婚.

재가³〔裁可〕 名 하他 裁可. ¶ ～를 얻다 裁可を仰ぐ.

재간¹〔才幹〕 名 才能. 技量. 芸. 手段. 方法. ¶ ～이 있는 사람 才能のある人.

재간²〔再刊〕 名 하他 再刊.

재갈 名 くつわ. はみ. ¶ ～을 물리다 くつわをはめる.

◆**재갈을 먹이다** くつわをはめる.

재감〔在監〕 名 하自〔法〕在監. 監獄に入れられていること.

재감자〔一者〕 名〔法〕在監者.

재개〔再開〕 名 하他 再開. ¶ 회담을 ～하다 会談を再開する.

재개발〔再開發〕 名 하他 再開発.

재건〔再建〕 名 하他 再建. ¶ 소실된 청사를 ～하다 焼失した庁舎を再建する.

재검토〔再檢討〕 名 하他 再検討. ¶ 계획을 ～하다 計画を再検討する.

재결〔裁決〕 名 하他 裁決. ¶ ～ 신청 裁決申請 / ～을 구하다 裁決を仰ぐ.

재결합〔再結合〕 名 하自 再結合.

재경¹〔在京〕 名 하自 在京. ¶ ～ 대학 동창회 在京大学同窓会.

재경²〔財經〕 名 財経. 財政と経済.

재계〔財界〕 名 財界. ¶ ～의 거물 財界の大立物.

재고¹〔再考〕 名 하他 再考. ¶ ～의 여지가 없다 再考の余地がない.

재고²〔在庫〕 名〔'재고품'의 준말〕在庫. ¶ ～가 떨어지다 在庫が切れる.

재고품〔一品〕 名 在庫品. ¶ ～ 정리 棚ざらえ / ～ 조사 在庫品調査.

재교〔再校〕名 하他〔印〕再校. 2度目の校正.
재교부〔再交付〕名 하他 再交付. ¶ 면허증의 ~ 신청 免許証の再交付申請.
재교육〔再教育〕名 하他 再教育. ¶ ~을 받다 再教育を受ける.
재구성〔再構成〕名 하他 再構成. ¶ 위원회를 ~하다 委員会を再構成する.
재군비〔再軍備〕名 하自 再軍備. 再武装.
재귀〔再歸〕名 하自 再帰.
재귀 대명사〔一代名詞〕名〔言〕再帰代名詞.
재귀 동사〔一動詞〕名〔言〕再帰動詞.
재귀열〔一熱〕名〔醫〕再帰熱. 回帰熱.
재기¹〔才氣〕名 才気. ¶ ~ 발랄 才気はつらつ.
재기²〔再起〕名 하自 再起. ¶ ~ 불능 再起不能.
재깍¹ 副 하自 **1**〔물건이 부러지거나 부딪칠 때 나는 소리[모양]〕ぱちんと. がちっと. ¶ 열쇠를 돌리니 ~하는 소리가 났다 鍵を回したらかちっという音がした. **2**〔시계 같은 것의 톱니바퀴가 돌아갈 때에 나는 소리[모양]〕かちっと.
재깍거리다[-대다] 自他 ぱちぱちいう音がする. がちがち音が鳴る. (時計などが)かちかちいう.
재깍재깍¹ 副 하自他 ぱちぱち(と). がちがち(と). かちかち(と).
재깍² 副〔일을 빠르게 해치우는 모양〕てきぱき(と). さっさと. ¶ 일을 ~ 해치우다 仕事をてきぱきと片づける.
재깍재깍² 副 さっさと. てきぱき(と).
재난〔災難〕名 災難. 災い. ¶ 불의의 ~을 당하다 不意の災難に見舞われる.
재넘이 名 出おろし. 山風.
재녀〔才女〕名 才女. 才媛. 閨秀.
재능〔才能〕名 才能. ¶ ~을 충분히 발휘하다 才能を十分発揮する.
재다¹ 自 高慢な態度をとる. うぬぼれて気取る. もったいぶる. いばる. ¶ 권력을 믿고 ~ 権力をかさにきていばる.
재다² 他 **1** (高さ·長さ·重さ·温度などを)量る. 測る. 計る. ¶ 키를 ~ 身長を測る / 자로 ~ 物差しで測る / 체중을 ~ 体重を量る. **2** (物事をいろいろと)察してみる. 推し量る. 調べてみる. ¶ 여러 가지 각도로 재어 보다 いろいろな角度から推し量ってみる. **3** (跡をつけてひそかに)ようすを探る. ¶ 뒤를 ~ 跡をつけてようすを探る.
재다³ 他 **1** (物置·器などにきちんと)積み重ねる. 一つ一つ重ねておく. ¶ 연탄을 광에 ~ 練炭を物置に積み重ねる. **2** (海苔や薄く切る肉などを)味付けして重ねる. ¶ 쇠고기를 양념에 재어 놓다 牛肉を味付けして重ねる. **3** (弾丸や火薬を)装塡する. 込める. ¶ 총에다 탄약을 ~ 銃に弾を込める.
재다⁴ 他 ⇨재우다¹
재다⁵ 形 **1** (動作が)軽く速い. 素早い. 敏捷だ. ¶ 걸음이 ~ 足どりが軽く速い. **2** (加熱すると)すぐ温まる. 温度に対する反応が速い. ¶ 양은솥은 쇠솥보다 ~ 洋銀の釜は鉄の釜より温まるのが早い. **3** (口が)軽い. ¶ 입이 ~ 口が軽い.
재단¹〔財團〕名〔法〕財団. ¶ ~ 법인 財団法人.
재단²〔裁斷〕名 하他 裁断. ¶ 블라우스를 ~하다 ブラウスを裁断する.
재단사〔一師〕名 仕立屋.
재담〔才談〕名 하自 機知に富んだ面白い話. しゃれ. 冗談. 漫才. 漫談.
재당선〔再當選〕名 하自 再選.
재덕〔才德〕名 才徳. 才能と徳行. ¶ ~을 겸비한 정치가 才徳を兼備した政治家.
재독〔再讀〕名 하他 再読.
재돌입〔再突入〕名 再突入.
재두루미 名〔動〕真鶴.
재떨이 名 灰皿.
재래¹〔在來〕名 在来. ¶ ~의 생활 습관 在来の生活習慣.
재래종〔一種〕名 在来種.
재래²〔再來〕名 하自 再来.
재략〔才略〕名 才略. ¶ ~이 뛰어난 사람 才略にたけた人.
재량¹〔才量〕名 才量. 才気と度量. ¶ 뛰어난 ~ 優れた才量.
재량²〔裁量〕名 하他 裁量. ¶ 실무자의 ~에 맡기다 実務家の裁量にまかせる.
재력¹〔才力〕名 才力. **1** 才知と能力. **2** 才能.
재력²〔財力〕名 財力. ¶ 충분한 ~ 十分な財力.
재록¹〔再錄〕名 하他 再録.
재록²〔載錄〕名 하他 載録. (本·雑誌などに)書いて載せること. ¶ 잡지에 ~하다 雑誌に載録する.
재론〔再論〕名 하他 再論. ¶ 그것은 ~할 필요도 없다 それは再論する必要もない[再論を要しない].
재롱〔才弄〕名 (子供の天真らんまんな)面白くかわいいしぐさ.
재롱둥이 名 しぐさのかわいい子.
재롱떨다 自 面白くかわいいしぐさをする.
재롱부리다 自 面白くかわいいしぐさをする. かわいく天真らんまんにふるまう.
재료〔材料〕名 材料. ¶ ~비 材料費 / ~ 역학 材料力学.
재류〔在留〕名 하自 在留. ¶ 서울에 ~하는 일본 상사원 ソウルに在留する日本商社員.
재림〔再臨〕名 하自 再臨. ¶ 예수의 ~ イエスの再臨.
재목〔材木〕名 **1** 材木. 木材. ¶ 건축용 ~ 建築用材木. **2** 人材. 材. ¶ 총리 ~으로는 좀 부족하다 総理の器としては少しもの足りない.
재목상〔一商〕名 材木商.
재무〔財務〕名 財務.
재무장〔再武裝〕名 하自他 再武装.
재물〔財物〕名 財物. 財産.
재미 名 **1** 楽. 楽しさ. 面白み. 面白さ. 興味. ¶ 낚시질 ~ 魚釣りの面白み / 아이를 기르는 ~ 子供を育てる楽しみ. **2**〔성과·보람〕成果. 満足.

¶ ~를 톡톡히 보았다 たっぷり成果を上げた. **3** 〔형편〕 調子. ぐあい. 様子. ¶ 요즘 ~가 어떤가 このごろ調子はどうだね. **4** (商売の) 儲け. 稼ぎ. 景気. ¶ 요즘 ~는 어떻습니까? 近ごろ景気はどうですか.

◆재미를 보다 ① 利益を得る. 成果を上げる. ② 〈隠〉 面白い経験をする. ¶ 오늘밤은 ~ 좀 보러 가자 今晩ちょっと楽しみに[遊びに]行こう.

◆재미를 붙이다 ① 一度味を占めて止められなくなる. ② 興味を持つ(ようになる). ¶ 일에 ~를 붙이다 仕事に興味を持つ.

재미나다 自 楽しみがわく. 楽しくなる. 面白くなる. ¶ 친구들과 재미나게 놀다 友達と楽しく遊ぶ.

재미스럽다 形 楽しそうに見える. 面白そうだ. ¶ 재미스러워 보인다 面白そうに見える. 楽しそうだ.

재미없다 形 面白くない. 楽しくない. つまらない. ¶ 재미없는 경기 面白くない競技.

재미있다 形 面白い. 興味がある. 楽しい. ¶ 재미있는 영화 面白い映画.

재바르다 形 素早い. すばしこい.

재발〔再發〕 名 하自他 **1** 再発. ¶ 병이 ~하다 病気が再発する. **2** (1度送った公文の) 再発送.

재발견〔再發見〕 名 하他 再発見. ¶ 진가를 ~하다 真価を再発見する.

재방송〔再放送〕 名 再放送.

재배¹〔再拜〕 名 하自 再拝.

재배²〔栽培〕 名 하他 栽培. ¶ 담배 ~ たばこの栽培 / ~법 栽培法.

재배치〔再配置〕 名 하他 再配置.

재벌〔財閥〕 名 財閥. ¶ 대~ 大財閥.

재범〔再犯〕 名 하他 再犯. ¶ ~자 再犯者.

재벽〔再壁〕 名 하自 〔建〕 壁の上塗り.

재변¹〔才辯〕 名 才弁.

재변²〔災變〕 名 災変. 天変地異.

재보〔財寶〕 名 財宝. 財貨と宝物. ¶ 금은 ~ 金銀財宝.

재복무〔再服務〕 名 하自 兵役を終えた人が再び軍務に服すること.

재봉〔裁縫〕 名 하自他 裁縫. 針仕事.

재봉사〔一師〕 名 仕立て屋.

재봉실 名 ミシン糸.

재봉틀 名 ミシン.

재분배〔再分配〕 名 하他 再分配.

재빠르다 形 素早い. すばしこい. ¶ 재빠른 동작 素早い動作.

재빨리 副 素早く. いち早く. 敏捷に. さっと. ¶ 손을 ~ 놀리다 手を素早く動かす.

재산〔財産〕 名 財産. 富. ¶ ~을 탕진하다 身代をつぶす / 겸손한 태도야말로 값진 ~이다 謙虚な態度こそ貴重な財産である.

재산가〔一家〕 名 財産家. 金持ち.

재산권〔一權〕 名 財産権.

재산 상속〔一相續〕 名 〔法〕 財産相続.

재산세〔一稅〕 名 〔法〕 財産税.

재삼〔再三〕 名 再三. ¶ ~ 부탁하였다 再三お願いした.

재삼재사〔一再四〕 副 再三再四.

재상〔宰相〕 名 宰相. 総理大臣.

재색〔才色〕 名 才色. 才知と容色. ¶ ~을 겸비한 여인 才色兼備の女性.

재생〔再生〕 名 하自他 **1** (前科者の) 再生. ¶ ~의 길로 들어서다 再生の道に入る. **2** (録音·録画·テープの) 再生. ¶ 녹음 ~ 장치 録音再生装置. **3** (廃棄物の) 再生.

재생고무 名 再生ゴム.

재생지〔一紙〕 名 再生紙.

재생품〔一品〕 名 再生品.

재생산〔再生産〕 名 하他 再生産.

재석〔在席〕 名 在席. ¶ ~ 의원 과반수의 찬성 在席議員の過半数の賛成.

재선〔再選〕 名 하自他 再選. **1** 〔'재선거' 의 준말〕 再選挙. **2** 〔'재당선(再當選)'의 준말〕 再選. ¶ 국회의원에 ~되다 国会議員に再選される.

재선거〔再選擧〕 名 하他 再選挙.

재세〔在世〕 名 하自 在世.

재소자〔在所者〕 名 **1** ある所に収容されている者. **2** 刑務所に収容されている者. 在監者.

재수¹〔財數〕 名 財物·利益に関する運. 金運. 運. 縁起. 幸先. ¶ ~가 좋다 (金)運がいい / ~ 없는 소리 마라 縁起でもないこと言うな.

〔속담〕 **재수가 옴 붙듯 하다** 金運が疥癬にかかるようだ〈金運がとても悪いこと〉.

재수²〔再修〕 名 하他 一度習った過程を再び習うこと. (大学受験などの) 浪人.

재수생〔一生〕 名 (入学試験に落ちた) 浪人.

재수입〔再輸入〕 名 하他 再輸入.

재수출〔再輸出〕 名 하他 再輸出.

재스민〔jasmine〕 名 〔植〕 ジャスミン.

재실¹〔再室〕 名 **1** 後妻. **2** 古い家を壊し, その材木で建てた家.

재실²〔齋室〕 名 陵や宗廟の祭祀用に建てた家.

재심〔再審〕 名 하他 〔法〕 再審. ¶ ~을 청구하다 再審を請求する.

재앙〔災殃〕 名 災殃. 災い. 災難. ¶ 뜻밖의 ~을 만나다 とんだ災難にあう.

재액〔災厄〕 名 災厄. 災禍. 災い. ¶ 일신에 ~이 닥치다 身に災いが降りかかる.

재야〔在野〕 名 在野. ¶ ~ 세력 在野勢力.

재언〔再言〕 名 하他 再言. ¶ ~할 필요가 없다 再言を要しない.

재연¹〔再演〕 名 하他 再演.

재연²〔再燃〕 名 하自 再燃. ¶ 분쟁이 ~되다 紛争が再燃する.

재염〔再鹽〕 名 精製した塩.

재외〔在外〕 名 在外. ¶ ~ 동포 在外同胞 / ~ 자산 在外資産.

재욕〔財慾〕 名 〔佛〕 財欲〈五欲の一つ〉.

재우 副 すばやく. 敏捷に. ¶ 손을 ~ 움직이며 뜨개질을 하다 手をすばやく動かして編み物をする.

재우다¹ 他 **1** 寝かせる. 眠らせる. ¶ 아이를 업어서 ~ 子供をおんぶして寝かす. **2** 泊める. ¶ 과객을 하룻밤 재워

주다 旅人を一晩泊めてやる.
재우다² 他 堆肥がよく腐るように手入れする.
재우치다 他 督促する. せきたてる. ¶ 빚을 갚도록 ~ 借金を返済するようせきたてる.
재원¹〔才媛〕名 才媛. 才女.
재원²〔財源〕名 財源. ¶ ~이 부족하다 財源が乏しい.
재위〔在位〕名 하自 在位. ¶ ~ 10년 在位10年.
재음미〔再吟味〕名 하他 再吟味. ¶ 실험 결과를 ~하다 実験結果を再吟味する.
재의〔再議〕名 하他 再議. ¶ 제안을 ~하다 提案を再議する.
재인〔才人〕名 **1** 才人. 才子. **2** ☞ 광대
재인식〔再認識〕名 하他 再認識. ¶ 중요성을 ~하다 重要性を再認識する.
재일¹〔在日〕名 在日. ¶ ~ 동포 在日同胞 / ~ 교포 在日僑胞.
재일²〔齋日〕名 **1**〔佛〕斎日. 斎戒する日. **2**〔基〕大小斎を守る日.
재임¹〔在任〕名 하自 在任. ¶ ~중 在任中 / ~ 기간 在任期間.
재임²〔再任〕名 하自 再任. ¶ 위원장에 ~되다 委員長に再任される.
재자〔才子〕名 才子.
재자가인〔一佳人〕名 才子佳人. 才人と美人.
재자다병〔一多病〕名 才子多病.
재작년〔再昨年〕名 一昨年. おととし.
재잘거리다〔-대다〕自 **1** 早口でしきりにぺちゃくちゃしゃべる. **2** (小鳥が)さえずる.
재잘재잘 副 하自 **1**〔빠른 말로 자꾸 재깔이는 모양[소리]〕ぺちゃぺちゃ(と). ぺちゃくちゃ(と). **2**〔작은 새가 지저귀는 모양[소리]〕ピーチクパーチク(と).
재재거리다〔-대다〕自 (鳥などが)しきりにさえずる. ¶ 참새가 ~ 雀がさえずる / 여학생들이 복도에서 ~ 女子学生たちが廊下でさえずる.
재적〔在籍〕名 하自 在籍. ¶ ~생 在籍学生 / ~수 在籍数.
재정¹〔再訂〕名 하他 再訂.
재정²〔財政〕名〔經〕財政. ¶ 지방 ~ 地方財政 / 긴축 ~ 緊縮財政.
재정가〔一家〕名 財政家.
재정 경제부〔一經濟部〕名 財政経済部〈国家財政および経済に関する業務を管掌する〉.
재정 관세〔一關稅〕名〔經〕財政関税.
재정난〔一難〕名 財政難.
재정학〔一學〕名〔經〕財政学.
재정³〔裁定〕名 하他 裁定. ¶ 위원회의 ~에 따르다 委員会の裁定に従う.
재정 기간〔一期間〕名 裁定期間.
재정 신청〔一申請〕名 裁定申請.
재제〔再製〕名 하他 再製.
재제염〔一鹽〕名 天日塩を精製した塩.
재조정〔再調整〕名 하他 再調整.
재조직〔再組織〕名 하他 再組織.
재종〔再從〕名 またいとこ. はとこ.
재종간〔一間〕名 またいとこの間柄.
재종매〔一妹〕名 またいとこの妹.
재종제〔一弟〕名 またいとこの弟.
재종형〔一兄〕名 またいとこの兄.
재주¹〔←才操〕名 **1** (生まれつきの)優れた素質. 才. 才知. 才能. ¶ 음악에 ~가 있다 音楽に才能がある / 숨은 ~를 발견해 내다 隠れた才能を見いだす. **2** (何かをこなす)腕前. 手際. 技. 芸. ¶ 줄타기 ~ 綱渡りの芸 / 원숭이가 ~를 넘다 猿が宙返りする.
◆**재주를 부리다** 妙技を披露する.
◆**재주를 피우다** 妙技を披露する.
〔속담〕**재주는 곰이 넘고 돈은 되놈이 받는다** 芸は熊が演じ, お金は中国人が受け取る〈ある人が苦労して働き, その報酬を別の人が受け取ること〉.
재주껏 副 才能のかぎり. 腕をふるって. ¶ 문제를 네 ~ 풀어 보아라 問題を君の力で解いてみなさい.
재주꾼 名 才能のある人. 手腕のある人.
재주²〔在住〕名 하自 在住.
재중〔在中〕名 在中. ¶ 사진 ~ 写真在中.
재즈〔jazz〕名〔樂〕ジャズ.
재직〔在職〕名 하自 在職. ¶ ~ 기간 在職期間 / ~중 在職中.
재질¹〔才質〕名 才能と気質.
재질²〔材質〕名 材質. ¶ ~이 단단하다[무르다] 材質が堅い[もろい].
재차〔再次〕**I** 名 再度. 二度. 再び. ¶ ~의 독촉 再度の督促.
II 副 重ねて. もう一度. 繰り返して. ¶ ~ 묻다 もう一度問う.
재창〔再唱〕名 하自他 再度歌を歌うこと. アンコール.
재채기 名 하自 くしゃみ. ¶ ~가 나다 くしゃみが出る.
재천〔在天〕名 **1** 在天. **2** 天[神]の意によること. 運命的に定まっていること. ¶ 인명은 ~이라 人命は天の定めるところである.
재청〔再請〕名 하他 **1** アンコール. ¶ ~을 받다 アンコールを受ける. **2** (会議で)動議に対して賛成の意を表すること.
재촉 名 하他 **1** 急がせること. 早めること. ¶ 걸음을 ~하다 足を速める / 죽음을 ~하다 死を早める. **2** 催促. せきたてること. ¶ 꾼 돈을 빨리 갚으라고 ~하다 借りたお金を早く返せと催促する / 성화같은 ~을 받다 矢の催促を受ける.
재출발〔再出發〕名 하自 再出発. ¶ 인생의 ~ 人生の再出発.
재취〔再娶〕名 하他 後添い. 後妻.
재치〔才致〕名 才覚. 機転. とんち. ¶ ~가 있다 才覚がある. 機転がきく.
재침〔再侵〕名 하他 再侵略. 再侵攻.
재킷〔jacket〕名 ジャケット.
재탕〔再湯〕名 하他 二番煎じ.
재테크〔財tech〕名 財テク.
재티 名 灰の粉. 灰のほこり.
재판¹〔再版〕名 하他 **1** (出版物の)再版. **2** 再び繰り返されること.

재판[2]〔裁判〕 名 하他 裁判. ¶ 민사 ～ 民事裁判 / ～권 裁判権 / 공개 ～ 公開裁判 / ～을 받다 裁判を受ける.
　재판관〔一官〕 名 裁判官.
　재판소〔一所〕 名 裁判所.
재편〔再編〕 名 하他 〔'재편성'의 준말〕 再編.
재편성〔再編成〕 名 하他 再編成. ¶ 학급을 ～하다 学級を再編成する.
재평가〔再評價〕 名 하他 再評価.
재필〔才筆〕 名 才筆. 優れた文章. またそれを書く才能. ¶ ～로 널리 알려진 사람 才筆をもって鳴る人.
재하자〔在下者〕 名 目下の者.
재학〔在學〕 名 하自 在学. ¶ ～ 증명서 在学証明書 / ～생 在学生.
재할인〔再割引〕 名 하他 〔經〕 再割引.
재해〔災害〕 名 災害. ¶ ～ 보상 災害補償 / ～ 보험 災害保険.
재향〔在鄕〕 名 하自 在郷. 郷里にいること. ¶ ～ 군인 在郷軍人.
재현〔再現〕 名 하自他 **1** 再現. ¶ 전성기의 ～ 全盛期の再現. **2** 再生.
재혼〔再婚〕 名 하自 再婚.
재화[1]〔災禍〕 名 災禍. 災い.
재화[2]〔財貨〕 名 財貨. ¶ ～의 축적 財貨の蓄積.
재확인〔再確認〕 名 하他 再確認.
재활〔再活〕 名 하自 社会復帰すること. 立ち直ること.
재회〔再會〕 名 하自 再会. ¶ ～를 기약하다 再会を期する.
재흥〔再興〕 名 하他 再興. ¶ 민족 문화의 ～ 民族文化の再興.
잭나이프〔jackknife〕 名 ジャックナイフ.
잴잴 副 〔빠뜨리거나 흘리는 모양·흐르는 모양〕ぽろぽろ(と). ぼろぼろ(と). たらたら(と). ¶ ～ 눈물을 흘리다 ぼろぼろ(と)涙を流す.
잼〔jam〕 名 ジャム. ¶ 딸기 ～ いちごジャム.
잽〔jab〕 名〔體〕(ボクシングの)ジャブ.
잽싸다 形 (動作が)素早い. 敏捷だ. ¶ 진의를 잽싸게 간파하다 真意をすばやく見抜く.
잿간〔一間〕 名 (肥料に使う)灰をためておく納屋.
잿길 名 峠道.
잿날〔齋一〕 名〔佛〕 斎日. 念仏·説法などを行なう日.
잿더미 名 **1** 灰の堆積. 灰の山. **2** 灰燼. かいじんと化した跡. ¶ 전화로 마을 전체가 ～로 화했다 戦火で町全体がかいじんと化した.
잿독 名 (灰汁を取るために)灰をためておく甕.
잿물 名 **1** (洗濯に用いる)灰汁. **2** 〔'양잿물'의 준말〕 洗濯用の苛性ソーダ. **3** (陶磁器の)釉薬. うわぐすり.
　◆**잿물을 내리다** 灰汁をとる.
잿밥〔齋一〕 名〔佛〕 供養のときに供えるご飯.
잿빛 名 灰色. ¶ ～ 하늘 灰色の空.
쟁[1]〔箏〕 名〔樂〕 箏〈13本の弦からなる弦楽器〉.
쟁[2]〔錚〕 名〔樂〕 手持ち鉦.
쟁그랑 副 하自他 かちゃんと. かちんと. ¶ 열쇠가 떨어져 ～하는 소리가 났다 鍵が落ちてかちんという音がした.
　쟁그랑거리다[-대다] 自他 かちんかちん[かちゃんかちゃん]音がする.
　쟁그랑쟁그랑 副 하自他 かちゃんかちゃん. かちんかちん.
쟁기 名〔農〕 犂.
　쟁기날 名〔農〕 犂の先.
　쟁기질 名 하自〔農〕 犂で田畑を耕すこと.
쟁론〔爭論〕 名 하自 争論. 言い争うこと.
쟁반〔錚盤〕 名 盆. ¶ 은제 ～ 銀製の盆.
쟁소〔爭訴〕 名 하自 争訟.
쟁송〔爭訟〕 名 하自 争訟. 訴訟を起こして争うこと.
쟁의〔爭議〕 名 하他 争議. ¶ 노동 ～ 労働争議.
　쟁의권〔一權〕 名〔法〕 争議権.
　쟁의 행위〔一行爲〕 名〔法〕 争議行為.
-쟁이 接尾 (사람의 성질·습관·행동 등을 나타내는 말에 붙어) その人を少し軽蔑して言う語. ¶ 심술～ 意地悪な人 / 글～ 物書き / 노름～ 博打打ち.

單語帳 사람을 나타내는 접미사

◆-쟁이: 개구쟁이 わんぱく / 거짓말쟁이 嘘つき / 겁쟁이 臆病者 / 고집쟁이 意地っ張り / 멋쟁이 おしゃれな人 / 오입쟁이 女たらし / 월급쟁이 月給取り / 중매쟁이 仲立ち.
◆-꾸러기: 말썽꾸러기 問題児 / 심술꾸러기 意地悪な人 / 엄살꾸러기 大げさに痛がる人 / 욕심꾸러기 欲張り / 잠꾸러기 寝坊助 / 장난꾸러기 いたずら小僧.
◆-꾼: 구경꾼 見物人 / 나무꾼 木こり / 낚시꾼 釣り人 / 사기꾼 詐欺師 / 사냥꾼 狩人 / 술꾼 酒飲み. のんべえ / 심부름꾼 使い / 장사꾼 商売人 / 지게꾼 背負子で荷物を運ぶ事を業とする人.
◆-보: 땅딸보 背が低くて太った人 / 먹보 食いしん坊 / 늘보 のろま / 울보 泣き虫 / 털보 毛深い人.
◆-이: 늙은이 年寄り / 떠돌이 放浪者 / 똘똘이 お利口さん / 젊은이 若者 / 젖먹이 乳飲み子.
◆-뱅이: 가난뱅이 貧乏人 / 게으름뱅이 ものぐさ / 주정뱅이 のんべえ.
◆-장이: 땜장이 鋳掛け屋 / 미장이 左官 / 삿갓장이 笠屋.
◆-개: 똥싸개 糞ったれ / 침흘리개 よだれくり. よだれを垂らしている人 / 코흘리개 はな垂れ.
◆-잡이: 안경잡이 めがねをかけた人 / 왼손잡이 左利き / 앞잡이 手先.
◆-둥이: 귀염둥이 とてもかわいらしい子供 / 바람둥이 浮気者 / 쌍둥이 双子 / 해방둥이 1945年生まれの人.

쟁이다 他 (物置·器などにきちんと)積み重ねる. 一つ一つ重ねておく. ¶ 여행 가방에 옷을 ~ 旅行かばんに服を重ねて入れる.
쟁쟁〔錚錚〕 副 하形 錚々. ¶ ~한 멤버 錚々たるメンバー / 소리가 ~ 울린다 音が錚々と響く. **쟁쟁히** 副 錚々と.
쟁쟁하다〔琤琤—〕 形 **1** (玉が転がり響くように)音がきれいにさえている. **2** (かつて聞いた声や音が)今なお耳に残っている. ¶ 또랑또랑한 목소리가 귀에 ~ はきはきした声が耳に聞こえるようだ. **쟁쟁히** 副 **1** 玉が転がり響くような音[ようす]. **2** 耳に聞こえるように. はっきりと.
쟁점〔爭點〕 名 争点. ¶ 개헌 논쟁의 ~ 改憲論争の争点.
쟁취〔爭取〕 名 하他 戦い取ること. 勝ち取ること. ¶ 독립을 ~하다 独立を勝ち取る.
쟁탈〔爭奪〕 名 하他 争奪. ¶ ~전 争奪戦.
쟁패〔爭霸〕 名 하他 争覇. ¶ ~전 争覇戦.
재 代 〔'저 아이'가 준 말〕 あの子. ¶ ~는 참 착한 아이야 あの子はとてもよい子だ.
저[1] 名 〔樂〕 横笛.
저[2]〔著〕 名 〔'저술·저작'의 준말〕 著.
저[3]〔箸〕 名 〔'젓가락'의 준말〕 箸.
저[4] 代 **1** 〔'나'의 겸양어〕 私. わたくし. ¶ ~는 회사원입니다 私は会社員です. **2** 〔'자기'를 낮추어 하는 말〕 自分. 自身. 自分自身. ¶ ~ 혼자 하도록 내버려 두세요 自分一人でするように放っておきなさい.
저[5] Ⅰ 冠 あの. ¶ ~ 사람 あの人 / 저기 보이는 ~ 집 あそこに見えるあの家.
Ⅱ 代 〔'저것'의 준말〕 あれ. それ. ¶ 망설이는 사이에 이도 ~도 다 놓쳤다 ぐずぐずする間にあれもこれもみな逃がした. ▷이, 그
저[6] 感 **1** 〔얼른 생각이 나지 않을 때의 소리〕 あのう. ええと. ええ. ¶ ~, 그 사람 이름이 뭐였더라? あのう, あの人の名前は何だったかね. **2** 〔꺼내기 거북한 말을 망설이며 하는 소리〕 あのう. ええ. ¶ ~, 잠깐 물어 보겠습니다만 あのう, ちょっとおたずねしますが.
저-[7]〔低〕 接頭 低…. ¶ ~기압 低気圧 / ~혈압 低血圧.
저가〔低價〕 名 低価. 廉価. 安価.
저간〔這間〕 名 このごろ. 最近. ¶ ~의 소식 最近の消息.
저개발국〔低開發國〕 名 低開発国.
저거 代 〔'저것'의 준말〕 あれ. あのもの. ＞조거
저거시기 感 〔말을 하다가 생각이 잘 나지 않을 때 내는 소리〕 あのう. ええと.
저건 〔'저것은'이 준 말〕 あれは. ¶ ~ 내 것이 아니야 あれは僕のものじゃないよ. ＞조건
저걸 〔'저것을'이 준 말〕 あれを. あいつを. ¶ ~ 하나 사 주세요 あれを一つ買ってください. ＞조걸
저것 代 **1** あのもの. あれ. ¶ 이것과 ~을 비교하다 これとあれを比較する. **2** (大人に対して用いるときは軽蔑的に, 子供に対して用いるときは愛情を込めて) あいつ. ¶ ~이 미쳤나. あいつは気が変になったんじゃないか. ＞조것
저게 〔'저것이'가 준 말〕 あれは. あいつが. ¶ ~ 거북이냐 자라냐? あれは亀かすっぽんか. ＞조게
저격〔狙擊〕 名 하他 狙撃. ¶ ~병 狙撃兵 / ~수 狙撃手 / ~당하다 狙撃される.
저고리 名 チョゴリ〈民族衣装の上着〉.
저고릿고름 名 チョゴリの結びひも.
저고릿바람 名 衣冠を整えない普段の身なり.
저공〔低空〕 名 低空. ¶ ~비행 低空飛行.
저금〔貯金〕 名 하自他 貯金. ¶ 우편 ~ 郵便貯金 / ~통장 貯金通帳 / ~하다 貯金する. お金を貯える.
저금통〔—筒〕 名 貯金箱.
저금리 정책〔低金利政策〕 名 〔經〕 低金利政策.
저급〔低級〕 名 하形 低級. ¶ ~한 책 低級な本.
저기 Ⅰ 代 あそこ. あちら. かなた. ¶ 여기서 ~까지 뛰어 가자 ここからあそこまで走って行こう.
Ⅱ 副 あそこに. あちらに. ¶ ~에 생가가 있다 あそこに生家がある. ＞조기 ▷여기, 거기
저기압〔低氣壓〕 名 **1** 〔天〕 低気圧. 反 高気圧. **2** 〈俗〉 不機嫌. ¶ 사장은 ~이다 社長は低気圧だ.
저까짓 冠 あれしきの. たかがあれくらいの. ¶ ~ 일에는 놀라지 않아 あれしきの事には驚かないぞ. ＞조까짓
저나마 副 あれでも. あれでさえでも. あんな(つまらない)ものでも. ¶ ~ 없는 것보다 낫다 あんなものでもないよりましだ.
저냥 副 あのままに. ¶ ~ 내버려 두어서는 안 된다 あのままほうっておいてはいけない.
저널리스트〔journalist〕 名 ジャーナリスト.
저널리즘〔journalism〕 名 ジャーナリズム.
저네 代 〔'저네들'의 준말〕 あの人たち. あちら側の人たち.
저네들 代 あの人たち. あちら側の人たち.
저녁 名 **1** 夕. 夕方. 夕暮れ. 日暮れ. 夜. 晩. ¶ 오늘 ~ 今日の夕方. **2** 〔저녁밥〕 夕食. 夕飯. ¶ ~을 먹다 夕食をとる / ~을 짓다 夕ご飯を炊く.
저녁거리 名 夕飯の材料.
저녁곁두리 名 昼食と夕食の間にとる間食.
저녁나절 名 日暮れ時. たそがれ時.
저녁 노을 名 夕焼け. 夕映え. ¶ ~이 지다 夕焼けになる / 타는 듯한 ~ 燃えるような夕焼け.
저녁놀 名 〔'저녁 노을'의 준말〕 夕焼け. 夕映え.
저녁때 名 夕方. 夕暮れ時. 日暮れ時. 夕飯時.
저녁밥 名 夕飯. 夕食. ¶ ~을

먹다 夕飯を食べる.
저녁상〔一床〕名 夕食のお膳.
저능〔低能〕名 하形 低能. ¶ ～아 低能児.
저다지 副 あんなにまでも. あれ程に. ¶ ～ 흥분하면 몸에 좋지 않다 あんなにまで興奮したら体によくない. ▷이다지, 그다지
저당〔抵當〕名 하他 抵当. 担保. かた. ¶ 집을 ～ 잡히다 家を抵当に取られる.
저당권〔一權〕名〔法〕抵当権.
저당물〔一物〕名 抵当物.
저대로 副 あのままで. あの調子で. ¶ ～ 둘 수는 없다 あのままほってはおけない. ▷그대로, 이대로
저도〔低度〕名 低度. 低い程度.
저돌〔豬突〕名 하自 猪突. ¶ ～적인 행동 向こう見ずな行動.
저들 代〔'저네들'의 준말〕あの人たち.
저따위 名〈蔑〉あんな(つまらない)もの. あんなやつ. ¶ ～ 인간이 무엇을 할 수 있겠는가 あんな人間に何ができようか.
저락〔低落〕名 하自 低落. 下落. ¶ 인기가 ～하다 人気が低落する.
저래 **1**〔'저리하여'가 준 말〕あのようで. ああ. ¶ 아무리 ～도 소용없는 일이야 いくらああしても無駄なことだよ. **2** あのようなやり方で.
저래도 **1**〔'저리하여도'가 준 말〕ああしても. あんな状態でも. ああでも. **2** あんなやり方でも. ああしても.
저래서 **1**〔'저리하여서'가 준 말〕あんな状態だから. ああで. **2** あのようにして. ああだから. ああして.
저러다 自〔'저리하다'의 준말〕ああする. あのようにする[ふるまう·言う·考える]. ¶ 이럴 수도 저럴 수도 없다 どうにもこうにもしようがない.
저러면〔'저리하면'이 준 말〕あんな状態では. ああだったら. あんなやり方では. ¶ ～ 원금을 곱다시 잃는다 あんなやり方では元金はそっくりそのままなくす.
저러저러하다 形 **1** かくかくである. **2** まあそんなところだ.
저러하다 形 あのようだ. あんな具合だ. ¶ 저러한 모양이 좋다 あのような形が好きだ.
저런 Ⅰ〔저러한〕あのような. あんな. ¶ ～ 사람은 싫다 あんな人は嫌いだ.
Ⅱ 感〔가볍게 놀라는 모양〕あら. まあ. おや. なんとまあ. ¶ ～, 거 참 야단났군 あら, それはほんとに困ったね.
저렇다 形〔'저러하다'의 준말〕あのようだ. あのとおりだ. ¶ 이렇다 ～ 말이 많다 ああだこうだと口数が多い / 저렇게 큰 것은 본 적이 없다 あんな大きなものは見たことがない.
저렇듯 副〔'저러하듯'의 준말〕あのように(まで). あれほど(まで). ¶ ～ 넓은 집에서 살아보고 싶다 あのように広い家に住んでみたい.
저력〔底力〕名 底力. ¶ ～이 있다 底力がある / ～을 발휘하다 底力を発揮する.
저렴〔低廉〕名 하形 低廉. (価格が)安いこと. ¶ ～한 가격 安い価格.
저류〔底流〕名 底流.
저리[1]〔低利〕名 低利. ¶ ～로 융자하다 低利で融資する.
저리[2] 副 **1** あのように. あんなに. ¶ 왜 ～ 화를 내지? なぜあんなに怒るのだろうか. **2**〔저쪽으로〕あちらに. あそこに. 向こうに. あっちに. ¶ ～ 가거라 あっちに行け.
저리다 形 しびれる. 麻痺する. ¶ 팔다리가 ～ 手足がしびれる.
저릿저릿하다 形 (手足がしびれて)ひどくびりびりする.
저마다 副 ひとりひとり. 各自. それぞれ. みんながみんな. ¶ ～ 한마디씩 하다 みなそれぞれ一言ずつ言う.
저만저만하다 形 **1** そんな程度のことだ. ¶ 저만저만한 정도로 그칠 일이 아닐세 そんな程度で済むようなことじゃないよ. **2** (事実内容が)そのようなものである. ¶ 형편이 저만저만하니 양해하게 事情がそういうようなわけだから了解してくれ.
저만치 副 少し離れたところに. そこらへんに. ¶ ～ 서서 구경하여라 そこらへんに立って見物しなさい.
저만큼 副 あの位. あの程度に.
저만하다 形 **1** (程度·水準が)あれほどだ. あれくらいだ. ¶ 저만한 크기 あれくらいの大きさ. **2** 別に大したものではない. まああんなものだ.
저맘때 名 (大きさ·年齢などが)あれ[あの]くらいのころ. ¶ 나도 ～에는 부모의 말을 잘 듣지 않았어 私もあれくらいの年のころは親の言うことをよく聞かなかったわ.
저면〔底面〕名 底面.
저명〔著名〕名 하形 著名. ¶ ～인사 著名の士 / ～한 작가 著名な作家.
저물가〔低物價〕名 低物価. ¶ ～ 정책 低物価政策.
저물다 自 (日·年·季節が)暮れる. 暮れかかる. ¶ 해가 ～ 日が暮れる / 날이 저물기 전에 日が暮れないうちに.
저물도록 副 **1** 日暮れまで. ¶ 날이 ～ 일하다 (日の)暮れ方まで働く. **2** 遅くまで.
저미다 他 薄く切る. ¶ 쇠고기를 얇게 ～ 牛肉を薄く切る.
저버리다 他 **1** (約束を)破る. ¶ 약속을 ～ 約束を破る. **2** (恩義に)背く. 忘れる. ¶ 은혜를 ～ 恩を忘れる / 신의를 ～ 信義に背く. **3** (好意を)無にする. 裏切る. ¶ 후배의 호의를 ～ 後輩の好意を無にしてしまう.
저벅 副〔크게 한 번 내딛는 발소리〕のっしのっし(と).
저벅거리다[-대다] 自 のっしのっしと歩く.
저벅저벅 副 하自 のっしのっし(と).
저번〔這番〕名《'저번에'의 꼴로》この前. 先ごろ. 先だって. この間. ¶ ～에 귀국했습니다 この前帰朝しました.
저변〔底邊〕名 底辺. ¶ 체육 인구의 ～ 확대 体育人口の底辺の拡大.
저분 代 あの方.
저분저분 副 하形 **1** 柔らかくてかみや

すいようす. **2** 性格が温和なようす. ＞자분자분

저상〔沮喪〕名 하自 阻喪. ¶ 의기～하다 意気阻喪する.

저서〔著書〕名 하自 著書. ¶ ～를 내다 著書を出す.

저속¹〔低俗〕名 하形 低俗. ¶ ～한 취미 低俗な趣味.

저속²〔低速〕名 低速. ¶ 버스를 ～으로 운행하다 バスを低速で運行する.

저수〔貯水〕名 하自 貯水. ¶ ～량 貯水量.

저수지〔一池〕名 貯水池.

저술〔著述〕名 하他 著述. 著作. ¶ ～가 著述家 / 경제원론을 ～하다 経済原論を著わす.

저습〔低濕〕名 하形 低湿. ¶ ～ 지대 低湿地帯.

저승 名 あの世. 冥土. 黄泉.

저승길 名 黄泉路. 死出の旅路.

저압〔低壓〕名 低圧.

저액〔低額〕名 低額. ¶ ～ 소득자 低所得者.

저어새 名〔動〕箆鷺.

저어하다 形 恐れる. 懸念する. ¶ 세력 확대를 ～ 勢力拡大を懸念する.

저열하다〔低劣一〕形 低劣だ. ¶ 저열한 인간 低劣な人間.

저온〔低溫〕名 低温. ¶ ～ 마취 低温麻酔 / ～ 살균 低温殺菌.

저울 名 秤. ¶ 돼지고기를 ～에 달다 豚肉を秤にかける.

저울눈 名 秤の目. ¶ ～을 속이다 秤の目をごまかす.

저울대 名 秤竿.

저울질 名 하自他 **1** 秤にかけること. (損得を考えるために)秤にかけること. ¶ 이해 득실을 ～하다 利害得失を天秤にかける. **2** 人の心や人柄をあれこれと推し量ること.

저울추〔一錘〕名 分銅. 重り.

저울판〔一板〕名 秤の皿.

저위도〔低緯度〕名 低緯度.

저육〔豬肉〕名 豚肉.

저율〔低率〕名 低率. 反 高率

저음〔低音〕名 低音. 反 高音

저음부 기호〔一部記號〕名〔樂〕低音部記号.

저의〔底意〕名 底意. 下心. ¶ 그들의 ～를 알 수 없다 彼らの底意をはかりかねる.

저이 代 あの人. あの方.

저이들 代 あの人たち.

저인망〔底引網〕名 低引き網. トロール. ¶ ～ 어선 トロール船.

저임금〔低賃金〕名 低賃金.

저자¹ 名 **1** 市場で物を売る店. **2** 朝夕に総菜を売る露店.

◆**저자가 서다** 市が立つ. 市場で売買が始まる.

◆**저자를 보다** 市場で売り買いをする.

저잣거리 名 市場の店が並んでいる通り.

저자²〔一者〕名〈卑〉あいつ. あれ. ¶ ～는 누군가? あいつは誰か.

저자³〔著者〕名 著者. 作者.

저자세〔低姿勢〕名 低姿勢. ¶ ～로 나오다 低姿勢に出る.

저작¹〔咀嚼〕名 하他 咀嚼.

저작근〔一筋〕名〔生〕咀嚼筋.

저작²〔著作〕名 하他 著作.

저작권〔一權〕名 著作権. ¶ ～법 著作権法 / ～을 침해하다 著作権を侵害する.

저작물〔一物〕名 著作物.

저작자〔一者〕名 著者. 作者.

저장〔貯藏〕名 하他 貯蔵. ¶ ～고 貯蔵庫 / ～근 (植物の)貯蔵根 / ～조직 貯蔵組織 / ～물 貯蔵物.

저절로 副 自然に. ひとりでに. おのずと. おのずから. ¶ 병이 ～ 낫다 病気が自然に治る / 문이 ～ 열리다 戸がひとりでに開く.

저조¹〔低調〕名 하形 低調. ¶ 생산 실적이 ～하다 生産実績が低調である.

저조²〔低潮〕名 低潮. 干潮.

저주〔詛呪〕名 하他 呪詛. のろい. ¶ 원수를 ～하다 かたきをのろう.

저주스럽다 形 のろわしい. ¶ 저주스러운 세상[운명] のろわしい世の中[運命].

저주파〔低周波〕名〔物〕低周波.

저지¹〔低地〕名 低地. 反 高地

저지²〔沮止〕名 하他 阻止. ¶ 침입을 ～하다 侵入を阻止する.

저지난 冠 ⇨지지난

저지르다 他 **1** (罪·過ちなどを)犯す. (過ちなどを)しでかす. ¶ 죄를 ～ 罪を犯す / 잘못을 ～ 過ちを犯す. **2** (好ましくないことを)引き起こす. ¶ 일을 ～ 問題を引き起こす.

저질〔低質〕名 低質. ¶ ～품 低質品 / ～탄 低質炭.

저쪽 代 あっち. あちら側. 向こう. あそこ. ¶ ～으로 갑시다 あちらに行きましょう / 그것은 ～의 잘못이다 それはあちら側の過ちだ.

저처럼 副 あのように. あんなに. ¶ ～ 큰 나무는 처음 본다 あのように大きな木は初めて見る.

저촉〔抵觸〕名 하自 抵触. ¶ 법에 ～되는 행위 法に抵触する行為.

저축〔貯蓄〕名 하他 貯蓄. ¶ 재형～ 財形貯蓄 / ～예금 貯蓄預金.

저탄〔貯炭〕名 하自 貯炭. ¶ ～량 貯炭量 / ～장 貯炭場.

저택〔邸宅〕名 邸宅. 大きな屋敷. ¶ 으리으리한 ～ 豪壮な邸宅.

저편〔一便〕名 あちら. あちら側. 向こう. 向こう側. ¶ ～에 있는 언덕 向こうにある丘.

저하〔低下〕名 하自 低下. ¶ 학력의 ～ 学力の低下 / 품질이 ～되다 品質が低下する.

저학년〔低學年〕名 低学年.

저항〔抵抗〕名 하自 抵抗. ¶ ～력 抵抗力 / 권력에 ～하다 権力に抵抗する.

저항권〔一權〕名〔法〕抵抗権(国家権力に抵抗する国民の権利).

저해〔沮害〕名 하他 阻害. ¶ 우호 관계를 ～하다 友好関係を阻害する.

저혈압〔低血壓〕名〔醫〕低血圧.

저희 代 **1**〔'우리'의 겸양어〕私ども.

手前ども. ¶ ~는 모릅니다 私どもは分かりません. **2** 私どもの. 私の. わが. ¶ ~ 집에 한번 놀러 오세요 わが家へ一度遊びにお越しください. **3** あの人たち. 彼ら. ¶ ~끼리 놀러 갔다 あの人たちだけで遊びに行った.

적[1]〔赤〕名〔'적색'의 준말〕赤.

적[2]〔炙〕名〔料理〕魚·肉などの串焼き.

적[3]〔的〕名 的. **1** 標的. **2** 対象. 標的. ¶ 선망의 ~ 羨望の的.

적[4]〔笛〕名〔樂〕笛.

적[5]〔敵〕名 敵. ¶ ~을 쓰러뜨리다 敵を倒す.

적[6]〔籍〕名 籍. 戸籍·兵籍·学籍などの文書. ¶ 대학에 ~을 두다 大学に籍をおく.

적[7] 依名 **1**〔때〕(…の)とき. (…する·した)とき. …(した)こと. ¶ 어릴 ~ 幼いとき / 시합에 졌을 ~에 試合に負けたとき. **2**〔경험〕(…した)こと. ¶ 외국에 가 본 ~이 있다 外国へ行ったことがある.

-적[8]〔的〕接尾 …的. ¶ 문학~ 文学的 / 세계~ 世界的 / 비극~인 최후 悲劇的な最後.

적갈색〔赤褐色〕名 赤褐色.

적개심〔敵愾心〕名 敵愾心. ¶ ~을 불태우다 敵愾心を燃やす.

적격〔適格〕名 하形 適格. ¶ ~자 適格者 / ~ 심사 適格審査.

적공〔積功〕名 하自 **1** 功を積むこと. **2** (あることに)一生懸命努力すること. ¶ ~을 들이다 一生懸命努力する.

적과〔摘果〕名 하自他〔農〕摘果.

적국〔敵國〕名 敵国.

적군[1]〔赤軍〕名 赤軍.

적군[2]〔敵軍〕名 敵軍. ¶ ~을 포위하다 敵軍を包囲する.

적군[3]〔賊軍〕名 賊軍.

적극〔積極〕名 **1** 積極. ¶ ~책 積極策. **2** (부사적으로 쓰여) 積極的に. ¶ ~ 추진하다 積極的に推進する / ~ 지원하다 積極的に支援する.

적극성〔—性〕名 積極性.

적극적〔—的〕冠名 積極的. ¶ ~으로 행동하다 積極的に行動する.

적금〔積金〕名 하自他 **1** 積み金. 積立金. **2** 月掛け貯金. ¶ ~을 붓다 月掛け貯金をする.

적기[1]〔赤旗〕名 **1** (危険を知らせる)赤い旗. **2** (共産党の)赤旗.

적기[2]〔摘記〕名 하他 摘記. ¶ 요점을 ~하다 要点を摘記する.

적기[3]〔適期〕名 適期. チャンス. ¶ 지금이 ~다 今がチャンスだ.

적기[4]〔敵機〕名 敵機.

적꼬치〔炙—〕名 竹串.

적나라하다〔赤裸裸—〕形 赤裸々だ. ¶ 적나라한 인간상 赤裸々な人間像 / 적나라한 표현 赤裸々な表現.

적다[1] 他 記す. 書き記す. 記録する. ¶ 서류에 성명을 ~ 書類に氏名を記す.

적다[2] 形 少ない. わずかだ. 薄い. ¶ 경험이 ~ 経験が少ない[浅い].

적당〔賊黨〕名 賊党. 賊徒.

적당주의〔適當主義〕名 適当主義.

적당하다〔適當—〕形 適当だ. ちょうどよい. ほどよい. ふさわしい. いいかげんだ. ¶ 적당한 크기의 집 ちょうどよい大きさの家 / 시기는 지금이 ~ 時期は今が適当である. **적당히** 副 適当に. ¶ 답변을 ~ 얼버무리다 答弁を適当にごまかす.

적대〔敵對〕名 하自他 敵対. ¶ ~ 행위 敵対行為 / ~ 세력 敵対勢力.

적대시〔—視〕名 하他 敵視. ¶ ~하는 태도 敵視する態度.

적덕〔積德〕名 하自 積徳.

적도[1]〔赤道〕名〔天〕赤道. ¶ ~ 무풍대 赤道無風帯 / ~ 역류 赤道逆流 / ~ 해류 赤道海流 / ~ 직하 赤道直下.

적도의〔—儀〕名〔天〕赤道儀.

적도제〔—祭〕名 赤道祭(船が赤道を通るときに行なう祭り).

적도[2]〔賊徒〕名 賊徒.

적도[3]〔適度〕名 適度. ¶ ~의 운동 適度の運動.

적동〔赤銅〕名〔鑛〕赤銅.

적동광〔—鑛〕名〔鑛〕赤銅鉱.

적동색〔—色〕名 赤銅色.

적란운〔積亂雲〕名〔氣〕積乱雲. 入道雲. 雷雲.

적량〔適量〕名 適量.

적령〔適齡〕名 適齢.

적령기〔—期〕名 適齢期. ¶ 결혼 ~ 結婚適齢期.

적례〔適例〕名 適例. ¶ ~를 들면 適例を挙げれば.

적록 색맹〔赤綠色盲〕名〔醫〕赤緑色盲.

적료하다〔寂寥—〕形 ⇨적요하다

적류〔嫡流〕名 嫡流. 正統の血統.

적리〔赤痢〕名〔醫〕赤痢. ¶ ~균 赤痢菌 / ~아메바 赤痢アメーバ.

적립〔積立〕名 하他 積み立て. ¶ ~금 積立金.

적막〔寂寞〕名 하形 寂寞. ¶ ~한 심산[황야] 寂寞たる深山[荒野]. **적막히** 副 寂寞と(して).

적막감〔—感〕名 寂寞感. 寂寥感.

적멸〔寂滅〕名 하自〔佛〕寂滅.

적모〔嫡母〕名 嫡母(庶子が父の正妻を言う語).

적몰〔籍沒〕名 하他〔史〕籍没. 重罪人の家財を没収すること.

적바르다 形 ある規準にやっと到達する.

적바림 名 하他 書付. メモ.

적반하장〔賊反荷杖〕名 (盗賊がかえって棒を振りかざすの意で)盗人猛々しいこと. ¶ ~도 유분수지 盗人猛々しいにもほどがある.

적발〔摘發〕名 하他 摘発. ¶ 탈세를 ~하다 脱税を摘発する / 비위 사실이 ~되다 不法な事実が摘発される.

적법〔適法〕名 하形 適法.

적법성〔—性〕名 適法性.

적법 행위〔—行爲〕名 適法行為.

적병[1]〔賊兵〕名 賊兵. 賊軍の兵士.

적병[2]〔敵兵〕名 敵兵.

적부〔適否〕名 適否. ¶ 구속 ~ 심사

拘束適否の審査.

적부적〔適不適〕 名 適不適. ¶ 사람에 따라 ～이 있다 人によって適不適がある.

적분〔積分〕 名 하他 〔數〕 積分.

적분학〔一學〕 名 〔數〕 積分学.

적비〔賊匪〕 名 賊匪. 匪賊.

적빈〔赤貧〕 名 하形 赤貧.

적사〔嫡嗣〕 名 嫡嗣. 嫡出の嗣子.

적산[1]〔敵産〕 名 敵国(人)の財産.

적산[2]〔積算〕 名 하他 積算. ¶ ～법 積算法 / ～ 전력계 積算電力計.

적삼 名 チョゴリ(저고리)の一種.

적색〔赤色〕 名 赤色. 赤.

적색맹〔赤色盲〕 名 〔醫〕 赤色盲.

적서〔嫡庶〕 名 嫡庶. **1** 嫡子と庶子. **2** 嫡流と庶流.

적석총〔積石塚〕 名 積石塚〈古墳の形式の一つ〉.

적선[1]〔賊船〕 名 海賊船.

적선[2]〔敵船〕 名 敵船.

적선[3]〔積善〕 名 하自 積善.

적설〔積雪〕 名 積雪. 降り積もった雪. ¶ ～량 積雪量.

적성[1]〔適性〕 名 適性. ¶ ～ 검사 適性検査.

적성[2]〔敵性〕 名 敵性. ¶ ～ 국가 敵性国家.

적세〔敵勢〕 名 敵勢. 敵の勢力.

적소[1]〔適所〕 名 適所. ¶ 적재～ 適材適所.

적소[2]〔謫所〕 名 〔史〕 謫所. 配所. 流罪地.

적손〔嫡孫〕 名 嫡孫.

적송[1]〔赤松〕 名 〔植〕 赤松.

적송[2]〔積送〕 名 하他 積送.

적쇠〔炙一〕 名 (肉·餅などを焼く)焼き網.

적수[1]〔赤手〕 名 赤手. 素手. 空手.

적수공권〔一空拳〕 名 徒手空拳. ¶ ～으로 장사를 시작해 부자가 되었다 身一つで商売を始めて金持ちになった.

적수성가〔一成家〕 名 하自 無一文から一家を成すこと.

적수[2]〔敵手〕 名 敵手. **1** 自分と力が対等な相手. ライバル. ¶ 호～ 好敵手. **2** 敵の手.

적습〔敵襲〕 名 敵襲. ¶ ～에 대비하다 敵襲に備える.

적시[1]〔摘示〕 名 하他 摘示. かいつまんで示すこと.

적시[2]〔適時〕 名 適時. ¶ ～ 안타 タイムリーヒット.

적시[3]〔敵視〕 名 하他 敵視.

적시다 他 浸す. ぬらす. 湿す. ¶ 수건을 적셔 이마를 훔치다 手ぬぐいをぬらして額をぬぐう.

적신〔賊臣〕 名 賊臣.

적신호〔赤信號〕 名 赤信号. **1** (交通信号の)赤. **2** 危険信号. ¶ 고혈압은 건강의 ～다 高血圧は健康の赤信号だ.

적실[1]〔嫡室〕 名 嫡室. 正妻.

적실[2]〔敵失〕 名 敵失. 相手のエラー. ¶ ～로 출루하다 敵失で出塁する.

적심[1]〔賊心〕 名 賊心. **1** 盗みをしようとする心. **2** 反逆しようとする心.

적심[2]〔摘心〕 名 하自他 〔農〕 摘心. 植物の実や花を大きくするため新芽を摘み取ること.

적십자〔赤十字〕 名 赤十字. ¶ ～ 병원 赤十字病院 / ～사 赤十字社.

적아〔摘芽〕 名 하自 摘芽.

적악〔積惡〕 名 하自 積悪.

적어도 副 **1** 少なくとも. ¶ 비용은 ～ 1억 원 든다 費用は少なくとも1億ウォンかかる. **2** せめて. ¶ ～ 규칙만은 지켜라 せめて規則だけは守れ. **3** いやしくも. 仮にも. ¶ ～ 그런 것을 말해서는 안 된다 かりそめにそのようなことを言ってはならない.

적어지다 自 少なくなる. 減る. ¶ 농업 인구가 적어지고 있다 農業人口が少なくなっている.

적역[1]〔適役〕 名 適役. はまり役. ¶ 노인 역은 그에게 ～이다 老人の役は彼に適役だ.

적역[2]〔適譯〕 名 適訳.

적연하다〔寂然一〕 形 寂然としている. 静かで寂しい.

적열〔赤熱〕 名 하自他 赤熱. ¶ ～한 쇳조각 赤熱した鉄片.

적외선〔赤外線〕 名 〔物〕 赤外線. ¶ ～ 사진 赤外線写真 / ～ 요법 赤外線療法.

적요〔摘要〕 名 하他 摘要. ¶ ～란 摘要欄.

적요하다〔寂寥一〕 形 寂寥としている. もの寂しい. ¶ 적요한 황야 寂寥とした荒野.

적용〔適用〕 名 하他 適用. ¶ 배운 기술을 ～하다 習った技術を適用する.

적운〔積雲〕 名 〔氣〕 積雲. 綿雲.

적위〔赤緯〕 名 〔天〕 赤緯. ¶ ～권 赤緯圏.

적응〔適應〕 名 하自 適応. ¶ 생활 환경에 ～하다 生活環境に適応する.

적응성〔一性〕 名 適応性.

적응증〔一症〕 名 〔醫〕 適応症.

적의[1]〔適宜〕 名 하形 適宜. ¶ ～ 처리 適宜な処置.

적의[2]〔敵意〕 名 敵意. ¶ ～를 품다 敵意を抱く.

적이 副 多少. いくらか. ちょっと. いささか. ¶ 시험에 합격했다니 ～ 마음이 놓인다 試験に受かったそうでいくらか安心した.

적이나 副 多少でも. いくらかでも. ちょっとばかり. ¶ ～ 협조를 해 주니 다행이다 いくらかでも協力してくれるから幸いだ.

적이나하면 副 いくらかでも事情が許せば.

적임〔適任〕 名 適任. ¶ ～자 適任者 / 회장직은 그 사람이 ～이다 会長職は彼が適任だ.

적자[1]〔赤字〕 名 赤字. **1** 欠損. 赤字. 反 黒字 ¶ 가계는 이 달도 ～다 家計は今月も赤字だ. **2** (校正の)赤字.

적자[2]〔賊子〕 名 賊子.

적자[3]〔嫡子〕 名 嫡子.

적자[4]〔適者〕 名 適者.

적자생존〔一生存〕 名 適者生存.

ㅈ

적잖다 形 少なくない. ¶적잖은 재산 少なからぬ財産. **적잖이** 副 少なからず. ¶그 소식을 듣고 ~ 놀랐다 その知らせに接して少なからず驚いた.
적장〔敵將〕名 敵将.
적재¹〔適材〕名 適材.
　적재적소〔—適所〕名 適材適所. ¶~에 배치하다 適材適所に配置する.
적재²〔積載〕名 하他 積載. ¶배에 짐을 ~하다 船に荷を積載する.
적적하다〔寂寂—〕形 ひっそりとして寂しい. 寂然としている. 寂然としている. ¶음악으로 적적한 마음을 달래다 音楽で寂しい心を慰める.
적전〔敵前〕名 敵前. ¶~ 상륙 敵前上陸.
적절하다〔適切—〕形 適切だ. ¶적절한 대응책 適切な対応策. **적절히** 副 適切に. いみじくも. ¶~ 말할 수 있었다 いみじくも言い得た.
적점토〔赤粘土〕名〔地〕赤粘土.
적정¹〔敵情〕名 敵情. ¶~을 살피다 敵情を探る.
적정²〔適正〕名 하形 適正. ¶~한 가격 適正な価格.
적조¹〔赤潮〕名〔生〕赤潮.
적조²〔積阻〕名 하自 無沙汰. 長い間音信が途絶えること.
적중〔的中〕名 하自 的中. **1** 的に当たること. **2** (予想などが)当たる. ¶예상이 ~하다 予想が的中する.
적지¹〔敵地〕名 敵地. ¶~에 잠입하다 敵地に潜入する.
적지²〔適地〕名 適地. ¶꽃 재배에는 ~다 花の栽培には適地だ.
적진〔敵陣〕名 敵陣. ¶~으로 쳐들어가다 敵陣に攻め込む.
적처〔嫡妻〕名 嫡妻. 本妻.
적체〔積滯〕名 하自 積み滞ること. 累積すること.
적출¹〔摘出〕名 하他 摘出. ¶장기를 ~하다 臓器を摘出する.
적출²〔嫡出〕名 嫡出.
　적출자〔—子〕名〔法〕嫡出子.
적출³〔積出〕名 하他 積み出し. ¶~항 積み荷港.
적치¹〔敵治〕名 敵の統治.
적치²〔積置〕名 하他 積んで置くこと.
적침〔敵侵〕名 敵の侵略. ¶~을 막다 敵の侵略を防ぐ.
적탄〔敵彈〕名 敵弾.
적토〔赤土〕名 赤土. **1**〔鑛〕代赭石. **2** 赤い土.
적평〔適評〕名 適評. 適切な批評.
적폐〔積弊〕名 積弊. ¶~를 일소하다 積弊を一掃する.
적포도주〔赤葡萄酒〕名 赤葡萄酒.
적하〔積荷〕名 積み荷. ¶~ 보험 積み荷保険.
적함〔敵艦〕名 敵艦.
적합하다〔適合—〕形 適合する. 適している. 向いている. ¶그 일에 적합한 사람 その仕事に適した人.
적혈〔赤血〕名 赤血. 赤い血.
적혈구〔赤血球〕名〔生〕赤血球.
적화¹〔赤化〕名 하自他 赤化.
적화²〔赤禍〕名 赤禍.

적확하다〔的確—〕形 的確だ. ¶적확한 판단 的確な判断.
적히다 自 記される. 書かれる. ¶명단에 이름이 ~ 名簿に名前が記録される.
전¹ 名 縁. へり. ¶화로의 ~ 火鉢の縁.
전² 名 (薪とりや草刈りのとき)抱かえられるだけの薪や馬草の分量.
전³〔前〕**Ⅰ** 名 **1**〔막연한 과거〕この前. 以前. ¶~에 한 번 만난 적이 있다 前に一度会ったことがある. **2** (동사의 어간+'-기 전에'의 꼴로) …する前に. ¶떠나기 ~에 出発する前に. **3** (편지에서 웃어른을 대하는 앞) …様. ¶아버님 ~ 상서 (手紙の冒頭で)お父様へ.
　Ⅱ 接頭 **1** (지위·신분을 나타내는 말에 붙어) 前の. ¶~ 대통령 前大統領 / ~ 남편 前夫. **2**〔앞의 시기를 나타냄〕前…. ¶~ 학기 前学期. **3**〔앞 부분을 나타냄〕前…. ¶~반부 前半部.
전⁴〔煎〕名〔料理〕チョン〈薄く切った肉・魚貝・野菜などを小麦粉でまぶし, 溶き卵にくぐらせてフライパンで焼いたもの〉.
전-⁵〔全〕接頭 全…. ¶~세계 全世界 / ~인류 全人類.
-전⁶〔展〕接尾 …展. ¶미술~ 美術展 / 도예~ 陶芸展.
-전⁷〔傳〕接尾 (인명(人名)에 붙어) …伝. ¶춘향~ 春香伝.
-전⁸〔殿〕接尾〔궁전·신전 등의 뜻을 나타냄〕…殿. ¶근정~ 勤政殿 / 대웅~ 大雄殿.
-전⁹〔戰〕接尾〔전투·경기·경쟁 등의 뜻을 나타냄〕…戦. ¶백병~ 白兵戦 / 결승~ 決勝戦.
전가¹〔傳家〕名 하他 **1** 親が子に家産などを譲ること. **2** 伝家の秘法.
전가²〔轉嫁〕名 하他 転嫁. ¶책임을 ~하다 責任を転嫁する.
전각¹〔全角〕名〔印〕全角.
전각²〔殿閣〕名 **1** 殿閣. 宮殿と楼閣. **2** 王の住む宮殿.
전각³〔篆刻〕名 篆刻.
전간¹〔傳簡〕名 하自 人伝に手紙を送ること.
전간²〔癲癎〕名〔醫〕癲癇.
전갈¹〔全蠍〕名〔動〕蠍.
전갈²〔傳喝〕名 하他 言伝. ことづけ. 伝言.
전개〔展開〕名 하自他 展開. ¶아름다운 풍경이 ~되다 美しい風景が展開する / 저축 운동을 ~하다 貯蓄運動を展開する.
　전개도〔—圖〕名 展開図.
　전개부〔—部〕名〔樂〕(楽曲の)展開部.
전갱이 名〔動〕鯵.
전거¹〔典據〕名 典拠. ¶~를 보이다 典拠を示す.
전거²〔轉居〕名 하自 転居. ¶이번에 아래 주소로 ~했습니다 このたび下記の住所に転居いたしました.
전건〔前件〕名〔論〕前件.
전격〔電擊〕名 하他 電撃. ¶~ 작전

電撃作戦/ ~적인 인사 조치 電撃的な人事措置.

전결〔專決〕 名 하他 専決. ¶ 국장의 ~ 사항 局長の専決事項.

전경[1]〔全景〕 名 全景. ¶ 마을 ~이 한눈에 보인다 村の全景が一望のもとに見える.

전경[2]〔前景〕 名 前景. ¶ ~이 좋다 前景がよい.

전경[3]〔戰警〕 名 〔'전투 경찰(戰鬪警察)'의 준말〕 戦闘警察隊.

전고[1]〔典故〕 名 **1** 典故. 典拠となる故事. **2** 典礼と故事.

전고[2]〔前古〕 名 前古. 昔.

전고미증유〔一未曾有〕 名 前古未曾有. いまだかつてなかったこと.

전고[3]〔銓考〕 名 하他 選考.

전곡[1]〔田穀〕 名 畑づくりの穀物.

전곡[2]〔全曲〕 名 全曲.

전곡[3]〔錢穀〕 名 銭穀. 金銭と米穀.

전골 名〔料理〕 チョンゴル(細かく切った肉をヤンニョム(양념)で味つけして野菜とともに鍋に色どりよく並べ少量の煮汁で煮ながら食べる).

전공[1]〔專攻〕 名 하他 専攻. ¶ ~ 과목 専攻科目/ 양자 역학을 ~하다 量子力学を専攻する.

전공[2]〔電工〕 名 電工. **1** 〔'전기 공업'의 준말〕 電気工業. **2** 〔'전기공'의 준말〕 電気工.

전공[3]〔戰功〕 名 戦功. ¶ ~비 戦功碑/ ~을 세우다 戦功をたてる.

전과[1]〔全科〕 名 **1** 全科. 全科目. **2** 小学校の全科目にわたる学習参考書.

전과[2]〔前科〕 名 前科. ¶ ~자 前科者/ ~ 2범 前科2犯.

전과[3]〔前過〕 名 前過. 以前の過ち.

전과[4]〔戰果〕 名 戦果. ¶ 혁혁한 ~를 올리다 輝かしい戦果をあげる.

전과[5]〔轉科〕 名 하自 転科.

전관[1]〔前官〕 名 前官. 退官前の官職.

전관예우〔一禮遇〕 名 前官礼遇.

전관[2]〔專管〕 名 하他 専管. ¶ ~ 수역 専管水域.

전광〔電光〕 名 電光. **1** 稲光. **2** 電気の光. ¶ ~ 게시판 電光掲示板.

전광 뉴스〔一news〕 名 電光ニュース.

전광석화〔一石火〕 名 電光石火. ¶ ~와 같은 날랜 솜씨 電光石火の早わざ.

전교[1]〔全校〕 名 全校. ¶ ~생 全校生.

전교[2]〔傳敎〕 名 하自 〔史〕 王の命令.

전교[3]〔傳敎〕 名 하自 伝教. 宗教を広く伝えること.

전교[4]〔轉交〕 名 하他 **1** (書類などを)人づてに交付すること. **2** 「他人の手を通して, 人づてに」の意で手紙の封筒に書く語.

전교[5]〔轉校〕 名 하自 転学. 転校.

전구[1]〔電球〕 名 電球. ¶ 백열~ 白熱電球/ 꼬마~ 豆電球.

전구[2]〔轉句〕 名〔文〕 転句(漢詩の絶句の第3句).

전국[1]〔全一〕 名〔料理〕 煮つめたスープ. 煮出し汁.

전국[2]〔全局〕 名 全局. 全体の見渡す局面. ¶ ~을 바라보다 全局を見渡す.

전국[3]〔全國〕 名 全国. ¶ 인플루엔자가 ~에 퍼졌다 インフルエンザが全国に広がった.

전국구〔一區〕 名 全国区(全国を1区とする選挙区).

전국[4]〔戰局〕 名 戦局. ¶ ~이 호전되다 戦局が好転する.

전국[5]〔戰國〕 名 戦国.

전국 시대〔一時代〕 名〔史〕 (中国の)戦国時代.

전군[1]〔全軍〕 名 全軍. 三軍. ¶ ~을 지휘하다 全軍を指揮する.

전군[2]〔前軍〕 名 前軍. 先陣. さきて.

전권〔全權〕 名 **1** 全権. **2** 〔'전권 위원'의 준말〕 全権委員.

전권 대사〔一大使〕 名〔法〕 全権大使.

전권 위원〔一委員〕 名 全権委員.

전극〔電極〕 名〔物〕 電極.

전근〔轉勤〕 名 하自 転勤. ¶ 지방으로 ~되다 地方に転勤する.

전근대〔前近代〕 名 前近代. ¶ ~적인 제도 前近代的な制度.

전기[1]〔前記〕 名 하他 前記. ¶ ~한 바와 같이 前記のごとく.

전기[2]〔前期〕 名 前期.

전기[3]〔傳奇〕 名 伝奇. ¶ ~ 소설 伝奇小説.

전기[4]〔傳記〕 名 伝記. ¶ 위인 ~ 偉人の伝記.

전기[5]〔電氣〕 名 **1** 電気. ¶ ~ 계기 電気計器/ ~ 공학 電気工学/ ~ 난로 電気ストーブ/ ~다리미 電気アイロン/ ~ 드릴 電気ドリル/ ~스탠드 電気スタンド/ ~ 도금 電気めっき/ ~ 분해 電気分解/ ~밥솥 電気釜/ ~ 면도기 電気かみそり/ 수력으로 ~를 일으키다 水力で電気を起こす. **2** 電灯.

전기공〔一工〕 名 電気工.

전기 공업〔一工業〕 名 電気工業.

전기 기관차〔一機關車〕 名 電気機関車.

전기담요〔一毯一〕 名 電気毛布.

전기료〔一料〕 名 電気料. 電気料金.

전기 분해〔一分解〕 名〔化〕 電気分解.

전기세탁기〔一洗濯機〕 名 電気洗濯機.

전기 야금〔一冶金〕 名 電気冶金.

전기 용접〔一鎔接〕 名〔工〕 電気溶接.

전기 저항〔一抵抗〕 名〔電〕 電気抵抗.

전기 전도〔一傳導〕 名〔物〕 電気伝導.

전기 회로〔一回路〕 名〔物〕 電気回路. サーキット.

전깃불 名 電灯の明かり. ¶ ~이 별로 밝지 않다 電灯の明かりがあまり明るくない.

전깃줄 名 電線.

전기[6]〔電機〕 名 電機. 電気機械.

전기[7]〔戰記〕 名 하他 戦記. 軍記.

전기[8]〔戰機〕 名 戦機. ¶ ~가 무르익다 転機が熟す.

전기[9]〔轉記〕 名 하他 転記. ¶ 대장에 ~하다 台帳に転記する.

전기[10]〔轉機〕 名 転機. ¶ 인생의 ~가 된 사건 人生の転機になった出来事

/하나의 ~를 맞다 一つの転機を迎える.

전나무 名〔植〕樅.

전날〔前―〕名 **1** 前日. 前の日. ¶그 ~ その前の日/어머니 생일 ~ 母の誕生日の前日. **2** 先日. 過日. ¶~의 약속 先日の約束.

전납[1]〔全納〕名 하他 全納. 完納.

전납[2]〔前納〕名 하他 前納. 予納.

전년〔前年〕名 前年. **1** 去年. 昨年. **2** 先年.

전념〔專念〕名 하自 専念. ¶연구에 ~하다 研究に専念する.

전능〔全能〕名 하形 全能. ¶전지~ 全知全能/~하신 하나님 全能の神.

전단[1]〔全段〕名 全段. ¶~짜리 광고 全段抜きの広告.

전단[2]〔專斷〕名 하他 専断. ¶~으로 결정하다 専断に取り決める.

전단[3]〔傳單〕名 伝単. ビラ. ちらし. ¶~을 뿌리다 ビラをまく.

전단[4]〔戰端〕名 戦端. ¶~을 열다 戦端を開く.

전달[1]〔前―〕名 前月. **1** 先月. ¶~의 수입 先月の収入. **2** 以前の月. ¶그 ~ その前月.

전달[2]〔傳達〕名 하他 伝達. ¶~ 사항 伝達事項/편지를 ~하다 手紙を伝達する.

전담[1]〔全擔〕名 하他 全部を受け持つ[担当する]こと. ¶원고 교열을 ~하다 原稿の校閲を全部担当する.

전담[2]〔專擔〕名 하他 あることを専門に担当すること. ¶음악 ~ 교사 音楽担当の教師.

전답〔田畓〕名 田畑.

전당[1]〔全黨〕名 全党. ¶~ 대회 全党大会.

전당[2]〔典當〕名 하他 質. 典当. 物を担保にして金銭を貸借すること.

◆**전당을 잡다** 担保に取る. 質草に取る.

◆**전당을 잡히다** 質に入れる. 質に置く. ¶금반지를 ~ 잡히다 金の指輪を質に入れる.

전당물〔―物〕名 質物. 質草.

전당포〔―鋪〕名 質屋.

전당표〔―票〕名 質札. 質券.

전당[3]〔殿堂〕名 殿堂. ¶문화의 ~ 文化の殿堂.

전대[1]〔前代〕名 前代.

전대미문〔―未聞〕名 前代未聞. ¶~의 대참사 前代未聞の大惨事.

전대[2]〔戰隊〕名〔軍〕戦隊.

전대[3]〔轉貸〕名 하他 転貸. また貸し. ¶가옥을 ~하다 家屋を転貸する.

전대[4]〔纏帶〕名 胴巻き〈お金や物品を入れて巻きつける袋状のもの〉.

전대차〔轉貸借〕名 転貸借.

전도[1]〔全圖〕名 全図. ¶세계 ~ 世界全図.

전도[2]〔前途〕名 前途. ¶~가 양양한 젊은이 前途洋々たる若者.

전도[3]〔前渡〕名 하他 前渡し. ¶~금 前渡し金. 前金.

전도[4]〔傳道〕名 하自 伝道. 宣教.

전도사〔―師〕名〔基〕伝道師.

전도[5]〔傳導〕名 하自〔物〕伝導. ¶전기 ~ 電気伝導/열~ 熱伝導.

전도율〔―率〕名〔物〕伝導率.

전도[6]〔顚倒〕名 하自他 転倒. ¶주객[본말]~ 主客[本末]転倒.

전동[1]〔電動〕名 電動.

전동기〔―機〕名 電動機.

전동차〔―車〕名 電動車.

전동[2]〔顫動〕名 하自他 顫動. 小刻みに震え動くこと. ¶~음 顫動音.

전두〔前頭〕名 **1** これから先. 将来. **2** 前頭. 頭の前部.

전두골〔―骨〕名〔生〕前頭骨.

전두근〔―筋〕名〔生〕前頭筋.

전두리 名 丸い器の上の縁. 丸い蓋の縁周り.

전등〔電燈〕名 電灯. 電気. ¶~을 켜다 電気をつける.

전라〔全裸〕名 全裸.

전락〔轉落〕名 하自 転落. **1** 転げ落ちること. ¶절벽 아래로 ~하다 崖下に転落する. **2** おちぶれること. ¶~의 길을 가다 転落の道をたどる.

전란〔戰亂〕名 戦乱. ¶~으로 황폐한 국토 戦乱により荒廃した国土.

전람〔展覽〕名 하他 展覧.

전람회〔―會〕名 展覧会. ¶미술 ~ 美術展覧会.

전래〔傳來〕名 하自 伝来. ¶중국에서 ~된 불교 中国から伝来した仏教.

전략[1]〔前略〕名 하他 前略.

전략[2]〔戰略〕名 戦略. ¶~ 물자 戦略物資/판매 ~을 세우다 販売戦略をたてる.

전략가〔―家〕名 戦略家.

전량〔全量〕名 全量. ¶~을 수출하다 全量を輸出する.

전력[1]〔全力〕名 全力. ¶~투구 全力投球/~을 기울이다 全力を傾ける.

전력[2]〔前歷〕名 前歴. ¶~을 속이다 前歴を偽る.

전력[3]〔專力〕名 하自 もっぱら一つのことに力を傾けること. ¶오로지 창작에 ~하다 ひたすら創作に力を傾ける.

전력[4]〔電力〕名 電力. ¶~ 소비 電力消費.

전력계〔―計〕名 電力計.

전력[5]〔戰力〕名 戦力. ¶~을 증강하다 戦力を増強する.

전력[6]〔戰歷〕名 戦歴. ¶~이 빛나는 군인 戦歴の輝かしい軍人.

전령[1]〔典令〕名 典令. 法律や命令.

전령[2]〔傳令〕名 하他 伝令. ¶~을 보내다 伝令を送る.

전례[1]〔典例〕名 典例.

전례[2]〔典禮〕名 典礼. **1** 王室または国家の吉凶にかかわる儀式. **2** 一定の儀式.

전례[3]〔前例〕名 前例. ¶~ 없는 일 前例のないこと.

전류〔電流〕名〔電〕電流.

전류계〔―計〕名 電流計.

전륜〔前輪〕名 前輪. ¶~ 구동 前輪駆動.

전리〔電離〕名 하自 電離.

전리층〔―層〕名 電離層.

전리품〔戰利品〕名 戦利品.

전립선〔前立腺〕 名 〔生〕 前立腺.
전립선암〔一癌〕 名 〔醫〕 前立腺癌.
전말〔顚末〕 名 顚末. 一部始終. ¶ 사건의 ~을 진술하다 事件の顚末を述べる.
전말서〔一書〕 名 顚末書.
전망〔展望〕 名 하他 展望. 見通し. 見晴らし. 眺め. ¶ ~이 좋은 산장 見晴らしのよい山荘 / 사업의 ~이 밝다 事業の見通しが明るい.
전망대〔一臺〕 名 展望台. 見晴らし台.
전망차〔一車〕 名 展望車.
전매[1]〔專賣〕 名 하他 専売. ¶ ~ 사업 専売事業 / ~품 専売品.
전매특허〔一特許〕 名 専売特許.
전매[2]〔轉賣〕 名 하他 転売. ¶ 토지[아파트]를 ~하다 土地[アパート]を転売する.
전면[1]〔全面〕 名 全面. ¶ ~ 전쟁 全面戦争 / ~ 광고 全面広告.
전면적〔一的〕 冠 名 全面的. ¶ 물가의 ~인 상승 物価の全面的な上昇.
전면[2]〔前面〕 名 前面. ¶ 사회 복지를 ~에 내세우다 社会福祉を前面に押し出す.
전멸〔全滅〕 名 하自 全滅. ¶ 적을 ~시키다 敵を全滅させる.
전모[1]〔全貌〕 名 全貌. 全容. ¶ 사건의 ~가 밝혀지다 事件の全貌が明らかになる.
전모[2]〔剪毛〕 名 하自 剪毛.
전몰〔戰歿〕 名 하自 戦没. ¶ ~장병 戦没将兵.
전무〔專務〕 名 하他 専務. **1** 専ら行なうべき務め. **2** 〔'전무이사'의 준말〕 専務理事.
전무이사〔一理事〕 名 専務理事. 専務取締役.
전무하다〔全無一〕 形 皆無だ. まったくない. ¶ 증거가 전무하여 수사가 진전이 안 된다 証拠が皆無で捜査が進まない.
전무후무〔前無後無〕 名 하形 空前絶後.
전문[1]〔全文〕 名 全文. ¶ 조약의 ~ 条約の全文.
전문[2]〔前文〕 名 前文.
전문[3]〔專門〕 名 하他 専門. ¶ 통역을 ~으로 하고 있다 通訳を専門にしている.
전문가〔一家〕 名 専門家. くろうと.
전문대학〔一大學〕 名 専門大学〈日本の専門学校と短期大学に相当する〉.
전문 분야〔一分野〕 名 専門分野.
전문어〔一語〕 名 専門用語. 術語.
전문의〔一醫〕 名 専門医.
전문적〔一的〕 冠 名 専門的.
전문점〔一店〕 名 専門店.
전문[4]〔電文〕 名 電文. 電報の文句.
전문[5]〔傳聞〕 名 하他 伝聞. また聞き. ¶ ~한 바에 의하면 伝聞したところによれば.
전반[1]〔全般〕 名 全般. ¶ 경제 정책의 ~에 걸쳐서 토의하다 経済政策の全般にわたって討議する.
전반적〔一的〕 冠 名 全般的.
전반[2]〔前半〕 名 前半.
전반기〔一期〕 名 前半期.
전반전〔一戰〕 名 (競技の)前半戦.
전반사〔全反射〕 名 하自 〔物〕 全反射.
전반생〔前半生〕 名 前半生.
전방[1]〔前方〕 名 **1** 前方. 前の方. ¶ ~ 50미터 지점 前方50メートルの地点. **2** 前線. ¶ ~ 부대 前線(第一線)の部隊.
전방[2]〔廛房〕 名 店. 商店.
전번〔前番〕 名 先般. 先ごろ. この前. この間. ¶ ~에 알려 드린 바와 같이 この前お知らせしたとおり.
전범〔戰犯〕 名 戦犯. **1** 戦争犯罪. **2** 戦争犯罪人.
전법〔戰法〕 名 戦法.
전변〔轉變〕 名 하自 転変. 移り変わること. ¶ ~하는 세상 移り変わる世の中.
전별〔餞別〕 名 하他 餞別. はなむけ.
전별금〔一金〕 名 餞別金.
전병코〔煎餠一〕 名 平たい鼻.
전보[1]〔電報〕 名 하自 電報. ¶ ~를 치다 電報を打つ.
전보[2]〔塡補〕 名 하他 塡補. 補塡. ¶ 결손을 ~하다 欠損を補塡する.
전보[3]〔轉補〕 名 하他 転補. 他の官職に任ずること. ¶ ~ 발령 転補発令.
전복[1]〔全鰒〕 名 〔動〕 鮑. ¶ ~죽 あわびのお粥.
전복[2]〔顚覆〕 名 하自他 転覆. ¶ 열차 ~ 사고 列車の転覆事故 / 정부의 ~을 기도하다 政府の転覆を謀る.
전봇대〔電報一〕 名 **1** 電柱. 電信柱. **2** 背の高い人. のっぽ.
전부[1]〔全部〕 名 **1** 全部. すべて. みんな. ¶ 돈이 인생의 ~는 아니다 お金が人生のすべてではない. **2** (부사적으로 쓰여) 全部. すべて. ¶ ~ 합하면 팔만 원입니다 全部合わせれば8万ウォンです.
전부[2]〔前夫〕 名 前夫. 先夫.
전부[3]〔前部〕 名 前部. 前の部分.
전부[4]〔前婦〕 名 前婦. 先妻.
전분〔澱粉〕 名 〔化〕 でんぷん.
전분당〔一糖〕 名 でんぷん糖.
전분질〔一質〕 名 でんぷん質.
전비[1]〔前非〕 名 前非. 以前に犯した過ち. ¶ ~를 뉘우치다 前非を悔いる.
전비[2]〔戰費〕 名 戦費. ¶ 거액의 ~ 巨額の戦費.
전비[3]〔戰備〕 名 戦備. 戦争の準備. ¶ ~를 공고히 하다 戦備を固める.
전사[1]〔前史〕 名 前史. 以前の歴史.
전사[2]〔前事〕 名 前事. 以前にあったこと.
전사[3]〔戰士〕 名 戦士. ¶ 무명~ 無名戦士.
전사[4]〔戰史〕 名 戦史. 戦争の歴史. ¶ ~ 편찬 戦史の編纂.
전사[5]〔戰死〕 名 하自 戦死. ¶ ~자 戦死者.
전사[6]〔轉寫〕 名 하他 転写.
전산기〔電算機〕 名 電算機. コンピューター.
전상〔戰傷〕 名 하自 戦傷. ¶ ~을 입다 戦傷をうける.

전색맹〔全色盲〕 名〔醫〕 全色盲.
전생〔前生〕 名〔佛〕 前生. 前世.
전생연분〔—緣分〕 名 前世の因縁.
전서[1]〔全書〕 名 全書.
전서[2]〔傳書〕 名 하自 伝書. 手紙などを伝えること.
전서구〔—鳩〕 名 伝書鳩.
전서[3]〔篆書〕 名 篆書〈漢字の書体の一種〉.
전선[1]〔全線〕 名 全線. ¶ ~ 불통 全線不通.
전선[2]〔前線〕 名 前線. ¶ ~의 장병 前線の将兵 / 한랭 ~ 寒冷前線.
전선[3]〔電線〕 名 電線.
전선[4]〔戰線〕 名 戦線. ¶ 서부 ~ 西部戦線 / 산업 ~ 産業戦線.
전설[1]〔前說〕 名 前説. ¶ ~을 뒤엎다 前説を覆す.
전설[2]〔傳說〕 名 伝説. ¶ 영웅 ~ 英雄伝説.
전성[1]〔全盛〕 名 하形 全盛. ¶ ~기 全盛期 / ~시대 全盛時代.
전성[2]〔展性〕 名〔物〕 展性.
전성[3]〔轉成〕 名 하自 転成. 転じて他のものに変わること.
전성어〔—語〕 名〔言〕 転成語.
전성[4]〔顫聲〕 名 震える声.
전성관〔傳聲管〕 名 伝声管.
전세[1]〔前世〕 名 前世. **1** 前代. 昔. **2**〔佛〕 前世. 前生. この世の以前の世.
전세[2]〔專貰〕 名 貸し切り. ¶ ~ 버스 貸し切りバス.
전세[3]〔傳貰〕 名 チョンセ〈不動産の所有者に一定の金額を預けてその不動産を一定期間借りること〉.
전세권〔—權〕 名〔法〕 一定の金額を不動産の所有主に預けて他人の不動産を占有し, その用途に従って使用·収益する権利.
전셋집 名 貸し家. かしいえ.
전세[4]〔戰勢〕 名 戦勢. 戦いの形勢. ¶ ~가 불리해지다 戦勢が不利になる.
전 세계〔全世界〕 名 全世界.
전세기〔前世紀〕 名 前世紀.
전소〔全燒〕 名 하自 全焼. ¶ 가옥이 ~되다 家屋が全焼する.
전속[1]〔專屬〕 名 하自 専属. ¶ ~ 가수 専属歌手 / ~ 계약 専属契約 / 그 배우는 극단에 ~되어 있다 その俳優は劇団に専属している.
전속[2]〔轉屬〕 名 하自 転属. ¶ ~ 명령 転属命令 / 지방 지국에 ~되다 地方の支局に転属になる.
전속력〔全速力〕 名 全速力. フルスピード. ¶ ~을 내다 全速力を出す.
전송[1]〔電送〕 名 하他 電送. ¶ ~ 사진 電送写真.
전송[2]〔傳送〕 名 하他 伝送. 伝え送ること. ¶ 정보의 ~ 情報の伝送.
전송[3]〔餞送〕 名 하他 見送り. ¶ 역까지 ~하러 가다 駅まで見送りに行く.
전송[4]〔轉送〕 名 하他 転送. ¶ 이사한 곳으로 ~하다 移転先に転送する.
전수[1]〔專修〕 名 하他 専修. ¶ ~ 학교 専修学校.
전수[2]〔傳受〕 名 하他 伝受. 伝え受けること. 伝授されること.
전수[3]〔傳授〕 名 하他 伝授. 授けること. ¶ 비법을 ~하다 秘法を伝授する.
전술[1]〔前述〕 名 하自他 前述. ¶ ~한 바와 같이 前述のごとく.
전술[2]〔戰術〕 名 戦術. ¶ 새로운 ~ 新しい戦術 / ~을 바꾸다 戦術を変える.
전술가〔—家〕 名 戦術家.
전습〔傳習〕 名 하他 伝習.
전승[1]〔全勝〕 名 하自 全勝. ¶ 10전 ~의 기록 10戦全勝の記録.
전승[2]〔傳承〕 名 하他 伝承. ¶ 민간 ~ 民間伝承.
전승 문학〔—文學〕 名〔文〕 伝承文学.
전승[3]〔戰勝〕 名 하自 戦勝. ¶ ~국 戦勝国.
전시[1]〔展示〕 名 하他 展示. ¶ ~품 展示品 / ~ 효과 展示効果.
전시장〔—場〕 名 展示場.
전시회〔—會〕 名 展示会.
전시[2]〔戰時〕 名 戦時. ¶ ~ 체제 戦時体制 / ~ 공채 戦時公債 / ~ 복구 戦時復旧 / ~ 봉쇄 戦時封鎖.
전신[1]〔全身〕 名 全身. 体全体. ¶ ~ 마취 全身麻酔 / ~의 힘을 빼다 全身の力を抜く.
전신 불수〔—不隨〕 名〔韓方〕 全身不随.
전신[2]〔前身〕 名 前身. ¶ 이 학교의 ~은 사범학교다 この大学の前身は師範学校だ.
전신[3]〔電信〕 名 電信. ¶ 무선 ~ 無線電信 / ~ 전화국 電信電話局.
전신기〔—機〕 名 電信機.
전신주〔—柱〕 名 電信柱.
전신환〔—換〕 名 電信為替.
전신[4]〔轉身〕 名 하自 転身. 主義·生活などを変えること. ¶ 아마추어에서 프로로 ~했다 アマからプロに転身した.
전실〔前室〕 名 前妻. 先妻.
전실 자식〔—子息〕 名 前妻の産んだ子供.
전심[1]〔全心〕 名 全心. ありったけの思い. ¶ ~전력을 기울이다 全心全力を傾ける.
전심[2]〔專心〕 名 하自 専心. ¶ 연구에 ~하다 研究に専心している.
전아하다〔典雅—〕 形 典雅だ. ¶ 전아한 문장 典雅な文章.
전압〔電壓〕 名〔物〕 電圧. ¶ ~이 내려가다 電圧が下がる.
전압계〔—計〕 名 電圧計.
전액〔全額〕 名 全額. ¶ ~ 지급 全額支給 / ~ 배상 全額賠償.
전야[1]〔田野〕 名 田野. 田畑や野原. (田畑や野原のある)田舎.
전야[2]〔前夜〕 名 前夜. ¶ 크리스마스 ~ クリスマスイブ / 개전 ~ 開戦前夜.
전야제〔—祭〕 名 前夜祭.
전언[1]〔前言〕 名 前言. **1** 前に述べた言葉. ¶ ~을 번복하다 前言を翻す. **2** 昔の人の述べた言葉.
전언[2]〔傳言〕 名 하他 伝言. 言付け.
전업[1]〔專業〕 名 하自 専業. ¶ ~농가 専業農家.
전업[2]〔電業〕 名 電気に関する事業

〈発電·送電·配電など〉.

전업[3]〔轉業〕 名 하自 転業. ¶ ~을 권하다 転業を勧める.

전역[1]〔全域〕 名 全域. ¶ 수도권 ~ 首都圏全域.

전역[2]〔全譯〕 名 하他 全訳.

전역[3]〔戰役〕 名 戦役.

전역[4]〔戰域〕 名 戦域. 戦闘の地域.

전역[5]〔轉役〕 名 하自 転役. 軍隊で他の兵役に転ずること. ¶ 예비역으로 ~하다 予備役に転役する.

전연〔全然〕 副 全然. まったく. まるで. さっぱり. ¶ 그런 일은 ~ 모른다 そんなことは全然分からない.

전열[1]〔前列〕 名 前列. 前の列.

전열[2]〔電熱〕 名〔物〕電熱.

전열기〔一器〕 名 電熱器.

전열선〔一線〕 名 電熱線.

전열[3]〔戰列〕 名 戦列. ¶ ~을 가다듬다 戦列を整える.

전염〔傳染〕 名 하自 伝染. ¶ 병의 ~을 막다 病気の伝染を防ぐ / 결핵이 ~되다 結核が伝染する.

전염병〔一病〕 名 伝染病.

전염성〔一性〕 名 伝染性. ¶ ~ 피부병 伝染性皮膚病.

전엽체〔前葉體〕 名〔植〕前葉体〈羊歯植物の配偶体〉.

전옥〔典獄〕 名 **1** 典獄. **2**〔史〕監獄.

전와〔轉訛〕 名 하自 転訛.

전와어〔一語〕 名〔言〕転訛語.

전용[1]〔專用〕 名 하他 専用. ¶ 대통령 ~기 大統領の専用機.

전용권〔一權〕 名 専用権.

전용[2]〔轉用〕 名 하他 転用. ¶ 유휴 시설의 ~ 遊休施設の転用.

전우〔戰友〕 名 戦友.

전운〔戰雲〕 名 戦雲. ¶ ~이 감돌다 戦雲が漂う.

전원[1]〔田園〕 名 田園. ¶ ~ 풍경 田園風景 / ~ 도시 田園都市.

전원[2]〔全員〕 名 全員. ¶ ~이 찬성했다 全員賛成した.

전원[3]〔電源〕 名 電源. ¶ ~ 개발 電源開発.

전원[4]〔全院〕 名 全院. その院の全体.

전원 위원회〔一委員會〕 名 全院委員会. 国会で特別な案件を審議するため議員全員で構成される委員会.

전월〔前月〕 名 前月. 先月.

전위[1]〔前衛〕 名 前衛. **1**〔軍〕〔'전위대'의 준말〕前衛部隊. **2** 球技で自陣の前方に位置し主として攻撃の任に当たるもの. **3** 社会·芸術運動で先進的な集団.

전위 예술〔一藝術〕 名 前衛芸術.

전위파〔一派〕 名 前衛派.

전위[2]〔傳位〕 名 하他 王位を後継者に継がせること.

전위[3]〔電位〕 名〔物〕電位.

전위계〔一計〕 名〔物〕電位計.

전위차〔一差〕 名〔物〕電位差.

전위[4]〔轉位〕 名 하自 転位.

전유〔專有〕 名 하他 専有. ¶ ~물 専有物.

전율〔戰慄〕 名 하自 戦慄. ¶ ~할 잔혹한 장면 戦慄すべき残酷シーン.

전음부〔全音符〕 名〔樂〕全音符.

전의[1]〔戰意〕 名 戦意. ¶ ~를 상실하다 戦意を喪失する.

전의[2]〔轉義〕 名〔言〕転義〈語の本来の意味から転じた意味〉.

전이〔轉移〕 名 하他〔醫〕転移. ¶ 암이 ~되다 癌が転移する.

전인[1]〔全人〕 名 全人. 知·情·意の調和した円満な人. ¶ ~ 교육 全人教育.

전인[2]〔前人〕 名 前人. 先人. ¶ ~미답 前人未踏.

전일[1]〔全日〕 名 全日. **1** まる1日. 1日中. **2** 毎日.

전일제〔一制〕 名 全日制.

전일[2]〔前日〕 名 前日. 先日.

전임[1]〔前任〕 名 前任. ¶ ~자 前任者.

전임[2]〔專任〕 名 하他 専任.

전임 강사〔一講師〕 名 専任講師.

전임[3]〔轉任〕 名 하自 転任. ¶ 지사장으로 ~되다 支社長となって転任する.

전입〔轉入〕 名 하自 転入. ¶ ~생 転入生.

전입신고〔一申告〕 名 転入届け.

전자[1]〔前者〕 名 **1** この間. 先ごろ. ¶ ~에 있었던 일 過日あったこと. **2** 前者. ¶ ~에 비해 후자가 좋다 前者に比べて後者のほうがいい.

전자[2]〔電子〕 名〔物〕電子. エレクトロン. ¶ ~ 음악 電子音楽 / ~ 현미경 電子顕微鏡.

전자계산기〔一計算機〕 名 電子計算機. コンピューター.

전자 공학〔一工學〕 名 電子工学.

전자레인지〔—range〕 名 電子レンジ.

전자오락〔一娛樂〕 名 コンピューターゲーム.

전자 오르간〔—organ〕 名 電子オルガン.

전자총〔一銃〕 名〔物〕電子銃.

전자파[1]〔一波〕 名 電子波.

전자[3]〔電磁〕 名〔物〕電磁.

전자기〔一氣〕 名〔物〕電磁気.

전자장〔一場〕 名〔物〕電磁場.

전자파[2]〔一波〕 名〔物〕電磁波.

전자[4]〔篆字〕 名 篆字. 篆書体の文字.

전작[1]〔田作〕 名〔農〕畑作.

전작[2]〔前作〕 名 **1** 前作. **2**〔農〕二毛作のうちの前の作物.

전작[3]〔前酌〕 名 酒席に参加する前に飲んだ酒. ¶ ~이 있어 더 못 마시겠다 もうすでに飲んできたのでこれ以上飲めない.

전장[1]〔全長〕 名 全長. ¶ ~ 1200미터에 이르는 다리 全長1200メートルに及ぶ橋.

전장[2]〔前章〕 名 前章. 前の章.

전장[3]〔前場〕 名〔經〕前場. (取引所で)午前の立ち会い.

전장[4]〔電場〕 名〔物〕電場.

전장[5]〔戰場〕 名 戦場. ¶ ~으로 나가다 戦場に赴く.

전재[1]〔全載〕 名 하他 一挙掲載.

전재[2]〔戰災〕 名 戦災. ¶ ~를 입다 戦災をこうむる.

전재[3]〔轉載〕 名 하他 転載. ¶ 무단 ~를 금함 無断転載を禁ず.

전쟁〔戰爭〕 名 하自 戦争. いくさ. ¶ 핵~ 核戦争 / ~ 문학 戦争文学 / ~이 일어나다 戦争が起こる.
　전쟁고아〔一孤兒〕 名 戦争孤児.
　전쟁놀이 名 戦争ごっこ.
　전쟁터 名 戦場.
전적[1]〔全的〕 冠名 全的. ¶ ~으로 찬성이다 全的に賛成だ.
전적[2]〔典籍〕 名 典籍. 書物. 書籍.
전적[3]〔戰跡〕 名 戦跡.
전적[4]〔戰績〕 名 戦績. ¶ 3승 1패의 ~ 3勝1敗の戦績.
전적[5]〔轉籍〕 名 하自 転籍. ¶ ~ 절차 転籍手続き.
전전[1]〔戰前〕 名 戦前.
　전전파〔一派〕 名 戦前派. アバンゲール.
전전[2]〔轉轉〕 名 하自 転々. ¶ 각지를 ~하다 各地を転々とする.
전전[3]〔前前〕 冠 前の前の. 前々. ¶ ~날 前々日 / ~년 前々年. 一昨年 / ~달 前々月. 先々月 / ~번 前々回 / ~주 先々週.
전전[4]〔輾轉〕 名 하自他 輾転. 寝返りをうつこと. ¶ ~하며 잠을 못 이루는 밤 輾転して眠れぬ夜.
　전전반측〔一反側〕 名 하自 輾転反側. 眠れずに寝返りばかり打つこと.
전전[5]〔轉戰〕 名 하自他 転戦. ¶ 각지로 ~하다 各地に転戦する.
　전전긍긍〔戰戰兢兢〕 名 하自 戦々恐々. ¶ 비밀이 드러날까 하여 ~하고 있다 秘密がばれるのではないかと戦々恐々としている.
전정[1]〔前庭〕 名 **1** 前庭. **2**〔生〕内耳の一部. 前庭器官.
전정[2]〔剪定·翦定〕 名 하他 剪定.
　전정가위 名 剪定ばさみ.
전제[1]〔前提〕 名 하他 前提. ¶ ~ 조건 前提条件.
전제[2]〔專制〕 名 하自他 専制. ¶ ~ 군주 専制君主.
　전제 정치〔一政治〕 名〔政〕専制政治.
전조[1]〔前兆〕 名 前兆. 兆し. ¶ 화산이 폭발할 ~를 보이다 火山が爆発する前兆を見せる.
전조[2]〔前條〕 名 前条. 前の個条. ¶ ~에 기술한 바와 같이 前条に述べたとおり.
전조[3]〔前朝〕 名 前朝. 先朝. 先代の王朝.
전조[4]〔轉調〕 名 하他〔樂〕転調.
전조등〔前照燈〕 名 前照灯. ヘッドライト.
전족[1]〔前足〕 名 前足.
전족[2]〔纏足〕 名 纏足〈中国の旧習〉.
전주[1]〔田主〕 名 田畑の所有者.
전주[2]〔前主〕 名 前主. **1** 前の君主. **2** 前の主人[持ち主].
전주[3]〔前奏〕 名〔樂〕前奏. 序奏.
　전주곡〔一曲〕 名 前奏曲. プレリュード.
전주[4]〔前週〕 名 前週. 先週.
전주[5]〔電柱〕 名 電柱. 電信柱.
전주[6]〔箋注〕 名 箋注. 注釈注解.
전주[7]〔錢主〕 名 金主. 金元. 貸元. 資本主. スポンサー.
전지[1] 名 **1** (子供に薬を無理に飲ませるときに使う)口を開かせて噛ませる棒切れ. **2** '전짓대'의 준말. **3** '전짓다리'의 준말.
　전짓다리 名 麻·苧麻などを紡ぐときに用いる先が二またに分かれた軸棒.
　전짓대 名 (先の方が二またに分かれた)柿取りなどに用いる竿.
전지[2]〔田地〕 名 田畑.
전지[3]〔全知〕 名 全知.
　전지전능〔一全能〕 名 하形 全知全能. ¶ ~하신 하느님 全知全能の神.
전지[4]〔全紙〕 名 全紙.
전지[5]〔前肢〕 名 前肢.
전지[6]〔剪枝〕 名 하他 剪枝. 剪定.
전지[7]〔電池〕 名 **1** 電池. **2** 懐中電灯.
전지[8]〔戰地〕 名 戦地. 戦場.
전지[9]〔轉地〕 名 하自 転地. ¶ ~ 요양 転地療養 / ~ 요법 転地療法.
　전지훈련〔一訓練〕 名 転地訓練.
전직[1]〔前職〕 名 前職.
전직[2]〔轉職〕 名 하自 転職. 転業.
전진[1]〔前進〕 名 하自 前進. 進むこと. ¶ 일보 ~ 一歩前進 / ~ 기지 前進基地 / 배가 ~하다 船が前進する.
전진[2]〔前震〕 名 前震〈地震の前ぶれ〉.
전진[3]〔戰陣〕 名 戦陣. 戦場.
전진[4]〔戰塵〕 名 戦塵. 戦争の騒ぎ.
전진[5]〔轉進〕 名 하自 転進. 方向を変えて進むこと. 他の目的地に進むこと.
전질〔全帙〕 名 丸本. 完本.
전집〔全集〕 名 全集. ¶ ~물 全集もの / 문학 ~ 文学全集.
전차[1]〔前借〕 名 하他 前借り.
　전차금〔一金〕 名 前借金.
전차[2]〔電車〕 名 電車.
전차[3]〔戰車〕 名〔軍〕戦車. ¶ ~대 戦車隊 / ~포 戦車砲.
전차[4]〔轉借〕 名 하他 転借. また借り.
전채[1]〔前菜〕 名 前菜. オードブル.
전채[2]〔前債〕 名 前債. 前の借り.
전채[3]〔戰債〕 名 戦債. **1** 戦費に当てるために発行する国債. **2** 戦争のために生じた国家の負債.
전처〔前妻〕 名 前妻. 先妻.
　전처소생〔一所生〕 名 前妻の産んだ子.
전천후〔全天候〕 名 全天候. ¶ ~기 全天候機 / ~ 농업 全天候農業.
전철[1]〔前轍〕 名 前轍.
　◆**전철을 밟다** 前轍を踏む.
전철[2]〔電鐵〕 名 電鉄. 電車. ¶ ~을 타고 출근하다 電車に乗って出勤する.
　◇일본에서는 '京成電鉄' 등 구체적인 회사명 외에는 쓰이지 않고, 전철은 보통 '電車'라 하며, 지상으로 외곽 지역을 연결한다.
전철기〔轉轍器〕 名 転轍機. ポイント.
전체〔全體〕 名 全体. 全部. ¶ 회사 ~의 문제 会社全体の問題 / ~ 합쳐서 全部合わせて.
　전체적〔一的〕 冠名 全体的.
　전체주의〔一主義〕 名 全体主義.
전초〔前哨〕 名〔軍〕前哨.
　전초전〔一戰〕 名 前哨戦.

전축〔電蓄〕 名 〔'전기 축음기'의 준말〕 電蓄.
전출〔轉出〕 名 하自 転出. ¶ 지사로 ~되다 支社に転出する.
전취〔戰取〕 名 하他 戦い取ること.
전치〔全治〕 名 하他 全治. ¶ ~ 2주의 부상 全治二週間の負傷.
전치사〔前置詞〕 名〔言〕 前置詞.
전쾌〔全快〕 名 하自 全快. 全治. ¶ 생각보다 빨리 ~하다 思ったより早く全快した.
전토[1]〔全土〕 名 全土. 国土全体.
전토[2]〔田土〕 名 田畑.
전통〔傳統〕 名 伝統. ¶ 오래된 ~ 長い伝統 / ~을 지키다 伝統を守る / ~을 이어받다 伝統を引き継ぐ.
　전통주의〔—主義〕 名 伝統主義.
전투〔戰鬪〕 名 하自 〔軍〕 戦闘. 戦い. ¶ ~력 戦闘力 / ~원 戦闘員.
　전투 경찰〔—警察〕 名 戦闘警察〈スパイに対する作戦・警備および治安維持などを受け持つ警察〉.
　전투기〔—機〕 名 戦闘機.
　전투함〔—艦〕 名 戦艦.
전파[1]〔全破〕 名 하自他 全壊. ¶ ~된 선박 全壊した船舶.
전파[2]〔電波〕 名〔物〕 電波. ¶ ~ 망원경 電波望遠鏡 / ~ 병기 電波兵器.
　전파 탐지기〔—探知機〕 名〔物〕 電波探知機. レーダー.
전파[3]〔傳播〕 名 하他 伝播. 伝えること. 広めること. ¶ 취지를 널리 ~하다 趣旨を広く伝える / 외래 문화가 ~되다 外来文化が伝播される.
전판〔全判〕 名〔印〕 全判. 全紙.
전패〔全敗〕 名 하自 全敗. ¶ 7전 ~했다 七戦全敗した.
전편[1]〔全篇〕 名 全編. ¶ 이 소설은 ~에 걸쳐 스릴이 넘친다 この小説は全編にわたってスリル満点である.
전편[2]〔前篇〕 名 前編.
전편[3]〔專便〕 名 あることを特に人に頼んで行ってもらうこと.
전폐[1]〔全廢〕 名 하他 全廃. 全部やめること. ¶ 배급 제도를 ~하다 配給制度を全廃する.
전폐[2]〔前弊〕 名 以前からの弊害.
전포[1]〔廛鋪〕 名 店. 商店.
전포[2]〔田圃〕 名 野菜畑.
전폭〔全幅〕 名 全幅. 全面.
　전폭적〔—的〕 冠 名 全面的. ¶ ~으로 신뢰하고 있다 全面的に信頼している.
전표〔傳票〕 名 伝票. ¶ 입금[출금] ~ 入金[出金]伝票.
전하[1]〔殿下〕 名 **1** 殿下. ¶ 왕비 ~ 王妃殿下. **2** 〔基〕 枢機卿の尊敬語.
전하[2]〔電荷〕 名〔物〕 電荷.
전하다〔傳—〕 **Ⅰ** 他 **1** 〔소식이나 물건을 옮겨 주다〕 伝える. 知らせる. 広める. ¶ 기쁜 소식을 ~ 良い知らせを伝える / 안부 말씀 잘 전해 주십시오 よろしくお伝えください. **2** 〔다음 세상이나 뒷사람에게 물려주다〕 譲る. 伝える. 伝授する. ¶ 문화 유산을 후대에 ~ 文化遺産を後世に伝授する.
　Ⅱ 自 伝わる. ¶ 예로부터 전해 내려오는 풍습 昔から伝わる風習.
전학〔轉學〕 名 하自 転学. 転校. ¶ 서울로 ~시키다 ソウルに転校させる.
전함〔戰艦〕 名〔軍〕 戦艦. 軍艦.
전항〔前項〕 名 前項.
전해〔電解〕 名 하自 〔'전기 분해'의 준말〕 電解.
　전해질〔—質〕 名〔化〕 電解質.
전행〔專行〕 名 하他 専行. ¶ 독단 ~ 独断専行.
전향〔轉向〕 名 하自 転向. ¶ ~작가 転向作家 / 첨단 산업으로 ~하다 先端産業に転向する.
전혀〔全—〕 副 《부정의 표현과 함께 쓰여》 まったく. 全然. 何にも. まるで. ひとつも. 少しも. ちっとも. ¶ ~ 모르는 사람 全然知らない人 / 영어는 ~ 못 한다 英語は全然できない / 이 물건과는 ~ 다르다 この品物とはまるっきり違う.
전형[1]〔典型〕 名 典型. ¶ 악인의 ~이다 悪人の典型だ.
　전형적〔—的〕 冠 名 典型的. ¶ ~인 가을 날씨 典型的な秋の天気.
전형[2]〔銓衡〕 名 하他 選考. 銓衡. ¶ 서류 ~ 書類選考.
전호〔前號〕 名 前号. ¶ ~부터 연재되는 소설 前号から連載されている小説.
전화[1]〔電火〕 名 電火. いなびかり. 稲妻.
전화[2]〔電化〕 名 하自他 電化. ¶ 농어촌 ~ 계획 農漁村電化計画.
전화[3]〔電話〕 名 하自 電話. ¶ 공중~ 公衆電話 / ~국 電話局 / 장거리 ~ 長距離電話 / 국제 ~ 国際電話 / 무선 ~ コードレス電話 / ~번호 電話番号 / ~번호부 電話帳 / 자동 응답 ~ 留守番電話 / 사무실로 ~를 걸어 주십시오 事務室に電話をかけてください.
　전화기〔—機〕 名 電話機.
　전화선〔—線〕 名 電話線.
전화[4]〔戰火〕 名 戦火. ¶ ~로 가옥이 타다 戦火に家屋を焼かれる.
전화[5]〔戰禍〕 名 戦禍. ¶ ~를 입다 戦禍をこうむる.
전화[6]〔轉化〕 名 하自 転化.
　전화당〔—糖〕 名〔化〕 転化糖.
전화위복〔轉禍爲福〕 名 하自 災いが転じて福になること.
전환〔轉換〕 名 하自他 転換. ¶ 성~ 性転換 / 기분을 ~시키다 気分を転換させる / 새 프로젝트로 ~하다 新しいプロジェクトに転換する.
　전환기〔—期〕 名 転換期. ¶ 역사의 ~ 歴史の転換期.
　전환 사채〔—社債〕 名〔經〕 転換社債.
　전환 주식〔—株式〕 名〔經〕 転換株式.
전황〔戰況〕 名 戦況. ¶ ~을 보고하다 戦況を報告する.
전회[1]〔前回〕 名 前回. ¶ ~까지의 줄거리 前回までのあらすじ.
전회[2]〔轉回〕 名 하自他 転回. 回転. ¶ 배의 침로를 남으로 ~하다 船の針路を南に転回する.
전횡〔專橫〕 名 하自 専横. ¶ 독재자의 ~ 独裁者の専横.

전후1〔前後〕名 하自他 前後. ¶ ~좌우 前後左右/사건의 ~ 경위 事件の前後のいきさつ/세 시를 ~해서 만나자 3時前後に会おう/40세 ~의 부인 40歳前後の婦人.

전후2〔戰後〕名 戦後. ¶ ~ 문학 戦後文学/~ 세대 戦後世代.

  전후파〔一派〕名 戦後派.

전훈〔戰勳〕名 戦勲. 戦功. ¶ ~을 세우다 戦功を立てる.

전휴〔全休〕名 하他 全休. まる1日休むこと.

절1 名〔佛〕寺. 寺院. ¶ ~에 가다 寺にお参りする.

절2 名 하自 お辞儀. 会釈. 拝むこと. 敬礼. ¶ 고맙다고 ~을 하다 ありがとうとお辞儀をする/가볍게 머리 숙여 ~하다 軽く会釈する/큰 ~을 하다 ひざをそろえ手をついてお辞儀をする.

절3〔節〕Ⅰ 名 **1** 節. ¶ 문장의 제3~ 文章の第3節. **2**〔'절개'의 준말〕志操. 節操. **3** (歌詞の順序)…番. ¶ 그 노래는 1~밖에 모릅니다 その歌は1番しか知りません.

  Ⅱ 接尾 **1**〔경축일·명절〕…節. …祭. ¶ 성탄~ 聖誕祭. クリスマス/단오~ 端午の節句/제헌~ 制憲節. **2**〔절기〕…の節気. ¶ 동지~ 冬至の節気.

절가〔絶家〕名 하自 絶家. 相続者がないため家系が絶えること, またその家. ¶ 독자가 죽어 ~하다 ひとりっ子が死んで家系が絶える.

절간〔一間〕名〈俗〉寺.

절감1〔切感〕名 하他 痛感. ¶ 미숙함을 ~하다 未熟さを痛感する.

절감2〔節減〕名 하他 節減. ¶ 비용의 ~ 費用の節減/예산을 ~하다 予算を節減する.

절개1〔切開〕名 하他 切開. ¶ ~ 수술 切開手術/흉부를 ~하다 胸部を切開する.

절개2〔節槪〕名 志操. 節操. ¶ ~를 지키다 節操を守る.

절경〔絶景〕名 絶景. ¶ 천하의 ~ 天下の絶景.

절곡〔絶穀〕名 하自 絶食. 断食.

절교〔絶交〕名 하自 絶交. 断交. ¶ ~를 선언하다 絶交を宣言する.

절구1 名 臼.

  절구떡 名 臼で搗いた餅.

  절구질 名 臼で搗くこと. 臼搗き.

  절구통〔一桶〕名 **1** (杵に対して) 臼. **2** (太った女の人をあざけって) ずんどう. ビヤだる.

  절굿공이 名 杵.

절구2〔絶句〕名〔文〕絶句. ¶ 칠언 ~ 七言絶句.

절규〔絶叫〕名 하自他 絶叫. ¶ 독립과 자유를 ~하다 独立と自由を声を限りに叫ぶ.

절기〔節氣〕名 **1** 節気. **2** 二十四節気の中で太陽暦の毎月前半にある節気〈すなわち立春·立秋など〉. **3** 季節.

절다1 自 (野菜·鮮魚などが塩に) 漬かる. ¶ 배추가 ~ 白菜が漬かる.

절다2 自他 びっこを引く.

절단〔切斷〕名 하他 切断. ¶ ~기 切断機.

절대1〔絶代〕名 **1** 絶代. 昔の世代. **2** 絶世.

절대2〔絶對〕名 **1** 絶対. ¶ ~권 絶対権/~성 絶対性/~자 絶対者. **2** (부사적으로 쓰여) 絶対. 絶対に. ¶ 거짓말하면 ~ 용서 않겠다 嘘をつくと絶対に承知しないぞ.

  절대 군주제〔絶對君主制〕名 絶対君主制.

  절대다수〔一多數〕名 絶対多数.

  절대량〔一量〕名 絶対量.

  절대로 副 絶対に. どんな場合でも. 決して. ¶ 그 일만은 ~ 해서는 안 된다 それだけは絶対にしてはいけない.

  절대 안정〔一安靜〕名 絶対安静.

  절대적〔一的〕冠名 絶対的.

  절대주의〔一主義〕名 絶対主義.

  절대 평가〔一評價〕名 絶対評価.

  절댓값 名〔數〕絶対値.

절대하다〔絶大一〕形 絶大だ. ¶ 절대한 권력 絶大な権力.

절도1〔竊盜〕名 하他 窃盗. ¶ ~ 행위 窃盗行為/~를 하다 窃盗を働く.

  절도범〔一犯〕名〔法〕**1** 窃盗罪. **2** 窃盗犯.

  절도죄〔一罪〕名 窃盗罪.

절도2〔絶島〕名 絶海の孤島.

절도3〔絶倒〕名 하自 絶倒. **1** 気絶して倒れること. **2**〔'포복절도'의 준말〕抱腹絶倒.

절도4〔節度〕名 節度. ¶ ~ 있는 생활 節度ある生活.

절뚝거리다[-대다] 自他 びっこを引く.

  절뚝절뚝 副 하自他 びっこを引くようす.

절뚝발이 名 足の悪い人.

절량〔絶糧〕名 食糧が尽きること.

절레절레 副〔부정의 뜻으로 고개를 좌우로 흔드는 모양〕いやいや. ¶ 고개를 ~ 흔들다 首を左右に大きく振る.

절로 副 **1**〔'저절로'의 준말〕ひとりでに. おのずと. ¶ ~ 존경의 마음이 우러난다 おのずから尊敬の念が生じる. **2**〔'저리로'가 준 말〕あちらに. ¶ ~ 가면 우리 집입니다 あちらに行けばうちの家です.

절룩거리다[-대다] 自他 びっこを引く.

  절룩절룩 副 하自他 ぴょこぴょこ.

절륜하다〔絶倫一〕形 絶倫だ. ¶ 정력이 절륜한 사나이 精力絶倫の男.

절름거리다[-대다] 自他 少しびっこを引く.

  절름절름 副 하自他 ぴょこぴょこ.

절름발이 名 **1** 足の悪い人. **2** 脚のついた物体の中で片方が完全でないもの. ¶ ~ 의자 足の長さが不ぞろいな椅子. **3** 不釣り合い. ちぐはぐ. ¶ ~ 경제 ちぐはぐの経済.

절리〔節理〕名〔地〕節理. 岩石の割れ目.

절망1〔切望〕名 하他 切望. 渇望.

절망2〔絶望〕名 하自 絶望. ¶ ~감 絶望感/~에 빠지다 絶望に陥る.

  절망적〔一的〕冠名 絶望的. ¶ ~인 정세 絶望的な情勢.

절멸〔絶滅〕 名 하自他 絶滅. 根絶. ¶ 병균을 ~시키다 病原菌を根絶する.
절명〔絶命〕 名 하自 絶命. 死ぬこと.
절묘하다〔絶妙—〕 形 絶妙だ. ¶ 절묘한 기술 絶妙なわざ.
절무하다〔絶無—〕 形 絶無だ. まったくない.
절미〔節米〕 名 하自 節米. 米の消費を節約すること.
절박감〔切迫感〕 名 切迫感.
절박하다〔切迫—〕 形 切迫する. ¶ 마감날이 ~ 締め切りの日が迫る.
절반〔折半〕 名 折半. **1** 半分. ¶ 빵을 ~으로 나누다 パンを半分に分ける. **2** (柔道で)技あり.
절벽〔絶壁〕 名 **1** 絶壁. 崖. 断崖. ¶ ~을 기어오르다 絶壁をはい上がる. **2** よく聞こえないこと[耳]. ¶ 귀가 ~이다 耳が遠い. **3** 聞き分けのないこと[人].
　절벽강산〔—江山〕 名 耳が遠い人, または聞き分けのない人の卑称.
절병〔切餠〕 名 円形·方形の白餅に花模様などを押したもの.
절부〔節婦〕 名 節婦. 貞節な女性.
절사〔節士〕 名 節士. 高節の士.
절삭〔切削〕 名 하他 切削. ¶ ~기 切削機 / ~ 공구 切削工具.
절상〔切上〕 名 하他 〔經〕 切り上げ. ¶ 평가 ~ 平価切り上げ.
절색〔絶色〕 名 絶色. 絶世の美人.
절선〔折線〕 名 折れ線. ¶ ~ 그래프 折れ線グラフ.
절세〔絶世〕 名 하自形 **1** 絶世. 飛び抜けていること. **2** 世間との交わりを絶つこと.
　절세가인〔—佳人〕 名 絶世の美人.
　절세미인〔—美人〕 名 絶世の美人.
절수〔節水〕 名 하自 節水.
절승〔絶勝〕 名 絶勝. 絶景. ¶ 설악산은 천하의 ~이다 雪嶽山は天下の絶景だ.
절식[1]〔絶食〕 名 하自 絶食. ¶ ~ 요법 絶食療法.
절식[2]〔節食〕 名 하自 節食.
절실하다〔切實—〕 形 切実だ. ¶ 절실한 문제 切実な問題. **절실히** 副 切実に. ¶ 돈이 ~ 필요하다 お金が切実に必要だ.
절약〔節約〕 名 하他 節約. ¶ ~가 節約家 / 비용을 ~하다 費用を節約する.
절연[1]〔絶緣〕 名 하自他 絶縁. ¶ ~성 絶縁性 / 친척으로부터 ~되다 親族から絶縁される.
　절연 재료〔—材料〕 名〔物〕 絶縁材料.
　절연체〔—體〕 名〔物〕 絶縁体.
절연[2]〔節煙〕 名 하自 節煙. タバコを吸う量を減らすこと.
절원〔切願〕 名 하他 切願. 切望.
절음〔節飮〕 名 하自 節酒.
절의〔節義〕 名 節義. ¶ ~를 지키다 節義を守る.
-절이 接尾 …漬け. ¶ 소금~ 塩漬け.
절이다 他 漬ける. 塩漬けにする. ¶ 채소에 소금을 뿌려 ~ 野菜に塩をふりかけて漬ける / 배추가 알맞게 절여지다 白菜がほどよく漬かる.
절전〔節電〕 名 하自 節電.
절절[1] 副 **1** 〔온도가 매우 높아 더운 모양〕 ぐらぐらと. かっかと. ¶ 온돌이 ~ 끓는다 オンドルがかっかと熱い. **2** 〔'절레절레'의 준말〕 いやいや. **3** 〔물건이 매달린 채 질질 끌리는 소리[모양]〕 ずるずる(と). **4** 〔물이 많이 흐르는 모양[소리]〕 ざあざあ(と). **5** 〔손에 쥐고 천천히 흔드는 모양〕 ざぶざぶ(と).
절절[2] 副 〔이리저리 바삐 쏘다니는 모습〕 うろうろ(と). うろちょろ(と).
　절절거리다[-대다] 自 うろうろと動き回る.
절절이〔節節—〕 副 一言一言ごとに. 句ごとに.
절절하다〔切切—〕 形 切々としている. ¶ 절절한 호소 切々たる訴え. **절절히** 副 切々と. 切に. ¶ 어머니의 사랑을 ~ 느끼다 母の愛を切々と感じる.
절정〔絶頂〕 名 絶頂. 頂上. 頂点. ¶ 인기의 ~ 人気の絶頂.
절제[1]〔切除〕 名 하他 切除. ¶ 위의 일부를 ~하다 胃の潰瘍部を切除する.
절제[2]〔節制〕 名 하他 節制. ¶ ~ 생활 節制生活 / 술을 ~하다 酒を慎む.
절조〔節操〕 名 節操. ¶ ~를 지키다 節操を守る.
절주〔節酒〕 名 하自 節酒.
절지[1]〔絶地〕 名 (国の)中心から遠く離れた所.
-절지[2]〔截紙〕 接尾 (1枚の紙をいくつにも折り畳んだ大きさの)…切り. ¶ 4~ 四つ切りの紙.
절지동물〔節肢動物〕 名〔動〕 節足動物.
절차〔節次〕 名 手続き. 手順. ¶ 필요한 ~를 밟다 必要な手続きを踏む.
　절차법〔—法〕 名〔法〕 手続法.
절차탁마〔切磋琢磨〕 名 하自他 切磋琢磨.
절찬〔絶讚〕 名 하他 絶賛. ¶ ~ 상영중 絶讚上映中 / 그의 연주는 청중으로부터 ~을 받았다 彼の演奏は聴衆の絶賛を博した.
절창〔絶唱〕 名 絶唱. ¶ ~에 도취되어 듣는다 絶唱に聞きほれる.
절충[1]〔折衷〕 名 하他 折衷. ¶ ~안 折衷案 / 양자의 의견을 ~하다 両者の意見を妥協させる.
　절충주의〔—主義〕 名〔哲〕〔法〕 折衷主義.
절충[2]〔折衝〕 名 하他 折衝. ¶ 외교적 ~을 거듭하다 外交的折衝を重ねる.
절취[1]〔截取〕 名 하他 截取. 切り取ること.
　절취선〔—線〕 名 切り取り線.
절취[2]〔竊取〕 名 하他 窃取. ¶ ~범 窃盗犯 / 어음을 ~하다 手形を窃取する.
절치〔切齒〕 名 하自 切歯. 歯ぎしりすること.
　절치부심〔—腐心〕 名 하自 切歯腐心.
절친하다〔切親—〕 形 きわめて親しいこと. ¶ 절친한 친구 사이 親しい間柄だ.
　절친히 副 親しく.
절터 名 寺のある敷地. 寺のあった跡.

절판〔絶版〕 名 하他 絶版. ¶ 초판만 내고 ～했다 初版だけ出して絶版にした.
절편 名 (円形·方形の)花模様などを押した白餅.
절품[1]〔切品〕 名 하自 品切れ. 売り切れ. ¶ 비누가 ～되다 せっけんが品切れになる.
절품[2]〔絶品〕 名 絶品. 逸品.
절필〔絶筆〕 名 하自 絶筆.
절하〔切下〕 名 하他 〔經〕 切り下げ. ¶ 평가 ～ 平価切り下げ.
절해〔絶海〕 名 絶海. ¶ ～고도 絶海の孤島.
절호〔絶好〕 名 絶好. ¶ 지금이 ～의 기회다 今が絶好のチャンスだ.
절후〔節候〕 名 節気.
젊다 形 若い. **1** (年が)若い. ¶ 나이에 비해 젊어 보이는 사람 年のわりに若く見える人 / 젊었을 때부터 若い時から / 몸은 늙었지만 마음만은 ～ 体は老いたが心だけはまだ若い. **2** 血気盛んだ. ¶ 젊은 기운 沸き上がる若い力.
젊디젊다 形 とても若い.
젊어지다 自 若くなる. ¶ 선생님은 결혼하신 후 젊어지셨다 先生は結婚なさってからお若くなられた.
젊은것 名 〈俗〉 若造.
젊은이 名 若者. 若人. 若手. ¶ ～와 늙은이 若者と年寄り.
젊음 名 若さ.
점[1]〔占〕 名 하他 占い. 卜筮. 易. ¶ 별～ 星占 / ～이 맞다 占があたる.
점[2]〔點〕 **I** 名 **1** 点. 小さな印. 句読点. 小数点. ¶ ～을 찍다 点を打つ / 영～ 삼 0.3 / 두 ～을 지나는 직선 2点を通る直線 / 구름 한 ～ 없다 雲一つない. **2** 要点. 重要な部分. 問題となるところ. ¶ 곤란한 ～ 困難な点 / 이런 ～으로 보아 こうした点から見て. **3** 斑点. ほくろ. あざ. ¶ 눈썹 위에 흰 ～이 있는 말 眉の上に白い斑点がある馬.
II 依名 **1** 〔성적의 평가〕 点. ¶ 100 ～을 받다 100点をとる. **2** 〔시간〕 時. ¶ 벽시계가 세 ～을 쳤다 掛時計が3時を打った. **3** 〔물품의 수효〕 点. ¶ 그림을 네 ～ 샀다 絵を4点買った. **4** 〔살코기의 작은 조각〕 切れ. ¶ 고기 한 ～ 肉の一切れ. **5** 〔바둑판의 눈이나 돌의 수〕 目.
-점[3]〔店〕 接尾 …店. ¶ 백화～ 百貨店 / 잡화～ 雑貨店.
점가〔漸加〕 名 하他 漸増.
점감〔漸減〕 名 하他 漸減.
점거〔占據〕 名 하他 占拠. 占領. ¶ 공장을 ～하다 工場を占拠する.
점검〔點檢〕 名 하他 点検. 調べること. ¶ 기계를 세밀히 ～하다 機械を詳しく点検する.
점괘〔占卦〕 名 〔民俗〕 (吉凶を)占って出た卦.
점대〔占一〕 名 〔民俗〕 筮竹(占いに用いる竹製の細い棒).
점도〔粘度〕 名 粘度. ¶ ～계 粘度計.
점두〔店頭〕 名 店頭. ¶ ～ 매매 店頭売買.
점둥이〔點一〕 名 **1** (顔や体に)斑点のある人や獣. **2** ぶちの犬.
점등[1]〔漸騰〕 名 하自 漸騰. ¶ 물가가 ～하다 物価が漸騰する.
점등[2]〔點燈〕 名 하自 点灯. 点火.
점락〔漸落〕 名 하自 漸落. ¶ 주가가 ～하다 株価が漸落する.
점령〔占領〕 名 하自他 占領. ¶ ～군 占領軍 / ～지 占領地 / 적에게 ～되다 敵に占領される.
점막〔粘膜〕 名 〔生〕 粘膜. ¶ ～암 粘膜癌 / 코의 ～ 鼻の粘膜.
점멸〔點滅〕 名 하自他 点滅. ¶ ～기 点滅器 / 신호가 ～하다 信号が点滅する.
점묘〔點描〕 名 하他 〔美〕 点描. ¶ ～화 点描画.
점박이〔點一〕 名 **1** 顔や体にあざやほくろのある人. 斑点のある獣. **2** 後ろ指をさされる人.
점방〔店房〕 名 店. 店舗. 商店.
점병〔粘餠〕 名 もち米でつくった餅.
점보〔jumbo〕 名 ジャンボ. ¶ ～제트기 ジャンボジェット機.
점복〔占卜〕 名 하自 占卜. 卜占. 占い.
점선〔點線〕 名 点線. ¶ 실선과 ～을 긋다 実線と点線を引く.
점성〔粘性〕 名 〔物〕 粘性.
점성술〔占星術〕 名 〔民俗〕 占星術.
점수〔點數〕 名 **1** (試験などの)点数. 点. ¶ ～를 매기다 点数をつける / 높은 ～를 따다 高い点数をとる / ～가 짜다 点が辛い. **2** 品数. 点数. ¶ 상품의 ～를 갖추다 商品の点数をそろえる.
점술〔占術〕 名 占術. 卜占.
점심〔點心〕 名 昼食. 昼飯. ¶ ～시간 昼食時間. 昼休み / ～을 먹다 昼食を食べる.
점심나절 名 昼食を食べるまでの半日.
점심때 名 昼食時. 昼ごろ. 昼時.
점심밥 名 昼飯. 昼食.
점안〔點眼〕 名 하自 点眼. ¶ ～약 点眼薬.
점액〔粘液〕 名 粘液.
점액선〔一腺〕 名 〔生〕 粘液腺.
점액질〔一質〕 名 粘液質.
점역〔點譯〕 名 하他 点訳.
점용〔占用〕 名 하他 占用. ¶ 도로의 무단 ～ 道路の無断占用.
점원〔店員〕 名 店員.
점유〔占有〕 名 하他 占有. ¶ ～권 占有権 / ～물 占有物.
점입가경〔漸入佳境〕 名 하自 だんだん興味深くなること.
점자〔點字〕 名 点字. ¶ ～를 읽다 点字を読む.
점잔 名 上品で重厚な物腰. (言行が)重々しく上品な態度.
점잔부리다 自 しきりに上品な態度をとる.
점잔빼다 自 ことさらに上品ぶる. わざと取り澄ます. ¶ 점잔빼면서 팔자걸음을 걷는다 ことさらにもったいぶって外またに歩く.
점잔피우다 自 いやに上品を気取る. もったいぶる. ¶ 여자 앞이라고 그렇게 점잔피우는 거냐? 女性の前だからって

そんなに気取っているのかい.

점잖다 形 **1** 礼儀正しく重厚だ. 温厚だ. もの静かだ. おとなしい. ¶ 점잖은 남자 物静かな男 / 태도가 ~ 物腰が温厚だ. **2** 品がある. 上品だ. 穏やかだ. 落ち着いて気品がある. ¶ 양복 무늬가 ~ 背広の柄が地味だ / 점잖은 자리에서 까불지 마라 襟を正すべき席でふざけるんじゃない / 점잖지 못한 행실 (ふざけたりする)品のない行動. **점잖이** 副 おとなしく. 上品に. もの柔らかく. ¶ ~ 앉아 있거라 おとなしく座っていなさい.

점재〔點在〕 名 하自 点在. 散在. ¶ 여기저기 ~하는 농가 あちこちに点在する農家.

점쟁이〔占—〕 名 易者. 占い師. 八卦見.

점적〔點滴〕 名 하他 点滴. ¶ ~ 주사 点滴注射.

점점〔漸漸〕 副 だんだんと. 徐々に. 次第に. ますます. いよいよ. ¶ 날씨가 ~ 추워진다 天気がだんだん寒くなる / 물이 ~ 줄어든다 水が徐々に減っていく / 성적이 ~ 좋아진다 成績が次第によくなる / 어리광을 ~ 더 부린다 ますますだだをこねる.

점점이〔點點—〕 副 点々と. ¶ 물방울이 ~ 떨어진다 水のしずくが点々としたたる / 흰 벽돌집에 ~ 박혀 있는 붉은 벽돌 白いれんがの家に点々とはめ込まれている赤れんが.

점주〔店主〕 名 店主. ¶ 잡화상의 ~ 雑貨商の店主.

점증〔漸增〕 名 하自 漸増. ¶ 인구가 ~하다 人口が漸増する.

점지 名 하他 神仏が子供を授けること. 申し子を授けること. ¶ 산신령이 ~하신 외아들 山霊が授けなさった一人息子.

점진〔漸進〕 名 하自 漸進. ¶ ~주의 漸進主義.

점진적〔—的〕 冠名 漸進的. ¶ ~인 발전 漸進的な発展.

점찍다〔點—〕 自他 目をつける. 目ぼしをつける. マークする. ¶ 전부터 신붓감으로 점찍은 아가씨 前から嫁として目をつけていた娘さん.

점차¹〔點差〕 名 点差.

점차²〔漸次〕 副 だんだん. 次第に. 徐々に. ¶ 경기가 ~ 회복된다 景気が次第に回復する / 병이 ~ 나아진다 病気がだんだんよくなる.

점차로 副 〔'점차'의 힘줌말〕 だんだん. 次第に. ¶ 수출이 ~ 신장한다 輸出がだんだん伸びる.

점착〔粘着〕 名 하自 粘着. ¶ ~성 粘着性 / ~테이프 粘着テープ.

점착력〔—力〕 名 粘着力.

점착제〔—劑〕 名 粘着剤.

점철〔點綴〕 名 하自他 点綴. ¶ 인가가 ~해 있다 人家が点綴している.

점치다〔占—〕 他 占う. 卜する. ¶ 운세를 ~ 運勢を占う / 미래를 ~ 未来を卜する.

점토〔粘土〕 名 粘土.

점토암〔—巖〕 名〔鑛〕粘土岩.

점토질〔—質〕 名〔地〕粘土質.

점파〔點播〕 名 하他〔農〕点播〈播種法の一つ〉.

점판암〔粘板巖〕 名〔鑛〕粘板岩.

점퍼〔jumper〕 名 ジャンパー.

점퍼스커트〔—skirt〕 名 ジャンパースカート.

점포〔店鋪〕 名 店舗. 店. ¶ 번화가에 ~를 차리다 目抜き通りに店舗を構える.

점프〔jump〕 名 하自 ジャンプ. ¶ ~ 볼 ジャンプボール / ~ 턴 ジャンプターン.

점하다〔占—〕 他 占める. ¶ 제2위를 점했다 第2位を占めた / 학생들이 다수를 ~ 学生が多数を占める.

점호〔點呼〕 名 하他 点呼. ¶ 각개 ~ 各個点呼 / 인원을 ~하다 人員の点呼をとる.

점화〔點火〕 名 하自 点火. ¶ ~전 点火栓 / ~ 장치 点火装置 / 버너에 ~하다 バーナーに点火する.

점획〔點畫〕 名 点画. 点と画.

접¹〔椄〕 名 하他 接ぎ木. ¶ ~을 붙이다 接ぎ木をする.

접² **Ⅰ** 名 (果物・野菜などの)100個を指す語. ¶ 배추를 ~으로 사들이다 白菜を100個単位で仕入れる.
Ⅱ 依名 (果物・野菜などの)100個を単位として数える語. ¶ 사과 한 ~ りんご100個 / 마늘 열 ~ にんにく1000個.

접객〔接客〕 名 하自 接客.

접객업〔—業〕 名 (飲食店・喫茶店・床屋などの)接客業.

접견〔接見〕 名 하他 接見. 引見. 謁. ¶ ~실 接見室 / 대통령이 대사를 ~하다 大統領が大使を接見する.

접경〔接境〕 名 하自 相接する境界. ¶ 양국의 ~지대 両国の境界が接する地帯.

접골〔接骨〕 名 하他 接骨. 骨接ぎ. 整骨. ¶ ~원 接骨院 / ~의 接骨医.

접근〔接近〕 名 하自 接近. ¶ 위험물에 ~ 금지 危険物に接近禁止 / 적진 깊숙이 ~하다 敵陣の奥深く接近する.

접다 他 **1** (布・紙などを)折る. 畳む. ¶ 양복감을 ~ 洋服生地を畳む / 편지를 접어서 봉투에 넣었다 手紙を折って封筒へ入れた. **2** (広げた物を)折り畳む. 畳む. ¶ 우산을 ~ 傘を畳む / 부채를 ~ 扇子を畳む / 날개를 ~ 羽を畳む. **3** (自分の考え・主張を)当分控えめにする. ひっこめる. ¶ 이 문제는 일단 접어 두기로 하자 この問題はいったんひっこめることにしよう. **4** (自分より目下の者に対して)大目に見てやる. 利益を与える. ¶ 그런 일이라면 형인 자네가 접어 생각해야 하네 そういうことなら兄であるあなたが大目に見てやるべきだ.

접대〔接待〕 名 하他 接待. もてなし. ¶ ~비 接待費 / 손님을 ~하다 お客をもてなす.

접대부〔—婦〕 名 (飲み屋・旅館などの)接待婦. 仲居. 女給. ホステス.

접두사〔接頭辭〕 名〔言〕接頭辞. 接頭語.

접때 名 副 この前. 先ごろ. 先だって.

¶ ~부터 몸이 안 좋다 先ごろから体の調子がよくない / ~ 만난 사람 この前会った人.

접목〔椄木〕 名 하他 接ぎ木. ¶ 배나무의 ~을 하다 梨の接ぎ木をする.

접미사〔接尾辭〕 名〔言〕 接尾辞. 接尾語.

접바둑 名 置き碁.

접붙이기〔椄—〕 名 하他〔農〕 接ぎ木. 接ぎ穂.

접붙이다〔椄—〕 他 接ぎ木をする.

접사〔接辭〕 名〔言〕 接辞〈接頭辞·接尾辞の総称〉.

접선〔接線〕 名 하自 **1**〔數〕 接線. **2** 接触すること. ¶ 정부 고관과 비밀리에 ~했다 政府高官と秘密裏に接触した.

접속〔接續〕 名 하自他 接続. 連結. ¶ 코드를 ~하다 コードを接続する.

접속곡〔—曲〕 名 接続曲. メドレー.

접속범〔—犯〕 名〔法〕 接続犯.

접속 부사〔—副詞〕 名〔言〕 接続副詞.

접속사〔—詞〕 名〔言〕 接続詞.

접속 수역〔—水域〕 名 接続水域.

접속 조사〔—助詞〕 名〔言〕 接続助詞.

접수[1]〔接收〕 名 하他 接収. ¶ 재산을 ~하다 財産を接収する.

접수[2]〔接受〕 名 하他 受付. ¶ ~창구 受付窓口 / 원서 ~ 마감 願書受付の締め切り.

접수증〔—證〕 名 受付証.

접수처〔—處〕 名 受付場所. 受付.

접시 名 皿. ¶ 요리 한 ~ 一皿の料理 / ~ 닦기 皿洗い / ~에 과일을 가득히 담다 皿に果物を盛る.

접시꽃 名〔植〕 立葵.

접신〔接神〕 名 하自 神霊に接すること. ¶ 무당이 굿을 하여 ~하다 ムーダンがクッをとおして神霊に接する.

접안렌즈〔接眼lens〕 名〔物〕 接眼レンズ.

접어〔接語〕 名 하自 **1** 互いに言葉を交わすこと. **2**〔言〕 接辞.

접어들다 自 (時間的·空間的に) 近づく. 迫る. 入る. さしかかる. ¶ 우기에 ~ 雨期にさしかかる / 오솔길로 ~ 小道に入る / 사춘기에 ~ 思春期を迎える / 4월에 접어들면서부터 날씨가 따뜻해졌다 4月に入ってから暖かくなった.

접어주다 他 **1** 寛大に処置する. 大目に見てやる. ¶ 웬만한 실수는 ~ ささいな失敗は大目に見てやる. **2** (囲碁や将棋などで) ハンディキャップを与える. ¶ 바둑에서 두 점 ~ 囲碁で2目置き碁にしてやる. 「イ.

접영〔蝶泳〕 名〔體〕 (水泳の) バタフラ

접의자〔摺椅子〕 名 折り畳み椅子.

접자 名 折り尺.

접적〔接敵〕 名 하自 接敵. 敵と出会うこと. 敵陣に接近すること. ¶ ~ 비행 接敵飛行.

접전〔接戰〕 名 하自 接戦. ¶ ~ 끝에 겨우 이겼다 接戦の末やっと勝った.

접점〔接點〕 名〔數〕 接点.

접종[1]〔接種〕 名 하自他〔醫〕 接種. ¶ 예방 ~ 予防接種.

접종[2]〔接踵〕 名 하自 接踵. **1** (人の後に) ついて行くこと. **2** (物事が) 相次いで起こること.

접지[1]〔接地〕 名〔電〕 接地. アース.

접지[2]〔摺紙〕 名 하自他 **1** 紙を折ること, またその紙. **2**〔印〕 ページの順序どおりに印刷した紙を折ること. 折り帖.

접질리다 自他 (関節を) くじく. 捻挫する. ¶ 손목을 접질렸다 手首をくじいた.

접착〔接着〕 名 하自他 接着. ¶ ~제 接着剤.

접촉〔接觸〕 名 하自他 接触. **1** (二つの物が) 近づき触れること. ¶ ~면 接触面 / ~ 사고 接触事故 / ~제 接触剤 / ~ 감염 接触感染. **2** 付き合うこと. ¶ 외부 사람과 ~을 갖다 外部の人と接触を持つ.

접촉 광물〔—鑛物〕 名〔鑛〕 接触鉱物.

접촉 반응〔—反應〕 名〔化〕 接触反応.

접칼〔摺—〕 名 折り畳み式のナイフ.

접하다〔接—〕 自他 接する. **1**〔만나다〕 触れる. ¶ 한 점을 접하는 두 곡선 1点を接する二つの曲線. **2**〔인접하다〕 間近にある. 連なる. ¶ 시장에 접해 있는 소방서 市場のすぐそばにある消防署 / 한길에 접한 아파트 道路に接して建ったアパート. **3**〔부닥치다〕 当たる. 出会う. ¶ 중대한 문제에 ~ 重大な問題に当たる / 뜻밖의 일에 ~ 思いがけない事に出会う. **4**〔사귀다·대하다〕 付き合う. 応対する. ¶ 자연과 ~ 自然と接する / 많은 사람을 ~ 多くの人に接する. **5**〔소식 등을 받다〕 受け取る. ¶ 부고에 ~ 訃報に接する.

접합〔接合〕 名 하自他 接合. ¶ 용접 ~ 溶接接合 / ~부 接合部 / ~제 接合剤.

접합자〔—子〕 名〔生〕 接合子.

접히다 Ⅰ 自 **1** 折り畳まれる. **2** (囲碁などで) ハンディを与えられる.

Ⅱ 他 **1** 折り畳ませる. ¶ 아이에게 종이를 ~ 子供に紙を折らせる. **2** (囲碁などで) ハンディを与える.

젓 名 塩辛. ¶ 오징어 ~ いかの塩辛.

젓가락 名 箸. ¶ ~질 箸づかい / ~을 놓다 箸を置く.

젓갈[1] 名 塩辛.

젓갈붙이 名 塩辛類.

젓갈[2] 名〔'젓가락'의 준말〕 箸.

젓국 名 塩辛の汁.

젓다 他 **1** 振る. ¶ 팔을 ~ 腕を振る / 고개를 젓고 외면했다 首を振ってそっぽを向いた. **2** (櫓を) 漕ぐ. ¶ 노를 저으면서 노래를 불렀다 櫓を漕ぎながら歌をうたった. **3** かき混ぜる. かき回す. ¶ 국이 뜨거우니 저어서 먹어라 スープが熱いからかき混ぜて食べなさい / 홍차에 설탕을 넣어 ~ 紅茶に砂糖を入れてかき回す.

정[1] 名 鑿. ¶ ~으로 비석을 쪼다 鑿で碑石をうがつ.

정[2]〔丁〕 名〔民俗〕 丁〈十干の4番目〉.

정[3]〔正〕 Ⅰ 名 正. **1** 正しい道. **2**〔哲〕

定立. **3**〔數〕プラス.

Ⅱ [接頭] **1**〔주되거나 정식적인 것〕正…. ¶ ~사원[회원] 正社員[会員] / ~교사 正教員. **2**〔완전하게 바름〕正…. ¶ ~사각형 正四角形 / ~반대 正反対.

정⁴〔情〕[名] 情. **1** 感じて起こる心の働き. (身に染みる)感情. ¶ 신뢰의 ~ 信頼の情. **2** 情愛. 愛情. ¶ 부부의 ~ 夫婦の情 / ~이 없다 情がない / ~에 약하다 情にもろい / 기른 ~과 낳은 ~ 育てた情と産んだ情 / 오는 ~이 있어야 가는 ~이 있다 魚心あれば水心.

◆**정을 쏟다** 情を込めて愛する. 愛情を注ぐ.

〔**속담**〕**정들자 이별** 親しくなったと思ったら別れ〈親しくなって間もなく別れること〉.

정⁵〔精〕[名] **1**〔'정수'의 준말〕精髄. **2**〔'정기'의 준말〕精気. **3**〔'정령'의 준말〕精霊. **4**〔'정액'의 준말〕精液.

정⁶〔町〕[依名] 町. **1** 距離の単位. **2** 面積の単位.

정⁷ [副] 本当に. まことに. 実に. ¶ ~ 자신이 없으면 기권해라 本当に自信がなかったら棄権しなさい.

-정⁸〔亭〕[接尾]〔정자〕…亭. …あずまや. ¶ 팔각~ 八角亭.

-정⁹〔整〕[接尾]〔금액에 붙는 말〕…也. ¶ 일금 일백만 원~ 一金壱百万ウォン也.

-정¹⁰〔錠〕[接尾]〔알약〕…錠. ¶ 아스피린~ アスピリン錠 / 당의~ 糖衣錠.

정가¹〔正價〕[名] 正価. ¶ ~로 판매하다 正価で販売する.

정가²〔定價〕[名][하自他] 定価. ¶ ~대로 판다 定価どおりに売る / ~표 正札.

정각¹〔正刻〕[名] ちょうどその時刻. きっかり[きっちり]その時刻. ¶ 시계가 ~ 열두 시를 알린다 時計がちょうど12時を知らせる.

정각²〔定刻〕[名] 定刻. ¶ ~보다 5분 일찍 모여라 定刻よりも5分早く集まれ.

정간〔停刊〕[名][하他] 停刊. ¶ ~된 신문 停刊になった新聞.

정갈스럽다 [形] 清潔だ. こぎれいだ. こざっぱりしている. ¶ 정갈스런 옷차림 こざっぱりした身なり. **정갈스레** [副] 清潔に. こぎれいに. こざっぱりと. ¶ 음식을 ~ 만들다 食べものを見た目に美しくつくる.

정갈하다 [形] **1** (姿·衣服などが)清潔だ. こぎれいだ. こざっぱりしている. ¶ 옷을 정갈하게 입다 衣服をこぎれいに着る. **2** (食べ物が)さっぱりしている. ¶ 구절판은 모양도 예쁘고 맛도 ~ クジョルパンは見た目もきれいだし味もさっぱりしている. **정갈히** [副] 清潔に. こぎれいに. こざっぱりと. ¶ 방을 ~ 치워 놓다 部屋を清潔に片づけておく.

정감〔情感〕[名] 情感. ¶ ~ 있는 사람 情感のある人 / ~ 어린 목소리 情感のこもった声 / ~이 넘치는 말 情感のあふれる言葉.

정강¹〔政綱〕[名] 政綱.

정강²〔精鋼〕[名] 精鋼. 精錬した鋼鉄.

정강마루 [名]〔生〕向か脛. 向こう脛.

정강이 [名]〔生〕脛. 向こうずね.

정강이뼈 [名]〔生〕脛骨.

정객¹〔正客〕[名] 正客. おもだった客.

정객²〔政客〕[名] 政客.

정거〔停車〕[名][하自他] 停車. ¶ 급~ 急停車.

정거장〔—場〕[名] 停車場. 停留所. 駅.

정격¹〔正格〕[名] 正格. 正しい規則.

정격²〔定格〕[名]〔物〕定格.

정견¹〔定見〕[名] 定見. 一定の意見. ¶ 확실한 ~도 없는 사람 はっきりした定見もない人.

정견²〔政見〕[名] 政見. ¶ ~ 방송 政見放送.

정결하다¹〔貞潔—〕[形] 貞潔だ. ¶ 정결한 부인 貞潔な婦人.

정결하다²〔淨潔—〕[形] 浄潔だ. 清く潔い. 澄んで清らかだ. ¶ 정결한 환경 浄潔な環境.

정겹다〔情—〕[形] 情愛深い. 愛情にあふれている. ¶ 연인들이 정겹게 속삭이다 恋人たちが親しそうにささやく.

정경¹〔政經〕[名] 政経. 政治と経済. ¶ ~ 분리 政経分離.

정경²〔情景〕[名] 情景. **1** 感興と景色. ¶ 말로는 표현할 수 없는 ~ 言葉では表わせない情景. **2** 哀れな状況. ¶ 눈물겨운 ~ 涙ぐましい情景.

정계¹〔正系〕[名] 正系. 正統.

정계²〔政界〕[名] 政界. ¶ ~의 거물 政界の大物 / ~에서 물러나다 政界から身をひく.

정곡〔正鵠〕[名] 正鵠. ¶ ~을 찌르다 正鵠を射る.

정골〔整骨〕[名][하他] 整骨. 接骨. 骨接ぎ. ¶ ~원 整骨院.

정공¹〔正攻〕[名][하他] 正攻. ¶ ~법 正攻法.

정공²〔精工〕[名][하他] 精工. きめこまやかな細工.

정과〔正果〕[名] チョングァ〈果物やしょうが·蓮根·朝鮮人参などをはちみつや砂糖水で煮詰めた菓子〉.

정관¹〔定款〕[名]〔法〕定款.

정관²〔精管〕[名]〔生〕精管. 輸精管.

정관³〔靜觀〕[名][하他] 静観. ¶ 정세를 ~하다 情勢を静観する.

정관사〔定冠詞〕[名]〔言〕定冠詞.

정교¹〔正教〕[名]〔宗〕**1** (邪教に対して)正しい宗教. **2** ギリシア正教会.

정교²〔政教〕[名] 政教. **1** 政治と宗教. **2** 政治と教育.

정교³〔情交〕[名][하自] 情交. **1** 親密な交際. **2** 色情の交わり. ¶ ~를 맺다 情交を結ぶ.

정교하다〔精巧—〕[形] 精巧だ. ¶ 정교한 기계 精巧な機械. **정교히** [副] 精巧に.

정교사〔正教師〕[名] 正教員.

정교회〔正教會〕[名]〔宗〕ギリシア正教会.

정구〔庭球〕[名]〔體〕庭球. テニス.

정국〔政局〕 名 政局. ¶ ~의 안정 政局の安定 / ~을 타개하다 政局を打開する.
정군〔整軍〕 名 하自 〔軍〕 軍紀を正すこと.
정권〔政權〕 名 政権. ¶ ~욕 政権欲 / ~을 잡다 政権を握る.
정규〔正規〕 名 正規. ¶ ~군 正規軍 / ~ 절차 正規の手続き.
정근〔精勤〕 名 하自 精勤. ¶ ~ 수당 精勤手当 / ~상 精勤賞.
정글〔jungle〕 名 ジャングル. 密林.
정금〔正金〕 名 **1** 正金〈金・銀などでつくられた正貨〉. **2** 純金.
정기[1]〔正氣〕 名 **1** 正気. **2** あるべき気風. 意気. ¶ 민족 ~ 民族の意気.
정기[2]〔定期〕 名 定期. ¶ ~선 定期船 / ~ 간행물 定期刊行物 / ~ 승차권 定期乗車券 / ~ 적금 定期積み立て / ~ 총회 定期総会 / ~ 예금 定期預金 / ~ 항로 定期航路 / ~적으로 검진을 받다 定期的に検診を受ける.
 정기 거래〔—去來〕 名 〔經〕 定期取引き.
 정기권〔—券〕 名 定期券.
정기[3]〔精氣〕 名 精気. ¶ 만물의 ~ 万物の精気 / ~가 넘치다 精気があふれる.
정나미〔情—〕 名 愛着. 愛想.
 ◆**정나미가 떨어지다** 愛想が尽きる. ¶ 늘 거짓말만 하니 ~가 떨어진다 いつも嘘をつくので愛想が尽きる.
정남방〔正南方〕 名 真南. 正南.
정낭〔精囊〕 名 〔生〕 精嚢.
정내〔廷內〕 名 廷内. 法廷の中.
정녀〔貞女〕 名 **1** 生娘. 処女. **2** 貞女. 貞婦.
정년〔停年〕 名 停年. 定年. ¶ ~제 停年制 / 이번에 ~으로 퇴직한다 今度定年で退職する.
정념〔情念〕 名 情念. ¶ ~에 사로잡히다 情念に駆られる.
정녕〔丁寧〕 副 間違いなく. きっと. 必ず. ほんとうに. ¶ 허물어진 성지에도 봄은 ~ 오는가? 崩れた城跡にも春は変わらずやって来るのか.
 정녕코 副 〔'정녕'의 힘줌말〕 間違いなく. どうあっても. 必ずや.
정다면체〔正多面體〕 名 〔數〕 正多面体.
정다시다〔精—〕 自 愛想が尽きる. こりごりする.
정단층〔正斷層〕 名 〔地〕 正断層.
정담[1]〔政談〕 名 政談.
정담[2]〔情談〕 名 **1** 情話. 人情のこもった話. **2** 打ち明け話.
정담[3]〔鼎談〕 名 鼎談. 三人で話し合うこと.
정답〔正答〕 名 正答. ¶ ~을 내다 正答を出す.
정답다〔情—〕 形 むつまじい. 仲がよい. 情愛深い. 温かい. ¶ 아이들이 정답게 놀고 있다 子供たちが仲よく遊んでいる / 두 사람이 정답게 이야기하고 있다 二人がむつまじく話し合っている. **정다이** 副 仲よく. 親しく. むつまじく. ¶ ~ 대하다 親しくもてなす.
정당[1]〔政黨〕 名 政党. ¶ ~ 내각 政党内閣 / ~ 정치 政党政治 / ~에 가입하다 政党に加入する.
정당[2]〔精糖〕 名 〔化〕 精糖.
정당방위〔正當防衛〕 名 〔法〕 正当防衛.
정당성〔正當性〕 名 正当性.
정당하다〔正當—〕 形 正当だ. ¶ 정당한 보상 正当な補償 / 정당하게 판결을 내리다 正しく判決を下す. **정당히** 副 正当に.
정당화〔正當化〕 名 하他 正当化. ¶ ~시키다 正当化する.
정도[1]〔正道〕 名 正道. ¶ ~에 벗어나는 행위 正道にはずれる行為.
정도[2]〔定都〕 名 하自 (国の)都を定めること.
정도[3]〔程度〕 名 程度. くらい. ほど. ¶ 피해의 ~ 被害の程度 / 사과 ~의 크기 りんごくらいの大きさ / 역까지 20분 ~ 걸린다 駅まで20分くらいかかる / 값은 어느 ~입니까? 値段はどのくらいですか / 참는 것도 ~가 있다 がまんするのもほどがある / 농담도 ~껏 해라 冗談もほどほどにしろ / 여보게, 아들 역성 드는 것도 ~ 문제야 おい, 息子の肩をもつのも程度問題だぞ.
정도[4]〔精度〕 名 精度. 精密度.
정독〔精讀〕 名 하他 精読. 熟読.
정돈[1]〔停頓〕 名 하自 停頓. 行き詰まり. ¶ 수송이 ~되다 輸送が滞る.
정돈[2]〔整頓〕 名 하他 整頓. 片づけること. 整えること. ¶ 방을 ~하다 部屋を整頓する / 도구류를 ~하다 道具類を整頓する.
정동[1]〔正東〕 名 〔'정동방'의 준말〕 真東. 正東.
정동[2]〔精銅〕 名 〔鑛〕 精銅.
정동방〔正東方〕 名 真東. 正東.
정들다〔情—〕 自 なじむ. 親しくなる. ¶ 정든 고향 마을 慣れ親しんだ故郷の村.
정떨어지다〔情—〕 自 愛想が尽きる. 嫌いになる.
정략〔政略〕 名 政略. ¶ ~가 政略家 / ~결혼 政略結婚.
정량〔定量〕 名 定量. ¶ ~ 분석 定量分析.
정려〔精勵〕 名 하他 精励. 努め励むこと. ¶ 각고~ 刻苦精励.
정력〔精力〕 名 精力. ¶ ~제 精力剤 / ~이 왕성하다 精力が旺盛だ.
정련[1]〔精練〕 名 하他 精練. ¶ ~제 精練剤 / ~ 공장 精練工場.
정련[2]〔精鍊〕 名 하他 精錬. ¶ 철광석을 ~하다 鉄鉱石を精錬する.
 정련소〔—所〕 名 製錬所.
정렬〔整列〕 名 하自 整列. ¶ 4열로 ~하다 4列に整列する.
정령[1]〔政令〕 名 〔法〕 政令.
정령[2]〔精靈〕 名 精霊. ¶ ~ 숭배 精霊崇拝.
정례〔定例〕 名 定例. ¶ ~ 회의 定例会議.
정로〔正路〕 名 正路. **1** 正しい道. **2** 本道.
정론[1]〔正論〕 名 正論. 道理にかなっ

た議論. 主張.

정론[2]〔定論〕 名 定論. 定説. ¶ ~을 뒤엎는 주장 定説を覆す主張.

정론[3]〔政論〕 名 政論. 政治に関する意見.

정류[1]〔定流〕 名 定流. 一定方向に流れる水流[電流].

정류[2]〔停留〕 名 하自 停留.

정류소〔—所〕 名 停留所. 停留場.

정류장〔—場〕 名 (バスなどの)停留場. 停留所. ¶ ~에서 버스를 기다리다 停留所でバスを待つ.

정류[3]〔精溜〕 名 하他 〔化〕 精留. ¶ 알코올의 ~ アルコールの精留.

정류[4]〔整流〕 名 하他 整流. ¶ ~관 整流管 / ~기 整流器 / ~ 작용 整流作用.

정류자〔—子〕 名〔物〕 整流子.

정률[1]〔定律〕 名 定律. ¶ 정량 불변의 ~ 定量不変の定律.

정률[2]〔定率〕 名 定率. 一定の割合.

정률세〔—稅〕 名 定率税.

정리[1]〔正理〕 名 正理. 正しい道理.

정리[2]〔廷吏〕 名〔法〕 廷吏.

정리[3]〔定理〕 名〔數〕 定理. ¶ 피타고라스의 ~ ピタゴラスの定理.

정리[4]〔情理〕 名 情理. 人情と道理. ¶ ~를 다하여 설득하다 情理を尽くして説得する.

정리[5]〔整理〕 名 하他 整理. まとめること. ¶ ~ 정돈 整理整頓 / 교통 ~ 交通整理 / ~된 서류 整理された書類.

정립[1]〔定立〕 名 하自 〔哲〕 定立. テーゼ.

정립[2]〔鼎立〕 名 하自 鼎立. ¶ 삼국이 ~하여 겨루다 三国が鼎立して争う.

정말〔正—〕 I 名 1 (うそのない)まこと. 本当. 真実. ¶ 그게 ~입니까? それは本当ですか. 2 《부사적으로 쓰여》 本当に. なるほど. ¶ ~ 기가 막히는군 まったくあきれるな / ~ 고맙다 本当にありがとう.

II 感 ほんと. ¶ ~, 큰일이구나 ほんと, 大変だ.

정말로 副 本当に. 間違いなく. 実際. まったく. ¶ ~ 기쁘다 本当にうれしい.

정맥[1]〔精麥〕 名 하自 精麦. 精白した麦.

정맥[2]〔靜脈〕 名〔生〕 静脈. 反 動脈 ¶ ~ 주사 静脈注射.

정맥류〔—瘤〕 名〔生〕 静脈瘤.

정면〔正面〕 名 正面. 真っ向. ¶ ~ 충돌 正面衝突 / 건물의 ~ 建物の正面 / ~으로 반대하다 正面から反対する.

정면 공격〔—攻擊〕 名 正面攻撃. 正攻.

정면도〔—圖〕 名 正面図.

정명〔定命〕 名 1 定命. 宿命. 2〔佛〕 定命.

정모〔正帽〕 名 正帽.

정묘하다〔精妙—〕 形 精妙だ. ¶ 정묘한 세공 솜씨 精妙な細工の腕前.

정묘히 副 精妙に.

정무〔政務〕 名 政務. ¶ ~ 위원 政務委員.

정무 차관〔—次官〕 名 政務次官.

정문[1]〔正門〕 名 正門. 1 表門. 2 三門の真ん中の門.

정문[2]〔頂門〕 名 頂門. 頭の上. 頭.

정문일침〔—一鍼〕 名 頂門の一針.

정물〔靜物〕 名 1 静物. 2 〔'정물화'의 준말〕 静物画.

정물화〔—畫〕 名〔美〕 静物画.

정미〔精米〕 名 하自 1 精白米. 精米. 2 機械などで精米すること.

정미기〔—機〕 名 精米機.

정미소〔—所〕 名 精米所.

정밀〔精密〕 名 하形 精密. ¶ ~ 검사 精密検査 / ~ 기계 精密機械 / ~ 과학 精密科学. **정밀히** 副 精密に.

정밀도〔—度〕 名 精密度.

정박〔碇泊〕 名 하自 停泊. ¶ ~항 停泊港 / 여객선이 ~하고 있다 旅客船が停泊している.

정반대〔正反對〕 名 正反対. ¶ 형의 성격은 나하고는 ~다 兄の性格は私とは正反対である.

정방형〔正方形〕 名〔數〕 正方形.

정배〔定配〕 名 하他 〔史〕 流刑. 流罪.

정백미〔精白米〕 名 精白米.

정벌〔征伐〕 名 하他 征伐. 征討. ¶ 반란군을 ~하다 反乱軍を征伐する.

정범〔正犯〕 名〔法〕 正犯. 主犯. ¶ 단독 ~ 単独正犯.

정변〔政變〕 名 政変. ¶ ~에 의한 정권 교체 政変による政権交替.

정병〔精兵〕 名 精兵. ¶ ~주의 精兵主義.

정보[1]〔町步〕 依名 〔토지 면적 단위의 하나〕 町歩. ¶ 80~의 산림 80町歩の山林.

정보[2]〔情報〕 名 情報. ¶ ~ 과학 情報科学 / ~ 산업 情報産業 / ~망 情報網 / ~화 사회 情報化社会 / 수집한 ~를 분석하다 集めた情報を分析する.

정보기관〔—機關〕 名 情報機関.

정보원〔—員〕 名 情報員.

정보 처리〔—處理〕 名 情報処理.

정보 통신부〔—通信部〕 名 情報通信部〈郵政省に当たる〉.

정복[1]〔正服〕 名 1 (儀式などに着る)正服. 2 制服.

정복[2]〔征服〕 名 하他 征服. ¶ ~자 征服者 / 자연을 ~하다 自然を征服する.

정본〔正本〕 名 正本. 原本.

정부[1]〔正否〕 名 正否. 正と不正. ¶ ~를 논하다 正否を論ずる.

정부[2]〔正負〕 名 正負. 1〔數〕 正数と負数. 2 陽と陰.

정부[3]〔正副〕 名 正副. ¶ 국회의 ~ 의장 国会の正副議長.

정부[4]〔政府〕 名 政府. ¶ 임시 ~를 세웠다[수립했다] 臨時政府を樹立した / 연방 ~ 連邦政府.

정부군〔—軍〕 名 政府軍.

정부미〔—米〕 名 政府米.

정부안〔—案〕 名 政府案.

정부[5]〔貞婦〕 名 貞婦. 貞女.

정부[6]〔情夫〕 名 情夫.

정부[7]〔情婦〕 名 情婦.

정부통령〔正副統領〕 名 正副大統

領.

정북방〔正北方〕 名 真北. 正北.

정분〔情分〕 名 情合. 愛情のありよう. 情義. ¶ ~이 두터운 친구 情義に厚い友.

정비〔整備〕 名 하他 整備. ¶ ~사 整備士 / 비행기를 ~하다 飛行機を整備する / 방화 설비가 잘 ~되어 있다 防火設備がよく整備されている.

정비공〔一工〕 名 整備工.

정비례[1]〔正比例〕 名 하自 〔數〕 正比例.

정비례[2]〔定比例〕 名 定比例.

정사[1]〔正史〕 名 正史.

정사[2]〔正邪〕 名 **1** 正邪. ¶ ~를 분별하다 正邪をわきまえる. **2** 正気と邪気.

정사[3]〔正使〕 名 〔史〕 正使.

정사[4]〔政事〕 名 政事. ¶ ~를 돌보다 政事に携わる.

정사[5]〔情死〕 名 하自 情死. 心中.

정사[6]〔情事〕 名 情事. 色ごと.

정사[7]〔精舍〕 名 **1** 学問を教えた所. **2** 精神を修養する所. **3** 〔佛〕 精舎.

정사[8]〔精査〕 名 하他 精査. ¶ 화재 현장을 ~하다 火災現場を精査する.

정사각형〔正四角形〕 名 〔數〕 正四角形.

정사면체〔正四面體〕 名 〔數〕 正四面体.

정사원〔正社員〕 名 正式の社員.

정산〔精算〕 名 하他 精算. ¶ 가불을 ~하다 前借を精算する.

정삼각형〔正三角形〕 名 〔數〕 正三角形.

정상[1]〔正常〕 名 正常. ¶ ~ 근무 正常勤務 / ~으로 돌아가다 正常に戻る.

정상 가격〔一價格〕 名 正常価格.

정상화〔一化〕 名 하自他 正常化. ¶ 외교 관계를 ~하다 外交関係を正常化する.

정상[2]〔定常〕 名 定常. ¶ ~ 전류 定常電流.

정상파〔一波〕 名 〔物〕 定常波.

정상[3]〔頂上〕 名 頂上. ¶ ~ 회담 頂上会談 / ~에 오르다 頂上に登る.

정상[4]〔情狀〕 名 情状. 実情. ¶ ~을 참작할 여지가 없다 情状を酌量する余地がない.

정상배〔政商輩〕 名 政商のやから.

정색〔正色〕 名 하自 正色. 改まった顔つきになること. 真顔. ¶ ~을 하고 상대에게 캐묻다 真顔で相手に問いただす.

정서[1]〔正西〕 名 〔'정서방'의 준말〕 真西.

정서[2]〔正書〕 名 하他 正書. 楷書. ¶ ~법 正書法.

정서[3]〔淨書〕 名 하他 浄書. 清書.

정서[4]〔情緖〕 名 情緒. ¶ 이국~를 맛보다 異国情緒を味わう.

정서방〔正西方〕 名 真西.

정서향〔正西向〕 名 真西の方向.

정석〔定石〕 名 定石. ¶ ~대로 해서 성공했다 定石どおりにやって成功した.

정선[1]〔停船〕 名 하自 停船. ¶ ~ 명령 停船命令.

정선[2]〔精選〕 名 하他 精選. ¶ ~한 문제 精選した問題 / ~된 작품 精選された作品.

정설〔定說〕 名 定説. 定論. ¶ 종래의 ~을 뒤엎다 従来の定説をくつがえす.

정성[1]〔定性〕 名 하他 定性. ¶ ~ 분석 定性分析.

정성[2]〔精誠〕 名 精誠. 誠意. 真心. ¶ ~을 다하여 일하다 誠意を尽くして仕事をする / 온갖 ~을 들여 만들다 あらゆる誠意を込めてつくる.

◆**정성이 어리다** 真心がこもっている. ¶ ~이 어린 위로 편지 真心のこもったねぎらいの手紙.

정성껏 副 誠意を込めて. ¶ 환자를 ~ 간호하다 患者を誠意を込めて看護する.

정성스럽다 形 真心がこもっている. ¶ 정성스럽게 화초를 키우다 真心をこめて草花を育てる. **정성스레** 副 真心を込めて. ¶ ~ 요리를 만들다 真心を込めて料理をつくる.

정세〔情勢〕 名 情勢. 様子. ¶ 국제 ~ 国際情勢 / 적의 ~를 살펴보다 敵の情勢をうかがう.

정수[1]〔井水〕 名 井水. 井戸水.

정수[2]〔正數〕 名 〔數〕 正数.

정수[3]〔定數〕 名 定数. ¶ ~에 한 사람이 부족하다 定数に一人足りない.

정수[4]〔淨水〕 名 浄水. 清水. ¶ ~기 浄水器 / ~지 浄水池 / ~장 浄水場.

정수[5]〔艇首〕 名 艇首. へ先.

정수[6]〔精粹〕 名 하形 精粋. 非常に純粋できれいなこと. 清廉で私欲がないこと.

정수[7]〔精髓〕 名 精髄. **1** 骨髄. **2** 神髄. ¶ 예술의 ~를 나타내고 있다 芸術の精髄を表わしている.

정수[8]〔靜水〕 名 静水.

정수[9]〔整數〕 名 〔數〕 整数.

정수론〔一論〕 名 〔數〕 整数論.

정수리〔頂一〕 名 脳天. ¶ ~를 맞고 실신했다 脳天を打たれて失神した.

정숙하다[1]〔貞淑一〕 形 貞淑だ. ¶ 정숙하게 앉아 있는 여학생 しとやかに座っている女学生. **정숙히[1]** 副 貞淑に. しとやかに. ¶ ~ 걸어간다 しとやかに歩いて行く.

정숙하다[2]〔靜肅一〕 形 静粛だ. ¶ 정숙한 분위기 静粛な雰囲気. **정숙히[2]** 副 静粛に. 静かに. ¶ 의식이 ~ 거행되었다 儀式が静粛に行なわれた.

정승〔政丞〕 名 〔史〕 丞相. 大臣.

정시[1]〔正視〕 名 하他 **1** 正視. ¶ 차마 ~할 수 없었다 正視するに忍びなかった. **2** 〔'정시안'의 준말〕 正視眼.

정시안〔一眼〕 名 正視眼.

정시[2]〔定時〕 名 定時. ¶ ~제 定時制 / 기차는 ~에 발차한다 汽車は定時に発車する.

정식[1]〔正式〕 名 正式. 本式. ¶ ~ 방문 正式の訪問.

정식 재판〔一裁判〕 名 〔法〕 正式裁判.

정식[2]〔定式〕 名 定式. ¶ ~화 된 방법 定式化された方法.

정식[3]〔定食〕 名 定食. ¶ 한~ 韓国料理の定食.

정신[1]〔挺身〕 名 하自 挺身.

정신대〔一隊〕 名〔史〕 挺身隊. **1** 従軍慰安婦. **2** 勤労挺身隊.

정신[2]〔精神〕 名 精神. **1** 心. ¶ ～문화 精神文化 / 육체와 ～ 肉体と精神. **2** 魂. 霊魂. ¶ 온 ～을 쏟아서 만들었다 精魂を傾けてつくった / ～일도 하사불성 精神一到何事か成らざらん. **3** 意識. 気力. ¶ 이제야 ～이 돌아온 것 같다 今やっと正気を取り戻したようだ / ～이 점점 흐려진다 意識がだんだん薄れていく.

◆**정신을 잃다** 気を失う. 失神する. ¶ 쇼크로 ～을 잃다 ショックで失神する.

◆**정신을 차리다** 気がつく. しっかりする. ¶ 놀라서 기절을 했지만 금방 ～을 차렸다 びっくりして気絶したがすぐ意識が戻った.

◆**정신을 팔다** よそ見をする. 他の事に気をとられる. ¶ 수업 중에 ～을 팔지 말게 授業中によそ見をするな.

◆**정신이 나가다** 気が抜ける. ぼうっとする. ¶ ～이 나간 사람처럼 앉아 있다 気が抜けた人のように座っている.

◆**정신이 나다** 気が付く. 意識が戻る. ¶ 이제야 ～이 났다 今やっと意識が戻った.

◆**정신이 들다** しっかりする. 元気が出る. 我に返る. ¶ 지금은 조금 ～이 들었다 今は少し元気が出てきた.

◆**정신이 팔리다** 気をとられる. ¶ 네 말에 ～이 팔려 버스를 놓쳤다 お前の話に気をとられてバスに乗りそこなった.

정신 감정〔一鑑定〕 名 精神鑑定.

정신계〔一界〕 名 精神界.

정신과〔一科〕 名〔醫〕 精神科.

정신 교육〔一教育〕 名 精神教育.

정신노동〔一勞動〕 名 精神労働.

정신력〔一力〕 名 精神力.

정신박약〔一薄弱〕 名 精神薄弱. 精薄. ¶ ～아 精神薄弱児. 精薄児.

정신병〔一病〕 名〔醫〕 精神病.

정신 병원〔一病院〕 名 精神病院.

정신 분석〔一分析〕 名〔心〕 精神分析.

정신 분열증〔一分裂症〕 名〔醫〕 精神分裂症.

정신없다 形 気が気でない. 気が抜ける. 気がせく. 無我夢中だ. ¶ 너무 흥분해서 ～ あまり興奮して気がせく.

정신 연령〔一年齡〕 名 精神年齢.

정신 위생〔一衛生〕 名 精神衛生.

정신 이상〔一異常〕 名 精神異常.

정신적〔一的〕 冠 名 精神的. 内的. ¶ ～으로 피곤하다 精神的に疲れる.

정신 착란〔一錯亂〕 名 精神錯乱.

정실[1]〔正室〕 名 正室. **1** 正妻. 本妻. **2** 表座敷. 母屋.

정실[2]〔情實〕 名 情実. **1** 実際の事実. 内情. **2** 私情が絡んだ事情. ¶ ～ 인사 情実人事.

정압〔定壓〕 名〔物〕 定圧. ¶ ～ 열량계 定圧熱量計.

정압 비열〔一比熱〕 名〔物〕 定圧比熱.

정애〔情愛〕 名 情愛. ¶ 어버이 자식 사이의 ～ 親子の情愛.

정액[1]〔定額〕 名 定額. ¶ ～ 저금 定額貯金.

정액 보험〔一保險〕 名〔經〕 定額保険.

정액세〔一稅〕 名 定額税.

정액[2]〔精液〕 名 精液. **1** 純粋な液. **2**〔生〕 精液.

정양〔靜養〕 名 하他 静養. ¶ 병후의 ～ 때문에 시골에 갔다 病後の静養のために田舎へ行った.

정양원〔一院〕 名 静養所. 療養所.

정어리 名〔動〕 鰯.

정언적〔定言的〕 冠 名〔哲〕 定言的. ¶ ～ 명령 定言的命令.

정업〔正業〕 名 **1** 正業. 正当な職業. **2**〔佛〕 殺生や盗みをしないこと.

정역학〔靜力學〕 名〔物〕 静力学.

정연하다〔整然一〕 形 整然としている. 질서 ～ 秩序整然としている. **정연히** 副 整然と.

정열〔情熱〕 名 情熱. ¶ ～가 情熱家 / 창작에 ～을 불태우다[쏟다] 創作に情熱を燃やす[注ぐ] / ～적으로 일하다 情熱的に仕事をする.

정염[1]〔正鹽〕 名〔化〕 正塩.

정염[2]〔情炎〕 名 情炎.

정예〔精銳〕 名 하形 精鋭. ¶ ～ 부대 精鋭部隊 / 소수 ～ 少数精鋭.

정오[1]〔正午〕 名 正午. ¶ ～의 시보 正午の時報.

정오[2]〔正誤〕 名 하他 正誤. 誤った文字や文句を正しく直すこと.

정오표〔一表〕 名 正誤表.

정온〔定溫〕 名 定温. ¶ ～ 동물 定温動物 / ～기 サーモスタット / 방 안을 ～으로 유지하다 部屋の中を定温に保つ.

정욕〔情慾〕 名 情欲. ¶ ～을 채우다 情欲を満たす.

정용〔整容〕 名 하自 整容. 姿勢を正しくすること.

정우〔政友〕 名 政友. 政見が同じ友. ¶ ～회 政友会.

정원[1]〔定員〕 名 定員. ¶ ～ 미달 定員不足 / ～을 초과하다 定員を超過する.

정원[2]〔庭園〕 名 庭園. 庭. ¶ ～을 가꾸다 庭園の手入れをする.

정원사〔一師〕 名 庭師. 園丁.

정월〔正月〕 名 正月. 1月. ¶ 음력 ～ 陰暦1月 / ～ 초하루 正月1日.

정유〔精油〕 名 精油.

정유 공장〔一工場〕 名 精油工場.

정유소〔一所〕 名 精油所.

정육〔精肉〕 名 精肉. 上肉.

정육점〔一店〕 名 精肉店. 肉屋.

정의[1]〔正義〕 名 正義. ¶ ～파 正義派 / 자유와 ～를 사랑하는 국민 自由と正義を愛する国民 / ～감이 강한 사람 正義感の強い人.

정의롭다 形 正義感あふれる. ¶ 정의로운 젊은이들이여 正義を愛する若者たちよ.

정의[2]〔定義〕 名 하他 定義. ¶ 사물의 ～를 내리다 ことの定義を下す.

정의[3]〔情意〕 名 情意. 感情と意志. ¶ ～상통 情意が通じ合うこと.

정의투합〔一投合〕 名 하自 意気投合.

정의[4]〔情義〕 名 情義. 人情と義理.
정의[5]〔情誼〕 名 情誼. よしみ. ¶ 동창의 ~로 눈감아 주게 同窓のよしみで目をつぶってくれ.
정의[6]〔精義〕 名 精義. 正確な意義.
정이월〔正二月〕 名 正月と2月.
정인〔情人〕 名 情人. 愛人.
정일〔定日〕 名 하他 定日. 決まった日. ¶ ~시장 定日市場.
정자[1]〔丁字〕 名 〔'정자형'의 준말〕 丁字.
　정자보 名 〔建〕 丁字形に組んだ梁.
　정자자 名 丁定規.
　정자집 名 〔建〕 屋根の中央の棟が丁字形になっている家.
　정자형〔一形〕 名 丁字形.
정자[2]〔正字〕 名 正字.
　정자법〔一法〕 名 〔言〕 正字法.
정자[3]〔亭子〕 名 亭. 東屋.
정자[4]〔精子〕 名 〔生〕 精子.
정자관〔程子冠〕 名 昔, 儒生たちがかぶった馬の尾の毛で編んだ冠.
정자나무〔亭子一〕 名 家の付近や道端にある大樹.
정작 副 本来. 本当に. 実際. まさに. いざ. ¶ ~ 알고 보니 새빨간 거짓이었다 いざ調べてみると真っ赤な嘘だった / ~ 해야 할 일은 안 하고 텔레비전만 보고 있었다 本来すべき事をせずテレビばかり見ていた.
정장[1]〔正章〕 名 正式の勲章や記章.
정장[2]〔正裝〕 名 하自 正装. ¶ ~하고 기념식에 참석했다 正装して記念式に参加した.
정장[3]〔整腸〕 名 整腸. ¶ ~제 整腸剤.
정재〔呈才〕 名 〔史〕 昔, 宮中の宴会などで行なった踊りと歌.
정쟁〔政爭〕 名 政争. ¶ ~에 휩쓸리다 政争に巻き込まれる.
정적[1]〔政敵〕 名 政敵. ¶ ~을 암살하다 政敵を暗殺する.
정적[2]〔靜的〕 冠 名 静的. ¶ ~인 묘사 静的な描写.
정적[3]〔靜寂〕 名 하形 静寂. ¶ ~이 흐르다 静寂が流れる / 한 방의 총소리가 ~을 깨뜨렸다 1発の銃声が静寂を破った.
정전[1]〔正殿〕 名 正殿〈王の臨席の下に朝見を受けた宮殿〉.
정전[2]〔征戰〕 名 하他 征戦.
정전[3]〔停電〕 名 하自 停電. ¶ 천둥으로 한 시간이나 ~되었다 雷で1時間も停電した.
정전[4]〔停戰〕 名 하自 停戦. ¶ ~ 회담[협정] 停戦会談[協定].
정전기〔靜電氣〕 名 〔物〕 静電気.
정절〔貞節〕 名 貞節. ¶ ~을 지키다 貞節を守る.
정점〔頂點〕 名 頂点. ¶ ~에 이르다 頂点に至る / 불만이 ~에 달하다 不満が頂点に達する.
정정[1]〔訂正〕 名 하他 訂正. ¶ 틀린 곳을 ~하다 誤りを訂正する.
정정[2]〔政情〕 名 政情. ¶ ~을 살피다 政情を探る.
정정당당〔正正堂堂〕 名 하形 正々堂々. ¶ ~한 태도 正々堂々たる態度.
정정당당히 副 正々堂々と. ¶ ~ 싸워 이겨라 正々堂々と戦って勝て.
정정하다〔亭亭一〕 形 **1** 亭々としている. 高くそびえ立っている. ¶ 정정한 노송 亭々たる老松. **2** (老人が)かくしゃくとしている. ¶ 팔십 노령이지만 아직도 ~ 80の老齢[高齢]でもまだかくしゃくとしている.
정제[1]〔精製〕 名 하他 精製. ¶ ~한 설탕 精製した砂糖 / 원유를 ~하다 原油を精製する.
　정제면〔一綿〕 名 精製綿. 脱脂綿.
　정제품〔一品〕 名 精製品.
정제[2]〔錠劑〕 名 〔薬〕 錠剤. タブレット. ¶ 아스피린 ~ アスピリンの錠剤.
정조[1]〔貞操〕 名 貞操. ¶ ~ 관념 貞操観念 / ~를 지키다 貞操を守る.
　정조대〔一帶〕 名 貞操帯.
정조[2]〔情操〕 名 〔心〕 情操.
정족〔鼎足〕 名 鼎足. **1** かなえの足. **2** 鼎立. 三者の勢力が対立すること.
　정족지세〔一之勢〕 名 鼎立した形勢.
정족수〔定足數〕 名 定足数. ¶ ~ 미달 定足数不足.
정종〔正宗〕 名 **1** 〔佛〕 開祖の正統を継ぐ宗派. **2** 日本酒.
정좌〔正坐〕 名 하自 正座. 端座. ¶ 불단 앞에 ~하다 仏壇の前に正座する.
정죄〔定罪〕 名 하他 **1** 詮議して罪ある者と決めること. **2** 〔佛〕 前世で定まる罪.
정주[1]〔正株〕 名 〔經〕 正株. 現品の株券.
정주[2]〔定住〕 名 하自 定住. ¶ ~할 땅을 찾다 定住の地を求める.
정주학〔程朱學〕 名 程朱学. 朱子学.
정중〔正中〕 名 正中. 真ん中. ¶ ~선 正中線.
정중하다〔鄭重一〕 形 丁重だ. ¶ 손님을 정중하게 맞아들이다 客を丁重に迎え入れる / 정중하게 허리를 굽히다 丁重に頭を下げる. **정중히** 副 丁重に. 懇ろに.
정지[1]〔停止〕 名 하自他 停止. ¶ ~ 신호 停止信号 / 차가 ~하다 車が停止する.
정지[2]〔靜止〕 名 하他 静止. ¶ ~ 궤도 静止軌道 / ~ 상태 静止状態.
　정지 마찰〔一摩擦〕 名 〔物〕 静止摩擦.
　정지 위성〔一衛星〕 名 静止衛星.
　정지핵〔一核〕 名 〔生〕 静止核.
정지[3]〔整地〕 名 하他 整地. 地ならし. ¶ 황무지를 ~하다 荒れ地を整地する.
정직[1]〔定職〕 名 定職. ¶ ~이 없는 사람 定職のない人.
정직[2]〔停職〕 名 하自他 停職. ¶ ~ 처분 停職処分.
정직하다〔正直一〕 形 正直だ. ¶ 정직한 사람 正直な人 / 정직하게 말하다 正直に話す. **정직히** 副 正直に.
정진〔精進〕 名 하自 精進. ¶ 예도에 ~하다 芸道に精進する.
정차〔停車〕 名 하自他 停車. ¶ 다음 ~역은 시청 앞입니다 次の停車駅は市庁前です.

정착〔定着〕 名 하自他 定着. ¶ ～액(写真の)定着液/그 땅에 ～하다 その地に定着する.
정착물〔一物〕 名〔法〕定着物.
정찬〔正餐〕 名 正餐.
정찰[1]〔正札〕 名 正札. ¶ ～ 판매 正札販売.
정찰제〔一制〕 名 正札付き販売制度.
정찰[2]〔偵察〕 名 하他 偵察. ¶ ～기 偵察機/적진을 은밀히 ～하다 敵陣をひそかに偵察する.
정채〔精彩〕 名 精彩. ¶ ～를 발하다 精彩を放つ.
정책〔政策〕 名 政策. ¶ 교육 ～ 教育政策/～을 세우다 政策を立てる.
정처[1]〔正妻〕 名 正妻. 嫡妻.
정처[2]〔定處〕 名 一定の場所. 定まった所. ¶ ～없이 当てもなく/～없는 나그네길 当てもない旅.
정청〔政廳〕 名 政庁.
정체[1]〔正體〕 名 正体. **1** 実体. ¶ ～불명의 비행 물체 正体不明の飛行物体. **2** 本心. 実態. ¶ ～를 감추다 正体を隠す/～가 드러나다 正体がばれる.
정체[2]〔政體〕 名 政体. ¶ 공화[입헌] ～ 共和[立憲]政体.
정체[3]〔停滯〕 名 하自 停滞. 滞り. ¶ 일이 ～없이 진행되다 仕事が滞りなく進行する/수출이 ～되다 輸出が停滞する.
정체 전선〔一前線〕 名〔氣〕停滞前線.
정체[4]〔整體〕 名 (指圧やマッサージによる)整体.
정초[1]〔正初〕 名 1月の初旬. 年の初め. ¶ ～부터 화재가 연발하다 年初から火災が連続して起こる.
정초[2]〔定礎〕 名 하他 定礎. ¶ ～식 定礎式.
정충〔精蟲〕 名〔生〕精虫. 精子.
정취〔情趣〕 名 情趣. 味わい. 趣. ¶ 가을 ～가 몸에 와 닿는 교외 秋の情趣[季節感]がひしひしと体に感じられる郊外.
정치[1]〔定置〕 名 하他 定置. ¶ ～ 어업 定置漁業.
정치망〔一網〕 名 定置網.
정치[2]〔政治〕 名 하自 政治. ¶ ～가[인] 政治家/～력 政治力/～ 결사[단체] 政治結社[団体]/독재 ～ 独裁政治/～권력 政治権力/～ 자금 政治資金/～ 철학 政治哲学/～ 헌금 政治献金/～ 운동 政治運動/올바르게 ～하다 正しく政治を行なう.
정치범〔一犯〕 名 政治犯.
정치적〔一的〕 冠名 政治的. ¶ ～인 수완을 발휘하다 政治的手腕を発揮する.
정치학〔一學〕 名 政治学. ¶ ～자 政治学者.
정치[3]〔精緻〕 名 하形 精緻. 精巧で緻密であること. ¶ ～한 고찰 精緻な考察/～한 묘사 情緻な描写.
정칙[1]〔正則〕 名 正則. 正しい規則や法則. ¶ ～ 곡선 正則曲線.
정칙[2]〔定則〕 名 定則. 規定.
정탐〔偵探〕 名 하他 探偵.
정탐꾼 名 回し者. 間者.
정태〔靜態〕 名 静態. ¶ ～ 통계 静態統計.
정토[1]〔征討〕 名 하他 征討. 征伐. ¶ 정부의 ～군 政府の征討軍.
정토[2]〔淨土〕 名〔佛〕浄土.
정토교〔一敎〕 名〔佛〕浄土教.
정토발원〔一發願〕 名〔佛〕極楽往生の願い.
정토왕생〔一往生〕 名 極楽往生.
정통[1]〔正統〕 名 正統. **1** 正しい系統. **2** 正しい血統. 嫡出の子孫. **3** (物事の核心になる)要点.
정통파〔一派〕 名 正統派. オーソドックス.
정통[2]〔精通〕 名 하自 精通. 熟知. ¶ 사회 사정에 ～한 사람 社会事情に精通した人.
정파〔政派〕 名 政派. 政党の分派.
정판[1]〔精版〕 名〔印〕オフセット(印刷).
정판[2]〔整版〕 名〔印〕整版.
정평〔定評〕 名 定評. 評価. ¶ ～있는 일간 신문 定評のある日刊新聞.
정표〔情表〕 名 하他 物を贈って情意を表わすこと, またその品物. ¶ ～로 드리는 것이니 받으세요 ほんの気持ちですから受け取ってください.
정풍〔整風〕 名 하自 整風.
정하다[1]〔定一〕 他 定める. 決める. ¶ 사윗감을 ～ 婿にふさわしい人を決める/법이 정한 바에 따라 法の定めるところにより/벌칙을 ～ 罰則を決める.
정하다[2]〔淨一〕 形 澄んでいて清らかだ. ¶ 정한 연못 澄んでいて清らかな池.
정하다[3]〔精一〕 形 細かい. 丹念できれいだ. ¶ 그림을 정하게 그리다 絵を丹念に描く.
정학〔停學〕 名 하他 停学. ¶ ～ 처분을 당하다 停学処分を受ける.
정한[1]〔定限〕 名 定限. 一定の期限. 一定の制限.
정한 이자〔一利子〕 名 定限利息.
정한[2]〔情恨〕 名 愛情と恨み. 愛憎.
정한[3]〔精悍〕 名 하形 精悍.
정합〔整合〕 名 하自 整合.
정해[1]〔正解〕 名 하他 正解.
정해[2]〔精解〕 名 하他 精解.
정형[1]〔定形〕 名 定形.
정형[2]〔定型〕 名 定型.
정형시〔一詩〕 名〔文〕定型詩.
정형[3]〔整形〕 名 하他 整形. ¶ ～외과[수술] 整形外科[手術].
정혼〔定婚〕 名 하自 縁定め. 婚姻を定めること.
정화[1]〔正貨〕 名〔經〕正貨.
정화[2]〔淨化〕 名 하他 浄化. ¶ ～조 浄化槽/～ 장치 浄化装置/정계의 ～를 꾀하다 政界の浄化を図る.
정화[3]〔情火〕 名 情火. 情炎.
정화[4]〔精華〕 名 精華. ¶ 고려 청자의 ～ 高麗青磁の精華.
정화수〔井華水〕 名 早朝最初にくんだ井戸水.
정확[1]〔精確〕 名 하形 精確. ¶ ～한 플랜 精確なプラン. **정확히** 副 精確に.
정확[2]〔正確〕 名 하形 正確. ¶ ～을 기

하다 正確を期する / ~한 정보 正確な情報 / 시간을 ~하게 지키다 時間を正確に守る. **정확히** 副 正確に. ¶지금 시간은 ~ 12시이다 現在の時間はちょうど12時だ.

정확성〔一性〕名 正確さ.

정황〔情況〕名 情況. 状況. ¶~판단 状況判断.

정회〔停會〕名 하自 停会. ¶회의를 일시 ~하다 会議を一時停会する.

정훈〔政訓〕名〔軍〕軍隊において教養·報道·宣伝を担当する分野.

정휴〔定休〕名 定期休業. 定休.

정휴일〔一日〕名 定休日.

정히〔正一〕副 **1** 正に. 正しく. 確実に. 確かに. ¶일금 만 원정을 ~ 영수함 一金一万ウォン也を確かに領収しました. **2** あえて是非とも. どうしても. 本当に. ¶~ 싫다면 할 수 없지 どうしてもいやであれば仕方がない.

젖 名 乳. **1** 乳. 乳汁. ¶~을 먹다[먹이다] 乳を飲む[飲ませる]. **2** 乳房. ¶아이에게 ~을 물리다 赤ん坊に乳を含ませる.

◆**젖을 떼다** 乳離れさせる. 離乳させる.

◆**젖이 떨어지다** 乳を飲まなくなる. 離乳させる.

젖가슴 名 乳房のある胸のあたり.

젖꼭지 名 **1**〔生〕乳頭. **2** (哺乳瓶の)乳首.

젖내 名 乳臭. 乳のにおい.

◆**젖내가 나다** 乳臭い. 言行が幼稚である. ¶아직 ~가 나는 청년 まだ乳臭い青年.

젖니 名 乳歯.

젖다[1] 自 **1** (水などに)浸る. ぬれる. 湿る. ¶비에 젖은 옷 雨にぬれた服 / 속옷이 땀에 젖었다 下着が汗でぬれた. **2** (感情に)浸る. ¶기쁨[감격]에 ~ 喜び[感激]に浸る / 공상에 ~ 空想にふける. **3** (癖·悪習などに)染まる. ¶낡은 관습에 ~ 古い慣習に染まる / 악에 ~ 悪に染まる. **4** (何度も耳にして)慣れる. ¶귀에 젖은 말 耳に慣れた言葉. **5** (酒などに)おぼれる. ¶주색에 젖은 생활 酒色におぼれた生活.

젖다[2] 形 後ろに傾いている.

젖동생〔一同生〕名 乳兄弟.

젖떼기 名 **1** 離乳期の幼児[動物の子]. **2** 離乳法.

젖뜨리다[-트리다] 他 (力を入れて)後ろに反らす. ¶기지개를 켜며 상체를 뒤로 ~ 伸びをしながら上体を後ろに反らす.

젖먹이 名 乳飲み子. 赤ん坊. ¶~에게 모유를 먹이다 赤ん坊に母乳を飲ませる.

젖멍울 名 (乳の出が悪くて生じる)乳のぐりぐり.

젖몸살 名 乳腺炎.

젖배 名 乳を飲む赤ん坊の腹.

◆**젖배를 곯다** 乳飲み子が乳に飢える.

젖병〔一甁〕名 哺乳瓶.

젖비린내 名 **1** 乳臭いにおい. **2** 幼稚な感じ.

◆**젖비린내가 나다** 乳臭い. 幼稚である. ¶~가 나는 말 幼稚な話.

젖빛 名 乳色. 乳白色.

젖빛 유리〔一琉璃〕名 (乳色の)すりガラス. 曇りガラス.

젖산〔一酸〕名〔化〕乳酸.

젖산균〔一菌〕名 乳酸菌.

젖산 발효〔一醱酵〕名 乳酸発酵.

젖산 음료〔一飮料〕名 乳酸飲料. ヨーグルト.

젖샘 名〔生〕(乳房の中の)乳腺.

젖소 名 乳牛.

젖줄 名 **1** ☞젖샘 **2**〔어떤 대상에 아주 중요한 것을 가져다주는 원천〕乳腺. ¶냇물은 이 들판의 ~이었다 川の水はこの平野の乳腺であった.

젖털 名 男の胸毛.

젖통 名 乳房.

젖통이 名 乳房.

젖혀지다 自 裏返しになる. 反り返る.

젖히다 他 **1** めくる. 裏返す. まくる. ¶소매를 ~ 袖をまくる / 돌을 젖혀 보다 石を裏返してみる. **2** 後ろに反らす. のけ反る. 反り返る. ¶몸을 뒤로 ~ 体を後ろに反らす. **3** そっちのけにする. 差し置く. 無視する. ¶집안일은 젖혀 두고 창작에 몰두하고 있다 家事はそっちのけにして創作に専念している.

제[1]〔弟〕名 **1** 弟. **2** (同年輩の間の手紙で)自己の謙譲語.

제[2]〔除〕名〔數〕〔'제법'의 준말〕除法.

제[3]〔祭〕名 祭祀.

제[4]〔諸〕冠 諸. もろもろの. いろいろの. ¶~ 문제 諸問題.

제[5]〔題〕名 **1**〔'제목'의 준말〕題目. 題. **2**〔'제사'의 준말〕題詞.

제[6]〔劑〕依名〔韓方〕煎じ薬20服, またはそのくらいに調合した丸薬·膏薬の分量.

제[7] **I** 代 **1**〔'내'의 겸양어〕私. わたくし. 自分. ¶~가 들겠습니다 私がお持ちいたします. **2** 自分. ¶~ 일은 ~가 해라 自分の事は自分でやれ.

II〔'저의'가 준말〕**1** 私の. ¶이 책은 ~ 것입니다 この本は私のです. **2** 自分の. 自身の. 自分本来の. ¶~ 집처럼 서슴지 않고 들어가다 自分の家ででもあるかのようにためらわずに入る.

제[8] 代〔'저기'의 준말〕あそこ. あちらに. ¶~ 어머니가 오신다 あちらにお母さんが来られる.

제[9]〔'적에'가 준 말〕…の時に. …の折に. ¶해 뜰 ~ 日の出の時に.

제-[10]〔第〕接頭〔차례·순서〕第…. ¶~2과 第2課.

-제[11]〔制〕接尾〔방법·형태·제도〕…制. ¶양원~ 의회 二院制の議会.

-제[12]〔祭〕接尾〔의식·제전〕…祭. ¶위령~ 慰霊祭 / 예술~ 芸術祭.

-제[13]〔製〕接尾 **1**〔재료〕…製. ¶플라스틱~ プラスチック製 / 은~ 컵 銀製のカップ. **2**〔생산지〕…製. ¶영국~ 英国製.

-제[14]〔劑〕接尾〔조제한 약품〕…剤. ¶진통~ 鎮痛剤 / 마취~ 麻酔剤.

제가[1]〔齊家〕名 하自他 齊家. ¶수신

～ 修身斉家.

제가[2]〔諸家〕 名 諸家.

제각각〔一各各〕 副 各々. 各自. それぞれ. めいめい. ¶ ～ 생각이 다르다 めいめい考えが違う.

제각기〔一各其〕 副 めいめいに. みなそれぞれに. ¶ 사람은 ～ 희망이 있다 人はそれぞれ希望がある.

제강〔製鋼〕 名 하自 製鋼. ¶ ～소 製鋼所.

제거〔除去〕 名 하他 除去. ¶ 장애물을 ～하다 障害物を取り除く / 사회의 악을 ～하다 社会の悪を除去する.

제격〔一格〕 名 それ相応の格式. 身分にふさわしい格式. ¶ 이 일은 그에게 ～이다 この仕事は彼にふさわしい.

제고〔提高〕 名 하他 (水準などを)高めること. 引き上げること. ¶ 학력의 ～ 学力の引き上げ / 생산을 ～하다 生産を高める.

제곱 名 하他〔數〕 二乗. 自乗.

제곱근〔一根〕 名〔數〕 平方根. 自乗根.

제공[1]〔提供〕 名 하他 提供. ¶ ～자 提供者 / 난민에게 식료품과 물품을 ～하다 難民に食料品と物資を提供する.

제공[2]〔諸公〕 名 諸公.

제공권〔制空權〕 名 制空権. ¶ ～을 장악하다 制空権をにぎる.

제과〔製菓〕 名 하自 製菓. ¶ ～업 製菓業 / ～점 ベーカリー.

제관[1]〔祭官〕 名 祭官. **1** 祭事を行なう官吏. **2** 祭祀に参列する人.

제관[2]〔製罐〕 名 製缶.

제구[1]〔制球〕 名 (野球で)制球. コントロール. ¶ ～력 制球力.

제구[2]〔祭具〕 名 祭具. 祭器.

제구[3]〔諸具〕 名 いろいろな道具.

제구실 名 하自 **1** 自分のなすべき義務. 務め. 役割. ¶ ～도 못 하는 사람 自分の務めも果たせない人. **2**〔民俗〕 幼時に一度は必ずかかる麻疹などの病気.

제국[1]〔帝國〕 名 帝国.

제국주의〔一主義〕 名 帝国主義. ¶ ～자 帝国主義者.

제국[2]〔諸國〕 名 諸国. ¶ 아시아 ～ アジア諸国.

제군〔諸君〕 名 諸君. ¶ 학생 ～ 学生諸君.

제금[1] 名〔樂〕 銅拍子. 銅鈸〈伝統的な打楽器の一種〉.

제금[2]〔提琴〕 名〔樂〕 **1** 提琴〈大型の胡弓〉. **2** バイオリン.

제기[1] 名 하自 チェギ〈紙や布で包んだ銅銭などを足で蹴り上げる子供たちの遊び〉.

제기[2]〔祭器〕 名 祭器.

제기[3]〔提起〕 名 하他 提起. ¶ 문제를 [소송을] ～하다 問題[訴訟]を提起する.

제기다[1] 自 (ある場所から)抜け出す. ひそかに脱出する.

제기다[2] 他 **1** (肘で)突く. (踵で)蹴る. **2** (水・汁などを)少しずつ注ぐ.

제기다[3] 自 訴状・願書などに題辞を書く.

제기랄 感〔언짢을 때 불평스럽게 내뱉는 소리〕 ちぇっ. えいくそ. くそっ. ¶ ～, 공휴일인데 출근을 하래 ちぇっ, 公休日なのに出勤しろって / ～, 또 허탕인걸 ちぇっ, また無駄になったか.

제까짓 冠 やっとあの程度の. あれしきの. あんな. ¶ ～ 놈이 나서봐야 될 줄 알아 あんなやつがしゃしゃり出たところでできるものか.

제깐에 副 自分の考えで. 自分で. ¶ ～는 잘했다고 생각하겠지 自分ではうまくやったと思うだろう.

제꺽 副〔일을 빠르게 해치우는 모양〕 さっさと. 手早く. ¶ 일은 생각날 때 ～ 해치워야 한다 物事は思いついたときにさっさと処理しなければならない.

제꺽제꺽 副 てきぱきと.

제날 名〔'제날짜'의 준말〕 定められた日. 所定の日.

제날짜 名 定められた日. 所定の日. 期日. ¶ ～에 맞추어 납품하다 期日に合わせて納品する / ～에 귀국하다 所定の日に帰国する.

제단〔祭壇〕 名 祭壇. ¶ ～을 차리다 祭壇をしつらえる.

제달 名 所定の月. 決められた月.

제당〔製糖〕 名 하自 製糖. ¶ ～ 공장 製糖工場 / ～업 製糖業.

제대[1]〔除隊〕 名 하自他〔軍〕 除隊. 反 入隊. ¶ 만기 ～ 満期除隊.

제대[2]〔臍帶〕 名〔生〕 臍帯. へその緒.

제대로 副 **1**〔격식대로〕 きちんと. ちゃんと. ¶ ～ 만든 궁중 요리 きちんとつくった宮中料理. **2**〔마음먹은 대로〕 思いどおりに. うまく. ¶ 예상이 ～ 들어맞았다 予想がうまく当たった / 일이 ～ 안 된다 仕事が思いどおりにいかない. **3**〔충분히〕 満足に. ろくに. 十分に. ¶ 질문에 ～ 대답도 못 한다 質問に満足に返答もできない / 밤에도 ～ 잠을 자지 못한다 夜もろくに眠れない.

제도[1]〔制度〕 名 制度. ¶ 입시 ～ 入試制度 / 선거 ～ 選挙制度 / 의회 ～ 議会制度.

제도[2]〔製圖〕 名 하自他 製図. ¶ ～공 トレーサー / ～용 연필 製図用鉛筆.

제도기〔一器〕 名 製図器.

제도판〔一板〕 名 製図板.

제도[3]〔諸島〕 名 諸島. ¶ 남해 ～ 南海諸島.

제도[4]〔濟度〕 名 하他〔佛〕 済度.

제독[1]〔制毒〕 名 하自他 制毒.

제독[2]〔除毒〕 名 하自 除毒.

제독[3]〔提督〕 名 提督.

제동〔制動〕 名 하自 制動. ブレーキ. ¶ ～을 걸어 차를 세우다 ブレーキをかけて車を止める.

제동기〔一機〕 名〔工〕 制動機. ブレーキ.

제등〔提燈〕 名 提灯.

제등 행렬〔一行列〕 名 提灯行列.

제딴은 副 自分では. 自分の考えでは. 自分なりには. ¶ ～ 잘했다고 생각하겠지 自分ではうまくやったと思うだろうね.

제때 名 予定のとき. ちょうどよいとき. 定刻. ころあい. 適期. ¶ ～에 식사

하다 ころあいに合わせて食事をする/～를 맞춰 오다 ころあいを合わせて来る.

제련〔製錬〕 名 하他〔工〕製錬. ¶～소 製錬所.

제령〔制令〕 名 制令. 制度と法令.

제례〔祭禮〕 名 祭礼.

제례악〔一樂〕 名〔樂〕雅楽の郷部楽の一つ. 宗廟·文廟の春秋四大祭で使われた音楽と踊り.

제로〔zero〕 名 ゼロ. 零. ¶～에서 출발하다 ゼロから出発する/경영의 재능은 ～다 経営の才能はゼロだ.

제막〔除幕〕 名 하自 除幕.

제막식〔一式〕 名 除幕式.

제매〔弟妹〕 名 弟妹. 弟と妹.

제멋 名 自ら感じ思うところ. 思いどおり. ¶～에 산다 思いどおりに生きる.

제멋대로 副 自分の思いどおりに. 自分勝手に. 好き放題. 好きなように. ¶～ 굴다 わがままだ/～ 행동하다 自分勝手に行動する.

제면〔製麵〕 名 하自 製麵. ¶～기 製麵機.

제명¹〔一命〕 名 天寿. ¶～에 못 죽을 놈 天寿を全うし得ないやつ.

제명²〔除名〕 名 하他 除名. ¶～ 처분 除名処分/회원에서 ～하다 会員から除名する.

제명³〔題名〕 名 하自 **1** 題名. **2** 名勝地に自分の名前を書くこと.

제모〔制帽〕 名 制帽. ¶제복 ～ 制服制帽.

제목〔題目〕 名 題目. **1** 表題. ¶문학 작품의 ～ 文学作品の表題. **2** 文題. タイトル. ¶'자유'라는 ～의 논문「自由」というタイトルの論文.

제문〔祭文〕 名 祭文.

제물¹ 名 **1** (食べ物を煮るとき)始めに入れておく水, またその物自体から出る水分. **2** 混じり気のない純粋な物.

제물²〔祭物〕 名 **1** 祭物. (神前の)供え物. ¶～을 장만하다 供え物を用意する. **2** いけにえ. ¶정략 결혼의 ～이 되다 政略結婚のいけにえとなる.

제물낚시 名 毛針. 蚊針.

제물로 副 ひとりでに. おのずから. おのずと. ¶～ 문이 닫혔다 ひとりでに戸がしまった.

제물에 副 ひとりでに. 自然に. おのずから. ¶겁을 먹고 ～ 포기했다 怖がって自らあきらめた.

제민〔濟民〕 名 하自 済民. 民衆の苦しみを救うこと. ¶경세 ～ 経世済民.

제바닥 名 **1** 物の本質. **2** 生まれ故郷. 地元. ¶～ 사람 地元の人/～에서 입후보하다 地元から立候補する.

제바람 名 ('제바람에'의 꼴로) ひとりでに. 我知らず. ¶～에 놀라 말에서 떨어졌다 はっと驚いて馬から落ちた.

제반〔諸般〕 名 諸般. いろいろ. ¶～ 준비를 마쳤다 諸般の準備を整えた.

제반사〔一事〕 名 諸事. あらゆる事. ¶～에 조심하라 あらゆる事に注意せよ.

제발 副 なにとぞ. どうか. 頼むから. 後生だから. 是非. どうぞ. ¶～ 와 주게 是非来てくれたまえ/～ 잔소리 좀 하지 마 どうかあまり小言を言わないでくれ.

◆**제발 덕분에** なにとぞ. こいねがわくは. どうか. ¶～ 용서해 주십시오 なにとぞ許してください.

제방〔堤防〕 名 堤防. 堤. 土手. ¶～을 쌓다 堤防を築く.

제백사〔除百事〕 名 하自 (一つの事に全力を尽くすために)他事は差し置くこと.

제번〔除煩〕 名 하自 〔인사말을 줄임〕(手紙で)前略.

제법¹〔除法〕 名〔數〕除法.

제법²〔製法〕 名 製法. ¶식염의 ～ 食塩の製法.

제법³〔諸法〕 名〔佛〕諸法.

제법⁴ 副 なかなか. 案外. わりあいに. かなり. だいぶ. 相当. わりあい. ¶～ 똑똑하다 案外利口者だ/～ 싼 편이다 わりあいに安いほうだ/일 솜씨가 ～이다 手際がなかなかのものである.

제보〔提報〕 名 하自 情報の提供. ¶～를 받다 情報を提供してもらう.

제복¹〔制服〕 名 制服. ユニホーム.

제복²〔祭服〕 名 祭服. 祭礼のときに着る衣服.

제본〔製本〕 名 하他 製本. ¶～소 製本所.

제분〔製粉〕 名 하自他 製粉. ¶～업 製粉業/～기 製粉機.

제비¹ 名 くじ. 抽籤. くじ引き.

◆**제비를 뽑다** くじを引く.

제비뽑기 名 하他 くじ引き. 抽選すること. ¶～로 정하다 くじ引きで決める.

제비² 名〔動〕燕.

제비갈매기 名〔動〕鰺刺.

제비꽃 名〔植〕菫.

제비붓꽃 名〔植〕杜若.

제비족〔一族〕 名 〈俗〉年上の既婚女性と通じる若い男. 若いつばめ.

제비초리 名 (後頭または額の中央に生えた)つばめの尾のように立っている頭髪.

제비추리 名 **1** 牛のばら肉. **2** ⇨제비초리

제빙〔製氷〕 名 하自 製氷. ¶～ 공장 製氷工場.

제빙기〔一機〕 名 製氷機.

제사¹〔第四〕 名 第4. 4番目. ¶～ 계급 第四階級/～병 第四病.

제사기〔一紀〕 名〔地〕第四紀〈地質時代の一つ〉.

제사의 불 名 第四の火.

제사²〔祭祀〕 名 祭祀. 祭り. 祭事. ¶～를 지내다 祭祀を執り行なう.

제삿날 名 祭祀の日.

제삿밥 名 祭祀を終えた後の食事.

제사³〔製絲〕 名 하自他 製糸. ¶～공 製糸工.

제사⁴〔題詞〕 名 題詞. 題辞.

제사날로 副 自ら. ひとりで. おのずから. ¶～ 한 일이니 나무랄 것 없다 自らした事だからなじることはない.

제산〔除算〕 名 하他 除算. 割り算.
제산제〔制酸劑〕 名〔藥〕 制酸剤.
제살붙이 名 自分の血族. 血筋. ¶ ~는 어쩔 수 없는 것이다 血筋は争えないものだ.
제살이 名 하自 独り立ち. 自活すること, またその暮らし.
제삼〔第三〕 名 第3. 3番目. ¶ ~계급 第三階級 / ~국 第三国 / ~세력 第三勢力.
　제삼기〔一紀〕 名〔地〕 第三紀.
　제삼의 불 名 第三の火.
　제삼자〔一者〕 名 第三者.
　제삼차〔一次〕 名 第三次. ¶ ~ 산업 第三次産業.
제상〔祭床〕 名 (祭祀のとき)供物を供える膳.
제생〔濟生〕 名 하自 済生. **1** 命を救うこと. **2**〔佛〕 衆生を救うこと.
제석[1]〔帝釋〕 名 **1**〔佛〕 ☞제석천 **2**〔民俗〕〔'제석신'의 준말〕 巫女が奉る神の一つ.
　제석천〔一天〕 名〔佛〕 帝釈天.
　제석풀이 名〔民俗〕 帝釈の神を祭るクッ(굿)の一区切り.
제석[2]〔除夕〕 名 除夕. 除夜. 大晦日の夜. ¶ ~의 종 除夜の鐘.
제설[1]〔除雪〕 名 하自 除雪. ¶ ~기 除雪機 / ~ 작업 除雪作業.
　제설차〔一車〕 名 除雪車.
제설[2]〔諸說〕 名 諸説. ¶ 새로운 학설에 대해서는 ~이 분분하다 新しい学説については諸説紛々である.
제세〔濟世〕 名 하自 済世. 世の中を救い助けること.
　제세안민〔一安民〕 名 하自 済世安民.
제소〔提訴〕 名 하自他〔法〕 提訴. ¶ 법원에 ~하다 法院(裁判所)に提訴する.
제소리[1] 名 字の正しい音.
제소리[2] 名 하自 本音. 本心. ¶ 이제야 ~를 하는구나 やっと本音を言ったな.
제수[1]〔弟嫂〕 名 弟の嫁[妻].
제수[2]〔除數〕 名〔數〕 除数.
제수[3]〔祭需〕 名 祭物〈祭祀のときに供える食べ物〉.
제스처〔gesture〕 名 ゼスチャー.
제습〔除濕〕 名 하自 除湿. ¶ ~기 除湿器.
제시[1]〔提示〕 名 하他 提示. 呈示. ¶ 조건을 ~하다 条件を提示する / 소지품을 ~하다 所持品を呈示する.
　제시 증권〔一證券〕 名〔經〕 呈示証券.
제시[2]〔題詩〕 名 하自 題詩.
제시간〔一時間〕 名〔정한 시간〕 定時. 定刻. ¶ ~에 하숙집에 돌아오다 定刻に下宿に戻る / 기차는 ~에 발차했다 汽車は定時に発車した.
제식〔制式〕 名 制式. ¶ ~ 훈련 制式訓練.
제씨[1]〔弟氏〕 名 成年になった他人の弟の尊敬語.
제씨[2]〔諸氏〕 名 諸氏. 皆さん.
제아무리 副 (人を見下げて)いくら…しようとも. どんなに…しても. ¶ ~ 박사라 해도 다 아는 것은 아니다 いくら博士だといっても何でも知ってるわけではない.
제악〔諸惡〕 名 諸悪. ¶ ~의 근원은 욕심이다 諸悪の根源は欲である.
제안〔提案〕 名 하他 提案. ¶ ~권 提案権 / ~자 提案者 / ~을 받아들이다 提案を受け入れる.
제압〔制壓〕 名 하他 制圧. ¶ 폭도를 ~하다 暴徒を制圧する.
제야〔除夜〕 名 除夜. 除夕. ¶ ~의 종이 울리다 除夜の鐘が鳴る.
제약[1]〔制約〕 名 하他 制約. ¶ ~을 받다 制約を受ける / 행동을 ~하다 行動を制約する.
제약[2]〔製藥〕 名 하自 製薬. ¶ ~소 製薬所 / ~ 회사 製薬会社.
제어〔制御〕 名 하他 制御. ¶ 자동 ~ 장치 自動制御装置.
제언〔提言〕 名 하他 提言. ¶ ~을 받아들이다[거부하다] 提言を受け入れる[拒否する].
제염〔製鹽〕 名 하自 製塩.
제왕〔帝王〕 名 帝王. 皇帝と国王.
　제왕 신권설〔一神權說〕 名 帝王神権説.
　제왕 절개 수술〔一切開手術〕 名〔醫〕 帝王切開手術.
　제왕 주권설〔一主權說〕 名 帝王主権説.
제외〔除外〕 名 하他 除外. ¶ 특수한 케이스로 해서 ~하다 特殊なケースとして除外する.
제욕〔制慾〕 名 하自 制欲. 禁欲.
제웅 名 **1**〔民俗〕 厄除けのわら人形. **2** 身の程を知らない人.
제위〔帝位〕 名 帝位. ¶ ~를 계승하다 帝位を継ぐ.
제육〔一肉〕 名 豚肉.
　제육볶음 名〔料理〕 ヤンニョム(양념)で味つけして炒めた後, 再び韮といっしょに炒めた豚肉.
　제육편육〔一片肉〕 名〔料理〕 蒸して薄く切った豚肉.
제육감〔第六感〕 名 第六感.
제의〔提議〕 名 하他 提議. ¶ 개혁안을 ~하다 改革案を提議する.
제이〔第二〕 名 第2. 2番目. ¶ ~의 고향 第二の故郷.
　제이심〔一審〕 名〔法〕 第二審.
　제이의〔一義〕 名〔哲〕 第二義.
　제이차〔一次〕 名 第二次. ¶ ~ 산업 第二次産業 / ~ 세계 대전 第二次世界大戦.
제일[1]〔第一〕 名 **1** 最初. 一番. 第一. ¶ 머리가 좋기로는 자네가 ~이다 頭のよさでは君が一番だ. **2** 最も大切なもの. ¶ 돈보다는 건강이 ~이다 お金よりは健康が第一だ. **3**《부사적으로 쓰여》 いちばん(に). 最も. ¶ 그녀가 이 반에서 ~ 예쁘다 彼女がこのクラスで最もきれいだ / ~ 값싼 것을 주세요 いちばん安い物をください.
　제일보〔一步〕 名 第一歩. ¶ ~를 내딛다 第一歩を踏み出す.
　제일선〔一線〕 名 第一線. ¶ 정계의 ~에서 물러났다 政界の第一線から退いた.

제일의〔一義〕 名 (根本になる)第一義.
제일인자〔一人者〕 名 第一人者.
제일차〔一次〕 名 第一次. ¶~ 세계대전 第一次世界大戦.
제일[2]〔祭日〕 名 祭日.
제자[1]〔弟子〕 名 弟子. 教え子. 門人. 門弟. 徒弟. ¶스승과 ~ 師匠と弟子.
제자[2]〔諸子〕 名 **1** 息子とその同系列の血族に当たる人の通称. **2** 諸君. **3** 〔史〕 諸子〈中国で春秋戦国時代に一家の学説を立てた思想家たち〉.
제자백가〔一百家〕 名 諸子百家.
제자[3]〔題字〕 名 題字.
제자리 名 もとの場所. 自分の位置. ¶모두 ~에 앉아라 全員自分の席に座りなさい.
제자리걸음 名 하自 **1** (号令で)足踏み. ¶선두 ~ 先頭, 足踏み. **2** 停滞. 足踏み. ¶성적이[솜씨가] ~이다 成績[腕]が上がらない. **3** 〔經〕 居座り〈上がりも下がりもしないでいる相場〉.
제자리높이뛰기 名 〔體〕 垂直跳び. 立ち高跳び.
제자리멀리뛰기 名 〔體〕 立ち幅跳び.
제작〔製作〕 名 하他 製作. ¶~비 製作費 / ~자 製作者 / 공동 ~ 共同製作 / 영화 ~ 映画製作.
제재[1]〔制裁〕 名 하他 制裁. ¶법적 ~ 法的制裁 / ~를 가하다 制裁を加える.
제재[2]〔製材〕 名 하自他 製材. ¶~소 製材所.
제재[3]〔題材〕 名 題材.
제적〔除籍〕 名 하他 除籍. ¶대학에서 ~되다 大学から除籍される.
제전〔祭典〕 名 **1** 祭事. 祭祀の儀式. **2** 祭典. ¶연극 ~ 演劇の祭典.
제절〔諸節〕 名 **1** (目上の人を敬って)ご機嫌. お具合. **2** (相手を敬って)家族の皆様のご機嫌.
제정[1]〔制定〕 名 하他 制定. ¶~법 制定法 / 어린이날을 ~하다 子供の日を制定する.
제정[2]〔帝政〕 名 帝政. ¶~ 러시아 帝政ロシア.
제정[3]〔祭政〕 名 祭政. 祭事と政治.
제정일치〔一一致〕 名 祭政一致.
제정[4]〔提呈〕 名 하他 呈上. 進呈. ¶신임장을 ~하다 信任状を呈上する.
제정신〔一精神〕 名 正気. 本心. ¶~을 잃다 正気を失う.
제제〔製劑〕 名 하他 〔藥〕 製剤. 製薬.
제제하다〔濟濟一〕 形 済々だ. **1** 勢いが盛んだ. ¶다사 ~ 多士済々だ. **2** 厳かで立派だ.
제조〔製造〕 名 하他 製造. ¶~업 製造業 / 부품을 ~하다 部品を製造する.
제조원〔一元〕 名 製造元.
제주[1]〔祭主〕 名 祭主. 祭事を主宰する人.
제주[2]〔祭酒〕 名 祭祀の際に供える酒. お神酒.
제지[1]〔制止〕 名 하他 制止. ¶군중을 ~하다 群衆を制止する.
제지[2]〔製紙〕 名 하自 製紙. ¶~ 공업 製紙工業.
제지내다〔祭一〕 自 祭祀を行なう.
제집 名 わが家. 自宅. 自分の家. ¶무엇보다도 ~이 제일 좋다 何よりもわが家がいちばんいい.
제짝 名 (対をなすものの)片方. 片割れ. 連れ. ¶~을 찾다 連れをさがす.
제창[1]〔提唱〕 名 하他 提唱. ¶새로운 학설을 ~하다 新しい学説を提唱する.
제창[2]〔齊唱〕 名 하他 斉唱. ¶교가를 ~하다 校歌を斉唱する.
제창[3] 副 いいあんばいに. あつらえ向きに. うまい具合に. ¶네가 와서 ~ 잘됐어 おまえが来てくれてちょうどいいあんばいだった.
제책〔製冊〕 名 하他 製本.
제척〔除斥〕 名 하他 〔法〕 除斥.
제천〔祭天〕 名 하自 祭天.
제철[1] 名 旬. ふさわしい時期. ¶~이 지나다 旬が過ぎる / ~이 아닌 옷 季節はずれの衣服 / ~에 나는 채소라야 제맛이 난다 盛りの時期に出回る野菜であってこそ本来の味が出る.
제철[2]〔製鐵〕 名 하自 製鉄. ¶~소 製鉄所.
제쳐놓다 他 **1** (邪魔にならないように)よけて置く. 片づけて置く. ¶짐을 한쪽으로 ~ 荷物を一方に寄せて置く. **2** (ある基準のもとに)選んで置く. 取って置く. ¶정치적인 문제는 제쳐놓고 협상에 임한다 政治的な問題は別にして協商に臨む. **3** (仕事を)後回しにする. 差し置く. ¶만사를 제쳐놓고 달려가다 すべてを差し置いて駆け出して行く.
제초〔除草〕 名 하自 除草. 草取り.
제초기〔一器〕 名 除草器.
제초제〔一劑〕 名 除草剤.
제출〔提出〕 名 하他 提出. ¶보고서를 ~하다 報告書を提出する.
제출물로 副 気の向くままに. 自分の力で.
제출물에 副 気の向くままに. ¶~ 걷다 보니 이곳까지 왔다 気の向くままに歩いていたらこんな所まで来てしまった.
제충〔除蟲〕 名 하自 除虫. ¶~제 除虫剤.
제충국〔除蟲菊〕 名 〔植〕 除虫菊.
제취〔除臭〕 名 하自 においを取り除くこと.
제치다 他 **1** (邪魔にならないように)取り除く. どける. **2** (仲間から)除く. 抜く. のけ者にする. ¶나를 제치고 가기냐 おれをのけ者にして行く気か. **3** ☞젖히다
제트기〔jet 機〕 名 ジェット機.
제판〔製版〕 名 하自 〔印〕 **1** 製版. **2** 組み版.
제패〔制霸〕 名 하他 制覇. ¶세계 ~의 꿈을 안다 世界制覇の夢を抱く.
제풀로 副 おのずから. ひとりでに. ¶상처가 ~ 나았다 傷がひとりでに治った.
제풀에 副 ひとりでに. おのずと. ¶울다

가 ~ 지쳐 잠이 들었다 泣いているうちにいつの間にか疲れて眠り込んだ.

제품〔製品〕 名 製品. 品物を作ること. ¶ 신~ 新製品 / ~을 수출하다 製品を輸出する.

제하다〔除—〕 他 **1** 差し引く. ¶ 수입에서 비용을 ~ 収入から費用を差し引く. **2** 除く. ¶ 장애물을 ~ 障害物を取り除く. **3**〔數〕割る. ¶ 20을 5로 ~ 20を5で割る.

제한[1]〔制限〕 名 하他 制限. 限ること. ¶ ~ 속도 制限速度 / 학력의 ~이 없다 学歴の制限がない.

제한 선거〔—選擧〕 名〔法〕制限選挙.

제한 전쟁〔—戰爭〕 名 制限戦争.

제한[2]〔際限〕 名 際限. ¶ ~이 없는 욕망 際限のない欲望.

제해권〔制海權〕 名〔法〕制海権.

제행〔諸行〕 名〔佛〕諸行.

제행무상〔—無常〕 名 하形〔佛〕諸行無常.

제헌〔制憲〕 名 하自 制憲. ¶ ~ 의회 制憲議会.

제헌절〔—節〕 名 制憲節〈大韓民国憲法の公布を記念する日〉. ◇일본의 '憲法記念日'에 해당한다.

제혁〔製革〕 名 하自 製革. ¶ ~ 공장 製革工場.

제현〔諸賢〕 名 諸賢. 皆様. ¶ 독자 ~ 読者諸賢.

제형[1]〔梯形〕 名〔數〕梯形. 台形.

제형[2]〔諸兄〕 名 諸兄. ¶ ~의 협력을 부탁드립니다 諸兄のご協力をお願いいたします.

제형[3]〔蹄形〕 名 蹄形.

제호〔題號〕 名 題号. 誌名. 書名. ¶ 책의 ~를 붙이다[바꾸다] 本の書名をつける[変える].

제화〔製靴〕 名 하自 製靴.

제후〔諸侯〕 名 諸侯.

제휴〔提携〕 名 하自他 提携. ¶ 기술 ~ 技術提携 / 두 사람이 ~해서 사업을 시작했다 二人が提携して事業を始めた.

제힘 名 自分の力. 自力.

젠장 感〔'젠장맞을·젠장칠'의 준말〕ちぇっ. えいくそ.

젠장맞을 感〔뜻에 맞지 않을 때 혼자서 저주하는 말〕ちぇっ. えいくそ. こんちくしょう. ¶ ~, 또 눈이 내려 길이 막히고 난리구나 ちくしょう, また雪が降って道がふさがってやがる.

젠장칠 感 ちぇっ. えいくそ. こんちくしょう.

젠체하다 自 気取る. うぬぼれる. もったいぶる. わが物顔をする. ¶ 너무 젠체하지 마라 あまりうぬぼれるな.

젠틀맨〔gentleman〕 名 ジェントルマン. 紳士.

젤라틴〔gelatin〕 名〔化〕ゼラチン.

젤리〔jelly〕 名 ジェリー.

젯날〔祭—〕 名〔'제삿날'의 준말〕祭日.

젯밥〔祭—〕 名 祭祀に供えて下げたご飯.

조[1] 名〔植〕粟. ¶ ~밥 粟飯.

조[2]〔組〕 Ⅰ 名 組. ¶ ~를 짜다 組をつくる.
Ⅱ 依名 組. ¶ 공구 한 ~ 工具一組.

조[3]〔調〕 Ⅰ 名 調. **1** 気品を保とうとする行動. 気取り. 体裁. **2**〔'곡조'의 준말〕曲調. **3**〔史〕各地の特産物を納めた物納租税.
Ⅱ 接尾〔말투·태도〕…調. 腰. 見幕. 勢い. 調子. ¶ 놀림~로 말하다 冗談口調で話す / 시비~로 けんか腰で.

조[4]〔條〕 依名 **1**〔항목을 세는 말〕条. ¶ 제5~ 第5条. **2** (('…조로'의 꼴로)〔특정한 조건〕…として. …の名目で. ¶ 보증금 ~로 백만 원 내겠습니다 保証金の名目で100万ウォン出します.

조[5]〔兆〕 數 兆. ¶ 3~ 원의 차관 3兆ウォンの借款.

-조[6]〔朝〕 接尾〔왕조〕…朝. ¶ 이~ 李朝.

조가〔弔歌〕 名 弔歌. 挽歌.

조가비 名 貝殻.

조각[1] 名 切れ. 切れ端. かけら. ¶ 종잇~ 紙切れ / 빵 한 ~ パン一切れ / 유리 ~ ガラスのかけら / ~을 내다 粉々にする.

조각나다 自 **1** 破壊されてかけらが生じる. 小さく割れる. **2** (意見などが)割れる. まとまらない. 分かれる.

조각달 名 片月. 片割れ月. 弓張り月.

조각배 名 扁舟. 小舟.

조각보〔—褓〕 名 端切れを縫い合わせてつくった風呂敷.

조각조각 副 粉々に. きれぎれ(に). ずたずた. びりびり. ¶ ~ 깨지다 粉々に砕ける.

조각[2]〔組閣〕 名 하自 組閣. 内閣を組織すること. ¶ ~ 공작 組閣工作.

조각[3]〔彫刻〕 名 하他 彫刻. 彫ること. ¶ ~가 彫刻家 / 소녀상을 ~하다 少女の像を彫刻する.

조각도〔—刀〕 名 彫刻刀.

조간〔朝刊〕 名〔'조간 신문'의 준말〕朝刊.

조간신문〔—新聞〕 名 朝刊.

조갈〔燥渴〕 名 渇き. 喉が渇くこと.

조갈증〔—症〕 名〔韓方〕喉がひどく渇く症状.

조감〔鳥瞰〕 名 하他 鳥瞰.

조감도〔—圖〕 名 鳥瞰図.

조강〔糟糠〕 名〔'지게미와 쌀겨'란 뜻〕糟糠. きわめて粗末な食事. 貧乏暮らし.

조강지처〔—之妻〕 名 糟糠の妻.
◆**조강지처는 불하당**(不下堂)**이라** 糟糠の妻を大切にする.

조개 名〔動〕貝.

조개관자〔—貫子〕 名〔動〕貝柱.

조개무지 名 貝塚.

조개젓 名 小さな貝類の塩辛.

조개탄〔—炭〕 名 豆炭.

조갯살 名 貝のむき身. その干物.

조객〔弔客〕 名 弔問客. 弔客.

조거 代〔'조것'의 준말〕あれ.

조건〔條件〕 名 条件. ¶ 근로 ~ 労働条件 / 계약 ~ 契約条件.

조건 반사〔—反射〕 名〔生〕条件反射.

조건부〔—附〕 名 条件付き. ¶ ~로 허

가하다 条件付きで許可する.
조걸 〔'조것을'이 준 말〕 あれを. あいつを.
조것 代 あれ. あのもの.
조게 〔'조것이'가 준 말〕 あれが. あれは. あいつが. あいつは. ¶ ~ 사람을 웃겨 あいつは笑わせるやつだ.
조경〔造景〕 名 하他 景観を美しくつくること.
조계〔租界〕 名 租界.
조공[1]〔彫工〕 名 彫工. 彫り物師.
조공[2]〔朝貢〕 名 하他 〔史〕 朝貢.
조광〔粗鑛〕 名 粗鉱.
조광권〔租鑛權〕 名 〔法〕 採掘権.
조교〔助敎〕 名 **1** 助教. 大学教授の下もとで研究と事務を補助する人. **2** 〔軍〕 教官を補佐する下士官.
조교수〔助敎授〕 名 助教授.
조국〔祖國〕 名 祖国. ¶ ~을 지키다 祖国を守る / ~ 통일 祖国統一.
조규〔條規〕 名 条規. 条文の規定.
조그마하다 形 小さい. 少ない. ¶ 조그마한 집 やや小さな家 / 몸집이 ~ 体つきが小柄だ.
조그만 形 〔'조그마한'의 준말〕 小さい. 少ない. ¶ ~ 남자 小さい男.
조그만큼 副 少し. わずかに. ¶ ~은 할 수 있다 少しは出来る.
조그맣다 形 〔'조그마하다'의 준말〕 小さい. ¶ 조그만 화단을 가꾸다 小さな花壇をこしらえる.
조금 副 **1** (時間·量·程度などが) 少し. やや. ちょっと. わずかに. ¶ ~만 기다려라 少し待ってろ / ~ 전에 少し前に / ~ 가까운 곳 ちょっと近い所. **2** 《명사적으로 쓰여》 少し. わずか. ¶ 너무 ~이어서 남겨 두지 못했다 あまりにも少なくて残して置けなかった.
조금도 副 《부정의 표현과 함께 쓰여》 少しも(…ない). ちっとも(…ない). まるで(…ない). 全く(…ない). ¶ 저 사람은 ~ 변하지 않았다 あの人はちっとも変わっていいない.
조금씩 副 少しずつ. ¶ 공부에 ~ 싫증이 나기 시작했다 勉強に少しずつ嫌気がさし始めた.
조금조금 副 少しずつ. わずかずつ.
조급하다[1]〔早急—〕 形 早急だ. 非常に急いでいる. **조급히**[1] 副 早急に. ¶ ~ 연락해 주십시오 早急にご連絡ください.
조급하다[2]〔躁急—〕 形 せっかちだ. ¶ 그 사람은 성미가 조급해서 화를 잘 낸다 彼は性格がせっかちでよく腹を立てる. **조급히**[2] 副 せわしく. あわただしく. ¶ ~ 굴지 말고 진정해라 せかせかしないで落ち着きなさい.
조기[1] 名 〔動〕 石持.
조기젓 名 石持の塩辛.
조기[2]〔弔旗〕 名 弔旗. ¶ ~를 달다 弔旗を掲げる.
조기[3]〔早起〕 名 早起き. ¶ ~ 축구 早起きサッカー.
조기[4]〔早期〕 名 早期. ¶ ~ 교육[재배] 早期教育[栽培] / ~ 발견[진단] 早期発見[診断].
조깅〔jogging〕 名 ジョギング.
조까지로 副 たかがあれくらいのもので.
조까짓 冠 たかがあれくらいの.
조끔 副 少し. ちょっと. ちょっぴり. わずか. ¶ ~만 줘 ほんの少しだけちょうだい.
조끼 名 チョッキ. 胴衣.
조난〔遭難〕 名 하自 遭難. ¶ ~자 遭難者 / ~ 신호 遭難信号 / ~을 당하다 遭難する.
조난선〔一船〕 名 遭難船.
조냥 副 あのままに. ¶ ~ 두면 그 애는 삐뚤어질 것 같아 あのまま放っておくとあの子はひねくれてしまいそうだ.
조다 他 のみで彫る.
조다지 副 あれほどまで. あんなにまで.
조달〔調達〕 名 하自他 調達. ¶ 자금을 ~하다 資金を調達する.
조달청〔一廳〕 名 調達庁〈韓国の中央行政機関の一つ〉.
조당〔粗糖〕 名 粗糖.
조당수 名 薄く炊いた粟の重湯.
조대〔釣臺〕 名 釣り場.
조도〔照度〕 名 〔物〕 照度. ¶ ~계 照度計.
조독〔爪毒〕 名 〔韓方〕 爪でかいた跡に菌が入って生ずる炎症.
◆**조독이 들다** ① 掻き傷がうむ. ② 爪の毒で化膿する.
조동사〔助動詞〕 名 〔言〕 助動詞.
조동아리 名 〈卑〉 口. 嘴.
조동이 名 〔'조동아리'의 준말〕 口. 嘴.
◆**조동이가 싸다** 差し出がましい.
조라떨다 自 (軽はずみなふるまいで事を)ふいにする. 台無しにする.
조락〔凋落〕 名 하自 凋落. **1** 落葉すること. ¶ ~의 계절 落葉の季節. **2** 落ちぶれること.
조람〔照覽〕 名 하他 照覧.
조랑마차〔一馬車〕 名 小馬が引く馬車.
조랑말 名 小型種の駄馬.
조랑조랑 副 하形 **1** 〔작은 열매들이 많이 매달려 있는 모양〕 ふさふさと. 鈴なりに. たわわに. ¶ 귤이 ~ 달렸다 蜜柑が鈴なりになっている. **2** 〔작은 아이들이 많이 딸려 있는 모양〕 ぞろぞろ(と). わいわい(と). ¶ ~ 몰려 나오다 ぞろぞろ(と)出てくる. <주렁주렁
조래 〔'저리하여'가 준 말〕 ああして. あのようにして. ああ言って. ああいうわけで.
조래서 〔'조리하여서'가 준 말〕 あんなわけで. あのようにして. ¶ ~ 그녀가 좋다 あんなわけで彼女が好きだ.
조략하다〔粗略—〕 形 粗略だ. いいかげんだ. ぞんざいだ.
조러하다 形 あのようだ. あれぐらいだ. ¶ ~가는 아무 일도 안 되겠다 あんなことでは何事もできない.
조런 感 〔놀랐을 때 내는 소리〕 あれあれ. あら. まあ.
조렇다 形 〔'조러하다'의 준말〕 ああだ. ¶ 조렇게는 되기 싫다 ああはなりたくない.
조력[1]〔助力〕 名 하他 助力. 手伝い. 助太刀. ¶ ~을 청하다[얻다] 助力を請う[得る].
조력[2]〔潮力〕 名 潮力. ¶ ~ 발전 潮力発電.
조련〔調練〕 名 하他 調練. 教練. 訓練を積むこと. ¶ ~사 調練師 / 신병을 ~하다 新兵を調練する.

조령모개〔朝令暮改〕 名 하他 朝令暮改.
조례[1]〔條例〕 名 条例.
조례[2]〔朝禮〕 名 朝礼. 朝会.
조로[1]〔早老〕 名 하自 早老.
조로[2]〔朝露〕 名 朝露·あさつゆ.
  조로인생〔一人生〕 名 はかない人生.
조록 副 〔액체가 흐르거나 떨어지는 소리[모양]〕ちょろちょろ. しとしと.
  조록조록 副 ちょろちょろ. しとしと. ¶ 샘물이 ~ 흘러내린다 泉の水がちょろちょろ流れ落ちる.
조롱[1]〔鳥籠〕 名 鳥かご.
조롱[2]〔嘲弄〕 名 하他 嘲弄. 冷やかし. ばかにしてあざけること. ¶ ~을 받다 嘲弄をうける.
조롱박 名〔植〕瓢簞.
조롱이 名〔動〕雀鷹.
조롱조롱 副 하形 **1** ふさふさ. たわわに. 鈴なりに. **2** ぞろぞろ. ごろごろ.
조루〔早漏〕 名 하自 早漏. ¶ ~증 早漏症.
조류[1]〔鳥類〕 名 鳥類.
조류[2]〔潮流〕 名 潮流. ¶ ~가 빠르다 潮流が速い / 시대적 ~ 時代的潮流.
조류[3]〔藻類〕 名〔植〕藻類.
조륙 운동〔造陸運動〕 名〔地〕造陸運動.
조르다 他 **1** 締める. 結ぶ. ¶ 허리띠를 ~ ベルトを締める / 넥타이를 너무 졸라 매지 마세요 ネクタイをあまりきつく締めないでください. **2** せがむ. ねだる. せびる. ¶ 장난감을 사 달라고 ~ おもちゃを買ってくれとせがむ. **3** 催促する. せきたてる. ¶ 빨리 가자고 ~ 早く行こうとせきたてる.
조르르 副 **1**〔아이나 개가 작은 발걸음으로 걷거나 따르는 모양〕ちょこちょこ. ちょろちょろ. ¶ 아이가 엄마 뒤를 ~ 좇아온다 子供が母親の後をちょこちょこ追いかけて来る. **2**〔물 등이 좁은 곳을 조금씩 흘러내리는 모양〕ちょろちょろ. ¶ 수돗물이 ~ 나온다 水道の水がちょろちょろ出る. **3**〔기름진 모양〕つやつや. てかてか. ¶ 윤기가 ~ 도는 피부 つやつやした皮膚. **4**〔작은 물건이 경사진 곳에서 미끄러져 내리는 모양〕ころころ. ¶ 구슬이 ~ 굴러 간다 玉がころころ転がっていく. **5**〔한 줄로 고르게 잇달아 있는 모양〕ぞろぞろ. ¶ 학생들이 선생님을 ~ 따라간다 生徒たちが先生にぞろぞろついて行く. <주르르
조리[1]〔笊籬〕 名 米をとぐときに用いるざる.
  조리질 名 하他 (米とぎざるで)米をとぐこと.
조리[2]〔條理〕 名 条理. 筋. 筋道. ¶ ~있게 말하다 筋道立てて話す.
조리[3]〔調理〕 名 하他 **1** 調理. 料理. ¶ ~법 調理法 / ~사 調理師 / 환자식을 ~하다 病人食を調理する. **2** 養生. 摂生. ¶ 산후 ~를 잘 해라 産後の養生に気をつけなさい.
  조리대〔一臺〕 名 調理台.
조리[4] 副 **1** あのように. ¶ ~ 해 봐 ああやってみろ. **2** あちらへ. ¶ ~ 가면 큰길이 나옵니다 あちらに行くと大通りに出ます.
조리개 名 **1** くくりひも. **2** (カメラの)絞り.
조리다 他 (汁がなくなるほど)どろっと煮る. 煮詰める. ¶ 생선을 ~ 魚を煮つける.
조리돌리다 他 (罪人をこらしめるために)引きずり回す.
조리차하다 他 支出を切り詰める. 引き締める.
조리치다 自 うたた寝をする. 仮寝をする.
조림[1] 名〔料理〕煮つけ. 煮物. 煮しめ. ¶ 생선 ~ さかなの煮つけ / 통~ 缶詰.
조림[2]〔造林〕 名 하自 造林. ¶ 인공 ~ 人工造林.
조립〔組立〕 名 하他 組み立て. ¶ ~ 공장 組み立て工場 / 텔레비전을 ~하다 テレビを組み立てる.
  조립식〔一式〕 名 組み立て式.
조릿조릿 副 하形 〔조바심이 나고 초조한 모양〕はらはら. ひやひや. いらいら. ¶ 기다리는 사람이 오지 않아 ~했다 待っている人が来ないのでいらいらした.
조마〔調馬〕 名 하自 調馬. 馬を調教すること. ¶ ~사 調馬師.
조마조마하다 形 はらはらする. ひやひやする. いらいらする. 気が気でない. ¶ 합격자 발표를 조마조마하게 기다렸다 合格者の発表をいらいらして待ち続けた / 시간에 늦을까 싶어 조마조마했다 時間に遅れるかと思ってはらはらした.
조막 名 こぶしより小さい物の固まり.
조막손 名 指がなかったり曲がったりして開かない手.
  조막손이 名 手棒の人.
조만간〔早晩間〕 副 早晩. 遅かれ早かれ. そのうちに. 今に. ¶ ~ 무슨 큰일이 날 것만 같다 そのうちに何か大変な事が起こりそうだ.
조만큼 副 あれぐらい. あのように.
조만하다 形 **1** (程度や水準が)あのくらいだ. あの程度だ. ¶ 깊이가 ~ 深さはあのくらいだ. **2** まあまあである.
조맘때 名 (大きさ·年齢などが)あれぐらいのころ. あの時分. ¶ ~는 꽤 개구쟁이였지 あれぐらいのころはひどい腕白小僧だったな.
조망〔眺望〕 名 하他 眺望. 眺め. 見晴らし. ¶ ~이 좋다 眺望がよい.
조매〔嘲罵〕 名 하他 嘲罵. あざけりののしること. ¶ ~를 퍼붓다 嘲罵を浴びせる.
조매화〔鳥媒花〕 名〔植〕鳥媒花.
조면〔繰綿〕 名 하自 繰り綿.
  조면기〔一機〕 名 綿繰り機.
조명〔照明〕 名 하他 照明. ¶ ~ 장치[기구] 照明装置[器具] / ~ 효과 照明効果 / 실내[무대] ~ 室内[舞台]照明.
  조명등〔一燈〕 名 照明灯.
  조명탄〔一彈〕 名〔軍〕照明弾.
조모〔祖母〕 名 祖母. 反 祖父.
조목〔條目〕 名 条目. 箇条. ¶ ~별로 심리하다 条目別に審理する.
  조목조목〔一條目〕 名 条目ごとに. ¶ 요

구 사항을 ～ 다 쓰다 要求事項を箇条書きにしてすべて書く.
조몰락거리다[-대다] 他 (物を指で)しきりにいじる. <주물럭거리다
조몰락조몰락 副 하他 しきりにいじくるようす.
조무래기 名 **1** 〈卑〉 子供. 小僧. がき. ちんぴら. じゃり. **2** こまごました物. がらくた.
조문¹[弔問] 名 하他 弔問. 弔い.
조문객[—客] 名 弔問客.
조문²[條文] 名 条文. くだり. ¶ 헌법 ～ 憲法の条文.
조물주[造物主] 名 造物主.
조미[調味] 名 하自他 調味.
조미료[—料] 名 調味料.
조밀하다[稠密—] 形 稠密だ. ¶ 인구가 조밀한 도시 人口が稠密な都市.
조바심 名 하自 焦燥感. いらだち. いらいらすること. いらだち焦ること. ¶ 그렇게 ～을 내면 될 일도 안 되겠다 そんなに焦ってはできることもできなくなる.
조바위 名 婦人用防寒帽の一種.
조반[朝飯] 名 朝飯.
조반석죽[—夕粥] 名 하自 (朝は飯を食べ, 夕べには粥をすするの意で)貧しい生活.
조발¹[早發] 名 하自 **1** (ある花が)他の花より早く咲くこと. **2** 早発. 朝早く旅立つこと. **3** 列車や汽船などが定刻より早く出発すること.
조발성 치매[—性癡呆] 名 〔醫〕 早発性痴呆.
조발²[調髮] 名 하自 調髪. 整髪. 理髪.
조밥 名 粟飯.
조방[粗放] 名 하形 粗放. 綿密でないこと.
조방적 농업[—的農業] 名 〔農〕 粗放農業.
조백[早白] 名 하自 まだ若いのに(ふつう40歳前後)白髪が生えること. 若白髪.
조병[造兵] 名 하自 〔軍〕 造兵. 兵器を製造すること.
조병창[—廠] 名 造兵廠. 兵器製造工場.
조복[朝服] 名 하自 〔史〕 朝服(官僚が朝賀のときに着た礼服).
조부[祖父] 名 祖父. 反 祖母
조부모[祖父母] 名 祖父母.
조분[鳥糞] 名 鳥糞. 鳥の糞.
조분석[—石] 名 〔鑛〕 鳥糞石.
조붓하다 形 ちょっと狭い. 少し狭いようだ. ¶ 방이 조붓하지만 불편이 없다 部屋が少し狭いが不便がない. **조붓이** 副 少し狭く.
조사¹[弔詞] 名 弔詞. 弔辞.
조사²[助詞] 名 〔言〕 助詞.
조사³[助辭] 名 〔言〕 〔'어조사'의 준말〕 助辞.
조사⁴[祖師] 名 祖師. 開祖.
조사⁵[照射] 名 하自他 照射. ¶ 방사선을 ～하다 放射線を照射する.
조사⁶[調査] 名 하他 調査. 調べること. ¶ ～원 調査員 / 신원 ～ 身元調査.
조산¹[早産] 名 하他 早産.
조산아[—兒] 名 早産児. 早生児.
조산²[助産] 名 하自 助産.
조산사[—師] 名 助産婦. 産婆.
조산운동[造山運動] 名 〔地〕 造山運動.
조삼모사[朝三暮四] 名 朝三暮四.
조상¹[弔喪] 名 하他 弔問. 悔やみ.
조상²[祖上] 名 先祖. 祖先.
조상굿 名 하自 〔民俗〕 祖先をまつるクッ(굿)の一区切り.
조상 숭배[—崇拜] 名 祖先崇拝.
조상³[彫像] 名 〔美〕 彫像. ¶ 대리석 ～ 大理石の彫像.
조상육[俎上肉] 名 俎上の魚.
조색[調色] 名 하自 〔美〕 調色. ¶ ～판 調色板. パレット.
조생아[早生兒] 名 早生児. 早産児.
조생종[早生種] 名 〔農〕 早生の品種.
조서¹[詔書] 名 詔書.
조서²[調書] 名 調書. ¶ ～를 작성하다 調書を作成する.
조석¹[朝夕] 名 **1** 朝夕. 朝晩. 明け暮れ. **2** 〔'조석반'의 준말〕 朝夕の飯.
조석반[—飯] 名 朝夕の飯.
조석²[潮汐] 名 ☞조석수
조석수[—水] 名 〔地〕 **1** 潮汐. 満ち潮と引き潮. **2** 朝潮.
조선¹[造船] 名 造船. ¶ ～소 造船所 / ～업 造船業.
조선²[朝鮮] 名 朝鮮.
조선말 名 朝鮮語.
조선어[—語] 名 朝鮮語.
조선옷 名 朝鮮服. 韓国服.
조선종이 名 こうぞなどを原料としてつくる紙.
조선집 名 洋式の建物に対する在来式の家.
조성¹[助成] 名 하他 助成. ¶ ～금 助成金 / ～품 助成品.
조성²[造成] 名 하他 **1** 造成. ¶ 택지[단지]를 ～하다 宅地[団地]を造成する. **2** 醸成. 醸し出すこと. つくり上げること. ¶ 위기[분위기]를 ～하다 危機[雰囲気]を醸し出す.
조성³[組成] 名 하他 組成. ¶ 화합물의 ～ 化合物の組成.
조세[租稅] 名 租税. 年貢. ¶ ～를 징수하다[바치다] 租税を徴収する[納める].
조세법[—法] 名 〔法〕 租税法.
조소¹[彫塑] 名 〔美〕 彫塑.
조소²[嘲笑] 名 하他 嘲笑. あざけること. ¶ 사람들의 ～를 사다 人々の嘲笑を買う.
조속하다[早速—] 形 速やかだ. とても速い. ¶ 조속한 시일 내에 완성해라 早い時期に完成しろ. **조속히** 副 速やかに. 早く. ¶ ～ 답장을 주십시오 早くご返事ください.
조수¹[助手] 名 助手. ¶ 운전 ～ 運転助手 / 미장이 ～ 左官の見習い.
조수²[潮水] 名 〔地〕 朝潮.
조수³[鳥獸] 名 鳥獣.
조숙하다[早熟—] I 自 (穀物などが)

早く生長する.
Ⅱ 形 早熟だ. ませている. ¶조숙한 아이 早熟な子供.

조식¹〔粗食〕名 하自 粗食. ¶조의~ 粗衣粗食.

조식²〔朝食〕名 朝食. 朝飯.

조신¹〔祖神〕名 祖神. 祖先たる神.

조신²〔朝臣〕名 朝臣.

조신하다〔操身—〕形 性格が控えめだ. ¶조신하게 행동하다 控えめに行動する.

조실부모〔早失父母〕名 하自 幼くして父母に死に別れること.

조심〔操心〕名 하自他 用心すること. 注意すること. 気をつけること. ¶불~ 火の用心 / 감기에 걸리지 않도록 몸~해라 風邪を引かないよう体に注意しなさい. **조심히** 副 気をつけて. 慎んで.

조심성〔—性〕名 慎み. たしなみ. 気をつける気持ち. ¶여자가 그렇게 ~이 없어서 어떡하니? 女性がそのように慎みがなくてどうするんだい.

조심스럽다 形 用心深い. つつましい. 控え目だ. ¶조심스러운 태도 控え目な態度. **조심스레** 副 用心深く. つつましく. 控え目に.

조심조심〔—操心〕副 하自他 気をつけて. 注意して. ¶미끄러운 길을 ~ 걸어간다 滑りやすい道を気をつけてそろそろ歩いて行く.

조아리다 他 (恐縮して)頭を下げる. ぬかずく. ¶머리를 조아리고 용서를 빌다 頭を下げて許しを請う.

조악〔粗惡〕名 하形 粗悪. ¶~품 粗悪品.

조야〔朝野〕名 朝野.

조야하다〔粗野—〕形 粗野だ. ¶조야한 언동 粗野な言動.

조약¹〔條約〕名 条約. ¶~국 条約国 / 통상[수호] ~ 通商[修好]条約 / ~을 맺다 条約を結ぶ.

조약²〔調藥〕名 하自 調薬. 調剤.

조약돌 名 砂利. 小石.

조어¹〔祖語〕名〔言〕祖語.

조어²〔釣魚〕名 하自 魚釣り. ¶~장 釣り堀.

조어³〔造語〕名 造語. ¶~ 성분 造語成分.

조언〔助言〕名 하自 助言. 口添え. ¶~자 助言者 / ~을 청하다 助言を請う / 친구의 ~을 듣다 友人の助言を聞く.

조업¹〔祖業〕名 祖業. 祖先の始めた事業. ¶~을 잇다 祖業を継ぐ.

조업²〔操業〕名 하自 操業. ¶~ 단축 操業短縮 / ~을 개시하다 操業を開始する.

조역〔助役〕名 하自他 助役. **1** 助けて手伝う役. **2** (駅の)助役. **3** 手助けする人.

조연〔助演〕名 하他 助演. ¶~ 배우 助演俳優.

조영〔造營〕名 하他 造営. ¶절의 ~에 착수하다 寺の造営に着手する.

조예〔造詣〕名 造詣. ¶도자기에 ~가 깊다 陶磁器に造詣が深い.

조용조용하다 形 とても静かだ. しいんと静まり返っている. **조용조용히** 副 とても静かに. もの静かに. ¶복도에서는 ~ 걸을 것 廊下では静かに歩くこと.

조용하다 形 静かだ. もの静かだ. ¶장내가 조용해지다 場内が静まり返る / 조용한 밤 ひっそりした夜 / 조용한 목소리로 이야기하다 もの静かな声で話す / 조용하게 놀아라 静かに遊びなさい / 한밤중이라 거리가 ~ 真夜中だけあって通りが静かだ. **조용히** 副 静かに. もの静かに. ¶좀 ~ 해라 ちょっと静かにしなさい / 어린이를 ~ 타이르다 子供に静かに言い聞かせる.

조우〔遭遇〕名 하自他 遭遇. ¶산중에서 적병을 ~하다 山中で敵兵に遭遇する.

조우전〔—戰〕名〔軍〕遭遇戦.

조운〔漕運〕名 하他 漕運.

조울병〔躁鬱病〕名〔醫〕躁鬱病.

조원〔造園〕名 하自他 造園.

조위¹〔弔慰〕名 하他 弔慰. ¶~금 弔慰金.

조위²〔潮位〕名 潮位.

조율〔調律〕名 하他 調律. ¶피아노의 ~ ピアノの調律.

조율사〔—師〕名 調律師.

조음〔潮音〕名 潮音. 海潮音.

조의¹〔弔意〕名 弔意. ¶~를 표하다[전하다] 弔意を表わす[伝える].

조의²〔粗衣〕名 粗衣. ¶~조식 粗衣粗食.

조의³〔朝議〕名 朝議. 朝廷の会議.

조이다 他 **1** (緩んだものを)ぴんと張る. 引き締める. **2** (すき間を)狭める. 詰める. **3** 気をもむ. **4** 彫る. **5** 速める.

조인¹〔鳥人〕名 鳥人. 飛行士.

조인²〔調印〕名 하自他 調印. ¶~식 調印式 / 조약 문서에 ~하다 条約文書に調印する.

조인트〔joint〕名 ジョイント. ¶~ 리사이틀 ジョイントリサイトル.

조자리¹ 名 汚らしい物が取り乱されてぶら下がったり束になっていたりすること.

조자리² 名 表門の枢.

조작¹〔造作〕名 하他 捏造. でっち上げ. ¶없는 사건을 ~하다 ありもしない事件を捏造する / ~된 보고서 捏造された報告書.

조작²〔操作〕名 하他 操作. ¶무인 ~ 無人操作 / 무전기를 ~하다 無線機を操作する.

조잔거리다[-대다] 他 時なしに無駄食いをする.

조잔부리 名 하自 やたらに間食する癖.

조잔조잔 副 하他 しきりに間食をするようす.

조잘거리다[-대다] 自 **1** 小声でしきりにしゃべる. **2** (鳥が)しきりにさえずる.

조잘조잘 副 **1** べちゃくちゃ. ぺちゃくちゃ. **2** 鳥がさえずるようす.

조잡 名 発育不全.

조잡들다 自 **1** 生物が病気にかかって発育が悪く生気がなくなる. **2** 貧乏くさくなる. **3** みすぼらしくなる.

조잡스럽다 形 食い意地が張っている. 食いしん坊だ.
조잡하다〔粗雜―〕 形 粗雑だ. 粗悪だ. 粗暴だ. 粗末だ. ¶ 조잡한 물건 粗悪な品物.
조장[1]〔助長〕 名 하他 助長. ¶ 황금만능 풍조를 ～하다 黄金万能の風潮を助長する.
조장[2]〔組長〕 名 組長. 組頭.
조장[3]〔鳥葬〕 名 鳥葬.
조전〔弔電〕 名 弔電. ¶ ～을 치다 弔電を打つ.
조절〔調節〕 名 하他 調節. 加減. ¶ ～ 기능 調節機能 / 음량을 ～하다 ボリュームを調節する / 적당히 ～된 실내 온도 適当に調節された室内温度.
조정[1]〔朝廷〕 名 朝廷.
조정[2]〔漕艇〕 名 漕艇. ¶ ～ 경기 漕艇競技. ボートレース.
조정[3]〔調停〕 名 하他 調停. ¶ ～법 調停法 / 노사간의 분쟁을 ～하다 労使間の紛争を調停する.
조정[4]〔調整〕 名 하他 調整. ¶ 텔레비전의 화면을 ～하다 テレビの画面を調整する.
조제[1]〔粗製〕 名 하他 粗製. 物を粗くつくること. ¶ ～품 粗製品.
　조제남조〔―濫造〕 名 하他 粗製乱造.
조제[2]〔調製〕 名 하他 調製. **1** 注文に応じてつくること. **2** 調節してつくること.
조제[3]〔調劑〕 名 하自他 調剤. 調合. ¶ ～사 調剤師 / ～약 調剤薬 / ～된 약 調合された薬.
조조〔早朝〕 名 早朝. ¶ 극장의 ～ 할인 劇場の早朝割引.
조족지혈〔鳥足之血〕 名 (鳥の足の血の意で) ごく少ない量.
조종[1]〔弔鐘〕 名 **1** 弔鐘. 死者を悼んで打つ鐘. **2** ことの終末.
조종[2]〔操縱〕 名 하他 操縦. 操ること. ¶ 원격 ～ 遠隔操縦 / 항공기를 ～하다 航空機を操縦する / 남편을 마음대로 ～하다 夫を思いのままに操縦する.
　조종간〔―杆〕 名 操縦桿.
　조종사〔―士〕 名 操縦士. パイロット.
　조종석〔―席〕 名 操縦席.
조주[1]〔助走〕 名 하自 (陸上競技の) 助走.
조주[2]〔助奏〕 名〔樂〕助奏. オブリガート.
조준〔照準〕 名 하他 照準. ¶ ～기 照準器 / ～을 맞추다 照準を合わせる.
조증〔躁症〕 名〔韓方〕せっかちな性質.
조지다 他 **1** (栓・ねじなどを) 締める. ¶ 병마개를 ～ 瓶の栓を締める. **2** しっかり締める. 取り締まる. ¶ 교통 위반을 ～ 交通違反を取り締まる. **3** 台無しにする. ¶ 신세를 ～ 一生を台無しにする.
조직〔組織〕 名 하他 組織. システム. ¶ 세포 ～ 細胞組織 / 노동 조합을 ～하다 労働組合を組織する / 전문가로 ～된 단체 専門家で組織された団体.
　조직망〔―網〕 名 組織網.
　조직적〔―的〕 冠 名 組織的. ¶ ～인 저항 組織的な抵抗.
　조직체〔―體〕 名 組織体.
　조직화〔―化〕 名 하自他 組織化.
조짐[1]〔兆朕〕 名 兆候. 兆し. 前触れ. ¶ 불길한 ～이 보인다 不吉な兆候が見える.
조짐[2] 依名〔쌓은 장작 평수〕六尺四方に積んだ薪の山を数える語.
조차[1]〔租借〕 名 하他 租借.
　조차지〔―地〕 名 租借地.
조차[2]〔潮差〕 名 潮差. 潮の干満の差.
조차[3]〔操車〕 名 하自他 操車.
　조차장〔―場〕 名 操車場.
조차[4] 助 …さえ. …も. …まで(も). …ですら. ¶ 너～ 반대냐? お前まで反対なのか.
조찬[1]〔粗餐〕 名 粗餐.
조찬[2]〔朝餐〕 名 朝餐. 朝食. 朝飯.
조처〔措處〕 名 하自他 措置. 処置. ¶ ～를 취하다 措置を取る.
조청〔造清〕 名 人造の蜜. 水あめ.
조촐하다 形 **1** 〔아담하다〕こぢんまりとして清潔だ. ¶ 조촐한 집에서 살고 있다 こぢんまりした家に住んでいる. **2** 〔얌전하다〕(行きないが) さっぱりしてしとやかだ. **3** 〔단정하다〕(容姿が) すっきりしている. こざっぱりしている. きちんとしている. ¶ 그녀는 조촐하게 생겼다 彼女は顔立ちがすっきりしている.
조총[1]〔弔銃〕 名 弔銃. 弔意を表わす空砲.
조총[2]〔鳥銃〕 名 **1** 鳥銃. **2** 火縄銃.
조추〔早秋〕 名 早秋. 初秋.
조춘〔早春〕 名 早春. 初春.
조치〔措置〕 名 하自他 措置. ¶ 응급 ～ 応急措置 / 엄히 ～하다 厳しく措置する.
조치개 名 つき物. ある物に当然つくべき物. ¶ 밥에 김치는 ～다 ご飯にキムチはつき物だ.
조칙〔詔勅〕 名 詔勅.
조카 名 甥. 姪.
　조카딸 名 姪.
　조카며느리 名 甥の妻.
　조카뻘 名 甥や姪に当たる身内の関係. 自分の息子に当たる系列.
조타〔操舵〕 名 하自 操舵.
　조타수〔―手〕 名 操舵手. 舵取り.
　조타실〔―室〕 名 操舵室.
조탄〔粗炭〕 名〔鑛〕粗炭. 低質の石炭.
조퇴〔早退〕 名 하自 早退. 早引き. ¶ 회사를 ～하다 会社を早引きする.
조파[1]〔早播〕 名 하他 早まき.
조파[2]〔條播〕 名 하他〔農〕条播. 筋まき.
조판〔組版〕 名 하自 組み版.
조팝나무 名〔植〕ひとえのしじみばな.
조폐〔造幣〕 名 하自 造幣.
　조폐 공사〔―公社〕 名 造幣公社.
조포〔弔砲〕 名〔軍〕弔砲.
조포하다〔粗暴―〕 形 粗暴だ. ¶ 조포한 행동 粗暴なふるまい.
조품〔粗品〕 名 粗品. ¶ ～입니다만 아무쪼록 받아 주십시오 粗品ですがどうぞお納め下さい.

조필〔粗筆〕 名 乱筆. 下手な筆跡.
조합¹〔組合〕 名 하他 **1** 組合. ¶노동 ~ 労働組合 / ~장 組合長. **2**〔數〕組み合わせ. **3** 組み合わせること.
조합비〔一費〕 名 組合費.
조합원〔一員〕 名 組合員.
조합²〔調合〕 名 하他 **1** 調味. **2** 調合. ¶약을 ~하다 薬を調合する.
조항〔條項〕 名 条項.
조행〔操行〕 名 操行. ¶~이 나쁘다 素行が悪い.
조혈〔造血〕 名 하自 造血. ¶~기 造血器 / ~제 造血剤.
조형〔造形〕 名 하自 造形. ¶~ 미술 造形美術.
조혼〔早婚〕 名 하自 早婚.
조화¹〔弔花〕 名 弔花.
조화²〔造化〕 名 **1** 造化. ¶~의 묘 造化の妙 / 자연의 ~ 自然の造化. **2** 人間業とは思えないほど巧みなこと.
◆**조화를 부리다** (超自然の力で)何かを起こす. ¶하늘이 ~를 부리다 天が異変を起こす.
조화신〔一神〕 名 造物主.
조화³〔造花〕 名 造花.
조화⁴〔調和〕 名 하自 調和. 釣り合い. ¶~성 調和する性質 / 내용과 형식이 ~를 이루다 内容と形式が調和をなす / 건물과 잘 ~된 정원 建物とよく調和した庭園.
조화롭다 形 調和がとれている. 調和している.
조회¹〔朝會〕 名 하自 朝会. 朝礼. ¶직원 ~ 職員朝礼.
조회²〔照會〕 名 하他 照会. ¶신원 ~ 身元照会.
조흔〔條痕〕 名 条痕. **1** 筋を引いたあと. **2** 素焼きの陶器に鉱物をすりつけて生じるあと.
족¹〔足〕 **Ⅰ** 名 脚〈牛·豚などの膝から下の部分を食用にするときにいう〉. **Ⅱ** 依名 〔켤레〕 足. ¶구두 100~ 靴100足 / 버선 서너 ~ ポソン3·4足.
족² 副 **1**〔늘어선 모양〕ずらりと. ずらっと. ¶승객들이 정류소에 ~ 줄을 지어 서 있다 乗客たちが停留所にずらりと列をつくって並んでいる. **2**〔거침없는 모양〕すらすら(と). するする(と). ¶단숨에 ~ 읽어 버렸다 一息にすらすら読んでしまった. **3**〔단숨에〕ぐっと. ぐいと. ¶빨대로 주스를 ~ 빨아 먹는다 ストローでジュースをぐっと吸い込む. **4**〔곧게〕するすると. すっと. ¶공책에 선을 ~ 긋는다 ノートに線をすっと引く. **5**〔찢는 소리〕びりびり(と). ¶비단을 ~ 찢는 소리 絹をびりびり引き裂く音. **6**〔대강〕ざっと. ¶교실 안을 ~ 훑어보다 教室の中をざっと見回す. **7**〔물이 빠진 모양〕さっと. ¶바닷물이 ~ 빠져 버렸다 潮水がさっと引いてしまった.
-족³〔族〕 接尾 …族. ¶우랄 어~ ウラル語族 / 장발~ 長髪族 / 유한 마담~ 有閑マダム族.
족가〔足枷〕 名 足かせ〈昔の刑具〉.
족대 名 叉手網. すくい網.
족대기다 他 **1** 責め立てる. こらえきれないほどいびる. **2** やたらに我を張る.
족두리 名 女性が礼服を着るときにかぶる冠の一つ.
족발〔足一〕 名 (食用にする)豚の足首.
족벌〔族閥〕 名 門閥. 大きな勢力を持った一族. ¶~ 체제 国の政治権力を一つの門閥が世襲する体制.
족보〔族譜〕 名 族譜. 家系図.
족부족간〔足不足間〕 副 足りても足りなくても. 足りようが足るまいが. ¶~에 가져오기나 해라 足りても足りなくてもとにかく持ってきてみなさい.
족속〔族屬〕 名 **1** 一門. 身内. **2**〔사람을 얕잡아 이르는 말〕仲間. 連中. 輩. ¶장발을 하고 다니는 ~ 長髪をして歩き回る連中.
족쇄〔足鎖〕 名 罪人の足にはめる鎖〈昔の刑具〉.
족자〔簇子〕 名 掛け軸. 掛け物. ¶벽에 걸린 ~ 壁に掛けた掛け軸.
족자리 名 (容器などの)両脇についている取っ手. ¶물동이의 ~ 水甕の取っ手 / 냄비의 ~ 鍋の耳.
족장¹〔足掌〕 名 足裏.
◆**족장을 치다** (新婦の家で行なう結婚披露の席で新郎の友人たちがごちそうしてもらおうといたずら半分に新郎を逆さにつるして)足の裏をたたく.
족장²〔族長〕 名 族長.
족적〔足跡〕 名 足跡.
족제비 名〔動〕鼬.
〔속담〕 **족제비도 낯짝이 있다** いたちにも体面がある〈身勝手な人をとがめる言葉〉.
족족¹ 依名 〔하나하나마다〕 …するたびに. …するといつも. ¶장사를 하는 ~ 손해만 본다 商売をするたびに損ばかりする / 돈이 생기는 ~ 저축했다 お金ができるとすぐ蓄えた.
족족² 副 **1**〔곧게 긋는 모양〕さあっと. すうっと. ¶줄을 ~ 긋다 線をすうっと引く. **2**〔찢거나 훑는 모양〕びりびり(と). ¶편지를 ~ 찢다 手紙をびりびり破る / 벼를 ~ 훑고 있다 稲をごしごしとしごいている. **3**〔늘어선 모양〕ずらっと. ¶운동장에 학생들이 ~ 늘어서 있다 運動場に生徒たちがずらっと並んでいる. **4**〔늘어지거나 떨어지는 모양〕だらだら(と). ¶등에서 땀이 ~ 흐르다 背中から汗がだらだら流れる. **5**〔빠는 모양〕ぐいぐい(と). ぐっぐっ(と). ¶아기가 젖을 ~ 빨다 赤ちゃんが乳をぐいぐいと吸う. <죽죽
족족하다〔足足一〕 形 とても豊かだ.
족집게 名 **1** 毛抜き. ¶~로 가시를 뽑다 毛抜きでとげを抜く. **2**〔비밀이나 사정 등을 알아맞추는 사람〕いい当てる人. ¶남의 걱정거리를 ~처럼 맞히다 人の心配事を正確に言い当てる.
족출〔簇出〕 名 하自 簇出. 群がり出ること. ¶아류가 ~하다 亜流が簇出する.
족치다 他 **1** (事業·財産などを)縮

小する. 減らす. ¶사업에 실패해서 가산을 족쳤다 事業に失敗して家産を減らした. **2** やりこめる. 鼻をへし折る. ¶높은 콧대를 족쳐 놓다 高慢ちきな鼻をへし折ってやる. **3** ひどくせめたてる. ¶자백을 하도록 범인을 ~ 自白をするように犯人をひどくせめたてる. **4** 〈俗〉ぶん殴る.

족탕〔足湯〕 名〔料理〕牛の足と膝の後ろの肉を煮詰めたスープ.

족편〔足一〕 名〔料理〕煮こごり〈牛の足·皮·テールを煮詰めたものを冷やしてつくった料理〉.

족하다〔足一〕 形 (程度·数量などが)足りる. 十分だ. 間に合う. ¶이것으로 ~ これで十分だ / 여비는 삼만 원이면 족합니다 旅費は3万ウォンあれば足ります. **족히** 副 十分に. 優に. ¶자네라면 ~ 해낼 거야 君なら十分にやり遂げるだろう.

존〔zone〕 名 ゾーン. ¶스트라이크 ~ ストライクゾーン.

존경〔尊敬〕 名 하他 尊敬. 敬うこと. ¶~하는 선생님 尊敬する先生 / 부모님을 ~해야 한다 父母を尊敬しなければならない / ~하는 마음이 생기다 尊敬の念が生じる.

존경어〔一語〕 名 尊敬語.

존귀〔尊貴〕 名 하形 尊貴. 尊いこと. ¶~하신 몸 보존하십시오 御身お大切になさいませ.

존당〔尊堂〕 名〔'남의 어머니'의 높임말〕尊堂. 尊母.

존대¹〔尊大〕 名 하形 官位·学識·人格が高いこと.
◇일본어의「尊大」와 그 뜻이 다름.

존대²〔尊待〕 名 하他 **1** 丁寧な態度で接すること. **2** 相手を敬って丁寧な言葉遣いをすること.

존대어〔一語〕 名〔言〕丁寧語. 尊敬語. 敬語.

존립〔存立〕 名 하自 存立. ¶국가의 ~이 위태롭다 国家の存立が危うい.

존망〔存亡〕 名 存亡.

존망지추〔一之秋〕 名 存亡の秋.

존명〔存命〕 名 하自 存命.

존부〔存否〕 名 存否.

존비〔尊卑〕 名 尊卑.

존비귀천〔一貴賤〕 名 尊卑貴賤.

존속¹〔存續〕 名 하自 存続. ¶~ 기간 存続期間 / 구제도를 ~시키다 旧制度を存続させる.

존속²〔尊屬〕 名〔法〕尊属. ¶~ 살해 尊属殺 / 직계 ~ 直系尊属.

존숭〔尊崇〕 名 하他 尊崇. 尊敬.

존안〔尊顔〕 名 尊顔. お顔. ¶~을 뵙다 尊顔を拝する.

존엄〔尊嚴〕 名 하形 尊厳. ¶인간의 ~ 人間の尊厳 / ~성 尊厳性.

존영〔尊影〕 名〔'남의 화상(畫像)이나 사진'의 높임말〕尊影.

존장〔尊長〕 名 尊長. 長上.

존재〔存在〕 名 하自 存在. ¶암적 ~ 癌のような存在 / ~ 이유 存在理由 / 그 아이는 무시할 수 없는 ~이다 あの子は無視できない存在だ / 신의 ~를 믿는다 神の存在を信じる.

존재론〔一論〕 名〔哲〕存在論.

존전〔尊前〕 名 尊前. (貴人などの)おん前.

존조리 副 じゅんじゅんと. 丁寧に. 親切に. ¶~ 설유하다 じゅんじゅんと論す.

존존하다 形 織り目が細かくきれいである. ¶무명베의 발이 ~ 綿織物の目が細かく美しい.

존중〔尊重〕 名 하他 尊重. ¶인권을 ~하다 人権を尊重する. **존중히** 副 尊重して. 大事に.

존체〔尊體〕 名 尊体. おん身. お体.

존치〔存置〕 名 하他 存置. 残しておくこと. ¶고대 유적을 ~하다 古代遺跡を存置する.

존칭〔尊稱〕 名 하他 尊称. 敬称.

존폐〔存廢〕 名 存廃. ¶~를 검토하다 存廃を検討する.

존한〔尊翰〕 名 尊翰. 尊書.

존함〔尊銜〕 名 尊名. ご尊名. お名前. ¶~은 익히 듣고 있습니다 ご尊名はよく承っております.

졸¹〔卒〕 名 卒〈将棋の駒の一つ〉.

졸²〔독 Sol〕 名〔化〕ゾル. コロイド溶液.

졸가리 名 **1** 葉の落ちた枝や茎. **2** 大要. 要点. あらすじ. <줄거리

졸개〔卒一〕 名〈卑〉手下. ちんぴら. 使い走り.

졸고〔拙稿〕 名 拙稿.

졸곡〔卒哭〕 名 人の死後3か月目の丁や亥の日に行なう祭祀.

졸깃졸깃 副 하形 しこしこ(と). ¶~한 면 しこしこした麵.

졸년〔卒年〕 名 卒年. 没年.

졸다¹ 自 居眠りする. まどろむ. うとうとする. ¶꾸벅꾸벅 ~ こっくりこっくり居眠りする / 책을 읽다가 졸고 말았다 本を読んでいるうちにまどろんでしまった.

졸다² 自 減る. 少なくなる. ¶찌개가 바짝 ~ なべ物が煮つまる.

졸도〔卒倒〕 名 하自 卒倒. ¶뇌빈혈로 ~하다 脳貧血で卒倒する.

졸때기 名 **1** 規模が小さいこと. ¶~ 돈 はした金. **2** しがない人物. ¶~ 직원 駆け出しの職員. **3** (将棋の)卒. 兵.

졸라대다 他 しつこくねだる. せびる. せがむ. ¶돈을 달라고 ~ お金をくれとしつこくねだる.

졸라매다 他 きつく締める. 締めつける. ¶허리띠를 ~ 腰帯をぎゅっと締めつける.

졸래졸래 副 하自 おっちょこちょいに. ちょこちょこと. ¶~ 따라오다 ちょこちょことついてくる. <줄레줄레

졸렬하다〔拙劣一〕 形 拙劣だ. 下手だ. まずい. つたない. ¶졸렬한 방법 拙劣な方法. **졸렬히** 副 拙劣に. つたなく. 下手に.

졸리다¹ 自 眠い. 眠たい. ¶피곤해서 졸려 죽겠다 疲れて眠くてたまらない.

졸리다² 自 **1**〔조름을 당하다〕せがまれる. ねだられる. 催促される. せきたてられる. ¶세금을 ~ 税金を督促される / 빚에 졸려서 못 견디겠다 借金をせきたてられてたまらない. **2**〔단단하

게 매어지다〕強く絞められる. 絞めつけられる. ¶이 셔츠는 목이 졸려서 못 입겠다 このシャツは首が絞めつけられるので着られない.

졸막졸막 副 하形 〔크고 작은 물건들이 여기저기 널려 있는 모양〕にょきにょき(と).

졸망졸망 副 하形 **1** 〔울퉁불퉁〕(表面が) でこぼこ. **2** 〔옹기종기〕ちょこちょこ. ¶애들이 ～ 모여 있다 子供たちがちょこちょこより集まっている.

졸문〔拙文〕名 拙文. **1** つたない文章. **2** 自分の文章の謙譲語.

졸병〔卒兵〕名 **1** 兵卒. **2** 〈俗〉下っ端. ぺいぺい. 組織で最も下に位置づく人.

졸부〔猝富〕名 成金.

졸속〔拙速〕名 拙速. ¶～주의 拙速主義/～을 피하다 拙速を避ける.

졸아들다 自 **1** 煮詰まる. ¶탕약이 ～ 煎じ薬が煮詰まる. **2** 減る. 縮まる. 小さくなる. ¶무서워서 몸이 졸아들었다 怖くて体が縮みあがった.

졸아붙다 自 焦げつく. 煮詰まる. ¶찌개가 졸아붙어서 짜다 チゲの汁が煮詰まって塩辛い.

졸업〔卒業〕名 하他 卒業. ¶～생 卒業生/～식 卒業式/아르바이트를 하면서 대학을 ～했다 アルバイトをしながら大学を卒業した.

졸업장〔一狀〕名 卒業証書.

졸업 증서〔一證書〕名 卒業証書.

졸연하다〔猝然一〕形 **1** 卒然だ. 突然だ. 不意だ. ¶졸연한 일이라서 판단할 수 없다 突然なことで判断できない. **2** たやすい. ¶이 문제는 졸연하게는 해결되지 않는다 この問題はたやすくは解決しない. **졸연히** 副 突然. 不意に. にわかに. たやすく. ¶～ 모습을 감추다 突然姿を消す.

졸음 名 眠け. ¶～이 오다 眠けがさす.

졸이다 他 **1** (気を)もむ. やきもきする. ¶자식 일로 항상 마음을 졸이고 있다 息子のことでいつも気をもんでいる. **2** (水分を)減らす. 煮詰める. 煮しめる. 煮付ける. ¶생선을 ～ 魚を煮付ける.

졸작〔拙作〕名 拙作. **1** 下手な作品. **2** 自分の作品の謙譲語.

졸잡다 他 (ある標準より)少なめに見積もる. ＜줄잡다

졸장부〔拙丈夫〕名 小心者. 度量が狭く臆病な人.

졸저〔拙著〕名 拙著.

졸졸 副 **1** 〔흐르는 소리〕さらさら(と). ちょろちょろ(と). ¶물이 ～ 흐른다 水がさらさら流れる. **2** 〔바닥에 끌리는 모양〕するする(と). ずるずる(と). **3** 〔따라다니는 모양〕ちょろちょろ(と). ぞろぞろ(と). ¶낯선 강아지가 ～ 따라온다 見知らぬ子犬がちょろちょろついて来る. ＜줄줄

졸졸거리다[-대다] 自 ちょろちょろ流れる.

졸중〔卒中〕名〔韓方〕〔'졸중풍'의 준말〕卒中.

졸중풍〔一風〕名〔韓方〕卒中.

졸지〔猝地〕名 突然. 不意. だしぬけ. にわか. ¶～의 방문 突然の訪問.

졸지에 副 突然. いきなり. 急に. 不意に. だしぬけに. にわかに. ¶～ 당했다 不意にやられた/～ 사망하다 急死する.

졸지풍파〔一風波〕にわかに起こる困難[破綻].

졸책〔拙策〕名 拙策. 拙計. 下策.

졸필〔拙筆〕名 拙筆.

졸하다[1]〔卒一〕自 卒する. 亡くなる.

졸하다[2]〔拙一〕形 **1** つたない. 下手だ. 劣っている. **2** 見栄えがしない. ¶사람됨은 졸해도 의리는 있다 あいつは見栄えはしないが律義はある.

좀[1] 名 **1**〔動〕衣魚. **2** 少しずつ気がつかない間に損害を与える物や人.
◆**좀이 쑤시다** むずむずする. じっとしていられない. ¶～이 쑤셔서 앉아 있을 수 없다 じっと座ってはいられない.

좀[2] 副 **1** 〔조금〕少し. ちょっと. しばらく. やや. ¶돈 ～ 빌려 주세요 ちょっとお金を貸してください/병이 ～ 나았습니까? 病気が少しよくなりましたか/～ 일찍 와 ちょっと早く来てよ. **2** (要求・依頼の際に) ちょっと. どうぞ. ¶그것 ～ 해 주지 않을래? それをちょっとやってくれないか/커피 ～ 드십시오 コーヒーをどうぞおあがりください.

좀[3] 副 〔그 얼마나〕どんなにか. いかほど. さぞ. 大いに. よほど. ¶수술한 데가 ～ 쑤실까? 手術したところがさぞ痛むことだろう.

좀-[4] 接頭 〔좀스러움·소형〕小…. ちっぽけな…. つまらない…. こせこせした…. けちくさい…. ¶～도둑 こそ泥/～복숭아 実の小さい桃.

좀것 名 ちっぽけな物. こせこせした人.

좀꾀 名 けちな策. 浅知恵. ¶그런 ～에는 안 속는다 そんなけちな手には乗らない.

좀더 副 もう少し. もうちょっと. もっと. もうしばらく. ¶～ 큰 것을 주세요 もう少し大きいのをください/～ 잘게 썰어라 もっと細かく刻みなさい.

좀도둑 名 こそ泥.

좀되다 形 しみったれだ. けちくさい. みみっちい. ¶좀된 사내 けちくさい男.

좀먹다 自他 **1** しみが食う. むしばむ. ¶좀먹은 책[스웨터] しみの食った本[セーター]. **2** 少しずつ損害を及ぼす. ¶우리의 건강을 좀먹는 병균 我々の健康をむしばむ病菌.

좀복숭아 名 実の小さい桃.

좀상좀상하다 形 細々しい. 多くの物がみなみみっちい.

좀생원〔一生員〕名 度量が狭くて融通がきかない人.

좀생이 名 **1**〔天〕昴. **2** 小さいもの.

좀스럽다 形 **1** ちっぽけでとるに足りない. ¶좀스러운 도토리 小粒のどんぐり. **2** こせこせしている. みみっちい. 偏狭だ. ¶좀스럽게 굴다 こせこせとふるまう.

좀약〔一藥〕名 しみの防虫剤.

좀처럼 副 (부정의 말을 수반하여) なかなか…しない. めったに…しない. ¶～ 오지 않는 기회 めったに来ないチャンス/

그런 일은 ～ 없다 そんなことはほとんどない.

좀체 副 なかなか…しない. めったに…しない.

좀쳇것 名 並みの物. 普通の物. ありふれた物.

좀파리 名〔動〕足長痩蠅.

좀팽이 名〈卑〉**1** 偏狭な人. しみったれ. **2** 細々したくだらない物. がらくた.

좁다 形 **1** (面積·空間·規模などが) 狭い. 小さい. ¶마당이 ～ 庭が小さい / 좁은 방 狭い部屋 / 길이 ～ 道が細い. **2** (度量·所見などが) 狭い. ゆとりがない. ¶도량이 ～ 度量が狭い / 저의 좁은 소견으로는 私のつたない所見では.

좁다랗다 形 とても狭い. 狭苦しい. ¶좁다란 길[방] とても狭い道[部屋].

좁쌀 名 **1** 粟. ¶～밥 あわ飯. **2** 非常に小さいもの. せせこましい人. ¶～눈 目の小さい人.

좁쌀뱅이 名 **1** 非常に小柄な人. **2** 狭量な人.

좁쌀영감〔一令監〕名 狭量で口うるさい老人.

좁히다 他 狭める. 縮める. ¶간격을 ～ 間隔を狭める / 범위를 ～ 範囲を狭める.

종[1] 名 (にんにく·ねぎなどの) 薹.

종[2] 名〔'종작'의 준말〕大ざっぱな推量. 予想.

종[3] 名 **1**〔史〕下人. 奴婢. 召し使い. 僕. **2** 忠実に服務する人や命令により働く人. ¶경찰은 국민의 ～이다 警察は国民の僕だ.

종[4]〔種〕**I** 名 **1** 種子. 種. **2** 種類. **3**〔生〕種〈動植物の分類区分の一つ, 属の下〉. **4**〔言〕〔'종개념'의 준말〕種概念.
II 依名〔종류·갈래〕種. ¶다섯 ～의 서적 5種の書籍.

종[5]〔縱〕名 縦.

종[6]〔鐘〕名 **1** 鐘. 鈴. ベル. ¶초인～ 呼び鈴 / ～이 울리다 鐘が鳴る. **2** (雅楽器の) 鐘.

종-[7]〔從〕接頭〔사촌이나 오촌의 겨레 관계〕…従. ¶～형 従兄 / ～조부 大おおじ.

-종[8]〔宗〕接尾〔종파〕…宗. ¶조계～ 曹渓宗.

-종[9]〔種〕接尾〔종류〕…種. ¶벼의 개량～ 稲の改良種 / 갑～ 면허 甲種免許.

종가[1]〔宗家〕名 宗家. 本家. ¶종갓집 장남 宗家の総領息子.

종가[2]〔終價〕名〔經〕(取引所の立ち会いで) 前場·後場での最終の時価. 大引け値段.

종각〔鐘閣〕名 鐘楼. 鐘つき堂.

종간〔終刊〕名 하自 終刊. ¶잡지의 ～호 雑誌の終刊号.

종강〔終講〕名 하自他 閉講.

종개념〔種概念〕名〔言〕種概念.

종견〔種犬〕名 種犬.

종결[1]〔終決〕名 하自 終決. 決定して終わること.

종결[2]〔終結〕名 하他 終結. ¶연구를 ～하다 研究を終える / 재판이 ～되다 裁判が終結する.

종결 어미〔一語尾〕名〔言〕終結語尾.

종계〔種鷄〕名 繁殖のために飼う鶏.

종곡[1]〔種穀〕名 種にする穀物.

종곡[2]〔←種麴〕名 種こうじ.

종관〔縱貫〕名 하他 縦貫. ¶～ 철도 縦貫鉄道.

종교〔宗教〕名 宗教. ¶～계 宗教界 / ～가 宗教家 / ～ 개혁 宗教改革 / ～극 宗教劇 / ～ 심리학 宗教心理学 / ～ 음악 宗教音楽 / ～ 철학 宗教哲学 / ～화 宗教画.

종국〔終局〕名 終局. 終結. 大詰め. ¶사건은 이제 ～을 맞았다 事件はもう大詰めを迎えた.

종군〔從軍〕名 하自 従軍. ¶～기 従軍記 / ～ 기자 従軍記者 / ～ 작가 従軍作家.

종군 위안부〔一慰安婦〕〔史〕従軍慰安婦.

종굴박 名 小さなひさご.

종극〔終極〕名 終極. 究極. 最後.

종기〔腫氣〕名 腫れ物. できもの. おでき. かさ. ¶～가 나다 腫れ物ができる.

종내〔終乃〕副 ついに. とうとう. 結局. ¶～ 소식이 없었다 ついに便りがなかった / 그 남자는 ～ 안 왔다 彼はとうとう来なかった.

종내기〔種一〕名 品種. 種類.

종다래끼 名 (わらやはぎで編んだ) 小さい籠.

종다리 名〔動〕雲雀.

종다수〔從多數〕名 하自 多数の意見に従うこと.

종다수결〔一決〕名 하他 多数決.

종단〔縱斷〕名 하他 縦断. 反 横断. ¶～면 縦断面 / 일본 열도를 ～하다 日本列島を縦断する.

종달새 名〔動〕☞종다리

종답〔宗畓〕名 (祖先の祭祀用の穀物を収穫するための) 一族の所有の畑.

종당에〔從當一〕副 結局. ¶～ 그렇게 되고야 말 것이다 今後当然そうなるに決まっている.

종대[1] 名 花茎. ねぎ·にんにくなどの真ん中から出る茎.

종대[2]〔縱隊〕名 縦隊. ¶4열 ～로 행진하다 4列縦隊で行進する.

종도〔宗徒〕名 **1**〔宗〕信徒. **2**〔基〕使徒. ¶12～ 十二使徒.

종돈〔種豚〕名 種豚.

종두〔種痘〕名 하自〔醫〕種痘. ¶～를 맞다 種痘を打ってもらう.

종두법〔一法〕名〔醫〕種痘法.

종란〔種卵〕名 種卵.

종람〔縱覽〕名 하他 縦覧. ¶선거인 명부를 ～하다 選挙人名簿を縦覧する.

종래〔從來〕**I** 名 従来. ¶～의 방침을 지키다 従来の方針を守る.
II 副 従来. ¶～ 드물게 보는 사건 従来まれに見る事件.

종량세〔從量稅〕名〔法〕従量税.

종려나무〔棕櫚一〕名〔植〕棕櫚.

종려모〔棕櫚毛〕 名 棕櫚毛.
종려죽〔棕櫚竹〕 名〔植〕棕櫚竹.
종렬¹〔縱列〕 名 하自 縱列. ¶ ~ 행진 縱列行進.
종렬²〔縱裂〕 名 하自 縱裂. 縱たに裂けること.
종례〔終禮〕 名 하自 学校で授業が終わったあと先生と生徒が交わすあいさつ.
종료〔終了〕 名 하他 終了. ¶ 시합 ~ 試合終了 / 오늘의 작업은 ~했습니다 今日の作業は終了しました.
종루〔鐘樓〕 名 鐘楼. 鐘つき堂. ¶ ~지기 鐘楼守.
종류〔種類〕 名 種類. ¶ 같은 ~의 동물 同じ種類の動物 / ~가 다르다 種類が異なる.
종마〔種馬〕 名 種馬.
종막〔終幕〕 名 終幕. **1** フィナーレ. **2** 物事の終わり. ¶ ~을 고하다 終幕を告げる.
종말〔終末〕 名 終末. 終わり.
 종말론〔一論〕 名〔宗〕終末論.
종매〔從妹〕 名 父の兄弟の娘〈妹のほう〉. 従妹.
종목〔種目〕 名 種目. ¶ 출전 ~ 出場種目 / ~별 種目別.
종묘¹〔宗廟〕 名〔史〕 宗廟〈朝鮮時代に歴代の王と王妃の位牌をまつった王朝の祠堂〉.
종묘²〔種苗〕 名 하自 種苗. ¶ ~ 재배 種苗栽培.
종무〔終務〕 名 **1** (受け持つ仕事を)終えること. **2** 役所·会社などで年末の勤務を終えること.
 종무식〔一式〕 名 終務する時に行なう儀式.
종무소식〔終無消息〕 名 ついに消息のないこと. ¶ ~이니 걱정이 된다 何の便りもないので心配である.
종문〔宗門〕 名 **1** 宗家の親族集団. **2**〔佛〕宗門. 宗派.
종반〔終盤〕 名 終盤. ¶ ~전 終盤戦 / 선거가 ~에 접어들다 選挙が終盤に入る.
종발¹〔終發〕 名 하自 終発. ¶ ~ 열차 最終列車.
종발²〔鍾鉢〕 名 ご飯茶碗の一つ.
종배〔終杯〕 名 하自 お積もり. ¶ 이것으로 ~합시다 これでお積もりにしましょう.
종범〔從犯〕 名〔法〕従犯.
종별〔種別〕 名 하他 種別. ¶ 채집한 곤충을 ~로 나누다 採集した昆虫を種別に分ける.
종복〔從僕〕 名 従僕.
종부〔宗婦〕 名 宗家の長男の嫁.
종사¹〔宗社〕 名 宗社. 宗廟と社稷.
종사²〔宗嗣〕 名 宗家の子孫.
종사³〔從事〕 名 하自 従事. ¶ 무역에 ~하다 貿易に従事する.
종산〔宗山〕 名 **1**〔'종중산(宗中山)'의 준말〕一族の祖先の墓がある山. **2**〔民俗〕〔'종주산'의 준말〕(風水説で)主峰.
종살이 名 하自 下人暮らし.
종삼〔種蔘〕 名 種にする朝鮮人参.
종생〔終生〕 名 終生. ¶ ~ 잊지 않다 終生忘れない.
종서〔縱書〕 名 하他 縦書き.
종선〔縱線〕 名 縦線.
종성〔終聲〕 名〔言〕 終声. 音節末子音.
종소리〔鐘一〕 名 鐘声. 鐘の音. ¶ 제야의 ~ 除夜の鐘の音.
종속〔從屬〕 名 하自 従属. 隷属. ¶ ~ 관계 従属関係 / ~국 従属国.
 종속적〔一的〕 冠 名 従属的. ¶ ~인 지위 従属的な地位.
 종속절〔一節〕 名〔言〕従属節.
종손¹〔宗孫〕 名 宗家のいちばん上の孫.
종손²〔從孫〕 名 従孫. 兄弟の孫.
종시¹〔終始〕 名 하自 終始. ¶ ~ 여일 終始変わりなく同じこと.
 종시일관〔一一貫〕 名 하自 終始一貫. ¶ ~ 자신의 주장을 굽히지 않았다 終始一貫自分の主張を曲げなかった.
종시²〔終是〕 副 ついに. しまいに. とうとう. ¶ ~ 연구를 완성했다 とうとう研究を完成した.
종식〔終熄〕 名 하自 終息. ¶ 분쟁이 ~되다 紛争が終息する.
종신〔終身〕 名 **1** 終身. 一生. 生涯. ¶ ~ 고용제 終身雇用制 / ~ 회원 終身会員. **2** 臨終. 死に際. 最期.
 종신 연금〔一年金〕 名〔法〕終身年金.
 종신토록 副 一生. 一生涯. 死ぬまで.
 종신형〔一刑〕 名〔法〕終身刑.
종심〔終審〕 名 終審. ¶ ~ 법원 終審裁判所 / ~까지 올라가다 終審まで争う.
종씨¹〔宗氏〕 名 親戚ではないが同姓·同本貫の人.
종씨²〔從氏〕 名 自分や他人の従兄に対して言う尊敬語.
종아리 名〔生〕腓. ふくらはぎ. 下腿. ¶ ~가 굵다 ふくらはぎが太い.
 ◆**종아리를 맞다** (罰として)ふくらはぎを打たれる.
 ◆**종아리를 치다** ふくらはぎを打つ.
 종아리채 名 ふくらはぎを打つ鞭.
종알거리다〔-대다〕 自 (独り言を)しきりにつぶやく. ぶつぶつ言う.
 종알종알 副 하自 〔혼잣말을 자꾸 하는 모양〕ぶつぶつ.
종양〔腫瘍〕 名〔醫〕 腫瘍. ¶ 악성 ~ 悪性腫瘍.
종언〔終焉〕 名 하自 終焉. **1** 一生を終えること. ¶ ~을 고하다 終焉を告げる. **2** (物事の)最後. 終息.
종업¹〔從業〕 名 하自 従業. ¶ ~원 従業員.
종업²〔終業〕 名 하自他 終業. ¶ ~식 終業式.
종연〔終演〕 名 하自他 終演. ¶ ~ 시간 終演時間.
종영〔終映〕 名 하自他 終映.
종용〔慫慂〕 名 하他 慫慂. そばから勧めること. ¶ ~을 받다 すすめられる / 자진하여 사퇴할 것을 ~하다 自ら進んで辞退するようすすめる.
종우〔種牛〕 名 種牛.
종유굴〔鍾乳窟〕 名〔地〕鍾乳洞.

종유석〔鍾乳石〕 名〔鑛〕 鍾乳石.
종이 名 紙. ペーパー. ¶ ~컵 紙コップ / 얇은[두꺼운] ~ 薄い[厚い]紙 / ~ 한 장 차이 紙一重の差 / 물건을 ~로 싸다 品物を紙で包む / ~에 적다 紙に記す.
　종이쪽 名 紙切れ.
　종잇장〔一張〕 名 紙の1枚1枚. ¶ ~이 흩어지다 紙がばらばらに散らばる.
종일〔終日〕 副 終日. 一日じゅう. ¶ ~ 공부했다 一日じゅう勉強した / ~ 비가 내렸다 終日雨だった.
　종일토록 副 朝から晩まで. 一日じゅう. ¶ ~ 쉬지 않고 일하다 一日じゅう休まず働く.
종자¹〔從者〕 名 従者. ¶ ~를 거느리다 従者を従える.
종자²〔種子〕 名 **1** 種子. たね. ¶ ~ 식물 種子植物 / ~를 개량하다 種子を改良する. **2** 〔사람의 혈통을 비하하는 말〕 人柄. 人となり. ¶ 저런 망할 놈의 ~가 있나? あんなふとどきな奴があるものか.
종자음〔終子音〕 名〔言〕 終声字として書かれた子音字.
종작 名 予想. 大ざっぱな推量.
　종작없다 形 要領を得ない. 見当がつかない. はかり知れない. ¶ 저 사람의 말은 ~ あの人の話は要領を得ない.
종잡다 他 推し測る. ¶ 전연 종잡을 수 없다 全然予想がつかない.
종장〔終章〕 名 終章.
종적¹〔蹤跡〕 名 蹤跡. 足跡. 行方. ¶ ~을 알 수 없다 行方が分からない.
　◆**종적을 감추다** 跡をくらます. 姿を消す.
종적²〔縱的〕 冠名 縦的.
종전¹〔從前〕 名 従前. これまで. 今まで. ¶ ~대로 하시오 従前どおりにしなさい.
종전²〔終戰〕 名 하自他 終戦.
종점〔終點〕 名 終点. 反 起点. ¶ 버스 ~ バスの終点.
종정〔宗正〕 名 **1** 宗派の長. **2** 〔佛〕 総本山の最高統轄者.
종제〔從弟〕 名 従弟. 父の兄弟の息子〈弟のほう〉.
종조〔宗祖〕 名 宗祖. 一宗派の開祖.
종조모〔從祖母〕 名 従祖母. 従祖父の妻.
종조부〔從祖父〕 名 従祖父. 祖父の兄弟.
종족〔種族〕 名 種族. ¶ ~ 보존 種族保存.
종종〔種種〕 副 時々. たまに. しばしば. たびたび. 折り折り. ¶ ~ 만나기로 하자 時々会うことにしよう / ~ 그런 일이 있었어 時々そんなことがあったよ.
종종거리다[-대다] 自 小股に歩く. せかせかと歩く.
종종걸음 名 急ぎ足. 小走り. 早足. 刻み足. ¶ ~으로 걷다 急ぎ足で歩く.
　◆**종종걸음을 치다** 急ぎ足で歩く. 早足に歩く.
종종머리 名 女の子の髪型の一つ〈頭上で両側に三つ編みにしてその端をリボンで結んだもの〉. ¶ ~를 땋다 髪を三つ編みにする.
종주¹〔宗主〕 名 宗主.
　종주국〔一國〕 名 宗主国.
　종주권〔一權〕 名〔法〕 宗主権.
　종주산〔一山〕 名〔民俗〕 (風水説で)主峰.
종주²〔縱走〕 名 하自 縦走. ¶ 산등성이를 타고 ~하다 尾根を縦走する.
종중〔宗中〕 名 宗族. 一族.
　종중답〔一畓〕 名 一族が共同で所有する田.
　종중산〔一山〕 名 一族の祖先の墓がある山. 一族の所有になっている山.
종지¹〔←鍾子〕 名 しょう油·コチュジャン(고추장)を入れる卓上用の小さい器.
종지²〔宗旨〕 名 宗旨. ¶ ~를 바꾸다 宗旨を変える.
종지³〔終止〕 名 하自他 終止.
　종지 기호〔一記號〕 名〔樂〕 終止記号. 終止符.
　종지부〔一符〕 名 終止符. ピリオド.
　◆**종지부를 찍다** 終止符を打つ.
종지뼈 名〔生〕 膝蓋骨.
종질〔從姪〕 名 父方の従兄弟の息子.
종질녀〔從姪女〕 名 父方の従兄弟の娘.
종질부〔從姪婦〕 名 従兄弟の嫁.
종착〔終着〕 名 하自 終着. ¶ ~역 終着駅.
종창〔腫脹〕 名 하自〔醫〕 腫脹. 腫れること. むくみ.
종첩〔一妾〕 名 下女上がりの妾.
종축¹〔種畜〕 名 種畜〈繁殖用の家畜〉.
　종축 목장〔一牧場〕 名 種畜牧場.
종축²〔縱軸〕 名〔數〕 縦軸.
종친〔宗親〕 名 **1** 王の親戚. **2** 同姓·同じ本貫の一族.
　종친회〔一會〕 名 同姓·同じ本貫の一族の集い.
종파¹〔宗派〕 名 宗派.
종파²〔種播〕 名 하他 播種. 種まき.
종파³〔縱波〕 名〔物〕 縦波.
종피〔種皮〕 名〔植〕 種皮.
종합〔綜合〕 名 하他 総合. ¶ ~ 대학교 総合大学 / ~ 시장 総合市場 / ~ 운동장 総合運動場.
　종합 개발〔一開發〕 名 総合開発.
　종합 병원〔一病院〕 名 総合病院.
　종합 예술〔一藝術〕 名 総合芸術.
종핵〔種核〕 名〔植〕 種核. 種子の核.
종형〔從兄〕 名 従兄. 父の兄弟の息子〈兄のほう〉.
종형제〔從兄弟〕 名 従兄弟. 父の兄弟の息子.
종횡〔縱橫〕 名 하自他 縦横. ¶ 선을 ~으로 긋다 線を縦横に引く / ~으로 돌아다니다 縦横に動きまわる.
　종횡무애〔一無礙〕 名 縦横無礙.
　종횡무진〔一無盡〕 名 縦横無尽. ¶ ~의 대활약 縦横無尽の大活躍.
좆 名 〈卑〉 大人の陰茎.
좇다 他 **1** ついて行く. ¶ 친구를 좇아 낚시하러 가다 友達について釣りに行

く. **2** 従う. (…の)とおりにする. ¶ 규칙을 ~ 規則に従う / 선례를 ~ 先例に従う / 대세를 ~ 大勢に従う.

쫓아가다 他 **1** ついて行く. 追って行く. ¶ 지금 쫓아가도 늦지 않다 今追いかけて行っても遅くない. **2** (人のするとおりに)従う. 服従する. ¶ 유행을 ~ 流行に従う.

쫓아오다 他 追ってくる. ついてくる. 追いつく. ¶ 나를 바싹 ~ 僕にぴったりくっつく / 바둑에서 나를 쫓아오려면 아직 멀었다 囲碁で私に追いつくのはまだ先だな.

좋다[1] 形 よい. いい. **1** 楽しい. 愉快だ. うれしい. ¶ 기분이 ~ 気持ち[気分]がよい / 부드러운 분위기가 ~ なごやかな雰囲気がよい. **2** 美しい. 立派だ. 好ましい. 賢い. 善良だ. 丈夫だ. ¶ 경치가 ~ 景色がよい / 날씨가 ~ 天気がよい / 좋은 집안에 태어나다 いい家柄に生まれる / 한없이 좋은 사람이다 この上なくいい人だ. **3** 効き目がある. ¶ 무좀에 좋은 약 水虫によく効く薬. **4** (‘-아도[-어도] 좋다’의 꼴로) …しても構わない. ¶ 나로서는 아무래도 ~ 私としてはどうでも構わない. **5** 〔바람을 나타냄〕 …すればよい. ¶ 아빠가 빨리 왔으면 좋겠다 パパが早く帰って来ればいいのにな. **6** 適当だ. ほどよい. ふさわしい. ¶ 좋은 예를 들다 よい例を挙げる / 통풍이 ~ 風通しがよい / 어떻게 대답해야 좋을지 몰랐다 どう答えてよいか分からなかった. **7** めでたい. よろこばしい. ¶ 좋은 날에 왜 우는 거야? めでたい日になぜ泣くんだ. **8** むつまじい. 親しい. ¶ 두 사람은 사이가 ~ 二人は仲がよい. **9** 好きだ. ¶ 야구보다 축구가 더 ~ 野球よりサッカーのほうが好きだ. **10** 《반어적으로》 よい. ¶ 염치가 ~ ずうずうしい / 꼴 ~ いいざまだ. **11** …しやすい. ¶ 입기 ~ 着やすい / 보기 ~ 見やすい / 읽기 ~ 読みやすい. **12** 《‘좋게’의 꼴로》 よく. ¶ 사이 좋게 지내자 仲よく過ごそう.

좋다[2] 感 《‘좋다·좋아·좋구나’의 꼴로 쓰여》 よろしい. よし. ようし. 結構だ. いいぞ. ¶ ~, 누가 이기나 어디 한번 해보자 よし, 誰が勝つかさあ一度やってみよう / 얼씨구 ~! ああ, よいよい.

좋아지다 自 **1** よくなる. ¶ 날씨가 ~ 天気がよくなる / 병세가 ~ 病状がよくなる. **2** 好きになる. ¶ 그 여자가 점점 좋아졌다 彼女がだんだん好きになった.

좋아하다 他 **1** 好きだ. 好む. 好く. ¶ 좋아하든 싫어하든 好きにしろ嫌いにしろ / 낚시를 ~ 釣りが好きだ. **2** 喜ぶ. うれしがる. ¶ 칭찬을 듣고 ~ ほめられて喜ぶ / 합격 통지를 듣고 아주 좋아했다 合格の知らせを聞いてとても喜んだ.

좋이 副 よく. かなり. 優に. 十分に. ¶ 아무리 빨리 가도 ~ 4시간은 걸린다 いくら急いで行っても4時間は優にかかる.

좌[1]〔左〕 名 左. 反 右. ¶ ~로 돌다 左に曲がる.

좌[2]〔座〕 **I** 名 座. 座る場所. **II** 依名 〔불상을 세는 단위〕 座. 体. ¶ 불상 한 ~ 仏像1体.

-좌[3]〔座〕 接尾 〔天〕 〔별자리〕 …座. ¶ 전갈~ さそり座 / 카시오페아~ カシオペア座.

좌객〔座客〕 名 座客. 座に座っている客.

좌견천리〔坐見千里〕 名 (座って千里を見るの意で) 遠く先[未来]を見通すこと.

좌경〔左傾〕 名 하自 左傾. ¶ ~ 사상 左傾思想.

좌고〔坐高〕 名 座高. ¶ ~계 座高計.

좌고우면〔左顧右眄〕 名 하他 左顧右眄. 右顧左眄.

좌골〔坐骨〕 名〔生〕 座骨. ¶ ~ 신경통 座骨神経痛.

좌기〔左記〕 名 左記. ¶ ~와 같음 左記のごとし.

좌담〔座談〕 名 하自 座談. ¶ ~회 座談会.

좌르르 副 하自 **1** 〔물줄기가 세차게 쏟아지는 소리〕 じゃあじゃあ(と). ざあざあ. ざあっと. **2** 〔자갈·콩 등이 한꺼번에 쏟아지는 소리[모양]〕 ざらざら(と).

좌변〔左邊〕 名 **1** 左のほう. 左側. **2**〔數〕 左辺.

좌불안석〔坐不安席〕 名 하自 (不安で)いてもたってもいられないこと.

좌상[1]〔坐像〕 名 座像.

좌상[2]〔座上〕 名 **1** 人が大勢集まった席. **2** 座の中でいちばん年上の人.

좌상[3]〔挫傷〕 名 하自 **1** 気がくじけて心が痛むこと. **2** 挫傷. うちみ. 打撲傷.

좌상[4]〔左相〕 名 左相. 左議政の別称.

좌석〔座席〕 名 座席. 席. ¶ ~권 座席券 / ~ 번호 座席番号 / ~에 앉다 座席に着く.

좌선〔坐禪〕 名 하自〔佛〕 座禅.

좌시〔坐視〕 名 하他 座視. ¶ 그것은 ~할 수 없는 일이다 それは座視するに忍びないことだ.

좌심방〔左心房〕 名〔生〕 左心房.

좌심실〔左心室〕 名〔生〕 左心室.

좌안〔左岸〕 名 左岸.

좌약〔坐藥〕 名〔藥〕 座薬.

좌열〔左列〕 名 左列.

좌완〔左腕〕 名 左腕. ¶ ~ 투수 左腕投手.

좌우[1]〔左右〕 名 하他 左右. **1** 〔왼쪽과 오른쪽〕 左側と右側. ¶ 도로 ~의 가로수 道路の左右の街路樹. **2** 〔옆·곁〕 そば. わき. かたわら. ¶ 두리번두리번 ~를 살피다 きょろきょろと左右をよく見る. **3** 〔측근자〕 周囲に従える人. 側近. **4** 〔좌익과 우익〕 左右翼. **5** 〔어르신네〕 (手紙で)目上の人に対する尊敬語. **6** 〔지배·영향〕 意のままに支配すること. ¶ 운명을 ~하다 運命を左右する.

좌우간〔一間〕 副 ともかく. とにかく. 何はともあれ. ¶ ~ 가 보자 とにかく行ってみよう.

좌우고면〔一顧眄〕 名 하自 右顧左眄.
좌우익〔一翼〕 名 左右翼. **1** 軍陣の左右にある軍隊. **2** 左翼と右翼.
좌우²〔座右〕 名 座右.
좌우명〔一銘〕 名 座右の銘.
좌의정〔左議政〕 名 朝鮮時代の議政府の正一品の官職.
좌익〔左翼〕 名 左翼. ¶ ~ 단체 左翼団体.
좌익수〔一手〕 名 (野球の)左翼手. レフト.
좌절〔挫折〕 名 하自 挫折. つまずくこと. ¶ ~감 挫折感 / 계획이 ~되다 計画が挫折する.
좌정〔坐定〕 名 하自 座ることの尊敬語. ¶ ~하십시오 お座りください.
좌중〔座中〕 名 座中. 人が集まった席. ¶ ~을 둘러보다 座中を見回す.
좌지우지〔左之右之〕 名 하他 思うままにすること. ¶ 그 사람은 당을 ~하고 있다 彼は党を意のままにしている.
좌천〔左遷〕 名 하他 左遷. 反 栄転 ¶ 지방으로 ~된 사람 地方へ左遷された人.
좌청룡〔左青龍〕 名〔民俗〕(風水説の地相で)おもだった山から左側に分かれた山脈.
좌초〔坐礁〕 名 하自 座礁. ¶ ~한 배 坐礁した船.
좌충우돌〔左衝右突〕 名 하自 あちこちぶつかること.
좌측〔左側〕 名 左側. 左. ¶ ~ 통행 左側通行.
좌파〔左派〕 名 左派.
좌판〔坐板〕 名 座るために地面に敷く板.
좌편〔左便〕 名 左側.
좌표〔座標〕 名〔數〕座標.
좌표축〔一軸〕 名〔數〕座標軸.
좌하〔座下〕 名〔편지에서 이름 아래에 붙여 쓰는 말〕座下.
좌향〔坐向〕 名〔民俗〕墓や敷地を背にした真正面の方向.
좌향좌〔左向左〕 感 左向け左〈号令の一つ〉.
좌현〔左舷〕 名 左舷.
좌회전〔左回轉〕 名 하自他 左折. ¶ ~ 금지 左折禁止.
좌흥〔座興〕 名 座興. 人が集まった席の雰囲気. ¶ ~이 깨지다 座が白ける.
좍 副〔널리 흩어져 퍼지는 모양〕ぱっと. ¶ 소문이 ~ 돌다 うわさがぱっと広がる / 장난감을 방 안에 ~ 늘어 놓다 おもちゃを室内にぱっと並べる.
좍좍 副 하自 **1**〔세차게 쏟아지는 모양〕ざあざあ(と). じゃあじゃあ(と). ¶ 비가 ~ 내리다 雨がざあざあ降る. **2**〔거침없이〕すらすら(と). ¶ 긴 문장을 ~ 잘 읽는다 長い文章をすらすらと上手に読む. **3**〔퍼지는 모양〕みるみる. ¶ 그 사람의 명성은 순식간에 ~ 퍼져 나갔다 その人の名声はまたたく間にみるみる広がっていった.
좔좔 副 하自〔세차게 흐르는 모양[소리]〕ざあざあ(と). じゃあじゃあ(と). ¶ 수돗물은 ~ 잘 나온다 水道の水はじゃあじゃあよく出る.
좔좔거리다[-대다] 自 大量の液体が音を立てて流れる. ざあざあ流れる.
좽이 名 投網. ¶ ~를 던지다 投網を投げる.
죄〔罪〕 名 **1** 罪. 過ち. ¶ ~와 벌 罪と罰 / 절도~ 窃盗罪 / 살인~ 殺人罪 ~[짓다] / ~를 범하다[짓다] 罪を犯す / ~를 남에게 덮어씌우다 罪を人になすりつける. **2**〔宗〕罪. 罪業. 神の戒めなどを犯した罪.
죄과¹〔罪科〕 名 罪科. ¶ ~를 묻다 罪科を問う.
죄과²〔罪過〕 名 罪過. ¶ 묵인할 수 없는 ~ 見のがしがたい罪過.
죄다¹ 他 **1** (緩んだものを)ぴんと張る. 引き締める. ¶ 느슨한 줄을 ~ ゆるんだひもを締める / 나사를 꼭 ~ ねじをしっかり締める. **2** (すき間を)狭める. 詰める. ¶ 죄어 앉다 詰めて座る. **3** 気をもむ. ¶ 마음을 죄며 입학 시험 결과를 기다리고 있다 気をもみながら入学試験の結果を待っている. **4** 彫る. ¶ 돌을 정으로 ~ 石を鑿で彫り削する. **5** 速める. ¶ 걸음을 죄어 걷기 시작하다 歩みを速めて歩き出す.
죄다² 副 少しも残さず. みんな. すっかり. いっさい. ¶ ~ 먹어 버렸다 すっかり食べてしまった / 연주회 표는 ~ 팔렸다 演奏会の切符は全部売り切れた.
죄명〔罪名〕 名 罪名. ¶ ~을 씻다 罪名をそそぐ.
죄목〔罪目〕 名 罪目.
죄받다〔罪一〕 自 罪を受ける. 罪が当たる.
죄상〔罪狀〕 名 罪状. ¶ ~이 뚜렷하다 罪状が明らかだ.
죄송하다〔罪悚一〕 形 申し訳ない. 恐縮だ. 恐れ多い. すまない. ¶ 죄송하지만 申し訳ありませんが / 죄송합니다 ごめんなさい. 申し訳ありません.
죄송스럽다 形 恐れ多い. 申し訳ない. ¶ 죄송스럽습니다만 조금 더 기다려 주십시오 恐れ入りますがもう少しお待ちください.
죄수〔罪囚〕 名 罪囚. 囚人. 罪人.
죄스럽다〔罪一〕 形 (罪悪感が伴う気持ちで)恐れ多い. 申し訳ない. すまない.
죄악〔罪惡〕 名 罪悪. ¶ 낭비를 ~시하다 無駄遣いを罪悪視する.
죄악감〔一感〕 名 罪悪感.
죄암죄암 感〔젖먹이가 죄암질하는 모양〕にぎにぎ.
죄암질 名 하自〔젖먹이가 두 손을 쥐었다 폈다 하는 일〕にぎにぎ. ¶ 갓난애가 ~하는 것이 귀엽다 赤ちゃんがにぎにぎしているのがかわいい.
죄어들다 自 締まる. 食い込む. 引き締まる. ¶ 끈이 손가락을 죄어들어 아프다 ひもが指に食い込んで痛い.
죄어치다 他 **1** 締めつける. (範囲などを)狭める. ¶ 수사망을 ~ 捜査網を狭める. **2** せっつく. ¶ 방세를 빨리 내라

고 사람을 ～ 部屋代を早く出せとせっつく.

죄업〔罪業〕 名〔佛〕 罪業.

죄이다 自〔'죄다'의 피동사〕 締めつけられる. ¶가슴이 죄이는 것 같은 느낌이 든다 胸が締めつけられるような感じがする.

죄인¹〔罪人〕 名 **1** 罪人. ¶～ 취급하지 마라 罪人扱いするな. **2** 喪中の人が自分を言う語. 「る.

죄주다〔罪—〕 他 罰をあたえる. 罰す

죄증〔罪證〕 名 罪証. 犯罪の証拠.

죄질〔罪質〕 名 罪質. 犯罪の性質.

죄짓다〔罪—〕 自 罪を犯す.

죄책〔罪責〕 名 罪責. ¶～감 罪責感.

죄형〔罪刑〕 名 罪刑. 犯罪と刑罰.

죄형 법정주의〔—法定主義〕 名〔法〕 罪刑法定主義.

죔쇠 名 締め金.

죔틀 名 締め具.

주¹〔主〕 名 **1** 主. ¶영어 공부가 ～가 되어 있다 英語の勉強が主になっている. **2** 主君. **3** 持ち主. **4**〔基〕 神. イエス.

주²〔朱〕 名 朱. **1** 黄色がかった赤色. **2**〔化〕 赤色の顔料.

주³〔州〕 名 **1**〔史〕 地方行政区域の一つ. **2** (米国·オーストラリアなどの)州. ¶하와이 ～ ハワイ州.

주⁴〔周〕 名〔數〕 周.

주⁵〔周〕 名〔史〕 (中国の)周.

주⁶〔洲〕 名 **1**〔地〕 州. ¶삼각～ 三角州. **2** (地球上の大陸を分けて)州. ¶아시아～ アジア州.

주⁷〔株〕 Ⅰ 名〔經〕〔주식·주권의 준말〕 株. ¶～를 사다 株を買う / 우량～ 優良株.

Ⅱ 依名〔주권·수목을 세는 단위〕 株. ¶주식을 100～ 사다 株を100株買う / 밤나무 한 ～ 심다 栗の木を1株植える.

주⁸〔註〕 名 注. ¶난외의 ～ 欄外の注.

◆**주를 달다** 注をつける.

주⁹〔週〕 Ⅰ 名 週. ¶～마다 毎週 / 다음～ 초에 만나자 来週の初めに会おう.

Ⅱ 依名〔주를 세는 말〕 週.

주-¹⁰ 接頭〔주가 됨〕 主…. ¶～목적 主目的 / ～산물 主産物.

주-¹¹〔駐〕 接頭 駐…. ¶～일 駐日.

-주¹² 接尾〔주인〕 …主. ¶세대～ 所帯主 / 소유～ 所有主.

주가〔株價〕 名〔經〕 株価. ¶～ 지수 株価指数 / ～가 폭락하다 株価が暴落する.

주간¹〔主幹〕 名 하他 主幹. 取り締まり. ¶편집 ～ 編集主幹.

주간²〔週刊〕 名 하他 週刊.

주간지〔—誌〕 名 週刊誌.

주간³〔週間〕 Ⅰ 名 週間. ¶독서 ～ 読書週間 / 교통 안전 ～ 交通安全週間. 「む.

Ⅱ 依名 …週間. ¶2～ 쉬다 二週間休

주간⁴〔晝間〕 名 昼間. ¶～ 학교 昼間学校 / ～부와 야간부 昼間部と夜間部.

주객¹〔主客〕 名 主客. ¶～ 일체 主客一体 / ～ 전도 主客転倒.

주객²〔酒客〕 名 酒客. 飲み助. のんべえ.

주거〔住居〕 名 하自 **1** 居住. 住むこと. ¶～인 居住者. **2** 住居. 住まい. ¶～ 부정 住所不定 / ～ 이전 住居移転.

주거지〔—址〕 名 住居址.

주거 침입죄〔—侵入罪〕 名〔法〕 住居侵入罪.

주걱 名 **1** (飯をよそう)しゃもじ. ¶～으로 밥을 푸다 しゃもじで飯をよそう. **2**〔'구둣주걱'의 준말〕 靴べら.

주걱상〔—相〕 名 しゃもじのような形の顔.

주걱턱 名 しゃくれたあご.

주검 名 死体. しかばね.

주격〔主格〕 名〔言〕 主格.

주격 조사〔—助詞〕 名〔言〕主格助詞.

주견〔主見〕 名 主張のある意見.

주경〔州境〕 名 州境. 州の境界.

주경야독〔晝耕夜讀〕 名 하自 (昼間は耕し夜は読書に励むの意で)忙しいときにも熱心に勉強すること.

주고〔酒庫〕 名 酒庫. 酒倉.

주고받기 名 하他 やり取り. 取り交わすこと.

주고받다 他 やり取りする. 取り交わす. ¶술잔을 ～ 杯を交わす / 의견을 ～ 意見を交わす.

주곡〔主穀〕 名 主食とする穀物.

주공¹〔奏功〕 名 하自 奏功.

주공²〔鑄工〕 名 鋳物師.

주관¹〔主管〕 名 하他 主管. ¶～하는 관청 主管する官庁.

주관²〔主觀〕 名 主観. 反 客観. ¶～이 뚜렷한 사람 自分の意見がはっきりしている人.

주관성〔—性〕 名 主観性.

주관적〔—的〕 冠 名 主観的. ¶～인 판단 主観的な判断.

주관절〔肘關節〕 名〔生〕 肘の関節.

주광색〔晝光色〕 名 昼光色.

주광성〔走光性〕 名〔生〕 走光性.

주교¹〔主敎〕 名 **1** 主として信ずる宗教. **2**〔基〕 主教. 司教.

주교²〔舟橋〕 名 舟橋. 浮き橋.

주구¹〔走狗〕 名 走狗. 人の手先となって働く人. ¶반동 세력의 ～가 되다 反動勢力の走狗となる.

주구²〔誅求〕 名 하他 誅求. ¶가렴 ～ 苛斂誅求.

주군〔主君〕 名 主君.

주권¹〔主權〕 名 主権. ¶～국 主権国 / ～ 재민 主権在民.

주권²〔株券〕 名〔經〕 株券.

주권 배당〔—配當〕 名〔經〕 株式配当.

주근〔主根〕 名〔植〕 主根.

주근깨 名 そばかす. ¶～투성이 そばかすだらけ.

주근주근 副 하形〔끈질긴 모양〕 ねちねち(と). ¶장난감을 사 달라고 ～ 조른다 おもちゃを買ってくれとしつこくねだる.

주금〔走禽〕 名〔動〕 走禽.

주금류〔一類〕 名〔動〕 走禽類.
주급〔週給〕 名 週給. ¶ ～으로 일하다 週給で働く.
주기¹〔朱記〕 名 하自 朱筆. 重要な部分や目立たせたいところを赤で書くこと.
주기²〔走技〕 名 トラック競技.
주기³〔周忌〕 Ⅰ 名 周忌. 回忌. 人の死後, 満1年目の忌日. Ⅱ 依名 周忌. ¶ 할아버지의 2～ 祖父の2周忌に.
주기⁴〔酒氣〕 名 酒気. ¶ ～를 띤 얼굴 酒気を帯びた顔.
주기⁵〔週期〕 名 周期. ¶ ～성 周期性.
주기 운동〔一運動〕 名〔物〕 周期運動.
주기율〔一律〕 名〔化〕 周期律. ¶ ～표 周期表.
주기도문〔主祈禱文〕 名〔基〕 主の祈り.
주기성〔走氣性〕 名〔生〕 走気性.
주낙 名 延縄.
주년〔周年〕 依名 周年. ¶ 창립 5～ 創立5周年.
주눅 名 いじけること. 気後れ.
◆**주눅이 들다** いじける. 萎縮する. 臆する. ¶ 그 남자는 ～이 든 기색도 없다 彼は臆する色もない.
◆**주눅이 좋다** 臆面もない. 厚かましい.
주니어〔junior〕 名 ジュニア. ¶ ～급 ジュニア級.
주다¹ 他 **1** 与える. やる. あげる. 授ける. 渡す. ¶ 상으로 시계를 ～ 褒美として時計を与える / 나무에 물을 ～ 木に水をやる. **2** くれる. ¶ 친구가 나에게 준 편지 友人が私にくれた手紙 / 아버지가 저에게 시계를 주셨다 お父さんが私に時計をくださった. **3** (損害·打撃などを)与える. こうむらせる. ¶ 손해를 ～ 損害を与える / 태풍으로 심한 타격을 ～ 台風で大きな痛手をこうむらせる. **4** (巻いた糸·綱などを)繰り出す. 解く. ¶ 닻을 ～ 錨を下ろす / 연실을 ～ 凧糸を繰り出す. **5** (お金を)出す. 払う. ¶ 천 원 주고 책을 샀다 1000ウォン出して本を買った / 임금을 ～ 賃金を払う. **6** (釘·鍼などを)打つ. ¶ 침을 ～ 鍼を打つ / 상자 뚜껑에 못을 ～ 箱のふたに釘を打つ. **7** (力を)入れる. 出す. ¶ 양다리에 힘을 주어 버티다 両足に力を入れてふんばる / 전속력을 주어 달리다 全速力を出して走る. **8** (心·肌を)許す. ¶ 마음을 ～ 心を許す / 몸을 ～ 肌を許す. **9** (視線などを)向ける. やる. ¶ 뜻이 있는 듯한 시선을 주었다 意味あり気な視線を向けた.
◆**주거니 받거니** ものや言葉を交わすようす. さしつさされつ. ¶ 술잔을 주거니 받거니하면서 밤새 술을 마셨다 さしつさされつしながら夜どおし酒を飲んだ.
주다² 補動〔…에게 베풀다〕 …してやる. …してくれる. ¶ 읽어 ～ 読んでやる / 형이 나에게 책을 사 주었다 兄が私に本を買ってくれた / 옷을 입혀 ～ 服を着せてやる / 좀 도와 주시지 않겠습니까? ちょっと手伝っていただけませんか.
주단¹〔紬緞〕 名 絹織物の総称.
주단²〔綢緞〕 名 品質のいい上等の絹織物.
주달〔奏達〕 名 하他 奏達. 奏上.
주당〔酒黨〕 名 酒徒.
주도¹〔主都〕 名 **1** 主都. 主要な都市. **2** 衛星都市の中心となる都市.
주도²〔主導〕 名 하他 主導. ¶ ～자 主導者 / ～적 지위 主導的地位.
주도권〔一權〕 名 主導権. ¶ ～을 잡다 主導権を握る.
주도³〔酒徒〕 名 酒徒.
주도⁴〔酒道〕 名 酒席における礼儀作法. ¶ ～를 모르는 사람 酒席の礼儀作法を知らぬ人.
주도면밀하다〔周到綿密一〕 形 周到綿密だ. ¶ 주도면밀한 계획 周到綿密な計画.
주독〔酒毒〕 名 酒毒. ¶ ～이 오르다 酒毒におかされる.
주독코 名 酒毒で赤くなった鼻.
주동〔主動〕 名 하他 主動. ¶ 파업의 ～자 ストライキのリーダー.
주동적〔一的〕 冠名 主動的. ¶ ～인 인물 中心になって行動する人物.
주되다〔主一〕 自《'주된'의 꼴로》 おもな. 主たる. ¶ 주된 원인 主たる原因 / 주된 임무 主たる任務.
주둔〔駐屯〕 名 하自〔軍〕 駐屯. ¶ ～지 駐屯地 / ～군 駐屯軍 / 군대가 ～하다 軍隊が駐屯する.
주둥아리 名 〈俗〉 **1** 口. 口先. **2** くちばし. ¶ 매의 ～ 鷹のくちばし. ＞조동아리
주둥이 名 〈俗〉〔'주둥아리'의 준말〕 口. くちばし. ＞조동이
◆**주둥이가 싸다** 口が軽い. おしゃべりだ.
◆**주둥이를 놀리다** みだりにしゃべる. ¶ 쓸데없는 ～를 놀리다 つまらないことをみだりにしゃべる.
주란〔酒亂〕 名 酒乱. 酒狂.
주란사〔一紗〕 名 ガス織り.
주란사실 名 ガス糸.
주랑〔柱廊〕 名 柱廊.
주량¹〔柱梁〕 名 柱梁. 大黒柱.
주량²〔酒量〕 名 酒量. ¶ ～이 늘다 酒量がふえる.
주럽 名 疲労. 疲れ.
주럽떨다 自 疲れを取る. 疲れをいやす.
주렁주렁 副 하形 **1**〔열매 등이 많이 매달려 있는 모양〕 鈴なりに. ふさふさ(と). ¶ 감이 ～ 열려 있다 柿が鈴なりになっている. **2**〔여러 사람이 딸려 있는 모양〕 ぞろぞろ(と). ¶ 어머니 뒤에 아이들이 ～ 따라온다 母の後ろに子供たちがぞろぞろつきまとってくる.
주력¹〔主力〕 名 主力. ¶ 입시에 ～을 기울이다 入試に主力をそそぐ / ～ 부대 主力部隊 / ～ 함대 主力艦隊.
주력²〔走力〕 名 走力.
주력³〔注力〕 名 하自 力を注ぐこと. ¶ 수출 증대를 위해 ～하다 輸出増大のために力を注ぐ.
주련〔柱聯〕 名 柱聯. 柱かけ. ¶ ～을 걸다 柱聯をかける.
주렴〔珠簾〕 名 珠簾. 玉すだれ.
주례〔主禮〕 名 하自他 (結婚式などで)儀式をとりおこなうこと, またその人.

司式者.

주례사〔一辭〕 名 司式者が述べる祝辞.

주로[1]〔走路〕 名 走路. コース.

주로[2]〔主一〕 副 おもに. 主として. ¶저는 ～ 영업 쪽의 일을 하고 있습니다 私はおもに営業のほうの仕事をしています / 내가 ～ 읽는 책은 시집입니다 私が主として読むのは詩集です.

주루[1]〔走壘〕 名 하自 (野球の)走塁. ¶～ 플레이 走塁プレー.

주루[2]〔酒樓〕 名 酒楼. 料理屋.

주룩주룩 副〔비가 세차게 내리는 소리[모양]〕じゃあじゃあ(と). ざあざあ(と). ¶비가 ～ 내리다 雨がざあざあ降る.

주류[1]〔主流〕 名 主流. ¶한강의 ～ 漢江の主流 / ～파 主流派.

주류[2]〔酒類〕 名 酒類. ¶～ 판매 酒類販売.

주류[3]〔駐留〕 名 하自 駐留. ¶～군 駐留軍.

주륙〔誅戮〕 名 하他 誅戮. 罪のある者を殺すこと.

주르르 副 **1**〔빠르게 내닫는 모양〕すっすっ(と). ¶사람을 ～ 따라다니다 人にすっすっとついて歩く. **2**〔액체가 흘러내리는 소리[모양]〕ざあっと. だらだら(と). ぽろぽろ(と). ¶코피가 ～ 흐르다 鼻血がだらだらと流れる / 눈에서 눈물이 ～ 흐르다 目から涙がぽろぽろ流れる. **3**〔미끄러지는 모양〕すいすい(と). ぽろぽろ(と). ¶쌀이 자루에서 ～ 흘러내린다 米が袋からぽろぽろとこぼれ落ちる.

주르륵 副 하自他 **1**〔물 등이 순간적으로 흐르는 소리[모양]〕すっと. ¶등으로 땀이 ～ 흘러내렸다 背中に汗がすっと流れた. **2**〔경사면을 흐르다가 멎는 소리〕するっと.

주름 名 **1** しわ. ¶눈가의 ～ 目じりのしわ / ～을 펴다 しわを伸ばす. **2** (衣服の)ひだ. ¶～ 치마 ギャザースカート / 다리미로 바지에 ～을 잡는다 アイロンでズボンに折り目をつける.

◆**주름을 잡다** ひだをとる. 折り目をつける.

주름잡다 他 **1** 牛耳る. ¶그 사람은 정계를 주름잡는 인물이 되었다 彼は政界を牛耳る人物となった. **2** (『주름잡아』의 꼴로) 概略. ざっとみて. ¶이 감나무에는 감이 주름잡아 100개 정도 매달려 있다 この柿の木にはざっと見て柿が100個ぐらいぶら下がっている.

주름잡히다 自 しわが寄る. ひだがつく. ¶주름잡힌 이마 しわが寄った額.

주름지다 自 しわになる. ¶주름진 얼굴 しわの寄った顔 / 옷에 ～ 服がしわになる.

주름살 名 しわ. ¶～이 많다 しわが多い / ～을 펴다 しわを伸ばす.

◆**주름살이 잡히다** しわが寄る.

주름살지다 自 しわになる. しわがよる.

주리〔←周牢〕 名〔史〕両脚を縛りその間に棒を挟んでねじる刑罰.

◆**주리를 틀다** 주리の刑罰を加える.

주리다 自他 **1** 飢える. 腹をすかす. ひもじい思いをする. ¶주린 배를 채우다 空腹を満たす. **2** (愛情などに)飢える. ¶사랑에 ～ 愛に飢える.

주마간산〔走馬看山〕 名 하他 (走っている馬から山を見るの意で)大ざっぱに見て通ること.

주마등〔走馬燈〕 名 走馬灯. ¶세월은 ～같이 지나갔다 歳月は走馬灯のごとく過ぎ去った.

주막〔酒幕〕 名 (田舎の街道沿いにある)宿屋を兼ねた居酒屋.

주말〔週末〕 名 週末. ¶～마다 週末ごとに / ～여행 週末旅行.

주맥〔主脈〕 名 (葉脈などの)主脈.

주머니 名 **1** (革·布·紙などでつくった)巾着. 財布. ¶두둑한 ～ 中身の重い財布 / ～에서 돈을 꺼냈다 財布からお金をとり出した / ～가 텅텅 비다 財布が空になる. **2** (物を入れる)袋. ¶모래～ 砂袋 / 과일을 ～에 넣다 果物を袋に入れる. **3** ポケット. ¶손을 ～에 넣다 手をポケットに入れる / ～를 뒤지다 ポケットの中をさがす. **4** 所持金. ¶요사이는 ～ 사정이 좋아졌다 近ごろは懐具合がよくなった.

◆**주머니가 가볍다** 財布が軽い. 所持金が少ない.

◆**주머니를 털다[떨다]** ① 財布をはたく. 所持金をみな出す. ¶～를 다 털어도 만 원도 안 된다 有り金をはたいても1万ウォンにもならない. ② 他人のお金を強制的に出させる.

〔속담〕 **주머닛돈이 쌈짓돈** 巾着のお金がたばこ入れのお金〈あれもこれも区別がなく同じだ〉.

주머니떨이 名 하自 (その場にいる皆で)お金をはたいて飲み食いする遊び.

주머니칼 名 (ポケットに入る)小刀.

주먹 名 こぶし. げんこつ. 握りこぶし. ¶～을 불끈 쥐다 こぶしをぐっと握る / ～을 휘두르다 こぶしを振り上げる.

주먹구구〔一九九〕 名 **1** 計算ができなくて指を折って数を数えること. **2** 大ざっぱな計算.

주먹다짐 名 하他 **1** げんこつでさんざん殴ること. **2** 腕力で脅かすこと.

주먹밥 名 **1** 握り飯. むすび. **2** (さじを使わずに)手づかみで食べる飯.

주먹질 名 하自 げんこつで殴ること. こぶしを振り回すこと.

주먹코 名 だんご鼻.

주모[1]〔主謀〕 名 하他 主謀. 首謀.

주모자〔一者〕 名 主謀者.

주모[2]〔酒母〕 名 **1** 酒母. 酵母. **2** 飲み屋で酒を出す女性.

주목〔注目〕 名 하自他 注目. ¶～을 받다 注目を浴びる / ～을 모으다 注目を集める / 이번 시합은 팬들의 ～을 끌고 있다 今度の試合はファンの注目を引いている.

주목적〔主目的〕 名 主目的.

주무〔主務〕 名 하他 主務.

주무 관청〔一官廳〕 名 主務官庁.

주무 장관〔一長官〕 名 主務大臣.

주무르다 他 **1** (手で)もむ. こする. いじくる. こねる. あんまする. ¶쥐가 난 다리를 ～ しびれた脚をもむ / 손수건을

주물러서 빨다 ハンカチをもみ洗いする/어깨가 결려서 주물렀더니 좋아졌다 肩が凝ってあんまをしたらよくなった. **2** (人を)自由に操る. 思いどおりにする. ¶그녀는 남자를 주무르는 솜씨가 대단하다 彼女の男を操る手並みは大したものだ.

주무시다 自 〔'자다'의 높임말〕お休みになる. ¶안녕히 주무십시오 お休みなさい/안녕히 주무셨습니까? よくお休みになれましたか. おはようございます.

주문[1]〔主文〕名 **1**〔言〕主文. **2**〔法〕(判決文の)主文.

주문[2]〔朱門〕名 朱門. **1** 朱塗りの門. **2** 高官の家.

주문[3]〔注文〕名 하他 注文. あつらえること. ¶~이 쇄도하다 注文が殺到する/~을 받다 注文を受ける/뭘 ~하시겠어요? 何を注文なさいますか.

주문 생산〔—生産〕名〔經〕注文生産.

주문서〔—書〕名 注文書.

주문품〔—品〕名 注文品.

주문[4]〔呪文〕名〔民俗〕呪文.

주문[5]〔奏聞〕名 하他 奏聞. 奏上.

주물[1]〔呪物〕名 呪物. ¶~ 숭배 呪物崇拝.

주물[2]〔鑄物〕名〔工〕鋳物. ¶~공 鋳物師/~ 공장 鋳物工場.

주물럭거리다[-대다] 他 **1** (粘土などを)こねくりまわす. **2** (機械などを)いじる. 直す.

주물럭주물럭 副 하他 (粘土·機械などを)しきりにいじるようす.

주미〔駐美〕名 하自 駐米. ¶~ 대사 駐米大使.

주민〔住民〕名 住民. ¶~ 등록(증) 住民登録(証)/~세 住民税.

주밀하다〔周密—〕形 周密だ. 周到だ. ¶주밀한 계획 周密な計画.

주발〔周鉢〕名 (蓋のある真鍮製の)ご飯用の碗.

주발대접〔—大—〕名 ご飯用の碗と汁用の碗.

주방〔廚房〕名 厨房. 台所. ¶~장 コック長.

주번〔週番〕名 週番. ¶~병 週番兵.

주범〔主犯〕名〔法〕主犯.

주법[1]〔走法〕名 走法. 走り方.

주법[2]〔奏法〕名〔樂〕奏法. 演奏法. ¶바이올린의 ~ バイオリン奏法.

주벽〔酒癖〕名 酒癖. ¶~이 나쁘다 酒癖が悪い.

주변[1] 名 하他 要領. やりくり. 器用にこなす才能. ¶~이 없다 要領が悪い/말~이 좋은 사람 よく口の立つ人.

주변머리 名〈俗〉要領. やりくり.

주변[2]〔周邊〕名 周辺. ¶학교 ~ 学校の周辺.

주보[1]〔酒保〕名〔軍〕酒保.

주보[2]〔週報〕名 週報.

주봉〔主峯〕名 主峰.

주부[1]〔主部〕名 主部. ¶~와 술부 主部と述部.

주부[2]〔主婦〕名 主婦. ¶한 가정의 ~ 一家の主婦.

주불〔駐佛〕名 駐仏. ¶~ 대사관 駐仏大使館.

주비〔籌備〕名 하他 計画して準備すること.

주빈〔主賓〕名 主賓. 正客.

주뼛하다 形 **1** (物の先が)鋭く尖っている. **2** (非常に恐ろしくて)髪の毛が逆立っている.

주뼛주뼛 副 하形 **1**〔물건의 끝이 비쭉비쭉 튀어나오거나 날카로운 모양〕つんつん(と). **2**〔입술을 비쭉 내민 모양〕つんと. ¶입술 끝을 ~ 내밀다 口先をつんととがらす. **3** 非常に恐ろしく身の毛がよだつようす. 鳥肌が立つようす. ¶너무 무서워서 머리카락이 ~ 곤두서는 것 같았다 とても恐ろしくて身の毛がよだつようだった. **4**〔부끄러워서 머뭇거리는 모양〕もじもじ(と). おずおず(と). ¶그 애는 몹시 망설이다가 ~ 하며 말을 꺼냈다 その子供はずいぶん迷っていたがおずおずと話を切り出した.

주사[1]〔主事〕名 主事. **1** 事務を主管する人. 主任. **2**〔남자의 성 아래에 붙여 그를 높여 이르는 말〕さん. **3**〔法〕6級の国家公務員の職位.

주사[2]〔主辭〕名〔論〕主辞. 主語.

주사[3]〔朱沙〕名〔鑛〕朱砂. 辰砂.

주사[4]〔走査〕名 하他 走査. ¶~선 走査線/~ 방식 走査方式.

주사[5]〔注射〕名 하他 注射. ¶예방 ~ 予防注射/~기 注射器/~를 놓다 注射を打つ/~를 맞다 注射を打ってもらう.

주사[6]〔酒邪〕名 悪い酒癖. ¶~가 심한 사람 酒癖の悪い人.

주사위 名 さいころ. さい. ¶~를 던지다 さいころを投げる.

◆**주사위는 던져졌다** さいは投げられた.

주산〔珠算〕名 하自 珠算. そろばん. ¶~을 놓다 そろばんをはじく.

주산물〔主産物〕名 主産物.

주산지〔主産地〕名 主産地.

주살〔誅殺〕名 하他 誅殺. 罪人を殺すこと.

주상[1]〔主上〕名 主上. 王.

주상[2]〔奏上〕名 하他 奏上.

주색[1]〔主色〕名 主色〈基本となる赤·黄·青·緑の4色〉.

주색[2]〔朱色〕名 朱色.

주색[3]〔酒色〕名 酒色. 酒と女. ¶~에 빠지다 酒色にふける.

주색잡기〔—雜技〕名 酒色とばくち.

주서〔朱書〕名 하他 朱書. 朱で書くこと. ¶~로 주를 달다 朱書で注を付ける.

주석[1]〔主席〕名 主席. ¶국가 ~ 国家主席.

주석[2]〔朱錫〕名〔化〕錫.

주석[3]〔柱石〕名 柱石. ¶국가의 ~ 国家の柱石.

주석[4]〔酒席〕名 酒席. ¶~의 좌흥 酒席の座興.

주석[5]〔註釋〕名 하他 注釈. ¶~을 달다 注釈をつける.

주선[1]〔周旋〕名 하他 周旋. 斡旋. 取り持ち. ¶취직을 ~하다 就職を斡旋する.

주선[2]〔酒仙〕名 酒仙.

주섬주섬 副 하他 **1**〔흩어진 물건을 하나하나 주워 거두는 모양〕一つ一つ. 1枚1枚. ¶ 머리카락을 ~ 모으다 髪の毛を1本1本拾う / 그는 양복을 ~ 입었다 彼は洋服をのろのろと着た.

주성분〔主成分〕名 主成分.

주세〔酒稅〕名〔法〕酒税.

주소〔住所〕名 住所. 居所. ¶ ~록 住所録 / ~가 어디입니까? 住所はどこですか.

주술〔呪術〕名 呪術.

주술사〔一師〕名 呪術師.

주스〔juice〕名 ジュース. ¶ 오렌지 ~ オレンジジュース.

주시〔注視〕名 하他 注視. ¶ 사태를 ~하다 事態を注視する.

주식[1]〔主食〕名 하他 **1** 主食. **2**〔'주식물(主食物)'의 준말〕主食物.

주식[2]〔株式〕名〔經〕株式. ¶ ~ 시장 株式市場 / ~회사 株式会社 / ~을 매매하다 株式を売買する.

주식 금융〔一金融〕名〔經〕株式金融.

주식 배당〔一配當〕名〔經〕株式配当.

주식[3]〔酒食〕名 酒食.

주식[4]〔晝食〕名 昼食. 昼飯.

주신[1]〔主神〕名 主神.

주신[2]〔酒神〕名 酒神.

주심〔主審〕名〔體〕〔'주심판(主審判)'의 준말〕主審.

주아〔主我〕名〔倫〕〔哲〕主我. ¶ ~주의 主我主義.

주악〔奏樂〕名 하自 奏楽.

주안[1]〔主眼〕名 主眼. 要点. 眼目. ¶ ~점 主眼点.

주안[2]〔酒案〕名 酒肴膳.

주안상〔一床〕名 酒肴膳.

주야〔晝夜〕名 昼夜. 日夜. ¶ ~ 분간 없이 일한다 昼夜を分かたずに働く.

주야겸행〔一兼行〕名 하他 昼夜兼行.

주야장천〔一長川〕副 昼夜を分かたず. いつも. 常に. 絶えず.

주어〔主語〕名〔言〕主語.

주어지다 自 与えられる. 備えられる. 提示される. ¶ 그 사람에게 훈장이 주어졌다 その人に勲章が与えられた / 주어진 계약 조건 提示された契約条件.

주업〔主業〕名 主業. 本業.

주역[1]〔主役〕名 主役. ¶ 그 영화에서 ~을 맡았다 その映画で主役を演じた.

주역[2]〔周易〕名〔文〕周易〈五経の一つ〉. 易. 易経.

주연[1]〔主演〕名 하自 主演. ¶ ~ 배우 主演俳優.

주연[2]〔酒宴〕名 酒宴. 酒盛り. ¶ ~을 베풀다 酒宴を張る.

주옥〔珠玉〕名 珠玉. ¶ ~ 같은 단편 소설 珠玉のような短編小説.

주요〔主要〕名 하形 主要. ¶ 세계의 ~ 도시 世界の主要都市 / ~하게 다루는 분야 主として取り扱っている分野.

주우〔酒友〕名 酒友. のみ仲間.

주워내다 他 拾い出す. ¶ 쌀 속의 돌을 ~ 米の中の石を拾い出す.

주워대다 他 (言葉を)並べる. 並べ立てる. ¶ 일일이 실례를 ~ いちいち実例を並べる.

주워듣다 他 聞きかじる. 小耳に挟む. ¶ 주워들은 이야기 小耳に挟んだ話.

주워섬기다 他 まくし立てる. ¶ 있는 일 없는 일 마구 ~ あることないことをまくし立てる.

주원료〔主原料〕名 おもな原料.

주위〔周圍〕名 周囲. **1** 周り. ぐるり. ¶ 건물의 ~ 建物の周囲 / 집 ~를 쓸다 家の周りを掃く / ~를 바라보다 周囲を見渡す. **2** (ある事物・人物などを囲んでいる)環境. 外界. ¶ ~와의 접촉을 끊다 周囲との接触を断つ.

주유〔周遊〕名 하自 周遊. ¶ 명승지를 ~하다 名勝地を周遊する.

주유소〔注油所〕名 ガソリンスタンド.

주육〔酒肉〕名 酒肉. 酒とさかな.

주음〔主音〕名〔樂〕主音.

주의[1]〔主義〕名 主義. ¶ 민주~ 民主主義 / ~ 주장 主義主張.

주의자〔一者〕名 主義者. ¶ 기회~ 機会主義者.

주의[2]〔注意〕名 하自他 注意. **1** 気をつけること. 用心. ¶ ~ 사항 注意事項. 心得 / ~해서 듣다 注意して聞く / 폭풍 ~보 暴風注意報 / 항상 건강에 ~하다 いつも健康に注意する. **2** 気をつけるように教えること. 忠告. 警告. ¶ 과음하지 않도록 ~시키다 飲み過ぎないように忠告する / 선생님에게 ~를 받다 先生から注意を受ける[注意される].

주익〔主翼〕名 (航空機の)主翼.

주인[1]〔主人〕名 主人. **1** 一家の主. 家長. ¶ 안~ 女主人 / ~ 양반 계십니까? ご主人様はいらっしゃいますか. **2** (客に対する)主人. 主. ¶ 객실에서 ~을 기다리다 客室で主人を待つ. **3** (物の)所有者. 持ち主. ¶ 차 ~은 누구입니까? 車の持ち主は誰ですか / 이 땅의 ~ この土地の所有者. **4** (雇用関係にある)雇い主. 旦那. ¶ ~의 심부름을 갑니다 旦那さまの使いに行きます. **5** (国・組織・集団などの)主人公. 主役. ¶ 역사의 ~은 국민이다 歴史の主人公は国民である.

주인공〔一公〕名 主人公.

주인집 名 主人の家.

주인[2]〔主因〕名 主因.

주일[1]〔主日〕名〔基〕主日. 日曜日. ¶ ~ 학교 日曜学校.

주일[2]〔週日〕**Ⅰ** 名 週. 1週間. 7日. ¶ 지난 ~ 先週.
Ⅱ 依名 週間. ¶ 이[두] ~이 지났다 2週間が過ぎた.

주일[3]〔駐日〕名 駐日. ¶ ~ 대사 駐日大使.

주임〔主任〕名 主任. ¶ ~ 교수 主任教授.

주입〔注入〕名 하他 注入. 注ぎ込むこと. 詰め込むこと.

주입 교육〔一教育〕名 注入教育. 詰め込み教育.

주입식〔一式〕名 注入式. 詰め込み方式. ¶ ~ 교육 詰め込み教育.

주자[1]〔走者〕 名 走者. ランナー.
주자[2]〔奏者〕 名 〔'연주자'의 준말〕 奏者.
주자[3]〔鑄字〕 名 하自他 鋳造した活字.
주자학〔朱子學〕 名 朱子学.
주장[1]〔主張〕 名 하他 **1** 主張. ¶ 자기의 무죄를 ~하다 自分の無罪を主張する. **2** 主宰.
주장[2]〔主將〕 名 主将. ¶ 야구부의 ~ 野球部の主将.
주재[1]〔主宰〕 名 하他 主宰. ¶ ~자 主宰者 / 회의를 ~하다 会議を主宰する.
주재[2]〔駐在〕 名 하自 駐在. ¶ ~국 駐在国 / ~소 駐在所 / ~원 駐在員 / 미국에 ~하다 アメリカに駐在する.
주저[1]〔躊躇〕 名 하自他 ちゅうちょ. ためらうこと. ぐずぐずすること. 渋ること. ¶ 대답을 ~하다 返事を渋る / ~하지 말고 빨리 결정해라 ぐずぐずしないで早く決めなさい.
주저주저〔一躊躇〕 副 하自他 ぐずぐず. まごまご. ¶ ~하는 태도가 마음에 안 든다 ぐずぐずする態度が気に食わない.
주저[2]〔主著〕 名 主著.
주저리 名 (垂れ下がっている)房. ¶ 포도 ~ ぶどうの房.
주저리주저리 副 小さい物がごちゃごちゃとぶら下がっているようす.
주저앉다 自 **1** 〔맥없이 앉다〕 座り込む. ¶ 지쳐서 그 자리에 풀썩 ~ 疲れてその場にへなへなと崩れる / 길바닥에 주저앉아 울고 있는 애 道に座り込んで泣いている子供. **2** 〔내려앉다〕 へこむ. 落ち込む. ¶ 폭우로 도로가 폭삭 주저앉은 곳이 많다 激しい雨で道路がぼこっとへこんだ所が多い. **3** (積み重なった物が)崩れる. ¶ 장작 가리가 폭삭 ~ 薪の山がどさっと崩れる. **4** 〔포기하다〕 (仕事などを)ほうり出す. 放棄する. **5** 〔머물다〕 (地位や場所に)居座る. とどまる. ¶ 수년간 그 지위에 주저앉아 있었다 数年間その地位に居座った.
주저앉히다 他 **1** 座り込ませる. **2** へこませる. 落ち込ませる. **3** 崩す. **4** 放棄させる.
주전[1]〔主戰〕 名 하自 主戦. **1** 開戦を主張すること. ¶ ~론자 主戦論者. **2** 主力となって戦うこと. ¶ ~ 멤버 主力メンバー.
주전[2]〔鑄錢〕 名 하自 鋳銭. 銭を鋳造すること.
주전부리 名 하自 絶えず間食すること[くせ].
주전자〔酒煎子〕 名 やかん. 湯沸かし.
주절주절[1] 副 하形 〔끈 등이 너절너절 달린 모양〕 だらりだらりと.
주절거리다[-대다] 自 つぶやく. ぶつぶつ言う.
주절주절[2] 副 하自 ぶつぶつ.
주점〔酒店〕 名 酒場. 飲み屋.
주접 名 (あれこれの理由で)衰弱したり成長が止まったりすること. 発育停止. 発育萎縮.
◆**주접이 들다** ① (病気がちで)育たない. 生気がなくなる. ¶ 물이 없어서 꽃이 ~이 들었다 水分がなくて花がしなびてしまった. ② 暮らしが貧しくなる. 苦しくなる.
주접떨다 自 **1** (食べ物に)がつがつする. 食い意地を張る. **2** 意地汚く欲を出す.
주접스럽다 形 (食べ物などに)意地汚い. がつがつしている. ¶ 주접스럽게 먹다 がつがつ食べる. **주접스레** 副 貪欲に. 意地汚く.
주정[1]〔主情〕 名 主情. (理性より)感情を中心にすること. ¶ ~주의 主情主義.
주정[2]〔舟艇〕 名 舟艇. ¶ 상륙용 ~ 上陸用舟艇.
주정[3]〔酒酊〕 名 하自 酒癖. 酒乱. ¶ 술 마시면 ~하는 버릇이 있다 酒癖が悪い.
◆**주정을 부리다** 酒に酔ってくだを巻く.
주정꾼 名 酒癖の悪い人.
주정뱅이 名 〈俗〉 酒癖の悪い人. 酔っぱらい.
주정쟁이 名 酔っぱらい.
주정[4]〔酒精〕 名 酒精. アルコール.
주제[1] 名 **1** 〔'주제꼴'의 준말〕 (粗末な)身なり. 様. 分際. ¶ 자신의 ~를 모르는 사람 身の程知らず. **2** 《'주제에'의 꼴로》 (…の)くせ(に). (…の)様. ¶ 가난한 ~에 낭비를 한다 貧乏なくせに浪費する / 알지도 못하는 ~에 아는 척한다 知りもしないくせに知ったふりをする.
주제꼴 名 (粗末な)身なり. 様. 姿. ¶ 그 ~이 뭐람 その様は何だ.
주제넘다 形 分をわきまえない. 生意気だ. さしでがましい. ¶ 주제넘은 말을 하다 生意気な口をきく.
주제[2]〔主題〕 名 主題. テーマ. ¶ ~ 음악 主題音楽.
주제가〔一歌〕 名 主題歌.
주제[3]〔主劑〕 名 主剤〈調剤に主成分となる薬〉.
주조[1]〔主調〕 名 〔樂〕 主調. ¶ ~음 主調音.
주조[2]〔主潮〕 名 主潮. 中心となる思想傾向.
주조[3]〔酒造〕 名 하他 酒造. ¶ ~업 酒造業.
주조[4]〔鑄造〕 名 하他 鋳造. ¶ 활자를 ~하는 기계 活字を鋳造する機械.
주종〔主從〕 名 主従. ¶ ~ 관계 主従関係.
주주〔株主〕 名 〔經〕 株主. ¶ ~권 株主権 / ~ 총회 株主総会.
주줄이 副 ずらりと. ずらっと. ¶ 개찰구에 승객이 ~ 늘어섰다 改札口に乗客がずらっと並んでいる.
주지[1]〔主旨〕 名 主旨. 主意. ¶ ~를 말하다 主旨を述べる.
주지[2]〔住持〕 名 〔佛〕 住持. 住職.
주지[3]〔周知〕 名 하他 周知. ¶ ~하는 바와 같이 周知のとおり.
주지육림〔酒池肉林〕 名 酒池肉林.
주지주의〔主知主義〕 名 主知主義. 主知説.
주차〔駐車〕 名 하自他 駐車. ¶ ~ 금지 駐車禁止 / ~장 駐車場.

주창〔主唱〕 名 하他 主唱. ¶ ~자 主唱者 / 정부가 ~하는 경제 정책 政府が主唱する経済政策.

주책 名 **1** しっかりした考え. 定見. **2** 無定見にふるまうこと.
◆**주책을 떨다[부리다]** 無定見で軽薄にふるまう. 軽々しくふるまう.
주책바가지 名 無定見で軽薄な人.
주책없다 形 無定見でさっぱり不得要領だ. 見境がない. ¶ 주책없는 소리 작작 해라 でたらめなおしゃべりはいいかげんにしておけ. **주책없이** 副 でたらめに. 下品に. あつかましく. ¶ 말을 ~ 하다 でたらめに言う.

주철〔鑄鐵〕 名〔鑛〕 鋳鉄.

주청〔奏請〕 名 하他〔史〕 奏請. 王に上奏して請うこと.

주체[1] 名 하他 手に負えないこと. ¶ 눈물을 ~할 길이 없다 涙をどうすることもできない / ~할 수 없을 정도의 돈 持て余すほどの大金.
◆**주체를 못 하다** 持て余す. 手を焼く. ¶ 일이 많아져서 ~를 못 하다 仕事が多くなって持て余す.
주체스럽다 形 手数がかかってやっかいだ. 面倒くさい. 手にあまる. 煩わしい. ¶ 거느리는 식구가 많아 ~ 家族が多いので世話が焼ける. **주체스레** 副 手に負えないほど. 持て余すほど.
주쳇덩어리 名 やっかい者. ¶ 가족에게 ~다 家族にやっかい者だ.

주체[2]〔主體〕 名 主体. 反 客体. ¶ ~성 主体性 / ~적 主体的 / 근로자를 ~로 하는 단체 労働者を主体とする団体.

주체[3]〔酒滯〕 名 酒を飲んで起こる胃のもたれ.

주초〔週初〕 名 週の初め.

주최〔主催〕 名 하他 主催. ¶ ~자 主催者 / ~국 主催国 / 정부에서 ~하는 박람회 政府が主催する博覧会.

주추〔柱一〕 名〔建〕 柱の下に敷く石.

주축〔主軸〕 名 主軸. ¶ ~이 되는 선수 主軸の選手.

주춤 副 하自他 **1**〔갑자기 멈추거나 움츠리는 모양〕 ぴたっと. ぷっつりと. ¶ 무엇에 놀랬는지 ~ 걸음을 멈췄다 何に驚いたのかぴたっと歩みを止めた. **2**〔망설이는 모양〕 もたもた(と). ¶ 스웨터를 사려다가 ~ 망설였다 セーターを買おうとしたが一瞬ためらった.
주춤거리다[-대다] 自 ためらう. ぐずぐずする. ちゅうちょする. ¶ 물건을 살까말까 ~ 品物を買おうか買うまいかとためらう.
주춤주춤 副 하自 もたもた(と). ぐずぐず(と). ¶ ~하지 말고 빨리 결정해라 ぐずぐずしないで早く決めなさい.

주춧돌 名 礎石.

주치의〔主治醫〕 名 主治医.

주택〔住宅〕 名 住宅. ¶ 호화 ~ 豪華な住宅 / 조립식 ~ 組み立て住宅.
주택가〔一街〕 名 住宅街.
주택난〔一難〕 名 住宅難.
주택지〔一地〕 名 住宅地.

주특기〔主特技〕 名 **1** おもな特技. **2**〔軍〕 軍人が専門的教育を受けて習得した特技.

주파[1]〔走破〕 名 하他 走破. ¶ 100미터를 11초에 ~하다 100メートルを11秒に走破する.

주파[2]〔周波〕 名〔物〕 周波. サイクル. ¶ ~계 周波計 / ~수 周波数.

주판〔籌板〕 名 そろばん.
주판질 名 하自他 **1** そろばんをはじくこと. **2** 利害を計算すること.

주평〔週評〕 名 週評. ¶ 문예 ~ 文芸週評.

주포〔主砲〕 名〔軍〕 主砲.

주필[1]〔主筆〕 名 主筆.

주필[2]〔朱筆〕 名 朱筆. ¶ ~을 가하다 朱筆を入れる.

주한〔駐韓〕 名 駐韓. ¶ ~ 외교 사절 駐韓外交使節.

주해〔註解〕 名 하他 注解. 注釈. ¶ ~서 注解書.

주행〔走行〕 名 하自 走行. ¶ ~ 거리 走行距離.

주행성〔晝行性〕 名〔生〕 昼行性. 反 夜行性.

주혈흡충〔住血吸蟲〕 名〔動〕 住血吸虫.

주형〔鑄型〕 名 鋳型. ¶ 활자의 ~ 活字の鋳型.

주호〔酒豪〕 名 酒豪.

주홍〔朱紅〕 名 **1** 朱色. スカーレット. 緋色. **2** 朱. 赤色の顔料.
주홍빛〔朱紅一〕 名 朱色. 緋色.

주화〔鑄貨〕 名 하自 鋳貨.

주황〔朱黃〕 名 だいだい色.

주효[1]〔奏效〕 名 하自 奏効. ¶ 강경책이 ~하다 強硬策が奏効する.

주효[2]〔酒肴〕 名 酒肴. 酒と肴.

주휴〔週休〕 名 週休.

주흥〔酒興〕 名 酒興. 酒を飲んで興じること. ¶ ~을 돋우다 酒興をあおる.

죽[1]〔粥〕 名 粥. ¶ ~을 쑤다 粥を炊く / 식은 ~ 冷めた粥 / 흰~ 白粥 / 잣~ 松の実粥 / 깨~ ごま粥.
◆**죽과 장이 맞다** 二つがよく調和する. 気が合う. ¶ 그들은 ~과 장이 맞아서 같이 돌아다닌다 彼らは気が合っていっしょに歩き回る.
◆**죽도 밥도 안 된다** どっちつかずだ.
◆**죽을 쑤다** (物事を)台無しにする. 失敗する.
◆**죽이 되든 밥이 되든** どうなろうと. とにかく.

죽[2] 依名〔열 벌〕 衣服·容器などの10個·10点·10着·10足を一まとめに数える語. ¶ 접시 한 ~ 皿10枚.

죽[3] 副 **1**〔늘어선 모양〕 ずらりと. ずらっと. ¶ 자동차가 ~ 늘어서 있다 自動車がずらっと並んでいる. **2**〔곧장〕 (道を)まっすぐに. ずっと. ¶ 이 길을 ~ 가세요 この道をまっすぐに行ってください. **3**〔거침없는 모양〕 すらすら(と). するする(と). ¶ 편지를 ~ 써 내려가다 手紙をすらすらと書いていく. **4**〔단숨에〕 (水·汁·酒などを) ぐっと. ぐいっと. すっと. ¶ 쓴 약을 단숨에 ~ 마셨다 苦い薬を一気にぐっと飲んだ. **5**〔곧게〕 さっと. すっと. ¶ 수직선을 ~

긋다 垂直線をすっと引く. 6〔찢는 소리〕(紙·布などを)びりびり(と). ばりばり(と). ¶바지가 못에 걸려 ~ 찢겼다 ズボンが釘にひっかかってばりっと破れた. 7〔대강〕ざっと. ¶~ 훑어보다 ざっと目を通す. 8〔빠지는 모양〕さっと. ¶힘이 ~ 빠지다 力がまったく抜ける. 9〔줄곧〕始めから終わりまで. ずうっと. ¶밤새도록 ~ 비가 왔다 夜じゅうずっと雨が降った.

죽는소리 名 하自 〔엄살〕泣き事. ¶노상 ~만 한다 いつも泣き事ばかり言う.

죽는시늉 名 하自 大げさに痛がること. ¶~을 하기에 많이 다친 줄 알았다 大げさに痛がるから大けがをしたのかと思った.

죽다¹ 形 へこんでいる. 落ち込んでいる. ¶콧날이 ~ 鼻がひしゃげている.

죽다² 自 **1** 死ぬ. 没する. ¶암으로 ~ 癌で死ぬ/굶어 ~ 飢え死にする/젊어서 ~ 若くして死ぬ. **2** (『…에게 죽다』の꼴로) …に殺される. ¶나치스에게 죽은 수많은 유대인들 ナチスに殺された多数のユダヤ人. **3** 活気がなくなる. 生気がなくなる. ¶풀이 죽은 목소리 生気のない声. **4** (囲碁·将棋で石·駒が)死ぬ. ¶돌[말]이 ~ 石[駒]が死ぬ. **5** (野球で)打者や走者が死ぬ. ¶도루에 실패해 ~ 盗塁に失敗してアウトになる. **6** 使われなくなる. ¶그 말은 죽어 버린 지가 옛날이다 その言葉はとっくの昔に使われなくなってしまった. **7** (草木などが)枯れる. しおれる. ¶죽은 소나무 枯れた松の木. **8** 気後れする. おじけづく. ¶사장 앞에서 기가 ~ 社長の前で気後れする. **9** (動いていたものが)止まる. やむ. ¶바람이 ~ 風が止む/시계가 ~ 時計が止まる. **10** (炭火などが)消える. ¶연탄불이 ~ 練炭の火が消える. **11** (糊気が)なくなる. 落ちる. ¶풀이 죽은 옷 糊気のとれた衣服. **12** (金属·食物などが)変色する. 色があせる. (本来の味が)なくなる. 台無しになる. ¶은수저가 거멓게 ~ 銀のさじとはしが薄黒く変色する/음식의 본래의 맛이 ~ 食べ物の本来の味がなくなる. **13** (刃物が)鈍くなる. ¶날이 죽은 칼 刃の鈍くなった刀. **14** …でたまらない. …で死にそうだ. ¶배고파 죽겠다 腹が減ってたまらない/보고 싶어 죽겠다 会いたくてたまらない/가려워 죽겠다 かゆくてたまらない.

◆**죽고 못 살다** 互いにこの上なく愛すること. ¶죽고 못 사는 사이 この上なく愛し合う仲.

◆**죽기보다 싫다** 非常に嫌だ. 死ぬよりも嫌だ.

◆**죽도록** 死ぬほど. ¶~ 고생한 보람이 없다 死ぬほど苦労したかいがない.

◆**죽어라 하고** ① ありったけの力を尽くして. ② 頑として.

◆**죽을 지경이다** …でたまらない. 耐えられない.

◆**죽지 못해 살다** (死ねずに生きるの意で)いやおうなしに生きる.

죽데기 名 背板. 木材を製材した残りの屑板.

죽도〔竹刀〕名 竹刀.

죽도화〔一花〕名〔植〕山吹.

죽림〔竹林〕名 竹林.

죽림칠현〔一七賢〕名 竹林の七賢.

죽마〔竹馬〕名 竹馬.

죽마고우〔一故友〕名 竹馬の友. 幼なじみ.

죽물〔竹物〕名 竹の器.

죽부인〔竹夫人〕名 竹夫人〈夏の夜に暑さをしのぐために抱いて寝る竹で編んだ筒〉.

죽세공〔竹細工〕名 竹細工.

죽순〔竹筍〕名 竹の子. ¶우후~ 雨後の竹の子.

죽순대〔竹筍一〕名〔植〕孟宗竹.

죽어지내다 自 **1** 抑圧された生活をする. **2** 貧乏に苦しみながら暮らす.

죽은목숨 名 **1** 死んだも同様の命. 望みのない命. **2** 自由のない人. 生き甲斐のない人.

죽을둥살둥 副 必死になって. 死に物狂いで.

죽을병〔一病〕名 不治の病. 死病. ¶~에 걸리다 不治の病にかかる.

죽을뻔살뻔 副 生死の境をいくたびも乗りこえるようす. 生きるか死ぬか. 命からがら.

죽을상〔一相〕名 **1** 死相. **2** 非常に苦しそうな顔つき.

죽을죄〔一罪〕名 死に値する罪.

죽음 名 死. 死ぬこと. 死亡. ¶~이 다가오다 死が迫る/~을 면하다 死を免れる/~을 각오하다 死を覚悟する.

죽의 장막〔竹一帳幕〕名 竹のカーテン.

죽이다 他 **1** 殺す. ¶사람을 ~ 人を殺す/목을 졸라 ~ 絞め殺す/죽일 놈 殺すべきやつ. **2** (囲碁·将棋·野球で)攻撃を封じる. アウトにする. **3** 勢いを抑える. ¶숨을 ~ 息を殺す. **4** (火などを)消す. ¶난로불을 ~ ストーブの火を消す. **5** (気勢を)くじく. 抑える. そぐ. ¶상대의 기를 ~ 相手の気勢をそぐ/감정을 ~ 感情を抑える. **6** (糊気を)薄める. ¶옷의 풀을 ~ 衣服の糊を薄める. **7** 面取りする. ¶모난 곳을 ~ 角を面取りする. **8** (樹木を)枯らす. ¶아까운 나무를 죽였다 大切な木を枯らした. **9** (寸法·数量を)減らす. **10** 〈俗〉いかす. すごい. かっこいい. すごい.

죽자꾸나하고 副 死力を尽くして. 命をかけて. 死ぬ覚悟で. ¶~ 달려들다 死に物狂いで飛びかかる.

죽장〔竹杖〕名 竹杖. 竹のつえ.

죽죽 副 **1** 線を続けざまに引くようす. ¶밑줄을 ~ 긋다 下線を続けざまに引く. **2** (列をなして)並んでいるようす. ¶벽에 금이 ~ 가다 壁に続けざまにひびが入る. **3**〔여러 가닥으로 찢는 모양〕ばりばり(と). ¶헝겊을 ~ 찢다 布をばりばりと裂く. **4**〔거침없이 내리 읽는 모양〕すらすら(と). ¶책을 ~ 읽다 本をすらすらと読む. **5**〔술·물 등을 많이 마시는 모양〕ぐいぐい(と). ¶술을 ~ 마시다 酒をぐいぐいとあおる.

죽지 名 **1** 腕と肩のつけ根. **2** 鳥の翼のつけ根.
죽창〔竹槍〕名 竹槍.
죽척〔竹尺〕名 竹尺.
죽치다 自 引きこもる. 閉じこもる. ¶방 안에만 죽치고 있다 部屋にばかり閉じこもっている.
죽침〔竹枕〕名 竹まくら. 籠まくら.
죽통〔粥筩〕名 (牛馬の)秣桶. 飼い葉桶.
준-〔準〕接頭 準…. ¶~우승 準優勝/~회원 準会員.
준거〔準據〕名 하自他 準拠. ¶~할 규정이 없다 準拠すべき規定がない.
준걸〔俊傑〕名 하形 俊傑. 才と徳が優れていること.
준결승〔準決勝〕名 準決勝. ¶~전 準決勝戦.
준공〔竣工〕名 하他 竣工. 落成.
준공식〔一式〕名 竣工式.
준교사〔準教師〕名 準教師. 準教員.
준급행〔準急行〕名 〔'준급행열차'의 준말〕準急.
준급행열차〔一列車〕名 準急行列車. 準急.
준동〔蠢動〕名 하自 蠢動. ¶불평분자가 ~하고 있다 不平分子が蠢動している.
준령〔峻嶺〕名 峻嶺. 険しい山.
준로〔峻路〕名 険路. 険しい道.
준론〔峻論〕名 鋭い言論.
준마〔駿馬〕名 駿馬.
준말 名 **1** 縮約語. **2** 略語.
준민〔俊敏〕名 하形 俊敏. ¶~한 동작 俊敏な動作.
준법〔遵法〕名 하自 遵法. 順法. ¶~성 遵法性/~정신 遵法精神.
준봉[1]〔峻峰〕名 峻峰. 峻嶺.
준봉[2]〔遵奉〕名 하他 遵奉. ¶가훈을 ~하다 家訓を遵奉する.
준비〔準備〕名 하他 準備. したく. 用意. 備え. ¶~ 운동 準備運動/장마에 대한 ~ 長雨に対する備え/자격 시험을 ~하다 資格試験を準備する/식사 ~를 하다 食事のしたくをする.
준비 교육〔一教育〕名 準備教育.
준비금〔一金〕名 準備金.
준비 체조〔一體操〕名 準備体操.
준사관〔準士官〕名〔軍〕准士官.
준설〔浚渫〕名 하他 浚渫. ¶~ 공사 浚渫工事.
준설선〔一船〕名 浚渫船.
준수[1]〔俊秀〕名 하形 俊秀. 俊英. ¶~한 용모 俊秀の容貌.
준수[2]〔遵守〕名 하他 遵守. ¶명령을 ~하다 命令を遵守する.
준엄〔峻嚴〕名 하形 峻厳. 非常に厳しいこと. ¶~하게 꾸짖다 厳しくとがめる.
준열〔峻烈〕名 하形 峻烈. ¶~한 비판 峻烈な批判.
준용〔準用〕名 하他 準用. ¶회의 규칙을 ~하다 会規を準用する.
준위〔准尉〕名〔軍〕准尉.
준일〔俊逸〕名 하形 俊逸. 才能のとりわけ優れていること[人].
준장〔准將〕名〔軍〕准将. 代将.
준재〔俊才〕名 俊才. ¶화단의 ~ 画壇の俊才.
준족〔駿足〕名 駿足.
준척〔準尺〕名 釣り上げた魚が一尺に近いもの.
준치 名〔動〕ひら.
준칙〔準則〕名 準則. ¶~주의 準則主義.
준평원〔準平原〕名〔地〕準平原.
준하다〔準一〕自 準じる. 倣う. ¶전례에 ~ 前例に準じる.
준험〔峻險〕名 하形 峻険. ¶~한 산 険しい山.
줄[1] **Ⅰ** 名 **1**〔끈〕ひも·縄·綱の総称. ¶빨랫~ 物干し綱/전화~ 電話線/~을 치다 綱を張る/~이 끊어지다 ひもが切れる. **2** (楽器·弓などの)弦. つる. ¶기타 ~을 죄다 ギターの弦を締める. **3**〔선〕線. ライン. 線条. ¶~을 똑바로 그어라 線をまっすぐに引きなさい. **4**〔행〕(文章·詩などの)行. ¶다섯째 ~에 있다 5行目にある/~을 바꾸다 行を改める. **5**〔열〕列. 行列. ¶한 ~로 늘어서다 一列に並ぶ. **6**〔무늬〕(織物などの)縞. 筋. ¶검은 ~이 있는 바지 黒い縞のあるズボン. **7**〔인연·관계〕(人や団体間の)縁. 関係. ¶그 회사와는 ~이 끊어졌다 その会社とは縁が切れた. **8**〔'쇳줄'의 준말〕鉱脈.
◆**줄을 놓다** 他人と関係を持つ.
◆**줄을 대다** ずらっと連なる.
◆**줄을 치다** ① 線を引く. ¶종이에 ~을 치다 紙に線を引く. ② ひも·縄·綱などを張る.
◆**줄을 타다** ① 綱渡りをする. ② 危ないことをする.
Ⅱ 依名 **1** 列. ¶두 ~로 늘어서다 2列に並ぶ. **2**〔글자의 무리를 세는 단위〕行. ¶스무 ~ 20行. **3**〔엮어 묶은 두름을 세는 단위〕連. ¶굴비 두 ~을 샀다 干しいしもち2連を買った. **4**〔나이가 40, 50, …90세에 막 접어든 때에 쓰이는 말〕代. ¶이제 막 50~에 들어섰다 ちょうど今50代に達した.
줄[2] 名 やすり. ¶~로 쓸다 やすりをかける.
줄[3] 依名 〔'알다·모르다'와 결합하여 방법·셈속·사태 등을 나타냄〕すべ. 方法. もの. こと. ¶할 ~을 모르다 なすすべを知らない/차를 운전할 ~ 모릅니다 車の運転ができません/그럴 ~ 알았어 どうせそんなことだろうと思った/시간이 충분히 있는 ~로 알았어요 時間は十分あると思いました.
줄-[4] 接頭 **1**〔'적게'의 뜻을 나타내는 말〕少なめに. ¶~잡아도 少なめに見積もっても. **2**〔일이 '잇달아 일어남'을 뜻하는 말〕続けて…. 続けざまに…. ¶~담배를 피운다 続けざまにたばこを吸う.
줄거리 名 **1** 葉を除いた木·草·つるの枝や茎. **2**〔植〕植物の葉柄·葉脈. **3** 大要. 要点. あらすじ. ¶~만 잡아서 이야기 해 주세요 要点だ

けかいつまんで話してください / 소설의 ~ 小説のあらすじ.

줄곧 副 絶えず. 立て続けに. ずっと. ひっきりなしに. ¶ ~ 비가 내린다 ひっきりなしに雨が降る / 일생동안 ~ 농사에만 종사했다 一生涯ずっと農業にだけ従事した.

줄기 Ⅰ 名 **1**〔植〕幹. 茎. 蔓. ¶ 소나무 ~ 松の幹 / 콩 ~ 豆の茎 / 나팔꽃의 긴 ~ 朝顔の長いつる. **2** 筋. 一筋の流れ. ¶ 강은 두 ~로 갈라진다 川は2筋に分かれる. **3** 山並み. 山脈. ¶ 서쪽으로 뻗은 산~ 西の方に伸びた山並み. **4** (にわか雨の)一降り. ひとしきり. ¶ 한 ~의 소나기가 쏟아지다 一陣のにわか雨が降り注ぐ. **5**〔불·물 등의 길게 뻗은 모습〕線. 筋. ¶ 산기슭에서 여러 ~의 연기가 피어 오른다 山のふもとから幾筋かの煙が立ち上る.

Ⅱ 依名〔초목의 줄기나 잇대어 뻗어 나가는 것의 갈래를 세는 말〕幹. 山脈. 筋. ¶ 강물이 두 ~로 나눠지다 川の水が二筋に分かれる.

줄기줄기 副 幾筋にも. 筋ごとに. ¶ 산이 ~ 뻗어 있다 山脈が幾筋も走っている.

줄기차다 形 (勢いが)激しい. 粘り強い. たゆみない. ¶ 줄기차게 퍼붓는 비 激しく降り注ぐ雨 / 줄기찬 연구 끝에 성공했다 たゆみない研究の末成功した.

줄깃줄깃 副 하形〔차지고도 질긴 모양〕しこしこ. ¶ ~한 고기 かみ切れない肉. >졸깃졸깃

줄넘기 名 하自 縄跳び.

줄다 自 **1** 減る. 減少する. ¶ 사고가 ~ 事故が少なくなる / 체중이 ~ 体重が減る / 수입이 ~ 収入が減る. **2** (大きさが)縮む. 減る. ¶ 빨아도 줄지 않는다 洗っても縮まない / 가슴둘레가 ~ 胸囲が減る. **3** (気勢や力が)弱くなる. 衰える. ¶ 기운이 ~ 力が衰える.

줄다리기 名 하自〔民俗〕綱引き.

줄달다 自他 とぎれずに続く. とぎれずに続ける. ¶ 손님이 ~ お客さまが列をなす.

줄달음 名 하自〔'줄달음질'의 준말〕一息に走ること.

줄달음질 名 하自 一目散に走ること. 一息に走ること.

줄달음질치다 自 一目散に走る. 一気に走る. ¶ 노루가 산마루로 ~ のろが山の背を一目散に走っていく.

줄담배 名 たばこを続けざまに吸うこと. ¶ ~를 피우다 続けざまにたばこを吸う.

줄레줄레 副 하形〔경망스럽게 까불며 행동하는 모양〕ちょこちょこ(と). おっちょこちょいに. ふらふら(と). ¶ 조금 ~한 데가 있다 ちょっとおっちょこちょいなところがある. >졸래졸래

줄모 名〔農〕正条植え.

줄목 名 かなめ. 最も重要な部分. 核心.

줄무늬 名 縞模様.

줄바둑 名 へぼ碁. 碁石を一列にばかり並べる下手な碁.

줄밥[1] 名 鑢がけのときに出る鉄粉.

줄밥[2] 名 (捕らえたばかりの)鷹を手なずけるときに一方のひもの端にくくりつけてやる餌.

줄사닥다리 名 縄梯子. 吊り梯子.

줄어가다 自 減ってゆく. 少なくなる. ¶ 독자가 날이 감에 따라 점점 줄어간다 読者が日がたつにつれてだんだん減ってゆく.

줄어들다 自 減る. 少なくなる. 減ってくる. 縮む. 縮んでくる. ¶ 체중이 ~ 体重が減る / 입장객이 ~ 入場客が少なくなる / 스웨터를 빨았더니 줄어들었다 セーターを洗ったら縮んだ.

줄어지다 自 だんだん減ってゆく. 少なくなる. 縮まる.

줄이다 他 **1** 減らす. 減少させる. ¶ 사원을 ~ 社員を減らす. **2** 縮める. 少なくする. ¶ 옷을 줄여 입다 服を小さく直して着る / 라디오 소리를 ~ ラジオの音を小さくする. **3** 節約する. 詰める. 省く. ¶ 경비를 ~ 経費を減らす / 생계비를 ~ 生計費を節約する.

줄임표〔一標〕名 省略記号(…).

줄자 名 巻き尺.

줄잡다 他 少なく見積もる. (話などを)割り引く. ¶ 줄잡아도 천 명은 될 것이다 少なく見積もっても1000人にはなるだろう.

줄줄 副 **1**〔흐르는 모양〕ざあざあ(と). だらだら(と). どくどく(と). ¶ 골짜기의 시냇물이 ~ 흐르는 소리 谷川のざあざあ流れる音 / 눈물을 ~ 흘리다 涙をぼろぼろ流す. **2**〔끌리는 모양〕ずるずる(と). ぞろぞろ(と). ¶ 배에서 줄이 ~ 풀려 나간다 船からロープがずるずるとほどけていく. **3**〔따라다니는 모양〕ぞろぞろ(と). ¶ 애들이 광대의 뒤를 ~ 따라간다 子供たちが役者の後ろからぞろぞろとついていく. **4**〔막힘없이〕すらすら(と). ¶ 신문을 ~ 읽어 내려가다 新聞をすらすら読み進む.

줄줄거리다[-대다] 自 (太い水の筋などの液体が)ざあざあ音を立てて流れる. ¶ 시냇물이 줄줄거리며 흘러간다 小川の水がざあざあ音を立てながら流れていく.

줄줄이 副 **1** 列ごとに全部. ¶ ~ 사랑이 스며 있는 어머니의 편지 行ごとに愛情がにじみ出ている母の手紙. **2** 幾列にも. ¶ ~ 늘어서서 전철을 기다리고 있다 幾列にも並んで電車を待っている.

줄지다 自 **1** ひびが入る. **2** 捕縄で縛られる. お縄をちょうだいする.

줄질 名 하自 やすりをかけること. やすりでこすること.

줄짓다 自 列をなす. 並ぶ. 行列する.

줄타기 名 하自 綱渡り.

줄판〔一板〕名 がり版. 謄写版.

줄팔매 名 石投げの一種〈ひもを二つに折って両端を手に握り, ひもに石を挟んで回しながら片方のひもを放して石を飛ばす〉.

줄팔매질 名 하自 줄팔매で石を投げ

ること.

줄행랑〔一行廊〕 名 1 家の門の左右にある使用人の部屋. 2 〈俗〉 逃げること. 高飛び.

◆**줄행랑을 놓다** 高飛びする. 逃亡する.

줄행랑치다 自 逃亡する. 高飛びする. ¶국외로 ～ 国外に高飛びする.

줌 Ⅰ 名 〔주먹〕 こぶし. 握りこぶし. ¶～을 쥐다 こぶしを握る.

Ⅱ 依名 〔움큼〕 握り. ¶한 ～의 흙 一握りの土.

줌 렌즈〔zoom lens〕 名 ズームレンズ.

줌안 名 1 こぶしの内側. 手の中. 2 他人の支配する範囲内.

◆**줌안에 들다** (支配者などの) 手中に入る.

줌통 名 弓柄.

줌피 名 弓柄を巻いた皮.

줍다 他 1 (落ちている物を)拾う. 拾い上げる. ¶바닷가에서 조개를 ～ 海辺で貝を拾う／지갑을 ～ 財布を拾う. 2 (捨て子を)拾う. ¶다리 밑에서 주워 온 아이 橋の下で連れて来た子. 3 ('주워'의 꼴로 쓰여) (あれこれと手当たり次第に)取る. ¶주워 들은 알량한 지식 聞きかじった取るに足りない知識. 4 (鳥·動物などがえさを)つつく. 拾って食べる. ¶닭이 모이를 주워 먹다 鶏がえさをついばむ.

◆**주워 담다** 拾い入れる. ¶흩어진 사과를 바구니에 주워 담다 散らばっているりんごを竹籠に拾い入れる.

◆**주워 먹다** (落ちている物を)拾って食べる. ¶밤을 주워 먹다 栗を拾って食べる.

줏대〔主一〕 名 定見. 主体性. 核. ¶～ 있는 사람 定見のある人. 骨のある人／그는 ～가 없다 彼は主体性がない.

줏대잡이 名 (物事の)中心になる人.

중¹ 名〔佛〕 僧. 僧侶. ¶절의 ～ 寺の僧.

〔속담〕 **중이 제 머리를 못 깎는다** 坊主が自分の頭をそることはできない〈いくら緊急を要することでも人の手を借りないとできない〉.

중²〔中〕 Ⅰ 名 中. 1 (上·中·下の)中. 中間. 中位. 中ほど. ふつう. ¶성적이 ～은 된다 成績は中にはなる. 2 (物事の)中. 内. 内部. ¶졸업생 명부 ～에 그의 이름은 없다 卒業生名簿の中に彼の名前はない. 3 (将棋盤で)端から2番目の横の線.

Ⅱ 依名 1 〔무엇을 하는 동안〕 中. 間. 途中. ¶가는 ～에 우체국에 들르다 帰る途中で郵便局に寄る. 2 〔여럿의 가운데〕 中. ¶수재 ～의 수재 秀才中の秀才. 3 ('중으로'의 꼴로) 中. ¶오늘 ～으로 일을 마쳐라 今日中に仕事を終えなさい.

중-³〔重〕 接頭 1 〔'겹치거나 합쳐짐'의 뜻〕 重…. ¶～수소 重水素／～기관총 重機関銃. 2 〔'크고 중대함'의 뜻〕 重…. ¶～징계 重懲戒／～상을 입다 重傷をこうむる.

중간¹〔中間〕 名 1 (二つのものの)間. 中間. ¶역에서 집까지의 ～에 정류장이 있다 駅から家までの間に停留場がある／두 사람의 ～에 끼다 二人の間に割って入る. 2 (一つのものの)真ん中. 中ほど. ¶탁자 ～에 놓다 テーブルの真ん中に置く. 3 (初めと終わりの)途中. 間. ¶회의 ～에 자리를 뜨다 会議の途中に席を立つ.

중간 계급〔一階級〕 名〔社〕 中間階級.

중간고사〔一考査〕 名 中間考査. 中間試験.

중간색〔一色〕 名 中間色.

중간 선거〔一選擧〕 名〔政〕 中間選挙.

중간자〔一子〕 名〔物〕 中間子.

중간착취〔一搾取〕 名 하自 中間搾取.

중간층〔一層〕 名 中間層.

중간치 名 (品質や大きさが)中ぐらいのもの.

중간²〔重刊〕 名 하他 重版.

중간본〔一本〕 名 重版本.

중개〔仲介〕 名 하他 仲介. 仲立ち. ¶～인 仲介人／～국 仲介国／～ 무역 仲介貿易／～ 상인 仲介商人／～업자 仲介業者.

중개업〔一業〕 名〔經〕 仲介業. 取り次ぎ営業.

중거리〔中距離〕 名 中距離. ¶～ 경주 中距離競走.

중거리 탄도탄〔一彈道彈〕 名 中距離弾道弾(IRBM).

중건〔重建〕 名 하他 (寺·宮殿などの)改築. 再建.

중견〔中堅〕 名 中堅. ¶～ 간부 中堅幹部／～ 사원 中堅社員.

중견수〔一手〕 名〔體〕 (野球で)中堅手. センター.

중견 작가〔一作家〕 名 中堅作家.

중경상〔重輕傷〕 名 重軽傷. ¶승객의 대부분이 ～을 입었다 乗客の大部分が重軽傷を負った.

중계〔中繼〕 名 하他 中継. ¶～망 中継網／～차 中継車／현장 ～ 現場中継／실황을 ～하다 実況を中継する.

중계국〔一局〕 名 中継局.

중계 무역〔一貿易〕 名〔經〕 中継貿易. 中継貿易.

중계방송〔一放送〕 名 中継放送.

중계항〔一港〕 名〔經〕 中継港.

중고〔中古〕 名 中古. 1 〔史〕 時代区分の一つ. 2 中古. ¶～차 中古車／～품 中古品.

중고사〔一史〕 名〔史〕 中古史. 中世史.

중공업〔重工業〕 名 重工業.

중과¹〔重課〕 名 하他 重い負担を課すること.

중과²〔衆寡〕 名 衆寡. 多数と少数.

중과부적〔一不敵〕 名 하自 衆寡敵せず〈少数で多数に敵対しても勝ち目がない〉.

중과실〔重過失〕 名〔法〕 重過失.

중괄호〔中括弧〕 名 中括弧({ }).

중구¹〔中歐〕 名 中欧. ヨーロッパ中部.

중구²〔衆口〕 名 衆口. 多くの人の言葉.

중구난방〔一難防〕 名 衆口ふさぎ難し〈衆人の口をふさぐのは難しいこと〉.
중국〔中國〕 名 中国. ¶～ 요리 中国料理 / ～인 中国人.
중국어〔一語〕 名 中国語.
중궁전〔中宮殿〕 名 王妃の尊敬語.
중근동〔中近東〕 名 中近東.
중금속〔重金屬〕 名〔化〕重金属.
중급〔中級〕 名 中級. ¶～ 코스 中級コース.
중기¹〔中期〕 名 中期. ¶중세 ～ 中世中期.
중기²〔重機〕 名 重機.
중기관총〔重機關銃〕 名〔軍〕重機関銃. 重機.
중기중기 副〔비슷한 것들이 듬성듬성 모여 있는 모양〕一群れ二群れ. 三々五々に群れて. ¶교정에 학생들이 ～ 모여 있다 校庭に生徒たちがいくつかに固まって群れ集まっている.
중길〔中一〕 名 中ぐらいの程度. 並み. ¶～의 물건 中ぐらいの品物.
중년〔中年〕 名 (40歳前後の)中年. ¶～ 부인 中年の婦人 / ～기에 접어들다 中年期にさしかかる.
중년층〔一層〕 名 中年層.
중노동〔重勞動〕 名 重労働.
중노인〔中老人〕 名 中老〈50歳前後の人〉.
중농〔中農〕 名 中農.
중농주의〔重農主義〕 名〔經〕重農主義. 農業重視の経済政策.
중뇌〔中腦〕 名〔生〕中脳.
중늙은이〔中一〕 名 中老.
중단¹〔中段〕 名 中段.
중단²〔中斷〕 名 하自他 中断. ¶계획의 ～ 計画の中断 / 경기를 ～시키다 競技を中断させる / 회의를 ～하다 会議を中断する.
중대¹〔中隊〕 名〔軍〕中隊. ¶～장 中隊長.
중대²〔重大〕 名 하形 重大. ¶～ 국면 重大な局面 / 장래에 관계되는 ～한 문제 将来にかかわる重大問題 / ～한 실수를 저지르다 重大な過ちを犯す.
중대 사건〔一事件〕 名 重大事件. ¶～이 일어나다 重大事件が起きる.
중대시〔一視〕 名 하他 重大視. 重視. ¶국제 정세를 ～하다 国際情勢を重視する.
중대가리 名〈俗〉坊主頭. いがぐり頭.
중도¹〔中途〕 名 中途. 途中. 中ほど. 半ば. ¶～ 퇴학 中途退学 / 일을 ～에서 그만두다 仕事を中途でやめる / 다리의 ～에 서다 橋の中ほどに立つ.
중도이폐〔一而廢〕 名 하他 途中でやめること.
중도²〔中道〕 名 中道. ¶～ 정치 中道政治 / ～파 中道派 / ～를 걷다 中道を歩む.
중도³〔重盜〕 名 하他 (野球で)重盗. ダブルスチール.
중독〔中毒〕 名 中毒. ¶～사 中毒死 / ～자 中毒者 / ～성 中毒性 / 식～ 食中毒 / 술에 ～되다 アルコール中毒になる / 마약에 ～된 사람 麻薬中毒になった人.
중동¹〔中一〕 名 (物事の)中間(部分). 中ほど. 途中. 半ば. ¶나무의 ～을 자르다 木の中ほどを切る / 말을 ～에서 그치다 話を中途でやめる.
중동무이 名 하他 (仕事·話などを)中途半端にしてやめること. 途中でうやむやにしてしまうこと.
중동²〔中東〕 名〔地〕中東.
중등〔中等〕 名 中等. ¶～ 과정 中等課程 / ～학교 中等学校.
중등 교육〔一教育〕 名 中等教育.
중략〔中略〕 名 하他 (文章の)中略.
중량〔重量〕 名 重量. 重さ. 目方. ¶～톤 重量トン / ～급 권투 선수 ヘビー級ボクサー / ～이 많이 나가다 目方が重い / ～을 달다 重さを測る.
중량 분석〔一分析〕 名〔化〕重量分析.
중력〔重力〕 名〔物〕重力.
중력 가속도〔一加速度〕 名〔物〕重力加速度.
중력 댐〔一dam〕 名 重力ダム.
중력파〔一波〕 名〔物〕重力波.
중령〔中領〕 名 軍隊の一階級〈中佐に相当する〉.
중론〔衆論〕 名 衆論. ¶～이 일치하다 衆論が一致する.
중류〔中流〕 名 **1** (川の)中流. **2** (社会階層の)中流. ¶～ 계급 中流階級 / ～ 가정 中流の家庭.
중립〔中立〕 名 中立. ¶～국 中立国 / ～주의 中立主義 / ～ 지대 中立地帯 / ～을 지키다 中立を守る.
중망〔衆望〕 名 衆望. ¶～을 얻다 衆望を集める. 衆望を担う.
중매¹〔仲買〕 名 하他 仲買. ブローカー. ¶～인 仲買人. ブローカー.
중매상〔一商〕 名 仲買商. ブローカー.
중매²〔仲媒〕 名 하他 仲立ち. 媒酌. ¶～결혼 見合い結婚.
◆**중매를 들다[서다]** 結婚を仲立ちする.
중매인〔一人〕 名 仲人. 媒酌人.
중매쟁이 名〈俗〉仲人. 媒酌人. 仲立ち.
중목〔衆目〕 名 衆目. 多くの人の目.
중목소시〔一所視〕 名 衆目の注視するところ.
중무장〔重武裝〕 名 하自 重武装.
중문¹〔中門〕 名 中門. 正門の内側に建てた門.
중문²〔重文〕 名〔言〕重文.
중미〔中美〕 名〔地〕中米. 中央アメリカ.
중반〔中盤〕 名 中盤. ¶～전 中盤戦 / 인생의 ～ 人生の中盤.
중방〔中枋〕 名〔建〕〔'중인방'의 준말〕腰長押.
중배〔中一〕 名 **1** 細長い物の中央の膨らみ. 腹. **2** (家畜の)2回目に生まれた子.
◆**중배가 부르다** (細長い物の)真ん中が膨らんでいる.
중벌〔重罰〕 名 重罰. ¶～을 내리다 重罰を下す.
중범〔重犯〕 名 하自〔法〕重犯.
중병〔重病〕 名 重病. ¶～에 걸리다

重病にかかる.

중병아리〔中—〕 名 中ぐらいの大きさのひよこ.

중복[1]〔中伏〕 名 中伏. ¶ ~ 더위 中伏の暑さ.

중복허리 名 中伏ごろのいちばん暑いとき.

중복[2]〔中腹〕 名 中腹. 山腹.

중복[3]〔重複〕 名 하他 重複. ¶ 같은 말이 ~되다 同じ言葉が重複する.

중부〔中部〕 名 中部. ¶ ~ 지방 中部地方.

중뿔나다〔中—〕 形 〔주제넘다〕(주로 '중뿔나게'의 꼴로) (関係のない人が)出しゃばって. しゃしゃり出て. 差し出がましく. とんでもなく不当に. とっぴょうしもなく. ¶ 중뿔나게 무슨 간섭이야 出しゃばって何の干渉だ.

중사〔中士〕 名〔軍〕中士〈昔の軍曹に当たる〉.

중산 계급〔中産階級〕 名 中産階級.

중산모〔中山帽〕 名〔'중산모자'의 준말〕山高帽子.

중산모자〔—子〕 名 山高帽子.

중상[1]〔中傷〕 名 하他 中傷. ¶ 친구를 ~하다 友人を中傷する / 터무니없는 ~을 받다 とんでもない中傷を受ける.

중상[2]〔重傷〕 名 하他 重傷. ¶ ~자 重傷者 / ~을 입다 重傷を負う.

중상주의〔重商主義〕 名〔經〕 重商主義.

중상학파〔重商學派〕 名〔經〕 重商学派.

중생〔衆生〕 名〔佛〕衆生. 有情. ¶ ~계 衆生界 / ~은 衆生の恩.

중생 제도〔—濟度〕 名〔佛〕衆生済度.

중생대〔中生代〕 名〔地〕中生代.

중생동물〔中生動物〕 名〔動〕 中生動物.

중생식물〔中生植物〕 名〔植〕 中生植物.

중석〔重石〕 名〔鑛〕 重石. タングステン.

중석기 시대〔中石器時代〕 名〔史〕中石器時代.

중성〔中性〕 名 中性. ¶ ~ 비료 中性肥料 / ~ 토양 中性土壌 / ~적인 남성 中性的な男性.

중성 모음〔—母音〕 名〔言〕中性母音〈「ㅣ」母音がこれに属する〉.

중성 반응〔—反應〕 名〔化〕中性反応.

중성 세제〔—洗劑〕 名 中性洗剤.

중성자〔—子〕 名〔物〕 中性子. ニュートロン.

중성화〔—化〕 名 하自他 中性化.

중세[1]〔中世〕 名〔史〕中世.

중세[2]〔重稅〕 名 重税. ¶ ~를 부과하다 重税を課する.

중소〔中小〕 名 中小.

중소기업〔—企業〕 名〔經〕中小企業. ¶ ~ 은행 中小企業銀行.

중속환이〔—俗還—〕 名 還俗した僧.

중솥〔中—〕 名 中ぐらいの大きさの釜.

중쇠〔中—〕 名 〔'맷돌중쇠'의 준말〕(ひきうすの)臍.

중수[1]〔重水〕 名〔化〕重水.

중수[2]〔重修〕 名 하他 修復. 改修. ¶ 고궁을 ~하다 故宮を改修する.

중수소〔重水素〕 名〔化〕重水素.

중순〔中旬〕 名 中旬. ¶ 내달 ~ 来月の中旬.

중시〔重視〕 名 하他 重視. 反 軽視 ¶ 사태를 ~하다 事態を重視する.

중시조〔中始祖〕 名 衰退した家門を再興した祖先.

중식〔中食〕 名 昼食. 昼飯.

중신[1]〔仲—〕 名 하他 仲立ち. 媒酌.

중신[2]〔重臣〕 名 **1** 重臣. **2** 〔史〕正二品以上の官吏.

중심[1]〔中心〕 名 中心. **1** (事物の)真ん中. 中央. ¶ 과녁의 ~을 맞히다 的の中心を射る. **2** 重要な部分. 基本になる部分. ¶ ~ 인물 中心人物 / ~이 되다 中心になる / 세계 패션의 ~ 世界のファッションの中心. **3** 定見. ¶ 저렇게 ~이 잡힌 사람은 처음이다 あんなにしっかりと自分の意見を持った人は初めてだ. **4** 〔數〕中心. ¶ 원의 ~ 円の中心.

중심가〔—街〕 名 本通り.

중심각〔—角〕 名〔數〕中心角.

중심 기압〔—氣壓〕 名〔氣〕中心気圧.

중심력〔—力〕 名〔物〕中心力.

중심부〔—部〕 名 中心部.

중심점〔—點〕 名 中心点.

중심지〔—地〕 名 中心地. ¶ 문화의 ~ 文化の中心地.

중심체〔—體〕 名 中心体.

중심[2]〔重心〕 名 重心. ¶ 몸의 ~을 잃다 体の重心を失う.

중쑬쑬하다〔中—〕 形 (大きくも小さくもなく)中ぐらいだ. まあまあだ.

중씨〔仲氏〕 名 2番目の兄の尊敬語.

중압〔重壓〕 名 하他 重圧. ¶ ~감 重圧感.

중앙〔中央〕 名 中央. **1** (場所の)中央. ¶ 좌석 ~ 座席の中央. **2** 主要な地点・場所. 中枢. ¶ ~ 관청 中央官庁 / ~ 기관 中央機関 / ~ 은행 中央銀行 / ~ 정부 中央政府 / ~ 기상대 中央気象台. **3** 地方に対する首都. ¶ 인구가 ~에 밀집되어 있다 人口が中央に密集している.

중앙 금고〔—金庫〕 名 国庫.

중앙난방〔—煖房〕 名 中央暖房. セントラルヒーティング.

중앙 분리대〔—分離帶〕 名 中央分離帯.

중앙선〔—線〕 名 **1** 真ん中を通る線. **2** (競技場での)センターライン. **3** ソウルから慶州までの幹線鉄道.

중앙 집권〔—集權〕 名 中央集権.

중앙 처리 장치〔—處理裝置〕 名 中央処理装置(CPU).

중액〔重液〕 名〔化〕 重液. 水より比重の大きい液(四塩化炭素など).

중언〔重言〕 名 하他 重言.

중언부언〔—復言〕 名 同じことをくどくど繰り返すこと.

중얼거리다[-대다] 自 しきりに独り言を言う. ぶつぶつつぶやく. つぶやく. ¶ 그는 혼자 중얼거리는 버릇이 있다 彼は一人でぶつぶつ言う癖がある. >종알거리다

중얼중얼 副 하自 ぶつぶつ(と).

중역[1]〔重役〕 名 重役. ¶ ~실 重役実/~ 회의 重役会議.

중역[2]〔重譯〕 名 하他 〔'이중 번역'의 준말〕重訳. ¶ ~본 重訳本.

중엽〔中葉〕 名 中葉. ¶18세기 ~ 18世紀の中葉.

중외〔中外〕 名 中外. **1** 内と外と. **2** 国内と国外. ¶ 명성을 ~에 떨치다 名声を国内外にとどろかす. **3** 朝廷と民間. **4** 都と郷里.

중요〔重要〕 名 하形 重要. ¶ ~ 인물 重要人物/~한 의제 重要な議題/~한 일부터 처리하다 大切なことから処理する.

중요성〔一性〕 名 重要性.

중요시〔一視〕 名 하他 重要視. ¶ 사태를 ~하다 事態を重要視する.

중용[1]〔中庸〕 名 中庸. ¶ ~을 지키다 中庸を守る.

중용[2]〔重用〕 名 하他 重用. ¶ 요직에 ~하다 要職に重用する.

중우〔衆愚〕 名 衆愚. ¶ ~ 정치 衆愚政治.

중원[1]〔中元〕 名 中元〈陰暦7月15日〉.

중원[2]〔中原〕 名 中原. **1** 広野の中央. **2** 古代中国文化の栄えた黄河の中流地域. **3** 競争の場.

중위[1]〔中位〕 名 中位. 中くらい.

중위수〔一數〕 名〔數〕 中位数.

중위[2]〔中尉〕 名〔軍〕 中尉.

중위[3]〔中衛〕 名 (バレーボール·ラグビー·サッカーなどの)中衛. ハーフ.

중위도〔中緯度〕 名〔地〕 中緯度.

중유〔重油〕 名 重油. ¶ ~ 연료 重油燃料.

중유 기관〔一機關〕 名〔機〕 重油機関. ディーゼルエンジン.

중은〔重恩〕 名 重恩. 厚い恩義.

중음〔中音〕 名 **1** 中音. 中位の高さや強さの音声. **2**〔樂〕 中音. アルトまたはテノール.

중의[1]〔衆意〕 名 衆意. ¶ ~를 모으다 衆意をまとめる.

중의[2]〔衆議〕 名 衆議.

중이〔中耳〕 名〔生〕 中耳.

중이염〔一炎〕 名〔醫〕 中耳炎.

중인[1]〔中人〕 名〔史〕 中人. 朝鮮時代の両班と常人の中間の身分.

중인[2]〔衆人〕 名 衆人. 大勢の人.

중인소시〔一所視〕 名 衆目の注視するところ.

중인환시〔一環視〕 名 하他 衆人環視.

중인방〔中引枋〕 名〔建〕 長押. 腰長押.

중임〔重任〕 名 하他 **1** 再任. ¶ 의장을 세 번이나 ~했다 議長を3回も務めた. **2** 重任. 重要な仕事. ¶ ~을 짊어지다 重任を負う.

중입자〔重粒子〕 名〔物〕 重粒子. バリオン.

중장[1]〔中章〕 名 (詩歌を3部に分けたときの)中の章.

중장[2]〔中將〕 名〔軍〕 中将.

중장비〔重裝備〕 名 重装備.

중재〔仲裁〕 名 하他 仲裁. ¶ ~인 仲裁人/~에 나서다 仲裁に入る/분쟁을 ~하다 紛争を仲裁する.

중재 재판〔一裁判〕 名〔法〕 仲裁裁判.

중적〔衆敵〕 名 衆敵. 多くの敵.

중전〔中殿〕 名 〔'중궁전(中宮殿)'의 준말〕王妃の尊敬語.

중전기〔重電機〕 名 重電機.

중전차[1]〔中戰車〕 名〔軍〕 中戦車.

중전차[2]〔重戰車〕 名〔軍〕 重戦車.

중절〔中絶〕 名 하他 中絶. ¶ 임신 ~ 妊娠中絶.

중절모〔中折帽〕 名 〔'중절모자'의 준말〕中折れ帽子.

중절모자〔一子〕 名 中折れ帽子. ソフト.

중점[1]〔中點〕 名 **1**〔言〕 中黒. **2**〔數〕 中点. 二等分点.

중점[2]〔重點〕 名 重点. ¶ ~을 두다 重点を置く.

중점적〔一的〕 冠 名 重点的.

중점주의〔一主義〕 名 重点主義.

중정〔重訂〕 名 하他 重訂. ¶ ~판 重訂版.

중조〔重曹〕 名〔化〕 重曹. 重炭酸ソーダ.

중졸〔中卒〕 名 〔'중학교 졸업'의 준말〕中卒.

중죄〔重罪〕 名 重罪. ¶ ~인 重罪人.

중주〔重奏〕 名 하他〔樂〕 重奏.

중중첩첩〔重重疊疊〕 名 하形 重畳. 幾重にも重なっていること.

중증〔重症〕 名 重症. ¶ ~ 환자 重症患者.

중지[1]〔中止〕 名 하他 中止. ¶ 사격 ~ 射撃中止/작업 ~ 作業中止/회의를 일시 ~하다 会議を一時中止する.

중지부〔一符〕 名〔言〕 (句読点の一つで) コロン(:).

중지[2]〔中指〕 名 中指.

중지[3]〔衆智〕 名 衆知. ¶ ~를 모으다 衆知を集める.

중지상〔中之上〕 名 中の上.

중지중〔中之中〕 名 中の中.

중지하〔中之下〕 名 中の下.

중진[1]〔中震〕 名〔地〕 中震〈震度4〉.

중진[2]〔重鎭〕 名 重鎮. 大立て者. ¶ 재계의 ~ 財界の重鎮.

중진국〔中進國〕 名 中進国.

중질〔中質〕 名 並. 中程度の質.

중차대〔重且大〕 名 하形 非常に重大なこと. ¶ 책임이 ~하다 責任が重大だ.

중참〔中站〕 名 (仕事などの)中休み.

중창〔重唱〕 名〔樂〕 重唱. ¶4~ 四重唱.

중책〔重責〕 名 하他 **1** 重責. ¶ ~을 맡다 重責を負う. **2** 厳しくとがめること.

중천〔中天〕 名 中天. ¶ 해가 ~에 뜨다 太陽が中天にかかる.

중첩〔重疊〕 名 하他 重畳. ¶ 파란~ 波瀾重畳.

중추[1]〔中秋〕 名 中秋〈陰暦8月15日〉.

중추성묘〔一省墓〕 名 陰暦8月15日の墓参り.

중추[2]〔中樞〕 名 **1** 中枢. ¶ ~ 신경 中枢神経 / ~ 기관 中枢機関. **2**〔生〕神経中枢.

중추[3]〔仲秋〕 名 仲秋〈陰暦の8月〉.

중추월〔一月〕 名 仲秋の明月.

중추절〔一節〕 名 仲秋〈陰暦8月15日〉.

중축〔中軸〕 名 中軸.

중춘〔仲春〕 名 仲春. 陰暦2月.

중층〔中層〕 名 **1** 中層. 建物の中間の層. **2** 中流.

중층운〔一雲〕 名〔天〕中層雲.

중치〔中一〕 名 (大きさ·品質などが)中ぐらいのもの, その程度.

중침〔中針〕 名 (太くも細くもない)中ぐらいの針.

중키〔中一〕 名 中背.

중탕〔重湯〕 名 하他 湯煎.

중태〔重態〕 名 重態. ¶ ~에 빠지다 重態になる.

중턱〔中一〕 名 (山·坂などの)中腹. ¶ 산~ 山の中腹.

중퇴〔中退〕 名 하他 〔'중도 퇴학'의 준말〕 中退. ¶ 대학을 ~하다 大学を中退する.

중파〔中波〕 名〔物〕中波.

중판〔重版〕 名 하他 重版.

중판본〔一本〕 名 重版本.

중편〔中篇〕 名 中編. 中篇. ¶ ~ 소설 中篇小説.

중평〔衆評〕 名 衆評. 世評.

중포〔重砲〕 名〔軍〕重砲〈口径90ミリメートル以上の大砲〉.

중폭격기[1]〔中爆擊機〕 名〔軍〕中型爆撃機.

중폭격기[2]〔重爆擊機〕 名〔軍〕重爆撃機.

중품〔中品〕 名 中等品.

중풍〔中風〕 名〔韓方〕中風. ¶ ~으로 쓰러지다 中風でたおれる.

중하[1]〔仲夏〕 名 仲夏. 陰暦5月.

중하[2]〔重荷〕 名 重荷. ¶ 어깨에 걸머진 ~ 肩に担いだ重荷.

중하다〔重一〕 形 **1**〔책임·임무 등이 무겁다〕 重大だ. 重要だ. ¶ 중한 책임을 지다 重要な責任を負う. **2**〔매우 소중하다〕 大事だ. 大切だ. ¶ 내게는 중한 물건 私にとっては大事な物 / 중한 이야기가 있다 大切な話がある. **3** (罪·病状などが)重い. 程度がひどい. ¶ 죄가 ~ 罪が重い / 병은 날로 중해 갔다 病は日に日に重くなった. **중히** 副 重く. 大事に. ¶ 의리를 ~ 여기다 義理を重んじる.

중학〔中學〕 名〔'중학교'의 준말〕 中学.

중학교〔一校〕 名 中学校.

중학생〔中學生〕 名 中学生.

중합〔重合〕 名 하自他 **1** 重ね合わせること. **2**〔化〕重合.

중합체〔一體〕 名〔化〕重合体. ポリマー.

중핵〔中核〕 名 中核. 核心. 中心.

중형[1]〔中型〕 名 中型. ¶ ~ 트럭 中型トラック.

중형[2]〔仲兄〕 名 仲兄. 2番目の兄.

중형[3]〔重刑〕 名 重刑. ¶ ~에 처하다 重刑に処す.

중혼〔重婚〕 名 하自 重婚. ¶ ~죄 重婚罪.

중화[1]〔中和〕 名 하自他 中和. ¶ ~점 中和点 / ~ 반응 中和反応.

중화열〔一熱〕 名〔化〕中和熱.

중화[2]〔中華〕 名 中華. ¶ ~사상 中華思想.

중화기〔重火器〕 名〔軍〕重火器.

중화민국〔中華民國〕 名〔地〕中華民国.

중화 인민 공화국〔中華人民共和國〕 名〔地〕中華人民共和国. 中国.

중화학 공업〔重化學工業〕 名〔工〕重化学工業.

중환〔重患〕 名 重患. ¶ ~자 重患者.

쥐[1] 名〔韓方〕こむら返り. しびれ. けいれん. 引きつけ. ¶ 다리에 ~가 일어나다 こむら返りを起こす.

◆**쥐가 나다** ① けいれんが起こる. しびれが来る. こむら返りを起こす. ¶ 수영하다 ~가 나면 야단이다 泳ぎながらこむら返りを起こすと大変だ. ② (あまりの恥ずかしさに顔が)けいれんする. 引きつる.

◆**쥐가 오르다** けいれんする. こむら返りになる.

쥐[2] 名〔動〕鼠. ¶ ~를 잡다 鼠を捕る / ~가 찍찍거리다 鼠がチューチュー鳴く.

◆**쥐도 새도 모르게** (鼠も鳥も分からないようにの意から)誰も知らないうちにこっそり.

◆**쥐 잡듯이** 一匹も逃さず. 一つも残さず. しらみつぶしに. 根こそぎ. くまなく. 至る所. ¶ 집안을 ~ 잡듯이 찾다 家中くまなく捜す / ~ 잡듯이 조사하다 しらみつぶしに調べる.

◆**쥐 죽은 듯하다** ① しんとしている. 水を打ったようだ. ¶ 집안이 ~ 죽은 듯하다 家の中が水を打ったように静まり返っている. ② (怖くて)身動きもできない. 息もつけない. じっとしている.

쥐 죽은 듯이 副 しんと. ひっそり. 息をころして. じっと. ¶ 근방은 ~ 죽은 듯이 조용하다 辺りはしんと静まり返っている.

쥐구멍 名 鼠穴.

◆**쥐구멍을 찾다** 恥ずかしくて穴でもあれば入りたい. 慌てふためく.

〔속담〕 **쥐구멍에도 볕들 날이 있다** 鼠の穴にも陽光が射し込む日がある〈待てば海路の日和あり〉.

쥐꼬리 名 鼠のしっぽ.

◆**쥐꼬리만 하다** ほんのわずかだ. 非常に小さい. ¶ ~만 한 월급으로 살아가다 ほんのわずかな月給で暮らしていく.

쥐다 他 **1** 握る. つかむ. ¶ 몽둥이를 ~ 棍棒を握る / 멱살을 ~ 胸倉をつかむ. **2** こぶしをつくる. ¶ 주먹을 불끈 ~ こぶしをぎゅっと握りしめる. **3** (秘密などを)握る. ¶ 그가 비밀을 쥐고 있다 彼が秘密を握っている / 그는 그 사건의 열쇠를 쥐고 있다 彼はその事件の手がかりをつかんでいる. **4** (権力などを)握る. 掌握する. ¶ 권력을 ~ 権力を掌握する.

쥐덫 名 ねずみ取り.

쥐띠 名 子年. 子年生まれ.
쥐락펴락 副 하他 〔남을 마음대로 부리는 모양〕 勝手気ままに. ほしいままに. ¶한 나라의 정치를 ~하다 一国の政治をほしいままにする.
쥐벼룩 名〔動〕鼠蚤.
쥐뿔 名 (鼠の角の意で)つまらないこと. とるに足りないこと.
◆**쥐뿔도 모르다** 何も知らない. 全然知らない. ¶~도 모르면서 아는 척한다 何も知らないくせに知ったふりをする.
◆**쥐뿔도 없다** 全然何もない.
쥐뿔같다 形 何も取り柄がない. 取るに足りない. つまらない. ¶쥐뿔같은 소리도 쉬어가며 해라 ばかも休み休み言え.
쥐새끼 名 **1** 鼠の子. **2** 細かいことにも抜け目がなくずる賢い人. ¶~같은 놈 ずる賢いやつ.
쥐색〔一色〕 名 鼠色. 灰色.
쥐약〔一藥〕 名 猫いらず. 殺鼠剤.
쥐어뜯다 他 **1** むしる. むしり取る. ¶잡초를 ~ 雑草をむしり取る/머리카락을 ~ 髪をかきむしる. **2** (胸などを)かきむしる. ¶가슴을 ~ 胸をかきむしる.
쥐어박다 他 (こぶしで)突く. 小突く. ¶머리를 탁 ~ 頭をどんと突く.
쥐어지르다 他 (こぶしで強く)突いて殴る. ぶん殴る. ¶주먹으로 옆구리를 ~ こぶしでわき腹を強く突く.
쥐어짜다 他 **1** (液体などを)絞り取る. 固く絞る. ¶수건을 쥐어짜서 널다 タオルを固く絞って干す. **2** (頭を)絞る. ¶머리를 쥐어짜도 묘책이 안 나오다 頭を絞っても妙案が浮かばない. **3** (涙を)ほろりと落とす. 泣く. ¶아무말도 없이 눈물만 쥐어짜고 있다 何も言わずに涙ばかりぽろりとこぼしている. **4** 駄々をこねる. せがむ. ねだる. せびる. ¶쥐어짠다고 없는 돈이 나올 성싶으냐? いくらせがんだって無い袖は振れない.
쥐어흔들다 他 **1** (手で握って)揺すぶる. 揺する. ゆさぶる. ¶나무를 쥐어흔들어 열매를 떨어뜨리다 木を揺すぶって実を落とす. **2** (人を)意のままにあやつる. 牛耳る. ¶남편을 ~ 夫を尻に敷く.
쥐엄발이 名 内また. 内またの人.
쥐엄쥐엄 副 〔쥐엄질을 시키며 하는 소리〕にぎにぎ.
쥐엄질 名 하自 〔갓난아이가 손을 쥐었다 폈다 하는 모양〕にぎにぎ.
쥐여지내다 自 人に押さえつけられて暮らす. 肩身の狭い思いをして暮らす. ¶그는 마누라에게 쥐여지낸다 彼は奥さんの尻に敷かれている.
쥐이다 Ⅰ 自 握られる. ¶부하에게 약점을 ~ 部下に弱味を握られる.
Ⅱ 他 握らせる. ¶아이에게 연필을 쥐여 주다 子供に鉛筆を握らせてやる.
쥐젖 名 乳首のような小さないぼ.
쥐치 名〔動〕皮剝.
쥐포〔一脯〕 名 皮剝の干物.
쥘부채 名 扇. 扇子. 末広.
쥘손 名 取っ手. つまみ. 把手. ¶동이의 ~ 水甕の取っ手/꽃병의 ~ 花瓶の取っ手.
즈런즈런 副 하形 〔살림살이가 넉넉한 모양〕ゆったりと. 温々.
즈음 依名 ころ. 際. とき. ¶출발할 ~에 비가 오다 出発する間際に雨が降る.
즈음하다 自 (' ···에 즈음하여'의 꼴로 쓰여)〔어떤 때나 날을 당하거나 맞다〕···に臨んで. ···に際して. ···に当たって. ¶난국에 즈음하여 성명을 발표하다 難局に当たって声明を発表する.
즉〔卽〕 副 すなわち. つまり. とりもなおさず. 言い換えれば. ¶이것이 ~ 이 글의 요지이다 これがすなわちこの文章の要旨である.
즉각〔卽刻〕 副 即刻. 即座に. すぐさま. すぐ. 直ちに. ¶~ 처리하다 即刻処理する/~ 출발하라 直ちに出発せよ.
즉결〔卽決〕 名 하他 即決. ¶~ 재판 即決裁判.
즉결 처분〔一處分〕 名 **1** 〈俗〉犯人を現場で銃殺すること. **2**〔法〕(警察の命令違反者などを)署長の権限のもとにその場で処分すること.
즉금〔卽今〕 名 副 **1** 即今. ただいま. 目下. **2** 今ただちに.
즉납〔卽納〕 名 하他 即納. ¶대금을 ~하다 代金を即納する.
즉답〔卽答〕 名 하自他 即答. ¶~을 피하다 即答を避ける.
즉매〔卽賣〕 名 하他 即売. ¶전시품의 ~장 展示品の即売場.
즉사〔卽死〕 名 하自 即死. ¶심장이 꿰뚫려 ~하다 心臓を撃ち抜かれて即死する.
즉석〔卽席〕 名 即席. 即座. ¶~요리 即席料理/~식품 即席食品/~연설 即席演説/~에서 연주를 하다 即席で演奏をする.
즉시〔卽時〕 副 名 **1** 即時. 即刻. すぐさま. 直ちに. 早速. ¶~ 와 주게 直ちに来てくれ/연락을 받고 ~ 나갔다 連絡を受けてすぐ出かけた/물건을 받는 ~ 대금을 지불한다 品物を受け取りしだい代金を払う. **2** 当座. その場.
즉시범〔一犯〕 名〔法〕即時犯.
즉시불〔一拂〕 名 하他 即時払い.
즉시 인도〔一引渡〕 名〔經〕即時渡し.
즉시즉시〔一卽時〕 副 その時その時にすぐ.
즉시 항고〔一抗告〕 名〔法〕即時抗告.
즉위〔卽位〕 名 하自 即位. ¶~식 即位式.
즉응〔卽應〕 名 하自 即応. ¶변화에 ~한 태세를 취하다 変化に即応した態勢をとる.
즉일〔卽日〕 名 即日. 当日. ¶~로 결과를 발표하다 即日結果を発表する.
즉효〔卽效〕 名 即効. ¶~약 即効薬/두통에는 ~가 있다 頭痛には即効がある.
즉후〔卽後〕 名 直後.
즉흥〔卽興〕 名 即興. ¶~시인 即興詩人.

즉흥곡〔一曲〕 名 即興曲.
즉흥극〔一劇〕 名 即興劇.
즉흥시〔一詩〕 名 即興詩.
즉흥적〔一的〕 冠名 即興的. ¶ ～인 발상 即興的な発想.

즐거움 名 楽しみ. 楽しさ. 慰み. ¶ 독서의 ～ 読書の楽しみ / 아무 ～도 없는 나날 何の慰みもない毎日.

즐겁다 形 **1** 楽しい. 愉快だ. 快い. ¶ 즐거운 시간을 보냈다 楽しい時間を過ごした / 애들이 즐겁게 놀고 있다 子供たちが楽しそうに遊んでいる. **2** うれしい. ¶ 즐거운 비명을 지르다 うれしい悲鳴を上げる. **즐거이** 副 **1** 喜んで. 快く. 楽しく.

즐기다 他 楽しむ. 興じる. 好む. たしなむ. ¶ 청춘을 ～ 青春を楽しむ / 낚시를 ～ 釣りを好む / 술은 즐기지 않는 편이다 酒はたしなまないほうだ / 추억담을 ～ 思い出話に興じる.

즐비하다〔櫛比一〕 形 すきまなく並んでいる. 櫛比する. ¶ 지난날 즐비했던 집들 往時櫛比していた家々 / 가로수가 즐비하게 늘어서 있다 並木が整然と立ち並んでいる.

즘 依名 〔'즈음'의 준말〕 ころ. 際.

즙〔汁〕 名 汁. ジュース. ¶ 과일～ 果汁 / 사과～ りんごジュース.
◆**즙을 내다** (果物などを)絞って汁を出す.
◆**즙이 나다** ① 汁が出る. ② 仕事がとても上手になる.

즙액〔汁液〕 名 汁液. 汁.

증¹〔症〕 Ⅰ 名 **1** 〔'증세'의 준말〕 病症. ¶ 고단한 ～이 일시에 일어나다 疲れてだるい病症がいっときに生じる. **2** 〔'화증(火症)'의 준말〕 怒り. かんしゃく. 腹立ち. **3** 〔'싫증'의 준말〕 嫌気. Ⅱ 接尾 …症. ¶ 빈혈～ 貧血症 / 불면～ 不眠症.

-증²〔證〕 接尾 …証. ¶ 면허～ 免許証 / 허가～ 許可証.

증가〔增加〕 名 하自他 増加. ¶ 생산량이 ～하다 生産量が増加する / 수출이 ～하다 輸出が増加する.

증간〔增刊〕 名 하他 増刊. ¶ 신문이 임시로 ～되다 新聞が臨時増刊される.

증감〔增減〕 名 하自他 増減. ¶ 생산의 ～ 生産の増減.

증강〔增強〕 名 하他 増強. ¶ 방위력을 ～하다 防衛力を増強する.

증거〔證據〕 名 証拠. 証し. 証左. ¶ ～금 証拠金 / ～력 証拠力 / ～가 없다 証拠がない / ～가 뚜렷하다 証拠がはっきりしている / ～를 보전하다 証拠を保全する.
증거물〔一物〕 名 〔法〕 証拠物.
증거인〔一人〕 名 証人.

증권〔證券〕 名 証券. ¶ ～ 거래소 証券取引所 / ～ 시장 証券市場 / ～ 회사 証券会社.

증기〔蒸氣〕 名 **1** 蒸気. **2** 〔'수증기(水蒸氣)'의 준말〕 水蒸気.
증기 기관〔一機關〕 名 〔工〕 蒸気機関.
증기 기관차〔一機關車〕 名 蒸気機関車.
증기선〔一船〕 名 蒸気船. 汽船.
증기 소독〔一消毒〕 名 蒸気消毒.
증기압〔一壓〕 名 蒸気圧.

증나다〔症一〕 自 嫌気がさす. 癪に障る. 不快な思いをする.

증내다〔症一〕 自 癇癪を起こす. 嫌気を催す.

증대〔增大〕 名 하自他 増大. ¶ 저축 ～ 貯蓄増大.

증량〔增量〕 名 하自他 増量.

증류〔蒸溜〕 名 하他 〔物〕 蒸留. ¶ ～기 蒸留器 / ～수 蒸留水 / ～주 蒸留酒.

증명〔證明〕 名 하他 **1** 証明. ¶ 무죄를 ～하다 無罪を証明する. **2** 〔'증명서'의 준말〕 証明書.

증모〔增募〕 名 하他 増募. ¶ 졸업반 학생을 ～하다 新卒を増募する.

증발¹〔蒸發〕 名 하自 **1** 蒸発. ¶ ～계 蒸発計 / ～량 蒸発量 / ～열 蒸発熱 / 물이 ～하다 水が蒸発する. **2** (人が)行方をくらますこと.

증발²〔增發〕 名 하他 増発. ¶ 화폐의 ～ 貨幣の増発 / 임시 열차의 ～ 臨時列車の増発.

증배〔增配〕 名 하他 (配当·配給などの)増配.

증보〔增補〕 名 하他 増補. ¶ 개정 ～ 改訂増補.

증빙〔證憑〕 名 하自他 証憑. 証拠. ¶ ～ 서류 証拠書類.

증산¹〔蒸散〕 名 하自 蒸散. ¶ ～ 작용 蒸散作用.

증산²〔增産〕 名 하他 増産. ¶ 석탄을 ～하다 石炭を増産する.

증상〔症狀〕 名 症状. 病状. 症候. ¶ ～이 악화되다 症状が悪化する.

증상맞다〔憎狀一〕 形 憎らしい. ¶ 증상맞은 얼굴 憎らしい顔つき.

증상스럽다〔憎狀一〕 形 (見るからに)憎たらしい. 気味悪い. ¶ 태도가 ～ 態度が憎たらしい. **증상스레** 副 憎たらしく.

증서〔證書〕 名 証書. ¶ 졸업 ～ 卒業証書.

증설〔增設〕 名 하他 増設.

증세¹〔症勢〕 名 病症. 症勢.

증세²〔增稅〕 名 하自他 増税.

증손〔曾孫〕 名 曾孫. ひ孫.
증손녀〔一女〕 名 女のひ孫.
증손부〔一婦〕 名 ひ孫の妻.
증손서〔一壻〕 名 ひ孫の夫.
증손자〔一子〕 名 ひ孫.

증쇄〔增刷〕 名 하他 増刷. ましずり.

증수¹〔增水〕 名 하自 増水.

증수²〔增收〕 名 하自他 増収. ¶ ～를 꾀하다 増収を図る.

증식〔增殖〕 名 하自他 増殖. ¶ ～로 増殖炉 / 재산의 ～ 財産の増殖 / 암세포의 ～ がん細胞の増殖.

증액〔增額〕 名 하他 増額. ¶ 예산의 ～ 予算の増額.

증언〔證言〕 名 하他 証言. ¶ ～대 証言台 / 유리하게 ～하다 有利に証言する.

증여〔贈與〕 名 하他 贈与.
증여세〔一稅〕 名 〔法〕 贈与税.

증오〔憎惡〕 名 하他 憎悪. ¶ ～심 憎

悪の念.
증원[1]〔增員〕 名 하自 增員. ¶～ 계획 増員計画.
증원[2]〔增援〕 名 하他 増援. ¶～을 요청하다 増援を要請する.
증인[1]〔證人〕 名 証人. ¶～ 신문 証人尋問 / ～을 소환하다 証人を召喚する.
증인[2]〔證印〕 名 証印. ¶～을 찍다 証人を押す.
증자〔增資〕 名 하自他 増資. ¶주식을 ～하다 株式を増資する.
증정[1]〔增訂〕 名 하他 増訂. ¶～판 増訂版.
증정[2]〔贈呈〕 名 하他 贈呈. 進呈. ¶～자 贈呈者.
증조〔曾祖〕 名〔'증조부'의 준말〕曾祖.
증조모〔—母〕 名 父方の曾祖母.
증조부〔—父〕 名 父方の曾祖父.
증좌〔證左〕 名 証左. 証拠.
증지〔證紙〕 名 証紙. ¶납세필 ～ 納税済みの証紙.
증진〔增進〕 名 하自他 増進. ¶건강 ～ 健康増進.
증차〔增車〕 名 하自他 増車.
증축〔增築〕 名 하他 増築. 建て増し.
증축 공사〔—工事〕 名 増築工事.
증축비〔—費〕 名 増築費.
증파〔增派〕 名 하他 増派. ¶선단을 ～하다 船団を増派する.
증편〔蒸—〕 名〔料理〕チュンピョン〈粳の粉を濁酒で発酵させた後蒸した餅〉.
증폭〔增幅〕 名 하他 増幅. 「プ.
증폭기〔—器〕 名〔物〕増幅器. アン
증폭 작용〔—作用〕 名〔物〕増幅作用.
증표〔證票〕 名 証票. ¶사랑의 ～ 愛の証票.
증하다〔憎—〕 形（容姿が大き過ぎたり醜いので）不恰好だ. みっともない.
증험〔證驗〕 名 하他 証験. 証見. あかし.
증회〔贈賄〕 名 하自 贈賄. ¶～죄 贈賄罪.
증후〔症候〕 名 症候. 症状. ¶비정상적인 ～가 나타나다 異常な症状が現われる.
증후군〔—群〕 名 症候群. シンドローム.
지[1] 依名 …してから. …して以来. ¶결혼한 ～ 3년이다 結婚してから3年だ.
-지[2] 接尾〔'김치'의 뜻〕…漬け. ¶오이～ 胡瓜の漬け物 / 짠～ 大根の塩漬け.
-지[3]〔池〕 接尾〔'못'의 뜻을 나타냄〕…池. ¶수원～ 水源池 / 저수～ 貯水池.
-지[4]〔地〕 接尾 …地. **1**〔'땅·곳'을 나타냄〕¶대～ 敷地 / 목적～ 目的地. **2**〔옷의 '감'을 나타냄〕¶양복～ 洋服地.
지가[1]〔地價〕 名 地価. ¶～가 오르다 地価が上がる.
지가[2]〔紙價〕 名 紙価. ¶낙양의 ～를 올리다 洛陽の紙価を高める.
지각[1]〔地殼〕 名〔地〕地殻. ¶～ 변동 地殻変動 / ～ 운동 地殻運動.
지각[2]〔知覺〕 名 하他 **1** 知覚. ¶～ 신경 知覚神経. **2** 物心. 分別.
◆**지각이 들다** 分別がつく. 物心がつく.
지각머리 名〈俗〉知覚. 物心. 分別.
지각없다 形 無分別である. 分別がない. **지각없이** 副 無分別に. 軽はずみに.
지각[3]〔遲刻〕 名 하自 遅刻. ¶학교에 ～하다 学校に遅刻する.
지갑〔紙匣〕 名 財布. 金入れ. 札入れ. ¶～이 텅 비었다 財布が空っぽだ.
지검〔地檢〕 名〔法〕地方検察庁. 地検.
지게 名 背負子〈荷物をのせて背負う木製の器具〉.
◆**지게를 지다** 背負子を背負う.
지게끄리 名 背負子の荷物を縛りつける縄.
지게꾼 名 背負子で荷物を運ぶ事を業とする人.
지게차〔—車〕 名 フォークリフト.
지겟다리 名 背負子の脚.
지겟작대기 名 背負子のつっかい棒.
지게미 名 **1** 酒粕. **2** 目やに.
지겹다 形 うんざりする. 飽き飽きする. 退屈だ. いやになる. ¶일만 하는 것이 지겹지도 않니? 仕事ばかりするのはうんざりじゃないか / 인생이 ～ 人生に退屈する.
지경〔地境〕 名 **1** 地境. じざかい. **2** 立場. 境遇. 羽目. ¶불행한 ～에 놓이다 不幸な境遇に置かれる / 어려운 ～에 빠지다 苦しい羽目に陥る.
지계〔地階〕 名 **1**（高層建築物の）地階. **2**（高層建築物の）1階.
지고〔至高〕 名 하形 至高. 最高. ¶～한 절개 至高なる志操.
지공무사〔至公無私〕 名 하形 公平無私.
지관〔地官〕 名〔民俗〕地相人.
지괴〔地塊〕 名 **1** 土の塊. **2**〔地〕地塊. ¶～ 운동 地塊運動.
지구[1]〔地球〕 名 地球. ¶～ 과학 地球科学 / ～ 물리학 地球物理学 / ～ 자기 地球磁気. 地磁気.
지구의〔—儀〕 名 地球儀.

> **單語帳** 천체에 관한 말
>
> ◆우주 宇宙 / 태양 太陽 / 해 日 / 해님 お日様 / 달 月 / 달님 お月様 / 별 星 / 수성 水星 / 금성 金星 / 화성 火星 / 목성 木星 / 토성 土星 / 천왕성 天王星 / 해왕성 海王星 / 명왕성 冥王星.
> ◆하늘 空 / 행성 惑星 / 혜성 彗星 / 유성 流星 / 별똥 流れ星 / 은하 銀河 / 은하수(銀河水) 天の川 / 북두칠성 北斗七星 / 보름달 満月 / 초승달 三日月 / 일식 日食 / 월식 月食 / 인공위성 人工衛星 / 로켓 ロケット.
> ◆달이 이지러지다 月が欠ける / 달이 차다 月が満ちる.

지구[2]〔地區〕 名 地区. ¶상업 ～ 商業地区 / 풍치 ～ 風致地区.

지구[3]〔地溝〕 名〔地〕 地溝. ¶ ~대 地溝帯.

지구[4]〔持久〕 名 하自他 持久. ¶ ~력 持久力 / ~전 持久戦.

지국〔支局〕 名 支局.

지그르르 副 하自〔물기나 기름기가 끓으며 졸아드는 소리〕じいじい(と). じゅうじゅう(と). じりじり(と).

지그시 副 **1**〔은근히 힘을 주는 모양〕そっと. ¶ 아픈 데를 ~ 누르다 痛い所をそっと押さえる. **2**〔눈을 가볍게 감는 모양〕じっと. 静かに. ¶ 눈을 ~ 감고 음악을 감상하다 目をじっとつぶって音楽を鑑賞する. **3**〔견디는 모양〕じっと. ぐっと. ¶ ~ 이를 악물고 아픔을 참다 ぐっと歯をくいしばって痛みをこらえる.

지그재그〔zigzag〕 名 ジグザグ. ¶ ~ 걸음 千鳥足 / ~ 항행 ジグザグ航行.

지극하다〔至極—〕 形 限りない. この上ない. ¶ 효성이 ~ 親孝行この上ない. **지극히** 副 この上なく. 限りなく. ¶ ~ 사랑하다 この上もなく愛する / ~ 중요한 일 この上なく重要なこと.

지근〔至近〕 名 하形 至近. すぐそば. ¶ ~거리 至近距離 / ~탄 至近弾.

지근거리다[-대다] Ⅰ 他 **1** うるさくせがむ. しつこくねだる. ねちねちとつきまとう. 絡み付く. ¶ 하루 종일 따라다니며 ~ 一日中つきまとってうるさくねだる. **2** 軽くしきりに押さえつけて壊す.
Ⅱ 自 (頭が)ずきんずきんする. ¶ 감기에 걸려서 머리가 지근거린다 風邪を引いて頭がずきんずきんする.
지근지근 副 하自他 **1** しつこく. **2**〔머리가 쑤시고 아픈 모양〕ずきずき(と). **3**〔가볍게 자꾸 씹는 모양〕くちゃくちゃ(と). ¶ 오징어를 ~ 씹다 するめをくちゃくちゃかむ.

지글거리다[-대다] 自 **1** じりじりとたぎる. 煮詰まる. **2** (不安などで)いらいらする. やきもきする. **3** (熱で体が)かっかとほてる.
지글지글 副 하自 **1**〔적은 물이 소리를 내며 끓는 모양〕じりじり(と). かっかと. ¶ 고기를 ~ 굽다 肉をじりじりと焼く. **2**〔불안으로 마음을 졸이는 모양〕いらいら(と). やきもき. **3**〔병으로 열이 높은 모양〕かっかと.

지금[1]〔只今〕 Ⅰ 名 今. ただいま. ¶ ~의 남편 今の夫 / ~부터 기념식을 거행하겠습니다 今から記念式典を挙行致します.
Ⅱ 副 今すぐ. 少し前. ちょうど今. ¶ 그는 ~ 책을 읽고 있는 중이다 彼はいま本を読んでいるところだ / ~ 곧 가겠습니다 今すぐ行きます / ~ 통화중입니다 いま話し中です.
지금껏 副 今まで. 今もって. いまだに. 今に至るまで. ¶ ~ 회답이 안 온다 いまだに返事が来ない / ~ 원인을 모른다 今もって原因がわからない.

지금[2]〔地金〕 名 地金.

지금거리다[-대다] 自〔식사할 때 잔모래가 씹히다〕じゃりじゃりする.
지금지금 副 하自 じゃりじゃり(と). ¶ 입 안이 모래로 ~한다 口の中が砂でじゃりじゃりする.

지급[1]〔支給〕 名 하他 支給. 支払い. ¶ ~ 거절 支払い拒絶 / ~금 支給金 / ~인 支払人 / ~ 기일 支払期限 / ~ 명령 支払命令 / ~ 보증 支払保証 / ~ 불능 支払不能 / ~ 어음 支払手形 / ~ 유예 支払猶予 / ~ 장소 支払場所 / ~ 정지 支払停止 / ~지 支払地 / ~품 支給品.

지급[2]〔至急〕 名 副 하形 至急. ¶ ~ 전보 至急電報.

지긋지긋하다 形 **1** 嫌気がさす. あきあきする. うんざりする. こりごりだ. ¶ 비가 지긋지긋하게 온다 雨がうんざりするほど降る. **2** ひどい. 残忍至極だ. 忌まわしい. 身の毛がよだつようだ. ¶ 지긋지긋한 무좀 ひどい水虫 / 지긋지긋한 광경 身の毛がよだつような光景.

지긋하다 形 年をとって落ち着いている. 年配で貫祿がある.

지기[1]〔志氣〕 名 志気. 意気込み. こころざし.

지기[2]〔知己〕 名〔'지기지우'의 준말〕知己.
지기지우〔—之友〕 名 知己. 親友.

지기[3]〔紙器〕 名 紙器〈紙コップなど〉.

-지기[4] 接尾〔되·말·섬 등에 붙어 논밭의 넓이를 나타냄〕…まきの田·畑. ¶ 논 한 섬~ 1石まきの田 / 밭 두 마~ 2斗まきの畑.

-지기[5] 接尾〔어떤 사물을 '지키는 사람'이라는 뜻을 나타냄〕…番. …守り. ¶ 묘~ 墓守り / 문~ 門番.

지꺼분하다 形 **1** 目がかすんで[どんよりして]いる. **2** 物が散らばっている. ごちゃごちゃしている.

지껄이다 自 ぺちゃくちゃしゃべる. べちゃべちゃしゃべる. しゃべりまくる. ¶ 시끄럽게 지껄이는 여자 やかましくしゃべりまくる女 / 쓸데없는 말을 ~ むだ口をたたく / 험담을 ~ 陰口をたたく.

지끈 副 하自〔단단한 물건이 깨지거나 부러지는 소리〕かちゃんと. ぽきんと. ぽきりと. ¶ 컵이 ~하고 깨지다 コップがかちゃんと割れる / 정원수의 가지가 ~하고 부러졌다 庭木がぽきりと折れた.
지끈거리다[-대다] 自 **1** かちゃんかちゃんと鳴る. ぽきんぽきんと折れる. **2**〔머리·몸 등이 쑤시며 아프다〕ずきずき痛む.
지끈지끈 副 하自 **1** かちゃんかちゃん(と). ぽきんぽきん(と). ぽきりぽきり(と). **2** ずきずき(と).

지끈둥 副〔'지끈'을 힘있게 이르는 말〕ぽきんと. ぼきりと.

지나가다 Ⅰ 自 **1** (時間が)過ぎる. 過ぎ行く. ¶ 지나간 일은 다 잊어버리자 過ぎた事はみんな忘れよう. **2** (ある現象が)浮かんでは消える. かすめる. **3** 過ぎて行く. 素通りする. 通り過ぎる. ¶ 버스가 정류장에 서지 않고 지나가 버리다 バスが停留所に止まらず通り過ぎていく.
Ⅱ 他〔거쳐서 가다〕経由する. 通り過ぎる. 通過する. 越える. ¶ 학교 앞을 ~ 学校の前を通り過ぎる.

지나다[1] 自 **1** (時間的に)過ぎる. 経

過する. 経つ. 去る. ¶한 시간이 ～ 1時間が過ぎる / 기한이 ～ 期限が過ぎる / 봄이 지나고 여름이 왔다 春が去り夏が来た. **2** (‘…에 지나지 않다’의 꼴로 쓰여) …に過ぎない. …でしかない. ¶환상에 지나지 않는 이야기 空想に過ぎない話 / 그는 제삼자에 지나지 않는다 彼は第三者に過ぎない.

지나다[2] 他 (ある場所を)経由する. 通過する. 通りすがる. ¶가게 앞을 ～ 店の前を通り過ぎる / 지나는 길에 들렀습니다 通りすがりに立ち寄りました.

지나다니다 他 往来する. 行き来する. 通る. ¶차가 심하게 ～ 車が激しく往来する.

지나새나 副 明けても暮れても. 夜昼なく. 朝に夕に. ¶～ 임 생각 明けても暮れても思ういとしい人のこと.

지나오다 自他 **1** (ある場所を)経て来る. 通って来る. 通り過ぎて来る. ¶꽃밭을 ～ 花畑を通って来る. **2** (時間的に)経て来る. ¶지나온 반생은 가시밭길이었다 生きて来た半生はいばらの道であった / 지나온 세월을 뒤돌아보다 歩んで来た歳月を振り返って見る.

지나치다 Ⅰ 他 **1** 通り越す. 通り過ぎる. (車で)乗り越す. ¶목적지를 ～ 目的地を行き過ぎる / 졸다가 내릴 정거장을 지나쳐 버렸다 居眠りをして乗り越してしまった. **2** やり過ごす. 見逃す. ¶조그마한 하자도 그냥 지나치지 않다 わずかな疵も見逃さない.

Ⅱ 形 度を越す. 度はずれる. 過度だ. 過ぎる. ¶지나친 농담 度が過ぎた冗談 / 옷이 지나치게 크다 衣服が度はずれに大きい / 말이 좀 지나쳤다 少し言い過ぎた.

지난〔至難〕 名 하形 至難. ¶이 계획을 수행하는 것은 ～한 일이다 この計画を遂行するのは至難なことだ.

지난날 名 過ぎし日. むかし. 以前. ¶～의 모험 여행 過ぎし日の冒険.

지난달 名 先月. 前の月. 前月.

지난밤 名 昨晩. 昨夜.

지난번〔一番〕 名 先ごろ. この間. 前回. ¶～ 만난 사람 この間会った人.

지난해 名 昨年. 去年. 先年.

지남〔指南〕 名 하自他 指南.

지남석〔一石〕 名 磁石.

지남철〔一鐵〕 名 磁石.

지남침〔一針〕 名 磁針.

지내다 Ⅰ 自 **1** 過ごす. 暮らす. 生活する. ¶이런 곳에서 평생을 지내는 것은 싫다 こんな所で一生を過ごすのはいやだ / 요즈음 어떻게 지내십니까? このごろいかがお過ごしですか. **2** (仲よく)交わる. つきあう. 交際する. ¶한집안 식구처럼 친하게 지내는 사이 家族のように親しく交わる間柄 / 가깝게 ～ 親しくつきあう.

Ⅱ 他 **1** (時を)過ごす. ¶휴가를 해변에서 즐겁게 ～ 休暇を海辺で楽しく過ごす. **2** (ある職責を)務める. ¶수상을 ～ 首相を務める. **3** (婚姻・宴会・葬式などを)執り行なう. 催す. 営む. ¶장사를 ～ 葬式を執り行なう / 생일을 ～ 誕生日を祝う. **4** 経験する.

지내보다 他 **1** つきあってみる. ¶사람은 지내보아야 안다 人間はつきあってみなければ分からない. **2** 経験してみる. ¶아픔은 지내보지 않으면 모른다 この痛さは経験しなければわからない. **3** ぼんやりと見る. いいかげんに見おとす. ¶창밖의 경치를 그냥 지내보고 있었다 窓の外の景色をぼんやりと眺めていた.

지네 名〔動〕百足.

지노〔紙一〕 名 こより. こうひねり.

지느러미 名 鰭. ¶등～ 背びれ / 가슴～ 胸びれ / 꼬리～ 尾びれ.

지능〔知能〕 名 知能. ¶～이 높다[낮다] 知能が高い[低い] / ～범 知能犯 / ～ 연령 知能年齢. 精神年齢 / ～지수 知能指数.

지능 검사〔一檢査〕 名 知能検査. メンタルテスト.

지니다 他 **1** 身につける. 持つ. 所持する. ¶부적을 몸에 지니고 다니다 お守りを身につけて通う / 대금을 ～ 大金を所持する. **2** (人格などを)備える. ¶착한 심성을 지닌 여자 善良な心性を備えた女 / 덕을 ～ 徳を備える. **3** (原形を)保つ. ¶원형을 ～ 原形を保つ. **4** (あることを忘れずに)覚えている. ¶가슴 속에 아름다운 추억을 ～ 胸の奥に美しい思い出を抱いている.

지다[1] 自 (乳が張って)自然ににじみ出る. ¶젖이 져서 옷을 적신다 乳がにじみ出て服をぬらす.

지다[2] 自 **1** (花・葉などが)散る. 落ちる. ¶나뭇잎이 ～ 木の葉が散る / 벌써 꽃이 지기 시작했다 もう花が散り始めた. **2** (露などが)消える. なくなる. ¶이슬이 ～ 露が消える. **3** (垢・しみなどが)落ちる. 取れる. 消える. ¶빨아도 얼룩이 안 진다 洗ってもしみが落ちない. **4** (太陽・月が)沈む. 暮れる. 傾く. 落ちる. 没する. 入る. ¶해가 ～ 日が落ちる / 뉘엿뉘엿 지는 해 沈みかけている太陽. **5** (炭火などが)消える. 燃え尽きる. ¶풍로의 숯불이 ～ こんろの炭火が消える.

지다[3] 自 (賭け事・競技・争いなどに)負ける. 敗れる. 敗北する. ¶전쟁에 ～ 戦争に負ける / 시합에서 ～ 試合で負ける / 민사 소송에서 ～ 民事訴訟に負ける / 결승전에서 ～ 決勝戦で敗れる / 잘 싸운 보람도 없이 ～ 善戦空しく敗北する.

지다[4] 他 **1** (日を)背にする. ¶해를 지고 걷다 日を背にして歩く / 산을 지고 서다 山を背にして立つ. **2** (物などを)背負う. 担ぐ. ¶배낭을 지고 산행하다 背嚢を背負って山行をする / 쌀가마니를 ～ 米俵を担ぐ. **3** (世話・恩恵などを)受ける. **4** (ある義務・責任を)引き受ける. 負う. ¶책임을 ～ 責任を負う.

지다[5] Ⅰ 自 **1** (ある現象・状態に)なる. ¶그늘이 ～ 陰になる[陰る] / 저녁놀이 ～ 夕焼けになる / 장마가 ～

梅雨になる. **2** (関係が悪く)なる. ¶ 원수 진 사이가 되다 仇をなす間柄になる.

Ⅱ 接尾 …だ. …ている. …になる. ¶ 놀~ 夕焼けになる / 기름~ 肥沃だ / 값~ 高価だ.

지다[6] 補動 **1** 〔상태의 변화를 나타냄〕 …(く)なる. ¶ 많아~ 多くなる / 작아~ 小さくなる / 점점 커~ だんだん大きくなる / 유명해~ 有名になる. **2** 〔피동형을 만듦〕 …れる. …られる. ¶ 만들어~ つくられる / 주어~ 与えられる / 보내어~ 送られる. **3** 〔형용사를 자동사로 만듦〕 …れる. …られる. ¶ 느껴~ 感じられる / 여겨~ 思える / 기다려~ 待たれる / 그리워~ しのばれる.

지당하다〔至當―〕 形 至当だ. きわめて当たり前だ. 当然だ. ¶ 지당한 발언 至当な発言 / 어려움에 처해 있는 사람을 돕는 것은 ~ 困っている人を助けるのは当然だ. **지당히** 副 至当に.

지대[1]〔支隊〕 名〔軍〕 支隊.

지대[2]〔地代〕 名 地代. 借地料. 地価.

지대[3]〔地帶〕 名 地帯. ¶ 공장 ~ 工場地帯 / 완충 ~ 緩衝地帯.

지대공〔地對空〕 名 地対空. ¶ ~ 미사일 地対空ミサイル.

지대지〔地對地〕 名 地対地.

지대하다〔至大―〕 形 至大だ. 非常に大きい. ¶ 지대한 관심 大きな関心.

지더리다 形 (性行が)甚だ下品で卑劣だ.

지덕〔知德〕 名 知徳. 知識と道徳. ¶ ~합일 知徳合一.

지도[1]〔地圖〕 名 地図. ¶ ~ 투영법 地図投影法 / ~를 보고 목적지를 찾아가다 地図を見て目的地を訪ねて行く.

지도[2]〔指導〕 名 하他 指導. ¶ 학생을 ~하다 生徒を指導する.

지도 교수〔―教授〕 名 指導教授.

지도력〔―力〕 名 指導力.

지도서〔―書〕 名 指導書. 手引き.

지도원〔―員〕 名 指導員.

지도 원리〔―原理〕 名 指導原理.

지도자〔―者〕 名 指導者.

지독스럽다 形 とてもひどい. **지독스레** 副 とてもひどく.

지독하다〔至毒―〕 形 とてもひどい. ものすごい. 残酷だ. ¶ 지독한 냄새 ひどいにおい / 폭풍우가 지독하게 휘몰아치다 嵐がものすごく吹きすさぶ. **지독히** 副 ものすごく. はなはだしく. ¶ 날씨가 ~ 춥다 天気がものすごく寒い.

지동〔地動〕 名 地動. **1** 地震. **2** 地球の公転と自転.

지동설〔―說〕 名 地動説.

지둔〔遲鈍〕 名 하形 遅鈍. のろくて鈍いこと.

지라 名〔生〕 脾臓.

지랄 名 하自 **1** 気まぐれで分別のない言動. **2** 〔醫〕 〔'지랄병'의 준말〕 癲癇.

지랄병〔―病〕 名 〈俗〉 癲癇.

지략〔智略〕 名 知略. 知謀. ¶ 무용·~에 뛰어난 명장 武勇·知略にすぐれた名将.

지런지런 副 하形 **1** 〔액체가 넘칠락 말락하는 모양〕 なみなみと. ¶ 술을 ~ 따르다 酒をなみなみとつぐ. **2** 〔물체가 닿을락 말락 스치는 모양〕 すれすれ(に). ¶ 해면에 ~ 비행기가 날다 海面すれすれに飛行機が飛ぶ.

지렁이 名〔動〕 蚯蚓.

〔속담〕 **지렁이도 밟으면 꿈틀한다** 蚯蚓も踏めばうごめく〈一寸の虫にも五分の魂〉.

지레[1] 名 梃子. ¶ ~로 들어올리다 梃子で持ち上げる.

지레질 名 하他 梃子で動かすこと.

지렛대 名 梃子.

지렛목 名 梃子の支点.

지레[2] 副 前もって. 先だって. あらかじめ. ¶ ~ 놀라 도망을 가다 ことに先だって驚いて逃げる.

지레짐작 名 하他 早合点. はやのみこみ. 当て推量. ¶ ~하여 혼자 먼저 돌아갔다 早合点して一人先に帰った.

지력[1]〔地力〕 名 地力. 土地の生産力.

지력 체감〔―遞減〕 名 地力逓減.

지력[2]〔知力〕 名 知力. 知識の力.

지력[3]〔智力〕 名 智力. 知恵のはたらき.

지령[1]〔指令〕 名 指令. ¶ ~장 指令書 / ~대로 행동하다 指令どおりに行動する.

지령[2]〔紙齡〕 名 新聞の発行号数.

지령[3]〔誌齡〕 名 雑誌の発行号数.

지론〔持論〕 名 持論. 持説. ¶ 결코 ~을 굽히지 않다 決して持論を曲げない.

지뢰〔地雷〕 名〔軍〕 地雷. ¶ ~를 부설하다 地雷を敷設する.

지루하다 形 退屈だ. あきあきしている. うんざりする. ¶ 지루해 죽겠다 退屈で死にそうだ / 단조로운 일에 ~ 単調な仕事にあきあきしている.

지류〔支流〕 名 **1** 支流. 本流に注ぐ川. **2** 分派.

지르다[1] 他 **1** 突く. ¶ 옆구리를 ~ 横腹を突く. **2** 挿す. 差す. 注ぎ入れる. はさみ入れる. 突っ込む. (錠などを) さす. ¶ 빗장을 ~ かんぬきをさす / 머리에 비녀를 ~ 髪にかんざしを挿す / 책에 서표를 ~ 本にしおりをはさみ入れる / 언 손을 주머니에 ~ 凍えた手をポケットに突っ込む. **3** (道を)突っ切る. 近道する. ¶ 이쪽으로 질러 가자 こっちから近道して行こう / 넓은 길을 질러 가다 大通りを突っ切ってゆく. **4** 火をつける. (腹を)立てる. ¶ 논둑에 불을 ~ 畔に火をつける. **5** 賭ける. ¶ 판돈을 ~ 掛け金を賭ける. **6** 摘む. 刈り取る. 殺ぐ. ¶ 곁순을 ~ 側から出る芽を摘む / 예기를 ~ 鋭気を殺ぐ. **7** (時期がくる前に)手をつける. 先手を打つ. **8** (足で球を)蹴る. けとばす. **9** (酒·薬などに他の成分を) 混ぜる. 差す. ¶ 감기약에 해열제를 ~ 風邪薬に解熱剤を混ぜる. **10** 濃い色を薄い色の縁に塗っ

てその薄い色を浮き立たせる.

지르다² 他 叫ぶ. 怒鳴る. 声を張り上げる. ¶비명을 ~ 悲鳴を上げる/고함을 ~ 大声を上げる.

지르되다 自 遅く成長する. 晩熟する. 晩成する.

지르르 副 하形 **1** 〔기름기·윤기가 있는 모양〕 つやつや(と). すべすべ(と). ¶~한 얼굴빛 つやつやとした顔色. **2** 〔뼈마디가 저린 느낌이 일어나는 모양〕 びりびり(と). ¶뼈마디가 ~하다 関節がびりびりする.

지르신다 他 (靴のかかとを) つぶして履く.

지르잡다 他 つまみ洗いする.

지르퉁하다 形 (ひどく怒って) 膨れている. むっとしている. つんとしている. 膨れっ面をしている. ¶무시를 당하여 ~ 無視されてむっとしている. **지르퉁히** 副 むっとして. つんとして. 膨れっ面をして.

지름 名〔數〕直径. 差し渡し.

지름길 名 近道. 早道. ¶~로 가다 近道をする/합격에의 ~ 合格への近道.

지릅뜨기 名 上目づかい.

지릅뜨다 他 上目をつかう. 目をつり上げる. 上目で見る. ¶지릅뜨고 상대의 안색을 살피다 上目をつかって相手の顔色をうかがう.

지리¹〔地利〕名 地利. **1** 地の利. **2** 土地の産物から得る利益. **3** 土地から得る利益.

지리²〔地理〕名 地理. **1** 地形·道路などの状態. ¶~적 위치 地理的な位置. **2** 〔'지리학'의 준말〕 地理学. **3** 地球上の気候·生物·山と川·都市·交通·住民·産業などの状態. **4** 〔'풍수지리'의 준말〕 ☞풍수(風水)

지리학〔一學〕名 地理学.

지리다¹ 他 (大·小便をこらえきれず) 少しもらす. ちびる.

지리다² 形 小便臭い.

지리멸렬〔支離滅裂〕名 하自 支離滅裂. ¶대열이 ~하다 隊列が支離滅裂になる/~한 발언 支離滅裂な発言.

지린내 名 小便臭いにおい.

-지마는 語尾 …だが. …けれど. ¶돈도 돈이~ 우선 건강이다 お金も大事だがまず健康だ/누추한 곳이~ 들어오십시오 むさくるしい所ですが, どうぞお上がりください.

지망〔志望〕名 하他 志望. ¶~자 志望者/법관을 ~하다 法官を志望する.

지망지망 副 하形 **1** 〔어리석고 둔한 모양〕 うかうか(と). ぼやぼや(と). **2** 〔경박하고 조심성이 없는 모양〕 軽はずみに. 軽々しく.

지맥¹〔支脈〕名 支脈. **1** (山脈·血脈などで) 主脈から分かれた脈. **2** 〔植〕 (葉脈の) 支脈.

지맥²〔地脈〕名〔地〕地脈.

지머리 副 じっくり. 心ゆくまで. 根気づよく. ¶~ 책을 읽다 じっくり本を読む/~ 음악을 듣다 心ゆくまで音楽を聞く.

지면¹〔地面〕名 地面. 地べた. ¶~에 주저앉다 地べたに腰を下ろす.

지면²〔知面〕名 하自 **1** 顔見知り. 面識. 知り合い. ¶그 사람과는 ~이 없다 彼とは面識がない. **2** 初対面で知り合いになること.

지면³〔紙面〕名 紙面. **1** 紙の表面. **2** (新聞の) 紙上.

지면⁴〔誌面〕名 誌面. (雑誌の) 誌上.

지멸있다 形 まじめで粘り強い. 根気強い.

지명¹〔地名〕名 地名.

지명²〔地鳴〕名 하自 地鳴り.

지명³〔知名〕名 하形 知名. ¶~도 知名度/~한 문학 박사 知名な文学博士.

지명⁴〔知命〕名 하自 知命. **1** 天命を知ること. **2** 50歳の別称.

지명⁵〔指名〕名 하他 指名. 名指し. ¶~ 수배 指名手配/~ 입찰 指名入札/~을 받다 指名を受ける.

지명 타자〔一打者〕名 指名打者.

지명 투표〔一投票〕名 指名投票.

지모〔智謀〕名 知謀. 知略.

지목¹〔地目〕名 地目. 土地の用途を示す名称. ¶~ 변경 地目変更.

지목²〔指目〕名 하他 指目. 指さして見ること. 目星をつけること. ¶그 사람을 범인으로 ~하다 彼を犯人だと目星をつける.

지묘〔至妙〕名 하形 至妙. 絶妙. きわめて優れて巧みなこと.

지묵〔紙墨〕名 紙墨. 紙と墨.

지문¹〔地文〕名 **1** 〔地〕 地文. 大地のありさま〈山·川·谷·平野など〉. **2** 〔'지문학'의 준말〕 地文学.

지문학〔一學〕名〔地〕地文学.

지문²〔地文〕名 (戯曲の) ト書き.

지문³〔指紋〕名 指紋. ¶~ 채취 指紋採取/~이 남다 指紋が残る/~을 찍다 指紋を現わす.

지문법〔一法〕名〔法〕指紋法.

지물¹〔地物〕名 **1** 地物. **2** 〔軍〕 敵の攻撃から身を隠すことができる物体.

지물²〔紙物〕名 紙の総称.

지물상〔一商〕名 紙屋.

지물포〔一舗〕名 紙屋.

지반〔地盤〕名 地盤. **1** 地面. **2** 工作物の基礎となる土地. ¶~의 침강 地盤の沈降. **3** 根拠地. 基礎. ¶활동 ~ 活動地盤/선거 ~을 굳히다 選挙の地盤を固める. **4** 成功した地位[場所]. ¶그 사람의 ~은 종교계다 彼の地盤は宗教界だ.

지반 공사〔一工事〕名〔建〕地盤工事. 土台工事.

지방¹〔地方〕名 地方. ¶~ 신문 地方紙/남부 ~ 南部地方/~ 자치 단체 地方自治団体.

지방 검찰청〔一檢察廳〕名 地方検察庁.

지방 공무원〔一公務員〕名 地方公務員.

지방 공연〔一公演〕名 地方公演.

지방 법원〔一法院〕名〔法〕地方裁判所.

지방색〔一色〕名 地方色. ローカルカ

ラー.
지방세〔一税〕 名 地方税.
지방판〔一版〕 名 地方版.
지방 행정〔一行政〕 名 地方行政.
지방²〔脂肪〕 名 脂肪. ¶ ~분 脂肪分.
지방산〔一酸〕 名〔化〕 脂肪酸.
지방유〔一油〕 名〔化〕 脂肪油. 油脂.
지방층〔一層〕 名〔生〕 脂肪層.
지방³〔紙榜〕 名 (紙の)位牌.
지배〔支配〕 名 하他 支配. ¶ ~자 支配者 / ~인 支配人 / ~ 계급 支配階級.
지배권〔一權〕 名 支配権.
지번〔地番〕 名 地番. 土地の番号.
지법〔地法〕 名 〔'지방 법원'의 준말〕 地裁.
지변¹〔支辨〕 名 하他 支弁〈債務を返済するために金品を支払うこと〉.
지변²〔地變〕 名〔地〕 地変. 地殻の運動. ¶ 천재 ~ 天災地変.
지병〔持病〕 名 持病. ¶ ~으로 고생하다 持病に苦しむ.
지보〔至寶〕 名 至宝. ¶ 학계의 ~ 学界の至宝.
지부〔支部〕 名 支部.
지분¹〔持分〕 名〔法〕 持ち分. 持ち前.
지분²〔脂粉〕 名 脂粉. 紅とおしろい.
지분거리다〔-대다〕 自 他 **1** 〔말이나 행동으로 귀찮게 하다〕 嫌がらせをする. 意地悪くからかう. ¶ 여자한테 ~ 女をからかう. **2** 〔음식에 모래가 섞여 씹히다〕 じゃりじゃりする. ¶ 입 안이 모래로 지분거린다 口の中が砂でじゃりじゃりする.
지분지분 副 하自他 **1** ねちねち(と). **2** じゃりじゃり(と).
지불〔支拂〕 名 하他 支払い. ¶ ~ 기한이 넘다 支払い期限が過ぎる / 현금으로 ~해 주세요 現金で支払ってください.
지불인〔一人〕 名 支払い人.
지붕 名 **1** 屋根. ¶ 기와 ~ 瓦屋根 / ~을 이다 屋根を葺く / ~이 새다 雨漏りがする. **2** 覆い.
지붕 물매 名〔建〕 屋根の勾配.
지빠귀 名〔動〕 鶫.
지사¹〔支社〕 名 支社. ¶ ~장 支社長.
지사²〔志士〕 名 志士. ¶ 우국 ~ 憂国の志士.
지사³〔知事〕 名 〔'도지사'의 준말〕 知事.
지사제〔止瀉劑〕 名〔藥〕 止瀉剤. 下痢止め.
지상¹〔地上〕 名 地上. 反 地下. ¶ ~ 9층의 건물 地上9階の建物.
지상경〔一莖〕 名〔植〕 地上茎.
지상군〔一軍〕 名〔軍〕 地上軍. 陸軍.
지상권〔一權〕 名〔法〕 地上権.
지상²〔至上〕 名 至上. 最上. ¶ ~ 명령 至上命令.
지상신〔一神〕 名 至上神.
지상³〔地相〕 名 地相. **1** 地の吉凶をみること. **2** 地形.
지상⁴〔紙上〕 名 紙上. 紙面. 新聞の記事面. ¶ ~에 발표하다 紙上に発表する.
지상⁵〔誌上〕 名 誌上. 誌面.
지새다 自 (夜が)明ける. (月が沈んで)朝になる.
지새우다 他 (夜を)明かす. (夜を)過ごす. ¶ 책을 읽으며 밤을 지새웠다 本を読んで夜を明かした.
지서〔支署〕 名 支署. 派出所.
지선¹〔支線〕 名 支線.
지선²〔至善〕 名 하形 至善. 最高善. ¶ 지고 ~한 사람 至高至善の人.
지설〔持說〕 名 持説. 持論.
지성¹〔至誠〕 名 하形 至誠. (この上ない)真心. きわめて誠実なこと.
지성껏 副 至誠を尽くして. 真心を込めて.
지성²〔知性〕 名 知性. ¶ ~이 있다[없다] 知性がある[ない].
지성인〔一人〕 名 **1** 知性を持った人. **2** 知性人. ホモサピエンス.
지세¹〔地稅〕 名〔法〕 地税. 地租.
지세²〔地勢〕 名 地勢. ¶ ~가 험하다 地勢が険しい.
지소〔支所〕 名 支所.
지소사〔指小辭〕 名〔言〕 指小辞.
지속¹〔持續〕 名 하自他 持続. ¶ ~력 持続力.
지속²〔遲速〕 名 遅速.
지수〔指數〕 名 指数. ¶ 물가 ~ 物価指数 / 불쾌~ 不快指数 / 지능 ~ 知能指数.
지순〔至純〕 名 하形 至純. ¶ ~한 시골 처녀 至純な田舎娘.
지스러기 名 選り屑. 残りかす. 裁ち屑. 選り残り.
지시〔指示〕 名 하他 指示. 指し示すこと. 指図. ¶ ~ 사항 指示事項 / ~에 따르다 指示に従う / 적절한 ~ 適切な指示.
지시약〔一藥〕 名〔化〕 指示薬.
지식〔知識〕 名 知識. ¶ ~ 계급 知識階級 / ~ 수준 知識水準 / ~욕 知識欲 / ~인 知識人 / ~층 知識層 / 어설픈 ~ 生半可な知識 / ~이 풍부하다 知識が豊富だ.
지식 산업〔一産業〕 名 知識産業.
지신〔地神〕 名 地神. 地の神.
지실〔知悉〕 名 하他 知悉. 精通.
지심〔地心〕 名〔地〕 地心. 地核. ¶ ~ 경도 地心経度 / ~ 위도 地心緯度 / ~ 지평 地心地平 / ~ 천정 地心天頂.
지싯거리다〔-대다〕 自 しつこくねだる. うるさくせびる.
지싯지싯 副 하自 しつこくねだるようす.
지아비 名 **1** (自分の夫を卑下して)愚夫. **2** (昔の)下女の夫.
지압〔指壓〕 名 하他 指圧.
지압법〔一法〕 名 指圧法.
지약〔持藥〕 名 持薬.
지양〔止揚〕 名 하他〔哲〕 止揚.
지어내다 他 つくり出す. 創作する. ¶ 괴로운 나머지 지어낸 이야기 苦しまぎれに創作した話.
지어미 名 (自分の妻を卑下して)愚妻.
지언〔至言〕 名 至言. 適切に言い表わした言葉.
지엄하다〔至嚴一〕 形 きわめて厳かだ. 至って厳しい.

지업〔紙業〕 名 紙の生産·売買の営業.
지에 名 〔'지에밥'의 준말〕 蒸し飯.
 지에밥 名 (酒や餅をつくるための)蒸し飯. 強飯.
지역〔地域〕 名 地域. ¶ 농촌 ~ 農村地域 / ~ 사회 地域社会.
 지역 개발〔一開發〕 名 地域開発.
 지역구〔一區〕 名 (選挙の)地方区.
 지역 단체〔一團體〕 名〔法〕 地域団体.
 지역 방어〔一防禦〕 名 地域防禦. ゾーンディフェンス.
지연1〔地緣〕 名 地縁.
지연2〔遲延〕 名 하自他 遅延.
 지연작전〔一作戰〕 名 遅延作戦. 引き延ばし作戦.
지열〔地熱〕 名 地熱·じねつ. ¶ ~ 발전 地熱発電.
지엽〔枝葉〕 名 枝葉. えだは. **1** 木の枝と葉. **2** 物事の重要でない部分. ¶ ~ 말절 枝葉末節 / ~적인 문제 技葉の問題.
지옥〔地獄〕 名 **1** 地獄. ¶ ~에 떨어지다 地獄に落ちる. **2** 地獄. ¶ 교통 ~ 交通地獄 / 생 ~ 生き地獄.
지용〔智勇〕 名 知勇. ¶ ~ 겸비 知勇兼備.
지우1〔知友〕 名 知友.
지우2〔知遇〕 名 하自 知遇. ¶ ~를 받다 知遇を受ける.
지우개 名 **1** 絵[文字]を消すもの. ¶ 칠판 ~ 黒板ふき. **2** 〔'고무지우개'의 준말〕 消しゴム. ¶ ~로 지우다 消しゴムで消す.
지우다1 他 (なかったものを)新たに生じさせる. ¶ 그늘을 ~ 陰をつくる.
지우다2 他 **1** (跡を)なくす. 消す. 落とす. ¶ 흔적을 ~ 跡かたをなくす / 글씨를 ~ 字を消す / 때를 ~ 垢を落とす. **2** 絶つ. ¶ 숨을 ~ 息を絶つ〈死ぬ〉. **3** 中絶する. ¶ 뱃속의 아이를 ~ お中の子を中絶する. **4** 落とす. こぼす. ¶ 눈물을 ~ 涙をこぼす.
지우다3 他 弓弦をはずす.
지우다4 他 負かす. ¶ 한 점 차로 ~ 一点差で負かした.
지우다5 他 負わす. 背負わす. ¶ 짐을 ~ 荷を負わす / 빚을 ~ 借金を負わせる / 책임을 ~ 責任を負わす.
지우산〔紙雨傘〕 名 唐傘. 番傘. ¶ ~을 받다 唐傘を差す.
지원1〔支援〕 名 하他 支援. ¶ ~군 支援部隊 / 자금을 ~하다 資金を支援する / ~의 손길을 내밀다 支援の手をさしのべる.
지원2〔志願〕 名 하他 志願. ¶ ~자 志願者 / ~병 志願兵 / 문과를 ~하다 文科を志願する.
지위〔地位〕 名 地位. **1** 居所. 位置. 立場. ¶ 경제계에 있어서의 ~ 経済界における地位. **2** 身分. 位. 階級. ¶ ~가 오르다 地位が上がる / 여성의 ~가 높아지다 女性の地位が高まる. **3** 地勢.
지육1〔脂肉〕 名 脂肉. 脂身.
지육2〔智育〕 名 知育.
지은이 名 作者. 著者.
지의〔地衣〕 名〔植〕 地衣.
 지의대〔一帶〕 名〔植〕 地衣帯.
 지의류〔一類〕 名〔植〕 地衣類.
지이〔地異〕 名 地異. ¶ 천변~ 天変地異.
지이다 補形 〔뜻대로 되기를 바라는 뜻을 나타내는 말〕 …されんことを. …ますように. ¶ 소원이 이루어~ 願いがかないますように.
지인〔知人〕 名 하自 **1** 知人. 知己. **2** 人となりを見分けること.
지자1〔知者〕 名 知者. 賢明な人.
지자2〔智者〕 名 智者. 聡明な人.
지자기〔地磁氣〕 名〔物〕 地磁気.
지장1〔支障〕 名 支障. 差し障り. 差し支え. 障り. ¶ ~을 초래하다 支障を来たす / 작업에 ~이 있다 作業に差し障りがある / ~이 없도록 해 주세요 支障のないようにしてください.
지장2〔地藏〕 名〔佛〕〔'지장보살'의 준말〕 地蔵.
 지장보살〔一菩薩〕 名〔佛〕 地蔵菩薩.
지장3〔指章〕 名 拇印. ¶ ~을 찍다 拇印を捺す.
지장4〔智將〕 名 知将.
지저귀다 自 さえずる. **1** (小鳥が)しきりに鳴く. ¶ 종다리가 지저귀는 봄 ひばりのさえずる春. **2** (子供たちが)しきりにしゃべる. ¶ 신나게 지저귀는 아이들 楽しげにしゃべっている子供たち.
지저깨비 名 (製材·鉋かけなどで生じる)木屑.
지저분하다 形 **1** きたならしい. けがらわしい. きたない. むさくるしい. 散らかっている. ¶ 복장이 ~ 服装がきたならしい. **2** みだらだ. ¶ 지저분한 행동 みだらな行ない / 지저분한 사람 ふしだらな人間.
지적1〔地積〕 名 地積. 土地の面積. ¶ ~ 측량 地積測量.
지적2〔地籍〕 名 地籍. 土地の記録. ¶ ~ 대장 地籍台帳.
 지적도〔一圖〕 名 地籍図.
지적3〔知的〕 冠 名 知的. ¶ ~ 수준 知的水準 / ~인 분위기의 여자 知的な雰囲気の女性.
 지적 소유권〔一所有權〕 名 知的所有権.
지적4〔指摘〕 名 하他 指摘. ¶ 결점을 ~하다 欠点を指摘する.
지적지적 副 하形 じめじめしたようす. ¶ ~한 길 じめじめした道.
지전1〔紙錢〕 名 紙幣. 札.
지전2〔紙廛〕 名 紙屋.
지절거리다[-대다] 自 **1** さえずる. **2** 小声でぺちゃぺちゃしゃべる. ¶ 아이들이 ~ 子供たちがぺちゃぺちゃしゃべっている. **3** ぶつぶつ小言を並べたてる. ¶ 그까짓 일로 언제까지나 지절거릴 참이냐? それくらいのことでいつまでぶつぶつ言うつもりなのか.
 지절지절 副 하自 **1** 小鳥がさえずる声. **2** 〔수다스럽게 자꾸 지껄이는 모양[소리]〕 ぺちゃぺちゃ(と). **3** 〔자꾸 불평하는 모양〕 ぶつぶつ(と).
지점1〔支店〕 名 支店. 反 本店. ¶ ~장 支店長 / ~을 내다 支店を出す.

지점²〔支點〕 名 支点.

지점³〔地點〕 名 地点. ¶ 출발 ～ 出発地点.

지정¹〔地釘〕 名 **1**〔建〕建築物の地盤を固めるために打ち込む杭. **2** ものごとの地盤.

지정다지다 他 地盤を固めるために杭を打ち込む.

지정²〔至情〕 名 **1** 非常に親しい真情. **2** 近親. **3** 至情. 真心.

지정³〔至精〕 名 하形 至精. この上なく純粋であること.

지정지밀〔一至密〕 名 하形 きわめて精密なこと.

지정⁴〔指定〕 名 하他 指定. ¶ 면회 시간을 ～하다 面会時間を指定する.

지정사〔一詞〕 名〔言〕指定詞.

지정머리 名 (ふつうと変わった)悪い癖.

지정학〔地政學〕 名〔政〕地政学.

지조¹〔地租〕 名 地租.

지조²〔志操〕 名 志操. 固い志. ¶ ～를 지키다 志操を守る.

지족〔知足〕 名 하自 知足. 身のほどを知って満足すること.

지존〔至尊〕 名 하形 至尊. **1** 最も尊いこと. **2** 王の尊敬語.

지주¹〔支柱〕 名 支柱. **1** 支えとなる柱. ¶ 물받이의 ～ 樋の支柱. **2** (物事の)支えとなる大事な物. ¶ 한 집안의 ～를 잃다 一家の支柱を失う.

지주²〔地主〕 名 地主. **1** 土地の所有者. **2** 他人に土地を貸して地代を得る人. **3** その土地に住む人.

지주³〔持株〕 名 持ち株.

지주 회사〔一會社〕 名〔經〕持ち株会社.

지중〔地中〕 名 **1** 地中. ¶ ～ 온도계 地中温度計. **2** 墓穴の中.

지중선〔一線〕 名 地中ケーブル.

지중 식물〔一植物〕 名〔植〕地中植物.

지중해〔地中海〕 名〔地〕地中海. ¶ ～성 기후 地中海性気候.

지지¹〔支持〕 名 하他 支持. ¶ 대중이 ～하는 정당 大衆が支持する政党 / 절대적인 ～를 받다 絶対的な支持を受ける.

지지²〔地支〕 名〔民俗〕十二支.

지지³〔地誌〕 名 **1** 地誌. ¶ 향토의 ～ 郷土の地誌. **2**〔'지지학(地誌學)'의 준말〕地誌学.

지지학〔一學〕 名 地誌学.

지지난 冠 その前の前. 先々般.

지지난달 名 先々月. 前々月.

지지난밤 名 おとといの晩.

지지난번〔一番〕 名 この前の前. 前々回.

지지난주〔一週〕 名 先々週.

지지난해 名 一昨年. おととし.

지지다 他 **1** (水を少し入れて)煮る. 煮つめる. ¶ 생선을 ～ 魚を煮る. **2** (鉄板などに油をひいて)焼く. ¶ 빈대떡을 ～ ピンデトックを焼く. **3** (熱い物を他の物に当てて)焼く. 焦がす. ¶ 환부를 ～ 患部を焼く.

◆**지지고 볶다** ① 煮たり焼いたりして料理をたくさん用意する. ¶ 온 집안이 지지고 볶고 야단이다 一家こぞってごちそうづくりに大わらわだ. ② (人を)いびる. 痛めつける. ③ (髪に)パーマをかける.

지지랑물 名 (雨がやんだあとわらぶき屋根の軒から落ちる)どす黒い雨だれ.

지지러뜨리다〔-트리다〕 他 **1** (ひどく驚いて体を)震わせる. すくめる. 縮める. ¶ 놀라서 몸을 ～ 驚いてぴくっと体をすくめる. **2** なえさせる. しなびさせる.

지지러지다 自 **1** (ひどく驚いて体が)すくむ. 縮こまる. ¶ 몸이 지지러지도록 놀라다 身が縮むほどびっくりする. **2** (生物が病気で発育が悪く)しおれる. なえる.

지지르다 他 **1** (人の気勢や意見などを)くじく. 抑えつける. ¶ 남의 의견을 ～ 人の意見を抑えつける. **2** (重い物で)押さえつける. ¶ 독에 절인 배추를 돌로 ～ 甕に塩漬けにした白菜を重しで押さえつける.

지지름돌 名 重しに使う石.

지지리 副 ひどく. はなはだ. ¶ 고생도 ～ 많이 하는구나 実に苦労ばかりしているなあ / 글씨를 ～ 못 쓴다 字がとても下手くそだ.

지지배배 副〔종달새의 우는 소리〕ピーチクパーチク(と).

지지부진〔遲遲不進〕 名 하自 遅々として進まないこと.

지지하다 形 **1** つまらない. くだらない. ¶ 지지한 소리는 집어치워요 くだらない話はよしてください. **2** 遅々としている. 非常に遅い. ¶ 작품이 지지하게 진척되지 않는다 作品が遅々としてはかどらない.

지직하다 形 (粉の練り具合が)やや柔らかい.

지진〔地震〕 名〔地〕地震. ¶ ～계 地震計 / ～ 단층 地震断層 / ～대 地震帯 / ～파 地震波 / ～학 地震学.

지진아〔遲進兒〕 名 遅進児. 学業遅滞児.

지질¹〔地質〕 名〔地〕地質. ¶ ～ 시대 地質時代 / ～학 地質学 / ～ 조사 地質調査.

지질²〔脂質〕 名 脂質.

지질³〔紙質〕 名 紙質. 紙の質.

지질리다 自〔'지지르다'의 피동사〕押さえつけられる.

지질맞다 形 たわいない. つまらない. くだらない. ¶ 지질맞은 놈 ふがいないやつ.

지질지질 副 하形 **1**〔습기나 물기가 많은 모양〕じめじめ(と). じとじと(と). **2**〔보잘것없고 번번하지 못한 모양〕だらだら(と). でれでれ(と).

지질컹이 名 (抑えつけられて)いじけている人.

지질하다¹ 形 取るに足りない. くだらない.

지질하다² 形 飽きるほど退屈だ. 飽き飽きする.

지짐이 名〔料理〕**1** お好み焼きに似た辛めの煮込み. **2** 鉄板焼き.

지짐질 名 하自 煮詰めること. 油を少しひいて焼くこと.

지참[1]〔持參〕 名 하他 持参. ¶ ～인 持参人 / ～금 持参金 / 도시락을 ～하다 弁当を持参する.
지참[2]〔遲參〕 名 하自 遅参. 遅刻.
지척〔咫尺〕 名 咫尺. きわめて近い距離. ¶ ～지간 咫尺の間.
〔속담〕 **지척이 천 리라** 咫尺が千里だ〈近所に住みながら長い間会わないので遠くに住んでいるようである〉.
지척거리다〔-대다〕 他 (歩く元気がなくて足を引きずりながら)よたよた歩く.
지척지척 副 하他 〔힘없이 다리를 끌면서 억지로 걷는 모양〕よろよろ(と). よたよた(と).
지천〔至賤〕 名 하形 **1** (門閥·地位が)きわめて卑しいこと. **2** ありふれていること. どこにでもあること.
지청〔支廳〕 名 (官庁の)支庁.
지청구 名 하他 (いわれのない)非難. そしり. とがめ. ¶ ～를 먹다 非難を受ける.
지체[1] 名 **1** 代々伝わる身分. 家柄. ¶ ～가 좋다 家柄がよい. **2** (社会的な)体面. 威信.
지체[2]〔肢體〕 名 肢体. ¶ ～부자유아 肢体不自由児.
지체[3]〔遲滯〕 名 하自他 遅滞. 遅れること. ¶ 우천으로 일이 ～되다 雨天のため仕事が遅滞する / ～ 없이 신고하다 遅滞なしに届ける.
지축〔地軸〕 名〔地〕地軸.
지출〔支出〕 名 하他 支出. ¶ ～부 支出簿 / ～액 支出額 / 이 달에는 ～이 많다 今月は支出が多い.
지층〔地層〕 名〔地〕地層.
지치 名〔植〕紫.
지치다[1] 自 疲れる. くたびれる. へたばる. ¶ 긴 여행으로 ～ 長旅でくたびれる / 등산 도중에 지쳐서 주저앉다 山登りの途中でへたばる / 가난한 살림에 이제는 지쳤다 貧乏暮らしにもう疲れた / 기다리다 지쳐서 자 버렸다 待ちくたびれて寝てしまった.
지치다[2] 他 (氷の上を)滑る. ¶ 얼음판을 ～ 氷の上を滑る.
지치다[3] 他 (門を差さないで門を)閉める. ¶ 사립문을 ～ 枝折戸を閉める.
지친〔至親〕 名 하形 **1** 至親. 近親. **2** この上なく親しいこと.
지친것 依名 〔어떤 일에 오래 종사하다가 물러난 사람을 얕잡아 이르는 말〕…くずれ. …上がり. ¶ 선생 ～ 先生上がり.
지침〔指針〕 名 **1** (計器の)指針. ¶ 계기의 ～ 計器の指針. **2** (行動の)手引き. 指針. ¶ 행동 ～ 行動の指針.
지침서〔—書〕 名 指針書. 手引き書.
지칭〔指稱〕 名 하他 指して称すること.
지키다 他 **1** 守る. 保護する. 留守番をする. ¶ 성을 ～ 城を守る / 집을 ～ 留守番をする / 가게를 ～ 店を見る. **2** (約束·規則·志操·貞操·秘密などを)守る. 保つ. 遵守する. ¶ 법을 ～ 法を守る / 약속을 ～ 約束を守る / 정조를 ～ 貞操を守る / 학자로서의 지조를 ～ 学者としての志操を守る. **3** (ある状態をそのまま)保つ. 維持する. ¶ 언제까지고 젊음을 ～ いつまでも若さを保つ.
지킴 名〔民俗〕守り神. 福の神.
지탄〔指彈〕 名 하他 指弾. 非難. ¶ 세상의 ～을 받다 世の指弾を受ける.
지탱〔支撐〕 名 하他 持ちこたえること. 支えること. ¶ 이 정도면 5년은 ～한다 これぐらいなら5年は持ちこたえる. / 집안 살림을 ～해 나가다 家計を支えていく.
지통〔止痛〕 名 하自 止痛.
지파〔支派〕 名 支派. 分派.
지팡이 名 杖. ¶ ～를 짚고 걸어가다 杖をついて歩く.
지퍼〔zipper〕 名 ジッパー. ファスナー.
지평〔地平〕 名 **1** 地平. ¶ ～면 地平面. **2** 〔'지평선'의 준말〕地平線.
지평 거리〔—距離〕 名〔地〕地平距離.
지평선〔—線〕 名 地平線.
지폐〔紙幣〕 名 紙幣. 札. ¶ 위조 ～ 偽造紙幣.
지폐 본위 제도〔—本位制度〕 名〔經〕紙幣本位制度.
지표[1]〔地表〕 名 地表. ¶ ～면 地表面 / ～수 地表水.
지표[2]〔指標〕 名 指標. ¶ 교육의 ～로 삼다 教育の指標にする.
지푸라기 名 藁くず.
지프〔jeep〕 名 ジープ〈四輪駆動の軽自動車〉.
지피다[1] 自〔民俗〕神が乗り移る. 神がかりになる.
지피다[2] 他 (かまど·ストーブなどに薪を)くべる. ¶ 아궁이에 장작을 ～ かまどに薪をくべる.
지피지기〔知彼知己〕 名 하自 彼を知り己を知ること.
지필〔紙筆〕 名 紙筆. 紙と筆.
지필묵〔—墨〕 名 紙と筆と墨.
지하〔地下〕 名 **1** 地下. 地の下. 地中. あの世. 反 地上. ¶ ～도 地下道 / ～선 地下線 / ～수 地下水 / ～실 地下室 / ～ 자원 地下資源 / ～ 100미터까지 파다 地下100メートルまで掘る. **2** 非合法的なこと. ¶ ～ 공작 地下工作 / ～ 조직 地下組織 / ～로 잠적하다 地下に潜る.
지하경〔—莖〕 名〔植〕地下茎.
지하 경제〔—經濟〕 名〔經〕地下経済.
지하상가〔—商街〕 名 地下街. 地下の商店街.
지하 운동〔—運動〕 名〔社〕地下運動. 地下活動.
지하철〔—鐵〕 名 地下鉄.
지하층〔—層〕 名〔建〕地階.
지하 케이블〔—cable〕 名 地下ケーブル.
지하 핵실험〔—核實驗〕 名 地下核実験.
지학〔地學〕 名 地学.
지한제〔止汗劑〕 名〔藥〕止汗剤.
지핵〔地核〕 名〔地〕地核.
지행〔知行〕 名 知行. 知識と行為. ¶ ～일치 知行一致.
지행합일설〔—合一說〕 名〔哲〕知行合一説.
지향[1]〔志向〕 名 하自他 志向. 意向.

目指すこと. ¶소비자의 ~을 조사하다 消費者の志向を調べる.
지향성¹〔一性〕名 志向性.
지향²〔指向〕名 하自他 指向. ¶통일을 ~하다 統一を指向する.
지향성²〔一性〕名 指向性. ¶~ 안테나 指向性アンテナ.
지향 없다 形 (目指す)当てがない. ¶지향 없는 여행 当てどもない旅行. **지향 없이** 副 当てもなく. 定めなく. ¶~ 거리를 헤매다 当てもなく町をさまよう.
지혈〔止血〕名 하自他 止血. ¶~면 止血綿 / ~법 止血法 / ~제 止血剤.
지형¹〔地形〕名 地形. ¶~도 地形図 / ~ 측량 地形測量 / ~학 地形学.
지형²〔紙型〕名〔印〕紙型. ¶~을 뜨다 紙型を取る.
지혜〔智慧〕名 知恵. ¶~를 짜내다 知恵を絞り出す.
지혜롭다 形 知恵がある. 賢い. ¶지혜로운 사람 知恵のある人.
지호〔指呼〕名 하他 指呼. 指さして呼ぶこと. ごく近いこと.
지호지간〔一之間〕名 指呼の間.
지화자 感 歌舞の調子に合わせ一段と興を添えようと唱える歌声.
지환〔指環〕名 指輪. ¶~을 끼다 指輪をはめる.
지효〔遲效〕名 遅効. ¶~성 비료 遅効性肥料.
지휘〔指揮〕名 하他 指揮. ¶~관 指揮官 / ~대 指揮台 / ~도 指揮刀 / ~자 指揮者 / ~권 指揮権 / ~봉 指揮棒 / 작전을 ~하다 作戦を指揮する.
직¹〔職〕 **I** 名 職.
II 接尾 …職. ¶사무~ 事務職.
직² 副 하自 **1**〔선이나 글씨의 획을 한 번에 긋는 모양〕さっと. すっと. ¶선을 ~ 긋다 線をすっと引く. **2**〔종이 등을 찢는 소리〕びりっと. ¶종이를 ~ 찢다 紙をびりっと破る.
직³ 副 人や鳥などが小便やふんをひっかけるようす.
직각¹〔直角〕名〔數〕直角. ¶~ 삼각형 直角三角形.
직각²〔直覺〕名 하他 **1** 直覚. 直感. **2**〔哲〕直覚. 直観.
직각력〔一力〕名 直覚力. 直感力.
직간〔直諫〕名 하他 直諫. 率直にいさめること. ¶장관에게 ~하다 大臣に直諫する.
직감〔直感〕名 하他 直感. ¶사태가 심상치 않음을 ~했다 事態が尋常でないのを直感した.
직거래〔直去來〕名 하自他 直取り引き.
직결〔直結〕名 하他 直結. ¶사활에 ~되는 문제 死活に直結する問題.
직경〔直徑〕名〔數〕直径. ¶~ 10센티미터의 원 直径10センチの円.
직계〔直系〕名 直系. ¶~ 자손 直系子孫 / ~ 친족 直系親族.
직계 비속〔一卑屬〕名〔法〕直系卑属.
직계 인척〔一姻戚〕名〔法〕直系姻族.
직계 존속〔一尊屬〕名〔法〕直系尊属.
직계친〔一親〕名〔法〕直系親族.
직계 혈족〔一血族〕名〔法〕直系血族.
직고〔直告〕名 하他 ありのままを告げること. ¶이실~하다 事実をありのままに話す.
직공¹〔職工〕名 工員. 職人. ¶여자 ~ 女子工員.
직공²〔織工〕名 織工. 織物工.
직관〔直觀〕名 하他 直観.
직관상〔一像〕名〔心〕直観像.
직관적〔一的〕冠名 直観的.
직관주의〔一主義〕名 直観主義.
직구〔直球〕名 (野球で)直球. ¶~를 던지다 直球を投げる.
직권〔職權〕名 職権. ¶~을 행사하다 職権を行使する / ~ 남용 職権乱用.
직권주의〔一主義〕名〔法〕職権主義.
직권 처분〔一處分〕名 하他〔法〕職権処分.
직급¹〔職級〕名 職級. ¶서기관 ~ 書記官の職級.
직급²〔職給〕名 職給. 職務給.
직기〔織機〕名 織機.
직납〔直納〕名 하他 直納. 直接納入すること.
직녀〔織女〕名 **1** 織女. 機を織る女性. **2**〔'직녀성'의 준말〕織女星.
직녀성〔一星〕名〔天〕織女星.
직능〔職能〕名 職能. ¶~급 職能給.
직답〔直答〕名 하自他 **1** 直答. 人を介さずに直接答えること. ¶책임자의 ~을 요구하다 責任者の直答を要求する. **2** 直答. 即答. ¶~을 피하다 即答を避ける.
직렬〔直列〕名〔電〕直列. 反 並列.
직류〔直流〕名 直流. **1** まっすぐな流れ. **2**〔電〕直流.
직류 발전기〔一發電機〕名〔電〕直流発電機.
직류 전동기〔一電動機〕名〔電〕直流電動機.
직류 전류〔一電流〕名〔電〕直流電流.
직립〔直立〕名 하自 直立. **1** まっすぐに立つこと. ¶~ 부동 直立不動. **2** まっすぐそびえること. **3** 垂直.
직립경〔一莖〕名〔植〕直立茎.
직립 원인〔一猿人〕名 直立猿人. ピテカントロプスエレクトゥス.
직매〔直賣〕名 하他 直売. ¶~점 直売店 / ~품 直売品 / 공장에서 ~되는 상품 工場で直売される商品.
직면〔直面〕名 하自 直面. ¶난국에 ~하다 難局に直面する.
직명〔職名〕名 職名.
직무〔職務〕名 職務. ¶~ 유기 職務遺棄 / ~ 범죄 職務犯罪 / ~를 수행하다 職務を遂行する.
직무 권한〔一權限〕名 職務権限.
직무 수당〔一手當〕名 職務手当て.
직물〔織物〕名 織物. ¶면~ 綿織物 / 모~ 毛織物 / ~을 짜다 織物を織る.
직방〔直放〕名 覿面. 効き目がすぐ現われること. ¶이 약을 먹으면 ~으로 낫습니다 この薬を飲んだらすぐ治ります.
직배〔直配〕名 하他 直配. 直接配達[配給]すること.
직분〔職分〕名 職分. 役目. ¶~을

다하다 職分を果たす.

직사〔直射〕 名 하自他 直射. ¶ ~ 광선 直射日光 / ~ 도법 直射図法.

직사포〔―砲〕 名〔軍〕 直射砲.

직사각형〔直四角形〕 名 長方形.

직삼각형〔直三角形〕 名〔數〕 直角三角形.

직선¹〔直線〕 名 直線. 反 曲線. ¶ ~ 거리 直線距離 / ~미 直線美 / ~형 直線形 / ~ 코스 直線コース.

직선²〔直選〕 名 하他 〔'직접 선거(直接選擧)'의 준말〕 直接選挙.

직설〔直說〕 名 하他 直説. ¶ ~법 直説法.

직성〔直星〕 名〔民俗〕 人の年齢によってその人の運勢をつかさどるという九つの星.

◆**직성이 풀리다** (望みや願いがかなって)気がすむ. 満足する. ¶ 일등을 하지 않으면 ~이 풀리지 않는 성미다 1番にならなければ気がすまないたちだ.

직소〔直訴〕 名 하他 直訴.

직속〔直屬〕 名 하自 直属. ¶ ~ 부대 直属部隊 / ~상관 直属上官.

직손〔直孫〕 名 直系の子孫.

직송〔直送〕 名 하他 直送. ¶ 산지에서 ~한 야채 産地から直送した野菜.

직수굿하다 形 (おとなしくて)従順だ. 言いなりになる.

직수입〔直輸入〕 名 하他 直輸入.

직수출〔直輸出〕 名 하他 直輸出.

직시〔直視〕 名 하他 直視. ¶ 현실을 ~하다 現実を直視する.

직언〔直言〕 名 하自他 直言. ¶ 상사에게 ~하다 上司に直言する.

직업〔職業〕 名 職業. 稼業. 職. ¶ ~을 구하다 職を求める / ~ 교육 職業教育 / ~ 단체 職業団体 / ~ 선수 職業選手 / ~ 소개소 職業紹介所 / ~ 여성 職業女性 / ~ 의식 職業意識 / ~ 군인 職業軍人.

직업병〔―病〕 名 職業病.

單語帳 직업에 관한 말

회사원 会社員 / 공무원 公務員 / 상인(商人), 장수 商人 / 사무원 事務員 / 교사 教師 / 은행원 銀行員 / 실업가 実業家 / 군인 軍人 / 운전사 運転士 / 가정부 家政婦 / 공원 工員 / 기술자 技術者 / 노동자 労働者 / 경찰관 警察官 / 의사 医師 / 간호사(看護士) 看護婦. 看護士 / 변호사 弁護士 / 건축사 建築士 / 공인 회계사 公認会計士 / 정치가 政治家 / 의원 議員 / 외교관 外交官 / 검사 検事 / 재판관 裁判官 / 판사 判事 / 연예인(演藝人) 芸能人 / 배우 俳優 / 작가 作家 / 화가 画家 / 기자 記者 / 통역 通訳 / 주부 主婦 / 학생 学生

직역〔直譯〕 名 하他 直訳.

직영〔直營〕 名 하他 直営. ¶ ~ 판매점 直営販売店.

직원〔職員〕 名 職員. ¶ 임시 ~ 臨時職員 / ~ 회의 職員会議 / ~ 식당 職員食堂.

직위〔職位〕 名 職位.

직유법〔直喩法〕 名〔言〕 直喩法.

직육면체〔直六面體〕 名〔數〕 直六面体. 直方体.

직인〔職印〕 名 職印. 職務上で用いる印.

직장¹〔直腸〕 名〔生〕 直腸.

직장²〔職場〕 名 職場. 作業場. 仕事場. ¶ ~ 생활 職場生活 / ~에 나가다 会社に出かける.

직전〔直前〕 名 **1** 直前. ¶ 해방 ~ 解放直前. **2** ('-기 직전에'의 꼴로) …する直前に. ¶ 과장님이 도착하기 ~에 전화가 걸려 왔다 課長が着く直前に電話がかかってきた.

직접〔直接〕 名 **1** 直接. 反 間接. ¶ ~ 경험 直接経験 / ~ 비료 直接肥料 / ~ 염료 直接染料 / ~ 화법 直接話法. **2** (부사적으로 쓰여) 直接. じきじきに. ¶ ~ 말씀 드리겠습니다 直接申し上げます / ~ 본인에게 들었다 直接本人から聞いた.

직접 거래〔―去來〕 名〔經〕 直取引. 直接取り引き.

직접비〔―費〕 名〔經〕 直接費.

직접 선거〔―選擧〕 名 直接選挙.

직접세〔―稅〕 名〔法〕 直接税.

직접적〔―的〕 冠名 直接的. ¶ ~인 영향 直接的な影響.

직제〔職制〕 名 職制. ¶ ~ 개편 職制改編.

직조〔織造〕 名 하他 製織. ¶ ~ 공장 織物工場.

직종〔職種〕 名 職種.

직직 副 하他 **1** 〔신을 끌며 걷는 모양[소리]〕 ずるずる(と). ¶ 슬리퍼를 ~ 끌고 간다 スリッパをずるずると引きずって歩く. **2** 〔선을 마구 긋는 모양〕 さっさっと. ¶ 연필로 ~ 그어 버렸다 鉛筆でさっさっと線を入れた. **3** 〔종이나 천을 함부로 찢는 모양[소리]〕 びりびり(と). ¶ 종이를 ~ 찢다 紙をびりびり引き裂く.

직직거리다[-대다] 他 **1** ずるずる引きずる. **2** すっすっと書く. **3** びりびり破る.

직진〔直進〕 名 하自 直進.

직책〔職責〕 名 職責. ¶ ~ 수당 職務手当 / ~을 다하다 職責を果たす.

직통〔直通〕 名 하自 **1** 直通. ¶ ~ 전화 直通電話. **2** (列車・バスなどが) 直通列車. **3** (薬などが) すぐ効くこと.

직파¹〔直派〕 名 直系.

직파²〔直播〕 名 하他〔農〕 直播き. ¶ 볍씨를 ~하다 稲の種を直播きする.

직판〔直販〕 名 하他 直販. 直接販売.

직필〔直筆〕 名 하自他 直筆.

직하〔直下〕 名 하自 **1** 直下. ¶ 적도 ~ 赤道直下 / 급전 ~ 急転直下. **2** 〔韓方〕 疫痢の重症.

직할〔直轄〕 名 하他 直轄. ¶ ~ 구역

直轄区域.

직함〔職銜〕 名 肩書き. 官職名. ¶ ~을 이용하다 肩書きを利用する.

직항〔直航〕 名 하自 直航. ¶ 하와이에 ~하다 ハワイへ直航する.

직행〔直行〕 名 하自 直行. ¶ ~ 버스 直行バス / 퇴근하여 집으로 ~하다 退社して家へまっすぐ帰る.

직후〔直後〕 名 1 直後. ¶ 도착 ~ 到着直後 / 해방 ~ 解放直後. 2 (‘동사의 어간+-ㄴ[-은]직후에’의 꼴로) …した直後に. ¶ 사건이 일어난 ~에 그 사람은 없어졌다 事件が起きた直後に彼はいなくなった.

진[1]〔辰〕 名 辰. 十二支の第5番目.

진[2]〔津〕 名 脂. ¶ 담뱃~ たばこの脂 / 송~ 松の脂.

◆**진이 빠지다** (嫌気が差して)やる気がなくなる.

진[3]〔陣〕 名 1〔軍〕陣. ¶ 배수~ 背水の陣. 2 一群の集団. ¶ 보도~ 報道陣.

◆**진을 치다** 陣を張る.

진[4]〔眞〕 Ⅰ 名 真. 真実.
Ⅱ 接頭 真…. ¶ ~범인 真犯人 / ~면목 真面目.

진[5]〔jean〕 名 ジーンズ. ¶ 블루 ~ ブルージーンズ.

진-[6] 接頭 「水気のある」「乾いていない」の意を表わす語. ¶ ~걸레 ぬれぞうきん / ~구렁 ぬかるみ.

진-[7] 接頭 〔색깔이나 농도가 진함〕 濃い. ¶ ~간장 濃い醤油 / ~보라 濃い紫.

진가[1]〔眞假〕 名 真偽. 真贋. ¶ ~를 확인하다 真偽を確かめる.

진가[2]〔眞價〕 名 真価. ¶ ~를 인정하다 真価を認める.

진간장〔一醬〕 名 長期間寝かせて濃くしたしょう油.

진갑〔進甲〕 名 還暦の翌年の誕生日.

진개〔塵芥〕 名 塵芥. ごみ.

진객〔珍客〕 名 珍客.

진걸레 名 ぬれたぞうきん.

진격〔進擊〕 名 하自 進撃. ¶ ~령이 내리다 進撃命令が下る.

진경[1]〔珍景〕 名 珍しい風景.

진경[2]〔鎭痙〕 名 하自 痙攣を鎮めること. ¶ ~제 鎮痙剤.

진공[1]〔眞空〕 名〔物〕真空.

진공계〔一計〕 名〔物〕真空計.

진공관〔一管〕 名〔物〕真空管.

진공 상태〔一狀態〕 名 真空状態.

진공청소기〔一淸掃器〕 名 真空掃除機. 電気掃除機.

진공 포장〔一包裝〕 名 真空包装.

진공[2]〔進攻〕 名 하自 進攻. ¶ 적진 깊숙이 ~하다 敵陣深く進功する.

진공[3]〔進貢〕 名 하他 進貢.

진괘〔震卦〕 名〔民俗〕震. 1 八卦の一つ. 2 六十四卦の一つ.

진구덥 名 こまごましたくだらないことの後始末. 尻ぬぐい. ¶ ~을 치다 尻ぬぐいする.

진구렁 名 ぬかるみ. 泥沼. ¶ ~에 빠지다 泥沼にはまり込む. 悪い状態に陥る.

진구리 名 腰のくびれ. ウエスト.

진국〔眞一〕 名 1 まじめな人. 2 煮つめたスープ. 煮出し汁.

진군〔進軍〕 名 하自 進軍. ¶ ~ 나팔 進軍らっぱ.

진귀하다〔珍貴一〕 形 珍しく貴重だ. ¶ 진귀한 물건 珍しく貴重なもの.

진급〔進級〕 名 하自 進級. ¶ 상급 학년으로 ~하다 高学年に進級する.

진기하다〔珍奇一〕 形 珍奇だ. ¶ 진기한 사건 珍奇な事件.

진날 名 雨や雪の降る日. じめじめした日.

진노〔震怒〕 名 하自 神や貴人の怒り. 逆鱗. 震怒. ¶ 상감의 ~를 사다 王の怒りを買う.

진노랑 名 濃い黄色.

진눈깨비 名 みぞれ. ¶ ~가 오다[내리다] みぞれが降る.

진단〔診斷〕 名 하他 診断. ¶ 건강 ~ 健康診断 / ~을 받다 診断を受ける / 환자를 ~하다 患者を診断する.

진단서〔一書〕 名〔醫〕診断書.

진달래 名〔植〕つつじ.

진달래꽃 名 つつじの花.

진담[1]〔眞談〕 名 本当の話. ¶ ~으로 하는 소리냐? 本気で言ってるのか.

진담[2]〔珍談〕 名 珍談. 一つ話. ¶ ~으로 웃기다 珍談で笑わせる.

진대 名 (주로 ‘붙다’와 함께 쓰여) しつこくねだる. ¶ 아무리 ~붙어도 더 이상은 줄 수 없다 いくらしつこくねだってもそれ以上はやれない.

◆**진대를 붙이다** うるさくせがむ. しつこくねだる.

진도[1]〔進度〕 名 進度. ¶ 학습 ~ 学習の進度 / ~가 빠르다 進度が早い.

진도[2]〔震度〕 名〔地〕震度. ¶ ~ 5의 강진이 있었다 震度5の強震があった.

진돗개〔珍島一〕 名 珍島犬.

진동[1]〔振動〕 名 하自 振動. ¶ 차체의 ~이 심하다 車体の振動が激しい.

진동계〔一計〕 名 振動計.

진동수〔一數〕 名〔物〕振動数.

진동음〔一音〕 名〔言〕震え音.

진동[2]〔震動〕 名 하自他 1 震動. ¶ 천지를 ~시키다 天地を揺るがす. 2 (名声などが)鳴り響く. ¶ 그의 명성이 온 세계를 ~시키고 있다 彼の名声は全世界に鳴り響いている.

진두〔陣頭〕 名 陣頭. ¶ ~에 서서 지휘하다 陣頭に立って指揮する.

진드근하다 形 落ち着いて我慢強い.

진드기 名〔動〕壁蝨.

진득거리다〔-대다〕 自 1 ねばねばする. べとべとする. ¶ 손에 설탕물이 묻어 ~ 手に砂糖水がついてべとべとする. 2 (性質などが)ねちねちする. しつこくする.

진득진득 副 하形 1〔달라붙는 모양〕ねばねば(と). 2〔집요한 모양〕ねちねち(と). ¶ 그는 성질이 ~해 어지간해서는 포기하지 않는다 彼はしつこくて簡単にはあきらめない.

진득하다 形 **1** おっとりとして落ち着いている. **2** 粘り気がある.
진디 名 〔'진드기'의 준말〕壁蝨.
진딧물 名〔動〕油虫.
진딧물내리다 自 (野菜などに)油虫がつく.
진땀〔津―〕名 ひどく苦しいときに出る汗. 脂汗. 冷や汗. ¶ 환자의 이마에는 ~이 나고 있었다 患者の額には脂汗が出ていた / ~을 흘리며 일하다 脂汗を流しながら仕事をする.
◆**진땀을 빼다** (困った立場に置かれて)脂汗をかく.
진력〔盡力〕名 하自 尽力. ¶ 회사의 재건을 위해서 ~하다 会社再建のために尽くす.
진력나다 自 うんざりする. 飽き飽きする. 退屈する. ¶ 진력나는 설교 退屈でたまらない説教.
진로〔進路〕名 進路. ¶ 졸업 후의 ~ 卒業後の進路 / ~를 동북으로 잡다 進路を東北にとる.
진료〔診療〕名 하他 診療. ¶ ~소 診療所 / ~를 받다 診療を受ける.
진루〔進壘〕名 하自 (野球で)進塁.
진리〔眞理〕名 真理. ¶ ~를 탐구하다 真理を探求する.
진망궂다 形 軽率で作法もわきまえない.
진맥〔診脈〕名 하他〔韓方〕診脈〈脈をみて診断すること〉.
진면목〔眞面目〕名 真面目. 真価. ¶ ~을 발휘하다 真面目を発揮する.
진무〔鎭撫〕名 하他 鎮撫. 乱をしずめ人心を安定させること.
진문1〔珍問〕名 珍問. ¶ ~ 진답 珍問珍答.
진문2〔珍聞〕名 珍聞.
진물〔津―〕名 傷口から出る粘液.
진물진물 副 하形 皮膚などがただれたり漿液がたまっているようす.
진미1〔珍味〕名 珍味. ¶ 산해 ~ 山海の珍味.
진미2〔眞味〕名 真味. ¶ 인생의 ~를 모른다 人生の真味が分からない.
진반찬〔―飯饌〕名 水気のあるおかず.
진발 名 泥足. 水にぬれた足.
진밥 名 水っぽいご飯.
진배〔進拜〕名 하自 目上の人にあいさつしてお目にかかること.
진배없다 形 劣らない. 異なるところがない. 等しい. 変わりない. ¶ 전문가나 진배없는 솜씨 専門家に劣らない腕前. **진배없이** 副 同じく. 同様に.
진버짐 名〔韓方〕湿癬〈皮膚病の一つでおもに顔にできる湿疹〉.
진범〔眞犯〕名 〔'진범인'의 준말〕真犯人.
진법〔陣法〕名〔軍〕陣法.
진보1〔珍寶〕名 珍宝.
진보2〔進步〕名 하自 進歩. ¶ 과학의 ~ 科学の進歩 / 공법이 현저히 ~되었다 工法が著しく進歩した.
진보적〔―的〕冠 名 進歩的. ¶ ~인 사상 進歩的な思想.
진보주의〔―主義〕名 進歩主義.
진본1〔珍本〕名 珍本. 珍書.
진본2〔眞本〕名 (昔の本や書画などの)本物.
진부〔眞否〕名 真否. 実否. ¶ ~를 밝히다 真否を明らかにする.
진부하다〔陳腐―〕形 陳腐だ. 古臭い. ¶ 진부한 표현 陳腐な表現.
진분수〔眞分數〕名〔數〕真分数.
진분홍〔津粉紅〕名 濃い桃色.
진사1〔辰沙〕名〔鑛〕辰砂〈顔料・韓方薬の材料に用いられる〉.
진사2〔陳謝〕名 하自他 陳謝. ¶ ~의 뜻을 표하다 陳謝の意を表わす.
진상1〔眞相〕名 真相. ¶ 사건의 ~ 事件の真相.
진상2〔進上〕名 하他 進上. 進呈.
진상품〔―品〕名 進上物.
진서1〔珍書〕名 珍書.
진서2〔眞書〕名 **1** ハングル(한글)に対して漢文をいう語. **2**〈俗〉楷書.
진선미〔眞善美〕名 真善美.
진성〔眞性〕名 **1** 真性. 人為的でないそのままの性質. **2**〔醫〕真性. ¶ ~ 콜레라 真性コレラ.
진세〔塵世〕名 塵世. 俗世.
진솔1 名 **1** 一度も洗ったことのない新しい衣服. **2** '진솔옷'의 준말.
진솔옷 名 春秋に手入れして着る苧麻の衣服.
진솔2〔眞率〕名 하形 真率. 正真で飾り気ねないこと.
진수1〔珍羞〕名 珍羞. 珍しくておいしい食べ物.
진수성찬〔―盛饌〕名 ごちそう. 豪華な食事.
진수2〔眞髓〕名 真髄. 神髄. ¶ 고려청자의 ~를 맛보다 高麗青磁の神髄を味わう.
진수3〔進水〕名 하他 進水. ¶ ~대 進水台 / ~식 進水式.
진술〔陳述〕名 하他 陳述. ¶ ~을 거부하다 陳述を拒否する.
진술서〔―書〕名 陳述書.
진시〔辰時〕名〔民俗〕辰の刻〈午前7時から9時まで〉.
진실〔眞實〕名 하形 真実. ¶ ~을 고백하다 真実を告白する / ~한 사랑 本当の愛.
진실로 副 真に.
진심〔眞心〕名 真心. 誠意. 本気. ¶ ~으로 환영하다 真心を込めて歓迎する / 결혼을 ~으로 축하하다 結婚を心から祝う.
진압〔鎭壓〕名 하他 鎮圧. 押さえ付けること. ¶ 폭동을 ~하다 暴動を鎮圧する.
진압책〔―策〕名 鎮圧策.
진애〔塵埃〕名 塵埃. ごみ. ¶ ~ 감염 塵埃感染.
진액〔津液〕名 津液. 体液.
진언〔進言〕名 하自他 進言. 意見を申し述べること.
진열〔陳列〕名 하他 陳列. 「台.
진열대〔―臺〕名 (商店などの)陳列
진열장〔―欌〕名 (商店の)陳列台. ショーケース.
진열창〔―窓〕名 ショーウィンドー.
진열품〔―品〕名 陳列品.

진영1〔陣營〕 名 陣営. ¶ 보수 ~ 保守陣営 / 자유 ~ 自由主義陣営.
진영2〔眞影〕 名 真影. 顔の絵や写真.
진옴 名〔韓方〕疥癬に急性湿疹が併発した皮膚病.
진용〔陣容〕 名 陣容. ¶ ~을 가다듬다 陣容を整える.
진원〔震源〕 名 震源. **1** 震源地. ¶ ~을 조사하다 震源を調べる. **2** 事件の起こるもと. ¶ 소문의 ~은 누구냐? うわさの震源は誰か.
  진원지〔一地〕 名 震源地. ¶ 쿠데타의 ~ クーデターの震源地.
진위〔眞僞〕 名 真偽. ¶ ~를 확인하다 真偽を確かめる.
진의1〔眞意〕 名 真意. ¶ ~를 헤아릴 수 없다 真意をはかりかねる.
진의2〔眞義〕 名 真義. ¶ 불교의 ~ 仏教の真義.
진인〔眞因〕 名 真因. 本当の原因. ¶ 그가 사표를 낸 ~은 알 수가 없다 彼が辞表を出した本当の理由は分からない.
진일 名 하自 **1** (炊事·洗濯などの)水仕事. **2** 汚らしく嫌な仕事.
진입〔進入〕 名 하自 進入. ¶ ~로 進入路 / 궤도에 ~하다 軌道に進入する.
진자〔振子〕 名〔物〕振子. 振り子.
  진자 시계〔一時計〕 名 振り子時計.
진자리 名 **1** 湿った場所. お産の場所. **2** 湿った場所. 幼児の大小便でよごれて湿っぽい寝床[おむつ]. **3** 人が息を引き取った場所. **4** その場. ¶ ~에서 승낙하다 その場で承諾する.
진작1〔振作〕 名 하他 振作. 奮い立たせること. ¶ 애국심을 ~하다 愛国心を起こさせる.
진작2 副 (‘진작·진작에’의 꼴로) **1** ずっと前に. かなり以前に. とっくに. ¶ 이 일은 ~ 고백했어야 했는데 このことはずっと前に告白すべきだったが. **2** 前もって. 少し早めに. ¶ ~ 올 것이지 もっと早く来ればよかったのに.
진장〔陳醬〕 名 **1** 黒豆のみそ麹で醸造したしょう油. **2** 〔‘진간장’의 준말〕 長期間寝かせて濃くしたしょう油.
진재〔震災〕 名 震災.
진저리 名 **1** (冷たいものに触れたり放尿の後などにぶるっとする)身震い. **2** 鳥肌が立つほどの嫌悪感.
  ◆**진저리 나다** ① 体がぶるっと震える. ② 鳥肌が立つほどいやだ. ぞっとする. こりごりする. うんざりする. ¶ 생각만 해도 ~ 난다 考えただけでもぞっとする.
  ◆**진저리 치다** ぞっとしてぶるっと身震いする. ぞっと鳥肌を立てる. ¶ 그 사람은 뱀만 봐도 ~ 친다 彼は蛇を見ただけでもぞっとしてぶるっと身震いする.
진전〔進展〕 名 하自 進展. ¶ 협상이 ~을 보이다 話し合いが進展を見せる / 두 사람의 사이는 더 이상 ~되지 않았다 二人の仲はそれ以上は進展しなかった.
진절머리 名 嫌気. うんざりする気持ち.
  ◆**진절머리가 나다** こりごりする. うんざりする. ¶ 이제 약에는 ~가 난다 もう薬はこりごりだ.
진정1〔眞正〕 名 하形 **1** 真正. ¶ ~한 민주주의 真正なる民主主義. **2** (부사적으로 쓰여) 本当に. ¶ 나는 ~ 몰랐었어 本当に私は知らなかったよ.
진정2〔眞情〕 名 **1** 真情. 真心. ¶ ~으로 사랑하다 真心から愛する. **2** 実情. 実相. ¶ 회사의 ~을 숨김없이 얘기하다 会社の実情を隠すところなく話す.
진정3〔陳情〕 名 하自他 陳情. ¶ 억울한 사정을 ~하다 くやしいわけを陳情する.
  진정서〔一書〕 名 陳情書.
진정4〔進呈〕 名 하他 進呈. 進上.
진정5〔鎭定〕 名 하他 鎮定. ¶ 데모를 ~시키다 デモを鎮定する / 소요가 ~되다 騒ぎが鎮定される.
진정6〔鎭靜〕 名 하自他 鎮静. ¶ ~제 鎮静剤 / 마음을 ~하시고 내 말 좀 들어 보십시오 心を落ち着けて私の言うことを聞いてみてください.
진종일〔盡終日〕 名 一日中. 終日. ¶ 넌 ~ 무얼하고 지냈니? お前は一日中何をしていたんだ.
진좌〔鎭座〕 名 하自 鎮座.
진주1〔眞珠〕 名 真珠. ¶ ~ 목걸이 真珠の首飾り.
진주2〔進駐〕 名 하自〔軍〕進駐.
  진주군〔一軍〕 名 進駐軍.
진주조개〔眞珠一〕 名〔動〕阿古屋貝.
진중〔陣中〕 名〔軍〕陣中.
진중하다〔鎭重一〕 形 上品で威厳がある.
진지1 名 〔‘밥’의 높임말〕 お食事. ご飯. ¶ ~를 올리다 お食事を運ぶ.
  진짓상〔一床〕 名 (目上の人の)お膳.
진지2〔陣地〕 名〔軍〕陣地. ¶ ~를 구축하다 陣地を構築する.
진지러뜨리다[-트리다] 他 (驚き·恐れなどのため) ひどく体を縮こませる. すくませる.
진지러지다 自 (驚き·苦痛などのために)体が縮まる. 縮み上がる. すくむ.
진지하다〔眞摯一〕 形 真摯だ. まじめでひたむきだ. 真剣だ. ¶ 진지한 태도 真摯な態度.
진진하다〔津津一〕 形 **1** 絶えずわき出る. ¶ 흥미~ 興味津々だ. **2** 豊かで活気にあふれている. ¶ 진진하게 쌓아올린 곡식더미 山のように積み上げられた穀物の山. **3** こくがある. ¶ 인생의 진진한 맛은 60부터 볼 수 있다 人生の妙味は60から味わえる.
진짜〔眞一〕 名 **1** 本物. 反 偽物 ¶ ~냐 가짜냐? 本物かね, 偽物かね. **2** 〈俗〉本物. 本当 ¶ ~ 목적은 딴 데 있다 本当の目的は外にある / 이거야말로 ~다 これこそは本物だ. **3** (부사적으로 쓰여) 本当に. ¶ ~ 그럴 생각이냐? 本当にそうする気かね.
진찬합〔一饌盒〕 名 水気のあるおかずと肴を入れる重箱.
진찰〔診察〕 名 하他 診察. ¶ ~권 診察券 / ~실 診察室 / ~료 診察料 / 환자를 ~하다 患者を診察する / ~을

받다 診察を受ける.
진창 名 ぬかるみ. 泥濘. ¶ ~에 빠지다 ぬかるみに足を取られる.
진창길 名 ぬかるみの道.
진척〔進陟〕 名 하自 進捗. はかどること. ¶ ~ 상황 進捗状況 / 일은 예정대로 ~되고 있다 仕事は予定どおり進んでいる.
진출〔進出〕 名 하自 進出. ¶ 동남아에 ~한 기업 東南アジアに進出した企業.
진충보국〔盡忠報國〕 名 하自 尽忠報国. 忠義を尽くして国に報いること.
진취〔進取〕 名 하他 **1** 進取. ¶ ~의 기상 進取の気性. **2** (目標にしたものを)積極的につかみとること.
진취적〔一的〕 冠 名 進取的. ¶ ~인 생활 태도 進取の気性に富む生活態度.
진탕[1]〔一宕〕 副 思う存分. 飽きるほど. 十二分に. ¶ ~ 놀았다 思う存分遊んだ.
진탕만탕〔一宕〕 副 (おもに食物を)飽きるほどたくさん. 嫌というほど. ¶ ~ 먹었다 嫌というほど食べた.
진탕[2]〔震盪〕 名 하自 震盪. ひどく揺れ動くこと.
진토〔塵土〕 名 塵土. ちりと土. ¶ 백골이 ~되다 白骨がちりとなる.
진통[1]〔陣痛〕 名 하自 陣痛. ¶ ~이 오다 陣痛が来る.
진통[2]〔鎭痛〕 名 하他〔醫〕 鎮痛. ¶ ~제 鎮痛剤.
진퇴〔進退〕 名 하自 進退. ¶ 혼잡하여 ~가 어렵다 混雑していて進むことも退くことも難しい.
진퇴양난〔一兩難〕 名 進退両難.
진퇴유곡〔一維谷〕 名 進退極まること.
진펄 名 辺り一面がぬかるみの野原.
진폐〔塵肺〕 名〔醫〕 塵肺.
진폭[1]〔振幅〕 名〔物〕 振幅. ¶ ~이 크다 振幅が大きい.
진폭 변조〔一變調〕 名〔物〕 振幅変調.
진폭[2]〔震幅〕 名〔地〕 震幅.
진품[1]〔珍品〕 名 珍品.
진품[2]〔眞品〕 名 真物. 本物.
진풍경〔珍風景〕 名 珍しい風景.
진피[1]〔眞皮〕 名〔生〕 真皮.
진피[2]〔陳皮〕 名〔韓方〕 陳皮(蜜柑の黄熟した果皮).
진필〔眞筆〕 名 真筆. 真跡. ¶ ~ 가부를 감정하다 真筆であるか否かを鑑定する.
진하다[1]〔盡一〕 自 尽きる. 果てる. 尽き果てる. ¶ 체력이 ~ 体力が尽きる.
진하다[2]〔津一〕 形 **1** (液体の濃度などが)濃い. ¶ 참기름이 ~ 胡麻油が濃い. **2** (色・化粧・霧などが)濃い. こってりしている. ¶ 진한 감색 濃い紺色 / 진하게 화장하다 厚化粧する. **3** においが強い. ¶ 한약을 달이는 냄새가 ~ 韓方薬を煎じるにおいが強くにおう.
진학〔進學〕 名 하自 進学. ¶ ~률 進学率 / 공대에 ~하기로 했다 工学部に進学することにした.
진해〔鎭咳〕 名 하自他 鎮咳. 咳を鎮めること. ¶ ~제 鎮咳剤.
진행〔進行〕 名 하自他 進行. 進むこと. 進めること. ¶ ~계 進行係 / 회의를 ~하다 会議を進行する / 행사가 앞당겨 ~되다 行事が繰り上げて進められる.
진행주 名 ぬれ布巾.
진형〔陣形〕 名 陣形. 戦闘の隊形. ¶ ~을 재정비하다 陣形を立て直す.
진혼[1]〔鎭魂〕 名 하他 鎮魂.
진혼곡〔一曲〕 名〔樂〕 鎮魂曲. レクイエム.
진혼제〔一祭〕 名 鎮魂祭.
진홍〔眞紅〕 名 〔'진홍색'의 준말〕 真紅色.
진홍색〔一色〕 名 真紅色. ¶ ~ 머플러 真紅色のマフラー.
진화[1]〔進化〕 名 하自〔生〕 進化. ¶ ~ 과정 進化の過程.
진화론〔一論〕 名〔生〕 進化論.
진화설〔一說〕 名〔生〕 進化説.
진화[2]〔鎭火〕 名 하自他 鎮火. ¶ ~ 작업 鎮火作業 / 화재는 1시간 만에 ~되었다 火災は一時間かかって鎮火した.
진휼〔賑恤〕 名 하他 賑恤. 凶年に貧しい人々を救済すること.
진흙 名 **1** 粘土. 赤土. ¶ ~ 공예 粘土細工. **2** 泥土. 泥. ¶ 아이들이 ~ 장난을 하고 있다 子供たちが泥んこ遊びをしている.
진흙탕 名 ぬかるみ. ¶ 비가 와서 온통 ~이다 雨が降ってぬかるみだらけだ.
진흥〔振興〕 名 하自他 振興. ¶ 과학 ~을 위하여 대책을 세우다 科学の振興のため対策を立てる.
질[1] 名 陶土.
질[2]〔帙〕 名 **1** (本の)ひとそろい. ¶ 이 책은 10권이 한 ~이다 この本は10巻でひとそろいだ. **2** 書物の巻数の順序. **3** 帙. 書物を覆い包むもの.
질[3]〔質〕 名 質. **1** (物の)品質. 反 量. ¶ ~이 좋은 물건 質のいい品物. **2** (生まれつきの)性質. 性格. たち. 本性. ¶ ~이 좋지 않은 사람 たちのよくない人.
질[4]〔膣〕 名〔生〕 膣.
-질[5] 接尾 《명사에 붙어서》 **1** 繰り返す動作や行動を表わす. ¶ 딸꾹~ しゃっくりをすること / 삽~ シャベルですくうこと. **2** よくない動作・行為を表わす. ¶ 싸움~ けんかすること / 삿대~ (けんかするとき)指をさすこと / 이간~ 仲たがいさせること / 고자~ 告げ口すること. **3** 一定の職業や役目をやや軽蔑を込めていう. ¶ 선생~하다 先生をする / 도둑~하다 泥棒をはたらく.
질감〔質感〕 名 質感.
질겁하다 自 びっくりする. 仰天する. 非常に驚く. ¶ 개짖는 소리에 도둑은 질겁해서 달아났다 犬の吠える声に泥棒はびっくりして逃げた.
질경거리다〔-대다〕 他 (歯ごたえのある物を)くちゃくちゃ噛む. ¶ 껌을 ~ ガムをくちゃくちゃかむ.

질겅질겅 副 하他 くちゃくちゃ.

질고〔疾苦〕 名 疾苦. 病苦.

질곡〔桎梏〕 名 桎梏. 束縛. ¶ ～에서 벗어나다 桎梏を逃れる.

질권〔質權〕 名〔法〕質権.

질그릇 名 素焼きの土器.

질근질근 副 **1** 縄・ひもなどを緩くなうようす. **2** くちゃくちゃ.

질금거리다[-대다] 自他 水などが少しずつ出たりこぼれたり止まったりする.

질금질금 副 하自他 ちょろちょろ. ぱらぱら. ちびちび. ¶ 소변을 ～ 싸다 小便をちびちび漏らす.

질기다 形 **1** (布・紙などが)丈夫だ. ¶ 질긴 천 丈夫な布. **2** (肉などが)固い. ¶ 이 고기는 너무 ～ この肉はあまり固い. **3** 長持ちする. ¶ 목숨은 질긴 것 命というのは長持ちするもの. **4** 粘り強い. ¶ 노동 조건의 개선을 질기게 요구하고 있다 労働条件の改善を粘り強く要求している.

질기와 名 粘土瓦.

질깃하다 形 **1** (肉などが)少し固い. **2** (性格が)粘り強い.

질깃질깃 副 하形 **1** (肉などが)とても固いようす. ¶ 이 고기는 너무 ～하다 この肉はかちかちに固い. **2** (性格が)粘り強いようす. ¶ ～한 성격 粘り強い性格. **3** ねちねち(と). **4** とても丈夫なようす.

질끈 副〔단단히 졸라 매는 모양〕ぎゅっと. ¶ 허리띠를 ～ 동이다 腰ひもをぎゅっと締める.

질녀〔姪女〕 名 姪. 兄弟の娘.

질다 形 **1** (ご飯・練り粉などが)軟らかい. 水気が多い. ¶ 밀가루 반죽이 ～ 小麦粉をこねた生地が軟らかい. **2** (地面が)ぬかるんでいる. ぬかっている. ¶ 진 길 ぬかるんだ道.

질동이 名 陶器の甕.

질뚝배기 名 素焼きの土鍋.

질뚝하다 形 (長い物の一部が)くびれている.

질량〔質量〕 名〔物〕質量. ¶ ～ 불변의 법칙 質量不変の法則.

질러가다 自他 近道を行く. ¶ 질러가면 빠르다 近道を行けば早い.

질러먹다 他 生煮えのまま食べる.

질러오다 自他 近道をして来る.

질룩하다 形 (長いものの真ん中が)くびれている. ¶ 허리께가 질룩하게 패인 꽃병 胴がくびれている花瓶.

질리다[1] 自 **1** (驚き・恐怖のため)真っ青になる. 血の気が引く. おびえる. おじけづく. ¶ 겁에 질려 몸을 떨고 있다 恐怖におびえて身を震わせている. **2** 飽き飽きする. 嫌になる. 嫌気が差す. うんざりする. 懲りる. ¶ 먹어도 먹어도 질리지 않다 食べても食べても飽きない / 이 치마는 이제 질려서 못 입겠다 このスカートはもう飽きたので着ない. **3** (彩色・染色のとき)むらができる. **4** (金が)かかる.

질리다[2] 自 (手で)突かれる. (足で)蹴られる. ¶ 되게 내～ 思い切り蹴られる.

질문〔質問〕 名 하他 質問. 問い. ¶ ～을 받다 質問を受ける.

질박하다〔質樸―〕 形 質朴だ. ¶ 질박한 남자 質朴な男.

질번질번하다 形 裕福である. 暮らし向きが豊かだ.

질병[1]〔―甁〕 名 陶器の瓶.

질병[2]〔疾病〕 名〔醫〕疾病. 病気. ¶ ～ 때문에 결근하다 病気のため欠勤する.

질부〔姪婦〕 名 兄弟の息子の妻. 甥の妻.

질빵 名 物をしばって背負うのに用いる「縄.

질산〔窒酸〕 名〔化〕硝酸. ¶ ～염 硝酸塩.

질산나트륨〔―독 Natrium〕 名〔化〕硝酸ナトリウム. 硝酸ソーダ.

질산은〔―銀〕 名〔化〕硝酸銀.

질색〔窒塞〕 名 하自 嫌なこと. ぞっとすること. こりごりすること. うんざりすること. 苦手なこと. ¶ 아첨은 ～이다 (人に)へつらうのはうんざりだ.

질서〔秩序〕 名 秩序. ¶ ～벌 秩序罰 / ～ 유지 秩序の維持 / ～가 문란해지다 秩序が乱される.

질소〔窒素〕 名〔化〕窒素. ¶ ～ 동화 작용 窒素同化作用 / ～ 비료 窒素肥料.

질시〔嫉視〕 名 하他 嫉視. ねたましく思って見ること. ¶ 남의 행복을 ～하고 있다 人の幸福をねたんでいる.

질식〔窒息〕 名 하自 窒息. ¶ 목구멍이 막혀서 ～하다 喉が詰まって窒息する.

질식사〔―死〕 名 하自 窒息死.

질의〔質疑〕 名 하他 質疑. ¶ ～ 응답 質疑応答.

질적〔質的〕 冠 名 質的. ¶ ～인 변화 質的な変化.

질주〔疾走〕 名 하自他 疾走. ¶ 자동차가 ～하다 自動車が疾走する.

질질 副 **1**〔바닥에 끌리는 모양〕ずるずる(と). ぞろぞろ. ¶ 치맛자락을 ～ 끌면서 걷다 チマの裾をずるずる引きずりながら歩く. **2**〔기름・액체 등이 조금씩 흐르는 모양〕たらたら(と). だらだら(と). ¶ 애기가 침을 ～ 흘리다 赤ん坊がよだれをだらだら流す. **3**〔여기저기 흘리는 모양〕ぼろぼろ(と). ¶ 쌀을 ～ 흘리다 米をぼろぼろこぼす. **4**〔날짜・기한 등을 미루는 모양〕だらだら(と). ずるずる(と). ¶ 회의를 ～ 끌다 会議をずるずる引き延ばす. **5**〔할 수 없이 이리저리 다니는 모양〕うろうろ(と). ¶ 여기저기 ～ 돌아다닌다 あちこちうろうろと歩き回る. **6**〔기름기・윤기가 흐르는 모양〕てかてか(と). べたべた(と). ¶ 개기름이 얼굴에 ～ 흐르다 顔があぶらでてかてかと光る. **7**〔콧물・눈물을 흘리는 모양〕ぽたっと. ほろりと. ¶ 눈물을 ～ 흘리다 涙をほろりと流す. **8**〔아무런 저항없이 끌려가는 모양〕ずるずる(と). ¶ ～ 끌려가다 ずるずる引っ張られていく.

질책[1]〔叱責〕 名 하他 叱責. ¶ 엄하게 ～하다 きびしく叱責する.

질책[2]〔帙冊〕 名 (複数の巻から成る)ひとそろいの書籍.

질척하다 形 (泥土などが水っぽくて)どろどろである. べとべとしている. じくじくする.

질척거리다[-대다] 自 どろどろする. べとべとする. ¶길이 질척거린다 道がどろどろする.

질척질척 副 하形 べとべと(と). どろどろ(と). じくじく(と).

질크러지다 自 細めにへこむ[くぼむ].

질타〔叱咤〕 名 하他 叱咤.

질탕관〔一湯罐〕 名 (汁をつくったり韓方薬を煎じたりするときに使う)取っ手のない土瓶.

질탕하다〔跌宕一〕 形 遊びが度が過ぎている. 放蕩に及ぶ. ¶질탕하게 놀다 放蕩する.

질투〔嫉妬〕 名 하自他 嫉妬. ねたみ. ¶～가 많다 嫉妬深い / ～를 사다 ねたみを買う / ～에 불타다 嫉妬に燃える.

질투심〔一心〕 名 嫉妬心.

질퍼덕하다 形 ひどくぬかるんでいる. どろんこである. ¶몹시 질퍼덕한 길 たいへんぬかるんでいる道.

질퍼덕거리다[-대다] 自 (道などが)ひどくじゅくじゅくする.

질퍼덕질퍼덕 副 하形 じゅくじゅく(と). どろどろ(と).

질퍽하다 形 (道などが)ぬかるんでいる. どろんこである.

질퍽거리다[-대다] 自 どろどろする. ¶눈이 녹아서 땅이 ～ 雪が解けて地面がどろどろする.

질퍽질퍽 副 하形 どろどろ(と). じゅくじゅく(と). ¶～한 진창 どろどろのぬかるみ.

질펀하다 形 **1** 広々としている. ¶질펀한 논밭 広々とした田畑. **2** ぐうたらだ. ¶질펀하게 먹고 놀기만 했더니 살이 쪘다 のんべんだらりと食べて遊んでばかりいたら太った. **질펀히** 副 **1** 広々と. **2** のんべんだらりと. ¶하는 일 없이 ～ 놀고만 있다 する事もなくのんべんだらりと遊んでばかりいる.

질풍〔疾風〕 名 疾風. 突風. はやて. ¶～같이 공격하다 疾風のごとく攻めこむ / ～같이 달리다 はやてのように速く走る.

질풍노도〔一怒濤〕 名 疾風怒濤.

질풍신뢰〔一迅雷〕 名 疾風迅雷. ¶～의 진격 疾風迅雷の進撃.

질항아리〔一缸一〕 名 陶製の甕.

질화로〔一火爐〕 名 素焼きの火鉢.

질화물〔窒化物〕 名〘化〙窒化物.

질환〔疾患〕 名 疾患. 病気. ¶간～ 肝疾患 / 소화기 ～ 消化器疾患.

질흙 名 陶土. 粘土.

짊어지다 他 **1** 背負う. 担ぐ. ¶묶은 나뭇단을 ～ くくった薪の束を担ぐ / 배낭을 ～ リュックサックを背負う. **2** (債務を)負う. ¶빚을 ～ 借金を背負う. **3** (責任·負担などを)負う. 担う. ¶조국의 미래를 짊어진 젊은 세대 祖国の未来を背負った若い世代 / 한 집안 살림을 ～ 一家の暮らしを担う.

짐[1] 名 荷. **1** 荷物. ¶～을 꾸리다 荷物をまとめる / ～을 맡기다 荷物を預ける / ～을 짊어지다 荷を背負う. **2** 負担. 責任. ¶일가를 부양하는 ～을 지다 一家を養う責任を負う. **3** やっかいなこと. 煩わしいもの. ¶전 당신의 ～이 되고 싶지 않아요 わたしはあなたの足手まといになりたくありませんわ.

짐[2]〔朕〕 代 朕〈天子の自称〉. ¶～은 곧 국가다 朕はすなわち国家なり.

짐꾼 名 荷物を担ぐ人. ポーター.

짐바리 名 荷駄. 馬で運ぶ荷物.

짐삯 名 (荷物の)運び賃.

짐수레 名 荷車. ¶～를 끌다 荷車をひく.

짐스럽다 形 負担になる. ¶그의 친절이 도리어 ～ 彼の親切がかえって負担に感じられる.

짐승 名 **1** 獣. 鳥獣. ¶네발 ～ 四つ足の動物. **2** 残忍な人間. 野蛮な人間. ¶～ 같은 놈 獣のようなやつ.

짐작〔斟酌〕 名 하他 (事情·形勢を)推し量ること. 推測. 推量. ¶어림 ～ 当て推量 / ～이 가다 見当がつく / ～이 맞다 推量が当たる.

짐짐하다 形 **1** (飲食物が)何の味もなく塩辛いだけである. **2** 少し気にかかる. ¶편찮으신 것을 보고 와서 마음이 ～ 病気なのを見て来たので気がかりだ.

짐짓 副 わざと. 故意に. ¶～ 화난 체하다 わざと怒ったふりをする / ～ 모른 체하다 わざと知らん顔をする.

짐짝 名 梱包された荷.

집[1] Ⅰ 名 **1** 家. 住まい. 家屋. ¶살림～ 住まい / 벽돌 ～ れんが造りの家 / ～을 짓다 家を建てる. **2** (動物の)すみか. 巣. ¶개～ 犬小屋 / 제비가 처마 끝에 ～을 짓다 燕が軒先に巣をつくる. **3** (刀·硯·銃などの)さや. 箱. 容器. 袋. 入れ物. ¶칼～ 刀のさや / 벼룻～ 硯箱 / 안경～ めがね入れ. **4** (囲碁の)地. 目. ¶세 ～ 반 이겼다 3目半勝った. **5** 家庭. 家族. 家門. 家系. ¶～이 가난하다 家庭が貧しい / 양반～ 자손 ヤンバン家門の子孫. **6** (『집에서』의 꼴로 쓰여)〔『아내』를 이르는 말〕家内. ¶남편의 건강은 ～에서 어떻게 하느냐에 달려 있다 夫の健康は家内がどのようにするかにかかっている. **7** (파는 물건을 나타내는 명사 다음에 쓰여)〔그 명사의 장사를 하는 곳임을 나타냄〕屋. ¶빵～ パン屋 / 쌀～ 米屋 / 꽃～ 花屋 / 술～ 酒屋.

Ⅱ 接尾 **1**〔출가한 손아래 여자를 시집의 성 밑에 붙여 부르는 말〕…の家に嫁いだ娘. ¶김～ キム家へ嫁いだ娘. **2**〔출신 지명에 붙여 쓰는 말〕…出身の妾. ¶부산～ 釜山出身の妾.

〔속담〕 **집도 절도 없다** 家も寺もない〈流れ者のような生活をして住む家も財産もない〉.

單語帳 주택·가옥에 관한 말

〈朝鮮式家屋〉 기와집 瓦ぶきの家 / 초가집 わらぶきの家 / 한옥(韓屋). 조선집(朝鮮一) 朝鮮式家屋 / 지붕 屋根 / 담 塀 / 대문(大門) 門 / 장독대(醬一臺) 庭に設けられたみそ甕置き台 / 마당

作業をするための屋外の平らな空間. 庭 / 뜰 庭. 花壇. 植え込み / 울타리 垣根 / 아궁이 オンドルの焚き口 / 굴뚝 煙突.
〈西洋式家屋〉 아파트 アパート. マンション / 맨션 マンション / 단독주택(單獨住宅) 一戸建て / 단층집(單層一) 平屋 / 이층집(二層一) 二階建て / 양옥(洋屋) 洋館 / 연립 주택(聯立住宅) テラスハウス / 빌라 ビラ. マンション / 콘도미니엄 コンドミニアム. (おもに別荘地の)分譲マンション.
◆목조 木造 / 석조 石造 / 건물 建物 / 빌딩 ビル / 주택 住宅 / 살림집 住居 / 건축 建築 / 옥상 屋上 / 처마 軒 / 건평 建坪.
◆셋집 借家 / 집세(一貰) 家賃 / 전세(傳貰) (家賃の代わりにまとまったお金を家主に預ける制度) / 사글세 月払いの家賃. ▷방(房)
單語帳

-집²〔集〕 接尾 〔시가·문장 등을 모은 책〕…集. ¶ 단편~ 短編集 / 논문~ 論文集.

집게 名 **1** やっとこ. **2**〔動〕宿借.

집게발 名 (蟹などの)はさみ.

집게뼘 名 親指と人差し指を広げた長さ. 指尺.

집게손가락 名 人差し指. 食指.

집게벌레 名〔動〕鋏虫.

집결〔集結〕 名 하自他 集結. ¶ ~지 集結地 / 물자를 ~하다 物資を集結する.

집계〔集計〕 名 하他 集計. ¶ 투표를 ~하다 投票を集計する.

집광경〔集光鏡〕 名〔物〕集光鏡.

집괭이 名 飼い猫.

집구석 名〈俗〉家の中. 家. ¶ 매일 ~에 틀어박혀 무얼 하니? 毎日家に閉じこもって何をするの.

집권¹〔執權〕 名 하自 執権. ¶ ~당 執権党 / ~자 執権者.

집권²〔集權〕 名 하他 集権. ¶ 중앙 ~ 中央集権.

집기〔什器〕 名 什器. ¶ ~류 什器類.

집념〔執念〕 名 하自他 執念. ¶ 무서운 ~ 恐るべき執念 / ~이 강한 사람 執念深い人 / ~을 불태우다 執念を燃やす.

집다 他 **1** (指などで)握る. 持つ. つまみ上げる. ¶ 소금 좀 집어 주세요 塩をちょっと取ってください / 땅콩을 손으로 집어 먹는다 ピーナッツを手でつまんで食べる. **2** (箸·やっとこなどで)はさむ. つまむ. ¶ 젓가락으로 반찬을 ~ 箸でおかずをはさむ / 핀셋으로 소독면을 ~ ピンセットでガーゼをつまむ. **3** (落ちたものを)拾う. ¶ 떨어진 분필을 ~ 落ちたチョークを拾いあげる. **4** かいつまむ. 指摘する. ¶ 남의 단점만을 집어서 비난하지 마라 人の欠点ばかりを取りあげて非難するな.

집단〔集團〕 名 集団. 集まり. ¶ ~ 생활 集団生活 / ~ 검진 集団検診 / ~ 농장 集団農場 / ~ 학습 集団学習 / ~ 히스테리 集団ヒステリー / ~을 이루다 集団をなす.

집단적〔一的〕 冠 名 集団的. ¶ ~인 행동 集団的な行動.

집단혼〔一婚〕 名 集団婚. 群婚.

집달〔執達〕 名 하他 執達.

집달관〔一官〕 名〔法〕執行官.

집대성〔集大成〕 名 하他 集大成. ¶ 여러 해 동안의 연구를 ~하다 年来の研究を集大成する.

집도〔執刀〕 名 하自 執刀. ¶ 윤 박사의 ~로 수술이 이루어졌다 ユン博士の執刀で手術が行なわれた.

집돼지 名 飼い豚.

집들이 名 하自 **1** (引っ越しして)新居に入居すること. **2** 引っ越した祝いの宴.

집무〔執務〕 名 하自 執務. ¶ ~중 執務中 / ~ 시간 執務時間.

집문서〔一文書〕 名 家の権利書.

집물〔什物〕 名 什物. 什器.

집배〔集配〕 名 하他 集配. ¶ ~원 集配員 / 우편물을 ~하다 郵便物を集配する.

집백〔執白〕 名 (囲碁で)後手(白番)を取ること.

집비둘기 名 家鳩.

집사〔執事〕 名 **1** 執事. **2**〔基〕教会の職務を分担する人.

집사람 名 〔'자기 아내'의 겸양어〕家内. ¶ 제 ~입니다 私の家内です.

집산〔集散〕 名 하自 集散. ¶ 지방 토산물이 ~하는 요지 地方の産物が集散する要地.

집산지〔一地〕 名 集散地. ¶ 쌀의 ~ 米の集散地.

집성〔集成〕 名 하他 集成. 集大成. ¶ 전국의 지방 풍속을 ~하다 全国の地方風俗を集めてまとめる.

집세〔一貰〕 名 家賃. ¶ ~가 밀리다 家賃が滞る / ~를 내다 家賃を払う.

집시〔Gypsy〕 名 ジプシー. 漂泊の民.

집안 名 **1**〔일가·친척〕身内. 一族. ¶ ~ 사람 身内の人々. 一族の人々. **2**〔가문〕家門. 家柄. 家系. ¶ 그의 ~은 교육자가 많다 彼の家門には教育者が多い / 좋은 ~에 태어나다 良い家柄に生まれる. **3**〔집 내부〕家の中. 家庭. ¶ ~을 치우다 家の中を片づける / 부부 싸움으로 ~ 공기가 무겁다 夫婦げんかをしたので家の中の空気が重苦しい.

집안간〔一間〕 名 身内の間柄. ¶ ~ 싸움 身内の争い.

집안닦달 名 하自 家の中をきれいに掃除して片づけること.

집안사람 名 身内の者や家族を他人に対していう語.

집안싸움 名 内輪もめ. **1** 身内の争い. 家族間のもめごと. **2** (一つの団体内での)仲間の争い. ¶ ~이 그칠 날 없다 内輪もめが絶えない.

집안일 名 **1** 家の中の仕事. 家事. ¶ ~에 쫓겨 쉴 틈이 없다 家事に追われて休む暇がない. **2** 家庭でのささいな事柄. 家の中でのこと. ¶ 남의 ~에 간

섭하지 마라 人の家のことに口出しをするな.

> **單語帳** 가사(家事)에 관한 말
>
> 청소(淸掃) 掃除/ 빨래 洗濯/ 부엌일 台所仕事/ 설거지 食事の後片づけ. 皿洗い/ 쌀을 씻다 米をとぐ/ 밥을 짓다 ご飯を炊く/ 반찬을 만들다 おかずをつくる/ 장보러 가다 市場へ買物に行く/ 연탄을 갈다 練炭を替える/ 다리미질하다 アイロンをかける/ 걸레질하다 雑巾をかける/ 집을 보다 留守番をする/ 아이를 보다 子供の世話をする/ 이불을 펴다 布団を敷く/ 이불을 개다 布団をたたむ/ 마당을 쓸다 庭を掃く/ 빨래를 널다 洗濯物を干す/ 빨래를 거두다 洗濯物をとりこむ.

집약〔集約〕 名 하他 集約. ¶ ~적 농업 集約農業/ ~적 集約的/ 의견을 ~하다 意見を集約する.

집어내다 他 **1** つまみ出す. 取り出す. ¶ 불량품을 ~ 不良品を取り出す. **2** 指摘して明るみに出す. 暴露する. ¶ 남의 잘못을 ~ 人の過ちを暴露する.

집어넣다 他 **1** 手でつまんで入れる. ¶ 국에 소금을 ~ スープに塩をつまんで入れる. **2** つっ込む. ¶ 호주머니에 손을 ~ ポケットに手をつっ込む. **3** 収容する. ほうり込む. ぶち込む. ¶ 교도소에 ~ 刑務所にほうり込む. **4** 繰り入れる. ¶ 활동비를 예산에 ~ 活動費を予算に繰り入れる. **5** (学校に)入れる.

집어던지다 他 ほうり投げる. ほうり出す. 投げつける. ¶ 컵을 마룻바닥에 ~ コップを床に投げつける.

집어등〔集魚燈〕 名 集魚灯.

집어먹다 他 **1** かすめ取る. 横領する. ¶ 회사의 공금을 ~ 会社の公金を横領する. **2** 怖がる. 恐れる. ものおじする. おじけづく. ¶ 겁을 집어먹고 말도 못 하다 おじけづいて物も言えない.

집어삼키다 他 **1** (つまんで口に入れてかまずに)飲み込む. ¶ 고래가 물고기를 ~ 鯨が魚を飲み込む. **2** かすめ取る. 横取りする.

집어세다 他 **1** (無遠慮に)むさぼり食う. 平らげる. がつがつ食う. **2** さんざんに責めつける. **3** (金品を)横領する.

집어치우다 他 途中でやめる. ほうり出す. 断念する. やめる. ¶ 하던 일을 집어치우고 외출하다 やりかけていた仕事をやめて外出する/ 장사를 ~ 商売をやめる.

집오리 名〔動〕家鴨.

집요하다〔執拗—〕 形 執拗だ. しつこい. ¶ 집요하게 조르다 しつこくねだる/ 집요하게 뒤를 밟다 執拗に後を付ける.

집임자 名 家のあるじ. 主人.

집적〔集積〕 名 하自他 集積. ¶ ~ 회로 集積回路.

집적거리다[-대다] 他 **1** 手をつける. 手を出す. やたらに弄くる. ¶ 집적거리기만 했지 이뤄 놓은 게 없다 やたらに弄くったばかりでなし遂げたことがない. **2** (人を)煩わせて怒らす. けしかける. つつく. ¶ 친구를 집적거려 돈을 내놓게 하다 友人をつついて金を出させる.

집적집적 副 하他 **1** 口出しするようす. **2** ちょっかいを出すようす.

집정〔執政〕 名 하自 執政.

집정관〔—官〕 名 執政官.

집주〔集注〕 名 하他 集注. 一つか所に集めること.

집주인〔—主人〕 名 **1** 亭主. 家長. 戸主. **2** 家主. 大家.

집중〔集中〕 名 하自他 集中. ¶ ~ 공격 集中攻撃/ ~ 단속 集中取り締まり/ ~ 사격 集中射撃/ 정신을 ~하다 精神を集中させる/ 인구가 서울에 ~하다 人口がソウルに集中する/ 시선이 그에게로 ~되다 視線が彼に注がれる.

집중적〔—的〕 冠 名 集中的. ¶ ~으로 질문하다 集中的に質問する.

집중 호우〔—豪雨〕 名〔氣〕集中豪雨.

집쥐 名 家ねずみ.

집진〔集塵〕 名 하自 集塵. ¶ ~기 集塵機.

집집 名 家々.

집집이 副 家ごとに. ¶ ~ 베란다에 화분을 놓아 두었다 家ごとにベランダに植木鉢を置いていた.

집착〔執着〕 名 하自 執着. ¶ 돈에 ~하다 金に執着する.

집채 名 家1軒分の大きさ. ¶ ~만 한 고래 1軒の家ほどもある大きな鯨.

◆집채 같다 家のように大きい. 山のようだ. ¶ ~ 같은 파도 山のような大波.

집총〔執銃〕 名 하自 執銃. 銃を執ること. ¶ ~ 자세 執銃姿勢.

집치레 名 하自 家をきれいにすること. ¶ 페인트로 ~하다 家にペンキを塗って化粧直しをする.

집치장〔—治粧〕 名 하自 家を飾ること.

집터 名 **1** 家の敷地. **2** 家のあった跡. **3** 宅地.

집토끼 名〔動〕飼い兎.

집파리 名〔動〕家蝿.

집필〔執筆〕 名 하他 執筆. ¶ ~중인 작품 執筆中の作品.

집필자〔—者〕 名 執筆者. ¶ 문화란 ~ 文化欄の執筆者.

집하〔集荷〕 名 하自 集荷. ¶ 청과를 ~하다 青果を集荷する.

집합〔集合〕 名 하自他 **1** 集合. 集まること. ¶ ~ 시간 集合時間/ ~ 장소 集合場所/ 전원 ~하라 全員集まれ. **2**〔數〕集合.

집합 개념〔—概念〕 名〔論〕集合概念.

집합론〔—論〕 名〔數〕集合論.

집합 명사〔—名詞〕 名〔言〕集合名詞.

집합체〔—體〕 名 集合体.

집행〔執行〕 名 하他 **1** 執行. ¶ ~권 執行権/ ~ 기관 執行機関/ ~력 執行力/ ~ 명령 執行命令/ 사형 ~ 死刑の執行/ ~ 유예 執行猶予/ 형을 ~하다 刑を執行する. **2**〔法〕〔'강제 집행'의 준말〕強制執行.

집행부〔一部〕 名 執行部.
집화〔集貨〕 名 하自他 集貨. ¶ 상품이 속속 ~하다 商品が続々と集貨する.
집회〔集會〕 名 하自 集会. ¶ ~의 자유 集会の自由 / ~를 열다 集会を開く.
집흑〔執黑〕 名 (碁で)黒を取って打つこと.
집히다 自 〔'집다'의 피동사〕 摘まれる. とらわれる. はさまれる. つかまる. ¶ 너무 작아서 잘 집히지 않는다 あまり小さいのでうまくつかめない.
짓[1] Ⅰ 名 仕業. ふるまい. 事. まね. しぐさ. 行動. 挙動. 態度. ¶ 쓸데없는 ~ よけいな事 / 분별없는 ~ 分別のない行動 / 뻔뻔한 ~ ずうずうしいふるまい / 그의 ~이 틀림없다 彼の仕業に違いない / 그런 유치한 ~은 마라 そんな子供っぽいまねはよせよ.
Ⅱ 接尾 《名詞に付いて》動きを表わす語. ¶ 눈~ 目配せ / 몸~ 身ぶり / 손~ 手ぶり. 手真似.
짓-[2] 接頭 〔마구·함부로〕 やたらに. めちゃくちゃに. 容赦なく. ひどく. ¶ ~밟다 踏みつける.
짓거리 名 **1** 興に乗ってする悪ふざけ. **2** 〈俗〉 仕業. ふるまい. しぐさ.
짓고땡 名 **1** 〈俗〉 自分の思いどおりにはかどること. **2** 花札でする賭博の一つ.
짓궂다 形 意地悪だ. 性悪だ. ¶ 짓궂게 굴다 意地悪をする / 짓궂은 질문 意地の悪い質問. **짓궂이** 副 意地悪く.
짓누르다 他 むやみやたらに押さえつける. ぐっと押さえつける. ¶ 꼼짝 못 하게 어깨를 ~ 身動きできないように肩をぐっと押さえる.
짓눌리다 自 〔'짓누르다'의 피동사〕 力いっぱい押さえつけられる. ぐっと押しつけられる. 踏みつけられる. ¶ 생활고에 짓눌린 서민 生活苦に押さえつけられた庶民.
짓다 他 **1** つくる. (服などを)縫う. 仕立てる. (家などを)建てる. (ご飯を)炊く. ¶ 저고리를 ~ チョゴリを縫う / 새로 지은 학교 新しく建てた学校. **2** (薬を)調合する. 処方する. ¶ 감기약을 ~ 風邪薬を調合する. **3** (列を)つくる. (群れを)なす. ¶ 떼를 지어 다니다 群れをなして行き来する / 두 줄을 지어 서라 2列に並びなさい. **4** (名前を)つける. ¶ 육갑을 짚어서 이름을 ~ 十干十二支を考えながら名前をつける. **5** (詩·文章·話を)つくる. 書く. ¶ 글을 ~ 文をつくる / 사실이 아니고 지어 낸 이야기다 事実でなく作り話だ. **6** (農作業を)する. (作物を)つくる. 栽培する. ¶ 시골서 농사를 짓고 산다 田舎で農業をして暮らす. **7** (表情を)つくる. 浮かべる. (嘆息を)つく. もらす. ¶ 묘한 표정을 ~ 妙な表情を浮かべる / 쓴웃음을 ~ 苦笑いをする. **8** (結論を)出す. (結着を)つける. ¶ 사건의 결론을 ~ 事件の結論をだす. **9** (罪を)つくる. 犯す. ¶ 죄를 ~ 罪を犯す.
짓무르다 自 (皮膚などが)ただれる. うんでくずれる. ¶ 불에 데어 손이 ~ やけどで手がただれる.
짓밟다 他 踏みにじる. 蹂躙する. 踏みつける. ¶ 화단의 꽃을 ~ 花壇の花を踏みにじる / 순정을 ~ 純情を踏みにじる.
짓밟히다 自 〔'짓밟다'의 피동사〕 踏みにじられる. 蹂躙される. ¶ 짓밟힌 인권 踏みにじられた人権.
짓시늉 名 しぐさをまねること.
짓씹다 他 ばりばり噛み砕く.
짓이기다 他 (乱暴に)こねる. こね回す. かき混ぜる. ¶ 팥소를 ~ 餡をこねる.
짓찧다 他 何度も強く搗く. 搗き砕く.
징[1] 名 (靴底などの)鋲.
징[2] 名 〔樂〕 銅鑼.
징거매다 他 粗く縫う. ざっと縫い合わせる.
징건하다 形 (消化されずに)もたれて重い. ¶ 아침 먹은 것이 ~ 朝食が胃にもたれて重い.
징검다리 名 (浅瀬などの)飛び石. ¶ 개울에 띄엄띄엄 놓은 ~ 小川にぽつんぽつんと置いた飛び石.
징검돌 名 飛び石.
징검징검 副 **1** 粗く縫うようす. **2** 大股に歩くようす. ¶ 돌을 ~ 디디며 내를 건너다 石をぽんぽん跳んで川を渡る.
징계〔懲戒〕 名 하他 懲戒. ¶ ~ 면직 懲戒免職 / ~ 처분 懲戒処分.
징그다 他 **1** (衣服に)つぎを当てる. **2** 刺し縫いする. **3** (前もって)用意する.
◆**징거 두다** ① 衣服を仕付けて置く. ② 前もって準備して置く.
징그럽다 形 (身の毛がよだつほどに)気味が悪い. いやらしい. ¶ 징그러운 웃음소리 気味の悪い笑い声 / 산 낙지는 징그러워서 못 먹겠어 生きているたこは気持ち悪くて食べられないよ.
징글맞다 形 ひどくいやらしい. 非常に見苦しい. ¶ 뱀 같은 징글맞은 눈매의 남자 蛇のようないやらしい目つきの男.
징글징글하다 形 ひどく気味悪い.
징모〔徵募〕 名 하他 徴募. ¶ ~관 徴募官.
징발〔徵發〕 名 하他 徴発. ¶ 민가에서 식량을 ~하다 民家から食糧を徴発する.
징벌〔懲罰〕 名 하他 懲罰. ¶ ~을 받다 懲罰を受ける.
징병〔徵兵〕 名 하他 徴兵. ¶ ~ 검사 徴兵検査 / ~ 기피죄 徴兵忌避罪.
징병 제도〔一制度〕 名 徴兵制度.
징세〔徵稅〕 名 하自 徴税.
징수〔徵收〕 名 하他 徴収. 取り立て. ¶ ~금 徴収金 / 세금 ~ 税金徴収.
징악〔懲惡〕 名 하他 懲悪. ¶ 권선~ 勧善懲悪.
징얼거리다[-대다] 自 **1** 不平をこぼす. ¶ 혼자 ~ ひとりでぶつぶつつぶやく. **2** (子供が) ぐずる. むずかる. ¶ 징얼거리는 아이를 달래다 むずかる子供をなだ

める.

징얼징얼 副 하自 **1** ぶつぶつ(と). **2** ぐすぐす(と).

징역〔懲役〕 名 하自 〔法〕 懲役. ¶ 무기 ~ 無期懲役 / ~을 살다 服役する.

징역살이 名 하自 刑務所暮らし.

징용〔徵用〕 名 하他 徴用. ¶ ~장 徴用状.

징조〔徵兆〕 名 徴兆. 兆し. ¶ 불길한 ~ 不吉な兆し.

징집〔徵集〕 名 하他 徴集. ¶ ~ 면제 徴集免除 / ~ 영장 徴集令状.

징징 副 하自 泣き声を出すようす.

징징거리다[-대다] 自 (不満で)泣き声を出す. 泣き言を並べる.

징크스[jinx] 名 ジンクス. ¶ ~를 깨다 ジンクスをやぶる.

징후〔徵候〕 名 兆候. ¶ 풍작의 ~가 보인다 豊作の兆候がみえる.

짖다 自 **1** (犬などが)ほえる. ¶ 개 짖는 소리가 멀리서 들린다 犬のほえる声が遠くから聞こえる. **2** (かささぎなどが)騒々しく鳴き立てる. **3** 〈俗〉 やかましくしゃべりちらす. ¶ 짖지 말고 조용히 있거라 おしゃべりはやめて静かにしろ.

짙다[1] 自 (財物が)あり余る. 非常に豊かだ.

짙다[2] 形 **1** 〔빛깔 등이 강하다〕 (色彩などが)濃い. 深い. ¶ 짙은 화장 濃い化粧 / 색채를 짙게 하다 色彩を濃くする. **2** 〔중하다〕 (病状が)重くなる. ¶ 병세가 점점 짙어지다 病状が次第に重くなる. **3** 〔자욱하다〕 (霧·煙などが)深い. ¶ 안개가 ~ 霧が深い. **4** 〔농후하다〕 (可能性などが)濃厚だ. 濃い. ¶ 살해한 혐의가 ~ 殺した疑いが濃い. **5** 〔빽빽하다〕 (草·木·眉などが)深い. 濃い. 密生している. ¶ 짙은 수염 濃いひげ. **6** 〔높다〕 (液体の濃度が)濃い. ¶ 커피를 짙게 타다 コーヒーを濃く入れる.

짙푸르다 形 濃く青い. 青々としている. ¶ 초목이 짙푸르게 우거져 있다 草木が青々と茂っている.

짚 名 **1** 藁. ¶ ~으로 짚신을 삼다 藁でわらじを編む. **2** 〔'볏짚'의 준말〕 稲藁.

짚가리 名 稲むら. 藁塚.

짚나라미 名 藁屑.

짚다 他 **1** (杖などを)つく. ¶ 단장을 짚은 노신사 ステッキをついた老紳士. **2** (…に)手をつく. ¶ 벽을 짚고 가다 壁に手をついて進む. **3** 〔지적·지목하다〕 指す. 指摘する. 名指す. ¶ 딱 누구라고 짚어서 얘기할 수는 없다 特に誰だと名指していうことはできない. **4** 〔손을 대어 살며시 누르다〕 (脈を)とる. (手を)当てる. 載せる. ¶ 맥을 ~ 脈をとる / 이마를 짚어 보니 열이 있었다 額に手を当てたら熱があった. **5** 〔짐작하다〕 推し量る. ¶ 산달을 대충 짚어 보다 産み月を大まかに推定してみる.

짚단 名 藁の束.

짚방석〔—方席〕 名 藁座.

짚불 名 藁火.

짚수세미 名 藁でつくったたわし.

짚신 名 わらじ. ¶ ~을 삼다 わらじを編む.

짚신감발 名 하自 わらじを履いて脚絆で足を包むこと.

짚신골 名 わらじの形を整える木型.

짚신벌레 名 〔動〕 草履虫.

짚여물 名 **1** 稲の藁でつくったまぐさ. かいば. **2** 藁寸莎.

짚이다 自 思い当たる. 心あたりがある. ¶ 짚이는 바가 있다 思い当たるところがある / 짚이는 데를 찾아보다 心あたりをさがす.

짚자리 名 **1** 藁座. **2** 稲藁を敷いてしつらえた席.

짜개 名 (大豆·あずきなどを)二つに割った片方.

짜개김치 名 〔料理〕 胡瓜の塩漬け.

짜개반〔—半〕 名 半分の半分. 4分の1.

짜개다 他 (固いものを)裂く. 割る. ¶ 생나무를 ~ 生木を裂く.

짜개지다 自 (二つに)裂ける. 割れる.

짜그라뜨리다[-트리다] 他 (重いもので)押しつぶす. ¶ 기계로 납작하게 ~ 機械でぺしゃんこにつぶす.

짜그라지다 自 **1** 押しつぶされる. ひしゃげる. ぺしゃんこになる. ¶ 밟혀서 짜그라진 성냥갑 踏まれてつぶれたマッチ箱. **2** (痩せて)しわくちゃになる. しわがよる.

짜그리다 他 **1** 押しつぶす. 押してへこます. 歪める. **2** (顔の筋肉·眉間を)しかめる.

짜깁기 名 하他 かけはぎ. かけつぎ.

짜깁다 他 かけはぎをする. かけつぎする.

짜다[1] **Ⅰ** 他 **1** 〔만들다〕 (家具などを)組む. 組み立てる. ¶ 책장을 ~ 本棚を組み立てる / 판을 ~ 版を組む. **2** 〔조직·편성하다〕 (組織などを)組む. 編成する. ¶ 예산을 ~ 予算を組む / 계획을 ~ 計画を立てる. **3** 〔직조하다〕 (糸·ひもなどで)織る. 編む. ¶ 가마니를 ~ かますを編む / 털실로 스웨터를 ~ 毛糸でセーターを編む. **4** 〔상투를 만들다〕 (ちょんまげを)結う. ¶ 상투를 ~ ちょんまげを結う.

Ⅱ 自 〔공모·결탁하다〕 (何人かが)ぐるになる. 組む. ¶ 여럿이 짜고 속이다 みんながぐるになってだます.

짜다[2] 他 **1** (液体を)絞る. ¶ 행주를 ~ ふきんを絞る / 기름을 ~ 油を絞る / 고름을 ~ 膿を絞る. **2** (頭を)ひねる. 練る. 巡らす. ¶ 머리를 ~ 頭を絞る / 여러 사람의 지혜를 ~ 多くの人の知恵を絞る. **3** 無理に出すようにする. 搾取する. ¶ 백성의 고혈을 ~ 民の膏血を絞る. **4** 〈俗〉 (涙を)流す. ¶ 억지로 눈물을 ~ 無理やりに涙を流す.

짜다[3] 形 **1** 塩辛い. しょっぱい. ¶ 짠 된장국 塩辛いみそ汁. **2** 〈俗〉 けちだ. 辛い. ¶ 점수가 짠 선생님 点数が辛い先生.

◆짜디 짜다 とても塩辛い. とてもしょっぱい.

짜득짜득하다 形 (強靭なものが)なかなか切れない.

짜들다 自 **1** (古びて)垢じみている. ¶ 몹시 짜든 작업복 ひどく垢じみた作業

服装. **2** (苦労などして)やつれている. ¶병고에 ～ 病苦でやつれている/고생에 짜든 얼굴 苦労でやつれた顔.

짜랑짜랑하다 形 声ががんがんとよく響いて大きい. ¶짜랑짜랑한 목소리로 연설하다 よく通る声で演説する.

짜르르 副 하形 〔'자르르'의 센말〕 **1** 〔윤기 등이 흐르는 모양〕つやつや(と). てらてら(と). てかてか(と). ¶햅쌀밥이 ～하여 구미를 돋운다 新米のご飯がつやつやして食欲をそそる. **2** 〔저린 느낌이 일어나는 모양〕ぴりっと. ¶독한 술이 혀끝에 ～한다 強い酒が舌先にぴりっとくる.

짜름하다 形 少し短い. やや短い. 短めである. ¶짜름한 치마 短めのチマ. **짜름히** 副 短めに. 少し短く.

-짜리 接尾 **1** 〔…값어치의 물건〕(金額について)…に値するもの. ¶이건 얼마～요? これはいくらのですか. **2** 〔…수·양의 물건〕(数·量について)…する. …ほど. …入り. ¶한 되～ 병 1升入りの瓶/세 살～ 외아들 3歳の一人息子. **3** 〔그러한 차림을 한 사람〕(身につけているものにつけてその人をからかって)…姿のやつ. ¶삿갓～ 笠をかぶっているやつ.

짜릿하다 形 **1** (身体に刺激を受けて)びりっとする. ¶전기가 올라서 ～ 電気が来てびりっとする. **2** (感動のために)じいんとする. ¶가슴이 짜릿해지며 눈물이 나려고 한다 胸がじいんとして涙が出そうになる.

짜릿짜릿 副 하形 **1** びりびり(と). **2** じいんと. ¶가슴에 ～하게 와 닿다 胸にじいんとくる.

짜부라뜨리다[-트리다] 他 (物·勢いを)拉ぐ. 挫く. ぺしゃんこにする. ¶종이 상자를 ～ だんボール箱をぺしゃんこにする.

짜부라지다 自 (物·勢いが)くじかれる. ぺしゃんこになる. ¶충돌 사고로 자동차 범퍼가 ～ 衝突事故で自動車のバンパーがへこむ/기진맥진하여 ～ 力が尽き果てる.

짜이다 自 **1** 〔'짜다''의 피동사〕組まれる. 組み立てられる. 編成される. ¶프로그램이 ～ 番組が組まれる. **2** (構成·組織が)整う. ¶플롯이 잘 짜인 소설 プロットのよく整った小説/잘 짜인 팀 よくまとまったチーム.

짜임 名 組み立て. 組織. 構成. ¶문장의 ～ 文章の構成.

짜임새 名 仕組み. 結構. 織り目. ¶작기는 하지만 ～가 있는 집 小さいけれど整っている家/～가 거친 옷감 織り目の粗い布地.

짜장 副 〔과연·정말〕いかにも. まことに. なるほど. 本当に. はたして. ¶～ 네 말이 옳다 なるほど君の言うことがもっともだ.

짜증 名 癇癪. 嫌気. うんざりすること. ¶신열이 있는지 아이가 ～을 낸다 熱があるのか子供がむずかっている/시끄럽다고 ～을 부리다 騒がしいといって癇癪を起こす.

◆**짜증을 내다** 苛立つ. 癇癪を起こす.

◆**짜증이 나다** 苛立つ. 癇癪が起きる. ¶～이 나는 것을 참다 癇癪を抑える.

짜하다 形 (うわさ·名声が)ぱっと広がる. もちきりである. ¶소문이 짜하게 났다 うわさがぱっと広がった.

짝[1] **Ⅰ** 名 **1** 1対のものの片方. ¶～을 맞추다 対にする/～이 맞지 않는 슬리퍼 片方が合わないスリッパ. **2** いっしょにものごとをする相棒. 仲間. ペア. ¶테니스의 ～을 찾다 テニスの相手をさがす. **3** 〔文〕対句の一方.

Ⅱ 依名 片一方. ¶양말 한 ～ 靴下の片方.

◆**짝을 맞추다** ① つがいにする. 組み合わせる. ② 夫婦にする.

◆**짝을 짓다** ① めあわせる. 添わせる. ¶두 남녀를 ～을 지어 주다 二人の男女をめあわせる. ② 交尾する.

◆**짝을 채우다** ① 一そろいにする. ② 連れ添わせる. めあわせる.

◆**짝이 맞다** 似合っている. 釣り合いがとれている. ¶그들은 ～이 맞는 부부다 彼らは似合いの夫婦だ.

◆**짝이 없다** 極まる. この上ない. ¶무례하기 ～이 없다 無礼きわまる/슬프기 ～이 없다 悲しいことこの上ない.

짝[2] 依名 **1** 《'아무 짝에도'의 꼴로》どっちにしても(…ない). ¶아무 ～에도 쓸데가 없다 どうにもこうにも使いところがない. **2** 《'무슨 짝'의 꼴로》何たるざま. ¶아이고, 이게 무슨 ～이람 まあ何たるざまだ. **3** 〔'편짝'의 준말〕(相手となるどちらか)一方.

짝[3] 依名 **1** 〔짐을 세는 단위〕俵. ¶소금 두 ～ 塩2俵/쌀 한 ～ 米1俵. **2** (牛·豚の)あばら肉の片方全部を一つとして数える語.

짝[4] 副 **1** 〔찢는 소리〕ばりっと. ぱりっと. ¶종이를 ～ 찢다 紙をぱりっと裂く. **2** 〔짜개지거나 벌어지는 모양〕ぱっくり. ¶입을 ～ 벌리다 口を大きくあける.

짝-[5] 接頭 〔짝짝이〕片…. ¶～사랑 片思い.

-짝[6] 接尾 さげすんだ意を添加する語. ¶낯～ 面の皮/볼기～ お尻/양말～ 靴下の一方.

짝귀 名 両方の大きさが違う耳.

짝눈 名 両方の大きさが違う目.

짝사랑 名 하自他 片思い. 片恋. ¶～으로 고민하다 片思いに悩む.

짝수[一數] 名 偶数.

짝신 名 片方の履き物.

짝자그르하다 形 うわさが広まって騒がしい.

짝짜꿍 名 하自 乳飲み子がかわいらしく両手を打つこと.

짝짜꿍짝짜꿍 感 (乳飲み子に)かわいらしく両手を打たせるかけ声.

짝짜꿍이 名 하自 **1** ひそかなたくらみ. **2** 言い争い.

◆**짝짜꿍이가 벌어지다** 大騒ぎが起こる.

짝짝[1] 副 하形 **1** 〔몹시 달라붙는 모양〕べたべた. **2** 〔장작 같은 것이 잘 짜개지는 소리〕べりべり.

짝짝[2] 副 하他 〔입맛을 다시는 소리〕ち

ゆっちゅっ(と).

짝짝거리다[-대다]¹ 他 ちゅっちゅっと舌を鳴らす.

짝짝³ 副 하他 **1**〔신발을 끄는 소리〕ずるずる. ¶신발을 ~ 끌면서 복도를 돌아다닌다 履き物をずるずる引きずりながら廊下を歩き回る. **2**〔연해 글씨의 획을 함부로 긋는 모양〕すっすっ(と). **3**〔찢는 소리〕ばりばり(と). びりびり(と). ¶종이를 ~ 찢다 紙をびりびりと破る.

짝짝거리다[-대다]² 他 **1** (履き物を)ずるずる引きずる. **2** (字を)書き殴る. **3** (紙などを)やたらに引き裂く.

짝짝이 名 一対のものが不ぞろいであること. ちぐはぐ. ¶~ 양말 左右不ぞろいの靴下 / 구두를 ~로 신다 靴を左右不ぞろいに履く.

짠물 名 **1** 海水. **2** 塩辛いものからしみ出た水.

짠지 名 大根の塩漬け. 塩漬けの大根.

짤그랑 副 하自他 〔'잘그랑'의 센말〕かちん(と). ちゃりん(と).

짤그랑거리다[-대다] 自他 ちゃらんちゃらんと音がする[音を立てる]. ¶호주머니에서 돈이 ~ ポケットの中でお金がちゃりんちゃりんと鳴る.

짤그랑짤그랑 副 하自他 ちゃらんちゃらん(と).

짤깃하다 形 〔'잘깃하다'의 센말〕強靭だ. 強い. 固い.

짤깃짤깃 副 하形 強靭なようす. 固いようす.

짤까닥 副 하自他 〔'잘가닥'의 센말〕**1**〔달라붙는 모양[소리]〕べたっと. べたりと. **2**〔맞부딪쳐 걸리는 소리〕がちゃりと. かちんと. ¶수갑을 ~ 채우다 手錠をがちゃりとはめる. **3**〔맞부딪쳐 나는 소리〕(平べったいものが)ぱちっと. ぱちんと. **4**〔자물쇠 따위가 열리거나 잠기는 소리〕がちゃりと. ¶자물쇠를 ~ 잠그다 錠前をがちゃりと落とす.

짤까닥거리다[-대다] 自他 かちゃかちゃいう音がする[音を立てる].

짤까닥짤까닥 副 하自他 かちゃかちゃ.

짤깍눈이 名 ただれ目の人.

짤따랗다 形 ずいぶん短い.

짤라뱅이 名 縮んだもの. 短くなったもの.

짤랑거리다[-대다] 自他 (金物などが)がちゃがちゃする. がちゃつく. ¶동전이 호주머니 속에서 ~ 小銭がポケットの中でちゃりんちゃりんと音をたてる.

짤랑짤랑 副 하自他 ちゃらんちゃらん.

짤래짤래 副 〔머리를 좌우로 자꾸 흔드는 모양〕いやいや.

짤막짤막 副 하形 そろって短めに. ¶머리를 ~하게 깎아라 頭をそろって短めに刈れ.

짤막하다 形 少し短い. 短めだ. ¶짤막하게 요점만 말해라 短めに要点だけ言いなさい. **짤막이** 副 やや短く. 短めに.

짤짤 副 〔'짤래짤래'의 준말〕いやいや. ¶먹기 싫다고 고개를 ~ 흔든다 食べたくないといやいやをする.

짤짤이 名 **1** あちこちせわしくうろつき回る人. **2** 足の先に引っかける上履き. スリッパ.

짧다 形 **1** (長さ·時間·高さが)短い. 低い. ¶짧은 거리 短い距離 / 잔디를 짧게 베다 芝を短く刈る / 겨울의 해는 ~ 冬の日は短い / 개최 기간이 ~ 開催期間が短い. **2** (学識·経験などが)足りない. 浅い. ¶식견이 ~ 見識が足りない / 글이 ~ 学識が浅い. **3** (資本·元手が)十分でない. 少ない. ¶밑천이 ~ 元手が足りない. **4** (食べ物に)好き嫌いが激しい. ¶원래 입이 ~ もともと好き嫌いが激しい.

짧아지다 自 短くなる. ¶해가 ~ 日が短くなる.

짬 名 **1** 隙間. すき. ¶발들여 놓을 ~도 없다 足の踏み入れるすきもない. **2** 暇. 合間. ¶숨돌릴 ~도 없다 息をつく暇もない. **3** (紙などの端を切りそろえるとき, 刀や筆などでつけた)めじるし.

◆**짬이 나다** ① 隙間ができる. ② 手がすく. 暇ができる.

짬뽕〔←(일) champon〕 名 하自他 ちゃんぽん. **1** 2種以上のものをまぜ合わせること. ¶술을 ~으로 마시다 酒をちゃんぽんにして飲む. **2**〔料理〕ちゃんぽん.

짬질 名 하他 (水気を切るために)ぎゅっと絞ること.

짬짜미 名 하他 (二人だけで)ひそかに交わす約束. 密約.

짬짬이 副 ひまひまに. あいまあいまに. ひまあるごとに. ¶~ 운동도 해라 ひまひまに運動もしなさい.

짭짤하다 形 **1** 適当に塩辛い. **2** (事物が)かなりよい. ほどよい. ¶솜씨가 ~ 腕前がまずまずだ. **3** 高価だ. 上等だ. **4** (思いのほか)うまくいく. かなりよい. ¶장사가 짭짤하게 잘 됩니다 商売がかなりうまくいっています.

짭짤히 副 適当に塩辛く. ほどよく. かなりよく.

짭짭 副 하自他 舌打ちをしたり舌鼓を打つようす[音].

짭짭거리다[-대다] 自他 しきりに舌鼓を打ったり舌打ちをする.

짭짭하다 形 口寂しくて何か食べたい.

짱뚱어 名〔動〕鯥五郎.

짱알거리다[-대다] 自 (幼児が)むずかる. だだをこねる. ¶아기가 ~ 赤ん坊がむずかる.

짱알짱알 副 하自 (幼児が)むずかるようす. だだをこねるようす.

짱짱하다 形 **1** 頑丈でがっしりしている. ¶짱짱한 노인 頑丈でがっしりしている老人. **2** 割れやすく非常に固い.

-째 接尾 **1**〔'차례·등급'을 나타냄〕…番目. …目. ¶첫~ 1番目 / 둘~ 2番目. **2**〔'계속되는 동안'의 뜻〕…の間. …間. ¶1년~ 소식이 끊겼다 1年の間消息が絶えた / 사흘~ 회사를 쉬고 있다 3日間会社を休んでいる. **3**〔'그대로·전부'의 뜻〕…ご

と．そのまま．全部．¶통～로 삼키다 丸ごとのみこむ．

째깍1 副 하自 **1**〔단단한 물건이 부러지거나 부딪칠 때의 소리〕ぽきんと．かちんと．かちっと．¶작은 가지가 ～ 부러지다 小枝がぽきんと折れる．**2**〔시계 등의 톱니바퀴가 부딪칠 때의 소리〕かちかち．チクタク．

째깍거리다[-대다] 自他 かちかち音がする．(時計などが)かちかちいう．

째깍째깍1 副 하自他 ぱちぱち(と)．かちかち(と)．

째깍2 副 即座に．さっさと．手早く．¶숙제를 ～ 해치우다 宿題をさっさとやってのける．

째깍째깍2 副 即座に．さっさと．てきぱきと．手早く．

째다1 自 (衣服・靴などが)きちきちだ．窮屈だ．きつい．¶새 신이 좀 ～ 新しい靴が少し窮屈だ．

째다2 自 (人手や物資が)不足する．窮する．¶일손이 ～ 人手が足りない／사업 자금이 ～ 事業資金が足りない．

째다3 自〔'짜이다'의 준말〕組まれる．編成される．¶예산이 ～ 予算が組まれる．

째다4 他 裂く．切り裂く．引き裂く．¶명태의 배를 ～ すけとうだらの腹を裂く．

째리다 自 にらみつける．にらむ．¶무서운 형상으로 ～ 怖い形相でにらみつける．

째보 名 **1** 兎唇の人．**2** うかつで軽々しい人．おっちょこちょい．

째어지다 自 裂ける．割れ目[裂け目]ができる．¶째어진 구름 짬으로 비치는 햇빛 雲の切れ間から差し込む陽光．

째지다 自〔'째어지다'의 준말〕裂ける．

째푸리다 自他 **1** (天気が)うっとうしく曇る．¶하늘이 잔뜩 째푸려 울적하다 空がどんより曇って重苦しい．**2** 顔をしかめる．眉をひそめる．¶이가 아파서 얼굴을 ～ 歯の痛みに顔をしかめる．

짹소리 名 ぐうの音．うんともすんとも．¶～도 못하다 ぐうの音も出ない．うんともすんともいえない．

짹짹 副 하自〔참새 등의 우는 소리〕ちいちい．ちゅんちゅん．ちゅうちゅう．

짹짹거리다[-대다] 自 しきりにちいちいと鳴く．

쨀쨀 副 **1** (身につけている物を)だらしなく落としたりなくしたりするようす．**2**〔눈물이 조금씩 흐르는 모양〕ぽろぽろ．**3**〔액체가 조금씩 흐르는 모양〕ちょろちょろ．

쨈새 名〔'짜임새'의 준말〕仕組み．

쨍 副 **1**〔쇠붙이가 맞부딪혀 울리는 소리〕があん．**2**〔귀울음〕じいん(と)．¶귀가 ～하고 울린다 じいんと耳鳴りがする．

쨍강 副 하自他 かちゃん(と)．がちゃん(と)．かちん(と)．¶～하고 숟가락이 떨어지는 소리가 났다 かちんとさじの落ちる音がした．

쨍강거리다[-대다] 自他 (薄い金属片がぶつかい合って)かちゃんかちゃん音がする．

쨍강쨍강 副 하自他 かちゃんかちゃん(と)．かちんかちん(と)．

쨍그랑 副 하自他〔유리 등이 깨어지면서 나는 소리〕がちゃん(と)．ちゃりん(と)．¶～하고 유리컵이 깨졌다 がちゃんとガラスのコップが割れた．

쨍그랑거리다[-대다] 自他 かちゃかちゃ[ちゃりんちゃりん]音がする．

쨍그랑쨍그랑 副 하自他 がちゃんがちゃん(と)．ちゃりんちゃりん(と)．

쨍그리다 他 顔をしかめる．眉をひそめる．額にしわを寄せる．

쨍쨍 副 하形 **1**〔내리쬐는 모양〕かんかん．じりじり．¶햇볕이 ～ 내리쬐다 陽光がかんかんと照りつける．**2**〔굳은 물건이 터져 울리는 소리〕がちゃんがちゃん．ばりばり．

쨍쨍거리다[-대다] 自 (不平を)口うるさく言う．がみがみ言う．ぶつぶつ言う．

쩌개다 他 割る．裂く．¶베어 놓은 소나무를 ～ 切り倒した松の木を割る．

쩌렁쩌렁하다 形 (声が)大きく響きわたる．りんりんとしている．

쩌릿하다 形 しびれている．¶추위로 쩌릿한 손가락 寒さでしびれた指．

쩌쩌 感 **1**〔자꾸 혀를 차는 소리〕ちぇっちぇっ．**2** 牛を左に追うときの声．

쩍 副 **1**〔입맛을 한 번 다시는 소리〕ちぇっ．舌鼓を打つ音．**2**〔단단한 물건이 바닥에 들러붙는 모양〕べたっと．ぴったり．¶구두 밑창에 껌이 ～ 달라붙다 靴の底にガムがぺたっとくっつく．**3**〔물건이 둘로 갈라지는 모양〕ぽっかりと．**4**〔입을 크게 벌리는 모양〕ぱっくりと．ぽかんと．¶하도 기가 막혀서 입을 ～ 벌렸다 あきれ返って口をぽかんとあけた．

-쩍다 接尾 …らしい．…のようだ．…しい．…気味だ．¶의심～ 疑わしい／겸연～ 気まずい．照れくさい．気恥ずかしい／미심～ いぶかしい．疑わしい．不審だ．

쩍쩍1 副 하他〔입맛을 다시는 소리〕ちっちっ(と)．くちゃくちゃ(と)．¶껌을 ～ 씹다 ガムをくちゃくちゃと噛む．

쩍쩍거리다[-대다] 他 くちゃくちゃ(と)かむ．

쩍쩍2 副 하形 **1**〔끈끈하게 들러붙는 모양이나 소리〕べたべた．¶진흙이 발에 ～ 달라붙다 泥土が足にべたべたとくっつく．**2**〔장작・논바닥 등이 벌어지는 소리나 모양〕ぴしっぴしっと．¶가물어서 논바닥이 ～ 갈라지다 日照りが続いて田がぴしっぴしっとひび割れる．

쩍하면 副〔'뻔쩍하면'의 준말〕ともすれば．ともすると．何かあると決まって．事あるごとに．¶～ 화를 낸다 ともすれば腹を立てる／～ 울다 ともすると泣く．

쩔그렁 副 하自他〔쇠붙이 등이 부딪쳐 나는 소리〕がちんと．がちゃんと．

쩔그렁거리다[-대다] 自他 がちゃんがちゃんと音がする．

쩔그렁쩔그렁 副 하自他 がちゃんがちゃん．

쩔꺼덕 副 하自他〔끈기 있는 물체가 들러붙는 소리〕べたりと．

쩔꺼덕거리다[-대다] 自他 べたべたす

る. べたつく.

쩔꺼덕쩔꺼덕 副 하自他 べたべた.

쩔뚝거리다[-대다] 自 びっこを引く.

쩔뚝쩔뚝 副 하自 ひどくびっこを引くようす.

쩔쩔매다 自 **1** (忙しくて)てんてこ舞いする. ¶ 주문이 쏟아져서 ~ 注文が殺到しててんてこ舞する. **2** (圧倒されて)たじろぐ. たじたじとなる. ¶ 사내 대장부도 ~ 大の男もたじたじとなる. **3** あわてふためく. ¶ 갑작스런 뇌우에 ~ 突然の雷雨にあわてふためく.

쩝쩝 副 하他 舌打ちをする[舌鼓を打つ]ようす.

쩝쩝거리다[-대다] 自他 (しきりに)舌打ちをする. 舌鼓を打つ.

쩟 感 〔못마땅하여 혀를 차는 소리〕ちえっ. ちっ.

쩟쩟 感 〔아주 못마땅하여 거듭 혀를 차는 소리〕ちっちっ.

쩡쩡 副 **1** 〔웅골차게 울리는 소리〕がんがん(と). ¶ 망치 소리가 ~ 울린다 ハンマーの音ががんがんと響く. **2** 権勢をふるうようす. 羽振りのいいようす.

쩡쩡거리다[-대다] 自 羽振りがいい. 権勢をふるう. ¶ 쩡쩡거리고 살다 羽振りよく暮らす.

쩨쩨하다 形 **1** つまらない. 取るに足りない. **2** けちだ. みみっちい. ¶ 부자인데도 ~ 金持ちのくせにけちくさい.

쩽그렁 副 하自他 〔얇은 금속이 떨어지며 나는 소리〕かちん. かちゃん.

쩽그렁쩽그렁 副 하自他 かちゃんかちゃん. かちんかちん.

쪼가리 名 かけら. 切れ端. 破片. ¶ 헝겊 ~ 布の切れ端.

쪼개다 他 割る. 裂く. 分ける. ¶ 장작을 ~ 薪を割る / 일감을 쪼개서 나누어 맡다 仕事を分担する / 시간을 쪼개 쓰다 時間を分けて使う.

쪼개지다 自 割られる. 裂かれる. 分けられる. 割れる. ¶ 두 파로 ~ 二組に分かれる / 장작이 ~ 薪が割られる.

쪼그라들다 自 縮む. 縮まる. しなびる. しわくちゃになる. ¶ 스웨터를 빨았더니 쪼그라들었다 セーターを洗濯したら縮まった.

쪼그라뜨리다[-트리다] 他 へこませる. 縮める. ぺしゃんこにする. ¶ 주전자를 ~ やかんをぺしゃんこにする.

쪼그라지다 自 **1** 小さくなる. 縮まる. ぺしゃんこになる. ¶ 풍선이 ~ 風船がしぼむ. **2** (肉が落ちて皮膚が)しわくちゃになる.

쪼그랑할멈 名 しわくちゃの老女. 梅干し婆.

쪼그리다 他 **1** ぺちゃんこにする. 押しつぶす. へこませる. **2** (体を)縮める. かがめる. しゃがみこむ. ¶ 몸을 쪼그리고 앉다 体をかがめて座る.

쪼글쪼글 副 하形 〔많은 줄이나 주름이 간 모양〕しわくちゃ. くしゃくしゃ. ¶ 양복 바지가 ~해지다 ズボンがしわくちゃになる.

쪼다 他 **1** (とがった先で)つつく. (鳥が)ついばむ. ¶ 닭이 모이를 ~ 鶏がえさをつつく. **2** (鑿などで)刻む. 彫る.

쪼들리다 自 (…に)悩まされる. 困る. 窮する. 苦しむ. ¶ 돈에 ~ お金に窮する / 빚쟁이에게 ~ 借金取りに悩まされる.

쪼록 副 〔가는 물줄기가 좁은 구멍을 흐르다가 그치는 소리〕ちょろっ(と). ちょろり(と).

쪼록쪼록 副 하自 ちょろちょろ(と). しとしと(と). ¶ 물이 ~ 흐르다 水がちょろちょろ(と)流れる / ~ 내리는 봄비 しとしと(と)降る春の雨.

쪼르르 副 **1** 〔액체가 흘러내리는 소리〕ちょろちょろ. **2** 〔작은 것이 경사면을 미끄러져 내리는 모양〕するする. つるつる. **3** 〔발걸음을 재게 걷는 모양〕ちょこちょこ. **4** 〔작은 것들이 한 줄로 있는 모양〕ぞろぞろ. ¶ 아이들이 ~ 따라오다 子供たちがぞろぞろついて来る.

쪼르륵 副 하自他 **1** 〔가는 물줄기가 흐르다가 그치는 모양〕ちょろっ(と). ちょろり(と). **2** 〔허기진 뱃속에서 나는 소리〕ぐうぐう(と). ¶ 배에서 ~ 소리가 나다 お腹がぐうぐう鳴る.

쪼르륵거리다[-대다] 自他 しきりにぐうぐうと音がする.

쪼르륵쪼르륵 副 하自他 ちょろっちょろっ. ぐうぐう.

쪼아먹다 他 ついばむ. つつく. ¶ 참새가 벼를 ~ 雀が稲をついばんでいる.

쪼이다 自 ついばまれる. つつかれる. ¶ 병아리에 쪼인 화초 ひよこにつつかれた草花.

쪽[1] 名 後ろで束ねてかんざしを挿すようにした髷.

◆쪽을 찌다 髪を後ろで束ねてかんざしを挿す.

쪽[2] 名 〈俗〉顔.

◆쪽을 못 쓰다 ① (気圧されて) ぐうの音も出ない. ② 何かにひかれて目がない. ¶ 그녀를 보면 ~을 못 쓴다 彼女を見ると目が無い.

쪽[3] Ⅰ 名 (割れたものの)かけら.

Ⅱ 依名 〔물건의 쪼개진 부분을 세는 단위〕切れ. 片. ¶ 사과 두 ~ りんご2切れ.

쪽[4] 名 〔植〕藍.

쪽[5] Ⅰ 名 ページ. 面. ¶ 이 ~에는 중요한 내용이 담겼다 このページには重要な内容が載っている.

Ⅱ 依名 〔책의 면수를 세는 단위〕ページ. ¶ 이 책은 몇 ~인가? この本は何ページか.

쪽[6] 依名 **1** (方向を指して)方. 側. ¶ 오른~ 右側 / 해가 뜨는 ~ 日が昇る方. **2** 方面. ¶ 그 ~에 대한 지식 その方面に対する知識.

쪽[7] 副 **1** 〔늘어선 모양〕ずらりと. ずっと. ¶ 양쪽에 가로수가 ~ 늘어서 있다 両側に並木がずらりと並んでいる. **2** 〔선을 곧게 긋는 모양〕すっと. ¶ 줄을 ~ 긋다 線をすっと引く. **3** 〔종이·천을 찢는 소리〕さっと. びりっと. **4** 〔동작이 거침없는 모양〕さっと. すうっと. すらすら(と). ¶ 책을 ~ 훑어보다 本にさっと目を通す. **5** 〔입으로 빠는 소리〕ちゅっと. ¶ 물약을 ~ 마시다 水薬をちゅっと飲む. **6** 〔물이 빠지는

모양〕さっと. ¶논의 물이 ～ 빠지다 田の水がさっと引く.

쪽김치 名 (大根·白菜を)小さく切って漬け込んだキムチ.

쪽대문〔―大門〕 名 母屋に通じる小さなくぐり戸.

쪽마루 名 1·2枚の板を横に敷いた縁側.

쪽매 名 板切れを組み合わせてつくったもの. 寄せ木.

쪽매붙임 名 하他 寄せ木細工.

쪽문〔―門〕 名 脇戸. くぐり戸.

쪽박 名 小さいふくべ. ひさご.

◆**쪽박을 차다** 落ちぶれて乞食になる.

쪽발이 名 **1** 一本脚のもの. **2** (牛の足のように)蹄が二股になったもの. **3** 〈卑〉 日本人〈下駄を履くとき足指が二股に分かれることから〉.

쪽배 名 丸木船.

쪽빛 名 藍色.

쪽지〔―紙〕 名 **1** 紙切れ. **2** 紙切れに書いた手紙やメモ. ¶～를 남기고 자리를 뜨다 メモを残してその場を去る.

쫀득거리다[-대다] 自 にちゃにちゃする. しこしこする. ¶씹으면 쫀득거리는 시루떡 かむとしこしこする蒸し餅.

쫀득쫀득 副 하形 しこしこ. ねちゃねちゃ. にちゃにちゃ. ¶떡이 ～하다 餅がしこしこする.

쫀쫀하다 形 織り目が細かい. 布目が詰んでいる.

쫄깃쫄깃 副 하形 〔차지고 질긴 모양〕 しこしこ(と). ¶～ 씹히는 맛 しこしこ(と)した歯ざわり.

쫄딱 副 すっかり. 完全に. ¶～ 망하다 すっかり滅びる.

쫄래쫄래 副 하自 〔경망스럽게 행동하는 모양〕 ちょこちょこ(と). うろちょろ(と).

쫄쫄¹ 副 **1** 〔가는 물줄기가 흐르는 소리〕 さらさら. ちょろちょろ. ¶냇물이 ～ 흐르다 小川がさらさら(と)流れる. **2** 〔아이나 강아지가 따라다니는 모양〕 ちょこちょこ. ¶강아지가 주인 뒤를 ～ 따라오다 子犬が主人の後をちょこちょこついてくる.

쫄쫄² 副 〔공복 상태〕 ぺこぺこ.

쫄쫄이 名 **1** 軽はずみで視野の狭い人. 背が低く心の狭い人. **2** 伸縮自在の薄手の肌着.

쫑그리다 他 **1** (口を)とがらす. (耳を)そばだてる. ぴんと立てる. **2** (体を)さっと縮める. かがめる.

쫑긋 副 하他 〔입술·귀 등을 쫑그리는 모양〕 つんと. ぴんと. ¶귀를 ～ 세우다 耳をぴんと立てる.

쫑긋거리다[-대다] 他 (しきりに)耳をそばだてる. 口をとがらせる.

쫑긋쫑긋 副 하他 つんつん. ぴんと.

쫑긋하다 Ⅰ 形 ぴんととがっている.
Ⅱ 他 口をとがらせる. 耳をぴんと立てる. ¶소문에 귀를 ～ うわさに耳をそばだてる.

쫑알거리다[-대다] 自 **1** 〔혼잣말을 자꾸 하다〕 つぶやく. **2** (不平を)ぶつぶつ言う.

쫓겨나다 自 追い出される. 追われる. ¶동네에서 ～ 村から追い出される / 직장에서 ～ 職場を追われる.

쫓기다 自 **1** 追われる. ¶경찰에 ～ 警察に追われる. **2** (仕事などに)追いまくられる. ¶일에 ～ 仕事に追われる. **3** (不安な気に)追いかけられる. ¶강박 관념에 ～ 強迫観念に追いかけられる.

쫓다 他 **1** 追う. 追いかける. ¶이상을 ～ 理想を追う / 사람의 뒤를 ～ 人の後を追いかける. **2** 追い出す. 追い払う. ¶쥐를 ～ 鼠を追い出す / 졸음을 ～ 眠気を追い払う.

쫓아가다 他 **1** 追いかける. 追いかけて行く. 追って行く. ¶그를 쫓아가라 彼を追いかけろ. **2** 追いつく. ¶선진국을 ～ 先進国に追いつく. **3** 従う. ついて行く. ¶행렬을 ～ 行列について行く.

쫓아내다 他 (外に)追い出す. 追い払う. ¶방에서 쫓아내라 部屋から追い出してしまえ.

쫓아다니다 自他 **1** 後を追う. つけ回す. ¶집요하게 뒤를 ～ しつこく後をつけ回す. **2** 駆け回る. ¶미아를 찾으려고 온종일 쫓아다녔다 迷子をさがすために一日中駆け回った.

쫓아오다 他 **1** (後から)ついて来る. 追って来る. ¶뒤차가 쫓아온다 後の車が追って来る. **2** 追いかけて来る. ¶소매치기를 쫓아와 잡다 すりを追いかけて捕らえる.

쫘르르 副 **1** 〔물줄기가 세차게 쏟아지는 소리〕 ざあざあ(と). じゃあじゃあ. ¶물이 ～ 흘러 내리다 水がざあざあこぼれる. **2** 〔작은 물체가 한꺼번에 쏟아지는 소리〕 ころころ. がらがら. ¶부대 속의 밤을 ～ 쏟다 袋のなかの栗をころころ(と)空ける.

쫙 副 **1** ざあっと. ¶물을 ～ 끼얹다 水をざあっとかける. **2** 〔퍼지는 모양〕 ぱっと. ¶소문이 ～ 퍼지다 うわさがぱっと広がる.

쫙쫙 副 하自 **1** ざあざあ. じゃあじゃあ. ¶소낙비가 ～ 쏟아지다 にわか雨がざあざあ降る. **2** 〔거침없이 내리읽는 모양〕 すらすら. よどみなく. ¶원문을 ～ 읽다 原文をすらすらと読む.

쬐다¹ Ⅰ 自 照る. 照りつける. ¶한여름의 태양이 ～ 真夏の太陽が照りつける.
Ⅱ 他 (日光や火に)当てる. 当たる. さらす. 干す. 浴びる. ¶햇볕을 ～ 日光にさらす / 젖은 옷을 불에 ～ ぬれた服を火に当てる.

쬐다² 自 〔'쪼이다'의 준말〕 つつかれる.

쭈그러들다 自 へこむ. 縮む. (勢い·状態が)縮まる. 弱まる. 悪くなる. ¶살림이 ～ 暮らし向きが悪くなる / 피부가 ～ 肌が縮まる.

쭈그러뜨리다[-트리다] 他 へこませる. しわくちゃにする. ぺちゃんこにする. ¶깡통을 ～ 缶をへこます.

쭈그러지다 自 **1** 押しつぶされる. 凹む. **2** しわくちゃになる. ¶쭈그러진 얼굴 しわくちゃになった顔.

쭈그렁이 名 **1** ぺちゃんこになったもの.

しわくちゃのもの. **2** しわくちゃの老人. しわだらけの老人. **3** (実入りの悪い)穀物の実.

쭈그리다 他 **1** しゃがむ. 屈む. うずくまる. ¶쭈그리고 앉다 しゃがみ込む. **2** 押しつぶす. ぺちゃんこにする. へこませる.

쭈글쭈글 副 하形 しわくちゃ. しわしわ. くちゃくちゃ. くしゃくしゃ. ¶~한 얼굴 しわくちゃな顔/~해진 종이 くしゃくしゃになった紙.

쭈룩 副〔액체가 좁은 데를 빨리 흐르다가 그치는 소리〕ざあざあ.

쭈룩쭈룩 副 じゃあじゃあ. ざあざあ.

쭈르르 副 **1**〔발걸음을 재게 걷는 모양〕ばたばた(と). ちょこちょこ(と). ¶병아리 떼가 ~ 몰려다닌다 ひよこの群れがちょこちょこ歩き回る. **2**〔액체가 흘러내리는 모양〕ぽろぽろ. ぽとぽと. ¶이마에서 피가 ~ 흘러 내렸다 額から血がぽとぽと流れ落ちた. **3**〔경사면에서 미끄러져 내리는 모양〕するする. ずるずる. ¶빙판이 진 언덕배기에서 ~ 미끄러지다 凍りついた坂からずるずる滑った. **4**〔한 줄로 잇달아 있는 모양〕ずらっと.

쭈르륵 副 하自他〔굵은 물줄기가 흐르다 멎는 소리〕ぽたぽた(と). ざあっと. じゃあっと. ¶눈물이 ~ 흐르다 涙がぽたぽた流れる.

쭈뼛하다 形 **1** (物の先が)鋭くとがっている. **2** (恐ろしくて)髪の毛が逆立つようだ.

쭉 副 **1**〔차례로 늘어선 모양〕ずらりと. ずらっと. ずっと. ¶사람이 ~ 늘어서 있다 人がずらっと並んでいる. **2**〔동작이 단숨에 진행되는 모양〕さっと. ざっと. 一息に. ¶안내서를 ~ 읽다 案内書をさっと読む. **3**〔물건을 단번에 찢거나 훑는 모양〕びりっと. ¶명주를 ~ 찢다 絹をびりっと引き裂く. **4**〔음료를 단숨에 들이키는 소리〕ぐいっと. **5**〔여럿을 한눈에 훑어보는 모양〕ざっと. ¶학생들을 ~ 훑어 보다 生徒たちをざっと見渡す. **6**〔줄을 단숨에 긋는 모양〕すっと. ¶노트에 줄을 ~ 긋다 ノートにすっと線を引く. **7**〔거침없이 읽거나 말하는 모양〕よどみなく. すらすらと. ¶자초지종을 ~ 이야기하다 一部始終をよどみなく話す.

쭉정밤 名 中身のない栗. しいな栗.

쭉정이 名 しいな.

-쭝 接尾〔냥·돈·푼 등의 아래에 붙어 무게를 일컫는 말〕両. 分. 匁. ¶금 닷 돈~ 金5匁の重さ/은 두 냥~ 銀2両の重さ.

쭝그리다 他 (耳などを)まっすぐ立てる. (口を)とがらせる. ¶개가 두 귀를 ~ 犬が両耳をぴんとさせる.

쭝긋 副 하他〔귀·입 등을 쭝그리는 모양〕ぴんと. つんと.

쭝긋거리다[-대다] 他 **1** (獣が)しきりに耳をぴんと立てる. **2** しきりに口をとがらせる.

쭝긋쭝긋 副 하他 (耳などを)ぴんと. (口などを)つんと.

쭝긋하다 Ⅰ 形 (耳などが)ぴんと立っている. (口が)つんととがっている.

Ⅱ 他 (耳を)そばだてる. (口などを)突き出す. ¶소문에 귀를 ~ うわさに耳をそばだてる.

-쯤 接尾〔정도를 뜻하는 말〕…くらい. …ほど. …ばかり. …ころ. …前後. ¶다섯 시~ 만나자 5時ごろに会おう/몇 살~으로 보이느냐? いくつぐらいに見えるか/3년 전~ 미국에 갔다왔지 3年ほど前アメリカへ行って来たんだ.

쯧쯧 感〔혀를 거듭 차는 소리〕ちょっちょっ. ちぇっちぇっ.

찌 名 **1** 付箋. 書きつけ. **2**〔'낚시찌'의 준말〕浮き.

찌개 名〔料理〕(肉·野菜·豆腐などを入れ薬味で味付けした)鍋料理. 鍋物.

찌걱 副〔짐짝이나 나무틀 등이 쓸릴 때 나는 소리〕ぎしぎし.

찌걱거리다[-대다] 自他 ぎしぎしきしむ.

찌걱찌걱 副 하自他 ぎしぎし.

찌그러뜨리다[-트리다] 他 押しつぶす. ぺちゃんこにする. へこます.

찌그러지다 自 **1** つぶれてゆがむ. ぺちゃんこになる. ¶찌그러진 냄비 ぺちゃんこになった鍋. **2** やせこけてしなびる. しわくちゃになる.

찌그리다 他 **1** 押しつぶす. へこます. ぺちゃんこにする. ¶판지 상자를 ~ ボール箱を押しつぶす. **2** 目を細める. (顔を)しかめる. ゆがめる. ¶한 쪽 눈을 찌그려 신호를 보내다 片目を細めて合図する.

찌꺼기 名 かす. **1** (水分が去ったあとの)沈殿物. ¶술 ~ 酒かす. **2** 残りかす. 残り物. 残滓. ¶팔다 남은 ~ 売れ残り.

찌다[1] 自 (肉が)つく. 太る. ¶살이 ~ 肉がつく.

찌다[2] Ⅰ 自 (天気が)蒸す. 蒸し暑い. ¶찌는 듯한 무더운 날씨 蒸すような天候.

Ⅱ 他 蒸す. ふかす. ¶고구마를 ~ さつまいもをふかす.

찌다[3] 自 (田畑に)泥水があふれるほど溜まる.

찌다[4] 自 気がくじける. 気勢をそがれる.

찌다[5] 他 **1** 間引く. **2** (苗代で)苗を取る. 苗を抜き取る. **3** (鎌などで木や草を)すぱっと切る. さっと刈る.

찌득찌득하다 形 **1** (粘り気があって)ねとねとしている. ねばねばしている. **2** (性質が)ねちねちしている. しつこい. 粘り強い.

찌들다 自 **1** (古くなって)よごれる. 垢じみる. 薄汚くなる. ¶셔츠가 ~ シャツが垢じみる. **2** (苦労して)やつれる. くたびれる. ¶고생하여 찌든 얼굴 苦労してやつれた顔/살림에 ~ 所帯じみる.

찌르다 他 **1** (とがった物で)刺す. 突く. 突き刺す. ¶옆구리를 쿡쿡 ~ わき腹をちくちくつつく. **2** 鋭く攻める. つく. ¶허를 ~ 虚をつく/핵심을 ~ 核心をつく/약점을 ~ 弱点をつく. **3** (ポケットなどに)突っ込む. ¶손을 호주머니에 ~ 手をポケットに突っ

込む. **4** 告げ口をする. 密告する. ¶ 범인을 경찰에 ～ 犯人を警察に密告する. **5** 立て替える. ¶ 비용은 내가 질러 놓았다 費用は私が立て替えた. **6** (においが)鼻を突く. ¶ 악취가 코를 ～ 悪臭が鼻を突く.

찌르레기 名〔動〕椋鳥.

찌르르 副 하形 **1**〔물기·윤기·기름기 등이 흐르는 모양〕つやつや. てかてか. ぬらぬら. ¶ 기름이 ～ 도는 얼굴 てかてか脂ぎった顔. **2**〔뼈마디 등에 저린 느낌이 일어나는 모양〕ぴりぴり. びりびり.

찌르릉 副〔벨이 울리는 소리〕ちりりん(と).

찌르릉찌르릉 副 ちりんちりん.

찌릿하다 形 **1** (手足が)びりっとする. **2** (胸に)強く感じる. じいんと来る. ¶ 가슴이 ～ 胸にじんと来る.

찌릿찌릿 副 하形 ぴりぴり(と). びりびり(と).

찌무룩하다 形 しかめっ面をしている. ふてくされている. 不機嫌だ. **찌무룩이** 副 ふてくされて. 不機嫌に. むっつりと.

찌부러뜨리다[-트리다] 他 **1** (物体を)押しつぶす. へこませる. ぺしゃんこにする. **2** (気勢·意志を)くじく. くじけさせる. **3** 傾かせる.

찌부러지다 自 **1** つぶれる. ぺしゃんこになる. **2** (気勢·意志が)くじける. **3** 駄目になる. 破産する. ¶ 회사가 ～ 会社がつぶれる.

찌뿌드드하다 形 **1** 体がだるい. 重苦しい. **2** (顔色などが)さえない. すぐれない. **3** (空模様が)どんよりしている. うっとうしい.

찌우다 他 太らせる.

찌지(一紙) 名 メモ用紙. 付箋.

찌푸리다 Ⅰ 自 どんより曇る. ¶ 잔뜩 찌푸린 날씨 どんより曇った空模様. Ⅱ 他 しかめる. しかめっ面をする. ¶ 얼굴을 ～ 顔をしかめる / 눈살을 찌푸리며 말한다 眉をひそめて話す.

찍[1] 副〔사람·새 등이 배설물을 깔기는 모양〕びちゃっと.

찍[2] 副 **1**〔선·자획을 한번 긋는 모양〕さあっと. **2**〔종이 등을 찢는 모양〕ぴりっと. びりっと. ¶ 종이를 ～ 찢다 紙をびりっと破る.

찍다[1] 他 **1** (刃物で)切る. **2** (札·切符などを)切る. はさみを入れる.

찍다[2] 他 **1** (粉や液体などを)つける. ¶ 붓에 먹을 ～ 筆に墨をつける / 만두를 간장에 찍어 먹다 ギョーザをしょう油につけて食べる. **2** 突き刺す. ¶ 포크로 찍어 먹다 フォークで刺して食べる. **3** (はんこなどを)押す. ¶ 도장을 ～ 判を押す. **4** 印刷する. 刷る. ¶ 명함을 ～ 名刺を刷る. **5** (点などを)打つ. つける. ¶ 점을 ～ 点を打つ / 종지부를 ～ 終止符を打つ. **6** (写真を)撮る. 写す. ¶ 사진을 ～ 写真を撮る / 예쁘게 찍어 주세요 きれいに写してください. **7** 型に押す. ¶ 공장에서 연탄을 찍어 내다 工場で練炭を型に押してつくる. **8** (ある事物や対象を)指摘する. 指し示す. ¶ 누구라 찍어서 말하기는 곤란하다 誰と名指しして言うのは難しい. **9** 投票する.

찍소리 名〈부정의 표현과 함께 쓰여〉ぐうの音. 文句. ¶ 증거를 들이대는 바람에 ～ 못했다 証拠をつきつけられたのでぐうの音も出なかった.

찍찍[1] 副 **1**〔신을 끌며 걷는 모양〕ずるずる. ¶ 슬리퍼를 ～ 끌다 スリッパをずるずる引きずる. **2**〔줄·글씨의 획을 마구 긋는 모양〕ささっと. ざざっと. ¶ 쪽지에 ～ 갈기다 紙切れにささっと殴り書きする. **3**〔종이·천 등을 함부로 찢는 모양〕びりびり. ¶ 편지를 ～ 찢어 버리다 手紙をびりびり破り捨てる.

찍찍[2] 副 하自〔쥐나 새 등이 우는 소리〕チューチュー(と). ¶ 쥐가 ～ 울다 鼠がチューチュー鳴く.

찍찍거리다[-대다] 自 チューチュー(と)鳴く.

찍히다 自 **1** 刻みつけられる. 刺される. ¶ 흰색 점이 찍힌 사슴 白い斑点がついている鹿. **2** (液体などが)付く. **3** (はんこなどが)押される. **4** 刷られる. ¶ 초판이 ～ 初版が刷られる. **5** (写真を)撮られる. 写る. ¶ 사건 현장이 찍힌 사진 事件の現場が写った写真. **6** 目をつけられる. にらまれる. ¶ 그 한 마디로 사장에게 찍혔어 その一言で社長に目をつけられたよ.

찐득거리다[-대다] 自 ねばねばべとつく.

찐득찐득 副 하形 **1** ねばねば(と). **2** ねばり強いようす.

찐쌀 名 (稲が)熟し切る前に蒸し干ししてついた米.

찐하다 形 (何となく)気にかかる. (悔まれて)心苦しい.

찔깃찔깃 副 하形 **1** (物が)強くしなやかなようす. **2**〔성질이 끈질긴 모양〕ねちねち. **3** (食べ物が)なかなかかみ切れないようす.

찔끔 副 하自他 **1**〔액체가 나오다 그치는 모양〕ちょびちょび. ちょろちょろ. **2**〔눈물을 조금 흘리는 모양〕ほろりと. ¶ 눈물을 ～ 흘리다 涙をほろりとこぼす.

찔끔거리다[-대다] 自他 (水·小便·涙などを)ちびちびもらす. ちびちびもれる.

찔끔찔끔 副 하自他 ちびちび.

찔뚝하다 形 (長い物の一部分が)くびれている.

찔레 名 **1**〔'찔레나무'의 준말〕野茨. **2** 野茨の芽.

찔레꽃 名 野茨の花.

찔레나무 名〔植〕野茨.

찔룩하다 形 (長い物の一部が)少しくびれている. **찔룩이** 副 少しくびれて.

찔리다 自 **1** 刺さる. 刺される. ¶ 가시에 찔린 손가락 とげが刺さった指. **2** とがめる. ¶ 가슴에 ～ 良心がとがめる.

찔쑥하다 形 浅くくびれている所と深くくびれている所がある.

찔찔 副 **1**〔바닥에 끌리는 모양〕ずるずる. ぞろぞろ. ¶ 짐을 ～ 끌고 가다 荷物をずるずる引きずって行く. **2**〔주책없이 무엇을 빠뜨리거나 흘리는 모양〕ぽろぽろ. ¶ 물건을 ～ 흘리면서 걷다 品物をぽろぽろ落としながら歩く.

3〔소리를 죽이고 우는 모양〕しくしく. めそめそ. ¶～ 울지 말고 이유를 말해 봐 めそめそしないでわけを話してごらん. **4**〔주책없이 이리저리 다니는 모양〕うろうろ. ¶하자는 대로 ～ 끌려다니다 しようとするとおりにうろうろ引きずりまわされる. **5** だらしなく流したり落としたりするようす. ¶코를 ～ 흘리다 鼻汁をずるずるたらす. **6**〔기한을 자꾸 미루는 모양〕ずるずる. ¶경기를 ～ 끌다 競技をずるずる引き延ばす.

찔찔거리다[-대다] 自 **1** やたらに出歩く. ¶어딜 찔찔거리고 왔느냐? どこをほっつき回って来たんだ. **2** しくしく泣く. ¶어린아이가 찔찔거리고 있다 子供がしくしく泣いている.

찜¹ 名〔料理〕鶏·魚·肉·野菜などを薬味といっしょに煮込んだもの.

찜² 名〔'찜질'의 준말〕**1** 温罨法. **2** 温泉や砂風呂による療法.

찜부럭 名 不機嫌. かんしゃく. むずかり.

찜부럭내다 自 むずかる. かんしゃくを起こす.

찜부럭부리다 自 わざと不機嫌になる.

찜질 名 하自他 **1** 温罨法. **2** 温泉や砂風呂による療法. **3**〈俗〉容赦なく打ちのめすこと.

찜찜하다 形 なんとなく気まずい. ばつが悪い. 気にかかる.

찝찔하다 形 **1** やや塩辛い. しょっぱい. ¶찝찔한 바닷물 やや塩辛い海水. **2** 物事のはこびが面白くない. むしゃくしゃする. ¶아침부터 전철이 늦으면 ～ 朝から電車が遅れるとむしゃくしゃする.

찡 副〔얼음장이 터질 때 울리는 소리〕ぱりっと. ぴしっと.

찡검찡검 副 **1** 粗めに縫い込むようす. **2** 大股に歩くようす.

찡그리다 他 (顔·眉などを)しかめる. ゆがめる. ひそめる. ¶어디가 아픈지 찡그리고 있다 どこか痛いのか顔をしかめている.

찡긋 副 하他 顔をややしかめるようす.

찡긋거리다[-대다] 他 顔をしきりにしかめる. 眉をひそめる.

찡긋찡긋 副 하他 顔をしきりにしかめるようす.

찡등그리다 他 (不満で)しかめっ面をする.

찡얼거리다[-대다] 自 **1** (不機嫌で)しきりに独り言を言う. **2** (子供が)むずかる. ぐずる. ¶어린애가 자지 않고 ～ 子供が寝ないでむずかる.

찡얼찡얼 副 하自 ぶすぶす. ぶつぶつ. むにゃむにゃ.

찡찡하다 形 **1** 気まずい. 気恥ずかしい. **2** 鼻がつまって息苦しい.

찡하다 自 (強い感動を受けて)じいんとする. ¶가슴이 찡하여 말이 안 나왔다 胸がじいんとして言葉が出てこなかった.

찢기다 Ⅰ 自〔'찢다'의 피동사〕引き裂かれる.
Ⅱ 他〔'찢다'의 사동사〕破られる.

찢다 他 **1** 破る. 裂く. ¶종이를 ～ 紙を破る/편지를 썼다가 찢어 버렸다 手紙を書いて破ってしまった. **2** (ある物を)分散する. 方々で引っ張る.

찢뜨리다[-트리다] 他 (紙·布などを)何気なく破る. さり気なく裂く.

찢어발기다 他 ずたずたに裂く. 八つ裂きにする.

찢어지다 自 破れる. 裂ける. ¶옷이 찢어져서 바꿔 입었다 服が破れて着がえた/갈기갈기 ～ ずたずたに裂ける.

찧다 他 **1** (穀物などを)搗く. ¶절구에 떡을 ～ 臼で餅を搗く. **2** (重い物を持ち上げて)打ち下ろす. ¶망치로 함석판을 ～ 槌でトタン板をたたく. **3** ぶつける. ¶기둥에 머리를 ～ 柱に頭をぶつける.

◆찧고 까불다 ① 勝手に人をおだてたりけなしたりしてなぶる. ② 勝手なことを言って軽率にふるまう.

ㅊ

ㅊ 名 ハングル子音字母の一つとして第10番目の字. 字母の名称は치읓.

차¹[車] 名 **1** 車. 自動車. 電車. ¶ ~가 밀리다 車で道が渋滞する / ~를 타고 가다 車に乗って行く / ~를 놓쳤다 車[列車·電車]に乗り遅れた. **2** 車〈将棋の駒の一つ〉.

차²[茶] 名 **1** (沸かしたり煎じたりした)お茶. ¶ ~를 내다[대접하다] お茶を出す[ごちそうする]. **2** (飲料用に乾燥·加工した)茶(の葉). ¶ ~를 끓이다 茶を沸かす[入れる]. **3** 〔植〕〔'차나무'의 준말〕茶. ¶ ~를 따다 茶を摘む. ▷커피 單語帳

차³[差] 名 **1** 差. 隔たり. 違い. 差異. ¶ 빈부의 ~ 貧富の差 / 실력에서 ~가 난다 実力で差が出る. **2** 〔數〕差. ¶ ~를 구하다 差を求める.

차⁴[次] **Ⅰ** 依名 **1** 《'-던 차'의 꼴로》…(し)たついで. …(し)た際. …(し)た折. ¶ 경주 갔던 ~에 박물관도 구경하고 왔다 慶州に行ったついでに博物館まで見物してきた. **2** 〔숫자에 붙어 순서를 나타냄〕…次. ¶ 제1~ 대전 第1次大戦. **3** 〔數〕…次. ¶ 1~ 방정식 1次方程式.

Ⅱ 接尾 《동작성 명사 아래 쓰여》…のために. ¶ 순회 공연~ 이곳에 왔습니다 巡回公演のためにこちらへ来ました.

차-⁵ 接頭 〔찰기가 있음을 나타내는 말〕もち…. ¶ ~조 もち粟.

차가다 他 さらって行く. かっさらう. ひったくる. 奪い取る. ¶ 매가 병아리를 차갔다 たかがひなをさらって行った.

차감[差減] 名 하他 差し引き. 差し引くこと. ¶ ~ 잔액 差し引き残高 / 급여에서 세금을 ~하다 給与から税金を差し引く.

차갑다 形 **1** (温度が)冷たい. (天気などが)冷え冷えしている. ¶ 바람이 몹시도 ~ 風がとても冷たい. **2** (人情が)冷たい. 冷淡だ. ¶ 차가운 눈초리 冷たい眼差し.

차고[車庫] 名 車庫. ¶ ~가 딸린 집 車庫つきの家.

차고앉다 他 任務を引き受けてその地位に就く. ¶ 전무 자리를 차고앉아 일하다 専務の地位に就いて働く.

차곡차곡 副 きちんきちん(と). きちんと. ¶ 빈 상자를 ~ 쌓아올리다 空箱をきちんと積み上げる.

차관¹[次官] 名 次官. ¶ 정무 ~ 政務次官 / 내무 ~ 内務次官.

차관보[一補] 名 次官補.

차관²[借款] 名 하他 借款. ¶ ~ 협정 借款協定 / ~을 도입하다 借款を導入する.

차관³[茶罐] 名 (金属製の)茶瓶.

차광[遮光] 名 하自 遮光. ¶ ~막 遮光幕. カーテン.

차광판[一板] 名 遮光板. シャッター.

차근거리다[-대다] 自 (相手が)うるさいほどしつこくする. しつこくねだる.

차근차근 副 하形 きちんきちん(と). 順々に. 丹念に. ちゃんと. ¶ 알기 쉬운 말로 ~ 일깨워 주다 分かりやすい言葉で懇々と諭す / ~한 성미 きちょうめんな性質.

차근하다 形 落ち着き払う. 落ち着いている. どっしりとしている. でんと控えている. **차근히** 副 落ち着いて.

차금[借金] 名 하自 借金.

차기¹[次期] 名 次期. ¶ ~ 국무 총리 次期国務総理.

차기²[茶器] 名 茶器. **1** 茶道具. **2** (漆器や金属製の)抹茶入れ.

차꼬 名〔史〕足枷. ¶ ~를 채우다 足枷をはめる.

차나무[茶一] 名〔植〕茶.

차남[次男] 名 次男. 次子.

차내[車内] 名 車内. 車中. ¶ ~ 광고 車内広告 / ~ 금연 車内禁煙.

차녀[次女] 名 次女.

차다¹ 自 **1** 〔가득하다〕満ちる. いっぱいになる. 塞がる. ぎっしりになる. ¶ 욕조에 물이 ~ 浴槽に水がいっぱいになる / 쌀가마니가 쌀창고에 ~ 米俵が米倉に満ちる. **2** 《'…에 찬'의 꼴로》…に満ちた. みなぎる. あふれる. ¶ 활기에 찬 항구의 아침 活気に満ちた港の朝. **3** 〔한도에 이르다〕(一定の限度に)達する. 及ぶ. 満ちる. ¶ 물이 허리에 ~ 水が腰に達する / 정원이 ~ 定員に達する. **4** 〔만기가 되다〕満ちる. まんきになる. ¶ 대출 기일이 ~ 貸し出し期限が切れる. **5** 〔달이 둥글게 되다〕満ちる. 満月になる. ¶ 찰 대로 찬 보름달 満ちるがままに(まんまるく)満ちた満月. **6** 〔흡족하다〕満ち足りる. 満足する. ¶ 마음에 ~ 満足する. 気に入る / 눈에 ~ 気に入る.

◆**차면 넘친다** 満つればあふれる.

차다² 他 **1** 蹴る. 蹴飛ばす. 蹴り上げる. ¶ 공을 ~ ボールを蹴る. **2** 《'혀를 차다'의 꼴로》舌を鳴らす. 舌打ちする. ¶ 못마땅하여 혀를 ~ 気にくわず舌打ちをする. **3** (男女の間で)振る. ¶ 애인을 ~ 恋人を振る. **4** (好意などを)拒む. 蹴る. 拒絶する. ¶ 들어온 복을 차 버렸다 転がり込んだ幸運を蹴ってしまった.

차다³ 他 **1** 〔몸에 지니다〕(身に)着ける. ぶら下げる. 下げる. (刀などを)差す. ¶ 허리에 권총을 찬 군인 腰に拳銃を下げた軍人 / 수건을 ~ 手ぬぐいを腰にぶら下げる. **2** 〔끼다〕(時計を

などを)はめる. ¶ 수갑을 차는 신세가 되었다 手錠をはめられる身の上になった. **3** 〔데리고 가[오]다〕 引き連れる. 連れる. ¶ 올 때면 꼭 누굴 차고 오더라 来るときには決まって誰かを連れて来たよ.

차다[4] 形 **1** 冷たい. 気温が低い. 肌寒い. 反 熱い ¶ 찬 맥주 冷たいビール/날씨가 ~ 気候が肌寒い. **2** 冷淡だ. 冷たい. 人情がない. ¶ 손님에게 차게 대하지 마세요 お客さんに冷たくしないでください.

〔속담〕 **찬 이슬 맞는 놈** 夜露にぬれるやつ〈泥棒〉.

차단〔遮斷〕 名 하他 遮断. ¶ 통행을 ~하다 通行を遮断する.

차단기[1]〔一器〕 名 (電気回路の)遮断器.

차단기[2]〔一機〕 名 (鉄道線路の)遮断機.

차대〔車臺〕 名 (汽車などの)車台.

차도[1]〔車道〕 名 車道.

차도[2]〔差度〕 名 快方. 病気が快方に向かう程度. ¶ 병이 ~가 보이다 病気が快方に向かう.

차돌 名 **1** 〔鑛〕 石英. **2** しっかりしている人. ¶ ~ 같은 사람 石のようにしっかりした人.

차등〔差等〕 名 差等. 等差. ¶ ~을 두다 等差を設ける.

차디차다 形 非常に冷たい.

차라리 副 寧ろ. 反って. いっそ. ¶ 부탁하느니 ~ 체념하는 것이 좋다 お願いするより寧ろあきらめるほうがいい/같이 안 간다면 ~ 그만두겠어요 いっしょに行かないならいっそ行くのをやめます.

차랑거리다[-대다] 自他 ちゃらんちゃらんと鳴る. ちゃりんちゃりんと鳴らす. ¶ 열쇠 뭉치를 차랑거리면서 걷다 鍵の束をじゃらじゃらさせながら歩く.

차랑차랑 副 하自他 〔'자랑자랑'의 거센말〕 ちゃらんちゃらん(と). ちりんちりん(と).

차량〔車輛〕 名 車両. ¶ ~ 번호 車両番号/~ 고장 車両故障.

차려 感 (号令で)気をつけ. (陸上競技などで)用意.

차력〔借力〕 名 하自 特殊な薬や神霊の力を借りて怪力を出すこと.

차력꾼 名 薬や神霊の力を借りて怪力を出す人.

차렵이불 名 薄い綿入れのふとん.

차례[1]〔次例〕 Ⅰ 名 **1** 順序. 順番. 順. 番. ¶ ~가 돌아오다 順番が回ってくる/~대로 진행시키다 順序どおりに進める. **2** (本の)目次. ¶ 책의 ~ 本の目次.

Ⅱ 依名 回. 度. ¶ 세 ~ 3回[度]/두어 ~ 2·3度.

차례차례〔一次例〕 副 順々に. 順次に. 順繰りに. 次次に. ¶ ~ 입장하다 順々に入場する.

차례[2]〔茶禮〕 名 〔民俗〕 陰暦の元旦や秋夕, 毎月1日·15日などに祖先の位牌を安置した廟や祠堂で行なう簡単な祭祀.

◆**차례를 지내다** 茶禮の儀式を行なう.

차로〔車路〕 名 車道.

차륜〔車輪〕 名 車輪. 車の輪.

차리다 他 **1** 〔준비하다〕 準備する. 整える. 調える. したくをする. こしらえる. ¶ 아침 상을 ~ 朝食を調える/외출할 채비를 ~ 外出のしたくをする. **2** 〔갖추다·마련하다〕 構える. 設ける. 開く. ¶ 살림을 ~ 世帯を構える/사무소를 ~ 事務所を設ける. **3** 〔차려 입다·치장하다〕 (身なりなどを)装う. こしらえる. 着飾る. ¶ 화려하게 차려 입은 여자 はでやかに着飾った女性/의관을 ~ 衣冠を整える. **4** 〔겉으로 나타내다〕 (ある態度を)つくろう. (礼儀·道理などを)わきまえる. (品格などを)備える. ¶ 예절을 ~ 礼節をわきまえる/체면을 ~ 体面をつくろう. **5** 〔정신·기운을 가다듬다〕 整える. 気をつける. ¶ 정신을 ~ 気をしっかり持つ. 気を取り戻す/기운을 ~ 元気を出す. **6** 〔욕심 부리다〕 利を図る. 満たそうとする. 欲張る. 満たす. ¶ 욕심을 ~ 欲を出す/실속을 ~ 実利を図る. **7** 〔알아차리다〕 分かる. 見つけ出す. ¶ 눈치를 ~ 感づく/낌새를 알아~ 気配を察する.

차림 名 身なり. 姿. 服装. なり. ¶ 옷~ 身なり. 服装/군복 ~ 軍服姿/여자 ~을 한 남자 女装をした男.

차림새 名 身なり. 装い. 格好. ¶ 초라한 ~ みすぼらしい身なり.

차림차림 名 身なり. なりふり. ¶ ~이 상스럽다 身なりが下品だ.

차림표〔一表〕 名 献立. メニュー.

차마[1]〔車馬〕 名 車馬. 車と馬. ¶ ~ 통행금지 車馬通行禁止.

차마[2] 副 (부정·의문을 나타내는 말 앞에 붙어) とても. とうてい. どうしても. どうして. ¶ 처참한 광경을 ~ 볼 수 없었다 凄惨な光景をとても見るに忍びなかった.

차멀미〔車一〕 名 하自 車酔い.

차명〔借名〕 名 하自 他人の名を借りること.

차밍〔charming〕 名 하形 チャーミング. 魅力的.

차바퀴〔車一〕 名 車輪.

차별〔差別〕 名 하他 差別. 差. ¶ 인종 ~ 人種差別/~ 대우를 받다[당하다] 差別待遇を受ける.

차분하다 形 落ち着いている. もの静かだ. ¶ 차분한 여성 落ち着いた女性/차분하게 말하다 もの静かに話す. **차분히** 副 落ち着いて. どっしりと. じっくりと. ¶ ~ 앉아 있거라 落ち着いて座っていなさい.

차비〔車費〕 名 車代. 交通費. 電車賃. バス代.

차사〔差使〕 名 〔史〕 **1** 重要な任務のため派遣する臨時の官職. **2** 地方長官が罪人を捕らえるために派遣する官吏.

차석〔次席〕 名 次席.

차선[1]〔次善〕 名 次善. ¶ ~책 次善の策.

차선[2]〔車線〕 名 車線. ¶ 2~ 도로 2車線道路.

차세대〔次世代〕 名 次の世代.

차손금〔差損金〕 名 差損金. 売買の

決算で生じる損失金.

차압〔差押〕 名 하他 差し押さえ.

차액〔差額〕 名 差額. 差金. マージン. ¶ ~이 생기다 差額が生じる.

차양〔遮陽〕 名 **1**〔建〕ひさし. **2** (帽子の)ひさし. つば.

차올리다 他 蹴り上げる. 蹴上げる. ¶ 축구 공을 ~ サッカーボールを蹴り上げる.

차용〔借用〕 名 하他 借用. ¶ ~금 借用金 / ~물 借用物 / ~인 借用人.

차용증〔一證〕 名 〔'차용 증서'의 준말〕 借用証.

차용 증서〔一證書〕 名 借用証書.

차원〔次元〕 名 **1**〔數〕次元. **2** 物事を考える立場, またその水準. ¶ ~이 다르다[틀리다] 次元が違う.

차월〔借越〕 名 하自 〔經〕借り越し. 借り越しをすること.

차위〔次位〕 名 次位. 次の地位[等級].

차이〔差異〕 名 差異. 相違. 差. 違い. ずれ. ¶ 의견의 ~ 意見の相違 / 별다른 ~는 없다 たいした差はない.

◆**차이가 나다** 異なる. 違いが生じる.

차이점〔一點〕 名 差異点. 違う点.

차이나타운〔Chinatown〕 名 チャイナタウン.

차익〔差益〕 名 差益.

차일〔遮日〕 名 日よけ. 日覆い. ¶ ~을 치다 日覆いをかける[張る].

차일피일〔此日彼日〕 副 하自 (期日などを)今日明日と延ばすこと. 一日また一日と延期すること. ¶ ~ 날짜만 끈다 今日明日と日数ばかり引き延ばす.

차임¹〔借賃〕 名 借り賃.

차임²〔chime〕 名 **1** 呼び出しのベル. **2**〔樂〕チャイム.

차입¹〔借入〕 名 하他 借り入れ. ¶ ~금 借り入れ金.

차입²〔差入〕 名 하他 差し入れ. ¶ ~품 差し入れ品 / 서적을 ~하다 書籍を差し入れる.

차자¹〔次子〕 名 次子. 次男.

차자²〔借字〕 名 하他 借字. 当て字.

차장¹〔次長〕 名 次長. ¶ ~ 검사 次長検事.

차장²〔車掌〕 名 車掌.

차점〔次點〕 名 次点. ¶ ~자 次点者 / ~으로 낙선되다 次点で落選する.

차제〔此際〕 名 ('차제에'의 꼴로) この際. この機会に. ¶ ~에 아주 단념해라 この際きっぱりとあきらめなさい.

차제구〔茶諸具〕 名 茶道具. 茶器.

차조 名〔植〕糯粟.

차조밥 名 もちあわ飯.

차좁쌀 名 搗いた糯粟.

차종〔車種〕 名 車種. 車の種類.

차주¹〔車主〕 名 車の持ち主. 車の所有者.

차주²〔借主〕 名 借り主. 借り手.

차중〔車中〕 名 車中. 車内.

차지¹ 名 (주로 명사·대명사 뒤에 쓰여) 〔'소유'를 나타냄〕 (取り)分. 分け前. 物. ¶ 이것은 내 ~입니다 これは私の分です / 아무도 임자가 없다니, 그럼 대체 누구의 ~란 말이오? 誰も持ち主がいないって, ではいったい誰の物だというんですか.

차지²〔借地〕 名 하自 借地. ¶ ~권 借地権 / ~료 借地料.

차지다 形 **1** (ご飯・餅などが)粘っこい. 粘り気が多い. ねばねばしている. ¶ 밥이 ~ ご飯が粘っこい. **2** (気性が)しっかりして粘り強い. ¶ 그녀의 살림살이는 차진 데가 있어요 彼女の生活ぶりは粘り強いところがありますよ.

차지하다 他 占める. 占有する. ¶ 승리를 ~ 勝利を占める / 창가의 자리를 ~ 窓際の席を占有する / 다수를 ~ 多数を占める.

차질〔蹉跌〕 名 하自 蹉跌. つまずき. 狂い. 失敗. ¶ 계획에 ~이 생기다 計画に狂いが生じる / ~을 가져오다 蹉跌を来たす.

차차〔次次〕 副 **1** だんだん. しだいに. 漸次. ¶ 병의 상태가 ~ 좋아졌다 病状がしだいによくなった. **2** ('차차로'의 꼴로) そのうちに. おいおい. ¶ 다른 이야기는 ~로 하고 그 곳 형편이나 들어 봅시다 他の話はそのうちすることにして, そちらの事情を聞いてみましょう.

차차차〔cha-cha-cha〕 名〔樂〕チャチャチャ.

차창〔車窓〕 名 車窓. ¶ ~ 밖의 경치를 바라보다 車窓外の景色を眺める.

차체〔車體〕 名 車体. ボディー.

차축〔車軸〕 名 車軸.

차출〔差出〕 名 하他 **1** 選び出して提供すること. **2** 官吏を任命するため選び出すこと.

차츰 副 しだいに. 漸次に.

차츰차츰 副 だんだんと. 次第次第に. おいおい. ¶ 기차는 ~ 속도를 더해 갔다 汽車はだんだんと速度を上げた.

차치〔且置〕 名 하他 (주로 '차치하고'의 꼴로) さて置くこと. ¶ 그 얘기는 ~하고 その話はさて置いて.

차탄〔嗟歎〕 名 하他 嗟嘆. 嘆くこと. ¶ 자식이 없음을 ~하다 息子のいないことを嘆く.

차트〔chart〕 名 チャート. **1** 地図. 海図. **2** 一覧表. 図表. ¶ 히트 ~ ヒットチャート.

차편〔車便〕 名 車の便. ¶ ~에 짐을 부치다 車の便で荷物を送る.

차폐〔遮蔽〕 名 하他 遮蔽. 覆って遮ること. ¶ ~물 遮蔽物 / 빛을 ~하다 光を遮る.

차표〔車票〕 名 乗車券. 乗車切符. ¶ 왕복 ~ 往復切符 / ~를 예매하다 乗車券を前売りする.

차환〔借換〕 名 하他 借り換え.

차회〔次回〕 名 次回. 次期.

차후〔此後〕 名 この後. 今後.

착¹ 副 **1**〔잘 달라붙는 모양〕べったり(と). ぴったり(と). ぴっちり(と). ¶ 땀에 밴 셔츠가 몸에 ~ 달라붙었다 汗がにじんだシャツが体にべったりとくっついた. **2**〔재빠르게 행동하는 모양〕さっと. ¶ ~ 손을 내밀어 악수를 했다 さっと手を差し延べて握手をした. <척

착² 副 **1**〔몸이 기진맥진한 모양〕ぐったりと. ぐにゃっと. だらりと. ¶ 몸이 ~

늘어지다 体がぐったりとなる. **2**〔분위기·감정·목소리 등이 안정된 모양〕もの静かに. しとやかに. ¶목소리가 ~ 가라앉다 声がしいんと沈む.

-착³〔着〕 接尾 **1**〔도착〕…着. ¶도쿄발 김포 공항 ~ 東京発金浦空港着. **2**〔도착 순서〕…着. ¶1~을 한 선수 1着になった選手.

착각〔錯覺〕 名 하自他 錯覚. 思い違い. 勘違い. ¶~을 일으키다 錯覚を起こす/내 집인가 하고 ~했다 自分の家かと錯覚した.

착공¹〔着工〕 名 하自 着工. ¶~식 着工式.

착공²〔鑿空〕 名 하他 鑿空. **1** 穴をうがつこと. **2** 新しく道路を開くこと. **3** 空論にふけること.

착근〔着根〕 名 하自 **1** (移植した)草木が根を下ろすこと. **2** 他郷へ移住して住みつくこと.

착란〔錯亂〕 名 하形 錯乱. ¶~ 상태 錯乱状態/정신 ~을 일으키다 精神の錯乱を起こす.

착륙〔着陸〕 名 하自 着陸. 反 離陸 ¶~ 지점 着陸地点/비행장에 ~하다 飛行場に着陸する.

착발〔着發〕 名 하自 着発. **1** 到着と出発. ¶~ 신호 着発信号. **2** 着弾の瞬間に爆発すること. ¶~ 신관 着発信管/~탄 着発弾.

착복〔着服〕 名 하自他 着服. ¶회사의 공금을 ~하다 会社の公金を着服する.

착살맞다 形 (行ない·言葉が)見苦しいほどにけちくさい. みみっちい. しみったれだ. ¶착살맞은 짓을 하다 みみっちいことをする.

착살부리다 自 みみっちいことをする. しみったれたことをする.

착살스럽다 形 どことなくけちくさい. みみっちいところがある. **착살스레** 副 みみっちく.

착상〔着想〕 名 하自他 着想. 思いつき. ¶~이 기발하다 着想が奇抜だ/바다를 보며 이 작품을 ~했다 海を見てこの作品を思いついた.

착색〔着色〕 名 하他 着色. 彩色. ¶~제 着色剤/~ 유리 着色ガラス/인공 ~ 人工着色.

착생〔着生〕 名 하自 着生. ¶~ 동물 着生動物/~ 식물 着生植物.

착석〔着席〕 名 하自 着席. ¶모두 ~해 주십시오 皆さん着席してください.

착수〔着手〕 名 하自他 着手. ¶공사가 ~되다 工事が始められる.

착수금〔一金〕 名 手付け. 手付金. ¶~을 건네다 手付金を打つ.

착시〔錯視〕 名 하他 錯視. 錯覚によって何かを見間違えること.

착신〔着信〕 名 하自 着信.

착실하다〔着實一〕 形 **1** 着実だ. 誠実だ. まじめだ. ¶착실하게 공부하여 입시에 합격했다 まじめに勉強して入試に合格した. **2** 十分だ. 確実だ. **착실히** 副 着実に. まじめに. 十分に. ゆうに. ¶~ 일하다 まじめに働く.

착안¹〔着岸〕 名 하自 着岸.

착안²〔着眼〕 名 하自 着眼. 着目. 目のつけ方. ¶이 발명품은 ~이 매우 좋다 この発明品は着眼がとてもいい.

착안점〔一點〕 名 着眼点. 目のつけ所.

착암기〔鑿巖機〕 名〔機〕削岩機.

착오〔錯誤〕 名 하他 錯誤. 誤り. 間違い. ¶시행 ~ 試行錯誤/~가 생기다 間違いが生じる.

착용〔着用〕 名 하他 着用. ¶참석자는 필히 예복을 ~할 것 参席者は必ず礼服を着用すること.

착유¹〔搾油〕 名 하自 搾油. ¶~기 搾油機.

착유²〔搾乳〕 名 하自 搾乳. ¶~기 搾乳機.

착의〔着衣〕 名 하自 着衣. ¶범인의 인상 ~ 犯人の人相および着衣.

착잡하다〔錯雜一〕 形 錯綜している. 混乱している. ¶마음이 ~ 心が千々に乱される/착잡한 심경 複雑な心境.

착정〔鑿井〕 名 하自 鑿井. ボーリング.

착지〔着地〕 名 하自 着地. **1** 着陸する場所. **2** 到着する所. **3** (体操競技で)降り立つこと.

착착¹ 副〔끈끈하게 자꾸 달라붙는 모양〕べたべた(と). ねばねば. べったり(と). ¶땀에 젖은 속옷이 몸에 ~ 달라붙는다 汗まみれの下着が体にべたべたくっつく.

착착² 副 **1**〔일을 조리있게 잘 처리하는 모양〕てきぱき(と). すらすら(と). 着々と. どんどん. ¶어려운 일을 ~ 해치운다 難しい仕事をてきぱきとやってのける. **2**〔질서 정연하게 행하는 모양〕きちんきちんと. きちんと. ¶발을 ~ 맞추어 행진하다 足並みをきちんとそろえて行進する.

착취〔搾取〕 名 하他 搾取.

착탄〔着彈〕 名 着弾. ¶~ 거리 着弾距離/~ 지점 着弾地点.

착하〔着荷〕 名 하自 着荷.

착하다 形 (心根·行ないが)正しくてよい. 善良だ. よい. おとなしい. ¶착한 마음씨[행동] よい心根[行ない].

착함〔着艦〕 名 하自 着艦.

착화〔着火〕 名 하自 着火. 発火.

착화점〔一點〕 名 着火点. 発火点.

찬〔饌〕 名〔'반찬(飯饌)'의 준말〕おかず.

찬가〔讚歌〕 名 **1** 賛歌. ¶조국 ~ 祖国賛歌. **2**〔基〕賛美歌.

찬거리〔饌一〕 名 おかずの材料.

찬기〔一氣〕 名 冷気. 冷たい空気. ¶~가 돈다 冷たい空気が漂う.

찬동〔贊同〕 名 하自他 賛同. ¶~을 구하다[얻다] 賛同を求める[得る]/~의 뜻을 나타내다 賛同の意を示す.

찬란하다〔燦爛一〕 形 きらびやかだ. まばゆい. 輝かしい. ¶찬란한 문화 輝かしい文化/찬란하게 빛나는 네온사인 まぶしく輝くネオン. **찬란히** 副 燦爛と. 燦然と. まばゆいばかりに. ¶~ 빛나는 다이아몬드 きらきらと光るダイヤモンド.

찬모〔饌母〕 名 賄い婦. 賄いを担当する女性の奉公人.

찬물 名 冷たい水. 冷や水. お冷や. 冷水.

◆찬물을 끼얹다 水を差す.

찬미〔讚美〕 名 하他 賛美. ¶ 인생을 ~하다 人生を賛美する.

찬미가〔一歌〕 名〔基〕 賛美歌.

찬바람 名 **1** 寒風. 寒い風. **2** 初秋に吹く冷たい風.

◆찬바람이 일다 冷ややかな空気が漂う. 殺伐とした雰囲気になる.

찬밥 名 冷や飯.

◆찬밥 더운밥 가리다 (冷や飯と炊きたてのご飯を区別して選ぶの意で) 暮らしに事欠きながら満ち足りているようなことをする.

찬부〔贊否〕 名 賛否. ¶ ~를 묻다 賛否を問う / ~ 양론 賛否両論.

찬불〔讚佛〕 名〔佛〕 讃仏. 仏の功徳を賛嘆すること. ¶ ~가 讃仏歌.

찬비 名 冷雨. 冷たい雨.

찬사〔讚辭〕 名 賛辞. ¶ ~를 아끼지 않다 賛辞を惜しまない.

찬성〔贊成〕 名 하自他 賛成. ¶ ~ 투표 賛成投票 / ~을 얻다 賛成を得る.

찬송〔讚頌〕 名 하他 賛美. 美徳をほめたたえること.

찬송가〔一歌〕 名〔基〕 賛美歌.

찬술¹ 名 冷や酒.

찬술²〔撰述〕 名 하他 撰述. 著述. 述作.

찬술³〔纂述〕 名 하他 纂述. 材料を集めて著述すること.

찬스〔chance〕 名 チャンス. 機会. 好機. ¶ 절호의 ~를 놓쳤다 絶好のチャンスを逸した.

찬양〔讚揚〕 名 하他 ほめたたえること. 賞すること.

찬양대〔一隊〕 名〔基〕 聖歌隊.

찬연하다〔燦然一〕 形 燦然としている. きらきらと光り輝く. ¶ 찬연한 아침 햇살 きらきらと光り輝く朝の日差し.

찬연히 副 燦然と. ¶ ~ 빛나는 보석 燦然と輝く宝石.

찬의〔贊意〕 名 賛意. ¶ ~를 나타내다 賛意を表わす.

찬자〔撰者〕 名 撰者(詩歌·文章·書物などの作者).

찬장〔饌欌〕 名 台所の戸棚. 茶だんす. 食器棚.

찬조〔贊助〕 名 하他 賛助. ¶ ~ 연설 賛助演説 / ~ 출연 賛助出演.

찬조금〔一金〕 名 賛助金.

찬집〔撰集〕 名 하他 撰集.

찬찬하다 形 (性質が) 綿密で落ち着いている. 注意深い. 細かい. 沈着だ. ¶ 찬찬한 성격 注意深い[沈着な]性格. **찬찬히** 副 注意深く. 綿密に. 落ち着いて. ¶ ~ 살펴보다 注意深く見る[観察する].

찬칼〔饌一〕 名 包丁.

찬탄〔讚歎〕 名 하他 賛嘆. ¶ 명연기를 ~할 수밖에 없었다 名演技に賛嘆するほかなかった.

찬탈〔簒奪〕 名 하他 簒奪. 王位を奪い取ること.

찬평〔贊評〕 名 하他 賛評. ほめる批評をすること.

찬합〔饌盒〕 名 重箱.

찰- 接頭 **1** (명사에 붙어)〔'끈기가 있고 차진'의 뜻을 나타냄〕もち…. ¶ ~벼 もち米 / ~떡 もち米でつくった餅. **2** (명사에 붙어)〔'퍽 심한·이루 말할 수 없는'의 뜻을 나타냄〕 ¶ ~가난 極貧. 赤貧.

찰거머리 名 **1**〔動〕 蛭. 血吸蛭. **2** 人にしつこくつきまとって悩ます人. ¶ ~ 같은 놈이다 (ひるのように) ねちっこいやつだ.

찰과상〔擦過傷〕 名 擦過傷. すり傷.

찰기〔一氣〕 名 粘り気. ¶ ~ 있는 햅쌀밥 粘り気のある新米の飯.

찰나〔刹那〕 名 (주로 '찰나에'의 꼴로) (…した) 途端に. その刹那に[瞬間に]. ¶ 충돌한 ~에 정신을 잃었다 衝突した途端に気を失った.

찰떡 名 もち米でつくった餅.

찰떡같다 形 **1** 情が深くなって離れがたい. **2** へばりついて食い下がる. 粘り強い. **찰떡같이** 副 離れがたく. 粘り強く.

찰떡궁합〔一宮合〕 名 男女の相性がこの上なくよく合うこと.

찰랑 副 하自 **1**〔가득 찬 물이 흔들리는 모양[소리]〕 ぱしゃっと. **2**〔방울이나 얇은 쇠붙이가 부딪쳐 나는 소리〕 ちゃりんと. ちりんと.

찰랑거리다[-대다] 自 **1** ぱちゃぱちゃ音を立てる. **2** がちゃがちゃ音を立てる.

찰랑찰랑¹ 副 하自 **1** ぱちゃぱちゃ. **2** がちゃがちゃ.

찰랑찰랑² 副 하形〔가득 찬 물이 넘칠 듯 흔들리는 소리[모양]〕 なみなみと. いっぱいに. あふれんばかりに. ¶ 컵에 우유를 ~ 따르다 カップにミルクをなみなみと注ぐ.

찰랑하다 形 あふれそうだ. なみなみとしている.

찰밥 名 **1** もち米で炊いた飯. **2** 赤飯. 強飯. おこわ.

찰벼 名 糯稲.

찰싹 副 하自他 **1**〔납작한 것으로 수면이나 뺨을 가볍게 때리는 소리〕 ぴしゃっと. ¶ 볼기를 ~ 때리다 尻をぴしゃっと打つ. **2**〔물결치는 소리〕 ぱしゃっと. <철썩

찰싹거리다[-대다] 自他 (引き続き) ぴしゃっぴしゃっと打つ[音がする].

찰싹찰싹 副 하自他 ぴしゃっぴしゃっと.

찰찰 副〔액체가 조금씩 넘치는 모양〕 ちょろちょろ(と). ¶ 물이 ~ 흐르다 水がちょろちょろと流れる. <철철

찰카닥 副 하自他 **1**〔끈기 있는 물건이 달라붙는 소리[모양]〕 べたり(と). べっとり. ¶ 쇠붙이가 자석에 ~ 붙다 金物が磁石にべたりとくっつく. **2**〔단단한 물체가 맞부딪치는 소리〕 がちりと. がちゃりと. ¶ ~ 하고 수갑을 채우다 がちゃりと手錠をかける.

찰카닥거리다[-대다] 自他 (引き続き) がちゃりと音がする[音を立てる].

찰카닥찰카닥 副 하自他 (引き続き) かちりかちり(と).

찰카당 副 하自他 がちゃんと. がちりと. ¶ 전화를 ~ 하고 끊다 電話をがちゃんと切る.

ㅊ

찰카당거리다[-대다] 自他 がちゃんがちゃんと音を出す[音がする].

찰카당찰카당 副 하自他 がちゃんがちゃんと.

찰칵 副 하自他 〔'찰카닥'의 준말〕 **1** べたり(と). べっとり. **2** がちりと. がちゃりと.

찰현악기〔擦絃樂器〕 名〔樂〕 擦弦楽器〈バイオリン·チェロなど〉.

찰흙 名 粘土·ねば土.

참[1] Ⅰ 名 **1** 誠. 本当. 真実. ¶ ~이냐 거짓이냐? 本当か嘘か. **2**〔論〕真理.

Ⅱ 接頭 **1** 本当の…. 真…. まことの…. ¶ ~뜻 本当の意味 / ~사랑 まことの愛. **2** 上質の…. 良質の…. ¶ ~먹 上質の墨.

Ⅲ 副 本当に. まことに. 実に. とても. ¶ ~ 기쁘다 本当にうれしい / 경치가 ~ 좋습니다 景色が実にいいですね / ~ 딱하다 まことに気の毒だ.

Ⅳ 感 そういえば. あっ. あ. なんとまあ. そうだ. 本当に. まったく. ¶ ~, 잊었네 あっ, 忘れていた / ~, 예쁘기도 해라 なんとまあ, きれいなのだろう.

참[2] 依名 〔때·예정·작정을 나타냄〕 とき. つもり. ところ. ¶ 막 출발하려는 ~이다 ちょうど出発しようとするところだ.

참가〔參加〕 名 하自 参加. **1** 仲間入りすること. ¶ ~국 参加国 / 전국 체육 대회에 ~하다 全国体育大会に参加する. **2** ある法律関係に当事者以外の者が加わること. ¶ ~ 인수 参加引き受け.

참가인〔一人〕 名 **1**〔法〕参加人. **2** 参加者.

참개구리 名〔動〕殿様蛙.

참견〔參見〕 名 하自他 **1** (他人のことや話に) 干渉すること. おせっかい. 口出し. 手出し. ¶ 쓸데없는 ~ いらぬおせっかい. よけいなお世話[口出し] / 괜한 ~ 말고 가만히 있어라 いらぬおせっかいをしないでじっとしていろ. **2** 参観.

참고〔參考〕 名 하他 参考. ¶ ~ 문헌 参考文献 / 전례를 ~로 삼다 前例を参考とする / ~될 만한 자료를 모으다 参考になりそうな資料を集める.

참고서〔一書〕 名 参考書.

참고인〔一人〕 名 参考人. ¶ ~으로 출두하다 参考人として出頭する.

참고래 名〔動〕背美鯨.

참관〔參觀〕 名 하他 参観. ¶ 전람회 ~ 展覧会参観.

참관인〔一人〕 名 **1** 参観人. 参観者. **2**〔法〕選挙の立会人.

참극〔慘劇〕 名 惨劇. ¶ 유혈 ~ 流血の惨劇.

참기름 名 ごま油.

참깨 名 **1**〔植〕胡麻. **2** ごまの種子. ¶ ~로 기름을 짜다 ごまの種子から油を搾る.

참나무 名〔植〕 **1** ちょうせんぶな科に属するならがしわ·あべまき·みずならなどの総称. **2** 櫟.

참다 他 こらえる. 我慢する. 忍ぶ. 抑える. 耐える. 辛抱する. ¶ 고통을 참고 견디다 苦痛を堪え忍ぶ / 터져 나오는 웃음을 간신히 참았다 吹き出しそうな笑いをやっとこらえた / 당장에 달려가고 싶은 마음을 꾹 참고 기다렸다 すぐ飛んで行きたい気持ちをぐっと抑えて待った / 제발 며칠 더 참아 주십시오 どうかあと何日か辛抱してください.

〔속담〕 **참을 인**(忍) **자 셋이면 살인도 피한다** 忍の字が三つあれば殺人をも避ける〈ならぬ堪忍するが堪忍〉.

참다못해 副 我慢しきれずに. こらえきれずに. たまりかねて. 耐えかねて. 辛抱しきれずに. ¶ ~ 버럭 화를 냈다 こらえきれずかっと腹を立てた.

참담하다〔慘澹—〕 形 惨憺としている. 見るにたえないほどひどい. ¶ 참담한 사고 현장 惨憺たる事故現場.

참답다 形 嘘や飾りがなく真実である. 真である. 誠実である. ¶ 참다운 사랑 真実の愛.

참대 名〔植〕真竹.

참돔 名〔動〕真鯛.

참되다 形 真実だ. 誠実だ. 正しい. ¶ 참된 생활 まことの生活.

참뜻 名 本意. 本当の意味. 真意. 真義. ¶ 평등의 ~을 잘못 해석하다 平等の真義を誤解する.

참례〔參禮〕 名 하自 儀式に参列すること.

참마 名〔植〕山の芋.

참말 名 本当の話. まことの話. ¶ 그게 ~이라면 큰일났는데 それが本当の話なら大変なことになった / ~ 같지 않아 믿어지지 않는다 本当らしくないので信じられない.

참말로 副 本当に. 実に. まことに. まったく. ¶ ~ 기쁘다 本当にうれしい.

참먹 名 品質の上等な墨.

참모〔參謀〕 名 参謀. ¶ ~ 총장 参謀総長.

참밀 名〔植〕小麦.

참밥〔站—〕 名 仕事の中休みに食べる飯.

참배〔參拜〕 名 하自 参拝. 参詣. ¶ ~객 参拝客.

참변〔慘變〕 名 むごたらしい事故. 災難.

참빗 名 梳き櫛. 爪櫛. 歯の目の細かい竹製の櫛.

참사[1]〔參事〕 名 하自 **1** 参事. ある仕事に参加すること[人]. **2** 参事. 役職の一つ.

참사관〔一官〕 名〔法〕参事官.

참사[2]〔慘死〕 名 하自 惨死. ¶ 추락 사고로 ~했다 墜落事故で悲惨な死に方をした.

참사[3]〔慘事〕 名 惨事. ¶ ~를 빚어내다 惨事を引き起こす.

참사람 名 真人間. まともな人間. 人間らしい人間.

참사랑 名 真実の愛. 純粋な愛情.

참살[1]〔斬殺〕 名 하他 斬殺.

참살[2]〔慘殺〕 名 하他 惨殺. むごたらしいやりかたで殺すこと.

참상[1]〔慘狀〕 名 惨状. ¶ ~을 빚은 사고 현장 惨状を呈する事故現場.

참상[2]〔慘喪〕 名 若死にした人の葬式.

참새 名〔動〕雀. ¶ ~ 떼를 쫓다 すずめの群れを追い払う / ~가 짹짹거린다 すずめがちゅんちゅん鳴く.

ㅊ

참새구이 名 雀の焼き鳥.
참새우 名〔動〕車蝦.
참석〔參席〕 名 하自 出席. 列席. 参席. ¶ ～자 出席者 / 친구의 결혼식에 ～하다 友人の結婚式に列席する / 회원이 아니기 때문에 ～할 수 없다 会員でないので参加できない.
참선〔參禪〕 名 하自〔佛〕参禅. 座禅.
참소〔讒訴〕 名 하他 讒訴. 陰口.
참수〔斬首〕 名 하他 斬首. 打ち首. 首切り.
참숯 名 堅炭. 白炭.
참숯불 名 堅炭の火.
참신〔斬新〕 名 하形 斬新. ¶ ～한 기획 斬新な企画.
참억새 名〔植〕薄.
참언〔讒言〕 名 讒言. 中傷.
참여〔參與〕 名 하自 **1** 参与. 参加. ¶ 사회 ～ 社会参加 / 모의에 ～하다 謀議に参加する[加わる]. **2**〔法〕立ち会うこと. 立ち会い. ¶ 증인으로 ～하다 証人として立ち会う.
참예〔參詣〕 名 하自 参詣. お参り.
참외 名〔植〕真桑瓜.
참으로 副 本当に. まことに. 実に. まったく. ¶ ～ 놀라운 일이다 実に驚くべきことだ / ～ 곤란한 문제다 まったくのところ困った問題だ / ～ 안타깝다 本当に気の毒だ.
참을성〔一性〕 名 こらえ性. 忍耐力. 辛抱強さ. ¶ ～이 없는 사내 こらえ性のない男.
참작〔參酌〕 名 하他 参酌. 斟酌. 酌量. ¶ 정상이 ～되어 기소 유예로 석방되었다 情状が酌量されて起訴猶予で釈放された.
참전〔參戰〕 名 하自 参戦. ¶ ～국 参戦国 / 유엔군으로 ～하다 国連軍として参戦する.
참정〔參政〕 名 하自 参政. ¶ ～권 参政権.
참조〔參照〕 名 하他 参照. ¶ 주해를 ～하라 注解を参照せよ.
참조기 名〔動〕金石魚.
참죄〔斬罪〕 名 하自 斬罪. 打ち首. ¶ ～에 처하다 斬罪に処する.
참참이〔站站一〕 副 時々. 折々. 合間に. ¶ 일을 ～ 쉬어가면서 해라 仕事を時々休みながらしなさい.
참치 名〔動〕鮪.
참치방어〔一魴魚〕 名〔動〕つむぶり.
참칭〔僭稱〕 名 하他 僭称. ¶ 황제를 ～하다 皇帝を僭称する.
참패〔慘敗〕 名 하自 惨敗. ¶ 시합에서 ～를 당했다 試合で惨敗を喫した.
참하다 形 **1** (顔形が)整っている. 清楚だ. こざっぱりとしている. こぎれいだ. ¶ 참하게 생긴 얼굴 整った顔 / 참한 옷차림 こざっぱりとした身なり. **2** (気立てが)しとやかでおとなしい. つつましい. 優しい. ¶ 마음씨가 ～ 心が優しい.
참형〔斬刑〕 名 하他 斬刑. 斬首の刑罰. 打ち首. ¶ ～에 처하다 斬刑に処す.
참호〔塹壕〕 名〔軍〕塹壕. ¶ ～전 塹壕戦 / ～를 파다 塹壕を掘る.
참혹하다〔慘酷一〕 形 **1** 残酷だ. ¶ 참혹한 광경 残酷な光景 / 참혹하기 짝이 없다 残酷極まりない. **2** 惨めで哀れだ. 悲惨だ. ¶ 참혹한 생활 悲惨な生活. **참혹히** 副 残酷に. 悲惨に.
참화〔慘禍〕 名 惨禍. ¶ 전쟁의 ～를 입은 마을 戦争の惨禍をこうむった村.
참회〔懺悔〕 名 하他 懺悔. ¶ ～록 懺悔録 / ～의 눈물을 흘리다 懺悔の涙を流す.
참획〔參劃〕 名 하自 参画.
찹쌀 名 もち米.
찹쌀떡 名 もち米でつくった餅.
찹쌀밥 名 もち米の飯.
찻값〔茶一〕 名 (喫茶店で)飲み物の代金. お茶代.
찻길〔車一〕 名 **1** 線路. レール. **2** 車道.
찻삯〔車一〕 名 交通費. 車代.
찻숟가락〔茶一〕 名 茶さじ. ティースプーン.
찻잔〔茶盞〕 名 湯飲み茶碗. 紅茶茶碗.
찻종〔茶鍾〕 名 湯飲み茶碗.
찻집〔茶一〕 名 喫茶店. 茶店. 茶亭.
창¹ 名 (布地や革などの薄い物が)すり減ってできた穴.
◆**창이 나다** すり減って穴があく. ¶ 구두에 ～이 났다 靴底に穴があいた.
창² 名 **1** (靴·履き物などの)底. 靴底. 内底に張る革. ゴム. **2** 敷革. ¶ ～을 깔다 敷革を敷く.
창³〔窓〕 名〔'창문'의 준말〕窓. ¶ 유리 ～ ガラス窓.
창⁴〔唱〕 名〔樂〕歌曲調·雜歌調·パンソリ(판소리)調などで歌う[謡う]こと.
창⁵〔槍〕 名 槍. ¶ ～던지기 槍投げ.
창가¹〔窓一〕 名 **1** 窓のへり[縁]. **2** 窓際. 窓辺. 窓の前. ¶ ～에 놓인 화분 窓際に置かれた植木鉢.
창가²〔唱歌〕 名 하自〔樂〕唱歌.
창간〔創刊〕 名 하他 創刊. ¶ ～호 創刊号.
창갈이 名 하他 (靴などの)底を張り替えること. ¶ 구두의 ～ 靴底の張り替え.
창건〔創建〕 名 하他 創建. ¶ 신라 시대에 ～된 절 新羅時代に創建された寺.
창고〔倉庫〕 名 倉庫. ¶ 보세 ～ 保税倉庫 / ～업 倉庫業.
창고료〔一料〕 名 倉庫料. 倉敷料.
창공〔蒼空〕 名 蒼空. 青空.
창구〔窓口〕 名 窓口. ¶ ～ 업무 窓口業務 / 은행 ～ 銀行の出納窓口.
창구멍〔窓一〕 名 窓や障子の破れ穴. ¶ ～으로 찬 바람이 스며든다 障子の破れ穴から冷たい風が入ってくる.
창군〔創軍〕 名 하自 建軍. 軍隊を創設すること. ¶ ～ 기념 열병식 建軍記念閲兵式.
창궐〔猖獗〕 名 하自 猖獗. 荒れ狂うこと. ¶ 전염병이 ～하다 伝染病が猖獗を極める.
창극〔唱劇〕 名〔演〕パンソリ(판소리)を中心にして演劇的な対話を取

り入れて演じる伝統的演劇.
창기〔娼妓〕 名 娼妓. 遊女. 女郎.
창난젓 名 明太のはらわたの塩辛.
창녀〔娼女〕 名 娼婦. 売春婦.
창달〔暢達〕 名 하自他 暢達. **1** すくすく育つ[育てる]こと. **2** (意見·主張などを)自由に述べること. のびのびと発達すること. ¶ 언론의 ~ 言論の暢達.
창당〔創黨〕 名 하自他 立党. 新しい政党を結成すること.
창대〔槍一〕 名 槍の柄.
창던지기〔槍一〕 名 하自〔體〕やり投げ.
창도〔唱導〕 名 하他 唱導. **1** 先に立って他を導くこと. **2**〔佛〕法理を説いて人を仏の道へ導くこと.
창립〔創立〕 名 하他 創立. ¶ ~자 創立者 / 대학을 ~하다 大学を創立する.
창망〔滄茫〕 名 하形 蒼茫. 広々としたようす. ¶ ~한 대양 蒼茫たる大洋.
창문〔窓門〕 名 窓. ¶ ~ 너머로 바라다보이는 경치 窓から眺められる景色 / ~을 활짝 열어 놓다 窓を開け放す.
창백하다〔蒼白一〕 形 蒼白だ. 青白い. ¶ 안색이 ~ 顔色が青白い.
창법〔唱法〕 名 唱法. 歌唱法.
창살〔窓一〕 名 窓の桟[格子].
창상〔創傷〕 名 創傷〈槍·銃剣·刀などで受けた切り傷〉.
창생〔蒼生〕 名 蒼生. 民. 人民.
창설〔創設〕 名 하他 創設. ¶ 부속 연구소를 ~하다 付属研究所を創設する.
창성〔昌盛〕 名 하自 昌盛. 盛んなこと.
창세기〔創世記〕 名〔基〕創世記.
창시〔創始〕 名 하他 創始. ¶ ~자 創始者 / 새 종교를 ~하다 新しい宗教を創始する.
창씨개명〔創氏改名〕 名〔史〕創氏改名〈日帝圧政時代に, 日本が韓国人の姓を奪い日本式の姓名に強制的に変更させたこと〉.
창안〔創案〕 名 하他 創案. ¶ 사무 간소화 방법이 ~되었다 事務簡素化の方法が創案された.
창업〔創業〕 名 하他 **1** 創業. ¶ ~비 創業費 / ~ 이득 創業利得 / ~자 創業者. **2** 開国. 建国. ¶ 나라를 ~하다 国をつくる. 開国する.
창연하다〔蒼然一〕 形 蒼然としている. ¶ 창연한 하늘 真っ青な空 / 고색이 창연한 건물 古色蒼然たる建物. **창연히** 副 蒼然と.
창의〔創意〕 名 하自 創意. ¶ ~력 創意力 / ~성이 풍부한 발명품 創意性に富む発明品.
창자 名 はらわた. 動物の腸. ¶ 소의 ~ 牛のはらわた.
◆**창자가 끊어지다** ① (怒りで)はらわたが煮えくり返る. ② 断腸の思いだ.
창작〔創作〕 名 하他 創作. ¶ ~가 作家 / ~ 의욕 創作意欲.
창작극〔一劇〕 名〔演〕創作劇.
창작력〔一力〕 名 創作力.
창작물〔一物〕 名 創作物.
창작품〔一品〕 名 創作品.
창제〔創製〕 名 하他 創製. 最初につくり出すこと. ¶ 세종 대왕 때 ~된 한글 世宗大王の時代に創製されたハングル.
창조〔創造〕 名 하他 創造. ¶ ~력 創造力 / ~물 創造物 / 천지 ~ 天地創造 / 기적을 ~하다 奇跡をつくり出す.
창조성〔一性〕 名 創造性.
창조적〔一的〕 冠名 創造的. ¶ ~ 사고 創造的思考.
창졸〔倉卒〕 名 하形 倉卒. 急なさま.
창졸간〔一間〕 名《'창졸간에'의 꼴로》倉卒の間に. 急に. とっさに.
창창하다〔蒼蒼一〕 形 **1** 蒼々としている. 青々としている. ¶ 창창한 하늘[바다] 蒼々たる大空[海]. **2** (前途が)はるかに遠い. 洋々としている. ¶ 앞길이 창창한 젊은이들 前途洋々たる若者たち.
창천〔蒼天〕 名 蒼天. **1** 青空. 大空. **2** (四天の一つで)春の空. **3** (九天の一つで)東北の方の空.
창출〔創出〕 名 하自他 創出. 創製·創造されること.
창칼 名 **1** 小型の刃物. 小刀. 切り出し. **2** ⇨찬칼
창턱〔窓一〕 名〔建〕窓の敷居.
창틀〔窓一〕 名〔建〕窓枠.
창파〔滄波〕 名 滄波. (大海の)青い波. ¶ 만경 ~ 万頃の滄波. 限りなく広い海.
창포〔菖蒲〕 名 **1**〔植〕菖蒲. **2**〔韓方〕しょうぶの根.
창포물 名〔民俗〕菖蒲湯〈しょうぶの葉と根を浸した水で, 端午の節句に髪や顔を洗うのに用いる〉.
창피〔猖披〕 名 하形 恥. 恥ずかしさ. 恥辱. 辱め. 面目を失うこと. ¶ ~를 당하다 恥をかく. 恥をさらす / 남에게 ~를 주다 人に恥をかかせる. 人を辱める / ~해서 고개를 들 수가 없다 恥ずかしくて顔をあげられない.
창피스럽다 形 恥ずかしい. ¶ 창피스러워 그런 짓은 못 한다 恥ずかしくてそんな事はできない.
창해〔滄海〕 名 滄海. 広大な海.
창해일속〔一一粟〕 名 滄海の一粟.
창호〔窓戶〕 名〔建〕窓と戸[扉]の総称.
창호지〔一紙〕 名 障子紙.
창황하다〔蒼黃一〕 形 倉皇としている. あわただしい. ¶ 창황한 걸음 あわただしい足取り. **창황히** 副 倉皇として. あわただしく.
찾다 他 **1**〔발견하다·찾으러 돌아다니다〕さがす. 見つける. 尋ねる. ¶ 잃어버린 물건을 ~ なくした物をさがす / 아들을 찾아 길을 떠났다 息子を尋ねて旅に出た. **2**〔구하다·알아보다〕さがす. みつける. 求める. さがし求める. ¶ 일거리를 ~ 仕事をさがす / 셋집을 ~ 借家をさがす. **3**〔되찾다〕取り戻す. 取り返す. (預けたものを)返してもらう. 引き出す. ¶ 예금했던 돈을 ~ 預金しておいた金を引き出す / 짓밟혔던 조국을 찾았다 踏みにじられた祖国を取り戻した. **4** 訪ねる. 訪問する.

ㅊ

訪れる. ¶찾아 주신 여러분께 감사를 드립니다 ご来訪の方々に感謝いたします/설악산을 찾는 관광객이 많다 雪嶽山を訪れる観光客が多い. **5**〔(원인·이유를)밝혀내다·규명하다〕(物事の源などを)探り求める. 尋ねる. (原因などを)究明する. 探る. ¶유래를 ～ 由来を尋ねる/도시 개발의 문제점을 ～ 都市開発の問題点を探る. **6**〔바라다·요구하다〕欲しがる. 求める. 要求する. ¶만날 술만 찾는다 いつも酒ばかり欲しがる. **7**〔(책을)넘기며 뒤지다〕(辞典などを)引く. さがす. ¶사전을 ～ 辞書を引く.

찾아가다 他 **1** 会いに行く. 訪ねて行く. 訪問する. 訪れる. ¶옛 친구를 ～ 旧友に会いに行く. **2** (預けたもの·貸したものなどを)受け取って行く. 取り戻して行く. おろして行く. ¶은행에서 예금을 ～ 銀行から預金をおろして行く.

찾아내다 他 見つける. 見いだす. さがし出す. 発見する. ¶찾고 있던 책을 찾아냈다 さがしていた本を見つけた.

찾아보다 他 **1** (人を訪ねて行って)会う. 訪ねて行く. ¶친구를 오랜만에 찾아보았으나 집에 없었다 友人を久しぶりに訪ねてみたが家には不在だった. **2** さがしてみる. ¶여기저기를 ～ 方々をさがしてみる.

찾아오다 他 **1** 訪ねて来る. 訪れる. ¶밤마다 친구가 ～ 毎晩友達が訪ねて来る/20년 만에 고향을 찾아왔다 20年ぶりに故郷を訪れた. **2** (預けていたもの·貸していたものなどを)取り返してくる. 返してもらってくる. 持って来る. おろしてくる. ¶은행에서 백만 원을 찾아왔다 銀行から100万ウォンをおろしてきた.

채[1] 名 **1** (牛車などの)轅. ¶소달구지 ～ 牛車の轅. **2** (輿などの)担ぎ棒.

채[2] 名 **1**〔'채찍'의 준말〕むち. **2** (刑罰の)鞭. **3**〔樂〕(太鼓·鼓·鉦などを打つ)桴.

채[3] 名 細長い物の長さ. ¶머리～가 길군 髪の毛が長いね.

채[4] 名 (染色の)むら.

채[5] 名 (大根·きゅうりなどを)千切りにすること. 千切り.

◆**채를 치다** 千切りにする.

채[6]〔菜〕名 野菜などを調味してつくったおかず. 野菜料理.

채[7] 依名 〔주로 '-ㄴ 채(로)'의 꼴로〕〔어떤 상태의 지속을 나타냄〕(…の)まま. (…した)なり. ¶눈을 감은 ～ 말이 없다 目を閉じたまま物を言わない/미해결인 ～로 남아 있다 未解決のままで残っている.

채[8] Ⅰ 依名 **1**〔집을 셀 때의 단위〕棟. 軒. ¶집 다섯 ～가 전소하였다 家5軒が全焼した. **2**〔큰 기계·기구를 세는 단위〕台. セット. ¶수레 한 ～ 車1台. **3**〔이불을 세는 단위〕組み. ¶이불 두 ～ 布団2組み.

Ⅱ 接尾〔독립된 집임을 나타냄〕…棟. …屋. ¶안～ 母屋/바깥～ 離れ屋.

채[9] 副〔아직 어떤 정도에 이르지 못한 상태〕まだ. いまだ. ¶감이 ～ 익지도 않았다 柿がまだ熟れていない/날이 ～ 어둡기도 전에 まだ日も暮れないうちに.

채결〔採決〕名 하他 採決. ¶만장 일치로 ～되다 満場一致で採決される.

채광[1]〔採光〕名 하自 採光. ¶～이 좋은 방 採光のいい部屋.

채광창〔一窓〕名 採光窓. 明かり窓.

채광[2]〔採鑛〕名 하自 採鉱.

채굴〔採掘〕名 하他 採掘. ¶～권 採掘権.

채권[1]〔債券〕名〔經〕債券. ¶～ 발행 은행 債券発行銀行.

채권[2]〔債權〕名〔法〕債権. ¶～자 債権者/～ 양도 債権譲渡.

채귀〔債鬼〕名 債鬼. 借金取り. ¶～에 쫓기다 債鬼に追われる.

채그릇 名 皮をむいた萩または柳の枝で編んだ容器の総称.

채근〔採根〕名 하自他 **1** 植物の根を掘ること. **2** 物事の根源を明かすこと. **3** 催促すること. せかすこと. ¶빨리 가자고 ～하다 早く行こうとせかす.

채금〔採金〕名 하自〔鑛〕砂金などを採取すること. 金を掘り出すこと.

채널〔channel〕名 チャンネル.

채다[1] 自 少し値上がりする. ¶쌀값이 ～ 米の値段が少し値上がりする.

채다[2] 他 **1** 急に強く引っ張る. ぐいと引き寄せる. ¶낚싯줄을 ～ 釣り糸をぐいと引き寄せる. **2** ひったくる. 盗む. 奪い取る. ¶날치기가 핸드백을 ～ かっぱらいがハンドバッグをひったくる.

채다[3] 他 (ちらっと見て)すぐ気がつく. 感づく. 気づく. ¶눈치를 ～ 気づく/기미[낌새]를 ～ 気配を悟る. 気づく.

채다[4] 自 **1**〔걷어채다〕(足で)突き飛ばされる. 蹴られる. ¶말발굽에 채였다 馬(の足)に蹴られた. **2**〔빼앗기다〕奪い取られる. 横取りされる. ひったくられる. ¶보따리를 ～ 風呂敷包みを奪い取られる. **3**〔딱지맞다〕(恋人に)振られる. ¶여자에게 ～ 女に振られる.

채독증〔菜毒症〕名〔醫〕野菜類を生食することによって起こる各種の病気.

채록〔採錄〕名 하他 採録. ¶들새의 소리를 ～하다 野鳥の声を採録する.

채료〔彩料〕名 絵の具. 染料.

채마〔菜麻〕名 蔬菜. 青物. 野菜.

채마밭 名 野菜畑.

채무〔債務〕名〔法〕債務. ¶～국 債務国/～자 債務者/～를 지고 있다 債務を負っている.

채문〔彩紋〕名 彩文.

채문 토기〔一土器〕名 彩文土器.

채반〔一盤〕名 **1** 皮をむいた萩などの枝で平たく編んだ縁のない盆. **2** 新婦が実家に帰るときや実家から戻るときに持って帰る珍味やごちそう.

채발 名 足首から先がほっそりした足.

채비〔←差備〕名 하自 したく. 用意. 準備. ¶떠날 ～를 하다 出発のしたくをする.

채산〔採算〕 名 하自 **1** 採算. 収支を計算すること. 収支が引きあうこと. ¶ ~이 맞다 採算が合う. **2** 原価·費用·利潤などを合わせて売り値を算定すること.

채색〔彩色〕 名 하自 彩色. 彩り. ¶ 토기에 ~을 하다 土器に彩色を施す.

 채색화〔一畫〕 名〔美〕彩色画.

채석〔採石〕 名 하自 採石. ¶ ~장 採石場.

채소〔菜蔬〕 名 蔬菜. 野菜. 青物. ¶ ~ 가게 八百屋 / ~를 가꾸다 野菜をつくる.

 채소밭 名 野菜畑.

채송화〔菜松花〕 名〔植〕松葉牡丹.

채식〔菜食〕 名 하自 菜食. ¶ ~주의 菜食主義.

채신 名 身持ち. 品行. ふるまい.

 채신머리 名 〈俗〉軽はずみのふるまい. ふしだらな身持ち.

 채신사납다 形 身持ちが悪く品がない. ぶざまだ. だらしない.

 채신없다 形 軽率で威厳がない. ぶざまだ. だらしない.

채용〔採用〕 名 하他 採用. ¶ ~ 시험 採用試験 / 회사의 간부로 ~되었다 会社の幹部として採用された.

채우다¹ 他 **1**〔몸에 차게 하다〕(包むように)身につける. 当てる. ¶ 기저귀를 ~ おむつを当てる. **2**〔잠그다〕(錠前·ボタンなどを)かける. ¶ 방문을 ~ 部屋の戸に錠前をかける / 윗옷의 단추를 채웠다 上衣のボタンをかけた. **3**〔끼다〕(刑具を手足に)かける. はめる. ¶ 손목에 수갑을 채웠다 手首に手錠をはめた.

채우다² 他 (冷やしたり傷まないようにするために冷水や氷に)浸す. 冷やす. 冷ます. ¶ 맥주를 얼음에 ~ ビールを氷で冷やす / 수박을 우물물에 ~ すいかを井戸水に漬ける.

채우다³ 他 **1**〔수량을 메우다〕(数量などの不足などを)補う. 満たす. そろえる. ¶ 부족한 수량을 ~ 足りない数量を補う. **2**〔가득하게 하다〕いっぱいにする. 満たす. 埋める. 詰める. ¶ 독에 물을 ~ 水甕に水を満たす / 여백을 ~ 余白を埋める / 허기진 배를 ~ ひもじい腹を満たす. **3**〔만족시키다〕(欲望などを)満たす. ¶ 욕망을 ~ 欲望を満たす. **4** (期限を)満たす. ¶ 복무 연한을 채우고 제대했다 服務年限を終えて除隊した.

채원〔菜園〕 名 菜園. 野菜畑.

채유¹〔採油〕 名 하自他 採油. 石油を掘り採ること.

채유²〔菜油〕 名 **1** 野菜の種子から採った油. **2** 油菜の種子から採った油.

채점〔採點〕 名 하他 採点.

채종¹〔採種〕 名 하自 採種. 種子を採ること.

 채종밭 名 採種畑.

채종²〔菜種〕 名 菜種〈あぶらなの種子〉.

 채종유〔一油〕 名 あぶらなの種子から採った油.

채주〔債主〕 名 債主. 債権者. 貸し主.

채질 名 하他 むち打つこと. むち打ち.

채집〔採集〕 名 하他 採集. ¶ 곤충을 ~하다 昆虫を採集する.

채찍 名 むち. ¶ ~으로 치다 むちで打つ.

 채찍질 名 하他 **1** むちで打つこと. むち打ち. **2** むち打つこと. せきたてたり励ましたりすること. ¶ 난관에 부닥쳤을 때마다 스스로를 ~했다 難関にぶつかるたびに自分をむち打った.

채취〔採取〕 名 하他 採取. ¶ 지문 ~ 指紋の採取 / 바다에서 미역을 ~한다 海でわかめを採る.

채치다 自 채다¹·²の強調形.

채칼 名 菜切り包丁.

채탄〔採炭〕 名 하自 採炭. ¶ ~기 採炭機 / ~량 採炭量.

채택〔採擇〕 名 하他 採択. ¶ 교과서를 ~하다 教科書を採択する / 동의를 ~하다 動議を採択する.

채혈〔採血〕 名 하自 採血.

채화〔採火〕 名 하自 レンズで太陽の光線から火種を採ること.

책¹〔册〕 名 **1** 本. 書物. 書籍. 冊子. ¶ 만화[동화]~ 漫画[童話]の本 / ~을 읽다 本を読む / ~을 펴다[덮다] 本を開く[閉じる] /. **2** (書き付けたり絵をかいたりするために)綴じてつくった帳面.

-책²〔責〕 接尾 責任者の意を表わす. ¶ 지방 조직~ 地方組織責任者.

-책³〔策〕 接尾 …策. ¶ 좋은 해결~이 없을까? よい解決策はないだろうか.

책가방〔册一〕 名 (ランドセル·手提げかばんなどの)学生かばん.

책가위〔册一〕 名 本のカバー. ブックカバー.

 책가위하다 他 本にカバーをかぶせる.

책갈피〔册一〕 名 本のページの間. ¶ 서표를 ~에 끼우다 しおりを本のページの間に挟む.

책값〔册一〕 名 **1** 書物の価格. **2** 本の代金.

책꽂이〔册一〕 名 本立て. 本棚. 書架.

책동〔策動〕 名 하他 策動. 画策. ¶ 파업을 ~하다 罷業を策動する.

책뚜껑〔册一〕 名 本の表紙.

책략〔策略〕 名 策略. はかりごと. ¶ ~을 쓰다 策略を用いる.

책력〔册曆〕 名 暦. 綴じ暦. 暦本.

책망〔責望〕 名 하他 (失策·過ちなどを)叱ること. 叱責すること. ¶ 아버지에게 ~을 들었다 父に叱られた.

책모〔策謀〕 名 策謀. 策略.

책무〔責務〕 名 責務. ¶ 무거운 ~를 완수하다 重い責務を果たす.

책받침〔册一〕 名 下敷き.

책방〔册房〕 名 本屋. 書店.

책보〔册褓〕 名 (本をつつむ)ふろしき.

책사¹〔册肆〕 名 書肆. 書店.

책사²〔策士〕 名 策士.

책상〔册床〕 名 机. デスク. ¶ ~ 서랍 机の引き出し.

 책상다리 名 하自 膝を組むこと. あぐらをかくこと. あぐら.

 책상머리 名 机の一方のへり[隅]. 机の前.

 책상물림 名 世情にうとい学者肌の人. 書生っぽ. 学者ばか.

 책상보〔一褓〕 名 テーブル掛け. テーブ

ㅊ

ルクロス.
책싸개〔冊—〕 名 本のカバー.
책원지〔策源地〕 名 策源. 策源地. ¶ 악의 ～ 悪の策源地.
책임〔責任〕 名 責任. ¶ 공동 ～ 共同責任 / ～자 責任者 / ～을 다하다 責任を果たす / ～을 느끼다 責任を感じる / 남에게 ～을 덮어씌웠다 人に責任をかぶせた.
책임감〔—感〕 名 責任感.
책임지다 自他 責任を負う. 責任を持つ.
책자〔冊子〕 名 冊子. 書物.
책잡다〔責—〕 他 (他人の過失を)とがめる. (責任を)責める. なじる.
책잡히다〔責—〕 自 とがめられる. 責められる. なじられる. ¶ 남에게 책잡힐 일을 하다 人にとがめられるようなことをする.
책장[1]〔冊張〕 名 本のページ. ¶ 건성으로 ～을 넘기다 うわの空でページをめくる.
책장[2]〔冊欌〕 名 本箱. 本棚.
책정〔策定〕 名 하他 策定. ¶ 예산을 ～하다 予算を策定する.
책치레〔冊—〕 名 하自 **1** 装丁. 装本. ブックデザイン. **2** 部屋に本をたくさんそろえること.
책하다〔責—〕 他 とがめる. 叱る. 責める.
챔피언〔champion〕 名 チャンピオン.
챙 名 〔'차양(遮陽)'의 준말〕 ひさし.
챙기다 他 **1** 〔짐꾸리다〕 取りまとめる. 取りそろえる. ¶ 여행 도구를 ～ 旅行道具を取りまとめる / 이삿짐을 ～ 引っ越し荷物をまとめる. **2** 〔정돈하다〕 よく整理する. 片づける. しまう. ¶ 흩어진 책을 ～ 散らかっている本を整理する. **3** (飲食物を)準備する. 膳立てをする. ¶ 저녁 밥을 ～ 夕ご飯の準備をする.
처[1]〔妻〕 名 妻. 家内. 女房. ¶ ～와 단둘이서 살고 있습니다 妻と二人だけで暮らしています.
처[2]〔處〕 **I** 名 処. **1** 中央行政機関の一つ. ¶ 법제～ 法制処[局]. **2** (ある組織で)行政事務を取り扱う部署の名称. 課. 係. ¶ 교무～ 教務課.
II 接尾 《명사에 붙어》〔'곳·장소'를 나타냄〕 ¶ 구입～ 買い入れ先 / 근무～ 勤め先 / 거래～ 取引先 / 접수～ 受付.
처-[3] 接頭 《일부 동사 앞에 붙어》〔'함부로·많이·몰아서'를 나타냄〕 ¶ ～박다 むやみに押し込む / ～먹다 やたらに食う.

호칭·지칭 **처·아내·부인**

妻 / 家内 / 女房 / 細君 / かみさん / ワイフ

• 모두 '아내' 또는 '처'를 뜻하는 말이다. 妻는 夫에 대하여 여성 배우자를 가리키는 말로서 가장 일반적이며, 법률 관계나 보도 등에서도 널리 쓰인다. 그러나 남편 자신이 つま라고 하는 것은 다소 새삼스럽고, 明治시대에는 さい라고 하는 편이 많았다. / 家内는 夫가 자기와 동등한 연배, 또는 손윗 사람에 대해 자기의 배우자를 가리키는 다소 정중한 말. 집사람, 안사람. / 女房는 일반적인 말이며(처, 아내, 마누라), かみさん은 다소 격의없는 말씨이다. 둘 다 남편이 동료나 친구 등 스스럼없는 상대에 대해서, 자기의 배우자를 가리키는 말이다. 또 가까운 사람의 배우자를 화제에 올릴 때도 사용한다. / 細君은 남성이 자기 연배나 손아랫 사람의 배우자를 가리키는 말로서 다소 옛투의 말이다. 자기 배우자에 대해서도 썼지만(아내, 집사람), 현재는 타인의 배우자에 대해서 쓸 때가 많다. / ワイフ는 다소 허세적인 말투로서, 별로 일반적이지 못하다. 주로 자기 아내를 가리키지만 타인의 배우자에 대해서도 쓴다.

奥様 / 奥さん / 夫人 / 奥方

• 모두 타인의 아내에 대한 존경어로서, 奥様와 奥さん은 제3자를 가리킬 때는 물론, 이야기 상대로서 직접 부를 때도 사용한다. 奥様의 격의없는 표현이 奥さん이며, 가벼운 경의가 함축된 말로서 일반적으로 널리 쓰인다. / 夫人은 '귀인의 아내'라는 뜻에서 변하여, 일반적으로 '타인의 처'에 대한 존경어로 사용되고 있다. / 奥方는 신분이 높은 사람의 아내에 대한 존경어였는데(마님), 현재는 친한 사이에서 타인이나 자신의 아내를 농담적으로 말할 때 사용한다. ▷남편·부군

처가〔妻家〕 名 妻の実家. 里.
처가살이 名 하自 妻の実家に身を寄せて暮らすこと.
처가속〔—屬〕 名 妻方の眷属.
처갓집 名 妻の実家. 里.
처결〔處決〕 名 하他 処決. ¶ 하나하나 ～해 나가다 一つ一つ処決していく.
처남〔妻男〕 名 妻の兄弟. 義兄. 義弟. ¶ ～댁 妻の弟の妻.
처넣다 他 (物などを)詰め込む. 突っ込む. ぶち込む. ほうり込む. つぎ込む. ¶ 옷가지를 트렁크에 처넣었다 衣服類をトランクに詰め込んだ / 죄수를 감옥에 처넣었다 囚人を牢にぶち込んだ.
처네 名 **1** 掛け布団の上に掛ける薄い布団. **2** (赤ん坊を背負うときにかける)ねんねこの一種. **3** 〔'머리처네'의 준말〕 女性が外出するとき頭からかぶるかぶりもの.
처녀〔處女〕 名 **1** 処女. 未婚の女性. 娘. 乙女. 独身女性. ¶ ～ 시절 娘時代 / 아리따운 ～ 美しい乙女. **2** 処女. 人が一度も手をつけず自然のままであること, または初めての経験であること. ¶ ～작 処女作 / ～지 処女地 / ～ 비행 処女飛行.
〔속담〕 **처녀가 아이를 낳아도 할 말이 있다** 未婚の娘が子を産んでも言い分はある〈盗人にも三分の理〉.
처녀궁〔—宮〕 名 〔天〕 処女宮.
처녀림〔—林〕 名 処女林.
처녀막〔—膜〕 名 〔生〕 処女膜.
처녀성〔—性〕 名 処女性.
처녀자리 名 〔天〕 乙女座(星座).
처녀장가 名 再婚の男性が初婚の女性を妻に迎えること.

처녀출판〔一出版〕 名 処女出版. **1** その出版社を創立してはじめての出版. **2** 本を著わしてはじめての出版.

처녀티 名 娘らしさ. 乙女らしさ.

처녑 名〔生〕牛の反芻胃の第3胃. 葉胃[重弁胃].

처단〔處斷〕 名 하他 処断. ¶ 엄중히 ~하다 厳重に処断する.

처담다 他 やたらにいっぱい入れる. 詰め込む. やたらに盛りつける.

처대다[1] 他 火に入れて燃やしてしまう. ¶ 난로에 석탄을 처댔다 ストーブに石炭をくべた.

처대다[2] 他 盛んに供給する. 盛んに継ぎ足す.

처덕〔妻德〕 名 **1** 妻の徳行. **2** 妻のおかげ. 内助の功.

처덕거리다[-대다] 他 **1** ぺたんぺたん[ぺたぺた]と音をたてる. ¶ 소년은 처덕거리는 진흙발로 걷고 있다 少年はぺたぺた音をたて泥足で歩いている. **2** べたべたと張る[塗る].

처덕처덕 副 하他 **1**〔물기가 많거나 차진 물건을 가볍게 두드리는 모양〕ぺたんぺたん(と). ぺたぺた(と). **2**〔종이 따위를 함부로 붙이는 모양〕べたべた(と). ¶ 헌 신문지를 ~ 바른 벽 古新聞をべたべた張った壁.

처때다 他 (かまどに)火をどんどんくべる.

처뜨리다[-트리다] 他 (力なく)垂れ下げる. (頭を)うなだれる. ¶ 어깨를 ~ 肩を落とす.

처량하다〔凄涼一〕 形 **1** 凄涼としている. 荒涼としてもの寂しい. うら寂しい. ¶ 처량한 광경 凄涼たる光景. **2** 哀れでもの悲しい. 哀れである. わびしい思い. わびしい. 痛ましい. ¶ 처량한 심정. **처량히** 副 うら寂しく. もの悲しく. 痛ましく.

처럼 助 …のように. …と同じように. …ほどに. ¶ 어린아이~ 좋아서 날뛴다 子供のように喜んで小躍りする / 지형이 매우 복잡한 것~ 보인다 地形が非常に複雑なように見える.

처리〔處理〕 名 하他 **1** 処理. (事件·事務などの)処理. ¶ 사후 ~ 事後処理 / 사건을 신속히 ~하다 事件を速やかに処理する. **2** 処理. 物理的·化学的処理. ¶ 열~ 熱処理 / 화학적 ~ 化学的処理.

처마 名〔建〕軒. ¶ ~ 끝 軒先. 軒端.

처마 밑 名 軒下.

처매다 他 (包帯などで)巻いて縛る. くくる. ¶ 상처를 처매 주다 傷口を包帯などで縛ってやる.

처먹다 他 **1** がっついて食う. かっ食らう. **2**〈俗〉食う. 食らう.

처먹이다 他 **1** やたらに食わせる. 腹いっぱい詰め込ませる. **2**〈俗〉食わせる. 食らわせる.

처박다 他 **1**〔때려서 박다〕強く打ち込む. やたらに打ち込む. ¶ 못을 ~ 釘を打ち込む. **2**〔처넣다〕やたらに押し込む[詰め込む]. 突っ込む. ほうり込む. ¶ 서랍에 처박아 두다 引き出しに突っ込んでおく. **3**〔가두다〕閉じ込める. 押し込める. ¶ 작은 방에 처박아 두다 小部屋に押し込めておく.

처박히다 自 押し込められる. 閉じこもる. ¶ 늘 방구석에 처박혀 있다 いつも部屋の隅に閉じこもっている.

처방〔處方〕 名 処方. ¶ 새로운 ~ 新しい処方.

처방전〔一箋〕 名〔醫〕処方箋.

처벌〔處罰〕 名 하他 処罰. ¶ ~을 받다 処罰を受ける.

처복〔妻福〕 名 いい妻を迎える幸福[運].

처부모〔妻父母〕 名 妻の両親.

처분〔處分〕 名 하他 **1** 処分. ¶ 불기소 ~ 不起訴処分 / 토지를 ~하다 土地を処分する. **2** 措置. 計らい. 処置. 指図. ¶ 관대히 ~하다 寛大に措置する / ~대로 따르겠습니다 指図どおりにします.

처분권〔一權〕 名〔法〕処分権.

처분 명령〔一命令〕 名〔法〕処分命令.

처사[1]〔處士〕 名 処士. 在野の士. 居士.

처사[2]〔處事〕 名 하自 処置. 仕打ち. 物事を処理すること. ¶ 그릇된 ~ 不当な処置 / 심한 ~다 ひどい仕打ちだ.

처삼촌〔妻三寸〕 名 妻の伯父[叔父].

처상〔妻喪〕 名 妻の喪. 妻の死.

처서〔處暑〕 名 処暑〈二十四節気の一つ〉.

처세〔處世〕 名 하自 処世. 世渡り. ¶ ~술 処世術 / ~훈 処世訓 / ~에 능하다 世渡りにたけている.

처소〔處所〕 名 **1** 住んでいる所. 居所. 仮の住まい. ¶ ~를 정하다[옮기다] 居所を定める[移す]. **2** ある事件が起こった所. 現場. 物の置き場所.

처숙부〔妻叔父〕 名 妻の叔父.

처시하〔妻侍下〕 名 妻の尻に敷かれた夫. 恐妻家.

처신〔處身〕 名 하自 **1** 身持ち. 品行. ふるまい. **2** 処世. 世渡り.

처신사납다 形 身持ちが悪く品がない. ぶざまだ. だらしがない.

처신없다 形 身持ちが軽はずみでぶざまだ. 大人気無くて威厳がない.

처연하다〔凄然一〕 形 凄然としている. 心が非常に寂しい. ¶ 처연한 목소리로 노래를 부르다 うら悲しい声で歌を歌う. **처연히** 副 悽然と. ものさびしく.

처우〔處遇〕 名 処遇. ¶ ~ 개선을 요구하다 待遇の改善を要求する.

처음 名 **1** (順序·時間の上で)いちばん初め. 最初. 初めて. 初め. ¶ ~엔 어렵다고 생각했다 初めのうちは[最初は]難しいと思った / 이것이 ~이자 마지막 기회야 これが最初で最後の機会だ. **2**《부사적으로 쓰여》(経験として)初めて. ¶ 난생 ~ 보는 신기한 일 生まれて初めて見る不思議なこと / ~ 뵙겠습니다 初めてお目にかかります. 初めまして.

처자[1]〔妻子〕 名 妻子. ¶ ~를 먹여 살리다 妻子を養う.

처자[2]〔處子〕 名 娘. 乙女.
처자식〔妻子息〕 名 妻子.
처쟁이다 他 (物などを)ぎっしりと積み重ねておく.
처절하다〔悽絶―〕 形 凄絶だ. むごたらしいほどにすさまじい. ¶처절한 싸움 凄絶な戦い. **처절히** 副 凄絶に.
처제〔妻弟〕 名 妻の妹. 義妹.
처조모〔妻祖母〕 名 妻の祖母.
처조부〔妻祖父〕 名 妻の祖父.
처조카〔妻―〕 名 妻の甥[姪].
처족〔妻族〕 名 妻の親族.
처지〔處地〕 名 **1**〔형편·입장〕自分が置かれている境遇. 環境. 立場. 状態. ¶딱한 ～에 놓여 있다 苦しい立場に置かれている. **2**〔사이〕間柄. 仲. ¶서로 농담을 주고받는 ～입니다 お互いに冗談を言い合う間柄です. **3**〔신분〕地位. 身分. 分際. ¶그 사람과 나는 ～가 다르다 彼と私は身分[地位]が異なる.
처지다 自 **1**〔바닥으로 가라앉다〕(底に)沈む. (下に)下がる. **2**〔늘어지다〕(張った物などが)垂れ下がる. (力なく)垂れる. ¶귀가 처진 개 耳が垂れ下がった犬/처진 버들가지 しだれた柳の枝. **3**〔뒤떨어져 남다〕(後に)取り残される. ¶걸음이 느려 뒤로 ～ 歩くのがおそくて遅れる. **4**〔뒤지다·뒤떨어지다〕(人より)遅れる. 後れをとる. 劣る. ¶그 쪽보다 이 쪽이 처진다 そっちよりこっちの方が劣っている.
처참하다〔悽慘―〕 形 凄惨だ. むごたらしい. ¶처참한 광경 凄惨な光景. **처참히** 副 凄惨に. むごたらしく. ¶～죽었다 むごたらしく死んだ.
처처〔處處〕 名 所々. ¶～에 널려 있다 所々に転がって[散らばって]いる.
처첩〔妻妾〕 名 妻妾. 妻と妾.
처치〔處置〕 名 하他 処置. 処理. 始末. 処分. 片づけること. ¶응급 ～ 応急処置/헌 냉장고를 ～했다 古い冷蔵庫を片づけた[処分した].
처하다〔處―〕 自他 処する. **1** (ある状況に)身を置く. 置かれる. ¶곤경에 처한 몸 窮状に置かれている身. **2** 処罰する. 処する. ¶무기형에 ～ 無期刑に処する.
처형[1]〔妻兄〕 名 妻の姉. 義姉.
처형[2]〔處刑〕 名 하他 処刑. ¶～장 処刑場/～된 사람의 수는 수천에 이른다 処刑された人の数は数千にのぼる.
척[1] 依名 …するふり. …したふり. …であるかのように. ¶모르는 ～하다 知らないふりをする.
척[2]〔尺〕 依名 〔길이의 단위〕尺. ¶6 ～ 거한 6尺の大男.
척[3]〔隻〕 依名 〔배를 세는 단위〕隻. 艘. ¶배 세 ～ 船3隻.
척[4] 副 **1**〔잘 달라붙는 모양〕べたっと. ぴったりと. ぴっちりと. ¶비를 맞아 옷이 살에 ～ 들러붙었다 雨にぬれて衣服が肌にべたっとくっついた. **2**〔행동을 빨리하는 모양〕さっと. すっと. ¶서슴지 않고 ～ 일어나서 대답을 했다 ためらわずにすっと立ち上がって答えた/돈을 ～ 내주다 お金をさっと渡す. **3**〔한눈에 얼른 보는 모양〕ちらっと. ちらりと. ¶～ 보기에도 괜찮다 ちらっと見た目にも悪くない.
척[5] 副 **1**〔침착하고 천역덕스러운 모양〕でんと. どっかりと. 格好つけて. ¶오빠는 ～ 버티고 앉아서 아무 것도 하지 않으려 한다 兄さんはでんと座って何もしようとしない. **2**〔늘어지는 모양〕ぐにゃっと. ぐったり. だらっと. だらりと. ¶전깃줄이 ～ 늘어져 있다 電線がだらりとたわんでいる.
척결〔剔抉〕 名 하他 剔抉. ¶정재계의 유착을 ～하다 政財界の癒着を剔抉する.
척관법〔尺貫法〕 名 尺貫法.
척도〔尺度〕 名 尺度. ¶가치의 ～ 価値の尺度.
척박지〔瘠薄地〕 名 やせ地.
척박하다〔瘠薄―〕 形 土地が非常にやせている.
척색〔脊索〕 名〔生〕 脊索. ¶～ 동물 脊索動物.
척수〔脊髓〕 名〔生〕 脊髄. ¶～ 신경 脊髄神経.
척수막〔―膜〕 名〔生〕 脊髄膜.
척수염〔―炎〕 名〔醫〕 脊髄炎.
척식〔拓殖〕 名 하自他 拓殖.
척주〔脊柱〕 名〔生〕 脊柱.
척지〔尺地〕 名 **1** 尺地. 狭い土地. **2** きわめて近い所.
척척[1] 副 〔잘 달라붙는 모양〕べたべた(と). ねばねば(と).
척척[2] 副 **1**〔일을 능숙하게 하는 모양〕てきぱき(と). すらすら(と). しゃきしゃき(と). どんどん. ¶일을 ～ 처리하다 仕事をてきぱきと片づける. **2**〔질서있게 조화를 이루는 모양〕ぴったり(と). ¶일손이 ～ 맞는다 仕事の手並みがぴったりと合う[息が合う].
척척박사〔―博士〕 名 物知り博士. どんな質問にもすらすらと答えられる人.
척척하다 形 じとじとしている. ぬれている. 湿っぽい. ¶비를 맞아 척척한 옷 雨にぬれてじっとりした衣服.
척추〔脊椎〕 名〔生〕 脊椎. ¶～ 동물 脊椎動物/～염 脊椎炎.
척추골〔―骨〕 名〔生〕 脊椎骨.
척출〔剔出〕 名 하他 剔出. えぐり出すこと. ¶탄환을 ～하다 弾丸を剔出する.
척토〔瘠土〕 名 瘠土. 瘠地. やせ地.
척하면 副 ともすれば. 事あるごとに.
척화〔斥和〕 名 하自 和議を排斥すること.
척화비〔―碑〕 名〔史〕 朝鮮時代の末期, 大院君が鎖国攘夷の旨を刻んで各所に立てた石碑.
척후〔斥候〕 名 하他〔軍〕 斥候. ¶～대 斥候隊.
척후병〔―兵〕 名 斥候兵.
천[1] 名 布地. 生地. (衣服·布団などの)材料としての織物. ¶비단 ～ 絹織物(の生地)/～을 짜다 布を織る/～이 곱다 生地(の織り目)が細かい.
천[2]〔千〕 數 千. ¶～ 원 千ウォン/～

배 千倍/～ 번 만 번 千回万回. 何回も何回も. ▷일(一)

◆**천 갈래 만 갈래** 千筋. ちぎれちぎれ. 千々. ¶～ 갈래 만 갈래로 찢어진 마음 千々に乱れた心.

◆**천 근 같다** 非常に重い. 千鈞のごとく重い. ¶피곤하여 몸이 ～ 근 같이 느껴진다 疲れて体が千鈞のように重く感じられる.

〔속담〕**천 냥 빚도 말로 갚는다** 千両の借金も言葉で返す〈口達者は世渡りがたやすい〉.

〔속담〕**천 리 길도 한 걸음부터** 千里の道も一歩から.

천거〔薦擧〕名 하他 薦挙. 推薦. 推挙. ¶후보자를 ～하다 候補者を推薦する.

천격〔賤格〕名 **1** 品性が卑しいこと. **2** 卑賤な骨相.

천격스럽다 形 品格が低い. (どことなく)卑しい. はしたない. **천격스레** 副 はしたなく. 卑しく.

천견〔淺見〕名 浅見. 愚見. 短見.

천견박식〔—博識〕名 深くない見聞と知識.

천계〔天界〕名〔佛〕〔'천상계(天上界)'의 준말〕天上界.

천고〔千古〕名 千古. 大昔. 永遠. ¶～의 진리 千古の真理/～ 불변의 법칙 千古不変の法則.

천고마비〔天高馬肥〕名 天高く馬肥ゆること. ¶가을은 ～의 계절이다 秋は天高く馬肥ゆる季節だ.

천골〔賤骨〕名 **1** 卑賤な骨相. **2** 卑賤な生まれの人.

천공1〔天空〕名 天空. 広々とした空.

천공2〔穿孔〕名 하自他 穿孔. ¶위～ 胃穿孔/～ 카드 パンチカード.

천공기〔—機〕名 穿孔機.

천구〔天球〕名〔天〕天球.

천구의〔—儀〕名〔天〕天球儀.

천국〔天國〕名 天国.

천군만마〔千軍萬馬〕名 千軍万馬.

천금〔千金〕名 千金. **1** 千両のお金. **2** 多額の金銭. きわめて価値の高いこと. ¶일확 ～ 一攫千金.

천기1〔天氣〕名 天気. 天候.

천기2〔天機〕名 天機. 天地の機密. 重大な機密. ¶～를 누설하다 天機を洩らす.

천녀〔天女〕名 **1**〔佛〕天女. 飛天. **2** 織女星. **3** 天女. きわめて美しくて優しい女性.

천년만년〔千年萬年〕名 千万年. 長い歳月.

천년〔天年〕名 天年. 天命. 天寿.

천노〔賤奴〕名 賤奴.

천당〔天堂〕名 天堂. **1** 天上界の殿堂. **2** 天国. **3**〔佛〕極楽浄土.

천대〔賤待〕名 하他 **1** ばかにしていいかげんにもてなすこと. 冷遇すること. ¶～를 받다 冷遇を受ける. **2** ぞんざいに取り扱うこと.

천더기〔賤—〕名 (他人からいつも)冷遇される人. のけ者. 邪魔者扱いされるもの.

천덕꾸러기〔賤—〕名 冷遇される人. のけ者.

천도1〔天道〕名 天道.

천도교〔—教〕名〔宗〕天道教〈崔済愚を教祖とする東学を受け継いだ宗教〉.

천도2〔遷都〕名 하自 遷都. 都を移すこと.

천동설〔天動說〕名〔天〕天動説.

천둥 名 하自 雷. ¶번개가 치고 ～이 울린다 稲妻が走り雷が鳴る.

천둥벌거숭이 名 無鉄砲な人.

천려1〔千慮〕名 千慮. さまざまの思慮.

천려일득〔—一得〕名 千慮の一得.

천려일실〔—一失〕名 千慮の一失.

천려2〔淺慮〕名 浅慮.

천렵〔川獵〕名 하自 川漁. 川狩り.

천루〔賤陋〕名 하形 賤陋. (人柄が)下品で汚いこと.

천륜〔天倫〕名 天倫〈父子·兄弟間の道理〉.

천리마〔千里馬〕名 千里の馬.

천리만리〔千里萬里〕名 千里万里. 非常に遠い距離.

천리안〔千里眼〕名 千里眼.

천리〔天理〕名 天理.

천막〔天幕〕名 天幕. テント. ¶～을 치다 テントを張る.

천만〔千萬〕Ⅰ 名 千万. 数えきれないほどの数. ¶～ 가지 数限りない種類.

Ⅱ 副 **1** 限りなく. 重ね重ね. 幾重にも. 何度も何度も. ¶성공하시기를 ～ 바랍니다 ご成功を心からお祈り申しあげます. **2** とても. まったく. 至極. 全然. 非常に. ¶～ 지당한 말씀 至極ごもっともなお言葉.

천만금〔—金〕名 多額のお金. 万金に価する貴重なもの.

천만년〔—年〕名 千万年. 長い歳月.

천만다행〔—多幸〕名 하形 非常に幸運[ラッキー]であること. たいへん幸いなこと. ¶병환이 쾌차하시다니 ～입니다 ご病気が全快された由, まことに幸いに存じます.

천만뜻밖 名 まったく思いがけないこと. まったくの意外. ¶～의 일 まったく思いがけないこと/～의 행운 もっけの幸い.

천만에 感 とんでもない. めっそうもない. いや. どういたしまして. ¶～, 그렇지 않소 とんでもない[いや], 違います/어제는 폐가 많았습니다.—～요, 별말씀을 다 하십니다 昨日はお世話になりました—いいえ, どういたしまして.

◆**천만의 말씀** ① まったく意外な言葉. ② とんでもない. どういたしまして. ¶～의 말씀입니다 どういたしまして. めっそうもございません. とんでもございません.

천명1〔天命〕名 **1**〔타고난 수명〕天命. 天の与えた命. 寿命. **2**〔하늘의 뜻〕天命. 天の命令. **3**〔타고난 운명〕天命. 天から授かった運命. 天運.

천명2〔賤名〕名 **1** (卑しい名の意で)自分の名の謙譲語. **2**〔民俗〕ひとりっ子や病弱な子に長寿を願って故意につける卑しい呼び名.

천명3〔闡明〕名 하他 闡明. ¶근본 방침을 ～하다 根本方針を明らかにする.

천문〔天文〕 名〔天〕 **1** 天文. **2**〔'천문학'의 준말〕天文学.
 천문대〔一臺〕 名〔天〕 天文台.
 천문 지리〔一地理〕 名 天文と地理.
 천문학〔一學〕 名〔天〕 天文学.
 천문 항법〔一航法〕 名〔天〕 天文航法.
천민〔賤民〕 名 賤民.
천박하다〔淺薄一〕 形 浅薄だ. 浅はかだ. ¶ 천박한 지식[생각] 浅薄な知識[考え].
천방지축〔天方地軸〕 名 **1** (急ぐあまり)あたふたすること. **2** (とんまな人が)むちゃにふるまうこと. ¶ 영문도 모르고 ~으로 날뛴다 訳も分からず無茶苦茶に振る舞う.
천벌〔天罰〕 名 天罰. ¶ ~이 내리다 天罰が下る.
천변¹〔川邊〕 名 川辺. かわばた.
천변²〔千變〕 名 하自 千変. いろいろに変わること.
 천변만화〔一萬化〕 名 하自 千変万化. ¶ ~하는 자연의 조화 千変万化する自然の理致.
천변³〔天變〕 名 天変.
 천변지이〔一地異〕 名 天変地異.
천부〔天賦〕 名 하他 天賦. うまれつき. ¶ ~의 소질[재능] 天賦の素質[才能].
 천부설〔一說〕 名〔哲〕 天賦説.
 천부 인권〔一人權〕 名 天賦人権.
천부당만부당〔千不當萬不當〕 名 하形 不当千万なこと. きわめて理不尽なこと. とんでもないこと. ¶ ~한 생각 愚にもつかない考え.
천분〔天分〕 名 天分. 天性. 天福.
천불〔千佛〕 名〔佛〕 千仏(過去·現在·未来の三劫にそれぞれ出現するという千人の仏).
천사〔天使〕 名 天使.
천산〔天産〕 名 天産. ¶ ~물 天産物.
천산지산 副 하自 ああだこうだと言って口実をもうけるようす.
천상¹〔天上〕 名 天上. **1** 天の上. **2**〔佛〕〔'천상계'의 준말〕天上界.
 천상계〔一界〕 名〔佛〕 天上界.
 천상천하 유아독존〔一天下唯我獨尊〕 名〔佛〕 天上天下唯我独尊.
천상²〔天象〕 名 天象. 天体の現象. 天気.
천생〔天生〕 **I** 名 天生. 生まれつき. 天賦. ¶ ~의 재능 天賦の才能.
 II 副 **1**〔선천적으로〕 生まれながら. 先天的に. 初めから. ¶ ~ 시인 生まれながらの詩人. **2**〔흡사하여〕 そっくり. まるで. ¶ 그 애는 어느 모로 보나 ~ 제 어머니였다 その子供はどこから見ても母親にそっくりだった. **3**〔할 수 없이〕 仕方なく. やむを得ず.
 천생배필〔一配匹〕 名 天によって定められた似合いの配偶者.
 천생연분〔一緣分〕 名 天が定めた因縁.
천석꾼〔千石一〕 名 米千石の収穫がある大地主[金持ち].
천선〔遷善〕 名 하自 悪い行ないを直して善い人になること.
천성〔天性〕 名 天性. 生まれつき. ¶ ~이 고지식하다 天性きまじめだ/~이 착한 사람 根が善良な人.
천세〔千歲〕 名 **1** 千歳. 千年. **2**〔'천추만세'의 준말〕千秋万歳.
천세나다 自 飛ぶように売れて品薄になる.
천수¹〔天水〕 名 天水. 雨水.
천수²〔天授〕 名 하他 天授. ¶ ~의 재주 天授の才.
천수³〔天壽〕 名 天寿. ¶ ~를 누리다 天寿を全うする.
천수⁴〔泉水〕 名 泉水. 泉の水.
천수농경〔天水農耕〕 名〔農〕 もっぱら雨水に頼って行なう農業耕作.
천수답〔天水畓〕 名〔農〕 天水田.
천시〔賤視〕 名 하他 賤視. 軽蔑の目で見ること. 見下げること. 蔑視.
천식〔喘息〕 名〔醫〕 喘息. ¶ 기관지 ~ 気管支喘息.
천신〔天神〕 名 天神. **1** 天の神. **2**〔基〕 天使.
 천신지기〔一地祇〕 名 天神と地祇. 天の神と地の神. 神祇.
천신만고〔千辛萬苦〕 名 千辛万苦. ¶ ~ 끝에 겨우 얻은 성공 千辛万苦の末にやっと得た成功.
천심〔天心〕 名 天心. **1** 天の中心. ¶ 달이 ~에 걸리다 月が天心にかかる. **2** 天の心. 天意. ¶ 민심은 곧 ~이다 民心はこれすなわち天心[天意]である.
천안〔天顔〕 名 天顔. 竜顔.
천애〔天涯〕 名 天涯. ¶ 부모를 잃고 ~의 고아가 되었다 父母を亡くし天涯の孤児になった.
천야만야하다〔千耶萬耶一〕 形 (計り知れないほどに高いか深くて)千尋万尋にもなりそうだ. ¶ 천야만야한 산 千尋万尋にもなりそうな山.
천양〔天壤〕 名 天壌. 天と地.
 천양무궁〔一無窮〕 名 하形 天壌無窮.
 천양지간〔一之間〕 名 **1** 天地の間. **2** 差が非常にかけ離れていること. 天地の相違.
 천양지차〔一之差〕 名 天地の差. 雲泥の差.
천언만어〔千言萬語〕 名 千言万語. 多くの言葉.
천업〔賤業〕 名 賤業. 卑しい職業.
천여〔天與〕 名 하他 天与. 天賦.
천역〔賤役〕 名 賤役. 卑しい労働.
천연¹〔天然〕 名 天然. ¶ ~자원 天然資源/~ 비료 有機肥料/~ 섬유 天然繊維.
 천연가스〔一gas〕 名 天然ガス.
 천연기념물〔一記念物〕 名 天然記念物.
 천연두〔一痘〕 名〔醫〕 天然痘.
 천연림〔一林〕 名 天然林.
 천연색〔一色〕 名 天然色. ¶ ~ 사진 天然色写真.
천연²〔遷延〕 名 하他 遷延. 延びること. 引き延ばすこと. ¶ ~책 遷延策/완공 시일이 ~되다 完工期日が遷延される.
천연덕스럽다〔天然一〕 形 まことしやかだ. 平然としている.
천연스럽다〔天然一〕 形 **1** 飾り気がなく自然だ. **2** 平然としている. まこと

ㅊ

しやかだ. ¶천연스럽게 거짓말을 한다 まことしやかに嘘をつく. **천연스레** 副 自然(に). 平然と. まことしやかに. ¶아무 일도 없었던 것처럼 ~ 말한다 何事もなかったように平然と話す.

천연하다[天然―] 形 **1** 〔자연스럽다〕(わざとらしくなく)自然だ. 飾り気がない. ¶천연한 태도 飾らない態度. **2** 〔태연하다〕何気ない. 平然としている. ¶욕을 먹고도 천연한 얼굴을 하고 있다 悪口を言われても何気ない顔をしている. **3** 〔흡사하다〕そっくりだ. きわめてよく似ている. ¶천연하게도 같다 瓜二つだ. **천연히** 副 自然(と). 何気なく. 平然と. ¶~ 대답하다 平然と答える.

천엽[千葉] 名 **1** 〔植〕幾重にも重なっている花びら. 重弁. 八重. ¶~꽃 重弁花. **2** 牛の反芻胃の第3胃. 葉胃.

천왕[天王] 名 **1** 〔佛〕天王. 欲界·色界など天のあらゆる王. **2** (中国で)天子. **3** 〔民俗〕ムーダン(무당)のクッ(굿)の一つ.

천왕성[天王星] 名 〔天〕天王星.

천우[天佑] 名 天祐. 天の助け.

천우신조[―神助] 名 하他 天祐神助. ¶~로 살아났다 天祐神助で助かった.

천운[天運] 名 天運.

천원점[天元點] 名 天元. 碁盤の中心にある星.

천은[天恩] 名 天恩. 天の恵み. 天子の恩.

천의[天意] 名 天意. ¶~에 따르다 天意に従う.

천이[遷移] 名 하自 **1** 遷移. 移り変わること. **2** 〔生〕遷移. ¶생태 ~ 生態遷移. **3** 〔物〕遷移.

천인¹[千仞] 名 千尋. ¶~절벽 千尋の絶壁.

천인단애[―斷崖] 名 千尋の断崖.

천인²[天人] 名 **1** 天人. 天と人. **2** 〔佛〕飛天. **3** 才能や容貌が人並み優れた人.

천인공노[―共怒] 名 하自 (天と人が共に怒るの意で)誰でも憤怒するほど憎らしいこと. とうてい許しがたいこと. ¶~할 만행 とうてい許しがたい蛮行.

천인³[賤人] 名 賤人. 身分の低い人.

천일 기도[千日祈禱] 名 하自 千日間祈禱しながら修行すること.

천일염[天日鹽] 名 天日塩.

천자¹[天子] 名 天子. 皇帝.

천자²[天資] 名 天資. 天性. ¶~가 영명한 군주 天資が英明な君主.

천자만태[千姿萬態] 名 千姿万態. さまざまな形と多くの模様. ¶~의 기암 괴석 千姿万態の奇岩怪石.

천자만홍[千紫萬紅] 名 千紫万紅. 色とりどりの花(の色彩). ¶~이 다투어 피다 千紫万紅が競い咲く.

천자문[千字文] 名 千字文.

천작[淺酌] 名 하自 浅酌. ほどよく酒を飲むこと.

천장¹[天障] 名 **1** 屋根裏の天井. **2** 天井. ¶~이 낮은 방 天井の低い部屋. **3** 〔經〕(株式取引で)天井. ¶~ 시세 天井相場.

천장널 名 〔建〕天井板.

천장틀 名 〔建〕天井板をはめる井の字形の枠.

천장²[遷葬] 名 하他 改葬. 墓を移すこと.

천재¹[千載] 名 千載. 千年.

천재일우[――遇] 名 千載一遇. ¶~의 기회 千載一遇の機会.

천재²[天才] 名 天才. ¶~ 교육 天才教育 / 음악의 ~ 音楽の天才.

천재³[天災] 名 天災.

천재지변[―地變] 名 天災地変.

천적[天敵] 名 〔生〕天敵.

천정¹[天井] 名 ⇨천장(天障)

천정²[天定] 名 하自 天命によって定められること. 天の定め.

천정배필[―配匹] 名 天が定めた似合いの配偶者.

천정연분[―緣分] 名 天が定めた因縁.

천정³[天頂] 名 〔天〕天頂.

천정 거리[―距離] 名 〔天〕天頂距離.

천정의[―儀] 名 〔天〕天頂儀.

천정부지[天井不知] 名 天井知らず. ¶~로 오르는 물가 天井知らずに上昇する物価.

천제[天帝] 名 天帝. 造物主. 上帝. 天神.

천주교[天主教] 名 天主教. ローマカトリック教.

천지[天地] 名 **1** 天地. 天と地. **2** 世の中. ¶신~ 新天地. **3** きわめて多いこと. ¶시장에는 사람 ~다 市場には人がいっぱいだ. **4** 〔地〕白頭山頂上の池.

◆**천지가 진동하다** 天地が震動する. 音[声]がとどろく.

천지간[―間] 名 (天と地の間の意で)この地球上.

천지개벽[―開闢] 名 하自 天地開闢.

천지신명[―神明] 名 天地神明. ¶~께 비옵니다 天地の神々様にお祈り申し上げます.

천지 창조[―創造] 名 天地創造.

천직¹[天職] 名 天職. ¶교직이 내 ~이다 教職が私の天職である.

천직²[賤職] 名 賤職. 卑しい職業.

천진[天眞] 名 하形 **1** 天真. 自然のままで飾り気がないこと. ¶~한 생각 無邪気な考え. **2** 〔佛〕不生不滅の真心.

천진난만[―爛漫] 名 하形 天真爛漫. ¶~한 미소 天真爛漫なほほえみ.

천진무구[―無垢] 名 하形 天真無垢. 少しの汚れもなく無邪気なこと.

천진스럽다 形 (偽りや飾り気がなく)純真だ. 無邪気である. あどけない. ¶천진스러운 아기의 웃는 얼굴 あどけない坊やの笑顔. **천진스레** 副 純真に. 無邪気に. あどけなく. ¶~ 웃다 無邪気に笑う.

천질[天質] 名 天質. 天性.

천차만별[千差萬別] 名 하形 千差万別.

천창[天窓] 名 〔建〕天窓.

천천하다 形 (動作などが)ゆっくりしている. のんびりしている. 緩慢だ. 緻密で落ち着いている. 沈着だ. **천천히** 副 ゆっくりと. のんびりと. 徐々に. ¶

밥을 ～ 먹다 ご飯をゆっくり食べる / 기차가 ～ 움직이기 시작했다 汽車がゆっくりと動き始めた.

천체〔天體〕 名 〔天〕 天体.

천체 관측〔—觀測〕 名 天体観測.

천체력〔—曆〕 名 〔天〕 天体暦.

천체 망원경〔—望遠鏡〕 名 天体望遠鏡.

천체 물리학〔—物理學〕 名 天体物理学.

천추〔千秋〕 名 千秋. 長い年月. 永遠. ¶ ～의 한 千秋の恨み.

천추만세〔—萬歲〕 名 千秋万歳. **1** 千万年. **2** 長寿を祝う言葉.

천추만세후〔—萬歲後〕 名 (目上の人が)寿命を全うしてお亡くなりになった後.

천출〔賤出〕 名 妓生や下女出身の妾から生まれた庶子.

천측〔天測〕 名 하自 天測. ¶ ～ 기계 天測器械[機械].

천치〔天癡〕 名 白痴. ばか.

천칙〔天則〕 名 天則. 自然の法則.

천칭[1]〔天秤〕 名 天秤.

천칭[2]〔賤稱〕 名 하他 賤称. 蔑称.

천태만상〔千態萬象〕 名 千態万状. 千状万態. さまざまであること.

천파만파〔千波萬波〕 名 千波万波. 数多くの世の荒波. ¶ ～를 넘다 千波万波を越える.

천편일률〔千篇一律〕 名 千篇一律. 一本調子. ¶ ～적인 방식 千篇一律の方式.

천평칭〔天平秤〕 名 天秤.

천품〔天稟〕 名 天稟. 天性. ¶ 뛰어난 ～을 지니다 優れた天稟を持つ.

천하〔天下〕 名 天下. ¶ 온 ～ この世. 天下 / ～의 명물 天下の名物 / ～를 손에 넣다 天下を取る.

천하대세〔—大勢〕 名 天下の大勢. 世の成り行き.

천하만국〔—萬國〕 名 全世界のあらゆる国々.

천하만사〔—萬事〕 名 世の中のあらゆること.

천하무적〔—無敵〕 名 天下無敵.

천하없어도 副 (たとえ)どんなことがあろうとも必ず. ぜひとも.

천하없이 副 世間にまたとなく. いくら. どんなに.

천하에 感 なんとまあ. なんという. 一体全体. いやはや. まったく. ¶ ～ 괘씸한 놈 같으니라구 なんというけしからんやつだ.

천하일색〔—一色〕 名 絶世の美女.

천하일품〔—一品〕 名 天下一品.

천하장사〔—壯士〕 名 **1** 世にまれな力持ち. **2** シルム(씨름)で職業力士の優勝者につけるタイトル.

천하태평〔—泰平〕 名 天下泰平.

천하다〔賤—〕 形 **1** 〔상스럽다〕 (身なりなどが)みすぼらしい. (行ないが)下品である. 卑しい. ¶ 천한 옷차림 卑しい身なり / 말씨가 ～ 言葉遣いが下品だ. **2** 〔지체·지위가 낮다〕 身分や地位が低い. 卑しい. **3** 〔흔하다〕 ありふれている. ¶ 천하고 천한 물건 ざらにある品物. **천히** 副 卑しく. ¶ ～ 여기다 卑しいものと考える.

천학〔淺學〕 名 하形 浅学.

천학비재〔—菲才〕 名 浅学非才〈自分の学識をへりくだって言う語〉.

천해〔淺海〕 名 浅海. 浅い海.

천해 어업〔—漁業〕 名 浅海漁業.

천행〔天幸〕 名 天幸. 天の恵み. 天の加護. ¶ ～으로 살아나다 天の加護で助かる.

천형〔天刑〕 名 天刑. 天の制裁. ¶ ～을 받다 天刑を受ける.

천형병〔—病〕 名 天刑病. 癩病.

천혜〔天惠〕 名 天恵. 天の恵み. ¶ 수산 자원의 ～의 보고 水産資源の天恵の宝庫.

천황〔天皇〕 名 天皇.

천후〔天候〕 名 天候. 気候.

철[1] 名 **1** 季節. シーズン. ¶ 겨울～ 冬季 / ～ 따라 옷을 갈아입는다 季節に合わせて衣服を着替える. **2** 1年のうちのある時期. 時. 時季. ¶ ～ 이른 수박 季節はずれのすいか / 모내기～ 田植えの時季. **3** 盛りの時期. 適期. 旬. 好期. 出盛り. ¶ 지금은 사과가 한창 나올 ～이다 今はりんごの出盛りだ.

◆**철을 만나다** 最盛期を迎える. シーズンになる. ¶ ～을 만난 오징어잡이 最盛期を迎えたいか漁.

◆**철이 늦다** 季節に遅れている. 時季はずれである. ¶ ～이 늦은 복숭아 時季はずれの桃.

철[2] 名 分別. 物心. わきまえ.

철[3]〔鐵〕 名 **1** 〔化〕 鉄. **2** 〔'철사(鐵絲)'의 준말〕 針金. **3** 〔'번철(燔鐵)'의 준말〕 焼いたり炒めたりするのに用いる平たい鉄鍋.

-철[4]〔綴〕 接尾 …綴. ¶ 신문～ 新聞とじ / 서류～ 書類とじ.

철갑〔鐵甲〕 名 **1** 鉄甲. 鉄のよろい. ¶ ～을 두르다 鉄甲で身をかためる. 鉄板で装甲する. **2** ある物に他の物質を塗りつけてできた薄皮.

철갑상어〔動〕 ちょうざめ.

철갑선〔—船〕 名 鉄甲船. 鉄船.

철강〔鐵鋼〕 名 鉄鋼. ¶ ～업 鉄鋼業.

철거〔撤去〕 名 하他 撤去. ¶ ～ 작업 撤去作業 / 장애물이 ～되다 障害物が撤去される.

철거민〔—民〕 名 撤去民. 行政·軍事上の必要により住居を撤去された人々.

철겹다 形 季節遅れだ. ¶ 철겹게 오는 비 季節遅れに降る雨.

철골〔鐵骨〕 名 **1** (人の)たくましい骨組み. 強固な骨格. **2** 〔建〕 鉄骨. ¶ ～ 구조 鉄骨構造.

철공〔鐵工〕 名 鉄工. ¶ ～소 鉄工所.

철관〔鐵管〕 名 鉄管. 鉄のパイプ.

철광〔鐵鑛〕 名 鉄鉱. ¶ ～석 鉄鉱石 / ～을 캐다 鉄鉱を掘る.

철교〔鐵橋〕 名 鉄橋. **1** 鉄鋼製の橋. **2** 〔'철도교'의 준말〕 鉄道橋.

철권〔鐵拳〕 名 鉄拳. ¶ ～ 정치 鉄拳[独裁]政治.

철궤〔鐵櫃〕 名 鉄製の櫃[箱].

철근〔鐵筋〕 名 鉄筋. ¶ ～ 콘크리트 鉄筋コンクリート.

ㅊ

철기¹〔鐵器〕 名 鉄器.
  철기 시대〔一時代〕 名 鉄器時代.
철기²〔鐵騎〕 名 鉄騎. 勇猛な騎兵. 鉄のよろいをまとった騎兵.
철길〔鐵一〕 名 鉄道. 鉄道線路. レール.
철꺽 副 하自他 **1**〔단단히 들러 붙어서 떨어지지 않는 모양〕べたっと. びたっと. べったりと. **2**〔누진누진한 물건을 세게 때리는 소리〕びしゃっと. **3**〔금속이 심하게 부딪칠 때 나는 소리〕がちゃんと.
  철꺽거리다[-대다] 自他 **1** べたべたとくっつく. べたつく. **2** びしゃびしゃと音を立てる[音がする]. **3** がちゃんと音を立てる.
  철꺽철꺽 副 하自他 べたべた. ぺたぺた. びしゃびしゃと.
철끈〔綴一〕 名 (文書などの)綴じひも.
철나다 自 分別がつく. 物心がつく. ▷철²
철도〔鐵道〕 名 鉄道. ¶ ~망 鉄道網 / ~ 건널목 鉄道の踏切.
  철도청〔一廳〕 名 鉄道庁.
철두철미〔徹頭徹尾〕 副 하形 徹頭徹尾. ¶ 일을 ~하게 하다 仕事を徹底してする / 매사에 ~한 사람 何事にも徹底的な人.
철둑〔鐵一〕 名〔'철롯둑'의 준말〕線路づたいの土手.
철들다 自 分別がつく. 物心がつく. ¶ 이제 좀 철들 때도 되었으련만 もうすこしは分別がつくころにもなったろうが. ▷철²
철딱서니 名〈俗〉分別. 物心. わきまえ. ▷철²
철떡 副〔젖었거나 차진 물건이 세게 달라붙는 모양[소리]〕べたっと. べったりと. ¶ 젖은 옷이 살에 ~ 붙는다 ぬれた衣服が肌にべったりくっつく.
  철떡거리다[-대다] 自 べたべたする. べたつく.
  철떡철떡 副 하自 べたべた. べったりと.
철렁 副 하自他 **1**〔넓고 깊은 곳에 괸 물이 움직이는 모양[소리]〕ざぶっと. ざぶんと. じゃぶっと. **2**〔방울이나 얇은 쇠붙이 등이 부딪쳐 나는 소리〕ちゃりんと. ちりんと. **3**〔깜짝 놀라는 모양〕どきっと. びくっと. がっくりと. ¶ 엄청난 금액을 청구받고 가슴이 ~하고 내려앉았다 とてつもない金額の請求に肝を冷やした.
  철렁거리다[-대다] 自他 **1** (水が)ざぶざぶ[じゃぶじゃぶ]する. **2** (驚いたりして)どきんどきん[びくびく]する.
  철렁철렁 副 하自他 ざぶざぶ(と). どきんどきん.
철로〔鐵路〕 名 鉄路. 鉄道.
  철롯둑 名 線路づたいの土手.
철리〔哲理〕 名 哲理.
철마〔鐵馬〕 名 汽車. 列車.
철망〔鐵網〕 名 **1** 鉄網. 金網. **2** 鉄条網. ¶ ~을 치다 鉄条網を張り巡らす.
철매 名 煤. 煤煙. ¶ 굴뚝이 ~투성이다 煙突が煤だらけだ.
철면〔凸面〕 名 凸面.
  철면경〔一鏡〕 名〔物〕凸面鏡.
철면피〔鐵面皮〕 名 하形 鉄面皮. 厚顔. ¶ ~한 녀석 鉄面皮なやつ. 恥知らず.
철모〔鐵帽〕 名 鉄帽. 鉄かぶと.
철모르다 自 (幼くて)分別がない. わきまえがない.
철문〔鐵門〕 名 鉄門. 鉄製の門.
철물〔鐵物〕 名 金物. 金具.
  철물전〔一廛〕 名 金物店. 金物屋.
  철물점〔一店〕 名 金物店. 金物屋.
철버덕 副 하自他〔얕은 물 위나 진창을 거칠게 밟을 때 나는 소리〕びちゃっと. じゃぶっと.
  철버덕거리다[-대다] 自他 じゃぶじゃぶと音を立てる[音がする].
  철버덕철버덕 副 하自他 じゃぶじゃぶ(と). ¶ 맨발로 진창길을 ~ 걸어간다 はだしでぬかるみをじゃぶじゃぶと歩いていく.
철버덩 副 하自他〔깊은 물에 묵직한 물체가 떨어져 나는 소리〕どぶんと. ざぶんと. ¶ 물에 ~ 떨어지다 水にどぶんと落ちる.
  철버덩거리다[-대다] 自他 ざぶんざぶんと音を立てる[音がする]. ¶ 철버덩거리며 물장난을 친다 ざぶんざぶんと音を立てながら水遊びをする.
  철버덩철버덩 副 하自他 どぶんどぶん(と). ざぶんざぶん(と). ざぶりざぶり(と).
철벅 副 하自他〔얕은 물이나 진창을 밟을 때 나는 소리〕ばちゃっと. ばしゃっと.
  철벅거리다[-대다] 自他 ばちゃばちゃと音を立てる[音がする].
  철벅철벅 副 하自他 ばちゃばちゃと.
철벽〔鐵壁〕 名 鉄壁. ¶ ~의 요새 鉄壁の要塞.
  철벽같다 形 鉄壁のように守りがひじょうに堅固だ. ¶ 수비가 ~ 守備が堅固だ.
철병〔撤兵〕 名 하自 撤兵. ¶ 베트남에서 ~하다 ベトナムから撤兵する.
철봉〔鐵棒〕 名 **1** 鉄棒. **2** (体操競技の)鉄棒.
철부지〔一不知〕 名 分別のない人. わきまえのない人. 世間知らず. ¶ ~ 어린이 聞き分けのない子供.
철분〔鐵分〕 名 鉄分. ¶ ~이 많은 물 鉄分[金気]の多い水.
철사〔鐵絲〕 名 針金.
철삭〔鐵索〕 名 鉄索. ケーブル.
철새 名 候鳥. 渡り鳥.
철색〔鐵色〕 名 鉄色. 青みを帯びた黒色.
철석〔鐵石〕 名 鉄石. 鉄と石. 非常に堅固なこと.
  철석간장〔一肝腸〕 名 鉄石心腸. 鉄や石のように堅固な意志.
  철석같다 形 (意志などが)鉄や石のように堅い. ¶ 철석같은 신념 鉄石の信念.
  철석같이 副 鉄石のように堅く. ¶ 친구의 언약을 ~ 믿었다 親友の口約束を堅く信じた.
철선〔鐵線〕 名 鉄線. 針金.
철수〔撤收〕 名 하自他 撤収. ¶ 점령지에서 부대를 ~시키다 占領地から部隊を撤収させる.
철시〔撤市〕 名 하自 市場·店などが営

業を休むこと. 一斉に休業すること.

철심〔鐵心〕 名 **1** 鉄心. 堅固な精神. **2** 鉄の芯. **3** 〔電〕(コイルの)鉄心.

철심석장〔一石腸〕 名 鉄心石腸. 強固な意志や精神.

철썩 副 하自他 **1** 〔물 위·뺨 등을 납작한 것으로 세게 때릴 때 나는 소리〕ぴしゃっと. ぴしゃんと. ぴしゃりと. ¶ 따귀를 ~ 갈겼다 ほっぺたをぴしゃっとひっぱたいた. **2** 〔파도 소리〕ばしゃっと. どどっと.

철썩거리다[-대다] 自他 ばしゃっと音がする[音を立てる]. ¶ 철썩거리며 바위에 부딪치는 파도 ばしゃっばしゃっと岩に砕ける波.

철썩철썩 副 하自他 ばしゃっばしゃっと.

철야〔徹夜〕 名 하自 徹夜. ¶ ~로 간병하다 徹夜で看病する.

철없다 形 分別がない. 頑是ない. 聞き分けがない. 幼稚である. ¶ 철없는 어린이 分別のない子供. **철없이** 副 分別なく. 幼稚に.

철옹성〔鐵甕城〕 名 〔'철옹산성(鐵甕山城)'의 준말〕非常に堅固に取り囲んだもの. 金城鉄壁.

철완〔鐵腕〕 名 鉄腕. ¶ ~의 투수 鉄腕投手.

철인¹〔哲人〕 名 哲人. 哲学者.

철인²〔鐵人〕 名 鉄人.

철자〔綴字〕 名 하自 〔言〕 綴字. スペリング. 語のつづり.

철자법〔一法〕 名 〔言〕 綴字法. 語のつづり方.

철재〔鐵材〕 名 鉄材.

철저하다〔徹底一〕 形 徹底している. ¶ 철저한 연구 徹底した研究 / 철저하게 조사하다 徹底的に調べる. **철저히** 副 徹底的に. ¶ 부정을 ~ 파헤치다 不正を徹底的に暴く.

철제¹〔鐵製〕 名 鉄製(の品物). ¶ ~ 책상 スチール製の机.

철제²〔鐵劑〕 名〔薬〕鉄剤(鉄化合物を含む薬剤).

철조〔鐵條〕 名 鉄条.

철조망〔一網〕 名 鉄条網. ¶ ~을 치다 鉄条網を張り巡らす.

철쭉 名〔植〕黒船躑躅.

철쭉꽃 名 くろふねつつじの花.

철쭉나무 名〔植〕黒船躑躅.

철창〔鐵窓〕 名 鉄窓. **1** 鉄格子の窓. **2** 監獄. 刑務所.

철창생활〔一生活〕 名 하自 監獄暮らし.

철창신세〔一身勢〕 名 獄につながれた身. 囹圄の身.

철책〔鐵柵〕 名 鉄柵. ¶ ~을 두르다 鉄柵を巡らす.

철천지원〔徹天之冤〕 名 天までとどく恨み.

철천지원수〔徹天之怨讐〕 名 不倶戴天の敵.

철천지한〔徹天之恨〕 名 骨髄に徹する恨み.

철철 副 〔물 따위가 많이 넘치는 모양〕じゃあじゃあと. どくどくと. なみなみと. ¶ 술을 ~ 넘치게 따르다 酒をなみなみとつぐ.

철철이 副 (巡ってくる)季節ごとに. 四季ごとに. 時季に合わせて. ¶ ~ 피는 만화 방초 季節ごとに咲く万花芳草.

철체〔鐵一〕 名 金網を張ったふるい.

철칙〔鐵則〕 名 鉄則. ¶ 민주주의의 ~ 民主主義の鉄則.

철커덕 副 하自他 **1** 〔끈기 있는 물체가 세차게 들러붙는 소리〕べりっと. ばりっと. **2** 〔자물쇠 등의 크고 단단한 금속이 맞부딪쳐 나는 소리〕がちゃりと. がちゃんと.

철커덕거리다[-대다] 自他 べりっと音がする. **2** がちゃりと音がする[音を立てる].

철커덕철커덕 副 하自他 **1** べたべた. **2** がちゃりがちゃりと.

철커덩 副 하自他 〔크고 단단한 쇠붙이 따위가 세게 맞부딪칠 때 나는 소리〕がちゃあんと. がっつんと. がたんと.

철커덩거리다[-대다] 自他 がたんと音がする[音を立てる].

철커덩철커덩 副 하自他 がたんがたんと.

철컥 副 하自他 〔'철커덕'의 준말〕べりっと. ばりっと. がちゃんと.

철탑〔鐵塔〕 名 鉄塔. ¶ 고압선의 ~ 高圧線の鉄塔.

철통〔鐵桶〕 名 鉄桶.

철통같다 形 強固で少しのすきまもない. 堅固である. ¶ 철통같은 방위 水も漏らさぬ防衛. 鉄桶の防衛. **철통같이** 副 堅固に.

철퇴¹〔撤退〕 名 하自 撤退. 撤収.

철퇴²〔鐵槌〕 名 鉄槌.

◆철퇴를 가하다 鉄槌を下す[加える].

철판¹〔凸版〕 名〔印〕 凸版. ¶ ~ 인쇄 凸版印刷.

철판²〔鐵板〕 名 鉄板. ¶ ~ 구이 鉄板焼き.

◆철판을 깔다 (顔に鉄板を敷くの意で)厚かましい. 面の皮が厚い.

철편〔鐵片〕 名 鉄片.

철폐〔撤廢〕 名 하他 撤廃. ¶ 군정의 ~ 軍政の撤廃.

철필〔鐵筆〕 名 **1** ペン. **2** (謄写原紙に文字を書く)鉄筆. **3** (印刻用の)鉄筆.

철하다〔綴一〕 他 (文書·新聞などを)綴じる. つづる. ¶ 신문을 철하여 보관하다 新聞を綴じて保管する.

철학〔哲學〕 名 哲学.

철학사〔一史〕 名 哲学史.

철학자〔一者〕 名 哲学者.

철학적〔一的〕 冠名 哲学的. ¶ ~ 사고 哲学的思考.

철혈〔鐵血〕 名 鉄血. 兵器と軍隊.

철혈 재상〔一宰相〕 名 鉄血宰相(ビスマルクの異称).

철형〔凸形〕 名 凸型. 凸状.

철화〔鐵火〕 名 **1** 鉄火. 赤く熱した鉄. **2** 刀剣と銃砲. **3** 銃火.

철회〔撤回〕 名 하他 撤回. ¶ 발언을 ~하다 発言を撤回する.

첨가〔添加〕 名 하他 添加. 添えること. ¶ ~물 添加物.

첨가어〔一語〕 名 ☞교착어(膠着語)

첨단〔尖端〕 名 先端. ¶ 최~ 最先端 / ~ 산업[기술] 先端産業[技術] / 시대[유행]의 ~을 걷다 時代[流行]の

の先端を行く.
첨배〔添杯〕名 하他 酒の入っている杯に酒をつぎ足すこと.
첨벙 副 하自 〔무거운 물건이 물 속으로 떨어져 들어가는 소리〕ざぶんと. どぶんと.
첨벙거리다[-대다] 自 ざぶんざぶん[どぶんどぶん]音を立てる.
첨벙첨벙 副 하自 ざぶんざぶん. どぶんどぶん.
첨병〔尖兵〕名〔軍〕尖兵.
첨봉〔尖峯〕名 尖峰. とがった山の峰.
첨부〔添附〕名 하他 添付. ¶～ 자료 添付資料 / 명세서를 ～하다 明細書を添付する.
첨삭〔添削〕名 하他 添削. ¶작문에 ～을 가하다 作文を添削する.
첨서〔添書〕名 하他 添書. (原本に)書き添えること. 添え書き. ¶서류에 주의 사항을 ～하다 書類に注意事項を書き添える.
첨예〔尖鋭〕名 하形 先鋭. ¶～ 분자 先鋭分子.
첨예화〔一化〕名 하自 先鋭化. ¶～해 가는 국제 정세 先鋭化していく国際情勢.
첨작〔添酌〕名 하自 祭祀のとき, 3回目(最後)の神酒を差し上げた杯に祭官が神酒をつぎ足すこと.
첨잔〔添盞〕名 하他 酒の入っている杯に酒をつぎ足すこと.
첨지〔籤紙〕名 付箋.
첨탑〔尖塔〕名 尖塔.
첩¹〔妾〕名 妾. そばめ. ¶～을 두다 妾を囲う / ～을 얻다 妾を置く.
첩살림 名 하自 妾を置いてする暮らし.
첩살이 名 하自 妾暮らし.
첩²〔貼〕依名 〔약봉지에 싼 약을 세는 말〕貼. 服. 包み. ¶한약 열 ～ 韓方薬10貼.
-첩³〔帖〕接尾 〔사진·그림 등을 붙이기 위해 맨 책〕…帳. ¶사진[그림]～ 写真[絵画]帳.
첩경〔捷徑〕名 捷径. 近道. ¶성공에의 ～ 成功への捷径.
첩보¹〔捷報〕名 捷報. 勝報.
첩보²〔諜報〕名 하他 諜報. ¶～전 諜報戦. スパイ戦 / ～ 활동 諜報活動.
첩부〔貼付〕名 하他 貼付. 貼りつけること. ¶사진을 ～하다 写真を貼りつける.
첩실〔妾室〕名 他人の妾を上品に言う語.
첩약〔貼藥〕名 (おもに韓方で)数種類の薬を調合して一包みにした薬.
첩자〔諜者〕名 間諜. スパイ.
첩장가〔妾一〕名 礼を尽くして妾を迎えること.
첩장가들다 自 正式に妾を迎える.
첩첩〔疊疊〕名 하形 畳々. 幾重にも重なり合うようす. ¶～ 산중 深い山奥 / ～ 수심 積み重なった心配.
첩첩이 副 畳々と. 重なり合って. ¶～ 가로놓인 난관 幾重にも立ちふさがっている難関.
첫 Ⅰ 冠 初めての. 最初の. 初の. 第一の. ¶～ 출근 初出勤 / ～ 시도 初の試み.
Ⅱ 接頭 初めての…. 最初の…. 第一の…. ¶～눈 初雪.
첫걸음 名 **1** 第一歩. 初歩. ¶사회인으로서의 ～을 내디디다 社会人としての第一歩を踏み出す. **2** 初歩. 入門. ¶영어 공부의 ～ 英語学習の初歩. **3** 最初の足運び. 物事のし始め. 出足. ¶～에 기대 이상의 성과를 거두었다 出足から期待以上の成果を得た. **4** 初めての訪問. ¶서울은 ～이어서 보고 듣는 것이 신기하다 ソウルは初めてで見るもの聞くものが珍しい.
첫국밥 名 産後に産婦が初めて食べるわかめのスープと白飯.
첫길 名 **1** 初めて行く道. 初めての道. **2** 嫁入り[婿入り]の道中.
첫나들이 名 하自 **1** (赤ん坊が)生まれて初めて外へ出ること. **2** 新婦が結婚後に初めて外出すること, またその外出.
첫날 名 初日. はじめの日. ¶공연 ～ 公演の初日.
첫날밤 名 (新婚の夫婦の)初夜.
첫눈¹ 名 《주로 '첫눈에'의 꼴로》第一印象で. 一目で. ¶～에 반하다 一目ぼれする / ～에 알아보다 一目で分かる[見知る].
첫눈² 名 初雪. ¶～이 내리다 初雪が降る.
첫닭 名 一番鶏.
◆**첫닭이 울다** 一番鶏が鳴く.
첫돌 名 満1歳の誕生日. 初誕生日.
첫딸 名 (結婚して)初子として産んだ娘. 最初に生まれた娘.
〔속담〕**첫딸은 세간 밑천이다** 最初の娘は家財の元だ.
첫마디 名 最初の一言.
첫머리 名 (物事の)初め. 先頭. 手始め. 頭. しょっぱな. (文などの)書き出し. ¶편지의 ～ 手紙の書き出し / 사업 ～부터 사고가 나다 事業の最初から事故が起きる.
첫물 自 ⇨만물
첫물지다 自 その年初めての洪水になる.
첫발 名 第一歩. 最初の一歩.
◆**첫발을 내디디다** 第一歩を踏み出す. (ある範囲に)足を踏み入れる. 入門する.
첫배 名 **1** (家畜などの)初産, またはその子. **2** (1年に何度も子を産む動物が)その年初めて子を産むこと, またその子.
첫 번〔一番〕名 1番. 1番目. 最初. ¶～째 1番目.
첫사랑 名 初恋.
첫새벽 名 暁. 明け方. 早暁.
첫서리 名 初霜. ¶～가 내리다 初霜が降りる.
첫손 名 **1** 最初. はじめ. **2** 《'꼽다·꼽히다'와 함께 쓰여》筆頭. 1番. ¶～으로 꼽히는 학자 筆頭にあげられる学者.
◆**첫손을 꼽다** (多くのもの·人の中で)第1番目にあげる. 筆頭にあげる.

随一である.

첫솜씨 名 初めての手並み[腕前]. ¶~ 치고는 훌륭하다 初めてやったにしては立派だ.

첫수[一手] 名 (囲碁・将棋などの勝負事で)第一手. 初手.

첫술 名 (口に入れる)初めの一さじ. 〔속담〕 **첫술에 배 부르랴** 初めの一さじで腹が膨れるだろうか〈何事もたった一度だけで満足な結果を得ることはできない〉.

첫아기 名 初産・しょ産の子. 初産児. 初子.

첫아들 名 初産で産んだ息子. 初めての息子.

첫얼음 名 初氷. ¶벌써 ~이 얼었다 もう初氷が張った.

첫이레 名 生まれて7日目の日.

첫인사[一人事] 名 하自 初対面のあいさつ.

첫인상[一印象] 名 第一印象.

첫잠 名 **1** 寝入りばなの眠り. **2** (蚕の)第一眠.

첫정[一情] 名 最初の愛情, またその相手.

첫째 Ⅰ 數 1番目. 第一. ¶~권 第1巻 / 음악 경연 대회에서 ~를 했다 音楽コンクールで1番になった. Ⅱ 名 **1** (兄弟姉妹の生まれた順番の)1番目. いちばん上. ¶~로 태어났다 長子として生まれた. **2** 《부사적으로 쓰여》 第一. まず第一に. 最初に. いちばんに. ¶그렇게 하고 싶어도 ~ 돈이 없다 そうしたくても第一金がない.

첫째가다 自 いちばんだ. 第1位だ. トップをいく. ¶세계적으로 첫째가는 테니스 선수 世界的にトップをいくテニス選手.

單語帳 서 수 사

	固有語	漢字語		固有語	漢字語
第1	첫째	제일	第11	열한째	제십일
第2	둘째	제이	第12	열두째	제십이
第3	셋째	제삼	第20	스무째	제이십
第4	넷째	제사	第30	서른째	제삼십
第5	다섯째	제오	第40	마흔째	제사십
第6	여섯째	제육	第50	쉰째	제오십
第7	일곱째	제칠	第60	예순째	제육십
第8	여덟째	제팔	第70	일흔째	제칠십
第9	아홉째	제구	第80	여든째	제팔십
第10	열째	제십	第90	아흔째	제구십

百(백), 千(천), 万(만), 億(억), 兆(조)는 漢字語를 사용한다. ▷하나¹ 單語帳

첫차[一車] 名 (列車・バスなどの)始発. 一番列車.

첫추위 名 その年初めての寒さ.

첫출발[一出發] 名 初出発. 第一歩を踏み出すこと. 門出. ¶인생의 ~을 축복하다 人生の門出を祝う.

첫판 名 初戦. (ある仕事をやり始める)初めの局面. (勝負事の)最初の局.

첫해 名 初年. 初年度.

첫행보[一行步] 名 **1** 初めて出歩くこと. **2** 初めて行商に出ること.

청¹ 名 **1** 声帯. 声. 声音. ¶~이 좋다 声が美しい. **2** 《접미사적으로 쓰여》(あるものの)薄い膜になった部分. ¶귀~ 鼓膜.

청²[青] 名 〔'청색'의 준말〕 青. 青色.

청³[清] 名〔史〕清〈中国最後の王朝名〉.

청⁴[晴] 名 〔'청천(晴天)'의 준말〕 晴れ.

청⁵[請] 名 請い. 頼み. 願い. ¶모처럼의 ~이니까 せっかくの頼みだから / ~을 받아들이다[들어 주다] 願いを受け入れる[聞き入れる].

◆**청을 넣다** (あることを)特別に請う[頼む]. コネをつける. 頼み込む.

청⁶[廳] Ⅰ 名 **1** 〔'대청(大廳)'의 준말〕 家の中央にある広い板の間. **2** 〔중앙 행정 기관의 분류 단위의 하나〕 庁. Ⅱ 接尾 **1** 〔관청·청사〕 …庁. ¶시~ 市庁 / 중앙~ 中央庁. **2** 〔어떤 일을 행하는 장소〕 …場. …所. ¶초례~ 結婚式場.

청각[聽覺] 名〔生〕 聴覚. ¶~ 교육 聴覚教育 / ~기 聴覚器. 聴器.

청강[聽講] 名 하自 聴講.

청강생[一生] 名 聴講生.

청개구리[青一] 名 **1** 〔動〕 青蛙. **2** あまのじゃく. ひがみ根性の人や妙にねじけたふるまいをする人.

청결하다[清潔一] 形 清潔だ. ¶청결한 복장 清潔な服装. **청결히** 副 清潔に. きれいに. ¶집 안팎을 ~ 하다 家の内外を清潔にする.

청과[青果] 名 **1** 青果. ¶~ 시장 青果市場. **2** 橄欖の実.

청교도[清教徒] 名〔宗〕清教徒. ピューリタン. ¶~ 혁명 清教徒革命.

청구[請求] 名 하他 請求. ¶~권 請求権 / 위자료를 ~하다 慰藉料を請求する.

청구서[一書] 名 請求書.

청국장[清麴醬] 名 大豆からつくったみその一種〈主としてチゲ(찌개)に用いる〉.

청군[青軍] 名 (運動競技などの組分けで)青軍. 青組. ▷백군(白軍)

청기[青旗] 名 青旗. 青い旗.

청기와[青一] 名 青い瓦.

청년[青年] 名 青年. 若者. ¶~ 실업가 青年実業家 / 믿음직한 ~ 頼もしい青年.

청년기[一期] 名 青年期.

청담¹[清淡] 名 하形 清淡. 淡泊. ¶~한 맛 淡泊な味 / ~한 마음 清淡な心.

청담²[晴曇] 名 晴曇. 晴天と曇天.

청대[青一] 名 (切り出して間もない)青竹.

청대콩[青一] 名 熟していない青豆.

청동¹[青桐] 名〔植〕青桐.

청동²[青銅] 名〔化〕青銅. ブロンズ.

청동기[一器] 名 青銅器. 「代.

청동기 시대[一器時代] 名 青銅器時代.

청동화로[一火爐] 名 青銅の火鉢.

청둥오리 名〔動〕真鴨.

청등[青燈] 名 青い光の電灯.

청등홍가[一紅街] 名 紅灯の巷. 花

柳界.

청량〔清涼〕 名 하形 清涼. ¶ ~한 산의 기운 清涼な山の気 / ~ 음료 清涼飲料.

청량제〔一劑〕 名 清涼剤.

청려〔清麗〕 名 하形 清麗. 清らかでうるわしいこと.

청력〔聽力〕 名 聴力. ¶ ~계 聴力計 / ~ 검사 聴力検査.

청렴〔清廉〕 名 하形 清廉. ¶ ~ 결백한 사람[마음] 清廉潔白な人[心].

청룡〔青龍〕 名 青竜. **1** 青い竜. **2**〔天〕東方にある七つの星の総称. **3**〔民俗〕東方の守護神を象徴する四獣の一つ. **4**〔民俗〕(風水説の地相で) おもだった山から左側に分かれた山脈.

청룡도〔一刀〕 名 〔'청룡 언월도(青龍偃月刀)'의 준말〕 青竜刀.

청류〔清流〕 名 清流.

청맹과니〔青盲一〕 名 青盲. 外見は見えるようで実際は見えない目, またその人.

청명〔清明〕 名 하形 **1** 清明. 天気が晴れて澄んでいること. ¶ ~한 가을[날씨] 清明な秋[天気]. **2** 清明. 清明節. 〈二十四節気の一つ〉.

청명주〔一酒〕 名 清明. (新暦の4月5·6日ごろ) に醸造した酒.

청문〔聽聞〕 名 하他 **1** 広まっているうわさ. **2** 聴聞.

청문회〔一會〕 名 聴聞会. 公聴会.

청바지〔青一〕 名 青色のズボン. (特に) ブルージーンズ. ジーパン.

청백〔清白〕 名 하形 清白. 清廉潔白. ¶ ~한 생활 清廉潔白な生活.

청백리〔一吏〕 名 清吏. 清廉潔白な官吏.

청백색〔青白色〕 名 青みがかった白色. 青白い色.

청백자〔青白瓷〕 名 青磁と白磁の中間色を呈する磁器〈白色素地に鉄分の青色の釉薬をかけたもの〉.

청병〔請兵〕 名 하自 援兵を請うこと.

청복〔清福〕 名 清福. けがれのない幸福.

청부〔請負〕 名 하他 (仕事などを) 請け負うこと. 請負. ¶ ~인 請負人 / ~업 請負業 / ~ 살인 請負殺人.

청빈〔清貧〕 名 하形 清貧. ¶ ~에 만족하다 清貧に甘んじる.

청사1〔青史〕 名 青史. 歴史. ¶ ~에 남을 인물 青史に残る人物.

청사2〔廳舍〕 名 庁舎. ¶ 정부 종합 ~ 政府総合庁舎.

청사등롱〔青紗燈籠〕 名〔史〕青色の薄い紗の上下に赤色の紗で縁取りをしてつくった袋状の覆いをかぶせたつり提灯.

청사롱〔青紗籠〕 名 ☞청사등롱

청사진〔青寫眞〕 名 青写真. 未来の計画. ¶ 2000년대의 ~ 2000年代の青写真.

청사초롱〔青紗一籠〕 名〔史〕☞청사등롱

청산1〔青山〕 名 青山.

청산유수〔一流水〕 名 弁舌がさわやかなこと. 立て板に水. ¶ 연설이 ~다 演説が立て板に水だ.

청산2〔青酸〕 名〔化〕青酸.

청산가리〔一加里〕 名〔化〕青酸カリ. シアン化カリウム.

청산염〔一鹽〕 名〔化〕青酸塩.

청산3〔清算〕 名 하他 清算. ¶ ~ 거래 清算取引 / ~ 계정 清算勘定 / 삼각 관계를 ~하다 三角関係を清算する.

청상〔青孀〕 名 〔'청상과부'의 준말〕 若後家.

청상과부〔一寡婦〕 名 年若い未亡人. 若後家.

청색〔青色〕 名 青. 青色.

청서1〔青書〕 名〔政〕青書. イギリスのブルーブック.

청서2〔清書〕 名 하他 清書. ¶ 초고를 ~하다 下書きを清書する.

청소〔清掃〕 名 하他 清掃. 掃除. ¶ 집 안팎을 ~하다 家の内外を掃除する.

청소부〔一夫〕 名 掃除夫.

청소차〔一車〕 名 清掃車.

청소년〔青少年〕 名 青少年. ¶ ~ 범죄가 증가한다 青少年犯罪が増加する.

청송〔青松〕 名 青松. 青々とした松.

청수1〔清水〕 名 清水.

청수2〔清秀〕 名 하形 清秀. 容姿が清らかでひいでていること.

청순하다〔清純一〕 形 清純だ. ¶ 청순한 처녀 清純な乙女.

청승 名 貧乏くさくて見苦しいようす. みすぼらしく哀れっぽい態度[ふるまい].

◆**청승을 떨다** ① しきりに見苦しいふるまいをする. 小憎らしいことをする. ② しきりにもの悲しい態度を取る. ¶ ~을 떨며 울다 いかにももの悲しそうに泣く.

청승궂다 形 **1** (貧乏くさい態度などが) 見苦しい. いかにも見苦しい. みっともない. **2** いかにも哀れっぽい. うら悲しい. ¶ 청승궂은 울음소리 うら悲しい泣き声.

청승맞다 形 **1** (貧乏くさい態度などが) 憎らしいほどに見苦しい. **2** いかにももの悲しい. あまりにも哀れだ.

청승스럽다 形 見るからに見苦しい. 小憎らしいところがある. もの悲しそうだ. うら悲しい. **청승스레** 副 いかにもみすぼらしく哀れっぽく.

청신하다〔清新一〕 形 清新だ. ¶ 청신한 이미지 清新なイメージ.

청신호〔青信號〕 名 青信号. **1** (交通機関の) 青信号. **2** 物事が順調に進む兆し.

청실〔青一〕 名 青糸. 青色の糸.

청실홍실〔一紅一〕 名 (結納のとき) 贈り物の結びに使う青と赤の2色の絹糸.

청심〔清心〕 名 하自 **1** 清心. 心を清めること. 清い心. **2**〔韓方〕気のふさぎ, 鬱結を解くこと.

청심환〔一丸〕 名〔韓方〕鬱結を解く丸薬.

청아하다〔清雅一〕 形 清雅だ. 清らかだ. ¶ 청아한 노랫소리 清らかな歌声.

청어〔青魚〕 名〔動〕青魚. 鰊.

청옥〔青玉〕 名 青玉. サファイア.
청와〔青瓦〕 名 青い瓦.
청요리〔清料理〕 名 中華料理.
청우〔晴雨〕 名 晴雨. ¶ ~계 晴雨計.
청운〔青雲〕 名 青雲. ¶ ~의 꿈 青雲の夢. 立身出世の夢 / ~의 뜻을 품다 青雲の志を抱く.
　청운객〔一客〕 名 **1** 青雲の志を抱いた人. **2** 青雲の士. 高位高官の人.
　청운지사〔一之士〕 名 青雲の士. ¶ 고결한 ~ 高潔な人. 学識の高い人.
청원[1]〔請援〕 名 하自 援助を請うこと.
청원[2]〔請願〕 名 하他 請願. ¶ ~권 請願権 / ~서 請願書.
　청원 경찰〔一警察〕 名 請願警察.
청유〔清遊〕 名 하自 清遊. 風流に遊ぶこと.
청음〔清音〕 名 **1** 清音. 清らかな音声. **2**〔言〕無声音.
청음기〔聽音機〕 名 聴音機.
청자〔青瓷〕 名〔美〕青磁. ¶ 고려 ~ 高麗青磁.
청장[1]〔清醬〕 名 薄口しょう油.
청장[2]〔廳長〕 名 (中央官署の外局の一つである)庁長. ¶ 국세~ 国税庁長.
청장년〔青壯年〕 名 青壮年.
청절〔清節〕 名 清節. 清らかな操.
청정〔清淨〕 名 하形 **1** 清浄. 清らかで汚れのないこと. ¶ ~ 채소 清浄野菜 / ~한 마음 汚れのない心. **2**〔佛〕清浄. ¶ ~심 清浄心.
　청정수〔一水〕 名〔佛〕仏前に供える水.
청조〔清朝〕 名 **1** 清朝. 中国清代の朝廷. **2**〔'청조체'의 준말〕清朝体. **3**〔'청조 활자'의 준말〕清朝活字.
　청조체〔一體〕 名〔印〕清朝体.
　청조 활자〔一活字〕 名〔印〕清朝活字.
청주〔清酒〕 名 **1** 清酒. 澄んだ酒. **2** 日本酒.
청죽〔青竹〕 名 **1** 翠竹. 緑竹. **2** 青竹. 青い竹.
청중〔聽衆〕 名 聴衆. ¶ ~에게 감명을 주다 聴衆に感銘を与える.
청지기〔廳一〕 名〔史〕両班の家で雑務を担当した人.
청진〔聽診〕 名 하他〔醫〕聴診. ¶ ~기 聴診器.
청징〔清澄〕 名 하形 清澄. 清く澄んでいること.
청처짐하다 形 **1** (物などが)垂れ下がっている. だらっと垂れている. **2** (動作が)締まりがない. だらっとしている.
청천[1]〔青天〕 名 青天. 青空.
　◆**청천 하늘에 날벼락** 青天の霹靂.
　청천백일〔一白日〕 名 青天白日. ¶ ~하에 폭로되다 青天白日のもとに暴露される.
　청천벽력〔一霹靂〕 名 青天の霹靂.
청천[2]〔晴天〕 名 晴天. 晴れ.
청첩〔請牒〕 名〔'청첩장'의 준말〕招待状.
　청첩인〔一人〕 名 招待状を出す人. 招待主.
　청첩장〔一狀〕 名 (結婚・婚約などの)招待状.
청청하다[1]〔青青一〕 形 青々としている. ¶ 청청하고 너른 바다 青々として広い海原.
청청하다[2]〔清清一〕 形 (声が)明るく澄んでいる. 朗々としている. すがすがしい. ¶ 청청한 목소리 朗々とした声.
청초하다〔清楚一〕 形 清楚だ. ¶ 청초한 옷차림 清楚な身なり.
청춘〔青春〕 名 青春. 若い年. 芳年. 若い時代. ¶ ~을 구가하다 青春を謳歌する.
　청춘기〔一期〕 名 青春期. 青年期.
　청춘사업〔一事業〕 名〈俗〉恋愛.
청출어람〔青出於藍〕 名 出藍の誉れ. 弟子が師より優れていること.
청취〔聽取〕 名 하他 聴取. ¶ ~율 聴取率 / ~자 聴取者.
청칠〔青漆〕 名 青漆. 青色の漆.
청탁[1]〔清濁〕 名 清濁. ¶ ~을 가리다 清濁を分かつ. 分別がつく.
청탁[2]〔請託〕 名 하他 請託. 依頼すること. ¶ ~을 받다[거절하다] 請託を受ける[断わる].
청태〔青太〕 名 青豆.
청풍〔清風〕 名 清風. ¶ ~ 명월 清風明月.
청하다〔請一〕 他 **1**〔부탁하다·달라다〕請う. 求める. 頼む. 要請する. 注文する. ¶ 경제 원조를 ~ 経済援助を請う / 음식을 ~ 食べ物を注文する. **2**〔초대하다〕招く. 呼ぶ. 請ずる. 招待する. ¶ 손님을 ~ 客を招く / 청하지 않은 손님 招かれざる客. **3** 眠ろうと努力する. 眠気を呼ぶ. ¶ 잠을 ~ 眠ろうとする. **4**〔佛〕(仏菩薩・霊魂を)呼ぶ.
청한〔清閑〕 名 하形 清閑.
청향〔清香〕 名 清香. さわやかな香り.
청허〔聽許〕 名 하他 聴許. 聞き届けて許すこと.
청혈〔清血〕 名 澄んできれいな血. 生き血.
청혼〔請婚〕 名 하自 求婚. ¶ ~자 求婚者.
청홍〔青紅〕 名〔'청홍색'의 준말〕赤色と青色.
　청홍색〔一色〕 名 赤色と青色.
청홍사〔青紅絲〕 名 結納に用いる藍・赤二色の絹糸の束.
청훈〔請訓〕 名 하自 請訓. ¶ 본국 정부에 ~하다 本国政府に請訓する.
청흥〔清興〕 名 清興. 風雅な楽しみ.
체[1] 名 ふるい. ¶ ~로 치다 ふるいにかける / ~로 거르다[밭다] ふるいでこす.
체[2]〔滯〕 名〔'체증(滯症)'의 준말〕食滞. 食もたれ. 消化不良.
체[3]〔體〕 **I** 名 **1** (文章・文字・絵などの)形. 型. スタイル. ¶ 글씨 ~가 예쁘다 字の形がいい. **2**〔'서체'의 준말〕書体.
　II 接尾 **1**〔입방체〕…体. ¶ 팔면~ 八面体. **2**〔형체·조직체〕…体. ¶ 기업~ 企業体. **3**〔言〕〔문체〕…体. …形. ¶ 문어~ 文語体.
체[4] 依名 (어미 '-ㄴ·-는' 아래에 쓰여) …するふり. …したふり. …であるかのように. ¶ 내 앞에서는 잘난 ~ 말아라

ㅊ

私の前までは偉そうな顔をするな / 보고도 못 본 ~하다 見ても見ないふりをする. ▷체하다[2]

체[5] 感 〔못마땅하여 아니꼬울 때나, 원통하여 탄식할 때 내는 소리〕ちぇっ. ¶ ~, 누가 너하고 논대 ちぇっ, 誰がお前と遊ぶもんか.

체가〔遞加〕 名 하他 逓加. 逓増.

체감[1]〔遞減〕 名 하他 逓減. ¶ 인구가 ~되다 人口が逓減する.

체감[2]〔體感〕 名 体感. ¶ ~ 온도 体感温度.

체강〔體腔〕 名〔生〕体腔.

체격〔體格〕 名 体格. ¶ ~이 좋다 体格がよい.

체결〔締結〕 名 하他 締結. ¶ 한일간에 어업 협정이 ~되었다 韓日間に漁業協定が締結された.

체경[1]〔滯京〕 名 하自 滞京. 都に滞在すること.

체경[2]〔體鏡〕 名 姿見.

체계〔體系〕 名 体系. ¶ 조직 ~ 組織体系 / 역사학의 ~를 세우다 歴史学を体系づける.

체계적〔一的〕 冠 名 体系的. ¶ ~인 연구[지식] 体系的な研究[知識].

체계화〔一化〕 名 하自他 体系化. ¶ 이론을 ~하다 理論を体系化する.

체공〔滯空〕 名 하自 滞空. ¶ ~ 시간 滞空時間 / ~ 비행 滞空飛行.

체구〔體軀〕 名 体軀. 体格. 体. ¶ 당당한 ~ 堂々たる体軀.

체급〔體級〕 名 (ボクシング·レスリング·重量挙げなどで選手の体重によって定められた)クラス. 級.

체기〔滯氣〕 名〔韓方〕軽い食もたれ.

체납〔滯納〕 名 하他 滞納. ¶ ~ 처분 滞納処分 / 집세를 ~하다 家賃を滞納する.

체내〔體內〕 名 体内. ¶ ~ 수정 体内受精.

체념〔諦念〕 名 하自他 **1** 諦念. 道理をわきまえて悟る心. **2** 諦念. あきらめること. 断念.

체능〔體能〕 名 体力. ある仕事に耐える身体の能力. ¶ ~ 검사 体力検査.

체당〔替當〕 名 하他 立て替え. ¶ 대금을 ~하다 代金を立て替える.

체득〔體得〕 名 하他 体得. ¶ 일의 요령을 ~하다 仕事のこつを体得する.

체력〔體力〕 名 体力. ¶ ~ 검사 体力検査 / ~의 향상을 도모하다 体力の向上を図る.

체력장〔一章〕 名 体力章(中·高校生の体力の向上を図るために実施する総合的な体力測定およびその検査制度).

체련〔體鍊〕 名 하自 体練. 体を鍛練すること.

체류〔滯留〕 名 하自 滞留. 滞在. 在留. ¶ 장기 ~ 長期滞留.

체리〔cherry〕 名 チェリー.

체머리 名 病的に頭をしきりに振る症状.

◆**체머리를 흔들다** ① 病的に頭をしきりに振る. ② (あることに)あきあきする. 嫌気がさす. うんざりする.

체면〔體面〕 名 体面. 面目. 面子. ¶ ~이 손상되다 体面が傷つけられる / ~을 차리다 体面をつくろう / ~이 안 서다 面目が立たない.

체면치레 名 見栄. 体面や体裁をつくろうこと. ¶ ~에 불과하다 見栄にすぎない.

체모〔體毛〕 名 体毛.

체발〔剃髮〕 名 하自 剃髪. 髪をそること. 落髪. ¶ ~하고 여승이 되었다 剃髪して尼になった.

체벌〔體罰〕 名 하他 体罰. ¶ ~을 가하다[금하다] 体罰を加える[禁ずる].

체병〔滯病〕 名〔韓方〕食もたれ. 消化不良.

체불〔滯拂〕 名 하自他 遅配. 期日より遅れて払うこと.

체불금〔一金〕 名 遅配金.

체색〔體色〕 名 体色. ¶ ~ 변화 体色変化. 変色.

체세포〔體細胞〕 名〔生〕体細胞.

체소〔體小〕 名 하形 体が小さいこと.

체송〔遞送〕 名 하他 逓送. 順送り.

체스〔chess〕 名 チェス. 西洋将棋.

체신〔遞信〕 名 逓信.

체액〔體液〕 名〔生〕体液.

체약〔締約〕 名 하自 締約. ¶ ~국 締約国.

체언〔體言〕 名〔言〕体言.

체온〔體溫〕 名 体温. ¶ 환자의 ~을 재다 患者の体温を測る / ~ 조절 体温調節.

체온계〔一計〕 名 体温計.

체외〔體外〕 名 体外. ¶ ~ 수정 体外受精.

체위〔體位〕 名 体位. ¶ ~를 바꾸다 体位を変える.

체육〔體育〕 名 体育. ¶ ~ 시간 体育の時間 / 전국 ~ 대회 全国体育大会 / ~ 훈장 体育勲章.

체육관〔一館〕 名 体育館.

체인〔chain〕 名 チェーン.

체인점〔一店〕 名 チェーン店. チェーンストア.

체장〔體長〕 名 体長.

체재[1]〔滯在〕 名 하自 滞在. 滞留. ¶ ~지 滞在地.

체재[2]〔體裁〕 名 体裁. 形式. 姿. 形. スタイル. ¶ 글의 ~ 文の体裁 / 회사로서의 ~를 갖추다 会社としての体裁を整える.

체적〔體積〕 名〔數〕体積.

체제〔體制〕 名 体制. **1** 一定の政治原理に基づく国家秩序の全体的な傾向. **2** 既存の社会秩序. ¶ 민주주의 ~ 民主主義体制. **3** 形. 体裁. **4** 生物体の構造の基本形式. ¶ ~ 모식도 体制模式図. **5** 詩文の様式. 文のスタイル.

체조〔體操〕 名 하自 体操. ¶ 맨손 ~ 徒手体操 / 기계 ~ 器械体操.

체중〔體重〕 名 体重. ¶ ~이 늘다 体重が増える / ~이 줄다 体重が減る.

체증[1]〔滯症〕 名〔韓方〕食滞. 食もたれ. 消化不良.

체증[2]〔遞增〕 名 하自 逓増. 漸増.

체질[1] 名 하他 (ふるいで)ふるい分ける仕事.
체질[2]〔體質〕名 体質. ¶ 허약 ~ 虚弱体質 / 기업의 ~ 企業の体質.
 체질 개선〔—改善〕名 하他 体質改善. ¶ 식사로 ~을 하다 食事で体質改善をする.
체취〔體臭〕名 体臭. ¶ 남자의 ~ 男の体臭 / 이 작품에서는 작가의 ~가 풍긴다 この作品には作家の体臭が漂っている.
체코〔Czecho〕名〔地〕チェコ〈ヨーロッパ東部にある共和国〉.
체크〔check〕名 チェック. **1** 小切手. **2** 検査. 照合. ¶ 출입하는 사람을 ~하다 出入りする人をチェックする. **3** 荷物引換券. チッキ. **4** 格子. 格子縞. ¶ ~ 무늬의 셔츠 チェック模様のシャツ.
 체크아웃〔—out〕名 チェックアウト.
 체크인〔—in〕名 チェックイン.
체통〔體統〕名 **1** 官吏としての威厳. 官吏の面子. **2** 地位と身分相応の品位. 体面. 体裁. ¶ 양반의 ~을 지키다 両班の体面を保つ.
 ◆**체통을 잃다** 体面を失う. 顔をつぶす.
체포〔逮捕〕名 하他 逮捕. ¶ 살인범이 ~되었다 殺人犯が逮捕された.
체표〔體表〕名 体表. 体の表面. ¶ ~ 면적 体表面積.
체하다[1]〔滯—〕自 食滞する. 食もたれする. 胃にもたれる.
체하다[2] 補動 (…する·…した)ふりをする. (…を)装う. ¶ 아는 ~ 知ったかぶりをする. 軽くあいさつする.
체험〔體驗〕名 하他 体験. ¶ ~담 体験談 / ~을 살리다 体験を生かす.
체현〔體現〕名 하他 体現. ¶ 사상의 ~자 思想の体現者.
체형[1]〔體刑〕名 体刑. 体罰. ¶ ~을 가하다 体刑[体罰]を加える.
체형[2]〔體形〕名 体形. 体つき.
체형[3]〔體型〕名 体型. ¶ 여윈 ~ やせた体型.
체화〔滯貨〕名 하自他 滞貨. ストック. ¶ 물자의 ~ 物資の滞貨.
첼로〔ⓘ cello〕名〔樂〕チェロ.
첼리스트〔cellist〕名 チェリスト.
쳇바퀴 名 篩の枠.
쳇불 名 篩の網[布].
쳐내다 他 (不潔な物を)運び出す. 取り除く. 片づける. 掃除する. (たまっているものを)さらう. ¶ 도랑을 ~ どぶをさらう.
쳐다보다 他 **1** 見上げる. (上方を)仰ぎ見る. ながめる. ¶ 하늘을 ~ 空を仰ぎ見る. **2** 見つめる. 凝視する. じろじろ見る. にらむ. (期待する目で)見る. ながめる. ¶ 얼굴을 뚫어지게 ~ 顔を穴のあくほど見つめる.
쳐들다 他 **1** 持ち上げる. 上げる. もたげる. ¶ 무거운 짐을 ~ 重い荷物を持ち上げる / 손을 쳐들고 정지 신호를 보내다 手を上げて停止信号を送る. **2** (過去のことなどを)持ち出す. あげつらう. ¶ 새삼스럽게 쳐들 필요가 없다 あらためて持ち出す必要はない.
쳐들어가다 他 攻め入る. 攻め込む. 討ち入る. 突入する. 侵入する. ¶ 적진으로 쳐들어갔다 敵陣に攻め入った.
쳐들어오다 他 攻め込んで来る. 攻撃して来る. 攻め寄せて来る. 突入して来る. ¶ 쳐들어오는 적을 단번에 무찔렀다 攻め寄せて来る敵を一挙に打ち破った.
쳐부수다 他 打ち破る. 撃破する. ぶち壊す. たたき壊す. ¶ 적을 ~ 敵を撃破する.
쳐주다 他 **1** 見積もってやる[くれる]. 認めてやる[くれる]. 評価する. ¶ 이 그림을 얼마로 쳐주겠습니까? この絵をいくらに評価してくれますか. **2** 認定してやる[くれる]. 認める. 認められる. 見なす. 見なされる. ¶ 그 방면의 권위자로 쳐주는 사람 その方面での権威者と認められた人.
초[1]〔←燭〕名 蝋燭. ¶ ~를 켜다 ろうそくをともす.
초[2]〔抄〕名〔'초록(抄錄)'의 준말〕抄. 抜き書き. ▷초하다(抄—)
초[3]〔初〕**I** 依名 初. 初期. 初め. ¶ 20세기 ~ 20世紀の初期 / 학기 ~ 学期の初め.
 II 接頭 初…. ¶ ~겨울 初冬 / ~하루 ついたち.
초[4]〔草〕**I** 名 **1**〔'기초(起草)'의 준말〕起草. **2** 草. 草書. ¶ 연설문의 ~를 잡다 演説文を草する. **3** 干し草. まぐさ.
 II 接尾〔植〕…草. ¶ 일년~ 一年草. 1年生植物.
초[5]〔秒〕**I** 名 秒. ¶ ~를 다투다 秒[寸刻]を争う.
 II 依名 秒. ¶ 1분 20~ 1分20秒.
초[6]〔醋〕名 酢.
 ◆**초를 치다** ① 酢をかける. ② 相手の気勢をそぐ. ③ (原稿などに)手を加える. 味つけする.
초-[7]〔超〕接頭 超…. ¶ ~음속 超音速 / ~단파 超短波.
초가〔草家〕名 藁屋. 草屋. ¶ ~ 지붕 わらぶき(の屋根).
 초가집 名 藁屋. 草屋.
초가을〔初—〕名 初秋. 早秋. ¶ ~ 바람 初秋の風.
초간〔初刊〕名 初刊.
 초간본〔—本〕名 初刊本.
초간장〔醋—醬〕名 酢じょう油.
초개〔草芥〕名 ちりあくた. わらくず. ごみあくた. 取るに足りないもの. ¶ ~와 같은 목숨 ちりあくたのような命.
초겨울〔初—〕名 初冬.
초경[1]〔初更〕名 初更. 初夜〈五更の一つ, 今の午後7時から9時まで〉.
초경[2]〔初經〕名 初経. 初潮.
초계〔哨戒〕名 하他〔軍〕哨戒. ¶ ~정 哨戒艇.
초고〔草稿〕名 草稿. 草案. ¶ ~를 다듬다 草稿を練る.
초고속도〔超高速度〕名 超高速度. ¶ ~ 촬영 超高速度撮影.
초고온〔超高溫〕名 超高温.
초고추장〔醋—醬〕名 酢を入れて混ぜ

合わせた唐辛子みそ.
초고층〔超高層〕 名 超高層.
초과〔超過〕 名 하自他 超過. ¶ ～량 超過量 / ～ 근무 超過勤務 / 예산을 ～하다 予算を超過した.
초교〔初校〕 名 (校正で)初校.
초극〔超克〕 名 하他 超克. 困難に打ち勝つこと.
초근〔草根〕 名 草根. 草の根.
초근목피〔—木皮〕 名 草根木皮. ¶ ～로 연명하다 粗末な食物で命をつなぐ.
초근초근 副 하形 〔착 달라붙어 남을 질기게 조르는 모양〕 ねちねち(と).
초급[1]〔初級〕 名 初級. ¶ ～반 初級クラス / ～ 영어 初級英語.
초급[2]〔初給〕 名 初任給. 初給.
초기[1]〔抄記〕 名 하他 抄記. 抄録. 抜き書き.
초기[2]〔初忌〕 名 **1** 一周忌. **2** 3年の喪を終えてから初めて執り行なう祭祀.
초기[3]〔初期〕 名 初期. ¶ 발병 ～ 発病の初期 / ～ 자본주의 初期資本主義.
초꽂이 名 燭台. ろうそく立て.
초나흗날〔初—〕 名 月の4番目の日. 4日. ¶ 유월 ～ 6月4日.
초나흘〔初—〕 名 〔'초나흗날'의 준말〕 4日.
초년〔初年〕 名 **1** 一生の初期. 中年以前の時代. 若い時. **2** 初年. 初期. ¶ ～병 初年兵.
초년고생〔—苦生〕 名 若い時の苦労.
〔속담〕 **초년고생은 사서라도 한다** 若い時の苦労は買ってでもする.
초념〔初念〕 名 初念. 初志.
초능력〔超能力〕 名〔心〕超能力.
초다짐〔初—〕 名 하自他 空腹感を抑えるために軽く何かを食べること.
초단〔初段〕 名 初段. ¶ 태권도 ～ テコンドー初段 / ～을 따다 初段を取る.
초단파〔超短波〕 名〔物〕超短波.
초닷새〔初—〕 名 〔'초닷샛날'의 준말〕 5日.
초닷샛날 名 月の5番目の日. 5日.
초당[1]〔草堂〕 名 母屋から離れた草ぶきの離れ座敷.
초당[2]〔超黨〕 名 〔'초당파'의 준말〕 超党派.
초당파〔—派〕 名 超党派. ¶ ～로 난국에 대처하다 超党派で難局に当たる.
초대[1]〔初代〕 名 初代. ¶ ～ 대통령 初代大統領.
초대[2]〔招待〕 名 하他 **1** 招待. 招くこと. ¶ ～석 招待席 / 파티에 ～를 받았다 パーティーに招待された. **2** 〔史〕 王が召集すること.
초대권〔—券〕 名 招待券.
초대장〔—狀〕 名 招待状.
초대면〔初對面〕 名 하他 初対面. ¶ ～의 인사를 나누었다 初対面のあいさつを交わした.
초대형〔超大型〕 名 超大型.
초도〔初度〕 名 **1** 初度. 初回. 第1回. 最初. **2** 〔'초도일'의 준말〕 還暦の日の古風な言い方.
초도순시〔—巡視〕 名 하他 初度巡視. (新任の長の)初の巡視.
초도일〔—日〕 名 還暦の日の古風な言い方.
초동[1]〔初冬〕 名 初冬.
초동[2]〔樵童〕 名 樵童. 子供のきこり.
초동 수사〔初動捜査〕 名 初動捜査. (犯罪事件が発生したときにする)一次的な捜査.
초두〔初頭〕 名 **1** 初頭. ¶ 19세기 ～ 19世紀初頭. **2** 初め. 当初. 最初.
초들다 他 取り立てて言う. 取り上げる. ¶ 초들어 말할 만한 일이 못 된다 取り立てて言うほどのことではない.
초등〔初等〕 名 初等. ¶ ～ 교육 初等教育 / ～ 과정 初等課程.
초등학교〔—學校〕 名 初等学校.
초라하다 形 **1** (外見が)みすぼらしい. 貧弱だ. ¶ 초라한 몰골 みすぼらしいかっこう / 초라한 옷차림을 한 소녀 みすぼらしい身なりをした少女. **2** 生き生きとしていない. つまらない. しがない. 取るに足りない. ¶ 초라한 살림 しがない暮らし.
초래하다〔招來—〕 他 招く. 招き寄せる. もたらす. ¶ 좋은 결과를 ～ よい結果をもたらす / 순간적 실수가 불행을 초래한다 瞬間的な過ちが不幸を招く.
초려[1]〔草廬〕 名 草廬. **1** 草ぶきの家. **2** 自分の家の謙譲語.
초려[2]〔焦慮〕 名 하他 焦慮. 焦心.
초련[1] 名 早めに刈り入れた穀物や青刈りした穀物などで秋の収穫期まで食いつなぐこと.
초련[2]〔初鍊〕 名 하他 **1** 材木を粗削りすること. **2** (ある事をするに当たって)初めにざっとしておくこと,またその事.
초련질 名 하他 (鉋で)材木の面を粗削りすること.
초례〔醮禮〕 名 結婚式·婚礼の古風な言い方.
초례청〔—廳〕 名 醮禮を行なう広い板の間. 結婚式場.
초로[1]〔初老〕 名 初老.
초로[2]〔草露〕 名 草露. 草葉の露.
◆**초로와 같다** 露のようにはかない. ¶ ～와 같은 인생 はかない人生.
초로인생〔—人生〕 名 はかない人生.
초록[1]〔抄錄〕 名 하他 抄録. 抜き書き. 抄記.
초록[2]〔草綠〕 名 草色. 草葉色. 緑. 緑色. ¶ 진～ 深緑.
〔속담〕 **초록은 동색** 草と緑は同じ色だ〈類は友を呼ぶ. 名は違うが結局同類である〉.
초록빛 名 緑色. 草色.
초록색〔—色〕 名 緑. 緑色. 草色.
초롱[1] 名 石油を入れるブリキ缶. 石油缶.
초롱[2] 名 提灯. 灯籠. ¶ ～에 불을 밝히다 提灯に明かりをつける.
◆**초롱 같다** (目などが)澄んで明るい. (耳が)さとい.
초롱불 名 灯火.
초롱초롱하다 形 **1** (目などが)澄んで光り輝いている. きらきらする. ¶ 초롱

초롱한 눈 きらきら輝く目. **2** (頭が) はっきりしている. 冴えている. ¶정신이 더욱 초롱초롱해진다 頭がますます冴える.

초름하다 形 **1** (量などが) 十分でない. ¶밥이 공기에 ~ ご飯が茶碗に一杯になっていない. **2** (気分的に) 満ち足りない.

초립〔草笠〕 名 いぐさや竹·わらなどで編んだ黄色い笠.

초립동이 名 小冠者.

초막〔草幕〕 名 **1** 草やわらでふいた庵. 草庵. 草屋. **2** 〔佛〕 僧庵〈寺の近くにある僧の住居〉.

초만원〔超満員〕 名 超満員. ¶~을 이루다 超満員になる.

초면〔初面〕 名 初対面. ¶~인 사람 初対面の人.

초목¹〔草木〕 名 草木. ¶산천 ~ 山川草木.

초목회〔一灰〕 名 草木灰〈肥料〉.

초목²〔樵牧〕 名 **1** きこりと牧畜. **2** 子供のきこりと牧童.

초무침〔醋一〕 名〔料理〕 酢の物.

초문〔初聞〕 名 初めて聞くこと. 初耳. ¶그런 말은 금시 ~이다 そんな話は今初めて聞いた.

초미〔焦眉〕 名 (주로 '초미의'의 꼴로) 焦眉の. ¶~의 문제 焦眉の問題.

초미지급〔一之急〕 名 焦眉の急.

초반〔初盤〕 名 (囲碁·将棋·運動競技などで) 最初の段階. 序盤. 緒戦. ¶~전 序盤戦.

초밥〔醋一〕 名〔料理〕 鮨. ¶김~ 巻き鮨 / 생선~ にぎり鮨.

초배〔初褙〕 名 하自他 (壁·天井などの) 下張り. ¶~지 下張りの紙.

초벌〔初一〕 名 (一つのことを何度か繰り返すときに) 最初にある程度手をかけておくこと.

초범〔初犯〕 名 初犯. 初犯者.

초벽〔初壁〕 名 하自〔建〕 (壁の) 下塗り. 粗塗り.

초병〔哨兵〕 名 哨兵. 見張り兵.

초보〔初步〕 名 初歩. 入門. 手始め. ¶~ 단계 初歩の段階 / ~부터 배우다 初歩から学ぶ.

초보자〔一者〕 名 初心者.

초복〔初伏〕 名 初伏〈三伏の最初〉.

초본¹〔抄本〕 名 抄本. ¶호적 ~ 戸籍抄本.

초본²〔草本〕 名 (詩文の) 草本. 草稿.

초본³〔草本〕 名 草本. ¶~ 식물 草本植物.

초봄〔初一〕 名 初春. 早春. 春先. ¶~의 산행 春先の山行.

초봉〔初俸〕 名 初任給. 初給.

초부〔樵夫〕 名 樵夫. きこり.

초비〔草肥〕 名 草肥. 緑肥.

초비상〔超非常〕 名 超非常.

초빈〔招賓〕 名 하自 招客. 賓客を招くこと.

초빙〔招聘〕 名 하他 招聘. 招くこと. ¶기술자를 ~하다 技術者を招聘する.

초사〔焦思〕 名 하他 焦思. 思いわずらうこと. ¶노심~ あれやこれやと気をもむこと.

초사흗날〔初一〕 名 (月の) 第3日. 3日. ¶4월 ~ 4月3日.

초사흘〔初一〕 名〔'초사흗날'의 준말〕 3日.

초산¹〔初産〕 名 하自 初産.

초산부〔一婦〕 名 初産婦.

초산²〔硝酸〕 名〔化〕 硝酸.

초산³〔醋酸〕 名〔化〕 酢酸. アセト酸. ¶~ 발효 酢酸発酵.

초산균〔一菌〕 名〔生〕 酢酸菌.

초산비닐〔一vinyl〕 名〔化〕 酢酸ビニル.

초상¹〔初喪〕 名 **1** 人が死んでから葬式を終えるまでの期間. 喪. 喪中. **2** 身近な人が死ぬこと. 不幸.

초상나다 自 家族に不幸がある. 喪中である. 家の者が死ぬ.

초상집 名 喪家.

초상²〔肖像〕 名 肖像. ¶~화 肖像画.

초색〔草色〕 名 **1** 草色. **2** (穀物を食べずに) 菜食ばかりして黄ばんだ顔色. むくんだ黄色い顔.

초생〔初生〕 名 **1** 初生. 初めて生まれること. **2** 月初め.

초생달 名 ⇨초승달

초생아〔一兒〕 名 初生児. 新生児.

초생지〔草生地〕 名 草生地. 草地.

초서〔草書〕 名 草書. 草書体.

초석¹〔草席〕 名 草むしろ. むしろ. ござ.

초석²〔硝石〕 名〔化〕 硝石.

초석³〔礎石〕 名 **1**〔建〕 礎石. 基礎の石. ¶~을 놓다 礎石を置く. **2** 物事の基礎. 礎. ¶나라의 ~ 国の礎.

초선〔初選〕 名 初選. 初めての当選[入選]. ¶~ 의원 初当選議員.

초설〔初雪〕 名 初雪.

초성〔初聲〕 名〔言〕 初声.

초소〔哨所〕 名 歩哨の立つ所.

초속¹〔初速〕 名〔'초속도(初速度)'의 준말〕 初速. 超高速.

초속²〔秒速〕 名 秒速.

초속도¹〔初速度〕 名〔物〕 初速度.

초속도²〔超速度〕 名 超高速. ¶~ 윤전기 超高速輪転機.

초순〔初旬〕 名 初旬. 上旬. ¶8월 ~ 8月初旬.

초스피드〔超speed〕 名 超高速. ¶~의 탄환 열차 超高速の弾丸列車.

초승〔←初生〕 名 (陰暦で) 月初め. ¶내달 ~께 만납시다 来月の初めごろに会いましょう.

초승달 名 三日月. 新月.

초식〔草食〕 名 하自 **1** 草食. ¶~ 동물 草食動物. **2** 菜食. **3** 野菜類だけで料理した食物.

초식류〔一類〕 名〔動〕 草食獣.

초식성〔一性〕 名 草食性.

초심¹〔初心〕 名 **1** 初心. 初一念. 初志. ¶~에는 변함이 없다 初心には変わりはない. **2** 初心者. 初学者.

초심자〔一者〕 名 初心者. 初学者. しろうと. ¶~를 위한 입문서 初心者のための入門書.

초심²〔初審〕 名〔法〕 初審. 第一審.

초심³〔焦心〕 名 하自 焦心. 心をいらだたせること.

초아흐레〔初一〕 名 〔'초아흐렛날'의 준말〕 9日.
초아흐렛날〔初一〕 名 月の9番目の日. 9日.
초안〔草案〕 名 草案. 草稿. 下書き. ¶ 헌법 ～ 憲法草案 / ～을 잡다 草案をつくる. 草する.
초암〔草庵〕 名 草庵. 草のいおり.
초야¹〔初夜〕 名 初夜. **1** 夕方から夜半まで. **2** 初更. **3** (新婚夫婦の)初めての夜. ¶ 신혼 ～ 新婚初夜.
초야²〔草野〕 名 草野. 田舎.
초여드레〔初一〕 名 〔'초여드렛날'의 준말〕 8日.
초여드렛날〔初一〕 名 月の8番目の日. 8日. ¶ 10월 ～ 10月8日.
초여름〔初一〕 名 初夏.
초역〔抄譯〕 名 하他 抄訳. ¶ 장편 소설의 ～ 長編小説の抄訳.
초연¹〔初演〕 名 하他 初演.
초연²〔招宴〕 名 하他 招宴. 宴会に招くこと.
초연³〔悄然〕 名 하形 悄然. **초연히** 副 悄然と. しょんぼりと. ¶ 거절당하고 ～ 돌아갔다 断わられて悄然と引き返した.
초연⁴〔硝煙〕 名 硝煙. ¶ ～에 그을리다 硝煙でくすぶる.
　초연탄우〔一彈雨〕 名 硝煙弾雨.
초연하다〔超然一〕 形 超然としている. ¶ 당파 싸움에 ～ 党派の争いに超然としている. **초연히** 副 超然と. ¶ 세속에서 ～ 살아가다 世俗に超然として暮らしていく.
초열〔焦熱·燋熱〕 名 焦熱.
　초열지옥〔一地獄〕 名〔佛〕焦熱地獄. 炎熱地獄.
초열흘〔初一〕 名 〔'초열흘날'의 준말〕 10日.
초열흘날〔初一〕 名 月の10番目の日. 10日.
초엽〔初葉〕 名 初葉. 初期. ¶ 19세기 ～ 19世紀初期.
초엿새〔初一〕 名 〔'초엿샛날'의 준말〕 6日.
초엿샛날〔初一〕 名 月の6番目の日. 6日.
초옥〔草屋〕 名 草屋. 草ぶきの家.
초원〔草原〕 名 草原. ¶ ～에 사는 야생 동물 草原に棲む野生動物.
초월〔超越〕 名 하自他 超越. ¶ 시대를 ～하다 時代を超越する.
초유¹〔初有〕 名 初めてのこと. ¶ 사상 ～의 대번영 史上初めての大繁栄.
초유²〔初乳〕 名〔生〕初乳.
초음속〔超音速〕 名〔物〕 超音速. ¶ ～ 제트기 超音速ジェット機.
초음파〔超音波〕 名〔物〕 超音波. ¶ ～ 발생기 超音波発生器.
초이레〔初一〕 名〔'초이렛날'의 준말〕 7日.
초이렛날〔初一〕 名 月の7番目の日. 7日.
초이튿날〔初一〕 名 (月の)第2日. 2日.
초이틀〔初一〕 名 〔('초이튿날)'의 준말〕 「2日.
초인〔超人〕 名 超人. スーパーマン.
　초인적〔一的〕 冠 名 超人的. ¶ ～인 인내력 超人的な忍耐力.
초인종〔招人鐘〕 名 呼び鈴. ベル.
초일〔初日〕 名 **1** 初日. 最初の日. 第1日. ¶ 취임 ～ 就任第1日. **2** 朝の太陽. 朝日.
초읽기〔秒一〕 名 秒読み. ¶ ～에 들어가다 秒読みに入る.
초임〔初任〕 名 하自 初任. ¶ ～지 初任地 / ～ 발령 初任の発令.
　초임급〔一給〕 名 初任給.
초입〔初入〕 名 하自 **1** (路地·門などの)入り口. 口. ¶ 골짜기 ～ 谷の入り口. 谷口 / 골목 ～에 있는 집 路地口にある家. **2** 初めて入ること.
초자〔硝子〕 名 硝子. ガラス. ¶ ～막 硝子膜.
　초자체〔一體〕 名〔生〕硝子体.
초자연〔超自然〕 名 超自然. ¶ ～ 현상 超自然現象.
　초자연적〔一的〕 名 超自然的. ¶ ～ 섭리 超自然的な摂理.
초장¹〔初章〕 名 初章. **1** 音楽や歌曲の第1章. 第1楽章. **2** 詩歌を三つに分けたときの最初の章.
초장²〔初場〕 名 **1** (市が立って間もない)最初のころ. 開店して間もないころ. 口開け. ¶ ～에 마수걸이도 못 했다 店開きしてまだ何も売れていない. **2** 最初. しょっぱな. 事の初め. 初手. ¶ ～에 기분 잡쳤다 しょっぱなから気分をこわした. **3** 科挙で初日の試験場.
초장³〔醋醬〕 名 酢じょう油にヤンニョム(양념)を加えたもの. 三杯酢.
초저녁〔初一〕 名 **1** 宵の口. 宵. 夕暮れ. ¶ ～때 夕暮れ時. **2** 〈俗〉最初. 当初. 初め. はな. ¶ ～부터 재수가 없구나 はなから縁起が悪いな.
　초저녁달 名 夕月. 夕月夜.
　초저녁잠 名 (夕方からの)早寝. 宵寝.
초전도〔超傳導〕 名〔物〕超電導.
초절〔超絕〕 名 하自他 超絶. 超越. ¶ ～한 역량 超絶した力量.
초점〔焦點〕 名 焦点. フォーカス. ¶ ～ 거리 焦点距離 / 이야기의 ～이 빗나가다 話の焦点がぼやける / ～을 맞추다 焦点を合わせる.
초조감〔焦燥感〕 名 焦燥感. ¶ ～에 사로잡히다 焦燥感にとらわれる.
초조하다〔焦燥一〕 形 いらいらしている. いらだっている. あせる. ¶ 너무 늦어서 ～ あんまり遅いのでいらいらする / 그렇게 초조해할 것 없다 そんなに焦ることはない. **초조히** 副 いらだって. いらいらして.
초주검되다〔初一〕 自 (ひどく殴られたりして)ほとんど死にかける. 瀕死状態になる. 半死半生になる.
초지¹〔初志〕 名 初志. 初一念. 初念. ¶ ～ 관철 初志貫徹.
　초지일관〔一一貫〕 名 하自 初志貫徹. 初志一貫. 「こと.
초지²〔抄紙〕 名 하自 抄紙. 紙をすく
초지³〔草地〕 名 草地. ¶ ～ 조성 草

地造成.

초지4〔草紙〕 名 **1** 草紙. 下書き用の紙. **2** 質の悪い薄紙.

초진〔初診〕 名 初診. ¶ ～료 初診料.

초창〔草創〕 名 草創. 事業を起こして始めること. 創業. ¶ ～기 草創期 / 문화의 ～기 文化の草創のころ.

초청〔招請〕 名 하他 招請. 招待. 招聘. ¶ 미국의 대학에서 ～을 받았다 アメリカの大学から招請を受けた / 이번 경영 세미나에 ～되어 온 강사 今度の経営セミナーに招聘されてきた講師.

초청장〔一狀〕 名 招請状.

초체〔草體〕 名 草書. 草書体.

초초하다〔草草一〕 形 **1** 非常に簡略である. ¶ 초초한 예식 ごく簡略な礼式. **2** みすぼらしい. 粗末である. ¶ 초초하기 짝이 없다 粗末きわまりない. **3** せわしい. 慌ただしい.

초추〔初秋〕 名 初秋.

초춘〔初春〕 名 初春.

초출〔初出〕 名 하自 初出. 初めて出ること. (果物などの)初物が出ること.

초췌〔憔悴〕 名 하形 憔悴. ¶ ～해진 얼굴 憔悴しきった顔.

초치〔招致〕 名 하他 招致. 招聘. ¶ 외국인 코치의 ～ 外国人コーチの招聘.

초침〔秒針〕 名 秒針.

초콜릿〔chocolate〕 名 チョコレート.

초크〔chalk〕 名 チョーク. 白墨.

초탈〔超脫〕 名 하自 超脱. ¶ 세속을 ～한 태도 世俗を超脱した態度.

초토〔焦土〕 名 焦土. ¶ ～ 작전 焦土作戦 / ～ 전술 焦土戦術.

초토화〔一化〕 名 하自他 焦土化. ¶ 국토는 ～되었다 国土は焦土と化した.

초특급〔超特急〕 名 超特急. ¶ ～ 열차 超特急列車.

초파일〔←初八日〕 名〔佛〕 陰暦4月8日の釈迦誕生日.

초판1〔初一〕 名 初めの時期または局面. しょっぱな. 初手. 手初め. 初め. ¶ ～부터 승산이 엿보였다 初めから勝ち目があったんだ.

초판2〔初版〕 名 初版. 第一版. ¶ ～은 매진되었다 初版は売り切れた.

초필〔抄筆〕 名 細字用の筆. 細筆. 小筆.

초하〔初夏〕 名 初夏.

초하다〔抄一〕 他 書き抜く. 抄録する.

초하루〔初一〕 名 〔'초하룻날'의 준말〕 一日. 朔日. ¶ 정월 ～ 正月一日. 元日.

초하룻날 名 月の1番目の日. 一日. 朔日. ¶ 3월 ～ 3月1日. ▷하루

초학〔初學〕 名 하自他 初学. **1** 初めて学問を学ぶこと. **2** 未熟な段階にある学問. 学び始めの学問.

초학자〔一者〕 名 初学者.

초행〔初行〕 名 하自 (ある所へ)初めて行くこと. 初めての道. ¶ 서울은 ～이십니까? ソウルは初めてですか.

초행길 名 初めての道. ¶ ～을 물어 물어 가다 初めての道を尋ね尋ね行く.

초현대적〔超現代的〕 名 超現代的.

초현실주의〔超現實主義〕 名〔文〕 超現実主義. シュールレアリスム.

초현실파〔超現實派〕 名〔美〕 超現実派.

초호〔初號〕 名 初号. **1** (雑誌などの)最初の号. **2**〔'초호 활자'의 준말〕 初号活字.

초호 활자〔一活字〕 名〔印〕 初号活字.

초혼1〔初婚〕 名 하自 **1** 初婚. **2** 多くの子のなかで初めて結婚させること, またその結婚.

초혼2〔招魂〕 名 하他 招魂. **1** 死者の霊魂を招き寄せること. **2**〔民俗〕 人が死んだとき, 死者の普段身につけていた服を左手に持って, 北へ向かって死者の名を3度呼ぶこと.

촉1〔鏃〕 名〔긴 물건 끝에 박힌 뾰족한 물건의 총칭〕 先. ¶ 화살～ 鏃. 矢先 / 펜～ ペン先.

촉2〔燭〕 依名〔物〕〔'촉광'의 준말〕 燭. ¶ 백 ～짜리 전구 100燭の電球.

촉3 副〔작은 물건이 아래로 늘어진 모양〕 だらりと. だらっ(と). <축

촉각1〔觸角〕 名〔動〕 触角.

◆**촉각을 곤두세우다** 触角を逆立てる. 神経をとがらす.

촉각2〔觸覺〕 名〔生〕 触覚.

촉각 기관〔一器官〕 名 触覚器官.

촉감〔觸感〕 名 하他 **1** 触感. 感触. ¶ 차가운 ～ 冷たい触感. **2**〔生〕 触覚.

촉광〔燭光〕 Ⅰ 名 燭光. ともしびの光. Ⅱ 依名〔物〕〔광도의 단위〕 燭光.

촉구〔促求〕 名 하他 促すこと. 催促すること. 迫ること. ¶ 회답을 ～하다 回答を催促する.

촉망〔屬望〕 名 하自 嘱望. ¶ 장래가 ～되는 젊은 과학자 将来が嘱望される若い科学者.

촉매〔觸媒〕 名〔化〕 触媒. ¶ ～제 触媒剤.

촉모〔觸毛〕 名〔動〕 触毛.

촉박하다〔促迫一〕 形 促迫する. 切迫している. 差し迫っている. ¶ 시간[시일]이 ～ 時間[時日]が差し迫っている.

촉발〔觸發〕 名 하自 触発. ¶ ～ 수뢰[지뢰] 触発水雷[地雷] / 관심이 ～되었다 関心が触発された.

촉새 名〔動〕 青鵐.

◆**촉새같이 나서다** (あおじがさえずるように)出しゃばる.

촉새부리 名 (あおじのくちばしの意で)先のとがったもの.

촉성〔促成〕 名 하他 促成. 促すこと. ¶ ～ 재배 促成栽培.

촉수1〔燭數〕 名 燭光の数値. ¶ ～ 높은 전구 燭の高い電球.

촉수2〔觸手〕 名 하他 **1**〔動〕 触手. ¶ ～ 동물 触手動物. **2** 右手. 物を握る手. **3** 手を触れること.

◆**촉수를 뻗치다** 触手を伸ばす.

촉수3〔觸鬚〕 名〔動〕 触角.

촉진1〔促進〕 名 하他 促進. ¶ 판매의 ～을 꾀하다 販売の促進を図る.

촉진²〔觸診〕 名 하自 〔醫〕 触診.
촉촉하다 形 湿り気がある. しっとりしている. ¶ 촉촉한 피부 しっとりとした肌.
촉촉이 副 しっとり(と). ¶ 아침 이슬에 ~ 젖은 옷 朝露にしっとりとぬれた衣服.
촉탁〔囑託〕 名 하他 嘱託. ¶ ~ 사원 嘱託社員 / ~의 嘱託医.
촌¹〔村〕 Ⅰ 名 村. 田舎. 地方. ¶ ~에서 올라온 학생 田舎から出て来た学生 / ~놈 田舎者.
Ⅱ 接尾 村. 町. ¶ 선수~ 選手村 / 대학~ 大学町.
촌²〔寸〕 依名 **1** 〔친족 관계의 멀고 가까움을 나타냄〕 親等. ¶ 삼~ 叔父. 伯父. 三親等 / 사~ いとこ. 四親等. **2** 〔길이의 단위〕 寸.
촌가¹〔寸暇〕 名 寸暇. ¶ ~를 아껴 일하다 寸暇を惜しんで働く.
촌가²〔村家〕 名 村家. 田舎家.
촌각〔寸刻〕 名 寸刻. 寸時. ¶ ~을 다투는 일 寸刻を争う仕事.
촌거〔村居〕 名 하自 田舎住まい.
촌공〔寸功〕 名 寸功. 小さな功績.
촌구석〔村—〕 名 田舎の片隅. 片田舎. ¶ ~에 박혀 살다 片田舎に埋もれて暮らす.
촌극¹〔寸隙〕 名 寸隙. 寸暇.
촌극²〔寸劇〕 名 寸劇. **1** 〔演〕 ごく短い劇. **2** ちょっとした笑い事や事件. ¶ 웃지 못할 ~을 빚었다 笑ってはすまされない寸劇を演じた〈へまなことをした〉.
촌길〔村—〕 名 田舎道. 村道.
촌놈〔村—〕 名 〈蔑〉田舎者. 田舎っぺえ.
촌닭〔村—〕 名 〈俗〉 (田舎の鶏の意で)田舎くさい人. 田舎者.
촌뜨기〔村—〕 名 〈蔑〉田舎者. 田舎っぺえ. ぽっと出. お上りさん. ¶ 시골에서 올라온 ~ お上りさん.
촌락〔村落〕 名 村落. ¶ ~ 공동체 村落共同体.
촌로〔村老〕 名 村老. 村の老人.
촌리〔村里〕 名 村里. 村.
촌민〔村民〕 名 村民. 村人.
촌백성〔村百姓〕 名 農民. 百姓. 村民. 田舎者.
촌보〔寸步〕 名 寸歩. 一歩. ¶ 지쳐서 ~도 못 옮기다 疲れて一歩も動けない.
촌부〔村婦〕 名 村婦. 村の女性.
촌부자〔村夫子〕 名 村夫子.
촌사람〔村—〕 名 **1** 田舎に住む人. 村人. **2** 田舎っぺ.
촌색시〔村—〕 名 **1** 田舎娘. **2** 田舎くさい娘. あか抜けていない娘.
촌성〔寸誠〕 名 少しばかりの誠意.
촌속〔村俗〕 名 村俗. 俚俗. 村の風習. ¶ 결혼식은 ~에 따른다 結婚式は村俗に従う.
촌수〔寸數〕 名 (親族間の)親等の数. 親等. 等親. ¶ ~가 멀다 遠縁だ.
촌스럽다〔村—〕 形 田舎くさい. やぼったい. どろくさい. ¶ 옷차림이 ~ 身なりがやぼったい. **촌스레** 副 田舎くさく. 田舎っぽく. 野暮に.

촌시〔寸時〕 名 寸時. 寸陰. ¶ ~를 아끼다 寸時を惜しむ.
촌심〔寸心〕 名 寸心. 寸志.
촌야〔村野〕 名 田舎の村と野.
촌옹〔村翁〕 名 村翁. 村老.
촌음〔寸陰〕 名 寸陰. 寸時. ¶ ~을 아껴 책을 읽다 寸時を惜しんで読書する.
촌장〔村長〕 名 村長.
촌지¹〔寸地〕 名 寸地. 寸土.
촌지²〔寸志〕 名 寸志. 寸心. 薄志.
촌척〔寸尺〕 名 寸尺. わずかなこと. ¶ ~의 양보도 없다 寸尺の譲歩もない.
촌철〔寸鐵〕 名 寸鉄. 短い刃物.
촌철살인〔—殺人〕 名 寸鉄人を刺す〈警句などで人の急所を突くことのたとえ〉.
촌초〔寸秒〕 名 寸秒. ¶ ~를 다투다 寸秒を争う.
촌충¹〔寸衷〕 名 **1** 少しばかりの誠意. **2** 寸心.
촌충²〔寸蟲〕 名 〔動〕 真田虫. 条虫.
촌탁〔忖度〕 名 하他 忖度. 推量. 人の心の中を推し量ること.
촌토〔寸土〕 名 寸土. 寸地. わずかなこと. ¶ ~의 양보도 없다 寸土の譲歩もない.
촌티〔村—〕 名 田舎っぽさ. 田舎くささ. ¶ ~가 흐르다 やぼったさが漂う.
촌평〔寸評〕 名 하他 寸評. ¶ ~을 가하다 寸評を加える.
촌학구〔村學究〕 名 **1** 田舎の寺子屋の師. **2** 学識が浅く固陋な人.
촐랑거리다〔-대다〕 自 軽率にふるまう. おっちょこちょいに出しゃばる.
촐랑촐랑 副 하自 おっちょこちょいに.
촐랑이 名 おっちょこちょい. そそっかしくふるまう人. あわて者.
촐싹거리다〔-대다〕 自他 **1** ふざけまわる. 差し出がましくふるまう. **2** けしかける. そそのかす. ¶ 사람을 촐싹거려 가만 못 있게 한다 人をけしかけてじっとしていられなくする.
촐싹촐싹 副 하自他 **1** しきりにふざけまわるようす. ¶ 하루 종일 어디로 ~ 돌아다니다가 이제 오니? 今ごろ帰ってきて, 一日中どこをふざけまわって来たんだ. **2** しきりにおだてるようす.
촐촐하다 形 ひもじい. お腹がすいている. ¶ 아침을 안 먹고 왔더니 ~ 朝飯を食べずに来たのでひもじい. **촐촐히** 副 ややひもじい思いで.
촘촘하다 形 **1** (織物などの)目がつんでいる. 目が細かい. ¶ 올이 촘촘한 옷감 目のつんだ生地. **2** (間隔や穴が)詰まっている. ぎっしりだ. **3** 緻密だ. ¶ 일을 촘촘하게 한다 仕事を緻密に行なう. **촘촘히** 副 細かく. ぎっしり. 緻密に. ¶ 화초를 ~ 심지 말아요 草花をびっしり植えないでください.
촛농〔—膿〕 名 燭涙. ろうそくから流れる蝋.
촛대〔—臺〕 他 燭台.
촛불 名 ろうそくの火.
총¹ 名 馬のたてがみと尾の毛.
총²〔銃〕 名 銃. 鉄砲. ¶ ~을 쏘다 銃を撃つ.
총³〔總〕 冠 総. ¶ ~ 2000명의 인원이

참가하다 総2000名の人員が参加する.

총-[4]〔總〕 接頭 総…. ¶ ~선거 総選挙 / ~수입 総収入 / ~점검 総点検.

총가〔銃架〕 名〔軍〕銃架.

총각〔總角〕 名 未婚の男. チョンガー. 独身男性. ¶ ~ 처녀 未婚の男女.

총각김치 名 チョンガーキムチ〈10センチメートルくらいの大根で漬けたキムチ〉.

총검〔銃劍〕 名 銃剣. ¶ ~에 찔려 쓰러졌다 銃剣で突かれ倒れた.

총검술〔—術〕 名 銃剣術.

총격〔銃擊〕 名 하他 銃撃. ¶ ~전 銃撃戦.

총결산〔總決算〕 名 하他 総決算. ¶ 금년도의 ~ 今年度の総決算.

총경〔總警〕 名 警察官の階級の一つ〈署長級の職務を受け持つ〉.

총계〔總計〕 名 하他 総計. ¶ ~를 내다 総計を出す.

총계정〔總計定〕 名〔經〕総勘定. ¶ ~ 원장 総勘定元帳.

총공격〔總攻擊〕 名 하他 総攻撃.

총관〔總管〕 名 하他 総管.

총괄〔總括〕 名 하他 総括. ¶ ~ 책임자 総括責任者 / ~하여 질문하다 総括して質問する.

총괄적〔—的〕 冠 名 総括的.

총구〔銃口〕 名 銃口. ¶ ~를 들이대다 銃口を向ける.

총국〔總局〕 名 総局. ¶ 신문사 ~ 新聞社の総局.

총궐기〔總蹶起〕 名 하自 総決起.

총기[1]〔銃器〕 名 銃器. ¶ ~ 불법 소지자 銃器不法所持者.

총기[2]〔聰氣〕 名 **1** 聡明さ. **2** 記憶力.

총기[3]〔總記〕 名 総記.

총대〔銃—〕 名 銃床.

총대장〔總大將〕 名 総大将. 総帥.

총독〔總督〕 名 総督. ¶ ~부 総督府.

총동원〔總動員〕 名 하他 総動員. ¶ ~하여 대청소를 하다 総掛りで大掃除をする.

총람〔總攬〕 名 하他 総攬. 総合し掌握すること. ¶ 정무를 ~하다 政務を総攬する.

총량〔總量〕 名 総量. ¶ ~ 부족 総量不足.

총력〔總力〕 名 総力. 全力. ¶ ~전 総力戦 / ~을 기울이다 総力を傾ける.

총론[1]〔叢論〕 名 叢論. ¶ 문학 ~ 文学叢論.

총론[2]〔總論〕 名 総論. ¶ 법학 ~ 法学概論.

총리〔總理〕 名 하他 総理. **1** すべての事務を管理すること. **2** 〔'국무 총리'의 준말〕 国務総理. ¶ 전~ 前総理 / ~ 공관 総理官邸.

총림〔叢林〕 名 叢林. 木の生い茂った林.

총망라〔總網羅〕 名 하他 すべてを網羅すること.

총망하다〔悤忙—〕 形 忽忙だ. あわただしい. **총망히** 副 あわただしく. ばたばたと.

총명기〔聰明記〕 名 **1** 備忘録. **2** 贈答品目録.

총명예지〔聰明睿智〕 名 하形 (聡明にして英知があるの意で) 王の知恵を称える語.

총명하다〔聰明—〕 形 聡明だ. ¶ 총명한 사람 聡明な人 / 어릴 때부터 총명했다 幼いときから聡明であった.

총목〔總目〕 名 総目録. 全体の目録.

총목록〔總目錄〕 名 総目録.

총무〔總務〕 名 総務. ¶ 친목회의 ~ 親睦会の総務.

총무처〔—處〕 名〔法〕総務処〈日本の内閣官房に当たる〉.

총받이〔銃—〕 名 〈俗〉 戦闘の際の前線. 最前線.

총본부〔總本部〕 名 総本部.

총본사〔總本寺〕 名〔佛〕総本山.

총본산〔總本山〕 名〔佛〕総本山.

총부리〔銃—〕 名 銃口. 筒先. ¶ ~가 불을 뿜는다 銃口が火を吹く.

◆**총부리를 들이대다** 銃を向けて威嚇する.

총사령관〔總司令官〕 名〔軍〕総司令官.

총사령부〔總司令部〕 名〔軍〕総司令部.

총사직〔總辭職〕 名 하自 総辞職. ¶ 내각 ~ 内閣総辞職.

총살〔銃殺〕 名 하他 銃殺. ¶ ~형 銃殺刑.

총상〔銃傷〕 名 銃傷. 銃創. ¶ 유탄에 맞아 ~을 입었다 流れ弾に当たって銃傷を負った.

총생〔叢生〕 名 하自 叢生. 群生. ¶ 초목이 ~하다 草木が叢生する.

총서〔叢書〕 名 叢書. 双書. シリーズ. ¶ 고전 문학 ~ 古典文学叢書.

총선〔總選〕 名 〔'총선거'의 준말〕 総選挙.

총선거〔—擧〕 名 総選挙. ¶ ~를 실시하다 総選挙を実施する.

총설[1]〔總說〕 名 総説.

총설[2]〔叢說〕 名 叢説〈多くの説を集めたもの〉.

총성〔銃聲〕 名 銃声. ¶ 한 발의 ~ 一発の銃声.

총소리〔銃—〕 名 銃声.

총수[1]〔總帥〕 名 総帥. 総大将. ¶ 대재벌의 ~ 大財閥の総帥.

총수[2]〔總數〕 名 総数. ¶ 학생 ~ 学生総数.

총수입〔總收入〕 名 総収入. ¶ 연간 ~ 年間総収入.

총신[1]〔銃身〕 名 銃身. 筒.

총신[2]〔寵臣〕 名 寵臣.

총아〔寵兒〕 名 寵児. ¶ 시대의 ~ 時代の寵児.

총안〔銃眼〕 名 銃眼. ¶ 성벽의 ~ 城壁の銃眼.

총알〔銃—〕 名 弾丸. 鉄砲玉. ¶ ~을 장전하다 弾をこめる / ~이 빗발치듯 날아온다 弾丸が雨あられと飛んでくる.

총애〔寵愛〕 名 하他 **1** 寵愛. ¶ ~를 받다 寵愛を受ける / 사장의 ~가 두텁다 社長の覚えがめでたい. **2** 〔基〕

天主の愛.

총액〔總額〕 名 総額. ¶차입 ～ 借り入れ総額 / 자산 ～ 資産総額.

총열〔銃一〕 名 銃身. ¶～을 닦다 銃身を磨く.

총영사〔總領事〕 名 総領事. ¶～관 総領事館.

총예산〔總豫算〕 名 総予算. ¶～을 편성하다 総予算を編成する.

총원〔總員〕 名 総員. ¶～ 출동하라 全員出動せよ.

총의〔總意〕 名 総意. ¶국민의 ～에 의거하다 国民の総意に基づく. 「ー.

총잡이〔銃一〕 名 ガンマン. ガンファイタ

총장〔總長〕 名 総長. ¶대학 ～ 大学総長 / 사무 ～ 事務総長.

총재〔總裁〕 名 総裁. ¶적십자사 ～ 赤十字社総裁 / 정당의 ～ 政党の総裁.

총점〔總點〕 名 総点. 全体の点数. 総得点.

총중〔叢中〕 名 **1** 多勢の人. **2** 多くのもののまん中. 大勢のまん中.

총지배인〔總支配人〕 名 総支配人. ¶호텔의 ～ ホテルの総支配人.

총지휘〔總指揮〕 名 하他 総指揮.

총질〔銃一〕 名 하自 射撃. 発砲すること.

총채 名 (馬尾毛や布でつくった)はたき. 塵払い.

총체〔總體〕 名 総体. 全体.

총체적〔一的〕 冠名 総体的. ¶문제를 ～으로 파악하다 問題を総体的に把握する.

총총〔悤悤〕 副 하形 忽々. **1** あわただしいようす. いそがしいようす. ¶～한 세월 あわただしい歳月. **2** 手紙の末尾に書いて簡略をわびること. 草々.

총총히[1] 副 あわただしく. ¶～ 사라졌다 あわただしくいなくなった.

총총거리다[-대다] 自 あたふた歩く. せかせかと歩く.

총총걸음 名 急ぎ足. ¶～으로 걷는다 急ぎ足で歩く.

총총하다[1]〔蔥蔥一〕 形 草木の生い茂っているようす. ¶좁은 뜰에 꽃나무가 총총하게 들어서 있다 狭い庭に花樹が青々と茂っている.

총총하다[2]〔叢叢一〕 形 ぎっしり群がって生えているようす. **총총히**[2] 副 ぎっしりと. ¶금화가 ～ 찬 주머니 金貨がぎっしり詰まった袋.

총총하다[3] 形 (星が)きらきら光る. ¶총총한 별 きらきら光る星. **총총히**[3] 副 きらきら(と). ¶무수한 별이 ～ 반짝이고 있다 無数の星がきらきらと輝いている.

총칙〔總則〕 名 総則. ¶민법 ～ 民法総則.

총칭〔總稱〕 名 하他 総称.

총칼〔銃一〕 名 **1** 銃と刀. **2** 武力. ¶～로 위협하다 武力で威嚇する.

총탄〔銃彈〕 名 銃弾. ¶～에 쓰러지다 銃弾にたおれる.

총통〔總統〕 名 하他 総統.

총파업〔總罷業〕 名 하自 総罷業. ゼネラルストライキ.

총판〔總販〕 名 하他 〔'총판매'의 준말〕 一手販売.

총평〔總評〕 名 総評. 全般にわたる批評.

총포〔銃砲〕 名 銃砲. ¶～점 銃砲店.

총할〔總轄〕 名 하他 総轄. ¶영업 부문을 ～하다 営業部門を総轄する.

총합〔總合〕 名 하他 総計.

총화[1]〔銃火〕 名 銃火. ¶～를 받다 銃火を浴びる / ～를 퍼붓다 銃火を浴びせる.

총화[2]〔總和〕 名 **1** 総和. 総計. ¶전체 인구의 ～ 総人口. **2** 全体の和合. ¶국민 ～ 国民全体の和合.

총화[3]〔叢話〕 名 叢話. 種々の話を集めたもの.

총회〔總會〕 名 総会. ¶주주 ～ 株主総会 / ～꾼 総会屋 / 열 시에 ～가 열린다 10時に総会が開かれる.

총획〔總畫〕 名 総画. ¶한자의 ～색인 漢字の総画索引.

촬영〔撮影〕 名 하他 撮影. ¶～소 撮影所 / 영화를 ～하다 映画を撮影する. 「メラ.

촬영기〔一機〕 名 撮影機. ムービーカ

최-〔最〕 接頭 最…. ¶～상급 最上級 / ～전방 最前方.

최강〔最強〕 名 最強. ¶세계 ～을 자랑하다 世界最強を誇る.

최고[1]〔最古〕 名 最古. ¶현존하는 ～의 목조 건축 現存する最古の木造建築.

최고[2]〔最高〕 名 最高. 反 最低. ¶～기록 最高記録 / ～액 最高額 / ～득점 最高得点 / ～의 미술 작품 最高の美術作品 / 이 상품은 ～의 품질이다 この商品は最高の品質だ / ～로 재미나는 영화 最高に面白い映画.

최고가〔一價〕 名 最高価格.

최고봉〔一峯〕 名 最高峰. ¶알프스의 ～ アルプスの最高峰.

최고품〔一品〕 名 最高の品物.

최고 학부〔一學府〕 名 最高学府.

최고형〔一刑〕 名 最高刑. 極刑.

최고[3]〔催告〕 名 하他 催告. ¶～장 催告状.

최고급〔最高級〕 名 最高級. ¶～승용차 最高級の乗用車.

최고도〔最高度〕 名 最高度. 最高の度合いや段階.

최고조〔最高潮〕 名 最高潮. クライマックス. ¶관중의 흥분이 ～에 이르렀다[달했다] 観衆の興奮がクライマックスに達した.

최근〔最近〕 名副 最近. 近ごろ. ¶～의 국제 정세 最近の国際情勢 / ～에 개발된 약 最近開発された薬.

최근세〔最近世〕 名 最近世〈近世と現代の間の時期〉.

최다〔最多〕 名 하形 最多. ¶～ 득점 最多得点.

최단〔最短〕 名 最短. ¶～ 거리 最短距離.

최대〔最大〕 名 最大. 反 最小. ¶～속력 最大速力 / 최댓값 最大値 / ～의 관심사 最大の関心事.

최대 공약수〔一公約數〕 名〔數〕 最大

公約数.

최대 압력〔一壓力〕名 **1** 最大圧力. **2**〔物〕飽和蒸気圧.

최대한〔一限〕名副 最大限. ¶ 속력을 ~으로 내다 速力を最大限に出す / ~ 지원하다 最大限支援する.

최량〔最良〕名 하形 最良. 最善. ¶ ~의 방법 最良の方法.

최량품〔一品〕名 最良の品.

최루〔催淚〕名 催涙. ¶ ~탄 催涙弾 / ~ 가스 催涙ガス.

최면〔催眠〕名 催眠. ¶ ~술 催眠術 / ~ 요법 催眠療法 / ~을 걸다 催眠術をかける.

최면제〔一劑〕名 催眠剤.

최상〔最上〕名 最上. 至上. ¶ ~의 기쁨 最上の喜び / ~의 컨디션 最上のコンディション.

최상급〔一級〕名 最上級.

최상선〔一善〕名〔倫〕最上の善. 最高善.

최상지〔一地〕名〔佛〕最上地.

최상품〔一品〕名 最上品.

최선〔最善〕名 最善. ベスト. ¶ ~의 방법 最善の方法 / ~을 다하다 最善を尽くす.

최선봉〔最先鋒〕名 急先鋒. ¶ 독립 운동의 ~에 서다 独立運動の急先鋒に立つ.

최성기〔最盛期〕名 最盛期. 全盛期. ¶ 경제 발전의 ~ 経済発展の最盛期.

최소[1]〔最小〕名 最小. 反 最大. ¶ ~공배수 最小公倍数 / ~공분모 最小公分母.

최소한〔一限〕名 最小限. ¶ 피해를 ~으로 막다 被害を最小限にくいとめる.

최소한도〔一限度〕名副 ☞최소한

최소[2]〔最少〕名 最少. ¶ ~량 最少量 / ~의 비용 最少の費用.

최신〔最新〕名 最新. ¶ ~식 最新式 / ~ 유행 最新流行 / ~ 기술 最新技術.

최신형〔一型〕名 最新型. ¶ ~ 자동차 最新型自動車.

최심〔最深〕名 하形 最深. ¶ 세계 ~의 해구 世界最深の海溝.

최악〔最惡〕名 하形 最悪. ¶ ~의 사태 最悪の事態 / 결과가 ~이다 結果が最悪だ.

최우수〔最優秀〕名 最優秀. ¶ ~ 선수 最優秀選手 / ~ 작품 最優秀作品.

최음제〔催淫劑〕名〔藥〕催淫剤. 媚薬.

최장〔最長〕名 最長. ¶ ~ 거리 最長距離.

최저〔最低〕名 最低. 反 最高. ¶ ~ 기온 最低気温 / ~를 기록한 경제 성장률 最低を記録した経済成長率.

최저가〔一價〕名 最低価格.

최저 임금제〔一賃金制〕名〔經〕最低賃金制.

최적〔最適〕名 하形 最適. ¶ ~ 온도 最適温度 / ~한 생활 환경 最適な生活環境.

최전방〔最前方〕名 最前方. 最も敵に近い前方. 最前線. ¶ ~의 장병 最前線の将兵.

최전선〔最前線〕名 最前線. **1** 最も前の線. **2**〔軍〕敵と最も近くに接している前線. 第一線.

최종〔最終〕名 最終.

최종심〔一審〕名〔法〕最終審理.

최종적〔一的〕冠名 最終的. ¶ ~인 결정에 따르다 最終的な決定に従う.

최종회〔一回〕名 最終回.

최초〔最初〕名 最初. いちばん初め. ¶ ~의 시도 最初の試み.

최촉〔催促〕名 하他 催促.

최촉장〔一狀〕名 催促状.

최하〔最下〕名 最下. 最低. 最悪. ¶ ~의 성적 最低の成績.

최하급〔一級〕名 最下級.

최하등〔一等〕名 最下等.

최하층〔一層〕名 **1** (建物の)いちばん下の階. ¶ 빌딩의 ~ ビルのいちばん下の階. **2** 最下層. ¶ ~의 사람들 最下層の人々.

최혜국〔最惠國〕名〔法〕最恵国. ¶ ~ 대우 最恵国待遇 / ~ 조항 最恵国条款.

최후〔最後〕名 最後. 最終. ¶ 장렬한 ~를 마쳤다 壮烈な最期を遂げた.

최후 발악〔一發惡〕名 하自 最後のあがき.

최후 수단〔一手段〕名 最後の手段.

최후의 만찬〔一晩餐〕名 最後の晩餐.

최후의 심판〔一審判〕名 最後の審判.

최후통첩〔一通牒〕名 最後通牒. ¶ ~을 보내다 最後通牒を突きつける.

최후미〔最後尾〕名 最後尾. ¶ 행렬[열차]의 ~ 行列[列車]の最後尾.

추[1]〔錘〕名 錘. **1**〔'저울추'의 준말〕重り. **2** 重りのようにひもに垂れ下がったものの総称. **3** 掛け時計の振り子. ¶ 시계 ~ 掛け時計の振り子.

추[2]〔醜〕名 **1** (性格·品行が)汚いこと. **2** (容貌が)醜いこと.

추가〔追加〕名 하他 追加. ¶ ~량 追加量 / ~ 요금 追加料金 / ~ 배당 追加配当 / 조건을 ~하다 条件を追加する.

추가 시험〔一試驗〕名 追試験. 追試.

추가 예산〔一豫算〕名〔經〕追加予算.

추간 연골〔椎間軟骨〕名〔生〕椎間板.

추거〔推擧〕名 하他 **1** 推挙. 推薦. ¶ 회장으로 ~하다 会長に推挙する. **2**〔體〕(重量挙げの)プレス.

추격〔追擊〕名 하他 追撃. 追い討ち. ¶ ~대 追撃隊 / 적을 ~하다 敵を追撃する.

◆**추격을 붙이다** ① 戦術の練習をさせる. ② 仲たがいさせる.

추경[1]〔秋耕〕名 하自他〔農〕秋耕.

추경[2]〔秋景〕名 秋景. 秋の景色.

추계[1]〔秋季〕名 秋季. ¶ ~ 운동회 秋季運動会.

추계[2]〔追啓〕名 하他 追啓. 追伸.

추계[3]〔推計〕名 하他 推計. ¶ 내년도의 수출액을 ~하다 来年度の輸出額を推計する.

추계 인구〔一人口〕名 推計人口.
추계학〔一學〕名 推計学.
추고¹〔追考〕名 하他 追考. 後から以前の物事について考えること.
추고²〔追告〕名 하他 追伸. (手紙·報告文などで)付け添えて告げること.
추고³〔推考〕名 하他 **1** 推考. **2** 役人の罪科を問いただすこと.
추곡〔秋穀〕名 秋に収穫する穀物.
추골〔椎骨〕名〔生〕椎骨.
추광〔秋光〕名 秋光. 秋の景色.
추괴〔醜怪〕名 하形 醜怪. 醜く奇怪なこと.
추구¹〔追求〕名 하他 追求. ¶ 이윤을 ～하다 利潤を追求する.
추구²〔追究〕名 하他 追究. ¶ 진리를 ～하다 真理を追究する.
추구³〔推究〕名 하他 推究. 筋道立てて考えること.
추국〔秋菊〕名 秋の菊. 秋菊.
추궁〔追窮〕名 하他 追及. ¶ 책임을 ～하다 責任を追究する.
추근추근 副 하形〔성질이 끈덕진 모양〕ねちねち(と). しつこく. ¶ ～하게 이야기를 걸다 しつこく話しかける / 여자 뒤를 ～ 쫓아다니다 女の後をしつこく追い回す. **추근추근히** 副 ねちねち(と). しつこく.
추급〔追給〕名 하他 追給. 追加支給.
추기¹〔秋氣〕名 秋気. 秋の気配.
추기²〔秋期〕名 秋期.
추기³〔追記〕名 하他 追記. ¶ ～를 달다 追記を付す.
추기⁴〔樞機〕名 枢機.
추기경〔一卿〕名〔基〕枢機卿.
추기다 他 おだてる. けしかける. ¶ 너무 추기지 마라, 어지럽다 あまりおだてるな, めまいがする / 사람을 추겨 물건을 훔쳐 내게 했다 人をけしかけて物を盗ませた.
추남〔醜男〕名 醜男.
추납〔追納〕名 하他 追納.
추녀¹ 名〔建〕軒. ひさし.
추녀마루 名〔建〕隅棟.
추녀허리 名〔建〕軒の反り上がった部分.
추녀²〔醜女〕名 醜女. 醜い女. ぶす.
추념〔追念〕名 하他 **1** 追念. **2** 追悼.
추다¹ 他 踊る. 舞う. ¶ 탈춤을 ～ 仮面踊りを舞う / 춤을 추며 기뻐하다 小躍りして喜ぶ.
추다² 他 **1** (下にずり落ちないように)せり上げる. **2** おだてる. お世辞を言う.
추단〔推斷〕名 하他 **1** 推断. ¶ ～을 내리다 推断を下す. **2** 罪状を尋問して処断すること.
추담〔醜談〕名 猥談.
추대〔推戴〕名 하他 推戴. ¶ 회장으로 ～되다 会長に推戴される.
추도〔追悼〕名 하他 追悼. ¶ ～문 追悼文 / ～식 追悼式 / 고인을 ～하다 故人を追悼する.
추돌〔追突〕名 하自他 追突. ¶ ～ 사고 追突事故.
추락〔墜落〕名 하自 **1** 墜落. ¶ ～사 墜落死 / 비행기가 골짜기에 ～했다 飛行機が谷間に墜落した. **2** 威信や値打ちが落ちること. 失墜. ¶ 부모의 위신을 ～시키는 짓은 하지 마라 親の顔をつぶすような行ないはするな.
추랭〔秋冷〕名 秋冷.
추량¹〔秋涼〕名 秋涼. 秋の涼しさ.
추량²〔推量〕名 하他 推量. 推し量ること.
추레하다 形 **1** みすぼらしい. 薄汚ない. ¶ 추레한 옷차림 みすぼらしい身なり. **2** 生気がない. しょげている. ¶ 추레한 점은 조금도 없다 しょげたところは少しもない.
추력〔推力〕名〔物〕推力. 推す力.
추렴〔← 出斂〕名 하他 割り勘. 金品を各人が出し合うこと. ¶ 비용을 ～하다 費用を割り勘にする.
추렴새 名 **1** 各自に割り当てられた金品. **2** 割り勘にすること.
추록〔追錄〕名 하他 追録.
추론〔推論〕名 하他 推論. ¶ 사실에 비추어 ～하다 事実に照らして推論する.
추리〔推理〕名 하他 推理. ¶ ～ 소설 推理小説 / 사건의 경위를 ～하다 事件のいきさつを推理する.
추리력〔一力〕名 推理力. 推理する能力.
추리다 他 (多くの物の中から一度にいくつかを)選ぶ. 選択する. ¶ 우수한 사람을 ～ 秀でた人をよりすぐる / 요점을 추려서 설명하다 要点をかいつまんで説明する.
추맥〔秋麥〕名 秋にまく麦.
추명〔醜名〕名 醜名. 悪いうわさ. 悪評.
추모〔追慕〕名 하他 追慕. ¶ 고인을 ～하다 故人を追慕する.
추모회〔一會〕名 追悼会.
추문〔醜聞〕名 醜聞. スキャンダル. ¶ ～이 퍼지다 醜聞が広まる.
추물〔醜物〕名 **1** 醜い物. **2** いやらしい人.
추미〔追尾〕名 하他 追尾. あとをつけて行くこと.
추밀〔樞密〕名 枢密. 枢要な機密.
추방〔追放〕名 하他 追放. ¶ 외교관을 ～하다 外交官を追放する.
추분〔秋分〕名 秋分.
추분점〔一點〕名〔天〕秋分点.
추비〔追肥〕名 하他〔農〕追肥.
추산〔推算〕名 하他 推算. 見積もること.
추상¹〔抽象〕名 하他 抽象. ¶ ～ 명사 抽象名詞 / ～성 抽象性 / ～주의 抽象主義 / ～ 예술 抽象芸術.
추상미〔一美〕名 抽象美.
추상적〔一的〕冠 名 抽象的. ¶ ～ 개념 抽象的概念.
추상화〔一畫〕名〔美〕抽象画.
추상²〔追想〕名 하他 追想. ¶ 젊은 날의 ～ 若き日の追想.
추상³〔推想〕名 하他 推し量ること, またその考え.
추상 화산〔錐狀火山〕名〔地〕錐状火山.
추색〔秋色〕名 秋色. 秋景. ¶ 골짜

기에 ～이 깊어 간다 谷間に秋色が深まる.

추서〔追敍〕 名 하他 追叙. 死後の叙位.

추서다 自 **1** (健康が)回復する. ¶ 어린애를 낳은 이래 몸이 좀처럼 추서지 않는다 子供を産んで以来なかなか体が回復しない. **2** (元気·意気が)もち直す.

추석〔秋夕〕 名〔民俗〕 秋夕(陰暦8月15日の称).

추선〔追善〕 名 하他 追善. 死者の冥福を祈って仏事を営むこと. ¶ ～공양 追善供養.

추설〔追設〕 名 하他 慶事が終わった後にその祝賀会をすること.

추세〔趨勢〕 名 趨勢. 成り行き. 動向. ¶ 여론[시대]의 ～ 世論[時代]の趨勢/～를 따르다 趨勢に従う.

추소〔追訴〕 名 하他 追訴.

추속〔醜俗〕 名 醜くみだらな風俗.

추송¹〔追送〕 名 하他 追送. **1**〔물건 따위를〕すぐ後から送ること. **2**〔떠나는 사람을〕見送ること.

추송²〔追頌〕 名 하他 追頌. 生前の功績を死後にたたえること.

추수〔秋收〕 名 하自他 秋収. 秋の取り入れ. ¶ ～기(期) 秋の収穫時期.

추수 감사절〔一感謝節〕 名〔基〕 感謝祭.

추스르다 他 **1** (前後左右に)揺する. 揺さぶる. ¶ 가마니에 쌀을 담고 ～ かますに米を詰めて揺さぶる. **2** (背負っている子供を)ずり上げる. ¶ 업은 아기를 재우려고 ～ 背負った坊やを寝かせようとしてずり上げる. **3** 体を支えて動かす. ¶ 간신히 몸을 추슬러 밖으로 나갔다 やっと体を起こして外に出た. **4** (事を)うまく取りまとめる. ¶ 궂은일을 추슬러 주는 동네 사람들 嫌なことをうまく取りまとめてくれる村の人達.

추시¹〔追試〕 名 하他 追試. **1** 他人が行なった実験をそのとおりにやって確かめること. **2** 追加試験. 追試験.

추시²〔追諡〕 名 하他 追諡. 死後に諡を贈ること.

추신〔追伸〕 名 하他 追伸.

추심〔推尋〕 名 하他 **1** 引き出すこと. 受け取ること. ¶ 은행에서 돈을 ～하다 銀行から金を引き出す. **2** 取り立て. 徴収. ¶ ～료(料) 取り立て料金.

추심 어음 名 取り立て手形.

추썩거리다[-대다] 他 **1** (背負ったり担いだりした物を)しきりに揺すり上げる. ¶ 등에 업은 아이를 ～ 背負った子供を揺すり上げる. **2** あおり立てる. 駆り立てる. ¶ 시골 처녀들을 추썩거려 공장으로 데려갔다 田舎の娘たちを駆り立てて工場へ連れて行った.

추썩추썩 副 하他 〔(짊어진 것을) 자꾸 추켰다 내렸다 하는 모양〕 ひょいひょい(と). ゆさゆさ(と).

추악하다〔醜惡一〕 形 醜悪だ. ¶ 사회의 추악한 면 社会の醜悪な面/추악한 몰골 醜悪ななり.

추앙〔推仰〕 名 하他 あがめ奉ること. ¶ ～을 받다 あがめられる/신으로 ～하다 神としてあがめ奉る.

추야〔秋夜〕 名 秋夜. 秋の夜.

추어〔鰍魚〕 名〔動〕 どじょう.

추어탕〔一湯〕 名〔料理〕 チュオタン〈どじょう汁〉.

추어올리다 他 **1** 持ち上げる. ¶ 어린애의 겨드랑이를 잡고 높이 ～ 子供のわきの下をもって高々と持ち上げる. **2** おだてる. ¶ 남을 추어올려서 비위를 맞추다 人をおだてて機嫌をとる.

추어주다 他 おだてる. ¶ 부하를 용감하다고 ～ 部下を勇敢だとおだてる.

추억〔追憶〕 名 하他 思い出. 追憶. ¶ ～담 思い出話/～에 잠기다 追憶にふける.

추언〔醜言〕 名 醜い言葉. 汚らわしい言葉.

추옥〔醜屋〕 名 小さくむさくるしい家.

추요〔樞要〕 名 하形 枢要.

추우〔秋雨〕 名 秋雨.

추워지다 自 寒くなる. 冷える. ¶ 추워지기 시작하다 寒くなり始めた.

추워하다 自 寒がる. ¶ 옷을 얇게 입고 추워한다 薄着して寒がる.

추월〔追越〕 名 하他 追い越し. 追い抜き. ¶ ～금지 追い越し禁止.

추위 名 寒さ. ¶ ～를 느끼다 寒さを感じる/～가 풀리다 寒さが和らぐ/매서운 ～ 厳しい寒さ.

◆**추위를 타다** (寒さに敏感で)寒がる. 寒さに弱い.

추이〔推移〕 名 하自 推移. ¶ 시국의 ～에 관심을 갖다 時局の推移に関心を持つ.

추인〔追認〕 名 하他 追認. ¶ 의회에서 ～된 법안 議会で追認された法案.

추잉 검〔chewing gum〕 名 チューインガム.

추잠〔秋蠶〕 名 秋蚕. 秋ご.

추잡스럽다〔醜雜一〕 形 みだらだ. いやらしい. 卑猥だ. ¶ 추잡스러운 이야기 卑猥な話.

추잡하다〔醜雜一〕 形 猥雑だ. 卑猥だ. みだらだ. いかがわしい. いやらしい. ¶ 추잡한 행위 いかがわしい行為.

추장¹〔酋長〕 名 酋長. ¶ 인디언의 ～ インディアンの酋長.

추장²〔推奬〕 名 하他 推奨. ¶ 국산품을 ～하다 国産品を推奨する.

추저분하다〔醜一〕 形 きたならしい. 雑然としている. ¶ 방이 ～ 部屋が散らかっている.

추적〔追跡〕 名 하他 追跡. ¶ 범인을 ～하다 犯人を追跡する.

추접스럽다〔醜一〕 形 汚らしい. けがらわしい. ¶ 성격이 ～ 性格がいやしい/추접스러운 수법을 쓰다 汚い手を使う.

추접지근하다〔醜一〕 形 汚らしい. だらしなく汚らしい.

추젓〔秋一〕 名 秋に漬けた小えびの塩辛.

추정〔推定〕 名 하他 推定. ¶ 범인으로 ～하다 犯人と推定する.

추졸〔醜拙〕 名 하形 醜くつたないこと.

추종〔追從〕 名 하他 **1** 追従. 追随. ¶ ～자 追従者/다수의 의견에 ～하

다 多数意見に追従する / 타의 ~을 불허하다 他の追随を許さない. **2** 追従. 人にこびへつらうこと.

추증〔追贈〕 名 하他 〔史〕国家に功労のあった役人の死後, 高い官位を贈ること.

추지다 形 水気がある. 湿っぽい. 濡れている.

추진〔推進〕 名 하他 推進. ¶ 사업을 ~하다 事業を推進する / 계획을 강력히 ~하다 計画を強力に推進する.

추진력〔一力〕 名 推進力.

추징〔追徴〕 名 하他 追徴. ¶ ~금 追徴金.

추찰〔推察〕 名 하他 推察. 推量. ¶ 범행 동기를 ~하다 犯行の動機を推察する.

추천[1]〔推薦〕 名 하他 推薦. 勧めること. ¶ 안심하고 ~할 수 있다 安心して推薦できる.

추천서〔一書〕 名 推薦状.

추천 작가〔一作家〕 名 推薦作家.

추천장〔一状〕 名 推薦状.

추천[2]〔鞦韆〕 名 鞦韆. ぶらんこ.

추첨〔抽籤〕 名 하自他 抽選. くじ引き. ¶ ~으로 정하다 くじ引きで定める / 응모 엽서를 ~하다 応募はがきを抽選する.

추축〔樞軸〕 名 枢軸. ¶ ~국 枢軸国.

추출〔抽出〕 名 하他 抽出. ¶ 표본을 ~하다 標本を抽出する.

추측〔推測〕 名 하他 推測. 推し測ること. 察すること. ¶ ~이 들어맞다[어긋나다] 推測が当たる[はずれる] / 그녀의 마음을 ~하기가 어렵다 彼女の心を推し測るのは難しい.

추켜들다 他 上に高く上げる. 掲げる. (上に向かって)突き出す. さし上げる. 持ち上げる. ¶ 얼굴을 추켜들고 쳐다보다 顔をぐっと上げて見上げる.

추켜세우다 他 **1** (上に)上げる. つり上げる. ¶ 눈을 부릅뜨고 눈썹을 ~ 目をいからせて眉をつり上げる. **2** おだてる. まつりあげる. ¶ 남을 추켜세우며 비위를 잘 맞춘다 人をおだてて機嫌を取るのがうまい.

추켜올리다 他 **1** ゆすり上げる. ¶ 등에 업은 아이를 ~ おぶった子をひょいっと上げる. **2** おだてる.

추켜잡다 他 持ち上げる. たくし上げる. まくり上げる. ¶ 저고리의 소매를 추켜잡고 차를 따랐다 チョゴリの袖をたくし上げてお茶を注いだ.

추키다 他 **1** 軽く押し上げる. **2** 力強く引っ張り上げる. ¶ 바지를 ~ ズボンを強く引っ張り上げる. **3** (値段を)高くつり上げる. **4** そそのかす. おだてる.

추태〔醜態〕 名 醜態. 醜状. ¶ ~를 부리다 醜態を演じる / ~를 드러내다 醜状をさらけ出す.

추토〔追討〕 名 하他 追討. ¶ 적군을 ~하다 賊軍を追討する.

추파[1]〔秋波〕 名 秋波. **1** 秋のおだやかな波. **2** 色目. 流し目. ウインク. ¶ ~를 던지다 色目を送る. **3** 機嫌を取るためのへつらい. **4** 美人の澄んだ眼差し.

추파[2]〔秋播〕 名 하他 秋に種をまくこと.

추풍〔秋風〕 名 秋風.

추풍낙엽〔一落葉〕 名 **1** 秋風に散る木の葉. **2** 急激に勢力が衰えたり局面が悪い方向に変わること.

추풍선〔一扇〕 名 (秋のうちわという意で)季節はずれの不要な物.

추하다〔醜一〕 形 **1** 不潔で汚い. ¶ 추한 옷차림 薄汚い身なり. **2** 野卑だ. 下品だ. ¶ 추한 마음보 野卑な根性. **3** (顔が)醜い.

추한〔醜漢〕 名 醜漢. 醜男. いやらしい男.

추행〔醜行〕 名 하自 醜行. ¶ 파렴치하기 짝이 없는 ~ 破廉恥極まりない醜行.

추향〔趨向〕 名 하自 趨向. 傾向.

추호〔秋毫〕 名 (주로 '추호도, 추호라도, 추호의'의 꼴로) わずか. いささか. ほんの少し. ¶ 그런 생각은 ~도 없다 そういう考えは微塵もない.

추호불범〔一不犯〕 名 하他 とても清廉でつゆほども他人の物を犯さないこと.

추회〔追懐〕 名 하他 追懐. 追憶. 追想.

추후〔追後〕 副 (주로 '추후, 추후에, 추후로'의 꼴로) 追って. 後ほど. ¶ ~에 연락드리겠습니다 後ほどご連絡申し上げます / 결과는 ~에 서면으로 통지함 結果は追って書面で通知する.

축[1]〔祝〕 名 〔'축문(祝文)'의 준말〕 祝詞. ¶ ~을 올리다 祝詞を上げる.

축[2]〔軸〕 名 軸. 心棒. ¶ 회전~ 回転軸 / 수레바퀴의 ~ 車の軸.

축[3] 依名 部類. 同類. 類. グループ. ¶ 잘 하는 ~에 든다 上出来の部類に入る / 선진국 ~에 끼다 先進国のグループに入る.

축[4] 副 〔아래로 늘어지거나 처진 모양〕 だらっと. だらんと. ¶ 꼬리가 ~ 늘어져 있다 しっぽがだらっと垂れ下がっている / ~ 늘어졌다 へばってしまった.

축가〔祝歌〕 名 祝い歌. ¶ 생일의 ~ 誕生日の祝い歌.

축객[1]〔祝客〕 名 祝いの客.

축객[2]〔逐客〕 名 하自 客を追い返すこと. ¶ 문전 ~하다[당하다] 門前払いする[をくらう].

축구〔蹴球〕 名 〔體〕 サッカー. フットボール. ¶ ~ 선수 サッカーの選手 / 미식 ~ アメリカンフットボール.

> 單語帳 **구기에 관한 말**
>
> 배구(排球) バレーボール / 농구(籠球) バスケットボール / 정구(庭球), 테니스 テニス / 골프 ゴルフ / 탁구 卓球・ピンポン / 하키 ホッケー / 야구 野球 / 럭비 ラグビー / 미식 축구(美式蹴球) アメリカンフットボール / 소프트볼 ソフトボール / 핸드볼 ハンドボール / 수구 水球 / 크리켓 クリケット. ▷야구(野球)·스포츠 單語帳

축귀〔逐鬼〕 名 하自 悪鬼を追い祓うこと.

축나다〔縮—〕 [自] **1** 減る. 足りなくなる. ¶ 비싼 물건을 사는 바람에 돈이 축났다 高い物を買ったばかりにお金が足りなくなった. **2** 衰弱する. やつれる. ¶ 영양 실조로 몸이 축났다 栄養失調で体が衰えた.
축농증〔蓄膿症〕 [名]〔醫〕 蓄膿症.
축대〔築臺〕 [名] 高く築いた土台.
축도¹〔祝禱〕 [名]〔基〕〔'축복 기도(祝福祈禱)'의 준말〕 祝祷.
축도²〔縮圖〕 [名] 縮図. ¶ 인생의 ~ 人生の縮図.
　축도기〔—器〕 [名] 縮図器.
　축도법〔—法〕 [名] 縮図法.
축력〔畜力〕 [名] 畜力〈家畜による労働力〉.
축록〔逐鹿〕 [名] 逐鹿. ¶ ~전 逐鹿戦.
축문〔祝文〕 [名] 祭文. 祝詞.
　축문판〔—板〕 [名] 祝詞を記録した板.
축배〔祝杯〕 [名] 祝杯. ¶ ~를 들다 祝杯を上げる.
축복〔祝福〕 [名][하自他] 祝福. 祝うこと. ¶ 신의 ~이 있기를 빈다 神の祝福があるように祈る / ~을 받다 祝福を受ける / 새 출발을 ~하다 新たな門出を祝う.
축사¹〔畜舍〕 [名] 畜舎.
축사²〔祝辭〕 [名][하自] 祝辞. ¶ 내빈 ~ 来賓の祝辞 / ~를 낭독하다 祝辞を朗読する.
축사³〔逐邪〕 [名][하自] 邪鬼や邪気を追い祓うこと.
축산〔畜産〕 [名] 畜産. ¶ ~물 畜産物 / ~학 畜産学.
　축산업〔—業〕 [名] 畜産業.
축생〔畜生〕 [名] 畜生. **1** 家畜類の総称. **2** 道にもとる行為をする者. **3**〔'축생도'의 준말〕 畜生道.
　축생계〔—界〕 [名]〔佛〕 畜生界.
　축생도〔—道〕 [名]〔佛〕 畜生道.
축성〔築城〕 [名][하自] 築城.
축소〔縮小〕 [名][하自他] 縮小. ¶ ~율 縮小率 / 기구를 ~하다 機構を縮小する / 규모가 ~되다 規模が縮小される.
　축소판〔—版〕 [名] 縮小版.
축쇄〔縮刷〕 [名][하他] 縮刷.
　축쇄판〔—版〕 [名] 縮刷版.
축수¹〔祝手〕 [名][하自他] 両手を合わせて祈ること. ¶ 하루 빨리 회복하시기를 ~합니다 一日も早く回復されることをお祈りします.
축수²〔祝壽〕 [名][하自他] 長寿を祈ること.
축승〔祝勝〕 [名][하自] 祝勝. ¶ ~회 祝勝会.
축시〔丑時〕 [名]〔民俗〕 二十四時の2番目. 午前2時から3時までの間.
축야〔逐夜〕 [名] 毎晩. 夜毎.
축어역〔逐語譯〕 [名][하他] 逐語訳.
축언〔祝言〕 [名][하自] 祝言. 祝い(の言葉).
축연¹〔祝宴〕 [名]〔'축하연(祝賀宴)'의 준말〕 祝宴. ¶ ~을 베풀다 祝宴を張る[開く] / ~에 참석하다 祝宴に列する.
축연²〔祝筵〕 [名] 祝筵. 祝宴の席.
축우〔畜牛〕 [名] 家畜として飼う牛.
축원〔祝願〕 [名][하自他] **1** 願い. 祈り. ¶ ~ 드리다 お祈りする / 그들의 성공을 ~한다 彼らの成功を祈る. **2**〔'축원문(祝願文)'의 준말〕 祈禱文.
　축원문〔—文〕 [名]〔佛〕 願い祈る旨を書いた文章. 祈禱文.
축월〔逐月〕 [名][하自] 逐月. 毎月.
축음기〔蓄音機〕 [名] 蓄音機.
　축음기판〔—板〕 [名] 音盤. レコード.
축의¹〔祝意〕 [名] 祝意. ¶ ~를 전하다[표하다] 祝意を伝える[表する].
축의²〔祝儀〕 [名] 祝儀. 祝いの儀式. ¶ ~금 祝儀. 祝いのお金.
축이다 [他] 湿らせる. 濡らす. 潤す. 湿す. ¶ 천을 ~ 布を湿らせる / 목[입술]을 ~ のど[唇]を潤す.
축일¹〔祝日〕 [名] 祝日. 式日.
축일²〔逐日〕 [名] (1日も抜かさず)毎月.
　축일상종〔—相從〕 [名][하自] 毎日親しくつきあう.
축재〔蓄財〕 [名][하自] 蓄財.
축적〔蓄積〕 [名][하他] 蓄積. ¶ 부의 ~ 富の蓄積 / 경험이 ~되다 経験が蓄積される.
축전¹〔祝典〕 [名] 祝典. フェスティバル. ¶ ~을 거행하다 祝典を挙行する.
축전²〔祝電〕 [名] 祝電. ¶ ~을 보내다 祝電を送る / ~을 치다 祝電を打つ.
축전기〔蓄電器〕 [名]〔物〕 蓄電器.
축전지〔蓄電池〕 [名]〔物〕 バッテリー.
축제¹〔祝祭〕 [名] 祝祭. 祭り. ¶ 창립 기념 ~ 創立記念の祝祭.
　축제일〔—日〕 [名] 祝祭日. 祭日.
축제²〔築堤〕 [名][하自] 築堤. ¶ ~ 공사 築堤工事.
축조¹〔逐條〕 [名][하他] 逐条.
　축조발명〔—發明〕 [名][하他] 一つ一つ罪のないことを弁明すること.
축조²〔築造〕 [名][하他] 築造. ¶ ~물 築造物 / 제방을 ~하다 堤防を築く.
축주〔祝酒〕 [名] 祝い酒.
축지〔縮地〕 [名][하自] 縮地.
　축지법〔—法〕 [名] 縮地〈仙術によって土地を縮め距離を短くすること〉.
축지다〔縮—〕 [自] **1** 人として値打ちが下がる. **2** 病気で弱る. 衰弱する.
축척〔縮尺〕 [名] **1** 反物などが一定の尺数に足りないこと. **2** 縮尺. ¶ ~ 십만 분의 1의 지도 縮尺10万分の1の地図.
축첩〔蓄妾〕 [名][하自] 蓄妾. 妾を囲うこと.
축축 [副]〔아래로 늘어진 모양〕 だらりだらり(と). ぶらりぶらり(と). ¶ ~ 휘늘어진 실버들 だらりと垂れ下がったしだれ柳.
축축하다 [形] じめじめしている. じとじとしている. 湿っぽい. ¶ 벽이 물에 젖어 축축해졌다 壁が水にぬれてじとじとしてきた / 땅이 축축해서 씨 뿌리기에 알맞다 地面が湿っていて種まきにはちょうどいい. **축축히** [副] じめじめと. しっとり. じとじとと. ¶ 잔디가 ~ 젖어 있다 芝生がしっとりと湿っている.
축출〔逐出〕 [名][하他] 放逐. 追い出すこと. ¶ ~을 당하다 追い出される.
축토〔築土〕 [名][하自] (敷地や堤防な

どを築くために)土を盛り上げること.

축포〔祝砲〕名 하他 祝砲. ¶～를 쏘다 祝砲を放つ.

축하〔祝賀〕名 하他 祝賀. 祝い. 祝うこと. ¶생일을 ～합니다 誕生日おめでとうございます / ～ 선물 祝いの贈り物.

축하연〔一宴〕名 祝賀の宴.

축하회〔一會〕名 祝賀会.

축항¹〔逐項〕名 하自 項目を追うこと.

축항²〔築港〕名 하自 築港. ¶～ 공사 築港工事.

축혼〔祝婚〕名 結婚を祝うこと.

춘경¹〔春耕〕名 하他〔農〕春耕.

춘경²〔春景〕名 春景. 春色.

춘계〔春季〕名 春季.

춘곤〔春困〕名 春に感じるけだるさ.

춘광〔春光〕名 春光.

춘궁〔春窮〕名 春窮.

춘궁기〔一期〕名 春窮期. 春の端境期.

춘기¹〔春期〕名 春期.

춘기²〔春氣〕名 春気. 春の気分.

춘기³〔春機〕名 春機. 性欲.

춘당〔春堂〕名 父御.

춘뢰〔春雷〕名 春雷. 春の雷.

춘림〔春霖〕名 春霖. 菜種梅雨.

춘면〔春眠〕名 春眠.

춘몽〔春夢〕名 春夢. ¶일장～ 一場の春夢.

춘부〔椿府〕名〔'춘부장(春府丈)'의 준말〕父御.

춘부대인〔一大人〕名 父御.

춘부장〔一丈〕名〔'남의 아버지'의 존경어〕父御. 尊父. おとうさま.

춘분〔春分〕名 春分.

춘분점〔一點〕名〔天〕春分点.

춘사〔椿事〕名 椿事. 変事. ¶전대미문의 ～ 前代未聞の椿事.

춘삼월〔春三月〕名 (春たけなわの)陰暦の3月.

춘색〔春色〕名 春色. 春の景色. 春景.

춘설〔春雪〕名 春雪.

춘소〔春宵〕名 春宵. ¶～의 일각은 천금의 값어치가 있다 春宵一刻値千金.

춘수〔春水〕名 春水. 春に流れる水.

춘신〔春信〕名 春信. 春の便り.

춘심〔春心〕名 春心. 春の物思い.

춘야〔春夜〕名 春夜. 春宵.

춘약〔春藥〕名 媚薬.

춘양〔春陽〕名 春陽. 春の日ざし.

춘우〔春雨〕名 春雨.

춘월〔春月〕名 春の夜の月.

춘일〔春日〕名 春日. 春の日.

춘잠〔春蠶〕名 春蚕.

춘장〔椿丈〕名〔'춘부장(春府丈)'의 준말〕尊父.

춘절〔春節〕名 春の季節.

춘정〔春情〕名 春情. **1** 男女間の情欲. 色気. **2** 春の情趣.

춘추〔春秋〕名 春秋. **1** 春と秋. ¶～복 合い服. **2**〔'어른의 나이'의 존경어〕お年. ¶아버님 ～가 어떻게 되십니까? お父さんのお年はおいくつですか. **3** 歳月.

춘추 시대〔一時代〕名〔史〕(中国の)春秋時代.

춘추필법〔一筆法〕名 春秋の筆法.

춘파〔春播〕名 하他 春まきの作物. 春に種をまくこと.

춘풍〔春風〕名 春風. 東風.

춘풍추우〔一秋雨〕名 (春風と秋雨の意で)過ぎ去っていく歳月.

춘풍화기〔一和氣〕名 春風駘蕩. 春の日ののどかな天気.

춘하추동〔春夏秋冬〕名 春夏秋冬.

춘한〔春寒〕名 春寒. はるさむ.

춘화¹〔春花〕名 春花. 春の花. ¶～추월 春花秋月.

춘화²〔春畫〕名 春画.

춘화도〔一圖〕名 春画. まくら絵. 笑い絵. ポルノ.

춘흥〔春興〕名 春興. 春の興趣.

출가¹〔出家〕名 하自 **1**〔佛〕(家と縁を切って)出家すること. **2**〔基〕世俗を離れて修道院に入ること.

출가계〔一戒〕名〔佛〕出家の戒〈三戒の一つ〉.

출가구계〔一具戒〕名〔佛〕出家具戒.

출가득도〔一得度〕名〔佛〕出家得度.

출가²〔出嫁〕名 하自 (娘の)嫁入り. 嫁ぐこと. ¶딸을 ～시키다 娘を嫁がせる.

출가외인〔一外人〕名 嫁いだ娘は他人と同様であること.

출가³〔出稼〕名 하自 出稼ぎ.

출간〔出刊〕名 하他 出版.

출감〔出監〕名 하自 出監. 出獄. ¶～자 出監者.

출강〔出講〕名 하自 出講. ¶대학에 ～하다 大学に出講する.

출거〔出去〕名 하自 出で立つこと. 立ち去ること.

출격〔出擊〕名 하自他 出撃. ¶～ 명령 出撃命令.

출결〔出缺〕名 出欠. ¶사원의 ～ 상태 社員の出欠状態.

출경¹〔出京〕名 하自 出京. **1** 都を出て地方へ行くこと. **2** 上京.

출경²〔出境〕名 하自 境界線を越えて他の地方に出て行くこと.

출계〔出系〕名 하自 養子になって跡を継ぐこと.

출고〔出庫〕名 하他 出庫. 蔵出し. ¶～량 出庫量 / ～증 出庫証 / ～가격 出庫価格 / 갓 ～된 술 蔵出しされたばかりの酒.

출관〔出棺〕名 하自 出棺.

출구〔出口〕名 하他 **1** 出口. 出所. 反 入り口. ¶건물의 ～ 建物の出口 / 비상 ～ 非常口. **2** 商品を港の外に送りだすこと.

출국〔出國〕名 하自 出国. ¶～ 허가 出国許可 / ～ 신고 出国申告.

출근〔出勤〕名 하自 出勤. ¶～ 시간 出勤時間 / 아침 9시에 ～한다 朝9時に出勤する.

출근부〔一簿〕名 出勤簿.

출금〔出金〕名 하自他 出金. ¶～액 出金額 / ～ 전표 出金伝票.

출납〔出納〕名 하他 出納. 出し入れすること. ¶～ 검사 出納検査 / ～ 공무원 出納公務員. 出納官吏 / 국고

～ 国庫出納 / ～장 出納帳.
출납계〔一係〕 名 出納係.
출납구〔一口〕 名 出納口.
출납부〔一簿〕 名 出納簿. ¶ 현금 ～ 現金出納簿 / ～에 기입하다 出納簿に記入する.
출동〔出動〕 名 하自 出動. ¶ ～ 명령 出動命令 / 소방차가 ～하다 消防車が出動する.
출두〔出頭〕 名 하自 出頭. ¶ 법정에 ～하다 法廷に出頭する.
출람〔出藍〕 名 하自 〔'청출어람(青出於藍)'의 준말〕 出藍.
출렁거리다[-대다] 自 (大きな器などに入れた液体が) ざぶんざぶんと音を立てる. だぶだぶと揺れる. ¶ 출렁거리는 파도 ざぶんざぶんと音を立てる波.
출렁이다 自 大きく波打つ. ¶ 바람에 출렁이는 물결 風に上下する波.
출렁출렁 副 하自 ざぶんざぶん. だぶだぶ.
출력〔出力〕 名 하自 出力. ¶ ～계 出力計 / ～ 장치 出力装置 / ～ 삼십만 킬로와트 出力30万キロワット / 검색 결과를 ～하다 検索結果を出力する.
출로〔出路〕 名 出路. ¶ 적의 ～를 봉쇄 했다 敵の出路をふさいだ.
출마〔出馬〕 名 하自 出馬. ¶ 국회 의원 선거에 ～하다 国会議員選挙に出馬する.
출몰〔出沒〕 名 하自 出没. ¶ 호랑이가 ～하는 산 とらが出没する山.
출몰귀관〔一鬼關〕 名 하自 **1** 死んだり生きたりすること. **2** 死ぬ目にあうこと.
출몰무쌍〔一無雙〕 名 하自 出没が繁くひっきりないこと.
출문〔出門〕 名 하自 出門. 門の外に出ること.
출발〔出發〕 名 하自他 出発. ¶ ～ 신호 出発信号 / 열차의 ～ 시간 列車の出発時間 / 내일 ～ 예정이다 明日出発の予定だ / ～이 임박해서 그는 왔다 出発間際に彼は来た / 비행기는 예정대로 ～했다 飛行機は予定どおりに出発した. 「ン
출발선〔一線〕 名 出発線. スタートライ
출발점〔一點〕 名 出発点.
출발지〔一地〕 名 出発地.
출번〔出番〕 名 하自 **1** 出番. 当番. ¶ ～을 기다리다 出番を待つ. **2** 日直や当直を終えて帰ること. 明け番.
출범〔出帆〕 名 하自 出帆. 船出. ¶ ～의 기적 船出の汽笛 / 배를 ～시키다 船を出す.
출병〔出兵〕 名 하自 〔軍〕 出兵. ¶ 해외 ～ 海外出兵.
출비〔出費〕 名 하自 出費. ¶ ～가 늘어가다 出費がかさむ.
출사¹〔出仕〕 名 하自 出仕. ¶ 조정에 ～하다 朝廷に出仕する.
출사²〔出師〕 名 하自 出兵. 出師.
출사표〔一表〕 名 出師の表.
출사³〔出寫〕 名 하自 写真屋が出張して写真を撮ること.
출산¹〔出山〕 名 하自 山から降りてくること. 下山.
출산²〔出産〕 名 하他 出産. ¶ ～ 휴가 出産休暇 / 첫～ 初産.
출상〔出喪〕 名 하自 棺の輿が喪家から出ること.
출생〔出生〕 名 하自 出生. 生まれ. ¶ ～ 신고 出生届け / ～ 연월일 生年月日 / 유복한 집안에서 ～하다 裕福な家に生まれる / 서울 ～의 아가씨 ソウル生まれの娘.
출생률〔一率〕 名 出生率.
출생지〔一地〕 名 出生地. 生地.
출생지주의〔一地主義〕 名 〔法〕 出生地主義.
출석〔出席〕 名 하自 出席. 反 欠席 ¶ ～ 일수 出席日数 / 회의에 ～하다 会議に出席する / ～을 부르다[달다] 出席をとる[つける].
출석률〔一率〕 名 出席率.
출석 명령〔一命令〕 名 〔法〕 出席命令.
출석부〔一簿〕 名 出席簿.
출석자〔一者〕 名 出席者.
출선〔出船〕 名 하自 出船. 船出.
출세〔出世〕 名 하自 出世. ¶ 입신 ～ 立身出世 / ～욕 出世欲 / ～할 기회를 놓치다 出世の機会を逃がす.
출세작〔一作〕 名 出世作.
출소〔出所〕 名 하自 **1** 出所. 出獄. **2** 出処.
출수〔出穗〕 名 하自 出穂. ¶ ～기 出穂期.
출시〔出市〕 名 하他 商品を市場に出すこと. ¶ 신제품의 ～를 앞두고 있다 新製品の市場販売を目前に控えている.
출신〔出身〕 名 出身. (…)生まれ. …上がり. ¶ ～교 出身校 / 군인 ～ 軍人出身 / 당신은 어디 ～입니까? あなたはどこの出身ですか.
출아〔出芽〕 名 하自他 出芽. 芽が出ること.
출아법〔一法〕 名 〔生〕 出芽法〈無性生殖の一つ〉.
출어〔出漁〕 名 하自 出漁.
출연¹〔出捐〕 名 하他 出捐. 金品を出して援助すること.
출연²〔出演〕 名 하自 出演. ¶ ～자 出演者 / ～료 出演料 / 첫～하다 初舞台に出る.
출영〔出迎〕 名 하他 出迎え. 出迎えること. ¶ ～객 出迎えの人 / 역으로 ～ 나가다 駅へ出迎えに行く.
출옥〔出獄〕 名 하自 出獄. 出所. ¶ 형기를 마치고 ～하다 刑期を終えて出獄する.
출원〔出願〕 名 하自他 出願. 願い出. ¶ 특허 ～중 特許出願中 / 건축 허가를 ～하다 建築許可を出願する.
출입〔出入〕 名 하自他 **1** 出入り. 出入りすること. ¶ ～증 通門証 / ～ 금지 구역 立ち入り禁止区域. **2** ちょっとそこまで出かけること. 外出.
출입구〔一口〕 名 出入り口. 戸口. ¶ 세관의 ～ 税関の出入り口 / ～를 막다 出入り口をふさぐ.
· **출입국 관리**〔一國管理〕 名 出入国管理. ¶ ～국 出入国管理局.

출입금〔一金〕 名 出金と入金.
출입문〔一門〕 名 通用門.
출자〔出資〕 名 하自 出資. ¶ 기업에 ~하다 企業に出資する.
출자금〔一金〕 名 出資金.
출장¹〔出張〕 名 하自 出張. ¶ ~비 出張費 / 지방으로 ~ 가다 地方へ出張する.
출장소〔一所〕 名 出張所. 出先機関.
출장²〔出場〕 名 하自 出場. ¶ 결승전에 ~하다 決勝戦に出場する / ~ 정지 처분 出場停止処分.
출전¹〔出典〕 名 出典. ¶ 낱낱이 ~을 밝혀 고증하다 ひとつひとつ出典を明らかにして考証する.
출전²〔出戰〕 名 하自 **1** 競技に出ること. 出場. ¶ 마라톤 대회에 ~했다 マラソン大会に出場した. **2** 出戦.
출정¹〔出廷〕 名 하自 出廷. ¶ 피고의 ~ 被告の出廷.
출정²〔出征〕 名 하自 出征. ¶ 전장으로 ~하다 戦場へ出征する.
출제〔出題〕 名 하自 出題. ¶ 문제를 ~하다 問題を出題する.
출중나다 形 きわだって優れている. とびぬけている. ¶ 출중난 물건 とびきりの品物.
출중하다〔出衆一〕 形 出色だ. ぬきんでる. きわだって秀でている. ¶ 출중한 성적 ずば抜けた成績 / 용모가 ~ 容貌がきわだっている.
출진〔出陣〕 名 하自 出陣. ¶ 전선으로 ~하다 前線に出陣する.
출찰〔出札〕 名 하自 出札. ¶ ~구 出札窓口.
출처〔出處〕 名 出所·出処. **1** 世に出ることと退いて家に居ること. **2** (物事の)出所. ¶ 기사의 ~를 밝히다 記事の出処を明らかにする / ~ 불명의 소문 出所不明のうわさ.
출초〔出超〕 名 하自 〔經〕 〔'수출 초과(輸出超過)'의 준말〕 出超.
출출하다 形 かなり空腹だ. ¶ 종일 굶었더니 속이 ~ 一日中食事をしなかったので腹がぺこぺこだ. **출출히** 副 ひもじく.
출타〔出他〕 名 하自 外出. ¶ ~중 外出中 / 아버지는 지금 ~하고 안 계십니다 父はいま外出して留守です.
출토〔出土〕 名 하自他 出土. ¶ ~품 出土品 / 고분에서 유물이 ~되었다 古墳で遺物が出土した.
출판〔出版〕 名 하他 出版. ¶ ~ 계약을 맺다 出版契約を結ぶ / 단행본을 ~하다 単行本を出版する.
출판권〔一權〕 名 〔法〕 出版権. 版権. ¶ ~의 침해 出版権の侵害.
출판물〔一物〕 名 出版物.
출판사〔一社〕 名 出版社.
출품〔出品〕 名 하自他 出品. ¶ 품평회에 ~하다 品評会に出品する.
출하〔出荷〕 名 하自他 出荷. ¶ ~량 出荷量 / 사과를 ~하다 りんごを出荷する.
출항¹〔出航〕 名 하自 出航. ¶ 안개 때문에 ~이 늦어졌다 霧のため出航が遅れた.
출항²〔出港〕 名 하自 出港. ¶ ~ 절차 出港手続き.
출항세〔一税〕 名 出港税.
출현〔出現〕 名 하自 出現. ¶ 적기의 ~ 敵機の出現.
출혈〔出血〕 名 하自 出血. **1** 血が出ること. ¶ 내~ 内出血 / ~이 멎다 出血が止まる. **2** 犠牲. 損害. ¶ ~ 판매 出血販売.
출혈 수출〔一輸出〕 名 하他 出血輸出.
출화〔出火〕 名 하自 出火. ¶ ~의 원인 出火の原因.
출회〔出廻〕 名 하自 (品物が市場に)出回ること. 供給.
춤¹ 名 踊り. 舞踊. 舞. ダンス. ¶ 어깨 ~ 興に乗って肩を上下させる踊り / ~을 잘 춘다 踊りが上手だ.
춤² 名 物の高さや丈.
춤³ 名 〔'허리춤'의 준말〕 パジ(바지)などの腰の部分と皮膚のすきま.
춤⁴ 依名 (細長い物の一握りの分量)把. 握り. ¶ 미역 한 ~ わかめ1把 / 짚 한 ~ わら1束.
춤추다 自 **1** 踊る. 舞う. ¶ 무대에서 춤추는 소녀 舞台で踊る少女. **2** (喜んで)躍り上がる. 小躍りする. ¶ 춤추며 좋아하다 小躍りしながら喜ぶ. **3** (人の言うがままに)躍る. 操られる. ▷춤¹
춥다 形 寒い. 反 暑い ¶ 추운 날씨 寒い天気 / 지난 겨울은 몹시 추웠다 昨年の冬は大変寒かった / 추워서 벌벌 떨다 寒くてぶるぶる震える.
충〔蟲〕 名 **1** 虫. **2** 〔'회충(回蟲)'의 준말〕 回虫.
충간〔忠諫〕 名 하他 忠諫. 忠誠心からの諫め.
충격〔衝擊〕 名 衝撃. ショック. ¶ ~요법 衝撃療法. ショック療法 / 강한 ~을 받다 強い衝撃を受ける / 큰 ~을 주다 大きな衝撃を与える.
충격적〔一的〕 冠名 衝撃的. ¶ ~인 뉴스 衝撃的なニュース.
충격파〔一波〕 名 〔物〕 衝撃波.
충견〔忠犬〕 名 忠犬.
충고〔忠告〕 名 하自他 忠告. 忠言. ¶ ~를 받아들이다 忠告を受け入れる / 아무리 ~해도 소용없었다 いくら忠告しても無駄だった.
충군〔忠君〕 名 하自 忠君. ¶ ~ 애국 忠君愛国.
충근하다〔忠勤一〕 形 忠勤だ. 忠実につとめる.
충당〔充當〕 名 하他 充当. 当てること. ¶ 보너스로 자동차 할부금을 ~하다 ボーナスを自動車のローンに当てる.
충돌〔衝突〕 名 하自 衝突. ぶつかること. ¶ 의견의 ~ 意見の衝突 / 버스와 트럭의 정면 ~ バスとトラックの正面衝突 / 배가 바위에 ~하다 船が岩にぶつかる.
충동〔衝動〕 名 하他 **1** 衝動. ¶ ~에 이끌리다[사로잡히다] 衝動にかられる / ~을 억제하다 衝動を抑える. **2** 教唆. そそのかすこと. けしかけること. あおること. ¶ 이 사건은 누군가가 ~질하고 있다 この事件は誰かが教唆している.

충동구매〔一購買〕名 衝動買い.
충동적〔一的〕冠名 衝動的. ¶ ～인 범행 衝動的な犯行.
충동질 名 하他 そそのかすこと. 誘惑すること.
충량〔忠良〕名 하形 忠良. 忠実で善良なこと.
충렬〔忠烈〕名 하形 忠烈.
충렬사〔一祠〕名 忠烈祠. 忠臣·烈士の祭祀を行なう祠.
충령〔忠靈〕名 忠霊. 英霊. ¶ ～탑 忠霊塔.
충만하다〔充滿一〕形 充満する. 満ちあふれる. 満ち足りている. ¶ 환희에 충만한 얼굴 歓喜に満ちた顔.
충매화〔蟲媒花〕名〔植〕虫媒花.
충복〔忠僕〕名 忠僕.
충분하다〔充分一〕形 十分だ. 足りる. ¶ 혼자 살기에는 충분한 크기의 집 一人暮らしには十分な広さの家 / 이 정도면 여비는 ～ このくらいなら旅費は十分だ. **충분히** 副 十分に. たっぷり. ¶ ～ 알 수 있도록 설명하여라 十分分かるように説明せよ / 한 말은 ～ 되겠다 1斗はたっぷりある.
충성〔忠誠〕名 하自 忠誠. 誠忠. 忠誠をつくすこと. ¶ ～을 맹세하다 忠誠を誓う / ～을 다하다 忠誠を尽くす.
충성스럽다 形 忠義である. ¶ 충성스러운 종 忠義者の僕.
충수[1]〔充數〕名 하他 定数を満たすこと.
충수꾼 名 頭数だけの人.
충수[2]〔蟲垂〕名〔生〕虫垂. 虫様突起. ¶ ～염 虫垂炎.
충신[1]〔忠臣〕名 忠臣. ¶ ～은 불사 이군 忠臣は二君に仕えず.
충신[2]〔忠信〕名 忠信. 忠実と信義.
충실〔充實〕名 하形 充実. **1** (主として子供が)元気で健康だ. ¶ 자녀들은 ～합니까? 子供さんたちはお元気ですか. **2** (設備などが)十分に備わっていること. ¶ 설비가 ～하다 設備が充実している / 내용이 ～한 책 内容が充実している本. **충실히**[1] 副 充実に.
충실하다〔忠實一〕形 忠実だ. ¶ 자기 임무에 ～ 自分の任務に忠実だ. **충실히**[2] 副 忠実に. ¶ 약속을 ～ 이행하다 約束を忠実に履行する.
충심〔衷心〕名 衷心. 真心. ¶ ～으로 감사하다 衷心から感謝する.
충액〔充額〕名 하自 一定額を満たすこと.
충양돌기〔蟲樣突起〕名〔生〕虫様突起. 虫垂.
충언〔忠言〕名 하自他 忠言. 忠告. ¶ 신하의 ～에 따르다 臣下の忠言に従う.
충언역이〔一逆耳〕名 忠言は耳に逆らうこと.「と.
충용[1]〔充用〕名 하他 充用. 当てること.
충용[2]〔忠勇〕名 하形 忠勇. ¶ ～ 무쌍한 용사 忠勇無双の勇士.
충원〔充員〕名 하自 充員. 人員の補充. ¶ ～ 소집 充員の召集.
충의〔忠義〕名 忠義.
충이다 他 (かますや袋などを穀物がより多くすき間なく入るように)揺する. 揺さぶる. ¶ 쌀가마니를 ～ 米のかますを揺する.
충일〔充溢〕名 하自 充溢.
충재〔蟲災〕名 虫害.
충적[1]〔充積〕名 하他 積み重なること.
충적[2]〔沖積〕名 하自 沖積. ¶ ～ 평야 沖積平野.
충적세〔一世〕名〔地〕沖積世.
충적층〔一層〕名〔地〕沖積層.
충적토〔一土〕名〔地〕沖積土.
충전[1]〔充電〕名 하自〔電〕充電. ¶ 전기 면도기에 ～하다 電気かみそりに充電する.
충전기〔一器〕名〔物〕充電器.
충전[2]〔充塡〕名 하他 充填. 詰めること. ¶ 충치를 ～하다 虫歯に詰めものをする / 발파 구멍에 화약을 ～하다 発破孔に火薬を充填する.
충전제〔一劑〕名 充填剤.
충절〔忠節〕名 忠節. ¶ ～을 지키다 忠節を尽くす.
충정〔衷情〕名 衷情. 真情. 真心. ¶ 애국의 ～ 愛国の衷情 / ～을 토로하다 真情を打ち明ける.
충정하다〔忠貞一〕形 忠誠で節操のある.
충족〔充足〕名 하他 充足. 十分に満たすこと. 満ち足りること. ¶ 조건의 ～ 条件を満たすこと / 기대를 ～시키다 期待を充足させる / ～한 생활을 영위하다 満ち足りた生活を営む.
충족감〔一感〕名 充足感.
충족률〔一律〕名〔論〕充足律.
충족 이유율〔一理由律〕名〔論〕充足理由律. 充足律. 充足理由の原理.
충직하다〔忠直一〕形 素直だ. 誠実だ. ¶ 충직한 사람 忠実な人. **충직히** 副 忠実に. ¶ ～ 일을 하다 忠実に仕事をする.
충천〔衝天〕名 하自 衝天. 天を突くこと. ¶ 의기 ～하다 意気天を突く.
충충하다 形 (水·色が)さえない. くすんでいる. どんよりしている. ¶ 충충한 하늘 どんよりした空 / 방이 ～ 部屋が薄暗い. **충충히** 副 どんよりと. くすんで.
충치〔蟲齒〕名〔醫〕虫歯. ¶ ～를 뽑다 虫歯を抜く / ～가 쑤신다 虫歯がうずく.
충해〔蟲害〕名 虫害. 食害. ¶ 농작물에 ～가 많았다 農作物に虫害が多かった.
충혈〔充血〕名 하自〔醫〕充血. ¶ 충혈된 눈 充血した目.
충혼〔忠魂〕名 忠魂. ¶ 순국의 ～을 위로하다 殉国の忠魂を慰める.
충혼비〔一碑〕名 忠魂碑.
충혼탑〔一塔〕名 忠魂塔.
충효〔忠孝〕名 忠孝. ¶ ～ 겸전 忠孝双全. 忠孝両全.
췌론〔贅論〕名 贅論. 無駄な議論.
췌액〔膵液〕名〔生〕膵液.
췌언〔贅言〕名 하自 贅言. ¶ ～을 요하지 않는다 贅言を要しない.
췌장〔膵臟〕名〔生〕膵臓.
취 名 곰취(おたからこう)·참취(しらやまぎく)など취がつく山菜の総称.
취객〔醉客〕名 酔客. 酔っ払い. ¶

비틀거리는 ～ 千鳥足の酔客.
취관〔吹管〕 名 吹管〈実験用の金属製の管〉. ¶ ～염 吹管焰.
취광〔酔狂〕 名 悪酔いして正気を失い暴れること, またその人. 虎.
취급〔取扱〕 名 하他 (物の)取り扱い. (人の)扱い. ¶ 화약 ～ 火薬取り扱い / ～ 주의 取り扱い注意 / 어린애 ～하지 마라 子供扱いするな / 사람을 죄인 ～하다 人を罪人扱いする.
취기[1]〔臭氣〕 名 臭気. 悪臭. ¶ ～가 코를 찌르다 臭気が鼻を突く.
취기[2]〔醉氣〕 名 酔い. 酒気. ¶ ～가 돌다 酔いが回る.
취담〔醉談〕 名 하自 酒の席でのとりとめのないたわごと.
〔속담〕 **취담 중에 진담 있다** 酔って吐く言葉の中に真の言葉がある.
취득〔取得〕 名 하他 取得. ¶ 면허를 ～하다 免許を取得する.
취득세〔一稅〕 名 〔'부동산 취득세(不動産取得税)'의 준말〕 取得税.
취락〔聚落〕 名 集落.
취렴〔聚斂〕 名 하他 人民の財物を過酷に取り立てること.
취로〔就勞〕 名 하自 就労.
취로사업〔一事業〕 名 失業者や細民のために起こす各種の公共事業.
취면[1]〔就眠〕 名 하自 就眠. 就寝. ¶ ～ 시간 就寝時間.
취면[2]〔醉眠〕 名 하自 酔っ払って眠ること.
취명〔吹鳴〕 名 하他 吹鳴. 吹きたらすこと.
취몽〔醉夢〕 名 酔夢. 酔って見る夢.
취미〔趣味〕 名 **1** 趣味. ¶ 내 ～는 독서다 僕の趣味は読書だ. **2** 興味. 関心. ¶ 그림에 ～를 붙이다 絵に興味を覚える / 일 이외에는 아무런 ～가 없다 仕事以外には何の関心もない. **3** 好み. 嗜好. ¶ 이 무늬는 내 ～에 맞지 않는다 この柄は僕の好みに合わない.

單語帳 취미에 관한 말

낚시 釣り / 댄스 ダンス / 등산 登山 / 볼링 ボーリング / 조깅 ジョギング / 윈드 서핑 ウインドサーフィン / 스케이트 スケート / 행글라이더 ハンググライダー / 바둑 囲碁 / 장기 将棋 / 독서 読書 / 음악[영화] 감상 音楽[映画]鑑賞 / 우표 모으기 切手収集 / 여행 旅行 / 요리 料理 / 뜨개질 編み物 / 꽃꽂이 生け花 / 다도 茶道 / 드라이브 ドライブ / 카메라 カメラ / 사이클링 サイクリング / 노래 歌 / 무취미 無趣味. ▷스포츠·축구(蹴球)·야구(野球) 單語帳

취반〔炊飯〕 名 하自 炊飯.
취백〔就白〕 名 目上の人への手紙であいさつの後, 「申し上げますが」の意で本文の書き出しに使う語.
취보〔醉步〕 名 酔歩. 千鳥足.
취사[1]〔炊事〕 名 하自 炊事. ¶ ～ 도구 炊事道具.
취사반〔一班〕 名 (軍隊などの)炊事を担当する班. 炊事班.
취사병〔一兵〕 名〔軍〕炊事兵.
취사[2]〔取捨〕 名 하他 取捨. ¶ ～ 선택 取捨選択.
취산〔聚散〕 名 하自 聚散. 集散.
취색〔取色〕 名 하他 (古い家具などを)磨いて艶を出すこと.
취생몽사〔醉生夢死〕 名 하自 酔生夢死.
취소〔取消〕 名 하他 取り消し. 解消すること. 取りやめること. 中止すること. ¶ 매매 계약의 ～ 売買契約の取り消し / 그 모임은 ～되었다 その集まりは中止された.
취송〔翠松〕 名 翠松. 緑の松.
취수〔取水〕 名 하自 取水. 水を河川などから取り入れること. ¶ ～구 取水口 / ～탑 取水塔.
취식〔取食〕 名 하自 **1** 食事を取ること. **2** ずうずうしく食事にありつくこと. ¶ 무전 ～ 無銭飲食. ただ食い. 食い逃げ.
취식객〔一客〕 名 ずうずうしく食事にありつく人.
취식지계〔一之計〕 名 かろうじて食っていけるだけの暮らし立て.
취안[1]〔醉眼〕 名 酔眼. ¶ ～ 몽롱 酔眼朦朧.
취안[2]〔醉顔〕 名 酔顔. 酒に酔った顔.
취약〔脆弱〕 名 하形 脆弱. 弱いこと. ¶ ～한 구조 脆弱な構造 / ～한 지질 脆弱な地質.
취업〔就業〕 名 하自 就業. 就職. ¶ ～ 인구 就業人口 / ～률 就業率.
취역〔就役〕 名 하自 就役. 任務に就くこと.
취연〔炊煙〕 名 炊煙. 炊事の煙.
취옥〔翠玉〕 名 翠玉. **1** エメラルド. **2** 〔'비취옥(翡翠玉)'의 준말〕 翡翠の玉.
취옹〔醉翁〕 名 酔翁. 酒に酔った老人.
취와〔醉臥〕 名 하自 酔臥. 酔いつぶれること.
취우〔驟雨〕 名 驟雨. にわか雨. 村雨.
취음[1]〔取音〕 名 하他 当て字. 借字.
취음[2]〔醉吟〕 名 하自 酔吟. 酔って詩歌を吟ずること.
취의〔趣意〕 名 趣意. ¶ 설립의 ～ 設立の趣意.
취임〔就任〕 名 하自 就任. ¶ 위원장으로 ～하다 委員長に就任する / ～ 인사 就任のあいさつ.
취임사〔一辭〕 名 就任の辞.
취임식〔一式〕 名 就任式.
취입〔吹入〕 名 하他 吹き込み. ¶ 신곡을 ～하다 新曲を吹き込む.
취재〔取材〕 名 하自他 取材. ¶ ～ 기자 取材記者 / 특종 기사를 ～하다 特種記事を取材する.
취재원〔一源〕 名 取材源.
취적〔就籍〕 名 하自 就籍. 戸籍を取得すること.
취조〔取調〕 名 하他 取り調べること. ¶ 형사 사건으로 ～되다 刑事事件で取

り調べられる.
취주〔吹奏〕 名 하他 吹奏. ¶ ～악 吹奏楽 / ～ 악기 吹奏楽器 / ～ 악단 吹奏楽団.
취죽〔翠竹〕 名 翠竹. 青い竹.
취중〔醉中〕 名 酒に酔っている間. ¶ ～ 실언 酒に酔っている間の失言.
〔속담〕 **취중에 진담 나온다** 酔っ払っているときに本音が出る.
취지〔趣旨〕 名 趣旨. 趣意. ¶ 설립의 ～ 設立の趣旨 / 당초의 ～에 어긋나다 当初の趣旨に反する.
취직〔就職〕 名 하自 就職. ¶ ～난 就職難 / ～ 자리 就職口 / 회사에 ～하다 会社に就職する.
취처〔娶妻〕 名 하自 妻を娶ること. 嫁取り.
취침〔就寢〕 名 하自 就寝.
취태〔醉態〕 名 酔態. ¶ 흉한 ～를 부리다 醜い酔態をさらす.
취택〔取擇〕 名 하他 選択.
취하〔取下〕 名 하他 取り下げ. 願い下げ. ¶ 신청을 ～하다 申請を取り下げる.
취하다[1]〔醉―〕 自 **1** 酔う. 酔いが回る. ¶ 술에 ～ 酒に酔う / 아무리 취해도 정신은 잃지 않는다 いくら酔っても酔いつぶれない. **2** (物事に)酔いしれる. 夢中になる. 陶酔する. ¶ 승리의 기쁨에 ～ 勝利の喜びに酔いしれる.
취하다[2]〔取―〕 他 とる. **1** 〔섭취하다〕 摂取する. ¶ 충분한 휴식과 수면을 ～ 十分な休息と睡眠を取る. **2** 〔선택하다〕 選択する. 選ぶ. ¶ 굴욕보다 죽음을 ～ 屈辱より死を選ぶ. **3** 構える. ¶ 엄한 태도를 ～ 厳しい態度をとる. **4** 講ずる. ¶ 응급 처치를 ～ 応急処置を施す. **5** 〔꾸거나 빌리다〕 金品を借りる. ¶ 돈을 ～ 金を借りる.
취하다[3]〔娶―〕 他 娶る. 嫁を迎える.
취학〔就學〕 名 하自 就学. ¶ ～률 就学率 / ～ 아동 就学児童 / ～ 연령 就学年齢.
취한[1]〔取汗〕 名 하自 〔韓方〕 (病気を治すための)発汗. ¶ ～제 発汗剤.
취한[2]〔醉漢〕 名 酔漢. 酔っ払い. 酔いどれ.
취합〔聚合〕 名 하自他 集合. 聚合.
취항〔就航〕 名 하自 就航. ¶ 국제선에 ～하다 国際線に就航する.
취향〔趣向〕 名 趣向. 趣き. ¶ ～을 바꾸다 趣向を変える / ～에 맞추다 趣向に合わせる.
취흥〔醉興〕 名 酔興. 酒興.
측〔側〕 Ⅰ 依名 …の側. …方. ¶ 노동자 ～에 서다 労働者側に立つ.
Ⅱ 接尾 …側. ¶ 정부～ 政府側 / 학교～ 学校側.
측근〔側近〕 名 側近. ¶ 수상의 ～ 首相の側近.
측도〔測度〕 名 하他 測度.
측량〔測量〕 名 하他 **1** 測量. ¶ 토지～ 土地測量 / 수심을 ～하다 水深を測量する. **2** 推しはかること. ¶ 속마음을 ～할 수 없다 本心が推し量れない.
측량기〔―器〕 名 測量器.
측량도〔―圖〕 名 測量図.
측량사〔―士〕 名 測量士.
측량선〔―船〕 名 測量船.
측면〔側面〕 名 側面. ¶ 건물의 ～ 建物の側面 / 적을 ～에서 공격하다 敵を側面から攻撃する.
측면도〔―圖〕 名 側面図.
측문[1]〔仄聞〕 名 하他 仄聞. 漏れ聞くこと. 小耳にはさむこと. ¶ ～하는 바에 의하면 小耳にはさんだところでは.
측문[2]〔側門〕 名 側門. わきの門.
측문[3]〔側聞〕 名 하他 側聞. そばにいて聞くこと.
측백나무〔側柏―〕 名 〔植〕 児手柏.
측선〔側線〕 名 側線. **1** (鉄道の)側線. **2** わきの線. **3** (サッカー・ラグビーの)タッチライン. **4** 〔動〕 側線.
측실〔側室〕 名 **1** わき部屋. **2** 妾. 側室. **3** 非嫡子.
측심〔測深〕 名 하自他 測深.
측심연〔―鉛〕 名 測鉛.
측심의〔―儀〕 名 測深儀〈超音波を利用して水深を測る機械〉.
측연하다〔惻然―〕 形 惻然だ. かわいそうに思う. **측연히** 副 かわいそうに.
측연〔測鉛〕 名 測鉛.
측우기〔測雨器〕 名 **1** 雨量計. **2** 〔史〕 朝鮮の第4代王, 世宗24年(1442)に制定・設置された雨量計.
측은지심〔惻隱之心〕 名 惻隠の情.
측은하다〔惻隱―〕 形 哀れだ. いたましい. ふびんに思う. ¶ 측은한 생각이 들다 哀れな感じがする / 측은한 마음 금할 길이 없다 惻隠の情禁じがたい.
측은히 副 ふびんに. 哀れに. ¶ ～ 여기다 かわいそうに思う.
측점〔測點〕 名 測点. 測量の基準となる点.
측정〔測定〕 名 하他 測定. ¶ ～기 測定器 / ～값 測定値 / 거리를 ～하다 距離を測定する.
측지〔測地〕 名 하自他 測地. 土地を測定すること.
측지선〔―線〕 名 〔數〕 測地線.
측후소〔測候所〕 名 測候所.
츱츱하다 形 (お金などに)汚い. ずうずうしい. あつかましい. ¶ 돈에 ～ 金に汚い.
층〔層〕 Ⅰ 名 **1** 重ね. 層. ¶ 이탄의 ～ 泥炭の層. **2** 〔계층〕 階層. ¶ 학생～의 지지를 받고 있다 学生層の支持を受けている. **3** (建物の)階. ¶ 편집실은 맨 위～에 있다 編集室はいちばん上の階にある. **4** 〔등급〕 (物の)等級. 差等. 違い. ¶ 쌀값은 ～에 따라서 다르다 米の値段は等級によって異なる.
Ⅱ 依名 重. 層. 階. ¶ 5～ 탑 五重の塔 / 2～에 사무실이 있다 2階に事務室がある.
층나다 自 **1** (物の)等差が生じる. ¶ 연령이 ～ 年齢が違う. **2** (物の高さが)でこぼこになる. ¶ 머리를 층나게 깎다 頭をとら刈りにする. **3** (物の質が)一段と優れている.
층지다 自 ☞층나다

층계〔層階〕 名 階段.
층계참〔—站〕 名 (階段の)踊り場.
층대〔層臺〕 名 〔'층층대(層層—)'의 준말〕 階段.
층루〔層樓〕 名 楼閣. 高楼.
층상〔層狀〕 名 層状. ¶ ～암 層状岩.
층상 화산〔—火山〕 名 〔地〕 層状火山. 成層火山.
층수〔層數〕 名 (建物の)階数.
층암절벽〔層巖絶壁〕 名 険しい岩が積み重なった絶壁.
층운〔層雲〕 名 層雲.
층적운〔層積雲〕 名 〔天〕 層積雲. うね雲.
층층〔層層〕 名 層々. 幾重にも重なっているさま. ¶ 책을 ～으로 쌓아 올리다 本を幾層にも積み上げる.
층층다리 名 階段. ¶ 돌로 된 ～ 石段.
층층대〔—臺〕 名 階段.
층층시하〔—侍下〕 名 父母·祖母など世話すべき人が元気でいること.
층층이 副 **1** 層ごとに. 階ごとに. ¶ 호텔이 ～ 만원이다 ホテルがどの階も満室だ. **2** 幾層にも. 幾重にも.
층하〔層下〕 名 하他 一段低く見ること. 分け隔てすること.
◆**층하를 두다** 人を差別する. ¶ ～를 두고 사람을 대하다 分け隔てして人を扱う.
치¹〔齒〕 名 歯.
◆**치가 떨리다** (怒りやくやしさで)歯ぎしりする. 身を震わせる. ¶ 그 생각만 해도 ～가 떨린다 そのことを考えただけでくやしくて身震いがする.
◆**치를 떨다** ① けちで出し惜しみする. ② (怒りや悔しさで)歯ぎしりする. ¶ 분노에 ～를 떨다 怒って歯ぎしりをする.
치² 依名 〔길이의 단위〕 寸. ¶ 한 ～ 1寸.
치³ 依名 **1** 〔사람을 얕잡아 이르는 말〕 やつ. ¶ 젊은 ～들이 질탕하게 놀고 있다 若いやつらがどんちゃん騒ぎをしている. **2** 〔몫·분량〕 割り当て. 分量. ¶ 석달 ～ 3か月分 / 내일 ～ あしたの分. **3** 〔물건·대상〕 分. 物. ¶ 어디 ～ 가 좋다고 합디까? どこの物がいいと言ってましたか / 서양 ～ 西洋もの. **4** ('절기'에 붙어) その時分には天気が荒れることを表わす語. ¶ 입춘 ～ 立春のころに天気が荒れること.
치-⁴ 接頭 (동사에 붙어) 上にあがる. 上の方に向かっての意を表わす. ¶ ～솟다 噴き上げる / ～받다 突き上げる.
-치⁵〔値〕 **Ⅰ** 名〔數〕 値·あたい. **Ⅱ** 接尾 〔'수'나 '값'을 나타냄〕 …値. ¶ 최고～ 最高値 / 평균～ 平均値.
치감다 他 巻き上げる.
◆**치감고 내리감는다** (絹の服を身につけて)上に巻き下に巻く〈女性が美しく装うこと. ぜいたくに暮らすこと〉.
치고 助 **1** (부정을 뜻하는 말과 함께 쓰여) 〔예외없이〕 …はすべて. …のうち一つとして. …として. …で. ¶ 그의 작품～ 실패작이 없다 彼の作品はどれひとつとして失敗作がない / 대학생～ 그걸 아는 사람은 드물다 大学生でそれを知っている人はまれだ. **2** 〔예외적으로〕 …にしては. …のわりに. ¶ 싸구려 시계～ 정확하다 安物の時計にしては正確だ.
치고는 助 〔'치고 2'의 강조형〕 …にしては. ¶ 교수～ 상상도 못할 추태였지 教授としては想像もできないほどの醜態だったよ / 삼류 여인숙～ 괜찮은 편이다 三流木賃宿にしてはましなほうだ.
치고서 助 〔'치고 1'의 강조형〕 …のうち一つとして. …で. ¶ 학생～ 그것 모르는 사람은 없다 学生でそれを知らない人はいない.
치골¹〔恥骨〕 名〔生〕 恥骨.
치골²〔齒骨〕 名〔生〕 歯骨.
치과〔齒科〕 名 歯科. ¶ ～ 의사 歯科医 / ～ 대학 歯科大学 / ～ 기공사 歯科技工士.
치국〔治國〕 名 하自 治国. 国を治めること.
치국안민〔—安民〕 名 하自 国をよく治めて民を安らかにすること.
치국평천하〔—平天下〕 名 하自 治国平天下. ▷수신제가(修身齊家)
치근〔齒根〕 名〔生〕 歯根.
치근거리다〔-대다〕 自他 **1** ねちねちとねばりついて困らせる. **2** うるさくつきまとってねだる. ¶ 그는 여자에게 귀찮게 치근거렸다 彼は女にうるさくつきまとった / 장난감을 사 달라고 치근거린다 おもちゃを買ってくれとうるさくねだる.
치근치근 副 하自他 ねちねち(と).
치근덕거리다〔-대다〕 他 しつこく悩ます. うるさくねだる.
치근덕치근덕 副 하他 ねちねち(と).
치근치근하다 形 べたべたとまつわりつかれて不愉快だ.
치긋다 他 上向きに線を引く.
치기¹〔稚氣〕 名 稚気. 子供っぽさ. ¶ ～를 못 벗었다 稚気が抜けきらない.
-치기² 接尾 〔놀이·내기 하는 것을 나타냄〕 …打ち. …遊び. ¶ 돈～ 銭打ち / 화투～ 花札遊び.
치기배〔—輩〕 名 かっぱらい(날치기, 들치기)·すり(소매치기)などの総称.
치다¹ 自 **1** (風·雪などが)強く吹きつける. 吹きまくる. 吹きすさぶ. ¶ 눈보라가 ～ 吹雪が吹きまくる. **2** 稲妻が光る. 雷が落ちる. ¶ 벼락이 ～ 雷が落ちる. **3** (波などが)打つ. 打ちつける. 打ち寄せる. ¶ 물결이 ～ 波が打ちつける. **4** 霜がおりる. ¶ 서리 ～ 霜がおりる.
치다² 他 **1** (手や物で)打つ. たたく. 殴る. ¶ 손으로 뺨을 ～ 手で頬を殴る / 매로 종아리를 ～ むちでふくらはぎを打つ / 탁자를 치며 열변을 토하다 テーブルをたたいて熱弁をふるう. **2** (太鼓·ピアノなどを)打つ. たたく. 弾く. ¶ 북[종]을 ～ 太鼓[鐘]を打つ / 기타를 ～ ギターを弾く / 피아노를 치고 있다 ピアノを弾いている. **3** (金属を鍛えるために)たたく. ¶ 칼을 ～ 刀を打つ. **4** (餅を)つく. ¶ 절굿대로 떡을 ～ 杵で餅をつく. **5** (花札などを)打つ.

(テニスなどの球技を)する. ¶ 딱지를 치고 놀다 めんこを打って遊ぶ / 화투를 ~ 花札を打つ / 테니스 치러 가다 テニスしに行く. **6** (敵を)討つ. 攻める. ¶ 적의 주력 부대를 ~ 敵の主力部隊を攻める. **7** (人の非を)衝く. **8** (手足·羽·尾などを)強く振る. ¶ 날개를 ~ 羽ばたく / 개가 꼬리를 ~ 犬が尾を振る. **9** (葉·枝を)刈る. 剪定する. 摘む. ¶ 순을 ~ 芽を摘む / 가지를 ~ 枝を切り落とす. **10** (野菜などを)千切りにする. ¶ 무를 채로 ~ 大根を千切りにする. **11** 斬り落とす. ¶ 죄인의 목을 ~ 罪人の首を打つ. **12** (手段を)とる. (動作を)する. ¶ 히트를 ~ ヒットする / 도망 ~ 逃げを打つ / 몸부림을 ~ 寝返りを打つ / 코웃음을 ~ 鼻先で笑う. **13** (電報を)打つ. ¶ 축전을 ~ 祝電を打つ / 사령부에 무전을 ~ 司令部に無電を打つ. **14** (渋皮などを)削ぎ取る. ¶ 날밤의 속껍질을 ~ 生栗の渋皮をそぎとる. **15** 釘を打つ. ¶ 삐걱거리는 나무 걸상에 못을 ~ 軋む木の椅子に釘を打つ. **16** 泳ぐ. ¶ 수영장에서 헤엄을 ~ プールで泳ぐ. **17** 逃げる. ¶ 뺑소니를 ~ ひき逃げする[ずらかる] / 뒷걸음질을 ~ 後ずさりをする.

치다³ 他 **1** (線を)引く. ¶ 줄을 ~ 線を引く. **2** 占う. ¶ 점을 ~ 占いをする. **3** (試験を)受ける. ¶ 시험을 ~ 試験を受ける. **4** 見なす. 見立てる. 見積もる. …とする. ¶ 반대로 ~ 反対と見なす / 그건 그렇다 치고 それはそうとして.

치다⁴ 他 **1** (液·粉などを)かける. 振りかける. 注す. ¶ 초를 ~ 酢を振りかける / 국물에 소금을 ~ 汁に塩を振りかける / 기계에 기름을 ~ 機械に油を注す. **2** (篩に)かける. ふるう. ¶ 체로 밀가루를 ~ 篩で粉をふるう. **3** (酒を)つぐ. ¶ 잔에 가득히 술을 ~ 杯になみなみと酒をつぐ.

치다⁵ 他 **1** (帳·網·縄などを)張る. 吊る. ¶ 장막을 ~ 幕を張る / 밧줄을 ~ 縄を張る / 창문에 커튼을 ~ 窓にカーテンをつける[引く] / 거미줄을 ~ くもが巣を張る. **2** (屏風·壁·塀などを)巡らす. ¶ 마당에 담을 ~ 庭に垣を巡らす. **3** (ひもなどで)巻きつける. くくる. **4** 叫ぶ. ¶ 소리쳐 부르다 声を張り上げて呼ぶ. **5** ふざける. ¶ 못된 장난을 ~ 悪ふざけをする. **6** (わざと)気勢を張る. おおげさにふるまう. ¶ 허풍을 ~ ほらを吹く. **7** (『진저리[몸서리] 치다』의 꼴로) 身震いする.

치다⁶ 他 **1** (ござ·かますなどを)編む. 織る. ¶ 돗자리를 ~ ござを編む. **2** (打ちひもを)よる. なう.

치다⁷ 他 **1** (家畜などを)飼う. ¶ 닭을 ~ 鶏を飼う / 누에를 ~ 蚕を飼う. **2** (植物が)枝を出す. **3** (蜜蜂が)蜜をつくる. ¶ 꿀을 ~ 蜜をつくる. **4** (動物が)子を産む. ¶ 개가 새끼를 ~ 犬が子を産む. **5** (客を)もてなす. (下宿人を)置く. ¶ 하숙을 ~ 下宿人を置く / 손님을 ~ 客をもてなす.

치다⁸ 他 **1** (積もりたまった物を)取り除く. 清掃する. ¶ 눈을 ~ 雪をかく / 변소를 ~ 便所を汲み出す / 우물을 ~ 井戸替えする. **2** (土を起こして)田畑をつくる. 開墾する.

치다⁹ 他 轢く. ¶ 차에 치어 죽다 車に轢かれて死ぬ.

치다꺼리 名 하他 **1** 取り仕切ること. 切り回すこと. 切り盛り. ¶ 손님 ~ 客のもてなし / 살림 ~ 家計の切り盛り. **2** 世話を焼くこと. 後始末すること. ¶ 아이들 ~를 하다 子供の世話を焼く / 그 일의 뒤~는 내게 맡겨두어라 その後始末は僕に任せておけ.

치닫다 自 **1** 下から上に向かって走る. 駆け上る. ¶ 언덕을 ~ 坂を走り登る. **2** 勢いよく突っ走る. **3** (感情などが)込み上げる. ¶ 그것을 듣는 순간 분노가 가슴에 치달았다 それを聞いた途端, 激しい怒りが胸に込み上げた.

치대다¹ 他 **1** (洗濯物を)もみ洗いする. **2** (小麦粉などを)練る. こねる. ¶ 반죽을 ~ 小麦粉をこねる.

치대다² 他 下から支える.

치독〔治毒〕 名 하自他 毒素を取り除くこと. 中毒を治すこと.

치떠보다 他 ⇨칩떠보다

치뜨다 他 上目で見る. ¶ 눈을 치뜨고 상대방의 안색을 살피다 上目使いで相手の顔色をうかがう.

치뜨리다 他 下から上に向かって力いっぱいほうり上げる. ¶ 지붕 위로 기와를 ~ 屋根の上へ瓦をほうり上げる.

치란〔治亂〕 名 하自 治乱. **1** 治世と乱世. **2** 乱れた世を治めること.

치렁거리다[-대다] 自 **1** 長く垂れた物がゆっくり揺れる. ¶ 수양버들이 바람에 ~ しだれ柳が風に吹かれてゆらゆら揺れる. **2** 日にちが長引く.

치렁치렁 副 하形 **1**〔길게 드리운 물건이 부드럽게 움직이는 모양〕ゆらゆら(と). **2**〔어떤 일에 있어서 날짜가 자꾸 느즈러지는 모양〕のびのび(に). ずるずる(と).

치렁하다 形 (垂れ下がった物が)だらりとしている. ¶ 말 꼬리가 ~ 馬のしっぽがだらりとしている.

치레 名 **1** 飾ること. つくろうこと. 装い. ¶ 옷 ~ 着飾ること / 몸~를 하다 身だしなみを整える. **2** うわべを飾ること. 見栄. 虚飾. 虚栄. ¶ 인사 ~는 그만두고 터놓고 이야기하세 あいさつは抜きにしてざっくばらんに話そう.

치료〔治療〕 名 하他 治療. ¶ 상처를 ~하다 傷を治療する / 늦기 전에 빨리 ~ 받아라 手遅れにならないうちに早く治療してもらえ.

치료법〔一法〕 名 治療法.

치료비〔一費〕 名 治療費.

치료실〔一實〕 名 治療室.

치르다 他 **1**〔지불하다〕(借金や代金を)支払う. ¶ 방세를 ~ 部屋代を支払う / 빚진 돈을 ~ 借金を払う. **2**〔겪다〕経験する. 執り行なう. ¶ 잔치를 ~ 宴会を執り行なう / 홍역을 ~ はしかにかかる / 시험을 ~ 試験を

実施する. **3** 〔먹다〕(食事を)すませる. ¶ 점심을 ~ 昼飯をすませる.

치마 名 **1** チマ. ¶ ~를 입다 チマを穿く. **2** 朝廷の礼服や祭服の前後に垂らす前かけ状のもの. **3** スカート. **4** 上下に色分けした凧の下の部分.

치마널 名〔建〕手すりの下に張り巡らした板.

치마폭〔一幅〕名 布を継ぎ合わせてつくったチマの幅.

치맛바람 名 **1** (チマの裾から起こる風の意から) 女性の出しゃばった行為. 教育ママ的な行為. **2** 女のふだん着姿. **3** 花嫁をからかっていう語.

치맛자락 名 チマの裾. ¶ ~을 끌다 チマの裾をひく.

치매〔癡呆〕名 하形 痴呆. **1** 愚かなこと. **2**〔醫〕痴呆症.

치매증〔一症〕名〔醫〕痴呆症.

치먹다 自 **1** 順序·番号などが逆の順に向かってつく. **2** 地方の産物が都会で売れる.

치명〔致命〕名 하自 **1** 生命にかかわる状態に至ること. **2**〔基〕殉教.

치명상〔一傷〕名 致命傷. ¶ ~을 입다 致命傷を受ける.

치명적〔一的〕冠名 致命的. ¶ 이번의 실패는 그에게 있어서 ~이었다 今度の失敗は彼にとって致命的であった.

치명타〔一打〕名 致命的な打撃.

치밀다 Ⅰ 自 **1** 〔복받치다〕(悲しみ·怒りなどの感情が) 激しく込み上げる. 突き上げる. ¶ 울화가 ~ 憤りが込み上げる / 치미는 슬픔을 이기지 못하여 오열했다 込み上げる悲しみをおさえ切れず嗚咽した. **2** 〔솟아오르다〕(火炎·煙などが) 噴き上がる. **3** (胃がもたれて食べた物が) 出てくる. ¶ 먹은 것이 ~ 食べた物がもどる.

Ⅱ 他 押し上げる. つきあげる.

치밀하다〔緻密一〕形 緻密だ. きめ細かい. ¶ 치밀한 계획 緻密な計画 / 치밀하게 조사하다 緻密に調査する / 이 옷감은 ~ この服地はきめが細かい.

치받다 Ⅰ 自 (上に向かって) 突き上がる.

Ⅱ 他 (上に向かって) 押し上げる. 突き上げる. ¶ 우산을 ~ 傘をさす.

치받이 名 하自 **1** 上[登]り坂. ¶ 가파른 ~ 急な上り坂. **2**〔建〕屋根裏の天井に土を塗ること, またその土.

치받치다 Ⅰ 自 **1** (火炎·煙などが) 吹き上がる. **2** (感情などが) 込み上げる. ¶ 울컥 설움이 ~ ぐっと悲しみが込み上げる.

Ⅱ 他 下から支えて上に押し上げる.

치병〔治病〕名 하自 治療.

치부¹〔致富〕名 하自 財を築いて金持ちになること. ¶ 광산으로 ~한 사람 鉱山で金持ちになった人.

치부²〔恥部〕名 恥部. **1** 陰部. 局部. **2** 他人の目に触れたくない恥ずかしい部分. ¶ 자신의 ~를 드러내다 自らの恥部をさらけ出す.

치부³〔置簿〕名 하自 **1** 帳簿につけること. **2** 〔'치부책(置簿冊)'의 준말〕帳簿. **3** 心に刻んでおくこと. 銘記.

치부책〔一冊〕名 **1** 帳簿. 出納簿. **2** 手帳.

치붙다 自 (当然あるべき位置より) 上の方につく. ¶ 단추가 단춧구멍보다 치붙어 있다 ボタンがボタン穴より上の方についている.

치사¹〔致仕〕名 하自 致仕. 年をとって官職を辞すること.

치사²〔致死〕名 하他 致死. ¶ 과실 ~ 過失致死.

치사량〔一量〕名 致死量.

치사³〔致謝〕名 하他 感謝の意を表わすこと.

치사랑 名 目上の人に対する愛.

치사스럽다〔恥事一〕形 言動が浅ましくてけち臭い. 汚らしい. ¶ 치사스럽게 굴다 けち臭く振る舞う.

치사하다〔恥事一〕形 恥ずかしい. 恥ずべきだ. ¶ 치사한 인간들 恥知らずの人間ども / 치사하게 여기다 恥ずかしく思う.

치산¹〔治山〕名 하自 **1** 墓を手入れし守ること. **2** 治山. ¶ ~ 치수 治山治水.

치산²〔治産〕名 하自 治産. **1** 家計をうまく切り盛りすること. **2**〔法〕財産を管理処分すること.

치살리다 他 べたぼめにほめる. おだて上げる.

치석〔齒石〕名〔醫〕歯石. ¶ ~을 제거하다 歯石をとる.

치선〔置先〕名〔'치중선수(置中先手)'의 준말〕(囲碁で) 天元に打った人が先手を取ること.

치성〔致誠〕名 하自 **1** 致誠. 真心. **2** 神仏に誠をささげること.

치세〔治世〕名 하自 治世. ¶ 세종 대왕의 ~하에 世宗大王の治世下に.

치솟다 自 **1** 上に向かってつき上がる. 立ちのぼる. ¶ 연기가 ~ 煙が立ちのぼる. **2** (感情·思い·力などが) わき上がる. 込み上げる. ¶ 힘이 ~ 力がわき上がる / 화가 머리 끝까지 ~ 怒り心頭に発する.

치수¹〔一數〕名 尺·寸の数. 寸法. サイズ. ¶ ~가 맞다 寸法が合う / 양복의 ~를 재다 洋服の寸法をとる.

치수금 名 一定の寸法を記した目印や線.

치수²〔治水〕名 하自 治水. ¶ ~ 공사 治水工事.

치수³〔齒髓〕名〔生〕歯髄.

치수염〔一炎〕名〔醫〕歯髄炎.

치신 名 **1** 身持ち. 品行. ふるまい. **2** 威信. 威厳.

치신머리 名〈俗〉**1** 身持ち. 品行. ふるまい. **2** 威信. 威厳.

치신머리사납다 形〈卑〉ぶざまだ. だらしがない.

치신머리없다 形〈卑〉身持ちが軽はずみでぶざまだ.

치신사납다 形 身持ちが悪く品がない. ぶざまだ. だらしがない.

치신없다 形 身持ちが軽はずみでぶざまだ. 大人気無くて威厳がない. **치신**

없이 副 おとなげなく. 威厳がなく.
치신무지〔置身無地〕 名 하形 恐れ多くて身の置き所がないこと.
치아〔歯牙〕 名 歯牙. 歯. ¶ 할아버지는 ~가 튼튼하시다 おじいさんは歯が丈夫だ.
치안〔治安〕 名 하自他 治安. ¶ ~을 유지하다 治安を維持する.
치안감〔―監〕 名 治安監〈警察の階級の一つ〉.
치안 경찰〔―警察〕 名〔法〕 治安警察.
치안정감〔―正監〕 名 治安正監〈治安総監の下, 治安監の上〉.
치안총감〔―總監〕 名 治安総監〈警視総監に当たり, 治安本部長に補職される〉.
치약〔歯藥〕 名 歯磨き粉. 練り歯磨き.
치어〔稚魚〕 名 稚魚.
치언〔癡言〕 名 ばかげた言葉. 愚かな言葉. たわ言.
치열[1]〔治熱〕 名 하自〔韓方〕 病気の元となる高熱を下げること.
치열[2]〔歯列〕 名 歯列. 歯並み. 歯並び. ¶ ~ 교정 歯列矯正.
치열하다〔熾烈―〕 形 熾烈だ. ¶ 치열한 경쟁 熾烈な競争. **치열히** 副 熾烈に.
치오르다 自他 上に向かって上がる. 上昇する. ¶ 먼지가 구름같이 ~ ほこりが雲のように舞い上がる.
치올리다 他 上げる. 押し上げる. ほうり上げる. ¶ 공을 하늘로 ~ ボールを空中にほうり投げる.
치와와〔chihuahua〕 名〔動〕 チワワ. 犬の一品種.
치외 법권〔治外法權〕 名〔法〕 治外法権.
치욕〔恥辱〕 名 恥辱. 恥. 辱め. ¶ ~을 당하다 恥辱を被る / ~을 꼭 씻어 주겠다 恥辱はきっとそそいでやる / ~을 참고 견디다 恥辱を耐え忍ぶ.
치욕스럽다 形 恥ずかしい.
치우다 Ⅰ 他 **1** 〔옮기다·없애다〕 (他の所へ)移す. どける. 捨てる. ¶ 쓰레기를 ~ ごみを捨てる / 발에 걸리는 돌들을 ~ つまずきそうな石をどける. **2** 〔정돈하다〕 片づける. 整頓する. しまう. 片づけてあける. ¶ 눈을 ~ 雪かきをする / 방을 ~ 部屋を片づける. **3** 〔끝마치다〕 (仕事を中途で)やめる. 中止する. **4** 〔시집보내다〕〈俗〉 嫁がせる. 片づける. ¶ 딸을 ~ 娘を片づける. Ⅱ 補動 …してしまう. ¶ 감을 한입에 먹어 ~ 柿を一口に食べてしまう.
치우치다 自 (一方に)偏る. ¶ 무게가 한 쪽으로 ~ 重さが一方に偏る / 감정에 치우치지 않고 말하다 感情に流されず話す / 치우친 사고방식 偏った考え方.
치유〔治癒〕 名 하自 治癒. ¶ 화상은 완전히 ~되었다 やけどはすっかり治った.
치은〔歯齦〕 名〔生〕 歯齦. 歯肉. 歯ぐき.
치은염〔―炎〕 名〔醫〕 歯肉炎.
치음〔歯音〕 名〔言〕 歯音. **1** ハングル(한글)の子音の中でㅈ, ㅊ, ㅉ, ㅅ, ㅆなど. **2** 舌の先と上の歯との間で発音される音.
치이다[1] 自 **1** (わななどに)かかる. ¶ 덫에 ~ わなにかかる. **2** (車などに)ひかれる. ¶ 차에 ~ 車にひかれる. **3** (他の力に)圧迫される. 邪魔される. 追われる. ¶ 일에 ~ 仕事に追い詰められる. **4** 反物の織り目がほころびる. **5** 衣服や布団の綿が一方に偏る.
치이다[2] 自 お金が掛かる. ¶ 비싸게 ~ 高くつく.
치이다[3] 他 (鍛冶屋に刀を)打たせる.
치인〔癡人〕 名 痴人. 愚か者.
치자[1]〔治者〕 名 治者. 統治者. 主権者.
치자[2]〔梔子〕 名〔韓方〕 山梔子. くちなしの実〈利尿剤·眼病·染料などに用いられる〉.
치자나무 名〔植〕 梔子.
치자색〔―色〕 名 くちなし色〈くちなしの実で染めた濃い黄色〉.
치잡다 他 つかみ上げる. ¶ 머리카락을 치잡고 싸우다 髪をつかみ合ってけんかする.
치장[1]〔治粧〕 名 하他 美しく飾ること. おめかし. 装うこと. 装い. ¶ 얼굴을 ~하다 化粧する / 상점을 ~하다 店を飾る.
치장[2]〔治裝〕 名 하自 旅のしたくをすること. 出で立ち. ¶ 외출할 ~ 出かける準備.
치적〔治績〕 名 治績. 政治上の功績. ¶ ~이 많은 정치가 治績の多い政治家.
치정〔癡情〕 名 痴情. ¶ ~에 의한 살인 사건 痴情による殺人事件.
치조〔歯槽〕 名〔生〕 歯槽. ¶ ~ 농양 歯槽膿瘍.
치조 농루〔―膿漏〕 名〔醫〕 歯槽膿漏.
치졸하다〔稚拙―〕 形 稚拙だ. つたない. ¶ 치졸한 문장 稚拙な文章.
치죄〔治罪〕 名 하他 治罪. 罪をただし罰すること.
치중[1]〔置重〕 名 하自 重点を置くこと. 力を入れること. ¶ 무역 정책에 ~하다 貿易政策に重点を置く.
치중[2]〔輜重〕 名 輜重. **1** 馬·荷車などに載せた荷物. **2** 軍需品. ¶ ~병 輜重兵.
치즈〔cheese〕 名 チーズ.
치지〔致知〕 名 하自 致知. 事物の道理を極めること.
치지도외〔置之度外〕 名 하他 ほうっておいて問題にしないこと. 度外視すること. 無視すること.
치질〔痔疾〕 名〔韓方〕 痔疾. 痔.
치차〔歯車〕 名 歯車.
치치다 他 **1** 線画を上の方に向けて描く. **2** ほり上げる. 投げ上げる.
치켜세우다 他 おだてる. ほめたたえる. ¶ 자기 아들을 ~ 自分の子供をほめたたえる.
치키다 他 (下から)引き上げる. からげる. (目を)つり上げる. ¶ 치맛자락을 ~ チマの裾をからげる / 고양이가 꼬리를 치켜 올렸다 猫がしっぽをぴんと立てた / 치켜 올라간 눈 つり上がった目.
치킨〔chicken〕 名 チキン. 鶏肉.

치타〔cheetah〕 名〔動〕 チータ.
치태〔癡態〕 名 痴態. 愚かなふるまい. ばかげた格好. ¶술을 먹고 ~를 부리다 酒を飲んで痴態を演じる.
치통〔齒痛〕 名 歯痛. ¶~약 歯痛止めの薬 / ~이 좀 가라앉았다 歯痛が少しおさまった.
치하[1]〔治下〕 名 治下. 統治下.
치하[2]〔致賀〕 名 하他 祝賀·称賛の意を述べること. ほめたたえること. ¶공로를 ~하다 功労をほめたたえる.
치한〔癡漢〕 名 **1** 痴人. **2** 痴漢.
치화〔癡話〕 名 痴話.
치환〔置換〕 名 하他 置換. 置き換え.
칙령〔勅令〕 名 勅令.
칙명〔勅命〕 名 勅命.
칙사〔勅使〕 名 勅使.
칙살맞다 形 けちくさい. しみったれている. みみっちい. ¶칙살맞은 소견 けちくさい考え / 그는 돈 씀씀이가 ~ 彼は金の使い方がみみっちい.
칙살부리다 自 けちくさいことをする.
칙살스럽다 形 けちくさい. みみっちい. 汚い.
칙살하다 形 しみったれている. けちくさい.
칙서〔勅書〕 名 勅書.
칙유〔勅諭〕 名 勅諭.
칙지〔勅旨〕 名 勅旨.
칙칙폭폭 副 〔증기 기관차가 달리는 소리〕 しゅっしゅっぽっぽっ.
칙칙하다 形 **1** (色が) くすんでいる. ¶칙칙한 잿빛 くすんだ灰色 / 옷 빛깔이 ~ 衣服の色がくすんでいる. **2** (毛髪·林などが) 密で濃く見える. くすんでいる.
칙필〔勅筆〕 名 勅筆. 王が自ら書いた筆跡.
칙허〔勅許〕 名 勅許. 王の許可.
친-〔親〕 接頭 **1** 〔'직계의'를 나타냄〕 実の…. ¶~형제 実の兄弟. **2** 〔친밀함을 나타냄〕 親…. ¶~정부파 親政府派 / ~일파 親日派 / ~필 親筆.
친가〔親家〕 名 **1** 実家. **2** 〔佛〕 僧の俗家.
친견〔親見〕 名 하他 親見. 親しく見ること.
친고〔親告〕 名 하他 親告. **1** 本人自ら告げること. **2** 〔法〕 被害者の告訴.
친고죄〔一罪〕 名〔法〕 親告罪.
친교〔親交〕 名 親交. ¶~를 맺다 親交を結ぶ.
친구〔親舊〕 名 **1** 友達. 友人. 親友. ¶소꿉~ 幼なじみ / 술[낚시]~ 酒飲み[釣り]仲間 / 친한 ~ 사이 親友の間柄. **2** (対等以下の人を親しみを込めて呼ぶ語) 君. やつ. ¶참 웃기는 ~로군 本当に笑わせるやつだな.
친권〔親權〕 名〔法〕 親権.
친권자〔一者〕 名〔法〕 親権者.
친근〔親近〕 名 하形 親近. ¶~한 벗 親しい友. **친근히** 副 親しく.
친근감〔一感〕 名 親近感. ¶~을 느끼다 親近感を覚える.
친남매〔親男妹〕 名 実の兄弟姉妹.
친누이〔親一〕 名 実の姉妹.
친동생〔親同生〕 名 実の弟または妹.
친딸〔親一〕 名 実の娘.
친림〔親臨〕 名 하自 親臨. 王が自ら行くこと.
친명〔親命〕 名 親の言いつけ.
친모〔親母〕 名 実の母.
친목〔親睦〕 名 하形 親睦. ¶~회 親睦会 / ~을 도모하다 親睦を図る.
친목계〔一契〕 名 親睦を図るための契.
친밀감〔親密感〕 名 親密感.
친밀하다〔親密一〕 形 親密だ. ¶친밀한 사이 親密な仲 / 친밀하게 사귀다 親密に交わる. **친밀히** 副 親密に.
친부〔親父〕 名 実父.
친부모〔親父母〕 名 実父母. 実父と実母.
친분〔親分〕 名 親しい間柄. 親交. ¶~이 두텁다 親交が厚い.
친산〔親山〕 名 父母の墓地.
친삼촌〔親三寸〕 名 実父の兄弟. 父方のおじ.
친상〔親喪〕 名 父母の喪.
친서〔親書〕 名 親書. ¶대통령의 ~ 大統領の親書.
친선〔親善〕 名 親善. ¶~ 경기 親善競技 / ~ 방문 親善訪問.
친소〔親疏〕 名 親疎.
친소간에〔一間一〕 副 親疎の別なく. ¶~ 초대하다 親疎の別なく招待する.
친손녀〔親孫女〕 名 (女の) 内孫.
친손자〔親孫子〕 名 (男の) 内孫.
친숙하다〔親熟一〕 形 親しく心安い. ¶친숙한 사이 非常に親しい間柄.
친숙히 副 きわめて親しく.
친아들〔親一〕 名 実の息子.
친아버지〔親一〕 名 実父.
친아우〔親一〕 名 実弟.
친애〔親愛〕 名 하他 親愛. ¶~하는 친구 親愛なる友 / ~하는 고객 여러분 親愛なる顧客の皆様.
친어머니〔親一〕 名 実母. 生みの母.
친언니〔親一〕 名 実の姉.
친오빠〔親一〕 名 実の兄.
친우〔親友〕 名 親友. ¶둘도 없는 ~ 無二の親友.
친위〔親衛〕 名 親衛. ¶~대 親衛隊.
친일〔親日〕 名 親日. ¶~ 감정 親日感情 / ~파 親日派.
친전〔親展〕 名 親展.
친절〔親切〕 名 하形 親切. ¶~을 다하다 親切を尽くす / ~한 사람 親切な人 / 그 여자가 ~하게 길안내를 해 주었다 彼女が親切に道案内をしてくれた. **친절히** 副 親切に. ¶~ 응대하다 親切に応対する.
친정[1]〔親征〕 名 하他 親征. 国王が自ら征伐すること.
친정[2]〔親政〕 名 하自 親政. 国王が自ら政治を執り行なうこと.
친정[3]〔親庭〕 名 (結婚した女性の) 実家. さと. ¶~ 아버지[어머니] 実家の父[母] / ~에 가다 里帰りする.
친정댁〔一宅〕 名 〔'친정(親庭)'의 존경어〕 実家. さと.
친정살이 名 하自 嫁いだ女性が実家に帰って暮らすこと.

친제〔親弟〕 名 実弟.
친족〔親族〕 名 親族. 親類. 身寄り. ¶～ 회의 親族会議.
친족 결혼〔一結婚〕 名 親族結婚.
친족권〔一權〕 名〔法〕親族権.
친족법〔一法〕 名〔法〕親族法.
친지〔親知〕 名 親しい知り合い. ¶～의 소개로 입사했다 知り合いの紹介で入社した.
친찬〔親撰〕 名 하自 王が自ら詩文をつくること, またその作品.
친척〔親戚〕 名 親戚. 親類. 身内. 身寄り. ¶가까운[먼] ～ 近い[遠い]親戚/～집에 가다 親戚の家に行く/～들이 모여 제사를 지내다 親戚が集まって祭祀を行なう.
친친 副〔감거나 동여매는 모양〕ぎゅうぎゅう(と). ぐるぐる(と). くるくる(と). ¶밧줄을 ～ 감다 ロープをぐるぐる巻く.
친친하다 形 湿っぽくて感じが悪い. じとじとしている. ねとねとしている. ¶손이 ～ 手がじとじとしている.
친탁〔親一〕 名 하自 (容貌·性格などが)父方に似ること[似ていること].
친필〔親筆〕 名 親筆. 自ら書くこと.
친하다〔親一〕 形 親しい. ¶친한 친구 親しい友達/친한 사이에도 예절은 지켜야 한다 親しい間でも礼儀は守らなければならない.
친할머니〔親一〕 名 (父方の)祖母.
친할아버지〔親一〕 名 (父方の)祖父.
친형〔親兄〕 名 実兄.
친형제〔親兄弟〕 名 実の兄弟.
친화〔親和〕 名 하自 親和. ¶팀의 ～를 도모하다 チームの親和を図る.
친화력〔一力〕 名〔化〕親和力.
친환〔親患〕 名 父母の病気.
친히〔親一〕 副 **1** 親しく. 仲よく. ¶～ 사귀다 親しくつき合う. **2** 自ら. 手ずから. ¶～ 써 주시다 手ずからお書き下さる.
칠1〔漆〕 名 **1**〔'옻칠'의 준말〕漆. **2**〔도료〕塗料. ペンキ. 塗り. 塗装. ¶～이 벗겨지다 塗りがはげる/애벌～ 下塗り/페인트～ ペンキ塗り. ▷칠하다(漆一) **3**〔얼룩〕汚れ. しみ. ¶잉크～ インクのしみ/흙～ 泥汚れ.
칠2〔七〕 數 7. 七. ▷일(一) 單語帳
칠거지악〔七去之惡〕 名 七去. 七出. 儒教で妻を離婚できるための七つの条件.
칠기〔漆器〕 名 **1**〔'칠목기(漆木器)'의 준말〕漆塗りの木製の器. **2** 漆器.
칠난〔七難〕 名〔佛〕七難.
칠난팔고〔一八苦〕 名 七難八苦.
칠뜨기〔七一〕 名 〈俗〉 **1** 7か月目に生まれた月足らずの子. **2** ばかな人.
칠렁하다 形 なみなみとあふれそうだ. ¶대야의 물이 ～ たらいの水がなみなみといっぱいだ.
칠렁칠렁 副 하形〔큰 그릇에 물이 그득 괴어 있는 모양〕大きな器に液体が満ちてあふれそうなようす. なみなみ(と).
칠레〔Chile〕 名〔地〕チリ〈南米の共和国〉.
칠면조〔七面鳥〕 名〔動〕七面鳥.
칠목〔漆木〕 名〔植〕漆.
칠목기〔一器〕 名 漆塗りの木製の器.
칠물〔漆物〕 名 漆塗りの器の総称.
칠보〔七寶〕 名 **1**〔佛〕七宝. 七珍. **2** 七宝焼. **3** 華麗で美しいもの.
칠보단장〔一丹粧〕 名 하自 **1** 色とりどりの装飾物を身に着けること. **2** 盛装.
칠보족두리 名 いろいろな宝石をちりばめた花嫁の冠.
칠복〔七福〕 名 七難を免れた幸福.
칠분도〔七分搗〕 名 (米の)七分づき.
칠붓〔漆一〕 名 (漆·ペンキ用の)はけ.
칠삭둥이〔七朔一〕 名 **1** 7か月目に生まれた月足らずの子. **2** 〈俗〉 ばかな人.
칠색1〔七色〕 名 七色. ¶～의 무지개 七色の虹.
칠색2〔漆色〕 名 漆の光沢.
칠석〔七夕〕 名 七夕.
칠석물 名 七夕に降る大雨.
◆**칠석물이 지다** 七夕に雨が降って洪水になる.
칠성〔七星〕 名〔'북두칠성'의 준말〕北斗七星.
칠성사〔七聖事〕 名〔基〕サクラメント.
칠소반〔漆小盤〕 名 漆塗りの食膳.
칠순〔七旬〕 名 七旬. **1** 70日. **2** 70歳. ¶～ 노인 70歳の老人.
칠십〔七十〕 Ⅰ 數 70. ▷일(一) 單語帳
Ⅱ 名 70歳. ¶～ 노파 70歳のおばあさん.
칠야〔漆夜〕 名 闇夜.
칠언〔七言〕 名 (漢詩の)七言. ¶～시 七言詩.
칠언 율시〔一律詩〕 名 (漢詩の)七言律詩.
칠언 절구〔一絶句〕 名 (漢詩の)七言絶句. 七絶.
칠음〔七音〕 名 **1**〔樂〕(東洋音楽の)七声. 七音. **2**〔言〕(中国音韻学上の)七音.
칠일〔漆一〕 名 하自 漆やペンキを塗ること.
칠일장〔七日葬〕 名 初七日の法事.
칠일주〔七日酒〕 名 仕込んでから7日目に飲む酒.
칠장〔漆欌〕 名 **1** 漆塗りのたんす. **2** 漆を塗った物を入れておく棚.
칠장이〔漆一〕 名 ペンキ屋. 塗装工.
칠전팔기〔七顚八起〕 名 하自 七転び八起き.
칠전팔도〔七顚八倒〕 名 하自 七転八倒.
칠첩반상〔七一飯床〕 名 七種類の食器を一そろいとする食膳.
칠촌〔七寸〕 名 **1** 7寸. **2** 自分と祖父の兄弟の曾孫との関係.
칠칠〔七七〕 名 子供が生まれて49日目. **2** 七夕の別称.
칠칠일〔一日〕 名〔佛〕七々日. 四十九日.
칠칠재〔一齋〕 名〔佛〕四十九日の供養.
칠칠찮다 形 こぎれいでない. こざっぱり

していない. ¶옷매무새가 ～ 身なりがこぎれいでない.
칠칠하다 形 **1** (よく育って)よく伸びている. ¶칠칠한 머리칼 長く伸びた髪の毛. **2** (手際が)よい. ¶일을 칠칠하게 해치우다 ことを素早くやってのける. **3** (身なりやようすが)こぎれいだ. こざっぱりしている. ¶칠칠한 옷차림을 하다 こぎれいな身なりをする.
칠판〔漆板〕 名 黒板. ¶～ 지우개 黒板消し / ～을 지우다 黒板をふく.
칠피〔漆皮〕 名 漆皮. 漆で塗り固めた皮革.
칠하다〔漆—〕 他 (塗料などを)塗る. ¶페인트를 ～ ペンキを塗る / 도화지에 색을 ～ 画用紙に色を塗る / 수건에 비누를 ～ 手ぬぐいに石けんをつける.
칠현금〔七絃琴〕 名〔樂〕七弦琴.
칠흑〔漆黑〕 名 漆黒. ¶머리가 ～ 같다 髪の毛が真っ黒だ.
칡 名〔植〕葛.
칡덤불 名 葛の蔓が入り乱れて繁茂した叢.
칡덩굴 名 葛の蔓.
침[1] 名 つば. つばき. 唾液. よだれ. ¶～을 뱉다 つばを吐く / 입술에 ～도 바르지 않고 거짓말을 한다 (舌なめずりもしないで嘘をつくの意で)平気で嘘をつく.
◆**침을 삼키다** つばを飲み込む.
◆**침을 흘리다** (うらやましがって)よだれを垂らす. よだれを流す.
〔속담〕**침 발린 말** つばを塗られた言葉〈口先だけのうまい話〉.
침[2]〔針〕 Ⅰ 名 **1** 縫い針. **2** (時計の)針. **3**〔植〕とげ.
Ⅱ 接尾 〔바늘처럼 뾰족하고 가는 것〕 針. ¶주사～ 注射針 / 피뢰～ 避雷針.
침[3]〔鍼〕 名〔韓方〕鍼. ¶～술 鍼術.
◆**침을 맞다** 鍼を打ってもらう.
침감〔沈—〕 名 渋を抜いた柿.
침강〔沈降〕 名 하自 沈降. ¶～ 해안 沈降海岸 / 육지가 ～하다 陸地が沈降する.
침경〔侵境〕 名 하自 国境を侵すこと.
침공[1]〔侵攻〕 名 하他 侵攻. ¶～을 막다 侵攻を防ぐ.
침공[2]〔針工〕 名 **1** 針仕事. **2** 縫い賃.
침구[1]〔寢具〕 名 寝具. 夜具.
침구[2]〔鍼灸〕 名〔韓方〕鍼灸.
침구술〔—術〕 名〔韓方〕鍼灸術.
침낭〔寢囊〕 名 寝袋. スリーピングバッグ.
침노하다〔侵擄—〕 他 **1** 他国へ不法に侵入する. **2** 他国の領土を奪う. **3** 少しずつむしばんでいく. ¶병이 내 몸을 ～ 病気が私の体をむしばむ.
침놓다〔鍼—〕 自 鍼を打つ. ▷침(鍼)
침닉〔沈溺〕 名 하自 **1** 沈溺. 耽溺. **2** 沈没.
침담그다〔沈—〕 他 渋を抜くため柿を塩水に浸す.
침대〔寢臺〕 名 寝台. ベッド. ¶～에서 자다 寝台で寝る.
침대차〔—車〕 名 寝台車.
침두〔枕頭〕 名 枕頭. 枕元.
침략〔侵略〕 名 하他 侵略. ¶～자 侵略者 / 적의 ～에 대비하다 敵の侵略に備える.
침례〔浸禮〕 名〔基〕浸礼. バプテスマ. ¶～ 교회 浸礼教会.
침례교〔—教〕 名〔基〕浸礼教. バプテスト.
침로〔針路〕 名 針路. ¶～를 북으로 잡다 針路を北にとる.
침모〔針母〕 名 他人の家に雇われて針仕事をする女性.
침목〔枕木〕 名 枕木.
침몰〔沈沒〕 名 하自 沈没. ¶～선 沈没船 / 배가 ～하다 船が沈没する.
침묵〔沈默〕 名 하自 沈黙. ¶～을 지키다 沈黙を守る / ～을 깨고 입을 열다 沈黙を破って口を開く.
침방〔寢房〕 名 寝室. ¶～에 들다 寝室に入る.
침범〔侵犯〕 名 하他 侵犯. 侵すこと. ¶영해 ～ 領海侵犯 / 남의 특권을 ～하다 人の特権を侵犯する.
침병〔枕屛〕 名 枕元の屛風.
침불안석〔寢不安席〕 名 하自 心配事が多くて安らかに眠れないこと.
침사〔沈思〕 名 하他 沈思. ¶～ 묵고 沈思黙考.
침상〔寢牀〕 名 寝台. ベッド.
침석〔枕席〕 名 枕席. **1** 枕と敷き物. **2** 寝床.
침선〔針線〕 名 하自 針線. 針と糸. 裁縫. 針仕事をすること.
침소〔寢所〕 名 寝所. 寝室. 寝床.
침소봉대〔針小棒大〕 名 하自他 針小棒大. ¶사건을 ～하여 말하다 事件を針小棒大にして話す.
침수[1]〔沈水〕 名 하自 沈水. 水に沈むこと ¶～ 해안 沈水海岸.
침수[2]〔浸水〕 名 하自 浸水. ¶～지 浸水地.
침술〔鍼術〕 名〔韓方〕鍼術.
침식[1]〔浸蝕〕 名 하自他〔地〕浸食. ¶～ 작용 浸食作用 / ～ 평야 浸食平野.
침식[2]〔侵蝕〕 名 하他 侵蝕. 侵食. 次第に侵し損なうこと.
침식[3]〔寢食〕 名 하自 寝食. ¶～을 같이 하다 寝食を共にする / ～을 잊고 연구에 열중하다 寝食を忘れて研究に熱中する.
침식불안〔—不安〕 名 寝ても覚めても不安でいつも心配なこと.
침실〔寢室〕 名 寝室. 寝間.
침염〔浸染〕 名 하自他 浸染. **1** 次第に染まること. **2** 次第に感化されること.
침엽〔針葉〕 名〔植〕針葉. 針状の葉.
침엽수〔—樹〕 名 針葉樹.
침울하다〔沈鬱—〕 形 **1** 沈鬱だ. 憂鬱だ. 沈んでいる. ¶침울한 표정 沈鬱な表情 / 오늘은 어쩐지 기분이 ～ 今日はなんとなく気分が沈んでいる. **2** (天気が)うっとうしい. 陰鬱だ. ¶침울한 날씨 陰鬱な空模様. **침울히** 副 沈鬱に. 陰鬱に.
침윤〔浸潤〕 名 하自 浸潤. ¶폐～ 肺浸潤.

침의〔寢衣〕 名 寝衣．寝巻き．
침입〔侵入〕 名 하自他 侵入．¶ ～자 侵入者 / 불법 ～ 不法侵入 / 남의 집에 ～하다 他人の家に侵入する．
침재〔針才〕 名 針仕事の腕．
침쟁이〔鍼—〕 名 **1**〈蔑〉鍼医．**2** あへん中毒者．
침적〔沈積〕 名 하自 沈積．¶ ～암 沈積岩．
침전〔沈澱〕 名 하自 沈殿．¶ ～ 광물 沈殿鉱物 / ～물 沈殿物．
　침전지〔—池〕 名 沈殿池．
침제〔浸劑〕 名〔薬〕浸剤．
침중하다〔沈重—〕 形 **1** 沈着で重々しい．**2** 病状が重い．危篤である．
침지〔浸漬〕 名 하他 水に浸してぬらすこと．
침질〔鍼—〕 名 하自 鍼術を施すこと．
침착하다〔沈着—〕 形 沈着だ．落ち着いている．冷静だ．¶ 침착한 성격 落ち着いた性格 / 침착하게 행동하다 沈着に行動する / 침착성 沈着さ．**침착히** 副 沈着に．落ち着いて．
침체〔沈滯〕 名 하自 **1** 長い間昇進しないこと．**2** 沈滞．物事がはかどらないこと．¶ 사기가 ～해서는 승산이 없다 士気が沈滞していては勝ちめがない．
침침하다〔沈沈—〕 形 **1** うす暗い．どんより曇っている．うっとうしい．¶ 날씨가 ～ どんより曇っている / 동굴 안이 ～ 洞窟の中がうす暗い．**2**（目が）かすんでいる．はっきり見えない．¶ 눈이 ～ 目がかすんで見える．
침탈〔侵奪〕 名 하他 侵奪．侵し奪うこと．
침통하다〔沈痛—〕 形 沈痛だ．¶ 침통한 표정으로 말을 꺼냈다 沈痛な表情で話を切り出した．**침통히** 副 沈痛に．
침통〔鍼筒〕 名 鍼を入れておく小さな竹筒．
침투〔浸透〕 名 하自 浸透．¶ 빗물이 ～하다 雨水が浸透する．
　침투압〔—壓〕 名〔物〕浸透圧．
침팬지〔chimpanzee〕 名〔動〕チンパンジー．
침하〔沈下〕 名 하自 沈下．¶ 지반 ～ 地盤沈下．
침해〔侵害〕 名 하他 侵害．侵すこと．¶ 자유의 ～ 自由の侵害 / 사생활을 ～하다 プライバシーを侵害する．
침후하다〔沈厚—〕 形 沈着で重厚だ．
칩〔chip〕 名 **1**（集積回路の）チップ．**2**（トランプなどで点数を数える）チップ．
칩거〔蟄居〕 名 하自 蟄居．家に閉じこもっていること．¶ ～ 생활 蟄居生活．
칩떠보다 他 上目遣いに見る．にらみ上げる．
칫솔〔齒—〕 名 歯ブラシ．¶ ～로 이를 닦다 歯ブラシで歯を磨く．
칭덕〔稱德〕 名 하自 称徳．徳をほめたたえること．
칭량〔秤量〕 名 하他 称量．秤にかけて目方を計ること．¶ ～ 화폐 称量貨幣．
칭명〔稱名〕 名 하他 名前を偽ること．
칭병〔稱病〕 名 하自 病気にかこつけること．
칭송〔稱頌〕 名 하他 功績をほめたたえること．
칭얼거리다〔-대다〕 自 駄々をこねる．むずかる．
　칭얼칭얼 副 하自 しきりにむずかるよう す．
칭찬〔稱讚〕 名 하他 称賛．ほめること．たたえること．¶ ～을 받다 称賛を受ける．ほめられる / 공로를 극구 ～하다 功労を限りなくほめたたえる．
칭탁〔稱託〕 名 하他 口実．逃げ口上．言い訳をすること．かこつけること．¶ 병을 ～하여 결석하다 病気にかこつけて欠席する．
칭탄〔稱歎〕 名 하他 称嘆．ほめたたえること．
칭하다〔稱—〕 他 称する．
칭호〔稱號〕 名 称号．

ㅋ

ㅋ 名 ハングル子音字母の一つとして第11番目の字. 字母の名称は 키읔.

카[1] 副 **1**〔맛·냄새가 몹시 맵거나 독할 때 나는 소리〕ひいっと. ひゃっと. **2**〔곤하게 잠잘 때 내쉬는 숨소리〕ぐうっと.

카[2]〔car〕名 カー. ¶ 오픈~ オープンカー.

카나리아〔canaria〕名〔動〕カナリア.

카나마이신〔kanamycin〕名〔薬〕カナマイシン.

카네이션〔carnation〕名〔植〕カーネーション.

카누〔canoe〕名 カヌー. ¶ ~ 경기 カヌー競技.

카니발〔carnival〕名〔基〕カーニバル. 謝肉祭.

카드〔card〕名 カード.

카드놀이 名 カード遊び. トランプ遊び.

카드 전화〔一電話〕名 カード電話.

카드뮴〔cadmium〕名〔化〕カドミウム.

카디건〔cardigan〕名 カーディガン.

카랑카랑 副 하形 **1**〔목소리가 맑고 똑똑한 모양〕りんと. ¶ 아버지의 ~한 목소리가 들린다 父のりんとした声が聞こえる. **2**〔하늘이 높고 맑으며 날씨가 찬 모양〕冷え冷え. ¶ 비가 온 뒤라 날씨가 ~하다 雨が降ったあとだから冷え冷えする.

카레〔← curry〕名 (西洋料理の)カレー. カレーライス.

카레 라이스〔← curried rice〕名 カレーライス.

카로틴〔carotin〕名〔化〕カロチン.

카르테〔㊆Karte〕名〔醫〕カルテ.

카르텔〔㊆Kartell〕名〔經〕カルテル. 企業連合.

카리스마〔㊆charisma〕名 カリスマ. 超人的な資質·能力.

카리에스〔㊂caries〕名〔醫〕カリエス. ¶ 척추 ~ 脊椎カリエス.

카메라〔camera〕名 カメラ. 写真機. ¶ ~ 앵글 カメラアングル / ~ 워크 カメラワーク. 撮影技術.

카메라맨〔cameraman〕名 カメラマン.

카멜레온〔chameleon〕名〔動〕カメレオン.

카무플라주〔㊇camouflage〕名 하他 カムフラージュ. 偽装すること.

카바레〔㊇cabaret〕名 キャバレー.

카바이드〔carbide〕名〔化〕カーバイド.

카본〔carbon〕名 カーボン. ¶ ~ 블랙 カーボンブラック.

카뷰레터〔carburetor〕名 キャブレター.

카비네판〔㊇cabinet判〕名 キャビネ判.

카빈총〔carbine銃〕名〔軍〕カービン銃. 自動小銃.

카세인〔casein〕名〔化〕カゼイン. 乾酪素.

카세트〔cassette〕名 カセット. ¶ ~ 테이프 カセットテープ.

카스테레오〔car stereo〕名 カーステレオ.

카스텔라〔㊈castella〕名 カステラ.

카스트〔caste〕名 カースト. 四姓.

카약〔kayak〕名 カヤック.

카우보이〔cowboy〕名 カウボーイ. 牧童.

카운슬러〔counselor〕名 カウンセラー.

카운슬링〔counseling〕名 カウンセリング.

카운터〔counter〕名 カウンター.

카운터블로〔counterblow〕名〔體〕(ボクシングで)カウンターブロー.

카운트〔count〕名 하自他 (スポーツ競技での)カウント.

카운트다운〔countdown〕名 カウントダウン. 秒読み.

카이저수염〔㊆Kaiser 鬚髯〕名 カイゼル髭.

카지노〔㊉casino〕名 カジノ.

카키색〔㊓khâki色〕名 カーキ色.

카타르〔catarrh〕名〔醫〕カタル. ¶ 위 ~ 胃カタル.

카타르시스〔㊁catharsis〕名 カタルシス.

카탈로그〔catalog〕名 カタログ.

카테고리〔㊆Kategorie〕名〔哲〕カテゴリー. 範疇.

카투사〔KATUSA ← Korean Augmentation Troops to the United States Army〕名 駐韓米軍に配属されている韓国軍人.

카트리지〔cartridge〕名 カートリッジ.

카페〔㊇café〕名 カフェー. 喫茶店.

카페리〔car ferry〕名 カーフェリー.

카페인〔caffeine〕名〔化〕カフェイン.

카페테리아〔㊋cafeteria〕名 カフェテリア.

카펫〔carpet〕名 カーペット. じゅうたん.

카폰〔car phone〕名 カーフォーン.

카풀〔car pool〕名 カープール.

카피〔copy〕名 하他 コピー.

카피라이터〔copywriter〕名 コピーライター.

칵 副〔목구멍에 걸린 것을 뱉어 내려고 목청을 힘껏 갈아서 내는 소리〕げえっと. があっと.

칵칵 副 하自 があっがあっ(と). げえっげえっ(と).

칵칵거리다[-대다] 自 げろげろする. げえっげえっする.

칵테일〔cocktail〕名 カクテル. ¶ ~ 글라스 カクテルグラス / ~ 파티 カクテルパーティー.

칸 Ⅰ 名 **1**〔建〕間. 4本の柱で仕切った一間の広さ. **2** ます. ますめ. ¶ 원고지의 ~ 原稿用紙のます(め).

Ⅱ 依名 間. ¶ 세 ~짜리 방 3間の部屋.

칸나〔canna〕名〔植〕カンナ.

ㅋ

칸델라〔candela〕 依名〔物〕カンデラ.
칸막이 名 하自他 ついたて. 間仕切り.
칸살 名 **1** (家の)一間の広さ. ひと間. **2** 間隔.
칸초네〔ⓘ canzone〕 名〔樂〕カンツォーネ.
칸타빌레〔ⓘ cantabile〕 名〔樂〕カンタービレ.
칸타타〔ⓘ cantata〕 名〔樂〕カンタータ.
칸토〔ⓘ canto〕 名〔樂〕 **1** 歌曲. 旋律. **2** 合唱曲の最高音部.
칼[1] 名 刃物〈包丁·刀·ナイフなど〉. ¶ ~을 갈다 刀を研ぐ / ~로 고기를 저미다 包丁で肉を薄く切る / ~을 차다 刀を差す / ~을 ~집에 꽂다 剣をさやに納める.
◆**칼을 맞다** 刃物で刺される.
〔속담〕**칼로 물 베기** 刀で水を切る〈争ってもすぐ仲直りをすること〉.
◇刃物는 날이 있는 칼의 총칭으로서, 包丁는 부엌칼·식칼을, 刀는 외날의 큰 칼, 즉 도검을, 小刀는 주머니칼 등 작은 칼을, ナイフ는 식탁용칼이나 小刀를, あいくち는 비수를 말한다.
칼[2] 名〔史〕首枷.
칼국수 名 手打ちうどん. 切麦.
칼깃 名 (鳥の)風切り羽.
칼날 名 (刃物の)刃. ¶ ~이 번뜩이다 刃がひらめく.
칼데라〔ⓔ caldera〕 名〔地〕カルデラ. ¶ ~호 カルデラ湖 / ~ 지형 カルデラ地形.
칼등 名 刃物の背. みね.
칼라〔collar〕 名 カラー. えり.
칼럼〔column〕 名 コラム.
칼럼니스트〔columnist〕 名 コラムニスト. 特約寄稿家.
칼로리〔calorie〕 依名〔열량의 단위〕カロリー.
칼로리미터〔calorimeter〕 名〔物〕カロリメーター. 熱量計.
칼륨〔ⓓ Kalium〕 名〔化〕カリウム.
칼륨백반〔一白礬〕 名〔化〕カリウム明礬.
칼륨염〔一鹽〕 名〔化〕カリウム塩.
칼륨 유리〔一琉璃〕 名〔化〕カリウムガラス.
칼리〔ⓓ kali〕 名〔化〕カリ.
칼모틴〔Calmotin〕 名〔藥〕カルモチン.
칼부림 名 하自 刃物三昧. 刃物で相手を脅すこと.
칼슘〔calcium〕 名〔化〕カルシウム.
칼슘 비누 名 カルシウム石鹸.
칼싹두기 名 水団の一種.
칼자국 名 切り傷. 刀傷. 刀痕.
칼자루 名 **1** (刀の)柄. **2** 〈俗〉実際の権力.
◆**칼자루를 잡다** 相手より有利な立場にある.
칼잡이 名 **1** 手に刀を握った人. **2** 〈卑〉畜殺業者.
칼질 名 하自 **1** 刃物の使い方. 刃物さばき. 包丁さばき. 太刀さばき. **2** 刃物を使うこと. **3** 刃物を振り回すこと.
칼집 名 鞘.
칼춤 名 剣舞. ¶ ~을 추다 剣舞を舞う.
칼침〔一鍼〕 名 刃物で刺したり刺されたりすること.
◆**칼침을 맞다** (恨みなどで)刃物で刺される.
칼칼하다 形 **1** 喉がからからだ. **2** 少し辛い. ¶ 대구탕은 칼칼한 게 맛이 좋다 テグタンは少し辛いのがおいしい.
칼크〔ⓡ calc〕 名〔化〕カルキ.
칼판〔一板〕 名 まな板.
캄보디아〔Cambodia〕 名〔地〕カンボジア〈インドシナ半島にある国〉.
캄브리아기〔Cambria紀〕 名〔地〕カンブリア紀.
캄캄하다 形 **1** 真っ暗だ. ¶ 캄캄한 밤중 真っ暗な夜中. **2** 希望が持てない. 暗い. ¶ 앞날이 ~ 前途が暗い. **3** 事情を知らない. 疎い. 暗い. ¶ 세상 물정에 ~ 世情に疎い / 이 근처 지리에 ~ この辺の地理に暗い. **4** ('소식이 캄캄하다'의 꼴로) 音沙汰がない.
캅셀〔ⓓ Kapsel〕 名 カプセル.
캐나다〔Canada〕 名〔地〕カナダ〈北米大陸北部の国〉.
캐내다 他 **1** 掘り出す. ¶ 고대의 토기를 ~ 古代の土器を掘り出す. **2** 探り出す. 探査する.
캐다 他 **1** 掘る. ¶ 석탄을 ~ 石炭を掘る. **2** 突きとめる. 探る. 調べあげる. ¶ 탈세 여부를 ~ 脱税の有無を調べあげる / 원인을 ~ 原因を突きとめる.
캐디〔caddie〕 名 (ゴルフの)キャディー.
캐러멜〔caramel〕 名 キャラメル. カラメル.
캐러밴〔caravan〕 名 キャラバン. 隊商.
캐럴〔carol〕 名 キャロル. ¶ 크리스마스~ クリスマスキャロル.
캐럿〔carat〕 依名〔보석의 무게의 단위〕カラット.
캐리커처〔caricature〕 名 カリカチュア. 戯画. 風刺画.
캐릭터〔character〕 名 キャラクター. ¶ ~ 상품 キャラクター商品.
캐묻다 他〔'캐어묻다'의 준말〕しつこく尋ねる. 問い詰める. 根掘り葉掘り聞く. ¶ 범죄 사실을 하나하나 ~ 犯罪の事実を一つ一つしつこく尋ねる.
캐비닛〔cabinet〕 名 キャビネット.
캐비아〔caviar〕 名 キャビア. カビア.
캐비지〔cabbage〕 名〔植〕キャベツ. 甘藍. 玉菜.
캐스터〔caster〕 名 (テレビニュースなどの)キャスター.
캐스터네츠〔castanets〕 名〔樂〕カスタネット.
캐스트〔cast〕 名 キャスト. 配役.
캐스팅 보트〔casting vote〕 名 キャスチングボート.
캐시미어〔cashmere〕 名 カシミア. ¶ ~의 고급 복지 カシミアの高級服地.
캐어묻다 他 根掘り葉掘り聞く. ¶ 이것저것 ~ あれやこれや根掘り葉掘り尋ねる.
캐주얼〔casual〕 名 カジュアル.
캐주얼웨어〔一wear〕 名 カジュアルウェア.
캐처〔catcher〕 名 キャッチャー. 捕手.
캐치〔catch〕 名 하自他 キャッチ. ¶ 정보

를 ～하다 情報をキャッチする / 공을 정확히 ～하다 ボールを正確にキャッチする.
캐치볼[—ball] 名 キャッチボール.
캐치프레이즈[catchphrase] 名 キャッチフレーズ.
캐터필러[caterpillar] 名 キャタピラー. カタピラー. 無限軌道. ¶ ～ 트랙터 キャタピラートラクター.
캑 副 〔목구멍에 걸린 것을 뱉어내려고 기침을 힘껏 하는 소리〕 かっ(と).
캑캑 副 하自 かっかっ(と).
캑캑거리다[-대다] 自 げえげえする. かっかっと吐き出す.
캔[can] 名 缶. ¶ ～맥주 缶ビール.
캔디[candy] 名 キャンデー. キャンディー.
캔버스[canvas] 名 カンバス. キャンバス.
캔슬[cancel] 名 하他 キャンセル. 取り消すこと. ¶ 호텔 예약을 ～하다 ホテルの予約をキャンセルする.
캘리코[calico] 名 キャラコ.
캘린더[calendar] 名 カレンダー. 暦.
캠퍼스[campus] 名 キャンパス.
캠페인[campaign] 名 キャンペーン. ¶ 자연 보호의 ～을 시작하다 自然保護のキャンペーンを始める.
캠프[camp] 名 하自 キャンプ. 野営. ¶ ～ 생활 キャンプ生活 / ～장 キャンプ場 / ～파이어 キャンプファイアー.
캠핑[camping] 名 하自 キャンピング. キャンプ生活. 野営.
캡[cap] 名 キャップ.
캡램프[cap lamp] 名 〔鑛〕 キャップランプ.
캡션[caption] 名 キャプション. 説明文. ¶ 이 삽화에 ～을 달아 주세요 この挿絵に説明文を付けてください.
캡슐[capsule] 名 カプセル.
캡틴[captain] 名 キャプテン.
캥 副 〔여우가 우는 소리〕 こん(と).
캥캥 副 하自 こんこん(と).
캥거루[kangaroo] 名 〔動〕 カンガルー.
캭 副 〔목구멍에 걸린 것을 떼려고 힘있게 뱉는 소리〕 があっ(と). ¶ ～하고 뱉어내다 があっと吐き出す.
캭캭 副 하自 があっがあっ(と).
커 感 **1** 〔음식 맛이나 술 맛이 몹시 맵거나 독할 때 나는 소리〕 はあっと. ひいっと. **2** 〔곤하게 잠잘 때 내는 숨소리〕 ぐうっと.
커녕 助 (명사·용언의 명사형 '기' 또는 조사 '는·은'의 뒤에서 부정의 뜻으로 쓰여) …どころか. …はおろか. ¶ 칭찬은 ～ 꾸지람만 들었다 誉められるどころか逆に叱られた. ▷-는커녕
커닝[cunning] 名 하自他 カンニング.
커다랗다 形 非常に大きい. ¶ 커다란 희망을 안고 상경하다 とても大きな希望を抱いて上京する.
커다래지다 自 非常に大きくなる. ¶ 깜짝 놀라서 눈이 커다래졌다 びっくりして目がまん丸くなった.
커리어[career] 名 キャリア. ¶ ～우먼 キャリアウーマン
커리큘럼[curriculum] 名 カリキュラム. 教育課程.
커뮤니케이션[communication] 名 コミュニケーション.
커미션[commission] 名 コミッション.
커버[cover] 名 하他 カバー. ¶ 손실을 ～하다 損失をカバーする.
커버 걸[—girl] 名 カバーガール.
커브[curve] 名 カーブ. ¶ 이 도로는 ～가 급하다 この道路はカーブが急だ.
커스터드[custard] 名 カスタード.
커지다 自 大きくなる. 広がる. 成長する. ¶ 세력이 점점 ～ 勢力がだんだん大きくなる.
커터[cutter] 名 カッター.
커트[cut] 名 하他 カット. ¶ 머리를 짧게 ～했다 髪を短く切った.
커트라인[cut line] 名 及落線. 合格圏の最低線. 切り捨てる線.
커튼[curtain] 名 カーテン. 窓掛け. ¶ ～을 치다 カーテンを閉める[引く].
커틀릿[cutlet] 名 カツレツ. カツ. ¶ 비프 ～ ビーフカツレツ.
커프스[cuffs] 名 カフス. ¶ ～ 단추[버튼] カフスボタン.
커플[couple] 名 カップル. ¶ 잘 어울리는 ～ 似合いのカップル.
커피[coffee] 名 コーヒー. ¶ ～ 세트 コーヒーセット.
커피나무 名 〔植〕 コーヒーの木.
커피숍[—shop] 名 コーヒーショップ. コーヒー店. 喫茶店.

> 單語帳 **마실 것에 관한 말**
>
> 커피 コーヒー / 홍차 紅茶 / 우유 牛乳 / 주스 ジュース / 요구르트 ヨーグルト / 생강차 しょうが茶 / 엽차(葉茶) 葉茶. 麦茶 / 사이다 サイダー / 콜라 コーラ / 물 水. お冷や / 냉수(冷水) お冷や / 코코아 ココア / 밀크 ミルク / 밀크 셰이크 ミルクセーキ / 보리차 麦茶 / 유자차 ゆず茶 / 율무차 はとむぎ茶 / 옥수수차 とうもろこし茶 / 숭늉 おこげ湯 / 식수(食水) 飲み水 / 약수(藥水) 名水 / 식혜(食醯) シッケ.
>
> ◆마시다, 먹다 飲む / 들다 飲む(美化語) / 삼키다 飲み込む. ▷술[1] 單語帳

커피포트[coffeepot] 名 コーヒーポット. コーヒー沸かし.
-컨대 〔'-하건대'의 준말〕 …するに. ¶ 요～ 要するに / 원～ 願わくは.
컨디션[condition] 名 コンディション. 具合. ¶ 선수들의 ～이 좋다 選手たちのコンディションがよい.
컨베이어[conveyor] 名 コンベヤー. ¶ ～ 시스템 コンベヤーシステム.
컨테이너[container] 名 コンテナ. ¶ ～ 수송 コンテナ輸送.
컨트롤[control] 名 하他 コントロール. 制御. ¶ 온도를 ～하다 温度をコントロールする.
컨트리클럽[country club] 名 カントリークラブ.
컬[curl] 名 하他 カール. ¶ 머리를 ～하다 髪をカールする.
컬러[color] 名 カラー. 色. 色彩. ¶ ～ 사진 カラー写真 / ～ 텔레비전 カ

ラーテレビ / ～ 필름 カラーフィルム.

컬컬하다 形 **1** のどがからからだ. ¶ 목이 ～ のどがからからに渇いている. **2** (味が)ひりひりと辛い. ¶ 대구탕이 제법 컬컬하군 テグタンが思いの外ひりひりと辛いね.

컬트 무비〔cult movie〕名〔映〕カルトムービー.

컬티베이터〔cultivator〕名 カルチベーター. 耕耘機.

컴맹〔computer盲〕名 コンピューター盲[盲人].

컴백〔comeback〕名 하自 カムバック. ¶ 영화계에 ～하다 映画界にカムバックする.

컴컴하다 形 **1** 暗い. 真っ暗だ. ¶ 으슥하고 컴컴한 굴 속 ひっそりして真っ暗い洞窟の中. **2** 腹黒い. あくどい. ¶ 속이 컴컴한 사람 腹黒い人.

컴퍼스〔compass〕名 コンパス.

컴퓨터〔computer〕名 コンピューター.

컵〔cup〕名 コップ. カップ. ¶ 유리～ ガラスのコップ / 우승～ 優勝カップ.

컷〔cut〕名 カット.

케이블〔cable〕名 ケーブル.

케이블카〔—car〕名 ケーブルカー.

케이블 티브이〔—TV〕名 ケーブルテレビ.

케이스〔case〕名 ケース. ¶ 모델 ～ モデルケース.

케이에스〔KS ← Korean Industrial Standard〕名 ケーエス. 韓国工業規格. ¶ ～ 마크 ケーエスマーク.

케이오〔KO ← knockout〕名 하自 ケーオー. ノックアウト. ¶ ～승 ケーオー勝ち.

케이크〔cake〕名 ケーキ. 洋菓子. ¶ 생크림 ～ 生クリームのケーキ.

케이프〔cape〕名 (防寒用·幼児用の)ケープ. 肩マント.

케첩〔ketchup〕名 ケチャップ. ¶ 토마토 ～ トマトケチャップ.

케케묵다 形 古くさい. かび臭い. ¶ 케케묵은 이론 かび臭い理論.

켄트지〔Kent紙〕名 ケント紙.

켕기다 Ⅰ 自 **1** ぴんと張る. ¶ 창자가 켕기도록 웃었다 腹の皮が伸びきるほど笑った. **2** 気にかかる. 心配になる. ¶ 큰소리는 쳤지만 뒤가 켕긴다 大きなことを言ったが後始末が気になる. Ⅱ 他 引っ張る. ぴんと張る. ¶ 빨랫줄을 ～ 物干しのロープをぴんと張る.

켜 名 (重なり合った一つ一つの)層. 重ね. ¶ 두 ～ 2層 / 여러 ～로 떡을 쌓다 何層かに餅を積み上げる.

켜내다 他 (繭から糸を)つむぎ出す.

켜다[1] 他 **1** (スイッチ·ラジオなどを)つける. ¶ 전등을 ～ 電灯をつける / 라디오를[텔레비전을] ～ ラジオ[テレビ]をつける. **2** (マッチ·ライターなどで火を)つける. ¶ 성냥을 ～ マッチをつける / 가스를 ～ ガスをつける.

켜다[2] 他 (酒·水などを)ぐっと飲む. あおる. 飲みほす. ¶ 생맥주 한 조끼를 단숨에 ～ 生ビールをジョッキでひと息にあおる.

켜다[3] 他 **1** (鋸で)挽く. ¶ 나무를 ～ 木を挽く. **2** (絃楽器を)弾く. ¶ 바이올린을 ～ バイオリンを弾く. **3** (繭から)糸を紡ぎ出す. **4** (飴を揉んで伸ばして)白くする. **5** 伸びをする. ¶ 두 팔을 펴서 기지개를 켰다 両腕を広げて伸びをした.

켜다[4] 他 雄が雌を呼ぶ声を出す. ¶ 우레를 ～ 雄の雉笛を吹く.

켜지다 自 (明かり·火などが)ともる. つく. つけられる. ¶ 전등이 밤새 켜져 있다 電灯が一晩中ついている.

켜켜이 副 重ね重ねに.

켤레 依名〔신·양말·장갑·방망이 등 두 짝을 한 벌로 세는 단위〕足. 組. 揃い. 対. ¶ 양말 두 ～ 靴下2足.

켯속 名 いきさつ. 経緯. 内情. 内幕. 真相.

코[1] 名 **1** 鼻. ¶ 납작～ あぐらをかいた鼻 / 들창～ しし鼻 / 매부리～ わし鼻 / ～가 막히다 鼻が詰まる / ～를 후비다 鼻をほじる. **2** 洟. 鼻水. 鼻汁. ¶ ～가 나오다 鼻が出る / ～를 훌쩍이다 鼻をずるずるいわせる. 鼻をすする. **3** (履き物·ポソン(버선)などの)先. ¶ 구두～ 靴の爪先.

◆**코가 납작해지다** 顔がつぶれる. 面目を失う.

◆**코가 높다** 鼻にかける. 鼻高々だ.

◆**코가 땅에 닿다** 鼻が地面につく(頭を深く垂れる).

◆**코가 빠지다** ショックで落ちこみ元気がなくなる.

◆**코가 세다** 鼻っ柱が強い. 気が荒い.

◆**코를 골다** いびきをかく.

◆**코를 떼다** 鼻を折られる. 顔をつぶされる. 恥をかく.

◆**코를 풀다** 鼻をかむ.

◆**코 묻은 돈** 子供が持っているわずかばかりのお金.

◆**코에 걸다** 鼻にかける. 自慢する.

〔속담〕**코 아래 진상이 제일이라** 鼻の下への献上が一番だ(袖の下が一番だ).

코[2] 名 網·編み物の目ごとの結び. 網の目. ¶ 스웨터의 ～가 풀리다 セーターの網の目がほどける.

코감기〔—感氣〕名〔醫〕鼻風邪.

코끝 名 鼻先. 鼻面.

코끼리 名〔動〕象.

코납작이 名 **1** 鼻ぺちゃ. **2** 面目を失った人.

코냑〔㊉cognac〕名 コニャック.

코너〔corner〕名 コーナー. ¶ ～ 킥 コーナーキック.

코대답〔—對答〕名 하自 (誠意のない)鼻先の答え. 鼻であしらう答え.

코데인〔codeine〕名〔化〕コデイン.

코드[1]〔chord〕名〔樂〕コード. 和音.

코드[2]〔code〕名 コード. ¶ ～ 번호 コードナンバー.

코드[3]〔cord〕名 コード. ¶ 전화 ～ 電話のコード.

코디네이터〔coordinator〕名 コーディネーター.

코딱지 名 鼻くそ. ¶ ～를 후비다 鼻くそをほじくる.

코뚜레 名〔'쇠코뚜레'의 준말〕鼻木. 鼻輪.

코란〔Koran〕 名〔宗〕 コーラン〈イスラム教の聖典〉.
코랑코랑 副 하形 〔자루 등에 물건이 좀 덜 차서 들썩들썩한 모양〕 ぶかぶか.
코러스〔chorus〕 名〔樂〕 コーラス. 合唱.
코로나〔corona〕 名〔天〕 コロナ.
코르덴〔← corded velveteen〕 名 コールテン. コーデュロイ. ¶～ 바지 コールテンのズボン.
코르셋〔corset〕 名 コルセット.
코르크〔cork〕 名 コルク. キルク. ¶～ 마개 コルクの栓.
코리아〔Korea〕 名 コリア. 韓国.
코리안〔Korean〕 名 韓国人. 韓国語.
코린트식〔Corinth式〕 名〔建〕 コリント式.
코맹맹이 名 鼻づまりの人. 鼻声の人.
코머거리 名 鼻づまりの人.
코멘트〔comment〕 名 コメント. 説明. 論評. ¶노～ ノーコメント.
코뮈니케〔(프) communiqué〕 名 コミュニケ〈外交上の声明書〉.
코뮤니스트〔communist〕 名 コミュニスト. 共産主義者.
코뮤니즘〔communism〕 名 コミュニズム. 共産主義.
코미디〔comedy〕 名 コメディー. 喜劇.
코미디언〔comedian〕 名 コメディアン. 喜劇俳優.
코믹〔comic〕 名 하形 コミック. ¶～ 오페라 コミックオペラ.
코밑 名 鼻の下.
코바늘 名 鉤針. ¶～ 뜨개질 鉤針編み.
코발트〔cobalt〕 名〔化〕 コバルト.
　코발트그린〔—green〕 名 コバルトグリーン〈緑色の顔料〉.
　코발트색〔—色〕 名 コバルト色. 青色.
　코발트 유리〔—琉璃〕 名 コバルトガラス.
　코발트 폭탄〔—爆彈〕 名 コバルト爆弾.
코방아찧다 自 うつ伏せに倒れて地面に鼻柱を打ちつける.
코배기 名〈俗〉 鼻高・鼻高(な人). ¶양～ 西洋人.
코브라〔cobra〕 名〔動〕 コブラ.
코빼기 名〈卑〉 鼻.
◆코빼기도 볼 수 없다[못 보다] (鼻の先も見ることができないの意で)全然顔を見ることができない.
코뼈 名〔生〕 鼻骨.
코뿔소 名〔動〕 犀.
코사인〔cosine〕 名〔數〕 コサイン. 余弦.
코스〔course〕 名 コース. ¶직선 ～ 直線コース / 관광 ～ 観光コース / 박사 ～ 博士課程.
코스모스〔cosmos〕 名〔植〕 コスモス.
코스트〔cost〕 名 コスト. ¶～ 다운 コストダウン.
코알라〔koala〕 名〔動〕 コアラ.
코앞 名 **1** すぐ近く. 目の前. 鼻先. ¶학교는 ～에 있다 学校は鼻先にある. **2** 目前に迫ること. ¶입학 시험이 ～에 닥쳤다 入学試験が目前に迫った.
코웃음 名 鼻先でせせら笑うこと.
◆코웃음을 치다 鼻で笑う. あざ笑う. せせら笑う. 冷笑する.
코인〔coin〕 名 コイン.
코일〔coil〕 名 コイル.
코주부 名 鼻の大きい人のあだな.
코즈머폴리턴〔cosmopolitan〕 名 コスモポリタン. 世界主義者. 世界人.
코찡찡이 名 鼻詰まりの人のあだな.
코청 名 鼻中隔.
코치〔coach〕 名 하他 コーチ. ¶농구 ～ バスケットボールのコーチ.
코침 名 鼻の穴にこよりなどでくすぐるいたずら.
◆코침을 주다 ① こよりで鼻の穴をくすぐる. ② 人を怒らせる.
코카인〔cocaine〕 名〔化〕 コカイン.
코코넛〔coconut〕 名 ココナッツ. ココやしの実.
코코아〔cocoa〕 名 ココア.
코코야자〔coco椰子〕 名 椰子の木.
코크스〔cokes〕 名〔鑛〕 コークス. 骸炭.
코털 名 鼻毛. ¶～을 뽑다 鼻毛を抜く.
코트¹〔coat〕 名 コート. ¶～를 걸치다 コートをはおる.
코트²〔court〕 名 コート. ¶테니스 ～ テニスコート.
코트라〔KOTRA ← Korea Trade Promotion Corporation〕 名 コトラ. 大韓貿易振興公社.
코튼〔cotton〕 名 コットン. 綿. 綿布. 綿糸.
코팅〔coating〕 名 하他 コーティング.
코펠〔← (독) Kocher〕 名 コッヘル.
코프라〔copra〕 名 コプラ.
코피 名 鼻血. ¶～가 나다 鼻血が出る.
코하다 自〈幼〉 ねんねする. ¶코하고 자라 ねんねしなさい.
코허리 名 小鼻〈鼻先から左右の鼻のつけ根までのふくらんだ所〉.
◆코허리가 시다 目頭が熱くなる.
코흘리개 名 はな垂れ. ¶～ 아이 はな垂れ小僧.
콕¹〔cock〕 名 コック. 栓.
콕² 副 〔찌르거나 박거나 찍는 모양〕 ぶすっと. こつっと. こちんと. ¶화살이 과녁에 ～ 박히다 矢が的にぶすっと突き刺さる / 연필로 책상 위를 ～ 찌르다 鉛筆で机の上をこつんとつつく.
　콕콕 副 하自 ちくちく. ぶすぶす. こんこん. ¶모이를 ～ 쪼아먹다 餌をこつこつついて食べる.
콘덴서〔condenser〕 名 コンデンサー.
콘도미니엄〔condominium〕 名 コンドミニアム. 分譲マンション.
콘돔〔condom〕 名 コンドーム.
콘드비프〔corned beef〕 名 コンビーフ. コーンビーフ. コーンドビーフ.
콘사이스〔concise〕 名 コンサイス.
콘서트〔concert〕 名〔樂〕 コンサート. 演奏会. ¶～ 홀 コンサートホール.
콘센트〔consent〕 名〔電〕 コンセント.
콘크리트〔concrete〕 名 コンクリート. ¶철근 ～ 鉄筋コンクリート.
콘택트렌즈〔contact lens〕 名 コンタクトレンズ.
콘테스트〔contest〕 名 コンテスト. ¶미

인 ~ 美人コンテスト.

콘트라베이스〔contrabass〕 名〔樂〕 コントラバス.

콘트라스트〔contrast〕 名 コントラスト. 対照.

콜〔call〕 名 コール. ¶ ~ 걸 コールガール.

콜드 게임〔called game〕 名 (野球で) コールドゲーム.

콜드크림〔cold cream〕 名 コールドクリーム. 油性クリーム.

콜라〔cola〕 名 コーラ〈清涼飲料の一つ〉.

콜레라〔cholera〕 名〔醫〕 コレラ. ¶ ~균 コレラ菌.

콜레스테롤〔cholesterol〕 名 コレステロール.

콜로세움〔㉣ Colosseum〕 名〔建〕 コロセウム. コロシアム.

콜로이드〔colloid〕 名〔化〕 コロイド. 膠質. ¶ ~ 용액 コロイド溶液.

콜록 副 하自 〔기침 소리〕 ごほんと.

콜록거리다[-대다] 自 ごほんごほんと咳きこむ. 咳上げる.

콜록콜록 副 하自 ごほんごほん(と). ¶ 기침을 ~한다 咳をごほんごほんする.

콜론〔colon〕 名 (記号の) コロン(:).

콜롬비아〔Colombia〕 名〔地〕 コロンビア〈南米大陸北西部にある共和国〉.

콜 사인〔call sign〕 名 コールサイン.

콜콜 副 하自 〔가는 줄기의 액체가 흐르는 소리〕 とくとく(と).

콜콜거리다[-대다] 自 とくとくと流れ出る.

콜택시〔call taxi〕 名 電話で呼び出して利用するタクシー.

콤마〔comma〕 名 コンマ.

콤바인〔combine〕 名 コンバイン. 刈り取り脱穀機.

콤비〔← combination〕 名 コンビ. **1** 2人組. ¶ 명~ 名コンビ. **2** 材質や色の異なる上下一組になった衣服.

콤비나트〔㉣ kombinat〕 名〔經〕 コンビナート. ¶ 석유 화학 ~ 石油化学コンビナート.

콤비네이션〔combination〕 名 コンビネーション. 組み合わせ.

콤팩트〔compact〕 名 コンパクト〈携帯用化粧用具の一種〉.

콤팩트디스크〔compact disk〕 名 コンパクトディスク. シーディー(CD).

콤플렉스〔complex〕 名〔心〕 コンプレックス. 劣等感.

콧구멍 名 鼻孔. 鼻の穴.

◆**콧구멍만 하다** (鼻の穴ほどに) とても狭い.

콧김 名 鼻息.

◆**콧김이 세다** (鼻息が荒いの意で) 関係が密接で影響力が大きい.

콧날 名 鼻筋. 鼻梁. ¶ ~이 선 호남자 鼻筋が通った好男子.

콧노래 名 鼻歌. ¶ 흥겨워 ~를 부르다 興に乗って鼻歌を歌う.

콧대 名 鼻柱. 鼻っぱしら.

◆**콧대가 높다** 鼻が高い. 得意なようすである. 傲慢だ. 横柄だ.

◆**콧대가 세다** 鼻柱が強い. 「くじく.

◆**콧대를 꺾다** 鼻柱をへし折る. 鼻柱を

◆**콧대를 세우다** 鼻にかける. 傲慢な態度を見せる.

콧등 名 鼻筋. 鼻面.

콧마루 名 鼻筋. 鼻梁.

콧물 名 鼻水. 鼻汁. 洟. ¶ 감기가 들어 ~을 흘리다 風邪をひいて鼻水をたらす.

콧방귀 名 人を小ばかにしてふふんと鼻を鳴らすこと. ¶ ~만 뀌다 鼻であしらう.

콧방울 名 小鼻. 鼻翼. ¶ ~을 벌름거리다 小鼻をうごめかす.

콧병〔一病〕 名 鼻の病気.

〔속담〕 **콧병 든 병아리 같다** 鼻の病気にかかったひよこのようだ〈こくりこくりと居眠りすること〉.

콧살 名 鼻の肉. 鼻を動かしてできるしわ.

콧소리 名 **1** 鼻声. ¶ ~를 내다 鼻声をだす. **2**〔言〕 鼻音.

콧수염〔一鬚髯〕 名 口ひげ. 鼻の下のひげ. ¶ ~이 나다 口ひげが生える.

콧잔등 名〔'콧잔등이'의 준말〕 小鼻.

콧잔등이 名〈俗〉 小鼻.

콩[1] 名 豆. 大豆. ¶ ~을 물에 불리다 豆を水にふやかす.

〔속담〕 **콩 심은 데 콩 나고 팥 심은 데 팥 난다** 大豆を植えた所には大豆が生えるし, 小豆を植えた所には小豆が生える〈原因によって結果が生じる〉. **콩으로 메주를 쑨다 해도 곧이듣지 않는다** 豆でみそ玉麹をつくるといっても信じない〈人の言うことをなかなか信じようとしない. うそつきが正しいことを言っても信じがたい〉.

콩[2] 副 하自 〔단단한 바닥 위에 작고 무거운 물건이 떨어질 때 울리는 소리〕 ことんと. とんと. <쿵

콩가루 名 きな粉. 豆な粉.

콩강정 名 **1** もち米の粉でつくっただんごにきな粉をまぶした菓子. **2** 炒った大豆を水飴で固めた菓子.

콩고〔Congo〕 名〔地〕 コンゴ〈アフリカ中部の共和国〉.

콩국 名 大豆の搾り汁. 豆乳.

콩기 名 **1** 馬が豆をたくさん食べて元気になること. **2** (人が) 力強くてすばしこいこと.

콩기름 名 豆油. 大豆油.

콩깍지 名 豆のさや.

콩깻묵 名 豆粕. 大豆粕. 豆がら.

콩꼬투리 名 豆のさや.

콩나물 名 大豆萌し. ¶ ~ 시루 같은 버스 すし詰めのバス. 満員のバス / ~ 교실 すし詰めの教室.

콩나물밥 名 大豆萌入りの飯.

콩노굿 名 豆の花.

콩다콩 副 〔콩닥에 콩을 덧붙인 말〕 ことんことん. ごとんごとん. <쿵더쿵

콩다콩콩다콩 副 하自他 ことんことん. ごとんごとん.

콩대 名 豆を取った茎. 豆幹.

콩댐 名 하他 ふやかした大豆を挽いてえごまの油に混ぜてからオンドル(온돌)の油紙に塗りつけること.

콩떡 名 米の粉に豆を混ぜて蒸した餅.

콩멍석 名 豆を干すむしろ.

◆**콩멍석 같다** ① 鞭でひどく打たれたり虫に刺されたりして皮膚がでこぼこに腫れている. ② あばた顔だ.
콩무리 名〔'콩버무리'의 준말〕粳の粉に豆を混ぜて蒸した餅.
콩밥 名 豆ご飯.
◆**콩밥을 먹다**〈俗〉監獄暮らしをする. 臭い飯を食う.
콩밭 名 豆畑.
〔속담〕**콩밭에 가서 두부 찾는다** 豆畑に行って豆腐を求める〈たいへんせっかちな人〉.
콩버무리 名 粳の粉に豆を混ぜて蒸した餅.
콩설기 名 米の粉と豆を混ぜたものを交互に積み重ねて蒸した餅.
콩소 名 豆または豆の粉の餡.
콩소메[(프) consommé] 名 コンソメ.
콩알 名 **1** 豆粒. 豆の粒. **2** ごく小さいもの. ¶ 간이 ~만해지다 肝が豆粒ほどになる. 肝を冷やす.
콩엿 名 炒り豆の入った飴.
콩잎 名 豆の葉.
콩자반[一佐飯] 名〔料理〕豆のしょう油煮.
콩장[一醬] 名〔料理〕大豆を炒ってしょう油とごま油·ごま·とうがらし粉·ねぎなどで調味したもの.
콩죽[一粥] 名〔料理〕豆粥. 大豆をつぶして米とともに炊いた粥.
콩짜개 名 豆の片割れ.
콩찰떡 名〔料理〕もち米の粉と大豆や緑豆の粉を層状に重ねて, 黒豆を入れて蒸した餅.
콩케팥케 名 物事が入り交じって見分けのつかないこと. ごった返し. ごちゃ混ぜ.
콩쿠르[(프) concours] 名 コンクール. ¶ 무용 ~ 舞踊コンクール.
콩탕[一湯] 名〔料理〕青菜の葉を入れた呉汁.
콩트[(프) conte] 名〔文〕コント. 小話. 短編小説.
콩팔칠팔 副 하自他〔마구 지껄이는 모양〕あれやこれや. ¶ 술주정뱅이가 ~한다 酔っぱらいがあれやこれやしゃべりまくっている.
콩팥[1] 名 大豆と小豆.
콩팥[2] 名〔生〕腎臓.
콩풀 名 (糊づけして張った紙·布などの間に入った)空気の膨らみ.
콱 副 **1**〔힘껏 찌르거나 박는 모양〕ぶすりと. ぶすっと. ぐいっと. ¶ 주사침을 팔에 ~ 찌르다 注射針を腕にぶすっと刺す. **2**〔단단히 막거나 막히는 모양〕ぐっと. むっと. つんと. ぷんと. ¶ 냄새가 코를 ~ 찌르다 においがつんと鼻をつく / 말을 ~ 막히게 하다 声をぐっとつまらせる. **3**〔마구 쏟거나 엎지르는 모양〕ざあっと. ¶ 물을 ~ 쏟아버리다 水をざあっとこぼしてしまう.
콱콱 副 하自 **1**〔찌르거나 부딪치는 모양〕ぶすっぶすっ(と). **2**〔막히는 모양〕むっと. ¶ 열기와 땀냄새로 숨이 ~ 막히다 熱気と汗の臭いでむっとした.
콸콸 副 하自〔액체가 쏟아져 나오는 소리〕どくどく(と). ざあざあ(と). ¶ 수돗물이 ~ 쏟아지다 水道の水がざあざあほとばしる.
콸콸거리다[-대다] 自 (水などが)ざあざあと流れ出る.
쾅 副 **1**〔대포를 쏠 때 울리는 소리〕どんと. どかん. ¶ 대포소리가 ~하고 울렸다 大砲の音がどんと響いた. **2**〔무겁고 단단한 것이 떨어지거나 부딪칠 때의 소리〕どしんと. **3**〔문을 세게 닫을 때 나는 소리〕ばたんと.
쾅쾅 副 하自 **1**〔세게 두드리거나 폭발하는 소리〕どんどん. どかんどかん. ¶ 문을 ~ 계속 두드리다 ドアをどんどんとたたき続ける. **2**〔무거운 것이 떨어지는 소리〕どしんどしん.
쾅쾅거리다[-대다] 自他 **1** どんどんと叩く. どかんどかんと鳴る. **2** どしんどしんと落ちる音がする.
쾌 依名〔북어 20마리를 한 단위로 세는 말〕連. ¶ 북어 두 ~ 干しだら2連.
쾌감[快感] 名 快感. ¶ ~을 느끼다 快感を覚える.
쾌거[快擧] 名 快挙. ¶ 근래에 없는 ~다 近来にない快挙だ.
쾌남아[快男兒] 名 快男児.
쾌도[快刀] 名 快刀.
쾌도난마[一亂麻] 名 快刀乱麻. てきぱきと処理をすること.
쾌락[1][快樂] 名 하形 快楽. ¶ ~을 찾다 快楽を求める.
쾌락주의[一主義] 名〔哲〕快楽主義.
쾌락[2][←快諾] 名 하他 快諾. ¶ 내 의견을 ~했다 私の申し出を快諾した.
쾌보[快報] 名 朗報. 快報. 吉報. ¶ ~에 접하다 朗報に接する / ~를 전하다 朗報を伝える.
쾌사[快事] 名 快事. ¶ 근래의 ~ 近来の快事.
쾌속[快速] 名 하形 快速. ¶ ~으로 달리다 猛スピードで走る.
쾌속선[一船] 名 快速船.
쾌속정[一艇] 名 快速艇.
쾌승[快勝] 名 하自 快勝. ¶ ~을 거두다 快勝をあげる.
쾌심[快心] 名 하形 満足な気持ち.
쾌심사[一事] 名 満足で愉快なこと.
쾌심작[一作] 名 会心の作.
쾌유[快癒] 名 하自 快癒. 全快. ¶ ~를 빌다 快癒を祈る.
쾌재[快哉] 名 快哉. ¶ ~를 부르다 快哉を叫ぶ.
쾌저[快著] 名 快著. すぐれた著書.
쾌적하다[快適一] 形 快適だ. 心地よい. ¶ 쾌적한 분위기 心地よい雰囲気 / 하이킹하기에 쾌적한 날씨 ハイキングに快適な天気.
쾌전[快戰] 名 快戦. 痛快な戦い.
쾌조[快調] 名 快調. 好調. ¶ ~로 진행되다 快調に進む.
쾌주[快走] 名 하自 快走. ¶ 요트로 ~하다 ヨットで快走する.
쾌차[快差] 名 하自 快癒. 全快.
쾌척[快擲] 名 하他 (金品を)気持ちよく喜捨すること.
쾌청[快晴] 名 하形 快晴. ¶ 오늘은 ~하다 今日は快晴である.
쾌투[快投] 名 하他〔體〕(野球で)快

投.
쾌하다〔快—〕 形 1 愉快だ. 気持ちがよい. 2 病気がよくなっている. ¶몸이 쾌하지 못해 답답하다 体の調子がよくないので気がめいる. 3 (性格が)さっぱりしている. **쾌히** 副 愉快に. 快く. 気持ちよく. ¶~ 승낙하다 快く承諾する.
쾌한〔快漢〕 名 快漢. 快男子. 好漢.
쾌활하다〔快活—〕 形 快活だ. ¶쾌활한 웃음 快活な笑い/쾌활한 청년 快活な青年. **쾌활히** 副 快活に.
쾨쾨하다 形 1 悪臭がある. ひどくにおう. ¶쾨쾨한 냄새가 코를 찌르다 臭いにおいが鼻をつく. 2 (言動が)汚らしい. ¶이 쾨쾨한 자식 この汚らしいやつ.
쿠데타〔프 coup d'État〕 名 クーデター. ¶군사 ~ 軍事クーデター.
쿠렁쿠렁 副 하形 〔차지 않아 들썩들썩한 모양〕(袋などの中身が)すかすか. ぶかぶか. ¶자루 속이 ~하여 불편하다 袋の中がすかすかするので具合が悪い.
쿠바〔Cuba〕 名〔地〕キューバ〈中米, カリブ海にある共和国〉.
쿠션〔cushion〕 名 クッション. 座布団.
쿠웨이트〔Kuwait〕 名〔地〕クウェート〈ペルシア湾岸に位置する立憲君主国〉.
쿠키〔cookie〕 名 クッキー.
쿠킹〔cooking〕 名 クッキング. 料理. 料理法.
쿠폰〔프 coupon〕 名 クーポン.
쿡[1] 副 〔찌르거나 쪼는 모양〕 ぶすりと. ぐっと. ¶옆구리를 ~ 찌르다 わき腹をぐっと突く.
쿡쿡 副 하自 こつこつ(と). ちくちく(と). きりきり(と). ¶수술한 자리가 ~ 쑤신다 手術のあとがちくちく痛む.
쿡쿡거리다[-대다] 自 ぶすっぶすっと突き刺す. こつこつとつっつく. ¶검사원이 쌀 가마니를 쿡쿡거린다 検査員が米俵をぶすっぶすっと突き刺す.
쿡[2]〔cook〕 名 コック. 料理人.
쿨러〔cooler〕 名 クーラー. 冷房装置.
쿨렁 副 하自 1 〔병 속의 액체가 흔들릴 때 나는 소리〕 ぽちゃっと. だぶんと. ¶~ 소리를 내며 물이 흔들리다 だぶんと音を立てて水が揺れる. 2 〔척 들러붙지 않고 들떠 있는 모양〕 ぽこんと. ぷくっと.
쿨렁거리다[-대다] 自 1 ぽちゃんぽちゃんと音を立てる. 2 ぽこんぽこん[ぷくっぷくっ]と膨れ上がる. ¶바람에 천막의 포장이 ~ 風でテントのほろが膨らんでいる.
쿨렁쿨렁 副 하自 1 ぽちゃっぽちゃっと. がばがばと. 2 ぽこんぽこんと. ぷくっぷくっと.
쿨룩 副 하自 〔병으로 인한 기침 소리〕 ごほん(と).
쿨룩거리다[-대다] 自 ごほんごほんと咳き上げる.
쿨룩쿨룩 副 하自 ごほんごほん(と).
쿨쿨[1] 副 하自 〔액체가 굵은 줄기로 흐르는 소리〕 どくどく(と). ごぼごぼ(と). ¶구정물이 ~ 쏟아지다 汚水がどくどくあふれ出る.
쿨쿨거리다[-대다][1] 自 どくどく[ごぼごぼ]と流れる.
쿨쿨[2] 副 하自 〔코를 고는 소리[모양]〕 ぐうぐう(と). ¶코를 ~ 골며 잠들다 ぐうぐういびきをかきながら寝入る.
쿨쿨거리다[-대다][2] 自 ぐうぐういびきをかく.
쿵 副 1 〔무거운 것이 떨어져 울리는 소리〕 ずしんと. どしんと. ¶마룻바닥에 ~ 넘어지다 板の間の床にどしんと倒れる. 2 〔큰북 등을 울리는 소리〕 どんと. ¶북을 치니 ~ 울린다 太鼓をたたいたらどんと響く.
쿵쿵 副 하自他 1 どしんどしん(と). どんどん(と). 2 どんどん(と).
쿵쿵거리다[-대다] 自他 どしんどしん[ずしんずしん]と音がする.
쿵덕덕 副 하自他 〔북 등으로 장단을 맞추어 치는 소리〕 どんどん(と). どんどこ(と). ¶~ 소리에 맞추어 춤을 추었다 どんどんいう音に合わせて踊った.
쿵덕덕거리다[-대다] 自他 どんどこどんどこと音がする.
쿵덕덕쿵덕덕 副 하自他 どんどこどんどこ(と).
쿵쾅 副 하自他 1 〔폭탄 등이 터질 때 울리는 소리〕 どんどん(と). 2 〔북 소리가 크고 작게 섞바뀌어 나는 소리〕 どんどん(と). どんどこ(と). 3 〔단단하고 큰 물건이 부딪칠 때 나는 소리〕 どかんと. ずしんと. 4 〔마룻바닥 등을 구를 때 나는 소리〕 どんと.
쿵쾅거리다[-대다] 自他 どんどんどんどんととどろく.
쿵쾅쿵쾅 副 하自他 どんどんどんどん(と).
쿵쿵 副 하自他 1 〔무거운 것이 잇달아 떨어져 울리는 소리〕 ずしんずしん(と). どしんどしん(と). 2 〔멀리서 자꾸 울리는 대포 소리〕 どおんどおん(と). 3 〔북을 잇달아 울리는 소리〕 どんどん(と).
쿼터〔quarter〕 名 クォーター. 1 4分の1. 2 (運動競技などで)競技の4分の1.
쿼테이션 마크〔quotation mark〕 名 クォーテーションマーク. 引用符号.
퀘스천 마크〔question mark〕 名 クエスチョンマーク. 疑問符.
퀭하다 形 目が落ちくぼんで精気がない. ¶허기져 퀭하니 앉아 있다 腹をすかして力なく座っている.
퀴리〔curie〕 依名〔物〕キュリー〈放射能の単位〉.
퀴즈〔quiz〕 名 クイズ. ¶~ 프로 クイズ番組.
퀴즈 쇼〔—show〕 名 クイズショー.
퀴퀴하다 形 かび臭い. むっとする.
퀸〔queen〕 名 クイーン. 女王.
퀼로트〔프 culotte〕 名 キュロット〈ズボンの一種〉.
큐〔cue〕 名 キュー. 1 玉突きの棒. 2 (テレビ·ラジオ放送でせりふ·演技·音楽などの)開始を告げる合図.
큐비즘〔cubism〕 名〔美〕キュービズム. 立体派.
큐피드〔Cupid〕 名 キューピッド〈ローマ

神話で恋愛の神. ビーナスの子〉.
크기 名 大きさ. サイズ. ¶ 교실의 ～ 教室の大きさ[広さ] / 책의 ～ 本の大きさ.
크나크다 形 非常に大きい. ¶ 크나큰 사건 非常に大きい出来事 / 크나큰 기쁨 大きな喜び / 부모님의 크나큰 은혜 親の大きな恩.
크낙새 名〔動〕木叩.
크다 Ⅰ 形 大きい. **1** (長さ·広さ·大きさなどが標準より)大きい. ¶ 덩치가 ～ 体格が大きい / 방이 ～ 部屋が大きい / 크고 작은 집 大小の家. **2** (丈が)高い. ¶ 키가 ～ 背が高い / 전봇대가 ～ 電信柱が高い. **3** (規模·程度·範囲·力などが)大きい. はなはだしい. 強い. ¶ 역할이 ～ 役割が大きい. **4** (声が)大きい. 強い. ¶ 바람소리가 ～ 風の音が強い. **5** (考え·度量などが)大きい. 広い. ¶ 배짱이 ～ 太とっ腹だ / 마음이 ～ 心が広い. **6** 〔치수가 남아서 맞지 않다〕余る. ¶ 이 모자는 너무 ～ この帽子はあまり大きい. **7** (金の)額·単位が多い. ¶ 뜻밖에 큰 돈을 잡다 思いがけず大金をつかむ.
Ⅱ 自 (人間が)大きくなる. 成長する. 育つ. ¶ 커서 뭐가 되고 싶어? 大きくなって何になりたい / 몰라보게 많이 컸구나 見違えるほど大きくなったね.
〔속담〕**큰 방죽도 개미구멍으로 무너진다** 大きい堤も蟻の穴から崩れる〈小さな力で大きなことをなし遂げる. ささいなことでもばかにしていると大きな被害をこうむる〉.
크디크다 形 とても[極めて]大きい.
크라운〔crown〕名 クラウン. 王冠.
크라프트지〔kraft紙〕名 クラフト紙.
크래커〔cracker〕名 クラッカー. ¶ 치즈 ～ チーズクラッカー.
크랭크〔crank〕名 クランク.
크랭크 업〔—up〕名 하自〔映〕クランクアップ. 撮影終了.
크랭크 인〔—in〕名 하自〔映〕クランクイン. 撮影開始.
크랭크축〔—軸〕名 クランク軸. クランクシャフト.
크러셔〔crusher〕名 クラッシャー. 粉砕機.
크러치〔crutch〕名 (ボートの) クラッチ.
크레디트〔credit〕名 クレジット.
크레디트 카드〔—card〕名 クレジットカード.
크레바스〔crevasse〕名 クレバス.
크레센도〔㉑crescendo〕名〔樂〕クレッシェンド.
크레용〔㊄crayon〕名 クレヨン.
크레인〔crane〕名 クレーン. 起重機.
크레졸〔cresol〕名〔化〕クレゾール.
크레졸 비눗물 名〔化〕クレゾール石鹸液.
크레졸수〔—水〕名 クレゾール水.
크레파스〔←㊐kurepasu〕名 クレパス.
크레파스화〔—畫〕名〔美〕クレパスで描いた絵.
크로마뇽인〔Cro-Magnon人〕名 クロマニョン人.
크로스레이트〔cross-rate〕名〔經〕クロスレート.
크로스바〔crossbar〕名〔體〕クロスバー.
크로스워드퍼즐〔crossword puzzle〕名 クロスワードパズル.
크로스컨트리〔cross-country〕名〔體〕クロスカントリー. クロスカントリーレース.
크로스 킥〔cross kick〕名〔體〕クロスキック.
크로케〔㊄croquet〕名〔體〕クロッケー.
크로켓〔㊄croquette〕名 (料理の) コロッケ.
크로키〔㊄croquis〕名〔美〕クロッキー. スケッチ.
크롤〔crawl〕名 (水泳の) クロール.
크롬〔㊂Chrome〕名〔化〕クロム.
크롬강〔—鋼〕名〔化〕クロム鋼.
크루프〔croup〕名〔醫〕クルップ. クループ.
크루프성 폐렴〔—性肺炎〕名〔醫〕クルップ性肺炎.
크리스마스〔Christmas〕名 クリスマス. ¶ 메리 ～ メリークリスマス / ～ 이브 クリスマスイブ / ～ 카드 クリスマスカード / ～ 캐럴 クリスマスキャロル / ～ 트리 クリスマスツリー.
크리스천〔Christian〕名 クリスチャン.
크리스털〔crystal〕名 クリスタル. 水晶. ¶ ～ 글라스 クリスタルガラス.
크리스털 검파기〔—檢波器〕名〔物〕クリスタル検波器.
크리스트교〔Christ教〕名 キリスト教.
크리켓〔cricket〕名〔體〕クリケット.
크림〔cream〕名 クリーム. ¶ 영양 ～ 栄養クリーム / ～ 소다 クリームソーダ.
큰가래 名〔農〕3·4人で引く大形の鋤.
큰갓 名 縁の広いカッ(갓).
큰고래 名〔動〕長須鯨.
큰곰 名〔動〕えぞひぐま.
큰곰자리 名〔天〕(星座の) おおぐま座.
큰기침 名 하自 (大きな) 咳払い.
큰길 名 大通り. 本通り. ¶ ～에는 나가 놀지 마 大通りには出て遊ぶな.
큰놈 名 **1** すっかり一人前になった男. **2** 〈俗〉長男.
큰누나 名 (男から見て)長姉.
큰누이 名 長姉. 大姉.
큰눈 名 大雪. ¶ ～이 오면 교통이 마비된다 大雪が降ると交通が麻痺する.
큰달 名 大の月〈陽暦では31日, 陰暦では30日の月〉.
큰댁〔—宅〕名 **1** 本家·宗家を呼ぶときの尊敬語. **2** 他人の本妻.
큰독 名 大きい甕.
큰돈 名 大金. ¶ ～을 투자하다 大金を投資する.
큰따님 名 他人の長女の尊敬語.
큰딸 名 長女.
큰마음 名 **1** 広い心. 寛大な心. **2** 一大決心. 奮発. 思いきる心. ¶ ～먹고 유학하기로 했다 一大決心をして留学することにした.
큰말 名〔言〕擬態語·擬声語や, 色彩·味覚などを表わす語として, 意味は

まったく同じであるが，陽母音と陰母音の違いで語感が大きい語．
큰매부〔一妹夫〕 名 長姉の夫．
큰문〔一門〕 名 三門中の真ん中のいちばん大きい門．
큰물 名 大水．洪水．¶ ～로 하천이 범람하다 大水で川が氾濫する．
◆**큰물이 지다** 大水[洪水]になる．
큰방〔一房〕 名〔建〕 **1** 広くて大きい部屋．**2** 家中でいちばん目上の女性がいる部屋．
큰부처 名〔佛〕大仏．
큰북 名〔樂〕大太鼓．
큰불 名 **1** 大火．大火事．大火災．¶ ～로 재로 변하다 大火で灰と化す．**2** 大きな獣を捕らえるときに用いる弾丸．
◆**큰불을 놓다** ① 大火を起こす．② 大きい獣を捕らえるための銃を撃つ．
큰비 名 大雨．豪雨．¶ ～로 홍수가 지다 大雨で洪水になる．
큰사람 名 **1** 背の高い人．大きい人．**2** 偉大な人．偉い人．大人．¶ 그 사람은 ～이 될 재목이다 その人は大人になれる器だ．
큰사랑〔一舍廊〕 名 **1** 大広間．**2** 最年長者の居間．
큰사위 名 長女の夫．
큰산소〔一山所〕 名 一族の墓地の中で，いちばん上になる人の墓．
큰살림 名 하自 大所帯．
큰상〔一床〕 名 **1** (婚礼や還暦祝いなどの宴会のとき)主人公をもてなすためにつくられる膳．**2** たくさんの料理を並べられる大きな卓．
◆**큰상을 받다** (婚礼·還暦の祝いの宴会で)膳を主人公が受ける．
큰상물림 名 結婚式で新郎が受けた大きな膳の食べ物の残りを包んで実家に送ること．
큰선비 名 (学識·徳行がずば抜けた)学者．
큰소리 名 하自 **1** 大声．怒鳴り声．¶ ～로 꾸짖다 大声で叱る／～로 얘기해 주세요 大きな声で話してください．**2** 大言．高言．大口．大言壮語．¶ 반드시 이긴다고 ～치다 必ず勝つと大言する．
큰소리치다 自 **1** 大声で怒鳴る．**2** 大きなことを言う．大口をたたく．
큰손녀〔一孫女〕 名 いちばん年長の孫娘．
큰손님 名 **1** 貴賓．賓客．大切な客．**2** 大勢のお客．¶ ～을 치르다 大勢のお客さまをもてなす．
큰손자〔一孫子〕 名 最年長の孫．
큰솥 名 (台所のかまどにかけた)大釜．
큰아가씨 名 ☞큰아씨
큰아기 名 **1** 年ごろの娘．**2** 長女や長男の妻の愛称．
큰아들 名 長男．
큰아버지 名 父の長兄．伯父．
큰아씨 名 以前，結婚した長女あるいは長男の妻を使用人が呼ぶ語．奥さん．
큰아이 名 長男·長女の愛称．
큰애 名 〔'큰아이'의 준말〕 長男·長女の愛称．
큰어머니 名 **1** 伯母．父の長兄の妻．**2** 庶子が父の本妻を言う語．
큰언니 名 (妹から見て)長姉．大姉．
큰오빠 名 (妹から見て)長兄．大兄．
큰일 名 **1** 重大なこと．たいへんなこと．¶ 내일 비가 오면 ～이다 明日雨が降るとたいへんだ．**2** (結婚·還暦の祝いなど)重要な儀式．¶ 큰딸의 ～을 치렀다 長女の結婚式を挙げた．**3** 大事．大きな仕事．¶ ～을 앞둔 작은 일 大事の前の小事．
◆**큰일을 저지르다** たいへんなことをしでかす．
◆**큰일을 치르다** 大事な[重大な]ことを行なう．
◆**큰일이 나다** たいへんなことになる．難しい問題が生じる．¶ 빌린 카메라를 망가뜨렸으니 ～이 났군 借りたカメラを壊してしまってたいへんなことになったな．
큰자귀 名 手斧．
큰절[1] 名 하自 (婚礼のときや初めて夫の両親に会うときにする)もっともていねいなお辞儀．
큰절[2] 名〔佛〕(末寺に対して)本山．本寺．
큰제사〔一祭祀〕 名 高祖父や高祖母の祭祀．
큰조카 名 長兄の長男．
큰집 名 **1** 本家．宗家．**2** (分家した家から見た)本家．**3** (妾の家から見た)本妻の家．**4**〈隠〉刑務所．留置場．¶ ～에 다녀온 사람 むしょ帰り．
큰처남〔一妻男〕 名 妻の長兄．義兄．
큰춤 名 正式に踊る踊り．
◆**큰춤을 보다** (自分のためのめでたい踊りのある祝宴への)光栄に浴する．
큰치마 名 裾が地面を引きずるほど長く幅の広いチマ〈おもに礼装用〉．
큰칼 名〔史〕(大きな)首枷．
큰코다치다 自 ひどい[大変な]目にあう．
큰톱 名 (二人でひく)大鋸．
큰판 名 **1** 大博打．大げんか．**2** 盛大にやること．¶ 다음에는 ～을 벌이고 놀아 보자 次回は盛大に遊ぼう．
큰할머니 名 祖父の長兄の妻．
큰할아버지 名 祖父の長兄．
큰형〔一兄〕 名 長兄．大兄．
큰형수〔一兄嫂〕 名 長兄の妻．
큰활 名 大弓．
클라리넷〔clarinet〕 名〔樂〕クラリネット．
클라리온〔clarion〕 名〔樂〕クラリオン．
클라이맥스〔climax〕 名 クライマックス．
클라이밍〔climbing〕 名 クライミング．
클래스메이트〔classmate〕 名 クラスメート．級友．同級生．
클래식〔classic〕 名 하形 クラシック．¶ ～ 음악 クラシック音楽．
클랙슨〔klaxon〕 名 クラクション．¶ ～을 울리다 クラクションを鳴らす．
클러치〔clutch〕 名〔機〕クラッチ．
클럽〔club〕 名 クラブ．¶ 나이트 ～ ナイトクラブ／골프 ～ ゴルフのクラブ．
클레이 사격 경기〔clay射撃競技〕 名

〔體〕クレー射撃競技.
클레이 코트〔clay court〕 名〔體〕(テニスの)クレーコート.
클레임〔claim〕 名 クレーム. ¶ ～을 걸다 クレームを付ける.
클로버〔clover〕 名〔植〕クローバー. ¶ 네 잎 ～ 四つ葉のクローバー.
클로스〔cloth〕 名 クロス.
클로즈업〔close-up〕 名 하自他 クローズアップ. **1** アップ. 大写し. ¶ 주인공의 얼굴을 ～하다 主人公の顔をクローズアップする. **2** (問題として目立つように)大きく取り上げること. ¶ 남북 문제가 ～되다 南北問題がクローズアップされる.
클리닉〔clinic〕 名 クリニック.
클리닝〔cleaning〕 名 하他 クリーニング. ¶ 드라이 ～ ドライクリーニング.
클린업 트리오〔cleanup trio〕 名〔體〕(野球で)クリーンナップトリオ.
클린 히트〔clean hit〕 名〔體〕(野球で)クリーンヒット.
클립〔clip〕 名 クリップ.
큼직하다 形 かなり大きい. 大ぶりだ. ¶ 큼직한 방 広々とした部屋/큼직하게 신문에 사진이 나다 新聞に大きく写真が載る. **큼직이** 副 大きく. 広く.
큼직큼직 副 하形 大ぶりな. 大粒な. ¶ ～한 감 大きな柿.
킁킁 副 하自 くんくん(と). くすんくすんと. ¶ ～ 냄새를 맡다 くんくんにおいをかぐ.
킁킁거리다[-대다] 自 くんくんとしきりに鼻を鳴らす.
키[1] 名 **1** 身長. 背(丈). ¶ ～가 작다[크다] 背が低い[高い]/요즘 아이들은 ～가 잘 자란다 このごろの子供は背がよく伸びる. **2** 高さ. ¶ 의자의 ～ 椅子の高さ.
키[2] 名〔農〕箕. ¶ ～로 곡식을 까불다 箕で穀物をふるう.
키[3] 名 舵. ¶ ～를 잡다 舵を取る.
키잡이 名 舵取り. 舵手.
키[4]〔key〕 名 キー. **1** 鍵. ¶ 아파트의 ～ アパートの鍵. **2** 手がかり. 鍵. ¶ 사건의 ～를 쥐고 있는 사람 事件の鍵を握っている人. **3** (ピアノ·タイプライターなどの)キー. ¶ 피아노의 ～ ピアノの鍵盤/타이프라이터의 ～ タイプライターのキー/～를 치다 キーを打つ[たたく].
키꺽다리 名 のっぽ. せい高のっぽ.
키내림 名 하他 箕でふるい分けること.
키다 他 ⇨키우다
키다리 名 のっぽ. 背高.
키보드〔keyboard〕 名 キーボード.
키순〔一順〕 名 背の順. ¶ ～으로 서라 背の順に並びなさい.
키스〔kiss〕 名 하自 キス. キッス. 口づけ. 接吻. ¶ 손에 ～하다 手にキスをする.
키우다 他〔'크다'의 사동사〕 **1** (財産などを)大きくする. ふやす. (能力·勢力などを)伸ばす. ¶ 세력을 ～ 勢力を伸ばす/능력을 ～ 能力を伸ばす. **2** 育てる. 育て上げる. 飼う. ¶ 모유로 키운 아이 母乳で育てた子供/장사꾼으로 ～ 商売人に育て上げる.
키 워드〔key word〕 名 キーワード.
키질 名 하自 箕でふるうこと.
키포인트〔key point〕 名 キーポイント. 主眼点. 要点. ¶ 이야기의 ～ 話のキーポイント.
킥[1] 副 くすっと. くすりと. ¶ 자기도 모르게 ～하고 웃다 思わずくすっと笑う.
킥킥 副 하自 くすくす(と).
킥킥거리다[-대다] 自 くすくす笑う.
킥[2]〔kick〕 名 하他 (サッカーの)キック. ¶ 코너 ～ コーナーキック.
킥복싱〔kickboxing〕 名〔體〕キックボクシング.
킬로〔(프)kilo〕 **I** 依名〔킬로그램·킬로와트·킬로미터 등의 준말〕キロ.
II 接頭 (メートル法の)キロ. ¶ ～그램 キログラム/～리터 キロリットル/～미터 キロメートル/～와트 キロワット/～칼로리 キロカロリー.
킬킬 副 하自〔'낄낄'의 거센말〕くすくす(と). くっくっ(と).
킬킬거리다[-대다] 自 しきりにくっくっと笑う.
킷값 名 背丈に見合った仕事. 年相応のこと. ¶ 나이가 들었으면 ～을 해라 年をとったらそれぐらいのことはしろ.
킹〔king〕 名 キング. **1** 王様. **2** (トランプの)キング.
킹사이즈〔king-size〕 名 キングサイズ. 超大型. 特大型.

ㅌ

ㅌ 名 ハングル子音字母の一つとして第12番目の字. 字母の名称は티읕.

타[1]〔他〕 Ⅰ 名 他. (自分以外の)人. よそ. ほか. 他人. ¶ ~의 추종을 불허하다 他の追随を許さない.

Ⅱ 接頭 他…. ¶ ~지방 他地方 / ~국가 他国家.

타[2]〔舵〕 名 舵.

타[3]〔打〕 依名 ダース. ¶ 연필 두 ~ 鉛筆2ダース / 양말 세 ~ 靴下3ダース.

타개〔打開〕 名 하他 打開. ¶ 난국을 ~하다 難局を打開する.

타개책〔一策〕 名 打開策.

타격〔打擊〕 名 打撃. **1** 打つこと. たたくこと. (野球で)バッティング. **2** 衝撃. ショック. 損害. ¶ 정신적인 ~ 精神的な打撃 / 태풍으로 ~을 받다 台風で打撃を受ける.

타격률〔一率〕 名 (野球で)打率.

타격수〔一數〕 名 (野球で)打数.

타격순〔一順〕 名 (野球で)打順.

타결〔妥結〕 名 하自 妥結. ¶ ~을 보다 妥結を見る / 교섭이 ~되다 交渉が妥結する.

타계[1]〔他系〕 名 他系統.

타계[2]〔他界〕 名 하自 他界. **1** 他の世界. **2** 死去. ¶ 그 사람이 ~한 지도 10년이 지났다 彼が他界してから10年が過ぎた.

타고〔打鼓〕 名 하自 鼓[太鼓]を打つこと.

타고나다 他 生まれつく. 先天的に持って生まれる. ¶ 타고난 목소리 生まれつきの声. 地声.

타고장〔他一〕 名 他郷. よその地方.

타곳〔他一〕 名 よそ. ほかの所. 他郷. ¶ ~에서 살고 있다 他郷で暮らしている.

타관〔他官〕 名 他郷. ¶ ~ 사람 他郷の人.

◆**타관을 타다** 他郷暮らしになじめない.

타교〔他校〕 名 他校. ¶ ~생 他校の生徒.

타구[1]〔打球〕 名 하自 (野球で)打球.

타구[2]〔唾具〕 名 痰つぼ.

타국〔他國〕 名 他国. よその国. ¶ ~ 땅 他国の地 / ~인 他国人.

타군〔他郡〕 名 よその郡.

타기[1]〔唾棄〕 名 하他 唾棄. ¶ ~해야 할 남자 唾棄すべき男.

타기[2]〔惰氣〕 名 惰気. 怠け心.

타깃〔target〕 名 ターゲット. 的. 目標.

타끈스럽다 形 不快なほどけちで貪欲だ. **타끈스레** 副 けちくさく貪欲に.

타끈하다 形 不快なほどけちで貪欲だ. **타끈히** 副 けちくさく貪欲に.

타내다 他 (目上の人から金品を)せがんでもらう. ねだる. ¶ 용돈을 ~ 小遣いをせがんでもらう.

타념〔他念〕 名 他念. 余念. ほかの思い.

타닌〔tannin〕 名〔化〕 タンニン.

타다[1] 自 **1** 燃える. ¶ 마른 장작이 불에 활활 ~ 乾いた薪が火にめらめらと燃える. **2** 焼ける. 日に焼ける. ¶ 햇볕에 검게 탄 얼굴 黒く日焼けした顔. **3** 焦げる. ¶ 군밤이 탔다 焼き栗が焦げた. **4** 焦る. いらいらする. 焦がれる. ¶ 속이 ~ 気が焦る. いらだつ / 너무 늦어서 애가 탄다 あんまり遅いのでいらいらする. **5** (日照りで)干からびる. 干あがる. ¶ 계속되는 가뭄으로 논이 탄다 日照り続きで田が干あがる. **6** (喉·唇が)渇く. ¶ 타는 목을 축이다 からからに渇いた喉を潤す.

타다[2] 他 **1** (乗り物に)乗る. ¶ 자동차를 ~ 自動車に乗る. **2** (スケート·スキーなどで)滑る. ¶ 스키를 ~ スキーで滑る / 스케이트를 ~ スケートをする. **3** (機会を)利用する. 乗じる. ¶ 어둠을 타서 기습하다 暗闇に乗じて不意打ちをする. **4** (物に沿って)移動する. 伝う. 登る. 渡る. ¶ 줄을 ~ 綱を渡る / 암벽을 ~ 岩壁に登る. **5** (ぶらんこやシーソーなどに)乗る. ¶ 그네를~ ぶらんこに乗る.

타다[3] 他 (液体に別の液体または粉末を) 混ぜる. 割る. 入れる. ¶ 더운물에 꿀을 ~ お湯に蜜を入れる / 술에 독약을 ~ 酒に毒を盛る / 위스키에 물을 ~ ウイスキーを水で割る / 가루약을 물에 ~ 粉薬を水に混ぜる.

타다[4] 他 **1** (給与·賞などを)もらう. 受ける. ¶ 월급을 ~ 月給をもらう / 용돈을 ~ 小遣いをもらう / 개근상을 ~ 皆勤賞をもらう. **2** (才能·体力·運命などを)授かる. 恵まれる. ¶ 복을 탄 사람 福を授けられた人 / 돈복을 ~ 金運に恵まれる.

타다[5] 他 **1** (左右に)分ける. 溝をつける. ¶ 밭고랑을 ~ 畝間の溝をつける / 가리마를 ~ 髪を左右に分ける. **2** (二つに)割る. 裂く. ¶ 톱으로 박을 ~ のこぎりで瓠を割る. **3** (石臼で)ひく. ¶ 맷돌에 녹두를 ~ 石臼で緑豆をひく.

타다[6] 他 **1** (弦楽器を)弾く. ¶ 기타를 ~ ギターを弾く / 거문고를 ~ 琴を弾く. **2** (綿を)打つ.

타다[7] 他 **1** (ほこりや垢などが)くっつく. ねばりつく. ¶ 때가 잘 타는 흰 셔츠 垢がよくくっつく白いシャツ. **2** 鋭敏に反応する. まける. ¶ 옻을 타서 얼굴이 붓다 漆にかぶれて顔が腫れる / 더위를 ~ 暑さにまける. **3** 恥ずかしがる. ¶ 부끄럼을 잘 타는 아가씨 恥ずかしがりやの娘 / 간지럼을 타는 사람 すぐくすぐったがる人. **4** (気候·季節の変化に)影響される. ¶ 불경기를 타지 않는 장사 不景気に影響されない商

売.
타당성〔妥當性〕 名 妥当性. ¶ ～이 없다 妥当性を欠く.
타당하다〔妥當―〕 形 妥当だ. ¶ 타당한 의견 妥当な意見.
타도〔打倒〕 名 하他 打倒. ¶ 숙적을 ～하다 宿敵を打倒する.
타동〔他洞〕 名 他の洞〈日本の村・町にあたる〉.
타동사〔他動詞〕 名〔言〕他動詞. 反 自動詞.
타락〔墮落〕 名 하自 堕落. ¶ ～한 풍조 堕落した風潮.
타락줄 名 髪綱. 毛綱.
타래 Ⅰ 名 糸・ひも・縄を巻いてかせにしたもの.
Ⅱ 依名 巻き. かせ. 束. ¶ 실 두 ～ 糸2束 / 시래기 세 ～ 干した野菜3連.
타래실 名 かせ糸.
타래엿 名 らせん状にねじった棒飴.
타래박 名 竹や木の竿のついたつるべ.
타래버선 名 爪先の両側に刺繍をし, 先端に飾りの房をつけた赤ん坊用のポソン.
타래송곳 名 **1** ねじ錐. **2** らせん状の栓抜き.
타력¹〔他力〕 名 他力. 他人の力.
타력²〔打力〕 名 (野球で)打力.
타력³〔惰力〕 名 惰力. 惰性の力.
타령〔打令〕 名 하自 **1**〔민요의 곡명을 나타냄〕(…)節. 打令. ¶ 도라지 ～ トラジ打令. **2** 打令. パンソリ(판소리)・雑歌などの総称. **3** 口癖. きまり文句. 愚痴. ¶ 신세 ～ 身の上話 / 돈 ～ お金が口癖 / 술 ～ 寝ても覚めても酒. 酒浸り.
타르〔tar〕 名 タール. ¶ 콜～ コールタール.
타매〔唾罵〕 名 하他 唾を吐きかけてののしること.
타맥〔打麥〕 名 하自 麦打ち.
타면〔打綿〕 名 하自 綿打ち.
타면기〔―機〕 名 打綿機. 綿打ち機.
타문〔他門〕 名 他門. ほかの一門. 他の一族.
타박¹ 名 하他 あらさがし. あげ足とり. 難くせ. ¶ 남의 ～만 하고 있다 人のあらさがしばかりしている / 말끝마다 ～이다 けなしてばかりいる.
타박²〔打撲〕 名 하他 打撲.
타박상〔―傷〕 名 打撲傷.
타박거리다〔-대다〕 自 とぼとぼと重い足どりで歩く.
타박타박 副 하自〔힘없이 느리게 걷는 모양〕とぼとぼ(と).
타박타박하다 形 ねばり気や水気がなくて食べ物がぱさぱさしている. ¶ 고구마가 ～ さつまいもがぱさぱさする.
타방〔他方〕 名 **1**〔'타방면(他方面)'의 준말〕多くの方面. ¶ ～에 걸친 재능 多方にわたる才能. **2**〔'타지방(他地方)'의 준말〕ほかの地方.
타방면〔他方面〕 名 他方面. ほかの方面.
타봉〔打棒〕 名 (野球で)打棒. ¶ ～이 날카롭다 打棒がさえる.
타분하다 形 **1** (魚・肉が少し傷んで)新鮮でない. **2** 後味が悪い. **3** (天気・気分などが)すっきりしない. **4** とてもやるせない.
타블로이드〔tabloid〕 名〔'타블로이드판'의 준말〕タブロイド版.
타블로이드판〔―版〕 名〔印〕タブロイド版.
타사¹〔他社〕 名 他社. 他の会社.
타사²〔他事〕 名 他事. よそごと.
타산¹〔他山〕 名 他山. 他人の山.
타산지석〔―之石〕 名 他山の石.
타산²〔打算〕 名 하他 打算. ¶ 이해 ～이 빠른 사람 損得勘定が早い人.
타산적〔―的〕 冠 名 打算的. ¶ ～인 인간 打算的な人間.
타살¹〔他殺〕 名 하自他 他殺. ¶ ～ 시체 他殺死体.
타살²〔打殺〕 名 하他 撲殺.
타상〔打傷〕 名〔'타박상'의 준말〕打撲傷.
타생〔他生〕 名〔佛〕他生. **1** 現世以外の前世・後世の生. **2** 来世・他世に再び生まれること.
타서〔他書〕 名 他書. 他の本.
타석¹〔他席〕 名 他の席. 他人の席.
타석²〔打席〕 名 (野球の)打席. バッターボックス. ¶ 3～ 무안타 3打席ノーヒット.
타석기〔打石器〕 名〔'타제 석기'의 준말〕打製石器.
타선¹〔打線〕 名 (野球で)打線.
타선²〔唾腺〕 名〔'타액선(唾液腺)'의 준말〕唾腺.
타성¹〔他姓〕 名 他姓. 異姓.
타성바지 名 自分と異なる姓の人.
타성²〔惰性〕 名 **1** 惰性. ¶ ～에 빠지다 惰性に流される. **2**〔物〕慣性.
타세〔他世〕 名〔佛〕(現世に対して)来世.
타소〔他所〕 名 他所. 他の場所.
타수¹〔打數〕 名 (野球で)打数.
타수²〔舵手〕 名〔'조타수(操舵手)'의 준말〕舵手.
타순〔打順〕 名〔'타격순(打擊順)'의 준말〕打順.
타시〔他市〕 名 他の市. よその市.
타악기〔打樂器〕 名〔樂〕打楽器.
타애〔他愛〕 名 他愛. 愛他. 利他.
타액〔唾液〕 名 唾液. つば.
타액선〔―腺〕 名〔生〕唾液腺. 唾腺.
타언〔他言〕 名 하他 他言. **1** (必要のない)ほかの話. **2** 他人に話すこと. ¶ ～ 무용 他言無用.
타오르다 自 **1** (火が)燃え上がる. ¶ 타오르는 불길 燃え上がる火の手. **2** (情熱が)燃える. ¶ 사랑의 불길이 ～ 恋のほのおが燃え上がる.
타용〔他用〕 名 하他 他用. 他のことに使うこと.
타워〔tower〕 名 タワー. 塔.
타원〔楕圓〕 名〔數〕楕円.
타원형〔―形〕 名〔數〕楕円形.
타월〔towel〕 名 タオル.
타율¹〔他律〕 名 他律.
타율²〔打率〕 名〔體〕(野球で)打率.
타의〔他意〕 名 他意. **1** ほかの考え. ¶ ～가 있는 것은 아니다 他意があるわけではない. **2** 他人の意.
타이¹〔← Thailand〕 名〔地〕タイ〈インド

シナ半島にある王国〉.
타이²〔tie〕 名 **1** タイ. ネクタイ. **2**〔樂〕タイ. 連結符. **3** タイ記録. **4** タイスコア.
타이곤〔tigon〕 名〔動〕タイゴン〈雄の虎と雌のライオンの合いの子〉.
타이르다 他 言い聞かせる. 教え論す. たしなめる. ¶ 알아듣도록 잘 ～ 分かるようによく言い聞かせる.
타이머〔timer〕 名 タイマー. タイムスイッチ. ストップウォッチ.
타이밍〔timing〕 名 タイミング. ¶ ～을 놓치다 タイミングをはずす / ～이 맞지 않다 タイミングが合わない.
타이어〔tire〕 名 タイヤ.
타이츠〔tights〕 名 タイツ.
타이트〔tight〕 名 하形 タイト. **1** ぴんと張ったようす. **2** ぴったり体に合っているようす. ¶ ～스커트 タイトスカート. **3** 余裕がないこと.
타이틀〔title〕 名 タイトル. **1** 標題. 書名. **2**〔體〕選手権. ¶ ～ 매치 タイトルマッチ.
타이프〔type〕 名 **1** 活字. **2** タイプライター.
타이프라이터〔typewriter〕 名 タイプライター.
타이피스트〔typist〕 名 タイピスト.
타이핀〔tiepin〕 名 ネクタイピン. タイピン.
타인〔他人〕 名 他人. 他の人. 第三者. ¶ ～ 취급 他人扱い.
타인소시〔一所視〕 名 他人が見ているので隠しきれない.
타인 자본〔一資本〕 名〔經〕他人資本.
타일〔tile〕 名 タイル.
타임〔time〕 名 タイム. 「ップ.
타임업〔←time's up〕 名〔體〕タイムア
타임캡슐〔—capsule〕 名 タイムカプセル. 「ウト.
타임아웃〔time-out〕 名〔體〕タイムア
타입〔type〕 名 タイプ. ¶ 예술가 ～ 芸術家タイプ. 「と.
타자¹〔打字〕 名 하自他 タイプを打つこ
타자²〔打者〕 名 (野球の)打者. バッター. ヒッター. ¶ 선두 ～ 先頭打者.
타작〔打作〕 名 하他〔農〕**1** 脱穀. **2** ☞배메기 **3** 小作制度の一つ〈地主と小作人が収穫物を一定の比率で分けること〉. ¶ 반～ 等分に分けること.
타작꾼 名 脱穀をする人.
타작마당 名 脱穀をする庭.
타전〔打電〕 名 하自他 打電. 電報を打つこと.
타점¹〔他店〕 名 **1** 他店. 他の店. **2** 他の銀行.
타점²〔打點〕 名 하他 **1** 筆やペンで点を打つこと. **2** (心密かに)決めること. **3** (野球で)打点.
타제 석기〔打製石器〕 名 打製石器.
타조〔駝鳥〕 名〔動〕駝鳥.
타종¹〔他種〕 名 他種. 他の種類.
타종²〔打鐘〕 名 하自 鐘を打つこと.
타죄〔他罪〕 名 ほかの罪. 余罪. 「域.
타지¹〔他地〕 名 ほかの地方. ほかの地
타지²〔他紙〕 名 他紙. ほかの新聞.
타지³〔他誌〕 名 他誌. ほかの雑誌.
타지방〔他地方〕 名 他の地方. ほかの地方.
타진¹〔打診〕 名 하他 打診. **1** 診察すること. **2** 意中を探ること. ¶ 의중을 ～해 보다 意中を打診してみる.
타진²〔打盡〕 名 하他 打尽. ¶ 일망 ～ 一網打尽.
타짜 名〔'타짜꾼'의 준말〕ぺてん師. いかさま師.
타짜꾼 名 **1** (賭博場での)ぺてん師. いかさま師. **2**〈蔑〉他人の邪魔をする人.
타책〔他策〕 名 他の方策や手段.
타처〔他處〕 名 他所. よそ. ¶ ～ 사람 他所の人. よそ者.
타천〔他薦〕 名 하他 他薦.
타촌〔他村〕 名 他の村. 「派.
타파¹〔他派〕 名 他派. 他の党派[流
타파²〔打破〕 名 하他 打破. 打ち破ること. ¶ 미신을 ～하다 迷信を打破する / 인습을 ～하다 因習を打破する.
타합〔打合〕 名 하他 打ち合わせ. 下相談. 前もって相談すること.
타향〔他鄕〕 名 他郷. よその土地. 他国. 異郷. 「活.
타향살이 名 하自 他郷暮らし. 客地生
타협〔妥協〕 名 하自他 妥協. ¶ ～점을 찾아내다 妥協点を見いだす.
타협안〔一案〕 名 妥協案.
타협적〔一的〕 冠 名 妥協的.
탁 副 **1**〔단단한 것이 부딪치는 소리〕ごつんと. ばたっと. どんと. ばしっと. ぶすっと. ¶ 기둥에 머리를 ～ 부딪쳤다 柱に頭をごつんとぶつけた / 화살이 과녁에 ～ 꽂히다 矢が的にぶすっと刺さる. **2**〔죄어진 것이 풀리거나 끊어지는 소리〕ぱちんと. ぷすっと. ぷっつりと. すうっと. ¶ 끈이 ～ 끊어졌다 ひもがぷっつり切れた / 받침대가 ～ 부러졌다 支え棒がぱちんと折れた. **3**〔막힘이 없이 시원스러운 모양〕ぱっと. ¶ 갑자기 눈앞이 ～ 트였다 にわかに目の前がぱっと開かれた. **4**〔갑자기 아주 막히는 모양〕むっと. ¶ 숨이 ～ 막히다 ぐっと息が詰まる. **5**〔침을 뱉는 소리〕ぺっと. ¶ 침을 ～ 뱉다 唾をぺっと吐く.
탁견〔卓見〕 名 卓見. 優れた意見. ¶ ～을 가지고 있다 卓見を持っている.
탁구〔卓球〕 名 卓球. ピンポン. ¶ ～장 卓球場 / ～를 치다 卓球をする.
탁구공 名 ピンポン球.
탁구대〔一臺〕 名 卓球台.
탁론〔卓論〕 名 卓論. すぐれた議論.
탁류〔濁流〕 名 濁流. **1** 濁った流れ. またその水. **2** 無頼のやから.
탁마〔琢磨〕 名 하他 琢磨. **1** 玉や石を磨くこと. **2** 学問·徳行を磨くこと. ¶ 절차 ～ 切磋琢磨.
탁목〔啄木〕 名〔'탁목조(啄木鳥)'의 준말〕啄木鳥.
탁목조〔一鳥〕 名〔動〕啄木鳥.
탁발¹〔托鉢〕 名 하自〔佛〕托鉢.
탁발승〔一僧〕 名〔佛〕托鉢僧.
탁발²〔擢拔〕 名 하他 択抜. えり抜くこと. ¶ 인재를 ～하다 人材を択抜する.
탁발하다〔卓拔—〕 形 卓抜だ. ずば抜けている.

탁보〔濁甫〕 名 **1** (性格が)煮え切らない人. だらしない人. **2** 身の程をわきまえない人. **3** どぶろくをとても好む人.

탁본〔拓本〕 名 拓本. 石摺り. ¶ ～을 뜨다 拓本をとる.

탁상〔卓上〕 名 卓上. 机の上. 食卓の上.

탁상공론〔—空論〕 名 机上の空論.

탁상시계〔—時計〕 名 置き時計.

탁상연설〔—演說〕 名 卓上演説. テーブルスピーチ.

탁상일기〔—日記〕 名 卓上日記.

탁생〔托生〕 名 하自 托生. **1** ほかの者に身を寄せて生きていくこと. **2** 〔佛〕 前世の因縁で衆生が母胎に身を寄せること.

탁선〔託宣〕 名 託宣.

탁설〔卓說〕 名 卓説. 優れた論説. ¶ 명론 ～ 名論卓說.

탁성〔濁聲〕 名 濁声. 濁った声. だみ声.

탁세〔濁世〕 名 濁世. **1** 濁った世. 汚れの多い世. **2** 〔佛〕 この世. 現世. 末世. 俗世.

탁송〔託送〕 名 하他 託送. ¶ ～ 수화물 託送手荷物 / ～ 전보 託送電報.

탁수〔濁水〕 名 濁水. 濁った水.

탁식〔卓識〕 名 卓識. 卓見.

탁신〔託身〕 名 하自 (人に)身をゆだねる[寄せる]こと.

탁아소〔託兒所〕 名 託児所.

탁언〔託言〕 名 託言. **1** 口実. 言い訳. **2** 伝言. ことづて.

탁연하다〔卓然—〕 形 卓然としている. 抜きん出て高い. **탁연히** 副 卓然と.

탁용〔擢用〕 名 하他 擢用. 多数の中から抜き出して採用すること.

탁월하다〔卓越—〕 形 卓越している. ¶ 탁월한 재능 卓越した才能.

탁음〔濁音〕 名〔言〕 有声音.

탁의〔託意〕 名 하自 自分の意見を他の事に託して表わすこと.

탁자〔卓子〕 名 卓子. 机. テーブル.

탁절〔卓絶〕 名 하形 卓絶. 卓越.

탁족〔濯足〕 名 하自 洗足.

탁족회〔—會〕 名 昔, 夏に清流で足を洗い野遊びをした集い.

탁주〔濁酒〕 名 濁酒. 濁り酒. どぶろく.

탁지¹〔度支〕 名〔'탁지부'의 준말〕 度支部.

탁지부〔—部〕 名 度支部. (大韓帝国時代の)政府の財務部.

탁지²〔度地〕 名 하自他 測地. 土地を測量すること.

탁출〔卓出〕 名 하形 卓出. 傑出.

탁탁 副 **1**〔일을 잘 처리하는 모양〕 ぱっぱっ(と). てきぱき(と). ¶ ～ 해치우다 てきぱきとやってのける. **2**〔여러 물건이나 사람이 거꾸러지는 모양〕 ばたばた(と). ¶ 사람들이 ～ 쓰러지다 人がばたばたと倒れる. **3**〔자꾸 두드리거나 먼지를 떠는 모양〕 ぱたぱた(と). ¶ 먼지를 ～ 털다 ほこりをぱたぱたとはたく. **4**〔침을 자꾸 뱉는 모양〕 ぱっぱっ(と). ぺっぺっ(と). ¶ 침을 ～ 뱉다 唾をぺっぺっと吐く. **5**〔숨이 자꾸 막히는 모양〕 ぐっぐっと. ¶ 숨이 ～ 막히다 息がぐっぐっと詰まる. **6**〔단단한 물건이 튀거나 터지는 소리〕 ぱちぱち(と). ¶ 볶고 있는 콩이 ～ 튀다 炒ている豆がぱちぱちとはじける.

탁탁하다 形 **1** 織り目が細かく丈夫だ. ¶ 탁탁하게 짜인 청바지 細かく丈夫に織ってあるジーンズ. **2** (暮らしが)豊かでゆとりがある.

탁필〔卓筆〕 名 卓筆. 優れた筆跡. 優れた文章.

탁하다〔濁—〕 形 **1** (液体·空気·色彩などが)濁っている. 汚れている. ¶ 탁한 물 濁った水 / 공기가 탁한 도시 空気が汚れている都市. **2** (声が)がらがらしている. **3** (性格が)陰気だ.

탁행〔卓行〕 名 優れた行為.

탄〔炭〕 名 **1**〔'석탄'의 준말〕 石炭. **2**〔'연탄'의 준말〕 練炭.

탄가〔炭價〕 名 炭価. 石炭·練炭の値段.

탄값〔炭—〕 名 炭価.

탄갱〔炭坑〕 名 炭坑.

탄광〔炭鑛〕 名 炭鉱. ¶ ～ 지대 炭鉱地帯.

탄금〔彈琴〕 名 하自 弾琴. 琴を弾くこと.

탄내〔炭—〕 名 石炭·練炭·炭が燃えるときのにおい.

탄대〔彈帶〕 名〔軍〕 ☞탄띠(彈—)

탄도〔彈道〕 名 弾道. ¶ ～학 弾道学.

탄두〔彈頭〕 名〔軍〕 弾頭. ¶ 핵～ 核弾頭.

탄띠〔彈—〕 名〔軍〕 弾帯. 銃弾を装着してあるベルト.

탄력〔彈力〕 名 弾力. ¶ ～ 있는 피부 弾力のある皮膚 / ～적으로 대처하다 弾力的に対処する.

탄력성〔—性〕 名 弾力性.

탄로〔綻露〕 名 露見. ばれること. ¶ 음모가 ～가 나다 陰謀が露見になる.

◆**탄로 나다** (秘密などが)露見する. ばれる. 発覚する.

탄막〔彈幕〕 名〔軍〕 弾幕. ¶ ～을 누비고 달리다 弾幕をぬって走る.

탄말〔炭末〕 名 炭末. 炭の粉. 石炭の粉.

탄미〔歎美〕 名 하他 嘆美. 感心してほめること.

탄복〔歎服〕 名 하自 嘆服. 感服. ¶ 지극한 효행에 ～하다 この上ない孝行に嘆服する.

탄사〔歎辭〕 名 嘆辞. 感嘆の言葉.

탄산〔炭酸〕 名〔化〕 炭酸.

탄산가스〔—gas〕 名〔化〕 炭酸ガス.

탄산나트륨〔—독 Natrium〕 名〔化〕 炭酸ナトリウム.

탄산소다〔—soda〕 名〔化〕 炭酸ソーダ.

탄산수〔—水〕 名〔化〕 炭酸水. 炭酸ガスの水溶液.

탄산염〔—鹽〕 名〔化〕 炭酸塩.

탄산지〔—紙〕 名 炭酸紙. カーボン紙.

탄상¹〔歎傷〕 名 하自 嘆傷. 嘆きいたむこと.

탄상²〔歎賞〕 名 하他 嘆賞. **1** 感心してほめること. **2** 感心しながら眺めること.

탄생〔誕生〕 名 하自 誕生.

탄생석〔—石〕 名 誕生石.

탄생일〔—日〕 名 誕生日. ¶ 석가 ～ お釈迦さまの誕生日.

탄생지〔一地〕 名 誕生地. 出生地.

탄성¹〔彈性〕 名〔物〕 弾性. ¶ ~ 고무 弾性ゴム / ~률 弾性率.

탄성체〔一體〕 名〔物〕 弾性体.

탄성파〔一波〕 名〔物〕 弾性波.

탄성²〔歎聲〕 名 嘆声. **1** 嘆く声. ため息をもらす声. **2** 感嘆の声.

탄소〔炭素〕 名〔化〕 炭素.

탄소강〔一鋼〕 名〔化〕 炭素鋼.

탄소 동화 작용〔一同化作用〕 名〔植〕 炭素同化作用.

탄수화물〔炭水化物〕 名〔化〕 炭水化物.

탄식〔歎息〕 名 하自他 嘆息. ため息をついて嘆くこと. ¶ 하늘을 우러러보고 ~하다 天を仰いでため息をつく.

탄신〔誕辰〕 名 誕辰〈王や聖人の誕生日〉.

탄알〔彈一〕 名 弾丸. たま.

탄압〔彈壓〕 名 하他 弾圧. ¶ 독재 정권이 언론을 ~하다 独裁政権が言論を弾圧する.

탄약〔彈藥〕 名 弾薬. ¶ ~ 상자 弾薬箱.

탄약고〔一庫〕 名 弾薬庫.

탄연하다〔坦然一〕 形 何の心配もなく心安らかだ. **탄연히** 副 心安らかに.

탄우〔彈雨〕 名 弾雨. ¶ 포연 ~ 砲煙弾雨.

탄우지기〔呑牛之氣〕 名 呑牛の気. (牛を飲み込むほどの)強い気性.

탄원〔歎願〕 名 하他 嘆願. ¶ 구명을 ~하다 助命を嘆願する.

탄원서〔一書〕 名 嘆願書. ¶ 연명으로 ~를 내다 連名で嘆願書を出す.

탄일〔誕日〕 名〔'탄생일'의 준말〕 誕生日.

탄저〔炭疽〕 名 **1** 炭疽〈家畜の伝染病〉. **2** ☞탄저병

탄저병〔一病〕 名 炭疽病.

탄전〔炭田〕 名 炭田.

탄젠트〔tangent〕 名〔數〕 タンジェント.

탄좌〔炭座〕 名〔鑛〕 ある地域内の石炭鉱区の集合.

탄주〔彈奏〕 名 하他 弾奏. 弦楽器を演奏すること.

탄지〔彈指〕 名 하自 弾指. 指ではじくこと.

탄지지간〔一之間〕 名 弾指の間. 非常に短い間.

탄질〔炭質〕 名 炭質. 炭や石炭の品質.

탄차〔炭車〕 名 炭車. 石炭を運ぶ車.

탄착 거리〔彈着距離〕 名〔軍〕 着弾距離.

탄착점〔彈着點〕 名〔軍〕 着弾点.

탄창〔彈倉〕 名 (ピストルなどの)弾倉.

탄층〔炭層〕 名〔地〕 炭層.

탄탄대로〔坦坦大路〕 名 **1** 平らな大路. **2** 順調な道のり.

탄탄하다¹ 形 **1** 堅固だ. がっしりしている. ¶ 탄탄하게 지은 집 がっしりしたつくりの家 / 기반이 ~ 基盤が堅固だ. **2** 堅実だ. ¶ 내용이 ~ 内容がしっかりしている. **탄탄히**¹ 副 がっしり(と). たくさん. しっかり(と).

탄탄하다²〔坦坦一〕 形 坦々としている. 道や土地などが平らだ. ¶ 탄탄한 길을 걷다 坦坦とした道を歩く. **탄탄히**² 副 坦々として.

탄폐〔炭肺〕 名〔醫〕 炭肺〈塵肺のひとつ〉.

탄피〔彈皮〕 名 薬莢.

탄하다 他 **1** (他人のことに)おせっかいする. 口出しする. ¶ 탄하지 않을 수 없다 口出しせずにはおられない. **2** 相手をする. かかわり合う. ¶ 주정뱅이의 악담을 탄해서 무얼 하겠나 酔っぱらいの悪たれ口に相手をしてどうするんだい.

탄핵〔彈劾〕 名 하他 弾劾. ¶ ~ 소추권 弾劾訴追権 / ~주의 弾劾主義 / 부패한 정치를 ~하다 腐敗した政治を弾劾する.

탄화〔炭化〕 名 하自〔化〕 炭化.

탄화물〔一物〕 名〔化〕 炭化物.

탄화칼슘〔一calcium〕 名〔化〕 炭化カルシウム. カーバイド.

탄환〔彈丸〕 名 弾丸. ¶ 빗발치듯 쏟아지는 ~ はげしく降り注ぐ弾丸.

탄흔〔彈痕〕 名 弾痕.

탈¹ 名 **1** (演劇などでかぶる)仮面. 面. マスク. ¶ ~놀이[춤] 仮面劇 / ~을 쓰고 춤추다 仮面をかぶって踊る. **2** 本心を隠くした顔. 仮面.

◆**탈을 벗다** 仮面を脱ぐ. 本来の姿をさらけ出す.

◆**탈을 쓰다** (本心·本性を隠して)いつわりの姿·態度をつくろう. 仮面をかぶる. 猫をかぶる.

탈²〔頉〕 名 **1** 事故. 故障. 変事. ¶ 강행군으로 몸에 ~을 일으키다 強行軍で体に故障をきたす. **2** 病気. 病. ¶ 배에 ~이 났다 腹痛を起こした. **3** 言いがかり. 難癖. けちをつけること. ¶ ~을 잡아 금품을 강요하다 難癖をつけて金品をゆする. **4** 欠点. 傷. ¶ 아침 일찍 못 일어나는 것이 ~이야 朝早く起きられないのが欠点だ.

◆**탈을 내다** 故障·事故を起こす.

◆**탈을 잡다** あらさがしする. 弱みを握る. ¶ ~을 잡혀 꼼짝 못 하다 弱みを握られて身動きが取れない.

◆**탈이 나다** ① 故障·事故が生ずる. 悪い方へ進む. ② 体に異常が生ずる. 病気にかかる.

◆**탈이 없다** ① 順調である. 故障·事故がない. 無事だ. ¶ 일정을 ~ 없이 마쳤다 日程を滞りなく終えた. ② 病気にかからない. 健康である. ¶ ~없이 살다 病気一つなく(つつがなく)暮らす.

탈각¹〔脫却〕 名 하自他 脱却. **1** 抜け出ること. ¶ 적자 재정으로부터의 ~을 꾀하다 赤字財政からの脱却をはかる. **2** 脱ぎ捨てること. ¶ 낡은 생각을 ~하다 古い考えを脱却する.

탈각²〔脫殼〕 名 하自他 **1**〔동물이 껍질을 벗는 것〕 脱殻. **2**〔낟알의 껍데기를 벗기는 것〕 脱殼.

탈것 名 (輿·車·船·馬·航空機など)乗り物の総称.

탈고〔脫稿〕 名 하他 脱稿.

탈곡〔脫穀〕 名 하自他 脱穀. ¶ ~기 脱穀機 / ~장 脱穀場.

탈구〔脫臼〕 名 하自〔醫〕 脱臼.

탈놀음 名 仮面劇.

탈당〔脫黨〕 名 하自 脱党. ¶ 집단으로 ~하다 集団で脱党する.

탈락[脫落] 名 하自 **1** 脱落. 抜けること. ¶ 예선에서 ~하다 予選で脱落する. **2** 〔言〕 合成語の形成に際して一方の母音·子音または音節が省略されること.

탈루[脫漏] 名 하自 脱漏. (あるべきものが)抜け落ちること. ¶ 일부에 ~가 있다 一部に脱漏がある.

탈모[1][脫毛] 名 하自 脱毛. ¶ ~제 脱毛剤.

탈모증[一症] 名 〔醫〕 脱毛症.

탈모[2][脫帽] 名 하自 脱帽. ¶ 실내 ~ 室内では脱帽のこと.

탈바가지 名 **1** ふくべなどでつくった仮面·能面. **2** 〈俗〉 面. **3** 〈俗〉 鉄かぶと.

탈바꿈 名 하自 〔動〕 変態.

탈법[脫法] 名 하自 脱法. 法の盲点をくぐること. ¶ ~ 행위 脱法行為.

탈상[脫喪] 名 하自 除喪.

탈색[脫色] 名 하他 脱色. ¶ ~제 脱色剤.

탈선[脫線] 名 하自 脱線. 非行. ¶ ~ 행위 脱線行為 / 전동차 ~ 사고 電車脱線事故.

탈세[脫稅] 名 하自他 脱税. ¶ ~액 脱税額 / ~자 脱税者.

탈속[脫俗] 名 하自 脱俗. ¶ ~한 생활 태도 脱俗した生き方.

탈수[脫水] 名 하自 脱水.

탈수기[一機] 名 脱水機.

탈수제[一劑] 名 脱水剤.

탈수증[一症] 名 〔醫〕 脱水症.

탈신[脫身] 名 하自 逃げ出すこと. 手を引くこと. 身を引くこと.

탈신도주[一逃走] 名 하自 脱走.

탈어[脫語] 名 脱語. 抜け落ちた言葉.

탈영[脫營] 名 하自 〔軍〕 脱営. ¶ ~병 脱営兵 / ~자 脱営者.

탈옥[脫獄] 名 하自 脱獄. ¶ ~을 꾀하다 脱獄を図る.

탈옥수[一囚] 名 脱獄囚.

탈의[脫衣] 名 하自 脱衣. ¶ ~장 脱衣場 / ~실 脱衣室.

탈자[脫字] 名 脱字. ¶ 오자·~에 주의 誤字·脱字に注意.

탈장[脫腸] 名 하自 〔醫〕 脱腸. ヘルニア. ¶ ~대 脱腸帯. ヘルニアバンド / ~증 脱腸症.

탈적[脫籍] 名 하自 (戸籍·兵籍·党籍などの)脱籍.

탈주[脫走] 名 하自 脱走. ¶ ~자 脱走者 / ~병 脱走兵.

탈지[脫脂] 名 脱脂. ¶ ~ 요법 脱脂療法.

탈지면[一綿] 名 脱脂綿.

탈지분유[一粉乳] 名 脱脂粉乳.

탈진[1][脫盡] 名 하自 脱力. 気力が尽きること. ¶ ~한 상태로 골인하다 力尽きた状態でゴールインする.

탈진[2][脫塵] 名 하自 脱塵.

탈출[脫出] 名 하自他 脱出. ¶ 적지에서 ~하다 敵地から脱出する.

탈춤 名 タルチュム. 仮面劇.

탈취[1][脫臭] 名 하自 脱臭.

탈취제[一劑] 名 〔化〕 脱臭剤.

탈취[2][奪取] 名 하他 奪取. ¶ 연속 삼진을 ~하다 連続三振を奪取する.

탈타리 名 〔'빈탈타리'의 준말〕 一文無し. <털터리

탈탈 副 **1** 〔금간 질그릇 등을 두드려 내는 소리〕 かちんと. **2** 〔먼지 등을 재게 터는 모양〕 ばたばた(と). ぱんぱん(と). ¶ 이불의 먼지를 ~ 털다 布団をぱんぱんとはたく. **3** 〔나른한 걸음으로 걷는 모양〕 とぼとぼ(と). よたよた(と). **4** 〔죄다 털어 내는 모양〕 ごっそり(と). ¶ 지갑을 ~ 털어 성금을 내다 財布をごっそりはたいて献金を出す. **5** がたがた(と).

탈탈이 名 おんぼろ自動車[自転車].

탈태[奪胎] 名 하自 〔'환골탈태'의 준말〕 奪胎. 脱胎.

탈퇴[脫退] 名 하自 脱退. ¶ ~자 脱退者 / 협회에서 ~하다 協会から脱退する.

탈피[脫皮] 名 하自 脱皮. ¶ 뱀의 ~ 蛇の脱皮 / 낡은 사고방식에서 ~하다 古い考え方から脱皮する.

탈항[脫肛] 名 〔醫〕 脱肛. ¶ ~증 脱肛症.

탈화[脫化] 名 하自 脱化.

탈환[奪還] 名 하他 奪還. ¶ 진지를 ~하다 陣地を奪還する.

탈황[脫黃] 名 〔化〕 脱硫.

탈회[脫會] 名 하自 脱会. ¶ 학회에서 ~하다 学会から脱会する.

탐[貪] 名 貪欲. 貪ること. がつがつすること.

탐나다 自 欲が出る. 貪る. 欲ばる. 欲しい. ¶ 탐나는 옷 欲の出る服.

탐내다 他 欲しがる. うらやましがる. ¶ 돈을 ~ 金を欲しがる / 지위를 ~ 地位を欲しがる.

탐관[貪官] 名 貪官. 欲の深い官吏.

탐관오리[一汚吏] 名 貪官汚吏.

탐광[探鑛] 名 하自 〔鑛〕 探鉱.

탐구[1][探求] 名 하他 探求. ¶ 진실의 ~ 真実の探求 / 고대 유물을 ~하다 古代の遺物を探求する.

탐구[2][探究] 名 하他 探究. ¶ 학문의 ~ 学問の探究.

탐닉[耽溺] 名 하自他 耽溺. ¶ 주색에 ~하다 酒色にふける.

탐독[耽讀] 名 하他 耽読. ¶ 소설을 ~하다 小説を耽読する.

탐리[1][貪吏] 名 貪吏. 欲の深い官吏.

탐리[2][貪利] 名 하自 貪利.

탐문[1][探問] 名 하他 探問.

탐문[2][探聞] 名 하他 探聞. 探り聞くこと. ¶ ~ 수사 聞き込み捜査.

탐미[耽美] 名 하自 耽美. ¶ ~주의 耽美主義 / ~파 耽美派.

탐방[探訪] 名 하他 探訪. ¶ ~ 기사 探訪記事.

탐방기[一記] 名 探訪記.

탐사[探査] 名 하他 探査. ¶ 바다 속을 ~하다 海中を探査する.

탐상[探賞] 名 하他 景色のよいところを訪ねて楽しむこと.

탐색[1][貪色] 名 하自 貪色. 女色をむさぼり好むこと.

탐색[2][探索] 名 하他 探索. ¶ 범인의

행방을 ～하다 犯人の行方を探索する.
탐스럽다〔貪―〕 形 うっとりするようだ. 魅力的だ. (欲しくて)のどから手が出そうだ. ¶탐스럽게 익은 복숭아 食べごろに熟れた桃.
탐승〔探勝〕 名 하自 探勝. ¶～객 探勝客/～지 探勝地.
탐식〔貪食〕 名 하自他 貪食. がつがつ食べること.
탐심〔貪心〕 名 貪心. 欲深いこと.
탐애〔貪愛〕 名 하自他 貪愛. 他人のものを欲しがり自分のものは惜しむこと.
탐오〔貪汚〕 名 하形 貪汚. 欲が深くて汚ないこと.
탐욕〔貪慾〕 名 貪欲.
탐욕스럽다 形 貪欲だ. ¶탐욕스럽게 재산을 모으다 貪欲に財産を増やす.
탐욕스레 副 貪欲に.
탐음〔貪淫〕 名 하自 貪淫. ひどく色を好むこと.
탐재〔貪財〕 名 하自 貪財. 財貨をむさぼること.
탐정[1]〔貪政〕 名 하自 悪政. 圧政.
탐정[2]〔探情〕 名 하他 人の意をそれとなく探ること.
탐정[3]〔探偵〕 名 하他 探偵. スパイ. ¶사립～ 私立探偵.
탐정 소설〔―小說〕 名〔文〕探偵[推理]小説.
탐조〔探照〕 名 하他 (遠く)照らして探すこと.
탐조등〔―燈〕 名 探照灯. サーチライト.
탐지〔探知〕 名 하他 探知. 探り出すこと. ¶비밀을 ～하다 秘密を探知する.
탐지기〔―機〕 名 探知機. ¶전파～ 電波探知機. レーダー.
탐춘〔探春〕 名 하自 探春.
탐춘객〔―客〕 名 春の行楽客.
탐측〔探測〕 名 探測. ¶～ 기구 探測気球.
탐탁스럽다 形 好ましく見える. **탐탁스레** 副 好ましく. ¶～ 여기다 好ましく思う.
탐탁하다 形 好ましい. 気に入っている. 申し分ない. ¶별로 탐탁하지 않은 조건 あまり好ましくない条件/탐탁치 않게 생각하다 好ましくないものと思う. **탐탁히** 副 好ましく.
탐폰〔독 Tampon〕 名 (生理用)タンポン.
탐하다〔貪―〕 他 貪る. がつがつする. ¶폭리를 ～ 暴利を貪る/주색을 ～ 酒色にふける.
탐험〔探險〕 名 하他 探検. ¶～가 探検家/남극 ～ 南極探検/～대 探検隊.
탑〔塔〕 名 塔. ¶사리～ 舎利塔/9층 석～ 9層の石塔/위령～ 慰霊塔/중계～ 中継塔.
탑본〔搨本〕 名 하他 搨本. 拓本. ¶～을 뜨다 拓本をとる.
탑비〔塔碑〕 名 塔と石碑.
탑삭나룻 名 もじゃもじゃのひげ.
탑삭부리 名 ひげもじゃ. ¶～ 영감 ひげもじゃじいさん.
탑새기주다 他 他人のすることを妨害する[駄目にする].
탑소록하다 形 密生した毛がもじゃもじゃしている. ＜텁수룩하다 **탑소록이** 副 もじゃもじゃと.
탑승〔搭乘〕 名 하自 搭乗. ¶～권 搭乗券/뉴욕행 비행기에 ～하다 ニューヨーク行きの飛行機に乗り込む.
탑승객〔―客〕 名 搭乗客.
탑승원〔―員〕 名 搭乗員.
탑신〔塔身〕 名 塔身〈塔の基壇と相輪の間の部分〉.
탑재〔搭載〕 名 하他 搭載. ¶～량 搭載量/～물 搭載物/헬리콥터를 ～하다 ヘリコプターを搭載する.
탑전〔榻前〕 名 王の前. 御前.
탑전하교〔―下教〕 名 하他 王がその場で命を下すこと.
탓 名 **1**〔일이 잘못되는 것에 대한 '때문·원인'을 가리키는 말〕ため. せい. わけ. ¶감기 ～에 결석하다 風邪のため欠席する/모든 게 네 ～이다 すべてお前のせいだ. **2**〔나무라거나 원망하는 것〕責めること. 恨むこと. ¶날씨 ～을 해봐야 아무 소용도 없다 天気を恨んでみたって何の役にも立たない. **3** …次第. …なり. ¶성공과 실패는 다 제 할 ～이다 成功と失敗はすべて自分のやり次第だ.
탓하다 他 せいにする. 恨む. ¶아무도 탓할 마음은 없습니다 誰のせいにもするつもりはありません/누구를 탓하랴 誰を恨もうぞ.
탕[1]〔湯〕 名 **1** スープ. 汁物. つゆもの. **2** 祭祀に供する実だくさんのスープ.
탕[2]〔湯〕 名 湯. 風呂·温泉などの浴場. ¶남[여]～ 男[女]湯/～에 들어가다 湯に入る.
탕[3] 副〔비어 있는 모양〕からんと. ＜텅
탕탕 副 からから. がらがら. ¶수통이 ～ 비어 물이 없다 水筒がからからで水がない.
탕[4] 副 하自 **1**〔쇠붙이 등이 세게 부딪칠 때 나는 소리〕ずどんと. **2**〔총 쏘는 소리〕どんと. ¶꿩을 향해 한 방 ～ 쏘았다 雉に向けて1発どんとぶっぱなした.
탕[5]〔湯〕 名 接尾 **1**〔韓方〕…湯. ¶갈근～ 葛根湯. **2** 汁·スープの意を表わす. ¶곰～ 肉汁. コムタン/추어～ どじょう汁.
탕감〔蕩減〕 名 하他 (税金·料金·借金などを)帳消しにすること. 免除すること. 棒引き. ¶빚을 ～하다 借金を棒引きにする.
탕개 名 物に縄をかけるとき縄を締めつける道具.
탕개목〔―木〕 名 縄がゆるまないように差し込んだ木のくさび.
탕객〔蕩客〕 名 放蕩者.
탕거리〔湯―〕 名 スープの材料.
탕관〔湯罐〕 名 薬を煎じたりスープをつくったりする鉄製や素焼きの器.
탕국물〔湯―〕 名 スープの汁.
탕기〔湯器〕 名 汁椀.
탕메〔湯―〕 名 (祭祀のときの)スープとご飯.
탕면〔湯麵〕 名 汁そば.
탕반〔湯飯〕 名 ☞장국밥(醬―)
탕부〔蕩婦〕 名 淫婦. みだらな女.

탕산〔蕩産〕 名 하自 蕩産. 破産.
탕솥〔湯―〕 名 スープ用の釜.
탕수〔湯水〕 名 熱湯. 煮え湯.
탕수육〔← 糖水肉〕 名〔料理〕(中国料理の)酢豚.
탕아〔蕩兒〕 名 蕩児. 放蕩者.
탕액〔湯液〕 名 煎じ薬.
탕약〔湯藥〕 名〔韓方〕煎薬. 煎じ薬.
탕제〔湯劑〕 名〔韓方〕煎薬. 煎じ薬.
탕진〔蕩盡〕 名 하他 蕩尽. 財産を使い尽くすこと. ¶ 재산을 ～하다 財産を蕩尽する.
탕진가산〔―家産〕 名 하自 (道楽·遊びなどで)財産をすっかりなくすこと.
탕치〔湯治〕 名 하他 湯治. ¶ ～ 요법 湯治療法.
탕치다〔蕩―〕 他 **1** 身代をはたく. **2** 借金を帳消しにする.
탕탕 副 하自 **1**〔총성〕ぱんぱん(と). ずどんずどん(と). どんどん(と). ¶ 총을 ～ 쏘다 銃をぱんぱんと撃つ. **2**〔쇠붙이 등이 부딪치는 소리〕ばたんばたん(と). どんどん(と). **3**〔거드럭거리는 모양〕ぽんぽん(と). ¶ 백을 믿고 큰소리를 ～ 치다 バックを頼りに大きなことをぽんぽんと言う.
탕탕평평하다〔蕩蕩平平―〕 形 (論争などで)どちらにも偏らない. 不偏不党だ. ¶ 탕탕평평한 입장을 지키다 不偏不党な立場を守り抜く.
탕탕하다〔蕩蕩―〕 形 蕩々だ. **1** 広々として大きい. **2** 平坦だ. 平穏だ. ¶ 탕탕한 길 平坦な道. **3** 水勢が力強い. ¶ 탕탕히 흐르는 대하 蕩々と流れる大河.
탕파〔湯婆〕 名 湯婆. 湯たんぽ.
탕평〔蕩平〕 名 ☞탕평책
탕평책〔―策〕 名〔史〕朝鮮朝21代王英祖が党争を終息させるため各派の人を平等に扱った政策.
태¹ 名 (器の)ひび. 割れ目. ¶ 도기의 ～ 陶器のひび.
◆**태가 가다** ひびが入る. 割れ目ができる.
태²〔胎〕 名 胎. えな. 胎盤とへその緒の総称.
◆**태를 가르다** へその緒を切る〈世に生まれる〉.
태³〔態〕 名 **1** 態. 品. 様子. 格好. ¶ 옷차림이 ～가 있다 装いがきれいだ. **2** 表に現われる格好.
태가〔駄價〕 名 荷を運んだ運賃. 駄賃.
태고〔太古〕 名 太古. 大昔. 有史以前.
태괘〔兌卦〕 名〔民俗〕兌. **1** 八卦の一つ. **2** 六十四卦の一つ.
태교〔胎教〕 名 胎教.
태국〔泰國〕 名〔地〕☞타이¹
태권도〔跆拳道〕 名〔體〕テコンドー〈韓国固有の武芸の一つ〉.
태그 매치〔tag match〕 名〔體〕(プロレスリングで)タグマッチ.
태극〔太極〕 名〔哲〕太極〈易学で宇宙万物の生ずる根元〉.
태극기〔―旗〕 名 太極旗〈大韓民国の国旗〉.
태극선〔―扇〕 名 太極の図柄の扇.
태기〔胎氣〕 名 妊娠の兆候. ¶ ～가 있다 妊娠の兆候がある.
태깔〔態―〕 名 **1** 形と色彩. **2** 驕慢な態度.
◆**태깔이 나다** 着こなしがよい. しゃれている. ¶ ～이 나는 옷차림 しゃれた服装.
태깔스럽다 形 驕慢だ. 尊大ぶっている. 横柄だ. ¶ 태깔스럽게 행동하다 驕慢にふるまう. **태깔스레** 副 驕慢に. 横柄に.
태껸 名〔體〕テキョン〈主に脚を使う韓国固有の武芸の一つ〉.
태납〔怠納〕 名 하他 滞納.
태낭〔胎囊〕 名〔動〕胎嚢.
태내〔胎內〕 名 胎内.
태다 他 ⇨태우다
태도〔態度〕 名 態度. ようす. 身構え. ¶ 거만한[진지한] ～ 傲慢な[真剣な]態度 / 불만스러운 ～를 취하다 不満そうな態度をとる / ～를 분명히 하다 態度を明らかにする.
태독〔胎毒〕 名〔醫〕胎毒.
태동〔胎動〕 名 하自 胎動. ¶ 군국주의가 ～하다 軍国主義が胎動する.
태두〔泰斗〕 名 泰斗. 権威者. ¶ 물리학의 ～ 物理学の泰斗.
태만〔怠慢〕 名 하自形 怠慢. ¶ 직무 ～ 職務怠慢 / ～한 학생 怠慢な学生.
태만히 副 怠慢に. なおざりに.
태몽〔胎夢〕 名 妊娠のきざしとなる夢. ¶ ～을 꾸다 妊娠のきざしとなる夢を見る.
태무〔殆無〕 名 하形 ほとんどないこと.
태반¹〔太半〕 名 大半. 大部分. 半分以上. ¶ 반대가 ～을 차지하다 反対が大半を占める.
태반²〔殆半〕 名 ほとんど半分.
태반³〔胎盤〕 名〔生〕胎盤.
태부족〔太不足〕 名 하形 非常に足りないこと.
태산〔泰山〕 名 泰山. 大山.
◆**태산 같다** 山のようだ. ① 山積みだ. 膨大だ. 偉大だ. ¶ ～ 같은 업적 偉大な業績. ② 非常に大きい[多い]. ¶ 해야 할 일이 ～ 같다 為すべき仕事が山のようだ.
태산북두〔―北斗〕 名 泰山北斗. 泰斗. 第一人者.
태산준령〔―峻嶺〕 名 大きな山と険しい峰.
태상왕〔太上王〕 名〔史〕生存中に王位を譲った王.
태생〔胎生〕 名 **1** 生まれ. 出生. ¶ 서울 ～ ソウル生まれ / 명문 집안 ～ 名門の生まれ / 4월 ～ 4月の生まれ. **2**〔動〕胎生. ¶ ～ 동물 胎生動物.
태서〔泰西〕 名 泰西. 西洋.
태선〔苔蘚〕 名〔植〕苔蘚. 苔.
태세¹〔太歲〕 名 その年の干支.
태세²〔態勢〕 名 態勢. 身構え. ¶ 전시 ～ 戦時態勢 / 싸울 ～를 취하다 戦う姿勢をとる.
태수〔太守〕 名〔史〕太守. **1** 新羅時代の地方長官. **2** 地方官.
태아¹〔胎兒〕 名 胎児.
태아²〔胎芽〕 名 胎芽. **1**〔植〕胎芽. **2** 妊娠後2か月以内の胎児.

태안〔泰安〕 名 하形 泰安. 安泰. 安らかなこと.
태양〔太陽〕 名 **1** 太陽. ¶ ~ 숭배 太陽崇拝 / ~ 전지 太陽電池 / 작열하는 ~ 灼熱の太陽. **2** 光り輝く存在. ¶ 마음의 ~ 心の太陽.
태양계〔一系〕 名〔天〕 太陽系.
태양년〔一年〕 名〔天〕 太陽年.
태양등〔一燈〕 名〔醫〕 太陽灯.
태양력〔一曆〕 名〔天〕 太陽暦. 陽暦.
태양시〔一時〕 名〔天〕 太陽時.
태양신〔一神〕 名 太陽神.
태양열〔一熱〕 名 太陽熱.
태양일〔一日〕 名〔天〕 太陽日.
태양 흑점〔一黑點〕 名〔天〕 太陽黒点.
태어나다 自 生まれる. 生じる. ¶ 태어난 집 生まれた家 / 가난한 집에 ~ 貧しい家に生まれる / 갓 태어난 아이 生まれたばかりの子 / 서울에서 태어나서 부산에서 자라다 ソウルで生まれ釜山で育つ.
태업〔怠業〕 名 하自 怠業. サボタージュ.
태없다〔態一〕 形 (わざとらしく)気取らない. ¶ 태없는 태도에 호감을 느끼다 気取らない物腰に好感を持つ.
태연자약하다〔泰然自若一〕 形 泰然自若としている. ¶ 태연자약한 태도 泰然自若たる態度.
태연하다〔泰然一〕 形 泰然としている. 平然としている. 平気だ. ¶ 사형 선고에도 불구하고 ~ 死刑宣告にもかかわらず平然としている / 태연한 얼굴 平気な顔. **태연히** 副 泰然と. 平然と. 平気で.
태엽〔胎葉〕 名 (時計などの)ぜんまい. ねじ. ¶ 시계의 ~을 감다 時計のぜんまいを巻く / ~이 풀리다 ぜんまいが緩む.
태우다¹ 他 〔'타다¹'의 사동사〕 **1** 焼く. 燃やす. (たばこを)吸う. ¶ 낙엽을 ~ 落ち葉を焼く / 화재로 집을 ~ 火事で家を焼く / 담배를 ~ たばこを吸う. **2** (日光で肌を)焼く. ¶ 햇볕에 등을 ~ 日光で背中を焼く / 바다에 가서 얼굴을 까맣게 태웠다 海へ行って顔を真っ黒に焼いた. **3** 焦がす. ¶ 밥을 ~ ご飯を焦がす / 생선을 새까맣게 ~ 魚を真っ黒に焦がす. **4** 心を悩ます. 気をもむ. やきもきする. ¶ 애를 ~ 気をもむ / 속을 ~ 胸を焦がす. **5** (田畑を)枯らす. ¶ 가뭄에 논을 ~ 日照りで田を枯らす.
태우다² 他 〔'타다²'의 사동사〕 **1** 乗せる. ¶ 차에 사람을 ~ 車に人を乗せる. **2** (綱などを)渡らせる. ¶ 줄을 ~ 綱を渡らせる. **3** (氷の上などを)滑らせる. ¶ 썰매를 ~ そりを滑らせる.
태우다³ 他 (賭け事で)金品を賭ける.
태음〔太陰〕 名〔天〕 太陰. (太陽に対して)月.
태음년〔一年〕 名〔天〕 太陰年.
태음력〔一曆〕 名〔天〕 太陰暦. 陰暦.
태음일〔一日〕 名〔天〕 太陰日.
태자〔太子〕 名〔史〕〔'황태자'의 준말〕 太子.
태자궁〔一宮〕 名〔史〕 **1** 皇太子の尊敬語. **2** 皇太子の宮殿.
태자비〔一妃〕 名〔史〕 皇太子妃.
태장〔笞杖〕 名〔史〕 笞刑と杖刑.
태점〔胎占〕 名 胎児の性別を占うこと.
태조〔太祖〕 名 太祖. 始祖.
태중〔胎中〕 名 妊娠期間.
태질 名 하他 **1** 力強く投げつけたり倒したりすること. **2**〔農〕 台に稲束をたたきつけて脱穀すること.
태질치다 他 (強く)投げ付ける. 叩きつける.
태짐〔駄一〕 名 運搬する荷物. 積み荷.
태짐꾼 名 荷物運搬人. 荷運び人足.
태초〔太初〕 名 太初. 天地創造の時.
태클〔tackle〕 名 하自 (ラグビーなどの)タックル.
태타〔怠惰〕 名 하形 怠惰.
태평〔太平〕 名 하形 **1** 太平. ¶ ~을 구가하다 太平を謳歌する. **2** (心・家庭などが)平安なこと. のんきなこと. ¶ 무사 ~ 泰平無事なこと / ~하게 살다 平穏に暮らす. **태평히** 副 平和に. のんきに.
태평가〔一歌〕 名 太平の時を謳歌する歌.
태평성대〔一聖代〕 名 太平の御代.
태평스럽다 形 太平である. のんきだ. 気楽だ. ¶ 태평스럽게 앉아 있을 때가 아니다 のんきに座っているときではない. **태평스레** 副 平和に. のんきに. 気楽に.
태평소〔一簫〕 名〔樂〕 チャルメラ.
태평연월〔一煙月〕 名 太平で安楽な歳月.
태평양〔太平洋〕 名〔地〕 太平洋. ¶ ~ 전쟁 太平洋戦争.
태풍〔颱風〕 名〔天〕 台風. ¶ ~ 경보 台風警報 / ~의 눈 台風の目 / ~의 북상 台風の北上 / 논밭이 ~에 휩쓸리다 田畑が台風に見舞われる.
태형〔笞刑〕 名〔史〕 笞刑. むち打ちの刑.
태환〔兌換〕 名 하他〔經〕 兌換. ¶ ~ 은행 兌換銀行 / ~ 제도 兌換制度 / ~ 지폐 兌換紙幣.
태환권〔一券〕 名〔經〕 兌換券. 兌換紙幣.
태후〔太后〕 名〔'황태후'의 준말〕 太后.
택길〔擇吉〕 名 하自 吉日を選ぶこと.
택시〔taxi〕 名 タクシー. ¶ ~ 기사 タクシーの運転手 / 개인 ~ 個人タクシー / ~를 잡다 タクシーを拾う / ~에 합승하다 タクシーに相乗りする.
택시미터〔taximeter〕 名 タクシーメーター.
택인〔擇人〕 名 하自 人材を選ぶこと.
택일¹〔擇一〕 名 하自 択一. ¶ 양자 ~ 二者択一.
택일²〔擇日〕 名 하自 吉日を選ぶこと. ¶ 결혼 날짜를 ~하다 結婚の日取りを選ぶ.
택지¹〔宅地〕 名 宅地. ¶ ~를 조성하다 宅地を造成する.
택지²〔擇地〕 名 하自 よい土地を物色すること.
택출〔擇出〕 名 하他 選び出すこと.
택하다〔擇一〕 他 選ぶ. 採択する. ¶ 둘 중 하나를 ~ 二つのうち一つを選

ぶ/다수의 의견을 ～ 多数の意見を採択する.

택호〔宅號〕 名 名前の代わりに, その人の官職とか出身地の名をとってその人または家を呼ぶ語.

탤런트〔talent〕 名 タレント. ¶텔레비전 ～ テレビタレント.

탤크〔talc〕 名〔鑛〕タルク. 滑石.

탬버린〔tambourine〕 名〔樂〕タンバリン.

탭 댄스〔tap dance〕 名 タップダンス.

탯거리〔態―〕 名〈俗〉ようす. 格好.

탯돌 名 脱穀に用いるたたき石.

탯자리개 名 脱穀のとき稲や麦を束ねる縄.

탯줄 名 へその緒.

탱고〔tango〕 名〔樂〕タンゴ. ¶～를 추다 タンゴを踊る.

탱자 名 からたちの実.

탱자나무 名〔植〕からたち.

탱커〔tanker〕 名 タンカー. 油送船.

탱크〔tank〕 名 タンク. **1** 液体や気体を蓄えておく容器. ¶오일 ～ オイルタンク/～로리 タンクローリー. **2** 戦車.

탱탱 副 하形 ぱんぱん(に). ¶너무 많이 먹어 배가 ～하다 食べすぎて腹がぱんぱんだ/공기가 ～하게 차 있는 타이어 破裂しそうなほど空気が入ったタイヤ.

탱화〔←幀畫〕 名〔佛〕仏画.

터[1] Ⅰ 名 **1** 場所. 敷き地. ¶집 지을 ～ 家を建てる敷き地/넓은 ～를 차지하다 広い場所を占める. **2** いしずえ. 基礎. ¶～를 튼튼히 하다 基礎をしっかり固める.

Ⅱ 接尾 〔자리·곳〕 …場. …跡. …地. ¶싸움～ 戦場/놀이～ 遊び場/일～ 仕事場/공[빈]～ 空き地.

◆**터가 세다** 地相や家相が悪くて異変が多い.

◆**터를 다지다** 地固めする.

◆**터를 닦다** ① 地ならしをする. ② (物事の)土台を固める.

터[2] 依名 **1**〔의도·짐작·예정의 뜻을 나타냄〕つもり. はず. ¶내일 갈 ～이다 明日行くつもりだ/이 사실은 너도 잘 알 ～인데 このことはお前もよく知っているはずだが. **2** …しているくせに. ¶남보다 못한 ～에 욕심은 갑절이나 많다 人より劣るくせに欲は人一倍だ/대단한 돈도 없는 ～에 큰소리치지 말게 大した金もないくせに大きなことを言うな.

터널〔tunnel〕 名 トンネル. **1** 隧道. ¶～ 공사 トンネル工事. **2** (野球の)トンネル.

터놓다 他 **1** (障害物を)取り除く. 開ける. **2** 禁令を解く. **3** 打ち解ける. 胸襟を開く. ¶속[마음]을 터놓고 이야기하다 腹を割って話す. ざっくばらんに話す.

터덜거리다[-대다] 自 **1** とぼとぼ歩く. ¶기운이 없는 듯 터덜거리며 걷다 元気がなさそうにとぼとぼと歩く. **2** ひびいった音がする. **3** がたがたする.

터덜터덜 副 하自 **1**〔힘없이 걷는 모양〕とぼとぼ(と). **2**〔질그릇에 금이 가서 나는 소리〕ごつごつ. がたがた. **3**〔빈 수레가 소리를 내며 가는 모양〕がたがた(と).

터득〔攄得〕 名 하他 会得. 体得. ¶운전 요령을 ～하다 運転のこつを会得する.

터뜨리다[-트리다] 他 爆発させる. 破裂させる. ¶다이너마이트를 ～ ダイナマイトを爆発させる/웃음을 ～ 噴き出す. 爆笑する/고무 풍선을 ～ ゴム風船を破裂させる.

터럭 名 (人·動物の)長く太い毛.

터릿 선반〔turret旋盤〕 名〔機〕タレット旋盤.

터무니 名 根拠.

터무니없다 形 根拠がない. 途方もない. とんでもない. ¶터무니없는 이야기를 하다 とんでもないことを言う/터무니없는 계획을 세우다 途方もない計画を立てる. **터무니없이** 副 法外に. むやみに. ¶～ 비싸다 途方もなく値段が高い.

터미널〔terminal〕 名 ターミナル. ¶고속버스 ～ 高速バスターミナル.

터벅거리다[-대다] 自 とぼとぼ歩く. てくてく歩く.

터벅터벅 副 하自 とぼとぼ(と). てくてく(と). ¶기운없이 집을 향해 ～ 걷다 力なく家に向かってとぼとぼ歩く.

터벅터벅하다 形 (水気·粘り気がなくて)ぱさぱさしている.

터번〔turban〕 名 ターバン.

터부〔taboo〕 名 タブー. 禁忌.

터부룩하다 形 (髪·草などが)ぼうぼうとしている. もじゃもじゃだ. ¶터부룩한 머리 ぼうぼうたる髪/수염이 ～ ひげがもじゃもじゃだ. **터부룩이** 副 ぼうぼう(と). もじゃもじゃ.

터분하다 形 **1** (食べ物が傷みかけて)味がおかしい. **2** (口の中が)さわやかでない. ¶양치를 안 했더니 입 안이 ～ うがいをしなかったから口がさっぱりしない. **3** (天気·気持ちが)ぱっとしない. うっとうしい.

터빈〔turbine〕 名〔機〕タービン. ¶증기 ～ 蒸気タービン.

터수 名 **1** 暮らし向き. ¶작년보다 ～가 많이 좋아졌다 昨年より暮らしがかなりよくなった. **2** 仲. 間柄. ¶～가 좋은 사이 親しい間柄.

터울 名 兄弟の年の差. ¶한 살 ～이다 年子だ/두 살 ～이다 二つ違いだ.

터전 名 **1** (生活の)拠り所. 基盤. ¶생활의 ～을 만들다 生活の基盤を築く. **2** 地盤や基地. 根拠地. 拠点. ¶신라의 옛 ～ 新羅の古跡. **3** 敷地. ¶～을 다지다 敷地の地盤を固める.

터주〔―主〕 名〔民俗〕敷地を守る地神[守り神].

터줏대감〔―大監〕 名〈俗〉(その土地·団体などの)古顔. 古株. 主.

터지다 自 **1** (戦争·事件などが)起こる. 勃発する. 突発する. ¶전쟁이 ～ 戦争が勃発する. **2** (表面·皮膚などが)裂ける. 割れる. ひびが入る. ¶찬바람을 쐬어 손등이 ～ 寒風に当

たって手の甲がひび割れる / 가뭄으로 논바닥이 ～ 日照りで田にひびが入る. **3** (感情が) どっと出る. 爆発する. ¶ 울음이 ～ わっと泣き出す / 참았던 웃음이 ～ こらえきれずに笑い出す / 부아가 ～ 憤りが爆発する. **4** (鼻血などが) 突然出る. 噴き出る. ¶ 코피가 ～ 鼻血が噴き出る. **5** ばれる. ¶ 독직 사건이 ～ 汚職事件が発覚する. **6** (火薬などが) 破裂する. 爆発する. ¶ 포탄이 ～ 砲弾が破裂する / 불꽃이 ～ 花火が破裂する. **7** (土手などが) 切れる. ¶ 둑이 터져 큰물이 지다 堤防が切れて大水が出る. **8** (幸福・運などが一度に) 訪れる. 押し寄せる. ¶ 행운이 ～ 幸運がどっと押し寄せる. **9** (声・歌などが) 起こる. わき上がる. ¶ 박수 갈채가 ～ 拍手喝采がわき上がる. **10** ぶん殴られる. ¶ 실컷 얻어터졌다 思いきりぶん殴られた.

터치〔touch〕 名 하自他 タッチ. **1** 触れること. 接触すること. **2** 関係すること. ¶ 그 건에는 ～하고 싶지 않다 その件にはタッチしたくない. **3** 筆づかい. 指づかい. ¶ 강렬한 ～로 그리다 強烈なタッチで描く.

터치다운〔—down〕 名〔體〕 タッチダウン.

터치라인〔—line〕 名〔體〕 タッチライン.

터치아웃〔—out〕 名〔體〕 タッチアウト.

터키〔Turkey〕 名〔地〕 トルコ〈西アジアの共和国〉.

터틀넥〔turtle neck〕 名 タートルネック.

터프 가이〔tough＋guy〕 名 タフガイ.

턱1 名 あご. ¶ 이중 ～ 二重あご / ～이 빠지다 あごがはずれる. 笑いこける / ～이 빨다[뾰족하다] あごが尖っている / ～을 괴다[받치다] 頬づえをつく.

턱2 名 平面からちょっと突き出た所. ¶ 문～에 걸리다 敷居につまずく.

턱3 名 (いいことがあったときの) おごり. もてなし. ¶ 승진했으니 한 ～ 내야지 昇進したから一杯おごらなきゃ.

턱4 依名 **1**〔까닭〕 はず. わけ. ¶ 자네가 알 ～이 있나? 君に分かるはずがあるか / 그가 오지 않을 ～이 없다 彼が来ないわけがない. **2**〔그만한 정도〕 程度. くらい. ¶ 우리 가게 매상은 매일 이 ～이지요 うちの店の売り上げは毎日この程度です.

턱5 副 **1**〔긴장이 풀리는 모양〕 ほっと. ¶ 마음을 ～ 놓다 ほっと安心する. **2**〔꽉 붙잡거나 치는 모양〕 ぎゅっと. ぐいと. ¶ 어깨를 ～ 치다 肩をぎゅっと打つ. **3**〔자연스럽게 구는 모양〕 すっと. ¶ 아무런 주저 없이 교단 앞으로 ～ 나서다 何のためらいもなく教壇の前へすっと出る. **4**〔힘없이 쓰러지는 모양〕 ばたっと. ¶ ～ 쓰러지다 ばたっと倒れる. **5**〔몹시 막히는 모양〕 ぐっと. ¶ 말문이 ～ 막히다 言葉がぐっと詰まる. ＞탁 ▷턱턱

턱걸이 名 하自 **1** 懸垂. **2**〈シルム(씨름)で〉手をあごにかけ押し倒す技. 喉輪. **3** 人に頼って生きること. 居候. **4**〈俗〉かろうじて合格すること. ¶ 대학에 ～로 겨우 입학했다 大学にやっとのことで入学した.

턱밀이 名 하他 〈シルム(씨름)で〉あご押し. あごを手で押すこと.

턱밑 名 **1** あごの下. ¶ ～에 상처가 있다 あごの下に傷がある. **2** ごく近い所. 目と鼻の先. 目の前. ¶ ～에 있다 目と鼻の先にある.

턱받이 名 よだれ掛け.

턱뼈 名〔生〕 顎骨.

턱수염〔—鬚髯〕 名 あごひげ.

턱시도〔tuxedo〕 名 タキシード.

턱없다 形 **1** 筋が通っていない. 理屈に合わない. ¶ 턱없는 말 でたらめな話. **2** とんでもない. 法外だ. 不相応だ. ¶ 턱없는 요구를 하다 法外な要求をする. **턱없이** 副 法外に. べらぼうに. むちゃに. ¶ 값이 ～ 비싸다 値段が法外に高い.

턱잎 名〔植〕 托葉.

턱자가미 名 上顎と下顎のつなぎ目.

턱주가리 名〈俗〉下顎.

턱지다 自 段差がつく. 丘ができる.

턱짓 名 하自 あごで指図すること. ¶ ～으로 방향을 가리키다 あごで方角を示す.

턱찌기 名 食べ残し. 残飯.

턱턱 副 **1**〔결단성 있게 처리하는 모양〕 てきぱき(と). ¶ 일을 ～ 해치우다 仕事をてきぱきとやってのける. **2**〔픽픽 쓰러지는 모양〕 ばたばた(と). ¶ 태풍이 불어 가로수들이 ～ 쓰러졌다 台風が吹いて街路樹がばたばたと倒れた. **3**〔침을 세게 뱉는 모양〕 ぺっぺっと. ¶ 침을 아무 데나 ～ 내뱉다 唾を所かまわずぺっぺっと吐く. **4**〔숨이 막히는 모양〕 うっと. ¶ 숨이 ～ 막힐 것 같은 더위 息がうっと詰まりそうな暑さ. **5**〔두드리거나 터는 모양〕 ばたばた(と). ¶ 먼지를 ～ 털다 ほこりをばたばたと払う. ＞탁탁

턴〔turn〕 名 ターン. ¶ 유(U)～ ユーターン.

턴테이블〔turntable〕 名 ターンテーブル.

털 名 毛. **1** (人・動物の) 毛. 髪の毛. ひげ. ¶ 솜～ 産毛. 綿毛. にこ毛 / ～투성이 毛むくじゃら / 가슴에 난 ～ 胸毛 / ～이 고운 말 毛並みの美しい馬 / ～이 빠지다 毛が抜ける. **2** 羽毛. 綿毛. ¶ 비둘기의 깃～ 鳩の羽毛 / 민들레씨의 솜～ たんぽぽ(の種)の綿毛. **3**〔'털실'의 준말〕 毛糸. ウール. 羊毛. **4** (ブラシなどの) 毛. ¶ 솔의 ～ ブラシの毛.

털가죽 名 毛皮.

털갈이 名 하自 毛が抜け代わること. 毛が生え代わること.

털게 名〔動〕 毛蟹.

털곰팡이 名〔植〕 毛黴.

털구멍 名 毛穴.

털끝 名 **1** 毛の先. **2** 些細なもの. ¶ 나쁜 마음은 ～만큼도 없다 悪気は毛頭ない.

털내의〔—内衣〕 名 ウールの肌着.

털다 他 **1** はたく. 払いのける. たたき落とす. ¶ 먼지를 ～ ほこりをはたく / 모자 위의 눈을 ～ 帽子の上の雪をはたく / 이불을 ～ 布団をはたく. **2** (財産

·お金などを)はたく. ¶비상금을 털어서 사다 へそくりをはたいて買う. **3** (強盗·泥棒などが)かっさらう. ¶간밤에 도둑이 들어 몽땅 털어 갔다 昨夜泥棒が入ってそっくりかっさらっていった.
〔속담〕**털어서 먼지 안 나는 사람 없다** はたいてほこりの出ない人はない(まったくやましい所のない人はいない).

털럭거리다[-대다] 自 がたがたと揺れる. しきりにがたつく. ¶시골 길을 버스가 털럭거리며 달린다 田舎道をバスががたがた揺れながら走る.
털럭털럭 副 하自 がたがた(と).

털리다¹ 自 〔'털다'의 피동사〕(ほこりなどが)落ちる. 取れる. (賭けなどで)すっかりまき上げられる. (泥棒に)ごっそりやられる. ¶먼지가 잘 ~ ほこりがよく落ちる / 깡패를 만나 모조리 털리고 말았다 ごろつきに会って身ぐるみはがされてしまった.

털리다² 他 〔'털다'의 사동사〕はたかせる. ふるい払わせる.

털모자[一帽子] 名 毛皮の帽子.

털목도리 名 毛皮や毛糸の襟巻き.

털방석[一方席] 名 **1** 毛糸で編んだ座布団. **2** 羽毛の座布団.

털배자[一褙子] 名 裏に毛皮を当てたチョッキ.

털버덕 副 하自他 **1**〔넓적한 물건으로 얕은 물 위를 치는 소리〕ぴちゃんと. **2**〔아무렇게나 주저앉는 모양〕べたっと. ¶그 자리에 ~ 주저앉다 その場にべたっとへたり込む.

털보 名 ひげの濃い人. 毛深い人.

털복숭아 名 6月の桃.

털붙이 名 **1** 毛皮. **2** 毛織物.

털빛 名 毛色.

털신 名 毛や毛皮でつくった防寒靴. (防寒)ブーツ.

털실 名 毛糸. ¶~로 장갑을 짜다 毛糸で手袋を編む.

털썩 副 하自 **1**〔갑자기 주저앉는 모양〕ぺったりと. べたりと. どっかり(と). どかっと. ¶마루에 ~ 주저앉다 床にどっかりと座り込む. **2**〔두툼한 것이 떨어지는 모양[소리]〕どさりと. どすんと. ¶담이 ~ 무너졌다 塀がどさっと崩れ落ちた.
털썩거리다[-대다] 自 しきりにどさりどさりと音がする.
털썩털썩 副 하自 べたりべたりと. どさりどさりと.

털어놓다 他 打ち明ける. ぶちまける. ¶진실을 ~ 真実を打ち明ける / 불만을 ~ 不満をぶちまける / 엄마에게 뭐든지 털어놔 봐 お母さんに何でも打ち明けてみなさい.

털어먹다 他 (金·財産などを)食いつぶす. 使い果たす. はたく. ¶도박으로 전 재산을 ~ 博打で全財産を使い果たす.

털옷 名 毛皮の服.

털장갑[一掌匣] 名 毛糸の手袋.

털짐 名 **1** 放蕩者. 道楽者. **2** 金をまき上げやすい相手. かも.

털터리 名 〔'빈털터리'의 준말〕すかんぴん. 一文なし.

털털 副 하自他 **1**〔금 간 질그릇 등을 두드릴 때 나는 소리〕かちゃかちゃ(と). **2**〔먼지를 털기 위하여 두드리는 모양[소리]〕ぱたぱた(と). ¶광 속의 먼지를 ~ 털어 내다 物置の中のほこりをぱたぱたとはたき出す. **3**〔피곤하여 느른한 걸음으로 걷는 모양〕よろよろ(と). ひょろひょろ(と). とぼとぼ(と).
털털거리다[-대다] 自他 **1** かちゃかちゃと音がする. **2** がたがたする. **3** よろよろする.

털털이 名 **1** 細かいことにこだわらない人. 大らかな人. **2** ぽんこつ自動車. ぼろ車.

털털하다 形 **1** 大らかだ. 気さくだ. ¶사람이 매우 털털해서 사귀기 쉽다 人柄がとても気さくでつきあいやすい. **2** (品質が)並だ. まあまあだ. ¶털털한 옷차림 普通の身なり.

텀벙 副 하自他 どぶんと. どぼんと. ¶사람이 물에 ~ 빠지다 人がどぶんと水に落ちる.
텀벙거리다[-대다] 自他 どぶんどぶんと音がする[音を立てる].
텀벙텀벙 副 하自他 どぶんどぶん(と). ¶아이들이 차례차례로 물에 ~ 뛰어들었다 子供たちが順々に水にどぶんどぶんと飛び込んだ.

텀블링[tumbling] 名 하自 〔體〕タンブリング.

텁석나룻 名 もじゃもじゃのひげ. 不精ひげ.

텁석부리 名 ひげづらの人.

텁수룩하다 形 〔'덥수룩하다'의 거센말〕(髪の毛やひげが)もじゃもじゃだ. ぼうぼうだ. ¶턱수염이 ~ あごひげがもじゃもじゃだ / 머리를 텁수룩하게 기르다 髪をぼうぼうと伸ばす. **텁수룩이** 副 もじゃもじゃ(と). ぼうぼう(と).

텁지근하다 形 (味が)すっきりしない. もの足りない.

텁텁이 名 ざっくばらんな性格の人. 大らかな人.

텁텁하다 形 **1** (味や口の中·腹の具合が)さっぱりしない. ¶입맛이 ~ 口当たりがさわやかでない. **2** 目がかすんでぼんやりしている. **3** 大らかだ. ざっくばらんである. ¶성미가 텁텁해서 남과 잘 사귄다 心が広くてつきあいやすい. **4** どんよりとしている.

텃밭 名 家の近くや敷地に続く畑.

텃새 名 〔動〕留鳥.

텃세¹[一貰] 名 借地料. 地代.

텃세²[一勢] 名 하自 (先に住みついた者が後から来た者に対して)土地の者だといばること.

텅 副 がらんと. ¶~ 빈 교실 がらんとした教室 / 어머니가 돌아가셔서 가슴이 ~ 빈 것 같다 母が亡くなって胸の中がぽっかりあいたようだ.
텅텅¹ 副 がらんがらんと. ¶버스가 ~ 비었구나 バスががらがらにすいているよ.

텅스텐[tungsten] 名 〔化〕タングステン. ¶~강 タングステン鋼.

텅텅² 副 하自他 **1**〔두꺼운 쇠붙이나 물건이 잇달아 부딪쳐 나는 소리〕どすんどすん(と). ずどんずどん(と). ¶계단을 ~ 소리내며 내려왔다 階段をどすんどすん音を立てて降りて来た. **2**〔헛

된 장담을 예사롭게 하는 모양〕でかでかと.

텅텅거리다[-대다] 自他 ずどんずどんと音が鳴る. どんどんと鳴る.

테[1] 名 **1** 縁. 枠. へり. ¶안경～ めがねの縁. **2** 輪. たが. ¶통에 ～를 메우다 桶にたがをはめる/～를 벗기다 たがを外す. **3** (帽子の)つば. ¶～가 넓은 모자 つばの広い帽子.

테[2] 依名〔실의 묶음을 세는 말〕かせ.

테너〔tenor〕名〔樂〕テナー. テノール.

테니스〔tennis〕名 テニス. 庭球. ¶～ 코트 テニスコート.

테두리 名 枠. **1** へり. 縁. 枠. ¶～ 장식 縁かざり/금[은]～ 金[銀]の覆輪. **2** 輪郭. ¶산맥의 ～가 안개 속에 어렴풋이 떠오르다 稜線が霧の中にぼんやりと浮かび上がる. **3** 概要. アウトライン. ¶계획의 ～를 말하다 計画の概要を話す. **4** 範囲. 限界. ¶예산의 ～ 안에서 予算の枠内で/상식의 ～를 벗어난 처사다 常識の枠からはみ出たふるまいだ.

테라스〔terrace〕名 テラス.

테러〔terror〕名〔'테러리스트·테러리즘'의 준말〕テロ. テロル. ¶～ 행위 テロ行為.

테러리스트〔terrorist〕名 テロリスト.

테러리즘〔terrorism〕名 テロリズム. 暴力主義.

테레빈유〔terebene油〕名〔化〕テレビン油.

테리어〔terrier〕名〔動〕テリア〈犬の品種〉.

테마〔독 Thema〕名 テーマ. 主題. ¶～ 뮤직 テーマミュージック/～ 송 テーマソング/뚜렷한 ～가 없다 はっきりしたテーマがない.

테메우다 他 たがをはめる. 枠にはめる.

테석테석 副 하形〔반드럽지 못하고 거칠게 일어난 모양〕ざらざら. がさがさ.

테스트〔test〕名 하他 テスト. 試験. ¶영어 실력을 ～하다 英語の実力をテストする.

테스트 케이스〔―case〕名 テストケース.

테실 名 かせ糸.

테이블〔table〕名 テーブル. 机. 卓. ¶～보 テーブルクロス/～매너 テーブルマナー/～스피치 テーブルスピーチ.

테이프〔tape〕名 テープ. ¶～리코더 テープレコーダー/카세트～ カセットテープ/비디오～ ビデオテープ/빈[공]～ 録音されていないカセットテープ/～에 녹음하다 テープに録音する.

테제〔독 These〕名 テーゼ. **1**〔哲〕定立. **2** 政治活動の綱領.

테크노크라시〔technocracy〕名〔經〕テクノクラシー.

테크놀로지〔technology〕名 テクノロジー. 科学技術.

테크니컬〔technical〕形 テクニカル. 技術的.

테크니컬 녹아웃〔―knockout〕名〔體〕(プロボクシングで)テクニカルノックアウト. ティーケーオー(TKO).

테크니컬 파울〔―foul〕名〔體〕(バスケットボールで)テクニカルファウル.

테크닉〔technic〕名 テクニック.

테토론〔Tetoron〕名 テトロン.

텍스트〔text〕名 テキスト. **1** 本文. 原文. **2**〔'텍스트북'의 준말〕テキストブック.

텍스트북〔textbook〕名 テキストブック. 教科書.

텐트〔tent〕名 テント. 天幕. ¶～를 치다 テントを張る.

텔레비전〔television〕名 テレビジョン. テレビ. ¶～을 켜다[끄다] テレビをつける[消す]/컬러 ～ カラーテレビ.

텔레파시〔telepathy〕名 テレパシー. ¶～가 통하다 テレパシーが通じる.

텔렉스〔telex〕名 テレックス.

템포〔이 tempo〕名 テンポ. 速さ. ¶～가 빠르다 テンポが速い/일의 ～가 느리다 仕事のテンポがのろい.

텡쇠 名 丈夫そうに見えて実は虚弱な人. 見かけ倒し.

토[1] 名 **1**〔'토씨'의 준말〕助詞. **2** 漢文を読むときに, 漢字に添えて読むハングルの部分〈면·은·에·하니·하고·하여·으로など〉.

토[2] 名 **1** しょう油を煮詰めるときに上面に浮かぶかす. **2** しょう油甕の底にたまったみそかす.

토[3]〔土〕名〔民俗〕土〈五行の一つ〉.

토[4]〔土〕名〔'토요일'의 준말〕土.

토건〔土建〕名〔'토목 건축'의 준말〕土木建築. 土建.

토건업〔―業〕名 土建業.

토공〔土工〕名 **1** 土木工事, また土木工事に従事する人. **2** 左官.

토관〔土管〕名 土管. ¶～을 묻다 土管を埋める.

토괴〔土塊〕名 土の塊.

토교〔土橋〕名 土橋.

토굴〔土窟〕名 土窟. 土を掘った穴.

토기[1]〔土器〕名 土器.

토기장이 名 陶工.

토기점〔―店〕名 瀬戸物屋.

토기[2]〔吐氣〕名 吐き気.

토끝 名 **1** 織物の端の部分. **2** 反物の耳.

토끼 名〔動〕兎. ¶집～ 飼い兎/산～ 野兎/～ 사냥 兎狩り/～가 깡총깡총 뛰어간다 兎がぴょんぴょん飛びはねていく.

토끼뜀 名 兎跳び.

토끼띠 名〔民俗〕兎年生まれ.

토끼집 名 兎小屋.

토끼털 名 兎の毛.

토끼해 名〔民俗〕兎年.

토끼풀 名〔植〕白詰草. クローバ.

토너먼트〔tournament〕名 トーナメント.

토농〔土農〕名 土着の農民.

토닥거리다[-대다] 自他 (あかごをあやして背中を)軽くたたく.

토닥토닥 副 하自他 (あかごの背中を)軽くたたくようす, またその音.

토단〔土壇〕名 土壇. 土で築いた壇.

토담〔土―〕名 土壁. 土塀.

토담집 名〔建〕(木材を使わない)土壁の家.

토대〔土臺〕名 土台. **1** 土で築いた台. **2** (建築物の)基礎. ¶～를 다지다 土台を固める. **3** (物事の)基

本. 基礎. もと. ¶사업의 ～를 구축하다 事業の土台を築く／소자본을 ～로 하여 성공했다 わずかな資本をもとにして成功した.

토라지다 自 **1** 胃がもたれる. **2** 仲が悪くなる. こじれる. すねる. ¶토라져 말을 듣지 않다 すねて言うことを聞かない.

토란[土卵] 名〔植〕里芋.

토란국 名〔料理〕里芋汁.

토력[土力] 名 地力. 土地の生育力.

토렴 名 하他 ご飯やうどん玉などに何度も熱い汁をかけて温めること.

토로[吐露] 名 하他 吐露. ¶심정을 ～하다 心情を吐露する.

-토록 接尾〔만큼이나·동안〕…ほど. …ぐらい. …まで. …のように. ¶그～ 말했는데도 불구하고 あれほど言ったのにもかかわらず／종일～ 一日中.

토론[討論] 名 하自他 討論. ¶～회 討論会／반대 ～ 反対討論／당면한 문제를 ～에 부치다 当面の問題を討論に付する.

토룡[土龍] 名〔動〕みみず.

토류 금속[土類金屬] 名〔化〕土類金属.

토륨[thorium] 名〔化〕トリウム.

토리 Ⅰ 名 丸く糸を巻いたもの.
Ⅱ 依名〔실 뭉치를 세는 말〕巻き.

토리실 名 丸く巻いた糸.

토마루 名 土間.

토마토[tomato] 名〔植〕トマト.

토마토케첩[—ketchup] 名 トマトケチャップ.

토막¹ Ⅰ 名 **1** (木材·魚·棒などの大き目の)切れ. 切れ端. 断片. かけら. ¶나무 ～ 木の切れ端. **2** (言葉·文章の)ひとくさり. 節. 区切り. ¶한 ～ 이야기하다 ひとくさり話をする／세 ～으로 된 논문 三つの節から成る論文.
Ⅱ 依名〔덩어리가 진 도막을 세는 말〕…切れ. ¶생선 두 ～ 魚2切れ／고등어 반 ～ 鯖の半身／빵 한 ～ パンひときれ.
◆**토막을 치다** 他 輪切りにする. ぶつ切りにする. ずたずたに切る. ¶무를 ～치다 大根を輪切りにする／～을 친 생선 切り身の魚.

토막고기 名 ぶつ切りの肉.

토막극 名 寸劇.

토막토막 副 切れ切れに. とぎれとぎれに. ずたずたに. ¶고깃덩어리를 ～ 자르다 肉の塊をぶつ切りにする.

토막²[土幕] 名 穴蔵.

토막민[—民] 名 穴蔵に住む人たち.

토멸[討滅] 名 하他 討滅. ¶적을 ～하다 敵を討滅する.

토목[土木] 名 土木. ¶～ 건축 土木建築／～ 공학 土木工学／～ 기사 土木技師／～업 土木業.

토목 공사[—工事] 名 土木工事.

토민[土民] 名 土民. 土着民.

토박[土薄] 名 하形 地味がやせていること.

토박이[土—] 名〔'본토박이'의 준말〕(よそ者に対して)土地の者. 土地っ子. 生え抜き. ¶서울 ～ 生っ粋のソウルっ子.

토반[土班] 名 (何代にもわたってその土地に住み着いている)両班. 豪族. 土豪.

토반자[土—] 名〔建〕土塗りの天井.

토방[土房] 名 土間.

토번[土蕃] 名 土蕃. 土着の蕃人.

토벌[討伐] 名 하他 討伐. ¶～군 討伐軍.

토벽[土壁] 名 土壁. ¶～집 土壁の家.

토분[土墳] 名 土墳.

토붕[土崩] 名 하自 土崩. 崩壊. 瓦解.

토붕와해[—瓦解] 名 土崩瓦解. 物事が根底から崩壊すること.

토사¹[土沙] 名 土砂. ¶～길 土砂道／～ 방지림 砂防林.

토사²[吐瀉] 名 하自他 吐瀉. 吐き下し. 嘔吐と下痢. ¶～가 나다 吐瀉する.

토사곽란[—癨亂] 名〔韓方〕吐瀉霍乱. 急性胃炎.

토사³[兎舍] 名 兎小屋.

토산¹[土山] 名 岩石のない土の山.

토산²[土產] 名 土産. 特産.

토산물[—物] 名 土産. 土地の産物.

토산종[—種] 名 特産品の種類.

토산품[—品] 名 特産品.

토색[討索] 名 하他 (金品を)無心すること.

토색질 名 하自 (金品を)無心する行為.

토석[土石] 名 土石.

토석류[—流] 名 土石流.

토선[土船] 名 土船. 土を運ぶ船.

토설[吐說] 名 하他 隠していた事実を初めて明かすこと.

토성¹[土星] 名〔天〕土星.

토성²[土城] 名 土城. 土塁を巡らした要塞.

토세공[土細工] 名 土細工. 土を材料とする細工.

토속[土俗] 名 土俗. 土地の風俗. ¶～ 신앙 土俗信仰／～학 土俗学.

토슈즈[toeshoes] 名 トーシューズ.

토스[toss] 名 하自他 (球技で)トス. ¶～ 배팅 トスバッティング／투수에게 공을 ～하다 投手にボールをトスする.

토스터[toaster] 名 トースター.

토스트[toast] 名 トースト. ¶～에 버터를 바르다 トーストにバターをつける.

토시 名 (防寒用の)腕ぬき.

토신[土神] 名〔民俗〕土神.

토실토실 副 하形 ぽちゃぽちゃ(っと). ¶～한 볼 ぽちゃぽちゃした頬／～ 살찐 아이 ぽちゃぽちゃと太った子供. <투실투실

토씨 名〔言〕助詞.

토악질[吐—] 名 하他 **1** 嘔吐. へど. **2** 不当に取り上げた他人の財物を返すこと.

토압[土壓] 名〔土〕土圧. 土砂の圧力.

토약[吐藥] 名〔藥〕吐剤.

토양[土壤] 名 土壌. ¶～ 오염 土壌汚染／～이 비옥하다 土壌が肥沃だ.

토양 미생물[—微生物] 名 土壌微生物.

토양 반응〔一反應〕 名 土壌反応.

토어〔土語〕 名 **1** 土語. その土地の言葉. **2** 方言.

토역¹〔土役〕 名 土の仕事.

토역꾼 名 土の仕事をする人.

토역일 名 土の仕事.

토역²〔吐逆〕 名 하自 嘔吐. ¶ ～질 吐き気.

토옥¹〔土沃〕 名 하形 地味が豊かであること.

토옥²〔土屋〕 名 土壁の家屋.

토요일〔土曜日〕 名 土曜日.

토욕〔土浴〕 名 하自 **1** (鶏の)砂浴. **2** (牛·馬が)土の上に転んで背中をこすること.

토용〔土俑〕 名 土で焼いてつくった人形〈昔これを殉死者の代わりとして墓に埋葬した〉.

토우〔土偶〕 名 土偶. 土でつくった人形.

토유〔吐乳〕 名 하自 吐乳. ¶ ～병 吐乳病.

토의〔討議〕 名 하他 討議. ¶ ～에 들어가다 討議に入る / ～에 부치다 討議に付する / 대책을 ～하다 対策を討議する.

토인〔土人〕 名 **1** 土着の人. **2** 〈蔑〉先住民.

토일렛〔toilet〕 名 トイレ. 便所. お手洗い.

토장¹〔土葬〕 名 하他 土葬.

토장²〔土醬〕 名 みそ. ¶ ～국 みそ汁.

토적¹〔土賊〕 名 土賊. 土匪.

토적²〔討賊〕 名 하自 賊を討つこと.

토정〔吐精〕 名 하自 射精.

토정비결〔土亭祕訣〕 名 朝鮮中期に土亭 李之菡の著した未来の吉凶禍福を予言した記録.

토제¹〔土製〕 名 土製.

토제²〔吐劑〕 名〔薬〕 吐剤. 催吐薬.

토족〔土足〕 名 土足. **1** 泥足. **2** 履き物をはいたままの足.

토종〔土種〕 名 その地方特産の品種. ¶ ～닭 地鳥.

토지〔土地〕 名 土地. 土. 土壌. 地面. ¶ ～ 개량 土地改良 / ～ 개혁 土地改革 / ～ 대장 土地台帳 / ～법 土地法 / ～ 사용권 土地使用権 / ～ 소유권 土地所有権 / 비옥한 ～ 肥沃な土地.

토질¹〔土疾〕 名〔醫〕 風土病. 地方病.

토질²〔土質〕 名 土質. ¶ 단단한 ～ 固い土質.

토착〔土着〕 名 하自 土着.

토착민〔一民〕 名 土着民.

토착화〔一化〕 名 하自他 土着化.

토척〔土瘠〕 名 하形 土地がやせていること.

토출〔吐出〕 名 하他 **1** 吐出. 食べたものを吐き出すこと. **2** 心中を隠さず明かすこと. 吐露.

토치카〔러 tochka〕 名〔軍〕 トチカ.

토크 쇼〔talk show〕 名 トークショー.

토큰〔token〕 名 トークン〈バスなどの乗車券の代わりに使う代用硬貨〉.

토탄〔土炭〕 名〔鑛〕 泥炭.

토털〔total〕 名 トータル. 合計.

토테미즘〔totemism〕 名〔社〕 トーテミズム.

토파〔討破〕 名 하他 論破.

토픽〔topic〕 名 トピック. 話題. ¶ 해외 ～ 海外トピック.

토하다〔吐一〕 他 **1** (食べた物を)戻す. 吐く. ¶ 먹은 것을 ～ 食べた物を吐く. **2** (心の内を)言葉に出して言う. 吐く. 吐露する. ¶ 기염을 ～ 気炎を吐く / 슬픈 심정을 ～ 悲しい心情を語る / 열변을 ～ 熱弁をふるう.

토혈〔吐血〕 名 하自 吐血. 血を吐くこと.

토호〔土豪〕 名 土豪. 土地の豪族.

톡 副 **1** 〔끊어지거나 부러지는 모양[소리]〕 ぽきっと. ぷつんと. ¶ 연필이 ～ 부러지다 鉛筆がぽきっと折れる / 실을 ～ 끊다 糸をぷつんと切る. **2** 〔한 부분이 불거져 오른 모양〕 ぷくっと. にゅっと. ¶ 눈이 ～ 튀어 나온 금붕어 両目がぷくっと突き出ている金魚. **3** 〔가볍게 치거나 건드리는 모양[소리]〕 ぽんと. ¶ 아기의 볼을 ～ 건드리다 赤ん坊の頬をぽんと触れる. **4** 〔갑자기 터지는 모양[소리]〕 ぱんと. ¶ 풍선이 ～ 터지다 風船がぱあんと割れる. **5** 〔갑자기 멈추는 모양〕 ぱたっと. ぴたりと. ¶ 거짓말같이 비가 ～ 그쳤다 嘘のように雨がぴたりとやんだ. **6** 〔야멸차게 쏘아붙이는 모양〕 ぽんと. きっぱり(と). ¶ 화난 목소리로 ～ 쏘아붙였다 怒り狂った声できっぱりと言い放った.

톡톡 副 **1** 〔살짝살짝 치는 모양[소리]〕 ぱたぱたと. ¶ 먼지를 ～ 털다 ほこりをぱたぱたとはたく. **2** 〔터지거나 부러지는 모양[소리]〕 ぱあんと. ¶ 석류알이 ～ 터지다 石榴の実がぱあんと裂ける. **3** 〔말을 쏘아붙이는 모양〕 ぽんぽんと. ¶ 말을 ～ 쏘아붙이다 たんかをぽんぽんと切る.

톡배다 形 布の織り目が目立って細かい.

톡톡하다 形 **1** (汁などが煮詰まって)濃い. **2** (布の織り目が細かく)少し厚い. **3** (物事の中身が)充実している. ¶ 살림 밑천을 톡톡하게 장만하다 暮らしの元手を十分こしらえる. **4** (小言などが)きつい. ¶ 톡톡하게 꾸지람을 듣다 こっぴどく叱られる.

톡톡히 副 ひどく. ずいぶん. たっぷり. ¶ ～ 재미를 보다 たっぷり儲ける.

톤¹〔tone〕 名 トーン. 調子. 色調. 音色.

톤²〔ton〕 依名 〔선박·화물의 톤수〕 トン. ¶ 10만 ～의 석탄 10万トンの石炭 / 4～ 트럭 4トンのトラック.

톤수〔ton數〕 名 トン数. ¶ 화물 적재 ～ 貨物積載トン数.

톨 依名 (栗·どんぐりなどの)粒. ¶ 밤 다섯 ～ 5粒の栗.

톨게이트〔tollgate〕 名 (有料道路·高速道路などの)トールゲート. 料金所.

톰방 副 하自他 ぽちゃんと. ¶ 물에 ～ 빠지다 水にぽちゃんと落ちる.

톰방거리다〔-대다〕 自他 ぽちゃんぽちゃんと音を立てる.

톰방톰방 副 하自他 ぽちゃんぽちゃんと.

톱¹ 名 のこぎり. ¶ 실～ 糸のこ / ～으로 나무를 켜다[자르다] のこぎりで木を切る.

톱²〔top〕 名 トップ. ¶ ～뉴스 トップニュ

ース/～ 타자 トップ打者/～스타 トップスター/～클래스 トップクラス/신문의 ～에 실리다 新聞のトップに載る/～을 다투다 トップを争う.

톱날 名 のこぎりの目. ¶～을 세우다 のこぎりの目を立てる.

톱니 名 のこぎりの歯.

톱니바퀴 名 歯車. ギヤ.

톱밥 名 のこくず. おがくず.

톱질 名 하自 のこぎりで木材をひくこと. こびき.

톱톱하다 形 汁が濃い. ¶된장찌개를 톱톱하게 끓이다 みそ汁を濃い目につくる.

톳 Ⅰ 名 海苔100枚を束にしたもの. Ⅱ 依名 〔김의 묶음을 세는 말〕 束. 10帖. ¶김 한 ～ 주세요 海苔一束ください.

통[1] 名 **1** (ズボン·袖の)幅. ¶～이 좁은 바지 幅の狭いズボン. **2** 〔鑛〕 鉱脈の幅. **3** 腰回り. 足の太さ. **4** きも. 腹. ¶대낮에 강도질을 하다니 ～도 크지 真昼間に強盗を働くとは大胆だ.

통[2] Ⅰ 名 (成熟した)白菜などの玉. 夕顔などの実. ¶그 배추는 ～이 크다 その白菜は玉が大きい[大玉だ]. Ⅱ 依名 〔배추·수박·호박 등을 세는 말〕 株. 個. ¶수박 열 ～ すいか10個.

통[3]〔桶〕 Ⅰ 名 桶. 樽. 箱. 缶. ¶물～ 水桶/술～ 酒樽/거름～ 肥えたご. Ⅱ 依名 〔통에 담긴 것을 세는 말〕 桶. 樽. 箱. 缶. ¶물 세 ～ 水3桶/막걸리 열 ～ マッコリ10樽/석유 두 ～ 石油2缶.

통[4]〔筒〕 名 筒. ¶대나무～ 竹筒.

통[5]〔統〕 名 統(市の行政区域の一つ. 洞の下で班の上).

통[6] 依名 (주로 '통에'의 꼴로) …したために. …したせいで. …のはずみで. ¶비가 오는 ～에 등산을 포기했다 雨のせいで登山をあきらめた.

통[7]〔通〕 依名 〔편지·문서 등을 세는 말〕 通. ¶편지 한 ～ 手紙一通/이력서 두 ～ 履歴書2通.

통[8] 副 **1** 〔속이 텅 빈 나무통을 칠 때 나는 소리〕 とんとん(と). こんこん(と). **2** 〔작은 북 같은 것을 칠 때 나는 소리〕 とんとん(と).

통[9] 副 ('않다·못하다·없다·모르다' 등 부정적인 말과 함께 쓰여) 全然. まったく. 一向に. さっぱり. からきし. まるで. てんで. まるきり. ¶장사가 ～ 안 된다 商売が全然だめだ/그 여자한테서 ～ 소식이 없다 彼女から一向に便りがない/그 영화는 ～ 재미가 없었다 その映画はさっぱり面白くなかった.

통-[10] 接頭 **1** (일부 명사나 동사에 붙음) 丸ごと. 丸のまま. ¶～나무 丸太. 丸木/～닭 鶏の丸焼き. **2** 全部. すべて.

-통[11]〔通〕 接尾 〔그 방면에 정통함을 나타냄〕 …通. ¶소식～에 의하면 消息通によると/그 사람은 중국～이다 彼は中国通である.

통가〔通家〕 名 通家. 先祖の代から親しく交わってきた家.

통가죽 名 切れ端でつながず丸ごと剝いた獣の皮.

통감〔痛感〕 名 하他 痛感. ¶필요성을 ～하다 必要性を痛感する.

통거리 副 (주로 '통거리로'의 꼴로) 全部. みな. まとめて. すべて. 丸ごと. すっかり. ¶～로 팔다 まとめて売る.

통것 名 丸のままのもの. 丸ごと.

통겨주다 他 (秘密などを)そっと教える.

통겨지다 自 **1** ばれる. 現われる. **2** 外れる. **3** (機会を)失う.

통격〔痛擊〕 名 하他 痛撃. ¶～을 가하다 痛撃を加える.

통계〔統計〕 名 **1** 統計. ¶～법 統計法/～ 조사 統計調査/～표 統計表/～학 統計学. **2** 通計. 通算.

통계적〔—的〕 冠 名 統計的.

통계청〔—廳〕 名 統計庁(人口·産業·物価など基本通計の作成および国内外の通計情報を蒐集して管理する中央行政機関).

통고〔通告〕 名 하他 通告. ¶～서 通告書/행정 처분의 ～를 받았다 行政処分の通告を受けた.

통곡〔痛哭〕 名 하自 痛哭. 大声で泣き叫ぶこと. ¶어머니의 죽음에 ～하다 母の死に激しく泣き叫ぶ/무덤 앞에서 ～하다 墓前に哭する.

통과〔通過〕 名 하自他 通過. **1** 通り過ぎること. ¶버스가 역전을 ～하다 バスが駅前を通過する. **2** (検査·試験などに)通ること. パスすること. ¶서류 전형에서 우선 ～해야 한다 書類選考でまずパスしないといけない. **3** (議案などが)可決されること. ¶여당이 법안을 ～시켰다 与党が法案を通過させた. **4** (官庁に提出した出願書類が)通ること. ¶특허 신청이 ～되었다 特許申請が通った.

통과 무역〔—貿易〕 名 〔經〕 **1** 中継貿易. **2** 通過貿易.

통관[1]〔通關〕 名 하自他 〔法〕 通関. ¶～ 절차를 마치다 通関手続きをすます.

통관[2]〔通觀〕 名 하他 通観. ひととおり目を通すこと. ¶국외 정세를 ～하다 国外情勢を通関する.

통괄〔統括〕 名 하他 統括.

통교〔通交〕 名 하自 通交.

통교 조약〔—條約〕 名 通交条約.

통권〔通卷〕 名 (雑誌などの)通巻.

통근〔通勤〕 名 하自 通勤. ¶～ 버스 通勤バス/매일 전차로 ～하고 있다 毎日電車で通勤している.

통근차〔—車〕 名 通勤用の車[列車].

통금[1] 名 **1** あれこれひっくるめた値段. **2** (ダースなどの単位で)ひっくるめた値段.

통금[2]〔通禁〕 名 〔'통행금지(通行禁止)'의 준말〕 通行禁止.

통기〔通氣〕 名 하自 通気. ¶～ 장치 通気装置.

통기다 他 **1** (支えたものや組み合わせたものを)外す. **2** (骨の関節を)外す. **3** (機会を)失う. <퉁기다

통기타〔簡guitar〕 名 ギター.
통김치 名 (大根·白菜などの)株漬けのキムチ.
통나무 名 丸太. 丸木.
　통나무배 名 丸木船.
통내외〔通內外〕 名 하自 (遠い親戚や親しい友達の間で)男女の区別なくつき合うこと.
통념〔通念〕 名 通念. ¶사회의 ~이 되어 있다 社会通念となっている.
통달〔通達〕 名 하自他 **1** 精通. ¶외교 문제에 ~하다 外交問題に精通する. **2** 通達. ¶지시 사항을 ~하다 指示事項を通達する.
통닭 名 **1** 丸のままの鶏. **2** 鶏の丸焼き.
통대구〔一大口〕 名 干鱈.
통독〔通讀〕 名 하他 通読. ¶소설을 ~하다 小説を通読する.
통람〔通覽〕 名 하他 通覧. ひととおり目を通すこと.
통력〔通力〕 名〔佛〕通力. 神通力.
통렬하다〔痛烈一〕 形 痛烈だ. ¶통렬한 세평 痛烈な世評. **통렬히** 副 痛烈に. ¶~ 비난하다 痛烈に非難する.
통례〔通例〕 名 通例. ¶사회의 ~ 社会の通例 / ~에 따르다 通例に従う.
통로〔通路〕 名 通路. **1** 通り道. ¶차가 ~를 막다 車が通路をふさぐ. **2** (電気·磁気などの)回路. ¶전류의 ~를 차단하다 電流の回路を遮断する.
통론〔通論〕 名 通論. ¶법학 ~ 法学通論 / 사회의 ~ 社会の通論.
통마늘 名 **1** (小片に分けてない)丸のままのにんにく. **2** 粒の大きなにんにく.
통매〔痛罵〕 名 하他 痛罵. ひどくののしること.
통메다〔桶一〕 自 ⇨통메우다
통메우다〔桶一〕 自 桶のたがをはめる.
통명〔通名〕 名 通名. 通称.
통모〔通謀〕 名 하他 通謀. 共謀して犯罪をたくらむこと.
통밀다 他 (주로 '통밀어'의 꼴로) ひっくるめて. おしなべて. 全部で. 一律に. ¶통밀어 얼마예요? 全部でいくらですか.
통바지 名 幅広のズボン.
통박〔痛駁〕 名 하他 激しく反駁すること.
통발〔筒一〕 名 筌. うけ. やな〈川にしかける魚をとるわな〉.
통법〔通法〕 名 通法. 通則.
통변〔通辯〕 名 하他 通訳.
통보〔通報〕 名 하他 通報. ¶기상 ~관 気象通報官 / 경찰에 사건을 ~하다 警察に事件を通報する.
통보리 名 丸麦〈まだ押してない丸い粒のままの麦〉.
통분¹〔通分〕 名 하他〔數〕通分.
통분²〔痛憤〕 名 하形 痛憤. ¶그들의 냉정한 처사에 ~했다 彼らの冷たい仕打ちに痛憤した.
통사¹〔通史〕 名 通史.
통사²〔痛史〕 名 悲痛な歴史.
통사정〔通事情〕 名 하自 **1** 自分の苦しい事情を人に訴えること. ¶가게를 차리겠다고 부모에게 ~했다 店を開きたいと父母に訴えた. **2** 人の苦しい事情をよくくみ取ること.
통산〔通算〕 名 하他 通算. 通計. ¶1년간의 출석 일수를 ~하다 1年間の出席日数を通算する.
통상¹〔通常〕 名 通常. 普通. ¶~복 日常着. 普段着 / ~ 우편 通常郵便.
　통상환〔一換〕 名〔經〕通常為替.
통상²〔通商〕 名 하他 通商. ¶~ 조약 通商条約.
통설〔通說〕 名 하他 通説. ¶~에 따르다 通説に従う.
통성¹〔通性〕 名 通性. 共通の性質. ¶철새의 ~ 渡り鳥の通性 / 금속의 ~ 金属の通性.
통성²〔通姓〕 名 하自 〔'통성명(通姓名)'의 준말〕 初対面のあいさつを交わすこと.
통성명〔通姓名〕 名 하自 初対面のあいさつを交わすこと. ¶친구의 소개로 만난 사람과 ~했다 友人の紹介で会った人とあいさつを交わした.
통소〔洞簫〕 名 ⇨퉁소
통속¹ 名 **1** ('한 통속'의 꼴로) 一味. ぐる. ¶나쁜 아이들과 한 ~이 되다 悪い子供たちの仲間になる. **2** 陰謀. 企て. 密約.
통속²〔通俗〕 名 通俗. ¶~성 通俗性.
　통속적〔一的〕 冠 名 通俗的. ¶~인 소설 通俗的な小説.
통솔〔統率〕 名 하他 統率. ¶~력 統率力 / 아랫사람을 잘 ~한다 下の者をよく統率する.
통수¹〔通水〕 名 하自他 通水. 水を引き入れること.
통수²〔統帥〕 名 하他 統帥.
　통수권〔一權〕 名〔法〕統帥権.
통술〔桶一〕 名 樽酒.
통신〔通信〕 名 하他 通信. 便り. ¶~란 通信欄 / ~원 通信員 / ~ 위성 通信衛星.
　통신망〔一網〕 名 通信網.
　통신병〔一兵〕 名〔軍〕通信兵.
　통신사¹〔一士〕 名 通信士.
　통신사²〔一社〕 名 通信社.
　통신 사업〔一事業〕 名 通信事業.
　통신 판매〔一販賣〕 名 通信販売.
통심〔痛心〕 名 하自他 痛心. 心を痛めること.
통심정〔通心情〕 名 하自 互いに心が通いあうこと.
통약〔通約〕 名 하他〔數〕約分.
통양〔痛痒〕 名 痛痒. ¶~을 느끼지 않다 痛痒を感じない. 痛くも痒くもない.
통어〔統御〕 名 하他 統御.
통역〔通譯〕 名 하他 通訳. ¶동시 ~ 同時通訳.
　통역관〔一官〕 名 通訳官.
통용〔通用〕 名 하自 通用. ¶~ 화폐 通貨 / 널리 세계 각국에 ~되는 언어 広く世界各国に通用する言語.
　통용어〔一語〕 名 一般に通用する言葉.
통운〔通運〕 名 하他 通運. 運送.
　통운 회사〔一會社〕 名 通運会社.

통유〔通有〕 名 하形 通有. 共通して備わっていること. ¶ ~성 通有性.
통으로 副 丸のままで.
통음〔痛飮〕 名 하他 痛飲. 大いに酒を飲むこと.
통인정〔通人情〕 名 하自 **1** 自分の苦しい事情を人に訴えること. **2** 人の苦しい事情をよくくみ取ること.
통일〔統一〕 名 하他 統一. ¶ ~성 統一性 / 정신 ~ 精神統一 / ~된 의견 統一された意見.
 통일 국가〔一國家〕 名 統一国家.
 통일부〔一部〕 名 統一部 (南北の統一に関する業務を担当する中央行政機関).
 통일안〔一案〕 名 統一案.
 통일천하〔一天下〕 名 統一天下.
통장[1]〔通帳〕 名 通帳. 通い帳. ¶ 예금 ~ 預金通帳.
통장[2]〔統長〕 名 統の長.
통장수〔桶一〕 名 **1** 桶屋. **2** 塩辛の入った桶を担いで売り歩く人.
통장이〔桶一〕 名 桶屋.
통장작〔一長斫〕 名 割ってない薪.
통절하다〔痛切一〕 形 痛切だ. ¶ 학식의 필요를 통절하게 느낀다 学識の必要を痛切に感じる. **통절히** 副 痛切に.
통점〔痛點〕 名〔生〕 痛点.
통정〔通情〕 名 하自 **1** 通情. 世間一般の人情. **2** 〔'통심정(通心情)'의 준말〕 互いに心が通いあうこと. **3** 〔'통사정(通事情)'의 준말〕 自分の苦しい事情を人に訴えること. **4** 密通. 姦通.
통젖〔桶一〕 名 桶の取っ手.
통제〔統制〕 名 하他 統制. ¶ 언론을 ~하다 言論を統制する.
 통제 경제〔一經濟〕 名〔經〕 統制経済.
 통제 구역〔一區域〕 名 統制区域.
 통제력〔一力〕 名 統制力.
 통제품〔一品〕 名 統制品.
통조림〔桶一〕 名 缶詰. ¶ ~을 따다 缶詰をあける.
 통조림통〔一桶〕 名 缶詰の缶.
통줄〔筒一〕 名 丸やすり.
통증〔痛症〕 名 痛み. 痛みのある症状. ¶ 어깨에 ~이 있다 肩に痛みがある / ~이 멎다 痛みが止まる.
통지〔通知〕 名 하他 通知. 知らせ. ¶ ~를 받다 通知を受ける / 추후 ~해 드리겠습니다 追ってお知らせいたします.
 통지서〔一書〕 名 通知書. ¶ 합격 ~ 合格通知書.
 통지 예금〔一預金〕 名〔經〕 通知預金.
 통지표〔一表〕 名 通知表. 通信簿.
통짜 名 丸ごと.
통짜다[1] 自 団結する. 力を合わせる. ぐるになる.
통짜다[2] 他 各部分を集めて組み立てる. 組み合わせる.
통째 副 丸のまま. 丸ごと.
통째로 副 丸のまま. 丸ごと. ¶ 사과를 ~ 씹어 먹다 りんごを丸かじりする / 월급을 마누라에게 ~ 빼앗기다 月給を女房にそっくり取り上げられる.
통찰〔洞察〕 名 하他 洞察.
 통찰력〔一力〕 名 洞察力. ¶ 예리한 ~ 鋭い洞察力.
통천하〔通天下〕 名 하自 天下にあまねく通ずること.
통첩〔通牒〕 名 하他 通牒. ¶ 최후 ~ 最後通牒.
통촉〔洞燭〕 名 하他 諒察. ¶ ~을 바랍니다 ご諒察ください.
통치[1]〔通治〕 名 하他 一つの薬で万病に効き目があること. ¶ 만병 ~ 万病に効くこと.
통치[2]〔統治〕 名 하他 統治. ¶ 위임 ~ 委任統治 / ~권 統治権 / ~ 기관 統治機関 / 한 나라를 ~하다 一国を統治する.
통치마 名 筒状に縫い合わせたチマ.
통칙〔通則〕 名 通則.
통칭〔通稱〕 名 하他 通称. 俗称.
통쾌〔痛快〕 名 하形 痛快. ¶ ~하게 여기다 痛快に思う. **통쾌히** 副 痛快に.
통타〔痛打〕 名 하他 痛打.
통탄〔痛歎〕 名 하他 痛嘆. ¶ 정치의 부패는 ~할 일이다 政治の腐敗は痛嘆すべきことだ.
통터지다 自 一度にどっと出る.
통통[1] 副 하自他 **1** 〔발로 탄탄한 곳을 구를 때 나는 소리〕 とんとん(と). こんこん(と). **2** 〔작은 북을 치는 소리〕 とんとん(と).
 통통거리다[-대다] 自他 どんどんたたき続ける. ぽんぽん音がする.
 통통배 名 ぽんぽん蒸気. 焼き玉エンジンを備えた小型蒸気船.
통통[2] 副 하形 〔살이 붓거나 찐 모양〕 丸々と. むくむく(と). ぶくぶく(と). ぼってり(と). ぽっちゃり(と). ¶ ~하게 살이 찐 사람 丸々と太った人 / ~한 종아리 ぼってりとふくらんだふくらはぎ.
 통통히 副 ぽっちゃり(と). ふっくら(と). ぷっと.
통통걸음 名 地団駄を踏むような急ぎ足. とんとんと速く歩く足取り.
통틀다 他 ひっくるめる.
통틀어 副 ひっくるめて. あわせて. 全部で. ¶ ~ 몇 명이냐? ひっくるめて何人だい.
통판〔通販〕 名 〔'통신 판매'의 준말〕 通販.
통팥 名 碾いていない小豆.
통폐〔通弊〕 名 通弊. 弊害. 悪弊.
통풍〔通風〕 名 하自 通風. 風通し. ¶ ~ 장치 通風装置.
 통풍기〔一機〕 名 通風機.
통하다〔通一〕 自 他 **1** (道路などが)通じる. (交通機関が)通じる. 通う. ¶ 길이 사방으로 ~ 道が四方に通じる / 로마로 통하는 길 ローマに通じる道. **2** (電話·電流が)通じる. (空気が)流れる. 通る. ¶ 전화가 잘 통하지 않는다 電話がよく通じない. **3** (言葉·意志などが)通じる. (文意が)通る. ¶ 말이 ~ 言葉が通じる / 의사가 잘 ~ 意志がよく通じる / 문맥이 잘 ~ 文脈がよく通っている. **4** 《'를[을] 통해서[통하여]'의 꼴로》 …を通じて. …を通して. …を通って. ¶ 지하도를 통하여 길을 건너다 地下道を通って道を渡る / 렌즈를 통해서 보다 レンズを通して見る / 일생을 통하여

연구한 고고학 一生を通して研究した考古学. **5** (ある方面に)通じる. 精通する. 明るい. ¶ 제반의 사정에 통한다 諸般の事情に精通する / 내막에 ~ 内幕に通じる. **6** (世の中に)知られる. 認められる. ¶ 의학계의 권위자로 통한다 医学界の権威者として認められている. **7** (通貨などが)通用する. 流通する. ¶ 달러는 세계 어느 곳에서나 통한다 ドルは世界中どこでも通用する. **8** (ある方面に)通じる. 関係する. ¶ 문학은 음악과도 통한다 文学は音楽とも通じる. **9** (行為·理屈が)通る. 認められる. ¶ 억지가 ~ 無理が通る / 변명은 해 보았자 통하지 않는다 言い訳はしたところで通らない. **10** (大小便が)よく出る. ¶ 대변이 잘 통하지 않는다 大便の通じがよくない. **11** (男女が)通じる. ねんごろである. 内通する. 密通する. ¶ 적과 ~ 敵と通じる / 유부녀와 정을 ~ 人妻と通じる.

통학〔通學〕 名 하自 通学. ¶ 기차 ~ 汽車通学.

통학 구역〔一區域〕 名 通学区域.

통학생〔一生〕 名 通学生.

통한〔痛恨〕 名 하他 痛恨. ¶ ~의 눈물을 흘리다 痛恨の涙を流す.

통할〔統轄〕 名 하他 統轄. ¶ 사장은 전체를 ~한다 社長は全体を統轄する.

통합〔統合〕 名 하他 統合. ¶ 삼군을 ~하다 3軍を統合する.

통항〔通航〕 名 하自 通航. 航行. ¶ 운하를 ~하다 運河を通航する.

통항권〔一權〕 名〔法〕通航権.

통행〔通行〕 名 하自他 通行. **1** 行き来. ¶ ~권 通行権 / 일방 ~ 一方通行 / 좌측 ~ 左側通行. **2** (物や貨幣が)流通すること. ¶ 오늘날 ~되는 화폐 今日用いられる[通行する]貨幣.

통행금지〔一禁止〕 名 通行禁止. 通行止め. ¶ ~ 구역 通行禁止区域.

통행료〔一料〕 名 通行料.

통행세〔一稅〕 名〔法〕通行税.

통행인〔一人〕 名 通行人.

통행증〔一證〕 名 通行証.

통혼〔通婚〕 名 하自 **1** 結婚の意志を打診すること. **2** 両家の間で婚姻関係を結ぶこと.

통화[1]〔通貨〕 名〔經〕通貨. ¶ ~ 개혁 通貨改革 / ~ 관리 通貨管理.

통화량〔一量〕 名 通貨量.

통화 수축〔一收縮〕 名〔經〕通貨収縮. デフレーション.

통화 정책〔一政策〕 名 通貨政策.

통화 팽창〔一膨脹〕 名〔經〕通貨膨張. インフレーション.

통화[2]〔通話〕 名 하自 **1** 通話. ¶ ~중 通話中 / ~료 通話料 / 전화로 ~하다 電話で話す. **2** お互いに話を交わすこと. **3** 〔전화를 하는 횟수를 세는 단위〕 通話. ¶ 두 ~분 요금 2通話分の料金.

통효〔通曉〕 名 하自 通暁. 深く知り抜くこと.

통후추 名 粒のままの胡椒.

톺다[1] 他 くまなくさがす. 探索する.

톺다[2] 他 (麻の端を)鋸ですく.

퇴각〔退却〕 名 하自他 退却. ¶ ~ 명령 退却命令 / 후방으로 ~하다 後方へ退却する.

퇴거〔退去〕 名 하自 **1** 退去. 立ち退くこと. ¶ ~를 명하다 退去を命じる. **2** 隠居.

퇴고〔推敲〕 名 하他 推敲.

퇴관〔退官〕 名 하自 退官.

퇴교〔退校〕 名 하自他 退校.

퇴군〔退軍〕 名 하自 退軍.

퇴근〔退勤〕 名 하自 退勤. 退社. 退庁. 反 出勤. ¶ ~ 시간 退勤時間.

퇴기〔退妓〕 名 妓生上がり.

퇴기다 他 **1** (水·泥などを)はじく. はね返す. ¶ 차가 흙탕물을 ~ 車が泥水をはね返す. **2** (指·爪などで)はじく. ¶ 고무밴드를 손가락으로 ~ ゴム輪を指ではじく.

퇴내다〔退一〕 他 **1** 食べあきる. 食傷する. **2** 飽き飽きする. うんざりする.

퇴락〔頹落〕 名 하自 頽落. (建物などが)崩れ落ちること. もとの姿を失うこと.

퇴로〔退路〕 名 退路. ¶ ~를 차단하다 退路を遮断する.

퇴물〔退物〕 名 **1** (目上の人からもらった使い古しの)お下がり. **2** 返品された物. 突き返された物. **3** 〔어떤 직업에서 물러난 사람을 낮추어 이르는 말〕 くずれ. あがり. ¶ 형사 ~ 刑事くずれ.

퇴물림〔退一〕 名 **1** 結婚式で新郎が受けた大きな膳の食べ物で残りを包んで実家に送ること. **2** お下がり. ¶ 그 옷 형의 ~이 아니냐? その服兄さんからのお下がりじゃないのかい. **3** 返品された物. 突き返された物.

퇴박〔退一〕 名 하他 気に入らないで断わること.

퇴박맞다 自 (気に入らないで)断わられる. 退けられる. ¶ 가불을 신청했다가 ~ 前借りを申し込んだところ断わられる.

퇴보〔退步〕 名 하自 退歩. ¶ 기술이 ~하다 技術が退歩する.

퇴비〔堆肥〕 名 堆肥.

퇴사〔退社〕 名 하自 退社. **1** 会社を退出すること. **2** 退職.

퇴색〔退色〕 名 하自 退色. 色が変わること. 色があせること. ¶ 사진이 ~하여 희미하다 写真が色あせてぼんやりしている.

퇴석[1]〔退席〕 名 하自 退席. ¶ 도중에 ~하다 途中で退席する.

퇴석[2]〔堆石〕 名 하自 堆石.

퇴석층〔一層〕 名〔地〕堆石層.

퇴세〔頹勢〕 名 退勢. ¶ ~를 만회하다 退勢を挽回する.

퇴속[1]〔退俗〕 名 하自〔佛〕還俗.

퇴속[2]〔頹俗〕 名 退廃した風俗.

퇴송[1]〔退送〕 名 하他 返送.

퇴송[2]〔退訟〕 名 하自 訴訟を却下すること.

퇴식밥〔退食一〕 名〔佛〕仏前に供え

ㅌ

てあったご飯.
퇴신〔退身〕 名 하自 (関係していることから)身を引くこと.
퇴실〔退室〕 名 하自 退室.
퇴역〔退役〕 名 하自 〔軍〕 退役. ¶ ～ 장군 退役将軍.
퇴열〔退熱〕 名 하自 熱が下がること.
퇴영〔退嬰〕 名 하自 退嬰. しりごみすること.
퇴옥〔頹屋〕 名 頹屋. 古びて崩れた家屋.
퇴운〔頹運〕 名 頹運. 衰えた気運.
퇴원〔退院〕 名 하自 退院. 反 入院.
퇴위〔退位〕 名 하自 退位.
퇴임〔退任〕 名 하自 退任. ¶ ～ 인사 退任のあいさつ.
퇴장[1]〔退場〕 名 하自 退場. (会場·舞台·競技場などから)立ち去ること. ¶ 전원이 ～하다 全員が退場する / 무대 왼쪽으로 ～하다 下手に退場する.
퇴장[2]〔退藏〕 名 하自他 退蔵. **1** (退いて)姿をくらますこと. **2** (物の·貨幣などを使わずに)寝かせておくこと. ¶ ～ 물자 退蔵物資.
퇴적〔堆積〕 名 하自他 堆積. ¶ ～ 작용 堆積作用.
　퇴적암〔一巖〕 名 〔地〕 堆積岩.
퇴전〔退轉〕 名 하自 退転. **1** 〔佛〕 仏道を修行する心が緩むこと. **2** 落ちぶれて他へ移転すること. **3** だんだん悪くなること.
퇴정〔退廷〕 名 하自 退廷.
퇴조〔退潮〕 名 하自 退潮. **1** 引き潮. **2** 勢力が衰えること. ¶ 경기에 ～의 조짐이 보이기 시작하다 景気に退潮の兆しが見えはじめる.
퇴주〔退酒〕 名 하自 (祭祀の)お神酒を下げること, またその酒.
퇴직〔退職〕 名 하自 退職. ¶ 정년 ～ 定年退職 / ～ 수당 退職手当て.
　퇴직금〔一金〕 名 退職金.
퇴진〔退陣〕 名 하自他 退陣. **1** 陣地から後方に退くこと. **2** 社会的地位から退くこと. ¶ 경영 일선에서 ～하다 経営の一線から退く.
퇴짜 名 **1** 〔史〕 上納する麻布や綿布の品質が悪くて「退」の字が押されて返されたもの. **2** (贈り物などを)つき返すこと, またはそのもの.
　◆**퇴짜를 놓다** (贈り物などを)つき返す. 拒絶する. ひじ鉄砲を食わせる. ¶ 청혼을 ～ 놓다 求婚をつっぱねる.
　◆**퇴짜를 맞다** (贈り物などが)つき返される. 拒絶される. ひじ鉄砲を食わされる. ¶ 여자에게 ～ 맞은 남자 女に振られた男.
퇴청〔退廳〕 名 하自 退庁.
퇴출〔退出〕 名 하自 退出.
퇴치〔退治〕 名 하他 退治. 追放. 根絶. ¶ 결핵을 ～하다 結核を根絶する.
퇴침〔退枕〕 名 (引き出しのついた)木枕.
퇴폐〔頹廢〕 名 하自 **1** 頹廃. 衰えすたれること. **2** 退廃.
　퇴폐 문학〔一文學〕 名 〔文〕 頹廃文学.
　퇴폐주의〔一主義〕 名 頹廃主義. 文学上の主義としてのデカダンス.
　퇴폐파〔一派〕 名 〔文〕 退廃派.
퇴풍〔頹風〕 名 退廃した風俗.
퇴피〔退避〕 名 하自他 退避. ¶ ～ 명령 退避命令 / 부녀자를 먼저 ～시키다 女性と子供を先に退避させる.
퇴하다〔退一〕 他 **1** (贈られた物を)受け取らない. 拒絶する. ¶ 뇌물을 ～ 賄賂を退ける. **2** (物を)戻す. 返す. 返品する. **3** 余った物を取り出す. 減らす.
퇴학〔退學〕 名 하自他 退学. 退校. 放校. ¶ ～ 처분 退学処分 / 품행 불량으로 ～을 당하다 品行不良で退学に処せられる.
퇴행〔退行〕 名 하自 退行. **1** 後ろへ退くこと. 後ずさりすること. **2** 他日に延期すること. **3** 退化. **4** 〔天〕 惑星が天球上を東から西へ運行すること.
　퇴행기〔一期〕 名 〔醫〕 退行期. 病気の回復期.
퇴혼〔退婚〕 名 하自 婚約を一方的に破棄すること.
퇴화〔退化〕 名 하自 退化. ¶ 문명의 ～ 文明の退化.
툇간〔退間〕 名 〔建〕 母屋の横につけ足した物置などに使う部屋.
툇마루〔退一〕 名 〔建〕 縁側.
투〔套〕 **Ⅰ** 依名 方法. 方式. やり方. 調子. ¶ 말하는 ～가 깡패 같다 しゃべり方がよた者のようだ / 다루는 ～가 해 본 사람 같다 さばきが心得のある人のようだ.
　Ⅱ 接尾 (명사에 붙어) 方式·方法·ようすなどを表わす. ¶ 말～가 마음에 안 든다 しゃべり方が気に食わない.
투각〔透刻〕 名 透かし彫り.
투견〔鬪犬〕 名 하自 闘犬.
투계〔鬪鷄〕 名 하自 闘鶏.
투고〔投稿〕 名 하他 投稿. ¶ ～란 投稿欄 / 잡지에 ～하다 雑誌に投稿する.
투과〔透過〕 名 하他 透過. 透き通ること. ¶ 광선이 유리를 ～하다 光線がガラスを透き通る.
　투과성〔一性〕 名 〔生〕 透過性.
투광〔投光〕 名 하自他 投光.
　투광기〔一器〕 名 投光器.
투구[1] 名 兜.
　투구벌레 名 〔動〕 兜虫.
투구[2]〔投球〕 名 하自 投球. ¶ 왼손 ～ サウスポーの投球 / ～ 모션 投球モーション.
투기[1]〔投棄〕 名 하他 投棄. 投げ捨てること. ¶ 쓰레기를 불법～하다 ごみを不法投棄する.
투기[2]〔投機〕 名 하自 投機. ¶ ～에 손을 대다 投機に手を出す.
　투기꾼 名 山師.
　투기사업〔一事業〕 名 投機事業.
　투기성〔一性〕 名 投機性.
　투기 시장〔一市場〕 名 投機市場.
투기[3]〔妬忌〕 名 하自 嫉妬. りん気. やきもち. ¶ ～심 嫉妬心.
투기[4]〔鬪技〕 名 하自 闘技. ¶ ～장 闘技場.
투깔스럽다 形 粗悪だ. 荒っぽい. 투

깔스레 副 粗悪に. 荒っぽく.
투덜거리다[-대다] 自 ぶつぶつ言う. 小言を言う. ¶용돈이 적다고 ~ 小遣い銭が少ないと不平を言う.
투덜투덜 副 하自 ぐずぐず(と). ぶつぶつ(と). ¶앞에서는 아무 말이 없더니 뒤에 가서 ~한다 目の前では黙っていたが陰でぶつぶつ言う.
투레질 名 하自 乳飲み子が唇を震わせながらぶぶぶと音を出すこと.
투망〔投網〕 名 投網. ¶~을 던지다 投網を打つ.
투망질 名 投網打ち.
투매〔投賣〕 名 하他 乱売. 投げ売り. ¶여름옷을 ~하다 夏物を投げ売りする.
투명〔透明〕 名 하形 透明. 透き通っていること. ¶~ 유리 透明なガラス.
투명도〔一度〕 名 透明度.
투명체〔一體〕 名〔物〕透明体.
투묘〔投錨〕 名 하自 投錨. ¶항외에 ~하다 港外に投錨する.
투미하다 形 愚鈍だ. とんまだ. ¶약속을 잊다니 참 투미한 사람이로군 約束を忘れるなんて本当にまぬけな人だ.
투박스럽다 形 雑だ. やぼったい.
투박하다 形 **1** 不完全だ. 雑だ. 不格好だ. 不体裁だ. ¶투박한 손 不格好な手. **2** ぶっきらぼうだ. やぼったい. ¶말소리가 ~ 話し声がぶっきらぼうだ.
투베르쿨린(tuberkulin) 名〔醫〕ツベルクリン. ¶~ 반응 ツベルクリン反応.
투병〔鬪病〕 名 하自 闘病.
투사¹〔投射〕 名 하他〔物〕投射. 入射.
투사각〔一角〕 名〔物〕入射角.
투사 광선〔一光線〕 名 入射光線.
투사²〔透寫〕 名 하他 透写. ¶그림을 ~하다 絵を透かし写しにする.
투사지〔一紙〕 名 透写紙. トレーシングペーパー.
투사³〔鬪士〕 名 闘士. ¶애국 ~ 愛国の闘士.
투사형〔一型〕 名 闘士型.
투서〔投書〕 名 하自他 投書. ¶신문에 ~하다 新聞に投書する.
투서함〔一函〕 名 投書箱.
투석〔投石〕 名 하自 投石.
-투성이 接尾 《명사에 붙어》 …だらけ. …みどろ. …まみれ. ¶흙~ 옷 土だらけの衣服 / 땀~ 얼굴 汗みどろの顔 / 피~가 되다 血まみれになる.
투수¹〔投手〕 名 (野球の)投手. ピッチャー. ¶선발 ~ 先発投手 / 승리 ~ 勝ち投手 / ~ 교체를 하다 投手の交代をする.
투수²〔透水〕 名 하自 透水. 水が浸透すること.
투수층〔一層〕 名〔地〕(地層の)透水層.
투숙〔投宿〕 名 하自 投宿. ¶여관에 ~하다 旅館に泊まる.
투시¹〔妬視〕 名 하他 嫉妬. やきもち. 妬視.
투시²〔透視〕 名 하他 透視. ¶~력 透視力.
투시도〔一圖〕 名 透視図.
투시 도법〔一圖法〕 名 透視図法.
투신〔投身〕 名 하自 **1** 投身. 身投げ. ¶~ 자살 投身自殺. **2** 身を投ずること. 全力を尽くすこと. ¶정계에 ~하다 政界に身を投ずる.
투실투실 副 하形 〔보기 좋을 정도로 살이 통통하게 찐 모양〕 むくむく(と). >토실토실
투심〔妬心〕 名 嫉妬. やきもち.
투약〔投藥〕 名 하自 投薬.
투약구〔一口〕 名 投薬口.
투어¹〔套語〕 名 套語. 決まり文句.
투어²(tour) 名 ツアー. ¶패키지 ~ パッケージツアー. パックツアー.
투여〔投與〕 名 하他 投与. ¶백신을 ~하다 ワクチンを投与する.
투영〔投影〕 名 投影. ¶~법 投影法 / ~선 投影線.
투영도〔一圖〕 名 投影図.
투영 렌즈〔—lens〕 名〔物〕投影レンズ.
투옥〔投獄〕 名 하他 投獄. ¶억울한 죄로 ~되었다 無実の罪で投獄された.
투우〔鬪牛〕 名 하自 闘牛.
투우사〔一士〕 名 闘牛士.
투우장〔一場〕 名 闘牛場.
투원반〔投圓盤〕 名 (陸上競技の)円盤投げ.
투융자〔投融資〕 名〔經〕投融資.
투입〔投入〕 名 하他 投入. ¶자금의 ~ 資金の投入 / 경찰력을 ~하여 진압하다 警察力を投入して鎮圧する.
투자〔投資〕 名 하自〔經〕投資. ¶~가 投資家 / ~ 신탁 投資信託 / 부동산에 ~하다 不動産に投資する.
투쟁〔鬪爭〕 名 하自 闘争. 戦い. ¶계급 ~ 階級闘争 / ~심 闘争心 / 임금 인상 ~ 賃上げ闘争.
투전〔鬪牋〕 名 하自 細長い厚紙に人物・鳥獣・虫・魚・文字・詩句などを描いた60枚あるいは80枚一組のかるた, またそれでする賭博.
투전꾼 名 투전(鬪牋)の博打打ち.
투정 名 하他 〔'투정질'의 준말〕 だだをこねること. ねだること. ¶시계를 사 달라고 ~을 부리다 時計を買ってくれとだだをこねる.
투정질 名 하他 だだをこねること. すねること.
투조〔透彫〕 名〔美〕透かし彫り.
투지〔鬪志〕 名 闘志. 闘魂. ¶~에 불타다 闘志をもやす / 불굴의 ~ 不屈の闘志.
투찰〔透察〕 名 하他 洞察. 見通して考えること.
투창〔投槍〕 名 (陸上競技の)槍投げ.
투척〔投擲〕 名 하他 投擲. 投げること. ¶~ 경기 投擲競技 / 수류탄을 ~하다 手榴弾を投げる.
투철〔透徹〕 名 하形 透徹. ¶~한 정신 透徹した精神.
투타〔投打〕 名 (野球での)投打. 投球力と打撃力.
투포환〔投砲丸〕 名 (陸上競技の)砲丸投げ.
투표〔投票〕 名 하自 投票. ¶~권 投票権 / ~소 投票所 / ~율 投票率 / ~자 投票人 / 무기명 ~ 無記名投票 / ~에 부치다 投票に付する.
투표용지〔一用紙〕 名 投票用紙.
투표함〔一函〕 名 投票箱.

투피스〔two-piece〕 名 ツーピース.
투하〔投下〕 名 하他 投下. ¶1억의 자금을 ~한 사업 1億の資金を投下した事業 / 폭탄이 ~되다 爆弾が投下される.
투하탄〔一彈〕 名 飛行機から地上の目標に投下する爆弾.
투함〔投函〕 名 하他 投函. ¶편지를 ~하다 手紙を投函する.
투합〔投合〕 名 하自 投合. ¶의기 ~하다 意気投合する.
투항〔投降〕 名 하自 投降. ¶~병 投降兵 / 적에게 ~하다 敵に投降する.
투해머〔投hammer〕 名 (陸上競技の) ハンマー投げ.
투호〔投壺〕 名 하自 投壺 (矢を壺の中に投げ入れる遊戯).
투호살 名 投壺に用いる矢.
투혼〔鬪魂〕 名 鬪魂. ¶불굴의 ~ 不屈の鬪魂.
툭 副 **1**〔갑자기 끊어지거나 부러지는 모양〕ぽきっと. ぷつんと. ¶빨랫줄이 ~ 끊어졌다 物干しロープがぷつんと切れた / 나무 젓가락이 ~ 부러졌다 割りばしがぽきっと折れた. **2**〔어느 한 부분이 불거져 나온 모양〕ぷくっと. ¶손마디가 ~ 불거져 있다 手の指がぷくっと節くれだっている. **3**〔슬쩍 치거나 건드리는 모양〕ぽんと. ¶어깨를 ~ 치다 肩をぽんとたたく / 먼지를 ~ 털다 ほこりをぽんとはたく. **4**〔갑자기 터지는 소리〕ぱんと. ぷつりと. ¶주머니가 ~ 터졌다 巾着がびりっと破れた. **5**〔발길이 무엇에 갑자기 걸리는 모양〕ごつんと. ¶문턱에 ~ 걸려 넘어졌다 敷居にごつんとつまづいて倒れた. **6** つっけんどんにものを言うようす. ¶귀찮아서 ~ 한 마디 쏘아 붙였다 面倒なので一言つっけんどんに言い放った.
툭박지다 形 (物が) 飾り気がない. 質朴だ.
툭탁거리다〔-대다〕 自他 **1** とんとんと音がする. かちかち音がする. **2** (互いに) 何だかんだと争う. どうのこうのと口げんかする.
툭탁툭탁 副 하自他 **1**〔단단한 물건을 두드리는 소리〕かちかち(と). とんとん(と). **2**〔서로 티격태격 싸우는 모양〕どきどき(と). どきんどきん(と).
툭툭하다 形 **1** (汁が煮つまって) 濃い. **2** 織物が丈夫で分厚い. **3** (衣服に綿を入れて) ふっくらしている. **4** 暮らしが豊かで堅実だ. **5** (口調が) とげとげしい. ¶그 사람은 화난 얼굴로 툭툭하게 말대꾸하였다 彼は怒った顔でつっけんどんに口答えした.
툭하면 副 ともすると. どうかすると. きまって. ¶그 사람은 ~ 화를 낸다 彼はともするとすぐ怒る / 그 여자는 ~ 잘못을 눈물로 얼버무리는 버릇이 있다 彼女はきまって過ちを涙でごまかす癖がある.
툰드라〔tundra〕 名〔地〕ツンドラ.
툴툴거리다〔-대다〕 自 ぶつぶつ言う. ¶반찬이 없다고 ~ おかずがないとぶつぶつ言う.
퉁상스럽다 形 雑だ. ぶっきらぼうだ. やぼったい.
퉁퉁하다 形 (汁が) 濃い.
퉁[1] 名 **1** 質の悪い真鍮. **2** 質の悪い真鍮でつくった銅銭.
퉁[2] 副 **1**〔속이 빈 나무통을 칠 때 울려 나는 소리〕どんと. **2**〔큰북을 칠 때 나는 소리〕どんと. **3**〔대포를 쏠 때 울리는 소리〕ずどんと. ¶대포를 한 발 ~ 쏘았다 大砲を1発ずどんと放った. **4**〔물방울이 떨어지는 모양〕ぽつりと. ¶비가 얼굴에 ~ 맞다 雨がぽつりと顔にあたる.
퉁겨지다 自 **1** (組み立てられたものが) はずれる. ゆがむ. ¶넘어져서 팔꿈치가 ~ 転んで肘がねじれる. **2** (突然に) ばれる. あらわれる. ¶비밀이 퉁겨져 새다 秘密が不意にばれる.
퉁기다 他 **1** (組んだもの・支えているものを) はずす. ¶버팀목을 망치로 퉁기어 내다 つっかい棒を金づちではじき出す. **2** 骨の関節をはずす.
퉁맞다 自 ひじ鉄砲をくわされる.
퉁명스럽다 形 つっけんどんだ. ぶっきらぼうだ. 無愛想だ. ¶말씨가 ~ 言葉遣いがつっけんどんだ / 퉁명스러운 사람 無愛想な人. **퉁명스레** 副 ぶっきらぼうに. つっけんどんに.
퉁바리 名 真鍮の食器.
퉁바리맞다 自 ひじ鉄砲をくわされる.
퉁방울 名 真鍮の鈴.
퉁소〔←통소(洞簫)〕 名〔樂〕洞簫 (尺八に似た笛).
퉁어리적다 形 無分別だ. 軽率だ. うかつだ.
퉁탕 副 하自他 **1**〔단단한 물건을 요란스럽게 두드리는 소리〕とんとん(と). ¶변소 문을 ~ 두들기다 便所の戸をとんとんたたく. **2**〔총을 마구 쏘는 소리〕ぱんぱん(と). ¶엽총을 ~ 쏘아대다 猟銃をぱんぱん撃ちまくる.
퉁탕거리다〔-대다〕 自他 **1** とんとん(と) 音をたてる. **2** ぱんぱん(と) 音をたてる.
퉁퉁 副 하形 **1**〔몹시 살이 찐 모양〕ぶくぶく(と). ぽってり(と). ¶몸집이 ~ 하다 体つきがぶくぶく太っている. **2**〔몸의 일부분이 붓는 모양〕ぶくぶく(と). ¶손등이 ~ 부어 올랐다 手の甲がぶくぶくと腫れあがった.
퉁퉁걸음 名 どすんどすんと足を踏みならして歩く足どり.
퉁퉁증〔一症〕 名 鬱積した怒りを発散できずいら立つこと.
퉤 副〔침 등을 함부로 뱉는 모양〕ぺっと. ¶침을 ~ 뱉다 つばをぺっと吐く.
퉤퉤 副 ぺっぺっ(と).
튀각 名〔料理〕揚げ昆布.
튀기 名 **1**〈俗〉混血児. **2** (動物の) 雑種.
튀기다[1] 他 **1** はねのける. はねとばす. ¶차가 흙탕물을 ~ 車が泥水をはねる / 침을 튀기면서 이야기하다 つばをとばしながら話す. **2** 追いたてる. ¶고양이를 ~ 猫を追いたてる. **3** (そろばんを) はじく. ¶주판알을 ~ そろばんの玉をはじく. **4** (指で) はじく. ¶수박을 손톱으로 튀겨 보다 すいかを爪先ではじ

いてみる.

튀기다² 他 **1** (油で)揚げる. ¶ 생선을 기름에 ~ 魚を油で揚げる. **2** (穀粒に熱を加えて)膨らせる. はじけさせる. ¶ 옥수수를 ~ ポップコーンをつくる.

튀김¹ 名 てんぷら. ¶ ~ 요리 てんぷら料理 / 새우 ~ 海老のてんぷら.

튀김² 名 하他 しゃくり. 凧あげで相手の凧を制するための糸の操り方.

◆**튀김을 주다** 凧の糸をしゃくる.

튀다 自 **1** はじける. はねる. ¶ 콩이 ~ 豆がはじける / 불똥이 ~ 火の粉が飛ぶ / 물고기가 ~ 魚がはねる / 기름이 얼굴에 ~ 油が顔にはねる. **2** 素早く逃げる. 走る. 飛ぶ. ¶ 범인이 ~ 犯人が飛んで逃げる / 외국으로 ~ 外国へ高飛びする. **3** (爆発物などが)飛び散る. ¶ 수류탄이 ~ 手榴弾がはじける. **4** (折れて一部が)裂けてはじける. ¶ 잡은 나뭇가지가 중간에서 툭 튀었다 つかんだ木の枝が真ん中からばりっと裂けた.

튀밥 名 **1** はぜ. もち米を煎ってはぜさせたもの. **2** 米を煎ってはじけさせたお菓子の一種.

튀어나오다 自 飛び出す. 飛び出る. ¶ 눈알이 ~ 目玉が飛び出す / 아이가 차도로 ~ 子供が車道に飛び出る / 배가 불룩 ~ 腹がぷくっと突き出る.

튀하다 他 湯引く. 鶏などの羽毛をむしるため熱湯にひたす. ¶ 닭을 더운 물에 ~ 鶏を湯引きする.

튜너〔tuner〕 名 (テレビ·ラジオの)チューナー.

튜바〔tuba〕 名〔樂〕チューバ〈金管楽器〉.

튜브〔tube〕 名 チューブ.

튤립〔tulip〕 名〔植〕チューリップ.

트다¹ 自 **1** ひび割れる. 裂ける. ¶ 가뭄으로 논바닥이 ~ 日照りで田んぼがひび割れる. **2** (刺激·寒さで肌が)ひび割れる. ¶ 손이 ~ 手があかぎれになる. **3** 発芽する. (芽が)出る. ¶ 싹이 ~ 芽が出る. **4** (夜が)明ける. 明けそめる. 白む. ¶ 동틀 무렵 夜が白むころ.

트다² 他 **1** 開く. (ふさがっていたものを)通じるようにする. ¶ 길을 ~ 道を開く / 벽을 터서 방을 넓히다 壁を取り払って部屋を広くする. **2** (取引を)始める. ¶ 은행과 거래를 ~ 銀行と取引を始める. **3** 友達づきあいをする. 親しくする. ¶ 서로 트고 지내다 親しく付き合う.

트라이〔try〕 名 하自他 **1** トライ. 試みること. **2** (ラグビーで)トライ.

트라이앵글〔triangle〕 名〔樂〕トライアングル.

트라코마〔trachoma〕 名〔醫〕トラコーマ. トラホーム.

트랙〔track〕 名 トラック. 陸上競技場. 競走路.

트랙터〔tractor〕 名 トラクター.

트랜스〔← transformer〕 名〔電〕トランス. 変圧器.

트랜지스터〔transistor〕 名 トランジスター. ¶ ~ 라디오 トランジスターラジオ.

트랩〔trap〕 名 タラップ. ¶ 비행기 ~을 내려오다 飛行機のタラップを下りる.

트러블〔trouble〕 名 トラブル. もめごと. ¶ ~을 일으키다 トラブルを起こす.

트러스트〔trust〕 名〔經〕トラスト. 企業合同.

트럭〔truck〕 名 トラック. 貨物自動車.

트럼펫〔trumpet〕 名〔樂〕トランペット.

트럼프〔trump〕 名 トランプ.

트렁크〔trunk〕 名 **1** (旅行用の)トランク. **2** (乗用車の)トランク.

트레머리 名 하自 髪を後ろで束ねて結いあげた女性の髪.

트레바리 名 天まの邪鬼. ひねくれた人. わけもなく人の意見に反対したがる人.

트레방석〔一方席〕 名 藁で円形に編んだ座.

트레이너〔trainer〕 名 トレーナー.

트레이닝〔training〕 名 トレーニング. 訓練. 練習.

트레이드〔trade〕 名 トレード. ¶ ~ 마크 トレードマーク.

트레이싱 페이퍼〔tracing paper〕 名 トレーシングペーパー. 透写紙.

트레일러〔trailer〕 名 トレーラー. ¶ ~ 버스 トレーラーバス.

트레트레 副 하形 〔빙빙 틀어진 모양〕 くるくる(と).

트렌치코트〔trench coat〕 名 トレンチコート.

트로이카〔㉣troika〕 名 トロイカ. (ロシアの)3頭立ての馬そり.

트로피〔trophy〕 名 トロフィー. 優勝杯.

트롤〔trawl〕 名 〔'트롤망'의 준말〕 トロール.

트롤망〔一網〕 名 トロール網.

트롤선〔一船〕 名 トロール船.

트롤 어업〔一漁業〕 名 トロール漁業.

트롬본〔trombone〕 名〔樂〕トロンボーン.

트리오〔trio〕 名〔樂〕トリオ. **1** 三重奏. 三重唱. **2** メヌエット·行進曲などの中間部. **3** 3人組.

트릭〔trick〕 名 トリック. **1** はかりごと. ごまかし. ずるい策略. ¶ ~을 쓰다 トリックを使う. **2** (映画での)特殊撮影.

트릭 워크〔—work〕 名 トリック撮影. トリックワーク.

트릴〔trill〕 名〔樂〕トリル. 顫音.

트림 名 하自 おくび. げっぷ. ¶ ~이 나오다 げっぷが出る.

트립신〔trypsin〕 名〔生〕トリプシン.

트릿하다 形 **1** (胃が)もたれる. ¶ 속이 체한 듯 ~ 胃がもたれる. **2** 〈俗〉(態度や行動が)煮え切らない. はっきりしない. ¶ 그 사람의 태도에는 아무래도 트릿한 데가 있다 彼の態度にはどうも煮え切らない所がある.

트위스트〔twist〕 名 ツイスト.

트윈〔twin〕 名 (ホテルの)ツインルーム.

트이다 自 **1** 障害物がなくなる. 開ける. ¶ 시야가 ~ 視界が開ける / 활로가 ~ 活路が開ける. **2** 晴れる. ¶ 활짝 트인 하늘 からっと晴れた空. **3** (頭や心が)すっきりする. 晴れる. ¶ 막혔던 가슴이 ~ ゆううつだった気持ちが晴れる / 탁 트인 성격의 남자 さばけた性格の男. **4** (穴が)開く. ¶

ㅌ

구멍이 트여 있다 穴が開いている. **5** よくなっていく. ¶ 운이 ~ 運が開ける. **6** (疑問·考えなどが)解ける. 晴れる. 悟る.

트적지근하다 形 (胃が)もたれる. 胸がむかつく.

트집 名 **1** ひび. 割れ目. 裂け目. **2** 難癖. 言いがかり. けちをつけること.
◆**트집을 잡다** けちをつける. 言いがかりをつける. 難癖をつける. ¶ 하찮은 일로 ~을 잡다 つまらないことで難癖をつける.
◆**트집이 나다** ひびが入る. 割れ目が生じる. (人間関係に)ひびが入る.

특가〔特價〕 名 特価. ¶ ~품 特価品 / ~ 판매 特価販売.

특강〔特講〕 名 特講. 特別の講義.

특공대〔特攻隊〕 名〔軍〕特攻隊.

특권〔特權〕 名 特権. ¶ ~ 계급 特権階級 / 외교관의 ~ 外交官の特権 / ~을 가지다 特権をもつ.

특근〔特勤〕 名 하自 時間外勤務. 超過勤務. ¶ ~ 수당 超勤手当.

특급[1]〔特急〕 名 〔'특별 급행(特別急行)'의 준말〕特急.
특급 열차〔一列車〕 名 特急列車.

특급[2]〔特級〕 名 特級.

특기[1]〔特技〕 名 特技. 得手. ¶ ~를 살리다 特技を生かす.
특기병〔一兵〕 名〔軍〕特殊技能を身につけて軍隊に入った兵士.

특기[2]〔特記〕 名 하他 特記. 特筆. ¶ ~ 사항 特記事項.

특대[1]〔特大〕 名 特大. ¶ 신년 ~호 新年特大号 / ~ 구두 特大の靴.

특대[2]〔特待〕 名 하他 特待. 特別の待遇.
특대생〔一生〕 名 特待生.

특등〔特等〕 名 特等. ¶ ~품 特等品 / ~실 特等室.

특례〔特例〕 名 特例. ¶ ~로서 인정하다 特例として認める.
특례법〔一法〕 名 特別法.

특매〔特賣〕 名 하他 特売. ¶ ~품 特売品.
특매장〔一場〕 名 特売場.

특면〔特免〕 名 하他 特免. 特別に許すこと.

특명〔特命〕 名 하他 **1** 特旨. **2** 特命. ¶ ~을 받다 特命を受ける / ~ 전권 대사 特命全権大使.

특무〔特務〕 名 特務. 特別の任務.
특무 기관〔一機關〕 名〔軍〕特務機関.

특발〔特發〕 名 하自〔醫〕特発. 人から移るのでなく自ら病気にかかること.
특발성〔一性〕 名〔醫〕特発性.

특배〔特配〕 名 하他 特配. 特別配給. 特別配当.

특별〔特別〕 名 하形 特別. 格別. 特殊. ¶ ~ 규정 特別規定 / ~ 활동 特別活動 / ~ 회계 特別会計 / ~ 프로그램 特別番組 / 이것은 ~한 주의를 기울일 필요가 있다 これは特別な注意を払う必要がある / 오늘은 ~ 뉴스가 있다 今日は特別なニュースがある. **특별히** 副 特別に. ¶ ~ 주의하다 特別に注意する.
특별법〔一法〕 名〔法〕特別法.
특별세〔一稅〕 名 特別税.
특별시〔一市〕 名 特別市〈地方行政区画の一つで道と同格に扱われる〉. ¶ 서울 ~ ソウル特別市.

특보〔特報〕 名 하他 特報. 特別の報道. ¶ 선거 ~ 選挙特報.

특사[1]〔特使〕 名 特使. ¶ ~의 파견 特使の派遣.

특사[2]〔特赦〕 名 하他〔法〕〔'특별 사면(特別赦免)'의 준말〕特赦. ¶ ~를 받고 출옥하다 特赦を受けて出獄する.

특산〔特産〕 名 特産. ¶ ~물 特産物.

특상[1]〔特上〕 名 特上(品).

특상[2]〔特賞〕 名 特賞. ¶ ~을 받다 特賞を受ける.

특색〔特色〕 名 特色. ¶ ~을 살리다 特色を生かす / 이 작품에는 시대의 ~이 나타나 있다 この作品には時代の特色が現われている.

특선〔特選〕 名 하他 特選. **1** 特別に選ぶこと. ¶ ~품 特選品. **2** 特に優秀な作品. ¶ ~ 작품 特選作品.

특설〔特設〕 名 하他 特設. ¶ ~ 무대 特設舞台 / ~ 링 特設リング.

특성〔特性〕 名 特性. ¶ 고무는 탄력성이라는 ~을 가지고 있다 ゴムは弾力性という特性をもっている.

특수〔特殊〕 名 하形 特殊. ¶ ~ 가공 特殊加工 / ~ 강도죄 特殊強盗罪 / ~ 교육 特殊教育 / ~ 법인 特殊法人.
특수강〔一鋼〕 名 特殊鋼.
특수성〔一性〕 名 特殊性.
특수 조사〔一助詞〕 名〔言〕特殊助詞.
특수촬영〔一撮影〕 名 特殊撮影.
특수학교〔一學校〕 名 特殊学校.

특실〔特室〕 名 (ホテル·列車などの)特等(室). 特別室.

특약〔特約〕 名 하自他 特約.
특약점〔一店〕 名 特約店.

특용〔特用〕 名 하自他 特用. 特別に使用すること. ¶ ~ 작물 特用作物.
특용림〔一林〕 名 特用林.

특유〔特有〕 名 하形 特有. ¶ ~ 재산 特有財産 / 그 나라 ~의 문화 その国特有の文化.
특유성〔一性〕 名 特有性.

특융〔特融〕 名 하他 金銭などを特別に融通すること.

특이성〔特異性〕 名 特異性. **1** 特殊性. **2** 特性.

특이 체질〔特異體質〕 名 特異体質.

특이하다〔特異一〕 形 特異だ. **1** (普通の物より)特に異なる. ¶ 특이한 체질 特異な体質. **2** (普通よりはるかに)ずば抜けている. ¶ 특이한 재능 特異な才能.

특임〔特任〕 名 하他 特任. 特別な官職に任命すること, またその任務.

특작〔特作〕 名 特に優秀な作品.

특장〔特長〕 名 特長. 特に優れているところ.

특전[1]〔特典〕 名 特典. ¶ 회원에게는 할인의 ~이 있다 会員には割引の特典がある.

특전[2]〔特電〕 名 特電. ¶ 로이터 ~ ロイター特電.

특정〔特定〕 名 하他 特定.
특정물〔一物〕 名 特定物.
특정인〔一人〕 名 特定人.

특제〔特製〕 名 하他 特製.
　특제품〔一品〕 名 特製品.
특종〔特種〕 名 **1** 特種. **2** 〔'특종 기사(特種記事)'의 준말〕 特種.
　특종 기사〔一記事〕 名 特種記事.
특주〔特酒〕 名 上等な酒.
특지¹〔特旨〕 名〔史〕特旨. **1** 特別に下す王の命令. **2** 王が三品以上の文武官を特別に任命した制度.
특지²〔特志〕 名 **1** 篤志. よい事のために惜しみなく出す志. **2** 〔'특지가(特志家)'의 준말〕 篤志家.
　특지가〔一家〕 名 篤志家.
특진〔特進〕 名 하自 特進. 特別進級. ¶2계급 ～ 2階級特進.
특질〔特質〕 名 特質.
특집〔特輯〕 名 特集. ¶～기사 特集記事.
　특집호〔一號〕 名 特集号.
특징〔特徵〕 名 特徴. ¶얼굴에는 별다른 ～이 없다 顔には目立った特徴がない.
　특징적〔一的〕 冠 名 特徴的.
　특징짓다 他 特徴づける.
특채〔特採〕 名 하他 特別採用. ¶～사원 特別採用の社員.
특천〔特薦〕 名 하他 特薦.
특청〔特請〕 名 하他 特別な要請. ¶이 사업은 지방민들의 ～에 의한 것이다 この事業は地方の人たちの特別な要請によるものだ.
특출하다〔特出—〕 形 特出する. 特別に優れている. ¶그는 어학에 있어 특출한 재능을 가지고 있다 彼は語学の面で抜きんでた才能をもっている.
특칭〔特稱〕 名 特称. 特別の呼び名.
특특하다 形 (布地が)目がつんでいて, ごわごわして肌ざわりや見た目がよくない.
특파〔特派〕 名 하他 特派. ¶해외로 기자를 ～하다 海外に記者を特派する.
　특파원〔一員〕 名 特派員.
특품〔特品〕 名 特別によい品物.
특필〔特筆〕 名 하他 特筆. ¶대서 ～하다 大書特筆する.
특허〔特許〕 名 하他 特許. **1** 特別に許可すること. **2** 〔法〕行政手続きによって私権を設定すること. **3** 〔'특허권'의 준말〕 特許権.
　특허권〔一權〕 名〔法〕特許権.
　특허법〔一法〕 名〔法〕特許法.
　특허증〔一證〕 名 特許証.
　특허청〔一廳〕 名 特許庁.
　특허품〔一品〕 名 特許品.
특혜〔特惠〕 名 特恵. 特別な恩恵. ¶～ 관세 特恵関税 / ～국 대우 特恵国待遇 / ～ 무역 特恵貿易.
특활〔特活〕 名 〔'특별 활동'의 준말〕 特別活動.
특효〔特效〕 名 特効. 特別な効果.
　특효약〔一藥〕 名 特効薬.
특히〔特一〕 副 特に. 特別に. ことさら. とりわけ. ¶～ 주의할 것은 여권을 잃어버리지 않는 일이다 特に注意すべきことは旅券をなくさないことだ.
튼실하다 形 強壮だ. がっしりしている.
튼튼하다 形 **1** (体が)丈夫だ. 壮健だ. 達者だ. 健やかだ. がっちりしている. ¶몸을 튼튼하게 하다 体を丈夫にする. **2** 頑丈だ. しっかりしている. 堅固だ. 壊れにくい. 丈夫だ. 強い. ¶건물이 ～ 建物が頑丈だ / 튼튼한 밧줄 丈夫な綱 / 뼈대는 ～ 骨組みはしっかりしている / 이 담은 매우 ～ この塀はとても堅固だ. **튼튼히** 副 丈夫に. 頑丈に. 堅固に. しっかり. ¶국방을 ～ 하다 国防を堅固にする.
틀 名 **1** 型. 物の形をつくりだすもとになるもの. ¶～에 부어 주조하다 型に入れて鋳造する. **2** 一定の形式や格式. ¶～에 박힌 교육 型にはまった教育. **3** 枠. フレーム. 額. ¶창～ 窓枠 / 사진～ 写真の額. **4** 〈俗〉機械. ¶솜～ 綿打機 / 재봉～ ミシン. **5** 重々しくどっしりした態度. 威厳.
　◆**틀에 맞추다** 型にはめる.
　◆**틀이 잡히다** 堂に入っている. ¶그의 연기는 ～이 잡혔다 彼の演技は堂に入ったものだ.
틀국수 名 機械で打ったそば.
틀누비 名 ミシンで縫ったさしぬい.
틀니 名 入れ歯. 義歯.
틀다 他 **1** ねじる. ひねる. よる. よじる. ¶팔을 ～ 腕をねじる / 병마개를 ～ 瓶の栓をねじる / 수도꼭지를 ～ 蛇口をひねる. **2** (スイッチなどをひねって機械を)動かす. つける. ¶라디오를 ～ ラジオをつける. **3** (髪を)結う. ¶상투를 ～ ちょんまげを結う. **4** (方向·進路などを)変える. ¶태풍이 진로를 동으로 ～ 台風が進路を東に変える. **5** 妨げる. 邪魔をする. ¶계획을 틀어지게 하다 計画を妨害する. **6** (打綿機で綿を)打つ. **7** (鳥が)巣をつくる.
틀리다¹ Ⅰ 他 間違える. 誤る. ¶수효를 틀리게 세다 数を誤って数える / 철자를 ～ つづりを間違える / 계산을 ～ 計算を間違える.
　Ⅱ 自 **1** 間違う. 違う. 狂う. 誤る. 食い違う. ¶답이 ～ 答えが違う / 시계가 ～ 時計が狂う. **2** 駄目になる. ¶이젠 틀렸다 もう駄目だ / 사소한 일로 친구 사이가 ～ ちょっとしたことで友達との間が駄目になる.
틀리다² 自 〔'틀다'의 피동사〕 ねじって開けられる. ¶병마개가 이제야 틀렸다 瓶の栓がようやく開いた.
틀림 名 間違い. 誤り. 違い. ¶답에 ～이 있어서는 안 된다 答えに間違いがあってはいけない.
　틀림없다 形 確かだ. 間違いない. ¶이 것은 그의 필적임에 ～ これは彼の筆跡に間違いない. **틀림없이** 副 確かに. 間違いなく. さぞ. ¶～ 내일은 비가 갤 거다 間違いなく明日は雨が上がるだろう.
틀수하다 形 おおようだ. 奥ゆかしい. 寛大だ. ¶틀수한 인품 奥ゆかしい人柄.
틀스럽다 形 いかめしい. **틀스레** 副 いかめしく.
틀어넣다 他 詰め込む. ねじ入れる. (狭い所に)押し込む. ¶가방에 책을

~ かばんに本を詰め込む.

틀어막다 他 **1** (押し込んで穴を)ふさぐ. ¶헌 헝겊으로 구멍을 틀어막았다 古い布切れで穴をふさいだ. **2** (言論を)封ずる. ¶국민들의 입을 ~ 国民の口を封ずる. **3** 無理に邪魔する. 邪魔だてする.

틀어박다 他 **1** (狭い所に無理に)押し込む. ねじ込む. つっ込む. ¶장롱 속에 머리를 틀어박고 찾고 있다 たんすの中に頭をつっ込んでさがしている. **2** しまい込んだままほったらかしておく. ¶책은 벽장 속에 틀어박아 놓은 채 그대로다 本は押し入れの中にしまい込んだままだ.

틀어박히다 自 引きこもる. 閉じこもる. ¶딸은 제 방에 틀어박힌 채 나오질 않았다 娘は自分の部屋に閉じこもったまま出て来なかった.

틀어쥐다 自 **1** 固く握る. ¶주먹을 ~ こぶしを握りしめる. **2** しっかりとらえる. ¶집안의 경제권을 틀어쥐고 있다 家の中の経済権を握っている.

틀어지다 自 **1** 横に曲がる. 反れる. ¶길이 왼쪽으로 틀어졌다 道が左側に曲がっている. **2** ねじれる. よれる. よじれる. ¶넥타이가 틀어져 있다 ネクタイがねじれている. **3** 間隙が生じる. 仲たがいする. ¶그 사람과는 틀어졌다 彼とは仲たがいした. **4** (計画や仕事が)食い違う. 失敗する.

틈 名 **1** (物の)隙. すき間. 割れ目. 裂け目. 間. ¶빈 ~ 없이 すき間なく / 문 ~으로 손을 들이밀다 戸のすき間から手を入れる / 이젠 더 들어갈 ~이 없다 もうこれ以上入る余地がない. **2** (人間関係の)ひび. 間隙. 不和. ¶두 사람 사이에 ~이 생겼다 二人の仲にひびが入った. **3** (時間的な)暇. 隙. 間. 余暇. ¶놀 ~이 없다 遊ぶ暇がない / 말할 ~도 없이 가버렸다 話をする間もなく行ってしまった. **4** 心の隙. ¶마음속에 조그만 ~도 생기지 않게 해라 心に寸分の隙も生じないようにしなさい. **5** (レールの)継ぎ目.

틈나다 自 **1** 暇ができる. 手があく. ¶틈나는 대로 暇ができ次第. **2** 二人の間に不和が生じる.

틈내다 自 都合をつける. 暇をつくる. ¶틈내서 찾아뵙다 都合をつけて伺う.

틈타다 他 機に乗じる. 機会を利用する. つけ込む. ¶야음을 ~ 夜陰に乗じる / 혼잡을 ~ 混雑に紛れる.

틈바구니 名 〈俗〉 (物の)隙. すき間.

틈바귀 名 〔'틈바구니'의 준말〕 (物の)隙. すき間.

틈새기 名 わずかなすき間.

틈서리 名 すき間のふち.

틈틈이 副 **1** すき間ごとに. **2** ひまひまに. 片手間に. ¶~ 공부하다 ひまひまに勉強をする.

틔다 自 〔'트이다'의 준말〕 **1** 開ける. 障害物がなくなる. **2** 晴れる. **3** (頭や心が)すっきりする. **4** (穴が)開く. **5** よくなっていく. **6** (疑問·考えなどが)解ける.

틔우다 他 **1** (仕切りなどを)取り除く. ¶방을 ~ 仕切りを取って部屋を広くする. **2** 分からせる. 目覚めさせる.

티[1] 名 **1** ほこり. ごみ. ¶눈에 ~가 들어가다 眼にごみが入る. **2** (小さな)傷. 欠点. ¶옥에 ~ 玉にきず.

◆**티를 뜯다** ① ごみを取り除く. ② けちをつける.

◆**티를 보다** 欠点をさがす.

티[2]〔tea〕 名 ティー. 茶. (特に)紅茶.

티[3] 依名 素振り. 気配. ようす. …くささ. ¶촌~가 나다 やぼったくなる / 부자 ~를 내다 金持ちの振りをする / 선생 ~가 난다 教師然とする.

티격나다 自 仲たがいする. ひびが入る. ¶티격난 사이 仲たがいした間柄.

티격태격 副 하自 〔말다툼하는 모양〕 何だかんだ. どうのこうの. ああだとかこうだとか. ¶~하다 何だかんだと口げんかをする.

티끌 名 **1** ちり. ごみ. ほこり. ¶~이 자욱하다 ほこりでいっぱいだ. **2** ほんのわずかなこと. 微塵. ¶그런 생각은 ~만큼도 없다 そんな考えは毛頭ない.

〔속담〕 **티끌 모아 태산** ちりも積もれば山となる.

티끌세상〔一世上〕 名 俗世. 塵界. 俗界.

티눈 名 (手足にできる)魚の目. ¶발가락에 ~이 생기다 足指に魚の目ができる.

티브이〔TV〕 名 テレビ.

티석티석 副 하形 〔거죽이나 면이 고르지 못하고 푸석푸석한 모양〕 ざらざら. ごつごつ. ¶손이 ~ 트다 手がざらざらに荒れる.

티셔츠〔T-shirts〕 名 ティーシャツ.

티슈〔tissue〕 名 ティッシュ. ティッシュペーパー.

티스푼〔teaspoon〕 名 ティースプーン.

티 없다 形 曇りがない. ¶티 없는 어린이 いたいけな子供. **티 없이** 副 けがれなく. きれいに.

티오〔TO ← table of organization〕 名 **1** 組織表. 編成表. **2** 定員.

티자〔T—〕 名 T定規.

티케이오〔TKO ← technical knock-out〕 名〔體〕 ティーケーオー. テクニカルノックアウト.

티켓〔ticket〕 名 チケット. 切符. 券.

티크〔teak〕 名〔植〕 チーク.

티타늄〔titanium〕 名〔化〕 チタン.

티티새 名〔動〕 鶫.

티푸스〔typhus〕 名〔醫〕 チフス. ¶발진 ~ 発疹チフス.

티형강〔T形鋼〕 名 T型鋼.

틴〔teen〕 名 ティーン. ¶하이 ~ ハイティーン / ~에이저 ティーンエージャー.

팀〔team〕 名 チーム. ¶홈 ~ ホームチーム / ~플레이 チームプレー / ~을 만들다 チームをつくる.

팀워크〔teamwork〕 名 チームワーク.

팁〔tip〕 名 チップ. ¶~을 주다 チップをやる.

팃검불 名 乾草や落ち葉などの屑.

팅팅 副 하形 〔몸이 붓거나 살이 찐 모양〕 ぶくぶく(と). ぶよぶよ(と). ¶몸이 ~ 부었다 体がむくんでいる.

ㅍ

ㅍ 名 ハングル子音字母の一つとして第13番目の字. 字母の名称は 피읖.

파[1] 名〔植〕葱.

파[2]〔派〕 Ⅰ 名 派. ¶ 같은 ～ 同じ派 / 고전[낭만]～ 古典[ローマン]派.
Ⅱ 依名 派. ¶ 당은 두 ～로 갈라졌다 党は2派に分かれた.

파[3]〔◎fa〕 名〔樂〕(階名の)ファ.

-파[4]〔派〕 接尾 …派. ¶ 신중～ 慎重派 / 학구～ 学究派.

-파[5]〔波〕 接尾 …波. ¶ 지진～ 地震波 / 충격～ 衝撃波.

파개 名 船で水をくむのに用いるつるべ.

파격〔破格〕 名 하自他 破格.
파격적〔一的〕 冠名 破格的. ¶ ～인 승진 破格の昇進.

파견〔派遣〕 名 하他 派遣. ¶ 시찰단을 ～하다 視察団を派遣する.
파견군〔一軍〕 名〔軍〕派遣軍. ¶ 유엔 ～ 国連派遣軍.
파견단〔一團〕 名 派遣団. ¶ 경제 사절 ～ 経済使節の派遣団.
파견 부대〔一部隊〕 名〔軍〕派遣部隊.

파경〔破鏡〕 名 破鏡. 離縁. ¶ ～에 이르다 破鏡に至る.

파계〔破戒〕 名 하自 破戒.
파계승〔一僧〕 名〔佛〕破戒僧.

파고〔波高〕 名 波高. ¶ ～계 波高計.

파고들다 自他 **1** 深く入り込む. ¶ 적진에 깊이 ～ 敵陣に深く入り込む. **2** 染み込む. ¶ 슬픔이 가슴 속 깊이 ～ 悲しみが胸に深く染み込む. **3** 食い込む. ¶ 외국 시장에 ～ 外国の市場に食い込む. **4** 掘り下げる. ¶ 진상을 ～ 真相を掘り下げる.

파과〔破瓜〕 名〔'파과지년'의 준말〕破瓜.
파과기〔一期〕 名 破瓜期〈初潮のころ〉.
파과병〔一病〕 名〔醫〕破瓜病.
파과지년〔一之年〕 名 破瓜〈女子16歳, 男子64歳の年〉.

파괴〔破壞〕 名 하他 破壊. ¶ ～ 강도 破壊強度 / ～력 破壊力 / ～ 공작 破壊工作 / 질서를 ～하다 秩序を破壊する.
파괴적〔一的〕 冠名 破壊的. ¶ ～인 위력 破壊的な威力.
파괴주의〔一主義〕 名 破壊主義.

파구〔波丘〕 名〔物〕 波頭・波頭. 波の山.

파국〔破局〕 名 하自 破局. ¶ ～에 직면하다 破局に直面する / ～에 이르다 破局に至る.
파국적〔一的〕 冠名 破局的. ¶ ～인 정국 破局的な政局.

파근파근하다 形 **1** (食べ物に)粘り気や水気がなくぱさぱさしている. **2** 足取りが重く気怠い.

파근하다 形 足がくたびれてだるい.

파급〔波及〕 名 하自 波及. ¶ ～ 효과 波及効果 / 파업이 전국으로 ～되다 ストライキが全国に波及する.

파기〔破棄〕 名 하他 破棄. ¶ 원심 ～ 原審破棄 / 문서를 ～하다 文書を破棄する / ～된 계약 破棄された契約.

파김치 名 葱のキムチ.
◆**파김치가 되다** (葱が塩漬けされてくたっとなることから)くたくたに疲れる.

파나마〔Panama〕 名〔地〕パナマ〈中央アメリカのパナマ地峡にある共和国〉.

파나물 名〔料理〕葱のナムル.

파내다 他 掘り出す. ¶ 돌을 ～ 石を掘り出す.

파노라마〔panorama〕 名 パノラマ. ¶ ～ 사진기 パノラマ写真機 / ～ 촬영 パノラマ撮影.

파니 副〔밴둥밴둥 아무 하는 일 없이〕ぶらぶら(と). ¶ 하루 종일 ～ 놀기만 한다 一日中ぶらぶら遊んでばかりいる.

파다 他 **1** 掘る. 掘り出す. うがつ. ¶ 땅을 ～ 地面を掘る / 굴을 ～ 洞窟を掘る. **2** 彫る. 刻む. ¶ 도장을 ～ はんこを彫る / 돌에 글을 ～ 石に字を彫る. **3** 掘り下げる. 究明する. ¶ 사건을 깊이 ～ 事件を深く掘り下げる. **4** (襟ぐりなどを)くる. えぐる. ¶ 앞가슴을 깊이 판 원피스 襟ぐりを深くえぐったワンピース. **5** (勉強などに)全力を注ぐ. むさぼる. ¶ 공부를 ～ 勉強に精を出す. **6** 取る. ¶ 귀지를 ～ 耳あかを取る.

파다하다[1]〔頗多一〕 形 すこぶる多い. ¶ 그러한 사례가 ～ そうした例が非常に多い. **파다히**[1] 副 いくらでも. どっさり.

파다하다[2]〔播多一〕 形 (うわさなどが)広まっている. ¶ 그들이 이혼한다는 소문이 ～ 彼らが離婚するといううわさが広まっている. **파다히**[2] 副 ぱっと. あまねく. 広く.

파닥거리다[-대다] 自他 **1** (小鳥が)ぱたぱた羽ばたく. **2** (小さな魚が)ぴちぴちはねる. **3** (旗が)はためく.
파닥파닥 副 하自他 ばたばた. ぴちぴち. はたはた.

파담〔破談〕 名 하自 破談.

파당〔派黨〕 名 党派. 派閥. ¶ ～ 싸움 党派争い.

파도〔波濤〕 名 波. 波濤. ¶ ～ 소리 波の音 / ～가 일다 波が立つ / ～가 잔잔해졌다 波がおさまった / 거친 ～를 헤치고 나아가다 荒波を蹴立てて進む.
파도타기 名 波乗り. サーフィン.

파동〔波動〕 名 波動. ¶ 정치[경제] ～ 政治[経済]波動 / 석유 ～ オイルショック.

파동설〔一說〕 名〔物〕 波動説.
파뜩 副 하形 **1**〔생각이 갑자기 떠오르는 모양〕はっと. ぱっと. ちらっと. ¶좋은 생각이 ~ 떠올랐다 いい考えがぱっと浮かんだ. **2**〔행동을 재빨리 하는 모양〕さっと. ぱっと. ¶~ 해치워라 さっとやってしまえ. **3**〔물체가 별안간 나타나는 모양〕ぬっと. ひょこっと. ¶뭔가 검은 물체가 ~ 지나갔다 何か黒い物体がぬっと通り過ぎた. <퍼뜩
파뜩파뜩 副 하形 ぱっぱっと. はっはっと. ひらりと.
파라과이〔Paraguay〕 名〔地〕 パラグアイ〈南アメリカの中南部にある共和国〉.
파라다이스〔paradise〕 名 パラダイス. 楽園.
파라솔〔(프) parasol〕 名 パラソル.
파라핀〔paraffin〕 名〔化〕 パラフィン. ¶~유 パラフィン油 / ~지 パラフィン紙.
파락호〔破落戸〕 名 ならず者. ごろつき.
파란〔波瀾〕 名 波瀾. ¶~ 많은 생애 波瀾に富んだ生涯 / ~을 일으키다 波乱を起こす.
파란곡절〔一曲折〕 名 波瀾曲折.
파란만장〔一萬丈〕 名 하形 波瀾万丈. ¶~한 일생 波瀾万丈の一生.
파랑[1] 名 (染料や絵の具などの)青. 青色.
파랑이 名 青いもの. 青色のもの.
파랑콩 名 青い大豆.
파랑[2]〔波浪〕 名 波浪. 波. ¶~ 주의보 波浪注意報.
파랑새 名 **1**〔動〕 仏法僧. **2** 青い鳥〈幸福・吉兆の象徴〉.
파랗다 形 **1** (くっきりと鮮やかに)青い. 非常に青い. ¶가을의 파란 하늘 秋の青い空 / 파란 바다 青い海. **2** (若さがあふれて)はつらつとしている. 生き生きとしている. 若々しい. ¶파랗게 젊은 나이에 자살을 하다니 若い身空で自殺をするなんて.
파래 名〔植〕 青海苔.
파래박 名 (船内に入り込んだ水をくみ出す)ふくべ.
파래지다 自 **1** 青くなる. ¶잔디가 ~ 芝生が青くなる. **2** 青ざめる. 青白くなる. ¶얼굴빛이 ~ 顔色が青ざめる.
파렴치〔破廉恥〕 名 하形 破廉恥. ¶~한 행동 破廉恥な行動 / ~범 破廉恥犯.
파르께하다 形 やや青みがかっている. 青白い. <푸르께하다
파르대대하다 形 下品に青っぽい.
파르댕댕하다 形 青黒い.
파르르 副〔'바르르'의 거센말〕**1**〔끓어오르는 모양[소리]〕ぐらぐら(と). ぶくぶく(と). **2**〔사소한 일에 성을 내는 모양〕ぷんぷん(と). **3**〔불이 가벼이 타오르는 모양〕めらめら(と). **4**〔떠는 모양〕ぶるぶる(と).
파르무레하다 形 青みがかっている. 薄青い.
파르스름하다[-스레하다] 形 薄く青みがかっている. <푸르스름하다
파르족족하다 形 薄汚く青ずんでいる. <푸르죽죽하다

파릇하다 形 やや青い.
파릇파릇 副 하形 青々(と). ¶~한 야채 青々とした野菜. <푸릇푸릇
파리[1] 名〔動〕 蠅. ¶음식물에 ~가 꾀다 食べ物に蠅がたかる / ~를 쫓다 蠅を追い払う.
◆**파리를 날리다** (商売がひまで蠅を追い払うの意で)商売が上がったりである. 不景気である.
파리 목숨 名 蠅の命. はかない命.
파리채 名 蠅たたき.
파리통 名〔一筒〕 蠅取り器.
파리[2]〔玻璃〕 名 玻璃. **1** ガラス. **2** 水晶. **3**〔佛〕 七宝の一つ.
파리하다 形 やつれて青白い. ¶파리한 안색 やつれた青白い顔色.
파마〔← permanent〕 名 하自 パーマ. パーマネントウェーブ.
파먹다 他 **1**〔파서 먹다〕(中身を)えぐって食べる. ほじくって食べる. ¶수박 속을 ~ すいかをほじくって食べる. **2**〔도식하다〕食べ尽くす. 食い尽くす. ¶모아둔 것을 다 ~ 蓄えておいたものをすべて食い尽くす. **3**〔먹어 들어가다〕(虫などが)食う. むしばむ. ¶벌레가 파먹은 밤 虫食いの栗.
파면[1]〔波面〕 名 波面.
파면[2]〔罷免〕 名 하他 罷免. ¶횡령이 발각되어 ~되었다 横領が発覚して罷免された.
파멸〔破滅〕 名 하自 破滅. ¶스스로 일신의 ~을 초래했다 自ら身の破滅を招いた.
파문[1]〔波紋〕 名 波紋. ¶~이 퍼지다 波紋が広がる / 정계에 큰 ~을 일으키다 政界に大きな波紋を起こす.
파문[2]〔破門〕 名 하他 破門. ¶제자를 ~하다 弟子を破門する.
파묻다[1] 他 **1** 埋める. ¶김칫독을 땅에 ~ キムチの甕を地中に埋める. **2** 隠蔽する. 隠す. ¶결정적인 사실을 ~ 決定的な事実を隠す.
파묻다[2] 他 根掘り葉掘り尋ねる. 問いただす. ¶파물어도 대답을 하지 않는다 聞いても答えをしない.
파묻히다 自〔'파묻다'의 피동사〕埋まる. 埋められる. 埋もれる. ¶눈사태로 집이 파묻혔다 雪崩で家が埋もれた.
파물〔破物〕 名 壊れ物. 傷物.
파발〔擺撥〕 名〔史〕 飛脚の宿駅. ¶~꾼 飛脚. 早打ち.
파발마〔一馬〕 名〔史〕 早馬.
파방〔罷榜〕 名 하他〔史〕 科挙の合格者発表を取り消すこと.
◆**파방을 치다** 所帯を畳む.
파벌〔派閥〕 名 派閥. ¶사내 ~ 社内派閥 / ~ 싸움 派閥争い.
파별〔派別〕 名 하他 派別. 派に分けて区別すること. またその派.
파병〔派兵〕 名 하自 派兵. ¶해외 ~ 海外派兵.
파사현정〔破邪顯正〕 名 하自〔佛〕 破邪顕正. ¶~의 칼 破邪顕正の剣.
파삭하다 形 (すっかり乾いて)壊れやすい. もろい. ぱさぱさしている. ¶빵이 말라서 ~ パンが乾いてぱさぱさだ.
파삭파삭 副 하形 ぱさぱさ. かさかさ.

¶ 부꾸미가 ～하다 プクミがぱさぱさしている.

파산¹〔破産〕 名 하自 破産. ¶～ 선고 破産宣告 / ～ 절차 破産手続き / ～ 지경에 이르렀다 破産の羽目に陥った.

파산²〔破算〕 名 하自 (そろばんの)御破算.

파상〔波状〕 名 波状. ¶～ 공격 波状攻撃 / ～ 운동 波状運動.

파상운〔一雲〕 名 波状雲.

파상풍〔破傷風〕 名〔醫〕破傷風.

파생〔派生〕 名 하自 派生. ¶문제가 ～하다 問題が派生する.

파생어〔一語〕 名〔言〕派生語.

파생적〔一的〕 冠 名 派生的. ¶～인 문제 派生的な問題.

파석〔破石〕 名 하自 石·鉱石などを割ること.

파선¹〔波線〕 名 波線.

파선²〔破船〕 名 하自 破船. 難船. 難破. ¶어선이 풍랑을 만나 ～했다 漁船が風浪に会い難破した.

파선³〔破線〕 名 破線. 点線.

파손〔破損〕 名 하自他 破損. ¶기물을 ～하다 器物を破損する / ～된 책상 破損した机.

파송〔派送〕 名 하他 派遣.

파쇄〔破砕〕 名 하他 破砕. ¶바위를 ～하다 岩石を破砕する.

파쇠〔破一〕 名 **1** 金属容器のかけら. **2** くず鉄.

파쇼〔(이) fascio〕 名 ファッショ.

파수〔把守〕 名 하他 見張ること. 警戒して守ること, またその人.

◆**파수를 보다** (一定の所で)番をする. 見張る.

파수꾼 名 番人. 見張り. 物見.

파수막〔一幕〕 名 番人小屋. 番人の詰め所.

파수병〔一兵〕 名 番兵. 警備兵. 歩哨.

파스텔〔pastel〕 名〔美〕パステル. ¶～화 パステル画.

파슬리〔parsley〕 名〔植〕パセリ.

파슬파슬 副 하形 ぽろぽろ(と). ぱらぱら(と). ¶벽이 ～ 허물어지다 壁がぼろぼろと崩れる.

파시〔波市〕 名 海上で開かれる魚市.

파시스트〔fascist〕 名 ファシスト.

파시즘〔fascism〕 名 ファシズム.

파식¹〔波蝕〕 名 하他〔地〕波食.

파식²〔播植〕 名 하他 播植.

파악〔把握〕 名 하他 把握. ¶정세를 ～하다 情勢を把握する / 참가 인원을 ～하다 参加人数を把握する.

파안〔破顔〕 名 하自 破顔.

파안대소〔一大笑〕 名 하自 破顔大笑.

파약〔破約〕 名 하自他 破約.

파업〔罷業〕 名 하自 罷業. ストライキ. ¶～을 단행하다 ストライキを断行する / ～권 ストライキ権.

파열〔破裂〕 名 하自 破裂. ¶타이어가 ～하다 タイヤが破裂する.

파열음〔一音〕 名〔言〕破裂音.

파옥¹〔破屋〕 名 破れ屋. あばら屋.

파옥²〔破獄〕 名 하自 破獄. 脱獄. 牢破り. ¶～ 도주 破獄して逃走すること.

파우더〔powder〕 名 パウダー. こな. 粉末.

파운데이션〔foundation〕 名 ファンデーション〈化粧品の一種〉. ¶얼굴에 ～을 바르다 顔にファンデーションを塗る.

파운드〔pound〕 依名 ポンド. **1** ヤードポンド法の重量単位. **2** イギリスの貨幣の単位.

파울〔foul〕 名〔體〕ファウル.

파울 볼〔—ball〕 名〔體〕(野球の)ファウルボール.

파워〔power〕 名 パワー. 馬力. ¶영～ ヤングパワー.

파의〔罷議〕 名 하自他 議論をやめること.

파이〔pie〕 名 (食べ物の)パイ. ¶애플～ アップルパイ.

파이프〔pipe〕 名 パイプ. ¶마도로스 ～ マドロスパイプ / 쇠～ 鉄パイプ.

파이프 오르간〔—organ〕 名〔樂〕パイプオルガン.

파이프라인〔pipeline〕 名 パイプライン.

파인애플〔pineapple〕 名 パイナップル.

파인 플레이〔fine play〕 名 ファインプレー. 妙技. 美技.

파일¹〔←팔일(八日)〕 名〔佛〕陰暦4月8日の釈迦の誕生日.

파일²〔file〕 名 ファイル. **1** 書類のとじ込み. **2** (ワープロ·パソコンなどの)ファイル.

파일럿〔pilot〕 名 パイロット. **1** 飛行機の操縦士. **2** 水先案内人.

파임내다 他 後になって気が変わり, ことを駄目にする.

파자마〔pajamas〕 名 パジャマ. 寝間着.

파잡다 他 人の弱みを握る.

파장¹〔波長〕 名〔物〕波長.

파장계〔一計〕 名 波長計.

파장²〔罷場〕 名 하自 **1** 科挙の試験が終わること[時]. **2** 市が終わること[時]. **3** (人が集まってする事が)終わること[ころ].

파장머리 名 試験や市が終わるころ.

파쟁〔派争〕 名 派閥争い.

파적〔破寂〕 名 하自 **1** 寂しさを紛らすこと. **2** 暇つぶし.

파종¹〔破腫〕 名 하自他〔韓方〕腫れ物を破ること.

파종²〔播種〕 名 하他〔農〕播種. 種まき. ¶～기 播種期 / ～기 播種機.

파죽음 名 (ひどく打たれたり疲れて)ぐったりすること. へたばった状態. ¶정상 다 가서 ～이 되었다 頂上間近でへたばった.

파죽지세〔破竹之勢〕 名 破竹の勢い. ¶～로 밀어붙이다 破竹の勢いで押し寄せる.

파지〔破紙〕 名 反故. 破れ. ¶～가 생기다 破れが生じる.

파직〔罷職〕 名 하他 罷職. 免職.

파찰음〔破擦音〕 名〔言〕破擦音.

파천〔播遷〕 名 하自〔史〕王が乱を避けるため都を離れること.

파천황〔破天荒〕 名 하自 破天荒. 前代未聞.

파초〔芭蕉〕 名〔植〕芭蕉.

파초선〔一扇〕 名〔史〕芭蕉扇.

파출〔派出〕 名 하他 派出.

파출부〔一婦〕 名 派出婦.

ㅍ

파출소[一所] 名 交番. 派出所.
파충류[爬蟲類] 名[動] 爬虫類.
파치[破一] 名 傷物. 壊れ物. ¶ ~의 싸구려 판매 傷物の叩き売り.
파카[parka] 名 パーカ. **1** フードつきの毛皮ジャケット. **2** フードつきの上着またはコート.
파키스탄[Pakistan] 名[地] パキスタン(インド半島北西部にある共和国).
파킹[parking] 名 パーキング. 駐車. ¶ 노 ~ ノーパーキング. 駐車禁止.
파탄[破綻] 名 하自他 破綻. ¶ 장사는 ~이 났다 商売は破綻をきたした.
파투[破鬪] 名 (花札遊びで枚数が足りなかったり不正行為などのため)その場が無効になること.
◆**파투가 나다** 花札遊びの場が無効になる.
파트[part] 名 パート. 部分.
파트타임[一time] 名 パートタイム.
파트너[partner] 名 パートナー.
파티[party] 名 パーティー. ¶ 댄스 ~ ダンスパーティー / 졸업 축하 ~ 卒業祝賀パーティー.
파파노인[皤皤老人] 名 白髪の老人.
파파야[papaya] 名[植] パパイア.
파편[破片] 名 破片. ¶ 폭탄의 ~ 爆弾の破片.
파피리 名 (子供たちが吹いて遊ぶ)葱の葉でつくった笛.
파하다¹[罷一] **Ⅰ** 自 (仕事・会合が)終わる. (仕事・会合が終わって)別れる. ¶ 회의는 다 파했다 会議はすっかり終わった / 모두 파하고 아무도 없다 ぜんぶ終わって誰もいない.
Ⅱ 他 (仕事・会合を)終える. 済ます. しまう. ¶ 일을 파하고 집에 돌아가다 仕事を終えて家へ帰る.
파하다²[破一] 他 敵を打ち破る. ¶ 적진을 ~ 敵陣を打ち破る.
파한[破閑] 名 하自 時間つぶし. 暇つぶし. 退屈しのぎ.
파행[跛行] 名 하自 跛行. びっこを引くこと. ¶ 균형을 잃은 ~ 상태에 있다 均衡を失った跛行状態にある.
파행적[一的] 冠 名 跛行的.
파헤치다 他 **1** (中の物が見えるように)取り出す. 掘り返す. ¶ 도로를 ~ 道路を掘り返す. **2** (不正・欠陥・秘密・問題の核心などを)暴く. 掘り下げて調べる. ¶ 정체를 ~ 正体を暴く.
파형[波形] 名 波形.
파혼[破婚] 名 하自 破婚.
파흥[破興] 名 하自他 興ざめ. 興ざまし.
팍 副 **1** (힘있게 내지르는 모양[소리]) ぶすっと. ごつんと. ¶ 화살이 과녁에 ~ 하고 박혔다 矢が標的にぶすっと突き刺さった. **2** (힘없이 거꾸러지는 모양) ばたっと. ばったり(と). ¶ 술에 취해서 ~ 거꾸러졌다 酒に酔ってばたっと倒れた. **3** (진흙에 빠지는 모양[소리]) ずぼっと. ¶ 진창에 발이 ~ 빠지다 ぬかるみに足がずぼっとはまり込む.
팍팍 副 **1** ぶすっぶすっと. ごつんごつんと. ¶ 머리를 ~ 쥐어박다 頭をごつんごつんとぶん殴る. **2** ばたばた. ¶ 총탄에 ~ 쓰러지다 銃弾にばたばた倒れる. **3** ずぶずぶと. ¶ 진흙 속으로 ~ 구두가 빠졌다 泥の中にずぶずぶと靴がめりこんだ.
팍삭 副 하形 **1** (힘없이 주저앉는 모양[소리]) ぺたんと. ¶ 풀 위에 ~ 주저앉다 草の上にぺたんと座り込む. **2** (엉성한 물건이 가라앉는 모양) ばさっと.
팍삭팍삭 副 하形 へたへた. がさがさ. ばさばさ. ¶ 낙심하여 ~ 그 자리에 주저앉다 気落ちしてへたへたとその場に座り込む / 카스텔라가 말라서 ~ 부서진다 カステラがひからびてぱさぱさと砕けてしまう.
팍신하다 形 柔らかでふわふわしている. ふんわりしている. ¶ 스웨터가 팍신한 게 따뜻해 보인다 セーターがふんわりとしていて暖かそうに見える. <퍽신하다
팍신팍신 副 하形 ふわふわ(と). ¶ 카스텔라의 ~한 맛 カステラのふわふわした舌触り.
팍팍하다 形 **1** (ひどく力が抜けて歩きにくいほど)足が重い. ¶ 다리가 팍팍해서 못 걷겠다 足が重くて歩けない. **2** (食べ物が粘り気や水気が少なくてのどにつかえるほど)ぱさぱさしている. ¶ 이 건빵은 팍팍해서 목이 멘다 この乾パンはぱさぱさしてのどにつかえる.
판¹ 名 (何事かが行なわれる)所. 場. 場面. 現場. 状況. 幕. 段. ¶ 내가 나설 ~이 아니다 わたしの出る幕じゃない / 훼방꾼이 ~을 깨다 邪魔者がその場の興をさます.
판²[板] 名 盤. ¶ 장기~ 将棋盤 / 바둑~ 碁盤.
판³[版] **Ⅰ** 名[印] 版. ¶ ~을 짜다 版を組む.
Ⅱ 依名 (책을 출간한 횟수를 세는 단위) ¶ 3~을 발행하다 3版を発行する.
◆**판에 박은 것 같다[듯하다]** まるで同じだ. まったく同一だ. 判で押したようだ. ¶ ~에 박은 듯한 인사 判で押したような挨拶.
판⁴[瓣] 名 **1** 花弁. 花びら. **2** (機械の)弁. **3** [生] 弁. 弁膜.
판⁵ 依名 (승부를 겨루는 일의 수효를 세는 말) 度. 回. 戦. 局. ¶ 장기 한 ~ 将棋一局 / 한 ~ 할까? 一戦を交じえようか.
판⁶[判] 依名 判. ¶ 국[사륙]~ 菊[四六]判 / 명함~ 名刺判.
판가[販價] 名 ('판매가'의 준말) 販売価格.
판가름 名 하他 是非や優劣を判断すること. ¶ 소송 사건을 ~하다 訴訟事件を判決する.
◆**판가름이 나다** 是非や優劣が決まる. ¶ 연장전에서도 ~이 나지 않는다 延長戦でも勝負が決まらない.
판각[板刻] 名 하他 板刻.
판각본[一本] 名 板本. 刻本.
판검사[判檢事] 名 判事と検事.
판결[判決] 名 하他 判決. 裁くこと. ¶ ~ 주문 判決主文 / 불리한 ~을 내리다 不利な判決を下す / 무죄 ~을 받다 無罪判決を受ける.
판결례[一例] 名[法] 判例.
판결문[一文] 名[法] 判決文.

판공비〔辦公費〕 名 公務の処理に要する費用.
판관〔判官〕 名 審判官. 裁判官.
 판관사령〔一使令〕 名 妻の言うままになる夫.
판국〔一局〕 名 **1** 事件が起こった局面. 場面. 場合. 時局. ¶ 이렇게 어수선한 ~에 어딜 놀러 가? こんなに慌ただしいさなかにどこへ遊びに行くんだ. **2** 〔民俗〕 敷地や墓地などの位置や地形.
판권〔版權〕 名 版権. ¶ ~을 침해하다 版権を侵害する.
 판권장〔一張〕 名〔印〕 奥付. 版権証書.
판금〔販禁〕 名 〔'판매 금지'의 준말〕 販売禁止.
판나다 自 **1** きまりがつく. 勝負が決まる. ¶ 분쟁이 ~ 紛争が収まる. **2** 倒産する. 破産する. ¶ 그 회사는 벌써 판났다 その会社はすでに倒産した.
판다르다 形 大いに異なっている. 非常に違っている. はなはだ変わっている.
판단〔判斷〕 名 하他 判断. ¶ 선악을 ~하다 善悪を見定める / 올바른 ~을 내리다 正しい判断を下す.
 판단력〔一力〕 名 判断力. ¶ 날카로운 ~ 優れた判断力.
판도〔版圖〕 名 版図. 領土. ¶ ~를 넓히다 領土を広げる / ~가 달라지다 版図が変わる.
판독〔判讀〕 名 하他 判読. ¶ 암호를 ~하다 暗号を判読する.
판돈 名 賭博の掛け金. ¶ ~을 걸다 賭博の掛け金をかける.
 ◆**판돈을 떼다** てら銭をとる.
판들다 他 財産を使い果たす. 食い潰す.
판때리다 他 判決を下す. 是非や善悪を裁決する.
판례〔判例〕 名〔法〕 判例. ¶ ~법 判例法 / ~집 判例集 / 새로운 ~를 남기다 新しい判例を残す.
판로〔販路〕 名 販路. ¶ ~ 협정 販路協定 / ~를 넓히다 販路を広げる / ~가 막히다 販路がふさがる.
판막〔瓣膜〕 名〔生〕 弁膜. ¶ 심장 ~ 心臓弁膜.
판막다 自 (最後の勝負に)勝ってきまりをつける.
판막음 名 하自 (その場での)最後の勝利.
판매〔販賣〕 名 하他 販売. ¶ ~망 販売網 / ~원 販売員 / 통신 ~ 通信販売 / 할인 ~ 割引販売 / ~를 촉진하다 販売を促進する.
 판매가〔一價〕 名 販売価格.
 판매 금지〔一禁止〕 名 하自 販売禁止.
 판매액〔一額〕 名 販売額.
 판매점〔一店〕 名 販売店.
 판매 회사〔一會社〕 名 販売会社.
판면〔版面〕 名 版面.
판명〔判明〕 名 하自 判明. ¶ 진상은 ~되지 않았다 真相は判明していない.
판목〔版木〕 名 版木. (木版用の)刷り板.
판몰이 名 하他 (賭場で)勝ちを独占すること. 一人に金が集中すること.
판무〔辦務〕 名 하他 弁務. (機関などで)事務処理をすること.
 판무관〔一官〕 名 弁務官.
판무식〔判無識〕 名 하形 無知なこと[人].
판박이〔版一〕 名 **1** (版木で)印刷すること, またその書物. **2** そっくり似ること. 瓜二つ. ¶ 아기의 얼굴이 꼭 엄마의 ~다 子供の顔が母と瓜二つだ. **3** 型通り.
판밖 名 (ある事の)局外. 圏外. ¶ ~으로 물러나다 圏外に退く.
판벽〔板壁〕 名〔建〕 板壁.
판별〔判別〕 名 하他 判別. ¶ 시비를 ~하다 是非を判別する.
판본〔版本〕 名〔印〕 板本. 版本.
판사〔判事〕 名〔法〕 判事.
판상[1]〔板狀〕 名 板状. ¶ ~ 구조 板状構造.
판상[2]〔辦償〕 名 하他 弁償. 弁済. ¶ 깨뜨린 창문 유리를 ~하다 割った窓ガラスを弁償する.
판상놈〔一常一〕 名 げす.
판서〔板書〕 名 하自他 板書.
판설다 形 (物事に)不慣れだ. (事情に)疎い.
판세〔一勢〕 名 (物事の)成り行き. 情勢. 形勢.
판소리 名〔樂〕 パンソリ〈伝統的な民俗芸能の一つで, 語り物に節をつけて歌う〉.
판수 名 占いを業とする盲人.
판수익다 形 熟知している. 精通している.
판시〔判示〕 名 하他〔法〕 判決を下して示すこと.
판시세〔一時勢〕 名 (ある局面の)形勢. 事情. 情勢.
판연하다〔判然一〕 形 判然としている. 明らかだ. ¶ 논지가 어딘지 판연하지 않다 論旨がどうも判然としない. **판연히** 副 判然と. 明らかに. ¶ 사실과는 ~ 다르다 明らかに事実とは異なる.
판유리〔板琉璃〕 名 板ガラス.
판이하다〔判異一〕 形 まったく違う. 大いに異なる. ¶ 성격은 판이하게 다르다 性格はまったく違う.
판자〔板子〕 名 **1** 板. ¶ ~에 못을 박다 板に釘を打つ. **2** 松の板.
 판자촌〔一村〕 名 バラックの集落.
 판잣집 名 板張りの粗末な家. 掘っ立て小屋. バラック.
판장〔板牆〕 名〔'널판장'의 준말〕 板塀. 板垣. ¶ ~을 둘러 치다 板塀を巡らす.
판정〔判定〕 名 하他 判定. ¶ 공정한 ~을 내리다 公正な判定を下す / 양성으로 ~되다 陽性と判定される.
 판정승〔一勝〕 名 判定勝ち.
 판정패〔一敗〕 名 判定負け.
판제〔辦濟〕 名 하他 弁済.
판주다 他 その場でいちばん優れた人と認める.
판중〔一中〕 名 (集まっている)大勢の中. ¶ 저 사람이 ~에서는 으뜸이다 あの人がこの集まった人の中では一番.
판지〔板紙〕 名 板紙. 厚紙. ボール紙.

판책〔版冊〕 名 版で印刷した本.
판촉〔販促〕 名 〔'판매 촉진'의 준말〕 販売促進.
판치다 自 **1** その場で最も上手だ. いちばん優れている. ¶ 요전 씨름판에서는 그가 판쳤다 この間のシルムの試合では彼が最もだった. **2** (ある場所や部門で)勝手気ままに勢力を振るう. 牛耳る. ¶ 정계는 그가 판치고 있다 政界は彼が牛耳っている.
판타지아〔(이) fantasia〕 名〔樂〕 ファンタジア. ファンタジー.
판탈롱〔(프) pantalon〕 名 パンタロン.
판판이 副 その都度. (…の)たびに. ¶ 시합에 ~ 지고 말았다 試合をするたびに負けてしまった.
판판하다 形 平らだ. とても平たい. 平べったい. ¶ 길을 판판하게 닦다 道を平らにならす. **판판히** 副 平べったく. 平らに.
판하다 形 果てしなく広い. 広々としている. ¶ 눈 앞의 초원이 ~ 目の前の草原が広々としている. **판히**¹ 副 広々と. 限りなく.
판형〔判型〕 名〔印〕 判型.
판화〔版畫〕 名〔美〕 版画.
판히²〔判―〕 副 〔'판연히'의 준말〕 判然と. 明らかに. ¶ ~ 들여다보이는 거짓말을 한다 見え透いた嘘をつく.
팔¹ 名 腕. ¶ ~씨름 腕相撲 / ~을 굽히다[펴다] 腕を曲げる[伸ばす] / ~을 끼다 腕を組む.
◆**팔을 걷고 나서다** (腕をまくり上げてかかるの意で)積極的な姿勢で立ち向かう.
◆**팔을 걷어붙이다** (腕をまくり上げるの意で)取り掛かる.
팔²〔八〕 數 8. 八つ. 八つ. ¶ ~인조 8人組. ▷일(一)
팔가락지 名 腕輪.
팔각〔八角〕 名 八角.
팔각기둥 名〔數〕 八角柱.
팔각당〔一堂〕 名〔佛〕 八角堂.
팔각정〔一亭〕 名〔建〕 八角形の亭. 東屋.
팔각형〔一形〕 名〔數〕 八角形.
팔걸이 名 **1** (椅子などの)ひじ掛け. ¶ ~ 의자 ひじ掛け椅子. **2** 〈シルム(씨름)の技の一つで〉手で相手の足をとって押し倒すこと. **3** 犬かき(泳ぎ).
팔경〔八景〕 名 八景. ¶ 관동 ~ 関東八景.
팔고〔八苦〕 名〔佛〕 八苦.
팔곡〔八穀〕 名 八穀〈米·大麦·黍·稗·粟·胡麻·大豆〉.
팔괘〔八卦〕 名〔民俗〕 八卦〈自然界·人事界百般の現象を陽爻·陰爻を重ねて8種の象で示すもの〉.
팔구〔八九〕 冠 8と9. 八つか九つ. ¶ 십중~ 十中八九.
팔구월〔一月〕 名 8月か9月.
팔꿈치 名 肘. ¶ ~를 구부리다 肘を曲げる.
팔난〔八難〕 名 八難. **1** 八つの災難〈飢·渇·寒·暑·水·火·刀·兵の難〉. **2** 〔佛〕 八難.
팔난봉 名 放蕩者.
팔다 他 **1** 売る. 販売する. 売却する. ¶ 과자를 ~ 菓子を売る / 집을 팔고 이사 가다 家を売って引っ越す. **2** (代金を受け取って)労働力を提供する. ¶ 날품을 팔아 살아간다 日雇いで暮らしていく. **3** (良心などを)売り渡す. 裏切る. ¶ 나라를 판 역적 国を売った逆賊. **4** (名前·名誉などを)売り物にする. 借りる. かたる. ¶ 친구의 이름을 ~ 友達の名をかたる. **5** (目·気などを)そらす. 取られる. ¶ 한 눈을 ~ よそ見をする. **6** (穀物を)買う. ¶ 쌀을 팔아 오너라 米を買って来なさい. **7** 体を売る. 売春する. ¶ 몸을 팔아 모은 돈 身を売ってためたお金.
팔다리 名 手足. 腕と脚.
팔다리뼈 名 手足の骨.
팔달〔八達〕 名 하自 八達. **1** 道路が八方に通じていること. ¶ 사통 ~ 四通八達. **2** 広く物事に通じていること.
팔도〔八道〕 名 **1** 朝鮮時代の行政区域〈京畿·忠清·全羅·慶尚·黄海·平安·咸鏡·江原の八道〉. **2** 全土. 全国土. ¶ ~ 강산[명산] 全国の山河[名山].
팔등신〔八等身〕 名 八頭身. ¶ ~ 미인 八頭身の美人.
팔딱 副 하自他 **1** 〔작고 탄력 있게 뛰는 모양〕 ぴょんと. **2** 〔맥이 뛰는 모양〕 どきどき(と). <펄떡
팔딱거리다[-대다] 自他 **1** ぴょんと跳ぶ. **2** (胸や脈が)しきりに軽く打つ.
팔딱팔딱 副 하自他 **1** ぴょんぴょん. **2** どきどき(と).
팔뚝 名 前腕. 小手.
팔랑 副 하自 〔바람에 날려 가볍고 빠르게 나부끼는 모양〕 ひらひら(と). ぱたぱた(と). <펄렁
팔랑거리다[-대다] 自 ぱたぱたする. ぱたぱたとはためく.
팔랑팔랑 副 하自 ひらひら(と). ぱたぱた(と).
팔레스타인〔Palestine〕 名〔地〕 パレスチナ〈アラビア半島の地中海東岸南部の地域〉.
팔랑개비 名 **1** 風車. **2** おっちょこちょい. 落ち着きのない人.
팔레트〔(프) palette〕 名 パレット. 調色板. ¶ ~ 나이프 パレットナイフ.
팔리다 自 **1** 売れる. ¶ 이 참고서가 잘 팔린다 この参考書がよく売れる. **2** (気などを)奪われる. ¶ 먹는 데만 정신이 팔려 있다 食べることにばかり心を奪われている.
팔림새 名 売れ行き. ¶ 과일의 ~가 좋다 果物の売れ行きがよい.
팔매 名 つぶて.
팔매질 名 하自 つぶてを打つこと.
팔매치기 名 石投げ. つぶて打ち.
팔면〔八面〕 名 八面.
팔면육비〔一六臂〕 名 八面六臂.
팔면체〔一體〕 名〔數〕 八面体.
팔모〔八一〕 名 八角.
팔모기둥 名〔建〕 八角柱.
팔모정〔一亭〕 名 八角形の亭.
팔목 名 手首.

팔방〔八方〕名 **1** 八方. ¶ 사방 ~으로 헤매다 四方八方を流され歩く. **2**〘民俗〙八つの方位. **3** 諸方. 方々.
팔방미인〔一美人〕名 八方美人.
팔베개 名 腕まくら. 手まくら. 肘まくら. ¶ ~를 하고 잤다 手まくらで寝た.
팔분쉼표〔八分一標〕名〘樂〙八分休止符.
팔분음표〔八分音標〕名〘樂〙八分音「符.
팔불용〔八不用〕名 愚か者. ばか者. 役立たず.
팔불출〔八不出〕名 愚か者. ばか者. 役立たず.
팔불취〔八不取〕名 愚か者. ばか者. 役立たず.
팔뼈 名 腕の骨.
팔삭〔八朔〕名 八朔(陰暦8月1日).
팔삭둥이 **1** 8か月足らずで生まれた子. **2** まぬけ. ぼんやりした人.
팔순〔八旬〕名 80歳. ¶ ~ 노인 80歳の老人.
팔심 名 前腕の力. 腕っ節. ¶ ~이 센 사람 腕っ節の強い人.
팔십〔八十〕 **I** 數 80. ▷일(一) 單語帳
II 名 80歳.
팔씨름 名 하自 腕相撲.
팔아먹다 他〈俗〉**1** 売る. 販売する. 売り込む. 売りつける. ¶ 집을 ~ 家を売り込む. **2** (穀物を)買う.
팔오금 名 肘の内側.
팔월〔八月〕名 8月.
-팔이 接尾 …売り. ¶ 신문~ 新聞売り / 껌~ ガム売り.
팔자[1]〔八字〕名 (生まれた年·月·日·時間の四柱によって決まるという, その人のもって生まれた)運. 運勢. 運命. 星回り. ¶ 타고난 ~ もって生まれた運命 / ~가 좋다[나쁘다] 星回りがいい[悪い].
◆**팔자가 사납다**[세다] 生まれつきの星回りが悪い.
◆**팔자를 고치다** ① 女性が再婚する. ② 成り上がる. ¶ 그는 땅값이 올라서 ~를 고쳤다 彼は土地の値上がりで成金になった.
◆**팔자에 없다** 分不相応だ. 思いがけない幸運だ.
팔자땜 名 하自 厄落としになるような困難な体験をしたときに使う語.
팔자타령 名 自分の不運を嘆くこと.
팔자[2]〔八字〕名 (漢字の)八の字.
팔자걸음 名 外輪歩き. 外股.
팔재간〔一才幹〕名〈シルム(씨름)で〉腕を使う技.
팔절판〔八切判〕名 (写真判の)八つ切り判.
팔죽지 名 二の腕. 上膊.
팔짓 名 하自 手振り. 腕をあちこち動かすこと.
팔짝 副 하自他 **1**〔문이나 뚜껑을 갑자기 여는 모양〕ぱっと. ばたんと. **2**〔갑자기 뛰어오르는 모양〕ぴょんと. ¶ 도랑을 ~ 뛰어넘다 溝をぴょんと跳び越える. <펄쩍
◆**팔짝 뛰다** ① (無実の言いがかりなどを受けてびっくりして, とんでもないと)強く否認する. ② (意外な喜びで)跳び上がる.
팔짝거리다[-대다] 自他 **1** (引き戸などをしきりに)ばたばたと開く. **2** (しきりに)ぴょんぴょん跳ぶ.
팔짝팔짝 副 하自他 **1** ぱっぱっと. さっさっと. ばたばた. **2** ぴょんぴょん.
팔짱 名 **1** 腕組み. **2** (二人で)腕を組むこと.
◆**팔짱을 끼다** 腕を組む. 手をこまねく. ¶ 연인들이 정답게 ~을 끼고 걸어간다 恋人たちが親しげに腕を組み合って歩いて行く / 옆에서 싸움을 해도 ~을 낀 채 보고만 있다 横でけんかをしても手をこまねいたまま見ている.
팔찌 名 **1**〔'팔가락지'의 준말〕腕輪. **2** 弓を射るときの籠手.「る.
팔초하다 形 面長で顎がとがってい
팔촌〔八寸〕名 **1** 8寸. **2** 八等親.
팔팔 副 **1**〔적은 양의 물이 용솟음치며 끓는 모양〕ぐらぐら(と). ¶ 물을 ~ 끓이다 湯をぐらぐら沸かす. **2**〔몸이나 온돌방이 매우 뜨거운 모양〕かっかっ(と). ¶ 온돌방이 ~ 끓는다 オンドル部屋がかっかと熱い. **3**〔작은 것이 힘있게 날거나 뛰는 모양〕ぴょんぴょん(と). ¶ 새가 ~ 난다 小鳥がぴょんぴょんとぶ. <펄펄
◆**팔팔 뛰다** (身に覚えがないことを言われたりしてとんでもないと)強く否定する.
팔팔하다 形 **1** こらえ性がなくせっかちだ. ¶ 팔팔한 성격 せっかちな性格. **2** 元気で生き生きしている. ぴんぴんしている. ¶ 나이에 비하면 아직 팔팔한 편이지 年に比べればまだぴんぴんとしているほうだ.
팔푼이〔八一〕名 出来そこない. 間抜け. とんま.
팔회목 名 手首.
팜플렛〔pamphlet〕名 ⇨팸플릿
팝송〔pop song〕名 ポピュラーソング.
팝콘〔popcorn〕名 ポップコーン.
팡 副 **1**〔갑자기 무엇이 튀거나 터지는 소리〕ぱあんと. ¶ 풍선이 ~ 터졌다 風船がぱんと破裂した. **2**〔작은 구멍이 환히 뚫어진 모양〕ぽんと. ¶ 양말에 총알만한 구멍이 ~ 뚫려 있다 靴下に鉄砲玉ぐらいの穴がぽこっと開いている. <펑
팡파르〔㊥fanfare〕名 ファンファーレ.
팡파지다 形 平べったく張り出している. ¶ 팡파진 어깨 張り出した肩.
팡파짐하다 形 平たく広い. ¶ 팡파짐한 엉덩이 平べったく広い尻. <펑퍼짐하다
팡팡 副 하自 **1**〔물 등이 세차게 쏟아지거나 솟는 모양〕どくどく(と). ¶ 샘물이 ~ 솟는다 泉の水がこんこんとわく. **2**〔눈이 많이 내리는 모양〕こんこんと. **3**〔여러 번 거세게 나는 총소리〕ぱんぱん. <펑펑
팡팡거리다[-대다] 自他 **1** 小石などが浅い水中につづけざまに落ち込む. **2** 気前を見せて金をやたらに使う. 金に糸目をつけない.

팔 名〔植〕小豆. ¶ ~빙수 氷小豆.
팔가루 名 小豆のさらし餡.
팔고물 名 小豆のつぶし餡.
팔꼬투리 名 小豆のさや.
팔떡 名 小豆餅〈もち米の粉と小豆を交互に重ねて蒸した餅〉.
팔물 名 小豆を煮て搾った汁〈小豆粥をつくるもの〉.
팔밥 名 小豆飯. 赤飯.
팔비누 名 小豆の皮をむいて粉にした石鹸の代用品.
팔소 名 小豆のあんこ.
팔편 名 小豆の煮汁を沈殿させたものにはちみつなどを混ぜて寒天で固めた食べ物.
패¹〔敗〕依名〔경기하여 진 횟수를 세는 단위〕…敗. ¶ 5승 3~ 5勝3敗.
패²〔牌〕名 **1** 牌. 札. ¶ 문~ 門札. 表札. **2** 徒党. 集団. 組. 仲間. ¶ ~를 짓다[짜다] 群れを組む / ~를 갈라 놓다 グループを分ける.
패³〔霸〕名 **1** 人をたくみに欺く手管. **2** (囲碁での) 劫.
◆**패가 나다** (囲碁で) 劫になる.
패가〔敗家〕名 하自 身代をつぶすこと.
패가망신〔一亡身〕名 하自 身代を使い果たして身を滅ぼすこと.
패각〔貝殼〕名 貝殼.
패거리〔牌一〕名〈俗〉やから. 連中. 徒党.
패검〔佩劍〕名 하自 佩剣. 帯剣.
패관〔稗官〕名〔史〕稗官. 王の命令で民情を調べて記録した役人.
패관 문학〔一文學〕名〔文〕稗官文学.
패국〔敗局〕名 形勢の衰えた局面.
패군〔敗軍〕名 敗軍.
패군지장〔一之將〕名 敗軍の将. ¶ ~은 말이 없다 敗軍の将は語らず.
패권〔霸權〕名 覇権. ¶ ~을 잡다[쥐다] 覇権を握る / 강대국이 ~을 다투다 強大国が覇権を争う.
패기〔霸氣〕名 覇気. 意気込み. ¶ ~가 모자라다 覇気に乏しい.
패기만만〔一滿滿〕名 하形 覇気満々. ¶ ~한 청년 覇気満々の青年.
패널〔panel〕名 パネル. 板.
패다¹ 自 **1** (穀物の) 穂が出る. ¶ 누릇누릇 패기 시작한 벼 点々と黄色く穂が出始めた稲. **2** (子供が) 大人になる. 成人する. (男の子が大人になって) 声が太くなる. ¶ 중학생이 벌써 어른스럽게도 목소리가 패었다 中学生がすでに大人のように声が太くなった.
패다² 他 (ひどく) 殴る. たたく. ¶ 멍이 들도록 ~ あざができるほど殴る.
패다³ 他 (斧で薪などを) 割る.
패다⁴ **I** 自 掘られる. 彫られる. 凹む. ¶ 도굴꾼에 의해서 무덤이 패어 있었다 盗掘者によって墓が掘られていた.
II 他 掘らせる. 彫らせる.
패담〔悖談〕名 하自 道理にはずれた言葉.
패덕〔悖德〕名 背徳. ¶ ~자 背徳者.
패도〔佩刀〕名 佩刀. 帯刀.
패드〔pad〕名 パッド. **1** 当て物. **2** (形体の欠点を補うための) 詰め物.
패랭이 名 **1** 細く割った竹で編んだ笠. **2** 〔'패랭이꽃'의 준말〕撫子.
패랭이꽃 名〔植〕撫子. 石竹.
패러다임〔paradigm〕名 パラダイム.
패러독스〔paradox〕名 パラドックス.
패러디〔parody〕名 パロディー.
패려하다〔悖戾一〕形 ひねくれている.
패려궂다 形 (根性が) ねじけている. ひねくれている.
패류〔貝類〕名〔動〕貝類.
패륜〔悖倫〕名 하形 破倫.
패륜아〔一兒〕名 人の道に背く行為をする人.
패리〔悖理〕名 하形 背理.
패망〔敗亡〕名 하自 敗亡.
패멸〔敗滅〕名 하自 敗滅.
패물¹〔貝物〕名 珊瑚·琥珀·水晶·玳瑁などでつくった装飾品.
패물²〔佩物〕名 **1** 装身具. **2** 女性がチマチョゴリにつける装飾品.
패물삼건〔一三件〕名 珊瑚·琥珀·黄色の琥珀などで飾った女性の装身具.
패배〔敗北〕名 하自 敗北. ¶ ~자 敗北者 / ~주의 敗北主義 / 예선전에서 ~하다 予選で敗北する.
패병〔敗兵〕名 敗兵.
패보〔敗報〕名 敗報.
패사〔敗死〕名 하自 敗死.
패산〔敗散〕名 하自 敗散. 戦いに敗れて散り散りになること.
패색〔敗色〕名 敗色. ¶ ~이 짙다 敗色が濃い.
패설¹〔悖說〕名 道理にはずれた言葉.
패설²〔稗說〕名 **1** 巷説. 風説. **2** 〔'패관 소설'의 준말〕稗官小説.
패세〔敗勢〕名 敗勢. 敗色. 負け色.
패션〔fashion〕名 ファッション. ¶ ~ 쇼[모델] ファッションショー[モデル].
패소〔敗訴〕名 하自 敗訴.
패스〔pass〕名 하自他 パス. **1** 通過. 合格. **2** 通行証. 定期券. **3** 〔'패스포트'의 준말〕パスポート. **4** (球技での) パス. ¶ ~ 볼 パスボール. **5** (トランプで) 自分の番を飛ばすこと.
패스트푸드〔fast food〕名 ファーストフード.
패스포트〔passport〕名 パスポート.
패습〔悖習〕名 悪習. 道理にもとる悪い風習.
패싸움〔牌一〕名 하自 徒党を組んでけんかすること. ¶ ~을 벌이다 徒党を組んでけんかをする.
패악〔悖惡〕名 하形 事理に背き凶悪なこと.
패업¹〔敗業〕名 하自 事業に失敗すること.
패업²〔霸業〕名 覇業. ¶ ~을 이루다 覇業を遂げる.
패역〔悖逆〕名 하形 悖逆. 人倫に背き従順でないこと.
패역무도〔一無道〕名 하形 悪逆無道.
패연하다〔沛然一〕形 沛然としている. 雨が激しく降る. **패연히** 副 沛然と.
패왕〔霸王〕名 覇王.
패용〔佩用〕名 하他 佩用. 着用. ¶ 기장을 ~하다 記章を佩用する.
패운〔敗運〕名 傾き衰える運.

패인〔敗因〕 名 敗因.
패자¹〔悖子〕 名 人倫にそむく子.
패자²〔敗者〕 名 敗者. ¶ ～전 敗者戦.
패자³〔霸者〕 名 覇者. ¶ 마라톤의 ～ マラソンの覇者.
패잔〔敗殘〕 名 敗残. ¶ ～병 敗残兵.
패장〔敗將〕 名 敗将.
패적〔敗敵〕 名 敗残兵.
패전〔敗戰〕 名 하自 敗戦. ¶ ～국 敗戦国 / ～ 투수 敗戦投手.
패주〔敗走〕 名 하自 敗走. ¶ ～하는 적을 추격했다 敗走する敵を追撃した.
패차다〔牌―〕 自 (よくないことで)あだ名がつく.
패총〔貝塚〕 名 貝塚.
패키지〔package〕 名 **1** パッケージ. **2** 小包.
패키지여행〔―旅行〕 名 パッケージツアー.
패턴〔pattern〕 名 パターン.
패퇴¹〔敗退〕 名 하自 敗退.
패퇴²〔敗頽〕 名 하自 衰退して没落すること.
패하다〔敗―〕 自 **1** (戦いに)敗れる. 負ける. ¶ 결승전에서 패했다 決勝戦で敗れた. **2** 家産がつぶれる. 滅びる. 破産する. ¶ 노름으로 집안이 패했다 博打で身代がつぶれた. **3** やつれる. やせ衰える.
패혈증〔敗血症〕 名〔醫〕 敗血症.
팩 副 **1**〔몸집이 작은 사람이 맥없이 쓰러지는 모양〕ぱたっと. **2**〔실·끈 등이 힘없이 끊어지는 모양〕ぷつっと. ぷつりと. ¶ 끈이 약해서 ～ 끊어졌다 ひもが弱くてぷつっと切れた. <픽
팩팩 副 하自 **1** ばたばた(と). **2** ぷつんぷつん. ぷつっぷつっと.
팩스〔fax〕 名 ファックス.
팩시밀리〔facsimile〕 名 ファクシミリ.
팩하다 形 (性質が)偏屈で怒りっぽい. むっとなりやすい.
팬¹〔fan〕 名 ファン. 愛好者. ¶ ～ 클럽 ファンクラブ.
팬²〔fan〕 名 ファン. 扇風機. 送風機.
팬더〔panda〕 名〔動〕 パンダ.
팬레터〔fan letter〕 名 ファンレター.
팬잔례〔―禮〕 名 하自 長女をもうけた人が友人などにせびられておごること.
팬지〔pansy〕 名〔植〕 パンジー. 三色菫.
팬츠〔pants〕 名 **1** ズボン. **2** パンツ.
팬케이크〔pancake〕 名 パンケーキ.
팬터마임〔pantomime〕 名 パントマイム.
팬티〔← panties〕 名 パンティー. ブリーフ. ¶ ～ 스타킹 パンティーストッキング.
팸플릿〔pamphlet〕 名 パンフレット.
팻말〔牌―〕 名 立て札. 高札. 板札.
팽 副 **1**〔작은 것이 매우 빠르게 한 바퀴 도는 모양〕くるっと. くるくる. **2**〔갑자기 정신이 아찔해지는 모양〕くらっと. **3**〔갑자기 눈에 눈물이 괴는 모양〕じいんと. ¶ 눈물이 ～ 돈다 目頭がじいんと熱くなる. <핑
팽팽 副 **1**〔매우 빠르게 자꾸 도는 모양〕くるくる. ぐるぐる. **2**〔정신이 자꾸 아찔해지는 모양〕くらくら. ぐらぐら. ¶ 높은 산에서는 현기증으로 머리가 ～ 돈다 高い山ではめまいで頭がくらくらする.
팽개질 名 하他 **1** 放り投げること. **2** 仕事を投げ出すこと.
팽개치다 他 **1** (物を)放り投げる. ¶ 물건을 팽개치는 버릇은 고쳐라 物を投げる癖は直しなさい. **2** (仕事などを)投げ出す. ほうっておく. ¶ 일은 팽개쳐 두고 놀고만 있다 仕事はほうっておいて遊んでばかりいる.
팽그르르 副 **1**〔작은 것이 매끄럽게 한 바퀴 도는 모양〕くるっと. **2**〔갑자기 정신이 아찔해지는 모양〕くらっと. ¶ 정신이 ～ 돌면서 눈 앞이 캄캄해졌다 くらっとして目の前が真っ暗になった. **3**〔눈물이 갑자기 맺혀 도는 모양〕じいんと. <핑그르르
팽글팽글 副〔매끄럽게 자꾸 도는 모양〕くるくる(と). ぐるぐる(と).
팽대〔膨大〕 名 하自 膨大. ¶ ～한 예산 膨大な予算.
팽만〔膨滿〕 名 하形 膨満.
팽배〔澎湃〕 名 하自 澎湃. ¶ 반전 사상이 ～하다 反戦思想がわき上がる.
팽이 名 独楽.
팽이채 名 独楽のむち. 独楽を打つひも.
팽이치기 名 하自 独楽回し. 独楽をひもで打って回すこと.
팽창〔膨脹〕 名 하自 膨張. 増大. ¶ 인구의 ～ 人口の膨張 / 해마다 ～되는 예산 年ごとに膨張する予算.
팽창 계수〔―係數〕 名〔物〕 膨張係数.
팽창률〔―率〕 名〔物〕 膨張率.
팽팽하다¹ 形 **1** (物が)ぴんと張っている. ¶ 팽팽한 피부 張りのある皮膚. **2** (両側の力が)釣り合っている. 伯仲している. 五分五分だ. 似たり寄ったりだ. ¶ 실력은 서로 ～ 実力は互いに五分五分だ. **3** (過不足なく)ぎりぎりだ. きゅうきゅうだ. きちきちだ. ¶ 생활비가 ～ 生活費がぎりぎり一杯だ. **4** (性質が)偏狭だ. けちくさい. **팽팽히**¹ 副 **1** ぴんと. **2** 張り切って. **3** ぎりぎりに.
팽팽하다²〔膨膨―〕 形 膨張している. 膨れ上がっている. 腫れている. **팽팽히**² 副 膨張して. 腫れて. ぴんと. ¶ ～ 부어 오른 얼굴 ぴんと膨れた顔.
팽하다 形 頃合いだ. 程よい.
퍅 副〔가냘픈 몸이 갑자기 쓰러지는 모양〕ばったり(と). ぱたっと.
퍅성〔愎性〕 名 偏屈で怒りっぽい性質.
퍅퍅 副 **1**〔힘없이 자꾸 쓰러지는 모양〕ばたばた(と). ぱたぱた(と). **2**〔지지 않으려고 자꾸 대드는 모양〕執拗に. しつこく.
퍅하다 形 (性質が)偏屈で怒りっぽい. むっとなりやすい.
퍼내다 他 汲み取る. すくい出す. ¶ 배의 밑바닥에서 물을 ～ 船底から水を汲み出す / 뒤주에서 쌀을 ～ 米びつから米を取り出す.
퍼니 副〔빈둥빈둥 하는 일 없이〕ごろごろ(と). ぶらぶら(と). ¶ ～ 놀고만 있는 실업자 ぶらぶら遊んでばかりいる失業者.
퍼더버리다 他 手足をぶざまに投げ出

す. ¶지친 나머지 땅바닥에 ~ 疲労の余り地べたに崩れ落ちる.

퍼덕거리다[-대다] 自他 **1** (鳥の羽が)ばたばたする. ¶제비 새끼가 둥지에서 ~ 燕の子が巣の中でばたばたする. **2** (魚が)ぴちぴちする. ¶퍼덕거리는 뱅어 ぴちぴちする白魚.

퍼덕퍼덕 副 하自他 ばたばた. ぴちぴち.

퍼뜨리다[-트리다] 他 広める. 言い触らす. 吹聴する. まき散らす. ¶좋지 못한 일을 ~ よからぬことを言い触らす/신지식을 ~ 新知識を広める/모기가 나쁜 병을 ~ 蚊が悪い病気をまき散らす.

퍼뜩 副 하形 **1** 〔어떤 생각이 별안간 떠오르는 모양〕はっと. はたと. とっさに. ¶좋은 생각이 ~ 떠올랐다 いい考えがとっさに思い浮かんだ/우산 잊은 것이 ~ 생각났다 傘を忘れたことにはっと気づいた. **2** さっと. さっさと. ¶설거지를 ~ 끝내다 食器洗いをさっと終える.

퍼뜩퍼뜩 副 하形 とっさに. さっさっと.

퍼렁 名 青い色. 青. 青色の染料. ¶~ 과일 青い果物/~ 물감 青色の染料.

퍼렁이 名 青色のもの.

퍼렇다 形 青い. (少し濁って)黒みがかったように青い. ¶퍼렇게 멍이 들다 青くあざが出来る. >파랗다

퍼레이드[parade] 名 パレード.

퍼레지다 自 青くなる. 青ざめる.

퍼르르 副 **1** 〔물이 갑자기 끓어 오르는 모양〕ぐらぐら(と). ¶냄비가 갑자기 ~ 끓어오르다 なべがぐらぐら沸き立つ. **2** 〔갑자기 성을 내는 모양〕かっと. わなわな. ¶~하면 속수무책이다 かっとすると手が付けられない. **3** 〔종이나 검불이 타는 모양〕めらめら(と). ¶불이 ~ 타오르다 火がめらめら燃え上がる. **4** 〔몸을 떠는 모양〕ぶるぶる(と). ¶추위로 몸을 ~ 떨다 寒さに体をぶるぶる震わせる.

퍼먹다 他 **1** (ご飯などを)すくって食べる. ¶밥을 숟가락으로 ~ ご飯をスプーンですくって食べる. **2** やたらに食べる. がつがつ食べる.

퍼붓다 **I** 自 (雨·雪などが)激しく降る. 降り注ぐ. ¶비가 억수같이 ~ 雨がざあざあ降り注ぐ.
II 他 **1** (弾などを)激しく浴びせる. ¶집중 포화를 ~ 集中砲火を浴びせる. **2** (悪口などを)浴びせる. ¶욕을 ~ 悪口を浴びせる/질문을 ~ 質問を浴びせる.

퍼석하다 形 (乾いた物が)ばさばさしている. かさかさしている. もろい. ¶가뭄으로 흙이 ~ 日照りで土が乾き切っている.

퍼석퍼석 副 하形 ばさばさ. かさかさ. ¶낙엽을 ~ 밟으며 걷다 落ち葉をかさかさ踏みながら歩く.

퍼센트[percent] 依名 パーセント(%). ¶10~ 증가 10パーセントの増加.

퍼센티지[percentage] 名 パーセンテージ.

퍼스널 컴퓨터[personal computer] 名 パーソナルコンピューター. パソコン.

퍼스트레이디[first lady] 名 ファーストレディー.

퍼슬퍼슬 副 하形 〔가루 등이 말라서 헤어지는 모양〕ぼろぼろ. ぱさぱさ. ¶기둥이 썩어서 ~ 부서지다 柱が腐ってぼろぼろに砕ける.

퍼즐[puzzle] 名 パズル. ¶크로스워드 ~ クロスワードパズル.

퍼지다 自 **1** 広がる. 広くなる. 伸びる. 張る. ¶넓게 퍼진 주름치마 すそが広がったギャザースカート/나팔꽃의 덩굴이 ~ 朝顔のつるが伸びる. **2** 広がる. 広まる. 行き渡る. 知れわたる. はやる. 流行する. ¶소문이 ~ うわさが広まる/감기가 ~ 風邪がはやる. **3** (酒·毒などが体中に)広がる. 回る. ¶독이 빨리 ~ 毒の回りが速い. **4** 増える. 繁栄する. ¶자손이 ~ 子孫が繁栄する. **5** (飯などが)蒸れる. よく煮える. (麺類が弾力を失って)伸びる. ¶밥이 잘 퍼졌다 ご飯がよく蒸れている/메밀국수가 퍼져서 맛이 없다 そばが伸びておいしくない. **6** (体が)ぐったりする. のびる. ¶연속 철야로 퍼져 버렸다 徹夜続きでのびてしまった. **7** (洗濯物のしわが)のびる.

퍼지 이론[fuzzy理論] 名 ファジー理論. あいまい理論.

퍼펙트게임[perfect game] 名〔體〕パーフェクトゲーム.

퍼프[puff] 名 パフ.

퍽[1] 副 **1** 〔힘있게 내지르는 모양〕ぶすっと. **2** 〔맥없이 거꾸러지는 모양〕ばたっと. へなへなと. **3** 〔진흙에 깊숙이 빠지는 모양〕ずぼっと.

퍽[2] 副 非常に. すごく. はなはだ. 随分. ¶~ 강하다 非常に強い/~ 재미있다 すごく面白い/날씨가 ~ 좋아졌습니다 とても天気がよくなりました.

퍽석 副 하形 **1** 〔맥없이 주저앉는 모양〕ぺたんと. べたりと. ¶~ 주저앉다 べたりと座り込む. **2** 〔가라앉거나 깨어지는 모양〕ばさっと. ¶흙담이 ~ 무너졌다 土塀がばさっと崩れた.

퍽석퍽석 副 하形 **1** ぺたんぺたん(と). べたりべたり(と). **2** ばさっばさっ(と).

퍽신하다 形 ふわふわしている. ふかふかしている. ¶소파가 ~ ソファーがふわふわしている.

퍽신퍽신 副 하形 ふわふわ(と). ふかふか.

퍽이나 副 非常に. すごく. はなはだ. 随分.

퍽퍽 副 **1** 〔자꾸 내지르는 모양〕ぶすぶす(と). ぽかっぽかっ. ¶장지에 ~ 구멍을 내다 障子にぶすぶすと穴をあける. **2** 〔자꾸 쓰러지는 모양〕ばたばた(と). ¶세워 둔 볏단이 ~ 쓰러지다 立てておいた稲束がばたばたと倒される. **3** 〔진흙 바닥을 디딜 때 빠지는 모양〕ずぼっずぼっ(と). ずぶずぶ(と). ¶진창에 발이 ~ 빠지다 ぬかるみに足がずぶずぶとはまる.

퍽퍽하다 形 **1** (疲れて足が)だるい. **2** (食べ物が水気が足りなくてのどに詰まるほど)ぱさぱさしている. >팍팍하다

펀더기 名 広々とした野原.

펀치〔punch〕名 パンチ. **1** (ボクシングなどでの)パンチ. **2** 穴を開けること[器具]. **3** 〔'펀치화(一畫)'의 준말〕ポンチ絵. **4** (飲み物の)ポンチ.
펀펀하다 形 平たい. 平べったい. 平らだ. 平坦だ. ¶ 펀펀한 토지 平坦な土地. **펀펀히** 副 平たく. 平べったく.
펀하다 形 平らで広々としている.
펀히 副 果てしなく広々と.
펄 名 **1** 〔'개펄'의 준말〕潟. 入江の砂地. **2** 野原. 平原.
펄떡 副 하自他 **1** 〔탄력 있게 뛰는 모양〕ぽんと. ぴょんと. ¶ 도랑을 ~ 뛰어넘다 溝をぴょんと跳び越える. **2** 〔맥이 크게 뛰는 모양〕どきんと. どきっと. ＞팔딱
펄떡거리다[-대다] 自他 **1** ぴょんぴょんと跳ぶ. **2** (脈が)どきんどきんと打つ.
펄떡펄떡 副 하自他 **1** ぴょんぴょん. ぴんぴん. ¶ 물통 속에서 잉어가 ~ 뛰고 있다 水槽の中で鯉がぴんぴんはねている. **2** どきんどきんと. どきっどきっと.
펄럭 副 하自他 〔바람에 나부끼는 모양[소리]〕はたはた. ばたばた. ひらひら.
펄럭거리다[-대다] 自他 (風にあおられて)はたはた[ばたばた·ぱたぱた]なびく. ¶ 옷자락이 바람에 ~ 裾が風にひらめく.
펄럭이다 自他 翻る. はためく. ¶ 빨래가 거센 바람에 펄럭인다 洗濯物が強い風にはためく.
펄럭펄럭 副 하自他 はたはた. ひらひら. ¶ 깃발이 바람에 ~ 펄럭이다 旗が風にはたはたとひるがえる.
펄렁 副 하自 〔바람에 날려 가볍게 한번 나부끼는 모양〕ひらひら. はたはた.
펄렁거리다[-대다] 自 ひらひらする.
펄렁펄렁 副 하自 ひらひら. はたはた.
펄썩 副 하自 **1** 〔연기나 먼지가 일어나는 모양〕ぱっと. ¶ 먼지가 ~ 일다 ほこりがぱっと立つ. **2** 〔맥없이 주저앉는 모양〕へなへなと. べたっと. ¶ 땅바닥에 ~ 주저앉다 地面にべたっと座り込む.
펄썩펄썩 副 하自 ぱっぱっと. へなへなと.
펄쩍 副 하自他 **1** 〔문·뚜껑 등을 급작스레 여는 모양〕ばっと. ぱっと. さっと. **2** 〔갑자기 뛰거나 나는 모양〕ぴょんと. さっと. ぱっと.
◆**펄쩍 뛰다** (無実のとがを受けたりして)とんでもないと否定する.
펄쩍거리다[-대다] 自他 **1** (戸などを)さっと開け放す. **2** (急に)ぴょんと跳びあがる.
펄쩍펄쩍 副 하自他 さっさっと. ぱっぱっと.
펄펄 副 **1** 〔많은 물이 자꾸 끓는 모양〕ぐらぐら(と). ¶ 물이 ~ 끓는다 湯がぐらぐらと沸き返る. **2** 〔온돌방이나 몸이 뜨겁게 다는 모양〕かっかと. ¶ 병으로 인한 열로 몸이 ~ 끓는다 病による熱で体がかっかとする. **3** 〔이리저리 날거나 뛰는 모양〕はたはた(と). ひらひら(と). びゅうびゅう(と). ¶ 바람에 ~ 나부끼는 만국기 風にはたはたとはためく万国旗 / 나뭇잎이 ~ 떨어지다 木の葉がひらひらと散る.
펄펄하다 形 **1** 短気でせっかちだ. **2** 元気がいい. 生き生きとしている. ＞팔팔하다
펄프〔pulp〕名 パルプ.
펌프〔pump〕名 ポンプ.
펑 副 **1** 〔갑자기 터지거나 튀는 소리〕ぱあんと. ¶ 고무 풍선을 ~ 터뜨리다 ゴム風船をぱあんと破裂させる. **2** 〔큰 구멍이 나 있는 모양〕ぽこんと. ぽっかり(と). ＞팡
펑크〔← puncture〕名 **1** 〔고무 튜브가 바람이 새는 상태〕パンク. ¶ ~나다 パンクする. **2** (衣服·靴下などに)穴があくこと, またその穴. **3** (計画·約束が)途中で駄目になる. ¶ 야유회 계획이 ~가 나다 野遊びの計画が駄目になる. **4** 処女が貞操を破ること.
펑퍼지다 形 平たく横に広がっている.
펑퍼짐하다 形 (丸みを帯びて)平べったい.
펑펑 副 하自他 **1** 〔액체가 세차게 솟구치는 모양〕だくだく(と). じゃあじゃあ(と). どくどく(と). こんこん(と). ¶ 땀이 ~ 흐르다 汗がだくだくと流れる. **2** 〔함박눈이 많이 내리는 모양〕こんこん(と). ¶ 눈이 ~ 내리다 雪がしんしんと降る. **3** 〔재물을 헤프게 쓰는 모양〕どんどん(と). **4** 〔잇달아 터지는 소리〕ぽんぽん(と). ぱんぱん(と). ¶ 포탄이 ~ 파열했다 砲弾がぽんぽんと破裂した.
펑펑거리다[-대다] 自他 **1** ぽんぽんと音がする. **2** (雪が)こんこんと降る. **3** (大きな物が)水中にどぶんどぶん落ちる. **4** (お金を)どんどん浪費する. 湯水のごとく使う.
페널티〔penalty〕名 ペナルティー. ¶ ~킥 ペナルティーキック.
페놀〔phenol〕名〔化〕フェノール.
페놀프탈레인〔phenolphthalein〕名〔化〕フェノールフタレイン.
페니〔penny〕依名 ペニー〈イギリス·アイルランドの通貨単位〉.
페니실린〔penicillin〕名〔薬〕ペニシリン.
페달〔pedal〕名 (ミシンや自転車などの)ペダル. ¶ ~을 밟다 ペダルを踏む.
페루〔Peru〕名〔地〕ペルー〈南アメリカ西北部, 太平洋沿岸の共和国〉.
페미니스트〔feminist〕名 フェミニスト.
페미니즘〔feminism〕名 フェミニズム.
페소〔(에) peso〕依名 ペソ〈中南米·フィリピンなどの通貨単位〉.
페스트〔pest〕名〔醫〕ペスト. 黒死病.
페시미즘〔pessimism〕名 ペシミズム.
페어플레이〔fair play〕名 フェアプレー.
페이〔pay〕名 ペイ. 給料.
페이스〔pace〕名 ペース. ¶ 자기 ~를 지켜 나가다 自分のペースを守って行く.
페이지〔page〕Ⅰ 名 ページ. ¶ 첫 ~ 最初のページ / ~를 넘기다 ページをめくる.
Ⅱ 依名 ページ. ¶ 500 ~의 책 500ページの本.
페인트¹〔feint〕名 フェイント. ¶ ~ 모션 フェイントモーション.

페인트²〔paint〕 名 ペイント. ペンキ.
페치카〔㊂ pechka〕 名 ペチカ〈ロシア式の暖房装置〉.
페티코트〔petticoat〕 名 ペチコート.
펜〔pen〕 名 ペン. ¶ 가는 ～ 細いペン / ～을 잡다 ペンを取る.
펜싱〔fencing〕 名〔體〕 フェンシング.
펜촉〔pen鏃〕 名 ペン先.
펜치〔← pincers〕 名 ペンチ.
펜타곤〔Pentagon〕 名 ペンタゴン. アメリカ国防総省.
펜팔〔pen pal〕 名 ペンパル. 文通仲間.
펠리컨〔pelican〕 名〔動〕 ペリカン.
펩신〔pepsin〕 名〔化〕 ペプシン.
펩톤〔peptone〕 名〔化〕 ペプトン.
펭귄〔penguin〕 名〔動〕 ペンギン.
펴내다 他 **1** (畳んだ物を)広げて出す. **2** (辛いのを)耐え抜く. **3** (事柄を)広める. 頒布する. **4** (書物・雑誌などを)発行する.
펴낸이 名 発行者. 発行した人.
펴다 他 **1** (畳んだ物を)広げる. 開く. ¶ 부채를 ～ 扇子を開く / 교과서를 ～ 教科書を広げる. **2** (勢力などを)伸ばす. 張る. ¶ 세력을 ～ 勢力を広げる. **3** 伸ばす. まっすぐにする. ¶ 허리를 ～ 腰を伸ばす / 구부러진 철사를 ～ 曲がった針金をまっすぐにする / 손가락을 ～ 手の指を伸ばす / 구부린 무릎을 ～ 折ったひざを伸ばす. **4** 敷く. (物を)延べる. ¶ 돗자리를 ～ ござを敷く / 이부자리를 ～ 寝床を敷く[延べる]. **5** 敷く. 施行する. ¶ 선정을 ～ 善政を敷く / 법률을 ～ 法律を敷く. **6** (気が)楽になる. ¶ 기를 펴고 살다 気楽に暮らす. **7** (しわなどを)伸ばす. ¶ 주름살을 ～ しわを伸ばす. **8** (肩・胸を)張る. ¶ 가슴을 펴고 씩씩하게 걷다 胸を張ってりりしく歩く. **9** 暮らしがよくなる. ¶ 이제야 허리를 펴고 살게 됐지요 やっとのことで楽に暮らせるようになりました. **10** 〔가루나 덩어리 등을 넓게 늘어놓다〕 敷く. 広げる. ¶ 길에 모래를 ～ 道に砂を敷く / 멍석 위에 고추를 펴서 말리다 むしろの上にとうがらしを広げて乾かす. **11** 〔마음에 품은 뜻을 이뤄지게 하다〕 果たす. 遂げる. ¶ 대망을 ～ 志を果たす / 꿈을 ～ 望みを遂げる.
펴이다 自 **1** しわなどが伸ばされる[伸びる]. **2** (暮らしが)貧乏を免れる. 楽になる.
펴지다 自 **1** (畳んでいた物が)広がる. 開く. ¶ 우산이 펴졌다 傘が開いた. **2** (しわが)伸びる. **3** 曲がった物が伸びる.
편¹〔片〕 **I** 名 朝鮮人参の1本1本. ¶ ～이 작다 かけらが小さい.
II 依名 〔인삼의 낱개를 세는 단위〕 片. ¶ 열 ～의 인삼 10片の朝鮮人参.
편²〔便〕 名 **1** 方. 側. ¶ 건너 ～ 向こう側 / 바람 부는 ～ 風の吹く方. **2** 仲間. 味方. ¶ 자네는 어느 ～이냐? 君はどっちの味方だい. **3** (乗り物などの)便. (物を届ける)つて. ¶ 항공～ 航空便 / 이 물건은 인～에 보내겠다 この品物は人伝に送る. **4** (いくつかに分ける)組. ¶ ～을 짜다 チームを組む / 청팀과 백팀으로 ～을 나누다 青組と白組に分ける.
◆**편을 가르다** (勝負を競うために)組をつくる. 組に分ける.
◆**편이 갈리다** 組に分けられる.
편³〔便〕 依名 〔'편짝'의 준말〕 味方. 相手方. ¶ 우리 ～이 이겼다 味方が勝った.
편⁴〔編〕 名 〔'편찬'의 뜻을 나타냄〕 編. ¶ 한글 학회 ～ ハングル学会編.
편⁵〔篇〕 依名 **1** 〔책이나 시문을 세는 단위〕 編. ¶ 다섯 ～의 시 5編の詩. **2** 〔형식·내용 등이 다른 글을 구별하는 말〕 編. ¶ 기초～ 基礎編. **3** 〔책의 대목의 수효를 가리키는 말〕 編. ¶ 제1～ 第1編 / 제2～ 第2編.
편각〔偏角〕 名 偏角.
편간〔編刊〕 名 하他 書物を編纂して発行すること.
편거리〔片―〕 依名 朝鮮人参を1斤ずつ束ねたものを数える語.
편견〔偏見〕 名 偏見. ¶ ～을 버리다 偏見を捨てる.
편곡〔編曲〕 名 하自他 〔樂〕 編曲.
편광〔偏光〕 名〔物〕 偏光.
편광경〔―鏡〕 名〔物〕 偏光鏡.
편광 프리즘〔―prism〕 名〔物〕 偏光プリズム.
편굴하다〔偏屈―〕 形 偏屈だ.
편급하다〔褊急―〕 形 偏急だ. 心が狭く気が短い.
편년〔編年〕 名 編年〈年月の順を追って編むこと〉.
편년사〔―史〕 名 編年史.
편년체〔―體〕 名 編年体.
편달〔鞭撻〕 名 하他 鞭撻. ¶ 지도 ～을 바랍니다 ご指導ご鞭撻をお願いします.
편당〔偏黨〕 名 하自 一方の党派に偏ること.
편대〔編隊〕 名 하自 〔軍〕 編隊. ¶ ～비행 編隊飛行.
편도¹〔片道〕 名 片道. ¶ ～ 요금 片道料金.
편도 무역〔―貿易〕 名〔經〕 片道貿易.
편도²〔扁桃〕 名〔植〕 扁桃. アーモンド.
편도선〔―腺〕 名 扁桃腺. ¶ ～염 扁桃腺炎.
편동풍〔偏東風〕 名〔氣〕 偏東風.
편두통〔偏頭痛〕 名〔醫〕 偏頭痛.
편들다〔便―〕 他 味方する. 肩を持つ.
편람〔便覽〕 名 便覧. ハンドブック.
편력〔遍歷〕 名 하自他 遍歴. ¶ 각국을 ～하다 諸国を遍歴する.
편류〔偏流〕 名 하自 偏流.
편리하다〔便利―〕 形 便利だ. 都合がいい. ¶ 교통이 ～ 交通の便がいい.
편린〔片鱗〕 名 片鱗. 片端. 一端. ¶ 대기의 ～을 엿보이게 하다 大器の片鱗をうかがわせる.
편마암〔片麻巖〕 名〔鑛〕 片麻岩.
편면〔片面〕 名 片面.
편모¹〔偏母〕 名 独り身の母親.
편모슬하〔―膝下〕 名 母一人の元.
편모시하〔―侍下〕 名 片親の母に仕

えること.

편모²〔鞭毛〕 名〔生〕 鞭毛. ¶～ 운동 鞭毛運動.

편모균〔一菌〕 名 鞭毛菌.

편모충〔一蟲〕 名〔動〕 鞭毛虫.

편무〔片務〕 名 片務. ¶～ 협정[계약] 片務協定[契約].

편무역〔片貿易〕 名〔經〕 片貿易.

편물〔編物〕 名 編み物. ¶～ 기계 編み機 / ～ 강습 編み物講習.

편발〔編髮〕 名 하自 弁髪.

편법〔便法〕 名 便法. ¶～을 강구하다 便法を講ずる.

편벽〔偏僻〕 名 하形 偏僻. **1** 公正でなく偏る. 偏屈. **2** 僻地.

편벽되다 形 偏っている. 不公平である. 偏屈だ. **편벽되이** 副 偏屈に. 偏って.

편복〔便服〕 名 便服. ふだん着. 平服. ¶～으로 갈아입다 ふだん着に着替える.

편서〔便書〕 名 人づてに送る書状.

편서풍〔偏西風〕 名〔氣〕 偏西風.

편성〔編成〕 名 하他 編成. ¶～표 編成表 / 예산을 ～하다 予算を編成する / 학급이 ～되다 学級が編成される.

편수¹ 名 (野菜·肉を入れた) 夏に食べるギョーザ.

편수² 名 工匠の頭.

편수³〔編修〕 名 하他 編修. ¶실록의 ～ 実録の編修.

편수관〔一官〕 名 教科用図書の編修を担当する公務員.

편술〔編述〕 名 하他 編纂.

편승〔便乘〕 名 하自 便乗. **1** (乗り物に) 乗せてもらうこと. ¶트럭에 ～하다 トラックに便乗する. **2** 機会に乗ずること. ¶시류에 ～하다 時流に乗ずる.

편식〔偏食〕 名 하他 偏食. ¶～하는 어린이 偏食する子供.

편심〔偏心〕 名 偏心. **1** 心が偏っていること, またその心. **2**〔物〕 偏心.

편싸움〔便一〕 名 하自 **1** 組に分かれてけんかや勝負事をすること. **2**〔民俗〕 むかし, 陰暦の正月に村と村が石と棒で競い, 勝負をつける遊技.

편쌈〔便一〕 名 하自 〔'편싸움'의 준말〕 ☞편싸움

편안하다〔便安一〕 形 無事だ. 安らかだ. 楽だ. ¶몸과 마음이 ～ 心身が安らかだ / 노후의 부모를 편안하게 해 드리다 老後の両親を楽にしてあげる. **편안히** 副 気楽に. 無事に. 楽に. のんびり. 安らかに. ¶마음 ～ 지내다 心安らかに暮らす.

편애〔偏愛〕 名 하他 偏愛. えこひいき. ¶막내를 ～하다 末っ子を偏愛する.

편액〔扁額〕 名 扁額. 横額.

편언〔片言〕 名 片言.

편영〔片影〕 名 片影.

편운〔片雲〕 名 片雲. ちぎれ雲.

편육〔片肉〕 名〔料理〕 煮て薄く切った牛肉.

편의¹〔便衣〕 名 便衣. 平服. ふだん着.

편의대〔一隊〕 名 便衣隊.

편의²〔便宜〕 名 便宜. 便利. ¶～상 便宜上 / ～를 제공하다[도모하다] 便宜を提供する[図る].

편의주의〔一主義〕 名 便宜主義. 御都合主義.

편의점〔一店〕 名 コンビニエンスストア 〈一日24時間無休で主に日常生活に必要な品を売る店〉.

편이〔便易〕 名 하形 手軽で便利なこと.

편익〔便益〕 名 하形 便益. 便利. ¶～을 도모하다 便益をはかる.

편입〔編入〕 名 하自 編入. ¶～생 編入生 / ～ 시험을 치다 編入試験を受ける.

편자¹ 名 蹄鉄. 馬蹄. ¶～를 박은 말 蹄鉄を打った馬.

편자고래 名 蹄鉄の形をした温突の煙道.

편자²〔編者〕 名 編者. 編集者. 編纂者.

편재¹〔偏在〕 名 하自 偏在. ¶부의 ～ 富の偏在.

편재²〔遍在〕 名 하自 遍在. あまねく存在すること.

편저〔編著〕 名 하他 編著.

편적운〔片積雲〕 名〔氣〕 片積雲.

편전〔便殿〕 名〔史〕 王がふだん起居する宮殿.

편제〔編制〕 名 하他 編制. ¶전시 ～ 戦時編制 / 부대를 ～하다 部隊を編制する.

편제표〔一表〕 名〔軍〕 編制表.

편주〔片舟〕 名 扁舟. 小舟. ¶일엽 ～ 一葉の扁舟.

편중〔偏重〕 名 하自他 偏重. ¶학력 ～의 사회 学歴偏重の社会.

편지〔便紙〕 名 하自 手紙. 書状. 書簡. ¶안부를 묻는 ～ 安否を尋ねる手紙 / ～의 답장 手紙の返事 / ～를 쓰다 手紙を書く / ～를 내다[부치다] 手紙を出す.

편지지〔一紙〕 名 便箋.

편지틀 名 手紙の書き方の本.

편집¹〔偏執〕 名 하他 偏執. 片意地.

편집광〔一狂〕 名〔醫〕 偏執狂. モノマニア.

편집병〔一病〕 名〔醫〕 偏執病. パラノイア.

편집²〔編輯〕 名 하他 編集. ¶～ 위원 編集委員 / ～ 회의 編集会議 / 기사를 ～하다 記事を編集する.

편집 후기〔一後記〕 名 編集後記.

편짓다〔片一〕 他 **1**〔인삼을 한 근 단위로 할 때〕 大小のものによりわけて一定の片数にする. **2** (木材を) 用途別に分ける.

편짜다〔便一〕 自 (勝負をするため) 組·チームを編成する.

편짝〔便一〕 名 (相手となるどちらか) 一方. ¶우리 ～ こちら側 / 한 ～ 말만 듣다 一方の話ばかり聞く.

편차〔偏差〕 名 偏差. 偏倚.

편찬〔編纂〕 名 하他 編纂. ¶백과 사전의 ～ 百科事典の編纂 / 국사를 ～하다 国史を編纂する.

편찮다〔便一〕 形 〔'편하지 아니하다'가 준 말〕 安らかでない. 具合がよくない. ¶마음이 ～ 心が安らかでない / 몸이 ～ 体の具合が悪い / 어디 편찮으

십니까 どこか具合が悪いのですか[どこが具合悪いのですか].

편충〔鞭蟲〕 名〔動〕 鞭虫.

편취〔騙取〕 名 하他 騙取. だまし[かたり]取ること. ¶ 금품을 ～하다 金品をだまし取る.

편층운〔片層雲〕 名〔氣〕 片層雲.

편친〔偏親〕 名 片親. ¶ ～ 슬하에서 자라다 偏親で育つ.

편파적〔偏頗的〕 冠 名 偏頗的. ¶ ～인 보도 偏った報道.

편파하다〔偏頗—〕 形 偏頗だ. えこひいきをする. 一方に偏よる. 不公平だ.

편편이[1]〔片片—〕 副 へんぺんと. ひらひらと. きれぎれに. ちりぢり. ¶ 꽃잎이 바람에 ～ 떨어진다 花びらが風にひらひらと落ちる.

편편이[2]〔便便—〕 副 便のあるごとに. ってのあるたびに. ¶ ～ 안부를 묻다 ってのあるごとに安否を尋ねる.

편편찮다〔便便—〕 形 居心地が悪い. 安らかでない.

편편하다[1]〔便便—〕 形 ☞편평하다

편편하다[2]〔便便—〕 形 **1** (何事もなく)安らかだ. **2** まっすぐだ. すっきりしている. **편편히** 副 安らかに. まっすぐに. きちんと.

편평하다〔扁平—〕 形 扁平だ. 平たい. 平らだ. ¶ 편평한 얼굴 扁平な顔. **편평히** 副 平たく. 平らに. ¶ 땅을 ～ 고르다 地面を平らにならす.

편평족〔—足〕 名 扁平足.

편하다〔便—〕 形 **1** (心身ともに病むことなく)安らかだ. 気楽だ. 楽だ. ゆったりしている. ¶ 편한 세상 安らかな世の中/편하게 지내고 있다 気楽に過ごしている. **2** 便利だ. (面倒でなく)楽だ. 易しい. ¶ 통근하기에 편한 지역 通勤に便利な地域/여행이 편해지다 旅行が楽になる. **편히** 副 気楽に. 安らかに. 楽に. ゆったりと. たやすく. ¶ ～ 쉬다 くつろぐ.

편향〔偏向〕 名 하自 偏向. ¶ 신문의 ～ 보도 新聞の偏向報道/사상의 ～ 思想の偏向.

편협하다〔偏狹—〕 形 偏狭だ. ¶ 편협한 성격 偏狭な性格.

편형〔扁形〕 名 扁形. 平たい形.

편형동물〔—動物〕 名〔動〕 扁形動物.

펼치다 他 **1** 広げる. ¶ 책을 ～ 本を広げる/상품을 길에다 펼쳐 놓다 商品を道に広げる. **2** 広げる. ¶ 네 꿈을 맘껏 펼쳐라 君の夢を心ゆくまで広げろ/눈 앞에 평야가 펼쳐져 있다 目の前に平野が広がっている. **3** 催す. ¶ 발레단이 펼치는 아름다운 군무의 향연 バレエ団が催す美しい群舞の饗宴.

폄〔貶〕 名 하他 けなすこと. そしること. ¶ 작품을 마구 ～하다 作品をくそみそにけなす.

평[1]〔評〕 名 評. 批評. 評判. 評価. ¶ ～을 받다 批評される/작품의 ～은 아무래도 좋지 않다 作品の評はどうもよくない.

평[2]〔坪〕 依名 坪.

평-[3]〔平〕 接頭 《명사 앞에 붙어서》〔'보통의·일반의'의 뜻을 나타냄〕 平…. ¶ ～사원 平社員/～교사 平教師.

평가[1]〔平價〕 名 平価. ¶ ～ 절상[절하] 平価切り上げ[切り下げ].

평가 발행〔—發行〕 名〔經〕 平価発行.

평가[2]〔評價〕 名 하他 評価. ¶ ～액 評価額/사후에 학설의 ～가 높아졌다 死後に学説の評価が高まった/토지의 ～가 해마다 오르다 土地の評価が年々上がる.

평결〔評決〕 名 하他 評決. ¶ 유죄의 ～ 有罪の評決.

평교〔平交〕 名 同年輩の友人.

평교간〔—間〕 名 同年輩の仲.

평균〔平均〕 名 하他 平均. 並み. ¶ ～수준 平均水準/～ 수명 平均寿命.

평균값 名〔數〕 平均値.

평균대〔—臺〕 名 (体操の)平均台.

평균 물가 지수〔—物價指數〕 名 平均物価指数.

평균시〔—時〕 名〔天〕〔'평균 태양시'의 준말〕 平均時.

평균 연령〔—年齡〕 名 平均年齢.

평균율〔—率〕 名 平均率.

평균점〔—點〕 名 平均点.

평균 태양〔—太陽〕 名〔天〕 平均太陽. ¶ ～년 平均太陽年.

평균 태양시〔—太陽時〕 名〔天〕 平均太陽時.

평균 풍속〔—風速〕 名〔氣〕 平均風速.

평균 해수면〔—海水面〕 名 平均海面.

평나막신〔平—〕 名 木履. 木製の履き物.

평년〔平年〕 名 平年. ¶ ～ 기온 平年並みの気温.

평년작〔—作〕 名 平年作. ¶ ～을 웃돌다 平年作を上回る.

평다리치다〔平—〕 自 あぐらをかく. 楽にすわる.

평단〔評壇〕 名 評壇. 批評家の社会.

평당〔坪當〕 名 坪当たり.

평등〔平等〕 名 하形 平等. ¶ ～ 사상 平等思想.

평등관〔—觀〕 名 平等観.

평등권〔—權〕 名〔法〕 平等権.

평론〔評論〕 名 하他 評論. ¶ ～계 評論界/미술 ～ 美術評論.

평론가〔—家〕 名 評論家.

평론집〔—集〕 名 評論集.

평맥〔平脈〕 名 平脈〈健康なときの脈拍〉.

평면〔平面〕 名 平面.

평면각〔—角〕 名〔數〕 平面角.

평면경〔—鏡〕 名 平面鏡.

평면 곡선〔—曲線〕 名〔數〕 平面曲線.

평면 기하학〔—幾何學〕 名〔數〕 平面幾何学.

평면도〔—圖〕 名 平面図.

평면체〔—體〕 名 平面体.

평면 측량〔—測量〕 名 平面測量.

평미레〔平—〕 名 升かき.

평미레질 名 하他 升かきを使うこと. 摺り切り.

평미리치다〔平—〕 他 平らにする. ならす. 均一にする.

평민〔平民〕 名 平民.

평민주의〔—主義〕 名 平民主義.

평반〔平盤〕 名 丸盆.

평반자[平―] 名〔建〕格子の上に紙を張った平たい天井.
평방1[平方] 名〔數〕平方. ¶3센티미터 ～ 3センチ平方.
　평방근[―根] 名〔數〕平方根.
평방2[平枋] 名〔建〕斗組の上に渡す平たい木.
평범하다[平凡―] 形 平凡だ. 月並みだ. ありきたりだ. ¶평범한 인생 平凡な人生 / 옷차림이 ～ 服装が平凡だ. **평범히** 副 平凡に.
평복[平服] 名 하自 平服. ふだん着. ¶～한 장교 平服の将校.
평사[平射] 名 하自 平射. **1** 平面に投影すること. **2** 直線的に砲弾を発射すること.
　평사 도법[―圖法] 名〔地〕平射図法.
　평사포[―砲] 名〔軍〕平射砲.
평사원[平社員] 名 平社員.
평삭반[平削盤] 名〔工〕平削り盤.
평상1[平牀] 名 木でつくった寝台の一種.
평상2[平常] 名 平常. ふだん. ¶～복 ふだん着.
　평상시[―時] 名 平常. 平素. ふだん. ¶휴가가 끝나서 ～의 생활로 돌아가다 休みが終わって平常の生活に戻る.
평생[平生] 名 生涯. 終生. 一生. ¶～ 소원 一生の願い / ～을 교직에서 보낸 사람 一生を教職で送った人 / ～ 잊을 수 없는 일 終生忘れられない出来事.
　◇일본어에서의 平生는 '평소·평상시'의 뜻이다.
　평생 교육[―教育] 名 生涯教育.
　평생토록 副 一生涯. いつまでもいつまでも. ¶～ 잊지 말자는 맹세 命のある限り忘れまいという誓い.
평서문[平敍文] 名 平叙文.
평석[評釋] 名 하他 評釈. ¶시가를 ～하다 詩歌を評釈する.
평소[平素] 名 平素. 平常. ふだん. ¶일요일에도 ～와 같이 가게를 열었다 日曜日にもいつものとおりに店を開けた.
평수[坪數] 名 坪数. ¶부지의 ～ 敷地の坪数.
평수위[平水位] 名 平常の水かさ.
평시[平時] 名 **1**〔'평상시'의 준말〕平常. 平素. ふだん. **2** 平時. 平和なとき.
　평시 봉쇄[―封鎖] 名〔軍〕平時封鎖.
　평시 편제[―編制] 名 平時編制.
평신1[平身] 名 하自 平身. 平伏して礼をしてから身体をもとの姿勢に戻すこと.
평신2[平信] 名 **1** 平常の音信. ふだんの手紙. **2** 平信. 無事であるという便り.
평신도[平信徒] 名〔宗〕(役職に就いていない)一般の信者.
평안[平安] 名 하形 平安. 無事. ¶～하시기를 빕니다 ご無事をお祈りします. **평안히** 副 平安に. 何事もなく安らかに.
평야[平野] 名 平野.
평어[評語] 名 **1** 評語. 評言. **2** 秀·優·美·良·可など, 学科成績を概評する語.
평영[平泳] 名〔體〕平泳ぎ.
평온[平溫] 名 平温. **1** 平常の温度. 平熱. **2** 平均温度.
평온하다[平穩―] 形 平穏だ. ¶평온한 전원 생활 平穏な田園生活.
평요판[平凹板] 名〔印〕平凹板.
평원[平原] 名 平原.
평유[平癒] 名 하自 平癒. 平復.
평의[評議] 名 하他 評議. ¶～원 評議員.
　평의회[―會] 名 評議会.
평이하다[平易―] 形 平易だ. ¶평이한 해설 平易な解説.
평일[平日] 名 平日.
평자[評者] 名 評者.
평작[平作] 名〔農〕**1**〔'평년작'의 준말〕平作. **2** 畝をつくらないで作物を栽培すること.
평저[平底] 名 平らな底.
평전1[平田] 名 **1** 高い所にある平地. **2** 平地にあるよい畑.
평전2[評傳] 名 評伝.
평점[評點] 名 評点.
평정1[平定] 名 하他 平定. ¶반란을 ～하다 反乱を平定する.
평정2[平靜] 名 하形 平静. ¶마음의 ～을 유지하다 心の平静を保つ.
평정3[評定] 名 하他 評定. ¶성적을 ～하다 成績を評定する.
평좌[平坐] 名 하自 平座.
평준[平準] 名 하他 平準. ¶～법 平準法 / ～화 平準化.
평지1 名〔植〕油菜.
평지2[平地] 名 平地.
　평지낙상[―落傷] 名 하自 **1** 平坦な地面で転んでけがをすること. **2** 思わぬ不幸にであうこと.
　평지풍파[―風波] 名 平穏な中で波瀾を起こすこと.
평직[平織] 名 平織り.
평천하[平天下] 名 하自 天下を平定すること.
평탄하다[平坦―] 形 **1** 平坦だ. ¶평탄한 길 平坦な道. **2** (物事の成り行きが)順調だ. ¶평탄하게 일이 진행되다 順調に仕事が進む. **3** (心が)平静だ. ¶평탄하게 지내온 인생 穏やかに過ごしてきた人生.
평토[平土] 名 하自 棺を埋葬した後で土をならすこと.
　평토장[―葬] 名 하他 土饅頭をつくらないで埋葬すること.
　평토제[―祭] 名 墓の土をならしてから行なう祭祀.
평판1[平板] 名 平板.
　평판 측량[―測量] 名〔建〕平板測量.
평판2[平版] 名〔印〕平版. ¶～ 인쇄 平版印刷.
평판3[評判] 名 評判. ¶～이 좋은 책 評判のよい本 / ～이 나쁜 사람 評判の悪い人.
평평하다[平平―] 形 平たい. 平坦だ. ¶평평한 땅 平らな地面.
평하다[評―] 他 評する. 批評する.
평행[平行] 名 하自 平行. ¶～면 平行面 / ～ 사변형 平行四辺形.

평행맥〔一脈〕 名〔植〕 平行脈.
평행봉〔一棒〕 名 (体操の)平行棒.
평행선〔一線〕 名〔數〕 平行線.
평행자 名 平行定規.
평형〔平衡〕 名 하形 平衡. ¶ ~을 잃고 쓰러지다 平衡を失って倒れる / ~ 감각 平衡感覚.
평화〔平和〕 名 平和. ¶ ~ 공세 平和攻勢 / ~ 봉사단 平和奉仕団 / ~적 공존 平和的共存.
평화롭다 形 平和だ. 安らかだ. 静かでのどかだ. ¶ 평화로운 가정 平和な家庭. **평화로이** 副 平和に.
평화스럽다 形 平和だ. 安らかだ. ¶ 평화스러운 광경 平和な光景.
평화 조약〔一條約〕 名 平和条約.
평활하다[1]〔平滑一〕 形 平滑だ. 平らで滑らかだ.
평활하다[2]〔平闊一〕 形 平闊だ. 平らで広い.
평활근〔平滑筋〕 名〔生〕 平滑筋.
폐[1]〔肺〕 名〔生〕 肺.
폐[2]〔弊〕 名 **1**〔'폐단(弊端)'의 준말〕 弊. 弊害. 悪弊. ¶ 공장의 폐수가 농작물에 ~를 주고 있다 工場の廃水が農作物に弊害を与えている. **2** 迷惑. やっかいなこと. ¶ 이번에는 여러 가지로 ~가 많았습니다 この度はいろいろご迷惑をおかけいたしました.
◆**폐를 끼치다** 迷惑をかける. やっかいになる. 面倒をかける. 世話になる. ¶ 너무 ~를 끼쳐서 죄송합니다 たいへんご迷惑をおかけしてすみません.
폐-[3]〔弊〕 接頭〔자기가 속한 집단을 낮추어 이르는 말〕 弊…. ¶ ~사 弊社.
폐가〔廢家〕 名 하自 廃家.
폐간[1]〔肺肝〕 名〔醫〕 肺肝. 肺臓と肝臓.
폐간[2]〔廢刊〕 名 하他 廃刊. ¶ ~된 신문 廃刊になった新聞.
폐강〔閉講〕 名 하他 閉講.
폐갱〔廢坑〕 名 하自他 廃坑.
폐거〔閉居〕 名 하自 閉居. 蟄居.
폐결핵〔肺結核〕 名〔醫〕 肺結核.
폐경기〔閉經期〕 名 閉経期.
폐곡선〔閉曲線〕 名〔數〕 閉曲線.
폐공동〔肺空洞〕 名〔醫〕 肺空洞.
폐관[1]〔閉管〕 名 (楽器などの)一方がふさがった管.
폐관[2]〔閉館〕 名 하自他 閉館. 反 開館
폐관[3]〔廢館〕 名 하自他 廃館.
폐광〔廢鑛〕 名 하自他〔鑛〕 廃鉱.
폐교〔閉校〕 名 하自他 廃校. 閉校.
폐군〔廢君〕 名 廃位された君主.
폐궁〔廢宮〕 名 하自 宮殿を廃すること, またその宮殿.
폐기〔廢棄〕 名 하他 廃棄. ¶ ~물 廃棄物 / ~ 처분 廃棄処分 / 문서를 ~하다 文書を廃棄する.
폐기종〔肺氣腫〕 名〔醫〕 肺気腫.
폐농〔廢農〕 名 하自 農業をやめること.
폐다 自〔'펴이다'의 준말〕 広げられる. 伸ばされる. 敷かれる.
폐단〔弊端〕 名 弊害. 迷惑. ¶ ~을 막다 弊害を防止する.
폐동맥〔肺動脈〕 名〔生〕 肺動脈.

ㅍ

폐디스토마〔肺distoma〕 名〔醫〕 肺臓ジストマ.
폐렴〔肺炎〕 名〔醫〕 肺炎.
폐렴균〔一菌〕 名〔生〕 肺炎菌.
폐로〔閉路〕 名〔電〕 閉路.
폐롭다〔弊一〕 形 煩わしい. うるさい. めんどうだ. 気難しい. **폐로이** 副 煩わしく. うるさく.
폐립〔廢立〕 名 하他 廃立.
폐막〔閉幕〕 名 하他 閉幕. ¶ 대회는 무사히 ~되었다 大会は無事に閉幕した.
폐멸〔廢滅〕 名 하自 廃滅. 廃絶.
폐무〔廢務〕 名 하自 廃務. 事務の仕事をしないこと.
폐문[1]〔肺門〕 名〔生〕 肺門. ¶ ~ 림프 肺門リンパ節.
폐문[2]〔閉門〕 名 하自 閉門.
폐물〔廢物〕 名 **1** 廃物. 廃品. ¶ ~ 이용 廃物利用. **2** 全然役に立たない人. ろくでなし. 役立たず. くず. ¶ 인간 ~ 人間のくず.
폐방〔廢房〕 名 하自 部屋を使わずに空けておくこと, またその部屋.
폐백〔幣帛〕 名 礼儀を尽くして贈る品物. **1** 新婦が舅姑に初対面の儀式で贈るなつめ·干肉など. **2** 婚礼の前に新郎が新婦に贈る絹織物. **3** 弟子が初めて師に会うときに贈る贈り物. **4** 目上の人を訪問するときの贈り物.
폐병〔肺病〕 名〔醫〕 肺病.
폐부〔肺腑〕 名 **1**〔生〕 肺腑. 肺. **2** 心の奥. **3** 肝要な要点.
◆**폐부를 찌르다** 肺腑を突く. 深く感動させる. 急所を突く.
폐비〔廢妃〕 名 하他 王妃の位を退かせること, またその王妃.
폐사[1]〔斃死〕 名 하自 斃死. 倒れ死ぬこと.
폐사[2]〔弊社〕 名〔자기 회사를 겸손하게 이르는 말〕 弊社.
폐사[3]〔廢寺〕 名 廃寺.
폐색〔閉塞〕 名 하自他 閉塞. ¶ 장~ 腸閉塞.
폐색기〔一器〕 名 閉塞器.
폐색선〔一船〕 名〔軍〕 閉塞船.
폐석〔廢石〕 名 廃石. ぼた.
폐선〔廢船〕 名 廃船.
폐쇄〔閉鎖〕 名 하他 閉鎖. ¶ ~적인 사회 閉鎖的な社会 / 공장이 ~되다 工場が閉鎖される.
폐쇄기〔一機〕 名 閉鎖機.
폐쇄성〔一性〕 名 閉鎖性.
폐쇄 혈관계〔一血管系〕 名〔生〕 閉鎖血管系. 閉鎖循環系.
폐수〔廢水〕 名 廃水. ¶ ~ 처리장 廃水処理場.
폐수종〔肺水腫〕 名〔醫〕 肺水腫.
폐스럽다〔弊一〕 形 煩わしい. めんどうだ. ¶ 폐스러운 짓은 삼가라 うるさがられることは慎みなさい. **폐스레** 副 煩わしく.
폐습〔弊習〕 名 弊習. 悪い習慣.
폐시〔閉市〕 名 하自 市が終わること.
폐식〔閉式〕 名 하自 閉式.
폐안〔廢案〕 名 廃案.
폐암〔肺癌〕 名〔醫〕 肺癌.
폐액〔廢液〕 名 廃液.

폐어〔廢語〕 名〔言〕 廃語.

폐업1〔閉業〕 名 하自他 **1** 閉業. **2** 閉店.

폐업2〔廢業〕 名 하自他 廃業. ¶ ~ 신고 廃業届.

폐옥〔廢屋〕 名 廃屋. あばらや.

폐왕〔廢王〕 名 廃位された王.

폐원〔閉院〕 名 하自他 閉院. **1** 学院·病院などが休むこと. **2** 国会で会期を終えること.

폐위〔廢位〕 名 하他 廃位.

폐유〔廢油〕 名 廃油.

폐인〔廢人〕 名 廃人. ¶ 알코올 중독으로 ~이 되었다 アルコール中毒で廃人になった.

폐일언〔蔽一言〕 名 하自 《'폐일언하고'의 꼴로》 つべこべ言わずに.

폐장1〔肺臟〕 名〔生〕 肺臓. 肺.

폐장암〔—癌〕 名〔醫〕 肺癌.

폐장2〔閉場〕 名 하自他 閉場.

폐적〔廢嫡〕 名 하他 廃嫡.

폐절〔廢絶〕 名 하自他 廃絶.

폐절가〔—家〕 名〔法〕 (家系が)廃絶した家.

폐점〔閉店〕 名 하自他 閉店. 反 開店 ¶ ~ 시간 閉店時間.

폐정1〔閉廷〕 名 하自〔法〕 閉廷. ¶ ~을 선언하다 閉廷を宣言する.

폐정2〔弊政〕 名 弊政. 悪政. ¶ ~에 시달리다 弊政に苦しむ.

폐지〔廢止〕 名 하他 廃止. ¶ 법령의 ~ 法令の廃止.

폐지안〔—案〕 名 廃止案.

폐질〔廢疾〕 名 廃疾. 不治の病.

폐차〔廢車〕 名 하自他 廃車.

폐차 처분〔—處分〕 名 廃車処分.

폐창〔廢娼〕 名 하自 廃娼〈公娼制度を廃止すること〉.

폐첨〔肺尖〕 名〔生〕 肺尖.

폐첨 카타르〔—catarrh〕 名〔醫〕 肺尖カタル.

폐출〔廢黜〕 名 하他 廃黜. 官職を取り上げて追い出すこと.

폐출혈〔肺出血〕 名〔醫〕 肺出血.

폐충혈〔肺充血〕 名〔醫〕 肺充血.

폐퇴〔廢頹〕 名 하自 廃頽. 退廃.

폐포〔肺胞〕 名〔生〕 肺胞.

폐품〔廢品〕 名 廃品. ¶ ~을 활용하다 廃品を活用する / ~ 수집 廃品回収.

폐풍〔弊風〕 名 弊風. 悪風. 悪い習わし. ¶ ~을 일소하다 弊風を一掃する.

폐하〔陛下〕 名 陛下. ¶ 황제 ~ 皇帝陛下.

폐하다〔廢—〕 他 廃する. やめる. やめさせる. ¶ 악습을 ~ 悪習を廃する / 시대에 뒤진 법령을 ~ 時代遅れの法令を廃止する / 학업을 폐하고 입대하였다 学業をやめて入隊した.

폐함〔廢艦〕 名 하他〔軍〕 廃艦.

폐합〔廢合〕 名 하他 廃合. 廃止して他に合併すること. ¶ 기구를 ~하다 機構を廃合する.

폐해〔弊害〕 名 弊害.

폐허〔廢墟〕 名 廃墟. ¶ 전쟁으로 ~가 된 도시 戦争で廃墟になった都市.

폐활량〔肺活量〕 名 肺活量. ¶ ~을 재다 肺活量を計る.

폐회〔閉會〕 名 하自他 閉会. 反 開会 ¶ ~를 선언하다 閉会を宣言する.

폐회사〔—辭〕 名 閉会の辞.

폐회식〔—式〕 名 閉会式.

포1〔苞〕 名〔植〕 苞〈花序に出る葉〉.

포2〔砲〕 名〔軍〕 **1** 〔'대포'의 준말〕 砲. **2** 石をはじき飛ばす昔の武器の一つ.

포3〔脯〕 名 〔'포육'의 준말〕 干肉.

포4〔鮑〕 名〔動〕 鮑.

-포5 接尾 《'해·달·날' 등의 말에 붙어》〔'어떤 기간을 지나서'의 뜻을 나타냄〕 …余り. …ばかり. ¶ 여행길을 떠난 지 달~나 되는군 旅に出てひと月余りにもなるね.

-포6 接尾〔印〕〔'포인트2'의 준말〕 …ポ. ¶ 8~ 활자 8ポ活字.

포가〔砲架〕 名〔軍〕 砲架.

포개다 他 **1** (物を)重ねる. 積み重ねる. 重ねて置く. ¶ 책을 ~ 本を積み重ねる / 이불을 포개어 얹다 布団を重ね上げる. **2** (腕·脚を)組む. ¶ 의자에 다리를 포개고 앉다 椅子に足を組んで座る.

포갬포갬 副 幾重にも. ¶ 세탁물을 ~ 개어 놓다 洗濯物を幾重にも畳んでおく.

포격〔砲擊〕 名 하他 砲撃. ¶ 적의 진지를 ~하다 敵の陣地を砲撃する.

포경1〔包莖〕 名〔醫〕 包茎.

포경2〔捕鯨〕 名 하自 捕鯨. ¶ ~ 모선 捕鯨母船.

포경선〔—船〕 名 捕鯨船.

포고〔布告〕 名 하他 布告. ¶ 선전 ~ 宣戦布告 / ~령 布告令.

포괄〔包括〕 名 하他 包括. ¶ ~ 승계 包括承継 / 의견을 ~하다 意見を包括する.

포괄적〔—的〕 冠名 包括的. ¶ ~으로 질문하다 包括的に質問する.

포교〔布敎〕 名 하他 布教.

포교사〔—師〕 名〔佛〕 布教師.

포구1〔浦口〕 名 浦·入り江·湾の入り口.

포구2〔砲口〕 名 砲口. ¶ 적에게 ~를 돌리다 敵に砲口を向ける.

포근포근 副 하形 ふかふか(と).

포근하다 形 **1** 柔らかくて暖かい. ふわふわしている. ふかふかである. ¶ 포근한 이불 ふかふかの布団 / 포근한 엄마의 품에 안기다 柔らかくて暖かい母の懐に抱かれる. **2** (天候が)暖かい. 穏やかだ. ぽかぽかしている. ¶ 오늘은 겨울치고는 포근한 날씨다 今日は冬にしては穏やかな天気だ. **포근히** 副 ふかふか(と). なごやかに.

포기1 Ⅰ 名 (根のついた植物の)株. ¶ 배추 ~가 큰 걸로 하나 주세요 白菜の株が大きいのを1個ください.
Ⅱ 依名 株. ¶ 배추 스물다섯 ~ 白菜25株.

포기2〔抛棄〕 名 하他 放棄. あきらめること. (ある行為から)おりること. ¶ 진학을 ~하다 進学をあきらめる / 유산의 상속권을 ~하다 遺産の相続権を放棄する.

포단〔蒲團〕 名 **1** 蒲で編んだ丸い形

の座布団〈僧侶などが用いる〉. **2** 布団.

포달 名 食ってかかること. ののしること.
◆포달을 부리다 毒づく. 悪態をつく.
포달스럽다 形 毒々しい. 荒々しい.
포달지다 形 荒々しい.

포대[1]〔布袋〕 **I** 名 布袋. 布の袋. **II** 依名 (セメント·砂糖·穀物など袋詰めの)袋. ¶ 수수 두 ～ 黍2袋.

포대[2]〔包袋〕 名 (紙·布·皮などでつくった)袋. ¶ ～에 넣다 袋に入れる.

포대[3]〔砲臺〕 名〔軍〕砲台.

포대기 名 おくるみ.

포덕〔布德〕 名〔宗〕天道教の布教.

포도[1]〔捕盜〕 名 하自 泥棒を捕らえること.
포도군사〔一軍士〕 名〔史〕捕盗庁の軍卒.
포도대장〔一大將〕 名〔史〕捕盗庁の長官.
포도부장〔一部將〕 名〔史〕捕盗庁の官吏.
포도청〔一廳〕 名〔史〕朝鮮時代, 犯罪者を取り締まるためにソウルに置いた官庁.

포도[2]〔葡萄〕 名〔植〕葡萄. ¶ ～나무 葡萄の木 / ～주 葡萄酒.
포도당〔一糖〕 名〔化〕葡萄糖.
포도상 구균〔一狀球菌〕 名〔生〕葡萄状球菌. 葡萄球菌.

포도[3]〔鋪道〕 名 舗道. ¶ 넓은 ～ 広い舗道.

포동포동 副 하形 ふっくら(と). ぽってり(と). ¶ 아기의 ～한 얼굴 赤ん坊のふっくらした顔.

포란〔抱卵〕 名 하自 抱卵.

포로〔捕虜〕 名 捕虜. とりこ. 生け捕り. ¶ ～ 송환 捕虜送還 / ～ 수용소 捕虜収容所.

포류〔蒲柳〕 名〔植〕猫柳.
포류지질〔一之質〕 名 蒲柳の質. 虚弱体質.

포르노〔← pornography〕 名 ポルノ.

포르르 副 하自 **1**〔작은 그릇의 물이 끓어오르는 모양〕ぐらぐら(と). ¶ 물이 ～ 끓다 湯がぐらぐら沸き立つ. **2**〔타는 모양〕めらめら(と). ¶ 불이 ～ 타다 火がめらめら燃える. **3**〔나뭇잎 등이 가볍게 흔들리는 모양〕ぶるぶる(と). **4**〔새 등이 갑자기 날아가는 모양〕ぱたぱた(と). **5**〔갑자기 화가 치밀어 오르는 모양〕ふと.

포르말린〔독 Formalin〕 名〔薬〕フォルマリン.

포르투갈〔Portugal〕 名〔地〕ポルトガル〈ヨーロッパ, イベリア半島西部にある共和国〉.

포리〔捕吏〕 名〔史〕捕吏. 捕り方. 捕り手.

포마드〔pomade〕 名 ポマード.

포만하다〔飽滿一〕 形 飽満だ. 十分に満ちている.

포말〔泡沫〕 名 泡沫. **1** 泡. **2** はかないこと.

포면〔布面〕 名 布の表面.

포목〔布木〕 名 麻布と木綿.
포목상〔一商〕 名 反物商.
포목점〔一店〕 名 反物店.

포문〔砲門〕 名 砲門. 砲口.
◆포문을 열다 ① 大砲を撃つ. ② 攻撃の言葉を発する.

포물선〔抛物線〕 名〔數〕放物線.
포물선 운동〔一運動〕 名 放物線運動.

포박〔捕縛〕 名 하他 捕縛. ¶ 범인을 ～하다 犯人を捕縛する.

포백[1]〔布帛〕 名 布帛. 木綿と絹物.
포백척〔一尺〕 名 (布の寸法を計る)鯨尺.

포백[2]〔曝白〕 名 하他 (布を)さらすこと.

포범〔布帆〕 名 麻の帆.

포병[1]〔抱病〕 名 하自 持病.
포병객〔一客〕 名 持病持ち.

포병[2]〔砲兵〕 名〔軍〕砲兵.
포병대〔一隊〕 名〔軍〕砲兵隊.

포복〔匍匐〕 名 하自 匍匐. 腹ばいになること. ¶ ～ 전진 匍匐前進.

포복절도〔抱腹絶倒〕 名 하自 抱腹絶倒.

포볼〔four＋ball〕 名 (野球で)フォアボール. 四球.

포부〔抱負〕 名 抱負. ¶ 원대한 ～ 遠大な抱負 / 갖고 있는 ～를 말해 보아라 今の抱負を言ってごらん.

포삭하다 形 (かさかさして)もろい. 壊れやすい.
포삭포삭 副 하形 ぼろぼろ(と).

포삼〔圃蔘〕 名 栽培した朝鮮人参.

포상[1]〔布商〕 名 反物屋.

포상[2]〔褒賞〕 名 하他 褒賞. ¶ 유공자를 ～하다 功労者を褒賞する.

포석[1]〔布石〕 名 하自 布石. **1** (囲碁で)石の配置. **2** 将来のために前もって手配りをしておくこと. ¶ 차기 선거를 위한 ～ 次期選挙のための布石.

포석[2]〔鋪石〕 名 舗石. 敷き石.

포섭〔包攝〕 名 하他 **1**〔論〕包摂〈ある概念が, より一般的な概念に包括されること〉. **2** 抱き込むこと. ¶ 재계의 거물을 ～하다 財界の大物を抱き込む.

포성〔砲聲〕 名 砲声. ¶ 천지를 진동시키는 ～ 天地を揺るがす砲声.

포수[1]〔砲手〕 名 **1** 猟師. 狩人. ¶ ～가 꿩을 쏘다 猟師がきじを射つ. **2** 砲手.

포수[2]〔捕手〕 名 (野球で)捕手. キャッチャー.

포술〔砲術〕 名 砲術.

포스터〔poster〕 名 ポスター.
포스터컬러〔一color〕 名 ポスターカラー.

포슬포슬 副 하形〔가루 등이 물기가 적어 잘 엉기지 못하고 부스러지기 쉬운 모양〕ぼろぼろ. ばらばら.

포승〔捕繩〕 名 捕縄. 捕り縄. ¶ ～으로 묶다 捕り縄で縛る / 마침내 ～에 묶이다 ついに縄にかかる.

포시〔布施〕 名 하他 布施.

포식[1]〔捕食〕 名 하他 捕食.

포식[2]〔飽食〕 名 하他 飽食.
포식난의〔一暖衣〕 名 하自 飽食暖衣.

포신〔砲身〕 名 砲身.

포실하다 形 (暮らしに)ゆとりがある. 豊かだ. 富んでいる. ¶ 집은 보잘것 없어도 살림은 ～ 家はみすぼらしくても暮らしは豊かだ.

포악〔暴惡〕 名 하自 暴悪. 残虐. ¶ ~한 강도범 暴悪な強盗犯.

◆포악을 부리다 暴悪にふるまう.

포악스럽다 形 暴悪である.

포안〔砲眼〕 名〔軍〕砲眼.

포연〔砲煙〕 名 砲煙. ¶ ~ 탄우 砲煙弾雨.

포열〔砲列〕 名 砲列. 放列.

포옹〔抱擁〕 名 하自他 抱擁. 抱くこと. ¶ 애인을 ~하다 恋人を抱きしめる.

포용〔包容〕 名 하他 包容. ¶ ~력이 있는 사람이다 包容力のある人だ.

포용성〔一性〕 名 包容性.

포위〔包圍〕 名 하他 包囲. ¶ ~를 당하다 包囲される / ~를 풀다 包囲をとく.

포위망〔一網〕 名 包囲網. ¶ ~을 뚫다 包囲網を破る.

포위선〔一線〕 名 包囲線.

포유〔哺乳〕 名 하他 哺乳. ¶ ~ 동물 哺乳動物.

포유기〔一期〕 名 哺乳期.

포유류〔一類〕 名 哺乳類.

포육[1]〔哺育〕 名 하他 哺育. ¶ 새끼 사슴을 ~하다 子鹿を哺育する.

포육[2]〔脯肉〕 名 干肉〈薄く切った牛肉を味付けして干したもの〉.

포의[1]〔布衣〕 名 **1** 官位のない学者. 白衣. **2** 麻布でつくった衣服. 布衣.

포의지교〔一之交〕 名 身分や地位を超えた交際.

포의[2]〔胞衣〕 名〔生〕胞衣.

포인트[1]〔point〕 名 ポイント. **1** 得点. **2** 小数点. **3** 鉄道の転轍機.

포인트[2]〔point〕 依名〔포인트 활자의 크기의 단위〕ポイント. ¶ 9~ 명조체 9ポイントの明朝体.

포인트 활자〔一活字〕 名〔印〕ポイント活字.

포자〔胞子〕 名〔植〕胞子.

포자낭〔一囊〕 名 胞子囊.

포자 생식〔一生殖〕 名〔生〕胞子生殖.

포자식물〔一植物〕 名〔植〕胞子植物. 隠花植物.

포자엽〔一葉〕 名 胞子葉.

포자충〔一蟲〕 名 胞子虫. 胞子虫類.

포장[1]〔布帳〕 名 とばり. 幕. ほろ.

포장마차〔一馬車〕 名 **1** ほろ馬車. **2** 屋台. ¶ ~에서 한잔 걸치자 屋台で一杯ひっかけよう.

포장[2]〔包裝〕 名 하他 包装. 荷造り. パッキング. ¶ ~비 包装費 / ~ 디자인 包装デザイン.

포장지〔一紙〕 名 包装紙.

포장[3]〔包藏〕 名 하他 包蔵. 物をよく包んで保存すること.

포장[4]〔褒章〕 名 褒章.

포장[5]〔鋪裝〕 名 하他 舗装. ¶ ~ 도로 舗装道路.

포장[6]〔褒奬〕 名 하他 褒揚. ほめたたえて奨励すること.

포좌〔砲座〕 名〔軍〕砲座.

포주[1]〔抱主〕 名 **1** 情夫. ひも. **2** 抱え主. 女郎屋のあるじ.

포주[2]〔庖廚〕 名 ☞푸줏간

포즈〔pose〕 名 ポーズ. ¶ ~를 취하다 ポーズを取る.

포지션〔position〕 名 ポジション. 位置. 部署.

포지티브〔positive〕 名〔寫〕ポジティブ. ポジ. 陽画.

포진〔布陣〕 名 하自 布陣.

포진지〔砲陣地〕 名〔軍〕砲陣地.

포집다 他 **1** 再び取る. **2** 器を積み重ねる.

포차〔砲車〕 名 砲車.

포착〔捕捉〕 名 하他 捕捉. 把捉. しっかりつかむこと. とらえること. 把握すること. ¶ 기회를 ~하다 機会をとらえる.

포촌〔浦村〕 名 漁村. 海辺の村.

포충망〔捕蟲網〕 名 捕虫網.

포치〔porch〕 名 ポーチ. (玄関の前の屋根つきの)車寄せ.

포커〔poker〕 名 ポーカー.

포켓〔pocket〕 名 ポケット.

포크〔fork〕 名 フォーク.

포크 댄스〔folk dance〕 名 フォークダンス. 民俗舞踊.

포크 송〔folk song〕 名 フォークソング. 民謡.

포탄〔砲彈〕 名 砲弾. ¶ ~을 퍼붓다 砲弾を浴びせる.

포탈〔逋脫〕 名 하他 **1** 逋脱. 脱税. **2** 逃げて免れること.

포태〔胞胎〕 名 하自 **1** 胞胎. 胞衣. **2** 妊娠.

포터〔porter〕 名 ポーター. 赤帽.

포폄〔褒貶〕 名 하他 褒貶. ほめることとけなすこと. 是非·善悪の評定.

포플러〔poplar〕 名〔植〕ポプラ.

포플린〔poplin〕 名 ポプリン.

포피〔包皮〕 名 包皮. **1** 表面を包んだ皮. **2** 亀頭をおおう皮膚.

포피염〔一炎〕 名〔醫〕包皮炎.

포학하다〔暴虐一〕 形 暴虐だ. ¶ 포학한 군주 暴虐な君主 / 포학한 행위 暴虐な行為.

포학무도하다〔暴虐無道一〕 形 暴虐無道だ. ¶ 포학무도한 원님 暴虐無道な代官.

포함[1] 名 하自〔民俗〕巫女が神託を伝えるときにあげる大声.

◆포함을 주다 巫女が神託だといって大声をあげる.

포함[2]〔包含〕 名 하他 包含. ¶ 여러 가지 의미를 ~하다 種々の意味を含む / 세금을 ~한 가격 税込み価格 / 포장비가 ~되어 있다 包装費が含まれている.

포함[3]〔砲艦〕 名〔軍〕砲艦.

포합어〔抱合語〕 名〔言〕抱合語.

포화[1]〔砲火〕 名 砲火. ¶ ~를 퍼붓다 砲火を浴びせる.

포화[2]〔飽和〕 名 飽和. ¶ ~ 화합물 飽和化合物 / 상품이 ~ 상태를 이루다 商品が飽和状態を成す.

포화 용액〔一溶液〕 名〔化〕飽和溶液.

포화 인구〔一人口〕 名 飽和人口.

포화 증기〔一蒸氣〕 名 飽和蒸気.

포환〔砲丸〕 名 砲丸. ¶ ~을 던지다 砲丸を投げる.

포환던지기 名〔體〕砲丸投げ.

포획〔捕獲〕 名 하他 捕獲. ¶ ~물 捕

獲物.
포효〔咆哮〕 名 하自 咆哮. 咆号. ほえ叫ぶこと.
폭¹〔幅〕 Ⅰ 名 **1** 幅. 幅員. ¶강 ~이 넓다 川の幅が広い. **2** (度量・知識・研究・事業などの)範囲. 領域. 間口. ¶~이 넓은 사람 度量の大きい人/사업의 ~을 넓히다 事業の領域を広げる/학문의 ~을 넓혀 가다 学問の範囲を広げていく.
Ⅱ 依名 〔종이·포목 등의 조각이나 그림·족자 등을 세는 말〕幅. ¶한 ~의 그림 一幅の絵/여섯 ~짜리 병풍 6幅対の屏風.
폭² 依名 **1** (…した)つもり. (…した)わけ. ¶그 책은 읽은 ~으로 치자 その本は読んだつもりにしておこう. **2** 程度. ¶키는 나의 절반 ~밖에 안 된다 背は僕の半分程度しかならない.
폭³ 副 **1**〔수렁 등에 빠지는 모양〕ずぼっと. すっぽりと. ¶도랑에 ~ 빠졌다 溝にずぼっとはまってしまった. **2**〔깊게 찌르는 모양〕ぶすっと. ずぶりと. ぶすり. ¶바늘로 ~ 찌르다 針でぶすっと刺す. **3**〔드러나지 않도록 싸거나 덮는 모양〕すっぽり(と). ¶보자기에 ~ 싸다 ふろしきにすっぽり包む/숲으로 ~ 싸인 별장 森にすっぽり包まれた別荘. **4**〔흠씬 익도록 곯인 모양〕じっくり. 十分に. ¶닭을 ~ 삶다 鶏を十分ゆでる. **5**〔잠이 깊게 든 모양〕ぐっすり. ふかく. ¶철야에 대비하여 ~ 한 잠 자다 徹夜に備えてぐっすり一眠りする. **6**〔심하게 썩거나 삭은 모양〕すっかり. 残らず. ¶달걀이 ~ 곯다 卵がすっかりくさる. **7**〔얕으면서 또렷이 팬 모양〕ぽこっと. ぼこっと. ¶보조개가 ~ 패다 えくぼがぽこっとへこむ. **8**〔힘없이 쓰러지는 모양〕ばたっと. ばったり. ¶~ 쓰러지다 ばったり倒れる. **9**〔물건을 퍼내는 모양〕たっぷり. どっさり. ¶수프를 한 스푼 ~ 뜨다 スープを一スプーンたっぷりすくう. **10**〔고개를 숙이는 모양〕下げる. うなだれる. ¶잘못을 인정하고 고개를 ~ 숙이다 過ちを認めて頭をうなだれる.
폭거〔暴擧〕 名 暴挙.
폭격〔爆擊〕 名 하他 爆撃. ¶기지를 ~하다 基地を爆撃する/융단 ~ 絨緞爆撃.
폭격기〔一機〕 名 爆撃機.
폭군〔暴君〕 名 暴君. ¶~의 압정에 시달리다 暴君の圧政に苦しめられる.
폭도〔暴徒〕 名 暴徒. ¶~를 진압하다 暴徒を鎮圧する.
폭동〔暴動〕 名 暴動. ¶~ 진압 暴動鎮圧/~을 일으키다 暴動を起こす.
폭등〔暴騰〕 名 하自 暴騰. ¶금값이 ~하다 金の価格が暴騰する.
폭락〔暴落〕 名 하自 暴落. がた落ち. ¶주가가 ~하다 株価が暴落する/신용이 ~하다 信用ががた落ちになる.
폭력〔暴力〕 名 暴力. ¶~배 ごろつき. ならず者. 不良の輩/~을 휘두르다 暴力を振るう.
폭력단〔一團〕 名 暴力団.
폭력 혁명〔一革命〕 名 暴力革命.
폭렬〔爆裂〕 名 하自 爆裂. 爆発.
폭로〔暴露〕 名 하自他 暴露. 暴くこと. ¶~ 기사[소설] 暴露記事[小説]/~ 문학 暴露文学/~ 전술 暴露戦術/비밀을 ~하다 秘密を暴露する.
폭론〔暴論〕 名 暴論. 乱暴な言論.
폭뢰〔爆雷〕 名 爆雷.
폭리〔暴利〕 名 暴利. ¶~ 행위 暴利行為/~를 탐하다 暴利をむさぼる.
폭민〔暴民〕 名 暴民. 暴徒.
폭발¹〔暴發〕 名 하自 暴発.
폭발²〔爆發〕 名 하自 爆発. ¶지뢰가 ~하다 地雷が爆発する/분노가 ~하다 怒りが爆発する.
폭발약〔一藥〕 名 爆薬.
폭발적〔一的〕 冠 名 爆発的. ¶~인 인기 爆発的な人気.
폭발탄〔一彈〕 名 爆弾.
폭사¹〔暴死〕 名 하自 暴死. 急死. 頓死.
폭사²〔爆死〕 名 하自 爆死.
폭삭 副 **1** すっかり腐ったようす. ¶감이 ~ 썩었다 柿がすっかり腐った. **2**〔쌓인 먼지가 일어나는 모양〕ぱっと. ¶먼지가 ~ 일다 ほこりがぱっとたつ. **3**〔힘없이 주저앉는 모양〕ばたりと. ばたっと. ¶할머니가 그 자리에 ~ 주저앉았다 おばあさんがその場にばたりとくずおれた. **4**〔물건이 가라앉거나 쉬 부스러지는 모양〕ばさりと. ばさっと. ¶쌓아 둔 퇴비가 ~ 내려앉다 積んでおいた堆肥がばさっと崩れ落ちる.
폭삭폭삭 副 하自 **1**〔쌓인 먼지가 자꾸 일어나는 모양〕ぱっぱっと. **2**〔물건이 잇달아 내려앉거나 부서지는 모양〕ばさばさ. **3**〔잇달아 주저 앉는 모양〕ばたばたと.
폭서〔暴暑〕 名 酷暑. 猛暑.
폭설〔暴雪〕 名 (にわかの)大雪. 豪雪. どか雪. ¶~로 교통이 두절되었다 大雪で交通が途絶した.
폭소〔爆笑〕 名 하自 爆笑. ¶~가 터지다 爆笑が沸き起こる.
폭식〔暴食〕 名 하他 暴食. ¶폭음 ~해서는 안 된다 暴飲暴食してはいけない.
폭신하다 形 ふわふわしている. ふわりとしている. ふんわりとしている. ふくよかだ. ふかふかしている. ¶폭신한 깃털이불 ふわふわした羽毛の布団.
폭신폭신 副 하形 ふかふか. ふわふわ. ふくよかに. ¶~한 침대 ふかふかのベッド.
폭심〔爆心〕 名 爆心.
폭압〔暴壓〕 名 하他 暴圧.
폭약〔爆藥〕 名 爆薬. ¶고성능 ~ 高性能爆薬.
폭양〔曝陽〕 名 하他 **1** 焼きつけるような日差し. かんかん照り. **2** ぎらぎら照りつける日に当たること.
폭언〔暴言〕 名 하自 暴言. ¶~을 퍼붓다 暴言を浴びせる.
폭염〔暴炎〕 名 極暑.
폭우〔暴雨〕 名 暴雨. 豪雨. 大雨. ¶~가 쏟아지다 暴雨が降り注ぐ.
폭음¹〔暴飮〕 名 하他 暴飲. ¶~ 폭식하다 暴飲暴食する.
폭음²〔爆音〕 名 爆音.
폭정〔暴政〕 名 暴政.

폭주[1]〔暴走〕 名 하自 暴走. ¶ ~하는 오토바이 暴走するオートバイ.
폭주[2]〔暴酒〕 名 하自 暴飲. 鯨飲. ¶ ~하여 몸을 망치다 暴飲して体をこわす.
폭주[3]〔輻輳〕 名 하自 輻輳. 込み合うこと. 集まること. ¶ 교통이 ~하다 交通が混雑する.
폭죽〔爆竹〕 名 爆竹. ¶ 축하하는 ~을 터뜨리다 お祝いの爆竹を鳴らす.
폭탄〔爆彈〕 名 爆弾. ¶ ~을 투하하다 爆弾を投下する.
　폭탄 선언〔―宣言〕 名 하他 爆弾宣言.
폭투〔暴投〕 名 하他 (野球で)暴投. ワイルドピッチ.
폭파〔爆破〕 名 하他 爆破. ¶ 암석을 ~하다 岩石を爆破する.
폭포〔瀑布〕 名 瀑布. 滝.
　폭포수〔―水〕 名 瀑布. 滝.
폭폭 副 **1**〔자꾸 찌르거나 쑤시는 모양〕 ぶすぶす(と). ¶ 환부에 침을 ~ 놓았다 患部に針をぶすぶすと刺した. **2**〔작은 것이 자꾸 쓰러지는 모양〕 ばたばた(と). ¶ 세워 둔 책이 ~ 넘어지다 立ててあった本がばたばた(と)倒れる. **3**〔조금 깊이 자꾸 빠지는 모양〕 ずぶずぶ(と). ¶ 진창에 구두가 ~ 빠지다 ぬかるみに靴がずぶずぶめりこむ. **4**〔숟가락·삽 등으로 자꾸 퍼내는 모양〕 たっぷり. ¶ 숟가락으로 밥을 ~ 떠 먹다 さじで飯をたっぷりすくって食べる. **5**〔자꾸 썩거나 삭는 모양〕 すっかり. ¶ 메주가 ~ 삭다 みそ玉麹がすっかり発酵する. **6**〔눈 등이 많이 내려 쌓이는 모양〕 こんこん(と). こんもり(と). ¶ 함박눈이 ~ 쏟아지다 ぼたん雪がこんこんと降りしきる. **7**〔흠씬 익도록 끓이거나 삶는 모양〕 ぐつぐつ(と). ¶ 빨래를 ~ 삶다 洗濯物をぐつぐつ煮る.
폭풍[1]〔暴風〕 名 嵐. 暴風. ¶ ~ 경보 暴風警報 / ~이 멎다 嵐がやむ.
　◆**폭풍 전의 고요** 嵐の前の静けさ.
　폭풍설〔―雪〕 名 暴風雪.
　폭풍우〔―雨〕 名 嵐. 暴風雨. ¶ ~ 경보 暴風雨警報 / 배가 ~에 조난했다 船が暴風雨で遭難した.
폭풍[2]〔爆風〕 名 爆風. ¶ ~으로 깨진 유리창 爆風で割れた窓ガラス.
폭한[1]〔暴寒〕 名 酷寒. 厳寒.
폭한[2]〔暴漢〕 名 暴漢. ¶ ~에게 당하다 暴漢に見舞われる.
폭행〔暴行〕 名 하自 暴行. ¶ ~ 외설죄 暴行猥褻罪 / ~을 당하다 暴行される.
　폭행죄〔―罪〕 名〔法〕 暴行罪. ¶ ~로 체포되다 暴行罪で逮捕される.
폴〔pole〕 名 ポール.
폴란드〔Poland〕 名〔地〕 ポーランド〈中部ヨーロッパの共和国〉.
폴로〔polo〕 名〔體〕 ポロ.
폴리에스테르〔polyester〕 名〔化〕 ポリエステル.
폴리에틸렌〔polyethylene〕 名〔化〕 ポリエチレン.
폴싹 副 하自 **1**〔먼지가 별안간 일어나는 모양〕 ぱっと. **2**〔맥없이 주저앉거나 내려앉는 모양〕 ばさっと. ばさりと.
　폴싹폴싹 副 하自 ぱっぱっと. ばさっばさっと.
폴짝 副 하自他 **1**〔문 등을 갑작스럽게 열거나 닫는 모양〕 ばたんと. ¶ 문을 ~ 닫고 가다 戸をばたんと閉めて立ち去る. **2**〔몸피가 작은 것이 가볍게 뛰는 모양〕 ぴょんと.
　폴짝거리다[-대다] 自他 しきりに戸を開けたり閉めたりする. ぴょんぴょんと跳ぶ.
　폴짝폴짝 副 하自他 ばたんばたん. ぴょんぴょん.
폴카〔polka〕 名〔樂〕 ポルカ.
폴폴 副 **1**〔기운차게 뛰거나 나는 모양〕 ばたばた(と). ぴょんぴょん(と). **2**〔적은 물이 끓어오르는 모양〕 ふつふつ(と). ぐらぐら. **3**〔눈·먼지 등이 흩날리는 모양〕 はらはら(と). ひらひら. ¶ ~ 꽃이 지다 はらはらと花が散る.
폼〔form〕 名 フォーム. 形式. 様式. 姿勢.
　◆**폼을 잡다** 〈俗〉 格好つける. 気取る.
퐁 副 하自 **1**〔막혔던 가스가 좁은 곳으로 터져 나오는 소리〕 ぽん(と). **2**〔작은 구멍이 뚫리는 소리〕 ぽん. ぽんと.
　퐁퐁 副 하自 **1**〔좁은 구멍으로 물이 세차게 나오는 소리〕 どくどく(と). ごぼごぼ(と). **2**〔막혀 있던 기체가 터져 나오는 소리〕 ぱっぱっ(と). ぽんぽん(と). **3**〔작은 구멍이 잇달아 뚫어지는 소리〕 ぶうぶう(と).
　퐁퐁거리다[-대다] 自他 **1** (水が狭い出口から) ごぼごぼと流れ出る. **2** (気体が) ぱっぱっと吐きでる.
퐁당 副〔작고 단단한 물건이 물에 빠질 때 나는 소리〕 ぽちゃんと. ¶ 연못에 돌멩이를 ~ 던지다 池に石ころをぽちゃんと投げる.
　퐁당거리다[-대다] 自他 しきりにどぶんどぶんと音がする[音を立てる].
　퐁당퐁당 副 하自他 どぶんどぶん(と). ぽちゃんぽちゃん.
표[1]〔表〕 名 **1** 上. 表. 表面. 外側. **2** 標識. **3** 自分の所懐を述べて王に差し出す文書. ¶ 출사~ 出師の表. **4** 表. ¶ 시간~ 時間表 / 연대~ 年代表.
　◆**표가 나다** 目に立つ. 目につく. 目立つ.
표[2]〔票〕 **I** 名 票. 券. 切符. 札. ¶ 차~ 乗車券 / 이름~ 名札 / 배~ 乗船券 / 비행기~ 航空券. **II** 依名 …票. ¶ 그 후보자는 열 ~ 차로 당선되었다 その候補者は10票の差で当選した.
　◆**표를 끊다** 切符を買う.
표[3]〔標〕 名 **1** 印. 目印. マーク. ¶ 별~ 星印 / ~를 하다 目印をつける. **2** 筆跡. 証拠. 形跡. ¶ 집에 들른 ~가 있다 家に立ち寄った形跡がある. **3** (目立って現われる)特徴. **4**〔'표지(標紙)'의 준말〕 付箋. メモ. **5** (特徴になるようにする)ある指点.
표결[1]〔表決〕 名 하他 表決. ¶ ~권 表決権.
표결[2]〔票決〕 名 하他 票決. ¶ ~에 부치다 票決に付す.

ㅍ

표고¹ 名〔植〕椎茸.
표고버섯 名 椎茸.
표고²〔標高〕名 標高. 海抜.
표구〔表具〕名 하他 表具.
표구사〔—師〕名 表具師.
표기¹〔表記〕名 하他 表記. ¶ 성명은 한자로 ~한다 姓名は漢字で表記する.
표기법〔—法〕名 表記法. ¶ 외래어 ~ 外来語表記法.
표기²〔標記〕名 하他 標記.
표기³〔標旗〕名 標旗. 目印の旗.
표독스럽다〔標毒—〕形 (性格が)きつい. とげとげしい. ¶ 표독스러운 표정으로 아이를 꾸짖다 とげとげしい顔つきで子供を叱る.
표독하다〔標毒—〕形 (性格が)きつい. すげない. つれない.
표류〔漂流〕名 하自 漂流. (あてもなく)さすらうこと. ¶ 폭풍이 휘몰아치는 바다를 ~하다 嵐が吹きすさぶ海を漂流する.
표리〔表裏〕名 表裏. 裏表. ¶ ~일체 表裏一体 / ~가 있는 사람 裏表のある人. 表裏者.
표리부동〔—不同〕名 하形 言動に裏表のあること.
표리상응〔—相應〕名 하自 表裏が互いに応ずること.
표막〔表膜〕名 表面を包んでいる膜.
표면〔表面〕名 表面. 表. うわべ. 外面. ¶ ~상의 이유 表向きの理由.
표면 마찰〔—摩擦〕名〔物〕表面摩擦.
표면 장력〔—張力〕名〔物〕表面張力.
표면적〔—的〕冠 名 表面的. ¶ ~ 관계 表面的な関係.
표면화〔—化〕名 하自 表面化. ¶ 대립이 ~하다 対立が表面化する.
표명〔表明〕名 하他 表明. ¶ 사의를 ~하다 辞意を表明する / 소신을 ~하다 所信を表明する.
표박〔漂泊〕名 하自 漂泊. **1** 漂流. **2** 流浪. ¶ ~자 漂泊者.
표방〔標榜〕名 하他 標榜. ¶ 자유와 평등을 ~하다 自由と平等を標榜する.
표밭〔票—〕名 票田.
표백¹〔表白〕名 하他 表白. 表明.
표백²〔漂白〕名 하他 漂白. さらし. ¶ 천을 ~하다 布を漂白する.
표백분〔—粉〕名 漂白粉. さらし粉.
표백제〔—劑〕名 漂白剤.
표범〔豹—〕名〔動〕豹.
표변〔豹變〕名 하自 豹変. ¶ 태도가 ~하다 態度が豹変する.
표본〔標本〕名 標本. 見本. サンプル. 手本. ¶ ~ 조사 標本調査 / 그는 교육가의 ~이다 彼は教育家のお手本だ.
표본실〔—室〕名 標本室.
표본지〔—紙〕名 標本紙.
표상〔表象〕名 하他 表象. 象徴. ¶ 비둘기는 평화를 ~한다 鳩は平和を表象する.
표상형〔—型〕名〔心〕表象型.
표석〔標石〕名 標石.
표시¹〔表示〕名 하他 表示. しるし. ¶ 의사를 ~하다 意思を表示する.
표시등〔—燈〕名 表示灯.
표시²〔標示〕名 하他 標示. 目じるし. ¶ 동명을 ~하다 町名を標示する.
표시기〔—器〕名 標示器.
표어〔標語〕名 標語. モットー. スローガン. ¶ ~를 내걸다 スローガンを掲げる.
표연하다〔飄然—〕形 飄然としている.
표연히 副 飄然と. ふらりと. ¶ ~ 왔다가 ~ 떠나다 飄然として来たり飄然として去る.
표음〔表音〕名 하自 表音. ¶ ~주의 表音主義.
표음 기호〔—記號〕名 表音記号. 発音記号.
표음 문자〔—文字〕名〔言〕表音文字.
표의〔表意〕名 하自 表意.
표의 문자〔—文字〕名〔言〕表意文字.
표장¹〔表裝〕名 하他 表装. 表具.
표장²〔標章〕名 標章.
표적〔標的〕名 標的. 的. 目印. ¶ ~ 사격 標的射撃 / ~을 벗어나다 的をはずれる.
표절〔剽竊〕名 하他 剽窃. 盗作. ¶ 남의 상표를 ~하다 他人の商標を剽窃する.
표정〔表情〕名 表情. 顔つき. 面持ち. 顔色. ¶ 기쁜 듯한 ~ うれしそうな顔つき / 자못 난처하다는 ~ いかにも困ったという表情 / ~을 읽다 表情を読み取る / ~이 없다 表情に乏しい.
표정근〔—筋〕名〔生〕表情筋.
표정술〔—術〕名 表情術.
표정 예술〔—藝術〕名 舞踊·演劇·映画など表情を使う芸術.
표제〔標題〕名 表題. 題. タイトル. 見出し. ¶ ~어 見出し語 / ~를 붙이다 タイトルをつける.
표주박〔瓢—〕名 瓢箪. ひさご. ふくべ.
표준〔標準〕名 標準. ¶ ~ 규격 標準規格 / ~을 정하다 標準を定める.
표준량〔—量〕名 標準量.
표준시〔—時〕名 標準時.
표준어〔—語〕名〔言〕標準語.
표준화〔—化〕名 하他 標準化.
표지¹〔表紙〕名 表紙. ¶ ~가 멋있는 책 表紙のすてきな本.
표지²〔標識〕名 標識. 目印. ¶ 도로 ~ 道路標識 / ~등 標識灯 / 항로 ~ 航路標識.
표지판〔—板〕名 標識板.
표착〔漂着〕名 하自 漂着. ¶ ~물 漂着物 / 무인도에 ~했다 無人島に漂着した.
표찰〔標札〕名 標札. ¶ 안내 ~을 붙이다 案内標札をつける.
표창¹〔表彰〕名 하他 表彰. ¶ ~자 表彰者 / ~받다 表彰される.
표창장〔—狀〕名 表彰状.
표창²〔鏢槍〕名 投げ槍の一種.
표출〔表出〕名 하他 表出. ¶ 감정의 ~ 感情の表出.
표층〔表層〕名 表層. ¶ ~토 表層土 / 지구의 ~ 地球の表層.
표탑〔標塔〕名 目印の塔.
표토〔表土〕名〔農〕表土.
표피〔表皮〕名〔動〕〔植〕表皮.

표하다¹〔表―〕 他 表する. 表わす. 示す. ¶경의를 ～ 敬意を表する／사의를 ～ 謝意を表する／유감의 뜻을 ～ 遺憾の意を表する.

표하다²〔標―〕 他 記す. 印をつける. ¶확인필의 마크를 ～ 確認済みのマークをしるす.

표현〔表現〕 名 하他 表現. ¶적절한 말로 ～하다 適切な言葉で表現する／느낌을 글로 ～하다 感じたことを文字で表現する.

표현력〔―力〕 名 表現力. ¶～이 풍부하다 表現力が豊富だ.

표현주의〔―主義〕 名〔文〕〔美〕表現主義.

표현 형식〔―形式〕 名〔文〕表現形式.

푯대〔標―〕 名 標柱. ¶～를 세우다 標柱を立てる.

푯돌〔標―〕 名 標石.

푯말〔標―〕 名 標識の杭. ¶～을 박다 標識の杭を打ちこむ.

푸 副 **1**〔입술을 모아 김을 내뿜는 소리〕ふうっ(と). ¶촛불을 ～ 불어 끄다 ろうそくの火をふうっと吹き消す. **2**〔힘없이 뀌는 방귀 소리〕ぷうっと.

푸근하다 形 **1** (雰囲気などが)なごやかだ. 穏やかだ. ¶분위기가 ～ 雰囲気がなごやかだ／푸근한 고향 마을 穏やかなふるさとの村. **2** (冬の天気が)穏やかだ. 暖かい. ぽかぽかしている. ¶바람도 없고 ～ 風もなくぽかぽかと暖かい. **3** (満ち足りて)心のどかだ. **푸근히** 副 **1** なごやかに. 穏やかに. **2** 暖かく. ぽかぽかと. **3** (豊かで)心のどかに.

푸나무 名 **1** 草木. **2** ☞풋나무

푸나무서리 名 草木の茂み.

푸네기 名 身内. 自分に近い親類. ¶～만 모여 축하하다 身内だけで祝う.

푸념 名 하自 **1** 泣き言. 愚痴. 繰り言. ¶～을 늘어놓다 泣き言を並べる／～은 딱 질색이다 愚痴にはうんざりする. **2**〔民俗〕巫女が神楽舞の際, 祈願者を叱りつける口寄せ.

푸다 他 **1** (液体·粉末などを)すくい取る. くむ. ¶우물물을 ～ 井戸の水をくむ. **2** (飯などを)よそう. ¶밥을 수북이 ～ 飯をうずたかくよそう.

푸닥거리 名 하自〔民俗〕(巫女が)食べ物などを供えてする厄払い.

푸닥지다 形 (実際には多くないものを皮肉って)多い. たくさんある. ¶참 푸닥지게도 차렸구나 よくもたくさんつくったわね〈実際はあまりつくってない〉.

푸대접〔―待接〕 名 하他 冷遇. ¶외지 사람이라고 ～을 받았다 よそ者だからといって冷遇された.

푸둥푸둥 副 하形〔퉁퉁하게 살이 찌고 부드러운 모양〕まるまる(と). ぽちゃぽちゃ(と). ¶살갗이 흰 ～한 여성 色白のぽちゃぽちゃ(と)した女性.

푸드덕 副 하自他 **1**〔큰 새가 날개를 힘차게 치는 소리〕ばたっと. ばたばた(と). **2**〔큰 물고기가 꼬리를 힘차게 치는 소리〕ぴちゃっと. ぴちぴち(と).

푸드덕거리다[-대다] 自他 **1** しきりにばたばたさせる. **2** ぴちぴち跳ねる.

푸드덕푸드덕 副 하自他 **1** ばたっばたっと. ばたばた(と). **2** ぴちゃっぴちゃっと. ぴちぴち(と).

푸드득 副〔무른 변을 눌 때 나는 소리〕びちびち(と). ひちひち.

푸드득거리다[-대다] 自他 しきりにびちびち音をたてる.

푸드득푸드득 副 하自他 ひちひち. びちびち(と).

푸딩〔pudding〕 名 プディング. プリン.

푸뜩푸뜩 副 하形〔드문드문 나타나는 모양〕ちょいちょい(と). ちらちら.

푸렁 名 青色. 青色の染料.

푸르께하다 形 青みがかっている.

푸르다 形 **1** 青い. ¶푸른 바다에 돛배 하나 青い海に白帆が一つ. **2** 気勢が鋭い. 剣幕がはげしい. ¶서슬이 푸르다 ものすごい剣幕だ.

푸르대콩 名〔植〕青豆〈緑色の大豆〉.

푸르데데하다 形 薄汚なく青っぽい.

푸르뎅뎅하다 形 薄汚なく青白い.

푸르디푸르다 形 真っ青だ. どこまでも青い.

푸르락누르락 副 하形 (感情がたかぶって顔色が)青くなったり黄色くなったり.

푸르락붉으락 副 하形 (感情がとてもたかぶって顔色が)青くなったり赤くなったり.

푸르르 副 하自 **1**〔작은 그릇 속의 물이 끓는 모양〕ぐらぐら(と). ふつふつ(と). **2**〔모인 나뭇개비에 불이 타는 모양〕ぼっと. **3**〔새가 별안간 날아가는 소리〕ばたばた(と). **4**〔춥거나 무섭거나 분하여 몸을 떠는 모양〕かっと. むかっと. ぶるぶる. ¶무서워서 ～ 떨다 怖くてぶるぶる(と)震える.

푸르무레하다 形 青さがさえない. くすんで青みがかかっている.

푸르스름하다 形 青みがかっている. やや青い. ¶푸르스름한 연기가 피어 오르다 やや青い煙がたちのぼる.

푸르죽죽하다 形 (色がさえないで)濁った青色だ.

푸르퉁퉁하다 形 青膨れしている. うす汚された青色だ.

푸른곰팡이 名〔植〕青黴.

푸른빛 名 青い色.

푸릇푸릇 副 하形 青々. ¶～ 무성한 숲 青々と茂った森.

푸새¹ 名 하他 糊づけ. ¶빨래에 ～를 하다 洗濯物に糊づけをする.

푸새² 名 雑草. 野草.

푸서 名 裁ち目からほぐれる織り糸. ほどけ口.

푸서리 名 荒れて雑草の茂った土地.

푸석돌 名 もろい石.

푸석이 名 **1** もろくて砕けやすい物. 脆いもの. **2** 体質の虚弱な人. 意気地なし. 腰抜け. 弱虫. 腑抜け.

푸석하다 形 **1** ばさばさしている. もろく砕けやすい. **2** (顔や肌につやがなく)むくんでいる.

푸석푸석 副 하形 **1** ばさばさ. ぼろぼろ. ¶썩은 나무가 ～ 부서지다 朽ちた木がぼろぼろと砕ける. **2** 肌が腫れ気味のようす.

푸성귀 名 野菜. 蔬菜. 青菜. 青物. ¶ ~ 장수 八百屋 / ~ 도매 시장 青物市場.

푸솜 名 原綿.

푸슬푸슬 副 하形 〔'부슬부슬'의 거센말〕 ぽろぽろ. ばらばら. ばさばさ.

푸쟁 名 麻などでつくった服を洗った後, 糊づけして足で踏みつけてからアイロン掛けすること.

푸접 없다 形 すげない. そっけない. にべもない. **푸접 없이** 副 すげなく. そっけなく. にべもなく.

푸조기 名〔動〕ぐちの一種.

푸주 名 肉屋.

푸주한〔一漢〕名 食肉業者.

푸줏간〔一間〕名 肉屋.

푸지다 形 (食べ物などが) たっぷりある. ¶ 푸진 대접을 받다 たっぷりのもてなしを受ける.

푸짐하다 形 (食べ物·品物などが) 満足するほど十分ある. 十分だ. たっぷりある. ¶ 음식이 푸짐한 잔치 ごちそうがたっぷりの祝宴. **푸짐히** 副 たっぷり. 十分に.

푸푸 副 〔입김을 자꾸 내부는 소리〕 ふうふう. ぷうぷう(と).

푸하다 形 柔らかく膨らんでいる. ふんわりしている.

푹 副 **1**〔힘껏 찌르거나 쑤시는 모양〕 きゅっと. ぶすっと. ぶすりと. ぐさりと. ¶ 주사 바늘을 팔에 ~ 찌르다 注射針を腕にぶすっと刺す. **2**〔전체를 덮거나 싸는 모양〕 すっぽり(と). ¶ 이불을 ~ 씌우다 布団をすっぽりかぶせる. **3**〔충분히 삶는 모양〕 じっくり(と). ¶ 닭을 ~ 고다 鶏をじっくりと煮込む. **4**〔잠이 깊게 드는 모양〕 ぐっすり(と). ¶ 잠이 ~ 들다 ぐっすり寝入る. **5**〔몸을 흡족히 쉬는 모양〕 ゆったり(と). ¶ 오후는 집에서 ~ 쉰다 午後は家でゆったりとくつろぐ. **6**〔완전히 젖은 모양〕 びっしょり(と). ¶ 비에 ~ 젖다 雨にびっしょりぬれる. **7**〔깊고 뚜렷이 팬 모양〕 ぼこっと. ¶ 구덩이가 ~ 패어 있다 くぼみがぼこっと掘られている. **8**〔깊이 빠지거나 들어간 모양〕 ずぼっと. ¶ 진흙탕에 발이 ~ 빠지다 ぬかるみに足がずぼっとはまる. **9**〔가라앉은 모양〕 ぶくっと. ¶ 물에 ~ 잠기다 水の中にぶくっと沈む. **10**〔힘없이 쓰러지는 모양〕 べたりと. ¶ 지쳐서 땅바닥에 ~ 주저앉다 疲れて地べたにべたりと座り込む. **11**〔물건을 많이 퍼내는 모양〕 どっさり. たっぷり. ぐさっと. ¶ 삽으로 모래를 ~ 뜨다 シャベルで砂をぐさっとすくう. **12**〔갑자기 많이 줄어든 모양〕 がくんと. ¶ 잼을 만들어서 설탕이 ~ 줄었다 ジャムをつくったので砂糖ががどっと減った. **13**〔고개를 깊이 숙이는 모양〕 がっくりと. ¶ 머리를 ~ 떨어뜨리다 がっくりと首を垂れる.

푹석 副 하自 **1**〔먼지가 갑자기 가볍게 일어나는 모양〕 ぱっと. **2**〔푸석하여 쉽게 부서지는 모양〕 ばさっと. **3**〔힘없이 주저앉는 모양〕 べたりと. >폭삭

푹석푹석 副 하自 ばさばさ(と).

푹신하다 形 ふくよかだ. ふかふかしている. ¶ 푹신한 침대 ふかふかのベッド. >폭신하다 **푹신히** 副 ふくよかに. ふかふかに.

푹신푹신 副 하形 ふかふか(と). ふわふわ(と). ¶ ~한 이불 ふわふわの布団.

푹푹[1] 副 ☞푹

푹푹[2] 副 **1**〔찌는 듯이 무더운 모양〕 むしむし(と). ¶ ~ 찌는 여름밤 むしむしする夏の夜. **2**〔심하게 썩는 모양〕 すっかり. ¶ 과일이 ~ 썩다 果物がすっかり腐る. **3**〔돈을 아낌없이 쓰는 모양〕 やたらに. 惜しげなく. ¶ 돈을 ~ 쓰다 金を惜しげなく使う. **4**〔눈이 많이 내려 쌓이는 모양〕 こんこん(と). ¶ ~ 내려 쌓이는 눈 こんこんと降りつもる雪.

푹푹하다 形 紙や布地などが厚ぼったくもろい.

푹하다 形 (冬の天気が) ぽかぽかと暖かい.

푼〔← 分〕 依名 **1**〔화폐 단위〕 文. ¶ 동전 두 ~ 銅銭2文. **2**〔무게 단위〕 分. ¶ 한 돈 두 ~ 1匁2分. **3**〔길이 단위〕 分. ¶ 한 치 칠 ~ 1寸7分. **4**〔백분비〕 分. ¶ 1할 5~의 이자 1割5分の利子.

푼거리 名 薪などのばら売り. 分け売り. 分売.

푼거리나무 名 ばら売りする薪.

푼거리질 名 하自 **1** ばら売りの薪を買って焚くこと. **2** 物をちびちび買うこと.

푼내기 名 **1** 小銭の賭け事. **2** ☞푼거리

푼내기흥정 名 하自 小銭による売買. 少額の取り引き.

푼더분하다 形 **1** ふくよかだ. 福々しい. **2** 豊かだ. ¶ 살림살이가 ~ 暮らしが豊かだ. **푼더분히** 副 福々しく. 豊かに.

푼돈 名 はした金. はした銭. ばら銭. 小銭. ¶ ~을 모으다 小銭をためる.

푼사 依名 (お金を数えるときの) 1文に満たない小銭. ¶ 열 돈 ~ 10文あまり.

푼수〔← 分數〕 **I** 依名 **1** 割. 比率. ¶ 늙은 ~로는 기운이 세다 年を取った割に力が強い. **2** (いくらかに相当する) 程度. 分. ¶ 하루에 두 사람 ~는 되는 일을 한다 1日に二人分になる仕事をする.

II 名 〔생각이 모자라고 어리석은 사람〕 人となり. 身分. ¶ ~짓을 하다 愚かな事をする.

푼어치 名 はした金で計算ができるくらいの品物.

푼주〔← 反 盆子〕 名 (たらいのように) 口が大きく底の狭い陶磁器.

푼치 名 (長さの分と寸のことで) ほんのわずかな違い. 寸分.

푼푼이 副 1銭2銭と. わずかずつ. ¶ ~ 저금하다 少しずつ貯金する.

푼푼하다 形 ゆとりがある. 十分だ. 豊かである. ¶ 고생한 끝에 생활이 푼푼해졌다 苦労したあげく暮らしにゆとりができてきた. **푼푼히** 副 十分に. ¶ 돈을 ~ 갖고 있다 お金を十分に持っている.

푿소 名 夏に草ばかり食べて育った牛.

푿소고기 名 푿소の肉〈味が落ちる〉.

풀[1] 名 糊. ¶ ~로 붙이다 糊で張る / ~이 잘 먹은 옷 糊のよくきいた服.

◆**풀을 먹이다** (布・紙などに)糊づけをする.

◆**풀이 서다** (布などに)糊がきく.

◆**풀이 죽다** 元気がなくしょげている. しょぼんとしている. しょげる.

풀[2] 名 草. ¶ ~이 나다 草が生える / ~이 자라다 草が伸びる / 가축이 ~을 뜯다 家畜が草を食う / ~을 뽑다 草をむしる / ~을 베다 草を刈る.

풀[3]〔pool〕名 プール. **1** たまり場. 置き場. ¶ 모터 ~ モータープール. **2** 水泳場.

풀갓 名 草や緑肥を栽培している区域.

풀기〔—氣〕名 **1** 糊気. **2** 元気. 活気.

풀꺾이 名 하自〔農〕苗代の肥料にする草肥を刈ること.

풀다 他 **1** ほどく. ほぐす. ほごす. ¶ 꼬인 실을 ~ もつれた糸をほどく / 머리를 풀어 헤치다 髪をほどいてかき分ける / 붕대를 ~ 包帯をほどく. **2** (願い・恨みなどを)遂げる. 晴らす. ¶ 소원을 ~ 願いを遂げる / 원한을 ~ 恨みを晴らす. **3** 解除する. 解く. ¶ 계엄령을 ~ 戒厳令を解く / 무장을 ~ 武装解除する. **4** (感情・雰囲気などを)和らげる. ほぐす. 解消する. ¶ 오해를 ~ 誤解を解く / 긴장을 ~ 緊張をほぐす. **5** (問題などを)解く. 解き明かす. 解明する. ¶ 수수께끼를 ~ 謎を解き明かす / 암호문을 ~ 暗号文を判読する. **6** 溶かす. 溶く. 混ぜる. ¶ 설탕을 물에 ~ 砂糖を水に溶かす. **7** (人を)動員する. 配置する. ¶ 경찰관을 거리에 ~ 警察官を通りに配置する. **8** (土地を)耕す. 水田をつくる. ¶ 개펄에 논을 ~ 沼地に田をつくる. **9** 鼻をかむ. ¶ 화장지로 코를 ~ ちり紙で鼻をかむ. **10** はずす. ¶ 수갑을 ~ 手錠をはずす / 와이셔츠의 단추를 ~ ワイシャツのボタンをはずす. **11** 解く. ¶ 여장을 ~ 旅装を解く / 선물을 ~ 贈り物を解く.

풀떼기 名 雑穀で糊のように炊いた粥.

풀리다 自 **1** (結び目が)ほどける. ¶ 실이 ~ 糸がほぐれる / 매듭이 ~ 結び目がほどける. **2** ほぐれる. 消える. ¶ 어깨의 응어리가 ~ 肩の凝りがほぐれる / 멍이 ~ あざが消える. **3** (疑い・誤解が)なくなる. 晴れる. ¶ 의심이 ~ 疑いがなくなる / 절도 혐의가 ~ 窃盗の嫌疑が晴れる. **4** (問題が)解ける. ¶ 어려운 숙제가 풀렸다 難しい宿題が解けた. **5** (怒り・恨みが)なくなる. 晴れる. ¶ 스트레스가 ~ ストレスがなくなる / 원한이 ~ 恨みが晴れる. **6** (禁令・職位などが)解除される. ¶ 금족령이 ~ 禁足令が解除される. **7** (寒さが)和らぐ. 緩む. ¶ 추위가 많이 풀렸군 寒さがだいぶん和らいだな. **8** (液体に粉などが)溶ける. ¶ 가루가 물에 잘 풀린다 粉が水によく溶ける.

풀막〔—幕〕名 草屋. 苫屋.

풀매기 名 하自 除草. 草取り. 草むしり. ¶ 밭의 ~를 하다 畑の草取りをする.

풀매듭 名 ほどけやすい結び目.

풀매미 名〔動〕ちっちぜみ.

풀머리 名 하自 さばき髪. ざんばら髪.

풀무 名 ふいご.

풀무질 名 하自 ふいごで風を起こすこと.

풀밭 名 草地. 草原. 草むら.

풀벌 名 草原.

풀벌레 名 草むらにすむ昆虫.

풀비 名 糊刷毛.

풀빛 名 草色.

풀빵 名 たい焼き.

풀색〔—色〕名 草色.

풀솜 名 真綿.

풀숲 名 草むら. 草やぶ.

풀쌀 名 糊をつくるための米.

풀썩[1] 副 하自〔연기·먼지 등이 일어나는 모양〕ぽっと. ふわっと. ぱっと.

풀썩거리다[-대다] 自 (煙・ほこりなどが)しきりにふわっと立つ.

풀썩풀썩 副 하自 ふわっふわっと. ぱっぱっと.

풀썩[2] 副〔맥없이 주저앉는 모양〕ぺたんと. ¶ 할아버지는 실망하여 ~ 주저앉았다 おじいさんはがっかりしてぺたんと座り込んだ.

풀쑥 副〔'불쑥'의 거센말〕**1** にゅっと. だしぬけに. ひょいと. **2**〔앞뒤 생각 없이〕いきなり.

풀어내다 他 **1** (もつれた物を)解きほぐす. ¶ 엉킨 털실을 ~ もつれた毛糸をほぐす. **2** (深い道理・難しい問題などを)解き明かす. 解明する. ¶ 까다로운 문제를 ~ ややこしい問題を解く. **3** ☞풀어먹이다 2

풀어놓다 他 **1** 解き放す. 釈放する. 放つ. ¶ 사냥개를 들에 ~ 猟犬を野に解き放つ. **2** (探索のため人を)放つ. 配置する. ¶ 형사들을 사방에 ~ 刑事たちを四方に放つ.

풀어먹이다 他 **1** (食べ物・財物などを)分け与える. 分配する. **2**〔民俗〕悪鬼にとりつかれた病気を, 粥を炊いて捨てたりムーダン(무당)や盲目の易者の儀式で追い払う.

풀어쓰기 名〔言〕ハングルの字形を要素文字に分解し, 初声字・中声字・終声字の順に並べて書く方式. 국어をㄱㅜㄱㅇㅓのように書くこと.

풀어지다 自 **1** 解ける. (結び目などが)ほどける. ほつれる. ¶ 보자기의 매듭이 ~ ふろしきの結び目が解ける. **2** (誤解・恨みなどが)晴れる. 和らぐ. 解ける. ¶ 화가 ~ 憤りが和らぐ. **3** (道理・問題などが)解ける. ¶ 수학 문제가 ~ 数学の問題が解ける. **4** (寒さが)和らぐ. 暖かくなる. ¶ 이 추위는 언제 풀어지지? この寒さはいつ和らぐのだろうか. **5** (水に粉などが)溶ける. ¶ 물에 설탕이 ~ 水に砂糖が溶ける. **6** (麺類などが)膨らむ. 伸びる. ¶ 가락국수가 풀어져서 맛없다 うどんが伸びておいしくない. **7** (体のあざが)なくなる. **8** (瞳が)どんより(と)している.

풀오버〔pullover〕 名 プルオーバー.
풀이¹ 名 하他 **1** 解釈. 解くこと. ¶ 낱말 ~ 単語の解釈. **2**〔문제가 요구하는 결과를 얻는 것 또는 그 결과〕解答. 答え.
-풀이² 接尾 하自 (誤解·怨恨·悪鬼などを)打ち払うこと. お祓い. 厄払いすること. ¶ 살~하다 厄払いする.
풀잎 名 草の葉.
풀잎피리 名 草笛. ¶ ~를 불다 草笛を吹く.
풀장〔pool場〕 名 プール. ¶ 실내 ~ 室内プール.
풀질 名 하自 糊づけ. ¶ 도배지에 ~하다 壁紙に糊をつける.
풀쩍 副 하自他 **1**〔문을 갑자기 열거나 닫는 모양〕ばたんと. ぴしゃり(と). **2**〔약간 무거운 것이 뛰거나 날아 오르는 모양〕ぱっと. ひらりと.
풀쩍거리다[-대다] 自他 ぱたんぱたんとする. (しきりに)開け閉てしながら出入りする. (図体の大きいのが軽く)ひらりひらりと跳ね上がる.
풀쩍풀쩍 副 하自他 ひらりひらり(と).
풀치마 名 巻いてまとうチマ.
풀칠 名 하自 **1** 糊をつけること. ¶ 창호지에 ~을 하다 障子紙に糊をつける. **2** 糊口. 口過ぎ. ¶ 겨우 입에 ~할 정도다 辛うじて糊口をしのぐ程度だ.
풀풀 副 **1**〔뛰거나 나는 모양〕ぱたぱた. ぴょんぴょん. **2**〔눈·먼지·연기 등이 흩날리는 모양〕ひらひら(と). もうもう(と). ちらちら(と). ¶ 바람에 ~ 날리다 風にひらひら飛び散る / 눈이 ~ 내린다 雪がちらちらと降る.
풀풀하다 形 せっかちで荒っぽい.
풀피리 名〔'풀잎피리'의 준말〕草笛.
품¹ 名 **1** ふところ. 胸. ¶ 엄마 ~에서 잠들다 母のふところで眠る. **2** 身幅. ¶ ~이 작다 身幅が狭い / ~이 맞다 身幅が合う. **3** 上衣の胸部. 胸と上衣との間隙. ¶ ~이 넉넉한 옷 胸部にゆとりのある上衣. **4** 温かく迎え入れられる所. ¶ 조국의 ~으로 돌아오다 祖国の地に帰ってくる.
품² 名 手間. 労力. ¶ ~이 많이 들다 なかなか手間がかかる.
◆**품을 팔다** 手間仕事をする.
품³〔品〕 **I** 名 **1**〔'품질'의 준말〕品質. ¶ ~이 낮다 品質が劣る. **2**〔'품격'의 준말〕品. 品格. 品位.
II 依名〔史〕〔품계〕品. 位階. ¶ 정2~ 正二品 / 종 1~ 従一品.
III 接尾〔물품〕…品. ¶ 수입~ 輸入品.
품⁴ 依名〔동작·모양·형세〕振り. さま. ようす. ¶ 사람된 ~ 人となり / 말하는 ~이 신사답다 ことばつきが紳士にふさわしい.
품값 名 労賃. 賃金. ¶ ~을 받다 労賃を受け取る.
품갚음 名 하自 労力の見返り.
품격〔品格〕 名 品格. 品位. 品. ¶ ~이 높은 사람 品のよい人.
품결〔稟決〕 名 하他 稟議で決定すること.
품계〔品階〕 名〔史〕位階.
품귀〔品貴〕 名 하形 品切れ. 品薄. ¶ ~ 상태 品切れ状態.
품급〔品級〕 名 位階.
품꾼 名〔'품팔이꾼'의 준말〕日雇い労働者.
품다¹ 他 **1** 抱く. かかえる. ¶ 아이를 가슴에 ~ 子供を胸に抱く / 암탉이 알을 ~ めんどりが卵を抱く. **2** (考えなどを)抱く. 持つ. ¶ 의혹을 ~ 疑惑を抱く / 희망을 ~ 希望を抱く / 반감을 ~ 反感を抱く / 가슴에 비수를 ~ 懐に匕首を忍ばせる.
품다² 他 (たまっている水を)続けざまに汲み出す.
품돈 名 労賃. 賃金.
품등〔品等〕 名 品等. ¶ ~을 매기다 品等をつける.
품류〔品類〕 名 品類.
품명〔品名〕 名 品名.
품목〔品目〕 名 品目. ¶ 영업 ~ 営業品目 / 출품 ~ 出品品目.
품별〔品別〕 名 하他 品別. 品別け.
품사〔品詞〕 名〔言〕品詞.
품사론〔—論〕 名〔言〕品詞論.
품사 전성〔—轉成〕 名〔言〕ある品詞が他の品詞に変わること.
품삯 名 労賃. 手間賃. 手間代. ¶ 싼 ~으로 일하다 安い労賃で働く.
품성¹〔品性〕 名 品性. 人格. ¶ ~을 기르다 品性を養う.
품성²〔稟性〕 名 稟性. 天性. ¶ ~이 밝은 기질 稟性の明るい気質.
품속 名 ふところ. 懐中. ¶ 돈을 ~에 간직하다 お金をふところにしまっておく.
품신〔稟申〕 名 하他 上申.
품안 名 ふところ. 懐中. ¶ 어린애를 ~에 안다 幼児を胸に抱く.
품앗이 名 하自 きつい仕事を互いに助けあってやること. ¶ 농촌에서는 서로 ~를 한다 農村では互いに野良仕事を助け合う.
품위〔品位〕 名 品位. 品格. 柄. ¶ ~가 있다[없다] 品位がある[ない] / ~를 잃다 品位を失う / ~를 지키다 品位を保つ.
품의〔稟議〕 名 하他 稟議. ¶ ~서 稟議書.
품재〔品才〕 名 品性と才能.
품절〔品切〕 名 하自 品切れ.
품종〔品種〕 名 品種. ¶ ~ 개량 品種改良.
품질〔品質〕 名 品質. 質. 品柄. ¶ 우수한 ~ 優秀な品質 / ~ 보증 品質保証 / ~ 관리 品質管理.
품팔이 名 하自 日雇い労働. 賃仕事.
품팔이꾼 名 日雇い労働者.
품평〔品評〕 名 하他 品評. 品定め.
품평회〔—會〕 名 品評会.
품하다〔稟—〕 他 上申する. 申し上げる.
품행〔品行〕 名 品行. 行ない. 身持ち. ¶ ~ 방정 品行方正 / ~을 바르게 하다 品行を正す / ~이 나쁘다 品行が悪い.
풋- 接頭 **1** 新しい…. 初物の…. ¶ ~내기 新人. 青二才. **2** 未熟の…. **3** 深くないの意を表わす. ¶ ~

ㅍ

사랑 気まぐれのはかない恋 / ～잠 うたた寝.
풋감 名 青い柿.
풋거름 名 緑肥. 草肥.
풋것 名 初物. 走り.
풋고추 名 青とうがらし.
풋곡〔一穀〕名 ☞풋곡식
풋곡식〔一穀食〕名 十分実っていない穀物.
풋과실〔一果實〕名 まだ熟していない果物.
풋김치 名 春・秋の初物の大根・白菜で漬けたキムチ.
풋나무 名 柴. そだ.
풋나물 名 春に新しく出た菜っ葉. 青葉.
풋내 名 **1** (新芽・若葉などの)青くさいにおい. **2** (比喩的に)足りないこと. 未熟であること.
풋내기 名 新米. 青二才. 素人. 初心者. 新人. ¶ ～ 주제에 건방지다 新米のくせになまいきだ.
풋담배 名 **1** 青葉を乾かしたばかりのたばこ. **2** 味も分からずに吸うたばこ.
풋대추 名 **1** 乾かしていないなつめの実. **2** 熟していないなつめの実.
풋바심 名 하他 青刈りして脱穀すること.
풋밤 名 熟していない栗.
풋배 名 熟れていない梨.
풋벼 名 まだ十分に実らない稲.
풋볼〔football〕名〔體〕フットボール. サッカー.
풋사과〔一沙果〕名 まだ十分に熟していないりんご.
풋사랑 名 **1** 幼い時の恋. **2** はかない恋. かりそめの恋. 淡い恋.
풋솜씨 名 不慣れな手際. 不手際.
풋술 名 味も分からずに飲む酒.
풋잠 名 寝入りばな. うたた寝. 仮眠.
풋장기〔一將棋〕名 へぼ将棋.
풋콩 名 枝豆. 実が十分入っていない豆.
풋풋하다 形 **1** (植物の葉や花からにおう香りが)すがすがしい. 新鮮な香りがする. ¶ 풋풋한 아카시아의 향기 新鮮なアカシアの香り. **2** (完全でもなく洗練されでもいないが)生気に満ちている. 清純だ. ¶ 젊은이들의 풋풋한 사랑 이야기 若人たちの清純な恋の話題.
풍¹〔風〕名〔'허풍'의 준말〕ほら. 誇張. うそ.
◆**풍을 치다** ほらを吹く. 大言を吐く.
풍²〔風〕名〔韓方〕風. **1** 精神作用・筋肉伸縮・感覚などに故障を起こす中風などの病気. **2** 原因不明の皮膚疾患.
풍³ 副 **1**〔방귀 소리〕ぶっと. ¶ 방귀를 ～ 뀌다 おならをぶっとする. **2**〔구멍 뚫릴 때 나는 소리〕ぽこんと. ¶ 벽에 큰 구멍이 ～ 뚫렸다 壁に大きな穴がぽこんとあいた. **3**〔물에 무거운 물건이 떨어지는 소리〕どぶんと. ¶ 연못에 사람이 ～ 빠졌다 池に人がどぶんと落ちた.
-풍⁴〔風〕接尾〔풍속・풍채・양식〕…風. ¶ 서유럽～ 西欧風 / 동양～의 의상 東洋風の衣装.
풍간〔諷諫〕名 하他 諷諫. 遠回しにいさめること.
풍격〔風格〕名 風格. ¶ 정치가다운 ～ 政治家らしい風格 / ～이 있는 서화 風格のある書画.
풍경¹〔風景〕名 **1** 風景. 景色. 情景. ¶ 전원 ～ 田園風景 / ～을 화폭에 옮기다 風景を画幅に移す. **2** ☞ 풍경화
풍경화〔一畫〕名〔美〕風景画.
풍경²〔風磬〕名 (寺などの軒下につるす)小さな鐘形の鈴. 風鐸.
풍경치다 自 風鈴を鳴らす. しきりに出入りする.
풍골〔風骨〕名 風骨. 風格. ¶ ～이 장대한 노인 風骨のりっぱな老人.
풍광〔風光〕名 風光. 風景. 景色.
풍구〔風一〕名 **1**〔農〕唐箕〈風力によって穀物を精選する農具〉. **2** ふいご.
풍구질 名 唐箕を操作すること.
풍금〔風琴〕名〔樂〕風琴. オルガン. ¶ 손～ 手風琴. アコーディオン.
풍기¹〔風紀〕名 風紀. ¶ ～ 문란 風紀紊乱.
풍기²〔風氣〕名 風気. **1** 風俗. **2** ☞ 풍병(風病) **3** 風格と気性.
풍기다 自他 **1** (におい・気配などが)漂う. 漂わす. 放つ. ¶ 악취를 ～ 悪臭を放つ / 꽃 향기가 사방에 ～ 花の香りが四方に漂う. **2** (鳥などが)四方に散る. 飛び立たせる. **3** (穀物を)吹き分ける. ¶ 벼를 바람에 대고 ～ 籾を風にさらして吹き分ける.
풍년〔豐年〕名 豊年. 当たり年. ¶ 작년은 ～이었다 昨年は豊年だった.
풍년거지 名 豊年乞食. あらゆる人が得をしているのに自分だけが貧乏くじを引いた人のこと.
풍년기근〔一飢饉〕名 豊作貧乏.
풍덩 副 하自他 どぶんと. とぼんと. ¶ 우물에 큰 돌이 ～ 떨어졌다 井戸に大きな石がどぶんと落ちた. >퐁당
풍덩거리다〔-대다〕自他 どぶんどぶんと落ちる.
풍덩풍덩 副 하自他 どぶんどぶんと.
풍뎅이 名〔動〕黄金虫.
풍도〔風度〕名 風度. 風采. 態度.
풍동〔風洞〕名〔物〕風洞.
풍란〔風蘭〕名〔植〕風蘭.
풍랑〔風浪〕名 **1** 風浪. ¶ ～에 시달리다 風浪にもてあそばれる. **2** 苦労. ¶ 온갖 ～을 겪다 あらゆる苦労を経験する.
풍력〔風力〕名 **1** 風力. 風勢. **2** 人の威力.
풍력계〔一計〕名〔氣〕風力計.
풍력 계급〔一階級〕名〔氣〕風力階級.
풍력 발전〔一發電〕名 風力発電.
풍로〔風爐〕名 七輪. 焜炉. ¶ 석유～ 石油こんろ.
풍류〔風流〕名 風流. 優雅に歌い踊ること. 花鳥風月. ¶ ～를 모르는 사람 風流を解さない人.
풍림〔風林〕名 **1** 防風林. **2** 風致林.

ㅍ

풍만하다〔豊満―〕 形 豊満だ. ¶ 풍만한 자태 豊満な姿態.
풍매화〔風媒花〕 名〔植〕 風媒花.
풍모〔風貌〕 名 風貌. 風采. ¶ 야무진 ~ きりりとした風貌.
풍문〔風聞〕 名 風聞. 風説. うわさ. 風の便り. ¶ 거리의 ~ 巷のうわさ / ~으로 듣다 風の便りに聞く.
풍물〔風物〕 名 **1** 風物. ¶ 시적 ~ 詩的な風物. **2** 〔樂〕 農楽に用いる楽器の総称.
　풍물장이 名 農楽の楽器をつくる職人.
풍미¹〔風味〕 名 **1** 風味. ¶ ~를 살린 음식 風味を生かした料理. **2** 人格が優れていること.
풍미²〔風靡〕 名 하他 風靡. ¶ 일세를 ~하다 一世を風靡する.
풍미³〔豊味〕 名 たっぷりで満足な味.
풍미하다〔豊美―〕 形 豊かで美しい.
풍병〔風病〕 名〔韓方〕 風病〈神経系統の障害で起こる病気の総称〉.
풍부하다〔豊富―〕 形 豊富だ. 豊かだ. 富んでいる. ¶ 풍부한 지식 豊富な知識 / 자원이 ~ 資源が豊富である.
　풍부히 副 豊富に. 豊かに.
풍비〔風飛〕 名 하自 風に飛び散ること.
　풍비박산〔―雹散〕 名 하自 四方に飛び散ること.
풍산〔豊産〕 名 하自 豊富に産出すること. 豊かな産物.
풍상〔風霜〕 名 風霜. 風雪. ¶ ~ 우로 風霜と雨露 / 온갖 ~을 겪다 いくたの風霜を経る.
풍선¹〔風扇〕 名 **1** あおぐ器具〈扇風機など〉. **2** 唐箕.
풍선²〔風船〕 名 風船. 風船玉. ¶ ~을 날리다 風船を飛ばす / ~을 띄우다 風船をあげる.
풍설¹〔風雪〕 名 風雪. ¶ ~에 견디다 風雪に耐える.
풍설²〔風說〕 名 風説. うわさ. 風聞. ¶ 시시한 ~ くだらないうわさ / ~이 퍼지다 風説が広まる.
풍성암〔風成巖〕 名〔地〕 風成岩.
풍성층〔風成層〕 名〔地〕 風成層.
풍성토〔風成土〕 名〔地〕 風成土.
풍성풍성하다〔豊盛豊盛―〕 形 とても豊かだ. **풍성풍성히** 副 とても豊かに.
풍성하다〔豊盛―〕 形 豊富だ. ¶ 풍성한 곡식 豊かな穀物. **풍성히** 副 豊かに.
풍세〔風勢〕 名 風勢. 風力.
풍속¹〔風俗〕 名 風俗. 風習. しきたり. ¶ ~ 소설 風俗小説 / ~을 어지럽히다 風俗を乱す.
　풍속도〔―圖〕 名〔美〕 風俗図.
　풍속 사범〔―事犯〕 名〔法〕 風俗犯.
　풍속화〔―畫〕 名〔美〕 風俗画.
풍속²〔風速〕 名 風速.
　풍속계〔―計〕 名〔氣〕 風速計.
풍수¹〔風水〕 名〔民俗〕 **1** (陰陽道での)風水. **2** ☞지관(地官)
　풍수설〔―說〕 名 風水に関する学説.
　풍수쟁이 名 〈俗〉 ☞지관(地官)
　풍수지리〔―地理〕 名 ☞풍수지리설
　풍수지리설〔―地理說〕 名 ☞풍수(風水)1
　풍수해〔―害〕 名 風水害.
풍수²〔豊水〕 名 豊水. ¶ ~기 豊水期.
풍수지탄〔風樹之歎〕 名 風樹の嘆.
풍습〔風習〕 名 風習. ならわし. しきたり. ¶ ~을 지키다 風習に従う.
풍식〔風蝕〕 名〔地〕 風食. ¶ ~ 작용 風食作用.
풍신〔風神〕 名 **1** 風伯. 風の神. **2** 風采.
풍아〔風雅〕 名 하形 風雅. ¶ ~한 사람 風雅な人.
풍악〔風樂〕 名〔樂〕 (昔から伝えられてきた)韓国固有の音楽.
풍압〔風壓〕 名〔物〕 風圧. ¶ ~계 風圧計 / ~에 견디다 風圧に耐える.
풍어〔豊漁〕 名 豊漁. 大漁.
풍염〔豊艶〕 名 하形 豊艶. ¶ ~한 여성 豊艶な女性.
풍요〔豊饒〕 名 하形 裕福なさま. 豊かなこと.
　풍요롭다 形 裕福だ. 豊かだ.
풍우〔風雨〕 名 風雨. 雨風. ¶ ~를 무릅쓰고 가다 風雨をついて出発する.
풍운〔風雲〕 名 風雲. ¶ ~의 뜻 風雲の志.
　풍운아〔―兒〕 名 風雲児.
풍월〔風月〕 名 하自 風月. ¶ 화조 ~ 花鳥風月 / ~을 벗삼다 風月を友とする.
풍유¹〔諷諭〕 名 하他 諷諭.
　풍유법〔―法〕 名〔文〕 諷諭法.
풍유²〔豊裕〕 名 하形 豊饒. 諷刺.
풍자〔諷刺〕 名 하他 風刺. ¶ ~극 風刺劇 / ~ 소설 風刺小説 / 세상을 ~하다 世相を風刺する.
　풍자만화〔―漫畫〕 名 風刺漫画.
　풍자 문학〔―文學〕 名〔文〕 風刺文学.
풍작〔豊作〕 名 豊作. 反 凶作 ¶ 해마다 ~이다 毎年豊作だ.
풍장¹ 名 農楽用の楽器.
풍장²〔風葬〕 名 風葬.
풍재〔風災〕 名 風災. 風害.
풍적토〔風積土〕 名〔地〕 風積土.
풍전〔風前〕 名 風前.
　풍전등촉〔―燈燭〕 名 ☞풍전등화
　풍전등화〔―燈火〕 名 風前の灯火.
풍정〔風情〕 名 風情. ¶ 가을 ~ 秋の風情.
풍조〔風潮〕 名 風潮. ¶ 사회의 ~를 반영하다 社会の風潮を反映する.
풍족하다〔豊足―〕 形 豊かだ. ¶ 농산물이 풍족한 지방 農産物の豊かな地方 / 풍족하게 살다 豊かに暮らす. **풍족히** 副 豊かに.
풍증〔風症〕 名〔韓方〕 ☞풍병
풍지〔風紙〕 名 〔'문풍지'의 준말〕 目張り.
풍진〔風塵〕 名 風塵. **1** 風で舞い上がるごみ. **2** 目まぐるしい俗事. **3** 戦塵.
　풍진세계〔―世界〕 名 (戦争などで)騒然とした世の中.
풍차〔風車〕 名 **1** 風車. **2** 風車. **3** 唐箕.
풍채〔風采〕 名 風采. ふうてい. みなり. ¶ 당당한 ~ 堂々たる風采 / ~가 좋다 風格がある.
풍취〔風趣〕 名 風趣. 趣. ¶ ~가 있다 趣がある / ~가 넘치다 風趣に富む.

풍치[1]〔風致〕 名 風致. 趣. ¶이 정원은 ~가 있다 この庭は趣がある.
풍치림〔一林〕 名 風致林.
풍치 지구〔一地區〕 名 風致地区.
풍치[2]〔風齒〕 名 神経症による歯痛.
풍토〔風土〕 名 風土. ¶~기 風土記 / ~색 風土色 / ~병 風土病.
풍파〔風波〕 名 **1** 波風. 風波. ¶~에 시달리다 風波にもまれる. **2** 波風. もめ事. 風波. ¶가정에 ~를 일으키다 家庭に波風をたてる / ~가 끊이지 않는다 もめ事が絶えない. **3** (世の)荒波. 苦難. 苦労. ¶온갖 ~를 겪다 あらゆる苦労をなめる.
풍편〔風便〕 名 風の便り. うわさ.
풍풍 副 하自 **1**〔좁은 구멍으로 액체가 세차게 쏟아지는 소리〕どくどく(と). ¶~ 쏟아져 나오다 どくどく流れ出る. **2**〔막혀 있던 기체나 가스가 뿜어 나오는 소리〕ぶうぶう(と). **3**〔여러 구멍이 연달아 크게 뚫어지는 모양〕ぼこんぼこん(と). **4**〔깊은 물 속으로 무거운 것이 자꾸 떨어지는 모양〕どぶんどぶん(と).
풍풍거리다[-대다] 自他 しきりにどくどく[ぶうぶう. ぼこんぼこん. どぶんどぶん]と音を出す.
풍해[1]〔風害〕 名 風害. 風災.
풍해[2]〔風解〕 名 風解. 風化.
풍향〔風向〕 名 風向. かざむき.
풍향계〔一計〕 名 風向計.
풍화〔風化〕 名 하自 風化. ¶~물 風化物 / ~ 석회 風化石灰 / ~ 작용 風化作用.
풍흉〔豊凶〕 名 豊凶. 豊年と凶年.
퓨즈〔fuse〕 名 ヒューズ. ¶~가 끊어졌다 ヒューズが飛んだ.
퓰리처상〔Pulitzer賞〕 名 ピュリッツァー賞.
프라이〔fry〕 名 하他 (魚や野菜の)フライ. 目玉焼き.
프라이드〔pride〕 名 プライド.
프라이버시〔privacy〕 名 プライバシー. ¶~ 침해 プライバシーの侵害.
프라이팬〔frypan〕 名 フライパン.
프락치〔← 러 fraktsiya〕 名 フラク(ション).
프랑〔프 franc〕 依名〔화폐 단위〕フラン.
프랑스〔France〕 名〔地〕フランス〈ヨーロッパ西部の共和国〉.
프러포즈〔propose〕 名 하自 プロポーズ. 求婚.
프런트〔front〕 名 (ホテルの)フロント.
프레스〔press〕 名 プレス. **1**〔工〕圧縮機械. **2** 新聞. 新聞界. ¶~ 센터 プレスセンター.
프레온〔Freon〕 名〔化〕フレオン. フルオロカーボン. ¶~ 가스 フレオンガス.
프렌치토스트〔French toast〕 名 フレンチトースト.
프로 Ⅰ 名 **1**〔'프로그램'의 준말〕プロ. プログラム. 番組. ¶방송 ~ 放送プログラム. 放送番組. **2**〔'프롤레타리아'의 준말〕プロ. プロレタリア. **3**〔'프로페셔널'의 준말〕プロ. プロフェッショナル.
Ⅱ 依名〔'퍼센트'의 준말〕パーセント. ¶버스 요금의 10~ 인상 バス代の10パーセント引き上げ.
프로그래머〔programmer〕 名 プログラマー.
프로그램〔program〕 名 プログラム. 番組. プロ.
프로덕션〔production〕 名 プロダクション.
프로듀서〔producer〕 名 プロデューサー.
프로젝트〔project〕 名 プロジェクト.
프로테스탄트〔Protestant〕 名〔基〕プロテスタント. 新教.
프로판〔propane〕 名〔化〕プロパン. ¶~ 가스 プロパンガス.
프로페셔널〔professional〕 名 プロフェッショナル. プロ.
프로펠러〔propeller〕 名 プロペラ.
프로포즈〔propose〕 名 하自 ⇨프러포즈
프로필〔profile〕 名 プロフィール. **1** 横顔. **2** 側面からの人物評.
프롤레타리아〔프 prolétariat〕 名 プロレタリア.
프롤로그〔prologue〕 名 プロローグ.
프리랜서〔freelancer〕 名 フリーランサー.
프리마 돈나〔이 prima donna〕 名 プリマドンナ.
프리미엄〔premium〕 名 プレミアム.
프리즘〔prism〕 名〔物〕プリズム.
프리 킥〔free kick〕 名〔體〕(サッカーの)フリーキック.
프리 토킹〔free+talking〕 名 フリートーキング.
프린터〔printer〕 名 プリンター.
프린트〔print〕 名 하自他 プリント.
플라멩코〔에 flamenco〕 名〔樂〕フラメンコ.
플라스틱〔plastic〕 名〔化〕プラスチック.
플라타너스〔platanus〕 名〔植〕プラタナス.
플랑크톤〔plankton〕 名〔生〕プランクトン. 浮遊生物.
플래시〔flash〕 名 **1** 懐中電灯. **2** フラッシュ. ¶일제히 ~를 터뜨렸다 一斉にフラッシュをたいた.
플래카드〔placard〕 名 プラカード.
플랜〔plan〕 名 プラン. ¶~을 세우다 プランを立てる.
플랫폼〔platform〕 名 プラットホーム.
플러그〔plug〕 名 プラグ.
플러스〔plus〕 名 하他 プラス.
플레이〔play〕 名 プレー. ¶~ 볼 プレーボール / 파인 ~ ファインプレー.
플롯〔plot〕 名〔文〕プロット. 筋書き.
플루토늄〔plutonium〕 名〔化〕プルトニウム.
플루트〔flute〕 名〔樂〕フルート.
피[1] 名 血. **1** 血液. ¶~가 나오다 血が出る / ~가 멎다 血が止まる. **2** 血筋. 血統. ¶어버이의 ~를 이어받다 父母の血を引く. **3** 血気.
◆**피가 끓다** 血がわく. 胸を躍らせる.
◆**피가 마르다** 非常に苦しい.
◆**피가 통하다** ① 生きている. ② 温かい思いやりがある.
◆**피도 눈물도 없다** 血も涙もない.
◆**피로 피를 씻는다** 血で血を洗う.
◆**피를 나누다** 血を分ける.
◆**피를 보다** 血を見る. 血の雨が降る. 大きな損害をこうむる.

◆**피에 주리다** 血に飢える.

피² 名〔植〕稗草.

피³ 副 **1**〔비웃을 때 내는 소리[모양]〕ふんと. ¶경멸하여 ～ 웃다 軽蔑してふんと笑う. **2**〔고무공 등에서 공기가 새어 나오는 소리〕しゅうっと.

피-⁴〔被〕接頭 被…. ¶～선거권 被選挙権.

피각〔皮角〕名〔醫〕皮角.

피검〔被檢〕名 하自 **1** 検挙されること. **2** 検査を受けること.

피겨〔figure〕名 フィギュア. ¶～ 스케이팅 フィギュアスケート.

피격〔被擊〕名 하自 攻撃を受けること.

피견〔披見〕名 하他 披見.

피고〔被告〕名〔法〕被告.

　피고인〔一人〕名〔法〕被告人.

피고름 名 血膿.

피곤〔疲困〕名 하形 疲れ. くたびれ. 疲労. ¶～을 느끼다 疲労をおぼえる/～을 풀다 疲れを取る.

피골〔皮骨〕名 皮と骨.

　피골상접〔一相接〕名 骨と皮がくっつくほどにやせていること.

피교육자〔被教育者〕名 教育を受ける者.

피근피근 副 하形 片意地を張って人の言うことをきかないようす.

피나다 他 (주로 '피나게·피나는'의 꼴로) 血の出るよう. 血の滲むよう. ¶피나는 노력 血の滲むような努力.

피난〔避難〕名 하自 避難. ¶긴급 ～ 緊急避難.

　피난민〔一民〕名 避難民.

　피난살이 名 避難生活.

　피난처〔一處〕名 避難所.

피날레〔㊀finale〕名 フィナーレ.

피넛〔peanut〕名 ピーナッツ.

피눈물 名 血涙. ¶～을 흘리다 血の涙を流す.

피다¹ 自 **1** (花が)咲く. 開く. ¶벚꽃이 ～ 桜が咲く. **2** (かびなどが)生える. ¶곰팡이가 ～ かびが生える/검버섯이 ～ 老人性のしみができる. **3** (容貌が)ひときわ美しくなる. ¶한창 핀 처녀 花盛りの娘/얼굴이 몰라보게 피었다 顔の色つやがよくなった. **4** (火が)おこる. 燃える. ¶연탄불이 ～ 練炭の火がおこる. **5** (暮らし向きが)よくなる. 豊かになる. ¶살림이 좀 피었다 暮らしがちょっと楽になった. **6** (雲·煙などが)沸き起こる. 立ちのぼる. ¶아지랑이가 피어 오르다 かげろうが立ちのぼる. **7** (紙·皮などが)毛羽だつ. ¶피어 있는 창호지 毛羽立った障子紙.

피다² 他〔'피우다'의 준말〕**1** (たばこを)吸う. **2** (火)を起こす. **3** (においを)漂わす. 匂わす. **4** (ほこりなどを)立てる. **5** (花を)咲かせる. **6** (ある行動を)起こす.

피대〔皮帶〕名 調帯. ベルト.

피동〔被動〕名 受動. 受け身.

피둥피둥 副 하形 **1**〔살이 윤택하게 보이는 모양〕つやつや(と). ¶얼굴이 ～하다 顔がつやつやしている. **2** 横柄で図太いようす. ¶～ 놀기만 한다 何もしないで遊んでばかりいる.

피드백〔feedback〕名 하他 フィードバック.

피디〔PD ← program director〕名 (放送での)プロヂューサー. プログラムディレクター.

피딱지¹ 名 血が固まってできたかさぶた.

피딱지²〔皮一〕名 楮の皮でつくった粗紙.

피땀 名 **1** 脂汗. **2** 血と汗.

　◆**피땀을 흘리다** 血と汗を流す. ¶～ 흘려 번 돈 血と汗を流して稼いだお金.

피똥 名 血便.

피뜩 副〔어떤 생각이나 물체가 갑자기 떠오르거나 나타나는 모양〕ちらっと. ちらりと. ふいと. ふっと. ひょいと. ¶좋은 생각이 ～ 떠올랐다 いい考えがちらっと思い浮かんだ.

　피뜩피뜩 副 ひょいひょいと. ちらちらと.

피라미 名 **1**〔動〕追川. **2**〈俗〉下っ端. 下司.

피라미드〔pyramid〕名 ピラミッド.

피란〔避亂〕名 하自 避難. 疎開. ¶시골로 ～을 가다 田舎に疎開する.

　피란민〔一民〕名 避難民.

　피란살이 名 戦乱を避けて暮らすこと.

　피란지〔一地〕名 避難地. 疎開地.

　피란처〔一處〕名 乱を避けて移動した所.

피랍〔被拉〕名 하自 拉致されること. ¶낯선 남자에게 ～되다 見知らぬ男に拉致される.

피력〔披瀝〕名 하他 披瀝. ¶소신을 ～하다 所信を披瀝する.

피로¹〔披露〕名 하他 披露. ¶결혼을 ～하다 結婚のお披露目をする.

　피로연〔一宴〕名 披露宴.

피로²〔疲勞〕名 하形 疲労. 疲れ. ¶～가 쌓이다 疲れがたまる/～를 풀다 疲れをとる/잠을 못 자서 ～하다 寝不足で疲れた.

피뢰〔避雷〕名 하自 避雷.

　피뢰기〔一器〕名 避雷器.

　피뢰침〔一針〕名〔物〕避雷針.

피륙 名 反物. 生地. 布地. ¶～점 反物屋.

피리 名〔樂〕笛. 縦笛. ¶～를 불다 笛を吹く.

피마자〔蓖麻子〕名 **1**〔植〕唐胡麻. 蓖麻. **2** 蓖麻子(唐胡の種子).

피막¹〔皮膜〕名 皮膜.

피막²〔被膜〕名 被膜.

피망〔㊁piment〕名〔植〕ピーマン.

피맺히다 自 **1** 内出血する. 青あざになる. 血まめができる. **2** (恨みが)胸にしみる. 大変な苦労をする. ¶피맺힌 사연 つらいいきさつ.

피명〔被命〕名 하自 命令を受けること.

피물〔皮物〕名 獣皮. 皮革. 皮革製品.

　피물전〔一廛〕名 獣皮の売買をする店.

피바다 名 血の海. ¶온통 ～가 된 현장 一面血の海になった現場.

피병〔避病〕名 하自〔民俗〕病気を避けて住まいを移すこと.

피보상자〔被補償者〕名 補償を受ける権利者.

피보험물〔被保険物〕 名 被保険物.
피보험자〔被保険者〕 名 被保険者.
피복[1]〔被服〕 名 被服. 衣服.
　피복창〔一廠〕 名 被服廠.
피복[2]〔被覆〕 名 하他 被覆. ¶ 전선을 고무로 ~하다 電線をゴムで被覆する.
　피복선〔一線〕 名 被覆線.
피부〔皮膚〕 名 皮膚. 肌. ¶ 햇빛에 탄 ~ 日焼けした肌 / ~가 반들반들하다 肌がつやつやしている / ~를 마사지하다 肌をマッサージする.
　피부과〔一科〕 名 皮膚科.
　피부병〔一病〕 名〔醫〕皮膚病.
　피부염〔一炎〕 名〔醫〕皮膚炎.
　피부 호흡〔一呼吸〕 名〔動〕皮膚呼吸.
피붙이 名 **1** 血族. **2** 直系子孫.
피비린내 名 血のにおい. 血なまぐささ. ¶ 살해 현장에서는 아직도 ~가 난다 殺害現場はまだなまぐさいにおいがする.
피사리 名 하自〔農〕稗抜き. 稗取り.
피사체〔被寫體〕 名 被写体.
피살〔被殺〕 名 殺害されること. ¶ 강도한테 ~되다 強盗に殺害される.
피상〔皮相〕 名 皮相. 上面. うわべ.
　피상적〔一的〕 冠 名 皮相的. うわべだけの. ¶ ~인 해석 皮相的な解釈.
피상속인〔被相續人〕 名〔法〕 被相続人.
피새 名 短気で怒りっぽいたち. 癇癪.
　◆**피새가 여물다** 短気で怒りっぽい.
　피새나다 自 隠し事がばれる.
　피새내다 自 (ささいなことに)癇癪を起こす.
　피새놓다 自 (緊急なことのようにして人の)邪魔をする.
피서〔避暑〕 名 하自 避暑. ¶ ~를 가다 避暑に行く.
　피서지〔一地〕 名 避暑地.
피선〔被選〕 名 하自 (選挙で)選ばれること. 選出されること.
피선거권〔被選擧權〕 名〔法〕 被選挙権.
피소〔被訴〕 名 하自 提訴されること. 訴えられること. ¶ 공금 횡령죄로 ~되다 公金横領罪で訴えられる.
피스톤〔piston〕 名〔機〕ピストン.
피습〔被襲〕 名 하自 襲われること. 襲撃を受けること.
피시〔PC ← personal computer〕 名 パソコン.
피신〔避身〕 名 하自 逃げること. 身を隠すこと.
　피신처〔一處〕 名 隠れ家. 隠れ場所.
피아〔彼我〕 名 彼我. 相互.
　피아간〔一間〕 名 彼我の間. 相互間.
피아노〔piano〕 名〔樂〕 **1** ピアノ. ¶ ~ 연주 ピアノの演奏 / ~를 치다 ピアノを弾く. **2** ピアノ. 「弱く」の意の記号(*P*).
피아니스트〔pianist〕 名 ピアニスト.
피아르〔PR ← public relation〕 名 하他 ピーアール. ¶ ~ 활동 ピーアール活動.
피안〔彼岸〕 名〔佛〕彼岸.
피앙세〔(프) fiancé〕 名 フィアンセ〈女性はfiancée〉.

피어나다 自 **1** (火が)起こりかける. ¶ 연탄불이 ~ 練炭の火が起こりかける. **2** (苦しい生活が)よくなりかける. ¶ 쪼들리던 살림이 ~ 貧しかった暮らしがよくなりかける. **3** (死にかけた人が)生きかえる. よみがえる. **4** (花などが)咲き始める. ¶ 꽃이 ~ 花が咲き始める.
피에로〔(프) pierrot〕 名 ピエロ. 道化役者.
피엑스〔PX ← Post Exchange〕 名 ピーエックス. (兵営内の)酒保.
피우다 他 **1** (たばこを)吸う. 飲む. くゆらす. 吹かす. ¶ 담배를 안 ~ たばこを飲まない. **2** (火を)起こす. ¶ 난로에 불을 ~ ストーブに火を起こす. ストーブを焚く. **3** (においを)漂わす. 匂わす. ¶ 향내를 ~ 香りを漂わす. **4** (ほこりなどを)立てる. **5** (花を)咲かせる. ¶ 꽃을 ~ 花を咲かせる / 이야기 꽃을 ~ 話の花を咲かせる. **6** (ある行動を)起こす. ¶ 말썽을 ~ 悶着を起こす / 바람을 ~ 浮気をする.
피의〔被疑〕 名 被疑. 疑われること. ¶ ~자 被疑者. 容疑者.
피임[1]〔被任〕 名 하自 任命されること. ¶ 대법관에 ~되다 最高裁の判事に任命される.
피임[2]〔避姙〕 名 하自 避妊.
　피임법〔一法〕 名 避妊法.
　피임약〔一藥〕 名 避妊薬.
피자〔(이) pizza〕 名 ピザ. ピザパイ.
피자식물〔被子植物〕 名〔植〕 被子植物.
피장파장 名 お互いさま. おあいこ.
피제수〔被除數〕 名〔數〕被除数.
피조물〔被造物〕 名 被造物.
피죽 名 稗で炊いた粥.
　〔속담〕 **피죽도 못 먹었나** 稗の粥にもありつけなかったのか〈飢えた人のように元気なくよろめくようすをなじる言葉〉.
피지〔皮脂〕 名 皮脂. ¶ ~루 皮脂漏.
　피지선〔一腺〕 名〔生〕皮脂腺.
피질〔皮質〕 名〔生〕皮質.
피차〔彼此〕 名 **1** お互い. 相方. ¶ ~의 사정을 이해하다 お互いの事情を理解する. **2** あれこれ. どっちみち.
　피차간〔一間〕 名 双方とも. ¶ ~에 좋은 일이다 双方ともにいいことだ.
　피차일반〔一一般〕 名 お互いさま.
피처〔pitcher〕 名 ピッチャー. 投手.
피천[1] 名 わずかな金銭. はした金.
　◆**피천 한 닢 없다** わずかな金銭もない. 一文もない.
피천[2]〔被薦〕 名 하自 推薦を受けること.
피체〔被逮〕 名 하自 捕らえられること.
피치〔pitch〕 名 ピッチ. ¶ ~를 올리다 ピッチを上げる.
피치자〔被治者〕 名 被治者. ¶ ~의 입장 被治者の立場.
피침〔被侵〕 名 하自 侵されること.
피크〔peak〕 名 ピーク. 頂点. 頂上. ¶ 러시 아워의 ~ ラッシューアワーのピーク.
피크닉〔picnic〕 名 ピクニック.
피탈[1]〔被奪〕 名 하自 奪われること.
피탈[2]〔避脫〕 名 하自他 避けて抜け出

すこと. 避けて免れること.

피톨 名〔生〕血球.

피투성이 名 血まみれ. 血みどろ. 血だるま. 血だらけ. ¶ ~가 되도록 싸우다 血だらけになるまで戦う.

피트〔feet〕依名 フィート.

피폐〔疲弊〕名 하自 疲弊. ¶ 전쟁으로 국력이 ~하다 戦争により国力が疲弊する.

피폭〔被爆〕名 하自 被爆. ¶ ~자 被爆者.

피하〔皮下〕名 皮下.

피하 조직〔一組織〕名〔生〕皮下組織.

피하 주사〔一注射〕名〔醫〕皮下注射.

피하 지방〔一脂肪〕名 皮下脂肪.

피하다〔避一〕自他 **1** 避ける. よける. ¶ 남의 눈을 ~ 人目を避ける / 총알을 ~ 弾丸を避ける / 혼잡을 ~ 混雑を避ける. **2** (雨·雪などを)避ける. ¶ 비를 피하여 처마 밑으로 들어갔다 雨を避けて軒下に入った.

피한〔避寒〕名 하自 避寒.

피한지〔一地〕名 避寒地.

피해¹〔被害〕名 하自 被害. ¶ ~자 被害者 / ~를 입다 被害をこうむる / ~를 주다[입히다] 被害を与える.

피해망상〔一妄想〕名〔醫〕被害妄想.

피해²〔避害〕名 하自 被害を避けること.

피혁〔皮革〕名 皮革. 皮. レザー.

피화〔避禍〕名 하自 災いを避けること.

픽 副 하自 **1**〔기운이 빠져서 맥없이 쓰러지는 모양〕ばたっと. ばたりと. ばったりと. ¶ ~(と)倒れた. **2**〔싱겁게 한번 웃는 모양〕ふんと. へんと. **3**〔막혔던 가스나 기체 등이 새어 나오는 모양〕しゅっと. **4**〔실·끈 등이 힘없이 끊어지는 모양〕ぷっつり(と). ぷつり(と). ¶ 연의 실이 ~하고 터졌다 凧の糸がぷつりと切れた. **5** くるっと. くるりと.

픽션〔fiction〕名 フィクション. 虚構. 創作.

픽업〔pickup〕名 ピックアップ.

핀〔pin〕名 ピン. ¶ 머리 ~ ヘアピン.

핀란드〔Finland〕名〔地〕フィンランド〈ヨーロッパ北部の共和国〉.

핀셋〔pincette〕名 ピンセット.

핀잔 名 하他 面責. 面詰. けんつく.

핀잔먹다 自 面と向かって怒られる. けんつくを食う. 笑い者にされる.

핀잔주다 他 面と向かって責める. けんつくを食わす.

필¹〔匹〕依名〔말이나 소를 세는 단위〕匹.

필²〔疋〕依名〔피륙을 세는 단위〕疋. ¶ 비단 두 ~ 絹布2疋.

필³〔筆〕依名〔논·밭·임야·대지 등의 구획을 세는 단위〕筆. ¶ 택지 두 ~ 宅地2筆.

필경¹〔筆耕〕名 하自 筆耕. ¶ ~료 筆耕料.

필경²〔畢竟〕副 畢竟. つまるところ. 結局. ¶ ~ 들키고 말았다 結局ばれてしまった.

필기〔筆記〕名 하他 筆記. ¶ ~ 시험 筆記試験 / 강의를 ~하다 講義を筆記する.

필기구〔一具〕名 筆記具.

필기장〔一帳〕名 筆記帳. ノート.

필납〔必納〕名 하他 必ず納付すること. 必ず納付せねばならぬこと.

필담〔筆談〕名 하自 筆談. ¶ 중국인과 ~하다 中国人と筆談する.

필답〔筆答〕名 하自他 筆答. ¶ ~ 시험 筆答試験.

필더〔fielder〕名〔體〕(野球で)フィールダー. 野手.

필독〔必讀〕名 하他 必読. ¶ 학생의 ~서 学生の必読書.

필두〔筆頭〕名 筆頭. ¶ 사장을 ~로 전사원이 노력하다 社長を筆頭に全社員が努力する.

필드〔field〕名 フィールド. ¶ ~ 경기 フィールド競技 / ~ 하키 フィールドホッケー.

필력〔筆力〕名 筆力. 筆勢. ¶ ~이 있는 문장 筆力のある文章.

필름〔film〕名 フィルム.

필리핀〔Philippines〕名〔地〕フィリピン〈東南アジアの共和国〉.

필마〔匹馬〕名 匹馬. 1匹の馬.

필멸〔必滅〕名 하自〔佛〕必滅. ¶ 생자 ~ 生者必滅.

필명〔筆名〕名 筆名. ペンネーム.

필목〔疋木〕名 1疋の麻·木綿織物.

필묵〔筆墨〕名 筆墨.

필묵지연〔一紙硯〕名 筆と墨と紙と硯.

필방〔筆房〕名 筆をつくって売る店.

필법〔筆法〕名 筆法. 筆使い.

필봉〔筆鋒〕名 筆鋒. 筆の先. ¶ 예리한 ~을 휘두르다 鋭い筆鋒を振るう.

필부¹〔匹夫〕名 匹夫.

필부지용〔一之勇〕名 匹夫の勇.

필부²〔匹婦〕名 匹婦.

필사¹〔必死〕名 必死. 懸命. ¶ ~의 각오 必死の覚悟 / 그들은 ~적으로 싸웠다 彼らは必死に戦った.

필사²〔筆寫〕名 하他 筆写. ¶ ~본 筆写本.

필산〔筆算〕名 하他 筆算.

필살〔必殺〕名 하他 必殺. ¶ ~의 검법 必殺の剣法.

필상〔筆商〕名 筆を売る人.

필생¹〔畢生〕名 畢生. 終生. 一生. ¶ ~의 대작 畢生の大作.

필생²〔筆生〕名 筆生. 写字生.

필설〔筆舌〕名 筆舌. ¶ ~로 다할 수 없다 筆舌に尽くしがたい.

필세〔筆勢〕名 筆勢. 筆遣い. 筆力.

필수¹〔必修〕名 必修.

필수²〔必須〕名 必須. ¶ ~ 과목 必須科目 / ~ 조건 必須の条件.

필수 아미노산〔一amino酸〕名 必須アミノ酸.

필수³〔必需〕名 必需.

필수품〔一品〕名 必需品. ¶ 생활 ~ 生活必需品.

필순〔筆順〕名 筆順.

필승〔必勝〕名 하自 必勝. ¶ ~의 신념 必勝の信念 / ~을 기하는 전법 必勝を期する戦法.

필시〔必是〕 副 多分. 恐らく. きっと. 必ず. ¶～ 무슨 이유가 있을 것이다 きっと何か理由があるはずだ.

필연1〔必然〕 名 **1** 必然. ¶역사의 ～ 歴史の必然 / ～적인[～의] 결과 必然の結果. **2**《부사적으로 쓰여》必ず. きっと.

필연론〔一論〕 名〔哲〕必然論.

필연성〔一性〕 名 必然性.

필연코 副 きっと. 必ず. 間違いなく. ¶～ 성공할 것이다 きっと成功するだろう.

필연2〔筆硯〕 名 筆硯. 筆と硯.

필요〔必要〕 名 하形 必要. ¶～악 必要悪 / ～ 조건 必要条件 / 등산에 ～한 도구 登山に必要な道具.

필요비〔一費〕 名 必要経費.

필요성〔一性〕 名 必要性.

필용〔必用〕 名 하形 必用. なくてはならないこと.

필유곡절〔必有曲折〕 名 必ず何かわけ[理由]があること.

필자〔筆者〕 名 筆者. ¶본문의 ～ 本文の筆者.

필적1〔匹敵〕 名 하自他 匹敵. ¶도저히 그에게는 ～할 수 없다 とても彼にはかなわない.

필적2〔筆跡〕 名 筆跡. ¶남의 ～을 흉내내다 他人の筆跡をまねる.

필전〔筆戰〕 名 하自 筆戦.

필주〔筆誅〕 名 하他 筆誅. 罪や誤ちを書き立てて責めること. ¶～를 가하다 筆誅を加える.

필지1〔必至〕 名 하自 必至. 必ずそうなること. ¶총사직은 ～의 정세다 総辞職は必至の情勢だ.

필지2〔必知〕 名 하自 必ず知らなければならないこと.

필지3〔筆地〕 依名〔논·밭·임야·대지 등의 구획을 세는 단위〕筆.

필지4〔筆紙〕 名 筆紙. 筆と紙.

필진〔筆陣〕 名 **1** 筆陣. 論陣. **2** 執筆者の陣容.

필착〔必着〕 名 하自 必着. ¶10일까지 ～할 것 10日まで必着のこと.

필치〔筆致〕 名 筆致. ¶뛰어난 ～ ずば抜けた筆致.

필터〔filter〕 名 フィルター.

필통〔筆筒〕 名 筆箱. 筆筒. 筆立て. 鉛筆立て.

필하다〔畢一〕 他 (物事を)やり終える. すませる. 完了する. ¶병역을 ～ 兵役を終える.

필화〔筆禍〕 名 筆禍. ¶～ 사건 筆禍事件 / ～를 입다 筆禍をこうむる.

필획〔筆畫〕 名 筆画. 字画.

필휴〔必携〕 名 必携. ¶만인 ～ 万人必携.

필히〔必一〕 副 必ず. きっと. ぜひ. 是非とも. ¶～ 도시락을 지참할 것 必ず弁当を持参すること.

핍박〔逼迫〕 名 하他形 逼迫. 急迫. 切迫. ¶생활의 ～ 生活の逼迫.

핏기〔一氣〕 名 血色. 血の気. ¶～가 돌다 血の気がさす / ～가 가시다 血の気が失せる[ひく].

핏대 名 (太い)血管. 青筋.

◆**핏대가 서다** (青筋が立つの意で)激怒する.

◆**핏대를 세우다[올리다]** 青筋を立てて怒る.

핏덩어리 名 **1** 血塊. **2** 赤ん坊. 新生児.

핏덩이 名〔'핏덩어리'의 준말〕**1** 血塊. **2** 赤ん坊. 新生児.

핏발 名 充血. 血走ること. ¶눈에 ～을 세우다 目を血走らせる.

◆**핏발이 삭다** 充血が取れる.

◆**핏발이 서다** 血走る. 充血する. ¶눈에 ～이 서 있었다 目が血走っていた.

핏빛 名 血の色. 血の色のような赤. ¶～으로 물들다 血の色に染まる.

핏속 名 **1** 血液中. **2** 血統. 血筋.

핏자국 名 血痕.

핏줄 名 **1** 血管. ¶눈에 ～이 서다 目が充血する. **2** 血筋. 血統. 血. ¶～은 속일 수 없다 血は争えない.

◆**핏줄이 쓰이다** 同族として親しさを覚える.

핏줄기 名 **1** ほとばしる血潮. **2** 血筋. 血統.

핑 副 **1**〔매우 빠르게 한 바퀴 도는 모양〕くるっと. くるりと. **2**〔주위를 둘러싸는 모양〕ぐるりと. **3**〔갑자기 정신이 아찔해지는 모양〕くらっと. ふらっと. ¶머리가 ～ 돌더니 정신을 잃었다 頭がくらっとして気を失った. **4**〔갑자기 눈에 눈물이 괴는 모양〕じんと. ¶눈물이 ～ 돌다 涙がじんとにじむ.

핑계 名 하自他 口実. 言い訳. 弁解. 口実にすること. ¶～는 듣고 싶지 않다 言い訳は聞きたくない / 아프다는 ～로 결근했다 病気だと口実をつけて欠勤した.

◆**핑계를 삼다** 口実にする. 言い訳にする. 託つける. ¶병을 ～ 삼아 게으름을 부리다 病気を口実に怠ける.

〔속담〕**핑계 없는 무덤이 없다** 口実のない墓はない〈いろいろと口実をつけて責任を避けること〉.

핑구 名 心棒が上部に出ている独楽.

핑그르르 副 **1**〔미끄러지듯 한 바퀴 도는 모양〕くるりと. ぐるっと. **2**〔갑자기 현기증이 나는 모양〕くらっと. ふらっと. ¶눈앞이 ～ 돌더라 くらっと目まいがしたよ. **3** 涙が急ににじむようす. じんと.

핑글핑글 副〔'빙글빙글'의 거센말〕くるくる(と). ぐるぐる(と). ¶～ 도는 회전목마 ぐるぐる回るメリーゴーラウンド.

핑크〔pink〕 名 **1** ピンク. **2** 色っぽいこと. ¶～ 무드 ピンクムード.

핑핑1 副 **1**〔빠르게 자꾸 도는 모양〕くるくる(と). ぐるぐる(と). **2**〔정신이 자꾸 어찔해지는 모양〕くらくら(と).

핑핑2 副〔총알 등이 빠르게 공기를 가르고 지나가는 소리〕びゅうびゅう(と). ¶총탄이 ～ 머리 위를 스쳐갔다 銃弾がびゅうびゅうと頭上をかすめた.

핑핑하다 形 **1** (綱などが)ぴんぴんと張っている. 張りきっている. **2** (双方が)とんとんだ. 似たりよったりだ. **3** (はちきれそうに)ぴんぴんだ.

ㅎ

ㅎ [名] ハングル子音字母の一つとして第14番目の字. 字母の名称は 히읗.

하¹〔下〕[名] (等級·順序を上·中·下に分けたときの)下. びり. ¶ ~에서 두 번째의 성적 びりから二番目の成績.

하² [副] 非常に. とても. はなはだしく. あまりにも. ¶ 남편은 ~ 어이가 없어서 웃기만 한다 夫はあまりにもあきれて笑ってばかりいる.

하³ [副][하自] 〔입김을 크게 내부는 소리〕はあっと. ふうっと. ほうっと. ¶ 입김을 ~하고 불어서 언 손을 녹였다 息をはあと吐き出して凍えた手を暖めた.

하⁴ [感] 〔기쁨·슬픔·노여움·걱정·한탄 등의 감정을 나타내는 소리〕ああ. ほう. まあ. あれ. ¶ ~ 참 근사한데 ほう実にすばらしいね / ~ 별일이 다 있군 まあおかしなこともあるもんだ.

-하⁵〔下〕[接尾] 〔…아래〕…下. …(の)もと. ¶ 지배~ 支配下 / 당국의 감시~에 있다 当局の監視のもとにある.

하강〔下降〕[名][하自] 下降. ¶ ~ 기류 下降気流 / 행글라이더가 기류를 타고 ~하다 ハンググライダーが気流に乗って下降する.

하객〔賀客〕[名] 祝い客. 祝賀の客. ¶ 밀려오는 ~ 押し寄せる祝賀の客.

하경〔夏耕〕[名][하自] 夏に田畑を耕すこと.

하계¹〔下計〕[名] 下策. まずい策略.

하계²〔下界〕[名] 下界. **1** 人間の住む世界. **2** 高い所から見て下のほう.

하계³〔夏季〕[名] 夏季.

하고 [助] **1**〔둘 이상 사물을 열거할 때 씀〕…と. ¶ 배~ 사과~ 감을 가져 오너라 梨とりんごと柿を持ってきなさい. **2**〔비교의 대상을 나타냄〕…と. ¶ 그는 너~ 닮았다 彼は君と似ている. **3**〔함께 함을 나타냄〕…と. ¶ 누구~ 놀았니? 誰と遊んだの. **4**〔말이나 생각, 소리의 인용을 나타냄〕…と. ¶ 북 소리가 '둥둥'~ 울리다 太鼓の音がどんどんと鳴る.

하고많다 [形] ('하고많은'의 꼴로) はなはだ多い. ¶ 하고많은 젊은이가 조국을 위해 쓰러졌다 多くの若者が祖国のために倒れた.

하곡〔夏穀〕[名] (麦など)夏に収穫する穀物.

하관¹〔下棺〕[名][하自] (埋葬のために)棺を墓穴におろすこと.

하관²〔下顴〕[名] (頬骨を中心とした)顔の下の部分.
◆**하관이 빨다** (顔全体に比べて)あごの部分が狭い.

하교¹〔下校〕[名][하自] 下校. 反 登校

하교²〔下教〕[名][하他] **1** 目上の人からの教え. ¶ ~에 따르다 教えに従う. **2** 王の命令.

하구〔河口〕[名] 河口. かわじり. ¶ ~둑 河口堰.

하권〔下巻〕[名] 下巻.

하극상〔下剋上〕[名][하自] 下克上.

하급〔下級〕[名] 下級. 下っ端. 下の級. ¶ ~ 관청 下級官庁.

하기¹〔下記〕[名][하他] **1** 下記. ¶ 내용은 ~와 같음 内容は下記の通り. **2** 帳簿.

하기²〔夏期〕[名] 夏期. 反 冬期 ¶ ~ 대학 夏期大学 / ~ 학교 サマースクール / ~ 방학 (学校の)夏休み / ~ 휴가 夏期休暇.

하기는 [副] そういえば. もっとも. 実のところ. ¶ ~ 그렇게도 생각할 수 있군 そういえばそのようにも考えられるね.

하기야 [副] もっとも. 実のところ. そりゃ. ¶ ~ 노력하면 안 될 것도 없지 もっとも努力すればできないこともないね.

하긴 [副] 〔'하기는'의 준말〕そういえば. ¶ ~ 그 말이 맞아 そういえばその話が正しいね.

하나¹ **I** [數] 一つ. 1. 一人. ¶ ~씩 一つずつ / 사과 ~ 一つのりんご / 그의 말은 ~에서 열까지 거짓말이다 彼の話は一から十まで嘘だ / 나는 남동생이 ~ 있어요 私は弟が一人います. **II** [名] 一つ. **1**〔분리되지 않고 단일함을 이룬 상태〕一体. ¶ 마음을 ~로 뭉치다 心を一つに合わせる / 전 국민이 ~가 되다 全国民が一体になる. **2** 唯一. ただそれだけ. ¶ 남편 ~만을 믿고 산다오 夫だけを頼りにして生きていますよ / 노력 ~로 성공했다 努力一つで成功した. **3**《부정의 표현과 함께 쓰여》一つも…ない. 全然…ない. 少しも…ない. まったく…ない. ¶ ~도 모른다 全然知らない / ~도 남기지 않고 먹어 버렸다 一つ残らず食べてしまった. **4** それに属する一種. ¶ 사랑이란 ~의 열정이다 愛というものは一つの熱情である.

[單語帳] 수사(고유의 수사)

1	하나	한	11	열하나 열한
2	둘	두	20	스물 스무
3	셋	세(석, 서)	30	서른
4	넷	네(넉, 너)	40	마흔
5	다섯	(닷)	50	쉰
6	여섯	(엿)	60	예순
7	일곱		70	일흔
8	여덟		80	여든
9	아홉		90	아흔
10	열		99	아흔 아홉

하나² [副] 〔'그러하나'가 준 말〕しかし. けれども. だが. とは言え. ¶ 머리는 좋

다. ~ 노력이 부족하다 頭はいい. けれども努力が足りない.

하나같다 形 そっくりだ. まったく同じだ.

하나같이 副 まったく同じく. そっくり. ¶모두 ~ 예쁘다 どれもこれもまったく同じくきれいだ.

하나님 名〔基〕(プロテスタントで) 神. ¶~께 기도하다 神に祈る.

하나하나 副 **1** 一つずつ. 一つ一つ. いちいち. ¶문제를 ~ 풀다 問題を一つずつ解く. **2** 漏れなく. 全部. ¶예를 ~ 들자면 한이 없다 例を全部あげようとすれば限りがない.

하냥다짐 名 하自 失敗したら首をはねられても文句はないと確約すること.

하념〔下念〕 名 하他 (上の人の下の人に対する)配慮.

하느님 名〔宗〕宗教的信仰の対象. 神.

하느작거리다[-대다] 自 ゆらゆらとゆれる. 揺らぐ. ¶옷자락이 산들바람에 하느작거린다 裾がそよ風に揺らいでいる.

하느작하느작 副 하自 ゆらゆら(と). ひらひら(と).

하늘 名 天. **1** 空. 大空. 天空. ¶밤~ 夜空 / 푸른 ~ 青空 / 비가 쏟아질 듯한 ~ 雨が降りそうな空. **2** 万物の支配者. 神. ¶~에 거스르는 자는 망한다 天に逆らう者は滅びる / 운명을 ~에 맡기다 運を天に任せる. **3** 天国. 天堂. ¶~에서 천사가 내려오다 天から天使が下りて来る.

◆**하늘과 땅** (天と地ほどの)大きな差. ¶실력의 차는 ~만큼 있다 実力の差は天地のほどもある.

◆**하늘 높은 줄 모르다** ① 出世街道を突っ走る. ② 物価が天井知らずだ.

◆**하늘에 맡기다** 運を天に任せる.

◆**하늘을 지붕 삼다** (天を屋根にするの意で) ① 野宿する. ② 放浪する.

◆**하늘을 찌르다** ① 天を衝くほど高い. ② 勢いが激しい.

◆**하늘이 노랗다** ① 過労・傷心のため気力がない. ② 絶望状態に陥る.

◆**하늘이 두 쪽이 나도** 天が二つに割れるようなことがあっても. どういうことがあっても. ¶~이 두 쪽이 나도 신념을 관철하겠다 どんなことがあろうと信念を貫く.

◆**하늘이 캄캄하다** ① ショックを受けてくらっとする. ② 絶望状態にある.

하늘가 名 空の果て.

하늘나라 名 天堂.

하늘눈 名〔佛〕心眼. 天眼.

하늘땅 名 天地. 天と地.

하늘빛 名 空色. 薄い藍色.

하늘다람쥐 名〔動〕鼯鼠.

하늘소 名〔動〕髪切虫.

하늘거리다[-대다] 自 軽くゆらゆら揺れる. ひらひらする.

하늘하늘 副 하自 ゆらゆら(と). ひらひら(と).

하늘하늘하다 形 やわらかくて壊れそうだ. ぐにゃぐにゃしている.

하늬 名〔'하늬바람'의 준말〕西風.

하늬바람 名 (農村・漁村で)西風.

하늬쪽 名 (船員用語で)西の方.

하다¹ Ⅰ 他 **1** する. なす. 行なう. ¶말을 ~ 口をきく. 話をする / 인력으로 할 수 있는 정도가 아니다 人力のなし得るところではない / 깊이 생각을 ~ 深く考える. **2**〔사람이 어떤 직업을 생업으로 삼다〕(ある分野に)勤める. 従事する. ¶교사를 ~ 教師をする / 문학을 하는 청년 文学にたずさわる青年. **3**〔회사나 사업체를 경영하다〕営む. 経営する. ¶음식점을 ~ 飲食店を営む / 회사를 ~ 会社を経営する. **4**〔입을 것, 먹을 것, 땔 것 등을 마련하다〕炊く. 取る. つくる. ¶나무를 ~ 薪を取る / 밥을 ~ ご飯を炊く / 옷을 ~ 服をつくる. **5** (装飾品などを身に)つける. する. かける. ¶벨트를 ~ ベルトをする / 목걸이를 한 여자 ネックレスをした女性 / 마스크를 ~ マスクをかける. **6** (表情を)する. (態度を)とる. ¶무서운 얼굴을 ~ 怖い顔をする / 불손한 태도를 ~ 不遜な態度をとる / 왜 그렇게 슬픈 표정을 하고 있니? なぜそんなに悲しい表情をしているの. **7** ('…로[으로] 하다'의 꼴로) …にする. …とする. ¶우표 수집을 취미로 ~ 郵便切手の収集を趣味とする / 약속 장소를 서울역 앞으로 했다 約束の場所をソウル駅前にした.

Ⅱ 自 **1** する. できる. ¶하는 일마다 실패다 やることなすことみな失敗だ / 우리에게는 못 할 건 하나도 없다 私たちにできないことはひとつもない. **2** (値段がいくら)する. ¶만 원 하는 책 1万ウォンする本 / 얼마나 할까? いくらぐらいするだろうか / 이건 얼마 합니까? 300원 합니다 これはいくらですか. 300ウォンします. **3** (평서·의문·명령·권유의 인용형 다음에 쓰여) …という. ¶춥다고 해서 외투를 입혔다 寒いというのでオーバーを着せた / 잔디밭에 들어가지 말라고 한다 芝生に入るなという / 시장에 같이 가자고 했다 市場にいっしょに行こうと言った. **4** (의문·추측 다음에 쓰여) …かと思う. …かという. …だろうと思う. ¶떠났는가 했더니 아직 있었군요 出発したのかと思っていたのにまだいたんですね / 범인이 아닌가 하는 혐의를 받았다 犯人ではないかという嫌疑をかけられた. **5** ('-고 하여[해서]'의 꼴로)〔이유·원인을 나타냄〕…であるので. …するので. …したりして. ¶돈도 없고 해서 볼일이 끝나자 집으로 돌아갔다 お金もないので, 仕事がすむと家に帰った. **6** ('하면'의 꼴로 쓰여)〔'…을 말하기로 하면'의 뜻을 나타냄〕…なら. …(と)言えば. ¶사과하면 역시 대구산이지 りんごならやはり大邱産だよ. **7** (의성어 뒤에 쓰여)〔소리가 나거나 내는 것을 나타냄〕…と. ¶'탕' 하는 총성이 울리다 どんと銃声が響く. **8** ('…로[으로] 하여'의 꼴로 쓰여)〔원인이 되는 뜻을 나타냄〕…(の)ため. …で. …によって. ¶깊은 슬픔으로 하여 눈물만 흘리고 있다 深い悲しみ

で涙ばかり流している. **9** (‘하여’, ‘해서’, ‘한데’, ‘하니’, ‘하면’ 등의 꼴로 쓰여) 〔접속 부사의 구실을 나타냄〕 それで. ¶ 곁을 떠나고 말았다. 하여 외롭기 그지없다 ひざもとを離れてしまった. それで寂しさに堪えない. **10** (‘체’, ‘척’, ‘양’, ‘뻔’ 등의 다음에 쓰여) (…した)ふりをする. ¶ 잘난 체～ 見目がよいふりをする. **11** (‘-쯤 해서[하여]’의 꼴로 쓰여) …ころになって. …ころに. ¶ 6시쯤 해서 일어나다 6時ごろになって起きる / 아들을 가을쯤 해서 장가 보내겠다 息子を秋ごろに結婚させるつもりだ. **12** (둘 이상의 명사나 대명사 다음에 쓰여) …を問わず. ¶ 너 나 할 것 없이 모두 제 잇속만 차리다 誰かれなしに皆自分の実利だけ図ろうとする.

◆**할[하는] 수 없다** 仕方がない. なすすべがない. やむを得ない. ¶ 할 수 없다. 포기하자 仕方がない. あきらめよう / 울지 마. 할 수 없잖아 泣くな. 仕方がないじゃないか.

하다² 補動 **1** (‘-기’에 보조사 ‘는’, ‘도’, ‘나’, ‘만’, ‘조차’, ‘까지’, ‘부터’ 등의 말에 쓰여) 〔동작의 뜻을 강조하는 말〕 …だと言うなら. ¶ 가라면 가기는 하겠다 行けというなら行くのはいく. **2** (‘-려[-으려](고) 하다·-고자 하다’의 꼴로) …(し)ようと思う. …(し)ようとする. ¶ 도망치려고 ～ 逃げようとする / 해가 지려고 ～ 日が沈もうとしている. **3** (‘-게 하다’의 꼴로) 〔사역의 뜻을 나타냄〕 …させる. ¶ 학생을 그리로 가게 ～ 学生をそこに行かせる / 아이에게 책을 읽게 ～ 子供に本を読ませる. **4** (‘-아야[-어야](만) 하다’의 꼴로) (ぜひとも)…でなければならない. …しなければならない. …すべきである. ¶ 먹고 살려면 일을 해야 한다 生きてゆくには仕事をしなければならない / 우리는 약속을 지켜야 한다 私たちは約束を守らねばならない. **5** (‘-면[-으면] 하다’의 꼴로) …だったらいいのにと思う. ¶ 방이 조용했으면 한다 部屋が静かだったらいいのにと思う.

하다³ 補形 **1** (의존 명사 ‘듯’, ‘만’, ‘법’ 등의 다음에 쓰여) 〔의존 명사의 추측·가치·기능 등을 나타냄〕 …そうだ. ¶ 비가 올 듯～ 雨が降りそうだ. **2** (‘-기도 하다’, ‘-기만하다’의 꼴로) 〔어의를 강조함〕 …であることも. …することも. ¶ 얼굴이 예쁘기도 ～ 容貌がほんとにきれいなこと.

-하다⁴ 接尾 **1** 〔명사에 붙어 동사를 만듦〕 ¶ 연구～ 研究する / 산보～ 散歩する. **2** 〔상태성 명사에 붙어 형용사를 만듦〕 ¶ 행복～ 幸福だ / 청결～ 清潔だ. **3** 〔부사에 붙어 동사·형용사를 만듦〕 ¶ 넘실넘실～ うねうねする.

하다못해 副 せめて. ¶ 장부가 칼을 뺐으면 ～ 호박이라도 찔러야지 男子が刀を抜いたらせめてはカボチャでも刺してみなけりゃ.

하단¹〔下段〕 名 下段. ¶ 찬장의 ～ 食器棚の下段.

하단²〔下端〕 名 (物の)下端.

하단³〔下壇〕 名 하自 降壇.

하달〔下達〕 名 하自他 下達. ¶ 상의 ～ 上意下達.

하답〔下答〕 名 하自 目上の人が目下の人に答えること. またその答え.

하대〔下待〕 名 하他 **1** 冷遇すること. **2** 目下に対する言葉遣いをすること.

하도¹〔下道〕 名 昔ソウル以南の忠清·慶尚·全羅3道の通称.

하도² 副 (‘하²’의 강조어) とても. あまりにも. ¶ ～ 기가 막혀서 本当にあきれて / ～ 추워서 とても寒いので.

하도급〔下都給〕 名 下請け.

하동지동 副 하自 あたふた(と). ¶ ～ 뛰어가다 あたふたと駆けつける. ＜허둥지둥

하드보드〔hardboard〕 名 ハードボード.

하드웨어〔hardware〕 名 ハードウェア.

하드 트레이닝〔hard training〕 名 ハードトレーニング. 猛練習. 猛訓練.

하등¹〔下等〕 名 下等. ¶ ～ 감각 下等感覚 / ～ 동물 下等動物 / ～ 식물 下等植物.

하등²〔何等〕 Ⅰ 名 何の…ない. なんら…ない. ¶ ～의 인연도 없는 사람들 何の縁もない人たち.

Ⅱ 副 なんら. 少しも. ¶ 그 사건은 ～ 나와 상관이 없다 その事件は私とはなんらかかわりないことだ.

하락〔下落〕 名 하自 下落. ¶ 달러 시세가 ～하다 ドルの相場が下落する.

하략〔下略〕 名 하他 以下省略. 下略.

하례〔賀禮〕 名 하自 祝賀の礼式.

하루 名 **1** 一日. 一昼夜. **2** (夜明けから日暮れまでの)一日. ¶ ～가 다 가도록 어디를 쏘다녔느냐? 一日中どこをうろつき回ってたんだ. **3** (‘하루는’의 꼴로 쓰여) 〔과거의 어느 날을 막연히 이르는 말〕 ある日. ¶ ～는 이런 일이 있었다 ある日こんなことがあった. **4** 〔어느 달의 첫날을 가리키는 말〕 (月の)第1日. ついたち.

◆**하루가 멀다고** 一日と置かず.

하루갈이 名 耕すのに一日かかるほどの田畑の広さ.

하루같이 副 長い歳月を変わりなく.

하루거리 名 〔韓方〕 (一日おきに発熱することから) マラリア病.

하루건너 副 一日おきに. 隔日に. ¶ ～ 비가 온다 一日おきに雨が降る.

하루걸러 副 一日おきに. 隔日に.

하루바삐 副 一日でも早く. ¶ ～ 떠나도록 해라 一日も早く発つようにしなさい.

하루살이 名 **1** 〔動〕 かげろう. **2** 短命な. はかない. ¶ ～ 목숨 はかない命 / ～처럼 살다 가는 인생 はかなく生きて過ぎゆく人生.

하루아침 名 **1** 一朝. ¶ ～에 망하다 一朝に滅びる. **2** ある朝. ある日の朝. ¶ ～에 유명해졌다 ある朝有名になった.

하루치 名 一日分. 一日の分量.

하루하루 副 **1** 毎日. その日その日. ¶ ～를 눈물로 지새우다 毎日泣き暮

らす．**2** 日一日と．日ごとに．日に日に．¶～ 봄다워지다 日ごとに春めいてくる．

하룻강아지 名 **1** 生まれて間もない子犬．**2** 青二才．若僧．初歩者．〔속담〕**하룻강아지 범 무서운 줄 모른다** 生まれたばかりの子犬は虎の恐ろしさを知らない〈愚かものは恐れを知らないことのたとえ〉．

하룻길 名 一日の道のり．

하룻밤 名 ひと晩．一夜．ある晩．¶～ 묵다 一夜泊まる．

하류1〔下流〕名 下流．川下．下流階級．¶댐의 ～에 마을이 있다 ダムの下流に村がある／～층의 가난한 사람들 下層の貧しい人々．

하류2〔河流〕名 河流．河の流れ．

하륙〔下陸〕名 하自他 **1**（船から）陸地へ下りること．上陸．**2**（貨物の）陸揚げ．荷揚げ．

하르르 副 하形 布地や紙などが薄くやわらかなようす．＜흐르르

하리놀다 他（目上の人に）他人を謗る．

하리다1 自 思う存分ぜいたくをする．

하리다2 形（記憶・判断力などが）ぼうっとしている．はっきりしない．ぼけている．

하리들다 自 魔がさす．邪魔が入る．

하리망당하다 形 頭がぼうっとしてはっきりしない．¶하리망당한 눈빛 うつろな目つき．**하리망당히** 副 ぼうっとして．曖昧に．

하리쟁이 名（目上の人に）告げ口をよくする人．

하리타분하다 形（性質などが）曖昧ではっきりしない．事の成り行きがはっきりしない．**하리타분히** 副 はっきりせずに．曖昧に．

하릴없다 形 **1** どうにも仕様がない．どうにもできない．¶욕먹어도 하릴없었다 ののしられても仕様がなかった．**2** 少しも違わない．そっくりだ．**하릴없이** 副 **1** せんかたなく．仕方なく．¶～ 먼 산만 쳐다본다 なすすべもなく遠くの山を見つめているだけだ．**2** 寸分たがわずに．そっくり．¶저 애는 ～ 엄마를 닮았구나 あの子は母親にそっくりだ．

하마1〔下馬〕名 하自 下馬．下乗．馬から下りること．

하마비〔一碑〕名（下馬すべきことを示すために宮廷や文廟などの前に）立てた石碑．

하마석〔一石〕名（乗馬用の）踏み台．

하마2〔河馬〕名〔動〕河馬．

하마터면 副 危うく．すんでのことに．まかり間違えば．¶～ 큰일날 뻔했다 危うく大変なことになるところだった．

하마평〔下馬評〕名 下馬評．¶～에 오른 인물 下馬評に上がった人物．

하마하마 副 **1**〔어떤 기회가 자꾸 닥쳐 오는 모양〕はや．もはや．今にも．**2**〔기회를 자꾸 기다리는 모양〕今か今かと．¶그가 오기를 ～ 기다렸다 彼が来るのを今か今かと待ちわびた．

하명〔下命〕名 하自他 下命．用命．¶～하신 물품은 곧 배달하겠습니다 ご下命の品物はすぐお届けいたします．

하모니〔harmony〕名〔樂〕ハーモニー．

하모니카〔harmonica〕名〔樂〕ハーモニカ．

하무뭇하다 形 非常に満足だ．

하문〔下問〕名 하他 下問．下聞．¶～에 답하다 ご下問に答える．

하물〔荷物〕名 荷物．荷．貨物．

하물며 副 まして．いわんや．なおさら．¶보통 날에도 혼잡한데，～ 일요일에 있어서랴 平日でも混むのにいわんや日曜においてをや／짐승도 외면할 짓을 ～ 인간이 저지르다니 獣も顔をそむけるような行為を，まして人間が犯すとは．

하물하물 副 하形〔푹 익어서 무르게 된 모양〕ふにゃふにゃ．＜흐물흐물

하뭇하다 形 満足だ．満ち足りた気持ちだ．¶하뭇한 소식이 왔다 実にうれしい便りがきた．**하뭇이** 副 満足に．満ち足りて．

하미〔下米〕名 下米．

하민〔下民〕名 下民．庶民．

하바리〔下一〕名 下っ端．ひら．¶너 같은 ～가 나설 자리가 아냐 お前のような下っ端が出しゃばる幕じゃない．

하박〔下膊〕名〔生〕下膊．前膊．¶～골 下膊骨．

하박하다〔下薄一〕形 下位の人を薄遇する．

하박하박하다 形〔물기가 적고 퍼석퍼석하다〕ぱさぱさだ．かさかさだ．¶이 사과는 속이 ～ このりんごは中味がぱさぱさだ．

하반1〔下半〕名 下半．下半分．

하반2〔河畔〕名 河畔．川のほとり．

하반기〔下半期〕名 下半期．下期．¶～의 결산 下半期の決算．

하반부〔下半部〕名 下半部．

하반신〔下半身〕名 下半身．

하방〔下方〕名 下方．下の方．

하배〔下輩〕名〔'하인배'의 준말〕下輩．

하백〔河伯〕名 河伯．川の神．河神．

하번〔下番〕名 **1** 順番が下のこと［人］．**2** 当番を終えて下がる人．非番．

하복1〔下腹〕名 下腹．

하복부〔一部〕名 下腹部．

하복2〔夏服〕名 夏服．夏もの．¶～을 맞추다 夏服をあつらえる．

하부〔下部〕名 下部．下級機関（の人）．¶～가 튼튼한 구조 下部が丈夫な構造．

하부 구조〔一構造〕名 下部構造．

하비다 他 **1** ほじくる．ほじる．**2**（人の落ち度などを）ほじくってそしる．

하뿔싸 感〔'아뿔사'의 거센말〕しまった．¶～ 돈지갑을 두고 왔네 しまった，財布を忘れて来た．

하사1〔下士〕名〔軍〕下士〈軍隊階級の一つ〉．

하사관〔一官〕名〔軍〕下士官．

하사2〔下賜〕名 하他 下賜．王から与えられること．¶～금 下賜金／～품 下賜品．

하사3〔何事〕名 何事．どんな事．

하산〔下山〕名 하自 **1** 下山．**2**（材木を

などを)山から下ろすこと.
하상〔河床〕名 川床. 河床.
하서〔下書〕名 目上の人からの手紙.
하선〔下船〕名 하自 下船. ¶～장 下船場／～지 下船地.
하소 名 하他〔'하소연'의 준말〕☞하소연
하소연 名 하他 (くやしいことや苦情などを)切々と訴えること. 哀訴. ¶그는 지주에게 ～했다 彼は地主に哀訴した.
하속〔下屬〕名 召し使いたち.
하솔〔下率〕名 召し使いたち.
하송〔下送〕名 하他 **1** 地方に送ること. **2** 目下の人に物を送ること.
하송인〔荷送人〕名 荷送り人.
하수[1]〔下水〕名 下水.
하수관〔一管〕名 下水管.
하수도〔一道〕名 下水道. ¶～ 공사 下水道工事.
하수[2]〔下手〕名 (囲碁などで)下手.
하수[3]〔下手〕名 하他 **1** 着手. **2** 手を下して人を殺すこと.
하수인〔一人〕名 下手人.
하수[4]〔河水〕名 河水. 川の水.
하숙〔下宿〕名 하自 **1** 下宿. ¶～ 생활 下宿生活／～을 구하다 下宿をさがす. **2** 安宿.
하숙방〔一房〕名 下宿部屋.
하숙비〔一費〕名 下宿代.
하숙생〔一生〕名 下宿している学生.
하숙인〔一人〕名 下宿人.
하숙집 名 下宿屋.
하순[1]〔下旬〕名 下旬. ¶내달 ～에 돌아온다 来月の下旬に帰って来る.
하순[2]〔下脣〕名 下唇. 下の唇.
하시[1]〔下視〕名 하他 **1** 蔑視. さげすみ. 軽蔑すること. 見下げること. ¶～당하다 蔑視される. **2** 見下ろすこと. 下を見ること.
하시[2]〔何時〕名 いつ. どんな時. いつなんどき. ¶～라도 오시오 いつでも来なさい.
하식〔河蝕〕名〔地〕河食.
하식애〔一崖〕名〔地〕河食作用でできた崖.
하심〔河心〕名 河心〈川の中心部〉.
하악〔下顎〕名〔生〕下顎. 下あご.
하악골〔一骨〕名〔生〕下顎骨.
하안〔河岸〕名 河岸. 川岸.
하안 단구〔一段丘〕名〔地〕河岸段丘.
하야〔下野〕名 하自 下野. ¶정계에서 ～하다 政界から下野する.
하야말갛다 形 (肌が)透き通るように白い.
하야말쑥하다 形 (肌が)色白できれいだ. こざっぱりしている. ¶하야말쑥한 얼굴 色白できれいな顔. **하야말쑥히** 副 こざっぱりと.
하양 名 **1** 白色. 白. 白色の染料[絵の具]. **2** 白い物.
하얗다 形 とても白い. 真っ白だ. ¶하얀 와이셔츠 真っ白なワイシャツ.
하얘지다 自 白くなる. 青白くなる. ¶얼굴이 ～ 顔色が青白くなる.
하여간〔何如間〕副 とにかく. どうであろうと. ともかく. いずれにせよ. 何はともあれ. ¶～ 만나 보자 ともかく会ってみよう／～ 그 날에는 꼭 와 주게 何はともあれ当日はきっと来てくれ.
하여금 副 《'로 하여금'의 꼴로》〔사역의 대상을 나타냄〕…をして(…せしめる). ¶사람으로 ～ 가게 하다 人をして行かしめる.
하여튼〔何如一〕副 とにかく. いずれにせよ. ¶～ 해보자 とにかくやってみよう／～ 분쟁은 피할 수 없겠다 いずれにせよ紛争は避けられまい.
하여튼지〔何如一〕副 とにかく. どうであろうと. いずれにせよ. 何はともあれ.
하역〔荷役〕名 荷役. ¶～업 荷役業／～ 업자 荷役業者.
하역부〔一夫〕名 荷役人夫. 仲仕.
하염없다 形 **1** むなしい. (心が)うつろである. **2** とめどない. 限りない. **하염없이** 副 心うつろに. とめどなく. ¶～ 눈물이 흘렀다 とめどなく涙が流された.
하염직하다 形 やり甲斐がある. する価値がある. ¶하염직한 일이 있다 やり甲斐のある仕事がある.
하오〔下午〕名 下午. 午後. 昼さがり.
하옥〔下獄〕名 하他 下獄. 投獄.
하우〔下愚〕名 下愚. はなはだ愚かなこと[人].
하원〔下院〕名〔政〕下院.
하위〔下位〕名 下位. 低い地位. ¶～직 공무원 下級職公務員.
하의[1]〔下衣〕名 下半身に着用する衣服. 下衣. ズボン. チマ. スカート.
하의[2]〔下意〕名 下意. 民意. ¶～ 상달 下意上達.
하의[3]〔夏衣〕名 夏服. 夏物.
하이라이트〔highlight〕名 ハイライト.
하이웨이〔highway〕名 ハイウエー.
하이칼라〔high＋collar〕名 ハイカラ.
하이킹〔hiking〕名 하自 ハイキング.
하이테크〔hightech〕名 ハイテク.
하이틴〔high＋teen〕名 ハイティーン.
하이파이〔hi-fi〕名 ハイファイ.
하이픈〔hyphen〕名〔言〕ハイフン.
하이힐〔← high heeled shoes〕名 ハイヒール.
하인[1]〔下人〕名 召し使い. 下男. 下女. 下人. しもべ.
하인배〔一輩〕名 召し使いたち.
하인[2]〔何人〕名 何人. 誰.
하일〔夏日〕名 夏の日.
하자〔瑕疵〕名 瑕疵. 傷. 欠点. ¶～ 담보 瑕疵担保.
하잘것없다 形 やってみる価値がない. つまらない. くだらない. 取るに足りない. ばからしい. ¶하잘것없는 일로 다투다 つまらないことで争う. **하잘것없이** 副 つまらなく.
하저〔河底〕名 川底・河底.
하적호〔河跡湖〕名〔地〕河跡湖.
하전[1]〔下田〕名 下田. 地味のやせた田.
하전[2]〔荷電〕名〔物〕荷電. 電荷.
하전하다 形 **1** 心もとない. 頼りない. **2** (何か失ったような)物足りない感じがする. もの悲しい. ＜허전하다
하절〔夏節〕名 夏季. 夏期.
하정〔賀正〕名 賀正〈年賀状に書かれる語〉.
하제〔下劑〕名〔藥〕下剤.
하종가〔下終價〕名〔經〕ストップ安.

하좌〔下座〕 名 下座. 末席.
하주〔荷主〕 名 荷主.
하중〔荷重〕 名 荷重.
하지¹〔下肢〕 名〔生〕下肢. 脚部. 四つ足の動物の後ろ足.
하지²〔夏至〕 名 夏至.
하지선〔一線〕 名〔天〕夏至線. 北回帰線.
하지점〔一點〕 名〔天〕夏至点.
하지만 副 しかし. けれども. だが. だけど. もっとも. でも. ¶공부는 잘한다. ～ 운동은 못 한다 勉強はよくできる. けれども, 運動はよくできない / 물건은 탐난다. ～ 너무 비싸다 品物は欲しい. だけど, とても高い.
하지상〔下之上〕 名 下の上.
하지중〔下之中〕 名 下の中.
하지하〔下之下〕 名 下の下.
하직〔下直〕 名 하他 **1** (長上への)いとまごい. 別れのあいさつ. ¶～차 찾아뵙다 別れのあいさつに伺う / 젊은 나이에 세상을 ～했다 若くして世を去った. **2**〔史〕都を離れる役人が王にいとまごいをすること.
하차〔下車〕 名 하自他 下車. **1** 車から降りること. 反 乗車 ¶도중 ～ 途中下車. **2** (荷を)車から下ろすこと. 荷下ろし. ¶～ 작업 荷下ろし作業.
하찮다 形〔'하치않다'의 준말〕大したことでない. つまらない. ¶하찮은 일 つまらないこと / 하찮게 생각한 감기가 중증으로 발전하다 大したことはないと思った風邪が重くなる.
하처〔何處〕 代 どこ. いずこ.
하천¹〔下賤〕 名 하形 下賤. ¶～한 태생 下賤な生まれ.
하천²〔河川〕 名 河川. 川. ¶～ 개량 河川改良 / ～ 공사 河川工事.
하청〔下請〕 名〔'하청부(下請負)'의 준말〕下請け. ¶～을 맡다 下請を引き受ける / ～을 주다 下請に出す.
하청 공장〔一工場〕 名 下請工場.
하청인〔一人〕 名 下請人.
하체〔下體〕 名 **1** 下半身. **2** 男女の陰部.
하층〔下層〕 名 下層. ¶～ 계급 下層階級 / ～ 사회 下層社会 / ～운 下層雲.
하치〔下一〕 名 下等品.
하치않다 形 ☞하찮다
하침〔下鍼〕 名 하自 鍼を打つこと.
하키〔hockey〕 名〔體〕ホッケー.
하탁〔下託〕 名 하他 目下の人に頼むこと.
하토〔下土〕 名〔農〕瘠土. 瘠地(農作に適さないやせた土地).
하퇴〔下腿〕 名〔生〕下腿. ¶～골 下腿骨.
하편〔下篇〕 名 (書物などの)下巻.
하폭〔河幅〕 名 川幅.
하품¹ 名 하自 あくび. ¶～을 참다 あくびをこらえる / ～이 나다 あくびが出る.
하품²〔下品〕 名 **1** 下等品. **2** 下品. 低い品位. **3**〔佛〕九品浄土の下位の三品.
하프¹〔half〕 名〔體〕〔'하프백'의 준말〕ハーフ.
하프²〔harp〕 名〔樂〕ハープ. 竪琴.
하프 타임〔half time〕 名〔體〕ハーフタイム. 中間休憩時間.
하필〔何必〕 副 何の必要があって. とりわけ. どうして. よりによって. こともあろうに. ¶왜 ～ 그걸 골랐느냐? なぜよりによってそれを選んだのだ / ～이면 바쁠 때 왔구나 こともあろうに忙しいときに来たな.
하하¹ 副 하自〔입을 크게 벌리고 웃는 소리〕ははと. ¶재미있는 듯 ～ 웃다 おもしろいといったようすで, ははと笑う.
하하거리다〔-대다〕 自 しきりにははと笑う.
하하² 感 **1**〔기막힌 일을 당했을 때 탄식하여 내는 소리〕ああ. ¶～ 정말 큰 일이 났군 ああ, ほんとに大変なことになった. **2**〔무언가 깨달았을 때 내는 소리〕ははあ. ¶～ 큰 실수를 했군 ははあ, 大失敗をしでかしてしまった.
하학〔下學〕 名 하自 (学校で)放課. 終業.
하한〔下限〕 名 下限. ¶～선 下限線.
하한가〔一價〕 名〔經〕☞하종가
하항〔河港〕 名 河港.
하해〔河海〕 名 河海. 河と海.
하해지택〔一之澤〕 名 河海のように広く大きな恩恵.
하행〔下行〕 名 하自 **1** 下降. 降下. **2** 都から地方に行くこと. **3**〔'하행 열차'의 준말〕下り列車.
하행 열차〔一列車〕 名 下り列車.
하향¹〔下向〕 名 하自 **1** 下に向くこと. 下向き. うつむき. **2** 衰えていくこと. **3** 物価が下落すること. 下降. ¶물가가 ～세에 있다 物価が下落傾向にある.
하향²〔下鄕〕 名 하自 **1** 下向. **2** 帰郷.
하현〔下弦〕 名〔天〕下弦.
하혈〔下血〕 名 하自 下血.
하회¹〔下回〕 名 **1** 次の順番. 次回. **2** 目上の人からの返答. ¶선생님의 ～를 기다리고 있습니다 先生のご返事をお待ちしております. **3** 結果. 次の成り行き. ¶그 사건의 다음 ～가 궁금하다 その事件の次の成り行きが気遣わしい.
하회²〔下廻〕 名 하自 下回ること. ¶학력이 평균을 ～하다 学力が平均を下回る.
하후상박〔下厚上薄〕 名 (待遇が)下に厚く上に薄い.
학¹〔學〕 **Ⅰ** 名 学. 学問. **Ⅱ** 接尾《명사에 붙어서》〔학문의 한 부문을 일컫는 말〕学. ¶심리～ 心理学 / 전자～ 電子学.
학²〔鶴〕 名〔動〕鶴.
학계〔學界〕 名 学界.
학과〔學科〕 名 学科. ¶영문 ～ 英文学科.
학관〔學館〕 名 学校の資格のない私立の教育機関.
학교〔學校〕 名 学校. ¶～ 생활 学校生活 / 중～ 中学校 / 고등 ～ 高等学校 / ～에 다니다 学校に通う / ～에 입학하다 学校に入学する.

학교 교육〔一敎育〕 名〔敎〕学校教育.
학교 법인〔一法人〕 名〔法〕学校法人.
학교 신문〔一新聞〕 名 学校新聞.
학교장〔一長〕 名 学校長. 校長.
학구[1]〔學究〕 名 学究. ¶ ～ 기질의 사람 学究肌の人.
학구[2]〔學區〕 名 学区. ¶ ～제 学区制.
학군〔學群〕 名 地域別に分割した中·高校の学校群.
학급〔學級〕 名 学級. クラス. ¶ ～ 담임 学級担任 / ～ 문고 学級文庫.
학기〔學期〕 名 学期. ¶ 신～ 新学期 / ～말 시험 学期末試験.
학년〔學年〕 Ⅰ 名 学年. ¶ ～이 위다 学年が上だ.
Ⅱ 依名 …年生. ¶ 5～ 5年生 / 몇～이지요? 何年生ですか.
학당〔學堂〕 名 **1** 私塾. 寺子屋. **2** 学校.
학대〔虐待〕 名 하他 虐待. 虐げること. ¶ 동물을 ～하다 動物を虐待する.
학덕〔學德〕 名 学徳. ¶ ～ 겸비 学徳兼備.
학도〔學徒〕 名 **1** 学徒. 学生. 生徒. **2** 学者. ¶ 법～ 法学徒.
학도병〔一兵〕 名 学徒兵.
학동〔學童〕 名 学童. **1** 私塾で勉強する児童. **2** 小学生.
학력[1]〔學力〕 名 学力. ¶ ～ 고사 学力考査 / ～이 저하되다 学力が低下する.
학력[2]〔學歷〕 名 学歴. ¶ ～ 편중의 사회 学歴偏重の社会.
학령〔學齡〕 名 学齢.
학령 아동〔一兒童〕 名 学齢児童.
학리〔學理〕 名 学理. ¶ ～적인 해명 学理的な解明.
학명〔學名〕 名 **1** 学名. 学問上の名声. **2** (動植物の)学名.
학무〔學務〕 名 学務〈学問と教育に関する事務〉.
학문〔學問〕 名 하自 学問. 学識. ¶ ～의 자유 学問の自由 / ～을 연구하다 学問を研究する.
학번〔學番〕 名 **1** 学籍番号. **2** 大学の入学年度.
학벌〔學閥〕 名 学閥. ¶ 성적보다 ～을 중시하다 成績より学閥を重視する.
학병〔學兵〕 名 〔'학도병(學徒兵)'의 준말〕学徒兵.
학보〔學報〕 名 学報. **1** 学術報告. **2** 大学の学術論文·研究成果を載せる雑誌や新聞.
학부[1]〔學府〕 名 学府. 大学. ¶ 최고～ 最高学府.
학부[2]〔學部〕 名 学部. ¶ 의～ 医学部.
학부모〔學父母〕 名 児童や学生の父母.
학부형〔學父兄〕 名 父兄. 保護者. ¶ ～회 父兄会.
학비〔學費〕 名 学費. 学資. ¶ ～를 벌다 学費を稼ぐ.
학사[1]〔學士〕 名 学士. ¶ 경제 ～ 経済学士.
학사[2]〔學舍〕 名 学舎. 学校. 校舎.
학사[3]〔學事〕 名 学事. ¶ ～ 보고 学事報告.
학살〔虐殺〕 名 하他 虐殺. ¶ 무참히 ～된 시체 無残に虐殺された死体.
학생〔學生〕 名 学生. 生徒. ¶ 넌 어느 학교 ～이니? お前はどこの学校の生徒かね.
학생모〔一帽〕 名 学生帽.
학생복〔一服〕 名 学生服.
학생 운동〔一運動〕 名 学生運動.
학생증〔一證〕 名 学生証.
학설〔學說〕 名 学説. ¶ 새로운 ～ 新しい学説.
학수〔鶴壽〕 名 鶴寿. 長命. 長生き.
학수고대〔鶴首苦待〕 名 하他 鶴首. 首を長くして待ちわびること. ¶ 아들의 편지를 ～하다 息子の手紙を首を長くして待ちわびる.
학술〔學術〕 名 学術. ¶ ～ 회의 学術会議.
학술 단체〔一團體〕 名 学術団体.
학술어〔一語〕 名 学術用語.
학술원〔一院〕 名〔法〕学術院.
학습〔學習〕 名 하他 学習. ¶ ～ 발표회 学習発表会.
학습서〔一書〕 名 学習書.
학습 지도〔一指導〕 名 学習指導.
학승〔學僧〕 名 学僧.
학식〔學識〕 名 学識. ¶ ～이 풍부한 사람 学識の豊かな人.
학업〔學業〕 名 学業. ¶ ～ 성적 学業成績 / ～에 힘쓰다 学業に励む.
학예〔學藝〕 名 学芸.
학예회〔一會〕 名 学芸会.
학용품〔學用品〕 名 学用品.
학우〔學友〕 名 学友.
학원[1]〔學院〕 名 学院. 予備校. ¶ 요리 ～ 料理学校 / 일본어 ～ 日本語学院.
학원[2]〔學園〕 名 学園. 学校およびそのほかの教育機関の総称.
학위〔學位〕 名 学位. ¶ ～ 논문 学位論文 / ～를 수여하다 学位を授与する.
학자[1]〔學者〕 名 学者. ¶ 뛰어난 ～ すぐれた学者 / 사이비 ～ えせ学者.
학자[2]〔學資〕 名 学資. 学費.
학자금〔一金〕 名 学資金.
학장〔學長〕 名 学長〈単科大学の長〉.
학적[1]〔學的〕 冠 名 学的. 学問的.
학적[2]〔學籍〕 名 学籍.
학적부〔一簿〕 名 学籍簿〈現在は指導要録と言う〉.
학점〔學點〕 名 (大学や大学院での学課履修の)単位. ¶ ～을 따다 単位を取る.
학정〔虐政〕 名 虐政. ¶ ～에 시달리다 虐政に苦しめられる.
학제〔學制〕 名 学制.
학질〔瘧疾〕 名〔醫〕マラリア.
◆**학질을 떼다** ひどい目にあう. 冷や汗を流す.
학질모기〔瘧疾一〕 名〔動〕マラリア蚊.
학창〔學窓〕 名 学窓. 学校. ¶ ～ 생활 学窓生活 / ～ 시절의 꿈 学窓時の夢.
학춤〔鶴一〕 名〔史〕鶴の舞〈宮中舞踊の一つ〉.

학칙〔學則〕 名 学則. ¶ ~ 위반 学則違反.
학통〔學統〕 名 学統.
학파〔學派〕 名 学派. ¶ 스콜라 ~ スコラ学派.
학풍〔學風〕 名 学風.
학형〔學兄〕 名 学兄.
학회〔學會〕 名 学会. ¶ 한글 ~ ハングル学会.
한[1]〔限〕 Ⅰ 名 限り. **1** (‘한이 없다’의 꼴로) 限りがない. きりがない. ¶ 욕심이 ~이 없다 欲に限りがない / ~ 없이 기쁘다 限りなくうれしい / ~ 없이 흐르는 눈물 とめどもなく流れる涙. **2** (‘-는 한’의 꼴로) …する限り. ¶ 목숨이 있는 ~ 싸우겠다 命のある限り戦う / 사정이 허락하는 ~ 事情の許す限り.
Ⅱ 接尾 (명사에 붙어) 〔‘~까지·~안으로’의 뜻을 나타냄〕 まで. 限り. ¶ 마감은 5일 정오~이오 締め切りは5日の正午限りです.
한[2]〔恨〕 名 恨み. ¶ ~을 품다 恨みを抱く / 이제 겨우 내 집 마련의 ~을 풀었다 今やようやくマイホームの望みを果たした.
한[3]〔韓〕 名 韓. **1** 〔‘대한 민국’의 준말〕 大韓民国. **2** 〔史〕 〔‘대한 제국’의 준말〕 大韓帝国.
한[4] 冠 **1** 一つの. ¶ ~ 번 一度 / ~ 사람 一人 / 꽃 ~ 송이 一輪の花 / ~ 개 1個 / 나도 ~ 마디 하겠다 わたしも一言言おう. ▷하나[1] 單語帳 **2** (수를 나타내는 말 앞에 붙어) およそ. だいたい. おおかた. ¶ ~ 10분 가량 늦었다 およそ10分ぐらい遅れた. **3** 同じ. ¶ ~ 회사 직원 同じ会社の社員.
한-[5] 接頭 (명사에 붙어) **1** 〔‘큰’의 뜻〕 大…. ¶ ~길 大通り. **2** 〔‘같은’의 뜻〕 真…. ¶ ~마음 真心. **3** 〔‘바로’의 뜻〕 真…. ¶ ~복판 真ん中. **4** 〔‘한창의’의 뜻〕 真…. ¶ ~여름 真夏 / ~겨울 真冬. **5** 〔‘가득한’의 뜻〕 いっぱいの…. ¶ ~껏 精いっぱい / ~가득 いっぱいに.
-한[6]〔漢〕 接尾 …漢. ¶ 무뢰~ 無頼漢 / 사기~ 詐欺師.
한가롭다〔閑暇—〕 形 のんびりしている. のびのびしている. ゆったりしている. ¶ 파란 하늘에 구름이 한가롭게 떠 있다 青空に雲がゆったりと浮かんでいる.
한가로이 副 のんびりと. ¶ 정년 퇴직 후 ~ 지내고 있다 定年退職の後のんびりと暮らしている.
한가운데 名 真ん中. 中心. 中央. ¶ 운동장 ~ 運動場の真ん中.
한가위 名 陰暦8月15日. 中秋. ▷추석(秋夕)
한가윗날 名 中秋.
한가을 名 **1** 盛秋. 秋のさかり. 秋のさなか. **2** 収穫に忙しい秋.
한가지 名 同じ. 同一. 同種類. ¶ 전차나 버스나 타는 것은 ~다 電車もバスも乗るのは同じだ.
한가하다〔閑暇—〕 形 ひまだ. ¶ 한가한 사람 暇な人 / 한가하실 때 전화 주세요 おひまなときお電話ください. **한가히** 副 のんびりと.
한갓 副 単に. ただ. ¶ 그것은 ~ 꿈에 지나지 않는 얘기다 それは単に夢にすぎない話だ.
한갓지다 形 閑静だ. のどかに静まりかえっている. ¶ 시골은 한갓져서 좋다 田舎はのどかでいい.
한강〔漢江〕 名 **1** 〔地〕 漢江. **2** (比喩して) 水浸し. ¶ 천장으로 비가 새서 방이 ~이 되었다 天井から雨が漏って部屋が水浸しになった.
〔속담〕 **한강에 돌 던지기** 漢江に石投げ〈投資や努力をいくらしてもかいのないこと〉.
한거〔閑居〕 名 하自 閑居.
한걱정 名 하他 大きな心配. ¶ ~이 생겼다 大きな心配ごとが生じた.
한걸음에 副 一走りに. すぐさま. ¶ 비보를 듣고 ~ 달려갔다 悲報を聞いてすぐさま駆けつけた.
한겨울 名 真冬. ¶ ~의 추위를 견디다 真冬の寒さをしのぐ.
한결 副 ひとしお. 一層. ひときわ. ¶ 가을이 되어 ~ 시원해졌다 秋になってひとしお涼しくなった / ~ 뛰어나다 ひときわぬきんでる.
한결같다 形 変わらずいつも同じだ. 終始一貫している. ¶ 마음이 ~ 心がいちずだ. **한결같이** 副 等しく. いちずに. 一様に. もっぱら. 終始一貫して. ひたむきに. ¶ 모두가 ~ 반대했다 みんなが一様に反対した / 그녀를 ~ 사랑하다 彼女をいちずに愛する.
한계〔限界〕 名 限界. ¶ 체력의 ~ 体力の限界 / 모든 일에는 ~가 있다 すべての物事には限界がある.
한계 생산비〔一生産費〕 名 〔經〕 限界生産費.
한계 효용〔一效用〕 名 〔經〕 限界効用.
한고비 名 重大な局面. 正念場. 峠. 山場. ¶ 그의 병은 ~를 넘겼다 彼の病気は峠を越えた / 교섭이 ~에 다가오다 交渉が山場に近づく.
한구석 名 片隅. 一隅. 一角. ¶ 방 ~에 앉다 部屋の片隅に座る.
한국〔韓國〕 名 **1** 〔地〕 〔‘대한 민국’의 준말〕 韓国. **2** 〔史〕 〔‘대한 제국’의 준말〕 大韓帝国.
한국어〔一語〕 名 〔言〕 韓国語.
한국 요리〔一料理〕 名 韓国料理.
한국인〔一人〕 名 韓国人.
한군데 名 一か所. 同じ所. ¶ 책을 ~에 쌓아라 本を一か所に積みなさい.
한그루 名 一毛作. 年1回の農作.
한근심 名 大きな心配. ¶ 겨우 ~ 놓았다 ようやく一安心した.
한글 名 ハングル〈韓国固有の文字〉.
한글날 名 ハングルの日〈ハングルの頒布記念日. 10月9日〉.
한기〔寒氣〕 名 寒気. 寒け. ¶ ~가 들다 悪寒がする.
한길 名 大通り. ¶ ~에서 놀지 마라 大通りで遊ぶな.
한꺼번에 副 (全部を) 一度に. いっしょ

に. いっぺんに. ひとまとめに. ¶ 일을 ～ 해치우다 仕事をひとまとめにやってしまう / ～ 다 먹지 마라 一度にみんな食べるんじゃない.

한껏〔限—〕 副 できる限り. 思い切り. 精一杯. ひときわ. ¶ ～ 노력해 보아라 できるだけ努力してごらん / ～ 멋을 부려봐 思う存分おしゃれをしてごらん.

한끝 名 片端. 一方の端.

한끼 名 (一日三度の食事のうち)一度の食事.

한나절 名 半日. 昼の半分. ¶ ～이나 걸렸다 半日もかかった.

한낮 名 真昼. ひるひなか. まっぴるま. ¶ ～의 햇볕으로 살이 따갑다 真昼の日差しに肌がひりひりする.

한낱 副 ただ一つの. 単に. 取るに足りない. 一介の. ¶ 그것은 ～ 빙산의 일각에 불과하다 それは単に氷山の一角に過ぎない / 그것은 ～ 망상에 불과하다 それはつまらない妄想に過ぎない.

한눈[1] 名 (‘한눈에’의 꼴로) 一目で. ¶ 그녀에게 ～에 반했구나 彼女に一目ぼれしたな / ～에 내려다보이는 들판 一目で見下ろせる野原.

한눈[2] 名 よそ見. わき見.

한눈팔다 自 よそ見をする. ¶ 한눈팔고 운전하다가 사람을 칠 뻔했다 わき見運転をしていて人をひくところだった.

한뉘 名 一生涯. 一生.

한다하는 冠 〔‘한다고 하는’의 준말〕 いわれのある. れっきとした. ¶ 저 사람은 ～ 집안의 자제다 あの人はれっきとした家柄の子息である.

한달음에 副 ひと走りで. 一息に. ¶ 시간이 늦어 ～ 달려왔다 時間に遅れて一気に走って来た.

한담〔閑談〕 名 하自 閑談.

한담설화〔—屑話〕 名 暇つぶしの雑談.

한대〔寒帶〕 名〔地〕 寒帯. ¶ ～ 식물 寒帯植物.

한대림〔—林〕 名 寒帯林.

한더위 名 酷暑. 暑い盛り. 盛暑.

한데[1] 名 ひと所. 一か所. 同じ所. ¶ 책을 ～ 모아라 本をひと所に集めろ / 모두 ～ 모여 있다 みんなひと所に集まっている.

한데[2] 名 露天. 露地. ¶ ～서 장사를 하다 露天商をする.

한데아궁이 名 屋外のかまど.

한데우물 名 屋外の井戸.

한뎃잠 名 露宿. 野宿.

한도〔限度〕 名 限度. 限り. ¶ 최소 ～로 인원을 줄이세요 最小限に人員を減らしなさい / 인내에도 ～가 있다 忍耐にも限度がある.

한돌림 名 **1** 順番に回る一巡り. ¶ 술이 ～ 돌았다 酒が一巡り回った. **2** 1周. 一回り.

한동갑〔—同甲〕 名 同齢. 同じ年.

한동기〔—同氣〕 名 (同じ父母の)兄弟姉妹.

한동안 名 一時. しばらく. ¶ ～ 계속 비가 내렸다 しばらく雨が降り続いた.

한두 數 一つか二つの. 1·2(の). ¶ ～ 마리 1·2頭 / ～ 번 1·2回 / ～ 가지가 아니다 一つや二つではない.

한둔 名 하自 野宿.

한둘 數 一つか二つ. 1·2.

한들거리다〔-대다〕 自他 軽くしきりに揺れる, また揺り動かす.

한들한들 副 하自他 ゆらゆら(と). ゆらりゆらり(と).

한때 名 **1** ひととき. ある時. ¶ 즐거운 ～를 보냈다 楽しいひとときを過ごした / ～는 많은 고생을 했다 ある時はひどく苦労した. **2** しばらくの間. 一時. ¶ ～ 비가 온다고 한다 一時雨が降るとのことだ.

한란〔←寒暖〕 名 寒暖. ¶ ～의 차이가 심한 지방 寒暖の差が激しい地方.

한란계〔—計〕 名 寒暖計.

한랭〔寒冷〕 名 하形 寒冷. ¶ ～ 전선 寒冷前線.

한량[1]〔限量〕 名 限られた分量.

한량없다 形 限りない. はかり知れない. ¶ 한량없는 어머니의 애정 限りない母の愛情. **한량없이** 副 限りなく.

한량[2]〔閑良〕 名 **1**〔史〕 一定の職なしに遊んで暮らす下級の両班. **2** お金をよく使いよく遊ぶ人.

한로〔寒露〕 名 寒露〈二十四節気の一つ〉.

한류〔寒流〕 名 寒流. 反 暖流.

한림〔翰林〕 名 **1**〔史〕 朝鮮時代の藝文館検閲の別称. **2** アカデミー.

한마디 名 一言. 短い話. ¶ ～ 해두다 一言いっておく / ～도 못 하다 一言もいえない.

한마음 名 一心. 心を一つに合わせること.

◆**한마음 한뜻** 心を一つに合わせること.

한목 副 一度にみな. まとめて. ¶ ～에 물건을 팔아 넘기다 まとめて品物を売り渡す.

한몫 名 一口. 分け前. 取り分. ¶ ～ 끼다 一口乗る.

◆**한몫 보다**〔잡다〕 大きな利益を得る.

한문[1]〔寒門〕 名 貧乏で門閥の良くない家柄.

한문[2]〔漢文〕 名 **1** 漢文. **2** 漢字.

한문체〔—體〕 名 漢文体.

한문학〔—學〕 名 漢文学.

한물 名 (野菜·果物·魚類などの)旬. 出盛り. ¶ 조기가 지금 ～이다 いしもちがいま旬だ / 복숭아는 이제 ～ 갔다 桃はもう盛りを過ぎた.

◆**한물이 지다** 盛りになる.

한물가다 自 旬が過ぎる. 盛りが過ぎる. ¶ 한물간 넥타이 盛りを過ぎたネクタイ.

한민족[1]〔漢民族〕 名 漢民族.

한민족[2]〔韓民族〕 名 ☞한족(韓族)

한밑천 名 一財産. まとまった相当な資金. ¶ ～ 생기다〔잡다〕 一財産できる〔つくる〕.

한바닥 名 繁華街の中心地. ¶ 종로 ～ 鐘路通り.

한바탕 副 一幕. ひとしきり. 一度. ¶ ～ 소동이 벌어졌다 ひとしきり騒動

が起こった / ～ 싸움을 하다 大げんかをする.

한반도〔韓半島〕 名 韓半島.

한발〔旱魃〕 名 旱魃. 日照り. 水涸れ.

한밤 名 真夜中. 夜更け. 深夜.

한밤중〔―中〕 名 真夜中. 夜更け. 深夜.

한방¹〔―房〕 名 同室. 同じ部屋. ¶ 언니와 ～을 쓰고 있다 姉と同室だ.

한방²〔韓方〕 名 韓方.

한방약〔―藥〕 名 韓方薬.

한방의〔―醫〕 名 韓方医.

한배 名 **1** (動物の)一腹. ¶ ～ 강아지 一腹の子犬. **2**〈俗〉同腹.

한번〔―番〕 **Ⅰ** 名 **1**〔기회 있는 어떤 때〕一回. 一度. ¶ ～ 놀러 가마 一度遊びにいくよ / 되는지 안 되는지 ～ 시험해 보자 出来るか出来ないかいったん試してみよう. **2** (‘한번은’의 꼴로 쓰여)〔과거의 어느 때〕一度は. 一ぺん. ちょっと. ¶ ～은 산에 갔다가 길을 잃었다 一度は山に行ってから道に迷った.

Ⅱ 副〔‘대단히’, ‘참으로’ 등의 뜻으로 행동·상태를 힘주어 이르는 말〕非常に. 本当に. ¶ 허, 이사람 배포 ～ 크구먼! ほう, 君はとてもいい度胸だな / 너, 말 ～ 잘했다 君ほんとによく言った.

한보〔閑步〕 名 하自 閑歩. そぞろ歩き.

한복〔韓服〕 名 韓国服. ¶ ～ 차림으로 외출하다 韓国服で外出する.

한복판 名 真ん中. ¶ 길 ～에서 往来の真ん中で.

한사〔限死〕 名 하自 死を覚悟すること. 命がけ. 決死.

한사코 副 命がけで. 必死で. 是非とも. ¶ ～ 반대하다 命がけで反対する / ～ 우기다 必死に言い張る.

한사리 名 大潮. 陰暦の毎月の15日と晦日の満潮時.

한산하다〔閑散―〕 形 **1** 閑散としている. ¶ 한산한 거리 閑散とした通り. **2** 暇だ. ¶ 거래가 ～ 取引が閑散としている.

한살이 名 **1** (人の)一生. **2**〔動〕変態過程.

한삼〔汗衫〕 名 **1** 手を覆うため両袖にかけて長く垂らす白い布. **2**〈宮廷〉汗取りの肌着. 汗衫.

한색〔寒色〕 名〔美〕寒色.

한서¹〔寒暑〕 名 **1** 寒暑. ¶ 심한 ～의 차 激しい寒暑の差. **2** 冬と夏.

한서²〔漢書〕 名 漢書. **1** 漢文の書物. **2** 中国の書物.

한선〔汗腺〕 名〔生〕汗腺.

한세상〔―世上〕 名 **1** 一生. 生涯. ¶ ～을 편히 지내다 一生を楽に暮らす. **2** わが世の春. ¶ 우리도 ～ 만날 때가 있겠지 我々もわが世の春があるさ.

한세월〔閑歲月〕 名 暇な歳月. のんびりと暮らす歳月.

한센병〔Hansen病〕 名〔醫〕ハンセン病.

한소끔 副〔한 번 끓어오르는 모양〕ぐらっと.

한속 名 同じ心. 同じ気持ち. ¶ ～이 되어 일을 추진하다 同じ心になって仕事を推進する.

한손 놓다 自 仕事が一応片づく. ¶ 그 일은 이제 한손 놓았다 その仕事は一応片づいた.

한솥밥 名 (同じ釜の飯の意で)生活を共にすること.

◆**한솥밥을 먹다** 同じ家庭や職場で苦楽をともにしながら過ごす.

한수〔漢水〕 名 **1** 大きな川. **2** 漢江. ¶ ～ 이북 漢江の以北.

한술 名 一さじ. わずかな食物.

◆**한술 더 뜨다** ある段階で満足せずさらに欲を出す. 一層ひどくなる.

〔속담〕 **한술 밥에 배 부르랴** 一さじの飯で腹いっぱいになろうか〈ちょっとの努力だけでは満足な結果は得られない〉.

한숨¹ 名 **1** 一息. 一呼吸. ¶ ～ 돌릴 틈도 없다 一息入れる暇もない. **2** 一休み. 一眠り. ¶ 여기서 ～ 자고 가자 ここで一眠りして行こう.

한숨에 副 一息に. 一気に. ¶ ～ 달려가다 一気に走って行く / 물을 ～ 들이켜다 水を一気に飲み干す.

한숨² 名 ため息. 吐息. 嘆息. ¶ ～을 쉬다 ため息をつく.

한숨짓다 自 ため息をつく.

한스럽다〔恨―〕 形 恨めしい. ¶ 제 시간에 대지 못한 것이 ～ まにあわなかったのが恨めしい. **한스레** 副 恨めしく.

한습〔寒濕〕 名〔韓方〕☞습랭

한시¹〔一時〕 名 **1** 同じ時刻. **2** 寸時. 一刻. ¶ ～도 잊은 적이 없다 一刻も忘れることがない.

◆**한시가 바쁘다** 一刻を争うほど忙しい.

한시바삐 副 すこしでも速く.

한시²〔漢詩〕 名〔文〕漢詩.

한시름 名 大きな心配事.

◆**한시름 놓다** いったん安心する. 一息つく.

한식¹〔寒食〕 名 寒食.

한식²〔韓式〕 名 韓国式. ¶ ～집 韓国式家屋 / ～ 요리 韓国料理.

한식³〔韓食〕 名 韓国料理. ¶ ～집 韓国料理店. ▷요리(料理) 單語帳

한심스럽다〔寒心―〕 形 情けない. ¶ 참으로 한심스러운 행동 実に情けない行ない. **한심스레** 副 情けなく. 嘆かわしく.

한심하다〔寒心―〕 形 情けない. 嘆かわしい. あきれる. ¶ 한심한 성적 情けない成績 / 한심한 세상 嘆かわしい世の中.

한약〔韓藥〕 名 韓方薬.

한약방〔―房〕 名 韓方薬局.

한약재〔韓藥材〕 名 韓方薬の材.

한어〔漢語〕 名 漢語. 中国語.

한없다〔限―〕 形 限りない. 果てしない. ¶ 한없는 어머니의 사랑 限りない母の愛情. **한없이** 副 限りなく. 果てしなく. ¶ ～ 펼쳐진 대평원 果てしなく広がる大平原.

한여름 名 **1** 真夏. 盛夏. ¶ ～의 더위 真夏の暑さ. **2** 夏季.

한역¹〔漢譯〕 名 하他 漢訳. 漢文訳.

한역²〔韓譯〕 名 하他 韓国語訳.

한열〔寒熱〕 名〔韓方〕悪寒と発熱.

한영〔韓英〕 名 韓英. ¶ ～ 사전 韓英

辞典.
한옆 名 一隅. 片側. 片隅. ¶ 짐은 ～에 놓아 두어라 荷物は片隅に置いておけ.
한옥〔韓屋〕名 韓国固有の家屋.
한외〔限外〕名 限外. 制限の外. 限度以上. ¶ ～ 발행 限外発行.
한우¹〔寒雨〕名 **1** 冷たい雨. **2** 冬の雨.
한우²〔韓牛〕名 韓国在来種の牛.
한우충동〔汗牛充棟〕名 汗牛充棟〈蔵書が非常に多いこと〉.
한울 名〔宗〕(天道教で) 宇宙の本体. 天.
　한울님 名〔宗〕(天道教で) 神.
한월〔寒月〕名 寒月. 冬の月.
한유〔閑遊〕名 하自 のんびりと遊び歩くこと.
한음〔漢音〕名 漢字の中国音.
한의〔韓醫〕名 **1** 韓方の医術. **2** 韓医. 韓方医.
한의사〔韓醫師〕名 韓方医.
한의원〔韓醫院〕名 韓方医院.
한인¹〔閑人〕名 閑人. ひま人. 仕事のない人.
한인²〔漢人〕名 漢人〈中国の漢族の人〉.
한인³〔韓人〕名〔'한국인(韓國人)'의 준말〕韓国人.
한일〔韓日〕名 韓日. ¶ ～ 회담 韓日会談／～ 사전 韓日辞典.
한입 名 **1** 一口. 一つの口. ¶ ～에 먹다 一口に食べる. **2** 一人の口.
한자〔漢字〕名 漢字.
　한자어〔一語〕名 漢字語.
한자리 名 **1** 同じ席. ¶ ～에 앉다 同席する. **2** 一つの職位. 一役.
　한자리하다 自〈俗〉重要な職位に上る. 重要な地位に就く.
한잔〔一盞〕名 하自 一杯. 一献. 一盞. ¶ 가볍게 ～하자 軽く一杯やろう.
　◆**한잔 걸치다** 一杯ひっかける.
　◆**한잔 내다** 一杯おごる.
한잠 名 **1** 熟睡. 深い眠り. ¶ ～ 푹 잤더니 피로가 가시다 熟睡したので疲れがとれた. **2** 一睡. 一眠り. ¶ ～도 못 자다 一睡もしない.
한재〔旱災〕名 旱災〈日照りによる災害〉.
한적〔漢籍〕名 漢籍.
한적하다〔閑寂—〕形 もの静かだ. もの寂しい. ¶ 한적한 생활 ひっそりとした生活／한적한 곳 寂しい所. **한적히** 副 ひっそりと.
한절〔寒節〕名 冬の寒い季節.
한정〔限定〕名 하他 限定. ¶ ～된 범위 내에서 지출을 하다 限られた範囲内で支出する.
　한정 능력〔一能力〕名〔法〕限定能力.
　한정판〔一版〕名 限定版.
한족¹〔漢族〕名 (中国の) 漢族. 漢民族.
한족²〔韓族〕名 韓半島の全域とその島嶼に住む民族.
한줄기 名 **1** 一条. 一筋. ¶ 암흑세계에 ～ 서광이 비치다 暗黒世界に一条の曙光が射す. **2** ひとしきり. ¶ 소나기가 ～ 쏟아지다 夕立がひとしきり降りそそぐ.
한줌 名 一握り. ひとつかみ. ¶ ～의 흙 一握りの土.
한중¹〔閑中〕名 閑中. 暇なとき.
한중²〔寒中〕名 寒中. **1** 小寒から大寒の間. **2** 最も寒い間.
한중³〔韓中〕名 韓中. ¶ ～ 무역 韓中貿易.
한중간〔一中間〕名 真ん中. 真っ最中. ¶ 뜰 ～에 있는 연못 庭の真ん中にある池.
한즉 副〔'그러한즉'의 준말〕だから. それゆえに.
한증〔汗蒸〕名 蒸し風呂.
　한증막〔一幕〕名 蒸し風呂の施設.
한지〔韓紙〕名 こうぞを原料としてつくる紙.
한직〔閑職〕名 閑職. ¶ ～으로 밀려나다 閑職においやられる.
한집안 名 **1** 一家. 同じ家の内. ¶ ～ 식구 一家の家族. **2** 親類. 親戚. ¶ ～ 관계 親類の関係.
한쪽 名 一方. 片方. 片側. ¶ ～ 이야기만 듣다 片方の言い分だけを聞く.
한차례〔一次例〕名 一回り. ひとしきり. 一度. ¶ 소나기가 ～ 쏟아졌다 夕立がひとしきり降った.
한참 名 **1** (부사적으로) しばらく. ¶ 버스를 ～ 기다리다 バスをしばらくの間待つ／～ 있다가 대답하다 しばらくしてから答える. **2** はるかに. ずっと. ¶ 그 분은 ～ 선배입니다 その方はずっと先輩です／나이는 우리보다 ～ 밑이에요 年は我々よりはるかに下です.
한창 Ⅰ 名 絶頂. 真っ盛り. 最中. 盛り. ¶ 모심기가 ～이다 田植えの真っ最中だ／봄 꽃이 바야흐로 ～이다 春の花が今盛りだ.
　Ⅱ 副 盛んに. 非常に活気を帯びて. ¶ ～ 더울 때에 暑い盛りに／～ 일할 나이 働き盛りの年.
　한창나이 名 若い盛り. ¶ ～의 남자 働き盛りの男.
　한창때 名 元気旺盛なとき. 働き盛り. 血気盛んなとき. ¶ ～의 젊은이 働き盛りの若者.
한천¹〔旱天〕名 干天. 日照り. ¶ ～의 자우 干天の慈雨.
한천²〔寒天〕名 寒天. ところてん.
한철 名 季節の盛り. 一時期. ¶ 메뚜기도 유월이 ～이다 稲子も6月が盛りだ.
한촌〔寒村〕名 寒村. 寂しい村.
한추위 名 厳しい寒さ. 厳寒.
한층〔一層〕副 いっそう. ひとしお. ひときわ. もっと. ¶ ～ 열심히 일하다 いっそう懸命に働く／～ 더 아름답다 ひときわ美しい／～ 그리움이 더해가다 ひとしお恋しさが増す.
한 치 名 **1** 1寸. **2** (極めて) 短い距離. ¶ ～ 앞의 어둠 一寸先の闇. **3** (非常に) 小さい差異.
　◆**한 치 앞을 못 보다** 迫ってくる未来のことは全く予測できない.
한칼 名 **1** 一刀. 一太刀. ¶ ～에 베어 버리다 一刀のもとに切り捨てる. **2** 一刀で切った(牛肉などの) ひと塊.

한탄〔恨歎〕 名 하他 恨み嘆くこと. ¶ 생활고를 ~하다 生活苦を嘆く / 일신의 불행을 ~하다 身の不幸を嘆く.
　한탄스럽다 形 嘆かわしい.
한탕 名 〈俗〉 一発. 一仕事. ¶ ~ 뛰다 一往復する.
　◆**한탕 치다** 一発やらかす.
한턱 名 하自 おごり. 人にご馳走すること. もてなすこと.
　한턱내다 自 おごる. ご馳走する.
　한턱먹다 自 おごってもらう. ご馳走になる.
한테 助 〔'에게'보다 구어적인 표현임〕 (誰それ)に. …のところに[へ]. …へ. …から. ¶ 누구~ 물어 볼까? 誰に尋ねてみようかな / 어머니~ 오너라 お母さんのところに来なさい / 누구~ 들은 이야기에요? 誰から聞いた話ですか.
　한테로 助 〔에게로〕 …のところへ. …に向かって. …に. ¶ 형~ 보내는 편지 兄のところに送る手紙.
　한테서 助 〔에게서〕 …から. ¶ 친구~ 돈을 꾸다 友人からお金を借りる.
한통속 名 同じ仲間. 相通じる仲間. ぐる. 同じ穴のむじな. ¶ 그들은 ~이다 彼らは同じ仲間だ.
한통치다 他 一つにまとめる. ¶ 한통쳐 계산하다 まとめて勘定する.
한파〔寒波〕 名 寒波. ¶ 시베리아 ~의 기습 シベリアの寒波の来襲.
한판 名 一勝負. 一局. 1回の賭け. ¶ 씨름 ~ シルムの一勝負 / ~ 승부 一番勝負.
한팔접이 名 (片手を使わずに十分勝てるという意で) 力や技が不足している相手.
한패〔一牌〕 名 一味. 身内. 同類. 連中. ぐる. 仲間. ¶ 소매치기와 ~가 되다 すりの仲間になる.
한편〔一便〕 Ⅰ 名 **1** 一方. 片方. 片側. ¶ ~에서 생각하면 가엾기도 하다 一方から考えると気の毒でもある / ~ 말만 듣고서는 뭐라 말할 수 없다 一方の話だけではなんとも言えない. **2** 同じ味方. 同じ組. 同じ仲間. 仲間同士. ¶ 그 사람과는 ~에 속해 있다 彼とは同じチームに属している.
　Ⅱ 副 一方では. 一つには. …と同時に. かたわら. ¶ ~ 좋게도 평가받고 있다 一方では良く評価されてもいる / 일을 하는 ~ 책을 읽는다 仕事のかたわら本を読む.
한평생〔一平生〕 名 一生涯. 一生. ¶ 나라의 독립을 위해 ~을 바치다 国の独立のために一生をささげる.
한 푼 名 一文. 一銭. ¶ ~도 없다 一銭もない.
한풀 名 元気·意気·根気·闘志などの一端.
　한풀꺾이다 自 意気がくじける. がっくりくる. へこたれる. 覇気がなくなる. ¶ 추위가 ~ 寒さがぐっとやわらぐ.
　한풀죽다 自 意気がくじける. がっくりくる. へこたれる. 覇気がなくなる. ¶ 시합에 져서 ~ 試合に負けてがっくりくる.
한풀이〔恨―〕 名 하自 恨みを解く[晴らす]こと.
한풍〔寒風〕 名 寒風. ¶ ~이 휘몰아치다 寒風がふきすさぶ.
한하다〔限―〕 自 限る. 制限する. 局限する. ¶ 선착순 10명에 한하여 무료 입장시킨다 先着順に10名に限って無料で入場させる.
한학〔漢學〕 名 漢学.
한해[1]〔旱害〕 名 干害. 旱害.
한해[2]〔寒害〕 名 〔農〕 寒害. 冷害.
한해살이 名 〔植〕 一年生.
　한해살이풀 名 〔植〕 一年生草本.
한허리 名 長さの中央. ¶ ~를 묶다 中央を結ぶ.
한화〔韓貨〕 名 韓国の貨幣.
할〔割〕 依名 割. 率. 掛け. ¶ 삼 ~ 할인 3割引き.
할갑다 形 (差し込みの穴が) 大きい. ゆるい. だぶだぶだ. <헐겁다
할거〔割據〕 名 하自 割拠. ¶ 군웅 ~ 群雄割拠.
할기다 他 にらむ. (横目で) にらみつける. ¶ 반대파의 자리를 ~ 反対派の席をにらみつける. <흘기다
할기시 副 〔노려보는 모양〕 じっと. じろりと.
할기족족 副 하形 〔비난이나 원망의 눈으로 노려보는 모양〕 じろじろと.
할끔하다 自 (くたびれて) 目がくぼむ.
할당〔割當〕 名 하他 割り当て. ¶ 이익을 고루 ~하다 利益を均等に割り当てる.
할딱거리다[-대다] 自他 ぜいぜいあえぐ. 息を切らす. ¶ 숨을 ~ 息をはずませる. <헐떡거리다
　할딱할딱 副 하自他 ぜいぜい. ぜえぜえ.
할딱하다 形 (苦労や病気で顔が) やせて血の気がない.
할랑거리다[-대다] 自 **1** だぶだぶする. ぶかぶかする. ¶ 바지 가랑이가 넓어서 할랑거린다 パジの股が大きくてだぶだぶする. **2** 軽々しくふるまう. おっちょこちょいにふるまう. うわつく. へらへらする. ¶ 할랑거리는 태도는 보기 흉하다 軽々しくふるまう態度はみっともない.
　할랑할랑 副 하自 だぶだぶ. へらへら.
할랑하다 形 ゆるい. だぶだぶだ. ぶかぶかしている. ¶ 할랑한 헌 양복 だぶだぶした古洋服.
할랑할랑하다 形 **1** (衣服などが) だぶだぶだ. ぶかぶかだ. **2** (ふるまいが) そわそわする. 頼もしくない.
할렐루야〔(히) Hallelujah〕 名 感 〔聖〕 ハレルヤ.
할례〔割禮〕 名 〔宗〕 割礼.
할로겐족 원소〔(독) Halogen族元素〕 名 〔化〕 ハロゲン族元素.
할로겐화물〔(독) Halogen化物〕 名 〔化〕 ハロゲン化物.
할 말 名 言うべきこと. 言いたいこと. 相談すべきこと. 文句. ¶ ~이 있으면 하세요 言いたいことがあれば話してください.
　◆**할 말이 없다** 弁明の余地がない. 面目がない.
할망구 名 〈蔑〉 老女. ばばあ.
할머니 名 おばあさん. **1** 父の母. おば

ㅎ

あさん. 祖母. **2**〔늙은 여자를 친근하게 이르는 말〕おばあちゃん. **3**〔부모의 어머니뻘 되는 사람〕おばあさん.

호칭·지칭 할머니·조모

お祖母さん / 祖母 / 大伯母 / 大叔母

• お祖母さん은 할머니, 외할머니를 높여서 친근하게 부르는 말. 보다 정중한 표현은 おばあさま, 어린아이들은 おばあちゃん, 경의를 약화시켜 ばあさん 등으로 사용한다. / 祖母는 자기의 할머니를 남에게 말할 때 쓴다. / おおおば는 종조모에 쓰는데, 大伯母는 양친의 백모(큰할머니)에, 大叔母는 양친의 숙모(작은할머니)에 대해 사용한다. 직접 부르거나 경의를 나타낼 때는 さん, さま를 덧붙인다. ▷할아버지·조부

할머님 名〔'할머니'의 높임말〕おばあさま.

할멈 名 **1**〔지난날, 지체가 낮은 노파를 이르는 말〕ばあさん. ばばあ. **2**〔노부부 사이에서 남편이 아내를 부르는 말〕ばばや. ばあちゃん.

할미 名〈卑〉**1** 老女. ばば. **2**〔여자가 손자·손녀에게 자신을 이르는 말〕老婆. ばばあ. ばば.

할미꽃 名〔植〕翁草.

할미새 名〔動〕石敲. 鶺鴒.

할복[割腹] 名 하自 割腹. 切腹. ¶ ~ 자살 切腹.

할부[割賦] 名 하他 割賦. ¶ ~ 판매 割賦販売.

할부금[一金] 名 割賦金.

할선[割線] 名〔數〕割線.

할쑥하다 形 (顔に血の気がなく)やつれて青くなっている.

할아버님 名〔'할아버지'의 높임말〕おじいさま.

할아버지 名 おじいさん. **1**〔아버지의 아버지〕おじいさん. 祖父. **2**〔늙은 남자를 친근하게 부르는 말〕おじいさん. **3**〔부모의 아버지뻘 되는 사람〕おじいさん.

호칭·지칭 할아버지·조부

お祖父さん / 祖父 / 大伯父 / 大叔父

• お祖父さん은 할아버지를 높여서 친근하게 부르는 말로서, 친할아버지, 외할아버지 다 포함한다. 보다 정중한 표현은 おじさま, 어린아이들은 おじちゃん, 경의를 약화시켜 じいさん 등으로 사용한다. / 祖父는 자기의 할아버지를 남에게 말할 때 쓴다. / おおおじ는 종조부에 쓰는데, 大伯父는 양친의 백부(큰할아버지), 大叔父는 양친의 숙부(작은할아버지)에 대해 사용한다. 직접 부르거나 경의를 나타낼 때는 さん, さま를 덧붙인다. ▷할머니·조모

할아범 名 **1**〔'할아비'를 약간 대접하여 이르던 말〕じいさん. **2**〔지난날, 지체가 낮은 늙은 하인을 이르던 말〕じいや.

할아비 名〈卑〉**1**〔지난날, 지체가 낮은 늙은 남자를 이르던 말〕じじい. **2**〔남자가 손자·손녀에게 자신을 이르는 말〕じいさん.

할애[割愛] 名 하他 割愛. 割くこと. ¶ 지면을 ~하다 紙面を割愛する / 원고의 일부를 ~하다 原稿の一部を割愛する.

할양[割讓] 名 하他 割譲. ¶ 영토를 ~하다 領土を割譲する.

할인¹[割引] 名 하他 割引. ¶ ~율 割引率 / ~ 어음 割引手形 / ~ 판매 割引セール.

할인권[一券] 名 割引券.

할인료[一料] 名 割引料.

할인 시장[一市場] 名〔經〕割引市場.

할인²[割印] 名 하自 割り印. 契印.

할증[割增] 名 하他 割増し. ¶ 택시의 ~ 요금 タクシーの割増し料金.

할증금[一金] 名 割増し金.

할쭉하다 形 やせこけている. げっそりやつれている.

할퀴다 他 (爪などで)ひっかく. かいて傷つける. ¶ 고양이가 손등을 ~ 猫が手の甲をひっかく / 수마가 할퀴고 간 자리 水魔の爪跡.

핥다 他 なめる. ¶ 강아지가 접시를 핥고 있다 子犬が皿をなめている / 산불이 산 전체를 핥아 버리다 山火事が山全体をなめ尽くす.

핥아먹다 他 **1** なめて食べる. しゃぶる. ¶ 설탕을 ~ 砂糖をなめる. **2** まきあげる. (金品などを)奪い取る.

핥이다 Ⅰ 自〔'핥다'의 피동사〕なめられる. まきあげられる.
Ⅱ 他〔'핥다'의 사동사〕なめさせる.

함¹[函] 名 **1** 結婚式の前に花嫁になる女性の家に贈り物と書状を入れて送る櫃. **2** 衣類や品物などを入れる木箱. ¶ 투표~ 投票箱 / 서류~ 書類箱.

함²[銜] 名 花押. 書き判.
◆**함을 두다** 署名の下に花押をする.

함³[緘] 名 緘.

함교[艦橋] 名〔軍〕艦橋. ブリッジ.

함구[緘口] 名 하自 緘口. 箝口. ¶ ~한 채 생각에 잠기다 口を閉じたまま物思いに沈む.

함구령[一令] 名 箝口令. ¶ ~을 내려라 箝口令を敷け.

함구무언[一無言] 名 口を閉じて何も言わないこと.

함구불언[一不言] 名 하自 口をつぐんで物を言わないこと.

함께 副 いっしょに. 共に. 相まって. ¶ ~ 배운 친구 共に学んだ友 / 부부가 ~ 참석했다 夫婦がどちらも出席した.

함대[艦隊] 名〔軍〕艦隊.

함락[陷落] 名 하自他 陥落. 陥没. ¶ 지반의 ~ 地盤の陥落 / 수도가 ~되었다 首都が陥落した.

함량[含量] 名 含量. 含有量. ¶ 효소 ~ 酵素含有量.

함롱[函籠] 名 **1** 箱とたんす. **2** 衣服を入れる箱のような長持ち.

함루[含淚] 名 하自 涙ぐむこと.

함몰[陷沒] 名 하自 陥没. ¶ 지반이 ~하다 地盤が陥没する.

함몰호〔一湖〕 名〔地〕 陥没湖.
함박 名 ☞함지박
함박꽃 名〔植〕 **1** 大山蓮華. **2** 芍薬の花.
함박눈 名 ぼたん雪. 綿雪.
함보〔函褓〕 名 結納を包むふろしき.
함부로 副 むやみに. やたらに. みだりに. ぞんざいに. いいかげんに. 粗略に. 見境いなく. 考えもなしに. ¶～ 남을 믿다 むやみに人を信じる／～ 규칙을 어겨서는 안 된다 みだりに規則を破ってはいけない／～ 말하지 마라 やたらに口出しするな.
함부로덤부로 副〔'함부로'의 강조어〕 むやみやたらに.
함빡 副 **1**〔아주 넉넉하게〕(程度や量などが) たっぷり(と). 十分に. ¶～ 웃음진 얼굴 笑みがあふれる顔. **2**〔물 등에 푹 젖은 모양〕 びっしょり(と). ぐっしょり(と). ¶온몸이 ～ 젖었다 全身がびっしょりとぬれた.
함상〔艦上〕 名 艦上.
함상기〔一機〕 名〔軍〕 艦上機. 艦載機.
함석 名 トタン.
함석지붕 名 トタンぶきの屋根.
함석집 名 トタンぶきの家.
함석판〔一板〕 名 トタン板.
함선〔艦船〕 名 艦船.
함성〔喊聲〕 名 喊声. 鬨の声. ¶～을 지르다 鬨の声をあげる.
함수[1]〔含漱〕 名 하自 含嗽. うがいをすること. 口をすすぐこと.
함수[2]〔函數〕 名〔數〕 関数. ¶～ 방정식 関数方程式.
함수표〔一表〕 名〔數〕 関数表.
함수[3]〔鹹水〕 名 鹹水. 塩水. 海水.
함수어〔一魚〕 名 鹹水魚. 海水魚.
함수호〔一湖〕 名〔地〕 鹹水湖.
함수초〔含羞草〕 名〔植〕 おじぎそう.
함실함실 副 하形〔너무 삶아서 물크러진 모양〕 ぐちゃぐちゃになる. とろとろになる. ¶무를 너무 삶아서 ～하다 大根を煮すぎてとろとろになる.
함씬 副 どっぷり(と). びっしょり(と). ¶술에 ～ 취하다 酒にすっかり酔う. <흠씬
함양〔涵養〕 名 하他 涵養. 育成. ¶인격을 ～하다 人格を育成する.
함원〔含怨〕 名 하自 うらみを含むこと.
함유〔含有〕 名 하他 含有. ¶바닷물에는 염분이 ～되어 있다 海水には塩分が含まれている.
함유량〔一量〕 名 含有量.
함유층〔含油層〕 名〔地〕 含油層.
함유 혈암〔含油頁巖〕 名〔鑛〕 含油頁岩. オイルシェール.
함입〔陷入〕 名 하自 陥入. 陥ること. くぼむこと.
함자〔銜字〕 名〔'남의 이름'의 높임말〕 お名前(の字). ¶아버님의 ～는 어떻게 되십니까? お父様のお名前は何とおっしゃいますか.
함장〔艦長〕 名 艦長.
함재〔艦載〕 名 하他 艦載.
함재기〔一機〕 名 艦載機.
함정[1]〔陷穽〕 名 陥穽. **1** (獣を捕るための) 落とし穴. ¶여우가 ～에 빠졌다 狐が落とし穴に落ちた. **2** 人を陥れる計略. わな. ¶적을 ～에 빠뜨리다 敵をわなにはめる.
함정[2]〔艦艇〕 名 艦艇.
함지[1] 名 **1** (木をくりぬいてつくった) 大きな容器. **2**〔鑛〕 金の混じった砂金などをより分ける縁のない丸い容器.
함지박 名 木をくりぬいてつくった縁のない大きな容器.
함지[2]〔陷地〕 名 陥没地. 平地よりくぼんだ土地.
함진아비〔函一〕 名 結婚式前に, 花嫁に贈る結納を担いで行く人.
함초롬하다 形 しっとりと濡れている.
함초롬히 副 しっとりと. ¶잔디가 ～ 퍼져 있는 정원 芝がしっとりと広がっている庭園.
함축〔含蓄〕 名 하他 含蓄. 含み. ¶～된 뜻을 알아내다 含まれている意味をくみとる.
함축미〔一美〕 名 深みのある美しさ.
함축성〔一性〕 名 含蓄性. ¶～ 있는 이야기 含蓄のある話.
함치르르하다 形 きれいでつやがある. みずみずしい. つやつやしている. ¶함치르르한 신록 みずみずしい若葉.
함포〔艦砲〕 名 艦砲. ¶～ 사격 艦砲射撃.
함함하다 形 (毛並みなどが) つやつやしている. しっとりしている.
함흥차사〔咸興差使〕 名 梨の礫. 鉄砲玉. ¶심부름 간 녀석은 어째서 ～나? 使いに行った者はどうして戻ってこないのか.
합[1]〔合〕 名 **1**〔數〕 和. 合計. **2**〔天〕 合. **3**〔哲〕 合. 総合.
합[2]〔盒〕 名 丸くて平たい真鍮製の蓋つきの食器.
합격〔合格〕 名 하自 合格. 受かること. (試験に) 通ること. ¶～자 合格者／대학 입시에 ～하다 大学入試に合格する.
합격률〔一率〕 名 合格率.
합격증〔一證〕 名 合格証.
합계〔合計〕 名 하他 合計. 合算. ¶모두 얼마인가 ～를 내 보아라 合計していくらになるか計算してごらん.
합궁〔合宮〕 名 하自 夫婦の性交.
합금〔合金〕 名〔化〕 合金.
합기도〔合氣道〕 名〔體〕 合気道.
합당〔合當〕 名 하形 適当. ¶～한 예 適当な例.
합동〔合同〕 名 하自 合同. ¶～ 위령제 合同慰霊祭／～ 연주회 合同演奏会.
합뜨리다[-트리다]〔合一〕 他 力強く合わせる. 併合する. ¶방 두 개를 합뜨려서 하나로 만들다 二つの部屋を合わせて一つにする.
합력〔合力〕 名 하自 **1** 合力. 力を合わせること, またその力. **2**〔物〕 合力.
합류〔合流〕 名 하自 合流. **1** (川が) 一つになること. **2** (別々のものが) 一つにまとまること. ¶도중에서 ～하다 途中で合流する.

ㅎ

합류점〔一點〕 名 (川などの)合流点. 合流する地点.
합리〔合理〕 名 合理.
합리적〔一的〕 冠名 合理的. ¶ ~인 사고방식 合理的な考え方.
합리주의〔一主義〕 名 合理主義.
합리화〔一化〕 名 하他 合理化. ¶ 경영의 ~ 経営の合理化.
합명 회사〔合名會社〕 名 合名会社.
합목적〔合目的〕 名 合目的.
합목적적〔一的〕 冠名 合目的的. ¶ ~으로 행동하다 合目的的に行動する.
합문〔闔門〕 名 하自 **1** 一家全体. 家中. **2** 祭祀の供え物を捧げた後しばらく戸をしめて外に出ること.
합반〔合班〕 名 하自 学級を合わせて一つにすること.
합방〔合邦〕 名 하自他 合邦. 併合. ¶ 두 나라를 ~하다 二つの国を合邦する.
합법〔合法〕 名 合法. 適法.
합법성〔一性〕 名 合法性.
합법적〔一的〕 冠名 合法的. ¶ ~ 투쟁[수단] 合法的闘争[手段].
합병〔合併〕 名 하自他 合併. 併合. ¶ 양 재벌의 ~ 両財閥の合併.
합병증〔一症〕 名〔醫〕 合併症. 余病.
합본〔合本〕 名 하他 合本. 合冊.
합부인〔閤夫人〕 名〔'남의 아내'의 높임말〕 御内儀. 御内室. 御内証. 奥様. ご夫人.
합사¹〔合祀〕 名 하他 合祀〈二柱以上の霊をいっしょにまつること〉.
합사²〔合絲〕 名 하他 組み糸. いく筋かの糸を合わせてよること. またその糸.
합산〔合算〕 名 하他 合算. 合計. ¶ 비용을 ~하다 費用を合算する.
합석〔合席〕 名 하自 合い席. 同席. 相席. ¶ 모르는 사람과 ~하다 見知らぬ人と合い席になる.
합선〔合線〕 名 하自 短絡. ショート. ¶ 옥내선이 ~되었다 屋内線がショートした.
합섬〔合纖〕 名〔'합성 섬유'의 준말〕 合纖.
합성〔合成〕 名 하自他 合成. ¶ ~ 고무 合成ゴム / ~ 사진 合成写真 / ~ 세제 合成洗剤 / ~ 수지 合成樹脂.
합성 섬유〔一纖維〕 名 合成繊維. 人造繊維. 合繊.
합성수〔一數〕 名〔數〕 合成数. 非素数.
합성어〔一語〕 名〔言〕 合成語. 複合語.
합성주〔一酒〕 名〔化〕 合成酒.
합세〔合勢〕 名 하自 力を合わせること. 加勢. ¶ ~해서 적을 물리치다 力を合わせて敵を退ける.
합솔〔合率〕 名 하自 別々に住んでいた家族がいっしょになること.
합쇼하다 自 上称の言葉遣いで話す. 敬語を使って話す.
합수〔合水〕 名 하自 合流.
합수머리 名 水が合流する地点.
합수치다 自 合流する.
합숙〔合宿〕 名 하自 合宿. ¶ ~ 생활 合宿生活 / ~ 훈련 合宿訓練.
합숙소〔一所〕 名 合宿所.
합승〔合乘〕 名 하自 相乗り. 乗り合い. ¶ 택시에 ~하다 タクシーに相乗りする.
합심〔合心〕 名 하自 心を合わせること. ¶ ~해서 좋은 성과를 거두자 心を合わせて好ましい成果を収めよう.
합의¹〔合意〕 名 하自 合意. ¶ ~ 이혼 合意離婚 / ~서 合意書.
합의²〔合議〕 名 하他 合議. 申し合わせ. ¶ ~ 재판 合議裁判.
합의 기관〔一機關〕 名〔法〕 合議機関.
합의제〔一制〕 名 合議制.
합일〔合一〕 名 하自他 合一. ¶ 지행 ~ 知行合一.
합자¹〔合字〕 名 하他 合字. 2字以上の文字で一つの文字をつくること.
합자²〔合資〕 名 하他 合資. 多くの人が資本を出し合うこと. ¶ ~ 회사 合資会社.
합작〔合作〕 名 하他 合作. ¶ ~ 영화 合作映画 / 삼인의 ~으로 이루어진 작품 3人の合作によってできた作品.
합장¹〔合掌〕 名 하自 合掌. ¶ ~ 배례 合掌拝礼 / 불전에 ~하다 仏前に合掌する.
합장²〔合葬〕 名 하他 合葬. ¶ 부부 ~ 夫婦合葬.
합종〔合從〕 名 하他 **1**〔史〕合従. **2** 固く誓って互いに応ずること.
합주¹〔合奏〕 名 하自他〔樂〕 合奏. ¶ 현악 ~ 弦楽合奏.
합주곡〔一曲〕 名〔樂〕 合奏曲.
합주단〔一團〕 名〔樂〕 合奏団.
합주²〔合酒〕 名 もち米で仕込んだ夏に飲むどぶろくの一種.
합죽선〔合竹扇〕 名 親骨と子骨を竹でつくった折り畳み式の扇子.
합죽이 名 歯が抜けて口がすぼまっている人.
합죽하다 形 歯が抜けて頬や口がすぼまっている.
합죽할미 名 歯が抜けて頬がこけて口がすぼまっている老婆.
합중국〔合衆國〕 名 **1** 合衆国. **2** アメリカ合衆国.
합창〔合唱〕 名 하他〔樂〕 合唱. コーラス. ¶ ~곡 合唱曲 / ~대 合唱隊 / 3부 ~ 三部合唱.
합창단〔一團〕 名〔樂〕 合唱団.
합체〔合體〕 名 하自 合体. ¶ 두 조직이 ~했다 二つの組織が合体した.
합치〔合致〕 名 하自 合致. ¶ 의견이 ~하다 意見が合致する / 현실과 ~하다 現実と合致する.
합치다〔合一〕 自他〔'합하다'의 힘줌말〕 合わせる. 取り混ぜる. ¶ 힘을 ~ 力を合わせる / 살림을 ~ 所帯を合わせる / 노약 합쳐서 30명 정도의 그룹 老若取り混ぜて30人ほどのグループ.
합판¹〔合板〕 名 合板. ベニヤ板.
합판²〔合辦〕 名 하他 合弁. ¶ ~ 회사 合弁会社.
합평〔合評〕 名 하他 合評. ¶ ~회 合評会.
합필〔合筆〕 名 合筆〈数筆の土地を

合併して一筆にすること〉.

합하다〔合一〕 Ⅰ [自] (二つ以上のものが)一つになる. ¶두 회사가 합하여 한 회사가 되었다 二つの会社が合併して一つの会社になった.

Ⅱ [他] 合わせる. 合わす. 取り混ぜる. 混ぜて一つにする. ¶두 사람의 사업을 ~ 二人の事業を合わせる / 모두가 마음을 ~ みんなが心を合わせる.

합헌성〔合憲性〕 [名] 合憲性.

합환〔合歡〕 [名] [名][하自] 合歓.

합환주〔一酒〕 [名] 結婚式で新郎·新婦が飲み交わす酒.

합환목〔合歡木〕 [名]〔植〕ねむのき.

핫- [接頭] **1**〔솜을 둔〕綿入れの…. ¶~바지 綿入れのパジ / ~저고리 綿入れのチョゴリ. **2**〔배우자가 있는〕配偶者のある…. ¶~아비 妻のある男 / ~어미 夫のある女.

핫것 [名] 綿入れの布団·衣服などの総称.

핫길〔下一〕 [名] 下等の品質(の物).

핫도그〔hot dog〕 [名] ホットドッグ.

핫두루마기 [名] 綿入れのトゥルマギ.

핫라인〔hot line〕 [名] ホットライン.

핫 머니〔hot money〕 [名]〔經〕ホットマネー.

핫바지 [名] **1** 綿入れのパジ. **2** 田舎っぺえ.

핫반 [名] 薄く伸ばして二重に重ねた綿.

핫아비 [名] 妻のある男.

핫어미 [名] 夫のある女.

핫옷 [名] 綿入れの衣服.

핫이불 [名] 綿入れの布団.

핫저고리 [名] 綿入れのチョゴリ.

핫케이크〔hotcake〕 [名] ホットケーキ.

핫팬츠〔hot pants〕 [名] ホットパンツ.

항¹〔項〕 [名] 項. **1** 事項. 事柄. **2** 条項. 項目. くだり. **3** 予算·決算における区分の一つ(款の下, 目の上). **4**〔數〕項.

항-²〔抗〕 [接頭]〔저항〕抗…. ¶~히스타민제 抗ヒスタミン剤 / ~체 抗体.

-항³〔港〕 [接尾]〔항구〕…港. ¶인천~ 仁川港 / 무역~ 貿易港.

항간〔巷間〕 [名] 巷間. 巷. ¶~에 소문이 자자하다 巷間のうわさがかまびすしい.

항거〔抗拒〕 [名][하他] 抗拒. ¶불의에 ~하다 不義に抗拒する.

항고〔抗告〕 [名][하他]〔法〕抗告.

항고심〔一審〕 [名]〔法〕抗告審.

항공〔航空〕 [名] 航空. ¶~권 航空券 / ~ 관제탑 航空管制塔 / ~ 사진 航空写真 / ~ 우편 航空郵便. エアメール.

항공기〔一機〕 [名] 航空機.

항공도〔一圖〕 [名] 航空地図.

항공로〔一路〕 [名] 航空路.

항공모함〔一母艦〕 [名]〔軍〕航空母艦. 空母.

항공법〔一法〕 [名] 航空法.

항공편〔一便〕 [名] **1** 航空郵便. 航空便. **2** 航空機の便.

항구¹〔恒久〕 [名][하形] 恒久. 永久. ¶~성 恒久性.

항구적〔一的〕 [冠][名] 恒久的. ¶~인 대책 恒久的な対策.

항구²〔港口〕 [名] 港. 港口. ¶배가 ~에 기항하다 船が港に寄る.

항구 도시〔一都市〕 [名] 港町.

항균성〔抗菌性〕 [名] 抗菌性.

항기〔降旗〕 [名] 降旗. 白旗.

항내〔港内〕 [名] 港内.

항다반〔恒茶飯〕 [名] 日常茶飯事.

항다반사〔一事〕 [名] 日常茶飯事.

항담〔巷談〕 [名] 巷談.

항도〔港都〕 [名]〔'항구 도시'의 준말〕港町.

항독소〔抗毒素〕 [名] 抗毒素.

항등식〔恒等式〕 [名]〔數〕恒等式.

항라〔亢羅〕 [名] 目の粗い夏向きの生地(絹糸·麻糸·綿糸などで織った織物の一つ).

항력〔抗力〕 [名]〔物〕抗力.

항렬〔行列〕 [名] 一族の間で, 男性の世代の上下関係を表わす語.

항렬자〔一字〕 [名] どの行列(항렬)に属するかが一目で分かるよう, 名前の一字に共通して用いる漢字.

항례〔恒例〕 [名] 恒例. 慣例.

항로〔航路〕 [名] 航路. ライン. ¶~ 표지 航路標識 / ~ 변경 航路変更 / ~ 신호 航路信号.

항론〔抗論〕 [名][하他] 抗論. 反論.

항만〔港灣〕 [名] 港湾. ¶~ 시설 港湾施設.

항명〔抗命〕 [名][하自] 抗命.

항명죄〔一罪〕 [名]〔軍〕抗命罪.

항모〔航母〕 [名]〔'항공 모함'의 준말〕空母. 航空母艦.

항목〔項目〕 [名] 項目. ¶~별 項目別.

항문〔肛門〕 [名]〔生〕肛門.

항문 괄약근〔一括約筋〕 [名]〔生〕肛門括約筋.

항법〔航法〕 [名] 航法. ¶전파 ~ 電波航法 / ~사 航法士.

항변〔抗辯〕 [名][하他] 抗弁. ¶~권 抗弁権.

항복〔降伏〕 [名][하自] 降伏. 降参. ¶무조건 ~ 無条件降伏 / ~해 오다 降伏してくる.

항복기〔一旗〕 [名] 降伏の旗. 降旗. 白旗.

항사〔恒事〕 [名] 常にあること. 普通あること.

항산〔恒産〕 [名] 恒産. ¶~ 없는 사람은 항심도 없다 恒産なきものは恒心なし.

항산성균〔抗酸性菌〕 [名]〔生〕抗酸菌.

항상〔恒常〕 [副] 常に. いつも. 常時. ふだん. 絶えず. 年中. ¶~ 쓰고 있는 사전 ふだん使っている辞典 / ~ 타이르고 있다 常に言い聞かせている / ~ 그 일이 마음에 걸린다 いつもそのことが心にひっかかる.

항생 물질〔抗生物質〕 [名]〔化〕抗生物質.

항생제〔抗生劑〕 [名]〔藥〕抗生剤. 抗生物質.

항설〔巷說〕 [名] 巷説. 風説.

항성〔恒星〕 [名]〔天〕恒星. ¶~표 恒星表 / ~시 恒星時 / ~일 恒星日.

항성년〔一年〕 [名]〔天〕恒星年.

항소〔抗訴〕 [名][하自]〔法〕控訴. ¶~권

ㅎ

控訴権／～ 기각 控訴棄却.
　항소 법원〔一法院〕 名〔法〕 控訴裁判所.
　항소심〔一審〕 名〔法〕 控訴審.
　항소장〔一狀〕 名〔法〕 控訴状.
항속[1]〔航速〕 名 船や飛行機の速度.
항속[2]〔航續〕 名 航続. ¶～ 거리 航続距離／～ 시간 航続時間.
항시〔恒時〕 副 つねに. いつも. ¶～ 부르는 노래 いつも歌う歌／～ 일찍 출근한다 いつも早く出勤する.
항심〔恒心〕 名 恒心. ぐらつかない心.
항아리〔缸一〕 名 甕. 壺. ¶꿀～ 壺の壺／물～ 水甕.
　항아리손님 名〔韓方〕 耳下腺炎. お多福風.
항암제〔抗癌劑〕 名〔薬〕 抗癌剤. 制癌剤.
항온〔恒溫〕 名 恒温. 常温.
　항온 동물〔一動物〕 名〔動〕 恒温動物. 定温動物.
　항온 장치〔一裝置〕 名 恒温装置. 恒温槽.
항외〔港外〕 名 港外. ¶～ 정박 港外停泊.
항용〔恒用〕 副 常に. いつも. 普通. 通常. ¶～ 있는 일이다 いつもあることだ.
항우장사〔項羽壯士〕 名 (項羽のような)力持ち.
항원〔抗原〕 名〔生〕 抗原. ¶～ 항체 반응 抗原抗体反応.
항의〔抗議〕 名 하自 抗議. ¶～ 데모 抗議デモ／～ 집회 抗議集会／엄중히 ～하다 厳重に抗議する.
항일〔抗日〕 名 하自 抗日. ¶～ 독립 투사 抗日の独立闘士.
항장〔降將〕 名 降将.
항장력〔抗張力〕 名〔物〕 抗張力.
항쟁〔抗爭〕 名 하自 抗争. ¶치열한 ～ 熾烈な抗争.
항적〔航跡〕 名 **1** 航跡. **2** 航空機が通過した跡.
항전〔抗戰〕 名 하自 抗戦. ¶용감하게 ～하다 勇敢に抗戦する.
항정〔航程〕 名 (船舶や航空機の)航程. ¶하루의 ～ 一日の航程.
항주〔航走〕 名 하自 航走.
항진[1]〔亢進〕 名 하自 亢進. ¶기능 ～ 機能亢進.
항진[2]〔航進〕 名 하自 航進.
항체〔抗體〕 名〔醫〕 抗体. 免疫体.
항풍〔恒風〕 名〔地〕 恒風. 卓越風.
항해〔航海〕 名 하自 航海. ¶태평양을 ～하다 太平洋を航海する.
　항해도〔一圖〕 名 航海図.
　항해 보험〔一保險〕 名 航海保険.
　항해사〔一士〕 名 航海士.
　항해술〔一術〕 名 航海術.
항행〔航行〕 名 하自 航行. ¶～ 구역 航行区域／～ 중의 배 航行中の船.
항혈청〔抗血清〕 名 抗血清. 免疫血清.
항히스타민제〔抗histamine劑〕 名〔薬〕 抗ヒスタミン剤.
해[1] **I** 名 **1** 太陽. 日. 陽. ¶～가 솟다 日が昇る／～가 기울다 太陽が傾く／～가 중천에 떠올랐다 日が中天にかかった. **2** 日差し. 日光. ¶이 집은 ～가 잘 든다 この家は日差し[日当たり]がいい. **3**〔날이 밝아서 어두워질 때까지의 동안〕 昼間. 日中. ¶～가 길다 日が長い／겨울에는 ～가 짧다 冬は日が短い. **4**〔지구가 태양을 한 바퀴 도는 동안〕 年. とし. ¶올～ 今年／다음～ 翌年／지난～ 昨年. 去年／～를 넘기다 年を越す／새～ 新年.
II 依名〔지구가 태양을 한 바퀴 도는 시간의 단위〕 年. ¶다섯 ～만에 만나다 5年ぶりに会う.
◆**해가 서쪽에서 뜨다** 日が西から昇る(絶対にあり得ないこと).
해[2]〔亥〕 名 **1** 亥(十二支の第12番目). **2**〔'해방(亥方)'의 준말〕 亥の方角. **3**〔'해시(亥時)'의 준말〕 亥の刻.
해[3]〔害〕 名 하他 害. 害毒. 弊害. ¶흡연의 ～ 喫煙の害／～를 입다 害をこうむる／～를 끼치다 害を及ぼす.
해[4] 副 **1**〔입을 힘없이 조금 벌린 모양〕 はあんと. へえと. **2**〔속없이 방그레 웃는 모양〕 へえと. えへっと. ¶돈을 보더니 금방 ～ 웃는다 お金を見るやすぐにえへっと口がほぐれる.
해-[5] 接頭〔그 해에 새로난〕 新…. 初物の…. ¶～콩 初物の豆／～깍두기 春に新しく漬けたカクテギ. ▷햇-
-해[6]〔海〕 接尾〔바다〕 …海. ¶지중～ 地中海.
해갈〔解渴〕 名 하自 **1** 渇いたのどを潤すこと. 渇きをいやすこと. **2** 雨が降って旱魃を免れること.
해감〔海一〕 名 **1** (水中の土や有機物などが腐ってできた)澱. 水あか. **2**〔植〕 青味泥.
해거름 名 日暮れ. たそがれ.
해거리 名 **1** 1年おき. 隔年. **2** 果樹が1年おきに実をたくさん結ぶ性質. 隔年結果.
해결〔解決〕 名 하他 解決. ¶사건을 ～하다 事件を解決する／문제가 원만히 ～되었다 問題が円満に解決された.
　해결책〔一策〕 名 解決策. ¶～을 강구하다 解決策を講ずる.
해경〔海警〕 名〔'해양 경찰대'의 준말〕 海上警察隊.
해고〔解雇〕 名 하他 解雇. ¶～를 당하다 解雇される／종업원을 ～하다 従業員を解雇する.
　해고 수당〔一手當〕 名〔社〕 解雇手当て.
해골〔骸骨〕 名 骸骨. ¶～처럼 마르다 骸骨のようにやせる.
　해골바가지 名 〈俗〉 骸骨.
　해골산〔一山〕 名 ゴルゴダ(キリストが十字架にかけられた丘).
해공〔海空〕 名 **1** 海と空. **2** 海軍と空軍.
해괴망측하다〔駭怪罔測一〕 形 非常に奇怪で想像がつかない. ¶옷차림이 해괴망측한 히피족 身なりが非常に奇怪なヒッピ族.
해괴하다〔駭怪一〕 形 非常に奇怪

だ. ¶ 해괴한 일 非常に奇怪な出来事 / 해괴한 소문 奇怪なうわさ.

해구[1]〔海狗〕名〔動〕おっとせい.

해구신〔一腎〕名〔韓方〕おっとせいの雄の生殖器〈強壮剤に使われる〉.

해구[2]〔海溝〕名〔地〕海溝.

해군〔海軍〕名〔軍〕海軍. ¶ ~ 장교 海軍士官 / ~ 참모 총장 海軍参謀総長.

해군기〔一機〕名 海軍機.

해군 기지〔一基地〕名〔軍〕海軍基地.

해군 사관학교〔一士官學校〕名〔軍〕海軍士官学校.

해귀당신 名 (顔立ちが)ぶかっこうでふくよかでない人.

해금[1]〔奚琴〕名〔樂〕奚琴.

해금[2]〔解禁〕名 하他 解禁. ¶ 수렵 ~ 狩猟解禁 / ~ 서적 解禁書籍.

해끄무레하다 形 薄く白っぽい. ¶ 해끄무레한 얼굴 薄く白っぽい顔.

해끔하다 形 色がきれいでやや白い.

해끗해끗 副 하形 白色がまばらなようす. てんてんと白いようす. <희끗희끗

해낙낙하다 形 心に満足を感じる. 満ち足りた気持ちである.

해난〔海難〕名 海難. ¶ ~ 사고 海難事故 / ~ 구조 海難救助.

해납작하다 形 (顔が)白くて平べったい.

해내다 他 **1** なし遂げる. やり抜く. ¶ 그것쯤은 쉽게 해낼걸 それぐらいはたやすくやってのけるだろう. **2** 相手をやっつける. ¶ 그런 상대는 넉넉히 해낼 수 있어 そんな相手は十分に勝算がある.

해넘이 名 日暮れ. 日没.

해녀〔海女〕名 海女.

해님 名 おてんとうさま. おひさま.

해단〔解團〕名 하他 解団. ¶ ~식 解団式.

해달〔海獺〕名〔動〕あざらし.

해답〔解答〕名 하自 解答. 答え. ¶ 모범 ~ 模範解答.

해답집〔一集〕名 解答集.

해당[1]〔害黨〕名 하自 害党.

해당[2]〔解黨〕名 하自他 解党.

해당[3]〔該當〕名 하自 該当. 相当. ¶ ~자 該当者 / ~ 사항 없음 該当事項無し.

해당화〔海棠花〕名〔植〕はまなす. 浜梨.

해 대다 他 **1**〔함부로 말하다〕たてつく. くってかかる. たたく. ¶ 욕을 ~ 悪口をたたく / 잔소리를 ~ 小言をくってかかる. **2**〔화풀이로 마구 대들다〕やっつける. やりこめる. **3**〔일을 마구 몰아쳐서 하다〕(仕事などを)急いでする.

해도〔海圖〕名〔地〕海図.

해독[1]〔害毒〕名 害毒. ¶ 사회에 ~을 끼치다 社会に害毒を及ぼす.

해독[2]〔解毒〕名 하自 解毒. ¶ ~제 解毒剤 / ~ 작용 解毒作用.

해독[3]〔解讀〕名 하他 解読. ¶ 암호 ~ 暗号解読.

해돋이 名 日の出. 日出. ¶ 산꼭대기에서 ~를 맞이하다 山の頂上で日の出を迎える.

해동[1]〔海東〕名 (渤海の東にある国の意で) 昔の韓国の別称.

해동[2]〔解凍〕名 하自 解凍. 解氷. ¶ 급속 ~ 急速解凍.

해득〔解得〕名 하他 会得. 修得. ¶ 도예의 미립을 ~하다 陶芸のこつを会得する.

해뜩해뜩 副 하形〔흰 빛깔이 군데군데 뒤섞여 보이는 모양〕ちらほら白く. ¶ 머리에 흰 것이 ~ 섞이다 髪に白いものがちらほらと混じる.

해량〔海諒〕名 하自 ご了承. ご理解〈手紙などで相手の許しを請うときに使う語〉

해로[1]〔海路〕名 海路. 航路. ¶ ~ 천리 海路千里.

해로[2]〔偕老〕名 하自 偕老. 共白髪. ¶ 백년~ 百年偕老.

해로동혈〔一同穴〕名 하自 偕老同穴. 夫婦間の愛情.

해롭다〔害一〕形 害になる. 有害である. ¶ 눈에 ~ 目に害がある / 과음은 몸에 ~ 飲み過ぎは体に悪い.

해로이 副 有害に.

해롱거리다[-대다] 自 しきりにへらへらとふざける. <희롱거리다

해롱해롱 副 하自 へらへら(と).

해류〔海流〕名〔地〕海流. ¶ ~도 海流図 / ~를 타다 海流に乗る.

해류병〔一瓶〕名〔地〕海流瓶.

해륙〔海陸〕名 海陸. 海と陸.

해륙풍〔一風〕名〔地〕海陸風.

해리[1]〔解離〕名 하自他 解離. ¶ 열 ~ 熱解離.

해리도〔一度〕名〔化〕解離度.

해리열〔一熱〕名〔化〕解離熱.

해리[2]〔海里〕依名〔바다 위의 거리를 나타내는 단위〕海里〈1852メートル〉.

해마다 副 年ごとに. 毎年. ¶ ~ 물가가 오른다 年ごとに物価が上がる.

해만〔海灣〕名 **1** 海と湾. **2**〔地〕海湾. 湾.

해말갛다 形 色白で明るい. <희멀겋다

해말쑥하다 形 色白ですっきりしている. <희멀쑥하다

해맑다 形 色白で透きとおっている. ¶ 해맑은 얼굴 色白な顔.

해망쩍다 形 鈍くて愚鈍だ.

해머〔hammer〕名 ハンマー.

해머던지기 名〔體〕ハンマー投げ.

해먹〔hammock〕名 ハンモック. 吊り床.

해 먹다 他 **1**〔횡령하다〕横領する. せしめる. 着服する. かすめとる. ¶ 공금을 ~ 公金を横領する. **2**〔생업으로 하다〕(ある事を)生業[業]として暮らす. ¶ 장사를 해 먹고 산다 商売をして暮らす. **3**〔'하다'의 속된 말〕やる. ¶ 힘들어서 일을 해 먹을 수가 없다 きつくて仕事をやってられない.

해면[1]〔海面〕名 海面. ¶ ~에 떠오르다 海面に浮かびあがる.

해면[2]〔海綿〕名 **1**〔動〕☞해면동물 **2** 海綿. スポンジ.

해면동물〔一動物〕名〔動〕海綿動物.

해면 조직〔一組織〕名〔植〕海綿状組織.

해면질〔一質〕名〔生〕海綿質.

해면[3]〔解免〕名 하他 **1** 免職. 解雇. **2** 解除. 免除.

해명[1]〔海鳴〕 名 海鳴り.
해명[2]〔解明〕 名 하他 解明. 釈明. ¶ 사고의 원인을 ~하다 事故の原因を解明する / 혐의에 대하여 ~하다 容疑に対し釈明する.
해몽〔解夢〕 名 하自他 夢解き. 夢占い.
해무〔海霧〕 名 海霧. 海に立つ霧.
해묵다 自 (物·仕事などが)年を越す. 越年する. ¶ 해묵은 잡지 年を越した雑誌 / 해묵은 논쟁 年を越した論争.
해묵히다 他 (物·仕事などを)年を越させる. ¶ 해묵힌 쌀 古米.
해물〔海物〕 名 〔'해산물(海産物)'의 준말〕 海産物.
해미〔海味〕 名 海産物でつくったおいしいおかず.
해바라기 名〔植〕向日葵.
해바라지다 形 常識はずれだ. ずれている. はみ出している. ＜헤벌어지다
해박하다〔該博一〕 形 該博だ. ¶ 해박한 지식 該博な知識.
해반드르르하다 形 **1** (顔色が)色白でつやつやしている. ¶ 몸매가 날씬하고 얼굴이 ~ 体つきがすらりとして顔が白く澄んでつやつやしている. **2** もっともらしく装っている. ＜희번드르르하다
해반들하다 形 ☞해반드르르하다
해반주그레하다 形 (顔色が)白く器量がよい. ＜희번주그레하다
해반지르르하다 形 (顔色が)白くつやつやして美しい. ＜희번지르르하다
해발〔海拔〕 名 海抜. 標高. ¶ ~ 2700m 높이의 산 海抜2700メートルの高さの山.
해발 고도〔一高度〕 名〔地〕海抜高度.
해발쪽하다 形 (口·穴などが)平たくやや開いている. **해발쪽이** 副 平たくやや開いて.
해방〔解放〕 名 하他 **1** 解放. ¶ 민족 ~ 民族解放 / 성 ~ 性の解放 / 노예 ~을 부르짖다 奴隷解放を叫ぶ / 중책에서 ~되다 重責から解放される. **2** (1945年8月15日の日本統治からの)解放. ¶ ~둥이 1945年生まれの人.
해변〔海邊〕 名 海辺. 海ぎわ. 海浜. ¶ ~을 거닐다 海辺を散歩する.
해변 식물〔一植物〕 名 海浜植物.
해변 학교〔一學校〕 名 海浜学校. 臨海学校.
해병〔海兵〕 名〔軍〕海兵. 海軍や海兵隊の軍人.
해병대〔一隊〕 名〔軍〕海兵隊.
해부〔解剖〕 名 하他 解剖. ¶ ~실 解剖室 / 시체를 ~하다 死体を解剖する / 농촌의 실태를 ~하다 農村の実態を解剖する.
해부학〔一學〕 名〔醫〕解剖学.
해빙〔解氷〕 名 하自 **1** 解氷. ¶ ~기 解氷期. **2** 国際間の緊張緩和. デタント. 雪解け. ¶ ~ 무드 雪解けムード.
해사[1]〔海士〕 名 〔'해군 사관학교'의 준말〕 海軍士官学校.
해사[2]〔海事〕 名 海事.
해사 공법〔一公法〕 名〔法〕海事公法.
해사하다 形 顔色がやや白くきれいだ.
해산[1]〔解産〕 名 하自 分娩. 出産. ¶ 쉽게 ~했다 安産だった / ~달이 가까워 오다 臨月が近づく.
해산바라지 名 하自 分娩の世話をすること.
해산어미 名 産婦.
해산[2]〔解散〕 名 하自他 解散. ¶ ~ 명령 解散命令 / 국회가 ~했다 国会が解散した / 데모 군중을 ~시키다 デモの群衆を解散させる.
해산[3]〔海産〕 名 〔'해산물'의 준말〕 海産物.
해산물〔一物〕 名 海産物.
해삼〔海蔘〕 名〔動〕海鼠.
해상[1]〔海上〕 名 海上. 海面. ¶ ~권 海上権. 制海権.
해상 보험〔一保險〕 名〔經〕海上保険.
해상 운송〔一運送〕 名 海上運送.
해상[2]〔海床〕 名 海底.
해상[3]〔海象〕 名〔動〕セイウチ.
해상[4]〔解像〕 名〔物〕解像.
해서[1]〔海恕〕 名 하他 海恕〈手紙の用語〉.
해서[2]〔楷書〕 名 楷書. 真書. ¶ ~체 楷書体.
해석[1]〔解析〕 名 하他 **1** 解析. 分析. ¶ 데이터를 ~하다 データーを解析する. **2**〔數〕☞해석학
해석 기하학〔一幾何學〕 名〔數〕解析幾何学.
해석학〔一學〕 名〔數〕解析学.
해석[2]〔解釋〕 名 하他 解釈. 解すること. ¶ 영문 ~ 英文解釈 / 선의로 ~하다 善意に解釈する / ~을 잘못하다 解釈を間違う.
해설〔解說〕 名 하他 解説. ¶ 뉴스 ~ ニュース解説 / 시사 ~ 時事解説.
해소[1]〔海嘯〕 名〔地〕海嘯.
해소[2]〔解消〕 名 하他 解消. ¶ 교통난 ~ 交通難の解消 / 스트레스를 ~하다 ストレスを解消する / 긴장이 ~되다 緊張が解ける.
해소수 名 1年あまりの間.
해소일〔一消日〕 名 하自 無駄に毎日を過ごすこと.
해손〔海損〕 名〔經〕海損.
해송〔海松〕 名 **1** 海辺の松. **2**〔植〕黒松.
해수[1]〔海水〕 名 海水.
해수욕〔一浴〕 名 하自 海水浴. ¶ ~장 海水浴場.
해수[2]〔咳嗽〕 名〔醫〕咳嗽. せき.
해시〔亥時〕 名〔民俗〕亥の時〈午後9時から11時までの時刻〉.
해시계〔一時計〕 名 日時計.
해식〔海蝕〕 名〔地〕海食.
해식 대지〔一臺地〕 名〔地〕海食台. 波食台地.
해식동〔一洞〕 名〔地〕海食洞.
해식애〔一崖〕 名〔地〕海食崖.
해신〔海神〕 名 海神. 海を支配する神.
해심[1]〔害心〕 名 害心. 害意.
해심[2]〔海深〕 名 海の深さ. ¶ ~을 재다 海の深さを測る.
해쓱하다 形 (顔から血の気が引い

て)蒼白だ. ¶ 얼굴이 해쓱해지다 顔面が蒼白になる.
해악〔害惡〕 名 害悪. ¶ 사회에 ~을 끼치다 社会に害悪を流す.
해안〔海岸〕 名 海岸. ¶ ~선 海岸線.
  해안 기후〔一氣候〕 名〔地〕海岸気候.
  해안 단구〔一段丘〕 名〔地〕海岸段丘.
해약〔解約〕 名 하他 解約. 破約. ¶ 보험을 ~하다 保険を解約する.
해양〔海洋〕 名 海洋. ¶ ~ 개발 海洋開発 / ~학 海洋学.
  해양 경찰대〔一警察隊〕 名 海上警察隊.
  해양성〔一性〕 名 海洋性. ¶ ~ 기후 海洋性気候.
  해양 수산부〔一水産部〕 名 海洋水産部〈海洋の保存と資源開発および水産業の業務を管掌する行政機関〉.
해어뜨리다[-트리다] 他 すり減らす. ¶ 옷을 ~ 衣服をすり切らす.
해어지다 自 すり減る. 着古す. ¶ 해어진 양말 すり減った靴下.
해역〔海域〕 名 海域. ¶ 일본 ~ 日本の海域.
해연〔海淵〕 名〔地〕 海淵〈海溝中の最深部〉.
해연풍〔海軟風〕 名〔地〕海軟風. 海風.
해열〔解熱〕 名 하自〔醫〕解熱.
  해열제〔一劑〕 名〔藥〕解熱剤.
해오라기 名〔動〕五位鷺.
해왕성〔海王星〕 名〔天〕海王星. ネプチューン.
해외〔海外〕 名 海外. 外国. ¶ ~ 유학 海外留学 / ~ 여행에서 돌아왔다 海外旅行から帰って来た.
  해외 동포〔一同胞〕 名 海外同胞.
  해외 시장〔一市場〕 名 海外市場.
  해외 이민〔一移民〕 名 海外移民.
  해외 투자〔一投資〕 名 海外投資.
해운〔海運〕 名 海運.
  해운업〔一業〕 名 海運業.
해웃값 名 花代. 揚げ代. 玉代.
해원〔海員〕 名 海員.
해읍스름하다[-스레하다] 形 白ばんでいる. あまりきれいでなく白っぽい. < 희읍스름하다
해의[1]〔害意〕 名 害意. 悪意. 害心. 殺意. ¶ ~가 없다 悪意はない / ~를 품다 害意を抱く.
해의[2]〔解義〕 名 하他 解義. 意味を解き明かすこと. 解釈. ¶ 헌법 ~ 憲法解義.
해이〔解弛〕 名 하自 弛緩. 緩むこと. だらけること. ¶ 기강이 ~하다 紀綱が緩む / 마음이 ~해지다 気持ちがだらける.
해일〔海溢〕 名 하自〔地〕津波. 高潮. ¶ ~이 밀어닥치다 津波がおしよせる.
해임〔解任〕 名 하他 解任. 解職. 免職. ¶ 국장을 ~하다 局長を解任する / 교장직에서 ~되다 校長の職を解任される.
해자[1]〔垓字〕 名 **1** 陵·園·墓などの境界. **2** 城の堀.
해자[2]〔楷字〕 名 楷書で書いた字.
해작거리다[-대다] 他 (ご飯などを)つっつき回す. ¶ 밥은 먹지 않고 젓가락으로 해작거리고만 있다 飯は食べずはしでしきりに突っつき回してばかりいる.
  해작해작 副 하他 〔식욕이 없어서 음식을 자꾸 들추거나 파헤치는 모양〕ぐちゃぐちゃ.
해장〔← 解酲〕 名 하自 迎え酒を飲むこと.
  해장국 名 酔い覚ましのスープ.
  해장술 名 迎え酒.
해저〔海底〕 名 海底. ¶ ~ 케이블 海底ケーブル / ~ 화산 海底火山 / ~ 터널 海底トンネル / ~에 가라앉다 海底に沈む.
  해저 유전〔一油田〕 名 海底油田.
  해저 전선〔一電線〕 名 海底電線.
해적〔海賊〕 名 海賊. ¶ ~선 海賊船 / ~ 행위 海賊行為.
  해적판〔一版〕 名 海賊版.
해적호〔海跡湖〕 名〔地〕海跡湖.
해전[1]〔一前〕 名 日暮れ前. ¶ ~에 닿다 日暮れ前に着く.
해전[2]〔海戰〕 名 하自〔軍〕海戦.
해제[1]〔解除〕 名 하他 解除. ¶ 통금 ~ 通行禁止の解除 / 무장 ~ 武装解除 / 호우 주의보를 ~하다 大雨注意報を解除する.
해제[2]〔解題〕 名 하他 解題.
해조[1]〔害鳥〕 名 害鳥.
해조[2]〔海鳥〕 名 海鳥.
해조[3]〔海藻〕 名〔植〕海藻. 藻.
해조음〔海潮音〕 名 海潮音. 潮音.
해죽 副 〔만족스럽게 슬쩍 한 번 웃는 모양〕にっと. ¶ ~ 웃다 にっと笑う.
  해죽거리다[-대다] 自 (満足げにかすかに笑って)にこにこする. にこりにこりと笑う.
  해죽해죽 副 하自 にこにこ(と). にっと.
해중〔海中〕 名 海中. ¶ ~ 공원 海中公園.
해지〔解止〕 名〔法〕解約.
해지다 自 〔'해어지다'의 준말〕すり減る. 着古す. ¶ 해진 양복을 입었다 よれよれの背広を着ている.
해직〔解職〕 名 하自他 解職. 免職. ¶ ~ 처분 解職処分.
해진〔海震〕 名 海震〈船舶が海上で感じる地震〉.
해질 녘 名 夕暮れ. 夕方. 日暮れどき. 暮れ方. ¶ ~에 당도하다 夕方到着する.
해쭉 副 〔'해죽'의 센말〕にこにこ(と).
해찰 Ⅰ 名 하他 物をあれこれいじくりまわして傷つけること. ¶ ~을 부리다 あれこれといじくりまわす.
Ⅱ 名 하自 すべきことに集中しないで他のことをすること. ¶ ~하지 말고 공부를 해라 よそ見しないで勉強しろ.
  해찰궂다 形 あれこれいじくり駄目にする癖がある.
해체〔解體〕 名 하自他 解体. ¶ 폐선을 ~하다 廃船を解体する / 정당이 ~되다 政党が解体される.

해초〔海草〕 名〔植〕 海草.
해충〔害蟲〕 名〔動〕 害虫.
해치다〔害―〕 他 **1** 害する. ¶ 담배는 건강을 해친다 たばこは健康を害する. **2** 傷つける. 殺す. ¶ 사람을 ～ 人を傷つける.
해치우다 他 **1** しあげる. ¶ 이 정도의 일이면 오늘 중으로 해치우겠다 これくらいのことなら今日中にやってのける. **2** (邪魔者を)取り除く. 片づける. ¶ 그 놈을 어서 해치워라 早くあいつを片づけろ.
해탈〔解脫〕 名 하自〔佛〕 解脱.
해태[1]〔← 獬豸〕 名 獬豸.
해태[2]〔海苔〕 名〔植〕 海苔.
해태[3]〔懈怠〕 名 하形 懈怠. 怠けること.
해토〔解土〕 名 하自 凍った土が解けること.
  해토머리 名 春になって凍った土が解け始めるころ.
해파리 名〔動〕 水母.
해판〔解版〕 名 하他〔印〕 解版.
해포 名 1年ほど. 1年あまり. ¶ ～ 전에 다녀갔다 1年あまり前に立ち寄って行った.
해표〔海豹〕 名〔動〕 あざらし. 海豹.
해풍〔海風〕 名 海風.
해프닝〔happening〕 名 ハプニング.
해학〔諧謔〕 名 諧謔. ユーモア.
  해학곡〔―曲〕 名〔樂〕 諧謔曲. スケルツォ.
  해학 문학〔―文學〕 名〔文〕 諧謔文学.
  해학 소설〔―小說〕 名〔文〕 諧謔小説. ユーモア小説.
해항〔海港〕 名 海港.
해해 副 하自 〔해낙낙하여 까불거리며 웃는 소리〕 へへっと. へらへら(と).
  해해거리다[-대다] 自 しきりにへらへら笑う.
해협〔海峽〕 名〔地〕 海峡.
해후〔邂逅〕 名 하自 邂逅. 巡り会い. ¶ 생이별한 부모 자식이 ～했다 生き別れの親子が巡り会った.
핵〔核〕 名 核. ¶ 세포～ 細胞核／～가족 核家族／～폭발 核爆発／～결합 核結合.
핵과〔核果〕 名〔植〕 核果〈桃·梅などの果実〉. ¶ ～류 核果類.
핵무기〔核武器〕 名 核兵器. ¶ ～ 개발 核兵器の開発.
핵물리학〔核物理學〕 名〔物〕 核物理学.
핵반응〔核反應〕 名〔物〕 核反応.
핵분열〔核分裂〕 名〔生〕〔物〕 核分裂.
핵산〔核酸〕 名〔化〕 核酸.
핵실험〔核實驗〕 名 核実験.
핵심〔核心〕 名 核心. ¶ ～ 인물 核心人物／문제의 ～을 찌르다 問題の核心をつく.
핵에너지〔核energy〕 名〔物〕 核エネルギー.
핵연료〔核燃料〕 名〔物〕 核燃料.
핵우산〔核雨傘〕 名 核の傘.
핵융합〔核融合〕 名〔物〕 核融合.
핵자〔核子〕 名 **1** 核心. **2**〔物〕 核子.
핵질〔核質〕 名〔生〕 核質.
핵탄두〔核彈頭〕 名 核弾頭.
핵폭탄〔核爆彈〕 名 核爆弾.
핸드백〔handbag〕 名 ハンドバッグ.
핸드볼〔handball〕 名〔體〕 ハンドボール.
핸드북〔handbook〕 名 ハンドブック.
핸드폰〔hand phone〕 名 携帯電話.
핸들〔handle〕 名 ハンドル. ¶ ～을 잡다 ハンドルを握る／～을 돌리다 ハンドルを回す.
핸들링〔handling〕 名〔體〕 ハンドリング.
핸디캡〔handicap〕 名 ハンディキャップ.
핸섬〔handsome〕 名 하形 ハンサム. ¶ ～ 보이 ハンサムボーイ.
핼리 혜성〔Halley 彗星〕 名〔天〕 ハレー彗星.
핼쑥하다 形 (顔色が)血の気がなく青ざめている. やつれている. ¶ 앓아서 핼쑥해진 얼굴 病み上がりのやつれた顔.
햄〔ham〕 名 ハム. ¶ ～ 샌드위치 ハムサンドイッチ. ハムサンド.
햄버거〔hamburger〕 名 ハンバーガー.
햄버그스테이크〔hamburg steak〕 名 ハンバーグステーキ.
햅쌀 名 新米.
  햅쌀밥 名 新米で炊いた飯.
햇- 接頭 新…. 初物の…. ¶ ～가지 初物のなす／～사과 初物のりんご／～감자 新じゃが／～곡식 新穀.
햇것 名 初物.
햇곡식〔―穀食〕 名 新穀. その年にとれた穀物.
햇무리 名 日暈.
햇발 名 日脚. 日差し. ¶ ～이 차츰 옮겨 간다 日差しが次第に移る.
햇병아리 名 **1** 新しく[その年に]孵化したひよこ. **2** (駆け出しの)新米. ¶ ～ 순경 新米の巡査.
햇볕 名 日. 日光. 陽光. ¶ ～을 쬐다 日光を浴びる／～이 잘 드는 방 日のよく当たる部屋.
햇빛 名 **1** 日の光. 日光. 日差し. ¶ ～이 방 안으로 비치다 日光が部屋の中にさす. **2** 日の目. ¶ 오랜 고생 끝에 겨우 ～을 보게 되었다 長い苦労の末, ようやく日の目を見るようになった.
햇살 名 日差し. 陽光. ¶ 따사로운 ～ 暖かい日差し／～이 따갑다 日差しが焼けつくようだ.
햇수〔―數〕 名 年数. 年の数. 数え年. 足掛け. ¶ 결혼한 지도 벌써 ～로 3년이 지났다 結婚してはや足掛け3年が過ぎた.
행[1]〔行〕 名 (文章の)行. くだり. ¶ ～을 바꾸다 行を替える／한 ～ 걸러 1行おきに.
행[2]〔幸〕 名 〔'다행(多幸)'의 준말〕 幸い. 幸.
-행[3]〔行〕 接尾 《지명에 붙어》〔'그리로 감'의 뜻을 나타냄〕 …行き. ¶ 서울～ ソウル行き／부산～ 급행 열차 釜山行き急行列車.
행각〔行脚〕 名 하自 行脚. **1**〔佛〕 各地を回って修行すること. **2** ある目的のために方々を歩き回ること. ¶ 사기 ～ 詐欺行脚／도피 ～ 逃避行.
행간〔行間〕 名 行間. 行と行の間. ¶ ～을 넓히다[좁히다] 行間を広げる

[狭める].
행객〔行客〕 名 行客. 旅人.
행군〔行軍〕 名 하自 行軍. ¶ ~ 나팔 行軍ラッパ / 강~ 強行軍.
행궁〔行宮〕 名 行宮. 行在所.
행글라이더〔hang-glider〕 名 ハンググライダー.
행낭〔行囊〕 名 行嚢. 郵袋. 郵便袋.
행년〔行年〕 名 行年. 当年. 年齢.
행년신수〔―身數〕 名 当年の運勢.
행년점〔―占〕 名 年占. 当年の運勢を占うこと.
행동〔行動〕 名 하自 行動. ふるまい. 行ない. 仕業. 挙動. ¶ ~ 반경 行動半径 / ~주의 行動主義 / ~이 재빠르다 行動がすばしこい / ~이 수상하다 挙動があやしい / 제멋대로 ~하다 自分勝手にふるまう.
행동거지〔―擧止〕 名 立ち居ふるまい. 行儀. 挙措. ¶ ~를 삼가라 立ち居ふるまいを慎みなさい / ~가 얌전하다 行儀がよい.
행동대〔―隊〕 名 ある目的を果たすため直接行動をとる行動部隊.
행락〔行樂〕 名 하自 行楽. ¶ ~철 行楽シーズン / ~지 行楽地.
행랑〔行廊〕 名 ヘンナン〈伝統的様式の屋敷で表門の両側にある部屋. 下僕などが居住する〉.
행랑것 名 〈卑〉 ヘンナンに住んで主人に仕える召し使い.
행랑방〔―房〕 名 表門の両わきについている部屋.
행랑살이 名 하自 ヘンナンを借りて住みながら主の手助けをする暮らし. 召し使いとして暮らすこと.
행랑아범 名 ヘンナンに住む下男.
행랑어멈 名 ヘンナンに住む下女.
행랑채 名 ヘンナンのある棟.
행려〔行旅〕 名 하自 行旅. 旅行すること[人].
행려병자〔―病者〕 名 行旅病者.
행력〔行力〕 名 〔佛〕 行力〈仏道を修める力〉.
행렬〔行列〕 名 하自 行列. ¶ 시위 ~ デモの行列 / 축하 ~ 祝賀行列.
행로〔行路〕 名 **1** 道路. 道筋. **2** 行路. 世渡り. ¶ 인생 ~ 人生行路.
행로난〔―難〕 名 世渡りの難しいこと.
행림〔杏林〕 名 杏林. **1** 杏の木の林. **2** 医者の別称.
행망쩍다 形 間抜けている. 迂闊である.
행방〔行方〕 名 行方. ¶ ~불명 行方不明 / ~을 감추다 行方をくらます.
행보〔行步〕 名 하自 行歩. **1** 歩くこと. 歩行. 歩み. **2** ある目的地まで歩いて行くこと. 往来すること. **3** 行商に出ること.
행복〔幸福〕 名 하形 幸福. 幸. 幸せ. 幸い. 反 不幸. ¶ ~을 빌다 幸福を祈る / ~한 가정 幸福な家庭.
행복감〔―感〕 名 幸福感.
행불행〔幸不幸〕 名 幸不幸. 幸福と不幸.
행사[1]〔行使〕 名 하他 行使. ¶ 실력[무력] ~ 実力[武力]行使 / 거부권을 ~하다 拒否権を行使する.
행사[2]〔行事〕 名 行事. 催し. ¶ 이 달의 ~ 今月の行事 / 연중~ 年中行事.
행상[1]〔行商〕 名 行商. 行商人. 旅商人.
행상인〔―人〕 名 行商人.
행상[2]〔行賞〕 名 하他 行賞. ¶ 논공 ~ 論功行賞.
행색〔行色〕 名 **1** 行動する態度. **2** いでたち. 身じたく. 身なり. 装い. 旅装. ¶ 초라한 ~ みすぼらしい身なり.
행서〔行書〕 名 行書〈漢字書体の一つ〉.
행선〔行先〕 名 行き先.
행선지〔―地〕 名 行き先. 目的地. ¶ ~를 알려 주세요 行き先を知らせてください.
행성〔行星〕 名 〔天〕 惑星. 遊星.
행세[1]〔行世〕 名 하自 **1** 処世. 世渡り. ¶ 그는 ~에 능하다 彼は処世にたけている. **2** 関係のない者があたかも当事者のように行動をすること. ふり. 成り済ますこと. ¶ 사장 ~를 하다 社長のふりをする / 주인 ~를 하다 主人顔をする.
행세[2]〔行勢〕 名 하自 権勢を振るうこと. 羽振りをきかすこと. ¶ 옛날부터 ~하던 가문 昔から権勢を振るってきた家柄.
행소〔行訴〕 名 〔法〕 〔'행정 소송'의 준말〕 行政訴訟.
행실〔行實〕 名 品行. 行ない. 身持ち. ¶ ~이 올바른 청년 品行方正な青年 / ~이 나쁘다 身持ちが悪い.
행악〔行惡〕 名 하自 悪事をすること.
행여〔幸―〕 副 うまい具合にちょうど. ひょっとしたら. もし. ¶ ~ 그이가 오려는가 ひょっとしたら彼が来るだろうか.
행여나 副 〔'행여'의 힘줌말〕 もしかしたら. ひょっとすると. ¶ ~ 올까 하고 기다렸다 もしかしたら来るかと思って待っていた.
행운〔幸運〕 名 幸運. 幸せ. ¶ ~의 열쇠 幸運の鍵 / ~을 빌다 幸運を祈る.
행운아〔―兒〕 名 幸運児.
행원〔行員〕 名 〔'은행원'의 준말〕 行員.
행위〔行爲〕 名 行為. 行ない. ¶ ~법 行為法 / 불법[부정] ~ 不法[不正]行為.
행인[1]〔行人〕 名 **1** 行人. 通行人. ¶ ~이 드문 오솔길 人通りのまばらな寂しい小道. **2** ☞사자(使者) **3** 〔佛〕 修行する人. 呪文を唱える人.
행인[2]〔杏仁〕 名 〔韓方〕 杏仁・〈杏の種〉.
행장[1]〔行狀〕 名 行状. **1** 行ない. 品行. **2** 死者の生前の業績などを記したもの. **3** (刑務所で) 収監者の品行記録.
행장기〔―記〕 名 行状記.
행장[2]〔行長〕 名 〔'은행장'의 준말〕 銀行の頭取.
행장[3]〔行裝〕 名 行装. 旅じたく. ¶ ~을 갖추다[차리다] 旅じたくを整える.
행재소〔行在所〕 名 行在所. 行宮.

행적〔行跡〕 名 行績.
행정¹〔行政〕 名 行政. ¶ ~ 각부 行政各部 / ~ 감사 行政監察 / ~ 경찰 行政警察 / ~ 규칙 行政規則 / ~ 명령 行政命令 / ~법 行政法 / ~권 行政権 / ~ 구획 行政区画 / ~ 기관 行政機関 / ~ 처분 行政処分.
행정관〔一官〕 名 行政官.
행정부〔一府〕 名 行政府.
행정 소송〔一訴訟〕 名〔法〕行政訴訟.
행정 자치부〔一自治部〕 名 行政自治部〈地方の行政と選挙, 国民の投票, 治安などの業務を管掌する中央行政機関〉.
행정 재판〔一裁判〕 名〔法〕行政裁判.
행정학〔一學〕 名 行政学.
행정 협정〔一協定〕 名 行政協定.
행정²〔行程〕 名 行程. **1** 道のり. ¶ 하루의 ~ 1日の行程. **2**〔機〕シリンダー内でピストンの往復する距離.
행주 名 布巾. ¶ 물~ お手ふき.
행주질 名 布巾がけ. ¶ ~을 치다 布巾がけをする.
행주치마 名 前掛け. エプロン.
행진〔行進〕 名 하自 行進. ¶ 시위 ~ デモ行進 / 시가를 ~하다 市街を行進する.
행진곡〔一曲〕 名〔樂〕行進曲. マーチ. ¶ 결혼 ~ ウエディングマーチ.
행짜 名 人に意地悪すること. ¶ ~를 부리다 意地悪をする.
행차〔行次〕 名 하自 (目上の人の)お出まし. ¶ 임금의 ~ 国王のお出まし.
행태〔行態〕 名 行動の様相〈おもに否定的な意味に使われる〉.
행티 名 意地悪をする癖. 人を困らせる悪い癖. ¶ ~를 부리다 わざと意地悪をする.
행패〔行悖〕 名 하自 狼籍. 悪行. 道理に逆らう行ない. ¶ ~를 부리다 狼籍を働く.
행포〔行暴〕 名 하自 乱暴を働くこと.
행하〔行下〕 名 **1** 心付け. 祝儀. ¶ 심부름꾼에게 ~를 주다 使いの者に心付けを与える. **2** 手当. チップ. 酒手. ¶ ~를 후히 주다 酒手をはずむ.
행하다〔行一〕 自他 なす. 行なう. 果たす. 実施する. 実行する. ¶ 졸업식을 ~ 卒業式を行なう / 선을 행하는 자 善を行なう人.
행행〔行幸〕 名 하自 行幸. みゆき.
행형〔行刑〕 名 하他〔法〕行刑. 刑を執行すること.
향¹〔向〕 名 向き. 方向. (特に)墓地·宅地などの位置する方向. ¶ 남~으로 된 집터 南向きの敷地.
향²〔香〕 名 **1** 身につける香. 香料. **2** 香木. 線香. ¶ ~을 피우다 香をたく.
향가〔郷歌〕 名〔文〕新羅の中期から高麗初期まで, 民間に流行した古代詩歌.
향객〔郷客〕 名 故郷[田舎]からの客.
향광성〔向光性〕 名〔植〕向光性. 屈光性.
향교〔郷校〕 名〔史〕高麗中期から朝鮮末期にかけて, 郡ごとに設けられた学校.
향군〔郷軍〕 名 **1**〔'재향 군인'의 준말〕郷軍. **2**〔'향토 예비군'의 준말〕郷土予備軍.
향긋하다 形 芳しい. かぐわしい. ¶ 꽃 냄새가 ~ 花の香がかぐわしい / 향긋한 국화꽃 芳しい菊の花.
향기〔香氣〕 名 香気. 香り. におい. ¶ ~가 나다 におう. 香る / 방 안이 꽃 ~로 가득 차 있다 部屋が花の香に満ちている.
향기롭다 形 かぐわしい. 芳しい. **향기로이** 副 かぐわしく. こうばしく. 芳しく.
향나무〔香一〕 名〔植〕伊吹. 柏槙.
향내〔香一〕 名〔'향냄새'의 준말〕かぐわしい香り. 香気. 香臭.
향년〔享年〕 名 享年. 行年. ¶ ~ 90세로 별세하셨다 享年90歳でお亡くなりになった.
향당〔郷黨〕 名 郷党. ¶ ~의 자랑 郷党の誇り.
향도〔嚮導〕 名 하他 嚮導. 引率.
향락〔享樂〕 名 하他 享楽. ¶ ~주의 享楽主義 / ~에 빠지다 享楽にふける.
향로¹〔向路〕 名 向かって行く道. 前途. 行く先.
향로²〔香爐〕 名 香炉.
향로석〔一石〕 名 墓の前に設ける香炉を載せる石の台.
향료〔香料〕 名 香料. **1** 芳香をもつ物質. 香の原料となるもの. **2** (葬礼の)香典.
향료 식물〔一植物〕 名〔植〕香料植物.
향리〔郷里〕 名 郷里. ふるさと. 古郷.
향목〔香木〕 名〔植〕伊吹. 柏槙.
향미〔香味〕 名 香味. ¶ ~료 香味料 / ~가 있다 香味がある.
향민〔郷民〕 名 郷民. 村民.
향발〔向發〕 名 하自 発向. 目的地に向かって出発すること.
향방〔向方〕 名 向かって行く所. 行く先. 行方. ¶ 범인이 ~을 감추었다 犯人が行方をくらました.
향방부지〔一不知〕 名 하自 どこがどこやら見分けがつかないこと. 方向が定められないこと.
향배¹〔向背〕 名 向背. 去就. 進退. ¶ 문제는 소수 의원의 ~에 달려 있다 問題は少数の議員の去就にかかっている.
향배²〔向拜〕 名 하自 向かって拝礼すること.
향복〔享福〕 名 하自 福を享受すること. 幸福になること.
향불〔香一〕 名 香をたく火. 香火.
◆**향불을 피우다** ① 香をたく. ② (僧の隠語で)たばこを吸う.
향사¹〔享祀〕 名 祭祀.
향사²〔郷士〕 名 田舎の有志. 地方の儒生.
향상〔向上〕 名 하自 向上. ¶ 여성의 지위를 ~시키다 女性の地位を向上させる / 기술이 눈부시게 ~되다 技術が目覚ましく向上する.
향서〔郷書〕 名 郷書. 郷信. 故郷からの便り.

향선생〔鄕先生〕 名 郷里で名望の高い人. 村夫子.

향수[1]〔享受〕 名 하他 享受. **1** 自分のものとして受け入れること. ¶ 자유를 ~하다 自由を享受する. **2** 味わい楽しむこと. ¶ 음악을 ~하다 音楽を楽しむ.

향수[2]〔享壽〕 名 하自 長寿の福を享受すること.

향수[3]〔香水〕 名 **1** 香水. ¶ ~를 뿌리다 香水を振りかける. **2** 〔佛〕 香水. 灌仏のときふりかける香の水.

향수[4]〔鄕愁〕 名 郷愁. ¶ ~에 잠기다[젖다] 郷愁にふける[ひたる].

향수병〔一病〕 名 ホームシック. ¶ ~에 걸리다 ホームシックにかかる.

향습성〔向濕性〕 名〔植〕 向湿性.

향신〔鄕信〕 名 郷信. 郷書. 故郷からの便り.

향신료〔香辛料〕 名 香辛料.

향양지지〔向陽之地〕 名 南向きになっていて陽がよく差す土地.

향연[1]〔香煙〕 名 **1** 香煙. 香をたく煙. **2** 香りのよいたばこ.

향연[2]〔饗宴〕 名 饗宴. ¶ ~을 베풀다 饗宴を催す.

향유[1]〔享有〕 名 하他 享有. ¶ 자유를 ~할 권리 自由を享有する権利.

향유[2]〔香油〕 名 **1** 香油. **2** 胡麻油.

향유고래〔香油一〕 名〔動〕 抹香鯨.

향응〔饗應〕 名 하自 供応. もてなし.

향일〔向日〕 名 하自 **1** この前. 過日. 先般. **2** 太陽に向かうこと.

향일성〔一性〕 名〔植〕 向日性.

향전〔香奠〕 名 香典.

향족〔鄕族〕 名 村の吏員になる資格のある家門.

향지성〔向地性〕 名〔植〕 向地性.

향초〔香草〕 名 **1** 香草. 香りのよい草. **2** かぐわしいたばこ.

향토〔鄕土〕 名 郷土. 村里. ¶ ~ 요리 郷土料理.

향토 문학〔一文學〕 名〔文〕 郷土文学.

향토색〔一色〕 名 郷土色.

향토애〔一愛〕 名 郷土愛.

향토 예비군〔一豫備軍〕 名 郷土防衛のため一定の予備役将兵で編成した非正規軍.

향토 예술〔一藝術〕 名 郷土芸術.

향하다〔向一〕 自他 **1** 向く. 面している. ¶ 위[뒤]를 ~ 上[後ろ]を向く / 바다를 향하여 세워진 집 海に面して建てられた家. **2** 向かう. 目指す. 赴く. ¶ 정상을 향하여 오르다 頂上を目指して登る. **3** 向ける. ¶ 기수를 북으로 ~ 機首を北へ向ける. **4** (心を)傾ける.

향학〔向學〕 名 하自 向学. ¶ ~지념 向学の念.

향학열〔一熱〕 名 向学熱. 向学の熱意. ¶ ~에 불타다 向学熱に燃える.

향합〔香盒〕 名 香合〈祭祀のときに香を入れるふたのついた鉢〉.

향화〔香火〕 名 **1** 香火. **2** 祭祀.

향후〔向後〕 名 向後. この後. ¶ ~ 10년 向こう10年.

향훈〔香薰〕 名 かぐわしい香り.

허[1]〔虛〕 名 虚. すき. ¶ ~를 찌르다 虚を突く / ~를 노리다 すきをねらう.

허[2] 副〔입을 벌리고 입김을 한 번 내부는 소리[모양]〕はあっと. ほうっと. >하

허[3] 感〔안타깝거나 가볍게 감탄할 때의 소리〕ほう. はあ. ¶ ~ 그거 참 고약하다 ほう, そいつは実にけしからん / ~ 대단하구나 ほう, 大したもんだ.

허가〔許可〕 名 하他 許可. 許し. ¶ ~를 받다 許可を得る. 許してもらう / 영업을 ~하다 営業を許可する / ~가 나다 許可が出る.

허가장〔一狀〕 名 許可状.

허가제〔一制〕 名 許可制.

허가증〔一證〕 名 許可証. ¶ ~을 발행하다 許可証を発行する.

허겁지겁 副 하自 あたふた(と). ¶ ~ 도망치다 あたふたと逃げ去る / ~ 달려가다 あたふた駆けつける.

허공〔虛空〕 名 虚空. 何もない空間. 空. 宙. ¶ ~으로 사라지다 虚空に消え去る / ~을 노려보다 虚空をにらみつける.

허교〔許交〕 名 하自他 互いに心を許し親友として交わること.

허구[1]〔許久〕 名 하形 長い年月. 久しい間. ¶ 그녀는 ~한 나날을 눈물로 보냈다 彼女は長い年月を涙で暮らした.

허구[2]〔虛構〕 名 하他 虚構. つくりごと. フィクション.

허구리 名 わき腹.

허기〔虛飢〕 名 飢えてひどくひもじいこと. ひもじさ. ¶ 겨우 ~는 면했다 ようやく飢えはしのいだ.

허기지다 自 **1** ひどく飢えて気力が尽きる. ¶ 허기진 이리 떼 飢えた狼の群れ. **2** 渇望する. かつえる. ¶ 애정에 ~ 愛情にかつえる.

허깨비 名 **1** 幻. 幻影. ¶ 저기 보이는 것이 사람이냐 ~냐? あそこに見えるのは人間か, 幻か. **2** 思ったよりは案外軽い物.

허니문〔honeymoon〕 名 ハネムーン. **1** 新婚旅行. **2** 蜜月.

허다하다〔許多一〕 形 数多い. 多数ある. ¶ 이 사건은 전례가 ~ この事件は前例が多い / 허다한 곤란을 극복하다 幾多の困難をのりこえる. **허다히** 副 たくさん. あまた. ¶ 그런 예는 ~ 있다 そんな例はいくらでもある.

허덕거리다[-대다] 自 **1** 苦労する. あくせくする. (力にあまって)苦しむ. ¶ 인생 육십 고개에서 허덕거린다 人生60の坂であくせくする. **2** 余裕がなくてあえぐ. ぴいぴいする. ¶ 불황으로 경영난에 ~ 不況で経営難にあえぐ. **3** (幼児が手足を)ばたつかせる. ばたばたする.

허덕이다 自 **1** (力にあまって)苦しむ. 苦労する. ¶ 굶주림에 ~ 飢えに苦しむ. **2** あえぐ. もがく. じたばたする. ¶ 생활고에 ~ 生活苦にあえぐ. **3** (手足を)ばたばたさせる.

허덕허덕 副 하自 あえぎあえぎ. ふうふう. あっぷあっぷ. ¶ 불황으로 ~하는 상태다 不況であっぷあっぷの状態だ.

허덕지덕 副 하自 あえぎあえぎ. あくせく(と). ¶～ 달려왔다 あえぎあえぎ駆けつけた.
허두〔虛頭〕 名 冒頭. 文章や話の始め.
허둥거리다[-대다] 自 あわてふためく. おろおろする. うろたえる. じたばたする. あたふたする. ¶필요한 것을 찾지 못해 ～ 必要なものをさがし出せなくてあたふたする/그저 허둥거릴 뿐 어떻게 할 바를 몰랐다 ただうろうろするばかりでなすすべを知らなかった.
허둥허둥 副 하自 うろうろ. じたばた(と). あたふた(と). ¶경찰관이 나타나자 ～ 도망쳤다 警官が現われるやすたこらと逃げうせた.
허둥지둥 副 하自 あわてて. あたふた(と). そそくさ(と). ¶～ 집으로 달려갔다 あわてて家に駆けつけた/아버지를 보자 ～ 몸을 감추었다 おやじを見るやそそくさと身を隠した.
허드레 名 がらくた. 雑用. さほど大切でない物事.
허드레꾼 名 雑役に従事する人. 雑役夫. 下働き.
허드렛물 名 (飲料水以外の) 雑用に使う水.
허드렛일 名 (重要でない) 雑役.
허드재비 名 重要でない仕事や物.
허들〔hurdle〕 名〔體〕ハードル.
허락〔← 許諾〕 名 하他 承諾. 許し. 許可. ¶아버지의 ～을 얻다[받다] 父の許しを得る/사정이 ～하면 事情が許せば/몸을 ～하다 体を許す/입학을 ～하다 入学を承諾する.
허랑방탕하다〔虛浪放蕩一〕 形 ふまじめで放蕩が過ぎる. ¶허랑방탕한 끝에 패가망신하다 ふまじめで放蕩したあげく身を滅ぼす.
허례〔虛禮〕 名 虚礼. ¶～허식 虚礼虚飾/～를 없애다 虚礼をなくす.
허론〔虛論〕 名 하自 空論.
허룩하다 形 幾分か減っている.
허름하다 形 **1** (値段が) 安めだ. ¶허름한 값에 팔다 少し安く売る. **2** 古びている. みすぼらしい. ¶허름한 양복 古びた洋服.
허름숭이 名 不誠実で信用できない人.
허리 名 **1** 腰. ¶～를 펴다 腰を伸ばす/～를 비틀다 腰をひねる/～를 굽혀 인사하다 腰をかがめてお辞儀をする/그 노인은 ～가 조금도 굽지 않았다 その老人は腰がちっとも曲がっていない. **2** (高さ·長さのある物の) 中間の部分. ¶나무의 ～를 잘라내다 木の中ほどを切り取る. **3** 〈ズボン·はかま·チマ(치마)などを着たときの〉腰に当たる部分. **4** 山の腰. 山すそ.
◆**허리가 부러지다** ① (気が) そがれる. くじかれる. ② (仕事が) 肉体的にかなわなくなる.
◆**허리를 못 펴다** 頭が上がらない. くじけて小さくなる.
◆**허리를 잡다** 抱腹する. 腹をかかえる.
◆**허리를 펴다** 気楽に暮らす.
허리끈 名 腰ひも.
허리띠 名 帯. 腰帯. 腰ひも. ベルト.
◆**허리띠를 늦추다** ① 生活に余裕ができる. ② 緊張をほぐして気持ちを楽にする.
◆**허리띠를 졸라매다** ① つましく暮らす. ② 心を引き締めて仕事を始める. ③ 空腹をこらえる.
허리 죄기 名 〈シルム(씨름)で〉胴締め.
허리춤 名 パジ(바지)などの腰の部分と皮膚のすきま. ¶돈주머니를 ～에 쑤셔 넣었다 財布をパジの腰に突っこんだ.
허리통 名 腰回り. ¶～이 굵다 腰回りが太い.
허릿매 名 (おもに女性の) しなやかな腰つき.
허릿심 名 **1** 腰の力. ¶～이 센 씨름꾼 腰の力が強いシルムの力士. **2** (長い物の) 腰の固さ.
허리케인〔hurricane〕 名〔氣〕ハリケーン.
허망〔虛妄〕 名 하形 虚妄. **1** あっけなくむなしいこと. ¶그가 죽다니, 인생이 너무 ～하군 彼が死んだとは, 人生はあまりにもむなしいな. **2** 嘘. 偽り. 虚誕. ¶그런 ～한 소리는 그만하게 そんな世迷言はいいかげんにしろ.
허명〔虛名〕 名 하形 虚名. 虚声. 空名. ¶～보다는 실속을 차려라 虚名より中味をとれ.
허명무실〔一無實〕 名 하形 名ばかりで実質のないこと.
허무〔虛無〕 名 하形 虚無. むなしいこと. はかないこと. ¶～한 운명 はかない運命/～하게 졌다 むなしく負けた.
허무감〔一感〕 名 虚無感.
허무맹랑하다〔一孟浪一〕 形 まったくでたらめである. ¶허무맹랑한 소문 根拠のないうわさ.
허무적〔一的〕 冠 名 虚無的. ¶주인공의 ～인 표정 主人公のニヒルな表情.
허무주의〔一主義〕 名 虚無主義. ニヒリズム.
허문¹〔虛文〕 名 空文. 実のない文.
허문²〔虛聞〕 名 虚聞. 根拠のないうわさ.
허물¹ 名 **1** (日焼けなどでむける) 皮膚の薄い膜. 表皮. 皮膜. **2** (蛇や蟬などの) 抜け殻.
◆**허물을 벗다** ① 皮膚の薄い膜がはがれる. ② (蛇·蟬などが) 脱皮する.
허물² 名 **1** 過失. 過ち. とが. ¶～을 덮어 주다 過失を見逃してやる/남에게 ～을 씌우다 人に罪をかぶせる. **2** 欠点. あら. ¶남의 ～을 들추다 人のあらをさがす.
◆**허물을 벗다** (無実の) 罪·汚名をすすぐ.
허물없다 形 互いに隔てがなく心安い. 気安い. 気がねない. ¶허물없는 사이 気のおけない仲/허물없는 친구 気安い友達. **허물없이** 副 隔てなく. 気安く. ¶그와는 ～ 사귀는 사이다 彼とは気安く付き合う間柄だ.
허물다 他 (組み立てたり積み上げたりした物を) 取り壊す. 崩す. ¶집을 ～ 家を取り壊す.

허물어뜨리다[-트리다] 他 うち壊す. うち砕く.
허물어지다 自 壊れる. 崩れる. ¶ 장마로 축대가 ～ 梅雨で石垣が崩れる.
허밍[humming] 名〔樂〕ハミング. 鼻歌.
허발[虛發] 名 하自 **1** 虚発. 無駄に発射すること. 命中しないこと. **2** 無駄骨を折ること.
 ◆**허발을 치다** 無駄足を踏む.
허방 名 くぼみ. くぼ地. ¶ ～을 딛다 くぼ地を踏む.
 ◆**허방을 짚다** 見当違いする.
 ◆**허방을 치다** 失敗に帰する. 当てが外れる.
 허방다리 名 落とし穴. 陥穽.
허벅다리 名 股のつけ根. ¶ ～까지 빠지는 개울물 股のつけ根まで水が来る小川.
허벅살 名 内股の肉.
허벅지 名 内股.
허벅허벅하다 形 かすかすだ. ぱさぱさする. ¶ 허벅허벅한 사과 かすかすのりんご.
허보[虛報] 名 虚報. 偽りの知らせ.
허비[虛費] 名 하他 無駄遣い. 浪費. 費やすこと. 空費. ¶ 예산을 ～하다 予算を無駄遣いする / 헛되이 시간을 ～하지 마라 いたずらに時間を費やすな.
허비다 他 **1** (刃物や爪などで) ほじくる. ひっかいて掘る. **2** (人のあらを) ほじくってけなす.
허비적거리다[-대다] 他 しきりにほじくる.
 허비적허비적 副 하他 しきりにほじくるようす.
허사[1][虛事] 名 無駄な事. 徒労. 無為. ¶ 계획이 ～로 돌아갔다 計画がふいになった / 애쓴 보람도 없이 ～로 끝났다 骨折ったかいもなく徒労に終わった.
허사[2][虛辭] 名 **1**〔言〕虚辞 (独立した意味を表わすことなく文法的な機能だけもつ語. 助詞など). **2** 虚辞. 虚言.
허상[虛像] 名 虚像. ¶ 학교 교육의 실상과 ～ 学校教育の実像と虚像.
허설[虛說] 名 虚説. そら言.
허섭스레기 名 (選り出して残った) くず物. がらくた.
허세[虛勢] 名 虚勢. 強がり. からいばり. ¶ ～를 부리다 虚勢を張る.
허송[虛送] 名 하他 (歳月を) 無為に過ごすこと. ¶ 황금 같은 젊은 시절을 ～하지 않도록 해라 貴重な若い時期を無為に過ごさないようにしなさい.
 허송세월[一歲月] 名 無為に歳月を送ること.
허수[虛數] 名〔數〕虚数.
허수아비 名 **1** かかし. **2** 役立たず. 傀儡. 操り人形.
허수하다 形 寂しい. 心細い. ¶ 정다운 얼굴들이 보이지 않아 ～ 親しい友達の顔が見えないので寂しい.
허술하다 形 **1** さびれている. すたれている. ¶ 허술한 집 さびれた家. **2** みすぼらしい. 粗末だ. ¶ 허술한 옷 粗末な衣服. **3** (値段が) 安めだ. 古びている. **4** おろそかだ. 手薄だ. 不用心だ. お粗末だ. ¶ 경비의 허술한 틈을 타서 警備の手薄に乗じて / 허술한 법망을 뚫다 お粗末な法の網をくぐる. **허술히** 副 さびれて. みすぼらしく. おろそかに.
허스키[husky] 名 하形 ハスキー. ¶ ～ 보이스 ハスキーボイス.
허식[虛飾] 名 하自 虚飾. 見え. 飾り. ¶ ～이 많은 문장 飾りの多い文章.
허실[虛實] 名 虚実. ¶ ～이 뒤섞인 이야기 虚実がとりまぜられた話.
허심[虛心] 名 하自形 虚心. 無心. ¶ ～하게 듣다 虚心に聞く.
 허심탄회[一坦懷] 名 하形 虚心坦懐. ¶ ～하게 이야기하다 虚心坦懐に話し合う.
허약[許約] 名 하他 許して約束すること.
허약하다[虛弱—] 形 虚弱だ. ¶ 허약한 체질 虚弱な体質.
허언[虛言] 名 하自 虚言. ¶ ～을 늘어놓다 虚言を並べる.
허여[許與] 名 하他 許してやること. 心から許すこと.
허여멀겋다 形 **1** 透き通るように白い. ¶ 허여멀겋게 생긴 사내아이 透き通るように色の白い男の子. **2** 白っぽく薄い. ¶ 허여멀건 죽 白っぽく薄い粥. ＞하야말갛다
허여멀쑥하다 形 色白できれいだ. ¶ 얼굴이 ～ 顔が色白できれいだ. ＞하야말쑥하다
허영[虛榮] 名 虚栄. 見え. 見えっ張り. ¶ ～에 들뜨다 虚栄にかられる / ～에 찬 사람 見えっ張りの人.
 허영심[一心] 名 虚栄心. ¶ 쓸데없는 ～은 버려라 つまらない虚栄心は捨てなさい.
 허영주머니 名 虚栄心の強い人. 見えっ張り.
허옇다 形 白い. ¶ 허연 입김 白い息. ＞하얗다
허예지다 自 白くなる. 白む. ¶ 동녘 하늘이 허예진다 東の空が白くなる. ＞하얘지다
허욕[虛慾] 名 つまらない欲. 無駄な欲張り.
허용[許容] 名 하他 許容. 許すこと. ¶ ～량 許容量 / ～ 범위 許容範囲 / ～ 법규 許容法規 / ～하지 못할 행위 許し難い行為.
허우대 名 恰幅. 押し出し. ¶ ～는 좋은데 주변머리가 없다 押し出しは立派だが融通がきかない.
허우룩하다 形 (頼りにしていた人と別かれて) 心がうつろだ. 心寂しい.
허우적거리다[-대다] 自 しきりにもがく [あがく]. あっぷあっぷする. ¶ 손발을 ～ 手足をばたばたさせる / 허우적거리며 수영하다 もがきながら水泳をする.
 허우적허우적 副 하自 じたばた(と). あっぷあっぷ.
허울 名 外見. 見かけ. うわべ. ¶ ～은 좋다 見かけはいい / ～뿐인 사회 복지 うわべだけの社会福祉.
허위[1][虛位] 名 虚位. **1** 実権のない地位. **2** 空位.
허위[2][虛威] 名 虚威. 虚勢.

허위³〔虛僞〕 名 虛偽. 嘘. 偽り. ¶ ～ 신고 虚偽の申告/～ 증언 虚偽の証言.

허위단심 名 하自 (ある目的に向かって)熱心に努力すること. 非常に苦労すること. ¶ ～하고 찾아갔더니 부재중이더라 苦労して訪ねて行ったのに不在だったよ.

허유〔許由〕 名 하自 休暇や余裕を与えること, またその休暇[余裕].

허장성세〔虛張聲勢〕 名 하自 虚勢を張ること. 空いばり. ¶ ～로 상대의 기를 꺾다 虚勢を張って相手の気をくじく.

허전〔虛傳〕 名 하他 虚伝. 虚聞. 根も葉もないうわさ.

허전하다 形 **1** 何となく寂しい. うつろな感じだ. 物足りない. ¶ 살아가기가 ～ 生きていくのが寂しい/딸이 시집을 가고 나니 집안이 ～ 娘が嫁に行って家の中がうつろな感じだ/주머니가 ～ 懐が寂しい. **2** しゃきっとしない. ¶ 속이 ～ 腹が減った.

허점〔虛點〕 名 弱点. 弱み. ¶ ～을 찌르다 弱点をつく/～을 보이다 弱みを見せる/～을 노리다 弱みをねらう.

허정 名 하形 外見はまじめそうであるが実は不まじめであること. 見かけ倒しであること.

허출하다 形 腹がすいている. ひもじい.

허줏굿 名 하自〔民俗〕ムーダン(무당)になろうとする者が, 神を最初に迎え入れるために行なうクッ(굿).

허증〔虛症〕 名〔韓方〕 気力や血液の不足などで生じる病気の総称.

허청거리다[-대다] 自 よろめく. よろける. ¶ 기운이 없어 다리가 ～ 気力が抜けて足がふらふらする.

허청허청 副 하自 ふらふら(と). よろよろ(と).

허탈〔虛脫〕 名 하形 虚脱. ¶ 실연하여 ～ 상태에 빠지다 失恋して虚脱状態に陥る.

허탈감〔—感〕 名 虚脱感.

허탕 名 無駄骨. 徒労. ¶ 노력은 ～으로 끝났다 努力は徒労に終わった.

◆**허탕을 짚다** ① (せっかく苦労したのに)徒労になる. 無駄骨を折る. ② 当てが外れる.

◆**허탕을 치다** なんの成果もない. 徒労に終わる. あぶれる. ¶ 낚시질을 갔다가 ～을 쳤다 釣りに行ったが無駄骨を折った.

허투루 副 **1** 軽く. ¶ 그 사람을 ～ 보았다간 큰일나네 その人を軽く見たらただじゃすまない. **2** でたらめに. いいかげんに. ぞんざいに. ¶ ～ 다루려면 처음부터 손대지 마라 いいかげんにやるんだったら始めから手をつけるな.

허튼 冠〔쓸데없는·되지못한〕 でたらめな. いいかげんな. ¶ ～ 이야기는 그만둬라 つまらない話はよせ.

허튼계집 名 淫乱な女. 尻軽女. 身持ちの悪い女.

허튼 맹세 名 いいかげんな誓い. くだらない誓い.

허튼소리 名 でたらめな話. 出まかせ.

허튼수작〔—酬酌〕 名 하自 でたらめな話. 口から出まかせ. ¶ ～하면 용서없다 でたらめぬかしたら容赦しないぞ.

허파 名〔生〕 肺. 肺臓.

◆**허파에 바람 들다** (肺に風が詰まったの意で)つまらないことにもげらげら笑う. することがでたらめだ.

허풍〔虛風〕 名 ほら. 誇張. ¶ 저 사람 말에는 다소 ～이 있다 あの人の話には多少誇張がある.

◆**허풍을 떨다** しきりにほらを吹く. 大ぶろしきを広げる.

◆**허풍을 치다** 大げさに誇張する. ほらを吹く. 大言を吐く.

허풍선〔—扇〕 名 **1** こんろの炭火などを起こす小さな鞴. **2** ほら吹き.

허풍선이〔—扇—〕 名 ほら吹き.

허하다¹〔許—〕 他 許す. 承諾する.

허하다²〔虛—〕 形 **1** 虚弱だ. ¶ 체질이 ～ 体質が虚弱だ. **2** 中があいている. うつろだ. ¶ 뱃속이 ～ 腹がすく. **3** 丈夫でない. もろい. ¶ 문단속이 ～ 戸締まりがもろい. **4**〔韓方〕 気力が衰える. 無気力だ.

허한〔虛汗〕 名〔韓方〕 寝汗. 冷や汗. 体が衰弱してたくさん出る汗.

허행〔虛行〕 名 하自 無駄足.

허허¹ 副 하自〔웃는 소리〕 はっはっと. ほっほっと. ¶ ～하고 크게 웃다 はっはっと大きく笑う. ＞하하

허허거리다[-대다] 自 はっはっはっはっと笑う.

허허² 感 **1**〔놀람 등의 탄식 소리〕 ふう. ほお. ¶ ～ 이거 야단났는걸 ほう, それは大変だ. **2**〔가볍게 나무라는 소리〕 これこれ. ほら. ほれ. ¶ ～ 그렇게 하면 안 된다고 했잖아 これこれ, そんなふうにしては駄目だと言ったじゃないか. ＞하하

허허바다 名 広く果てしない海. 大海原.

허허벌판 名 広々とした大平原.

허허실실〔虛虛實實〕 名 虚々実々. ¶ ～의 책략 虚々実々の策略.

허혼〔許婚〕 名 하自 許婚. 結婚を承諾すること.

허황〔虛荒〕 名 하形 荒唐無稽. ¶ ～한 꿈 荒唐無稽な夢/～한 소문이 퍼지다 とんでもないうわさが立つ.

허황되다 形 荒唐無稽である. ¶ 허황된 미신에 빠져 있다 おかしな迷信にとりつかれている.

헉 副 **1**〔탐욕이 나서 덤비는 모양〕 ぱっと. さっと. がぶりと. **2**〔지쳐서 쓰러지는 모양〕 ぺたりと. ぐったりと. ぐにゃっと. **3**〔놀라거나 겁에 질려 숨을 삼키는 모양〕 はっと.

헌 冠 古い. ¶ ～ 책 古本/～ 신문 古新聞.

헌거〔軒擧〕 名 하形 軒昂. 風采や意気が堂々として寛大であること.

헌거롭다 形 意気が高い. 意気軒昂である. **헌거로이** 副 意気軒昂に.

헌걸스럽다 形 たくましくりりしい.

헌걸차다 形 **1** 非常にりりしい. **2** たくましい. **3** 背がすらりと高い.

헌것 名 古物. ぼろ.

헌금〔獻金〕 名 하自 献金. ¶ 교회에 ～하다 教会に献金する.
헌납〔獻納〕 名 하他 献納. ¶ ～금 献納金 / 나라에 ～하다 国に献納する.
헌다〔獻茶〕 名 하自 献茶.
헌데 名 ただれ. できもの.
헌등¹〔軒燈〕 名 軒灯〈軒先に掲げる灯火〉.
헌등²〔獻燈〕 名 献灯.
헌배〔獻杯〕 名 하自 献杯.
헌법〔憲法〕 名 憲法. ¶ ～ 개정 憲法の改正 / ～ 재판소 憲法裁判所.
헌병〔憲兵〕 名〔軍〕憲兵. ¶ ～대 憲兵隊.
헌상〔獻上〕 名 하他 献上. ¶ ～품 献上品.
헌쇠 名 くず鉄. 古がね.
헌수〔獻壽〕 名 하自 (還暦祝いなどで)長寿を祈る意味で献杯すること.
헌시〔獻詩〕 名 하自 詩をささげること, またその詩.
헌신〔獻身〕 名 하自 献身. ¶ 고아의 구제에 ～하다 孤児の救済に献身する.
　헌신적〔一的〕 冠名 献身的. ¶ ～인 사랑 献身的な愛.
헌신짝 名 弊履. 破れた履き物.
　◆**헌신짝 버리듯** (弊履を棄てるごとくの意で)惜しげもなく捨てる.
헌앙〔軒昻〕 名 하形 軒昂. ¶ 의기 ～ 意気軒昂.
헌언〔獻言〕 名 하自 献言. 進言.
헌작〔獻爵〕 名 하自 (祭祀のとき)献杯すること.
헌장〔憲章〕 名 憲章. ¶ 유엔 ～ 国連憲章 / 어린이 ～ 児童憲章.
헌정¹〔憲政〕 名〔'입헌 정치'의 준말〕憲政. ¶ ～을 문란케 하다 憲政を乱す.
헌정²〔獻呈〕 名 하他 献呈. 献上. ¶ 저서를 ～하다 著書を献呈する.
헌책〔獻策〕 名 하他 献策. 建策. ¶ 공해 대책을 ～하다 公害対策を献策する.
헌칠민틋하다 形 さっそうとしている.
헌칠하다 形 背が高く体格がよく均衡がとれている. ¶ 형은 땅딸막한 데 비해 아우는 ～ 兄はずんぐりしているのに弟は背も高くがっしりしている.
헌털뱅이 名〈卑〉古物.
헌팅캡〔hunting cap〕 名 ハンチングキャップ. 鳥打ち帽.
헌헌장부〔軒軒丈夫〕 名 益荒男. 男の中の男.
헌혈〔獻血〕 名 하自 献血. ¶ ～차 献血車.
헌화〔獻花〕 名 하自 献花. ¶ 영령 앞에 ～하다 英霊に献花する.
헐가〔歇價〕 名 安値. 捨て値. 廉価.
헐가방매〔歇價放賣〕 名 하自 投げ売り.
헐값〔歇一〕 名 安値. 捨て値. 廉価. ¶ ～으로 사다[팔다] 安値で買う[売る].
헐겁다 形 (ねじ·蓋·靴·衣服などが)緩い. ¶ 나사가 헐거워서 드라이버로 죄었다 ねじが緩くてドライバーで締めた / 뚜껑이 ～ 蓋が緩い / 옷이 ～ 衣服がだぶだぶだ.
헐근거리다[-대다] 自 (息切れがして)ぜいぜいいう. あえぐ. ¶ 노인이 헐근거리며 언덕을 올라간다 老人が息をぜいぜいさせながら峠を登って行く.
　헐근헐근 副 하自 ぜいぜい(と).
헐다¹ Ⅰ 自 (できものや傷などのため)皮膚がただれる. ¶ 아기가 침을 흘려서 턱이 헐었다 赤ちゃんがよだれをたらしてあごがただれた.
　Ⅱ 形 古くなる. 朽ちる. ¶ 마루가 헐었다 床が朽ちた.
헐다² 他 **1** (建物などを)壊す. 崩す. ¶ 담을 ～ 塀を崩す. **2** (封じ込めたり詰め込んでおいたものを)崩す. 封を切る. ¶ 사과 상자를 ～ りんご箱をあける / 술통을 ～ 酒だるの封を切る. **3** (お金を) くずす. ¶ 만 원짜리를 ～ 1万ウォン札をくずす. **4** 人の欠点をあげてけなす. ¶ 상사를 ～ 上役をけなす.
헐떡거리다[-대다] 自他 **1** 荒く息をする. 息を切らす. あえぐ. ふうふう言う. ¶ 숨을 헐떡거리며 달려왔다 息を切らせながら駆けつけた. **2** (靴などが)緩い. ぶかぶかする. ¶ 운동화가 커서 자꾸 헐떡거린다 運動靴が大きくてぶかぶかする.
　헐떡이다 自他 **1** 荒く息をする. あえぐ. ふうふう言う. ¶ 무거운 짐을 진 채 헐떡이고 있다 重い荷を背負ったままふうふう言っている. **2** (靴などが)緩い. ぶかぶかする.
　헐떡헐떡 副 하自他 あえぎあえぎ. ぜいぜい(と).
헐떡하다 形 **1** 顔色に血の気がない. 青ざめている. **2** ひどく疲れて目がくぼんでいる. ＞할딱하다
헐뜯다 他 人をけなす. そしる. あらをさがしてこきおろす. ¶ 뒷전에서 남을 ～ 裏で人をそしる / 호되게 ～ ひどくけなす.
헐렁하다 形 **1** (衣服がぴったり合わずに)緩い. だぶだぶだ. ¶ 형의 퇴물림을 입었더니 ～ 兄貴のお下がりを着たらだぶだぶだ. **2** 言動にしまりがなくだらしない. ＞할랑하다
　헐렁거리다[-대다] 自 **1** ひどく緩くてあちこちに動く. ぶかぶかする. だぶつく. ¶ 바지가 커서 ～ ズボンが大きくてぶかぶかする. **2** 言葉や行動が浮ついている. 軽々しくふるまう.
　헐렁이 名〈蔑〉軽率な人. おっちょこちょい.
　헐렁헐렁 副 하自 だらだら. だぶだぶ. ぶかぶか.
헐렁헐렁하다 形 衣服などのサイズが大きくて緩い. だぶだぶだ. ぶかぶかだ. ¶ 헐렁헐렁한 구두 ぶかぶかな靴.
헐레벌떡 副 하自 息せき切って. あえぎあえぎ. ¶ ～ 달려가다 息せき切って駆けつける.
헐리다 自〔'헐다²'의 피동사〕壊される. 崩される. ¶ 고옥이 ～ 古い家屋が崩される.
헐벗다 形 **1** ぼろを着ている. 貧乏だ. ¶ 헐벗고 굶주린 아이들 ぼろを着て飢

えた子供たち. **2** (草木がなく) 山がはげている. ¶ 헐벗은 산 はげ山.

헐수할수없다 形 **1** どうしようもない. ああもこうもできない. にっちもさっちもいかない. ¶ 이제 이렇게 되면 ～ もうこうなったらどうしようもない. **2** 暮らしが行き詰まる. 八方ふさがりだ. ¶ 헐수할수없어서 아이들을 데리고 친정으로 갔다 食べていけなくなって子供たちを連れて実家に帰った. **헐수할수없이** 副 どうにもしようがなくて. 仕方なく.

헐쑥하다 形 顔がやせて血の気がない. 青ざめている. やつれている. ¶ 병후라 얼굴이 헐쑥하구나 病み上がりで顔がやつれたね.

헐쭉하다 形 やせて青ざめている. やつれている.

헐하다〔歇—〕 形 **1** 〔값싸다〕 (値段が)相場より安い. ¶ 계절이 지난 의류를 헐하게 팔다 季節はずれの衣類を安売りする. **2** 〔가볍다〕 (罪に比べて)処罰が軽い. **3** 〔쉽다〕 仕事が思ったよりたやすい. **4** 〔엄하지 않다〕 (厳しくなくて)くみしやすい.

험구〔險口〕 名 하他 口が悪いこと. ¶ 그 친구는 ～가 좀 심해 そいつは口が少し悪すぎる.

험난하다〔險難—〕 形 險難だ. **1** (地勢が)険しい. ¶ 험난한 산길 険しい山道. **2** (人生が)険しい. 困難だ. ¶ 험난한 인생 항로 険しい人生航路.

험담〔險談〕 名 하他 悪口. 中傷. 陰口. ¶ ～을 하다 陰口をきく.

험로〔險路〕 名 険路. 険しい道. ¶ 알프스의 ～ アルプスの険路.

험산〔險山〕 名 険山. 険しい山.

험상¹〔險狀〕 名 하形 険悪なようす. 険しいありさま.

험상궂다 形 すごく険しい. ¶ 험상궂은 얼굴 とても険しい顔 / 험상궂은 날씨 荒れ模様の天気.

험상스럽다 形 見るからに険しい. 険悪だ. ¶ 인상이 ～ 人相が険しい. **험상스레** 副 険悪に.

험상²〔險相〕 名 険相. 険しい人相.

험악하다〔險惡—〕 形 険悪だ. 険しい. ¶ 험악한 날씨 荒れた天気 / 험악한 바윗길 険しい岩の道 / 험악한 표정 険悪な顔つき / 정세가 험악해졌다 情勢が険しくなった.

험준하다〔險峻—〕 形 (地形などが)険しい. 厳しい. ¶ 험준한 산악 지대 険しい山岳地帯.

험지〔險地〕 名 険しい土地. ¶ ～로 귀양살이를 갔다 険しい土地に流刑された.

험하다〔險—〕 形 **1** (地形が)険しい. ¶ 험한 고갯길 険しい峠の道. **2** (容貌や態度が)険悪だ. 険しい. ¶ 험한 얼굴 표정 険しい顔つき / 행동이 ～ 行動が荒々しい. **3** (状態・情勢などが)険しい. 危ない. ¶ 험한 국제 정세 険しい国際情勢 / 장내에 험한 공기가 감돌다 場内に険悪な空気が漂う. **4** (言動などが)ひどく荒い. きつい. 乱暴である. ¶ 그는 말이 너무 험해서 탈이다 彼は言葉が乱暴すぎて問題だ. **5** (衣食などが)粗末である. 見苦しい. ¶ 험한 꼴 見苦しいさま. **6** (仕事などが)きつい. 危険である. ¶ 험한 일 危険な仕事.

헙수룩하다 形 **1** (髪・ひげなどがかなり伸びて)ぼうぼうとしている. もじゃもじゃだ. ¶ 수염이 헙수룩하게 자랐다 ひげがもじゃもじゃと伸びた. **2** (身なりが)みすぼらしい. ¶ 헙수룩한 차림새 みすぼらしい身なり.

헙헙하다 形 **1** いいかげんだ. ずさんだ. **2** けちけちしない. 派手に使ってしまう.

헛- 接頭 「中身のない・偽りの・むなしい」などの意を表わす. ¶ ～기침 空咳 / ～걸음 無駄足 / ～수고 徒労.

헛간〔—間〕 名 (戸のない)物置き小屋. 納屋.

헛갈리다 自 入り混じって区別がつかない. 混同する. 紛れる.

헛걸음 名 하自 無駄足. ¶ 거기에 가 보았으나 ～이었다 そこに行ってみたが無駄足だった.

헛걸음치다 自 無駄足を踏む.

헛것 名 幻. 幻影.

헛고생〔—苦生〕 名 하自 無駄骨. 骨折り損. かいのない苦労.

헛공론〔—空論〕 名 하他 無駄な議論.

헛구역〔—嘔逆〕 名 空嘔. 吐き気はあるが声だけで何も吐き出さないこと.

헛기침 名 하自 空咳. 咳. 咳払い. ¶ ～하여 자기가 있다는 것을 알리다 咳をして自分の存在を知らせる.

헛노릇 名 하自 無駄なこと. 何の足しにもならない仕事.

헛다리 名 **1** 無駄足. 無駄骨折り. ¶ ～를 짚다 無駄足になる. **2** 期待がはずれること. ¶ 올 대학 입시에서도 ～를 짚고 말았다 今年の大学入試でもしくじってしまった.

헛돌다 自 空回りする. 空転する. ¶ 수레 바퀴가 ～ 車輪が空回りする.

헛되다 形 むなしい. かいがない. 無駄だ. ¶ 그건 헛된 꿈이다 それはむなしい夢だ / 헛된 생각은 버리고 공부에 열중해라 つまらない考えはよして勉強に励みなさい. **헛되이** 副 むなしく. かいなく. いたずらに. ¶ 세월을 ～ 보내다 歳月をむなしく送る.

헛듣다 他 **1** (話・声などを)聞き違える. 聞きそこなう. ¶ 말을 헛듣고 엉뚱한 대답을 하다 話を聞き違えてとんでもない答えをする. **2** 聞き流す. うわのそらで聞く.

헛들리다 自 あらぬことが聞こえる. 幻聴が起こる.

헛디디다 他 踏みはずす. ¶ 계단을 ～ 階段を踏みはずす.

헛물켜다 自 骨折り損をする. 徒労に終わる. 苦労のかいもない. ばかを見る. ¶ 헛물켜지 말고 일찌감치 단념해라 いたずらに苦労しないで早々にあきらめろ.

헛발 名 **1** 踏みはずした足. **2** 蹴り間違えた足. 空蹴りした足. **3** 細胞の表面にできる原形質の突起. 仮足. 偽足.

헛발질 名 하自 ねらいがはずれた足蹴り.

헛방¹〔―房〕 名 がらくたをしまって置く部屋. 物置き部屋.
헛방²〔―放〕 名 **1** 的をはずれた射撃. ¶또 ~이냐? またはずれたか. **2** 空砲. ¶위협으로 ~을 쏘다 威嚇に空砲を撃つ. **3** 目的を達成できなかったこと.
 헛방놓다 自 **1** (射撃で)的をはずす. **2** 空砲を撃つ. **3** 無駄口をたたく. ほらを吹く.
헛방귀 名 (音もにおいもない)すかし屁.
헛배 名 (消化不良などで)食べないのに張る腹.
 ◆**헛배가 부르다** 食べないのに腹が張る.
헛보다 他 見誤る. 見落とす. 見そこなう. ¶신호를 ~ 信号を見誤る.
헛보이다 自 (視覚の異常で)誤って見える. あらぬ物が見える.
헛불 名 (狩りのとき)獣を撃ちそこねた射撃.
헛소리 名 하自 **1** (病人の)うわごと. ¶열이 심하여 ~를 한다 熱が高くてうわごとを言う. **2** たわごと. 虚言. ¶괜히 ~하지 말게 つまらない話はよせ.
헛소문〔―所聞〕 名 (根も葉もない)うわさ. ¶~이 돌고 있다 うわさが立っている.
헛손질 名 하自 **1** (病人が)無意識に手を大きく振ること. **2** 余計な手入れ. いたずらに手で触ること. **3** (手のねらいがはずれた)空振り. 殴りそこなうこと.
헛수〔―手〕 名 (碁·将棋などで)無駄な手. ¶~를 두다 無駄な手を指す.
헛수고 名 하自 徒労. 無駄骨折り. ¶~로 끝나다 徒労に終わる / 공연한 ~하지 말게 つまらない無駄骨を折るなよ.
헛심 名 無駄な力. 無駄に使った力.
헛애 名 無駄な苦労.
헛웃음 名 つくり笑い. 偽りの笑い. 嘘笑い.
헛일 名 하自 無駄な事. 無駄. ¶여태까지 ~만 했다 今まで無駄な事ばかりした.
헛잠 名 **1** そら寝. たぬき寝入り. **2** うたた寝. まどろみ.
헛잡다 他 つかみそこなう. ¶접시를 헛잡아 떨어뜨렸다 皿をつかみそこなって落とした.
헛잡히다 自 間違って捕らわれる. ¶사건의 공범으로 ~ 事件の共犯として間違って捕らえられる.
헛장 名 空いばり. ほら. ¶~을 치다 ほらを吹く.
헛총〔―銃〕 名 空砲.
 ◆**헛총을 놓다** 空砲を撃つ.
헛총질〔―銃―〕 名 하自 空砲を撃つこと.
헛코 名 眠ったふりをしてわざとかくいびき.
 헛코골다 自 眠ったふりをしてわざといびきをかく.
헛헛증〔―症〕 名 空腹感.
헛헛하다 形 空腹感を覚える.
헝가리〔Hungary〕 名〔地〕 ハンガリー〈ヨーロッパ東部にある共和国〉.
헝겁지겁 副 하自 **1** 〔기뻐서 어쩔 줄 모르는 모양〕 うきうき. **2** 〔정신없이 허둥대는 모양〕 あたふた. ばたばた.
헝겊 名 布切れ. 布の切れ端.
헝클다 他 (物事を)からませる. もつれさせる.
헝클어지다 自 (物事が)もつれる. からまる. ¶실이 ~ 糸がもつれる / 여러 가지 일이 ~ 色々な事情がからまる.
헤다¹ 自 **1** 泳ぐ. **2** (苦境などから)抜け出す. ¶헤어 나오기 어려운 악의 구렁텅이 抜け出ることのできない悪のどん底.
헤다² 他 〔'헹구다'의 준말〕 ゆすぐ. すすぐ.
헤대다 自 (無性に)せわしく駆け回る. せかせかする.
헤덤비다 自 **1** あわててまごまごする. ¶헤덤비다가 실수만 했다 まごまごしていて失敗ばかりした. **2** (無性に)せく. ¶함부로 헤덤비지 말고 잘 생각해서 일을 처리하게 むやみに焦らずよく考えて処理したまえ.
헤드〔head〕 名 ヘッド. ¶~라이트 ヘッドライト / ~라인 ヘッドライン / ~ 코치 ヘッドコーチ / ~폰 ヘッドホン.
헤딩〔heading〕 名 하他〔體〕 (サッカーで)ヘッディング.
헤뜨리다[-트리다] 他 **1** 散らかす. 追い散らす. ¶장난감을 ~ おもちゃを散らかす / 군중을 ~ 群衆を追い散らす. **2** 取り散らかす. ¶방 안을 ~ 部屋の中を取り散らかす.
헤로인〔heroine〕 名〔藥〕 ヘロイン〈麻薬の一種〉.
헤매다 自他 **1** さまよう. ほっつく. うろつく. 迷う. ¶눈보라 속을 ~ 吹雪の中をさまよう / 생사의 갈림길을 헤매고 있다 生死の境をさまよっている / 밤늦게까지 어디를 헤매고 다녔느냐? 夜遅くまでどこをほっつき歩いていたのか. **2** (あれやこれや思いにふけって)考えがまとまらない. ¶이 생각 저 생각으로 밤잠 한숨 자지 못하고 헤맸다오 あれやこれや思いにふけって一睡もできず悶々としていたんですよ. **3** (ある環境から抜け出せずに)もがく.
헤모글로빈〔hemoglobin〕 名〔生〕 ヘモグロビン. 血色素.
헤무르다 形 (気が弱くて)もろい. 軟弱である. ¶그는 순진한 데다가 헤물러서 남에게 잘 속는다 彼は純真な上に情にもろくて人によくだまされる.
헤묽다 形 柔らかくて張りがない.
헤벌어지다 自 しまりなく開く. ¶기뻐서 입이 헤벌어진다 うれしくて口がしまりなく開いている.
헤벌쭉 副 하形 〔입·구멍 등이 넓적하게 벌어져 벌쭉한 모양〕 あんぐり(と). ぽかんと.
헤살 名 하他 (他人のことを)妨げること. 邪魔だてすること. 妨害すること.
 ◆**헤살을 놓다** 邪魔をする. 妨害する.
 ◆**헤살을 부리다** 邪魔をする. 妨げる.
 헤살꾼 名 邪魔者. 妨害者.

헤식다 形 **1** 砕けやすい. 崩れやすい. もろい. ¶헤식은 보리밥 ぱさぱさした麦飯. **2** だらしない. しまりがない. ¶그는 너무 헤식어서 탈이다 彼はあまりにだらしないのが欠点だ.

헤실바실 副 하形 **1** (知らぬ間に)なくなるようす. ¶쌀이 ~ 없어지다 米がいつの間にかなくなる. **2** 〔일하는 것이 흐지부지하여 시원스럽지 못한 모양〕ぐずぐず(と).

헤싱헤싱하다 形 (緻密でなくて)心細い. (まばらで)たよりない.

헤아리다 他 **1** ざっと数える. ¶헤아릴 수 없이 많다 数えられないほど多い/눈으로 헤아려서 고작 열 명 정도밖에 없었다 目でざっと数えてせいぜい10名程度しかいなかった. **2** くみ取る. 推し量る. 察する. ¶남의 고충을 ~ 人の苦衷を推し量る/네 심정은 충분히 헤아릴 수 있어 お前の心情は十分くみ取ることができる. **3** 熟考する. おもんぱかる. ¶일을 잘 헤아려서 하다 よく考えて事を行なう.

헤어〔hair〕名 ヘア. ¶~ 드라이어 ヘアドライヤー/~ 스타일 ヘアスタイル.

헤어나다 自他 抜け出す. 抜け出る. 切り抜ける. ¶난관을 ~ 難関を切り抜ける/불황에서 ~ 不況から抜け出す.

헤어지다 自 **1** 別れる. 離れる. 散り散りになる. ¶회의가 끝나자 사람들은 뿔뿔이 헤어졌다 会議が終わると人々は散り散りになった/남편과 ~ 夫と別れる. **2** 張り裂ける. ¶너무나 피곤하여 입술이 헤어졌다 ひどく疲れて唇が裂けた.

헤엄 名 하自 泳ぎ. 水泳.
헤엄치다 自 泳ぐ. ¶강을 헤엄쳐 건너다 川をおよいで渡る.

헤지다 自〔'헤어지다'의 준말〕**1** 別れる. 散り散りになる. **2** 張り裂ける.

헤집다 他 ほじくり返す. かき散らす. あばき出す. ¶바닷가 모래땅을 헤집어 조개를 잡았다 海辺の砂地をほじくり返して貝をとった.

헤치다 他 **1** 掘り返す. 広げる. ¶보퉁이를 풀어 ~ 包みを解いて広げる. **2** 追い払う. 解散させる. ¶모였던 사람을 헤쳐 보냈다 集まった人を追い払った. **3** (裾を)開く. はだける. ¶저고리를 풀어 ~ チョゴリをはだける. **4** かき分ける. 押し分ける. ¶인파를 헤치고 나아가다 人込みをかき分けて進む/배가 파도를 헤치며 달려간다 船が波をかき分けて進んで行く. **5** (妨害になるものを)克服する. 切り抜ける. ¶고난의 가시밭길을 헤치고 일어섰다 苦難のいばらの道を克服して立ち上がった.

헤프다 形 **1** 減りやすい. もろい. ¶이 비누는 물러서 ~ このせっけんはもろいのですぐ減る/여럿이 쓰니까 잉크가 헤프게 없어진다 多くの人が使うのでインクがすぐ減ってしまう. **2** 荒い. 無駄だ. ¶돈을 헤프게 쓰지 마라 金を無駄遣いするな. **3** 口が軽い. おしゃべりだ. 口数が多い. ¶그는 평소에 말이 ~ 彼は日ごろ口数が多い.

헤피 副 無駄に. ¶돈을 ~ 쓰지 마라 金を無駄に使うなよ.

헥토-〔hecto〕接頭 ヘクト. ¶~그램 ヘクトグラム/~리터 ヘクトリットル/~미터 ヘクトメーター/~파스칼 ヘクトパスカル.

헬기〔←helicopter機〕名 ヘリコプター.

헬레니즘〔Hellenism〕名 ヘレニズム.

헬렐레 副 하自 ぐでんぐでんに酔って身を支えられないようす.

헬륨〔helium〕名〔化〕ヘリウム.

헬리콥터〔helicopter〕名 ヘリコプター.

헬멧〔helmet〕名 ヘルメット.

헬스클럽〔health club〕名 ヘルスセンター.

헷갈리다 自 **1** (頭が)こんがらがる. ¶뭐가 뭔지 헷갈려서 잘 모르겠어요 何がなんだかこんがらがってよく分かりません/옆에서 떠드니까 정신이 헷갈려서 원고를 정리할 수가 없다 そばで騒ぐので頭がこんがらがって原稿の整理ができない. **2** 入りくんでいる. ¶한참 좇다가 길이 헷갈려 포기하고 말았다 しばらく追いかけたが道が入りくんでいてあきらめた.

헹가래 名 胴上げ.
◆**헹가래를 치다** 胴上げをする.

헹구다 他 ゆすぐ. すすぐ. 洗い落とす. ¶빨래를 미지근한 물에 ~ 洗濯物をぬるま湯でゆすぐ/잘 헹궈서 비눗기를 없애다 よくゆすいでせっけんの泡を落とす.

헹글헹글 副 하形〔입거나 끼우는 것이 너무 커서 몸에 맞지 않는 모양〕だぶだぶ.

혀 名 **1** (動物の)舌. べろ. ¶~가 꼬부라지다 舌がもつれる. **2**〔樂〕(木管楽器などの)舌. リード.
◆**혀가 짧다** 舌足らずである.
◆**혀를 굴리다** ① しゃべる. ② rの発音をする. 巻き舌になる.
◆**혀를 내두르다** 舌を巻く. ひどく驚く. ひどく感心する.
◆**혀를 내밀다** 舌を(ぺろりと)出す.
◆**혀를 놀리다** 〈卑〉しゃべる.
◆**혀를 차다** 舌打ちする. ¶아버지는 아들의 하는 짓이 마음에 안 들어 끌끌 ~를 찼다 おやじは息子のやり口が気にいらなくて, ちっと舌打ちした.

혀끝 名 舌先.

혀뿌리 名 舌の根.

혁대〔革帶〕名 革帯. (男の)革ベルト.

혁명〔革命〕名 하自他 革命. ¶산업 ~ 産業革命/기술 ~ 技術革命/~ 정권 革命政権.
혁명가〔一家〕名 革命家.
혁명군〔一軍〕名 革命軍.
혁명적〔一的〕冠 名 革命的.

혁세〔革世〕名 하自 王朝が変わること, またその変わった世の中.

혁신〔革新〕名 하他 革新. 改新. ¶~ 세력 革新勢力/~ 운동을 일으키다 革新運動を起こす.
혁신적〔一的〕冠 名 革新的.

혁정〔革正〕名 하他 革正. 改革. 改正.

혁질〔革質〕 名 **1** 革の質. **2**〔植〕革質.

혁파〔革罷〕 名 하他 廃止.

혁혁하다〔赫赫―〕 形 輝かしい. ¶ 혁혁한 공로 輝かしい功労. **혁혁히** 副 輝かしく.

현¹〔弦〕 名 弦. **1** 弓弦. **2** 陰暦の7·8日と22·23日ごろの月, 弦月. **3**〔數〕円周上の2点を結ぶ直線. **4**〔數〕直角三角形の斜辺.

현²〔舷〕 名 舷. ¶ 좌～ 左舷.

현³〔絃〕 名 (弦楽器の)絃.

현-⁴〔現〕 接頭 現…. ¶ ～주소 現住所 / ～정권 現政権.

현가〔現價〕 名 現価. 相場.

현격하다〔懸隔―〕 形 懸隔する. 大きな隔たりがある. ¶ 그 두 사람의 실력은 현격한 차이가 있다 その二人の実力は格段の差がある. **현격히** 副 懸隔して. かけ離れて.

현관¹〔玄關〕 名 玄関. ¶ ～에서 맞아들이다 玄関で迎え入れる / ～에서 쫓아 보내다 玄関払いする.

현관²〔顯官〕 名 顕官. 高い官職.

현군〔賢君〕 名 賢君. 賢主.

현금¹〔玄琴〕 名〔樂〕⇨거문고

현금²〔現今〕 名 現今. 今. 当今. ¶ ～의 정세 現今の情勢.

현금³〔現金〕 名 現金. キャッシュ. ¶ ～ 거래 現金取引 / ～ 매매 現金売買 / ～ 인출기 現金自動支払機 / ～으로 바꾸다 現金に換える.

현기증〔眩氣症〕 名 目まい. ¶ 높은 곳에 올라오니 ～이 난다 高い所に登ったら目まいがしてきた.

현달〔顯達〕 名 하自 顕達. 栄達. 立身出世. ¶ 오늘의 ～은 그의 피나는 노력의 소산이다 今日の顕達は彼の血のにじむような努力の所産である.

현답〔賢答〕 名 賢答. ¶ 우문 ～ 愚問賢答.

현대〔現代〕 名 現代. 当世. 現今. ¶ ～ 문학 現代文学 / ～ 생활 現代生活 / ～판 現代版.

현대문〔―文〕 名 現代文.

현대식〔―式〕 名 現代式. ¶ ～ 건물 現代式建物.

현대인〔―人〕 名 現代人. ¶ ～의 감각 現代人の感覚.

현대적〔―的〕 冠名 現代的.

현대전〔―戰〕 名 (近代科学兵器を用いる)現代の戦争.

현대화〔―化〕 名 하自他 現代化. ¶ 공장 설비가 ～되다 工場設備が現代化する[される].

현등〔懸燈〕 名 하自 灯火を高く掲げること.

현란하다〔絢爛―〕 形 絢爛としている. ¶ 현란한 의상 絢爛たる衣装.

현량〔賢良〕 名 하形 賢良. 賢く善良なこと[人].

현려〔賢慮〕 名 賢慮. 賢明な考え.

현리〔現利〕 名 現利. 現在の利益.

현명〔顯名〕 名 하自 世に名が現われること.

현명하다〔賢明―〕 形 賢明だ. 賢い. ¶ 현명한 판단 賢明な判断 / 현명하게 일을 처리하다 賢明に事を処理する.

현모〔賢母〕 名 賢母.

현모양처〔―良妻〕 名 良妻賢母.

현묘하다〔玄妙―〕 形 玄妙だ. ¶ 현묘한 교리 玄妙な教理.

현무암〔玄武巖〕 名〔鑛〕玄武岩.

현문〔賢問〕 名 賢明な質問. ¶ ～ 우답 賢問愚答.

현물〔現物〕 名 現物. **1** 現にある物品. 実際の品物. ¶ ～을 보여 주시오 現物を見せてください. **2** 金銭以外の物品. **3**〔經〕現物取引の対象となる物品〈株式·債券·米·綿糸·生糸など〉. ¶ ～ 가격 現物価格 / ～ 급여 現物給与 / ～ 매매 現物売買. **4**〔'현물 거래'의 준말〕現物取引.

현물 거래〔―去來〕 名 하自 現物取引. 現物売買.

현미〔玄米〕 名 玄米.

현미경〔顯微鏡〕 名 顕微鏡. ¶ ～ 사진 顕微鏡写真 / ～으로 관찰하다 顕微鏡で観察する.

현부〔賢婦〕 名 賢婦. 賢い婦人[嫁].

현부인〔賢夫人〕 名 **1** 賢夫人. 賢い婦人. **2** 他人の夫人の尊敬語.

현사〔賢士〕 名 賢士. 賢人.

현상¹〔現狀〕 名 現状. ¶ ～을 그대로 알리다 現状をありのままに知らせる / ～ 유지 現状維持.

현상²〔現象〕 名 現象. ¶ 사회 ～ 社会現象 / 물리 ～ 物理現象 / 진기한 ～이 나타난다 珍しい現象が現われる.

현상계〔―界〕 名〔哲〕現象界.

현상학〔―學〕 名 現象学.

현상³〔現像〕 名 하他 現像.

현상액〔―液〕 名 現像液.

현상⁴〔賢相〕 名 賢相. 賢明な宰相.

현상⁵〔懸賞〕 名 하他 懸賞. ¶ 범인을 ～ 수배하다 犯人を懸賞手配する.

현상금〔―金〕 名 懸賞金.

현상 모집〔―募集〕 名 懸賞募集.

현생〔現生〕 名〔佛〕現世.

현성〔賢聖〕 名 **1** 賢聖. **2**〔佛〕仏教を修めて名高い僧侶.

현세¹〔現世〕 名 現世·現世. ¶ ～ 인류 現世人類 / ～주의 現世主義.

현세²〔現勢〕 名 現勢. 現在の勢力[情勢].

현손〔玄孫〕 名 玄孫. 孫の孫. やしゃご.

현수〔懸垂〕 名 懸垂. 下にまっすぐ垂れ下がること.

현수막〔―幕〕 名 垂れ幕.

현숙하다〔賢淑―〕 形 (女性が)賢くしとやかだ.

현시¹〔現時〕 名 現時. 現在の時点.

현시²〔顯示〕 名 하他 顕示. 表わし示すこと.

현시대〔現時代〕 名 現代.

현시점〔現時點〕 名 現時点. 現在の時点. ¶ ～에서 바라본 미래의 세계 現在の時点で展望した未来の世界.

현신¹〔現身〕 名 하自 **1** 目下の者が目上の人に初めてお目にかかること. **2** 現身. 現在の身. **3**〔佛〕現身. 応

身.

현신불〔―佛〕 名〔佛〕 現身仏.

현신²〔賢臣〕 名 賢臣. 賢明な臣下.

현실〔現實〕 名 現実. ¶ ～ 도피 現実逃避 / ～주의 現実主義 / ～을 직시하다 現実を直視する.

현실성〔―性〕 名 現実性. ¶ ～이 없는 계획 現実性のない計画.

현실적〔―的〕 冠名 現実的. ¶ ～으로 문제를 처리하다 現実的に問題を処理する.

현악〔絃樂〕 名〔樂〕 弦楽. ¶ ～ 4중주 弦楽四重奏.

현악기〔絃樂器〕 名 弦楽器.

현안〔懸案〕 名 懸案. ¶ 양국간의 ～으로 남아 있는 문제 両国間の懸案として残っている問題.

현애〔懸崖〕 名 懸崖. 断崖.

현양〔顯揚〕 名 하他 顕揚. ¶ 가문의 명예를 ～하다 家門の名誉を顕揚する.

현업〔現業〕 名 現業.

현역〔現役〕 名 現役. **1**〔軍〕 現在軍務に服していること[軍人]. ¶ ～병 現役兵. **2** 現在ある職務に従事していること[人]. ¶ ～에서 은퇴하다 現役から引退する.

현영〔顯榮〕 名 하形 顕栄. 立身出世すること.

현오〔玄奧〕 名 하形 玄奥. 学問·技芸などが奥深いこと.

현왕〔賢王〕 名 賢王. 賢明な君主. 賢帝.

현우¹〔賢友〕 名 賢い友.

현우²〔賢愚〕 名 賢愚. 賢いこと[人]と愚かなこと[人].

현위〔顯位〕 名 顕位. 高い位.

현유〔現有〕 名 하自 現有. ¶ ～ 세력 現有勢力.

현인〔賢人〕 名 賢人. 賢者. ¶ ～ 군자 賢人君子.

현임〔現任〕 名 現任. 現在職にあること. ¶ ～자 現任者.

현자〔賢者〕 名 賢者.

현장〔現場〕 名 現場. ¶ ～ 감독 現場監督 / ～ 부재 증명 現場不在証明. アリバイ / 공사 ～ 工事現場 / ～ 검증 現場検証 / 살인 ～ 殺人の現場 / ～에서 일하는 사람 現場で働く人 / ～을 보존하다 現場を保存する.

현재¹〔現在〕 名 現在. ¶ ～ 머무르고 있는 곳 現在泊まっている所 / ～의 국제 정세 現在の国際情勢 / 12월 말일 ～의 재고품 12月末日現在の在庫品.

현재²〔賢才〕 名 賢才.

현재³〔顯在〕 名 하自 顕在.

현저하다〔顯著―〕 形 顕著だ. 著しい. ¶ 현저한 업적 顕著な業績 / 현저한 변화 著しい変化 / 진보가 ～ 進歩が著しい. **현저히** 副 顕著に. 著しく. めっきり. ¶ 침술 효험이 ～ 나타나고 있다 鍼術の効き目が顕著に現われている.

현제〔賢弟〕 名 賢弟. ¶ 우형 ～ 愚兄賢弟.

현존〔現存〕 名 하自 現存. ¶ ～ 인물 現存する人物 / ～하는 세력 現存する勢力.

현주소〔現住所〕 名 現住所.

현지〔現地〕 名 現地. ¶ ～ 조사 現地調査 / ～ 법인 現地法人 / ～ 사정 現地の事情 / ～ 조달 現地調達 / ～ 채용 現地採用 / ～ 답사 現地踏査 / ～ 로케이션 現地ロケーション. 現地ロケ / ～ 보고 現地報告 / ～ 입대 現地入隊 / ～로 가다 現地に赴く.

현직¹〔現職〕 名 現職. ¶ ～ 교원 現職の教員.

현직²〔顯職〕 名 顕職. 要職.

현찰¹〔現札〕 名 現金. ¶ 수표를 ～로 바꾸다 小切手を現金に換える.

현찰²〔賢察〕 名 하他 賢察. ¶ ～하여 주시기 바랍니다 ご賢察ください.

현처〔賢妻〕 名 賢妻.

현철〔賢哲〕 名 하形 賢哲. 賢くて道理に通じていること[人].

현출〔現出〕 名 하自 現出. 出現.

현충사〔顯忠祠〕 名 顕忠祠. 李舜臣将軍の忠節を追慕するため建てた祠堂.

현충일〔顯忠日〕 名 顕忠日. 国土防衛に命をささげた人の忠烈をたたえて英霊を慰める記念日〈6月6日〉.

현판〔懸板〕 名 扁額〈文字や絵などを刻んで壁や門の上などに掲げる板〉.

현품〔現品〕 名 現品. 現物. ¶ ～은 견본보다 못하다 現品は見本より落ちる.

현하〔現下〕 名 現下. 現今. 目下. ¶ ～의 국내외 정세 現下の内外情勢.

현학〔衒學〕 名 하自 衒学. 学識をてらうこと. ペダンチズム. ¶ ～적 衒学的.

현행〔現行〕 名 하自他 現行. ¶ ～ 규정 現行規程.

현행범〔―犯〕 名 現行犯. ¶ ～으로 체포하다 現行犯として逮捕する.

현행법〔―法〕 名〔法〕 現行法.

현형〔賢兄〕 名〔'친구'의 높임말〕 賢兄.

현혹〔眩惑〕 名 하自他 眩惑. 目がくらんで惑うこと. 人の目をくらまし惑わすこと. ¶ 속임수를 써서 상대를 ～하다 詭計を使って相手を惑わす.

현화식물〔顯花植物〕 名〔植〕 顕花植物.

현황〔現況〕 名 現況. ¶ ～ 파악[보고] 現況把握[報告].

현훈〔眩暈〕 名〔韓方〕 眩暈. 目まい.

현훈증〔―症〕 名〔韓方〕 目まい.

혈〔穴〕 名 **1**〔民俗〕 地相で, 竜脈の精気が集まった所. **2**〔韓方〕〔'경혈(經穴)'의 준말〕 穴.

혈거〔穴居〕 名 하自 穴居. ¶ ～ 시대 穴居時代 / ～ 동물 穴居動物.

혈관〔血管〕 名〔生〕 血管. ¶ ～ 주사 血管注射.

혈관계〔―系〕 名〔生〕 血管系.

혈구〔血球〕 名〔生〕 血球. ¶ 적～ 赤血球 / 백～ 白血球.

혈기〔血氣〕 名 血気. ¶ ～ 왕성한 청년 시절 血気盛んな青年時代 / ～

에 치우쳐 실수를 범하다 血気にはやって過ちを犯す.
　혈기 방장〔一方壯〕名 하形 血気ざかり.
혈담〔血痰〕名〔韓方〕血痰.
혈당〔血糖〕名〔生〕血糖.
혈로〔血路〕名 血路. ¶ ~를 뚫다[열다] 血路を開く.
혈루〔血淚〕名 血涙. ¶ ~를 흘리다 血涙を流す.
혈맥〔血脈〕名 血脈. **1**〔生〕血管. 脈絡. **2** 血統. 血筋. ¶ ~을 잇다 血統を継ぐ. **3**〔佛〕法脈.
　혈맥상통〔一相通〕名 血縁関係があること.
혈맹〔血盟〕名 하自 血盟.
혈반〔血斑〕名〔醫〕血斑.
혈변〔血便〕名 血便.
혈색〔血色〕名 血色. 血の色. 血の気. 顔色. ¶ ~이 좋다 血色がいい.
혈서〔血書〕名 血書. ¶ ~로써 탄원하다 血書をもって嘆願する.
혈세〔血稅〕名 血税. ¶ 국민의 ~를 낭비하다 国民の血税を浪費する.
혈소판〔血小板〕名〔生〕血小板.
혈손〔血孫〕名 血統を継ぐ子孫.
혈안〔血眼〕名 血眼. ¶ 경찰은 ~이 되어 범인을 찾고 있다 警察は血眼になって犯人をさがしている.
혈압〔血壓〕名〔生〕血圧. ¶ ~이 높다 血圧が高い / ~을 재다 血圧を計る.
　혈압계〔一計〕名 血圧計.
혈액〔血液〕名 血液. ¶ ~ 검사 血液検査 / ~ 순환 血液循環. 血行 / ~ 은행 血液銀行.
　혈액형〔一型〕名 血液型.
혈연〔血緣〕名 血縁. 血族. ¶ ~ 관계 血縁関係.
　혈연 단체〔一團體〕名 血縁団体.
　혈연 사회〔一社會〕名 血縁社会.
혈우병〔血友病〕名〔醫〕血友病.
혈육〔血肉〕名 血肉. 血筋. 骨肉. ¶ 내게는 단 하나밖에 없는 ~이다 私にはただ一人の血縁である.
혈장〔血漿〕名〔生〕血漿.
혈전[1]〔血栓〕名〔醫〕血栓.
혈전[2]〔血戰〕名 하自 血戦. ¶ ~이 벌어지다 血戦が繰り広げられる.
혈족〔血族〕名 血族. 血縁. 血筋.
　혈족 결혼〔一結婚〕名 血族結婚. 親族結婚.
　혈족친〔一親〕名 血族親〈六親等以内の血族〉.
혈청〔血淸〕名〔醫〕血清. ¶ ~ 검사 血清検査 / ~ 요법 血清療法.
혈통〔血統〕名 血統. 血筋. 素性. ¶ ~주의 血統主義 / 왕족의 ~ 王族の血統 / ~이 좋은 말 血統のよい馬.
혈투〔血鬪〕名 하自 血戦. 血みどろの戦い. ¶ 사활의 운명을 건 양군의 ~ 死活の運命をかけた両軍の血みどろの戦い.
혈판〔血判〕名 하自 血判.
혈행〔血行〕名〔生〕血行. 血のめぐり.
혈혈〔孑孑〕名 하形 身寄りのない孤独なようす.
　혈혈단신〔一單身〕名 頼るところのない孤独な身. 天涯孤独.
　혈혈무의〔一無依〕名 寄る辺のない一人身.
혈흔〔血痕〕名 血痕.
혐오〔嫌惡〕名 하他 嫌悪.
　혐오감〔一感〕名 嫌悪感.
혐의〔嫌疑〕名 하自他 **1** 疑い嫌うこと. **2**〔法〕嫌疑. 容疑. 疑い. ¶ ~자 嫌疑者 / 살인 ~ 殺人の嫌疑 / ~가 풀리다 嫌疑が晴れる / ~를 받다 嫌疑をかけられる.
　혐의스럽다 形 疑わしい.
　혐의쩍다 形 疑わしい. 怪しい.
협객〔俠客〕名 俠客.
협격〔挾擊〕名 하他 **1** 挟撃. 挟み撃ち. **2**〔體〕(野球で)挟殺.
협곡〔峽谷〕名 峡谷.
협공〔挾攻〕名 하他 挟攻. 挟撃. 挟み撃ち. ¶ 적을 ~하다 敵を挟撃する.
협과〔莢果〕名〔植〕莢果. 豆果.
협궤〔狹軌〕名 狭軌. ¶ ~ 철도 狭軌鉄道.
협기〔俠氣〕名 俠気. 勇気. 勇み肌. ¶ ~의 사나이 勇み肌の男.
협동〔協同〕名 하自 協同. ¶ ~으로 연구하다 協同で研究する / ~ 생활 協同生活 / ~ 기업 協同企業.
　협동조합〔一組合〕名 協同組合.
　협동체〔一體〕名 協同体.
협량〔狹量〕名 狭量. 狭い度量.
협력〔協力〕名 하自 協力. ¶ ~자 協力者 / 동료들의 ~을 받다 同僚たちの協力を得る / ~을 아끼지 않을 작정이다 協力を惜しまぬつもりだ / 서로가 ~하다 お互いに協力し合う.
협로〔峽路〕名 山奥の細道.
협문〔夾門〕名 **1** (王宮·官庁の門のうち)両わきの門. **2**〔建〕正門の横に設けた小さな通用門. くぐり戸. 勝手口.
협박〔脅迫〕名 하他 脅迫. 脅し. ¶ ~당하다 脅迫される.
　협박장〔一狀〕名 脅迫状. ¶ ~이 날아들었다 脅迫状が舞い込んできた.
　협박죄〔一罪〕名〔法〕脅迫罪.
협상〔協商〕名 하他 協商. 協議. 話し合い. 協定. ¶ ~국 協商国 / 삼국 ~ 三国協商.
협성〔協成〕名 하他 協力してなし遂げること.
협소하다〔狹小一〕形 狭小だ. 狭くて小さい. ¶ 장소가 ~ 場所が狭い / 협소한 집 狭小な家.
협심증〔狹心症〕名〔醫〕狭心症.
협애하다〔狹隘一〕形 狭隘だ. ¶ 협애한 산골짜기 狭隘な谷間 / 협애한 마음 狭隘な心.
협약〔協約〕名 하他〔法〕協約. ¶ 노동 ~ 労働協約 / 단체 ~ 団体協約 / ~을 맺다 協約を結ぶ.
협업〔協業〕名 하自〔經〕協業.
협의[1]〔協議〕名 하他 協議. 打ち合わせ. ¶ ~회 協議会 / ~ 사항 協議事項 / ~하에 協議の下に / 대책을 ~하다 対策を協議する.
　협의안〔一案〕名 協議案.
　협의 이혼〔一離婚〕名 協議離婚.

협의[2]〔狭義〕 名 狭義. ¶ ～로 해석하다 狭義に解する.
협잡〔挾雜〕 名 하他 ごまかすこと. 詐欺. いかさま. ¶ 이 승부는 ～이다 この勝負はいかさまだ.
 협잡꾼 名 詐欺師. いかさま師. ペテン師.
 협잡물〔一物〕 名 **1** 夾雑物. 不純物. **2** だまし取った物.
 협잡배〔一輩〕 名 いかさま師たち.
 협잡질 名 하自 詐欺. いかさま. ¶ ～을 일삼다 詐欺を稼業とする.
협정〔協定〕 名 하他 協定. ¶ 노사간의 ～ 労使間の協定 / 어업 ～ 漁業協定 / 휴전 ～에 조인하다 休戦協定に調印する / 가격을 ～하다 価格を協定する / 항공 ～을 맺다 航空協定を結ぶ.
협조[1]〔協助〕 名 하自他 力を合わせて互いに助け合うこと. 助け合い.
협조[2]〔協調〕 名 하自他 協調. ¶ ～ 체제 協調体制 / 노사가 ～하다 労使が協調する / ～적 協調的.
협주곡〔協奏曲〕 名〔樂〕 協奏曲. コンチェルト. ¶ 바이올린 ～ バイオリン協奏曲.
협죽도〔夾竹桃〕 名〔植〕 夾竹桃.
협착〔狭窄〕 名 하形 狭窄. ¶ 혈관[유문] ～ 血管[幽門]狭窄.
협찬〔協賛〕 名 하自 協賛. ¶ 신문사의 ～을 얻다 新聞社の協賛を得る.
협화〔協和〕 名 하自 協和.
 협화음〔一音〕 名〔樂〕 協和音.
협회〔協會〕 名 協会. ¶ ～원 協会員 / 저작가 ～에 가입하다 著作家協会に加入する.
혓바늘 名〔韓方〕〔혓바닥에 좁쌀처럼 돋아오르는 것〕 舌苔.
혓바닥 名 **1** 舌の中央. **2** 〈俗〉 舌. ¶ ～을 차다 舌を鳴らす. 不満だ.
혓소리 名〔言〕 舌音.
혓줄기 名 舌の根元.
형[1]〔兄〕 名 **1** 兄. お兄さん. ¶ 큰 ～ 長兄 / 사촌 ～ 従兄 / ～부 姉の夫. **2**〔나이가 비슷한 사이에서 나이가 많은 사람을 대접해서 부르는 말〕 兄貴. **3**〔젊은 남성이 조금 연장의 남성을 대접하여 부르는 말〕 先輩.
형[2]〔刑〕 名〔法〕〔'형벌'의 준말〕 刑. ¶ ～의 집행 刑の執行 / 5년 ～을 선고받다 5年の刑を宣告される.
형[3]〔形〕 Ⅰ 名 形. 図形. Ⅱ 接尾〔명사 아래 붙어 그 명사와 닮은 꼴을 나타냄〕 形. ¶ 물결～의 무늬 波形の模様 / 부정～ 否定形.
형[4]〔型〕 名 **1** 鋳型. **2** (靴・帽子などの)型. **3** 型. ¶ 최신～ 最新型.

호칭·지칭 **형·오빠**

兄 / 兄さん / あんちゃん / 兄貴 / 兄上 / 兄御

•兄는 같은 부모에게서 태어난 자식 중 손위의 남자(형, 오빠), 또 배우자의 형제 중 손위 남자(시아주버니, 손위 처남)나, 누나·언니의 남편(매형, 형부) 등 인척 관계의 사람에게도 사용되며, 이 경우에는 義兄이라 쓰고 あに라고 읽는다. / にいさん은 형(오빠)을 부르는 일반적인 말이며, 義兄을 직접 부를 때도 쓴다. 대체로 お를 붙여 お兄さん의 형태로 쓰이며, 보다 정중한 표현은 (お)兄様, 보다 격의 없고 친근한 표현은 (お)兄ちゃん이다. / あんちゃん은 유아어이며, 젊은 남자나 불량스런 젊은이를 속되게 부를 때도 쓰인다. / 兄貴는 형을 친근하게 부르는 말. 또 젊은이들이나 불량배 사이에서 연장자나 선배를 부를 경우에도 사용한다. / 兄上, 兄御 등도 형의 높임말이지만 현재는 문어적으로만 사용된다. ▷동생, 누나

형광〔螢光〕 名 蛍光. ¶ ～ 도료 蛍光塗料 / ～ 물질 蛍光物質 / ～ 염료 蛍光染料.
 형광등〔一燈〕 名〔物〕 蛍光灯.
 형광판〔一板〕 名〔物〕 蛍光板.
형구〔刑具〕 名 刑具.
형국〔形局〕 名 **1**〔民俗〕 観相や風水説でいう形・場所などの総称. **2** (あることが生じたそのときの)状況. 形勢. ¶ 불리한 ～ 不利な形勢.
형극〔荊棘〕 名 荊棘. **1** いばら. ¶ ～의 길 いばらの道. **2** 苦難.
형기〔刑期〕 名 刑期. ¶ ～를 마치고 출감하다 刑期を終えて出所する.
형님〔兄一〕 名 **1**〔'형'의 높임말〕 お兄さん. **2**〔아우의 처가 형의 처를, 또 남편의 누이를 부르는 말〕 お姉さん.
형량〔刑量〕 名 刑罰の程度.
형률〔刑律〕 名〔法〕 刑律.
형명〔刑名〕 名 刑名. 刑罰の名称.
형무〔刑務〕 名 刑務.
 형무소〔一所〕 名〔'교도소'의 구칭〕 刑務所.
형벌〔刑罰〕 名 하他〔法〕 刑罰. 刑. ¶ ～을 받다 刑罰を受ける / ～을 가하다 刑罰を加える.
형법〔刑法〕 名〔法〕 刑法. ¶ ～에 따라 처벌하다 刑法に従って罰する.
 형법학〔一學〕 名〔法〕 刑法学.
형부〔兄夫〕 名 (妹から見て)姉の夫.
형사〔刑事〕 名 刑事. **1**〔法〕〔형법의 사건〕 刑法の適用を受けねばならないこと. ¶ ～ 사건[재판] 刑事事件[裁判] / ～ 처분 刑事処分. **2**〔형사〕(犯罪の捜査などをする)刑事. ¶ 사복 ～ 私服刑事 / 민완 ～ 敏腕刑事.
 형사범〔一犯〕 名〔法〕 刑事犯.
형상[1]〔形狀〕 名 形状. 形. 形相. ¶ 사나운 ～을 하다 恐ろしい形相をする.
형상[2]〔形象〕 名 하他 形象. ¶ ～화 形象化.
형색〔形色〕 名 **1** 形状と色. **2** 容貌. 顔色. 表情.
형석〔螢石〕 名〔鑛〕 蛍石.
형설〔螢雪〕 名 蛍雪. ¶ ～의 공을 쌓다 蛍雪の功を積む.
 형설지공〔一之功〕 名 蛍雪の功.
형성[1]〔形成〕 名 하他 形成. ¶ 인격이 ～되는 시기 人格が形成される時期.
 형성 가격〔一價格〕 名〔經〕 形成価格.
 형성기〔一期〕 名 形成期. ¶ 성격의 ～ 性格の形成期.
 형성층〔一層〕 名〔植〕 形成層.

형성²〔形聲〕名 形声〈六書の一つ〉.
형세〔形勢〕名 **1** 暮らし向き. 生活状態. ¶ 곤궁한[넉넉한] ~ 困窮した[ゆとりのある]暮らし向き. **2** 形勢. 情勢. ¶ 낙관할 수 없는 ~ 楽観できない情勢 / ~를 살피다 形勢をうかがう. **3**〔民俗〕風水説でいう山の形と地勢.
형수〔兄嫂〕名 兄嫁. 義姉.
형식〔形式〕名 形式. 型. ¶ ~상 形式上 / ~에 치우치다[흐르다] 形式に偏る[流れる].
형식 논리학〔一論理學〕名〔論〕形式論理学.
형식미〔一美〕名〔美〕形式美.
형식적〔一的〕冠名 形式的.
형식주의〔一主義〕名 形式主義.
형식화〔一化〕名 하自他 形式化.
형안〔炯眼〕名 炯眼. **1** 鋭い目つき. **2** 物事に対する観察力の優れた人.
형언〔形言〕名 하自 名状. 言い表わすこと. ¶ 이루 ~할 수 없는 참상 とうてい名状しがたい惨状.
형옥〔刑獄〕名 刑罰. 牢獄.
형용〔形容〕名 하他 形容. たとえること. ¶ 말로는 ~할 수 없을 만큼 아름답다 言葉では形容しきれないほど美しい.
형용사〔一詞〕名〔言〕形容詞.
형이상〔形而上〕名〔哲〕形而上. ¶ ~학 形而上学.
형이하〔形而下〕名〔哲〕形而下. ¶ ~학 形而下学.
형장¹〔兄丈〕名 (同年輩の間での)相手の尊敬語.
형장²〔刑場〕名 刑場. ¶ ~의 이슬로 사라지다 刑場の露と消える.
형적〔形跡〕名 形跡. ¶ ~도 없이 사라지다 跡形もなく消える.
형정〔刑政〕名 刑政〈刑事に関する行政〉.
형제〔兄弟〕名 **1** 兄弟. ¶ 배다른 ~ 腹違いの兄弟 / 사이 좋은 ~ 仲のよい兄弟 / ~는 몇이나 됩니까? ご兄弟は何人ですか / 아들 ~를 두었습니다 息子が二人おります. **2**〔宗〕信徒たちがお互いをいう言葉.
형제애〔一愛〕名 兄弟愛.
형제자매〔一姉妹〕名 兄弟姉妹.
형제지의〔一之誼〕名 兄弟のよしみ.
형질〔形質〕名 形質. **1** 形式と実質. **2**〔生〕生物の各個体にそなわる特徴.
형처〔荊妻〕名 (自分の妻を低めて)荊妻. 愚妻.
형체〔形體〕名 形体. 形. ¶ 여러 가지 ~ いろいろな形.
형태〔形態〕名 形態. 形. ¶ ~를 바꾸다 形態を変える / 동물을 ~에 따라 분류하다 動物を形態によって分類する.
형태론〔一論〕名〔言〕形態論.
형태학〔一學〕名〔生〕形態学.
형통〔亨通〕名 하自 (あらゆることが)思いどおりになること. ¶ 만사 ~하다 万事思いどおりになる.
형틀〔刑一〕名〔史〕刑具. 罪人を座らせ縛りつけた椅子.
형편〔形便〕名 **1** (事の)成り行き. ありさま. 状況. 具合. ¶ 일 되어가는 ~을 짐작할 수 없다 事の成り行きを推し量ることができない. **2** 暮らし向き. ¶ ~이 넉넉하다 暮らし向きが豊かだ / ~이 피다 暮らし向きがよくなる. **3** 事情. 状態. 都合. 具合. ¶ 가정 ~ 家庭の事情 / 작년부터 ~이 좋아졌다 昨年から事情がよくなった / ~이 닿는 대로 방문하겠습니다 都合がつき次第訪問いたします.
형편없다 形 **1** (事の成り行き·結果などが)思わしくない. よくない. ¶ 수금 실적이 ~ 集金の状態が思わしくない. **2** (物事の内容などが)取るに足りない. つまらない. ¶ 형편없는 영화 つまらない映画. **3** (否定的に)ひどい. どうしようもない. とんでもない. めちゃくちゃだ. ¶ 성적이 ~ 成績がどうしようもない. **형편없이** 副 **1** 非常に. 大変. ひどく. ¶ 아버지의 병세는 ~ 나빠졌다 父の病状はひどく悪化した. **2** どうしようもなく. めちゃくちゃに. さんざんに. ¶ 첫시합에서 ~ 졌다 最初の試合でさんざんに負けた.
형평〔衡平〕名 衡平. 平衡. ¶ ~을 잃다 平衡を失う.
형해〔形骸〕名 形骸. 人の体. 骨組み.
형형색색〔形形色色〕名 色とりどり. さまざま. ¶ ~의 만국기 色とりどりの万国旗.
형형하다〔炯炯一〕形 炯々としている. 鋭く光る. ¶ 형형한 눈빛 炯々たる眼光.
혜념〔惠念〕名 하自 (おもに手紙に使われて)顧みてくれること.
혜사〔惠賜〕名 하他 恵賜. 恵みたまうこと.
혜서〔惠書〕名 お手紙.
혜성〔彗星〕名〔天〕彗星. ¶ 핼리 ~ ハレー彗星 / ~처럼 나타난 신예 작가 彗星のごとく現われた新鋭作家.
혜송〔惠送〕名 하他 送ってくださること.
혜시〔惠施〕名 하他 恵み施すこと.
혜안〔慧眼〕名 **1** 慧眼. 見抜く鋭い眼力. ¶ 미래를 내다보는 ~ 未来を見通す慧眼. **2**〔佛〕慧眼. 真実を見通す眼識.
혜존〔惠存〕名 恵存〈自分の著書や作品などを人に献呈するときに使う語〉.
혜택〔惠澤〕名 恵沢. 恵み. 恩恵. ¶ 문명[자연]의 ~ 文明[自然]の恵み / 장학금의 ~을 받다 奨学金の恩恵を受ける / ~을 입고 있다 恩恵をこうむっている.
혜한〔惠翰〕名 貴翰. お手紙. 恵書.
혜함〔惠函〕名 お手紙.
호¹〔戶〕**Ⅰ** 名〔호적상의 집〕戸.
Ⅱ 依名〔집의 수효〕戸. ¶ 100여 ~ 되는 마을 百余戸に達する村.
호²〔胡〕名 胡〈中国で夷狄の呼称〉.
호³〔弧〕名〔數〕弧. ¶ ~를 그리다 弧

を描く.

호⁴〔湖〕 名 〔'호수'의 준말〕 湖·湖.

호⁵〔號〕 Ⅰ 名 **1** 雅号. ¶ ～를 붙이다 号をつける. **2** 名前. 名声. ¶ 구두쇠로 ～가 나다 けちで有名だ. **3** (新聞·雑誌などの)号. ¶ 다음 ～에는 별책 부록이 나온대요 次の号には別冊付録がつくそうです / ～를 거듭하다 号を重ねる.

Ⅱ 依名 番号. 番. ¶ 67번지 5～ 67番地5号 / 3～ 병실 3号病室.

Ⅲ 接尾 (航空機や船など乗り物の名前につける)…号. ¶ 무궁화～ ムクゲ号 / 새마을～ セマウル号.

호⁶〔壕〕 名 〔軍〕 〔'참호(塹壕)'의 준말〕 壕. ¶ 사격～ 射撃壕.

호⁷ 副 〔입김을 내뿜는 소리〕 ふうっ(と). ほうっ(と). <후

호-⁸〔好〕 接頭 〔좋은〕 好…. ¶ ～남자 好男子 / ～경기 好景気.

호가〔好價〕 名 よい値段.

호가하다〔呼價—〕 自 値をつける. ¶ 십만 달러를 호가하는 다이아몬드 목걸이 10万ドルの値がついたダイヤモンドの首飾り.

호가호위〔狐假虎威〕 名 하自 虎の威を借りる狐. 他人の権勢を借りて威勢を振るうこと.

호각¹〔互角〕 名 互角. ¶ ～의 승부 互角の勝負.

호각지세〔—之勢〕 名 互角の勢い.

호각²〔號角〕 名 呼び子. 呼び笛. ¶ ～을 불다 呼び笛を吹く.

호감〔好感〕 名 好感. ¶ ～을 주다[사다] 好感を与える[持たれる] / ～을 갖다 好感を持つ / ～이 가는 얼굴 好感がもてる顔.

호강 名 하自 豪奢な生活. ぜいたく. ¶ 아들 덕에 ～하다 息子のおかげで幸福に暮らす.

호강스럽다 形 ぜいたくだ.

호걸〔豪傑〕 名 豪傑. ¶ 영웅 ～ 英雄豪傑 / ～ 웃음 豪傑笑い.

호걸풍〔—風〕 名 豪傑らしい風貌.

호경기〔好景氣〕 名 〔經〕 好景気. 好況. ¶ ～로 들어서다 好景気に向かう.

호곡〔號哭〕 名 하自 号哭. 号泣. 泣き叫ぶこと. ¶ ～성 号哭の声 / 머리를 풀고 ～하다 髪を乱して号泣する.

호광〔弧光〕 名 〔電〕 弧光. アーク放電の光.

호광등〔—燈〕 名 〔電〕 弧光灯. アーク灯.

호구¹〔戶口〕 名 戸口. 戸数と人口. ¶ ～ 조사 戸口調査.

호구²〔虎口〕 名 **1** 虎口. 非常に危機的な状況. ¶ ～에 들다 危機的な状況に陥る / ～를 벗어나다 危機を抜け出る. **2** (囲碁で)三方が囲まれている状態.

호구³〔糊口〕 名 하自 糊口. 生計. 暮らしを立てること. ¶ 실직하여 ～가 막연하다 失業して暮らしに困っている.

호구지계〔—之計〕 名 糊口の策.

호구지책〔—之策〕 名 糊口の策.

호국〔護國〕 名 하自 護国. ¶ ～ 정신 護国精神 / ～의 영령 護国の英霊.

호궁〔胡弓〕 名 〔樂〕 胡弓.

호기¹〔好期〕 名 好期.

호기²〔好機〕 名 好機. ¶ ～를 놓치다 好機を逃す / ～를 잡다 好機をつかむ.

호기³〔豪氣〕 名 豪気. 豪放な気性. ¶ ～가 만만하다 豪気が満ちあふれている.

◆**호기를 부리다** 豪快にふるまう.

호기롭다 形 **1** 豪気にあふれている. **2** 意気揚々としている. **호기로이** 副 豪気にあふれて. 意気揚々と.

호기스럽다 形 **1** 豪気にあふれている. **2** 意気揚々としている.

호기심〔好奇心〕 名 好奇心. ¶ ～이 강하다 好奇心が強い.

호기회〔好機會〕 名 好機会. 好機.

호남〔湖南〕 名 〔地〕 全羅道の呼称.

호남아〔好男兒〕 名 好男子. 美男子.

호농〔豪農〕 名 豪農. 大農.

호다 他 粗く縫う. 刺し縫いする.

호담하다〔豪膽—〕 形 豪胆だ. ¶ 호담한 사나이 豪胆な男.

호도¹〔胡桃〕 名 ⇨호두

호도²〔糊塗〕 名 하他 糊塗. ごまかすこと. ¶ 진실을 ～하다 真実をごまかす.

호되다 形 はなはだしい. むごい. 厳しい. ¶ 호된 추위 厳しい寒さ / 호되게 나무라다 きつくとがめる.

호두〔← 胡桃〕 名 胡桃(の実).

호드기 名 草笛〈柳の枝や麦わらの節などを切ってつくる〉.

호들갑 名 軽はずみにふるまうしぐさ.

◆**호들갑을 떨다** やたらに軽率[大げさ]にふるまう. ¶ 깔깔 웃으며 ～을 떨다 からからと笑いながら大げさにふるまう.

호들갑스럽다 形 軽はずみだ. 大げさだ. ¶ 호들갑스럽게 웃으며 그를 반겼다 大げさに笑いながら彼を見て喜んだ.

호떡〔胡—〕 名 ホットック〈小麦粉をこねて平たく円形につくり中に砂糖または餡を入れて中華鍋で焼いたもの〉.

호락질 名 하自 (他人の力を借りずに)一人または家族だけで農業を営むこと.

호락호락 副 하形 **1** (性格が)軟弱でつかみ所がない. ¶ 여간 ～한 성품이 아니다 何といってもいいかげんなことこのうえもない性格だ. **2** おいそれと. たやすく. まんまと. うまうまと. ¶ 그는 남의 말에 ～ 넘어갈 사람이 아니다 彼は他人の口車にうまうまと乗せられるような人間じゃない.

호랑나비〔虎狼—〕 名 〔動〕 揚羽蝶.

호랑이〔虎狼—〕 名 **1** 虎. ¶ ～가 울부짖다 虎がほえる. **2** 非常に恐ろしい人. ¶ ～ 선생님 恐ろしい先生.

〔속담〕 **호랑이 담배 먹을 적** (おとぎ話の冒頭で)虎がたばこを吸っていたところ(昔々大昔). **호랑이도 제 말 하면 온다** 虎も自分の話をすればやって来る〈うわさをすれば影〉.

호랑지심〔虎狼之心〕 名 虎狼の心. 残忍な心.

호래아들 名 横柄なやつ. 無礼者. 不届きなやつ. ¶ 이 ～ 놈아 この不届

き者め. ＜후레아들
호령〔號令〕 名 하自他 **1** 号令. 命令. ¶ 천하에 ~하다 天下に号令する. **2** 大声で怒鳴りつけること. ¶ 불 같은 ~이 떨어지다 雷のような怒鳴り声が響く. **3** 号令. 指図. ¶ ~에 발맞추어 구보하다 号令に足を合わせて駆け足をする.
호령바람 名 怒鳴りつける勢い.
호령질 名 하自 怒鳴りつけること.
호로로 副 하自他 〔호각 소리〕 ぴりぴり(と). ぴぃぴぃ(と). ¶ 호루라기를 ~ 불다 呼び子をぴりぴり吹く.
호롱 名 石油灯の油つぼ.
호롱불 名 灯火. ともしび.
호루라기 名 呼び子. 呼び笛. ホイッスル.
호르르 副 하自 **1** 〔나는 모양〕 ぱたぱた(と). ばたばた(と). **2** 〔불타는 모양〕 めらめら(と). ¶ 종이가 ~ 타다 紙がめらめら燃える. **3** 〔호각 등의 소리〕 ぴりぴり(と). ¶ 휘파람을 ~ 불다 口笛をぴぃぴぃ吹く.
호르몬〔(독) hormon〕 名〔生〕 ホルモン.
호른〔(독) Horn〕 名〔樂〕 ホルン.
호리[1] 名〔農〕 一頭の牛が引く犁.
호리질 名 하自他 一頭の牛が引く犁で田畑を耕すこと.
호리[2]〔狐狸〕 名 狐と山猫.
호리다 他 **1** 魅惑する. 誘惑する. ¶ 돈으로 사람을 ~ お金で人を誘惑する. **2** 惑わす. だます. たぶらかす. ¶ 사람을 ~ 人をたぶらかす.
호리병〔← 葫蘆瓶〕 名 (容器としての)ひょうたん. ひさご.
호리병박〔← 葫蘆瓶—〕 名〔植〕 瓢箪.
호리호리하다 形 (背丈が)すらっとしている. すんなりしている. ほっそりしている. ¶ 호리호리한 키 すらっとした背丈 / 호리호리한 미인 ほっそりとした美人. ＜후리후리하다
호마〔胡麻〕 名〔植〕 胡麻.
호마유〔—油〕 名 胡麻油.
호명〔呼名〕 名 하自 名を呼ぶこと. ¶ 출석자를 ~하다 出席者の名を呼び上げる.
호모[1]〔homo〕 名〔生〕 ホモ. ¶ ~ 사피엔스 ホモサピエンス.
호모[2]〔homo〕 名 ホモ〈普通, 男性どうしの同性愛, またそれを好む人〉.
호미 名〔農〕 草取り鎌.
호밀〔胡—〕 名〔植〕 ライ麦. ¶ ~빵 黒パン.
호박[1] 名 **1** 〔植〕 カボチャ. **2** 〔植〕 ズッキーニ. **3** カボチャの実. **4** 〈蔑〉 醜い女. おかめ.
〔속담〕 **호박이 넝쿨째로 굴러 떨어졌다** カボチャが蔓ごとに転がり落ちた〈棚からぼたもち. 思いがけない幸運に巡り合うことのたとえ〉.
호박고지 名 ズッキーニを輪切りにして干したもの. 干しズッキーニ.
호박꽃 名 **1** カボチャの花. **2** 不器量な女. おかめ.
〔속담〕 **호박꽃도 꽃이냐** カボチャの花も花か. ぶすも女と言えるのか.
호박범벅 名 蒸したカボチャをつぶしてもち米の粉をまぶして蒸した食べ物.
호박[2]〔琥珀〕 名〔鑛〕 琥珀.
호박단〔—緞〕 名 琥珀織りの絹布. タフタ.
호박색〔—色〕 名 琥珀色.
호박벌 名〔動〕 熊蜂.
호반〔湖畔〕 名 湖畔. 湖.
호방하다〔豪放—〕 形 豪放だ. ¶ 호방한 성격 豪放な性格.
호배추〔胡—〕 名〔植〕 中国種の白菜. キャベツ.
호별〔戶別〕 名 戸別. ¶ ~ 방문 戸別訪問.
호봉〔號俸〕 名 号俸.
호부[1]〔呼父〕 名 하他 父と呼ぶこと.
호부호모〔—呼母〕 名 하他 父と呼び母と呼び慕うこと.
호부[2]〔護符〕 名 護符. お守り. 守り札.
호불호〔好不好〕 名 好き嫌い.
호비다 他 **1** (穴の中やその中のものを)ほじくる. ほじくり出す. ¶ 귀를 ~ 耳をほじくる / 콧구멍을 ~ 鼻の穴をほじくる. **2** (事の真相·内幕などを)暴き出す. ＜후비다
호사[1]〔好事〕 名 하自 **1** 好事. **2** 好事. ¶ ~가 好事家.
호사다마〔—多魔〕 名 好事魔多し.
호사[2]〔豪奢〕 名 하自他 豪奢.
호사바치 名 豪華に着飾る人.
호사스럽다 形 豪奢だ. ¶ 호사스러운 생활 豪奢な生活 / 호사스러운 옷차림 豪奢な装い.
호상[1]〔互相〕 名 相互.
호상[2]〔好喪〕 名 長生きで幸福に死んだ人の葬儀.
호상[3]〔弧狀〕 名 弧状. 弓形.
호상[4]〔湖上〕 名 湖上. ¶ ~의 달 湖上の月.
호상[5]〔壺狀〕 名 壺状. 壺の形.
호상[6]〔豪商〕 名 豪商.
호상소〔護喪所〕 名 葬式を行なうのに必要なことをつかさどる所.
호색〔好色〕 名 하自 好色. 色好み.
호색가〔—家〕 名 好色漢. すけべえ.
호색한〔—漢〕 名 好色漢.
호생〔互生〕 名 하自〔植〕 互生.
호서〔湖西〕 名〔地〕 忠清南北道の呼称.
호선[1]〔互先〕 名 (囲碁で)互い先. ¶ ~으로 두다 互い先で打つ.
호선[2]〔互選〕 名 하他 互選. ¶ 의장을 ~하다 議長を互選する.
호선[3]〔弧線〕 名 弧線. 弧状の線.
호성〔豪姓〕 名 その地方で勢力をもっている一族.
호세〔豪勢〕 名 豪勢.
호소[1]〔湖沼〕 名 湖沼. 湖と沼.
호소[2]〔呼訴〕 名 하自他 訴え. 訴えること. ¶ 무언의 ~ 無言の訴え / 이성에 ~하다 理性に訴える / 여론에 ~하다 世論に訴える / 법에 ~하다 法に訴える / 눈물로 ~하다 涙で訴える.
호소문〔—文〕 名 (何かを)訴えた文章. アピール. 要請文.
호송〔護送〕 名 하他 護送. ¶ ~차 護送車 / 범인을 ~하다 犯人を護送する / 군함이 상선을 ~하다 軍艦が商

船を護送する.
호수[1]〔戶數〕 名 戸数.
호수[2]〔好手〕 名 好手. **1** 技術がずば抜けていること. **2** (囲碁·将棋で)うまい手.
호수[3]〔好守〕 名 하自 好守. 好守備. ¶～ 호타 好守好打.
호수[4]〔湖水〕 名 湖. 湖水. ¶인공 ～ 人工湖.
　호숫가 名 湖畔.
호수[5]〔號數〕 名 **1** (新聞·雑誌などの)号数. ¶～를 거듭하다 号数を重ねる. **2** (活字の)号数.
호스〔hose〕 名 ホース. ¶잔디밭에 ～로 물을 주다 芝生にホースで水をまく.
호스텔〔hostel〕 名 ホステル. ¶유스 ～ ユースホステル.
호스트〔host〕 名 ホスト. 主人.
호스티스〔hostess〕 名 ホステス.
호스피스〔hospice〕 名 ホスピス.
호시기〔好時期〕 名 好時期. 好期. ¶투자의 ～ 投資の好時期.
호시절〔好時節〕 名 よい時節. ¶행락의 ～ 行楽に絶好の時期.
호시탐탐〔虎視眈眈〕 副 虎視眈々と. ¶～ 기회를 엿보다 虎視眈々と機会をうかがう.
호식〔好食〕 名 하自 **1** よい食べ物(を食べること). ¶～을 즐기다 おいしいものを食べる. **2** 食べ物を好むこと. よく食べること.
호신〔護身〕 名 하自 護身. ¶～도 護身刀／～법 護身法／～술 護身術／～용 護身用.
호심〔湖心〕 名 湖心. 湖の真ん中.
호안〔護岸〕 名 護岸. ¶～ 공사 護岸工事.
호양〔互讓〕 名 하他 互譲. ¶～ 정신 互譲の精神.
호언〔豪言〕 名 하自 豪語. 大言. ¶～장담하다 大言壮語を吐く.
호역〔戶役〕 名 家ごとにあてがわれた賦役.
호연〔好演〕 名 好演. ¶～에 박수를 보내다 好演に拍手を送る.
호연지기〔浩然之氣〕 名 浩然の気. ¶～를 기르다 浩然の気を養う.
호연하다〔浩然―〕 形 浩然としている.
호열자〔虎列刺〕 名〔醫〕コレラ.
호오〔好惡〕 名 好悪. 好き嫌い. ¶～의 차가 심하다 好悪の差が激しい.
호외[1]〔戶外〕 名 戸外. ¶～에서 하는 운동 戸外でする運動.
호외[2]〔號外〕 名 号外. ¶～를 발행하다 号外を発行する.
호용〔互用〕 名 하他 互用. 互いに使用すること.
호우[1]〔好雨〕 名 ちょうどいいときに降る雨. 慈雨.
호우[2]〔豪雨〕 名 豪雨. 大雨. ¶집중 ～ 集中豪雨.
　호우 주의보〔―注意報〕 名〔氣〕 大雨注意報.
호운〔好運〕 名 好運. 幸運. ¶～을 타고나다 幸運にめぐまれる.
호위[1]〔虎威〕 名 虎威. 権勢家の威力.
호위[2]〔護衛〕 名 하他 護衛. ¶～병 護衛兵／경찰의 ～ 아래 시찰하다 警察の護衛の下に視察する.
호유[1]〔互有〕 名 하他 互有. 共同で所有すること. ¶～권 互有権.
호유[2]〔豪遊〕 名 하自 豪遊.
호음〔豪飮〕 名 하自 豪飲. 暴飲.
호읍〔號泣〕 名 하自 号泣. ¶어머니의 죽음에 ～하다 母の死に号泣する.
호응〔呼應〕 名 하自 呼応. **1** 呼びかけに応えること. ¶세태의 움직임에 ～하여 사고방식도 변화한다 世の動きに呼応して考え方も変化する. **2**〔言〕呼応. 一致. ¶시제의 ～ 時制の一致.
호의[1]〔好意〕 名 好意. ¶～를 보이다 好意を示す／～를 가지다 好意を持つ／～를 기쁘게 받아들이다 好意を喜んで受け入れる.
　호의적〔―的〕 冠 名 好意的. ¶～인 태도 好意的な態度.
호의[2]〔好誼〕 名 好誼. よしみ.
호의호식〔好衣好食〕 名 하自 よい衣服を着てよい食べ物を食べること. ぜいたくに暮らすこと.
호이〔好餌〕 名 好餌. **1** よい餌. **2** 欲望のえじき. **3** 人を誘惑するうまい手段.
호인[1]〔好人〕 名 好人. 好人物. 善良な人. ¶다시없는 ～ 無類の好人物.
호인[2]〔胡人〕 名 胡人.
호재〔好材〕 名〔經〕好材料. 取引で相場を上げる原因となる条件.
호저〔豪猪〕 名〔動〕やまあらし.
호적[1]〔戶籍〕 名 戸籍. ¶～ 등본[초본] 戸籍謄本[抄本]／～부 戸籍簿／～에 올리다 戸籍に載せる／～에서 빼다 戸籍から抜く.
호적[2]〔胡笛〕 名〔樂〕チャルメラ.
호적수〔好敵手〕 名 好敵手.
호적하다〔好適―〕 形 好適だ. ¶호적한 온도 好適な温度.
호전[1]〔好戰〕 名 好戦.
　호전적〔―的〕 冠 名 好戦的. ¶～인 성격 好戦的な性格.
호전[2]〔好轉〕 名 하自 好転. ¶경기가 ～되다 景気が好転する／병세가 ～되고 있다 病状が好転している.
호젓하다 形 ひっそりしている. もの寂しい. うら寂しい. 深閑としている. ¶호젓한 산길 ひっそりしている山道／집안이 호젓하니 쓸쓸하다 家中が静まりかえっていてもの寂しい. **호젓이** 副 ひっそりと. 寂しく.
호정〔戶庭〕 名 中庭.
　호정출입〔―出入〕 名 하自 病人や老人が辛うじて中庭で行き来すること.
호제〔呼弟〕 名 하他 弟と呼ぶこと.
호조〔好調〕 名 好調. 快調. ¶～를 보이다 好調に運ぶ／～를 되찾아 가고 있다 再び好調になりつつある.
호조건〔好條件〕 名 好条件.
호족〔豪族〕 名 豪族. ¶지방 ～ 地方豪族.
호졸근하다 形 **1** (紙·服などが水に

ぬれたり糊気がなくなって)ふにゃふにゃしている. だらっとしている. びしょびしょだ. ¶ 비 맞은 옷이 ～ 雨にぬれた服がだらっとしている. **2** (体が疲れて) ぐったりしている. だらっとしている. ＜후줄근하다

호주[1]〔戸主〕 名 戸主. ¶ ～권 戸主権.
호주[2]〔好酒〕 名 하自 酒を好むこと.
호주[3]〔豪酒〕 名 하自 豪酒. 強酒.
호주[4]〔濠洲〕 名〔地〕豪州. オーストラリア.
호주머니〔胡―〕 名 **1** ポケット. ¶ 바지 ～에 지갑을 넣다 ズボンのポケットに財布を入れる. **2**〔돈지갑〕ふところ. 懐中. ¶ ～가 두둑하다[비었다] ふところが暖かい[寒い] / ～ 사정이 좋다[나쁘다] ふところ具合がよい[悪い].
호천〔昊天〕 名 昊天. **1** 広い大空. **2** 西の空. **3** 夏の空.
호출〔呼出〕 名 하他 呼び出し. ¶ 증인을 ～하다 証人を呼び出す / ～장 呼び出し状.
호치〔皓歯〕 名 皓歯. 白くきれいな歯.
호치키스〔Hotchkiss〕 名 ホッチキス.
호칭[1]〔互稱〕 名 하自 互いに呼び合うこと, またその名前.
호칭[2]〔呼稱〕 名 하他 呼称. 呼び名.
호콩〔胡―〕 名〔植〕南京豆. 落花生. ピーナッツ.
호쾌하다〔豪快―〕 形 豪快だ. ¶ 호쾌한 스윙 豪快なスイング / 호쾌한 웃음 豪快な笑い.
호크〔← ㊄ haak〕 名 (衣服の) ホック.
호탕하다[1]〔浩蕩―〕 形 **1** 浩蕩だ. 広々としている. **2** 力強い. ¶ 호탕한 필치 力強い筆致.
호탕하다[2]〔豪宕―〕 形 豪宕だ. 豪放だ. ¶ 호탕한 성격 豪放な性格.
호텔〔hotel〕 名 ホテル. ¶ ～에 묵다 ホテルに泊まる.
호통 名 하自 怒号. 怒鳴りつけること. 叱りつけること.
◆**호통을 치다** 怒鳴りつける. 叱り飛ばす. 怒鳴る. ¶ 너무 시끄럽게 굴기에 ～을 쳤다 あまりうるさいので怒鳴った.
호투〔好投〕 名 하自 (野球で) 好投. ¶ 투수의 ～로 낙승했다 ピッチャーの好投のおかげで楽勝した.
호평〔好評〕 名 하他 好評. ¶ ～을 받고 있는 작품 好評を博している作品 / 대～ 大好評.
호포〔號砲〕 名 号砲.
호품〔好品〕 名 質のよい品物. よい品質.
호풍〔胡風〕 名 **1** 胡人の風俗. **2** 北風.
호프〔hope〕 名 ホープ. ¶ 우리 회사의 ～ わが社のホープ / 영화계의 ～ 映画界のホープ.
호피〔虎皮〕 名 虎皮. 虎の毛皮. 唐皮.
호학〔好學〕 名 하自 好学. ¶ ～지사 好学の士.
호한〔好漢〕 名 好漢. 義侠心のある人.
호항〔湖港〕 名〔地〕湖港. 湖のほとりに発達した港.
호해〔湖海〕 名 湖海. **1** 湖と海. **2** 世間. 民間. 江湖.
호행〔護行〕 名 하他 保護しながら随行すること.
호헌〔護憲〕 名 하自 護憲. ¶ ～ 운동 護憲運動.
호혈〔虎穴〕 名 虎穴.
호협〔豪俠〕 名 하形 豪俠. 豪放で義侠心の強いこと[人].
호형[1]〔弧形〕 名 弧形. 弓形.
호형[2]〔呼兄〕 名 하他 兄と呼ぶこと.
호형호제〔―呼弟〕 名 하自 (兄と呼び, 弟と呼ぶの意で) 親しい友の間.
호혜〔互惠〕 名 互恵. ¶ ～ 관세 互恵関税 / ～ 무역 互恵貿易 / ～ 조약 互恵条約 / ～ 평등 互恵平等.
호호[1]〔戸戸〕 名 副 戸々. 家ごと. 各戸. ¶ ～ 방문 各戸訪問.
호호[2] 副 하自〔웃음 소리〕ほほと. ほほほと. ¶ ～하고 웃는 소리 ほほと笑う声.
호호거리다[-대다][1] 自 しきりにほほと笑う.
호호[3] 副 하他〔입김 뿜는 소리〕ほうほう(と). ふうふう(と).
호호거리다[-대다][2] 他 口をすぼめてしきりに息を吹く.
호호[4]〔浩浩〕 副 하形 浩々. **1** 広々としたようす. **2** 大河が流れるようす.
호호막막〔―漠漠〕 名 하形 (平原や砂漠などが) 限りなく広大なようす. ¶ ～한 사막 広大な砂漠.
호호탕탕〔―蕩蕩〕 名 하形 (海や湖などが) 果てしなく広いこと.
호호백발〔皓皓白髮〕 名 真っ白くなった白髪, またはそのような老人.
호호야〔好好爺〕 名 好々爺.
호호인〔好好人〕 名 お人よし. 好人物.
호화〔豪華〕 名 하形 豪華. デラックス. ¶ ～선 豪華船.
호화롭다 形 豪華だ. 派手だ. ぜいたくだ. デラックスだ. ¶ 호화로운 저택 豪華な邸宅 / 호화로운 의상 派手な衣装. **호화로이** 副 豪華に. 派手に. ぜいたくに. ¶ 실내를 ～ 꾸미다 室内を派手に飾る.
호화찬란〔―燦爛〕 名 하形 豪華絢爛.
호화판 名 豪華版. ¶ 오늘의 식사는 ～이다 今日の食事は豪華版だ.
호환[1]〔虎患〕 名 (人畜に及ぼす) 虎の害. ¶ ～을 입다 虎に殺される.
호환[2]〔互換〕 名 하他 互換.
호환성〔―性〕 名 互換性.
호황〔好況〕 名 好況. 反 不況 ¶ 수출이 ～을 보이다 輸出が好況を呈する.
호흡〔呼吸〕 名 하自 **1** 呼吸. 息. ¶ 심～ 深呼吸 / ～ 기관 呼吸器官 / ～이 거칠다 息が荒い / ～이 멎다 息が止まる / ～이 빨라지다 呼吸が早くなる. **2** (共同で何かをするときのお互いの) 調子. 呼吸. 息. ¶ ～이 맞다 呼吸が合う. 気が合う.
호흡기〔―器〕 名〔生〕呼吸器. 呼吸器官.
호흡음〔―音〕 名 呼吸音.
혹[1] 名 こぶ. たんこぶ. ¶ 벽에 머리를 부

뒤쳐 ~이 났다 壁に頭をぶつけてこぶができた / ~이 딸린 여자 こぶつきの女.

〔속담〕 **혹 떼러 갔다 혹 붙여 온다** こぶをとりに行ったがこぶをつけてくる〈利益を得るつもりで行ったのに害をこうむること〉.

혹²〔或〕 副 **1** 〔혹시〕 あるいは. もしくは. もしか(すると). ひょっとしたら. ¶ ~ 좋은 수가 생길지도 몰라요 あるいはいい方法が見つかるかも知れません. **2** 〔간혹〕 あるいは. たまに. ¶ ~ 그렇게 생각하는 사람도 있겠지 あるいはそう考える人もいるだろう.

혹간〔或間〕 副 〔간혹〕 たまに. 時折. 時々. ¶ ~ 놀러 가기도 한다 たまに遊びに行くこともある.

혹독하다〔酷毒—〕 形 むごくひどい. むごく容赦のない. 残酷だ. ¶ 혹독한 추위 非常に厳しい寒さ / 그 수법이 아주 ~ その手口が非常に残酷だ. **혹독히** 副 むごく. ひどく. 残酷に.

혹란〔惑亂〕 名 하形 惑乱. 心が惑い乱れること.

혹렬하다〔酷烈—〕 形 **1** 酷烈だ. 厳しく激しい. **2** 臭いがきつい.

혹리〔酷吏〕 名 酷吏. 残酷な官吏.

혹몰라〔或—〕 副 もしかしたら. あるいは. ひょっとしたら. ¶ ~ 맛이 있을지 あるいはおいしいかもしれない / ~ 가 버렸을지 もしかしたら行ってしまったかも.

혹부리 名 顔にこぶのある人. ¶ ~ 할아버지 こぶじいさん.

혹사〔酷使〕 名 하他 酷使. ¶ 인부를 ~하다 人足を酷使する.

혹서〔酷暑〕 名 酷暑. 厳暑. ひどい暑さ. ¶ 타는 듯한 ~ 焼きつけるような酷暑.

혹설¹〔惑說〕 名 人を惑わす話や主張.

혹설²〔或說〕 名 ある人の主張する話や学説.

혹성〔惑星〕 名 〔天〕 惑星.

혹세¹〔惑世〕 名 하自 世の中を乱すこと, また乱れた世の中.

혹세무민〔—誣民〕 名 하自 世人を惑わしだますこと.

혹세²〔酷稅〕 名 酷税. 重税.

혹시¹〔或是〕 副 **1** 万一. もしも. 仮に. ¶ ~ 눈이 내리면 万一雪が降ると / ~ 네 시까지 도착 못 하게 되면 もしか4時までに到着できなかったら. **2** あるいは. もしかすると. ひょっとしたら. ¶ ~ 잊어버리면 어쩌나 하고 걱정했다 もしかして忘れたらどうしようかと心配した.

혹시나 副 もしや. もしかして. ひょっとして. ¶ ~ 하고 물어 보았더니 초등학교 동기생이었다 もしやと思って尋ねてみたら小学校の同期生だった.

혹시²〔或時〕 副 ある時に. たまに. 時また. 時折.

혹염〔酷炎〕 名 酷暑.

혹은〔或—〕 副 あるいは. または. ¶ 수표 ~ 현금으로 납부할 것 小切手または現金で納付すること.

혹자〔或者〕 名 ある人[者]. ¶ ~는 말하기를 ある人は言うには.

혹평〔酷評〕 名 하他 酷評. 手ひどい批評. ¶ 신작을 ~하다 新作を酷評する.

혹하다〔惑—〕 自 (気に入って)すっかりほれこむ. 惑わされる. 夢中になる. ¶ 여자에 ~ 女に夢中になる.

혹한〔酷寒〕 名 酷寒. 厳寒.

혹형〔酷刑〕 名 하他 酷刑. ¶ 역적을 ~에 처하다 逆賊を酷刑に処する.

혼〔魂〕 名 魂. 精神. 霊魂. 魂魄. ¶ ~이 나가다 魂がぬける.

◆**혼이 뜨다** たまげる. 肝をつぶす.

혼거〔混居〕 名 하自 雑居.

혼곤〔昏困〕 名 하形 昏々. 意識が薄れてはっきりしないこと. 疲れて気力が尽き果てること. **혼곤히** 副 昏々と. ¶ ~ 잠들다 昏々と寝入る.

혼군〔昏君〕 名 暗君. 愚かな君主.

혼기〔婚期〕 名 婚期. ¶ ~를 놓치다 婚期を逃す / ~가 늦어지다 婚期が遅れる.

혼나다〔魂—〕 自 ひどい目にあう. 苦労する. 肝をつぶす. お目玉をくらう. びっくりする. たまげる. ¶ 배고파서 혼났다 腹がすいて苦労した / 선생님에게 ~ 先生にお目玉をくらう.

혼내다〔魂—〕 他 ひどい目にあわせる. とっちめる. やりこめる. ぎょっとさせる. びっくりさせる. ¶ 장난꾸러기를 ~ いたずら子をとっちめる.

혼담〔婚談〕 名 縁談. ¶ ~이 이루어지다[깨지다] 縁談が成立する[壊れる].

혼도〔昏倒〕 名 하自 昏倒. ¶ 너무 피로해서 ~했다 疲労のあまり昏倒した.

혼돈〔混沌〕 名 하形 混沌. ¶ ~ 상태에 빠지다 混沌たる状態に陥る.

혼동〔混同〕 名 하他 混同. ¶ 자유와 방종을 ~해서는 안 된다 自由と放縦を混同してはいけない / 공사를 ~하지 마라 公私を混同するな.

혼란〔混亂〕 名 하形 混乱. ¶ 정치의 ~기 政治の混乱期 / ~을 틈타다 混乱に乗じる / 머리가 ~하다 頭が混乱する / 사회를 ~에 빠뜨리다 社会を混乱に陥れる.

혼령¹〔婚齡〕 名 結婚適齢. 婚期.

혼령²〔魂靈〕 名 霊魂.

혼례〔婚禮〕 名 **1** 婚礼. 婚儀. **2** 〔'혼례식'의 준말〕 結婚式.

혼례식〔—式〕 名 結婚式. ¶ ~을 올리다 結婚式を挙げる.

혼매〔昏昧〕 名 하形 昏昧. 愚かで事理に暗く何も知らないこと.

혼명〔昏明〕 名 暗いことと明るいこと.

혼미〔昏迷〕 名 하形 昏迷. ¶ 정신이 ~해지다 精神が乱れる.

혼방〔混紡〕 名 하他 混紡. ¶ ~사 混紡糸.

혼백¹〔魂帛〕 名 正式の位牌をつくる前に葬式のときにだけ用いるために絹を折ってつくった臨時の位牌.

혼백²〔魂魄〕 名 魂魄. 霊魂. 魂. ¶ ~이 이승을 방황하다 魂魄がこの世をさまよう.

혼비〔婚費〕 名 結婚費用.

혼비백산〔魂飛魄散〕 名 하自 (魂魄が飛び散るの意で) 非常に驚いて

肝をつぶすこと. ¶ ~하여 달아나다 びっくり仰天して逃げ出す.

혼사〔婚事〕 名 婚姻に関すること.

혼색〔混色〕 名 하他 混色.

혼서〔婚書〕 名 婚姻のとき新郎の家から礼物の織物とともに新婦の家に送る手紙.

혼서지〔一紙〕 名 '혼서(婚書)'を書く[書いた]紙.

혼선〔混線〕 名 하自 混線. ¶ 전화가 ~되어 잘 안 들린다 電話が混線してよく聞こえない / ~을 빚다 混線を引き起こす.

혼성¹〔混成〕 名 하自他 混成. ¶ ~ 가스 混成ガス / ~ 부대 混成部隊 / ~팀 混成チーム / 남녀로 ~된 학급 男女混成のクラス.

혼성주〔一酒〕 名 混成酒. カクテル.

혼성²〔混聲〕 名 混声. ¶ ~ 합창 混声合唱.

혼솔 名 刺し縫いした衣服の縫い目.

혼수¹〔昏睡〕 名 하自 昏睡. ¶ ~상태에 빠지다 昏睡状態に陥る.

혼수²〔婚需〕 名 **1** 婚礼家具. **2** 結婚費用.

혼숙〔混宿〕 名 하自 幾人かの男女が同宿すること.

혼식〔混食〕 名 하自 混食. 米と雑穀を混ぜて食べること.

혼신〔渾身〕 名 渾身. 満身. 全身. ¶ ~의 힘을 기울이다 渾身の力を傾ける.

혼야〔婚夜〕 名 初夜.

혼약〔婚約〕 名 婚約.

혼연〔渾然〕 名 하形 渾然. ¶ ~일체 渾然一体. **혼연히** 副 渾然と.

혼욕〔混浴〕 名 하自 混浴.

혼용〔混用〕 名 하他 混用. ¶ 국한문을 ~하다 ハングルと漢字を混用する.

혼유석〔魂遊石〕 名〔史〕 **1** 王陵の正面においた長方形の石. **2** 墓と供物台の間に置く長方形の石.

혼음〔混淫〕 名 하自 乱交.

혼인〔婚姻〕 名 하自 婚姻. 婚礼. ¶ ~ 신고 婚姻届.

혼일〔婚日〕 名 婚礼の日.

혼입〔混入〕 名 하自他 混入. ¶ 농약의 ~ 農薬の混入.

혼자 Ⅰ 副 一人で. 単独で. ¶ ~ 살다 一人で暮らす / ~ 할 수 있겠느냐? 一人でできるかね / ~ 힘으로 이 일을 해냈다 自力でこの仕事をやり遂げた. Ⅱ 名 一人. ¶ 자기 ~ 自分一人 / ~서 一人で.

혼자되다 自 一人身になる. 一人ぼっちになる.

혼잣말 名 하自 独り言. 独語. ¶ ~로 중얼거리다 独り言をつぶやく.

혼잣손 名 ひとり手. 一手. いって. 独力.

혼작〔混作〕 名 하他〔農〕 混作. ¶ 밀과 콩의 ~ 小麦と大豆の混作.

혼잡〔混雜〕 名 하形 混雑. 雑踏. ¶ 교통 ~ 交通の混雑 / ~을 피하다 混雑を避ける.

혼전〔混戰〕 名 하自 混戦. ¶ ~ 끝에 겨우 무승부로 끝났다 混戦の末にようやく引き分けに終わった.

혼절〔昏絶〕 名 하自 昏絶. 気絶.

혼쭐나다〔魂一〕 自 **1** (あまりの立派さに)気が遠くなるほどうっとりする. **2** ひどい目にあう. とんだ目にあう. びっくりする. たまげる.

혼처〔婚處〕 名 結婚相手としてふさわしい人[家柄]. ¶ 마땅한 ~가 나서다 似つかわしい結婚相手が現われる.

혼천의〔渾天儀〕 名〔天〕 渾天儀.

혼탁〔混濁〕 名 하形 混濁. **1** (気体・液体などが不純物が混じって)濁っていること. ¶ ~한 우물물 濁った井戸水 / ~한 공기 濁った空気. **2** (社会が)乱れていること. ¶ ~한 사회[세상] 乱れた社会[世の中].

혼합〔混合〕 名 하自他 混合. 混ぜること. ¶ ~ 농업 混合農業 / ~물 混合物 / ~ 비료 混合肥料 / 모래와 자갈을 ~하다 砂と小石を混ぜる.

혼합 복식〔一複式〕 名〔體〕 (テニスや卓球などで)混合ダブルス.

혼행〔婚行〕 名 하自 結婚のとき花婿[花嫁]が花嫁[花婿]の家へ行くこと.

혼혈〔混血〕 名 하自 混血.

혼혈아〔一兒〕 名 混血児. 合いの子.

혼효〔混淆〕 名 하自他 混交. ¶ ~림 混交林 / 옥석 ~ 玉石混淆.

홀¹〔笏〕 名〔史〕 (朝服を着るとき手に持つ)笏.

홀²〔hall〕 名 ホール.

홀-³ 接頭 〔짝이 없음〕 一つだけの. 単独の. ¶ ~몸 独身 / ~아비 男やもめ.

홀가분하다 形 **1** (気持ちが)軽い. 快い. 気楽だ. ¶ 마음이 ~ 心が軽い / 홀가분한 기분으로 여행을 떠나다 軽い気分で旅に出る. **2** (身なりなどが)軽快だ. ¶ 홀가분한 차림새 身軽な身なり. **3** (足手まといがなくて)身軽だ. 気楽だ. ¶ 홀가분한 홀아비[독신자] 身軽な男やもめ[独身者]. **홀가분히** 副 さっぱりと. 身軽に. やすやすと. 造作なく.

홀대〔忽待〕 名 하他 おろそかなもてなし. そまつに待遇すること. ¶ 부모를 ~하다 親をそまつにする.

홀더〔holder〕 名 ホルダー. ¶ 레코드 ~ レコードホルダー.

홀딱 副 **1** 〔반하거나 속는 모양〕 ぞっこん. すっかり. まんまと. ¶ 한눈에 ~ 반해 버렸다 一目でぞっこんほれ込んでしまった / ~ 속았다 まんまとだまされた. **2** 〔남김없이 벗어지거나 뒤집히는 모양〕 すっかり. くるっと. ¶ 호주머니를 ~ 뒤집다 ポケットをくるっと裏返す. **3** 〔힘차게 뛰거나 뛰어넘는 모양〕 ひょいっと. ひらりと. ぴょんと. ¶ 개천을 ~ 뛰어넘다 溝をぴょんと跳び越える. **4** 〔몽땅·죄다〕 すっかり. 残らず. すってんてんに. ¶ 재산을 ~ 날리다 財産をすっかり使い果たす. 無一文になる. **5** 〔날쌔게 먹어치우는 모양〕 (一口で)ぱくっと. ごくっと. ¶ ~ 마셔 버리다 一口でごくっと飲んでしまう.

홀랑 副 **1** 〔남김없이 벗은 모양〕 すっかり. さっと. ¶ ~ 벗은 알몸 すっ裸.

2〔미끄럽게 벗어진 모양〕するりと. ¶ 화상으로 피부가 ~ 벗겨졌다 やけどで皮がするりとむけてしまった. **3**〔속이 보이도록 뒤집힌 모양〕くるっと. ¶ 배가 ~ 뒤집히다 船がくるっとひっくり返る. **4**〔헐겁게 들어가는 모양〕すぽっと. すっぽり. ¶ ~ 들어가다 すぽっと入る. <훌렁

홀랑이질 名 하自 しきりに突くか扱くこと, またその行動.

홀로 副 一人で. 一人きりで. 一人ぼっちで. ¶ ~ 산다 一人で暮らす / ~ 여행을 떠나다 一人旅に出る / ~ 서 있다 一人きりで立っている.

홀로되다 自 (つれあいが死んで)一人になる. やもめになる.

홀리다 自 惑わされる. ほれこむ. 魅惑される. うっとりする. ¶ 여우에게 ~ 狐に惑わされる / 그녀의 멋진 모습에 ~ 彼女のすてきな姿に心を奪われる.

홀맺다 他 (ほどけないように)真結びにかたく結ぶ.

홀몸 名 (配偶者や兄弟がいない)一人身. 独身.

홀보드르르하다 形 織物などが軽くて柔らかい. ふんわりしてしなやかだ. <훌부드르르하다

홀보들하다 形〔'홀보드르르하다'의 준말〕織物などが軽くて柔らかい.

홀수〔一數〕名〔數〕奇数.

홀시〔忽視〕名 하他 軽視すること. 無視すること. ばかにすること. ¶ 남의 의견을 ~하다 人の意見を無視する.

홀씨 名〔植〕胞子.

홀아비 名 男やもめ. やもお.

홀앗이 名 (誰一人手伝ってくれる人がいなくて)一人で家事を賄う立場.

홀어미 名 未亡人. 後家. 女やもめ. やもめ.

홀연〔忽然〕副 하形 忽然. にわかに.

홀연히 副 忽然と. 突然に. ¶ ~ 나타난[사라진] 그녀 忽然と現われた[消え去った]彼女.

홀의아들 名〔'호래아들'의 원말〕横柄なやつ. 無礼者.

홀지에〔忽地一〕副 にわかに. 突然. 突如.

홀짝 副 **1**〔액체를 단숨에 들이마시는 소리[모양]〕ごくりと. ¶ 독한 술을 ~ 들이마셨다 強い酒をごくりと飲み込んだ. **2**〔가볍게 뛰는 모양〕一気に. ひらりと. ぴょんと. ¶ 도랑을 ~ 뛰어넘다 一気に溝を跳び越える. **3**〔콧물을 들이마시는 소리[모양]〕ずるっと.

홀짝거리다[-대다] 他 **1** ごくりと飲む. **2** (鼻をすすりながら)泣く. ¶ 서러운 듯이 홀짝거리며 울다 悲しそうに鼻をすすりながら泣く. **3** ぴょんと跳び上がる.

홀쭉이 名 やせこけた人. 痩せっぽち.

홀쭉하다 形 **1** (体が)ほっそりしている. ¶ 홀쭉한 체격 ほっそりした体つき. **2** (先が)細長い. ¶ 끝이 홀쭉한 구두 先の細長い靴. **3** (やつれて)げっそりやせる. ¶ 설사를 했더니 얼굴이 홀쭉해졌다 下痢をして顔がげっそりとやせた. **4** (中があいて)へこんでいる. ¶ 너무 시장해서 배가 ~ あまりにひもじくて腹がへこんでいる. **5** (顔が)細面である. ¶ 얼굴이 홀쭉한 미인 顔が細面の美人.

홀치다 他 (はみ出たりしないように)固く縛る. ¶ 소포를 끈으로 ~ 小包みを紐で縛る.

홀태 名 **1** 卵や白子がなくて腹がほっそりした魚. **2** 平たく細長い物.

홀태바지 名 先の細いズボン.

홀태부리 名 先端の細長くとがった部分.

홀태질 名 하自他 (稲·麦など)穀物の穂をこき落とすこと.

홀하다〔忽一〕形 **1** 軽率だ. 軽はずみだ. **2** 粗末だ. 手薄だ. ¶ 사람을 홀하게 대하다 人を粗末に扱う. **3** 大したことない.

홀홀 副 **1**〔나는 모양〕ひらひら(と). ふわふわ(と). ¶ 갈매기가 하늘을 ~ 날아간다 鷗が空をふわふわと飛んで行く. **2**〔뛰는 모양〕ひょいひょい(と). ぴょんぴょん(と). **3**〔던지거나 뿌리는 모양〕ぽいぽい(と). **4**〔옷·먼지 등을 터는 모양〕ぽんぽん(と). ぱんぱん(と). ¶ 먼지를 ~ 떨어내다 ほこりを軽くはたいて落とす. **5**〔먼지 등이 날리는 모양〕ふわふわ(と). **6**〔죽 등을 조금씩 들이마시는 모양〕ちびちび. **7**〔불길이 일어나는 모양〕ちょろちょろ(と). ちろちろ(と). ¶ 불이 ~ 타오르다 火がちょろちょろと燃え上がる. **8**〔옷 등을 벗어버리는 모양〕はらりと. さらりと. さっさっと. <훌훌

홀홀하다 形 (粥や重湯などが)ちょうどよい軟らかさだ. <훌훌하다

홅다 他 **1** (くっついているものを)こそげ落とす. **2** (汚れを)すすぎ落とす. ¶ 그릇을 ~ 器をすすぐ. **3** (隅々まで)さがす. ¶ 샅샅이 홅아도 반지는 없었다 隅々までさがしたが指輪はなかった.

홅이다 自 **1** (かさばった物が)減って少なくなる. **2** もつれる. **3**〔'홅다'의 피동사〕こそげ落とされる. むしりとられる.

홈[1] 名 溝. ¶ 창틀에 ~을 새겨 넣다 窓枠に溝を彫る.

홈[2]〔home〕名 ホーム.

홈그라운드〔home grounds〕名 ホームグラウンド.

홈드라마〔← home drama〕名 ホームドラマ.

홈드레스〔← home dress〕名 ホームドレス.

홈런〔home run〕名〔體〕(野球で)ホームラン.

홈 베이스〔home base〕名〔體〕(野球の)ホームベース.

홈인〔← home in〕名〔體〕(野球の)ホームイン.

홈질 名 串縫い.

홈치다 他 〈卑〉**1** (水気や汚れを)ふき取る. **2** (他人の物を)かすめとる. **3** (目に見えないところを)手探りでがさごそとさがす. **4** ぶん殴る. 殴りつける.

홈켜잡다 他 (素早く)ぎゅっとつかむ. しっかりと捕らえる.

홈켜쥐다 他 (素早く)ぎゅっと握る.

しっかりと握る. ¶ 잔뜩 홈켜쥐고 놓지 않는다 ぎゅっと握りしめて放さない.
홈타기 名 くぼみ. 分かれ目.
홈통[一桶] 名 **1** 樋, かけひ. ¶ 산 위의 맑은 물을 ~으로 끌어 오다 山の上の澄んだ水を樋で引く. **2** (引き戸・障子などの枠の上下に)長く彫った溝. 敷居と鴨居の溝.
홈 팀[home team] 名〔體〕ホームチーム.
홈 페이지[home page] 名〔컴〕ホームページ〈インターネットで, ウェブに接続した時はじめてあらわれる画面〉.
홈홈하다 形 満ち足りた顔付きである.
홉¹[hop] 名〔植〕ホップ.
홉² 依名〔용량의 단위〕合. ¶ 팥 다섯 ~ あずき5合 / 소주 두 ~ 焼酎2合.
홉뜨다 他 目を大きく見開いて宙をにらむ. ¶ 눈을 홉뜨고 기절하다 目を見開いて気絶する.
홋홋하다 形 (小人数で)こぢんまりしている. 気軽だ. 気楽だ. ¶ 식구끼리 홋홋하게 즐기자 家族水入らずで気楽に楽しもう. **홋홋이** 副 こぢんまりと. 気楽に.
홍곡[鴻鵠] 名 鴻鵠. 大人物.
홍곡지지[一之志] 名 鴻鵠の志. 大人物の志.
홍귤나무[紅橘一] 名〔植〕こうじみかん.
홍기[紅旗] 名 紅旗. 赤旗.
홍당무[紅唐一] 名 **1**〔植〕赤大根. **2**〔植〕にんじん. **3** 赤面. ¶ 부끄러워서 얼굴이 ~가 되었다 恥ずかしくて顔が真っ赤になった.
◆**홍당무가 되다** 顔が真っ赤になる. 赤面する.
홍도[紅桃] 名 紅桃.
홍두깨 名 **1** 綾巻. **2** 牛の臀部の肉. **3**〔農〕犂の使い方がまずくてよく耕されていない土.
홍두깨다듬이 名 하他 綾巻に巻いて砧をうつこと.
홍등[紅燈] 名 紅灯. 赤い灯火.
홍등가[一街] 名 紅灯の巷. 遊郭. 花柳界. ¶ ~를 헤매다 紅灯の巷をさまよう.
홍련[紅蓮] 名 紅蓮. 紅蓮の花.
홍모[紅毛] 名 紅毛. ¶ ~ 벽안 紅毛碧眼.
홍모[鴻毛] 名 鴻毛.
홍보[弘報] 名 하他 広報. ¶ ~ 활동 広報活動.
홍살문[紅一門] 名 宮殿・官庁・廟などの前に立てる赤く塗った門.
홍삼¹[紅衫] 名〔史〕朝服の上衣〈赤い生地に黒い線で縁どりしてある〉.
홍삼²[紅蔘] 名 朝鮮人参を蒸した後乾燥したもの.
홍상[紅裳] 名 **1** 赤いチマ(치마). **2**〔史〕赤色の生地に黒い縁取りをした朝服のチマ.
홍색[紅色] 名 紅色. ¶ 담~ 淡紅色.
홍소[哄笑] 名 하自 哄笑. 大笑い. ¶ ~가 터지다 哄笑がわく.
홍송[紅松] 名〔植〕朝鮮五葉松.
홍수[洪水] 名 洪水. 大水. ¶ ~가 지다[나다] 洪水になる / 도로는 자동차의 ~다 道路は自動車の洪水だ.
홍수 경보[一警報] 名〔氣〕洪水警報.
홍수막이 名 하自他 洪水を防ぐために堤防を築くこと.
홍순[紅脣] 名 **1** 紅脣. 紅唇. **2** 綻びかけた花房をたとえて言う語.
홍시[紅柹] 名 熟柿. 熟し柿.
홍실[紅一] 名 赤い糸.
홍안[紅顔] 名 紅顔. ¶ ~의 미소년 紅顔の美少年.
홍어[洪魚] 名〔動〕雁木鱝.
홍업[洪業] 名 洪業. 鴻業.
홍역[紅疫] 名〔醫〕麻疹. ¶ ~에 걸리다 麻疹にかかる.
◆**홍역을 치르다** (はしかにかかってひどく気苦労するように)困難などをようやく切りぬける.
홍엽[紅葉] 名 紅葉.
홍예[虹霓] 名 **1** 虹霓. にじ. **2**〔'홍예문'의 준말〕アーチ型の門.
◆**홍예를 틀다** 迫持構造[アーチ型]にする.
홍예다리 名 太鼓橋.
홍예문[一門] 名〔建〕迫持. アーチ型の門.
홍옥[紅玉] 名 紅玉. **1** ルビー. 紅玉石. **2** りんごの一品種.
홍은[鴻恩] 名 鴻恩. 大きな恵み. ¶ ~에 감읍하다 鴻恩にむせぶ.
홍익[弘益] 名 하他 **1** 大きな利益. **2** 広益. 益を広めること.
홍익인간[一人間] 名 広く人間世界に利益を与えること.
홍일점[紅一點] 名 紅一点.
홍조¹[紅潮] 名 紅潮. ¶ 부끄러워 얼굴에 ~를 띠다 恥ずかしさに顔が紅潮する.
홍조²[紅藻] 名〔植〕紅藻.
홍조류[一類] 名〔植〕紅藻類.
홍진[紅塵] 名 紅塵. **1** (市街地などの)土ぼこり. **2** 煩わしい俗世.
홍진만장[一萬丈] 名 紅塵万丈.
홍차[紅茶] 名 紅茶.
홍채[紅彩] 名〔生〕紅彩.
홍학[紅鶴] 名〔動〕フラミンゴ.
홍합[紅蛤] 名〔動〕貽貝.
홑¹ 名 一重.
홑-² 接頭〔한 겹・외톨〕一重の…. 単…. ¶ ~고쟁이 女性用の単衣の下着.
홑겹 名 一重.
홑껍데기 名 **1** 一重仕立ての表地. **2** (袷用)の表地.
홑눈 名〔動〕(節足動物の)単眼.
홑대패 名 (裏金のない)一枚鉋.
홑몸 名 **1** 単身. 独り身. **2** (結婚した女性で)身ごもっていない体.
홑바지 名 一重のズボン.
홑벌 名 一重のもの.
홑벌사람 名 考えの浅い人. 度量の狭い人.
홑실 名 単糸.
홑옷 名 単衣の服.
홑이불 名 **1** 一重の掛け布団. **2** 布団カバー.

훌지다 形 (物事が)単純だ. 簡単だ.

훌청 名 (布団・敷布団などの)覆い. 「カバー.

훌치마 名 **1** 単衣のチマ. **2** 下着をはかずに着用したチマ.

화¹〔火〕名 **1** 怒り. 憤り. 立腹. ¶ ～가 치밀다 怒りが込み上げる / ～를 잘 내는 사람 怒りっぽい人. **2**〔'화기(火氣)'의 준말〕火気. **3**〔民俗〕火〈五行の一つ. 方位では南, 四季では夏, 色では赤〉. **4**〔'화요일'의 준말〕火. 火曜日.

◆**화가 나다** 怒る. 腹が立つ. むかつく.

◆**화가 머리 끝까지 나다** 怒り心頭に発する.

◆**화를 끓이다** 怒りを煮えたぎらせる.

◆**화를 내다** 腹を立てる. 怒る.

화²〔禍〕名 災い. ¶ ～를 입다 災いをこうむる / 병을 쉬쉬한 것이 ～를 불렀다 病気を隠したことが災いを引き起こした.

-화³〔化〕接尾 …化. ¶ 민주～ 民主化 / 기계～ 機械化.

-화⁴〔花〕接尾〔꽃〕…花. ¶ 봉선～ ほうせんか.

-화⁵〔畫〕接尾〔그림〕…画. ¶ 유～ 油絵 / 풍경～ 風景画.

화가¹〔畫架〕名 画架. イーゼル.

화가²〔畫家〕名 画家. ¶ 서양 화가 西洋画家.

화간〔和姦〕名 하自 和姦.

화강암〔花崗巖〕名〔鑛〕花崗岩.

화경〔火鏡〕名 凸レンズ. 拡大鏡.

화공¹〔化工〕名 **1** 天工. **2** 化学工業. **3** 化学工学.

화공²〔火攻〕名 하他 火攻め. ¶ 성을 ～하다 城を火攻めにする.

화공³〔畫工〕名 絵師. 絵かき.

화관〔花冠〕名 **1**〔植〕花冠. **2** 花で飾った冠. **3** 七宝で飾った礼装用の女性の冠.

화광〔火光〕名 火の光.

화광충천〔一衝天〕名 하自 火柱が天を衝くように立つこと.

화교〔華僑〕名 華僑.

화구¹〔火口〕名 **1** 火口. 焚き口. **2** 火炎を吹き出す口. **3**〔地〕(火山の)火口.

화구구〔一丘〕名〔地〕火口丘.

화구호〔一湖〕名〔地〕火口湖.

화구²〔畫具〕名 絵の道具. 画材.

화구상〔一商〕名 画材商.

화근〔禍根〕名 禍根. 災いのもと. ¶ ～을 없애다 禍根をなくす.

화근거리 名 禍根のもと. 災いの種.

화급하다〔火急一〕形 火急だ. ¶ 화급한 통지 火急な知らせ / 화급한 경우 火急な場合. **화급히** 副 大急ぎで. ¶ 일을 ～ 해치우다 ことを大急ぎでやってのける.

화기¹〔火氣〕名 **1** 火気. 火の気. ¶ ～엄금 火気厳禁 / ～ 조심 火の用心. **2** 怒気.

화기²〔火器〕名 **1** 火器〈銃・大砲など〉. **2** 火鉢など, 火を入れる器具.

화기³〔和氣〕名 和気.

화기애애하다〔一藹藹一〕形 和気藹々としている. ¶ 화기애애한 가정 和気藹々たる家庭.

화끈 副 하形〔몸이나 쇠 등이 갑자기 다는 모양〕かっと. ふわっと. ぽっと. ¶ 얼굴이 ～해지다 顔がほてる.

화끈거리다[-대다] 自 かっかとほてる. ぽうっとほてる. ¶ 거짓말이 탄로나 얼굴이 ～ 嘘がばれて顔がかっとほてる.

화끈화끈 副 かっかと. 赤々と. ¶ ～ 달아오른 쇠 真っ赤に焼けた鉄.

화나다〔火一〕自 怒る. 腹が立つ. むかつく. ¶ 아무것도 할 수 없는 자신한테 화났다 何もできない自分に腹が立った.

화난〔禍難〕名 禍難. 災難. 災い.

화내다 自 腹を立てる. 怒る. 立腹する. ¶ 사소한 일로 ～ ささいな事で立腹する.

화냥년〔←花娘一〕名 売女. 姦婦.

화냥질 名 하自 夫以外の男性と通じること. 姦通.

화농〔化膿〕名 하自〔醫〕化膿. ¶ ～균 化膿菌 / 상처가 ～했다 傷口が化膿した.

화닥닥 副 하自 **1**〔갑자기〕ぱっと. さっと. ぱたぱたっと. ¶ 문을 박차고 ～ 뛰어 나가다 ドアを蹴とばしてさっと飛び出す. **2**〔서둘러〕ぱっぱっと. さっさと. ばたばた(と). ¶ 설거지를 ～ 끝내다 後片づけをさっさとすませる. <후닥닥

화단¹〔花壇〕名 花壇. 花畑.

화단²〔畫壇〕名 画壇.

화답〔和答〕名 하自 唱和. 詩歌に応答すること.

화대〔花代〕名 **1** 花代. 揚げ代. **2** 心づけ. チップ.

화덕〔火一〕名 **1** 炭火をおこして入れる大きいこんろ. **2** 粘土でつくったかまど.

화동〔和同〕名 하自 和同. 和合.

화두〔話頭〕名 話頭. 話の糸口. ¶ ～를 돌리다 話頭を転じる.

화들짝 副 軽はずみに跳び上がりそうにびっくりするようす.

화딱지〔火一〕名〈俗〉癇癪. 怒り. ¶ ～가 나다 頭にくる.

화란〔和蘭〕名〔地〕オランダの漢字音表記.

화랑¹〔花郎〕名〔史〕花郎. 新羅時代に青少年の心身の鍛練を行なった団体, またはその団体の長.

화랑도¹〔一徒〕名〔史〕花郎の衆徒.

화랑도²〔一道〕名〔史〕花郎のとるべき道.

화랑²〔畫廊〕名 画廊. ギャラリー.

화려체〔華麗體〕名〔文〕華麗体.

화려하다〔華麗一〕形 華麗だ. 派手だ. ¶ 화려한 장식 華麗な装飾 / 화려한 무대에 서다 晴れの舞台に立つ.

화력〔火力〕名 火力. ¶ ～ 발전소 火力発電所 / ～이 세다[약하다] 火力が強い[弱い].

화로〔火爐〕名 火鉢. 火炉. ¶ ～에 밤을 굽다 火鉢で栗を焼く.

화룡점정〔畫龍點睛〕名 画竜点睛.

화류〔花柳〕名 花柳.

화류계〔一界〕名 花柳界. 色町.

화류장〔樺榴欌〕 名 紫檀製のたんす.
화마〔火魔〕 名 火災を悪魔にたとえていう語.
화면〔畫面〕 名 画面. ¶ 텔레비전의 ~이 밝다[어둡다] テレビの画面が明るい[暗い].
화목¹〔火木〕 名 薪. そだ. たきぎ. ¶ 화덕에 ~을 지피다 かまどに薪をくべる.
화목²〔花木〕 名 花木.
화목하다〔和睦—〕 形 仲むつまじい. 和やかだ. ¶ 집안 분위기가 ~ 家庭の雰囲気が和やかだ.
화무십일홍〔花無十日紅〕 名 (10日も持つ赤い花はないという意で) 奢る者は久しからず, 満つれば欠くる世の習い.
화문〔花紋〕 名 花紋. 花模様.
  화문석〔—席〕 名 花ござ.
화물〔貨物〕 名 貨物. ¶ ~ 열차 貨物列車 / ~ 자동차 貨物自動車.
  화물선〔—船〕 名 貨物船.
화반〔花盤〕 名 **1** 花を挿す瓷器. **2**〔建〕花肘木.
화배공〔畫坏工〕 名 陶磁器に絵付けをする人.
화백〔畫伯〕 名 画伯.
화법¹〔話法〕 名〔言〕 話法. ¶ 뛰어난 ~ すぐれた話法.
화법²〔畫法〕 名 画法.
화변〔禍變〕 名 非常に大きい災難.
화병¹〔火病〕 名〔韓〕〔'울화병'의 준말〕 怒りを抑えすぎて起こる病気.
화병²〔花瓶〕 名 花瓶.
화병³〔畫屛〕 名 絵の描かれた屛風.
화병⁴〔畫餠〕 名 画餅. 絵に描いた餅.
화보¹ 名 顔が大きくぽってりと太った女.
화보²〔畫報〕 名 画報. ¶ 시사 ~ 時事画報.
화보³〔畫譜〕 名 画譜.
화복〔禍福〕 名 禍福. ¶ 길흉~ 吉凶禍福.
화본〔畫本〕 名〔美〕 画本.
화부〔火夫〕 名 **1** 火夫. 火手. **2**〔佛〕 寺で火を焚く人.
화분¹〔花盆〕 名 植木鉢. ¶ ~에 꽃을 심다 植木鉢に花を植える.
화분²〔花粉〕 名〔植〕 花粉.
  화분화〔—花〕 名〔植〕 虫媒花.
화사하다〔華奢—〕 形 派手で豪華だ. ¶ 화사한 옷차림으로 외출하다 派手な装いで外出する.
화산〔火山〕 名〔地〕 火山. ¶ 활[사]~ 活[死]火山 / ~이 폭발하다 火山が爆発する.
  화산대〔—帶〕 名〔地〕 火山帯.
  화산도〔—島〕 名〔地〕 火山島.
  화산암〔—岩〕 名〔地〕 火山岩.
  화산진〔—塵〕 名〔地〕 火山塵.
  화산호〔—湖〕 名〔地〕 火山湖.
  화산회〔—灰〕 名〔地〕 火山灰.
화살 名 矢. ¶ ~이 꽂히다 矢が刺さる / ~을 쏘다 矢を射る / 활에 ~을 메우다 弓に矢をつがえる.
  ◆**화살을 돌리다** 矛先を転じる.
  화살촉〔—鏃〕 名 鏃. 矢の根.
  화살표〔—標〕 名 矢印.
화상¹〔火傷〕 名 火傷. やけど. ¶ ~을 입다 やけどをする.
화상²〔和尙〕 名〔佛〕 和尚.
화상³〔華商〕 名 華商.
화상⁴〔畫商〕 名 画商.
화상⁵〔畫像〕 名 **1** 画像. 肖像画. **2**〈俗〉顔. **3** (テレビの)画像.
화색〔和色〕 名 血色がよくて明るい表情. ¶ 얼굴에 ~이 돌다 顔色が明るい.
화생방전〔化生放戰〕 名〔軍〕 化学·生物学·放射能兵器を使用する戦争.
화서〔花序〕 名〔植〕 花序.
화서지몽〔華胥之夢〕 名 華胥の夢. ひるね. 午睡.
화석¹〔火石〕 名 火打ち石.
화석²〔化石〕 名〔地〕 化石. ¶ ~ 인류 化石人類.
  화석학〔—學〕 名 化石学.
화선〔畫仙〕 名 画仙. 画聖.
화선지〔畫宣紙〕 名 画仙紙.
화섬〔化纖〕 名〔'화학 섬유'의 준말〕 化繊. 化学繊維.
화성¹〔火星〕 名〔天〕 火星. ¶ ~인 火星人 / ~ 탐사선 火星探査体.
화성²〔和聲〕 名〔樂〕 和声. ハーモニー.
  화성법〔—法〕 名〔樂〕 和声法.
화성³〔畫聖〕 名 画聖. 画仙.
화성 비료〔化成肥料〕 名〔化〕 化成肥料.
화성암〔火成巖〕 名〔地〕 火成岩.
화세〔火勢〕 名 火勢.
화소〔畫素〕 名 画素〈テレビや写真電送などで画像を構成する単位要素〉.
화솥 名 周りに縁のある釜. 「え.
화수분 名 財貨の尽きないことのたと
화수회〔花樹會〕 名 親族の集まりや宴会.
화술〔話術〕 名 話術. 話し方. ¶ ~이 뛰어난 사람 話術に秀でた人.
화승〔火繩〕 名 火縄.
  화승총〔—銃〕 名 火縄銃.
화식¹〔火食〕 名 하他 火食.
화식²〔和食〕 名 和食. 日本食.
화신¹〔化身〕 名 하自 化身. ¶ 권력의 ~ 権力の化身.
화신²〔火神〕 名 火の神.
화신³〔花信〕 名 花信. 花便り.
화실〔畫室〕 名 画室. アトリエ.
화심〔花心〕 名 花心. **1** 花蕊. 花のしべ. **2** 美人の心.
화씨〔華氏〕 名〔物〕 華氏. ¶ ~온도계 華氏温度計.
화압〔花押〕 名 花押. 書き判.
화액〔禍厄〕 名 禍いと困難.
화약¹〔火藥〕 名 火薬. ¶ ~을 재다 火薬をこめる.
  〔속담〕 **화약을 지고 불로 들어가다** 火薬を負って火に入る〈自ら進んで危険を求めること〉.
  화약고〔—庫〕 名 火薬庫.
화약²〔和約〕 名 하自他 和約. 和睦の約束.
화연〔花宴〕 名 還暦祝いの宴.
화염〔火焰〕 名 火炎. 炎. ¶ ~에 휩

싸이다 炎に包まれる.
화염병〔一瓶〕 名 火炎瓶.
화왕〔花王〕 名 花の王〈牡丹のこと〉.
화요일〔火曜日〕 名 火曜日.
화용월태〔花容月態〕 名 美人の美しい顔と姿.
화운〔和韻〕 名 하他 和韻.
화원〔花園〕 名 花園.
화음〔和音〕 名〔樂〕 和音. ¶ ~ 기호 和音記号.
화의〔和議〕 名 하他 和議. ¶ ~를 신청하다 和議を申し出る.
화이트〔white〕 名 ホワイト. ¶ ~칼라 ホワイトカラー.
화인¹〔火因〕 名 火事の原因.
화인²〔禍因〕 名 禍因. 禍根.
화자〔話者〕 名 話し手.
화잠〔花簪〕 名 花嫁の簪の一つ.
화장¹〔一長〕 名 (衣服の)裄. ¶ ~이 길다 裄が長い.
화장²〔化粧〕 名 하自他 化粧. ¶ 짙은 ~ 厚化粧 / ~한 얼굴 化粧した顔 / ~을 지우다 化粧を落とす.
화장기〔一氣〕 名 化粧っ気.
화장대〔一臺〕 名 化粧台. 鏡台.
화장수〔一水〕 名 化粧水. スキンローション.
화장실〔一室〕 名 化粧室. お手洗い. トイレ.
화장지〔一紙〕 名 ちり紙. トイレットペーパー.
화장품〔一品〕 名 化粧品.
화장³〔火匠〕 名 **1** 船の炊事人. **2** 陶磁器の窯をたく人.
화장⁴〔火葬〕 名 하他 火葬.
화장장〔一場〕 名 火葬場.
화장터 名 火葬場.
화재¹〔火災〕 名 火災. 火事. ¶ ~ 경보기 火災報知機 / ~ 보험 火災保険 / ~가 발생하다 火災が発生する.
화재²〔畫才〕 名 画才.
화재³〔畫材〕 名 画材. 絵の題材.
화적질〔火賊一〕 名 하自 群れをなして強盗をはたらくこと.
화전¹〔火田〕 名 火田. 焼き畑.
화전민〔一民〕 名 火田民.
화전²〔火箭〕 名 火箭. 火矢.
화전³〔花煎〕 名 ファジョン〈もち米·黍などの粉をこねて丸め平たくしフライパンで焼いてつつじ·菊などの花びらを押しつけた菓子〉.
화전놀이 名 ファジョン(화전)を食べながらする春の野遊び.
화전⁴〔和戰〕 名 하自 和戦.
화제¹〔畫題〕 名 画題. ¶ ~를 붙이다 画題をつける.
화제²〔話題〕 名 話題. ¶ ~에 오르다 話題にのぼる / ~가 끊이지 않다 話題が尽きない.
화젯거리 名 話題の種.
화조〔花鳥〕 名 花鳥. **1** 花と鳥. **2** 〔美〕 花や鳥の絵[彫刻].
화조풍월〔一風月〕 名 **1** 花鳥風月. ¶ ~을 벗삼다 花鳥風月を友とする. **2** 風流.
화조화〔一畫〕 名〔美〕 花鳥画.
화주¹〔火酒〕 名 火酒〈焼酎·ウイスキーなどの強い酒〉.
화주²〔貨主〕 名 貨主. 荷主.
화중〔火中〕 名 火中. 火の中.
화중군자〔花中君子〕 名 (花の中の君子の意で) 蓮の花.
화중왕〔花中王〕 名 (花中の王の意で) 牡丹の花.
화중지병〔畫中之餠〕 名 画餅. 絵に描いた餅.
화중화〔花中花〕 名 **1** 花の中で最も美しい花. **2** 絶世の美人.
화증〔火症〕 名 怒り. 腹立ち.
화집〔畫集〕 名 画集.
화차〔貨車〕 名 **1** 貨物自動車. **2** 貨物列車.
화창하다〔和暢一〕 形 (天気や風が) のどかだ. うららかだ. ¶ 화창한 날씨 のどかな天気.
화채〔花菜〕 名〔料理〕 五味子の汁に砂糖やはちみつを加え季節の花や果物·松の実を浮かべた飲み物.
화첩〔畫帖〕 名 画帳. スケッチブック.
화초〔花草〕 名 **1** 草花. **2** 観賞用植物. ¶ ~를 심다 草花を植える.
화초담 名〔建〕 草花の模様を施した塀.
화초밭 名 花畑. 花園.
화초장〔一欌〕 名 草花の模様のあるたんす.
화초집 名 **1** 花屋. **2** 草花を栽培する家.
화초첩〔一妾〕 名 若くてきれいな妾.
화촉〔華燭〕 名 **1** 色をつけたろうそく. **2** 華燭. 婚礼.
◆화촉을 밝히다 華燭の典をあげる. 結婚式をあげる.
화촉동방〔一洞房〕 名 初夜に新郎·新婦がいっしょに過ごす部屋.
화촉지전〔一之典〕 名 結婚式. 華燭の典.
화친〔和親〕 名 하自 和親. ¶ ~ 조약을 맺다 和親条約を結ぶ.
화침〔火針〕 名 火針. (腫れ物をつぶすための) 火に焼いた針.
화침질 名 火針で腫れ物をつぶすこと.
화톳불 名 かがり火. ¶ ~을 놓다 かがり火を据える.
화통〔火筒〕 名 (汽車·汽船·工場などの) 煙突.
화통간〔一間〕 名 〈俗〉 蒸気機関車.
화투〔花鬪〕 名 하自 花札. 花がるた. ¶ ~짝 花札の札.
◆화투를 치다 ① 花札をする. ② 花札を切る.
화판〔畫板〕 名 画板.
화평〔和平〕 名 하形 和平. 平和. ¶ ~ 교섭 和平交渉.
화폐〔貨幣〕 名 貨幣. ¶ ~ 경제 貨幣経済 / ~ 단위 貨幣単位 / ~ 제도 貨幣制度 / ~ 가치가 떨어지다 貨幣価値が下がる.
화폐 개혁〔一改革〕 名〔經〕 貨幣改革.
화폐 본위〔一本位〕 名〔經〕 貨幣本位.
화포¹〔火砲〕 名 大砲. 火砲.
화포²〔畫布〕 名 画布. カンバス.
화폭〔畫幅〕 名 画幅. 絵画. 掛け軸.
화풀이〔火一〕 名 하自 腹いせ. 当たり散らすこと. ¶ ~로 깡통을 걷어차다

腹いせに缶をけとばす.

화풍〔畫風〕 名 画風.

화필〔畫筆〕 名 画筆. 絵筆.

화하다¹〔化―〕 自《'…로[으로] 화하다'의 꼴로》…と化す. …に変わる. ¶기쁨이 슬픔으로 ～ 喜びが悲しみに変わる.

화하다²〔和―〕 Ⅰ 他 和する. 混和する Ⅱ 形 穏やかだ. 和やかだ.

화학〔化學〕 名 化学. ¶～자 化学者 / ～식 化学式 / ～전 化学戦 / ～ 공업 化学工業 / ～ 기호 化学記号 / ～ 반응 化学反応 / ～ 비료 化学肥料 / ～ 섬유 化学繊維 / ～ 요법 化学療法 / ～조미료 化学調味料.

화합¹〔化合〕 名 하自〔化〕 化合. ¶질소와 수소를 ～하면 암모니아가 된다 窒素と水素を化合するとアンモニアになる.

화합물〔―物〕 名〔化〕 化合物.

화합²〔和合〕 名 하自 和合. ¶부부가 서로 ～하다 夫婦が仲良くする.

화해〔和解〕 名 하自 **1** 和解. ¶서로 ～시키다 互いに和解させる / ～가 성립하다 和解が成立する. **2**〔法〕 和解. ¶분쟁을 ～시키다 紛争を和解させる.

화형〔火刑〕 名 火刑. 火あぶりの刑. ¶죄인을 ～에 처하다 罪人を火刑に処す.

화혼〔華婚〕 名〔'남의 혼인'의 미칭〕 ご結婚.

화환〔花環〕 名 花輪.

화환어음〔貨換―〕 名〔經〕 荷為替.

화훼〔花卉〕 名 **1** 花卉. 花の咲く草. 草花. ¶～ 원예 花卉園芸. **2**〔美〕 花卉画《草花を主題にした絵》.

확¹ 名 **1** 石臼·鉄臼の総称. **2** 臼のくぼんだ内部.

확² 副 하自 **1**〔바람이 세게 부는 모양〕 ぴゅうと. ひゅうっと. ¶바람이 ～ 불다 風がぴゅうと吹く. **2**〔불길이 세게 일어나는 모양〕 ぼっと. ぱっと. ¶불이 ～ 타오르다 火がぱっと燃え上がる. **3**〔재빠르게 행동하는 모양〕 さっと. ぱっと. ¶고양이가 ～ 뛰어나오다 猫がさっと飛び出す. **4**〔갑자기 달아오르는 모양〕 かっと. どっと. ¶분해서 그의 두 볼은 ～ 달아올랐다 憤りに彼の両頰はかっと熱くなった. **5**〔매어 있던 것이 풀리는 모양〕 すっと. ¶고무줄이 ～ 풀어지다 ゴムひもがすっとほどける. **6**〔막혔던 것이 풀리는 모양〕 すっと. ¶뜨거운 국을 마시니 속이 ～ 풀렸다 熱いスープを飲んだら気持ちがすっと落ち着いた.

확고부동하다〔確固不動―〕 形 確固として不動である. ¶그의 결심은 ～ 彼の決心は確固として動かない.

확고하다〔確固―〕 形 確固としている. しっかりしている. ¶확고한 신념 確固たる信念 / 마음가짐이 ～ 心構えがしっかりしている. **확고히** 副 確固として. 確かに.

확답〔確答〕 名 하他 確答. ¶～을 피하다 確答を避ける.

확대〔擴大〕 名 하他 拡大. ¶～ 해석 拡大解釈 / 사진을 ～하다 写真を引き伸ばす.

확대 가족〔―家族〕 名 拡大家族.

확대경〔―鏡〕 名〔物〕 拡大鏡. 虫眼鏡.

확대비〔―比〕 名〔數〕 拡大比.

확대율〔―率〕 名 拡大率.

확대 재생산〔―再生産〕 名〔經〕 拡大再生産.

확론〔確論〕 名 確論. 定論.

확률〔確率〕 名〔數〕 確率. ¶당선될 ～이 높다[낮다] 当選する確率が高い[低い].

확립〔確立〕 名 하自他 確立. ¶제일인자로서의 지위를 ～하다 第一人者としての地位を確立する.

확보¹〔確保〕 名 하他 確保. ¶인원을 ～하다 人員を確保する / 자금이 ～되다 資金が確保される.

확보²〔確報〕 名 하他 確報.

확산〔擴散〕 名 하自 拡散. ¶절약 풍조가 전국으로 ～되다 節約の風潮が全国に広がる.

확성기〔擴聲器〕 名 拡声器.

확신〔確信〕 名 하他 確信. ¶～을 가지다 確信を持つ / 성공을 ～하다 成功を確信する.

확신범〔―犯〕 名〔法〕 確信犯.

확실성〔確實性〕 名 確実性.

확실시〔確實視〕 名 하他 確実視.

확실하다〔確實―〕 形 確実だ. 確かだ. ¶확실한 증거 確かな証拠 / 확실한 것은 아직 모른다 はっきりしたことはまだ分からない. **확실히** 副 確実に. 確かに. はっきりと. ¶좀 더 ～ 말해 봐 もうちょっとはっきりと言ってみろ / 그 사람도 갈 건지 ～ 물어 봐 彼も行くのか念を押してみろ.

확약〔確約〕 名 하他 確約. ¶～을 받다 確約を得る.

확언〔確言〕 名 하他 確言. ¶틀림없다고 ～하다 間違いないと確信する.

확연하다〔確然―〕 形 確然としている. ¶확연한 사실 確然たる事実. **확연히** 副 はっきりと.

확인〔確認〕 名 하他 確認. ¶～ 소송 確認訴訟 / ～ 판결 確認判決 / 신원을 ～하다 身元を確認する / 미～ 정보 未確認情報.

확장〔擴張〕 名 하他 拡張. 反 縮小 ¶사업을 ～하다 事業を拡張する / 크게 ～된 도로 大きく拡張された道路.

확정〔確定〕 名 하他 確定. 決めること. ¶～ 신고 確定申告 / ～ 판결 確定判決 / 일시[범위]를 ～하다 日時[範囲]を決める / 당선이 ～되다 当選が確定する.

확정적〔―的〕 冠 名 確定的. ¶～인 증거 確定的な証拠.

확증〔確證〕 名 하他 確証. ¶～을 잡다 確証をつかむ.

확충〔擴充〕 名 하他 拡充. ¶시설을 ～하다 施設を拡充する / ～된 행정 기구 拡充された行政機構.

확확 副 하自 **1**〔세차게 불거나 내뿜는 모양〕 ぴゅうぴゅう(と). ¶뜨거운 김이 ～ 나온다 熱い湯気がひゅうひゅう立ち上る. **2**〔불길이 세게 일어나는 모양〕ぼうぼう(と). ¶ ~ 타오르는 불길 ぼうぼうと燃え上がる炎. **3**〔뜨거운 느낌이 잇달아 일어나는 모양〕かっかと. ¶ 빰이 ~ 달아오른다 頰がかっかとほてってくる. **4**〔힘차게 풀리거나 열리는 모양〕するする(と). ¶ 연줄이 ~ 풀려나가다 たこ糸がするするほどけていく.

환[1]〔丸〕 **I** [名]〔'환약'의 준말〕丸薬. **II** [依名]〔환약을 세는 단위〕粒. ¶ 두~의 환약 2粒の丸薬.

환[2]〔換〕[名]〔經〕為替. ¶ 외국~ 外国為替.

환가〔患家〕[名] 患家. 病人のいる家.

환각〔幻覺〕[名]〔心〕幻覚.

환각범〔一犯〕[名]〔法〕幻覚犯.

환각제〔一劑〕[名]〔藥〕幻覚剤.

환갑〔還甲〕[名] 還暦. ¶ ~을 맞이하다 還暦を迎える.

◆**환갑 진갑 다 지내다** (還暦もとっくに過ぎたの意で)ずいぶん長生きした.

환갑날 [名] 還暦の日.

환갑잔치 [名] 還暦祝い.

환 거래〔換去來〕[名][하自] 為替の取り引きをすること.

환경〔環境〕[名] 環境. ¶ ~ 위생 環境衛生 / ~이 오염되다 環境が汚染される / ~이 좋다[나쁘다] 環境がよい[悪い] / ~에 적응하다 環境に適応する.

환경부〔一部〕[名] 環境部〈日本の環境庁に当たる〉.

환경 호르몬〔—hormone〕[名] 環境ホルモン〈環境の汚染に因って生じる内分泌系の障害物質〉.

환곡[1]〔換穀〕[名][하自] 穀物を互いに交換すること.

환곡[2]〔還穀〕[名]〔史〕朝鮮時代, 中央·地方の官庁が貯蔵穀物を春に貸し出し, 秋に利子をつけて返納させた制度.

환골탈태〔換骨奪胎〕[名][하自] 換骨奪胎.

환과고독〔鰥寡孤獨〕[名] 鰥寡孤独. よるべのない人. 老いて身寄りのない人.

환관〔宦官〕[名]〔史〕宦官.

환 관리〔換管理〕[名]〔經〕為替管理.

환국〔還國〕[名][하自] 帰国. ¶ ~의 길에 오르다 帰国の途につく.

환궁〔還宮〕[名][하自] 還御. 還幸.

환금〔換金〕[名][하他] **1** 換金. ¶ ~ 작물 換金作物. **2** 両替.

환기[1]〔喚起〕[名][하他] 喚起. ¶ 주의를 ~하다 注意を喚起する.

환기[2]〔換氣〕[名][하自] 換気. 通風. ¶ ~ 장치 換気装置 / ~가 잘 되다 換気がよい.

환기창〔一窓〕[名]〔建〕風窓. 換気窓.

환담〔歡談〕[名][하自] 歓談. ¶ 내객과 ~하다 来客と歓談する.

환대〔歡待〕[名][하他] 歓待. ¶ 정성어린 ~ 真心をこめたもてなし / ~를 받다 歓待を受ける.

환도〔還都〕[名][하他] 還都.

환등〔幻燈〕[名] 幻灯. スライド. ¶ ~기 幻灯機.

환락〔歡樂〕[名] 歓楽. ¶ ~에 빠지다 歓楽におぼれる.

환락가〔一街〕[名] 歓楽街.

환롱〔幻弄〕[名][하他] 巧妙な手段で人をもてあそぶこと.

환롱질 [名][하他] ぺてんにかけて物を取り替えること.

환매[1]〔還買〕[名][하他] 買い戻すこと.

환매[2]〔還賣〕[名][하他] 転売. ¶ 아파트를 남에게 ~하다 アパートを人に転売する.

환멸〔幻滅〕[名] 幻滅. ¶ ~을 느끼다 幻滅を感じる.

환멸감〔一感〕[名] 幻滅感.

환몽〔幻夢〕[名] 幻夢. 夢幻. ¶ ~에서 깨어나다 幻夢から覚める.

환문〔喚問〕[名][하他] 喚問. ¶ 증인을 ~하다 証人を喚問する.

환부[1]〔患部〕[名] 患部. ¶ ~를 절개하다 患部を切開する.

환부[2]〔還付〕[名][하他] 還付.

환부금〔一金〕[名] 還付金.

환불〔還拂〕[名][하他] (料金などを)払い戻すこと. ¶ 특급 요금을 ~하다 特急料金を払い戻す.

환브로커〔換broker〕[名]〔經〕為替ブローカー.

환산〔換算〕[名][하他] 換算. ¶ 엔을 원으로 ~하다 円をウォンに換算する.

환산표〔一表〕[名] 換算表.

환상[1]〔幻想〕[名] 幻想. ファンタジー. ¶ ~을 품다 幻想を抱く / ~에 젖다 幻想にひたる.

환상곡〔一曲〕[名]〔樂〕幻想曲.

환상적〔一的〕[冠][名] 幻想的. ¶ ~인 장면 幻想的な場面.

환상[2]〔幻像〕[名]〔心〕幻像.

환상[3]〔環狀〕[名] 環状. ¶ ~ 도로 環状道路.

환생〔還生〕[名][하自] **1** 生き返ること. **2**〔佛〕転生. 輪廻.

환성[1]〔喚聲〕[名] 喚声. ¶ ~을 지르다 喚声をあげる.

환성[2]〔歡聲〕[名] 歓声. ¶ ~을 올리다 歓声をあげる.

환속〔還俗〕[名][하自]〔佛〕還俗.

환송[1]〔還送〕[名][하他] 送還. 差し戻すこと. ¶ 본국으로 ~하다 本国に送還する / 사건이 원심으로 ~되었다 事件が原審に差し戻された.

환송[2]〔歡送〕[名][하他] 歓送. ¶ ~회 歓送会.

환수〔還收〕[名][하他] 還収. (他人の手に渡ったものを)取り戻すこと. ¶ 대부금을 ~하다 貸し付け金を還収する.

환시세〔換時勢〕[名]〔經〕為替相場. 為替レート.

환심〔歡心〕[名] 歓心. ¶ 여자의 ~을 얻다 女性の歓心を得る.

◆**환심을 사다** 歓心を買う. 取り入る.

환약〔丸藥〕[名] 丸薬.

환어〔還御〕[名][하自] 還御. 還幸.

환어음〔換一〕[名]〔經〕為替手形.

환언〔換言〕[名][하自他] 換言. ¶ ~하면 換言すれば.

환영[1]〔幻影〕[名] 幻影. まぼろし.

환영[2]〔歡迎〕[名][하他] 歓迎. ¶ ~사 歓迎の辞 / ~연 歓迎の宴 / ~회 歓迎会 / 방문을 진심으로 ~합니다 訪問を

心から歓迎します / 가는 곳마다 성대한 ～을 받다 行く先々で盛大な歓迎を受ける.

환원〔還元〕 名 하自他 **1** 還元. 元に戻すこと. ¶ 이익을 소비자에게 ～하다 利益を消費者に還元する. **2**〔化〕還元.

환원제〔一劑〕 名〔化〕還元剤.

환율〔換率〕 名〔經〕為替相場. 為替レート.

환은행〔換銀行〕 名〔經〕為替銀行.

환자〔患者〕 名 患者. 病人. ¶ 입원 ～ 入院患者 / 외래 ～ 外来患者.

환장〔換腸〕 名 하自 気がおかしくなること. 狂いそうになること. ¶ ～할 지경이다 気がおかしくなりそうだ.

환전〔換錢〕 名 하他〔經〕両替. ¶ 엔을 달러로 ～하다 円をドルに両替する.

환절[1]〔換節〕 名 하自 季節が変わること.

환절기〔一期〕 名 季節の変わり目.

환절머리 名 季節が変わるころ.

환절[2]〔環節〕 名〔動〕環節.

환 중매인〔換仲買人〕 名〔經〕為替仲買人.

환증서〔換證書〕 名〔經〕為替証書.

환지〔換地〕 名 하自 換地. 替え地. ¶ ～ 처분 換地処分.

환청〔幻聽〕 名〔心〕幻聴.

환초〔環礁〕 名〔地〕環礁.

환치다 他 でたらめな絵を描く.

환표〔換票〕 名 하自 **1** 切符を取り替えること. **2** 投票用紙をすり替えること.

환하다 形 **1**〔밝다〕明るい. ¶ 전등이 ～ 電灯が明るい / 불꽃이 어둠을 환하게 비쳤다 花火が闇を明るく照らした. **2**〔들여다보이다〕(布の織り目などが) 透けて見える. ¶ 살이 환하게 비치는 여름옷 肌が透けて見える夏服. **3**〔탁 트이다〕(前方が) ぱっと開けている. 見通しがいい. ¶ 환하게 트인 길 広くまっすぐな道. **4**〔명백하다·정통하다〕(物事に) 明るい. 精通している. 通じている. 詳しい. ¶ 불을 보듯 ～ 火を見るより明らかだ. **5**〔얼굴이 잘 생기다〕(容貌が) 立派だ. 際立っている. ¶ 환한 인물 立派な人となり. **6**〔상쾌하다〕(口の中が) さわやかだ. ¶ 양치질을 하고 나니 입 안이 ～ うがいをしたら口の中がさっぱりした. **7** (表情などが) 晴れやかだ. (性格が) 明朗だ. (色が) 明るい. ¶ 얼굴이 요즘은 ～ 顔が近ごろ晴れやかだ. **환히** 副 明らかに. よく. はっきりと. ¶ 그의 속은 ～ 알고 있다 彼の心中はよく分かっている.

환향〔還鄕〕 名 하自 還郷. 帰郷. ¶ 10년 만에 ～하다 10年ぶりに帰郷する.

환형〔環形〕 名 하自 環形. ¶ ～동물 環形動物.

환호〔歡呼〕 名 하他 歓呼.

환호성〔一聲〕 名 歓呼の声. ¶ ～을 받다 歓呼の声に迎えられる / ～을 올리다 歓呼の声をあげる.

환후〔患候〕 名〔어른의 병을 높여 이르는 말〕ご病気.

환희〔歡喜〕 名 歓喜. 喜び. ¶ ～의 노래 歓喜の歌.

활 名 **1** 弓. ¶ ～을 쏘다 矢を射る / ～을 잡아당기다 弓を引きしぼる / ～에 화살을 메기다 弓に矢をつがえる. **2**〔樂〕(弦楽器の) 弓. ¶ 첼로의 ～ チェロの弓.

활강〔滑降〕 名 하自 滑降. ¶ 직～ 直滑降.

활강 경기〔一競技〕 名〔體〕(スキーの) 滑降競技.

활개 名 **1** 広げた腕. ¶ ～를 벌리고 걷다 大手を振って歩く. **2** 広げた翼. 羽.

◆**활개를 젓다** (歩くとき) 両手を前後に振る.

◆**활개를 치다** 大手を振って歩く. のさばる. わが物顔にふるまう. ¶ 폭력단이 ～를 치다 暴力団がのさばる.

활갯짓 名 하自 **1** 両手を大きく振って歩くこと. **2** 羽ばたき.

활공〔滑空〕 名 하自 滑空.

활공기〔一機〕 名 滑空機. グライダー.

활극〔活劇〕 名 活劇. 乱闘劇. ¶ 술에 취해 ～을 벌이다 酒に酔って乱闘劇を演じる.

활기〔活氣〕 名 活気. ¶ ～찬 회장 活気あふれる会場 / ～를 띠다 活気を帯びる / 가게에 ～가 넘치다 店に活気が満ちる / 시장은 언제나 ～가 있다 市場はいつも活気がある.

활달〔豁達〕 名 하形 闊達. ¶ 자유 ～ 自由闊達 / ～한 인물 闊達な人物.

활달대도〔一大度〕 名 度量が広くものごとにこだわらないこと.

활대 名 帆桁.

활동〔活動〕 名 하自 活動. ¶ ～가 活動家 / ～사진 活動写真 / 과외 ～ 課外活動 / ～ 무대 活動の舞台 / ～하기 시작하다 活動し始める / ～을 개시하다 活動を開始する.

활동력〔一力〕 名 活動力. ¶ ～이 넘치다 活動力があふれる.

활동적〔一的〕 冠名 活動的. ¶ ～인 타입 活動的なタイプ.

활등 名 弓の背.

활등코 名 わし鼻. かぎ鼻.

활딱 副 **1**〔벗어진 모양〕すっかり. つるっと. ¶ ～ 벗어진 이마 つるっとはげている額. **2**〔끓어 넘는 모양〕湯が沸騰してあふれ出るようす. ¶ 국이 끓어 ～ 넘치다 スープがぐらぐら沸いてあふれる. **3**〔뒤집는 모양〕くるっと. ¶ 주머니를 ～ 뒤집다 ポケットをひっくり返す.

활력〔活力〕 名 活力. ¶ ～이 넘치다 活力にあふれる / ～을 불어넣다 活力を与える.

활력소〔一素〕 名 活力素.

활로〔活路〕 名 活路. ¶ ～를 찾다 活路を見いだす / ～를 개척하다 活路を開く.

활물〔活物〕 名 活物. 生き物.

활물 기생〔一寄生〕 名〔生〕活物寄生. ¶ ～ 식물 活物寄生植物.

활발하다〔活發一〕 形 活発だ. 盛んだ.

¶동작이 ～ 動作が活発である / 활발한 발언 活発な発言 / 활발하게 토론하다 活発に討論する. **활발히** 副 活発に. 盛んに.

활법〔活法〕名 活法. 活用する方法.

활보〔闊歩〕名 하自 闊歩. ¶거리를 ～하다 街を闊歩する.

활비비 名 舞錐. 回し錐.

활빈당〔活貧黨〕名 義賊党.

활살〔活殺〕名 하他 活殺. 生殺.

활석〔滑石〕名〔鑛〕滑石. タルク.

활성〔活性〕名〔化〕活性. ¶～탄 活性炭 / ～ 탄소 活性炭素.

활성화〔一化〕名 하自他 活性化. ¶사내의 ～를 도모하다 社内の活性化を図る.

활수하다〔滑手一〕形 気前のいい. 金品を惜しまずに使う. ¶활수하게 주다 気前よく与える.

활시위 名 弓の弦.

◆**활시위를 얹다** 弓に弦を張る.

활약〔活躍〕名 하自 活躍. ¶～상 活躍ぶり / 눈부신 ～ 目覚ましい活躍.

활어[1]〔活魚〕名 活魚. 活け魚. ¶～조 活魚槽.

활어[2]〔活語〕名 活語. **1** 現在用いられている言葉. **2** 用言.

활엽〔闊葉〕名〔植〕闊葉.

활엽수〔一樹〕名〔植〕闊葉樹.

활옷 名 **1**〔史〕王女の大礼服. **2** 花嫁の婚礼服.

활용〔活用〕名 하自他 **1** 活用. 生かすこと. ¶효율적인 ～ 効率的な活用 / 헌옷을 ～하다 古着を活用する. **2**〔言〕(用言の)活用. ¶～어 活用語 / 동사의 ～형 動詞の活用形.

활인〔活人〕名 하自 活人. ¶～검 活人剣.

활인적덕〔一積德〕名 하自 人命を救って陰徳を積むこと.

활자〔活字〕名 活字. ¶～금 活字金 / ～본 活字本 / ～체 活字体.

활자판〔一版〕名〔印〕活字版. 活版.

활자화〔一化〕名 하自他 活字にすること. ¶논문을 ～하다 論文を活字にする.

활주〔滑走〕名 하自 滑走.

활주로〔一路〕名 滑走路.

활짝 副 **1**〔시원스럽게 열린 모양〕明るく広々と開けているようす. ¶창이 ～ 열려 있다 窓がすっかり開け放たれている. **2**〔탁 트인 모양〕からっと. ¶～ 트인 들판 ぱあっと開けた野原. **3**〔날씨가 맑게 갠 모양〕からりと. からっと. ¶하늘이 ～ 개어 있다 空がからっと晴れている. **4**〔꽃잎 등이 한껏 핀 모양〕ぱあっと. ¶뜰에 꽃이 ～ 피어 있다 庭に花がぱあっと咲いている. **5**〔가득히 웃음을 띤 모양〕にっこりと. ¶～ 웃다 にっこりと笑う. **6**〔환히 밝은 모양〕夜がすっかり明けたようす.

활찐 副〔들판 따위가 시원스럽게 펼쳐진 모양〕豁然と.

활차〔滑車〕名 滑車.

활촉〔一鏃〕名〔'화살촉'의 준말〕鏃.

활터 名 弓場. 射場.

활판〔活版〕名〔印〕活版. ¶～본 活版本 / ～ 인쇄 活版印刷.

활화산〔活火山〕名〔地〕活火山.

활활 副 **1**〔불타는 모양〕ぼうぼう(と). めらめら(と). かんかん(と). ¶지붕 위로 불길이 ～ 솟아오른다 屋根の上に火柱がぼうぼう上がる. **2**〔새가 나는 모양〕すいすい(と). ひらひら(と). ¶갈매기가 ～ 날아간다 鷗がすいすい飛んで行く. **3**〔옷 벗는 모양〕さっと. さっさと. ¶옷을 ～ 벗고 풀에 뛰어들다 服をさっと脱いでプールに飛び込む. **4**〔부채질하는 모양〕ぱたぱた(と).

활황〔活況〕名 活況. ¶～을 보이다 活況を呈する / ～을 되찾다 活況を取り戻す.

홧김에〔火一〕副 腹立ちまぎれに. 腹いせに. ¶～ 할 말 못할 말 다 해 버렸다 腹立ちまぎれに言っていいこと悪いこと全部ぶちまけた.

〔속담〕**홧김에 서방질한다** 腹いせに不貞を働く〈憤りのあまり分別を失う〉.

홧홧 副 하形〔달듯이 뜨거운 기운이 이는 모양〕かっかと. ¶～한 더위 焼けつくような暑さ.

황[1] 名 **1** そろわない骨牌の札. **2** (あることを成すのに)符合しない物事.

황[2]〔黃〕名 **1**〔'황색'의 준말〕黄. 黄色. **2**〔化〕硫黄. **3**〔韓方〕牛·犬の肝で黄疸にかかった部分を含んでいる韓方薬. **4** 朝鮮人参の表面にできる病的な黄色い傷. **5** 麦の茎につく病的な黄色い粉.

황갈색〔黃褐色〕名 黄褐色.

황고집〔黃固執〕名 意志っ張り. 非常にかたくなで意地の強いこと, またそんな人.

황공무지〔惶恐無地〕名 하形 恐れ多くて身の置きどころを知らないこと.

황공재배〔惶恐再拜〕名 하自他 **1** 慎んで再拝すること. **2** 頓首再拝〈手紙の終わりに敬意を表わして書く語〉.

황공하다〔惶恐一〕形 恐れ多い. 恐縮だ. ¶황공하옵게도 恐れ多くも.

황구〔黃狗〕名 毛の黄色い犬.

황구유취〔黃口乳臭〕名 (幼くてまだ乳のにおいがするの意で)青二才.

황국〔皇國〕名 皇国.

황궁〔皇宮〕名 皇宮.

황그리다 自 まったく失敗する. 台無しになる. 不覚を取る.

황금〔黃金〕名 黄金. 金. お金. ¶～빛 불상 金色の仏像 / ～에 눈이 멀다 黄金に目がくらむ / ～의 다리 黄金の足.

황금률〔一律〕名 黄金律.

황금만능〔一萬能〕名 お金万能. ¶～의 세상 お金万能の世の中.

황금 분할〔一分割〕名〔數〕黄金分割.

황금색〔一色〕名 黄金色. 山吹色.

황금시대〔一時代〕名 黄金時代. ゴールデンエージ.

황급하다〔遑急一〕形 あわてている. あわただしい. **황급히** 副 あわてて. あわただしく. ¶～ 집을 뛰쳐나갔다 あわただしく家を飛び出した.

황기끼다〔一氣一〕 自 怖じ気付く. びくびくする. 怖がる.
황녀〔皇女〕 名 皇女. 皇帝の娘.
황달〔黃疸〕 名〔韓方〕 黄疸.
황당〔荒唐〕 名 하形 荒唐. 言うことが取りとめのないこと. でたらめ.
　황당무계하다〔一無稽一〕 形 荒唐無稽だ. ¶ 황당무계한 이야기 荒唐無稽な話.
황도[1]〔黃桃〕 名〔植〕 黄桃.
황도[2]〔黃道〕 名〔天〕 黄道.
　황도대〔一帶〕 名〔天〕 黄道帯.
　황도 십이궁〔一十二宮〕 名〔天〕 黄道十二宮.
황동〔黃銅〕 名〔鑛〕 黄銅・真鍮.
황량하다〔荒涼一〕 形 荒涼としている. ¶ 황량한 풍경 荒涼とした風景 / 황량한 불모지 荒涼とした不毛の地.
황률〔黃栗〕 名 搗栗.
황린〔黃燐〕 名〔化〕 黄燐.
황마〔黃麻〕 名〔植〕 黄麻.
황막〔荒漠〕 名 하形 荒漠. ¶ ～한 대초원 荒漠たる大草原.
황망〔慌忙〕 名 하形 忙しくてあわてふためくこと.
황매화〔黃梅花〕 名〔植〕 黄梅.
황모〔黃毛〕 名 いたちの尾の毛〈筆に用いる〉.
황무지〔荒蕪地〕 名 荒蕪地. 荒れ地. ¶ ～를 개간하다 荒れ地を開く.
황밤〔黃一〕 名 搗栗.
황사〔黃沙〕 名 黄砂.
황산〔黃酸〕 名〔化〕 硫酸.
　황산동〔一銅〕 名〔化〕 硫酸銅.
　황산지〔一紙〕 名〔化〕 硫酸紙.
황새 名〔動〕 鸛.
　황새걸음 名 大股歩き. 闊歩.
　황새목 名 (こうのとりが首を縮めたような形の) 灯籠をかける鉤.
황색〔黃色〕 名 黄色. ¶ ～ 인종 黄色人種.
황성[1]〔皇城〕 名 皇城. 宮城.
황성[2]〔荒城〕 名 荒城. 荒れ果てた城.
황소〔黃一〕 名 **1** 大きい牡牛. **2** 体の大きな人. 大食漢. ¶ 기운이 ～ 같다 ばか力だ.
　황소걸음 名 牛歩. **1** 牛のように遅い歩み. **2** ゆっくりではあるが根気よく着実な行動.
　황소바람 名 強いすき間風.
　황소자리 名〔天〕 牡牛座.
황손〔皇孫〕 名 皇孫.
황송하다〔惶悚一〕 形 恐縮している. 恐れ入っている. ¶ 말씀드리기 황송합니다만 申し上げるのも恐れ多いのですが.
황실〔皇室〕 名 皇室.
황야〔荒野〕 名 荒野. 荒れ野.
황엽〔黃葉〕 名〔植〕 黄葉.
황옥〔黃玉〕 名〔鑛〕 黄玉. トパーズ.
황원〔荒原〕 名 荒原. 荒れ野.
황위〔皇位〕 名 皇位. ¶ ～ 계승 皇位継承.
황음무도〔荒淫無道〕 名 하形 情欲におぼれて身を持ち崩すこと.
황인종〔黃人種〕 名 黄色人種.
황잡다 自 **1** (骨牌で) そろわない札を引く. **2** 食い違う. 予想外のことで狼狽する.
황적색〔黃赤色〕 名 黄色みを帯びた赤色.
황제〔皇帝〕 名 皇帝. ¶ ～의 자리에 앉다 皇帝の位に就く.
황조[1]〔皇祖〕 名 **1** 皇祖. 皇帝の祖先. **2** 自分の亡き祖父に対する尊敬語.
황조[2]〔黃鳥〕 名〔動〕 高麗鶯.
황족〔皇族〕 名 皇族.
황지〔荒地〕 名 荒地. 荒れ地.
황진〔黃塵〕 名 黄塵. **1** 黄色い土煙. **2** 世間の煩わしさ.
황차〔況且〕 副 〔하물며〕 まして. いわんや. なおさら. ¶ 남도 흥분하는데 ～ 본인은 어떠했을까 他人でさえ興奮するのだからまして本人はどんなだったろう.
황천[1]〔皇天〕 名 **1** 広大な空. **2** 皇天. 天子.
황천[2]〔黃泉〕 名 黄泉. 冥土.
　황천객〔一客〕 名 黄泉の客. ¶ ～이 되다 黄泉の客となる. 死ぬ.
　황천길 名 黄泉路.
황철광〔黃鐵鑛〕 名〔鑛〕 黄鉄鉱.
황청〔黃淸〕 名 黄色い良質のはちみつ.
황체〔黃體〕 名〔生〕 黄体. ¶ ～ 호르몬 黄体ホルモン.
황초절〔黃草節〕 名 牧場で干し草をえさとする時期〈陰暦の10月から翌年の4月まで〉.
황태자〔皇太子〕 名 皇太子.
　황태자비〔一妃〕 名 皇太子妃.
황태후〔皇太后〕 名 皇太后.
황토[1]〔荒土〕 名 荒土. 荒れ地.
황토[2]〔黃土〕 名 黄土.
　황토벽〔一壁〕 名 黄土の壁.
　황토색〔一色〕 名 黄土色.
　황토층〔一層〕 名〔地〕 黄土層.
황폐〔荒廢〕 名 하自 荒廃. ¶ ～한 국토 荒廃した国土.
　황폐화〔一化〕 名 하自他 荒廃化. ¶ ～된 산림 荒れ果てた山林.
황포〔黃布〕 名 黄色の麻布と綿布.
황하〔黃河〕 名〔地〕 黄河〈中国の川〉.
황하다〔荒一〕 形 荒い. 乱暴だ.
황혼〔黃昏〕 名 たそがれ. 夕暮れ. 日暮れ. ¶ ～ 무렵 日が暮れるころ / 인생의 ～ 人生のたそがれ.
황홀경〔恍惚境〕 名 恍惚の境地.
황홀하다〔恍惚一〕 形 うっとりとする. 恍惚としている. ¶ 황홀한 눈으로 바라보다 うっとりとした目で眺める / 황홀한 기분이 되다 うっとりした気分になる. **황홀히** 副 うっとり.
황화[1]〔黃化〕 名 하自 **1**〔化〕 硫化. **2**〔植〕 黄化〈光の欠乏で植物が黄色くなること〉.
　황화동〔一銅〕 名〔化〕 硫化銅.
　황화물〔一物〕 名〔化〕 硫化物.
　황화수소〔一水素〕 名〔化〕 硫化水素.
　황화은〔一銀〕 名〔化〕 硫化銀.
　황화철〔一鐵〕 名〔化〕 硫化鉄.
황화[2]〔黃禍〕 名 黄禍. ¶ ～론 黄禍論.
황후〔皇后〕 名 皇后.
홰[1] **I** 名 **1** 止まり木. **2**〔'횃대'의 준말〕 えもん掛け.

Ⅱ 依名 〔새벽에 닭이 우는 번수〕夜明けに鶏が羽ばたく回数を数える語. ¶닭이 세 ~째 운다 鶏が3度めの羽ばたきをして鳴く〈朝を告げる〉.
◆**홰를 치다** 羽ばたく. 夜明けを告げる.

홰² 名 松明.

홰꾼 名 **1** 松明を持つ人. **2** 〔史〕官僚が夜道を歩くとき松明で足元を照らす人.

홰홰 副 **1** 〔휘두르거나 휘젓는 모양〕ぐるぐる(と). ¶새끼줄을 ~ 휘두르다 縄をぐるぐる振り回す. **2** 〔감거나 감기는 모양〕くるくる(と). ¶붕대를 ~ 감다 包帯をくるくる巻く.

홱 副 **1** 〔잽싸게〕さっと. ぱっと. ¶오토바이가 ~ 지나갔다 オートバイがさっと通り過ぎた / 커튼을 ~ 걷다[열다] カーテンをさっと開く. **2** 〔빨리 돌리는 모양〕くるっと. さっと. ¶고개를 ~ 돌리다 首をさっと回す / 핸들을 오른쪽으로 ~ 꺾다 ハンドルを右側にさっと切る. **3** 〔힘차게 던지는 모양〕ぽんと. ¶연필을 ~ 집어던지다 鉛筆をぽんとほうり投げる. **4** 〔바람 등이 세게 부는 모양〕ひゅうっと. ふっと. ¶촛불을 ~ 불어 끄다 ろうそくの火をふっと吹き消す. **5** 〔갑자기 끌어당기는 모양〕ぐいと.
홱홱 副 **1** さっさっと. **2** くるっくるっと. ¶바람개비가 ~ 돌아가다 風車がくるくる回る. **3** ぽんぽん(と). **4** ぴゅうぴゅう(と). ¶매서운 바람이 ~ 몰아치다 激しい風がぴゅうぴゅうと吹く. **5** ぐいぐい(と). ¶블라인드의 줄을 ~ 잡아당기다 ブラインドのひもをぐいぐいと引っ張る.

횃대 名 (棒の両端をひもでつるすようにした)衣服掛け. えもん掛け.
횃댓보〔—褓〕名 えもん掛けの覆い.

횃불 名 炬火. 松明. かがり火. ¶~을 켜다 松明をともす.

횅댕그렁하다 形 ひっそりしている. がらんとしている. ¶철 지난 해수욕장이라 ~ 季節はずれの海水浴場なのでがらんとしている. ＜휑뎅그렁하다

횅하다 形 **1** 〔잘 알다〕よく知っている. 通じている. 明るい. 精通している. **2** 〔시원스럽다〕(穴のようなものが)すっと通る. よく通る. ¶고속 도로가 횅하게 뻗어 있다 高速道路がすっと伸びている. **3** 〔'횅댕그렁하다'의 준말〕ひっそりしている. がらんとしている.

회¹〔灰〕名〔化〕**1**〔'석회'(石灰)의 준말〕石灰. **2** 〈俗〉酸化カルシウム. 生石灰.

회²〔會〕名 会. 集まり. 会合. 集い.

회³〔回〕Ⅰ 名 回. ¶매~ 毎回 / ~를 거듭함에 따라 回を重ねるにつれて.
Ⅱ 依名 〔돌아오는 차례〕回. ¶제 2~ 第2回 / 9~ 초[말] 9回表[裏].

회⁴〔蛔〕名〔動〕回虫.
◆**회가 동한다** (回虫が動くの意で)食欲をそそる. 興味がわく.

회⁵〔膾〕名 刺身. なます. ¶다랑어 ~ 鮪の刺身.
◆**회를 치다** 刺身にする.

회⁶ 副 **1** 〔바람이 휘몰아치는 소리〕ひゅうっと. ぴゅうっと. **2** 〔숨을 내쉬는 소리〕ふうっと. ふっと.

-회⁷〔會〕接尾 〔단체·조직〕…会. ¶음악~ 音楽会 / 환영~ 歓迎会 / 송별~ 送別会.

회갈색〔灰褐色〕名 灰褐色.

회갑〔回甲〕名 還暦.
회갑연〔—宴〕名 還暦祝いの宴.

회개〔悔改〕名 하他 悔い改めること. ¶이전의 잘못을 ~하다 前非を悔い改める.

회견〔會見〕名 하自 会見. ¶기자 ~ 記者会見 / ~을 신청하다 会見を申し入れる.

회계〔會計〕名 하他 会計. ¶~ 감사 会計監査 / ~ 장부 会計帳簿 / ~학 会計学 / ~ 연도 会計年度.
회계사〔—士〕名 会計士.

회고¹〔回顧〕名 하他 回顧. ¶~록 回顧録.

회고²〔懷古〕名 하自 懐古. ¶어린 시절을 ~하다 子供の頃を懐古する.
회고담〔—談〕名 懐古談.

회관〔會館〕名 会館. ¶문화 ~ 文化会館.

회교〔回教〕名〔宗〕回教. イスラム教. ¶~국 回教国 / ~도 回教徒 / ~ 사원 回教寺院.
회교권〔—圈〕名 イスラム圏.
회교력〔—曆〕名 イスラム暦.

회구〔懷舊〕名 하他 懐旧. ¶~의 정 懐旧の情.

회군〔回軍〕名 하自 軍隊を戻すこと.

회귀〔回歸〕名 하自 回帰.
회귀년〔—年〕名〔天〕回帰年.
회귀선〔—線〕名〔天〕回帰線. ¶남[북]~ 南[北]回帰線.
회귀열〔—熱〕名〔醫〕回帰熱〈伝染病〉.

회규〔會規〕名 会規.

회기¹〔回忌〕名 回忌. 周忌.

회기²〔會期〕名 会期. ¶국회의 ~를 연장하다 国会の会期を延長する.

회깟〔膾—〕名 牛の肝·蜂巣胃·腎臓などのなます.

회납〔回納〕名 하他 **1** 返して差し上げること. 納め戻すこと. **2** 返書の脇付け.

회담〔會談〕名 하他 会談. ¶수뇌 ~ 首脳会談 / 평화 ~ 平和会談 / 양국 대표가 ~하다 両国の代表が会談する.

회답〔回答〕名 하自 回答. 返事. ¶~을 보류하다 回答を見合わせる / 편지를 부쳤는데 ~이 없다 手紙を送ったのに返事がない.

회당〔會堂〕名〔基〕会堂. 教会.

회독〔回讀〕名 하他 回読. 回し読み.

회동〔會同〕名 하自 会同. 会合. ¶~을 갖다 会合を持つ.

회동그라지다 自 急にふらつきながら転倒する. ¶빙판에 미끄러져서 ~ 凍った道で滑って転倒した.

회동그랗다 形 **1** (驚き·恐怖で)目を大きく見開いている. ¶비싼 값에 눈을 회동그랗게 뜨고 있다 高い値段に目を白黒させている. ＜휘둥그렇다

2 何のはばかりもない. **3** 仕事がきれいに片づいている.
회동그스름하다〔-스레하다〕 形 曲がってまるみがある.
회두리 名 最後. びり.
　회두리판 名 最後の局面. 最後の勝負.
회득〔會得〕 名 하他 会得.
회람〔回覽〕 名 하他 回覧. ¶ ～을 돌리다 回覧を回す.
　회람판〔一板〕 名 回覧板.
회랑〔回廊〕 名 回廊.
회례〔回禮〕 名 하自 返礼.
회로〔回路〕 名 **1** 帰路. 帰途. 帰り道. **2**〔物〕〔'전기 회로'의 준말〕 回路. ¶ 전류의 ～ 電流の回路 / 집적 ～ 集積回路.
회루〔悔淚〕 名 後悔の涙.
회맹〔會盟〕 名 하自 会盟. 集まって互いに盟約すること.
회목〔檜木〕 名〔植〕 檜.
회무〔會務〕 名 会務. 会の事務.
회문〔回文〕 名 回文. 回状.
회백색〔灰白色〕 名 灰白色.
회벽〔灰壁〕 名 石灰を塗った壁.
회보[1]〔回報〕 名 하他 回報. 返報. 返事. 返信. ¶ ～를 보내다 回報を出す.
회보[2]〔會報〕 名 会報. ¶ 동창회 ～ 同窓会会報.
회복〔回復·恢復〕 名 하他 回復. ¶ 실지를 ～하다 失地を回復する / 명예를 ～하다 名誉を回復する / 경기가 ～되다 景気が回復する / 병이 ～되었다 病気が回復した.
　회복기〔一期〕 名 回復期.
회부〔回附〕 名 하他 回付. 回すこと. ¶ 법안을 국회에 ～하다 法案を国会に回付する / 재판에 ～되다 裁判に回付される.
회분〔灰分〕 名 **1** 灰分. **2** 石灰の成分.
회비〔會費〕 名 会費. ¶ ～를 모으다〔바치다〕 会費を集める〔納める〕.
회사〔會社〕 名 会社. ¶ 개인 ～ 個人会社 / 주식〔합자·합명〕 ～ 株式〔合資·合名〕会社 / 모～ 親会社 / 자～ 子会社 / 계열 ～ 系列会社 / ～를 차리다 会社をつくる / ～에 취직하다 会社に就職する / ～에 근무하다 会社に勤める.
　회사원〔一員〕 名 会社員.
회상〔回想〕 名 하他 回想. ¶ 학창 시절을 ～하다 学生時代を回想する / ～에 잠기다 回想にふける.
　회상록〔一錄〕 名 回想録.
회색〔灰色〕 名 灰色. ¶ 엷은 ～ 薄い灰色.
　회색분자〔一分子〕 名 灰色分子〈所属·傾向·路線などがはっきりしない人〉.
회생〔回生〕 名 하自 回生. ¶ 기사～ 起死回生 / 사경에서 ～하다 死の淵からよみがえる.
회석〔會席〕 名 会席. 寄り合いの席.
회선[1]〔回船〕 名 하自 **1** 帰り船. 帰りの船. **2** 船を回して帰ること.
회선[2]〔回旋〕 名 하自他 回旋. 旋回.
　회선탑〔一塔〕 名 回旋塔〈公園などにある遊具〉.
회소[1]〔回蘇〕 名 하自 回生. 蘇生. 生き返ること.
회소[2]〔會所〕 名 会所. 人々が集まる所.
회송〔回送〕 名 하他 回送. ¶ 빈차를 ～하다 空車を回送する.
회수〔回收〕 名 하他 回収. ¶ 질문지를 ～하다 アンケート用紙を回収する.
회수권〔回數券〕 名 回数券.
회순〔會順〕 名 会の進行順序.
회술레〔回一〕 名 하他 **1** 人を引っ張り回して恥をかかせること. **2** 人の秘密を暴くこと.
회시〔回示〕 名 하自他 **1** 返事. 回答. **2**〔史〕 罪人を衆人の前にさらすこと.
회식〔會食〕 名 하自 会食. ¶ 협의를 겸해 ～한다 打ち合わせを兼ねて会食する.
회신[1]〔回信〕 名 回信. 返信.
회신[2]〔灰燼〕 名 灰燼. 灰とちり. ¶ ～으로 변하다 灰燼と化する.
회심[1]〔回心〕 名 하自 **1** 改心. **2**〔佛〕 回心. **3**〔基〕 回心.
회심[2]〔悔心〕 名 過ちを悔いる心.
회심[3]〔會心〕 名 会心. ¶ ～의 미소를 짓다 会心の笑みを浮かべる.
　회심작〔一作〕 名 会心の作.
　회심지우〔一之友〕 名 会心の友.
　회심처〔一處〕 名 会心処. 心にあう所.
「つげ.
회양목〔一楊木〕 名〔植〕 ちょうせんひめ
회연〔會宴〕 名 하自 宴会. 宴. ¶ ～을 마련하다 宴会を設ける.
회오〔悔悟〕 名 하他 悔悟. 改悟. ¶ ～의 눈물 悔悟の涙.
회오리바람 名〔氣〕 つむじ風. 竜巻.
회오리밤 名 **1** いがの中に一粒だけの丸い栗. **2** 子供のおもちゃの一つ.
회우〔會友〕 名 会友. 同じ会の友人.
회원〔會員〕 名 会員. ¶ ～권 会員券 / ～으로 가입하다 会員として加入する.
　회원국〔一國〕 名 (国際的組織の)加盟国.
　회원증〔一證〕 名 会員証.
회유[1]〔回游〕 名 하自 (魚類の)回遊. ¶ 산란 ～ 産卵回遊.
　회유어〔一魚〕 名〔動〕 回遊魚.
회유[2]〔回遊〕 名 하自 回遊. 方々を回って観光すること. ¶ ～선 回遊船 / ～차 回遊車.
회유[3]〔懷柔〕 名 하他 懐柔. ¶ ～책 懐柔策.
회음〔會陰〕 名〔生〕 会陰〈陰部と肛門との間〉.
회의[1]〔會意〕 名 会意. **1** 意味を悟ること. **2** 漢字の六書の一つ.
회의[2]〔會議〕 名 하自 会議. ¶ 직원～ 職員会議 / 군법 ～ 軍法会議 / ～를 열다 会議を開く.
　회의록〔一錄〕 名 会議録.
회의[3]〔懷疑〕 名 懐疑. ¶ ～론 懐疑論 / ～를 품다 懐疑を抱く.

　회의적〔一的〕 冠名 懐疑的.
회임〔懷妊〕 名 하自 懐妊. 妊娠.
회자〔膾炙〕 名 하自 膾炙. ¶ 인구에 ~되다 人口に膾炙する.
회자정리〔會者定離〕 名 会者定離〈会う者は必ず別れるという意味で世の無常をいう語〉.
회장¹〔回章〕 名 回章. 回状. 回報.
회장²〔回裝〕 名 **1** 女性用のチョゴリ(저고리)の襟・袖先・わき下に当てる色物の布地. **2** (屛風・掛け軸などの)縁飾り.
　회장저고리 名 '회장(回裝)'の飾りをしたチョゴリ.
회장³〔會長〕 名 会長. 会頭. ¶ ~을 선출하다 会長を選ぶ.
회장⁴〔會場〕 名 会場. ¶ 협의회 ~ 協議会の会場 / ~은 입추의 여지도 없다 会場は立錐の余地もない.
회장⁵〔會葬〕 名 하自 会葬. 葬式に参列すること. ¶ ~자 会葬者.
회전¹〔回電〕 名 하自 返電. 返答の電報.
회전²〔回轉〕 名 하自他 回転. **1** くるくる回ること. ¶ ~ 무대 回り舞台 / ~문 回転ドア / ~의자 回転椅子. **2** 周囲を回ること. ¶ ~목마 回転木馬. **3** 方向を変えること. ¶ 스키의 ~ 경기 スキーの回転競技 / 그 모퉁이를 우~하면 우체국이 나온다 その角を右に曲がると郵便局に出る. **4** (判断力としての)回転. ¶ 머리 ~이 빠르다[느리다] 頭の回転が速い[遅い]. **5** (資金の投資から回収に至るまでの)回転. ¶ 자금을 ~시키다 資金を回転させる.
　회전면〔一面〕 名〔數〕 回転面.
　회전식〔一式〕 名 回転式.
　회전 자금〔一資金〕 名〔經〕 回転資金. 運転資金.
　회전창〔一窓〕 名〔建〕 回転窓.
　회전축〔一軸〕 名〔物〕 回転軸. 心棒.
회절〔回折〕 名〔物〕 回折.
회중〔懷中〕 名 **1** 懐中. ふところ. ¶ ~시계 懐中時計 / ~전등 懐中電灯. **2** 胸中. 心中.
　회중품〔一品〕 名 懐中品.
회지〔會誌〕 名 会誌. 会の機関誌.
회진¹〔回診〕 名 하他 回診. ¶ 의사가 ~하다 医者が回診する.
회진²〔灰塵〕 名 灰塵. **1** 灰と塵. **2** つまらない物.
회천〔回天〕 名 하他 回天. ¶ ~의 위업 回天の偉業.
회초리 名 (子供を打ったり牛馬を使役するときに用いる)細い木の枝.
회춘〔回春〕 名 하自 回春. ¶ ~약 回春薬.
회충〔蛔蟲〕 名 回虫.
　회충약〔一藥〕 名〔藥〕 回虫薬. 虫下し.
회칙〔會則〕 名 会則. ¶ ~ 개정 会則の改正.
회판 名〔'회두리판'의 준말〕最後の局面.
회포〔懷抱〕 名 懐抱. 心に抱いている思い. ¶ 다년간의 ~를 풀다 長年の懐抱を開く.
회피〔回避〕 名 하他 回避. 避けること. ¶ 책임[전쟁]을 ~하다 責任[戦争]を回避する.
회한¹〔回翰〕 名 返書.
회한²〔悔恨〕 名 하他 悔恨. ¶ ~의 정[눈물] 悔恨の情[涙].
회합〔會合〕 名 하自 会合. 集まり. ¶ ~에 참석하다 会合に参加する.
회항〔回航〕 名 하自 回航.
회향¹〔回向〕 名 하自 **1** 顔を他の方に向けること. **2**〔佛〕回向.
회향²〔茴香〕 名 **1**〔植〕茴香. **2**〔韓方〕茴香の実.
회향³〔懷鄕〕 名 하自 懐郷. 望郷. 故郷を懐かしく思うこと.
회혼〔回婚〕 名 結婚60年目をいう語.
　회혼례〔一禮〕 名 結婚60周年に行なう祝宴. ダイヤモンド婚式.
회화¹〔會話〕 名 하自 会話. ¶ 영어 ~를 배우다 英会話を習う.
　회화체〔一體〕 名〔文〕 会話体.
회화²〔繪畫〕 名 絵画. 絵. ¶ ~를 감상하다 絵画を鑑賞する.
회화나무 名〔植〕 槐.
회환〔回還〕 名 하自 帰ってくること.
회회 副 **1**〔여러 번 잘게 감거나 감기는 모양〕くるくる(と). ぐるぐる(と). ¶ 나팔꽃이 해바라기 줄기를 ~ 감고 올라간다 朝顔がひまわりの茎にくるくる巻きついて上がる. **2**〔이리저리 좀게 휘두르는 모양〕ぐるぐる. びゅんびゅん. ¶ 머리채를 ~ 두르며 뛰어오다 長く垂らした髪を振り乱しながら走る. <휘휘
회회교〔回回教〕 名〔宗〕 イスラム教.
회회청〔回回青〕 名 回青〈イスラム圏から伝えられた鮮やかな青色の顔料. 磁器の着色に用いられる〉.
회흑색〔灰黑色〕 名 灰黒色.
획¹〔畫〕 名 画. 字画.
　◆**획을 긋다** 画する. ¶ 신시대의 ~을 긋다 新時代を画する.
획² 副 **1**〔빨리 돌아가는 모양〕くるっと. さっと. すっと. ¶ 머리를 ~ 돌리다 頭をくるっと回す. そっぽを向く. **2**〔바람이 세게 부는 모양〕びゅうっと. ¶ ~ 바람이 불다 びゅうっと風が吹く. **3**〔힘껏〕ぽいっと. ぴゅっと. ¶ 화가 나서 팔을 ~ 뿌리치다 怒って腕をぽいっと振り放す. <휙
획기적〔劃期的〕 冠名 画期的. ¶ ~인 성과 画期的な成果.
획득〔獲得〕 名 하他 獲得. 取得. 手に入れること. ¶ ~물 獲得物 / 자격 ~ 資格の取得 / 면허 ~ 免状の取得 / 권리를 ~하다 権利を獲得する / 금메달을 ~하다 金メダルを獲得する.
획수〔畫數〕 名 画数. ¶ ~가 많은 글자 画数の多い字.
획순〔畫順〕 名 筆順.
획일적〔劃一的〕 冠名 画一的. ¶ ~인 교육 画一的な教育 / ~으로 다루다 画一的に扱う.
획일주의〔劃一主義〕 名 画一主義.
획일하다〔劃一一〕 形 画一的だ. ¶ 획일한 수법 画一的な手法.
획정〔劃定〕 名 하他 画定. ¶ 국경을

~하다 国境を画定する.
획책〔畫策〕 名 하他 画策. ¶ 이면에서 ~하다 裏面で画策する.
획획 副 **1**〔연달아 빨리 돌아가는 모양〕くるくる(と). ぐるぐる(と). びゅんびゅん(と). ¶ 바람개비가 ~ 돌다 風向計がぐるぐる(と)回る. **2**〔바람이 연해 세게 부는 모양〕ひゅうひゅう(と). **3**〔무엇을 자꾸 던지는 모양〕びゅんびゅん(と). ¶ 강물에 돌을 ~ 던지다 川の水に石をびゅんびゅんと投げる.
횟가루〔灰一〕 名 石灰(生石灰・消石灰)の粉末.
횟감〔膾一〕 名〔料理〕刺身の材料.
횟돌〔灰一〕 名〔鑛〕石灰岩.
횟수〔回數〕 名 回数. ¶ ~가 잦다 回数が頻繁だ.
횡갱〔橫坑〕 名 横坑. (鉱山で)水平坑道.
횡격막〔橫膈膜〕 名〔生〕横隔膜.
횡단〔橫斷〕 名 하他 横断. ¶ ~로 横断路/~면 横断面/~ 보도 横断歩道.
횡대〔橫隊〕 名 横隊. ¶ 3열 ~로 늘어서다 3列横隊に並ぶ.
횡듣다〔橫一〕 他 聞き間違える. 聞き誤る.
횡래지액〔橫來之厄〕 名 思いがけない災厄.
횡렬〔橫列〕 名 横列.
횡령〔橫領〕 名 하他 横領. ¶ 공금 ~ 公金横領/~죄 横領罪.
횡목〔橫木〕 名 横木. バー.
횡문근〔橫紋筋〕 名〔生〕横紋筋.
횡보〔橫步〕 名 하自 横歩き.
횡보다〔橫一〕 他 見間違える. 見あやまる.
횡사〔橫死〕 名 하自 横死. 変死.
횡서〔橫書〕 名 하他 **1** 横書き. **2** 横文字.
횡선〔橫線〕 名 横線.
횡선 수표〔一手票〕 名〔經〕横線小切手. 線引き小切手.
횡설수설〔橫說竪說〕 名 하自 やたらにでたらめをしゃべること. 理屈に合わないことを話すこと. しどろもどろにしゃべること. ¶ 술에 취해 ~하다 酒に酔ってでたらめをやたらにしゃべる.
횡수〔橫手〕 名 (囲碁・将棋で)まずい手. まちがえて打った手. 悪手.
횡액〔橫厄〕 名 思いがけない災い[災難]. ¶ ~을 당하다 思いがけない災いにあう.
횡와〔橫臥〕 名 하自 横臥.
횡일성〔橫日性〕 名〔植〕横日性.
횡재¹〔橫災〕 名 하自 横災. 不意の災い.
횡재²〔橫財〕 名 하自 思いがけないもうけ物を得ること. 掘り出し物. 目っけもの.
횡적〔橫的〕 冠名 横的. ¶ ~ 관계 横の関係.
횡철〔橫綴〕 名 하他 **1** 横書きの文字. **2** 横に継ぎ合わすこと.
횡축〔橫軸〕 名 横軸. **1** 横に長い掛け軸. **2**〔數〕x 軸.
횡탈〔橫奪〕 名 하他 横奪. 掠奪.
횡포〔橫暴〕 名 하形 横暴. ¶ ~를 부리다 横暴なふるまいをする.
횡행〔橫行〕 名 하自 横行. ¶ 도둑이 ~하다 泥棒が横行する.
효〔孝〕 名 孝. 孝行. 孝道. ¶ ~는 백행의 근본 孝は百行の本.
효경〔孝敬〕 名 하自 父母によく仕え敬うこと.
효과〔效果〕 名 効果. **1** 効き目. ¶ 치료의 ~가 있었다 治療の効果があった. **2** (映画・演劇で)効果. ¶ 연출 ~ 演出効果/음향 ~ 音響効果.
효과적〔一的〕 冠名 効果的. ¶ ~이다 効果的だ. 有効だ.
효녀〔孝女〕 名 孝女. 孝行娘.
효능〔效能〕 名 効能. 効き目. 効力. ¶ 약의 ~ 薬の効能.
효도〔孝道〕 名 하自 孝道. 孝行の道. ¶ ~를 다하다 孝道を尽くす.
◆**효도를 보다** (子供や嫁たちの)孝道を受ける.
효력〔效力〕 名 効力. **1** (薬などの)効能. 効き目. ¶ ~이 있다 効き目がある. 効く. **2** (法律・規則などの)作用. 有効性. ¶ 법률상 ~이 있다 法律上有効である.
효모〔酵母〕 名〔植〕酵母菌.
효부〔孝婦〕 名 孝行心の厚い嫁.
효성¹〔孝誠〕 名 真心を尽くして父母に仕えること.
효성스럽다 形 父母に仕える態度に真心がこもっている. ¶ 효성스럽게 간병하다 真心を尽くして看病する.
효성²〔曉星〕 名 暁星. **1** 夜明けの星. **2** 非常にまれな存在.
효소〔酵素〕 名〔化〕酵素.
효소제〔一劑〕 名 酵素剤.
효손〔孝孫〕 名 孝孫. **1** 孝心の厚い孫. **2** 祖先をまつるときの祭主の自称.
효수〔梟首〕 名 하他〔史〕梟首. さらし首. ¶ ~형에 처하다 梟首刑に処す.
효순하다〔孝順一〕 形 孝順だ. 親孝行で柔順である.
효시〔嚆矢〕 名 嚆矢. **1** かぶら矢. **2** 物事の最初. ¶ 그 설은 그를 ~로 한다 その説は彼をもって嚆矢とする.
효심〔孝心〕 名 孝心.
효양〔孝養〕 名 하他 孝養. ¶ 부모에게 ~을 다하다 父母に孝養を尽くす.
효용〔效用〕 名 効用. **1** 効能. 効き目. ¶ 약의 ~ 薬の効用. **2** 用途. ¶ 그 밖에는 ~이 없다 それ以外には効用がない. **3** 財貨が人間の欲望を満足させ得る限界.
효우〔孝友〕 名 孝友. 孝悌.
효율〔效率〕 名 効率. 効果. ¶ 이 기계는 ~이 좋다[나쁘다] この機械は効率がよい[悪い].
효율적〔一的〕 冠名 効率的. ¶ 자원의 ~인 이용 방법을 생각하다 資源の効率的な利用の方法を考える.
효자〔孝子〕 名 孝子. **1** 父母によく仕える息子. 親孝行. **2** 父母の祭祀または碑文の自分の名の上に書く言葉.
효자문〔一門〕 名 孝子門(孝子を表

彰して立てる赤い門〉.

효자비〔一碑〕 名 孝子碑〈孝行者をたたえて建てた碑〉.

효제〔孝悌〕 名 孝悌. 父母に孝行し兄弟に対する友愛.

효친〔孝親〕 名 하自 親に孝行すること.

효행〔孝行〕 名 孝行.

효험〔效驗〕 名 効験. 効き目. 効力. ¶ ~이 있다[없다] 効き目がある[ない].

◆**효험을 보다** 効験を得る.

후¹〔後〕 **I** 名 **1** (時間的に) あと. のち. 次. ¶ 식사 ~에 출발한다 食事の後に出発する／맑은 ~에 흐림 晴れのちくもり. **2** …した後. 追って. 後ほど. ¶ ~에 연락하겠다 後ほど連絡するよ／벌써 출발한 ~였다 すでに出発した後だった.

II 接頭 (時間的に) 後…. ¶ ~백제 後百済.

후² 副 하他 〔날숨을 내뿜는 소리〕 ふうっと. ¶ 촛불을 ~하고 불어 끄다 ろうそくの火をふうっと吹いて消す.

후³ 感 〔'후유'의 준말〕 ふう.

후각〔嗅覺〕 名 嗅覚. 臭覚. ¶ 개는 ~이 예민하다 犬は嗅覚が鋭い.

후견〔後見〕 名 後見. ¶ ~인 後見人.

후경〔後景〕 名 後景. 背景.

후계〔後繼〕 名 하自 後継.

후계자〔一者〕 名 後継者. 跡取り. ¶ 아들이 회장의 ~가 되었다 息子が会長の後継者になった.

후고〔後顧〕 名 하自 後顧. **1** 後ろを顧みること. **2** 後日を心配すること.

후광〔後光〕 名 後光. ¶ ~이 비치다 後光がさす.

후군〔後軍〕 名 後軍. 後陣. 後ろに控えた軍隊.

후궁〔後宮〕 名 **1** 後宮. **2** 正殿の後方にある宮殿.

후기¹〔後記〕 名 하他 後記. **1** 後世の記録. **2** 本文·文の後に追加する文. ¶ 편집 ~ 編集後記.

후기²〔後期〕 名 後期. ¶ 그의 ~의 그림 彼の後期の絵.

후끈 副 하形 〔뜨거운 기운에 몸이나 쇠 등이 달아오르는 모양〕 かっかと. ¶ 창피를 당하니 얼굴이 ~했다 恥をかかされて顔がかっかとほてった.

◆**후끈 달다** ① かっかと熱くほてる. ② 〈俗〉 怒りでかっかする. ¶ ~ 달았는지 시무룩해 있다 腹が立ったのか, 気をそこねてむっつりしている.

후끈거리다[-대다] 自 かっかとほてる.

후끈후끈 副 하形 ぽかぽか(と). かっかっ(と). むんむん(と). ¶ 난방이 잘 들어와서 교실이 ~하다 暖房がよくきいて教室がぽかぽかと暖かい.

후난〔後難〕 名 後難. **1** 後日の災難. **2** 後世の非難.

후년〔後年〕 名 **1** 再来年. **2** 後年. 将来. ¶ 진가는 ~에 가서 평가를 받았다 真価は後年になって評価された.

후닥닥 副 **1** 〔열쌔게 행동하는 모양〕 さっと. がばっと. ぱっと. はっと. ¶ 그녀는 ~ 일어났다 彼女はがばっと跳ね起きた. **2** 〔성급히 서두르는 모양〕 さっさと. ¶ 그 정도의 일은 ~ 해치워요 それくらいの仕事はさっさとすませなさい. **3** 〔황급히 행동하는 모양〕 あたふた(と). ばたばた(と). ¶ ~ 뛰어나가다 あたふたと飛び出る.

후닥닥거리다[-대다] 自 あたふたする. ばたばたする. どたばたする.

후닥닥후닥닥 副 하自 ばたばた(と). あたふた(と). どたばた.

후단〔後段〕 名 後段. 後ろの段.

후담〔後談〕 名 その後の話.

후대¹〔後代〕 名 後代. 後世. ¶ ~에 이름을 남기다 後世に名を残す.

후대²〔厚待〕 名 하他 厚遇. 優遇. ¶ 귀한 손님으로 ~를 받다 珍客として厚遇される.

후더침〔後一〕 名 産後の病気.

후덕〔厚德〕 名 하形 厚徳. 深く厚い徳.

후덥지근하다 形 (不快なほど) 蒸し暑い. (息苦しいほど) むんむんする. ¶ 후덥지근하여 잠을 잘 수 없다 蒸し暑くて寝られない.

후두¹〔後頭〕 名 後頭.

후두부〔一部〕 名 後頭部.

후두²〔喉頭〕 名 〔生〕 喉頭.

후두암〔一癌〕 名 〔醫〕 喉頭癌.

후두염〔一炎〕 名 〔醫〕 喉頭炎.

후두음〔一音〕 名 〔言〕 喉頭音.

후두두 副 ぱらぱら(と). ぽつぽつ(と). ぽとぽと(と). ¶ 빗방울이 ~ 떨어지기 시작했다 雨がぱらぱらと降り出した／나무를 흔드니 밤이 ~ 떨어진다 木を揺すると栗がばらばらと落ちてきた.

후드득 副 **1** 〔콩·깨 등을 볶을 때 튀는 소리〕 ぱちぱち(と). ¶ 깨가 ~ 튀다 胡麻がぱちぱちはぜる. **2** 〔굵은 빗방울이 성기게 떨어지는 소리〕 ぱらぱら(と). ¶ 비는 아침나절에 ~ 왔을 뿐이다 雨は朝のうちぱらぱらと降っただけだ. **3** 〔검불 등이 타는 소리〕 ぱちぱち(と). ¶ 아궁이에 지핀 마른 나무가 ~ 소리를 내며 탄다 焚き口にくべた枯れ木がぱちぱちと燃える. **4** 〔딱총 등이 터지면서 나는 소리〕 ぱんぱん(と).

후드득거리다[-대다] 自 **1** 軽々しくふるまう. **2** (豆·胡麻などを炒るとき) ぱちぱちはぜる. **3** (かんしゃく玉が一斉に破裂するとき) ぱんぱんとなる. **4** (薪などが勢いよくもえながら) ぱちぱちする. **5** (雨のしずくが) ぽつりぽつりと落ちる.

후드득후드득 副 軽々しく. ぱちぱち. ぱんぱん. ぽつりと.

후들거리다[-대다] 自他 **1** (手足·体が) ぶるぶる震える. **2** (手足·体を) しきりに揺すって震わせる.

후들후들 副 하自他 ぶるぶる. わなわな. がたがた. がくがく. ¶ 무서워서 정강이가 ~ 떨렸다 怖くて向こうずねがぶるぶる震えた.

후딱 副 〔날쌔게 행동하는 모양〕 さっさと. さっと. 早く. すぐ. ぱっと. ¶ 숙제를 ~ 끝내라 宿題をさっさとすませなさい.

후딱후딱 副 さっさと. ぱっぱと.

후래〔後來〕 名 後におくれて来ること.
후래삼배〔一三杯〕 名 駆け付け三杯.
후략〔後略〕 名 하自 後略.
후레아들 名 無礼なやつ. 不作法なやつ. ¶저 ～ 같은 놈 보았나 あんな無礼なやつがあろうか.
후레자식〔一子息〕 名 〈俗〉 無礼なやつ.
후려〔後慮〕 名 後患. 後顧の憂い.
후려갈기다 他 殴り付ける. ぶん殴る. 張り飛ばす. ¶따귀를 ～ ほっぺたをぶん殴る.
후려내다 他 (魅力で人の心をぼうっとさせ)おびき出す. たぶらかす.
후려치다 他 (鞭や拳などで)ひどく殴り付ける. 打ち据える. ¶따귀를 ～ 横っ面を殴り付ける.
후련하다 形 さばさばしている. さっぱりしている. すっきりしている. すかっとしている. せいせいしている. ¶실컷 울었더니 마음이 ～ 存分に泣いたので気持ちがさっぱりした. **후련히** 副 さっぱり(と). すっきり.
후렴〔後斂〕 名〔樂〕繰り返し. リフレーン.
후루루 副 하自他 **1**〔호루라기나 호각 등을 불 때 나는 소리〕ぴいぴい(と). ぴりり(と). ¶호루라기를 ～ 불다 呼び子をぴいぴい吹く. **2** ☞후르르
후루룩 副 하自他 **1**〔날짐승이 날개를 치며 나는 소리〕ばたばたっと. **2**〔죽 등을 들이마시는 소리〕ずるずるっと. ¶죽을 단숨에 ～ 마셔 버리다 粥をずるずるっと一息に飲み干す.
후루룩거리다[-대다] 自他 **1** ばたばたする. **2** ずるずるとすする.
후루룩후루룩 副 하自他 **1** ばたばた(と). ¶산새가 ～ 날아간다 山鳥がばたばたと飛んで行く. **2** ずるずる(と).
후르르 副 하自 **1**〔날짐승이 나는 소리〕ぱたぱた(と). ¶비둘기가 ～ 날아올랐다 鳩がぱたぱたと舞い上がった. **2** めらめら(と). ¶종이가 ～ 타다 紙がめらめらと燃える.
후리 名 **1**〔'후릿그물'의 준말〕引き網. **2** ☞후리질
후릿그물 名 (大形の)引き網.
후리다 他 **1** 面取りする. ¶대패로 모서리를 ～ 鉋で面取りする. **2** ひったくる. ¶행인의 가방을 후려 도망치다 行きずりの人のかばんをひったくって逃げる. **3** (人の物を)だまし取る. ¶남의 재산을 후려 먹다 人の財産をだまし取る. **4** 追いやる. 追い立てる. 駆り立てる. ¶개를 막다른 골목으로 후려서 잡았다 犬を袋小路に追いやってつかまえた. **5** たぶらかす. ¶처녀[유부녀]를 ～ 娘[人妻]をたぶらかす.
후리질 名 하自 **1** 引き網で魚を取ること. **2** 何もかもさらい取ること.
후리후리하다 形 すらりとしている. すんなりとしている. すらっとしている. ¶후리후리한 미인 すらっとした美人/후리후리한 청년 すらりとした青年.
후림 名 ごまかし. たぶらかし. まやかし.
후림대수작〔一酬酌〕 名 人をまやかすために並べ立てる言葉.
후림불 名 巻き添え. とばっちり. そばづえ.
후면〔後面〕 名 後面.
후무리다 他 (こっそり)かすめ取る. 盗む. 着服する. 横領する. ¶감쪽같이 ～ まんまとかすめ取る/공금을 ～ 公金を着服する.
후문〔後門〕 名〔建〕後門. 裏門.
후물림〔後一〕 名 中古品. お下がり. お古. ¶나는 언제나 형의 ～만 받는다 私はいつも兄のお下がりばかりもらう.
후미[1] 名 (水辺·山道などの)曲がった所. 入り江. 曲.
후미지다 形 **1** (水辺·山道などが曲がりくねって)深く入り込んでいる. 奥まっている. ¶후미진 숲속 深い森の中. **2** 奥深くひなびている. 辺鄙である. ¶가로등도 없는 후미진 골목 街灯もない奥まった路地.
후미[2]〔後味〕 名 後味.
후미[3]〔後尾〕 名 後尾. 殿. ¶대열의 ～ 隊列の後尾.
후박[1]〔厚朴〕 名 하形 厚朴. 人情が厚く素朴なこと.
후박[2]〔厚朴〕 名〔韓方〕厚朴. ほおの木の樹皮を乾燥した生薬.
후반〔後半〕 名 後半. ¶～전 後半戦.
후반기〔一期〕 名 後半期.
후반부〔一部〕 名 後半部.
후발〔後發〕 名 하自他 後発. 後から出発すること.
후발대〔一隊〕 名 後発隊.
후방〔後方〕 名 **1** 後ろ側. **2**〔軍〕後方. ¶～ 부대 後方部隊/～ 근무 後方勤務.
후배〔後輩〕 名 後輩. 反 先輩. ¶～를 보살피다 後輩の面倒をみる.
후보〔候補〕 名 候補. ¶～자 候補者/～를 세우다 候補を立てる.
후보생〔一生〕 名 候補生.
후보작〔一作〕 名 候補作.
후보지〔一地〕 名 候補地.
후부〔後部〕 名 後部.
후불〔後拂〕 名 하他 後払い. ¶요금은 ～함 料金は後払い.
후비〔后妃〕 名 后妃. 妃.
후비다 他 **1** (穴などを)ほじくる. ほじる. ¶귀를 ～ 耳をほじくる/코딱지를 후벼 내다 鼻くそをほじくり出す. **2** (秘密やあらを)ほじくる.
후비적거리다[-대다] 他 しきりにほじくる. しきりに抉る.
후비적후비적 副 하他 しきりにほじくる[抉る]ようす.
후사[1]〔後嗣〕 名 後嗣. 世嗣·世継ぎ. 後継ぎ. ¶～가 태어났다 後継ぎが生まれた.
후사[2]〔厚謝〕 名 하自 厚謝. 深謝.
후사[3]〔後事〕 名 後事. ¶～를 부탁하다 後事を託する.
후산〔後産〕 名 하自 後産·後産·後産.
후살이〔後一〕 名 하自 後妻としての暮らし.
후상〔厚賞〕 名 하他 厚賞.
후생[1]〔厚生〕 名 厚生. ¶복지와 ～ 福祉と厚生/～ 사업 厚生事業.
후생[2]〔後生〕 名 後生. **1** 後に生まれ

た人. **2**〔佛〕来世. 後生. **3** 後に学ぶ人.
후세〔後世〕名 **1** 後世. 後の世. 後代. ¶ ~의 사람 後世の人/~에 전하다 後世に伝える. **2** 後世. のちの世.
후속〔後續〕名 하他 後続. ¶ ~ 차량 後続車両/~ 부대 後続部隊.
후손〔後孫〕名 (何代も)後の子孫. 後裔. 跡継ぎ. ¶ 명문의 ~ 名門の後裔.
후송〔後送〕名 하他 後送. **1** 後方へおくること. ¶ 부상병을 ~하다 負傷兵を後送する. **2** あとからおくること.
후수〔後手〕名 後手. 反 先手 **1** (囲碁や将棋の)後手. **2** 相手に機先を制せられて追いこまれること.
후술〔後述〕名 하自他 後述. ¶ 이 문제는 ~한다 この問題は後述する.
후신〔後身〕名 **1** 後身〈以前の形から変化·発展したもの〉. **2**〔民俗〕死んで再び生まれた身.
후실〔後室〕名 後妻の尊敬語.
후실 자식〔一子息〕名 後妻の子.
후안〔厚顔〕名 하形 厚顔だ. 鉄面皮. ¶ ~무치 厚顔無恥.
후약〔後約〕名 後約. 後日の約束.
후열〔後列〕名 後列.
후예〔後裔〕名 後裔. 子孫. 後胤.
후원〔後援〕名 하他 後援. ¶ 신문사가 ~하는 행사 新聞社が後援する催し.
후원군〔一軍〕名 後援軍.
후원자〔一者〕名 後援者.
후원회〔一會〕名 後援会.
후위〔後衛〕名 後衛.
후유 感 **1**〔힘에 부치어 내는 소리〕ふうっ. ふうふう. **2**〔고비를 넘기고 한숨 돌릴 때 내는 소리〕ふうっ. ¶ ~, 이제야 안심이다 ふうっ, やっとのことで安心だ.
후유증〔後遺症〕名〔醫〕後遺症.
후은〔厚恩〕名 厚恩. あつい恩恵.
후의[1]〔厚意〕名 厚意. 厚情. ¶ ~를 저버리다 厚意を無にする.
후의[2]〔厚誼〕名 厚誼. ¶ 평소의 ~에 사의를 표하다 平素の厚誼に謝する.
후인〔後人〕名 後人. 後世の人.
후일〔後日〕名 後日. 他日. のちの日. ¶ ~을 기약하고 헤어졌다 後日を約して別れた.
후임〔後任〕名 後任. ¶ ~자 後任者/~ 교장 後任の校長.
후자〔後者〕名 後者.
후작〔後作〕名〔農〕(二毛作のうちの)後の作物.
후장〔後場〕名〔經〕(証券などの)後場. 午後の立会い.
후정〔厚情〕名 厚情. ¶ ~에 감사하다 厚情に感謝する.
후조〔候鳥〕名〔動〕候鳥. 渡り鳥.
후주〔後酒〕名 酒の上澄みを取り除いて再び水を入れて搾った酒.
후줄근하다 形 **1** (紙·布などが湿ったり糊気がなくなったりして)じっとりとしている. くたくただ. くたびれている. ¶ 양복이 비에 젖어 ~ 洋服が雨にぬれてくたくただ. **2** (体が疲れて)ぐったりしている. くたくただ. ¶ 지친 나머지 정신을 잃어 ~ 疲れたあげく気を失いくたくただ. **후줄근히** 副 くたくた. ぐったりと.
후지[1]〔厚志〕名 厚志.
후지[2]〔後肢〕名 後肢.
후진〔後進〕名 하自 後進. **1** 後退. バック. ¶ 차를 ~시키다 車をバックさせる. **2** 後輩. ¶ ~을 도와주다 後進の世話をする. **3** 進歩が遅れること. ¶ ~국 後進国.
후진성〔一性〕名 後進性.
후처〔後妻〕名 後妻. 後添い. のちづれ. ¶ ~를 얻다 後妻をめとる.
후천〔後天〕名 後天. ¶ ~성 後天性.
후천론〔一論〕名〔哲〕後天論.
후천 면역〔一免疫〕名 後天免疫.
후천병〔一病〕名〔醫〕後天病.
후추〔← 胡椒〕名 胡椒の実.
후추나무 名〔植〕胡椒.
후추엿 名 胡椒の粉を入れてつくった飴.
후춧가루 名 胡椒の粉.
후취〔後娶〕名 하他 後妻. 後添い.
후탈〔後頉〕名 **1** 産後の病気. **2** 後腐れ. ¶ ~ 없게 後腐れのないように.
후터분하다 形 (不快なほど)蒸し暑い. むんむんする. ¶ 풀숲의 훈김으로 ~ 草いきれでむんむんする.
후텁지근하다 形 (不快なほど)蒸し暑い. (息苦しいほど)むんむんする.
후퇴〔後退〕名 하自 **1** 後退. ¶ 작전상 ~ 作戦上後退. **2** 母屋の後ろに増築した部屋.
후편〔後篇〕名 後編. 後篇.
후하다〔厚一〕形 **1** (情が)深い. 厚い. ¶ 인심이 ~ 人情が厚い. **2** (もてなしが)手厚い. ¶ 후한 대우 手厚い待遇. **3** 寛大である. 甘い. ¶ 점수가 ~ 点が甘い. **4** (厚さが)厚い. **후히** 副 手厚く. ¶ ~ 대접하다 手厚くもてなす.
후학〔後學〕名 後学. **1** 後進の学者. **2** 学者自身の謙譲語.
후항〔後項〕名 **1** 後項. 後の箇条. **2**〔數〕後項.
후환〔後患〕名 後患. ¶ ~의 뿌리를 뽑다 後患の根を絶つ.
후회〔後悔〕名 하他 後悔. 悔やみ. 悔い. ¶ ~하지 않도록 後悔しないように/뒤에 가서 ~할 거에요 後になって後悔しますよ.
후회 막급〔一莫及〕名 後悔先に立たず.
후후 副 하他〔입술을 오므려 날숨을 내뿜는 소리〕ふうふう(と). ¶ ~ 불어서 불을 피우다 ふうふう吹いて火をおこす.
후후거리다〔-대다〕他 ふうふうする.
후후년〔後後年〕名 再来年. 明後年.
훅 副 **1**〔물을 단숨에 들이마시는 소리〕ぐっと. ぐいと. ¶ 한입에 ~ 마시다 一口にぐっと飲む. **2**〔입김을 세게 내부는 소리〕ふっと. ふうっと. ¶ ~ 한숨을 쉬다 ふっとため息をつく. **3**〔높은 데를 가볍게 뛰어넘는 모양〕ひょいと. ¶ 담을 ~ 뛰어넘다 塀をひょいと飛び

越える. **4** 〔행동이 몹시 날쌘 모양〕 すっと. さっと. ¶～ 나타났다가 ～ 사라지다 すっと現れてすっと消える.

훅훅 副 **1** 〔들이마시는 소리[모양]〕 ちびちび(と). ¶～ 술을 마시다 ちびちびと酒を飲む. **2** 〔부는 소리[모양]〕 ふうふう(と). ¶먼지를 ～ 불다 ほこりをふうふう吹く. **3** 〔더운 기운이 세차게 끼치는 모양〕 むんむん(と). ¶～ 찌는 날씨 むんむんと蒸せ返るような気候. **4** 〔날쌔게 뛰는 모양〕 ひょいひょい(と). ひらりひらり(と). ¶장애물을 ～ 뛰어넘다 障害物をひらりひらりと跳び越える.

훈〔訓〕 名 (漢字の)訓. ¶음과 ～ 音と訓.

훈감하다 形 **1** 味が濃くて香りがよい. **2** 豪奢である.

훈계〔訓戒〕 名 하他 訓戒. 戒め. ¶학생을 ～하다 学生を訓戒する / 낭비를 ～하다 浪費を戒める.

훈계 방면〔一放免〕 名 訓戒放免.

훈공〔勳功〕 名 勲功. 手柄. ¶～을 세우다 勲功を立てる.

훈기〔薰氣〕 名 **1** 暖かい気. 温もり. ¶이불 속의 ～ 布団の中の温もり. **2** ☞훈김2

훈김〔薰一〕 名 **1** (蒸気による)快い暖かさ. **2** (比喩的に)威光. ¶아버지 ～으로 출세하다 父の威光で出世する.

훈도〔薰陶〕 名 하自 薫陶. ¶좋은 ～를 받다 よき薫陶を受ける.

훈독〔訓讀〕 名 하他 訓読. 訓読み.

훈련〔訓鍊〕 名 하他 訓練. ¶실지 ～을 받다 実地訓練を受ける / 잘 ～된 개 よく訓練された犬.

훈련병〔一兵〕 名〔軍〕 訓練兵.

훈련소〔一所〕 名 訓練所.

훈령〔訓令〕 名 하自他 訓令. ¶정부 ～ 政府の訓令.

훈민정음〔訓民正音〕 名 訓民正音.

훈방〔訓放〕 名 하他 訓戒し放免すること.

훈수〔訓手〕 名 하他 (囲碁·将棋などで)横から手を教えてやること.

훈시〔訓示〕 名 하自他 訓示. ¶부하에게 ～하다 部下に訓示する.

훈신〔勳臣〕 名 勲臣. 功臣.

훈유〔訓諭〕 名 하他 訓諭. 教え諭すこと.

훈육〔訓育〕 名 하他 訓育. ¶자제를 ～하다 子弟を訓育する.

훈장¹〔訓長〕 名 **1** 私塾の先生. **2** 〈俗〉 教師.

〔속담〕 **훈장 똥은 개도 안 먹는다** 先生の糞は犬も食べない〈先生の仕事は骨が折れるということ〉.

훈장²〔勳章〕 名 勲章. ¶문화 ～ 文化勲章.

훈제〔燻製〕 名 薫製. 燻製. ¶연어의 ～ 鮭の薫製.

훈제품〔一品〕 名 薫製品.

훈증〔燻蒸〕 名 하他 燻蒸. 蒸気に当てて蒸すこと. ¶～법 燻蒸法.

훈증제〔一劑〕 名 燻蒸剤.

훈풍〔薰風〕 名 薫風.

훈향〔薰香〕 名 薫香.

훈화〔訓話〕 名 하自 訓話. ¶교장 선생님의 ～ 校長先生の訓話.

훈훈하다〔薰薰—〕 形 **1** (気温が)ほどよく暖かい. ぽかぽかしている. ¶훈훈한 바람 暖かい風. **2** (雰囲気が)和やかである. ¶집안 분위기가 ～ 家庭の雰囲気が和やかだ. **훈훈히** 副 暖かく. ぽかぽかと.

훌닦다 他 (他人の過ちなどを)責め立てる. やり込める. やっつける. ¶잘못을 훌닦아 세우다 非を責めたてる.

훌닦이다 自 責め立てられる. やり込められる. やっつけられる. ¶빚쟁이에게 ～ 借金取りに責め立てられる.

훌떡 副 **1** 〔남김없이 벗어지거나 벗는 모양〕 つるっと. つるつるに. すっかり. ¶이마가 ～ 벗어지다 額がつるつるにはげている / 옷을 ～ 벗다 服をすっかり脱ぐ. **2** 〔날쌔게 먹어 치우는 모양〕 さっと. ¶하나 남은 떡을 ～ 먹어 치우다 一つ残った餅をさっと食べてしまう. **3** 〔힘차게 뛰어넘는 모양〕 ひらりと. ひょいと. ¶담을 ～ 넘다 塀をひょいと越える.

훌떡거리다[-대다] 自 (履き物が)すぽすぽする. ¶구두가 커서 ～ 靴が大きくてすぽすぽする.

훌떡훌떡 副 하自 だぶだぶ. ぶかぶか.

훌라 댄스〔hula dance〕 名 フラダンス. フラ.

훌라들이다 他 **1** やたらに突く. やたらに扱く. **2** しきりに出入りさせる.

훌렁 副 **1** 〔미끄럽게 벗어진 모양〕 つるつるに. ¶이마가 ～ 벗어지다 額がつるつるにはげている. **2** 〔뒤집힌 모양〕 ごろり(と). ¶큰 파도로 보트가 ～ 뒤집히다 大波でボートがごろりとひっくり返える. **3** 〔구멍에 헐겁게 들어가는 모양〕 すっぽりと. すぽっと. ¶마개가 헐거워 ～ 들어가다 栓がゆるくてすぽっと入る. **4** 〔남김없이 벗은 모양〕 すっかり. ¶어린이 옷을 ～ 벗기다 子供の着物をすっかり脱がす.

훌렁거리다[-대다] 自 (穴が大きくて出入りが)緩い. ¶구두가 너무 커서 ～ 靴があまり大きくてゆるゆるする.

훌렁훌렁 副 하自 だぶだぶ. ぶかぶか. ¶옷이 너무 커서 ～하다 服が大きすぎてだぶだぶだ.

훌렁하다 形 **1** (穴よりも中にはめる物が小さくて)緩い. ぶかぶかだ. だぶだぶだ. すぽすぽだ. ¶나사가 닳아서 ～ ねじがばかになってすぽすぽだ. **2** 《동사적으로 쓰여》 すっぽり抜ける.

훌륭하다 形 立派だ. 見事だ. 偉い. 偉大だ. すばらしい. 十分だ. ¶훌륭한 태도 立派な態度 / 훌륭한 업적 立派な業績 / 훌륭한 경치 すばらしい景色 / 훌륭한 아이디어 すばらしいアイデア / 그 정도면 ～ それぐらいなら十分だ / 오늘의 연극은 정말 훌륭했습니다 今日の芝居は本当に見事でした / 훌륭한 학자 立派な学者 / 훌륭한 지도자 偉大な指導者.

훌부드르르하다 形 (布地などが)軽くて肌触りがよい. 滑らかだ. しなやか

である.

훌부들하다 形 〔'훌부드르르하다'의 준말〕肌触りがよい.

훌부시다 他 **1** (甕・皿などの汚れを)洗い落とす. ¶물독을 ～ 水甕の汚れを洗い落とす. **2** (食べ物を)残らず平らげる.

훌뿌리다 自他 **1** (雨・雪などが)しきりに飛び散る. 舞う. **2** すげなく断わる. 払いのける.

훌쩍¹ 副 **1** 〔가볍게 뛰거나 날아 오르는 모양〕ひょいと. ぴょんと. ひらりと. ¶도랑을 ～ 건너뛰다 溝をひょいと跳び越える. **2** 〔액체를 단숨에 들이마시는 소리〕ぐっと. ぐいっと. ごくっと. ¶우유를 ～ 마시다 牛乳をごくっと飲む. **3** 〔콧물을 들이마시는 소리〕ずるっと. ぐすんと.

훌쩍거리다[-대다] 自他 **1** ごくりごくりと飲む. **2** (鼻を)しきりにすする.

훌쩍훌쩍 副 하自他 **1** ごくりごくり(と). ¶～ 맛있게 마시다 ごくりごくりとうまそうに飲む. **2** しくしく(と). ¶～ 울다 しくしく泣く.

훌쩍² 副 〔갑자기 떠나는 모양〕ふらりと. ふらっと. ¶～ 고향을 떠나다 ふらりと故郷を去る.

훌쭉하다 形 **1** 細長い. ほっそりしている. ¶키가 ～ 背が細長い. **2** 先がとがって長い. ¶교회 탑이 ～ 教会の塔の先がとがって長い. **3** 体がやせてげっそりしている. ¶앓고 나더니 몸이 ～ 病み上がりで体がげっそりしている.

훌치다¹ 自 (灯などが)風になびく.

훌치다² 他 ほどけたり抜けたりしないようにしっかり縛る.

훌훌 副 **1** 〔날짐승이 가볍게 나는 모양〕すいすいと. ゆうゆうと. ¶두루미가 ～ 날다 鶴が軽やかに飛ぶ. **2** 〔가벼운 것을 던지거나 뿌리는 모양〕ぽんぽん(と). ぱらぱら(と). ¶볍씨를 ～ 뿌리다 種籾をぱらぱらとまく. **3** 〔가볍게 날듯이 뛰는 모양〕ぴょんぴょん(と). 軽々と. ¶사슴이 재를 ～ 넘어가다 鹿がぴょんぴょんと峰を越えていく. **4** 〔옷 등을 거침새 없이 벗어붙이는 모양〕さっさと. ¶입고 있던 옷을 ～ 벗다 着ていた服をさっと脱ぐ. **5** 〔옷 같은 것을 떠는 모양〕ぱたぱた(と). ぽんぽん(と). ¶이불을 ～ 털다 布団をぱたぱたとはたく. **6** 〔죽이나 국 등을 들이마시는 모양〕ふうふう(と). ¶국을 ～ 불며 마시다 汁をふうふう吹いて飲む. **7** 〔불이 시원스럽게 타는 모양〕ぼうぼう(と). めらめら(と).

훌훌하다 形 (重湯・粥・糊などが)ゆるい. ¶훌훌하게 죽을 쒀서 요기를 하다 薄く粥を炊いて飢えをしのぐ.

훑다 他 **1** しごく. 落とす. くしけずる. ¶벼를 ～ 稲をしごく. **2** (皮などを)はぎ取る. むしり取る. ¶나무 껍질을 ～ 樹皮をはげ取る. **3** (中の物をすっかり)取り出す. すすぎ出す. **4** 隅々まで調べる. ¶집안을 샅샅이 ～ 家の中を隅々まで調べる.

훑어보다 他 じろっと見る. 一瞥する. (ざっと)目を通す. ¶사람을 위아래로 ～ 人を上から下までじろじろ見る / 서류를 자세히 ～ 書類を詳細に調べる.

훑이 名 (稲などを)しごく道具.

훑이다 自 **1** (豊富だったのが減って)しなびる. 縮む. **2** (髪の毛などが)もつれる. **3** しごかれる. **4** はぎ取られる.

훔쳐 내다 他 **1** (水気などを)ふき取る. ぬぐう. ¶얼룩을 ～ しみをふき取る. **2** (他人のものを)かすめ取る. 盗み出す. 抜き取る. ¶설계도를 ～ 設計図を盗み出す. **3** (手探りで)つかんで出す.

훔쳐 먹다 他 (人のものを)かすめ取る. くすねる. 盗み食いする. ¶남의 돈을 ～ 人の金をくすねる.

훔쳐보다 他 **1** のぞき見する. ¶장지 구멍으로 ～ 障子の穴からのぞき見する. **2** 盗み見る. ¶옆 사람의 답안지를 ～ 隣の人の答案を盗み見る.

훔치개질 名 하他 **1** (他人のものを)かすめ取ること. 盗み. **2** (垢や水気を)ふくこと. ぬぐい取ること.

훔치다 他 **1** 盗む. かすめる. くすねる. こっそり取る. ¶보석을 ～ 宝石を盗む. **2** ふく. ぬぐう. ¶마루를 ～ 床をふく / 눈물을 옷소매로 ～ 涙を袖でぬぐう. **3** 強く殴る. ぶん殴る. ひっぱたく. ¶남의 뺨을 훔쳐 갈기다 人の頬をひっぱたく. **4** 手探りする. **5** 雑草をむしり取る.

훔켜잡다 他 ぐいっとつかむ. ぎゅっとつかむ.

훔켜쥐다 他 ぎゅっと握る.

훔파다 他 〔'움파다'의 거센말〕(狭く深く)掘る. 掘り下げる.

훔패다 自 〔'움패다'의 거센말〕(狭く深く)掘られる.

훔훔하다 形 (満ち足りて)うれしそうである. 満足そうだ. ¶훔훔한 기분 満ち足りた気持ち.

훗날[後—] 名 次の日. 後日. ¶～로 문제를 남기다 後日に問題を残す.

훗달[後—] 名 次の月.

훗배앓이[後—] 名 〔韓方〕後腹. 産後に起こる腹痛.

훗일[後—] 名 (物事の)あとのこと. 将来のこと.

훗훗하다 形 **1** 少しむっとする. ややむし暑い. **2** (雰囲気が)和やかである. 温かい. 穏やかである. **훗훗이** 副 ややむし暑く. 和やかで.

훤칠하다 形 **1** すらりとしている. ¶훤칠한 키 すらりとした背丈. **2** (遮るものがなくて)広々と開けてすっきりしている. **훤칠히** 副 **1** すらりと. **2** すっきりと.

훤하다 形 **1** 薄明るい. 白んでいる. ほのぼのとしている. ¶새벽 하늘이 훤하게 밝다 夜明けの空が白々と明るい. **2** (前方が開けて)広々としている. ¶집 앞이 훤하게 트였다 家の前が広々と開けている. **3** (物事に)明るい. よく知っている. 精通している. 分かりきっている. ¶법률에 훤한 사람 法律に明るい人. **4** (顔形が)すっきりしている. うるわしい. 美しい. ¶용모가 훤한 소녀 みめうるわしい少女. **훤**

히 副 ひろびろと. ほのぼのと.

휠떡 副 **1** 〔시원스레 벗어진 모양〕さらりと. つるっと. ¶옷을 ～ 벗다 服をさらりと脱ぐ. **2** すっかり裏返すようす. ¶옷을 ～ 뒤집어 널다 服をすっかり裏返して干す. **3** 水が急にふきこぼれるようす.

휠썩 副 (思ったより)大きく広いようす. ¶생각보다 ～ 넓다 思ったよりずっと広い.

휠씬 副 ずっと. はるかに. ¶～ 저쪽에 있다 ずっと向こうにある/일이 생각보다 ～ 빨리 끝났다 仕事が思ったよりはるかに早く終わった.

휠쩍 副 **1** 〔문이 한껏 열린 모양〕ぱっと. いっぱいに. **2** 〔넓고 멀리 트인 모양〕ぱあっと. 広々と. **3** 〔밥이 잘 퍼진 모양〕ふわっと. ふんわり(と). ふっくら(と).

휠휠 副 **1** 〔날짐승이 느릿느릿 나는 모양〕ふわりふわり(と). ¶갈매기가 ～ 날아간다 鷗がふわりふわりと飛んでいく. **2** 〔불길이 타오르는 모양〕ぼうぼう(と). ¶～ 타오르는 성화 ぼうぼうと燃え上がる聖火. **3** 〔시원스럽게 옷을 벗는 모양〕さっと. さらりと. ¶옷을 ～ 벗고 물에 뛰어들다 服を脱ぎ捨てて水に飛び込む. **4** 〔부채를 시원스럽게 부치는 모양〕ぱたぱた(と).

훼기〔毁棄〕 名 하他 毀棄. ¶～죄 毀棄罪.

훼방〔毁謗〕 名 하他 毀謗. **1** そしること. ¶남을 이유 없이 ～하다 人をいわれなくそしる. **2** 妨害. 妨げること. ¶남의 일을 ～하다 人の仕事を邪魔する.

◆**훼방을 놀다** ☞훼방을 놓다

◆**훼방을 놓다** 邪魔をする. 妨害する.

훼방꾼 名 邪魔者. 妨害する人.

훼손〔毁損〕 名 하他 毀損. ¶명예 ～ 名誉毀損.

휑뎅그렁하다 形 だだっ広い. がらんとしている. ¶가구가 별로 없어서 ～ これといった家具がなくてがらんとしている.

휑하다 形 **1** よく通じている. よく知っている. 知り尽くしている. 精通している. ¶이 동네 지리에는 ～ この辺の地理には明るい. **2** 穴が大きく開いている. ¶담에 구멍이 휑하게 뚫려 있다 塀に穴がぽこっと開いている. **3** 目がくぼんで生気がない. ¶눈이 휑하게 들어갔다 目がぽこっとくぼんでいる. **4** 〔'휑뎅그렁하다'의 준말〕がらんとしている.

휘[1]〔諱〕 名 諱.

휘[2] 副 **1** 〔센 바람이 부딪쳐 나는 소리〕ひゅうっと. ぴゅうっと. ¶바람이 ～ 불어오다 風がひゅうっと吹いてくる. **2** 〔숨을 세게 내쉬는 소리〕ふうっと. ¶～하고 숨을 크게 내쉬다 ふうっと大きく息を吐き出す. **3** 〔사방을 둘러보는 모양〕ぐるっと. ぐるりと. ¶날카로운 눈으로 사방을 ～ 둘러보다 鋭い目であたりをぐるっと見回す.

휘-[3] 接頭 **1** 〔물건을 감거나 도는 뜻을 나타냄〕ぐるぐる(と). ぐるっと. ぐるりと. ¶～감다 ぐるぐる巻く/～돌다 ぐるりと回る. **2** 「忙しい·速い·大きい」などの意を表わす. ¶～달리다 さっと駆け去る. **3** 「すべて·ことごとく」の意を表わす. ¶～늘어지다 だらりと垂れる/～살피다 ぐるっと見回す. **4** 「しきりに」の意を表わす. ¶～젓다 かき回す.

휘갈기다 他 **1** 振り回して殴る. ¶몽둥이로 ～ こん棒を振り回して殴る. **2** 書き殴る. 書き散らす. ¶메모를 ～ メモを書き散らす.

휘감기다 自 **1** ぐるぐる巻かれる. 巻きつく. からまる. からみつく. ¶포도나무 덩굴이 가지에 휘감겨 있다 ぶどうのかずらが枝にからみついている. **2** ふらふらする. ふらつく. ¶다리가 휘감겨 걸을 수가 없다 足がふらついて歩けない.

휘감다 他 ぐるぐる巻く. 巻きつける. ¶머리에 붕대를 친친 ～ 頭に包帯をぐるぐる巻く.

휘갑치다 他 **1** (ござ·布などの縁をほつれないように)かがり縫いする. **2** (後腐れないように)うまく締めくくる. けりをつける. 片づける. **3** 口止めをする. **4** 取り繕う. 弥縫する.

휘갑하다 他 **1** (むしろ·布などがほつれないように)かがり縫いする. **2** (後腐れがないように)けりをつける. まるくおさめる. 始末をつける.

휘기〔諱忌〕 名 하他 諱忌. 忌み嫌うこと.

휘날리다 Ⅰ 自 **1** (旗などが風に)翻る. ひらめく. はためく. ¶만국기가 ～ 万国旗が翻る. **2** (激しく)飛び散る. 散らばって飛ぶ. 散らばる. ¶눈보라가 ～ 吹雪がふきすさぶ.

Ⅱ 他 **1** 翻す. ひらめかす. ひらひらさせる. ¶깃발을 ～ 旗を翻す. **2** (激しく)飛散させる. **3** (名声などを)とどろかせる. ¶해외에 명성을 ～ 海外に名声をとどろかせる.

휘늘어지다 自 だらりと垂れる. ¶휘늘어진 버들 가지 垂れ下がった柳の枝.

휘다 Ⅰ 自 曲がる. しなる. たわむ. 反る. ¶등이 휘어 있다 背中が曲がっている.

Ⅱ 他 **1** 曲げる. しならせる. たわませる. ¶철사를 ～ 針金を曲げる. **2** (人を)意のままにする. 思いどおりにする.

휘달리다 自他 **1** 苦しめられる. さいなまれる. 追いまくられる. 悩まされる. ¶빚쟁이에게 ～ 借金取りに追いまくられる. **2** (速く勢いよく)走る. 疾走する. ¶오토바이가 ～ オートバイが疾走する.

휘돌다 自他 **1** ぐるぐる回る. ¶팽이가 ～ 独楽がぐるぐる回る. **2** (川·岬などの屈曲部を) ぐるっと回る. 曲がりくねる. **3** (いろいろな場所を順序どおりに) ぐるっと回る. ひと巡りする. **4** (ある空気が)広がる. みなぎり漂う.

휘돌리다 他 ぐるぐる回す. 振り回す.

휘두들기다 他 (何かを振り回して)やたらにたたく. 打ちのめす.

휘두르다 他 **1** 振り回す. ¶막대기를 ～ 棒を振り回す/주먹을 ～ こぶしを振り回す. **2** 面くらわせる. まごつかせる. **3** 牛耳る. 支配する. あごで使う. 尻に敷く. ¶남편을 마음대로 ～

亭主を尻に敷く.

휘둘리다 自 〔'휘두르다'의 피동사〕 振り回される. ¶ 손자에게 ～ 孫に振り回される.

휘둥그러지다 自 (突然振り回されて)ひっくり返る. ¶ 차가 갑자기 서는 순간에 휘둥그러졌다 車が急に止まったはずみにひっくり返った.

휘둥그렇다 形 (驚きや恐怖で)目をまるくしている. 目を見張っている.

휘둥그레지다 自 目がまんまるくなる. 目を見張る. ¶ 휘둥그레진 눈으로 그를 바라보다 目をまんまるくして彼を眺める.

휘뚜루 副 どれにでも. どこにでも. いろいろに. 広範囲に. ¶ 아무데고 ～ 쓸 수 있는 물건 どこにでもいろいろ使える物.

휘뚤휘뚤 副 하形 〔길 등이 구불구불한 모양〕 くねくね(と).

휘말다 他 **1** ぐるぐる巻く. ¶ 종이를 둘둘 ～ 紙をぐるぐる巻く. **2** (衣服などを)ぬらして汚す. ¶ 어린애가 물장난으로 옷을 휘말았다 子どもが水遊びで服をぬらして汚した.

휘말리다 自 ぐるぐる巻かれる. 巻き込まれる. 悩まされる. ¶ 중대한 사건에 ～ 重大な事件に巻き込まれる.

휘몰다 他 **1** (家畜などを)追い立てる. 追う. **2** せき立てる. 急がせる. せかす. ¶ 사람을 너무 휘몰지 마라 人をあまりせき立てるな.

휘몰아치다 自 (風雨が)吹きすさぶ. 吹きまくる. ¶ 휘몰아치는 폭풍 속을 나아가다 吹きすさぶ嵐の中を進む.

휘모리장단 名 〔樂〕 もっとも早い調子の韓国民族音楽の拍子の一つ.

휘몰이판 名 追い立てる場面.

휘묻이 名 〔農〕 取り木. 圧条.

휘발〔揮發〕 名 하自 揮発.

휘발유〔—油〕 名 ガソリン. 揮発油.

휘슬〔whistle〕 名 ホイッスル. 呼び子.

휘어가다 自 曲がりくねって流れる.

휘어넘어가다 自 (他人のはかりごとにまんまと)ひっかかる. だまされる. のせられる. 誘惑にのる. ¶ 친구 꾐에 ～ 友達の誘惑にひっかかる.

휘어대다 他 (範囲内に)押し込む. 無理に入れる.

휘어들다 自 **1** (内側へ)曲がる. 曲がり始める. **2** (意志や主張が)くじける. 折れる. 弱くなる. 軟化する. **3** まんまとひっかかる. 人の手に乗る. ¶ 그 수에는 휘어들지 않네 その手には乗らないよ.

휘어박다 他 **1** (力を込めて)打ち倒す. たたき込む. ほうり込む. **2** (人を)屈服させる. 屈従させる. ¶ 완력으로 ～ 腕力で屈服させる.

휘어박히다 自 **1** 打ち倒される. ほうり込まれる. **2** 屈服させられる.

휘어잡다 他 **1** (かがめて)ぎゅっとつかむ. **2** (人を)思いのままにする. 支配する. 頭を押さえる. ¶ 부하들을 ～ 部下たちを意のままにしている.

휘어지다 自 曲がる. しなう. たわむ. ¶ 못이 박히지 않고 ～ 針が打ちこまれずに曲がる.

휘영청 副 (月が非常に)明るいようす. 皓々と. ¶ ～ 밝은 달 皓々たる月.

휘우듬하다 形 少し曲がり気味である. やや反り返っている.

휘우뚱 副 하自 〔사람이나 물체가 쓰러질 듯한 모양〕 ふらふら(と). よろよろ(と). ゆらゆら(と). ぐらぐら(と).

휘우뚱거리다[-대다] 自 ふらふらする. よろよろする. ゆらゆらする. ぐらぐらする. ¶ 열이 있는지 ～ 熱があるのかふらふらする / 지진으로 집이 ～ 地震で家がゆらゆらする.

휘우뚱휘우뚱 副 하自 ふらふら. ぐらぐら.

휘움하다 形 やや曲がっている. やや反り身になっている.

휘일〔諱日〕 名 祖先の祭祀の日.

휘자〔諱字〕 名 諱.

휘장[1]〔揮帳〕 名 帳. 幕. ¶ ～을 둘러치다 幕を張り巡らす.

휘장[2]〔徽章〕 名 徽章. 記章. バッジ. ¶ 가슴에 ～을 달다 胸に徽章をつける.

휘적시다 他 やたらにぬらす.

휘적거리다[-대다] 自他 大手を振って歩く. 堂々と歩く. 肩で風を切って歩く. ¶ 거리를 휘적거리고 걸어가다 町を肩で風を切りながら歩く.

휘적휘적 副 하他 大手を振って. 堂々と.

휘젓다 他 **1** しきりにかき混ぜる. よくかき回す. ¶ 국자로 ～ ひしゃくでかき混ぜる. **2** (手を)振り回す. 大手を振る. ¶ 팔을 휘저으며 걸어가다 大手を振って歩いて行く. **3** ひっかき回す. 混乱させる. かき乱す. ¶ 남의 마음을 ～ 人の心をかき乱す.

휘주근하다 形 **1** (衣服などの糊気がなくなって)よれよれになっている. だらっとしている. ぐにゃっとしている. ¶ 풀이 죽어 옷이 ～ 糊気が落ちて衣服がだらっとしている. **2** (疲れきって)ぐったりしている. 元気がない.

휘주무르다 他 (物を)やたらに揉む. こねくり回す. (人を)意のままにする. まるめこむ.

휘지다 自 疲れきる. ぐったりとなる. ¶ 휘진 몸을 쉬다 疲れきった体を休める.

휘지르다 他 (衣服などを)ひどく汚す. ¶ 흙장난으로 옷을 마구 ～ 泥遊びで衣服をやたらに汚す.

휘지비지〔諱之秘之〕 名 하他 うやむやにすること. 揉み消すこと. ¶ 사건을 ～해 버리다 事件を揉み消してしまう.

휘청거리다[-대다] 自他 **1** (細長い物が)ゆらゆら揺れる. ¶ 갈대잎이 바람에 ～ あしの葉が風にゆらゆら揺れる. **2** よろよろする. ふらふらする. ふらつく. ¶ 술에 취해 다리가 ～ 酒に酔って足がふらつく.

휘청휘청 副 하自他 **1** 〔가늘고 긴 물건이 탄력있게 휘어지는 모양〕 ゆらゆら(と). **2** 〔다리에 힘이 없어 똑바로 가누지 못하는 모양〕 よろよろ(と). ふらふら(と). ¶ ～ 걸어가다 ふらふらと歩いて行く.

휘추리 名 細長くしなやかな小枝.

휘파람 名 口笛. ¶ ～을 불다 口笛を

を吹く.

휘하〔麾下〕 名 麾下. 指揮下. ¶～의 장병 麾下の将兵.

휘하다〔諱─〕 他 口外するのをはばかる.

휘호〔揮毫〕 名 하他 揮毫. ¶신춘 ～ 書き初め.

휘황찬란하다〔輝煌燦爛─〕 形 **1** まばゆいほど輝いている. きらびやかだ. ¶휘황찬란한 의상 きらびやかな衣装. **2** (ふるまいが)派手で信頼できない.

휘휘 副 **1**〔바람이 심하게 부는 모양〕ひゅうひゅう(と). ぴゅうぴゅう(と). **2**〔휘파람을 자꾸 부는 모양〕ぴいぴい(と). ¶휘파람을 ～ 불다 口笛をぴいぴい吹く. **3**〔여러 번 휘감는 모양〕ぐるぐる(と). ¶새끼로 ～ 동이다 縄でぐるぐるしばる. **4**〔이리저리 휘두르는 모양〕ぴゅんぴゅん(と). **5**〔이리저리 둘러보는 모양〕きょろきょろ(と). ぐるっと.

휘휘친친 副〔여러 번 단단히 감는 모양〕ぐるぐる巻きに. がんじがらめに.

휘휘하다 形 ひっそりしている. もの寂しい.

휙 副 **1**〔재빨리 돌아가는 모양〕ぐるっと. くるりと. ぐるりと. ¶뒤를 ～ 돌아보다 後ろをくるりと振り向く. **2**〔바람이 갑자기 부는 모양〕ひゅうっと. ぴゅうっと. さっと. ¶찬바람이 ～ 스친다 冷たい風がぴゅうっと過ぎ去る. **3**〔갑자기 힘차게 던지는 모양〕ぽいと. ¶돌멩이를 ～ 던지다 石ころをぽんと投げる. **4**〔갑자기 지나가는 모양〕さっと. ¶자동차가 ～ 앞을 지나가다 自動車がさっと前を通り過ぎる. **5**〔일을 빨리 해치우는 모양〕さっと. さっさと. ¶일을 ～ 해치우다 仕事をさっと片づける. **6**〔갑자기 떠오르는 모양〕ぱっと. **7**〔가볍게 뛰어오르는 모양〕ひょいと. ¶높은 담을 ～ 뛰어넘는다 高い垣根をひょいと跳び越える.

휙휙 副 ぐるぐる. ひゅうひゅうと. ぴいぴい(と). くるくる.

휩싸다 他 **1** くるむ. ¶몸을 타월로 ～ 体をタオルでくるむ. **2** (他人の失敗などを)包み隠す. かばってやる. **3** すっかり覆う. 包む. ¶소리 없이 내린 눈이 수수밭을 하얗게 휩쌌다 音を立てず降った雪が黍畑を真っ白く覆った.

휩싸이다 自 包まれる. 覆い隠される. ¶사나운 불길에 휩싸인 집 激しい炎に包まれた家／공포에 ～ 恐怖に覆われる.

휩쓸다 他 **1** 襲う. 覆う. 支配する. 荒らす. ¶폭풍우가 마을을 ～ 暴風雨が村を襲う／전염병이 온 동네를 휩쓸었다 伝染病が村中を襲った. **2** さらう. ¶상을 ～ 賞をさらう／우승을 ～ 優勝をさらう. **3** のさばる. 闊歩する. ¶불량배가 ～ 不良がのさばる.

휩쓸리다 自 襲われる. 荒らされる. 押し流される. 巻き込まれる. 飲まれる. ¶사건에 ～ 事件に巻き込まれる／페리보트가 조난하여 많은 승객이 바다에 휩쓸렸다 フェリーが遭難し多くの乗客が海にのまれた.

휴가〔休暇〕 名 休暇. 休み. ¶유급 ～ 有給休暇／여름 ～ 夏休み／～를 얻다 休暇をとる.

휴간〔休刊〕 名 하他 休刊. ¶신문의 ～일 新聞の休刊日.

휴강〔休講〕 名 하自 休講.

휴게〔休憩〕 名 하自 休憩. 休息. 休み. ¶～실 休憩室／～ 시간 休憩時間／～소 休憩所.

휴경〔休耕〕 名 하自他 休耕.

휴관〔休館〕 名 하自 休館. ¶임시로 ～함 臨時に休館する.

휴교〔休校〕 名 하自 休校. ¶폭설로 ～가 되다 大雪のため休校になる.

휴대〔携帶〕 名 하他 携帯. ¶～품 携帯品. 持ち物／～용 녹음기 携帯用録音機.

휴머니스트〔humanist〕 名 ヒューマニスト.

휴머니즘〔humanism〕 名 ヒューマニズム.

휴면〔休眠〕 名 하自 休眠. ¶～기 休眠期／～ 상태 休眠状態.

휴무〔休務〕 名 하自 休務.

휴식〔休息〕 名 하自 休息. 休み. 休憩. ¶잠시 ～한다 しばらく休息する.

휴양〔休養〕 名 하自他 休養. ¶～을 취하다 休養を取る.

휴양지〔─地〕 名 保養地.

휴업〔休業〕 名 하自 休業. ¶임시 ～ 臨時休業.

휴일〔休日〕 名 休日. 休み. ¶～ 출근 休日出勤／～ 기분 休日の気分.

휴전〔休戰〕 名 하自 休戦. ¶～ 조약 休戦条約／～ 협정 休戦協定.

휴전선〔─線〕 名 休戦ライン.

휴정〔休廷〕 名 하自 休廷. ¶～을 선언하다 休廷を宣する.

휴지¹〔休止〕 名 하自 休止.

휴지부〔─符〕 名〔楽〕休止符.

휴지²〔休紙〕 名 **1** ちり紙. 鼻紙. ¶～로 코를 풀다 ちり紙で鼻をかむ. **2** 反故. 紙屑. ¶원고 용지를 몇 장이나 ～로 버리다 原稿用紙を何枚も反故にする.

휴지통〔─桶〕 名 紙くずかご. くず入れ. ごみ箱.

휴지화〔─化〕 名 하自他 (条約・計画などを)反故にすること.

휴직〔休職〕 名 하自 休職. ¶～ 중에 있다 休職中だ.

휴진〔休診〕 名 休診.

휴학〔休學〕 名 하自 休学. ¶～원을 내다 休学届を出す.

휴한지〔休閑地〕 名 **1**〔경작을 쉬고 있는 땅〕休閑地. **2** 空き地.

휴항〔休航〕 名 하自 休航. ¶태풍으로 ～하다 台風で休航する.

휴화산〔休火山〕 名〔地〕休火山.

휴회〔休會〕 名 하他 休会. ¶～를 선언하다 休会を宣する.

휼미〔恤米〕 名 (政府から罹災民に与える)救恤米.

휼민〔恤民〕 名 하自 恤民. 罹災民を救済すること.

휼병〔恤兵〕 名 하自 恤兵. ¶～금 恤兵金.

흄관〔Hume管〕 名 ヒューム管.

흉 名 **1** 傷. 傷跡. ¶ ~이 남다 傷跡が残る. **2** 欠点. あら. ¶ ~이 보이다 あらが見える / 남의 ~을 들추다 人のあらをさがす.
흉가〔凶家〕 名〔民俗〕(住む人ごとに凶事にあうという)不吉な家.
흉강〔胸腔〕 名〔生〕胸腔.
흉계〔凶計〕 名 悪だくみ. 悪い計画. ¶ ~를 꾸미다 悪だくみを企てる / ~에 걸리다 悪だくみにひっかかる.
흉골〔胸骨〕 名〔生〕胸骨.
흉곽〔胸廓〕 名〔生〕胸郭.
　흉곽 성형술〔—成形術〕 名〔醫〕胸郭成形術.
흉괘〔凶卦〕 名 不吉な占いの卦.
흉금〔胸襟〕 名 胸襟. ¶ ~을 털어놓고 이야기하다 胸襟を開いて話をする.
흉기〔凶器〕 名 **1** 凶器. ¶ ~를 든 강도 凶器を持った強盗. **2** 葬儀に用いる器具.
흉내 名 まね. 模倣.
　◆**흉내를 내다** まねる. まねをする. ¶ 말투를 ~를 내다 話し方をまねる.
　흉내말 名〔言〕擬態語と擬声語.
　흉내쟁이 名 ものまねの上手な人.
흉년〔凶年〕 名 凶年.
　◆**흉년이 들다** 凶年になる.
　흉년거지 名 凶年の乞食(努力しても報われることが少ないことのたとえ).
흉노〔匈奴〕 名〔史〕匈奴.
흉도〔凶徒〕 名 凶徒.
흉리〔胸裏〕 名 胸裏. 胸のうち. 心中.
흉모〔凶謀〕 名 凶悪な謀略. 悪だくみ.
흉몽〔凶夢〕 名 凶夢. 不吉な夢. 悪夢.
흉문〔凶聞〕 名 **1** 凶聞. 凶報. **2** 死亡の知らせ.
흉물〔凶物〕 名 凶悪な人物.
　◆**흉물을 떨다** 凶悪な行為をする.
　흉물스럽다 形 凶悪だ. **흉물스레** 副 凶悪に.
흉배〔胸背〕 名 **1** 胸背. **2**〔史〕昔の官服の胸と背に鶴や虎の絵を刺繍した標章.
흉범〔凶犯〕 名 凶悪犯.
흉보〔凶報〕 名 凶報. ¶ ~를 알리다 凶報を知らせる / ~에 접하다 凶報に接する.
흉보다 他 欠点をあげつらう. 悪口を言う. 陰口をきく.
흉부〔胸部〕 名 胸部.
흉사〔凶事〕 名 凶事. 不吉なこと. 人の死去.
흉상¹〔凶相〕 名 **1** 凶相. **2** 醜い外貌.
흉상²〔胸像〕 名 胸像.
흉설〔凶説〕 名 邪悪な言葉.
흉수〔凶手〕 名 凶手. 悪いことをする才能. またその人.
흉식 호흡〔胸式呼吸〕 名 胸式呼吸.
흉악망측하다〔凶悪罔測—〕 形 非常に凶悪だ.
흉악하다〔凶悪—〕 形 凶悪だ. ¶ 흉악한 강도 凶悪な強盗.
흉어〔凶漁〕 名 凶漁. 不漁.
흉위〔胸囲〕 名 胸囲. バスト.
흉일〔凶日〕 名 凶日. 不吉な日.
흉작〔凶作〕 名 凶作. 不作. 反 豊作. ¶ ~의 해 凶作の年. 凶年.
흉잡다 他 あらさがしをする. けちをつける. けなす. 欠点をほじくる.
흉잡히다 自 欠点を知られる. あらをほじくられる. けちをつけられる.
흉장〔胸章〕 名 胸章.
흉적〔凶賊〕 名 凶賊. 凶悪な賊.
흉조〔凶兆〕 名 凶兆. 不吉な前兆.
흉중〔胸中〕 名 胸中. 心中. 心のうち. ¶ ~을 털어놓다 腹を割る / ~을 알 수가 없다 胸中が分からない.
흉증〔凶證〕 名 **1** 凶兆. **2** 陰険な性格.
　흉증스럽다 形 陰険なところがある.
흉추〔胸椎〕 名〔生〕胸椎.
흉측하다〔凶測—〕 形 (容貌が)ぞっとする. 陰険だ. 身の毛がよだつようだ. ¶ 심보가 흉측한 사람 心根が陰険な人.
흉탄〔凶弾〕 名 凶弾. ¶ ~에 쓰러지다 凶弾に倒れる.
흉터 名 傷跡. ¶ 관자놀이에 ~가 있다 こめかみに傷跡がある / 마음의 ~ 心の傷跡.
흉통〔胸痛〕 名 胸痛. 胸部の痛み.
흉포〔凶暴〕 名 하形 凶暴. ¶ ~한 범인 凶暴な犯人.
흉하다〔凶—〕 形 **1** 不吉だ. 縁起が悪い. ¶ 흉한 꿈 不吉な夢. **2** (顔・態度などが)醜い. 見苦しい. ¶ 몰골이 아주 ~ ひどい体たらくだ. **3** (見かけによらず)陰険だ. ¶ 흉한 인물 陰険な人物. **4** 忌まわしい. 悪い.
흉하적 名 하他 人の欠点をほじくること. あら捜し.
흉한〔凶漢〕 名 凶漢. ¶ ~에게 습격당하다 凶漢に襲われる.
흉행〔凶行〕 名 하自 凶行. 凶悪な行為.
흉허물 없다 形 心安い. 親密である. 気兼ねがない. **흉허물 없이** 副 心安く. 気兼ねしないで. ¶ ~ 사이좋게 지내다 気兼ねなく仲よく過ごす.
흉흉하다〔洶洶—〕 形 **1** 荒波が立っている. **2** 落ち着かない. びくびくしている. ざわめいている.
흐너뜨리다[-트리다] 他 壊す. 崩す. 取り崩す. ¶ 벽을 ~ 壁を壊す.
흐너지다 自 崩れる. 壊れる.
흐놀다 他 憧れる. 慕う.
흐느끼다 自 すすり泣く. むせび泣く. しゃくり上げる. むせぶ. ¶ 사고 소식을 듣고 ~ 事故の知らせを聞いてむせび泣く.
흐느적거리다[-대다] 自他 ゆらゆらする. 揺らぐ. ¶ 갈대가 바람에 ~ あしが風に揺れ動く.
　흐느적흐느적 副 하自他 ゆらゆら(と).
흐늘거리다[-대다] 自 **1** ぶらぶら過ごす. のらくらと暮らす. ¶ 하는 일 없이 흐늘거리며 지내다 仕事しないでぶらぶらと暮らす. **2** ゆらゆらする. ぶらぶらする. ¶ 걸터앉아 다리를 ~ 腰掛けて足をぶらぶらさせる. **3** のろのろする. **4**

ぐにゃぐにゃする. ふにゃふにゃする.

흐늘흐늘 副 하自 **1** 〔제멋대로 놀고 지내는 모양〕 ぶらぶら(と). のらくら(と). **2** 〔늘어져 자꾸 흔들리는 모양〕 ゆらゆら(と). ぶらぶら(と). **3** 〔동작이 느린 모양〕 のろのろ(と). **4** 〔건드리는 대로 흔들리는 모양〕 ぐにゃぐにゃ(と). ふにゃふにゃ(と).

흐늘흐늘하다 形 ふにゃふにゃだ. ぐにゃぐにゃする. くたくただ. ¶ 시금치를 오래 삶아 ～ ほうれんそうをゆですぎてくたくただ.

흐드러지다 形 **1** 見事だ. 魅力がある. ¶ 울타리의 개나리꽃이 ～ 垣根のれんぎょうの花が満開になる. **2** 十分だ. 豊かだ.

흐들갑스럽다 形 仰々しい. 大げさだ. 大仰だ. >호들갑스럽다

흐려지다 自 曇る. 濁る. ぼける. 陰る. ¶ 머리가 ～ 頭がぼける / 날씨가 갑자기 ～ 空模様が急に曇る / 환자의 용태를 듣고 표정이 ～ 病人の容態を聞いて表情が陰る.

흐르다[1] 自 **1** (液体が)流れる. ¶ 폭포수가 ～ 滝の水が流れる / 피가 ～ 血が流れる / 온몸에 식은 땀이 흘렀다 全身に冷や汗が流れた. **2** (雲·霧が)移動する. 流れる. ¶ 유유히 흐르는 구름 悠々と流れる雲 / 제트 기류가 ～ ジェット気流が流れる. **3** (一定の方向に)傾く. 偏る. ¶ 극단으로 ～ 極端に偏る / 이야기가 엉뚱한 방향으로 ～ 話がとんでもない方向に傾く. **4** (時が)経つ. 過ぎる. 流れる. ¶ 시간이 ～ 時間が経つ / 취직하고 벌써 1년이 흘렀다 就職してはや1年が過ぎた / 오랜 세월이 ～ 長い歳月が流れる. **5** 伝わり広がる. 流れる. ¶ 어색한 침묵이 ～ ぎごちない沈黙が流れる / 피아노 소리가 조용히 ～ ピアノの音が静かに流れる. **6** つやつやと光る. ¶ 기름기가 흐르는 얼굴빛 つやつやとした顔色. **7** もれ落ちる. こぼれ落ちる. **8** (電気が)通じる. ¶ 전류가 ～ 電流が流れる. **9** ずり落ちる. ¶ 바지가 흘러내리다 ズボンがずり落ちる.

흐르다[2] 自 (動物が)交尾する. つるむ.

흐르르하다 形 (紙·布などが)薄く糊気がない. 柔らかだ. ぺらぺらしている. ふにゃふにゃしている. ¶ 흐르르한 천 ぺらぺらの布.

흐리다[1] 他 **1** 濁らす. 濁らせる. ¶ 맑은 샘물을 ～ 澄んだ泉の水を濁らす. **2** (名誉などを)汚す. ¶ 가문을 ～ 家門を汚す. **3** (痕跡などを)ぼかす. (言葉を)濁す. ¶ 말끝을 ～ 言葉じりを濁す / 이야기의 내용을 ～ 話の内容をぼかす. **4** (心配などで表情を)曇らす. ¶ 낯빛을 ～ 顔を曇らす.

흐리다[2] 形 **1** (記憶力·判断力·分別力などが)はっきりしない. ぼうっとしている. 衰えている. ¶ 정신이 ～ 意識がはっきりしない / 오래된 일이라 기억이 ～ 久しい事なので記憶がぼうっとしている. **2** 曇っている. 濁っている. 澄んでいない. ¶ 김으로 유리가 ～ 湯気でガラスが曇っている / 물이 ～ 水が濁っている. **3** (天気が)曇っている. ¶ 날씨가 ～ 天気が曇っている. **4** (視野が)かすんでいる. ぼんやりしている. ¶ 산이 어렴풋이 흐려 보이다 山がぼんやりとかすんで見える. **5** はっきりしない. ぼやけている. ¶ 글씨가 ～ 字がはっきりしない / 사진이 ～ 写真がぼやけている.

흐리마리 副 하形 **1** 〔분명하지 않은 모양〕 ぼうっと. ぼんやり(と). 曖昧に. もうろうと. **2** 〔생각·기억이 뚜렷하지 않은 모양〕 ぼうっと. ぼんやり(と). ¶ 머릿속이 ～했다 頭の中がぼうっとした.

흐리멍덩하다 形 **1** (記憶が)はっきりしない. 曖昧だ. ¶ 기억이 ～ 記憶がはっきりしない. **2** (ことの経過や結果が)はっきりしない. 曖昧だ. ¶ 손익 계산이 ～ 損益計算がはっきりしない. **3** (意識が)もうろうとしている. ¶ 정신이 ～ 意識がはっきりしない. **4** (耳に聞こえるのが)かすかだ. ぼんやりしている. 聞き取れない.

흐리터분하다 形 **1** はっきりしない. うっとうしい. ¶ 흐리터분한 날씨 うっとうしい天気. **2** はきはきしない. 煮え切らない. ¶ 흐리터분한 사람 煮え切らない人.

흐린소리 名 〔言〕 有声音.

흐릿하다 形 少し曇っている. うすぼんやりしている. ¶ 기억이 ～ 記憶がうすぼんやりしている / 글씨가 ～ 字がぼやけている.

흐무러지다 形 **1** 熟しきっている. **2** (水で)ふやけている. とろけている. ¶ 손가락이 ～ 指がふやける. **3** ぼろぼろに崩れる. ¶ 뼈가 썩어서 ～ 骨が腐ってぼろぼろになる.

흐무지다 自 〔'흐무러지다'의 준말〕

흐물흐물 副 하形 〔매우 무르거나 흐무러진 모양〕 とろとろ. どろどろ. ぐにゃぐにゃ. ¶ 먹기 좋게 ～ 잘 익었다 食べやすくとろとろによく煮えた / 너무 삶아져 ～하다 ゆですぎてぐにゃぐにゃになる.

흐뭇하다 形 満足である. 満ち足りている. 心残りがない. ほほえましい. 心温まる. ¶ 흐뭇한 이야기[광경] 心温まる話[光景] / 마음이 한량없이 ～ 心が限りなく満ち足りている. **흐뭇이** 副 満足げに. ほほえましく.

흐벅지다 形 ふくよかだ. ふっくらしている. ¶ 흐벅진 몸매 ふっくらとした体つき.

흐슬부슬 副 하形 〔차진 기가 없는 모양〕 ぱさぱさ. ぼろぼろ. ¶ ～한 밥 ぱさぱさのご飯.

흐지부지〔← 諱之祕之〕 副 하他 うやむやに. 曖昧に. ¶ ～한 대답을 하다 うやむやな返事をする.

흐트러뜨리다[-트리다] 他 散らかす. ばらまく. まき散らす. 取り乱す. (髪を)振り乱す. ¶ 정신을 ～ 気を取り乱す / 보석을 흐트러뜨린 듯 별이 총총한 하늘 宝石をばらまいたような星空 / 방 안을 ～ 部屋の中を散らかす / 소문을 ～ うわさをまき散らす / 머리카락을 ～ 髪を振り乱す.

흐트러지다 自 **1**〔단정하지 못하다〕乱れる. ¶흐트러진 옷차림 乱れた身なり. **2**〔얽히거나 들쭉날쭉하게 되다〕散らばる. 乱れる. ¶식탁에 식기가 흐트러져 있다 テーブルに食器が散らばっている. **3** (心が)乱れる. 惑う. ¶진퇴를 결정하지 못해 마음이 ～ 進退を決しかねて心が惑う.

흐흐 副 하自 **1**〔데설궂게 웃는 소리[모양]〕ふふと. **2**〔은근히 웃는 소리[모양]〕ふふ(と).

흑〔黑〕名 **1** 黒. **2**〔'흑지(黑—)'의 준말〕黒の碁石.

흑갈색〔黑褐色〕名 黒褐色.

흑단〔黑檀〕名〔植〕黒檀. 烏文木.

흑당〔黑糖〕名 **1** 黒い飴. **2** 黒砂糖.

흑두〔黑頭〕名 **1** 黒い髪. **2** 若い人. ¶～ 재상 若い宰相.

흑마〔黑馬〕名 黒馬.

흑막〔黑幕〕名 黒幕. 内幕. 内情. 裏. ¶사건의 ～ 事件の裏／뭔가 ～이 있는 것 같다 何か裏があるらしい.

흑맥주〔黑麥酒〕名 黒ビール.

흑발〔黑髮〕名 黒髪. ¶～ 미인 黒髪の美人.

흑백〔黑白〕名 黒白. **1** 黒と白. ¶～ 영화 黒白映画／～ 사진 白黒写真. **2** よしあし. 正邪. 是非. ¶～을 분명히 하다 白黒をはっきりさせる. **3** (囲碁で)黒石と白石. 先手と後手. **4** 黒人と白人.

◆**흑백을 가리다** 黒白を弁ずる. ¶재판으로 ～을 가리다 裁判で白黒をつける.

흑보기 名 藪睨みの人. 斜視の人.

흑빵〔黑—〕名 黒パン.

흑사병〔黑死病〕名 黒死病. ペスト.

흑색〔黑色〕名 黒色. ¶～ 인종 黒色人種.

흑색선전〔—宣傳〕名 デマ. 悪宣伝.

흑설탕〔← 黑雪糖〕名 黒砂糖.

흑심〔黑心〕名 陰険な心. 腹黒い心. ¶～을 품다 陰険な心を抱く.

흑연〔黑鉛〕名〔鑛〕黒鉛. 石墨. ¶～광 黒鉛鉱.

흑염소 名 黒やぎ.

흑인〔黑人〕名 黒人. ¶～ 영가 黒人霊歌.

흑인종〔黑人種〕名 黒色人種.

흑자[1]〔黑子〕名 **1** 黒い碁石. **2** 黒子.

흑자[2]〔黑字〕名 黒字. 反 赤字. ¶～ 재정 黒字財政／～가 되다 黒字になる／～가 나다 黒字が出る.

흑점〔黑點〕名 黒点.

흑죽학죽 副 하自他 でたらめに. いいかげんに. ¶일이 언제나 ～이다 仕事がいつもいいかげんだ.

흑칠〔黑漆〕名 黒漆. 黒色の漆.

흑토〔黑土〕名〔地〕黒土. ¶～ 지대 黒土地帯.

흑판〔黑板〕名 黒板.

흑흑 副 하自 しくしくと. よよと. おいおい. ¶비보를 듣고 ～ 느껴 울다 悲報を聞いてよよと泣き伏す.

흔드렁거리다[-대다] 自他 ぶらぶら揺れる[揺らす].

흔드렁흔드렁 副 하自他 ゆらゆら(と). ぶらぶら(と).

흔들거리다[-대다] 自他 ゆらゆら揺れる. ぐらぐらする. ゆらゆらさせる. ¶촛불이 바람에 ～ ろうそくの火が風にゆらゆら揺れる／아픈 이가 ～ 悪い歯がぐらぐらする.

흔들흔들 副 하自他 ゆらゆら(と). ぐらぐら(と). ぶらぶら(と). ¶마차에 ～ 흔들리며 가다 馬車にゆらゆら揺られて行く.

흔들다 他 **1** 揺する. 振る. ¶잘 가라고 손을 ～ さようならと手を振る／나뭇가지를 ～ 木の枝を揺する／싫다고 고개를 가로 ～ いやだと首を横に振る. **2** 揺する. 揺さぶる. ¶천둥 소리가 천지를 ～ 雷の音が天地を揺する／함성이 경기장을 ～ 喊声が競技場を揺さぶる. **3** 揺り動かす. ¶세계를 흔들었던 큰 사건 世界を揺り動かした大事件. **4** 動揺させる. ¶유혹의 말이 결심을 ～ 誘惑の言葉が決心を動揺させる.

흔들리다 自 揺れる. 揺れ動く. 揺らぐ. (風に)そよぐ. (考えなどが)ぐらつく. ¶바람에 흔들리는 갈대 風に揺れるあし／나뭇잎이 바람에 ～ 木の葉が風にそよぐ／배가 심하게 흔들려서 뱃멀미가 났다 船がひどく揺れるので船酔いになった／결심이 ～ 決心がぐらつく／지진으로 집이 ～ 地震で家が揺らぐ／정책은 근본부터 흔들리기 시작했다 政策は根本からぐらついてきた.

흔들의자〔—椅子〕名 揺り椅子.

흔들이 名 **1** 振り子. **2** 体・手足を常に振っている人.

흔연〔欣然〕名 하形 欣然. **흔연히** 副 欣然と. ¶～ 승낙하다 欣然と承諾する.

흔적〔痕跡〕名 痕跡. 跡かた. 形跡. 跡. ¶～도 없이 사라지다 跡かたもなく消えうせる／～을 남기다 痕跡をとどめる.

흔전만전 副 하形 たっぷり. いっぱい. ふんだんに. ¶～ 돈을 쓰다 ふんだんにお金を使う.

흔전하다 形 非常に豊かだ. 裕福だ.

흔쾌〔欣快〕名 하形 欣快. よろこび. ¶～하기 그지없습니다 欣快の至りです.

흔쾌히 副 欣快に. よろこんで. ¶～ 받아들이다 よろこんで受け入れる.

흔하다 形 ありふれている. どこにでもある. 多い. 珍しくない. ¶아주 흔한 이야기 ごくありふれた話／비가 와서 생선이 흔하지 않다 雨が降って魚が少ない. **흔히** 副 よく. 多く. ¶～ 있는 잘못 よくある間違い／～ 듣는 이야기다 よく聞く話だ.

흔해 빠지다 自 ごくありふれている. どこにでもある. ¶흔해 빠진 디자인 ありふれたデザイン.

흔흔하다〔欣欣—〕形 実に喜ばしい. とても嬉しい. **흔흔히** 副 非常に喜んで. 喜々として. 欣々として.

흘게 名 (結び目などの)結び具合. かみ具合. 結び目.

◆**흘게가 늦다** ① (結び目・かみ具合が)

緩い. ② (性格·仕事の始末が) 締まりがない. だらしない.

흘겨보다 他 横目でにらむ. 横目でじろっと見る. ¶그는 나를 슬쩍 흘겨봤다 彼は私をじろっと横目でにらんだ.

흘금 副 〔곁눈으로 흘겨보는 모양〕 ちらっと.

흘금거리다[-대다] 自他 ちらちら横目で見る. 横目遣いに見る.

흘금흘금 副 하自他 ちらちら(と).

흘긋 副 하自他 **1** 〔재빨리 흘겨보는 모양〕 ちらっと. ¶~ 쳐다보다 ちらっと見上げる. **2** 〔얼씬 보이는 모양〕 ちらっと. ちらりと. ¶사람 모습이 ~ 보였다 人影がちらりと見えた.

흘긋거리다[-대다] 自他 ちらちらする. ちらつく.

흘긋흘긋 副 하自他 ちらちら(と). ¶이쪽을 ~ 보고 지나갔다 こっちをちらちら見て通り過ぎた.

흘기다 他 横目でにらむ. ¶눈을 흘겼다 横目でにらみつけた.

흘깃 副 하自他 〔가볍게 흘겨보는 모양〕 じろっと.

흘깃거리다[-대다] 自他 じろじろと横目でにらむ.

흘깃흘깃 副 하自他 じろじろ(と).

흘끔 副 〔남몰래 재빨리 흘기는 모양〕 ちらっと. ちらりと. ¶~ 쳐다보다 ちらっとにらむ.

흘끔거리다[-대다] 自他 (しきりに)ちらっとにらむ.

흘끔흘끔 副 하自他 ちらちら(と).

흘끗 副 하自他 **1** 〔얼씬 보이는 모양〕 ちらっと. ちらりと. ¶그림자가 ~ 나타났다가 사라졌다 人影がちらっと現われて消えた. **2** 〔곁눈으로 슬쩍 보는 모양〕 ちらっと. ¶한번 ~ 쳐다보다 ちらっとにらむ.

흘끗거리다[-대다] 自他 しきりにちらっと見る.

흘끗흘끗 副 하自他 ちらちら(と).

흘낏거리다[-대다] 自他 しきりにちらっと見る.

흘낏흘낏 副 하自他 〔곁눈으로 슬쩍 보는 모양〕 じろじろ(と). ちらちら(と).

흘러가다 自 流れて行く. 流れる. ¶강물이 ~ 川の水が流れる / 반세기가 ~ 半世紀が流れていく.

흘러나오다 自 流れ出る. ¶라디오에서 음악이 ~ ラジオから音楽が流れ出る.

흘러내리다 自 **1** 流れる. 流れ落ちる. こぼれる. ¶눈물이 볼을 타고 ~ 涙が頬を伝って流れ落ちる. **2** 滑り落ちる. ずり落ちる. ¶양말이 ~ 靴下がずり落ちる / 돋보기가 ~ 老眼鏡が滑り落ちる.

흘러보다 他 (人の心を)探ってみる. それとなく当たってみる. ¶그의 속마음을 ~ 彼の内心を探ってみる.

흘레 名 하自 (動物が)交尾すること.

흘레붙다 自 〈俗〉 交尾する. 盛る. つがう. つるむ. ¶개가 ~ 犬がつがっている.

흘레붙이다 他 交尾させる. 盛らせる. つるませる.

흘리다 他 **1** 流す. ¶감격의 눈물을 ~ 感激の涙を流す / 운동하여 땀을 ~ 運動して汗を流す. **2** (水などを)こぼす. もらす. たらす. ¶밥을 ~ ご飯をこぼす / 침을 ~ よだれをたらす / 콧물을 ~ はなをたらす. **3** 落とす. 失う. なくす. ¶지갑을 ~ 財布を落とす. **4** 何回にも分けて与える. ¶외상값을 흘림흘림 흘려 주다 掛け金をちびりちびり分けて与える. **5** (‘흘려 쓰다’의 꼴로) (字を)崩して書く. ¶글씨를 흘려 쓰다 字を崩して書く. **6** 聞き流す. ¶건성으로 듣고 흘려 버리다 うわの空で聞き流す. **7** 〔美〕 ぼかす. **8** (内密に)漏らす. ¶군의 기밀을 ~ 軍の機密を漏らす.

흘림[1] 名 草書. 崩し書き. ¶~체 草書体.

흘림[2] 名 〔建〕 **1** 柱の頂部を底部より細くすること. **2** 水平面を基準にした傾斜の度合.

흘림기둥 名 〔建〕 エンタシスの柱〈頂部が底部より細く, 胴部がふくらみを持った柱〉.

흘수〔吃水〕 名 喫水. 船足.

흘수선〔一線〕 名 (船の)喫水線.

흘연〔屹然〕 副 하形 屹然. 高くそびえ立つさま. **흘연히** 副 屹然と.

흙 名 土. 土壌. 泥. ¶구두에 묻은 ~을 털다 靴についた土を払う.

흙감태기 名 土まみれの人[物].

흙구덩이 名 土を掘ってできた穴.

흙내 名 土のにおい.

흙더미 名 盛り土.

흙더버기 名 (服·車輪などについた)泥のはね.

흙덩어리 名 土の塊.

흙덩이 名 土塊. 土の塊.

흙들이다 自 客土を行なう.

흙먼지 名 土ぼこり.

흙무더기 名 土の山.

흙바탕 名 **1** (土でできた)土台. **2** 土質.

흙받기 名 **1** 鏝板. **2** (自動車などの)泥よけ.

흙방〔一房〕 名 〈オンドル(온돌)の床や壁〉土で粗塗りしただけの部屋.

흙벽〔一壁〕 名 土壁.

흙비 名 (風に舞い上がって)雨のように降る砂土.

흙빛 名 土色. **1** 土の色. **2** 青黒い色. ¶얼굴이 ~이 되다 顔が土色になる.

흙손 名 (左官用の)鏝. 土ごて.

흙손질 名 하他 (土·セメントなどを)鏝で塗る仕事.

흙일 名 하自 土をこねたり壁を塗る仕事.

흙장난 名 하自 泥んこ遊び. 土遊び.

흙질 名 하自 土をこねたり塗ること.

흙창〔一窓〕 名 両側に紙を張った薄暗い窓.

흙칠〔一漆〕 名 하自 泥の汚れ. 泥がつくこと. ¶바지에 ~하다 ズボンに泥がつく.

흙탕〔一湯〕 名 〔‘흙탕물’의 준말〕 泥水.

흙탕물 名 泥水. 濁水. ¶~을 튀기

다 泥水をはねかける / ～이 튀다 泥水がはねかえる.
흙탕치다 自 (水遊びなどをして)水を濁す. 泥水にする.
흙투성이 名 泥だらけ. 土まみれ. ¶～가 된 구두 泥だらけの靴.
흙화덕[─火─] 名 素焼きの大きな火鉢. 土のかまど.
흠¹[欠] 名 **1** (体の)傷. (物の)疵. (宝石の)瑕. ¶～이 있는 사과 疵のあるりんご. **2** 欠点. あら. 欠陥. ¶몸이 약한 것이 ～이다 体の弱いのが玉に瑕だ / 이 상품에는 ～이 있다 この商品には欠陥がある.
흠² 感 [비웃는 소리] ふん. ふむ. ¶～, 난 몰라 ふん, 私知らないわ.
흠가다[欠─] 自 傷がつく. 欠ける. ¶찻잔에 ～ 茶わんが欠ける.
흠구덕[欠─] 名 하他 中傷. 悪口. 陰口. 陰言.
흠내다[欠─] 他 傷をつける.
흠뜯다[欠─] 他 難癖をつける. けちをつける. 人の欠点をさらけだす. ¶남의 무지를 ～ 人の無知をさらけだす.
흠모[欽慕] 名 하他 欽慕. 敬い慕うこと. ¶높은 절개를 ～하다 高節を欽慕する.
흠복[欽服] 名 하他 欽服. 心から敬い従うこと.
흠빨다 他 深くくわえて吸う.
◆**흠빨며 감빨다** かぶりついて思う存分吸う.
흠뻑 副 **1** びっしょり. びしょびしょ. ずぶずぶ. ¶비에 ～ 젖다 雨でずぶぬれになる. **2** 十分に. たくさん. たっぷり(と). ¶비가 ～ 내렸다 雨が十分に降った / 취할 때까지 ～ 마셨다 酔っぱらうまでたっぷり飲んだ.
흠신[欠身] 名 하自 (敬意を表すために)身をかがめること.
흠실흠실 副 하形 [너무 삶아져서 물컹한 모양] ぐにゃぐにゃ. >함실함실
흠씬 副 **1** いっぱい. たっぷり(と). ¶밥을 ～ 먹었다 ご飯をたらふく食べた. **2** びっしょり(と). ¶온몸이 ～ 젖다 全身がびっしょりとぬれる. **3** じっくり. 十分. ¶～ 삶은 고기 じっくり煮た肉. **4** (むちなどで)ひどく打たれる. 殴られる.
흠앙[欽仰] 名 하他 欽仰.
흠잡다[欠─] 他 あらをさがす. けちをつける. 欠点をあばく. ¶흠잡을 데 없는 사람 けちをつける所がない人.
흠절[欠節] 名 欠点. 間違っているところ. 足りないところ.
흠정[欽定] 名 하他 欽定. ¶～ 헌법 欽定憲法.
흠지다[欠─] 自 傷がつく. 欠ける. ¶책상이 ～ 机が傷つく.
흠집[欠─] 名 傷. 傷跡. 欠点. あら. ¶～이 있는 팔 傷のある腕.
흠축[欠縮] 名 하自 不足. 欠乏.
◆**흠축을 내다** 足りなくさせる. 減らす.
◆**흠축이 나다** 不足する. 欠乏する.
흠칫 副 하自他 [놀라서 어깨를 움츠리는 모양] びくっと. ¶인기척에 ～하다 人の気配にびくっとする.
흠칫거리다[-대다] 自他 びくびくする.
흠칫흠칫 副 하自他 びくびく(と).
흡기[吸氣] 名 하自 吸気.
흡력[吸力] 名 吸力. 吸引力. 吸い込む力.
흡반[吸盤] 名 [動] 吸盤.
흡사[恰似] 副 하形 あたかも. ちょうど. まるで. そっくりさま. ¶～ 천둥과 같은 소리 まるで雷のような音 / 이 그림은 ～ 사진과 같다 この絵はまるで写真のようだ / 얼굴이 아버지와 ～하다 顔が父親に似る.
흡수¹[吸水] 名 吸水. 水を吸うこと.
흡수²[吸收] 名 하他 吸収. **1** 吸い込むこと. ¶영양의 ～ 栄養の吸収 / ～제 吸収剤. **2** 受け入れること. ¶지식을[문화를] ～하다 知識[文化]を吸収する.
흡습[吸濕] 名 吸湿.
흡습성[─性] 名 吸湿性.
흡연[吸煙] 名 하自 喫煙. ¶～실 喫煙室 / ～자 喫煙者.
흡연하다[洽然─] 形 満ち足りている.
흡연히 副 十分に. たっぷり(と).
흡인[吸引] 名 하他 吸引. ¶이 청소기는 ～력이 강하다 この掃除機は吸引力が強い.
흡입[吸入] 名 하他 吸入. ¶～기 吸入器 / 산소 ～ 酸素吸入.
흡족하다[洽足─] 形 十分だ. 不足がない. ¶흡족한 보수 十分な報酬.
흡족히 副 十分に. たっぷり(と).
흡착[吸着] 名 하自 吸着. ¶～성 吸着性 / ～제 吸着剤.
흡출[吸出] 名 하他 吸出. 吸い出し.
흡혈[吸血] 名 하自 吸血.
흡혈귀[─鬼] 名 吸血鬼.
흥¹[興] 名 興. 面白く思うこと. 楽しみ. 面白み. ¶～을 돋우다 興をそえる / ～이 깨지다 興がさめる / ～에 겹다 興に乗る.
◆**흥이 나다** 興がわく. 興に乗る.
흥² 副 [코를 푸는 소리] ちんと.
흥³ 感 **1** [코웃음치는 소리] ふん. **2** [흥에 겨워 코로 내는 소리] ふうん. ふうむ.
흥감 名 하自 大げさ. 誇張. ほら.
◆**흥감을 부리다** ほらを吹く.
흥감스럽다 形 大げさだ. **흥감스레** 副 大げさに.
흥건하다 形 (水などが)いっぱいある. たっぷりある. ¶흥건한 논물 たっぷりある田の水. **흥건히** 副 いっぱい(に). たっぷりと. じっとりと. ¶눈에 눈물이 ～ 괴다 目に涙がいっぱいたまる / 물이 ～ 괴다 水がいっぱいたまる.
흥겹다[興─] 形 興に乗っている. 陽気だ. 楽しい. ¶흥겹게 놀다 陽気に遊ぶ. **흥겨이** 副 面白く.
흥국[興國] 名 하自 興国. 国を興すこと.
흥글방망이놀다 他 (人の事がうまくいかないように)妨害する. じゃまする.
흥김에[興─] 副 興に乗った勢いで. ¶～ 한 곡조 뽑다 興に乗って1曲歌う.
흥덩흥덩 副 하形 **1** [물 등이 넘칠 만큼 많은 모양] たぷたぷ(と). なみなみ(と). **2** [국물은 많고 건더기가 적은

모양] 水っぽい. 水臭い.
흥망[興亡] 名 興亡. ¶국가의 ～ 国家の興亡 / ～ 성쇠 栄枯盛衰.
흥미[興味] 名 興味. ¶～를 끌다[돋우다] 興味を引く[そそる] / ～가 있다[솟다] 興味がある[わく].
흥미롭다 形 興味を覚える. ¶곤충의 생활이 퍽 ～ 昆虫の生活に非常に興味を覚える.
흥미진진하다[一津津一] 形 興味津々だ. ¶흥미진진한 읽을거리 興味津々たる読物.
흥분[興奮] 名 하自 興奮. ¶～이 가라앉다 興奮が静まる / ～하지 말고 침착해라 興奮しないで落ち着け.
흥분제[一劑] 名 興奮剤.
흥성[興盛] 名 하自 興盛. 盛んになること.
흥성흥성 副 하形 わいわい(と). がやがや(と). ¶세모로 ～한 거리 年の暮れで賑わう町.
흥신소[興信所] 名 興信所.
흥야항야 副 하自 [‘흥이야항이야’의 준말] 関係のない事にあれこれ口出しするようす.
흥얼거리다[-대다] 自他 **1** (興に乗じて)鼻歌を歌う. ふんふんと口ずさむ. ¶콧노래를 흥얼거리고 있다 鼻歌を歌っている. **2** ぶつぶつつぶやく. 小声で一人言をいう.
흥얼흥얼 副 하自他 **1** ふんふん(と). ¶～ 노래하다 ふんふんと鼻歌を歌う. **2** ぶつぶつ(と).
흥업[興業] 名 하自 興業. 事業を起こすこと.
흥왕하다[興旺一] 形 非常に旺盛だ.
흥이야항이야 副 하自 関係のない事にあれこれ口出しするようす.
흥정 名 하他 **1** (交渉して)値段を決めること. ¶물건 값을 ～하다 品物の値段を(交渉して)決める. **2** 仲立ち. 仲介. 斡旋. ¶가옥의 매매를 ～하다 家屋の売買を仲立ちする. **3** 駆け引き. ¶정치적으로 ～하다 政治的に駆け引きする.
◆**흥정을 붙이다** 仲立ちをする.
[속담] **흥정은 붙이고 싸움은 말리랬다** 話し合いは取り持ち, けんかはやめさせよ.
흥정꾼 名 仲介者. ブローカー.
흥진비래[興盡悲來] 名 (楽しいことが過ぎれば悲しいことが来るの意で) 世の中は巡り巡ること.
흥청거리다[-대다] 自 **1** 心ゆくまで楽しむ. 遊びこける. うかれる. ¶시간도 잊은 채 ～ 時間も忘れたまま遊びこける. **2** (金・物などを惜しまず)ふんだんに使う. ¶연말 분위기에 들떠 ～ 年末の雰囲気にうきうきしてやたらに金を使う. **3** (棒・綱などが)ぶらぶら揺れる.
흥청흥청 副 하自 **1** ほいほいと. **2** ふんだんに. ¶돈을 ～ 쓰다 金をふんだんに使う. **3** ぶらぶら(と).
흥청망청 副 하自 ふんだんに. お金や物をむやみやたらに使ってしまうようす. ¶물을 ～ 쓰다 水をふんだんに使う.
흥취[興趣] 名 興趣. 趣. ¶단풍든 산은 ～가 있다 紅葉の山は興趣に富む.
흥타령 名 [樂] 俗謡の一種(節の終わりごとに흥という合いの手を入れて歌う).
흥패[興敗] 名 興敗. 興亡.
흥폐[興廢] 名 興廃.
흥하다[興一] 自 **1** 興る. ¶나라가 ～ 国が興る. **2** 繁栄する. 盛んになる. ¶사업이 ～ 事業が盛んになる.
흥행[興行] 名 하他 興行. ¶～권 興行権 / ～물 興行物 / ～장 興行場 / ～사 興行師 / ～ 성적 興行成績.
흥흥 感 하自 [비웃는 소리] ふんふん. ふふん. ¶～ 코로 웃다 ふふんと鼻で笑う.
흩날리다 I 自 飛び散る. 舞い散る. 舞う. ¶낙엽이 바람에 ～ 落ち葉が風に舞い散る.
II 他 舞い上げる. 飛び散らせる. ¶머리를 흩날리며 달리다 髪を振り乱して走る.
흩다 他 散らす. 散らかす. ばらばらにする. ¶밭에 종자를 흩어 뿌리다 畑に種をまく.
흩뜨리다[-트리다] 他 散らかす. 散らす. 乱す. ばらばらにする. ¶머리카락을 ～ 髪をふり乱す / 종이를 ～ 紙を散らかす / 줄을 ～ 列を乱す.
흩어뿌리기 名 種をまくこと. 撒播.
흩어지다 自 **1** 散る. 散らばる. 散り散りばらばらになる. ¶낙엽이 바람에 ～ 落ち葉が風に散らばる. **2** 広がる. ¶그 은행의 지점은 전국에 흩어져 있다 その銀行の支店は全国に広がっている. **3** 乱れる. ¶민심이 ～ 民心が乱れる.
흩이다 自 **1** 散る. 散らかる. **2** [‘흩다’의 피동사] 散らされる.
희가극[喜歌劇] 名 喜歌劇.
희곡[戲曲] 名 [文] 戯曲. ¶～ 작가 戯曲作家 / ～을 상연하다 戯曲を上演する.
희구[希求] 名 하他 希求. ¶평화를 ～하다 平和を希求する.
희귀하다[稀貴一] 形 非常に珍しく貴重だ. ¶희귀한 식물 珍しい植物 / 박물관에 가면 희귀한 물건이 많다 博物館に行くと珍しい物が多い.
희극1[喜劇] 名 喜劇. 反 悲劇. ¶～ 영화 喜劇映画 / ～ 배우 喜劇俳優. コメディアン.
희극2[戲劇] 名 **1** ふざけた行動. 道化. まじめでない行動. **2** 道化芝居. 笑劇.
희금속[稀金屬] 名 [化] 希有金属.
희끄무레하다 形 (色が)淡く白っぽい. 白みがかっている.
희끔하다 形 真っ白で清潔だ. ¶검은 양복에 입은 와이셔츠가 ～ 黒い背広の下に着たワイシャツが真っ白で清潔だ.
희끔희끔 副 하形 点々と真っ白で清潔なようす.
희끗거리다[-대다] 自 目まいがする. くらくらする.

희끗희끗[1] 副 하自 くらくら(と).
희끗희끗[2] 副 하形 白く点々と. ¶ 머리가 ~한 늙은이 ごま塩頭の老人.
희년〔稀年〕名〔'70세'의 딴이름〕古希.
희다 形 **1** 白い. 反 黒い ¶ 그녀의 피부는 매우 ~ 彼女の肌はとても白い. **2**〔'희떱다'의 준말〕見えっ張りである. 中身がない. 気前がいい. ¶ 흰소리 치다 ほらを吹く.
희담〔戲談〕名 冗談. しゃれ. 戯言.
희대〔稀代〕名 希代. ¶ ~의 사기꾼 希代の詐欺師.
희대미문〔—未聞〕名 希代未聞. ¶ ~의 스캔들 希代未聞のスキャンダル.
희디희다 形 真っ白い. 純白だ.
희떱다 形 **1** 見えを張る. 見えっ張りだ. からいばりだ. ¶ 희떱게 사치스런 생활을 하다 見えを張ってぜいたくな生活をする. **2** 気前がいい. 金離れがいい. ¶ 돈 씀씀이가 ~ 金遣いに金離れがいい. **3** 横柄だ. 尊大だ. 傲慢だ. ¶ 그런 희떱고 무례한 짓은 하지 말게 そんな傲慢無礼な振る舞いはするな.
희뜩거리다[-대다] 自 目まいがする. くらくらする.
희뜩희뜩[1] 副 하自 くらくら(と). ふらふら(と).
희뜩희뜩[2] 副 하形 白いものが点々と見えるようす.
희락〔喜樂〕名 喜楽. 喜びと楽しみ.
희랍〔希臘〕名〔地〕ギリシアの漢字音表記. ¶ ~ 신화 ギリシア神話.
희로애락〔喜怒哀樂〕名 喜怒哀楽.
희롱〔戲弄〕名 하他 戯弄. ふざけること. 冷やかすこと. ¶ ~당하다 もてあそばれる / 남녀가 서로 ~하다 男女がいちゃつく / 지나가는 여자를 ~하다 通りすがりの女を冷やかす.
희맑다 形 白く澄んでいる. 透き通るように白い. ¶ 희맑은 살결 透き通るように白い肌.
희망〔希望〕名 하他 希望. 望み. 可能性. ¶ ~자 希望者 / ~곡 リクエスト曲 / ~을 가지다 希望を持つ / ~을 잃다 希望を失う / ~에 넘치다 希望にあふれる.
희망적〔—的〕冠 名 希望的. ¶ ~인 관측 希望的観測.
희멀겋다 形 (肌色などが)白く澄んでいる. ¶ 얼굴이 ~ 顔が白く透き通るようだ. >해말갛다
희멀끔하다 形 (肌色などが)白くてすっきりしている. >해말끔하다
희멀쑥하다 形 (色が)白くてきれいである. 白くすっきりしている. >해말쑥하다 **희멀쑥이** 副 白くすっきり.
희문〔戲文〕名〔文〕戯文. 戯れに書いた文章. いたずら書き.
희묽다 形 (顔色が)白くて弱々しく見える.
희미하다〔稀微—〕形 **1**〔잘 보이거나 들리지 않다〕かすかだ. ほのかだ. ぼんやりしている. ぼうっとしている. ¶ 희미한 가로등 불빛 ぼんやりとした街灯の光 / 인기척이 희미하게 들린다 人の声がかすかに聞こえる. **2**〔생각이나 기억이 잘 나지 않다〕(記憶が)ぼんやりしている. かすかだ. ¶ 희미한 추억 かすかな思い出.
희박하다〔稀薄—〕形 希薄だ. (可能性などが)薄い. ¶ 희박한 공기 希薄な空気 / 도덕 관념이 ~ 道徳観念が希薄だ / 우승할 가능성은 ~ 優勝する可能性は薄い.
희번덕거리다[-대다] 自 他 **1** (目を)白黒させる. ぎょろつかせる. ぱちぱちさせる. 目をむく. ¶ 눈을 희번덕거리며 화를 내다 目をむいて怒る. **2** (魚が身をくねらせて)きらっと光る.
희번덕희번덕 副 하自他 **1** ぱちくり(と). ぱちぱち(と). ぎょろぎょろ(と). **2** きらきら(と).
희번드르르하다 形 **1** (顔が)白っぽくぶよぶよで脂ぎっている. **2** (外見が)派手だ. けばけばしい. ¶ 이 도서관은 겉모양만 ~ この図書館は外見だけ立派だ. **3** (話が)もっともらしい. ¶ 말은 희번드르르하나 알맹이가 없다 話はもっともらしいが中身がない.
희번주그레하다 形 (顔が)白く見かけがきれいである. >해반주그레하다
희번지르르하다 形 (顔が)白くきれいでつやつやしている.
희번하다 形 (夜が明けそめて)ほの白い. ほの明るい. ¶ 새벽이 되자 하늘이 희번하게 밝아 왔다 夜明けとともに空がほの白く明けてきた.
희보〔喜報〕名 喜ばしいしらせ. 朗報. ¶ ~를 기다리다 朗報を待つ.
희부옇다 形 ぼうっと白い. ほの白い. ¶ 창 너머로 희부옇게 달이 비쳤다 窓越しにほの白く月の光がさした.
희불그레하다 形 色が白くてほのかに赤い.
희붐하다 形 (夜が明けそめて)ほの白い. ほの明るい. ¶ 새벽 하늘이 희붐해지다 夜明けの空がほの白くなる. **희붐히** 副 ほの白く. ほの明るく. ¶ ~ 동이 틀 무렵 ほの白く東の空が明けるころ.
희비〔喜悲〕名 悲喜. 喜びと悲しみ. ¶ ~가 엇갈리다 悲喜こもごもである.
희비쌍곡선〔—雙曲線〕名 喜悲双曲線. 悲喜こもごも.
희비극〔喜悲劇〕名 悲喜劇.
희사[1]〔喜事〕名 喜ばしいこと.
희사[2]〔喜捨〕名 하他 喜捨. 寄付. 寄金. ¶ 교회에 돈을 ~하다 教会にお金を寄付する.
희사금〔—金〕名 喜捨金. 寄付金.
희색〔喜色〕名 喜色. うれしそうな顔つき. ¶ ~ 만면 喜色満面 / 편지를 받고 얼굴에 ~이 떠올랐다 手紙をもらって顔に喜びの色が浮かんだ.
희생〔犧牲〕名 하自他 犠牲. ¶ 화재[전쟁]의 ~이 되다 火災[戦争]の犠牲になる / 적지 않은 ~을 치루다 かなりの犠牲を払う.
희생자〔—者〕名 犠牲者. ¶ 이번 재해에 ~가 많았다 今度の災害で犠牲者が多かった.
희생적〔—的〕冠 名 犠牲的.
희생타〔—打〕名〔體〕(野球の)犠打. 犠牲打.

희서〔稀書〕 名 希書. 珍本.
희석〔稀釋〕 名 하他 〔化〕 希釈. ¶ ~액 希釈液.
희세〔稀世〕 名 希世. 希代. ¶ ~의 미인 世にもまれな美人.
희소〔嬉笑〕 名 하自 嬉笑. 楽しい笑い.
희소가치〔稀少價值〕 名 希少価値.
희소식〔喜消息〕 名 吉報. 朗報. 喜ばしい知らせ. ¶ 시험에 붙었다는 ~ 試験に受かったとの朗報.
희소하다〔稀少—〕 形 希少だ. まれで少ない. ¶ 희소한 물건 希少な品.
희수[1]〔稀壽〕 名 〔'70세'의 딴이름〕 古希.
희수[2]〔喜壽〕 名 〔'77세'의 딴이름〕 喜寿.
희열〔喜悅〕 名 喜悦.
희우〔喜雨〕 名 喜雨. 慈雨.
희유〔稀有〕 名 하形 希有. ¶ ~ 원소 希有元素 / ~한 사건 希有な事件.
희읍스름하다[-스레하다] 形 白みがかっている. ほの白い. ¶ 희읍스름한 새벽의 하늘 ほの白い夜明けの空.
희작〔戲作〕 名 하自 戯作.
희짓다〔戲—〕 他 妨げる. 妨害する. じゃまする. ¶ 남의 안면을 희짓지 마아 人の安眠を妨げるな.
희치희치 副 하形 **1** (布や紙などが)ところどころ薄くなったり穴が開いているようす. **2** 物の面がところどころはげているようす.
희토류 원소〔稀土類元素〕 名 〔化〕 希土類元素.
희학〔戲謔〕 名 하自 冗談.
　희학질 名 하自 悪ふざけ.
희한하다〔稀罕—〕 形 非常にまれだ. 非常に珍しい. 変わっている. 変だ. ¶ 희한한 사람 変わった人 / 희한한 장난감 珍しいおもちゃ. **희한히** 副 非常に珍しく.
희화〔戲畫〕 名 〔美〕 戯画. カリカチュア.
희희 副 〔바보처럼 웃는 모양[소리]〕 へへと. ¶ 바보같이 ~ 웃다 ばかのようにへへと笑う.
희희낙락〔喜喜樂樂〕 名 하自 非常に喜んで楽しむこと. ¶ ~하게 놀다 喜々として戯れる.
흰개미 名 〔動〕 白蟻.
흰골무떡 名 一定の長さに切った棒状の餅.
흰곰 名 〔動〕 白熊. 北極熊.
흰깨 名 白胡麻.
흰나비 名 〔動〕 白い蝶類の総称.
흰누룩 名 小麦粉ともち米のこなを混ぜてつくった麴.
흰둥이 名 **1** 色の白い人[動物]. **2** 白人.
흰떡 名 (粳で作った)棒状の餅.
흰머리 名 白髪. ¶ ~가 생기다 白髪が生える.
흰무리 名 粳米の粉を甑で蒸してつくった餅.
흰밥 名 白米のご飯.
흰불나방 名 〔動〕 アメリカしろひとり.
흰빛 名 白い色. 白色.
흰색〔—色〕 名 白. 白色.
흰소리 名 하自 大ぼらを吹くこと, またその言葉.
　◆**흰소리를 치다** 大ぼらを吹く.
흰수작〔—酬酌〕 名 からいばりの言動.
흰옷 名 白衣.
흰자 名 ☞흰자위
　흰자위 名 〔生〕 **1** (卵の)白身. **2** 白目〈眼球の白い部分〉.
흰자질〔—質〕 名 〔生〕 蛋白質.
흰죽〔—粥〕 名 白粥. 白米の粥.
흰쥐 名 〔動〕 白鼠.
흰콩 名 **1** 白い豆. **2** 大豆.
흰털 名 **1** 白毛. **2** 白髪.
휭하다 形 (頭が)くらくらする. ぼうっとする. ¶ 머리가 ~ 頭がぼうっとする.
휭허케 副 〔지체 없이〕 さっと. すっと. 素早く. さっさと.
히[1] **I** 副 〔만족스러워 싱겁게 웃는 모양〕 ひひっと. へへっと. **II** 感 〔비웃을 때 내는 소리〕 へっ. ふん.
-히[2] 接尾 〔주로 '-하다' 형용사의 어간에 붙어 부사를 만드는 말〕 …と. …に. …く. ¶ 분명~ 明らかに / 당당~ 堂々と / 조용~ 静かに.
-히-[3] 接尾 動詞を使役しまたは受身にする語. ¶ 먹~다 食べられる / 밟~다 踏まれる / 입~다 着せる.
히드라〔hydra〕 名 〔動〕 ヒドラ.
히뜩 副 **1** 〔언뜻 뒤돌아보는 모양〕 ちらっと. ちらりと. ¶ ~ 쳐다보고 간다 ちらっと見ていく. **2** 〔맥없이 넘어지거나 동그라지는 모양〕 ころりと. ばたっと. ¶ ~ 넘어지다 ばたっと倒れる.
히로뽕〔← 日 hiropon〕 名 〔藥〕 ヒロポン.
히스타민〔histamine〕 名 〔化〕 ヒスタミン.
히스테리〔독 Hysterie〕 名 〔醫〕 ヒステリー. ¶ ~를 일으키다 ヒステリーを起こす.
히아신스〔Hyacinth〕 名 〔植〕 ヒアシンス.
히어로〔hero〕 名 ヒーロー.
히어링〔hearing〕 名 ヒアリング.
히죽 副 にやっと. にたっと. にんまりと.
　히죽거리다[-대다] 自 にやにや笑う.
　히죽이 副 にやっと. にたっと. にんまりと.
　히죽히죽 副 하自 にやにや(と). にたにた(と). ¶ 만화책을 보면서 혼자 ~ 웃고 있다 漫画を見ながら一人でにやにや笑っている.
히쭉 副 〔'히죽'의 센말〕 にやっと. にたっと. にんまりと.
　히쭉거리다[-대다] 自 にやにや笑う.
　히쭉이 副 にやっと. にたっと. にんまりと.
　히쭉히쭉 副 하自 にやにや(と). にたにた(と).
히터〔heater〕 名 ヒーター. 暖房器.
히트〔hit〕 名 하自 ヒット. **1** (野球で)安打. ¶ ~를 치다 ヒットを放つ. **2** 大当たり. ¶ 신곡이 ~하다 新曲がヒットする.
　히트 송〔—song〕 名 ヒットソング. ヒット曲.
히트 앤드 런〔hit and run〕 名 (野球で)ヒットアンドラン.
히프〔hip〕 名 ヒップ. 臀部.
히피〔hippie〕 名 ヒッピー.
히히 副 하自 ひひっと. へへっと.
　히히거리다[-대다] 自 へへと笑う. ひひと笑う.
힌두교〔Hindu教〕 名 〔宗〕 ヒンズー教.

힌트〔hint〕 名 暗示. ヒント. ¶ ～를 주다 ヒントを与える/～를 얻다 ヒントを得る.

힐〔heel〕 名 **1** ヒール. 踵. **2**〔'하이힐'의 준말〕ハイヒール.

힐끔 副 ちらっと. ¶ ～ 쳐다보다 ちらっと横目で見る.

힐끔거리다[-대다] 他 しきりにちらちら見る.

힐끔힐끔 副 하他 ちらちら(と). じろじろ(と).

힐끗 副 **1**〔눈에 얼른 띄는 모양〕ちらっと. ちらりと. **2**〔슬쩍 흘겨보는 모양〕じろりと.

힐끗거리다[-대다] 他 じろりじろりと見る.

힐끗힐끗 副 하他 ちらちら(と). じろじろ(と).

힐난〔詰難〕 名 하他 詰難. 難詰. ¶ 실수를 ～하다 失態を難詰する.

힐문〔詰問〕 名 하他 詰問. ¶ 용의자를 ～하다 容疑者を詰問する.

힐책〔詰責〕 名 하他 詰責. 問いつめて責めること.

힘 名 **1** (人·動物の)力. 体力. 精力. 元気. ¶ ～이 약하다[세다] 力が弱い[強い]/～이 장사다 非常な力士[力持]だ. **2** 手助け. おかげ. 骨折り. 尽力. ¶ 회사 재건에 ～을 쓰다 会社再建に尽力する/아무런 ～이 되지 못하다 なんの助けにもならない. **3** 権力. 勢力. 威力. ¶ 돈의 ～ お金の力/～을 잃다 力を失う. **4** 力量. 能力. 学識. 才能. ¶ ～을 모으다 力を合わせる/죽을 ～을 다하다 死にもの狂いになる. **5** 効力. 効き目. ¶ 약의 ～ 薬の効き目. **6**〔物〕力. **7** 暴力. 腕力. ¶ ～으로 해결하다 暴力で解決する.

◆**힘에 부치다** 力に余る. ¶ 그 일은 나에게는 ～에 부친다 その仕事は私には力に余る.

◆**힘이 나다** ① 力が出る. ② 元気が出る.

◆**힘이 있다** ① 力がある. 力が強い. 元気がある. ② 能力がある.

힘겨룸 名 하自 力くらべ.

힘겹다 形 力に余る.

힘껏 副 力の限り. 精いっぱい. 力いっぱい. 懸命に. ¶ ～ 노력하다 力の限り努力する/～ 도와 주었지만 실패했다 精いっぱい力になってやったが失敗した.

힘내다 自 力を出す. 元気を出す. がんばる.

힘닿다 自 力が及ぶ. ¶ 힘닿는 데까지 도와 주다 力の及ぶかぎり助けてやる.

힘들다 自 **1** (肉体的に)力が要る. 力を要する. ¶ 목적 달성이 ～ 目的達成に力を要する. **2** 難しい. 手に負えない. やっかいだ. 大変だ. ¶ 등정은 ～ 登頂は難しい.

힘들이다 他 精力を傾ける. 力を入れる. 努力する. 苦心する. ¶ 보고서를 힘들여 쓰다 報告書を苦労して書く.

힘빼물다 自 強がる.

힘세다 形 力が強い. 力強い.

힘쓰다 自 **1** (肉体的に)力を出す. **2** 努力する. 精を出す. がんばる. 努める. **3** 苦労する. **4** 手助けする.

힘없다 形 **1** 力や気力がない. **2** 能力がない. 無能である. **힘없이** 副 力なく. 元気なく. ¶ ～ 어깨를 축 늘어뜨리고 걷는다 力なく肩を落として歩く.

힘입다 自 人の助けを受ける. 人の恩恵をこうむる. 世話をかける. ¶ 이번 성공은 그에게 힘입은 바가 크다 今度の成功は彼の助力によるところが大きい.

힘주다 自 強調する. ¶ 힘주어 말하다 強調して話す.

힘줄 名〔生〕 **1** 腱. 筋. ¶ 어깨의 ～을 다치다 肩の筋を痛める. **2** 血管. 血脈. **3** 筋肉繊維.

힘줌말 名 強勢語. 意味を強める言葉.

힘지다 形 **1** 力がある. **2** 力が要る.

힘차다 形 **1** 力強い. 非常に元気だ. 勇ましい. ¶ 계획을 힘차게 추진하다 計画を力強く押し進める. **2** 力に余る. 骨が折れる.

힝¹ 副〔코를 세게 푸는 소리〕ちんと. ¶ 코를 ～ 풀다 鼻をちんとかむ.

힝힝¹ 副 ちんちんと.

힝² 感〔코로 비웃는 소리〕ふん. ¶ ～, 너 따위를 상대할 줄 아느냐? ふん, お前なんかを相手にすると思ってるのか.

힝힝² 感 ふふん.

부 록

용언 조견표

ㄱ

가깝다	形	ㅂ変	近い
가꾸다	他		(植物を)育てる，手入れをする
가늘다	形		細い
가능하다	形	여変	可能だ
가다	自		行く，帰る，(時が)過ぎ去る；…していく，…になっていく
가다듬다	他		整える
가르다	他		分ける
가르치다	他		教える
가리다	自他		さえぎる；より分ける
가리키다	他		示す
가볍다	形	ㅂ変	軽い
가시다	自他		(口を)すすぐ；消える
가엾다	形		かわいそうだ，哀れだ
가져가다	他		持っていく
가져오다	他		持ってくる，もたらす
가지다	他		持つ
간단하다	形	여変	簡単だ
간절하다	形	여変	切実だ
간지럽다	形	ㅂ変	くすぐったい
갈다	他		取り替える；耕す；磨く
감다	他		(目を)閉じる；巻く；(髪を)洗う
감추다	他		隠す
강하다	形	여変	強い
갖추다	他		備える，整える
같다	形		同じだ，(…の)ようだ
갚다	他		報いる，返す
거두다	他		収める
-거리다	接尾		しきりに…する
거치다	他		経由する
거칠다	形		粗い，荒い，乱暴だ
건너다	他		渡る
걷다	自他		晴れる，巻き上げる
	自他	ㄷ変	歩く
걸다	他		(物を)掛ける，(電話を)かける
걸리다	自		掛かる
걸치다	自他		わたる，及ぶ，またがる，着る
검다	形		黒い
-겠-	補幹		(未来・推量を表わす)
겪다	他		経験する
견디다	自他		耐える
계시다	形		いらっしゃる
고되다	形		つらい，苦しい
고르다	他	르変	選ぶ
	形		平均している
고맙다	形	ㅂ変	ありがたい
고치다	他		直す，改める
고프다	形		空腹だ，ひもじい
곪다	自		うむ，化膿する
곱다	形	ㅂ変	きれいだ
관하다	自	여変	関する
괜찮다	形		大丈夫だ，構わない
괴롭다	形	ㅂ変	苦しい，つらい
굉장하다	形	여変	すばらしい，ものすごい
구하다	他	여変	求める，手に入れる
굳다	形		固い
굵다	形		太い
굶다	自		飢える，(食事を)抜く
굽다	他	ㅂ変	焼く；曲がる
궁금하다	形	여変	心配だ，気がかりだ
귀엽다	形	ㅂ変	かわいい，かわいらしい
귀찮다	形		面倒だ，煩わしい
그러다	自	어変	そうする，そう言う
그렇다	形	ㅎ変	そうだ，ああだ
그리다	自他		描く
그치다	自他		やむ，やめる
급하다	形	여変	急だ，せっかちだ
긋다	他	ㅅ変	(線を)引く
기다	自		這う
기다리다	他		待つ
기대다	他		もたれる
기르다	他	르変	育てる，飼う
기쁘다	形		うれしい，喜ばしい
기울다	自		傾く
	形		傾いている
기울이다	他		傾ける
긷다	他	ㄷ変	(水を)汲む
길다	形		長い
깊다	形		深い
까다	他		(皮を)むく
까다롭다	形	ㅂ変	ややこしい，気難しい
까맣다	形	ㅎ変	真っ黒だ
깎다	他		削る，刈る，むく，値下げする，値切る
깔다	他		敷く
깨끗하다	形	여変	清潔だ，きちんとしている
깨다	自他		壊す；(目が)覚める
깨닫다	他	ㄷ変	悟る
꺾다	他		折る
꽂다	他		差し込む
꾸다	他		(夢を)見る；(金を)借りる
꾸미다	他		飾る
끄다	他		(火・電気などを)消す

끊다	他		切る，断つ，(切符を)買う
끌다	他		引く，引っ張る
끓다	他		沸く
끓이다	他		沸かす
끝나다	自		終わる
끼다	自他		挟む，はめる，(仲間に)入る
끼치다	他		(迷惑を)かける，及ぼす
ㄴ			
나가다	自		出ていく，出かける
나누다	他		分ける，分かち合う
나다	自		出る，生じる
나쁘다	形		悪い
나아가다	自		進む
나오다	自他		出てくる
나타나다	自		現われる
나타내다	他		表わす
날다	自		飛ぶ
날카롭다	形	ㅂ変	鋭い
남기다	使動		残す
남다	自		残る，余る
낫다	自	ㅅ変	治る
	形		優れている，ましだ
낮다	形		低い
낳다	他		産む
내다	他		出す
내리다	自他		降りる，降ろす
넉넉하다	形	여変	十分だ，豊かだ
넓다	形		広い
넘다	自他		越える，過ぎる，あふれる
넘어지다	自		倒れる，転ぶ
넣다	他		入れる
노랗다	形	ㅎ変	黄色い
녹다	自		溶ける
녹이다	他		溶かす
놀다	自		遊ぶ，休む
놀라다	自		驚く
높다	形		高い
높이다	他		高める
놓다	他		置く，放す；…しておく
누르다	他	르変	押さえる，押す
	形	러変	黄色い
눕다	自	ㅂ変	横になる，横たわる
느끼다	他		感じる
늘다	自		増える，伸びる
늙다	自		(年を)とる
늦다	自		遅れる
	形		遅い
ㄷ			
다니다	自		行き来する，通う
다듬다	他		整える
다루다	他		扱う，取り扱う
다르다	形	르変	異なっている，別だ
다치다	他		けがをする，傷つける
다투다	自他		争う
다하다	自他	여変	尽きる，終わる，(力を)尽くす
닥치다	自		近づく，迫る
닦다	他		磨く，ふく，修める
단순하다	形	여変	単純だ
닫다	他		閉じる，閉める
	自	ㄷ変	駆ける，走る
달다	他		つるす；量る；煮詰まる
	形		甘い
달라지다	自		変化する，変わる
달래다	他		なぐさめる，あやす
달리다	自他		走る，走らせる；ぶら下がる
닮다	他		似る
담그다	他		浸す，漬ける
담다	他		盛る
답답하다	形	여変	じれったい，息苦しい
당기다	他		引っぱる，操り上げる
당하다	他	여変	匹敵する；(…の目に)あう
닿다	自		触れる，着く
대다	他		触れる，当てる
대단하다	形	여変	はなはだしい，すごい
대하다	自他	여変	対する
더럽다	形	ㅂ変	汚い
더하다	自他	여変	加える，増す
던지다	他		投げる
덜다	他		減らす，引く
덥다	形	ㅂ変	暑い
덮다	他		覆う，かぶせる，閉じる
데리다	他		連れる
도와주다	他		助けてくれる[やる]，手伝う
돋다	自		(太陽・月が)昇る，出る
돌다	自		回る
돌리다	他		回す
돌아가다	自		帰る，回る，帰っていく
돌아오다	自		戻る，帰ってくる
돕다	他	ㅂ変	助ける，手伝う
동글다	形		まるい
되다	自		…になる，できる，十分だ；…される
두껍다	形	ㅂ変	厚い
두다	他 補動		置く；…しておく
두렵다	形	ㅂ変	恐ろしい，気がかりだ
두르다	他	르変	巻く，囲む，巡る
둥글다	形		まるい
드리다	他 補動		差し上げる
듣다	他	ㄷ変	聞く
들다	他		入る；持つ；(費用が)かかる
들리다	自		聞こえる
들어가다	自		入る
들어오다	自		入ってくる
따다	他		摘み取る，(点を)取る，(栓を)抜く
따뜻하다	形	여変	(気温が)暖か

			い，(心が)温かい
따르다	自他		従う；注ぐ
때리다	他		殴る
떠나다	自他		出発する，発つ，去る
떨다	自他		震える；払い落とす
떨어지다	自		落ちる，離れる
떼다	他		離す，(封を)あける
똑똑하다	形	여変	明らかだ，賢い
뚜렷하다	形	여変	はっきりしている
뚫다	他		貫く，貫通する，突破する
뛰다	自他		走る，跳ぶ，とびはねる
뜨겁다	形	ㅂ変	熱い
뜨다	自		浮かぶ，(月・日が)昇る；(目を)あける
띠다	他		(帯を)締める，帯びる

ㅁ

마르다	自	르変	乾く，渇く，やせる
마시다	他		飲む
마치다	他		終える，終わる
막다	他		ふさぐ，仕切る，防ぐ
만나다	自他		会う，出会う
만들다	他		つくる，…にする
만지다	他		触る，手入れする
많다	形		多い
말다	他		やめる
말하다	自他	여変	話す，言う
맑다	形		清い，澄んでいる
맛없다	形		(味が)まずい
맛있다	形		おいしい
맞다	自		迎える；正しい，合う
맞추다	他		合わせる
맡기다	他		任せる，預ける
맡다	他		引き受ける，預かる；(匂いを)嗅ぐ
매다	他		結ぶ，縛る
맵다	形	ㅂ変	(ひりひりと)からい，(目に)しみる
맺다	他		結ぶ
먹다	他		食べる，飲む；…してしまう
멀다	形		遠い
메다	自他		(穴などが)ふさがる；担ぐ
모르다	他	르変	分からない，知らない
모시다	他		仕える，お供する，祭る
모으다	他		集める，ためる
모이다	自		集まる
모자라다	自		足りない
못하다	自 補動	여変	できない
	形		…より劣る
무겁다	形	ㅂ変	重い
무너지다	自		崩れる
무덥다	形	ㅂ変	蒸し暑い
무섭다	形	ㅂ変	恐ろしい
묶다	他		束ねる，縛る
묻다	他		埋める；(インクなどが)つく
	他	ㄷ変	尋ねる，問う
물다	他		かむ，くわえる
미안하다	形	여変	すまない，申しわけない
미치다	自		及ぶ，及ぼす；狂う
믿다	他		信じる
밀다	他		押す
밉다	形	ㅂ変	憎い，醜い

ㅂ

바꾸다	他		取り替える
바라다	他		願う，望む
바르다	他	르変	塗る
	形		まっすぐだ，正しい
바쁘다	形		忙しい，急だ
바치다	他		捧げる
박다	他		差し込む，はめる
반갑다	形	ㅂ変	懐かしい，うれしい
받다	他		受け取る，もらう
받아들이다	他		受け入れる
밝다	自		(夜・年が)明ける
	形		明るい
밝히다	他		明らかにする
밟다	他		踏む
배우다	他		学ぶ
버리다	他 補動		捨てる；…してしまう
벗다	自他		脱ぐ
베다	他		切る
변하다	自他	여変	変わる
보내다	他		送る，行かせる
보다	他 補動		見る，会う；…してみる
	形		…らしい，…ようだ
보이다	自他		見える；見せる
복잡하다	形	여変	複雑だ，混雑している
볶다	他		炒る，いためる
뵙다	他	ㅂ変	お目にかかる
부끄럽다	形	ㅂ変	恥ずかしい
부드럽다	形	ㅂ変	柔らかい
부럽다	形	ㅂ変	うらやましい
부르다	他	르変	呼ぶ，歌う
부수다	他		壊す，砕く
부옇다	形	ㅎ変	不鮮明だ
부지런하다	形	여変	勤勉だ，熱心だ
부치다	他		送る；(フライパンで)焼く
불쌍하다	形	여変	気の毒だ，かわいそうだ
붉다	形		赤い
붓다	自他	ㅅ変	注ぐ；腫れる
붙다	自		付く
붙이다	他		付ける
비롯하다	自他	여変	始めとする
비비다	他		こする，かきまぜる
비슷하다	形	여変	似ている
비싸다	形		(値が)高い

비우다	他		あける，空にする
비하다	他	여変	比べる
빛나다	自		輝く
빠르다	形	르変	速い，早い
빠지다	自		陥る，抜ける，溺れる
빨갛다	形	ㅎ変	赤い
빨다	他		洗濯する；吸う
빼다	他		抜く，取り除く，(数を)引く
빼앗다	他		奪う
뻗다	自他		伸びる，伸ばす
뽑다	他		抜き取る，選ぶ
뿌리다	自他		まき散らす，振りかける

ㅅ

사납다	形	ㅂ変	猛々しい，荒々しい
사다	他		買う
살다	自		生きる，暮らす，住む
살리다	他		生かす
살펴보다	他		察する；面倒を見る
살피다	他		観察する
삶다	他		ゆでる
삼가다	自他		慎む
삼다	他		(…を)…にする，…とみなす
삼키다	他		飲み下す，飲み込む
상하다	自他	여変	傷つく，いたむ
새다	自		漏る，(夜が)明ける
새롭다	形	ㅂ変	新しい，新ただ
생기다	自		生じる，起こる
서늘하다	形	여変	涼しい
서다	自		立つ，止まる
서두르다	他	르変	あわてる，急ぐ
섞다	他		混ぜる
섞이다	自		混ざる，混じる
섭섭하다	形	여変	残念だ，寂しい
세다	他		数える
	形		強い
세우다	他		立てる，止める
속다	自		だまされる
속이다	他		だます
속하다	自	여変	属する
솟다	自		湧き出る，そびえる
숙이다	他		うなだれる，(頭を)下げる
숨기다	他		隠す
숨다	自		隠れる
쉬다	自他		休む
쉽다	形	ㅂ変	容易だ，たやすい
슬프다	形		悲しい
-시-[-으시-]	補幹		(尊敬を表わす，動詞に接続)
			(尊敬を表わす，形容詞·存在詞·指定詞に接続)
시끄럽다	形	ㅂ変	(音が)うるさい，やかましい
시다	形		すっぱい，ずきずきする
시원하다	形	여変	涼しい，さっぱりしている
시키다	他		させる，注文する
식다	自		冷める
신다	他		履く
싣다	他	ㄷ変	(荷を)積む，載せる
싫다	形		いやだ，嫌いだ
심다	他		植える
심하다	形	여変	ひどい，はなはだしい
싱겁다	形	ㅂ変	(塩気が)足りない，つまらない
싶다	補形		…したい，…ようだ；…しそうだ
싸다	他		包む
	形		安い
싸우다	自		けんかする，争う，戦う
쌓다	他		積む
썩다	自		腐る
쏘다	他		射る，撃つ
쏟다	他		こぼす，注ぐ
쓰다	他		使う；書く；かぶる
	形		苦い
쓰러지다	自		倒れる
씹다	他		噛む
씻다	他		洗う，ぬぐう，そそぐ

ㅇ

아깝다	形	ㅂ変	惜しい，もったいない
아끼다	他		惜しむ，大切にする
아니다	指		…でない
아름답다	形	ㅂ変	美しい
아프다	形		痛い，(体の具合が)悪い
안녕하다	形	여変	健やかだ
안다	他		抱く
앉다	自		座る
않다	他		…しない
	補形		…でない
알다	他		知る，分かる，(…と)思う
알맞다	形		ふさわしい，適当だ
알아보다	他		調べる，見て分かる
앓다	自他		患う
-았-[-었-]	補幹		(過去時制を表わす)
약하다	形	여変	弱い
얇다	形		薄い
얕다	形		浅い
어둡다	形	ㅂ変	(光が)暗い，(情報などに)うとい
어떻다	形	ㅎ変	どうだ
어렵다	形	ㅂ変	難しい
어리다	自		(涙が)にじむ
	形		幼い
얹다	他		載せる，置く
얻다	自		得る，もらう
얼다	自		凍る，凍える
업다	他		おぶう，おんぶする
없다	形		ない，いない

여의다	他		(父母などに)死別する
열다	他		開く
엷다	形		薄い
예쁘다	形		きれいだ, かわいい
오다	自		来る, 帰ってくる, (雨が)降る
오르다	自	르変	登る, 上がる
올리다	自		上げる, ささげる
옮기다	他		移す, 伝える
옮다	自		移る, 伝わる
옳다	形		正しい, そのとおりだ
-옵-[-사옵-]	補幹		(美化補助語幹, 動詞に接続) (美化補助語幹, 形容詞·存在詞·指定詞に接続)
우습다	形	ㅂ変	おかしい, つまらない
울다	自		泣く, 鳴く
울리다	自他		鳴る, 響く, 鳴らす
움직이다	自他		動く, 動かす
원하다	他	여変	願う, 望む
위하다	他	여変	…のためにする, 大事にする
유리하다	形	여変	有利だ
유명하다	形	여変	有名だ
의하다	自	여変	因る, 基づく
이기다	自他		勝つ
이끌다	他		導く, 率いる
이다	指		…である
	他		(頭に荷を)載せる; (屋根を)ふく
이러다	自	어変	こうする, こう言う
이렇다	形	ㅎ変	こうだ
이루다	他		成す, 完成する, 成し遂げる
이루어지다	自		成就する, 成る
이룩하다	他	여変	成し遂げる, 完成する, 築く
이르다	自	러変	至る, 達する
	自他	르変	言う, 告げる
	形		早い
이상하다	形	여変	変だ, おかしい, 怪しい
익다	自		熟す, 煮える
	形		慣れている, 顔見知りだ
익히다	他		実らす, 慣らす
인하다	自	여変	(…に)因る
일어나다	自		起き上がる, 立ち上がる, (事件が)起こる
일어서다	自		立ちあがる
일으키다	他		引き起こす, 起こす
일하다	自	여変	働く
읽다	他		読む
잃다	他		失う
입다	他		(服を)着る, (損害などを)こうむる
잇다	他	ㅅ変	継ぐ
있다	自形		ある, いる
잊다	他		忘れる

ㅈ

자다	自		寝る, 眠る
자라다	自		育つ
자르다	他	르変	切る
자세하다	形	여変	詳しい
작다	形		小さい
잠그다	他		(鍵を)かける; 漬ける, 浸す
잡다	他		つかむ, つかまえる
잡수시다	他		召し上がる
잡히다	自 被動		捕まる; 捕まえられる
재다	他		測る
저렇다	形	ㅎ変	ああだ, あんなだ
적다	他		記録する
	形		少ない
전하다	他	여変	伝える, 渡す
젊다	形		若い
점잖다	形		落ち着いている, 上品だ, おとなしい
접다	他		折り畳む
정하다	他	여変	定める, 決める
정확하다	形	여変	正確だ
젖다	自		ぬれる
조르다	他	르変	締める, せがむ
조용하다	形	여変	静かだ
졸다	自		居眠りする
좁다	形		狭い
좋다	形		よい, 好きだ
좋아하다	他	여変	好む
주다	他		与える, やる, くれる
주무시다	自		おやすみになる
죽다	自		死ぬ, 枯れる
줄다	自		減る
줄이다	他		減らす
줍다	他	ㅂ変	拾う
쥐다	他		握る
즐겁다	形	ㅂ変	楽しい
지나다	自他		通り過ぎる, 過ぎる
지나치다	自他		度を超す
지내다	自他		過ごす, 暮らす
지니다	他		身に着ける
지다	自他 被動		(日が)沈む; 背負う; 負ける; …になる
지키다	他		守る
집다	他		つまむ
짓다	他	ㅅ変	(ご飯を)炊く, (家を)建てる
질다	形		濃い
짜다	他		組み立てる; しぼる
	形		塩辛い
짧다	形		短い
쫓다	他		追う, 追い払う
찍다	他		点を打つ, (判を)押す, (写真を)写す
찢다	他		裂く, 破る

ㅊ

차다	自他		満ちる; 蹴る
	形		冷たい
차지하다	他	여変	占有する

착하다	形	여變	善良(ぜんりょう)だ，よい
참다	他		我慢(がまん)する，耐(た)える
창피하다	形	여變	恥(は)ずかしい
찾다	他		探(さが)す，訪(たず)ねる，取(と)り戻(もど)す
청하다	他	여變	頼(たの)む
추다	他		踊(おど)る
춥다	形	ㅂ變	寒(さむ)い
충분하다	形	여變	十分(じゅうぶん)だ
치다	他		殴(なぐ)る，（楽器(がっき)を）弾(ひ)く
치르다	他		支払(しはら)う，経験(けいけん)する
친하다	形	여變	親(した)しい
ㅋ			
켜다	他		（明(あ)かりを）つける
크다	自		育(そだ)つ
	形		大(おお)きい，（背(せ)が）高(たか)い
키우다	他		育(そだ)てる
ㅌ			
타다	自他		乗(の)る；燃(も)える，焼(や)ける
탁하다	形	여變	濁(にご)っている
태어나다	自		生(う)まれる
택하다	他	여變	選(えら)ぶ
터지다	自		破裂(はれつ)する，（事(こと)が）起(お)こる
토하다	他	여變	吐(は)く
통하다	自他	여變	通(つう)じる
튀기다	他		はじく，（油(あぶら)で）揚(あ)げる
트다	自		（芽(め)が）出(で)る，裂(さ)ける，（夜(よ)が）明(あ)ける
튼튼하다	形	여變	丈夫(じょうぶ)だ，強固(きょうこ)だ
틀리다	自		間違(まちが)う
ㅍ			
파다	他		掘(ほ)る
파랗다	形	ㅎ變	真(ま)っ青(さお)だ
팔다	他		売(う)る
펴다	他		広(ひろ)げる，開(ひら)く，伸(の)ばす
편하다	形	여變	楽(らく)だ，たやすい
펼치다	他		広(ひろ)げる
푸다	他	우變	汲(く)む
푸르다	形	러變	青(あお)い
풀다	他		解(と)く，（恨(うら)みを）晴(は)らす
풍부하다	形	여變	豊富(ほうふ)だ
피곤하다	形	여變	疲(つか)れている
피다	自		咲(さ)く
피하다	自他	여變	避(さ)ける
ㅎ			
하다	他	여變	する，（…と）いう，（…と）思(おも)う
-하다	接尾	여變	…する（動詞活用）
	接尾		…だ（形用詞活用）
하얗다	形	ㅎ變	真(ま)っ白(しろ)い
핥다	他		なめる
해롭다	形	ㅂ變	有害(ゆうがい)だ
향하다	自他	여變	向(む)かう，面(めん)する
험하다	形	여變	険(けわ)しい
활발하다	形	여變	活発(かっぱつ)だ
훌륭하다	形	여變	立派(りっぱ)だ，みごとだ
흐르다	自	르變	流(なが)れる
흔들다	他		揺(ゆ)り動(うご)かす，振(ふ)る
희다	形		白(しろ)い
힘들다	自		骨(ほね)が折(お)れる，困難(こんなん)だ，難(むずか)しい

일본어 색인

이 색인은 우리말로 표현하는 것을 도와주기 위해 약 5000어의 일본어를 골라, 본 사전에 수록되어 있는 우리말 중 중요한 것을 대응어로 들었다. 또한 단어만이 아니라 연어형(連語形)도 들었다. 작문할 때는 본문에서 의미와 용법을 재확인하기 바란다.

あ

ああ　아, 아이고
愛　사랑, 애정
相変わらず　여전히, 변함없이
愛嬌　애교
挨拶　인사
合図　신호, 사인
アイスクリーム　아이스크림
愛する　사랑하다
愛想　붙임성, 정나미
間　사이, 틈, 동안, 가운데
間柄　사이, 관계
あいつ　그 녀석, 저 녀석, 그놈, 저 놈
相次いで　잇따라
相づち　맞장구
相手　상대, 상대편, 상대방
あいにく　마침, 공교롭게
相乗り　합승
相反する　상반되다
あいまいだ　모호하다, 애매하다
愛らしい　사랑스럽다, 귀엽다, 예쁘다
アイロン　다리미
合う　맞다, 일치하다, 알맞다, 어울리다
会う, 遭う　만나다, 마주치다, 당하다, 맞다, 보다
喘ぐ　헐떡이다, 허덕이다
あえて　감히, 굳이
青　파랑
青い　푸르다, 파랗다
仰ぐ　우러러보다, 쳐다보다
赤　빨강
垢　때
赤い　빨갛다, 붉다
赤ちゃん　아기, 애기, 갓난아기
垢ぬける　세련되다
明かり　빛, 불(빛), 등불
上がる　오르다, 올라가다
明るい　밝다, 환하다; (性格が)명랑하다
秋　가을
空き　빈 자리, 공석
飽き飽きしている　지루하다
飽き飽きする　질리다
明らかだ　뻔하다, 분명하다, 뚜렷하다
あきらめる　단념하다, 포기하다, 체념하다
飽きる　싫증나다
あきれかえる　어이없어하다
あきれる　어이없다, 기가 막히다
悪　악
開く　열리다, (目が)뜨이다
空く　비다
握手　악수
アクセサリー　액세서리
アクセント　악센트
悪人　나쁜 사람
あくび　하품
あくまで(も)　어디까지나, 끝까지
あぐら　책상다리
明け方　새벽녘, 동틀녘
明ける　밝다, 새다
空ける　비우다, (穴を)뚫다
開ける　열다
あげる　올리다, 들다, 인상하다; (声を)지르다, 외치다; (物を)주다; (てんぷらを)튀기다
あご　턱
憧れる　동경하다
朝　아침
アサ(麻)　삼; 삼베
浅い　얕다
あざける　비웃다, 조소하다
あさって　모레
浅はかだ　얕다, 천박하다
朝日　아침 해, 아침 햇살
欺く　속이다
鮮やかだ　선명하다, 산뜻하다
足　발
脚　다리
味　맛
アジ(鯵)　전갱이
アジア　아시아, 아세아
あした　내일
味わう　맛보다, 음미하다; 겪다
預かる　맡다, 보관하다
アズキ(小豆)　팥
預ける　맡기다
汗　땀
焦る　안달하다, 초조해하다
あそこ　저기, 저쪽, 거기
遊び　놀이
遊ぶ　놀다
あたい　값, 가격; 가치
与える　주다
あたたかい　따뜻하다, 따스하다, 따끈하다
温める　데우다, 따뜻하게 하다
頭　머리
新しい　새롭다; 새
辺り　주변, 부근, 근처
当たり前だ　당연하다, 마땅하다
当たる　맞다, (日が)들다, 당하다
あちこち　여기저기
あちら　저쪽, 저리, 저기
熱い　뜨겁다
暑い　덥다
厚い　두껍다, 두텁다
篤い　두텁다
扱う　다루다, 취급하다
あっさり　간단히
集まる　모이다
集める　모으다
あつらえる　주문하다, 맞추다
…宛て(手紙などで)…앞
当てる　맞히다; 대다
後　뒤, 후, 나중
跡　자국, 흔적
後払い　후불
穴　구멍
アナウンサー　아나운서
あなた　당신, 그대
侮る　경시하다, 깔보다
兄　형, 오빠
姉　누나, 언니
あの　저, 그
あのう　저
あのようだ　저렇다
アパート　아파트

暴く 폭로하다, 들추어내다
暴れる 날뛰다, 설치다
アヒル(家鴨) 오리, 집오리
浴びる(水を)끼얹다, 뒤집어 쓰다
危ない 위험하다, 위태롭다
油 기름
溢れる 넘치다
甘い 달다; (子供に)무르다; (点数が)후하다; (ねじが)헐겁다
甘える 어리광부리다, 응석부리다
余り 나머지
余り(…ない) 그다지
あまりに 너무(나)
余る 남다, 넘치다
網 망, 그물
編む 뜨다, 엮다
雨 비
飴 엿
怪しい 괴이하다, 수상하다
操る 조종하다
誤り 잘못, 실수
誤る 잘못되다, 실수하다
謝る 사과하다; 빌다
荒い, 粗い 거칠다, 거세다, 성기다, 굵다
洗う 씻다, 빨다
あらかじめ 미리
荒らす 휩쓸다
争う 다투다, 싸우다
新たに 새로
改める 변경하다, 고치다
あらまし 대강
あらゆる 모든, 온갖
あらわす 나타내다, 드러내다, 표현하다
現われる 나타나다, 드러나다
アリ(蟻) 개미
ありがたい 감사하다, 고맙다
ありがとうございます 고맙습니다, 감사합니다
ありさま 꼴, 모양, 상태, 형편
或る 어느, 어떤
在る 있다, 존재하다
(…で)ある 이다
あるいは 혹은, 혹시, 혹, 또는, 어쩌면
歩く 걷다
主 주인, 임자
あれ 저것, 그것
あれえ 아이고, 어, 어머나
あれこれ 이것저것
荒れる 거칠어지다
泡 거품, 기포
合わさる 합쳐지다
合わせる 맞추다, (力を)합치다, 아우르다
あわてる 허둥지둥하다, 당황해하다, 서두르다
哀れだ 불쌍하다, 가엾다
案外 뜻밖에, 제법, 의외로
安心する 안심하다, 마음(이) 놓이다
安全 안전
あんな 저러한, 저런, 그런
案内 안내

い

胃 위, 위장
いいえ 아니오, 아닙니다
言い訳 핑계, 구실
委員 위원
言う 말하다, 이르다
言うまでもなく 말할 것도 없이
家 집
イカ(烏賊) 오징어
以下 이하
以外 이외, 밖
意外に 뜻밖에
いかが 어떻게
いかがですか 어떻습니까
医学 의학
生かす 살리다, 활용하다
いかなる 어떠한
いかなる意味においても 어느 의미에서나
怒り 화, 성, 노여움
遺憾 유감
胃癌 위암
息 숨, 호흡
粋 멋
行き 갈 때
…行き -행
意義 의의, 뜻
勢い 힘, 기세
生きがい 사는 보람
いきさつ 경위
行き過ぎる 지나치다
行きつけの店 단골 가게, 단골집
いきなり 갑자기, 느닷없이, 별안간
生き物 생물; 짐승
生きる 살다
行く 가다
幾つ 몇, 몇 개, 몇 살
幾つか 몇 개
幾度 몇 번
幾ら(疑問)얼마; (譲歩)아무리
池 못, 연못
いけない 안되다, 좋지 않다, 나쁘다
生け花 꽃꽂이
意見 의견, 생각
以後 이후, 앞으로
囲碁 바둑
いざとなると 막상 하려면
勇ましい 용감하다
石 돌, 돌멩이
意志 의지, 뜻
意地 고집, 오기
維持 유지
意識 의식
いじめる 괴롭히다, 들볶다
医者 의사
移住 이주
衣装 의상, 옷
以上 이상
異常だ 이상하다, 정상이 아니다, 제정신이 아니다
意地悪 (行為)심술, (人)심술꾸러기
椅子 의자
泉 샘
いずれ 어차피, 결국; 멀지 않아
遺跡 유적
以前 이전, 전, 그전
依然として 여전히
忙しい 바쁘다
急ぐ 서두르다
板 판자, 널빤지
痛い 아프다
偉大だ 위대하다
痛々しい 애처롭다, 딱하다
抱く 안다, 품다
いたずら 장난
いたずらっ子 장난꾸러기
いただきます 잘 먹겠습니다
頂く (得る)얻다; (頭に)이다
痛み 아픔, 고통
痛む 아프다, 쑤시다
傷む 상하다
炒める 볶다
至る 이르다, 닿다, 도착하다
いたわる 돌보다, 위로하다
一 일, 하나
位置 위치, 자리
一月 일월, 정월
イチゴ 딸기
著しい 두드러지다, 현저하다
一度 한번
一日 하루, 일일
市場 시장
いちばん 첫번째; 가장, 제일
一部 일부
イチョウ(銀杏) 은행나무
一流 일류
いつ 언제, 어느때
いつか 이전에; 언제, 언젠가
五日 닷새, 초닷샛날, 오일
一週間 일주일
一生 일생, (한)평생(동안)
一生懸命 열심히, 부

지런히, 꾸준히
一緒に 같이, 함께
いっそう 한층, 한결, 더욱
一体 도대체
五つ(の) 다섯, 오
言ってみれば 말하자면
いつの間にか 어느새
いっぱい 가득, 많이, 잔뜩
一杯 한 잔, 한 그릇
一般的 일반적
一匹 한 마리
一方 한편
いつも 늘, 언제나, 항상
いつものように 언제나처럼
偽り 거짓
偽る 속이다, 거짓말하다
糸 실
井戸 우물
いとこ 사촌, 고종, 이종 사촌
営む 영위하다, 경영하다
以内 이내, 안
いなか 시골
稲妻 번개
犬 개
犬死に 개죽음
稲 벼
居眠りする 졸다
命 목숨, 생명
祈る 빌다, 기원하다, 기도하다, 바라다
いばる 뽐내다, 잘난 체하다
違反 위반
いびきをかく 코를 골다
衣服 옷
今 지금, 이제, 방금, 막
居間 거실
今さら 이제 와서, 새삼스럽게
いまだに 아직, 아직까지도
今に 이제, 언젠가, 조만간
意味 뜻, 의미
移民 이민
妹 여동생, 누이동생, 동생, 누이
いや 아니
嫌がる 싫어하다
嫌気がさす 싫증나다
卑しい 천하다
嫌だ 싫다
いやらしい 징그럽다; 메스껍다, 추잡하다
いよいよ 점점, 더욱더; 드디어
意欲 의욕
以来 이래, 이후
依頼 의뢰, 부탁
いらいらしている 초조하다
いらいらする 애타다, 속타다, 초조해하다, 신경질(이) 나다
いらっしゃいませ 어서 오십시오
いらっしゃる 계시다; 가시다; 오시다
いらない 필요없다, 소용없다, 쓸데없다
入り口 입구
居る 있다
炒る 볶다
要る 들다, 필요하다
入れ替える 바꾸어 넣다
入れる 넣다; 타다
色 빛, 색, 빛깔, 색깔, 색채
いろいろ 여러 가지, 갖가지
岩 바위
祝う 축하하다
イワシ(鰯) 정어리
言わば 말하자면
いわゆる 소위, 이른바
印鑑 인감, 도장
陰気だ 음울하다, 음침하다
インク 잉크
印刷する 인쇄하다, 찍다
印象 인상
インスタント 인스턴트
インタビュー 인터뷰
インテリ 인텔리
イントネーション 억양
インフレ 인플레
引用 인용
陰陽 음양
陰暦 음력

う

ウール 울
上 위
ウエートレス 웨이트레스
飢える 굶다, 굶주리다
植える 심다
ウォン 원
うがい 양치질, 입가심
伺う (質問する)여쭈옵다, 묻다; (訪問する)찾아뵙다
窺う 엿보다, 살피다
浮かぶ 뜨다
受かる (試験に)합격하다, 붙다
浮く 뜨다
ウグイス 휘파람새; (コウライウグイス)꾀꼬리
受け入れる 받아들이다
承る 듣다
受付 접수; 접수처
受け取る 받다
受け持つ 맡다; 담당하다
受ける 받다; (試験を) 보다
動かす 움직이다, 움직이게 하다
動く 움직이다
ウサギ 토끼
牛 소
失う 잃다
後ろ 뒤
渦 소용돌이
薄い 얇다, 엷다, 박하다, 싱겁다, 연하다, 적다
うずく 쑤시다
嘘 거짓말
歌 노래
歌う 노래하다, 노래 부르다
疑う 의심하다
内 속, 안, 가운데, 이내
家 집, 우리 집
打ち明ける 털어놓다, 고백하다
打ち合わせ 협의, 의논
宇宙 우주
うちわ 부채
打つ 치다, 부딪치다, 때리다, 박다
撃つ 쏘다
うっかり 깜박, 무심코
美しい 아름답다, 곱다
写す 베끼다, 본뜨다; (写真を) 찍다
映す 비추다
移す 옮기다, 이동하다, 가져가다
訴える 고소하다; 호소하다
うっとうしい 침침하다, 언짢다; 귀찮다
うつ伏せになる 엎드리다
うつむく 머리[고개]를 숙이다
写る 찍히다
映る 비치다
移る 옮아가다; 옮다
うつわ 그릇, 용기
腕 팔
腕前 솜씨
うどん 우동
ウナギ 뱀장어
うなずく 수긍하다, 끄덕이다
うぬぼれる 자만하다, 우쭐거리다
うね 이랑
奪う 빼앗다
馬 말
うまい 맛있다; 잘하다, 좋다
うまく 잘
埋まる 묻히다, 파묻히다, 메워지다
生まれ -생, 태어남, 태생, 출신, 가문, 출생, 띠
生まれつき 선천적으로; 천성
生まれつきの 타고난
生まれる 태어나다, 생기다
海 바다
生む 낳다; (動物が) 치다
ウメ(梅) 매화나무

うめく 신음하다
埋(う)める 묻다, 파묻다, 메우다
敬(うやま)う 공경하다, 존경하다
うようよ 우물우물
裏(うら) 뒤, 뒷면, 안, 속; 말
裏表(うらおもて) 안팎; 표리
裏切(うらぎ)る 배신하다, 배반하다
占(うらな)う 점치다
恨(うら)み 원망, 원한, 한
恨(うら)む 원망하다
うらやましい 부럽다
うらやむ 부러워하다
売(う)り場(ば) 파는 곳
売(う)る 팔다
潤(うるお)す 축이다; 윤택하게 하다
うるさい 시끄럽다; 귀찮다; 까다롭다, 번거롭다, 성가시다
憂(うれ)い 우려, 수심, 근심
うれしい 기쁘다
売(う)れる 팔리다
うろうろする 서성거리다, 어슬렁거리다
うろこ 비늘
うろたえる 허둥거리다, 당황해하다
浮気(うわき)する 바람피우다
噂(うわさ) 소문, 풍문
運(うん) 재수, 운, 팔자, 운수
うんざりする 질리다, 싫증나다, 지긋지긋하다, 넌더리나다
運勢(うんせい) 운수
運転(うんてん) 운전
運転手(うんてんしゅ) 운전수, 운전기사
運動(うんどう) 운동
運命(うんめい) 운명

え

柄(え) 자루, 손잡이
絵(え) 그림
エアメール 에어메일, 항공우편
えい 야
映画(えいが) 영화
映画館(えいがかん) 영화관, 극장
永久(えいきゅう)に 영원히, 영구히
影響(えいきょう) 영향
営業(えいぎょう) 영업
英語(えいご) 영어
衛生(えいせい) 위생
衛星(えいせい) 위성
英雄(えいゆう) 영웅
栄養(えいよう) 영양
ええ 예, 네
笑顔(えがお) 웃는 얼굴
描(えが)く 그리다
駅(えき) 역
液体(えきたい) 액체
えくぼ 보조개
えぐる 도려내다, 에다
エゴイスト 에고이스트
エゴマ(荏胡麻) 들깨
えさ 먹이, 모이, 미끼
エスカレーター 에스컬레이터
枝(えだ) 가지
エチケット 에티켓, 예절
えと(干支) 간지, 띠
エネルギー 에너지
絵(え)の具(ぐ) 그림 물감
絵葉書(えはがき) 그림 엽서
エビ(蝦) 새우
えへん 어험
絵本(えほん) 그림책
獲物(えもの) 잡은 것, 사냥감
偉(えら)い 위대하다, 훌륭하다, 장하다, 기특하다; 높다
選(えら)ぶ 고르다, 뽑다, 택하다, 선택하다, 가리다
襟(えり) 깃, 옷깃
エリート 엘리트
得(え)る 얻다, 잡다
エレクトロニクス 엘렉트로닉스, 일렉트로닉스
エレベーター 엘리베이터, 승강기
円(えん) 원, 동그라미
縁(えん) 연, 인연, 연분
円滑(えんかつ)だ 원활하다
縁側(えんがわ) 툇마루
延期(えんき) 연기
縁起(えんぎ)が悪(わる)い 재수가 나쁘다[없다], 불길하다
演劇(えんげき) 연극
援助(えんじょ) 원조
演(えん)じる 연기하다
エンジン 엔진
演説(えんぜつ) 연설
演奏(えんそう) 연주
遠足(えんそく) 소풍
煙突(えんとつ) 굴뚝
鉛筆(えんぴつ) 연필
円満(えんまん)だ 원만하다
遠慮(えんりょ)する 사양하다, 삼가다

お

尾(お) 꼬리
老(お)い 늙음
甥(おい) 조카, 생질
追(お)いかける 쫓아가다, 뒤쫓다
追(お)い越(こ)し禁止(きんし) 추월금지
追(お)い越(こ)す 앞지르다, 추월하다
おいしい 맛있다
追(お)い出(だ)す 내쫓다, 쫓아내다
負(お)い目(め) 부담, 빚
老(お)いる 늙다
王(おう) 임금, 왕
追(お)う 쫓다, 따르다
負(お)う 업다, 지다, 입다, 짊어지다
応援(おうえん) 응원; 도움
扇(おうぎ) 쥘부채
欧州(おうしゅう) 구주, 유럽
応接室(おうせつしつ) 응접실
応対(おうたい) 응대
横断歩道(おうだんほどう) 횡단 보도
往復(おうふく) 왕복
欧米(おうべい) 구미
応募(おうぼ) 응모
終(お)える 마치다, 끝내다
大雨(おおあめ) 큰비
覆(おお)い 덮개
多(おお)い 많다
大(おお)いに 크게, 많이, 아주
覆(おお)う 덮다
オオカミ(狼) 이리, 늑대
大(おお)きい 크다
大(おお)きさ 크기
オーケストラ 오케스트라
大勢(おおぜい) 여러 [많은] 사람
大通(おおどお)り 큰길, 한길
オートバイ 오토바이
大幅(おおはば)に 대폭으로
オープン 오픈
大晦日(おおみそか) 섣달 그믐
大昔(おおむかし) 먼 옛날
大物(おおもの) 대짜, 거물
おおやけ 공적, 공공
おおよそ 대개, 대략, 대강, 대충, 무릇
丘(おか) 언덕
お母(かあ)さん 어머니
おかげ 덕택, 덕분; 때문
おかしい 우습다; 이상하다
犯(おか)す 범하다
侵(おか)す 침범하다, 침해하다
おかず 반찬
拝(おが)む 배례하다, 절하다
小川(おがわ) 시내, 개울
沖(おき) 앞바다, 난바다
…おき(に) 간격, 걸러, 마다
補(おぎな)う 보태다, 메우다, 보충하다, 벌충하다
起(お)きる 일어나다, 일어서다, 일다, 생기다, 깨다
奥(おく) 속, 안
億(おく) 억
置(お)く 두다, 놓다
奥(おく)さん 부인, 사모님, 아주머니
贈(おく)り物(もの) 선물
送(おく)る 보내다, 부치다
贈(おく)る 선물하다
おくれる 뒤떨어지다, 처지다, 늦어지다, 늦다, 뒤지다
臆病者(おくびょうもの) 겁쟁이
桶(おけ) 통
お焦(こ)げ 누룽지
起(お)こす 일으키다, 세우다; 깨우다
怠(おこた)る 게을리하다
行(おこ)ない 행위, 행동

行なう 하다, 실시하다, 거행하다, 행하다
行なわれる 행해지다, 실시되다, 거행되다
怒る 화내다, 성내다
起こる 일어나다, 발생하다, 생기다, 일다, 터지다
おごる 한턱 내다, 사주다
おさえる 누르다, 억누르다
おさえつける 누르다; 진압하다
幼い 어리다, 유치하다
収まる 수습되다, 가라앉다
収める 넣다, 받다, 거두다
治める 다스리다
納める 바치다, 납입하다
修める 닦다, 수양하다
おじ 큰아버지, 작은아버지, 삼촌, 외삼촌
惜しい 아깝다, 아쉽다, 섭섭하다
おじいさん 할아버지, 외할아버지
押入れ 붙박이장; 벽장
教え子 제자
教える 가르치다, 알리다
おじぎ 절
おじさん 아저씨 ⇨おじ
おしっこ 오줌
惜しむ 아까워하다, 아쉬워하다, 아끼다
お嬢さん 아가씨; 따님
お食事 진지
おしゃべり 수다; 수다쟁이
雄 수, 수컷
押す 밀다, 누르다, 찍다
お世辞 아첨
汚染 오염
遅い 늦다, 더디다, 느리다
襲う 덮치다, 습격하다, 휩쓸다
おそらく 아마
恐れる 무서워하다, 두려워하다, 겁내다
恐ろしい 무섭다, 두렵다
お宅 댁
穏やかだ 온화하다
陥る 빠지다, 함락되다
落ち着いている 침착하다
落ち着く 가라앉다, 안정되다
落ち葉 낙엽
落ちる 떨어지다; 빠지다
お使い 심부름
おっしゃる 말씀하시다
夫 남편
お通夜 밤샘
お釣り 거스름돈
音 소리
お父さん 아버지
弟 남동생, 동생
おとぎ話 옛날 이야기
男 남자, 사나이
男の子 사내아이
陥れる 빠뜨리다
落とす 떨어뜨리다; 빠뜨리다
脅す 위협하다
訪れる 방문하다, 찾아가다, 찾아오다
おととい 그저께
おととし 재작년, 그러께
おとな 어른, 성인
おとなしい 얌전하다, 순하다, 점잖다
踊り 춤
劣る 뒤떨어지다
踊る 춤(을) 추다
衰える 쇠약해지다, 쇠퇴하다
驚く 놀라다
おなか 배
同じだ 같다, 마찬가지다, 다름없다
おなら 방귀
鬼 귀신, 도깨비
おのおの 각각
おば 큰어머니, 작은어머니, 이모, 고모
おばあさん 할머니, 외할머니
お化け 도깨비, 귀신, 유령
おばさん 아주머니 ⇨おば
おはようございます 안녕히 주무셨습니까, 안녕하십니까
帯 띠, 허리띠
覚える 외우다, 기억하다; 느끼다
溺れる (水に) 빠지다
お前 너, 자네
おまけ 덤, 경품
おまわりさん 순경 아저씨
おむつ 기저귀
おめでたい 경사스럽다
おめでとうございます 축하합니다
お目にかかる 뵙다, 만나뵙다
思い 생각
重い 무겁다
思い出させる 상기시키다
思い出す 생각나다, 상기하다
思い出 추억, 회상
思いどおりに 제대로, 생각대로, 마음대로
思う 생각하다, 여기다
思う存分 실컷, 마음껏
重苦しい 답답하다, 갑갑하다
重さ 무게
面白い 재미있다, 흥겹다, 우습다
おもちゃ 장난감
表 겉, 바깥쪽, 겉면; 초
主に 주로
趣 멋, 정취
赴く 가다; 향하다
親 부모, 어버이
親子 부모와 자식
おやすみなさい 안녕히 주무십시오
おやつ 간식
親指 엄지손가락; 엄지발가락
泳ぐ 헤엄치다
及び 및
及ぶ 이르다, 미치다
及ぼす 미치다, 끼치다
折 때, 시기; 기회
おりる 내리다; 포기하다
オリンピック 올림픽
折る 접다, 꺾다, 부러뜨리다
織る 짜다
居る 있다
俺 나
お礼 사례, 감사의 인사
折れる 부러지다; (道が) 꺾어지다; 타협하다; 꺾이다
愚かだ 어리석다
卸売り 도매
下ろす 내리다
終わり 끝, 마지막, 종말, 끝장
終わる 그치다, 끝나다, 다하다, 마치다
恩 은혜
音楽 음악
温厚だ 온화하다, 부드럽다
温泉 온천
おんどり 수탉
オンドル 온돌
女 여자
女の子 여자 아이, 계집애
おんぶ 어부바
おんぶする 업다

か

カ(蚊) 모기
科 과
課 과
…か(疑問) -ㄹ까, -ㄴ지
ガ(蛾) 나방
…が 가, 이
カーテン 커튼
カード 카드
会 모임, 회; 단체
貝 조개
…回 번, 회
…階 -층
害 해
…外 외
海岸 해안, 바닷가
会議 회의
会計 회계
解決 해결

カイコ(蚕) 누에
解雇 해고
外交 외교
外国 외국
外国語 외국어, 외국말
外国人 외국인, 외국 사람
開始 개시
外資 외자
買い占め 매점, 사재기
会社 회사
解釈 해석
外出 외출
会場 회장
外食 외식
外食する 외식하다, 사먹다
解説 해설
会談 회담
階段 계단
会長 회장
回転 회전
ガイド 가이드
回答 회답
解答 해답
概念 개념
開発 개발
解放 해방
買物 쇼핑, 물건사기, 장보기
外来語 외래어
街路樹 가로수
会話 회화
買う 사다
飼う 기르다, 치다
帰す 돌려보내다, 돌아가게 하다
返す 갚다, 돌려주다
かえって 오히려, 차라리, 도리어
省みる 돌이켜 보다, 반성하다
顧みる 뒤돌아보다, 돌보다, 돌이키다
カエル(蛙) 개구리
返る 되돌아가다, 되돌아오다
帰る 돌아가다, 돌아오다, 들어가다, 들어오다
代える, 替える 바꾸다, 갈다
顔 얼굴, 낯
顔色 안색, 얼굴빛
香り 향기, 향내
画家 화가
抱える 안다, 껴안다; 떠맡다; 거느리다
価格 가격, 값
化学 화학
科学 과학
かかし 허수아비
かかと 발꿈치
鏡 거울
かがむ (体を)굽히다
かがめる 굽히다, 구부리다
輝く 빛나다
係 담당, 계
かかる 걸리다; 걸치다; (お金が)들다; (鍵が)잠기다
罹る 걸리다, 들다
かかわる 관계되다, 관련되다
カキ(柿) 감
カキ(牡蛎) 굴
鍵 열쇠
書留 등기
書き取り 받아쓰기
書き直す 다시 쓰다, 고쳐 쓰다
垣根 울타리, 담
かき回す 휘젓다, 젓다
(…する)限り -는 한
限りない 끝없다, 한없다
限る 한하다, 한정하다, 제한하다
核 핵
書く 쓰다, 적다
掻く 긁다, 할퀴다
嗅ぐ 맡다
学位 학위
核家族 핵가족
各自 각자
確実だ 확실하다
学者 학자
学習 학습
核心 핵심
確信 확신
隠す 숨기다, 감추다
学生 학생
拡大 확대
各地 각지
拡張 확장
カクテギ 깍두기
確認 확인
学年 학년
革命 혁명
学問 학문
学力 학력
学歴 학력
隠れる 숨다
かくれんぼ 숨바꼭질
賭け 내기
陰 그늘, 뒤
影 그림자, 모습
崖 낭떠러지, 절벽
駆け足 달음박질, 달리기
家系 가계
家系図 족보
掛け算 곱셈, 곱하기
…か月 개월
駆け引き 흥정, 교섭
かけら 조각
欠ける 빠지다, 모자라다, (月が)이지러지다
掛ける 걸다, 걸치다; (数を)곱하다; (費用を)들이다; (鍵を)잠그다; (迷惑を)끼치다
賭ける 내기하다, 걸다
駆ける 달리다, 뛰다
陰る 그늘지다, 흐려지다
かげろう 아지랑이
加減 조절; 가감
過去 과거
籠 바구니
囲い 담장
囲む 둘러싸다, 포위하다, 에우다, 에워싸다
過言ではない 과언이 아니다
傘 우산, 양산
かさかさ (音が)바삭바삭; (手が荒れて)거칠거칠
重なる 겹치다, 포개지다; 거듭되다
重ねる 겹치다, 포개다, 쌓다, 쌓아올리다; (繰り返す)거듭하다
かさばる 부피가 커지다, 부풀다
飾り 장식
飾る 꾸미다, 치장하다, 장식하다
菓子 과자
火事 불, 화재
家事 집안일, 가사
賢い 현명하다, 똑똑하다; 어질다, 슬기롭다, 영리하다
貸し出す 빌려주다, 대출하다
歌手 가수
箇所 군데, 개소
かしら 우두머리, 머리, 두목
かじる 베물다, 갉다; 조금 알다
かす 앙금, 찌꺼기
貸す 빌려주다, 꾸어주다
数 수, 수효
ガス 가스
かすかだ 희미하다, 어렴풋하다
霞 안개
かすむ 흐리다
風 바람
風邪 감기
稼ぐ 벌다
数える 세다, 헤아리다
家族 가족, 식구
ガソリン 휘발유, 가솔린
方 (人の敬称)분
…方 (住所で)-댁
肩 어깨
型 틀, 꼴, 형식
かたい 굳다, 단단하다, 딱딱하다, 질기다, 견고하다, 되다
かたかた (音が)달가닥달가닥
かたき 원수, 적
堅苦しい 딱딱하다, 거북하다
形 모양, 형태

片づける 거두다, 정돈하다, 정리하다, 치우다, 치다, 걷어치우다
刀 칼
かたまり 덩어리
固まる 굳어지다
片道 편도
傾く 기울다
傾ける 기울이다
固める 굳히다
かたよる 치우치다
語る 말하다, 이야기하다
価値 가치, 값, 값어치
かちかち (時計が)재깍재깍, 똑딱똑딱
勝つ 이기다
…月 월
学科 학과
がっかりする 실망하다, 낙담하다
学期 학기
楽器 악기
学級 학급, 반
かつぐ 지다, 메다
括弧 괄호, 묶음표
格好 모습, 모양, 볼품, 꼴
学校 학교
合唱 합창
かつて 일찍이, 전에
勝手に 마음대로, 멋대로
活動 활동
活発だ 활발하다
カップル 커플, 쌍쌍
活用 활용
かつら 가발
家庭 가정
角 모; 모퉁이
蚊取り線香 모기향
家内(妻) 집사람
叶う 이루어지다
悲しい 슬프다, 구슬프다, 서럽다
悲しむ 슬퍼하다, 서러워하다
かなづち 쇠망치; (泳げない人) 맥주병
必ず 반드시, 꼭
かなり 제법, 꽤, 상당히
カニ(蟹) 게
加入 가입
金 돈; 쇠, 금속
鐘 종
金持ち 부자
兼ねる 겸하다
可能だ 가능하다
彼女 그 여자, 그녀
カバー 커버, 씌우개
かばう 감싸다
かばん 가방
かび 곰팡이
花瓶 꽃병, 화병
株式会社 주식 회사
かぶせる 씌우다, 덮다
かぶる 쓰다, 뒤집어쓰다
壁 벽
貨幣 화폐
カボチャ 호박
釜 솥
かまど 부뚜막
構わない 괜찮다
がまんする 참다, 견디다
神 신, 하느님, 하나님
紙 종이; (じゃんけんの)보
髪 머리, 머리카락
紙くずかご 휴지통
かみそり 면도칼, 면도기
雷 벼락, 천둥
かむ 물다, 씹다
カメ(亀) 거북
カメラ 카메라, 사진기
仮面 가면, 탈
仮面劇 탈춤
カモ(鴨) 오리
がやがや 와글와글, 왁자그르
粥 죽
かゆい 가렵다
通う 다니다
火曜日 화요일, 화요일날
殻 깍지, 껍질
…から 에서, 에게서, 서, 부터, 에서부터, 로부터, 한테서
柄 무늬
辛い 맵다; 짜다
からかう 조롱하다, 놀리다
カラス(烏) 까마귀
ガラス 유리
体 몸
空っぽだ 비다, 비어 있다
狩り 사냥
仮に 가령, 만일, 만약
借りる 빌다, 빌리다, (お金を)꾸다
刈る 깎다, 베다
軽い 가볍다
カルビ 갈비
彼 그, 그 사람, 그이
カレイ(鰈) 가자미
カレーライス 카레라이스
枯れる 시들다, 마르다, 죽다
カレンダー 달력, 일력
かろうじて 간신히, 겨우
川 강; 시내, 내, 개천
皮 가죽, 껍질
…側 측, 쪽, 편
可愛い 귀엽다, 예쁘다, 이쁘다, 사랑스럽다
かわいそうだ 불쌍하다, 가엾다, 딱하다
乾かす 말리다
乾く 마르다, 건조하다
交わす 주고받다, 교환하다
瓦 기와
代わり 대신, 대용
代わる 대신하다, 바뀌다
変わる 변하다, 달라지다
缶 깡통
勘 감, 눈치
…間 -간
ガン(雁) 기러기
癌 암
考え 생각
考え方 사고 방식
考える 생각하다
かんかん (怒って)노발대발; (火が)활활; (太陽が)쨍쨍
環境 환경
関係 관계
歓迎 환영
頑固だ 고집스럽다, 완고하다
観光 관광
韓国 한국
韓国語 한국말, 한국어
韓国人 한국사람, 한국인
看護婦 간호원
漢字 한자, 한문
感じ 느낌, 감, 인상
感謝 감사
勘定 셈, 계산, 회계
感情 감정
感じる 느끼다
関心 관심
感心する 감복하다
感心だ 기특하다
完成 완성
関税 관세
間接的 간접적
完全だ 완전하다
感想 감상
乾燥する 건조하다
簡単だ 간단하다, 쉽다
勘違い 착각
勘違いする 착각하다, 잘못 생각하다
缶詰 통조림
感動 감동
監督 감독
かんな 대패
カンニング 커닝
乾杯 건배
がんばる 버티다, 힘내다, 힘쓰다, 노력하다
看板 간판
漢方薬 한약
還暦 환갑, 회갑

き

木 나무
気 기, 정신, 생각, 기운, 마음
気合い 기합, 기세
気圧 기압
キーパンチャー 키 펀처
黄色 노란색, 노랑
黄色い 노랗다

消える　꺼지다, 사라지다, 스러지다, 없어지다, 가시다
記憶　기억
機会　기회
機械　기계
着替える　갈아입다
気がかりだ　마음에 걸리다, 궁금하다
気が気でない　조마조마하다
期間　기간
聞き取る　알아듣다
企業　기업
キク(菊)　국화
効く　효력이 있다, 듣다
聞く　듣다; (質問する) 묻다
危険　위험
期限　기한
機嫌　기분, 비위
危険だ　위험하다, 위태롭다
気候　기후
聞こえる　들리다
帰国　귀국
気さくだ　싹싹하다
刻む　새기다; 썰다
岸　가, 물가, 강가, 바닷가
キジ(雉)　꿩
記事　기사
生地　옷감
技師　기사
汽車　기차
記者　기자
技術　기술
基準　기준
気性　성품, 성미, 성질
気象　기상
鬼神　귀신
キス　키스, 입맞춤, 뽀뽀
傷　상처, 흠, 흉, 티
築く　쌓다
傷つく　상처를 입다, 흠나다, 다치다, 상하다
傷つける　다치게 하다; 상하게 하다
絆　인연, 유대
季節　계절, 철
着せる　입히다
基礎　기초
競う　경쟁하다, 겨루다
規則　규칙
北　북, 북쪽
ギター　기타
期待　기대
気体　기체
鍛える　단련하다
汚い　더럽다; 지저분하다; 비열하다
貴重だ　귀중하다
きちょうめんだ　꼼꼼하다
きちんと　깨끗이, 꼭, 깔끔히
きつい　고되다; 꼭 끼다; 엄하다
きっかけ　실마리, 계기
気づく　깨닫다, 눈치채다, 알아채다
喫茶店　다방, 찻집, 커피숍
ぎっしり　가득
切手　우표
きっと　반드시, 꼭
キツネ(狐)　여우
きっぱり　딱, 잘라서
切符　표, 차표
記入　기입
記入する　기입하다, 적어 넣다
絹　비단
記念　기념
きのう　어제, 어저께
きのこ　버섯
気の毒だ　딱하다, 가엾다, 불쌍하다
牙　엄니
厳しい　엄하다, 엄격하다, 심하다
気分　기분, 비위
規模　규모
希望　희망
基本　기본
決まる　정해지다, 결정되다
君　너, 자네, 당신, 그대
気味が悪い　징그럽다, 기분이 나쁘다
奇妙だ　기묘하다, 이상하다
義務　의무
気難しい　까다롭다
キムチ　김치
決める　정하다, 결정하다
気持ち　마음, 생각, 기분
疑問　의문
客　손님
逆　반대
逆に　거꾸로, 반대로
きゃしゃだ　가냘프다
キャベツ　양배추
キャンプ　캠프
九　구, 아홉
休暇　휴가
窮屈だ　비좁다, 갑갑하다; 거북하다
休憩　휴게, 휴식
急激だ　급격하다
急行　급행
休日　휴일
九十　구십, 아흔
休息　휴식
急だ　급하다, 위급하다
急に　별안간, 갑자기, 급히, 돌연히
牛肉　소고기, 쇠고기
牛乳　우유
キュウリ　오이
給料　봉급, 월급, 급료
清い　깨끗하다, 맑다
今日　오늘
行　줄
器用だ　재주가 있다
教育　교육
教会　교회, 성당, 예배당
境界　경계
教科書　교과서
競技　경기
境遇　처지
教師　교사, 교원
行事　행사
教室　교실
教授　교수
興ずる　즐기다, 흥겨워하다
強制　강제
競争　경쟁
兄弟　형제, 남매
共通　공통
協定　협정
共同　공동
恐怖　공포
興味　흥미, 재미
教養　교양
協力　협력
拒否　거부
強烈だ　강렬하다
許可　허가, 허락
曲　곡
きょとんと　멍하니
去年　작년, 지난해
距離　거리
きょろきょろ　두리번두리번
嫌いだ　싫다
嫌う　싫어하다
気楽だ　편하다; 태평하다
霧　안개
切り替える　바꾸다
切りがない　한이 없다, 끝이없다
きりきり(痛い)　쑥쑥, 쿡쿡
切り捨てる　잘라 버리다
気力　기력
切る　베다, 끊다, 자르다, 썰다
着る　입다
きれいだ　아름답다, 깨끗하다, 곱다, 예쁘다
切れる　잘라지다, 끊어지다; 떨어지다; 영리하다
キロ　킬로
記録　기록
際立つ　두드러지다, 뛰어나다
極まりない　(-기) 짝이 없다
金　금
銀　은
禁煙　금연
銀行　은행
禁止　금지
近所　근처
禁ずる　금하다, 금지하다
金属　금속, 쇠붙이
緊張　긴장

均等だ 균등하다, 고르다
筋肉 근육
勤勉だ 부지런하다, 근면하다
勤務 근무
金曜日 금요일, 금요일날

く

区 구
句 구
具合 상태, 컨디션; 형편
悔い改める 뉘우치다, 개심하다
クイズ 퀴즈
食い違う 어긋나다
ぐいっと (つかむ)홱; (飲む)꿀떡
空気 공기
空港 공항
偶数 짝수, 우수
空席 빈자리
偶然に 우연히
空想 공상
空腹 공복, 시장
空腹だ 배고프다, 시장하다
九月 구월
茎 줄기
くぎ 못
括る 묶다
草 풀
臭い 구리다, 고약하다
鎖 쇠사슬
腐る 썩다; 속 썩다
櫛 빗
くじ 제비
くじく 삐다
クジャク(孔雀) 공작
くしゃみ 재채기
苦情 불평, 불만
クジラ(鯨) 고래
苦心 고심
屑 부스러기, 쓰레기
屑入れ 쓰레기통, 휴지통
ぐずぐずする 꾸물거리다, 우물쭈물하다
くすぐったい 간지럽다
くすぐる 간질이다, 간지럽히다
崩す 무너뜨리다; (お金を)헐다
薬 약
薬指 약손가락, 무명지
崩れる 무너지다, 허물어지다
癖 버릇
糞 똥
砕く 부수다, 깨뜨리다
砕ける 부서지다, 깨지다
下さる 주시다
くたびれる 지치다, 녹초가 되다
果物 과일
くだらない 시시하다, 쓸모없다
下る 내리다, 내려가다, 내려오다
口 입, 주둥이
くちばし 부리, 주둥이
唇 입술
口調 어조, 말투
靴 구두, 신, 신발
靴下 양말
ぐっすり 푹
ぐったり 나른히
くっつく 붙다
くっつける 붙이다
クッパ 국밥
くつろぐ 편히 쉬다, 평안히 쉬다
くどい 장황하다
国 나라
配る 나누다, 나누어주다, 배포하다
首 목; 고개
首筋 목덜미
工夫 궁리, 고안, 생각, 연구
クマ(熊) 곰
組 반; 패; 세트
組合 조합
組み合わせる 짝맞추다
組み立てる 조립하다
汲む 푸다
組む 짜다; 짝이 되다
雲 구름
クモ(蜘蛛) 거미
曇り 흐림
曇る 흐리다, 흐려지다
悔しい 분하다, 억울하다
くよくよする 쓸데없이 괴로워하다, 고민하다
位 지위
暗い 어둡다
グラウンド 그라운드
ぐらぐら (揺れて)흔들흔들, 근들근들; (沸いて)버글버글
暮らし 생활, 살림
クラス 반, 학급, 클래스
暮らす 살다, 생활하다
ぐらつく 흔들리다
クラブ 클럽
グラフ 그래프
比べる 비교하다, 비기다, 비하다, 견주다
グラム 그램
クリ(栗) 밤
クリーニング 세탁, 클리닝
クリーム 크림
繰り返す 되풀이하다, 반복하다, 거듭하다
繰り返すまでもなく 두말할 것도 없이
クリスマス 크리스마스, 성탄절
来る 오다
狂う 미치다; (機械が)고장나다; (順序が)뒤바뀌다
グループ 그룹
くるくる 뱅뱅
ぐるぐる 빙빙, 둘둘
苦しい 괴롭다, 고통스럽다, 답답하다
苦しむ 괴로워하다, 시달리다, 고생하다
車 차
クルミ 호두
クレジットカード 크레디트 카드, 신용 카드
くれる 주다
暮れる 저물다, 해가 지다
黒 검정
黒い 검다, 까맣다, 꺼멓다
苦労 고생, 수고, 애
くろうと 전문가
グローブ 글러브
クワ(桑) 뽕
鍬 괭이
くわえる (口に)물다
加える 더하다, 가하다, 보태다
詳しい 자세하다, 상세하다, 세밀하다; 환하다, 정통하다
企てる 계획하다, 기도하다
加わる 가담하다, 끼다
…君 -군
軍 군
軍事 군사
群衆 군중
軍隊 군대

け

毛 털
刑 형, 형벌
芸 예능; 재간, 재주
計画 계획
警官 경찰관, 순경
経験する 경험하다, 겪다
けいこ 연습
敬語 경어, 존대어, 존댓말, 높임말
傾向 경향
経済 경제
警察 경찰
計算 계산, 셈
掲示 게시
形式 형식
芸術 예술
敬称 경칭, 존칭
軽率だ 경솔하다
携帯 휴대
毛糸 털실
軽蔑する 경멸하다, 얕보다
刑務所 교도소, 감옥
契約 계약
形容詞 형용사
経歴 경력

ケーキ 케이크
ゲーム 게임
けが 부상, 상처
汚(けが)れる 더러워지다
毛皮(けがわ) 모피
劇(げき) 연극
劇場(げきじょう) 극장
今朝(けさ) 오늘 아침
景色(けしき) 경치, 풍경
消(け)しゴム 고무, 지우개
下宿(げしゅく) 하숙
化粧(けしょう)する 화장하다
消(け)す 끄다, 지우다
削(けず)る 깎다; 삭제하다
桁(けた) 도리; 자릿수
けち 구두쇠, 노랑이, 깍쟁이
けちだ 인색하다, 짜다
決意(けつい) 결의
血液(けつえき) 혈액
結果(けっか) 결과
月給(げっきゅう) 월급
結局(けっきょく) 결국
結構(けっこう)だ 좋다, 괜찮다, 되다
結婚(けっこん) 결혼
結婚式(けっこんしき) 결혼식
決(けっ)して 결코, 절대로
月謝(げっしゃ) 월사금
決心(けっしん) 결심
決心(けっしん)する 결심하다, 마음먹다
欠席(けっせき) 결석
決定(けってい) 결정
欠点(けってん) 결점, 흉, 흠
潔白(けっぱく)だ 결백하다
げっぷ 트림
月曜日(げつようび) 월요일, 월요일날
結論(けつろん) 결론
けなげだ 기특하다
けなす 헐뜯다, 비방하다, 욕하다
気配(けはい) 기색
下品(げひん)だ 천하다, 품위가 없다
煙(けむ)たい 맵다, 냅다
煙(けむり) 연기
獣(けもの) 짐승
ケヤキ 느티나무
下痢(げり) 설사
蹴(け)る 차다
けれども 그렇지만, 하지만, 그러나
険(けわ)しい 험하다
券(けん) 권
…軒(けん) 채
原因(げんいん) 원인
けんか 싸움, 다툼
見学(けんがく) 견학
玄関(げんかん) 현관, 문간
元気(げんき)だ 건강하다
研究(けんきゅう) 연구
元気(げんき)を出(だ)す 기운을 내다
現金(げんきん) 현금
言語(げんご) 언어
健康(けんこう) 건강
げんこつ 주먹
検査(けんさ) 검사
現在(げんざい) 현재
現象(げんしょう) 현상
減少(げんしょう) 감소
建設(けんせつ) 건설
原則(げんそく) 원칙
謙遜(けんそん)する 겸손해하다
現代(げんだい) 현대
建築(けんちく) 건축
見当(けんとう)がつく 짐작이 가다
見物(けんぶつ) 구경
権利(けんり) 권리
権力(けんりょく) 권력

こ

子(こ) 아이, 자식; (動物)새끼
…個(こ) 개
…後(ご) 후, 뒤
五(ご) 오, 다섯
碁(ご) 바둑
恋(こい) 사랑, 연애
コイ(鯉) 잉어
濃(こ)い 짙다, 진하다
語彙(ごい) 어휘
恋(こい)しい 그립다
恋(こい)する 사랑하다
恋人(こいびと) 애인
請(こ)う 청하다, 요청하다, 바라다, (許(ゆる)しを)빌다
行為(こうい) 행위
好意(こうい) 호의
幸運(こううん) 행운
光栄(こうえい) 영광
公園(こうえん) 공원
講演(こうえん) 강연
効果(こうか) 효과
後悔(こうかい) 후회
公害(こうがい) 공해
郊外(こうがい) 교외
合格(ごうかく) 합격
豪華(ごうか)だ 호화롭다
交換(こうかん) 교환
講義(こうぎ) 강의
工業(こうぎょう) 공업
航空便(こうくうびん) 항공편
合計(ごうけい) 합계
貢献(こうけん) 공헌, 이바지
口語(こうご) 구어
広告(こうこく) 광고
口座(こうざ) 계좌
交際(こうさい)する 교제하다, 사귀다
交差点(こうさてん) 네거리, 교차점
工事(こうじ) 공사
口実(こうじつ) 핑계, 구실
公衆(こうしゅう) 공중
交渉(こうしょう) 교섭
工場(こうじょう) 공장
構造(こうぞう) 구조
紅茶(こうちゃ) 홍차
交通(こうつう) 교통
肯定(こうてい) 긍정
行動(こうどう) 행동, 짓
高等学校(こうとうがっこう) 고등 학교
後輩(こうはい) 후배
交番(こうばん) 파출소
幸福(こうふく)だ 행복하다
興奮(こうふん) 흥분
公平(こうへい) 공평
候補(こうほ) 후보
肛門(こうもん) 항문, 똥구멍
コウライウグイス 꾀꼬리
声(こえ) 목소리, 소리
越(こ)える 넘다, 건너다; 지나가다
コース 코스
コート 코트
コーヒー 커피
氷(こおり) 얼음; (かき氷)빙수
凍(こお)る 얼다
ゴール 골
誤解(ごかい) 오해
焦(こ)がす 태우다
五月(ごがつ) 오월
小切手(こぎって) 수표
呼吸(こきゅう) 호흡, 숨
呼吸(こきゅう)する 호흡하다, 숨을 쉬다
故郷(こきょう) 고향
…国(こく) -국
漕(こ)ぐ 젓다
国語(こくご) 국어
国際(こくさい) 국제
国際連合(こくさいれんごう) 유엔, 국제연합
国籍(こくせき) 국적
黒板(こくばん) 칠판
国民(こくみん) 국민
苔(こけ) 이끼
焦(こ)げる 눋다, 타다
ここ 여기, 이곳
午後(ごご) 오후, 하오
凍(こご)える 얼다
小言(こごと) 잔소리, 꾸중, 꾸지람
九(ここの)つ(の) 아홉, 구
心(こころ) 마음, 정성, 정신
心得(こころえ) 알아 두어야 할 것, 주의 사항
心(こころ)がけ 마음가짐
志(こころざし) 뜻, 대망
志(こころざ)す 큰 꿈을 가지다, 뜻하다, 뜻을 두다
試(こころ)みる 시도하다
快(こころよ)い 기분이 좋다, 즐겁다, 상쾌하다, 시원하다
腰(こし) 허리
腰掛(こしか)ける 걸터앉다, 앉다
五十(ごじゅう) 오십, 쉰
御主人(ごしゅじん) 주인님, 부군
故障(こしょう)する 고장 나다
個人(こじん) 개인
越(こ)す 넘다, 건너다
濾(こ)す 거르다, 밭다
こする 문지르다, 비비다
戸籍(こせき) 호적

小銭 잔돈
午前 오전, 상오
こそこそ 살금살금
ごそごそ 바스락바스락
答え 대답, 답
答える 대답하다
ごちそう 맛있는 음식, 성찬
コチュジャン 고추장
誇張する 과장하다
こちら 이곳, 이쪽, 여기
こつ 비결
小遣い 용돈
こっけいだ 우습다
こつこつ 꾸준히, 뚝뚝
こっそり 살짝
小包 소포
コップ 컵
事 것, 일
…ごと(に) 마다
孤独だ 고독하다
今年 금년, 올해
異なる 다르다, 판이하다
言葉 말, 언어
子供 아이, 어린이, 어린애, 자식
諺 속담
断る 거절하다
粉 가루
この 이
このごろ 요즈음
この前 요전에, 지난번에, 저번에
好み 취미, 기호
好む 좋아하다
このように 이렇게, 이리
好んで 즐겨
拒む 거절하다, 거부하다
ご飯 밥, 진지
コピー 코피, 카피, 복사
媚びる 아첨하다, 알랑거리다, 아부하다
こぶし 주먹
古墳 고분
こぼす 흘리다, 엎지르다, 쏟다; 불평하다
こぼれる 넘치다, 흘러내리다
独楽 팽이
ゴマ(胡麻) 참깨
細かい 잘다, 작다; 자세하다; 사소하다
ごまかす 속이다, 얼버무리다
困る 궁해지다, 곤란하다, 난처하다
ごみ 쓰레기
混む 붐비다
ゴム 고무
小麦 밀
小麦粉 밀가루
米 쌀
ごめんなさい 미안합니다, 죄송합니다
子守歌 자장가
小屋 오막살이, 오두막집
小指 (手の)새끼손가락; (足の)새끼발가락
暦 달력, 일력
こらえる 참다, 견디다
娯楽 오락
ゴリラ 고릴라
これ 이것
これから 이제부터, 앞으로
これからの 앞으로의, 금후의, 장래의
頃 경, 무렵, 쯤, 즈음
転がる 구르다
ころころ 대굴대굴
ごろごろ 우르르, 빈둥빈둥
殺す 죽이다
転ぶ 넘어지다; 자빠지다
怖い 무섭다, 두렵다
怖がる 무서워하다, 두려워하다
壊す 부스다, 깨뜨리다, 깨다, 헐다, 망가뜨리다
壊れる 부서지다, 깨지다; 고장나다, 헐어지다, 망가지다
コンクール 콩쿠르
コンクリート 콘크리트
今月 이달, 이번달
コンサート 콘서트, 연주회
混雑している 혼잡하다, 복잡하다
今週 이번주
献立 식단, 메뉴
今度 이번에, 이 다음
今度の 이번, 다음
こんな 이런, 이러한
こんなに 이토록
困難 곤란, 어려움
こんにちは 안녕하십니까
今晩 오늘 밤, 오늘 저녁
こんばんは 안녕하십니까
コンピューター 컴퓨터, 전산기
昆布 다시마
コンマ 쉼표
今夜 오늘 밤, 오늘 저녁
婚約 약혼
混乱 혼란

さ

差 차이
座 자리
さあ 자, 어서, 글쎄
サーカス 서커스, 곡예
ざあざあ (雨が)쏴쏴
サービス 서비스, 봉사
サーブ 서브
…歳 세, 살
再会 재회
災害 재해
最近 최근, 요즈음, 요새
歳月 세월
最後 최후, 마지막, 끝
最高 최고
財産 재산
最初 최초, 맨 처음
最小 최소
サイズ 사이즈, 크기
催促 재촉
最大 최대
最中 중, 도중
才能 재능, 재주
栽培する 재배하다, 가꾸다
裁判 재판
裁判所 법원
財布 지갑
材料 재료
サイン 사인, 서명
…さえ 조차; 까지; 만
遮る 막다; 가리다
竿 장대
坂 비탈(길), 고갯(길)
境 경계
逆さに 거꾸로, 반대로
さがす 찾다, 구하다
さかずき 술잔
逆立ち 물구나무서기
肴 안주
魚 물고기, 생선
酒屋 술 파는 가게; 술장수
下がる 내리다, 내려가다, 내려오다
盛んだ 활발하다, 성하다, 성행하다, 번창하다, 유행하다
先 끝; 앞; 먼저
さきおととい 그끄저께
さきおととし 그끄러께
先に 먼저, 우선
先払い 선불
作業 작업
咲く 피다
裂く 가르다, 찢다
作者 작자, 저자, 지은이
昨年 작년, 지난해
作品 작품
作文 작문, 글짓기
昨夜 어젯밤, 어젯저녁, 간밤, 지난밤
サクラ(桜) 벚꽃; 벚나무
さくらんぼ 버찌
探る 살펴보다
ザクロ 석류
酒 술, 약주
サケ(鮭) 연어
さげすむ 얕보다, 업신여기다
叫ぶ 외치다, 지르다, 부르짖다
裂ける 찢어지다, 터지다
避ける 피하다
下げる 내리다, 숙이다, 낮추다
支える 받치다, 버티다, 지탱하다
捧げる 바치다
ささやく 속삭이다
匙 숟가락

差し上げる　드리다, 올리다, 바치다
さし障り　지장
刺身　회, 생선회
査証　사증, 비자
さす　찌르다; 가리키다; 꽂다
さすが　역시; 과연
授ける　수여하다, 전수하다, 주다
さすらう　방황하다, 방랑하다
座席　좌석, 자리
させる　시키다
さぞ　틀림없이
誘う　권유하다
定める　정하다
札　지폐
…冊　권
作家　작가
サッカー　축구
さっき　아까
ざっくばらんに　터놓고
さっさと　빨리, 빨랑빨랑
雑誌　잡지
察する　추측하다
さっそうと　씩씩하게, 당당하게
さっそく　곧, 당장, 즉시
ざっと　대충, 죽, 거춤거춤
サツマイモ　고구마
砂糖　설탕
悟る　깨닫다
さなぎ　번데기
サバ(鯖)　고등어
裁く　시비를 가리다, 판결하다
寂しい　쓸쓸하다, 외롭다, 허전하다
さびる　녹슬다
座布団　방석
差別　차별
さほど　별로, 그다지
…様　귀하, 앞, 님
さまざまな　여러 가지(의), 갖가지
覚ます　깨우다; 깨다
妨げる　방해하다
さまよう　헤매다, 방황하다
寒い　춥다
寒さ　추위
冷める　식다
覚める　깨다
褪める　바래다, 퇴색하다
さようなら　안녕히 가십시오 [계십시오]
皿　접시
皿洗い　설거지, 접시닦기
再来月　다음다음 달
再来週　다음다음 주
再来年　다음다음 해, 후년
さらさら　(川の水が)졸졸; (雪が)보슬보슬
サラダ　샐러드
更に　그 위에, 더욱, 더
サラリーマン　샐러리맨, 월급쟁이
サランバン　사랑방
サル(猿)　원숭이
去る　떠나다
ざる　소쿠리
騒がしい　시끄럽다, 떠들썩하다
騒ぎ　소동, 소란, 야단
騒ぐ　떠들다
爽やかだ　상쾌하다, 시원하다, 산뜻하다
触る　만지다, 닿다, 대다
三　삼, 셋
桟　창살
…さん　씨, 님, 선생
三一運動　삼일 운동
参加　참가, 참석
山河　산하, 산천
三角　삼각, 세모
三角形　삼각형, 세모꼴
三月　삼월
産業　산업
サングラス　색안경, 선글라스
参考　참고
三十　삼십, 서른
算数　산수
賛成　찬성
残念だ　유감스럽다, 아깝다
散歩　산책
サンマ　꽁치
山脈　산맥, 산줄기

し

四　사, 넷
詩　시
死　죽음
…氏　씨
…市　시
字　글자, 글씨, 글
…時　시
試合　경기, 시합
しあさって　글피
幸せ　행복
シイタケ　표고, 표고버섯
虐げる　학대하다, 못살게 굴다
シーツ　시트
ジーパン　청바지
強いて　구태여, 억지로
強いる　강요하다
子音　자음
塩　소금
塩辛　젓, 젓갈
塩辛い　짜다
塩漬け　소금절이
しおれる　시들다
シカ(鹿)　사슴
…しか(ない)　밖에 (없다)
司会者　사회자, 진행자
四角　사각, 네모
四角い　네모지다, 네모나다
四角形　사각형, 네모꼴
しかし　그러나, 그렇지만, 하지만, 그런데
仕方　방법, 법, 수
しかたない　할 수 없다, 어쩔 수 없다
しかたなく　할 수 없이, 어쩔 수 없이
四月　사월
しがみつく　매달리다
しかめる　찡그리다, 찌푸리다
しかも　게다가, 더구나
叱る　꾸짖다, 나무라다, 야단치다
時間　시간
式　식, 의식
四季　사계(절), 사철
しきりに　자주, 자꾸
資金　자금
敷く　깔다
茂っている　무성하다
茂る　우거지다
試験　시험
事件　사건
自己　자기
事故　사고
仕事　일
仕込む　(訓練する)가르치다, 길들이다; (商品を)사들이다; (酒を)담그다
しこり　응어리
指示　지시
事実　사실
支出　지출
辞書　사전
事情　사정
自信　자신
自身　자신, 자기, 저
…(し)そうだ　-ㄹ 것 같다
…(し)次第　-는 대로
地震　지진
静かだ　조용하다, 잠잠하다, 잔잔하다, 고요하다
しずく　물방울
システム　시스템, 조직, 체계
沈む　가라앉다; 지다; 잠기다
姿勢　자세
自然　자연
思想　사상
子孫　자손
下　아래, 밑
舌　혀
…(し)たい　-고 싶다
時代　시대; 시절
次第に　점점; 차차(로)
…(し)たいのは山々だが　-고 싶은 마음은 간절하지만, -고 싶은 마음은 굴뚝 같지만

慕(した)う 그리워하다, 사모하다
従(したが)う 따르다
したがって 따라서, 그러므로
下着(したぎ) 속옷
支度(したく) 준비, 마련, 장만
自宅(じたく) 자택, 자기 집
…(し)たことがある -아[-어] 본 일[적]이 있다, -ㄴ 일이 있다
…(し)たことがない -아[-어] 본 일[적]이 없다, -ㄴ 일이 없다
親(した)しい 친하다, 사이 좋다
親(した)しむ 친하다
したたる 떨어지다
七(しち) 칠, 일곱
七月(しちがつ) 칠월
市長(しちょう) 시장
質(しつ) 질, 질질, 성질
しっかり 꼭, 튼튼히, 단단히
失業(しつぎょう) 실업
実験(じっけん) 실험
実現(じつげん) 실현
しつこい 집요하다, 끈덕지다
実行(じっこう) 실행
実際(じっさい) 실제; 정말로
質素(しっそ)だ 검소하다
嫉妬(しっと) 질투, 샘, 강짜
じっと 가만히
実(じつ)に 실로, 참으로
実(じつ)は 실은
失敗(しっぱい) 실패, 실수
しっぽ 꼬리
質問(しつもん) 질문
失礼(しつれい) 실례
…(し)ている -고 있다, -아[-어] 있다, -았[-었]다
…(し)ているところです -고 있는 중이다, -는 중이다
…(し)ておく -아[-어] 두다[좋다]
…(し)てから -고 나서, -한 후에, -한 다음에
…(し)てください -아[-어] 주십시오[주세요]
…(し)てしまう -아[-어] 버리다, -고 말다
…(し)てはいけない -아서는[-어서는] 안 되다[못 쓰다]
…(し)てばかりいる -기만 하다
…(し)てみる -아[-어] 보다
…(し)てもいい[かまわない] -아도[-어도] 좋다[괜찮다]
…(し)てやる[くれる] -아[-어] 주다
事典(じてん) 사전
辞典(じてん) 사전
自転車(じてんしゃ) 자전거
指導(しどう) 지도
児童(じどう) 아동, 어린이
自動車(じどうしゃ) 자동차, 차
しとやかだ 얌전하다, 정숙하다, 우아하다
しない 하지다, 안 하다
…(し)ないでください -지 마십시오[마세요]
…(し)ながら -면서, -며
…(し)なければならない -아야[-어야] 하다, -아야[-어야] 겠다, -지 않으면 안되다
次男(じなん) 차남, 둘째아들
しにくい 하기 어렵다, 하기 힘들다
死(し)ぬ 죽다
支配(しはい) 지배
芝居(しばい) 연극
しばしば 자주
芝生(しばふ) 잔디밭
支払(しはら)う 지불하다, 치르다, 물다
しばらく 잠깐, 잠시, 당분간
縛(しば)る 묶다, 매다, 얽매다
私費(しひ) 사비, 자비
字引(じびき) 사전
しびれる 저리다, 마비되다
渋(しぶ)い 떫다; 수수하다
しぶき 물보라
自分(じぶん) 내, 자기, 자신, 저, 스스로
紙幣(しへい) 지폐
死亡(しぼう) 사망
志望(しぼう) 지망
絞(しぼ)る 짜다
島(しま) 섬
しまう 챙기다, 치우다
閉(し)まる 닫히다
自慢(じまん) 자랑
しみ 얼룩
地味(じみ)だ 수수하다
染(し)みる 배다, 스미다
市民(しみん) 시민
事務(じむ) 사무
事務所(じむしょ) 사무실, 사무소
氏名(しめい) 성명
締(し)め切(き)り 마감
じめじめする 축축하다
示(しめ)す 가리키다, 나타내다, 보이다, 표시하다
占(し)める 차지하다
閉(し)める 닫다
湿(しめ)る 습기차다; 젖다
締(し)める 죄다, 조르다, 띠다
霜(しも) 서리
霜柱(しもばしら) 서릿발
指紋(しもん) 지문
…車(しゃ) 차
ジャーナリスト 저널리스트, 기자
シャーマン 무당
社員(しゃいん) 사원
釈迦(しゃか) 석가, 석가모니
社会(しゃかい) 사회
ジャガイモ 감자
しゃがむ 웅크리다, 쭈그리다
市役所(しやくしょ) 시청
弱点(じゃくてん) 약점
車庫(しゃこ) 차고
車掌(しゃしょう) 차장
写真(しゃしん) 사진
ジャズ 재즈
…(し)やすい -기 쉽다
シャツ 셔츠, 샤쓰
借金(しゃっきん) 빚
しゃっくり 딸꾹질
しゃべる 말하다
邪魔(じゃま)する 방해하다
邪魔(じゃま)になる 방해가 되다, 거치적거리다
ジャム 잼, 쨈
車輪(しゃりん) 바퀴
洒落(しゃれ) 익살
謝礼(しゃれい) 사례
じゃんけんぽん 가위바위보
シャンプー 샴푸
十(じゅう) 십, 열
週(しゅう) 주
銃(じゅう) 총
自由(じゆう) 자유
周囲(しゅうい) 주위, 둘레
十一月(じゅういちがつ) 십일월
集会(しゅうかい) 집회, 모임
収穫(しゅうかく) 수확
十月(じゅうがつ) 시월
週間(しゅうかん) 주간, 주일
習慣(しゅうかん) 습관
宗教(しゅうきょう) 종교
集合(しゅうごう) 집합
修士(しゅうし) 석사
住所(じゅうしょ) 주소
就職(しゅうしょく) 취직
ジュース 주스
重大(じゅうだい)だ 중대하다
しゅうと 시아버지
柔道(じゅうどう) 유도
しゅうとめ 시어머니
十二月(じゅうにがつ) 십이월, 섣달
十二支(じゅうにし) 십이지
収入(しゅうにゅう) 수입
十分(じゅうぶん)だ 넉넉하다, 충분하다
じゅうぶんに 충분히
週末(しゅうまつ) 주말
重要(じゅうよう)だ 중요하다
修理(しゅうり) 수리
修理(しゅうり)する 고치다, 수리하다
主観(しゅかん) 주관
主義(しゅぎ) 주의
儒教(じゅきょう) 유교
授業(じゅぎょう) 수업
塾(じゅく) 학원
祝日(しゅくじつ) 축일, 명절
黙(だま)す 익다, 무르익다
宿題(しゅくだい) 숙제

手術しゅじゅつ 수술	承知しょうちする 알다	城しろ 성
首相しゅしょう 수상	焼酎しょうちゅう 소주	白しろい 희다, 하얗다
主人しゅじん 주인	…(し)ようと思おもう -려고 하다, 하고자 하다	しろうと 풋내기, 생무지, 초심자
手段しゅだん 수단, 수	…(し)ようと思おもったら -려면; -려니	じろじろ 힐끗힐끗
主張しゅちょう 주장	…(し)ようと思おもっていたところだ -려던 참이다	しわ 주름, 주름살, 구김살
出勤しゅっきん 출근		しわがれる 목이 쉬다
出身しゅっしん 출신	少年しょうねん 소년	芯しん 심; 심지
出席しゅっせき 출석	商売しょうばい 장사	新しん… 새, 신-
出張しゅっちょう 출장	商品しょうひん 상품	…人じん -인, 사람
出発しゅっぱつ 출발	上品じょうひんだ 점잖다, 고상하다, 품위가 있다	神経しんけい 신경
出発しゅっぱつする 출발하다, 떠나다		真剣しんけんだ 진지하다
出版しゅっぱん 출판, 출간	勝負しょうぶ 승부	信仰しんこう 신앙, 믿음
出都しゅと 수도	丈夫じょうぶだ 튼튼하다, 건강하다, 단단하다	信号しんごう 신호, 신호기, 신호등
ジュニア 주니어		
主婦しゅふ 주부	小便しょうべん 소변, 오줌	人口じんこう 인구
趣味しゅみ 취미	情報じょうほう 정보	人工じんこう 인공
寿命じゅみょう 수명	証明しょうめい 증명	申告しんこく 신고
狩猟しゅりょう 수렵, 사냥	条約じょうやく 조약	深刻しんこくだ 심각하다
種類しゅるい 종류, 가지	醤油しょうゆ 간장	診察しんさつ 진찰
順じゅん 차례	将来しょうらい 장래, 앞날, 앞으로, 장차	紳士しんし 신사
瞬間しゅんかん 순간		真実しんじつ 진실
巡査じゅんさ 순경	勝利しょうり 승리	信しんじる 믿다
順序じゅんじょ 순서, 차례	常連じょうれん 단골 손님, 단골	申請しんせい 신청
純粋じゅんすいだ 순수하다	じょうろ 물뿌리개	人生じんせい 인생
準備じゅんび 준비, 마련, 장만	ジョギング 조깅, 달리기	親戚しんせき 친척
使用しよう 사용	職業しょくぎょう 직업	親切しんせつだ 친절하다
情じょう 정	食事しょくじ 식사	新鮮しんせんだ 신선하다, 싱싱하다
錠じょう 자물쇠	食堂しょくどう 식당	
消化しょうか 소화	植物しょくぶつ 식물	親善しんぜん 친선
消火しょうか 소화	しょげる 기가 죽다, 풀이 죽다	心臓しんぞう 심장
紹介しょうかい 소개		腎臓じんぞう 신장, 콩팥
生涯しょうがい 생애, 평생	女子じょし 여자	身体しんたい 신체, 몸
障害しょうがい 장애	助詞じょし 조사	身長しんちょう 신장, 키
奨学金しょうがくきん 장학금	助手じょしゅ 조수; 조교	慎重しんちょうに 신중히
正月しょうがつ 정월, 설; 설날	徐々じょじょに 천천히, 서서히, 점차, 점점	新年しんねん 새해, 신년
小学校しょうがっこう 국민학교		真しんの 참다운, 진짜의
将棋しょうぎ 장기	女性じょせい 여성, 여자	心配しんぱい 걱정, 염려, 근심
乗客じょうきゃく 승객	書籍しょせき 서적, 책	人物じんぶつ 인물, 인품, 사람
商業しょうぎょう 상업	所属しょぞく 소속	新聞しんぶん 신문
状況じょうきょう 상황, 형편	食器しょっき 식기, 그릇	進歩しんぽ 진보
上下じょうげ 위아래, 상하	ショック 쇼크, 충격	信用しんよう 신용
条件じょうけん 조건	しょっちゅう 자주, 언제나, 늘	信頼しんらい 신뢰
証拠しょうこ 증거	署名しょめい 서명, 사인	心理しんり 심리
正午しょうご 정오	所有しょゆう 소유	侵略しんりゃく 침략
障子しょうじ 장지, 미닫이	白髪しらが 흰머리	人類じんるい 인류
常識じょうしき 상식	知しらせる 알리다	
正直しょうじきだ 정직하다	知しらない 모르다	**す**
乗車じょうしゃ 승차	しらばくれる 모르는 체하다, 시치미 떼다	
乗車券じょうしゃけん 승차권		巣す 둥지, 집, 보금자리, 소굴
上述じょうじゅつのように 상술한 바와 같이, 위에서 말한 것과 같이	調しらべる 조사하다, 알아보다, 점검하다, 연구하다, 찾다	酢す 식초
		図ず 그림
少女しょうじょ 소녀	尻しり 엉덩이	水泳すいえい 수영, 헤엄
生しょうじる 나다, 생기다	知しり合あい 아는 사람, 아는 사이, 친지	スイカ 수박
上手じょうずだ 잘하다, 능숙하다, 솜씨있다		吸すいがら 꽁초
	退しりぞく 후퇴서다, 물러나다	吸すい込こむ 빨아들이다, 들이마시다, 들이쉬다
称しょうする 칭하다, 일컫다	汁しる 국, 국물, 즙	水産すいさん 수산
小説しょうせつ 소설	知しる 알다	推薦すいせん 추천
消息しょうそく 소식	しるし 표, 표시, 보람, 기호	スイッチ 스위치
招待しょうたい 초대		水田すいでん 논
状態じょうたい 상태	記しるす 적다	水道すいどう 수도
承諾しょうだく 승낙	シルム 씨름	ずいぶん 퍽, 매우, 상당히
承知しょうちしました 알겠습니다, 알았습니다	白しろ 흰색, 하양	睡眠すいみん 수면, 잠

水曜日 수요일, 수요일 날
推理 추리
吸う 빨다, 피우다, 들이마시다, 마시다, 들이쉬다
数学 수학
数字 숫자
図々しい 뻔뻔스럽다
スーパーマーケット 슈퍼마켓
末っ子 막내
スカート 치마
姿 모습
ずきずき 욱신욱신
好きだ 좋아하다, 좋다
スキー 스키
透き通る 투명하다, 비쳐 보이다; (声・音が)맑다
すき間 틈, 빈틈
過ぎる 지나다, 넘다
すく 비다; 배 고프다
救う 구제하다, 건지다
すくう 뜨다, 떠내다, 건지다
すぐ 곧, 즉시, 바로, 금방
少ない 적다
少なくとも 적어도
優れている 낫다, 우수하다, 뛰어나다
スケート 스케이트, 스케이팅
スケトウダラ 명태
すごい 굉장하다
少し 조금, 좀
少しも 조금도, 전혀
過ごす 지내다, 보내다
すし 초밥
筋 줄기, 줄
筋道 사리, 조리, 도리
鈴 방울
すすぐ 가시다; 헹구다
涼しい 시원하다, 서늘하다, 선선하다
進む 나가다, 전진하다
スズメ(雀) 참새
進める 전진시키다, 진행하다, 진척시키다
勧める 권하다, 추천하다, 권유하다
裾 옷자락
スタイル 스타일; 모양; 양식; 몸매
スタミナ 스테미나, 정력, 끈기
スチュワーデス 스튜어디스, 여성 승무원
…ずつ 씩
頭痛 두통
すっかり 모조리, 몽땅, 죄다, 다, 온통, 싹
ずっと 훨씬; 쭉; 계속
酸っぱい 시다
すてきだ 멋지다, 근사하다
すでに 벌써, 이미
捨てる 버리다
ストーブ 난로, 스토브
ストライキ 파업
砂 모래
素直だ 순하다, 순진하다
すなわち 즉, 곧
すねる 삐치다
スパゲッティ 스파게티
すばやい 재빠르다
すばらしい 훌륭하다, 굉장하다
スピード 스피드, 속도
スプーン 숟가락
すべすべ 매끈매끈
すべて 모두, 전부, 다
すべての 모든
滑る 미끄러지다; 타다
スポーツ 스포츠, 운동
ズボン 바지, 즈봉
スマートだ 스마트하다, 날씬하다
住まい 댁
墨 먹
隅 구석
すみません 미안합니다, 죄송합니다
住む 살다
済む 끝나다, 다 되다
澄む 맑아지다
すやすや 새근새근
すらすら 척척, 술술
すり 소매치기
する 하다
(…に)する (로) 삼다, (로) 하다
ずるい 교활하다
…(する)かも知れない -ㄹ지도 모르다
…(する)ことにする -기로 하다
…(する)ことになる -게 되다, -기로 되다
…(する)しかない -ㄹ 수밖에 없다
…(する)そうだ -ㄴ다고 하다
…(する)たびに -ㄹ 때마다
…(する)ために -기 위해서
…(する)だけだ -ㄹ 뿐이다
…(する)つもりだ -ㄹ 작정(생각)이다
すると 그러자, 그렇다면, 그러면, 그랬더니
…すると -니까, -더니
鋭い 날카롭다
…(する)ところだった -ㄹ 뻔했다
…(する)途中で -는 길에; -다가
…(する)につれて -ㅁ에 따라
…(する)はずだ -ㄹ 테다, -ㄹ 것이다
…(する)前に -기 전에
…(する)や -자마자, -자
ずれ 차이, 어긋남
すれちがう 스쳐 지나가다
ずれる 어긋나다, 빗나가다
座る 앉다
澄んでいる 맑다
寸法 치수, 길이

せ

背 키; 등
性 성, 섹스
(…の)せい 탓, 때문
正解 정답
性格 성격
正確だ 정확하다
生活 생활
税関 세관
世紀 세기
税金 세금
清潔だ 청결하다, 깨끗하다
成功 성공
生産 생산
政治 정치
性質 성질
青春 청춘
聖書 성경
精神 정신
成人 성인
正数 양수, 정수
せいぜい 고작, 기껏해야
成績 성적
ぜいたくだ 사치스럽다
成長 성장
生徒 학생
制度 제도
政党 정당
青年 청년
生年月日 생년월일
製品 제품
政府 정부
生物 생물
姓名 성명
西洋 서양
整理 정리
セーター 스웨터, 세타
セールスマン 세일즈맨, 외판원
背負う 지다, 짊어지다, 업다
世界 세계
せがむ 조르다
咳 기침
席 자리, 좌석
石炭 석탄
赤道 적도
責任 책임
咳払い 헛기침
石油 석유
世間 세상
…(せ)ざるを得ない -지 않을 수 없다
せっかく 모처럼, 일부러
せっかちだ 조급하다, 급하다
節句 명절

石鹸 비누
摂氏 섭씨
接する 접하다, 대하다
絶対に 절대로
設備 설비
説明 설명
節約する 절약하다, 아끼다
背中 등
是非 꼭, 제발, 아무쪼록; 시비
背広 양복, 신사복
狭い 좁다
迫る 다가오다; 닥치다
セミ(蟬) 매미
せめて 적어도, 하다못해
攻める 공격하다
責める 꾸짖다, 나무라다, 비난하다
セメント 시멘트
せりふ 대사
セルフサービス 셀프 서비스
ゼロ 영, 공
世話する 돌보다, 보살피다, 시중을 들다, 도와주다
世話になる 신세를 지다, 폐를 끼치다
千 천
栓 마개
線 선, 금, 줄
膳 밥상
全… 온, 전-
洗顔 세수
選挙 선거
先月 지난달
全国 전국
洗剤 세제
先日 지난날
選手 선수
先週 지난주
扇子 접부채
センス 센스
先生 선생님, 선생
全然 전혀, 전연
先祖 선조; 조상
戦争 전쟁
全体 전체
洗濯 세탁, 빨래
選択 선택
センチメートル 센티미터
宣伝 선전
銭湯 대중 목욕탕
栓抜き 마개따개, 병따개
先輩 선배
全部 전부, 모두, 다
ゼンマイ(薇) 고비
洗面 세수
専門 전문
全力 전력

そ

そいつ 그놈, 그 녀석
僧 중, 승려
象 코끼리
増加する 증가하다, 늘다
掃除 청소
葬式 장례식, 장례
想像 상상
そうだ 그렇다
相談 상담, 의논, 상의
装置 장치
属する 속하다
速度 속도
そこ 거기
底 밑, 바닥, 밑바닥
祖国 조국
そこで 그래서, 그런데
組織 조직
素質 소질, 자질, 바탕
そして 그리고, 그래서
祖先 조상
注ぐ 붓다
そそっかしい 덜렁덜렁하다, 경솔하다
育つ 자라다, 크다, 자라나다
育てる 기르다, 키우다, 가꾸다
そちら 거기, 그곳, 그쪽
卒業 졸업
そっくりだ 꼭 닮았다
そっと 살짝, 조용히
袖 소매
外 밖, 바깥, 겉
備える 대비하다; 갖추다, 지니다
その 그, 저
その上 게다가, 더구나, 또한
そのまま 그대로, 그냥
そのように 그렇게, 그리
そば 곁, 옆, 근처
蕎麦 메밀; 메밀국수
そびえる 솟다
祖父 할아버지
ソファー 소파
祖母 할머니
素朴だ 소박하다
粗末だ 변변치 않다, 조잡하다
染まる 물들다
背く 거역하다, 어기다
染める 물들이다
そよそよ 산들산들, 살랑살랑
空 하늘
剃る 깎다
それ 그것
それから 그리고, 그리고 나서, 그 다음에; 그 후
それぞれ 각자, 각각, 각기
それで 그래서, 그런데
それでなくとも 그렇지 않아도
それでは 그러면, 그럼
それでも 그래도, 그런데도
それとも 아니면, 혹은, 또는, 그렇지 않으면
それなら 그러면, 그렇다면
それほど 그렇게, 그토록, 그리; 그다지
それ故 그러므로
そろう 갖추어지다, 모이다
そろえる 맞추다; 갖추다
そろそろ 슬슬, 곧
そわそわする 들썽들썽하다
損 손해, 손실
尊敬する 존경하다
存在 존재
そんな 그런, 그러한

た

田 논
タイ(鯛) 도미
題 제목, 표제
第… 제-
体育 체육
第一 제일, 첫째
体温 체온
大学 대학교, 대학
大工 목수
退屈しのぎ 심심풀이
退屈だ 심심하다, 지루하다
体言 체언
太鼓 북
ダイコン(大根) 무
大使館 대사관
大事だ 중요하다, 소중하다
たいして 그다지, 별로
体重 체중, 몸무게
大丈夫だ 괜찮다, 걱정없다, 문제없다
大臣 장관
大豆 콩
対する 대하다
大切だ 중요하다; 소중하다, 귀중하다
体操 체조
大体 대체, 대체로, 대강, 대개
たいてい 대강, 대개, 대부분
態度 태도
大統領 대통령
台所 부엌
代表 대표
だいぶ 제법, 상당히, 어지간히, 꽤
台風 태풍
たいへん 대단히, 매우, 몹시, 퍽, 꽤
大便 대변, 똥
大変だ 큰일이다, 큰일나다, 야단나다
逮捕 체포
ダイヤモンド 다이아몬드, 금강석
太陽 태양, 해
平らだ 평평하다
大陸 대륙

体力 체력
田植 모내기
絶えず 끊임없이, 항상
絶え間なく 끊임없이
耐える 견디다, 버티다, 참다
倒す 넘어뜨리다, 쓰러뜨리다; 타도하다, 자빠뜨리다
タオル 수건, 타월
倒れる 넘어지다, 쓰러지다, 무너지다, 자빠지다
タカ(鷹) 매
…だが -지만
高い 높다; (値が)비싸다
互い 서로, 쌍방
互いに 서로
耕す 갈다
宝 보물
だから 그러니까, 그래서, 때문에, 그러기에
…だから -니까
宝くじ 복권
炊く 짓다
抱く 안다, 품다
焚く 때다; 데우다; 피우다
たくさん 많이
タクシー 택시
蓄える 저축하다, 비축하다
タケ(竹) 대, 대나무
…だけ 만, 뿐, 따름
凧 연
タコ(蛸) 문어; 낙지
確かだ 확실하다, 틀림없다
確かに 확실히, 틀림없이
確かめる 확인하다
たじたじとなる 쩔쩔매다
足す 더하다, 보태다, 가하다
出す 내다, 꺼내다, 내놓다; (手紙を)띄우다, 부치다
助かる 살아나다
助け 도움
助ける 돕다, 거들다, 구하다, 살리다
訪ねる 찾다, 방문하다
尋ねる 묻다
ただ 공짜, 무료
唯 단, 단지, 다만, 오직, 오로지, 그저, 그냥
ただいま 지금, 금방, 방금, 이제
たたえる 칭찬하다
戦う 싸우다, 다투다
たたく 치다, 두드리다, 때리다
ただし 단, 다만
正しい 바르다, 올바르다, 옳다, 맞다
正しく 바로
畳む 개다, 접다
漂う 떠돌다, 감돌다
…達 -들
立ち上がる 일어서다, 일어나다
立ち止まる 멈춰 서다
立ち退く 물러가다, 퇴거하다
立場 입장, 처지
たちまち 금방, 곧, 금세; 갑자기
立つ 서다, 일어서다, 일어나다
発つ 떠나다
経つ 지나다, 경과하다
達する 이르다, 도달하다, 미치다
たった 단, 단지
たった今 금방, 방금, 막
たっぷり 듬뿍, 잔뜩, 실컷
縦 세로
建物 건물
立てる 세우다
建てる 짓다
たとえ 비록
例えば 예를 들면, 예컨대; 가령
たとえる 비기다, 비유하다
たどりつく 당도하다, 간신히 이르다
棚 선반
他人 남, 타인
タヌキ(狸) 너구리
種 씨, 종자
楽しい 즐겁다, 흥겹다
楽しむ 즐기다
頼み 부탁, 의뢰
頼む 부탁하다, 당부하다
束 다발, 묶음
タバコ 담배
旅 여행
たびたび 자주
たぶん 아마
食べ物 음식, 먹을 것
食べる 먹다, 들다
球 공
弾 총알
卵 알; 계란, 달걀
だまされる 속다, 넘어가다
魂 넋, 얼, 혼
だます 속이다
たまたま 우연히, 마침
黙って 잠자코, 가만히
黙っている 잠자코 있다, 가만있다, 입을 다물고 있다
たまに 가끔, 어쩌다가, 이따금
タマネギ 양파
たまらない 견딜 수 없다, 죽겠다
たまる 괴다, 쌓이다; 밀리다
ダム 댐
(…の)ため(に) 때문
ためいき 한숨
試す 시도하다, 시험해 보다
駄目だ 안되다, 못쓰다
(…する)ために (理由・原因)-기 때문에; (目的)-기 위하여
(…の)ために (理由・原因) 때문에; (目的·奉仕) (를) 위하여
ためらう 망설이다, 주저하다
ためる 모으다, 저축하다, 저금하다
保つ 유지하다
たやすい 쉽다
便り 소식
頼りない 미덥지 못하다, 신뢰되지 않다, 믿음직스럽지 못하다
頼る 의지하다
タラ(鱈) 대구
たらい 대야
だらしない 단정하지 못하다
垂らす 달다, 늘어뜨리다; (涎を) 흘리다
足りない 모자라다, 부족하다
足りる 족하다, 충분하다
だるい 나른하다
誰 누구, 누; 아무
誰か 누구, 누군가
誰でも 누구든지
誰も(…ない) 아무도
単位 단위; 학점
単語 단어, 낱말
男子 남자
単純だ 단순하다
誕生 탄생
誕生日 생일, 생신
たんす 옷장
ダンス 댄스, 춤
男性 남성, 남자
団体 단체
だんだん 점점, 차차, 점차
暖房 난방
タンポポ 민들레

ち

血 피
地位 지위, 자리
小さい 작다; 어리다
チーズ 치즈
知恵 지혜, 슬기
チェックアウト 체크아웃
チェックイン 체크인
チェロ 첼로
地下 지하
近い 가깝다
違い 차이, 다름, 틀림
誓う 다짐하다, 맹세하다
違う 다르다, 틀리다
近く 가까이, 근처; 멀지 않아
近づく 다가오다, 다가가

다, 가까워지다, 접근하다
地下鉄 지하철
近道 지름길, 가까운 길
力 힘
地球 지구
ちくちく 쿡쿡, 따끔따끔
チゲ 찌개
遅刻 지각
遅刻する 지각하다, 늦다
知識 지식
知人 아는 사람
地図 지도
父 아버지
乳 젖
縮む 줄다, 줄어들다
秩序 질서
ちっとも 전혀, 조금도, 잠시도
ちなみに 덧붙여서, 이와 관련하여
地方 지방
チマ 치마
茶 차; 엽차
茶色 갈색
茶碗 공기, 밥그릇; 찻잔
…ちゃん -아, -야
チャンス 찬스, 기회
ちゃんと 똑똑하게, 분명히, 착실하게, 바르게, 확실히, 정확하게
チャンピオン 챔피언, 우승자
…中 중
注意 주의, 조심
中央 중앙
中学校 중학교
中止 중지
注射 주사
駐車場 주차장
中旬 중순
昼食 점심
中心 중심
中毒 중독
注文 주문
注文する 주문하다, 시키다
チュソク(秋夕) 추석
チョーク 분필
調査 조사
調子 상태; 장단
長所 장점
頂上 정상, 산꼭대기
朝食 아침(밥)
朝鮮 조선; 한국
朝鮮語 한국말, 조선말, 한국어, 조선어
朝鮮人 한국사람, 조선사람, 한국인, 조선인
チョウチョウ 나비
提灯 제등, 초롱
ちょうど 마침; 꼭, 똑, 마치, 바로, 방금, 막
長男 장남, 맏아들
調味料 조미료
…丁目 -가
貯金 저금
直接 직접
チョゴリ 저고리
チョコレート 초콜릿
著者 저자, 지은이
ちょっと 좀, 조금, 약간; 잠깐, 잠시
ちらりと(見る) 흘끗
塵 먼지, 쓰레기, 티끌
ちり紙 휴지
散る 흩어지다, 지다
チンダルレ 진달래
沈黙 침묵

つ

ツアー 투어, 여행
つい 그만, 깜빡, 뜻밖에, 무심코
ついたち 초하루, 일일, 초하룻날
(…に)ついて (에) 대하여[대해서], (에) 관하여[관해서]
ついでに 하는 길에, 하는 김에
ついに 드디어, 마침내, 끝내, 끝끝내
追放 추방
通貨 통화
通過 통과
通学する 통학하다, 다니다
通勤する 통근하다, 다니다
通じる 통하다
通訳 통역
杖 지팡이
使う 쓰다, 사용하다, 부리다
仕える 모시다
捕まえる 잡다, 붙잡다
捕まる 잡히다, 붙잡히다
つかむ 잡다, 붙잡다, 쥐다
疲れている 피곤하다, 피로하다, 고단하다
疲れる 지치다, 피곤해지다
月 달; 월
次 다음
つきあう 사귀다, 교제하다
次々と 잇달아
次の 다음
尽きる 없어지다; 끝나다
つく 붙다, 묻다, 따르다, 닿다, 도착하다, 이르다
突く 찌르다, 치다, 짚다
継ぐ 잇다
次ぐ 다음가다
机 책상
尽くす 다하다, 애쓰다
償う 갚다, 보상하다, 배상하다
作る 만들다, 짓다
繕う 깁다
漬物 김치
つける 붙이다, 묻히다; 달다; 대다; 켜다; (火を)지르다
漬ける 담그다, 절이다
告げる 알리다, 고하다
都合 사정, 형편, 편의
伝える 전하다, 전파하다
伝わる 전해지다; 내려오다
土 흙, 땅
続く 계속되다, 계속하다
続けて 계속해서
続ける 계속하다
慎む 삼가다
包み 꾸러미, 보따리
包む 싸다, 둘러싸다, 포장하다
努める 애쓰다, 힘쓰다, 노력하다
勤める 근무하다, 일하다
綱 밧줄
つなぐ 잇다, 매다, 연결하다
つなひき 줄다리기
常に 늘, 항상, 언제나, 언제든지
角 뿔
唾 침
翼 날개
ツバメ(燕) 제비
粒 알
潰す 으깨다, 부수다; (時間を)때우다
つぶやく 중얼거리다
潰れる 찌부러지다; 망하다, 무너지다, 깨지다
壺 항아리, 단지
つぼみ 꽃봉오리
妻 아내, 처, 집사람
つまずく 발이 걸려 넘어지다; 좌절하다
つまむ 집다
つまようじ 이쑤시개
つまらない 재미없다; 쓸데없다, 시시하다, 하찮다
つまり 즉, 요컨대, 결국, 다시 말하면
詰まる 막히다; 꽉 차다
罪 죄
摘む 따다
積む 쌓다, 싣다
爪 손톱; 발톱
詰め込む 꽉 채우다; 주입하다, 밀어넣다
冷たい 차다, 차갑다; 냉정하다, 쌀쌀하다, 싸늘하다
詰める 채워 넣다, 채우다, 줄이다; 죄다
つもり 터, 예정, 작정, 생각
積もる 쌓이다
つや 광택, 윤기
つやつやした (顔が)반들

반들한
露 이슬
梅雨 장마
強い 세다, 강하다, 단단하다, 튼튼하다, 독하다
辛い 고통스럽다, 괴롭다, 쓰라리다
釣り 낚시
ツル(鶴) 학, 두루미
釣る 낚다
つるす 매달다
連れる 데리다

て

手 손, 팔
…で 에서, 로, 에
出会う 만나다
手当り次第に 닥치는 대로
定員 정원
定価 정가
抵抗 저항
提出 제출
定食 정식
訂正 정정, 바로잡기
訂正する 정정하다, 바로잡다, 고치다
程度 정도
丁寧だ 공손하다, 정중하다
データ 데이터
デート 데이트
テーブル 테이블, 탁자
テーマ 테마, 주제
出かける 나가다, 가다, 외출하다, 나서다
手紙 편지
敵 적
…的 -적
できあがる 완성하다, 이루어지다; (酒を飲んで)취하다
テキスト 텍스트, 교재, 교과서; 원문
適当だ 적당하다, 알맞다, 마땅하다
…できない -지 못하다, -ㄹ 수 없다, -ㄹ 줄 모르다
…できる -ㄹ 수 있다, -ㄹ 줄 알다
できるだけ 되도록; 될 수 있는한
出口 출구, 나가는 곳
てこ 지레
テコンドー 태권도
弟子 제자
でしゃばる 나서다
…です -ㅂ니다, -습니다
テスト 시험
でたらめ 엉터리
手帳 수첩
鉄 철, 쇠
手伝う 돕다, 거들다
手続き 수속, 절차
鉄道 철도
鉄砲 총
徹夜する 밤을 새우다
テニス 테니스, 정구
手のひら 손바닥
では 그러면, 그럼, 그렇다면
デパート 백화점
…ではないかと思う -가[-이] 아닌가 하다
手袋 장갑
手本 본, 보기, 모범
出迎え 마중
出迎える 마중나가다
でも 그래도, 그렇지만, 하지만
デモ 데모, 시위
寺 절
照らす 비추다
照る 비치다
出る 나다, 나가다, 나오다, 나서다, 나타나다, 뜨다, 돋다
照れくさい 쑥쓰럽다
テレビ 텔레비전, 티브이
天 하늘
点 점
天気 날씨; 일기
電気 전기
天気予報 일기 예보
天国 천국, 하늘 나라
天才 천재
電車 전차, 전철
天井 천장
テント 천막
電灯 전등
電波 전파
電報 전보
電話 전화
電話帳 전화 번호부

と

戸 문
…と (共同)와, 과, 하고, 랑; (引用)고, 라고
ドア 문
問い 물음, 질문
トイレ 화장실, 변소
トイレットペーパー 화장지, 휴지
塔 탑
問う 묻다
銅 구리
…道 도
答案 답안; 답안지
同意 동의
どういたしまして 천만의 말씀입니다, 천만에요, 별 말씀을(다하십니다), 뭘요
統一 통일
どうか 부디, 제발, 아무쪼록
トウガラシ 고추
道具 도구, 연장
動作 동작
当時 당시
動詞 동사
同時 동시
陶磁器 도자기
どうして 어떻게, 어째서, 왜
どうしても 아무리 해도, 꼭
登場 등장
同情 동정
どうせ 어차피, 이왕에; 기왕에
どうせなら 이왕이면
当選 당선
当然 당연히, 마땅히
当然だ 당연하다, 마땅하다
どうぞ 어서; 부디, 제발, 아무쪼록
到着 도착
とうてい 도저히
尊い 귀중하다
貴い 고귀하다
とうとう 드디어, 마침내, 끝끝내
堂々と 당당하게, 떳떳하게
道徳 도덕
豆腐 두부
動物 동물
トウモロコシ 옥수수, 강냉이
東洋 동양
同様 마찬가지
道路 도로, 길
十(の) 열, 십
遠い 멀다; (耳が)먹다
十日 십일, 초열흘날, 열흘
遠く 멀리, 먼 곳
通す 통하다, 뚫다
通り 거리, 길
…どおり 대로
通り過ぎる 지나다
通る 통하다, 통과하다, 지나가다, 지나다; 합격하다
都会 도회지
とがめる 나무라다
時 때, 시간, 시기
時々 가끔, 때때로
時には 때로는, 경우에 따라서는
とぎれる 끊어지다
得 이익, 이득, 득
徳 덕
溶く 풀다, 개다
解く 풀다
研ぐ 갈다
毒 독
得意先 단골 손님
読者 독자
読書 독서
特色 특색
独身 독신; 총각; 처녀

特徴(とくちょう) 특징
特(とく)に 특히
特派員(とくはいん) 특파원
特別(とくべつ) 특별
独立(どくりつ) 독립
時計(とけい) 시계
溶(と)ける 녹다
解(と)ける 풀리다
どこ 어디
どこか 어디, 어딘가, 어딘지
床屋(とこや) 이발소, 이발관
所(ところ) 곳, 데
ところが 그런데, 그러나, 그랬더니
ところで 그런데
登山(とざん) 등산
年(とし) 해, 년; 나이
都市(とし) 도시
…として (으)로, (으)로서
図書館(としょかん) 도서관
年寄(としよ)り 늙은이, 노인
閉(と)じる 닫다, 닫히다, 덮다; 감다; 다물다
土地(とち) 토지, 땅
途中(とちゅう) 도중, 길
どちら 어느쪽, 어느것; 어디; 어느 분
突然(とつぜん) 갑자기, 돌연, 별안간
取(とっ)手 손잡이
とても 아주, 매우, 퍽, 대단히; 도저히, 몹시, 무척, 하도, 되게
届(とど)く 닿다, 도착하다, 미치다
届(とど)ける 보내다, 배달하다; 신고하다
滞(とどこお)る 밀리다
整(ととの)える 정돈하다; 갖추다; 차리다, 꾸미다; 다듬다
どなた 어느 분, 어디
隣(となり) 이웃; 옆
怒鳴(どな)る 고함치다, 호통치다
とにかく 어쨌든, 하여간, 하여튼, 좌우간, 아무튼
どの 어느
どのような 어떤
どのように 어떻게, 어찌
賭博(とばく) 도박, 노름
飛(と)び上(あ)がる 뛰어오르다
飛(と)び出(だ)す 뛰어나가다, 뛰어나오다, 튀어나오다
扉(とびら) 문
とぶ 날다; 뛰다, 뛰다
どぶ 도랑, 개천
徒歩(とほ) 도보
乏(とぼ)しい 부족하다, 모자라다
とぼとぼ 터벅터벅, 타달타달
トマト 도마토
とまる 멈추다, 멎다, 서다; (鳥(とり)が) 앉다

泊(と)まる 머무르다, 머물다, 묵다
富(とみ) 부, 재산, 재화
弔(とむら)う 조상하다; 명복을 빌다
止(と)める 세우다, 멈추다, 말리다
泊(と)める 머무르게 하다, 재우다
共稼(ともかせ)ぎ 맞벌이
友達(ともだち) 친구, 동무, 벗
共(とも)に 함께, 같이
土曜日(どようび) 토요일, 토요일날
トラ(虎) 범, 호랑이
ドライブ 드라이브
捕(と)らえる 잡다, 붙잡다
鳥(とり) 새
とりあえず 우선, 먼저
取(と)り扱(あつか)う 취급하다, 다루다
取(と)り入(い)れる 받아들이다; 거두다
取(と)り替(か)える 바꾸다, 갈다
取(と)り消(け)す 취소하다
取(と)り締(し)まる 단속하다
取(と)り出(だ)す 꺼내다
鳥肌(とりはだ)が立(た)つ 소름이 끼치다
取(と)り引(ひ)き 거래
取(と)り分(ぶん) 몫
取(と)り巻(ま)く 둘러싸다, 에워싸다
努力(どりょく) 노력
取(と)る 쥐다; 빼다, 잡다, 집다, 뽑다, 따다
撮(と)る 찍다
どれ 어느것
泥(どろ) 진흙
泥棒(どろぼう) 도둑
富(とん)でいる 풍부하다
とんでもございません 천만의 말씀입니다
とんでもない 엉뚱하다, 터무니없다; 천만에요
どんどん 자꾸, 척척, 잇달아, 속속
どんな 어떤, 무슨, 아무, 아무런
どんなに 아무리; 얼마나
トンネル 터널
どんぶり 사발
どんぶり物(もの) 덮밥
トンボ 잠자리

な

名(な) 이름
ない 없다
(…では)ない 아니다
内閣(ないかく) 내각
ないしょ 비밀
内線(ないせん) 구내 번호
内蔵(ないぞう) 내장
内臓(ないぞう) 내장

ナイフ 나이프, 칼
内容(ないよう) 내용
苗(なえ) 모
なお 더욱, 더구나, 여전히, 아직
直(なお)す 고치다, 바로잡다
治(なお)す 고치다
直(なお)る 고쳐지다
治(なお)る 낫다
中(なか) 안, 속, 가운데, 중
仲(なか) 사이
長(なが)い 길다; 오래다
長(なが)い間(あいだ) 오랫동안
長(なが)く 오래
長(なが)さ 길이
流(なが)す 흘리다, 씻어내다
なかなか 꽤; 좀처럼; 제법, 곧잘, 상당히, 어지간히
仲間(なかま) 동료, 동무, 한패, 친구
眺(なが)め 전망, 경치
眺(なが)める 보다, 바라보다, 쳐다보다, 내다보다
中指(なかゆび) 가운뎃손가락; 가운뎃발가락
流(なが)れ 흐름
流(なが)れる 흐르다
泣(な)き虫(むし) 울보
泣(な)く, 鳴(な)く 울다
慰(なぐさ)める 위로하다
なくす 잃다; 없애다; 여의다
無(な)くなる 없어지다
亡(な)くなる 돌아가시다
なぐる 때리다, 치다, 패다
嘆(なげ)く 슬퍼하다, 한탄하다
投(な)げる 던지다
仲人(なこうど) 중매인
なごやかだ 부드럽다, 온화하다, 화목하다
なごり惜(お)しい 섭섭하다
情(なさ)け 인정
情(なさ)けない 한심스럽다
ナシ(梨) 배
なし遂(と)げる 이룩하다
なし遂(と)げられる 이루어지다
ナス(茄子) 가지
なぜ 왜, 어떻게, 어째서
なぜならば 왜냐하면
なぞ 수수께끼
なだめる 달래다
夏(なつ) 여름
懐(なつ)かしい 그립다, 반갑다
名付(なづ)ける 이름(을) 짓다
ナツメ(棗) 대추
夏休(なつやす)み 여름 방학; 여름 휴가
撫(な)でる 쓰다듬다, 어루만지다
…など 등, 따위, -들
七十(ななじゅう) 칠십, 일흔
七(なな)つ(の) 일곱, 칠
斜(ななめ)だ 비스듬하다
何(なに) 무엇

何(なに)か 뭔가, 무엇인가
何(なに)も 아무것도
何(なに)よりだ 무엇보다 좋다
何(なに)よりも 무엇보다(도)
七日(なのか) 칠일, 초이렛날, 이레
鍋(なべ) 냄비
生(なま)の 날-, 생-; 선
生意気(なまいき)だ 건방지다
名前(なまえ) 이름
怠(なま)ける 게으름부리다, 게을리하다
ナマコ 해삼
訛(なま)り 사투리
波(なみ) 물결, 파도
涙(なみだ) 눈물
ナムル 나물
滑(なめ)らかだ 미끄럽다, 미끈미끈하다
なめる 핥다; 겪다; 깔보다
悩(なや)み 고민
悩(なや)む 고민하다
…なら -면, -라면
習(なら)う 배우다, 익히다
鳴(な)らす 울리다
並(なら)ぶ 나란히 서다, 줄(을) 서다, 줄(을) 짓다; 늘어서다
並(なら)べる 나란히 하다, 나란히 놓다; 늘어놓다
成(な)り行(ゆ)き 추세, 경과
鳴(な)る 울리다
(…に)なる (가・이) 되다
なるべく 되도록, 가급적, 될 수 있는 한
なるべくなら 되도록이면, 가능하다면
なるほど 과연, 정말
慣(な)れる 익숙해지다, 습관이 되다, 익다
縄(なわ) 밧줄, 새끼
何回(なんかい) 몇 번
何時(なんじ) 몇 시
何時間(なんじかん) 몇 시간
なんだかんだ言(い)っても 뭐니 뭐니 해도
なんでも 무엇이든지, 아무거나
なんと 어떻게, 뭐라고; 어쩌면 이렇게
何度(なんど) 몇 번
なんとはなしに 왠지 모르게
何日(なんにち) 며칠
何人(なんにん) 몇 사람, 몇 명; 몇 분
何年(なんねん) 몇 년, 몇 해
何番(なんばん) 몇 번

に

…に 에, 로; 에게, 한테; 께; 가[이]
二(に) 이, 둘; 두
似合(にあ)う 어울리다
兄(にい)さん 형; 오빠
煮(に)える 익다; 끓다
におい 냄새; 향기
…において -에서, -에 있어서
におう 냄새(가) 나다, 향기(가) 나다
…における -에 있어서의
苦(にが)い 쓰다
…に限(かぎ)って -에 한해서
…にかけて -에 걸쳐(서)
逃(に)がす 놓아주다; 놓치다
二月(にがつ) 이월
苦手(にがて)だ 질색이다
…に関(かん)して -에 관해서[대해서]
…に関(かん)する -에 관한[대한]
賑(にぎ)やかだ 번화하다, 떠들썩하다
握(にぎ)りこぶし 주먹
握(にぎ)る 쥐다, 잡다, 장악하다
肉(にく) 고기; 살
憎(にく)い 밉다
憎(にく)しみ 미움
憎(にく)む 미워하다
肉屋(にくや) 정육점
憎(にく)らしい 밉다, 얄밉다
逃(に)げる 도망가다, 도망치다, 도망하다, 달아나다
にこにこ 싱글벙글, 싱글싱글, 벙글벙글
濁(にご)る 탁해지다, 흐려지다
…に際(さい)して -에 즈음하여
西(にし) 서쪽
虹(にじ) 무지개
にじむ 번지다; 배다, 드러나다
二十(にじゅう) 이십, 스물
…に過(す)ぎない -에 지나지 않다
にせ 가짜
…日(にち) 일
日時(にちじ) 시일, 일시
日曜日(にちようび) 일요일, 일요일날
日記(にっき) 일기
日光(にっこう) 햇빛
日程(にってい) 일정, 일정표
似(に)ている 닮았다; 비슷하다, 근사하다
…に臨(のぞ)んで -에 임하여
日本(にほん) 일본
日本語(にほんご) 일본어, 일본말
日本人(にほんじん) 일본사람, 일본인
鈍(にぶ)い 둔하다, 무디다
…にも拘(かか)わらず -에도 불구하고
荷物(にもつ) 짐
入学(にゅうがく) 입학
入試(にゅうし) 입시, 입학 시험
入場(にゅうじょう) 입장
ニュース 뉴스, 보도, 소식
尿(にょう) 오줌
女房(にょうぼう) 마누라
にらむ 노려보다, 째리다
煮(に)る 조리다, 고다
庭(にわ) 뜰, 마당, 정원
にわか雨(あめ) 소나기
ニワトリ 닭
…人(にん) 사람, 명, 분
人気(にんき) 인기
人形(にんぎょう) 인형
人間(にんげん) 인간, 사람
人情(にんじょう) 인정
妊娠(にんしん) 임신
ニンジン 당근, 홍당무; (朝鮮人参)인삼
ニンニク 마늘
任務(にんむ) 임무

ぬ

縫(ぬ)う 꿰매다, 깁다, 바느질하다
ぬか 겨
ぬかるみ 진흙탕, 진창
抜(ぬ)き取(と)る 뽑아내다, 빼내다, 골라내다
抜(ぬ)く 뽑다, 빼다
脱(ぬ)ぐ 벗다
抜(ぬ)ける 빠지다; 벗어나다, 빠져나가다, 떨어지다
盗(ぬす)む 훔치다
布(ぬの) 천
沼(ぬま) 늪
濡(ぬ)らす 적시다
塗(ぬ)る 칠하다, 바르다
ぬるい 미지근하다
濡(ぬ)れる 젖다

ね

根(ね) 뿌리; 근본
値上(ねあ)げ 가격 인상
値打(ねう)ち 가치, 값어치
姉(ねえ)さん 누나, 언니
願(ねが)い 소원
願(ねが)う 원하다, 바라다, 희망하다, 부탁하다
ネギ 파
ネクタイ 넥타이
猫(ねこ) 고양이
寝言(ねごと) 잠꼬대
値下(ねさ)げ 가격 인하
ねじ 나사
ねじる 비틀다
ネズミ 쥐
ねたむ 질투하다, 샘내다
値段(ねだん) 값, 가격
熱(ねつ) 열
ネックレス 네크리스, 목걸이
熱心(ねっしん)だ 열심이다
熱心(ねっしん)に 열심히
寝床(ねどこ) 잠자리; 이부자리
ねばねばする 끈적끈적하다
寝坊(ねぼう) 늦잠; 늦잠꾸러기
ねまき 잠옷

眠(ねむ)い 졸리다
眠(ねむ)り 잠
眠(ねむ)る 자다, 잠자다; 잠들다
ねらう 노리다, 겨냥하다
寝(ね)る 자다, 잠자다; 눕다
…年(ねん) 년
年賀状(ねんがじょう) 연하장
年中(ねんじゅう) 연중; 언제나, 항상
年末(ねんまつ) 연말, 세밑
燃料(ねんりょう) 연료
年齢(ねんれい) 연령, 나이

の

…の 의
脳(のう) 뇌
農業(のうぎょう) 농업, 농사
農作業(のうさぎょう) 농사
農村(のうそん) 농촌
能力(のうりょく) 능력
ノート 노트, 공책
のがす 놓치다
軒(のき) 처마
のこぎり 톱
残(のこ)す 남기다
残(のこ)り 나머지
残(のこ)る 남다
乗(の)せる 태우다
載(の)せる 싣다, 얹다, 이다; 게재하다
除(のぞ)く 빼다, 제거하다, 제외하다
のぞく 들여다보다, 엿보다
望(のぞ)む 바라다, 원하다, 희망하다; 바라보다
後(のち) 후, 뒤
ノック 노크
のど 목
…のに -ㄴ데, -는데, -는데도
ののしる 욕하다
のばす 뻗치다, 펴다, 늘이다; 미루다, 기르다
野原(のはら) 들, 들판, 벌, 벌판
のびる 뻗다, 늘어나다, 길어지다, 자라다, 벋다, 늘다; 연기되다, 연장되다
述(の)べる 말하다, 기술하다
のぼせる 상기되다; 열중하다, 빠지다
上(のぼ)り (列車の)상행
上(のぼ)り坂(ざか) 오르막길, 오르막
のぼる 오르다, 올라가다, 돋다, 뜨다, 달하다
ノミ(蚤) 벼룩
…のみ 만, 뿐, 따름
飲(の)み込(こ)む 삼키다
飲(の)み過(す)ぎる 과음하다
のみならず 뿐만(이) 아니라, 뿐(이) 아니라
飲(の)み水(みず) 물, 식수, 음료수
飲(の)み物(もの) 마실 것, 음료수
飲(の)み屋(や) 술집
飲(の)む 마시다, 먹다, 삼키다
糊(のり) 풀
海苔(のり) 김
乗(の)り換(か)える 갈아타다, 바꿔 타다
乗(の)り場(ば) 타는 곳
海苔巻(のりま)き 김밥
乗(の)り物(もの) 교통 기관, 탈것
乗(の)る 타다
載(の)る 실리다
のろい 느리다, 더디다
呪(のろ)い 저주
のろのろ 느릿느릿
のんきだ 무사태평하다, 느긋하다
のんびり 편안히, 느긋하게, 유유히
のんべい 술고래

は

刃(は) 날, 칼날
葉(は) 잎, 잎사귀
歯(は) 이, 이빨, 치
…は 는, 은
場合(ばあい) 경우, 때, 데, 마당
パーセント 퍼센트, 프로
パーティー 파티, 잔치
灰(はい) 재
肺(はい) 폐, 허파
はい 네, 예
…杯(はい) 잔
倍(ばい) 배, 곱
灰色(はいいろ) 회색
バイオリン 바이올린
ハイキング 하이킹, 소풍
灰皿(はいざら) 재떨이
配達(はいたつ) 배달
ハイフン 붙임표
俳優(はいゆう) 배우
入(はい)る 들다, 들어가다, 들어오다, 들어서다
パイロット 비행사, 조종사, 파일럿
這(は)う 기다
ハエ 파리
生(は)える 나다, 돋다
墓(はか) 무덤, 묘, 산소
馬鹿(ばか) 바보
はがき 엽서
はがす 떼다
墓参(はかまい)り 성묘
秤(はかり) 저울
測(はか)る, 量(はか)る 재다; 달다
計(はか)る, 図(はか)る 꾀하다, 도모하다
吐(は)く 토하다
掃(は)く 쓸다
履(は)く 신다, 입다
ハクサイ(白菜) 배추
博士(はくし) 박사
拍手(はくしゅ) 박수
ばくち 노름
はげ頭(あたま) 대머리
激(はげ)しい 심하다, 세차다, 격심하다, 잦다
バケツ 바께쓰
はげる (塗(ぬ)りが)벗겨지다; (頭(あたま)が)벗어지다
化(ば)ける 둔갑하다; 변장하다
箱(はこ) 상자, 함
運(はこ)ぶ 나르다, 옮기다, 운반하다
はさみ 가위
はさむ 끼다, 끼우다, 집다
端(はし) 끝, 가장자리
箸(はし) 젓가락, 젓갈
橋(はし) 다리
恥(はじ) 부끄러움, 수치, 치욕
パジ 바지
はじく 튀기다
始(はじ)まる 시작되다, 시작하다
はじめ 처음, 시작
初(はじ)めて 처음으로, 비로소
初(はじ)めての 첫
始(はじ)める 시작하다
場所(ばしょ) 장소, 곳, 자리, 터
柱(はしら) 기둥
走(はし)る 달리다, 뛰다
恥(は)じる 부끄러워하다
はず 리, 턱
バス 버스
恥(は)ずかしい 부끄럽다, 창피하다, 수치스럽다, 쑥스럽다
外(はず)す 떼다, 빼다, 벗다, 끄르다, 비우다
パスポート 여권
はずれる 빠지다; 빗나가다; 어긋나다
パソコン 퍼스널 컴퓨터, 피시
旗(はた) 깃발
肌(はだ) 살결, 피부
バター 버터
裸(はだか) 알몸
畑(はたけ) 밭
はだし 맨발
はたち 스무 살, 이십 세, 이십
働(はたら)く 일하다; 작용하다
八(はち) 팔, 여덟
ハチ(蜂) 벌
八月(はちがつ) 팔월
八十(はちじゅう) 팔십, 여든
罰(ばつ) 벌
発音(はつおん) 발음
二十日(はつか) 이십 일, 스무 날
はっきり 뚜렷이, 똑똑히, 분명히, 명확히, 확실히
はっきりしている 똑똑하다, 뚜렷하다
バッグ 백, 가방
発見(はっけん) 발견
発行(はっこう) 발행
発達(はったつ) 발달
発表(はっぴょう) 발표
派手(はで)だ 화려하다

ハト 비둘기
花 꽃
鼻 코; (はな水)콧물
話 이야기, 얘기, 말, 말씀
話しかける 말을 걸다
放す 놓다
話す 이야기하다, 말하다
離す 떼다
話せる 말할 수 있다, 말할 줄 알다; 이야기가 잘 통하다
バナナ 바나나
はなはだしい 대단하다, 심하다
花火 불꽃, 불꽃놀이
花札 화투
華やかだ 화려하다
花嫁 새색시, 색시, 신부
離れる 떨어지다
羽 날개
母 어머니
幅 폭, 너비, 나비, 넓이
省く 없애다; 줄이다, 생략하다
歯ブラシ 칫솔
歯磨き 양치질, 이닦기
歯みがき粉 치약
はめる 끼우다, 끼다, 박다
早い 이르다, 빠르다
速い 빠르다
早く 일찍, 일찍이
速く 빨리
林 숲
はやる 유행하다
腹 배
バラ(薔薇) 장미(꽃)
払う 털다; 치르다, 지불하다
腹が立つ 화나다
はらから 겨레
はらはらする 조마조마하다
腹を立てる 화내다, 성내다
針 바늘
鍼 침
春 봄
張る 치다, 뻗다, 뻗치다, 부풀다, 팽팽하다
貼る 붙이다
はるかに 아득하게; 훨씬
腫れる 붓다
晴れる 개다
晩 밤, 저녁
番 순서, 차례, 번
パン 빵
範囲 범위
繁栄 번영
ハンカチ 손수건
パンク 빵꾸
番組 프로
ハングル 한글
番号 번호
ばんそうこう 반창고
パンソリ 판소리
反対 반대
判断 판단
番地 번지
半島 반도
犯人 범인
半分 반, 절반

ひ

日 날; 해; 볕
火 불
日当たりがいい 양지바르다
ピアノ 피아노
ピーナッツ 땅콩
ビール 맥주
冷える 차가워지다; 추워지다; 식다, 쌀쌀하다
被害 피해
比較的 비교적
東 동쪽
ぴかぴか 반짝반짝, 번쩍번쩍
光 빛
光る 빛나다, 반짝하다, 번쩍하다
…匹 마리
引きずる 끌다
引き出し 서랍
引き連れる 데리다
引き止める 만류하다
卑怯だ 비겁하다
引く 끌다, 이끌다, 당기다; 긋다; 뽑다; 덜다, 빼다; 치다
弾く 타다, 치다, 켜다
低い 낮다
ピクニック 야유회, 소풍
卑屈だ 비굴하다
ひげ 수염
飛行機 비행기
膝 무릎
ビザ 사증, 비자
久しぶりです 오래간만입니다
久しぶりに 오래간만에
肘 팔꿈치
美術 미술
秘書 비서
非常口 비상구
美人 미인
額 이마
浸す 담그다, 잠그다
ビタミン 비타민
左 왼쪽, 좌측
左利き(の人) 왼손잡이
引っかかる 걸리다
ひつぎ 관
ひっくり返す 뒤집다, 엎다
ひっくり返る 뒤집히다, 자빠지다
びっくりする 놀라다
日付 날짜
引っ越す 이사하다, 이사가다
羊 양
引っ張る 끌다, 당기다, 잡아당기다
必要 필요
必要だ 필요하다, 소용되다
否定 부정
人 사람, 인간; 남
ひどい 가혹하다, 모질다; 심하다, 지독하다; 너무하다
人柄 인격, 인품
一言 한마디
人指し指 집게손가락
等しい 같다
一つ 하나, 일
一つの 한, 일
人々 사람들
瞳 눈동자
独り占めする 독차지하다
ひとりで 혼자서; 홀로
日の出 해돋이, 일출
ヒバリ 종달새, 종다리
響く 울리다
批評 비평
ビビンパ 비빔밥
皮膚 피부
暇 틈, 시간
暇だ 한가하다
ひ孫 증손, 증손자, 증손녀
ヒマワリ 해바라기
秘密 비밀
紐 끈; (情夫)기둥 서방
百 백
冷やす 식히다
費用 비용
表 표
秒 초
病院 병원
病気 병, 병환
表紙 표지
標識 표지
標準 표준
表情 표정
平等 평등
病人 환자
評判 평, 평판
表面 겉
ひょっとしたら 혹시
開く 열다; 열리다, 펴지다, 펴다, 벌어지다
平たい 평평하다, 납작하다
ヒラメ 넙치
ひりひりする 얼얼하다
昼 낮; (昼食)점심
ビル 빌딩
昼間 낮
昼休み 점심 시간
広い 넓다
疲労 피로
拾う 줍다, 줏다, 뽑아내다

；(タクシーを)잡다
広がる 펴지다；넓어지다
広げる 펴지다, 펴다, 펼치다
瓶 병
貧乏 가난
貧乏だ 가난하다

ふ

不… 불-, 부-
ファッション 패션
不安 불안
フィルム 필름
風船 풍선
封筒 봉투
夫婦 부부
プール 풀장, 수영장
笛 피리
増える 늘다, 늘어나다, 많아지다
深い 깊다
不快だ 불쾌하다
ぷかぷか (タバコを)뻐끔뻐끔；(浮かんで)둥실둥실
武器 무기
ふき出す 뿜다
服 옷
福 복
吹く 불다
拭く 닦다, 훔치다
複雑だ 복잡하다
副詞 부사
福祉 복지
服装 복장, 옷차림
ぶくぶく (泡が)부글부글
含む 포함하다
ふくれる 부풀다；뾰로통해지다
袋 자루, 봉지
ふけ 비듬
不幸だ 불행하다
夫妻 내외
塞ぐ 막다；우울해지다
ふざける 까불다, 장난치다
ふさわしい 어울리다, 알맞다
無事だ 무사하다；탈없다, 별고없다
不思議だ 이상하다, 불가사의하다
侮辱 모욕
夫人 부인；사모님
負数 음수, 부수
襖 미닫이, 장지
防ぐ 막다
不足している 부족하다, 모자라다
蓋 뚜껑, 덮개；마개
ブタ(豚) 돼지
舞台 무대
再び 다시
二つ 둘, 이
二つの 두, 이
二人 두 사람
二人で 둘이서
普段 평소, 평상시, 평시
縁 가장자리, 테두리
普通 보통
二日 이일, 초이튿날, 이틀
ぶつかる 부딪다, 부딪치다
仏教 불교
沸騰 비등
沸騰する 끓어오르다
物理 물리
筆 붓
太い 굵다, 크다
ブドウ 포도
ふところ 품
太る 살찌다, 뚱뚱해지다
布団 이부자리；이불；요
フナ 붕어
船便 선편, 배편
船 배
吹雪 눈보라
部分 부분
不便だ 불편하다
父母 부모
不満 불만
踏む 밟다, 디디다
麓 기슭
増やす 늘리다, 늘어나게 하다
冬 겨울
不要だ 필요없다, 소용없다
フライパン 프라이팬
ぶら下がる 매달리다
ブラシ 솔
プラットホーム 플랫폼, 승강장
ぶらぶら 흔들흔들；어슬렁어슬렁；빈둥빈둥
ぶらんこ 그네
振り返る 뒤돌아보다, 돌이키다
振り子 흔들이, 진자
武力 무력
ふりをする 체하다
降る 내리다, 오다
振る 흔들다, 휘두르다
古い 낡다, 오래 되다；헌
震える 떨리다, 흔들리다
ふるさと 고향, 고장
ぶるぶる 벌벌, 부들부들
ブレーキ 브레이크, 제동기
プレゼント 선물
触れる 닿다, 대다
風呂 목욕；욕탕, 욕실
ふろしき 보자기
風呂に入る 목욕하다
風呂屋 목욕탕
…分 분
文 글, 문장
雰囲気 분위기
文化 문화
文学 문학
文章 문장, 글
文法 문법
文房具 문방구
文明 문명
分類 분류

へ

屁 방귀
…へ 로, 으로, 에
ペア 짝, 쌍
塀 담
平気だ 아무렇지도 않다, 괜찮다；태연하다；걱정 없다
平均 평균
平日 평일, 보통 날
平凡だ 평범하다
平和 평화
平和だ 평화롭다, 평화스럽다
ページ 페이지, 쪽
へそ 배꼽
下手だ 서투르다, 못하다
別だ 다르다
ベッド 침대
別に 별로, 따로, 달리
別々に 따로, 따로따로, 각각
へつらう 아부하다
ヘビ(蛇) 뱀
部屋 방
減らす 덜다, 줄이다
減る 줄다, 적어지다, 줄어지다；닳다
ベル 종
ベルト 허리띠, 벨트
ペン 펜
変化 변화
勉強 공부
偏見 편견
弁護士 변호사
返事 답, 대답；답장
編集 편집
便所 변소
変だ 이상하다
弁当 도시락
便利だ 편리하다

ほ

帆 돛
穂 이삭
母音 모음
(…の)方 쪽, 편, 방면
法 법
棒 막대기
貿易 무역
ほうき 비, 빗자루
放棄 포기
方言 방언, 사투리
冒険 모험
方向 방향
報告 보고
帽子 모자
放射能 방사능
方針 방침

ホウセンカ 봉선화, 봉숭아
放送(ほうそう) 방송
法則(ほうそく) 법칙
包丁(ほうちょう) 식칼, 부엌칼
豊富(ほうふ)だ 풍부하다
ほうび 상, 상품
方法(ほうほう) 방법; 줄, 수
ほうぼう 여기저기, 여러 곳, 여러 군데
葬(ほうむ)る 매장하다
訪問(ほうもん) 방문
訪問(ほうもん)する 방문하다, 찾아가다
法律(ほうりつ) 법률
暴力(ぼうりょく) 폭력
ホウレンソウ 시금치
ほえる 짖다
頰(ほお) 뺨, 볼
ボール 볼, 공
ボールペン 볼펜
(…の)ほか 외, 밖
ほかの 다른, 딴
朗(ほが)らかだ 명랑하다
僕(ぼく) 나
ボクシング 권투, 복싱
ほくろ 점
ポケット 주머니, 호주머니, 포켓
保険(ほけん) 보험
保護(ほご) 보호
ほこり 먼지
誇(ほこ)り 자랑, 긍지
星(ほし) 별
欲(ほ)しい 갖고 싶다; 바라다, 탐나다
募集(ぼしゅう) 모집
干(ほ)す 말리다
ポスター 포스터
細(ほそ)い 가늘다
保存(ほぞん) 보존
ボタン 단추
墓地(ぼち) 묘지
北極星(ほっきょくせい) 북극성
ホテル 호텔
(…)ほど 만큼, 정도, 쯤, 처럼
歩道(ほどう) 인도, 보도
歩道橋(ほどうきょう) 육교
ほどく 풀다
仏(ほとけ) 부처
ほどける 풀리다, 풀어지다
ほとんど 거의, 대개, 대부분, 거지반
骨(ほね) 뼈
ほほえましい 흐뭇하다
ほほえみ 미소
ほほえむ 미소(를) 짓다
褒(ほ)める 칭찬하다
掘(ほ)る 파다, 캐다
彫(ほ)る 새기다, 조각하다, 파다
滅(ほろ)びる 망하다
本(ほん) 책
本国(ほんごく) 본국, 고국
本棚(ほんだな) 책장, 서가, 책꽂이
本当(ほんとう)に 정말, 정말로, 진정, 진짜, 진짜로, 참, 참으로, 참말, 사실
ほんの 불과
本物(ほんもの) 진짜
本屋(ほんや) 책방, 서점
翻訳(ほんやく) 번역
ぼんやり 희미하게, 어렴풋이; 멍하니, 멍히, 멍청히, 시름없이

ま

まあ (驚(おどろ)いて) 어머, 어머나
まあまあだ 그저 그렇다
マーク 표, 기호; 상표
…枚(まい) 장
毎朝(まいあさ) 매일 아침, 아침마다
マイク 마이크
迷子(まいご) 미아, 길 잃은 애
毎週(まいしゅう) 매주, 주마다
毎月(まいつき) 매월, 매달, 달마다
毎年(まいねん) 매년, 해마다
マイナス 마이너스
毎日(まいにち) 매일, 날마다, 맨날
毎晩(まいばん) 매일 밤, 밤마다
舞(ま)う 춤추다; 흩날리다
前(まえ) 앞; 전, 이전
前(まえ)もって 미리
任(まか)せる 맡기다
曲(ま)がる 구부러지다, 꼬부라지다; 굽다; 돌다
巻(ま)く 감다, 말다, 두르다
撒(ま)く 뿌리다
まくら 베개
マグロ 다랑어
マクワウリ 참외
負(ま)ける 지다
曲(ま)げる 구부리다, 굽히다
孫(まご) 손자, 손녀
まごつく 당황해하다
まさか 설마
混(ま)ざる 섞이다
真面目(まじめ)だ 진지하다; 성실하다, 착실하다
混(ま)じる 섞이다
増(ま)す 늘다, 많아지다; 늘리다, 늘이다, 더하다
…ます -ㅂ니다, -습니다
まず 먼저, 우선
まずい 맛(이) 없다; 거북하다, 난처하다, 서투르다
貧(まず)しい 가난하다, 빈약하다
ますます 더욱더, 더, 점점
混(ま)ぜる 섞다
又(また) 또, 또한; 다시, 또다시
まだ 아직, 아직도
または 또는, 혹은
街(まち) 거리
町(まち) 동; 동네
まちがい 잘못, 틀림, 실수
まちがえる 잘못하다, 틀리다, 실수하다
マツ(松) 솔, 소나무
…末(まつ) -말
待(ま)つ 기다리다
真(ま)っ赤(か)だ 새빨갛다
真(ま)っ暗(くら)だ 캄캄하다
真(ま)っ黒(くろ)い 새까맣다
まつげ 속눈썹
マッコリ 막걸리
真(ま)っ青(さお)だ 새파랗다
真(ま)っ白(しろ)だ 새하얗다
まっすぐ 곧바로, 곧장, 바로, 똑바로
まっすぐだ 곧다, 바르다
まったく 전혀; 완전히; 정말, 참, 통, 아주, 참으로, 정말로
マッチ 성냥
祭(まつ)り 제사; 축제
…まで 까지
窓(まど) 창, 창문
惑(まど)う 당혹하다; 매혹되다
まとめる 모으다; 정리하다; 매듭짓다
まないた 도마
学(まな)ぶ 배우다
間(ま)に合(あ)う (時間(じかん)に)족하다; 대다
免(まぬが)れる 면하다, 벗어나다
真似(まね) 흉내
招(まね)く 초대하다; 가져오다, 초래하다; (手(て)で)손짓하여 부르다
真似(まね)る 흉내내다
まぶしい 눈부시다
まぶた 눈까풀
マフラー 목도리, 머플러
(…の)まま 채, 대로, 그대로
豆(まめ) 콩
まもなく 곧, 멀지 않아
守(まも)る 지키다
眉(まゆ) 눈썹
迷(まよ)う 망설이다; 헤매다
真夜中(まよなか) 한밤, 한밤중
マラソン 마라톤
丸(まる) 동그라미
丸(まる)い 둥글다, 동글다
まるで 전혀, 통, 전연; 마치, 꼭
回(まわ)す 돌리다, 두르다, 보내다
周(まわ)り 둘레, 주위, 근처
回(まわ)る 돌다
万(まん) 만
万一(まんいち) 만일, 만약,
満員(まんいん) 만원
漫画(まんが) 만화
満月(まんげつ) 만월, 보름달
満足(まんぞく)だ 만족하다, 흐뭇하다
真(ま)ん中(なか) 가운데, 한가운데, 한복판
万年筆(まんねんひつ) 만년필

み

実 열매
見上げる 쳐다보다, 우러러보다
見える 보이다
見送り 배웅
見送る 배웅하다, 전송하다
磨く 닦다, 갈다
味方 자기 편, 우리 편
ミカン 귤
幹 나무줄기
右 오른쪽, 우측
見下す 얕보다, 깔보다
巫女 무당
見事だ 훌륭하다
見込みがある 가망이 있다; 유망하다
未婚 미혼
岬 곶
短い 짧다
惨めだ 비참하다
未熟だ 미숙하다, 서투르다
ミシン 미싱, 재봉틀
ミス(失敗) 잘못, 실수
ミス(Miss) 미스
水 물
湖 호수
みずから 스스로
水着 수영복
水っぽい 싱겁다
みすぼらしい 천하다
店 가게, 상점
見せる 보이다, 보여주다
味噌 된장
溝 도랑; 간격
味噌汁 된장국
…みたいだ 같다, 비슷하다
満たす 채우다
乱れる 흐트러지다, 문란해지다, 어수선해지다, 어지러워지다
道 길
導く 이끌다
満ちる 차다
三日 삼일, 초사흗날, 사흘
みつかる 들키다, 발견되다
みつける 찾다, 찾아내다, 발견하다
三つ 셋, 삼
三つの 세, 석, 삼
みっともない 보기 안 좋다, 보기 싫다, 꼴사납다, 꼴불견이다
認める 인정하다
緑色 녹색, 초록색
皆 모두, 다
皆さん 여러분
港 항구
南 남쪽
見習い 견습, 수습; 견습공, 견습생, 수습사원
醜い 밉다; 보기 싫다, 보기 흉하다
峰 봉우리
身の上 신세, 신상
実る 익다, 여물다, 열다
見晴らし 전망
身ぶり 몸짓
身分 신분
未亡人 과부, 미망인
見本 견본, 본보기
見舞い 문안; 문병
耳 귀
ミミズ 지렁이
耳鳴り 귀울음
脈 맥
みやげ 선물
都 서울, 수도
身寄り 친척, 친족, 의지할 곳[사람]
未来 미래
ミリ 밀리
魅力 매력
見る 보다
(…して)みる (-아, -어) 보다
ミルク 밀크
見渡す 바라보다, 둘러보다
民族 민족
みんな 모두, 다
民謡 민요
民話 민담, 민간 설화

む

六日 육일, 초엿샛날, 엿새
ムーダン 무당
向かい合う 마주보다, 마주서다, 대하다
向かう 향하다, 대다
迎える 맞다, 맞이하다, 마중하다
昔 옛날
昔話 옛이야기, 옛날 이야기
むかつく 메스껍다; 화가 나다
向き 방향
麦 보리
麦茶 보리차
向く 향하다; 적합하다
剝く 벗기다, 까다
報いる 보답하다, 갚다
向ける 돌리다
婿 사위
向こう 저쪽, 건너, 건너편
虫 벌레
蒸し暑い 무덥다
無視する 무시하다
虫歯 충치
むしろ 오히려
筵 멍석, 거적
蒸す 무덥다; 찌다
難しい 어렵다, 까다롭다
息子 아들, 자식
結ぶ 매다; 맺다; 잇다
娘 딸; 아가씨, 처녀
無駄だ 쓸데없다, 헛되다, 소용없다, 필요없다
無駄遣い 낭비
笞 채찍, 매
夢中になる 열중하다, 몰두하다
六つ(の) 여섯, 육
むつまじい 정답다
胸 가슴, 품
むやみに 함부로, 괜히
村 마을
紫色 보라빛, 보라색
無理する 무리하다
無理だ 무리이다, 무리하다
無理に 억지로, 무리하게
無料で 무료로, 공짜로, 거저, 그냥
群れ 떼, 무리
むんむんする 후터분하다, 후끈후끈하다

め

目 눈; (碁の)집
…目 째
芽 싹; 움
姪 조카딸, 질녀
名詞 명사
名刺 명함
名所 명소
命ずる 명하다, 명령하다
名簿 명단
名誉 명예
命令 명령
迷惑 폐
迷惑だ 귀찮다, 성가시다
迷惑をかける 폐를 끼치다
目上 손윗사람, 윗사람
メートル 미터
眼鏡 안경
めくる 젖히다, (本のページを)넘기다; 벗기다
巡る 돌다; 둘러싸다
目覚ましい 눈부시다, 놀랍다
目覚まし時計 자명종, 따르릉시계
目覚める 깨다, 깨닫다
飯 밥
召し上がる 잡수다, 잡수시다, 드시다
目下 손아랫사람, 아랫사람
目印 보람
雌 암, 암컷
珍しい 드물다, 신기하다, 희한하다, 귀하다
目立つ 눈에 띄다, 두드러지다, 돋보이다
メダル 메달

目(め)つき 눈초리, 눈매
めったに 좀처럼
めでたい 경사스럽다
メニュー 메뉴, 식단
めまい 현기증, 어지럼증
メモ 메모
面会(めんかい) 면회
免許(めんきょ) 면허
面倒(めんどう)くさい 귀찮다, 성가시다, 까다롭다
面倒(めんどう)くさがる 귀찮아하다
面倒(めんどう)だ 귀찮다, 성가시다, 까다롭다

も

藻(も) 말, 수초
…も 도
もう (既(すで)に)벌써, 이미, 이제; (更(さら)に) 더
設(もう)ける 마련하다; 설치하다
儲(もう)ける 벌다
申(もう)し上(あ)げる 말씀드리다, 아뢰다, 여쭈다
申(もう)し込(こ)み(書) 신청(서)
申(もう)し込(こ)む 신청하다
申(もう)し分(ぶん)ない 나무랄 데 없다
申(もう)しわけない 미안하다, 죄송하다
盲人(もうじん) 맹인, 소경, 장님
盲目(もうもく) 맹목, 먼눈
燃(も)える 타다
目次(もくじ) 차례, 목차
目的(もくてき) 목적
目標(もくひょう) 목표
木曜日(もくようび) 목요일, 목요일날
潜(もぐ)る 잠겨들다, 잠수하다; 숨어들다
もくろむ 기도하다, 꾀하다
文字(もじ) 문자, 글자, 글씨
もし(も) 만약, 만일, 혹시
もしもし 여보세요, 여보십시오
もたらす 가져오다, 초래하다
もたれる (壁(かべ)に) 기대다; (胃(い)が) 체하다
餅(もち) 떡
用(もち)いる 쓰다, 사용하다
持(も)ち主(ぬし) 소유자, 임자, 주인
持(も)ち物(もの) 소지품, 휴대품
もちろん 물론
持(も)つ 들다; 가지다
もったいない 아깝다; 과분하다
もっと 더, 더욱, 한층
尤(もっと)も 다만, 단
最(もっと)も 가장, 제일
もっぱら 오로지, 오직, 한결같이
もてなし 접대, 대접
もてなす 대접하다
モデル 모델
元(もと) 근본
戻(もど)す 돌려주다, 반환하다
基(もと)づく 의거하다; 기인되다
求(もと)める 구하다, 요구하다, 찾다
元々(もともと) 워낙, 원래
戻(もど)る 돌아오다, 돌아가다
者(もの) 자, 사람, 것
物(もの) 물건, 것
物心(ものごころ)がつく 철이 들다
ものすごい 굉장하다; 대단하다
もはや 이젠, 벌써, 이미, 인제
もみじ 단풍
揉(も)む 비비다; 주무르다
木綿(もめん) 무명
モモ(桃) 복숭아
燃(も)やす 태우다
模様(もよう) 무늬
催(もよお)す 개최하다, 주최하다; (便意(べんい)を) 마렵다
貰(もら)う 받다, 얻다, 타다
漏(も)らす 새게 하다; 누설하다
森(もり) 숲, 수풀
盛(も)る 담다
漏(も)れる 새다, 누설되다
もろい 약하다, 든든하지 못하다, 부서지기 쉽다, 깨지기 쉽다
門(もん) 대문
文句(もんく) 할 말, 불만, 불평, 이의
問題(もんだい) 문제

や

矢(や) 화살
…や -(이)나, -(이)랑
…屋(や) (店)가게, 집; (人間)장수
八百屋(やおや) 채소 가게
やがて 곧, 이윽고
やかましい (騒音) 시끄럽다, 요란하다; (性格) 까다롭다
やかん 주전자
ヤギ(山羊) 염소
野球(やきゅう) 야구
約(やく) 약
焼(や)く 굽다, 태우다
訳語(やくご) 역어, 번역한 말
役所(やくしょ) 관청
訳(やく)す 번역하다, 옮기다
約束(やくそく) 약속
役人(やくにん) 관리, 공무원
役割(やくわり) 구실
やけど 화상
焼(や)ける 타다, 구워지다; 달다
野菜(やさい) 야채, 채소
易(やさ)しい 쉽다
優(やさ)しい 다정하다, 정답다, 상냥하다, 온순하다,
養(やしな)う 기르다; 부양하다
安(やす)い 싸다
易(やす)い 쉽다
休(やす)み 휴게, 휴식, 휴가, 휴일, 결석, 결근, 방학
休(やす)む 쉬다, 놀다; 결석하다; 결근하다
やせ衰(おとろ)える 쇠약해지다
やせる 마르다, 야위다, 살 빠지다
やたらに 함부로, 마구, 무턱대고, 괜히
八(や)つ(の) 여덟, 팔
やっと 겨우, 간신히, 가까스로
宿(やど) 숙소
野党(やとう) 야당
雇(やと)う 고용하다
ヤナギ(柳) 버들, 버드나무
屋根(やね) 지붕
やはり 역시, 과연
破(やぶ)る 찢다, 깨다; (背(そむ)く) 어기다
破(やぶ)れる 찢어지다, 깨지다; (負(ま)ける) 지다
やぼったい 촌스럽다
山(やま) 산
闇(やみ) 어둠
止(や)む 그치다, 멎다
病(や)む 앓다, 병들다
止(や)める 그만두다, 그치다, 말다
辞(や)める 그만두다
やり手(て) 수완가
やる 주다; 하다
やわらかい 부드럽다, 무르다, 연하다
ヤンニョム 양념
ヤンバン 양반

ゆ

湯(ゆ) 더운물; 목욕물
唯一(ゆいいつ)の 유일한
遺言(ゆいごん) 유언
憂鬱(ゆううつ)だ 우울하다
有益(ゆうえき)だ 유익하다
遊園地(ゆうえんち) 유원지
有害(ゆうがい)だ 유해하다, 해롭다
夕方(ゆうがた) 저녁
夕刊(ゆうかん) 석간
勇敢(ゆうかん)だ 용감하다
勇気(ゆうき) 용기
遊戯(ゆうぎ) 유희, 놀이
友好(ゆうこう) 우호
有効(ゆうこう)だ 유효하다; 효과적이다
優秀(ゆうしゅう)だ 우수하다, 뛰어나다
優勝(ゆうしょう) 우승
友情(ゆうじょう) 우정, 우의

夕食(ゆうしょく) 저녁, 저녁밥, 저녁 식사
郵送(ゆうそう) 우송
夕立(ゆうだち) 소나기
夕日(ゆうひ) 석양
郵便(ゆうびん) 우편, 우편물
郵便局(ゆうびんきょく) 우체국
郵便番号(ゆうびんばんごう) 우편 번호
有名(ゆうめい)だ 유명하다, 이름(이) 나다, 이름(이) 있다
夕焼(ゆうや)け 저녁놀, 저녁노을
有料(ゆうりょう) 유료
誘惑(ゆうわく) 유혹
床(ゆか) 바닥
愉快(ゆかい)だ 유쾌하다, 즐겁다
ゆがく 데치다
歪(ゆが)む 비뚤어지다, 일그러지다
雪(ゆき) 눈
…行(ゆ)き -행
雪合戦(ゆきがっせん) 눈싸움
行(ゆ)き来(き) 왕래
雪(ゆき)だるま 눈사람
雪解(ゆきど)け 눈석임, 해빙
湯気(ゆげ) 김
輸血(ゆけつ) 수혈
輸出(ゆしゅつ) 수출
揺(ゆ)する 흔들다
譲(ゆず)る 양보하다; 양도하다, 넘겨주다
輸送(ゆそう) 수송
豊(ゆた)かだ 풍요하다, 풍부하다; 넉넉하다
油断(ゆだん) 방심
ゆっくり 천천히
ゆでる 데치다, 삶다
輸入(ゆにゅう) 수입
指(ゆび) 손가락; 발가락
指輪(ゆびわ) 반지, 가락지
弓(ゆみ) 활
夢(ゆめ) 꿈
由来(ゆらい) 유래
ユリ(百合) 나리, 백합(꽃)
ゆるい 헐겁다, 헐렁하다, 느슨하다; 완만하다
許(ゆる)し 허가, 허락; 용서
許(ゆる)す 허가하다, 허락하다; 용서하다
ゆるむ 헐거워지다, 느슨해지다
ゆるめる 늦추다; 완화하다
ゆるやかだ 완만하다; 느릿하다
揺(ゆ)れる 흔들리다

よ

世(よ) 세상
夜明(よあ)け 새벽
良(よ)い 좋다; 낫다
酔(よ)う 취하다; 멀미나다
用意(ようい) 준비, 마련
要求(ようきゅう) 요구
用言(ようげん) 용언
要旨(ようし) 요지
用事(ようじ) 볼일, 할일
幼児(ようじ) 유아, 어린아이
用心(ようじん) 조심, 주의
様子(ようす) 모양, 상태, 모습, 형편
要(よう)する 요하다, 필요로 하다
要(よう)するに 요컨데
要素(ようそ) 요소
…ようだ 같다; 듯하다, 모양이다
幼稚園(ようちえん) 유치원
幼稚(ようち)だ 유치하다
要点(ようてん) 요점
(…の)ように 처럼
洋服(ようふく) 옷; 양복
羊毛(ようもう) 양모, 양털
ようやく 겨우, 비로소, 가까스로, 간신히
ヨーロッパ 유럽, 구라파
余暇(よか) 여가, 틈
予期(よき) 예기, 예상
よく 잘, 흔히, 자주, 좋게
欲(よく) 욕심
浴室(よくしつ) 욕실
翌日(よくじつ) 다음날, 이튿날
翌週(よくしゅう) 다음주
翌年(よくねん) 다음해, 이듬해
よける 피하다, 비키다
横(よこ) 가로; 옆, 곁
横書(よこが)き 가로쓰기
汚(よご)す 더럽히다
横(よこ)たわる 눕다
汚(よご)れ 더러움, 더러운 것
汚(よご)れる 더러워지다
予算(よさん) 예산
予習(よしゅう) 예습
よじる 비꼬다
よそ 딴 곳, 딴 집, 남의 집
予想(よそう) 예상
装(よそお)い 옷차림; 장식, 단장, 치장
装(よそお)う 꾸미다, 차리다, 단장하다, 치장하다; 체하다, 가장하다
よそ見(み)する 한눈 팔다
よだれ 군침
よちよち 아장아장
四日(よっか) 사일, 초나흗날, 나흘
四(よ)つ角(かど) 네거리, 사거리
四(よ)つ 넷, 사
四(よ)つの 네, 넉, 사
酔(よ)っぱらい 술 취한 사람, 주정뱅이
予定(よてい) 예정
与党(よとう) 여당
夜中(よなか) 밤중
世(よ)の中(なか) 세상
呼(よ)び出(だ)し 호출
呼(よ)び出(だ)す 불러내다
呼(よ)ぶ 부르다, 이르다
予防(よぼう) 예방
よほど 상당히, 꽤, 어지간히
よみがえる 되살아나다, 소생하다
読(よ)み書(か)き 읽고 쓰기, 읽기와 쓰기
読(よ)む 읽다, 보다
嫁(よめ) 며느리, 색시
予約(よやく) 예약
余裕(よゆう) 여유
…より 보다; 부터, (으)로부터, 에서부터
夜(よる) 밤
(…に)よる (에) 의하다, (에) 인하다, (에) 말미암다, (에) 따르다
寄(よ)る 다가서다; 들르다
喜(よろこ)び 기쁨
喜(よろこ)ぶ 기뻐하다, 즐거워하다, 좋아하다
よろしい 좋다, 괜찮다
よろよろ 비틀비틀
弱(よわ)い 약하다, 취약하다
弱(よわ)る 약해지다
四(よん) 사, 넷
四十(よんじゅう) 사십, 마흔

ら

…等(ら) -들
ラーメン 라면
ライオン 사자
来月(らいげつ) 내달, 다음달
来週(らいしゅう) 내주, 다음주
ライター 라이터
来年(らいねん) 내년; 다음해
ライバル 맞적수, 맞수, 라이벌
楽(らく)だ 편하다; 쉽다
落第(らくだい) 낙제
楽(らく)に 편히; 쉽게
…らしい(類似) 답다; 같다, 듯하다, 모양이다
…らしい(伝聞) -고 하다
ラジオ 라디오
らっぱ 나팔
らでん 나전
ラブレター 연애 편지
乱暴(らんぼう)だ 난폭하다, 거칠다

り

利益(りえき) 이익
理解(りかい) 이해
陸(りく) 육지, 뭍
陸上競技(りくじょうきょうぎ) 육상 경기
理屈(りくつ) 도리
利口(りこう)だ 똑똑하다, 영리하다
離婚(りこん) 이혼
利子(りし) 이자
理性(りせい) 이성
理想(りそう) 이상
利息(りそく) 이자
率(りつ) 율, 비율
リットル 리터
立派(りっぱ)だ 훌륭하다, 정당하

다

リハビリ　재활
理由　이유, 까닭
留学　유학
流行　유행
利用　이용
料金　요금, 값
猟師　사냥꾼
漁師　고기잡이, 어부
領収書　영수증
両親　부모, 어버이
良心　양심
領土　영토
両方　양쪽, 쌍방; 둘 다
料理　요리, 음식
旅館　여관
旅券　여권
旅行　여행
旅費　여비, 노자
りりしい　씩씩하다
理論　이론
リンゴ　사과
臨時　임시

る

類似　유사
留守　부재
留守にする　집을 비우다
留守番する　집을 보다 [지키다]
ルポルタージュ　르포르타주, 르포

れ

礼　예
例　예
零　영, 공
零下　영하
例外　예외
礼儀　예의, 예절
冷静だ　침착하다
冷蔵庫　냉장고
冷淡だ　냉담하다, 쌀쌀하다, 냉정하다
冷凍　냉동
冷房　냉방
レインコート　비옷
レール　레일, 궤도
歴史　역사
レコード　레코드, 음반; 기록
列　줄
列車　열차
レポート　리포트, 보고서
恋愛　연애
れんが　벽돌
連休　연휴
連日　연일
練習　연습
レンズ　렌즈
連続　연속
レンタカー　렌터카
練炭　연탄
連絡　연락

ろ

廊下　복도
老人　노인, 늙은이
ろうそく　초, 양초
労働　노동
労働者　노동자, 일꾼
朗読　낭독; 낭송
浪人　재수생
ローマ字　로마자
六　육, 여섯
録音　녹음
六月　유월
六十　육십, 예순
ロケット　로켓
ロボット　로봇
論ずる　논하다
論文　논문
論理的　논리적

わ

輪　고리; 원형
…羽　마리
ワープロ　워드 프로세서
ワイシャツ　와이셔츠
賄賂　뇌물
ワイン　포도주
若い　젊다
我が国　우리 나라, 저희 나라
沸かす　끓이다
若手　젊은 축; 젊은이
わがままだ　이기적이다; 제멋대로 굴다
ワカメ　미역
若者　젊은이, 청년
分からない　모르다, 못 알아듣다
分かる　알다, 깨닫다, 알아듣다
別れ　이별
わかれる　헤어지다, 이별하다, 갈라지다; 갈리다, 나누어지다
脇　겨드랑이, 옆구리; 곁, 옆
枠　테두리, 틀
沸く　끓다
湧く　솟다, 나다
訳　까닭, 이유, 사정
分ける　나누다, 가르다
わざと　고의로; 일부러
災い　화, 재난
わざわざ　일부러, 모처럼, 구태여
ワシ(鷲)　독수리
わずか　불과; 조금
わずかだ　얼마 안 되다, 사소하다, 적다
わずかに　조금, 약간
わずらう　앓다, 병이 나다
わずらわしい　번거롭다, 귀찮다
忘れる　잊다, 잊어버리다
綿　솜
話題　화제, 이야깃거리
私　나, 내, 저, 제
私たち　우리, 우리들
私ども　저희
渡す　건네다, 건네주다, 전하다, 넘기다, 주다, 걸치다
わたる　걸치다; 이르다
渡る　건너다, 넘어가다
罠　올가미
わびしい　쓸쓸하다
詫びる　사과하다, 사죄하다
藁　짚
笑い　웃음
笑う　웃다
割合　비율; 비교적; 뜻밖에, 제법
割り勘　각자부담
割り算　나눗셈, 나누기
割引　할인
割る　나누다; 쪼개다; 깨뜨리다, 깨다, 부수다
悪い　나쁘다, 못되다
悪口　욕, 욕설, 악담
われ知らず　나도 모르게, 저도 모르게
割れる　깨지다, 쪼개지다, 터지다
我々　우리, 우리들
わんぱく　장난꾸러기, 개구쟁이

を

…を　를, 을
…を始めとする　-를[-을] 비롯한
…を始めとして　-를[-을] 비롯해서

조수사 일람

「한 권, 두 자루, 세 장」등 물건을 셀 때의 「권, 자루, 장」을 조수사(助數詞)라고 한다. 일본어에서 「本一台 책 한 대, 鉛筆 3 枚 연필 석 장」이라고 하지 않는 것처럼 우리말에서도 세는 물건이 무엇이냐에 따라 조수사가 정해져 있다.

우리말의 수사(數詞)에는 「하나, 둘, …」에 해당하는 고유어계 수사(固有語系數詞)와 「일, 이, …」에 해당하는 한어계 수사(漢語系數詞)가 있다. 전자는 개수를 셀 때 사용되고, 후자는 순서와 계산할 때 사용되는 것이 원칙이기 때문에 조수사와 함께 사용되는 수사는 거의가 고유 수사(固有數詞)이고, 예외적으로 한수사(漢數詞)와 고유 수사가 병용되는 것으로는 연령·인원수·세월에 지나지 않는다. 또 한 단위 앞에서는 보통 한수사가 사용된다.

あ

歩あゆみ(걸음)	한 걸음[발]	(1歩いっぽ)
蟻あり(개미)	한 마리	(1匹いっぴき)
石いし〈小石〉(돌)	한 개	(1個いっこ)
椅子いす(의자)	한 개	(1脚いっきゃく)
糸いと(실)	한 가닥	(1本いっぽん)
牛うし(소)	한 마리	(1頭いっとう)
器うつわ(그릇)	한 벌	(1揃ひとそろい)
馬うま(말)	한 마리	(1頭)
絵え(그림)	한 장	(1枚いちまい)
映画えいが(영화)	한 권[편]	(1本)
鉛筆えんぴつ(연필)	한 자루[정]	(1本)
オール(노)	한 자루[정]	(1挺いっちょう)
おぜん(밥상)	한 상	(1客いっきゃく)
おなら(방귀)	한 방	(1発いっぱつ)

か

階段かいだん(계단)	한 단	(1段いちだん)
家屋かおく(집)	한 채[동·호]	(1軒いっけん[棟ひとむね・戸いっこ])
柿かき(감)	한 개	(1個)
傘かさ(우산)	한 개	(1本)
菓子かし(과자)	한 개[봉지]	(1個[袋ひとふくろ])
カセットテープ(카세트테이프)	한 개	(1本[巻ひとまき])
刀かたな(칼)	한 자루[정]	(1ふり)
株かぶ(그루터기)	한 그루	(1株ひとかぶ)
株式かぶしき(주식)	한 주	(1株)
カボチャ(호박)	한 통	(1個[玉ひとたま])
かます(가마니)	한 잎	(1袋)
紙かみ(종이)	한 장	(1枚)
髪かみ(머리카락)	한 올[가닥]	(1本)
かみそり(면도칼)	한 개	(1丁いっちょう)
甕かめ(독, 항아리)	한 독[개]	(1個)
ガラス(유리)	한 장	(1枚)
カルビ(갈비)	한 대	(1本)
川かわ(시내)	한 줄기	(1本[筋ひとすじ])
木き(나무)	한 그루	(1本)
機械きかい(기계)	한 대[채]	(1台いちだい[基いっき])
キュウリ(오이)	한 개	(1本)
茎くき(줄기)	한 줄기	(1本)
釘くぎ(못)	한 개	(1本)
靴くつ(신발)	한 켤레	(1足いっそく)
靴下くつした(양말)	한 켤레	(1足)
栗くり(밤)	한 톨	(1個)
毛け(털)	한 가닥	(1本)
煙けむり(연기)	한 줄기	(1筋[本])
げんこつ(주먹)	한 대	(1発)
硬貨こうか(동전)	한 잎	(1枚)
光線こうせん(빛)	한 가닥[줄기]	(1本)
米こめ〈粒〉(쌀)	한 알	(1粒ひとつぶ)
米俵こめだわら(쌀가마니)	한 가마	(1俵いっぴょう)
ごはん(밥)	한 사발	(1膳いちぜん)

さ

魚さかな(물고기, 생선)	한 마리	(1尾いちび[匹])
酒さけ(술)	한 병	(1本)
	한 잔	(1杯いっぱい)
皿さら(접시)	한 개	(1枚[客])
山脈さんみゃく(산맥)	한 줄기	(1条いちじょう)
字じ(글씨, 글자)	한 자	(1字いちじ)
詩歌しいか(시; 시조)	한 수	(1首いっしゅ)
鹿しか(사슴)	한 마리	(1頭)
自転車じてんしゃ(자전거)	한 대	(1台)
自動車じどうしゃ(자동차)	한 대	(1台)
写真しゃしん(사진)	한 장	(1枚[葉いちよう])
シャツ(셔츠)	한 벌	(1枚)

宿泊しゅくはく(숙박)	일 박	(1泊いっぱく)
錠剤じょうざい(알약)	한 알	(1錠いちじょう)
書画しょが(서화)	한 폭	(1幅いっぷく)
食事しょくじ(식사)	한 끼	(1食いっしょく)
書類しょるい(서류)	한 장	(1枚)
	한 통	(1通いっつう)
新聞しんぶん(신문)	한 부	(1部いちぶ)
スイカ(수박)	한 통	(1個)
スーツ(양복)	한 벌	(1着いっちゃく[揃])
スプーン(숟가락)	한 가락	(1本)
ズボン(바지)	한 벌	(1本)

た

太鼓たいこ(북)	한 개	(1面いちめん)
大根だいこん(무)	한 개	(1本)
タオル(수건)	한 장	(1枚[本])
建物たてもの(건물)	한 채	(1棟ひとむね)
たばこ(담배)	한 대	(1服いっぷく)
	한 개비[개피]	(1本)
	한 갑	(1箱ひとはこ)
田畑たはた(논, 밭)	한 뙈기	(1枚[面])
足袋たび(버선)	한 켤레	(1足)
卵たまご(알; 계란)	한 개[알]	(1個[玉])
たまねぎ(양파)	한 개[알]	(1個)
弾丸だんがん(총알)	한 방	(1発)
反物たんもの(옷감)	한 필	(1疋いっぴき)
茶ちゃ(차)	한 잔	(1杯)
茶碗ちゃわん(찻잔)	한 개	(1客)
注射ちゅうしゃ(주사)	한 대	(1本)
朝鮮人参ちょうせんにんじん(인삼)	한 편	(1本)
月つき(달)	한 달	(ひと月つき)
	일 개월	(1か月げつ)
机つくえ(책상)	한 개	(1脚)
手紙てがみ(편지)	한 통	(1通)
手袋てぶくろ(장갑)	한 켤레	(1組ひとくみ)
テレビ(텔레비전)	한 대	(1台)
電話でんわ(전화)	한 대	(1台)
	한 통화	(1本[通話いちつうわ])
豆腐とうふ(두부)	한 모	(1丁)
鳥とり(새)	한 마리	(1羽いちわ)
どんぐり(도토리)	한 톨	(1個)

な

梨なし(배)	한 개	(1個)
にわとり(닭)	한 마리	(1羽)
ネクタイ(넥타이)	한 개	(1本)
猫ねこ(고양이)	한 마리	(1匹)
年齢ねんれい(나이)	한 살	(1歳いっさい)
のこぎり(톱)	한 자루	(1挺)
海苔のり(김)	한 장	(1枚)
	한 톳	(1帖いちじょう)

は

歯は(이)	한 개	(1本)
葉は(잎)	한 잎	(1枚)
墓はか(무덤)	한 장	(1基いっき)
はがき(엽서)	한 장	(1枚[葉])
白菜はくさい(배추)	한 통	(1株)
箸はし(젓가락)	한 벌[매]	(1膳)
花はな(꽃)	한 송이	(1輪いちりん)
	한 다발	(1束ひとたば)
ピアノ(피아노)	한 대	(1台)
ビール(맥주)	한 병	(1本)
	한 잔	(1杯)
飛行機ひこうき(비행기)	한 대	(1機)
人ひと(사람)	한 사람	(1人ひとり)
	한 명	(1名いちめい[人])
	한 분	(御ご1名)
ひも(노끈)	한 가닥	(1本)
ひよこ(병아리)	한 마리	(1羽)
フィルム(필름)	한 권	(1本[巻])
笛ふえ(피리)	한 개	(1本[管いっかん])
筆ふで(붓)	한 자루[병]	(1本[管])
ぶどう(포도)	한 송이	(1房ひとふさ)
	한 알	(1粒)
ふとん(이부자리)	한 채	(1組)
船ふね(배)	한 척	(1隻いっせき)
部屋へや(방)	한 칸	(1間ひとま[室])
ぼう飴あめ(엿)	한 가락	(1本)
干ほし魚うお(굴비)	한 갓	(1連いちれん)
本ほん(책)	한 권	(1冊いっさつ)

ま

薪まき(장작)	한 개비	(1本)
マッチ(성냥)	한 개비	(1本)
みかん(귤)	한 개	(1個)
幹みき(나무 줄기)	한 줄기	(1本)
虫むし(벌레)	한 마리	(1匹)
名刺めいし(명함)	한 장	(1枚)

ら

ラジオ(라디오)	한 대	(1台)
料理りょうり(요리)	한 접시	(1皿ひとさら)
りんご(사과)	한 개	(1個)
冷蔵庫れいぞうこ(냉장고)	한 대	(1台)
ろうそく(초)	한 자루[정]	(1本)